CÓDIGO CIVIL

E LEGISLAÇÃO CIVIL EM VIGOR

CÓDIGO CIVIL e legislação civil em vigor

Theotonio Negrão

Foi advogado militante, Juiz do Tribunal Regional Eleitoral de São Paulo (categoria de jurista) e Presidente da Associação dos Advogados de São Paulo.

Em 1961, através do Ministério da Educação (MEC), publicou um Dicionário da Legislação Federal, contendo o texto (ou o ementário, conforme o caso) de toda a legislação federal vigente àquela época.

José Roberto Ferreira Gouvêa

Graduado pela Faculdade de Direito da Universidade de São Paulo — Largo São Francisco (1973), e aluno, em Paris, da École Nationale de la Magistrature. Foi advogado em São Paulo, Procurador de Justiça do Ministério Público do Estado de São Paulo, professor de Direito Civil da Faculdade de Direito da Fundação Instituto de Ensino para Osasco e Presidente do Conselho Nacional da Defesa do Consumidor.

Desde abril de 2000 é Serventuário da Justiça, tendo obtido os 1º e 3º lugares no 1º Concurso de Outorga de Delegações de Registro de Imóveis e de Protesto de Letras e Títulos promovido pelo Tribunal de Justiça do Estado de São Paulo.

Luis Guilherme Aidar Bondioli

Advogado graduado pela Faculdade de Direito da Universidade de São Paulo — Largo São Francisco (1998), onde também obteve os títulos de mestre (2004) e doutor (2008) em Direito Processual. Publicou por esta Editora as obras *Embargos de declaração* (2007, 2ª tir.), *O novo CPC: a terceira etapa da reforma* (2006), *Reconvenção no processo civil* (2009) e *Comentários ao Código de Processo Civil — v. XX (arts. 994 a 1.044)* (2017, 2ª ed.). Tem diversos artigos publicados em revistas jurídicas e em obras coletivas.

João Francisco Naves da Fonseca

Advogado graduado pela Faculdade de Direito da Universidade de São Paulo — Largo São Francisco (2006), onde também obteve os títulos de mestre (2010) e doutor (2014) em Direito Processual. Membro do Comitê Brasileiro de Arbitragem (CBAr) e do Instituto Brasileiro de Direito Processual (IBDP). Publicou por esta Editora as obras *Exame dos fatos nos recursos extraordinário e especial* (2012), *O processo do mandado de injunção* (2016) e *Comentários ao Código de Processo Civil — v. IX (arts. 485 a 508)* (2017, 2ª tir.). Tem diversos artigos publicados em revistas jurídicas e em obras coletivas.

Dos mesmos autores, esta Editora publica as obras *Código de Processo Civil e legislação processual em vigor*, *Novo Código de Processo Civil*, *Edição especial* — versão compacta e *Código Civil*, *Edição especial* — versão compacta.

■ **1ª ed.**, 1980 ■ **2ª ed.**, 1981 ■ **3ª ed.**, 1983 ■ **4ª ed.**, 1984 ■ **5ª ed.**, 1985 ■ **6ª ed.**, 1986 ■ **7ª ed.**, 1987 ■ **8ª ed.**, 1988 ■ **9ª ed.**, 1990 ■ **10ª ed.**, 1991 ■ **11ª ed.**, 1992 ■ **12ª ed.**, 1ª tir., 01.1993; 2ª tir., 06.1993 ■ **13ª ed.**, 01.1994 ■ **14ª ed.**, 1ª tir., 01.1995; 2ª tir., 05.1995; 3ª tir., 08.1995; 4ª tir., 10.1995 ■ **15ª ed.**, 01.1996 ■ **16ª ed.**, 01.1997 ■ **17ª ed.**, 1ª tir., 02.1998; 2ª tir., 04.1998 ■ **18ª ed.**, 1ª tir., 02.1999; 2ª tir., 04.1999; 3ª tir., 08.1999 ■ **19ª ed.**, 02.2000 ■ **20ª ed.**, 1ª tir., 02.2001; 2ª tir., 04.2001 ■ **21ª ed.**, 03.2002 ■ **22ª ed.**, 1ª tir., 02.2003; 2ª tir., 04.2003 ■ **23ª ed.**, 02.2004 ■ **24ª ed.**, 03.2005 ■ **25ª ed.**, 02.2006 ■ **26ª ed.**, 1ª tir., 04.2007; 2ª tir., 07.2007; 3ª tir., 10.2007 ■ **27ª ed.**, 1ª tir., 02.2008; 2ª tir., 04.2008 ■ **28ª ed.**, 02.2009 ■ **29ª ed.**, 02.2010 ■ **30ª ed.**, 02.2011 ■ **31ª ed.**, 02.2012 ■ **32ª ed.**, 02.2013 ■ **33ª ed.**, 1ª tir., 02.2014; 2ª tir., 05.2014; 3ª tir., 08.2014 ■ **34ª ed.**, 1ª e 2ª tir., 03.2016; 3ª tir., 04.2016 ■ **35ª ed.**, 02.2017 ■ **36ª ed.**, 02.2018 ■ **37ª ed.**, 02.2019 ■ **38ª ed.**, 02.2020 ■ **39ª ed.**, 02.2021.

THEOTONIO NEGRÃO

CÓDIGO CIVIL

E LEGISLAÇÃO CIVIL EM VIGOR

2021 | 39ª edição

THEOTONIO NEGRÃO

JOSÉ ROBERTO F. GOUVÊA

LUIS GUILHERME A. BONDIOLI

JOÃO FRANCISCO N. DA FONSECA

De acordo com as Leis 14.010, de 10.6.2020 (Regime Jurídico Emergencial e Transitório – Covid-19); 14.030, de 28.7.2020 (reunião e assembleia em meio digital); e 14.118, de 12.1.2021 (Programa Casa Verde e Amarela).

saraiva jur

saraiva EDUCAÇÃO | saraiva jur

Av. Paulista, 901, Edifício CYK, 3º andar
Bela Vista – SP – CEP 01310-100

SAC | sac.sets@saraivaeducacao.com.br

Direção executiva	Flávia Alves Bravin
Direção editorial	Renata Pascual Müller
Gerência de projetos e produção editorial	Fernando Penteado
Planejamento	Josiane de Araujo Rodrigues
Novos projetos	Sérgio Lopes de Carvalho Dalila Costa de Oliveira
Gerência editorial	Isabella Sánchez de Souza
Edição	Deborah Caetano de Freitas Viadana
Produção editorial	Daniele Debora de Souza Rosana Peroni Fazolari
Arte e digital	Mônica Landi (coord.) Camilla Felix Cianelli Chaves Claudirene de Moura Santos Silva Deborah Mattos Guilherme H. M. Salvador Tiago Dela Rosa
Projetos e serviços editoriais	Daniela Maria Chaves Carvalho Kelli Priscila Pinto Marília Cordeiro Nicoly Wasconcelos Razuk
Diagramação e revisão	Know-How Editorial
Capa	Tiago Dela Rosa
Produção gráfica	Marli Rampim Sergio Luiz Pereira Lopes
Impressão e acabamento	Geográfica editora

DADOS INTERNACIONAIS DE CATALOGAÇÃO NA PUBLICAÇÃO (CIP)
ELABORADO POR VAGNER RODOLFO DA SILVA - CRB-8/9410

[Código Civil]
Código Civil e legislação civil em vigor / Theotonio Negrão, José Roberto Ferreira Gouvêa, Luis Guilherme Aidar Bondioli, João Francisco Naves da Fonseca. – 39. ed. – São Paulo : Saraiva Educação, 2021.
2.336 p.

ISBN: 978-65-5559-546-8

1. Direito. 2. Direito Civil. 3. Código Civil. 4. Legislação Civil. I. Negrão, Theotonio. II. Título.

2021-248 CDD 347
CDU 347

Índices para catálogo sistemático:

1. Direito Civil	347
2. Direito Civil	347

Data de fechamento da edição: 1-2-2021

Dúvidas? Acesse www.editorasaraiva.com.br/direito

CL 607023 CAE 759421

Sumário

Nota da 39ª Edição

Foram incorporadas à obra relevantes normas editadas no ano passado, quais sejam: **(I)** Lei 14.010, de 10.6.20, que dispõe sobre o Regime Jurídico Emergencial e Transitório das relações jurídicas de Direito Privado (RJET) no período da pandemia do coronavírus (Covid-19), inclusive quanto a impedimento e suspensão de prazos prescricionais, decadenciais e de usucapião; **(II)** Lei 14.030, de 28.7.20, que disciplina a reunião e a assembleia societárias em meio digital; **(III)** Lei 13.986, de 7.4.20, que institui o Fundo Garantidor Solidário (FGS) e dispõe sobre o patrimônio rural em afetação, a Cédula Imobiliária Rural (CIR), a escrituração de títulos de crédito e a concessão de subvenção econômica para empresas cerealistas; **(IV)** Lei 14.118, de 12.1.21, que institui o Programa Casa Verde e Amarela; e **(V)** Lei 14.119, de 13.1.21, que institui a Política Nacional de Pagamento por Serviços Ambientais.

* * *

O Código Civil revogado está impresso, ao fim do volume, em páginas de cor cinza, para se diferenciarem das que compõem os textos do Código Civil em vigor e da legislação extravagante.

* * *

Mais uma vez contamos com o valioso auxílio da nossa assistente, Ruth Kieco Suzuki, a quem somos muito gratos. Prestamos nossas homenagens também a todas as pessoas da Editora Saraiva, em especial a Deborah Caetano de Freitas Viadana, e da Know-how Editorial que contribuíram para mais uma importante edição deste livro. Muito obrigado a todos vocês!

* * *

Críticas e sugestões ao livro podem ser encaminhadas ao endereço eletrônico theotonio@platosedu.com.br, pelo que muito agradecemos.

J. R. F. G.

L. G. A. B.

J. F. N. F.

Prefácio

O diálogo do Dr. Theotonio com a jurisprudência ainda continua vivo!

Instado, por força de pesquisa acadêmica, a examinar a doutrina de Francesco Galgano, renomado privatista da Universidade de Bolonha e autor da mais completa obra que já foi escrita sobre negócio jurídico, deparei-me com o título de um artigo que me chamou a atenção: *Il contraddittorio processuale è ora nella Costituzione* (*Contratto e impresa*, v. 3, Padova, Cedam, 2000, p. 1.081/1.085).

Galgano, em princípio, preocupara-se com a nova redação do art. 111 da Constituição italiana, introduzida em 1999, que passou a contemplar, de modo expresso e incisivo, a garantia do contraditório efetivo em toda espécie de processo contencioso.

Imaginei que se tratava, até mesmo pelas dimensões do escrito (apenas 5 páginas), de um simples comentário, de um jurista teórico, sobre tema de direito processual constitucional.

No entanto, atraído pela curiosidade, fiquei realmente surpreso com a indagação preambular formulada pelo referido autor, qual seja, *onde é que se encontra a legitimação do juiz para proferir o julgamento*?

Respondendo que a investidura do juiz provém da lei, mas a legitimação da sentença decorre da efetiva participação e defesa dos litigantes, Galgano destaca ser inviolável a atuação profissional do advogado.

Costuma-se indicar os sujeitos da argumentação jurídica com a fórmula "doutrina e jurisprudência". Mas a literatura que o juiz utiliza ao proferir a sentença é, no mais das vezes, a doutrina individuada, selecionada e ilustrada pelo advogado, cuja obra passa despercebida. Mais: costuma-se afirmar que são a doutrina e a jurisprudência as fontes responsáveis pelas inovações no campo do direito.

Contudo, quantas vezes estas inovações, cuja paternidade é atribuída aos tribunais, foram sugeridas nos arrazoados dos advogados. Assim, sob esse aspecto, que não é de secundária importância — aduz o jurista peninsular — a contribuição criativa do advogado à administração da justiça merece ser certificada e valorizada...

E, assim, nesse contexto, vem sobrelevado o fundamental papel do advogado na construção da jurisprudência. Longe de constituir obra exclusiva do órgão jurisdicional, assevera Galgano, à luz da experiência prática do direito, que a produção e constante evolução dos precedentes judiciais é fruto do esforço conjunto dos juízes e dos advogados.

A estes, de um modo geral, cabe a criação e o aprimoramento das teses jurídicas que são diuturnamente submetidas à apreciação daqueles. Ato contínuo, a orientação adotada pelas cortes de justiça presta-se, a seu turno, a subsidiar os arrazoados dos defensores dos interesses em jogo, que passam a invocar os posicionamentos pretorianos já consolidados, e assim por diante...

Desse modo, sobretudo nos países de direito codificado, estabelece-se um diálogo perene entre os operadores do direito, na consecução de um fim perseguido por todos, vale dizer, a interpretação e aplicação do direito ao caso concreto.

Não é preciso salientar que a leitura do enxuto, mas significativo, ensaio de Galgano, provocou-me a lembrança da relevância indubitável da contribuição de Theotonio Negrão, falecido há exatos 10 anos e a quem volto a render homenagem reproduzindo o presente escrito.

Importa observar, a propósito, que o Dr. Theotonio, em 5 de abril 1955, foi nomeado pelo então Presidente da Associação dos Advogados de São Paulo — AASP, Américo Marco Antonio, membro de uma comissão, integrada também pelos advogados Carlos Afonso do Amaral e Sérgio Marques da Cruz, visando a "imprimir nova orientação ao boletim da Associação, de modo a torná-lo de maior utilidade prática aos associados" (o primeiro número do boletim é datado de maio de 1945, editado sob a responsabilidade do Dr. José Maria D'Avila, então diretor-secretário da AASP. Para mais detalhes, v. meu escrito *Uma página da história da AASP: as origens do "boletim"*, Revista do Advogado da AASP em homenagem a Luiz Geraldo C. Ferrari, n. 55, julho/99, p. 57 ss).

Estando a AASP instalada em nova sede, na Praça da Sé, n. 385, 6º andar, a "nova orientação" que se pretendia imprimir foi concretizada apenas em outubro de 1958.

Sob forma de *comunicado* semanal, Theotonio Negrão ficou responsável pela elaboração do periódico da AASP. Com estrutura sóbria, simples e impessoal, predicados que emergiam, aliás, da personalidade de seu ilustre idealizador, aquela "ferramenta" de trabalho trazia o essencial para tornar menos árdua a missão do advogado.

A partir do n. 19, publicado em 28 de fevereiro de 1959, época em que Theotonio Negrão fora eleito Presidente da AASP, o *comunicado* volta a receber a antiga denominação de boletim.

Como a pesquisa semanal de Theotonio Negrão era alentada, muito material recolhido dos repertórios de jurisprudência, a despeito do interesse para o advogado, não tinha espaço para ser publicado no boletim.

Não obstante — como certa vez me confidenciou o Dr. Theotonio —, passou ele a ter o hábito de arquivar em fichas as respectivas ementas e pequenos trechos de acórdãos, inclusive com algumas anotações pessoais.

Estava aí instituído o método "theotoniano", que nada tem a ver com a mera recolha de julgados, mas, sim, com a seleção criteriosa e paciente da jurisprudência. É evidente que o êxito dessa hercúlea tarefa conta em muito com o talento de seu factor...

Com o fluir do tempo, revelando invulgar desprendimento, Theotonio Negrão imaginou que seu arquivo pudesse ser útil aos operadores do direito, em especial, aos advogados.

Foi assim que a metodologia, toda particular, desenvolvida pelo Dr. Theotonio, veio a ser compartilhada pelos seus pares, com a primeira edição, tirada em abril de 1974, do *Código de Processo Civil e legislação processual em vigor*.

Fadada a estrondoso sucesso, a obra, como é curial, hoje em sua 46ª edição, estampada pela prestigiosa Editora Saraiva, descortina-se extremamente útil àqueles que se dedicam à prática do direito.

O *Código de Processo Civil* do Dr. Theotonio constitui — nas palavras veementes de Luís Camargo Pinto de Carvalho — verdadeira bússola para o desempenho das múltiplas atividades ligadas ao direito (*Theotonio Negrão: evocando...*, Informativo IASP, n. 61, março/abril de 2003, p. 9).

É importante frisar que a precisa percepção de Galgano, antes aludida, delineia-se integralmente confirmada pelas vicissitudes que marcam o referido trabalho de Theotonio Negrão.

Realmente, verifica-se que dificilmente os arrazoados forenses, em matéria civil, deixam de invocar um precedente judicial catalogado pelo Dr. Theotonio. O mesmo ocorre com os acórdãos. Ademais, a opinião crítica do grande advogado, procurando iluminar a coletividade jurídica menos experiente acerca da melhor tese, continua auxiliando em muito o exercício profissional.

Raríssimas são as obras na literatura jurídica que estabelecem essa integração com a jurisprudência. A *master piece* do Dr. Theotonio, que tem recebido prestimosa atualização dos estimados Drs. José Roberto F. Gouvêa, Luis Guilherme A. Bondioli e João Francisco N. da Fonseca, ensejou e continua ensejando, 10 anos depois de seu passamento, fecundo "diálogo" com a jurisprudência, em permanente tensão dialética, interagindo e formando um arcabouço de soluções, colocadas à disposição, indistintamente, de todos os operadores do direito...

A renovação metodológica que me parece mais significativa, considerados os propósitos de Theotonio Negrão, reside nas erupções da tópica, diante da necessidade, pressentida pelo experiente advogado, de colmatação de frequentes lacunas que irrompem na *praxis* forense.

José Rogério Cruz e Tucci

Advogado. Ex-Presidente da Associação dos Advogados de São Paulo.
Professor Titular da Faculdade de Direito da USP.

Abreviaturas

	indica resumo bibliográfico de doutrina
AC	Ato Complementar
ADC	Ação Declaratória de Constitucionalidade
ADCT	Ato das Disposições Constitucionais Transitórias
ADI	Ação Direta de Inconstitucionalidade
ADPF	Arguição de Descumprimento de Preceito Fundamental
Ag	Agravo
AgInt	Agravo Interno
AgRg	Agravo Regimental
AI	Agravo de Instrumento; Ato Institucional
AIT	Agravo de Instrumento Trabalhista
Ajuris	Revista da Associação dos Juízes do Rio Grande do Sul
AMS	Apelação em Mandado de Segurança
AO	Ação Originária
AP	Apelação
ap.	apenso
AR	Ação Rescisória
art.	artigo
Bol. AASP	Boletim da Associação dos Advogados de São Paulo
Bol. do TFR	Boletim do Tribunal Federal de Recursos (extinto)
CA	Código de Águas (Dec. 24.643, de 10.7.34); Conflito de Atribuições
cap.	capítulo
c/c	combinado com
CC	Código Civil (Lei 10.406, de 10.1.02)
CC rev.	Código Civil revogado (Lei 3.071, de 1.1.16)
CCLCV	Código Civil e legislação civil em vigor, do autor
CCo	Código Comercial (Lei 556, de 25.6.1850; seus arts. 1º a 456 foram revogados pelo CC atual)
CDC	Código de Defesa do Consumidor (Lei 8.078, de 11.9.90)
CED	Enunciados do Centro de Estudos e Debates do 2º TASP (Bol. AASP 1.854/supl., p. 1)
CEJ	Enunciados aprovados pelo Centro de Estudos Judiciários do Conselho da Justiça Federal
CF	Constituição Federal
cf.	confronte com, conforme
cit.	citado
CJ	Conflito de Jurisdição
CJF	Conselho da Justiça Federal
CLT	Consolidação das Leis do Trabalho (Dec. lei 5.452, de 1.5.43)
CNJ	Conselho Nacional de Justiça
col.	coluna
CP	Código Penal (Dec. lei 2.848, de 7.12.40, com os arts. 1º a 120 modificados pela Lei 7.209, de 11.7.84)

CPC Código de Processo Civil (Lei 13.105, de 16.3.15)
CPC rev. ou CPC/73 Código de Processo Civil de 1973 (Lei 5.869, de 11.1.73)
CPCLPV Código de Processo Civil e legislação processual em vigor, dos autores
CPC/39 Código de Processo Civil de 1939 (Dec. lei 1.608, de 18.9.39)
CPP Código de Processo Penal (Dec. lei 3.689, de 3.10.41)
CTN Código Tributário Nacional (Lei 5.172, de 25.10.66)
Dec. Decreto
Dec. leg. Decreto legislativo
Dec. lei Decreto-lei
dec. mon. decisão monocrática
Des. Desembargador, Desembargadora
desp. despacho
disp. trans. disposição(ões) transitória(s)
DJE Diário da Justiça do Estado de São Paulo
DJU Diário da Justiça da União
DOU Diário Oficial da União
EA Estatuto da Advocacia (Lei 8.906, de 4.7.94)
EAC Embargos na Apelação Cível
EAR Embargos em Ação Rescisória
ECA Estatuto da Criança e do Adolescente (Lei 8.069, de 13.7.90)
ED Embargos de Divergência
ed. edição
EDcl Embargos de Declaração
EI Embargos Infringentes
em. ementa
Em. Const. Emenda Constitucional
Em. Reg. Emenda Regimental
embs. embargos
EPD Estatuto da Pessoa com Deficiência
ERE Embargos em Recurso Extraordinário
EREO Embargos em Remessa *ex officio*
ET Estatuto da Terra (Lei 4.504, de 30.11.64)
EId Estatuto do Idoso (Lei 10.741, de 1.10.03)
ETAB Encontro dos Tribunais de Alçada do Brasil
ex. exemplo
HC *Habeas corpus*
HD *Habeas data*
i. e. isto é
IF Intervenção Federal
IINC Incidente de Inconstitucionalidade; Arguição de Inconstitucionalidade
inc. inciso
Inf. STF Informativo STF
ínt. íntegra
IP Interesse Público — Revista Bimestral de Direito Público
IRDR Incidente de Resolução de Demandas Repetitivas
IUJur Incidente de Uniformização de Jurisprudência
j. julgado em

JECSP	Juizado Especial Cível de São Paulo
JECRJ	Juizado Especial Cível do Rio de Janeiro
JTA	Julgados dos Tribunais de Alçada Civil de São Paulo (ed. Lex, até o vol. 70; ed. Saraiva, do vol. 71 a 82 ed. RT, do vol. 83 em diante)
JTAERGS	Julgados do Tribunal de Alçada do Estado do Rio Grande do Sul
JTJ	Jurisprudência do Tribunal de Justiça do Estado de São Paulo, ed. Lex, a partir do vol. 140 (ex-RJTJESP)
Just.	Justitia, revista da Procuradoria-Geral de Justiça de SP
LA	Lei de Alimentos (Lei 5.478, de 25.7.68)
LACP	Lei da Ação Civil Pública (Lei 7.347, de 24.7.85)
LAF	Lei das Alienações Fiduciárias (Dec. lei 911, de 1.10.69)
LAJ	Lei de Assistência Judiciária (Lei 1.060, de 5.2.50)
LAP	Lei da Ação Popular (Lei 4.717, de 29.6.65)
LArb	Lei de Arbitragem
LBF	Lei do Bem de Família (Lei 8.009, de 29.3.90)
LC	Lei Complementar
LCa	Lei Cambial (Dec. 2.044, de 31.12.08)
LCE	Lei dos Condomínios Edilícios (Lei 4.591, de 16.12.64)
LCh	Lei do Cheque (Lei 7.357, de 2.9.85)
LCM	Lei de Correção Monetária (Lei 6.899, de 8.4.81)
LCP	Lei das Contravenções Penais (Dec. lei 3.688, de 3.10.41)
LCU	Lei Cambial Uniforme (Dec. 57.663, de 24.1.66)
LD	Lei de Desapropriações (Dec. lei 3.365, de 21.6.41)
LDA	Lei de Direitos Autorais (Lei 9.610, de 19.2.98)
LDi	Lei do Divórcio (Lei 6.515, de 26.12.77)
LDR	Lei do Direito de Resposta (Lei 13.188, de 11.11.15)
LDu	Lei das Duplicatas (Lei 5.474, de 18.7.68)
LEF	Lei das Execuções Fiscais (Lei 6.830, de 22.9.80)
Lex	Lex, seção de legislação federal
Lex est.	Lex, seção de legislação estadual paulista
Lex-JTA	Julgados dos Tribunais de Alçada Civil de SP, ed. Lex (a partir do vol. 71, inclusive)
Lex-Marg.	Lex, seção de legislação federal, Marginália
LGPD	Lei Geral de Proteção de Dados Pessoais (Lei 13.709, de 14.8.18)
LI	Lei do Inquilinato (Lei 8.245, de 18.10.91)
LIA	Lei de Improbidade Administrativa (Lei 8.429, de 2.6.92)
LICC	Lei de Introdução ao Código Civil (antiga denominação do Dec. lei 4.657, de 4.9.42)
LINDB	Lei de Introdução às normas do Direito Brasileiro (Dec. lei 4.657, de 4.9.42)
LIP	Lei de Investigação de Paternidade (Lei 8.560, de 29.12.92)
Liv.	livro
LJE	Lei dos Juizados Especiais (Lei 9.099, de 26.9.95)
LJEF	Lei dos Juizados Especiais Federais (Lei 10.259, de 12.7.01)
LMI	Lei do Mandado de Injunção (Lei 13.300, de 23.6.16)
LMS	Lei do Mandado de Segurança (Lei 12.016, de 7.8.09)
LOJF	Lei de Organização da Justiça Federal (Lei 5.010, de 30.5.66)
LOM	Lei Orgânica da Magistratura Nacional (LC 35, de 14.3.79)
LPB	Lei dos Planos de Benefícios da Previdência Social (Lei 8.213, de 24.7.91)
LRF	Lei de Recuperação e Falência (Lei 11.101, de 9.2.05)

LRP	Lei dos Registros Públicos (Lei 6.015, de 31.12.73)
LSA	Lei das Sociedades por Ações (Lei 6.404, de 15.12.76)
MC	Medida Cautelar
MCI	Marco Civil da Internet (Lei 12.965, de 23.4.14)
Med. Prov.	Medida Provisória
MI	Mandado de Injunção
Min.	Ministro, Ministra
MP	Ministério Público
MS	Mandado de Segurança
n.	número
NSC	Normas de Serviço da Corregedoria-Geral da Justiça de São Paulo
OAB	Ordem dos Advogados do Brasil
obs.	observação
p/	para
p.	página, páginas
Pet	Petição
p. ex.	por exemplo
p. vets.	partes vetadas e veto rejeitado pelo Congresso
ProAf	Proposta de Afetação
Prov.	Provimento
PUIL	Pedido de Uniformização de Interpretação de Lei
QO	Questão de Ordem
RAM	Revista de Arbitragem e Mediação
RAMPR	Revista da Associação dos Magistrados do Paraná
RBDF	Revista Brasileira de Direito de Família
RBDFS	Revista Brasileira de Direito das Famílias e Sucessões
RBDP	Revista Brasileira de Direito Processual
RBDPb	Revista Brasileira de Direito Público
RCD	Reconsideração
RcDesp	Reconsideração de despacho
RCDUFU	Revista do Curso de Direito da Universidade Federal de Uberlândia (v. tb. RFDUU)
RCJ	Revista de Crítica Judiciária
RCJF	Regimento de Custas da Justiça Federal (Lei 6.032, de 30.4.74)
Rcl	Reclamação
RDA	Revista de Direito Administrativo
RDDP	Revista Dialética de Direito Processual
RDFAS	Revista de Direito de Família e das Sucessões
RDI	Revista de Direito Imobiliário
RDP	Revista de Direito Público
RDPr	Revista de Direito Privado
RE	Recurso Extraordinário
Reg.	Região; Regimental
rel.	relator
rel. p. o ac.	relator para o acórdão
REO	Remessa *ex officio*
rep.	republicado
Res.	Resolução

REsp	Recurso Especial
ret.	retificação, retificado em
Rev. AASP	Revista do Advogado (da Associação dos Advogados de São Paulo)
RF	Revista Forense
RHC	Recurso em *Habeas Corpus*
RIASP	Revista do Instituto dos Advogados de São Paulo
RIDA	Revista IOB de Direito Administrativo
RIDCPC	Revista IOB de Direito Civil e Processual Civil
RIDF	Revista IOB de Direito de Família
RISTF	Regimento Interno do STF
RISTJ	Regimento Interno do STJ
RJ	Revista Jurídica (Ed. Notadez)
RJ-Lex	Revista Jurídica LEX
RJM	Revista Jurisprudência Mineira (editada pelo TJMG)
RJTAMG	Revista de Julgados do Tribunal de Alçada do Estado de Minas Gerais
RJTJERGS	Revista de Jurisprudência do Tribunal de Justiça do Estado do Rio Grande do Sul
RJTJESP	Revista de Jurisprudência do Tribunal de Justiça do Estado de São Paulo (v. tb. JTJ)
RMDAU	Revista Magister de Direito Ambiental e Urbanístico
RMDCPC	Revista Magister de Direito Civil e Processual Civil
RMDECC	Revista Magister de Direito Empresarial, Concorrencial e do Consumidor
RMS	Recurso em Mandado de Segurança
RNDFS	Revista Nacional de Direito de Família e Sucessões
ROHD	Recurso Ordinário em *Habeas Data*
RP	Revista de Processo
Rp	Representação
RSDA	Revista Síntese de Direito Administrativo
RSDCPC	Revista Síntese de Direito Civil e Processual Civil
RSDP	Revista Síntese de Direito Público
RSTJ	Revista do STJ
RT	Revista dos Tribunais
RTDC	Revista Trimestral de Direito Civil
RTFR	Revista do TFR
RTJ	Revista Trimestral de Jurisprudência (do STF)
RTJE	Revista Trimestral de Jurisprudência dos Estados (Editora Jurid Vellenich Ltda.)
RTRF-1ª Região	Revista do Tribunal Regional Federal da 1ª Região (sede: Brasília)
RTRF-3ª Região	Revista do Tribunal Regional Federal da 3ª Região (sede: São Paulo)
s/	sobre
SE	Sentença Estrangeira
seç.	seção
segs.	seguintes
SL	Suspensão de Liminar
s/n	sem número
SS	Suspensão de Segurança
STA	Suspensão de Tutela Antecipada
STF	Supremo Tribunal Federal
STF ou STJ	seguido da indicação de uma revista de jurisprudência, significa um acórdão do STF ou do STJ publicado na referida revista (p. ex.: STJ-RJ = acórdão do STJ publicado na Revista Jurídica)

STJ	Superior Tribunal de Justiça
subseç.	subseção
subtít.	subtítulo
supl.	suplemento
TA	Tribunal de Alçada
tb.	também
TCI	Lei dos Títulos de Crédito Industrial (Dec. lei 413, de 9.1.69)
TFR	Tribunal Federal de Recursos
tít.	título
TJ	Tribunal de Justiça
UF	União Federal
ún.	único
Un. da Jur.	Uniformização da Jurisprudência
v.	veja
vol. ou v.	volume
v.u.	votação unânime

Ementário

Lei de Introdução

Dec. lei 4.657, de 4.9.42 — Lei de Introdução às normas do Direito Brasileiro (v. adiante, texto integral). Entrou em vigor a 24.10.42, de acordo com o Dec. le 4.707, de 17.9.42. Sua ementa foi alterada pela Lei 12.376, de 30.12.10.

Lei 12.376, de 30.12.10 — Altera a ementa do Dec. lei n. 4.657, de 4 de setembro de 1942.

Lei 12.874, de 29.10.13 — Altera o art. 18 do Decreto-lei n. 4.657, de 4 de setembro de 1942, para possibilitar às autoridades consulares brasileiras celebrarem a separação e o divórcio consensuais de brasileiros no exterior.

Lei 13.655, de 25.4.18 — Inclui no Decreto-lei n. 4.657, de 4 de setembro de 1942 (Lei de Introdução às normas do Direito Brasileiro), disposições sobre segurança jurídica e eficiência na criação e na aplicação do direito público.

Lei de Introdução às normas do Direito Brasileiro (LINDB)

Decreto-lei n. 4.657, de 4 de setembro de 1942

Lei de Introdução às normas do Direito Brasileiro.[1]

O Presidente da República, usando da atribuição que lhe confere o art. 180 da Constituição, decreta:

DEC. LEI 4.657: 1. Redação de acordo com a Lei 12.376, de 30.12.10. Na ementa anterior constava: "Lei de Introdução ao Código Civil Brasileiro" (LICC).

Art. 1º Salvo disposição contrária, a lei começa a vigorar em todo o país quarenta e cinco dias depois de oficialmente publicada.

§ 1º Nos Estados estrangeiros, a obrigatoriedade da lei brasileira, quando admitida, se inicia três meses depois de oficialmente publicada.

§ 2º ....[1]

§ 3º Se, antes de entrar a lei em vigor, ocorrer nova publicação de seu texto, destinada a correção, o prazo deste artigo e dos parágrafos anteriores começará a correr da nova publicação.

§ 4º As correções[2] a texto de lei já em vigor consideram-se lei nova.

Art. 1º: 1. O § 2º foi expressamente revogado pela Lei 12.036, de 1.10.09.

Art. 1º: 2. **LC 95, de 26.2.98: "Art. 18.** Eventual inexatidão formal de norma elaborada mediante processo legislativo regular não constitui escusa válida para o seu descumprimento".

A LC 95 foi bastante *alterada* pela **LC 107, de 26.4.01** (em Lex 2001/1.875, RF 354/439, Bol. AASP 2.212/supl., p. 1).

Dec. 4.176, de 28.3.02 — Estabelece normas e diretrizes para a elaboração, a redação, a alteração, a consolidação e o encaminhamento ao Presidente da República de projetos de atos normativos de competência dos órgãos do Poder Executivo Federal e dá outras providências.

Art. 2º Não se destinando à vigência temporária, a lei terá vigor até que outra a modifique ou revogue.[1]

§ 1º A lei posterior revoga a anterior quando expressamente o declare, quando seja com ela incompatível ou quando regule inteiramente a matéria de que tratava a lei anterior.[2-2a]

§ 2º A lei nova, que estabeleça disposições gerais ou especiais a par das já existentes, não revoga nem modifica a lei anterior.[3 a 5]

§ 3º Salvo disposição em contrário, a lei revogada não se restaura por ter a lei revogadora perdido a vigência.[6]

Art. 2º: 1. "Revela-se inaplicável a teoria da limitação temporal dos efeitos, se e quando o STF, ao julgar determinada causa, nesta formular juízo negativo de recepção, por entender que certa lei pré-constitucional mostra-se materialmente incompatível com normas constitucionais a ela supervenientes. A não recepção de ato estatal pré-

-constitucional, por não implicar a declaração de sua inconstitucionalidade — mas o reconhecimento de sua pura e simples revogação (RTJ 143/355, RTJ 145/339) —, descaracteriza um dos pressupostos indispensáveis à utilização da técnica da **modulação temporal,** que supõe, para incidir, dentre outros elementos, a necessária existência de um juízo de inconstitucionalidade" (STF-2ª T., RE 353.508-AgRg, Min. Celso de Mello, j. 15.5.07, DJU 29.6.07).

"Salvo nas hipóteses excepcionais previstas no art. 27 da Lei 9.868/99, é incabível ao Judiciário, sob pena de usurpação da atividade legislativa, promover a 'modulação temporal' das suas decisões, para o efeito de dar eficácia prospectiva a preceitos normativos reconhecidamente revogados" (STJ-1ª Seção, ED no REsp 738.689, Min. Teori Zavascki, j. 27.6.07, dois votos vencidos, DJU 22.10.07).

Art. 2º: 2. "A antinomia de segundo grau e o novo Código Civil brasileiro", por Vitor F. Kümpel (RSDCPC 30/51).

Art. 2º: 2a. LC 95, de 26.2.98: "Art. 9º A cláusula de revogação deverá enumerar, expressamente, as leis ou disposições legais revogadas".

Art. 2º: 3. "É princípio de hermenêutica que, quando uma lei faz remissão a dispositivos de outra lei da mesma hierarquia, estes se incluem na compreensão daquela, passando a constituir parte integrante do seu conceito" (STJ-RT 720/289).

Art. 2º: 4. "A revogação expressa de uma lei nova nem sempre acarreta a derrogação do **regulamento.** Se os dispositivos do regulamento são compatíveis com os novos preceitos, o regulamento é recebido pelo diploma superveniente" (RSTJ 157/84).

Art. 2º: 5. "O **tratado internacional** situa-se formalmente no mesmo nível hierárquico da lei, a ela se equiparando. A prevalência de um ou outro regula-se pela sucessão no tempo" (RSTJ 78/240).

"O tratado não se revoga com a edição de lei que contrarie a norma nele contida. Perderá, entretanto, eficácia, quanto ao ponto em que exista antinomia, prevalecendo a norma legal" (RSTJ 83/175).

V., porém, CF 5º § 3º.

Art. 2º: 6. i. e., não é permitida a **repristinação,** salvo disposição legal expressa.

Diversa é a situação que decorre de declaração de inconstitucionalidade em controle principal e abstrato de constitucionalidade (v., no nosso CPCLPV, LADIN 26, nota 1a).

Art. 3º Ninguém se escusa de cumprir a lei, alegando que não a conhece.

Art. 4º Quando a lei for omissa, o juiz decidirá o caso de acordo com a analogia, os costumes e os princípios gerais de direito.[1 a 3]

Art. 4º: 1. "Lacunas da lei", por Maria Clara Maudonnet (RDPr 20/280); "Costume", por José Roberto Marques (RDPr 22/153); "Do conflito existente entre o modelo adotado pela Lei 10.406/2002 (CC/2002) e art. 4º da Lei de Introdução ao Código Civil", por Marcos Jorge Catalan (RDPr 25/222).

Art. 4º: 2. No mesmo sentido: CPC 140.

LJE: "Art. 6º O juiz adotará em cada caso a decisão que reputar mais justa e equânime, atendendo aos fins sociais da lei e às exigências do bem comum".

Art. 4º: 2a. "A interpretação das leis é obra de raciocínio, mas também de sabedoria e bom-senso, não podendo o julgador ater-se exclusivamente aos vocábulos mas, sim, aplicar os princípios que informam as normas positivas" (RSTJ 19/461, maioria).

Art. 4º: 3. "Leis interpretativas são aplicáveis a fatos ocorridos a partir de sua entrada em vigor, não a situações sujeitas ao domínio temporal exclusivo das normas interpretadas" (STF-2ª T., RE 120.446, Min. Carlos Velloso, j. 1.10.96, DJU 13.12.96).

Art. 5º Na aplicação da lei,[1] o juiz atenderá aos fins sociais a que ela se dirige e às exigências do bem comum.

Art. 5º: 1. "O método na pesquisa jurídica: tipologias tradicionais", por Rogério Leal (Ajuris 87/247).

Art. 6º *(redação da Lei 3.238, de 1.8.57)* A lei em vigor terá efeito imediato e geral, respeitados o ato jurídico perfeito, o direito adquirido e a coisa julgada.[1-2]

§ 1º *(redação da Lei 3.238, de 1.8.57)* Reputa-se ato jurídico perfeito o já consumado segundo a lei vigente ao tempo em que se efetuou.[2a]

§ 2º *(redação da Lei 3.238, de 1.8.57)* Consideram-se adquiridos assim os direitos que o seu titular, ou alguém por ele, possa exercer, como aqueles cujo começo do exercício tenha termo[3] prefixo, ou condição[3a] preestabelecida inalterável, a arbítrio de outrem.[4-4a]

§ 3º *(redação da Lei 3.238, de 1.8.57)* Chama-se coisa julgada[5] ou caso julgado a decisão judicial de que já não caiba recurso.[6]

Art. 6º: 1. **CF 5º: "XXXVI** — a lei não prejudicará o direito adquirido, o ato jurídico perfeito e a coisa julgada".

Art. 6º: 2. "O disposto no art. 5º, XXXVI, da CF se aplica a toda e qualquer lei infraconstitucional, sem qualquer distinção entre lei de direito público e lei de direito privado, ou entre lei de ordem pública e lei dispositiva" (RTJ 143/724: Pleno, ADI 493, maioria).

Art. 6º: 2a. "Os contratos submetem-se, quanto ao seu estatuto de regência, ao ordenamento normativo vigente à época de sua celebração. Mesmo os efeitos futuros oriundos de contratos anteriormente celebrados não se expõem ao domínio normativo de leis supervenientes. As consequências jurídicas que emergem de um ajuste negocial válido são regidas pela legislação que se achava em vigor no momento da celebração do contrato (*tempus regit actum*): exigência imposta pelo princípio da segurança jurídica. Os contratos — que se qualificam como atos jurídicos perfeitos (RT 547/215) — acham-se protegidos, inclusive quanto aos efeitos futuros deles decorrentes, pela norma de salvaguarda constante do art. 5º, XXXVI, da Constituição da República" (STF-RT 840/203: 2ª T., RE 393.021-4-AgRg). No mesmo sentido: RTJ 143/724 (STF-Pleno, maioria).

Art. 6º: 3. v. CC 131 a 135.

Art. 6º: 3a. v. CC 121 a 130.

✎ **Art. 6º: 4.** "O direito adquirido e o princípio da segurança jurídica", por Kívia Cunha Pereira Pinto Oliveira (RDA 233/213); "Direito adquirido e eficácia da lei no tempo", por Sebastião Carlos Garcia (RT 924/217).

Art. 6º: 4a. "A Constituição Federal assegura a preservação de direitos adquiridos, mas não a manutenção de regime jurídico. Assim, nas situações jurídicas ditas estatutárias, legais, regulamentares ou objetivas (= regidas por atos normativos e não por ato individual de vontade), somente podem ser considerados como direitos adquiridos — e, como tais, imunes à incidência de lei nova —, aqueles cujos pressupostos de natureza fática (= ato-condição; fato gerador; suporte fático) estabelecidos no ato normativo revogado já se encontravam inteiramente implementados à época da revogação. O registro, no Brasil, de diplomas expedidos por entidades de ensino estrangeiras está submetido ao regime jurídico vigente à data da sua expedição e não ao da data do início do curso a que se referem" (STJ-1ª T., REsp 1.034.430, Min. Teori Zavascki, j. 7.8.08, DJ 20.8.08).

Art. 6º: 5. cf. CPC 502.

Art. 6º: 6. "A coisa julgada que a Constituição protege é a material — que define a lide — não a mera preclusão" (STF-1ª T., RE 108.042, Min. Sepúlveda Pertence, j. 24.4.98, DJU 7.8.98).

Art. 7º A lei do país[1 a 2] em que for domiciliada[3] a pessoa determina as regras sobre o começo e o fim da personalidade,[4] o nome,[5] a capacidade[6] e os direitos de família.[7 a 7e]

§ 1º Realizando-se o casamento no Brasil, será aplicada a lei brasileira quanto aos impedimentos dirimentes[8] e às formalidades da celebração.[9]

§ 2º *(redação da Lei 3.238, de 1.8.57)* O casamento de estrangeiros poderá celebrar-se perante autoridades diplomáticas ou consulares do país de ambos os nubentes.

§ 3º Tendo os nubentes domicílio diverso, regerá os casos de invalidade do matrimônio[10] a lei do primeiro domicílio conjugal.

§ 4º O regime de bens, legal[11] ou convencional,[12] obedece à lei do país em que tiverem os nubentes domicílio, e, se este for diverso, à do primeiro domicílio conjugal.[13]

§ 5º *(redação da Lei 6.515, de 26.12.77)* O estrangeiro casado, que se naturalizar brasileiro, pode, mediante expressa anuência de seu cônjuge, requerer ao juiz, no ato de entrega do decreto de naturalização, se apostile ao mesmo a adoção do regime de comunhão parcial de bens,[14] respeitados os direitos de terceiros e dada esta adoção ao competente registro.

§ 6º *(redação da Lei 12.036, de 1.10.09)* O divórcio realizado no estrangeiro, se um ou ambos os cônjuges forem brasileiros, só será reconhecido no Brasil depois de um ano da data da sentença, salvo se houver sido antecedida de separação judicial[14a] por igual prazo, caso em que a homologação produzirá efeito imediato, obedecidas as condições estabelecidas para a eficácia das sentenças estrangeiras no país.[15-15a] O Superior Tribunal de Justiça, na forma de seu regimento interno, poderá reexaminar, a requerimento do interessado, decisões já proferidas em pedidos de homologação de sentenças estrangeiras de divórcio de brasileiros, a fim de que passem a produzir todos os efeitos legais.

§ 7º Salvo o caso de abandono, o domicílio do chefe da família estende-se ao outro cônjuge e aos filhos não emancipados, e o do tutor ou curador aos incapazes sob sua guarda.[16-17]

§ 8º Quando a pessoa não tiver domicílio, considerar-se-á domiciliada no lugar de sua residência ou naquele em que se encontre.[18]

Art. 7º: 1. "Uma reflexão acerca dos pactos e convenções internacionais e sua aplicação no ordenamento jurídico pátrio", por Bernardo Montalvão Varjão Azevedo (RF 372/63); "Da 'dignidade da diferença' ao moderno Direito Internacional Privado", por Jacob Dolinger (RF 373/113); "Provincianismo no direito internacional privado brasileiro. Dignidade humana e soberania nacional: inversão dos princípios", por Jacob Dolinger (RT 880/33).

Art. 7º: 1a. **Dec. (legislativo) 5.647, de 7.1.29** — Aprova a Convenção de Direito Internacional Privado, de Havana.

Dec. 18.871, de 13.8.29 — Promulga a Convenção de Direito Internacional Privado, de Havana (RT 72/476). Este Dec. promulgou o chamado Código Bustamante, que constitui verdadeiro Código de Direito Internacional Privado da América.

S/ disposições de direito internacional aeronáutico, v. Lei 7.565, de 19.12.86 (Cód. Bras. de Aeronáutica, arts. 3º a 10), em Lex 1986/1.285, RF 296/483.

Art. 7º: 2. **Dec. 1.979, de 9.8.96** — Promulga a Convenção Interamericana sobre Normas Gerais de Direito Internacional Privado, concluída em Montevidéu, Uruguai, em 8 de maio de 1979 (Lex 1996/1.942, RDA 205/393, RT 730/719). Cita Dec. Leg. 36, de 4.4.95, do Congresso Nacional, que aprovou a Convenção.

Art. 7º: 3. s/ domicílio, v. CC 70 a 78.

Art. 7º: 4. Direitos da personalidade: CC 11 a 21.

Art. 7º: 5. v. LRP 55 a 58.

Art. 7º: 6. v. CC 1º a 5º.

Art. 7º: 7. v. CC 1.511 a 1.783.

Art. 7º: 7a. "Investigação de paternidade de estrangeiro. Registro em sua pátria de origem. Aplicação da legislação brasileira. O elemento de conexão, no conflito de leis no espaço, estipulado no ordenamento pátrio, é o domicílio da pessoa. Ainda que a concepção, o nascimento e o registro da investigante tenham ocorrido no exterior, estando ela domiciliada no Brasil, deve ser aplicado o ordenamento nacional" (STF-RT 824/183).

Art. 7º: 7b. "Residindo os cônjuges, à época do pedido de divórcio, nos Estados Unidos da América, não há arguir-se a incompetência de sua Justiça para a respectiva decisão (art. 7º, *caput*, da LICC)" (STJ-Corte Especial, SE 746, Min. Francisco Falcão, j. 5.11.08, DJ 4.12.08).

Art. 7º: 7c. "A Justiça brasileira é competente para as controvérsias de direito de família, quando um dos cônjuges se domicilia no país, mesmo que o casamento tenha se realizado no estrangeiro, onde permanece o outro parceiro. Imprescindível, porém, o cumprimento da formalidade legal contida no art. 1.544 do Código Civil, qual seja, o registro no Cartório de Registro Civil do respectivo domicílio ou no 1º Ofício da Capital do Estado, quando houver mais de um, no prazo não preclusivo de 180 dias, contados da volta ao Brasil. Até o preenchimento do requisito legal, incompetente se mostra a Justiça brasileira" (JTJ 356/614: AP 994.09.283292-0).

Art. 7º: 7d. "O domicílio das partes na Suíça justifica a competência das autoridades judiciárias daquele país para decidir sobre a adoção e, consequentemente, sobre a aplicação da respectiva legislação (art. 7º da LICC)" (STJ-Corte Especial, SE 8.399, Min. Ari Pargendler, j. 1.8.13, DJ 12.8.13).

Art. 7º: 7e. "Ação de divórcio. Partilha de bens adquiridos na constância da união e, após, o casamento. Bens localizados no exterior. Competência da justiça brasileira para a definição dos direitos e obrigações relativos ao desfazimento da instituição da união e do casamento. Observância da legislação pátria quanto à partilha igualitária de bens sob pena de divisão injusta e contrária às regras de direito de família do Brasil. Reconhecimento da possibilidade de equalização dos bens" (STJ-3ª T., REsp 1.410.958, Min. Paulo Sanseverino, j. 22.4.14, DJ 27.5.14).

Art. 7º: 8. v. CC 1.521.

Art. 7º: 9. v. CC 1.533 a 1.542.

Art. 7º: 10. v. CC 1.548 a 1.564.

Art. 7º: 11. v. CC 1.641.

Art. 7º: 12. v. CC 1.639.

Art. 7º: 13. O texto do § 4º está de acordo com a publicação oficial em Coleção das Leis da União, 1943, v. III, p. 303.

Art. 7º: 14. v. CC 1.658 a 1.666.

Art. 7º: 14a. v., porém, CC 1.571, nota 2b **(Em. Const. 66, de 13.7.10)**.

Art. 7º: 15. v. art. 15; v. tb. CPC 961-*caput*.

Art. 7º: 15a. "A regra do art. 226, § 6º, da CF/88 prevalece sobre o comando do art. 7º, § 6º, da LICC", de modo que não é preciso observar os prazos previstos neste para a homologação da sentença estrangeira de divórcio (STJ-Corte Especial, SE 4.441, Min. Eliana Calmon, j. 29.6.10, DJ 19.8.10).

Art. 7º: 16. CF 226: "§ 5º Os direitos e deveres referentes à sociedade conjugal são exercidos igualmente pelo homem e pela mulher".

Art. 7º: 17. CC 1.569: "O domicílio do casal será escolhido por ambos os cônjuges, mas um e outro podem ausentar-se do domicílio conjugal para atender a encargos públicos, ao exercício de sua profissão, ou a interesses particulares relevantes".

Art. 7º: 18. cf. CC 73, CPC 46 § 3º.

Art. 8º Para qualificar os bens e regular as relações a eles concernentes, aplicar-se-á a lei do país em que estiverem situados.

§ 1º Aplicar-se-á a lei do país em que for domiciliado o proprietário, quanto aos bens móveis que ele trouxer ou se destinarem a transporte para outros lugares.

§ 2º O penhor[1] regula-se pela lei do domicílio que tiver a pessoa, em cuja posse se encontre a coisa apenhada.

Art. 8º: 1. v. CC 1.431 a 1.472.

Art. 9º Para qualificar e reger as obrigações, aplicar-se-á a lei do país em que se constituírem.[1]

§ 1º Destinando-se a obrigação a ser executada no Brasil[1a-2] e dependendo de forma essencial, será esta observada, admitidas as peculiaridades da lei estrangeira quanto aos requisitos extrínsecos do ato.

§ 2º A obrigação resultante do contrato reputa-se constituída no lugar em que residir o proponente.[3]

Art. 9º: 1. "Em contratos internacionais, é admitida a eleição de legislação aplicável, inclusive no que tange à regulação do prazo prescricional aplicável" (STJ-3ª T., REsp 1.280.218, Min. Marco Bellizze, j. 21.6.16, maioria, DJ 12.8.16).

Art. 9º: 1a. v., no tít. PAGAMENTO EM MOEDA ESTRANGEIRA, Dec. lei 857, de 11.9.69, ínt., e Dec. 24.038, de 26.3.34, ínt.

Art. 9º: 2. s/ competência da Justiça brasileira para julgar demanda relacionada a obrigação a ser cumprida no Brasil, v. CPC 21-II.

Art. 9º: 3. "A norma do art. 9º, § 2º, da LICC (atual Lei de Introdução às Normas do Direito Brasileiro — LINDB), não se refere a domicílio, mas a simples 'residência', revelando caráter temporário, vinculado ao local onde se encontrava o proponente no momento de propor a realização do negócio jurídico. No caso concreto, conforme consta do acórdão recorrido, o que se tem é que o contrato de financiamento foi celebrado nos Estados Unidos da América e a importância respectiva seria repassada pela instituição bancária estrangeira diretamente à empresa americana exportadora do equipamento, da qual a empresa nacional recorrente adquiriu o equipamento de corte de metais. Ou seja, o contrato de financiamento foi celebrado no exterior e lá deveria ser cumprido, inexistindo esclarecimentos a respeito de como e onde foram realizadas as tratativas iniciais. Com isso, presume-se que a proposta foi realizada também no exterior e, na melhor interpretação do art. 9º, § 2º, da LICC, não há como deixar de aplicar a legislação estrangeira na relação contratual examinada nestes autos, ficando afastada a incidência do CDC" (STJ-4ª T., REsp 963.852, Min. Antonio Ferreira, j. 21.8.14, DJ 6.10.14).

Art. 10. A sucessão por morte[1] ou por ausência[2] obedece à lei do país em que era domiciliado o defunto ou o desaparecido, qualquer que seja a natureza e a situação dos bens.[2a]

§ 1º (*redação da Lei 9.047, de 18.5.95*) A sucessão de bens de estrangeiros, situados no País,[2b] será regulada pela lei brasileira em benefício do cônjuge ou dos filhos brasileiros, ou de quem os represente, sempre que não lhes seja mais favorável a lei pessoal do *de cujus*.[3]

§ 2º A lei do domicílio do herdeiro ou legatário regula a capacidade para suceder.[3a a 4]

Art. 10: 1. v. CC 1.784 a 2.027.

Art. 10: 2. v. CC 26 a 39.

Art. 10: 2a. Logo, a ordem de vocação hereditária é regida pela lei do país em que era domiciliado o defunto ou o desaparecido.

Art. 10: 2b. "Bem imóvel situado na Alemanha, que a tia dos autores teria recebido sozinha por herança dos finados genitores, promovido sua venda e empalmado o dinheiro respectivo, sem nada comunicar aos autores, seus sobrinhos, coerdeiros por representação do finado irmão. Inocorrência de eiva, a sucessão se regia pela legislação alemã quanto ao imóvel ali situado, e era toda deferida à apelada" (JTJ 372/397: AP 9219247-49.2008.8.26.00000). Do voto do relator: "*A contrario sensu*, os bens 'situados fora do país' não terão seu regime jurídico regulado pela lei brasileira. Isto é, a eles se aplicará o critério da *lex rei sitae*, inculpido no art. 8º".

V. art. 8º-*caput*.

Art. 10: 3. Nos mesmos termos: CF 5º-XXXI.

Art. 10: 3a. "Capacidade para suceder não se confunde com qualidade de herdeiro. Esta tem a ver com a ordem da vocação hereditária. Resolvida a questão prejudicial de que determinada pessoa, segundo o domicílio que tinha o *de cujus*, é herdeira, cabe examinar se a pessoa indicada é capaz ou incapaz para receber a herança, solução que é fornecida pela lei do domicílio do herdeiro (art. 10, § 2º, da LICC)" (RSTJ 102/292: 4ª T., REsp 61.434, maioria).

Art. 10: 3b. s/ capacidade sucessória no Brasil, v. CC 1.801 a 1.803.

Art. 10: 4. **CC 1.787:** "Regula a sucessão e a legitimação para suceder a lei vigente ao tempo de abertura daquela".

Art. 11. As organizações destinadas a fins de interesse coletivo, como as sociedades[1] e as fundações, obedecem à lei do Estado em que se constituírem.

§ 1º Não poderão, entretanto, ter no Brasil filiais, agências ou estabelecimentos antes de serem os atos constitutivos aprovados pelo Governo brasileiro, ficando sujeitas à lei brasileira.

§ 2º Os Governos estrangeiros, bem como as organizações de qualquer natureza, que eles tenham constituído, dirijam ou hajam investido de funções públicas, não poderão adquirir no Brasil bens imóveis ou suscetíveis de desapropriação.

§ 3º Os Governos estrangeiros podem adquirir a propriedade dos prédios necessários à sede dos representantes diplomáticos ou dos agentes consulares.

Art. 11: 1. s/ sociedade estrangeira, v. CC 1.134 a 1.141.

Art. 12. É competente a autoridade judiciária brasileira, quando for o réu domiciliado no Brasil ou aqui tiver de ser cumprida a obrigação.[1]

§ 1º Só à autoridade judiciária brasileira compete conhecer das ações relativas a imóveis situados no Brasil.[2]

§ 2º A autoridade judiciária brasileira cumprirá, concedido o *exequatur*[3] e segundo a forma estabelecida pela lei brasileira, as diligências deprecadas por autoridade estrangeira competente, observando a lei desta, quanto ao objeto das diligências.

Art. 12: 1. v. CPC 21 a 24.

Art. 12: 2. v. CPC 23-I.

Art. 12: 3. s/ sentença estrangeira, v. art. 15; s/ *exequatur* de cartas rogatórias estrangeiras, v. CF 105-I-*i* c/c 109-X; CPC 36; RISTJ 216-O e segs.

Art. 13. A prova dos fatos ocorridos em país estrangeiro rege-se pela lei que nele vigorar, quanto ao ônus e aos meios de produzir-se, não admitindo os tribunais brasileiros provas que a lei brasileira desconheça.

Art. 14. Não conhecendo a lei estrangeira, poderá o juiz exigir de quem a invoca prova do texto e da vigência.[1]

Art. 14: 1. v. CPC 376.

Art. 15. Será executada no Brasil a sentença proferida no estrangeiro,[1] que reúna os seguintes requisitos:

a) haver sido proferida por juiz competente;[2]

b) terem sido as partes citadas ou haver-se legalmente verificado à revelia;

c) ter passado em julgado[3] e estar revestida das formalidades necessárias para a execução no lugar em que foi proferida;

d) estar traduzida por intérprete autorizado;

e) ter sido homologada pelo Supremo Tribunal Federal.[4]

Parágrafo único. ....[5]

Art. 15: 1. s/ *exequatur* de cartas rogatórias estrangeiras, v. art. 12 § 2º.

Art. 15: 2. Súmula 381 do STF (Divórcio por procuração): "Não se homologa sentença de divórcio obtida por procuração, em país de que os cônjuges não eram nacionais".

Art. 15: 3. Na verdade, basta para a execução da sentença estrangeira no Brasil que a **decisão** seja **eficaz,** ainda que não tenha transitado em julgado.

V., no nosso CPCLPV, CPC 963-III, inclusive nota 6.

Art. 15: 4. A competência para a homologação de sentença estrangeira passou ao Superior Tribunal de Justiça (CF 105-I-*i*).

S/ homologação de sentença estrangeira, v. CPC 960 e segs.

Art. 15: 5. O § ún. foi expressamente revogado pela Lei 12.036, de 1.10.09.

Art. 16. Quando, nos termos dos artigos precedentes, se houver de aplicar a lei estrangeira, ter-se-á em vista a disposição desta, sem considerar-se qualquer remissão por ela feita a outra lei.

Art. 17. As leis, atos e sentenças de outro país, bem como quaisquer declarações de vontade, não terão eficácia no Brasil, quando ofenderem a soberania nacional, a ordem pública[1] e os bons costumes.

Art. 17: 1. s/ ofensa à ordem pública nacional, v., no CPCLPV, CPC 963, nota 9, e LArb 39, nota 3.

Art. 18 (*redação da Lei 3.238, de 1.8.57*). Tratando-se de brasileiros, são competentes as autoridades consulares brasileiras para lhes celebrar o casamento e os mais atos de registro civil e de tabelionato, inclusive o registro de nascimento e de óbito dos filhos de brasileiro ou brasileira nascido no país da sede do consulado.[1 a 3]

§ 1º (*redação da Lei 12.874, de 29.10.13*) As autoridades consulares brasileiras também poderão celebrar a separação consensual e o divórcio consensual de brasileiros, não havendo filhos menores ou incapazes do casal e observados os requisitos legais quanto aos prazos,[4] devendo constar da respectiva escritura pública as disposições relativas à descrição e à partilha dos bens comuns e à pensão alimentícia e, ainda, ao acordo quanto à retomada pelo cônjuge de seu nome de solteiro ou à manutenção do nome adotado quando se deu o casamento.

§ 2º (*redação da Lei 12.874, de 29.10.13*) É indispensável a assistência de advogado, devidamente constituído, que se dará mediante a subscrição de petição, juntamente com ambas as partes, ou com apenas uma delas, caso a outra constitua advogado próprio, não se fazendo necessário que a assinatura do advogado conste da escritura pública.[5-6]

Art. 18: 1. cf. LRP 32 § 3º.

Art. 18: 2. v. art. 19.

Art. 18: 3. v. CF 12-I-*c* e ADCT 95.

Art. 18: 4. v. CC 1.571, nota 2b (Em. Const. 66, de 13.7.10).

Art. 18: 5. v., no nosso CPCLPV, CPC 733 e notas.

Art. 18: 6. "Separação e divórcio consensuais de brasileiros no exterior", por Antonio Borges de Figueiredo (RJ-Lex 66/11).

Art. 19 (*acrescido pela Lei 3.238, de 1.8.57*). Reputam-se válidos todos os atos indicados no artigo anterior e celebrados pelos cônsules brasileiros na vigência do Decreto-lei n. 4.657, de 4 de setembro de 1942,[1] desde que satisfaçam todos os requisitos legais.

Parágrafo único. No caso em que a celebração desses atos tiver sido recusada pelas autoridades consulares, com fundamento no art. 18 do mesmo Decreto-lei, ao interessado é facultado renovar o pedido dentro de 90 (noventa) dias contados da data da publicação desta lei.

Art. 19: 1. O Dec. lei 4.657 é a própria LINDB.

Art. 20 (*acrescido pela Lei 13.655, de 25.4.18*). Nas esferas administrativa, controladora e judicial, não se decidirá com base em valores jurídicos abstratos sem que sejam consideradas as consequências práticas da decisão.[1]

Parágrafo único. A motivação demonstrará a necessidade e a adequação da medida imposta ou da invalidação de ato, contrato, ajuste, processo ou norma administrativa, inclusive em face das possíveis alternativas.

Art. 20: 1. **Dec. 9.830, de 10.6.19** — Regulamenta o disposto nos art. 20 ao art. 30 do Decreto-Lei n. 4.657, de 4 de setembro de 1942, que institui a Lei de Introdução às normas do Direito brasileiro.

Art. 21 (*acrescido pela Lei 13.655, de 25.4.18*). A decisão que, nas esferas administrativa, controladora ou judicial, decretar a invalidação de ato, contrato, ajuste, processo ou norma administrativa deverá indicar de modo expresso suas consequências jurídicas e administrativas.

Parágrafo único. A decisão a que se refere o *caput* deste artigo deverá, quando for o caso, indicar as condições para que a regularização ocorra de modo proporcional e equânime e sem prejuízo aos interesses gerais, não se podendo impor aos sujeitos atingidos ônus ou perdas que, em função das peculiaridades do caso, sejam anormais ou excessivos.

Art. 22 (*acrescido pela Lei 13.655, de 25.4.18*). Na interpretação de normas sobre gestão pública, serão considerados os obstáculos e as dificuldades reais do gestor e as exigências das políticas públicas a seu cargo, sem prejuízo dos direitos dos administrados.

§ 1º Em decisão sobre regularidade de conduta ou validade de ato, contrato, ajuste, processo ou norma administrativa, serão consideradas as circunstâncias práticas que houverem imposto, limitado ou condicionado a ação do agente.

§ 2º Na aplicação de sanções, serão consideradas a natureza e a gravidade da infração cometida, os danos que dela provierem para a administração pública, as circunstâncias agravantes ou atenuantes e os antecedentes do agente.

§ 3º As sanções aplicadas ao agente serão levadas em conta na dosimetria das demais sanções de mesma natureza e relativas ao mesmo fato.

Art. 23 (*acrescido pela Lei 13.655, de 25.4.18*). A decisão administrativa, controladora ou judicial que estabelecer interpretação ou orientação nova sobre norma de conteúdo indeterminado, impondo novo dever ou novo condicionamento de direito, deverá prever regime de transição quando indispensável para que o novo dever ou condicionamento de direito seja cumprido de modo proporcional, equânime e eficiente e sem prejuízo aos interesses gerais.

Parágrafo único. (VETADO).

Art. 24 (*acrescido pela Lei 13.655, de 25.4.18*). A revisão, nas esferas administrativa, controladora ou judicial, quanto à validade de ato, contrato, ajuste, processo ou norma administrativa cuja produção já se houver completado levará em conta as orientações gerais da época, sendo vedado que, com base em mudança posterior de orientação geral, se declarem inválidas situações plenamente constituídas.

Parágrafo único. Consideram-se orientações gerais as interpretações e especificações contidas em atos públicos de caráter geral ou em jurisprudência judicial ou administrativa majoritária, e ainda as adotadas por prática administrativa reiterada e de amplo conhecimento público.

Art. 25. (VETADO).

Art. 26 (*acrescido pela Lei 13.655, de 25.4.18*). Para eliminar irregularidade, incerteza jurídica ou situação contenciosa na aplicação do direito público, inclusive no caso de expedição de licença, a autoridade administrativa poderá, após oitiva do órgão jurídico e, quando for o caso, após realização de consulta pública, e presentes razões de relevante interesse geral, celebrar compromisso com os interessados, observada a legislação aplicável, o qual só produzirá efeitos a partir de sua publicação oficial.

§ 1º O compromisso referido no *caput* deste artigo:

I — buscará solução jurídica proporcional, equânime, eficiente e compatível com os interesses gerais;

II — (VETADO);

III — não poderá conferir desoneração permanente de dever ou condicionamento de direito reconhecidos por orientação geral;

IV — deverá prever com clareza as obrigações das partes, o prazo para seu cumprimento e as sanções aplicáveis em caso de descumprimento.

§ 2º (VETADO).

Art. 27 (*acrescido pela Lei 13.655, de 25.4.18*). A decisão do processo, nas esferas administrativa, controladora ou judicial, poderá impor compensação por benefícios indevidos ou prejuízos anormais ou injustos resultantes do processo ou da conduta dos envolvidos.

§ 1º A decisão sobre a compensação será motivada, ouvidas previamente as partes sobre seu cabimento, sua forma e, se for o caso, seu valor.

§ 2º Para prevenir ou regular a compensação, poderá ser celebrado compromisso processual entre os envolvidos.

Art. 28 (*acrescido pela Lei 13.655, de 25.4.18*). O agente público responderá pessoalmente por suas decisões ou opiniões técnicas em caso de dolo ou erro grosseiro.

§ 1º (VETADO).

§ 2º (VETADO).

§ 3º (VETADO).

Art. 29 (*acrescido pela Lei 13.655, de 25.4.18*). Em qualquer órgão ou Poder, a edição de atos normativos por autoridade administrativa, salvo os de mera organização interna, poderá ser precedida de consulta pública para manifestação de interessados, preferencialmente por meio eletrônico, a qual será considerada na decisão.[1]

§ 1º A convocação conterá a minuta do ato normativo e fixará o prazo e demais condições da consulta pública, observadas as normas legais e regulamentares específicas, se houver.

§ 2º (VETADO).

Art. 29: 1. Em vigor após decorridos 180 dias de sua publicação oficial (DOU 26.4.18).

Art. 30 (*acrescido pela Lei 13.655, de 25.4.18*). As autoridades públicas devem atuar para aumentar a segurança jurídica na aplicação das normas, inclusive por meio de regulamentos, súmulas administrativas e respostas a consultas.

Parágrafo único. Os instrumentos previstos no *caput* deste artigo terão caráter vinculante em relação ao órgão ou entidade a que se destinam, até ulterior revisão.

Rio de Janeiro, 4 de setembro de 1942, 121º da Independência e 54º da República — GETULIO VARGAS — **Alexandre Marcondes Filho — A. de Souza Costa — Eurico G. Dutra — Henrique A. Guilhem — João de Mendonça Lima — Oswaldo Aranha — Apolonio Salles — Gustavo Capanema — J. P. Salgado Filho.**

Ementário

Código Civil

Lei 10.406, de 10.1.02 — Institui o Código Civil (v. adiante, ínt.). Entrada em vigor a 11.1.03 (v. art. 2.044, nota 1).

Lei 10.677, de 22.5.03 — Revoga o art. 374 do Código Civil.

Lei 10.825, de 22.12.03 — Dá nova redação aos arts. 44 e 2.031 da Lei n. 10.406, de 10 de janeiro de 2002, que institui o Código Civil (DOU 23.12.03).

Lei 10.838, de 30.1.04 — Dá nova redação ao art. 2.031 do Código Civil (DOU 2.2.04).

Lei 10.931, de 2.8.04 — Acrescenta o art. 1.363-A e altera os arts. 1.331 § 3º, 1.336-I, 1.351 e 1.485 do Código Civil (DOU 3.8.04).

Lei 11.127, de 28.6.05 — Altera os arts. 54, 57, 59, 60 e 2.031 do Código Civil (DOU 29.6.05).

Lei 11.280, de 16.2.06 — Revoga o art. 194 do Código Civil (DOU 17.2.06).

Lei 11.481, de 31.5.07 — Altera os arts. 1.225 e 1.473 do Código Civil (DOU 31.5.07 — ed. extra).

Lei 11.698, de 13.6.08 — Altera os arts. 1.583 e 1.584 do Código Civil (DOU 16.6.08).

LC 128, de 19.12.08 — Acrescenta § 3º ao art. 968 e § ún. ao art. 1.033 do Código Civil.

Lei 12.010, de 3.8.09 — Dispõe sobre adoção; revoga dispositivos do Código Civil e dá outras providências.

Lei 12.133, de 17.12.09 — Dá nova redação ao art. 1.526 do Código Civil, para determinar que a habilitação para o casamento seja feita pessoalmente perante o oficial do Registro Civil (DOU 18.12.09).

Lei 12.236, de 19.5.10 — Dá nova redação ao art. 723 do Código Civil.

Lei 12.344, de 9.12.10 — Altera a redação do inc. II do art. 1.641 do Código Civil, para aumentar para 70 anos a idade a partir da qual se torna obrigatório o regime da separação de bens no casamento.

Lei 12.375, de 30.12.10 — No Código Civil: dá nova redação ao art. 1.061.

Lei 12.398, de 28.3.11 — Acrescenta parágrafo único ao art. 1.589 do Código Civil, e dá nova redação ao inciso VII do art. 888 do Código de Processo Civil, para estender aos avós o direito de visita aos netos.

Lei 12.399, de 1.4.11 — Acrescenta § 3º ao art. 974 do Código Civil.

Lei 12.424, de 16.6.11 — No Código Civil: acrescenta o art. 1.240-A.

Lei 12.441, de 11.7.11 — Altera o Código Civil para permitir a constituição de empresa individual de responsabilidade limitada.

Lei 12.470, de 31.8.11 — No Código Civil: acrescenta §§ 4º e 5º ao art. 968.

Lei 12.607, de 4.4.12 — Altera o § 1º do art. 1.331 do Código Civil.

Lei 12.873, de 24.10.13 — No Código Civil: altera o *caput* do art. 1.439.

LC 147, de 7.8.14 — Altera a Lei Complementar n. 123, de 14 de dezembro de 2006, e as Leis n. 5.889, de 8 de junho de 1973, 11.101, de 9 de fevereiro de 2005, 9.099, de 26 de setembro de 1995, 11.598, de 3 de dezembro de 2007, 8.934, de 18 de novembro de 1994, 10.406, de 10 de janeiro de 2002, e 8.666, de 21 de junho de 1993; e dá outras providências. No Código Civil: altera o art. 968-II.

Lei 13.043, de 13.11.14 — No Código Civil: altera o art. 1.367 e acrescenta o art. 1.368-B.

Lei 13.058, de 22.12.14 — Altera os arts. 1.583, 1.584, 1.585 e 1.634 da Lei n. 10.406, de 10 de janeiro de 2002 (Código Civil), para estabelecer o significado da expressão "guarda compartilhada" e dispor sobre sua aplicação.

Lei 13.105, de 16.3.15 — Código de Processo Civil. No Código Civil: altera os arts. 274 e 2.027-*caput* e dispõe sobre a revogação dos arts. 227-*caput*, 229, 230, 456, 1.482, 1.483 e 1.768 a 1.773.

Artigos

Livro III | DOS FATOS JURÍDICOS (arts. 104 a 232)

Parte Especial (arts. 233 a 2.046)

Livro I | DO DIREITO DAS OBRIGAÇÕES (arts. 233 a 965)

Artigos

Artigos

Livro II | DO DIREITO DE EMPRESA (arts. 966 a 1.195)

Artigos

Livro III | DO DIREITO DAS COISAS (arts. 1.196 a 1.510-E)

Livro IV | DO DIREITO DE FAMÍLIA (arts. 1.511 a 1.783-A)

Código Civil[1-2]

Lei n. 10.406, de 10 de janeiro de 2002

Institui o Código Civil.

O Presidente da República,
Faço saber que o Congresso Nacional decreta e eu sanciono a seguinte lei:

✎ **CÓD. CIV.: 1.** "Reflexões sobre o novo Código Civil", por Ênio Santarelli Zuliani (Rev. AASP 68/31); "Inovações principais do novo Código Civil", por Dilvanir José da Costa (RT 796/39 e RF 364/45); "Algumas considerações sobre o novo Código Civil brasileiro", por Ricardo Rodrigues Gama (RF 364/267); "O novo Código Civil Brasileiro: tramitação; função social do contrato; boa-fé objetiva, teoria da imprevisão; e, em especial, onerosidade excessiva", por Álvaro Villaça Azevedo (RJ 308/7); "Interpretação e aplicabilidade da Constituição: em busca de um Direito Civil Constitucional", por Anderson Sant'Ana Pedra (RJ 308/40 e RDA 232/177); "Visão geral do novo Código Civil", por Miguel Reale (RT 808/11); "Considerações ao novo Código Civil", por Heraldo Garcia Vitta (RT 811/11); "O novo Código Civil Brasileiro em suas coordenadas axiológicas: do liberalismo à socialidade", por José Camacho Santos (Ajuris 88/195); "O novo Código Civil e o Direito Processual", por José Carlos Barbosa Moreira (RJ 304/3); "Apreciação crítica do Código Civil de 2002 na perspectiva constitucional do Direito Civil contemporâneo", por Luiz Edson Fachin (RJ 304/3); "Sistema e direito privado", por Luciano de Camargo Penteado (RDPr 16/161); "A constitucionalização do Direito Civil", por Almir José Finocchiaro Sarti (RJ 312/32); "Ensino jurídico, interdisciplinariedade e o espírito da nova lei civil", por Emerson Ike Coan (RDPr 14/7); "Os princípios informadores do novo Código Civil e os princípios constitucionais fundamentais: lineamentos de um conflito hermenêutico no ordenamento jurídico brasileiro", por Mário Lúcio Quintão Soares e Lucas Abreu Barroso (RDPr 14/49); "A jus-humanização das relações privadas: para além da constitucionalização do Direito Privado", por Plínio Melgaré (Ajuris 94/227); "Culturalismo e experiência no novo Código Civil", por Judith Martins-Costa (RT 819/23); "Apontamentos sobre o princípio da solidariedade no sistema do direito privado", por Rosa Maria de Andrade Nery (RDPr 17/65); "Novo Código Civil e os processos pendentes: ensaio acerca do impacto", por Guilherme Rizzo Amaral (RSDCPC 27/118 e RF 383/497); "A 'reconstitucionalização' do direito civil brasileiro: lei nova e velhos problemas à luz de dez desafios", por Luiz Edson Fachin (RJ 324/16); "O novo Código Civil e as regras heterotópicas de natureza processual", por Humberto Theodoro Júnior (RSDCPC 32/15); "A função social no Código Civil. Aspectos da publicização do direito privado", por Marco Aurélio Serau Junior (RF 375/103); "Externalidades e custos de transação: a redistribuição de direitos no novo Código Civil", por Rachel Sztajn (RDPr 22/250); "Repersonalização e constitucionalização: superação do paradigma patrimonialista", por Munira Hanna (Ajuris 98/221); "O bicentenário Código Napoleão e o Direito Civil brasileiro", por Ricardo Pereira Lira (RF 377/169); "O Código Civil brasileiro e o problema metodológico de sua realização. Do paradigma da aplicação ao paradigma judicativo-decisório", por Francisco Amaral (Ajuris 100/119 e RF 385/87); "A incorporação dos direitos fundamentais pelo ordenamento brasileiro: sua eficácia nas relações jurídicas privadas", por Gustavo Tepedino (Ajuris 100/153 e RJ 341/11); "A evolução do sistema do direito civil: do individualismo à sociedade", por Daniela Vasconcellos Gomes (RDPr 27/32); "Descodificação, constitucionalização e descentralização no direito privado: o Código Civil ainda é útil?", por Luciano Benetti Tim (RDPr 27/223); "Condições gerais dos contratos e o novo Código Civil brasileiro", por Paulo Luiz Netto Lôbo (RTDC 27/103); "Os 10 anos do Código Civil de 2002 e suas repercussões no direito processual civil", por Francisco Glauber Pessoa Alves (RP 221/185).

✎ **CÓD. CIV.: 2.** s/ direito comparado: "A influência dos direitos fundamentais sobre o direito privado na Alemanha", por Claus-Wilhelm Canaris (RJ 312/7); "Funções da parte geral de um Código Civil e limites da sua prestabilidade", por Claus-Wilhelm Canaris (Ajuris 95/271); "O Código Civil da Alemanha (BGB) e a Lei Fundamental", por Jörg Neuner (Ajuris 97/315 e RJ 326/7).

Parte Geral

Livro I | DAS PESSOAS[1]

Título I | DAS PESSOAS NATURAIS[1]

Capítulo I | DA PERSONALIDADE E DA CAPACIDADE[1]

✎ **LIV. I: 1.** "Estado civil além do casamento", por Ricardo Rodrigues Gama (RJ 334/61).

✎ **TÍT. I: 1.** "Das pessoas naturais", por Nagib Slaibi Filho (RJ 354/63).

✎ **CAP. I: 1.** "Personalidade e capacidade jurídicas no Código Civil de 2002", por Guilherme Calmon Nogueira da Gama e Bruno Paiva Bartholo (RBDF 37/27); "Integridade psíquica e capacidade de exercício", por Ana Carolina Brochado Teixeira (RTDC 33/3); "Deficiência psíquica e curatela: reflexões sob o viés da autonomia privada", por Ana Carolina Brochado Teixeira (RBDFS 7/64).

Art. 1º Toda pessoa é capaz de direitos e deveres na ordem civil.[1-2] [Dispositivo correspondente no CC/1916: art. 2º.]

Art. 1º: 1. s/ direitos da personalidade, v. arts. 11 a 21; s/ direitos e garantias fundamentais, v. CF 5º; s/ capacidade para estar em juízo, v., no CPCLPV, CPC 70 e 75, bem como as respectivas notas.

✎ **Art. 1º: 2.** "A capacidade da pessoa física no direito civil", por Luciano Campos de Albuquerque (RDPr 18/84).

Art. 2º A personalidade civil da pessoa começa do nascimento com vida; mas a lei põe a salvo, desde a concepção, os direitos do nascituro.[1 a 3] [Dispositivo correspondente no CC/1916: art. 4º.]

✎ **Art. 2º: 1.** "Os embriões como destinatários de direitos fundamentais", por Maria Claudia Chaves (RF 378/469); "Ponderações sobre o começo da vida face a concepção humanitária", por Luciano Dalvi Norbim (RDPr 24/112); "O direito do nascituro à vida", por José Carlos Barbosa Moreira (RJ 340/11, RMDCPC 10/30 e RBDF 34/143); "O direito do nascituro: vida e pessoa", por José Luiz Quadros de Magalhães e Tatiana Ribeiro de Souza (RBDF 34/153); "A personalidade civil do nascituro sob a regência da EC 45/2004", por Cristina Grobério Pazó e Vitor Faria Morelato (RT 847/25); "O direito à vida no Código Civil à luz da Constituição", por Ives Gandra da Silva Martins (RMDCPC 3/95); "Tutela jurídica do nascituro à luz da Constituição Federal", por Rodolfo Pamplona Filho e Ana Thereza Meirelles Araújo (RMDCPC 18/33, RDPr 30/251); "Tutela jurídica do embrião e do nascituro", por Rui Geraldo Camargo Viana (Rev. AASP 98/222); "Disciplina jurídica do embrião extracorpóreo", por Ana Thereza Meirelles Araújo (RTDC 35/3); "A tutela jurídica do embrião: Verdades ou acordos?", por José Dionízio da Rocha (RTDC 36/107); "Da utilização de células-tronco embrionárias em período de descarte: o conflito entre o direito à vida e o princípio da dignidade da pessoa humana", por Valkíria A. Lopes Ferraro, João Carlos Leal Jr. e Renata Mayumi Sanomya (RJ 392/75); "Células-tronco na perspectiva do Direito brasileiro", por Elimar Szaniawski (RT 916/155); "O domínio público do útero materno", por Sérgio da Silva Mendes (IP 71/95); "O bebê-medicamento e a autonomia da técnica: da reprodução assistida para doação à clonagem de seres humanos", por Patrick Troude-Chastenet (RDPr 50/61); "'Aqui, lá e em todo lugar': a dignidade humana no direito contemporâneo e no discurso transnacional", por Luís Roberto Barroso (RT 919/127).

Art. 2º: 1a. s/ direito do nascituro a receber indenização por danos morais, v. art. 186, nota 3; s/ doação feita a nascituro, v. art. 542; s/ curatela do nascituro, v. art. 1.779; s/ direito sucessório do nascituro, v. arts. 1.798 a 1.800. V. tb. ECA 7º a 10, 208-VI, 228 e 229.

Art. 2º: 2. **Enunciado 1 do CEJ:** "A proteção que o Código defere ao nascituro alcança o natimorto no que concerne aos direitos da personalidade, tais como nome, imagem e sepultura".

Enunciado 2 do CEJ: "Sem prejuízo dos direitos da personalidade, nele assegurados, o art. 2º do Código Civil não é sede adequada para questões emergentes da reprogenética humana, que deve ser objeto de um estatuto próprio".

Art. 2º: 3. "Reconhecimento do direito dos pais de receberem a indenização por danos pessoais, prevista na legislação regulamentadora do seguro DPVAT, em face da **morte do feto.** Proteção conferida pelo sistema jurídico à vida intrauterina, desde a concepção, com fundamento no princípio da dignidade da pessoa humana" (STJ-3ª T., REsp 1.120.676, Paulo Sanseverino, j. 7.12.10, um voto vencido, DJ 4.2.11).

Art. 3º São absolutamente incapazes de exercer pessoalmente os atos da vida civil os menores de 16 (dezesseis) anos.[1 a 3] [Dispositivo correspondente no CC/1916: art. 5º-I.]

I — (Revogado);

II — (Revogado);

III — (Revogado).

Art. 3º: 1. Redação do *caput* de acordo com a Lei 13.146, de 6.7.15, que também revogou os incs. do art. 3º. Em vigor 180 dias após a sua publicação (DOU 7.7.15).

Art. 3º: 2. v. arts. 76 (domicílio), 166-I (nulidade do negócio jurídico), 198-I (suspensão de prazo prescricional), 228-I (impossibilidade de depor como testemunha), 543 (doação), 928 (responsabilidade civil), 974 a 976 (exercício de atividade empresarial), 1.634-V (representação nos atos da vida civil), 1.689 a 1.693 (administração dos bens de filhos menores), 1.728 e segs. (tutela), 1.860 (testamento).

V. tb. CPC 50 (competência), 71 (representação processual), 178-II (intervenção do MP), 447 (impossibilidade de depor como testemunha), 759 a 763 (disposições comuns à tutela e à curatela), 896 (leilão judicial de imóvel).

V. ainda CF 7º-XXXIII, CLT 402 a 410 e ECA 60 e segs. (restrição ao trabalho).

Por fim, v. tít. CRIANÇA, ADOLESCENTE E JOVEM.

Art. 3º: 3. **Enunciado 138 do CEJ:** "A vontade dos absolutamente incapazes, na hipótese do inc. I do art. 3º, é juridicamente relevante na concretização de situações existenciais a eles concernentes, desde que demonstrem discernimento bastante para tanto". **Nota:** O revogado inc. I tratava dos menores de dezesseis anos, tema atualmente disciplinado no *caput*.

Art. 4º São incapazes, relativamente a certos atos ou à maneira de os exercer:[1-2] [Dispositivo correspondente no CC/1916: art. 6º-*caput*.]

I — os maiores de dezesseis e menores de dezoito anos;[3-4] [Dispositivo correspondente no CC/1916: art. 6º-I.]

II — os ébrios habituais e os viciados em tóxico;[5-5a] [Sem dispositivo correspondente no CC/1916.]

III — aqueles que, por causa transitória ou permanente, não puderem exprimir sua vontade;[6 a 6c] [Sem dispositivo correspondente no CC/1916.]

IV — os pródigos.[7-8] [Dispositivo correspondente no CC/1916: art. 6º-II.]

Parágrafo único. A capacidade dos indígenas será regulada por legislação especial.[9 a 10] [Dispositivo correspondente no CC/1916: art. 6º § ún.]

Art. 4º: 1. Redação do *caput* de acordo com a Lei 13.146, de 6.7.15, em vigor 180 dias após a sua publicação (DOU 7.7.15).

Art. 4º: 2. v. arts. 76 (domicílio), 105 (negócio jurídico), 171-I (anulabilidade do negócio jurídico), 178-III (prazo decadencial para anulação do negócio jurídico), 181 (pagamento atrelado a obrigação anulada), 928 (responsabilidade civil), 974 a 976 (exercício de atividade empresarial), 1.767 e segs. (curatela), 1.860 (testamento).

V. tb. CPC 50 (competência), 71 (representação processual), 178-II (intervenção do MP), 747 a 758 (interdição), 759 a 763 (disposições comuns à tutela e à curatela), 896 (leilão judicial de imóvel).

Art. 4º: 3. v. arts. 180 (ocultação de idade em negócio jurídico), 666 (mandato), 1.517 (casamento) 1.634-V e 1.747-I (assistência nos atos da vida civil), 1.689 a 1.693 (administração dos bens de filhos menores), 1.860 § ún. (testamento).

V. tb. tít. CRIANÇA, ADOLESCENTE E JOVEM.

Art. 4º: 4. **Lei 4.375, de 17.8.64** — Lei do serviço militar: **"Art. 73.** Para efeito do serviço militar, cessará a incapacidade civil do menor, na data em que completar 17 (dezessete) anos".

Art. 4º: 5. Redação do inc. II de acordo com a Lei 13.146, de 6.7.15, em vigor 180 dias após a sua publicação (DOU 7.7.15).

Art. 4º: 5a. v. art. 1.767-III (curatela).

Art. 4º: 6. Redação do inc. III de acordo com a Lei 13.146, de 6.7.15, em vigor 180 dias após a sua publicação (DOU 7.7.15).

Art. 4º: 6a. "Intervalos de lucidez: subsídios para a teoria das incapacidades", por Edgard Audomar Marx Neto (RDPr 51/379); "Da (in)capacidade do ausente para a prática de atos da vida civil: uma breve análise do artigo 3º, III, do CC/2002", por Suzana Santi Cremasco (RMDCPC 27/64).

Art. 4º: 6b. v. arts. 228 § 2º (depoimento como testemunha), 1.550 § 2º (casamento), 1.767-I (curatela), 1.775-A (curatela compartilhada), 1.777 (direito à convivência) e 1.783-A (tomada de decisão apoiada).

V. tb. EPD 2º (pessoa com deficiência).

Art. 4º: 6c. A enfermidade ou **doença mental não se presume,** sequer **pela idade avançada** (Bol. AASP 2.543/4.478).

Art. 4º: 7. "A proteção do pródigo e de sua família no Direito Civil brasileiro", por Murilo Rezende dos Santos (RDPr 55/91).

Art. 4º: 8. v. arts. 1.767-V (curatela) e 1.782 (dimensões da curatela).

Art. 4º: 9. Redação do § ún. de acordo com a Lei 13.146, de 6.7.15, em vigor 180 dias após a sua publicação (DOU 7.7.15).

Art. 4º: 9a. v. CF 231 e 232; Lei 6.001, de 19.12.73 (Estatuto do Índio); Dec. 4.645, de 25.3.03 (Estatuto da FUNAI); Dec. 1.141, de 19.5.94 (ações de proteção ambiental, saúde e apoio às atividades produtivas para as comunidades indígenas); LRP 50 § 2º (registro de nascimento de índio).

Art. 4º: 10. "A Constituição Federal reconhece a **capacidade dos indígenas** para a prática dos atos da vida civil e defesa de seus interesses individuais em juízo. A responsabilidade civil da Funai restringe-se aos atos praticados por indígenas com a finalidade de defender interesses de sua comunidade ou direito assegurado em lei, vigorando o regime de proteção, instituído pela Constituição Federal. Hipótese em que os indígenas devem responder individualmente pelos ilícitos cometidos durante evento patrocinado pela parte autora" (RT 884/366: TRF-4ª Reg., AP 2007.71.04.006853-4).

Art. 5º A menoridade cessa aos dezoito anos[1-2] completos, quando a pessoa fica habilitada à prática de todos os atos da vida civil. [Dispositivo correspondente no CC/1916: art. 9º-*caput*.]

Parágrafo único. Cessará, para os menores, a incapacidade:[3 a 3b] [Dispositivo correspondente no CC/1916: art. 9º § 1º.]

I — pela concessão dos pais,[3c-4] ou de um deles na falta[4a] do outro, mediante instrumento público, independentemente de homologação judicial, ou por sentença do juiz, ouvido o tutor, se o menor tiver dezesseis anos completos; [Dispositivo correspondente no CC/1916: art. 9º § 1º-I.]

II — pelo casamento;[4b-4c] [Dispositivo correspondente no CC/1916: art. 9º § 1º-II.]

III — pelo exercício de emprego público efetivo; [Dispositivo correspondente no CC/1916: art. 9º § 1º-III.]

IV — pela colação de grau em curso de ensino superior; [Dispositivo correspondente no CC/1916: art. 9º § 1º-IV.]

V — pelo estabelecimento civil ou comercial, ou pela existência de relação de emprego, desde que, em função deles, o menor com dezesseis anos completos tenha economia própria. [Dispositivo correspondente no CC/1916: art. 9º § 1º-V.]

Art. 5º: 1. "A maioridade no novo Código Civil e seus efeitos frente ao Código Penal", por Renato Flávio Marcão (RJ 306/77); "Maioridade aos 18 anos e responsabilidade civil dos pais", por Rosaldo Elias Pacagnan e Francisco

Smarczewski (RJ 314/35); "Mais capacidade, menos autonomia. O Estatuto da Menoridade no novo Código Civil", por Simone Eberle (RBDF 24/24); "A maioridade no novo Código Civil. A equidade e seus reflexos no ECA", por Alberto Bezerra de Souza (RF 377/441).

Art. 5º: 2. Enunciado 3 do CEJ: "A redução do limite etário para definição da capacidade civil aos 18 anos não altera o disposto no art. 16, inciso I, da Lei n. 8.213/91, que regula específica situação de dependência econômica para fins previdenciários e outras situações similares de proteção, previstas em legislação especial".

✎ **Art. 5º: 3.** "Da inconstitucionalidade do art. 5º, parágrafo único, c/c art. 1.635, inciso II, ambos do Código Civil à luz do art. 227, *caput*, da Constituição Federal e da doutrina da proteção integral à criança e ao adolescente", por Murillo José Digiácomo (RJ 314/3); "Uma releitura da emancipação no direito civil brasileiro", por Fernanda Moraes de São José (RBDFS 28/48).

Art. 5º: 3a. s/ registro da emancipação, v. art. 9º-II e LRP 89 e 90; s/ averbação da emancipação do incapaz empresário, v. art. 976; s/ extinção do poder familiar, v. art. 1.635-II e III; s/ cessação da tutela, v. art. 1.763-I. V. ainda ECA 148 § ún.-*e*; Lei 4.375, de 17.8.64, art. 73; Lei 8.112, de 11.12.90, art. 5º-V; Lei 8.213, de 24.7.91, art. 16-I.

Art. 5º: 3b. "Se à requerente, menor de idade, falta vivência e maturidade para administrar quantia de dinheiro significativa e se pretende continuar vivendo com sua tutora, que é sua avó e a quem chama de mãe, e, por outro lado, não sendo comprovada a incapacidade da tutora em continuar gerindo a vida de sua neta, o pedido de emancipação deve ser julgado improcedente, mormente se latente a possibilidade de a menor se desfazer do patrimônio que lhe propiciará condições futuras dignas de subsistência" (RJM 183/150: AP 1.0701.07.175502-2/001).

Art. 5º: 3c. A lei exige a concordância de ambos os pais, mesmo no caso de o menor estar sob a guarda de apenas um deles.

Art. 5º: 4. Em caso de divergência entre os pais, cabe o suprimento judicial, mediante aplicação do § ún. do art. 1.631.

Art. 5º: 4a. i. e., morte, incapacidade, ausência etc.

✎ **Art. 5º: 4b.** "A emancipação decorrente da união estável: uma possibilidade jurídica", por Thiago Felipe Vargas Simões (RBDFS 29/38).

Art. 5º: 4c. A dissolução do casamento não causará o retorno do menor à incapacidade.

Art. 6º A existência da pessoa natural termina com a morte; presume-se esta, quanto aos ausentes, nos casos em que a lei autoriza a abertura de sucessão definitiva.[1 a 1b] [Dispositivo correspondente no CC/1916: art. 10.]

Art. 6º: 1. Súmula 331 do STF: "É legítima a incidência do imposto de transmissão *causa mortis* no inventário por morte presumida".

Art. 6º: 1a. s/ ausência, v. arts. 22 a 39; s/ bens dos ausentes, v. CPC 744 e 745; s/ registro da ausência, v. LRP 29-VI e 94; s/ registro da cessação da ausência, v. LRP 104. V. tb. Dec. lei 5.782, de 30.8.43, arts. 1º e 2º; Dec. lei 6.239, de 3.2.44; Lei 8.112, de 11.12.90, art. 221; Lei 8.213, de 24.7.91, art. 78; Lei 9.140, de 4.12.95, art. 1º.

Art. 6º: 1b. s/ sucessão definitiva, v. art. 37.

Art. 7º Pode ser declarada a morte presumida, sem decretação de ausência: [Sem dispositivo correspondente no CC/1916.]

I — se for extremamente provável a morte de quem estava em perigo de vida;[1-1a] [Sem dispositivo correspondente no CC/1916.]

II — se alguém, desaparecido em campanha[2] ou feito prisioneiro, não for encontrado até dois anos após o término da guerra. [Sem dispositivo correspondente no CC/1916.]

Parágrafo único. A declaração da morte presumida, nesses casos, somente poderá ser requerida depois de esgotadas as buscas e averiguações, devendo a sentença fixar a data provável do falecimento. [Sem dispositivo correspondente no CC/1916.]

Art. 7º: 1. v. LRP 88, especialmente nota 1.

Art. 7º: 1a. "Não parece correto cogitar de situações de perigo de vida em que a morte se afigura provável apenas em casos de grandes catástrofes naturais ou decorrentes de ação humana, como quedas de aviões ou terremotos com dezenas ou centenas de vítimas, amplamente noticiados na imprensa. Também em casos comuns de desaparecimento de pessoas, desde que circunstâncias especiais revelem estado de perigo e probabilidade razoável de morte, se amoldam ao tipo do art. 7º do Código Civil" (RT 922/951 e JTJ 376/534: AP 9947-95.2011.8.26.0292; a citação é do voto do relator).

Art. 7º: 2. v. LRP 85 e 86.

Art. 8º Se dois ou mais indivíduos falecerem na mesma ocasião,[1] não se podendo averiguar se algum dos comorientes precedeu aos outros, presumir-se-ão simultaneamente mortos.[2 a 4] [Dispositivo correspondente no CC/1916: art. 11.]

Art. 8º: 1. Para efeitos de comoriência, não interessa que as mortes tenham se dado em locais diversos.

Art. 8º: 2. Um comoriente não participa da sucessão do outro.

Art. 8º: 3. "Não se podendo afirmar com absoluta certeza, em face da prova dos autos, a premoriência de uma das vítimas de acidente em que veículo é abalroado e vem a explodir quase em seguida, deve ser mantida a presunção legal de comoriência" (RJM 179/159). No mesmo sentido: "A presunção legal de comoriência estabelecida quando houver dúvida sobre quem morreu primeiro só pode ser afastada ante a existência de prova inequívoca de premoriência" (RT 639/62).

Art. 8º: 4. "A morte de um dos beneficiários do seguro, na mesma ocasião em que morre o segurado, desafia a aplicação do instituto da comoriência e o valor do seguro é desde logo atribuído por inteiro a outra beneficiária, sem contemplação dos herdeiros da beneficiária falecida, que não chegou a vivenciar o direito ao pagamento do seguro" (RDPr 36/341: TJSP, AP 1185280-0/5).

Art. 9º Serão registrados em registro público:[1] [Dispositivo correspondente no CC/1916: art. 12-*caput*.]

I — os nascimentos,[1a] casamentos[2] e óbitos;[3] [Dispositivo correspondente no CC/1916: art. 12-I.]

II — a emancipação[4] por outorga dos pais ou por sentença do juiz;[5] [Dispositivo correspondente no CC/1916: art. 12-II.]

III — a interdição[6] por incapacidade absoluta ou relativa; [Dispositivo correspondente no CC/1916: art. 12-III.]

IV — a sentença declaratória de ausência[7] e de morte presumida.[8] [Dispositivo correspondente no CC/1916: art. 12-IV.]

Art. 9º: 1. v. Lei 6.001, de 19.12.73, arts. 9º a 13 (Estatuto do Índio); Lei 13.445, de 24.5.17, arts. 19 a 22 (Lei de Migração); CP 241 a 243; LINDB 18 e 19.

Art. 9º: 1a. s/ registro de nascimento, v. LRP 50 a 66. V. tb. art. 1.604.

Art. 9º: 2. v. LRP 67 a 76. V. tb. art. 1.512 § ún.

Art. 9º: 3. v. LRP 77 a 88.

Art. 9º: 4. Compete ao Juiz da Infância e da Juventude "conceder a emancipação, nos termos da lei civil, quando faltarem os pais" (ECA 148 § ún.-*e*).

Art. 9º: 5. v. LRP 89 a 91.

Art. 9º: 6. v. CPC 755 § 3º e LRP 92 e 93.

Art. 9º: 7. v. LRP 94.

Art. 9º: 8. v. LRP 88.

Art. 10. Far-se-á averbação em registro público: [Sem dispositivo correspondente no CC/1916.]

I — das sentenças que decretarem a nulidade ou anulação do casamento, o divórcio, a separação judicial e o restabelecimento da sociedade conjugal;[1] [Sem dispositivo correspondente no CC/1916.]

II — dos atos judiciais ou extrajudiciais que declararem ou reconhecerem a filiação;[2] [Sem dispositivo correspondente no CC/1916.]

III — ....[3]

Art. 10: 1. v. LRP 29 § 1º-*a*. S/ nulidade ou anulação do casamento, v. arts. 1.548 a 1.564; s/ dissolução da sociedade conjugal, v. arts. 1.571 a 1.582; s/ restabelecimento da sociedade conjugal, v. art. 1.577 e LDi 46.

V. art. 1.571, nota 2b **(Em. Const. 66, de 13.7.10).**

Art. 10: 2. v. LRP 29 § 1º-*b* e *d*. S/ reconhecimento de filiação, v. arts. 1.607 a 1.617; ECA 26 e 27; e Lei 8.560, de 2.12.92 (no tít. INVESTIGAÇÃO DE PATERNIDADE).

Art. 10: 3. O inc. III foi expressamente revogado pela Lei 12.010, de 3.8.09, em vigor 90 dias após a sua publicação (DOU 4.8.09).

Capítulo II[1 a 4] | DOS DIREITOS DA PERSONALIDADE

✎ **CAP. II: 1.** "Cidadania e direitos da personalidade", por Gustavo Tepedino (RJ 305/24 e 309/7); "Caracterização jurídica da dignidade da pessoa humana", por Antonio Junqueira de Azevedo (RT 797/11); "Contornos atuais do direito à imagem", por Carlos Affonso Pereira de Souza (RF 367/45); "A integridade psíquica e sua disciplina dentre os direitos de personalidade no sistema legal brasileiro", por Carlos Eduardo de Abreu Boucault (RDPr 14/162); "Colisão entre liberdade de expressão e direitos da personalidade. Critérios de ponderação. Interpretação constitucionalmente adequada do Código Civil e da Lei de Imprensa", por Luís Roberto Barroso (RDPr 18/105 e RDA 235/1); "A dignidade da pessoa e os direitos econômicos, sociais e culturais: uma aproximação latino-americana", por Humberto Nogueira Alcalá (RDPr 20/156); "Dignidade da pessoa humana: referenciais metodológicos e regime jurídico", por Emerson Garcia (RDPr 21/85); "Direitos de personalidade no Código Civil português e no novo Código Civil brasileiro", por Paulo Mota Pinto (Ajuris 96/407, RJ 314/7); "Os direitos de personalidade e os direitos do consumidor", por Bruno Miragem (Ajuris 97/33); "Os direitos da personalidade e suas conexões intra, inter e extrassistemáticas", por Cristiane Avancini Alves (RJ 330/35); "(In)disponibilidade da vida?", por Luciana Batista Esteves (RDPr 24/89); "A dignidade da pessoa humana como condição de possibilidade de sentido", por Reinaldo Pereira e Silva (RDPr 24/235); "Estudo comparado do direito de personalidade no Brasil e na Alemanha", por Erasmo M. Ramos (RT 799/11); "Direito civil e dignidade da pessoa humana: um diálogo constitucional contemporâneo", por Luiz Edson Fachin (RF 385/113); "Considerações acerca da inserção dos direitos de personalidade no ordenamento privado brasileiro", por Lucas Lixinski (RDPr 27/201); "Questões da Lei da Imprensa e os direitos da personalidade", por Ênio Santarelli Zuliani (RIDCPC 48/34, RMDCPC 21/13); "Análise crítica, construtiva e de índole constitucional da disciplina dos direitos da personalidade no Código Civil brasileiro: fundamentos, limites e transmissibilidade", por Luiz Edson Fachin (RJ 362/43); "Autolimitação do direito à privacidade", por Paulo Luiz Netto Lôbo (RTDC 34/93); "Direitos de personalidade: conteúdo e sistematização", por Flávio Henrique Silva Ferreira (RDPr 39/137); "Direitos da personalidade e a divulgação da remuneração dos executivos", por Jorge Cavalcanti Boucinhas Filho (RMDECC 33/50); "Os direitos da personalidade na era da informática", por Cássio Augusto Barros Brant (RDPr 42/9); "Dignidade e solidariedade civil-constitucional", por Roberto Senise Lisboa (RDPr 42/30); "O direito à vida, o direito ao corpo e às partes do corpo, o direito ao nome, à imagem e outros relativos à identidade e à figura social, inclusive intimidade", por Luciano de Camargo Penteado (RDPr 49/73).

CAP. II: 2. v. CF 1º-III e 3º-IV.

CAP. II: 3. Lei 13.445, de 24.5.17 — Institui a Lei de Migração.

CAP. II: 4. Enunciado 274 do CEJ: "Os direitos da personalidade, regulados de maneira não exaustiva pelo Código Civil, são expressões da cláusula geral de tutela da pessoa humana, contida no art. 1º, III, da Constituição (princípio da dignidade da pessoa humana). Em caso de colisão entre eles, como nenhum pode sobrelevar os demais, deve-se aplicar a técnica da ponderação".

Art. 11. Com exceção dos casos previstos em lei, os direitos da personalidade são intransmissíveis e irrenunciáveis, não podendo o seu exercício sofrer limitação voluntária.[1 a 4] [Sem dispositivo correspondente no CC/1916.]

Art. 11: 1. "Art. 52. Aplica-se às pessoas jurídicas, no que couber, a proteção dos direitos da personalidade".

Art. 11: 2. Enunciado 4 do CEJ: "O exercício dos direitos da personalidade pode sofrer limitação voluntária, desde que não seja permanente nem geral".

Art. 11: 3. Enunciado 139 do CEJ: "Os direitos da personalidade podem sofrer limitações, ainda que não especificamente previstas em lei, não podendo ser exercidos com abuso de direito de seu titular, contrariamente à boa-fé objetiva e aos bons costumes".

Art. 11: 4. "Alegação de formalização de instrumento particular de transação e outras avenças, no qual os agravados renunciaram expressamente a postular o reconhecimento de paternidade. Direito indisponível e irrenunciável. Art. 11 do Código Civil" (JTJ 331/141: AI 577.562-4/2-00).

Art. 12. Pode-se exigir que cesse a ameaça, ou a lesão, a direito da personalidade, e reclamar perdas e danos, sem prejuízo de outras sanções previstas em lei.[1 a 3] **[Sem dispositivo correspondente no CC/1916.]**

Parágrafo único. Em se tratando de morto, terá legitimação para requerer a medida prevista neste artigo o cônjuge sobrevivente, ou qualquer parente em linha reta, ou colateral[4] até o quarto grau.[5-5a] **[Sem dispositivo correspondente no CC/1916.]**

Art. 12: 1. s/ obras biográficas literárias ou audiovisuais, v. art. 20, nota 2b.

S/ ato ilícito e responsabilidade civil, v. arts. 186 (especialmente **danos morais**) e 927 a 954; s/ perdas e danos, v. arts. 402 a 405.

S/ conteúdo disponibilizado na Internet, v. MCI 18 a 21 e respectivas notas.

V. tb. CF 5º-X, XXXV, LXVIII, LXIX e LXXI; CPC 300 e segs. e 497 e segs.

Art. 12: 2. **Enunciado 5 do CEJ, primeira parte:** "As disposições do art. 12 têm caráter geral e aplicam-se inclusive às situações previstas no art. 20, excepcionados os casos expressos de legitimidade para requerer as medidas nele estabelecidas".

Enunciado 140 do CEJ: "A primeira parte do art. 12 do Código Civil refere-se às técnicas de tutela específica, aplicáveis de ofício, enunciadas no art. 461 do Código de Processo Civil, devendo ser interpretada com resultado extensivo".

Art. 12: 3. "Posto seja livre a manifestação do pensamento — mormente em épocas eleitorais, em que as críticas e os debates relativos a programas políticos e problemas sociais são de suma importância, até para a formação da convicção do eleitorado —, tal direito não é absoluto. Ao contrário, encontra rédeas tão robustas e profícuas para a consolidação do Estado Democrático de Direito quanto o direito à livre manifestação do pensamento: trata-se dos direitos à honra e à imagem, ambos condensados na máxima constitucional da dignidade da pessoa humana. Em realidade, a pretexto de responder às agressões anteriormente sofridas, utiliza-se do mesmo instrumento de que fez uso seu adversário político: ofensas diretas à honra do ora recorrente. Não se há confundir direito de resposta com direito de vingança, porquanto aquele não constitui crédito ao ofendido para que possa injuriar ou difamar o seu ofensor. Conclusão diversa conduziria à impunidade daqueles que, na ânsia de votos ou visibilidade, a pretexto de exercerem o direito de resposta, tentam manchar a reputação daqueles que os ladeiam. Seria compactuar com o debate de baixo nível que, amiúde, impregna os meios de comunicação" (STJ-RDPr 39/309: 4ª T., REsp 296.391).

"Obrigação de fazer. Liberdade de manifestação de pensamento. Ofensa à honra e à dignidade da pessoa humana. Ocorrência. Publicação de artigo científico na Internet, no qual nome de profissional da medicina foi citado mediante projeções pejorativas no meio médico. Liminar concedida determinando a exclusão de excerto contumelioso do corpo do texto, sob pena de multa. Admissibilidade. Inteligência dos arts. 5º, IV, V e X, e 220, § 1º, da CF e 12, 16 e 17 do CC/2002" (RT 844/384).

"Ação de obrigação de não fazer c/c indenização por danos materiais e compensação por danos morais. Conflito entre a liberdade de expressão e a intimidade. Publicidade em torno do assassinato de uma criança. Auxiliar da justiça. Acesso à intimidade da família da recorrida em processo criminal. Sigilo profissional. Publicidade. Impossibilidade. O corpo da vítima não está à disposição eterna da opinião pública, como se a cada nova conjectura fosse válida a retomada da discussão em torno do assassinato com todos os requintes da crueldade humana praticados, ou pior, sequer praticados mas apenas projetados pelo imaginário infinito de possibilidades imagéticas. O corpo é dimensão da personalidade protegida pelo ordenamento jurídico e não se limita tão somente ao elemento físico, material ou corpóreo, mas alcança expressão e valor impassíveis de mercantilização. A família tem direito fundamental e humano ao sepultamento de tão dolorosa história. O recorrente atuou na condição de assistente-técnico contratado para dar parecer no processo criminal, único motivo para ter acesso privilegiado à privacidade que cercava a família da recorrida. Ao se apropriar do conteúdo a que teve acesso por esta condição, o recorrente abusa de seu compromisso como auxiliar da Justiça e se desvia dos limites de que foi revestido, para, valendo-se do encargo processual, transportar para o público as informações em torno deste específico crime, não observando o sigilo profissional. Não se ateve o trabalho do recorrente ao tema exclusivo da análise acadêmica de perícia médico-legal, permitindo a identificação da vítima, mediante postura sensacionalista para sua autopromoção" (STJ-3ª T., REsp 1.687.860, Min. Nancy Andrighi, j. 7.5.19, DJ 10.5.19).

Todavia: "No julgamento da ADPF 130, o STF proibiu enfaticamente a censura de publicações jornalísticas, bem como tornou excepcional qualquer tipo de intervenção estatal na divulgação de notícias e de opiniões. A liberdade de expressão desfruta de uma posição preferencial no Estado democrático brasileiro, por ser uma pré-condição para o exercício esclarecido dos demais direitos e liberdades. Eventual uso abusivo da liberdade de expressão deve ser reparado, preferencialmente, por meio de retificação, direito de resposta ou indenização. Ao determinar a retirada de matéria jornalística de sítio eletrônico de meio de comunicação, a decisão reclamada violou essa orientação" (STF-1ª T., Rcl 22.328, Min. Roberto Barroso, j. 6.3.18, DJ 10.5.18).

"O deferimento da tutela inibitória, que procura impedir a violação do próprio direito material, exige cuidado redobrado, sendo imprescindível que se demonstre: (i) a presença de um risco concreto de ofensa do direito, evidenciando a existência de circunstâncias que apontem, com alto grau de segurança, para a provável prática futura, pelo réu, de ato antijurídico contra o autor; (ii) a certeza quanto à viabilidade de se exigir do réu o cumprimento específico da obrigação correlata ao direito, sob pena de se impor um dever impossível de ser alcançado; e (iii) que a concessão da tutela inibitória não irá causar na esfera jurídica do réu um dano excessivo. A concessão de tutela inibitória para o fim de impor ao réu a obrigação de não ofender a honra subjetiva e a imagem do autor se mostra impossível, dada a sua subjetividade, impossibilitando a definição de parâmetros objetivos aptos a determinar os limites da conduta a ser observada. Na prática, estará se embargando o direito do réu de manifestar livremente o seu pensamento, impingindo-lhe um conflito interno sobre o que pode e o que não pode ser dito sobre o autor, uma espécie de autocensura que certamente o inibirá nas críticas e comentários que for tecer. Assim como a honra e a imagem, as liberdades de pensamento, criação, expressão e informação também constituem direitos de personalidade, previstos no art. 220 da CF/88. A concessão de tutela inibitória em face de jornalista, para que cesse a postagem de matérias consideradas ofensivas, se mostra impossível, pois a crítica jornalística, pela sua relação de inerência com o interesse público, não pode ser aprioristicamente censurada. Sopesados o risco de lesão ao patrimônio subjetivo individual do autor e a ameaça de censura à imprensa, o fiel da balança deve pender para o lado do direito à informação e à opinião. Primeiro se deve assegurar o gozo do que o Pleno do STF, no julgamento da ADPF 130/DF, Rel. Min. Carlos Britto, DJe de 6.11.09, denominou *sobredireitos* de personalidade — assim entendidos como os direitos que dão conteúdo à liberdade de imprensa, em que se traduz a livre e plena manifestação do pensamento, da criação e da informação — para somente então se cobrar do titular dessas situações jurídicas ativas um eventual desrespeito a direitos constitucionais alheios, ainda que também formadores da personalidade humana. Mesmo que a repressão posterior não se mostre ideal para casos de ofensa moral, sendo incapaz de restabelecer por completo o *status quo ante* daquele que teve sua honra ou sua imagem achincalhada, na sistemática criada pela CF/88 prevalece a livre e plena circulação de ideias e notícias, assegurando-se, em contrapartida, o direito de resposta e todo um regime de responsabilidades civis e penais que, mesmo atuando após o fato consumado, têm condição de inibir abusos no exercício da liberdade de imprensa e de manifestação do pensamento. Mesmo para casos extremos como o dos autos — em que há notícia de seguidos excessos no uso da liberdade de imprensa — a mitigação da regra que veda a censura prévia não se justifica. Nessas situações, cumpre ao Poder Judiciário agir com austeridade, assegurando o amplo direito de resposta e intensificando as indenizações caso a conduta se reitere, conferindo ao julgado caráter didático, inclusive com vistas a desmotivar comportamentos futuros de igual jaez. A aplicação inflexível e rigorosa da lei também produz efeito preventivo — tal qual o buscado via tutela inibitória — desestimulando não apenas o próprio ofensor, mas também terceiros propensos a adotar igual conduta. Ademais, nada impede o juiz de compensar os danos morais mediante fixação de sanções alternativas que se mostrem coercitivamente mais eficazes do que a mera indenização pecuniária. Em outras palavras, a punição severa do abuso à liberdade de imprensa — e ainda mais severa da recalcitrância — serve também para inibir lesões futuras a direitos da personalidade como a honra e a imagem, cumprindo, ainda que de forma indireta, os ditames do art. 12 do CC/02. O fato de a violação à moral correr o risco de se materializar por intermédio da Internet não modifica as conclusões quanto à impossibilidade de prévia censura da imprensa. A rede mundial de computadores se encontra sujeita ao mesmo regime jurídico dos demais meios de comunicação. O maior potencial lesivo das ofensas via Internet não pode ser usado como subterfúgio para imprimir restrições à livre manifestação do pensamento, da criação, da expressão e da informação, cuja natureza não se altera pelo fato de serem veiculadas digitalmente. Cumpre ao Poder Judiciário se adequar frente à nova realidade social, dando solução para essas novas demandas, assegurando que no exercício do direito de resposta se utilize o mesmo veículo (Internet), bem como que na fixação da indenização pelos danos morais causados se leve em consideração esse maior potencial lesivo das ofensas lançadas no meio virtual. Para além disso, caso essas medidas se mostrem insuficientes, nada impede a imposição de sanções alternativas que, conforme as peculiaridades da espécie, tenham efeito coator e pedagógico mais eficientes do que a simples indenização" (STJ-3ª T., REsp 1.388.994, Min. Nancy Andrighi, j. 19.9.13, DJ 29.11.13).

"Obra literária que narra bastidores de investigação policial sobre crime de grande repercussão e que ganhou notoriedade na imprensa. Inexistência de exposição indevida ou de utilização de fatos difamantes ou injuriosos a denegrir a pessoa do autor ou seus familiares. Intimidade da família que restou exposta em razão da tragédia protagonizada e não por conta da obra literária atenta aos elementos do inquérito. Narrativa lúdica que utiliza artifício para situar o leitor no tempo. Artifício usado com a clara intenção de reunir os elementos colhidos na reconstrução das cenas na mente do leitor. Circunstância que não descaracteriza a atividade intelectual como 'obra de reportagem', independente da catalogação voltada a público infanto-juvenil. Supressão de trechos determinada na sentença, e sequer delimitados, que implica em indevida censura sem motivos que a justifiquem. Não vislumbrada conduta clara de violação à honra, imagem e privacidade" (RT 916/930: TJSP, AP 9114615-40.2006.8.26.0000, maioria).

V. arts. 20, nota 3, e 927, notas 3a e 4.

Art. 12: 4. V. arts. 1.591 a 1.595.

Art. 12: 5. "Tutela jurisdicional da personalidade 'post mortem'", por José Rogério Cruz e Tucci (RJ 336/9, RF 384/61 e RT 845/11).

Art. 12: 5a. Enunciado 275 do CEJ: "O rol dos legitimados de que tratam os arts. 12, parágrafo único, e 20, parágrafo único, do Código Civil também compreende o companheiro".

Art. 13. Salvo por exigência médica,[1-1a] é defeso o ato de disposição do próprio corpo,[1b a 3] quando importar diminuição permanente da integridade física, ou contrariar os bons costumes. [Sem dispositivo correspondente no CC/1916.]

Parágrafo único. O ato previsto neste artigo será admitido para fins de transplante, na forma estabelecida em lei especial. [Sem dispositivo correspondente no CC/1916.]

Art. 13: 1. **Enunciado 6 do CEJ:** "A expressão 'exigência médica', contida no art. 13, refere-se tanto ao bem-estar físico quanto ao bem-estar psíquico do disponente".

Art. 13: 1a. **Enunciado 276 do CEJ:** "O art. 13 do Código Civil, ao permitir a disposição do próprio corpo por exigência médica, autoriza as cirurgias de transgenitalização, em conformidade com os procedimentos estabelecidos pelo Conselho Federal de Medicina, e a consequente alteração do prenome e do sexo no Registro Civil".

✎ **Art. 13: 1b.** "Patrimônio genético: comércio e proteção de substâncias do corpo humano", por Gerson Amauri Calgaro (RDPr 16/97).

Art. 13: 2. v. Lei 9.434, de 4.2.97. V. tb. CF 199 § 4º.

Art. 13: 3. Afirmando o direito à **transgenitalização,** com apoio na sua "finalidade terapêutica" e no "dever constitucional do Estado de promover saúde a todos": Bol. AASP 2.359/3.005.

Contra: "O art. 13, *caput*, do CC/2002 veda o ato de disposição do próprio corpo, quando importar diminuição permanente da integridade física ou contrariar os bons costumes, salvo por exigência médica, entendida esta como a necessidade imperiosa de transformação ou de remoção de órgão do corpo, cientificamente provada, em decorrência de patologia grave e curável, exclusivamente, por meio daqueles procedimentos interventivos extremos. O sexo, como estado individual da pessoa, é informado pelo gênero biológico. O sexo, do qual derivam direitos e obrigações, procede do direito e não pode variar de sua origem natural sem legislação própria que a acautele e discipline, razão pela qual inviável autorização judicial para a realização de cirurgia de transgenitalização" (RJM 173/274).

S/ retificação de assento no registro civil nessas circunstâncias, v. LRP 109, nota 1b.

Art. 14. É válida, com objetivo científico, ou altruístico, a disposição gratuita do próprio corpo,[1] no todo ou em parte, para depois da morte.[2] [Sem dispositivo correspondente no CC/1916.]

Parágrafo único. O ato de disposição pode ser livremente revogado a qualquer tempo. [Sem dispositivo correspondente no CC/1916.]

Art. 14: 1. **CF 199:** "§ 4º A lei disporá sobre as condições e os requisitos que facilitem a remoção de órgãos, tecidos e substâncias humanas para fins de transplante, pesquisa e tratamento, bem como a coleta, processamento e transfusão de sangue e seus derivados, sendo vedado todo tipo de comercialização".

V. Lei 9.434, de 4.2.97.

Art. 14: 2. **Enunciado 277 do CEJ:** "O art. 14 do Código Civil, ao afirmar a validade da disposição gratuita do próprio corpo, com objetivo científico ou altruístico, para depois da morte, determinou que a manifestação expressa do doador de órgãos em vida prevalece sobre a vontade dos familiares, portanto, a aplicação do art. 4º da Lei n. 9.434/97 ficou restrita à hipótese de silêncio do potencial doador".

Art. 15. Ninguém pode ser constrangido a submeter-se, com risco de vida, a tratamento médico ou a intervenção cirúrgica.[1] [Sem dispositivo correspondente no CC/1916.]

Art. 15: 1. v. Dec. lei 1.001, de 21.10.69, art. 222 § 3º-I (Código Penal Militar).

Art. 16. Toda pessoa tem direito ao nome,[1] nele compreendidos o prenome e o sobrenome.[1a] [Sem dispositivo correspondente no CC/1916.]

✎ **Art. 16: 1.** "A tutela do nome da pessoa humana", por Maria Celina Bodin de Moraes (RF 364/217); "A tutela jurídica do nome", por Rodrigo Santos Neves (RT 931/91).

Art. 16: 1a. v. LRP 54 a 60.

S/ alteração do nome em razão do casamento, v. art. 1.565 § 1º; s/ manutenção do nome após a dissolução da sociedade conjugal, v. arts. 1.571 § 2º e 1.578; s/ direito do filho ao nome, v. art. 1.596, CF 227 § 6º e ECA 20; s/ proteção do nome das pessoas jurídicas, v. arts. 1.163 a 1.167, CF 5º-XXIX, Lei 8.934/94 (arts. 33 e 34) e Lei 9.279/96 (art. 124-V).

Art. 17. O nome da pessoa não pode ser empregado por outrem em publicações ou representações que a exponham ao desprezo público, ainda quando não haja intenção difamatória.[1 a 2] [Sem dispositivo correspondente no CC/1916.]

Art. 17: 1. "Solucionando o conflito entre o direito à imagem e a liberdade de expressão: a contribuição da jurisprudência da Corte Interamericana de Direitos Humanos", por Edson Beas Rodrigues Jr. (RT 905/88).

Art. 17: 1a. v. arts. 20 e 953, bem como respectivas notas.

Art. 17: 2. **Súmula 221 do STJ:** "São civilmente responsáveis pelo ressarcimento de dano, decorrente de publicação pela imprensa, tanto o autor do escrito quanto o proprietário do veículo de divulgação".

Art. 18. Sem autorização, não se pode usar o nome alheio em propaganda comercial.[1-2] [Sem dispositivo correspondente no CC/1916.]

Art. 18: 1. **Enunciado 278 do CEJ:** "A publicidade que venha a divulgar, sem autorização, qualidades inerentes a determinada pessoa, ainda que sem mencionar seu nome, mas sendo capaz de identificá-la, constitui violação a direito da personalidade".

Art. 18: 2. "Assim como a utilização desautorizada da imagem, o uso indevido do nome, que também é um dos atributos da personalidade, **dispensa a comprovação dos danos** causados, pois presumidos, fazendo nascer automaticamente a obrigação de indenizar" (STJ-3ª T., REsp 1.645.614, Min. Paulo Sanseverino, j. 26.6.18, DJ 29.6.18).

V. tb. art. 20, nota 3.

Art. 19. O pseudônimo adotado para atividades lícitas goza da proteção que se dá ao nome.[1] [Sem dispositivo correspondente no CC/1916.]

Art. 19: 1. v. LDA 5º-VIII-*c*, 12, 15, 24-II, 80-II e 108. V. tb. LRP 58-*caput* (apelidos públicos notórios).

Art. 20. Salvo se autorizadas, ou se necessárias à administração da justiça ou à manutenção da ordem pública, a divulgação de escritos, a transmissão da palavra, ou a publicação, a exposição ou a utilização da imagem[1 a 1c] de uma pessoa poderão ser proibidas, a seu requerimento e sem prejuízo da indenização que couber, se lhe atingirem a honra, a boa fama ou a respeitabilidade, ou se se destinarem a fins comerciais.[2 a 3a] [Sem dispositivo correspondente no CC/1916.]

Parágrafo único. Em se tratando de morto[3b-3c] ou de ausente,[3d] são partes legítimas para requerer essa proteção o cônjuge, os ascendentes ou os descendentes.[4] [Sem dispositivo correspondente no CC/1916.]

Art. 20: 1. v. CF 5º-X e LDA 7º-VII e 79.

Art. 20: 1a. **Lei 9.615, de 24.3.98** — Institui normas gerais sobre desporto e dá outras providências: **"Art. 42** (*redação da Lei 12.395, de 16.3.11*). Pertence às entidades de prática desportiva o direito de arena, consistente na prerrogativa exclusiva de negociar, autorizar ou proibir a captação, a fixação, a emissão, a transmissão, a retransmissão ou a reprodução de imagens, por qualquer meio ou processo, de espetáculo desportivo de que participem.

"§ 1º (*redação da Lei 12.395, de 16.3.11*) Salvo convenção coletiva de trabalho em contrário, 5% (cinco por cento) da receita proveniente da exploração de direitos desportivos audiovisuais serão repassados aos sindicatos de atletas profissionais, e estes distribuirão, em partes iguais, aos atletas profissionais participantes do espetáculo, como parcela de natureza civil.

"§ 1º-A. (VETADO)

"§ 2º (*alterado pela Lei 13.155, de 4.8.15*) O disposto neste artigo não se aplica à exibição de flagrantes de espetáculo ou evento desportivo para fins exclusivamente jornalísticos, desportivos ou educativos ou para a captação de apostas legalmente autorizadas, respeitadas as seguintes condições: I — a captação das imagens para a exibição de flagrante de espetáculo ou evento desportivo dar-se-á em locais reservados, nos estádios e ginásios, para não detentores de direitos ou, caso não disponíveis, mediante o fornecimento das imagens pelo detentor de direitos locais para a respectiva mídia; II — a duração de todas as imagens do flagrante do espetáculo ou evento desportivo exibidas não poderá exceder 3% (três por cento) do total do tempo de espetáculo ou evento; III — é proibida a associação das imagens exibidas com base neste artigo a qualquer forma de patrocínio, propaganda ou promoção comercial.

"§ 3º O espectador pagante, por qualquer meio, de espetáculo ou evento desportivo equipara-se, para todos os efeitos legais, ao consumidor, nos termos do art. 2º da Lei n. 8.078, de 11 de setembro de 1990".

"Art. 87-A (*incluído pela Lei 12.395, de 16.3.11*). O direito ao uso da imagem do atleta pode ser por ele cedido ou explorado, mediante ajuste contratual de natureza civil e com fixação de direitos, deveres e condições inconfundíveis com o contrato especial de trabalho desportivo".

"Parágrafo único (*incluído pela Lei 13.155, de 4.8.15*). Quando houver, por parte do atleta, a cessão de direitos ao uso de sua imagem para a entidade de prática desportiva detentora do contrato especial de trabalho desportivo, o valor correspondente ao uso da imagem não poderá ultrapassar 40% (quarenta por cento) da remuneração total paga ao atleta, composta pela soma do salário e dos valores pagos pelo direito ao uso da imagem".

"O direito de arena previsto no art. 42 da Lei 9.615/98 não é absoluto, na medida em que o próprio dispositivo legal limita o seu exercício, livrando de proteção autoral a exibição de flagrantes de espetáculo desportivo, desde que para fins exclusivamente jornalísticos ou educativos. A expressão 'flagrante' utilizada no § 2º do art. 42 da Lei 9.615/98 deve ser interpretada com o contexto jornalístico empregado pelo próprio dispositivo legal, associado não apenas à captação de instantes memoráveis para posterior consulta, mas sobretudo ao âmago do jornalismo, atividade de comunicação ligada essencialmente à coleta e transmissão de informações atuais. O conceito de atualidade, por sua vez, deve ser extraído da realidade que nos cerca, sujeitando-se à modificação ao longo do tempo, notadamente diante da evolução tecnológica e da forma como as informações são disponibilizadas ao público. Nos dias de hoje, a notícia jornalística perde sua atualidade em pouquíssimo tempo, pois se difunde rapidamente na sociedade, ávida por informações e interligada por diversos meios, com especial destaque para a Internet. A interpretação que mais se harmoniza com o espírito da regra contida no art. 42, § 2º, da Lei 9.615/98 é a de que, ausente espaço reservado, destinado à captação das imagens do evento desportivo para a exibição de flagrantes jornalísticos, cabe ao detentor dos direitos de arena disponibilizar para a imprensa, em tempo real, os arquivos respectivos" (STJ-3ª T., REsp 1.287.974, Min. Nancy Andrighi, j. 14.2.12, DJ 29.2.12).

V., ainda, **Dec. 7.984, de 8.4.13, arts. 45** (direito de imagem do atleta) e **46** (direito de arena).

Art. 20: 1b. **Enunciado 279 do CEJ:** "A proteção à imagem deve ser ponderada com outros interesses constitucionalmente tutelados, especialmente em face do direito de amplo acesso à informação e da liberdade de imprensa. Em caso de colisão, levar-se-á em conta a notoriedade do retratado e dos fatos abordados, bem como a veracidade destes e, ainda, as características de sua utilização (comercial, informativa, biográfica), privilegiando-se medidas que não restrinjam a divulgação de informações".

Art. 20: 1c. "Não se pode cometer o delírio de, em nome do direito de privacidade, estabelecer-se uma redoma protetora em torno de uma pessoa para torná-la imune de qualquer veiculação atinente a sua imagem. Se a demandante expõe sua imagem em cenário público, não é ilícita ou indevida sua reprodução pela imprensa, uma vez que a proteção à privacidade encontra limite na própria exposição realizada" (STJ-4ª T., REsp 595.600, Min. Cesar Rocha, j. 18.3.04, DJU 13.9.04).

✎ Art. 20: 2. "Biografias não autorizadas — liberdade de expressão e privacidade na história da vida privada", por Rebeca Garcia (RDPr 52/37); "Intimidade e pessoas notórias. Liberdades de expressão e de informação e biografias. Conflito entre direitos fundamentais. Ponderação, caso concreto e acesso à Justiça. Tutelas específica e indenizatória", por Ana Paula de Barcellos (RSDP 55/47).

Art. 20: 2a. **Enunciado 5 do CEJ, segunda parte:** "As disposições do art. 20 do novo Código Civil têm a finalidade específica de regrar a proteção dos bens personalíssimos nas situações nele enumeradas. Com exceção dos casos expressos de legitimação que se conformem com a tipificação preconizada nessa norma, a ela podem ser aplicadas subsidiariamente as regras instituídas no art. 12".

Art. 20: 2b. **"Autorização prévia para biografia** constitui censura prévia particular. O recolhimento de obras é censura judicial, a substituir a administrativa. Ação direta julgada procedente para dar **interpretação conforme à Constituição** aos arts. 20 e 21 do Código Civil, sem redução de texto, para, em consonância com os direitos fundamentais à liberdade de pensamento e de sua expressão, de criação artística, produção científica, declarar inexigível autorização de pessoa biografada relativamente a obras biográficas literárias ou audiovisuais, sendo também desnecessária autorização de pessoas retratadas como coadjuvantes (ou de seus familiares, em caso de pessoas falecidas ou ausentes)" (STF-Pleno, ADI 4.815, Min. Cármen Lúcia, j. 10.6.15, DJ 1.2.16).

“A representação cênica de episódio histórico em obra audiovisual biográfica não depende da concessão de prévia autorização de terceiros ali representados como coadjuvantes” (STJ-3ª T., REsp 1.454.016, Min. Ricardo Cueva, j. 12.12.17, maioria, DJ 12.3.18).

Art. 20: 3. **Súmula 403 do STJ:** “Independe de prova do prejuízo a indenização pela publicação não autorizada de **imagem de pessoa** com fins econômicos ou comerciais”.

“O direito à imagem reveste-se de duplo conteúdo: moral, porque direito de personalidade; patrimonial, porque assentado no princípio segundo o qual a ninguém é lícito locupletar-se à custa alheia. Em se tratando de direito à imagem, a obrigação da reparação decorre do próprio uso indevido do direito personalíssimo, não havendo de cogitar-se da prova da existência de prejuízo ou dano, nem a consequência do uso, se ofensivo ou não” (STJ-2ª Seção, ED no REsp 230.268, Min. Sálvio de Figueiredo, j. 11.12.02, três votos vencidos, DJU 4.8.03). No mesmo sentido: RMDCPC 20/125, RJM 180/135.

“A obrigação da reparação pelo uso não autorizado de imagem decorre do próprio uso indevido do direito personalíssimo e não é afastada pelo caráter não lucrativo do evento ao qual a imagem é associada. Para a configuração do dano moral pelo uso não autorizado de imagem não é necessária a demonstração de prejuízo, pois o dano se apresenta *in re ipsa*” (STJ-3ª T., REsp 299.832, Min. Ricardo Cueva, j. 21.2.13, DJ 27.2.13).

“Ação de reparação de danos materiais cumulada com compensação por danos morais. Utilização de imagem após extinto contrato de cessão de uso. Dano moral *in re ipsa*” (STJ-3ª T., REsp 1.337.961, Min. Nancy Andrighi, j. 3.4.14, maioria, DJ 3.6.14).

“Cuidando-se de uso não autorizado de fotografias do autor para fins comerciais ou publicitários, mesmo sendo o fotografado funcionário da primeira ré, o direito à imagem exsurge como direito autônomo em relação a outros do mesmo jaez, como honra e intimidade, sendo cabível a indenização independentemente de dano moral. Por outro lado, os ‘fins comerciais’ colimados com a publicação devem ser analisados de forma ampla, descabendo perquirir se o veículo publicitário em si era ou não lucrativo. Desde que a publicação integre, direta ou indiretamente, a estratégia comercial ou publicitária da empresa, é de se presumir a existência de vantagem comercial, ainda que indireta, sendo desimportante o fato de a revista ser distribuída de forma graciosa” (STJ-4ª T., REsp 711.644, Min. Luis Felipe, j. 15.12.09, DJ 3.8.10).

“A publicação, em jornal, de fotografia, sem a autorização exigida pelas circunstâncias, constitui ofensa ao direito de imagem, não se confundindo com o direito de informação” (STJ-3ª T., AI 334.134-AgRg, Min. Ari Pargendler, j. 11.12.01, DJU 18.3.02).

“Mesmo quando se trata de pessoa pública, caracterizado o abuso do uso da imagem, que foi utilizada com fim comercial, subsiste o dever de indenizar” (STJ-4ª T., AI 1.345.989-AgRg, Min. Isabel Gallotti, j. 13.3.12, DJ 23.3.12).

“Reportagem de jornal a respeito de bares frequentados por homossexuais, ilustrada por foto de duas pessoas em via pública. A homossexualidade, encarada como curiosidade, tem conotação discriminatória, e é ofensiva aos próprios homossexuais; nesse contexto, a matéria jornalística, que identifica como homossexual quem não é, agride a imagem deste, causando-lhe dano moral” (STJ-RT 880/167: 3ª T., REsp 1.063.304).

“Direito de imagem. Publicação de fotografia. Mulher de biquíni na praia. Exata individualização da pessoa. Autorização prévia ou posterior. Inexistência. Revista de conotação erótica. Proveito econômico. Uso indevido da imagem. Dano moral configurado. Não se pode deduzir que a mulher formosa, que se apresente espontaneamente de biquíni na praia, ambiente adequado, esteja a concordar tacitamente com a divulgação de sua imagem em revista masculina de conteúdo erótico, e tenha ainda de considerar tal exposição como um ‘elogio’” (STJ-4ª T., REsp 1.243.699, Min. Raul Araújo, j. 21.6.16, DJ 22.8.16).

“A revista, ao publicar as imagens da atriz, com dorso frontal desnudo, em meio absolutamente diferenciado daquele inicialmente concebido para o trabalho artístico, causou dano à autora. Isso porque a veiculação de imagens desse jaez, em ambientes diversos dos recônditos em que normalmente transitam publicações de cunho sensual, possui a virtualidade de causar, na pessoa retratada, ofensa à sua honra subjetiva, em razão da circulação de sua imagem — até então destinada a certo trabalho artístico — em local diverso daquele contratado e autorizado. Ademais, as imagens publicadas em mídia televisiva são exibidas durante fração de segundos, em horário restrito e em um contexto peculiarmente criado para aquela obra, bem diverso do que ocorre com a captura de uma cena e sua publicação em meio de comunicação impresso, o qual, pela sua própria natureza, possui a potencialidade de perpetuar a exposição e, por consequência, o constrangimento experimentado” (STJ-4ª T., REsp 1.200.482, Min. Luis Felipe, j. 9.11.10, DJ 7.2.11).

“O direito de arena que a lei atribui às entidades esportivas limita-se a fixação, transmissão e retransmissão do espetáculo desportivo público, mas não compreende o uso da imagem dos jogadores fora da situação específica do espetáculo, como na reprodução de fotografias para compor ‘álbum de figurinhas’” (RSTJ 68/358, STJ-RT 714/253, STJ-RF 331/226).

“Cumpre registrar que a proteção constitucional da imagem encerra dois aspectos: o primeiro, relativo à imagem física do cidadão (imagem-retrato), e o segundo, referente à condição social da pessoa (imagem-atributo). No caso dos autos, a veiculação da imagem do autor não foi desonrosa, razão por que não há falar em dano à imagem-atributo. Entretanto, violada está a imagem-retrato, pois restou divulgada a fotografia do autor, jogador de futebol, em álbum de figurinhas, sem que tenha havido a necessária autorização prévia” (RJTJERGS 268/145: AP 70021337100).

Também reconhecendo a utilização ilícita da imagem: STJ-4ª T., REsp 1.053.534, Min. Fernando Gonçalves, j. 23.9.08, DJ 6.10.08 ("publicação de fotografia, sem autorização, por coluna social veiculando notícia não verdadeira"); STJ-4ª T., REsp 1.005.278, Min. Luis Felipe, j. 4.11.10, DJ 11.11.10 ("utilização indevida de fotografia da vítima, ainda ensanguentada e em meio às ferragens de acidente automobilístico"); RT 866/177 ("fotografia na capa de revista identificando criança como morador de favela"), 872/292 (TJDFT, AP 20060110587766; "publicação equivocada de fotografia do autor em matéria jornalística sobre operações ilegais, que resultaram em condenação criminal"), 874/317 (TJPR, AP 442.795-2; "utilização de foto de aluno na capa de apostila escolar"), JTJ 328/308 (AP 482.024-4/0-00; "divulgação de fotografias tiradas de paciente em procedimento médico-dermatológico, em revista de estética"), 332/456 (AP 464.994-4/4-00; "publicação de fotos de casamento em publicação semanal sem autorização"), 347/405 (AP 300.567-4/9-00; "imagem de adolescentes veiculadas por site contendo arquivos de fotos eróticas sem autorização"), Bol. AASP 2.653 (TJDFT, AP 20070111069079; "publicação de foto vexatória em revista de circulação nacional").

Todavia: "A divulgação de fotografia sem autorização não gera por si só o dever de indenizar. Para a caracterização do dever de indenizar é necessário analisar as peculiaridades de cada hipótese" (STJ-4ª T., REsp 803.129, Min. João Otávio, j. 29.9.09, DJ 13.10.09).

"Para imputar o dever de compensar danos morais pelo uso indevido da imagem com fins lucrativos é necessário analisar as circunstâncias particulares que envolveram a captação e exposição da imagem. O dano moral compensável deve ser qualificado por elemento psicológico que evidencie o sofrimento suportado pela vítima. Na hipótese sob julgamento, constatou-se que houve veiculação restrita da imagem que se deu apenas no âmbito profissional das vítimas, as quais foram fotografadas vestidas com trajes correspondentes à profissão que exercem e em local compatível à atividade laboral" (STJ-3ª T., REsp 622.872, Min. Nancy Andrighi, j. 14.6.05, DJU 1.8.05).

"Tratando-se de imagem de multidão, de pessoa famosa ou ocupante de cargo público, deve ser ponderado se, dadas as circunstâncias, a exposição da imagem é ofensiva à privacidade ou à intimidade do retratado, o que poderia ensejar algum dano patrimonial ou extrapatrimonial. Há, nessas hipóteses, em regra, presunção de consentimento do uso da imagem, desde que preservada a vida privada. Em se tratando de pessoa ocupante de cargo público, de notória importância social, como o é o de magistrado, fica mais restrito o âmbito de reconhecimento do dano à imagem e sua extensão, mormente quando utilizada a fotografia para ilustrar matéria jornalística pertinente, sem invasão da vida privada do retratado. Com base nessas considerações, conclui-se que a utilização de fotografia do magistrado adequadamente trajado, em seu ambiente de trabalho, dentro da Corte Estadual onde exerce a função judicante, serviu apenas para ilustrar a matéria jornalística, não constituindo, *per se*, violação ao direito de preservação de sua imagem ou de sua vida íntima e privada. Não há, portanto, causa para indenização por danos patrimoniais ou morais à imagem" (STJ-4ª T., REsp 801.109, Min. Raul Araújo, j. 12.6.12, DJ 12.3.13).

"Não viola o direito de imagem a veiculação de fotografia de pessoa participando de manifestação pública, inclusive empunhando cartazes, em local público, sendo dispensável a prévia autorização do fotografado, sob pena de inviabilizar o exercício da liberdade de imprensa" (STJ-3ª T., REsp 1.449.082, Min. Paulo Sanseverino, j. 21.3.17, DJ 27.3.17).

"Embora não seja possível presumir que o recorrente, enquanto torcedor presente no estádio para assistir à partida de futebol, tenha, tacitamente, autorizado a recorrida a usar sua imagem em campanha publicitária de automóvel, não há falar em dano moral porque o cenário delineado nos autos revela que as filmagens não destacam a sua imagem, senão inserida no contexto de uma torcida, juntamente com vários outros torcedores" (STJ-3ª T., REsp 1.772.593, Min. Nancy Andrighi, j. 16.6.20, DJ 19.6.20).

Negando a utilização ilícita da imagem e o pedido de indenização por danos morais, tendo em vista que "o autor da ação foi retratado de forma acidental, num contexto em que o objetivo não foi a exploração de sua imagem": STJ-RJ 268/74 (REsp 85.905, 3ª T.).

"Acidente de trânsito. Publicação de reportagem em revista de grande circulação. Inexistência de dano extrapatrimonial na espécie. Liberdade de informação. Fato público e notório. Utilização de epíteto (Animal). Polissêmico. Possibilidade. A imagem exposta já havia resultado, evidentemente, em positivas vantagens, inclusive patrimoniais, no decorrer da carreira do atleta, com a contrapartida, contudo, da abertura de caminho para a negativa exposição, dado o caráter polissêmico da expressão. Logo, no caso, não se tem acréscimo negativo à matéria, mas, sim, a simples transposição de qualificação já antes criada, consentida e usufruída, posta à receptividade e ao debate da opinião pública. Em verdade, a imagem estampada subsumiu-se no geral caráter visivelmente informativo e educativo da matéria a respeito de acidentes de veículos, ainda que desagradando ao autor e a quem mais negativamente lembrado. No caso concreto, declarada pela justiça penal a não caracterização dos crimes considerados contra a honra, inexistirá o ilícito civil correspondente, salvo se a absolvição decorrer de insuficiência de provas. Nos termos dos dispositivos legais invocados pelo autor, responde por danos morais e à imagem quem cause dano. No entanto, não houve, no caso, dano causado ao autor, mas, tecnicamente, simples incômodo ou desconforto pela exposição do lado negativo da figura pública. Portanto, não há o que indenizar ao autor" (STJ-3ª T., REsp 1.021.688, Min. Sidnei Beneti, j. 23.6.09, um voto vencido, DJ 1.7.09).

"Dano moral. Fotografia tirada de delinquente logo após sua prisão em flagrante, por porte de arma de fogo com numeração raspada, a que se seguiu fornecimento de falsa identidade. Alegação de que a foto, algemado, não poderia ter sido publicada sem a sua autorização. Descabimento. A imprensa tem direito e mesmo o dever de registrar ocorrências dessa ordem" (JTJ 346/482: AP 443.507-4/0-00).

Outros casos em que se negou a ilicitude na utilização da imagem: STJ-3ª T., REsp 1.631.329, Min. Nancy Andrighi, j. 24.10.17, maioria, DJ 31.10.17 ("reportagem acerca de trágico assassinato de uma atriz, ocorrido em 1992", pois "há relevância nacional na reportagem veiculada pela emissora, sem qualquer abuso na divulgação da imagem da vítima"); RT 874/212 (TJSP, AP 485.884-4/6-00; "veiculação de fotografia de menor em jornal impresso para notícia de falta de condições em bairro de população carente"), 881/198 (TJSP, AP 279.467-4/6-00, maioria; "matéria relacionada a ambientes frequentados pela comunidade homossexual paulistana", com "inclusão de fotografias de heterossexuais"), JTJ 309/204 (AP 396.014-4/3-00; "fotografia da autora na praia", "não tendo havido exploração comercial pela apelada, pois a intenção é a divulgação da cidade").

V. tb. arts. 12, nota 3, 18, nota 2, e 927, nota 3a. V. ainda ECA 17, nota 1, e 143, nota 2a.

S/ restituição do lucro obtido com a violação do direito de imagem, v. art. 884, nota 6; s/ conteúdo disponibilizado na Internet, v. MCI 18 a 21 e respectivas notas.

Art. 20: 3a. **Critérios para a indenização em caso de utilização indevida da imagem.** "O valor do dano sofrido pelo titular do direito cuja imagem foi indevidamente incluída em publicação não está limitado ao lucro que uma das infratoras possa ter auferido, pois o dano do lesado não se confunde com o lucro do infrator, que inclusive pode ter sofrido prejuízo com o negócio" (STJ-RT 753/192: 4ª T., REsp 100.764, maioria).

"Cuidando-se de pessoa anônima, a vinculação da indenização por uso da imagem ao percentual do preço de venda do veículo no qual a imagem foi publicada, de regra, não é consentânea com a essência de indenizações desse jaez. Indeniza-se o titular do direito de imagem pelo não recebimento do preço que lhe seria devido, caso a concessão fosse feita mediante autorização, e pelo respectivo valor econômico da imagem, que varia a depender do potencial publicitário da pessoa retratada. Com efeito, no caso concreto, tendo em vista que o autor é absolutamente desconhecido e certamente não poderia, mediante a vinculação de sua imagem ao produto, propiciar qualquer alavancagem nas vendas do periódico, não se mostra razoável atrelar o valor da indenização à vendagem do jornal" (STJ-4ª T., REsp 1.208.612, Min. Luis Felipe, j. 15.3.11, DJ 24.3.11).

Art. 20: 3b. "Os direitos da personalidade, de que o direito à imagem é um deles, guardam como principal característica a sua intransmissibilidade. Nem por isso, contudo, deixa de merecer proteção a imagem de quem falece, como se fosse coisa de ninguém, porque ela permanece perenemente lembrada nas memórias, como bem imortal que se prolonga para muito além da vida, estando até acima desta, como sentenciou Ariosto. Daí por que não se pode subtrair da mãe o direito de defender a imagem de sua falecida filha, pois são os pais aqueles que, em linha de normalidade, mais se desvanecem com a exaltação feita à memória e à imagem de falecida filha, como são os que mais se abatem e se deprimem por qualquer agressão que possa lhes trazer mácula. Ademais, a imagem de pessoa famosa projeta efeitos econômicos para além de sua morte, pelo que os seus sucessores passam a ter, por direito próprio, legitimidade para postularem indenização em juízo" (RSTJ 142/378: 4ª T., REsp 268.660).

Art. 20: 3c. "Ação de indenização. Sobrinha-neta de Alberto Santos Dumont pediu indenização pelo uso da imagem do tio que pretensamente lhe pertence". Ação improcedente (RT 902/246: TJSP, AP 994.04.020226-2).

Art. 20: 3d. v. arts. 22 a 25.

Art. 20: 4. **Enunciado 275 do CEJ:** "O rol dos legitimados de que tratam os arts. 12, parágrafo único, e 20, parágrafo único, do Código Civil também compreende o companheiro".

Art. 21. A vida privada[1-1a] da pessoa natural é inviolável,[2] e o juiz, a requerimento do interessado,[3] adotará as providências necessárias para impedir ou fazer cessar ato contrário a esta norma.[4] [Sem dispositivo correspondente no CC/1916.]

Art. 21: 1. "Da privacidade como direito fundamental da pessoa humana", por Cynthia Semíramis Machado Vianna (RDPr 17/102); "Privacidade e internet", por Carlos Roberto Fornes Mateucci (RDPr 19/46); "A distinção conceitual entre privacidade, intimidade, vida privada, honra e imagem", por Júlia Gomes Pereira Maurmo (RDPr 57/33).

Art. 21: 1a. **Loteamento e instalação de câmeras nas vias públicas por associação de moradores.** "Instalação de câmeras de vigilância nas vias públicas, realizada pela apelada que tem por fim preservar os interesses da coletividade local. Câmeras de vigilância voltadas para as vias públicas sem terem alcance às áreas internas da residência da apelante. A medida adotada não teve o condão de usurpar a função estatal e tampouco violar os direitos individuais da recorrente" (JTJ 345/491: AP 624.573-4/9-00, maioria).

Art. 21: 2. **CF 5º: "X** — são invioláveis a intimidade, a vida privada, a honra e a imagem das pessoas, assegurado o direito a indenização pelo dano material ou moral decorrente de sua violação;

...

Código Civil

"XIV — é assegurado a todos o acesso à informação e resguardado o sigilo da fonte, quando necessário ao exercício profissional".

Art. 21: 3. v. CF 5º-XXXV, LXVIII, LXIX e LXXI; CPC 300 e segs. e 497 e segs.

Art. 21: 4. v. art. 20, nota 2b.

Capítulo III | DA AUSÊNCIA[1-2]

Seção I | DA CURADORIA DOS BENS DO AUSENTE[1]

CAP. III: 1. "A ausência da pessoa natural no novo Código Civil", por Moacir Adiers (RJ 315/63 e RDPr 18/189); "Da ausência", por Guilherme Calmon Nogueira da Gama (RT 822/28).

CAP. III: 2. v. art. 6º (presunção de morte); art. 9º-IV (registro); art. 20 § ún. (utilização da imagem do ausente); art. 1.571 § 1º (dissolução da sociedade conjugal); art. 1.759 (prestação de contas do tutor ausente). V. tb. CPC 49 (foro competente), 242 § 1º (citação), 626 (intimação do MP no inventário).

SEÇ. I: 1. s/ bens dos ausentes, v. CPC 744 e 745.

Art. 22. Desaparecendo uma pessoa do seu domicílio sem dela haver notícia, se não houver deixado representante ou procurador a quem caiba administrar-lhe os bens, o juiz, a requerimento de qualquer interessado ou do Ministério Público, declarará a ausência,[1-1a] e nomear-lhe-á curador.[2] [Dispositivo correspondente no CC/1916: art. 463.]

Art. 22: 1. A sentença declaratória de ausência deve ser registrada no Registro Civil das Pessoas Naturais (LRP 29-VI e 94). Deve ser averbada a cessação da ausência pelo aparecimento do ausente (LRP 104).

Art. 22: 1a. "A comprovação da propriedade não é condição *sine qua non* para a declaração de ausência" (STJ-RT 876/178: 3ª T., REsp 1.016.023).

Art. 22: 2. s/ curatela, v. arts. 1.767 a 1.783; s/ curador especial no inventário, v. CPC 671-I.

Art. 23. Também se declarará a ausência, e se nomeará curador, quando o ausente deixar mandatário que não queira ou não possa exercer ou continuar o mandato,[1] ou se os seus poderes forem insuficientes. [Dispositivo correspondente no CC/1916: art. 464.]

Art. 23: 1. s/ mandato, v. arts. 653 a 691.

Art. 24. O juiz, que nomear o curador, fixar-lhe-á os poderes e obrigações, conforme as circunstâncias, observando, no que for aplicável, o disposto a respeito dos tutores e curadores.[1] [Dispositivo correspondente no CC/1916: art. 465.]

Art. 24: 1. s/ tutores, v. arts. 1.728 a 1.766; s/ curadores, v. arts. 1.767 a 1.783.

Art. 25. O cônjuge do ausente, sempre que não esteja separado judicialmente, ou de fato por mais de dois anos antes da declaração da ausência, será o seu legítimo curador. [Dispositivo correspondente no CC/1916: art. 466.]

§ 1º Em falta do cônjuge, a curadoria dos bens do ausente[1] incumbe aos pais ou aos descendentes, nesta ordem, não havendo impedimento que os iniba de exercer o cargo. [Dispositivo correspondente no CC/1916: art. 467-*caput*.]

§ 2º Entre os descendentes, os mais próximos precedem os mais remotos. [Dispositivo correspondente no CC/1916: art. 467 § ún.]

§ 3º Na falta das pessoas mencionadas, compete ao juiz a escolha do curador. [Sem dispositivo correspondente no CC/1916.]

Art. 25: 1. Enunciado 97 do CEJ: "No que tange à tutela especial à família, devem ser estendidas as regras do Código Civil que se referem apenas ao cônjuge à situação jurídica que envolve o companheirismo, como, por exemplo, na hipótese de nomeação de curador dos bens do ausente (art. 25 do Código Civil)".

Seção II | DA SUCESSÃO PROVISÓRIA[1]

SEÇ. II: 1. v. CPC 745 §§ 1º e 2º e LINDB 10.

Art. 26. Decorrido um ano da arrecadação dos bens do ausente,[1] ou, se ele deixou representante ou procurador, em se passando três anos, poderão os interessados requerer que se declare a ausência e se abra provisoriamente a sucessão. [Dispositivo correspondente no CC/1916: art. 469.]

Art. 26: 1. v. art. 1.819.

Art. 27. Para o efeito previsto no artigo anterior, somente se consideram interessados: [Dispositivo correspondente no CC/1916: art. 470-*caput*.]

I — o cônjuge não separado judicialmente; [Dispositivo correspondente no CC/1916: art. 470-I.]

II — os herdeiros presumidos, legítimos ou testamentários; [Dispositivo correspondente no CC/1916: art. 470-II.]

III — os que tiverem sobre os bens do ausente direito dependente de sua morte; [Dispositivo correspondente no CC/1916: art. 470-III.]

IV — os credores de obrigações vencidas e não pagas. [Dispositivo correspondente no CC/1916: art. 470-IV.]

Art. 28. A sentença[1] que determinar a abertura da sucessão provisória só produzirá efeito cento e oitenta dias depois de publicada pela imprensa; mas, logo que passe em julgado, proceder-se-á à abertura do testamento, se houver, e ao inventário e partilha dos bens, como se o ausente fosse falecido. [Dispositivo correspondente no CC/1916: art. 471-*caput*.]

§ 1º Findo o prazo a que se refere o art. 26, e não havendo interessados na sucessão provisória, cumpre ao Ministério Público requerê-la ao juízo competente. [Dispositivo correspondente no CC/1916: art. 471 § 1º.]

§ 2º Não comparecendo herdeiro ou interessado para requerer o inventário até trinta dias depois de passar em julgado a sentença que mandar abrir a sucessão provisória, proceder-se-á à arrecadação dos bens do ausente pela forma estabelecida nos arts. 1.819 a 1.823. [Dispositivo correspondente no CC/1916: art. 471 § 2º.]

Art. 28: 1. v. LRP 104 § ún.

Art. 29. Antes da partilha, o juiz, quando julgar conveniente, ordenará a conversão dos bens móveis, sujeitos a deterioração ou a extravio, em imóveis ou em títulos garantidos pela União.[1] [Dispositivo correspondente no CC/1916: art. 472.]

Art. 29: 1. v. art. 33 e CPC 730.

Art. 30. Os herdeiros, para se imitirem na posse dos bens do ausente, darão garantias da restituição deles, mediante penhores ou hipotecas[1] equivalentes aos quinhões respectivos. [Dispositivo correspondente no CC/1916: art. 473-*caput*.]

§ 1º Aquele que tiver direito à posse provisória, mas não puder prestar a garantia exigida neste artigo, será excluído,[2] mantendo-se os bens que lhe deviam caber sob a administração do curador, ou de outro herdeiro designado pelo juiz, e que preste essa garantia. [Dispositivo correspondente no CC/1916: art. 473 § ún.]

§ 2º Os ascendentes, os descendentes e o cônjuge, uma vez provada a sua qualidade de herdeiros, poderão, independentemente de garantia, entrar na posse dos bens do ausente. [Dispositivo correspondente no CC/1916: art. 474.]

Art. 30: 1. s/ penhor, v. arts. 1.431 a 1.472; s/ hipoteca, v. arts. 1.473 a 1.505.

Art. 30: 2. v. art. 34.

Art. 31. Os imóveis do ausente só se poderão alienar, não sendo por desapropriação, ou hipotecar, quando o ordene o juiz, para lhes evitar a ruína.[1] [Dispositivo correspondente no CC/1916: art. 475.]

Art. 31: 1. v. CPC 730.

Art. 32. Empossados nos bens, os sucessores provisórios ficarão representando ativa e passivamente o ausente, de modo que contra eles correrão as ações pendentes e as que de futuro àquele forem movidas.[1] [Dispositivo correspondente no CC/1916: art. 476.]

Art. 32: 1. s/ o foro competente para essas ações, v. CPC 49.

Art. 33. O descendente, ascendente ou cônjuge que for sucessor provisório do ausente, fará seus todos os frutos e rendimentos dos bens que a este couberem; os outros sucessores, porém, deverão capitalizar metade desses frutos e rendimentos, segundo o disposto no art. 29, de acordo com o representante do Ministério Público, e prestar anualmente contas ao juiz competente. [Dispositivo correspondente no CC/1916: art. 477.]

Parágrafo único. Se o ausente aparecer, e ficar provado que a ausência foi voluntária e injustificada, perderá ele, em favor do sucessor, sua parte nos frutos e rendimentos. [Sem dispositivo correspondente no CC/1916.]

Art. 34. O excluído, segundo o art. 30, da posse provisória poderá, justificando falta de meios, requerer lhe seja entregue metade dos rendimentos do quinhão que lhe tocaria. [Dispositivo correspondente no CC/1916: art. 478.]

Art. 35. Se durante a posse provisória se provar a época exata do falecimento do ausente, considerar-se-á, nessa data, aberta a sucessão[1] em favor dos herdeiros, que o eram àquele tempo. [Dispositivo correspondente no CC/1916: art. 479.]

Art. 35: 1. v. CPC 745 § 3º.

Art. 36. Se o ausente aparecer,[1] ou se lhe provar a existência, depois de estabelecida a posse provisória, cessarão para logo as vantagens dos sucessores nela imitidos, ficando, todavia, obrigados a tomar as medidas assecuratórias precisas, até a entrega dos bens a seu dono. [Dispositivo correspondente no CC/1916: art. 480.]

Art. 36: 1. v. CPC 745 § 4º.

Seção III | DA SUCESSÃO DEFINITIVA[1]

SEÇ. III: 1. v. CPC 745 §§ 3º e 4º.

Art. 37. Dez anos depois de passada em julgado a sentença que concede a abertura da sucessão provisória, poderão os interessados requerer a sucessão definitiva[1] e o levantamento das cauções prestadas. [Dispositivo correspondente no CC/1916: art. 481.]

Art. 37: 1. "**Seguro de vida.** Declaração de ausência da segurada. Abertura de sucessão provisória. Pagamento da indenização. Necessidade de se aguardar a abertura da sucessão definitiva, quando será presumida a morte da pessoa natural" (STJ-3ª T., REsp 1.298.963, Min. Paulo Sanseverino, j. 26.11.13, DJ 25.2.14).

Art. 38. Pode-se requerer a sucessão definitiva, também, provando-se que o ausente conta oitenta anos de idade, e que de cinco datam as últimas notícias dele. [Dispositivo correspondente no CC/1916: art. 482.]

Art. 39. Regressando o ausente nos dez anos seguintes à abertura da sucessão definitiva, ou algum de seus descendentes ou ascendentes, aquele ou estes haverão só os bens existentes no estado em que se acharem, os sub-rogados em seu lugar, ou o preço que os herdeiros e demais interessados houverem recebido pelos bens alienados depois daquele tempo. [Dispositivo correspondente no CC/1916: art. 483-*caput*.]

Parágrafo único. Se, nos dez anos a que se refere este artigo, o ausente não regressar, e nenhum interessado promover a sucessão definitiva, os bens arrecadados passarão ao domínio do Município ou do Distrito Federal, se localizados nas respectivas circunscrições, incorporando-se ao domínio da União, quando situados em território federal.[1] [Dispositivo correspondente no CC/1916: art. 483 § ún.]

Art. 39: 1. s/ herança jacente, v. arts. 1.819 a 1.823 e 1.844. V. tb. CPC 738 a 743.

•

Título II | DAS PESSOAS JURÍDICAS

Capítulo I | DISPOSIÇÕES GERAIS

Art. 40. As pessoas jurídicas[1] são de direito público, interno ou externo, e de direito privado. [Dispositivo correspondente no CC/1916: art. 13.]

✎ **Art. 40: 1.** "Novo Código Civil. Pessoas jurídicas, empresário, sociedade, estabelecimento, nome comercial e/ou nome empresarial, perdas e danos e prescrição", por José Carlos Tinoco Soares (RT 798/11).

Código Civil

Art. 41. São pessoas jurídicas de direito público interno:[1] [Dispositivo correspondente no CC/1916: art. 14-*caput*.]

I — a União; [Dispositivo correspondente no CC/1916: art. 14-I.]

II — os Estados, o Distrito Federal e os Territórios; [Dispositivo correspondente no CC/1916: art. 14-II.]

III — os Municípios; [Dispositivo correspondente no CC/1916: art. 14-III.]

IV — as autarquias, inclusive as associações públicas;[2-2a] [Sem dispositivo correspondente no CC/1916.]

V — as demais entidades de caráter público criadas por lei. [Sem dispositivo correspondente no CC/1916.]

Parágrafo único. Salvo disposição em contrário, as pessoas jurídicas de direito público, a que se tenha dado estrutura de direito privado, regem-se, no que couber, quanto ao seu funcionamento, pelas normas deste Código.[3] [Sem dispositivo correspondente no CC/1916.]

Art. 41: 1. s/ representação em juízo da pessoa jurídica de direito público interno, v. CPC 75-I a IV.

Art. 41: 2. Redação de acordo com a Lei 11.107, de 6.4.05 (regulamentada pelo Dec. 6.017, de 17.1.07).

Art. 41: 2a. **Lei 11.107, de 6.4.05** — Dispõe sobre normas gerais de contratação de consórcios públicos e dá outras providências: **"Art. 1º § 1º** O consórcio público constituirá associação pública ou pessoa jurídica de direito privado".

Art. 41: 3. **Enunciado 141 do CEJ:** "A remissão do art. 41, § ún., do CC, às 'pessoas jurídicas de direito público, a que se tenha dado estrutura de direito privado', diz respeito às fundações públicas e aos entes de fiscalização do exercício profissional".

Art. 42. São pessoas jurídicas de direito público externo os Estados estrangeiros e todas as pessoas que forem regidas pelo direito internacional público.[1] [Sem dispositivo correspondente no CC/1916.]

Art. 42: 1. "Pessoas de direito público externo e o Código Civil", por Georgenor de Sousa Franco Filho (RJ-Lex 65/128, RSDA 104/82).

Art. 43. As pessoas jurídicas de direito público interno são civilmente responsáveis por atos dos seus agentes que nessa qualidade causem danos a terceiros, ressalvado direito regressivo contra os causadores do dano, se houver, por parte destes, culpa ou dolo.[1 a 4] [Dispositivo correspondente no CC/1916: art. 15.]

✎ Art. 43: 1. "Responsabilidade civil das agências reguladoras", por Rodrigo Santos Neves (RT 803/731); "A responsabilidade civil do Estado pela prática de ato ilícito", por Luís Alberto Thompson Flores Lenz (Just. 172/78); "Responsabilidade civil do Estado por atos legislativos (revivescimento de uma antiga questão)", por Edilson Pereira Nobre Júnior (RDA 231/331); "Responsabilidade civil do Estado por conduta omissiva", por João Agnaldo Donizeti Gandini e Diana Paola da Silva Salomão (RDA 232/199, RF 386/129 e Ajuris 94/137); "A responsabilidade civil do Estado e o dano moral", por Jair José Perin (RT 814/115); "As agências reguladoras e sua responsabilidade civil", por Rodrigo Santos Neves (RF 370/157); "Responsabilidade civil do Estado: alguns aspectos", por Honildo Amaral de Mello Castro (RF 372/109 e RDPr 17/123); "Os fundamentos da responsabilidade civil do Estado", por Alexandre Santos de Aragão (RF 376/11, RT 824/72 e RDA 236/263); "Responsabilidade civil do poder público", por Verusca Citrini Braga (IP 25/242); "Responsabilidade civil do Estado no direito brasileiro", por Ronaldo Brêtas de Carvalho Dias (RSDCPC 29/140); "Responsabilidade civil do Estado: as origens e a classificação da responsabilidade estatal", por Cildo Giolo Júnior (RSDCPC 31/139); "Responsabilidade extracontratual patrimonial do Estado por atos legislativos", por Luis Gustavo Pollini (RSDCPC 32/138); "Novas orientações doutrinárias sobre a responsabilidade patrimonial da administração pública", por Jaime Rodriguez-Arana (IP 29/145); "A responsabilidade subjetiva do Estado por comportamentos omissivos", por Rui Stoco (RJ 332/9); "Responsabilidade civil do Estado e a denunciação da lide ao funcionário público", por Rogério Zuel Gomes (RT 839/110); "A responsabilidade extracontratual do Estado e o princípio da proporcionalidade: vedação de excesso e de omissão", por Juarez Freitas (RDA 241/21); "Responsabilidade do Estado por danos ou furtos de veículos estacionados em vias públicas", por Marcelo Battirola (RDPr 24/146); "Organizações sociais: natureza jurídica da responsabilidade civil das organizações sociais em face dos danos causados a terceiros", por Cristiana Fortini (IP 38/113); "Responsabilidade civil do Estado na prestação do serviço de segurança pública", por Kiyoshi Harada (RIDA 7/7); "Nexo de causalidade (do dano, para efeito de responsabilidade do Estado): reexame do tema", por João Batista Gomes Moreira (IP 39/33); "A responsabilidade do Estado por danos ambientais", por Gina Copola (RIDA 9/103); "Responsabilidade civil da administração pública", por Luís Rodolfo Cruz e Creuz e Pedro Felício André Filho (RIDA 10/101); "A teoria subjetiva-ativa (*Rechtswidrig*) e o fundamento unitário da responsabilidade do Estado: uma alternativa teórica", por Marcelo Meireles Lobão (RT 859/59); "Responsabilidade civil e omissão de socorro público", por Jones Figueirêdo Alves (IP 43/75); "O direito de regresso do Estado decorrente do reconhecimento de responsabilidade civil extracontratual no exercício da função administrativa", por José Roberto Pimenta Oliveira (IP 65/35); "Particularidades do arbitramento do dano moral na responsabilidade civil do Estado", por Ênio Santarelli Zuliani (RJ-Lex 50/81); "A responsabilidade patrimonial do Estado em matéria de segurança", por Célia Rosenthal Zisman (RDPr 56/203).

✎ **Art. 43: 1a.** **s/ responsabilidade do Estado por atos do Judiciário:** "Responsabilidade do Estado por atos judiciais", por Augusto do Amaral Dergint (RT 710/225); "Responsabilidade do Estado por atos judiciais", por Carlos Eduardo Thompson Flores Lenz (RDA 210/147); "Responsabilidade do Estado por ato judicial inconstitucional", por Fabiano André de Souza Mendonça (RT 738/11, RTJE 164/115); "Responsabilidade pública por atividade judiciária no direito brasileiro", por Lair da Silva Loureiro Filho (RDA 231/5 e RF 373/127); "Responsabilidade civil do Estado: o dever de indenizar a vítima de prisão injusta", por Vinícius Luiz Albrecht (RSDCPC 30/152); "Da responsabilidade pública por atividade judiciária no direito estrangeiro", por Lair da Silva Loureiro Filho (RIDA 6/82); "A responsabilidade civil do Estado pelo exercício da função jurisdicional no Brasil", por Ruy Rosado de Aguiar Jr. (IP 44/67).

Art. 43: 1b. **CF 37: "§ 6º** As pessoas jurídicas de direito público e as de direito privado prestadoras de serviços públicos responderão pelos danos que seus agentes, nessa qualidade, causarem a terceiros, assegurado o direito de regresso contra o responsável nos casos de dolo ou culpa".

Lei 4.619, de 28.4.65 — Dispõe sobre a ação regressiva da União contra seus agentes (Lex 1965/630, RF 211/406, RT 357/546, RDA 81/519).

V., no nosso CPCLPV, CPC 125-II, especialmente nota 5.

V. tb. arts. 186 e 927 a 954 (ato ilícito e responsabilidade civil).

V. ainda Dec. 2.681, de 7.12.1912 (responsabilidade das estradas de ferro); Lei 6.453, de 17.10.77 (responsabilidade por danos nucleares); Dec. 83.540, de 4.6.79 (responsabilidade em danos causados por poluição de óleos); Lei 8.112, de 11.12.90, arts. 121 a 126-A (responsabilidade dos servidores públicos); Lei 10.309, de 22.11.01 (responsabilidade da União perante terceiros no caso de atentados terroristas ou atos de guerra contra aeronaves de empresas aéreas brasileiras); Lei 13.869, de 5.9.19 (abuso de autoridade).

Art. 43: 2. "A teor do disposto no art. 37, § 6º, da Constituição Federal, a ação por danos causados por **agente público** deve ser ajuizada contra o Estado ou a pessoa jurídica de direito privado prestadora de serviço público, sendo **parte ilegítima** para a ação o autor do ato, assegurado o direito de regresso contra o responsável nos casos de dolo ou culpa" (STF-Pleno, RE 1.027.633, Min. Marco Aurélio, j. 14.8.19, DJ 6.12.19).

Contra: "O particular que alega ofensa a seu direito individual por ato praticado por agente público pode acionar o Estado, ou o funcionário ou ambos" (STJ-4ª T., REsp 731.746, Min. Aldir Passarinho Jr., j. 5.8.08, um voto vencido, DJ 4.5.09; a citação é do voto do relator).

"A avaliação quanto ao ajuizamento da ação contra o servidor público ou contra o Estado deve ser decisão do suposto lesado. Se, por um lado, o particular abre mão do sistema de responsabilidade objetiva do Estado, por outro também não se sujeita ao regime de precatórios" (STJ-4ª T., REsp 1.325.862, Min. Luis Felipe, j. 5.9.13, DJ 10.12.13).

"A propositura de ação de responsabilidade civil aforada pelo particular contra o autor do fato causador do dano não afasta o direito à ação para demandar contra o ente público, que responde objetivamente pelos danos causados a terceiros. A responsabilidade civil do Estado objetiva nos termos do art. 37, § 6º, da Constituição Federal, não se confunde com a responsabilidade subjetiva dos seus agentes, perquirida em ação regressiva ou em ação autônoma" (STJ-1ª T., REsp 976.730, Min. Luiz Fux, j. 24.6.08, um voto vencido, DJ 4.9.08).

Art. 43: 2a. **Súmula Vinculante 11 do STF:** "Só é lícito o uso de algemas em casos de resistência e de fundado receio de fuga ou de perigo à integridade física própria ou alheia, por parte do preso ou de terceiros, justificada a excepcionalidade por escrito, sob pena de responsabilidade disciplinar, civil e penal do agente ou da autoridade e de nulidade da prisão ou do ato processual a que se refere, sem prejuízo da responsabilidade civil do estado".

Art. 43: 2b. **Responsabilidade objetiva do Estado.** "A responsabilidade do Estado é objetiva, isto é, prescinde do elemento culpa" (STF-RT 805/173, ementa da redação).

As pessoas jurídicas de direito público são objetivamente responsáveis pelos atos ilícitos praticados por seus agentes (inclusive pelos atos causadores de dano moral), ficando ressalvado, todavia, o direito de regresso contra estes (CF, art. 37, § 6º) (STF-2ª T., RE 228.977-2, Min. Néri da Silveira, j. 5.3.02, DJU 12.4.02).

"A responsabilidade civil que se imputa ao Estado por ato danoso de seus prepostos é objetiva (art. 37, § 6º, CF), impondo-lhe o dever de indenizar se se verificar dano ao patrimônio de outrem e nexo causal entre o dano e o comportamento do preposto. Somente se afasta a responsabilidade se o evento danoso resultar de caso fortuito ou força maior ou decorrer de culpa da vítima" (STJ-2ª T., REsp 602.102, Min. Eliana Calmon, j. 6.4.04, um voto vencido, DJU 21.2.05).

Todavia, "embora a responsabilidade civil do Estado seja objetiva, isso não significa que ele responda sempre e por qualquer prejuízo. Ausente dolo, má-fé ou outro vício e sendo o equívoco formal plenamente escusável, seria injusto fazer o povo indenizar aquele que foi prejudicado com a inegável participação de seu próprio irmão, que levantou dinheiro indevido valendo-se de guia expedida pela serventia" (JTJ 312/148).

S/ denunciação da lide nessas hipóteses, v., no CPCLPV, CPC 125, nota 5.

Art. 43: 2c. **Responsabilidade subjetiva do Estado.** Em geral, nas situações em que se imputa uma **omissão** ao Estado, a jurisprudência tem exigido a prova de dolo ou culpa para sua responsabilização. É o que se conhece por *faute de service.* Nesse sentido: STF-2ª T., RE 179.147-1, Min. Carlos Velloso, j. 12.12.97, DJU 27.2.98; STJ-2ª T., REsp 418.713, Min. Franciulli Netto, j. 20.5.03, DJU 8.9.03; STJ-RT 836/151 (2ª T.); RT 837/350, 866/186, RJM 174/132, 184/92 (AP 1.0439.06.057459-7/002), Bol. AASP 2.584.

"Em se tratando de ato omissivo, embora esteja a doutrina dividida entre as correntes dos adeptos da responsabilidade objetiva e aqueles que adotam a responsabilidade subjetiva, prevalece na jurisprudência a teoria subjetiva do ato omissivo, de modo a só ser possível indenização quando houver culpa do preposto" (STJ-2ª T., REsp 602.102, Min. Eliana Calmon, j. 6.4.04, um voto vencido, DJU 21.2.05).

"A responsabilidade civil do Estado por omissão é subjetiva, mesmo em se tratando de responsabilidade por dano ao meio ambiente" (STJ-RDPr 37/345: 2ª T., REsp 647.493).

Todavia: "Ordinariamente, a responsabilidade civil do Estado, por omissão, é subjetiva ou por culpa, regime comum ou geral esse que, assentado no art. 37 da Constituição Federal, enfrenta duas exceções principais. Primeiro, quando a responsabilização objetiva do ente público decorrer de expressa previsão legal, em microssistema especial, como na proteção do meio ambiente (Lei 6.938/1981, art. 3º, IV, c/c o art. 14, § 1º). Segundo, quando as circunstâncias indicarem a presença de um standard ou dever de ação estatal mais rigoroso do que aquele que jorra, consoante a construção doutrinária e jurisprudencial, do texto constitucional. A Administração é solidária, objetiva e ilimitadamente responsável, nos termos da Lei 6.938/1981, por danos urbanístico-ambientais decorrentes da omissão do seu dever de controlar e fiscalizar, na medida em que contribua, direta ou indiretamente, tanto para a degradação ambiental em si mesma, como para o seu agravamento, consolidação ou perpetuação, tudo sem prejuízo da adoção, contra o agente público relapso ou desidioso, de medidas disciplinares, penais, civis e no campo da improbidade administrativa" (STJ-2ª T., REsp 1.071.741, Min. Herman Benjamin, j. 24.3.09, DJ 16.12.10).

Art. 43: 2d. "Para que fique caracterizada a responsabilidade civil do Estado por danos decorrentes do **comércio de fogos de artifício,** é necessário que exista a violação de um dever jurídico específico de agir, que ocorrerá quando for concedida a licença para funcionamento sem as cautelas legais ou quando for de conhecimento do poder público eventuais irregularidades praticadas pelo particular" (STF-Pleno, RE 136.861, Min. Edson Fachin, j. 11.3.20, maioria, DJ 13.8.20).

Art. 43: 2e. "No caso de **omissão de dever de controle e fiscalização, a responsabilidade ambiental solidária da Administração é de execução subsidiária** (ou com ordem de preferência). A responsabilidade solidária e de execução subsidiária significa que o Estado integra o título executivo sob a condição de, como devedor-reserva, só ser convocado a quitar a dívida se o degradador original, direto ou material (= devedor principal) não o fizer, seja por total ou parcial exaurimento patrimonial ou insolvência, seja por impossibilidade ou incapacidade, inclusive técnica, de cumprimento da prestação judicialmente imposta, assegurado, sempre, o direito de regresso (art. 934 do Código Civil)" (STJ-2ª T., REsp 1.071.741, Min. Herman Benjamin, j. 24.3.09, DJ 16.12.10).

Art. 43: 2f. "O Estado responde **subsidiariamente** por danos materiais causados a candidatos em **concurso público** organizado por pessoa jurídica de direito privado (art. 37, § 6º, da CF), quando os exames são cancelados por indícios de **fraude"** (STF-Pleno, RE 662.405, Min. Luiz Fux, j. 29.6.20, maioria, DJ 13.8.20; no caso, foi determinada a restituição aos candidatos das "despesas com taxa de inscrição e deslocamento para cidades diversas daquelas em que mantenham domicílio").

Art. 43: 3. **Afirmando haver responsabilidade do Estado:**

— por **ato judicial** (STF-2ª T., RE 228.977-2, Min. Néri da Silveira, j. 5.3.02, DJU 12.4.02). "Ato de magistrado. Ação de indenização contra o Estado em razão de dano irreversível causado à parte em virtude de omissão ilegal verificada em ato jurisdicional. Inteligência do art. 37, XXI, § 6º, da CF/88. Procedência da ação" (RJ 179/81, maioria).

Exigindo para a responsabilização do Estado nessas circunstâncias prova de **má-fé, dolo, culpa grave ou erro grosseiro:** "O erro judiciário, seja 'in procedendo' ou 'in judicando', no exercício da função jurisdicional, não rende indenização por responsabilidade civil do Estado, pois que é inerente ao próprio ato judicial típico. Toda pessoa que sofrer lesão de direito, decorrente de decisão judicial, pode repará-la pela via do recurso à instância superior, não, porém, pela via da ação contra o Estado, salvo provada a má-fé, o dolo, a culpa grave ou o erro grosseiro" (Ajuris 87/532). V. tb. RJTJERGS 255/224, RT 880/246 (TJMG, AP 1.0672.06.203104-8/001).

Afirmando a responsabilidade objetiva do Estado por erro judiciário, atrelado a indevida condenação penal, ulteriormente desconstituída em sede de revisão criminal: STF-RT 868/161 e RDDP 57/112 (1ª T., RE 505.393, um voto vencido).

"Requerendo as partes a suspensão da execução de alimentos, deveria o juiz, ao suspendê-la, determinar, outrossim, o recolhimento do mandado de prisão que expedira. Não o fez, vindo o autor a ser preso posteriormente. Ato jurisdicional que enseja responsabilidade do Estado, nos termos do art. 5º, LXXV, da CF" (RT 892/277: TJRJ, AP 2009.001.45077).

Há notícia de acórdão responsabilizando o Estado e o magistrado pelas consequências de ato praticado por este na condição de funcionário público, embora não estivesse no exercício de função judicante (STJ-RF 391/415: 2ª T., REsp 299.833, um voto vencido).

V. CF 5º-LXXV.

V. tb., no CPCLPV, CPC 143 e notas.

— pela **persecução penal negligente,** tal como a desencadeada em face de quem teve seus documentos roubados e utilizados por criminoso na prática de outros delitos, comunicou o Estado daquele roubo e mesmo assim acabou sendo tratado como se criminoso fosse na apuração destes (STJ-1ª T., REsp 882.166, Min. Luiz Fux, j. 11.3.08, DJU 3.4.08). Em sentido semelhante: JTJ 322/2.647 (AP 293.922-5/0-00), 327/349 (AP 756.350-5/3-00), 348/445 (994.05.107740-0), RMDCPC 19/115 (TJMG, AP 1.0024.05.692581-1/006), RJM 180/227 (AP 1.0024.04.535603-7/001). Ainda: "O réu praticou ato ilícito ao apresentar o autor à imprensa como traficante, além de prendê-lo por cinco dias, sem motivo" (Bol. AASP 2.578: TJRJ, AP 2007.001.35445). "Responsabilidade civil do Estado (CF, art. 37, § 6º). Danos morais decorrentes de prisão indevida. Privação da liberdade fundada em homonímia, evitável mediante simples consulta administrativa" (RIDA 44/68: TJSP, AP 630.569-5/3; no caso a autora ficou presa por 70 dias). V. tb. nota seguinte para os casos em que a persecução penal é instaurada e se desenvolve com regularidade;

— "pelos danos causados por **leiloeiro oficial,** em razão de atos ilícitos praticados aos arrematantes. Leiloeiro oficial que se apropria de valor a título do lanço oferecido relativo ao bem praceado e que não o devolve, embora para tanto instado, por ter sido anulada a praça" (STJ-1ª T., REsp 1.010.688, Min. José Delgado, j. 20.5.08, DJU 23.6.08);

— por **ato legislativo,** desde que reconhecida sua inconstitucionalidade pelo Supremo Tribunal Federal (STJ-1ª Seção, REsp 124.864, Min. Demócrito Reinaldo, j. 24.6.98, três votos vencidos, DJU 28.9.98);

— "por danos causados à concessionária de serviço de transporte aéreo (Varig S/A). **Ruptura do equilíbrio econômico-financeiro do contrato** decorrente dos efeitos dos **Planos 'Funaro' e 'Cruzado'.** Dever de indenizar. Responsabilidade por atos lícitos quando deles decorrerem prejuízos para os particulares em condições de desigualdade com os demais. Observância do princípio da legalidade, do direito adquirido e do ato jurídico perfeito" (STF-Pleno, RE 571.969, Min. Cármen Lúcia, j. 12.3.14, maioria, DJ 18.9.14). Em sentido semelhante: STJ-1ª T., REsp 1.248.237, Min. Napoleão Maia Filho, j. 18.9.14, maioria, DJ 1.10 14;

— pela **indevida alienação** de terras devolutas da União, ficando obrigado a reparar não apenas àquele "a quem conferiu o título de domínio pleno do imóvel", mas também à pessoa que, "situada na última posição da cadeia dominial, foi desapossada do imóvel e teve o título de propriedade desconstituído" (STJ-1ª T., REsp 175.287, Min. José Delgado, j. 21.2.06, um voto vencido, DJU 13.3.06);

— pelos danos causados a **estabelecimento comercial,** em razão da construção de complexo viário que dificultou o acesso até ele e reduziu o seu **movimento** (RT 866/181);

— pela **queda de árvore** existente em área pública (RT 860/275; 879/239: TJSP, AP 401.694.5/8-00; 900/270: TJSP, AP 994.08.185150-8);

— pela **queda de pedestre** provocada por buraco existente na calçada (RT 863/346), ou por "falta de tampa de proteção no bueiro" (JTJ 336/448: AP 691.205-5/0-00);

— pelo **desabamento de imóvel** (RT 864/356; JTJ 333/657: EI 570.827-5/9-02);

— por "incêndio causado por **curto-circuito na rede elétrica** de imóvel" (RT 861/271);

— pelo **acidente de veículo** acontecido em razão da má conservação ou sinalização de estrada (RT 828/235; 877/212: TJSP, AP 955322-0/5; 912/737: TRF-1ª Reg., AP 200638120069508; 934/585: TRF-4ª Reg., AP 5000518-55.2012.404.7203), em razão de defeito no funcionamento de semáforo (STJ-RT 842/151: 2ª T., REsp 716.250) ou, ainda, em razão da indevida e inadvertida existência de animal na pista (RMDCPC 18/112). Também responde o Estado pelos danos causados pela "queda de veículo em buraco de razoáveis dimensões existente na via pública, sem sinalização de segurança" (RT 851/198). No mesmo sentido: Bol. AASP 2.600 (TJSP, AP 766.739-5/7-00). Igualmente responde o Estado pelos prejuízos provocados por "veículo do corpo de bombeiro que abalroou o automóvel do postulante que se encontrava estacionado em local apropriado e destinado a esse fim" (RT 864/264). Ainda, responde o Estado pelo acidente causado por "viatura oficial conduzida por agente público em desempenho de suas atribuições funcionais" (RT 858/409). "A conduta negligente e imprudente de policial militar condutor de veículo público gera a obrigação de indenização em danos ao Estado, quando caracterizada conduta irregular nos termos do Código Nacional de Trânsito, segundo o qual os veículos oficiais em estado de emergência possuem direito de preferência, situação que, entretanto, não exclui o dever de cautela e segurança em prol da coletividade" (RT 864/376). "A Administração, ao autorizar a posse de veículo oficial por agente seu, sabendo que o uso seria para fins particulares, responde pelos danos que decorram de acidente" (STJ-2ª T., REsp 866.450, Min. Herman Benjamin, j. 24.4.07, DJU 7.3.08);

— pelo **furto de veículo** acontecido em estacionamento por ele mantido (STF-1ª T., RE 255.731-5, Min. Sepúlveda Pertence, j. 9.11.99, DJU 26.11.99). Em sentido semelhante: "A teor do disposto no artigo 37, § 6º, da Constituição Federal, há responsabilidade civil de pessoa jurídica prestadora de serviço público em razão de dano decorrente de crime de furto praticado em posto de pesagem, considerada a omissão no dever de vigilância e falha na prestação e organização do serviço" (STF-1ª T., RE 598.356, Min. Marco Aurélio, j. 8.5.18, DJ 1.8.18). Todavia, v. tb. nota seguinte;

— pelos "danos causados por **invasores em propriedade particular,** quando o Estado se omite no cumprimento de ordem judicial para envio de força policial ao imóvel invadido" (STF-RT 804/166);

— pela ação danosa de **policial, durante o seu expediente,** na detenção de suposto criminoso (RT 828/205, 866/186, RF 381/376).

"O Estado responde administrativa e civilmente por morte provocada por tiros disparados por policial no cumprimento de diligências, quando a ação foi considerada ilícita" (STJ-1ª T., REsp 1.018.636, Min. José Delgado, j. 8.4.08, DJU 24.4.08). Em sentido semelhante, condenando o Estado a indenizar vítima de "bala perdida" de tiroteio entre policiais e bandidos: RT 847/192: TJSP, AP 205.374-5/9-00; RJTJERGS 252/256: AP 70010301455. Ainda: "Responsabilidade civil do Estado. Teoria objetiva. Refém morto em ação policial" (RT 864/362: TJRN, AP 2006.004815-6).

"Responsabilidade civil do Estado por omissão. Obrigação de segurança. Pessoa imobilizada pela polícia militar. Morte após violenta agressão de terceiros. Dever especial do Estado de assegurar a integridade e a dignidade daqueles que se encontram sob sua custódia. Responsabilidade civil objetiva" (STJ-2ª T., Ag em REsp 1.717.869, Min. Herman Benjamin, j. 20.10.20, DJ 1.12.20). V. tb., na nota seguinte, casos em que o dano é causado por policial durante a sua folga;

— pela inobservância do dever de "manter em seus **presídios** os padrões mínimos de humanidade previstos no ordenamento jurídico" (STF-Pleno, RE 580.252, Min. Gilmar Mendes, j. 16.2.17, maioria, DJ 11.9.17; no caso, houve a condenação do Estado a "ressarcir os danos, inclusive morais, comprovadamente causados aos detentos em decorrência da falta ou insuficiência das condições legais de encarceramento").

O Estado também responde pela morte do detento nas dependências da prisão (STF-RT 837/129: 2ª T., RE 272.839; STJ-1ª T., REsp 847.687, Min. José Delgado, j. 17.10.06, DJU 25.6.07; STJ-2ª T., Ag em REsp 169.476, Min. Humberto Martins, j. 2.8.12, DJ 8.8.12; RT 842/168; JTJ 326/470: AP 732.429-5/9-00; RJM 169/134), mesmo em caso de suicídio (STJ-2ª T., REsp 1.305.259-AgRg, Min. Mauro Campbell, j. 2.4.13, DJ 9.4.13); pelos atos de atentado violento ao pudor sofridos pelo detento na prisão (RT 884/331: TJSC, AP 2007.063384-8; JTJ 291/175).

Afirmando ser **objetiva** a responsabilidade do Estado pelos eventos danosos acontecidos dentro de presídio: STJ-1ª T., REsp 944.884, Min. Luiz Fux, j. 18.10.07, um voto vencido, DJU 17.4.08; STJ-2ª T., REsp 1.140.067, Min. Castro Meira, j. 21.10.10, DJ 28.10.10.

Todavia, no sentido de que não deve haver condenação do Estado a indenizar danos morais "advindos de superpopulação carcerária, diante de sua impossibilidade orçamentária, em obediência ao 'princípio da reserva do possível'": RT 871/294 (TJMS, EI na AP 2006.011166-2/0001-00). "Em nada contribui para a melhoria do sistema prisional do Brasil a concessão, individualmente, de indenização por dano moral a detento submetido à superlotação e a outras agruras que permeiam (e envergonham) nossos estabelecimentos carcerários. A medida, quando muito, servirá tão só para drenar e canalizar escassos recursos públicos, aplicando-os na simples mitigação do problema de um ou só de alguns, em vez de resolvê-lo, de uma vez por todas, em favor da coletividade dos prisioneiros. A condenação do Estado à indenização por danos morais individuais, como remédio isolado, arrisca a instituir uma espécie de 'pedágio-masmorra', ou seja, deixa a impressão de que ao Poder Público, em vez de garantir direitos inalienáveis e imprescritíveis de que são titulares, por igual, todos os presos, bastará pagar, aos prisioneiros que disponham de advogado para postular em seu favor, uma 'bolsa-indignidade' pela ofensa diária, continuada e indesculpável aos mais fundamentais dos direitos, assegurados constitucionalmente. A questão não trata da incidência da cláusula da reserva do possível, nem de assegurar o mínimo existencial, mas sim da necessidade urgente de aprimoramento das condições do sistema prisional, que deverá ser feito por meio de melhor planejamento e estruturação física, e não mediante pagamento pecuniário e individual aos apenados" (STJ-RDDP 101/145: 2ª T., REsp 962.934. Esse acórdão foi mantido no julgamento dos subsequentes embargos de divergência (STJ-1ª Seção, ED no REsp 962.934, Min. Humberto Martins, j. 14.3.12, maioria, DJ 25.4.12);

— pelos danos sofridos por agente penitenciário em **rebelião de detentos** (RT 859/369). Ainda: "Servidor da FEBEM morto por menor infrator em rebelião. Inafastável responsabilidade do Estado. Poucos agentes, sem qualquer arma de fogo, somente com dois radiocomunicadores faziam a segurança de uma unidade com 300 internos. Nexo causal evidente. Negligência do Poder Público em adotar medidas que dessem segurança ao servidor no desempenho de suas funções" (JTJ 314/163: AP 407.765-5/6-00);

— pelos excessos cometidos em **revista de visitante** de detento (STJ-2ª T., REsp 856.360, Min. Eliana Calmon, j. 19.8.08, DJ 23.9.08);

— pelo **fornecimento de medicamentos** para o tratamento de doença grave (RSTJ 106/109: 1ª T., REsp 127.604; RT 826/204, RF 380/344; RIDA 54/54: TJMS, AP 2010.006156-6/0000-00; 54/62: TJRN, AP 2009.006199-5). **Contra,** "em caso no qual a autora pretende o fornecimento gratuito de medicamento importado da Alemanha, ainda não disponível no Brasil e sem registro na Anvisa, para tratamento de distrofia muscular progressiva": RIDA 54/46 (TRF-2ª Reg., AP 2000.51.01.032310-5);

— pela conduta lesiva de médico de **hospital da rede pública** (RT 846/381, 870/379; 896/217: TJSP, AP 994.09.371365-0; JTJ 315/160: AP 312.711-5/3-00). Também responde o Estado por outras falhas imputáveis ao hospital da rede pública. É o que acontece, p. ex., quando este noticia equivocadamente a morte de um paciente (RT 864/260);

"Considerando que o funcionamento do **SUS** é de **responsabilidade solidária** da União, dos Estados e dos Municípios, é de se concluir que qualquer um destes entes tem legitimidade *ad causam* para figurar no polo passivo de quaisquer demandas que envolvam tal sistema, inclusive as relacionadas à indenizatória por erro médico ocorrido em **hospitais privados conveniados"** (STJ-1ª T., REsp 1.388.322, Min. Benedito Gonçalves, j. 16.6.14, DJ 1.7.14). **Todavia: "A União não possui legitimidade passiva** nas ações de indenização por falha em atendimento médico ocorrida em hospital privado credenciado no SUS, tendo em vista que, de acordo com a descentralização das atribuições determinada pela Lei 8.080/1990, a responsabilidade pela fiscalização é da direção municipal do aludido sistema" (STJ-2ª T., REsp 1.162.669, Min. Herman Benjamin, j. 23.3.10, DJ 6.4.10). No mesmo sentido: STJ-1ª T., REsp 1.218.845-EDcl-AgRg, Min. Arnaldo Esteves, j. 3.5.12, DJ 10.9.12;

— pelo pagamento integral dos **vencimentos** a que faria jus funcionário público (no caso, policial militar) demitido do cargo e ulteriormente reintegrado, no período em que durou esse afastamento (RT 837/208). No mesmo sentido: "O servidor reintegrado deve ser ressarcido dos vencimentos a que faria jus desde o desligamento indevido, a fim de restabelecer a situação injustamente desconstituída" (STJ-1ª T., Ag em REsp 165.575-AgRg, Min. Benedito Gonçalves, j. 21.11.13, DJ 29.11.13);

— pelo injustificado **atraso** de "10 meses e 18 dias para deferir pedido de **aposentadoria** de servidor público. Inexistência de qualquer diligência determinada para firmação de convencimento. Péssimo funcionamento do serviço, atuando com atraso injustificável. Servidor público que, em face de inércia estatal, mesmo possuindo o direito à aposentadoria, é obrigado a trabalhar por 10 meses e 18 dias. Responsabilidade que se reconhece e indenização deferida" (STJ-1ª T., REsp 983.659, Min. José Delgado, j. 12.2.08, DJU 6.3.08). Ainda: "Legítimo o pagamento de indenização, em razão da injustificada demora na concessão da aposentadoria" (STJ-2ª T., REsp 1.031.533, Min. Castro Meira, j. 6.5.08, DJU 16.5.08). No mesmo sentido: RT 865/179;

Condenado o Estado nessas circunstâncias, é possível "compensação, em liquidação do julgado, da remuneração do cargo, emprego ou função (pública ou privada) exercida pelos embargados no período em que foram obstados de tomar posse, desde que à época fosse incompatível o exercício simultâneo" (STJ-2ª T., REsp 795.161-AgRg-EDcl, Min. Herman Benjamin, j. 16.6.11, DJ 8.9.11);

— pelos eventos danosos acontecidos nas dependências de **escola pública,** tais como a conduta constrangedora e humilhante do professor (RF 379/345), o furto de bem do aluno (RT 846/379), a agressão sofrida pelo aluno nas suas dependências (RF 391/515; JTJ 329/365: AP 298.435-5/3-00; 355/536: AP 994.07.131038-0; RT 913/799: TJSP, AP 0169604-52.2006.8.26.0000), a amputação de dedos da mão de aluno (RT 868/273). Todavia, v. tb. nota seguinte.

Art. 43: 4. Afirmando não haver responsabilidade do Estado:

— "em face de danos causados por atos de **"persecutio criminis"**, de imputação ou julgamento quando o perseguido vem a ser absolvido por falta de provas ou de sua participação na infração penal, pois tanto a decretação da prisão preventiva como a admissibilidade da denúncia repousam em juízo provisório da prática delituosa, de todo legítimo" (RT 830/187). No mesmo sentido: RT 890/262 (TJAC, AP 2009.001550-3), JTJ 309/162, RJTJERGS 252/265, RIDA 27/25, maioria. V. tb. nota anterior para caso em que a persecução penal é instaurada e se desenvolve com negligência.

"A **prisão preventiva,** devidamente fundamentada e nos limites legais, inclusive temporal, não gera o direito à indenização em face da posterior absolvição por ausência de provas" (STJ-2ª T., REsp 911.641, Min. Eliana Calmon, j. 7.5.09, DJ 25.5.09). No mesmo sentido: STJ-1ª T., Ag em REsp 182.241-AgRg, Min. Ari Pargendler, j. 20.2.14, DJ 28.2.14; RT 894/218 (TJSP, AP 977.873-5/1-00). **Todavia:** "O cerceamento oficial da liberdade fora dos parâmetros legais, posto o recorrente ter ficado custodiado 741 dias, lapso temporal amazonicamente superior àquele estabelecido em Lei — 81 dias —, revela a ilegalidade da prisão. A coerção pessoal que não enseja o dano moral pelo sofrimento causado ao cidadão é aquela que lastreia-se nos parâmetros legais. *A contrario sensu*, empreendida a prisão cautelar com excesso expressivo de prazo, ultrapassando o lapso legal em quase um décuplo, restando, após, impronunciado o réu, em manifestação de inexistência de autoria, revela-se inequívoco o direito à percepção do dano moral" (STJ-1ª T., REsp 872.630, Min. Luiz Fux, j. 13.11.07, um voto vencido, DJU 26.3.08). No mesmo sentido, condenando o Estado em razão de atos praticados pelo Poder Judiciário, que levaram à "manutenção do cidadão em cárcere por aproximadamente 13 anos à míngua de condenação em pena privativa da liberdade ou procedimento criminal": STJ-RF 391/398 (1ª T., REsp 802.435);

— pelo ato praticado com **arma** da corporação por **"policial militar em período de folga"**: STF-1ª T., RE 363.423, Min. Ayres Britto, j. 16.11.04, DJ 14.3.08. No mesmo sentido: "A responsabilização do ente público, nos termos do art. 37, § 6º, da CF, necessita, em princípio, de que o agente que causou o dano esteja em pleno exercício das funções públicas. Agindo com motivação de cunho pessoal e fora da função pública, o policial que pratica crime, ainda que com arma da SSP, é o único responsável pelo delito" (RIDA 7/17: TJSE, AP 2005207800).

Todavia: "O Estado responde objetivamente pelos danos causados ao particular em virtude de homicídio praticado por policial militar contra civil, com arma da corporação e no interior do quartel, mesmo estando o agente policial de folga, sendo devida a indenização pleiteada pelos familiares da vítima" (RJM 168/91: AP 1.0543.03.900038-4/001).

Indo além: "É objetiva a responsabilidade civil do Estado por ação de policial à paisana que se envolve em tiroteio em transporte público, resultando na morte de passageiro" (STJ-2ª T., REsp 976.073, Min. Castro Meira, j. 24.6.08, DJ 12.8.08). Ainda: "Responde o Estado pelos danos morais causados por ação ilícita de policial militar que, não obstante estado de folga, mas utilizando-se de arma da corporação, visando a um flagrante de roubo, realiza diligência, aborda, atira na perna do suspeito e prende-o na presença de populares em local público" (RT 861/328: TJRO, AP 100.001.2005.007068-0). Para casos em que o policial age durante o seu expediente, v. nota anterior;

— "Perseguição policial, após notícia de assalto a estabelecimento comercial. Filho da autora que não atendeu à voz de prisão e efetuou os primeiros disparos em direção aos policiais. **Troca de tiros,** que culminou com a morte do filho da autora. Atuação policial sem excessos, no estrito cumprimento do dever legal" (JTJ 371/190: AP 214-96.2002.8.26.0300). Todavia, para situações em que a atuação do policial acaba gerando responsabilidade do Estado, v. nota anterior;

— pela **morte** de **policial** no **exercício** das suas **funções:** "Morte de investigador de polícia por integrantes de quadrilha de traficantes. Policial que investigava ação dos delinquentes e prendera integrantes da quadrilha. Perigo inerente à atividade exercida pela vítima" (JTJ 303/209). No mesmo sentido: JTJ 309/166;

— "nos termos do artigo 37, § 6º, da Constituição Federal, não se caracteriza a responsabilidade civil objetiva do Estado por danos decorrentes de **crime praticado por pessoa foragida** do sistema prisional, quando não demonstrado o nexo causal direto entre o momento da fuga e a conduta praticada" (STF-Pleno, RE 608.880, Min. Alexandre de Moraes, j. 8.9.20, maioria, DJ 1.10.20). "Não há como afirmar que a deficiência do serviço do Estado (que propiciou a evasão de menor submetido a regime de semiliberdade) tenha sido a causa direta e imediata do tiroteio entre o foragido e um seu desafeto, ocorrido oito dias depois, durante o qual foi disparada a 'bala perdida' que atingiu a vítima, nem que esse tiroteio tenha sido efeito necessário da referida deficiência. Ausente o nexo causal, fica afastada a responsabilidade" (STJ-1ª T., REsp 858.511, Min. Teori Zavascki, j. 19.8.08, dois votos vencidos, DJ 15.9.08). No mesmo sentido: STJ-1ª T., REsp 719.738, Min. Teori Zavascki, j. 16.9.08, DJ 22.9.08 (caso de estupro acontecido 10 meses após a fuga do presídio); STJ-2ª T., REsp 669.258, Min. Humberto Martins, j. 27.2.07, DJ 25.3.09 (caso de acidente de trânsito provocado por pessoa que deveria estar reclusa); JTJ 288/178. **Contra:** "Impõe-se a responsabilização do Estado quando um condenado submetido a regime prisional aberto pratica, em sete ocasiões, falta grave de evasão, sem que as autoridades responsáveis pela execução da pena lhe apliquem a medida de regressão do regime prisional aplicável à espécie. Tal omissão do Estado constituiu, na espécie, o fator determinante que propiciou ao infrator a oportunidade para praticar o crime de estupro contra menor de 12 anos de idade, justamente no período em que deveria estar recolhido à prisão. Está configurado o nexo de causalidade, uma vez que se a lei de execução penal tivesse sido corretamente aplicada, o condenado dificilmente teria continuado a cumprir a pena nas mesmas condições (regime aberto), e, por conseguinte, não teria tido a oportunidade de evadir-se pela oitava vez e cometer o bárbaro crime de estupro" (STF-RTDC 33/145: 2ª T., RE 409.203, um voto vencido). No mesmo sentido: RJM 169/122;

— pelos ferimentos sofridos por aluna que participou de **briga em escola** pública (JTJ 335/514: AP 825.390-5/2-00). Todavia, v. tb. nota anterior;

— "a **impossibilidade momentânea de atendimento** de pessoas sem condições de arcar com as despesas em **hospitais públicos,** conveniados ou não, ou pertencentes ao Sistema Único de Saúde — SUS, não caracteriza omissão culposa, falta ou falha do serviço que possam impor ao Poder Público a responsabilidade por dano moral ou mesmo por dano material" (JTJ 348/427: AP 994.05.023935-0);

— "O Poder Público deve assumir a guarda e responsabilidade do veículo quando este ingressa em área de **estacionamento** pertencente a estabelecimento público, apenas, quando dotado de **vigilância especializada** para esse fim" (STJ-1ª T., REsp 1.081.532, Min. Luiz Fux, j. 10.3.09, DJ 30.3.09). Em sentido semelhante: JTJ 333/645 (EI 193.516-4/6-01). Todavia, v. tb. nota anterior;

— em razão do **furto de veículo** em área de **"estacionamento rotativo de carro em logradouro público"**, pois o pagamento nessas circunstâncias tem como contrapartida a simples racionalização do uso do espaço público, não fazendo surgir contrato de depósito (RT 841/333). No mesmo sentido: RT 866/326, JTJ 330/487 (AP 784.885-5/4-00), RSDA 90/152 (TJSP, AP 0015285-13.2010.8.26.0348);

— "a **perda do bem por ato administrativo** da autoridade policial, em razão de se tratar de **veículo furtado,** não pode ser imputada ao órgão de trânsito que registrou o bem. Ainda que a vistoria tenha sido realizada e considerada regular a situação do veículo, posterior apreensão por se tratar de veículo furtado, não revela nexo de causalidade para a configuração da responsabilidade objetiva do Estado. O Estado não pode ser responsabilizado por ato criminoso de terceiros ou pela culpa do adquirente de veículo de procedência duvidosa se a Administração não concorreu com ação ou omissão para a prática do ato ilícito, não respondendo pelos danos deste decorrentes" (STJ-RIDA 51/151: 2ª T., REsp 859.183);

— por **acidente** ocorrido em rodovia malconservada, quando sua causa determinante foi a própria imprudência do motorista (STJ-2ª T., REsp 649.394, Min. Eliana Calmon, j. 11.4.06, DJU 22.5.06);

— pelo **apedrejamento de ônibus** em rodovia (RT 866/186);

— por **afogamento em represa** de captação de água devidamente cercada: "A represa de captação de água é cercada, sendo irrelevante o mau estado da cerca em alguns pontos, e limita com propriedades rurais particulares. Há sinalização proibindo a pesca e a natação. Inexistência de obrigação de a Prefeitura manter cerca inexpugnável ou serviço ininterrupto de vigilância, o que afasta a culpa administrativa" (RT 890/237: TJSP, AP 761.706.5/0-00);

— em razão da **mora legislativa:** "comportamento omissivo do chefe do Poder Executivo não gera direito à indenização por perdas e danos" (STF-2ª T., RE 424.584, Min. Joaquim Barbosa, j. 17.11.09, maioria, DJ 7.5.10);

— "Na hipótese de **posse em cargo público determinada por decisão judicial**, o servidor não faz jus a indenização, sob fundamento de que deveria ter sido investido em momento anterior, salvo situação de arbitrariedade flagrante" (STF-Pleno, RE 724.347, Min. Roberto Barroso, j. 26.2.15, maioria, DJ 13.5.15). "Considera-se que, se a nomeação foi decorrente de sentença judicial, o retardamento não configura preterição ou ato ilegítimo da Administração Pública a justificar uma contrapartida indenizatória" (STJ-Corte Especial, ED no REsp 1.117.974, Min. Teori Zavascki, j. 21.9.11, maioria, DJ 19.12.11). "O ato administrativo que impede a nomeação de candidato aprovado em concurso público, ainda que considerado ilegal e posteriormente revogado por decisão judicial, não gera direito à indenização por perdas e danos ou ao recebimento de vencimentos retroativos" (STJ-5ª T., REsp 654.275, Min. Arnaldo Esteves, j. 26.6.07, DJU 6.8.07).

Todavia: "Se a Administração cumpriu tardiamente a ordem judicial, não pode eximir-se do dever de indenizar a autora, consistindo o ressarcimento do dano na soma das parcelas referentes à remuneração que teria auferido se houvesse sido nomeada no momento próprio, e no reconhecimento do direito aos adicionais por tempo de serviço. Hipótese que não contempla pretensão de receber vencimentos atrasados de cargo não exercido, mas reconhecimento do direito de indenização pela prática ilícita de ato omissivo do agente público" (STF-2ª T., RE 188.093, Min. Maurício Corrêa, j. 31.8.99, DJU 8.10.99).

Reconhecendo o direito dos candidatos ao recebimento de todas as verbas e vantagens que eles deixaram de auferir entre a data em que deveriam ter tomado posse e a data em que foram efetivamente empossados: STJ-RT 870/185 (1ª T., REsp 825.037). Esse acórdão foi mantido no julgamento dos subsequentes embargos de divergência: STJ-Corte Especial, ED no REsp 825.037, Min. Eliana Calmon, j. 1.2.11, DJ 22.2.11.

"A reprovação indevida de candidato no certame público lhe dá direito ao recebimento de indenização ante a presença de ato ilícito, mas não à percepção dos vencimentos relativos ao cargo postulado, porquanto esse direito nasce somente com a efetiva nomeação e posse do candidato" (STJ-2ª T., REsp 763.835, Min. João Otávio, j. 6.2.07, DJU 26.2.07). "Nada impede que o valor da indenização seja fixado tendo em conta os vencimentos que a autora receberia se tivesse sido nomeada e empossada juntamente com os demais aprovados no concurso" (STJ-2ª T., REsp 642.008, Min. Castro Meira, j. 10.8.04, DJU 14.2.05).

"Concurso público. Nomeação tardia. Decisão judicial. Superveniência da idade-limite para exercício de cargo público. Impossibilidade do cumprimento da obrigação de fazer. Conversão em perdas e danos. Possibilidade" (STJ-2ª T., REsp 1.758.330-EDcl, Min. Herman Benjamin, j. 9.4.19, DJ 12.9.19).

S/ responsabilidade civil do Estado e: culpa concorrente da vítima, v. art. 945, nota 2; ato praticado por notário ou oficial de registro, v. LRP 28, nota 2a.

Art. 44. São pessoas jurídicas de direito privado:[1 a 2b] [Dispositivo correspondente no CC/1916: art. 16-*caput*.]

I — as associações;[3] [Dispositivo correspondente no CC/1916: art. 16-I.]

II — as sociedades;[4] [Dispositivo correspondente no CC/1916: art. 16-I e II.]

III — as fundações;[5] [Dispositivo correspondente no CC/1916: art. 16-I.]

IV — as organizações religiosas;[6] [Sem dispositivo correspondente no CC/1916.]

V — os partidos políticos;[7] [Sem dispositivo correspondente no CC/1916.]

VI — as empresas individuais de responsabilidade limitada.[7a-7b] [Sem dispositivo correspondente no CC/1916.]

§ 1º São livres a criação, a organização, a estruturação interna e o funcionamento das organizações religiosas, sendo vedado ao poder público negar-lhes reconhecimento ou registro dos atos constitutivos e necessários ao seu funcionamento.[8-8a] [Sem dispositivo correspondente no CC/1916.]

§ 2º As disposições concernentes às associações aplicam-se subsidiariamente às sociedades que são objeto do Livro II da Parte Especial deste Código.[9-9a] [Sem dispositivo correspondente no CC/1916.]

§ 3º Os partidos políticos serão organizados e funcionarão conforme o disposto em lei específica.[10-10a] [Sem dispositivo correspondente no CC/1916.]

Art. 44: 1. v. arts. 2.031 a 2.034, s/ normas de direito intertemporal acerca de constituição, transformação, incorporação, cisão, fusão, dissolução e liquidação de pessoas jurídicas de direito privado.

S/ consórcio público, constituído como pessoa jurídica de direito privado sem fins lucrativos, v. art. 41, nota 2a (Lei 11.107, de 6.4.05, art. 1º § 1º).

Art. 44: 2. **Dec. 2.427, de 17.12.97** — Promulga a Convenção Interamericana sobre Personalidade e Capacidade de Pessoas Jurídicas no Direito Internacional Privado, concluída em La Paz, em 24 de maio de 1984 (Lex 1997/4.659).

V. tb. LINDB 11; Dec. 752, de 16.2.93 (concessão do Certificado de Entidade de Fins Filantrópicos); Lei 8.909, de 6.7.94 (prestação de serviços por entidades de assistência social, entidades beneficentes de assistência social e entidades de fins filantrópicos).

Art. 44: 2a. **Enunciado 142 do CEJ:** "Os partidos políticos, sindicatos e associações religiosas possuem natureza associativa, aplicando-se-lhes o Código Civil".

Art. 44: 2b. **Enunciado 144 do CEJ:** "A relação das pessoas jurídicas de Direito Privado, constante do art. 44, incisos I a V, do Código Civil, não é exaustiva".

Art. 44: 3. v. arts. 53 a 61.

Art. 44: 4. v. arts. 981 a 1.141.

Art. 44: 5. v. arts. 62 a 69.

Art. 44: 6. Inc. IV acrescido pela Lei 10.825, de 22.12.03.

Art. 44: 7. Inc. V acrescido pela Lei 10.825, de 22.12.03.

Art. 44: 7a. Inc. VI acrescido pela Lei 12.441, de 11.7.11, em vigor 180 dias após a sua publicação (DOU 12.7.11).

Art. 44: 7b. v. art. 980-A.

Art. 44: 8. § 1º acrescido pela Lei 10.825, de 22.12.03.

Art. 44: 8a. **Enunciado 143 do CEJ:** "A liberdade de funcionamento das organizações religiosas não afasta o controle de legalidade e legitimidade constitucional de seu registro, nem a possibilidade de reexame pelo Judiciário da compatibilidade de seus atos com a lei e com seus estatutos".

Art. 44: 9. § 2º cf. redação do antigo § único, renumerado de acordo com a Lei 10.825, de 22.12.03.

Art. 44: 9a. **Enunciado 280 do CEJ:** "Por força do art. 44, § 2º, consideram-se aplicáveis às sociedades reguladas pelo Livro II da Parte Especial, exceto às limitadas, os arts. 57 e 60, nos seguintes termos: a) em havendo previsão contratual, é possível aos sócios deliberar a exclusão de sócio por justa causa, pela via extrajudicial, cabendo ao contrato disciplinar o procedimento de exclusão, assegurado o direito de defesa, por aplicação analógica do art. 1.085; b) as deliberações sociais poderão ser convocadas pela iniciativa de sócios que representem 1/5 (um quinto) do capital social, na omissão do contrato. A mesma regra aplica-se na hipótese de criação, pelo contrato, de outros órgãos de deliberação colegiada".

Art. 44: 10. § 3º acrescido pela Lei 10.825, de 22.12.03.

Art. 44: 10a. **CF 17:** "É livre a criação, fusão, incorporação e extinção de partidos políticos, resguardados a soberania nacional, o regime democrático, o pluripartidarismo, os direitos fundamentais da pessoa humana e observados os seguintes preceitos: I — caráter nacional; II — proibição de recebimento de recursos financeiros de entidade ou governo estrangeiros ou de subordinação a estes; III — prestação de contas à Justiça Eleitoral; IV — funcionamento parlamentar de acordo com a lei. § 1º É assegurada aos partidos políticos autonomia para definir sua estrutura interna, organização e funcionamento, devendo seus estatutos estabelecer normas de fidelidade e disciplina partidárias. § 2º Os partidos políticos, após adquirirem personalidade jurídica, na forma da lei civil, registrarão seus estatutos no Tribunal Superior Eleitoral. § 3º Os partidos políticos têm direito a recursos do fundo partidário e acesso gratuito ao rádio e à televisão, na forma da lei. § 4º É vedada a utilização pelos partidos políticos de organização paramilitar".

Lei 9.096, de 19.9.95 — Dispõe sobre partidos políticos, regulamenta os arts. 17 e 14, § 3º, inciso V, da Constituição Federal.

S/ registro de partidos políticos, v. LRP 114-III e 120.

Art. 45. Começa a existência legal das pessoas jurídicas de direito privado com a inscrição do ato constitutivo no respectivo registro,[1 a 2] precedida, quando necessário, de autorização ou aprovação do Poder Executivo, averbando-se no registro todas as alterações[2a] por que passar o ato constitutivo. [Dispositivo correspondente no CC/1916: art. 18-*caput* e § ún.]

Parágrafo único. Decai[3] em três anos o direito de anular a constituição das pessoas jurídicas de direito privado, por defeito do ato respectivo, contado o prazo da publicação de sua inscrição no registro. [Sem dispositivo correspondente no CC/1916.]

Art. 45: 1. cf. art. 985; s/ registro, v. arts. 1.150 a 1.154 e 985 (prazo para o registro) e LRP 114 a 126. S/ registro da sociedade simples, v. arts. 998 e 1.000; s/ registro da nomeação do administrador de sociedade simples, v. art. 1.012; s/ registro da sociedade estrangeira, v. arts. 1.134 a 1.136.

V. tb. Lei 4.503, de 30.11.64 (cadastro geral de pessoas jurídicas, do Ministério da Fazenda); Lei 8.906, de 4.7.94, arts. 1º § 2º e 15 § 1º (Estatuto da Advocacia); Lei 8.934, de 18.11.94 (Registro Público de Empresas Mercantis e atividades afins), regulamentada pelo Dec. 1.800, de 30.1.96; Lei 9.096, de 19.9.95, arts. 7º a 11 (registro dos partidos políticos); Lei 7.433, de 18.12.85 (requisitos para a lavratura de escrituras públicas), regulamentada pelo Dec. 93.240, de 9.9.86.

Art. 45: 1a. **EA 1º § 2º:** "Os atos e contratos constitutivos de pessoas jurídicas, sob pena de nulidade, só podem ser admitidos a registro, nos órgãos competentes, quando visados por advogados".

CPC 75 § 2º: "A sociedade ou associação sem personalidade jurídica não poderá opor a irregularidade de sua constituição quando demandada".

Art. 45: 2. "O sindicato adquire sua personalidade jurídica no momento de seu registro no Cartório de Registro de Títulos e Documentos e Registro Civil das Pessoas Jurídicas, sendo desnecessário o registro junto ao Ministério do Trabalho" (STJ-1ª T., REsp 383.858-AgRg, Min. Francisco Falcão, j. 18.3.04, DJU 17.5.04). No mesmo sentido: STJ-2ª T., REsp 381.213, Min. Eliana Calmon, j. 19.11.02, DJU 9.12.02.

Art. 45: 2a. s/ modificações do contrato social, v. art. 999.

Art. 45: 3. s/ decadência, v. arts. 207 a 211.

Art. 46. O registro[1] declarará: [Dispositivo correspondente no CC/1916: art. 19-*caput*.]

I — a denominação, os fins,[2] a sede, o tempo de duração e o fundo social, quando houver; [Dispositivo correspondente no CC/1916: art. 19-I.]

II — o nome e a individualização dos fundadores ou instituidores, e dos diretores; [Sem dispositivo correspondente no CC/1916.]

III — o modo por que se administra e representa,[3] ativa e passivamente, judicial e extrajudicialmente; [Dispositivo correspondente no CC/1916: art. 19-II.]

IV — se o ato constitutivo é reformável no tocante à administração, e de que modo; [Dispositivo correspondente no CC/1916: art. 19-III.]

V — se os membros respondem, ou não, subsidiariamente, pelas obrigações sociais; [Dispositivo correspondente no CC/1916: art. 19-IV.]

VI — as condições de extinção da pessoa jurídica e o destino do seu patrimônio, nesse caso. [Dispositivo correspondente no CC/1916: art. V.]

Art. 46: 1. v. tb. art. 51 §§ 1º e 3º e LRP 120 e 121.

Art. 46: 2. v. LRP 115.

✎ Art. 46: 3. "A identificação dos legítimos representantes das pessoas jurídicas: a fragilidade do sistema e os riscos dos responsáveis pela identificação", por Gilmar Antônio Seger (Ajuris 103/135).

Art. 47. Obrigam a pessoa jurídica os atos dos administradores, exercidos nos limites de seus poderes definidos no ato constitutivo.[1-2] [Sem dispositivo correspondente no CC/1916.]

Art. 47: 1. v. arts. 997-VI e 1.010 a 1.021.

Art. 47: 2. **Enunciado 145 do CEJ:** "O art. 47 não afasta a aplicação da teoria da aparência".

Art. 48. Se a pessoa jurídica tiver administração coletiva, as decisões se tomarão pela maioria de votos dos presentes, salvo se o ato constitutivo dispuser de modo diverso. [Sem dispositivo correspondente no CC/1916.]

Parágrafo único. Decai[1] em três anos o direito de anular as decisões a que se refere este artigo,[2] quando violarem a lei ou estatuto, ou forem eivadas de erro,[2a] dolo,[3] simulação[4] ou fraude.[5-6] [Sem dispositivo correspondente no CC/1916.]

Art. 48: 1. s/ decadência, v. arts. 207 a 211.

Art. 48: 2. "O prazo decadencial para exercício do direito à anulação da deliberação de **exclusão de sócio minoritário** de sociedade limitada é de 3 anos, nos termos do art. 48 do Código Civil" (STJ-4ª T., REsp 1.459.190, Min. Luis Felipe, j. 15.12.15, DJ 1.2.16).

Art. 48: 2a. v. arts. 138 a 144.

Art. 48: 3. v. arts. 145 a 150.

Art. 48: 4. v. art. 167.

Art. 48: 5. v. arts. 158 a 165.

Art. 48: 6. E no caso de coação (arts. 151 a 155)?

Art. 49. Se a administração da pessoa jurídica vier a faltar, o juiz, a requerimento de qualquer interessado, nomear-lhe-á administrador provisório. [Sem dispositivo correspondente no CC/1916.]

Art. 49-A. A pessoa jurídica não se confunde com os seus sócios, associados, instituidores ou administradores.[1] [Sem dispositivo correspondente no CC/1916.]

Parágrafo único. A autonomia patrimonial das pessoas jurídicas é um instrumento lícito de alocação e segregação de riscos, estabelecido pela lei com a finalidade de estimular empreendimentos, para a geração de empregos, tributo, renda e inovação em benefício de todos.

Art. 49-A: 1. O art. 49-A foi acrescido pela Lei 13.874, de 20.9.19.

Art. 50. Em caso de abuso da personalidade jurídica, caracterizado pelo desvio de finalidade ou pela confusão patrimonial, pode o juiz, a requerimento da parte, ou do Ministério Público quando lhe couber intervir no processo, desconsiderá-la para que os efeitos de certas e determinadas relações de obrigações sejam estendidos aos bens particulares de administradores ou de sócios da pessoa jurídica beneficiados direta ou indiretamente pelo abuso.[1 a 7] [Sem dispositivo correspondente no CC/1916.]

§ 1º Para os fins do disposto neste artigo, desvio de finalidade é a utilização da pessoa jurídica com o propósito de lesar credores e para a prática de atos ilícitos de qualquer natureza.

§ 2º Entende-se por confusão patrimonial a ausência de separação de fato entre os patrimônios, caracterizada por:[8]

I — cumprimento repetitivo pela sociedade de obrigações do sócio ou do administrador ou vice-versa;

II — transferência de ativos ou de passivos sem efetivas contraprestações, exceto os de valor proporcionalmente insignificante; e

III — outros atos de descumprimento da autonomia patrimonial.

§ 3º O disposto no *caput* e nos §§ 1º e 2º deste artigo também se aplica à extensão das obrigações de sócios ou de administradores à pessoa jurídica.

§ 4º A mera existência de grupo econômico sem a presença dos requisitos de que trata o *caput* deste artigo não autoriza a desconsideração da personalidade da pessoa jurídica.

§ 5º Não constitui desvio de finalidade a mera expansão ou a alteração da finalidade original da atividade econômica específica da pessoa jurídica.

Código Civil

Art. 50: 1. Redação do art. 50 de acordo com a Lei 13.874, de 20.9.19.

Art. 50: 1a. "A desconsideração da personalidade jurídica: a teoria, o Código de Defesa do Consumidor e o novo Código Civil", por Marlon Tomazette (RT 794/76); "Abuso de direito e fraude através da personalidade jurídica", por Rubens Requião (RT 803/751); "A teoria da desconsideração da pessoa jurídica no novo Código Civil", por José Tadeu Neves Xavier (Ajuris 89/169 e RF 379/143); "Desconsideração da personalidade jurídica no novo Código Civil", por João Batista Lopes (RT 818/36); "Da desconsideração da pessoa jurídica (aspectos de direito material e processual)", por Ada Pellegrini Grinover (RF 371/3, RJ 320/7 e IP 48/13); "Desconsideração da personalidade jurídica no Código de Defesa do Consumidor e no Código Civil", por Gustavo Filipe Barbosa Garcia (RT 846/11 e RJ 344/67); "O interesse de recorrer da decisão que determina a desconsideração da personalidade jurídica", por Leonardo de Faria Beraldo (RIDCPC 42/77); "Responsabilização no direito societário de terceiro por obrigação da sociedade", por Vinícius José Marques Gontijo (RT 854/38); "Notas sobre a desconsideração da personalidade jurídica", por Gustavo Tepedino (RTDC 30/53).

Art. 50: 2. s/ desconsideração da pessoa jurídica, v. CDC 28 e, no CPCLPV, CPC 133 e segs. e 795, bem como respectivas notas; s/ responsabilidade dos sócios de sociedade limitada por ato ilícito, v. art. 1.080 e notas; s/ desnecessidade da desconsideração de personalidade em matéria de condomínio, v. art. 1.315, nota 3.

Art. 50: 3. **Lei 9.615, de 24.3.98: "Art. 18-B** (*incluído pela Lei 14.073, de 14.10.20*). Os dirigentes das entidades do Sistema Nacional do Desporto, independentemente da forma jurídica adotada, têm seus bens particulares sujeitos ao disposto no art. 50 da Lei 10.406, de 10 de janeiro de 2002 (Código Civil). **§ 1º** Para os fins do disposto nesta Lei, dirigente é aquele que exerce, de fato ou de direito, poder de decisão na gestão da entidade, incluídos seus administradores. **§ 2º** Os dirigentes de entidades desportivas respondem solidária e ilimitadamente pelos atos ilícitos praticados e pelos atos de gestão irregular ou temerária ou contrários ao previsto no contrato social ou estatuto. **§ 3º** O dirigente será responsabilizado solidariamente quando tiver conhecimento do não cumprimento dos deveres estatutários ou contratuais por seu antecessor ou pelo administrador competente e não comunicar o fato ao órgão estatutário competente".

"Art. 18-C (*incluído pela Lei 14.073, de 14.10.20*). Consideram-se atos de gestão irregular ou temerária praticados pelo dirigente aqueles que revelem desvio de finalidade na direção da entidade ou que gerem risco excessivo e irresponsável para seu patrimônio, tais como: **I** — aplicar créditos ou bens sociais em proveito próprio ou de terceiros; **II** — obter, para si ou para outrem, vantagem a que não faz jus e de que resulte ou possa resultar prejuízo para a entidade desportiva; **III** — celebrar contrato com empresa da qual o dirigente, seu cônjuge ou companheiro, ou parente, em linha reta, colateral ou por afinidade, até o terceiro grau, sejam sócios ou administradores, exceto no caso de contratos de patrocínio ou doação em benefício da entidade desportiva; **IV** — receber qualquer pagamento, doação ou outra forma de repasse de recursos oriundos de terceiros que, no prazo de até 1 (um) ano, antes ou depois do repasse, tenham celebrado contrato com a entidade desportiva profissional; **V** — antecipar ou comprometer receitas em desconformidade com o previsto em lei; **VI** — não divulgar de forma transparente informações de gestão aos associados; **VII** — deixar de prestar contas de recursos públicos recebidos. **§ 1º** Em qualquer hipótese, o dirigente não será responsabilizado quando: **I** — não tiver agido com culpa grave ou dolo; ou **II** — comprovar que agiu de boa-fé e que as medidas realizadas visavam a evitar prejuízo maior à entidade. **§ 2º** Para os fins do disposto no inciso IV do *caput* deste artigo, também será considerado ato de gestão irregular ou temerária o recebimento de qualquer pagamento, doação ou outra forma de repasse de recursos por: **I** — cônjuge ou companheiro do dirigente; **II** — parente do dirigente, em linha reta, colateral ou por afinidade, até o terceiro grau; e **III** — empresa ou sociedade civil da qual o dirigente, seu cônjuge ou companheiro, ou parente, em linha reta, colateral ou por afinidade, até o terceiro grau, sejam sócios ou administradores".

"**Art. 27** (*redação da Lei 10.672, de 15.5.03*). As entidades de prática desportiva participantes de competições profissionais e as entidades de administração de desporto ou ligas em que se organizarem, independentemente da forma jurídica adotada, sujeitam os bens particulares de seus dirigentes ao disposto no art. 50 da Lei n. 10.406, de 10 de janeiro de 2002, além das sanções e responsabilidades previstas no *caput* do art. 1.017 da Lei n. 10.406, de 10 de janeiro de 2002, na hipótese de aplicarem créditos ou bens sociais da entidade desportiva em proveito próprio ou de terceiros. (...) **§ 11** (*redação da Lei 12.395, de 16.3.11*). Os administradores de entidades desportivas profissionais respondem solidária e ilimitadamente pelos atos ilícitos praticados, de gestão temerária ou contrários ao previsto no contrato social ou estatuto, nos termos da Lei n. 10.406, de 10 de janeiro de 2002 — Código Civil. (...) **§ 13** (*redação da Lei 12.395, de 16.3.11*). Para os fins de fiscalização e controle do disposto nesta Lei, as atividades profissionais das entidades de que trata o *caput* deste artigo, independentemente da forma jurídica sob a qual estejam constituídas, equiparam-se às das sociedades empresárias".

Dec. 3.708, de 10.1.1919 — Regula a constituição de sociedades por quotas de responsabilidade limitada: "**Art. 10.** Os sócios-gerentes ou que derem o nome à firma não respondem pessoalmente pelas obrigações contraídas em nome da sociedade, mas respondem para com esta e para com terceiros solidária e ilimitadamente pelo excesso de mandato e pelos atos praticados com violação do contrato ou da lei".

Art. 50: 4. Enunciado 7 do CEJ: "Só se aplica a desconsideração da personalidade jurídica quando houver a prática de ato irregular, e limitadamente, aos administradores ou sócios que nela hajam incorrido".

Enunciado 51 do CEJ: "A teoria da desconsideração da personalidade jurídica — *disregard doctrine* — fica positivada no novo Código Civil, mantidos os parâmetros existentes nos microssistemas legais e na construção jurídica sobre o tema".

Enunciado 146 do CEJ: "Nas relações civis, interpretam-se restritivamente os parâmetros de desconsideração da personalidade jurídica previstos no art. 50 (desvio de finalidade social ou confusão patrimonial)".

Enunciado 281 do CEJ: "A aplicação da teoria da desconsideração, descrita no art. 50 do Código Civil, prescinde da demonstração de insolvência da pessoa jurídica".

Enunciado 282 do CEJ: "O encerramento irregular das atividades da pessoa jurídica, por si só, não basta para caracterizar abuso de personalidade jurídica".

Enunciado 283 do CEJ: "É cabível a desconsideração da personalidade jurídica denominada 'inversa' para alcançar bens de sócio que se valeu da pessoa jurídica para ocultar ou desviar bens pessoais, com prejuízo a terceiros".

Enunciado 284 do CEJ: "As pessoas jurídicas de direito privado sem fins lucrativos ou de fins não econômicos estão abrangidas no conceito de abuso da personalidade jurídica".

Enunciado 285 do CEJ: "A teoria da desconsideração, prevista no art. 50 do Código Civil, pode ser invocada pela pessoa jurídica em seu favor".

Art. 50: 5. Os bens particulares dos sócios, uma vez integralizado o capital da sociedade por cotas, não respondem pelas dívidas desta, nem comuns, nem fiscais, salvo se o sócio praticou ato com excesso de poderes ou infração da lei, do contrato social ou dos estatutos (RTJ 85/945; tb. RTJ 82/936, 83/893, 101/1.263, 112/812).

"A desconsideração da personalidade jurídica da sociedade não pode decorrer da simples constatação da insuficiência do patrimônio social, para responder pelas obrigações da falida. Indispensabilidade da prova do abuso da personalidade jurídica, caracterizado pelo desvio de finalidade ou confusão patrimonial" (JTJ 315/400: AI 454.265-4/0-00). Em sentido semelhante: RT 885/260 (TJSP, AP 7.242.186-6), JTJ 330/137 (AI 7.239.465-7).

"A excepcional penetração no âmago da pessoa jurídica, com o levantamento do manto que protege essa independência patrimonial, exige a presença do pressuposto específico do abuso da personalidade jurídica, com a finalidade de lesão a direito de terceiro, infração da lei ou descumprimento de contrato. O simples fato da recorrida ter encerrado suas atividades operacionais não é, por si só, indicativo de que tenha havido fraude ou má-fé na condução dos seus negócios. Os sócios de empresa constituída sob a forma de sociedade por quotas de responsabilidade limitada não respondem pelos prejuízos sociais, desde que não tenha havido administração irregular e haja integralização do capital social" (STJ-3ª T., REsp 876.974, Min. Nancy Andrighi, j. 9.8.07, DJU 27.8.07). No mesmo sentido: RT 913/877 (TJES, AI 24119006658).

No sentido de que a simples ausência de bens da sociedade controlada não autoriza a desconsideração da personalidade jurídica para alcançar os bens da sociedade controladora: STJ-4ª T., REsp 744.107, Min. Fernando Gonçalves, j. 20.5.08, DJ 12.8.08.

"A mudança de endereço da empresa executada associada à inexistência de bens capazes de satisfazer o crédito pleiteado pelo exequente não constituem motivos suficientes para a desconsideração da sua personalidade jurídica.

A regra geral adotada no ordenamento jurídico brasileiro é aquela prevista no art. 50 do CC/02, que consagra a Teoria Maior da Desconsideração, tanto na sua vertente subjetiva quanto na objetiva. Salvo em situações excepcionais previstas em leis especiais, somente é possível a desconsideração da personalidade jurídica quando verificado o desvio de finalidade (Teoria Maior Subjetiva da Desconsideração), caracterizado pelo ato intencional dos sócios de fraudar terceiros com o uso abusivo da personalidade jurídica, ou quando evidenciada a confusão patrimonial (Teoria Maior Objetiva da Desconsideração), demonstrada pela inexistência, no campo dos fatos, de separação entre o patrimônio da pessoa jurídica e os de seus sócios" (STJ-RJ 386/163: 3ª T., REsp 970.635). No mesmo sentido: STJ-4ª T., Ag em REsp 159.889-AgRg, Min. Luis Felipe, j. 15.10.13, DJ 18.10.13; STJ-1ª T., REsp 1.315.166, Min. Gurgel de Faria, j. 16.3.17, DJ 26.4.17. **Todavia:** "A inexistência de indicação de novo endereço, mesmo na interposição do agravo de instrumento na origem, em que se declinou o mesmo endereço no qual desde 2009 não se encontra, conforme certidão de oficial de justiça, faz presumir o abuso da personalidade jurídica, apto a embasar o deferimento da desconsideração da personalidade jurídica da empresa, para se buscar o patrimônio individual de seu sócio" (STJ-3ª T., REsp 1.311.857, Min. Nancy Andrighi, j. 13.5.14, DJ 2.6.14).

"O encerramento das atividades ou dissolução, ainda que irregulares, da sociedade não são causas, por si sós, para a desconsideração da personalidade jurídica, nos termos do Código Civil" (STJ-2ª Seção, ED no REsp 1.306.553, Min. Isabel Gallotti, j. 10.12.14, DJ 12.12.14). "A dissolução irregular da sociedade não pode ser fundamento isolado para o pedido de desconsideração da personalidade jurídica, mas, aliada a fatos concretos que permitam deduzir ter sido o esvaziamento do patrimônio societário ardilosamente provocado de modo a impedir a satisfação dos credores em benefício de terceiros, é circunstância que autoriza induzir existente o abuso de direito, consubstanciado, a depender da situação fática delineada, no desvio de finalidade e/ou na confusão patrimonial. No particular, tendo a instância ordinária concluído pela inexistência de indícios do abuso da personalidade jurídica pelos sócios, incabível a adoção da medida extrema prevista no art. 50 do CC/02" (STJ-3ª T., REsp 1.395.288, Min. Nancy Andrighi, j. 11.2.14, RT 946/383 e RP 236/368). "O encerramento da empresa, com declaração de inexistência de passivo, porém na pendência de débito inadimplido, quando muito, pode configurar dissolução irregular, o que é insuficiente, por si só, para a aplicação da teoria da *disregard doctrine*" (STJ-3ª T., REsp 1.241.873, Min. João Otávio, j. 10.6.14, DJ 20.6.14). **Todavia:** "Do encerramento irregular da empresa presume-se o abuso da personalidade jurídica, seja pelo desvio de finalidade, seja pela confusão patrimonial, apto a embasar o deferimento da desconsideração da personalidade jurídica da empresa, para se buscar o patrimônio individual de seu sócio" (STJ-3ª T., REsp 1.259.066, Min. Nancy Andrighi, j. 19.6.12, DJ 28.6.12).

"O 'fechamento de fato' da sociedade empresária, com a cessação de suas atividades sem a correspondente baixa no registro do comércio, constitui atitude que pode permitir a aplicação da teoria da desconsideração" (JTJ 325/89 e Bol. AASP 2.589: TJSP, AI 1.161.017-0/8). No mesmo sentido: STJ-3ª T., REsp 1.346.464, Min. Nancy Andrighi, j. 1.10.13, DJ 28.10.13; RT 870/295. V. art. 1.080, nota 3.

"Desconsideração da personalidade jurídica. Extensão dos efeitos da quebra a empresa pertencente ao mesmo grupo econômico da falida. Possibilidade. Prática de atos com o fito de prejudicar credores da massa falida" (JTJ 316/365: AI 465.399-4/6-00).

"Caracterização de fraude com abuso da personalidade jurídica da ré originária, particularmente por conta de irregular cisão parcial da referida sociedade, com a transferência de parte de seu patrimônio para a nova empresa constituída, ensejando para esta última, em prejuízo da primeira, cujo patrimônio restou esvaziado, sensível aumento de capital social, quando já pendente a demanda" (JTJ 318/402: AI 506.532-4/1-00).

"Está correta a desconsideração da personalidade jurídica da Sociedade Anônima falida quando utilizada por sócios controladores, diretores e ex-diretores para fraudar credores" (STJ-3ª T., REsp 370.068, Min. Nancy Andrighi, j. 16.12.03, dois votos vencidos, DJU 14.3.05).

"A despersonalização de sociedade por ações e de sociedade por quotas de responsabilidade limitada só atinge, respectivamente, os administradores e os sócios gerentes; não quem tem apenas o *status* de acionista ou sócio" (STJ-3ª T., REsp 786.345, Min. Ari Pargendler, j. 21.8.08, dois votos vencidos, DJ 26.11.08). No mesmo sentido, responsabilizando o sócio-gerente: STJ-2ª T., REsp 1.009.739-AgRg, Min. Eliana Calmon, j. 14.4.09, DJ 8.5.09. Ainda, responsabilizando os administradores, sejam eles sócios ou não: JTJ 364/109 (AI 28766-83.2011.8.26.0000). **Todavia**, em sentido mais amplo, admitindo a responsabilidade de todos os sócios: RT 711/117, 713/177, 847/344 (TJSE, AI 2005203379). Admitindo a responsabilidade de sócio sem poder de gerência ou administração, em situação especial de sociedade familiar, com apenas duas sócias (mãe e filha), cada uma com 50% das quotas sociais: STJ-3ª T., REsp 1.315.110, Min. Nancy Andrighi, j. 28.5.13, DJ 7.6.13. V. tb. CDC 28, nota 3, *in fine*.

De outra parte, afirmando que não basta ser sócio majoritário ou controlador para ter decretada em seu desfavor a desconsideração da personalidade jurídica: "Os efeitos da desconsideração da personalidade jurídica somente alcançam os sócios participantes da conduta ilícita ou que dela se beneficiaram, ainda que se trate de sócio majoritário ou controlador" (STJ-3ª T., REsp 1.325.663, Min. Nancy Andrighi, j. 11.6.13, DJ 24.6.13).

Presentes os requisitos para a desconsideração da personalidade jurídica, os bens do ex-sócio respondem pela dívida se ele compunha os quadros sociais no momento da constituição do crédito cujo recebimento se persegue (RT 836/232, 840/278; JTJ 348/66: AI 990.09.330457-0). Mas, se o ex-sócio já não integrava os quadros da empresa por ocasião da constituição de tal crédito, seus bens não podem ser atingidos pela desconsideração (JTJ 327/53: AI 7.237.149-0).

"A partir da desconsideração da personalidade jurídica, a execução segue em direção aos bens dos sócios, tal qual previsto expressamente pela parte final do próprio art. 50, do Código Civil e não há, no referido dispositivo, qualquer restrição acerca da execução, contra os sócios, ser limitada às suas respectivas quotas sociais" (STJ-3ª T., REsp 1.169.175, Min. Massami Uyeda, j. 17.2.11, DJ 4.4.11). No mesmo sentido: STJ-4ª T., MC 20.472-AgRg, Min. Marco Buzzi, j. 3.9.13, DJ 20.9.13.

Ainda aplicando a teoria da desconsideração da personalidade jurídica: JTJ 159/72, 160/224, Lex-JTA 171/337, RJ 355/139.

Art. 50: 6. "A **desconsideração inversa da personalidade jurídica** caracteriza-se pelo afastamento da autonomia patrimonial da sociedade, para, contrariamente do que ocorre na desconsideração da personalidade propriamente dita, atingir o ente coletivo e seu patrimônio social, de modo a responsabilizar a pessoa jurídica por obrigações do sócio controlador. Considerando-se que a finalidade da *disregard doctrine* é combater a utilização indevida do ente societário por seus sócios, o que pode ocorrer também nos casos em que o sócio controlador esvazia o seu patrimônio pessoal e o integraliza na pessoa jurídica, conclui-se, de uma interpretação teleológica do art. 50 do CC/02, ser possível a desconsideração inversa da personalidade jurídica, de modo a atingir bens da sociedade em razão de dívidas contraídas pelo sócio controlador, conquanto preenchidos os requisitos previstos na norma" (STJ-RT 901/169 e RDDP 91/156: 3ª T., REsp 948.117). No mesmo sentido: RT 906/791 (TJSP, AI 990.10.197695-1), 917/495 (TJSP, AI 0173152-12.2011.8.26.0000, com comentário de Rodrigo Xavier Leonardo), JTJ 365/36 (AI 406611-55.2010.8.26.0000), RJ 442/157 (TRF-4ª Reg., AP 5004944-06.2013.404.7000).

Art. 50: 7. "Descabe, por ampliação ou analogia, sem qualquer previsão legal, trazer para a desconsideração da personalidade jurídica os **prazos** decadenciais para o ajuizamento das ações revocatória falencial e pauliana. Relativamente aos direitos potestativos para cujo exercício a lei não vislumbrou necessidade de prazo especial, prevalece a regra geral da inesgotabilidade ou da **perpetuidade,** segundo a qual os direitos não se extinguem pelo não uso. Assim, à míngua de previsão legal, o pedido de desconsideração da personalidade jurídica, quando preenchidos os requisitos da medida, poderá ser realizado a qualquer momento" (STJ-4ª T., REsp 1.180.714, Min. Luis Felipe, j. 5.4.11, DJ 6.5.11). No mesmo sentido: "Descabe, por ampliação ou analogia, sem qualquer previsão legal, trazer para a desconsideração da personalidade jurídica os prazos prescricionais previstos para os casos de retirada de sócio da sociedade (arts. 1.003, 1.032 e 1.057 do Código Civil), uma vez que institutos diversos" (STJ-4ª T., REsp 1.348.449, Min. Luis Felipe, j. 11.4.13, DJ 4.6.13).

V. tb. art. 189, nota 2a.

Art. 50: 8. "Configura-se a confusão patrimonial no caso de **indistinção entre patrimônios** do administrador ou sócio e da empresa, em afronta à autonomia patrimonial, com o objetivo de se esquivar ao cumprimento de obrigação; situação ainda mais evidente quando envolve empresa individual, que não possui personalidade própria. Na espécie, o empresário individual adquiriu a integralidade das cotas de uma empresa individual de responsabilidade limitada — EIRELI, por valor superior ao débito tributário exequendo, a fim de ocultar ou mesclar nesta o patrimônio da empresa individual que deveria ser objeto da execução fiscal, havendo indícios de que essa oneração levou esse devedor à insolvência" (STJ-2ª T., REsp 1.810.414, Min. Francisco Falcão, j. 15.10.19, DJ 18.10.19).

"No presente caso, as duas empresas mencionadas têm uma unidade gerencial e laboral. Está perfeitamente configurada ainda a confusão patrimonial, suficiente para autorizar a desconsideração da personalidade jurídica" (RT 868/251; a citação é do voto do relator).

Art. 51. Nos casos de dissolução da pessoa jurídica[1] ou cassada a autorização para seu funcionamento,[2] ela subsistirá para os fins de liquidação, até que esta se conclua.[2a] [Sem dispositivo correspondente no CC/1916.]

§ 1º Far-se-á, no registro onde a pessoa jurídica estiver inscrita, a averbação de sua dissolução. [Sem dispositivo correspondente no CC/1916.]

§ 2º As disposições para a liquidação das sociedades[3] aplicam-se, no que couber, às demais pessoas jurídicas de direito privado. [Sem dispositivo correspondente no CC/1916.]

§ 3º Encerrada a liquidação, promover-se-á o cancelamento da inscrição da pessoa jurídica. [Sem dispositivo correspondente no CC/1916.]

Art. 51: 1. s/ dissolução de associação, v. art. 61.

Art. 51: 2. v. art. 1.125.

Art. 51: 2a. "A dissolução da associação civil não acarreta, de pronto, a **extinção** de sua personalidade jurídica, que só ocorrerá com a **averbação da ata da assembleia geral** que aprovar as contas finais apresentadas pelo liquidante, após o pagamento do passivo e regular destinação do patrimônio líquido, momento no qual é cancelado o registro da pessoa jurídica" (STJ-4ª T., RMS 39.236, Min. Marco Buzzi, j. 26.4.16, DJ 3.5.16).

Art. 51: 3. v. arts. 1.102 e segs.

Art. 52. Aplica-se às pessoas jurídicas, no que couber, a proteção dos direitos da personalidade.[1 a 3] [Sem dispositivo correspondente no CC/1916.]

Art. 52: 1. "Direito das pessoas jurídicas à intimidade", por Rui Stoco (RT 910/83); "Dano moral contra a pessoa jurídica", por Luís Alberto Thompson Flores Lenz (Just. 178/79); "Pessoa jurídica: dano moral", por Fernando Vasconcelos (RT 781/111); "Pessoas jurídicas e direitos da personalidade: pessoa jurídica pode sofrer dano extrapatrimonial?", por Carla Wainer Chalréo Lgow (RDPr 51/115).

Art. 52: 1a. v. arts. 11 a 21 (especialmente art. 16, nota 1a — proteção do nome da pessoa jurídica).

Art. 52: 2. **Súmula 227 do STJ:** "A pessoa jurídica pode sofrer dano moral".

V. anotações a essa Súmula no art. 186, nota 2.

Art. 52: 3. **Enunciado 286 do CEJ:** "Os direitos da personalidade são direitos inerentes e essenciais à pessoa humana, decorrentes de sua dignidade, não sendo as pessoas jurídicas titulares de tais direitos".

Capítulo II | DAS ASSOCIAÇÕES[1-2]

CAP. II: 1. **Disposições transitórias** s/ associações: arts. 2.031 a 2.034.

CAP. II: 2. "As associações no novo Código Civil e a liberdade de religião", por Paulo Sanches Campos (RT 819/77); "Associação e fundação no Código Civil de 2002: o novo perfil jurídico", por Homero Francisco Tavares Júnior (RSDCPC 27/100); "Associações e sociedades: semelhanças e distinções à luz da noção de contrato plurilateral", por Rachel Sztajn (RDPr 21/223).

Art. 53. Constituem-se as associações[1 a 2a] pela união de pessoas[3-4] que se organizem para fins não econômicos. [Sem dispositivo correspondente no CC/1916.]

Parágrafo único. Não há, entre os associados, direitos e obrigações recíprocos. [Sem dispositivo correspondente no CC/1916.]

Art. 53: 1. s/ associações sindicais, v. CLT 511; s/ associações com objetivos de interesse de defesa nacional, v. Dec. lei 4.684, de 12.9.42; s/ partidos políticos, v. Lei 9.096, de 19.9.95; s/ associações de poupança e empréstimo, v. Dec. lei 70, de 21.11.66; s/ prestação de serviços por entidades de assistência social, entidades beneficentes de assistência social e entidades de fins filantrópicos, v. Lei 8.909, de 6.7.94; s/ qualificação de entidades como organizações sociais, v. Lei 9.637, de 15.5.98; s/ qualificação de entidades como organizações da sociedade civil de interesse público (OSCIP), v. Lei 9.790, de 23.3.99, regulamentada pelo Dec. 3.100, de 30.6.99; s/ concessão do Certificado de Entidades de Fins Filantrópicos, v. Dec. 2.536, de 6.4.98.

Art. 53: 1a. **CF 5º: "XVII** — é plena a liberdade de associação para fins lícitos, vedada a de caráter paramilitar;

"XVIII — a criação de associações e, na forma da lei, a de cooperativas independem de autorização, sendo vedada a interferência estatal em seu funcionamento;

"XIX — as associações só poderão ser compulsoriamente dissolvidas ou ter suas atividades suspensas por decisão judicial, exigindo-se, no primeiro caso, o trânsito em julgado;

"XX — ninguém poderá ser compelido a associar-se ou a permanecer associado;

"XXI — as entidades associativas, quando expressamente autorizadas, têm legitimidade para representar seus filiados judicial ou extrajudicialmente".

V. CF 8º e 17.

Art. 53: 2. A associação é pessoa jurídica de direito privado (art. 44-I).

Art. 53: 2a. "Não se há de confundir a liberdade de associação, prevista de forma geral no inciso XVII do rol das garantias constitucionais, com a criação, em si, de sindicato. O critério da especificidade direciona à observação do disposto no inciso II do artigo 8º da Constituição Federal, no que agasalhada a unicidade sindical de forma mitigada, ou seja, considerada a área de atuação, nunca inferior à de um município" (STF-2ª T., RE 207.858, Min. Marco Aurélio, j. 27.10.98, DJU 14.5.99).

Art. 53: 3. s/ legitimidade do associado para o ajuizamento de demanda no contexto da associação, v., no CPCLPV, CPC 17, nota 8.

Art. 53: 4. O **associado não responde pelas dívidas** da associação (STJ-3ª T., REsp 1.398.438, Min. Nancy Andrighi, j. 4.4.17, DJ 11.4.17).

Art. 54. Sob pena de nulidade, o estatuto[1] das associações conterá: [Sem dispositivo correspondente no CC/1916.]

I — a denominação, os fins e a sede da associação; [Sem dispositivo correspondente no CC/1916.]

II — os requisitos para a admissão, demissão e exclusão dos associados; [Sem dispositivo correspondente no CC/1916.]

III — os direitos e deveres dos associados; [Sem dispositivo correspondente no CC/1916.]

IV — as fontes de recursos para sua manutenção; [Sem dispositivo correspondente no CC/1916.]

V — o modo de constituição e de funcionamento dos órgãos deliberativos;[2] [Sem dispositivo correspondente no CC/1916.]

VI — as condições para a alteração das disposições estatutárias e para a dissolução; [Sem dispositivo correspondente no CC/1916.]

VII — a forma de gestão administrativa e de aprovação das respectivas contas.[3] [Sem dispositivo correspondente no CC/1916.]

Art. 54: 1. s/ registro das associações, v. LRP 114 e 121.

Art. 54: 2. Redação do inc. V de acordo com a Lei 11.127, de 28.6.05 (DOU 29.6.05).

Art. 54: 3. Inc. VII acrescido pela Lei 11.127, de 28.6.05 (DOU 29.6.05).

Art. 55. Os associados devem ter iguais direitos, mas o estatuto poderá instituir categorias com vantagens especiais. [Sem dispositivo correspondente no CC/1916.]

Art. 56. A qualidade de associado é intransmissível, se o estatuto não dispuser o contrário. [Sem dispositivo correspondente no CC/1916.]

Parágrafo único. Se o associado for titular de quota ou fração ideal do patrimônio da associação, a transferência daquela não importará, *de per si*, na atribuição da qualidade de associado ao adquirente ou ao herdeiro, salvo disposição diversa do estatuto. [Sem dispositivo correspondente no CC/1916.]

Art. 57. A exclusão do associado só é admissível havendo justa causa,[1-1a] assim reconhecida em procedimento que assegure direito de defesa e de recurso, nos termos previstos no estatuto.[2-3] [Sem dispositivo correspondente no CC/1916.]

Parágrafo único. ....

Art. 57: 1. v. art. 54-II.

Art. 57: 1a. "A justa causa para a exclusão de sócio se traduz em conduta grave, prejudicial à própria continuidade da atividade social, situação em que é possível até mesmo a dispensa da formação da maioria. A **discordância** acerca da **forma** como a sociedade é **administrada** e a prática de **atos de fiscalização,** como ocorre na hipótese, faz parte do direito dos sócios, não configurando justa causa para exclusão de sócio" (STJ-4ª T., REsp 1.280.051, Min. Raul Araújo, j. 1.3.16, maioria, DJ 5.4.16).

Art. 57: 2. O *caput* foi alterado e o § ún. revogado pela Lei 11.127, de 28.6.05 (DOU 29.6.05).

Art. 57: 3. v. art. 44, nota 9a (Enunciado 280 do CEJ).

Art. 58. Nenhum associado poderá ser impedido de exercer direito ou função que lhe tenha sido legitimamente conferido, a não ser nos casos e pela forma previstos na lei ou no estatuto. [Sem dispositivo correspondente no CC/1916.]

Art. 59. Compete privativamente à assembleia geral: [Sem dispositivo correspondente no CC/1916.]

I — destituir os administradores; [Sem dispositivo correspondente no CC/1916.]

II — alterar o estatuto. [Sem dispositivo correspondente no CC/1916.]

Parágrafo único. Para as deliberações a que se referem os incisos I e II deste artigo é exigido deliberação da assembleia especialmente convocada para esse fim, cujo *quorum* será o estabelecido no estatuto, bem como os critérios de eleição dos administradores.[1] [Sem dispositivo correspondente no CC/1916.]

Art. 59: 1. Os incs. I e II e o § ún. foram alterados pela Lei 11.127, de 28.6.05 (DOU 29.6.05).

Art. 60. A convocação dos órgãos deliberativos far-se-á na forma do estatuto, garantido a 1/5 (um quinto) dos associados o direito de promovê-la.[1-2] [Sem dispositivo correspondente no CC/1916.]

Art. 60: 1. Redação do *caput* de acordo com a Lei 11.127, de 28.6.05 (DOU 29.6.05).

Art. 60: 2. v. art. 44, nota 9a (Enunciado 280 do CEJ).

Art. 61. Dissolvida a associação,[1-2] o remanescente do seu patrimônio líquido, depois de deduzidas, se for o caso, as quotas ou frações ideais referidas no parágrafo único do art. 56, será destinado à entidade de fins não econômicos designada no estatuto, ou, omisso este, por deliberação dos associados, à instituição municipal, estadual ou federal, de fins idênticos ou semelhantes. [Dispositivo correspondente no CC/1916: art. 22-*caput*.]

§ 1º Por cláusula do estatuto ou, no seu silêncio, por deliberação dos associados, podem estes, antes da destinação do remanescente referida neste artigo, receber em restituição, atualizado o respectivo valor, as contribuições que tiverem prestado ao patrimônio da associação. [Sem dispositivo correspondente no CC/1916.]

§ 2º Não existindo no Município, no Estado, no Distrito Federal ou no Território, em que a associação tiver sede, instituição nas condições indicadas neste artigo, o que remanescer do seu patrimônio se devolverá à Fazenda do Estado, do Distrito Federal ou da União. [Dispositivo correspondente no CC/1916: art. 22 § ún.]

Art. 61: 1. v. art. 51, nota 2a.

Art. 61: 2. **CF 5º: "XIX** — as associações só poderão ser compulsoriamente dissolvidas ou ter suas atividades suspensas por decisão judicial, exigindo-se, no primeiro caso, o trânsito em julgado".

Dec. lei 41, de 18.11.66 — Dispõe sobre a dissolução de sociedades civis de fins assistenciais.

Capítulo III | DAS FUNDAÇÕES

Art. 62. Para criar uma fundação,[1-1a] o seu instituidor[1b] fará, por escritura pública ou testamento, dotação especial de bens livres, especificando o fim a que se destina, e declarando, se quiser, a maneira de administrá-la. [Dispositivo correspondente no CC/1916: art. 24-*caput*.]

Parágrafo único. A fundação somente poderá constituir-se para fins de:[2-3] [Sem dispositivo correspondente no CC/1916.]

I — assistência social; [Sem dispositivo correspondente no CC/1916.]

II — cultura, defesa e conservação do patrimônio histórico e artístico; [Sem dispositivo correspondente no CC/1916.]

III — educação; [Sem dispositivo correspondente no CC/1916.]

IV — saúde; [Sem dispositivo correspondente no CC/1916.]

V — segurança alimentar e nutricional; [Sem dispositivo correspondente no CC/1916.]

VI — defesa, preservação e conservação do meio ambiente e promoção do desenvolvimento sustentável; [Sem dispositivo correspondente no CC/1916.]

VII — pesquisa científica, desenvolvimento de tecnologias alternativas, modernização de sistemas de gestão, produção e divulgação de informações e conhecimentos técnicos e científicos; [Sem dispositivo correspondente no CC/1916.]

VIII — promoção da ética, da cidadania, da democracia e dos direitos humanos; [Sem dispositivo correspondente no CC/1916.]

IX — atividades religiosas; e [Sem dispositivo correspondente no CC/1916.]

X — (VETADO)

✎ Art. 62: 1. "As fundações públicas e o novo Código Civil", por Alexandre Santos de Aragão (RDA 231/313); "Associação e fundação no Código Civil de 2002: o novo perfil jurídico", por Homero Francisco Tavares Júnior (RSDCPC 27/100).

Art. 62: 1a. **Disposições transitórias** s/ fundação: arts. 2.031 a 2.034. V. tb. art. 44 e notas.

S/ equiparação da denominação das fundações ao nome empresarial, v. art. 1.155 § ún.; s/ legitimidade das fundações, na sucessão testamentária, v. art. 1.799-III; s/ prestação de serviços por entidades de assistência social, entidades beneficentes de assistência social e entidades de fins filantrópicos, v. Lei 8.909, de 6.7.94; s/ qualificação de entidades como organizações sociais, v. Lei 9.637, de 15.5.98; s/ qualificação de entidades como organizações da sociedade civil de interesse público (OSCIP), v. Lei 9.790, de 23.3.99, regulamentada pelo Dec. 3.100, de 30.6.99; s/ concessão do Certificado de Entidades de Fins Filantrópicos, v. Dec. 2.536, de 6.4.98.

S/ registro da fundação, v. LRP 114-I, 119 § ún. e 120; s/ fundações de apoio científico, tecnológico e educacional, v. Lei 8.958, de 20.12.94.

Art. 62: 1b. "Nem toda fundação instituída pelo poder público é fundação de direito privado. As fundações, instituídas pelo poder público, que assumem a gestão de serviço estatal e se submetem a regime administrativo previsto, nos Estados-membros, por leis estaduais, são fundações de direito público, e, portanto, pessoas jurídicas de direito público. Tais fundações são espécie do gênero autarquia" (RTJ 113/314).

Art. 62: 2. Redação do § ún. e incs. de acordo com a Lei 13.151, de 28.7.15.

Art. 62: 3. **Enunciado 9 do CEJ:** "O art. 62, parágrafo único, deve ser interpretado de modo a excluir apenas as fundações de fins lucrativos".

Art. 63. Quando insuficientes para constituir a fundação, os bens a ela destinados serão, se de outro modo não dispuser o instituidor, incorporados em outra fundação que se proponha a fim igual ou semelhante. [Dispositivo correspondente no CC/1916: art. 25.]

Art. 64. Constituída a fundação por negócio jurídico entre vivos, o instituidor é obrigado a transferir-lhe a propriedade, ou outro direito real, sobre os bens dotados, e, se não o fizer, serão registrados, em nome dela, por mandado judicial. [Sem dispositivo correspondente no CC/1916.]

Art. 65. Aqueles a quem o instituidor cometer a aplicação do patrimônio, em tendo ciência do encargo, formularão logo, de acordo com as suas bases (art. 62), o estatuto da fundação projetada, submetendo-o, em seguida, à aprovação da autoridade competente, com recurso ao juiz.[1] [Dispositivo correspondente no CC/1916: art. 27-*caput*.]

Parágrafo único. Se o estatuto não for elaborado no prazo assinado pelo instituidor, ou, não havendo prazo, em cento e oitenta dias, a incumbência caberá ao Ministério Público. [Sem dispositivo correspondente no CC/1916.]

Art. 65: 1. v. CPC 764.

Art. 66. Velará[1-1a] pelas fundações o Ministério Público do Estado onde situadas. [Dispositivo correspondente no CC/1916: art. 26-*caput*.]

§ 1º Se funcionarem no Distrito Federal ou em Território, caberá o encargo ao Ministério Público do Distrito Federal e Territórios.[2-2a] [Sem dispositivo correspondente no CC/1916.]

§ 2º Se estenderem a atividade por mais de um Estado, caberá o encargo, em cada um deles, ao respectivo Ministério Público.[3] [Dispositivo correspondente no CC/1916: art. 26 § 1º.]

Art. 66: 1. "Fiscalização das contas das fundações: Tribunal de Contas ou Ministério Público", por Cleber Demetrio Oliveira da Silva (IP 27/232).

Art. 66: 1a. s/ fiscalização das fundações, v. CPC 764 e 765. V. tb. Lei 8.625, de 12.2.93, art. 25-IV-*b*.

LC 109, de 29.5.01 — Dispõe sobre o regime de Previdência Complementar e dá outras providências: **"Art. 72.** Compete privativamente ao órgão regulador e fiscalizador das entidades fechadas zelar pelas sociedades civis e fundações, como definido no art. 31 desta Lei Complementar, não se aplicando a estas o disposto nos arts. 26 e 30 do Código Civil e 1.200 a 1.204 do Código de Processo Civil e demais disposições em contrário".

"Art. 74. Até que seja publicada a lei de que trata o art. 5º desta Lei Complementar, as funções do órgão regulador e do órgão fiscalizador serão exercidas pelo Ministério da Previdência e Assistência Social, por intermédio, respectivamente, do Conselho de Gestão da Previdência Complementar (CGPC) e da Secretaria de Previdência Complementar (SPC), relativamente às entidades fechadas, e pelo Ministério da Fazenda, por intermédio do Conselho Nacional de Seguros Privados (CNSP) e da Superintendência de Seguros Privados (SUSEP), em relação, respectivamente, à regulação e fiscalização das entidades abertas".

Art. 66: 2. Redação do § 1º de acordo com a Lei 13.151, de 28.7.15.

Art. 66: 2a. **Declaração de inconstitucionalidade.** O STF declarou inconstitucional este **§ 1º** (STF-Pleno, ADI 2.794, Min. Sepúlveda Pertence, j. 14.12.06, DJU 30.3.07). Em decorrência do entendimento firmado pelo Tribunal, cabe ao Ministério Público do Distrito Federal e Territórios velar pelas fundações que funcionam na sua área de atuação.

Art. 66: 3. **Enunciado 147 do CEJ:** "A expressão 'por mais de um Estado', contida no § 2º do art. 66, não exclui o Distrito Federal e os Territórios. A atribuição de velar pelas fundações, prevista no art. 66 e seus parágrafos, ao MP local — isto é, dos Estados, DF e Territórios onde situadas — não exclui a necessidade de fiscalização de tais pessoas jurídicas pelo MPF, quando se tratar de fundações instituídas ou mantidas pela União, autarquia ou empresa pública federal, ou que destas recebam verbas, nos termos da Constituição, da LC n. 75/93 e da Lei de Improbidade".

Art. 67. Para que se possa alterar o estatuto da fundação é mister que a reforma: [Dispositivo correspondente no CC/1916: art. 28-*caput*.]

I — seja deliberada por dois terços dos competentes para gerir e representar a fundação; [Dispositivo correspondente no CC/1916: art. 28-I.]

II — não contrarie ou desvirtue o fim desta; [Dispositivo correspondente no CC/1916: art. 28-II.]

III — seja aprovada pelo órgão do Ministério Público no prazo máximo de 45 (quarenta e cinco) dias, findo o qual ou no caso de o Ministério Público a denegar, poderá o juiz supri-la,[1] a requerimento do interessado.[2] [Dispositivo correspondente no CC/1916: 28-III.]

Art. 67: 1. v. CPC 764-I.

Art. 67: 2. Redação do inc. III de acordo com a Lei 13.151, de 28.7.15.

Art. 68. Quando a alteração não houver sido aprovada por votação unânime, os administradores da fundação, ao submeterem o estatuto ao órgão do Ministério Público, requererão que se dê ciência à minoria vencida para impugná-la, se quiser, em dez dias. [Sem dispositivo correspondente no CC/1916.]

Art. 69. Tornando-se ilícita, impossível ou inútil a finalidade a que visa a fundação, ou vencido o prazo de sua existência, o órgão do Ministério Público, ou qualquer interessado, lhe promoverá a extinção, incorporando-se o seu patrimônio, salvo disposição em contrário no ato constitutivo, ou no estatuto, em outra fundação, designada pelo juiz, que se proponha a fim igual ou semelhante.[1] [Dispositivo correspondente no CC/1916: art. 30.]

Art. 69: 1. v. CPC 765.

Título III | DO DOMICÍLIO

Art. 70. O domicílio[1-1a] da pessoa natural é o lugar onde ela estabelece a sua residência com ânimo definitivo.[2] [Dispositivo correspondente no CC/1916: art. 31.]

Art. 70: 1. v. LINDB 7º, 10 e 12; CPC 21-I, 46 a 53; CF 5º-XI.

✎ **Art. 70: 1a.** "O conceito de domicílio e sua repercussão nas relações jurídicas eletrônicas. A aplicação da lei no espaço e a internet sob a perspectiva do direito brasileiro", por Bruno Miragem (RDPr 19/10).

Art. 70: 2. Domicílio do casal: art. 1.569.

Art. 71. Se, porém, a pessoa natural tiver diversas residências, onde, alternadamente, viva, considerar-se-á domicílio seu qualquer delas. [Dispositivo correspondente no CC/1916: art. 32.]

Art. 72. É também domicílio da pessoa natural, quanto às relações concernentes à profissão, o lugar onde esta é exercida. [Sem dispositivo correspondente no CC/1916.]

Parágrafo único. Se a pessoa exercitar profissão em lugares diversos, cada um deles constituirá domicílio para as relações que lhe corresponderem. [Sem dispositivo correspondente no CC/1916.]

Art. 73. Ter-se-á por domicílio da pessoa natural, que não tenha residência habitual, o lugar onde for encontrada. [Dispositivo correspondente no CC/1916: art. 33.]

Art. 74. Muda-se o domicílio, transferindo a residência, com a intenção manifesta de o mudar. [Dispositivo correspondente no CC/1916: art. 34-*caput*.]

Parágrafo único. A prova da intenção resultará do que declarar a pessoa às municipalidades dos lugares, que deixa, e para onde vai, ou, se tais declarações não fizer, da própria mudança, com as circunstâncias que a acompanharem. [Dispositivo correspondente no CC/1916: art. 34 § ún.]

Art. 75. Quanto às pessoas jurídicas, o domicílio é: [Dispositivo correspondente no CC/1916: art. 35-*caput*.]

I — da União, o Distrito Federal; [Dispositivo correspondente no CC/1916: art. 35-I.]

II — dos Estados e Territórios, as respectivas capitais; [Dispositivo correspondente no CC/1916: art. 35-II.]

III — do Município, o lugar onde funcione a administração municipal; [Dispositivo correspondente no CC/1916: art. 35-III.]

IV — das demais pessoas jurídicas, o lugar onde funcionarem as respectivas diretorias e administrações, ou onde elegerem domicílio especial no seu estatuto ou atos constitutivos.[1] [Dispositivo correspondente no CC/1916: art. 35-IV.]

§ 1º Tendo a pessoa jurídica diversos estabelecimentos em lugares diferentes, cada um deles será considerado domicílio para os atos nele praticados.[2] [Dispositivo correspondente no CC/1916: art. 35 § 3º.]

§ 2º Se a administração, ou diretoria, tiver a sede no estrangeiro, haver-se-á por domicílio da pessoa jurídica, no tocante às obrigações contraídas por cada uma das suas agências, o lugar do estabelecimento, sito no Brasil, a que ela corresponder. [Dispositivo correspondente no CC/1916: art. 35 § 4º.]

Art. 75: 1. **Súmula 363 do STF:** "A pessoa jurídica de direito privado pode ser demandada no domicílio da agência, ou estabelecimento, em que se praticou o ato".

Art. 75: 2. v. CPC 53-III-*b*.

Art. 76. Têm domicílio necessário o incapaz, o servidor público, o militar, o marítimo e o preso. [Dispositivos correspondentes no CC/1916: arts. 36 a 40.]

Parágrafo único. O domicílio do incapaz é o do seu representante ou assistente; o do servidor público, o lugar em que exercer permanentemente suas funções; o do militar, onde servir, e, sendo da Marinha ou da Aeronáutica, a sede do comando a que se encontrar imediatamente subordinado; o do marítimo, onde o navio estiver matriculado; e o do preso, o lugar em que cumprir a sentença. [Dispositivos correspondentes no CC/1916: arts. 36 a 40.]

Art. 77. O agente diplomático do Brasil, que, citado no estrangeiro, alegar extraterritorialidade sem designar onde tem, no país, o seu domicílio, poderá ser demandado no Distrito Federal ou no último ponto do território brasileiro onde o teve. [Dispositivo correspondente no CC/1916: art. 41.]

Art. 78. Nos contratos escritos, poderão os contratantes especificar domicílio[1] onde se exercitem e cumpram os direitos e obrigações deles resultantes. [Dispositivo correspondente no CC/1916: art. 42.]

Art. 78: 1. observado o disposto no CPC 63.

Súmula 335 do STF: "É válida a cláusula de eleição do foro para os processos oriundos do contrato". **Porém:** "Em se tratando de relação de consumo e tendo em vista o princípio da facilitação da defesa do hipossuficiente, não prevalece o foro contratual de eleição quando estiver distante daquele em que reside o consumidor em razão da dificuldade de que este terá para acompanhar o processo" (STJ-2ª Seção, CC 41.728, Min. Menezes Direito, j. 11.5.05, DJU 18.5.05).

S/ foro de eleição, v. CPC 47 e 63; CDC 6º-VIII e 54 § 4º; e LI 58-II.

Livro II | DOS BENS[1]

Título Único | DAS DIFERENTES CLASSES DE BENS

Capítulo I | DOS BENS CONSIDERADOS EM SI MESMOS

Seção I | DOS BENS IMÓVEIS

✎ **LIV. II: 1.** "Perfis dos conceitos de bens jurídicos", por Regina Vera Villas Boas (RDPr 37/209).

Art. 79. São bens imóveis o solo e tudo quanto se lhe incorporar natural ou artificialmente.[1-2] [Dispositivo correspondente no CC/1916: art. 43-I a III.]

Art. 79: 1. s/ propriedade de bens imóveis, v. arts. 1.229 e 1.230; s/ direito de superfície, v. arts. 1.369 a 1.377; s/ o foro competente para julgar ações fundadas em direito real sobre bens imóveis, v. CPC 47. V. tb. os títs. CONDOMÍNIO E INCORPORAÇÃO e CONTRATOS IMOBILIÁRIOS.

Art. 79: 2. **Enunciado 11 do CEJ:** "Não persiste no novo sistema legislativo a categoria dos bens imóveis por acessão intelectual, não obstante a expressão 'tudo quanto se lhe incorporar natural ou artificialmente', constante da parte final do art. 79 do Código Civil".

Art. 80. Consideram-se imóveis para os efeitos legais: [Dispositivo correspondente no CC/1916: art. 44-*caput*.]

I — os direitos reais[1] sobre imóveis e as ações que os asseguram; [Dispositivo correspondente no CC/1916: art. 44-I.]

II — o direito à sucessão aberta.[2] [Dispositivo correspondente no CC/1916: art. 44-III.]

Art. 80: 1. v. arts. 1.225 a 1.227.

Art. 80: 2. s/ exigência de escritura pública para a cessão de direitos hereditários, v. art. 108 c/c art. 1.793-*caput*; s/ exigência de escritura pública para a renúncia de direitos hereditários, v. art. 108 c/c art. 1.806.

Art. 81. Não perdem o caráter de imóveis: [Dispositivo correspondente no CC/1916: art. 46.]

I — as edificações que, separadas do solo, mas conservando a sua unidade, forem removidas para outro local; [Sem dispositivo correspondente no CC/1916.]

II — os materiais provisoriamente separados de um prédio, para nele se reempregarem.[1] [Dispositivo correspondente no CC/1916: art. 46.]

Art. 81: 1. v. art. 84.

Seção II | DOS BENS MÓVEIS

Art. 82. São móveis os bens suscetíveis de movimento próprio, ou de remoção por força alheia, sem alteração da substância ou da destinação econômico-social.[1] [Dispositivo correspondente no CC/1916: art. 47.]

Art. 82: 1. "A venda de frutos, de molde a manifestar o intuito de separação do objeto da venda em relação ao solo a que adere, impõe a consideração de que tais coisas tenham sido, pela manifestação de vontade das partes contratantes, antecipadamente mobilizadas" (STJ-RT 762/210: 3ª T., AI 174.406-AgRg).

Art. 83. Consideram-se móveis para os efeitos legais:[1] [Dispositivo correspondente no CC/1916: art. 48-*caput*.]

I — as energias que tenham valor econômico;[2] [Sem dispositivo correspondente no CC/1916.]

II — os direitos reais[3] sobre objetos móveis e as ações correspondentes; [Dispositivo correspondente no CC/1916: art. 48-I.]

III — os direitos pessoais de caráter patrimonial e respectivas ações. [Dispositivo correspondente no CC/1916: art. 48-II.]

Art. 83: 1. **LDA: "Art. 3º** Os direitos autorais reputam-se, para os efeitos legais, bens móveis".

Lei 9.279, de 14.5.96 — Regula direitos e obrigações relativos à propriedade industrial (Lex 1996/1.269, RT 727/661, RF 334/545): **"Art. 5º** Consideram-se bens móveis, para os efeitos legais, os direitos de propriedade industrial".

Lei 9.456, de 25.4.97 — Institui a Lei de Proteção de Cultivares e dá outras providências: **"Art. 2º** A proteção dos direitos relativos à propriedade intelectual referente a cultivar se efetua mediante a concessão de Certificado de Proteção de Cultivar, considerado bem móvel para todos os efeitos legais e única forma de proteção de cultivares e de direito que poderá obstar a livre utilização de plantas ou de suas partes de reprodução ou de multiplicação vegetativa, no País".

Art. 83: 2. v. CP 155 § 3º.

Art. 83: 3. v. arts. 1.225 a 1.227.

Art. 84. Os materiais destinados a alguma construção, enquanto não forem empregados, conservam sua qualidade de móveis;[1] readquirem essa qualidade os provenientes da demolição de algum prédio. [Dispositivo correspondente no CC/1916: art. 49.]

Art. 84: 1. v., porém, art. 81-II.

Seção III | DOS BENS FUNGÍVEIS E CONSUMÍVEIS

Art. 85. São fungíveis[1] os móveis que podem substituir-se por outros da mesma espécie, qualidade e quantidade. [Dispositivo correspondente no CC/1916: art. 50.]

Art. 85: 1. s/ pagamento com coisa fungível, v. art. 307 § ún.; s/ a fungibilidade da coisa como requisito para compensação, v. art. 369; s/ depósito de coisas fungíveis, v. art. 645; s/ legado de coisas fungíveis, v. art. 1.915.

Art. 86. São consumíveis os bens móveis cujo uso importa destruição imediata da própria substância, sendo também considerados tais os destinados à alienação.[1] [Dispositivo correspondente no CC/1916: art. 51.]

Art. 86: 1. s/ usufruto de bem consumível, v. art. 1.392 § 1º.

Seção IV | DOS BENS DIVISÍVEIS

Art. 87. Bens divisíveis[1] são os que se podem fracionar sem alteração na sua substância, diminuição considerável de valor, ou prejuízo do uso a que se destinam. [Dispositivo correspondente no CC/1916: art. 52.]

Art. 87: 1. s/ obrigações divisíveis e indivisíveis, v. arts. 257 a 263; s/ satisfação de obrigação que tenha por objeto prestação divisível, v. art. 314; s/ cláusula penal atrelada a obrigação divisível, v. art. 415.

Art. 88. Os bens naturalmente divisíveis podem tornar-se indivisíveis por determinação da lei ou por vontade das partes.[1] [Dispositivo correspondente no CC/1916: art. 53-II.]

Art. 88: 1. s/ indivisibilidade e: cláusula penal, v. art. 414; compra e venda, v. art. 504; transação, v. art. 844-*caput*; condomínio, v. arts. 1.320 § 1º e 1.322; servidão, v. art. 1.386; herança, v. art. 1.791 § ún.

Seção V | DOS BENS SINGULARES E COLETIVOS

Art. 89. São singulares os bens que, embora reunidos, se consideram *de per si*, independentemente dos demais. [Dispositivo correspondente no CC/1916: art. 54-I.]

Art. 90. Constitui universalidade de fato a pluralidade de bens singulares que, pertinentes à mesma pessoa, tenham destinação unitária.[1 a 1c] [Dispositivo correspondente no CC/1916: art. 54-II.]

Parágrafo único. Os bens que formam essa universalidade podem ser objeto de relações jurídicas próprias. [Sem dispositivo correspondente no CC/1916.]

Art. 90: 1. Exemplos de universalidades de fato: biblioteca, galeria de quadros, rebanho, estabelecimento empresarial.

Art. 90: 1a. v. art. 1.148.

Art. 90: 1b. **Lei 7.565, de 19.12.86** — Código Brasileiro de Aeronáutica: **"Art. 36 § 5º** Os aeródromos públicos, enquanto mantida a sua destinação específica pela União, constituem universalidades e patrimônios autônomos, independentes do titular do domínio dos imóveis onde estão situados (art. 38)".

"Art. 38. Os aeroportos constituem universalidades, equiparadas a bens públicos federais, enquanto mantida a sua destinação específica, embora não tenha a União a propriedade de todos os imóveis em que se situam".

Art. 90: 1c. **Enunciado 288 do CEJ:** "A pertinência subjetiva não constitui requisito imprescindível para a configuração das universalidades de fato e de direito".

Art. 91. Constitui universalidade de direito o complexo de relações jurídicas, de uma pessoa, dotadas de valor econômico.[1-1a] [Dispositivo correspondente no CC/1916: art. 57.]

Art. 91: 1. Exemplos de universalidades de direito: herança, patrimônio, massa falida.

Art. 91: 1a. v. art. 90, nota 1c (Enunciado 288 do CEJ).

Capítulo II | DOS BENS RECIPROCAMENTE CONSIDERADOS[1]

✎ **CAP. II: 1.** "A importância do princípio da acessoriedade no direito civil: das coisas aos contratos", por Alexandre Pimenta Batista Pereira (RF 410/399, RSDCPC 67/73); "As partes integrantes e a pertença no Código Civil", por Gustavo Haical (RT 934/49).

Art. 92. Principal é o bem que existe sobre si, abstrata ou concretamente; acessório,[1] aquele cuja existência supõe a do principal.[1a] [Dispositivo correspondente no CC/1916: art. 58.]

Art. 92: 1. s/ pintura em relação à tela, escultura e escritura, v. art. 1.270 § 2º (especificação).

Art. 92: 1a. s/ acessório e: obrigação de dar coisa certa, v. art. 233; cessão de crédito, v. art. 287; novação, v. art. 364; fiança, v. art. 822.

Art. 93. São pertenças os bens que, não constituindo partes integrantes, se destinam, de modo duradouro, ao uso, ao serviço ou ao aformoseamento de outro.[1] [Sem dispositivo correspondente no CC/1916.]

Art. 93: 1. "O **equipamento de monitoramento acoplado ao caminhão** consubstancia uma pertença, a qual atende, de modo duradouro, à finalidade econômico-social do referido veículo, destinando-se a promover a sua localização e, assim, reduzir os riscos de perecimento produzidos por eventuais furtos e roubos, a que, comumente, estão sujeitos os veículos utilizados para o transporte de mercadorias, caso dos autos. Trata-se, indiscutivelmente, de 'coisa ajudante' que atende ao uso do bem principal. Enquanto concebido como pertença, a destinação fática do equipamento de monitoramento em servir o caminhão não lhe suprime a individualidade e autonomia — o que permite, facilmente, a sua retirada —, tampouco exaure os direitos sobre ela incidentes, como o direito de propriedade, outros direitos reais ou o de posse" (STJ-3ª T., REsp 1.667.227, Min. Marco Bellizze, j. 26.6.18, DJ 29.6.18).

V. tb. art. 94, nota 1.

Art. 94. Os negócios jurídicos que dizem respeito ao bem principal não abrangem as pertenças, salvo se o contrário resultar da lei, da manifestação de vontade, ou das circunstâncias do caso.[1] [Sem dispositivo correspondente no CC/1916.]

Art. 94: 1. "O inadimplemento do **contrato de empréstimo para aquisição de caminhão dado em garantia,** a despeito de importar na consolidação da propriedade do mencionado veículo nas mãos do credor fiduciante, não conduz ao perdimento da pertença em favor deste. O equipamento de monitoramento, independentemente do destino do caminhão, permanece com a propriedade de seu titular, o devedor fiduciário, ou em sua posse, a depender do título que ostente, salvo se houver expressa manifestação de vontade nesse sentido, se a lei assim dispuser ou se, a partir das circunstâncias do caso, tal solução for a indicada, exceções de que, no caso dos autos, não se cogita. O contrato de financiamento de veículo, garantido por alienação fiduciária, ao descrever o veículo, objeto da avença, não faz nenhuma referência à existência do aludido equipamento e, por consectário, não poderia tecer consideração alguma quanto ao seu destino. Por sua vez, o auto de busca e apreensão, ao descrever o veículo, aponta a existência do equipamento de monitoramento, o que, considerada a circunstância anterior, é suficiente para se chegar a compreensão de que foi o devedor fiduciário o responsável por sua colocação no caminhão por ele financiado" (STJ-3ª T., REsp 1.667.227, Min. Marco Bellizze, j. 26.6.18, DJ 29.6.18).

V. tb. art. 93, nota 1.

Art. 95. Apesar de ainda não separados do bem principal, os frutos e produtos podem ser objeto de negócio jurídico. [Sem dispositivo correspondente no CC/1916.]

Art. 96. As benfeitorias podem ser voluptuárias, úteis ou necessárias.[1-2] [Dispositivo correspondente no CC/1916: art. 63-*caput*.]

§ 1º São voluptuárias as de mero deleite ou recreio, que não aumentam o uso habitual do bem, ainda que o tornem mais agradável ou sejam de elevado valor. [Dispositivo correspondente no CC/1916: art. 63 § 1º.]

§ 2º São úteis as que aumentam ou facilitam o uso do bem. [Dispositivo correspondente no CC/1916: art. 63 § 2º.]

§ 3º São necessárias as que têm por fim conservar o bem ou evitar que se deteriore. [Dispositivo correspondente no CC/1916: art. 63 § 3º.]

Art. 96: 1. s/ pagamento de benfeitorias úteis e necessárias em caso de evicção, v. arts. 453 e 454; s/ indenização e retenção de benfeitorias em matéria de locação, v. art. 578 e LI 35 e 36; s/ indenização de benfeitorias em matéria possessória, v. arts. 1.219 a 1.222; s/ benfeitorias em imóvel legado, v. art. 1.922 § ún.; s/ benfeitoria feita pelo arrendatário rural, v. ET 95-VIII.

Art. 96: 2. "As acessões físicas, definidas pelo art. 43, II, do CC/1916, são consideradas benfeitorias em relação ao solo. Sua qualificação como necessárias e, portanto, indenizáveis nos termos do art. 517 do CC/1916, é estritamente regulada pela lei, não havendo margem para interpretação extensiva por parte do juiz. O art. 63, § 3º, do CC/1916 (equivalente ao art. 96, § 3º, do atual CC) define as benfeitorias necessárias como aquelas 'que têm por fim conservar a coisa ou evitar que se deteriore'. As construções realizadas pelos possuidores (casa sede, casa do administrador, casa do tratorista, casa de máquinas etc.) e as plantações (pastagem, coqueiros, bananeiras, limoeiros e laranjeiras) referem-se à exploração econômica do terreno e ao aumento de sua capacidade produtiva ou funcional. Não representam benfeitorias necessárias para sua conservação. Trata-se de benfeitorias úteis ou voluptuárias, nos termos do art. 63, §§ 1º e 2º, do CC/1916. Não há, portanto, direito à indenização, conforme o art. 517 do mesmo Código" (STJ-2ª T., REsp 937.800, Min. Herman Benjamin, j. 20.8.09, DJ 11.5.11).

Art. 97. Não se consideram benfeitorias os melhoramentos ou acréscimos sobrevindos ao bem sem a intervenção do proprietário, possuidor ou detentor. [Dispositivo correspondente no CC/1916: art. 64.]

Capítulo III | DOS BENS PÚBLICOS

Art. 98. São públicos os bens do domínio nacional pertencentes às pessoas jurídicas de direito público interno;[1 a 4] todos os outros são particulares, seja qual for a pessoa a que pertencerem. [Dispositivo correspondente no CC/1916: art. 65.]

Art. 98: 1. s/ bens dos Estados, v. CF 26; s/ usucapião de imóvel não registrado, v. art. 102, nota 1b; s/ ocupação de área pública, v. art. 1.196, nota 2.

Art. 98: 2. **CF 20:** "São bens da União: **I** — os que atualmente lhe pertencem e os que lhe vierem a ser atribuídos;... **VIII** — os potenciais de energia hidráulica; **IX** — os recursos minerais, inclusive os do subsolo; **X** — as cavidades naturais subterrâneas e os sítios arqueológicos e pré-históricos; **XI** — as terras tradicionalmente ocupadas pelos índios".

V. tb. CF 176; Dec. lei 9.760, de 5.9.46 (bens imóveis da União); Lei 6.383, de 7.12.76 (terras devolutas da União); Dec. lei 1.985, de 29.1.40 (Código de Minas); Lei 8.901, de 30.6.94 (regime jurídico das jazidas); Dec. lei 227, de 28.2.67 (Código de Mineração); Dec. lei 3.263, de 12.5.41 (jazidas de petróleos e gases raros); Dec. lei 2.375, de 24.11.87 (Terras Públicas); Lei 6.634, de 2.5.79 (Faixa de Fronteira).

Art. 98: 2a. **Súmula 650 do STF:** "Os incisos I e XI do art. 20 da CF não alcançam terras de aldeamentos extintos, ainda que ocupadas por indígenas em passado remoto".

Art. 98: 3. **Enunciado 287 do CEJ:** "O critério da classificação de bens indicado no art. 98 do Código Civil não exaure a enumeração dos bens públicos, podendo ainda ser classificado como tal o bem pertencente a pessoa jurídica de direito privado que esteja afetado à prestação de serviços públicos".

Art. 98: 4. "O simples fato de se tratar de imóvel situado na faixa de fronteira não faz com que o mesmo se torne propriedade da União" (RIDA 5/158).

Art. 99. São bens públicos:[1] [Dispositivo correspondente no CC/1916: art. 66-*caput*.]

I — os de uso comum do povo,[2] tais como rios, mares,[2a] estradas, ruas e praças;[2b] [Dispositivo correspondente no CC/1916: art. 66-I.]

II — os de uso especial, tais como edifícios ou terrenos destinados a serviço ou estabelecimento da administração federal, estadual, territorial ou municipal, inclusive os de suas autarquias;[3] [Dispositivo correspondente no CC/1916: art. 66-II.]

III — os dominicais,[3a] que constituem o patrimônio das pessoas jurídicas de direito público, como objeto de direito pessoal, ou real, de cada uma dessas entidades. [Dispositivo correspondente no CC/1916: art. 66-III.]

Parágrafo único. Não dispondo a lei em contrário, consideram-se dominicais os bens pertencentes às pessoas jurídicas de direito público a que se tenha dado estrutura de direito privado. [Sem dispositivo correspondente no CC/1916.]

Art. 99: 1. v. CF 20 (bens da União) e 26 (bens dos Estados).

Art. 99: 2. "Da cobrança pela utilização de bens públicos de uso comum", por Rachel Pellizoni da Cruz (RDA 231/157); "Sobre o uso privativo de bens públicos de uso comum do povo", por Francisco Xavier Amaral e Bruno Monteiro de Castro Amaral (RIDA 5/75).

Art. 99: 2a. v. Dec. 24.643, de 10.7.34 (Código de Águas); Dec. 28.840, de 8.11.50 (plataforma submarina); Lei 8.617, de 4.1.93 (mar territorial).

Art. 99: 2b. s/ tutela possessória de bem público destinado ao uso comum: requerida pelo Estado, v. nota 2a ao art. 1.210; requerida por particular, v. nota 1c ao art. 1.210.

Art. 99: 3. **Dec. lei 7.315-A, de 10.2.45** — Dispõe sobre a requisição, ocupação e desapropriação de imóveis destinados à defesa nacional.

Art. 99: 3a. v. art. 101.

Art. 100. Os bens públicos de uso comum do povo e os de uso especial são inalienáveis, enquanto conservarem a sua qualificação,[1] na forma que a lei determinar. [Dispositivo correspondente no CC/1916: art. 67.]

Art. 100: 1. Quando esses bens forem desafetados e houver autorização legislativa, eles poderão ser alienados.

Art. 101. Os bens públicos dominicais podem ser alienados,[1-1a] observadas as exigências da lei.[2] [Dispositivo correspondente no CC/1916: art. 67.]

Art. 101: 1. s/ alienação judicial de fração ideal do bem imóvel indivisível, pertencente a pessoa jurídica de direito público, em condomínio com particulares, v. art. 1.322, nota 4.

Art. 101: 1a. **Súmula 340 do STF:** "Desde a vigência do Código Civil, os bens dominicais, como os demais bens públicos, não podem ser adquiridos por usucapião". Essa Súmula faz referência à vigência do CC/16.

Todavia: "Possibilidade do usucapião de bens públicos dominiais, desafetados para a alienação, cumprida sua função social pelo particular usucapiente" (RF 416/353: TJSP, EI 9172311-97.2007.8.26.0000/50000, maioria; a citação é do voto do relator).

Art. 101: 2. **Lei 9.636, de 15.5.98** — Dispõe sobre a regularização, administração, aforamento e alienação de bens imóveis de domínio da União, altera dispositivos dos Decretos-leis ns. 9.760, de 5 de setembro de 1946, e 2.398, de 21 de dezembro de 1987, regulamenta o § 2º do art. 49 do Ato das Disposições Constitucionais Transitórias, e dá outras providências (DOU 18.5.98). Essa lei foi regulamentada pelo Dec. 3.725, de 10.1.01 (DOU 11.1.01).

Lei 11.481, de 31.5.07 — Dá nova redação a dispositivos das Leis n. 9.636, de 15.5.98, 8.666, de 21.6.93, 11.124, de 16.6.05, 10.406, de 10.1.02, 9.514, de 20.11.97, e 6.015, de 31.12.73, e dos Decs. leis n. 9.760, de 5.9.46, 271, de 28.2.67, 1.876, de 15.7.81, e 2.398, de 21.12.87; prevê medidas voltadas à regularização fundiária de interesse social em imóveis da União; e dá outras providências (DOU 31.5.07).

Art. 102. Os bens públicos não estão sujeitos a usucapião.[1 a 3] [Sem dispositivo correspondente no CC/1916.]

Art. 102: 1. "Da possibilidade (constitucional) de usucapião sobre bens públicos. A revisão de um pensamento em face do Código Civil de 2002", por Wagner Inácio Freitas Dias (RF 377/223).

Art. 102: 1a. **CF 191: "Parágrafo único.** Os imóveis públicos não serão adquiridos por usucapião". Com a mesma redação, CF 183 § 3º. V. art. 101, nota 1a (Súmula 340 do STF).

Art. 102: 1b. "A inexistência de registro imobiliário do bem objeto de ação de usucapião não induz presunção de que o imóvel seja público (terras devolutas), cabendo ao Estado provar a titularidade do terreno como óbice ao reconhecimento da prescrição aquisitiva" (STJ-RT 916/729: 4ª T., REsp 964.223).

Art. 102: 2. Porém, é possível a usucapião **do domínio útil** de bem público sobre o qual haja enfiteuse em favor de particular, "pois, nesta circunstância, existe apenas a substituição do enfiteuta pelo usucapiente, não trazendo qualquer prejuízo ao Estado", o qual permanece com o domínio direto do bem (STJ-Bol. AASP 2.488/4.039: 3ª T., REsp 575.572, um voto vencido). Em sentido semelhante: RSTJ 195/363 (4ª T., REsp 507.798), RT 741/347, 741/450, RJ 268/90.

"Usucapião de domínio útil de bem público (terreno de marinha). Violação ao art. 183, § 3º, da Constituição. Inocorrência. O ajuizamento de ação contra o foreiro, na qual se pretende usucapião do domínio útil do bem, não viola a regra de que os bens públicos não se adquirem por usucapião. Precedente: RE 82.106, RTJ 87/505" (STF-RT 899/103: 2ª T., RE 218.324-AgRg).

Súmula 17 do TRF-5ª Reg.: "É possível a aquisição do domínio útil de bens públicos em regime de aforamento, via usucapião, desde que a ação seja movida contra particular, até então enfiteuta, contra quem operar-se-á a prescrição aquisitiva, sem atingir o domínio direto da União".

Art. 102: 3. "O bem pertencente a **sociedade de economia mista** pode ser objeto de usucapião" (STJ-4ª T., REsp 120.702, Min. Ruy Rosado de Aguiar, j. 28.6.01, DJU 20.8.01). No mesmo sentido: STJ-3ª T., REsp 647.357, Min. Castro Filho, j. 19.9.06, DJU 23.10.06; RT 879/256: TJSP, AP 582.045-4/5-00; RMDCPC 45/143: TJMG, AP 0687985-41.2008.8.13.0324.

Art. 103. O uso comum dos bens públicos pode ser gratuito ou retribuído, conforme for estabelecido legalmente pela entidade a cuja administração pertencerem.[1] [Dispositivo correspondente no CC/1916: art. 68.]

Art. 103: 1. O pedágio cobrado em estradas e a taxa de embarque cobrada em aeroportos são exemplos de remuneração pelo uso de bens públicos.

Livro III | DOS FATOS JURÍDICOS[1]

Título I | DO NEGÓCIO JURÍDICO[1]

Capítulo I | DISPOSIÇÕES GERAIS

LIV. III: 1. "**Art. 2.035.** A validade dos negócios e demais atos jurídicos, constituídos antes da entrada em vigor deste Código, obedece ao disposto nas leis anteriores, referidas no art. 2.045, mas os seus efeitos, produzidos após a vigência deste Código, aos preceitos dele se subordinam, salvo se houver sido prevista pelas partes determinada forma de execução.

"Parágrafo único. Nenhuma convenção prevalecerá se contrariar preceitos de ordem pública, tais como os estabelecidos por este Código para assegurar a função social da propriedade e dos contratos".

TÍT. I: 1. "O novo Código Civil Brasileiro: principais inovações na disciplina do negócio jurídico e suas bases romanísticas", pelo Min. José Carlos Moreira Alves (RJ 305/7); "Negócios jurídicos entre pais e filhos", por Fernando Malheiros Filho (Ajuris 94/71).

Art. 104. A validade do negócio jurídico[1] requer: [Dispositivo correspondente no CC/1916: art. 82.]

I — agente capaz;[2-2a] [Dispositivo correspondente no CC/1916: art. 82.]

II — objeto lícito,[3] possível,[3a] determinado ou determinável; [Dispositivo correspondente no CC/1916: art. 82.]

III — forma prescrita ou não defesa em lei.[4] [Dispositivo correspondente no CC/1916: art. 82.]

Art. 104: 1. s/ invalidade do negócio jurídico, v. arts. 166 a 184.

Art. 104: 2. "A 'autonomia' no direito privado", por Érico de Pina Cabral (RDPr 19/83).

Art. 104: 2a. v. arts. 3º, 4º, 105 e 112, nota 2.

Art. 104: 3. v. art. 426.

Art. 104: 3a. v. art. 106.

Art. 104: 4. v. arts. 107 a 109.

Art. 105. A incapacidade relativa[1] de uma das partes não pode ser invocada pela outra em benefício próprio, nem aproveita aos cointeressados capazes, salvo se, neste caso, for indivisível[2] o objeto do direito ou da obrigação comum. [Dispositivo correspondente no CC/1916: art. 83.]

Art. 105: 1. v. art. 4º.

Art. 105: 2. v. arts. 87, 88 e 257 a 263.

Art. 106. A impossibilidade[1] inicial do objeto não invalida o negócio jurídico se for relativa, ou se cessar antes de realizada a condição a que ele estiver subordinado. [Sem dispositivo correspondente no CC/1916.]

Art. 106: 1. s/ condição impossível, v. arts. 123-I e 124.

Art. 107. A validade da declaração de vontade não dependerá de forma especial, senão quando a lei expressamente a exigir.[1] [Dispositivo correspondente no CC/1916: art. 129.]

Art. 107: 1. s/ exigências formais em matéria de: doação, v. art. 541; mandato, v. arts. 653 a 661; fiança, v. art. 819; transação, v. art. 842; convenção de condomínio, v. art. 1.334 § 1º; direito de superfície e direito de servidão, v., respectivamente, arts. 1.369 e 1.378; promessa de compra e venda, v. art. 1.417; penhor rural, penhor industrial e mercantil, penhor de direitos e penhor de veículos, v., respectivamente, arts. 1.438, 1.448, 1.452 e 1.462; procuração para casamento, v. art. 1.542; pacto antenupcial, v. art. 1.653; instituição de bem de família, v. art. 1.711; cessão de herança, v. art. 1.793-*caput*; renúncia de herança, v. art. 1.806; testamento, v. arts. 1.864 (público), 1.868 (cerrado) e 1.876 (particular).

Art. 108. Não dispondo a lei em contrário, a escritura pública[1] é essencial[2 a 2b] à validade dos negócios jurídicos que visem à constituição, transferência, modificação ou renúncia de direitos reais sobre imóveis[3-4] de valor superior a trinta vezes o maior salário mínimo vigente no País.[5] [Dispositivo correspondente no CC/1916: art. 134-*caput* e II.]

Art. 108: 1. s/ escritura pública, v. arts. 215 a 218.

Art. 108: 2. Podem, porém, ser celebrados por instrumento particular, qualquer que seja o seu valor, entre outros:

a) os contratos de que forem partes o Banco Nacional da Habitação ou entidades que integrem o Sistema Financeiro da Habitação (Lei 4.380, de 21.8.64, art. 61 § 5º, no tít. CONTRATOS IMOBILIÁRIOS); v. tb. Lei 8.025, de 12.4.90, art. 2º-V, em Lex 1990/531;

b) os compromissos de compra e venda, cessões de compromisso de compra e venda e promessas de cessão de direitos relativos a imóveis, loteados ou não, urbanos ou rurais (Dec. lei 58, de 10.12.37, art. 22 c/c art. 11-*caput*, e Lei 6.766, de 19.12.79, art. 26, ambos no tít. PROMESSA DE COMPRA E VENDA E LOTEAMENTO; Lei 4.380, de 21.8.64, art. 69, no tít. CONTRATOS IMOBILIÁRIOS);

c) o penhor de direito (art. 1.452), de veículos (art. 1.462), industrial (art. 1.448), mercantil (também art. 1.448) ou rural (art. 1.438) pode ser constituído mediante instrumento público ou particular;

d) todos os atos relacionados com a cédula hipotecária (Dec. lei 70, de 21.11.66, art. 26, no tít. CÉDULA HIPOTECÁRIA);

e) as alienações a que se refere a Lei 8.025, de 12.4.90 (Lex 1990/531), art. 2º-V;

f) os contratos de venda e compra de imóvel com alienação fiduciária (Lei 9.514, de 20.11.97, no tít. ALIENAÇÃO FIDUCIÁRIA, art. 38);

g) os contratos de aquisição de imóvel objeto de arrendamento residencial (**Lei 10.188, de 12.2.01**);

h) as cessões de posse feitas, nos parcelamentos populares, pela União, Estados, Distrito Federal, Municípios e suas entidades delegadas (Lei 6.766/79, art. 26 § 3º, introduzido pela Lei 9.785, de 29.1.99, no tít. PROMESSA DE COMPRA E VENDA E LOTEAMENTO);

i) as convenções de condomínio edilício podem ser feitas por escritura pública ou por instrumento particular (art. 1.334 § 1º);

j) a promessa de compra e venda pode ser feita por instrumento público ou particular (art. 1.417).

Atos lavrados nos livros do Serviço do Patrimônio da União ou em repartição arrecadadora da Fazenda Nacional têm força de escritura pública (**Dec. lei 9.760, de 5.9.46,** art. 74-*caput*, em RT 164/793, Lex 1946/712, RDA 6/361, RF 108/604).

S/ dação em pagamento, v. art. 357, nota 2.

Art. 108: 2a. "O contrato particular de alienação de bem imóvel, ainda que desprovido de registro, representa autêntica manifestação volitiva das partes, apta a gerar direitos e obrigações de natureza pessoal, ainda que restritas aos contratantes. O fato de o contrato de permuta de bem imóvel ainda não ter sido devidamente registrado em cartório, não confere a uma das partes a prerrogativa de desistir do negócio" (STJ-3ª T., REsp 1.195.636, Min. Nancy Andrighi, j. 14.4.11, DJ 27.4.11).

Art. 108: 2b. Nos negócios jurídicos para cuja validade a escritura pública é essencial, admite-se a representação das partes por procurador nomeado através de instrumento particular. Nesse sentido: STJ-3ª T., REsp 414.100, Min. Ari Pargendler, j. 3.4.03, DJU 9.6.03.

Art. 108: 3. Lei 5.709, de 7.10.71 — Regula a aquisição de imóvel rural por estrangeiro residente no país ou pessoa jurídica estrangeira autorizada a funcionar no Brasil e dá outras providências (Lex 1971/1.301, RF 237/400, RT 432/447): **"Art. 8º** Na aquisição de imóvel rural por pessoa estrangeira, física ou jurídica, é da essência do ato a escritura pública".

Art. 108: 4. Os direitos hereditários consideram-se bens imóveis para fins legais (v. art. 80-II), razão por que se exige escritura pública para a respectiva cessão (art. 1.793-*caput*). V. tb. art. 1.806.

Art. 108: 5. Enunciado 289 do CEJ: "O valor de 30 salários mínimos constante no art. 108 do Código Civil brasileiro, em referência à forma pública ou particular dos negócios jurídicos que envolvam bens imóveis, é o atribuído pelas partes contratantes e não qualquer outro valor arbitrado pela Administração Pública com finalidade tributária".

Art. 109. No negócio jurídico celebrado com a cláusula de não valer sem instrumento público, este é da substância do ato.[1] [Dispositivo correspondente no CC/1916: art. 133.]

Art. 109: 1. CPC 406: "Quando a lei exigir instrumento público como da substância do ato, nenhuma outra prova, por mais especial que seja, pode suprir-lhe a falta".

Art. 110. A manifestação de vontade subsiste ainda que o seu autor haja feito a reserva mental de não querer o que manifestou, salvo se dela o destinatário tinha conhecimento. [Sem dispositivo correspondente no CC/1916.]

Art. 111. O silêncio[1] importa anuência, quando as circunstâncias ou os usos o autorizarem, e não for necessária a declaração de vontade expressa.[2] [Sem dispositivo correspondente no CC/1916.]

✎ **Art. 111: 1.** "O papel jurídico do silêncio no novo Direito Civil (por uma teoria do silêncio-vontade)", por Wendell Santiago Andrade (RJ 316/70).

Art. 111: 2. s/ silêncio em matéria de doação, v. art. 539.

Art. 112. Nas declarações de vontade se atenderá mais à intenção nelas consubstanciada do que ao sentido literal da linguagem.[1-2] [Dispositivo correspondente no CC/1916: art. 85.]

Art. 112: 1. "A principiologia adotada no art. 85 do CC/16 — no que foi reafirmada de modo mais eloquente pelo art. 112, do CC/02 — visa conciliar eventuais discrepâncias entre os dois elementos formativos da declaração de vontade, quais sejam, o objetivo — consubstanciado na literalidade externada —, e o subjetivo — consubstanciado na internalidade da vontade manifestada, ou seja, na intenção do agente. Assim, a despeito de figurar no contrato como 'avalista-interveniente', o sócio da sociedade devedora pode ser considerado coobrigado se assim evidenciar o teor da avença, conclusão que privilegia, a um só tempo, a boa-fé objetiva e a intenção externada pelas partes por ocasião da celebração" (STJ-4ª T., REsp 1.013.976, Min. Luis Felipe, j. 17.5.12, DJ 29.5.12).

Art. 112: 2. "Com o reconhecimento da ausência de capacidade do doador para os atos da vida civil, pois constantemente dopado pelo uso de medicamentos para o sistema nervoso, além de ser portador de Mal de Parkinson, nem sequer é possível perquirir acerca de sua intenção, pois a incapacidade lhe é precedente, impedindo-o de manifestar sua vontade" (STJ-4ª T., REsp 1.206.805, Min. Raul Araujo, j. 21.10.14, DJ 7.11.14).

Art. 113. Os negócios jurídicos devem ser interpretados[1-2] conforme a boa-fé[3-4] e os usos do lugar de sua celebração.[5] [Sem dispositivo correspondente no CC/1916.]

§ 1º A interpretação do negócio jurídico deve lhe atribuir o sentido que:[6]

I — for confirmado pelo comportamento das partes posterior à celebração do negócio;[6a]

II — corresponder aos usos, costumes e práticas do mercado relativas ao tipo de negócio;[6b]

III — corresponder à boa-fé;[6c]

IV — for mais benéfico à parte que não redigiu o dispositivo, se identificável; e[7]

V — corresponder a qual seria a razoável negociação das partes sobre a questão discutida, inferida das demais disposições do negócio e da racionalidade econômica das partes, consideradas as informações disponíveis no momento de sua celebração.[7a]

§ 2º As partes poderão livremente pactuar regras de interpretação, de preenchimento de lacunas e de integração dos negócios jurídicos diversas daquelas previstas em lei.[8]

Art. 113: 1. s/ interpretação: e vontade das partes, v. art. 421-A; do contrato de adesão, art. 423; da fiança, art. 819; da transação, art. 843; do testamento, art. 1.899; dos negócios jurídicos sobre direitos autorais, LDA 4º e 49-VI.

Art. 113: 2. **Código Comercial de 1850 (revogado, em parte), art. 131: "3.** O fato dos contraentes, posterior ao contrato, que tiver relação com o objeto principal, será a melhor explicação da vontade que as partes tiveram no ato da celebração do mesmo contrato".

CDC 47: "As cláusulas contratuais serão interpretadas de maneira mais favorável ao consumidor".

✎ Art. 113: 3. "A função social do contrato e o princípio da boa-fé no novo Código Civil brasileiro", por Adriana Mandim Theodoro de Mello (RJ 294/32); "Teoria geral da boa-fé objetiva", por Cibele Pinheiro Marçal Cruz e Tucci (Rev. AASP 68/100); "O princípio da boa-fé objetiva no novo Código Civil", por Renata Domingues Barbosa Balbino (Rev. AASP 68/111); "O princípio da boa-fé e o novo Código Civil", por Edilson Pereira Nobre Jr. (RF 367/69); "A boa-fé objetiva como paradigma da conduta na sociedade contemporânea", por Rizzatto Nunes (RJ 327/9); "Implicações práticas da boa-fé objetiva", por Gustavo Rene Nicolau (RIDCPC 39/7); "O princípio da boa-fé objetiva no direito de família", por Flávio Tartuce (RBDF 35/5); "Os campos normativos da boa-fé objetiva: as três perspectivas do direito privado brasileiro", por Judith Martins-Costa (RF 382/119); "Contrato. Interpretação. Princípio da boa-fé. Teoria do ato próprio ou da vedação do comportamento contraditório", por Humberto Theodoro Jr. e Juliana Cordeiro de Faria (RIDCPC 54/33, RMDECC 22/5, RDPr 38/149).

Art. 113: 4. s/ ato ilícito por excesso dos limites da boa-fé, v. art. 187; s/ boa-fé nos contratos, v. art. 422; s/ boa-fé nas relações de consumo, v. CDC 4º-III e 51-IV.

Art. 113: 5. "Os negócios jurídicos devem ser interpretados conforme os usos e costumes (art. 113, CC/02), e se mostra comum a prática de os sócios assumirem a posição de garantes pessoais das obrigações da sociedade da qual fazem parte (por aval ou por fiança), de modo que a interpretação pleiteada pelo ora recorrente não se distancia — ao contrário, aproxima-se — do que normalmente ocorre no tráfego bancário" (STJ-4ª T., REsp 1.013.976, Min. Luis Felipe, j. 17.5.12, DJ 29.5.12).

Art. 113: 6 a 8. Redação de acordo com a Lei 13.874, de 20.9.19.

Art. 114. Os negócios jurídicos benéficos[1] e a renúncia[2-2a] interpretam-se estritamente.[3] [Dispositivo correspondente no CC/1916: art. 1.090.]

Art. 114: 1. Negócios jurídicos benéficos ou gratuitos são aqueles que proporcionam vantagens a apenas uma das partes. Assim, nesses negócios, somente uma das partes fica onerada. É o que ocorre, p. ex., na remissão, na doação pura e simples, no depósito e mútuo gratuitos e na fiança.

S/ remissão, v. arts. 385 a 388; doação, v. arts. 538 a 564; depósito, v. arts. 627 a 652; mútuo, v. arts. 586 a 592; fiança, v. especialmente art. 819.

Art. 114: 2. s/ renúncia ao direito de usufruto e direito real de habitação, v. nota 2a ao art. 1.410.

Art. 114: 2a. "A interpretação estrita prevista no art. 114 do Código Civil pode identificar a renúncia, ainda que a comunicação de vontade não utilize esse vocábulo; a manifestação de vontade incompatível com o exercício do direito importa em renúncia. Requerendo que a permissão de transporte público, que lhe havia sido deferida, fosse assegurada 'tão somente' a outras permissionárias, a empresa autora renunciou de fato ao serviço que até então estava autorizada a prestar" (STJ-1ª T., REsp 1.264.112, Min. Ari Pargendler, j. 12.11.13, DJ 29.11.13).

Art. 114: 3. s/ interpretação da transação, v. art. 843.

Capítulo II | DA REPRESENTAÇÃO[1]

CAP. II: 1. "A técnica da representação e os novos princípios contratuais", por Gustavo Tepedino (RF 386/117); "Mandato, procuração e representação no novo Código Civil brasileiro", por Pablo Stolze Gagliano e Rodolfo Pamplona Filho (RJ-Lex 59/92, RMDCPC 50/22).

Art. 115. Os poderes de representação[1] conferem-se por lei ou pelo interessado. [Sem dispositivo correspondente no CC/1916.]

Art. 115: 1. s/ representação, v. tb., no índice, Administrador, Gerente, Mandato. V. ainda arts. 974 e 975 (representação do incapaz empresário); arts. 1.634-V e 1.690 (representação dos filhos menores); art. 1.747-I (representação dos menores tutelados).

Art. 116. A manifestação de vontade pelo representante, nos limites de seus poderes, produz efeitos em relação ao representado.[1] [Sem dispositivo correspondente no CC/1916.]

Art. 116: 1. Dolo do representante: v. art. 149. Confissão feita por representante: v. art. 213 § ún.

Art. 117. Salvo se o permitir a lei ou o representado, é anulável[1-1a] o negócio jurídico que o representante, no seu interesse ou por conta de outrem,[2] celebrar consigo mesmo.[3] [Sem dispositivo correspondente no CC/1916.]

Parágrafo único. Para esse efeito, tem-se como celebrado pelo representante o negócio realizado por aquele em quem os poderes houverem sido subestabelecidos. [Sem dispositivo correspondente no CC/1916.]

Art. 117: 1. no prazo de 2 anos a partir da conclusão do negócio (art. 179).

Art. 117: 1a. s/ a sanabilidade desse vício, v. arts. 172 e 176.

Art. 117: 2. **Súmula 60 do STJ:** "É nula a obrigação cambial assumida por procurador do mutuário vinculado ao mutuante, no exclusivo interesse deste" (v. jurisprudência s/ esta Súmula em RSTJ 44/17 a 79).

Art. 117: 3. "Considerações sobre a disciplina do negócio jurídico consigo mesmo no novo Código Civil brasileiro", por José Carlos Moreira Alves (Rev. AASP 98/7).

Art. 118. O representante é obrigado a provar às pessoas, com quem tratar em nome do representado, a sua qualidade e a extensão de seus poderes, sob pena de, não o fazendo, responder pelos atos que a estes excederem.[1] [Sem dispositivo correspondente no CC/1916.]

Art. 118: 1. s/ responsabilidade do comitente, v. art. 700.

Art. 119. É anulável o negócio concluído pelo representante em conflito de interesses com o representado, se tal fato era ou devia ser do conhecimento de quem com aquele tratou. [Sem dispositivo correspondente no CC/1916.]

Parágrafo único. É de cento e oitenta dias, a contar da conclusão do negócio ou da cessação da incapacidade, o prazo de decadência[1] para pleitear-se a anulação prevista neste artigo. [Sem dispositivo correspondente no CC/1916.]

Art. 119: 1. s/ decadência, v. arts. 207 a 211.

Art. 120. Os requisitos e os efeitos da representação legal são os estabelecidos nas normas respectivas; os da representação voluntária[1] são os da Parte Especial deste Código. [Sem dispositivo correspondente no CC/1916.]

Art. 120: 1. s/ representação voluntária, v. arts. 653 a 692 (mandato) e 1.172 a 1.176 (gerente).

Capítulo III | DA CONDIÇÃO, DO TERMO E DO ENCARGO[1]

✎ CAP. III: 1. "'Da condição do termo e do encargo' e 'dos defeitos do negócio jurídico' (vícios de consentimento): releitura à luz do direito obrigacional empresarial", por Luis Fernando Guerrero (RMDECC 20/74).

Art. 121. Considera-se condição a cláusula que, derivando exclusivamente da vontade das partes, subordina o efeito do negócio jurídico a evento futuro e incerto.[1] [Dispositivo correspondente no CC/1916: art. 114.]

Art. 121: 1. s/ condição em matéria de: promessa de recompensa, v. arts. 854 a 856; reconhecimento de filho, v. art. 1.613; aceitação ou renúncia de herança, v. art. 1.808-*caput*; nomeação de herdeiro ou legatário, v. arts. 1.897 e 1.900-I.

Art. 122. São lícitas, em geral, todas as condições não contrárias à lei, à ordem pública ou aos bons costumes; entre as condições defesas se incluem as que privarem de todo efeito o negócio jurídico, ou o sujeitarem ao puro arbítrio de uma das partes.[1 a 3] [Dispositivo correspondente no CC/1916: art. 115.]

Art. 122: 1. "Os contratos públicos da Administração têm características especialíssimas, exorbitantes das normas de Direito Comum, por estarem em jogo fins de interesse público, permitindo-se neles, portanto, a adoção de cláusulas ditas exorbitantes, decorrentes de normas especiais. Assim, à permissão de uso, instituto especial de Direito Administrativo, não se aplica o art. 115 do CC (art. 122 do CC/02), que veda condições contratuais que venham a privar de todo efeito o ato ou o sujeitem ao arbítrio de uma das partes. Legal, portanto, a cláusula de rescisão unilateral em proveito da Administração" (RT 651/60).

Art. 122: 1a. Cumpre distinguir as condições puramente potestativas, vedadas pelo direito, das meramente potestativas, que dependem de fator alheio à vontade da parte e, portanto, permitidas.

Art. 122: 2. Entendendo que não configura condição puramente potestativa o vencimento antecipado da dívida contraída pelo empregado junto à empresa na qual trabalha, em caso de aquele não mais pertencer ao quadro de funcionários desta, "porque o vínculo empregatício não é rompido por mero capricho do empregador, por livre arbítrio seu, podendo, ainda, ser desfeito por iniciativa do próprio empregado mutuário": RT 658/119.

Art. 122: 3. "Cláusula que proíbe o vendedor de explorar o mesmo ramo de atividade ou de revender a terceiros imóveis da empresa pelo prazo de dez anos; validade em face do que dispõe o art. 122 do CC" (STJ-3ª T., REsp 1.011.441, Min. Ari Pargendler, j. 12.8.08, DJ 19.12.08).

Art. 123. Invalidam os negócios jurídicos que lhes são subordinados: [Dispositivo correspondente no CC/1916: art. 116.]

I — as condições física ou juridicamente impossíveis,[1] quando suspensivas; [Dispositivo correspondente no CC/1916: art. 116.]

II — as condições ilícitas, ou de fazer coisa ilícita; [Sem dispositivo correspondente no CC/1916.]

III — as condições incompreensíveis ou contraditórias. [Sem dispositivo correspondente no CC/1916.]

Art. 123: 1. v. arts. 104-II, 106 e 124.

Art. 124. Têm-se por inexistentes as condições impossíveis, quando resolutivas, e as de não fazer coisa impossível. [Dispositivo correspondente no CC/1916: art. 116.]

Art. 125. Subordinando-se a eficácia do negócio jurídico à condição suspensiva, enquanto esta se não verificar, não se terá adquirido o direito, a que ele visa.[1] [Dispositivo correspondente no CC/1916: art. 118.]

Art. 125: 1. v. arts. 509 (venda feita a contento do comprador), 876 (recebimento antecipado de dívida condicional) e 1.923 (legado sob condição suspensiva).

Art. 126. Se alguém dispuser de uma coisa sob condição suspensiva, e, pendente esta, fizer quanto àquela novas disposições, estas não terão valor, realizada a condição, se com ela forem incompatíveis. [Dispositivo correspondente no CC/1916: art. 122.]

Art. 127. Se for resolutiva a condição, enquanto esta se não realizar, vigorará o negócio jurídico, podendo exercer-se desde a conclusão deste o direito por ele estabelecido.[1] [Dispositivo correspondente no CC/1916: art. 119-*caput*.]

Art. 127: 1. s/ cláusula resolutiva, v. art. 474; s/ propriedade resolúvel, v. arts. 1.359 e 1.360.

Art. 128. Sobrevindo a condição resolutiva, extingue-se, para todos os efeitos, o direito a que ela se opõe; mas, se aposta a um negócio de execução continuada ou periódica, a sua realização, salvo disposição em contrário, não tem eficácia quanto aos atos já praticados, desde que compatíveis com a natureza da condição pendente e conforme aos ditames de boa-fé. [Dispositivo correspondente no CC/1916: art. 119-*caput*.]

Art. 129. Reputa-se verificada, quanto aos efeitos jurídicos, a condição cujo implemento for maliciosamente obstado pela parte a quem desfavorecer, considerando-se, ao contrário, não verificada a condição maliciosamente levada a efeito por aquele a quem aproveita o seu implemento. [Dispositivo correspondente no CC/1916: art. 120.]

Art. 130. Ao titular do direito eventual, nos casos de condição suspensiva ou resolutiva, é permitido praticar os atos destinados a conservá-lo. [Dispositivo correspondente no CC/1916: art. 121.]

Art. 131. O termo inicial suspende o exercício, mas não a aquisição do direito.[1-2] [Dispositivo correspondente no CC/1916: art. 123.]

Art. 131: 1. O termo inicial apenas represa o exercício de direito já adquirido. Já a condição suspensiva posterga tanto a aquisição quanto o exercício do direito (art. 125).

Art. 131: 2. s/ termo em matéria de: direito de herdeiro, v. art. 1.898; legado, v. art. 1.924.

Art. 132. Salvo disposição legal ou convencional em contrário,[1] computam-se os prazos, excluído o dia do começo, e incluído o do vencimento. [Dispositivo correspondente no CC/1916: art. 125-*caput*.]

§ 1º Se o dia do vencimento cair em feriado,[2-3] considerar-se-á prorrogado o prazo até o seguinte dia útil. [Dispositivo correspondente no CC/1916: art. 125 § 1º.]

§ 2º Meado considera-se, em qualquer mês, o seu décimo quinto dia. [Dispositivo correspondente no CC/1916: art. 125 § 2º.]

§ 3º Os prazos de meses e anos expiram no dia de igual número do de início, ou no imediato, se faltar exata correspondência.[4] [Sem dispositivo correspondente no CC/1916.]

§ 4º Os prazos fixados por hora contar-se-ão de minuto a minuto. [Dispositivo correspondente no CC/1916: art. 125 § 4º.]

Art. 132: 1. Disposição especial em contrário: **LC 95, de 26.2.98, art. 8º: "§ 1º** (redação da LC 107, de 26.4.01) A contagem do prazo para entrada em vigor das leis que estabeleçam período de vacância far-se-á com a inclusão da data da publicação e do último dia do prazo, entrando em vigor no dia subsequente à sua consumação integral".

Art. 132: 2. São feriados nacionais os dias 1º de janeiro, 21 de abril, 1º de maio, 7 de setembro, 2 de novembro, 15 de novembro e 25 de dezembro (art. 1º da Lei 662, de 6.4.49, na redação da Lei 10.607, de 19.12.02); o dia 12 de outubro (Lei 6.802, de 30.6.80); e o dia em que se realizarem eleições de data fixada pela Constituição Federal (Lei 4.737, de 15.7.65, art. 380).

S/ feriados forenses, v. CPC 216.

Art. 132: 3. Lei 9.093, de 12.9.95 (Lex 1995/1.653, RT 719/576, RDA 201/378): **"Art. 1º** São feriados civis:

"I — os declarados em lei federal;

"II — a data magna do Estado fixada em lei estadual;

"III (acrescentado pela Lei 9.335, de 10.12.96, em Lex 1996/2.928, RT 734/799) — os dias do início e do término do ano do centenário de fundação do Município, fixados em lei municipal.

"Art. 2º São feriados religiosos os dias de guarda, declarados em lei municipal e em número não superior a quatro, neste incluída a Sexta-Feira da Paixão".

Art. 132: 4. p. ex.: no ano de 2006, o prazo de 1 mês iniciado no dia 30 de janeiro expirou no dia 1º de março, e o prazo de 2 meses expirou no dia 30 de março.

Art. 133. Nos testamentos, presume-se o prazo em favor do herdeiro, e, nos contratos, em proveito do devedor, salvo, quanto a esses, se do teor do instrumento, ou das circunstâncias, resultar que se estabeleceu a benefício do credor, ou de ambos os contratantes. [Dispositivo correspondente no CC/1916: art. 126.]

Art. 134. Os negócios jurídicos entre vivos, sem prazo,[1] são exequíveis desde logo,[2] salvo se a execução tiver de ser feita em lugar diverso ou depender de tempo. [Dispositivo correspondente no CC/1916: art. 127.]

Art. 134: 1. s/ contrato de mútuo sem prazo, v. art. 592.

Art. 134: 2. v. art. 331.

Art. 135. Ao termo inicial e final aplicam-se, no que couber, as disposições relativas à condição suspensiva e resolutiva.[1] [Dispositivo correspondente no CC/1916: art. 124.]

Art. 135: 1. v. arts. 123 a 131.

Art. 136. O encargo[1] não suspende a aquisição nem o exercício do direito, salvo quando expressamente imposto no negócio jurídico, pelo disponente, como condição suspensiva. [Dispositivo correspondente no CC/1916: art. 128.]

Art. 136: 1. s/ encargo em matéria de: doação, v. arts. 539 (aceitação), 540 (extensão), 553 (cumprimento), 555 (inexecução), 562 (revogação), 564-II (revogabilidade), 1.748-II (aceitação pelo tutor); legado, v. art. 1.938.

Art. 137. Considera-se não escrito o encargo ilícito ou impossível, salvo se constituir o motivo determinante da liberalidade, caso em que se invalida o negócio jurídico.[1] [Sem dispositivo correspondente no CC/1916.]

Art. 137: 1. cf. o art. 166-III.

Capítulo IV | DOS DEFEITOS DO NEGÓCIO JURÍDICO[1-2]

Seção I | DO ERRO OU IGNORÂNCIA[1]

CAP. IV: 1. v. art. 171.

✎ **CAP. IV: 2.** "Dos defeitos do negócio jurídico no novo Código Civil: fraude, estado de perigo e lesão", por Humberto Theodoro Jr. (RF 364/163).

SEÇ. I: 1. s/ vícios redibitórios, v. arts. 441 a 446; s/ erro na transação, v. art. 849; s/ erro no pagamento indevido, v. art. 877; s/ erro no casamento, v. arts. 1.556, 1.557, 1.559 e 1.560; s/ erro no testamento, v. art. 1.909; s/ erro na partilha, v. art. 2.027. V. tb. CPC 393 (anulação da confissão viciada) e 446-II (prova de vícios do consentimento por testemunha).

Art. 138. São anuláveis[1] os negócios jurídicos, quando as declarações de vontade emanarem de erro substancial[2] que poderia ser percebido por pessoa de diligência normal, em face das circunstâncias do negócio.[3 a 6]
[Dispositivo correspondente no CC/1916: art. 86.]

Art. 138: 1. Prazo para pleitear-se a anulação: art. 178-II (quatro anos).

Art. 138: 2. v. art. 139.

✎ **Art. 138: 3.** "Considerações em torno do art. 138 do Código Civil brasileiro", por Alberto Gosson Jorge Junior (RT 843/85 e RMDCPC 3/81).

Art. 138: 3a. No sentido de que o erro, além de essencial, deve ser escusável, "decorrente da falsa representação da realidade própria do homem mediano, perdoável, no mais das vezes, pelo desconhecimento natural das circunstâncias e particularidades do negócio jurídico. Vale dizer, para ser escusável o erro deve ser de tal monta que qualquer pessoa de inteligência mediana o cometeria. No caso, não é crível que o autor, instituição financeira de sólida posição no mercado, tenha descurado-se das cautelas ordinárias à celebração de negócio jurídico absolutamente corriqueiro, como a dação de imóvel rural em pagamento, substituindo dívidas contraídas e recebendo imóvel cuja área encontrava-se deslocada topograficamente daquela constante em sua matrícula. Em realidade, se houve vício de vontade, este constituiu erro grosseiro, incapaz de anular o negócio jurídico, porquanto revela culpa imperdoável do próprio autor, dadas as peculiaridades da atividade desenvolvida": STJ-4ª T., REsp 744.311, Min. Luis Felipe, j. 19.8.10, DJ 9.9.10.

Contra: "Na sistemática do art. 138, é irrelevante ser ou não escusável o erro, porque o dispositivo adota o princípio da confiança" **(Enunciado 12 do CEJ).**

Art. 138: 4. "Invalidade de negócio jurídico. Alegação de erro substancial e simulação. Autores que não comprovam a ocorrência de erro substancial na celebração de negócio cuja anulação pleiteiam. Coautor empresário experiente, com conhecimento das condições que cercavam o negócio realizado" (RT 928/872: TJSP, AP 0006918-90.2009.8.26.0297).

Art. 138: 5. "Anulação de negócio jurídico. Compra e venda de imóvel. Existência de usucapião em favor do adquirente. Ocorrência de erro essencial. É essencial o erro que, dada sua magnitude, tem o condão de impedir a celebração da avença, se dele tivesse conhecimento um dos contratantes, desde que relacionado à natureza do negócio, ao objeto principal da declaração de vontade, a qualidades essenciais do objeto ou pessoa. A usucapião é modo originário de aquisição da propriedade em razão da posse prolongada da coisa, preenchidos os demais requisitos legais, sendo que aqui, como visto, não se discute mais sobre o preenchimento desses requisitos para fins de prescrição aquisitiva, sendo matéria preclusa. De fato, preenchidos os requisitos da usucapião, há, de forma automática, o direito à transferência do domínio, não sendo a sentença requisito formal à aquisição da propriedade. No caso dos autos, não parece crível que uma pessoa faria negócio jurídico para fins de adquirir a propriedade de coisa que já é de seu domínio, porquanto o comprador já preenchia os requisitos da usucapião quando, induzido por corretores da imobiliária, ora recorrente e também proprietária, assinou contrato de promessa de compra e venda do imóvel que estava em sua posse *ad usucapionem*. Portanto, incide o brocardo *nemo plus iuris*, isto é, ninguém pode dispor de mais direitos do que possui" (STJ-4ª T., REsp 1.163.118, Min. Luis Felipe, j. 20.5.14, DJ 5.8.14).

Art. 138: 6. "Caracteriza-se a existência de erro substancial quanto ao objeto principal da declaração apto a invalidar o negócio jurídico na hipótese em que, renunciada a herança pelos demais herdeiros em favor da cônjuge sobrevivente — renúncia translativa ou cessão de direitos hereditários — descobre-se, posteriormente, a **existência de herdeiro de que não se tinha ciência** inequívoca no momento do ato de disposição" (STJ-3ª T., REsp 1.402.675, Min. Nancy Andrighi, j. 12.12.17, DJ 18.12.17).

Art. 139. O erro é substancial[1] quando: [Dispositivo correspondente no CC/1916: art. 87.]

I — interessa à natureza do negócio, ao objeto principal da declaração, ou a alguma das qualidades a ele essenciais; [Dispositivo correspondente no CC/1916: art. 87.]

II — concerne à identidade ou à qualidade essencial da pessoa a quem se refira a declaração de vontade, desde que tenha influído nesta de modo relevante; [Dispositivo correspondente no CC/1916: art. 88.]

III — sendo de direito e não implicando recusa à aplicação da lei, for o motivo único ou principal do negócio jurídico. [Sem dispositivo correspondente no CC/1916.]

Art. 139: 1. v. art. 138; s/ erro essencial no casamento, v. arts. 1.556, 1.557 e 1.559.

Art. 140. O falso motivo só vicia[1] a declaração de vontade quando expresso como razão determinante.[2] [Dispositivo correspondente no CC/1916: art. 90.]

Art. 140: 1. v. art. 171-II.

✎ **Art. 140: 2.** "O falso motivo como vício do negócio jurídico no novo Código Civil", por Carlos Henrique Barroso (RT 804/72).

Art. 141. A transmissão errônea da vontade por meios interpostos é anulável nos mesmos casos em que o é a declaração direta. [Dispositivo correspondente no CC/1916: art. 89.]

Art. 142. O erro de indicação da pessoa ou da coisa, a que se referir a declaração de vontade, não viciará o negócio quando, por seu contexto e pelas circunstâncias, se puder identificar a coisa ou pessoa cogitada.[1] [Dispositivo correspondente no CC/1916: art. 91.]

Art. 142: 1. v. arts. 112 e 1.903.

Art. 143. O erro de cálculo apenas autoriza a retificação da declaração de vontade. [Sem dispositivo correspondente no CC/1916.]

Art. 144. O erro não prejudica a validade do negócio jurídico quando a pessoa, a quem a manifestação de vontade se dirige, se oferecer para executá-la na conformidade da vontade real do manifestante.[1] [Sem dispositivo correspondente no CC/1916.]

Art. 144: 1. cf. art. 167-*caput*.

Seção II | DO DOLO[1]

✎ **SEÇ. II: 1.** "Os regimes do dolo civil no Direito brasileiro: dolo antecedente, vício informativo por omissão e por comissão, dolo acidental e dever de indenizar", por Judith Martins-Costa (RT 923/115).

Art. 145. São os negócios jurídicos anuláveis[1] por dolo,[2-3] quando este for a sua causa. [Dispositivo correspondente no CC/1916: art. 92.]

Art. 145: 1. Prazo para pleitear-se a anulação: quatro anos (art. 178-II).

Art. 145: 2. s/ dolo em matéria de: ocultação da idade pelo obrigado maior de 16 e menor de 18 anos, v. art. 180; evicção, v. art. 451; seguro, v. art. 762; transação, v. art. 849-*caput*; testamento, v. art. 1.909; partilha, v. art. 2.027. V.

tb. CPC 393 (anulação da confissão viciada), 446-II (prova de vícios do consentimento por testemunha) e 966-III (rescindibilidade da sentença resultante de dolo da parte vencedora).

Art. 145: 3. "Anulação de negócio jurídico. Compra e venda de imóvel. Existência de usucapião em favor do adquirente. Ocorrência de erro essencial. Induzimento malicioso. Dolo configurado. Verifica-se do cotejo dos autos uma linha tênue entre o dolo e o erro. Isso porque parece ter havido, também, um induzimento malicioso à prática de ato prejudicial ao autor com o propósito de obter uma declaração de vontade que não seria emitida se o declarante não tivesse sido ludibriado — dolo (CC/1916, art. 92). Portanto, ao que se depreende, seja pelo dolo comissivo de efetuar manobras para fins de obtenção de uma declaração de vontade, seja pelo dolo omissivo na ocultação de fato relevante — ocorrência da usucapião —, também por esse motivo, há de se anular o negócio jurídico em comento" (STJ-4ª T., REsp 1.163.118, Min. Luis Felipe, j. 20.5.14, DJ 5.8.14).

Código Civil

Art. 146. O dolo acidental só obriga à satisfação das perdas e danos,[1] e é acidental quando, a seu despeito, o negócio seria realizado, embora por outro modo. [Dispositivo correspondente no CC/1916: art. 93.]

Art. 146: 1. v. arts. 402 a 405.

Art. 147. Nos negócios jurídicos bilaterais, o silêncio intencional de uma das partes a respeito de fato ou qualidade que a outra parte haja ignorado, constitui omissão dolosa,[1] provando-se que sem ela o negócio não se teria celebrado. [Dispositivo correspondente no CC/1916: art. 94.]

Art. 147: 1. s/ omissão intencional em matéria de: vícios ou defeitos ocultos da coisa alienada, v. art. 443; seguro, v. arts. 766 (eventos influentes na aceitação da proposta ou na taxa do prêmio) e 773 (superação do risco objeto da cobertura).

Art. 148. Pode também ser anulado o negócio jurídico por dolo de terceiro,[1] se a parte a quem aproveite dele tivesse ou devesse ter conhecimento; em caso contrário, ainda que subsista o negócio jurídico, o terceiro responderá por todas as perdas e danos[2] da parte a quem ludibriou. [Dispositivo correspondente no CC/1916: art. 95.]

✎ **Art. 148: 1.** "A doutrina do terceiro cúmplice: autonomia da vontade, o princípio 'res inter alios acta', função social do contrato e a interferência alheia na execução dos negócios jurídicos", por Otavio Luiz Rodrigues Junior (RT 821/80).

Art. 148: 2. v. arts. 402 a 405.

Art. 149. O dolo do representante legal de uma das partes só obriga o representado a responder civilmente até a importância do proveito que teve; se, porém, o dolo for do representante convencional, o representado responderá solidariamente[1] com ele por perdas e danos. [Dispositivo correspondente no CC/1916: art. 96.]

Art. 149: 1. v. arts. 275 a 285.

Art. 150. Se ambas as partes procederem com dolo, nenhuma pode alegá-lo para anular o negócio, ou reclamar indenização.[1] [Dispositivo correspondente no CC/1916: art. 97.]

Art. 150: 1. Para que a parte se veja impedida de pedir a invalidação do negócio por dolo, basta que ela tenha agido com dolo acidental (art. 146), ainda que a conduta da outra parte tenha sido essencialmente dolosa.

Seção III | DA COAÇÃO

Art. 151. A coação,[1] para viciar a declaração da vontade,[2] há de ser tal que incuta ao paciente fundado temor de dano iminente e considerável à sua pessoa, à sua família, ou aos seus bens.[3] [Dispositivo correspondente no CC/1916: art. 98.]

Parágrafo único. Se disser respeito a pessoa não pertencente à família do paciente, o juiz, com base nas circunstâncias, decidirá se houve coação. [Sem dispositivo correspondente no CC/1916.]

Art. 151: 1. s/ coação em matéria de: transação, v. art. 849-*caput*; casamento, v. arts. 1.558 e 1.559; testamento, v. art. 1.909; partilha, v. art. 2.027. V. tb. CPC 393 (anulação da confissão viciada) e 446-II (prova de vícios do consentimento por testemunha).

Art. 151: 2. "A ameaça de exercício normal de um direito transmuda-se em coação quando a forma e as circunstâncias utilizadas pela parte para fazê-lo caracterizam excesso, abuso com o condão de influir no ânimo do contratante e dele retirar o livre arbítrio, a possibilidade de declarar a sua vontade com independência" (RT 760/392).

Art. 151: 3. Prazo para pleitear-se a anulação: quatro anos (art. 178-I).

Art. 152. No apreciar a coação, ter-se-ão em conta o sexo, a idade, a condição, a saúde, o temperamento do paciente e todas as demais circunstâncias que possam influir na gravidade dela. [Dispositivo correspondente no CC/1916: art. 99.]

Art. 153. Não se considera coação a ameaça do exercício normal de um direito, nem o simples temor reverencial. [Dispositivo correspondente no CC/1916: art. 100.]

Art. 154. Vicia o negócio jurídico a coação exercida por terceiro, se dela tivesse ou devesse ter conhecimento a parte a que aproveite, e esta responderá solidariamente[1] com aquele por perdas e danos.[2] [Dispositivo correspondente no CC/1916: art. 101-*caput* e § 1º.]

Art. 154: 1. v. arts. 275 a 285.

Art. 154: 2. v. arts. 402 a 405.

Art. 155. Subsistirá o negócio jurídico, se a coação decorrer de terceiro, sem que a parte a que aproveite dela tivesse ou devesse ter conhecimento; mas o autor da coação responderá por todas as perdas e danos[1] que houver causado ao coacto. [Dispositivo correspondente no CC/1916: art. 101 § 2º.]

Art. 155: 1. v. arts. 402 a 405.

Seção IV | DO ESTADO DE PERIGO

Art. 156. Configura-se o estado de perigo[1-1a] quando alguém, premido da necessidade de salvar-se, ou a pessoa de sua família, de grave dano conhecido pela outra parte, assume obrigação excessivamente onerosa.[2 a 5] [Sem dispositivo correspondente no CC/1916.]

Parágrafo único. Tratando-se de pessoa não pertencente à família do declarante, o juiz decidirá segundo as circunstâncias. [Sem dispositivo correspondente no CC/1916.]

Art. 156: 1. "O estado de perigo como defeito do negócio jurídico", por Teresa Ancona Lopez (Rev. AASP 68/49); "Estado de perigo", por Ricardo Loretti (RF 382/181); "Os negócios desequilibrados e sua invalidade. A lesão e o estado de perigo", por Gustavo Rene Nicolau (RIDCPC 42/7); "O estado de perigo no novo Código Civil", por Paulo José Leite Farias (RIDCPC 42/17); "Estado de perigo no Código Civil de 2002: notas críticas", por Rodrigo de Lima Vaz Sampaio (RT 918/117).

Art. 156: 1a. Enunciado 148 do CEJ: "Ao 'estado de perigo' (art. 156) aplica-se, por analogia, o disposto no § 2º do art. 157".

Art. 156: 2. Prazo para pleitear-se a anulação: quatro anos (art. 178-II).

Art. 156: 3. "Deve-se aceitar a aplicação do estado de perigo para contratos aleatórios, como o **seguro,** e até mesmo para negócios jurídicos unilaterais. O segurado e seus familiares que são levados a assinar aditivo contratual durante procedimento cirúrgico para que possam gozar de cobertura securitária ampliada precisam demonstrar a ocorrência de onerosidade excessiva para que possam anular o negócio jurídico. A onerosidade configura-se se o segurado foi levado a pagar valor excessivamente superior ao preço de mercado para apólice equivalente, se o prêmio é demasiado face às suas possibilidades econômicas, ou se sua apólice anterior já o assegurava contra o risco e a assinatura de novo contrato era desnecessária. É considerada abusiva, mesmo para contratos celebrados anteriormente à Lei 9.656/98, a recusa em conferir cobertura securitária, para indenizar o valor de próteses necessárias ao restabelecimento da saúde. Impõe-se condições negociais excessivamente onerosas quando o aderente é levado a pagar maior valor por cobertura securitária da qual já gozava, revelando-se desnecessária a assinatura de aditivo contratual" (STJ-RDPr 38/363: 3ª T., REsp 918.392).

Art. 156: 4. "O estado de perigo é vício de consentimento dual, que exige para a sua caracterização, a premência da pessoa em se salvar, ou a membro de sua família e, de outra banda, a ocorrência de obrigação excessivamente onerosa, aí incluída a imposição de serviços desnecessários, conscientemente fixada pela contraparte da relação negocial. O tão-só sacrifício patrimonial extremo de alguém, na busca de assegurar a sua sobrevida ou de algum familiar próximo, não caracteriza o estado de perigo, pois embora se reconheça que a conjuntura tenha premido a pessoa a se desfazer de seu patrimônio, a depauperação ocorrida foi conscientemente realizada, na busca pelo resguardo da própria integridade física, ou de familiar. Atividades empresariais voltadas especificamente para o atendimento de pessoas em condição de perigo iminente, como se dá com as emergências de **hospitais particulares,** não podem ser obrigadas a suportar o ônus financeiro do tratamento de todos que lá aportam em situação de risco à integridade física, ou mesmo à vida, pois esse é o público-alvo desses locais, e a atividade que desenvolvem com fins lucrativos é legítima, e detalhadamente regulamentada pelo Poder Público. Se o nosocômio não exigir, nessas circunstâncias, nenhuma paga exagerada, ou impor a utilização de serviços não necessários, ou mesmo garantias extralegais, mas se restringir a cobrar o justo e usual, pelos esforços realizados para a manutenção da vida, não há defeito no negócio jurídico que dê ensejo à sua anulação" (STJ-3ª T., REsp 1.680.448, Min. Nancy Andrighi, j. 22.8.17, DJ 29.8.17).

Todavia: "Não procede a cobrança de **despesas hospitalares** e de internação em unidade de terapia intensiva se o contrato de prestação de serviços foi firmado por pessoa abalada emocionalmente, uma vez que a manifestação de vontade ofertada por quem se encontra em estado de perigo não pode ser vinculada ao negócio jurídico" (RJM 181/186, maioria).

"O desequilíbrio latente na relação constituída em momento de grave angústia e fragilidade da parte devedora, em que se busca pronto-atendimento de emergência, caracteriza o elemento subjetivo exigido pelo art. 156 do CC, devendo-se verificar a existência de excessiva onerosidade, a fim de configurar o estado de necessidade. Imprescindível se oportunizar a dilação probatória às partes, a fim de demonstrar ou afastar o equilíbrio entre os valores executados e os serviços efetivamente prestados e, por conseguinte, reconhecer ou afastar o vício de consentimento alegado" (STJ-3ª T., REsp 1.361.937, Min. Nancy Andrighi, j. 15.10.13, DJ 18.10.13).

Art. 156: 5. "Carece de validade jurídica o recibo de quitação extrajudicial firmado pela genitora do **alimentado** que, desassistida de advogado e premida pelo estado de miserabilidade, aceita valor muito abaixo do que tem direito o filho, praticando verdadeira renúncia de crédito indisponível" (RJTJERGS 274/347: AP 70027002310).

Seção V | DA LESÃO[1]

SEÇ. V: 1. "A lesão como forma de abuso de direito", por Camila Lemos Azi (RT 826/38); "Os negócios desequilibrados e sua invalidade. A lesão e o estado de perigo", por Gustavo Rene Nicolau (RIDCPC 42/7); "Justiça contratual e o instituto da lesão no direito brasileiro", por Tiago Bitencourt de David (RT 913/85); "A lesão no Código Civil de 2002", por João Ricardo Brandão Aguirre (RT 918/95); "Lesão e 'dolo de aproveitamento no Código Civil'", por Ricardo Padovini Pleti (RDPr 50/93); "Tudo que vem fácil, vai fácil: breve análise do instituto da lesão no Código Civil brasileiro", por Helen Cristina Leite de Lima Orleans (RDPr 52/91).

Art. 157. Ocorre a lesão quando uma pessoa, sob premente necessidade, ou por inexperiência, se obriga a prestação manifestamente desproporcional[1] ao valor da prestação oposta.[1a a 1d] [Sem dispositivo correspondente no CC/1916.]

§ 1º Aprecia-se a desproporção das prestações segundo os valores vigentes ao tempo em que foi celebrado o negócio jurídico.[2] [Sem dispositivo correspondente no CC/1916.]

§ 2º Não se decretará a anulação[3-4] do negócio, se for oferecido suplemento suficiente, ou se a parte favorecida concordar com a redução do proveito. [Sem dispositivo correspondente no CC/1916.]

Art. 157: 1. v. tb. resolução por onerosidade excessiva (arts. 478 a 480). S/ a proteção do consumidor nessas circunstâncias, v. CDC 6º-V, 39-V e 51-IV.

Art. 157: 1a. **Enunciado 150 do CEJ:** "A lesão de que trata o art. 157 do Código Civil não exige dolo de aproveitamento". Isso é o que diferencia a lesão do estado de perigo, no qual é imprescindível o conhecimento do estado de fragilidade da contraparte.

Enunciado 290 do CEJ: "A lesão acarretará a anulação do negócio jurídico quando verificada, na formação deste, a desproporção manifesta entre as prestações assumidas pelas partes, não se presumindo a premente necessidade ou a inexperiência do lesado".

Art. 157: 1b. "Para a caracterização do vício de lesão, exige-se a presença simultânea de **elemento objetivo** — a desproporção das prestações — **e subjetivo** — a inexperiência ou a premente necessidade, que devem ser aferidos no caso concreto. Tratando-se de negócio jurídico bilateral celebrado de forma voluntária entre particulares, é imprescindível a comprovação dos elementos subjetivos, sendo inadmissível a presunção nesse sentido. O mero interesse econômico em resguardar o patrimônio investido em determinado negócio jurídico não configura premente necessidade para o fim do art. 157 do Código Civil. Na hipótese em apreço, a cláusula penal questionada foi proposta pelos próprios recorrentes, que não comprovaram a inexperiência ou premente necessidade, motivo pelo qual a pretensão de anulação configura comportamento contraditório, vedado pelo princípio da boa-fé objetiva" (STJ-3ª T., REsp 1.723.690, Min. Ricardo Cueva, j. 6.8.19, DJ 12.8.19).

Art. 157: 1c. "O art. 157 do CC/02 contempla a lesão, que se caracteriza quando uma pessoa, sob premente necessidade ou por inexperiência, obriga-se à prestação manifestamente desproporcional ao valor da prestação oposta. O referido instituto não se aplica à hipótese dos autos, de celebração de contrato de prestação de serviços advocatícios por sociedade anônima de grande porte. Além de não ter ficado configurada a urgência da contratação, não há de se cogitar da inexperiência dos representantes da empresa. Ademais, a fixação dos honorários foi estipulada de maneira clara e precisa, exigindo tão somente a realização de cálculos aritméticos, atividade corriqueira para empresários" (STJ-3ª T., REsp 1.117.137, Min. Nancy Andrighi, j. 17.6.10, DJ 30.6.10).

Art. 157: 1d. "Consubstancia lesão a desproporção existente entre as prestações de um contrato no momento da realização do negócio, havendo para uma das partes um aproveitamento indevido decorrente da situação de inferioridade da outra parte. O instituto da lesão é passível de reconhecimento também em contratos aleatórios, na hipótese em que, ao se valorarem os riscos, estes forem inexpressivos para uma das partes, em contraposição àqueles suportados pela outra, havendo exploração da situação de inferioridade de um contratante. Ocorre lesão na hipótese em que um advogado, valendo-se de situação de desespero da parte, firma contrato *quota litis* no qual fixa sua remuneração *ad exitum* em 50% do benefício econômico gerado pela causa. Recurso especial conhecido e provido, revisando-se a cláusula contratual que fixou os honorários advocatícios para o fim de reduzi-los ao patamar de 30% da condenação obtida" (STJ-3ª T., REsp 1.155.200, Min. Nancy Andrighi, j. 22.2.11, maioria, DJ 2.3.11).

V. tb., no nosso CPCLPV, EA 22, nota 3.

Art. 157: 2. "No particular, inexistindo circunstância geradora de onerosidade excessiva, o equilíbrio entre os encargos assumidos pelas partes deve ser analisado à luz da situação existente no momento da celebração do acordo e não *a posteriori*. É evidente que, depois de confirmada a improcedência dos pedidos formulados nas reclamações trabalhistas objeto da ação de cobrança ajuizada pela sociedade de advogados, pode considerar-se elevado o valor dos honorários, correspondente a um quarto da pretensão dos reclamantes. Todavia, deve-se ter em mente que, no ato da contratação, existia o risco de a recorrente ser condenada ao pagamento de todas as verbas pleiteadas, de sorte que a atuação da recorrida resultou, na realidade, numa economia para a recorrente de 75% do valor dessas verbas" (STJ-3ª T., REsp 1.117.137, Min. Nancy Andrighi, j. 17.6.10, DJ 30.6.10).

Art. 157: 3. Prazo para pleitear-se a anulação: quatro anos (art. 178-II).

Art. 157: 4. **Enunciado 149 do CEJ:** "Em atenção ao princípio da conservação dos contratos, a verificação da lesão deverá conduzir, sempre que possível, à revisão judicial do negócio jurídico e não à sua anulação, sendo dever do magistrado incitar os contratantes a seguir as regras do art. 157, § 2º, do Código Civil de 2002".

Enunciado 291 do CEJ: "Nas hipóteses de lesão previstas no art. 157 do Código Civil, pode o lesionado optar por não pleitear a anulação do negócio jurídico, deduzindo, desde logo, pretensão com vista à revisão judicial do negócio por meio da redução do proveito do lesionador ou do complemento do preço".

Seção VI | DA FRAUDE CONTRA CREDORES[1 a 4]

SEÇ. VI: 1. **Súmula 195 do STJ:** "Em embargos de terceiro não se anula ato jurídico, por fraude contra credores".

Na fraude contra credores há necessidade de ação para o seu reconhecimento (ação pauliana), ao contrário do que ocorre na fraude de execução (CPC 792), em que o ato é ineficaz e não produz efeito em relação ao credor.

SEÇ. VI: 2. **CTN 185:** "Presume-se fraudulenta a alienação ou oneração de bens ou rendas, ou seu começo, por sujeito passivo em débito para com a Fazenda Pública, por crédito tributário regularmente inscrito como dívida ativa".

SEÇ. VI: 3. v. art. 956.

SEÇ. VI: 4. "Fraude contra credores: efeitos da sentença na ação pauliana", por José Eli Salamacha (RP 135/75).

Art. 158. Os negócios de transmissão gratuita de bens ou remissão de dívida, se os praticar o devedor já insolvente, ou por eles reduzido à insolvência, ainda quando o ignore, poderão ser anulados[1-1a] pelos credores quirografários,[2] como lesivos dos seus direitos. [Dispositivo correspondente no CC/1916: art. 106-*caput*.]

§ 1º Igual direito assiste aos credores cuja garantia se tornar insuficiente.[3] [Sem dispositivo correspondente no CC/1916.]

§ 2º Só os credores que já o eram ao tempo daqueles atos podem pleitear a anulação deles.[4 a 5] [Dispositivo correspondente no CC/1916: art. 106 § ún.]

Art. 158: 1. s/ prazo para o pleito de anulação, v. art. 178-II; s/ anulação e terceiro de boa-fé, v. art. 182, nota 3.

Art. 158: 1a. "A fraude contra credores, proclamada em ação pauliana, não acarreta a anulação do ato de alienação, mas, sim, a invalidade com relação ao credor vencedor da ação pauliana, e nos limites do débito de devedor para com este" (STJ-3ª T., REsp 971 884, Min. Sidnei Beneti, j. 22.3.11, DJ 16.2.12).

Art. 158: 2. i. e., sem privilégio; s/ credor quirografário, v. arts. 162 e 163.

Art. 158: 3. Enunciado 151 do CEJ: "O ajuizamento da ação pauliana pelo credor com garantia real (art. 158, § 1º) prescinde de prévio reconhecimento judicial da insuficiência da garantia".

Art. 158: 4. Enunciado 292 do CEJ: "Para os efeitos do art. 158, § 2º, a anterioridade do crédito é determinada pela causa que lhe dá origem, independentemente de seu reconhecimento por decisão judicial".

Art. 158: 4a. "A afirmação da ocorrência de fraude contra credores depende, para além da prova de *consilium fraudis* e de *eventus damni*, da anterioridade do crédito em relação ao ato impugnado. É com o registro da promessa de compra e venda no Cartório de Registro de Imóveis que o direito do promissário comprador alcança terceiros estranhos à relação contratual originária. A promessa de compra e venda não registrada e desacompanhada de qualquer outro elemento que possa evidenciar a alienação do imóvel não afasta a anterioridade do crédito" (STJ-3ª T., REsp 1.217.593, Min. Nancy Andrighi, j. 12.3.13, DJ 18.3.13).

Art. 158: 5. "A interpretação literal do art. 106, parágrafo único, do CC/16, conservada pelo art. 158, § 2º, do CC/02, já não se mostra suficiente à frustração da fraude à execução. O intelecto ardiloso é criativo e, através dos tempos, encontra meios de contornar a caracterização da fraude no desfalque de patrimônio para livrá-lo dos credores. Um desses expedientes é o desfazimento antecipado de bens, já antevendo, num futuro próximo, o surgimento de dívidas, com vistas a afastar o requisito da anterioridade do crédito, como condição da ação pauliana. Nesse contexto, deve-se aplicar com temperamento a regra do art. 106, parágrafo único, do CC/16. Embora a anterioridade do crédito seja, via de regra, pressuposto de procedência da ação pauliana, ela pode ser excepcionada quando verificada a fraude predeterminada em detrimento de credores futuros" (STJ-RMDCPC 33/107: 3ª T., Med. Caut. 16.170). Esse entendimento foi reafirmado no julgamento do correlato recurso especial (STJ-RDDP 95/142: 3ª T., REsp 1.092.134).

Art. 159. Serão igualmente anuláveis[1-2] os contratos onerosos do devedor insolvente, quando a insolvência for notória, ou houver motivo para ser conhecida do outro contratante. [Dispositivo correspondente no CC/1916: art. 107.]

Art. 159: 1. Prazo para pleitear-se a anulação: quatro anos (art. 178-II).

Art. 159: 2. "O **termo inicial do prazo decadencial** de quatro anos para propositura da ação pauliana é o da data do registro do título aquisitivo no Cartório Imobiliário, ocasião em que o ato registrado passa a ter validade contra terceiros" (STJ-3ª T., REsp 743.890-AgRg, Min. Nancy Andrighi, j. 20.9.05, DJU 3.10.05).

Art. 160. Se o adquirente dos bens do devedor insolvente ainda não tiver pago o preço e este for, aproximadamente, o corrente, desobrigar-se-á depositando-o em juízo,[1] com a citação de todos os interessados. [Dispositivo correspondente no CC/1916: art. 108.]

Parágrafo único. Se inferior, o adquirente, para conservar os bens, poderá depositar o preço que lhes corresponda ao valor real. [Sem dispositivo correspondente no CC/1916.]

Art. 160: 1. ou em estabelecimento bancário (v. art. 334).

Consignação em pagamento: arts. 334 a 345, CPC 539 e segs.

Art. 161. A ação, nos casos dos arts. 158 e 159, poderá ser intentada contra o devedor insolvente, a pessoa que com ele celebrou a estipulação considerada fraudulenta, ou terceiros adquirentes que hajam procedido de má-fé. [Dispositivo correspondente no CC/1916: art. 109.]

Art. 162. O credor quirografário, que receber do devedor insolvente o pagamento da dívida ainda não vencida, ficará obrigado a repor, em proveito do acervo sobre que se tenha de efetuar o concurso de credores, aquilo que recebeu. [Dispositivo correspondente no CC/1916: art. 110.]

Art. 163. Presumem-se fraudatórias dos direitos dos outros credores as garantias de dívidas que o devedor insolvente tiver dado a algum credor.[1] [Dispositivo correspondente no CC/1916: art. 111.]

Art. 163: 1. v. arts. 165 § ún. e 1.419.

Art. 164. Presumem-se, porém, de boa-fé e valem os negócios ordinários indispensáveis à manutenção de estabelecimento mercantil, rural, ou industrial, ou à subsistência do devedor e de sua família. [Dispositivo correspondente no CC/1916: art. 112.]

Art. 165. Anulados os negócios fraudulentos,[1] a vantagem resultante reverterá em proveito do acervo sobre que se tenha de efetuar o concurso de credores. [Dispositivo correspondente no CC/1916: art. 113-*caput*.]

Parágrafo único. Se esses negócios tinham por único objeto atribuir direitos preferenciais, mediante hipoteca, penhor ou anticrese, sua invalidade importará somente na anulação da preferência ajustada.[2] [Dispositivo correspondente no CC/1916: art. 113 § ún.]

Art. 165: 1. s/ anulação e terceiro de boa-fé, v. art. 182, nota 3.

Art. 165: 2. v. art. 184.

Capítulo V | DA INVALIDADE DO NEGÓCIO JURÍDICO[1-2]

✎ **CAP. V: 1.** "O novo Código Civil e os vícios de consentimento no negócio jurídico", por Leonardo Henrique Mundim Moraes Oliveira (RJ 298/59); "A invalidade dos atos administrativos, especialmente diante da Lei n. 9.784/99 e do novo Código Civil", por Cesar Santolim (Ajuris 92/163); "Invalidade e ineficiência do negócio jurídico", por José Carlos Barbosa Moreira (RJ 311/7 e RSDCPC 23/118).

CAP. V: 2. Disposição transitória s/ invalidade do negócio jurídico: art. 2.035.

Art. 166. É nulo o negócio jurídico quando:[1] [Dispositivo correspondente no CC/1916: art. 145-*caput*.]

I — celebrado por pessoa absolutamente incapaz;[2] [Dispositivo correspondente no CC/1916: art. 145-I.]

II — for ilícito,[2a a 3] impossível[3a] ou indeterminável o seu objeto; [Dispositivo correspondente no CC/1916: art. 145-II.]

III — o motivo determinante, comum a ambas as partes, for ilícito; [Sem dispositivo correspondente no CC/1916.]

IV — não revestir a forma prescrita em lei;[4] [Dispositivo correspondente no CC/1916: art. 145-III.]

V — for preterida alguma solenidade que a lei considere essencial para a sua validade;[4a] [Dispositivo correspondente no CC/1916: art. 145-IV.]

VI — tiver por objetivo fraudar lei imperativa; [Sem dispositivo correspondente no CC/1916.]

VII — a lei taxativamente o declarar nulo,[5-5a] ou proibir-lhe a prática, sem cominar sanção. [Dispositivo correspondente no CC/1916: art. 145-V.]

Art. 166: 1. s/ validade dos negócios jurídicos, v. arts. 104 a 110 e 123; s/ efeitos da invalidação do negócio jurídico, v. art. 182; s/ validade dos negócios jurídicos e direito intertemporal, v. art. 2.035. S/ nulidade em matéria de: decadência, v. art. 209; compra e venda, v. arts. 489 e 497; doação, v. arts. 548 e 549; seguro, v. arts. 762 e 795; constituição de renda, v. art. 808; transação, v. arts. 848 e 850; título ao portador, v. art. 907; transferência de propriedade móvel, v. art. 1.268 § 2º; s/ penhor, anticrese ou hipoteca, v. art. 1.428; casamento religioso, v. art. 1.516 § 3º; casamento, v. arts. 1.548 e 1.549; pacto antenupcial, v. art. 1.653; testamento, v. arts. 1.802, 1.860, 1.861 e 1.900.

Art. 166: 2. Absolutamente incapaz: art. 3º.

Art. 166: 2a. "É nulo de pleno direito o contrato verbal de empréstimo celebrado pelas partes, por afrontar preceito legal cogente, em que as mesmas estavam em conluio para a prática de um crime, qual seja, o ingresso clandestino e ilegal em país estrangeiro, tendo em vista a ilicitude e a impossibilidade do seu objeto. A ilicitude do objeto torna nulo de pleno direito o negócio celebrado pelas partes, atingindo-o desde o seu nascedouro e tornando-o inapto a gerar efeitos jurídicos entre os contraentes" (RJM 190/161: AP 1.0686.07.191085-1/001).

Art. 166: 2b. "Embora não haja qualquer vício no objeto propriamente dito do negócio jurídico em questão (cessão das cotas sociais da empresa Servport), a operação realizada para esse fim revela-se manifestamente ilícita **(falsificação da assinatura de um dos sócios),** tornando o negócio celebrado nulo de pleno direito, sendo, portanto, inapto a produzir qualquer efeito jurídico entre as partes. A teor do disposto nos arts. 168, parágrafo único, e 169, ambos do Código Civil, a nulidade absoluta do negócio jurídico gera, como consequência, a insuscetibilidade de convalidação, não sendo permitido nem mesmo ao juiz suprimir o vício, ainda que haja expresso requerimento das partes. Ademais, a manutenção do arquivamento de negócio jurídico perante a Junta Comercial, cuja assinatura de um dos declarantes é sabidamente falsa, ofende, ainda, o princípio da verdade real, o qual norteia o sistema dos registros públicos. Se as partes tinham interesse em manter a transferência das cotas da empresa Servport, deveriam renovar (repetir) o negócio jurídico, sem a falsificação da assinatura de quaisquer dos envolvidos, ocasião em que os efeitos seriam válidos a partir de então, isto é, a alteração do quadro societário somente se daria no momento do novo negócio jurídico, o que, contudo, não ocorreu na espécie" (STJ-3ª T., REsp 1.368.960, Min. Marco Bellizze, j. 7.6.16, DJ 10.6.16).

Art. 166: 3. "Constitui requisito de validade do negócio jurídico o objeto lícito. A **ocupação de bem público,** embora dela possam surgir interesses tuteláveis, é precária. É nulo de pleno direito o negócio jurídico representado por instrumento particular de cessão de direitos referentes a bem imóvel situado em loteamento irregular compreendido em área de domínio público" (STJ-4ª T., REsp 1.025.552, Min. Isabel Gallotti, j. 4.4.17, maioria, DJ 23.5.17).

Art. 166: 3a. condição impossível: arts. 123 e 124.

Art. 166: 4. s/ escritura pública, v. arts. 108 e 109.

Art. 166: 4a. v. art. 1.634, nota 7.

Art. 166: 5. As obrigações nulas não são suscetíveis de novação (art. 367) nem de fiança (art. 824).

Art. 166: 5a. v. nota 1.

Art. 167. É nulo o negócio jurídico simulado, mas subsistirá o que se dissimulou, se válido for na substância e na forma.[1 a 3b] [Sem dispositivo correspondente no CC/1916.]

§ 1º Haverá simulação nos negócios jurídicos quando:[4] [Dispositivo correspondente no CC/1916: art. 102-*caput*.]

I — aparentarem conferir ou transmitir direitos a pessoas diversas daquelas às quais realmente se conferem, ou transmitem; [Dispositivo correspondente no CC/1916: art. 102-I.]

II — contiverem declaração, confissão, condição ou cláusula não verdadeira; [Dispositivo correspondente no CC/1916: art. 102-II.]

III — os instrumentos particulares forem antedatados, ou pós-datados. [Dispositivo correspondente no CC/1916: art. 102-III.]

§ 2º Ressalvam-se os direitos de terceiros de boa-fé em face dos contraentes do negócio jurídico simulado. [Sem dispositivo correspondente no CC/1916.]

✎ Art. 167: 1. "Simulação no novo Código Civil", por José Martinho Nunes Coelho (RT 805/741 e RJTAMG 88-89/33); "Teoria da simulação de atos e negócios jurídicos", por Heleno Taveira Tôrres (RT 849/11); "Negócio jurídico simulado (notas ao art. 167 do Código Civil)", por Leonardo Mattietto (RJ 349/93).

Art. 167: 2. **Enunciado 152 do CEJ:** "Toda simulação, inclusive a inocente, é invalidante".

Enunciado 153 do CEJ: "Na simulação relativa, o negócio simulado (aparente) é nulo, mas o dissimulado será válido se não ofender a lei nem causar prejuízos a terceiros".

Enunciado 293 do CEJ: "Na simulação relativa, o aproveitamento do negócio jurídico dissimulado não decorre tão somente do afastamento do negócio jurídico simulado, mas do necessário preenchimento de todos os requisitos substanciais e formais de validade daquele".

Enunciado 294 do CEJ: "Sendo a simulação uma causa de nulidade do negócio jurídico, pode ser alegada por uma das partes contra a outra". V. tb. nota 3a.

Art. 167: 3. "O instituto da simulação, entendido em sentido largo, comporta **duas espécies: a absoluta e a relativa.** Na primeira, a própria essência do negócio jurídico é simulada, de modo que na ação deve-se anulá-lo (conforme o CC/16) ou declará-lo nulo (conforme o CC/02) de maneira integral, com o retorno das partes ao *status quo ante*. Na segunda, também chamada dissimulação, o que ocorre é que as partes declararam praticar um negócio jurídico, mas na verdade tinham a intenção de praticar outro. Nessas situações, não é necessário requerer que seja restabelecido o estado anterior, bastando que o autor da ação requeira a conversão do negócio jurídico, de modo que ele corresponda precisamente à intenção das partes" (STJ-3ª T., REsp 918.643, Min. Nancy Andrighi, j. 26.4.11, maioria, DJ 13.5.11).

Art. 167: 3a. "O novo Código Civil não mais contém a distinção entre a simulação inocente e a fraudulenta, nem a proibição de que **uma parte contratante alegue,** em sua defesa, **contra a outra,** a existência de simulação. É possível que um dos contratantes, com base na existência de simulação, requeira, em face do outro, a anulação judicial do contrato simulado de parceria pecuária, que encobre mútuo com juros usurários" (STJ-RDPr 29/353: 3ª T., REsp 441.903). Também afirmando a possibilidade de que um dos contratantes invoque a invalidade do negócio em face do outro: RSTJ 139/351 (4ª T., REsp 196.319).

V. tb. nota 2 (Enunciado 294 do CEJ).

Art. 167: 3b. "O **endosso do título transmitiu** o vício que o inquinava, inclusive a **possibilidade de declarar nulo** o negócio simulado. No caso, não se cogita da vedação de opor exceções pessoais relativas ao emitente do título e ao endossante, mas, ao contrário, de vício na emissão do título, que o acompanha desde o nascedouro e não se convola com endossos sucessivos" (STJ-3ª T., REsp 1.501.640, Min. Moura Ribeiro, j. 27.11.18, DJ 7.12.18).

Art. 167: 4. "Casal que simulou um contrato de compra e venda, tendo como vendedor o marido e como compradora a esposa. Regime de separação obrigatória de bens. Falecimento do cônjuge varão três meses após a venda. Ação de anulação proposta pelos herdeiros. Impõe-se a reforma da sentença de improcedência. Comprovado, nos autos, que não houve o pagamento do preço. 'Preço vil', equivalente a um quarto do valor venal do bem. Caracterizada a simulação, dissimulando uma doação, com o objetivo de burlar o regime matrimonial, em prejuízo dos herdeiros" (JTJ 323/301: AP 355.487.4/0-00).

"Há simulação quando, com intuito de ludibriar terceiros, o negócio jurídico é celebrado para garantir direitos a pessoas diversas daquelas às quais realmente se conferem ou transmitem. O patrimônio do casal beligerante foi transferido pelo varão a seus irmãos, por preço fictício, pouco antes da separação de corpos do ex-casal, tendo retornado ao então titular logo após a sentença de separação judicial e do julgamento do recurso de apelação pelo tribunal de origem" (STJ-3ª T., REsp 1.195.615, Min. Ricardo Cueva, j. 21.10.14, DJ 29.10.14).

Art. 168. As nulidades dos artigos antecedentes podem ser alegadas por qualquer interessado, ou pelo Ministério Público, quando lhe couber intervir.[1-1a] [Dispositivo correspondente no CC/1916: art. 146-*caput*.]

Parágrafo único. As nulidades devem ser pronunciadas[2-3] pelo juiz, quando conhecer do negócio jurídico ou dos seus efeitos e as encontrar provadas, não lhe sendo permitido supri-las, ainda que a requerimento das partes.[4] [Dispositivo correspondente no CC/1916: art. 146 § ún.]

Art. 168: 1. Em matéria de casamento, v. art. 1.549.

Art. 168: 1a. v. art. 167, notas 2 (Enunciado 294 do CEJ), 3a e 3b.

Art. 168: 2. de ofício.

"Se o juiz deve conhecer de ofício a nulidade absoluta, sendo a simulação causa de nulidade do negócio jurídico, sua alegação prescinde de ação própria" (STJ-1ª T., REsp 1.582 388, Min. Napoleão Maia Filho, j. 3.12.19, DJ 9.12.19).

Art. 168: 3. "As nulidades decorrentes de simulação podem ser suscitadas por qualquer interessado, assim entendido como aquele que mantenha frente ao responsável pelo ato nulo uma relação jurídica ou uma situação jurídica que venha a sofrer uma lesão ou ameaça de lesão em virtude do ato questionado" (STJ-3ª T., REsp 1.424.617, Min. Nancy Andrighi, j. 6.5.14, DJ 16.6.14).

Art. 168: 4. v. LRP 214.

Art. 169. O negócio jurídico nulo não é suscetível de confirmação, nem convalesce pelo decurso do tempo.[1 a 2] [Sem dispositivo correspondente no CC/1916.]

Art. 169: 1. v. art. 166, nota 2b.

Art. 169: 1a. "Os atos nulos não prescrevem, podendo a sua nulidade ser declarada a qualquer tempo" (STJ-3ª T., REsp 1.353.864, Min. Sidnei Beneti, j. 7.3.13, DJ 12.3.13). No mesmo sentido: STJ-4ª T., Ag em REsp 249.743-AgRg, Min. Luis Felipe, j. 3.6.14, DJ 13.6.14.

Art. 169: 2. "O negócio jurídico nulo não se convalesce com a passagem do tempo e nem é suscetível de confirmação pelas partes. Porém, isso não impede que, depois de removido o óbice que gerou a nulidade do negócio, as partes renovem o ato antes nulo, inclusive com efeitos retroativos, sem os vícios que antes inquinavam o contrato. Tal conclusão se extrai da mesma lógica de direito intertemporal segundo a principiologia do *tempus regit actum*. É dizer, se é verdade que o direito futuro não convalida ato jurídico nulo praticado no passado, também é certo que o direito pretérito e já superado não invalida ato praticado no futuro, muito menos tem a força de impedir a prática de ato disciplinado por um novo cenário normativo. Assim, não mais existindo o óbice legal que antes invalidava o ato, as partes contratantes podem renovar o negócio jurídico outrora nulo sem incorrer nos mesmos vícios e, em razão da autonomia da vontade, manifesta ou tácita, fazer retroagir os efeitos da renovação à origem da relação negocial" (STJ-4ª T., REsp 1.273.955, Min. Luis Felipe, j. 24.4.14, DJ 15.8.14).

Art. 170. Se, porém, o negócio jurídico nulo contiver os requisitos de outro,[1] subsistirá este quando o fim a que visavam as partes permitir supor que o teriam querido, se houvessem previsto a nulidade.[2-3] [Sem dispositivo correspondente no CC/1916.]

Art. 170: 1. **Enunciado 13 do CEJ:** "O aspecto objetivo da convenção requer a existência do suporte fático no negócio a converter-se".

✎ Art. 170: 2. "Conversão substancial do contrato", por Káren Rick Danilevicz Bertoncello (Ajuris 101/167); "Conversão substancial do negócio jurídico", por Eduardo Luiz Bussata (RDPr 26/146); "A conversão substancial do negócio jurídico anulável (análise da aplicação do instituto na seara do direito contratual brasileiro)", por Euzébio Henzel Antunes (RSDCPC 88/116).

Art. 170: 3. "O contrato de doação é, por essência, solene, exigindo a lei, sob pena de nulidade, que seja celebrado por escritura pública ou instrumento particular, salvo quando tiver por objeto bens móveis e de pequeno valor. A despeito da inexistência de formalidade essencial, o que, *a priori*, ensejaria a invalidação da suposta doação, certo é que houve a efetiva tradição de bem móvel fungível (dinheiro), da recorrente a sua filha, o que produziu, à época, efeitos na esfera patrimonial de ambas e agora está a produzir efeitos hereditários. Em situações como essa, o art. 170 do CC/02 autoriza a conversão do negócio jurídico, a fim de que sejam aproveitados os seus elementos prestantes, considerando que as partes, ao celebrá-lo, têm em vista os efeitos jurídicos do ato, independentemente da qualificação que o Direito lhe dá (princípio da conservação dos atos jurídicos). Na hipótese, sendo nulo o negócio jurídico de doação, o mais consentâneo é que se lhe converta em um contrato de mútuo gratuito, de fins não econômicos, porquanto é incontroverso o efetivo empréstimo do bem fungível, por prazo indeterminado, e, de algum modo, a intenção da beneficiária de restituí-lo. Em sendo o negócio jurídico convertido em contrato de mútuo, tem a recorrente, com o falecimento da filha, legitimidade ativa e interesse de agir para cobrar a dívida do espólio, a fim de ter restituída a coisa emprestada" (STJ-3ª T., REsp 1.225.861, Min. Nancy Andrighi, j. 22.4.14, maioria, DJ 26.5.14).

Art. 171. Além dos casos[1] expressamente declarados na lei, é anulável[1a] o negócio jurídico: [Dispositivo correspondente no CC/1916: art. 147-*caput*.]

Código Civil

I — por incapacidade relativa do agente;[2-3] [Dispositivo correspondente no CC/1916: art. 147-I.]

II — por vício[4-5] resultante de erro, dolo, coação, estado de perigo, lesão ou fraude contra credores. [Dispositivo correspondente no CC/1916: art. 147-II.]

Art. 171: 1. Prazo para pleitear a anulação quando não houver disposição legal a respeito: dois anos (art. 179).

Art. 171: 1a. s/ efeitos da anulação, v. art. 182. S/ anulabilidade em matéria de: representação, v. arts. 117 e 119; compra e venda, v. art. 496; troca, v. art. 533-II; transação, v. art. 849; casamento, v. art. 1.550; falta de autorização do cônjuge para a prática de ato, v. art. 1.649.

Art. 171: 2. Relativamente incapaz: art. 4º.

Art. 171: 3. Prazo para pleitear-se a anulação: quatro anos (art. 178-III).

✎ Art. 171: 4. "O falso motivo como vício do negócio jurídico no novo Código Civil", por Carlos Henrique Barroso (RF 366/17).

Art. 171: 5. Erro (arts. 138 a 144); dolo (arts. 145 a 150); coação (arts. 151 a 155); estado de perigo (art. 156); lesão (art. 157); fraude contra credores (arts. 158 a 165).

Art. 172. O negócio anulável pode ser confirmado pelas partes,[1] salvo direito de terceiro. [Dispositivo correspondente no CC/1916: art. 148.]

Art. 172: 1. Ao contrário do negócio nulo, cf. art. 169.

Art. 173. O ato de confirmação deve conter a substância do negócio celebrado e a vontade expressa de mantê-lo. [Dispositivo correspondente no CC/1916: art. 149.]

Art. 174. É escusada a confirmação expressa, quando o negócio já foi cumprido em parte pelo devedor, ciente do vício que o inquinava. [Dispositivo correspondente no CC/1916: art. 150.]

Art. 175. A confirmação expressa, ou a execução voluntária de negócio anulável, nos termos dos arts. 172 a 174, importa a extinção de todas as ações, ou exceções, de que contra ele dispusesse o devedor. [Dispositivo correspondente no CC/1916: art. 151.]

Art. 176. Quando a anulabilidade do ato resultar da falta de autorização[1] de terceiro, será validado se este a der posteriormente. [Sem dispositivo correspondente no CC/1916.]

Art. 176: 1. v. art. 220 (prova da autorização). Para casos em que se exige autorização, v. nota 1 ao art. 220.

Art. 177. A anulabilidade não tem efeito antes de julgada por sentença, nem se pronuncia de ofício;[1] só os interessados a podem alegar,[1a] e aproveita exclusivamente aos que a alegarem, salvo o caso de solidariedade[2] ou indivisibilidade.[3] [Dispositivo correspondente no CC/1916: art. 152-*caput*.]

Art. 177: 1. Ao contrário da nulidade, cf. art. 168 § ún.

Art. 177: 1a. Já a nulidade pode ser também alegada pelo Ministério Público, quando lhe couber intervir, cf. art. 168-*caput*.

Art. 177: 2. v. arts. 264 a 285.

Art. 177: 3. v. arts. 87, 88 e 257 a 263.

Art. 178. É de quatro anos o prazo de decadência para pleitear-se a anulação do negócio jurídico, contado:[1 a 1c] [Dispositivo correspondente no CC/1916: art. 178 § 9º-V.]

I — no caso de coação, do dia em que ela cessar; [Dispositivo correspondente no CC/1916: art. 178 § 9º-V-*a*.]

II — no de erro, dolo, fraude contra credores, estado de perigo ou lesão, do dia em que se realizou o negócio jurídico;[2 a 2c] [Dispositivo correspondente no CC/1916: art. 178 § 9º-V-*b*.]

III — no de atos de[3] incapazes, do dia em que cessar a incapacidade. [Dispositivo correspondente no CC/1916 art. 178 § 9º-V-*c*.]

Art. 178: 1. Decadência (arts. 207 a 211); coação (arts. 151 a 155); erro (arts. 138 a 144); dolo (arts. 145 a 150); fraude contra credores (arts. 158 a 165); estado de perigo (art. 156); lesão (art. 157); incapacidade relativa (art. 4º).

Art. 178: 1a. "A citação extemporânea de litisconsorte necessário unitário, após decorrido o prazo de quatro anos para a propositura da ação que visa à desconstituição de negócio jurídico realizado com fraude a credores, não enseja a decadência do direito do credor. O direito potestativo, por sua própria natureza, considera-se exercido no momento do ajuizamento da ação, quando então cessa o curso do prazo de decadência em relação a todos os partícipes do ato fraudulento" (STJ-3ª T., REsp 750.135, Min. Paulo Sanseverino, j. 12.4.11, DJ 28.4.11).

Art. 178: 1b. "É de quatro anos o prazo de decadência para anular **partilha de bens em dissolução de união estável,** por vício de consentimento (coação), nos termos do art. 178 do Código Civil. Não houve alterações de ordem jurídico-normativa, com o advento do Código Civil de 2002, a justificar alteração da consolidada jurisprudência dos tribunais superiores, com base no Código Civil de 1916, segundo a qual a anulação da partilha ou do acordo homologado judicialmente na separação consensual regulava-se pelo prazo prescricional previsto no art. 178, § 9º, inciso V, e não aquele de um ano preconizado pelo art. 178, § 6º, V, do mesmo diploma. É inadequada a exegese extensiva de uma exceção à regra geral — arts. 2.027 do CC e 1.029 do CPC/73, ambos inseridos, respectivamente, no Livro 'Do Direito das Sucessões' e no capítulo intitulado 'Do Inventário e Da Partilha' — por meio da analogia, quando o próprio ordenamento jurídico prevê normativo que se amolda à tipicidade do caso (CC, art. 178). Pela interpretação sistemática, verifica-se que a própria topografia dos dispositivos remonta ao entendimento de que o prazo decadencial ânuo deve se limitar à seara do sistema do direito das sucessões, submetida aos requisitos de validade e princípios específicos que o norteiam, tratando-se de opção do legislador a definição de escorreito prazo de caducidade para as relações de herança" (STJ-4ª T., REsp 1.621.610, Min. Luis Felipe, j. 7.2.17, DJ 20.3.17).

Art. 178: 1c. "Ajuizamento de ação pauliana, em 2004, mais de oito anos após a realização de negócios jurídicos alegadamente realizados em fraude contra credores nos anos de 1995 e 1996. Anterior ajuizamento de ação monitória, em 1995, para cobrança de crédito constante de confissão de dívida inadimplida. A citação para ação monitória não impede a consumação do prazo de decadência para o ajuizamento da ação pauliana, buscando a anulação de negócios jurídicos prejudiciais aos credores" (STJ-3ª T., REsp 1.354.639, Min. Paulo Sanseverino, j. 12.11.13, DJ 13.2.14).

Art. 178: 2. "Termo inicial do prazo para a propositura de ação anulatória. Dia da celebração do contrato ou da prática do ato, **e não a data da ciência do erro ou dolo** ou a data em que a parte experimentou o prejuízo" (STJ-3ª T., Ag em REsp 917.437-AgInt, Min. Paulo Sanseverino, j. 21.3.17, DJ 30.3.17).

Art. 178: 2a. "O termo inicial do prazo decadencial de quatro anos para a propositura da ação de anulação por vício de negócio jurídico de **bens imóveis** é a data do registro do ato ou contrato no cartório imobiliário, momento em que tal medida gera efeitos *erga omnes* e, consequentemente, validade contra terceiros" (STJ-3ª T., REsp 1.205.147-AgRg, Min. João Otávio, j. 7.8.14, DJ 20.8.14). No mesmo sentido: STJ-4ª T., REsp 710.810, Min. João Otávio, j. 19.2.08, DJ 10.3.08.

Mas: "Ação declaratória. Nulidade de doação. Imóvel. Vício de consentimento. Prazo decadencial. Termo inicial. Antes do registro imobiliário, que lhe dá publicidade *erga omnes*, o negócio jurídico envolvendo bens imóveis só tem eficácia entre as partes que o celebraram, não fluindo contra os terceiros, que dele não têm conhecimento inequívoco, o prazo decadencial para anulação. A decadência é causa extintiva de direito pelo seu não exercício no prazo estipulado pela lei, cujo termo inicial deve coincidir com o conhecimento do fato gerador do direito a ser pleiteado. Não é razoável invocar a ausência de 'conhecimento inequívoco do ato', pelo próprio donatário do bem, diante da ausência de registro do contrato e aferição pelo Tabelião da regularidade do empreendimento onde se encontrava o lote doado. O prazo decadencial para anulação da doação na hipótese, portanto, é de quatro anos, contados do dia em que se realizou o negócio jurídico, nos termos do que expressamente dispõe o art. 178, II, do Código Civil" (STJ-3ª T., REsp 1.418.435, Min. Nancy Andrighi, j. 18.3.14, DJ 26.3.14).

Art. 178: 2b. "O ajuizamento de ação anulatória de arrematação de imóvel em hasta pública submete-se ao prazo decadencial de 4 (quatro) anos — previsto no art. 178, § 9º, V, 'b', do CC/16, com correspondência no art. 178, II, do CC/02 —, contado a partir da data de **expedição da carta de arrematação"** (STJ-3ª T., REsp 1.655.729, Min. Nancy Andrighi, j. 16.5.17, DJ 26.5.17).

Esse acórdão foi confirmado nos subsequentes embargos de divergência: "Se a ação anulatória só tem cabimento após expedida a carta de arrematação, o termo inicial para a contagem do prazo decadencial para a propositura desse tipo de demanda deve ser a data de expedição da carta" (STJ-Corte Especial, ED no REsp 1.655.729, Min. Maria Thereza, j. 21.2.18, DJ 28.2.18).

Art. 178: 2c. "Ação de nulidade de ato registral. **Venda 'a non domino'. Não** há falar na **incidência do prazo quadrienal** previsto no art. 178, § 9º, inciso V, 'b', do CC/16, voltado à anulação de contratos com base em vícios do consentimento, quando sequer consentimento houve por parte dos autores, que foram surpreendidos pela venda 'a non domino' do seu imóvel. Escritura de compra e venda realizada com base em procuração na qual constam nomes incorretos do casal proprietário, troca de numeração de documentos pessoais, utilização de número de identidade de outro Estado" (STJ-3ª T., REsp 1.748.504, Min. Paulo Sanseverino, j. 14.5.19, DJ 21.5.19).

Art. 178: 3. relativamente.

Art. 179. Quando a lei dispuser que determinado ato é anulável, sem estabelecer prazo[1-2] para pleitear-se a anulação, será este de dois anos, a contar da data da conclusão do ato. [Sem dispositivo correspondente no CC/1916.]

Art. 179: 1. O prazo para a anulação da partilha da herança é de um ano (art. 2.027 § ún.). Já o prazo para a anulação do negócio concluído pelo representante em conflito de interesses com o representado é de 180 dias, contados da conclusão do negócio ou da cessação da incapacidade (art. 119 § ún.).

Art. 179: 2. Em consequência, é de dois anos o prazo para pleitear-se a anulação de venda (art. 496-*caput*) ou troca (art. 533-II) entre ascendentes e descendentes. Outros casos: art. 117 (negócio jurídico celebrado por representante consigo mesmo); art. 1.550-V (casamento realizado por mandatário, sem ciência da revogação do mandato) e VI (casamento celebrado por autoridade incompetente).

Art. 180. O menor, entre dezesseis e dezoito anos, não pode, para eximir-se de uma obrigação, invocar a sua idade se dolosamente[1] a ocultou quando inquirido pela outra parte, ou se, no ato de obrigar-se, declarou-se maior.[2] [Dispositivo correspondente no CC/1916: art. 155.]

Art. 180: 1. s/ dolo, v. arts. 145 a 150.

Art. 180: 2. s/ mútuo feito a pessoa menor, v. arts. 588 e 589-V.

Art. 181. Ninguém pode reclamar o que, por uma obrigação anulada, pagou a um[1] incapaz,[2] se não provar que reverteu em proveito dele a importância paga. [Dispositivo correspondente no CC/1916: art. 157.]

Art. 181: 1. relativamente

Art. 181: 2. s/ mútuo feito a pessoa menor, v. arts. 588 e 589-IV.

Art. 182. Anulado o negócio jurídico, restituir-se-ão as partes ao estado em que antes dele se achavam, e, não sendo possível restituí-las, serão indenizadas com o equivalente.[1 a 4] [Dispositivo correspondente no CC/1916: art. 158.]

Art. 182: 1. s/ efeitos da anulação do negócio fraudulento, v. art. 165.

✎ Art. 182: 1a. "Tutela constitutiva e volta ao estado anterior", por Carlos Alberto Alvaro de Oliveira (RP 224/65).

Art. 182: 2. "Constatado que o retorno à situação fática anterior é inviável, não resta ao julgador que declarou nulo negócio jurídico outro caminho que não a determinação da resolução mediante recompensa monetária, nos termos do art. 182, do Código Civil, que também se aplica à nulidade absoluta" (STJ-3ª T., REsp 1.353.864, Min. Sidnei Beneti, j. 7.3.13, DJ 12.3.13).

Art. 182: 3. "Ação pauliana. Sucessivas alienações de imóveis que pertenciam aos devedores. Anulação de compra de imóvel por terceiros de boa-fé. Impossibilidade. Limitação da procedência aos que agiram de má-fé, que deverão indenizar o credor pela quantia equivalente ao fraudulento desfalque do patrimônio do devedor" (STJ-4ª T., REsp 1.100.525, Min. Luis Felipe, j. 16.4.13, RP 222/350).

"Tendo havido sucessivos negócios fraudulentos, cabe resguardar os interesses dos terceiros de boa-fé e condenar tão somente os réus que agiram de má-fé, em prejuízo do autor, a indenizar-lhe pelo valor equivalente ao do bem transmitido em fraude contra o credor" (STJ-3ª T., REsp 1.145.542, Min. Sidnei Beneti, j. 11.3.14, DJ 19.3.14).

Art. 182: 4. "O art. 182 do CC preconiza que, sempre que possível, a anulação de negócio jurídico deverá implicar o retorno das partes ao *status quo ante*. Não obstante, o art. 1.214 do mesmo diploma legal consubstancia uma exceção à regra estabelecida pelo artigo anterior, de modo que, considerando-se que os embargados foram possuidores de boa-fé durante todo o período em que vigorou o contrato, é medida de justiça a percepção dos frutos dos imóveis, nestes incluídos os lucros cessantes e demais valores recebidos em decorrência do negócio jurídico ora invalidado" (STJ-4ª T., REsp 1.188.442-EDcl, Min. Luis Felipe, j. 15.8.13, DJ 27.8.13).

Art. 183. A invalidade do instrumento[1] não induz a do negócio jurídico sempre que este puder provar-se[2] por outro meio. [Dispositivo correspondente no CC/1916: art. 152 § ún.]

Art. 183: 1. v. arts. 104-III e 166-IV. Em matéria de direitos reais imóveis, v. art. 108.

Art. 183: 2. v. arts. 212 e 221.

CPC 406: "Quando a lei exigir instrumento público como da substância do ato, nenhuma outra prova, por mais especial que seja, pode suprir-lhe a falta".

Art. 184. Respeitada a intenção das partes, a invalidade parcial de um negócio jurídico não o prejudicará na parte válida, se esta for separável;[1 a 1c] a invalidade da obrigação principal implica a das obrigações acessórias, mas a destas não induz a da obrigação principal.[2] [Dispositivo correspondente no CC/1916: art. 153.]

Art. 184: 1. *Utile per inutile non vitiatur.*

Art. 184: 1a. Em matéria de relação de consumo, v. CDC 51 § 2º.

Art. 184: 1b. Essas ideias não se aplicam em matéria de transação (art. 848-*caput*).

Art. 184: 1c. "Nos termos do art. 184 do CC/02, a nulidade parcial do contrato não alcança a parte válida, desde que essa possa subsistir autonomamente. Haverá nulidade parcial sempre que o vício invalidante não atingir o núcleo do negócio jurídico. Ficando demonstrado que o negócio tem caráter unitário, que as partes só teriam celebrado se válido fosse em seu conjunto, sem possibilidade de divisão ou fracionamento, não se pode cogitar de redução, e a invalidade é total. O princípio da conservação do negócio jurídico não deve afetar sua causa ensejadora, interferindo na vontade das partes quanto à própria existência da transação" (STJ-3ª T., REsp 981.750, Min. Nancy Andrighi, j. 13.4.10, DJ 23.4.10).

Art. 184: 2. v. art. 92. Em matéria de: negócios fraudulentos, v. art. 165 § ún.; testamento, v. art. 1.910.

Título II | DOS ATOS JURÍDICOS LÍCITOS

Art. 185. Aos atos jurídicos lícitos, que não sejam negócios jurídicos, aplicam-se, no que couber, as disposições do Título anterior.[1] [Sem dispositivo correspondente no CC/1916.]

Art. 185: 1. i. e., dos arts. 104 a 184.

Título III | DOS ATOS[1] ILÍCITOS[2]

TÍT. III: 1. "Ato e atividade", por Rosa Maria de Andrade Nery (RDPr 22/9).

TÍT. III: 2. **"Art. 398.** Nas obrigações provenientes de ato ilícito, considera-se o devedor em mora, desde que o praticou".

Art. 186. Aquele que, por ação ou omissão voluntária, negligência ou imprudência, violar direito e causar dano a outrem, ainda que exclusivamente moral,[1 a 8a] comete ato ilícito.[9] [Dispositivo correspondente no CC/1916: art. 159.]

Art. 186: 1. "A fixação do dano moral e a pena", por Fernando M. H. Moreira e Atalá Correia (RF 365/367); "O princípio da reparabilidade dos danos morais: análise de direito comparado em um corte horizontal e vertical no estudo dos ordenamentos jurídicos", por Flávia de Almeida Viveiros de Castro (RDPr 15/189); "Reparar os danos morais pelos meios morais", por Ademir Buitoni (RDPr 16/37); "A evolução do conceito de dano moral", por André Gustavo C. de Andrade (Ajuris 92/111 e RF 375/3); "Dano moral contra a pessoa jurídica", por Luís Alberto Thompson Flores Lenz (Just. 178/79); "O dano moral e sua reparação", por Humberto Theodoro Jr. (RF 351/83); "Pessoa jurídica: dano moral", por Fernando Vasconcelos (RT 781/111); "Danos morais e direitos da personalidade", por Paulo Luiz Netto Lôbo (RJ 284/5); "Algumas considerações sobre o dano estético e seus efeitos como dano moral ou dano patrimonial", por Vanise Röhrig Monte (Ajuris 79/248); "Os danos à pessoa no direito brasileiro e a natureza da sua reparação", por Judith Martins-Costa (RT 789/21); "Dano estético", por Sérgio Rston (RIASP, ano 5, 9/95); "Paradoxo axiológico da indenização do dano moral e possíveis soluções da nova legislação", por Roberto José Ludwig (Ajuris 86/275); "Dano moral e direito de família. O perigo de monetizar as relações familiares", por Sérgio Gischkow Pereira (Ajuris 85/350); "A quantificação dos danos morais pelo Superior Tribunal de Justiça", por José Roberto Ferreira Gouvêa e Vanderlei Arcanjo da Silva (RJ 323/31 e RSDCPC 37/147); "Os danos à pessoa, corporais (biológicos) e anímicos (ou morais em sentido estrito), e suas relações com os danos patrimoniais e extrapatrimoniais", por Fernando Noronha (RDPr 22/83); "Dano moral em caso de descumprimento de obrigação contratual", por André Gustavo Corrêa de Andrade (RF 379/17); "Usos e abusos da função punitiva (*punitive damages* e o direito brasileiro)", por Judith Martins-Costa e Mariana Souza Pargendler (Ajuris 100/229); "A transmissibilidade do direito de indenização do dano moral", por André Gustavo Corrêa de Andrade (RF 381/25); "Dano moral: valoração do *quantum* e razoabilidade objetiva", por Caio Rogério da Costa Brandão (RDPr 25/73); "O acionamento de alarme antifurto como fato corriqueiro nas relações de consumo", por Rafael Caselli Pereira (RJ 348/67); "Responsabilidade civil por dano moral ambiental", por José Augusto Delgado (IP 36/13); "Teoria do risco desautorizando a indenização por danos morais nos casos de ruptura de noivado e das relações matrimoniais", por Luciano Chaves de Farias (RBDFS 1/5); "Nova proposta de classificação do dano no direito civil", por Bruno Oliveira Maggi (RDPr 32/32); "O imoral nas indenizações por dano moral", por J. J. Calmon de Passos (RMDCPC 26/47); "Cirurgia plástica estética: natureza da obrigação do cirurgião", por Joana Graeff-Martins (RDPr 37/105); "Assédio moral na empresa e responsabilidade civil do empregador", por Grasiele Augusta Ferreira Nascimento e Maria Aparecida Alkimin (RDPr 39/182); "Dano moral: conceito, função, valoração", por Maria Celina Bodin de Moraes (RF 413/361); "Pessoas jurídicas e direitos da personalidade: pessoa jurídica pode sofrer dano extrapatrimonial?", por Carla Wainer Chalréo Lgow (RDPr 51/115); "Violação de direitos da propriedade industrial e o dano moral", por Ênio Santarelli Zuliani (RMDECC 48/5); "A torre de Babel das novas adjetivações do dano", por Rodolfo Pamplona Filho e Luiz Carlos Vilas Boas Andrade Júnior (RMDCPC 59/15, RJ-Lex 67/11); "Dano existencial", por Teresa Ancona Lopez (RDPr 57/287).

Art. 186: 1a. s/ danos à honra ou à imagem, v. art. 20; s/ dano moral causado por má-fé do alienante da coisa com vícios ou efeitos ocultos, v. art. 443, nota 2; s/ indenização por dano moral e imposto de renda, v. art. 944, nota 3 (Súmula 498 do STJ); s/ correção monetária da indenização por dano moral, v. LCM 1º, nota 3 (Súmula 362 do STJ).

S/ prova do dano moral, v., no CPCLPV, CPC 374, nota 4.

Art. 186: 2. Súmula 37 do STJ: "São cumuláveis as indenizações por dano material e dano moral oriundos do mesmo fato".

Súmula 227 do STJ: "A pessoa jurídica pode sofrer dano moral". "Todavia, diversamente do que se dá com a pessoa física, as hipóteses em que a pessoa jurídica pode sofrer dano moral são bem mais restritas, já que ela não possui 'sentimentos' passíveis de serem abalados" (JTJ 366/221: AP 57949-80.2003.8.26.0000).

"Para a pessoa jurídica, o dano moral é fenômeno distinto daquele relacionado à pessoa natural. Não se aceita, assim, o dano moral em si mesmo, isto é, como uma decorrência intrínseca à existência de ato ilícito. Necessidade de demonstração do prejuízo extrapatrimonial" (STJ-3ª T., REsp 1.497.313, Min. Nancy Andrighi, j. 7.2.17, DJ 10.2.17).

"Ação de indenização. Transferência de valores de conta corrente. Hacker. Pessoa jurídica. Danos morais subjetivos. Não cabimento. A pessoa jurídica somente poderá ser indenizada por dano moral quando violada sua honra objetiva" (STJ-4ª T., Ag em REsp 149.523-AgRg, Min. Isabel Gallotti, j. 6.2.14, DJ 14.2.14).

"Ação indenizatória por dano moral ajuizada por município contra o particular. Impossibilidade. Direitos fundamentais. Pessoa jurídica de direito público. Reconhecimento limitado" (STJ-4ª T., REsp 1.258.389, Min. Luis Felipe, j. 17.12.13, DJ 15.4.14).

Mas: "Nos casos de protesto indevido de título ou inscrição irregular em cadastros de inadimplentes, o dano moral se configura *in re ipsa*, isto é, prescinde de prova, ainda que a prejudicada seja pessoa jurídica" (STJ-3ª T., REsp 1.059.663, Min. Nancy Andrighi, j. 2.12.08, DJ 17.12.08). No mesmo sentido: STJ-4ª T., Ag em REsp 1.132.603-AgInt, Min. Luis Felipe, j. 27.2.18, DJ 5.3.18.

"Lesões extrapatrimoniais causadas por agentes do Estado ao INSS. Prejuízos insuscetíveis de apreciação econômica e de extensão incalculável. Indenização. Cabimento" (STJ-2ª T., REsp 1.722.423, Min. Herman Benjamin, j. 20.2.20, DJ 18.12.20).

V. art. 52 e notas.

Enunciado 189 do CEJ: "Na responsabilidade civil por dano moral causado à pessoa jurídica, o fato lesivo, como dano eventual, deve ser devidamente demonstrado"

Súmula 281 do STJ: "A indenização por dano moral não está sujeita à tarifação prevista na Lei de Imprensa". **Nota:** A Lei de Imprensa foi declarada inconstitucional (STF-RT 895/119: Pleno, ADPF 130, maioria).

Súmula 370 do STJ: "Caracteriza dano moral a apresentação antecipada de cheque pré-datado".

"A súmula 370/STJ goza de presunção relativa, ou seja, para caracterização do dano moral, imprescindível que, de fato, a apresentação antecipada de cheque pós-datado ocasione algum prejuízo ao emitente do título de crédito. Em que pese o entendimento de os danos morais prescindirem da prova, em razão do seu caráter *in re ipsa*, trata-se de presunção relativa, que não pode prevalecer ante à existência de elementos nos autos que evidenciem que o ato inquinado de ilícito não causou os prejuízos alegados' (STJ-4ª T., Ag em REsp 287.762-AgRg, Min. Marco Buzzi, j. 21.6.16, DJ 27.6.16).

Assim, apenas produz abalo moral indenizável a apresentação de cheque pré-datado que produz danos efetivos (STJ-3ª T., REsp 505.999, Min. Menezes Direito, j. 18.9.03, DJU 17.11.03; RJM 192/262: AP 1.0319.03.014765-0/001). É o que acontece, p. ex., no caso de devolução por insuficiência de fundos do cheque pré-datado apresentado antecipadamente (STJ-3ª T., REsp 557.505, Min. Menezes Direito, j. 4.5.04, DJU 21.6.04).

Ainda, ponderando que, "sem que haja consequência efetiva, o cheque descontado antecipadamente representa ruptura de acordo comercial", sem produzir danos morais: JTJ 330/291 (AP 1.053.828-0/7).

"O contrato confere validade à obrigação entre as partes da relação jurídica original, não vinculando ou criando obrigações para terceiros estranhos ao pacto. Por isso, a avença da pós-datação extracartular, embora não tenha eficácia, traz consequências jurídicas apenas para os contraentes. Com efeito, em não havendo ilicitude no ato do réu, e não constando na data de emissão do cheque a pactuação, tendo em vista o princípio da relatividade dos efeitos contratuais e os princípios inerentes aos títulos de crédito, não devem os danos ocasionados em decorrência da apresentação antecipada do cheque ser compensados pelo réu, que não tem legitimidade passiva por ser terceiro de boa-fé, mas sim pelo contraente que não observou a alegada data convencionada para apresentação da cártula" (STJ-4ª T., REsp 884.346, Min. Luis Felipe, j. 6.10.11, DJ 4.11.11).

"Ação de regresso. Cheque pós-datado. Endosso. Terceiro. Desconto antes da data combinada. A relação jurídica subjacente a emissão do cheque não pode ser oponível ao endossatário que se presume terceiro de boa-fé, ao tomar a cártula por meio do endosso, ressalvada a possibilidade de confirmação da má-fé por parte deste" (STJ-3ª T., REsp 1.169.414, Min. Sidnei Beneti, j. 4.10.11, DJ 13.10.11).

V. tb. LCh 32, nota 3.

Súmula 387 do STJ: "É lícita a cumulação das indenizações de dano estético e dano moral". V. nota 2b.

Súmula 388 do STJ: "A simples devolução indevida de cheque caracteriza dano moral".

Assim, se havia dinheiro em conta e o cheque é devolvido por suposta e equivocada falta de fundos, há dano moral (STJ-4ª T., REsp 296.929, Min. Ruy Rosado, j. 22.3.01, DJU 7.5.01; STJ-3ª T., REsp 434.518, Min. Castro Filho, j. 26.6.03, DJU 12.8.03; Bol. AASP 2.390/3.255). No mesmo sentido, em caso no qual o banco devolve indevidamente o cheque por ter deixado de creditar quantia anteriormente depositada na conta do correntista ou permitido saques ilícitos dessa conta: RF 395/455. JTJ 314/210 (AP 7.040.925-1).

"É devida pela instituição financeira indenização por danos morais em decorrência de devolução de cheque por insuficiência de fundos quando, na realidade, essa devolução deveria ter se dado por divergência de assinatura" (STJ-4ª T., AI 1.136.573-AgRg, Min. João Otávio, j. 6.4.10, DJ 19.4.10).

"Cheque. Prazo de apresentação. Devolução de cheque prescrito por falta de fundos. Motivo indevido. Inscrição em cadastro de inadimplentes. Dano moral configurado. A devolução por motivo indevido ganhou publicidade com a inclusão do nome do consumidor no Cadastro de Emitentes de Cheques sem Fundo — CCF, gerando direito à indenização por danos morais" (STJ-3ª T., REsp 1.297.353, Min. Sidnei Beneti, j. 16.10.12, DJ 19.10.12).

Súmula 624 do STJ: "É possível cumular a indenização do dano moral com a reparação econômica da Lei n. 10.559/2002 (Lei da Anistia Política)".

Súmula 642 do STJ: "O direito à indenização por danos morais transmite-se com o falecimento do titular, possuindo os **herdeiros** da vítima **legitimidade** ativa para ajuizar ou prosseguir a ação indenizatória".

Art. 186: 2a. Para que se imponha o dever de indenizar o dano moral:

— não é necessário que também tenha havido dano material (RSTJ 106/227);

— não é necessária a prática de crime, bastando a verificação da ocorrência do dano pela atuação do réu (STJ-RF 358/237).

Ainda: "Mero receio ou dissabor não pode ser alçado ao patamar do dano moral, mas somente aquela agressão que exacerba a naturalidade dos fatos da vida, causando fundadas aflições ou angústias" (RSTJ 150/382).

Enunciado 159 do CEJ: "O dano moral, assim compreendido todo o dano extrapatrimonial, não se caracteriza quando há mero aborrecimento inerente a prejuízo material".

Art. 186: 2b. O **dano estético** consiste em aleijão ou deformidade do corpo humano. De acordo com a jurisprudência, "os danos estéticos devem ser indenizados independentemente do ressarcimento dos danos morais, sempre que tiverem causa autônoma" (STJ-3ª T., REsp 251.719, Min. Ari Pargendler, j. 25.10.05, DJU 2.5.06). No mesmo sentido: STJ-4ª T., REsp 457.312, Min. Ruy Rosado, j. 19.11.02, DJU 16.12.02.

"É cabível a cumulação dos danos morais com danos estéticos quando, ainda que decorrentes do mesmo fato, são passíveis de identificação em separado" (STJ-4ª T., REsp 816.568, Min. João Otávio, j. 12.2.08, DJU 25.2.08). No mesmo sentido: STJ-1ª T., REsp 910.794, Min. Denise Arruda, j. 21.10.08, DJ 4.12.08.

"Desde que a origem não seja a mesma, é possível a cumulação de pedidos de indenizações por danos morais e estéticos" (RT 873/331: TJSC, AP 2005.023085-9).

Admitindo a indenização, separadamente, dos danos morais e dos danos estéticos oriundos do mesmo fato: STJ-3ª T., REsp 899.869, Min. Gomes de Barros, j. 13.2.07, DJU 26.3.07.

"Entende-se configurado também o dano estético da vítima, além do já arbitrado dano moral, na medida em que, em virtude de queda de trem da companhia recorrida, que trafegava de portas abertas, ficou ela acometida de 'tetraparesia espástica', a qual consiste em lesão medular incompleta, com perda parcial dos movimentos e atrofia dos membros superiores e inferiores. Portanto, entende-se caracterizada deformidade física em seus membros, capaz de ensejar também prejuízo de ordem estética" (STJ-4ª T., REsp 812.506, Min. Raul Araújo, j. 19.4.12, DJ 27.4.12).

Admitindo a cumulação das indenizações por danos estéticos e morais: RT 889/257 (TJSP, AP 417.906.4/5-00).

V. **Súmula 387 do STJ,** na nota 2.

Contra: "O dano moral e o dano estético não se cumulam, porque ou o dano estético importa em dano material ou está compreendido no dano moral" (ETAB, 9ª conclusão, unânime).

S/ caracterização do dano estético, v. art. 949, nota 1a.

Art. 186: 2c. "É devida, no caso, aos genitores e irmãos da vítima, indenização por **dano moral por ricochete** ou *préjudice d'affection*, eis que, ligados à vítima por laços afetivos, próximos e comprovadamente atingidos pela repercussão dos efeitos do evento danoso na esfera pessoal" (STJ-3ª T., REsp 876.448, Min. Sidnei Beneti, j. 17.6.10, DJ 21.9.10). Também reconhecendo a legitimidade *ad causam* dos irmãos nessas circunstâncias: STJ-4ª T., REsp 1.734.536, Min. Luis Felipe, j. 6.8.19, DJ 24.9.19.

"Resultando para os pais, de quem sofreu graves lesões, consideráveis padecimentos morais, têm direito a reparação. Isso não se exclui em razão de o ofendido também pleitear indenização a esse título" (STJ-3ª T., REsp 122.573, Min. Eduardo Ribeiro, j. 23.6.98, DJ 18.12.98).

Afirmando a legitimidade dos avós para postular indenização fundada em dano moral por ricochete: STJ-4ª T., REsp 1.734.536, Min. Luis Felipe, j. 6.8.19, maioria, DJ 24.9.19.

"Não obstante a compensação por dano moral ser devida, em regra, apenas ao próprio ofendido, tanto a doutrina quanto a jurisprudência têm admitido a possibilidade dos parentes do ofendido e a esse ligados afetivamente, postularem, conjuntamente com a vítima, compensação pelo prejuízo experimentado, conquanto sejam atingidos de forma indireta pelo ato lesivo. Trata-se de hipótese de **danos morais reflexos,** ou seja, embora o ato tenha sido praticado diretamente contra determinada pessoa, seus efeitos acabam por atingir, indiretamente, a integridade moral de terceiros. É o chamado dano moral por ricochete, cuja reparação constitui direito personalíssimo e autônomo dos referidos autores. No caso em apreço, não pairam dúvidas de que a esposa e o filho foram moralmente abalados com o acidente que vitimou seu esposo e pai, atualmente sobrevivendo em estado vegetativo, preso em uma cama, devendo se alimentar por sonda, respirando por traqueostomia e em estado permanente de tetraplegia, sendo que a esposa jamais poderá dividir com o marido as vicissitudes da vida cotidiana de seu filho, ou a relação marital que se esvazia, ou ainda, o filho que não será levado pelo pai ao colégio, ao jogo de futebol, ou até mesmo a colar as figurinhas da Copa do Mundo" (STJ-1ª T., REsp 1.212.322-AgRg, Min. Napoleão Maia Filho, j. 3.6.14, DJ 10.6.14).

"Ação de indenização por dano moral puro. Divulgação de notícia em programa de televisão. Matéria jornalística de cunho ofensivo à vítima direta. Dano moral reflexo. Possibilidade. O dano moral indireto ou reflexo é aquele que, tendo-se originado de um ato lesivo ao direito personalíssimo de determinada pessoa (dano direto), não se esgota na ofensa à própria vítima direta, atingindo, de forma mediata, direito personalíssimo de terceiro, em razão de seu vínculo afetivo estreito com aquele diretamente atingido. Mesmo em se tratando de dano moral puro, sem nenhum reflexo de natureza patrimonial, é possível reconhecer que, no núcleo familiar formado por pai, mãe e filhos, o sentimento de unidade que permeia tais relações faz presumir que a agressão moral perpetrada diretamente contra um deles repercutirá intimamente nos demais, atingindo-os em sua própria esfera íntima ao provocar-lhes dor e angústia decorrentes da exposição negativa, humilhante e vexatória imposta, direta ou indiretamente, a todos" (STJ-4ª T., REsp 1.119.632, Min. Raul Araújo, j. 15.8.17, DJ 12.9.17).

"Responsabilidade civil. Plano de saúde. Negativa de cobertura. Dano moral. Falecimento do genitor. Compensação com o valor arbitrado à título de condenação por dano moral em ação proposta pelo genitor. Impossibilidade. Dano moral. Prejuízo de afeição. Parcelas individuais para cada vítima por ricochete" (STJ-3ª T., REsp 1.660.189-AgInt, Min. Paulo Sanseverino, j. 26.9.17, DJ 10.10.17).

"São presumíveis a dor e os irreparáveis danos psicológicos causados à autora, decorrentes do fato de seu marido ter perdido a função da visão de um dos olhos, vez que se trata de lesão gravíssima, com sequela permanente (aleijão), sofrida por pessoa jovem e com a qual a autora guarda estreitos laços de convivência e afeição. Presumível, da mesma forma, o dano moral sofrido pela autora em face de seu pai ter perdido partes do tecido de constituição da face que, certamente, deixaram-lhe com inúmeras e visíveis cicatrizes na face. Dano moral reflexo, ou seja, aquele que surge quando a ofensa moral ultrapassa e transcende a pessoa do ofendido, atingindo reflexamente os membros da família, configurado. Indenizatória procedente" (JTJ 319/193: AP 7.115.474-2).

Art. 186: 2d. **Doente mental** tem direito à indenização por dano moral (RT 879/252: TJSP, AP 568.875-4/0-00).

Art. 186: 3. "O **nascituro** também tem direito aos danos morais pela morte do pai, mas a circunstância de não tê-lo conhecido em vida tem influência na fixação do *quantum*" (RSTJ 161/395 e STJ-RT 803/193: 4ª T., REsp 399.028). No sentido de que a indenização para o nascituro não deve ser fixada em patamar inferior ao dos demais filhos, já nascidos por ocasião da morte do pai: STJ-3ª T., REsp 931.556, Min. Nancy Andrighi, j. 17.6.08, DJ 5.8.08. **Todavia:** "Não são todas as situações jurídicas a que submetidas o concebido que ensejarão o dever de reparação, senão aquelas das quais decorram consequências funestas à saúde do nascituro ou suprimam-no do convívio de seus pais ante a morte destes. Na hipótese dos autos, o fato que teria ocasionado danos morais àquela que era nascituro à época dos fatos, seria o resultado equivocado do exame de ultrassonografia com translucência nucal, que indicou ser ela portadora de 'Síndrome de Down'. Contudo, segundo a moldura fática delineada pela Corte *a quo*, a genitora, no dia seguinte ao recebimento do resultado equivocado, submeteu-se, novamente, ao mesmo exame, cujo diagnóstico mostrou-se diverso, isto é, descartou a sobredita patologia. Não se ignora o abalo psíquico que os pais suportaram em virtude de tal equívoco, dano, contudo, que não se pode estender ao nascituro" (STJ-4ª T., REsp 1.170.239, Min. Marco Buzzi, j. 21.5.13, DJ 28.8.13).

Concedendo indenização por danos morais em favor de **recém-nascido**: STJ-1ª T., REsp 910.794, Min. Denise Arruda, j. 21.10.08, DJ 4.12.08; STJ-3ª T., REsp 1.291.247, Min. Paulo Sanseverino, j. 19.8.14, maioria, DJ 1.10.14.

Concedendo indenização por danos morais em favor de **criança** com 3 anos de idade: "As crianças, mesmo da mais tenra idade, fazem jus à proteção irrestrita dos direitos da personalidade, entre os quais se inclui o direito à integridade mental, assegurada a indenização pelo dano moral decorrente de sua violação, nos termos dos arts. 5º, X, *in fine*, da CF e 12, *caput*, do CC/02. Ainda que tenha uma percepção diferente do mundo e uma maneira peculiar de se expressar, a criança não permanece alheia à realidade que a cerca, estando igualmente sujeita a sentimentos como o medo, a aflição e a angústia. Na hipótese específica dos autos, não cabe dúvida de que a recorrente, então com apenas três anos de idade, foi submetida a elevada carga emocional. Mesmo sem noção exata do que se passava, é certo que percebeu e compartilhou da agonia de sua mãe tentando, por diversas vezes, sem êxito, conseguir que sua filha fosse atendida por clínica credenciada ao seu plano de saúde, que reiteradas vezes se recusou a realizar os exames que ofereceriam um diagnóstico preciso da doença que acometia a criança" (STJ-RT 897/179: 3ª T., REsp 1.037.759).

Art. 186: 3a. O dano moral e sua indenização são afetados pelo **tempo transcorrido entre o evento danoso e o ingresso em juízo** voltado à sua reparação?

Não: "Tal demora não é suficiente para que haja uma diminuição no *quantum* indenizatório" (STJ-1ª T., REsp 526.299, Min. Francisco Falcão, j. 18.11.04, DJU 17.12.04; nota: esse acórdão foi cassado nos subsequentes embargos de divergência). No mesmo sentido: "Impossível admitir-se a redução do valor fixado a título de compensação por danos morais por ter o ofendido demorado a propor a ação respectiva, porquanto o fundamento da compensação é a existência de um sofrimento impossível de ser quantificado com precisão, seja no dia do evento, seja anos depois" (STJ-3ª T., REsp 663.196, Min. Nancy Andrighi, j. 14.12.04, DJU 21.3.05). "A demora de menos de dois anos para o ajuizamento da ação não possui qualquer relevância para fixação da indenização por dano moral. Em realidade, é de todo recomendável que a ação não seja ajuizada tão logo o cidadão se sinta lesado, buscando primeiro as vias extrajudiciais de solução e prevenção de conflitos, como ocorreu no caso, em que a autora pretendeu, sem sucesso, a composição amigável junto à administração da empresa ré" (STJ-4ª T., REsp 970.322, Min. Luis Felipe, j. 9.3.10, DJ 19.3.10).

Sim, no sentido de que a **indenização deve ser reduzida** nessas circunstâncias: "A demora na busca da reparação do dano moral é fator influente na fixação do *quantum* indenizatório" (STJ-Corte Especial, ED no REsp 526.299, Min. Hamilton Carvalhido, j. 3.12.08, DJ 5.2.09).

Sim, no sentido de que **o próprio direito à indenização fica prejudicado** nesses casos: "Ainda que se pudesse admitir ter havido no passado uma afetação moral, tal não é indenizável quando a parte deixa transcorrer largo lapso temporal (mais de 15 anos) para o ajuizamento da demanda, a denotar não se ressentir com os efeitos das ações ilícitas" (RJTJERGS 249/328).

Art. 186: 3b. De acordo com a jurisprudência, **configura dano moral:**

— a **morte de filho** (RSTJ 133/327; STJ-2ª T., REsp 214.838, Min. Peçanha Martins, j. 27.11.01, DJU 11.3.02).

"O estreito vínculo existente entre genitora e filho, aos olhos do senso comum, faz presumir, independentemente da distância física então existente entre os domicílios de ambos (Japão e Brasil), que o falecimento do segundo tenha causado dor, angústia e sofrimento à mãe autora, suscetíveis de amparar a condenação dos réus, a título de dano moral, pela morte decorrente de atropelamento em rodovia. Possível, excepcionalmente, o desaparecimento dos laços afetivos, por desavenças familiares, inveja, ciúme, interesses materiais, falhas de caráter e de solidariedade, e outros mais, situações, porém, que exigem, elas sim, comprovação concreta e específica, não o oposto, como sufraga a tese divergente com base em mero afastamento físico da autora e o *de cujus*" (STJ-4ª T., REsp 297.888, Min. Aldir Passarinho Jr., j. 25.9.01, DJ 4.2.02).

"Ainda que o pai tenha abandonado o filho vitimado, quando este ainda estava em tenra idade, é certo que sofreu uma dor (psicológica e espiritual), sobretudo porque o lesante não provou a inexistência do dano moral" (RT 863/307);

— a **morte de cônjuge ou de pai,** sendo dispensável a prova da dor, "por corresponder ao que, em regra, acontece" (STJ-3ª T.: RSTJ 133/251). No mesmo sentido: RSTJ 109/239; STJ-4ª T., REsp 256.327, Min. Aldir Passarinho Jr., j. 21.6.01, DJU 4.3.02; JTJ 315/220 (AP 908.370-0/3). **Todavia,** afasta-se a presunção da dor "em relação ao cônjuge que era separado de fato do *de cujus*, habitava em endereço distinto, levando a acreditar que tanto um como outro buscavam a reconstituição de suas vidas individualmente, desfeitos os laços afetivos que antes os uniam" (STJ-4ª T., REsp 647.562, Min. Aldir Passarinho Jr., j. 7.12.06, DJU 12.2.07);

— a **morte de neto:** "Os **avós** são legitimados à propositura de ação de reparação por dano moral decorrente da morte da neta. A reparação nesses casos decorre de dano individual e particularmente sofrido por cada membro da família ligado imediatamente ao fato (art. 403 do Código Civil)" (STJ-2ª T., REsp 1.101.213, Min. Castro Meira, j. 2.4.09, DJ 27.4.09);

— **"morte de parente** próximo (ascendente, descendente e colateral em segundo grau), independentemente de prova de dependência econômica" (STJ-3ª T., REsp 331.333, Min. Gomes de Barros, j. 14.2.06, DJU 13.3.06). "Os irmãos têm direito à reparação do dano moral sofrido com a morte de outro irmão, haja vista que o falecimento da vítima provoca dores, sofrimentos e traumas aos familiares próximos, sendo irrelevante qualquer relação de dependência econômica entre eles" (STJ-4ª T., AI 678.435-EDcl-AgRg, Min. Jorge Scartezzini, j. 15.8.06, DJU 11.9.06). "Se ordinariamente o que se verifica nas relações entre irmãos é o sentimento mútuo de amor e afeto, pode-se presumir, de modo relativo, que a demonstração do vínculo familiar traz ínsita a existência do laço afetivo. Como corolário, será de igual forma presumível que a morte de um acarrete no irmão supérstite dor, sofrimento, angústia etc. Assim sendo, se a relação familiar que interliga irmãos é presumidamente estreita no tocante ao vínculo de afeto e amor e se, igualmente, desse laço se origina, com a morte de um, a dor, o sofrimento, a angústia etc. nos irmãos supérstites, não é razoável exigir destes prova cabal acerca do vínculo afetivo para efeito de comprovação do dano alegado. Na espécie, portanto, não é atribuível às irmãs postulantes o ônus de provar a existência de anterior laço afetivo com a vítima, porque esse vínculo é presumido. Basta a estas, no desiderato de serem compensadas pelo dano moral sofrido, comprovar a existência do laço familiar para, assim, considerar-se demonstrado o fato constitutivo do direito alegado (art. 333, inc. I, do CPC)" (STJ-3ª T., REsp 1.405.456, Min. Nancy Andrighi, j. 3.6.14, DJ 18.6.14). **Todavia,** exigindo, em matéria de falecimento de irmão, "demonstração de que vieram a sofrer intimamente com o trágico acontecimento", mas presumindo esse fato, no caso, por "se tratar de menores de tenra idade, que viviam sob o mesmo teto": STJ-4ª T., REsp 160.125, Min. Sálvio de Figueiredo, j. 23.3.99, DJU 24.5.99. "A indenização por danos morais em caso de morte de irmão depende da prova do vínculo afetivo entre aquele que pleiteia a indenização e a vítima, para presumir a dor gerada pela perda do convívio familiar" (STJ-3ª T., REsp 1.105.126-AgRg, Min. Sidnei Beneti, j. 28.4.09, DJ 14.5.09). "No âmbito de um círculo familiar mais amplo, como aquele em que se inserem os tios, os sobrinhos, os primos e, em certos casos, até mesmo os irmãos, é impossível presumir a ocorrência do dano moral em razão tão só da morte do parente" (RT 826/265).

"O sofrimento pela morte de parente é disseminado pelo núcleo familiar, como em força centrífuga, atingindo cada um dos membros, em gradações diversas, o que deve ser levado em conta pelo magistrado para fins de arbitramento do valor da reparação do dano moral. Ainda que a filha da vítima deduza pretensão em juízo, a mãe também é parte legítima. A reparação nesse caso decorre de dano individual e particularmente sofrido por cada membro da família" (STJ-2ª T., REsp 1.121.800, Min. Castro Meira, j. 18.11.10, DJ 1.12.10).

"Consoante a ordem de vocação hereditária, os ascendentes somente têm seus direitos sucessórios reconhecidos na hipótese de inexistência de descendentes (art. 1.829 do CC), o que poderia levar à ideia de sua ilegitimidade ativa *ad causam* para a demanda que visa à percepção de indenização por danos morais em razão do óbito de filho com família constituída. Não obstante a formação de um novo grupo familiar com o casamento e a concepção de filhos, o poderoso laço afetivo que une mãe e filho não se extingue, de modo que o que se observa é a coexistência de dois núcleos familiares, em que o filho é seu elemento intersecional, sendo correto afirmar que os ascendentes e sua prole integram um núcleo familiar inextinguível para fins de demanda indenizatória por morte. Assim, tem-se um núcleo familiar em sentido estrito, constituído pela família imediata formada com a contração do matrimônio, e um núcleo familiar em sentido amplo, de que fazem parte os ascendentes e seu filho, o qual desponta como elemento comum e agregador dessas células familiares. Nessa linha de intelecção, os ascendentes têm legitimidade para a demanda indenizatória por morte da sua prole ainda quando esta já tenha constituído o seu grupo familiar imediato, o que deve ser balizado apenas pelo valor global da indenização devida, ou seja, pela limitação quantitativa da indenização. No caso concreto, constata-se que o falecido era casado e deixou descendentes que receberam extrajudicialmente, a título de compensação por danos morais, o valor de R$ 100.000,00, o qual, diga-se de passagem, mostra-se deveras inferior ao que normalmente é concedido em Juízo, apontando para a existência de um valor residual apto a compensar a recorrente pelos danos morais sofridos com o falecimento de seu filho" (STJ-4ª T., REsp 1.095.762, Min. Luis Felipe, j. 21.2.13, DJ 11.3.13).

"Os irmãos podem pleitear indenização por danos morais em razão do falecimento de outro irmão, sendo irrelevante a existência de acordo celebrado com os genitores, viúva e filhos da vítima que os ressarciram pelo mesmo evento. A questão não é sucessória, mas obrigacional, pois a legitimidade ativa não está restrita ao cônjuge, ascendentes e descendentes, mas a todos aqueles atingidos pelo sofrimento da perda do ente querido, desde que afirmem fatos que possibilitem esse direito" (STJ-3ª T., REsp 1.291.702, Min. Nancy Andrighi, j. 22.11.11, DJ 30.11.11).

"Indenização. Dano extrapatrimonial. Ação ajuizada por tios da vítima, que moravam na mesma residência. Viabilidade. Tios inseridos intimamente no núcleo familiar. Profundo sofrimento com a morte trágica da sobrinha. Pertinência subjetiva para a ação" (RT 929/928: TJSP, AP 0136273-40.2010.8.26.0000).

V. tb. nota 8;

— "Ruptura de união estável em situação em que o companheiro contagia a companheira com **doenças sexualmente transmissíveis** (sífilis e clamídia), as quais contraiu em contato com prostituta. Dever de indenizar por caracterizar lesão a direito de personalidade (integridade física) com dano moral que existe *in re ipsa*" (RMDCPC 25/133: TJSP, AP 568.949-4/8-00).

"Transmissão do vírus HIV. Companheiro que infectou a parceira na constância da união estável. Caracterização da culpa. Ocorrência. Indenização por danos materiais e danos morais" (STJ-4ª T., REsp 1.760.943, Min. Luis Felipe, j. 19.3.19, DJ 6.5.19);

— "O **desconhecimento** do fato de **não ser o pai biológico** dos filhos gerados durante o casamento atinge a honra subjetiva do cônjuge, justificando a reparação pelos danos morais suportados" (STJ-RBDFS 1/84: 3ª T., REsp 742.137);

— "O produto **defeituoso** é um **anticoncepcional,** cuja finalidade é proporcionar à mulher uma escolha quanto ao momento de ter filhos. Nesse contexto, a falha do remédio frustra tal opção, e nisso reside a necessidade de compensação pelos danos morais" (STJ-3ª T., REsp 918.257, Min. Nancy Andrighi, j. 3.5.07, maioria, DJU 23.11.07);

— o **"diagnóstico inexato** fornecido por laboratório radiológico levando a paciente a sofrimento que poderia ter sido evitado" (STJ-3ª T., REsp 594.962, Min. Pádua Ribeiro, j. 9.11.04, DJU 17.12.04). No mesmo sentido: STJ-4ª T., REsp 401.592, Min. Ruy Rosado, j. 16.5.02, DJU 2.9.02; RT 861/340, RF 377/345 (acórdão relatado pelo Des. Sergio Cavalieri), 396/436 (TJRS, AP 70020533717), JTJ 327/412 (AP 484.024.4/5-00), RJTJERGS 250-251/205. **Contra,** negando a ocorrência de danos morais em caso no qual "o menor já se encontrava medicado": JTJ 301/214;

— defeito na coleta de **células embrionárias** (v. CDC 14, nota 3a);

— o **erro médico,** tal como o esquecimento de agulha no abdômen (RIDCPC 43/153);

— "a conduta do **hospital**, atualmente tipificada como crime, que **exige cheque caução** para o **atendimento** emergencial de familiar, pois evidenciada a situação de vulnerabilidade do consumidor, que teve sua manifestação de vontade submetida a coação psicológica" (STJ-4ª T., Ag em REsp 1.498.998-AgInt, Min. Raul Araújo, j. 10.9.19, DJ 2.10.19);

— "a **recusa indevida à cobertura** pleiteada pelo segurado contratante de **seguro-saúde,** pois agrava a sua situação de aflição psicológica e de angústia no espírito" (STJ-3ª T., REsp 657.717, Min. Nancy Andrighi, j. 23.11.05, DJU 12.12.05). No mesmo sentido: STJ-4ª T., REsp 714.947, Min. Cesar Rocha, j. 28.3.06, DJU 29.5.06; RT 845/242, 851/353, 862/218, 869/301, 880/276 (TJRS, AP 70022024418), JTJ 288/184 "Essa modalidade de dano moral subsiste mesmo nos casos em que a recusa envolve apenas a realização de exames de rotina, na medida em que procura por serviços médicos — aí compreendidos exames clínicos — ainda que desprovida de urgência, está sempre cercada de alguma apreensão. Mesmo consultas de rotina causam aflição, fragilizando o estado de espírito do paciente, ansioso por saber da sua saúde" (STJ-3ª T., REsp 1.201.736, Min. Nancy Andrighi, j. 2.8.12, DJ 10.8.12). "O deferimento de tutela de urgência de caráter satisfativo não possui o condão de afastar o dano moral *in re ipsa* decorrente da recusa injustificada de fornecimento de medicamento necessário ao tratamento de moléstia grave que acomete pessoa idosa" (STJ-4ª T., Ag em REsp 1.437.144-AgInt, Min. Luis Felipe, j. 24.9.19, DJ 30.9.19). **Todavia:** "É possível afastar a presunção de dano moral na hipótese em que a recusa de cobertura pelo plano de saúde decorre de dúvida razoável na interpretação de cláusula contratual" (STJ-3ª T., Ag em REsp 846.940-AgRg, Min. Ricardo Cueva, j. 23.6.16, DJ 1.8.16). "Embora a jurisprudência tenha posteriormente se consolidado no sentido da invalidade de cláusula que exclua a cobertura de *stent*, no caso em exame, a circunstância de o contrato não ter sido adaptado à Lei 9.656/98 emprestava, na época em que ocorridos os fatos, relevância à discussão travada pelo réu, tese acolhida pelo relator originário da apelação" (STJ-4ª T., REsp 1.457.475-AgRg, Min. Isabel Gallotti, j. 16.9.14, DJ 24.9.14). "Na hipótese, o procedimento cirúrgico foi realizado sem qualquer empecilho por parte da operadora de plano de saúde, sendo que o autor somente tomou conhecimento da negativa de cobertura dos *stents* utilizados quando teve alta hospitalar. Dessa forma, conquanto tenha sido reconhecida pelas instâncias ordinárias a abusividade na respectiva negativa de cobertura do procedimento, tal fato não comprometeu a saúde do recorrente, tampouco acarretou atrasos ou embaraços em seu tratamento, o que afasta a ocorrência de dano moral" (STJ-3ª T., REsp 1.800.758, Min. Marco Bellizze, j. 7.5.19, DJ 10.5.19). Também negando a ocorrência de dano moral: RT 863/236 (do voto do relator: "a conduta da requerida baseou-se em exclusão contratual e continha argumentos plausíveis em sua fundamentação"), JTJ 293/78, 304/133, RJM 172/180.

Em síntese: "Em relação aos litígios no campo da saúde suplementar, a conduta ilícita da operadora de plano de saúde, consubstanciada na negativa de cobertura de procedimentos previstos contratualmente, pode produzir danos morais ao beneficiário quando houver agravamento de sua condição de dor, de abalo psicológico e com prejuízos à saúde já debilitada. A agutização de teses extremas — seja pelo afastamento genérico, seja pelo reconhecimento automático do dano moral — não encontra espaço dentro da noção de um processo judicial de resultados justos, cujo objetivo sempre renovado é encontrar a sensível e adequada pacificação do conflito de direito material trazido ao Poder Judiciário. A adoção irrefletida de qualquer dos pontos, sem a devida articulação com as particularidades que individualizam as demandas judiciais, produz resultados inaceitavelmente injustos, quer por confiscar o direito legítimo à compensação das vítimas de verdadeira situação de abalo moral, quer por acolher dissimulações que em verdade quando muito se exaurem na esfera patrimonial sem ao menos triscar na sensibilidade do beneficiário de plano de saúde. Na hipótese concreta, deve ser reconhecido o direito à compensação por danos morais, pois a negativa de cobertura de cirurgia bariátrica agravou o quadro clínico da beneficiária do plano de saúde, conforme reconhecido concretamente pela origem" (STJ-3ª T., REsp 1.746.789, Min. Nancy Andrighi, j. 14.8.18, DJ 17.8.18). Caso em que se negou a ocorrência de dano moral: "Na hipótese concreta, primeiro e segundo graus de jurisdição registraram que a negativa de cobertura não produziu piora no estado de saúde da beneficiária do plano de saúde, e nenhum dano que ultrapasse o dissabor cotidiano" (STJ-3ª T., REsp 1.684.257, Min. Nancy Andrighi, j. 14.8.18, DJ 17.8.18);

— a **negativa na aceitação** de um consumidor por ocasião da **contratação de seguro de vida** (v. CDC 39, nota 4a);

— a existência de **animal ou resquício seu em alimento** adquirido pelo consumidor (RT 861/228, 863/267, 870/218, JTJ 300/136). "Aquisição de pacote de macarrão com corpo estranho (inseto) em seu interior. Ausência de ingestão. Exposição do consumidor a risco concreto de lesão à sua saúde e segurança. Fato do produto. Existência de dano moral. Na hipótese dos autos, a simples comercialização de produto contendo corpo estranho possui as mesmas consequências negativas à saúde e à integridade física do consumidor que sua ingestão propriamente dita" (STJ-3ª T., REsp 1.830.103, Min. Nancy Andrighi, j. 4.8.20, DJ 7.8.20). **Todavia:** "A simples aquisição de refrigerante contendo inseto em seu interior, sem que seu conteúdo tenha sido ingerido ou, ao menos, que a embalagem tenha sido aberta, não é fato capaz de, por si só, provocar dano moral" (STJ-4ª T., REsp 747.396, Min. Fernando Gonçalves, j. 9.3.10, DJ 22.3.10). No mesmo sentido: STJ-3ª T., REsp 1.395.647, Min. Ricardo Cueva, j. 18.11.14, 3 votos a 2, DJ 19.12.14.

"Quebra de restaurações nos dentes em decorrência de **corpo estranho** existente em biscoito *waffle*. Existência de danos morais. Quebra das restaurações nos dentes atingiu patamar de dano moral indenizável, a ser fixado com moderação" (JTJ 323/465: AP 482.531.4/4-00). Em sentido semelhante: RT 899/216 (TJSP, AP 994.09.285.304-5, maioria; o voto vencido entendia não haver dano moral no caso: "impossibilidade de se indenizar danos hipotéticos ou eventuais, que apenas ocorreriam se o consumidor tivesse ingerido o corpo estranho ou se ferido"), RF 397/535 (TJRS, AP 70023003627, maioria; o voto vencido dava pela inexistência de dano moral, pois "o menor nada sofreu, não mastigou nem engoliu dito parafuso"), JTJ 343/546 (AP 658.788-4/3-00). **Todavia:** "A simples aquisição de bolachas do tipo 'água e sal', em pacote no qual uma delas se encontrava com objeto metálico que a tornava imprópria para o consumo, sem que houvesse ingestão do produto, não acarreta dano moral apto a ensejar reparação" (STJ-4ª T., REsp 1.131.139, Min. Luis Felipe, j. 16.11.10, DJ 1.12.10). "Não há dano moral na hipótese de aquisição de gênero alimentício com corpo estranho no interior da embalagem se não ocorre a ingestão do produto, considerado impróprio para consumo, visto que referida situação não configura desrespeito à dignidade da pessoa humana, desprezo à saúde pública ou mesmo descaso para com a segurança alimentar" (STJ-3ª T., REsp 1.537.730-AgRg, Min. João Otávio, j. 15.3.16, DJ 28.3.16).

"Ação indenizatória a danos morais. Ingestão de refrigerante contaminado com soda cáustica. Danos morais evidentes" [RT 916/1.008: TJMG, AP 1.0079.08.447043-8/001(1)].

"Responsabilidade civil. **Produto estragado.** Impróprio para o consumo. Dano moral configurado" (JTJ 329/443: AP 477.550-4/9-00). No mesmo sentido: JTJ 331/359 (AP 479.901.4/6-00);

— a **incapacidade para o trabalho** desencadeada por doença profissional, mais especificamente por lesões por esforço repetitivo (STJ-4ª T., REsp 329.094, Min. Aldir Passarinho Jr., j. 4.4.02, DJU 17.6.02). "A incapacidade temporária em razão de lesão por esforços repetitivos traz aflições e angústias que exacerbam os fatos da naturalidade da vida, a considerar o lapso de tempo em que a pessoa deixou de movimentar os seus membros, ou utilizá-los de forma irrestrita, sofrendo limitações no seu cotidiano" (STJ-3ª T., REsp 1.005.978, Min. Massami Uyeda, j. 12.4.11, DJ 27.4.11);

— "**déficit auditivo,** causado por ambiente de trabalho ruidoso, autoriza a condenação do empregador por danos morais, ainda que não haja perda ou redução da capacidade laborativa do empregado" (STJ-3ª T., REsp 972.791, Min. Gomes de Barros, j. 24.3.08, DJU 13.5.08);

— a **demissão** motivada, implicitamente, pelo fato de a empregada ser portadora do vírus HIV (STJ-3ª T., REsp 1.049.189, Min. Nancy Andrighi, j. 21.8.08, DJ 5.9.08);

— o **assédio moral no ambiente de trabalho** (RJTJERGS 269/251: AP 70021081609; 274/359: AP 70024192254). **Todavia:** "O assédio moral está vinculado ao abuso ou desvio de poder de autoridade superior ou de empregador para expor o empregado ou servidor em nítida e repetida exposição ao ridículo, objetivando humilhá-lo ou vexá-lo no exercício de suas atribuições funcionais. Não configuração. Remoção do servidor e imposição de novas metas de trabalho em ambiente cordial não legitima o vício do assédio moral" (JTJ 357/358: AI 990.10.363984-7);

— o **"atraso no embarque de viagem** internacional, sendo certo que o dano moral decorre da demora ou dos transtornos suportados pelo passageiro e da negligência da empresa" (RSTJ 137/352). "Inobstante a infraestrutura dos modernos aeroportos ou a disponibilização de hotéis e transporte adequados, tal não se revela suficiente para elidir o dano moral quando o atraso no voo se configura excessivo, a gerar pesado desconforto e aflição ao passageiro, extrapolando a situação de mera vicissitude, plenamente suportável" (STJ-4ª T., REsp 732.982, Min. Aldir Passarinho Jr., j. 20.6.06, DJU 19.3.07). "A postergação da viagem superior a quatro horas constitui falha no serviço de transporte aéreo contratado e gera o direito à devida assistência material e informacional ao consumidor lesado, independentemente da causa originária do atraso. O dano moral decorrente de atraso de voo prescinde de prova e a responsabilidade de seu causador opera-se *in re ipsa*" (STJ-3ª T., REsp 1.280.372, Min. Ricardo Cueva, j. 7.10.14, DJ 10.10.14). No mesmo sentido: RT 904/316 (TJGO, AP 146955-0/188), 937/846 (TJPB, AP 200.2009.046870-9/001). **Todavia:** "No caso, ocorreu dissabor que não rende ensejo à reparação por dano moral, decorrente de mero atraso de voo, sem maiores consequências, de menos de oito horas — que não é considerado significativo —, havendo a companhia aérea oferecido alternativas razoáveis para a resolução do impasse" (STJ-4ª T., REsp 1.269.246-AgRg, Min. Luis Felipe, j. 20.5.14, DJ 27.5.14). "Na específica hipótese de atraso de voo operado por companhia aérea, não se vislumbra que o dano moral possa ser presumido em decorrência da mera demora e eventual desconforto, aflição e transtornos suportados pelo passageiro. Isso porque vários outros fatores devem ser considerados a fim de que se possa investigar acerca da real ocorrência do dano moral, exigindo-se, por conseguinte, a prova, por parte do passageiro, da lesão extrapatrimonial sofrida. Sem dúvida, as circunstâncias que envolvem o caso concreto servirão de baliza para a possível comprovação e a consequente constatação da ocorrência do dano moral. A exemplo, pode-se citar particularidades a serem observadas: i) a averiguação acerca do tempo que se levou para a solução do problema, isto é, a real duração do atraso; ii) se a companhia aérea ofertou alternativas para melhor atender aos passageiros; iii) se foram prestadas a tempo e modo informações claras e precisas por parte da companhia aérea a fim de amenizar os desconfortos inerentes à ocasião; iv) se foi oferecido suporte material (alimentação, hospedagem etc.) quando o atraso for considerável; v) se o passageiro, devido ao atraso da aeronave, acabou por perder compromisso inadiável no destino, dentre outros. Na hipótese, não foi invocado nenhum fato extraordinário que tenha ofendido o âmago da personalidade do recorrente. Via de consequência, não há como se falar em abalo moral indenizável" (STJ-3ª T., REsp 1.584.465, Min. Nancy Andrighi, j. 13.11.18, DJ 21.11.18).

"A ocorrência de problema técnico é fato previsível, não caracterizando hipótese de caso fortuito ou de força maior, de modo que cabe indenização a título de dano moral pelo atraso de voo e **extravio de bagagem**. O dano decorre da demora, desconforto, aflição e dos transtornos suportados pelo passageiro, não se exigindo prova de tais fatores" (STJ-RT 869/188: 4ª T., REsp 612.817). No mesmo sentido: STJ-3ª T., AI 442.487-AgRg, Min. Gomes de Barros, j. 25.9.06, DJU 9.10.06.

"O impedimento de voo em virtude de ***overbooking***, por si só, já é capaz de ensejar a reparação por danos morais" (STJ-4ª T., REsp 628.828, Min. Cesar Rocha, j. 20.4.04, DJU 4.10.04);

— o passageiro que sofre **acidente de trânsito** (v. art. 734, nota 3b);

— "Não tendo a **instituição de ensino** alertado os alunos, entre eles as recorrentes, acerca do risco (depois concretizado) de impossibilidade de registro do diploma quando da conclusão do curso, o dano moral daí decorrente pode — e deve — ser presumido. Não há como negar o sentimento de frustração e engodo daquele que, após anos de dedicação, entremeado de muito estudo, privações, despesas etc., descobre que não poderá aspirar a emprego na profissão para a qual se preparou, tampouco realizar cursos de especialização, pós-graduação, mestrado ou doutorado, nem prestar concursos públicos; tudo porque o curso oferecido pela universidade não foi chancelado pelo MEC. Some-se a isso a sensação de incerteza e temor quanto ao futuro, fruto da possibilidade de jamais ter seu diploma validado. Há de se considerar, ainda, o ambiente de desconforto e desconfiança gerados no seio social: pais, parentes, amigos, conhecidos, enfim, todos aqueles que convivem com o aluno e têm como certa a diplomação. A demora, na hipótese superior a dois anos, expõe ao ridículo o 'pseudoprofissional', que conclui o curso mas vê-se impedido de exercer qualquer atividade a ele correlata" (STJ-3ª T., REsp 631.204, Min. Nancy Andrighi, j. 25.11.08, maioria, DJ 16.6.09) "Danos materiais e morais. Contrato de prestação de serviços educacionais. Curso de Pós-graduação *stricto sensu* em Educação sem recomendação da CAPES e sem reconhecimento e registro pelo MEC" (JTJ 326/541: AP 7.144.705-7). No mesmo sentido: STJ-4ª T., REsp 1.101.664, Min. Marco Buzzi, j. 7.2.13, DJ 28.2.13; JTJ 328/408 (AP 7.125.520-2), 348/296 (AP 992.05.058048-4), 371/256 (AP 132619-21.2005.8.26.0000). **Todavia:** "Curso superior não reconhecido pelo MEC. Circunstância previamente informada aos alunos. Possibilidade de exercer a profissão com registro provisório do aluno no conselho profissional regional. Dano moral. Ausência" (STJ-3ª T., REsp 1.230.135, Min. Nancy Andrighi, j. 4.12.12, DJ 11.12.12). "Mestrado. Curso. Registro. Ausência. Consumidor. Mesmo que a entidade de ensino seja a única responsável pelo insucesso na obtenção do reconhecimento do curso, o aluno que o realiza consciente da falta de registro assume o risco de não obter a titulação, nada havendo a indenizar" (JTJ 325/654: EI 462.433-5/6-01, maioria). V. tb. **Súmula 595 do STJ,** no CDC 14, nota 5.

— **"Advogado.** Responsabilidade civil. Fraude. Alvarás judiciais. Levantamento. **Apropriação indevida.** A prática de ato ilícito por parte de advogado contra sua própria clientela, aproveitando-se da relação de confiança para causar prejuízos a quem lhe contratou na expectativa de ser representado com lealdade e boa-fé, importa em séria violação do ordenamento jurídico e dos deveres ético-sociais que regem o exercício da advocacia, a extrapolar o simples descumprimento contratual e impor o dever de reparação pelos danos materiais e morais causados" (STJ-3ª T, REsp 1.740.260, Min. Ricardo Cueva, j. 26.6.18, DJ 29.6.18);

— "Quem tem sua **casa afetada por ato ilícito** de terceiro sofre não mero incômodo, mas verdadeiro dano moral indenizável" (JTJ 334/599: AP 1.189.912-0/4; a citação é do voto do relator).

"Ação de compensação por danos morais. Acidente em obras do Rodoanel Mário Covas. Necessidade de desocupação temporária de residências. Dano moral *in re ipsa*" (STJ-3ª T., REsp 1.292.141, Min. Nancy Andrighi, j. 4.12.12, DJ 12.12.12). No mesmo sentido: STJ-4ª T., REsp 1.376.449, Min. Antonio Ferreira, j. 18.6.13, maioria, DJ 30.8.13.

"A autora, idosa de 81 anos, vendo o esforço de uma vida sendo destruído pela invasão de sua morada por dejetos de lama e água decorrentes do rompimento da barragem, tendo que deixar a sua morada às pressas, afetada pelo medo e sofrimento de não mais poder retornar (diante da iminência de novo evento similar), e pela angústia de nada poder fazer, teve ofendida sua dignidade, acarretando abalo em sua esfera moral" (STJ-4ª T., REsp 1.374.342, Min. Luis Felipe, j. 10.9.13, DJ 25.9.13);

"Condena-se ao pagamento de indenização por dano moral o responsável por apartamento de que se origina infiltração não reparada por longo tempo por desídia, provocadora de constante e intenso sofrimento psicológico ao vizinho, configurando mais do que mero transtorno ou aborrecimento" (STJ-3ª T., REsp 1.313.641, Min. Sidnei Beneti, j. 26.6.12, DJ 29.6.12);

— "A situação tratada nos autos não pode ser classificada como mero aborrecimento ou mera consequência de descumprimento contratual, dado o enorme espaço de tempo (6 meses) entre a comunicação do defeito ao supermercado recorrente e a **troca do produto,** bem como as condições pessoais da vítima e a imprescindibilidade do bem por ela adquirido (fogão), sendo devida, pois, a reparação por danos morais" (STJ-3ª T., REsp 1.002.801, Min. Massami Uyeda, j. 4.5.10, DJ 14.5.10);

— a **demora no conserto de veículo,** que trouxe como consequência o descumprimento e a rescisão de contrato de transporte, extrapolando a ideia de mero aborrecimento (STJ-3ª T., AI 667.131-AgRg, Min. Ari Pargendler, j. 17.5.07, DJU 18.6.07);

"O defeito apresentado por veículo zero-quilômetro e sanado pelo fornecedor, via de regra, se qualifica como mero dissabor, incapaz de gerar dano moral ao consumidor. Todavia, a partir do momento em que o defeito extrapola o razoável, essa situação gera sentimentos que superam o mero dissabor decorrente de um transtorno ou inconveniente corriqueiro, causando frustração, constrangimento e angústia, superando a esfera do mero dissabor para invadir a seara do efetivo abalo psicológico. Hipótese em que o automóvel adquirido era zero-quilômetro e, em apenas 6 meses de uso, apresentou mais de 15 defeitos em componentes distintos, parte dos quais ligados à segurança do veículo, ultrapassando, em muito, a expectativa nutrida pelo recorrido ao adquirir o bem" (STJ-3ª T., REsp 1.395.285, Min. Nancy Andrighi, j. 3.12.13, DJ 12.12.13). Em sentido semelhante: STJ-4ª T., Ag em REsp 385.994-AgRg, Min. Isabel Gallotti, j. 25.11.14, DJ 10.12.14;

"aquisição de veículo usado que, antes do fim do prazo de garantia, passou a apresentar falhas mecânicas. Diversas idas e vindas à oficina mecânica da concessionária apelante. Hipótese de dano moral *in re ipsa*, sendo certo que os fatos ultrapassaram, em muito, o simples inadimplemento contratual e os meros aborrecimentos da vida cotidiana" (RT 883/319: TJRJ, AP 2009.001.04185);

— a abertura defeituosa de **air bag** que causa graves lesões ao consumidor (STJ-3ª T., REsp 1.656.614, Min. Nancy Andrighi, j. 23.5.17, DJ 2.6.17). Todavia, v. nota seguinte.

— "O ajuizamento da **demanda indevida** (ação de reintegração de posse) e a **perda da posse do veículo** constituem causas suficientes para desencadear abalo emocional sério a justificar a correspondente reparação" (RT 876/210: TJSP, AP 1.056.781-0/2; a citação é do voto do relator);

— a perda de bem por **evicção,** "haja vista que **desapossado** de seu **instrumento de trabalho (caminhão)** por vício jurídico no direito transmitido. É natural presumir que eventos dessa natureza sejam capazes de abalar a honra subjetiva e a objetiva do arrendatário, razão suficiente para reconhecer a ocorrência de dano moral indenizável" (STJ-4ª T., REsp 1.133.597, Min. Luis Felipe, j. 22.10.13, DJ 28.2.14);

— a não realização de viagem prometida em programa de televisão para o vencedor de um **sorteio** (RF 394/400);

— "graves defeitos na prestação do serviço de **pacote turístico"** (STJ-4ª T., REsp 888.751, Min. Raul Araújo, j. 25.10.11, DJ 27.10.11). Na mesma linha, em caso de não entrega pela agência de turismo dos **ingressos** para os jogos da **Copa do Mundo** de futebol, que faziam parte do pacote comprado pelo consumidor: JTJ 315/246 (AP 883.305-0/8);

— a **queda** do consumidor em estabelecimento comercial, causadora de fratura e ocasionada pelo **chão molhado** e pela falta de advertência a esse respeito (RT 869/395). V. tb. CDC 14, nota 3b;

— "Se não faz o pagamento da indenização correspondente ao sinistro sob o fundamento de que o furto teria sido **simulado** (o veículo estaria fora do país), sem provar esse fato no âmbito da ação de cobrança do seguro (julgada procedente), a seguradora responde pelo dano moral" (STJ-3ª T., REsp 996.012, Min. Ari Pargendler, j. 15.5.08, DJU 6.6.08);

— o constrangimento sofrido com o **travamento de porta giratória** de estabelecimento bancário, acompanhado por disparo de alarme sonoro (STJ-3ª T., REsp 504.144, Min. Nancy Andrighi, j. 6.6.03, DJU 30.6.03). "A porta giratória e o eventual detector de metais que guarnecem a entrada de estabelecimento bancário não constituem, por si só, elementos tendentes ao malferimento dos direitos personalíssimos. O atentado à personalidade ocorre se, como no caso, profissional responsável pela segurança bancária excede os limites da boa convivência, agindo com arrogância, de forma a violar o direito à dignidade que a Constituição de 1988 alça a direito fundamental" (JTJ 328/350: AP 566.083-4/0-00). "Travamento da porta giratória. Cliente que não consegue, mesmo se despojando dos objetos metálicos, acesso ao interior do banco, por conduta impositiva da preposta do banco. Conduta da preposta de vincular a liberação à condição de correntista da agência discriminatória. Autora que levantou sua blusa para demonstrar que não carregava metais e, diante da manutenção da recusa, chamou a polícia" (JTJ 336/251: AP 523.928.4/3-00). Considerando a ocorrência de sucessivos travamentos, por cerca de 30 minutos, para a caracterização do dano: RT 850/367. Levando em conta para a caracterização do dano o fato de o consumidor ter ficado retido na porta giratória, da qual somente pôde sair para ingressar na agência com a chegada da Polícia Militar, e ter sofrido crise de hipertensão: RT 870/353. Para situações em que o travamento da porta não extrapola a normalidade, v. nota seguinte;

— a **acusação desarrazoada e ofensiva de furto em loja** de roupas, havendo condução do acusado à delegacia de polícia (STJ-4ª T., AI 566.114-AgRg, Min. Barros Monteiro, j. 4.5.04, DJU 2.8.04). Entendendo que a acusação de furto também é lesiva quando a conduta dos funcionários na abordagem do cliente é "desnecessária, excessiva e altamente ofensiva": JTJ 300/148. Para casos em que essa abordagem é feita com razoabilidade, v. nota seguinte. S/ disparo de alarme antifurto, v. tb. nota seguinte;

— o **"bloqueio de linha de celular decorrente da cobrança indevida** de fatura já quitada" (STJ-4ª T., REsp 590.753, Min. Cesar Rocha, j. 18.3.04, DJU 13.9.04). Em sentido semelhante, no caso de linha de telefone fixo indevidamente desligado: JTJ 319/233 (AP 920.413-0/6);

— o **corte indevido de energia elétrica** de consumidor (RJM 168/140; RMDECC 51/136: TJSP, AP 9265890-65.2008.8.26.0000). "A suspensão ilegal do fornecimento do serviço dispensa a comprovação de efetivo prejuízo, uma vez que o dano moral nesses casos opera-se *in re ipsa*, em decorrência da ilicitude do ato praticado" (STJ-1ª T., Ag em REsp 484.166-AgRg, Min. Napoleão Maia Filho, j. 24.4.14, DJ 8.5.14). Ainda: "A falta de aviso prévio do corte de energia por atraso de pagamento causa dano moral indenizável" (STJ-3ª T., REsp 905.213, Min. Gomes de Barros, j. 27.3.08, DJU 19.5.08). Todavia, v. nota seguinte;

— a **falha dos Correios** na entrega contratada (v. CDC 14, nota 7a);

— o indevido **envio de produto** ao consumidor (v. CDC 39, nota 2c);

— o **encerramento** unilateral e imotivado de **conta corrente** pelo banco (v. CDC 39, nota 4b);

— "a **impossibilidade de saque**, pelo autor da demanda, de economias de longos anos, **redirecionada pela instituição financeira** recorrente, sem autorização do cliente, de conta poupança, aplicação presumivelmente segura, para fundo de investimento no Banco Santos S/A, em liquidação extrajudicial e com ativos bloqueados" (STJ-4ª T., REsp 1.194.699-AgRg, Min. Isabel Gallotti, j. 22.5.12, DJ 29.5.12);

— a negligência do banco, que permite que terceiro de má-fé realize saques e obtenha crédito em nome de correntista: "O **esvaziamento da conta da correntista** é ato objetivamente capaz de gerar prejuízo moral, pelo sentimento de angústia que causa ao consumidor" (STJ-3ª T., REsp 835.531, Min. Sidnei Beneti, j. 7.2.08, DJU 27.2.08);

— "Quem durante três meses tenta corrigir um **lançamento equivocado de débito em sua conta corrente,** e ao longo desse período é tratado com descaso pelos funcionários da instituição financeira, tem mais do que um mero aborrecimento; sofre um ataque a sua dignidade pessoal, e a consequente dor moral" (STJ-3ª T., REsp 291.978, Min. Ari Pargendler, j. 24.4.07, DJU 21.5.07);

— a perda de **bens** de **valor sentimental**, subtraídos do cofre do banco (STJ-4ª T., REsp 1.080.679, Min. Luis Felipe, j. 13.12.11, DJ 1.2.12; STJ-3ª T., REsp 1.704.204, Min. Ricardo Cueva, j. 7.8.18, DJ 3.9.18; JTJ 315/173: AP 1.029.632-0/5). **Todavia:** "Incabível a indenização por dano moral no caso, pois não demonstra apego sentimental quem oferece joias em **penhor,** mesmo sendo bem de família, pois assume a possibilidade de perdê-las em leilão, caso não resgatadas no prazo, ou mesmo num sinistro, tal como ocorreu no caso dos autos" (RT 900/370: TRF-4ª Reg., AP 0002558-98.2007.404.7000). V. tb. art. 927, nota 6e;

— os transtornos resultantes do **extravio do talonário de cheques** (v. CDC 14, nota 9);

— "A relação instituição bancária/cliente, para fins de obtenção de crédito, vantagens e tratamento privilegiado, tem como elemento essencial a confiança, que é conquistada pelo correntista ao longo do tempo, pela avaliação de dados como a pontualidade, capacidade econômica, idoneidade, e outros mais. Destarte, ocorrendo inadimplência por longo tempo, ainda que contornada, posteriormente, através de transação que abateu parte da dívida, natural que haja um abalo no *status* então já alcançado, o que justifica a atitude do banco em suprimir certos benefícios anteriores e negar a concessão de novos créditos internamente, no âmbito da própria instituição, sem com isso incidir em prática ilícita. Extrapola, no entanto, essa faculdade, o **bloqueio de talonário de cheques da correntista,** porquanto é direito do cliente a livre movimentação, de modo usual, seguro e cômodo, do saldo positivo que mantém junto ao banco, e sobre o qual não pesam quaisquer restrições legais ou de ordem judicial, de modo que a restrição injustamente imposta pelo réu causa constrangimento e fere direitos suscetíveis de reparação" (STJ-4ª T., REsp 732.189, Min. Aldir Passarinho Jr., j. 9.3.10, DJ 12.4.10);

— a **devolução indevida de cheque** (v. Súmula 388 do STJ, na nota 2);

Código Civil

— a **antecipada** e prejudicial apresentação do **cheque pré-datado** (v. **Súmula 370 do STJ** na nota 2);

— "Conquanto o cheque constitua ordem de pagamento à vista, essa regra cede nas hipóteses em que sua emissão se destine a garantir uma obrigação, tendo em vista que o credor só adquire a titularidade plena do título — e do crédito nele contido — se houver o inadimplemento da prestação caucionada pelo emitente. Enseja dano moral a conduta do hospital que exige do filho **cheque caução** para o custeio do tratamento emergencial da mãe — o que, hoje, configura crime punido com detenção e multa —, e realiza o **depósito** do título no dia seguinte, antes mesmo de a paciente receber alta, causando a indevida devolução por ausência de provisão de fundos" (STJ-3ª T., REsp 1.297.904, Min. Nancy Andrighi, j. 7.8.14, DJ 19.8.14);

— o **protesto de duplicata sem causa,** caso em que a indenização é devida pelo banco que recebeu o título por endosso e o enviou ao cartório, ressalvado seu direito de regresso contra o endossante (STJ-RT 789/188);

— o **protesto indevido de título** (STJ-RT 797/222; STJ-4ª T., REsp 173.124, Min. Cesar Rocha, j. 11.9.01, DJU 19.11.01);

— "o **protesto** efetivado **sem** que haja **notificação** do devedor relativamente à **cessão de crédito"** (RT 851/304);

— "Considerando que o **protesto** foi efetivado **após o decurso dos prazos prescricionais** de todas as ações judiciais possíveis para a persecução do crédito consubstanciado na nota promissória, é de rigor reconhecer o abuso de direito do credor, com a sua condenação ao pagamento de compensação por danos morais" (STJ-3ª T., REsp 1.639.470, Min. Nancy Andrighi, j. 14.11.17, DJ 20.11.17). **Todavia:** "Na hipótese em que o protesto é irregular por estar prescrita a pretensão executória do credor, havendo, porém, vias alternativas para a cobrança da dívida consubstanciada no título, não há se falar em abalo de crédito, na medida em que o emitente permanece na condição de devedor, estando, de fato, impontual no pagamento. Prescrita a ação executiva do cheque, assiste ao credor a faculdade de ajuizar a ação cambial por locupletamento ilícito, no prazo de 2 anos (art. 61 da Lei 7.357/85), ação de cobrança fundada na relação causal (art. 62 do mesmo diploma legal) e, ainda, ação monitória, no prazo de 5 anos, nos termos da Súmula 503/STJ. Nesse contexto, embora, no particular, tenham sido indevidos os protestos, pois extemporâneos, a dívida consubstanciada nos títulos permanecia hígida, não estando caracterizado, portanto, abalo de crédito apto a ensejar a caracterização do dano moral" (STJ-3ª T., REsp 1.677.772, Min. Nancy Andrighi, j. 14.11.17, DJ 20.11.17). V. tb. LCh 48, nota 2, e LCa 28, nota 2;

— a **irregular inscrição** ou **manutenção** de nome em **cadastro de inadimplentes** (v. CDC 43, notas 1a e segs.);

— "o **ajuizamento indevido de execução fiscal,** quando ficar provado ter ocorrido abalo moral" (STJ-RDPr 30/358: 2ª T., REsp 773.470; no caso, os valores objeto da execução já haviam sido pagos). No mesmo sentido: STJ-1ª T., REsp 904.330, Min. Luiz Fux, j. 16.10.08, DJ 3.11.08; Bol. AASP 2.566. **Contra:** JTJ 328/287 (AP 679.349-5/8-00, maioria);

— o ajuizamento de **execução** que caracteriza **exercício irregular de direito** (STJ-3ª T., REsp 1.245.712, Min. João Otávio, j. 11.3.14, DJ 17.3.14);

— "o **pedido abusivo de falência** gera dano moral, porque a violação, no caso, é *in re ipsa*. Ou seja, a configuração do dano está ínsita à própria eclosão do fato pernicioso, não exigindo, pois, comprovação" (STJ-RDDP 92/126: 3ª T., REsp 1.012.318);

— "Responsabilidade civil. Danos morais. **Ação judicial intentada contra homônimo.** Lesão configurada" (RT 876/350: TJRN, AP 2008.003840-5)";

— a **publicação indevida de fotografia de uma pessoa,** com intuito comercial ou não, pois isso, de regra, "causa desconforto, aborrecimento ou constrangimento, não importando o tamanho desse desconforto, aborrecimento ou constrangimento; desde que ele exista, há o dano moral, que deve ser reparado" (STF-RF 364/325). V. tb. notas ao art. 20;

— o **uso indevido da imagem da pessoa** (RSTJ 68/358, STJ-RT 714/253, STJ-RF 331/226), hipótese em que "o ressarcimento se impõe pela só constatação de ter havido a utilização sem a devida autorização. O dano está na utilização indevida para fins lucrativos, não cabendo a demonstração do prejuízo material ou moral" (RSTJ 116/215 e STJ-RT 760/212), ressalvada a retratação acidental (STJ-RJ 268/74). "Ação de reparação de danos materiais cumulada com compensação por danos morais. Utilização de imagem após extinto contrato de cessão de uso. Dano moral *in re ipsa*" (STJ-3ª T., REsp 1.337.961, Min. Nancy Andrighi, j. 3.4.14, maioria, DJ 3.6.14);

— o **"uso da imagem da autora em 'pegadinha'** de programa popular, sem a sua autorização" (JTJ 346/206: AP 687.034.4/0-00). No mesmo sentido: RT 928/909 (TJSP, AP 0177097-03.2008.8.26.0100);

— "compensam-se os danos morais do fabricante que teve seu **direito de identidade** lesado pela **contrafação** de seus produtos" (STJ-RDDP 77/156: 3ª T., REsp 1.032.014), "sendo prescindível que os produtos contrafeitos tenham sido expostos ao mercado. A importação de produtos identificados por marca contrafeita, ainda que não expostos ao mercado consumidor interno, encerra hipótese de dano *in re ipsa*" (STJ-3ª T., Ag em REsp 986.843-AgInt-EDcl, Min. Marco Bellizze, j. 16.5.17, DJ 26.5.17). No mesmo sentido: "Por sua natureza de bem imaterial, é ínsito que haja prejuízo moral à pessoa jurídica quando se constata o uso indevido da marca" (STJ-4ª T., REsp 1.327.773, Min. Luis Felipe, j. 28.11.17, maioria, DJ 15.2.18).

— **"Violação de correspondência.** Extrato de FGTS endereçado ao recorrente e enviado à sede da recorrida, sua ex-empregadora. Utilização da correspondência violada para instrução da defesa em reclamação trabalhista. Ofensa às garantias constitucionais do sigilo da correspondência e da proteção à intimidade. Dano moral configurado" (STJ-3ª T., REsp 1.025.104, Min. Nancy Andrighi, j. 27.4.10, DJ 13.5.10);

— "a prática de **ofensas verbais** caracteriza lesão à honra e à imagem subjetiva do ofendido, restando configurado o dano moral" (RT 871/425: TJMG, AP 1.0471.06.067611-4/001);

— os **insultos pessoais lançados por político:** "As palavras dos parlamentares que não tenham sido proferidas no exercício e nem em consequência do mandato, não estão abrangidas pela imunidade material. É que há de existir, entre a atividade de parlamentar e as declarações do congressista, nexo causal" (STF-RF 378/259: 2ª T., RE 226.643). No mesmo sentido: "Ação promovida por prefeita contra vereador. Palavras ofensivas em sessão solene. Prática não abrangida pela imunidade parlamentar. Indenização devida" (RT 867/185). Ainda: "A crítica entre políticos que desvia para ofensas pessoais, atribuindo a prática de mentir ao adversário, causa dano moral, porque mentir é conduta socialmente desabonadora. Não se deve confundir, por consequência, liberdade de expressão com irresponsabilidade de afirmação" (STJ-3ª T., REsp 801.249, Min. Nancy Andrighi, j. 9.8.07, DJU 17.9.07). Também, fazendo "distinção entre direito de crítica a fato objetivo e imputação difamatória, sem qualquer lastro em fato concreto": RT 884/111 (TJSP, AP 575.762-4). **Todavia:** "Responsabilidade civil de parlamentar por opiniões manifestadas em sua casa legislativa. Impossibilidade. Imunidade material. Art. 53 da Constituição. É absoluta a inviolabilidade dos parlamentares por quaisquer de suas opiniões, palavras e votos, quando emitidos no âmbito da casa legislativa" (STF-RT 904/177: 2ª T., Ag 681.629-AgRg). "A imunidade material, também denominada 'inviolabilidade parlamentar', é preceito de ordem pública, prevista no artigo 53, *caput*, da Constituição Federal, e exclui a possibilidade jurídica de responsabilização civil do membro do Poder Legislativo, por danos eventualmente resultantes de suas manifestações, orais ou escritas, desde que motivadas pelo desempenho do mandato (prática *in officio*) ou externadas em razão deste (prática *propter officium*)" (STJ-4ª T., REsp 734.218, Min. Luis Felipe, j. 28.6.11, DJ 5.9.11). "Dano moral. Suposta ofensa em entrevista coletiva sobre julgamento do Tribunal de origem. Alcance da imunidade parlamentar. Na hipótese, é possível considerar que o ato da recorrente compõe uma das funções legislativas, que é a função fiscalizadora, ao criticar a aplicação da lei por órgão fracionário do Tribunal de origem. Mesmo que exista dúvida em relação à manifestação da recorrente, em razão dos contornos fáticos do recurso em julgamento, deve-se privilegiar a aplicação da imunidade material parlamentar" (STJ-3ª T., REsp 1.694.419, Min. Nancy Andrighi, j. 21.8.18, DJ 14.9.18). "Dano moral. Vereador. Inviolabilidade material prevista no art. 29, VIII, da CF. Obrigação de indenizar. Inadmissibilidade. Inviolabilidade que não está restrita ao campo penal, ilidindo a responsabilidade civil. Pronunciamento do réu conexo ao exercício do mandato" (JTJ 322/2.701: AP 335.785.4/4-00);

— imputações que **extrapolam a natural exposição** a que está sujeita a **pessoa pública,** como a irresponsável atribuição a político de relacionamento extraconjugal e da consequente paternidade de uma criança fora do casamento (STJ-3ª T., REsp 1.025.047, Min. Nancy Andrighi, j. 26.6.08, DJ 5.8.08);

— a utilização de **linguagem excessiva e desnecessária por advogado** (v. art. 927, nota 5c);

— "A **apresentação de notícia-crime** perante a autoridade competente, com a respectiva indicação do acusado, constitui, em regra, exercício regular de direito e, portanto, não sujeita o denunciante à responsabilização por danos sofridos pelo acusado. Poderá o denunciante ser responsabilizado, entretanto, se o seu **comportamento doloso ou culposo** contribuiu de forma decisiva para a imputação de crime não praticado pelo acusado" (STJ-3ª T., REsp 470.365, Min. Nancy Andrighi, j. 2.10.03, DJU 1.12.03). No mesmo sentido: STJ-4ª T., REsp 1.040.096, Min. Aldir Passarinho Jr., j. 8.2.11, DJ 22.2.11. Todavia, para situações em que a notícia do delito não gera dano moral, v. nota seguinte;

— a **"matéria jornalística** fundada em inquérito policial", que leva à "quebra de sigilo judicial com a identificação dos autores" e é dotada de "conteúdo sensacionalista que lhes apontou como autores de delitos", produzindo **"ofensa à honra e à intimidade"** (JTJ 300/175, maioria). Ainda: "Matéria publicada abrangeu fato que não teve a participação do autor. Jornal deu destaque ao genitor do preso por ser este delegado de polícia. Réu rememorou episódio em que já tinha havido desfecho judicial sem nenhuma condenação ao autor. Direito de informação que não pode afetar aspectos íntimos da pessoa, inclusive abrangendo fatos fora do contexto" (JTJ 314/195: AP 309.812-4/3-00). Também condenando o órgão de imprensa em situações parecidas: RP 164/326 e RMDCPC 23/128 (TJSP, AP 498.727.4/0-00, com excelente voto vista do Des. Ênio Zuliani), RF 388/346. Todavia, para situações em que a matéria não extrapola o dever de informar e o direito à informação, v. nota seguinte. V. tb. art. 927, nota 3a. S/ matéria jornalística ofensiva e reparação do dano, v. ainda nota 4d;

— "a **notícia inverídica** veiculada pela imprensa acarreta dano moral" (STJ-3ª T., AI 721.492-AgRg, Min. Ari Pargendler, j. 24.4.07, DJU 21.5.07);

— a **ilícita escuta de conversas telefônicas** — "grampo" (RT 850/250).

Art. 186: 4. De acordo com a jurisprudência, **não configura dano moral:**

— "Para se **presumir** o dano moral pela simples comprovação do ato ilícito, esse ato deve ser objetivamente capaz de acarretar a dor, o sofrimento, a lesão aos sentimentos íntimos juridicamente protegidos. Hipótese em que, não obstante ser incontroversa a ocorrência do ato ilícito, não restou comprovado que de tal ato adveio qualquer consequência capaz de configurar o dano moral que se pretende ver reparado" (STJ-3ª T., REsp 968.762, Min. Sidnei Beneti, j. 3.6.08, DJU 20.6.08; caso de **uso fraudulento dos dados** de clientes pela instituição financeira);

— **a morte de amigo:** "Somente os parentes afetados ou abalados psicologicamente pelo evento ilícito podem postular a respectiva reparação. Ilegitimidade da autora para postular danos morais em face do falecimento dos amigos" (JTJ 319/193: AP 7.115.474-2);

— **a morte de noiva:** "Responsabilidade civil. Legitimidade para o ajuizamento de ação indenizatória de danos morais por morte. Noivo. Ilegitimidade ativa. Necessária limitação subjetiva dos autorizados a reclamar compensação. 'O noivo não possui legitimidade ativa para pleitear indenização por dano moral pela morte da noiva, sobretudo quando os pais da vítima já intentaram ação reparatória na qual lograram êxito, como no caso'" (STJ-4ª T., REsp 1.076.160, Min. Luis Felipe, j. 10.4.12, RT 924/767);

— o **abandono afetivo** do pai, por não caracterizar ato ilícito (STJ-RT 849/228: 4ª T., REsp 757.411, um voto vencido). No mesmo sentido: RT 905/249 (TJSP, AP 990.10.038606-9, maioria), RJTJERGS 283/261 (AP 70044341360).

"O mero não reconhecimento da paternidade sem que indique conduta ilícita ou mesmo intenção deliberada de prejudicar, não dá ensejo a indenização por dano moral" (JTJ 309/176). No mesmo sentido: RT 866/322, 887/241 (TJSP, AP 545.352.4/5, maioria), 925/875 (TJSP, AP 9094157-31.2008.8.26.0000). **Todavia**, entendendo possível em tese o dano moral por abandono afetivo, mas negando a indenização no caso concreto: STJ-3ª T., REsp 1.557.978, Min. Moura Ribeiro, j. 3.11.15, DJ 17.11.15; RBDFS 13/93 (TJSP, AP 410.524-4/0-00).

Negando a indenização por dano moral em razão do abandono afetivo, mas concedendo-a por conta do abandono material: RBDFS 25/99 (TJSC, AP 2011.043951-1; maioria, com comentário de Rodrigo da Cunha Pereira). Também concedendo indenização por dano moral em razão de abandono material: STJ-4ª T., REsp 1.087.561, Min. Raul Araújo, j. 13.6.17, DJ 18.8.17.

Contra: "O *non facere*, que atinge um bem juridicamente tutelado, leia-se, o necessário dever de criação, educação e companhia — de cuidado — importa em vulneração da imposição legal, exsurgindo, daí, a possibilidade de se pleitear compensação por danos morais por abandono psicológico. Apesar das inúmeras hipóteses que minimizam a possibilidade de pleno cuidado de um dos genitores em relação à sua prole, existe um núcleo mínimo de cuidados parentais que, para além do mero cumprimento da lei, garantam aos filhos, ao menos quanto à afetividade, condições para uma adequada formação psicológica e inserção social" (STJ-3ª T., REsp 1.159.242, Min. Nancy Andrighi, j. 24.4.12, um voto vencido, RT 922/511; com comentário de José Fernando Simão). No mesmo sentido: RT 934/755 (TJMG, AP 1.0144.11.001951-6/001).

"Autor abandonado pelo pai desde a gravidez da sua genitora e reconhecido como filho somente após propositura de ação judicial. Discriminação em face dos irmãos. Abandono moral e material caracterizados. Abalo psíquico" (JTJ 326/498, RBDFS 7/100 e Bol. AASP 2.575: TJSP, AP 511.903-4/7-00).

Condenando, por abandono moral e material, o genitor que se esquivava de realizar o exame de DNA na ação de investigação de paternidade: "Ação ajuizada em 21.9.98, quando a autora contava com 22 anos. Genitor que se esquivou de realizar o exame de DNA, prolongando o julgamento da lide até 2007. Conduta que configura abandono moral e material. Dever de alimentar que, em tese, se estende até os 24 anos, momento em que, em geral, os jovens concluem curso superior. Interregno de dois anos que deve ser considerado para estabelecimento do valor da indenização" (RBDFS 35/91: TJSP, AP 0006041-21.2010.8.26.0361; com comentário do Des. Jones Figueiredo Alves).

Ainda contra, em caso de adoção: "Tendo os pais adotivos abandonado o menor, devolvendo-o ao abrigo, não tendo demonstrado sequer um mínimo de esforço para se reaproximarem da criança, patente o dever de indenizar, não só porque o filho foi privado do convívio de seus pais, mas, primordialmente, de sua irmã de sangue, de quem sente muita saudade. Negligenciando os requeridos na criação e educação do adotado, mormente por terem ciência de que a adoção somente foi concedida para possibilitar o convívio entre irmãos, ferindo, assim, o princípio constitucionalmente assegurado da dignidade da pessoa humana, cabe-lhes indenizar a criança pelos danos sofridos" (RBDFS 26/110: TJMG, AP 5686482-90.2009.8.13.0702).

S/ prescrição da pretensão indenizatória nessas circunstâncias, v. art. 189, nota 6.

✎ "Responsabilidade civil por abandono afetivo: a valoração do elo perdido ou não consentido", por Lizete Peixoto Xavier Schuh (RBDF 35/53); "Família: do autoritarismo ao afeto. Como e a quem indenizar a omissão do afeto?", por Maria Isabel Pereira da Costa (RBDF 32/20 e RMDCPC 5/58); "Descumprimento do dever de convivência familiar e indenização por danos à personalidade do filho", por Cláudia Maria Silva (RBDF 25/122); "Abandono moral. Fundamentos da responsabilidade civil", por Nehemias Domingos de Melo (RSDCPC 34/31); "Da reparação do dano existencial ao filho decorrente do abandono paterno-filial", por Claudete Carvalho Canezin (RBDF 36/71); "Danos morais em família? Conjugalidade, parentalidade e responsabilidade civil", por Maria Celina Bodin de Moraes (RF 386/183); "Responsabilidade civil na relação paterno-filial", por Giselda Maria Fernandes Novaes Hironaka (RMDCPC

1/50); "Dano moral nas ações de filiação", por Lauane Gomes Braz Andrekowisk (RDPr 25/181); "Dano moral por abandono: monetarizando o afeto", por Ivone M. Candido Coelho de Souza (RBDFS 13/60); "Direito de família e responsabilidade civil", por Ênio Santarelli Zuliani (RJ-Lex 54/77, RMDCPC 45/68); "Responsabilidade civil por abandono afetivo", por Rodrigo da Cunha Pereira (RBDFS 29/5); "O princípio da solidariedade e algumas de suas aplicações ao direito de família — abandono afetivo e alimentos", por Flávio Tartuce (RBDFS 30/5, RJ-Lex 60/165);

— a mera **propositura de ação negatória de paternidade** (RJTJERGS 272/246: AP 70023551245);

— eventos atrelados a **noivado, casamento, separação ou divórcio:** "Na ruptura da relação conjugal, mesmo havendo denúncia de descumprimento dos deveres maritais, não há falar em reparação por dano moral" (RBDF 38/154).

"A traição e a geração de um filho fora do casamento, por si só, não acarretam o dever de indenização por dano moral" (RT 889/362: TJRS, AP 70026482075). No mesmo sentido: RJTJERGS 273/189 (AP 70021802244).

"O desfecho unilateral de relacionamento de sete anos, dois meses antes da data que seria a do casamento, por desamor, não constitui ato ilícito ou de ofensa ao princípio da dignidade humana, quando, como na hipótese, representou a formalização do fim de caso pelo descontentamento de uma das partes. Ocorrência usual na sociedade, criando expectativas, frustrações, alegrias e tristezas que são típicas da dinâmica da vida sentimental. Indenização impossível de ser concedida" (JTJ 329/384: AP 335.762.4/0-00). Em sentido semelhante: RT 846/252, 901/283 (TJMG, AP 1.0024.08.158.390-8/001), RBDF 36/121, RJM 185/140 (AP 1.0325.06.000495-0/001), JTJ 344/500 (AP 464.115-4/4-00), 352/496 (AP 994.05.069622-5). Ainda: "Rompimento de noivado não caracteriza, por si, ato ilícito. Indenização que somente se justifica quando o rompimento é seguido de ato ofensivo à honra do noivo abandonado" (JTJ 303/237). Também: "Frustração na expectativa de casamento não dá suporte ao dano moral. Autodeterminação deve sobressair. Vida sentimental caracteriza livre escolha. Término de relacionamamento amoroso, mesmo que cesse a alegria e origine tristeza, é insuficiente para dar amparo à verba reparatória pleiteada" (JTJ 336/345: AP 374.906-4/3-00).

Contra, em matéria de separação: "Responde pela indenização o cônjuge responsável exclusivo pela separação" (STJ-RF 363/240 e RJ 285/96: 3ª T., REsp 37.051, maioria).

✎ "Direito de família e responsabilidade civil", por Ênio Santarelli Zuliani (RJ-Lex 54/77, RMDCPC 45/68); "Esponsais: o rompimento do afeto e o dever de indenizar", por Thiago Rodovalho dos Santos (RJ-Lex 55/156);

— "o **inadimplemento do contrato,** por si só, pode acarretar danos materiais, mas, em regra, não dá margem ao dano moral, que pressupõe ofensa anormal à personalidade. Embora a inobservância das cláusulas contratuais por uma das partes possa trazer desconforto ao outro contratante — e normalmente o traz — trata-se, em princípio, do desconforto a que todos podem estar sujeitos, pela própria vida em sociedade. Com efeito, a dificuldade financeira, ou a quebra da expectativa de receber valores contratados, não tomam a dimensão de constranger a honra ou a intimidade, ressalvadas situações excepcionais" (STJ-4ª T., REsp 765.326, Min. Quaglia Barbosa, j. 28.8.07, DJU 17.9.07). No mesmo sentido: STJ-3ª T., REsp 723.729, Min. Nancy Andrighi, j. 25.9.06, DJU 30.10.06 (caso em que a seguradora não pagou o valor total previsto em lei); STJ-RT 899/131 (4ª T., REsp 795.027; "recusa da seguradora, entretanto, que se insere no âmbito da discussão do contrato, não chegando a caracterizar má-fé por parte da ré a ensejar indenização por danos morais"); STJ-3ª T., REsp 1.595.145, Min. Nancy Andrighi, j. 15.12.16, DJ 6.2.17 ("cancelamento de voo adquirido em pacote turístico"). Ainda, ponderando que a previsão de cláusula penal na avença denuncia que seu descumprimento era algo até previsto pelas partes: RT 839/346.

"O atraso na entrega de unidade imobiliária na data estipulada não causa, por si só, danos morais ao promitente-comprador" (STJ-3ª T., REsp 1.642.314, Min. Nancy Andrighi, j. 16.3.17, DJ 22.3.17). Em sentido semelhante: STJ-4ª T., Ag em REsp 677.950-AgInt, Min. Isabel Gallotti, j. 14.3.17, DJ 20.3.17. "Inocorrência de dano moral na hipótese de atraso na entrega de imóvel adquirido para fim de investimento imobiliário, em virtude da inexistência de ofensa a direito da personalidade, limitando-se a lesão ao âmbito do patrimônio da adquirente" (STJ-3ª T., REsp 1.796.760, Min. Paulo Sanseverino, j. 2.4.19, DJ 5.4.19).

"O simples descumprimento do dever legal ou contratual, por caracterizar mero aborrecimento, em princípio, não configura dano moral, salvo se da infração advém circunstância que atinja a dignidade da parte" **(Enunciado n. 25 do I Encontro JECSP,** Bol. AASP 2.554).

"A mera recusa ao pagamento de indenização decorrente de seguro obrigatório não configura dano moral" **(Enunciado n. 24 do I Encontro JECSP,** Bol. AASP 2.554).

Todavia: "Conquanto a jurisprudência do STJ seja no sentido de que o mero inadimplemento contratual não ocasiona danos morais, tal entendimento, todavia, deve ser excepcionado nas hipóteses em que da própria descrição das circunstâncias que perfazem o ilícito material é possível extrair consequências bastante sérias de cunho psicológico, que são resultado direto do inadimplemento culposo. No presente processo, o pedido de compensação por danos morais declinado pela recorrente não tem como causa o simples inadimplemento contratual, mas também o fato de a recorrida ter fechado suas instalações no local da contratação (Estado do Rio de Janeiro) sem lhe dar quaisquer explicações a respeito de seu novo endereço e/ou da não construção do imóvel. Essa particularidade é relevante, pois, após a recorrente ter frustrado o seu direito de moradia, pelo inadimplemento do contrato de compra e venda de casa pré-moldada, o descaso da recorrida agravou a situação de angústia da recorrente. A conduta da recorrida violou, portanto, o princípio da dignidade da pessoa humana, pois o direito de moradia, entre outros direitos sociais, visa à promoção de cada um dos componentes do Estado, com o insigne propósito instrumental de torná-los aptos de realizar os atributos de sua personalidade e afirmar a sua dignidade como pessoa humana. Diante dessas circunstâncias que evolveram o inadimplemento contratual, é de se reconhecer, excepcionalmente, a ocorrência de danos morais" (STJ-3ª T., REsp 1.025.665, Min. Nancy Andrighi, j. 23.3.10, DJ 9.4.10). Em sentido semelhante: STJ-4ª T., REsp 830.572, Min. Luis Felipe, j. 17.5.11, DJ 26.5.11.

"Hipótese em que foi reconhecida pelo Tribunal de origem a existência de circunstância excepcional a ensejar a reparação por danos morais — fixados em R$ 5.000,00 —, tendo em vista que a promitente compradora precisou vender a sua casa e adquirir uma menor para fazer frente às despesas que se avolumaram em razão do excessivo atraso na entrega do imóvel objeto de compra e venda, extrapolando, assim, o mero aborrecimento resultante do descumprimento contratual" (STJ-4ª T., Ag em REsp 1.559.959-AgInt, Min. Raul Araújo, j. 26.11.19, DJ 19.12.19).

"Atraso na entrega de imóvel que gera adiamento do casamento. Dano moral configurado. O fato de os recorridos terem adiado casamento — com data já marcada, e não apenas idealizada —, o que redundou na necessidade de impressão de novos convites, de escolha de novo local para a cerimônia, bem como de alteração de diversos contratos de prestação de serviços inerentes à cerimônia e à celebração, ultrapassa o simples descumprimento contratual, demonstrando fato que vai além do mero dissabor dos compradores, já que faz prevalecer os sentimentos de injustiça e de impotência diante da situação, assim como os de angústia e sofrimento" (STJ-3ª T., REsp 1.662.322, Min. Nancy Andrighi, j. 10.10.17, DJ 16.10.17).

"Quanto à entrega da unidade imobiliária em conformação distinta da contratada — já que as chaves entregues referiam-se à unidade sem vista para o mar e sem uma suíte — impossível não se reconhecer a existência de abalo moral compensável, pois ultrapassa o simples descumprimento contratual" (STJ-3ª T., REsp 1.634.751, Min. Nancy Andrighi, j. 14.2.17, DJ 16.2.17).

"Promessa de compra e venda de imóvel. Atraso na entrega. Fortuito interno. Falha geológica no terreno. Risco inerente à atividade. Dano moral. Atraso expressivo superior a dois anos. Na hipótese, o atraso de mais de dois anos na entrega do imóvel supera o mero inadimplemento contratual, devendo ser mantida a indenização por danos morais" (STJ-4ª T., Ag em REsp 941.250-AgInt, Min. Raul Araújo, j. 19.3.19, DJ 29.3.19).

"Compra e venda de imóvel. Programa 'Minha Casa, Minha Vida'. Longo atraso na conclusão da obra. Prorrogação do prazo mediante acordo homologado judicialmente. Descumprimento do acordo. Indenização por danos morais. Cabimento na espécie" (STJ-3ª T., REsp 1.818.391, Min. Paulo Sanseverino, j. 10.9.19, DJ 19.9.19);

— "o mero **atraso** na conclusão da obra" atrelada a **compromisso de compra e venda** (JTJ 309/95);

— **"cobrança indevida** feita por intermédio de cartas, sem que houvesse a negativação do nome da autora nos cadastros restritivos, não tem o condão de gerar humilhação, vexame ou abalo exacerbado e que extrapole a normalidade do cotidiano, pelo que não há falar-se em dano moral" (RF 378/311). Em sentido semelhante: STJ-3ª T., Ag em REsp 720.484-AgRg, Min. Ricardo Cueva, j. 10.5.16, DJ 16.5.16; STJ-4ª T., Ag em REsp 736.251-AgInt, Min. Antonio Ferreira, j. 7.6.16, DJ 13.6.16; STJ-2ª T., REsp 1.660.588, Min. Herman Benjamin, j. 18.4.17, DJ 2.5.17; JTJ 314/202 (AP 930.904-0/0), 329/403 (AP 7.095.043-9);

— a **cobrança excessiva de emolumentos** (v. Lei 9.492, de 10.9.97, art. 37, nota 1);

— **mero dissabor,** tal qual involuntário equívoco que obstrui a efetivação de contrato de seguro de automóvel (RSTJ 150/382); "involuntária falha no sistema *on line*" que inviabiliza a compra por cartão de crédito (STJ-4ª T., REsp 403.919, Min. Cesar Rocha, j. 15.5.03, DJU 4.8.03); desfazimento do negócio de compra e venda, ante a ausência de aval, legitimamente exigido pelo vendedor (JTJ 315/203: AP 993.718-0/0); "atraso da oficina na entrega de automóvel que lhe foi confiado para conserto" (STJ-3ª T., REsp 401.636-EDcl-AgRg, Min. Gomes de Barros, j. 25.9.06, DJU 16.10.06); desconformidade entre as informações constantes do manual do proprietário e as efetivas características do veículo (RT 856/296); aquisição de veículo que apresenta sucessivos defeitos (STJ-3ª T., REsp 628.854, Min. Castro Filho, j. 3.5.07, DJU 18.6.07); "aquisição de veículo novo com defeito" (STJ-4ª T., REsp 1.232.661-EDcl, Min. Isabel Gallotti, j. 11.12.12, DJ 4.2.13); defeito no ar-condicionado de veículo (STJ-4ª T., REsp 750.735, Min. Aldir Passarinho Jr., j. 4.6.09, um voto vencido, DJ 17.8.09); "indevido acionamento de *air bag*" (STJ-3ª T., REsp 1.329.189, Min. Nancy Andrighi, j. 13.11.12, DJ 21.11.12); lançamento indevido na fatura do cartão de crédito (RT 886/288: TJRJ, AP 2009.001.12476-AgRg); "aplicação de vacina vencida" (STJ-3ª T., Ag em REsp 869.188-AgInt-AgInt, Min. Marco Bellizze, j. 9.3.17, DJ 21.3.17). Para situações em que um fato ordinário acaba tomando proporção que extrapola a noção de mero aborrecimento, v. nota anterior;

— "a **infiltração** ocorrida **no apartamento** dos ora recorrentes" (STJ-3ª T., REsp 1.234.549, Min. Massami Uyeda, j. 1.12.11, DJ 10.2.12). No mesmo sentido: STJ-4ª T., Ag 1.331.848-AgRg, Min. Isabel Gallotti, j. 6.9.11, DJ 13.9.11;

— "Não obstante o inegável incômodo, o **envio de mensagens eletrônicas em massa — SPAM** — por si só não consubstancia fundamento para justificar a ação de dano moral, notadamente em face da evolução tecnológica que permite o bloqueio, a deletação ou simplesmente a recusa de tais mensagens" (STJ-4ª T., REsp 844.736, Min. Honildo Castro, j. 27.10.09, maioria, DJ 3.9.10);

— o simples **apontamento do título para protesto:** "A fase preliminar em cartório de protesto, iniciada com a protocolização do título ou documento de dívida pelo credor, não gera, imediatamente, a lavratura do protesto, a qual será realizada em momento posterior, franqueada ao devedor a possibilidade de pagar a dívida ou pedir judicialmente a sustação. Nessas circunstâncias, em regra, não tendo sido efetivamente lavrado ou registrado o protesto do título, descabe indenização por dano moral" (STJ-4ª T., REsp 1.005.752, Min. Luis Felipe, j. 26.6.12, DJ 2.8.12). "Se a notificação do devedor, prevista no art. 14 da Lei n. 9.492/97, for feita por portador do Tabelionato ou por correspondência, não há publicidade do apontamento do título para protesto e, por isso, não causa danos morais" (STJ-3ª T., REsp 604.620, Min. Nancy Andrighi, j. 1.9.05, um voto vencido, DJU 13.3.06). "O apontamento de título a protesto, sem qualquer publicidade nem a efetivação da medida, não acarreta danos morais, mas mero dissabor, ainda que a sustação tenha ocorrido em decorrência de ação cautelar" (RT 863/284). No mesmo sentido: JTJ 321/1.570 (AP 962.795-0/8). **Contra:** "O apontamento de título para protesto, ainda que sustada a concretização do ato por força do ajuizamento de medida cautelar pelo autor, causa alguma repercussão externa e problemas administrativos e financeiros internos, tais como necessidade de constituir, de pronto, advogado para sustar o protesto, geradores, ainda que em pequena expressão, de dano moral, que se permite, na hipótese, presumir em face de tais circunstâncias, gerando direito a ressarcimento que deve, de outro lado, ser fixado moderadamente, como na espécie o foi, evitando-se enriquecimento sem causa da parte atingida pelo ato ilícito" (STJ-4ª T., REsp 1.044.003, Min. Aldir Passarinho Jr., j. 16.6.09, DJ 4.8.09);

— a falta de **cancelamento** do registro de **protesto** após o pagamento (STJ-3ª T., AI 878.773-AgRg, Min. Sidnei Beneti, j. 11.3.08, DJU 1.4.08), providência que fica a cargo do devedor (v. Lei 9.492, de 10.9.97, art. 26, nota 1, no tít. PROTESTO DE TÍTULOS);

— "a simples **demora na baixa** do gravame **de alienação fiduciária** de veículo automotor" (STJ-3ª T., REsp 1.699.340-AgInt, Min. Marco Bellizze, j. 6.2.18, DJ 23.2.18). No mesmo sentido: STJ-4ª T., REsp 1.655.308-AgInt, Min. Antonio Ferreira, j. 10.4.18, DJ 20.4.18;

— "**bloqueio de cartão magnético clonado.** Cautela destinada a impedir a superveniência de danos ao autor e a terceiros. Incômodo que não enseja indenização. Não ocorrência de ofensa a direitos de personalidade" (JTJ 334/230: AP 1.263.926-4);

— "**transferência indevida de valor da conta corrente.** Estorno no primeiro dia útil seguinte à comunicação. Ausência de indício de ofensa a direitos da personalidade. Incômodo que não enseja indenização" (JTJ 330/449: AP 1.130.130-5);

— "a **denegação de** concessão de **financiamento** por instituição financeira não constitui, *de per si*, ato ilícito, destacadamente por configurar o mútuo um negócio jurídico cuja consolidação é antecedida de um procedimento *interna corporis* objetivo e subjetivo no âmbito do agente econômico, com inúmeras variantes a serem observadas, dentre as quais a liquidez, rentabilidade e segurança" (STJ-4ª T., REsp 1.329.927, Min. Marco Buzzi, j. 23.4.13, DJ 9.5.13);

— "Não comete ato ilícito o comerciante que, recebendo **cheque sem provisão de fundos,** encaminha o nome do emitente para cadastro de proteção ao crédito. Nada impõe ao comerciante o dever de exigir identificação do emitente de cheque, tampouco de fiscalizar se o portador do talonário é mesmo o titular da conta-corrente. Os danos causados à pessoa cujos documentos foram indevidamente utilizados por terceiro para, fraudulentamente, abrir conta-corrente em instituição financeira, não podem ser imputados ao comerciante que recebe pagamento em cheque sem provisão de fundos e encaminha o nome de quem consta no título a cadastro de inadimplentes. O comerciante, no caso, é tão vítima quanto quem perdeu os documentos" (STJ-3ª T., REsp 831.336, Min. Gomes de Barros, j. 6.3.08, DJU 1.4.08);

— "A **espera em fila** de banco, supermercado, farmácia, e em repartições públicas, dentre outros setores, em regra, é mero desconforto que não tem o condão de afetar direito da personalidade, isto é, interferir intensamente no equilíbrio psicológico do consumidor do serviço (saúde mental)" (STJ-4ª T., REsp 1.647.452, Min. Luis Felipe, j. 26.2.19, DJ 28.3.19);

— simples **deficiência do serviço telefônico** (STJ-3ª T., REsp 731.967, Min. Gomes de Barros, j. 21.11.06, DJU 4.12.06); ou mera **interrupção** deste (STJ-RF 396/401: 3ª T., REsp 846.273-AgRg; STJ-4ª T., REsp 606.382, Min. Cesar Rocha, j. 4.3.04, DJU 17.5.04);

— "Conquanto o usuário tenha resguardado o seu direito ao **fornecimento de energia** por se tratar de débito pretérito, mesmo na hipótese de ter ele fraudado o aparelho medidor, não se pode, por outro lado, prestigiá-lo com o recebimento de indenização por um suposto dano moral sofrido em razão de **suspensão do serviço** que se operou em decorrência de sua má-fé. Ou seja, o simples fato de a jurisprudência desta Corte afastar a possibilidade do corte de energia em recuperação de consumo não faturado não tem o condão de outorgar ao usuário, que furtou energia elétrica, o direito a reclamar a responsabilização da companhia fornecedora pelos danos morais eventualmente suportados" (STJ-2ª T., REsp 1.070.060, Min. Mauro Campbell, j. 19.2.09, DJ 25.3.09).

Mais amplamente, no caso de pessoa jurídica: "O mero corte no fornecimento de energia elétrica não é, a princípio, motivo para condenação da empresa concessionária em danos morais, exigindo-se, para tanto, demonstração do comprometimento da reputação da empresa. No caso, a partir das premissas firmadas na origem, não há fato ou prova que demonstre ter a empresa autora sofrido qualquer dano em sua honra objetiva, vale dizer, na sua imagem, conceito e boa fama. O acórdão recorrido firmou a indenização por danos morais com base, exclusivamente, no fato de que houve interrupção no fornecimento do serviço prestado devido à suposta fraude no medidor, que não veio a se confirmar em juízo. Com base nesse arcabouço probatório, não é possível condenar a concessionária em danos morais, sob pena de presumi-lo a cada corte injustificado de energia elétrica, com ilegítima inversão do ônus probatório" (STJ-2ª T., REsp 1.298.689, Min. Castro Meira, j. 9.4.13, DJ 15.4.13).

Negando danos morais para pessoa física em matéria de falha no fornecimento de energia: "Não obstante admitida a responsabilidade da recorrente pelo evento danoso, a fixação do dano moral está justificada somente nos supostos transtornos causados pela falta de energia elétrica em sua residência, sem ter sido traçada qualquer nota adicional que pudesse ensejar a violação de direito de personalidade a ponto de causar grave sofrimento ou angústia, que caracteriza o dano moral. Na hipótese dos autos, em razão de não ter sido invocado nenhum fato extraordinário que tenha ofendido o âmago da personalidade do recorrido, não há que se falar em abalo moral indenizável" (STJ-3ª T., REsp 1.705.314, Min. Nancy Andrighi, j. 27.2.18, DJ 2.3.18).

Todavia, v. nota anterior;

— a **frustração do consumidor** atraído por propaganda inexata, que não o alertava sobre restrição ao número de produtos adquiríveis por cada pessoa (STJ-RF 384/266: 3ª T., REsp 595.734, um voto vencido);

— a **gravidez** após a realização de cirurgia de **laqueadura** (v. art. 951, nota 6);

— o **"convite de revista** feito por vigia de supermercado a suspeito de estar levando produtos de pequeno volume sob suas vestes. Conduta feita sem alarde, em local isolado ao público e com espontânea colaboração do suspeito" (RT 848/284); "divergência no interior de estabelecimento comercial quanto ao pagamento de mercadoria" (JTJ 298/156). No mesmo sentido: RT 903/362 (TRF-2ª Reg., AP 2006.51.01.005241-0), JTJ 300/155. Todavia, para situações em que os funcionários do estabelecimento comercial extrapolam os limites do razoável nessas circunstâncias, v. nota anterior;

— "Se soa o **alarme** e não há indicação de que houve tratamento abusivo de nenhum empregado da **loja,** no caso, o segurança, sequer objeto da queixa da autora, não se pode identificar a existência de constrangimento suficiente para deferir o dano moral. Para que a indenização por dano moral seja procedente é necessário que haja alguma atitude que exponha o consumidor a uma situação de humilhação, de constrangimento, que o acórdão, neste feito, descartou por inteiro" (STJ-RJ 353/141: 3ª T., REsp 658.975). No mesmo sentido: STJ-4ª T., REsp 470.694, Min. Aldir Passarinho Jr., j. 7.2.08, DJU 10.3.08. **Contra:** "O soar de alarme antifurto em estabelecimento comercial de grande porte, chamando a atenção de todos para o cliente que portava mercadorias adquiridas, uma das quais continha etiqueta equivocadamente não destacada no caixa, acarreta dano de ordem moral" (STJ-4ª T., REsp 552.381, Min. Aldir Passarinho Jr., j. 28.9.04, DJU 27.6.05);

— "A demora eventualmente enfrentada na transposição das **portas giratórias** pelos usuários e clientes da instituição financeira, isoladamente, não gera dano moral. A ausência de prova da arrogância ou de qualquer outra conduta excessiva por parte do vigilante da CEF inviabiliza a indenização por danos morais" (RF 397/517: TRF-2ª Reg., AP 2001.51.01.023555-5). No mesmo sentido: RT 860/425, 872/217 (TJSP, AP 541.586-4/3-00), 880/321 (TRF-4ª Reg., AP 2006.71.00.030394-5), JTJ 301/192;

"Autora teve os dedos do pé lesionados ao ter sua passagem impedida pela porta giratória. Comportamento normal e esperado do equipamento, que tinha a segurança que razoavelmente dele poderia esperar o consumidor. Mecanismo de travamento que se incorporou nos usos e costumes. Inexistência de alegação de mau funcionamento ou defeito no equipamento. Equipamento que não eleva de maneira inesperada o risco oferecido aos passantes. Autora que utilizou o equipamento de forma manifestamente inadequada. Responsabilidade das instituições financeiras fica restrita ao limite do uso ordinário do equipamento. Ação improcedente" (RT 887/255: TJSP, AP 640.323.4/6-00).

Para casos em que eventos parecidos com esse deram ensejo a indenização por danos morais, v. nota anterior;

— "A **espera por atendimento em fila de banco** somente é capaz de ensejar reparação por dano moral quando for excessiva ou associada a outros constrangimentos, caso contrário configura mero dissabor. No caso dos autos, não ficou comprovada nenhuma intercorrência que pudesse abalar a honra da autora ou causar-lhe situação de dor, sofrimento ou humilhação" (STJ-4ª T., Ag em REsp 1.515.718-AgInt, Min. Raul Araújo, j. 29.10.19, DJ 21.11.19);

— a **exclusão de um dos sócios** de sociedade comercial pela vontade da maioria (JTJ 297/177);

— **"Lista elaborada por empregador** contendo informações sobre empregados e ex-empregados. Caráter privado. Primado da licitude. Ausência de circulação. Inexistência de danos a serem indenizados. É lícita a confecção por sociedade empresária de lista contendo informações sobre empregados, clientes, fornecedores e outras pessoas com quem manteve ou mantém relacionamento empresarial, desde que para uso próprio da empresa, utilização interna. A divulgação da informação interna é que pode configurar ato ilícito, quando represente ofensa à reputação do atingido, causando-lhe dano moral, passível de reparação" (STJ-4ª T., REsp 1.260.638, Min. Raul Araújo, j. 26.4.16, maioria, DJ 1.6.16);

— a "**publicação de vencimentos** de promotor de justiça via internet em site oficial do Estado" (RSDA 80/36: TJCE, AP 49147882200080600011);

— a **notícia** publicada em jornal com cunho meramente informativo, na qual ocorreu **falha** na designação da data limite para a inscrição em concurso público, em razão de mero erro de digitação, a evidenciar a ausência de dolo ou culpa (RT 867/199);

— a "**notícia** em página policial" que está "de acordo com o registro no boletim de ocorrência policial. **Exercício regular do dever de informar** e do direito à informação" (JTJ 300/181). Ainda: "Não constitui abuso da liberdade de informar o referir que familiares da vítima consideraram ter ocorrido imprudência do motorista do carro que atingiu o pedestre, apesar de o inquérito ter sido arquivado por falta de provas. Exercício regular do direito previsto no art. 220 da CF, não caracterizando, em relação ao jornal, fato produtor de dano indenizável" (RMDECC 23/136: TJSP, AP 495.178-4/2).Também não causa dano o "exercício do direito de opinião sobre assunto de interesse social" (JTJ 307/209). Em sentido semelhante: RJTJERGS 257/250, RT 861/172, 869/227, 869/229, 898/253 (TJAP, AP 0018596-30.2007.8.03.00/01). Para hipótese em que a notícia extrapolou essas noções, v. nota anterior. V. tb. arts. 188, nota 3a, e 927, nota 3a;

— "Salvo casos de má-fé, a ***notitia criminis*** levada à autoridade policial para apuração de eventuais fatos que, em tese, constituam crime, em princípio não dão azo à reparação civil, por constituir regular exercício de direito, ainda que posteriormente venha a ser demonstrada a inexistência de fato ilícito" (RSTJ 172/460, 4ª T.). "Não comete ato ilícito quem, em boa-fé, leva ao conhecimento da autoridade policial fato que, em tese, constitui crime, ainda que posteriormente o inquérito seja arquivado" (STJ-3ª T., AI 846.167-AgRg, Min. Gomes de Barros, j. 18.10.07, DJU 31.10.07). No mesmo sentido: RT 843/320, 860/339, 874/217 (TJSP, AP 527.118.4/6-00), JTJ 300/210, 333/244 (AP 348.817.4/1-00), RJM 179/189. Ainda: "Se a queixa-crime foi recebida e processada, tendo o querelado sido condenado na instância ordinária, descaracterizado está o abuso de direito, nada importando que o acórdão tenha sido cassado no STJ; a aparência do direito, reconhecida pelo tribunal local, elide a responsabilidade civil" (STJ-3ª T., REsp 701.933, Min. Ari Pargendler, j. 3.8.06, DJU 25.6.07). V. tb. art. 188, nota 3. Todavia, para situações em que a apresentação de queixa-crime é lesiva, v. nota anterior;

— "Em princípio, a **ação penal** instaurada pelo MP para apurar a existência ou autoria de um delito se traduz em legítimo exercício de direito, ainda que a pessoa denunciada venha a ser inocentada. Desse modo, para que se viabilize pedido de reparação, é necessário que o dano moral seja comprovado, mediante demonstração cabal de que a instauração do procedimento se deu de forma injusta, despropositada e de má-fé" (RSTJ 186/364, 3ª T.). Em sentido semelhante: STJ-1ª T., Ag em REsp 182.241-AgRg, Min. Ari Pargendler, j. 20.2.14, DJ 28.2.14;

— "A **representação** perante a **OAB,** ausente o propósito inequívoco de ofender, não constitui dano, mas exercício regular do direito" (RT 861/267). No mesmo sentido: RT 870/219;

— "Não há como concluir que o ato de **representar** qualquer **magistrado ao CNJ,** com fundamento em notícias circuladas em imprensa local, possa causar, por si próprio, a configuração de danos morais indenizáveis, pois o direito de petição é um direito constitucionalmente garantido e a atividade da magistratura, por sua natureza pública, está constantemente sujeita a críticas e controles" (STJ-3ª T., REsp 1.745.643, Min. Nancy Andrighi, j. 5.2.19, DJ 8.2.19);

— "Ausente demonstração de abuso da diretora de escola pública — na apuração de suposto assédio sexual envolvendo duas professoras — não se configura o alegado dano moral decorrente da discriminação em face da opção sexual. Hipótese em que resta demonstrada a atuação da diretora no exercício regular de sua função, ao instaurar o competente **processo administrativo,** atitude que inclusive evita a tomada de decisão arbitrária e a violação ao devido processo legal" (RT 868/310);

— "O **ajuizamento de ação de execução** caracteriza exercício regular de direito, não ensejando, assim, o dever de indenizar por danos morais" (STJ-4ª T., AI 652.824-AgRg, Min. Isabel Gallotti, j. 3.5.12, DJ 9.5.12);

— o ajuizamento de **reclamação trabalhista,** ausente dolo ou abuso de direito (JTJ 316/160: AP 448.895-4/5-00);

— a **decisão judicial** que "desqualifica o testemunho do autor, não o próprio" (JTJ 315/180: AP 466.643-4/8-00).

Art. 186: 4a. "O método mais adequado para um **arbitramento** razoável da indenização por dano extrapatrimonial resulta da reunião dos dois últimos critérios analisados (valorização sucessiva tanto das **circunstâncias** como do **interesse jurídico lesado).** Na primeira fase, arbitra-se o valor básico ou inicial da indenização, considerando-se o interesse jurídico lesado, em conformidade com os precedentes jurisprudenciais acerca da matéria (grupo de casos). Assegura-se, com isso, uma exigência da justiça comutativa que é uma razoável igualdade de tratamento para casos semelhantes, assim como que situações distintas sejam tratadas desigualmente na medida em que se diferenciam. Na segunda fase, procede-se à fixação definitiva da indenização, ajustando-se o seu montante às peculiaridades do caso com base nas suas circunstâncias. Partindo-se, assim, da indenização básica, eleva-se ou reduz-se esse valor de acordo com as circunstâncias particulares do caso (gravidade do fato em si, culpabilidade do agente, culpa concorrente da vítima, condição econômica das partes) até se alcançar o montante definitivo. Procede-se, assim, a um arbitramento efetivamente equitativo, que respeita as peculiaridades do caso" (STJ-3ª T., REsp 959.780, Min. Paulo Sanseverino, j. 26.4.11, DJ 6.5.11; a citação é do voto do relator).

"Critérios de quantificação da indenização que devem atender a determinados balizamentos, que obedeçam ao padrão social e cultural do ofendido, à extensão da lesão do seu direito, ao grau de intensidade do sofrimento enfrentado, às condições pessoais do devedor, ao grau de suportabilidade do encargo pelo último, sem descurar do caráter reparatório, sempre com a preponderância do bom senso e da razoabilidade do encargo" (Ajuris 76/608).

"Na fixação da indenização por danos morais, recomendável que o arbitramento seja feito com moderação, proporcionalmente ao grau de culpa, ao nível socioeconômico dos autores, e, ainda, ao porte da empresa recorrida" (RSTJ 112/216 e STJ-RF 355/201).

"A indenização deve ter conteúdo didático, de modo a coibir reincidência do causador do dano sem enriquecer injustamente a vítima" (STJ-3ª T., REsp 831.584-AgRg-EDcl, Min. Gomes de Barros, j. 24.8.06, DJU 11.9.06).

"Na fixação da indenização por danos morais, recomendável que o arbitramento seja feito caso a caso e com moderação, proporcionalmente ao grau de culpa, ao nível socioeconômico do autor, e, ainda, ao porte da empresa, orientando-se o juiz pelos critérios sugeridos pela doutrina e jurisprudência, com razoabilidade, valendo-se de sua experiência e bom senso, atento à realidade da vida e às peculiaridades de cada caso, de modo que, de um lado, não haja enriquecimento sem causa de quem recebe a indenização e, de outro, haja efetiva compensação pelos danos morais experimentados por aquele que fora lesado" (STJ-2ª Seção, REsp 1.374.284, Min. Luis Felipe, j. 27.8.14, DJ 5.9.14).

"Se uma determinada lesão a bem jurídico atinge mais de uma pessoa e se cada pessoa pleiteou em processo autônomo a reparação de seus direitos, é importante que na fixação do montante da indenização os precedentes específicos já exarados sejam tomados em consideração, em nome do princípio da segurança jurídica, ainda que não provenientes do STJ. É critério razoável, nesse sentido, o do estabelecimento da média das indenizações já fixadas para se encontrar a justa reparação do dano moral causado" (STJ-3ª T., REsp 1.245.527, Min. Nancy Andrighi, j. 14.2.12, DJ 24.2.12).

À luz dessas premissas, **o STJ tem fixado os seguintes valores nas situações mais comuns de indenização por dano moral:**

a) Morte de filho: R$ 1.000.000,00 (aproximadamente 2.150 salários mínimos na época) para a mãe (STJ-3ª T., REsp 1.036.485-EDcl, Min. Nancy Andrighi, j. 12.5.09, DJ 25.5.09); 1.000 salários mínimos para a mãe (STJ-RT 866/152: 4ª T., REsp 737.918; caso especial: vítima estuprada antes da morte); 500 salários mínimos para cada um dos genitores (STJ-4ª T., REsp 745.710, Min. Jorge Scartezzini, j. 5.12.06, dois votos vencidos, DJU 9.4.07); R$ 400.000,00 (aproximadamente 419 salários mínimos na época) para cada um dos genitores (STJ-1ª T., Ag em REsp 401.519-AgInt, Min. Gurgel de Faria, j. 17.5.18, DJ 23.5.18); R$ 200.000,00 (aproximadamente 667 salários mínimos na época) para os pais (STJ-3ª T., REsp 659.420, Min. Nancy Andrighi, j. 15.12.05, DJU 1.2.06); R$ 150.000,00 (500 salários mínimos na época) para os pais (STJ-4ª T., REsp 703.878, Min. Jorge Scartezzini, j. 16.8.05, DJU 12.9.05); 500 salários mínimos, sendo 250 para cada um dos genitores (STJ-4ª T., REsp 565.290, Min. Cesar Rocha, j. 10.2.04, DJU 21.6.04); 300 salários mínimos para a mãe (STJ-2ª Seção, ED no REsp 435.157, Min. Gomes de Barros, j. 9.6.04, DJU 28.6.04); R$ 72.000,00 (300 salários mínimos na época) para os pais (STJ-4ª T., REsp 493.453, Min. Ruy Rosado de Aguiar, j. 24.6.03, DJU 25.8.03); 200 salários mínimos para os pais (STJ-1ª T., REsp 419.206, Min. Garcia Vieira, j. 27.8.02, DJU 21.10.02); R$ 60.000,00 (aproximadamente 63 salários mínimos na época) para a mãe (STJ-2ª T., Ag em REsp 812.782-AgInt, Min. Og Fernandes, j. 17.10.18, DJ 23.10.18);

— morte de pessoa casada ou em união estável ou de pessoa com filhos: R$ 1.000.000,00 (aproximadamente 2.150 salários mínimos na época) para cada filho (STJ-3ª T., REsp 1.036.485-EDcl, Min. Nancy Andrighi, j. 12.5.09, DJ 25.5.09; no caso, os filhos perderam o pai e a mãe no evento danoso); 300 salários mínimos para o cônjuge e para cada um dos dois filhos, totalizando 900 salários mínimos (STJ-1ª T., Ag em REsp 1.063.319-AgInt, Min. Regina Costa, j. 3.4.18, maioria, DJ 5.6.18); 700 salários mínimos, sendo 200 para o cônjuge e 125 para cada um dos quatro filhos (STJ-RT 866/154: 4ª T., REsp 753.634); R$ 300.000,00 para a esposa e R$ 300.000,00 para o filho, totalizando aproximadamente 629 salários mínimos na época (STJ-3ª T., REsp 1.422.873, Min. Ricardo Cueva, j. 13.3.18, DJ 20.3.18); 600 salários mínimos, a serem divididos igualmente pelos quatro autores, cônjuge e três filhos do falecido (STJ-4ª T., REsp 468.934, Min. Fernando Gonçalves, j. 20.5.04, DJU 7.6.04); R$ 180.000,00 (600 salários mínimos na época), sendo R$ 72.000,00 (240 salários mínimos na época) para o cônjuge e R$ 36.000,00 (120 salários mínimos na época) para cada um dos três filhos (STJ-4ª T., REsp 687.567, Min. Cesar Rocha, j. 28.6.05, um voto vencido, DJU 13.3.06); 500 salários mínimos a serem igualmente divididos pelos seis autores, cônjuge e cinco filhos do falecido (STJ-4ª T., AI 727.915-AgRg, Min. Aldir Passarinho Jr., j. 18.5.06, DJU 26.6.06); 300 salários mínimos, sendo 100 para a companheira e 200 para a filha (STJ-2ª T., REsp 515.037, Min. Franciulli Netto, j. 4.9.03, DJU 3.11.03); 150 salários mínimos para cada um dos dois filhos (STJ-2ª T., REsp 1.090.861, Min. Castro Meira, j. 21.5.09, DJ 1.6.09); 100 salários mínimos, para o cônjuge e seus três filhos (STJ-3ª T., REsp 435.719, Min. Nancy Andrighi, j. 19.9.02, DJU 11.11.02).

Ponderação de caráter geral: "Em se tratando de danos morais decorrentes da perda de um ente querido, a condição socioeconômica da vítima ou do beneficiário não é critério para a fixação do valor da compensação; porque, seja qual for a condição socioeconômica da vítima ou do beneficiário, a situação fática que causa dano moral é a mesma para qualquer ser humano, qual seja a perda de uma pessoa querida. Deve-se levar em conta essencialmente a extensão do dano consistente no sofrimento e no abalo psicológico causado pelo falecimento" (STJ-RDDP 53/128: 3ª T., REsp 660.267).

Mais uma: "O sofrimento pela morte de parente é disseminado pelo núcleo familiar, como em força centrífuga, atingindo cada um dos membros, em gradações diversas, o que deve ser levado em conta pelo magistrado para fins de arbitramento do valor da reparação do dano moral" (STJ-2ª T., REsp 1.101.213, Min. Castro Meira, j. 2.4.09, DJ 27.4.09). No caso, afirmou-se o seguinte: "a condenação ao pagamento de danos morais no valor de R$ 114.000,00 para cada um dos pais, correspondendo à época a 300 salários mínimos e de R$ 80.000,00 para cada um dos dois avós não é exorbitante nem desproporcional à ofensa sofrida pelos recorridos, que perderam filha e neta menor".

"Ação reparatória. Danos morais. Acidente de helicóptero que culminou na morte de parente próximo dos embargantes: pai e esposo/companheiro. Fixação da quantia indenizatória de forma global, por núcleo familiar, que trata de forma diferenciada parentes que se encontram substancialmente na mesma situação. Metodologia individual, para fins de estipulação dos danos morais reparatórios, que melhor se coaduna com o teor de uma justa indenização para os familiares embargantes. A fixação de valor reparatório global por núcleo familiar — nos termos do acórdão embargado — justificar-se-ia apenas se a todos os lesados (que se encontram em idêntica situação, diga-se de passagem) fosse conferido igual tratamento, já que inexistem elementos concretos, atrelados a laços familiares ou afetivos, que fundamentem a discriminação a que foram submetidos os familiares de ambas as vítimas.

No caso em exame, não se mostra equânime a redução do valor indenizatório, fixado para os embargantes, tão somente pelo fato de o núcleo familiar de seu parente falecido ser mais numeroso" (STJ-Corte Especial, ED no REsp 1.127.913, Min. Napoleão Maia Filho, j. 4.6.14, maioria, RT 949/328).

Caso em que se levou em conta a condição econômica do causador da morte de um filho para fixar para a mãe indenização no valor de R$ 35.000,00 (aproximadamente 68 salários mínimos na época): STJ-3ª T., REsp 1.069.288, Min. Massami Uyeda, j. 14.12.10, DJ 4.2.11.

"Embora não configurada culpa concorrente, não se pode ignorar que o evento danoso resultou da prática de atividade reconhecidamente de risco a que a vítima, de livre vontade, se propôs. As circunstâncias do evento devem ser consideradas no arbitramento da indenização e, no caso, tendo-se em conta a singeleza das associações rés, a regional e a nacional, e os riscos inerentes à prática de voo em asa delta (voo livre), mostra-se razoável a redução do valor da reparação por dano moral para R$ 40.000,00 para cada um dos dois autores" (STJ-4ª T., REsp 1.366.621-AgInt, Min. Raul Araújo, j. 27.8.19, DJ 30.9.19; a indenização equivale a aproximadamente 40 salários mínimos na época para cada genitor).

b) Lesões físicas graves, que, em regra, causam incapacidade total e permanente para o trabalho: R$ 1.140.000,00 (3.000 salários mínimos na época — STJ-RF 395/401: 3ª T., REsp 951.514; caso de vítima tetraplégica); R$ 800.000,00 (aproximadamente 1.927 salários mínimos na época — STJ-3ª T., REsp 1.011.437, Min. Nancy Andrighi, j. 24.6.08, DJ 5.8.08; caso de vítima de 19 anos que sofreu queimaduras de terceiro grau em 30% de seu corpo e amputação do braço direito e da genitália, que ainda recebeu mais R$ 400.000,00 a título de dano estético); R$ 360.000,00 (aproximadamente 947 salários mínimos na época — STJ-1ª T., AI 853.854-AgRg, Min. Denise Arruda, j. 5.6.07, DJU 29.6.07; caso de vítima tetraplégica e em estado vegetativo); 570 salários mínimos (STJ-3ª T., AI 469.137-AgRg, Min. Menezes Direito, j. 8.5.03, DJU 16.6.03; caso de queimadura, que resultou na amputação de parte das mãos e dos pés); 500 salários mínimos (STJ-2ª T., REsp 1.024.693, Min. Eliana Calmon, j. 6.8.09, DJ 21.8.09; caso de pais de filho portador de deficiência mental irreversível); R$ 100.000,00 (aproximadamente 385 salários mínimos na época — STJ-RTDC 25/175: 3ª T., REsp 473.085, dois votos vencidos; caso em que a vítima de acidente ficou tetraplégica).

Diferenciando a indenização para a vítima da lesão grave da indenização para os familiares da pessoa morta: "Quando se indeniza um familiar em decorrência do evento morte, o dano que se visa a reparar é o do sofrimento pela perda de um terceiro, e não a morte, propriamente dita. Já na tetraplegia, é a própria vítima que se busca indenizar" (STJ-RF 395/401: 3ª T., REsp 951.514). No mesmo sentido: STJ-4ª T., REsp 1.281.742, Min. Marco Buzzi, j. 13.11.12, DJ 5.12.12.

Em sentido semelhante: "Morte do filho no parto, por negligência médica, embora ocasione dor indescritível aos genitores, é evidentemente menor do que o sofrimento diário dos pais que terão de cuidar sempre do filho inválido, portador de deficiência mental irreversível" (STJ-2ª T., REsp 1.024.693, Min. Eliana Calmon, j. 6.8.09, DJ 21.8.09).

"À luz do art. 944, *caput*, do Código Civil, se a extensão do dano é mesmo a medida da indenização — nesta incluída a pretensão dissuasória e educativa da responsabilidade civil —, difícil imaginar prejuízo pessoal mais extenso, em todos os sentidos, do que paraplegia permanente, sobretudo se jovem a vítima e provocada por agente policial, representante direto do Estado, que a cada cidadão incumbe proteger. Trata-se de lesão incapacitante, substancial e irreversível que, além de suas dramáticas repercussões físicas e mentais, fulmina de frente o bem fundamental da liberdade, o direito de ir e vir. Daí equivaler, *mutatis mutandis*, a extrajudicialmente condenar inocente à prisão perpétua com tortura incessante. Embora muitos, com admirável perseverança e esforço, consigam superar as múltiplas adversidades da paralisia, outros tantos definham no corpo e no espírito. Entre os mais sofredores, não é incomum se reclamar ser a paraplegia pior do que a morte. É que esta põe termo à dor, enquanto aquela dá início a uma nova vida de padecimento sem fim, uma existência de imobilidade, dependência, frustrações, angústias, comprometimento da autoestima, efeitos colaterais e complicações sem perspectiva de final feliz" (STJ-2ª T., REsp 1.880.076, Min. Herman Benjamin, j. 1.9.20, DJ 1.10.20);

— lesões físicas razoáveis, causadoras de sequelas e de incapacidade parcial para o trabalho: R$ 360.000,00 (aproximadamente 497 salários mínimos na época — STJ-3ª T., REsp 1.345.471-AgRg-EDcl, Min. Nancy Andrighi, j. 11.2.14, DJ 24.2.14; caso de vítima de 8 anos que teve uma perna amputada); R$ 200.000,00 (aproximadamente 392 salários mínimos na época — STJ-3ª T., REsp 808.601, Min. Sidnei Beneti, j. 12.8.10, DJ 30.8.10; caso de "remoção de um dos olhos e perda de movimentos de um dos braços"); 300 salários mínimos (STJ-2ª T., REsp 343.904, Min. Eliana Calmon, j. 1.10.02, DJU 24.2.03; caso de cegueira de um olho da vítima); R$ 54.000,00 (aproximadamente 225 salários mínimos na época — STJ-3ª T., AI 480.836-AgRg, Min. Castro Filho, j. 9.9.03, DJU 29.9.03; hipótese em que ocorreu cegueira de um olho e deformidade no rosto); R$ 100.000,00 (aproximadamente 215 salários mínimos na época — STJ-4ª T., REsp 799.220, Min. Aldir Passarinho Jr., j. 19.5.09, DJ 8.6.09; no caso, foram amputados por esmagamento três dedos da mão direita da vítima); 200 salários mínimos (STJ-3ª T., AI 479.935-AgRg, Min. Menezes Direito, j. 22.5.03, DJU 30.6.03; hipótese em que houve amputação de dois terços da mão esquerda, ocasionando perda do movimento de pinça); R$ 50.000,00 (aproximadamente 167 salários mínimos na época — STJ-3ª T., REsp 173.927, Min. Pádua Ribeiro, j. 19.5.05, DJU 1.7.05; hipótese em que houve a perda do pé esquerdo de menor por esmagamento); 100 salários mínimos (STJ-2ª T., REsp 509.362, Min. Franciulli Netto, j. 26.6.03, DJU 22.9.03; caso de cegueira de um olho da vítima);

— lesões físicas de pequena monta, que não deixam sequelas e ocasionam incapacidade apenas temporária para o trabalho: R$ 6.000,00 (25 salários mínimos na época — STJ-3ª T., REsp 453.874, Min. Pádua Ribeiro, j. 4.11.03, DJU 1.12.03); 20 salários mínimos (STJ-3ª T., REsp 488.024, Min. Pádua Ribeiro, j. 22.5.03, um voto vencido, DJU 4.8.03).

c) Devolução indevida de **cheque** pelo banco e consequente encerramento da conta-corrente, sem a inscrição do nome do autor nos cadastros de restrição de crédito: R$ 5.000,00 (STJ-4ª T., REsp 577.898, Min. Cesar Rocha, j. 4.12.03, DJU 14.6.04);

— havendo devolução indevida de cheque e inscrição do nome do autor nos cadastros de proteção ao crédito: 50 salários mínimos (STJ-4ª T., REsp 527.414, Min. Barros Monteiro, j. 25.11.03, DJU 16.2.04); R$ 10.000,00 para cada autor (STJ-4ª T., REsp 409.451, Min. Ruy Rosado de Aguiar, j. 6.8.02, DJU 24.2.03); R$ 6.000,00 (STJ-4ª T., REsp 651.443, Min. Jorge Scartezzini, j. 9.11.04, DJU 6.12.04). Apresentação de cheque pré-datado pela empresa credora antes do prazo ajustado, acarretando a sua devolução: 50 salários mínimos (STJ-3ª T., REsp 213.940, Min. Eduardo Ribeiro, j. 29.6.00, DJU 21.8.00);

— fornecimento indevido de talão de cheques, "levando em consideração que se trata de senhora idosa, com problemas de saúde, que foi submetida à investigação policial": 100 salários mínimos (STJ-2ª T., REsp 474.786, Min. Eliana Calmon, j. 1.4.04, DJU 7.6.04). Extravio de folhas de cheque e posterior inscrição em cadastro de proteção ao crédito: 30 salários mínimos (STJ-4ª T., REsp 556.031, rel. Min. Barros Monteiro, j. 27.9.05, DJU 7.11.05).

d) Inscrição indevida do nome do autor em **cadastros restritivos de crédito:** 50 salários mínimos (STJ-3ª T., AI 562.568-AgRg, rel. Min. Pádua Ribeiro, j. 6.5.04, DJU 7.6.04; STJ-3ª T., REsp 648.486-EDcl-AgRg, rel. Min. Nancy Andrighi, j. 28.6.05, DJU 1.8.05); R$ 20.000,00 (STJ-4ª T., REsp 623.776, Min. Luis Felipe, j. 25.5.10, DJ 8.6.10); R$ 12.000,00 (STJ-3ª T., AI 639.277-AgRg, rel. Min. Menezes Direito, j. 9.5.06, DJU 28.8.06); R$ 10.000,00 (STJ-4ª T., REsp 679.166, rel. Min. Jorge Scartezzini, j. 26.4.05, DJU 23.5.05); R$ 6.000,00 (STJ-4ª T., REsp 575.166, rel. Min. Fernando Gonçalves, j. 18.3.04, DJU 5.4.04); R$ 5.000,00 (STJ-3ª T., REsp 303.888, rel. Min. Castro Filho, j. 22.11.03, DJU 28.6.04; STJ-4ª T., Ag em REsp 1.474.388-AgInt, Min. Raul Araújo, j. 20.8.19, DJ 9.9.19); R$ 3.000,00 (STJ-4ª T., REsp 588.572, rel. Min. Barros Monteiro, j. 20.10.05, DJU 19.12.05); R$ 1.000,00 (STJ-4ª T., REsp 760.841, rel. Min. Jorge Scartezzini, j. 28.3.06, DJU 8.5.06);

— manutenção do nome do autor em cadastros de restrição do crédito, mesmo após a quitação da dívida: R$ 500,00 (STJ-4ª T., REsp 777.004, rel. Min. Jorge Scartezzini, j. 7.2.06, DJU 6.3.06); R$ 2.000,00 (STJ-4ª T., REsp 581.814, rel. Min. Aldir Passarinho Jr., j. 2.12.04, DJU 4.4.05); R$ 3.000,00 (STJ-4ª T., REsp 299.456, rel. Min. Aldir Passarinho Jr., j. 19.12.02, DJU 2.6.03); R$ 6.000,00 (STJ-4ª T., REsp 511.921, rel. Min. Aldir Passarinho Jr., j. 9.3.04, DJU 12.4.04). Manutenção do nome do autor em cadastro de inadimplentes após a quitação do débito, havendo outros registros em seu nome: R$ 500,00 (STJ-3ª T., REsp 437.234, rel. Min. Nancy Andrighi, j. 19.8.03, DJU 29.9.03); R$ 3.000,00 (STJ-3ª T., REsp 718.618, rel. Min. Pádua Ribeiro, j. 24.5.05, DJU 20.6.05);

— protesto indevido de título: R$ 20.000,00 (STJ-3ª T., REsp 792.051, Min. Sidnei Beneti, j. 27.5.08, DJU 20.6.08); 50 salários mínimos (STJ-4ª T., REsp 503.892, Min. Aldir Passarinho Jr., j. 5.2.04, DJU 15.3.04); 20 salários mínimos (STJ-4ª T., REsp 575.624, Min. Cesar Rocha, j. 10.2.04, DJU 2.8.04); R$ 1.000,00 (STJ-4ª T., REsp 873.922, Min. Jorge Scartezzini, j. 14.11.06, DJU 11.12.06).

Em todos esses casos, é pertinente a seguinte ponderação: "Critério indenizatório de multiplicação do valor dos títulos por determinado fator que se revela inadequado, por aleatório" (STJ-4ª T., REsp 586.615, Min. Aldir Passarinho Jr., j. 7.11.06, DJU 11.12.06).

Outra ponderação pertinente: "O curto lapso de permanência da inscrição indevida em cadastro restritivo, apesar de não afastar o reconhecimento dos danos morais suportados, deve ser levado em consideração na fixação do valor da reparação" (STJ-3ª T., REsp 994.253, Min. Nancy Andrighi, j. 15.5.08, DJ 24.11.08).

Diretriz firmada pelo STJ: "A existência de outros apontamentos de débito não afasta o dever de indenizar, mas deve refletir sobre a fixação do valor da indenização" (STJ-4ª T., REsp 540.944, Min. Jorge Scartezzini, j. 17.8.04, DJU 17.12.04). No mesmo sentido: STJ-3ª T., REsp 688.547, Min. Menezes Direito, j. 28.11.06, DJU 26.3.07.

e) Acusação indevida de furto em loja de roupas, havendo condução do acusado à delegacia de polícia: R$ 20.000,00 (STJ-4ª T., AI 566.114-AgRg, rel. Min. Barros Monteiro, j. 4.5.04, negaram provimento, v.u., DJU 2.8.04, p. 407).

Ponderação no sentido de que "a conduta cautelosa da empresa ré no caso" implica redução do valor da indenização: STJ-3ª T., REsp 1.073.502-AgRg, Min. Sidnei Beneti, j. 19.2.09, DJ 9.3.09 (no caso, a indenização caiu de R$ 10.000,00 para R$ 3.000,00).

— **falso disparo de alarme antifurto** em estabelecimento comercial: R$ 2.000,00 (STJ-4ª T., REsp 710.876, rel. Min. Fernando Gonçalves, j. 12.12.05, deram provimento, v.u., DJU 1.2.06, p. 566); 10 salários mínimos (STJ-4ª T., REsp 552.381, rel. Min. Aldir Passarinho Jr., j. 28.9.04, deram provimento parcial, v.u., DJU 27.6.05, p. 402);

— **constrangimento** a que foi exposto o autor ao ser barrado em porta giratória de estabelecimento bancário, além de disparo de alarme sonoro: R$ 10.000,00 (STJ-3ª T., REsp 504.144, rel. Min. Nancy Andrighi, j. 6.6.03, deram provimento, v.u., DJU 30.6.03, p. 249);

— prisão indevida do autor, "por **erro judiciário** ou permanência do preso por tempo superior ao determinado na sentença": R$ 30.000,00 (STJ-1ª T., REsp 434.970, rel. Min. Luiz Fux, j. 26.11.02, negaram provimento, v.u., DJU 16.12.02, p. 257).

"O tempo de duração da prisão indevida é fator influente ao cálculo da compensação por danos morais. Considerado que pelo tempo de cárcere, aproximadamente sete horas, a fixação do dano moral em 200 salários mínimos é exorbitante, devendo ser reduzida para a quantia de R$ 10.000,00" (STJ-2ª T., REsp 1.209.341, Min. Humberto Martins, j. 21.10.10, DJ 9.11.10). Ulteriormente, em situação bastante semelhante, a mesma 2ª Turma fixou a indenização em R$ 50.000,00 (STJ-2ª T., REsp 1.147.513, Min. Herman Benjamin, j. 17.8.10, maioria, DJ 28.4.11);

— **exercício irregular do direito de ação,** com busca e apreensão de veículo alienado fiduciariamente, sob o fundamento de suposta inadimplência do autor: redução de R$ 173.067,00 para R$ 13.000,00 (STJ-4ª T., REsp 565.427, rel. Min. Cesar Rocha, j. 15.6.04, deram provimento parcial, v.u., DJU 11.10.04, p. 341).

f) Divulgação, através da **imprensa,** de notícias e matérias caluniosas e ofensivas à **honra da vítima:** R$ 20.000,00 (STJ-3ª T., REsp 1.129.256, Min. Nancy Andrighi, j. 12.8.10, DJ 19.8.10; aproximadamente 39 salários mínimos na época); 200 salários mínimos (STJ-4ª T., REsp 448.604, rel. Min. Aldir Passarinho Jr., j. 6.11.03, DJU 25.2.04, p. 180; STJ-4ª T., REsp 243.093, rel. Min. Sálvio de Figueiredo, j. 14.3.00, DJU 18.9.00, p. 135); 300 salários mínimos (STJ-4ª T., REsp 448.604, rel. Min. Aldir Passarinho Jr., j. 6.11.03, DJU 25.2.04, p. 180; STJ-2ª T., REsp 575.023, rel. Min. Eliana Calmon, j. 27.4.04, DJU 21.6.04, p. 204); 400 salários mínimos (STJ-4ª T., REsp 72.343, rel. Min. Aldir Passarinho Jr., j. 16.8.01, um voto vencido, DJU 4.2.02, p. 363); 500 salários mínimos (STJ-4ª T., REsp 513.057, rel. Min. Sálvio de Figueiredo, j. 18.9.03, DJU 18.9.03, p. 484).

g) Utilização de **imagem** do autor sem sua autorização: R$ 50.000,00 (STJ-2ª Seção, ED no REsp 230.268, rel. Min. Sálvio de Figueiredo, j. 11.12.02, três votos vencidos. DJU 4.8.03, p. 216);

— falsificação e comercialização indevida de produtos do autor (titular da marca): R$ 25.000,00 para cada autor (STJ-3ª T., REsp 466.761, rel. Min. Nancy Andrighi, j. 3.4.03, DJU 4.8.03, p. 295).

h) Recusa indevida de **cobertura de seguro ou plano de saúde:** R$ 150.000,00 (STJ-RT 891/274: 3ª T., REsp 1.119.962; caso em que a demora da seguradora no fornecimento da cobertura resultou na morte do segurado); R$ 50.000,00 (STJ-4ª T., REsp 880.035, Min. Jorge Scartezzini, j. 21.11.06, DJU 18.12.06; STJ-RDPr 38/363: 3ª T., REsp 918.392); R$ 30.000,00 (STJ-3ª T., REsp 313.914, Min. Ari Pargendler, j. 13.2.07, DJU 21.5.07); R$ 20.000,00 (STJ-3ª T., REsp 657.717, Min. Nancy Andrighi, j. 23.11.05, DJU 12.12.05); R$ 12.000,00 (STJ-3ª T., REsp 1.235.714, Min. Nancy Andrighi, j. 22.5.12, DJ 29.5.12); R$ 10.000,00 (STJ-3ª T., REsp 1.035.641, Min. Nancy Andrighi, j. 22.6.10, DJ 3.8.10); R$ 3.000,00 (STJ-3ª T., REsp 1.096.560-EDcl-AgRg, Min. Sidnei Beneti, j. 6.8.09, DJ 23.10.09).

"O arbitramento da indenização em valor correspondente ao décuplo do valor dos materiais utilizados na cirurgia, entretanto, não guarda relação de razoabilidade ou proporcionalidade, devendo ser reduzido" (STJ-3ª T., REsp 1.289.998, Min. Nancy Andrighi, j. 23.4.13, DJ 2.5.13). No caso, reduziu-se o valor da indenização de R$ 46.000,00 para R$ 20.000,00.

i) Cobrança indevida em operação com cartão de crédito: redução para 50 salários mínimos (STJ-4ª T., REsp 467.213, rel. Min. Fernando Gonçalves, j. 3.2.04, DJU 16.2.04, p. 260).

"Contrato de cartão de crédito. Inexistência de contratação. Reiteração por 47 vezes de cobrança indevida. Responsabilização da empresa comercial. Possibilidade. Configurado o dano moral é possível a excepcional revisão do valor da condenação por meio do especial para adequação do 'quantum' excessivo" (STJ-3ª T., Ag em REsp 509.257-AgRg, Min. Moura Ribeiro, j. 23.9.14, DJ 26.9.14). Do voto do relator: "Consideradas as circunstâncias do caso, a ausência de negativação e as condições econômicas das partes, se justifica a excepcional intervenção por meio do especial para reformar o acórdão estadual e reduzir o valor indenizatório para R$ 8.000,00".

j) Extravio de bagagens e atraso de 10 horas de voo internacional: redução para R$ 3.000,00 (STJ-4ª T., REsp 602.014, rel. Min. Cesar Rocha, j. 18.12.03, DJU 14.6.04, p. 237);

— extravio de bagagens em viagem internacional: R$ 20.000,00 (STJ-3ª T., AI 574.867-AgRg, Min. Nancy Andrighi, j. 14.6.04, DJU 28.6.04); R$ 18.000,00 (STJ-3ª T., AI 538.459-AgRg, Min. Nancy Andrighi, j. 6.11.03, DJU 9.12.03). Em viagem nacional: 50 salários mínimos (STJ-4ª T., REsp 156.240, Min. Ruy Rosado de Aguiar, j. 23.11.00, DJU 12.2.01);

— atraso de 8 horas no voo nacional de ida, com pernoite no aeroporto, e 4 horas no voo de volta: R$ 10.000,00 (STJ-3ª T., REsp 1.280.372, Min. Ricardo Cueva, j. 7.10.14, DJ 10.10.14); atraso de 16 horas em voo internacional e pernoite no aeroporto: R$ 8.000,00 por autor (STJ-4ª T., REsp 740.968, Min. Aldir Passarinho Jr., j. 11.9.07, DJU 12.11.07); atraso de, pelo menos, 36 horas em voo internacional, com imprevista conexão em país para o qual os viajantes não possuíam visto de entrada: R$ 6.000,00 (STJ-4ª T., REsp 628.828, Min. Cesar Rocha, j. 20.4.04, DJU 4.10.04; no caso, considerou-se também a ocorrência de *overbooking*); R$ 5.000,00 (STJ-4ª T., REsp 575.486, Min. Cesar Rocha, j. 3.2.04, DJU 21.6.04); atraso de 25 horas em voo internacional, mas sem "ocorrência de maiores transtornos": R$ 2.500,00 por autor (STJ-4ª T., REsp 478.281-AgRg, Min. Cesar Rocha, j. 21.8.03, DJU 28.10.03); atraso de mais de vinte e quatro horas em voo internacional: 332 Depósitos Especiais de Saque, resultantes da conversão de 5.000 francos *poincaré* (STJ-4ª T., REsp 228.684, Min. Fernando Gonçalves, j. 3.8.04, DJU 16.8.04).

Ponderando que "o suporte oferecido pela empresa recorrente para minimizar os transtornos e constrangimentos sofridos pelos autores" implica redução do valor da indenização: STJ-3ª T., AI 1.070.474-AgRg, Min. Sidnei Beneti, j. 19.2.09, DJ 9.3.09 (no caso, a indenização foi reduzida de R$ 12 000,00 para R$ 3.000,00).

— prática de ***overbooking***: R$ 13.000,00 (STJ-4ª T., AI 720.055-AgRg, Min. Luis Felipe, j. 27.10.09, DJ 16.11.09); R$ 6.000,00 (STJ-4ª T., AI 581.787-AgRg, rel. Min. Barros Monteiro, j. 6.10.05, negaram provimento, v.u., DJU 19.12.05, p. 416); R$ 5.000,00 (STJ-4ª T., REsp 773.486, rel. Min. Fernando Gonçalves, j. 27.9.05, DJU 17.10.05, p. 315);

Art. 186: 4b. **Não se admite a fixação da indenização por dano moral em salários mínimos:** "A indenização por dano moral não pode ser fixada em salários mínimos, pois a isso se opõe a CF 7º-IV" (STF-RJ 273/84: 1ª T., RE 225.488). "Não se pode utilizar o salário mínimo como fator de indexação do montante estabelecido a título de indenização por dano moral" (STJ-3ª T., REsp 1.245.527, Min. Nancy Andrighi, j. 14.2.12, DJ 24.2.12). No mesmo sentido: STJ-4ª T., REsp 567.844, Min. Jorge Scartezzini, j. 5.10.04, DJU 6.12.04; RJTJERGS 269/302 (AP 70023210651).

Contra: "Indenização por dano moral. Possível a fixação em salários mínimos, a prudente arbítrio do julgador" (STJ-RJTJERGS 218/33: 4ª T., AI 261.760-AgRg). No mesmo sentido: STJ-1ª T., REsp 474.986, Min. José Delgado, j. 10.12.02, DJU 24.2.03; STJ-2ª T., REsp 236.066, Min. Franciulli Netto, j. 4.9.03, DJU 3.11.03; STJ-3ª T., REsp 149.161, Min. Menezes Direito, j. 15.10.98, DJU 19.4.99; JTJ 332/503 (AP 568.182-4/7-00), 348/196 (AP 1.176.336-3; v. p. 199).

Mas, admite-se que o valor do salário mínimo oriente a fixação da indenização, servindo como parâmetro para esta: "Considerando que o salário mínimo tem servido de base para o cálculo de danos morais e estéticos, cumpre ao STJ, na condição de uniformizador da jurisprudência infraconstitucional pátria, manter-se atento à evolução da referida verba, em termos nominais e reais, para que a sua utilização como parâmetro indenizatório não implique distorções" (STJ-3ª T., REsp 1.345.471-AgRg-EDcl, Min. Nancy Andrighi, j. 11.2.14, DJ 24.2.14).

V. tb. LCM 1º, nota 4-Salário mínimo como parâmetro para a indenização.

Art. 186: 4c. "O fato de a Convenção de Varsóvia revelar, como regra, a indenização tarifada por danos materiais não exclui a relativa aos danos morais. Configurados esses pelo sentimento de desconforto, de constrangimento, aborrecimento e humilhação decorrentes do extravio de mala, cumpre observar a Carta Política da República — incs. V e X do art. 5º, no que se sobrepõe a tratados e convenções ratificados pelo Brasil" (STF-2ª T., RE 172.720, Min. Marco Aurélio, j. 6.2.96, DJU 21.2.97).

"As indenizações tarifadas, previstas na Convenção de Varsóvia e modificações posteriores (Haia e Montreal), não se aplicam ao pedido de reparação de danos morais decorrentes de defeito na prestação de serviço de transporte aéreo internacional" (STJ-3ª T., AI 442.487-AgRg-EDcl, Min. Gomes de Barros, j. 14.11.07, DJU 26.11.07). Ainda: "Não mais prevalece a limitação prevista na Convenção de Varsóvia para a determinação do valor a título de dano moral por atraso de voo, sendo possível a utilização do critério nela previsto como parâmetro indenizatório" (STJ-4ª T., REsp 228.684, Min. Fernando Gonçalves, j. 3.8.04, DJU 16.8.04).

Também afastando os limites da Convenção de Varsóvia em caso de dano moral: RT 809/328, RJM 173/187.

V. tb. Lei 8.078/90, nota 1 (no tít. CONSUMIDOR).

Art. 186: 4d. "Direito à retratação. Princípio da reparação integral. **Publicação da decisão condenatória.** Possibilidade. O direito à retratação e ao esclarecimento da verdade possui previsão na Constituição da República e na Lei Civil, não tendo sido afastado pelo Supremo Tribunal Federal no julgamento da ADPF 130/DF. O princípio da reparação integral (arts. 927 e 944 do CC) possibilita o pagamento da indenização em pecúnia e *in natura*, a fim de se dar efetividade ao instituto da responsabilidade civil. Violada a expectativa legítima, cabe à jurisdição buscar a pacificação social, podendo o magistrado determinar a publicação da decisão condenatória nas próximas edições do livro" (STJ-3ª T., REsp 1.771.866, Min. Marco Bellizze, j. 12.2.19, DJ 19.2.19). **Contra:** "A Lei de Imprensa previa a possibilidade de se determinar a publicação das sentenças cíveis e criminais proferidas em causas nas quais se discutissem ofensas perpetradas pela imprensa, no mesmo veículo de comunicação em que a ofensa tivesse sido veiculada. Esse direito não se confunde com o direito de resposta, de modo que ele não encontra fundamento direto na Constituição Federal. A sobrevivência do direito à publicação da sentença, portanto, deve ser apreciada com os olhos voltados à legislação civil. O princípio da reparação integral do dano não tem alcance suficiente para abranger o direito à publicação da sentença cível ou criminal" (STJ-3ª T., REsp 885.248, Min. Nancy Andrighi, j. 15.12.09, DJ 21.5.10).

Art. 186: 4e. "Limitação da reparação por danos morais pelo tribunal de origem à retratação junto à imprensa. A reparação natural do dano moral, mesmo se tratando de pessoa jurídica, não se mostra suficiente para a compensação dos prejuízos sofridos pelo lesado. Concreção do princípio da reparação integral, determinando a imposição de indenização pecuniária como compensação pelos danos morais sofridos pela empresa lesada" (STJ-3ª T., REsp 959.565, Min. Paulo Sanseverino, j. 24.5.11, DJ 27.6.11).

Art. 186: 5. Reconhecendo a ocorrência de **dano moral coletivo:** STJ-RT 919/515 (3ª T., REsp 1.221.756, com comentário de Leonardo Roscoe Bessa).

"Ação civil pública. Cumprimento de medidas de internação por adolescentes em celas com adultos. Dano moral coletivo *in re ipsa*. Indenização vinculada à proteção dos menores em situação de vulnerabilidade" (STJ-2ª T., REsp 1.793.332, Min. Herman Benjamin, j. 5.9.19, DJ 26.8.20).

"Ação civil pública. Ambiental. Irregularidade no fornecimento de água potável encanada. Dano moral coletivo caracterizado. A privação do fornecimento de água e a irregularidade de tal serviço, lesa não só o indivíduo prejudicado pela falta de bem vital e pelo serviço deficiente, como também toda coletividade cujos diversos direitos são violados: dignidade da pessoa humana, saúde pública, meio ambiente equilibrado" (STJ-2ª T., REsp 1.820.000, Min. Herman Benjamin, j. 17.9.19, DJ 11.10.19).

"Ação civil pública. Meio ambiente. Depósito de resíduo sólido a céu aberto. O dano moral coletivo atinge interesse não patrimonial de classe específica ou não de pessoas, afronta ao sentimento geral dos titulares da relação jurídica-base, sendo desnecessária demonstração de que a coletividade sinta dor, repulsa, indignação, tal qual fosse indivíduo isolado" (STJ-2ª T., REsp 1.334.421, Min. Herman Benjamin, j. 19.5.16, DJ 6.11.19).

"Ainda que de forma reflexa, a degradação ao meio ambiente dá ensejo ao dano moral coletivo" (STJ-2ª T., REsp 1.367.923, Min. Humberto Martins, j. 27.8.13, RT 939/428). No mesmo sentido: STJ-1ª Seção, ED no REsp 1.410.698, Min. Napoleão Maia Filho, j. 14.11.18, DJ 3.12.18.

"É fato notório (art. 374, I, do CPC) que o tráfego de veículos com excesso de peso provoca sérios danos materiais às vias públicas, ocasionando definhamento da durabilidade e da vida útil da camada que reveste e dá estrutura ao pavimento e ao acostamento, o que resulta em buracos, fissuras, lombadas e depressões, imperfeições no escoamento da água, tudo a ampliar custos de manutenção e de recuperação, consumindo preciosos e escassos recursos públicos. Ademais, acelera a depreciação dos veículos que utilizam a malha viária, impactando, em particular, nas condições e desempenho do sistema de frenagem da frota do embarcador/expedidor. Mais inquietante, afeta as condições gerais de segurança das vias e estradas, o que aumenta o número de acidentes, inclusive fatais. Em consequência, provoca dano moral coletivo consistente no agravamento dos riscos à saúde e à segurança de todos, prejuízo esse atrelado igualmente à redução dos níveis de fluidez do tráfego e de conforto dos usuários" (STJ-2ª T., REsp 1.574.350, Min. Herman Benjamin, j. 3.10.17, DJ 6.3.19).

"Ação civil pública. Contratação de servidor sem concurso público. Ação julgada procedente nas instâncias ordinárias. Condenação em danos morais coletivos. Possibilidade. Havendo contratação de servidores sem concurso, há presunção legal de ilegitimidade dessa conduta e também de lesividade que ultrapassa a simples esfera da Administração Pública para atingir, concomitantemente, valores da coletividade, que, com razão, espera e exige dos administradores a correta gestão da coisa pública e, sobretudo, o estrito cumprimento das leis e da Constituição" (STJ-1ª T., Ag em REsp 538.308-AgInt, Min. Sérgio Kukina, j. 31.8.20, DJ 4.9.20).

"Vício de quantidade. Danos morais coletivos. Ocorrência. O dano moral coletivo é categoria autônoma de dano que não se identifica com aqueles tradicionais atributos da pessoa humana (dor, sofrimento ou abalo psíquico), mas com a violação injusta e intolerável de valores fundamentais titularizados pela coletividade (grupos, classes ou categorias de pessoas). Tem a função de: a) proporcionar uma reparação indireta à lesão de um direito extrapatrimonial da coletividade; b) sancionar o ofensor; e c) inibir condutas ofensivas a esses direitos transindividuais. A grave lesão de interesses individuais homogêneos acarreta o comprometimento de bens, institutos ou valores jurídicos superiores, cuja preservação é cara a uma comunidade maior de pessoas, razão pela qual é capaz de reclamar a compensação de danos morais coletivos. Na hipótese concreta, foram indicadas vulnerações graves à moralidade pública contratual, de significância razoável que ultrapassa os limites da tolerabilidade, razão pela qual foram verificados os requisitos necessários à condenação da recorrente à compensação de danos morais coletivos" (STJ-3ª T., REsp 1.586.515, Min. Nancy Andrighi, j. 22.5.18, DJ 29.5.18).

"Exposição a venda de produtos deteriorados em rede de supermercados. Publicidade enganosa. Sobreposição de etiquetas com alteração da data de validade do produto. Quebra da confiança da coletividade de consumidores. Vícios e defeitos. Danos morais coletivos" (STJ-3ª T., REsp 1.799.346, Min. Nancy Andrighi, j. 3.12.19, DJ 13.12.19).

"Tempo de atendimento presencial em agências bancárias. A instituição financeira recorrida optou por não adequar seu serviço aos padrões de qualidade previstos em lei municipal e federal, impondo à sociedade o desperdício de tempo útil e acarretando violação injusta e intolerável ao interesse social de máximo aproveitamento dos recursos produtivos, o que é suficiente para a configuração do dano moral coletivo" (STJ-3ª T., REsp 1.737.412, Min. Nancy Andrighi, j. 5.2.19, DJ 8.2.19).

"A prática de venda casada por parte de operadora de telefonia é capaz de romper com os limites da tolerância. No momento em que oferece ao consumidor produto com significativas vantagens — no caso, o comércio de linha telefônica com valores mais interessantes do que a de seus concorrentes — e de outro, impõe-lhe a obrigação de aquisição de um aparelho telefônico por ela comercializado, realiza prática comercial apta a causar sensação de repulsa coletiva a ato intolerável, tanto intolerável que encontra proibição expressa em lei. Afastar, da espécie, o dano moral difuso, é fazer tábula rasa da proibição elencada no art. 39, I, do CDC e, por via reflexa, legitimar práticas comerciais que afrontem os mais basilares direitos do consumidor" (STJ-2ª T., REsp 1.397.870, Min. Mauro Campbell, j. 2.12.14, DJ 10.12.14).

"Em razão da inexistência de uma mensagem clara, direta que pudesse conferir ao consumidor a sua identificação imediata (no momento da exposição) e fácil (sem esforço ou capacitação técnica), reputa-se que a publicidade ora em debate, de fato, malferiu a redação do art. 36, do CDC e, portanto, cabível e devida a reparação dos danos morais coletivos" (STJ-4ª T., REsp 1.101.949, Min. Marco Buzzi, j. 10.5.16, maioria, DJ 30.5.16).

"Tendo o acórdão recorrido reconhecido a reprovabilidade do conteúdo da publicidade, considerando-a abusiva, não poderia ter deixado de condenar a recorrida a ressarcir danos morais coletivos, sob pena de tornar inepta a proteção jurídica à indevida lesão de interesses transindividuais, deixando de aplicar a função preventiva e pedagógica típica de referidos danos e permitindo a apropriação individual de vantagens decorrentes da lesão de interesses sociais" (STJ-3ª T., REsp 1.655.731, Min. Nancy Andrighi, j. 14.5.19, DJ 16.5.19).

"Ação civil pública. Propaganda enganosa. Veículo automotor. Introdução no mercado nacional. Difusão de informações equivocadas. Itens de série. Modelo básico. Dano moral difuso. Configuração" (STJ-3ª T., REsp 1.546.170, Min. Ricardo Cueva, j. 18.2.20, DJ 5.3.20).

"A infidelidade de bandeira constitui prática comercial intolerável, consubstanciando, além de infração administrativa, conduta tipificada como crime à luz do código consumerista (entre outros), motivo pelo qual a condenação do ofensor ao pagamento de indenização por dano extrapatrimonial coletivo é medida de rigor, a fim de evitar a banalização do ato reprovável e inibir a ocorrência de novas lesões à coletividade" (STJ-4ª T., REsp 1.487.046, Min. Luis Felipe, j. 28.3.17, DJ 16.5.17).

"Jogo de azar ilegal. Bingo. Indenização por dano moral coletivo. Cabimento. Dano *in re ipsa*" (STJ-2ª T., REsp 1.567.123, Min. Herman Benjamin, j. 14.6.16, DJ 28.8.20). No mesmo sentido: "O dano moral sofrido difusamente pela coletividade encontra-se demonstrado em razão do caráter altamente viciante dos jogos de azar, passíveis de afetar o equilíbrio doméstico e comprometer o bem-estar do jogador e de sua família pela compulsão de jogar" (RT 920/836: TRF-1ª Reg., AP 2007.33.11.004852-0).

Todavia, negando sua ocorrência no caso concreto: "Na hipótese em julgamento, não se vislumbram danos coletivos, difusos ou sociais. Da ilegalidade constatada nos contratos de consumo não decorreram consequências lesivas além daquelas experimentadas por quem, concretamente, teve o tratamento embaraçado ou por aquele que desembolsou os valores ilicitamente sonegados pelo plano. Tais prejuízos, todavia, dizem respeito a direitos individuais homogêneos" (STJ-4ª T., REsp 1.293.606, Min. Luis Felipe, j. 2.9.14, DJ 26.9.14).

"Não basta a mera infringência à lei ou ao contrato para a caracterização do dano moral coletivo. É essencial que o ato antijurídico praticado atinja alto grau de reprovabilidade e transborde os lindes do individualismo, afetando, por sua gravidade e repercussão, o círculo primordial de valores sociais. Com efeito, para não haver o seu desvirtuamento, a banalização deve ser evitada. Na hipótese dos autos, até o início de 2008 havia dúvida jurídica razoável quanto à abusividade da negativa de cobertura das próteses ligadas à facectomia nos contratos de assistência à saúde anteriores à edição da Lei 9.656/1998, somente superada com a revisão de entendimento da ANS sobre o tema, de forma que a operadora, ao ter optado pela restrição contratual, não incorreu em nenhuma prática socialmente execrável; tampouco foi atingida, de modo injustificável, a esfera moral da comunidade. Descaracterização, portanto, do dano moral coletivo: não houve intenção deliberada da demandada em violar o ordenamento jurídico com vistas a obter lucros predatórios em detrimento dos interesses transindividuais dos usuários de plano de saúde" (STJ-3ª T., REsp 1.473.846, Min. Ricardo Cueva, j. 21.2.17, DJ 24.2.17).

"As condutas das operadoras de plano de saúde, ao negarem cobertura às cirurgias de mamoplastia e dermolipectomia após a bariátrica, estavam numa zona cinzenta de aparente legalidade, que só veio a ser esclarecida pela jurisprudência ao definir sua natureza reparadora e não meramente estética. Ausência de violação aos valores essenciais da sociedade em matéria de saúde suplementar. Danos morais coletivos não configurados" (STJ-3ª T., REsp 1.832.004, Min. Nancy Andrighi, j. 3.12.19, DJ 5.12.19).

"Ação civil pública. Plano de saúde. A conduta perpetrada pela ré, a despeito de ser antijurídica, não foi capaz de abalar, de forma intolerável, a tranquilidade social do grupo de beneficiários, assim como os seus valores e interesses fundamentais, já que não houve interrupção no atendimento do serviço de apoio médico, ainda que realizado por outras clínicas, bem como houve o cumprimento das exigências legais para o descredenciamento no transcurso da presente demanda" (STJ-3ª T., REsp 1.823.072, Min. Marco Bellizze, j. 5.11.19, DJ 8.11.19).

"O simples fato de a mantenedora do 'cadastro de passagem' não ter se desincumbido do ônus de providenciar a comunicação prévia do consumidor que teve seus dados ali incluídos, ainda que tenha representado ofensa ao comando legal do § 2º do art. 43 do CDC, passou ao largo de produzir sofrimentos, intranquilidade social ou alterações relevantes na ordem extrapatrimonial coletiva, descaracterizando, assim, o dano moral coletivo" (STJ-3ª T., REsp 1.726.270, Min. Ricardo Cueva, j. 27.11.18, maioria, DJ 7.2.19).

"A lesão ao direito previsto no art. 52, § 2º, do CDC não acarreta a violação de valores essenciais da sociedade e o não envio dos boletos necessários à quitação do débito, ainda que possa configurar negativa de vigência à lei de regência, não configura lesão intolerável a interesse individual homogêneo, razão pela qual não há dano moral coletivo a ser indenizado" (STJ-3ª T., REsp 1.643.365, Min. Nancy Andrighi, j. 5.6.18, DJ 7.6.18).

"A violação verificada pelo Tribunal de origem — a exigência de uma tarifa bancária considerada indevida — não infringe valores essenciais da sociedade, tampouco possui os atributos da gravidade e intolerabilidade, configurando a mera infringência à lei ou ao contrato, o que é insuficiente para a caracterização do dano moral coletivo" (STJ-3ª T., REsp 1.502.967, Min. Nancy Andrighi, j. 7.8.18, DJ 14.8.18).

"Direito do consumidor. Espetáculos culturais. Disponibilização de ingressos na *internet*. Cobrança de 'taxa de conveniência'. Abusividade das cláusulas. Dano moral coletivo. Lesão ao patrimônio imaterial da coletividade. Gravidade e intolerância. Inocorrência" (STJ-3ª T., REsp 1.737.428, Min. Nancy Andrighi, j. 12.3.19, DJ 15.3.19).

"Ação civil pública. Responsabilidade civil. 'Máfia do apito'. Jogos de futebol. Arbitragem. Fraude. Dano moral coletivo. Não configuração. Em regra, as adversidades sofridas por espectadores de determinada modalidade esportiva não costumam interferir intensamente em seu bem-estar. Até podem causar aborrecimentos, dissabores e contratempos, sentimentos de caráter efêmero que tendem a desaparecer em um curto espaço de tempo. Hipótese em que os jogos nos quais se constatou a prática de fraude por parte da arbitragem foram anulados, com a realização de novas partidas" (STJ-3ª T., REsp 1.664.186, Min. Ricardo Cueva, j. 27.10.20, maioria, DJ 17.11.20).

Contra: "Dano moral coletivo. Necessária vinculação do dano moral à noção de dor, de sofrimento psíquico, de caráter individual. Incompatibilidade com a noção de transindividualidade (indeterminabilidade do sujeito passivo e indivisibilidade da ofensa e da reparação)" (STJ-RDDP 41/134: 1ª T., REsp 598.281, dois votos vencidos).

"Dano moral coletivo: uma análise econômica", por Leandro Martins Zanitelli e Gustavo Brum (Ajuris 114/169); "A indefinição jurisprudencial em face do dano moral coletivo", por Sérgio Augustin e Ângela Almeida (Ajuris 115/269).

Art. 186: 6. "A posição atual e dominante que vigora nesta Corte é no sentido de, embora a violação moral atinja apenas o plexo de direitos subjetivos da vítima, o direito à respectiva indenização **transmite-se com o falecimento do titular do direito,** possuindo o espólio ou os herdeiros legitimidade ativa *ad causam* para ajuizar ação indenizatória por danos morais, em virtude da ofensa moral suportada pelo *de cujus*" (STJ-Corte Especial, ED no REsp 978.651, Min. Felix Fischer, j. 15.12.10, DJ 10.2.11). No mesmo sentido: RSTJ 151/157 e STJ-RT 799/207 (1ª T., REsp 324.886), STJ-RF 366/223 (3ª T., REsp 343.654), RBDF 36/115, JTJ 366/593 (EI 9171896-17.2007.8.26.0000/50000, um voto vencido).

Contra: "Somente aqueles que sofreram, direta ou indiretamente, danos morais, podem pleitear a respectiva reparação, pelo que não se admite que a ação de indenização seja proposta *jure hereditatis*. Na ação de indenização de danos morais, os herdeiros da vítima carecem de legitimidade ativa *ad causam*" (STJ-RF 364/345: 3ª T., REsp 302.029, maioria). No mesmo sentido, mas reconhecendo a carência por falta de interesse de agir: RJM 168/73.

Art. 186: 7. "O **espólio não tem legitimidade** para ajuizar ação de compensação dos **danos morais sofridos pelos herdeiros,** em virtude do falecimento do pai. A legitimidade *ad causam* exsurge, em regra, da identidade subjetiva entre a relação de direito material e a de direito processual, e, por isso, sua ausência acarreta a extinção do processo sem resolução do mérito, por carência de ação, de sorte que não se trata de formalidade que pode ceder em função dos escopos do processo, em homenagem à instrumentalidade, mas de regra cujo descumprimento fulmina o próprio processo" (STJ-Corte Especial, ED no REsp 1.292.983, Min. Nancy Andrighi, j. 1.8.13, DJ 12.8.13).

"Controvérsia acerca da legitimidade ativa do espólio para pleitear reparação por dano moral resultante do sofrimento causado à família do *de cujus* em razão da cobrança e da negativação do nome do falecido decorrentes da utilização indevida de cartão de crédito por terceiro dois anos após o óbito. O espólio carece de legitimidade ativa para ajuizar ação em que se evidencia que o dano moral pleiteado pela família tem como titulares do direito os herdeiros, não por herança, mas por direito próprio deles" (STJ-RT 896/143: 4ª T., REsp 869.970).

Art. 186: 8. "O fator relevante para conferir a **legitimidade** na ação de indenização por danos morais é o sofrimento reportado pelo reclamante. A legitimidade para reclamar danos morais nada tem com a ordem de sucessão hereditária, tendo em vista a natureza extrapatrimonial dos danos morais" (STJ-3ª T., REsp 769.043-AgRg, Min. Gomes de Barros, j. 1.3.07, DJU 19.3.07).

V. tb. nota 3b (morte de parente próximo).

Art. 186: 8a. "Caracterizado o **condomínio** como uma massa patrimonial, não há como reconhecer que seja ele próprio dotado de honra objetiva, senão admitir que qualquer ofensa ao conceito que possui perante a comunidade representa, em verdade, uma ofensa individualmente dirigida a cada um dos condôminos, pois quem goza de reputação são os condôminos e não o condomínio, ainda que o ato lesivo seja a este endereçado. Diferentemente do que ocorre com as pessoas jurídicas, qualquer repercussão econômica negativa será suportada, ao fim e ao cabo, pelos próprios condôminos, a quem incumbe contribuir para todas as despesas condominiais, e/ou pelos respectivos proprietários, no caso de eventual desvalorização dos imóveis no mercado imobiliário. Hipótese em que se afasta o dano moral do condomínio, ressaltando que, a par da possibilidade de cada interessado ajuizar ação para a reparação dos danos que eventualmente tenha suportado, o ordenamento jurídico autoriza o condomínio a impor sanções administrativas para o condômino nocivo e/ou antissocial" (STJ-3ª T., REsp 1.736.593, Min. Nancy Andrighi, j. 11.2.20, DJ 13.2.20).

V. tb. art. 1.348, nota 1b *in fine*.

Art. 186: 9. ficando obrigado a reparar o dano (arts. 927 a 954).

Art. 187. Também comete ato ilícito o titular de um direito que, ao exercê-lo, excede manifestamente os limites impostos pelo seu fim econômico ou social, pela boa-fé ou pelos bons costumes.[1 a 9] [Sem dispositivo correspondente no CC/1916.]

Art. 187: 1. "Boa-fé, abuso de direito e o novo Código Civil brasileiro", por Ronnie Preuss Duarte (RT 817/50); "A lesão como forma de abuso de direito", por Camila Lemos Azi (RT 826/38); "A ilicitude derivada do exercício contraditório de um direito: o renascer do *venire contra factum proprium*, por Judith Martins-Costa (RF 376/109 e Ajuris 97/143); "Abuso do direito e o novo Código Civil", por Fábio Pallaretti Calcini (RT 830/27); "A ilicitude e as fontes obrigacionais: análise do art. 187 do novo Código Civil brasileiro", por Maria Cláudia Cachapuz (Ajuris 96/205 e RT 838/114); "Abuso do direito", por José Carlos Barbosa Moreira (RSDCPC 26/125); "Pautas para a interpretação do art. 187 do novo Código Civil", por Ricardo Seibel de Freitas Lima (RT 838/11); "Da cláusula de *estoppel* e sua dinâmica na esfera dos negócios jurídicos privados", por Leonardo Bianchi (RDPr 24/54); "Abuso do direito: ilicitude objetiva no direito privado brasileiro", por Bruno Miragem (RT 842/11); "Figuras parcelares da boa-fé objetiva e *venire contra factum proprium*", por Luciano de Camargo Penteado (RDPr 27/252); "A tutela da confiança em face dos comportamentos contraditórios", por Thiago Luís Santos Sombra (RDPr 33/307); "Exercício do direito e suas limitações: abuso do direito", por Teresa Ancona Lopez (RT 885/49); "Abuso do direito", por Tatiana Bonatti Peres (RDPr 43/9); "Assédio processual", por Gelson Amaro de Souza (RDDP 97/54).

Art. 187: 2. **Enunciado 37 do CEJ:** "A responsabilidade civil decorrente do abuso do direito independe de culpa, e fundamenta-se somente no critério objetivo-finalístico".

Enunciado 362 do CEJ: "A vedação do comportamento contraditório (*venire contra factum proprium*) funda-se na proteção da confiança, tal como se extrai dos arts. 187 e 422 do Código Civil".

Art. 187: 3. s/ boa-fé como critério para interpretação do negócio jurídico, v. art. 113; s/ boa-fé nos contratos, v. art. 422.

Art. 187: 4. "O que efetivamente caracteriza o abuso do direito é o 'anormal exercício', assim entendido aquele que se afasta da ética, da boa-fé, da finalidade social ou econômica do direito, enfim, o que é exercido sem 'motivo legítimo'. Também não basta para configurá-lo o fato de seu exercício causar dano a alguém, o que às vezes é inevitável" (RF 379/329).

Art. 187: 5. "Comete ato ilícito o titular de um direito que, ao exercê-lo, excede manifestamente os limites impostos pelo seu fim econômico ou social, pela boa-fé ou pelos costumes (art. 187 do Código Civil). A recorrente, ao suspender o fornecimento de energia elétrica em razão de um débito de R$ 0,85, não agiu no exercício regular de direito, e sim com flagrante abuso de direito. Aplicação dos princípios da razoabilidade e proporcionalidade" (STJ-1ª T., REsp 811.690, Min. Denise Arruda, j. 18.5.06, DJU 19.6.06).

Art. 187: 6. "Não há, em nosso sistema jurídico, norma que possa ser interpretada de modo apartado aos cânones da **boa-fé**. Ao alienar todos os seus bens, menos um, durante o curso de processo que poderia levá-lo à insolvência, o devedor não obrou apenas em fraude à execução: atuou também com **fraude** aos dispositivos da Lei 8.009/90, uma vez que procura utilizar a proteção conferida pela Lei com a clara intenção de prejudicar credores. Nessas hipóteses, é possível, com fundamento em abuso de direito, afastar a proteção conferida pela Lei 8.009/90" (STJ-3ª T., REsp 1.299.580, Min. Nancy Andrighi, j. 20.3.12, DJ 25.10.12).

Art. 187: 7. "Ação executiva. Desconsideração da personalidade jurídica. Não declaração. Execução proposta contra sócios não devedores. Indenização por danos materiais e morais. A *disregard doctrine* existe como meio de estender aos sócios da empresa a responsabilidade patrimonial por dívidas da sociedade. Todavia, sua aplicação depende da verificação de que a personalidade jurídica esteja servindo como cobertura para abuso de direito ou fraude nos negócios e atos jurídicos (art. 50 do Código Civil). Essa teoria não pode servir como justificativa para que o credor de título executivo judicial ajuíze, a seu alvedrio, ação executiva contra os sócios de empresa sem que eles sejam devedores. Credor de título executivo judicial que propõe ação executiva contra quem sabidamente não é devedor, buscando facilidades para recebimento dos créditos, age no exercício irregular de direito, atraindo a incidência das disposições do art. 574 do CPC" (STJ-3ª T., REsp 1.245.712, Min. João Otávio, j. 11.3.14, DJ 17.3.14).

Art. 187: 8. "Controvérsia: dizer se o manejo de *habeas corpus*, pelo recorrido, com o fito de impedir a interrupção da gestação da primeira recorrente, que tinha sido judicialmente deferida, caracteriza-se como **abuso do direito de ação** e/ou ação passível de gerar responsabilidade civil de sua parte, pelo manejo indevido de tutela de urgência. Diploma legal aplicável à espécie: Código Civil, arts. 186, 187, 188 e 927. Inconteste a existência de dano aos recorrentes, na espécie, porquanto a interrupção da gestação do feto com síndrome de *Body Stalk*, que era uma decisão pensada e avalizada por médicos e pelo Poder Judiciário, e ainda assim, de impactos emocionais incalculáveis, foi sustada pela atuação do recorrido. Necessidade de perquirir sobre a ilicitude do ato praticado pelo recorrido, buscando, na existência ou não — de amparo legal ao procedimento de interrupção de gestação, na hipótese de ocorrência da síndrome de *body stalk* e na possibilidade de responsabilização, do recorrido, pelo exercício do direito de ação — dizer da existência do ilícito compensável. Reproduzidas, salvo pela patologia em si, todos efeitos deletérios da anencefalia, hipótese para qual o STF, no julgamento da ADPF 54, afastou a possibilidade de criminalização da interrupção da gestação, também na síndrome de *body-stalk*, impõe-se dizer que a interrupção da gravidez, nas circunstâncias que experimentou a recorrente, era direito próprio, do qual poderia fazer uso, sem risco de persecução penal posterior e, principalmente, sem possibilidade de interferências de terceiros, porquanto, *ubi eadem ratio, ibi eadem legis dispositio* (onde existe a mesma razão, deve haver a mesma regra de Direito). Nessa linha, e sob a égide da laicidade do Estado, aquele que se arrosta contra o direito à liberdade, à intimidade e a disposição do próprio corpo por parte de gestante, que busca a interrupção da gravidez de feto sem viabilidade de vida extrauterina, brandindo a garantia constitucional ao próprio direito de ação e à defesa da vida humana, mesmo que ainda em estágio fetal e mesmo com um diagnóstico de síndrome incompatível com a vida extrauterina, exercita, abusivamente, seu direito de ação. A sôfrega e imprudente busca por um direito, em tese, legítimo, que, no entanto, faz perecer no caminho, direito de outrem, ou mesmo uma toldada percepção do próprio direito, que impele alguém a avançar sobre direito alheio, são considerados abuso de direito, porque o exercício regular do direito não pode se subverter, ele mesmo, em uma transgressão à lei, na modalidade abuso do direito, desvirtuando um interesse aparentemente legítimo, pelo excesso. A base axiológica de quem defende uma tese comportamental qualquer só tem terreno fértil, dentro de um Estado de Direito laico, no campo das próprias ideias ou nos Órgãos legislativos competentes, podendo neles defender todo e qualquer conceito que reproduza seus postulados de fé, ou do seu imo, havendo aí, não apenas liberdade, mas garantia estatal de que poderá propagar o que entende por correto, não possibilitando, contudo, essa faculdade, o ingresso no círculo íntimo de terceiro para lhe ditar, ou tentar ditar, seus conceitos ou preconceitos. Esse tipo de ação faz medrar, em seara imprópria, o corpo de valores que defende — e isso caracteriza o abuso de direito — pois a busca, mesmo que por via estatal, da imposição de particulares conceitos a terceiros, tem por escopo retirar de outrem, a mesma liberdade de ação que vigorosamente defende para si. Dessa forma, assentado que foi, anteriormente, que a interrupção da gestação da recorrente, no cenário apresentado, era lídimo, sendo opção do casal — notadamente da gestante — assumir ou descontinuar a gestação de feto sem viabilidade de vida extrauterina, há uma vinculada remissão à proteção constitucional aos valores da intimidade, da vida privada, da honra e da própria imagem dos recorrentes (art. 5º, X, da CF), fato que impõe, para aquele que invade esse círculo íntimo e inviolável, responsabilidade pelos danos daí decorrentes" (STJ-3ª T., REsp 1.467.888, Min. Nancy Andrighi, j. 20.10.16, DJ 25.10.16).

"Ajuizamento sucessivo e repetitivo de ações temerárias, desprovidas de fundamentação idônea e intentadas com propósito doloso. Má utilização dos direitos fundamentais de ação e defesa. Usurpação de terras agrícolas produtivas mediante procuração falsa por quase 40 anos. Desapossamento indevido dos legítimos proprietários e herdeiros e manutenção de posse injusta sobre o bem mediante uso de quase 10 ações ou procedimentos sem fundamentação plausível, sendo 4 delas no curto lapso temporal correspondente à época da ordem judicial de restituição da área e imissão na posse dos herdeiros, ocorrida em 2011. Propriedade dos herdeiros que havia sido declarada em 1ª fase de ação divisória em 1995. Abuso processual a partir do qual foi possível usurpar, com experimento de lucro, ampla área agrícola. Danos materiais configurados, a serem liquidados por arbitramento. Privação da área de propriedade da entidade familiar, formada inclusive por menores de tenra idade. Longo e excessivo período de privação, protraído no tempo por atos dolosos e abusivos de quem sabia não ser proprietário da área. Abalo de natureza moral configurado" (STJ-3ª T., REsp 1.817.845, Min. Nancy Andrighi, j. 10.10.19, maioria, DJ 17.10.19).

Todavia: "Eventual abuso do direito de ação deve ser reconhecido com prudência pelo julgador, apenas quando amplamente demonstrado que o direito de ação foi exercido de forma abusiva. A análise acerca da configuração do abuso deve ser ainda mais minuciosa quando se tratar da utilização de ação voltada à tutela de direitos coletivos e um importante instrumento para a efetivação da democracia participativa, como é o caso da ação popular. No caso, os fundamentos adotados pela Corte de origem referem-se à improcedência da ação popular, não havendo fundamento apto a justificar o reconhecimento da alegada ofensa à honra e à imagem dos autores" (STJ-3ª T., REsp 1.770.890, Min. Ricardo Cueva, j. 18.8.20, DJ 26.8.20).

Art. 187: 9. Condenando o devedor a ressarcir o credor pelas verbas de sucumbência impostas contra este em processo de execução anterior envolvendo as mesmas partes: "A tese de defesa, consistente na alegação de que a assinatura do título não lhe pertencia, embora idônea para fulminar a ação executiva, não pode ser considerada lídima, e mesmo lícita, se, aquele que a alega, imbuído de má-fé, induziu a parte adversa a erro, contribuindo de alguma forma, direta ou indiretamente, para a fraude apontada (no caso, a falsificação de sua assinatura). O **abuso do direito de defesa,** em tal circunstância, revela-se manifesto, a configurar ato ilícito, passível de reparação, se a parte lesada vier a sofrer prejuízo, de qualquer ordem, como se deu na espécie" (STJ-3ª T., REsp 1.726.222, Min. Marco Bellizze, j. 17.4.18, DJ 24.4.18; a citação é do voto do relator).

Art. 188. Não constituem atos ilícitos:[1] [Dispositivo correspondente no CC/1916: art. 160-*caput*.]

I — os praticados em legítima defesa ou no exercício regular de um direito reconhecido;[2 a 3a] [Dispositivo correspondente no CC/1916: art. 160-I.]

II — a deterioração ou destruição da coisa alheia, ou a lesão a pessoa, a fim de remover perigo iminente.[4-5] [Dispositivo correspondente no CC/1916: art. 160-II.]

Código Civil

Parágrafo único. No caso do inciso II, o ato será legítimo somente quando as circunstâncias o tornarem absolutamente necessário, não excedendo os limites do indispensável para a remoção do perigo. [Dispositivo correspondente no CC/1916: art. 160 § ún.]

Art. 188: 1. Em matéria criminal, v. CP 23 a 25 e CPP 65.

Art. 188: 2. v. art. 930 § ún.

Art. 188: 2a. "Tendo o réu incorrido em equívoco na interpretação da realidade objetiva que o cercava, supondo existir uma situação de perigo que, aos olhos do homem-médio, se mostra totalmente descabida, sua conduta caracterizou legítima defesa putativa, a qual não exclui a responsabilidade civil decorrente do ato ilícito praticado" (STJ-3ª T., REsp 1.119.886, Min. Nancy Andrighi, j. 6.10.11, maioria, DJ 28.2.12).

V. tb. art. 927, nota 10b.

Art. 188: 3. "O simples fato de noticiar suspeita da prática de delito não obriga o informante a indenizar aquele que responde a inquérito policial ou processo penal e se vê inocentado, salvo nas hipóteses de comprovada má-fé, propósito prejudicial ou notório conhecimento de o fato ser infundado por parte de quem informa, caso contrário, não pode gerar dano o exercício regular de direito" (RT 838/373). V. tb. art. 186, notas 3b e 4.

Art. 188: 3a. "Editorial jornalístico criticando a figura da autora na condução de inquérito policial. Crítica dirigida exclusivamente à conduta funcional da autora, não transbordando para a esfera pessoal. Direito de crítica do réu à pessoa que exerce função pública reconhecido. Manifesto intuito de criticar a atuação funcional da autora, jamais de ofendê-la pessoalmente. Comportamento lícito do órgão de imprensa (art. 188, I, do Código Civil) que não se compraz com a reparação pretendida" (JTJ 355/627: AP 994.09.317760-8). V. tb. arts. 186, notas 3b e 4, e 927, nota 3a.

Art. 188: 4. v. arts. 929 e 930-*caput*.

Art. 188: 5. "Embora a lei declare que o ato praticado em estado de necessidade seja lícito, não libera quem o pratica de reparar o prejuízo que causou, podendo ajuizar ação regressiva posteriormente para se ressarcir das despesas efetuadas" (STJ-4ª T., AI 789.883-AgRg, Min. Quaglia Barbosa, j. 15.5.07, DJU 4.6.07).

Título IV | DA PRESCRIÇÃO E DA DECADÊNCIA[1 a 4]

Capítulo I | DA PRESCRIÇÃO[1]

TÍT. IV: 1. "Decadência e prescrição no novo Código Civil: breves considerações", por Ricardo Ribeiro Campos (Ajuris 93/215, RDPr 17/172 e RJ 320/65); "Da prescrição e da decadência. Seus prazos no Código Civil/02", por Segismundo Gontijo (RJM 165/53); "Prescrição e decadência no novo Código Civil: alguns aspectos relevantes", por Humberto Theodoro Jr. (RSDCPC 23/128); "Distinção científica entre prescrição e decadência. Um tributo à obra de Agnelo Amorim Filho", por Humberto Theodoro Júnior (RT 836/49); "Prescrição e decadência: traços distintivos e aspectos controvertidos no Código Civil", por Roberto Wagner Marquesi (RSDCPC 67/87); "Ensaio sobre decadência, prazo, termo final e extinção de eficácia do negócio jurídico", por Humberto Theodoro Júnior (RJ-Lex 66/18).

TÍT. IV: 2. v. tít. PRESCRIÇÃO E DECADÊNCIA.

TÍT. IV: 2a. **Lei 14.010, de 10.6.20** — Dispõe sobre o Regime Jurídico Emergencial e Transitório das relações jurídicas de Direito Privado (RJET) no período da pandemia do coronavírus (Covid-19): **"Art. 3º** Os prazos prescricionais consideram-se impedidos ou suspensos, conforme o caso, a partir da entrada em vigor desta Lei até 30 de outubro de 2020. **§ 1º** Este artigo não se aplica enquanto perdurarem as hipóteses específicas de impedimento, suspensão e interrupção dos prazos prescricionais previstas no ordenamento jurídico nacional. **§ 2º** Este artigo aplica-se à decadência, conforme ressalva prevista no art. 207 da Lei n. 10.406, de 10 de janeiro de 2002 (Código Civil)". **Nota:** A Lei 14.010, de 10.6.20, entrou em vigor na data de sua publicação (DOU 12.6.20).

TÍT. IV: 3. Em regra, a prescrição foi relacionada com a proteção de direitos violados e com a correlata ação condenatória (v. art. 189). Já a decadência foi ordinariamente vinculada a direitos potestativos e à respectiva ação constitutiva. Por fim, nem a prescrição nem a decadência têm vínculos muito estreitos com as ações declaratórias, que tendem a ser imprescritíveis.

TÍT. IV: 4. s/ prescrição e decadência no CPC, v. arts. 240 §§ 1º a 4º, 302-IV, 332 § 1º, 487-II e § ún., 525 § 1º-VII, 535-VI, 802. No CPCLPV, v. CPC 224, nota 5.

CAP. I: 1. s/ pretensões **imprescritíveis,** v. art. 205, nota 3.

Seção I | DISPOSIÇÕES GERAIS

Art. 189. Violado o direito, nasce para o titular a pretensão, a qual se extingue, pela prescrição,[1 a 8] nos prazos a que aludem os arts. 205 e 206.
[Sem dispositivo correspondente no CC/1916.]

Art. 189: 1. "Novo Código Civil. Pessoas jurídicas, empresário, sociedade, estabelecimento, nome comercial e/ou nome empresarial, perdas e danos e prescrição", por José Carlos Tinoco Soares (RT 798/11); "Notas sobre pretensão e prescrição no sistema do novo Código Civil", por José Carlos Barbosa Moreira (RF 366/199); "Prescrição: liberdade e dignidade da pessoa humana", por Humberto Theodoro Jr. (RDDP 40/64).

Art. 189: 2. Enunciado 14 do CEJ: "1. O início do prazo prescricional ocorre com o surgimento da pretensão, que decorre da exigibilidade do direito subjetivo. 2. O art. 189 diz respeito a casos em que a pretensão nasce imediatamente após a violação do direito absoluto ou de obrigação de não fazer".

"O termo inicial da prescrição surge com o nascimento da pretensão (*actio nata*), assim considerada a possibilidade do seu exercício em juízo. Conta-se, pois, o prazo prescricional a partir da **ocorrência da lesão, sendo irrelevante seu conhecimento pelo titular do direito**" (STJ-1ª Seção, REsp 1.003.955, Min. Eliana Calmon, j. 12.8.09, maioria, DJ 27.11.09).

"O art. 189 do CC/02 consagrou o princípio da *actio nata*, fixando como *dies a quo* para contagem do prazo prescricional a data em que nasce o direito subjetivo de ação por violação de direito, independentemente da efetiva ciência da vítima" (STJ-3ª T., REsp 1.168.336, Min. Nancy Andrighi, j. 22.3.11, DJ 16.9.11).

Beneficiário de seguro de vida e pretensão de recebimento do respectivo valor: "Lapso que começa a fluir do sinistro indenizável (morte do segurado) e não da data em que os beneficiários têm conhecimento do contrato de seguro" (RT 895/269: TJSP, AP 992.09.089368-8).

"Segundo o princípio da *actio nata*, no caso em debate, poderia a autora propor a ação ordinária de cobrança logo que efetuado o pagamento supostamente indevido. Com isso, não interfere na contagem do prazo prescricional a posterior decisão proferida pelo Tribunal de Contas estadual apontando irregularidades no pagamento" (STJ-2ª T., REsp 1.221.314, Min. Castro Meira, j. 27.11.12, DJ 6.12.12).

Todavia: "O termo inicial do prazo prescricional apresenta diferenças de acordo com o direito violado. Se é violada uma obrigação pessoal positiva em que é possível ao titular do direito conhecer da ofensa ao direito no momento em que é perpetrada, o surgimento da pretensão coincide com a violação. Se é descumprida obrigação geral negativa, esse momento é diferido, pois o titular do direito só conhece a violação quando é atingido pelo dano que advém do ato transgressor. Ignorando a parte a lesão a seu direito subjetivo, não há como a pretensão ser demandada em juízo. O termo *a quo* do prazo prescricional é a data em que o lesado tomou conhecimento da existência da violação ao seu direito de propriedade" (STJ-3ª T., REsp 1.400.778, Min. João Otávio, j. 20.2.14, DJ 30.5.14).

"O termo *a quo* do prazo prescricional inicia-se a partir do momento em que é possível ao titular do direito reclamar contra a situação injurídica" (STJ-2ª T., REsp 661.520, Min. João Otávio, j. 23.10.07, DJU 6.12.07).

"Ignorando a parte que em seu corpo foram deixados instrumentos utilizados em procedimento cirúrgico, a lesão ao direito subjetivo é desconhecida e não há como a pretensão ser demandada em juízo. O termo *a quo* do prazo prescricional é a data em que o lesado tomou conhecimento da existência do corpo estranho deixado no seu abdome" (STJ-4ª T., REsp 1.020.801, Min. João Otávio, j. 26.4.11, DJ 3.5.11).

"As instâncias ordinárias, soberanas no exame do contexto fático-probatório, concluíram que, embora o acidente tenha ocorrido em 12 de fevereiro de 1990, os danos na coluna cervical da vítima protraíram-se no tempo, de maneira que se foram agravando e somente em julho de 1994 pôde ser constatado que resultaram na incapacidade laboral parcial e definitiva do autor da ação. Nesse contexto, o marco inicial da prescrição é a data em que a vítima tomou conhecimento das sequelas decorrentes do acidente aéreo, em 15 de julho de 1994" (STJ-4ª T., REsp 687.071, Min. Raul Araújo, j. 11.9.12, DJ 11.4.13).

"Responsabilidade civil do Estado. Contaminação do corpo de agente de controle de endemias por DDT. Dano moral configurado. Prazo prescricional com início na data em que o servidor tem conhecimento da efetiva contaminação do seu organismo" (STJ-2ª T., REsp 1.689.996, Min. Herman Benjamin, j. 13.3.18, DJ 6.3.19).

"Contaminação do solo e do lençol freático ocasionada por produtos químicos utilizados no tratamento de madeira destinada à fabricação de postes de luz. Por não haver como se presumir da notificação pública ocorrida (2005) os efeitos nocivos à saúde da população local em decorrência do acidente ambiental, o termo inicial conta-se da ciência inequívoca dos efeitos decorrentes do ato lesivo" (STJ-3ª T., REsp 1.365.277-AgRg, Min. Paulo Sanseverino, j. 20.2.14, DJ 10.3.14). "Tendo o recorrido tomado ciência da contaminação do solo e do lençol freático de sua localidade — momento em que lhe foi possível dessumir a desvalorização imobiliária (dano material) — no ano de 2005, ressoa inequívoca a não ocorrência da prescrição, haja vista que a demanda foi ajuizada em 2009.

Quanto aos danos morais, é certo que, da mera publicização do acidente ambiental, não ocorreu imediatamente o prejuízo à saúde, fazendo-se mister, para o nascimento da pretensão, fosse primeiro diagnosticada a doença e constatado que ela se desenvolvera em decorrência da poluição da área atingida. Assim, parece certa a não ocorrência da prescrição, porquanto não transcorrido o prazo de 5 anos nem mesmo da notícia do acidente ambiental, sendo óbvio que o diagnóstico da doença e sua causa somente se deram em momento posterior" (STJ-4ª T., REsp 1.354.348, Min. Luis Felipe, j. 26.8.14, DJ 16.9.14).

"O pedido de indenização por danos morais formulado pelos autores não está fundamentado apenas no ato de ajuizamento da ação popular, mas também no uso da ação constitucional para fins políticos, fato que, de acordo os autores, teria sido confirmado no curso da ação popular. A propósito, registra-se que os autores, na exordial, citaram trechos dos depoimentos prestados na ação popular para demonstrar o dano à sua imagem e honra, reforçando a hipótese de que o abuso do direito de ação, se ocorreu, não estaria vinculado unicamente ao ajuizamento da ação, mas também à manutenção da ação que reputam temerária e no seu uso com o propósito exclusivo de prejudicar terceiro. Assim, no momento do ajuizamento da ação popular, os autores não tinham ciência inequívoca da extensão dos danos alegadamente provocados pela referida ação, visto que decorreram do curso do processo. No caso, é a manutenção do processo e a postura dos autores da ação popular, ora recorrentes, durante o trâmite processual que enseja a alegada ofensa à moral dos ora recorridos, não sendo possível considerar a citação na ação popular, ou mesmo a divulgação da ação pela imprensa, como termo inicial do prazo prescricional. Desse modo, considerando que (i) a alegada lesão do direito teria perdurado enquanto tramitava a ação popular; (ii) que a ação popular transitou em julgado em 15/9/2016 e (iii) que a presente indenizatória foi ajuizada em 24/11/2015, não se verifica a prescrição da pretensão indenizatória" (STJ-3ª T., REsp 1.770.890, Min. Ricardo Cueva, j. 18.8.20, DJ 26.8.20; a citação é do voto do relator).

"O surgimento da pretensão ressarcitória não se dá necessariamente no momento em que ocorre a lesão ao direito, mas sim quando o titular do direito subjetivo violado obtém plena ciência da lesão e de toda a sua extensão, bem como do responsável pelo ilícito, inexistindo, ainda, qualquer condição que o impeça de exercer o correlato direito de ação (pretensão). Compreensão conferida à teoria da *actio nata* (nascimento da pretensão) que encontra respaldo em boa parte da doutrina nacional e já é admitida em julgados do Superior Tribunal de Justiça, justamente por conferir ao dispositivo legal sob comento (art. 189, CC) interpretação convergente à finalidade do instituto da prescrição. A citação efetuada na ação de rescisão contratual apenas conferiu ao ora demandante ciência quanto aos fatos a ele atribuídos na inicial por pessoa estranha ao seu conhecimento. Somente a partir do reconhecimento judicial de que a assinatura inserta na escritura de compra e venda, com firma reconhecida (e aberta) pelo Ofício de Notas, era realmente falsa, o então demandado obteve pleno conhecimento da lesão a ele causada em toda a sua extensão. Ressalta-se que o abalo psíquico, segundo alegado, decorreu do constrangimento e humilhação vivenciados durante toda a tramitação do processo (aproximadamente 4 anos), em que teve que provar, em seus dizeres, sua inocência. Apenas com o desfecho da ação, lastreado na prova pericial realizada (exame grafotécnico), em que se reconheceu a falsidade da assinatura inserta na escritura de compra e venda, afigurou-se possível ao demandado postular a responsabilidade do Tabelionato de Notas pelos danos morais alegadamente sofridos. Afigurar-se-ia sem qualquer sustentação a demanda destinada a reparar alegados danos morais decorrentes da tramitação da ação de rescisão de contrato de compra e venda, sem que houvesse, antes, o reconhecimento judicial definitivo de sua improcedência. Nesse contexto, é de se reconhecer que a pretensão somente afigurou-se 'exercitável' por ocasião do correspondente provimento judicial, com trânsito em julgado" (STJ-3ª T., REsp 1.347.715, Min. Marco Bellizze, j. 25.11.14, DJ 4.12.14).

Contando da ciência da fraude e não dos atos fraudulentos a prescrição em caso de pretensão indenizatória fundada em "fraude perpetrada por preposto da instituição financeira que mediante ardil promoveu o desfalque de numerário depositado em conta-corrente por meio de cheques impressos e pagos diretamente no caixa": STJ-4ª T., REsp 1.358.431, Min. Marco Buzzi, j. 27.8.19, maioria, DJ 10.12.19.

"Ação de indenização por ato ilícito. Apropriação indevida de valores decorrentes de ação judicial. Prazo prescricional. Termo inicial. Ciência do ato ilícito. Se o agravante, aproveitando da condição de advogado da parte, ocultou dolosamente os valores a que aquela teria direito a receber, entregando-lhe valor a menor e retendo indevidamente a diferença, não pode querer que o prazo prescricional corra do recebimento a menor dos valores, pois a ninguém é dado beneficiar-se da própria torpeza" (STJ-4ª T., Ag em REsp 1.016.144-AgInt, Min. Luis Felipe, j. 10.10.17, DJ 13.10.17).

"Depósito judicial. Equívoco. Levantamento. Boa-fé. Enriquecimento sem causa. Prescrição. Termo inicial. Pela teoria da *actio nata*, o nascimento da pretensão de restituição na hipótese ocorreu quando a recorrida efetivamente teve conhecimento do equívoco que gerou o levantamento indevido pela recorrente da quantia cuja devolução se requer" (STJ-3ª T., REsp 1.657.428, Min. Nancy Andrighi, j. 15.5.18, DJ 18.5.18).

"É correto o entendimento de que o termo inicial do prazo prescricional para a propositura de ação indenizatória é a data em que o consumidor toma ciência do registro desabonador, pois, pelo princípio da *actio nata*, o direito de pleitear a indenização surge quando constatada a lesão e suas consequências" (STJ-4ª T., REsp 1.276.311, Min. Luis Felipe, j. 20.9.11, DJ 17.10.11).

"O surgimento da pretensão ressarcitória nos casos de plágio se dá quando o autor originário tem comprovada ciência da lesão a seu direito subjetivo e de sua extensão. A data da publicação da obra não serve, por si só, como presunção de conhecimento do dano" (STJ-3ª T., REsp 1.645.746, Min. Ricardo Cueva, j. 6.6.17, DJ 10.8.17).

"Ação de indenização por danos materiais e compensação por danos morais. Violação de direito autoral. Prescrição. Termo inicial. Princípio da *actio nata*. Data da ciência da lesão. Reprodução de fotografias não autorizada. É inadmissível que se apene o titular do direito, mediante a deflagração do prazo prescricional, sem a constatação de efetiva inércia de sua parte, o que, de seu turno, pressupõe que possa ele exercitar sua pretensão. Contudo, quando a vítima sequer tem conhecimento da lesão ocorrida, ou de sua extensão e autoria, o exercício da pretensão resta, naturalmente, inviabilizado, não se podendo lhe atribuir qualquer comportamento negligente" (STJ-3ª T., REsp 1.785.771, Min. Nancy Andrighi, j. 18.8.20, DJ 26.8.20).

"A pretensão concernente à abstenção de uso de marca ou nome empresarial nasce para o titular do direito protegido a partir do momento em que ele toma ciência da violação perpetrada (princípio da *actio nata*), incidindo sobre ela o prazo prescricional de 10 anos" (STJ-3ª T., REsp 1.696.899, Min. Nancy Andrighi, j. 18.9.18, DJ 21.9.18).

V. tb. art. 206, nota 1b (especialmente Súmula 278 do STJ), CDC, art. 27, nota 7, e Dec. 20.910/32, art. 1º, nota 4b.

Art. 189: 2a. "A prescrição tem início na data do nascimento da pretensão e da ação, que ocorre com a lesão ao direito. Relativamente aos **direitos potestativos** (ou formativos), em face dos quais não corresponde um dever de imediata prestação e sim de sujeição, a lesão não se configura antes do exercício do direito" (STJ-1ª T., REsp 1.100.761, Min. Teori Zavascki, j. 3.3.09, DJ 23.3.09).

V. tb. art. 50, nota 7, e Dec. 20.910/32, art. 1º, nota 3d (no tít. PRESCRIÇÃO E DECADÊNCIA).

Art. 189: 2b. "Diferentemente do que ocorre em direito penal, que considera o momento do crime a data em que é praticada a ação ou omissão que lhe deu causa, no direito civil a prescrição é contada da **data da 'violação do direito'**. Na hipótese em que se discute dano moral decorrente do falecimento de ente querido, é a data do óbito o prazo inicial da contagem da prescrição, ainda que o acidente tenha ocorrido dias antes. Não é possível considerar que a pretensão a indenização em decorrência da morte nasça antes do evento que lhe deu causa" (STJ-3ª T., REsp 1.318.825, Min. Nancy Andrighi, j. 13.11.12, DJ 21.11.12).

Art. 189: 2c. "A pretensão ao ressarcimento dos **danos originados pela execução de medida de natureza cautelar** nasce da sentença que julga improcedente o pedido deduzido no processo principal. Conquanto já causado o dano, o poder de exigir coercitivamente o cumprimento do dever jurídico de indenizar surge, por força de disposição legal expressa (art. 811, I, do CPC), tão somente com a prolação da sentença desfavorável na ação matriz. O marco inicial da prescrição dessa pretensão, portanto, é o trânsito em julgado da sentença proferida no processo principal, e não a data em que foi efetivada a medida causadora do prejuízo" (STJ-3ª T., REsp 1.236.874, Min. Nancy Andrighi, j. 11.12.12, DJ 19.12.12).

Art. 189: 2d. "**Ação regressiva** de cobrança de dívida trabalhista. Prescrição. Termo inicial. Data de pagamento da dívida. O pressuposto lógico do direito de regresso é a satisfação do pagamento da condenação ao terceiro. Não há que se falar em ação regressiva de cobrança sem a ocorrência efetiva e concreta de um dano patrimonial. O prazo prescricional subordina-se ao princípio da *actio nata*: o prazo tem início a partir da data em que o credor pode demandar judicialmente a satisfação do direito" (STJ-3ª T., REsp 1.682.957, Min. Nancy Andrighi, j. 4.12.18, DJ 7.12.18). No mesmo sentido: STJ-4ª T., Ag em REsp 1.170.965-AgInt, Min. Isabel Gallotti, j. 4.5.20, DJ 6.5.20.

Contra: "O lapso prescricional da **ação regressiva** que objetiva o ressarcimento de pagamento de indenização a vítima de acidente automobilístico inicia-se no momento da efetiva lesão do direito material (princípio da *actio nata*), a saber, na data do trânsito em julgado da sentença em ação indenizatória, e não na data do efetivo pagamento do valor da condenação" (STJ-3ª T., Ag em REsp 707.342-AgRg, Min. João Otávio, j. 4.2.16, DJ 18.2.16).

V. tb. art. 206, nota 2a.

S/ o prazo prescricional em matéria de ação regressiva, v. art. 205, nota 9b.

Art. 189: 3. Súmula 150 do STF: "Prescreve a **execução** no mesmo prazo de prescrição da ação". Nesse sentido: RSTJ 47/186.

Conta-se o prazo do trânsito em julgado da sentença no processo de conhecimento (STJ-6ª T., REsp 1.125.597-AgRg, Min. Og Fernandes, j. 21.9.10, DJ 11.10.10; JTA 108/155).

"A execução provisória corre por 'conta e responsabilidade do exequente' (art. 588, I, do CPC); o credor não está obrigado a correr esse risco, de modo que o termo inicial da prescrição da execução de sentença só inicia após o respectivo trânsito em julgado" (STJ-RP 136/216: 3ª T., AI 617.869-AgRg; a citação é do voto do relator).

Se os honorários advocatícios são fixados em percentual de condenação ilíquida, é a partir do encerramento da liquidação de sentença que se conta o prazo prescricional para a sua execução (STJ-2ª T., REsp 1.090.602, Min. Eliana Calmon, j. 3.3.09, DJ 2.4.09). "Título executivo judicial. Obrigação ilíquida. Fase de liquidação. Destituição dos advogados. Celebração de acordo quanto aos honorários. Recurso dos advogados sucedidos. Definição quanto à titularidade da verba. Cumprimento de sentença. Termo inicial do prazo prescricional da pretensão executória. Quando fixados sobre o valor da condenação ilíquida, o prazo prescricional começa a fluir do trânsito em julgado da sentença de liquidação, pois somente a partir dela é que o título judicial se apresenta líquido e, por conseguinte, capaz de embasar a ação executiva correspondente. Hipótese em que, no que tange à obrigação de pagar os honorários de sucumbência, o título exequendo carecia de liquidez, na medida em que, enquanto pendente o julgamento da apelação e do recurso especial interpostos pelos recorrentes, era incerta a titularidade desse direito. O fato de terem recorrido da sentença homologatória, como terceiros juridicamente interessados, para se certificar da titularidade dos honorários objeto da transação, ao invés de requerer o cumprimento de sentença a partir da liquidação promovida pela autocomposição das partes, afasta a ideia de inércia, que é indispensável ao reconhecimento da prescrição. No particular, o poder de exigir o pagamento dos honorários de sucumbência nasceu, para os recorrentes, com o trânsito em julgado do acórdão em que se afirmou que os honorários abrangidos pelo acordo eram apenas aqueles fixados na liquidação de sentença em favor dos advogados sucessores, resguardando o direito autônomo dos sucedidos de promover a execução dos honorários fixados em seu favor na fase de conhecimento" (STJ-3ª T., REsp 1.769.045, Min. Nancy Andrighi, j. 26.2.19, DJ 1.3.19).

"O ajuizamento de ação rescisória não suspende o prazo prescricional para a execução, consoante o disposto no art. 489 do CPC" (STJ-1ª T., Ag em REsp 227.772-AgRg, Min. Arnaldo Esteves, j. 11.12.12, DJ 4.2.13).

"Execução de sentença. Prescrição. A suspensão do processo, requerida por uma das partes, não interrompe nem susta o curso da prescrição" (STJ-1ª T., REsp 1.267.084, Min. Ari Pargendler, j. 5.6.14, DJ 4.8.14).

"O protesto interruptivo de prescrição foi proposto para resguardar direito de determinados substituídos em ação coletiva, em nada interferindo na execução dos honorários em apreço, de modo que o curso prescricional em relação a esta pretensão seguiu seu regular curso, esgotando-se em cinco anos a partir do trânsito em julgado da sentença coletiva" (STJ-1ª T., REsp 1.334.400, Min. Napoleão Maia Filho, j. 5.8.14, DJ 15.8.14).

"O prazo prescricional para a execução individual é contado do trânsito em julgado da sentença coletiva, sendo desnecessária a providência de que trata o art. 94 da Lei 8.078/90" (STJ-1ª Seção, REsp 1.388.000, Min. Og Fernandes, j. 26.8.15, maioria, DJ 12.4.16).

"A regra abstrata de direito que fixa o prazo de prescrição, adotada na fase de conhecimento, em desconformidade com a jurisprudência atual do STJ, não faz coisa julgada para reger o prazo da prescrição da execução" (STJ-4ª T., Ag em REsp 90.668-EDcl, Min. Isabel Gallotti, j. 13.3.12, DJ 23.3.12). No mesmo sentido: STJ-3ª T., Ag em REsp 105.997-AgRg, Min. Paulo Sanseverino, j. 27.11.12, DJ 4.12.12.

V. tb. art. 202, nota 4b.

Art. 189: 3a. "Para fins prescricionais, o termo *a quo*, envolvendo **violação continuada** ao direito de imagem, conta-se a partir do **último ato** praticado" (STJ-3ª T., REsp 1.014.624, Min. Vasco Della Giustina, j. 10.3.09, DJ 20.3.09). No mesmo sentido: STJ-4ª T., REsp 1.758.467-AgInt, Min. Raul Araújo, j. 18.2.20, DJ 12.3.20.

"Quanto ao prazo prescricional de ação de indenização por danos morais, o termo inicial em caso de violação continuada conta-se a partir do último ato praticado" (STJ-2ª T., REsp 1.231.513-AgRg, Min. Humberto Martins, j. 14.4.11, DJ 26.4.11).

"Sendo os danos ao imóvel de natureza sucessiva e gradual, sua progressão dá azo a inúmeros sinistros sujeitos à cobertura securitária, renovando seguidamente a pretensão do beneficiário do seguro e, por conseguinte, o marco inicial do prazo prescricional" (STJ-3ª T., REsp 1.143.962, Min. Nancy Andrighi, j. 20.3.12, DJ 9.4.12).

Art. 189: 4. "O **vencimento antecipado** das obrigações contraídas não altera o termo inicial para a contagem do prazo prescricional da ação cambial, que se conta do vencimento do título, tal como inscrito na cártula" (STJ-3ª T., AI 1.381.775-AgRg, Min. João Otávio, j. 25.6.13, DJ 28.6.13).

"O vencimento antecipado da dívida, ao possibilitar ao credor a cobrança de seu crédito antes do vencimento normalmente contratado, objetiva protegê-lo de maiores prejuízos que poderão advir da mora do devedor, sendo um instrumento garantidor das boas relações creditórias, revestindo-se de uma finalidade social. É, portanto, uma faculdade do credor e não uma obrigatoriedade, de modo que pode se valer ou não de tal instrumento para cobrar seu crédito por inteiro antes do advento do termo ordinariamente avençado, sendo possível, inclusive, sua renúncia no caso do afastamento voluntário da impontualidade pelo devedor (arts. 401, I, e 1.425, III, do CC). O vencimento antecipado da dívida livremente pactuado entre as partes, por não ser uma imposição, mas apenas uma garantia renunciável, não modifica o início da fluência do prazo prescricional, prevalecendo, para tal fim, o termo ordinariamente indicado no contrato, que, no caso do mútuo imobiliário, é o dia do vencimento da última parcela (arts. 192 e 199, II, do CC)" (STJ-3ª T., REsp 1.489.784, Min. Ricardo Cueva, j. 15.12.15, DJ 3.2.16). No mesmo sentido: STJ-4ª T., Ag em REsp 652.023-AgRg, Min. Marco Buzzi, j. 23.2.16, DJ 1.3.16.

Art. 189: 5. "O prazo prescricional em relação à **correção monetária e** aos **juros moratórios** se inicia a partir do momento em que é efetuado o pagamento do débito em atraso sem a atualização, tendo em vista que é nesse momento que se caracteriza lesão do direito subjetivo à recomposição do valor monetário e aos juros da prestação" (STJ-6ª T., REsp 1.000.070-AgRg, Min. Maria Thereza, j. 26.5.08, DJU 16.6.08). No mesmo sentido: STJ-5ª T., AI 755.174-AgRg, Min. Arnaldo Esteves, j. 29.6.06, DJU 14.8.06.

Afirmando que o prazo prescricional para a cobrança de juros moratórios se orienta pelo mesmo prazo fixado para a cobrança da obrigação principal: STJ-Corte Especial, ED no REsp 1.112.737, Min. Laurita Vaz, j. 6.11.19, DJ 27.11.19.

Art. 189: 5a. "O termo inicial da prescrição da pretensão de **repetição de indébito** de contrato de cédula de crédito rural é a data da efetiva lesão, ou seja, do pagamento" (STJ-2ª Seção, REsp 1.361.730, Min. Raul Araújo, j. 10.8.16, maioria, DJ 28.10.16).

"Ação de revisão contratual c/c repetição de indébito. Pretensão declaratória e condenatória. Prazo prescricional. Termo inicial. A data da assinatura do contrato é o termo inicial para o exercício da pretensão puramente declaratória de abusividade das cláusulas contratuais; a pretensão condenatória a ela vinculada, todavia, nasce somente a partir do momento em que se exige o pagamento a maior, o que se dá na data do vencimento de cada parcela" (STJ-3ª T., REsp 1.740.714, Min. Nancy Andrighi, j. 22.10.19, DJ 28.10.19).

"O termo inicial da prescrição está vinculado ao princípio da *actio nata*, e via de regra a pretensão do sujeito passivo da obrigação tributária à repetição do indébito nasce com o pagamento indevido. A citação na ação declaratória de inexistência da relação jurídico-tributária torna, no entanto, litigiosa a matéria, de modo que, neste caso, o prazo de prescrição da ação de repetição de indébito só inicia quando transitar em julgado a sentença e/ou acórdão proferido naquela demanda" (STJ-1ª T., REsp 1.254.615, Min. Marga Tessler, j. 16.12.14, DJ 19.12.14).

Art. 189: 5b. "Promessa de compra e venda. Atraso na entrega do imóvel. Inadimplemento da vendedora. **Resolução do contrato.** Restituição dos valores pagos. Comissão de corretagem. Prescrição. O prazo prescricional da **pretensão restituitória** somente começa a fluir após a resolução" (STJ-4ª T., Ag em REsp 1.587.903-AgInt, Min. Luis Felipe, j. 20.2.20, DJ 3.3.20). No mesmo sentido: STJ-3ª T., REsp 1.859.039-AgInt, Min. Paulo Sanseverino, j. 10.8.20, DJ 21.8.20.

Art. 189: 5c. "Ação de despejo cumulada com cobrança de alugueres. Reconvenção. Pedido de **indenização das benfeitorias** úteis realizadas no imóvel. Prescrição. Não ocorrência. Termo inicial. Trânsito em julgado da sentença que rescindiu o contrato" (STJ-3ª T., REsp 1.791.837, Min. Nancy Andrighi, j. 17.11.20, DJ 19.11.20).

Art. 189: 6. Pretensão de indenização por abandono afetivo. "O autor nasceu no ano de 1957 e, como afirma que desde a infância tinha conhecimento de que o réu era seu pai, à luz do disposto nos arts. 9º, 168, 177 e 392, III, do Código Civil de 1916, o prazo prescricional vintenário, previsto no Código anterior para as ações pessoais, fluiu a partir de quando o autor atingiu a maioridade e extinguiu-se assim o 'pátrio poder'. Todavia, tendo a ação sido ajuizada somente em outubro de 2008, impõe-se reconhecer operada a prescrição, o que inviabiliza a apreciação da pretensão quanto à compensação por danos morais" (STJ-4ª T, REsp 1.298.576, Min. Luis Felipe, j. 21.8.12, DJ 6.9.12).

Art. 189: 6a. "Tendo havido a separação e a partilha consensuais, ambas homologadas por sentença no ano de 1987, também houve, naquele momento, a dissolução do regime de bens do casamento e consequentemente nasceu, para as partes, a **pretensão de sobrepartilhar bens** remotos, litigiosos, sonegados ou que propositalmente ficaram fora da partilha inicial, como é a hipótese de recebíveis de pessoa jurídica de que o varão é sócio majoritário, de modo que a ação de sobrepartilha está prescrita, quer seja sob a ótica do prazo vintenário do CC/1916, quer seja sob a perspectiva do prazo decenal do CC/2002, sendo irrelevante o fato de o vínculo matrimonial ter remanescido até 2014, ano em que decretado o divórcio" (STJ-3ª T., REsp 1.719.739, Min. Nancy Andrighi, j. 5.6.18, DJ 7.6.18).

Art. 189: 7. "A prescrição da ação para reparação por danos causados por **advogado,** em patrocínio judicial, flui do trânsito em julgado do provimento jurisdicional resultante do erro profissional apontado" (STJ-3ª T., REsp 645.662, Min. Gomes de Barros, j. 28.6.07, DJU 1.8.07).

Art. 189: 8. "O termo inicial do prazo prescricional para **seguradora sub-rogada** propor ação de regresso é a data do pagamento integral da indenização ao segurado" (STJ-3ª T., REsp 1.297.362, Min. Ricardo Cueva, j. 10.11.16, maioria, DJ 2.2.17). No mesmo sentido: STJ-4ª T., Ag em REsp 1.305.923-AgInt, Min. Isabel Gallotti, j. 2.4.19, DJ 8.4.19.

Art. 190. A exceção prescreve no mesmo prazo em que a pretensão. [Sem dispositivo correspondente no CC/1916.]

Art. 191. A renúncia da prescrição pode ser expressa ou tácita, e só valerá, sendo feita, sem prejuízo de terceiro, depois que a prescrição se consumar; tácita é a renúncia quando se presume de fatos do interessado, incompatíveis com a prescrição.[1 a 3] [Dispositivo correspondente no CC/1916: art. 161.]

Art. 191: 1. Enunciado 295 do CEJ: "A revogação do art. 194 do Código Civil pela Lei n. 11.280/2006, que determina ao juiz o reconhecimento de ofício da prescrição, não retira do devedor a possibilidade de renúncia admitida no art. 191 do texto codificado".

Art. 191: 2. "O pagamento de obrigação prescrita não configura mera liberalidade, pois a prescrição não extingue a obrigação, apenas afastando a sua exigibilidade. **Pagamento** parcial que configura **renúncia tácita** à prescrição, nos termos do art. 191 do CC" (STJ-3ª T., REsp 1.398.718-AgRg, Min. Paulo Sanseverino, j. 15.9.16, DJ 26.9.16).

V. art. 882.

Art. 191: 2a. "A **renúncia tácita** da prescrição somente se perfaz com a prática de **ato inequívoco** de reconhecimento do direito pelo prescribente. Assim, não é qualquer postura do obrigado que enseja a renúncia tácita, mas aquela considerada manifesta, patente, explícita, irrefutável e facilmente perceptível. No caso concreto, a mera declaração feita pelo devedor, no sentido de que posteriormente apresentaria proposta de pagamento do débito decorrente das mensalidades escolares, não implicou renúncia à prescrição" (STJ-4ª T., REsp 1.250.583, Min. Luis Felipe, j. 3.5.16, DJ 27.5.16).

Art. 191: 2b. "A emissão de documento pelo prescribente admitindo a existência da obrigação previdenciária (direito do participante à aposentadoria complementar), **propondo** inclusive **'acordos amigáveis'**, é ato incompatível com a prescrição, a evidenciar a sua **renúncia tácita**" (STJ-3ª T., REsp 1.520.012, Min. Ricardo Cueva, j. 14.3.17, DJ 21.3.17).

Art. 191: 3. "A certidão que reconheceu a existência de parcelas inadimplidas foi expedida quando o prazo prescricional já havia se consumado integralmente. Assim, houve o reconhecimento administrativo do direito, e essa situação é incompatível com a fluência do prazo prescricional, configurando-se **renúncia tácita por parte da Administração,** conforme a regra contida no art. 191" (STJ-2ª T., REsp 1.314.964, Min. Mauro Campbell, j. 18.9.12, DJ 4.10.12). No mesmo sentido: STJ-1ª T., REsp 1.555.248-AgInt, Min. Regina Costa, j. 23.5.17, DJ 29.5.17.

V. tb. Dec. lei 4.597, de 19.8.42, art. 3º, nota 2 (no tít. PRESCRIÇÃO E DECADÊNCIA).

Art. 192. Os prazos[1] de prescrição não podem ser alterados por acordo das partes. [Sem dispositivo correspondente no CC/1916.]

Art. 192: 1. v. arts. 205 e 206.

Art. 193. A prescrição pode ser alegada em qualquer grau de jurisdição, pela parte a quem aproveita.[1 a 3] [Dispositivo correspondente no CC/1916: art. 162.]

Art. 193: 1. V. tb. CPC 342-II e III. Na execução de sentença, porém, só pode ser alegada prescrição superveniente a esta (CPC 525 § 1º-VII e 535-VI).

S/ alegação inédita da prescrição em embargos de declaração, v., no nosso CPCLPV, CPC 1.022, nota 4.

✎ **Art. 193: 2.** "Prescrição. Invocação a qualquer tempo. Artigo 193 do Código Civil e a preclusão processual", por Luiz Manoel Gomes Júnior (RSDCPC 31/37 e RP 121/107).

Art. 193: 3. A prescrição pode ser pronunciada **de ofício** pelo juiz, cf. CPC 332 § 1º e 487 § ún.

Art. 194. ....[1-2]

Art. 194: 1. O art. 194 foi revogado pela Lei 11.280, de 16.2.06, em vigor 90 dias após a sua publicação (DOU 17.2.06).

Art. 194: 2. v. art. 191, nota 1 (Enunciado 295 do CEJ).

Art. 195. Os relativamente incapazes[1] e as pessoas jurídicas têm ação contra os seus assistentes ou representantes legais, que derem causa à prescrição, ou não a alegarem oportunamente.[2] [Dispositivo correspondente no CC/1916: art. 164.]

Art. 195: 1. v. arts. 4º e 197-III.

Art. 195: 2. Esse dispositivo também se aplica à decadência, cf. art. 208.

Art. 196. A prescrição iniciada contra uma pessoa continua a correr contra o seu sucessor.[1-2] [Dispositivo correspondente no CC/1916: art. 165.]

Art. 196: 1. exceto, naturalmente, se contra o sucessor não correr a prescrição (art. 198 e incs.).

Art. 196: 2. "Cuidando-se de sucessão de obrigações, o regime de prescrição aplicável é o do sucedido e não o do sucessor" (STJ-4ª T., REsp 1.077.222, Min. Luis Felipe, j. 16.2.12, RP 209/507). No mesmo sentido: STJ-2ª Seção, REsp 1.103.769, Min. Ricardo Cueva, j. 12.12.12, DJ 18.12.12.

Seção II | DAS CAUSAS QUE IMPEDEM OU SUSPENDEM[1] A PRESCRIÇÃO[1a a 2a]

SEÇ. II: 1. Extinta a causa da suspensão, o prazo prescricional volta a correr, computando-se o período já transcorrido antes do evento suspensivo.

SEÇ. II: 1a. s/ suspensão ou impedimento dos prazos prescricionais no período da pandemia do coronavírus, v. nota 2a ao Tít. IV que antecede o art. 189.

SEÇ. II: 1b. s/ suspensão do prazo prescricional em matéria securitária, v. Súmula 229 do STJ, no art. 206, nota 1b.

SEÇ. II: 2. As causas que impedem ou suspendem a prescrição aplicam-se ao possuidor, no usucapião (v. art. 1.244).

SEÇ. II: 2a. Já a decadência não se suspende, salvo disposição legal em contrário, cf. art. 207.

Art. 197. Não corre a prescrição:[1] [Dispositivo correspondente no CC/1916: art. 168-*caput*.]

I — entre os cônjuges, na constância da sociedade conjugal;[2 a 2b] [Dispositivo correspondente no CC/1916: art. 168-I.]

II — entre ascendentes e descendentes, durante o poder familiar;[3] [Dispositivo correspondente no CC/1916: art. 168-II.]

III — entre tutelados ou curatelados e seus tutores ou curadores, durante a tutela ou curatela. [Dispositivo correspondente no CC/1916: art. 168-III.]

Art. 197: 1. Outro caso de suspensão: Dec. 20.910, de 6.1.32, art. 4º, no tít. PRESCRIÇÃO E DECADÊNCIA. V. tb. LEF 40.

Art. 197: 2. **Enunciado 296 do CEJ:** "Não corre a prescrição entre os companheiros, na constância da união estável".

Art. 197: 2a. "A causa impeditiva de fluência do prazo prescricional prevista no art. 197, I, do CC/2002, conquanto topologicamente inserida no capítulo da prescrição extintiva, **também** se aplica às **prescrições aquisitivas,** na forma do art. 1.244 do CC/2002" (STJ-3ª T., REsp 1.693.732, Min. Nancy Andrighi, j. 5.5.20, DJ 11.5.20).

Art. 197: 2b. "A **separação de fato** comprovada por período razoável de tempo, ou seja, no mínimo 1 ano, produz os mesmos efeitos da separação judicial, sendo, portanto, circunstância que enseja a dissolução do vínculo matrimonial e não impede o curso do prazo prescricional nas causas envolvendo direitos e deveres matrimoniais" (STJ-3ª T., REsp 1.660.947, Min. Moura Ribeiro, j. 5.11.19, DJ 7.11.19; a citação é do voto do relator).

Art. 197: 3. "Não há prescrição entre ascendentes e descendentes durante o poder familiar, razão por que não estão prescritas as prestações alimentícias exigidas pelo exequente — menor incapaz e filho do devedor" (RBDFS 12/145: TJDFT, AI 2008.00.2.017026-8). No mesmo sentido: STJ-4ª T., REsp 1.446.912-AgRg, Min. Luis Felipe, j. 21.8.14, DJ 26.8.14.

Art. 198. Também não corre a prescrição:[1-1a] [Dispositivo correspondente no CC/1916: art. 169-*caput*.]

I — contra os incapazes de que trata o art. 3º;[2 a 3] [Dispositivo correspondente no CC/1916: art. 169-I.]

II — contra os ausentes do País em serviço público da União, dos Estados ou dos Municípios; [Dispositivo correspondente no CC/1916: art. 169-II.]

III — contra os que se acharem servindo nas Forças Armadas, em tempo de guerra. [Dispositivo correspondente no CC/1916: art. 169-III.]

Art. 198: 1. **Enunciado 156 do CEJ:** "Desde o termo inicial do desaparecimento, declarado em sentença, não corre a prescrição contra o ausente".

Art. 198: 1a. "O advento da **incapacidade por causa psíquica** e, consequentemente, dos efeitos jurídicos por ela gerados, inclusive o de não correr a prescrição, independe da interdição" (RIDA 12/133).

"Conquanto a sentença de interdição tenha sido proferida em data posterior ao decurso do prazo prescricional, a suspensão deste prazo ocorre no momento em que se manifestou a incapacidade mental do indivíduo. Inteligência do art. 198, inciso I, do Código Civil" (STJ-5ª T., REsp 652.837, Min. Laurita Vaz, j. 22.5.07, DJ 29.6.07). No mesmo sentido: STJ-1ª T., REsp 1.270.630-AgRg, Min. Benedito Gonçalves, j. 16.2.12, DJ 23.2.12; STJ-2ª T., REsp 1.241.486, Min. Eliana Calmon, j. 18.10.12, DJ 29.10.12.

Art. 198: 2. i. e., os absolutamente incapazes.

Art. 198: 2a. Esse inciso também é aplicável à decadência, cf. art. 208.

Art. 198: 2b. "Diferentemente do que ocorre com o incapaz acometido de patologia — física ou mental —, percebe-se, em relação aos menores impúberes, que, **independente de sua representação** — seja pelos pais, seja pelo tutor —, o prazo prescricional fica suspenso até que ultrapasse a idade dos 16 anos, pois somente a partir de então é que se terá o termo inicial do referido prazo" (STJ-4ª T., REsp 1.272.982, Min. Luis Felipe, j. 19.4.16, DJ 11.5.16).

Art. 198: 3. "A norma contida no art. 169, I, do CC/16, segundo a qual não corre a prescrição, tampouco a decadência, contra o absolutamente incapaz somente a este aproveita, **não** sendo **extensível a terceiros** que compartilhem do mesmo direito daquele. Na hipótese dos autos, o fato de a anulação do contrato de compra e venda também favorecer aos filhos do sócio falecido não justifica a suspensão do prazo decadencial em favor do autor, sendo impositivo o acolhimento da prejudicial de mérito" (STJ-3ª T., REsp 1.670.364, Min. Nancy Andrighi, j. 6.6.17, DJ 4.10.17).

Art. 199. Não corre igualmente a prescrição: [Dispositivo correspondente no CC/1916: art. 170-*caput*.]

I — pendendo condição suspensiva;[1] [Dispositivo correspondente no CC/1916: art. 170-I.]

II — não estando vencido o prazo; [Dispositivo correspondente no CC/1916: art. 170-II.]

III — pendendo ação de evicção.[2] [Dispositivo correspondente no CC/1916: art. 170-III.]

Art. 199: 1. v. arts. 125 e 126.

Art. 199: 2. v. arts. 447 a 457.

Art. 200. Quando a ação se originar de fato que deva ser apurado no juízo criminal, não correrá a prescrição antes da respectiva sentença definitiva.[1 a 5] [Sem dispositivo correspondente no CC/1916.]

Art. 200: 1. s/ relação entre o juízo cível e o criminal, v. art. 935; CP 91-I; CPP 63 a 67 e 92 a 94; CPC 315.

Art. 200: 1a. "Ação indenizatória decorrente da prática de ilícito penal. Termo inicial da prescrição: **data do trânsito em julgado da sentença** no processo criminal" (RT 929/1.142: TJRS, AP 70046064416). No mesmo sentido: STJ-4ª T., Ag em REsp 377.147-AgRg, Min. Isabel Gallotti, j. 3.4.14, DJ 5.5.14.

"Processo criminal instaurado contra o réu que terminou com extinção da punibilidade, ante a prescrição da pretensão punitiva do Estado, após apresentação de proposta de transação penal realizada no JECRIM. Prazo prescricional que somente tem início após a decisão que reconheceu a prescrição da pretensão punitiva. No procedimento do Juizado Especial Criminal o réu poderia ter sido denunciado, caso não tivesse ocorrido a prescrição ou mesmo caso não tivesse aceitado a transação penal, de modo que, enquanto ainda não terminado o referido procedimento, deve ser considerado que está em curso a persecução penal que obsta a contagem do prazo de prescrição" (JTJ 374/432: AP 179135-51.2009.8.26.0100).

Art. 200: 2. "Responsabilidade civil. Acidente de trânsito. Prescrição da pretensão indenizatória. Suspensão prevista no art. 200 do Código Civil. **Necessidade de instauração de inquérito policial ou de ação penal.** Inaplicabilidade da regra ao caso" (STJ-3ª T., REsp 1.180.237, Min. Paulo Sanseverino, j. 19.6.12, RT 925/469, com comentário de Arnaldo Rizzardo). Do voto do relator: "Não há notícia de que tenha sido ajuizada ação penal para apuração desse fato ou da própria situação do inquérito policial, se é que fora instaurado. Assim, não se estabeleceu a relação de prejudicialidade entre a ação penal e a ação indenizatória em torno da existência de fato que deva ser apurado no juízo criminal, como exige o texto legal (art. 200 do CC/02)".

Em sentido ainda mais restritivo: "A simples lavratura de boletim de ocorrência ou a instauração de inquérito criminal não tem o condão de suspender o curso do prazo prescricional para a pretensão civil de reparação do dano *ex delicto*" (JTJ 332/135: AI 1.184.388-0/3; a citação é do voto do relator). **Contra:** "Se os fatos apurados no juízo criminal são relevantes e repercutem na pretensão indenizatória, por razões óbvias as esferas criminal e cível se comunicam. O prazo prescricional da reparação civil deve ficar suspenso até que, na esfera criminal, a questão seja solucionada. Inteligência do art. 200 do Código Civil" (STJ-3ª T., Ag em REsp 268.847-AgRg, Min. Nancy Andrighi, j. 18.6.13, DJ 24.6.13). Do voto da relatora: "Observa-se, de fato, que o caso em questão deve ser regido pelo disposto no art. 200 do CC. Dessa forma, segundo informações do Tribunal de origem, o marco de 4.12.09, em que os ora agravados se basearam, foi a última informação contida no inquérito policial lavrado para apurar as circunstâncias da morte de seu familiar, e a ação de reparação foi proposta em 1.7.11".

Art. 200: 2a. "A apuração da responsabilidade civil decorrente de acidente de trânsito independe da responsabilidade a ser apurada na esfera penal. No caso, não houve propositura da ação penal e a ação cível foi ajuizada contra terceiro, empregador do autor do fato e proprietário do veículo causador do dano sustentando sua **responsabilidade objetiva.** Inaplicabilidade do art. 200 do CC/2002" (STJ-4ª T., REsp 1.139.896-AgRg, Min. Antonio Ferreira, j. 11.6.13, DJ 18.6.13).

"A Corte de origem destacou que a responsabilidade civil da instituição financeira, por ser objetiva, independe da aferição do elemento culpa, de modo que não se trata de ação civil *ex delicto*, cuja análise tem caráter subjetivo. Em razão disso, não se aplica a causa impeditiva do transcurso do prazo prescricional, prevista no art. 200 do CC/02, por não ostentar a ação criminal o caráter de prejudicialidade em relação a ação indenizatória, devendo, portanto, o prazo prescricional ter seu termo a partir do conhecimento do suposto dano sofrido. Prescrição corretamente decretada" (STJ-3ª T., REsp 1.359.190-AgRg, Min. Moura Ribeiro, j. 14.6.16, DJ 21.6.16).

Todavia: "Em sendo necessário — para o reconhecimento da responsabilidade civil do patrão pelos atos do empregado — a demonstração da culpa anterior por parte do causador direto do dano, deverá, também, incidir a causa obstativa da prescrição (CC, art. 200) no tocante à referida ação civil *ex delicto*, caso essa conduta do preposto esteja também sendo apurada em processo criminal. Dessarte, tendo o acidente de trânsito — com óbito da vítima — ocorrido em 27.3.03, o trânsito em julgado da ação penal contra o preposto em 9.1.06 e a ação de indenização por danos materiais e morais proposta em 2.7.07, não há falar em prescrição" (STJ-4ª T., REsp 1.135.988, Min. Luis Felipe, j. 8.10.13, DJ 17.10.13).

Art. 200: 2b. **"Acidente de trânsito. Morte.** Indenização. Ação penal. Prescrição. Suspensão. O atropelamento fatal ocorreu em julho de 2004, enquanto a sentença penal transitou em julgado em agosto de 2009. Não se pode desconsiderar a existência, na hipótese, do processo penal para a aferição do lapso prescricional, como se este tivesse início na data do evento danoso e não sofresse suspensão nos termos do artigo 200 do Código Civil" (STJ-4ª T., Ag em REsp 377.147-AgRg, Min. Isabel Gallotti, j. 3.4.14, DJ 5.5.14).

Art. 200: 3. "A controvérsia dos autos consiste em definir-se qual o termo inicial do prazo prescricional para a propositura de ação de indenização por **responsabilidade civil do Estado.** O *dies a quo*, na hipótese de a questão também ter sido discutida na esfera criminal, é a data do trânsito em julgado da sentença, quer condenatória, quer absolutória. No caso dos autos, conta-se o prazo prescricional a partir da data da publicação da sentença onde consta o termo da transação penal firmado pelas denunciadas" (STJ-2ª T., REsp 921.829, Min. Humberto Martins, j. 3.3.09, DJ 31.3.09).

"Ação de indenização por alegada conduta omissiva do Estado na prestação de segurança em escola pública. Homicídio de professora da rede estadual de ensino. Prescrição. Causa impeditiva de seu curso. Fato delituoso sujeito à apuração no juízo criminal. Art. 200 do Código Civil. Está configurada, na espécie, a prejudicialidade da apuração criminal em face da presente demanda indenizatória, na qual se afirma a existência de nexo de causalidade entre os danos morais suportados pelos parentes da professora assassinada e a conduta omissiva do Estado que, na qualidade de empregador, omitiu-se em prestar segurança na escola em que lecionava a vítima" (STJ-1ª T., REsp 1.306.844, Min. Sérgio Kukina, j. 18.9.18, DJ 26.9.18).

Todavia: "Não há falar em interrupção do prazo prescricional, nos termos do art. 200 do Código Civil, pois a ação de reparação por descumprimento de cláusula contratual, a ser proposta no juízo cível, não dependia daquilo que seria apurado no juízo criminal. De fato, não se trata de ação civil *ex delicto* na qual, enquanto pende a incerteza quanto à condenação criminal, não se pode consignar a prescrição de ação a ser proposta no juízo cível. Vale dizer, a reparação do dano *ex delicto* é consequente, isto é, será proposta de acordo com aquilo que foi decidido na ação penal e, nestes casos, a prescrição é interrompida. O caso dos autos trata de ação de reparação civil proposta contra o Estado por descumprimento de cláusula contratual, sendo que a apuração do fato cível, qual seja, verificação do descumprimento do contrato, em nada depende da ação penal" (STJ-2ª T., REsp 1.371.444, Min. Humberto Martins, j. 2.5.13, DJ 16.5.13).

V. tb. Dec. 20.910/32, art. 1º, nota 4c (no tít. PRESCRIÇÃO E DECADÊNCIA).

Art. 200: 3a. "O **excesso ou o abuso** no exercício da **liberdade de informação** ensejam dano moral a ser compensado, de forma independente do resultado das investigações e do processo penal noticiado, ou seja, ainda que o acusado venha a ser absolvido. Desse modo, a pretensão de compensação de danos morais decorrentes da publicação de matéria jornalística de conteúdo ofensivo pode ser proposta desde a publicação da matéria, não havendo que se falar em aplicação analógica da ação civil *ex delicto* ou em causa impeditiva de prescrição" (STJ-3ª T., REsp 1.307.439, Min. Nancy Andrighi, j. 17.12.13, DJ 4.2.14). No mesmo sentido: STJ-4ª T., Ag em REsp 565.154-AgRg-EDcl-EDcl-AgInt, Min. Lázaro Guimarães, j. 16.8.18, DJ 24.8.18.

Art. 200: 3b. "Responsabilidade civil. Dano moral. **Injúria** religiosa e racial. Ação penal. Causa impeditiva da prescrição. Não é possível afastar a aplicação do art. 200 do CC/2002 em hipóteses que envolvam, além do pedido de indenização, discussões relacionadas à existência de responsabilidade solidária entre o autor da ofensa e aquele que consta no polo passivo da controvérsia, em razão da relação de preposto" (STJ-3ª T., REsp 1.704.525, Min. Nancy Andrighi, j. 12.12.17, DJ 18.12.17).

Art. 200: 4. "A responsabilização civil dos **autores de notícia-crime** depende da demonstração de atuação abusiva, seja em razão do exercício temerário ou de má-fé. Desse modo, a pretensão de compensação de danos morais tem estrita relação de dependência em relação ao fato apurado perante o juízo criminal, razão porque são aplicáveis analogicamente as regras relativas à ação civil *ex delicto*, inclusive quanto ao prazo prescricional (art. 200 do CC/02)" (STJ-3ª T., REsp 1.309.015, Min. Nancy Andrighi, j. 17.12.13, DJ 4.2.14).

Art. 200: 5. "Ação monitória. Prescrição. Interrupção. Não ocorrência. A apreensão do **título de crédito** (cheque) por ordem de juízo criminal não enseja, por si, a interrupção do prazo prescricional prevista no art. 200 do CC/2002, haja vista que a aplicação do referido dispositivo pressupõe relação de prejudicialidade entre as esferas cível e penal, somente quando a conduta origina-se de fato que também deve ser apurado no juízo criminal, o que não ocorre no caso concreto" (STJ-4ª T., Ag em REsp 699.673-AgRg, Min. Antonio Ferreira, j. 26.8.19, DJ 2.9.19).

Art. 201. Suspensa a prescrição em favor de um dos credores solidários,[1-1a] só aproveitam os outros se a obrigação for indivisível.[2] [Dispositivo correspondente no CC/1916: art. 171.]

Art. 201: 1. v. arts. 267 a 274.

Art. 201: 1a. Se o credor a favor de quem foi suspensa a prescrição transmitir o seu crédito, o prazo prescricional volta a fluir a partir da transmissão, pois as causas de suspensão possuem natureza pessoal.

Art. 201: 2. v. arts. 257 a 263.

Seção III | DAS CAUSAS QUE INTERROMPEM A PRESCRIÇÃO[1-2]

SEÇ. III: 1. Cessada a causa interruptiva da prescrição, o prazo prescricional tem novo início e deve ser contado por inteiro a partir de tal cessação.

SEÇ. III: 2. Já a decadência não se interrompe, salvo disposição legal em contrário, cf. art. 207.

Art. 202. A interrupção[1 a 3] da prescrição, que somente poderá ocorrer uma vez, dar-se-á: [Dispositivo correspondente no CC/1916: art. 172-*caput*.]

I — por despacho do juiz, mesmo incompetente, que ordenar a citação, se o interessado a promover no prazo e na forma da lei processual;[3a a 8a] [Dispositivo correspondente no CC/1916: art. 172-I.]

II — por protesto,[8b-8c] nas condições do inciso antecedente; [Dispositivo correspondente no CC/1916: art. 172-II.]

III — por protesto cambial;[9-9a] [Sem dispositivo correspondente no CC/1916.]

IV — pela apresentação do título de crédito em juízo de inventário[9b-9c] ou em concurso de credores;[10] [Dispositivo correspondente no CC/1916: art. 172-III.]

V — por qualquer ato judicial que constitua em mora[10a] o devedor;[11] [Dispositivo correspondente no CC/1916: art. 172-IV.]

VI — por qualquer ato inequívoco, ainda que extrajudicial, que importe reconhecimento do direito pelo devedor.[11a a 12b] [Dispositivo correspondente no CC/1916: art. 172-V.]

Parágrafo único. A prescrição interrompida recomeça a correr[12c] da data do ato que a interrompeu,[13-13a] ou do último ato do processo para a interromper.[14-15] [Dispositivo correspondente no CC/1916: art. 173.]

Art. 202: 1. s/ interrupção da prescrição, v. tb. CPC/73 art. 777 (processo de insolvência); Dec. 20.910/32, art. 7º, Dec. lei 4.597/42, art. 3º, e CTN 174 § ún. (Fazenda Pública); Dec. lei 204/67, art. 17 § ún. (prêmio lotérico).

Art. 202: 2. Súmula 154 do STF: "Simples vistoria não interrompe a prescrição".

Esta Súmula continua em vigor (STF-2ª T., Ag 65.594-AgRg, Min. Moreira Alves, j. 20.2.76, DJU 9.4.76), mas não comporta leitura ampliativa: "Se o processo cautelar de produção antecipada assume conotações de protesto e de indeclinável medida preparatória da ação, a citação nele feita interrompe a prescrição" (RTJ 114/1.228 e STF-RT 599/257, citando RTJ 89/961 e 108/1.302).

"Na sistemática do CPC de 1973, a cautelar de antecipação de prova interrompe a prescrição quando se tratar de medida preparatória de outra ação, tornando inaplicável, nesses casos, o verbete sumular n. 154-STF, editado sob a égide do CPC 1939" (RSTJ 152/392).

V. tb. nota 4a.

Súmula 383 do STF: "A prescrição em favor da Fazenda Pública recomeça a correr, por dois anos e meio, a partir do ato interruptivo, mas não fica reduzida aquém de cinco anos, embora o titular do direito a interrompa durante a primeira metade do prazo".

Súmula 106 do STJ (Demora na citação): "Proposta a ação no prazo fixado para o seu exercício, a demora na citação, por motivos inerentes ao mecanismo da Justiça, não justifica o acolhimento da arguição de prescrição ou decadência".

Art. 202: 2a. "Se o direito em discussão é indivisível, a interrupção da prescrição por um dos credores a todos aproveita" (RSTJ 43/298).

Art. 202: 2b. **"Litisconsórcio ativo multitudinário. Desmembramento.** Ausência de citação. Demanda individual subsequente. Prescrição. Interrupção. Marco inicial. Data do ajuizamento da ação originária. A prescrição acarreta a perda da exigibilidade de um direito (ou a perda de uma pretensão deduzível em juízo), de modo que somente pode ser prejudicado pela passagem do tempo aquele a quem se puder atribuir inércia injustificada na busca de seus interesses. No particular, deve-se considerar que a recorrida exerceu sua pretensão dentro do prazo, em litisconsórcio facultativo, quando ajuizou a demanda originária, não podendo, portanto, vir a sofrer qualquer prejuízo de índole processual ou material em decorrência de providência adotada pelo julgador, à qual não deu causa. Assim, na hipótese dos autos, a data que deve prevalecer para fins do marco inicial da interrupção da prescrição é a da propositura da ação originária, como forma de não lesar os litisconsortes que litigavam conjuntamente e que foram elididos da relação processual primeva" (STJ-3ª T., REsp 1.868.419, Min. Nancy Andrighi, j. 22.9.20, DJ 28.9.20).

Art. 202: 3. "O pedido de **abertura de inventário** interrompe o curso do prazo prescricional para todas as pendengas entre meeiro, herdeiros e/ou legatários que exijam a definição de titularidade sobre parte do patrimônio inventariado" (STJ-3ª T., REsp 1.639.314, Min. Nancy Andrighi, j. 4.4.17, DJ 10.4.17).

Art. 202: 3a. **CPC 240 § 1º:** "A interrupção da prescrição, operada pelo despacho que ordena a citação, ainda que proferido por juízo incompetente, retroagirá à data de propositura da ação".

CPC 312: "Considera-se proposta a ação quando a petição inicial for protocolada, todavia, a propositura da ação só produz quanto ao réu os efeitos mencionados no art. 240 depois que for validamente citado".

"A data da propositura da ação é aquela em que a petição inicial foi apresentada em juízo e despachada, ainda que apenas para determinar a livre distribuição do feito, e não a data da efetiva distribuição" (STJ-2ª T., REsp 931.741, Min. Eliana Calmon, j. 8.4.08, DJU 18.4.08).

Art. 202: 4. "A **propositura de demanda judicial pelo devedor,** seja anulatória, seja de sustação de protesto, que importe em impugnação do débito contratual ou de cártula representativa do direito do credor, é causa interruptiva da prescrição. Quando a interrupção de prescrição se der em virtude de demanda judicial, o novo prazo só correrá da data do último ato do processo, que é aquele pelo qual o processo se finda" (STJ-3ª T., REsp 216.382, Min. Nancy Andrighi, j. 3.8.04, DJU 13.12.04). No mesmo sentido: STJ-4ª T., REsp 913.218-AgRg, Min. João Otávio, j. 16.3.10, DJ 6.4.10; JTJ 370/576 (AP 972-78.2011.8.26.0003).

"A manifestação do credor, de forma defensiva, nas ações impugnativas promovidas pelo devedor, afasta a sua inércia no recebimento do crédito, a qual implicaria a prescrição da pretensão executiva; além de evidenciar que o devedor tinha inequívoca ciência do interesse do credor em receber aquilo que lhe é devido. O art. 585, § 1º, do CPC deve ser interpretado em consonância com o art. 202, VI, do Código Civil. Logo, se admitida a interrupção da prescrição, em razão das ações promovidas pelo devedor, mesmo que se entenda que o credor não estava impedido de ajuizar a execução do título, ele não precisava fazê-lo antes do trânsito em julgado dessas ações, quando voltaria a correr o prazo prescricional" (STJ-3ª T., REsp 1.321.610, Min. Nancy Andrighi, j. 21.2.13, RP 220/472).

"Com o manejo de ação pelo mutuário, questionando os parâmetros ajustados para os encargos incidentes no contrato de empréstimo feneratício, interrompem-se e suspendem-se os prazos para ajuizamento de quaisquer demandas por iniciativa da instituição financeira, somente voltando a ter fluxo com o trânsito em julgado da sentença a ser proferida na revisional" (STJ-4ª T., AI 1.244.895-AgRg, Min. Marco Buzzi, j. 20.3.12, DJ 9.4.12; a citação é do voto do relator).

"O ajuizamento pelos devedores de embargos do devedor, para derruir precedente ação de execução, que veio a ser extinta, sem exame de mérito, importa em impugnação ao direito do credor, representado pela mesma causa remota de pedir, e é causa interruptiva da prescrição, sendo certo que o novo prazo terá início a partir da data do encerramento dos embargos do devedor" (RJM 203/200: AP 1.0702.08.472454-2/001).

Todavia, no sentido de que "a propositura de ação revisional pelo devedor não impede que o credor busque a satisfação do seu crédito, não havendo, portanto, interrupção do prazo prescricional": STJ-3ª T., REsp 1.635.585-AgInt, Min. Marco Bellizze, j. 27.6.17, DJ 3.8.17. No mesmo sentido: STJ-4ª T., Ag em REsp 1.305.630-AgInt, Min. Lázaro Guimarães, j. 18.9.18, DJ 21.9.18.

Art. 202: 4a. Também se interrompe a prescrição pela citação no **processo cautelar** (RT 588/106).

"O despacho do juiz que determina a citação na ação cautelar preparatória tem o condão de interromper o prazo prescricional referente à pretensão principal a ser futuramente exercida (art. 202, I, do novo CC)" (STJ-3ª T., REsp 822.914, Min. Gomes de Barros, j. 1.6.06, DJU 19.6.06). No mesmo sentido: STJ-5ª T., REsp 949.204-EDcl, Min. Arnaldo Esteves, j. 17.3.09, DJ 6.4.09; JTJ 345/95 (AI 7.343.603-8).

"A sustação de protesto, deferida em medida proposta pelo devedor, por ocasionar a custódia judicial do título de crédito, impede que o credor promova a execução da dívida e, por conseguinte, interrompe a fluência do prazo prescricional" (STJ-4ª T., REsp 257.595, Min. Luis Felipe, j. 5.3.09, DJ 30.3.09).

"Considerando que os protestos dos títulos são imperativos para o ajuizamento da ação de falência, a sustação judicial dos protestos em decorrência de liminar em ação cautelar interrompe o prazo da prescrição" (STJ-3ª T., REsp 674.125, Min. Menezes Direito, j. 16.11.06, DJU 12.3.07). No mesmo sentido: STJ-RBDP 60/193 (4ª T., REsp 251.678).

S/ cautelar e interrupção da prescrição, v. tb. nota 2 e art. 206, nota 2d. S/ prescrição e duplicata, v. ainda LDu 15, nota 3.

Art. 202: 4b. "O pedido de **cumprimento de sentença** interrompe a prescrição. Petição que, apesar de mencionar a expressão cumprimento de sentença, não traz em seu bojo definição do valor a ser executado, memória de cálculos discriminada e atualizada e pedido para que haja o referido cumprimento não tem o condão de interromper o prazo prescricional" (STJ-4ª T., AI 1.185.461-AgRg, Min. João Otávio, j. 27.4.10, DJ 11.5.10).

"A petição onde consta o pedido de desarquivamento dos autos não pode ser tida como causa interruptiva da prescrição, visto que não se amolda às hipóteses descriminadas nos incisos do artigo 202 do Código Civil. O pedido de cumprimento de sentença é que tem o condão de interromper a prescrição" (STJ-4ª T., REsp 1.155.060, Min. Marco Buzzi, j. 1.3.16, DJ 10.3.16).

Art. 202: 4c. "A citação válida em **ação declaratória** interrompe a prescrição na respectiva ação condenatória" (STJ-5ª T., REsp 606.138, Min. Gilson Dipp, j. 17.6.04, DJU 2.8.04). No mesmo sentido: STJ-1ª T., REsp 810.145, Min. Teori Zavascki, j. 6.3.07, DJU 29.3.07.

Assim: "A autora pretende ser indenizada pelos danos sofridos em decorrência da rescisão contratual declarada por sentença e que foi provocada pela prática de atos ilícitos pela ré, também reconhecidos na sentença declaratória. Na hipótese, o pedido da ação declaratória caracteriza a causa de pedir para a ação indenizatória, restando, portanto, clara a relação entre elas e, por isso, justifica-se a interrupção da prescrição" (STJ-3ª T., REsp 1.354.361, Min. Nancy Andrighi, j. 9.4.13, DJ 15.4.13).

"A pendência do julgamento de ação declaratória em que se discute a ilegalidade da conduta constitui empecilho ao início da fluência da prescrição da pretensão indenizatória amparada nesse ato" (STJ-3ª T., REsp 1.494.482, Min. Nancy Andrighi, j. 24.11.20, maioria, DJ 18.12.20).

Art. 202: 4d. "A **ação civil pública** ajuizada pelo Ministério Público objetivando a nulidade dos atos normativos expedidos no sentido de não admitir prova de tempo de serviço rural em nome de terceiros interrompeu a prescrição quinquenal das ações individuais propostas com a mesma finalidade (art. 219, *caput* e § 1º, do CPC e art. 203 do CCB)" (STJ-2ª T., REsp 1.449.964, Min. Herman Benjamin, j. 5.8.14, DJ 13.10.14).

"Liquidação de ação coletiva. Prescrição. Liquidação apresentada por legitimado extraordinário. Interrupção do prazo. Ocorrência" (STJ-3ª T., REsp 1.680.451-AgInt, Min. Marco Bellizze, j. 6.2.18, DJ 22.2.18). Em sentido semelhante: STJ-4ª T., Ag em REsp 1.081.567-AgInt-AgInt, Min. Marco Buzzi, j. 24.6.19, DJ 28.6.19.

Todavia, no caso de ação individual não suspensa em razão do ajuizamento da ação coletiva (CDC 104), a prescrição é orientada por aquela, e não por esta (STJ-2ª T., REsp 1.647.686, Min. Herman Benjamin, j. 25.4.17, DJ 5.5.17).

"A propositura de ação coletiva interrompe a prescrição apenas para a propositura da ação individual. Em relação ao pagamento de parcelas vencidas, a prescrição quinquenal tem como marco inicial o ajuizamento da ação individual" (STJ-2ª T., Ag em REsp 1.197.282-AgRg, Min. Francisco Falcão, j. 8.5.18, DJ 15.5.18).

"Conquanto interrompido pela ação coletiva o prazo prescricional relativo à discussão do fundo de direito, a opção da parte em iniciar e dar sequência à ação ordinária individual, posteriormente ao ajuizamento da ação coletiva e antes de seu trânsito em julgado, torna o feito individual processualmente autônomo e independente do litígio coletivo, fato esse que desloca o termo inicial da prescrição das prestações vencidas para o momento do ajuizamento da ação individual. Na situação em que o potencial beneficiário da sentença coletiva opta por ajuizar e dar prosseguimento à ação ordinária individual — em vez de aguardar o fim da ação coletiva para então executá-la —, o termo inicial prescricional de eventuais prestações vencidas é o momento do ajuizamento da ação ordinária individual, sendo forçoso interpretar sistematicamente os dispositivos do Código de Defesa do Consumidor (art. 104) e do Código Civil (art. 203). No caso dos autos, o potencial beneficiário da sentença coletiva, antes do desfecho do litígio de massa, deu início a uma ação individual, pretendendo, contudo, fazer retroagir a prescrição das prestações devidas à data do ajuizamento da ação coletiva. A opção do referido beneficiário em não aguardar o desfecho do feito coletivo, todavia, tornou a ação individual autônoma e independente do litígio coletivo, razão pela qual, *in casu*, a prescrição atinge as prestações vencidas antes do quinquênio anterior à propositura da ação individual, e não da ação coletiva" (STJ-2ª T., REsp 1.753.994, Min. Herman Benjamin, j. 2.10.18, DJ 16.11.18).

V. tb. notas 6 e 8c.

Art. 202: 4e. "Ainda que originadas de um mesmo título judicial, as duas **pretensões (fazer e dar) são distintas,** motivo pelo qual o prazo prescricional para ambas inicia-se com o trânsito em julgado do título executivo judicial e corre paralelamente sem que o exercício da pretensão em uma obrigação reflita sobre a outra. Logo, deve prevalecer o entendimento segundo o qual o **ajuizamento da execução coletiva** da obrigação de fazer não repercute na fluência do prazo prescricional da execução da obrigação de pagar, na medida em que as pretensões são distintas, não se confundem e têm regramento próprio" (STJ-Corte Especial, ED no REsp 1.169.126, Min. Og Fernandes, j. 20.3.19, maioria, DJ 11.6.19).

Art. 202: 5. "A impetração do **mandado de segurança** interrompe a fluência do prazo prescricional de modo que, tão somente após o trânsito em julgado da decisão nele proferida, é que voltará a fluir a prescrição da ação ordinária para cobrança das parcelas referentes ao quinquênio que antecedeu a propositura do *writ*" (STJ-6ª T., AI 726.029-AgRg, Min. Maria Thereza, j. 5.3.09, DJ 23.3.09). No mesmo sentido: STJ-5ª T., AI 1.248.177, Min. Jorge Mussi, j. 23.3.10, DJ 12.4.10; STJ-2ª T., REsp 1.292.612-AgRg, Min. Herman Benjamin, j. 19.4.12, DJ 22.5.12.

Art. 202: 5a. "Reconhecido o efeito interruptivo do prazo prescricional, decorrente de citação válida ocorrida em **reclamação trabalhista** anteriormente ajuizada entre as partes, e julgada improcedente, conforme o artigo 172, I, do Código Civil de 1916. Declarada a improcedência do pedido na justiça laboral — no sentido de que relação de trabalho havida entre as partes não era relação de emprego —, abriu-se ao autor o ensejo de buscar sua pretensão de remuneração perante o Juízo comum, com lastro em idêntica causa de pedir (o alegado período trabalhado sem remuneração), desta feita com apoio em instituto de Direito Civil (contrato de prestação de serviços). Descaracterizada, portanto, a inação que define o instituto da prescrição, uma vez que não houve inércia em relação àquela pretensão de ser remunerado pelo trabalho prestado" (STJ-4ª T., REsp 1.119.708, Min. Isabel Gallotti, j. 19.9.13, maioria, DJ 26.3.14).

Art. 202: 5b. "A citação interrompe a prescrição, dela não se podendo cogitar enquanto a ação pende de julgamento; esse efeito, todavia, só se produz em relação ao que foi objeto do pedido" (RSTJ 98/23).

Art. 202: 5c. "Para reputar-se interrompida a prescrição aquisitiva com a citação, é de rigor que a ação proposta, de modo direto ou virtual, vise à defesa do direito material sujeito à prescrição" (RSTJ 157/237).

Art. 202: 6. "A citação válida interrompe a prescrição, ainda que o processo seja extinto **sem julgamento de mérito**" (RSTJ 93/156, "salvante as hipóteses do art. 267, incisos II e III, do CPC"). No mesmo sentido: STJ-3ª T., REsp 947.264, Min. Nancy Andrighi, j. 25.5.10, DJ 22.6.10; STJ-4ª T., Ag em REsp 316.215-AgRg, Min. Luis Felipe, j. 11.6.13, DJ 18.6.13. V. nota seguinte.

"A citação válida ocorrida no processo movido pelo sindicato, com o mesmo objeto da ação individual, ainda que tenha sido julgado extinto sem resolução do mérito em face da ilegitimidade ativa *ad causam*, configurou causa interruptiva do prazo prescricional para propositura da ação individual" (STJ-1ª T., Ag em REsp 54.953-AgRg, Min. Arnaldo Esteves, j. 2.10.12, DJ 15.10.12). V. tb. nota 4d.

"Quanto ao tema da interrupção da prescrição, a lei não faz distinção entre o pedido julgado procedente e o **pedido** julgado **improcedente.** Evidenciado o inequívoco exercício do direito e a boa-fé do autor, ainda que com a propositura de ação incabível, interrompe-se o prazo prescricional" (STJ-2ª Seção, ED no REsp 54.788, Min. Cesar Rocha, j. 28.2.07, um voto vencido, DJU 11.10.07). Esse acórdão retifica o acórdão anteriormente proferido, com igual entendimento (STJ-2ª Seção, ED no REsp 54.788, Min. Gomes de Barros, j. 27.9.06, DJU 6.11.06). No mesmo sentido: RTJ 98/213, RSTJ 51/140.

Contra: "Uma vez julgada improcedente a ação possessória, a citação não tem efeito interruptivo da prescrição aquisitiva. Notificação judicial ou protesto para interromper a prescrição aquisitiva deve ter fim específico e declarado" (STJ-4ª T., REsp 149.186, Min. Fernando Gonçalves, j. 4.11.03, maioria, DJU 19.12.03). Ainda contra: RTJ 108/1.105; STJ-3ª T., REsp 944.661-AgRg, Min. Ricardo Cueva, j. 13.8.13, DJ 20.8.13; RT 737/432.

Art. 202: 7. "A citação realizada em ação ajuizada anteriormente, extinta sem julgamento do mérito, por **inércia do autor** (art. 267, II e III, do CPC), não tem o condão de interromper a prescrição" (STJ-4ª T., REsp 523.264, Min. Jorge Scartezzini, j. 12.12.06, DJU 26.2.07). **Contra:** "A absolvição da instância por não promover o autor os atos e diligências a seu cargo (Cód. Proc. Civil de 1939, art. 201, V) não retira à citação precedente seus efeitos interruptivos da prescrição" (STF-Pleno: RTJ 142/898, maioria).

Se a citação é de quem **não é parte legítima *ad causam***, não se interrompe a prescrição nem se impede a consumação da decadência (STJ-Corte Especial, ED no Ag em REsp 1.294.919, Min. Laurita Vaz, j. 5.12.18, DJ 13.12.18; RT 649/131, RF 303/182). **Contra:** "Mesmo extinto o processo por ilegitimidade passiva, a citação válida possui o condão de interromper o curso do prazo prescricional ante a aparência de correta propositura da ação" (STJ-2ª T., REsp 1.618.257-AgInt, Min. Og Fernandes, j. 21.3.17, DJ 28.3.17). "Na hipótese, uma primeira demanda de cobrança foi ajuizada contra a administradora, que denunciou a lide a bandeira do cartão de crédito. Porém, o processo foi extinto sem resolução de mérito, por ilegitimidade passiva, e a denunciação da lide julgada prejudicada. Em caso de aparente legitimidade passiva, a citação da primeira demandada é válida para interromper o prazo prescricional relativamente à litisdenunciada, retroativamente à data da propositura da ação principal" (STJ-3ª T., REsp 1.679.199, Min. Ricardo Cueva, j. 14.5.19, DJ 24.5.19).

Art. 202: 8. É indispensável, para a formação do **litisconsórcio passivo necessário,** a citação "de todos aqueles que participaram da ação onde foi proferida a decisão rescindenda. E tendo de há muito se exaurido o decurso do prazo decadencial para os litisconsortes não citados, inútil é a citação. Extinção do processo da ação rescisória" (STJ-2ª T., REsp 8.689-0, Min. José de Jesus Filho, j. 2.12.92, DJU 1.2.93).

Art. 202: 8a. "Prescrição da pretensão. Réus que faleceram antes do ajuizamento da ação. Trânsito em julgado de decisão que anulou o processo e a citação por edital. **Citação** decretada **nula** não pode interromper o prazo prescricional" (STJ-3ª T., REsp 1.777.632, Min. Moura Ribeiro, j. 25.6.19, DJ 1.7.19). Em sentido semelhante: RT 503/216, em.

Art. 202: 8b. v. CPC 726 e segs.

S/ recomeço do prazo prescricional, v. nota 15.

Art. 202: 8c. "O **Ministério Público** possui legitimidade para a propositura de ação cautelar de **protesto,** visando a interrupção do prazo prescricional para o ajuizamento da execução individual de sentença coletiva" (STJ-3ª T., REsp 1.710.202-AgInt, Min. Moura Ribeiro, j. 19.8.19, DJ 21.8.19).

V. tb. nota 4d.

Art. 202: 9. Está **superada** a **Súmula 153 do STF,** no sentido de que "simples protesto cambiário não interrompe a prescrição".

Art. 202: 9a. "A prescrição interrompida pelo protesto cambial se refere única e exclusivamente à ação cambiária e somente tem em mira a pretensão dirigida ao responsável principal e, eventualmente, aos devedores indiretos do título, entre os quais não se enquadra o **sacado não aceitante.** Aplicação do princípio da autonomia das relações cambiais" (STJ-3ª T., REsp 1.748.779, Min. Nancy Andrighi, j. 19.5.20, DJ 25.5.20).

Art. 202: 9b. v. art. 1.997 § 1º.

Art. 202: 9c. "**Habilitação de crédito** nos autos de inventário. Art. 202, IV, do CC. Causa interruptiva do prazo prescricional. **Inocorrência.** Ausência de apresentação de título de crédito (art. 887 do CC) ou de prova literal da existência de dívida dotada de liquidez e certeza" (STJ-3ª T., REsp 1.569.592, Min. Paulo Sanseverino, j. 24.4.18, DJ 30.4.18).

Art. 202: 10. v. arts. 955 a 965. V. tb. CPC 908 e 909.

Art. 202: 10a. s/ mora, v. arts. 394 a 401.

Art. 202: 11. "A interpelação judicial se insere no inciso V do art. 202 (inciso IV do art. 172 do CC-16), uma vez que é ato judicial passível de constituir o devedor em mora, por isso que é causa interruptiva do prazo de prescrição" (STJ-1ª T., REsp 1.188.908, Min. Benedito Gonçalves, j. 9.11.10, DJ 17.11.10).

Art. 202: 11a. Em matéria de seguro, v. art. 206, nota 1b.

Art. 202: 11b. "Para a interrupção da prescrição com base no art. 172, V, do CC/1916 (art. 202, VI, do CC/2002) é suficiente a prática de ato inequívoco de reconhecimento do direito pelo prescribente, sendo **desnecessário** que esse **ato** seja **dirigido ao credor"** (STJ-4ª T., REsp 1.002.074, Min. João Otávio, j. 4.8.11, DJ 12.9.11). No mesmo sentido: STJ-3ª T., REsp 1.475.681-AgInt, Min. Marco Bellizze, j. 19.8.19, DJ 22.8.19.

Art. 202: 11c. "A edição de decreto estadual declarando como de utilidade pública parte do imóvel objeto de desapropriação implica reconhecimento do direito à indenização pelo expropriado, o que interrompe o prazo para a ocorrência de prescrição aquisitiva, nos termos do art. 202, inciso VI, do Código Civil de 2002" (STJ-2ª T., REsp 1.052.783, Min. Castro Meira, j. 5.8.08, DJ 19.8.08).

Art. 202: 11d. "Importa em interrupção da prescrição a confissão realizada por meio de certidão individual emitida pelo Tribunal de Justiça do Estado de São Paulo, acerca da existência de dívida de valor consolidado em favor de servidor público integrante de seu respectivo quadro" (STJ-3ª Seção, REsp 1.112.114, Min. Arnaldo Esteves, j. 9.9.09, DJ 8.10.09).

"O inequívoco reconhecimento do débito pela Administração pela prática de atos extrajudiciais, como a publicação de comunicado, enseja a interrupção da prescrição — art. 202, VI, do CC" (STJ-2ª T., REsp 1.192.901, Min. Eliana Calmon, j. 17.6.10, DJ 1.7.10).

"O reconhecimento administrativo do débito interrompe o prazo prescricional" (STJ-6ª T., AI 805.509-AgRg, Min. Maria Thereza, j. 24.5.07, DJU 11.6.07).

Art. 202: 12. "A prática de qualquer ato inequívoco do direito pelo devedor é causa de interrupção da prescrição, à luz do disposto no inciso VI do art. 202 do Código Civil de 2002. Dessa sorte, a emissão de notas promissórias pelos réus, em substituição ao termo de confissão de dívida, constituiu ato inequívoco de reconhecimento da dívida, erigindo-se, pois, como marco interruptivo da prescrição" (STJ-4ª T., Ag em REsp 452.998-AgRg-EDcl, Min. Luis Felipe, j. 24.6.14, DJ 1.8.14).

Art. 202: 12a. "O pedido de concessão de **prazo para analisar** os **documentos** apresentados pela recorrida poderia ser considerado como ato inequívoco que importasse em reconhecimento de débito (direito de receber) apenas se fosse destinado ao pagamento de valores, mas nunca para analisar a existência do próprio débito" (STJ-3ª T., REsp 1.677.895, Min. Nancy Andrighi, j. 6.2.18, DJ 8.2.18).

Art. 202: 12b. "O **pagamento parcial** do débito, quando já iniciado o prazo prescricional, configura ato interruptivo da prescrição, nos termos do art. 202, VI, do Código Civil. Uma vez interrompida a prescrição, novo pagamento, total ou parcial, não enseja mais o efeito jurídico interruptivo, pois esse só pode ocorrer uma vez, nos termos do *caput* do art. 202 do Código Civil" (STJ-4ª T., REsp 1.531.731-AgInt, Min. Luis Felipe, j. 19.4.18, DJ 10.5.18).

Art. 202: 12c. por inteiro (salvo contra a Fazenda Pública — v. Dec. lei 4.597, de 19.8.42, no tít. PRESCRIÇÃO E DECADÊNCIA).

Art. 202: 13. **Súmula 248 do TFR:** "O prazo da prescrição interrompido pela confissão e parcelamento da dívida fiscal recomeça a fluir no dia que o devedor deixar de cumprir o acordo celebrado".

Art. 202: 13a. "O Código Civil de 1916 dispõe no art. 172, V, que o reconhecimento inequívoco do débito por parte do devedor interrompe o prazo prescricional. Diz, em seguida, no art. 173, que o prazo volta a curso a partir do ato que o interrompeu, ou do último ato que importasse nesse reconhecimento. Na espécie, a concordância do recorrente com as retenções efetuadas pela recorrida nas parcelas do acordo caracterizou ato inequívoco de reconhecimento do débito, acarretando, assim, a interrupção do prazo prescricional que só voltou a fluir em 15.10.98, com o recebimento da última parcela do acordo" (STJ-3ª T., REsp 1.280.206, Min. Massami Uyeda, j. 11.10.11, DJ 26.10.11).

Art. 202: 14. "O prazo prescricional, interrompido pela citação válida, somente reinicia o seu curso após o trânsito em julgado do processo extinto sem julgamento do mérito. Tanto que, se assim não o fosse, a segunda ação também seria extinta por força da litispendência" (STJ-1ª T., REsp 1.165.458, Min. Luiz Fux, j. 15.6.10, DJ 29.6.10).

Art. 202: 15. "Prescrição. **Interrupção por protesto judicial. Recontagem** do prazo. Quando a interrupção de prescrição se der em virtude de demanda judicial, o novo prazo só correrá da data do último ato do processo, que é aquele pelo qual o processo se finda" (STJ-3ª T., REsp 1.512.283, Min. Nancy Andrighi, j. 14.8.18, DJ 17.8.18).

Art. 203. A prescrição pode ser interrompida por qualquer interessado.[1] [Dispositivo correspondente no CC/1916: art. 174.]

Art. 203: 1. p. ex., por meio do protesto judicial (art. 202-II e CPC 726 e segs.).

Art. 204. A interrupção da prescrição por um credor não aproveita aos outros; semelhantemente, a interrupção operada contra o codevedor, ou seu herdeiro, não prejudica aos demais coobrigados. [Dispositivo correspondente no CC/1916: art. 176-*caput*.]

§ 1º A interrupção por um dos credores solidários[1] aproveita aos outros; assim como a interrupção efetuada contra o devedor solidário[2] envolve os demais e seus herdeiros. [Dispositivo correspondente no CC/1916: art. 176 § 1º.]

§ 2º A interrupção operada contra um dos herdeiros do devedor solidário não prejudica os outros herdeiros ou devedores, senão quando se trate de obrigações e direitos indivisíveis.[3] [Dispositivo correspondente no CC/1916: art. 176 § 2º.]

§ 3º A interrupção produzida contra o principal devedor prejudica o fiador.[4-5] [Dispositivo correspondente no CC/1916: art. 176 § 3º.]

Art. 204: 1. v. arts. 267 a 274.

Art. 204: 2. v. arts. 275 a 285. Todavia, em matéria cambial, v. LCU 71, nota 1.

Art. 204: 3. v. arts. 257 a 263.

Art. 204: 4. "Não se pode executar o fiador com base no título judicial oriundo da ação de despejo, da qual não participou. Se assim o é, também não se pode admitir que os efeitos desta ação de despejo, no caso, interrupção da prescrição, possam atingir-lhe o direito de suscitá-la. Em sede de **fiança locatícia,** a regra de que a interrupção produzida contra o principal devedor prejudica o fiador, inscrita no art. 176, § 3º, do CC/16, reclama interpretação mitigada, pois o caráter benéfico e desinteressado da fiança não admite interpretação extensiva ao instituto" (STJ-6ª T., REsp 869.357, Min. Og Fernandes, j. 24.8.09, DJ 28.9.09). No mesmo sentido: STJ-4ª T., REsp 1.211.351-AgRg, Min. Isabel Gallotti, j. 7.8.12, DJ 14.8.12).

Art. 204: 5. "A **interrupção operada contra o fiador não prejudica o devedor afiançado** (a recíproca não é verdadeira), haja vista que o principal não acompanha o destino do acessório e, por conseguinte, a prescrição continua correndo em favor deste. Como disposição excepcional, a referida norma deve ser interpretada restritivamente, e, como o legislador previu, de forma específica, apenas a interrupção em uma direção — a interrupção produzida contra o principal devedor prejudica o fiador —, não seria de boa hermenêutica estender a exceção em seu caminho inverso. No entanto, a interrupção em face do fiador poderá, sim, excepcionalmente, acabar prejudicando o devedor principal, nas hipóteses em que a referida relação for reconhecida como de devedores solidários, ou seja, caso renuncie ao benefício ou se obrigue como principal pagador ou devedor solidário, a sua obrigação, que era subsidiária, passará a ser solidária, e, a partir de então, deverá ser norteada por essa sistemática (CC, arts. 204, § 1º, e 275 a 285). Na hipótese, o credor, num primeiro momento, ajuizou execução tão somente em face dos fiadores e, em razão da limitação da responsabilidade destes, num segundo momento, intentou nova execução contra a devedora principal para a execução do saldo restante. Dessarte, a interrupção da prescrição efetivada em relação aos fiadores não pode vir a prejudicar a principal devedora" (STJ-4ª T., REsp 1.276.778, Min. Luis Felipe, j. 28.3.17, DJ 28.4.17).

Seção IV | DOS PRAZOS[1] DA PRESCRIÇÃO

SEÇ. IV: 1. s/ contagem de prazo, v. art. 132; s/ prazo para cobrança de juros moratórios, v. art. 189, nota 5; s/ redução dos prazos e direito intertemporal, v. art. 2.028 e notas.

Art. 205. A prescrição ocorre em dez anos, quando a lei não lhe haja fixado prazo menor.[1 a 10] [Dispositivos correspondentes no CC/1916: arts. 177 e 179.]

Art. 205: 1. s/ prescrição decenal e pretensão de: terceiro beneficiário de seguro, v. art. 206, nota 1c; reparação civil fundada em responsabilidade contratual, v. art. 206, nota 3f; invalidação da doação inoficiosa, v. art. 549, nota 3a; imposição da pena de sonegados, v. arts. 1.994, nota 2a, e 1.996, nota 2a; indenização por defeito de obra, v. CDC 26, nota 1; manutenção do plano de saúde do aposentado, v. Lei 9.656/98, art. 31, nota 2 (no tít. SEGUROS).

Art. 205: 2. **Súmula 443 do STF:** "A prescrição das prestações anteriores ao período previsto em lei não ocorre, quando não tiver sido negado, antes daquele prazo, o próprio direito reclamado, ou a situação jurídica de que ele resulta".

Súmula 445 do STF: "A Lei 2.437, de 7.3.55, que reduz prazo prescricional, é aplicável às prescrições em curso na data de sua vigência (1.1.56), salvo quanto aos processos então pendentes".

Súmula 142 do STJ: "Prescreve em vinte anos a ação para exigir a abstenção do uso de marca comercial" (v. jurisprudência s/ esta Súmula em RSTJ 80/269). Esta súmula foi **cancelada** pela 2ª Seção do STJ no julgamento da AR 512, em sessão de 12.5.99 (DJU 10.6.99, p. 49).

Afirmando que a pretensão de abstenção de uso de marca prescreve em 10 anos: STJ-3ª T., REsp 1.696.899, Min. Nancy Andrighi, j. 18.9.18, DJ 21.9.18. S/ termo *a quo* desse prazo prescricional, v. art. 189, nota 2.

Súmula 398 do STJ: "A prescrição da ação para pleitear os juros progressivos sobre os saldos de conta vinculada do FGTS não atinge o fundo de direito, limitando-se às parcelas vencidas".

Súmula 412 do STJ: "A ação de repetição de indébito de tarifas de água e esgoto sujeita-se ao prazo prescricional estabelecido no Código Civil".

"O prazo prescricional da execução fiscal em que se pretende a cobrança de tarifa por prestação de serviços de água e esgoto rege-se pelo disposto no Código Civil, revelando-se inaplicável o Dec. 20.910/32" (STJ-1ª Seção, REsp 1.117.903, Min. Luiz Fux, j. 9.12.09, DJ 1.2.10). **Todavia,** no sentido de que se aplica o Dec. 20.910/32 quando a devedora dessa tarifa for a Fazenda Pública: STJ-2ª T., REsp 1.759.516, Min. Herman Benjamin, j. 14.5.19, DJ 31.5.19.

S/ repetição de indébito, v. tb. nota 9, art. 206, nota 3b, e CDC 26, nota 1c, e 27, nota 2a; s/ execução fiscal, v. tb. Dec. 20.910/32, art. 1º, nota 3 (no tít. PRESCRIÇÃO E DECADÊNCIA).

Art. 205: 3. **Súmula 149 do STF:** "É **imprescritível** a ação de investigação de paternidade, mas não o é a de petição de herança". No mesmo sentido, com relação à imprescritibilidade da pretensão voltada à investigação de paternidade: RT 891/314 (TJSP, AP 656.714-4/2-00).

"Por se cuidar de **ação de estado,** é imprescritível a demanda negatória de paternidade, consoante a extensão, por simetria, do princípio contido no art. 27 da Lei 8.069/1990, não mais prevalecendo o lapso previsto no art. 178, § 2º, do antigo Código Civil" (STJ-RBDFS 15/135: 4ª T., REsp 576.185).

"A imprescritibilidade típica da ação de investigação de paternidade movida pelo filho não se aplica à investigatória e anulatória de registro civil movida pelo pretenso genitor contra o suposto filho, estando a decadência desta, no regime do CC de 1916 (art. 178, § 9º)" (STJ-3ª T., REsp 903.613, Min. Sidnei Beneti, j. 24.6.08, DJ 5.8.08).

"A regra de imprescritibilidade prevista no art. 1.601 do CC/2002 somente se aplica às contestações de paternidade derivadas de relação conjugal estável, submetendo-se as demais, especialmente as que não decorrem do casamento ou da união estável, aos prazos prescricionais previstos no CC/2002. Ausente previsão de prazo prescricional específico para a situação de ação anulatória de registro civil de nascimento assentada em erro e ajuizada por quem não era marido e nem companheiro, aplica-se a regra geral contida no art. 205 do CC/2002, submetendo-se a prescrição ao prazo decenal" (STJ-3ª T., REsp 1.698.684, Min. Nancy Andrighi, j. 17.4.18, DJ 27.4.18).

V. tb. arts. 1.601, 1.604, nota 2a, 1.614, nota 2, e 1.824, nota 1.

São imprescritíveis as pretensões relativas aos direitos de personalidade e ao estado da pessoa. Ainda, não se sujeitam a prescrição as ações declaratórias (como a de nulidade).

"A ação proposta com a finalidade de declarar-se a nulidade absoluta do casamento, por bigamia, é imprescritível" (RSTJ 132/398).

"É imprescritível a pretensão de reparação civil de **dano ambiental**" (STF-Pleno, RE 654.833, Min. Alexandre de Moraes, j. 20.4.20, maioria, DJ 24.6.20). S/ prescrição e execução de multa por infração ambiental, v. Súmula 467 do STJ, no Dec. 20.910/32, art. 1º, nota 2a (no tít. PRESCRIÇÃO E DECADÊNCIA).

"O direito à **obtenção de benefício previdenciário** é imprescritível, apenas se sujeitando ao efeito aniquilador decorrente do decurso do lapso prescricional as parcelas não reclamadas em momento oportuno" (STJ-2ª T., REsp 1.880.269-AgInt, Min. Mauro Campbell, j. 16.12.20, DJ 18.12.20).

"Somente a ação declaratória pura é imprescritível; quando ela se revestir também de natureza constitutiva, ficará sujeita à prescrição" (STJ-3ª T., REsp 1.358.425, Min. Nancy Andrighi, j. 8.5.14, DJ 26.5.14). V. tb. art. 206, nota 1h.

S/ imprescritibilidade: de pretensão indenizatória em matéria de tortura, v. Dec. 20.910/32, art. 1º, nota 5 (no tít. PRESCRIÇÃO E DECADÊNCIA); em matéria de adjudicação compulsória, v. Dec. lei 58/37, art. 16, nota 1b (no tít. PROMESSA DE COMPRA E VENDA E LOTEAMENTO).

S/ casos em que a prescrição não corre, arts. 197 a 199.

Art. 205: 3a. "A **autarquia** estadual que desenvolve atividade econômica está sujeita ao mesmo regime de prescrição das pessoas jurídicas de direito privado" (STJ-4ª T., REsp 1.086.205-AgRg, Min. Luis Felipe, j. 18.3.10, DJ 29.3.10). Em sentido semelhante: STJ-3ª T., REsp 1.103.196-AgRg, Min. Nancy Andrighi, j. 6.4.10, DJ 14.4.10.

"O prazo prescricional relativo à ação de cumprimento contratual ajuizada contra **sociedade de economia mista** concessionária de serviço público é de dez anos (art. 205 do Código Civil)" (STJ-3ª T., Ag em REsp 138.704-AgRg, Min. João Otávio, j. 6.8.13, DJ 22.8.13).

Art. 205: 3b. "Nas **ações de natureza real contra a Fazenda,** o prazo prescricional é decenal" (STJ-2ª T., REsp 1.613.414, Min. Og Fernandes, j. 19.4.18, DJ 25.4.18).

V. tb. Dec. 20.910/32, art. 1º, nota 3c (no tít. PRESCRIÇÃO E DECADÊNCIA).

Art. 205: 3c. "Em se tratando de ação de **cobrança de taxa de ocupação** em virtude de celebração de contrato de **direito real de uso** com a **Administração Pública,** o prazo prescricional é o previsto no art. 205 do Código Civil, isto é, de dez anos, uma vez que se trata de preço público" (STJ-2ª T., REsp 1.735.962, Min. Herman Benjamin, j. 6.9.18, DJ 26.11.18).

Art. 205: 4. Regula-se pelo art. 205 o prazo para a prescrição da pretensão relativa a cobrança de **honorários advocatícios** no caso de extinção do mandato por **morte do advogado** (STJ-3ª T., REsp 665.790, Min. Nancy Andrighi, j. 25.9.06, DJU 30.10.06).

Art. 205: 5. No sentido de que a prescrição da pretensão de **reparação de danos** causados por **advogado** ao seu **cliente** no exercício da profissão é regulada pelo art. 205, em razão da inaplicabilidade do CDC aos contratos de serviços advocatícios: STJ-3ª T., REsp 645.662, Min. Gomes de Barros, j. 28.6.07, DJU 1.8.07.

"A ação para reparação de danos relativos à inexecução de contrato de prestação de serviços advocatícios se sujeita ao prazo prescricional previsto no art. 177 do CC/16 (art. 205 do CC/02), e não aquele previsto no art. 27 do CDC" (STJ-3ª T., REsp 633.174, Min. Nancy Andrighi, j. 2.12.04, DJU 21.3.05).

"A prescrição da pretensão autoral não é regida pelo art. 27 do CDC. Porém, também não se lhe aplica o art. 206, § 3º, inciso V, do Código Civil de 2002, haja vista que o mencionado dispositivo possui incidência apenas quando se tratar de responsabilidade civil extracontratual. No caso, cuida-se de ação de indenização do mandante em face do mandatário, em razão de suposto mau cumprimento do contrato de mandato, hipótese sem previsão legal específica, circunstância que faz incidir a prescrição geral de 10 (dez) anos do art. 205 do Código Civil de 2002" (STJ-4ª T., REsp 1.150.711, Min. Luis Felipe, j. 6.12.11, DJ 15.3.12; nota: dois votos foram pela aplicação do CDC no caso). No mesmo sentido: STJ-3ª T., REsp 1.654.373-AgInt, Min. Nancy Andrighi, j. 21.8.18, DJ 31.8.18.

V. tb. CDC 27, nota 2d.

S/ o termo *a quo* da prescrição nesses casos, v. art. 189, nota 7.

Art. 205: 5a. "O prazo prescricional para pleitear indenização pelo **extravio de mercadoria transportada por via aérea** é decenal" (STJ-4ª T., AI 1.362.384-AgRg, Min. Aldir Passarinho Jr., j. 3.2.11, DJ 17.2.11). Em sentido semelhante: STJ-3ª T., REsp 224.554-EDcl-AgRg, Min. Nancy Andrighi, j. 6.12.01, DJU 25.2.02.

S/ prescrição e transporte aéreo, v. tb. CDC 27, notas 1b e 1c.

Art. 205: 5b. "As **ações revisionais de contrato bancário** são fundadas em direito pessoal, motivo pelo qual o prazo prescricional, sob a égide do Código Civil de 1916 era vintenário, e passou a ser decenal, a partir do Código Civil de 2002. A pretensão se refere às cláusulas contratuais, que podem ser discutidas desde a assinatura do contrato, motivo pelo qual o termo inicial do prazo prescricional é a data em que o contrato foi firmado" (STJ-3ª T., REsp 1.326.445, Min. Nancy Andrighi, j. 4.2.14, DJ 17.2.14).

Art. 205: 5c. "As pretensões de **exigir contas** e a de obter o ressarcimento, na eventualidade de se apurar a existência de crédito a favor do demandante, embora não se confundam, são imbricadas entre si e instrumentalizadas no bojo da mesma ação, a observar, por isso, necessariamente, o mesmo prazo prescricional. Logo, não havendo na lei um prazo específico para a satisfação desse crédito, oriundo da administração/gestão de bens alheios, o exercício dessa pretensão observa, naturalmente, o mesmo prazo prescricional da ação de exigir as contas em que veiculada, que é de dez anos (prazo residual). Não é, todavia, o que o ocorre com a pretensão do titular de ações de haver dividendos de sociedade anônima, que emerge, de igual modo, de uma relação de administração ou gestão de bens alheios. Estabelecido por lei especial (art. 287, II, a, da Lei n. 6.404/1976), regente da matéria posta, que a ação para haver dividendos da companhia prescreve em 3 (três) anos, a veiculação de tal pretensão, no bojo de ação de prestação de contas — mesmo que eventual —, deve observar o aludido prazo prescricional. A ação de exigir contas deve se revelar útil, a um só tempo, à pretensão de exigir contas e, caso apurado crédito existente em favor do demandante, também à sua satisfação. A pretensão de exigir contas não pode ser concebida como uma mera manifestação de emulação da parte demandante, devendo apresentar-se hábil, desde logo, a atingir estas finalidades" (STJ-3ª T., REsp 1.608.048, Min. Marco Bellizze, j. 22.5.18, DJ 1.6.18).

V. tb. CDC 26, nota 1b.

Art. 205: 6. "O direito à **complementação de ações subscritas** decorrentes de contrato firmado com sociedade anônima é de natureza pessoal e, consequentemente, a respectiva pretensão prescreve no prazo previsto no artigo 177 do CC revogado (artigo 205 do Código vigente)" (STJ-2ª Seção, REsp 1.037.208, Min. Sidnei Beneti, j. 25.6.08, DJ 20.8.08).

Art. 205: 7. "Não se tratando de pedido fundado no princípio que veda o enriquecimento sem causa, mas de **restituição de quantias em razão de contrato** de *leasing*, cuja natureza contratual, como já decidiu esta Corte, basta para conferir caráter pessoal às obrigações dele decorrentes, a prescrição para essa ação é a geral" (STJ-RT 918/790: 3ª T., REsp 1.174.760).

"Ação declaratória de descaracterização de contrato de arrendamento mercantil, devolução de VRG e indenização por danos morais. Prescrição. Prazo das ações pessoais" (STJ-4ª T., Ag em REsp 493.863-EDcl, Min. Isabel Gallotti, j. 20.5.14, DJ 30.5.14).

"A restituição dos valores pagos, diante da rescisão de contrato de promessa de compra e venda de imóvel, constitui consectário natural do próprio desfazimento do negócio. A pretensão ao recebimento de valores pagos, que não foram restituídos diante de rescisão judicial, por sentença que não tenha decidido a respeito da restituição, submete-se ao prazo prescricional de 10 anos, previsto no art. 205 do Código Civil, e não ao prazo de 3 anos, constante do art. 206, § 3º, incisos IV e V, do mesmo diploma" (STJ-3ª T., REsp 1.297.607, Min. Sidnei Beneti, j. 12.3.13, RT 933/725). No mesmo sentido: STJ-4ª T., Ag em REsp 615.853-AgInt, Min. Raul Araújo, j. 21.6.16, DJ 3.8.16. **Contra:** "Aplica-se às ações de restituição de quantia, na rescisão de contrato de promessa de compra e venda de imóvel, o prazo trienal, pois fundadas no princípio da vedação do enriquecimento sem causa" (STJ-3ª T., REsp 1.377.090-AgRg, Min. Paulo Sanseverino, j. 22.10.13, DJ 28.10.13).

Art. 205: 7a. "O prazo prescricional quinquenal do art. 27 do Código de Defesa do Consumidor não se aplica a qualquer hipótese de inadimplemento contratual em relações de consumo, restringindo-se às ações que buscam a reparação de danos causados por fato do produto ou do serviço, o que não é o caso. Diante da falta de previsão legal específica na Lei de Incorporações Imobiliárias e no Código de Defesa do Consumidor, a **ação do adquirente contra a incorporadora** que visa a cobrança da multa prevista no art. 35, § 5º, da Lei n. 4.591/1964 se submete ao prazo prescricional geral do art. 205 do Código Civil, ou seja, 10 anos" (STJ-3ª T., REsp 1.497.254, Min. Ricardo Cueva, j. 18.9.18, DJ 24.9.18).

Art. 205: 8. "Aplica-se às ações de **apuração de haveres** o prazo prescricional decenal, por ausência de regra específica" (STJ-3ª T., REsp 1.139.593, Min. Nancy Andrighi, j. 22.4.14, DJ 2.5.14).

V. tb. art. 206, nota 2g.

Art. 205: 9. "Prescreve em dez anos (art. 205 do Código Civil) a pretensão de **repetição de indébito** relativa a valores indevidamente cobrados por **serviço de telefonia**" (STJ-Corte Especial, ED no REsp 1.515.546, Min. Laurita Vaz, j. 18.5.16, DJ 15.6.16).

"A tese adotada no âmbito do acórdão recorrido (reformado pela decisão monocrática, ora agravada) de que a pretensão de repetição de indébito por cobrança indevida de valores referentes a serviços não contratados, promovida por empresa de telefonia, configuraria enriquecimento sem causa e, portanto, estaria abrangida pelo prazo fixado no art. 206, § 3º, IV, do Código Civil não parece ser a melhor. A pretensão de enriquecimento sem causa (ação *in rem verso*) possui como requisitos: enriquecimento de alguém; empobrecimento correspondente de outrem; relação de causalidade entre ambos; ausência de causa jurídica; inexistência de ação específica. Trata-se, assim, de ação subsidiária que depende da inexistência de causa jurídica. A discussão acerca da cobrança indevida de valores constantes de relação contratual e eventual repetição de indébito não se enquadra na hipótese do art. 206, § 3º, IV, do Código Civil, seja porque a causa jurídica, em princípio, existe (relação contratual prévia em que se debate a legitimidade da cobrança), seja porque a ação de repetição de indébito é ação específica" (STJ-Corte Especial, ED no REsp 1.585.124-AgInt, Min. Og Fernandes, j. 15.3.17, DJ 21.3.17).

Contra: "Nas ações de repetição de indébito de valores cobrados indevidamente referentes a serviços não contratados, movidas contra empresa de telefonia, o prazo prescricional a ser aplicado é o trienal previsto no art. 206, § 3º, V, do CC" (STJ-3ª T., REsp 1.585.124-AgInt, Min. Moura Ribeiro, j. 13.9.16, DJ 20.9.16).

V. tb. art. 206, notas 3b e 3f.

Art. 205: 9a. "A pretensão de exigir o **adimplemento do contrato verbal de mútuo** não se equipara à de ressarcimento por dano contratual, circunstância que impede a aplicação do prazo prescricional de 3 (três) anos dedicado às reparações civis (art. 206, § 3º, inc. V, do Código Civil). A contratação verbal não possui existência e objeto definidos documentalmente, sendo impossível classificá-la como dívida líquida constante em instrumento público ou particular, conforme art. 206, § 5º, inc. I, do CC/02, especialmente porque as normas pertinentes à prescrição exigem interpretação restritiva. Não havendo prazo específico para manifestar a pretensão de cobrança de valor inadimplido em contrato de mútuo verbal, é aplicável o prazo ordinário de 10 (dez) anos, previsto no art. 205 do Código Civil" (STJ-3ª T., REsp 1.510.619, Min. Ricardo Cueva, j. 27.4.17, DJ 19.6.17).

Art. 205: 9b. "**Ação regressiva** de cobrança de dívida trabalhista. Prazo prescricional. **Cláusula geral.** Em sua definição doutrinária, pode-se afirmar que 'enriquecimento ilícito ou sem causa, também denominado enriquecimento indevido, ou locupletamento, é, de modo geral, todo aumento patrimonial que ocorre sem causa jurídica, mas também tudo o que se deixa de perder sem causa legítima'. Portanto, a situação dos autos não se encaixa em nenhuma das hipóteses previstas no art. 206 do CC/2002, especialmente na disposição relativa ao enriquecimento sem causa" (STJ-3ª T., REsp 1.682.957, Min. Nancy Andrighi, j. 4.12.18, DJ 7.12.18).

V. tb. art. 189, nota 2d.

Art. 205: 10. "A pretensão de **sobrepartiha de bens sonegados** no divórcio tem prazo prescricional decenal (art. 205 do CC/02)" (STJ-3ª T., REsp 1.537.739, Min. Moura Ribeiro, j. 12.9.17, DJ 26.9.17).

V. tb. arts. 1.994, nota 2a, e 1.996, nota 2a.

Art. 206. Prescreve: [Dispositivo correspondente no CC/1916: art. 178-*caput*.]

§ 1º Em um ano:[1-1a] [Dispositivo correspondente no CC/1916: art. 178 § 6º.]

I — a pretensão dos hospedeiros ou fornecedores de víveres destinados a consumo no próprio estabelecimento, para o pagamento da hospedagem ou dos alimentos; [Dispositivo correspondente no CC/1916: art. 178 § 5º-V.]

II — a pretensão do segurado contra o segurador, ou a deste contra aquele,[1b a 2] contado o prazo: [Dispositivo correspondente no CC/1916: art. 178 § 6º-II e § 7º-V.]

a) para o segurado, no caso de seguro de responsabilidade civil, da data em que é citado para responder à ação de indenização proposta pelo terceiro prejudicado, ou da data que a este indeniza, com a anuência do segurador;[2a] [Sem dispositivo correspondente no CC/1916.]

b) quanto aos demais seguros, da ciência do fato gerador da pretensão;[2b a 2e] [Dispositivo correspondente no CC/1916: art. 178 § 6º-II.]

III — a pretensão dos tabeliães, auxiliares da justiça, serventuários judiciais, árbitros e peritos, pela percepção de emolumentos, custas e honorários;[2f] [Dispositivo correspondente no CC/1916: art. 178 § 6º-VIII.]

IV — a pretensão contra os peritos, pela avaliação dos bens que entraram para a formação do capital de sociedade anônima, contado da publicação da ata da assembleia que aprovar o laudo; [Sem dispositivo correspondente no CC/1916.]

V — a pretensão dos credores não pagos contra os sócios ou acionistas e os liquidantes, contado o prazo da publicação da ata de encerramento da liquidação da sociedade.[2g] [Sem dispositivo correspondente no CC/1916.]

§ 2º Em dois anos,[2h] a pretensão para haver prestações alimentares,[2i-2j] a partir da data em que se vencerem. [Dispositivo correspondente no CC/1916: art. 178 § 10-I.]

§ 3º Em três anos: [Dispositivo correspondente no CC/1916: art. 178 § 8º.]

I — a pretensão relativa a aluguéis de prédios urbanos ou rústicos; [Dispositivo correspondente no CC/1916: art. 178 § 10-IV.]

II — a pretensão para receber prestações vencidas de rendas temporárias ou vitalícias; [Dispositivo correspondente no CC/1916: art. 178 § 10-II.]

III — a pretensão para haver juros, dividendos ou quaisquer prestações acessórias, pagáveis, em períodos não maiores de um ano, com capitalização ou sem ela;[2k] [Dispositivo correspondente no CC/1916: art. 178 § 10-III.]

IV — a pretensão de ressarcimento de enriquecimento sem causa;[3 a 3d] [Sem dispositivo correspondente no CC/1916.]

V — a pretensão de reparação civil;[3e a 3h] [Sem dispositivo correspondente no CC/1916.]

VI — a pretensão de restituição dos lucros ou dividendos recebidos de má-fé, correndo o prazo da data em que foi deliberada a distribuição; [Sem dispositivo correspondente no CC/1916.]

VII — a pretensão contra as pessoas em seguida indicadas por violação da lei ou do estatuto, contado o prazo: [Sem dispositivo correspondente no CC/1916.]

a) para os fundadores, da publicação dos atos constitutivos da sociedade anônima; [Sem dispositivo correspondente no CC/1916.]

b) para os administradores, ou fiscais, da apresentação, aos sócios, do balanço referente ao exercício em que a violação tenha sido praticada, ou da reunião ou assembleia geral que dela deva tomar conhecimento; [Sem dispositivo correspondente no CC/1916.]

c) para os liquidantes, da primeira assembleia semestral posterior à violação; [Sem dispositivo correspondente no CC/1916.]

VIII — a pretensão para haver o pagamento de título de crédito, a contar do vencimento, ressalvadas as disposições de lei especial; [Sem dispositivo correspondente no CC/1916.]

IX — a pretensão do beneficiário contra o segurador, e a do terceiro prejudicado, no caso de seguro de responsabilidade civil obrigatório.[4-4a] [Sem dispositivo correspondente no CC/1916.]

§ 4º Em quatro anos,[4b] a pretensão relativa à tutela,[4c] a contar da data da aprovação das contas. [Sem dispositivo correspondente no CC/1916.]

§ 5º Em cinco anos:[5] [Dispositivo correspondente no CC/1916: art. 178 § 10.]

I — a pretensão de cobrança de dívidas líquidas constantes de instrumento público ou particular;[5a a 8c] [Sem dispositivo correspondente no CC/1916.]

II — a pretensão dos profissionais liberais em geral, procuradores judiciais, curadores e professores pelos seus honorários, contado o prazo da conclusão dos serviços, da cessação dos respectivos contratos ou mandato;[9] [Dispositivo correspondente no CC/1916: art. 178 § 6º-VI, IX e X.]

III — a pretensão do vencedor para haver do vencido o que despendeu em juízo.[10] [Sem dispositivo correspondente no CC/1916.]

Art. 206: 1. v. outros prazos no tít. PRESCRIÇÃO E DECADÊNCIA.

Art. 206: 1a. Prescrevem em **um ano:**

a) a ação cambial contra o endossador e o respectivo avalista (LCa 52); v., porém, CC 206 § 3º-VIII;

b) a ação para haver indenização por extravio ou avaria de mercadoria transportada por estrada de ferro; ou pelos danos sofridos por passageiro, em razão de atraso de trens (Dec. 2.681, de 7.12.1912, arts. 9º e 24, no tít. TRANSPORTE FERROVIÁRIO);

c) a ação contra herdeiro de associado de sociedade cooperativa, por obrigação do morto para com a sociedade ou terceiro (Lei 5.764, de 16.12.71, art. 36 § ún., no tít. SOCIEDADES);

d) a pretensão à reparação pelos danos relativos ao transporte rodoviário de cargas por conta de terceiros e mediante remuneração (Lei 11.442, de 5.1.07, art. 18).

Art. 206: 1b. Súmulas sobre prescrição em matéria securitária:

Súmula 151 do STF: "Prescreve em um ano a ação do segurador sub-rogado para haver indenização por extravio ou perda de carga transportada por navio".

Súmula 101 do STJ: "A ação de indenização do segurado em grupo contra a seguradora prescreve em um ano".

✎ "Prescrição — Seguro — Ação de cobrança. A Súmula 101 do STJ à luz do CDC", por Cláudio Teixeira da Silva (RJ 239/14).

Súmula 229 do STJ: "O pedido de pagamento de indenização à seguradora suspende o prazo de prescrição até que o segurado tenha ciência da decisão".

"**Todavia,** a Súmula n. 229 do STJ não esgota todas as possibilidades envolvidas no comunicado de sinistro feito à seguradora, sendo possível vislumbrar situações em que haverá a interrupção — e não há suspensão — do prazo prescricional. Apesar do pedido de indenização ter efeito suspensivo, esse efeito é inerente apenas à apresentação do comunicado de sinistro pelo segurado. Há de se considerar, em contrapartida, que a resposta da seguradora pode, eventualmente, caracterizar causa interruptiva do prazo prescricional, notadamente aquela prevista no art. 172, V, do CC/16 (atual art. 202, VI, do CC/02), qual seja, a prática de ato inequívoco, ainda que extrajudicial, que importe reconhecimento do direito pelo devedor" (STJ-3ª T., REsp 875.637, Min. Nancy Andrighi, j. 19.3.09, DJ 26.3.09).

Súmula 278 do STJ: "O termo inicial do prazo prescricional, na ação de indenização, é a data em que o segurado teve ciência inequívoca da incapacidade laboral".

"O prazo prescricional para a ação de cobrança de indenização securitária por acidente, no caso de invalidez permanente, total ou parcial, somente passa a fluir após a consolidação da lesão e seu conhecimento pelo segurado, uma vez que não é o acidente que gera o direito à indenização securitária, mas sim a sequela incapacitante permanente que dele resultar para o segurado" (JTJ 320/559: AP 1.041.124-0/4).

"O simples reconhecimento, em tese, da gravidade da doença de que padece o segurado (*in casu*, a insuficiência renal crônica), bem como a submissão deste ao tratamento correlato (qual seja, a sessões de hemodiálise), não leva à conclusão de que o segurado já teria condições de ter conhecimento inequívoco sobre a incapacidade laborativa decorrente. Por conhecimento inequívoco da invalidez, compreende-se a ciência despida de qualquer dúvida acerca da capacidade laborativa. Nessa medida e em regra, é por meio da perícia médica, ante os conhecimentos técnicos a ela inerentes, que se revela possível atestar que determinada patologia torna o doente incapaz para o trabalho, dando-lhe, por conseguinte, ciência desta informação. Não se olvida, contudo, ser possível, excepcionalmente, que o segurado, por meio de outros elementos, obtenha conhecimento de sua invalidez. Estes elementos, contudo, deverão restar muito bem delineados e demonstrados nos autos (*ut* REsp 310.896, Relatora Ministra Nancy Andrighi, Dje 11.6.2001). *In casu*, ao contrário, restou claro, nos termos gizados pelo próprio Tribunal de origem, que tais elementos não vieram aos autos" (STJ-3ª T., REsp 1.179.416, Min. Massami Uyeda, j. 3.5.11, DJ 18.5.11). V. tb. nota 4a.

Entendendo que o termo inicial do prazo prescricional para pleitear indenização em seguro de vida e acidentes pessoais é a data da concessão da aposentadoria por invalidez pelo INSS: STJ-3ª T., REsp 1.084.883, Min. Massami Uyeda, j. 16.11.10, DJ 2.12.10; STJ-4ª T., AI 1.218.336-AgRg, Min Isabel Gallotti, j. 3.5.12, DJ 9.5.12; STJ-2ª Seção, AR 3.057, Min. Antonio Ferreira, j. 4.2.13, DJ 13.3.13; RJM 178/328.

É computado para a aferição da prescrição "o período entre a data do deferimento de aposentadoria por invalidez e o pedido de pagamento à seguradora" (STJ-4ª T., REsp 810.115, Min. Aldir Passarinho Jr., j. 17.6.10, um voto vencido, DJ 10.11.10). Afinal, nos termos da Súmula 229 do STJ, o pedido de pagamento suspende, e não interrompe, o prazo prescricional.

"O prazo prescricional ânuo para cobrança de seguro se inicia na data em que o segurado tem ciência da sua incapacidade definitiva, suspende-se na data em que apresentado o requerimento administrativo e volta a fluir no dia em que ele é intimado da recusa da seguradora em conceder a indenização contratada" (STJ-3ª T., REsp 1.063.211, Min. Sidnei Beneti, j. 19.10.10, DJ 11.11.10). A retomada do prazo prescricional não é obstada por pedido de reconsideração apresentado pelo segurado à seguradora após essa recusa (STJ-4ª T., Ag 1.312.098-AgRg, Min. Luis Felipe, j. 21.6.11, DJ 18.8.11).

Art. 206: 1c. O prazo prescricional de um ano "somente incide em relação ao próprio segurado, não se aplicando em desfavor da **parte beneficiária**, quando distinta daquele" (STJ-4ª T., REsp 436.916, Min. Aldir Passarinho Jr., j. 15.8.02, DJU 24.3.03). No mesmo sentido: JTJ 317/253 (AP 427.213-4/0-00), RT 919/1.123 (TJPE, AP 0000269-49.2007.8.17.1520).

"O terceiro beneficiário de seguro de vida em grupo, o qual não se confunde com a figura do segurado, não se sujeita ao lapso prescricional ânuo previsto no art. 178, § 6º, II, do CC/16, mas, ao prazo vintenário, na forma do art. 177, correspondente às ações pessoais, ou decenal, em consonância com o art. 205 do CC/2002" (STJ-3ª T., REsp 715.512, Min. Sidnei Beneti, j. 11.11.08, DJ 28.11.08). "O prazo prescricional para a propositura da ação pelo beneficiário é de dez anos, na forma do art. 205 do Código Civil, e não o de três anos, previsto no art. 206, § 3º, IX, do mesmo diploma legal, que se aplica à pretensão ao recebimento de seguro de vida obrigatório, o que não é a hipótese dos autos" (STJ-3ª T., REsp 1.311.406-AgRg, Min. Sidnei Beneti, j. 15.5.12, DJ 28.5.12). Também afirmando o prazo decenal no caso do beneficiário: STJ-4ª T., Ag em REsp 372.417-EDcl, Min. Luis Felipe, j. 17.9.13, DJ 23.9.13; RJM 199/207 (AP 1.0105.10.005171-0/001). **Todavia:** "Em se cuidando de indenização reclamada por beneficiários do seguro, a prescrição observa o prazo de cinco anos (art. 206, § 5º, I, do Código Civil) e não de três anos e que diz respeito apenas ao 'seguro de responsabilidade civil obrigatório' (art. 206, § 3º, IX, do Código Civil)" (RT 895/269: TJSP, AP 992.09.089368-8).

V. tb. art. 189, nota 2.

Art. 206: 1d. "Os **herdeiros** do mutuário falecido não podem ser considerados como segurados, de modo que inaplicável a prescrição ânua prevista no art. 206, § 1º, II, do Código Civil de 2002. No caso, aplica-se o prazo prescricional decenal previsto no art. 205 do CC/2002" (STJ-3ª T., Ag em REsp 1.089.559-AgInt, Min. Ricardo Cueva, j. 29.6.20, DJ 3.8.20).

Art. 206: 1e. "Na relação securitária advinda de contrato de seguro facultativo em grupo, a **empregadora-estipulante** qualifica-se como mera mandatária dos segurados e não como terceira. A ação de cobrança, da seguradora em face da empregadora-estipulante, relativa a prêmios não pagos de seguro de vida em grupo, sujeita-se ao prazo prescricional de um ano" (STJ-3ª T., REsp 947.078-AgRg, Min. Paulo Sanseverino, j. 2.6.11, DJ 10.6.11).

"Apesar de, em regra, a estipulante não responder pelo pagamento de indenizações securitárias, na qualidade de intermediária ou mandatária do segurado, possui legitimidade para compor polo passivo de ação cautelar em que se pleiteia a exibição da respectiva apólice de seguro em grupo. Na hipótese, por se tratar de simples ação cautelar, não incide na hipótese a prescrição ânua prevista no art. 206, § 1º, II, do CC/2002" (STJ-3ª T., REsp 1.741.679, Min. Nancy Andrighi, j. 2.8.18, DJ 10.8.18).

Art. 206: 1f. **Pretensão do corretor que indenizou o segurado em face da seguradora.** "Contrato de seguro de veículo. Ocorrência do sinistro. Recusa do segurador. Pagamento da indenização securitária pela corretora de seguro. Solidariedade. Prazo prescricional vintenário. O prazo prescricional aplicável para a pretensão de cobrança da quota do devedor solidário, decorrente da relação interna de solidariedade, é o vintenário, previsto no art. 177 do Código Civil de 1916" (STJ-4ª T., REsp 658.938, Min. Raul Araújo, j. 15.5.12, DJ 20.8.12).

Art. 206: 1g. "A qualificação jurídica do **resseguro** como um contrato de seguro decorre do fato de a resseguradora obrigar-se, mediante o pagamento de um prêmio, a proteger o patrimônio da seguradora/cedente do risco substanciado na responsabilidade desta perante seu segurado. Logo, presentes as características principais da relação securitária: interesse, risco, importância segurada e prêmio. Qualquer pretensão do segurado contra o segurador, ou deste contra aquele, prescreve em um ano (art. 178, § 6º, do Código Civil/1916 e art. 206, II, do Código Civil atual), regra que alcança o seguro do segurador, isto é, o resseguro" (STJ-3ª T., REsp 1.170.057, Min. Ricardo Cueva, j. 17.12.13, DJ 13.2.14).

Art. 206: 1h. "O objeto da ação **não se restringe à declaração de nulidade** das cláusulas contratuais, pretendendo o recorrente, em verdade, a obtenção dos efeitos patrimoniais dela decorrentes, depois de extinto o contrato, de sorte que a pretensão deduzida não é declaratória, puramente, e, portanto, se sujeita a prazo prescricional. Prescreve em um ano a pretensão de restituição de prêmios pagos a maior pelo segurado participante de apólice de seguro de vida em grupo, cujo contrato não foi renovado por vontade da seguradora" (STJ-3ª T., REsp 1.369.787, Min. Nancy Andrighi, j. 20.6.13, DJ 1.8.13). V. tb. art. 205, nota 3 *in fine*.

Todavia: "O art. 178, § 6º, II, do Código Civil (atual art. 206, § 1º, II, do CC/02) não faz qualquer distinção quanto às ações sujeitas à prescrição, importando apenas, na melhor exegese da norma, que a demanda tenha por fundamento o contrato de seguro. Contudo, o STJ já reconheceu que ações meramente declaratórias são imprescritíveis. Na hipótese, a tutela pleiteada pelo autor recorrido e concedida pela sentença, que foi confirmada pelo Tribunal de origem, tem natureza meramente declaratória e, consequentemente, não está sujeita à prescrição ânua do art. 206, § 1º, II, do CC/02" (STJ-3ª T., REsp 1.084.474, Min. Nancy Andrighi, j. 4.10.11, DJ 11.10.11).

Art. 206: 1i. "Prescreve em um ano a ação que postula indenização por danos morais e restituição de prêmios pagos pelo segurado participante de apólice de seguro de vida em grupo cujo contrato não foi renovado, por vontade da seguradora, ao término do prazo" (STJ-4ª T., REsp 759.221, Min. Aldir Passarinho Jr., j. 12.4.11, dois votos vencidos, DJ 18.5.11). No mesmo sentido: STJ-3ª T., Ag em REsp 129.996-AgRg, Min. Sidnei Beneti, j. 20.9.12, DJ 4.10.12.

"Ação revisional de seguro de vida c/c pedido condenatório. Aplica-se o prazo de prescrição anual à pretensão do contratante de seguro de vida que visa à declaração de abusividade de cláusula de reajuste decorrente de alteração de faixa etária, na forma do art. 206, § 1º, 'b', do Código Civil. Por se tratar de relação jurídica de trato sucessivo, firmada entre segurado e seguradora, o transcurso da prescrição possui efeito apenas sobre as parcelas anteriores a 1 ano do ajuizamento da ação, não atingindo o fundo do direito" (STJ-4ª T., Ag em REsp 1.166.621-AgInt, Min. Marco Buzzi, j. 7.10.19, DJ 11.10.19).

Contra: "Quando a lei (art. 206, § 1º, II, do CC/02) fixa os termos iniciais dos prazos de prescrição, deixa evidenciado que a pretensão do segurado — ou do segurador — deve estar relacionada ao próprio objeto do contrato de seguro. A causa de pedir da indenização, na hipótese, é a responsabilidade extracontratual da seguradora, decorrente da alegada abusividade e ilicitude da sua conduta de não renovar o contrato sem justificativa plausível, em prejuízo dos seus consumidores. Esta Corte já reconheceu ser abusiva a negativa de renovação do contrato de seguro de vida, mantido sem modificações ao longo dos anos, por ofensa aos princípios da boa-fé objetiva, da cooperação, da confiança e da lealdade, orientadores da interpretação dos contratos que regulam as relações de consumo. Tendo em vista a interpretação de caráter restritivo que deve ser feita acerca das normas que tratam de prescrição, dentre as quais está a do art. 206, § 1º, II, do Código Civil, não é possível ampliar sua abrangência, de modo a abarcar outras pretensões, ainda que relacionadas, indiretamente, ao contrato de seguro. Aplicação, na hipótese, do art. 206, § 3º, V, do CC/02" (STJ-3ª T., REsp 1.273.311, Min. Nancy Andrighi, j. 1.10.13, DJ 10.10.13).

Art. 206: 1j. "Aplica-se o prazo de prescrição anual às ações do segurado/mutuário contra a seguradora, buscando a cobertura de sinistro relacionado a contrato de mútuo habitacional celebrado no âmbito do Sistema Financeiro da Habitação" (STJ-2ª Seção, REsp 871.983, Min. Isabel Gallotti, j. 25.4.12, DJ 21.5.12).

Art. 206: 1k. "Não incide a prescrição ânua, própria das relações securitárias (arts. 178, § 6º, II, do CC/1916 e 206, § 1º, II, do CC/2002), nas ações que discutem direitos oriundos de **planos de saúde ou de seguros saúde,** dada a natureza *sui generis* desses contratos" (STJ-3ª T., REsp 1.736.933-AgInt, Min. Nancy Andrighi, j. 17.6.19, DJ 19.6.19). No mesmo sentido: STJ-4ª T., AREsp 1.508.856-AgInt, Min. Marco Buzzi, j. 23.9.19, DJ 26.9.19.

Art. 206: 2. "Caracterizada a **inexecução contratual**, é ânuo o prazo prescricional para ação de cobrança de valor complementar de indenização securitária" (STJ-2ª Seção, REsp 574.947, Min. Nancy Andrighi, j. 9.6.04, DJU 28.6.04). Nesse caso, é "inaplicável o lapso prescricional de cinco anos, por não se enquadrar a espécie no conceito de 'danos causados por fato do produto ou serviço' (acidente de consumo)" (STJ-4ª T., REsp 738.460, Min. Barros Monteiro, j. 11.10.05, DJU 5.6.06).

"Nas ações de complementação de seguro, onde o **pagamento** da indenização foi efetuado a **menor,** a prescrição é ânua, tendo como termo inicial a data da ciência, pelo segurado, do pagamento incompleto pela seguradora" (STJ-4ª T., AI 1.174.335-AgRg, Min. Isabel Gallotti, j. 24.4.14, DJ 5.5.14).

V. tb. CDC 27, nota 2.

Art. 206: 2a. Se a indenização paga ao terceiro é dividida em **parcelas,** é do pagamento da última delas que se conta o prazo prescricional. Assim: "Na ocorrência de transação judicial em ação indenizatória por danos materiais e morais sofridos por terceiro (vítima de acidente de trânsito), o termo inicial do prazo prescricional para o segurado buscar da seguradora, em ação de regresso, o reembolso do que despendeu, haja vista a contratação de seguro de responsabilidade civil, é a data do pagamento da última parcela do acordo" (STJ-3ª T., REsp 1.413.595-EDcl-AgRg, Min. Ricardo Cueva, j. 10.5.16, DJ 20.5.16).

V. tb. art. 189, nota 2d.

Art. 206: 2b. "Contrato de seguro. Ação do segurado contra o segurador. Prescrição", por Humberto Theodoro Jr. (RT 924/79); "Prescrição nos contratos de seguro — reflexões", por Pablo Stolze Gagliano e Rodolfo Pamplona Filho (RJ-Lex 64/174 e RMDCPC 55/38).

Art. 206: 2c. "A jurisprudência exige que o segurado tenha **ciência inequívoca da recusa** do pagamento pela seguradora, para que volte a fluir o prazo prescricional da pretensão de cobrança da indenização. Por ciência inequívoca entende-se aquela que não dá margem para dúvidas a respeito da sua ocorrência, o que só se obtém, em princípio, mediante assinatura do segurado: (i) no mandado expedido no processo de notificação judicial; ou (ii) no recibo de notificação extrajudicial, feita por intermédio do cartório de títulos e documentos; ou (iii) no aviso de recebimento (A.R.) de correspondência enviada pela via postal; ou (iv) em qualquer outro documento que demonstre de forma cabal que o segurado soube da negativa da seguradora e a respectiva data desse conhecimento. Para efeito de fluência do prazo prescricional da pretensão à indenização do segurado contra a seguradora, a data da correspondência enviada pela seguradora com a recusa do pagamento é absolutamente irrelevante para se determinar a data da ciência inequívoca do segurado a respeito de tal recusa. Quem tem o ônus de provar a ciência inequívoca do segurado a respeito da recusa de pagamento da indenização pela seguradora é a própria seguradora" (STJ-3ª T., REsp 888.083, Min. Nancy Andrighi, j. 21.6.07, DJU 29.6.07).

"Não tendo havido inércia da segurada que, tão logo recebida a indenização a menor, formulou o pedido de revisão dos cálculos indenizatórios, o lapso prescricional, no tocante à diferença pretendida, só passa a fluir da data em que a segurada tomou conhecimento da recusa da seguradora em solver essa mesma diferença" (STJ-4ª T., REsp 591.587, Min. Barros Monteiro, j. 13.12.05, DJU 27.3.06).

"Negado crédito à documentação pretérita ao ajuizamento da ação, reputada insuficiente para a cobertura securitária, com a realização de perícia médica específica no curso da presente demanda, para fins de constatação da lesão, somente a partir daí é que se pode afirmar que o autor tem ciência de que preenche o requisito para o recebimento do seguro" (STJ-4ª T., REsp 773.369, Min. Aldir Passarinho Jr., j. 2.10.08, DJ 24.11.08).

Art. 206: 2d. Entendendo que o ajuizamento de ação cautelar de exibição de documentos em face da seguradora interrompe o prazo prescricional: STJ-3ª T., REsp 1.394 603-EDcl-EDcl, Min. Sidnei Beneti, j. 17.12.13, DJ 7.2.14; JTJ 311/456 (EI 721.771-1/4, dois votos vencidos).

V. art. 202, nota 4a.

Art. 206: 2e. "O prazo prescricional de um ano não deve ser contado a partir da concisa recusa da seguradora, mas sim da data em que a seguradora atendeu à solicitação formulada pelo segurado a fim de que lhe fosse remetida **cópia da apólice que celebrou por telefone,** necessária à exata compreensão das razões que levaram à negativa de indenização. Em face do disposto no art. 199, I, do CC/02, não há prescrição da ação de recebimento de indenização, pois, ao reter impropriamente a apólice solicitada pelo segurado, a própria seguradora deu causa à condição suspensiva. A procrastinação da seguradora no que diz respeito à entrega de cópia da apólice ao segurado não pode lhe trazer benefícios, levando o consumidor de boa-fé à perda de seu direito de ação. É preceito consuetudinário, com respaldo na doutrina e na jurisprudência, que a parte a quem aproveita não pode tirar proveito de um prejuízo que ela mesma tenha causado" (STJ-3ª T., REsp 1.176.628, Min. Nancy Andrighi, j. 16.9.10, DJ 4.10.10).

Art. 206: 2f. "O prazo prescricional para a propositura de ação de cobrança de **honorários periciais** é de 1 (um) ano, nos termos do art. 206, § 1º, III, do Código Civil/2002, contado a partir do trânsito em julgado da decisão que fixa a referida verba" (STJ-2ª T., REsp 1.245.597-AgRg, Min. Herman Benjamin, j. 16.6.11, DJ 31.8.11).

Todavia: "Quando a parte vencida for beneficiada pela **gratuidade de justiça** e o perito pretender o recebimento dos seus honorários, o prazo prescricional é o de 5 anos previsto no art. 12 da Lei 1.060/50. Não obstante, o prazo prescricional previsto no art. 206, § 1º, do Código Civil continua-se aplicando aos feitos em que não houve o deferimento do referido benefício" (STJ-1ª T., REsp 1.219.016, Min. Benedito Gonçalves, j. 15.3.12, DJ 21.3.12).

"O prazo prescricional para a cobrança de honorários periciais arbitrados em processo judicial, em que a parte é beneficiária da gratuidade da justiça, é de cinco anos, nos termos do art. 1º do Dec. 20.910/32, o qual deve prevalecer sobre os prazos prescricionais estipulados pelo Código Civil" (STJ-2ª T., REsp 1.314.196-AgRg, Min. Humberto Martins, j. 15.5.12, DJ 21.5.12).

V. CPC 98 § 3º.

Art. 206: 2g. **"Ação de apuração de haveres.** Sociedade de advogados. Morte de um dos advogados. Dissolução parcial. Sucessores. Legitimidade ativa. **Prescrição decenal.** O art. 206, § 1º, V, do Código Civil fixa o prazo prescricional da pretensão dos credores não pagos contra os sócios ou acionistas e os liquidantes da sociedade integralmente extinta, não se aplicando à extinção parcial do vínculo societário, sobretudo na hipótese de dissolução parcial de sociedade de advogados por morte de um dos sócios, que se dá pela simples averbação desse fato no órgão que representa a categoria. Afastada a incidência da norma especial e não estando a hipótese disciplinada em nenhum outro preceito contido no art. 206 do Código Civil, aplica-se a prescrição decenal prevista no art. 205 do mesmo diploma legal" (STJ-3ª T., REsp 1.505.428, Min. Ricardo Cueva, j. 21.6.16, DJ 27.6.16).

Art. 206: 2h. Prescrevem, ou se extinguem (conforme se trate de prescrição ou de decadência), em **dois anos:**

a) o direito de propor ação rescisória (CPC 975);

b) a ação de enriquecimento contra quem se locupletou injustamente com o não pagamento de cheque (LCh 61);

c) a ação para anular decisão administrativa que denega a restituição de tributo (CTN 169-*caput* e § ún.);

d) as ações fundadas no Cód. Brasileiro de Aeronáutica (Lei 7.565, de 19.12.86, em Lex 1986/1.285, RF 296/483) prescrevem, ordinariamente, em dois anos (art. 317) e, excepcionalmente, em três, se o interessado provar que não teve conhecimento do dano ou da identidade do responsável (art. 318). As providências administrativas previstas nesse Código prescrevem em dois anos (art. 319);

e) a ação de responsabilização dos sócios de responsabilidade limitada, dos controladores e dos administradores da sociedade falida, contados do trânsito em julgado da sentença de encerramento da falência (LRF 82 § 1º).

Art. 206: 2i. s/ pretensão de recebimento de verbas remuneratórias devidas pela Fazenda Pública, v. Dec. 20.910/32, art. 1º, nota 4 (no tít. PRESCRIÇÃO E DECADÊNCIA).

Art. 206: 2j. No entanto, se o alimentando for absolutamente incapaz, essa pretensão é **imprescritível,** cf. art. 198-I. Além disso, não corre prescrição entre ascendentes e descentes durante o poder familiar (art. 197-II).

Art. 206: 2k. A prescrição da "pretensão ao recebimento de juros remuneratórios não se interrompe pela propositura, por parte do devedor, de ação de repetição de indébito visando o recebimento de quantias pagas a mais. A ação ajuizada pelo devedor não impede o exercício da pretensão do credor, de cobrar eventual saldo remanescente" (STJ-3ª T., REsp 337.572, Min. Nancy Andrighi, j. 13.11.08, DJ 20.2.09).

Art. 206: 3. s/ pretensão de restituição de valor pago com fundamento em contrato, v. art. 205, nota 7; s/ ação regressiva, v. art. 205, nota 9b.

Art. 206: 3a. "O **apoderamento** pela recorrente **de quantia** que lhe foi **entregue por erro** da recorrida fez nascer para esta a pretensão de ser restituída, cuja prescrição, segundo o art. 206, § 3º, IV, do CC/02, é de 3 anos. Aqui, não se trata de prescrição aquisitiva, que consolida a situação jurídica das partes (usucapião), mas de prescrição liberatória, que, uma vez consumada, a extingue, impedindo a credora de exigir judicialmente da devedora aquela prestação" (STJ-3ª T., REsp 1.657.428, Min. Nancy Andrighi, j. 15.5.18, DJ 18.5.18).

Art. 206: 3b. "A discussão acerca da **cobrança de valores indevidos** por parte do fornecedor se insere no âmbito de aplicação do art. 206, § 3º, IV, que prevê a prescrição trienal para a pretensão de ressarcimento de enriquecimento sem causa. Havendo regra específica, não há que se falar na aplicação do prazo geral decenal previsto no art. 205" (STJ-RP 205/463: 3ª T., REsp 1.238.737).

"O prazo prescricional da ação ordinária por cobrança indevida de valores referentes a serviços não contratados, como no caso dos autos, é o previsto no art. 206, § 3º, IV, do Código Civil, ou seja, 3 anos" (STJ-3ª T., Ag em REsp 848.071-AgRg, Min. Marco Bellizze, j. 26.4.16, DJ 29.4.16).

"A prescrição da pretensão de devolução de parcelas descontadas indevidamente dos vencimentos dos beneficiários de contrato de previdência privada é de 3 anos, estabelecida no art. 206, § 3º, IV, do Código Civil de 2002, por se tratar de ressarcimento de enriquecimento sem causa" (STJ-3ª T., Ag em REsp 1.322.956-AgInt, Min. Ricardo Cueva, j. 17.12.18, DJ 1.2.19). No mesmo sentido: STJ-4ª T., REsp 1.763.228-AgInt, Min. Antonio Ferreira, j. 22.6.20, DJ 26.6.20.

Código Civil

Todavia: "Previdência complementar. Restituição de contribuições indevidas. Prescrição trienal. Inaplicabilidade. Existência de causa jurídica para as contribuições. Subsidiariedade da pretensão de enriquecimento sem causa. Aplicação do prazo geral de 10 anos de prescrição (art. 205, *caput*, do CC/2002)" (STJ-3ª T., REsp 1.803.627, Min. Paulo Sanseverino, j. 23.6.20, maioria, DJ 1.7.20).

"Contrato de **plano ou seguro de assistência à saúde. Pretensão de nulidade de cláusula de reajuste.** Alegado caráter abusivo. **Cumulação com pretensão de restituição dos valores pagos indevidamente.** Efeito financeiro do provimento judicial. Na vigência dos contratos de plano ou de seguro de assistência à saúde, a pretensão condenatória decorrente da declaração de nulidade de cláusula de reajuste nele prevista prescreve em 20 anos (art. 177 do CC/1916) ou em 3 anos (art. 206, § 3º, IV, do CC/2002), observada a regra de transição do art. 2.028 do CC/2002" (STJ-2ª Seção, REsp 1.361.182, Min. Marco Bellizze, j. 10.8.16, maioria, DJ 19.9.16). **Todavia:** "É decenal o prazo prescricional aplicável para o exercício da pretensão de reembolso de despesas médico-hospitalares alegadamente cobertas pelo contrato de plano de saúde (ou de seguro saúde), mas que não foram adimplidas pela operadora. A tese da prescrição trienal firmada nos Recursos Especiais 1.361.182 e 1.360.969 (ambos julgados sob o rito dos repetitivos) não abrange toda e qualquer pretensão deduzida em decorrência de planos privados de assistência à saúde, mas tão somente àquelas referentes à nulidade de cláusula contratual com a consequente repetição do indébito, que foram traduzidas como pretensões de ressarcimento de enriquecimento sem causa, o que não corresponde à hipótese dos autos" (STJ-2ª Seção, REsp 1.805.558, Min. Luis Felipe, j. 11.3.20, DJ 3.6.20).

"Embora a demanda subjacente ao presente recurso especial não envolva cláusula de reajuste, é de ser aplicado o prazo prescricional de três anos, previsto no art. 206, § 3º, IV, do CC/02, em atenção ao brocardo jurídico *ubi eadem ratio, ibi eadem legis dispositio* (onde existe a mesma razão, aplica-se o mesmo direito). Isso porque se trata de ação na qual se pleiteia a **restituição de despesas médicas, cujo custeio foi recusado** pela operadora, em virtude de interpretação do contrato de seguro saúde, cuja cláusula alusiva à ausência de cobertura de órteses ou próteses foi considerada abusiva" (STJ-3ª T., Ag em REsp 1.117.216-AgInt, Min. Moura Ribeiro, j. 23.11.17, DJ 5.12.17). V. tb. nota 3f.

V. ainda art. 205, notas 2 (Súmula 412 do STJ) e 9, e CDC 26, nota 1c, e 27, nota 2a.

Art. 206: 3c. "Considerando que o art. 48 do Decreto n. 2.044/1908 não prevê prazo específico para a **ação de locupletamento** amparada em **letra de câmbio ou nota promissória,** utiliza-se o prazo de 3 (três) anos previsto no art. 206, § 3º, IV, do Código Civil, contado do dia em que se consumar a prescrição da ação executiva" (STJ-3ª T., REsp 1.323.468, Min. João Otávio, j. 17.3.16, DJ 28.3.16).

Art. 206: 3d. "A pretensão de repetição de indébito de contrato de **cédula de crédito rural** prescreve no prazo de vinte anos, sob a égide do art. 177 do Código Civil de 1916, e de três anos, sob o amparo do art. 206, § 3º, IV, do Código Civil de 2002" (STJ-2ª Seção, REsp 1.361.730, Min. Raul Araújo, j. 10.8.16, maioria, DJ 28.10.16).

V. tb. art. 189, nota 5a.

Art. 206: 3e. s/ prescrição e: pretensão de reparação de dano em matéria de transporte rodoviário, v. CDC 27, nota 1d; pretensão de retrocessão, v. LD 35, nota 2; pretensão reparatória em face da Fazenda Pública, v. Dec. 20.910/32, art. 1º, nota 2c (no tít. PRESCRIÇÃO E DECADÊNCIA); pretensão reparatória da Fazenda Pública, v. Dec. 20.910/32, art. 1º, nota 2d (no tít. PRESCRIÇÃO E DECADÊNCIA); pretensão reparatória em face de notários e registradores, v. Lei 8.935/94, art. 22 § ún.

Art. 206: 3f. "Nas controvérsias relacionadas à **responsabilidade contratual,** aplica-se a regra geral (art. 205 CC/02) que prevê **dez anos** de prazo prescricional e, quando se tratar de **responsabilidade extracontratual,** aplica-se o disposto no art. 206, § 3º, V, do CC/02, com prazo de **três anos.** Para efeito da incidência do prazo prescricional, o termo 'reparação civil' não abrange a composição de toda e qualquer consequência negativa, patrimonial ou extrapatrimonial, do descumprimento de um dever jurídico, mas, de modo geral, designa indenização por perdas e danos, estando associada às hipóteses de responsabilidade civil, ou seja, tem por antecedente o ato ilícito" (STJ-2ª Seção, ED no REsp 1.280.825, Min. Nancy Andrighi, j. 27.6.18, maioria, DJ 2.8.18). No mesmo sentido: STJ-Corte Especial, ED no REsp 1.281.594, Min. Felix Fischer, j. 15.5.19, maioria, DJ 23.5.19.

"Ação de ressarcimento. Cirurgia cardíaca. Descumprimento de cláusula contratual. Prazo prescricional decenal" (STJ-3ª T., REsp 1.176.320, Min. Sidnei Beneti, j. 19.2.13, DJ 26.2.13). Do voto do relator: "O caso em análise versa sobre ação de ressarcimento por despesas que só foram realizadas em razão de suposto descumprimento do contrato de prestação de serviços de saúde, hipótese sem previsão legal específica, o que, na esteira dos precedentes colacionados, faz atrair a incidência do prazo de prescrição geral de 10 anos, previsto no art. 205 do Código Civil, e não o de 3 anos, arrolado no art. 206, § 3º, V". "Plano de saúde. Negativa de cobertura. Reembolso. Prescrição decenal" (STJ-4ª T., Ag em REsp 1.210.106-AgInt, Min. Luis Felipe, j. 17.4.18, DJ 19.4.18). V. tb. nota 3b.

"Celebração de contrato de empréstimo extinguindo o débito anterior. Dívida devidamente quitada pelo consumidor. Inscrição posterior no SPC, dando conta do débito que fora extinto por novação. Responsabilidade civil contratual. Inaplicabilidade do prazo prescricional previsto no art. 206, § 3º, V, do Código Civil" (STJ-4ª T., REsp 1.276.311, Min. Luis Felipe, j. 20.9.11, DJ 17.10.11).

Todavia: "O termo 'reparação civil', constante do art. 206, § 3º, V, do CC/2002, deve ser interpretado de maneira ampla, alcançando tanto a responsabilidade contratual (arts. 389 a 405) como a extracontratual (arts. 927 a 954), ainda que decorrente de dano exclusivamente moral (art. 186, parte final), e o abuso de direito (art. 187). Assim, a prescrição das pretensões dessa natureza originadas sob a égide do novo paradigma do Código Civil de 2002 deve observar o prazo comum de três anos. Ficam ressalvadas as pretensões cujos prazos prescricionais estão estabelecidos em disposições legais especiais" (STJ-3ª T., REsp 1.281.594, Min. Marco Bellizze, j. 22.11.16, DJ 28.11.16). Esse acórdão foi cassado no julgamento dos subsequentes embargos de divergência (v. acima).

"Configura-se ação de reparação de dano por ato ilícito contratual aquela em que o locador visa cobrar do ex-locatário despesas referentes a danos causados no imóvel locado. Nas ações de reparação de dano por ilícito contratual, o prazo prescricional é de 3 anos, nos termos do art. 206, § 3º, V, do CC. Hipótese em que a ação foi ajuizada quando já ultrapassados mais de 3 anos da devolução do imóvel locado, o que importa na prescrição do próprio fundo de direito pleiteado na inicial" (STJ-5ª T., AI 1.085.156-AgRg, Min. Arnaldo Esteves, j. 3.3.09, DJ 30.3.09).

"É de 3 anos o prazo prescricional para discutir eventuais danos morais por negativação indevida de nome em cadastro de inadimplentes, nos termos do art. 206, § 3º, V, do CC" (STJ-4ª T., REsp 1.294.478-AgInt, Min. Luis Felipe, j. 20.4.17, DJ 3.5.17). V. tb. art. 405, nota 2 (responsabilidade extracontratual).

"A inscrição indevida de nome em órgão de restrição ao crédito, promovida por banco e atinente a negócio jurídico bancário, decorre de um vício de adequação do serviço realizado pela instituição financeira, sendo-lhe aplicável o disposto no art. 206, § 3º, V, do CC" (STJ-3ª T., Ag em REsp 51.404-AgRg, Min. Ricardo Cueva, j. 2.10.14, DJ 7.10.14).

V. tb. art. 205, nota 9, e CDC 27, nota 2b.

Art. 206: 3g. "O CC/02 não prevê um prazo prescricional específico para a violação de **direitos do autor,** de sorte que, com o seu advento, a matéria passou a ser regulada pelo art. 206, § 3º, V, que fixa um prazo prescricional de 3 anos para a pretensão de reparação civil, dispositivo de caráter amplo, em que se inclui a reparação de danos patrimoniais suportados pelo autor de obra intelectual" (STJ-3ª T., REsp 1.168.336, Min. Nancy Andrighi, j. 22.3.11, maioria, DJ 16.9.11).

"A cobrança em juízo dos direitos decorrentes da execução de obras musicais sem prévia e expressa autorização do autor envolve pretensão de reparação civil, a atrair a aplicação do prazo de prescrição de 3 anos de que trata o art. 206, § 3º, V, do Código Civil, observadas as regras de transição previstas no art. 2.028 do mesmo diploma legal, não importando se proveniente de relações contratuais ou extracontratuais" (STJ-3ª T., REsp 1.474.832, Min. Ricardo Cueva, j. 13.12.16, maioria, DJ 3.3.17). No mesmo sentido: STJ-4ª T., Ag em REsp 732.366-AgInt, Min. Antonio Ferreira, j. 24.9.19, DJ 30.9.19.

Todavia: "O Código Civil de 2002 não trouxe previsão específica quanto ao prazo prescricional incidente em caso de violação de direitos do autor, sendo de se aplicar o prazo de 3 anos (artigo 206, § 3º, V) quando tiver havido ilícito extracontratual ou então o prazo de 10 anos (artigo 205), quando a ofensa ao direito autoral se assemelhar a um descumprimento contratual, como na hipótese" (STJ-3ª T., REsp 1.159.317, Min. Sidnei Beneti, j. 11.3.14, DJ 18.3.14).

Art. 206: 3h. "Incidência da prescrição trienal sobre a pretensão de restituição dos valores pagos a título de **comissão de corretagem ou de serviço de assistência técnico-imobiliária (SATI),** ou atividade congênere (art. 206, § 3º, IV, CC)" (STJ-2ª Seção, REsp 1.551.956, Min. Paulo Sanseverino, j. 24.8.16, DJ 6.9.16).

V. tb. CDC 51, notas 7b e 7c.

Art. 206: 4. v. art. 788.

Lei 6.194, de 19.12.74 — Dispõe sobre Seguro Obrigatório de Danos Pessoais causados por veículos automotores de via terrestre, ou por sua carga, a pessoas transportadas ou não (no tít. SEGUROS).

Lei 8.374, de 30.12.91 — Dispõe sobre o Seguro Obrigatório de Danos Pessoais causados por embarcações ou por sua carga.

Art. 206: 4a. Súmula 405 do STJ: "A ação de cobrança do seguro obrigatório (DPVAT) prescreve em três anos".

Súmula 573 do STJ: "Nas ações de indenização decorrente de seguro DPVAT, a ciência inequívoca do caráter permanente da invalidez, para fins de contagem do prazo prescricional, depende de laudo médico, exceto nos casos de invalidez permanente notória ou naqueles em que o conhecimento anterior resulte comprovado na fase de instrução". V. tb. Súmula 278 do STJ em nota 1b.

"No Código Civil de 2002 a prescrição para as ações fundadas em seguro obrigatório passou a ter regra específica, consoante disposto no art. 206, § 3º, inciso IX (3 anos) proibindo-se a aplicação da regra geral (art. 205) ou qualquer outro prazo mais vantajoso para os interesses de qualquer uma das partes" (Bol. AASP 2.624: TJSP, AP 1.175.458-0/4).

"O termo inicial do prazo prescricional, na ação de indenização, é a data em que o segurado teve ciência inequívoca do caráter permanente da invalidez" (STJ-2ª Seção, REsp 1.388.030, Min. Paulo Sanseverino, j. 11.6.14, DJ 1.8.14).

"Em se tratando de cobrança de indenização do seguro obrigatório — DPVAT, em decorrência de invalidez permanente, a contagem do prazo prescricional não se dá na data do acidente ou na data do julgamento administrativo, tem início quando o lesado tem conhecimento inequívoco de sua incapacidade, o que, via de regra, ocorre com a elaboração do laudo pericial, obrigatoriamente elaborado pelo DML — Departamento Médico Legal" (STJ-3ª T., REsp 1.079.499, Min. Sidnei Beneti, j. 7.10.10, DJ 15.10.10).

"O prazo prescricional para cobrança do seguro obrigatório DPVAT é de três anos, fluindo, nos casos de pedido de complementação da indenização, da data do pagamento administrativo" (RT 878/293: TJRS, AP 70024577108). No mesmo sentido: STJ-2ª Seção, REsp 1.418.347, Min. Ricardo Cueva, j. 8.4.15, DJ 15.4.15.

Não se tratando de seguro obrigatório, o prazo prescricional para o beneficiário é decenal (v. art. 206, nota 1c).

Art. 206: 4b. Prescreve em **quatro anos** a ação para anular deliberações de assembleia geral de sociedade cooperativa viciadas de erro, dolo, fraude ou simulação, ou contrárias à lei ou ao seu estatuto; contado o prazo da data da realização da assembleia (Lei 5.764, de 16.12.71, art. 43, no tít. SOCIEDADES).

Art. 206: 4c. v. art. 197-III.

Art. 206: 5. Prescrevem em **cinco anos:**

a) a execução cambial contra o sacador, o aceitante e respectivos avalistas (LCa 52); mas em doze meses prescreve a execução cambial contra o endossador e respectivos avalistas (ibidem); v., porém, CC 206 § 3º-VIII;

b) a ação de acidente do trabalho (LPB 104);

c) a ação popular (LAP 21);

d) a ação do consumidor, para reparação de danos causados por fato do produto ou do serviço (CDC 27);

e) a ação para reparação de dano causado ao direito de propriedade industrial (Lei 9.279, de 14.5.96, art. 225, em Lex 1996/1.269, RT 727/661, RF 334/545);

f) a ação para cobrança de custas ao beneficiário de assistência judiciária (CPC 98 § 3º);

g) a ação do representante comercial autônomo (Lei 4.886, de 9.12.65, art. 44 § ún., acrescido pela Lei 8.420, de 8.5.92, em Lex 1992/182);

h) a punibilidade de profissional liberal, por falta sujeita a processo disciplinar através de órgão em que esteja inscrito (Lei 6.838, de 29.10.80, em Lex 1980/582, Bol AASP 1.143/3);

i) o direito de pesquisa, exploração, remoção ou demolição de coisas ou bens afundados, submersos, encalhados ou perdidos em águas sob jurisdição nacional, em terreno de marinha e seus acrescidos e em terrenos marginais (Lei 7.542, de 26.9.86, art. 6º, em Lex 1986/939, RF 295/526, RDA 165/396);

j) "as dívidas passivas da União, dos Estados e dos Municípios, bem assim todo e qualquer direito ou ação contra a Fazenda federal, estadual ou municipal" (Dec. 20.910, de 6.1.32, art. 1º, no tít. PRESCRIÇÃO E DECADÊNCIA), recomeçando o prazo a correr, por metade e uma única vez, quando interrompida a prescrição (Dec. lei 4.597, de 19.8.42, art. 3º, no tít. PRESCRIÇÃO E DECADÊNCIA);

k) o direito de pleitear a restituição de tributo pago indevidamente (CTN 168);

l) "o direito de propor ação que vise a indenização por restrições decorrentes de ato do poder público" (LD 10 § ún.);

m) "o direito de obter indenização dos danos causados por agentes de pessoas jurídicas de direito público e de pessoas jurídicas de direito privado prestadoras de serviços públicos" (Lei 9.494, de 10.9.97, art. 1º-C, acrescido pela Med. Prov. 2.180-35, de 24.8.01, em Lex 2001/3.546).

Súmula 143 do STJ: "Prescreve em cinco anos a ação de perdas e danos pelo uso de marca comercial" (v. jurisprudência s/ esta Súmula em RSTJ 80/273).

Súmula 291 do STJ: "A ação de cobrança de parcelas de complementação de aposentadoria pela previdência privada prescreve em cinco anos" (v. jurisprudência s/ esta Súmula em RSTJ 177/399).

"A prescrição quinquenal prevista na Súmula do STJ/291 incide não apenas na cobrança de parcelas de complementação de aposentadoria, mas, também, por aplicação analógica, na pretensão a diferenças de correção monetária incidentes sobre restituição da reserva de poupança, cujo termo inicial é a data em que houver a devolução a menor das contribuições pessoais recolhidas pelo associado ao plano previdenciário" (STJ-2ª Seção, REsp 1.111.973, Min. Sidnei Beneti, j. 9.9.09, DJ 6.11.09).

"Se, já não sendo segurado, o autor reclama a restituição do capital investido, a prescrição quinquenal apanha o próprio fundo do direito; se, ao revés, demanda na condição de segurado, postulando prestações ou diferenças, a prescrição alcança apenas as parcelas vencidas há mais de cinco anos" (STJ-2ª Seção, REsp 431.071, Min. Ari Pargendler, j. 13.6.07, DJU 2.8.07).

"Na hipótese em que a demanda é promovida por segurado que pleiteia alteração da forma de cálculo da renda mensal inicial, a prescrição atinge o fundo do direito e não apenas as parcelas anteriores ao último quinquênio precedente à propositura da ação" (STJ-4ª T., REsp 1.144.779, Min. Aldir Passarinho Jr., j. 23.3.10, DJ 23.8.10).

Mas: "A ação de prestação de contas constitui direito pessoal, e, como tal, não está sujeita ao prazo exíguo estabelecido na Súmula n. 291-STJ" (STJ-4ª T., REsp 708.073-AgRg, Min. Aldir Passarinho Jr., j. 23.2.10, DJ 15.3.10).

Súmula 427 do STJ: "A ação de cobrança de diferenças de valores de complementação de aposentadoria prescreve em cinco anos contados da data do pagamento".

✎ **Art. 206: 5a.** "A prescrição quinquenal para cobrança de dívidas no Código Civil de 2002", por Eduardo Tomasevicius Filho (RT 907/31).

Art. 206: 5b. "O art. 70 da Lei Uniforme de Genebra (LUG), referente às notas promissórias e letras de câmbio, não se aplica às **debêntures.** Aplica-se a estas o art. 206, § 5º, inciso I, do Código Civil, que estabelece prescrever em 5 anos a pretensão de cobrança de dívidas líquidas constantes de instrumento público ou particular" (STJ-4ª T., REsp 1.316.256, Min. Luis Felipe, j. 18.6.13, DJ 12.8.13).

Art. 206: 5c. "O prazo prescricional para a ação monitória baseada em **duplicata sem executividade,** é o de cinco anos previsto no art. 206, § 5º, I, do Código Civil/2002, a contar da data de vencimento estampada na cártula" (STJ-4ª T., REsp 1.088.046-AgRg, Min. Luis Felipe, j. 12.3.13, RP 221/488).

Art. 206: 5d. Súmula 504 do STJ: "O prazo para ajuizamento de ação monitória em face do emitente de **nota promissória sem força executiva** é quinquenal, a contar do dia seguinte ao vencimento do título". A respeito, v. tb. STJ-2ª Seção, REsp 1.262.056, Min. Luis Felipe, j. 11.12.13, DJ 3.2.14.

Art. 206: 6. Súmula 503 do STJ: "O prazo para ajuizamento de ação monitória em face do emitente de **cheque sem força executiva** é quinquenal, a contar do dia seguinte à data de emissão estampada na cártula". A respeito, v. tb. STJ-2ª Seção, REsp 1.101.412, Min. Luis Felipe, j. 11.12.13, DJ 3.2.14.

No mesmo sentido: RJM 192/236 (Ag 1.0474.09.041624-6/002), JTJ 361/473 (AP 1127-20.2009.8.26.0434), RMDECC 44/133 (TJMG, AI 0676332-39.2011.8.13.0000). **Contra,** no sentido de que o prazo prescricional no caso é de 10 anos (art. 205): JTJ 345/255 (AP 7.114.891-9).

V. tb. LCh 61, nota 1.

Art. 206: 6a. "Monitória. **Cheque pós-datado.** Prescrição. Fluência da prescrição a partir da data consignada no título, ainda que futura, sobre a data da emissão" (JTJ 361/473: AP 1127-20.2009.8.26.0434).

V. tb. LCh 59, nota 3.

Art. 206: 6b. "O prazo prescricional para exercício da pretensão de cobrança de débito constituído por **cédula de crédito** — deduzida mediante ação de conhecimento ou monitória — é de cinco anos (art. 206, § 5º, I, do CC/2002), começando a fluir do vencimento da obrigação inadimplida" (STJ-3ª T., REsp 1.403.289, Min. Nancy Andrighi, j. 5.11.13, DJ 14.11.13).

"A obrigação constante em nota de crédito industrial possui liquidez, certeza e exigibilidade, conforme estabelecido pelos arts. 10 e 18 do Decreto-Lei 413/1969. O prazo prescricional para exercício da pretensão de cobrança de débito constituído por nota de crédito — deduzida mediante ação de conhecimento ou monitória — é de cinco anos" (STJ-3ª T., REsp 1.405.500, Min. Nancy Andrighi, j. 10.6.14, DJ 17.6.14).

Art. 206: 6c. "A ação monitória fundada em **contrato de abertura de crédito em conta corrente** persegue, na prática, uma dívida líquida e se submete, por conseguinte, ao prazo prescricional de cinco anos previsto no art. 206, § 5º, I, do Código Civil" (STJ-3ª T., REsp 1.327.786, Min. Sidnei Beneti, j. 14.8.12, DJ 5.9.12). No mesmo sentido: STJ-4ª T., REsp 1.402.170-AgRg, Min. Raul Araújo, j. 11.2.14, DJ 14.3.14. **Contra:** "Contrato de conta corrente. Dívida ilíquida. Prazo prescricional. Art. 205 do CC" (STJ-3ª T., AI 1.327.066-AgRg, Min. Paulo Sanseverino, dec. mon., DJ 15.2.12).

Art. 206: 7. "O prazo prescricional da pretensão de cobrança de **mensalidades escolares** vencidas até 11.1.2003 — entrada em vigor do novo Código Civil — é o estabelecido no art. 178, § 6º, VII, do CC/16. Para as mensalidades vencidas após a referida data, aplica-se o prazo quinquenal, disposto no art. 206, § 5º, I, do CC/02" (STJ-4ª T., AI 1.271.678-AgRg, Min. João Otávio, j. 3.8.10, DJ 16.8.10).

"Estando em discussão, na hipótese dos autos, a cobrança de valores decorrentes de contrato de **mútuo educacional,** impera a regra de prescrição inserta no art. 206, § 5º, I, do CC/02, que prevê o prazo prescricional quinquenal para a pretensão de cobrança de dívidas líquidas constantes de instrumento público ou particular" (STJ-3ª T., REsp 1.188.933, Min. Nancy Andrighi, j. 13.8.13, DJ 26.8.13; a citação é do voto da relatora).

"O prazo prescricional aplicável à ação de cobrança de dívida líquida contratualmente assumida em instrumento de concessão de **bolsa de estudos** é de 5 (cinco) anos, conforme previsão contida no artigo 206, § 5º, I, do Código Civil, contados, no caso concreto, em conformidade com a regra de transição estabelecida em seu artigo 2.028, a partir do início de sua entrada em vigor. Esta Corte consagrou o entendimento de que a expressão 'dívida líquida' constante do aludido dispositivo legal deve ser compreendida como obrigação certa, com prestação determinada. Nesse contexto, definida a obrigação em instrumento contratual e fixado o valor da bolsa, o crédito mostra-se líquido, podendo ser apurado por meio de simples operação aritmética" (STJ-3ª T., REsp 1.123.411-AgRg, Min. Ricardo Cueva, j. 4.9.14, DJ 11.9.14).

Art. 206: 7a. "Enquanto vigorava o Código Civil de 1916, o prazo prescricional aplicável à **cobrança das anuidades da OAB** era o vintenário, diante da falta de norma específica a regular essa espécie de pretensão. Com a entrada em vigor do Código Civil de 2002, em 11.1.03, deve incidir a prescrição quinquenal na cobrança dessas anuidades, uma vez que esses créditos são exigidos após formação de título executivo extrajudicial. Este é espécie de instrumento particular, que veicula dívida líquida, segundo preceitua o art. 206, § 5º, I, do Código Civil" (STJ-2ª T., REsp 1.267.721-EDcl-AgRg, Min. Castro Meira, j. 11.12.12, DJ 4.2.13).

Art. 206: 7b. "A execução hipotecária proposta para cobrança de **crédito vinculado ao Sistema Financeiro da Habitação** sujeita-se ao prazo prescricional de 5 anos previsto no artigo 206, § 5º, I, do Código Civil" (STJ-3ª T., REsp 1.385.998, Min. Sidnei Beneti, j. 30.4.14, DJ 12.5.14).

Art. 206: 8. "Na vigência do Código Civil de 2002, é quinquenal o prazo prescricional para que o condomínio geral ou edilício (vertical ou horizontal) exercite a pretensão de cobrança de **taxa condominial** ordinária ou extraordinária, constante em instrumento público ou particular, a contar do dia seguinte ao vencimento da prestação" (STJ-2ª Seção, REsp 1.483.930, Min. Luis Felipe, j. 23.11.16, DJ 1.2.17).

Art. 206: 8a. Afirmando estar enquadrada neste inc. I do § 5º a "pretensão de cobrança de **despesas médico-hospitalares**": STJ-3ª T., REsp 1.312.646, Min. Nancy Andrighi, j. 11.6.13, DJ 18.6.13.

Também afirmando ser quinquenal o prazo prescricional em matéria de "pretensão de cobrança, materializada em **boleto bancário,** ajuizada por **operadora do plano de saúde** contra empresa que contratou o serviço de assistência a médico-hospitalar para seus empregados": STJ-3ª T., REsp 1.763.160, Min. Ricardo Cueva, j. 17.9.19, DJ 20.9.19.

Art. 206: 8b. "Para as ações fundadas no não cumprimento das responsabilidades decorrentes do transporte multimodal, o prazo prescricional, apesar da revogação do Código Comercial, permanece sendo de 1 ano, haja vista a existência de expressa previsão legal nesse sentido (art. 22 da Lei n. 9.611/1998). A diferença existente entre as atividades desempenhadas pelo transportador marítimo (unimodal) e aquelas legalmente exigidas do operador de transporte multimodal revela a manifesta impossibilidade de se estender à pretensão de **cobrança de despesas decorrentes da sobre-estadia de contêineres** (pretensão do transportador unimodal contra o contratante do serviço) a regra prevista do art. 22 da Lei n. 9.611/1998 (que diz respeito ao prazo prescricional ânuo aplicável às pretensões dos contratantes do serviço contra o operador de transporte multimodal). As regras jurídicas acerca da prescrição devem ser interpretadas estritamente, repelindo-se a interpretação extensiva ou analógica. Daí porque afigura-se absolutamente incabível a fixação de prazo prescricional por analogia, medida que não se coaduna com os princípios gerais que regem o Direito Civil brasileiro, além de constituir verdadeiro atentado à segurança jurídica, cuja preservação se espera desta Corte Superior. Em se tratando de transporte unimodal de cargas, quando a taxa de sobre-estadia objeto da cobrança for oriunda de disposição contratual que estabeleça os dados e os critérios necessários ao cálculo dos valores devidos a título de ressarcimento pelos prejuízos causados em virtude do retorno tardio do contêiner, será quinquenal o prazo prescricional (art. 206, § 5º, inciso I, do Código Civil). Caso contrário, ou seja, nas hipóteses em que inexistente prévia estipulação contratual, aplica-se a regra geral do art. 205 do Código Civil, ocorrendo a prescrição em 10 anos" (STJ-2ª Seção, REsp 1.819.826, Min. Ricardo Cueva, j. 28.10.20, DJ 12.11.20).

Art. 206: 8c. "Aplica-se o prazo quinquenal para a cobrança de fretes relativos a contratos de **transporte terrestre** de mercadorias, nos termos do art. 206, § 5º, I, do CC/2002" (STJ-3ª T., REsp 1.679.434, Min. Nancy Andrighi, j. 21.8.18, DJ 23.8.18).

Art. 206: 9. "Embora, com base no princípio da especialidade, a regra específica do art. 25, II, da Lei 8.906/94 deva prevalecer sobre o comando geral do art. 206, § 5º, II, do CC/02, aquela norma legal se refere exclusivamente à prescrição da ação de cobrança de **honorários de advogado,** inexistindo qualquer alusão à ação de arbitramento. Portanto, ausente no Estatuto da OAB comando específico para a tutela da prescrição da ação de arbitramento de honorários advocatícios, aplica-se a regra geral contida no Código Civil, cuja redação é mais abrangente, comportando inclusive a pretensão de fixação da verba. Embora pormenorizadas, as hipóteses enumeradas no art. 25 da Lei 8.906/94 se subsumem na previsão do art. 206, § 5º, II, do CC/02, de sorte que, independentemente da norma aplicada, o prazo prescricional para exercício da pretensão de arbitramento e/ou cobrança dos honorários advocatícios judiciais verbalmente contratados será sempre de 5 anos, contado do encerramento da prestação do serviço (trânsito em julgado da decisão final ou último ato praticado no processo, conforme o caso)" (STJ-3ª T., REsp 1.358.425, Min. Nancy Andrighi, j. 8.5.14, DJ 26.5.14).

"O termo inicial do prazo prescricional para exercício da pretensão de cobrança dos honorários advocatícios é de 5 (cinco) anos, contado do encerramento da prestação do serviço ou último ato praticado no processo, conforme a jurisprudência desta Corte, o que, neste caso, foi a data do registro da carta de arrematação" (STJ-3ª T., REsp 1.410.387, Min. Ricardo Cueva, j. 21.6.16, DJ 27.6.16).

Art. 206: 10. No sentido de que, para a pretensão de receber o valor da **multa imposta a quem opõe embargos de declaração manifestamente protelatórios,** "é inaplicável ao caso o § 1º, III, do art. 206 do Código Civil, segundo o qual prescreve em um ano 'a pretensão dos tabeliães, auxiliares da justiça, serventuários judiciais, árbitros e peritos, pela percepção de emolumentos, custas e honorários'. Tendo em vista que a multa em questão também não se confunde com despesas despendidas pelo vencedor em juízo, é igualmente inaplicável o § 5º, III, do art. 206 do Código Civil, o qual estabelece que prescreve em cinco anos 'a pretensão do vencedor para haver do vencido o que despendeu em juízo'": STJ-2ª T., REsp 1.264.508, Min. Mauro Campbell, j. 18.12.12, DJ 8.2.13.

Capítulo II | DA DECADÊNCIA

Art. 207. Salvo disposição legal em contrário, não se aplicam à decadência as normas que impedem, suspendem ou interrompem a prescrição.[1 a 2]

[Sem dispositivo correspondente no CC/1916.]

Código Civil

Art. 207: 1. s/ suspensão ou impedimento dos prazos prescricionais no período da pandemia do coronavírus, v. nota 2a ao Tít. IV que antecede o art. 189.

Art. 207: 1a. v. arts. 197 a 204.

Art. 207: 2. Além disso, o prazo decadencial é improrrogável. Assim, p. ex., se o último dia de um prazo decadencial for feriado, tal prazo não poderá ser estendido para o dia útil seguinte.

Art. 208. Aplica-se à decadência o disposto nos arts. 195 e 198, inciso I. [Sem dispositivo correspondente no CC/1916.]

Art. 209. É nula a renúncia à decadência fixada em lei.[1-2] [Sem dispositivo correspondente no CC/1916.]

Art. 209: 1. Já a prescrição é passível de renúncia, cf. art. 191.

Art. 209: 2. São exemplos de prazos decadenciais previstos em lei os instituídos para: anulação de constituição de pessoa jurídica (art. 45 § ún.); impugnação de alteração do estatuto de fundação (art. 68); anulação de negócio jurídico (art. 178); ação de preferência por condômino de coisa indivisível (art. 504); ação de cumprimento de cláusula de retrovenda (art. 505); anulação de casamento (art. 1.560); ação renovatória (LI 51 § 5º); ação rescisória (CPC 975).

Art. 210. Deve o juiz, de ofício, conhecer da decadência, quando estabelecida por lei.[1] [Sem dispositivo correspondente no CC/1916.]

Art. 210: 1. v. CPC 342-II e III.

S/ alegação inédita da decadência em embargos de declaração, v., no nosso CPCLPV, CPC 1.022, nota 4.

Art. 211. Se a decadência for convencional, a parte a quem aproveita pode alegá-la em qualquer grau de jurisdição,[1] mas o juiz não pode suprir a alegação. [Sem dispositivo correspondente no CC/1916.]

Art. 211: 1. v. CPC 342-III.

Título V | DA PROVA[1-2]

TÍT. V: 1. s/ prova: CPC 369 a 484. V. tb. CF 5º-XII e LVI e Lei 9.296, de 24.7.96.

✎ **TÍT. V: 2.** "Regras de prova no Código Civil", por E. D. Moniz de Aragão (RP 116/11 e RF 376/45); "Anotações sobre o título 'Da prova' do novo Código Civil", por José Carlos Barbosa Moreira (RSDCPC 36/5 e RJ 370/11); "A natureza jurídica das normas sobre provas", por Wendel de Brito Lemos Teixeira (RJ 430/9).

Art. 212. Salvo o negócio a que se impõe forma especial, o fato jurídico pode ser provado mediante: [Dispositivo correspondente no CC/1916: art. 136-*caput*.]

I — confissão;[1-1a] [Dispositivo correspondente no CC/1916: art. 136-I.]

II — documento;[2 a 3] [Dispositivo correspondente no CC/1916: art. 136-III.]

III — testemunha;[4] [Dispositivo correspondente no CC/1916: art. 136-IV.]

IV — presunção; [Dispositivo correspondente no CC/1916: art. 136-V.]

V — perícia.[5] [Dispositivo correspondente no CC/1916: art. 136-VI e VII.]

Art. 212: 1. s/ confissão: arts. 213 e 214; CPC 389 a 395.

Art. 212: 1a. Enunciado 157 do CEJ: "O termo 'confissão' deve abarcar o conceito lato de depoimento pessoal, tendo em vista que este consiste em meio de prova de maior abrangência, plenamente admissível no ordenamento jurídico brasileiro".

✎ **Art. 212: 2.** "A validade jurídica dos documentos digitais", por João Agnaldo Donizeti Gandini (RT 805/83); "Eficácia probatória dos contratos celebrados pela Internet", por José Rogério Cruz e Tucci (RF 353/210); "Meios de prova nos contratos eletrônicos, realizados por meio da Internet", por Raphael Antonio Garrigoz Panichi (RDPr 16/260); "A segurança dos documentos digitais", por João Agnaldo Donizeti Gandini, Diana Paola da Silva Salomão e Cristiane Jacob (Ajuris 87/165); "O e-mail como meio de prova", por Liza Bastos Duarte (Ajuris 91/173); "Operações bancárias via internet (Internet *Banking*) no Brasil e suas repercussões jurídicas", por Alessandra Aparecida Calvoso Gomes (RT 816/94); "A eficácia probatória das mensagens eletrônicas", por Antonio do Passo Cabral (RP 135/97); "Observações sobre a eficácia probatória do *email* no processo civil brasileiro", por Fernando Mil Homens Moreira (RP 193/203); "Carta psicografada como fonte de prova no processo civil", por Fredie Didier Jr. e Paula Sarno Braga (RP 234/33).

Art. 212: 2a. s/ prova documental: arts. 215 a 226; CPC 405 e segs. V. tb. art. 758 (prova do contrato de seguro).

Art. 212: 2b. **Enunciado 297 do CEJ:** "O documento eletrônico tem valor probante, desde que seja apto a conservar a integridade de seu conteúdo e idôneo a apontar sua autoria, independentemente da tecnologia empregada".

V. art. 225, nota 1b (Enunciado 298 do CEJ).

Art. 212: 3. s/ prova documental de vida, residência, pobreza, dependência econômica, homonímia e bons antecedentes, v. Lei 7.115, de 29.8.83 (Lex 1983/332, RDA 154/272, RF 283/467, Ajuris 29/247, Bol. AASP 1.291/3).

Art. 212: 4. s/ prova testemunhal, v. CPC 442 e segs.

Art. 212: 5. s/ prova pericial, v. arts. 231 e 232 e CPC 464 e segs.

Art. 213. Não tem eficácia a confissão[1 a 1b] se provém de quem não é capaz de dispor do direito a que se referem os fatos confessados. [Sem dispositivo correspondente no CC/1916.]

Parágrafo único. Se feita a confissão por um representante, somente é eficaz nos limites em que este pode vincular o representado.[2] [Sem dispositivo correspondente no CC/1916.]

Art. 213: 1. v. CPC 389 a 395.

Art. 213: 1a. "A confissão no Código Civil de 2002 e suas repercussões no Código de Processo Civil de 1973", por Fredie Didier Jr. (RP 114/163).

Art. 213: 1b. "A confissão é mero meio de prova a ser analisado pelo juiz diante do contexto probatório colacionado nos autos, não implicando presunção absoluta de veracidade dos fatos" (STJ-4ª T., Min. Sálvio de Figueiredo, j. 8.5.96, DJU 10.6.96).

Art. 213: 2. v. art. 116.

Art. 214. A confissão é irrevogável, mas pode ser anulada[1-1a] se decorreu de erro[2] de fato ou de coação.[2a] [Sem dispositivo correspondente no CC/1916.]

Art. 214: 1. v. CPC 393.

Art. 214: 1a. A confissão não é um negócio jurídico, mas mera declaração de conhecimento, com a qual a parte reconhece fato que lhe é desfavorável. Por isso, não é correto dispor que ela possa ser anulada; o que pode ocorrer é uma retratação do confitente ou uma nova declaração, que indique ter sido a primeira prestada sem uma vontade livre e consciente. Caberá então ao juiz avaliar as declarações emitidas pela parte.

Art. 214: 2. v. arts. 138 a 144.

Art. 214: 2a. v. arts. 151 a 155.

Art. 215. A escritura pública,[1 a 4a] lavrada em notas de tabelião, é documento dotado de fé pública,[4b] fazendo prova plena.[5] [Dispositivo correspondente no CC/1916: art. 134 § 1º.]

§ 1º Salvo quando exigidos por lei outros requisitos, a escritura pública deve conter:[5a] [Dispositivo correspondente no CC/1916: art. 134 § 1º.]

I — data e local de sua realização; [Dispositivo correspondente no CC/1916: art. 134 § 1º-*a*.]

II — reconhecimento da identidade e capacidade das partes e de quantos hajam comparecido ao ato, por si, como representantes, intervenientes ou testemunhas; [Dispositivo correspondente no CC/1916: art. 134 § 1º-*b*.]

III — nome, nacionalidade, estado civil, profissão, domicílio e residência das partes e demais comparecentes, com a indicação, quando necessário, do regime de bens do casamento, nome do outro cônjuge e filiação; [Dispositivo correspondente no CC/1916: art. 134 § 1º-*c*.]

IV — manifestação clara da vontade das partes e dos intervenientes; [Dispositivo correspondente no CC/1916: art. 134 § 1º-*d*.]

V — referência ao cumprimento das exigências legais e fiscais inerentes à legitimidade do ato;[5b] [Sem dispositivo correspondente no CC/1916.]

VI — declaração de ter sido lida na presença das partes e demais comparecentes, ou de que todos a leram; [Dispositivo correspondente no CC/1916: art. 134 § 1º-*e*.]

VII — assinatura das partes e dos demais comparecentes, bem como a do tabelião ou seu substituto legal, encerrando o ato. [Dispositivo correspondente no CC/1916: art. 134 § 1º-*f*.]

§ 2º Se algum comparecente não puder ou não souber escrever, outra pessoa capaz assinará por ele, a seu rogo. [Dispositivo correspondente no CC/1916: art. 134 § 2º.]

§ 3º A escritura será redigida na língua nacional. [Dispositivo correspondente no CC/1916: art. 134 § 3º.]

§ 4º Se qualquer dos comparecentes não souber a língua nacional e o tabelião não entender o idioma em que se expressa, deverá comparecer tradutor público para servir de intérprete, ou, não o havendo na localidade, outra pessoa capaz que, a juízo do tabelião, tenha idoneidade e conhecimento bastantes. [Dispositivo correspondente no CC/1916: art. 134 § 4º.]

§ 5º Se algum dos comparecentes não for conhecido do tabelião, nem puder identificar-se por documento, deverão participar do ato pelo menos duas testemunhas que o conheçam e atestem sua identidade. [Dispositivo correspondente no CC/1916: art. 134 § 5º.]

Art. 215: 1. **CPC 406:** "Quando a lei exigir instrumento público como da substância do ato, nenhuma outra prova, por mais especial que seja, pode suprir-lhe a falta".

Art. 215: 1a. v., no índice, Escritura pública.

Art. 215: 2. Alguns casos em que a lei exige escritura pública:

— constituição, transferência, modificação ou renúncia de direitos reais sobre imóveis de valor superior a trinta salários mínimos (art. 108);

— pacto antenupcial (art. 1.653);

— cessão de quinhão hereditário (art. 1.793-*caput*);

— concessão de emancipação pelos pais (art. 5º § ún.-I);

— criação de fundação, caso não seja feita por testamento (art. 62);

— contrato de constituição de renda (art. 807);

— transação sobre direitos discutidos em juízo, caso não seja feita por termo nos autos (art. 842);

— casamento celebrado mediante procuração (art. 1.542-*caput*);

— instituição de bem de família, caso não seja feita por testamento (art. 1.711 e LRP 260);

— renúncia da herança, caso não seja feita por termo judicial (art. 1.806);

— alienação do direito de uso sobre as águas das correntes (CA 79);

— "Na aquisição de imóvel rural por pessoa estrangeira, física ou jurídica, é da essência do ato a escritura pública" (Lei 5.709, de 7.10.71, art. 8º, no tít. PROPRIEDADE RURAL ADQUIRIDA POR ESTRANGEIRO).

A adoção prescinde de escritura pública, mas exige sentença judicial, para que se constitua (ECA 47-*caput*).

Art. 215: 3. v. no art. 108, nota 2, diversos casos em que a lei dispensa a escritura pública.

Art. 215: 4. **CPC 407:** "O documento feito por oficial público incompetente ou sem a observância das formalidades legais, sendo subscrito pelas partes, tem a mesma eficácia probatória do documento particular".

Art. 215: 4a. Retificação de escritura pública: escritura pública ou particular somente se retifica por outra de idêntica natureza, entre as mesmas partes. Assim, sendo da substância do ato a escritura pública, somente por outra pode ser retificada (RJTJESP 105/209).

Art. 215: 4b. "A fé pública do tabelião goza de presunção *juris tantum*. Refere-se apenas ao fato de ter presenciado a declaração anotada em seus assentos, não à veracidade de seu conteúdo" (RDI 10/78).

O tabelião, no sistema brasileiro, só tem de observar a regularidade das formas exteriores do ato, não lhe cabendo verificar se as declarações são ou não verdadeiras (RJTJERGS 106/348).

Art. 215: 5. Enunciado 158 do CEJ: "A amplitude da noção de 'prova plena' (isto é, 'completa') importa **presunção relativa** acerca dos elementos indicados nos incisos do § 1º, devendo ser conjugada com o disposto no parágrafo único do art. 219".

"A presunção do art. 215 do CC/02 implica, de um lado, a desnecessidade de se provar os fatos contidos na escritura pública, à luz do que dispõe o art. 334, IV, do CPC, e, de outro, a inversão do ônus da prova, em desfavor de quem, eventualmente, suscite a sua invalidade. A quitação dada em escritura pública gera a presunção relativa do pagamento, admitindo a prova em contrário que evidencie, ao fim e ao cabo, a invalidade do instrumento em si, porque eivado de vício que o torna falso" (STJ-3ª T., REsp 1.438.432, Min. Nancy Andrighi, j. 22.4.14, DJ 19.5.14).

"Os documentos que gozam de fé pública ostentam presunção relativa de veracidade, que pode ser afastada mediante a produção de provas em sentido contrário" (STJ-4ª T., REsp 1.206.805, Min. Raul Araújo, j. 21.10.14, DJ 7.11.14).

Art. 215: 5a. v. Lei 7.433, de 18.12.85 (requisitos para a lavratura de escrituras públicas), regulamentada pelo Dec. 93.240, de 9.9.86.

S/ requisitos para a lavratura do testamento público v. art. 1.864.

✎ **Art. 215: 5b.** "Da negativa fiscal e da validade dos atos jurídicos (com atualização do NCC/2002)", por Décio Antônio Erpen (Ajuris 95/89).

Art. 216. Farão a mesma prova que os originais as certidões textuais de qualquer peça judicial, do protocolo das audiências, ou de outro qualquer livro a cargo do escrivão, sendo extraídas por ele, ou sob a sua vigilância, e por ele subscritas, assim como os traslados de autos, quando por outro escrivão consertados.[1 a 3] [Dispositivo correspondente no CC/1916: art. 137.]

Art. 216: 1. cf. CPC 425-I e II.

Art. 216: 2. LRP 161-*caput*: "As certidões do registro integral de títulos terão o mesmo valor probante dos originais, ressalvado o incidente de falsidade destes, oportunamente levantado em juízo".

Art. 216: 3. *sic*; deve ser "concertados", tal como no CC rev. 137, e não "consertados". Pois os traslados dos autos devem ser conferidos (concertados) com os próprios autos originais.

Art. 217. Terão a mesma força probante os traslados[1] e as certidões, extraídos por tabelião ou oficial de registro, de instrumentos ou documentos lançados em suas notas.[2] [Dispositivo correspondente no CC/1916: art. 138.]

Art. 217: 1. Escritura pública é o escrito lançado nos livros do tabelionato; já o traslado é a cópia fiel da escritura.

Art. 217: 2. cf. CPC 425-II.

Art. 218. Os traslados e as certidões considerar-se-ão instrumentos públicos, se os originais se houverem produzido em juízo como prova de algum ato.[1] [Dispositivo correspondente no CC/1916: art. 139.]

Art. 218: 1. v. CPC 425-I.

Art. 219. As declarações constantes de documentos assinados presumem-se verdadeiras em relação aos signatários. [Dispositivo correspondente no CC/1916: art. 131-*caput*.]

Parágrafo único. Não tendo relação direta, porém, com as disposições principais ou com a legitimidade das partes, as declarações enunciativas não eximem os interessados em sua veracidade do ônus de prová-las.[1] [Dispositivo correspondente no CC/1916: art. 131 § ún.]

Art. 219: 1. **CPC 408 § ún.:** "Quando, todavia, contiver declaração de ciência de determinado fato, o documento particular prova a ciência, mas não o fato em si, incumbindo o ônus de prová-lo ao interessado em sua veracidade".

Art. 220. A anuência ou a autorização[1] de outrem, necessária à validade de um ato, provar-se-á do mesmo modo que este, e constará, sempre que se possa, do próprio instrumento.[2] [Dispositivo correspondente no CC/1916: art. 132.]

Art. 220: 1. s/ casos em que se faz necessária anuência ou autorização, v. arts. 18, 111, 496, 580, 588, 621, 787 § 2º, 801 § 2º, 974 § 1º, 976, 1.072 § 4º, 1.134, 1.147, 1.169, 1.170, 1.341 § 3º, 1.365 § ún., 1.399, 1.433-VI, 1.457, 1.488 § 3º, 1.517, 1.537, 1.553, 1.597-V, 1.647 e 1.663 § 2º.

Art. 220: 2. Autorização posterior ao documento: art. 176.

Art. 221. O instrumento particular, feito e assinado, ou somente assinado por quem esteja na livre disposição e administração de seus bens, prova as obrigações convencionais de qualquer valor; mas os seus efeitos, bem como os da cessão, não se operam, a respeito de terceiros, antes de registrado no registro público.[1-1a] [Dispositivo correspondente no CC/1916: art. 135-*caput*.]

Parágrafo único. A prova do instrumento particular pode suprir-se pelas outras de caráter legal. [Dispositivo correspondente no CC/1916: art. 135 § ún.]

Art. 221: 1. v. LRP 129-9º.

Art. 221: 1a. Em matéria de cessão de crédito, v. art. 288.

Art. 222. O telegrama,[1] quando lhe for contestada[2] a autenticidade, faz prova mediante conferência com o original assinado. [Sem dispositivo correspondente no CC/1916.]

Art. 222: 1. cf. CPC 413 e 414.

Art. 222: 2. v. CPC 430 a 433 (incidente de falsidade).

Art. 223. A cópia fotográfica[1] de documento, conferida por tabelião de notas, valerá como prova de declaração da vontade, mas, impugnada sua autenticidade, deverá ser exibido o original. [Sem dispositivo correspondente no CC/1916.]

Parágrafo único. A prova não supre a ausência do título de crédito,[1a] ou do original, nos casos em que a lei[2] ou as circunstâncias condicionarem o exercício do direito à sua exibição. [Sem dispositivo correspondente no CC/1916.]

Art. 223: 1. cf. CPC 422 e segs.

Art. 223: 1a. v. arts. 887 a 926, bem como os títs. CHEQUE e LETRA DE CÂMBIO.

Art. 223: 2. v. CPC 798-I-*a*.

Art. 224. Os documentos redigidos em língua estrangeira[1-2] serão traduzidos para o português para ter efeitos legais no País. [Dispositivo correspondente no CC/1916: art. 140.]

Art. 224: 1. cf. CPC 162-I e 192 § ún. V. tb. LRP 129 § 6º e 148.

Art. 224: 2. **Dec. 8.742, de 4.5.16: "Art. 4º** Ficam dispensados de legalização consular, para terem efeito no Brasil, os documentos expedidos por autoridades estrangeiras encaminhados por via diplomática ao Governo brasileiro.

"**Art. 5º** Ficam igualmente dispensados de legalização consular os documentos expedidos por países com os quais a República Federativa do Brasil tenha firmado acordos bilaterais ou multilaterais de simplificação ou dispensa do processo de legalização de documentos".

Art. 225. As reproduções fotográficas, cinematográficas, os registros fonográficos e, em geral, quaisquer outras reproduções mecânicas ou eletrônicas de fatos ou de coisas[1 a 1b] fazem prova plena destes, se a parte, contra quem forem exibidos, não lhes impugnar[2] a exatidão. [Sem dispositivo correspondente no CC/1916.]

Art. 225: 1. cf. CPC 422 e segs.

Art. 225: 1a. **Lei 12.682, de 9.7.12** — Dispõe sobre a elaboração e o arquivamento de documentos em meios eletromagnéticos.

Art. 225: 1b. **Enunciado 298 do CEJ:** "Os arquivos eletrônicos incluem-se no conceito de 'reproduções eletrônicas de fatos ou de coisas', do art. 225 do Código Civil, aos quais deve ser aplicado o regime jurídico da prova documental".

Art. 225: 2. v. CPC 430 a 433 (incidente de falsidade).

Art. 226. Os livros[1] e fichas dos empresários[1a] e sociedades provam contra as pessoas a que pertencem, e, em seu favor, quando, escriturados sem vício extrínseco ou intrínseco, forem confirmados por outros subsídios. [Sem dispositivo correspondente no CC/1916.]

Parágrafo único. A prova resultante dos livros e fichas não é bastante nos casos em que a lei exige escritura pública, ou escrito particular revestido de requisitos especiais, e pode ser ilidida pela comprovação da falsidade ou inexatidão dos lançamentos. [Sem dispositivo correspondente no CC/1916.]

Art. 226: 1. s/ livros comerciais, v. art. 1.191, nota 2a (Súmulas 260 e 390 do STF). V. tb. CPC 417 a 419.

Art. 226: 1a. v. arts. 1.177 a 1.182 e 1.190 a 1.194.

Art. 227. ....[1]

Parágrafo único. Qualquer que seja o valor do negócio jurídico, a prova testemunhal é admissível como subsidiária ou complementar da prova por escrito.[2] [Dispositivo correspondente no CC/1916: art. 141 § ún.]

Art. 227: 1. Revogado expressamente pela Lei 13.105, de 16.3.15, em vigor um ano após sua publicação (DOU 17.3.15).

Art. 227: 2. v., no nosso CPCLPV, CPC 444 e 445 e notas.

Art. 228. Não podem ser admitidos como testemunhas:[1] [Dispositivo correspondente no CC/1916: art. 142-*caput*.]

I — os menores de dezesseis anos; [Dispositivo correspondente no CC/1916: art. 142-III.]

II — (Revogado);[1a]

III — (Revogado);[1b]

IV — o interessado no litígio, o amigo íntimo ou o inimigo capital das partes; [Dispositivo correspondente no CC/1916: art. 142-IV.]

V — os cônjuges, os ascendentes, os descendentes e os colaterais, até o terceiro grau de alguma das partes, por consanguinidade, ou afinidade. [Dispositivo correspondente no CC/1916: art. 142-IV e V.]

§ 1º Para a prova de fatos que só elas conheçam, pode o juiz admitir o depoimento das pessoas a que se refere este artigo.[1c-2]

§ 2º A pessoa com deficiência poderá testemunhar em igualdade de condições com as demais pessoas, sendo-lhe assegurados todos os recursos de tecnologia assistiva.[3-4]

Art. 228: 1. v. CPC 447.

Art. 228: 1a. O inc. II foi revogado pela Lei 13.146, de 6.7.15, em vigor 180 dias após a sua publicação (DOU 7.7.15).

Art. 228: 1b. O inc. III foi revogado pela Lei 13.146, de 6.7.15, em vigor 180 dias após a sua publicação (DOU 7.7.15).

Art. 228: 1c. O primitivo § ún. foi renumerado pela Lei 13.146, de 6.7.15, em vigor 180 dias após a sua publicação (DOU 7.7.15).

Art. 228: 2. "independentemente de compromisso, e o juiz lhes atribuirá o valor que possam merecer" (CPC 447 § 5º).

Art. 228: 3. O § 2º foi acrescido pela Lei 13.146, de 6.7.15, em vigor 180 dias após a sua publicação (DOU 7.7.15).

Art. 228: 4. v. EPD 80.

Art. 229. ....[1]

Art. 229: 1. Revogado expressamente pela Lei 13.105, de 16.3.15, em vigor um ano após sua publicação (DOU 17.3.15).

Art. 230. ....[1]

Art. 230: 1. Revogado expressamente pela Lei 13.105, de 16.3.15, em vigor um ano após sua publicação (DOU 17.3.15).

Art. 231. Aquele que se nega a submeter-se a exame médico necessário não poderá aproveitar-se de sua recusa. [Sem dispositivo correspondente no CC/1916.]

Art. 232. A recusa à perícia médica ordenada pelo juiz poderá suprir a prova que se pretendia obter com o exame.[1 a 4] [Sem dispositivo correspondente no CC/1916.]

✎ **Art. 232: 1.** "Paternidade socioafetiva e o retrocesso da Súmula 301 do STJ", por Paulo Luiz Netto Lôbo (RJ 339/45); "A recusa da parte a submeter-se a exame médico: o art. 232 do Código Civil e o enunciado 301 da súmula da jurisprudência predominante do Superior Tribunal de Justiça", por Fredie Didier Jr. (RDPr 25/177 e RDPr 26/367); "La negativa de la parte a someterse a una pericia médica (según el nuevo Código Civil brasileño)", por José Carlos Barbosa Moreira (RP 113/117); "A recusa à perícia médica ordenada pelo juiz e a presunção de paternidade: aspectos constitucionais do art. 232 e o novo Código Civil", por Adolfo Mamoru Nishiyama (RDPr 20/33); "A prova indiciária no novo Código Civil e a recusa ao exame de DNA", por Humberto Theodoro Jr. (RSDCPC 33/29); "O direito à incolumidade física em oposição ao direito ao reconhecimento da paternidade", por Fabiano Campos Zettel (RJM 169/15); "A presunção relativa na recusa à perícia em DNA", por Rolf Madaleno (RJ 336/29); "Recusa à prova pericial nas ações de investigação de paternidade e conhecimento de ascendência genética", por Ana Carolina Fernandes Mascarenhas (RF 386/3); "Algumas notas sobre o ('dispensável') art. 232 do Código Civil", por Rodrigo Mazzei (RF 406/313); "Lei 12.004/2009: a recusa à submissão ao exame de DNA e um novo modelo de presunção (a presunção jurídico-legal)", por Hugo Fidelis Batista (RDPr 43/134).

Art. 232: 1a. **LIP 2º-A § ún.:** "A recusa do réu em se submeter ao exame de código genético — DNA gerará a presunção da paternidade, a ser apreciada em conjunto com o contexto probatório".

Art. 232: 1b. Não atenta contra o direito à intimidade do réu, ainda que casado, o deferimento de exame hematológico em ação de investigação de paternidade (JTJ 260/369).

Art. 232: 2. "Discrepa, a mais não poder, de garantias constitucionais implícitas e explícitas — preservação da dignidade humana, da intimidade, da intangibilidade do corpo humano, do império da lei e da inexecução específica e direta de obrigação de fazer — provimento judicial que, em ação civil de investigação de paternidade, implique determinação no sentido de o réu ser conduzido ao laboratório, 'debaixo de vara', para coleta do material indispensável à feitura do exame de DNA. A recusa resolve-se no plano jurídico-instrumental, consideradas a dogmática, a doutrina e a jurisprudência, no que voltadas ao deslinde das questões ligadas à prova dos fatos" (STF-Pleno, HC 71.373, Min. Marco Aurélio, j. 10.11.94, 4 votos vencidos, DJU 22.11.96). No mesmo sentido: RJTJESP 112/368, Amagis 12/152. **Contra:** RJTJERGS 162/233.

Súmula 301 do STJ: "Em ação investigatória, a recusa do suposto pai a submeter-se ao exame de DNA induz presunção *juris tantum* de paternidade" (v. jurisprudência s/ esta Súmula em RSTJ 183/624). Essa Súmula também se aplica aos herdeiros do investigado, quando figurarem como parte na ação investigatória (STJ-4ª T., REsp 1.253.504, Min. Isabel Gallotti, j. 13.12.11, DJ 1.2.12). Ainda, ela tem aplicação no sentido inverso: a recusa do filho a realizar o exame de DNA gera presunção em favor da paternidade alegada pelo suposto pai (RT 839/219, JTJ 293/208). **Todavia:** "A presunção relativa decorrente da recusa do suposto pai em submeter-se ao exame de DNA, nas ações de investigação de paternidade, cristalizada na Súmula 301/STJ, não pode ser estendida aos seus descendentes, por se tratar de direito personalíssimo e indisponível" (STJ-RDPr 42/384: 4ª T., REsp 714.969). Ainda: "A presunção de paternidade que decorre da Súmula 301 do STJ não tem aplicação para o caso de presumir-se a não paternidade, quando a filha não comparece ao exame de DNA, em se tratando de uma menor impúbere, que dependia da genitora para a realização da perícia. Ação que deve ser instruída, para que o autor comprove o erro no registro de nascimento, e demonstre não ter havido paternidade socioafetiva entre ele e a filha. Sentença de procedência da negatória de paternidade desconstituída" (RBDFS 14/149: TJRS, AP 70033276502). Na mesma linha: "A interpretação do enunciado sumular *a contrario sensu*, na hipótese dos autos, afronta o princípio do melhor interesse do menor e seu direito à identidade e desenvolvimento da personalidade" (STJ-3ª T., REsp 1.272.691, Min. Nancy Andrighi, j. 5.11.13, DJ 8.11.13). Também: "A recusa da recorrida em se submeter ao exame de DNA foi plenamente justificável pelas circunstâncias constantes dos autos, não havendo qualquer presunção negativa diante de seu comportamento. Isto porque, no conflito entre o interesse patrimonial do recorrente para reconhecimento da verdade biológica e a dignidade da recorrida em preservar sua personalidade — sua intimidade, identidade, seu *status* jurídico de filha —, bem como em respeito à memória e existência do falecido pai, deverá se dar primazia aos últimos" (STJ-4ª T., REsp 1.115.428, Min. Luis Felipe, j. 27.8.13, RT 941/255).

"A Súmula 301 do STJ e seus precedentes", por Helena de Toledo Coelho Gonçalves (RP 129/75).

A presunção em questão não é absoluta, de modo que a negativa do réu não pode levar o juízo a presumir como verdadeiros os fatos, "já que não há cega vinculação ao resultado do exame de DNA ou à sua recusa, que devem ser apreciados em conjunto com o contexto probatório global dos autos" (STJ-4ª T., REsp 409.285, Min. Aldir Passarinho Jr., j. 7.5.02, DJU 26.8.02).

"Apesar de a Súmula 301/STJ ter feito referência à presunção *juris tantum* de paternidade na hipótese de recusa do investigado em se submeter ao exame de DNA, os precedentes jurisprudenciais que sustentaram o entendimento sumulado definem que esta circunstância não desonera o autor de comprovar, minimamente, por meio de provas indiciárias, a existência de relacionamento íntimo entre a mãe e o suposto pai" (STJ-3ª T., REsp 692.242, Min. Nancy Andrighi, j. 28.6.05, DJU 12.9.05). No mesmo sentido: STJ-4ª T., REsp 1.068.836, Min. Honildo Castro, j. 18.3.10, DJ 19.4.10.

"A persistente recusa ao exame pericial perpetrada pela mãe da criança, conjugado à existência de um laudo nos autos atestando a ausência de vínculo de parentesco entre as partes, somado, ainda, à conduta do autor, se dispondo a realizar por diversas vezes novo teste genético em juízo e à ausência de prova testemunhal em sentido diverso, dá ensejo a que seja reconhecido o alegado maltrato ao art. 232 do CC" (STJ-RT 890/191: 4ª T., REsp 786.312, um voto vencido).

A recusa à realização de exame de DNA, conjugada com o reconhecimento da existência de relação sexual entre as partes, autoriza a procedência da ação de investigação de paternidade (RT 830/357). Todavia, negando a paternidade em caso no qual a recusa à realização do exame de DNA veio desacompanhada de outros elementos: RT 881/289 (TJMG, AP 1.0433.05.152448-9/004).

"A recusa do suposto pai em realizar segundo exame pericial, quando o primeiro exame concluiu pela negativa de paternidade, não pode ser acolhida como prova desfavorável ao réu, tendo em vista que tal presunção esbarraria no resultado do laudo apresentado pelos peritos no primeiro exame, não contestado em nenhum aspecto pelo recorrente" (STJ-3ª T., REsp 777.435, Min. Sidnei Beneti, j. 15.12.09, DJ 18.12.09).

Art. 232: 3. Na ação de investigação de paternidade, não é possível forçar o exame hematológico em pessoa que não é parte no processo (RT 715/140, maioria, RJTJESP 110/319, JTJ 195/110), como, por exemplo, a testemunha na ação (RT 715/241).

Todavia, não é ilegal a determinação de perícia complementar sanguínea na pessoa de parentes próximos do réu (RT 720/220, maioria), sem qualquer obrigatoriedade, porém, de comparecimento destes ao exame (JTJ 164/260).

Art. 232: 4. "A **exumação de cadáver**, em ação de investigação de paternidade, para realização de exame de DNA, é faculdade conferida ao magistrado pelo artigo 130 do Código de Processo Civil" (STJ-4ª T., AI 1.159.165-AgRg, Min. Luis Felipe, j. 24.11.09, DJ 4.12.09). No mesmo sentido: STJ-3ª T., Pet 8.321-AgRg, Min. Massami Uyeda, j. 5.4.11, DJ 25.4.11.

Parte Especial

Livro I | DO DIREITO DAS OBRIGAÇÕES[1-2]

Título I | DAS MODALIDADES DAS OBRIGAÇÕES

Capítulo I | DAS OBRIGAÇÕES DE DAR[1]

Seção I | DAS OBRIGAÇÕES DE DAR COISA CERTA[1]

✎ **LIV. I: 1.** "Breves comentários acerca do novo Direito das Obrigações", por Marco Paulo Denucci Di Spirito (RF 365/107); "A obrigação como totalidade e como processo", por Carlos Augusto Silva (Ajuris 95/55 e RDA 238/73); "Fontes das obrigações no novo Código Civil", por Moacir Adiers (RJ 324/20 e Ajuris 97/203); "Ideias do mundo antigo. A equação do justo e o direito de obrigações", por Rosa Maria de Andrade Nery (RDPr 20/11); "Os princípios jurídicos na relação obrigatória", por Francisco Amaral (RF 381/71 e Ajuris 99/133); "Notas elementares sobre a estrutura da relação obrigacional e os deveres anexos de conduta", por Camilo Augusto Amadio Guerrero (RDPr 26/30); "A teoria do inadimplemento e transformações no direito das obrigações", por Raphael Manhães Martins (RDPr 33/250).

LIV. I: 2. CC rev.: "Art. 1.533. Considera-se líquida a obrigação certa, quanto à sua existência, e determinada, quanto ao seu objeto".

✎ **CAP. I: 1.** "Aspectos polêmicos acerca das obrigações de dar coisa certa e incerta", por Marcos Jorge Catalan (RDPr 20/266).

SEÇ. I: 1. Execução para entrega de coisa certa: CPC 806 a 810.

Art. 233. A obrigação de dar coisa certa abrange os acessórios[1] dela embora não mencionados, salvo se o contrário resultar do título ou das circunstâncias do caso. [Dispositivo correspondente no CC/1916: art. 864.]

Art. 233: 1. v. art. 92.

Art. 234. Se, no caso do artigo antecedente, a coisa se perder, sem culpa do devedor,[1] antes da tradição,[1a] ou pendente a condição suspensiva,[2] fica resolvida a obrigação para ambas as partes; se a perda resultar de culpa do devedor, responderá este pelo equivalente e mais perdas e danos.[3] [Dispositivo correspondente no CC/1916: art. 865.]

Art. 234: 1. v. arts. 235, 238, 240, 248, 250, 255, 256, 458, 459.

Art. 234: 1a. v. arts. 492 a 495 e 1.267.

Art. 234: 2. v. arts. 125 e 126.

Art. 234: 3. v. arts. 389 e 402 a 405.

Art. 235. Deteriorada a coisa, não sendo o devedor culpado, poderá o credor[1] resolver a obrigação, ou aceitar a coisa, abatido de seu preço o valor que perdeu.[1a] [Dispositivo correspondente no CC/1916: art. 866.]

Art. 235: 1. sem direito a indenização (art. 236 *contrario sensu* e analogia com o art. 240).

Art. 235: 1a. v. art. 313.

Art. 236. Sendo culpado o devedor, poderá o credor exigir o equivalente, ou aceitar a coisa no estado em que se acha, com direito a reclamar, em um ou em outro caso, indenização das perdas e danos.[1 a 2] [Dispositivo correspondente no CC/1916: art. 867.]

Art. 236: 1. que devem compreender, na hipótese de aceitação da coisa, os reflexos da deterioração no seu preço.

Art. 236: 1a. v. arts. 402 a 405.

Art. 236: 2. v. art. 389. Em matéria de relação de consumo, v. CDC 18.

Art. 237. Até a tradição[1] pertence ao devedor a coisa, com os seus melhoramentos e acrescidos, pelos quais poderá exigir aumento no preço; se o credor não anuir, poderá o devedor resolver a obrigação. [Dispositivo correspondente no CC/1916: art. 868-*caput*.]

Parágrafo único. Os frutos[2] percebidos são do devedor, cabendo ao credor os pendentes. [Dispositivo correspondente no CC/1916: art. 868 § ún.]

Art. 237: 1. v. arts. 492 a 495 e 1.267.

Art. 237: 2. v. arts. 95 e 1.214 a 1.217.

Art. 238. Se a obrigação for de restituir coisa certa, e esta, sem culpa do devedor, se perder antes da tradição,[1] sofrerá o credor a perda,[1a] e a obrigação se resolverá, ressalvados os seus direitos até o dia da perda.[2] [Dispositivo correspondente no CC/1916: art. 869.]

Art. 238: 1. Aqui no sentido de restituição ou devolução.

Art. 238: 1a. Porém, no contrato estimatório, o consignatário deverá pagar o preço se a restituição da coisa se tornar impossível ainda que sem culpa sua (art. 535). Na locação de coisa, se o locatário, após notificado, não restituí-la, responderá por qualquer dano que ela venha a sofrer, ainda que decorrente de caso fortuito (art. 575). O comodatário negligente também pode vir a responder por dano decorrente de caso fortuito (art. 583).

Art. 238: 2. v. art. 241.

Art. 239. Se a coisa se perder por culpa do devedor,[1] responderá este pelo equivalente, mais perdas e danos.[2] [Dispositivo correspondente no CC/1916: art. 870.]

Art. 239: 1. v. arts. 248, 254, 263 §§ 1º e 2º, 279.

Art. 239: 2. v. arts. 389 e 402 a 405.

Art. 240. Se a coisa restituível se deteriorar sem culpa do devedor, recebê-la-á o credor, tal qual se ache, sem direito a indenização; se por culpa do devedor, observar-se-á o disposto no art. 239.[1] [Dispositivo correspondente no CC/1916: art. 871.]

Art. 240: 1. **Enunciado 15 do CEJ:** "As disposições do art. 236 do novo Código Civil também são aplicáveis à hipótese do art. 240, *in fine*".

Art. 241. Se, no caso do art. 238, sobrevier melhoramento ou acréscimo à coisa,[1] sem despesa ou trabalho do devedor, lucrará o credor, desobrigado de indenização. [Dispositivo correspondente no CC/1916: art. 872.]

Art. 241: 1. v. art. 242.

Art. 242. Se para o melhoramento, ou aumento, empregou o devedor trabalho ou dispêndio, o caso se regulará pelas normas deste Código atinentes às benfeitorias realizadas pelo possuidor de boa-fé ou de má-fé.[1] [Dispositivo correspondente no CC/1916: art. 873-*caput*.]

Parágrafo único. Quanto aos frutos[2] percebidos, observar-se-á, do mesmo modo, o disposto neste Código, acerca do possuidor de boa-fé ou de má-fé. [Dispositivo correspondente no CC/1916: art. 873 § ún.]

Art. 242: 1. v., no índice, Boa-fé, Má-fé, Posse de boa-fé, Posse de má-fé.

Art. 242: 2. v., no índice, Frutos.

Seção II | DAS OBRIGAÇÕES DE DAR COISA INCERTA[1]

SEÇ. II: 1. Execução para entrega de coisa incerta: CPC 811 a 813.

Art. 243. A coisa incerta será indicada, ao menos, pelo gênero e pela quantidade.[1-1a] [Dispositivo correspondente no CC/1916: art. 874.]

Art. 243: 1. **Enunciado 160 do CEJ:** "A obrigação de creditar dinheiro em conta vinculada de FGTS é obrigação de dar, obrigação pecuniária, não afetando a natureza da obrigação a circunstância de a disponibilidade do dinheiro depender da ocorrência de uma das hipóteses previstas no art. 20 da Lei n. 8.036/90".

Art. 243: 1a. v. arts. 85, 104-II e 166-II.

Art. 244. Nas coisas determinadas pelo gênero e pela quantidade, a escolha pertence ao devedor,[1] se o contrário não resultar do título da obrigação;[1a] mas não poderá dar a coisa pior, nem será obrigado a prestar a melhor.[2] [Dispositivo correspondente no CC/1916: art. 875.]

Art. 244: 1. No legado de coisa determinada pelo gênero, a escolha é do herdeiro (art. 1.929).

Art. 244: 1a. v. arts. 252 e 342.

Art. 244: 2. Ou seja, a coisa a ser entregue deve guardar "o meio-termo entre as congêneres da melhor e pior qualidade" (art. 1.929), o que é decorrência do princípio da boa-fé (arts. 113 e 422).

Art. 245. Cientificado da escolha o credor, vigorará o disposto na Seção antecedente.[1] [Dispositivo correspondente no CC/1916: art. 876.]

Art. 245: 1. v. arts. 233 a 242.

Art. 246. Antes da escolha, não poderá o devedor alegar perda ou deterioração da coisa, ainda que por força maior ou caso fortuito.[1] [Dispositivo correspondente no CC/1916: art. 877.]

Art. 246: 1. v. art. 492.

Capítulo II | DAS OBRIGAÇÕES DE FAZER[1]

CAP. II: 1. Execução de obrigação de fazer: CPC 814 a 821.

Art. 247. Incorre na obrigação de indenizar perdas e danos[1] o devedor que recusar a prestação a ele só imposta,[2] ou só por ele exequível.[2a] [Dispositivo correspondente no CC/1916: art. 880.]

Art. 247: 1. v. arts. 402 a 405.

Art. 247: 2. **CC rev.: "Art. 928.** A obrigação, não sendo personalíssima, opera, assim entre as partes, como entre os seus herdeiros".

Art. 247: 2a. Toda obrigação de fazer inadimplida dá direito às consequentes perdas e danos, quer seja ela infungível (art. 247), quer seja fungível (art. 249).

Art. 248. Se a prestação do fato tornar-se impossível sem culpa do devedor, resolver-se-á a obrigação; se por culpa dele, responderá por perdas e danos.[1] [Dispositivo correspondente no CC/1916: art. 879.]

Art. 248: 1. A exemplo do que ocorre nos casos de perda ou deterioração na obrigação de dar coisa certa (arts. 234, 235 e 236). Quanto às obrigações alternativas, v. art. 255.

Art. 249. Se o fato puder ser executado por terceiro, será livre ao credor mandá-lo executar à custa do devedor,[1] havendo recusa ou mora[2] deste, sem prejuízo da indenização[3] cabível.[3a] [Dispositivo correspondente no CC/1916: art. 881.]

Parágrafo único. Em caso de urgência, pode o credor, independentemente de autorização judicial, executar ou mandar executar o fato, sendo depois ressarcido.[4] [Sem dispositivo correspondente no CC/1916.]

Art. 249: 1. Em matéria de relação de consumo, v. CDC 20 § 1º.

Art. 249: 2. v. arts. 394 a 401.

Art. 249: 3. v. arts. 389 e 402 a 405.

Art. 249: 3a. v. art. 389.

✎ **Art. 249: 4.** "A inafastabilidade do controle jurisdicional e uma nova modalidade de autotutela (parágrafos únicos dos arts. 249 e 251 do Código Civil)", por Ada Pellegrini Grinover (RIDCPC 41/61 e RF 384/3).

Capítulo III | DAS OBRIGAÇÕES DE NÃO FAZER[1 a 3]

CAP. III: 1. Execução de obrigação de não fazer: CPC 814, 822 e 823.

✎ **CAP. III: 2.** "Obrigações negativas no Código Civil de 2002", por Helder Martinez Dal Col (RF 371/117).

CAP. III: 3. "Não é fungível a obrigação de abster-se na prática de determinado ato. Não se concebe que alguém se abstenha em lugar de outra pessoa" (STJ-3ª T., REsp 521.184, Min. Gomes de Barros, j. 24.8.04, DJU 6.12.04).

Art. 250. Extingue-se a obrigação de não fazer, desde que, sem culpa do devedor, se lhe torne impossível abster-se do ato, que se obrigou a não praticar. [Dispositivo correspondente no CC/1916: art. 882.]

Código Civil

Art. 251. Praticado pelo devedor o ato, a cuja abstenção se obrigara,[1] o credor pode exigir dele que o desfaça, sob pena de se desfazer à sua custa, ressarcindo o culpado perdas e danos.[2] [Dispositivo correspondente no CC/1916: art. 883.]

Parágrafo único. Em caso de urgência, poderá o credor desfazer ou mandar desfazer, independentemente de autorização judicial, sem prejuízo do ressarcimento devido.[3] [Sem dispositivo correspondente no CC/1916.]

Art. 251: 1. s/ inadimplemento de obrigação de não fazer, v. art. 390.

Art. 251: 2. v. arts. 389 e 402 a 405.

✎ **Art. 251: 3.** "A inafastabilidade do controle jurisdicional e uma nova modalidade de autotutela (parágrafos únicos dos arts. 249 e 251 do Código Civil)", por Ada Pellegrini Grinover (RIDCPC 41/61 e RF 383/3).

Capítulo IV | DAS OBRIGAÇÕES ALTERNATIVAS

Art. 252. Nas obrigações alternativas,[1] a escolha cabe ao devedor, se outra coisa não se estipulou.[1a] [Dispositivo correspondente no CC/1916: art. 884-*caput*.]

§ 1º Não pode o devedor obrigar o credor a receber parte em uma prestação e parte em outra.[2] [Dispositivo correspondente no CC/1916: art. 884 § 1º.]

§ 2º Quando a obrigação for de prestações periódicas, a faculdade de opção poderá ser exercida em cada período. [Dispositivo correspondente no CC/1916: art. 884 § 2º.]

§ 3º No caso de pluralidade de optantes, não havendo acordo unânime entre eles, decidirá o juiz, findo o prazo por este assinado para a deliberação. [Sem dispositivo correspondente no CC/1916.]

§ 4º Se o título deferir a opção a terceiro, e este não quiser, ou não puder exercê-la, caberá ao juiz a escolha se não houver acordo entre as partes. [Sem dispositivo correspondente no CC/1916.]

Art. 252: 1. s/ pedido alternativo, v. CPC 325; s/ legado alternativo, v. arts. 1.932, 1.933 e 1.940.

Art. 252: 1a. v. art. 342. V. tb. CPC 543 e 800.

Art. 252: 2. v. art. 314.

Art. 253. Se uma das duas prestações não puder ser objeto de obrigação ou se tornada inexequível, subsistirá o débito quanto à outra. [Dispositivo correspondente no CC/1916: art. 885.]

Art. 254. Se, por culpa do devedor, não se puder cumprir nenhuma das prestações, não competindo ao credor a escolha, ficará aquele obrigado a pagar o valor da que por último se impossibilitou, mais as perdas e danos[1] que o caso determinar. [Dispositivo correspondente no CC/1916: art. 886.]

Art. 254: 1. v. arts. 389 e 402 a 405.

Art. 255. Quando a escolha couber ao credor[1] e uma das prestações tornar-se impossível por culpa do devedor, o credor terá direito de exigir a prestação subsistente ou o valor da outra, com perdas e danos;[2-3] se, por culpa do devedor, ambas as prestações se tornarem inexequíveis, poderá o credor reclamar o valor de qualquer das duas, além da indenização por perdas e danos. [Dispositivo correspondente no CC/1916: art. 887.]

Art. 255: 1. v. art. 342; CPC 543 e 800.

Art. 255: 2. v. arts. 389 e 402 a 405.

Art. 255: 3. "Nas obrigações alternativas a escolha é a concentração da obrigação na prestação indicada, momento no qual torna-se simples, pelo que apenas a escolhida poderá ser reclamada. Segundo dispõe o art. 255 do CC, se a escolha couber ao credor e uma das prestações houver perecido, pode escolher a outra ou optar pelo valor da perdida mais perdas e danos. Devedor de obrigação alternativa que grava com ônus reais imóvel que era objeto de possível escolha pelo credor, sem adverti-lo de tal hipótese, torna viciosa a escolha, mormente quando não honrar a obrigação com credor hipotecário que, posteriormente, vem a executar a garantia. Assim, concentrada a obrigação em prestação inexigível por culpa do devedor, terá o credor o direito de exigir a prestação subsistente ou o valor da outra" (STJ-4ª T., REsp 1.074.323, Min. João Otávio, j. 22.6.10, um voto vencido, DJ 28.10.10).

Código Civil

Art. 256. Se todas as prestações se tornarem impossíveis sem culpa do devedor, extinguir-se-á a obrigação.[1] [Dispositivo correspondente no CC/1916: art. 888.]

Art. 256: 1. v. arts. 393 e 399.

Capítulo V | DAS OBRIGAÇÕES DIVISÍVEIS E INDIVISÍVEIS[1 a 3]

CAP. V: 1. s/ divisibilidade e indivisibilidade, v. arts. 87 e 88.

CAP. V: 2. para situações envolvendo obrigações indivisíveis, v. arts. 105 (incapacidade relativa), 201 (suspensão da prescrição), 204 § 2º (interrupção da prescrição), 276 (falecimento de devedor solidário), 414 (cláusula penal), 844 (transação).

CAP. V: 3. para situação envolvendo obrigação divisível, v. art. 314 (prestação por partes).

Art. 257. Havendo mais de um devedor ou mais de um credor em obrigação divisível, esta presume-se dividida em tantas obrigações, iguais e distintas, quantos os credores ou devedores.[1] [Dispositivo correspondente no CC/1916: art. 890.]

Art. 257: 1. v. art. 265. S/ divisibilidade e: corretagem, v. art. 728; constituição de renda, v. art. 812.

Art. 258. A obrigação é indivisível quando a prestação tem por objeto uma coisa ou um fato não suscetíveis de divisão,[1] por sua natureza, por motivo de ordem econômica, ou dada a razão determinante do negócio jurídico.[2] [Sem dispositivo correspondente no CC/1916.]

Art. 258: 1. Já a solidariedade resulta da lei ou da vontade das partes (art. 265), e não do objeto da prestação.

Art. 258: 2. s/ indivisibilidade e: quota de sociedade limitada, v art. 1.056; fundo de reserva de sociedade cooperativa, v. art. 1.094-VIII.

Art. 259. Se, havendo dois ou mais devedores, a prestação não for divisível, cada um será obrigado pela dívida toda.[1] [Dispositivo correspondente no CC/1916: art. 891-*caput*.]

Parágrafo único. O devedor, que paga a dívida, sub-roga-se[2] no direito do credor em relação aos outros coobrigados. [Dispositivo correspondente no CC/1916: art. 891 § ún.]

Art. 259: 1. Ou seja: a obrigação, além de indivisível, será solidária (arts. 264 e 275).

Art. 259: 2. v. arts. 346 a 351 (especialmente o art. 346-I). V. tb. art. 283.

Art. 260. Se a pluralidade for dos credores, poderá cada um destes exigir a dívida inteira; mas o devedor ou devedores se desobrigarão, pagando: [Dispositivo correspondente no CC/1916: art. 892-*caput*.]

I — a todos conjuntamente; [Dispositivo correspondente no CC/1916: art. 892-I.]

II — a um, dando este caução de ratificação dos outros credores. [Dispositivo correspondente no CC/1916: art. 892-II.]

Art. 261. Se um só dos credores receber a prestação por inteiro, a cada um dos outros assistirá o direito de exigir dele em dinheiro a parte que lhe caiba no total. [Dispositivo correspondente no CC/1916: art. 893.]

Art. 262. Se um dos credores remitir[1] a dívida, a obrigação não ficará extinta para com os outros; mas estes só a poderão exigir, descontada a quota do credor remitente. [Dispositivo correspondente no CC/1916: art. 894-*caput*.]

Parágrafo único. O mesmo critério se observará no caso de transação,[2] novação,[3] compensação[4] ou confusão.[5] [Dispositivo correspondente no CC/1916: art. 894 § ún.]

Art. 262: 1. v. arts. 385 a 388.

Art. 262: 2. v. arts. 840 a 850.

Art. 262: 3. v. arts. 360 a 367.

Art. 262: 4. v. arts. 368 a 380.

Art. 262: 5. v. arts. 381 a 384.

Art. 263. Perde a qualidade de indivisível a obrigação que se resolver em perdas e danos.[1-1a] [Dispositivo correspondente no CC/1916: art. 895-*caput*.]

§ 1º Se, para efeito do disposto neste artigo, houver culpa de todos os devedores, responderão todos por partes iguais. [Dispositivo correspondente no CC/1916: art. 895 § 1º.]

§ 2º Se for de um só a culpa, ficarão exonerados os outros, respondendo só esse pelas perdas e danos.[2-2a] [Dispositivo correspondente no CC/1916: art. 895 § 2º.]

Art. 263: 1. v. arts. 402 a 405.

Art. 263: 1a. porém, a qualidade da solidariedade persiste mesmo com a conversão em perdas e danos (art. 271).

Art. 263: 2. s/ aplicação de cláusula penal em obrigação indivisível, v. art. 414.

Art. 263: 2a. v. art. 279.

Capítulo VI | DAS OBRIGAÇÕES SOLIDÁRIAS

Seção I | DISPOSIÇÕES GERAIS

Art. 264. Há solidariedade, quando na mesma obrigação concorre mais de um credor,[1-1a] ou mais de um devedor,[2 a 8] cada um com direito, ou obrigado, à dívida toda. [Dispositivo correspondente no CC/1916: art. 896 § ún.]

Art. 264: 1. Nesse caso, há o que se chama de solidariedade ativa. É um exemplo de solidariedade ativa legal aquele que decorre da LI 2º. Mas a maioria de casos de solidariedade ativa é convencional, ou seja, resultante da vontade das partes da obrigação.

Art. 264: 1a. "A solidariedade ativa para a execução do valor da **pensão alimentícia** resulta de vontade das partes, sendo o recorrido legitimado para executar todo o valor da pensão alimentícia, devendo este, posteriormente, ser repartido entre o recorrido e seu irmão maior, na medida das necessidades de cada um" (STJ-3ª T., REsp 1.068.038, Min. Massami Uyeda, j. 14.4.11, DJ 28.4.11).

Art. 264: 2. Nesse caso, há o que se chama de solidariedade passiva.

Art. 264: 3. "A palavra **'avalista'**, constante do instrumento contratual, deve ser entendida, em consonância com o art. 85 do Código Civil, como coobrigado, codevedor ou garante solidário" (RSTJ 140/257: 3ª T., REsp 114.436). O art. 85 do CC rev. corresponde ao CC 112.

"O simples argumento de não se admitir aval nos contratos não exclui a responsabilidade solidária daqueles que de forma autônoma e voluntária se obrigaram a pagar a dívida integralmente" (STJ-3ª T., Ag em REsp 228.068-AgRg, Min. Sidnei Beneti, j. 23.10.12, DJ 6.11.12). No mesmo sentido: RT 936/626 (TJMT, AI 119956/2012).

"Aquele que presta aval em contrato, muito embora não possa ser tecnicamente considerado avalista, tendo em vista que este é um instituto próprio do direito cambiário, se obriga solidariamente pelo pagamento da dívida. Como a responsabilidade desse devedor solidário não advém do direito cambiário, mas do próprio direito civil, não se pode entender que esteja submetida ao mesmo prazo prescricional dos títulos cambiais" (STJ-3ª T., REsp 1.226.691-AgRg, Min. Sidnei Beneti, j. 19.2.13, DJ 28.2.13).

V. tb art. 899, nota 1a.

Art. 264: 4. **Súmula 585 do STJ:** "A responsabilidade solidária do ex-proprietário, prevista no art. 134 do Código de Trânsito Brasileiro, não abrange o IPVA incidente sobre o **veículo automotor,** no que se refere ao período posterior à sua alienação".

"Embora o art. 134 do Código de Trânsito Brasileiro atribua ao antigo proprietário a responsabilidade de comunicar ao órgão executivo de trânsito a transferência do veículo, sob pena de ter que arcar solidariamente com as penalidades impostas, referida disposição legal somente se aplica às infrações de trânsito, não se estendendo a todos os débitos do veículo após a transferência da propriedade, tal como a cobrança de IPVA" (STJ-3ª T., REsp 938.553, Min. Massami Uyeda, j. 26.5.09, DJ 8.6.09).

"Na interpretação do problemático art. 134 do Código de Trânsito deve-se compreender que a solidariedade imposta ao antigo proprietário, antes de realizar no Detran a transferência, é mitigada. Alienado veículo automotor sem que se faça o registro, ou ao menos a comunicação da venda, estabelece-se, entre o novo e o antigo proprietário, vínculo de solidariedade pelas infrações cometidas, só afastadas quando é o Detran comunicado da alienação, com a indicação do nome e endereço do novo adquirente. Não havendo dúvidas, *in casu*, de que as infrações não foram cometidas no período em que tinha o recorrido a propriedade do veículo, não deve ele sofrer qualquer tipo de sanção" (STJ-2ª T., REsp 965.847, Min. Eliana Calmon, j. 4.3.08, DJ 14.3.08). No mesmo sentido: STJ-1ª T., REsp 961.969, Min. Teori Zavascki, j. 21.8.08, DJ 1.9.08.

Art. 264: 5. **"Não há solidariedade legal da entidade de previdência privada com o patrocinador do fundo,** a justificar o chamamento deste ao processo em que o beneficiário pleiteia a complementação de seu benefício" (STJ-3ª T., REsp 960.763, Min. Gomes de Barros, j. 18.10.07, DJU 31.10.07).

Art. 264: 5a. **"Não há solidariedade passiva entre banco cooperativo e cooperativa de crédito** quanto às operações bancárias por esta realizadas com seus cooperados, uma vez que o sistema de crédito cooperativo funciona de molde a preservar a autonomia e independência — e consequente responsabilidade — de cada uma das entidades que o compõem. A solidariedade não se presume; resulta da lei ou da vontade das partes. É parte ilegítima para figurar no polo passivo do procedimento monitório a instituição financeira (banco cooperativo) que não contrata diretamente com o cooperado, cabendo à cooperativa de crédito responder pelos prejuízos a que der causa" (STJ-4ª T., REsp 1.173.287, Min. João Otávio, j. 1.3.11, DJ 11.3.11). No mesmo sentido: STJ-3ª T., REsp 1.468.567, Min. Nancy Andrighi, j. 7.8.18, DJ 10.8.18.

Art. 264: 5b. "A oferta de seguro de vida por **companhia seguradora vinculada a instituição financeira,** dentro de agência bancária, implica responsabilidade solidária da empresa de seguros e do banco perante o consumidor" (STJ-3ª T., REsp 1.300.116, Min. Nancy Andrighi, j. 23.10.12, DJ 13.11.12).

Art. 264: 5c. "As **seguradoras integrantes do consórcio do Seguro DPVAT** são solidariamente responsáveis pelo pagamento das indenizações securitárias, podendo o beneficiário cobrar o que é devido de qualquer uma delas" (STJ-4ª T., REsp 1.108.715, Min. Luis Felipe, j. 15.5.12, DJ 28.5.12).

Art. 264: 6. "A seguradora é, perante o segurado, a única responsável pelo pagamento da indenização. **Não há** qualquer dispositivo legal ou contratual que determine a **solidariedade passiva da resseguradora com relação aos débitos da seguradora.** A responsabilidade da resseguradora limita-se ao repasse, para a seguradora, da importância prevista no contrato de resseguro. É dever da própria seguradora o pagamento total da condenação imposta por decisão judicial proferida em desfavor do segurado, nos limites da apólice" (STJ-3ª T., REsp 1.178.680, Min. Nancy Andrighi, j. 14.12.10, DJ 2.2.11).

Art. 264: 7. "O **contrato coligado** não constitui um único negócio jurídico com diversos instrumentos, mas sim uma pluralidade de negócios jurídicos, ainda que celebrados em um único documento, pois é a substância do negócio jurídico que lhe dá amparo, não a forma. Em razão da força da conexão contratual e dos preceitos consumeristas incidentes na espécie — tanto na relação jurídica firmada com o fornecedor das cozinhas quanto no vínculo mantido com a casa bancária —, o vício determinante do desfazimento da compra e venda atinge igualmente o **financiamento,** por se tratar de relações jurídicas trianguladas, cada uma estipulada com o fim precípuo de garantir a relação jurídica antecedente da qual é inteiramente dependente, motivo pelo qual possível a arguição da exceção de contrato não cumprido, uma vez que a posição jurídica ativa conferida ao consumidor de um produto financiado/parcelado relativamente à oponibilidade do inadimplemento do lojista perante o agente financiador constitui efeito não de um ou outro negócio isoladamente considerado, mas da vinculação jurídica entre a compra e venda e o mútuo/parcelamento. Entretanto, a ineficácia superveniente de um dos negócios não tem o condão de unificar os efeitos da responsabilização civil, porquanto, ainda que interdependentes entre si, parcial ou totalmente, os ajustes coligados constituem negócios jurídicos com características próprias, a ensejar interpretação e análise singular, sem, contudo, deixar à margem o vínculo unitário dos limites da coligação. Assim, a interpretação contratual constitui premissa necessária para o reconhecimento da existência e para a determinação da intensidade da coligação contratual, o que no caso concreto se dá mediante a verificação do *animus* da casa bancária na construção da coligação e o proveito econômico por ela obtido, pois não obstante o nexo funcional característico da coligação contratual, cada um dos negócios jurídicos entabulados produz efeitos que lhe são típicos nos estritos limites dos intentos dos participantes. Inviável responsabilizar solidariamente a financeira pelos valores despendidos pelos consumidores, uma vez que, ao manter o contrato coligado, não se comprometeu a fornecer garantia irrestrita para a transação, mas sim balizada pelos benefícios dela advindos, ou seja, no caso, nos termos da cessão de crédito operada, que não abarca os valores pagos a título de entrada diretamente ao lojista. A circunstância de o contrato de financiamento sucumbir diante do inadimplemento do lojista não transforma a casa bancária em garante universal de todos os valores despendidos pelos autores, principalmente porque a repetição do indébito limita-se àquilo que efetivamente foi desembolsado — seja dos consumidores para com a financeira, seja desta para com a lojista. A responsabilidade do banco fica limitada, portanto, à devolução das quantias que percebeu, pois a solidariedade não se presume, decorre da lei ou da vontade das partes" (STJ-4ª T., REsp 1.127.403, Min. Marco Buzzi, j. 4.2.14, maioria, DJ 15.8.14).

Art. 264: 8. "A responsabilidade do **corretor de imóveis** está vinculada, em regra, ao serviço ofertado pelo intermediador que é o de aproximar, de modo diligente, comprador e vendedor, prestando ao cliente as necessárias informações acerca do negócio a ser celebrado (art. 723 do CC). A solidariedade, no ordenamento jurídico brasileiro, não pode ser presumida (art. 265 do CC). Ausência de indicação, no caso concreto, de fundamento suficiente a responsabilizar a corretora de imóveis pelos danos causados ao demandante pela utilização desautorizada do seu nome em informe publicitário confeccionado pela **vendedora,** sendo insuficiente o simples fato de a corretora ter comercializado os imóveis" (STJ-3ª T., REsp 1.645.614, Min. Paulo Sanseverino, j. 26.6.18, DJ 29.6.18).

Art. 265. A solidariedade não se presume; resulta da lei[1] ou da vontade das partes.[1a-2] [Dispositivo correspondente no CC/1916: art. 896-*caput*.]

Art. 265: 1. v. arts. 149 (dolo do representante legal), 154 (coação de terceiro), 518 (adquirente de má-fé), 585 (comodatários), 680 (mandantes), 698 (comissário e cláusula *del credere*), 733 § 2º (transportador substituto), 756 (transporte cumulativo), 829 (fiança conjunta), 867 § ún. (gestores), 914 (endossante responsável pelo pagamento), 942 (coautores de ato ilícito), 990 (sócios e obrigações sociais), 993 § ún. (sócio oculto e terceiros), 1.003 § ún. (cessão de quotas), 1.009 (administrador e distribuição irregular de lucros), 1.012 (administrador nomeado por instrumento separado), 1.016 (administrador e ato culposo), 1.036 (dissolução de sociedade e novas operações), 1.039 (sociedade em nome coletivo), 1.045 (sociedade em comandita simples), 1.052 (sociedade limitada), 1.055 § 1º (estimação de bens conferidos ao capital social), 1.056 § 2º (condôminos de quota indivisa), 1.091 § 1º (diretores de sociedade em comandita por ações), 1.146 (débito de estabelecimento), 1.157 § ún. (obrigações contraídas sob a firma social), 1.173 § ún. (gerentes), 1.177 § ún. (ato doloso de preposto), 1.460 (penhor de título de crédito), 1.644 (dívida contraída por cônjuge), 1.752 § 2º (danos sofridos pelo tutelado) e 1.986 (testamenteiros).

V. tb. art. 7º § 2º da Lei 8.929, de 22.8.94 (no tít. CÉDULA DE PRODUTO RURAL); CDC 7º § ún., 18, 25, 28 § 3º, 34, 87 § ún.; LDA 104; LCU (Anexo I) 47; LI 2º e 75; art. 20 do Dec. lei 58, de 10.12.37, e art. 47 da Lei 6.766, de 19.12.79 (no tít. PROMESSA DE COMPRA E VENDA E LOTEAMENTO); arts. 24-A § 6º e 26 da Lei 9.656, de 3.6.98 (no tít. SEGUROS); arts. 49 e 82 § 1º da Lei 5.764, de 16.12.71 (no tít. SOCIEDADES); TCI 28; arts. 2º § ún. e 17 do Dec. lei 167, de 14.2.67 (no tít. TÍTULOS DE CRÉDITO RURAL).

Art. 265: 1a. Já a indivisibilidade resulta do objeto da prestação, insuscetível de fracionamento (art. 258).

Art. 265: 2. "Inexiste incompatibilidade entre a divisibilidade e a solidariedade. Nada obsta a existência de obrigação solidária de coisa divisível, tal como ocorre com uma condenação em dinheiro, de modo que todos os devedores vão responder integralmente pela dívida. A solidariedade nas coisas divisíveis reforça o vínculo entre devedores, servindo de garantia para favorecer o credor, de modo a facilitar a cobrança" (STJ-3ª T., REsp 1.087.142, Min. Nancy Andrighi, j. 18.8.11, DJ 24.8.11).

Art. 266. A obrigação solidária pode ser pura e simples para um dos cocredores ou codevedores, e condicional,[1] ou a prazo, ou pagável em lugar[2] diferente, para o outro.[3] [Dispositivo correspondente no CC/1916: art. 897.]

Art. 266: 1. v. arts. 121 a 130. V. tb. art. 278.

Art. 266: 2. v. arts. 327 a 330.

Art. 266: 3. **Enunciado 347 do CEJ:** "A solidariedade admite outras disposições de conteúdo particular além do rol previsto no art. 266 do Código Civil".

Seção II | DA SOLIDARIEDADE ATIVA[1]

SEÇ. II: 1. s/ interrupção da prescrição por um dos credores solidários, v. art. 204 § 1º.

Art. 267. Cada um dos credores solidários tem direito a exigir do devedor o cumprimento da prestação por inteiro.[1] [Dispositivo correspondente no CC/1916: art. 898.]

Art. 267: 1. v. arts. 260 e 275.

Art. 268. Enquanto alguns dos credores solidários não demandarem o devedor comum, a qualquer daqueles poderá este pagar. [Dispositivo correspondente no CC/1916: art. 899.]

Art. 269. O pagamento feito a um dos credores solidários extingue a dívida[1] até o montante do que foi pago. [Dispositivo correspondente no CC/1916: art. 900-*caput*.]

Art. 269: 1. No caso de confusão, v. art. 383; no de remissão, v. arts. 272 e 388; no de transação, v. art. 844.

Art. 270. Se um dos credores solidários falecer deixando herdeiros, cada um destes só terá direito a exigir e receber a quota do crédito que corresponder ao seu quinhão hereditário, salvo se a obrigação for indivisível.[1-1a] [Dispositivo correspondente no CC/1916: art. 901.]

Art. 270: 1. v. arts. 257 a 263.

Art. 270: 1a. No caso de falecimento de um dos devedores solidários, v. art. 276.

Art. 271. Convertendo-se a prestação em perdas e danos,[1] subsiste, para todos os efeitos, a solidariedade.[2] [Dispositivo correspondente no CC/1916: art. 902.]

Art. 271: 1. v. arts. 389 e 402 a 405.

Art. 271: 2. porém, a indivisibilidade se perde com a conversão em perdas e danos (art. 263-*caput*).

Art. 272. O credor que tiver remitido[1-1a] a dívida ou recebido[2] o pagamento responderá aos outros pela parte que lhes caiba. [Dispositivo correspondente no CC/1916: art. 903.]

Art. 272: 1. v. arts. 385 a 388.

Art. 272: 1a. No caso de solidariedade passiva, v. art. 277.

Art. 272: 2. No caso de solidariedade passiva, v. art. 283.

Art. 273. A um dos credores solidários não pode o devedor opor as exceções pessoais oponíveis aos outros.[1-1a] [Sem dispositivo correspondente no CC/1916.]

✎ Art. 273: 1. "O problema do enriquecimento sem causa no direito civil brasileiro: inteligência dos artigos 273 e 274 do novo Código Civil", por Wagner Inácio Freitas Dias (RSDCPC 35/55).

Art. 273: 1a. s/ devedores solidários e exceções pessoais, v. art. 281.

Art. 274. O julgamento contrário a um dos credores solidários não atinge os demais, mas o julgamento favorável aproveita-lhes, sem prejuízo de exceção pessoal que o devedor tenha direito de invocar em relação a qualquer deles.[1-2]

Art. 274: 1. Redação da Lei 13.105, de 16.3.15, em vigor um ano após a sua publicação (DOU 17.3.15).

Art. 274: 2. v. art. 273.

Seção III | DA SOLIDARIEDADE PASSIVA[1 a 5]

SEÇ. III: 1. s/ interrupção da prescrição efetuada contra o devedor solidário, v. art. 204 § 1º; s/ interrupção da prescrição operada contra um dos herdeiros do devedor solidário, v. art. 204 § 2º; s/ solidariedade passiva e vencimento antecipado da dívida, v. art. 333 § ún.; s/ novação entre o credor e apenas um devedor solidário, v. art. 365; s/ solidariedade passiva e despesas condominiais, v. art. 1.336, nota 1d; s/ solidariedade entre os causadores de dano a consumidor, v. CDC 7º § ún.; s/ solidariedade entre locadores e locatários, v. LI 2º.

✎ SEÇ. III: 2. "Notas sobre a solidariedade passiva no novo Código Civil", por Eduardo M. G. de Lyra Junior (RDPr 13/29).

SEÇ. III: 3. **EId 12:** "A obrigação alimentar é solidária, podendo o idoso optar entre os prestadores".

SEÇ. III: 4. **LRF 127:** "O credor de coobrigados solidários cujas falências sejam decretadas tem o direito de concorrer, em cada uma delas, pela totalidade do seu crédito, até recebê-lo por inteiro, quando então comunicará ao juízo.

"§ 1º O disposto no *caput* deste artigo não se aplica ao falido cujas obrigações tenham sido extintas por sentença, na forma do art. 159 desta Lei.

"§ 2º Se o credor ficar integralmente pago por uma ou por diversas massas coobrigadas, as que pagaram terão direito regressivo contra as demais, em proporção à parte que pagaram e àquela que cada uma tinha a seu cargo.

"§ 3º Se a soma dos valores pagos ao credor em todas as massas coobrigadas exceder o total do crédito, o valor será devolvido às massas na proporção estabelecida no § 2º deste artigo.

"§ 4º Se os coobrigados eram garantes uns dos outros, o excesso de que trata o § 3º deste artigo pertencerá, conforme a ordem das obrigações, às massas dos coobrigados que tiverem o direito de ser garantidas".

LRF 128: "Os coobrigados solventes e os garantes do devedor ou dos sócios ilimitadamente responsáveis podem habilitar o crédito correspondente às quantias pagas ou devidas, se o credor não se habilitar no prazo legal".

SEÇ. III: 5. **Lei 9.503, de 23.9.97** — Institui o Código de Trânsito Brasileiro: **"Art. 134** (*redação da Lei 14.071, de 13.10.20*). No caso de transferência de propriedade, expirado o prazo previsto no § 1º do art. 123 deste Código sem que o novo proprietário tenha tomado as providências necessárias à efetivação da expedição do novo Certificado de Registro de Veículo, o antigo proprietário deverá encaminhar ao órgão executivo de trânsito do Estado ou do Distrito Federal, no prazo de 60 (sessenta) dias, cópia autenticada do comprovante de transferência de propriedade, devidamente assinado e datado, sob pena de ter que se responsabilizar solidariamente pelas penalidades impostas e suas reincidências até a data da comunicação. **Parágrafo único** (*redação da Lei 14.071, de 13.10.20*). O comprovante de transferência de propriedade de que trata o *caput* deste artigo poderá ser substituído por documento eletrônico com assinatura eletrônica válida, na forma regulamentada pelo Contran".

Art. 275. O credor tem direito a exigir e receber de um ou de alguns dos devedores, parcial ou totalmente, a dívida comum; se o pagamento tiver sido parcial, todos os demais devedores continuam obrigados solidariamente pelo resto.[1 a 1d] [Dispositivo correspondente no CC/1916: art. 904.]

Parágrafo único. Não importará renúncia da solidariedade a propositura de ação pelo credor contra um ou alguns dos devedores.[2] [Dispositivo correspondente no CC/1916: art. 910.]

Art. 275: 1. No caso de novação, v. art. 365; no caso de remissão, v. arts. 277 e 388.

Art. 275: 1a. s/ vencimento antecipado, v. art. 333 § ún.

Art. 275: 1b. Enunciado 348 do CEJ: "O pagamento parcial não implica, por si só, renúncia à solidariedade, a qual deve derivar dos termos expressos da quitação ou, inequivocadamente, das circunstâncias do recebimento da prestação pelo credor".

Art. 275: 1c. "A quitação dada a um dos responsáveis pelo fato, réu da ação indenizatória, no limite de sua responsabilidade, não inibe a ação contra o outro devedor solidário. Quando o credor dá quitação parcial da dívida — mesmo que seja por meio de transação — tal remissão por ele obtida não aproveita aos outros devedores, senão até a concorrência da quantia paga ou relevada" (STJ-4ª T., REsp 1.079.293, Min. Carlos Mathias, j. 7.10.08, DJ 28.10.08). No mesmo sentido: STJ-3ª T., REsp 1.084.413, Min. Nancy Andrighi, j. 18.12.08, DJ 3.2.09.

V. tb. art. 844, nota 4.

Art. 275: 1d. "A **prescrição decretada** em favor de um dos sócios favorece aos demais. Se o pagamento da dívida por um dos sócios favorece aos demais, por igual razão a prescrição da dívida arguida por um dos sócios e reconhecida pelo juízo competente aproveita aos demais devedores solidários, nos termos do art. 125 do Código Tributário Nacional e arts. 274 e 275 do Código Civil" (STJ-1ª T., REsp 1.361.125-EDcl-AgInt, Min. Napoleão Maia Filho, j. 17.12.19, DJ 19.12.19).

Art. 275: 2. O devedor solidário demandado pelo credor poderá integrar os demais codevedores ao feito por meio do chamamento ao processo (CPC 130-III).

S/ recurso interposto por devedor solidário, v. CPC 1.005 § ún.

Art. 276. Se um dos devedores solidários falecer deixando herdeiros, nenhum destes será obrigado a pagar senão a quota que corresponder ao seu quinhão hereditário, salvo se a obrigação for indivisível;[1] mas todos reunidos serão considerados como um devedor solidário em relação aos demais devedores.[2-2a] [Dispositivo correspondente no CC/1916: art. 905.]

Art. 276: 1. v. arts. 257 a 263.

Art. 276: 2. No caso de falecimento de um dos credores solidários, v. art. 270.

Art. 276: 2a. v. arts. 1.792 e 1.997.

Art. 277. O pagamento parcial feito por um dos devedores e a remissão[1] por ele obtida não aproveitam aos outros devedores, senão até à concorrência da quantia paga ou relevada. [Dispositivo correspondente no CC/1916: art. 906.]

Art. 277: 1. v. art. 388. No caso de solidariedade ativa, v. art. 272.

Art. 278. Qualquer cláusula, condição[1] ou obrigação adicional, estipulada entre um dos devedores solidários e o credor, não poderá agravar a posição dos outros sem consentimento destes. [Dispositivo correspondente no CC/1916: art. 907.]

Art. 278: 1. v. arts. 121 a 130 e 266.

Art. 279. Impossibilitando-se a prestação por culpa[1] de um dos devedores solidários, subsiste para todos o encargo de pagar o equivalente; mas pelas perdas e danos[2] só responde o culpado.[2a] [Dispositivo correspondente no CC/1916: art. 908.]

Art. 279: 1. s/ perda da coisa na obrigação de dar, v. art. 234-2ª parte e 239; s/ deterioração da coisa na obrigação de dar, v. art. 236 e 240-2ª parte; s/ impossibilidade da prestação na obrigação de fazer, v. art. 248-2ª parte.

Art. 279: 2. v. arts. 402 a 405.

Art. 279: 2a. v., no caso de obrigação indivisível, art. 263 § 2º.

Art. 280. Todos os devedores respondem pelos juros da mora,[1] ainda que a ação tenha sido proposta somente contra um; mas o culpado responde aos outros pela obrigação acrescida. [Dispositivo correspondente no CC/1916: art. 909.]

Art. 280: 1. s/ juros de mora, v. arts. 404 a 407. Para outras consequências da mora, v. art. 395.

Art. 281. O devedor demandado pode opor ao credor as exceções que lhe forem pessoais e as comuns a todos;[1] não lhe aproveitando as exceções pessoais a outro codevedor.[2-3] [Dispositivo correspondente no CC/1916: art. 911.]

Art. 281: 1. v. art. 177.

Art. 281: 2. s/ credores solidários e exceções pessoais, v. art. 273.

Art. 281: 3. "Como a exceção pessoal de um dos devedores solidários não pode aproveitar aos demais, a irregularidade na representação da sociedade quando da confissão da dívida não pode beneficiar o casal executado. Inteligência do art. 281 do CC/02" (STJ-3ª T., REsp 1.385.957, Min. Paulo Sanseverino, j. 13.8.13, DJ 21.8.13).

Art. 282. O credor pode renunciar[1 a 1b] à solidariedade em favor de um, de alguns ou de todos os devedores. [Dispositivo correspondente no CC/1916: art. 912-*caput*.]

Parágrafo único. Se o credor exonerar da solidariedade um ou mais devedores, subsistirá a dos demais.[2-2a] [Dispositivo correspondente no CC/1916: art. 912 § ún.]

Art. 282: 1. O ajuizamento de demanda em face de um ou alguns dos devedores solidários não implica renúncia da solidariedade (art. 275 § ún.).

Art. 282: 1a. v. art. 275, nota 1b (Enunciado 348 do CEJ).

Art. 282: 1b. **Enunciado 351 do CEJ:** "A renúncia à solidariedade em favor de determinado devedor afasta a hipótese de seu chamamento ao processo".

Art. 282: 2. **Enunciado 349 do CEJ:** "Com a renúncia da solidariedade quanto a apenas um dos devedores solidários, o credor só poderá cobrar do beneficiado a sua quota na dívida; permanecendo a solidariedade quanto aos demais devedores, abatida do débito a parte correspondente aos beneficiados pela renúncia".

Art. 282: 2a. v. arts. 277, 284 e 388.

Art. 283. O devedor que satisfez a dívida por inteiro tem direito a exigir de cada um dos codevedores a sua quota,[1-1a] dividindo-se igualmente por todos a do insolvente, se o houver, presumindo-se iguais, no débito, as partes de todos os codevedores.[2] [Dispositivo correspondente no CC/1916: art. 913.]

Art. 283: 1. v. art. 346-III.

Art. 283: 1a. No sentido de que, havendo a condenação conjunta dos réus a indenizar o autor, aquele que pagar a integralidade do valor devido pode, nos próprios autos, pedir que o corréu que ainda nada desembolsou o reembolse da parcela que lhe cabe suportar da dívida: RP 148/229.

Art. 283: 2. v. art. 284.

Art. 284. No caso de rateio entre os codevedores, contribuirão também os exonerados da solidariedade[1] pelo credor, pela parte que na obrigação incumbia ao insolvente.[2] [Dispositivo correspondente no CC/1916: art. 914.]

Art. 284: 1. v. art. 282.

Art. 284: 2. Enunciado 350 do CEJ: "A renúncia à solidariedade diferencia-se da remissão, em que o devedor fica inteiramente liberado do vínculo obrigacional, inclusive no que tange ao rateio da quota do eventual codevedor insolvente, nos termos do art. 284".

Art. 285. Se a dívida solidária interessar exclusivamente a um dos devedores, responderá este por toda ela para com aquele que pagar.[1] [Dispositivo correspondente no CC/1916: art. 915.]

Art. 285: 1. P. ex., se o fiador pagar a dívida do devedor principal, não se aplica o art. 283. Ou seja, o fiador poderá cobrar o valor integral da dívida, pois esta interessa exclusivamente ao devedor principal.

Título II | DA TRANSMISSÃO DAS OBRIGAÇÕES

Capítulo I | DA CESSÃO DE CRÉDITO[1-2]

✎ **CAP. I: 1.** "A cessão de créditos: reflexões sobre a causalidade na transmissão de bens no direito brasileiro", por Rodrigo Xavier Leonardo (RJ 408/9).

CAP. I: 2. Legitimidade *ad causam*. "Se a empresa de *factoring* figura como cessionária dos direitos e obrigações estabelecidos em contrato de compra e venda em prestações, de cuja cessão foi regularmente cientificado o devedor, é legítima para responder a demanda que visa à revisão das condições contratuais" (STJ-4ª T., REsp 1.343.313, Min. Antonio Ferreira, j. 1.6.17, DJ 1.8.17).

Todavia, no sentido de que "a ação de rescisão contratual é de quem participou do contrato — não do cessionário dos créditos decorrentes desse ajuste": RSTJ 134/236 (3ª T., REsp 97.554).

V. nota 3 ao art. 425.

Art. 286. O credor pode ceder o seu crédito,[1] se a isso não se opuser a natureza da obrigação, a lei,[2 a 3a] ou a convenção com o devedor; a cláusula proibitiva da cessão não poderá ser oposta ao cessionário de boa-fé, se não constar do instrumento da obrigação.[4 a 7] [Dispositivo correspondente no CC/1916: art. 1.065.]

Art. 286: 1. v. art. 507 (cessão do direito de retrato) e art. 1.149 (cessão de crédito de estabelecimento transferido).

Art. 286: 2. v. arts. 347 e 348 (sub-rogação convencional), 358 (dação, em pagamento, de título de crédito) e 377 (compensação).

S/ vedações a cessão de crédito, v. arts. 497 § ún. e 1.749-III.

Art. 286: 3. "Os créditos decorrentes da obrigação de **devolução do empréstimo compulsório, incidente sobre o consumo de energia elétrica,** podem ser cedidos a terceiros, uma vez inexistente impedimento legal expresso à transferência ou à cessão dos aludidos créditos, nada inibindo a incidência das normas de direito privado à espécie, notadamente o art. 286 do Código Civil. A liberdade da cessão de crédito constitui a regra, em nosso ordenamento jurídico, tal como resulta da primeira parte do art. 286 do vigente CC, cujo similar era o art. 1.065 do CC de 1916, o que, de resto, é corroborado, em sua compreensão, pelos arts. 100, § 13, da CF e 78 do ADCT, que preveem a cessão de créditos consubstanciados em precatórios. A natureza da obrigação, a vedação legal expressa e a cláusula contratual proibitiva constituem as exceções" (STJ-1ª Seção, REsp 1.119.558, Min. Arnaldo Esteves, j. 9.5.12, maioria, DJ 1.8.12).

Art. 286: 3a. "Inexiste óbice à cessão de crédito decorrente do **seguro obrigatório DPVAT em caso de morte,** visto tratar-se de direito pessoal disponível, que segue a regra geral do art. 286 do CC/02, não constando da lei de regência (Lei 6.194/1974) nenhum veto específico à cessão em tais casos" (STJ-3ª T., REsp 1.798.244, Min. Nancy Andrighi, j. 20.10.20, DJ 26.10.20).

Art. 286: 4. s/ novação subjetiva ativa, v. art. 360-III

Art. 286: 5. "Nos casos de cessão de crédito relativo a contrato bilateral sinalagmático, como o de **permuta,** em que não há cessão da posição contratual, mas somente de crédito, tem o cedido direito potestativo de rescindir o contrato original na hipótese de inadimplemento pelo cedente. Como a rescisão do contrato de compromisso de permuta firmado entre autor e réu gera efeitos sobre a esfera jurídica dos cessionários recorrentes, esses podem integrar a lide na qualidade de assistentes" (STJ-4ª T., REsp 735 034, Min. Raul Araújo, j. 15.5.14, DJ 22.5.14).

Art. 286: 6. "A cessão de crédito é a transferência que o credor faz de seus direitos creditórios a outrem (art. 286 do CC). No caso, o **termo firmado entre a oficina e o segurado** se enquadra, na realidade, como uma cessão de crédito, visto que este, na ocorrência do sinistro, possui direito creditício decorrente da apólice securitária, mas tal direito é transmissível pelo valor incontroverso, qual seja, o valor do orçamento aprovado pela seguradora" (STJ-3ª T., REsp 1.336.781, Min. Ricardo Cueva, j. 2.10.18, DJ 8.10.18).

V. tb. art. 347, nota 3.

Art. 286: 7. "Na atividade de **securitização de créditos condominiais,** os Fundos de Investimento em Direitos Creditórios (FIDCs) valem-se do instituto da cessão de créditos, regulado pelos arts. 286 e seguintes do Código Civil, e, ao efetuarem o pagamento das cotas condominiais inadimplidas, sub-rogam-se na mesma posição do condomínio cedente, com todas as prerrogativas legais a ele conferidas" (STJ-3ª T., REsp 1.570.452, Min. Ricardo Cueva, j. 22.9.20, DJ 28.9.20).

Art. 287. Salvo disposição em contrário, na cessão de um crédito abrangem-se todos os seus acessórios.[1 a 3] [Dispositivo correspondente no CC/1916: art. 1.066.]

Art. 287: 1. Diversamente, a novação extingue os acessórios da dívida (art. 364). A assunção da dívida, por sua vez, extingue as suas garantias (art. 300).

S/ novação subjetiva ativa, v. art. 360-III.

Art. 287: 2. v. art. 92-2ª parte.

Art. 287: 2a. "Por direitos acessórios ao crédito devem ser entendidos aqueles conferidos pelas garantias pessoais ou reais, assim como os direitos aos juros, reparação de danos, penas convencionais ou, ainda, certos direitos potestativos ligados ao crédito, como ocorre no caso do direito de escolha em obrigações alternativas" (JTJ 337/133: AI 1.211.569-0/7; a citação é do voto do relator).

Art. 287: 3. "Quem transfere crédito a alguém não transfere automaticamente por relação de acessoriedade vínculo obrigacional assumido com terceiro. Sendo este terceiro credor condicional do cedente, é de se reputar ineficaz perante este último qualquer ato de disposição, *pendente conditione*, do objeto ou direito condicionado" (JTJ 337/133: AI 1.211.569-0/7).

Art. 288. É ineficaz, em relação a terceiros, a transmissão de um crédito, se não celebrar-se mediante instrumento público, ou instrumento particular revestido das solenidades do § 1º do art. 654.[1] [Dispositivo correspondente no CC/1916: art. 1.067-*caput*.]

Art. 288: 1. Também é essencial o registro no registro de títulos e documentos (LRP 129-9º; v. tb. LRP 127-I). V. ainda art. 221.

Art. 289. O cessionário de crédito hipotecário[1] tem o direito de fazer averbar a cessão no registro do imóvel.[2] [Dispositivo correspondente no CC/1916: art. 1.067 § ún.]

Art. 289: 1. v. art. 346-II. V. tb. art. 16 do Dec. lei 70, de 21.11.66 (no tít. CÉDULA HIPOTECÁRIA).

Art. 289: 2. v. LRP 246.

Art. 290. A cessão do crédito não tem eficácia em relação ao devedor, senão quando a este notificada;[1-1a] mas por notificado se tem o devedor que, em escrito público ou particular, se declarou ciente da cessão feita.[2] [Dispositivo correspondente no CC/1916: art. 1.069.]

Art. 290: 1. v. art. 377; v. tb. art. 312.

Art. 290: 1a. "Apesar de o contrato de *factoring* ser autônomo, típico, não há no ordenamento jurídico uma lei que o discipline de maneira expressa, aplicando-lhe, assim, as disposições relativas ao contrato de cessão de direitos, tendo em vista a semelhança de tais institutos. Incide no *factoring*, pois, a norma insculpida no art. 1.069 do CC/1916 (*art. 290 do CC/2002*), segundo a qual compete ao cessionário notificar o devedor de que detém a posse do título" (RT 851/304).

Para notícia bibliográfica s/ contrato de *factoring*, v. nota 2 ao art. 425.

Art. 290: 2. "A cessão de crédito não vale em relação ao devedor, senão quando a ele notificada; contudo, a manifestação de conhecimento pelo devedor sobre a existência da cessão supre a necessidade de prévia notificação" (STJ-3ª T., REsp 588.321, Min. Nancy Andrighi, j. 4.8.05, DJU 5.9.05).

"A cessão de crédito não vale em relação ao devedor, senão quando a este notificada. Isso não significa, porém, que a dívida não possa ser exigida quando faltar a notificação. Não se pode admitir que o devedor, citado em ação de cobrança pelo cessionário da dívida, oponha resistência fundada na ausência de notificação. Afinal, com a citação, ele toma ciência da cessão de crédito e daquele a quem deve pagar. O objetivo da notificação é informar ao devedor quem é o seu novo credor, isto é, a quem deve ser dirigida a prestação. A ausência da notificação traz essencialmente duas consequências. Em primeiro lugar dispensa o devedor que tenha prestado a obrigação diretamente ao cedente de pagá-la novamente ao cessionário. Em segundo lugar permite que o devedor oponha ao cessionário as exceções de caráter pessoal que teria em relação ao cedente, anteriores à transferência do crédito e também posteriores, até o momento da cobrança (inteligência do artigo 294 do CC/02)" (STJ-3ª T., REsp 936.589, Min. Sidnei Beneti, j. 8.2.11, DJ 22.2.11). No mesmo sentido: STJ-4ª T., Ag em REsp 104.435-AgRg, Min. Raul Araújo, j. 20.11.14, DJ 18.12.14.

"A ausência de notificação quanto à cessão de crédito não tem o condão de liberar o devedor do adimplemento da obrigação ou de impedir o cessionário de praticar os atos necessários à conservação do seu crédito, como o registro do nome do inadimplente nos órgãos de proteção ao crédito" (STJ-3ª T., REsp 1.401.075, Min. Paulo Sanseverino, j. 8.5.14, DJ 27.5.14). No mesmo sentido: STJ-4ª T., Ag em REsp 720.309-AgRg, Min. Antonio Ferreira, j. 18.2.16, DJ 29.2.16.

"A citação inicial para a ação de cobrança equivale à notificação da cessão, produzindo os mesmos efeitos desta" (Bol. AASP 2.672: TJSP, AI 7.303.934-6, maioria).

Art. 291. Ocorrendo várias cessões do mesmo crédito, prevalece a que se completar com a tradição do título do crédito cedido.[1] [Dispositivo correspondente no CC/1916: art. 1.070.]

Art. 291: 1. v. arts. 904, 910 § 2º e 1.267.

Art. 292. Fica desobrigado o devedor que, antes de ter conhecimento da cessão, paga ao credor primitivo,[1] ou que, no caso de mais de uma cessão notificada, paga ao cessionário que lhe apresenta, com o título de cessão, o da obrigação cedida;[1a] quando o crédito constar de escritura pública,[2] prevalecerá a prioridade da notificação. [Dispositivo correspondente no CC/1916: art. 1.071.]

Art. 292: 1. Nesse caso, o cessionário pode ajuizar demanda em face do credor primitivo, a fim de receber os valores indevidamente recebidos por este (art. 884).

Art. 292: 1a. v. art. 291.

Art. 292: 2. v. art. 215.

Art. 293. Independentemente do conhecimento da cessão pelo devedor, pode o cessionário exercer os atos conservatórios do direito cedido. [Sem dispositivo correspondente no CC/1916.]

Art. 294. O devedor pode opor ao cessionário as exceções que lhe competirem, bem como as que, no momento em que veio a ter conhecimento da cessão, tinha contra o cedente.[1 a 3] [Dispositivo correspondente no CC/1916: art. 1.072.]

Art. 294: 1. No caso de assunção de dívida, v. art. 302.

Art. 294: 2. "No contrato de *factoring*, a transferência dos créditos não se opera por simples endosso, mas por cessão de crédito, subordinando-se, por consequência, à disciplina do art. 294 do Código Civil, contexto que autoriza ao devedor a **oponibilidade das exceções pessoais** em face da faturizadora" (STJ-4ª T., Ag em REsp 118.372-AgRg, Min. Raul Araújo, j. 23.2.16, DJ 7.3.16).

"É possível a oposição de exceções pessoais à faturizadora, visto que recebe o cheque por força de contrato de cessão de crédito, cuja origem é — ou pelo menos deveria ser — objeto de análise, o que faz com que não se equipare a terceiros a quem o título pudesse ser transferido por endosso e cuja boa-fé os princípios da autonomia e abstração visam proteger" (STJ-3ª T., REsp 1.283.369-AgRg, Min. João Otávio, j. 4.2.16, DJ 18.2.16).

"Na operação de *factoring* o endosso não é cambial, mas caracteriza cessão de crédito, assumindo o faturizador o risco sobre o recebimento. Não havendo transferência cambiária, inaplicáveis os princípios da autonomia e abstração, sendo oponíveis as exceções pessoais que caberiam frente ao endossante. Art. 294 do novo Código Civil. Demonstrado nos autos que a dívida originada do negócio subjacente (compra e venda de sacas de feijão) foi paga, está positivada a falta da *causa debendi* do título, de modo que tem-se como decorrência a inexigibilidade do crédito representado" (RT 914/859: TJGO, AP 1445-93.2008.8.09.0051).

"Ainda que a transferência dos títulos de crédito seja formalizada por endosso, a aquisição de crédito por faturizadora caracteriza a realização de cessão de crédito, de modo a se afastar o direito de regresso contra o cedente na hipótese de inadimplemento. De outro lado, o art. 294 do CC/02, ao dispor sobre a possibilidade de o devedor manifestar suas exceções pessoais no momento em que notificado da transferência do crédito estabelece uma faculdade ao devedor de se opor à cessão. Não oposta a exceção pelo devedor notificado da cessão de crédito, opera-se integralmente a despersonalização da relação originária, afastando-se, a princípio, a legitimidade do cedente. Todavia, tratando-se de discussão acerca da existência do crédito, é possível a responsabilização do cedente nos termos do art. 295 do CC/02, razão pela qual deverá o cedente compor o polo passivo da demanda, nos termos do art. 47 do CPC" (STJ-3ª T., REsp 1.167.120, Min. Nancy Andrighi, j. 5.11.13, DJ 18.11.13).

Todavia: "Contrato de *factoring*. Duplicatas previamente aceitas. Endosso à faturizadora. Circulação e abstração do título de crédito após o aceite. Oposição de exceções pessoais. Não cabimento. A duplicata mercantil, apesar de causal no momento da emissão, com o aceite e a circulação adquire abstração e autonomia, desvinculando-se do negócio jurídico subjacente, impedindo a oposição de exceções pessoais a terceiros endossatários de boa-fé, como a ausência ou a interrupção da prestação de serviços ou a entrega das mercadorias" (STJ-2ª Seção, ED no REsp 1.439.749, Min. Isabel Gallotti, j. 28.11.18, DJ 6.12.18).

V. tb. LDu 8º, nota 1.

Art. 294: 3. "O art. 1.072 do CC/16 (art. 294 do CC/02), ao dispor sobre a possibilidade de o devedor manifestar suas exceções pessoais no momento em que notificado da transferência do crédito, não estabelece uma obrigação, mas uma faculdade ao devedor. A consequência da não manifestação de sua discordância com o ato de transferência somente tem efeito preclusivo quanto às exceções pessoais de que disporia contra o credor primitivo, como é o caso da compensação ou da *exceptio non adimpletis contractus*. Todas as defesas diretas de que dispunha o devedor, que se prendem à existência de seu débito, podem ser opostas judicialmente ao credor sucessor, não obstante o silêncio do devedor no ato de cessão do crédito" (STJ-3ª T., REsp 780.774, Min. Nancy Andrighi, j. 7.10.08, DJ 23.10.08).

Art. 295. Na cessão por título oneroso, o cedente, ainda que não se responsabilize, fica responsável ao cessionário pela existência do crédito ao tempo em que lhe cedeu;[1 a 2] a mesma responsabilidade lhe cabe nas cessões por título gratuito, se tiver procedido de má-fé. [Dispositivo correspondente no CC/1916: art. 1.073.]

Art. 295: 1. v. art. 294, nota 2.

Art. 295: 1a. Exceto se a cessão for legal, cf. estabelecia o art. 1.076 do CC rev.

Art. 295: 1b. "Conforme exegese do art. 295 do Código Civil, em contratos de fomento mercantil o faturizado deve responder perante o faturizador pela existência do crédito ao tempo em que lhe cedeu. Mostra-se legítima, portanto, a pactuação da emissão pelo cedente de nota promissória em garantia de vícios de origem nos títulos negociados" (RMDECC 53/143: TJPR, AP 1049972-0).

V. tb. art. 296, nota 3.

Art. 295: 2. "Fica o cedente responsável pela existência do crédito, mas não, necessariamente, pela possibilidade prática de que seja satisfeito" (STJ-3ª T., REsp 74.440, Min. Eduardo Ribeiro, j. 18.3.97, DJU 28.4.97).

"Em regra, a empresa de *factoring* não tem direito de regresso contra a faturizada — com base no *inadimplemento* dos títulos transferidos —, haja vista que esse risco é da essência do contrato de *factoring*. Essa impossibilidade de regresso decorre do fato de que a faturizada não garante a *solvência* do título, o qual, muito pelo contrário, é garantido exatamente pela empresa de *factoring*. Essa característica, todavia, não afasta a responsabilidade da cedente em relação à existência do crédito, pois tal garantia é própria da cessão de crédito comum — *pro soluto*. É por isso que a doutrina, de forma uníssona, afirma que, no contrato de *factoring* e na cessão de crédito ordinária, a faturizada/cedente não garante a solvência do crédito, mas a sua existência sim. Nesse passo, o direito de regresso da *factoring* contra a faturizada deve ser reconhecido quando estiver em questão não um mero inadimplemento, mas a própria existência do crédito. No caso, da moldura fática incontroversa nos autos, fica claro que as duplicatas que ensejaram o processo executivo são desprovidas de causa — 'frias' —, e tal circunstância consubstancia vício de existência dos créditos cedidos — e não mero inadimplemento —, o que gera a responsabilidade regressiva da cedente perante a cessionária" (STJ-4ª T., REsp 1.289.995, Min. Luis Felipe, j. 20.2.14, maioria, RT 949/358).

Art. 296. Salvo estipulação em contrário, o cedente não responde pela solvência do devedor.[1 a 4] [Dispositivo correspondente no CC/1916: art. 1.074.]

Art. 296: 1. Na sociedade simples, o sócio que cede seu crédito a título de quota social responde pela solvência do devedor, cf. art. 1.005, *in fine*.

Art. 296: 1a. "A empresa faturizada não responde pelo simples inadimplemento dos títulos cedidos, salvo se der causa à inadimplência do devedor. Assim, deve ser declarada nula a cláusula de recompra, tendo em vista que a estipulação contratual nesse sentido retira da empresa de *factoring* o risco inerente aos contratos dessa natureza" (STJ-4ª T., REsp 1.361.311-AgRg, Min. Antonio Ferreira, j. 20.11.14, DJ 1.12.14).

Contra: "Pleito de invalidade da cláusula que exige a recompra dos títulos descontados junto à faturizadora em caso de não pagamento das cártulas cedidas. Inexistência de impedimento da celebração de *factoring pro solvendo*. Possibilidade expressamente prevista no CC 296" (JTJ 366/510: AP 9189853-60.2009.8.26.0000).

Art. 296: 2. "Não pode a sociedade de fomento mercantil executar em regresso o cedente do título, haja vista a transferência definitiva deste e ser o risco assumido pelo faturizador inerente à atividade por ele desenvolvida" (STJ-4ª T., REsp 1.038.054-AgRg, Min. Isabel Gallotti, j. 13.3.12, DJ 23.3.12). "A remuneração e a liquidação dos títulos negociados passam a ser risco do faturizador, nada podendo ser exigido do faturizado" (RT 774/263). No mesmo sentido: STJ-3ª T., REsp 1.305.454-AgRg, Min. Sidnei Beneti, j. 14.8.12, DJ 4.9.12; RT 776/240.

Art. 296: 3. "A natureza do contrato de *factoring* imputa ao faturizador a assunção dos riscos de inadimplemento dos títulos negociados, não se admitindo a pactuação de garantias *pro solvendo* ou de cláusulas que garantam ação de 'regresso' contra o faturizado. A emissão de **notas promissórias** como instrumento de garantia *pro solvendo* em contrato de *factoring* torna esses títulos inexigíveis em face do devedor principal e do avalista, pois objetiva desvirtuar a natureza do contrato de faturização, no qual o faturizador deve assumir os riscos pela inadimplência dos títulos contratados" (STJ-4ª T., Ag em REsp 862.232-AgInt, Min. Marco Buzzi, j. 2.9.19, DJ 6.9.19).

V. tb. art. 295, nota 1b.

Art. 296: 4. "**Fundo de investimento em direitos creditórios.** Securitização de recebíveis. Cessão de crédito empregado como lastro na emissão de títulos ou valores mobiliários. **Cessão de crédito *pro solvendo*. Viabilidade.** O FIDC, de modo diverso das atividades desempenhadas pelos escritórios de *factoring*, opera no mercado financeiro (vertente mercado de capitais) mediante a securitização de recebíveis, por meio da qual determinado fluxo de caixa futuro é utilizado como lastro para a emissão de valores mobiliários colocados à disposição de investidores. Consoante a legislação e a normatização infralegal de regência, um FIDC pode adquirir direitos creditórios por meio de dois atos formais: o endosso, cuja disciplina depende do título de crédito adquirido, e a cessão civil ordinária de crédito, disciplinada nos arts. 286-298 do CC, *pro soluto* ou *pro solvendo*. Foi apurado pelas instâncias ordinárias que trata-se de cessão de crédito *pro solvendo* em que a recorrida figura como fiadora (devedora solidária, nos moldes do art. 828 do CC) na cessão de crédito realizada pela sociedade empresária de que é sócia. O art. 296 do CC estabelece que, se houver pactuação, o cedente pode ser responsável ao cessionário pela solvência do devedor" (STJ-4ª T., REsp 1.726.161, Min. Luis Felipe, j. 6.8.19, DJ 3.9.19).

Art. 297. O cedente, responsável ao cessionário pela solvência do devedor, não responde por mais do que daquele recebeu, com os respectivos juros; mas tem de ressarcir-lhe as despesas da cessão e as que o cessionário houver feito com a cobrança. [Dispositivo correspondente no CC/1916: art. 1.075.]

Art. 298. O crédito, uma vez penhorado,[1] não pode mais ser transferido pelo credor que tiver conhecimento da penhora;[2] mas o devedor que o pagar, não tendo notificação dela, fica exonerado, subsistindo somente contra o credor os direitos de terceiro. [Dispositivo correspondente no CC/1916: art. 1.077.]

Art. 298: 1. v. CPC 855 a 860 e LRP 240.

Art. 298: 2. v. art. 312.

Capítulo II | DA ASSUNÇÃO DE DÍVIDA

Art. 299. É facultado a terceiro assumir a obrigação do devedor,[1] com o consentimento expresso do credor, ficando exonerado o devedor primitivo, salvo se aquele,[2] ao tempo da assunção, era insolvente e o credor o ignorava.[3] [Sem dispositivo correspondente no CC/1916.]

Parágrafo único. Qualquer das partes pode assinar prazo ao credor para que consinta na assunção da dívida, interpretando-se o seu silêncio como recusa. [Sem dispositivo correspondente no CC/1916.]

Art. 299: 1. **Enunciado 16 do CEJ:** "O art. 299 do Código Civil não exclui a possibilidade da assunção cumulativa da dívida, quando dois ou mais devedores se tornam responsáveis pelo débito com a concordância do credor".

Art. 299: 2. i. e., o terceiro.

Art. 299: 3. s/ novação subjetiva passiva, v. arts. 360-II e 362.

Art. 300. Salvo assentimento expresso do devedor primitivo,[1] consideram-se extintas, a partir da assunção da dívida, as garantias[2] especiais por ele originariamente dadas ao credor.[3] [Sem dispositivo correspondente no CC/1916.]

Art. 300: 1. **Enunciado 352 do CEJ:** "Salvo expressa concordância dos terceiros, as garantias por eles prestadas se extinguem com a assunção de dívida; já as garantias prestadas pelo devedor primitivo somente são mantidas no caso em que este concorde com a assunção".

Art. 300: 2. Diversamente do que ocorre com a cessão de crédito (art. 287), mas em simetria com a novação (art. 364).

Art. 300: 3. O mesmo vale para as garantias prestadas por terceiros.

Art. 301. Se a substituição do devedor vier a ser anulada,[1] restaura-se o débito, com todas as suas garantias, salvo as garantias prestadas por terceiros, exceto se este conhecia o vício que inquinava a obrigação. [Sem dispositivo correspondente no CC/1916.]

Art. 301: 1. v. arts. 166 e 171.

Art. 302. O novo devedor não pode opor ao credor as exceções pessoais que competiam ao devedor primitivo.[1] [Sem dispositivo correspondente no CC/1916.]

Art. 302: 1. No caso de cessão de crédito, v. art. 294.

Art. 303. O adquirente de imóvel hipotecado pode tomar a seu cargo o pagamento do crédito garantido;[1] se o credor, notificado,[1a] não impugnar em trinta dias a transferência do débito, entender-se-á dado o assentimento.[2] [Sem dispositivo correspondente no CC/1916.]

Art. 303: 1. v. tb. art. 1.481.

Art. 303: 1a. Dispensando a notificação em caso em que o credor passou a receber do adquirente as prestações faltantes, sem nada opor, por caracterizar consentimento tácito: STJ-1ª T., REsp 857.548, Min. Luiz Fux, j. 4.10.07, DJU 8.11.07.

Art. 303: 2. **Enunciado 353 do CEJ:** "A recusa do credor, quando notificado pelo adquirente de imóvel hipotecado, comunicando-lhe o interesse em assumir a obrigação, deve ser justificada".

Título III | DO ADIMPLEMENTO E EXTINÇÃO DAS OBRIGAÇÕES[1]

Capítulo I | DO PAGAMENTO[1 a 3]

Seção I | DE QUEM DEVE PAGAR

TÍT. III: 1. **CPC 525 § 1º:** "Na impugnação, o executado poderá alegar: ... **VII** — qualquer causa modificativa ou extintiva da obrigação, como pagamento, novação, compensação, transação ou prescrição, desde que supervenientes à sentença".

CAP. I: 1. s/ pagamento de título ou documento de dívida apresentado para protesto, v. **Lei 9.492, de 10.9.97** (no tít. PROTESTO DE TÍTULOS), art. 19; v. tb. títs. CORREÇÃO MONETÁRIA e PAGAMENTO EM MOEDA ESTRANGEIRA.

CAP. I: 2. A lei prevê expressamente a possibilidade de amortização parcial dos débitos: nos mútuos (Dec. 22.626, de 7.4.33, art. 7º e §§, no tít. MÚTUO); nos contratos imobiliários (Lei 4.864, de 29.11.65, art. 1º-V, no tít. CONTRATOS IMOBILIÁRIOS); nos títulos de crédito, art. 902 §§ 1º e 2º; nos títulos de crédito rural (Dec. lei 167, de 14.2.67, art. 74, no tít. TÍTULOS DE CRÉDITO RURAL).

CAP. I: 3. "Os contratos extintos pelo pagamento são passíveis de revisão" (STJ-3ª T., AI 683.681-AgRg, Min. Gomes de Barros, j. 1.3.07, DJU 19.3.07).

V. art. 360, nota 2.

Art. 304. Qualquer interessado[1-1a] na extinção da dívida pode pagá-la,[2] usando, se o credor se opuser, dos meios conducentes à exoneração do devedor.[3] [Dispositivo correspondente no CC/1916: art. 930-*caput*.]

Parágrafo único. Igual direito cabe ao terceiro não interessado, se o fizer em nome e à conta do devedor, salvo oposição deste.[4] [Dispositivo correspondente no CC/1916: art. 930 § ún.]

Art. 304: 1. Trata-se do interessado juridicamente no cumprimento da obrigação.

Art. 304: 1a. "Aquele que adquire o imóvel hipotecado é interessado, para os efeitos do artigo 930, *caput*, do Código Civil, no pagamento das prestações de resgate do mútuo, porque a respectiva falta implica a execução do gravame" (STJ-3ª T., REsp 154.457, Min. Ari Pargendler, j. 6.12.02, DJU 24.2.03). O art. 930 do CC rev. corresponde ao CC 304.

Art. 304: 2. s/ sub-rogação em favor do terceiro interessado, v. art. 346-III.

Art. 304: 3. s/ pagamento em consignação, v. art. 335.

Art. 304: 4. Terceiro não interessado é aquele que não está originariamente vinculado à obrigação, embora possa ter interesse de ordem moral no seu cumprimento; é um parente ou um amigo do devedor, p. ex. O adimplemento da obrigação em nome e à conta do devedor configura doação em favor deste, razão pela qual ele pode recusá-la justificadamente.

Art. 305. O terceiro não interessado, que paga a dívida em seu próprio nome, tem direito a reembolsar-se do que pagar; mas não se sub-roga[1-2] nos direitos do credor. [Dispositivo correspondente no CC/1916: art. 931-*caput*.]

Parágrafo único. Se pagar antes de vencida a dívida, só terá direito ao reembolso no vencimento. [Dispositivo correspondente no CC/1916: art. 931 § ún.]

Art. 305: 1. cf. art. 346.

Art. 305: 2. "Ação de **cobrança** movida por **sobrinho** contra seus **tios,** objetivando a condenação dos réus ao reembolso do quanto despendido no **tratamento médico de sua tia,** além das despesas com remédios, internação, sepultamento e produtos destinados aos animais de estimação da falecida. Nos termos do art. 1.697 do Código Civil, ao autor, sendo parente de terceiro grau na linha colateral, não cabia obrigação alimentar. Ao pagar as despesas em decorrência de obrigação moral e com intenção de fazer o bem, o recorrente tornou-se credor dos recorridos, nos termos do artigo 305 do Código Civil. Não tendo natureza alimentar o crédito do autor, limita-se a responsabilidade dos réus ao valor da herança — art. 1.997 do Código Civil" (STJ-3ª T., REsp 1.510.612, Min. Ricardo Cueva, j. 26.4.16, DJ 12.5.16).

V. tb. art. 346, nota 2.

Art. 306. O pagamento feito por terceiro, com desconhecimento ou oposição do devedor, não obriga a reembolsar aquele que pagou, se o devedor tinha meios para ilidir[1] a ação. [Dispositivo correspondente no CC/1916: art. 932.]

Art. 306: 1. Devia ser "elidir", i.e., afastar; "ilidir" é refutar.

Art. 307. Só terá eficácia o pagamento que importar transmissão da propriedade, quando feito por quem possa alienar o objeto em que ele consistiu.[1] [Dispositivo correspondente no CC/1916: art. 933-*caput*.]

Parágrafo único. Se se der em pagamento coisa fungível,[2] não se poderá mais reclamar do credor que, de boa-fé, a recebeu e consumiu, ainda que o solvente não tivesse o direito de aliená-la. [Dispositivo correspondente no CC/1916: art. 933 § ún.]

Art. 307: 1. v. arts. 356 a 359 e 1.268.

Art. 307: 2. v. art. 85.

Seção II | DAQUELES A QUEM SE DEVE PAGAR

Art. 308. O pagamento deve ser feito ao credor[1] ou a quem de direito o represente,[2] sob pena de só valer depois de por ele ratificado, ou tanto quanto reverter em seu proveito. [Dispositivo correspondente no CC/1916: art. 934.]

Art. 308: 1. v., porém, arts. 310 e 312.

Art. 308: 2. v. arts. 116, 311, 662 e 673.

Art. 309. O pagamento feito de boa-fé ao credor putativo[1] é válido, ainda provado depois que não era credor.[2] [Dispositivo correspondente no CC/1916: art. 935.]

Art. 309: 1. i. e., aquele que, mesmo não sendo credor, passa pelos olhos de todos como se fosse.

Art. 309: 2. "Pela aplicação da teoria da aparência, é válido o pagamento realizado de boa-fé a credor putativo. Para que o erro no pagamento seja escusável, é necessária a existência de elementos suficientes para induzir e convencer o devedor diligente de que o recebente é o verdadeiro credor" (STJ-4ª T., REsp 1.044.673, Min. João Otávio, j. 2.6.09, DJ 15.6.09).

"No caso em apreço, a recorrente foi condenada ao pagamento de seguro e entabulou acordo com a credora, cuja falência fora decretada anteriormente, sem que tivesse conhecimento do fato nem se consignando eventual má-fé no acórdão recorrido. Inexistindo, pois, prova da má-fé e elemento que pudesse cientificar o devedor de que o representante da credora não mais detinha poderes de administração, é de se reputar válido o pagamento feito a credor putativo. Inteligência do art. 309, do Código Civil" (STJ-4ª T., AI 1.225.463-AgRg, Min. Isabel Gallotti, j. 11.12.12, DJ 19.12.12).

"É válido o pagamento de indenização do DPVAT aos pais do *de cujus* quando se apresentam como únicos herdeiros mediante a entrega dos documentos exigidos pela lei que dispõe sobre seguro obrigatório de danos pessoais, hipótese em que o pagamento aos credores putativos ocorreu de boa-fé" (STJ-3ª T., REsp 1.601.533, Min. João Otávio, j. 14.6.16, DJ 16.6.16).

Art. 310. Não vale o pagamento cientemente feito ao credor incapaz de quitar,[1] se o devedor não provar que em benefício dele efetivamente reverteu. [Dispositivo correspondente no CC/1916: art. 936.]

Art. 310: 1. v. art. 181.

Art. 311. Considera-se autorizado a receber o pagamento o portador da quitação,[1] salvo se as circunstâncias contrariarem a presunção daí resultante. [Dispositivo correspondente no CC/1916: art. 937.]

Art. 311: 1. v. arts. 319 e 320.

Art. 312. Se o devedor pagar ao credor, apesar de intimado da penhora feita sobre o crédito, ou da impugnação a ele oposta por terceiros, o pagamento não valerá contra estes,[1] que poderão constranger o devedor a pagar de novo, ficando-lhe ressalvado o regresso contra o credor.[2] [Dispositivo correspondente no CC/1916: art. 938.]

Art. 312: 1. v. art. 298; v. tb. CPC 855-I c/c 856 §§ 2º e 3º.

Art. 312: 2. v. art. 876 (pagamento indevido).

Seção III | DO OBJETO DO PAGAMENTO E SUA PROVA

Art. 313. O credor não é obrigado a receber prestação diversa da que lhe é devida, ainda que mais valiosa.[1-2] [Dispositivo correspondente no CC/1916: art. 863.]

Art. 313: 1. s/ deterioração da coisa, v. arts. 235 e 240.

Art. 313: 2. mas ele pode aceitar prestação diversa (art. 356).

Art. 314. Ainda que a obrigação tenha por objeto prestação divisível,[1] não pode o credor ser obrigado a receber, nem o devedor a pagar, por partes, se assim não se ajustou.[2] [Dispositivo correspondente no CC/1916: art. 889.]

Art. 314: 1. v. arts. 87 e 258.

Art. 314: 2. **LCa 22 § 1º:** "O portador é obrigado a receber o pagamento parcial, ao tempo do vencimento".

Art. 315. As dívidas em dinheiro deverão ser pagas no vencimento, em moeda corrente[1] e pelo valor nominal, salvo o disposto nos artigos subsequentes.[1a] [Dispositivo correspondente no CC/1916: art. 947-*caput*.]

Art. 315: 1. V., no tít. CORREÇÃO MONETÁRIA, "Correlação de valores entre as sucessivas moedas do País", onde são referidas as diversas moedas do País, através dos tempos.

Art. 315: 1a. v. arts. 318 e 486. V. tb. LINDB 9º; CDC 52-I; LCa 25; Lei 9.069, de 29.6.95 (Plano Real e sistema monetário nacional); Lei 10.192, de 14.2.01 (medidas complementares ao Plano Real).

Art. 316. É lícito convencionar o aumento progressivo de prestações sucessivas. [Sem dispositivo correspondente no CC/1916.]

Art. 317. Quando, por motivos imprevisíveis,[1] sobrevier desproporção manifesta entre o valor da prestação devida e o do momento de sua execução, poderá o juiz corrigi-lo, a pedido da parte, de modo que assegure, quanto possível, o valor real da prestação.[2 a 3] [Sem dispositivo correspondente no CC/1916.]

Art. 317: 1. **Enunciado 17 do CEJ:** "A interpretação da expressão 'motivos imprevisíveis', constante do art. 317 do novo Código Civil, deve abarcar tanto causas de desproporção não previsíveis, como também causas previsíveis mas de resultados imprevisíveis".

Art. 317: 2. s/ resolução do contrato por onerosidade excessiva, v. arts. 478 a 480. Em matéria de relação de consumo, v. CDC 6º-V.

Art. 317: 2a. **Lei 14.010, de 10.6.20** — Dispõe sobre o Regime Jurídico Emergencial e Transitório das relações jurídicas de Direito Privado (RJET) no período da pandemia do coronavírus (Covid-19): **"Art. 7º** Não se consideram fatos imprevisíveis, para os fins exclusivos dos arts. 317, 478, 479 e 480 do Código Civil, o aumento da inflação, a variação cambial, a desvalorização ou a substituição do padrão monetário. **§ 1º** As regras sobre revisão contratual previstas na Lei n. 8.078, de 11 de setembro de 1990 (Código de Defesa do Consumidor), e na Lei n. 8.245, de 18 de outubro de 1991, não se sujeitam ao disposto no *caput* deste artigo. **§ 2º** Para os fins desta Lei, as normas de proteção ao consumidor não se aplicam às relações contratuais subordinadas ao Código Civil, incluindo aquelas estabelecidas exclusivamente entre empresas ou empresários".

Art. 317: 3. "Revisão do contrato. Quantificação dos prêmios de produtividade considerando a situação dos fatores de cálculo em época diversa da pactuada. Inadmissibilidade. Concreção do princípio da autonomia privada. Necessidade de respeito aos princípios da obrigatoriedade ('pacta sunt servanda') e da relatividade dos contratos ('inter alios acta'). Manutenção das cláusulas contratuais livremente pactuadas. Concreção do princípio da autonomia privada no plano do Direito Empresarial, com maior força do que em outros setores do Direito Privado, em face da necessidade de prevalência dos princípios da livre iniciativa, da livre concorrência e da função social da empresa. Reconhecimento da contrariedade aos princípios da obrigatoriedade do contrato (art. 1056 do CC/16) e da relatividade dos efeitos dos pactos, especialmente relevantes no plano do Direito Empresarial" (STJ-3ª T., REsp 1.158.815, Min. Paulo Sanseverino, j. 7.2.12, maioria, DJ 17.2.12).

Art. 318. São nulas as convenções de pagamento em ouro ou em moeda estrangeira,[1] bem como para compensar a diferença entre o valor desta e o da moeda nacional, excetuados os casos previstos na legislação especial. [Sem dispositivo correspondente no CC/1916.]

Art. 318: 1. v. tít. PAGAMENTO EM MOEDA ESTRANGEIRA.

Art. 319. O devedor que paga tem direito a quitação regular, e pode reter o pagamento, enquanto não lhe seja dada.[1 a 5] [Dispositivo correspondente no CC/1916: art. 939.]

✎ **Art. 319: 1.** "Dar e receber quitação", por E. D. Moniz de Aragão (RF 367/86).

Art. 319: 2. v. arts. 320 a 325. V. tb. art. 335-I (pagamento em consignação em razão de falta de quitação); LI 44-I (crime de recusa do locador, nas habitações coletivas multifamiliares, a fornecer recibo).

Art. 319: 3. **Enunciado 18 do CEJ:** "A 'quitação regular' referida no art. 319 do novo Código Civil engloba a quitação dada por meios eletrônicos ou por quaisquer formas de 'comunicação a distância', assim entendida aquela que permite ajustar negócios jurídicos e praticar atos jurídicos sem a presença corpórea simultânea das partes ou de seus representantes".

Art. 319: 4. "Em se tratando de prestação de pagar quantia certa, configura-se a tradição, simplesmente, com a entrega do dinheiro ao credor, ante a intenção de transferir-lhe a propriedade, a fim de concretizar, materialmente, o negócio jurídico entabulado entre as partes. No que tange à teoria do risco, diferentemente do que ocorre com as obrigações de dar coisa certa ou incerta, a interpretação sistemática do CC/02, influenciada pelas normas processuais, permite afirmar, com relação à prestação pecuniária, que, até a efetiva entrega do dinheiro ao credor, não poderá o devedor alegar, contra aquele, a perda da quantia devida, ainda que por força maior ou caso fortuito, inclusive porque se trata de bem móvel fungível. No entanto, perfectibilizada a entrega da quantia, com a inversão legítima da posse, configura-se a tradição, de modo que o risco pela perda do numerário deixa de ser do devedor, porque cessada sua disponibilidade sobre o bem, e passa a ser do credor que o detém. A **contagem do dinheiro recebido** é ato vinculado à quitação da dívida, pela qual o credor atesta o pagamento, exonerando o devedor. Se os recorridos aceitaram receber o pagamento de vultosa quantia em dinheiro, nas dependências de sua imobiliária, apostaram na segurança da operação, de tal modo que, diante da incerteza do valor perdido, mas da certeza de que houve a entrega de quantia para os recorridos, o fiel da balança deve pender para a confirmação do pagamento e, portanto, para que se declare a quitação da referida parcela, nos termos do art. 319 do CC/02" (STJ-3ª T., REsp 1.705.305, Min. Nancy Andrighi, j. 22.5.18, DJ 24.5.18).

Art. 319: 5. **"Pagamento mediante cheques.** Recibo de quitação. Títulos de crédito emitidos *pro soluto*. Ônus da prova do não pagamento. Em regra, a emissão do título de crédito é *pro solvendo*, isto é, a simples entrega do título ao credor não significa a efetivação do pagamento. No entanto, terá natureza *pro soluto* quando emitido e entregue ao beneficiário visando extinguir a obrigação que gerou a sua criação, ou seja, quando dado em pagamento da relação causal. O recibo que certifica a quitação gera, em favor do devedor, a presunção relativa (*juris tantum*) do pagamento, de tal modo que, se, em momento posterior, o credor percebe que parte do pagamento ainda se encontra em aberto, poderá buscar a diferença, mas terá o ônus probatório de impugnar a quitação que emitira anteriormente" (STJ-3ª T., REsp 1.745.652, Min. Nancy Andrighi, j. 10.12.19, DJ 13.12.19).

Código Civil

Art. 320. A quitação,[1-1a] que sempre poderá ser dada por instrumento particular, designará o valor[1b] e a espécie da dívida quitada, o nome do devedor, ou quem por este pagou, o tempo e o lugar do pagamento, com a assinatura do credor, ou do seu representante.[2] [Dispositivo correspondente no CC/1916: art. 940.]

Parágrafo único. Ainda sem os requisitos estabelecidos neste artigo valerá a quitação, se de seus termos ou das circunstâncias resultar haver sido paga a dívida. [Sem dispositivo correspondente no CC/1916.]

Art. 320: 1. s/ recebimento do pagamento pelo portador da quitação, v. art. 311; s/ registro da quitação de compra de automóvel no Registro de Títulos e Documentos, v. LRP 129-7º e notas; s/ cancelamento de hipoteca diante de quitação, v. LRP 251-I.

Art. 320: 1a. "A quitação regular, prevista no art. 940 do Código Civil de 1916, pode se dar de **forma tácita** se, por outros meios, for possível aferir se houve comportamento do credor compatível com a satisfação do débito. Os depósitos bancários, isoladamente considerados, não servem de prova de quitação de dívida" (STJ-3ª T., REsp 764.486-AgRg, Min. Ricardo Cueva, j. 7.3.13, DJ 13.3.13).

Art. 320. 1b. Qual a eficácia da quitação "plena e geral" no contexto de uma transação? v. art. 843, nota 2.

Art. 320: 2. s/ atos praticados sem poderes de representação, v. art. 662.

Art. 321. Nos débitos, cuja quitação consista na devolução do título,[1] perdido este, poderá o devedor exigir, retendo o pagamento, declaração do credor que inutilize o título desaparecido. [Dispositivo correspondente no CC/1916: art. 942.]

Art. 321: 1. v. art. 324.

Art. 322. Quando o pagamento for em quotas periódicas, a quitação da última estabelece, até prova em contrário, a presunção de estarem solvidas as anteriores.[1-2] [Dispositivo correspondente no CC/1916: art. 943.]

Art. 322: 1. s/ prova de pagamento de cota condominial, v. art. 1.336, nota 2.

Art. 322: 2. "Para a incidência do art. 322 do Código Civil (art. 943 do Código de 1916), as prestações periódicas devem ter origem em fato gerador uno. Se estiverem vinculadas a fatos geradores independentes e autônomos, a questão deve ser apreciada sob a perspectiva da imputação do pagamento, na forma prescrita nos arts. 352 a 355, do mesmo diploma legal" (STJ-3ª T., REsp 1.211.407, Min. João Otávio, j. 20.2.14, DJ 7.3.14).

Art. 323. Sendo a quitação do capital sem reserva dos juros, estes presumem-se pagos.[1 a 2] [Dispositivo correspondente no CC/1916: art. 944.]

Art. 323: 1. "O art. 323 do Código Civil é expresso quanto à presunção de adimplemento dos juros quando a quitação do débito é dada sem qualquer ressalva. Contudo, diverso é o entendimento no que tange à correção monetária, porquanto delimitada a abrangência da norma pelo legislador, não sendo possível estender a previsão do art. 323 do Código Civil, restrita aos juros moratórios" (STJ-2ª T., REsp 1.206.267, Min. Og Fernandes, j. 7.10.14, DJ 15.10.14). **Contra,** estendendo a presunção de pagamento para a correção monetária: STJ-2ª T., REsp 284.507, Min. Franciulli Netto, j. 6.11.01, um voto vencido, DJU 4.8.03.

Art. 323: 1a. v. art. 354.

Art. 323: 2. "O art. 323 do CC/02 aplica-se apenas aos pagamentos efetivados pelo devedor em cota única ou à última prestação dos pagamentos parcelados, situação em que a quitação do capital pelo credor, sem reserva dos juros, faz presumir terem estes sido pagos. Nos pagamentos parciais efetuados pelo devedor, vale a regra do art. 354 do CC/02, de modo que a quitação outorgada pelo credor, salvo estipulação em contrário, abrange apenas o valor recebido, o qual se imputará primeiro no abatimento dos juros e, havendo saldo, servirá para redução do principal" (STJ-3ª T., REsp 1.079.690-AgRg, Min. Nancy Andrighi, j. 3.8.10, dois votos vencidos, DJ 16.6.11).

Art. 324. A entrega do título ao devedor firma a presunção do pagamento.[1-2] [Dispositivo correspondente no CC/1916: art. 945-*caput*.]

Parágrafo único. Ficará sem efeito a quitação assim operada se o credor provar, em sessenta dias, a falta do pagamento. [Dispositivo correspondente no CC/1916: art. 945 § 1º.]

Art. 324: 1. v. arts. 901, 902 §§ 1º e 2º e 1.421.

Art. 324: 2. Trata-se de presunção *juris tantum*, em que se presume o pagamento sem quitação expressa. Mesmo que o título esteja com o devedor, é lícito ao credor provar que não houve o pagamento; estando o título com o credor, pode o devedor provar já ter pago o valor correspondente ou parte dele (STJ-4ª T., REsp 204.626, Min. Sálvio de Figueiredo, j. 20.2.03, DJU 24.3.03).

Art. 325. Presumem-se a cargo do devedor as despesas com o pagamento e a quitação;[1] se ocorrer aumento por fato do credor, suportará este a despesa acrescida. [Dispositivo correspondente no CC/1916: art. 946.]

Art. 325: 1. "Tratando-se de relação contratual empresarial, mediante a qual farmácias e drogarias adquirem os produtos por excelência do comércio que realizam e, para isso, utilizam determinado método de pagamento, dentre outros possíveis, a imputação, pela vendedora, dos **custos relativos aos boletos bancários** ao comprador, que assim escolhe a realização do pagamento por boleto bancário, é decorrência da liberdade de contratar, expressão da autonomia privada dos envolvidos, restringindo-se, sobremaneira, o espaço para que o Estado interfira na relação negocial travada e proíba prática que, ademais, é permitida pela legislação disciplinante. A prática de imputação das despesas com a emissão dos boletos ao comprador, segundo a recorrente, vinha, há muito, sendo levada a efeito junto aos varejistas — registre-se, há mais de 10 anos — revelando-se, pois, expressão das práticas comerciais atinentes à natureza do negócio celebrado entre as distribuidoras e as varejistas. Não viola a boa-fé objetiva ou atenta contra os bons costumes aquilo que a própria lei estabelece como o padrão de conduta a ser tomado em matéria de responsabilidade pelo pagamento de despesas com a quitação de obrigações, sendo expressão do costume do negócio levado a efeito pelos experts que dele participam" (STJ-3ª T., REsp 1.515.640, Min. Paulo Sanseverino, j. 19.9.17, DJ 3.10.17).

Art. 326. Se o pagamento se houver de fazer por medida, ou peso, entender-se-á, no silêncio das partes, que aceitaram os do lugar da execução.[1] [Dispositivo correspondente no CC/1916: art. 949.]

Art. 326: 1. s/ execução dos negócios jurídicos, v. art. 134.

Seção IV | DO LUGAR DO PAGAMENTO

Art. 327. Efetuar-se-á o pagamento no domicílio[1] do devedor,[2-2a] salvo se as partes convencionarem diversamente, ou se o contrário resultar da lei, da natureza da obrigação ou das circunstâncias.[3 a 3b] [Dispositivo correspondente no CC/1916: art. 950-*caput*.]

Parágrafo único. Designados dois ou mais lugares, cabe ao credor escolher entre eles. [Dispositivo correspondente no CC/1916: art. 950 § ún.]

Art. 327: 1. v. arts. 70 a 78.

Art. 327: 2. v. art. 335-II.

Art. 327: 2a. "Inércia do credor que afasta a mora do devedor, ainda que a dívida estivesse vencida no termo, porque imprescindível prévia diligência do credor para constituição do devedor em mora. Na dívida quesível não é necessária a oferta do devedor, pois deve ele aguardar a presença de cobrança do credor, só lhe sendo exigido que esteja pronto para pagar quando provocado pelo credor" (STJ-3ª T., REsp 363.614, Min. Nancy Andrighi, j. 26.2.02, DJU 22.4.02).

Art. 327: 3. s/ lugar do pagamento em matéria de: venda sobre documentos, v. art. 530; depósito, v. art. 631; título de crédito, v. art. 889 § 2º.

Art. 327: 3a. **CTN 159:** "Quando a legislação tributária não dispuser a respeito, o pagamento é efetuado na repartição competente do domicílio do sujeito passivo".

Art. 327: 3b. Destarte, o pagamento é em regra quesível (a ser feito no domicílio do devedor), podendo excepcionalmente ser portável (a ser feito no domicílio do credor).

Art. 328. Se o pagamento consistir na tradição de um imóvel, ou em prestações relativas a imóvel, far-se-á no lugar onde situado o bem.[1] [Dispositivo correspondente no CC/1916: art. 951.]

Art. 328: 1. v. art. 341.

Art. 329. Ocorrendo motivo grave para que se não efetue o pagamento no lugar determinado, poderá o devedor fazê-lo em outro, sem prejuízo para o credor. [Sem dispositivo correspondente no CC/1916.]

Art. 330. O pagamento reiteradamente feito em outro local faz presumir renúncia do credor relativamente ao previsto no contrato. [Sem dispositivo correspondente no CC/1916.]

Seção V | DO TEMPO DO PAGAMENTO[1]

SEÇ. V: 1. s/ pagamento antecipado, v. CDC 52 § 2º e Dec. 22.626, de 7.4.33, art. 7º, no tít. MÚTUO; s/ pagamento na venda sobre documento, v. art. 530.

Art. 331. Salvo disposição legal em contrário, não tendo sido ajustada época para o pagamento, pode o credor exigi-lo imediatamente.[1 a 3] [Dispositivo correspondente no CC/1916: art. 952.]

Art. 331: 1. v. art. 134. A disposição se completa com a 2ª parte do art. 397 § ún.

Em matéria de venda sobre documentos, v. art. 530; mútuo, v. arts. 592-II e 889 § 1º.

Art. 331: 1a. **CTN 160:** "Quando a legislação tributária não fixar o tempo do pagamento, o vencimento do crédito ocorre trinta dias depois da data em que se considera o sujeito passivo notificado do lançamento".

Art. 331: 2. "A estipulação do tempo de pagamento como sendo a colheita de um produto agrícola caracteriza obrigação a termo incerto, na medida em que a ocorrência do evento, apesar de cabal, não tem data exata para acontecer. Nessa circunstância, incide a regra dos arts. 127 e 952 do CC/16 (cuja essência foi mantida nos arts. 134 e 331 do CC/02), os quais autorizam que seja a dívida cobrada de imediato, mas que hão de ser interpretados com temperamento, concedendo-se ao devedor prazo compatível com a espécie de obrigação exigida" (STJ-3ª T., REsp 1.115.754, Min. Nancy Andrighi, j. 12.4.11, DJ 9.8.11).

Art. 331: 3. "O estabelecimento, em confissão de dívida, de cláusula que determina que o vencimento da obrigação se dará por acordo entre as partes deve ser reputada sem efeito, porquanto consubstancia condição puramente potestativa. Reputada inexistente a disposição que regula o vencimento, a dívida deve ser considerada, nos termos do art. 331 do CC/02, passível de ser exigida à vista. Para cobrança de dívidas à vista, basta ao credor que notifique o devedor para constituí-lo em mora, nos expressos termos do art. 397, § ún., do CC/02" (STJ-3ª T., REsp 1.284.179, Min. Nancy Andrighi, j. 4.10.11, DJ 17.10.11).

Art. 332. As obrigações condicionais[1] cumprem-se na data do implemento da condição,[2] cabendo ao credor a prova de que deste teve ciência o devedor. [Dispositivo correspondente no CC/1916: art. 953.]

Art. 332: 1. s/ obrigação condicional solidária, v. art. 266. V. tb. arts. 121 e segs.

Art. 332: 2. suspensiva. Quanto às condições resolutivas, com o seu implemento cessa a obrigação.

Art. 333. Ao credor assistirá o direito de cobrar a dívida antes de vencido o prazo estipulado no contrato ou marcado neste Código:[1 a 2a] [Dispositivo correspondente no CC/1916: art. 954-*caput*.]

I — no caso de falência do devedor, ou de concurso de credores;[3] [Dispositivo correspondente no CC/1916: art. 954-I.]

II — se os bens, hipotecados ou empenhados,[3a] forem penhorados em execução por outro credor; [Dispositivo correspondente no CC/1916: art. 954-II.]

III — se cessarem, ou se se tornarem insuficientes, as garantias do débito, fidejussórias, ou reais, e o devedor, intimado, se negar a reforçá-las. [Dispositivo correspondente no CC/1916: art. 954-III.]

Parágrafo único. Nos casos deste artigo, se houver, no débito, solidariedade passiva,[4] não se reputará vencido quanto aos outros devedores solventes. [Dispositivo correspondente no CC/1916: art. 954 § ún.]

Art. 333: 1. v. tb. art. 1.425.

A insolvência (CPC/73 art. 751-I) e a liquidação extrajudicial de entidade financeira (Lei 6.024, de 13.3.74, art. 18-*b*, em Lex 1974/648, RDA 117/460, RF 246/464) produzem o vencimento antecipado dos débitos do falido, do concordatário, do insolvente ou da liquidanda.

Art. 333: 2. v. art. 939, para o caso de ser demandado o devedor, antes de vencida a dívida.

Art. 333: 2a. s/ exceção de contrato não cumprido, v. arts. 476 e 477; s/ garantia de restituição pelo mutuário, v. art. 590.

Art. 333: 3. s/ concurso de credores, v. CPC 908 e 909.

Art. 333: 3a. s/ vencimento antecipado do crédito pignoratício, v. art. 1.465.

Art. 333: 4. v. arts. 275 a 285.

Capítulo II | DO PAGAMENTO EM CONSIGNAÇÃO[1-2]

CAP. II: 1. v., no CPCLPV, CPC 539 a 549, bem como suas respectivas notas.

CAP. II: 2. s/ consignação em pagamento de aluguéis e acessórios da locação, v. LI 24 e 67.

Art. 334. Considera-se pagamento, e extingue a obrigação, o depósito judicial ou em estabelecimento bancário da coisa devida, nos casos e forma legais. [Dispositivo correspondente no CC/1916: art. 972.]

Art. 335. A consignação tem lugar: [Dispositivo correspondente no CC/1916: art. 973-*caput*.]

I — se o credor não puder, ou, sem justa causa, recusar receber o pagamento, ou dar quitação[1] na devida forma; [Dispositivo correspondente no CC/1916: art. 973-I.]

II — se o credor não for, nem mandar receber a coisa[2] no lugar,[3] tempo[3a] e condição devidos; [Dispositivo correspondente no CC/1916: art. 973-II.]

III — se o credor for incapaz de receber, for desconhecido, declarado ausente,[4] ou residir em lugar incerto ou de acesso perigoso ou difícil; [Dispositivo correspondente no CC/1916: art. 973-III e VI.]

IV — se ocorrer dúvida sobre quem deva legitimamente receber o objeto do pagamento;[5] [Dispositivo correspondente no CC/1916: art. 973-IV.]

V — se pender litígio sobre o objeto do pagamento.[6] [Dispositivo correspondente no CC/1916: art. 973-V.]

Art. 335: 1. v. arts. 320 a 325.

Art. 335: 2. v. art. 635.

Art. 335: 3. v. arts. 327 a 330.

Art. 335: 3a. v. arts. 331 a 333.

Art. 335: 4. Na verdade, se apenas estiver ausente; porque, se já houver declaração judicial de ausência, o curador receberá por ele. S/ ausência, v. arts. 22 a 39.

Art. 335: 5. v. CPC 548.

Art. 335: 6. v. arts. 344 e 345.

Art. 336. Para que a consignação tenha força de pagamento, será mister concorram, em relação às pessoas,[1] ao objeto,[2-2a] modo[3] e tempo,[4] todos os requisitos sem os quais não é válido o pagamento. [Dispositivo correspondente no CC/1916: art. 974.]

Art. 336: 1. v. arts. 304 a 312.

Art. 336: 2. v. arts. 313 a 318.

Art. 336: 2a. "A consignação exige que o depósito judicial compreenda o mesmo objeto que seria preciso prestar, para que o pagamento possa extinguir a obrigação, pois 'o credor não é obrigado a receber a prestação diversa da que lhe é devida, ainda que mais valiosa' (art. 313 do NCC)" (STJ-4ª T., REsp 1.194.264, Min. Luis Felipe, j. 1.3.11, DJ 4.3.11).

Art. 336: 3. v. arts. 327 a 330.

Art. 336: 4. v. arts. 331 a 333.

Art. 337. O depósito requerer-se-á no lugar do pagamento,[1] cessando, tanto que se efetue, para o depositante, os juros da dívida e os riscos, salvo se for julgado improcedente. [Dispositivo correspondente no CC/1916: art. 976.]

Art. 337: 1. v. arts. 327 a 330, CPC 540.

Art. 338. Enquanto o credor não declarar que aceita o depósito, ou não o impugnar, poderá o devedor requerer o levantamento, pagando as respectivas despesas, e subsistindo a obrigação para todas as consequências de direito. [Dispositivo correspondente no CC/1916: art. 977.]

Art. 339. Julgado procedente o depósito, o devedor já não poderá levantá-lo, embora o credor consinta, senão de acordo com os outros devedores e fiadores. [Dispositivo correspondente no CC/1916: art. 978.]

Art. 340. O credor que, depois de contestar a lide ou aceitar o depósito, aquiescer no levantamento, perderá a preferência e a garantia que lhe competiam com respeito à coisa consignada, ficando para logo desobrigados os codevedores e fiadores que não tenham anuído. [Dispositivo correspondente no CC/1916: art. 979.]

Art. 341. Se a coisa devida for imóvel ou corpo certo que deva ser entregue no mesmo lugar onde está,[1] poderá o devedor citar o credor para vir ou mandar recebê-la,[2] sob pena de ser depositada. [Dispositivo correspondente no CC/1916: art. 980.]

Art. 341: 1. v. art. 328.

Art. 341: 2. v. art. 335-II.

Art. 342. Se a escolha da coisa indeterminada competir ao credor,[1] será ele citado para esse fim, sob cominação de perder o direito e de ser depositada a coisa que o devedor escolher;[2] feita a escolha pelo devedor, proceder-se-á como no artigo antecedente. [Dispositivo correspondente no CC/1916: art. 981.]

Art. 342: 1. v. arts. 244 e 255.

Art. 342: 2. v. CPC 543.

Art. 343. As despesas com o depósito, quando julgado procedente, correrão à conta do credor, e, no caso contrário, à conta do devedor.[1] [Dispositivo correspondente no CC/1916: art. 982.]

Art. 343: 1. v. CPC 546.

Art. 344. O devedor de obrigação litigiosa exonerar-se-á mediante consignação,[1] mas, se pagar a qualquer dos pretendidos credores, tendo conhecimento do litígio, assumirá o risco do pagamento. [Dispositivo correspondente no CC/1916: art. 983.]

Art. 344: 1. v. art. 335-V.

Art. 345. Se a dívida se vencer, pendendo litígio entre credores que se pretendem mutuamente excluir, poderá qualquer deles requerer a consignação. [Dispositivo correspondente no CC/1916: art. 984.]

Capítulo III | DO PAGAMENTO COM SUB-ROGAÇÃO

Art. 346. A sub-rogação opera-se, de pleno direito, em favor:[1-2] [Dispositivo correspondente no CC/1916: art. 985-*caput*.]

I — do credor que paga a dívida do devedor comum;[2a] [Dispositivo correspondente no CC/1916: art. 985-I.]

II — do adquirente do imóvel hipotecado, que paga a credor hipotecário,[3] bem como do terceiro que efetiva o pagamento para não ser privado de direito sobre imóvel; [Dispositivo correspondente no CC/1916: art. 985-II.]

III — do terceiro interessado,[4-4a] que paga a dívida pela qual era ou podia ser obrigado, no todo ou em parte. [Dispositivo correspondente no CC/1916: art. 985-III.]

Art. 346: 1. s/ sub-rogação em matéria de: obrigação indivisível, v. art. 259 § ún.; obrigação solidária, v. art. 283; seguro, v. arts. 786 (seguro de dano) e 800 (seguro de pessoa); fiança, v. art. 831; relação de consumo, v. CDC 13 § ún.; relação cambial, v. LCa 40 § ún.

Art. 346: 2. "Alimentos. Inadimplemento. Alimentos devidos pelo pai. Suprimento pela genitora. Sub-rogação inexistente. Gestão de negócios. Se o pai se esquivou do dever de prestar alimentos constituídos por título judicial, onerando a genitora no sustento dos filhos, não é a execução de alimentos devidos o meio apropriado para que ela busque o reembolso das despesas efetuadas, devendo fazê-lo por meio de ação própria fundada no direito comum" (STJ-3ª T., REsp 1.197.778, Min. João Otávio, j. 25.3.14, DJ 1.4.14).

V. tb. arts. 305, nota 2, e 871, nota 3.

Art. 346: 2a. v. art. 304.

Art. 346: 3. v. art. 1.481.

Art. 346: 4. No caso de alienação fiduciária, o terceiro não precisa ser interessado (v. art. 1.368).

Art. 346: 4a. s/ o pagamento por terceiro não interessado, v. art. 305.

Art. 347. A sub-rogação é convencional:[1] [Dispositivo correspondente no CC/1916: art. 986-*caput*.]

I — quando o credor recebe o pagamento de terceiro e expressamente lhe transfere todos os seus direitos;[2-3] [Dispositivo correspondente no CC/1916: art. 986-I.]

II — quando terceira pessoa empresta ao devedor a quantia precisa para solver a dívida, sob a condição expressa de ficar o mutuante sub-rogado nos direitos do credor satisfeito. [Dispositivo correspondente no CC/1916: art. 986-II.]

Art. 347: 1. v. LRP 129-*caput* e item 9º.

Art. 347: 2. v. art. 348.

Art. 347: 3. "A sub-rogação convencional, nos termos do art. 347, I, do CC, pode se dar quando o credor recebe o pagamento de terceiro e expressamente lhe transfere todos os seus direitos. Na hipótese, a **oficina** apenas prestou **serviços de mecânica** automotora em bem do **segurado,** ou seja, não pagou nenhuma dívida dele para se sub-rogar em seus direitos" (STJ-3ª T., REsp 1.336.781, Min. Ricardo Cueva, j. 2.10.18, DJ 8.10.18).

V. tb. art. 286, nota 6.

Art. 348. Na hipótese do inciso I do artigo antecedente, vigorará o disposto quanto à cessão do crédito.[1] [Dispositivo correspondente no CC/1916: art. 987.]

Art. 348: 1. v. arts. 286 a 298.

Art. 349. A sub-rogação transfere ao novo credor todos os direitos, ações, privilégios e garantias do primitivo, em relação à dívida, contra o devedor principal e os fiadores.[1-2] [Dispositivo correspondente no CC/1916: art. 988.]

Art. 349: 1. **Súmula 188 do STF:** "O segurador tem ação regressiva contra o causador do dano, pelo que efetivamente pagou, até ao limite previsto no contrato de seguro".

Assim, tendo a seguradora pago ao segurado o valor do veículo roubado nas dependências da oficina encarregada de repará-lo, pode ela pleitear em face desta aquele valor, apoiada na falta de cuidado com a guarda da coisa, que gerou o dano em questão (RT 869/358). No mesmo sentido, em caso de veículo roubado nas dependências de estacionamento: STJ-3ª T., REsp 976.531, Min. Nancy Andrighi, j. 23.2.10, DJ 8.3.10.

Súmula 257 do STF: "São cabíveis honorários de advogado na ação regressiva do segurador contra o causador do dano".

Art. 349: 2. O avalista que paga a dívida se sub-roga nos direitos e ações do primitivo credor. Daí por que, em matéria de fraude, a data a ser considerada para verificar a lisura da alienação de bem do devedor é a do vencimento da nota promissória, e não a do pagamento do débito pelo avalista (STJ-3ª T., REsp 139.093, Min. Ari Pargendler, j. 10.4.01, DJU 28.5.01).

Art. 350. Na sub-rogação legal[1] o sub-rogado não poderá exercer os direitos e as ações do credor, senão até à soma que tiver desembolsado para desobrigar o devedor.[2] [Dispositivo correspondente no CC/1916: art. 989.]

Art. 350: 1. v. art. 346.

Art. 350: 2. O valor desembolsado nem sempre corresponde ao valor do crédito do credor original.

Art. 351. O credor originário, só em parte reembolsado, terá preferência ao sub-rogado, na cobrança da dívida restante, se os bens do devedor não chegarem para saldar inteiramente o que a um e outro dever. [Dispositivo correspondente no CC/1916: art. 990.]

Capítulo IV | DA IMPUTAÇÃO DO PAGAMENTO

Art. 352. A pessoa obrigada, por dois ou mais débitos da mesma natureza,[1] a um só credor, tem o direito de indicar[2] a qual deles oferece pagamento, se todos forem líquidos e vencidos.[3-4] [Dispositivo correspondente no CC/1916: art. 991.]

Art. 352: 1. v. art. 379 (compensação).

Art. 352: 2. v. arts. 322 e notas e 355.

Art. 352: 3. **CTN 163:** "Existindo simultaneamente dois ou mais débitos vencidos do mesmo sujeito passivo para com a mesma pessoa jurídica de direito público, relativos ao mesmo ou a diferentes tributos ou provenientes de penalidade pecuniária ou juros de mora, a autoridade administrativa competente para receber o pagamento determinará a respectiva imputação, obedecidas as seguintes regras, na ordem em que enumeradas: I — em primeiro lugar, aos débitos por obrigação própria, e em segundo lugar aos decorrentes de responsabilidade tributária; II — primeiramente, às contribuições de melhoria, depois às taxas e por fim aos impostos; III — na ordem crescente dos prazos de prescrição; IV — na ordem decrescente dos montantes".

Art. 352: 4. "Pode o credor recusar a última prestação periódica, estando em débito parcelas anteriores, uma vez que, ao aceitar, estaria assumindo o ônus de desfazer a presunção *juris tantum* prevista no art. 943 do Código Civil, atraindo para si o ônus da prova. Em outras palavras, a imputação do pagamento, pelo devedor, na última parcela, antes de oferecidas as anteriores, devidas e vencidas, prejudica o interesse do credor, tornando-se legítima a recusa no recebimento da prestação" (RSTJ 136/377: 4ª T., REsp 225.435, um voto vencido). O art. 943 do CC rev. corresponde ao CC 322.

Art. 353. Não tendo o devedor declarado em qual das dívidas líquidas e vencidas quer imputar o pagamento, se aceitar a quitação de uma delas, não terá direito a reclamar contra a imputação feita pelo credor, salvo provando haver ele cometido violência ou dolo.[1] [Dispositivo correspondente no CC/1916: art. 992.]

Art. 353: 1. s/ dolo, v. arts. 145 a 150.

Art. 354. Havendo capital e juros,[1] o pagamento imputar-se-á primeiro nos juros vencidos, e depois no capital, salvo estipulação em contrário, ou se o credor passar a quitação por conta do capital.[1a a 4] [Dispositivo correspondente no CC/1916: art. 993.]

Art. 354: 1. v. arts. 406 e 407.

Art. 354: 1a. v. art. 323, nota 2.

Art. 354: 2. **Súmula 464 do STJ:** "A regra de imputação de pagamentos estabelecida no art. 354 do Código Civil não se aplica às hipóteses de compensação tributária".

Art. 354: 3. "Salvo disposição contratual em sentido diferente, aplica-se aos contratos celebrados no âmbito do Sistema Financeiro da Habitação a regra de imputação prevista no art. 354 do Código Civil de 2002, que reproduz o art. 993 do Código Civil de 1916 e foi adotada pela RD BNH 81/1969" (STJ-Corte Especial, REsp 1.194.402, Min. Teori Zavascki, j. 21.9.11, DJ 14.10.11).

Art. 354: 4. "Esta Corte tem entendimento de que a regra de imputação de pagamento prevista no art. 354 do CC não deve incidir nas dívidas da Fazenda Pública, salvo nos casos de conta destinada à expedição de precatório complementar para pagamento de valor que, devido à existência de erro material na primeira conta, não foi paga em sua integralidade, o que não é o caso dos autos" (STJ-1ª T., Ag em REsp 244.174-AgRg, Min. Benedito Gonçalves,

j. 7.3.13, DJ 13.3.13). "A regra da imputação do pagamento prevista no art. 354 do Código Civil, conforme entendimento desta Corte, tem incidência apenas nos casos de conta destinada à expedição de precatório complementar para adimplemento de valor pago a menor, devido a ocorrência de erro material na primeira conta. Quanto aos precatórios complementares destinados ao pagamento de diferenças apuradas no período em que o valor do crédito permanecia sem qualquer atualização monetária (período anterior à EC 30/00), não há incidência do dispositivo em questão" (STJ-2ª T., Ag em REsp 219.148-AgRg, Min. Humberto Martins, j. 16.10.12, DJ 24.10.12). No mesmo sentido: STJ-6ª T., REsp 1.147.996-AgRg, Min. Marilza Maynard, j. 27.3.14, DJ 14.4.14; STJ-5ª T., REsp 1.162.747-AgRg, Min. Jorge Mussi, j. 8.4.14, DJ 25.4.14.

Art. 355. Se o devedor não fizer a indicação do art. 352, e a quitação for omissa quanto à imputação, esta se fará nas dívidas líquidas e vencidas em primeiro lugar. Se as dívidas forem todas líquidas e vencidas ao mesmo tempo, a imputação far-se-á na mais onerosa. [Dispositivo correspondente no CC/1916: art. 994.]

Capítulo V | DA DAÇÃO EM PAGAMENTO[1-1a]

CAP. V: 1. "Dação em cumprimento", por Moacir Adiers (RDPr 31/214).

CAP. V: 1a. v. LRP 129-*caput* e item 9º. V. tb. LRF 50-IX.

Art. 356. O credor pode[1] consentir em receber prestação diversa da que lhe é devida.[2-3] [Dispositivo correspondente no CC/1916: art. 995.]

Art. 356: 1. mas não está obrigado a tanto (art. 313).

Art. 356: 2. v. art. 838-III.

Art. 356: 3. "Para configuração da dação em pagamento, exige-se uma obrigação previamente criada; um acordo posterior, em que o credor concorda em aceitar coisa diversa daquela anteriormente contratada e, por fim, a entrega da coisa distinta com a finalidade de extinguir a obrigação. A exigência de anuência expressa do credor, para fins de dação em pagamento, traduz, *ultima ratio*, garantia de segurança jurídica para os envolvidos no negócio jurídico, porque, de um lado, dá ao credor a possibilidade de avaliar, a conveniência ou não, de receber bem diverso do que originalmente contratado. E, por outro lado, assegura ao devedor, mediante recibo, nos termos do que dispõe o art. 320 do Código Civil, a quitação da dívida" (STJ-3ª T., REsp 1.138.993, Min. Massami Uyeda, j. 3.3.11, DJ 16.3.11).

Art. 357. Determinado o preço da coisa dada em pagamento, as relações entre as partes regular-se-ão pelas normas do contrato de compra e venda.[1-2] [Dispositivo correspondente no CC/1916: art. 996.]

Art. 357: 1. v. arts. 481 a 532.

Art. 357: 2. **"Não demanda instrumento público** a avença pela qual as partes se compõem no sentido de extinguir a dívida existente mediante a dação em pagamento de bem imóvel. A efetiva transmissão da propriedade demandará a forma pública" (STJ-3ª T., REsp 1.529.742, Min. Moura Ribeiro, j. 15.3.16, DJ 28.3.16).

Art. 358. Se for título de crédito[1] a coisa dada em pagamento, a transferência importará em cessão.[2] [Dispositivo correspondente no CC/1916: art. 997.]

Art. 358: 1. v. arts. 887 a 926.

Art. 358: 2. v. arts. 286 a 298.

Art. 359. Se o credor for evicto[1] da coisa recebida em pagamento, restabelecer-se-á a obrigação primitiva,[2] ficando sem efeito a quitação dada, ressalvados os direitos de terceiros. [Dispositivo correspondente no CC/1916: art. 998.]

Art. 359: 1. v. arts. 447 a 457.

Art. 359: 2. não, porém, a fiança (v. art. 838-III).

Capítulo VI | DA NOVAÇÃO[1-2]

CAP. VI: 1. "A novação e o Código Civil de 2002", por Maurício Giannico e Alexandre Paulichi Chiovitti (RIDCPC 54/7).

CAP. VI: 2. **LRF 50:** "Constituem meios de recuperação judicial, observada a legislação pertinente a cada caso, dentre outros: ... **IX** — dação em pagamento ou novação de dívidas do passivo, com ou sem constituição de garantia própria ou de terceiro".

LRF 59: "O plano de recuperação judicial implica novação dos créditos anteriores ao pedido, e obriga o devedor e todos os credores a ele sujeitos, sem prejuízo das garantias, observado o disposto no § 1º do art. 50 desta Lei".

Art. 360. Dá-se a novação:[1-1a] [Dispositivo correspondente no CC/1916: art. 999-*caput*.]

I — quando o devedor contrai com o credor nova dívida para extinguir e substituir a anterior;[2] [Dispositivo correspondente no CC/1916: art. 999-I.]

II — quando novo devedor sucede ao antigo, ficando este quite com o credor; [Dispositivo correspondente no CC/1916: art. 999-II.]

III — quando, em virtude de obrigação nova, outro credor é substituído ao antigo, ficando o devedor quite com este. [Dispositivo correspondente no CC/1916: art. 999-III.]

Art. 360: 1. É objetiva a novação quando as partes permanecem as mesmas, mas o objeto da obrigação é alterado, ensejando a constituição de nova dívida e a extinção da obrigação primitiva (inc. I). É subjetiva quando há alteração no sujeito passivo (inc. II) ou ativo (inc. III) da obrigação.

A novação subjetiva passiva pode-se dar por duas maneiras: por delegação ou por expromissão. Esta se diferencia daquela basicamente por não exigir o consentimento do primitivo devedor (v. art. 362).

A novação pode também ser *mista*, caso tanto os sujeitos como o objeto da obrigação sejam alterados.

Art. 360: 1a. v. art. 361.

Art. 360: 2. **Súmula 286 do STJ:** "A renegociação de contrato bancário ou a confissão da dívida não impede a possibilidade de discussão sobre eventuais ilegalidades dos contratos anteriores".

"É possível a revisão judicial dos contratos extintos pela novação ou pela quitação" (STJ-3ª T., REsp 455.855, Min. Nancy Andrighi, j. 14.2.06, um voto vencido, DJU 19.6.06). No mesmo sentido: STJ-1ª T., REsp 947.587, Min. Teori Zavascki, j. 18.12.08, DJ 4.2.09.

"A revisão de contratos extintos pela novação é cabível até mesmo em sede de embargos à execução" (STJ-4ª T., REsp 908.879, Min. João Otávio, j. 6.4.10, DJ 19.4.10).

Todavia: "O contrato renegociado que traz, em seu bojo, inovações substanciais no campo da livre vontade das partes, não permite a revisão de cláusulas contratuais do contrato anterior, por representar, efetivamente, um novo pacto, refugindo da hipótese da Súmula n. 286 do STJ" (STJ-4ª T., AI 590.377-AgRg, Min. Aldir Passarinho Jr., j. 7.12.04, DJU 28.3.05).

V. tb. nota 3 ao Cap. I que antecede o art. 304.

Art. 361. Não havendo ânimo de novar, expresso ou tácito mas inequívoco, a segunda obrigação confirma simplesmente a primeira.[1] [Dispositivo correspondente no CC/1916: art. 1.000.]

Art. 361: 1. "O acordo extrajudicial firmado entre credor e devedor principal para mera prorrogação do pagamento da dívida não implica novação, de sorte que a obrigação do avalista do título permanece hígida" (STJ-RT 844/188: 4ª T., REsp 302.134). Em sentido semelhante: RMDECC 51/126 (TJDFT, AP 2012.01.1.187389-8).

"Existência de acordo para pagamento parcelado de dívida executada. Fato que não caracteriza a novação visto que o devedor não contraiu com o credor nova dívida, para extinguir e substituir a anterior. Inexistência, ademais, de comprovação inequívoca sobre a efetiva intenção do credor de novar a dívida cobrada" (JTA 157/126). No mesmo sentido: RT 748/220 e JTA 162/39.

Realizado acordo no qual se concedia desconto para o pagamento da dívida em determinadas condições e descumpridos os termos da transação pelo devedor, o débito subsiste nas suas bases originais, inclusive por haver disposição contratual expressa nesse sentido, de modo que não se cogita de novação nessas condições, dada a falta de *animus novandi* (RT 866/261).

S/ novação e extinção de fiança em matéria de locação, v. LI 37, nota 3.

Art. 362. A novação por substituição do devedor pode ser efetuada independentemente de consentimento deste.[1] [Dispositivo correspondente no CC/1916: art. 1.001.]

Art. 362: 1. Este é o caso de novação subjetiva passiva por *expromissão liberatória*, pois há a liberação do primitivo devedor e, portanto, novação. Isso justifica a necessidade de haver a concordância do credor para que ela ocorra, diferentemente da situação em que tanto o devedor primitivo como o expromissor permanecem obrigados (expromissão cumulativa).

Art. 363. Se o novo devedor for insolvente,[1] não tem o credor, que o aceitou, ação regressiva contra o primeiro, salvo se este obteve por má-fé[2] a substituição. [Dispositivo correspondente no CC/1916: art. 1.002.]

Art. 363: 1. v. art. 955 e CPC/73 art. 748.

Art. 363: 2. O conhecimento pelo devedor original do estado de insolvência do substituto e a omissão desse estado ao credor configuram má-fé.

Art. 364. A novação extingue os acessórios[1] e garantias da dívida,[2] sempre que não houver estipulação em contrário. Não aproveitará, contudo, ao credor ressalvar o penhor, a hipoteca ou a anticrese, se os bens dados em garantia pertencerem a terceiro que não foi parte na novação. [Dispositivos correspondentes no CC/1916: arts. 1.003 e 1.004.]

Art. 364: 1. v. art. 92.

Art. 364: 2. ao contrário do que ocorre com a cessão de crédito (cf. art. 287).

Art. 365. Operada a novação entre o credor e um dos devedores solidários,[1] somente sobre os bens do que contrair a nova obrigação subsistem as preferências e garantias do crédito novado. Os outros devedores solidários ficam por esse fato exonerados. [Dispositivo correspondente no CC/1916: art. 1.005-*caput* e § ún.]

Art. 365: 1. v. arts. 275 a 285.

Art. 366. Importa exoneração do fiador[1] a novação feita sem seu consenso com o devedor principal. [Dispositivo correspondente no CC/1916: art. 1.006.]

Art. 366: 1. v. art. 838. V. tb. LI 37, notas 2a (Súmula 214 do STJ), 3 e 3a.

Art. 367. Salvo as obrigações simplesmente anuláveis,[1] não podem ser objeto de novação obrigações nulas[2] ou extintas. [Dispositivos correspondentes no CC/1916: arts. 1.007 e 1.008.]

Art. 367: 1. v. art. 171.

Art. 367: 2. v. art. 166.

Capítulo VII | DA COMPENSAÇÃO[1 a 3]

CAP. VII: 1. "A compensação em perspectiva histórico-comparativa", por Flávio Henrique Silva Ferreira (RDPr 20/103).

CAP. VII: 2. s/ compensação em: impugnação ao cumprimento de sentença, v. CPC 525 § 1º-VII; embargos à execução contra a fazenda pública, v. CPC 535-VI.

CAP. VII: 3. **CTN 170:** "A lei pode, nas condições e sob as garantias que estipular, ou cuja estipulação em cada caso atribuir à autoridade administrativa, autorizar a compensação de créditos tributários com créditos líquidos e certos, vencidos ou vincendos, do sujeito passivo contra a Fazenda pública. **Parágrafo único.** Sendo vincendo o crédito do sujeito passivo, a lei determinará, para os efeitos deste artigo, a apuração do seu montante, não podendo, porém, cominar redução maior que a correspondente ao juro de 1% (um por cento) ao mês pelo tempo a decorrer entre a data da compensação e a do vencimento".

CTN 170-A: "É vedada a compensação mediante o aproveitamento de tributo, objeto de contestação judicial pelo sujeito passivo, antes do trânsito em julgado da respectiva decisão judicial".

Art. 368. Se duas pessoas forem ao mesmo tempo credor e devedor uma da outra, as duas obrigações extinguem-se, até onde se compensarem.[1] [Dispositivo correspondente no CC/1916: art. 1.009.]

Art. 368: 1. s/ compensação, v. tb. arts. 262 § ún. (pluralidade de credores), 606-*caput* (prestação de serviço qualitativamente diferente), 638 (restituição do depósito), 669 (prejuízos causados pelo mandatário), 698 (comissário e cláusula *del credere*), 1.221 (posse, benfeitoria e dano), 1.396 § ún. (frutos naturais e cessação do usufruto), 1.435-I (credor pignoratício e prejuízos à coisa), 1.506-*caput* (anticrese), 1.707 (alimentos) e 1.919 (legado ao credor).

Art. 369. A compensação efetua-se entre dívidas líquidas, vencidas[1-1a] e de coisas fungíveis.[2] [Dispositivo correspondente no CC/1916: art. 1.010.]

Art. 369: 1. v. art. 372 (prazos de favor).

Art. 369: 1a. s/ compensação de crédito tributário com crédito vincendo, v. CTN 170.

Art. 369: 2. v. art. 85.

Art. 370. Embora sejam do mesmo gênero as coisas fungíveis, objeto das duas prestações, não se compensarão, verificando-se que diferem na qualidade, quando especificada no contrato. [Dispositivo correspondente no CC/1916: art. 1.011.]

Art. 371. O devedor somente pode compensar com o credor o que este lhe dever; mas o fiador pode compensar sua dívida com a de seu credor ao afiançado.[1] [Dispositivo correspondente no CC/1916: art. 1.013.]

Art. 371: 1. salvo o disposto no art. 828-II.

Art. 372. Os prazos de favor, embora consagrados pelo uso geral, não obstam a compensação.[1] [Dispositivo correspondente no CC/1916: art. 1.014.]

Art. 372: 1. A extensão graciosa do prazo não atrapalha a caracterização do vencimento da dívida (art. 369) para fins de compensação.

Art. 373. A diferença de causa nas dívidas não impede a compensação, exceto: [Dispositivo correspondente no CC/1916: art. 1.015-*caput*.]

I — se provier de esbulho,[1] furto[1a] ou roubo;[1b] [Dispositivo correspondente no CC/1916: art. 1.015-I.]

II — se uma se originar de comodato,[2] depósito[3] ou alimentos;[4-4a] [Dispositivo correspondente no CC/1916: art. 1.015-II.]

III — se uma for de coisa não suscetível de penhora.[5-6] [Dispositivo correspondente no CC/1916: art. 1.015-III.]

Art. 373: 1. v. art. 1.210.

Art. 373: 1a. v. CP 155.

Art. 373: 1b. v. CP 157.

Art. 373: 2. v. arts. 579 a 585.

Art. 373: 3. v. arts. 627 a 652 (especialmente art. 638).

Art. 373: 4. v. arts. 1.694 a 1.710 (especialmente o art. 1.707) e tít. ALIMENTOS.

Art. 373: 4a. "Execução de alimentos. Decisão que deferiu compensação de dívida de alimentos com outra proveniente de ação de prestação de contas relativa à locação e administração de imóveis. Inadmissibilidade da compensação da dívida de alimentos com dívida de natureza diversa. Literalidade do art. 373, inciso II, c.c. art. 1.707, 2ª parte. Admitida exceção apenas quando da compensação entre dívidas alimentares" (RT 876/207: TJSP, AI 577.591-4/4-00).

Art. 373: 5. v. CPC 833 (bens impenhoráveis).

Art. 373: 6. "O crédito que o apelante pretende compensar é oriundo de verbas rescisórias de contrato de trabalho, com natureza salarial, e o art. 373, III, do CC/2002, veda expressamente a compensação de dívidas se uma delas não for suscetível de penhora" (RT 876/207: TJPE, AP 0040134-3).

Art. 374. ....[1]

Art. 374: 1. A Med. Prov. 75, de 24.10.02, revogou o art. 374 do CC, mas foi **rejeitada,** em 18.12.02, pela Câmara dos Deputados. Em seguida, a **Med. Prov. 104, de 9.1.03** (DOU 10.1.03), **revogou** novamente o art. 374 do CC e foi convertida na **Lei 10.677, de 22.5.03.** Eis a redação do art. 374: "A matéria da compensação, no que concerne às dívidas fiscais e parafiscais, é regida pelo disposto neste capítulo".

Art. 375. Não haverá compensação quando as partes, por mútuo acordo, a excluírem, ou no caso de renúncia[1-1a] prévia de uma delas. [Dispositivo correspondente no CC/1916: art. 1.018.]

Art. 375: 1. v. arts. 385 a 388.

Art. 375: 1a. v. art. 114.

Art. 376. Obrigando-se por terceiro uma pessoa, não pode compensar essa dívida com a que o credor dele lhe dever.[1] [Dispositivo correspondente no CC/1916: art. 1.019.]

Art. 376: 1. Assim, a dívida contraída pelo mandatário em nome do mandante não pode ser compensada com outra que o credor da primeira tenha para com aquele.

Art. 377. O devedor que, notificado, nada opõe à cessão que o credor faz a terceiros dos seus direitos, não pode opor ao cessionário a compensação, que antes da cessão teria podido opor ao cedente. Se, porém, a cessão lhe não tiver sido notificada, poderá opor ao cessionário compen-

Código Civil

sação do crédito que antes tinha contra o cedente.[1] [Dispositivo correspondente no CC/1916: art. 1.021.]

Art. 377: 1. v. arts. 290 e 294.

Art. 378. Quando as duas dívidas não são pagáveis no mesmo lugar,[1] não se podem compensar sem dedução das despesas[2] necessárias à operação. [Dispositivo correspondente no CC/1916: art. 1.022.]

Art. 378: 1. v. arts. 327 a 330.

Art. 378: 2. v. art. 325.

Art. 379. Sendo a mesma pessoa obrigada por várias dívidas compensáveis, serão observadas, no compensá-las, as regras estabelecidas quanto à imputação do pagamento.[1] [Dispositivo correspondente no CC/1916: art. 1.023.]

Art. 379: 1. v. arts. 352 a 355.

Art. 380. Não se admite a compensação em prejuízo de direito de terceiro. O devedor que se torne credor do seu credor, depois de penhorado o crédito[1] deste, não pode opor ao exequente a compensação, de que contra o próprio credor disporia.[2-3] [Dispositivo correspondente no CC/1916: art. 1.024.]

Art. 380: 1. s/ penhora de crédito, v. CPC 855 a 860.

Art. 380: 2. i. e., o devedor, que só se torne credor de seu credor depois que terceiro já penhorou o crédito deste contra ele, não pode opor compensação ao terceiro exequente.

Art. 380: 3. "O art. 380 do CC/02 tem por escopo coibir a utilização da compensação como forma de esvaziar penhora preexistente. A penhora de crédito pleiteado em juízo, anotada no rosto dos autos e da qual foram as partes intimadas, impede a realização de compensação entre credor e devedor, a fim de evitar lesão a direito do terceiro diretamente interessado na constrição. A impossibilidade de compensação, nessas circunstâncias, decorre também do princípio da boa-fé objetiva, valor comportamental que impõe às partes o dever de cooperação e leal participação no seio da relação jurídica processual" (STJ-3ª T., REsp 1.208.858, Min. Nancy Andrighi, j. 3.9.13, DJ 12.9.13).

Capítulo VIII | DA CONFUSÃO[1]

CAP. VIII: 1. v. arts. 1.436-IV e § 2º (extinção do penhor); 1.272 a 1.274 (aquisição da propriedade móvel).

Art. 381. Extingue-se a obrigação, desde que na mesma pessoa se confundam as qualidades de credor e devedor.[1 a 2a] [Dispositivo correspondente no CC/1916: art. 1.049.]

Art. 381: 1. ex.: devedor que é herdeiro do credor.

Art. 381: 2. "A Defensoria Pública é órgão do Estado, por isso que não pode recolher honorários sucumbenciais decorrentes de condenação contra a fazenda em causa patrocinada por Defensor Público. Confusão. Aplicação do art. 381 do CC de 2002, correspondente ao art. 1.049 do CC de 1916" (STJ-1ª Seção, ED no REsp 480.598, Min. Luiz Fux, j. 13.4.05, DJU 16.5.05).

Art. 381: 2a. Se o credor de indenização das benfeitorias realizadas no imóvel vem a adquiri-lo no curso do processo, aquelas passam *ipso facto* a lhe pertencer também, operando-se o instituto da confusão (RT 660/165, acórdão relatado pelo Des. Galeno Lacerda).

Art. 382. A confusão pode verificar-se a respeito de toda a dívida, ou só de parte dela.[1] [Dispositivo correspondente no CC/1916: art. 1.050.]

Art. 382: 1. Em matéria de penhor, v. art. 1.436 § 2º.

Art. 383. A confusão operada na pessoa do credor ou devedor solidário[1] só extingue a obrigação até a concorrência da respectiva parte no crédito, ou na dívida, subsistindo quanto ao mais a solidariedade. [Dispositivo correspondente no CC/1916: art. 1.051.]

Art. 383: 1. v. arts. 264 a 285.

Art. 384. Cessando a confusão, para logo se restabelece, com todos os seus acessórios,[1] a obrigação anterior.[2] [Dispositivo correspondente no CC/1916: art. 1.052.]

Art. 384: 1. v. art. 92.

Art. 384: 2. Isso acontece quando a situação de coincidência subjetiva entre credor e devedor não era definitiva (p. ex., o herdeiro repudia a herança logo após a abertura da sucessão) ou decorria de negócio jurídico que se tornou ineficaz (p. ex., o testamento que beneficiava o herdeiro que era devedor do *de cujus* é anulado).

Capítulo IX | DA REMISSÃO DAS DÍVIDAS

Art. 385. A remissão da dívida, aceita pelo devedor, extingue a obrigação, mas sem prejuízo de terceiro.[1] [Sem dispositivo correspondente no CC/1916.]

Art. 385: 1. s/ remissão, v. tb. arts. 158 (fraude contra credores), 277 (solidariedade passiva).

Art. 386. A devolução voluntária do título da obrigação, quando por escrito particular, prova[1] desoneração do devedor e seus coobrigados, se o credor for capaz de alienar, e o devedor capaz de adquirir.[1a] [Dispositivo correspondente no CC/1916: art. 1.053.]

Art. 386: 1. Trata-se de presunção relativa, que pode ser afastada por prova da ausência do *animus* de perdoar (RSTJ 83/258 e RJ 223/53: REsp 76.153).

Art. 386: 1a. v. art. 324.

Art. 387. A restituição voluntária do objeto empenhado prova a renúncia do credor à garantia real,[1] não a extinção da dívida. [Dispositivo correspondente no CC/1916: art. 1.054.]

Art. 387: 1. cf. art. 1.436-III e § 1º.

Art. 388. A remissão concedida a um dos codevedores extingue a dívida na parte a ele correspondente; de modo que, ainda reservando o credor a solidariedade contra os outros, já lhes não pode cobrar o débito sem dedução da parte remitida.[1] [Dispositivo correspondente no CC/1916: art. 1.055.]

Art. 388: 1. v. arts. 277 e 282 (renúncia à solidariedade).

Título IV | DO INADIMPLEMENTO[1] DAS OBRIGAÇÕES

Capítulo I | DISPOSIÇÕES GERAIS

✎ **TÍT. IV: 1.** "Teoria do adimplemento e modalidades de inadimplemento, atualizado pelo novo Código Civil", por Rafael Peteffi da Silva (Rev. AASP 68/135).

Art. 389. Não cumprida a obrigação, responde o devedor por perdas e danos,[1-1a] mais juros[2-2a] e atualização monetária segundo índices oficiais regularmente estabelecidos,[3] e honorários de advogado.[4 a 6] [Dispositivo correspondente no CC/1916: art. 1.056.]

Art. 389: 1. v. arts. 402 a 405; no caso de mora, v. art. 395. V. tb. art. 475.

Art. 389: 1a. "Nos termos do art. 389 do CC/02 (que manteve a essência do art. 1.056 do CC/16), na responsabilidade contratual, para obter reparação por perdas e danos, o contratante não precisa demonstrar a culpa do inadimplente, bastando a prova de descumprimento do contrato. Dessa forma, nos acidentes de trabalho, cabe ao empregador provar que cumpriu seu dever contratual de preservação da integridade física do empregado, respeitando as normas de segurança e medicina do trabalho" (STJ-3ª T., REsp 1.248.760, Min. Nancy Andrighi, j. 13.9.11, DJ 23.9.11).

Art. 389: 2. s/ juros de mora, v. arts. 397, 398 e 405.

Art. 389: 2a. **LRF 124:** "Contra a massa falida não são exigíveis juros vencidos após a decretação da falência, previstos em lei ou em contrato, se o ativo apurado não bastar para o pagamento dos credores subordinados. Parágrafo único. Excetuam-se desta disposição os juros das debêntures e dos créditos com garantia real, mas por eles responde, exclusivamente, o produto dos bens que constituem a garantia".

✎ **Art. 389: 3.** "O princípio do valor nominal no Novo Código Civil brasileiro", por Letácio Jansen (RF 364/211).

✎ **Art. 389: 4.** "Honorários advocatícios extrajudiciais: breve análise (e harmonização) dos artigos 389, 395 e 404 do novo Código Civil e do artigo 20 do Código de Processo Civil", por Antonio de Pádua Soubhie Nogueira (RF 402/597, RIDCPC 58/115).

Art. 389: 4a. s/ honorários advocatícios, v. CPC 85 e segs. e EA 22 e segs. Em matéria de: relação de consumo, v. CDC 51, nota 11a; locação em *shopping center*, v. LI 54, nota 8.

Art. 389: 5. **Enunciado 161 do CEJ:** "Os honorários advocatícios previstos nos arts. 389 e 404 do Código Civil apenas têm cabimento quando ocorre a efetiva atuação profissional do advogado".

Art. 389: 6. "Cabe ao perdedor da ação arcar com os honorários de advogado fixados pelo Juízo em decorrência da sucumbência (Código de Processo Civil de 1973, art. 20, e Novo Código de Processo Civil, art. 85), e **não os honorários decorrentes de contratos** firmados pela parte contrária e seu procurador, em circunstâncias particulares totalmente alheias à vontade do condenado" (STJ-Corte Especial, ED no REsp 1.507.864, Min. Laurita Vaz, j. 20.4.16, DJ 11.5.16). No mesmo sentido: STJ-2ª Seção, ED no REsp 1.155.527, Min. Sidnei Beneti, j. 13.6.12, RP 212/451. Do voto-vista da Min. Nancy Andrighi: "A expressão 'honorários de advogado', utilizada nos arts. 389, 395 e 404 do CC/02, deve ser interpretada de forma a excluir os honorários contratuais relativos à atuação em juízo, já que a esfera judicial possui mecanismo próprio de responsabilização daquele que, não obstante esteja no exercício legal de um direito (de ação ou de defesa), resulta vencido, obrigando-o ao pagamento dos honorários sucumbenciais. Vale dizer, o termo 'honorários de advogado' contido nos mencionados dispositivos legais compreende apenas os honorários contratuais eventualmente pagos a advogado para a adoção de providências extrajudiciais decorrentes do descumprimento da obrigação, objetivando o recebimento amigável da dívida. Sendo necessário o ingresso em juízo, fica o credor autorizado a pleitear do devedor, já na petição inicial, indenização por esses honorários contratuais — pagos ao advogado para negociação e cobrança extrajudicial do débito —, mas, pelos motivos acima expostos, não terá direito ao reembolso da verba honorária paga para a adoção das medidas judiciais".

"Os honorários advocatícios contratuais, porque decorrentes de avença estritamente particular, não podem ser ressarcidos pela parte sucumbente, já que esta não participou do ajuste" (RDDP 53/146: TJDFT, EI 2001.01.1.037334-7).

Contra: "Os honorários convencionais integram o valor devido a título de perdas e danos, nos termos do CC 389, 395 e 404. O pagamento dos honorários extrajudiciais como parcela integrante das perdas e danos também é devido pelo inadimplemento de obrigações trabalhistas, diante da incidência dos princípios do acesso à justiça e da restituição integral dos danos" (STJ-3ª T., REsp 1.027.797, Min. Nancy Andrighi, j. 17.2.11, DJ 23.2.11).

Art. 390. Nas obrigações negativas[1] o devedor é havido por inadimplente desde o dia em que executou o ato de que se devia abster. [Dispositivo correspondente no CC/1916: art. 961.]

Art. 390: 1. v. arts. 250 e 251.

Art. 391. Pelo inadimplemento das obrigações respondem todos[1] os bens do devedor.[2] [Sem dispositivo correspondente no CC/1916.]

Art. 391: 1. exceção feita aos bens impenhoráveis ou inalienáveis. V., a propósito, arts. 1.707 (alimentos), 1.711 a 1.722 (bem de família — especialmente o art. 1.715), 1.848 (exigência de justa causa em testamento) e 1.911 (impenhorabilidade como decorrência da impenhorabilidade em testamento). V. tb. CF 5º-XXVI (impenhorabilidade da pequena propriedade rural), CPC 832, 833 (bens impenhoráveis) e 834 (penhorabilidade dos frutos de bens inalienáveis), assim como o tít. BEM DE FAMÍLIA.

Art. 391: 2. v. CPC 789.

S/ renúncia de herança por devedor inadimplente, v. art. 1.813.

Art. 392. Nos contratos benéficos, responde por simples culpa o contratante, a quem o contrato aproveite, e por dolo aquele a quem não favoreça.[1] Nos contratos onerosos, responde cada uma das partes por culpa, salvo as exceções previstas em lei.[2] [Dispositivo correspondente no CC/1916: art. 1.057.]

Art. 392: 1. Súmula 145 do STJ: "No transporte desinteressado, de simples cortesia, o transportador só será civilmente responsável por danos causados ao transportado quando incorrer em dolo ou culpa grave" (v. jurisprudência s/ esta Súmula em RSTJ 80/335 a 352).

Art. 392: 2. s/ negócios jurídicos benéficos, v. art. 114; s/ transporte gratuito, v. art. 736.

Art. 393. O devedor não responde pelos prejuízos resultantes de caso fortuito ou força maior,[1-2] se expressamente não se houver por eles responsabilizado.[3] [Dispositivo correspondente no CC/1916: art. 1.058-*caput*.]

Parágrafo único. O caso fortuito ou de força maior verifica-se no fato necessário, cujos efeitos não era possível evitar ou impedir.[4 a 5] [Dispositivo correspondente no CC/1916: art. 1.058 § ún.]

Art. 393: 1. s/ caso fortuito e força maior, v. tb. arts. 246 (perda ou deterioração da coisa incerta), 399 (devedor em mora), 492 § 1º (riscos da coisa já posta à disposição do credor), 575-*caput* (coisa locada não devolvida após notificação), 583 (bem do comodante exposto a risco), 607 (prestação de serviços e impossibilidade), 625-I (empreitada e suspensão da obra), 636 (perda da coisa depositada), 642 (responsabilidade do depositário), 650 (responsabilidade do hospedeiro), 667 § 1º (substabelecimento contra a vontade do mandante), 696 § ún. (responsabilidade do comissário), 702 (comissão e não conclusão do negócio), 719 (impossibilidade de sequência do trabalho do agente), 734 (responsabilidade do transportador), 737 (transporte e sujeição a horários e itinerários previstos), 753-*caput* (impossibilidade ou interrupção do transporte de coisa), 862 (gestão contra vontade do interessado), 868-*caput* (gestor e operação arriscada) e 936 (responsabilidade do dono ou detentor do animal).

V. tb. art. 317, nota 2a.

✎ **Art. 393: 2.** "Caso fortuito e força maior", por Ricardo Rodrigues Gama (RF 381/511); "O 'fato do príncipe' — reflexos materiais e processuais", por Humberto Theodoro Júnior (RMDCPC 41/8).

Art. 393: 3. Nem sempre é assim. São indiferentes ao caso fortuito ou à força maior: a perda ou deterioração da coisa incerta (art. 246); a responsabilidade do devedor em mora, embora, nesse caso, o dever de indenizar não resista à prova da ausência de culpa ou da inevitabilidade do dano (art. 399); os danos causados à coisa locada e não restituída após notificação (art. 575-*caput*); os danos sofridos pela coisa dada em comodato em razão de especial negligência do comodatário (art. 583); os prejuízos ocorridos na execução do mandato por substituto do mandatário, designado contra a vontade do mandante, embora, também nesse caso, a prova de que o evento danoso teria ocorrido, ainda que não tivesse havido substabelecimento, libere o mandatário do dever de indenizar (art. 667 § 1º); os danos decorrentes da gestão contra a vontade do interessado, embora, mais uma vez, o dever de indenizar não resista à prova de que o evento danoso teria ocorrido ainda que o gestor nada tivesse feito (art. 862); os prejuízos atrelados a operações arriscadas do gestor (art. 868-*caput*).

Art. 393: 4. "Os fatos danosos causados por agentes da natureza, resultante de **forte chuva, ventos** que se movem com ímpeto, **trovões e raios,** caracteriza-se caso fortuito, o que retira a responsabilidade de indenizar pelos danos dela decorrentes" (RT 871/281; no caso, os eventos naturais causaram a queda de um luminoso sobre uma rede elétrica).

Art. 393: 4a. "O caso fortuito ou de força maior afasta a responsabilidade do devedor pelos danos oriundos do inadimplemento ou da mora contratual, à medida em que interrompe o liame de causalidade que unia o agente ao resultado danoso. Para sua configuração, é imprescindível que haja a confluência de dois fatores: o evento deve ser necessário, isto é, deve impossibilitar o cumprimento da obrigação e suas consequências devem ser inevitáveis ou irresistíveis. Levando em consideração esses preceitos, é certo que a **elevação do preço da energia elétrica** não se reveste dos contornos da força maior, porque: (i) a alteração no preço dos bens que a parte contratada se obriga a fornecer é situação comum, já que se relaciona a inúmeras variáveis econômicas. Trata-se, assim, de um risco atrelado ao negócio; (ii) o problema financeiro ocasionado pelo aumento de preço poderia ter sido obstado caso a energia tivesse sido adquirida em uma única oportunidade e não pouco a pouco, no curso da relação contratual; (iii) a elevação do preço do objeto da prestação até pode dificultar o cumprimento da obrigação, possibilitando, no mais das vezes, a aplicação da figura da excessiva onerosidade, mas não a torna impossível" (STJ-3ª T., REsp 1.736.452, Min. Nancy Andrighi, j. 24.11.20, DJ 1.12.20).

Art. 393: 5. "O inadimplemento de outros compradores não constitui força maior para justificar **atraso na entrega de imóvel** a comprador em dia com a amortização do preço" (STJ-RDDP 58/114: 3ª T., REsp 819.519).

"O atraso na entrega das unidades ao promitente comprador, para ser considerado caso fortuito ou força maior, deve decorrer de fato inevitável e imprevisível, o que não ocorreu na hipótese em tela. Incorporadora e construtora que não tomaram todas as cautelas necessárias e possíveis para o regular licenciamento ambiental de empreendimento de grande porte em local de notório interesse ambiental. A culpa de terceiro não exime o autor direto do dano do dever jurídico de indenizar, mas tão somente lhe assegura o direito de ação regressiva contra o terceiro que criou a situação determinante do evento lesivo" (STJ-3ª T., REsp 1.328.901, Min. Nancy Andrighi, j. 6.5.14, DJ 19.5.14).

Capítulo II | DA MORA

Art. 394. Considera-se em mora[1 a 2a] o devedor que não efetuar o pagamento e o credor que não quiser recebê-lo[3] no tempo,[4] lugar[5] e forma que a lei ou a convenção estabelecer.[6-7] [Dispositivo correspondente no CC/1916: art. 955.]

Art. 394: 1. s/ juros de mora, v. arts. 404 a 407 e 552.

Art. 394: 1a. **Súmula 369 do STJ:** "No contrato de arrendamento mercantil (*leasing*), ainda que haja cláusula resolutiva expressa, é necessária a notificação prévia do arrendatário para constituí-lo em mora".

Súmula 380 do STJ: "A simples propositura da ação de revisão de contrato não inibe a caracterização da mora do autor".

Art. 394: 2. **Enunciado 354 do CEJ:** "A cobrança de encargos e parcelas indevidas ou abusivas impede a caracterização da mora do devedor".

"O reconhecimento da abusividade nos encargos exigidos no período da normalidade contratual (juros remuneratórios e capitalização) descaracteriza a mora. Não descaracteriza a mora o ajuizamento isolado de ação revisional, nem mesmo quando o reconhecimento de abusividade incidir sobre os encargos inerentes ao período de inadimplência contratual" (STJ-2ª Seção, REsp 1.061.530, Min. Nancy Andrighi, j. 22.10.08, DJ 10.3.09).

"Caracterizada a cobrança, pela instituição financeira, de parcela abusiva, somente restam autorizados os efeitos da mora depois de apurado o valor exato do débito, afastada, no caso, a multa moratória" (STJ-2ª Seção, REsp 713.329, Min. Menezes Direito, j. 23.8.06, três votos vencidos, DJU 7.12.06).

Todavia: "Apenas a cobrança de encargos remuneratórios ilegais, pelo credor, descaracteriza a mora do devedor. Em outras palavras: mesmo que haja cobrança de encargos moratórios ilegais, a mora do devedor não pode ser descaracterizada" (STJ-3ª T., REsp 899.662, Min. Gomes de Barros, j. 14.8.07, DJU 29.10.07). Assim, se os valores devidos até o vencimento da dívida são legais e regulares, a mora não pode ser afastada, ainda que o credor tenha ulteriormente cobrado de forma abusiva verbas devidas após tal vencimento, como é o caso da comissão de permanência (STJ-3ª T., REsp 869.717-AgRg-EDcl, Min. Gomes de Barros, j. 28.8.07, DJU 9.4.08; nota: a ementa não corresponde ao conteúdo do acórdão). No mesmo sentido: STJ-2ª Seção, REsp 1.061.530, Min. Nancy Andrighi, j. 22.10.08, DJ 10.3.09.

"A abusividade de encargos acessórios do contrato não descaracteriza a mora" (STJ-2ª Seção, REsp 1.639.259, Min. Paulo Sanseverino, j. 12.12.18, DJ 17.12.18).

"A parte embargante, entendendo serem excessivos os cálculos apresentados pelo exequente, deveria ter realizado o pagamento dos valores que acreditava serem devidos — parte incontroversa —, desvencilhando-se, de tal modo, da incidência de correção monetária e de juros de mora sobre referido montante" (STJ-5ª T., REsp 767.498, Min. Arnaldo Esteves, j. 9.3.06, DJU 26.2.07).

Código Civil

Art. 394: 2a. "Sujeita-se ao pagamento de juros moratórios o contribuinte que, protegido por liminar suspendendo a exigibilidade do crédito tributário, vem a perder a demanda, com a cassação da liminar. Tem o Fisco direito à cobrança integral do seu crédito, inclusive os encargos decorrentes da mora, uma vez que, com a cassação da liminar, há retorno ao *status quo ante*" (STJ-2ª T., REsp 1.086.319, Min. Eliana Calmon, j. 16.12.08, DJ 18.2.09).

Art. 394: 3. "A inadimplência do credor que se recusa a receber prestação nos termos de acordo firmado não cessa com a consignação em pagamento, pelo devedor, do valor recusado. A consignação não purga a *mora accipiendi*" (STJ-3ª T., REsp 796.714, Min. Gomes de Barros, j. 3.4.07, DJU 14.5.07).

Art. 394: 4. v. arts. 331 a 333.

Art. 394: 5. v. arts. 327 a 330.

Art. 394: 6. s/ mora e negativa de quitação, v. art. 319.

Art. 394: 7. "Se a mora for do credor (e será dele quando cobrar mais do que o devido), findo o prazo contratual, e até o trânsito em julgado, o devedor responderá pelos juros remuneratórios à taxa média de mercado, nunca superiores àquela contratada para o empréstimo, e pela respectiva capitalização. Após o trânsito em julgado, a instituição financeira está autorizada a cobrar do mutuário juros remuneratórios de mercado, nunca superiores aos contratados, e — se ajustados — juros de mora e multa" (STJ-3ª T., REsp 967.204-AgRg, Min. Ari Pargendler, j. 20.5.08, DJ 5.8.08).

V. tb. art. 400, nota 2.

Art. 395. Responde o devedor pelos prejuízos a que sua mora der causa,[1] mais juros, atualização dos valores monetários segundo índices oficiais regularmente estabelecidos, e honorários de advogado.[1a] [Dispositivo correspondente no CC/1916: art. 956-*caput*]

Parágrafo único. Se a prestação, devido à mora, se tornar inútil ao credor,[2] este poderá enjeitá-la, e exigir a satisfação das perdas e danos.[3] [Dispositivo correspondente no CC/1916: art. 956 § ún.]

Art. 395: 1. "**Despesas administrativas** para o banco reaver seu crédito. **Ligações telefônicas.** Repasse ao consumidor. Abusividade não configurada. À luz do princípio *restitutio in integrum*, consagrado no art. 395 do Código Civil/2002, imputa-se ao devedor a responsabilidade por todas as despesas a que ele der causa em razão da sua mora ou inadimplemento, estando o consumidor, por conseguinte, obrigado a ressarcir os custos decorrentes da cobrança de obrigação inadimplida" (STJ-3ª T., REsp 1.361.699, Min. Ricardo Cueva, j. 12.9.17, DJ 21.9.17).

Art. 395: 1a. Em sentido semelhante, v. art. 389.

Art. 395: 2. Enunciado 162 do CEJ: "A inutilidade da prestação que autoriza a recusa da prestação por parte do credor deverá ser aferida objetivamente, consoante o princípio da boa-fé e a manutenção do sinalagma, e não de acordo com o mero interesse subjetivo do credor".

Art. 395: 3. v. arts. 402 a 405.

Art. 396. Não havendo fato ou omissão imputável ao devedor, não incorre este em mora.[1] [Dispositivo correspondente no CC/1916: art. 963.]

Art. 396: 1. s/ mora e negativa de quitação, v. art. 319; s/ mora e devedores solidários, v. art. 280.

Art. 397. O inadimplemento da obrigação, positiva[1] e líquida, no seu termo,[2] constitui de pleno direito em mora o devedor.[3 a 4a] [Dispositivo correspondente no CC/1916: art. 960.]

Parágrafo único. Não havendo termo, a mora se constitui mediante interpelação judicial[5-6] ou extrajudicial. [Dispositivo correspondente no CC/1916: art. 960.]

Art. 397: 1. Nas obrigações negativas, v. art. 390.

Art. 397: 2. v. arts. 131 a 135.

Art. 397: 3. "'A designação de um prazo demonstra a intenção do credor de receber o que se lhe deve no dia do vencimento do prazo, portanto, seria descabido exigir-se uma nova interpelação para a constituição do devedor em mora' (TEPEDINO, Gustavo. *Código Civil interpretado conforme a Constituição da República*. Rio de Janeiro: Renovar. 2. ed. 2007. p. 721-722)" (STJ-2ª T., REsp 1.211.214, Min. Castro Meira, j. 7.12.10, DJ 14.2.11).

Art. 397: 4. "Com a quitação do preço, a obrigação assumida de outorga da escritura definitiva se tornou líquida e vencida, o que constitui em mora o devedor em seu vencimento, independentemente de interpelação, conforme prevê a primeira parte do artigo 960 do Código Civil de 1916 (*caput* do art. 397 do atual Código Civil)" (STJ-3ª T., REsp 813.736, Min. Sidnei Beneti, j. 18.5.10, DJ 7.6.10).

V. tb. nota 8a ao art. 22 do Dec. lei 58, de 10.12.37, no tít. PROMESSA DE COMPRA E VENDA E LOTEAMENTO.

Art. 397: 4a. "Compromisso de compra e venda de imóvel. Inadimplemento. Mora *ex re*. Desnecessidade de interpelação. Rescisão contratual. A prévia interpelação judicial para constituição em mora é necessária quando se trata de mora 'ex persona', isto é, quando não há termo previamente acordado para cumprimento da obrigação. Em contrapartida, nos casos em que há obrigação positiva, líquida e com termo certo estipulado na avença, tem-se a mora 'ex re', que independe de prévia interpelação" (STJ-4ª T., Ag em REsp 172.693-AgRg, Min. Marco Buzzi, j. 6.11.14, DJ 17.11.14).

V. tb. Dec. lei 745, de 7.8.69, em nota 8 ao art. 22 do Dec. lei 58, de 10.12.37, no tít. PROMESSA DE COMPRA E VENDA E LOTEAMENTO.

Art. 397: 5. v. CPC 726 a 729. Em matéria de: venda com reserva de domínio, v. art. 525, inclusive nota 4; doação, v. art. 562, *in fine*, inclusive nota 1a.

Art. 397: 6. "Obrigação sem prazo determinado. Constituição do devedor em mora. Art. 960, CC. Citação. Validade como interpelação nos casos em que a lei não exija a interpelação premonitória como condição especial da ação" (STJ-4ª T., REsp 130.012, Min. Sálvio de Figueiredo, j. 23.9.98, DJ 1.2.99).

"Nos termos do artigo 397, parágrafo único, do Código Civil, em se tratando de dívida não sujeita a termo, tal como ocorre na espécie, o devedor é constituído em mora por meio de interpelação judicial ou extrajudicial. Assim, encontrar-se-á em mora (inadimplente, portanto) o devedor que, embora instado, judicial ou extrajudicialmente, para a pagar, não providenciar, a tempo, o correlato adimplemento. No ponto, é de suma importância deixar assente que a citação operada no bojo da ação de execução não se destina a instar o devedor a se defender, mas sim a cumprir a obrigação contida no título executivo judicial, especialmente porque a relação jurídica material estabelecida entre as partes encontra-se, por força de lei, devidamente definida. E, justamente por se efetivar perante o Poder Judiciário, dúvidas não pairam sobre a idoneidade desta 'interpelação', e, principalmente, sobre o atendimento de sua finalidade, que é, ressalta-se, de instar o devedor a pagar. Desse modo, a citação operada no bojo da ação de execução tem o condão de constituir o devedor em mora e, verificada a inércia do devedor, confirmar em juízo o alegado inadimplemento" (STJ-3ª T., REsp 1.489.913, Min. Marco Bellizze, j. 11.11.14, DJ 20.11.14).

Todavia: "A citação inicial somente se presta a constituir mora nos casos em que a ação não se funda na mora do réu, hipótese em que esta deve preceder ao ajuizamento" (RSTJ 132/413: 4ª T,. REsp 159/661).

Art. 398. Nas obrigações provenientes de ato ilícito, considera-se o devedor em mora, desde que o praticou.[1] [Dispositivo correspondente no CC/1916: art. 962.]

Art. 398: 1. s/ juros de mora em caso de responsabilidade extracontratual, v. art. 405, nota 2; s/ termo inicial de incidência de juros e ato ilícito do mandatário, v. art. 670.

Art. 399. O devedor em mora responde pela impossibilidade da prestação, embora essa impossibilidade resulte de caso fortuito ou de força maior,[1] se estes ocorrerem durante o atraso; salvo se provar isenção de culpa, ou que o dano sobreviria ainda quando a obrigação fosse oportunamente desempenhada.[2] [Dispositivo correspondente no CC/1916: art. 957.]

Art. 399: 1. v. art. 393 § ún.

Art. 399: 2. No mesmo sentido: para o substabelecimento contra ordem do mandante, v. art. 667 § 1º; para a gestão de negócios contra a vontade do interessado, v. art. 862.

Art. 400. A mora do credor subtrai o devedor isento de dolo à responsabilidade pela conservação da coisa, obriga o credor a ressarcir as despesas empregadas em conservá-la, e sujeita-o a recebê-la pela estimação mais favorável ao devedor, se o seu valor oscilar entre o dia estabelecido para o pagamento e o da sua efetivação.[1 a 3] [Dispositivo correspondente no CC/1916: art. 958.]

Art. 400: 1. s/ mora em matéria de: compra e venda, v. art. 492 § 2º; empreitada, v. art. 611.

S/ mora do credor como fundamento para a consignação em pagamento, v. art. 335-II.

Art. 400: 2. "Caracterizada a mora da sociedade italiana credora (mora 'creditoris'), estava desobrigada a devedora, enquanto não houvesse a regularização, de consignar a quantia e de pagar juros de mora" (STJ-3ª T., REsp 857.299, Min. Paulo Sanseverino, j. 3.5.11, DJ 13.6.11).

V. tb. art. 394, nota 7.

Art. 400: 3. "A parte final do art. 958 do CC/16 (*art. 400 do CC/02*), que disciplina os efeitos da mora do credor, não autoriza a exclusão da correção monetária, cuja função é evitar a depreciação do valor do crédito" (STJ-3ª T., REsp 857.299, Min. Paulo Sanseverino, j. 3.5.11, DJ 13.6.11).

Art. 401. Purga-se a mora: [Dispositivo correspondente no CC/1916: art. 959-*caput*.]

I — por parte do devedor,[1] oferecendo este a prestação mais a importância dos prejuízos[2] decorrentes do dia da oferta; [Dispositivo correspondente no CC/1916: art. 959-I.]

II — por parte do credor, oferecendo-se este a receber o pagamento e sujeitando-se aos efeitos[3] da mora até a mesma data. [Dispositivo correspondente no CC/1916: art. 959-II.]

Art. 401: 1. Purgação da mora:

— na locação: LI 62-II a V e § ún.;

— nas promessas de compra e venda e de cessão de direitos de imóveis não loteados: Dec. lei 745, de 7.8.69, art. 1º (em nota 8 ao art. 22 do Dec. lei 58, de 10.12.37, no tít. PROMESSA DE COMPRA E VENDA E LOTEAMENTO);

— nos contratos relativos a loteamento urbano: Lei 6.766, de 19.12.79, arts. 32 e 33 (no tít. PROMESSA DE COMPRA E VENDA E LOTEAMENTO);

— nos contratos relativos a unidades condominiais: Lei 4.591, de 16.12.64, art. 63-*caput* (no tít. CONDOMÍNIO E INCORPORAÇÃO);

— nos contratos imobiliários com cláusula de correção monetária: Lei 4.864, de 29.11.65, art. 1º-VI (no tít. CONTRATOS IMOBILIÁRIOS);

— no despejo de parceiro ou arrendatário rural: Dec. 59.566, de 14.11.66, art. 32 § ún. (Lex 1966/1.587);

— nos débitos garantidos por cédula hipotecária: Dec. lei 70, de 21.11.66, arts. 31 § 1º, 34 e 37 § 3º (no tít. CÉDULA HIPOTECÁRIA);

— na alienação fiduciária: Dec. lei 911, de 1.10.69, art. 3º §§ 1º e 3º (no tít. ALIENAÇÃO FIDUCIÁRIA);

— na hipoteca de imóvel vinculado ao Sistema Financeiro da Habitação: Lei 5.741, de 1.12.71, art. 8º (no tít. CONTRATOS IMOBILIÁRIOS).

Art. 401: 2. v. arts. 402 a 405.

Art. 401: 3. v. art. 400.

Capítulo III | DAS PERDAS E DANOS[1]

CAP. III: 1. s/ liquidação das obrigações por ato ilícito, v. arts. 944 a 954; s/ cláusula penal, v. arts. 408 a 416; s/ despesas judiciais, inclusive honorários de advogado, v. CPC 82 a 90; s/ juros de mora, v. arts. 404 a 407.

V. art. 389.

S/ perdas e danos no CPC, v. tb. arts. 79 (pleito de má-fé), 302 (responsabilidade do requerente da tutela de urgência), 499 e 500 (perdas e danos como solução secundária e sem prejuízo da multa coercitiva), 520 (responsabilidade do exequente na execução provisória), 555-I (cumulação com pedido possessório), 776 (responsabilidade do exequente na execução em geral).

Art. 402. Salvo as exceções expressamente previstas em lei, as perdas e danos devidas ao credor abrangem, além do que ele efetivamente perdeu, o que razoavelmente deixou de lucrar.[1 a 7] [Dispositivo correspondente no CC/1916: art. 1.059-*caput*.]

✎ **Art. 402: 1.** "Novo Código Civil. Pessoas jurídicas, empresário, sociedade, estabelecimento, nome comercial e/ ou nome empresarial, perdas e danos e prescrição", por José Carlos Tinoco Soares (RT 798/11).

Art. 402: 1a. Em matéria de indenização consubstanciada na prestação de alimentos, v. art. 948, nota 9.

Art. 402: 1b. Ou seja, danos emergentes e lucros cessantes, respectivamente.

Art. 402: 2. Em caso de vício redibitório, as perdas e danos só serão devidas pelo alienante se ele conhecia o vício ou defeito da coisa, cf. art. 443.

Art. 402: 3. "O pagamento de cláusula penal compensatória exclui a possibilidade de exigir-se ainda a solução de perdas e danos" (STJ-4ª T., REsp 556.620-MT, Min. Cesar Rocha, j. 20.11.03, DJU 10.5.04).

Art. 402: 3a. "O aprisionamento ilegal do recorrente já faz prova suficiente do dano material sofrido, uma vez que este ficou impossibilitado de exercer qualquer espécie de trabalho o que, por consequência lógica, implica redução, ou não crescimento, de seu patrimônio. Assim, o dano sofrido, consubstanciado em lucros cessantes, é presumido" (STJ-2ª T., REsp 1.030.890, Min. Castro Meira, j. 14.4.11, DJ 27.4.11; a citação é do voto do relator). No caso, ante a falta de outros elementos nos autos, foi concedida indenização equivalente a um salário mínimo por mês de prisão ilegal.

Art. 402: 3b. "A apuração dos lucros cessantes deve ser feita com a dedução de todas as despesas operacionais da empresa, inclusive tributos" (STJ-RDDP 100/121: 4ª T., REsp 1.110.417).

"O faturamento corresponde à receita da empresa, não podendo ser confundido com o lucro, que só é apurado depois de deduzidas as despesas (salários, aluguéis etc.) e os tributos" (STJ-3ª T., REsp 613.648, Min. Ari Pargendler, j. 6.2.07, dois votos vencidos, DJU 16.4.07).

Art. 402: 4. "Rescindido o contrato celebrado visando à construção de *shopping center*, a indenização devida a título de danos emergentes deverá corresponder ao valor atualizado do lote e não àquele constante da escritura pública lavrada à época do negócio jurídico, sob pena de não se atender à necessidade de recomposição efetiva da perda patrimonial experimentada" (STJ-3ª T., REsp 1.003.429, Min. Sidnei Beneti, j. 28.4.09, DJ 25.5.09).

Art. 402: 4a. "O proprietário de imóvel tem direito aos lucros cessantes correspondentes aos frutos civis que deixou de auferir com o bem pelo período em que, por força de ação de vistoria e arbitramento proposta por antigo inquilino, estava impedido de o explorar economicamente. A prescrição da pretensão indenizatória, nesse caso, começa a fluir a partir do momento em que encerrada a prova pericial que impedia a utilização do bem" (STJ-3ª T., REsp 1.432.901, Min. Sidnei Beneti, j. 10.6.14, DJ 27.6.14).

Art. 402: 4b. "O atraso na entrega do imóvel enseja pagamento de indenização por lucros cessantes durante o período de mora do promitente vendedor, sendo presumido o prejuízo do promitente comprador" (STJ-2ª Seção, ED no REsp 1.341.138, Min. Isabel Gallotti, j. 9.5.18, DJ 22.5.18). No mesmo sentido: "A inexecução do contrato pelo promitente-vendedor que não entrega o imóvel na data estipulada acarreta, além do dano emergente, figurado nos valores das parcelas pagas pelo promitente-comprador, lucros cessantes a título de alugueres que poderia o imóvel ter rendido se tivesse sido entregue na data contratada" (STJ-3ª T., REsp 1.049.894-AgRg, Min. Vasco Della Giustina, j. 19.10.10, DJ 26.10.10). Ainda, concedendo os lucros cessantes mesmo tendo havido a resolução do contrato: STJ-3ª T., REsp 1.833.110, Min. Paulo Sanseverino, j.16.12.19, DJ 19.12.19.

"Cabimento de indenização por lucros cessantes até a data da efetiva disponibilização das chaves por ser este o momento a partir do qual os adquirentes passam a exercer os poderes inerentes ao domínio, dentre os quais o de fruir do imóvel" (STJ-3ª T., REsp 1.796.760, Min. Paulo Sanseverino, j. 2.4.19, DJ 5.4.19).

"Programa Minha Casa, Minha Vida. No caso de descumprimento do prazo para a entrega do imóvel, incluído o período de tolerância, o prejuízo do comprador é presumido, consistente na injusta privação do uso do bem, a ensejar o pagamento de indenização, na forma de aluguel mensal, com base no valor locatício de imóvel assemelhado, com termo final na data da disponibilização da posse direta ao adquirente da unidade autônoma" (STJ-2ª Seção, REsp 1.729.593, Min. Marco Bellizze, j. 25.9.19, DJ 27.9.19).

"O atraso da prestação de entrega de imóvel objeto de compromisso de compra e venda gera obrigação da alienante indenizar o adquirente pela privação injusta do uso do bem. O uso será obtido economicamente pela medida de um aluguel, que pode ser calculado em percentual sobre o valor atualizado do contrato, correspondente ao que deixou de receber, ou teve de pagar para fazer uso de imóvel semelhante, com termo final na data da disponibilização da posse direta ao adquirente da unidade autônoma já regularizada" (TJSP, IRDR 0023203-35.2016.8.26.000, Des. Francisco Loureiro, j. 31.8.17, maioria, DJ 5.9.17).

V. tb. LCE 43-A e notas.

Art. 402: 5. "Responsabilidade civil. Valores desviados pela instituição financeira da conta-corrente. Os danos a serem indenizados pela instituição financeira são aqueles decorrentes da transferência não justificada de fundos do correntista (a respectiva quantia nominal e os juros remuneratórios de um por cento ao mês) e as despesas (juros e tarifas) que em função do correspondente saldo negativo o depositante teve de suportar, mais a correção monetária e os juros de mora" (STJ-2ª Seção, REsp 447.431, Min. Ari Pargendler, j. 28.3.07, um voto vencido, DJU 16.8.07). Ou seja, a restituição dos valores devidos ao cliente não se opera com base nos mesmos índices e taxas cobrados pelo banco nas suas atividades.

"Uma vez declarada a abusividade dos encargos incidentes nos contratos de arrendamento celebrados entre as partes, com a determinação da correlata devolução dos valores indevidamente pagos, com juros legais e correção monetária — conforme reconhecido na primeira ação e já quitado —, absolutamente descabido agregar a essa 'reparação' (ou seja, ao valor já devolvido) os encargos/juros previstos nos contratos, considerados abusivos (e já repetidos, reitera-se), pois estes, além de não representarem, na acepção técnico-jurídica, lucros cessantes, ensejariam, reflexamente, enriquecimento sem causa em favor da parte demandante. Como bem pontuado pela Segunda Seção do STJ, somente as instituições financeiras estão autorizadas a cobrar juros excedentes de 1% ao mês. Por outro lado, as taxas cobradas, de igual modo, não representam o lucro líquido da operação à instituição financeira, como fora indevidamente conferido ao arrendatário no aresto rescindendo. Além disso, a reparação, na vertente dos lucros cessantes, deve ter por propósito a recomposição do *status quo ante*, a permitir que o lesado possa obter os ganhos que concretamente ganharia, não fosse o evento danoso, e não impor uma sanção pecuniária ao causador do ato ilícito" (STJ-3ª T., REsp 1.439.789, Min. Marco Bellizze, j. 14.6.16, DJ 22.6.16).

"Lucros cessantes são devidos ao correntista que teve dinheiro retirado de sua conta mediante o pagamento de cheques emitidos defectivamente, com uma assinatura apenas, quando os atos constitutivos da empresa exigiam duas" (STJ-3ª T., REsp 1.349.894, Min. Sidnei Beneti, j. 4.4.13, DJ 11.4.13).

Art. 402: 5a. "São devidos lucros cessantes pela seguradora em razão da demora no pagamento da indenização, que impede a empresa segurada de exercer suas atividades. Indevidos os danos emergentes decorrentes do retardo no pagamento da indenização por que não demonstrados. No presente caso, com a destruição do imóvel, os lucros cessantes são devidos a partir do momento em que a empresa estaria apta a reiniciar suas atividades se não houvesse o descumprimento contratual por parte da seguradora" (STJ-3ª T., REsp 839.123, Min. Sidnei Beneti, j. 15.9.09, DJ 15.12.09).

Art. 402: 5b. "Lucros cessantes consistem naquilo que o lesado deixou razoavelmente de lucrar como consequência direta do evento danoso (Código Civil, art. 402). No caso de incêndio de estabelecimento comercial (posto de gasolina), são devidos pelo período de tempo necessário para as obras de reconstrução. A circunstância de a empresa ter optado por vender o imóvel onde funcionava o empreendimento, deixando de dedicar-se àquela atividade econômica, não justifica a extensão do período de cálculo dos lucros cessantes até a data da perícia" (STJ-RDDP 100/121: 4ª T., REsp 1.110.417).

Art. 402: 5c. "Lucros cessantes são aqueles que o credor 'razoavelmente deixou de lucrar'. Eles devem ser previsíveis quando da celebração do negócio jurídico. Comprovada a culpa da distribuidora de combustíveis em não honrar obrigação contratual com sociedade comercial que iria operar em um dos pontos de distribuição no varejo sob a bandeira da distribuidora, cabe a apuração de lucros cessantes com base no que terceiro vem auferindo de lucro naquele mesmo ponto de venda" (STJ-4ª T., REsp 1.121.611, Min. João Otávio, j. 23.2.10, DJ 16.3.10).

Art. 402: 6. "Configurados o dano e os lucros cessantes pela paralisação de veículo de autoescola necessário ao desenvolvimento das atividades da autora, cabível a condenação, cujo montante, todavia, deve ser apurado em liquidação de sentença, considerando-se, notadamente, o volume médio de aulas ministradas pela empresa e o valor das mesmas, porém com a dedução obrigatória das despesas operacionais" (STJ-4ª T., REsp 489.195, Min. Aldir Passarinho Jr., j. 23.10.07, DJU 19.11.07).

"No caso dos profissionais autônomos, uma vez comprovada a realização contínua da atividade e a incapacidade absoluta pelo período da convalescença, os lucros cessantes devem ser reconhecidos com base nos valores que a vítima, em média, costumava receber, a serem fixados por arbitramento, em liquidação de sentença" (STJ-4ª T., REsp 971.721, Min. Luis Felipe, j. 17.3.11, DJ 22.3.11).

Art. 402: 6a. "A parcela de perda remuneratória que a Corte Estadual reconheceu como comprobatória de lucros cessantes, diárias auferidas pelo servidor quando de seu deslocamento em viagens a serviço, não constitui forma de obtenção de ganho equivalente a lucro. As diárias têm natureza meramente indenizatória, destinadas a compensar ou cobrir despesas extraordinárias que o servidor se vê obrigado a realizar pelo fato de encontrar-se fora de seu sítio de trabalho" (STJ-4ª T., REsp 912.500, Min. Raul Araújo, j. 7.8.12, DJ 29.8.12).

Art. 402: 6b. "A fixação da indenização em montante correspondente ao integral cumprimento do contrato, sem qualquer contrapartida, provoca enriquecimento sem causa. Redução do ressarcimento a valor proporcionalizado, com aplicação do direito à espécie" (STJ-4ª T., REsp 555.284, Min. Aldir Passarinho Jr., j. 3.2.11, DJ 14.2.11).

Art. 402: 6c. "O lucro cessante consiste na frustração do crescimento patrimonial alheio, ou seja, o ganho patrimonial que a vítima poderia auferir, mas não o fez graças à lesão sofrida. A mera impossibilidade de efetuar gastos e contrair dívidas, com a aquisição de apartamento, carro e utilização de limites de crédito bancário, não equivale àquilo que a vítima 'razoavelmente deixou de lucrar', segundo o conceito consagrado de lucros cessantes" (STJ-3ª T., REsp 979.118, Min. Nancy Andrighi, j. 23.9.08, DJ 3.10.08).

"A negativa de concessão de crédito impede o acréscimo de valores no patrimônio do mutuante e, de forma simultânea, a aquisição de dívida pela quantia equivalente, circunstância que obsta o ressarcimento por danos emergentes por ausência de redução patrimonial do suposto lesado" (STJ-3ª T., REsp 1.369.039, Min. Ricardo Cueva, j. 4.4.17, DJ 10.4.17).

Art. 402: 7. "Todavia, isso não autoriza que tais lucros sejam hipotéticos. Ao contrário, devem ser previsíveis já na celebração do contrato, ou seja, são indenizáveis os lucros que o contratante obteria com a execução direta do contrato, e não os que seriam obtidos em decorrência de fatores diversos ou indiretos aos efeitos do contrato" (STJ-2ª T., REsp 440.500-EDcl, Min. João Otávio, j. 23.10.07, DJU 13.11.07).

"Correspondem os lucros cessantes a tudo aquilo que o lesado razoavelmente deixou de lucrar, ficando condicionado, portanto, a uma probabilidade objetiva resultante do desenvolvimento normal dos acontecimentos. A condenação a esse título pressupõe a existência de previsão objetiva de ganhos na data do inadimplemento da obrigação pelo devedor. No caso, os lucros alegados decorrem de previsões baseadas em suposta rentabilidade de uma atividade empresarial que nem mesmo se iniciou. Assim sendo, não se pode deferir reparação por lucros cessantes se estes, em casos como o dos autos, configuram-se como dano hipotético, sem suporte na realidade em exame, da qual não se pode ter a previsão razoável e objetiva de lucro, aferível a partir de parâmetro anterior e concreto capaz de configurar a potencialidade de lucro" (STJ-3ª T., REsp 846.455, Min. Sidnei Beneti, j. 10.3.09, maioria, DJ 22.4.09). No mesmo sentido: STJ-2ª T., REsp 1.255.395, Min. Mauro Campbell, j. 8.11.11, DJ 5.12.11; STJ-4ª T., Ag em REsp 964.233-AgInt, Min. Isabel Gallotti, j. 4.4.17, maioria, DJ 23.5.17.

"O pedido de progressão da carreira, baseado em possíveis promoções a que o recorrido teria direito, depende de uma carga grande de eventualidade, de onde os lucros cessantes não estão enquadrados. Isso porque as possíveis promoções que o recorrido teria na carreira não são eventos certos, possíveis de serem desde já comprovados, por dependerem claramente de um juízo de probabilidade. Diferentemente seria se o recorrido pertencesse a um quadro funcional definido, com regulamentação própria e previsão certa, mediante critérios objetivos, de acesso aos cargos mais elevados dentro da estrutura do órgão. Assim, embora a promoção seja algo possível e razoável de se esperar para o futuro, não é ela um fato comprovado, determinado e inevitável, passível de ser reparável, sendo, portanto, mera expectativa de direito" (STJ-RT 884/165: 1ª T., REsp 650.778).

"No caso concreto, não há como aferir, com certeza, o que a parte recorrida deixou de lucrar em face da demora na finalização do curso, mesmo que o atraso de dois anos tenha se dado por culpa da instituição de ensino. Ou seja, não há como chegar à conclusão de que, caso tivesse terminado o curso no período inicialmente previsto, teria auferido ganhos imediatos com a atividade de professor, pois a só conclusão do curso não é garantia bastante, por si só, para se comprovar objetivamente a prática profissional e consequentemente o ganho" (STJ-4ª T., REsp 615.203, Min. João Otávio, j. 25.8.09, DJ 8.9.09; a citação é do voto do relator). No mesmo sentido: STJ-3ª T., REsp 1.232.773, Min. João Otávio, j. 18.3.14, DJ 3.4.14.

"A jurisprudência desta Corte admite a responsabilidade civil e o consequente dever de reparação de possíveis prejuízos com fundamento na denominada teoria da perda de uma chance, desde que séria e real a possibilidade de êxito, o que afasta qualquer reparação no caso de uma simples esperança subjetiva ou mera expectativa aleatória. A simples inscrição do autor em concurso público ou o fato de estar, no momento do acidente, bem posicionado em lista classificatória parcial do certame, não indicam existir situação de real possibilidade de êxito capaz de autorizar a aplicação, no caso, da teoria da perda uma chance, não havendo falar, portanto, na existência de lucros cessantes a serem indenizados" (STJ-3ª T., REsp 1.591.178, Min. Ricardo Cueva, j. 25.4.17, DJ 2.5.17). "Nos lucros cessantes há certeza da vantagem perdida, enquanto na perda de uma chance há certeza da probabilidade perdida de se auferir uma vantagem. Trata-se, portanto, de dois institutos jurídicos distintos. Assim feita a distinção entre os lucros cessantes e a perda de uma chance, a conclusão que se extrai, do confronto entre o título executivo judicial — que condenou a ré à indenização por lucros cessantes — e o acórdão recorrido — que calculou o valor da indenização com base na teoria perda de uma chance — é a da configuração de ofensa à coisa julgada. Especificamente quanto à hipótese dos autos, o entendimento desta Corte é no sentido de não admitir a indenização por lucros cessantes sem comprovação e, por conseguinte, rejeitar os lucros hipotéticos, remotos ou presumidos, incluídos nessa categoria aqueles que supostamente seriam gerados pela rentabilidade de atividade empresarial que sequer foi iniciada" (STJ-3ª T., REsp 1.750.233, Min. Nancy Andrighi, j. 5.2.19, DJ 8.2.19). S/ perda de uma chance, v. arts. 927, notas 3a, 3c, 5c e 8b, e 951, notas 1c e 7a, e CDC 14, notas 2, *in fine*, 3a, e 7a.

"O dano deve, por isso, ser certo, atual e subsistente. Incerto é dano hipotético, eventual, que pode vir a ocorrer, ou não. A atualidade exige que o dano já tenha se verificado. Subsistente é o dano que ainda não foi ressarcido. Se o dano pode revelar-se inexistente, ele também não é certo e, portanto, não há indenização possível" (STJ-3ª T., REsp 965.758, Min. Nancy Andrighi, j. 19.8.08, DJ 3.9.08).

"Constatando-se que a vítima do dano não lucrou nada e que a ausência de lucro decorreu de elementos alheios ao dano, de forma que, mesmo que o dano não tivesse ocorrido, ainda assim, o resultado negativo verificar-se-ia, não se pode forjar elementos na busca de lucro hipotético. Na hipótese de sentença condenatória ao pagamento de lucros cessantes, em que se posterga a apuração para a liquidação de sentença, não há nenhuma ilegalidade em que os cálculos sejam negativos, mormente quando se trata de sociedade que apresentou, no período dos cálculos, resultado negativo, e não lucro. O que se veda na hipótese de lucros cessantes é a liquidação da sentença baseada em estimativas não condizentes com a realidade vivenciada pela empresa ou a apuração com base em elementos outros que não decorram do dano sofrido" (STJ-3ª T., REsp 1.333.187-EDcl, Min. João Otávio, j. 7.10.14, DJ 4.11.14)

Art. 403. Ainda que a inexecução resulte de dolo do devedor, as perdas e danos só incluem os prejuízos efetivos e os lucros cessantes por efeito dela direto e imediato, sem prejuízo do disposto na lei processual.[1 a 4]

[Dispositivo correspondente no CC/1916: art. 1.060.]

Art. 403: 1. "O nexo de causalidade e sua interpretação pelos tribunais", por Luis Cláudio Furtado Faria (RJ 341/59).

Art. 403: 1a. v. CPC 499, 500, 809, 816, 821 § ún., 823.

Art. 403: 2. "A responsabilidade civil decorre do concreto e efetivo nexo causal entre o ato e o evento danoso, não colhendo procedência o entendimento sufragado pelo Tribunal estadual, com apoio em discutível teoria da equivalência das causas antecedentes, no sentido de que o banco é culpado pela morte do esposo e pai dos autores, assassinado por credor que, obtendo de gerente de agência do réu informação sigilosa sobre existência de saldo em conta corrente pessoal suficiente ao pagamento de dívida, terminou por assassinar o devedor, ante a sua recusa em pagar o valor do cheque por ele emitido contra conta empresarial, sem fundos. Condenação do banco réu que se limita ao ato ilícito de quebra de sigilo por seu preposto, traduzida em dano moral proporcionalmente fixado, afastados os danos materiais, inclusive o pensionamento" (STJ-4ª T., REsp 620.777, Min. Aldir Passarinho Jr., j. 3.11.09, DJ 18.12.09).

Art. 403: 2a. "Relativamente ao elemento normativo do nexo causal em matéria de responsabilidade civil, vigora, no direito brasileiro, o princípio da causalidade adequada (ou do dano direto e imediato), cujo enunciado pode ser decomposto em duas partes: a primeira (que decorre, *a contrario sensu*, do art. 159 do CC/16 e do art. 927 do CC/2002, que fixa a indispensabilidade do nexo causal), segundo a qual ninguém pode ser responsabilizado por aquilo a que não tiver dado causa; e a outra (que decorre do art. 1.060 do CC/16 e do art. 403 do CC/2002, que fixa o conteúdo e os limites do nexo causal) segundo a qual somente se considera causa o evento que produziu direta e concretamente o resultado danoso. No caso, o evento danoso não decorreu direta e imediatamente do registro de imóvel inexistente, e, sim, do comportamento da contratante, que não cumpriu o que foi acordado com a demandante" (STJ-1ª T., REsp 1.198.829, Min. Teori Zavascki, j. 5.10.10, um voto vencido, DJ 25.11.10).

Art. 403: 3. "Responsabilidade civil. Danos morais. Discussão com preposto da requerida. Abalo psíquico experimentado pela vítima, que teria desencadeado crise hipertensiva e aneurisma cerebral. Problema de saúde preexistente. Perícia, no entanto, que não afastou a concausalidade com a forte tensão emocional causada pelo evento. Agente que ao discutir com senhora idosa e obesa adotou conduta de risco, agindo com culpa ou dolo eventual. Nexo de causalidade evidenciado. Responsabilidade objetiva da empresa. Indenização devida em favor do autor, filho da vítima" (JTJ 342/404: AP 459.636-4/0-00, maioria).

Art. 403: 4. "A conduta perpetrada pela criança, ao atear fogo em seu irmão, bem assim os danos daí decorrentes, não pode ser considerada desdobramento possível/previsível ou necessário da exibição de número de mágica em programa televisivo. A atração circense emitida pela emissora ré durante um programa ao vivo, muito embora não possa ser considerada indiferente, não se constitui em sua causa. A partir dos elementos fáticos delineados pelas instâncias ordinárias, infere-se que duas outras circunstâncias, absolutamente preponderantes e suficientemente autônomas, ensejaram concretamente a produção do resultado lesivo: (i) a ausência de vigilância dos pais, pois as crianças encontravam-se sozinhas em casa; (ii) a manutenção dos produtos inflamáveis ao alcance dos menores.

Ausente o liame de causalidade jurídica entre a transmissão do número de mágica e os danos alegados pelos autores, não há falar em responsabilidade civil da emissora ré" (STJ-4ª T., REsp 1.067.332, Min. Marco Buzzi, j. 5.11.13, DJ 5.5.14).

Art. 404. As perdas e danos, nas obrigações de pagamento em dinheiro, serão pagas com atualização monetária[1-1a] segundo índices oficiais regularmente estabelecidos, abrangendo[2] juros, custas e honorários de advogado[3], sem prejuízo da pena convencional. [Dispositivo correspondente no CC/1916: art. 1.061.]

Parágrafo único. Provado que os juros da mora não cobrem o prejuízo, e não havendo pena convencional, pode o juiz conceder ao credor indenização suplementar. [Sem dispositivo correspondente no CC/1916.]

Art. 404: 1. v. arts. 406 e 407; v. tb. art. 389, nota 3.

Art. 404: 1a. v. tít. CORREÇÃO MONETÁRIA (especialmente a LCM).

Art. 404: 2. cf. art. 389.

Art. 404: 3. v. art. 389, notas 4 a 6.

Art. 405. Contam-se os juros de mora desde a citação inicial.[1 a 10] [Sem dispositivo correspondente no CC/1916.]

Art. 405: 1. v. CPC 240. Em matéria de: despesas condominiais, v. art. 1.336, nota 3h; tutela, v. art. 1.762; cheque, v. LCh 52, nota 1.

Art. 405: 1a. **Lei 7.089, de 23.3.83** (Lex 1983/58, RDA 152/257, RF 281/531, Bol. AASP 1.268/3): **"Art. 1º** Fica proibida a cobrança de juros de mora, por estabelecimentos bancários e instituições financeiras, sobre o título de qualquer natureza, cujo vencimento se dê em sábado, domingo ou feriado, desde que seja quitado no primeiro dia útil subsequente".

Lei 9.492, de 10.9.97 — Define competência, regulamenta os serviços concernentes ao protesto de títulos e outros documentos de dívida e dá outras providências: **"Art. 40.** Não havendo prazo assinado, a data do registro do protesto é o termo inicial da incidência de juros, taxas e atualizações monetárias sobre o valor da obrigação contida no título ou documento de dívida".

Art. 405: 1b. **CPC 85 § 16:** "Quando os honorários forem fixados em quantia certa, os juros moratórios incidirão a partir da data do trânsito em julgado da decisão".

Todavia: "Julgado improcedente o pedido, com a respectiva inversão dos ônus de sucumbência, o termo *a quo* para a incidência dos juros moratórios conta-se da data da prolação da sentença, se líquida, ou da data em que esta for liquidada, se ilíquida" (STJ-3ª T., REsp 327.708, Min. Nancy Andrighi, j. 19.11.02, DJU 24.2.03). No mesmo sentido: JTJ 342/410 (AP 460.886-4/2-00; v. p. 418).

"Tendo os **honorários advocatícios** sido fixados em valor certo (e não em percentual sobre o valor da causa), a correção monetária e os juros devem incidir a partir do seu arbitramento" (STJ-3ª T., REsp 1.235.714-EDcl, Min. Nancy Andrighi, j. 4.9.12, DJ 11.9.12).

Contra, no sentido de que, "sendo a verba honorária calculada a partir de percentual incidente sobre o montante total da condenação e sendo este devidamente atualizado — incluindo todos os consectários legais —, não há espaço para a alegação de nova incidência de juros moratórios sobre o valor dos honorários advocatícios, sob pena de *bis in idem* ocasionador de enriquecimento sem causa": STJ-2ª T., REsp 1.571.884-AgRg, Min. Herman Benjamin, j. 7.4.16, DJ 24.5.16. No mesmo sentido: STJ-1ª T., REsp 1.542.450-AgInt, Min. Benedito Gonçalves, j. 19.6.18, DJ 25.6.18.

Art. 405: 1c. Nem sempre é assim. O evento que faz iniciar a contagem dos juros moratórios, naturalmente, é a mora. Ocorre que a mora pode não coincidir com a citação inicial. Exemplo disso está no **art. 397-*caput*:** "o inadimplemento da obrigação positiva e líquida, no seu termo, constitui de pleno direito em mora o devedor". Outro exemplo está no **art. 398:** "nas obrigações provenientes de ato ilícito, considera-se o devedor em mora desde que o praticou". Em sentido semelhante, v. ainda **art. 390.** E sempre que a mora se caracterizar em momento distinto da citação inicial, é a partir desse momento (e não da citação) que se contarão os juros moratórios. Nesse sentido: STJ-2ª T., REsp 1.211.214, Min. Castro Meira, j. 7.12.10, DJ 14.2.11; STJ-3ª T., Ag em REsp 1.358-AgRg, Min. Sidnei Beneti, j. 28.6.11, DJ 1.7.11.

Art. 405: 2. **Súmula 163 do STF:** "Salvo contra a Fazenda Pública, sendo a **obrigação ilíquida,** contam-se os juros moratórios desde a citação inicial para a ação".

A restrição "salvo contra a Fazenda Pública", constante da Súmula 163, não mais subsiste (nesse sentido: RTJ 125/1.290, STF-RT 622/230, STF-Bol. AASP 1.571/21, TJPR-RAMPR 42/116), em face da **Lei 4.414, de 24.9.64, art. 1º:** "A União, os Estados, o Distrito Federal, os Municípios e as autarquias, quando condenados a pagar juros de mora, por estes responderão na forma do direito civil".

A Lei 4.414 tornou **superada,** também, a **Súmula 255 do STF.**

"A definição do termo inicial dos juros de mora decorre da liquidez da obrigação. Sendo líquida, os juros moratórios incidem a partir do vencimento da obrigação, nos termos do art. 397, *caput*, do Código de Civil de 2002; se for ilíquida, o termo inicial será a data da citação quando a interpelação for judicial, a teor do art. 397, parágrafo único, do Código Civil de 2002 c/c o art. 219, *caput*, do Código de Processo Civil" (STJ-3ª Seção, EmbExe no MS 12.707-AgRg, Min. Laurita Vaz, j. 8.6.11, DJ 27.6.11).

Súmula 54 do STJ: "Os juros moratórios fluem a partir do evento danoso, em caso de **responsabilidade extracontratual".** No mesmo sentido: RP 151/227.

"No campo da responsabilidade extracontratual, mesmo sendo objetiva a responsabilidade, os juros moratórios fluem a partir do evento danoso" (STJ-RDPr 16/287: Corte Especial, ED no REsp 63.068, um voto vencido).

"A demora de dez anos para ingressar com a ação de indenização não afasta a Súmula n. 54 do STJ, em relação ao termo inicial dos juros moratórios, sendo o presente caso de responsabilidade extracontratual" (STJ-4ª T., REsp 991.371, Min. Aldir Passarinho Jr., j. 4.3.10, DJ 29.3.10). **Contra:** "Na hipótese, a incidência de juros de mora a partir da citação, e não desde o evento danoso, tendo em vista que a ação foi proposta dezoito anos após o acidente, busca evitar que a parte seja beneficiada por sua demora e que o *quantum* indenizatório alcance na atualidade quantia que ultrapasse montante considerado razoável" (STJ-4ª T., Ag em REsp 166.595-AgInt, Min. Raul Araújo, j. 21.5.19, DJ 5.6.19; a citação é do voto do relator). **Ainda contra:** "Hipótese em que o acidente que vitimou o irmão dos autores ocorreu em 5/7/1991, tendo a ação sido proposta apenas em 1º/6/2011. Assim, considerando o longo tempo decorrido até a propositura da ação — quase vinte anos —, e que essa demora é devida aos próprios autores, majorando sobremaneira os juros de mora e a correção monetária, os danos morais foram aumentados nesta Corte para R$ 20.000,00, com juros de mora e atualização monetária incidindo, excepcionalmente, a partir desta fixação" (STJ-4ª T., REsp 1.402.520-AgInt, Min. Raul Araújo, j. 10.9.19, DJ 2.10.19).

"Na responsabilidade extracontratual, abrangente do dano moral puro, a mora se dá no momento da prática do ato ilícito e a demora na reparação do prejuízo corre desde então, isto é, desde a data do fato, com a incidência dos juros moratórios previstos na lei. O fato de, no caso de dano moral puro, a quantificação do valor da indenização, objeto da condenação judicial, só se dar após o pronunciamento judicial, em nada altera a existência da mora do devedor, configurada desde o evento danoso. A adoção de orientação diversa, ademais, ou seja, de que o início da fluência dos juros moratórios se iniciasse a partir do trânsito em julgado, incentivaria o recorrismo por parte do devedor e tornaria o lesado, cujo dano sofrido já tinha o devedor obrigação de reparar desde a data do ato ilícito, obrigado a suportar delongas decorrentes do andamento do processo e, mesmo de eventuais manobras processuais protelatórias, no sentido de adiar a incidência de juros moratórios" (STJ-2ª Seção, REsp 1.132.866, Min. Sidnei Beneti, j. 23.11.11, maioria, DJ 3.9.12). No mesmo sentido: STJ-Corte Especial, ED no REsp 494.183, Min. Arnaldo Esteves, j. 16.10.13, DJ 12.12.13.

"Mesmo naquelas obrigações não quantificadas em dinheiro inicialmente ou ilíquidas, os juros moratórios fluem normalmente da data em que o devedor é constituído em mora, a qual, em se tratando de ato ilícito extracontratual, ocorre com o evento danoso, mercê do que dispõe o art. 398 do Código Civil de 2002. Assim, nas indenizações por danos morais decorrentes de responsabilidade extracontratual, os juros moratórios incidem desde o evento danoso (Súmula n. 54/STJ; REsp 1.132.866/SP, Segunda Seção). É de se ressaltar que os juros moratórios devem ser um elemento de calibragem da indenização, a depender de quando é ela satisfeita e não de quando é arbitrada. Prestigiam-se os devedores que de forma mais expedita pagam suas dívidas ou acertam extrajudicialmente seus litígios, ao passo que impõe reprimenda mais penosa aos recalcitrantes. Ademais, o tempo transcorrido entre o ato ilícito e o efetivo pagamento não pode militar contra a vítima do dano, mas deve constituir ônus a ser suportado exclusivamente pelo devedor da indenização, o causador do dano injusto" (STJ-4ª T., REsp 949.540, Min. Luis Felipe, j. 27.3.12, DJ 10.4.12).

"Na execução comercial desautorizada de obra musical, a relação entre o titular da obra (representado pelo ECAD) e o executor será extracontratual, ante a inexistência de vínculo entre as partes, de sorte que eventual condenação judicial fica sujeita a juros de mora contados desde o ato ilícito, nos termos do art. 398 do CC/02 e do enunciado 54 da Súmula/STJ. Na execução comercial de composições musicais mediante prévia autorização do titular, ainda que por intermédio do ECAD, há autêntico acordo de vontades para a cessão parcial, temporária e não exclusiva de direitos autorais, caracterizando relação contratual, de maneira que sobre eventual condenação judicial incidem juros de mora contados desde a citação, nos termos do art. 405 do CC/02" (STJ-3ª T., REsp 1.424.004, Min. Nancy Andrighi, j. 25.3.14, DJ 28.3.14).

"Não obstante a relação originária entre a vítima do acidente e o transportador ser contratual, o liame entre os parentes da vítima, que ora pleiteiam o ressarcimento de danos morais, e o prestador do serviço de transporte causador do dano possui natureza extracontratual, com base no art. 927 do Código Civil. Nessa linha de compreensão, deve ser aplicado o entendimento consagrado na Súmula 54/STJ" (STJ-Corte Especial, REsp 1.301.595, Min. Herman

Benjamin, j. 29.5.14, maioria, DJ 7.4.15). Em sentido semelhante: "A responsabilidade civil por erro médico, na hipótese em que ocorre a morte da vítima e a reparação por danos morais é pleiteada pelos respectivos familiares, possui natureza extracontratual e, portanto, o termo inicial dos juros de mora é a data do evento danoso" (STJ-4ª T., REsp 1.732.556-EDcl-AgInt, Min. Raul Araújo, j. 28.5.19, DJ 18.6.19).

"Inscrição indevida no cadastro de inadimplentes. Danos morais. Responsabilidade extracontratual. Juros de mora. Termo inicial. Data do evento danoso. Súmula n. 54/STJ. O dano extrapatrimonial decorrente da inscrição indevida em cadastro de inadimplentes é extracontratual, ainda que a dívida objeto da inscrição seja contratual" (STJ-4ª T., Ag em REsp 1.390.641-AgInt, Min. Isabel Gallotti, j. 20.8.19, DJ 26.8.19). V. tb. art. 206, nota 3f (responsabilidade contratual ou extracontratual).

"No tocante ao pensionamento fixado pelo tribunal de origem, por ser uma prestação de trato sucessivo, os juros moratórios não devem iniciar a partir do ato ilícito — por não ser uma quantia singular —, tampouco da citação — por não ser ilíquida —, mas devem ser contabilizados a partir do vencimento de cada prestação, que ocorre mensalmente. Quanto às parcelas vincendas, não há razões para mantê-las na relação estabelecida com os juros de mora. Sem o perfazimento da dívida, não há como imputar ao devedor o estigma de inadimplente, tampouco o indébito da mora, notadamente se este for pontual no seu pagamento" (STJ-4ª T., REsp 1.270.983, Min. Luis Felipe, j. 8.3.16, DJ 5.4.16).

"Improbidade administrativa. Multa civil. Ofensa aos princípios administrativos. Termo inicial da correção monetária e dos juros de mora. Sanção. Ressarcimento ao erário. Responsabilidade civil extracontratual. *Dies a quo* da data do evento danoso" (STJ-2ª T., REsp 1.645.642, Min. Herman Benjamin, j. 7.3.17, DJ 19.4.17).

Súmula 188 do STJ: "Os juros moratórios, na **repetição do indébito tributário,** são devidos a partir do trânsito em julgado da sentença".

"Os juros moratórios, observado que na hipótese dos autos não se cogita a aplicação da taxa SELIC, são devidos, nas restituições ou compensações tributárias, a partir do trânsito em julgado da sentença" (STJ-1ª Seção, ED no REsp 364.081, Min. Francisco Falcão, j. 8.10.08, um voto vencido, DJ 20.10.08).

Súmula 204 do STJ: "Os juros de mora nas ações relativas a **benefícios previdenciários** incidem a partir da citação válida" (v. jurisprudência s/ esta Súmula em RSTJ 108/127).

Súmula 426 do STJ: "Os juros de mora na **indenização do seguro DPVAT** fluem a partir da citação".

"Em ação de cobrança objetivando indenização decorrente de seguro obrigatório de danos pessoais causados por veículos automotores de via terrestre — DPVAT, os juros de mora são devidos a partir da citação, por se tratar de responsabilidade contratual e obrigação ilíquida" (STJ-2ª Seção, REsp 1.098.365, Min. Luis Felipe, j. 28.10.09, DJ 26.11.09).

Art. 405: 2a. Tratando-se de **responsabilidade fundada em contrato,** os juros são computados a partir da citação, e não do evento (STJ-3ª T., REsp 234.279, Min. Ari Pargendler, j. 29.11.02, DJU 31.3.03; STJ-4ª T., REsp 404.629, Min. Aldir Passarinho Jr., j. 21.3.02, DJU 29.4.02; RSTJ 10/414, 11/422, 17/324, maioria, 17/394, maioria, 63/212; STJ-RT 664/165, maioria, 669/200).

"Em caso de responsabilidade contratual, quando não se tratar de dívida líquida e com vencimento em termo certo, os juros de mora incidem, em princípio, a partir da citação verificada no processo principal, e não naquela verificada na ação cautelar preparatória que o antecedeu" (STJ-3ª T., REsp 1.432.859, Min. Sidnei Beneti, j. 15.5.14, DJ 25.6.14). **Contra,** no sentido de que, se houver processo cautelar preparatório, contam-se os juros da data da citação nele efetivada, e não da citação no processo principal: RTJE 114/147.

"Em sede de responsabilidade contratual os juros de mora referentes à reparação por dano moral incidem a partir da citação" (STJ-3ª T., REsp 1.395.285, Min. Nancy Andrighi, j. 3.12.13, DJ 12.12.13).

"Contam-se os juros de mora a partir da citação, no caso de descumprimento contratual na liberação de cheques com defeito de assinatura, não se cogitando de obrigação originada de ato ilícito propriamente dita, mas, sim, de ilícito contratual, constituído pelo inadimplemento" (STJ-3ª T., REsp 1.349.894, Min. Sidnei Beneti, j. 4.4.13, DJ 11.4.13).

"Ação declaratória de inexigibilidade de débito cumulada com repetição de indébito e indenização por danos morais. Fraude perpetrada por preposto da instituição financeira que mediante ardil promoveu o desfalque de numerário depositado em conta-corrente por meio de cheques impressos e pagos diretamente no caixa. Os juros moratórios contam-se a partir da citação, pois, em que pese estar a demanda fundada em reparação por ato ilícito, a parte autora mantém com o demandado estrita relação jurídica contratual, da qual se originaram os desfalques monetários promovidos pelo preposto da financeira diretamente na conta-corrente mantida pelo cliente junto à casa bancária. Ainda que o pleito derive do ato ilícito relativo à duplicação fraudulenta dos cheques, esse somente ocorreu em razão do liame jurídico atinente ao contrato estabelecido entre o banco e o cliente" (STJ-4ª T., REsp 1.358.431, Min. Marco Buzzi, j. 27.8.19, maioria, DJ 10.12.19).

"O termo inicial dos juros de mora incidentes na indenização fixada a título de danos morais, decorrentes da recusa injustificada do plano de saúde em efetuar a cobertura do tratamento clínico de seu filiado, é a data da sua citação, uma vez que se trata de responsabilidade contratual" (STJ-4ª T., AI 1.301.570-AgRg, Min. Raul Araújo, j. 16.5.13, DJ 24.6.13). No mesmo sentido: STJ-3ª T., Ag em REsp 202.448-AgRg, Min. João Otávio, j. 25.11.14, DJ 12.12.14.

"Em se tratando de protesto indevido de títulos decorrentes de celebração de contrato entre as partes, mostra-se prevalente o caráter contratual do ilícito causador do dano. Agravo regimental a que se dá parcial provimento, determinando-se a incidência de juros moratórios a partir da citação" (STJ-4ª T., REsp 1.022.665-AgRg, Min. Raul Araújo, j. 11.10.11, um voto vencido, DJ 1.7.13).

"O termo inicial dos juros moratórios deve ser determinado a partir da natureza da relação jurídica mantida entre as partes. No caso, tratando-se de mandato, a relação jurídica tem natureza contratual, sendo o termo inicial dos juros moratórios a data da citação (art. 405 do CC). Não havendo prova de má-fé e sendo a mora declarada pelo Poder Judiciário, a citação deve prevalecer como marco inicial da contagem dos juros" (STJ-3ª T., REsp 1.403.005, Min. Paulo Sanseverino, j. 6.4.17, DJ 11.4.17).

"A seguradora é responsável pelo pagamento dos juros de mora, em virtude da denunciação à lide, adotando-se como termo inicial dos juros a data da citação da seguradora como litisdenunciada na ação proposta pela vítima em desfavor do segurado" (STJ-4ª T., REsp 1.628.089-AgInt, Min. Raul Araújo, j. 16.2.17, DJ 6.3.17). No mesmo sentido: STJ-3ª T., REsp 1.219.910-EDcl-AgRg, Min. João Otávio, j. 15.8.13, DJ 26.8.13.

Todavia: "Atrasado o pagamento, em desrespeito a norma contratual, os juros de mora incidem a partir do momento em que, segundo previsto no contrato, o pagamento deveria ter ocorrido. Vale, no caso, a regra *dies interpellat pro homine*, sediada no art. 960 do CC *(atual art. 397 do CC)*" (STJ-1ª T., REsp 419.266, Min. Gomes de Barros, j. 19.8.03, dois votos vencidos, DJ 8.9.03). No mesmo sentido: STJ-3ª T., Ag em REsp 49.828-AgRg, Min. Sidnei Beneti, j. 14.8.12, DJ 4.9.12.

"Embora juros contratuais em regra corram a partir da data da citação, no caso, contudo, de obrigação contratada como positiva e líquida, com vencimento certo, os juros moratórios correm a partir da data do vencimento da dívida. Emissão de nota promissória em garantia do débito contratado não altera a disposição contratual de fluência dos juros a partir da data certa do vencimento da dívida. O fato de a dívida líquida e com vencimento certo haver sido cobrada por meio de ação monitória não interfere na data de início da fluência dos juros de mora, a qual recai no dia do vencimento, conforme estabelecido pela relação de direito material" (STJ-Corte Especial, ED no REsp 1.250.382, Min. Sidnei Beneti, j. 2.4.14, RP 237/515).

"Se o contrato de locação especifica o valor do aluguel e a data de pagamento, os juros de mora fluem a partir do vencimento das prestações, a teor do art. 397 do Código Civil" (STJ-4ª T., REsp 1.264.820, Min. Luis Felipe, j. 13.11.12, DJ 30.11.12).

"A mora *ex re* independe de qualquer ato do credor, como interpelação ou citação, porquanto decorre do próprio inadimplemento de obrigação positiva, líquida e com termo implementado, cuja matriz normativa é o art. 960, primeira parte, do Código Civil de 1916, reproduzido no Código Civil atual no *caput* do art. 397. Dessarte, se o contrato de prestação de serviço educacional especifica o valor da mensalidade e a data de pagamento, os juros de mora fluem a partir do vencimento das prestações, a teor do artigo 397 do Código Civil" (STJ-4ª T., REsp 1.192.326, Min. Luis Felipe, j. 8.4.14, DJ 8.5.14).

"O art. 405 do Código Civil, segundo o qual os juros moratórios correm a partir da citação, deve ser lido no contexto do que dispõe o art. 397, parágrafo único, segundo o qual, não havendo termo certo, a mora pode se constituir mediante interpelação inclusive extrajudicial. Inexistindo prazo contratualmente estabelecido para o cumprimento da prestação, o pedido administrativo deve ser considerado marco de constituição do devedor em mora, em se tratando de obrigação contratual de pagar indenização prevista em apólice de seguro de vida. Mostra-se inoperante a citação para tal propósito, haja vista que a ciência acerca da iniciativa do credor, quanto à exigência de cumprimento da obrigação, ocorrera anteriormente. A se adotar entendimento contrário, bastaria à seguradora procrastinar a resposta do pedido administrativo para que os juros moratórios não incidissem na dívida" (STJ-4ªT., REsp 1.170.372-AgRg, Min. Luis Felipe, j. 3.6.14, DJ 12.6.14).

"Na ação de reparação de danos ajuizada por seguradora contra o causador do sinistro, por sub-rogação, os juros de mora devem fluir a partir da data do efetivo desembolso, e não da citação" (STJ-3ª T., REsp 1.539.689, Min. Moura Ribeiro, j. 5.6.18, DJ 14.6.18).

Em matéria de desvio de numerário pelo mandatário, v. art. 670, inclusive nota 1.

Art. 405: 2b. "**Responsabilidade civil pré-contratual.** Negociações preliminares. Expectativa legítima de contratação. Ruptura de tratativas. Violação ao princípio da boa-fé objetiva. Juros de mora. Termo 'a quo'. Data da citação" (STJ-3ª T., REsp 1.367.955, Min. Paulo Sanseverino, j. 18.3.14, DJ 24.3.14).

Art. 405: 2c. "O **acidente de trabalho** decorrente de ato ilícito do empregador é de natureza extracontratual, de sorte que os juros moratórios incidem na forma preconizada na Súmula 54 do STJ" (STJ-4ª T., REsp 579.888, Min. Aldir Passarinho Jr., j. 6.8.09, DJ 21.9.09). **Todavia:** "Tratando-se de acidente de trabalho, a responsabilidade é contratual, incidindo os juros de mora sobre os danos morais, estéticos e patrimoniais a partir da citação" (STJ-4ª T., REsp 934.969, Min. Antonio Ferreira, j. 24.4.14, maioria, DJ 10.11.14; nota: no ponto, o relator ficou vencido, tendo prevalecido o voto do Min. Marco Buzzi).

Art. 405: 2d. "Tendo em vista que o ato ilícito ora em análise se deu mediante a publicação indevida de diversas charges no lapso temporal de janeiro de 1993 a maio de 1996, os juros moratórios devem ser calculados a partir de setembro de 1994, **data intermediária** entre a primeira e a última lesão" (STJ-RT 892/142: 4ª T., REsp 735.019).

Código Civil

Art. 405: 2e. "**Pluralidade de réus** afastada. Juros de mora. Cômputo. Data da citação. Na espécie, o termo inicial para a fluência dos juros de mora se deu, com relação à recorrida, na data em que a mesma foi propriamente citada (13/09/2004), pois foi neste momento em que a mesma foi constituída em mora. Os efeitos da citação não podem ser confundidos com o início do prazo para a defesa dos litisconsortes. Não se aplica, para a constituição em mora, regra processual disciplinadora do termo inicial do prazo para contestar (CPC/2015, art. 231, § 1º), em detrimento da regra geral de direito material pertinente (Código Civil, art. 280). Especificamente na hipótese dos autos, há ainda o relevante fato de os demais corréus terem tido sua ilegitimidade passiva reconhecida por sentença, o que reforça a ideia de impossibilidade da contagem dos juros de mora dar-se somente a partir da data da citação do último daqueles que, naquela fase, ainda era considerado réu no processo, mas que, posteriormente, deixou de sê-lo" (STJ-3ª T., REsp 1.868.855, Min. Nancy Andrighi, j. 22.9.20, DJ 28.9.20).

Art. 405: 3. "Em se tratando de **execução de prestação alimentícia,** os juros de mora não são devidos apenas a partir da citação, mas sim desde a **data do inadimplemento** da obrigação" (JTJ 303/338).

Art. 405: 3a. "Na ação de **apuração de haveres** resultante de dissolução parcial da sociedade, os juros incidentes sobre o montante da condenação fluem a partir da citação inicial" (STJ-2ª Seção, ED no REsp 564.711, Min. Ari Pargendler, j. 27.6.07, DJU 27.8.07).

Art. 405: 3b. "Os juros de mora incidem a partir da citação do devedor na fase de conhecimento da **ação civil pública,** quando esta se fundar em responsabilidade contratual" (STJ-Corte Especial, REsp 1.361.800, Min. Sidnei Beneti, j. 21.5.14, maioria, DJ 14.10.14).

"Embora a condenação imposta nas ações para tutela de direitos individuais homogêneos deva ser genérica, não podendo entrar no mérito dos prejuízos sofridos por cada interessado, ela irá necessariamente versar sobre o ressarcimento dos danos causados, reconhecendo o ato ilícito praticado pelo réu, o que, por conseguinte, já o constitui em mora desde a citação para responder aos termos da ação civil pública, nos termos do art. 219 do CPC" (STJ-3ª T., REsp 1.304.953, Min. Nancy Andrighi, j. 26.8.14, DJ 8.9.14).

"O termo inicial para a incidência dos juros de mora deverá ser a data da notificação da autoridade coatora no **mandado de segurança coletivo,** porque é neste momento que o devedor é constituído em mora" (STJ-2ª T., REsp 1.773.922, Min. Herman Benjamin, j. 13.12.18, DJ 19.12.18).

Contra: "Ação civil pública. Indenização por lesão a direitos individuais homogêneos. Execução individual. Juros moratórios. Mora *ex persona*. Termo inicial. Citação na fase de liquidação de sentença. Nos termos do art. 219 do Código de Processo Civil e 397 do Código Civil, na hipótese, a mora verifica-se com a citação do devedor, realizada na fase de liquidação de sentença, e não a partir de sua citação na ação civil pública" (STJ-4ª T., REsp 1.348.512-AgRg, Min. Luis Felipe, j. 18.12.12, DJ 4.2.13).

Art. 405: 4. "Nos **compromissos de compra e venda** de unidades imobiliárias anteriores à Lei 13.786/2018, em que é pleiteada a resolução do contrato por iniciativa do promitente comprador de forma diversa da cláusula penal convencionada, os juros de mora incidem a partir do trânsito em julgado da decisão" (STJ-2ª Seção, REsp 1.740.911, Min. Isabel Gallotti, j. 14.8.19, maioria, DJ 22.8.19). Do voto da relatora: "Nos casos em que a iniciativa da rescisão do contrato parte do consumidor, sem culpa do fornecedor, ante a ausência de disciplina legal — até a recentíssima edição da Lei 13.786/2018, a qual irá reger futuros contratos — não há culpa (ou mora) da incorporadora que vinha cumprindo regularmente o contrato. Anoto que, com a normatização, os contratos regidos pela nova lei não estarão submetidos ao entendimento aqui defendido, pois na hipótese de não serem observadas as diretrizes legais não se cuidará de sentença constitutiva, mas de sentença declaratória de nulidade de cláusula contratual e condenatória ao pagamento de valor. A esses casos deverá ser aplicada a regra geral para obrigação de origem contratual, com a fluência dos juros de mora a partir da citação, nos termos dos artigos 397 e 405 do Código Civil".

"Como a promitente vendedora/agravada foi a autora da ação de rescisão contratual, a sua obrigação de devolver as parcelas até então quitadas só se tornará exigível a partir do trânsito em julgado da ação em comento. Ademais, a condenação em juros de mora é devida independentemente da existência de pedido da parte ou de determinação expressa no julgado. No caso, considerando que não há falar em constituição em mora da vendedora/agravada, o termo inicial dos juros deve ser a data do trânsito em julgado da sentença" (STJ-3ª T., REsp 1.151.282-AgRg, Min. João Otávio, j. 20.8.13, DJ 29.8.13; a citação é do voto do relator).

Art. 405: 5. Restituição de valores ao consorciado desistente. "Os juros de mora, na espécie, incidem, tão somente, a partir de quando se esgota o prazo para a administradora proceder ao reembolso e, por qualquer motivo, não o faz, momento em que sua mora resta caracterizada" (STJ-3ª T., REsp 1.087.601, Min. Massami Uyeda, j. 17.2.09, DJ 1.4.09).
"O transcurso do aludido lapso temporal, sem a ocorrência da restituição efetivamente devida, implica a incidência de juros moratórios a partir do trigésimo primeiro dia do encerramento do grupo consorcial" (STJ-2ª Seção, REsp 1.111.270, Min. Marco Buzzi, j. 25.11.15, maioria, DJ 16.2.16).

Art. 405: 6. "Tendo a Administração admitido a existência de dívida de valor consolidado, **sem,** contudo, **estipular prazo para seu pagamento,** torna-se inaplicável a regra prevista no *caput* do art. 397 do CC, devendo os juros moratórios incidir a partir da citação, nos termos do art. 397, parágrafo único, c/c 405 do CC e 219, *caput*, do CPC, calculados sobre o montante nominalmente confessado" (STJ-3ª Seção, REsp 1.112.114, Min. Arnaldo Esteves, j. 9.9.09, um voto vencido, DJ 8.10.09). No mesmo sentido: STJ-1ª T., REsp 1.190.710, Min. Teori Zavascki, j. 4.11.10, DJ 16.11.10.

"A inexistência de estipulação quanto ao vencimento da obrigação enseja a possibilidade de o credor exigi-la incontinenti ou noutro momento, observado o prazo prescricional. Inteligência do art. 331 do CC/2002. Contudo, tratando-se de mora *ex persona*, a cobrança do débito subordina-se à interpelação judicial ou extrajudicial, a fim de que o devedor seja constituído em mora, nos termos do art. 397, § ún., do CC/2002. Na hipótese, considerando que a credora deixou de promover a diligência *supra*, devem-se reputar incidentes os desdobramentos da mora a partir da instauração do procedimento de cumprimento de sentença, sendo o termo *a quo* dos juros e da correção monetária, a data da intimação e a do início da fase expropriatória, respectivamente" (STJ-4ª T., REsp 1.358.408, Min. Marco Buzzi, j. 21.3.13, DJ 8.4.13).

Art. 405: 7. "A jurisprudência desta Corte considera indevidos novos juros moratórios e atualização, tendo em vista o **depósito judicial** já contar com remuneração específica" (STJ-4ª T., REsp 1.120.846-AgRg, Min. Aldir Passarinho Jr., j. 10.8.10, DJ 3.9.10).

"Na fase de execução, o depósito judicial do montante (integral ou parcial) da condenação extingue a obrigação do devedor, nos limites da quantia depositada" (STJ-Corte Especial, REsp 1.348.640, Min. Paulo Sanseverino, j. 7.5.14, DJ 21.5.14).

"O depósito integral para garantia do juízo, com vista à interposição de embargos à execução, afasta a incidência de juros moratórios a partir da efetivação do depósito" (STJ-2ª T., REsp 1.161.334-AgRg, Min. Castro Meira, j. 21.10.10, DJ 28.10.10).

"A responsabilidade pela correção monetária e pelos juros, após feito o depósito judicial, é da instituição financeira onde o numerário foi depositado (Súmulas 179 e 271 do STJ). Esse posicionamento se aplica ainda que se trate de penhora de dinheiro para a garantia da execução. Assim, procedido o depósito judicial no valor da execução, cessa a responsabilidade do devedor por tais encargos" (STJ-3ª T., Ag 1.370.586-EDcl-AgRg, Min. Nancy Andrighi, j. 5.4.11, DJ 8.4.11).

"Realizado o depósito judicial com a finalidade de, garantido o juízo, ser oferecida impugnação ao cumprimento da sentença ou embargos à execução, a remuneração da quantia depositada passa a ser de responsabilidade de instituição financeira depositária" (STJ-4ª T., Ag 1.302.029-AgRg, Min. Isabel Gallotti, j. 18.4.13, DJ 25.4.13).

"Realizado pelo devedor o depósito da dívida para a garantia do juízo, cessa sua responsabilidade pela incidência de correção monetária e de juros relativamente ao valor depositado, passando a instituição financeira depositária (CC, art. 629) a responder pela atualização monetária, a título de conservação da coisa, e pelos juros remuneratórios, a título de frutos e acréscimos. Justamente porque o devedor fica liberado do pagamento dos consectários da dívida (inclusive juros moratórios) nos limites do valor depositado judicialmente, não é cabível transferir para o depositário judicial parcela da dívida não mais exigível nem mesmo do próprio obrigado. Assim, se o devedor depositante já realizou a entrega do valor devido, com inclusão dos juros moratórios acaso cabíveis, estes já estarão presentes na composição da base de cálculo sobre a qual o depositário fica obrigado a fazer incidir correção monetária e juros remuneratórios. Portanto, a incidência de novos juros moratórios representaria descabido *bis in idem*" (STJ-4ª T., REsp 1.460.908-EDcl-AgInt, Min. Raul Araújo, j. 4.6.19).

Todavia: "O devedor constitui-se em mora a partir da citação válida, situação que se mantém **até o efetivo cumprimento da obrigação,** não cessando mediante o oferecimento de embargos à execução. Observância dos arts. 219 do CPC e 401 e 405 do CC. A parte embargante, entendendo serem excessivos os cálculos apresentados pelo exequente, deveria ter realizado o pagamento dos valores que acreditava serem devidos — parte incontroversa —, desvencilhando-se, de tal modo, da incidência de correção monetária e de juros de mora sobre referido montante. Inteligência dos arts. 394 e 395 do CC" (STJ-5ª T., REsp 767.498, Min. Arnaldo Esteves, j. 9.3.06, DJ 26.2.07). No mesmo sentido: STJ-1ª T., REsp 1.177.881-AgRg, Min. Hamilton Carvalhido, j. 18.11.10, DJ 16.12.10.

"Cumprimento de sentença. Depósito judicial. Garantia do juízo. Correção monetária e juros de mora. Não merece reparo a exegese adotada pela Corte estadual, que, considerando o fato de o banco depositário aplicar índices de correção monetária e juros de mora inferiores ao determinado no título executivo, imputou à devedora o ônus de complementar o depósito" (STJ-4ª T., REsp 1.404.012-AgInt-AgInt, Min. Luis Felipe, j. 7.2.19, DJ 13.2.19). No mesmo sentido: "Como o depósito em garantia do juízo visa ao oferecimento de impugnação ao valor exequendo, não constitui pagamento, inexistindo previsão legal que o equipare a tanto. Dessa forma, permanece o devedor em mora, responsabilidade que não pode ser transferida ao depositário judicial sem que se identifique na conduta deste hipótese de subsunção à regra do art. 394 do Código Civil. A instituição financeira depositária, em razão dos deveres previstos no art. 629 do Código Civil, responde pela correção monetária e juros remuneratórios sobre o valor depositado. O depósito judicial apenas extingue a obrigação do devedor nos limites da quantia depositada, mas não o libera dos consectários próprios de sua obrigação. Assim, quando do efetivo pagamento, os valores depositados com os acréscimos pagos pela instituição bancária devem ser deduzidos do montante da condenação calculado na forma do título judicial ou extrajudicial" (STJ-3ª T., REsp 1.475.859, Min. João Otávio, j. 16.8.16, DJ 25.8.16).

"Em se tratando o executado de banco, que ocupa, também, a condição de depositário, é devida a incidência da atualização monetária e dos juros, não fazendo sentido, no caso concreto em que o banco depositário é o próprio executado, isentá-lo de responsabilidade pela correção monetária e juros, na forma legal, sob invocação de seu privilégio de depositário judicial — distinção essa que significaria verdadeiro privilegiamento ao devedor, com tratamento desigual diante de outros bancos devedores não incumbidos de depósitos judiciais" (STJ-3ª T., REsp 1.436.075, Min. Sidnei Beneti, j. 10.6.14, DJ 20.8.14).

"A mera notícia de decisão judicial determinando a indisponibilidade forçada dos bens do réu, no cerne de outro processo, com objeto e partes distintas, não possui o condão de interromper a incidência dos juros moratórios. O bloqueio judicial dos bens é medida constritiva de natureza preventiva que não se confunde com a sistemática do depósito judicial em garantia. Inexiste fundamento jurídico para a interrupção da mora antes do efetivo pagamento da indenização" (STJ-3ª T., REsp 1.740.260, Min. Ricardo Cueva, j. 26.6.18, DJ 29.6.18).

Art. 405: 8. "A relação jurídica instituída pelo **depósito judicial** é de 'um ato administrativo de nomeação para o exercício eventual de uma função pública' (COSTA E SILVA, Antonio Carlos. *Tratado do Processo de Execução*, 2ª ed., vol. II, Aide Editora, RJ, 1986, p. 875). Não há relação contratual de caráter privado. O banco depositário, ao manter em seu poder o capital pertencente aos recorridos, obteve lucro em detrimento da perda sofrida por esses, o que configura prática de ilícito extracontratual, razão pela qual, nos termos da Súmula 54/STJ, os juros moratórios incidem a partir do evento danoso, ou seja, a data da injusta **recusa em restituir** integralmente o valor depositado" (STJ-3ª T., REsp 1.134.450, Min. Nancy Andrighi, j. 16.5.13, DJ 27.5.13).

Art. 405: 9. "Não incidem juros de mora sobre a **multa imposta pelo descumprimento de obrigação de fazer,** sob pena de configurar *bis in idem*" (STJ-3ª T., REsp 1.327.199, Min. Nancy Andrighi, j. 22.4.14, DJ 2.5.14). No mesmo sentido: STJ-1ª T., REsp 1.699.443, Min. Regina Costa, j. 8.2.18, DJ 22.2.18.

Art. 405: 10. "Previdência privada. **Devolução de valores recebidos por meio de tutela antecipada** posteriormente revogada. É incabível a incidência de juros moratórios sobre valores a serem devolvidos em virtude de revogação de decisão que antecipou os efeitos da tutela, por não haver, no caso, fato ou omissão imputável ao autor da ação de revisão de benefício" (STJ-4ª T., REsp 1.600.942-AgInt-AgInt-EDcl, Min. Raul Araújo, j. 7.3.17, DJ 20.3.17).

Capítulo IV | DOS JUROS LEGAIS[1]

CAP. IV: 1. "Considerações sobre os juros legais no novo Código Civil", por Leonidas Cabral Albuquerque (Ajuris 91/165); "Anotações sobre juros legais, sua incidência na mora em negócios anteriores ao novo Código Civil, a regência e a taxa mensal", por Celso José Pimentel (RJ 319/61); "Taxa de juros e a nova Lei Civil", por Ana Paula dos Santos (RJ 324/66); "Os juros legais no novo Código Civil e a inaplicabilidade da taxa selic", por Pio Giovani Dresch (Ajuris 87/213); "Os juros no novo Código Civil e a ilegalidade da taxa selic", por Sérgio Niemeyer (RF 375/171); "Algumas breves reflexões sobre juros à luz do Código Civil de 2002", por José Roberto de Albuquerque Sampaio (RF 381/489); "A usura e a limitação dos juros reais compensatórios em 1% ao mês após a publicação da Emenda Constitucional n. 40", por Gabriel Wedy (RJ 341/43); "A taxa Selic e o art. 406 do Código Civil", por Marcos Cavalcante de Oliveira (RT 857/76); "O regime dos juros no novo direito privado brasileiro", por Judith Martins-Costa (Ajuris 105/237).

Art. 406. Quando os juros moratórios[1-1a] não forem convencionados, ou o forem sem taxa[1b a 3] estipulada, ou quando provierem de determinação da lei, serão fixados segundo a taxa que estiver em vigor para a mora do pagamento de impostos devidos à Fazenda Nacional.[4 a 5] [Dispositivos correspondentes no CC/1916: arts. 1.062 e 1.063.]

Art. 406: 1. s/ mora, v. arts. 394 a 401; s/ termo inicial dos juros moratórios, v. art. 405 e notas.

S/ juros moratórios em matéria de: doação, v. art. 552; comissão, v. art. 706; legado em dinheiro, v. art. 1.925; relação de consumo, v. CDC 52-II.

V. tb. CPC 322 (juros legais embutidos no pedido).

Art. 406: 1a. "Regra geral: incide o IRPF sobre os juros de mora, a teor do art. 16, *caput* e parágrafo único, da Lei 4.506/64, inclusive quando reconhecidos em reclamatórias trabalhistas, apesar de sua natureza indenizatória reconhecida pelo mesmo dispositivo legal. Primeira exceção: são isentos de IRPF os juros de mora quando pagos no contexto de despedida ou rescisão do contrato de trabalho, em reclamatórias trabalhistas ou não. Isto é, quando o trabalhador perde o emprego, os juros de mora incidentes sobre as verbas remuneratórias ou indenizatórias que lhe são pagas são isentos de imposto de renda. A isenção é circunstancial para proteger o trabalhador em uma situação socioeconômica desfavorável (perda do emprego), daí a incidência do art. 6º, V, da Lei 7.713/88. Nesse sentido, quando reconhecidos em reclamatória trabalhista, não basta haver a ação trabalhista, é preciso que a reclamatória se refira também às verbas decorrentes da perda do emprego, sejam indenizatórias, sejam remuneratórias. Nem todas as reclamatórias trabalhistas discutem verbas de despedida ou rescisão de contrato de trabalho, ali podem ser discutidas outras verbas ou haver o contexto de continuidade do vínculo empregatício. A discussão exclusiva de verbas dissociadas do fim do vínculo empregatício exclui a incidência do art. 6º, inciso V, da Lei

7.713/88. O fator determinante para ocorrer a isenção do art. 6º, inciso V, da Lei 7.713/88 é haver a perda do emprego e a fixação das verbas respectivas, em juízo ou fora dele. Ocorrendo isso, a isenção abarca tanto os juros incidentes sobre as verbas indenizatórias e remuneratórias quanto os juros incidentes sobre as verbas não isentas. Segunda exceção: são isentos do imposto de renda os juros de mora incidentes sobre verba principal isenta ou fora do campo de incidência do IR, mesmo quando pagos fora do contexto de despedida ou rescisão do contrato de trabalho (circunstância em que não há perda do emprego), consoante a regra do *accessorium sequitur suum principale*. Em que pese haver nos autos verbas reconhecidas em reclamatória trabalhista, não restou demonstrado que o foram no contexto de despedida ou rescisão do contrato de trabalho (circunstância de perda do emprego)" (STJ-1ª Seção, REsp 1.089.720, Min Mauro Campbell, j. 10.10.12 maioria, DJ 28.11.12).

Todavia: "Os juros de mora correspondem à remuneração do capital e se enquadram na hipótese prevista no art. 43, I, do CTN ('produto de capital'), passível de incidência de Imposto de Renda, independentemente da natureza jurídica da prestação pecuniária principal à qual estejam vinculados" (STJ-2ª T., REsp 718.408, Min. Herman Benjamin, j. 23.10.07, DJ 23.10.08).

Art. 406: 1b. s/ taxa para juros remuneratórios, v. art. 591 e notas e Dec. 22.626, de 7.4.33, especialmente art. 1º e notas (no tít. MÚTUO).

Art. 406: 1c. Cobrar juros acima da taxa legal constitui crime contra a economia popular (Lei 1.521, de 26.12.51, art. 4º-*a*, em RT 197/530, Lex 1951/521, RF 139/563).

Art. 406: 2. Lei 4.414, de 24.9.64 — Regula o pagamento de juros moratórios pela União, pelos Estados, Distrito Federal, Municípios e autarquias (RT 350/671, Lex 1964/812, RDA 79/547): **"Art. 1º** A União, os Estados, o Distrito Federal, os Municípios e as autarquias, quando condenados a pagar juros de mora, por este responderão na forma do direito civil".

O texto diz "este", e não "estes".

A Lei 4.414 revogou expressamente o Dec. 22.785, de 31.5.33, art. 3º, e implicitamente a Súmula 255 do STF.

Lei 9.494, de 10.9.97 — Disciplina a aplicação da tutela antecipada contra a Fazenda Pública e dá outras providências:

"Art. 1º-F. Nas condenações impostas à Fazenda Pública, independentemente de sua natureza e para fins de atualização monetária, remuneração do capital e compensação da mora, haverá a incidência uma única vez, até o efetivo pagamento, dos índices oficiais de remuneração básica e juros aplicados à caderneta de poupança".

Art. 406: 3. Súmula 176 do STJ: "É nula a cláusula contratual que sujeita o devedor à taxa de juros divulgada pela ANBID-CETIP".

Súmula 379 do STJ: "Nos contratos bancários não regidos por legislação específica, os juros moratórios poderão ser convencionados até o limite de 1% ao mês".

Enunciado 164 do CEJ: "Tendo início a mora do devedor ainda na vigência do Código Civil de 1916, são devidos juros de mora de 6% ao ano, até 10 de janeiro de 2003; a partir de 11 de janeiro de 2003 (data de entrada em vigor do novo Código Civil), passa a incidir o art. 406 do Código Civil de 2002".

Art. 406: 4. "Segundo dispõe o art. 406 do Código Civil, 'Quando os juros moratórios não forem convencionados, ou o forem sem taxa estipulada, ou quando provierem de determinação da lei, serão fixados segundo a taxa que estiver em vigor para a mora do pagamento de impostos devidos à Fazenda Nacional'. Assim, atualmente, a taxa dos juros moratórios a que se refere o referido dispositivo é a taxa referencial do Sistema Especial de Liquidação e Custódia — **SELIC**, por ser ela a que incide como juros moratórios dos tributos federais (arts. 13 da Lei 9.065/95, 84 da Lei 8.981/95, 39, § 4º, da Lei 9.250/95, 61, § 3º da Lei 9.430/96 e 30 da Lei 10.522/02)" (STJ-Corte Especial, ED no REsp 727.842, Min. Teori Zavascki, j. 8.9.08, DJ 20.11.08).

"A taxa de juros moratórios a que se refere o art. 406 do Código Civil de 2002, segundo precedente da Corte Especial (EREsp 727842/SP, rel. Min. Teori Zavascki), é a SELIC, **não sendo possível cumulá-la com correção monetária,** porquanto já embutida em sua formação" (STJ-2ª Seção, REsp 1.025.298-EDcl, Min. Luis Felipe, maioria, j. 28.11.12, DJ 1.2.13). "No período anterior a constituição em mora (antes da citação), a atualização monetária dos valores devidos deve ser feita pelo índice indicado na sentença. Após a constituição em mora, incidência apenas da taxa Selic, sem cumulação com correção monetária" (STJ-3ª T., REsp 1.403.005, Min. Paulo Sanseverino, j. 6.4.17, DJ 11.4.17).

"Considerando que a taxa SELIC, em sua essência, já compreende juros de mora e atualização monetária, a partir de sua incidência não há cumulação desse índice com juros de mora" (STJ-2ª T., REsp 976.974-EDcl, Min. Castro Meira, j. 7.2.13, DJ 15.2.13).

Contra: "Até a data da entrada em vigor do novo Código Civil, os juros moratórios são regulados pelo artigo 1.062 do Código Beviláqua. Depois daquela data, aplica-se a taxa prevista no artigo 406 do atual Código Civil, na razão de **1% ao mês**. A taxa SELIC tem aplicação específica a casos previstos em Lei, tais como restituição ou compensação de tributos federais. Não é a ela que se refere o art. 406 do novo Código Civil, mas ao percentual previsto no art. 161, § 1º, do CTN" (STJ-RF 396/397: 3ª T., REsp 727.842-AgRg). No mesmo sentido: STJ-2ª T., REsp 970.586, Min. Humberto Martins, j. 21.8.07, DJU 3.9.07; RT 863/339.

"A taxa SELIC é composta de juros e correção monetária, não podendo ser acumulada com juros moratórios. Sua incidência, assim, configura evidente *bis in idem*, porquanto faz as vezes de juros moratórios, compensatórios e remuneratórios, a par de neutralizar os efeitos da inflação, constituindo-se em correção monetária por vias oblíquas. Daí por que impossível sua acumulação com os juros moratórios. A adoção da SELIC conduz ao desequilíbrio social e à insegurança jurídica, porquanto é alterada unilateralmente pela Administração Federal conforme os 'ânimos' do mercado financeiro e indicadores de inflação. Nesse contexto, por refletir atualização monetária e remuneração, a taxa SELIC não se perfaz em instrumento adequado para corrigir débitos decorrentes de benefícios previdenciários em atraso, que possuem natureza alimentar e visam atender fins sociais" (STJ-5ª T., REsp 823.228, Min. Gilson Dipp, j. 6.6.06, DJU 1.8.06). No mesmo sentido: STJ-6ª T., REsp 823.216, Min. Paulo Gallotti, dec. mon., DJU 7.3.07.

"Em face da responsabilidade extracontratual, os juros de mora devem ser aplicados à taxa de 0,5% ao mês, na forma do artigo 1.062 do antigo Código Civil até a entrada em vigor do novo, quando deverá ser calculado à taxa de 1% ao mês" (STJ-2ª T., REsp 804.628, Min. Castro Meira, j. 18.4.06, DJU 28.4.06). No mesmo sentido, em caso de responsabilidade contratual: STJ-3ª T., AI 766.853-AgRg, Min. Gomes de Barros, j. 19.9.06, DJU 16.10.06; STJ-4ª T., AI 791.802-AgRg, Min. Aldir Passarinho Jr., j. 11.12.07, DJU 18.2.08.

"Sobre a condenação em honorários advocatícios determinada no julgamento do recurso especial, devem incidir correção monetária pelo INPC e juros de mora de 1% (um por cento) ao mês, desde a data da publicação do acórdão até o efetivo pagamento. A taxa SELIC não incide na atualização dos honorários por sucumbência" (STJ-3ª T., REsp 337.094-EDcl, Min. Gomes de Barros, j. 9.5.06, DJU 29.5.06). No mesmo sentido: STJ-1ª T., REsp 396.003, Min. Luiz Fux, j. 1.10.02, DJU 28.10.02.

Enunciado 20 do CEJ: "A taxa de juros moratórios a que se refere o art. 406 é a do art. 161, § 1º, do Código Tributário Nacional, ou seja, 1% (um por cento) ao mês. A utilização da taxa SELIC como índice de apuração dos juros legais não é juridicamente segura, porque impede o prévio conhecimento dos juros; não é operacional, porque seu uso será inviável sempre que se calcularem somente juros ou somente correção monetária; é incompatível com a regra do art. 591 do novo Código Civil, que permite apenas a capitalização anual dos juros, e pode ser incompatível com o art. 192, § 3º, da Constituição Federal, se resultarem juros reais superiores a 12% (doze por cento) ao ano". Mas "a norma do § 3º do artigo 192 da Constituição, revogada pela Emenda Constitucional n. 40/2003, que limitava a taxa de juros reais a 12% ao ano, tinha sua aplicação condicionada à edição de lei complementar" **(Súmula Vinculante 7 do STF).**

Súmula 75 do TRF-4ª Reg.: "Os juros moratórios, nas ações previdenciárias, devem ser fixados em 12% ao ano, a contar da citação".

"Os juros de que trata o art. 406 do Código Civil/2002 incidem desde sua vigência e são aqueles estabelecidos pelo art. 161, § 1º, do Código Tributário Nacional" **(Enunciado 28 do I Encontro JECSP,** Bol. AASP 2.554).

S/ atualização monetária e juros nas condenações impostas à **Fazenda Pública,** v., na nota 2 acima, **Lei 9.494, de 10.9.97, art. 1º-F.**

Art. 406: 4a. "Não há violação à coisa julgada e à norma do art. 406 do novo Código Civil, quando o título judicial exequendo, exarado em momento anterior ao CC/02, fixa os juros de mora em 0,5% ao mês e, na execução do julgado, determina-se a incidência de juros de 1% ao mês a partir da lei nova. Segundo a jurisprudência das duas Turmas de Direito Público desta Corte, devem ser examinadas quatro situações, levando-se em conta a data da prolação da sentença exequenda: (a) se esta foi proferida antes do CC/02 e determinou juros legais, deve ser observado que, até a entrada em vigor do novo CC, os juros eram de 6% ao ano (art. 1.062 do CC/16), elevando-se, a partir de então, para 12% ao ano; (b) se a sentença exequenda foi proferida antes da vigência do CC/02 e fixava juros de 6% ao ano, também se deve adequar os juros após a entrada em vigor dessa legislação, tendo em vista que a determinação de 6% ao ano apenas obedecia aos parâmetros legais da época da prolação; (c) se a sentença é posterior à entrada em vigor do novo CC e determinar juros legais, também se considera de 6% ao ano até 11 de janeiro de 2003 e, após, de 12% ao ano; e (d) se a sentença é posterior ao novo CC e determina juros de 6% ao ano e não houver recurso, deve ser aplicado esse percentual, eis que a modificação depende de iniciativa da parte" [STJ-1ª Seção, REsp 1.112.746, Min. Castro Meira, j. 12.8.09, DJ 31.8.09; nota: apesar de o trecho da ementa mencionado anteriormente dar a entender que os juros de mora a partir do CC/02 seriam de 12% ao ano, outro trecho da ementa esclarece que "a taxa dos juros moratórios a que se refere o referido dispositivo (art. 406 do CC/02) é a taxa referencial do Sistema Especial de Liquidação e Custódia — SELIC"]. No mesmo sentido: STJ-Corte Especial, REsp 1.111.117, Min. Mauro Campbell, j. 2.6.10, maioria, DJ 2.9.10.

Art. 406: 5. Súmula 472 do STJ: "A cobrança de **comissão de permanência** — cujo valor não pode ultrapassar a soma dos encargos *remuneratórios* e *moratórios* previstos no contrato — exclui a exigibilidade dos juros remuneratórios, moratórios e da multa contratual".

"É admitida a incidência da comissão de permanência após o vencimento da dívida, desde que não cumulada com juros remuneratórios, juros moratórios, correção monetária e/ou multa contratual" (STJ-2ª Seção, REsp 706.368-AgRg, Min. Nancy Andrighi, j. 27.4.05, DJU 8.8.05).

"Se a mora for do credor (e será dele quando cobrar mais do que o devido), findo o prazo contratual, e até o trânsito em julgado, o devedor responderá pelos juros remuneratórios à taxa média de mercado, nunca superiores àquela contratada para o empréstimo, e pela respectiva capitalização. Após o trânsito em julgado, a instituição financeira está autorizada a cobrar do mutuário juros remuneratórios de mercado, nunca superiores aos contratados, e — se ajustados — juros de mora e multa" (STJ-3ª T., REsp 999.717-AgRg, Min. Ari Pargendler, j. 6.3.08, DJU 16.5.08).

"Os juros já englobados no retorno financeiro de um fundo de investimento, chamados juros compensatórios ou remuneratórios, não se confundem com os juros moratórios, cujo fundamento de incidência é diverso, qual seja, penalizar aquele que demorou em cumprir a obrigação" (STJ-3ª T., REsp 1.164.235, Min. Nancy Andrighi, j. 15.12.11, DJ 29.2.12).

V. tb. nota 1 ao art. 591 (Súmula 296 do STJ); nota 1 ao art. 2º do Dec. 22.626, de 7.4.33 (no tít. MÚTUO).

Art. 407. Ainda que se não alegue prejuízo, é obrigado o devedor aos juros da mora que se contarão assim às dívidas em dinheiro, como às prestações de outra natureza,[1] uma vez que lhes esteja fixado o valor pecuniário por sentença judicial, arbitramento, ou acordo entre as partes. [Dispositivo correspondente no CC/1916: art. 1.064.]

Art. 407: 1. "Incidência de juros de mora na **obrigação para entrega de coisa.** Exegese do art. 407 do Código Civil" (STJ-3ª T., REsp 1.198.880, Min. Paulo Sanseverino, j. 20.9.12, maioria, DJ 11.12.12). Do voto do relator, reproduzindo lição de Judith Martins-Costa: "Se a dívida não for a dinheiro, os juros moratórios se contam sobre o valor pecuniário que se der ao objeto da prestação, por sentença, ou por acordo entre as partes".

Capítulo V | DA CLÁUSULA PENAL[1]

CAP. V: 1. "Miradas sobre a cláusula penal no direito contemporâneo (à luz do direito civil-constitucional, do novo Código Civil e do Código de Defesa do Consumidor)", por Cristiano Chaves de Farias (RT 797/43, RF 364/31).

Art. 408. Incorre de pleno direito o devedor na cláusula penal,[1 a 3] desde que, culposamente, deixe de cumprir a obrigação ou se constitua em mora.[4] [Dispositivo correspondente no CC/1916: art. 921.]

Art. 408: 1. s/ cláusula penal em matéria de: mandato, v. art. 682, nota 2a; transporte de pessoas, v. art. 740 § 3º; transação, v. art. 847.

Art. 408: 1a. **Súmula 616 do STF:** "É permitida a **cumulação da multa contratual com os honorários de advogado,** após o advento do Código de Processo Civil vigente"

Súmula 119 do TFR: "A partir da vigência do Cód. de Proc. Civil de 1973, é cabível a cumulação da multa contratual com honorários advocatícios, na execução hipotecária, regida pela Lei n. 5.741, de 1971" (v. Lei 5.741 no tít. CONTRATOS IMOBILIÁRIOS).

Súmula 16 do TJSC: "A multa cominatória a que se referiam os artigos 916 e seguintes do Código Civil revogado (objeto dos artigos 408 e seguintes do Novo Código Civil) incide sobre o valor da obrigação principal, corrigido, acrescido dos juros impostos na sentença, quando o litígio versar sobre **seguro habitacional".**

Art. 408: 1b. "A inércia do **credor** justifica a cobrança da multa por inadimplemento, prevista no contrato" (STJ-3ª T., REsp 796.714, Min. Gomes de Barros, j. 3.4.07, DJU 14.5.07).

Art. 408: 1c. "A cláusula penal inserta em contratos bilaterais, onerosos e comutativos deve voltar-se aos **contratantes indistintamente,** ainda que redigida apenas em favor de uma das partes" (STJ-RT 914/547: 3ª T., REsp 1.119.740).

Art. 408: 2. "Validade da previsão de **arras confirmatórias e cláusula penal compensatória** num mesmo contrato, prevalecendo esta no caso de resolução por inadimplemento" (STJ-3ª T., REsp 1.381.652, Min. Paulo Sanseverino, j. 12.8.14, DJ 5.9.14).

Todavia: "De acordo com o art. 418 do CC/02, mesmo que as arras tenham sido entregues com vistas a reforçar o vínculo contratual, tornando-o irretratável, elas atuarão como indenização prefixada em favor da parte 'inocente' pelo inadimplemento, a qual poderá reter a quantia ou bem, se os tiver recebido, ou, se for quem os deu, poderá exigir a respectiva devolução, mais o equivalente. Evidenciada a natureza indenizatória das arras na hipótese de inexecução do contrato, revela-se inadmissível a sua cumulação com a cláusula penal compensatória, sob pena de violação do princípio do *non bis in idem* (proibição da dupla condenação a mesmo título). Se previstas cumulativamente, deve prevalecer a pena de perda das arras, as quais, por força do disposto no art. 419 do CC, valem como 'taxa mínima' de indenização pela inexecução do contrato" (STJ-3ª T., REsp 1.617.652, Min. Nancy Andrighi, j. 26.9.17, DJ 29.9.17).

V. tb. art. 418, nota 1a.

Art. 408: 3. "A cláusula penal não resulta automaticamente da lei, tampouco da natureza do contrato, dependendo a sua exigência de **prévia pactuação entre as partes.** Hipótese em que os contratos rescindidos previam a incidência de cláusula penal apenas para a hipótese de infração contratual, o que não se cogita na espécie, porquanto pactuada a possibilidade de rescisão das avenças por qualquer das partes e a qualquer tempo, desde que notificada a outra parte com 60 dias de antecedência. Na ausência de cláusula penal compensatória para a hipótese de rescisão unilateral imotivada, deve prevalecer o princípio da força obrigatória do contrato (*pacta sunt servanda*), notadamente nas relações empresariais, admitindo-se a ingerência judicial nas obrigações livremente pactuadas entre as partes somente em situações excepcionais" (STJ-3ª T., REsp 1.691.008, Min. Ricardo Cueva, j. 8.5.18, DJ 18.5.18).

V. tb. arts. 421, nota 4, 422, nota 3e, e 473, nota 2.

Art. 408: 4. s/ mora v. arts. 394 a 401.

Art. 409. A cláusula penal estipulada conjuntamente com a obrigação, ou em ato posterior, pode referir-se à inexecução completa da obrigação, à de alguma cláusula especial ou simplesmente à mora.[1-2] [Dispositivos correspondentes no CC/1916: arts. 916 e 917.]

Art. 409: 1. A que se refere à inexecução da obrigação ou de alguma cláusula especial é chamada de "cláusula penal compensatória" e a que se refere à mora é chamada de "cláusula penal moratória".

"Na falta de critérios mais precisos para se definir quando é compensatória ou moratória a cláusula penal, recomenda a doutrina 'que se confronte o seu valor com o da obrigação principal, e, se ressaltar sua patente inferioridade, é moratória' (Caio Mário da Silva Pereira); *in casu*, a cláusula penal foi fixada em 10% do valor do contrato, o que, à luz do critério acima traçado, exterioriza e denota sua natureza moratória" (STJ-4ª T., REsp 734.520, Min. Quaglia Barbosa, j. 21.6.07, DJU 15.10.07).

Art. 409: 2. "Apresentando-se a estipulação de abono de pontualidade com nítido caráter de cláusula penal, inadmissível a cobrança de multa moratória sobre o valor integral do aluguel, por se constituir em verdadeiro *bis in idem*" (RT 795/257).

Art. 410. Quando se estipular a cláusula penal para o caso de total inadimplemento da obrigação, esta converter-se-á em alternativa[1] a benefício do credor.[2] [Dispositivo correspondente no CC/1916: art. 918.]

Art. 410: 1. i.e., o credor pode exigir ou o cumprimento da obrigação, ou a satisfação da cláusula penal. Optando por esta, não pode, em regra, pedir nenhuma outra indenização, na medida em que as perdas e danos já estão prefixadas na cláusula penal. O recebimento de indenização suplementar, ou seja, de valor que supere o previsto na cláusula penal, somente pode ter lugar se as partes dispuseram expressamente a respeito e houver prova do prejuízo excedente (art. 416 § ún.).

Art. 410: 2. "Na dicção do art. 410 do Código Civil brasileiro, é vedado ao credor cumular a execução da obrigação principal com a multa penal compensatória, sob risco de enriquecimento indevido do mesmo" (RMDCPC 58/131: TJMG, AP 1.0498.11.002686-7/001).

Art. 411. Quando se estipular a cláusula penal para o caso de mora,[1] ou em segurança especial de outra cláusula determinada, terá o credor o arbítrio de exigir a satisfação da pena cominada, juntamente com o desempenho da obrigação principal.[2 a 4] [Dispositivo correspondente no CC/1916: art. 919.]

Art. 411: 1. s/ mora, v. arts. 394 a 401; s/ cláusula penal moratória, v. notas 1 e 2 ao art. 409.

Art. 411: 2. "A instituição de cláusula penal moratória não compensa o inadimplemento, pois se traduz em punição ao devedor que, a despeito de sua incidência, se vê obrigado ao pagamento de indenização relativa aos prejuízos dele decorrentes" (STJ-4ª T., REsp 968.091, Min. Fernando Gonçalves, j. 19.3.09, DJ 30.3.09).

"Se a cláusula penal compensatória funciona como prefixação das perdas e danos, o mesmo não ocorre com a cláusula penal moratória, que não compensa nem substitui o inadimplemento, apenas pune a mora. Assim, a cominação contratual de uma multa para o caso de mora não interfere na responsabilidade civil decorrente do retardo no cumprimento da obrigação que já deflui naturalmente do próprio sistema. O promitente comprador, em caso de atraso na entrega do imóvel adquirido, pode pleitear, por isso, além da multa moratória expressamente estabelecida no contrato, também o cumprimento mesmo que tardio da obrigação e ainda a indenização correspondente aos lucros cessantes pela não fruição do imóvel durante o período da mora da promitente vendedora" (STJ-3ª T., REsp 1.355.554, Min. Sidnei Beneti, j. 6.12.12, DJ 4.2.13). No mesmo sentido: STJ-4ª T., REsp 1.655.903-EDcl-AgInt, Min. Raul Araújo, j. 19.9.17, DJ 11.10.17.

Art. 411: 3. "É possível a **cumulação da multa moratória** em razão da falta de pagamento de aluguéis **com a multa compensatória** estipulada no contrato de locação em virtude da devolução do imóvel antes do prazo estipulado para o término da locação. Tais **fatos geradores,** por serem **diversos,** não configuram, *bis in idem*" (STJ-3ª T., Ag em REsp 388.570-AgRg, Min. Ricardo Cueva, j. 16.6.16, DJ 27.6.16).

Art. 411: 4. "O **abono de pontualidade,** enquanto ato de liberalidade pela qual o credor incentiva o devedor ao pagamento pontual, revela-se, não como uma 'multa moratória disfarçada', mas como um comportamento cooperativo direcionado ao adimplemento da obrigação, por meio do qual ambas as partes se beneficiam. Hipótese em que não configura duplicidade (*bis in idem*) a incidência da multa sobre o valor integral dos aluguéis vencidos, desconsiderando o desconto de pontualidade" (STJ-3ªT., REsp 1.745.916, Min. Nancy Andrighi, j. 19.2.19, DJ 22.2.19).

Art. 412. O valor da cominação imposta na cláusula penal não pode exceder o da obrigação principal.[1 a 3] [Dispositivo correspondente no CC/1916: art. 920.]

Art. 412: 1. Pelo **CDC 52 § 1º** (redação dada pela Lei 9.298, de 1.8.96, em Lex 1996/1.860, RT 730/713, RDA 205/387, Bol. AASP 1.964/2): "As multas de mora decorrentes do inadimplemento de obrigações no seu termo não poderão ser superiores a 2% (dois por cento) do valor da prestação".

Nos casos seguintes, não podem ser superiores a 10% do montante do débito:

— nos mútuos (Dec. 22.626, de 7.4.33, art. 9º, no tít. MÚTUO, int.);

— nas promessas de compra e venda de imóvel loteado e, se for urbano, também nas cessões de compromisso e nas promessas de cessão (Dec. lei 58, de 10.12.37, art. 11-*f*; Lei 6.766, de 19.12.79, art. 26-V — ambos no tít. PROMESSA DE COMPRA E VENDA E LOTEAMENTO);

— nas cédulas hipotecárias (Dec. lei 70, de 21.11.66 art. 34-I no tít. CÉDULA HIPOTECÁRIA);

— nos títulos de crédito rural (Dec. lei 167, de 14.2.67, art. 71, no tít. TÍTULOS DE CRÉDITO RURAL);

— nos títulos de crédito industrial (Dec. lei 413, de 9.1.69, art. 58, em RT 400/482, Lex 1969/21, RF 226/439);

— nos títulos de crédito à exportação (v. art. 3º da Lei 6.313 de 16.12.75, c/c art. 58 do Dec. lei 413, de 9.1.69).

Quanto a multas nos condomínios edilícios, v. CC 1.336 §§ 1º e 2º e 1.337.

Art. 412: 2. "A cláusula penal, ainda que nominada multa diária por descumprimento do contrato, não pode exceder ao máximo da obrigação principal" (STJ-3ª T., REsp 796.714, Min. Gomes de Barros, j. 3.4.07, DJU 14.5.07).

Art. 412: 2a. "A multa decendial deve se limitar ao valor da obrigação principal, nos termos do artigo 412 do Código Civil, **sem o acréscimo de juros"** (STJ-3ª T., Ag em REsp 1.455.518-AgInt, Min. Ricardo Cueva, j. 30.9.19, DJ 4.10.19). No mesmo sentido: STJ-4ª T., Ag em REsp 1.565.584-AgInt, Min. Antonio Ferreira, j. 17.12.19, DJ 19.12.19.

Art. 412: 3. "As ***demurrages*** têm natureza jurídica de indenização, e não de cláusula penal, o que afasta a incidência do art. 412 do Código Civil. Se o valor das *demurrages* atingir patamar excessivo apenas em função da desídia da parte obrigada a restituir os *containers*, deve ser privilegiado o princípio *pacta sunt servanda*, sob pena de o Poder Judiciário premiar a conduta faltosa da parte devedora" (STJ-3ª T., REsp 1.286.209, Min. João Otávio, j. 8.3.16, DJ 14.3.16). No mesmo sentido: STJ-4ª T., Ag em REsp 842.151-AgInt, Min. Raul Araújo, j. 21.3.17, DJ 7.4.17.

Art. 413. A penalidade deve ser reduzida equitativamente pelo juiz se a obrigação principal tiver sido cumprida em parte, ou se o montante da penalidade for manifestamente excessivo, tendo-se em vista a natureza e a finalidade do negócio.[1 a 6] [Dispositivo correspondente no CC/1916: art. 924.]

Art. 413: 1. "A redução da cláusula penal no novo Código Civil", por Antonio Borges de Figueiredo (RSDCPC 23/152).

Art. 413: 1a. Em matéria de incorporação imobiliária, v. LCE 35, nota 3a. S/ redução equitativa de arras, v. art. 418, nota 1a.

Art. 413: 2. Enunciado 165 do CEJ: "Em caso de penalidade, aplica-se a regra do art. 413 ao sinal, sejam as arras confirmatórias ou penitenciais".

Enunciado 355 do CEJ: "Não podem as partes renunciar à possibilidade de redução da cláusula penal se ocorrer qualquer das hipóteses previstas no art. 413 do Código Civil, por se tratar de preceito de ordem pública".

Enunciado 356 do CEJ: "Nas hipóteses previstas no art. 413 do Código Civil, o juiz deverá reduzir a cláusula penal de ofício".

Enunciado 358 do CEJ: "O caráter manifestamente excessivo do valor da cláusula penal não se confunde com a alteração de circunstâncias, a excessiva onerosidade e a frustração do fim do negócio jurídico, que podem incidir autonomamente e possibilitar sua revisão para mais ou para menos".

Enunciado 359 do CEJ: "A redação do art. 413 do Código Civil não impõe que a redução da penalidade seja proporcionalmente idêntica ao percentual adimplido".

Art. 413: 3. Para essa redução, o juiz deve considerar sobretudo a boa-fé e a função social do contrato (arts. 113, 421 e 422).

S/ penalidade em matéria de: locação, v. arts. 572, 575 § ún. e LI 4º-*caput*; relação de consumo, v. CDC 51-IV.

Art. 413: 4. "No atual Código Civil, o abrandamento do valor da cláusula penal em caso de adimplemento parcial é **norma cogente e de ordem pública,** consistindo em dever do juiz e direito do devedor a aplicação dos princípios da função social do contrato, da boa-fé objetiva e do equilíbrio econômico entre as prestações, os quais convivem harmonicamente com a autonomia da vontade e o princípio *pacta sunt servanda* (STJ-3ª T., REsp 1.641.131, Min. Nancy Andrighi, j. 16.2.17, DJ 23.2.17).

"A norma do art. 924 do Código Civil é disposição destinada a proteger a pessoa do devedor; de interesse público e não pode ser invalidada pela convenção das partes. Os apelantes satisfizeram grande parte do preço, justificando, assim, a redução da cláusula penal" (STJ-4ª T., AI 115.023-AgRg, Min. Barros Monteiro, j. 3.9.02, DJU 25.11.02). O art. 924 do CC rev. corresponde ao CC 413.

Art. 413: 5. "A redução da cláusula penal é, no adimplemento parcial, realizada por avaliação equitativa do juiz, a qual relaciona-se à averiguação proporcional da utilidade ou vantagem que o pagamento, ainda que imperfeito, tenha oferecido ao credor, ao grau de culpa do devedor, a sua situação econômica e ao montante adimplido, além de outros parâmetros, que não implicam, todavia, necessariamente, uma correspondência exata e matemática entre o grau de inexecução e o de abrandamento da multa. Considerando, assim, que **não há necessidade de correspondência exata entre a redução e o quantitativo da mora,** que a avença foi firmada entre pessoas jurídicas — não tendo, por esse motivo, ficado evidenciado qualquer desequilíbrio de forças entre as contratantes —, que houve pequeno atraso no pagamento de duas prestações e que o adimplemento foi realizado de boa-fé pela recorrente, considera-se, diante das peculiaridades da hipótese concreta, equitativo e proporcional que o valor da multa penal seja reduzido para 0,5% do valor de cada parcela em atraso" (STJ-3ª T., REsp 1.641.131, Min. Nancy Andrighi, j. 16.2.17, DJ 23.2.17).

"A redução equitativa da cláusula penal a ser feita pelo juiz quando a obrigação principal tiver sido cumprida em parte não é sinônimo de redução proporcional. A equidade é cláusula geral que visa a um modelo ideal de justiça, com aplicação excepcional nos casos legalmente previstos. Tal instituto tem diversas funções, dentre elas a equidade corretiva, que visa ao equilíbrio das prestações, exatamente o caso dos autos. Correta a redução da cláusula penal em 50%, visto que o critério adotado pelo Código Civil de 2002 é o da equidade, não havendo falar em percentual de dias cumpridos do contrato. No caso, as rés informaram à autora sobre a rescisão contratual quando os compromissos profissionais assumidos com outra emissora de televisão já estavam integralmente consolidados" (STJ-4ª T., REsp 1.186.789, Min. Luis Felipe, j. 20.3.14, DJ 13.5.14).

Art. 413: 6. "Descabimento da redução da penalidade com base no cumprimento parcial da obrigação na hipótese em que a **prestação é incindível** ou, sendo cindível, não tenha o credor concordado, expressa ou tacitamente, com a cisão do negócio jurídico" (STJ-3ª T., REsp 1.381.652, Min. Paulo Sanseverino, j. 12.8.14, DJ 5.9.14).

Art. 414. Sendo indivisível a obrigação,[1] todos os devedores, caindo em falta um deles, incorrerão na pena; mas esta só se poderá demandar integralmente do culpado, respondendo cada um dos outros somente pela sua quota. [Dispositivo correspondente no CC/1916: art. 925-*caput*.]

Parágrafo único. Aos não culpados fica reservada a ação regressiva[2] contra aquele que deu causa à aplicação da pena. [Dispositivo correspondente no CC/1916: art. 925 § ún.]

Art. 414: 1. v. arts. 87, 88 (bens divisíveis) e 258 a 263 (obrigações indivisíveis).

Art. 414: 2. v. CPC 125-II (denunciação da lide).

Art. 415. Quando a obrigação for divisível,[1] só incorre na pena o devedor ou o herdeiro do devedor que a infringir, e proporcionalmente à sua parte na obrigação. [Dispositivo correspondente no CC/1916: art. 926.]

Art. 415: 1. s/ bens divisíveis, v. arts. 87 e 88; s/ obrigações divisíveis, v. arts. 257 e 314; s/ obrigação que perde a qualidade de indivisível por resolução em perdas e danos, v. art. 263 e notas.

Art. 416. Para exigir a pena convencional, não é necessário que o credor alegue prejuízo.[1] [Dispositivo correspondente no CC/1916: art. 927-*caput*.]

Parágrafo único. Ainda que o prejuízo exceda ao previsto na cláusula penal, não pode o credor exigir indenização suplementar se assim não foi convencionado.[2-3] Se o tiver sido, a pena vale como mínimo da indenização, competindo ao credor provar o prejuízo excedente. [Sem dispositivo correspondente no CC/1916.]

Art. 416: 1. a exemplo dos juros moratórios, cf. art. 407.

Art. 416: 2. diversamente das arras confirmatórias, cf. art. 419.

Art. 416: 3. "Cláusula penal. Estipulação que constitui fixação antecipada de perdas e danos. Não cabimento da cumulação da cláusula penal e das perdas e danos" (RT 871/238).

Capítulo VI | DAS ARRAS OU SINAL[1-2]

CAP. VI: 1. "As arras e a cláusula penal no Código Civil de 2002", por Thiago Luís Santos Sombra (RT 917/75).

CAP. VI: 2. As arras se dividem em: a) confirmatórias (arts. 418 e 419), que buscam solidificar o acordo e sua obrigatoriedade; e b) penitenciais (art. 420), que buscam garantir o direito de arrependimento às partes.

Art. 417. Se, por ocasião da conclusão do contrato, uma parte der à outra, a título de arras, dinheiro ou outro bem móvel, deverão as arras, em caso de execução, ser restituídas ou computadas na prestação devida, se do mesmo gênero da principal.[1-2] [Sem dispositivo correspondente no CC/1916.]

Art. 417: 1. v. art. 413, nota 2 (Enunciado 165 do CEJ). S/ cumulação entre arras e cláusula penal, v. art. 408, nota 2.

Art. 417: 2. "O pagamento inicial do valor do negócio descaracteriza-se como arras confirmatórias quando representa o adimplemento de parte substancial da dívida" (STJ-4ª T., REsp 761.944, Min. João Otávio, j. 5.11.09, DJ 16.11.09).

Art. 418. Se a parte que deu as arras não executar o contrato, poderá a outra tê-lo por desfeito, retendo-as; se a inexecução for de quem recebeu as arras, poderá quem as deu haver o contrato por desfeito, e exigir sua devolução mais o equivalente,[1-1a] com atualização monetária segundo índices oficiais regularmente estabelecidos,[1b] juros[2] e honorários de advogado.[3] [Sem dispositivo correspondente no CC/1916.]

Art. 418: 1. "Devidamente comprovado nos autos que o insucesso do negócio se deu porque sobre o imóvel em questão fora instituído usufruto vitalício em favor de terceiro e que a inexecução do contrato não se deveu à mera desistência imotivada da compradora, mas à existência de impedimento da qual ela não tinha conhecimento, é forçoso reconhecer a culpa do apelado na frustração do negócio jurídico, em razão de informações inverídicas sobre a real situação do imóvel, cabendo a devolução em dobro das arras, na forma do artigo 418 do CC" (RT 876/343: TJRJ, AP 25.590/2008).

Art. 418: 1a. "De acordo com o art. 418 do CC/02, mesmo que as arras tenham sido entregues com vistas a reforçar o vínculo contratual, tornando-o irretratável, elas atuarão como **indenização prefixada** em favor da parte 'inocente' pelo inadimplemento, a qual poderá reter a quantia ou bem, se os tiver recebido, ou, se for quem os deu, poderá exigir a respectiva devolução, mais o equivalente. Uma vez pactuadas as arras, segundo a autonomia negocial das partes, o efeito indenizatório decorrente do inadimplemento se opera *ipso facto*, ou seja, independentemente de previsão contratual que estipule a perda das arras se houver descumprimento do ajuste. Na hipótese dos autos, embora as arras tenham sido tachadas de 'penitenciais', não houve o exercício do direito de arrependimento, mas sim o inadimplemento por parte dos promitentes cessionários. Logo, estão estes sujeitos à perda do sinal, na forma do art. 418 do CC/02. É **admissível a redução equitativa** das arras quando manifestamente excessivas, mediante a aplicação analógica do art. 413 do Código Civil. No particular, contudo, o valor das arras passível de retenção (R$ 48.000,00) não se mostra desarrazoado, tendo em vista os prejuízos sofridos pelos promitentes cedentes, que foram privados da posse e usufruto do imóvel por quase 8 anos" (STJ-3ª T., REsp 1.669.002, Min. Nancy Andrighi, j. 21.9.17, DJ 2.10.17).

V. tb. art. 408, nota 2.

Art. 418: 1b. v. art. 389, nota 3.

Art. 418: 2. v. art. 406.

Art. 418: 3. Aplica-se aqui o Enunciado 161 do CEJ (v. art. 389, nota 5): somente são devidos honorários se houve efetiva atuação do advogado.

Art. 419. A parte inocente pode pedir indenização suplementar,[1] se provar maior prejuízo, valendo as arras como taxa mínima.[1a] Pode, também, a parte inocente exigir a execução do contrato, com as perdas e danos, valendo as arras como o mínimo da indenização.[2] [Sem dispositivo correspondente no CC/1916.]

Art. 419: 1. s/ cumulação de indenização suplementar com cláusula penal, v. art. 416 § ún.

Art. 419: 1a. Todavia, a indenização suplementar é vedada se o contrato garante o direito de arrependimento às partes. Nesse caso, tem-se a figura das arras penitenciais (art. 420, *in fine*).

Art. 419: 2. Este dispositivo trata apenas das arras confirmatórias, que são aquelas previstas em contratos que não estipulam o direito de arrependimento às partes. Sendo assim, é natural que a parte inocente possa exigir, além das arras, o cumprimento da obrigação principal.

Art. 420. Se no contrato for estipulado o direito de arrependimento para qualquer das partes,[1] as arras ou sinal terão função unicamente indenizatória. Neste caso, quem as deu perdê-las-á em benefício da outra parte; e quem as recebeu devolvê-las-á mais o equivalente. Em ambos os casos não haverá direito a indenização suplementar. [Dispositivo correspondente no CC/1916: art. 1.095.]

Art. 420: 1. Súmula 412 do STF (Arrependimento na promessa de venda): "No compromisso de compra e venda com cláusula de arrependimento, a devolução do sinal, por quem o deu, ou a sua restituição em dobro, por quem o recebeu, exclui indenização maior, a título de perdas e danos, salvo os juros moratórios e os encargos do processo".

Título V | DOS CONTRATOS EM GERAL[1-2]

Capítulo I | DISPOSIÇÕES GERAIS[1]

Seção I | PRELIMINARES

TÍT. V: 1. "Contratos: perfil jurisprudencial no direito brasileiro vigente", por Carlos Alberto Bittar Filho (RT 801/115); "Análise jurídica dos contratos na área de direito de propriedade intelectual: fundamentação civil, comercial ou consumerista a respeito da responsabilidade", por Adriana Carvalho Pinto Vieira e Carla Fátima da Silva Lana (RDPr 15/145); "Contrato no novo Código Civil", por Geraldo Gonçalves da Costa (RJ 316/37); "Responsabilidade civil pós-contratual", por Marco Antonio Trevisan (RDPr 16/199); "Causa concreta, qualificação contratual, modelo jurídico e regime normativo: notas sobre uma relação de homologia a partir de julgados brasileiros", por Luciano de Camargo Penteado (RDPr 20/235); "Princípios dos contratos e mudanças sociais", por Paulo Luiz Netto Lôbo (RJ 329/9); "Funcionalização do contrato: o direito privado e a organização econômico-social contemporânea", por

Lucas Abreu Barroso e Andreza Soares da Cruz (RDPr 24/79) "A evolução da responsabilidade civil e dos contratos no direito francês e brasileiro", por Arnoldo Wald (RT 845/81 e RF 382/15); "A interpretação das cláusulas gerais: a subsunção e a concreção dos conceitos", por Fabiano Menke (Ajuris 103/69); "O contrato no Código Civil de 2002", por Arnoldo Wald (RMDCPC 2/5); "Princípios norteadores da intervenção judicial no contrato normas abertas *versus* segurança jurídica", por Luciano Felix do Amaral e Silva (RDPr 37/130); "A redação de contratos", por Flávia Lubieska N. Kischelewski (RJ 382/51); "A causa dos contratos estudo sintético acerca da teoria da causa no sistema brasileiro", por Alexandre Gaetano Nicola Liquidato (RIDCPC 63/93); "Qualificação e coligação contratual", por Carlos Nelson Konder (RF 406/55).

TÍT. V: 2. Interpretação: do negócio jurídico, arts. 112 a 114; do contrato de adesão, art. 423; da fiança, art. 819; da transação, art. 843.

S/ contrato coligado e responsabilidade solidária, v. art. 264, nota 7.

CAP. I: 1. **Disposição transitória: "Art. 2.035 § ún.** Nenhuma convenção prevalecerá se contrariar preceitos de ordem pública, tais como os estabelecidos por este Código para assegurar a função social da propriedade e dos contratos".

Art. 421. A liberdade contratual será exercida nos limites da função social do contrato.[1] [Sem dispositivo correspondente no CC/1916.]

Parágrafo único. Nas relações contratuais privadas, prevalecerão o princípio da intervenção mínima e a excepcionalidade da revisão contratual.[1a a 5] [Sem dispositivo correspondente no CC/1916.]

Art. 421: 1. Redação de acordo com a Lei 13.874, de 20.9.19.

Art. 421: 1a. O § ún. foi acrescido pela Lei 13.874, de 20.9.19.

Art. 421: 1b. "O relativismo da autonomia da vontade e a intervenção estatal nos contratos", por Cassio M. C. Penteado Jr. (RDPr 14/148 e RF 382/15); "Autonomia da vontade no direito contratual", por Maria Angélica Benetti Araújo (RDPr 27/279); "A função social e ética do contrato como fundamento jurídico de parceria e o novo Código Civil de 2002", por Arnoldo Wald (RF 364/23); "O novo Código Civil e as cláusulas gerais: exame da função social do contrato", por Eduardo Sens dos Santos (RF 364/83); "A função social do contrato e o princípio da boa-fé no novo Código Civil Brasileiro", por Adriana Mandim Theodoro de Mello (RT 801/11 e RF 364/3); "A função social do contrato. Elementos para uma conceituação", por Eduardo Sens dos Santos (RDPr 13/99); "O princípio da função social do contrato no Código Civil", por João Hora Neto (RDPr 14/38); "A função social dos contratos no novo Código Civil", por Arruda Alvim (RT 815/11 e RF 371/51); "O contrato no Código Civil e a sua função social", pelo Min. José Delgado (RJ 322/7); "Função social do contrato: primeiras anotações", por Calixto Salomão Filho (RT 823/67); "Uma reflexão sobre as 'cláusulas gerais' do Código Civil de 2002. A função social do contrato", por Teresa Arruda Alvim Wambier (RT 831/59); "A teoria das redes contratuais e a função social dos contratos: reflexões a partir de uma recente decisão do Superior Tribunal de Justiça", por Rodrigo Xavier Leonardo (RT 832/100); "A função social do contrato (causa ou motivo)", por Daisy Gogliano (RJ 334/9); "O interesse social no direito privado", por Arnoldo Wald (Ajuris 101/9, RMDCPC 10/39 e RJ 338/9); "As origens do contrato no novo Código Civil: uma introdução à função social, ao welfarismo e ao solidarismo contratual", por Luciano Benetti Timm (RT 844/85); "Função social e relatividade do contrato", por Leonardo Mattietto (RJ 342/29); "Direito, mercado e função social", por Luciano Benetti Timm e Rafael Bicca Machado (Ajuris 103/197); "A função social do direito privado", por Eugênio Facchini Neto (Ajuris 105/153); "Limites da atuação judicial na aplicação da função social dos contratos", por Gerson Branco (Ajuris 105/219); "Ensaio sobre o princípio do equilíbrio contratual", por Leonardo Mattietto (RIDCPC 48/128); "A interferência ilícita do terceiro na relação contratual: a tutela externa do crédito e a oponibilidade dos contratos", por Gustavo Fernandes de Andrade (RF 391/89); "Apontamentos sobre a cláusula '... ou devia saber'", por João Baptista Villela (RTDC 32/161); "Função social do direito contratual no Código Civil brasileiro: justiça distributiva *vs.* eficiência econômica", por Luciano Benetti Timm (RT 876/11); "A eficácia externa dos contratos e a responsabilidade civil de terceiros", por Hugo Evo Magro Corrêa Urbano (RDPr 43/180); "A responsabilidade de terceiros nas relações contratuais", por Renata Regina Bueno Fernandes (RDPr 50/227); "Análise econômica da função social dos contratos — art. 421 do Código Civil", por Sílvia Mechelany Veloso (RDPr 54/99); "Dos efeitos dos contratos perante terceiros", por Arthur Rabay (RJ 431/47).

Art. 421: 1c. **Enunciado 21 do CEJ:** "A função social do contrato prevista no art. 421 do novo Código Civil constitui cláusula geral, que impõe a revisão do princípio da relatividade dos efeitos do contrato em relação a terceiros, implicando a tutela externa do crédito".

Enunciado 22 do CEJ: "A função social do contrato prevista no art. 421 do novo Código Civil constitui cláusula geral, que reforça o princípio de conservação do contrato, assegurando trocas úteis e justas".

Enunciado 23 do CEJ: "A função social do contrato prevista no art. 421 do novo Código Civil não elimina o princípio da autonomia contratual, mas atenua ou reduz o alcance desse princípio, quando presentes interesses metaindividuais ou interesse individual relativo à dignidade da pessoa humana".

Enunciado 166 do CEJ: "A frustração do fim do contrato, como hipótese que não se confunde com a impossibilidade da prestação ou com a excessiva onerosidade, tem guarida no Direito brasileiro pela aplicação do art. 421 do Código Civil".

Enunciado 167 do CEJ: "Com o advento do Código Civil de 2002, houve forte aproximação principiológica entre esse Código e o Código de Defesa do Consumidor, no que respeita à regulação contratual, uma vez que ambos são incorporadores de uma nova teoria geral dos contratos".

Enunciado 360 do CEJ: "O princípio da função social dos contratos também pode ter eficácia interna entre as partes contratantes".

Art. 421: 2. v. arts. 421-A e 2.035 § ún.

Art. 421: 3. "A função social infligida ao contrato não pode desconsiderar seu papel primário e natural, que é o econômico. Ao assegurar a venda de sua colheita futura, é de se esperar que o produtor inclua nos seus cálculos todos os custos em que poderá incorrer, tanto os decorrentes dos próprios termos do contrato, como aqueles derivados das condições da lavoura" (STJ-3ª T., REsp 803.481, Min. Nancy Andrighi, j. 28.6.07, DJU 1.8.07).

V. tb. arts. 422, nota 4, e 478, nota 1b.

Art. 421: 3a. "Inexiste abusividade na assinatura de promessa de compra e venda envolvendo safra agrícola, com fixação futura de preço. A determinação do preço em data futura não representa condição potestativa na hipótese em que é dado ao agricultor optar pela data na qual a operação será fechada. Referida modalidade de contratação representa importante instrumento à disposição do produtor rural, para planejamento de sua safra, disponibilizando-lhe mecanismos para se precaver contra oscilações excessivas de preço" (STJ-3ª T., REsp 910.537, Min. Nancy Andrighi, j. 25.5.10, DJ 7.6.10).

Art. 421: 4. "O exame da função social do contrato é um convite ao Poder Judiciário, para que ele construa soluções justas, rente à realidade da vida, prestigiando prestações jurisdicionais intermediárias, razoáveis, harmonizadoras e que, sendo encontradas caso a caso, não cheguem a aniquilar nenhum dos outros valores que orientam o ordenamento jurídico, como a autonomia da vontade. Não se deve admitir que a função social do contrato, princípio aberto que é, seja utilizada como pretexto para manter duas sociedades empresárias ligadas por vínculo contratual durante um longo e indefinido período" (STJ-3ª T., REsp 972.436, Min. Nancy Andrighi, j. 17.3.09, DJ 12.6.09). Em síntese: "É princípio do direito contratual de relações continuativas que nenhum vínculo é eterno. Se uma das partes manifestou sua vontade de rescindir o contrato, não pode o Poder Judiciário impor a sua continuidade" (STJ-4ª T., AI 988.736-AgRg, Min. Aldir Passarinho Jr., j. 23.9.08, DJ 3.11.08).

"Eventualmente caracterizado o abuso da rescisão, por isso responderá quem o tiver praticado, mas tudo será resolvido no plano indenizatório" (STJ-4ª T., REsp 534.105, Min. Cesar Rocha, j. 16.9.03, DJ 19.12.03). No mesmo sentido: STJ-3ª T., REsp 200.856, Min. Ari Pargendler, j. 15.2.01, um voto vencido, DJU 4.6.01.

V. tb. arts. 408, nota 3, 422, nota 3e, e 473, nota 2.

Art. 421: 5. "A cláusula contratual que estipula o pagamento de multa caso o contratante empregue um dos ex-funcionários ou representantes da contratada durante a vigência do acordo ou após decorridos 120 (cento e vinte) dias de sua extinção, não implica violação ao princípio da função social do contrato, pois não estabelece desequilíbrio social e, tampouco, impede o acesso dos indivíduos a ele vinculados, seja diretamente, seja indiretamente, ao trabalho ou ao desenvolvimento pessoal" (STJ-4ª T., REsp 1.127.247, Min. Luis Felipe, j. 4.3.10, DJ 19.3.10).

Art. 421-A. Os contratos civis e empresariais presumem-se paritários e simétricos até a presença de elementos concretos que justifiquem o afastamento dessa presunção, ressalvados os regimes jurídicos previstos em leis especiais, garantido também que:[1-2] [Sem dispositivo correspondente no CC/1916.]

I — as partes negociantes poderão estabelecer parâmetros objetivos para a interpretação das cláusulas negociais e de seus pressupostos de revisão ou de resolução;

II — a alocação de riscos definida pelas partes deve ser respeitada e observada; e

III — a revisão contratual somente ocorrerá de maneira excepcional e limitada.

Art. 421-A: 1. O art. 421-A foi acrescido pela Lei 13.874, de 20.9.19.

Art. 421-A: 2. v. art. 113 e notas. V. tb. CDC 6º.

Art. 422. Os contratantes são obrigados a guardar, assim na conclusão do contrato, como em sua execução, os princípios de probidade e boa-fé.[1 a 5] [Sem dispositivo correspondente no CC/1916.]

Art. 422: 1. "A função social do contrato e o princípio da boa-fé no novo Código Civil Brasileiro", por Adriana Mandim Theodoro de Mello (RT 801/11 e RF 364/3); "Anotacões sobre a boa-fé no Direito Comercial", por Lívio Goe Iner Goron (RDPr 13/143); "Boa-fé objetiva e responsabilidade civil contratual. Principais inovações", por Eduardo de Oliveira Gouvêa (RF 369/73); "A boa-fé como paradigma contratual: uma limitação aos princípios clássicos", por Rodrigo Mizunski Peres (RJ 330/55); "Novos temas na teor a dos contratos: confiança e o conjunto contratual", por Claudia Lima Marques (Ajuris 100/73); "Os princípios da boa-fé e da função social do contrato e a teoria contratual contemporânea", por Daniela Vasconcellos Gomes (RDPr 26/77); "O princípio da confiança", por Arnoldo Wald (RF 386/15); "Do contrato: interpretação e boa-fé", por Fernando de Paula Gomes (RDPr 27/96); "Lineamentos acerca da interpretação do negócio jurídico: perspectivas para a utilização da boa-fé objetiva como método hermenêutico", por Cristiano Chaves de Farias e Nelson Rosenvald (RDPr 31/7); "Um aspecto da obrigação de indenizar: notas para uma sistematização dos deveres pré-negociais de proteção no direito civil brasileiro", por Judith Martins-Costa (RT 867/11); "A responsabilidade pré-contratual por ruptura injustificada das negociações", por Karina Nunes Fritz (RT 883/9); "O acordo de não divulgação (NDA) e a questão do rompimento das negociações", por Marcos Alberto Sant'Anna Bitelli (RDPr 51/333).

Art. 422: 1a. s/ boa-fé como critério para interpretação do negócio jurídico, v. art. 113; s/ ato ilícito por excesso dos limites da boa-fé, v. art. 187; s/ boa-fé em: contrato de seguro, v. art. 765; relação de consumo, v. CDC 51-IV.

Art. 422: 2. **Enunciado 24 do CEJ:** "Em virtude do princípio da boa-fé, positivado no art. 422 do novo Código Civil, a violação dos deveres anexos constitui espécie de inadimplemento, independentemente de culpa".

Enunciado 25 do CEJ: "O art. 422 do Código Civil não inviabiliza a aplicação, pelo julgador, do princípio da boa-fé nas fases pré e pós-contratual".

Enunciado 26 do CEJ: "A cláusula geral contida no art. 422 do novo Código Civil impõe ao juiz interpretar e, quando necessário, suprir e corrigir o contrato segundo a boa-fé objetiva, entendida como a exigência de comportamento leal dos contratantes".

Enunciado 27 do CEJ: "Na interpretação da cláusula geral da boa-fé, deve-se levar em conta o sistema do Código Civil e as conexões sistemáticas com outros estatutos normativos e fatores metajurídicos".

Enunciado 169 do CEJ: "O princípio da boa-fé objetiva deve levar o credor a evitar o agravamento do próprio prejuízo".

Enunciado 363 do CEJ: "Os princípios da probidade e da confiança são de ordem pública, estando a parte lesada somente obrigada a demonstrar a existência da violação".

Art. 422: 3. "A boa-fé objetiva se apresenta como uma exigência de lealdade, modelo objetivo de conduta, arquétipo social pelo qual impõe o poder-dever de que cada pessoa ajuste a própria conduta a esse modelo, agindo como agiria uma pessoa honesta, escorreita e leal. Não tendo o comprador agido de forma contrária a tais princípios, não há como inquinar seu comportamento de violador da boa-fé objetiva" (STJ-3ª T., REsp 981.750, Min. Nancy Andrighi, j. 13.4.10, DJ 23.4.10).

Art. 422: 3a. "A boa-fé objetiva, verdadeira regra de conduta, estabelecida no art. 422 do CC/02, reveste-se da função criadora de **deveres laterais ou acessórios,** como o de **informar** e o de **cooperar,** para que a relação não seja fonte de prejuízo ou decepção para uma das partes, e, por conseguinte, integra o contrato naquilo em que for omisso, em decorrência de um imperativo de eticidade, no sentido de evitar o uso de subterfúgios ou intenções diversas daquelas expressas no instrumento formalizado. A pretensão do **advogado** que postula **honorários** contratuais em valores superiores ao proveito econômico imediato auferido pela parte que representou em Juízo, encontra limitação no princípio da boa-fé objetiva, mostrando-se patente o rompimento da atuação ponderada e preocupada com a outra parte, marcada pela postura respeitosa e povoada de lealdade que deve nortear os contratantes" (STJ-3ª T., REsp 830.526, Min. Nancy Andrighi, j. 3.9.09, DJ 29.10.09).

"Execução fundada em contrato de honorários advocatícios, em que a cliente se comprometeu a pagar ao advogado, por seus serviços profissionais, quantia equivalente à metade do seu direito, ou seu equivalente em dinheiro, do proveito que obtivesse na ação voltada à recuperação de imóvel em demanda proposta contra o ex-companheiro. No curso da ação, as partes fizeram acordo para estabelecer o partilhamento do referido imóvel, na proporção de 50% para cada um, gerando desentendimento acerca do pagamento dos honorários advocatícios contratados.

Em prevalecendo os termos do contrato executado, nada restará à parte contratante, pois o proveito econômico obtido no acordo ficará inteiramente com o advogado contratado. Não é razoável que o benefício econômico obtido pela cliente com a causa demandada caiba, por inteiro, ao advogado que contratara. Tal situação ofende a boa-fé objetiva (artigo 422 do Código Civil). A jurisprudência desta Corte se posiciona firme no sentido de que o princípio *pacta sunt servanda* pode ser relativizado, visto que sua aplicação prática está condicionada a outros fatores, como, por exemplo, a função social, a onerosidade excessiva e o princípio da boa-fé objetiva, devendo ser mitigada a força obrigatória dos contratos diante de situações como a dos autos" (STJ-4ª T., REsp 1.208.844-AgInt, Min. Raul Araújo, j. 15.12.16, DJ 7.2.17).

Art. 422: 3b. "O princípio da boa-fé objetiva exerce três funções: (i) a de regra de interpretação; (ii) a de fonte de direitos e de deveres jurídicos; e (iii) a de limite ao exercício de direitos subjetivos. Pertencem a este terceiro grupo a teoria do adimplemento substancial das obrigações e a teoria dos atos próprios (*tu quoque*; vedação ao comportamento contraditório; *surrectio*; *suppressio*). O instituto da ***supressio*** indica a possibilidade de se considerar suprimida uma obrigação contratual, na hipótese em que o não exercício do direito correspondente, pelo credor, gere no devedor a justa expectativa de que esse não exercício se prorrogará no tempo" (STJ-3ª T., REsp 953.389, Min. Nancy Andrighi, j. 23.2.10, DJ 11.5.10).

"A *supressio* inibe o exercício de um direito, até então reconhecido, pelo seu não exercício. Por outro lado, e em direção oposta à *supressio*, mas com ela intimamente ligada, tem-se a teoria da ***surrectio***, cujo desdobramento é a aquisição de um direito pelo decurso do tempo, pela expectativa legitimamente despertada por ação ou comportamento. Sob essa ótica, o longo transcurso de tempo (quase seis anos), sem a cobrança da obrigação de compra de quantidades mínimas mensais de combustível, suprimiu, de um lado, a faculdade jurídica da distribuidora (promitente vendedora) de exigir a prestação e, de outro, criou uma situação de vantagem para o posto varejista (promissário comprador), cujo inadimplemento não poderá implicar a incidência da cláusula penal compensatória contratada" (STJ-4ª T., REsp 1.338.432, Min. Luis Felipe, j. 24.10.17, DJ 29.11.17).

"Controvérsia acerca da pretensão de um economista de ser remunerado pelo uso de seu nome por empresa que lhe prometeu oferecer serviços em contrapartida, mas descumpriu a promessa. Comportamento desinteressado do economista ao longo de quase duas décadas. Cumprimento da prestação antes de se findarem as negociações sobre a determinação (quantidade e periodicidade) do objeto da contraprestação. Criação de expectativa legítima da outra parte de que não seria exigida qualquer contraprestação. Mudança de comportamento omissivo que ofende a boa-fé objetiva, sintetizada na fórmula 'supressio'. Extinção do direito de exigir contraprestação pelo tempo em que o nome do economista constou como responsável pela empresa. Improcedência do pedido de indenização pelo uso do nome" (STJ-3ª T., REsp 1.520.995, Min. Paulo Sanseverino, j. 13.6.17, DJ 22.6.17).

"Locação comercial. Aluguéis. Reajuste. *Supressio*. Hipótese em que o acórdão recorrido concluiu que o locador não gerou a expectativa no locatário de que não mais haveria a atualização do valor do aluguel durante todo o período contratual (vinte anos), mas que apenas não seria exigida eventual diferença no valor já pago nos 5 anos anteriores à notificação extrajudicial. Destoa da realidade fática supor que, no caso, o locatário tivesse criado a expectativa de que o locador não fosse mais reclamar o aumento dos aluguéis e, por esse motivo, o decurso do tempo não foi capaz de gerar a confiança de que o direito não seria mais exercitado em momento algum do contrato de locação. Viola a boa-fé objetiva impedir que o locador reajuste os aluguéis por todo o período da relação contratual. No caso, a solução que mais se coaduna com a boa-fé objetiva é permitir a atualização do valor do aluguel a partir da notificação extrajudicial encaminhada ao locatário e afastar a cobrança de valores pretéritos" (STJ-3ª T., REsp 1.803.278, Min. Ricardo Cueva, j. 22.10.19, DJ 5.11.19).

"Contrato de plano de saúde coletivo empresarial. Rompimento do vínculo empregatício. Manutenção do ex-empregado e sua esposa como beneficiários do plano de saúde por 10 anos. Exclusão indevida pelo ex-empregador. Responsabilidade pela confiança. Abuso do direito. *Supressio*. Hipótese excepcional em que, por liberalidade do ex-empregador, o ex-empregado e sua esposa, assumindo o custeio integral, permaneceram vinculados ao contrato de plano de saúde por prazo que supera — e muito — o previsto no art. 30, § 1º, da Lei 9.656/1998, despertando nestes a confiança de que não perderiam o benefício, de tal modo que sua exclusão agora, quando já passados 10 anos, e quando já contam com idade avançada, torna-se inviável, segundo o princípio da boa-fé objetiva" (STJ-3ª T., REsp 1.879.503, Min. Nancy Andrighi, j. 15.9.20, DJ 18.9.20).

"Obrigação alimentar. Teoria do abuso de direito. *Surrectio*. Inaplicabilidade. Pagamento. Autonomia privada. Mera liberalidade. Controvérsia acerca da possibilidade ou não de, com fundamento na teoria do abuso do direito e na *surrectio*, perpetuar obrigação alimentar assumida por longo período a título de mera liberalidade pelo alimentante já exonerado da dívida. Não há falar em ilicitude na conduta do recorrente por inexistência de previsibilidade de pagamento eterno dos alimentos, especialmente porque ausente relação obrigacional" (STJ-3ª T., REsp 1.789.667, Min. Ricardo Cueva, j. 13.8.19, maioria, DJ 22.8.19). V. tb. arts. 1.694, nota 5, e 1.699, nota 3b.

Art. 422: 3c. "Preceito decorrente da boa-fé objetiva. *Duty to mitigate the loss*: o **dever de mitigar o próprio prejuízo.** Os contratantes devem tomar as medidas necessárias e possíveis para que o dano não seja agravado. A parte a que a perda aproveita não pode permanecer deliberadamente inerte diante do dano. Agravamento do prejuízo, em razão da inércia do credor. Infringência aos deveres de cooperação e lealdade. Lição da doutrinadora

Véra Maria Jacob de Fradera. Descuido com o dever de mitigar o prejuízo sofrido. O fato de ter deixado o devedor na posse do imóvel por quase 7 anos, sem que este cumprisse com o seu dever contratual (pagamento das prestações relativas ao contrato de compra e venda), evidencia a ausência de zelo com o patrimônio do credor, com o consequente agravamento significativo das perdas, uma vez que a realização mais célere dos atos de defesa possessória diminuiriam a extensão do dano. Violação ao princípio da boa-fé objetiva. Caracterização de inadimplemento contratual a justificar a penalidade imposta pela Corte originária (exclusão de um ano de ressarcimento)" (STJ-RDDP 90/164: 3ª T., REsp 758.518).

Mas: "O ajuizamento de ação de cobrança muito próximo ao implemento do prazo prescricional, mas ainda dentro do lapso legalmente previsto, não pode ser considerado, por si só, como fundamento para a aplicação do *duty to mitigate the loss*. Para tanto, é necessário que, além do exercício tardio do direito de ação, o credor tenha violado, comprovadamente, alguns dos deveres anexos ao contrato, promovendo condutas ou omitindo-se diante de determinadas circunstâncias, ou levando o devedor à legítima expectativa de que a dívida não mais seria cobrada ou cobrada a menor. A razão utilizada pelas instâncias ordinárias para aplicar ao caso o postulado do *duty to mitigate the loss* está fundada tão somente na inércia da instituição financeira, a qual deixou para ajuizar a ação de cobrança quando já estava próximo de vencer o prazo prescricional e, com isso, acabou obtendo crédito mais vantajoso diante da acumulação dos encargos ao longo do tempo. Não há nos autos nenhum outro elemento que demonstre haver a instituição financeira, no caso em exame, criado no devedor expectativa de que não cobraria a dívida ou que a cobraria a menor, ou mesmo de haver violado seu dever de informação. Não há, outrossim, elemento nos autos no qual se possa identificar qualquer conduta do devedor no sentido de negociar sua dívida e de ter sido impedido de fazê-lo pela ora recorrente, ou ainda qualquer outra circunstância que pudesse levar à conclusão de quebra da confiança ou dos deveres anexos aos negócios jurídicos por nenhuma das partes contratantes, tais como a lealdade, a cooperação, a probidade, entre outros" (STJ-4ª T., REsp 1.201.672, Min. Lázaro Guimarães, j. 21.11.17, DJ 27.11.17).

✎ "O *duty to mitigate the loss* no direito civil brasileiro e o encargo de evitar o próprio dano", por Daniel Pires Novais Dias (RF 413/71, RDPr 45/39).

V., na nota 2, **Enunciado 169 do CEJ.**

Art. 422: 3d. "A ninguém é dado criar e valer-se de situação enganosa, quando lhe for conveniente e vantajoso, e posteriormente voltar-se contra ela quando não mais lhe convier, objetivando que seu direito prevaleça sobre o de quem confiou na expectativa gerada, ante o princípio do ***nemo potest venire contra factum proprium***" (STJ-4ª T., REsp 1.154.737, Min. Luis Felipe, j. 21.10.10, DJ 7.2.11).

"O comportamento processual contraditório do réu que de um lado negou a contratação dos autores para prestação dos serviços advocatícios até o final do procedimento administrativo fiscal; e, de outro lado, ofereceu quantia para compor a ação e remunerou o advogado que participava da sociedade de advogados pelo serviço prestado até então no feito administrativo, afronta, o princípio do *venire contra factum proprium*, que se relaciona diretamente com o da boa-fé objetiva e que impõe ao indivíduo um comportamento no mínimo coerente" (STJ-3ª T., REsp 1.641.575, Min. Moura Ribeiro, j. 23.5.17, DJ 1.6.17).

"Ação monitória. Convenção de arbitragem. Alegação pela parte demandada que anteriormente havia proposto duas ações judiciais contra a demandante. Impossibilidade de invocação da cláusula compromissória. Vedação derivada do 'venire contra factum proprium'" (STJ-3ª T., REsp 1.894.715, Min. Paulo Sanseverino, j. 17.11.20, DJ 20.11.20).

Art. 422: 3e. "Muito embora o comportamento exigido dos contratantes deva pautar-se pela boa-fé contratual, tal diretriz não obriga as partes a manterem-se vinculadas contratualmente *ad aeternum*, mas indica que as controvérsias nas quais o direito ao **rompimento contratual** tenha sido exercido de forma desmotivada, imoderada ou anormal, resolvem-se, se for o caso, em perdas e danos" (STJ-RT 905/235: 4ª T., REsp 966.163). No mesmo sentido: STJ-RT 916/743 (3ª T., REsp 1.250.596).

"Contrato. Validade de cláusula. Cessação de atividade de distribuição de bebidas. Não renovação após o término do prazo pactuado, mediante prévia notificação. Indenização indevida" (STJ-4ª T., REsp 1.112.796, Min. Honildo Castro, j. 10.8.10, maioria, DJ 19.11.10). No mesmo sentido: STJ-3ª T., REsp 1.494.332, Min. Ricardo Cueva, j. 4.8.16, maioria, DJ 13.9.16; RT 927/936 (TJMS, AP 2012.017904-1/0000-00, maioria).

"A rescisão imotivada do contrato, em especial quando efetivada por meio de conduta desleal e abusiva — violadora dos princípios da boa-fé objetiva, da função social do contrato e da responsabilidade pós-contratual — confere à parte prejudicada o direito à indenização por danos materiais e morais" (STJ-3ª T., REsp 1.255.315, Min. Nancy Andrighi, j. 13.9.11, DJ 27.9.11). No mesmo sentido: STJ-4ª T., Ag em REsp 238.050-AgInt, Min. Marco Buzzi, j. 1.6.20, DJ 10.6.20.

V. tb. arts. 408, nota 3, 421, nota 4, e 473, nota 2.

Art. 422: 3f. "Contrato de representação comercial. **Rescisão** unilateral imotivada pela representada. **Indenização.** Cláusula contratual que prevê pagamento antecipado acrescido às comissões mensais. Ilegalidade. **Forma de pagamento** que não se coaduna com o conceito de indenização. O princípio da boa-fé impede que as partes de uma relação contratual exercitem direitos, ainda que previstos na própria avença de maneira formalmente lícita, quando, em sua essência, esse exercício representar deslealdade ou gerar consequências danosas para a contraparte. A cláusula que extrapola o que o ordenamento jurídico estabelece como padrão mínimo para garantia do equilíbrio entre as partes da relação contratual deve ser declarada inválida" (STJ-3ª T., REsp 1.831.947, Min. Nancy Andrighi, j. 10.12.19, DJ 13.12.19).

Art. 422: 3g. "Reprovabilidade do comportamento dos réus **após o rompimento do vínculo contratual,** passando a atuar na promoção do produto vendido pela principal concorrente da autora, com grave violação à ética contratual a ser observada em razão do princípio da boa-fé objetiva (art. 422 do CC/02)" (STJ-3ª T., REsp 1.203.153, Min. Paulo Sanseverino, j. 3.6.14, maioria, DJ 25.8.14).

Art. 422: 3h. "A **responsabilidade pré-contratual** não decorre do fato de a tratativa ter sido rompida e o contrato não ter sido concluído, mas do fato de uma das partes ter gerado à outra, além da expectativa legítima de que o contrato seria concluído, efetivo prejuízo material" (STJ-3ª T., REsp 1.051.065, Min. Ricardo Cueva, j. 21.2.13, RT 934/491).

Art. 422: 3i. "Ação de resolução contratual. Franquia. Boa-fé objetiva. Art. 422 do CC/02. **Deveres anexos. Lealdade. Informação.** Descumprimento. **Fase pré-contratual.** Os deveres anexos, decorrentes da função integrativa da boa-fé objetiva, resguardam as expectativas legítimas de ambas as partes na relação contratual, por intermédio do cumprimento de um dever genérico de lealdade, que se manifesta especificamente, entre outros, no dever de informação, que impõe que o contratante seja alertado sobre fatos que a sua diligência ordinária não alcançaria isoladamente. O princípio da boa-fé objetiva já incide desde a fase de formação do vínculo obrigacional, antes mesmo de ser celebrado o negócio jurídico pretendido pelas partes. Ainda que caiba aos contratantes verificar detidamente os aspectos essenciais do negócio jurídico (*due diligence*), notadamente nos contratos empresariais, esse exame é pautado pelas informações prestadas pela contraparte contratual, que devem ser oferecidas com a lisura esperada pelos padrões (*standards*) da boa-fé objetiva, em atitude cooperativa. Na resolução do contrato por inadimplemento, em decorrência da inobservância do dever anexo de informação, não se trata de anular o negócio jurídico, mas sim de assegurar a vigência da boa-fé objetiva e da comutatividade (equivalência) e sinalagmaticidade (correspondência) próprias da função social do contrato entabulado entre as partes. Na hipótese dos autos, a moldura fática delimitada pelo acórdão recorrido consignou que: a) ainda na fase pré-contratual, a franqueadora criou na franqueada a expectativa de que o retorno do capital investido se daria em torno de 36 meses; b) apesar de transmitir as informações de forma clara e legal, o fez com qualidade e amplitude insuficientes para que pudessem subsidiar a correta tomada de decisão e as expectativas corretas de retornos; e c) a probabilidade de que a franqueada recupere o seu capital investido, além do caixa já perdido na operação até o final do contrato, é mínima, ou quase desprezível. Recurso especial provido" (STJ-3ª T., REsp 1.862.508, Min. Nancy Andrighi, j. 24.11.20, maioria, DJ 18.2.20).

Art. 422: 3j. "Por mais que inexista contrato formal, o direito deve proteger o vínculo que se forma pela repetição de atos que tenham teor jurídico, pelo simples e aqui tantas vezes repetido motivo: protege-se a **confiança** depositada por uma das partes na conduta de seu parceiro negocial. Mostrou-se, de fato, incontroverso que os investimentos realizados pela recorrente, para a produção das peças que serviriam ao computador de bordo de titularidade da recorrida, foram realizados nos termos das relações que se verificaram no início das tratativas entre essas empresas, fatos a respeito dos quais concordam os julgadores de origem. Ademais, ressalta claramente dos autos que a própria recorrida estipulou quais os modelos de conectores deveriam ser produzidos pela recorrente e em que quantidade, vindo, após certo tempo, repentina e de maneira surpreendente, a alterar as especificações técnicas daquelas peças, tornando inúteis as já produzidas" (STJ-4ª T., REsp 1.309.972, Min. Luis Felipe, j. 27.4.17, DJ 8.6.17).

Art. 422: 4. "O fato de o comprador obter maior margem de lucro na revenda, decorrente da majoração do preço do produto no mercado após a celebração do negócio, não indica a existência de má-fé, improbidade ou tentativa de desvio da função social do contrato" (STJ-3ª T., REsp 803.481, Min. Nancy Andrighi, j. 28.6.07, DJU 1.8.07).

V. tb. arts. 421, nota 3, e 478, nota 1b.

Art. 422: 5. "Aquisição de imóvel invadido, cerca de um ano depois, por águas de uma tempestade que desabou sobre toda a cidade, causando inúmeros danos e prejuízos. Alegação da compradora de ausência de boa-fé objetiva do vendedor. Responsabilidade não caracterizada. Casa cercada por soleiras de concreto, que deveriam ter despertado a atenção da adquirente. Fato comum nas residências situadas nesta rua, quando as chuvas são muito fortes" (RT 876/345: TJRJ, AP 2008.001.13786).

Art. 423. Quando houver no contrato de adesão cláusulas ambíguas ou contraditórias, dever-se-á adotar a interpretação mais favorável ao aderente.[1] [Sem dispositivo correspondente no CC/1916.]

Art. 423: 1. s/ interpretação mais favorável ao aderente em relação de consumo, v. CDC 47 e 54.

Art. 424. Nos contratos de adesão,[1] são nulas as cláusulas que estipulem a renúncia antecipada do aderente a direito resultante da natureza do negócio.[2-2a] [Sem dispositivo correspondente no CC/1916.]

Art. 424: 1. s/ contratos de adesão, v. CDC 54 e 18 § 2º-2ª parte.

Art. 424: 2. v. art. 828, nota 1 (Enunciado 364 do CEJ).

Art. 424: 2a. s/ renúncia a direitos em matéria de relação de consumo, v. CDC 25 e 51-I.

Art. 425. É lícito às partes estipular contratos atípicos,[1 a 3] observadas as normas gerais fixadas neste Código. [Sem dispositivo correspondente no CC/1916.]

Art. 425: 1. s/ contrato de *factoring*, v. nota 1a ao art. 290.

Art. 425: 2. "O *factoring* como instrumento de auxílio às pequenas e médias empresas", por Consuelo Taques Ferreira Salamacha (RT 822/79); "A intolerável deturpação do contrato de *factoring*", por Mariana Ribeiro Santiago (RDPr 33/236); "Reflexões sobre os contratos cativos de longa duração", por José Tadeu Neves Xavier (Ajuris 95/137); "Contratos cativos de longa duração: tempo e equilíbrio nas relações contratuais", por Marco Antonio Karam-Silveira (Ajuris 103/211); "Cessão de contrato", por Luís Borrelli Neto (RDPr 34/137); "O contrato que envolve o sistema de integração para a produção de aves e suínos", por Arnaldo Rizzardo (RJ-Lex 50/29); "*Factoring*: a atividade de *factoring* e a responsabilidade do faturizado na transferência dos títulos por endosso", por Marcelo Moraes Tavares (RJ-Lex 59/68).

Art. 425: 3. "A **cessão de posição contratual** é figura admitida pelo ordenamento jurídico, mormente ante o disposto nos arts. 421 e 425 do CC, consubstanciada na transmissão de obrigações em que uma das partes de um contrato (cedente) vê-se substituída por terceiro (cessionário), o qual assume integralmente o conjunto de direitos e deveres, faculdades, poderes, ônus e sujeições originariamente pertencentes àquele contratante original; sendo certa, portanto, a existência de dois negócios jurídicos distintos: (i) o contrato-base, em que se insere a posição a ser transferida; e (ii) o contrato-instrumento, o qual veicula a transferência propriamente dita. A anuência do cedido é elemento necessário à validade do negócio jurídico, residindo sua finalidade na possibilidade de análise, pelo cedido, da capacidade econômico-financeira do cessionário, de molde a não correr o risco de eventual inadimplemento; nesse ponto, assemelhando-se à figura do assentimento na assunção de dívida. Malgrado, portanto, a obrigatoriedade da anuência, esta assume capital relevância tão somente no que tange aos efeitos da cessão em relação ao cedente, haja vista que, vislumbrando o cedido a possibilidade de inadimplemento do contrato principal pelo cessionário, pode impor como condição a responsabilidade subsidiária do cedente, não lhe permitindo a completa exoneração, o que, de regra, deflui da transmissão da posição contratual. No caso concreto, uma vez quitadas as obrigações relativas ao contrato-base, a manifestação positiva de vontade do cedido em relação à cessão contratual torna-se irrelevante, perdendo sua razão de ser, haja vista que a necessidade de anuência ostenta forte viés de garantia na hipótese de inadimplemento pelo cessionário. Dessa forma, carece ao cedido o direito de recusa da entrega da declaração de quitação e dos documentos hábeis à transferência da propriedade, ante a sua absoluta falta de interesse" (STJ-4ª T., REsp 1.036.530, Min. Luis Felipe, j. 25.3.14, maioria, DJ 15.8.14).

"A cessão de direitos e obrigações oriundos de contrato, bem como os referentes a fundo de resgate de valor residual, e seus respectivos aditamentos, implica a transferência de um complexo de direitos, de deveres, débitos e créditos, motivo pelo qual se confere legitimidade ao cessionário de contrato (cessão de posição contratual) para discutir a validade de cláusulas contratuais com reflexo, inclusive, em prestações pretéritas já extintas" (RSTJ 156/291: 3ª T., REsp 356.383).

V. nota 2 ao Cap. I que antecede o art. 286.

Art. 426. Não pode ser objeto de contrato a herança de pessoa viva.[1-2] [Dispositivo correspondente no CC/1916: art. 1.089.]

Art. 426: 1. Não obstante, v. arts. 2.014 e 2.018.

Art. 426: 2. "Revela-se nula a partilha de bens realizada em processo de separação amigável que atribui ao cônjuge varão promessa de transferência de direitos sucessórios ou doação sobre imóvel pertencente a terceiros, seja por impossível o objeto, seja por vedado contrato sobre herança de pessoas vivas" (STJ-4ª T., REsp 300.143, Min. Aldir Passarinho Jr., j. 21.11.06, DJU 12.2.07).

Seção II | DA FORMAÇÃO DOS CONTRATOS

Art. 427. A proposta de contrato obriga[1] o proponente,[1a] se o contrário não resultar dos termos dela, da natureza do negócio,[2] ou das circunstâncias[2a] do caso.[3] [Dispositivo correspondente no CC/1916: art. 1.080.]

Art. 427: 1. "O alienante de unidade de edifício em condomínio que anuncia a venda de prédio totalmente reformado, e que apenas se limita a realizar reformas isoladamente em cada apartamento, é responsável por inteiro daquilo a que se dispusera e oferecera publicamente" (RT 801/183).

Art. 427: 1a. v. art. 107 (validade da declaração de vontade).

Art. 427: 2. s/ proposta em matéria de seguro, v. art. 759.

Art. 427: 2a. v. arts. 138 a 144 (erro); 145 a 150 (dolo); 151 a 155 (coação); 156 (estado de perigo); 157 (lesão).

Art. 427: 3. Entendendo que a proposta inicialmente aceita "ficou sem efeito em razão da falta da prática dos atos posteriores necessários para a formalização do contrato": STJ-4ª T., REsp 116.882, Min. Barros Monteiro, j. 19.4.01, maioria, DJU 25.6.01; a citação é do voto do Min. Ruy Rosado.

Art. 428. Deixa de ser obrigatória a proposta: [Dispositivo correspondente no CC/1916: art. 1.081-*caput*.]

I — se, feita sem prazo a pessoa presente, não foi imediatamente aceita. Considera-se também presente a pessoa que contrata por telefone[1] ou por meio de comunicação semelhante; [Dispositivo correspondente no CC/1916: art. 1.081-I.]

II — se, feita sem prazo a pessoa ausente, tiver decorrido tempo suficiente para chegar a resposta ao conhecimento do proponente; [Dispositivo correspondente no CC/1916: art. 1.081-II.]

III — se, feita a pessoa ausente, não tiver sido expedida a resposta dentro do prazo dado; [Dispositivo correspondente no CC/1916: art. 1.081-III.]

IV — se, antes dela, ou simultaneamente, chegar ao conhecimento da outra parte a retratação do proponente. [Dispositivo correspondente no CC/1916: art. 1.081-IV.]

Art. 428: 1. s/ arrependimento nos contratos que envolvam relação de consumo celebrados por telefone, v. CDC 49.

Art. 429. A oferta[1] ao público equivale a proposta quando encerra os requisitos essenciais ao contrato, salvo se o contrário resultar das circunstâncias ou dos usos. [Sem dispositivo correspondente no CC/1916.]

Parágrafo único. Pode revogar-se a oferta pela mesma via de sua divulgação, desde que ressalvada esta faculdade na oferta realizada. [Sem dispositivo correspondente no CC/1916.]

Art. 429: 1. Em matéria de relação de consumo, v. CDC 30 a 35.

Art. 430. Se a aceitação, por circunstância imprevista, chegar tarde ao conhecimento do proponente, este comunicá-lo-á imediatamente ao aceitante, sob pena de responder por perdas e danos.[1] [Dispositivo correspondente no CC/1916: art. 1.082.]

Art. 430: 1. v. arts. 402 a 405.

Art. 431. A aceitação fora do prazo, com adições, restrições, ou modificações, importará nova proposta.[1] [Dispositivo correspondente no CC/1916: art. 1.083.]

Art. 431: 1. Ou seja, trata-se de uma contraproposta.

Art. 432. Se o negócio for daqueles em que não seja costume a aceitação expressa,[1] ou o proponente a tiver dispensado, reputar-se-á concluído o contrato, não chegando a tempo a recusa. [Dispositivo correspondente no CC/1916: art. 1.084.]

Art. 432: 1. v., p. ex., art. 659 (mandato).

Art. 433. Considera-se inexistente a aceitação, se antes dela ou com ela chegar ao proponente a retratação do aceitante. [Dispositivo correspondente no CC/1916: art. 1.085.]

Art. 434. Os contratos entre ausentes tornam-se perfeitos desde que a aceitação é expedida,[1] exceto: [Dispositivo correspondente no CC/1916: art. 1.086-*caput*.]

I — no caso do artigo antecedente; [Dispositivo correspondente no CC/1916: art. 1.086-I.]

II — se o proponente se houver comprometido a esperar resposta; [Dispositivo correspondente no CC/1916: art. 1.086-II.]

III — se ela não chegar no prazo convencionado. [Dispositivo correspondente no CC/1916: art. 1.086-III.]

Art. 434: 1. Enunciado 173 do CEJ: "A formação dos contratos realizados entre pessoas ausentes, por meio eletrônico, completa-se com a recepção da aceitação pelo proponente".

Art. 435. Reputar-se-á celebrado o contrato no lugar em que foi proposto.[1-2] [Dispositivo correspondente no CC/1916: art. 1.087.]

Art. 435: 1. v. LINDB 9º § 2º.

Art. 435: 2. O lugar da celebração do contrato não determina **necessariamente** o lugar do pagamento (v. art. 327) nem o lugar em que se deve cumpri-lo ou discutir seu conteúdo (v. art. 78 e nota 1).

Seção III | DA ESTIPULAÇÃO EM FAVOR DE TERCEIRO[1]

SEÇ. III: 1. "Contrato a favor de terceiro", por Araken de Assis (RJ 363/11).

Art. 436. O que estipula em favor de terceiro[1] pode exigir o cumprimento da obrigação. [Dispositivo correspondente no CC/1916: art. 1.098-*caput*.]

Parágrafo único. Ao terceiro, em favor de quem se estipulou a obrigação, também é permitido exigi-la,[2] ficando, todavia, sujeito às condições e normas do contrato, se a ele anuir, e o estipulante não o inovar nos termos do art. 438. [Dispositivo correspondente no CC/1916: art. 1.098 § ún.]

Art. 436: 1. s/ doação com encargo em favor de terceiro, v. art. 553; s/ seguro em favor de terceiro, v. art. 767.

Art. 436: 2. "Nas estipulações em favor de terceiro, este pode ser pessoa futura e indeterminada, bastando que seja determinável, como no caso do seguro, em que se identifica o beneficiário no momento do sinistro. O terceiro beneficiário, ainda que não tenha feito parte do contrato, tem legitimidade para ajuizar ação direta contra a seguradora, para cobrar a indenização contratual prevista em seu favor" (RSTJ 168/377: 4ª T., REsp 257.880, maioria).

"Na estipulação em favor de terceiro, tanto o estipulante quanto o beneficiário podem exigir do devedor o cumprimento da obrigação" (STJ-3ª T., REsp 1.086.989, Min. Nancy Andrighi, j. 23.2.10, DJ 5.3.10).

"Ainda que o plano de saúde seja contratado por intermédio de terceiro, que é o estipulante, o beneficiário é o destinatário final do serviço, sendo, portanto, parte legítima para figurar no polo ativo de ação que busque discutir a validade das cláusulas do contrato. Desse modo, considerando que na estipulação em favor de terceiro, tanto o estipulante quanto o beneficiário podem exigir do devedor o cumprimento da obrigação (CC, art. 436, parágrafo único), não há que se falar, no caso, na necessidade de suspensão do presente feito até o julgamento final da ação proposta pela estipulante em nome de todos os contratados" (STJ-3ª T., REsp 1.336.758-AgRg, Min. Sidnei Beneti, j. 20.11.12, DJ 4.12.12).

"O contrato de plano de saúde coletivo estabelece o vínculo jurídico entre uma operadora de plano de saúde e uma pessoa jurídica, a qual atua em favor de uma classe (coletivo por adesão) ou em favor de seus respectivos empregados (coletivo empresarial). Esse contrato caracteriza-se como uma estipulação em favor de terceiro, em que a pessoa jurídica figura como intermediária da relação estabelecida substancialmente entre o indivíduo integrante da classe/empresa e a operadora (art. 436, parágrafo único, do Código Civil). O fato de o contrato ser coletivo não impossibilita que o beneficiário busque individualmente a tutela jurisdicional que lhe seja favorável, isto é, o restabelecimento do seu vínculo contratual com a operadora, que, em tese, foi rompido ilegalmente" (STJ-3ª T., REsp 1.705.311, Min. Nancy Andrighi, j. 9.11.17, DJ 17.11.17).

Art. 437. Se ao terceiro, em favor de quem se fez o contrato, se deixar[1] o direito de reclamar-lhe a execução, não poderá o estipulante exonerar o devedor. [Dispositivo correspondente no CC/1916: art. 1.099.]

Art. 437: 1. de forma expressa no contrato.

Art. 438. O estipulante pode reservar-se[1] o direito de substituir o terceiro[2] designado no contrato, independentemente da sua anuência e da do outro contratante. [Dispositivo correspondente no CC/1916: art. 1.100-*caput*.]

Parágrafo único. A substituição pode ser feita por ato entre vivos ou por disposição de última vontade. [Dispositivo correspondente no CC/1916: art. 1.100 § ún.]

Art. 438: 1. de forma expressa no contrato; caso não haja essa reserva, a substituição fica inviabilizada.

Art. 438: 2. s/ possibilidade de substituição do beneficiário do contrato de seguro, v. art. 791.

Seção IV | DA PROMESSA DE FATO DE TERCEIRO

Art. 439. Aquele que tiver prometido fato de terceiro[1] responderá por perdas e danos,[2] quando este o não executar. [Dispositivo correspondente no CC/1916: art. 929.]

Parágrafo único. Tal responsabilidade não existirá se o terceiro for o cônjuge do promitente, dependendo da sua anuência o ato a ser praticado, e desde que, pelo regime do casamento, a indenização, de algum modo, venha a recair sobre os seus bens. [Sem dispositivo correspondente no CC/1916.]

Art. 439: 1. Responde por perdas e danos aquele que promete fato de terceiro, se este não confirma a promessa e, por isso, não a executa (art. 439-*caput*). Mas, se o terceiro confirma a promessa e não a executa, o promitente já não responde por perdas e danos (art. 440).

V. tb. art. 662 (falta de mandato ou insuficiência de poderes do mandatário).

No caso de comunhão parcial ou universal de bens, o cônjuge que se compromete a obter a anuência do outro cônjuge para determinado ato e não a consegue, quando necessária, não responde por perdas e danos. Se, porém, forem casados pelo regime da separação universal, ficará sujeito a indenizar (art. 439 § ún.).

Art. 439: 2. v. arts. 402 a 405.

Art. 440. Nenhuma obrigação haverá para quem se comprometer por outrem, se este, depois de se ter obrigado, faltar à prestação.[1] [Sem dispositivo correspondente no CC/1916.]

Art. 440: 1. v. art. 439, nota 1.

Seção V | DOS VÍCIOS REDIBITÓRIOS[1]

SEÇ. V: 1. "Dos vícios do produto no novo Código Civil e no Código de Defesa do Consumidor e suas repercussões no âmbito da responsabilidade civil", por Clarissa Costa de Lima (Ajuris 101/79).

Art. 441. A coisa recebida em virtude de contrato comutativo pode ser enjeitada por vícios ou defeitos ocultos,[1-1a] que a tornem imprópria ao uso a que é destinada, ou lhe diminuam o valor.[2] [Dispositivo correspondente no CC/1916: art. 1.101-*caput*.]

Parágrafo único. É aplicável a disposição deste artigo às doações onerosas.[3] [Dispositivo correspondente no CC/1916: art. 1.101 § ún.]

Art. 441: 1. v. arts. 503 (compra e venda) e 568 (locação); CDC 18 e § 1º, 20-II, 35-III, 41, 51-I e II.

Art. 441: 1a. "O equívoco inerente ao vício redibitório não se confunde com o erro substancial, vício de consentimento previsto na Parte Geral do Código Civil, tido como defeito dos atos negociais. O legislador tratou o vício redibitório de forma especial, projetando inclusive efeitos diferentes daqueles previstos para o erro substancial. O vício redibitório, da forma como sistematizado pelo CC/16, cujas regras foram mantidas pelo CC/02, atinge a própria coisa, objetivamente considerada, e não a psique do agente. O erro substancial, por sua vez, alcança a vontade do contratante, operando subjetivamente em sua esfera mental" (STJ-RMDCPC 34/108: 3ª T., REsp 991.317).

Art. 441: 2. Prazo para a propositura da ação: art. 445.

Art. 441: 3. i. e., aquelas em que o donatário deve realizar algum encargo determinado pelo doador. S/ encargo em matéria de doação, v. arts. 539, 553 e 562.

Art. 442. Em vez de rejeitar a coisa, redibindo o contrato (art. 441), pode o adquirente reclamar[1] abatimento no preço.[2 a 3a] [Dispositivo correspondente no CC/1916: art. 1.105.]

Art. 442: 1. através da **ação estimatória** ou ***quanti minoris***.

Art. 442: 2. Prazo para a propositura da ação: art. 445.

Art. 442: 3. v. art. 616 (empreitada); cf. CDC 18 § 1º-III.

Art. 442: 3a. s/ abatimento do preço em caso de evicção, v. art. 455.

Art. 443. Se o alienante conhecia o vício ou defeito da coisa, restituirá o que recebeu com perdas e danos;[1-2] se o não conhecia, tão somente restituirá o valor recebido, mais as despesas do contrato. [Dispositivo correspondente no CC/1916: art. 1.103.]

Art. 443: 1. v. arts. 402 a 405.

Art. 443: 2. O alienante que conhece os vícios ou defeitos ocultos da coisa, além de se sujeitar à redibição do contrato ou ao abatimento do preço, obriga-se a reparar o dano moral eventualmente causado (RJ 310/104).

Art. 444. A responsabilidade do alienante subsiste ainda que a coisa pereça em poder do alienatário, se perecer por vício oculto, já existente ao tempo da tradição.[1] [Dispositivo correspondente no CC/1916: art. 1.104.]

Art. 444: 1. s/ tradição, v. arts. 1.267 e 1.268.

Art. 445. O adquirente decai do direito de obter a redibição ou abatimento no preço[1] no prazo de trinta dias se a coisa for móvel, e de um ano se for imóvel, contado da entrega efetiva; se já estava na posse, o prazo conta-se da alienação, reduzido à metade.[1a a 2] [Dispositivo correspondente no CC/1916: art. 178 §§ 2º e 5º-IV.]

§ 1º Quando o vício, por sua natureza, só puder ser conhecido mais tarde, o prazo contar-se-á do momento em que dele tiver ciência, até o prazo máximo de cento e oitenta dias, em se tratando de bens móveis; e de um ano, para os imóveis.[3-4] [Dispositivo correspondente no CC/1916: art. 178 §§ 2º e 5º-IV.]

§ 2º Tratando-se de venda de animais, os prazos de garantia por vícios ocultos serão os estabelecidos em lei especial, ou, na falta desta, pelos usos locais, aplicando-se o disposto no parágrafo antecedente se não houver regras disciplinando a matéria. [Sem dispositivo correspondente no CC/1916.]

Art. 445: 1. v. arts. 441 e 442. As ações redibitória (art. 441) e estimatória (art. 442) são também chamadas de **ações edilícias.**

✎ Art. 445: 1a. "Considerações acerca do prazo decadencial nas ações edilícias", por Carlos Eduardo Thompson Flores Lenz (RF 365/3).

Art. 445: 1b. Em matéria de relação de consumo, v. CDC 26.

Art. 445: 1c. **Enunciado 174 do CEJ:** "Em se tratando de vício oculto, o adquirente tem os prazos do *caput* do art. 445 para obter redibição ou abatimento de preço, desde que os vícios se revelem nos prazos estabelecidos no parágrafo primeiro, fluindo, entretanto, a partir do conhecimento do defeito".

Art. 445: 2. "O vício redibitório, por sua própria natureza, muitas vezes não pode ser percebido no ato da tradição da coisa, somente surgindo com a utilização ou experimentação pelo adquirente, em momento posterior ao exíguo tempo de garantia legal fixado na lei civil. Não pode o fabricante ficar sem saber até quando perdurará sua responsabilidade, aguardando que surjam defeitos ocultos capazes de ser reclamados pelo adquirente. Para a contagem do prazo de garantia e ante a necessidade de experimentação da coisa, deve ser considerado **o tempo da garantia legal e o da garantia contratual"** (STJ-3ª T., REsp 1.337.430, Min. João Otávio, j. 3.5.16, DJ 12.5.16).

Art. 445: 3. **Enunciado 28 do CEJ:** "O disposto no art. 445, §§ 1º e 2º, do Código Civil reflete a consagração da doutrina e da jurisprudência quanto à natureza decadencial das ações edilícias".

Art. 445: 4. Nessas circunstâncias, o prazo continua sendo de 30 dias para bens móveis e um ano para bens imóveis; apenas o **termo *a quo*** desse prazo é que é postergado por até 180 dias (JTJ 320/659: AP 1.103.985-0/0).

Art. 446. Não correrão os prazos do artigo antecedente na constância de cláusula de garantia;[1] mas o adquirente deve denunciar[2] o defeito ao alienante nos trinta dias seguintes ao seu descobrimento, sob pena de decadência.[3] [Sem dispositivo correspondente no CC/1916.]

Art. 446: 1. Em matéria de relação de consumo, v. CDC 50.

Art. 446: 2. Em matéria de relação de consumo, v. CDC 26 § 2º.

Art. 446: 3. s/ decadência, v. arts. 207 a 211.

Seção VI | DA EVICÇÃO[1]

SEÇ. VI: 1. v. arts. 199-III (suspensão da prescrição), 359 (dação em pagamento), 552 (doação), 845 (transação), 1.005 (quota social), 1.939-III (caducidade de legado), 2.026 (evicção após partilha), CPC 572 e 594 (evicção após divisão ou demarcação).

Art. 447. Nos contratos onerosos, o alienante responde pela evicção.[1 a 5] Subsiste esta garantia ainda que a aquisição se tenha realizado em hasta pública. [Dispositivo correspondente no CC/1916: art. 1.107-*caput*.]

Art. 447: 1. s/ evicção em matéria de: locação, v. art. 568; fiança, v. art. 838-III; transação, v. art. 845.

Art. 447: 2. "A caracterização da evicção se dá pela perda definitiva da propriedade; essa perda se pode dar também em decorrência de **apreensão por autoridade policial, e não apenas por sentença judicial"** (STJ-4ª T., REsp 51.875, Min. Sálvio de Figueiredo, j. 12.5.97, DJU 23.6.97).

"O direito de demandar pela evicção não supõe, necessariamente, a perda da coisa por sentença judicial. Hipótese em que, tratando-se de veículo roubado, o adquirente de boa-fé não estava obrigado a resistir à autoridade policial; diante da evidência do ato criminoso, tinha o dever legal de colaborar com as autoridades, devolvendo o produto do crime" (RSTJ 130/233: 3ª T., REsp 69.496).

"Para exercício do direito que da evicção resulta ao adquirente, não é exigível prévia sentença judicial, bastando que fique ele privado do bem por ato de **autoridade administrativa"** (STJ-4ª T., REsp 259.726, Min. Jorge Scartezzini, j. 3.8.04, DJU 27.9.04).

"A aquisição onerosa de veículo furtado, havendo posterior apreensão pelas autoridades administrativas, atribui ao comprador de boa-fé o direito de haver dos vendedores (diretos e intermediários) a repetição integral do preço, sendo tal responsabilidade solidária e independente da virtual insciência dos alienantes sobre a origem do bem, pois a evicção opera *pleno iure*" (RT 881/345: TJSC, AP 2006.030048-9). No mesmo sentido: Bol. AASP 2.700 (TJMG, AP 1.0012.04.000465-2/001).

Art. 447: 2a. No sentido de que o evicto **não precisa aguardar o trânsito em julgado** da decisão que afeta a propriedade para demandar o alienante pela evicção: STJ-4ª T., REsp 1.332.112, Min. Luis Felipe, j. 21.3.13, DJ 17.4.13.

Art. 447: 3. "A responsabilidade pela evicção ocorre apenas quando a **causa** da constrição operada sobre a coisa é **anterior** à relação jurídica entabulada entre o alienante e o evicto. O que importa não é o momento da constrição, esta será, necessariamente, posterior à alienação, o que importa saber é o momento em que nasceu o direito (de terceiro) que deu origem à constrição" (STJ-3ª T., REsp 873.165, Min. Sidnei Beneti, j. 18.5.10, DJ 7.6.10).

Art. 447: 4. "As restrições decorrentes do **tombamento** não ensejam a evicção, já que não acarretam a perda do domínio, da posse ou do uso da coisa alienada e não há a atribuição do bem, seja por ato judicial ou administrativo, a outrem que tenha direito anterior ao contrato aquisitivo" (STJ-3ª T., REsp 407.179, Min. Pádua Ribeiro, j. 21.5.02, DJU 23.9.02).

Art. 447: 5. "Aquisição por terceiro de automóvel importado (Porsche Carrera, modelo 911), financiado por instituição financeira mediante contrato de alienação fiduciária em garantia. Posterior apreensão do veículo pela Receita Federal por irregularidades no procedimento de importação. Caracterização da ocorrência de evicção por se tratar de apreensão operada por autoridade administrativa com poderes para a prática do ato administrativo. O dever de garantir os riscos da evicção é restrito ao alienante do veículo, **não se estendendo à instituição financeira que apenas concedeu o financiamento** sem estar vinculada ao importador (vendedor). Reconhecimento da ilegitimidade passiva da instituição financeira, com sua exclusão do processo" (STJ-3ª T., REsp 1.342.145, Min. Paulo Sanseverino, j. 4.12.14, DJ 17.12.14).

Art. 448. Podem[1] as partes, por cláusula expressa,[2] reforçar, diminuir ou excluir a responsabilidade pela evicção. [Dispositivo correspondente no CC/1916: art. 1.107 § ún.]

Art. 448: 1. exceto em matéria de relação de consumo (CDC 51-I).

Art. 448: 2. Logicamente, quando não houver ressalvas, a responsabilidade pela evicção é integral.

Art. 449. Não obstante a cláusula que exclui a garantia contra a evicção, se esta se der, tem direito o evicto a receber o preço que pagou pela coisa evicta, se não soube do risco da evicção, ou, dele informado, não o assumiu. [Dispositivo correspondente no CC/1916: art. 1.108.]

Art. 450. Salvo estipulação em contrário, tem direito o evicto, além da restituição integral do preço ou das quantias que pagou:[1] [Dispositivo correspondente no CC/1916: art. 1.109-*caput*.]

I — à indenização dos frutos que tiver sido obrigado a restituir; [Dispositivo correspondente no CC/1916: art. 1.109-I.]

II — à indenização pelas despesas dos contratos e pelos prejuízos que diretamente resultarem da evicção; [Dispositivo correspondente no CC/1916: art. 1.109-II.]

III — às custas judiciais e aos honorários do advogado por ele constituído. [Dispositivo correspondente no CC/1916: art. 1.109-III.]

Parágrafo único. O preço, seja a evicção total ou parcial, será o do valor da coisa, na época em que se evenceu,[2] e proporcional ao desfalque sofrido, no caso de evicção parcial. [Dispositivo correspondente no CC/1916: art. 1.115.]

Art. 450: 1. "Evicção. **Arrendamento mercantil.** Indenização. Interpretação do art. 450 do Código Civil de acordo com a natureza complexa do contrato de *leasing*. Não há falar em restituição integral do preço equivalente ao valor da coisa, uma vez que não houve a opção de compra do caminhão arrendado nem quitação do débito devido. No tocante às prestações quitadas, apesar da preponderância da relação obrigacional de locação, aqui, de forma diferente, além do uso e gozo da coisa em contraprestação, pode ter havido o pagamento do VRG de forma antecipada, o que atrai uma peculiaridade especial na indenização. Realmente, não caberá a restituição dos valores referentes aos aluguéis, haja vista o uso cedido e a utilização da coisa até o momento em que se evenceu, mas serão devidas as parcelas correspondentes ao adiantamento do VRG, bem como de eventuais aluguéis recebidos de forma antecipada. Além disso, caberá indenização pelos frutos que eventualmente o arrendatário tiver sido obrigado a restituir ao terceiro-evictor, bem como pelas despesas do contrato e pelas custas judiciais e honorários do advogado constituído pelo adquirente-evicto. Será devida, ainda, indenização pelos prejuízos que diretamente tenham sido resultados da evicção. No caso, tenho que os fatos descritos no processo foram suficientes para, em si, causar abalo moral ao ora recorrente" (STJ-4ª T., REsp 1.133.597, Min. Luis Felipe, j. 22.10.13, DJ 28.2.14).

Art. 450: 2. Para fins de restituição do preço, considera-se o "preço do imóvel do tempo da evicção, devidamente corrigido" (STJ-3ª T., REsp 748.477, Min. Sidnei Beneti, j. 3.11.09, DJ 25.11.09).

Art. 451. Subsiste para o alienante esta obrigação, ainda que a coisa alienada esteja deteriorada, exceto havendo dolo[1] do adquirente.[1a] [Dispositivo correspondente no CC/1916: art. 1.110.]

Art. 451: 1. v. arts. 145 a 150.

Art. 451: 1a. Ou seja, intenção do adquirente de deteriorar a coisa para deliberadamente prejudicar o alienante ou o seu verdadeiro dono.

Art. 452. Se o adquirente tiver auferido vantagens das deteriorações, e não tiver sido condenado a indenizá-las, o valor das vantagens será deduzido da quantia que lhe houver de dar o alienante. [Dispositivo correspondente no CC/1916: art. 1.111.]

Art. 453. As benfeitorias necessárias ou úteis,[1] não abonadas ao que sofreu a evicção, serão pagas pelo alienante.[2] [Dispositivo correspondente no CC/1916: art. 1.112.]

Art. 453: 1. v. art. 96 §§ 3º e 2º, respectivamente.

Art. 453: 2. "O evicto há de ser indenizado amplamente, inclusive por construções que tenha erigido no imóvel. A expressão 'benfeitorias', contida no artigo 1.112 do Código Civil, há de ser entendida como compreendendo acessões" (RSTJ 116/225: 3ª T., REsp 139.178). O art. 1.112 do CC rev. corresponde ao CC 453.

Art. 454. Se as benfeitorias abonadas ao que sofreu a evicção tiverem sido feitas pelo alienante, o valor delas será levado em conta[1] na restituição devida. [Dispositivo correspondente no CC/1916: art. 1.113.]

Art. 454: 1. i. e., o valor das benfeitorias feitas pelo alienante será deduzido da quantia que ele restituirá ao adquirente.

Art. 455. Se parcial, mas considerável, for a evicção, poderá o evicto optar entre a rescisão do contrato e a restituição da parte do preço correspondente ao desfalque sofrido.[1] Se não for considerável, caberá somente direito a indenização.[2] [Dispositivo correspondente no CC/1916: art. 1.114.]

Art. 455: 1. s/ abatimento de preço em matéria de vício redibitório, v. art. 442 e CDC 18 § 1º-III.

Art. 455: 2. A indenização deverá ser proporcional à evicção e aos consequentes prejuízos.

Art. 456. .... [1]

Art. 456: 1. Revogado expressamente pela Lei 13.105, de 16.3.15, em vigor um ano após sua publicação (DOU 17.3.15).

Art. 457. Não pode o adquirente demandar pela evicção, se sabia que a coisa era alheia ou litigiosa. [Dispositivo correspondente no CC/1916: art. 1.117-II.]

Seção VII | DOS CONTRATOS ALEATÓRIOS

Art. 458. Se o contrato for aleatório,[1] por dizer respeito a coisas ou fatos futuros, cujo risco de não virem a existir um dos contratantes assuma, terá o outro direito de receber integralmente o que lhe foi prometido, desde que de sua parte não tenha havido dolo[2] ou culpa, ainda que nada do avençado venha a existir. [Dispositivo correspondente no CC/1916: art. 1.118.]

Art. 458: 1. caso do contrato de seguro (arts. 757 e segs.).

Art. 458: 2. v. arts. 145 a 150.

Art. 459. Se for aleatório, por serem objeto dele coisas futuras, tomando o adquirente a si o risco de virem a existir em qualquer quantidade, terá também direito o alienante a todo o preço, desde que de sua parte não tiver concorrido culpa, ainda que a coisa venha a existir em quantidade inferior à esperada. [Dispositivo correspondente no CC/1916: art. 1.119-*caput*.]

Parágrafo único. Mas, se da coisa nada vier a existir, alienação não haverá, e o alienante restituirá o preço recebido. [Dispositivo correspondente no CC/1916: art. 1.119 § ún.]

Art. 460. Se for aleatório o contrato, por se referir a coisas existentes, mas expostas a risco, assumido pelo adquirente, terá igualmente direito o alienante a todo o preço[1], posto que a coisa já não existisse, em parte, ou de todo, no dia do contrato. [Dispositivo correspondente no CC/1916: art. 1.120.]

Art. 460: 1. Exceto se a coisa se deteriorou ou desapareceu por dolo ou culpa do alienante.

Art. 461. A alienação aleatória a que se refere o artigo antecedente poderá ser anulada[1] como dolosa pelo prejudicado, se provar que o outro contratante não ignorava a consumação do risco,[2] a que no contrato se considerava exposta a coisa. [Dispositivo correspondente no CC/1916: art. 1.121.]

Art. 461: 1. Prazo para a propositura da ação: dois anos (art. 179).

Art. 461: 2. i. e., se o adquirente provar que o alienante sabia que a coisa não mais existia ou já se encontrava deteriorada por ocasião da celebração do contrato.

Seção VIII | DO CONTRATO PRELIMINAR[1]

✎ **SEÇ. VIII: 1.** "O contrato preliminar e sua inserção no Código Civil brasileiro", por Éder Augusto Contadin (RDPr 56/227).

Código Civil

Art. 462. O contrato preliminar, exceto quanto à forma, deve conter todos os requisitos[1] essenciais ao contrato a ser celebrado.[2] [Sem dispositivo correspondente no CC/1916.]

Art. 462: 1. cf. requisitos da escritura pública (art. 215).

Art. 462: 2. s/ requisitos dos compromissos de compra e venda, das cessões ou promessas de cessão, v. art. 26 da Lei 6.766, de 19.12.79, e art. 11 do Dec. lei 58, de 10.12.37 (ambos no tít. PROMESSA DE COMPRA E VENDA E LOTEAMENTO).

Art. 463. Concluído o contrato preliminar, com observância do disposto no artigo antecedente, e desde que dele não conste cláusula de arrependimento,[1-1a] qualquer das partes terá o direito de exigir a celebração do definitivo,[1b] assinando prazo à outra para que o efetive.[1c] [Sem dispositivo correspondente no CC/1916.]

Parágrafo único. O contrato preliminar deverá ser levado ao registro competente.[2-3] [Sem dispositivo correspondente no CC/1916.]

Art. 463: 1. v. promessa de compra e venda (art. 1.417).

Art. 463: 1a. p. ex., arras penitenciais (art. 420).

Art. 463: 1b. "No momento em que ocorrido o acordo de vontades entre o promitente vendedor e o promissário comprador, o contrato preliminar passa a configurar ato jurídico perfeito, cuja validade, inclusive de suas cláusulas, é aferida ao tempo de sua celebração. Desse modo, uma vez constatadas a capacidade das partes e a ausência de quaisquer vícios ao tempo da exteriorização da manifestação de vontade, a **promessa de compra e venda** e respectivas **cláusulas** remanescerão **válidas e eficazes, ainda que não** sejam **transcritas no pacto definitivo** objeto da escritura pública. Diante da força obrigatória e consequente eficácia vinculativa da promessa de compra e venda válida, não se revela possível falar em renúncia tácita da cláusula de retrovenda (a qual não se confunde com a cláusula de arrependimento) que não fora repetida na escritura pública do contrato definitivo. Isso porque, uma vez exigida a manifestação expressa das partes para a instituição de cláusulas especiais na compra e venda (direito de retrovenda, entre outros), sua renúncia deve observar o mesmo rigor, tendo em vista o princípio do paralelismo das formas encartado no artigo 472 do Código Civil. Com efeito, o direito obrigacional, titularizado pelo vendedor, enquanto não for suprimido, de comum acordo, deverá ser observado por ambas as partes contratantes, ainda que a escritura pública silencie a respeito" (STJ-4ª T., REsp 1.364.272, Min. Luis Felipe, j. 8.5.18, DJ 12.6.18).

V. tb. art. 505, nota 2a.

Art. 463: 1c. v. art. 15 do Dec. lei 58, de 10.12.37 (no tít. PROMESSA DE COMPRA E VENDA E LOTEAMENTO); art. 25 da Lei 6.766, de 19.12.79 (no tít. PROMESSA DE COMPRA E VENDA E LOTEAMENTO); art. 69 da Lei 4.380, de 21.8.64 (no tít. CONTRATOS IMOBILIÁRIOS).

Art. 463: 2. A promessa de compra e venda de imóvel deve ser registrada no registro de imóveis (art. 1.417; LRP 167-I, itens 9, 18 e 20). A falta de registro, segundo a Súmula 239 do STJ, não exclui o direito à adjudicação compulsória (v. art. 1.417, nota 3).

Contratos preliminares sobre móveis devem ser registrados no registro de títulos e documentos (LRP 129).

Art. 463: 3. **Enunciado 30 do CEJ:** "A disposição do parágrafo único do art. 463 do novo Código Civil deve ser interpretada como fator de eficácia perante terceiros".

Art. 464. Esgotado o prazo, poderá o juiz, a pedido do interessado, suprir a vontade da parte inadimplente, conferindo caráter definitivo ao contrato preliminar,[1-1a] salvo se a isto se opuser a natureza da obrigação. [Sem dispositivo correspondente no CC/1916.]

Art. 464: 1. s/ suprimento judicial de declaração não emitida, v. CPC 501.

Art. 464: 1a. Em matéria de compromisso de compra e venda, v. art. 1.418 e arts. 16 e 22 do Dec. lei 58, de 10.12.37 (no tít. PROMESSA DE COMPRA E VENDA E LOTEAMENTO). V. ainda **Súmula 413 do STF:** "O compromisso de compra e venda de imóveis, ainda que não loteados, dá direito à execução compulsória, quando reunidos os requisitos legais".

Art. 465. Se o estipulante não der execução ao contrato preliminar, poderá a outra parte considerá-lo desfeito, e pedir perdas e danos.[1] [Sem dispositivo correspondente no CC/1916.]

Art. 465: 1. v. arts. 389 e 402 a 405.

Art. 466. Se a promessa de contrato for unilateral, o credor, sob pena de ficar a mesma sem efeito, deverá manifestar-se no prazo nela previsto, ou, inexistindo este, no que lhe for razoavelmente assinado pelo devedor. [Sem dispositivo correspondente no CC/1916.]

Seção IX | DO CONTRATO COM PESSOA A DECLARAR

Art. 467. No momento da conclusão do contrato, pode uma das partes reservar-se a faculdade de indicar a pessoa que deve adquirir os direitos e assumir as obrigações dele decorrentes. [Sem dispositivo correspondente no CC/1916.]

Art. 468. Essa indicação deve ser comunicada à outra parte no prazo de cinco dias da conclusão do contrato, se outro não tiver sido estipulado. [Sem dispositivo correspondente no CC/1916.]

Parágrafo único. A aceitação da pessoa nomeada não será eficaz se não se revestir da mesma forma que as partes usaram para o contrato.[1] [Sem dispositivo correspondente no CC/1916.]

Art. 468: 1. p. ex.: se o contrato foi feito por instrumento público, a aceitação também deverá sê-lo.

Art. 469. A pessoa, nomeada de conformidade com os artigos antecedentes, adquire os direitos e assume as obrigações decorrentes do contrato, a partir do momento em que este foi celebrado. [Sem dispositivo correspondente no CC/1916.]

Art. 470. O contrato será eficaz somente entre os contratantes originários: [Sem dispositivo correspondente no CC/1916.]

I — se não houver indicação de pessoa, ou se o nomeado se recusar a aceitá-la; [Sem dispositivo correspondente no CC/1916.]

II — se a pessoa nomeada era insolvente,[1] e a outra pessoa o desconhecia no momento da indicação. [Sem dispositivo correspondente no CC/1916.]

Art. 470: 1. v. art. 955 e CPC/73 art. 748.

Art. 471. Se a pessoa a nomear era incapaz[1] ou insolvente[2] no momento da nomeação, o contrato produzirá seus efeitos entre os contratantes originários. [Sem dispositivo correspondente no CC/1916.]

Art. 471: 1. v. arts. 3º a 5º.

Art. 471: 2. v. art. 955 e CPC/73 art. 748.

Capítulo II | DA EXTINÇÃO DO CONTRATO[1-2]

Seção I | DO DISTRATO

✎ **CAP. II: 1.** "A resolução do contrato no novo Código Civil", por Daniel Ustárroz (RJ 304/32 e RMDCPC 4/49); "Resolução, rescisão, resilição e denúncia do contrato: questões envolvendo terminologia, conceito e efeitos", por Alberto Gosson Jorge Jr. (RT 882/87).

CAP. II: 2. s/ extinção do contrato em matéria de: prestação de serviços, v. arts. 599 e 607; transporte, v. art. 740; seguro, v. arts. 769 §§ 1º e 2º e 770; relação de consumo, v. CDC 35, 49 e 53.

Art. 472. O distrato faz-se pela mesma forma exigida para o contrato.[1-2] [Dispositivo correspondente no CC/1916: art. 1.093.]

Art. 472: 1. Em matéria de promessa de compra e venda, v. art. 463, nota 1b.

Art. 472: 2. mas a quitação "sempre poderá ser dada por instrumento particular" (art. 320).

Art. 473. A resilição unilateral, nos casos em que a lei expressa ou implicitamente o permita, opera mediante denúncia notificada à outra parte.[1] [Sem dispositivo correspondente no CC/1916.]

Parágrafo único. Se, porém, dada a natureza do contrato, uma das partes houver feito investimentos consideráveis para a sua execução, a denúncia unilateral só produzirá efeito depois de transcorrido prazo compatível com a natureza e o vulto dos investimentos.[1a-2] [Sem dispositivo correspondente no CC/1916.]

Art. 473: 1. s/ resilição unilateral em matéria de: mandato, v. art. 688; agência e distribuição, v. art. 720; transporte de pessoas, v. art. 740.

S/ resilição unilateral em matéria de locação, v. LI 6º (locação por prazo indeterminado), 7º (extinção de usufruto ou de fideicomisso), 8º (alienação do imóvel), 46 § 2º (locação residencial), 50 § ún. (locação para temporada) e 57 (locação não residencial).

✎ **Art. 473: 1a.** "A limitação da eficácia da resilição unilateral dos contratos como manifestação positiva do princípio da confiança: o parágrafo único do artigo 473 do Código Civil", por Felipe Fernandes Ribeiro Maia (RIDCPC 66/118); "A tutela da confiança e os limites éticos para a denúncia do contrato", por Hugo Evo Magro Corrêa Urbano (RSDCPC 69/109).

Art. 473: 2. "É das mais importantes tendências da responsabilidade civil o deslocamento do fato ilícito, como ponto central, para cada vez mais se aproximar da reparação do **dano injusto.** Ainda que determinado ato tenha sido praticado no exercício de um direito reconhecido, haverá ilicitude se o fora em manifesto abuso, contrário à boa-fé, à finalidade social ou econômica do direito, ou, ainda, se praticado com ofensa aos bons costumes. Tendo uma das partes agido em flagrante comportamento contraditório, ao exigir, por um lado, investimentos necessários à prestação dos serviços, condizentes com a envergadura da empresa que a outra parte representaria, e, por outro, após apenas 11 meses, sem qualquer justificativa juridicamente relevante, a rescisão unilateral do contrato, configura-se abalada a boa-fé objetiva, a reclamar a proteção do dano causado injustamente. Se, na análise do caso concreto, percebe-se a inexistência de qualquer conduta desabonadora de uma das partes, seja na conclusão ou na execução do contrato, somada à legítima impressão de que a avença perduraria por tempo razoável, a resilição unilateral imotivada deve ser considerada comportamento contraditório e antijurídico, que se agrava pela recusa na concessão de prazo razoável para a reestruturação econômica da contratada. A existência de cláusula contratual que prevê a possibilidade de rescisão desmotivada por qualquer dos contratantes não é capaz, por si só, de afastar e justificar o ilícito de se rescindir unilateralmente e imotivadamente um contrato que esteja sendo cumprindo a contento" (STJ-4ª T., REsp 1.555.202, Min. Luis Felipe, j. 13.12.2016, DJ 16.3.17).

"Parceria rural. Criação e engorda de aves. Ação declaratória cumulada com indenização. Tutela antecipada. Contrato com previsão de vigência superior a 12 anos. Iniciativa de resilição por parte da parceira proprietária, muito tempo antes do esgotamento do prazo. Incidência do art. 473 § ún. do CC/02, a justificar a suspensão dos efeitos da notificação" (RT 928/904: TJSP, AI 0174717-74.2012.8.26.0000).

V. tb. arts. 408, nota 3, 421, nota 4, e 422, nota 3e.

Seção II | DA CLÁUSULA RESOLUTIVA

Art. 474. A cláusula resolutiva expressa[1-1a] opera de pleno direito;[2-2a] a tácita[3] depende de interpelação judicial. [Sem dispositivo correspondente no CC/1916.]

Art. 474: 1. "Cláusula resolutória expressa nos contratos", por José Geraldo de Jacobina Rabello (RSDCPC 38/5, RMDCPC 8/63 e RF 380/487).

Art. 474: 1a. s/ condição resolutiva, v. arts. 127, 128 e 130; s/ propriedade resolúvel, v. art. 1.359. Em matéria de compromisso de compra e venda, v. art. 12 do Dec. lei 58, de 10.12.37 (no tít. PROMESSA DE COMPRA E VENDA E LOTEAMENTO).

Art. 474: 2. i. e., leva à automática extinção do contrato.

Art. 474: 2a. "A cláusula de resolução expressa, por inadimplemento, não afasta a necessidade da manifestação judicial para verificação dos pressupostos que justificam a **resolução do contrato de promessa de compra e venda de imóvel.** A ação possessória não se presta à recuperação da posse, sem que antes tenha havido a 'rescisão' (*rectius*, resolução) do contrato. Destarte, inadmissível a concessão de liminar reintegratória em ação de 'rescisão' de contrato de compra e venda de imóvel" (STJ-4ª T., REsp 204.246, Min. Sálvio de Figueiredo, j. 10.12.02, DJU 24.2.03). No mesmo sentido, mais recentemente: STJ-4ª T., REsp 1.337.902-AgRg, Min. Luis Felipe, j. 7.3.13, DJ 14.3.13. Em sentido semelhante: RJM 174/120, RJTJESP 101/343.

Todavia: "O contrato com cláusula resolutiva expressa, para ser rescindido por inadimplemento, dispensa rescisão formal pelo Judiciário. Ação de reintegração, com pedido de liminar, que deve ser examinada sem o óbice da rescisão" (STJ-2ª T., REsp 64.170, Min. Eliana Calmon, j. 15.8.00, maioria, DJU 15.3.01). Em sentido semelhante, considerando que o promitente vendedor pode propor ação de reintegração de posse, independentemente da propositura, prévia ou concomitante, da ação de rescisão do contrato, pois o pedido de rescisão, no caso, é implícito: STF-RTJ 72/87, 74/449, 83/401, RT 483/215, 746/212, RJTJESP 111/53, JTA 103/191.

V. tb. Dec. lei 745, de 7.8.69, em nota 8 ao art. 22 do Dec. lei 58, de 10.12.37, no tít. PROMESSA de Compra e Venda e LOTEAMENTO.

Art. 474: 3. "A cláusula resolutiva tácita presume-se presente nos contratos bilaterais, independentemente de estar expressa, podendo qualquer das partes requerer a resolução do contrato diante do inadimplemento da outra" (STJ-3ª T., Ag em REsp 842.014-AgInt, Min. Ricardo Cueva, j. 4.8.16, DJ 12.8.16).

"Ainda que inexistisse, no contrato, cláusula resolutiva expressa em favor do promitente-comprador, isso não obsta o ajuizamento direto da ação rescisória, porque ínsita a todo pacto bilateral a cláusula resolutiva tácita. E a cláusula contratual de irrevogabilidade, como natural, diz respeito a arrependimento ou desistência, não à faculdade de requerimento de rescisão por falta contratual da parte contrária" (RT 752/287).

Art. 475. A parte lesada pelo inadimplemento pode pedir a resolução do contrato, se não preferir exigir-lhe o cumprimento, cabendo, em qualquer dos casos, indenização por perdas e danos.[1 a 5] [Dispositivo correspondente no CC/1916: art. 1.092 § ún.]

Art. 475: 1. v. arts. 389 e 402 a 405.

Art. 475: 1a. "Indenizações no sistema de franquia empresarial", por Luís Rodolfo Cruz e Creuz e Bruno Batista da Costa Oliveira (RT 852/54).

Art. 475: 2. Enunciado 31 do CEJ: "As perdas e danos mencionadas no art. 475 do novo Código Civil dependem da imputabilidade da causa da possível resolução".

Enunciado 361 do CEJ: "O adimplemento substancial decorre dos princípios gerais contratuais, de modo a fazer preponderar a função social do contrato e o princípio da boa-fé objetiva, balizando a aplicação do art. 475".

Art. 475: 2a. "Diferentemente do que constava no art. 1.092 do CC/16, o art. 475 do CC/02, expressamente, faculta ao credor, diante do inadimplemento do devedor, **escolher entre exigir o cumprimento da prestação ou exigir a resolução do contrato,** cabendo, em qualquer das hipóteses, a respectiva indenização. Em regra, admite-se a cumulação dos pedidos de cumprimento da prestação e resolução do contrato, mas, escolhida a via do cumprimento, não se dá recurso à via da resolução depois de transitada em julgado a sentença de procedência exarada na primeira ação (*electa uma via non datur recursos ad alterum*). Embora não haja regra legal que estabeleça prazo para o seu exercício, o direito à resolução do contrato não é absolutamente ilimitado no tempo, na medida em que o contrato, enquanto fonte de obrigações que vincula as partes, é instrumento de caráter transitório, pois nasce com a finalidade de se extinguir, preferencialmente com o adimplemento das prestações que encerra. Se o pedido de resolução se funda no inadimplemento de determinada parcela, a prescrição da pretensão de exigir o respectivo pagamento prejudica, em consequência, o direito de exigir a extinção do contrato com base na mesma causa, ante a ausência do elemento objetivo que dá suporte fático ao pleito. Hipótese em que, ao ajuizar a ação monitória, o recorrido demonstrou, claramente, seu interesse na preservação da avença, de tal modo que, uma vez transitada em julgado a sentença de procedência, cabia-lhe apenas executar o título judicial para resolver a crise de inadimplemento. Ao deixar transcorrer o prazo prescricional da pretensão executória voltada ao adimplemento do contrato e, depois, propor esta ação resolutória, o recorrido demonstra um comportamento contraditório, justificado, na hipótese, pela nítida tentativa de se esquivar dos efeitos de sua inércia e, assim, se beneficiar da própria torpeza, o que configura o exercício abusivo de sua posição jurídica em relação ao recorrente" (STJ-3ª T., REsp 1.728.372, Min. Nancy Andrighi, j. 19.3.19, DJ 22.3.19).

Art. 475: 3. "É pela lente das cláusulas gerais previstas no Código Civil de 2002, sobretudo a da boa-fé objetiva e da função social, que deve ser lido o art. 475, segundo o qual '[a] parte lesada pelo inadimplemento pode pedir a resolução do contrato, se não preferir exigir-lhe o cumprimento, cabendo, em qualquer dos casos, indenização por perdas e danos'. Nessa linha de entendimento, a **teoria do substancial adimplemento** visa a impedir o uso desequilibrado do direito de resolução por parte do credor, preterindo desfazimentos desnecessários em prol da preservação da avença, com vistas à realização dos princípios da boa-fé e da função social do contrato. No caso em apreço, é de se aplicar a da teoria do adimplemento substancial dos contratos, porquanto o réu pagou '31 das 36 prestações contratadas, 86% da obrigação total (contraprestação e VRG parcelado), e mais R$ 10.500,44 de valor residual garantido'. O mencionado descumprimento contratual é inapto a ensejar a reintegração de posse pretendida e, consequentemente, a resolução do contrato de arrendamento mercantil, medidas desproporcionais diante do substancial adimplemento da avença. Não se está a afirmar que a dívida não paga desaparece, o que seria um convite a toda sorte de fraudes. Apenas se afirma que o meio de realização do crédito por que optou a instituição financeira não se mostra consentâneo com a extensão do inadimplemento e, de resto, com os ventos do Código Civil de 2002. Pode, certamente, o credor valer-se de meios menos gravosos e proporcionalmente mais adequados à persecução do crédito remanescente, como, por exemplo, a execução do título" (STJ-4ª T., REsp 1.051.270, Min. Luis Felipe, j. 4.8.11, um voto vencido, DJ 5.9.11). Em sentido semelhante: STJ-3ª T., REsp 1.215.289, Min. Sidnei Beneti, j. 5.2.13, DJ 21.2.13.

"A teoria do adimplemento substancial exige, para a hipótese, o preenchimento dos seguintes requisitos: i) o grau de satisfação do interesse do credor, ou seja, a prestação imperfeita deve satisfazer seu interesse; ii) comparação entre o valor da parcela descumprida com o valor do bem ou do contrato; iii) o esforço e diligência do devedor em adimplir integralmente; iv) a manutenção do equilíbrio entre as prestações correspectivas; v) a existência de outros remédios capazes de atender ao interesse do credor com efeitos menos gravosos ao devedor; e vi) ponderação entre a utilidade da extinção da relação jurídica obrigacional e o prejuízo que adviria para o devedor e para terceiros a partir da resolução. Nada obstante o percentual inadimplido do contrato não ser desprezível se isoladamente considerado, há que aferir as demais circunstâncias relevantes. Primeiro, o valor agregado ao terreno e seu atual preço de mercado; segundo, os esforços dos terceiros interessados em quitar a dívida; e terceiro, a aparente recusa injustificada do credor em receber a quantia devida. Ademais, deve ser observada a repercussão negativa na esfera jurídica dos adquirentes das unidades residenciais, terceiros de boa-fé diretamente atingidos com a rescisão do contrato de compra e venda do terreno. Diante da conjuntura desses fatores, não ficou demonstrado interesse digno de tutela jurídica em relação ao drástico efeito resolutório do contrato" (STJ-4ª T., REsp 1.236.960, Min. Antonio Ferreira, j. 19.11.19, DJ 5.12.19).

Art. 475: 4. "O uso do instituto da *substancial performance* não pode ser estimulado a ponto de inverter a ordem lógico-jurídica que assenta o integral e regular cumprimento do contrato como meio esperado de extinção das obrigações" (STJ-4ª T., REsp 1.581.505, Min. Antonio Ferreira, j. 18.8.16, DJ 28.9.16). Do voto do relator: "Não estão presentes os requisitos para a aplicação da teoria do adimplemento substancial, conclusão a que se chega tão só pelo exame do critério quantitativo, cujo relevo dispensa perquirir os demais elementos do negócio jurídico e de sua execução. Neste caso, o que se pode adjetivar de **substancial é a inadimplência** da recorrente, e não a parcela que cumpriu da avença". No caso, o inadimplemento girava em torno de 30% do valor do contrato.

"Caso concreto em que restou incontroverso que a devedora inadimpliu parcela relevante da contratação (cerca de um terço do total da dívida contraída), mostrando-se indevida a aplicação, pelo Tribunal de origem, da teoria do adimplemento substancial" (STJ-3ª T., REsp 1.636.692, Min. Paulo Sanseverino, j. 12.12.17, DJ 18.12.17).

Art. 475: 5. "A aplicação da teoria do adimplemento substancial, para obstar a utilização da ação de busca e apreensão, nesse contexto, é um incentivo ao inadimplemento das últimas parcelas contratuais, com o nítido propósito de desestimular o credor — numa avaliação de custo-benefício — de satisfazer seu crédito por outras vias judiciais, menos eficazes, o que, a toda evidência, aparta-se da boa-fé contratual propugnada. A propriedade fiduciária, concebida pelo legislador justamente para conferir segurança jurídica às concessões de crédito, essencial ao desenvolvimento da economia nacional, resta comprometida pela aplicação deturpada da teoria do adimplemento substancial" (STJ-2ª Seção, REsp 1.622.555, Min. Marco Bellizze, j. 22.2.17, maioria, DJ 16.3.17).

Seção III | DA EXCEÇÃO DE CONTRATO NÃO CUMPRIDO[1]

SEÇ. III: 1. "A exceção do contrato não cumprido e a sua relação com a garantia das obrigações no Direito Brasileiro", por Paulo R. Roque A. Khouri (Ajuris 94/293); "A recepção do incumprimento antecipado no direito brasileiro: configurações e limites", por Judith Martins-Costa (RT 885/30); "O exercício da exceção de contrato não cumprido e a prescrição", por Rafael Oliveira (RP 191/43).

Art. 476. Nos contratos bilaterais, nenhum dos contratantes, antes de cumprida a sua obrigação, pode exigir o implemento da do outro.[1 a 5] [Dispositivo correspondente no CC/1916: art. 1.092-*caput*.]

Art. 476: 1. v. art. 491 (venda a crédito).

Art. 476: 1a. "A exceção de contrato não cumprido somente pode ser oposta quando a lei ou o próprio contrato não determinar a quem cabe primeiro cumprir a obrigação. Estabelecida a sucessividade do adimplemento, o contraente que deve satisfazer a prestação antes do outro não pode recusar-se a cumpri-la sob a conjectura de que este não satisfará a que lhe corre. Já aquele que detém o direito de realizar por último a prestação pode postergá-la enquanto o outro contratante não satisfizer sua própria obrigação" (STJ-3ª T., REsp 981.750, Min. Nancy Andrighi, j. 13.4.10, DJ 23.4.10).

Art. 476: 2. A exceção de contrato não cumprido pode vir apoiada tanto no inadimplemento absoluto (*exceptio non adimpleti contractus*) quanto no cumprimento parcial ou defeituoso da obrigação a cargo da parte contrária (*exceptio non rite adimpleti contractus*).

O descumprimento de parte mínima ou irrelevante do contrato não serve de apoio à *exceptio non rite adimpleti contractus* (STJ-4ª T., REsp 883.990, Min. Fernando Gonçalves, j. 1.4.08, DJ 12.8.08).

Art. 476: 2a. "A exceção do contrato não cumprido tem incidência temporária e efeito primordial de indução do contratante renitente ao cumprimento das obrigações contratual e voluntariamente assumidas. Na hipótese dos autos, em que à época da sentença, a obrigação já se encontrava plenamente satisfeita por uma das partes, não há espaço para incidência da exceção do contrato não cumprido, por ausência de pressupostos legais" (STJ-3ª T., REsp 1.331.115, Min. Nancy Andrighi, j. 19.11.13, maioria, DJ 22.4.14).

Art. 476: 3. "A teor do art. 476 do CC, não pode o aluno inadimplente exigir o cumprimento da obrigação da instituição de ensino, sem a prévia satisfação da sua prestação. Como não houve a contraprestação por parte da agravante, referente ao pagamento das mensalidades pela frequência ao semestre anterior, não pode a mesma exigir que a agravada efetue a rematrícula postulada" (RJTJERGS 267/135: AgRg 70020959136). S/ mensalidade escolar e cláusulas abusivas, v. CDC 51, nota 7b.

Art. 476: 4. "Ação de cobrança. Associação de moradores constituída para regularizar a situação de terreno ocupado por diversas famílias. Requerido que aderiu à associação, mas encontra-se inadimplente. Exceção do contrato não cumprido. Não pode a autora exigir que o requerido cumpra sua parte na obrigação quando ela própria não cumpriu a sua. Inteligência do art. 476 do Código Civil/2002" (RT 896/211: TJSP, AP 994.09.280771-1).

Art. 476: 5. "A cláusula contratual em que a construtora se obriga a exonerar do gravame hipotecário após a 'concessão do habite-se' e 'plena quitação do preço', é condição conjuntiva. Sendo assim, *(o adquirente)* não pode invocar a exceção substancial do não adimplemento do contrato, para suspender o pagamento das prestações, pois a obrigação da construtora somente surge após a quitação do preço. O adquirente tem o dever de quitar as prestações restantes de seu imóvel, sub-rogando-se, o agente financeiro, por meio de cessão fiduciária, no direito de receber os créditos devidos à construtora-mutuária" (STJ-3ª T., REsp 867.772, Min. Sidnei Beneti, j. 19.8.10, DJ 10.9.10).

Art. 477. Se, depois de concluído o contrato, sobrevier a uma das partes contratantes diminuição em seu patrimônio capaz de comprometer ou tornar duvidosa a prestação pela qual se obrigou, pode a outra recusar-se à prestação que lhe incumbe, até que aquela satisfaça a que lhe compete ou dê garantia bastante de satisfazê-la.[1] [Dispositivo correspondente no CC/1916: art. 1.092-*caput*.]

Art. 477: 1. v. arts. 333, especialmente inciso III (cobrança antecipada da dívida), 495 (compra e venda), 590 (mútuo) e 810 (constituição de renda).

Seção IV | DA RESOLUÇÃO POR ONEROSIDADE EXCESSIVA[1]

✎ **SEÇ. IV: 1.** "A resolução por onerosidade excessiva no novo Código Civil: uma quimera jurídica?", por João Hora Neto (RDPr 16/148); "A teoria da imprevisão no novo Código Civil brasileiro", por Julio Alberto Díaz (RDPr 20/197); "Teoria da imprevisão e o novo Código Civil", por Antonio Celso Fonseca Pugliese (RT 830/11); "Duas sugestões interpretativas para um preceito do novo Código Civil", por Edilson Pereira Nobre Júnior (RDPr 22/53); "Aspectos positivos e negativos da revisão contratual no novo Código Civil", por Nelson Borges (RT 849/80); "Revisão de contrato — Revisão de taxas convencionais de juros", por Humberto Theodoro Jr. (RMDECC 34/5); "Resolução do contrato por onerosidade excessiva", por Ênio Santarelli Zuliani (RMDCPC 40/27, RSDCPC 70/85, RMDECC 36/81).

Art. 478. Nos contratos de execução continuada ou diferida, se a prestação de uma das partes se tornar excessivamente onerosa, com extrema vantagem[1] para a outra, em virtude de acontecimentos extraordinários e imprevisíveis,[1a a 1c] poderá o devedor pedir a resolução do contrato.[2 a 3b] Os efeitos da sentença que a decretar retroagirão à data da citação. [Sem dispositivo correspondente no CC/1916.]

Art. 478: 1. Enunciado 365 do CEJ: "A extrema vantagem do art. 478 deve ser interpretada como elemento acidental da alteração de circunstâncias, que comporta a incidência da resolução ou revisão do negócio por onerosidade excessiva, independentemente de sua demonstração plena".

Art. 478: 1a. Enunciado 175 do CEJ: "A menção à imprevisibilidade e à extraordinariedade, insertas no art. 478 do Código Civil, deve ser interpretada não somente em relação ao fato que gere o desequilíbrio, mas também em relação às consequências que ele produz".

Enunciado 366 do CEJ: "O fato extraordinário e imprevisível causador de onerosidade excessiva é aquele que não está coberto objetivamente pelos riscos próprios da contratação".

Art. 478: 1b. Casos em que se afirmou não haver onerosidade excessiva:

— "A teoria da imprevisão como justificativa para a revisão judicial de contratos somente será aplicada quando ficar demonstrada a ocorrência, após o início da vigência do contrato, de evento imprevisível e extraordinário que diga respeito à contratação considerada e que onere excessivamente uma das partes contratantes. A ocorrência de problemas mecânicos no veículo, dois anos após adquirido pelo consorciado, não se insere no conceito de acontecimento extraordinário e imprevisível, capaz de tornar a prestação relativa ao contrato de consórcio excessivamente onerosa para uma das partes e acarretar vantagem extrema à outra. Tal evento prende-se a riscos da atividade econômica da promovente que não podem ser transferidos à sociedade empresária administradora de consórcio, que atua apenas na gestão dos negócios do grupo formado" (STJ-4ª T., REsp 1.045.951, Min. Raul Araújo, j. 9.3.17, DJ 22.3.17);

— "Nos contratos agrícolas, o risco é inerente ao negócio, de forma que eventos como seca, pragas ou estiagem, dentre outros, não são considerados fatores imprevisíveis ou extraordinários que autorizem a adoção da teoria da imprevisão" (STJ-4ª T., REsp 1.808.110-EDcl-AgInt, Min. Marco Buzzi, j. 19.11.19, DJ 22.11.19). "Chuvas e pragas são circunstâncias previsíveis na agricultura, que o produtor deve levar em consideração quando contrata a venda para entrega futura com preço certo" (STJ-3ª T., REsp 783.404, Min. Nancy Andrighi, j. 28.6.07, DJU 13.8.07). No mesmo sentido, com relação às pragas: RJM 174/230. "A alta do dólar em virtude das eleições presidenciais e da iminência de guerra no Oriente Médio são circunstâncias previsíveis, que podem ser levadas em consideração quando se contrata a venda para entrega futura com preço certo" (STJ-3ª T., REsp 803.481, Min. Nancy Andrighi, j. 28.6.07, DJU 1.8.07). Mais amplamente: "Nos contratos agrícolas de venda para entrega futura, o risco é inerente ao negócio. Nele não se cogita em imprevisão" (STJ-3ª T., REsp 884.066-AgRg, Min. Gomes de Barros, j. 6.12.07, DJU 18.12.07). No mesmo sentido: STJ-4ª T., REsp 679.086, Min. Fernando Gonçalves, j. 10.6.08, DJU 23.6.08; RT 901/213 (TJSP, AP 992.06.038937-0);

— "Ação de revisão e rescisão de contrato de *swap*. Contrato bilateral de natureza aleatória. Inexistência de relação de consumo entre as partes, nem resquício de vulnerabilidade da autora. Autora que não era mutuária, mas sim investidora em mercado de risco. Operações de *swap* que podem ter duas funções distintas: de proteção (*hedge*), ou especulativa. Cunho eminentemente especulativo, no caso concreto. Inexistência de elementos que permitam nesse complexo jogo econômico de probabilidades de ganhos de acordo com a expectativa então reinante, *versus* limitação das partes para uma das partes a R$ 100.000,00, a ocorrência de desequilíbrio grave que viole princípios cogentes e exija a integração do negócio. Inaplicabilidade também da teoria da imprevisão, ou onerosidade excessiva. Álea própria do negócio" (RT 916/593: TJSP, AP 0105673-27.2010.8.26.0100, maioria; com comentário de Arnoldo Wald);

— "Contrato de câmbio. Modalidade de contrato aleatório *emptio rei speratae*. Risco de oscilação da moeda estrangeira inerente à natureza do negócio jurídico. Conhecimento antecipado da álea que impede a incidência da teoria da imprevisão e a aplicação da resolução do contrato por onerosidade excessiva. Arts. 317 e 478 do Código

Civil. O contrato de câmbio é aleatório, uma vez que as prestações a que ambas as partes se obrigam não são conhecidas integralmente no momento da celebração do contrato. O objeto da obrigação está inexoravelmente atrelado à cotação da moeda estrangeira na data da liquidação do preço, fator ampla e antecipadamente conhecido por todas as partes envolvidas no negócio" (RT 917/534: TJSC, AP 2010.055170-4);

— "Não se mostra razoável o entendimento de que a inflação possa ser tomada, no Brasil, como álea extraordinária, de modo a possibilitar algum desequilíbrio na equação econômica do contrato, como há muito afirma a jurisprudência do STJ. Não há como imputar as aludidas perdas a fatores imprevisíveis, já que decorrentes de má previsão das autoras, o que constitui álea ordinária não suportável pela Administração e não autorizadora da Teoria da Imprevisão. Caso se permitisse a revisão pretendida, estar-se-ia beneficiando as apeladas em detrimento dos demais licitantes que, agindo com cautela, apresentaram proposta coerente com os ditames do mercado e, talvez por terem incluído essa margem de segurança em suas propostas, não apresentaram valor mais atraente" (STJ-2ª T., REsp 744.446, Min. Humberto Martins, j. 17.4.08, DJU 5.5.08).

V. tb. art. 317, nota 2a, art. 421, nota 3, e art. 422, nota 4.

Art. 478: 1c. **Afirmando haver onerosidade excessiva:**

— "Contrato de plano de saúde coletivo empresarial. Grande evasão de beneficiários ativos. Desequilíbrio econômico-financeiro do contrato. Cláusula de 'cobrança mínima'. Fator de onerosidade excessiva. Resilição contratual. A finalidade da previsão de 'cobrança mínima' é, em verdade, evitar o desequilíbrio econômico-financeiro do contrato e, ao fim, a própria inviabilidade de prestação do serviço de assistência à saúde nos moldes em que contratado. A perda de quase 60% dos beneficiários ativos, após a implementação do reajuste acordado entre os contratantes, é circunstância extraordinária e imprevisível que gera efeitos não pretendidos ou esperados por ocasião da celebração do negócio jurídico, frustrando, pois, a legítima expectativa das partes. Hipótese em que a cláusula de 'cobrança mínima', que, em tese, serviria para corrigir o desequilíbrio contratual e permitir a manutenção da avença, se transformou, ela própria, no fator de onerosidade excessiva para a estipulante e vantagem exagerada para a operadora, que se beneficia com o recebimento de valores correspondentes a mais de 60% dos beneficiários ativos, sem ter a obrigação de prestar o serviço correspondente" (STJ-3ª T., REsp 1.830.065, Min. Nancy Andrighi, j. 17.11.20, DJ 19.11.20).

Art. 478: 2. s/ onerosidade excessiva em matéria de: empreitada, v. arts. 621 e 625; relação de consumo, v. CDC 6º-V e 51-IV e § 1º-III.

Art. 478: 3. **Enunciado 176 do CEJ:** "Em atenção ao princípio da conservação dos negócios jurídicos, o art. 478 do Código Civil de 2002 deverá conduzir, sempre que possível, à revisão judicial dos contratos e não à resolução contratual".

Art. 478: 3a. A possibilidade de resolução do contrato nessas circunstâncias é um mecanismo para evitar o enriquecimento sem causa (arts. 884 a 886).

Art. 478: 3b. Para evitar a resolução do contrato, é possível lançar mão da revisão judicial do contrato (art. 317). V. tb. arts. 479 e 480.

Art. 479. A resolução poderá ser evitada, oferecendo-se o réu a modificar equitativamente as condições do contrato.[1 a 3] [Sem dispositivo correspondente no CC/1916.]

Art. 479: 1. v. art. 478, nota 3 (Enunciado 176 do CEJ) e nota 3b. Em matéria de relação de consumo, v. CDC 6º-V.

Art. 479: 2. **Enunciado 367 do CEJ:** "Em observância ao princípio da conservação do contrato, nas ações que tenham por objeto a resolução do pacto por excessiva onerosidade, pode o juiz modificá-lo equitativamente, desde que ouvida a parte autora, respeitada a sua vontade e observado o contraditório".

Art. 479: 3. Entendemos que a iniciativa do réu no sentido de que se modifiquem as condições do contrato consiste em reconvenção, na medida em que insere uma nova pretensão no processo instaurado originalmente com o escopo único de rescisão da avença. Na falta de qualquer iniciativa das partes para a modificação do contrato, não pode o juiz fazê-lo de ofício.

Art. 480. Se no contrato as obrigações couberem a apenas uma das partes, poderá ela pleitear que a sua prestação seja reduzida, ou alterado o modo de executá-la, a fim de evitar a onerosidade excessiva.[1] [Sem dispositivo correspondente no CC/1916.]

Art. 480: 1. v. art. 317, nota 2a.

Título VI | DAS VÁRIAS ESPÉCIES DE CONTRATO[1]

Capítulo I | DA COMPRA E VENDA[1]

Seção I | DISPOSIÇÕES GERAIS

TÍT. VI: 1. Lei 13.966, de 26.12.19 — Dispõe sobre o sistema de franquia empresarial e revoga a Lei n. 8.955, de 15 de dezembro de 1994 (Lei de Franquia).

CAP. I: 1. "A venda e compra no comércio internacional", por Hilário de Oliveira (RDPr 14/268); "Características atuais do contrato de compra e venda", por Paulo Luiz Netto Lôbo (RJ 335/9); "O contrato de compra e venda internacional de bens", por Bernardo Prado da Camara (RDPr 27/7); "Tradição e contrato de mútuo, de conta-corrente e de compra e venda", por Álvaro Villaça Azevedo (RF 392/3); "O regime obrigacional unificado do Código Civil brasileiro e seus efeitos sobre a liberdade contratual. A compra e venda como modelo jurídico multifuncional", por Gerson Luiz Carlos Branco (RT 872/11).

Art. 481. Pelo contrato de compra e venda,[1 a 3] um dos contratantes se obriga a transferir o domínio de certa coisa, e o outro, a pagar-lhe certo preço em dinheiro. [Dispositivo correspondente no CC/1916: art. 1.122.]

Art. 481: 1. v. títs. ALIENAÇÃO FIDUCIÁRIA, CONDOMÍNIO E INCORPORAÇÃO, CONTRATOS IMOBILIÁRIOS, PROPRIEDADE RURAL ADQUIRIDA POR ESTRANGEIRO; v. tb. PROMESSA DE COMPRA E VENDA E LOTEAMENTO.

Alienações judiciais: CPC 730 e 879 e segs.

Art. 481: 2. Súmula 489 do STF (Compra de automóvel): "A compra e venda de automóvel não prevalece contra terceiros, de boa-fé, se o contrato não foi transcrito no Registro de Títulos e Documentos".

Mas: "A averbação de contrato de financiamento do carro com alienação fiduciária no registro público supre a (falta) do recibo, para os efeitos da Súmula 489" (RTJ 69/496).

S/ responsabilidade civil, v. art. 927, nota 1 (especialmente **Súmula 132 do STJ**).

Art. 481: 2a. Súmula 413 do STF: "O compromisso de compra e venda de imóveis, ainda que não loteados, dá direito à execução compulsória, quando reunidos os requisitos legais".

Art. 481: 3. Súmula 263 do STJ (Arrendamento mercantil): "A cobrança antecipada do valor residual (VRG) descaracteriza o contrato de arrendamento mercantil, transformando-o em compra e venda a prestação". Esta Súmula foi **cancelada** pela 2ª Seção do STJ na sessão de 27.8.03.

"O contrato de *leasing* e a Súmula 263 do STJ", por Luiz Fernando do Vale de Almeida Guilherme (RDPr 26/217).

Art. 482. A compra e venda, quando pura,[1] considerar-se-á obrigatória e perfeita, desde que as partes acordarem no objeto e no preço.[2] [Dispositivo correspondente no CC/1916: art. 1.126.]

Art. 482: 1. i. e., sem termo ou condição.

Art. 482: 2. Quanto ao preço, v. arts. 485 a 489.

Art. 483. A compra e venda pode ter por objeto coisa atual ou futura.[1] Neste caso, ficará sem efeito o contrato se esta não vier a existir, salvo se a intenção das partes era de concluir contrato aleatório.[2] [Sem dispositivo correspondente no CC/1916.]

Art. 483: 1. s/ nulidade de contrato que tem por objeto herança de pessoa viva, v. art. 426.

Art. 483: 2. s/ contrato aleatório, v. arts. 458 a 461.

Art. 484. Se a venda se realizar à vista de amostras, protótipos ou modelos, entender-se-á que o vendedor assegura ter a coisa as qualidades que a elas correspondem.[1] [Dispositivo correspondente no CC/1916: art. 1.135.]

Parágrafo único. Prevalece a amostra, o protótipo ou o modelo, se houver contradição ou diferença com a maneira pela qual se descreveu a coisa no contrato.[2] [Sem dispositivo correspondente no CC/1916.]

Art. 484: 1. s/ vícios redibitórios, v. arts. 441 a 446.

Art. 484: 2. s/ direito do consumidor à informação, v. CDC 6º-III; s/ oferta ao consumidor, v. CDC 30 a 35; s/ publicidade em matéria de consumo, v. CDC 36 a 38; s/ amostra grátis, v. CDC 39-III e § ún.

Art. 485. A fixação do preço pode ser deixada ao arbítrio de terceiro,[1-2] que os contratantes logo designarem ou prometerem designar. Se o terceiro não aceitar a incumbência, ficará sem efeito o contrato, salvo quando acordarem os contratantes designar outra pessoa. [Dispositivo correspondente no CC/1916: art. 1.123.]

Art. 485: 1. mas nunca ao arbítrio de uma das partes (art. 489).

Art. 485: 2. "Na parceria agrícola, convencionando as partes que o valor do contrato seria regido de acordo com o mínimo estabelecido pelo Governo Federal pela tonelada de determinado produto agrícola, é defeso a um dos contratantes alterar, unilateralmente, a convenção em seu favor, ainda que tenha sido declarado inconstitucional o controle de preços governamental adotado" (RT 786/324; ementa da redação).

Art. 486. Também se poderá deixar a fixação do preço à taxa de mercado ou de bolsa, em certo e determinado dia e lugar.[1] [Dispositivo correspondente no CC/1916: art. 1.124.]

Art. 486: 1. s/ pagamento em dinheiro, v. art. 315; nulidade das convenções de pagamento em ouro ou moeda estrangeira, v. art. 318. V. tb. tít. PAGAMENTO EM MOEDA ESTRANGEIRA.

Art. 487. É lícito às partes fixar o preço em função de índices ou parâmetros, desde que suscetíveis de objetiva determinação. [Sem dispositivo correspondente no CC/1916.]

Art. 488. Convencionada a venda sem fixação de preço ou de critérios para a sua determinação, se não houver tabelamento[1] oficial, entende-se que as partes se sujeitaram ao preço corrente nas vendas habituais do vendedor. [Sem dispositivo correspondente no CC/1916.]

Parágrafo único. Na falta de acordo, por ter havido diversidade de preço, prevalecerá o termo médio. [Sem dispositivo correspondente no CC/1916.]

Art. 488: 1. Em matéria de relação de consumo, v. CDC 41.

Art. 489. Nulo é o contrato de compra e venda, quando se deixa ao arbítrio exclusivo de uma das partes a fixação do preço.[1-2] [Dispositivo correspondente no CC/1916: art. 1.125.]

Art. 489: 1. v. art. 122, *in fine*. Em matéria de relação de consumo, v. CDC 39-X e 51-X.

Art. 489: 2. Todavia, é possível deixar a fixação do preço ao arbítrio de terceiro (art. 485).

Art. 490. Salvo cláusula em contrário, ficarão as despesas de escritura e registro[1] a cargo do comprador, e a cargo do vendedor as da tradição.[2] [Dispositivo correspondente no CC/1916: art. 1.129.]

Art. 490: 1. s/ registro de contratos de compra e venda no Registro de Títulos e Documentos, v. LRP 129-5º e 7º; registro da compra e venda no Registro de Imóveis, v. LRP 167-I-29.

Art. 490: 2. s/ despesas em matéria de troca, v. art. 533-I.

Art. 491. Não sendo a venda a crédito, o vendedor não é obrigado a entregar a coisa antes de receber o preço.[1-2] [Dispositivo correspondente no CC/1916: art. 1.130.]

Art. 491: 1. s/ exceção de contrato não cumprido, v. art. 476.

Art. 491: 2. "O contrato de compra e venda produz efeitos meramente obrigacionais, não conferindo poderes de proprietário àquele que não obteve a entrega do bem adquirido. *In casu*, não tendo havido a tradição, conforme relatado pelas instâncias ordinárias, e não tendo havido o pagamento do preço, não se concluiu a primeira compra e venda" (STJ-4ª T., REsp 704.170, Min. Jorge Scartezzini, j. 20.9.05, DJU 7.11.05).

Art. 492. Até o momento da tradição,[1] os riscos da coisa correm por conta do vendedor, e os do preço por conta do comprador.[1a] [Dispositivo correspondente no CC/1916: art. 1.127-*caput*.]

§ 1º Todavia, os casos fortuitos,[2] ocorrentes no ato de contar, marcar ou assinalar coisas, que comumente se recebem, contando, pesando, medindo ou assinalando, e que já tiverem sido postas à disposição do comprador, correrão por conta deste. [Dispositivo correspondente no CC/1916: art. 1.127 § 1º.]

§ 2º Correrão também por conta do comprador os riscos das referidas coisas, se estiver em mora de as receber, quando postas à sua disposição no tempo, lugar e pelo modo ajustados.[3] [Dispositivo correspondente no CC/1916: art. 1.127 § 2º.]

Art. 492: 1. v. arts. 1.267 e 1.268.

Art. 492: 1a. Em matéria de: contratos aleatórios, v. arts. 458 e segs.; coisa expedida para local diverso, v. art. 494; venda com reserva de domínio, v. art. 524.

Art. 492: 2. v. art. 393 § ún.

Art. 492: 3. v. art. 400.

Art. 493. A tradição da coisa vendida, na falta de estipulação expressa, dar-se-á no lugar onde ela se encontrava, ao tempo da venda. [Sem dispositivo correspondente no CC/1916.]

Art. 494. Se a coisa for expedida para lugar diverso, por ordem do comprador, por sua conta correrão os riscos, uma vez entregue a quem haja de transportá-la,[1] salvo se das instruções dele[2] se afastar o vendedor. [Dispositivo correspondente no CC/1916: art. 1.128.]

Art. 494: 1. v. arts. 750 e 754.

Art. 494: 2. i. e., do comprador.

Art. 495. Não obstante o prazo ajustado para o pagamento, se antes da tradição o comprador cair em insolvência,[1] poderá o vendedor sobrestar na entrega da coisa, até que o comprador lhe dê caução de pagar no tempo ajustado.[2] [Dispositivo correspondente no CC/1916: art. 1.131.]

Art. 495: 1. v. art. 955 e CPC/73 art. 748.

Art. 495: 2. v. art. 477.

Art. 496. É anulável a venda de ascendente a descendente,[1 a 2a] salvo se os outros descendentes[2b] e o cônjuge do alienante expressamente houverem consentido. [Dispositivo correspondente no CC/1916: art. 1.132.]

Parágrafo único. Em ambos os casos,[3] dispensa-se o consentimento do cônjuge se o regime de bens for o da separação obrigatória.[4] [Sem dispositivo correspondente no CC/1916.]

Art. 496: 1. "Os contratos de compra e venda, de doação e de permuta entre ascendentes e descendentes", por Jesualdo Eduardo de Almeida Júnior (Ajuris 89/129); "Venda de ascendente a descendente, o Código Civil de 2002 e o reconhecimento da paternidade", por Carlos Roberto Faleiros Diniz (RMDCPC 11/33); "Venda de ascendente a descendente e prazo para aforamento da ação anulatória", por Pedro Roberto Decomain (RDDP 114/81).

Art. 496: 1a. Em matéria de: troca entre ascendente e descendente, v. art. 533-II; doação de ascendente a descendente, v. art. 544.

Art. 496: 1b. **Enunciado 368 do CEJ:** "O **prazo para anular** venda de ascendente para descendente é decadencial de dois anos (art. 179 do Código Civil)".

Está **superada a Súmula 494 do STF,** no sentido de que "a ação para anular venda de ascendente a descendente, sem consentimento dos demais, prescreve em vinte anos, contados da data do ato, revogada a Súmula 152".

Art. 496: 1c. O disposto neste artigo, "cuja finalidade é evitar sejam desigualadas as legítimas, conquanto diga respeito à compra e venda aplica-se a **situações jurídicas assemelhadas** a esse contrato, tal como a **transferência de cotas"** (RSTJ 83/151, três votos a dois). No mesmo sentido: STJ-RBDFS 8/144 (4ª T., REsp 886.133).

Art. 496: 2. A anulabilidade **independe "do grau de parentesco** existente entre vendedor e comprador" (STJ-RJTJERGS 263/33: 4ª T., REsp 725.032).

Art. 496: 2a. "A venda de ascendente a descendente, sem a anuência dos demais, segundo melhor doutrina, é anulável e depende da **demonstração de prejuízo** pela parte interessada" (STJ-2ª Seção, ED no REsp 661.858, Min. Fernando Gonçalves, j. 26.11.08, DJ 19.12.08).

"A anulação de venda direta de ascendente a descendente sem o consentimento dos demais descendentes necessita da comprovação de que houve, no ato, simulação com o objetivo de dissimular doação ou pagamento de preço abaixo do preço de mercado" (STJ-3ª T., REsp 476.557, Min. Nancy Andrighi, j. 18.12.03, DJU 22.3.04). No mesmo sentido: STJ-RT 789/180 (4ª T., REsp 74.135).

Contra, no sentido de que "a anulabilidade da venda independe de prova de simulação ou fraude contra os demais descendentes": STJ-RJTJERGS 263/33 (4ª T., REsp 725.032).

Art. 496: 2b. "À época da concretização do negócio jurídico — alteração do contrato de sociedade empresária voltada à venda de cotas de ascendente a descendente —, a autora **ainda não figurava como filha** do *de cujus*, condição que somente veio a ser reconhecida no bojo de ação investigatória *post mortem*. Dadas tais circunstâncias, o seu consentimento (nos termos da norma disposta no artigo 1.132 do Código Civil de 1916 — atual artigo 496 do Código Civil de 2002) não era exigível nem passou a sê-lo em razão do posterior reconhecimento de seu estado de filiação. Na verdade, quando a autora obteve o reconhecimento de sua condição de filha, a transferência das cotas sociais já consubstanciava situação jurídica definitivamente constituída, geradora de direito subjetivo ao réu, cujos efeitos passados não podem ser alterados pela ulterior sentença declaratória de paternidade, devendo ser, assim, prestigiado o princípio constitucional da segurança jurídica" (STJ-4ª T., REsp 1 356.431, Min. Luis Felipe, j. 8.8.17, DJ 21.9.17).

Art. 496: 3. **Enunciado 177 do CEJ:** "Por erro de tramitação, que retirou a segunda hipótese de anulação de venda entre parentes (venda de descendente para ascendente), deve ser desconsiderada a expressão 'em ambos os casos', no parágrafo único do art. 496".

Art. 496: 4. v. art. 1.641 (separação legal de bens).

Art. 497. Sob pena de nulidade, não podem ser comprados, ainda que em hasta pública:[1] [Dispositivo correspondente no CC/1916: art. 1.133-*caput*.]

I — pelos tutores,[2] curadores,[3] testamenteiros e administradores,[4-4a] os bens confiados à sua guarda ou administração; [Dispositivo correspondente no CC/1916: art. 1.133-I.]

II — pelos servidores públicos, em geral, os bens ou direitos da pessoa jurídica a que servirem, ou que estejam sob sua administração direta ou indireta;[5] [Dispositivo correspondente no CC/1916: art. 1.133-III.]

III — pelos juízes, secretários de tribunais, arbitradores, peritos e outros serventuários ou auxiliares da justiça, os bens ou direitos sobre que se litigar em tribunal, juízo ou conselho, no lugar onde servirem, ou a que se estender a sua autoridade;[6-6a] [Dispositivo correspondente no CC/1916: art. 1.133-IV.]

IV — pelos leiloeiros e seus prepostos, os bens de cuja venda estejam encarregados.[7-7a] [Dispositivo correspondente no CC/1916: art. 1.133-II.]

Parágrafo único. As proibições deste artigo estendem-se à cessão de crédito.[8] [Dispositivo correspondente no CC/1916: art. 1.134.]

Art. 497: 1. cf. CPC 890.

Art. 497: 2. v. art. 1.749-I.

Art. 497: 3. v. art. 1.749-I c/c 1.781.

Art. 497: 4. **Súmula 165 do STF:** "A venda realizada diretamente pelo mandante ao mandatário não é atingida pela nulidade do art. 1.135, II, do Código Civil". Há engano da Súmula; a referência devia ser ao art. 1.133-II do CC antigo (atual 497-I).

Art. 497: 4a. "É nula a venda realizada pelo mandatário, a seu favor, quando utilizados os poderes que lhes são conferidos pelo mandante" (STJ-4ª T., REsp 1.060.183, Min. Aldir Passarinho Jr., j. 29.9.09, DJ 16.11.09).

Art. 497: 5. **Dec. lei 411, de 8.1.69** — Dispõe sobre a administração dos Territórios Federais, a organização dos seus Municípios e dá outras providências: **"Art. 24.** Os Governadores dos Territórios e seus Secretários não poderão, desde a nomeação: **I** — firmar ou manter contrato com pessoas jurídicas de direito público, autarquia, empresa pública, sociedade de economia mista, ou empresa concessionária de serviço público, salvo quando o contrato obedecer a cláusulas uniformes; ... **VI** — adquirir bens imóveis no Território e bens de qualquer natureza pertencentes às entidades enumeradas ao item I".

Art. 497: 6. v. art. 498.

Art. 497: 6a. Em matéria de falência ou recuperação judicial, v. LRF 177.

Art. 497: 7. **Lei 4.021, de 20.12.61** — Cria a profissão de leiloeiro rural, e dá outras providências: **"Art. 7º** É proibido ao leiloeiro, sob pena de destituição: ... **II** — adquirir para si, para sócio ou para pessoas de sua família bens de cuja venda tenha sido incumbido".

Art. 497: 7a. Em matéria de falência ou recuperação judicial, v. LRF 177.

Art. 497: 8. v. arts. 286 a 298.

Art. 498. A proibição contida no inciso III do artigo antecedente, não compreende os casos de compra e venda ou cessão[1] entre coerdeiros, ou em pagamento de dívida, ou para garantia de bens já pertencentes a pessoas designadas no referido inciso. [Dispositivo correspondente no CC/1916: art. 1.134.]

Art. 498: 1. v. arts. 286 a 298.

Art. 499. É lícita a compra e venda entre cônjuges, com relação a bens excluídos da comunhão. [Sem dispositivo correspondente no CC/1916.]

Art. 500. Se, na venda de um imóvel, se estipular o preço por medida de extensão, ou se determinar a respectiva área, e esta não corresponder, em qualquer dos casos, às dimensões dadas, o comprador terá o direito de exigir o complemento da área, e, não sendo isso possível, o de reclamar a resolução do contrato ou abatimento proporcional ao preço.[1] [Dispositivo correspondente no CC/1916: art. 1.136-*caput*.]

§ 1º Presume-se[2] que a referência às dimensões foi simplesmente enunciativa, quando a diferença encontrada não exceder de um vigésimo da área total enunciada, ressalvado ao comprador o direito de provar que, em tais circunstâncias, não teria realizado o negócio.[2a] [Dispositivo correspondente no CC/1916: art. 1.136 § ún.]

§ 2º Se em vez de falta houver excesso, e o vendedor provar que tinha motivos para ignorar a medida exata da área vendida, caberá ao comprador, à sua escolha, completar o valor correspondente ao preço ou devolver o excesso. [Sem dispositivo correspondente no CC/1916.]

§ 3º Não haverá complemento de área, nem devolução de excesso, se o imóvel for vendido como coisa certa e discriminada, tendo sido apenas enunciativa a referência às suas dimensões, ainda que não conste, de modo expresso, ter sido a venda *ad corpus*.[3 a 5] [Dispositivo correspondente no CC/1916: art. 1.136-*caput*.]

Art. 500: 1. Em matéria de relação de consumo, v. CDC 6º, nota 3d.

Art. 500: 2. Essa presunção "atende somente às hipóteses em que há incerteza quanto à modalidade da venda realizada — se *ad mensuram* ou *ad corpus*" (STJ-3ª T., REsp 445.174, Min. Nancy Andrighi, j. 8.5.03, DJU 22.9.03).

Art. 500: 2a. s/ a aplicabilidade dessa regra em relação de consumo, v. CDC 51, nota 1d.

Art. 500: 3. "Não é possível realizar-se venda *ad corpus* e *ad mensuram* ao mesmo tempo, pois uma se opõe à outra. Na primeira não se estabelecem com exatidão as medidas do imóvel, enquanto na segunda, sim. Realizada a venda *ad mensuram*, se mais tarde se verifica que o imóvel não possuía as medidas expressas na escritura, a questão não se situa em erro constante do registro, na forma prevista no art. 213 da Lei 6.015/73, não cabendo pedido de retificação de área" (RT 651/64). Nessa situação, cabe à parte se valer da ação de usucapião, para que seja reconhecida como sua a área excedente.

Art. 500: 4. "Se na escritura consta que a venda da propriedade rural foi realizada indicando-se o preço não pela sua extensão, então a alienação, *in casu*, efetivou-se pela modalidade *ad corpus*. Admitida a venda da propriedade por tal critério, não cabe indenização à parte que alega prejuízo, eis que a enunciação da alqueiragem teve por escopo tão somente definir os limites da área integrante da avença" (RSTJ 14/290: 3ª T., REsp 1.805).

Art. 500: 5. Prazo para a propositura das ações: art. 501.

Art. 501. Decai[1] do direito de propor as ações previstas no artigo antecedente o vendedor ou o comprador que não o fizer no prazo de um ano, a contar do registro do título. [Sem dispositivo correspondente no CC/1916.]

Parágrafo único. Se houver atraso na imissão de posse no imóvel, atribuível ao alienante, a partir dela fluirá o prazo de decadência. [Sem dispositivo correspondente no CC/1916.]

Art. 501: 1. s/ decadência, v. arts. 207 a 211.

Art. 502. O vendedor, salvo convenção em contrário, responde por todos os débitos que gravem a coisa[1] até o momento da tradição.[2] [Sem dispositivo correspondente no CC/1916.]

Art. 502: 1. Refere-se o artigo às obrigações *propter rem*, ou seja, àquelas de conteúdo positivo que recaem sobre o titular de uma situação jurídica real.

Art. 502: 2. s/ despesas de condomínio, v. art. 1.315; despesas de condomínio edilício, v. art. 1.336, nota 1c.

Art. 503. Nas coisas vendidas conjuntamente, o defeito oculto[1] de uma não autoriza a rejeição de todas.[2] [Dispositivo correspondente no CC/1916: art. 1.138.]

Art. 503: 1. v. arts. 441 a 446. Em matéria de relação de consumo, v. CDC 18 e 26 § 3º.

Art. 503: 2. "O art. 1.138 do CC/16, cuja redação foi integralmente mantida pelo art. 503 do CC/02, deve ser interpretado com temperamento, sempre tendo em vista a necessidade de se verificar o reflexo que o defeito verificado em uma ou mais coisas singulares tem no negócio envolvendo a venda de coisas compostas, coletivas ou de universalidades de fato" (STJ-RMDCPC 34/108: 3ª T., REsp 991.317).

Art. 504. Não pode um condômino em coisa indivisível[1] vender[1a] a sua parte a estranhos, se outro consorte a quiser, tanto por tanto.[1b] O condômino, a quem não se der conhecimento da venda, poderá, depositando o preço, haver para si a parte vendida a estranhos, se o requerer no prazo de cento e oitenta dias, sob pena de decadência.[2 a 3] [Dispositivo correspondente no CC/1916: art. 1.139-*caput*.]

Parágrafo único. Sendo muitos os condôminos, preferirá[4] o que tiver benfeitorias de maior valor e, na falta de benfeitorias, o de quinhão maior. Se as partes forem iguais, haverão a parte vendida os comproprietários, que a quiserem, depositando previamente o preço. [Dispositivo correspondente no CC/1916: art. 1.139 § ún.]

Art. 504: 1. "Na hipótese de o bem se encontrar em estado de indivisão, seja ele **divisível ou indivisível,** o condômino que desejar alienar sua fração ideal do condomínio deve obrigatoriamente notificar os demais condôminos para que possam exercer o direito de preferência na aquisição" (STJ-RDPr 28/333: 2ª Seção, REsp 489.860). No mesmo sentido: RSTJ 56/152, STJ-RT 698/203, 764/170, STJ-RF 329/223. **Contra,** entendendo que a notificação do condômino que pretende alienar parte ideal da coisa aos outros, a fim de que possam exercer o direito de preferência na aquisição, só há de ocorrer quando o bem for indivisível; na hipótese de o bem ser divisível, a alienação ocorrerá independentemente do exercício do direito de prelação: RSTJ 89/220, STJ-RT 737/192, RDR 7/222.

Caso especial: "Não há que se falar em indivisibilidade do imóvel, se a parte vendida é superior ao módulo rural da localidade, podendo ser separada da área total sem que se altere sua destinação. Não se aplica o direito de preferência do condômino na aquisição de imóvel quando o mesmo é divisível" (RJM 184/71: AP 1.0657.07.001684-2/001).

Art. 504: 1a. O direito de prelação aplica-se à cessão de direitos hereditários (RTJ 123/290, STJ-RT 726/188, JTJ 259/44).

"Os coerdeiros, antes de ultimada a partilha, exercem a compropriedade sobre os bens que integram o acervo hereditário *pro indiviso*, sendo exigível, daquele que pretenda ceder ou alhear seu(s) quinhão(ões), conferir aos demais oportunidade para o exercício de preferência na aquisição" (STJ-4ª T., REsp 550.940, Min. João Otávio, j. 20.8.09, DJ 8.9.09). No mesmo sentido: "Encontrando-se o bem em estado de indivisão, o condômino que desejar alienar sua fração ideal do condomínio deve obrigatoriamente notificar os demais condôminos para que possam exercer o direito de preferência na aquisição, nos termos do CC 504. O condômino que não teve a oportunidade de exercer o direito de preferência poderá fazê-lo após a alienação do imóvel, depositando o preço e havendo para si a parte vendida sem seu conhecimento. O alienante deve responder pela evicção, nos termos do CC 447" (RMDAU 41/133: TJMG, AP 0144730-77.2009.8.13.0511).

V. tb. arts. 1.794 e 1.795.

Art. 504: 1b. v. nota 2c.

Art. 504: 2. v. art. 1.322.

Art. 504: 2a. s/ decadência, v. arts. 207 a 211.

Art. 504: 2b. "A lei não exige que o depósito do preço seja feito dentro do prazo decadencial de 180 dias para o exercício do direito de preferência, mas apenas que o requerimento seja tempestivo, não podendo o intérprete criar requisitos não exigidos pela lei" (RJM 192/270: AP 1.0686.06.170201-1/001).

V. tb. art. 1.795, nota 2.

Art. 504: 2c. "Aperfeiçoada a venda (no caso imobiliária) ao terceiro, com a lavratura de escritura pública e o respectivo registro no Cartório de Registro de Imóveis, sem a devida observância ao direito de preempção, surge para os coproprietários preteridos o direito de ajuizamento de ação anulatória ou de direito de preferência c/c adjudicação compulsória, desde que o faça dentro do prazo decadencial de 180 dias, **contados do registro da escritura,** cuja publicidade implica a presunção de ciência acerca da venda e das condições do negócio estampadas no título. Praticado preço simulado pelas partes, fazendo constar da **escritura pública preço a menor,** que não reflita o valor real do negócio, deve prevalecer aquele exarado na escritura devidamente registrada para fins do direito de preferência, sendo que o registro do título (que tem como atributo dar publicidade da alienação imobiliária a toda a sociedade, conferindo efeito *erga omnes*) é o ato substitutivo da notificação, que deveria ter sido anteriormente remetida ao coproprietário, mas não foi, não podendo o condômino alienante valer-se da própria torpeza, a qual denota o abuso do direito infringente da boa-fé objetiva" (STJ-3ª T., REsp 1.628.478, Min. Marco Bellizze, j. 3.11.20, DJ 17.11.20).

Art. 504: 3. "O direito legal de preferência atribuído aos condôminos de bem indivisível (ou não dividido), nos termos do artigo 504 do Código Civil, tem por escopo precípuo o de impedir o ingresso de terceiros estranhos à comunhão, ante o potencial conflituoso inerente a essa forma anômala de propriedade. A **alienação/cessão de fra-**

ções ideais entre condôminos refoge à finalidade intrínseca ao direito de preferência, uma vez que não se trata de hipótese de ingresso de terceiro/estranho à comunhão, mas de manutenção dos consortes (à exceção daquele que alienou integralmente a sua parcela), apenas com alterações no percentual da parte ideal daquele que adquiriu a parte de outrem" (STJ-4ª T., REsp 1.137.176, Min. Marco Buzzi, j. 16.2.16, DJ 24.2.16). No mesmo sentido: STJ-3ª T., REsp 1.526.125, Min. Paulo Sanseverino, j. 17.4.18, DJ 27.4.18.

Contra, entendendo que o conhecimento da venda e o correlato direito de preferência devem ter lugar mesmo nas situações de alienação entre condôminos: "Tratando-se de propriedade condominial, deve o condômino que desejar alienar a sua cota-parte comunicar aos demais comunheiros de sua intenção, formalmente, possibilitando-se que aqueles exerçam, no prazo legal, o direito de preferência, evitando-se, com isso, inclusive, os inconvenientes que possam surgir com a preterição de algum consorte que possua, comparado com os demais, benfeitoria mais valiosa ou quinhão maior (art. 504, par. ún., CC/2002)" (RT 870/337 e Bol. AASP 2.596: TJPR, AP 419.059-0, o mesmo acórdão, que foi reformado no julgamento do REsp 1.137.176).

Art. 504: 4. Outros casos de preferência para a aquisição: LI 27 e 30, ET 92 § 3º; v. tb. retrovenda (arts. 505 a 508) e preempção ou preferência (arts. 513 a 520).

Seção II | DAS CLÁUSULAS ESPECIAIS À COMPRA E VENDA

Subseção I | DA RETROVENDA

Art. 505. O vendedor de coisa imóvel pode reservar-se o direito de recobrá-la[1] no prazo máximo de decadência[2] de três anos,[2a] restituindo o preço recebido e reembolsando as despesas do comprador, inclusive as que, durante o período de resgate, se efetuaram com a sua autorização escrita, ou para a realização de benfeitorias necessárias.[3-4] [Dispositivos correspondentes no CC/1916: arts. 1.140 e 1.141.]

Art. 505: 1. "Não há incompatibilidade entre a cláusula de retrovenda e o contrato de compra e venda de bens móveis, funcionando aquele puramente como garantia, sem força suficiente, portanto, para anular o negócio jurídico em sua integralidade" (STJ-4ª T., REsp 260.923, Min. Fernando Gonçalves, j. 7.10.03, DJU 20.10.03).

Art. 505: 2. s/ decadência, v. arts. 207 a 211.

Art. 505: 2a. "No tocante ao tempo para o exercício do direito potestativo da retrovenda, o *caput* do artigo 505 do Código Civil prevê o prazo decadencial "máximo" de três anos, o que não impede que as partes convencionem período inferior, situação que se configurou na hipótese dos autos" (STJ-4ª T., REsp 1.364.272, Min. Luis Felipe, j. 8.5.18, DJ 12.6.18).

V. tb. art. 463, nota 1b.

Art. 505: 3. s/ benfeitorias necessárias, v. art. 96, § 3º.

Art. 505: 4. s/ propriedade resolúvel, v. arts. 1.359 e 1.360.

Art. 506. Se o comprador se recusar a receber as quantias a que faz jus, o vendedor, para exercer o direito de resgate, as depositará judicialmente.[1] [Sem dispositivo correspondente no CC/1916.]

Parágrafo único. Verificada a insuficiência do depósito judicial, não será o vendedor restituído no domínio da coisa, até e enquanto não for integralmente pago o comprador. [Sem dispositivo correspondente no CC/1916.]

Art. 506: 1. s/ pagamento em consignação, v. art. 335-I e CPC 539 e segs.

Art. 507. O direito de retrato,[1] que é cessível[1a] e transmissível a herdeiros[2] e legatários, poderá ser exercido contra o terceiro adquirente.[3] [Dispositivo correspondente no CC/1916: art. 1.142.]

Art. 507: 1. i. e., o direito de exercício da retrovenda.

Art. 507: 1a. v. arts. 286 a 298.

Art. 507: 2. Diversamente do direito de preferência (art. 520).

Art. 507: 3. s/ registro da compra e venda condicional, v. LRP 167-I-29.

Art. 508. Se a duas ou mais pessoas couber o direito de retrato sobre o mesmo imóvel, e só uma o exercer, poderá o comprador intimar as outras para nele acordarem, prevalecendo o pacto em favor de quem haja efetuado o depósito, contanto que seja integral. [Dispositivo correspondente no CC/1916: art. 1.143-*caput*.]

Subseção II | DA VENDA A CONTENTO E DA SUJEITA A PROVA

Art. 509. A venda feita a contento do comprador entende-se realizada sob condição suspensiva,[1] ainda que a coisa lhe tenha sido entregue; e não se reputará perfeita, enquanto o adquirente não manifestar seu agrado.[2] [Dispositivo correspondente no CC/1916: art. 1.144-*caput*.]

Art. 509: 1. v. arts. 125 e 126.

Art. 509: 2. É do comprador a responsabilidade pelos danos à coisa que já foi posta à sua disposição, ainda que decorrentes de caso fortuito (cf. art. 492 § 1º).

Art. 510. Também a venda sujeita a prova presume-se feita sob a condição suspensiva[1] de que a coisa tenha as qualidades asseguradas pelo vendedor e seja idônea para o fim a que se destina.[2-2a] [Sem dispositivo correspondente no CC/1916.]

Art. 510: 1. v. arts. 125 e 126.

Art. 510: 2. É do comprador a responsabilidade pelos danos à coisa que já foi posta à sua disposição, ainda que decorrentes de caso fortuito (cf. art. 492 § 1º).

Art. 510: 2a. Uma vez comprovados os atributos da coisa, não poderá o comprador recusá-la.

Art. 511. Em ambos os casos, as obrigações do comprador, que recebeu, sob condição suspensiva, a coisa comprada, são as de mero comodatário,[1] enquanto não manifeste aceitá-la. [Dispositivo correspondente no CC/1916: art. 1.145.]

Art. 511: 1. v. arts. 582 a 584.

Art. 512. Não havendo prazo estipulado para a declaração do comprador, o vendedor terá direito de intimá-lo, judicial ou extrajudicialmente, para que o faça em prazo improrrogável. [Dispositivo correspondente no CC/1916: art. 1.147.]

Subseção III | DA PREEMPÇÃO OU PREFERÊNCIA

Art. 513. A preempção,[1-1a] ou preferência, impõe ao comprador a obrigação de oferecer ao vendedor a coisa que aquele vai vender, ou dar em pagamento, para que este use de seu direito de prelação na compra, tanto por tanto.[1b] [Dispositivo correspondente no CC/1916: art. 1.149.]

Parágrafo único. O prazo para exercer o direito de preferência não poderá exceder a cento e oitenta dias, se a coisa for móvel, ou a dois anos, se imóvel.[2] [Sem dispositivo correspondente no CC/1916.]

Art. 513: 1. s/ preempção do Poder Público municipal para aquisição de imóvel urbano objeto de alienação onerosa entre particulares, v. Lei 10.257, de 10.7.01 (Estatuto da Cidade), arts. 25 a 27.

Art. 513: 1a. s/ preempção e arrendamento rural, v. ET 92 §§ 3º e 4º, bem como sua nota 3a.

Art. 513: 1b. A preempção pode ser legal ou convencional; enquanto aquela decorre da lei, esta resulta de pacto adjeto à compra e venda. Em ambos os casos, ela assegura ao vendedor direito de preferência para readquirir o bem, em igualdade de condições com terceiros, se o comprador quiser futuramente vendê-lo ou dá-lo em pagamento.

Art. 513: 2. Não havendo prazo estipulado, v. art. 516.

Art. 514. O vendedor pode também exercer o seu direito de prelação, intimando o comprador, quando lhe constar que este vai vender a coisa. [Dispositivo correspondente no CC/1916: art. 1.151.]

Art. 515. Aquele que exerce a preferência está, sob pena de a perder, obrigado a pagar, em condições iguais, o preço encontrado, ou o ajustado. [Dispositivo correspondente no CC/1916: art. 1.155.]

Art. 516. Inexistindo prazo estipulado, o direito de preempção caducará, se a coisa for móvel, não se exercendo nos três dias, e, se for imóvel, não se exercendo nos sessenta dias subsequentes à data em que o comprador tiver notificado o vendedor. [Dispositivo correspondente no CC/1916: art. 1.153.]

Art. 517. Quando o direito de preempção for estipulado a favor de dois ou mais indivíduos em comum, só pode ser exercido em relação à coisa no seu todo.[1] Se alguma das pessoas, a quem ele toque, perder ou não exercer o seu direito, poderão as demais utilizá-lo na forma sobredita. [Dispositivo correspondente no CC/1916: art. 1.154.]

Art. 517: 1. Para efeito de preferência, não há distinção entre "terreno" e "unidade imobiliária". *In casu*, o terreno formava uma unidade jurídica. Pouco interessa estivesse ele dividido fisicamente ao meio e dado em aluguel a duas locatárias diferentes. O proprietário não era obrigado a vender, ainda que pelo preço por ele estipulado, parte do imóvel para cada locatária. A notificação se fez para a compra *in globo* e não *in partem* (RSTJ 51/211: 6ª T., REsp 30.272, maioria).

Art. 518. Responderá por perdas e danos[1] o comprador, se alienar a coisa sem ter dado ao vendedor ciência do preço e das vantagens que por ela lhe oferecem. Responderá solidariamente[2] o adquirente, se tiver procedido de má-fé. [Dispositivo correspondente no CC/1916: art. 1.156.]

Art. 518: 1. v. arts. 402 a 405.

Art. 518: 2. s/ solidariedade passiva, v. arts. 275 a 285.

Art. 519. Se a coisa expropriada para fins de necessidade ou utilidade pública, ou por interesse social,[1-1a] não tiver o destino para que se desapropriou, ou não for utilizada em obras ou serviços públicos,[2] caberá ao expropriado direito de preferência, pelo preço atual da coisa.[3] [Dispositivo correspondente no CC/1916: art. 1 150.]

Art. 519: 1. cf. art. 1.228 § 3º.

Art. 519: 1a. v. tít. DESAPROPRIAÇÃO. V. tb. CF 5º-XXIV.

Art. 519: 2. Esse desvio de finalidade é chamado de **tredestinação.**

Código Civil

Art. 519: 3. v. LD 35, notas 1 a 5 (retrocessão). Com o advento do art. 519, ficou mitigada a ideia de que o bem expropriado não pode ser objeto de reivindicação.

Art. 520. O direito de preferência não se pode ceder nem passa aos herdeiros.[1] [Dispositivo correspondente no CC/1916: art. 1.157.]

Art. 520: 1. Diversamente do direito de exercício da retrovenda (art. 507).

Subseção IV | DA VENDA COM RESERVA DE DOMÍNIO[1]

✎ **SUBSEÇ. IV: 1.** "Das vendas a crédito com reserva de domínio", por Márcia Regina Lusa Cadore Weber (RJ 328/39).

Art. 521. Na venda de coisa móvel, pode o vendedor reservar para si a propriedade,[1-1a] até que o preço esteja integralmente pago. [Sem dispositivo correspondente no CC/1916.]

Art. 521: 1. LRF 119: "Nas relações contratuais a seguir mencionadas prevalecerão as seguintes regras: ... **IV** — o administrador judicial, ouvido o Comitê, restituirá a coisa móvel comprada pelo devedor com reserva de domínio do vendedor se resolver não continuar a execução do contrato, exigindo a devolução, nos termos do contrato, dos valores pagos;".

Ainda em matéria de recuperação judicial, v. LRF 49 § 3º.

Art. 521: 1a. e, portanto, a posse indireta.

Art. 522. A cláusula de reserva de domínio será estipulada por escrito e depende de registro[1] no domicílio do comprador para valer contra terceiros. [Sem dispositivo correspondente no CC/1916.]

Art. 522: 1. v. LRP 129, item 5º.

Art. 523. Não pode ser objeto de venda com reserva de domínio a coisa insuscetível de caracterização perfeita,[1] para estremá-la de outras congêneres. Na dúvida, decide-se a favor do terceiro adquirente de boa-fé. [Sem dispositivo correspondente no CC/1916.]

Art. 523: 1. i. e., a coisa móvel fungível. V. art. 85.

Art. 524. A transferência de propriedade ao comprador dá-se no momento em que o preço esteja integralmente pago. Todavia, pelos riscos da coisa responde o comprador, a partir de quando lhe foi entregue.[1] [Sem dispositivo correspondente no CC/1916.]

Art. 524: 1. Trata-se, portanto, de uma exceção à regra *res perit domino*.

Art. 525. O vendedor somente poderá executar a cláusula de reserva de domínio após constituir o comprador em mora,[1] mediante protesto do título[2] ou interpelação judicial.[3-4] [Sem dispositivo correspondente no CC/1916.]

Art. 525: 1. s/ mora, v. arts. 394 a 401.

Art. 525: 2. v. tít. PROTESTO DE TÍTULOS.

Art. 525: 3. v. CPC 726 a 729.

Art. 525: 4. "A mora do comprador, na ação ajuizada pelo vendedor com o intuito de recuperação da coisa vendida com cláusula de reserva de domínio, pode ser comprovada por meio de **notificação extrajudicial** enviada pelo Cartório de Títulos e Documentos" (STJ-3ª T., REsp 1 629.000, Min. Nancy Andrighi, j. 28.3.17, DJ 4.4.17).

Art. 526. Verificada a mora[1] do comprador, poderá o vendedor mover contra ele a competente ação de cobrança das prestações vencidas e vincendas e o mais que lhe for devido; ou poderá recuperar a posse da coisa vendida. [Sem dispositivo correspondente no CC/1916.]

Art. 526: 1. s/ mora, v. arts. 394 a 401.

Art. 527. Na segunda hipótese do artigo antecedente, é facultado ao vendedor reter as prestações pagas até o necessário para cobrir a depreciação da coisa, as despesas feitas e o mais que de direito lhe for devido. O excedente será devolvido ao comprador; e o que faltar lhe será cobrado, tudo na forma da lei processual. [Sem dispositivo correspondente no CC/1916.]

Art. 528. Se o vendedor receber o pagamento à vista, ou, posteriormente, mediante financiamento de instituição do mercado de capitais, a esta caberá exercer os direitos e ações decorrentes do contrato, a benefício[1] de qualquer outro. A operação financeira e a respectiva ciência do comprador constarão do registro do contrato. [Sem dispositivo correspondente no CC/1916.]

Art. 528: 1. **Enunciado 178 do CEJ:** "Na interpretação do art. 528, devem ser levadas em conta, após a expressão 'a benefício de', as palavras 'seu crédito, excluída a concorrência de', que foram omitidas por manifesto erro material".

Subseção V | DA VENDA SOBRE DOCUMENTOS

Art. 529. Na venda sobre documentos, a tradição[1] da coisa é substituída pela entrega do seu título representativo e dos outros documentos exigidos pelo contrato ou, no silêncio deste, pelos usos. [Sem dispositivo correspondente no CC/1916.]

Parágrafo único. Achando-se a documentação em ordem, não pode o comprador recusar o pagamento, a pretexto de defeito de qualidade ou do estado da coisa vendida, salvo se o defeito já houver sido comprovado. [Sem dispositivo correspondente no CC/1916.]

Art. 529: 1. v. arts. 1.267 e 1.268.

Art. 530. Não havendo estipulação em contrário, o pagamento deve ser efetuado na data[1] e no lugar[1a] da entrega dos documentos. [Sem dispositivo correspondente no CC/1916.]

Art. 530: 1. s/ tempo do pagamento, v. arts. 331 a 333.

Art. 530: 1a. s/ lugar do pagamento, v. arts. 327 a 330.

Art. 531. Se entre os documentos entregues ao comprador figurar apólice de seguro[1] que cubra os riscos do transporte, correm estes à conta do comprador, salvo se, ao ser concluído o contrato, tivesse o vendedor ciência da perda ou avaria da coisa.[2] [Sem dispositivo correspondente no CC/1916.]

Art. 531: 1. v. arts. 757 a 788.

Art. 531: 2. v. art. 754 § ún.

Art. 532. Estipulado o pagamento por intermédio de estabelecimento bancário, caberá a este efetuá-lo contra a entrega dos documentos, sem obrigação de verificar a coisa vendida, pela qual não responde. [Sem dispositivo correspondente no CC/1916.]

Parágrafo único. Nesse caso, somente após a recusa do estabelecimento bancário a efetuar o pagamento, poderá o vendedor pretendê-lo, diretamente do comprador. [Sem dispositivo correspondente no CC/1916.]

Capítulo II | DA TROCA OU PERMUTA

Art. 533. Aplicam-se à troca as disposições referentes à compra e venda,[1] com as seguintes modificações: [Dispositivo correspondente no CC/1916: art. 1.164-*caput*.]

I — salvo disposição em contrário, cada um dos contratantes pagará por metade as despesas com o instrumento da troca; [Dispositivo correspondente no CC/1916: art. 1.164-I.]

II — é anulável a troca de valores desiguais entre ascendentes e descendentes,[2-3] sem consentimento dos outros descendentes e do cônjuge do alienante.[3a-3b] [Dispositivo correspondente no CC/1916: art. 1.164-II.]

Art. 533: 1. v. arts. 481 a 504.

Art. 533: 2. Prazo para a anulação: dois anos (art. 179).

Art. 533: 3. cf. art. 496.

Art. 533: 3a. para que as legítimas não sejam desigualadas, o que prejudicaria os direitos sucessórios dos demais descendentes e do cônjuge do alienante.

Art. 533: 3b. No caso de doação de ascendente a descendente, v. art. 544.

Capítulo III | DO CONTRATO ESTIMATÓRIO[1]

✎ **CAP. III: 1.** "Contrato estimatório", por Luís Vicente Dondelli (RDPr 31/147).

Art. 534. Pelo contrato estimatório,[1-2] o consignante entrega bens móveis ao consignatário, que fica autorizado a vendê-los, pagando àquele o preço ajustado, salvo se preferir, no prazo estabelecido, restituir-lhe a coisa consignada. [Sem dispositivo correspondente no CC/1916.]

Art. 534: 1. Enunciado 32 do CEJ: "No contrato estimatório (art. 534), o consignante transfere ao consignatário, temporariamente, o poder de alienação da coisa consignada, com opção de pagamento do preço de estima ou sua restituição ao final do prazo ajustado".

Art. 534: 2. "O contrato de consignação ou estimatório é aquele em que alguém recebe um bem para vendê-lo por preço pré-estipulado, obrigando-se a devolvê-lo caso não consiga o seu objetivo. Considerando que se trata de espécie de comissão mercantil, a responsabilidade pela lisura da venda é do consignatário ou comissário, já que contrata em nome próprio. Portanto, o adquirente do bem somente tem ação em face de quem diretamente lhe vendeu o bem, o comissário ou consignatário — já que o comitente ou consignante não responde perante terceiro, podendo o comissário buscar em ação de regresso a restituição do valor desembolsado" (RP 154/189).

Art. 535. O consignatário não se exonera da obrigação de pagar o preço, se a restituição da coisa, em sua integridade, se tornar impossível, ainda que por fato a ele não imputável.[1] [Sem dispositivo correspondente no CC/1916.]

Art. 535: 1. Tem-se, aqui, uma exceção às regras de que, na obrigação de restituir coisa certa, o credor sofrerá sua perda se ela ocorrer sem culpa do devedor (art. 238) e de que o devedor não responde por prejuízos advindos de caso fortuito ou força maior (art. 393).

Art. 536. A coisa consignada não pode ser objeto de penhora ou sequestro pelos credores do consignatário, enquanto não pago integralmente o preço.[1] [Sem dispositivo correspondente no CC/1916.]

Art. 536: 1. Afinal, enquanto não pago o preço, a coisa continua de propriedade do consignante, que nada tem que ver com as dívidas do consignatário. V. art. 391.

Art. 537. O consignante não pode dispor da coisa antes de lhe ser restituída ou de lhe ser comunicada a restituição. [Sem dispositivo correspondente no CC/1916.]

Capítulo IV | DA DOAÇÃO[1-2]

Seção I | DISPOSIÇÕES GERAIS

✎ **CAP. IV: 1.** "Doação pura, preliminar de doação e contratos de gestão", por Nelson Nery Junior e Luciano de Camargo Penteado (RDPr 25/7).

CAP. IV: 2. s/ doação, v. arts. 441 § ún. (vício redibitório e doação onerosa), 879 § ún. (recebimento indevido e reivindicação), 979 (registro de doação feita por empresário), 1.320 § 2º (indivisão do objeto), 1.400 § ún. (usufruto e caução), 1.642-IV e V (rescisão e reivindicação pelo cônjuge), 1.647-IV e § ún. (autorização do cônjuge), 1.659-I e 1.660-III (regime de comunhão parcial de bens), 1.668-I e IV (regime de comunhão universal de bens), 1.675 (regime de participação final nos aquestos), 1.693-III (usufruto e administração de bens de filho menor), 1.711 § ún. (instituição de bem de família), 1.748-II (aceitação pelo tutor), 1.754-III (bens do tutelado), 2.002 a 2.012 (colação).

Art. 538. Considera-se doação[1 a 4] o contrato em que uma pessoa, por liberalidade, transfere do seu patrimônio bens ou vantagens para o de outra. [Dispositivo correspondente no CC/1916: art. 1.165.]

Art. 538: 1. Doação no regime de comunhão parcial ou universal: art. 1.647-IV e § ún.

S/ doação e cláusula de inalienabilidade, v. art. 1.911, nota 2.

Art. 538: 2. Doação por procuração. "Reconhece-se a existência da vontade de doar, por parte do mandante, apenas quando do instrumento de mandato constar, expressamente, a individualização do bem e o beneficiário da liberalidade, sendo insuficiente a cláusula que confere poderes genéricos para a prática do ato jurídico" (STJ-3ª T., REsp 503.675, Min. Nancy Andrighi, j. 3.5.05, DJU 27.6.05). No mesmo sentido: STJ-4ª T., REsp 1.575.048, Min. Marco Buzzi, j. 23.2.16, DJ 26.2.16.

Art. 538: 3. É válida a **promessa de doação** de bens do casal aos filhos, feita na partilha homologada por sentença em processo de separação (STJ-2ª Seção, ED no REsp 125.859, Min. Ruy Rosado, j. 26.6.02, um voto vencido, DJU 24.3.03). Esse acórdão, tomado em embargos de divergência, tornou superado o entendimento contrário da 4ª Turma do STJ (RSTJ 119/377).

Todavia, mais recentemente, a 4ª Turma voltou a decidir ser "inviável juridicamente a promessa de doação ante a impossibilidade de se harmonizar a exigibilidade contratual e a espontaneidade, característica do *animus donandi*. Admitir a promessa de doação equivale a concluir pela possibilidade de uma doação coativa, incompatível, por definição, com um ato de liberalidade" (STJ-RF 390/429: 4ª T., REsp 730.626, maioria). No mesmo sentido: JTJ 314/115 (AP 209.510-4/6-00), RJM 165/179.

Meio-termo: "A promessa de doação, como obrigação de cumprir liberalidade que se não quer mais praticar, inexiste no direito brasileiro; se, todavia, é feita como condição de negócio jurídico, e não como mera liberalidade, vale e é eficaz" (STJ-3ª T., REsp 853.133, Min. Ari Pargendler, j. 6.5.08, DJ 20.11.08).

Restabelecendo a tese inicial no âmbito da 4ª Turma do STJ: "Não se caracteriza como ato de mera liberalidade ou simples promessa de doação, passível de revogação posterior, a doação feita pelos genitores aos seus filhos estabelecida como condição para a obtenção de acordo em separação judicial" (STJ-4ª T., REsp 883.232-AgRg, Min. Raul Araújo, j. 19.2.13, DJ 26.2.13).

✎ "Reflexões acerca da eficácia da promessa de doação no direito brasileiro", por Marcos Catalan (RJ 402/51).

Art. 538: 4. "A contribuição do **dízimo** como ato de voluntariedade, dever de consciência religiosa e demonstração de gratidão e fé **não se enquadra** na definição do contrato típico de doação, na forma em que caracterizado no art. 538 do Código Civil, não sendo, portanto, suscetível de revogação. Ademais, a doação *lato sensu* a instituições religiosas ocorre em favor da pessoa jurídica da associação e não da pessoa física do pastor, padre ou religioso que a representa. Desse modo, a rigor, a doação não pode ser revogada por ingratidão, tendo em vista que o ato de um membro — pessoa física — não tem o condão de macular o pagamento do dízimo realizado em benefício da entidade, pessoa jurídica" (STJ-3ª T., REsp 1.371.842, Min. Sidnei Beneti, j. 19.11.13, RP 228/449).

Art. 539. O doador pode fixar prazo ao donatário, para declarar se aceita ou não a liberalidade. Desde que o donatário, ciente do prazo, não faça, dentro dele, a declaração, entender-se-á que aceitou, se a doação não for sujeita a encargo.[1] [Dispositivo correspondente no CC/1916: art. 1.166.]

Art. 539: 1. s/ encargo, v. arts. 136 e 137; s/ doação com encargo, v. arts. 441 (vício redibitório), 540 (extensão), 553 (cumprimento pelo donatário), 555 (inexecução do encargo), 564-II (revogação), 1.748-II (aceitação pelo tutor) e 1.938 (legado com encargo). V. tb. LRP 218.

Art. 540. A doação feita em contemplação do merecimento do donatário não perde o caráter de liberalidade, como não o perde a doação remuneratória, ou a gravada, no excedente ao valor dos serviços remunerados ou ao encargo imposto.[1] [Dispositivo correspondente no CC/1916: art. 1.167.]

Art. 540: 1. Doação **pura e simples** é aquela feita sem qualquer ônus, condição ou exigência para o donatário, sendo a **meritória** (em contemplação do merecimento do donatário) uma espécie dela. Doação **condicional** é aquela que depende de evento futuro e incerto (ex.: art. 546). Doação **remuneratória** é a que se faz para pagar um serviço prestado gratuitamente pelo donatário (exemplo clássico é a doação feita a médico que tratou do doador sem nada cobrar). Doação **modal, gravada, onerosa ou com encargo** é aquela na qual o doador impõe uma prestação ao donatário, em favor dele ou de terceiros.

Art. 541. A doação far-se-á por escritura pública[1-1a] ou instrumento particular.[2-3] [Dispositivo correspondente no CC/1916: art. 1.168-*caput*.]

Parágrafo único. A doação verbal será válida, se, versando sobre bens móveis e de pequeno valor, se lhe seguir incontinênti a tradição.[4 a 5] [Dispositivo correspondente no CC/1916: art. 1.168 § ún.]

Art. 541: 1. v. art. 108.

Art. 541: 1a. "O ato de disposição patrimonial representado pela cessão gratuita da meação em favor dos herdeiros configura uma verdadeira doação, a qual, nos termos do art. 541 do Código Civil, far-se-á por escritura pública ou instrumento particular, sendo que, na hipótese, deve ser adotado o instrumento público, por conta do disposto no art. 108 do Código Civil" (STJ-3ª T., REsp 1.196.992, Min. Nancy Andrighi, j. 6.8.13, RP 226/409).

V. tb. art. 1.806, nota 6.

Art. 541: 2. s/ conversão da doação não revestida das formalidades legais, v. art. 170, nota 3; s/ quem pode promover o registro, v. LRP 217.

Art. 541: 3. Admite-se doação dos pais aos filhos, no acordo de separação judicial, servindo as cópias extraídas dos autos como título para o registro de imóveis (RT 613/261, JTJ 259/374).

"A existência de sentença homologatória de acordo, em separação judicial, pela qual o antigo casal doa imóvel aos filhos, tem idêntica eficácia da escritura pública" (STJ-3ª T., REsp 1.198.168, Min. Nancy Andrighi, j. 6.8.13, DJ 22.8.13).

Art. 541: 4. "O **pequeno valor** há de ser considerado em relação à fortuna do doador; se se trata de pessoa abastada, mesmo as coisas de valor elevado podem ser doadas mediante simples doação manual (Washington de Barros Monteiro)" (RSTJ 141/319: 3ª T., REsp 155.240).

Art. 541: 4a. "O contrato de doação é, por essência, solene, exigindo a lei, para sua validade, que seja celebrado por escritura pública ou instrumento particular, salvo quando tiver por objeto bens móveis e de pequeno valor (art. 1.168 do CC/16). No particular, a par de não haver qualquer documento que ateste expressamente o ato de liberalidade, **não se pode considerar** como de **pequeno valor,** para que se dispense a solenidade, a quantia de R$ 45.000,00, sobretudo porque à época do depósito o montante representava quase **83 salários mínimos vigentes.**

A transferência de vultosa quantia da recorrente para o recorrido, sem a expressa estipulação de que se tratava de uma doação, induz à conclusão da existência da obrigação de restituí-la, e não o contrário, pois essa é a conduta ordinariamente esperada de quem a recebe por quem a entrega. A legítima expectativa da recorrente de receber, ainda que sem a cobrança de juros, o montante que havia transferido, aliada à ausência de prova escrita da alegada doação, evidencia que o contrato estabelecido entre as partes se trata, em verdade, de um mútuo gratuito verbal" (STJ-3ª T., REsp 1.758.912, Min. Nancy Andrighi, j. 27.11.18, DJ 6.12.18).

Art. 541: 5. "No caso de doação em **dinheiro** feita pelo genitor de um dos cônjuges para aquisição de imóvel, o **documento particular** para formalização do negócio jurídico (CC/2002, arts. 541, parágrafo único, e 221, parágrafo único) **não** se caracteriza como instrumento **substancial** do ato, admitindo-se que a transmissão seja comprovada por outros meios, em atenção ao princípio do que veda o enriquecimento sem causa" (STJ-4ª T., REsp 1.351.529-AgInt, Min. Isabel Gallotti, j. 13.3.18, maioria, DJ 24.4.18).

V. tb. art. 1.659, nota 1g.

Art. 542. A doação feita ao nascituro[1] valerá, sendo aceita pelo seu representante legal. [Dispositivo correspondente no CC/1916: art. 1.169.]

Art. 542: 1. s/ direitos do nascituro, v. art. 2º e notas; curatela do nascituro, v. art. 1.779.

Art. 543. Se o donatário for absolutamente incapaz,[1] dispensa-se a aceitação, desde que se trate de doação pura.[2-3] [Dispositivo correspondente no CC/1916: art. 1.170.]

Art. 543: 1. v. art. 3º.

Art. 543: 2. "Pura", i. e., sem ônus ou encargo.

Art. 543: 3. s/ aceitação de doações, ainda que com encargos, pelo tutor ou curador, v. art. 1.748-II c/c art. 1.774.

Art. 544. A doação de ascendentes a descendentes, ou de um cônjuge a outro, importa adiantamento do que lhes cabe por herança.[1 a 4] [Dispositivo correspondente no CC/1916: art. 1.171.]

✎ **Art. 544: 1.** "Os contratos de compra e venda, de doação e de permuta entre ascendentes e descendentes", por Jesualdo Eduardo de Almeida Júnior (Ajuris 89/129).

Art. 544: 2. Nos casos de compra e venda e de troca entre ascendente e descendente, v., respectivamente, arts. 496 e 533-II.

Art. 544: 3. mas o doador pode determinar que a doação saia de sua parte disponível (arts. 2.005 e 2.006). Todavia, "a dispensa do herdeiro necessário de colacionar o bem recebido em doação, por ascendente, não pode ser presumida, devendo constar expressamente no testamento ou no título de liberalidade. Além disso, o bem doado deve corresponder à parte disponível do patrimônio do doador, pena de nulidade da doação (art. 549 do CC/2002)" (Bol AASP 2.627: TJDFT, AI 2007.00.2.012295-2).

S/ parte disponível, v. arts. 1.789 e 1.846; s/ colação, v. arts. 2.002 a 2.012.

Art. 544: 4. "Não configura a existência de fraude, e muito menos de simulação, a doação feita em adiantamento da legítima, com reserva de usufruto, de ascendentes a descendente, regularmente inscrita no registro imobiliário, dispensando-se o assentimento dos demais descendentes, inclusive futuros, uma vez que o donatário terá de levar à colação o bem doado, por ocasião do inventário do ascendente, consoante determina o art. 2.002 do novo CC" (RT 870/306).

"A melhor interpretação do art. 1.171 do CC/16 é a de que a doação feita de ascendente para descendente, por si só, não é considerada inválida ou ineficaz pelo ordenamento jurídico, mas impõe ao donatário obrigação protraída no tempo, de, à época do óbito do doador, trazer o patrimônio recebido à colação, para igualar as legítimas, caso não seja aquele o único herdeiro necessário" (STJ-3ª T., REsp 1.361.983, Min. Nancy Andrighi, j. 18.3.14, DJ 26.3.14).

Art. 545. A doação em forma de subvenção periódica ao beneficiado extingue-se morrendo o doador, salvo se este outra coisa dispuser, mas não poderá ultrapassar a vida do donatário. [Dispositivo correspondente no CC/1916: art. 1.172.]

Art. 546. A doação feita em contemplação de casamento futuro[1] com certa e determinada pessoa, quer pelos nubentes entre si, quer por terceiro a um deles, a ambos, ou aos filhos que, de futuro, houverem um do outro, não pode ser impugnada por falta de aceitação, e só ficará sem efeito se o casamento não se realizar.[2] [Dispositivo correspondente no CC/1916: art. 1.173.]

Art. 546: 1. v. arts. 564-IV e 1.647 § ún. V. tb. art. 552, *in fine*.

Art. 546: 2. Anulando a doação: "Caso em que a autora doou metade do veículo objeto da lide em razão de contemplação de casamento futuro, que não se efetivou. Art. 138 do CC/02" (RJTJERGS 264/333: AP 70019995828).

Art. 547. O doador pode estipular que os bens doados voltem ao seu patrimônio, se sobreviver ao donatário.[1] [Dispositivo correspondente no CC/1916: art. 1.174.]

Parágrafo único. Não prevalece cláusula de reversão em favor de terceiro. [Sem dispositivo correspondente no CC/1916.]

Art. 547: 1. s/ propriedade resolúvel, v. art. 1.359.

Art. 548. É nula a doação de todos os bens sem reserva de parte, ou renda suficiente para a subsistência do doador.[1 a 3] [Dispositivo correspondente no CC/1916: art. 1.175.]

Art. 548: 1. "A doação universal, como apregoa o art. 1.175 do CC/16, é caracterizada quando, doados todos os bens, o doador não faz a reserva de parte ou renda suficiente para a própria subsistência, razão pela qual o reconhecimento da nulidade absoluta não prescinde da demonstração de ter ele se reduzido à miséria, em decorrência do negócio jurídico realizado" (STJ-3ª T., REsp 1.361.983, Min. Nancy Andrighi, j. 18.3.14, DJ 26.3.14). Do voto da relatora: "Em seguida ao ato de liberalidade, os imóveis foram gravados com a cláusula de **usufruto,** em benefício dos doadores. Logo, conquanto não se possa afirmar a ocorrência de julgamento *extra petita*, de doação universal também não há falar".

Art. 548: 1a. "É possível a doação da totalidade do patrimônio pelo doador, desde que remanesça uma fonte de renda ou reserva de usufruto, ou mesmo bens a seu favor, que preserve um patrimônio mínimo à sua subsistência (CC, art. 548). Não se pode olvidar, ainda, que a aferição da situação econômica do doador deve ser considerada no momento da liberalidade, não sendo relevante, para esse efeito, o empobrecimento posterior do doador. Assim, na situação em concreto é que se poderá aferir se a doação universal (*omnium bonorum*) deixou realmente o doador sem a mínima disponibilidade patrimonial para sua sobrevivência. Na hipótese, a pretensão não merece prosperar, tomando-se em conta os limites do recurso especial e o somatório das seguintes circunstâncias do caso em concreto: i) reconhecimento da suficiência de fonte de renda à época apta a manter condições mínimas de sobrevivência digna; ii) não ter sido comprovado que a recorrente voltou a residir no imóvel objeto do litígio em razão de sua miserabilidade; iii) o lapso temporal do pedido de nulidade da doação — quase 20 anos após —, o que enfraquece o argumento de estar vivendo por tanto tempo em situação indigna; e iv) o fato de que a separação foi homologada em juízo, sob a fiscalização do representante do Ministério Público" (STJ-4ª T., REsp 1.183.133, Min. Luis Felipe, j. 17.11.15, maioria, DJ 1.2.16).

Art. 548: 2. "Considerando que a doação de todo o patrimônio (universal), sem reserva de bens suficientes para a subsistência (art. 1.175 do CC/1916, correspondente ao art. 548 do CC/2002), é nula de pleno direito, deve ser acolhida, em parte, a ação de mulher que doou todo o seu patrimônio por fanatismo religioso e que, agora, amarga completa miséria" (RDPr 34/374: TJSP, AP 273.753-4/8, maioria; acórdão relatado pelo Des. Ênio Zuliani).

Art. 548: 3. "A vedação à doação universal realiza a mediação concretizadora do princípio constitucional da dignidade da pessoa humana (art. 1º, III, da Constituição Federal). Incide o preceito ético do art. 1.175 do Código de 1916 (art. 548 do Código Civil em vigor) em acordo realizado em virtude de separação judicial" (STJ-3ª T., REsp 285.421, Min. Vasco Della Giustina, j. 4.5.10, DJ 12.5.10).

Art. 549. Nula é também a doação quanto à parte que exceder à de que o doador, no momento da liberalidade, poderia dispor em testamento.[1 a 8] [Dispositivo correspondente no CC/1916: art. 1.176.]

Art. 549: 1. v. art. 2.007. S/ parte legítima da herança, v. arts. 1.789 e 1.846.

Art. 549: 2. Trata-se da chamada doação inoficiosa.

Art. 549: 2a. "A cessão de direitos hereditários não retira da cedente a qualidade de herdeira, que é personalíssima, e, portanto, não afasta a sua legitimidade para ajuizar a presente ação (*declaratória de nulidade da doação*), porque apenas transferiu ao cessionário a titularidade de sua situação, de modo a permitir que ele exija a partilha judicial dos bens que compõem a herança" (STJ-3ª T., REsp 1.361.983, Min. Nancy Andrighi, j. 18.3.14, DJ 26.3.14).

Art. 549: 3. A demanda voltada à invalidação da doação pode ser **ajuizada imediatamente**, mesmo antes do falecimento do doador (JTJ 347/407: AP 321.710-4/6-00).

Art. 549: 3a. "No caso de ação de nulidade de doação inoficiosa, o **prazo prescricional** é vintenário e conta-se a partir do registro do ato jurídico que se pretende anular. Tendo sido proposta a ação mais de vinte anos do registro das doações, é de ser reconhecida a prescrição da pretensão autoral" (STJ-3ª T., REsp 1.049.078, Min. Ricardo Cueva, j. 18 12.12, DJ 1.3.13). No mesmo sentido: STJ-4ª T., Ag em REsp 332.566-AgRg, Min. Isabel Gallotti, j. 16.9.14, DJ 24.9.14.

"A transferência da totalidade de bens do pai da recorrida para a ex-cônjuge em partilha e para a filha do casal, sem observância da reserva da legítima e em detrimento dos direitos da recorrida caracterizam doação inoficiosa. Aplica-se às pretensões declaratórias de nulidade de doações inoficiosas o prazo prescricional decenal do CC/02, ante a inexistência de previsão legal específica" (STJ-3ª T., REsp 1.321.998, Min. Nancy Andrighi, j. 7.8.14, DJ 20.8.14).

Art. 549: 3b. Considerando para a aferição da validade da doação o **patrimônio existente no momento do próprio ato de liberalidade:** STJ-2ª Seção, AR 3.493, Min. Luis Felipe, j. 12.12.12, maioria, DJ 6.6.13.

Art. 549: 3c. "Doação anterior, feita a herdeiros legítimos, deve ser computada como efetivo patrimônio do doador para efeitos de aferição de possível invasão da legítima, em **nova doação,** sob pena de se beneficiarem, os primeiros donatários, para além da primazia que já tiveram" (STJ-3ª T., REsp 1.642.059, Min. Nancy Andrighi, j. 15.12.16, DJ 10.2.17).

Art. 549: 4. "Para que se reconheça a invasão das legítimas em decorrência de eventual doação promovida pelo *de cujus*, seria necessária a prova do patrimônio total do doador, em comparação com o bem doado. Entretanto, numa hipótese em que o pai dos recorrentes falece sem deixar patrimônio algum, naturalmente essa prova pode ser dispensada. Não há duvida da ocorrência de doações inoficiosas. Se a viúva jamais acumulara capital para adquirir bens imóveis até o momento em que se uniu ao *de cujus*, não é razoável supor que ela tivesse passado a ter condições de acumular vultoso patrimônio, por esforço próprio, após a união. Do mesmo modo, se o *de cujus* sempre adquiriu bens, conforme sugere o fato de ele ter atravessado duas separações com partilhas disputadas, também não é razoável pensar que ele deixou de ter possibilidade de comprar qualquer coisa depois de se unir à ré. Deve-se, portanto, reconhecer que os bens controvertidos foram adquiridos pelo *de cujus* e concomitantemente doados à viúva. Há, portanto, doação inoficiosa de 50% do patrimônio total" (STJ-3ª T., REsp 918.643, Min. Nancy Andrighi, j. 26.4.11, maioria, DJ 13.5.11).

Art. 549: 5. "Anulação de doação. Doação do único bem imóvel aos filhos do segundo casamento. Preterição dos demais herdeiros necessários. Sentença de parcial procedência para tornar nula a doação quanto à parte que excedeu ao que o doador podia dispor no momento da liberalidade, nos termos dos arts. 1.176 e 1.576 do Código Civil de 1916. Recurso dos réus. Alegação de que não agiram de má-fé ao aceitarem a doação do imóvel. Irrelevância. Elemento subjetivo que não interfere na validade ou invalidade do ato, sendo suficiente a prova do excesso no momento da liberalidade" (JTJ 348/435: AP 994.05.057110-4).

Art. 549: 6. "A caracterização de doação inoficiosa é vício que, se não invalida o negócio jurídico originário — doação —, impõe ao **donatário-herdeiro** obrigação protraída no tempo: de, à época do óbito do doador, trazer o patrimônio à colação, para igualar as legítimas, caso não seja herdeiro necessário único, no grau em que figura. A busca da invalidade da doação, ante o preterimento dos herdeiros nascidos do segundo relacionamento do *de cujus*, somente é cabível se, e na medida em que, seja constatado um indevido avanço da munificência sobre a legítima, fato aferido no momento do negócio jurídico. O sobejo patrimonial do *de cujus* é o objeto da herança, apenas devendo a fração correspondente ao adiantamento da legítima, *in casu*, já embutido na doação aos dois primeiros descendentes, ser equalizado com o direito à legítima dos herdeiros não contemplados na doação, para assegurar a esses outros, a respectiva quota da legítima, e ainda, às respectivas participações em eventuais sobras patrimoniais" (STJ-3ª T., REsp 1.198.168, Min. Nancy Andrighi, j. 6.8.13, DJ 22.8.13).

"O ato de liberalidade do falecido de doar todos os seus bens aos filhos que possuía com a esposa, preterindo a filha, fruto de outro relacionamento, torna inoficiosa (nula) a doação no tocante ao que excede a parte disponível do patrimônio mais as respectivas frações da legítima, porque caracterizado o indevido avanço da munificência sobre a legítima da herdeira preterida" (STJ-3ª T., REsp 1.361.983, Min. Nancy Andrighi, j. 18.3.14, DJ 26.3.14).

Art. 549: 7. "O ato de disposição patrimonial representado pela renúncia/cessão gratuita da meação em favor da sua ex-mulher equipara-se à doação, considerando-se inoficiosa a parte que exceder a quota disponível. O fato de a renúncia/cessão ter por contrapartida o usufruto vitalício sobre a totalidade dos bens partilháveis não prejudica essa equiparação. Não se pode analisar o ato sob a ótica dos efeitos produzidos na esfera jurídica do renunciante/cedente, mas à luz dos resultados gerados na esfera jurídica dos herdeiros necessários, que são as pessoas efetivamente tuteladas pelos arts. 1.176, 1.576 e 1.721 do CC/16 (arts. 549, 1.789 e 1.846 do CC/02). Nesse aspecto, o fato de o renunciante/cedente permanecer com o usufruto vitalício sobre a totalidade dos bens partilhados em nada altera o prejuízo causado aos herdeiros necessários que, de qualquer forma, se verão privados dos bens que deveriam compor a parte indisponível da herança" (STJ-3ª T., REsp 1.217.154, Min. Nancy Andrighi, j. 15.5.14, DJ 22.5.14).

Art. 549: 8. "A **doação remuneratória,** caracterizada pela existência de uma recompensa dada pelo doador pelo serviço prestado pelo donatário e que, embora quantificável pecuniariamente, não é juridicamente exigível, deve respeitar os limites impostos pelo legislador aos atos de disposição de patrimônio do doador, de modo que, sob esse pretexto, não se pode admitir a doação universal de bens sem resguardo do mínimo existencial do doador, nem tampouco a doação inoficiosa em prejuízo à legítima dos herdeiros necessários sem a indispensável autorização desses, inexistente na hipótese em exame" (STJ-3ª T., REsp 1.708.951, Min. Nancy Andrighi, j. 14.5.19, DJ 16.5.19).

Art. 550. A doação do cônjuge adúltero ao seu cúmplice[1] pode ser anulada pelo outro cônjuge, ou por seus herdeiros necessários, até dois anos depois de dissolvida a sociedade conjugal.[2] [Dispositivo correspondente no CC/1916: art. 1.177.]

Art. 550: 1. "As doações feitas por homem casado à sua companheira, após a separação de fato de sua esposa, são válidas, porque, nesse momento, o concubinato anterior dá lugar à união estável; *a contrario sensu*, as doações feitas antes disso são nulas" (STJ-RDDP 78/148: 3ª T., REsp 408.296).

Art. 550: 2. v. art. 1.642-V.

Art. 551. Salvo declaração em contrário, a doação em comum a mais de uma pessoa entende-se distribuída entre elas por igual.[1] [Dispositivo correspondente no CC/1916: art. 1.178-*caput*.]

Parágrafo único. Se os donatários, em tal caso, forem marido e mulher, subsistirá na totalidade a doação para o cônjuge sobrevivo.[1a a 3] [Dispositivo correspondente no CC/1916: art. 1.178 § ún.]

Art. 551: 1. s/ obrigação divisível, v. art. 257.

✎ **Art. 551: 1a.** "Doação conjuntiva a cônjuges", por Leonardo Brandelli (RF 399/501).

Art. 551: 2. Com isso, a parte da doação destinada ao cônjuge falecido não entrará no acervo hereditário.

Art. 551: 3. "A aplicação do art. 1.178, § ún., do CC (*art. 551, § ún., do CC em vigor*), no sentido de subsistir a doação em relação ao cônjuge supérstite, condiciona-se ao fato de terem figurado como donatários marido e mulher. No contrato de doação, se apenas o marido figura como donatário, ocorrendo a morte deste, eventual benefício à mulher somente se configurará se o regime de bens, estabelecido no matrimônio, permitir" (STJ-3ª T., REsp 324.593, Min. Nancy Andrighi, j. 16.9.03, DJ 1.12.03).

Art. 552. O doador não é obrigado a pagar juros moratórios,[1] nem é sujeito às consequências da evicção[2] ou do vício redibitório.[3] Nas doações para casamento com certa e determinada pessoa,[4] o doador ficará sujeito à evicção, salvo convenção em contrário. [Dispositivo correspondente no CC/1916: art. 1.179.]

Art. 552: 1. v. arts. 406 e 407.

Art. 552: 2. v. arts. 447 a 457.

Art. 552: 3. v. arts. 441 a 446. Na doação com encargo, a existência de vício ou defeito oculto autoriza a redibição do contrato (art. 441 § ún.).

Art. 552: 4. v. arts. 546 e 564-IV.

Art. 553. O donatário é obrigado a cumprir os encargos da doação,[1-2] caso forem a benefício do doador, de terceiro,[3] ou do interesse geral. [Dispositivo correspondente no CC/1916: art. 1.180-*caput*.]

Parágrafo único. Se desta última espécie for o encargo, o Ministério Público poderá exigir sua execução, depois da morte do doador, se este não tiver feito. [Dispositivo correspondente no CC/1916: art. 1.180 § ún.]

Art. 553: 1. v. arts. 136 (encargo), 137 (encargo ilícito ou impossível).

Art. 553: 2. s/ revogação da doação, v. arts. 555 a 564.

Art. 553: 3. s/ estipulação em favor de terceiro, v. arts. 436 a 438.

Art. 554. A doação a entidade futura caducará se, em dois anos, esta não estiver constituída regularmente.[1] [Sem dispositivo correspondente no CC/1916.]

Art. 554: 1. s/ início da existência legal das pessoas jurídicas de direito privado, v. art. 45.

Seção II | DA REVOGAÇÃO DA DOAÇÃO

Art. 555. A doação pode ser revogada por ingratidão[1] do donatário, ou por inexecução do encargo.[2] [Dispositivo correspondente no CC/1916: art. 1.181-*caput* e § ún.]

Art. 555: 1. v. art. 557. V. tb. art. 538, nota 4.

Art. 555: 2. v. arts. 553 e 562.

Art. 556. Não se pode renunciar antecipadamente o direito de revogar a liberalidade por ingratidão do donatário. [Dispositivo correspondente no CC/1916: art. 1.182.]

Art. 557. Podem ser revogadas por ingratidão as doações:[1 a 2a] [Dispositivo correspondente no CC/1916: art. 1.183-*caput*.]

I — se o donatário atentou contra a vida do doador ou cometeu crime de homicídio doloso contra ele;[3] [Dispositivo correspondente no CC/1916: art. 1.183-I.]

II — se cometeu contra ele ofensa física; [Dispositivo correspondente no CC/1916: art. 1.183-II.]

III — se o injuriou gravemente[3a] ou o caluniou; [Dispositivo correspondente no CC/1916: art. 1.183-III.]

IV — se, podendo ministrá-los, recusou ao doador os alimentos de que este necessitava.[4] [Dispositivo correspondente no CC/1916: art. 1.183-IV.]

Art. 557: 1. cf. arts. 1.814 a 1.818 (excluídos da sucessão) e 1.961 a 1.965 (deserdação).

Art. 557: 1a. Enunciado 33 do CEJ: "O novo Código Civil estabeleceu um novo sistema para revogação da doação por ingratidão, pois o rol legal previsto no art. 557 deixou de ser taxativo, admitindo, excepcionalmente, outras hipóteses".

"Art. 557 do CC/2002. **Rol meramente exemplificativo.** Enunciado 33 do Conselho da Justiça Federal. O conceito jurídico de ingratidão constante do artigo 557 do Código Civil de 2002 é aberto, não se encerrando em molduras tipificadas previamente em lei" (STJ-3ª T., REsp 1.593.857, Min. Ricardo Cueva, j. 14.6.16, DJ 28.6.16).

Art. 557: 2. "Para a revogação da doação por ingratidão, exige-se que os atos praticados, além de graves, revistam-se objetivamente dessa característica. Atos tidos, no sentido pessoal comum da parte, como caracterizadores de ingratidão não se revelam aptos a qualificar-se juridicamente como tais, seja por não serem unilaterais ante a funda dissensão recíproca, seja por não serem dotados da característica de especial gravidade injuriosa" (STJ-3ª T., REsp 1.350.464, Min. Sidnei Beneti, j. 26.2.13, DJ 11.3.13). No mesmo sentido: STJ-4ª T., Ag em REsp 285.058-AgRg, Min. Luis Felipe, j. 4.6.13, DJ 18.6.13.

Art. 557: 2a. "Não estando presentes as hipóteses de fato do art. 557 do CC, descabe a revogação das doações efetuadas pela autora, porquanto descaracterizada a alegada ingratidão. Tampouco o alegado erro quanto à pessoa dá ensejo à invalidação das doações. Isso porque, nos termos do art. 138 do diploma legal já mencionado, somente o erro escusável configura defeito do negócio jurídico. Na hipótese dos autos, o erro apontado poderia ser facilmente percebido pela autora, a qual, de considerável condição cultural e econômica, decidiu, voluntariamente, presentear o réu, com quem teve relacionamento amoroso de comprometimento mútuo duvidoso, mormente porque iniciado por meios virtuais, circunstância que, sabidamente, exige maiores cuidados nas relações pessoais" (RJTJERGS 268/138: AP 70021055660).

S/ anulação de doação em contemplação de casamento futuro, v. art. 546, nota 2.

Art. 557: 3. v. art. 561.

Art. 557: 3a. "A **injúria** a que se refere o dispositivo envolve o campo da moral, revelada por meio de tratamento inadequado, tais como o descaso, a indiferença e a omissão de socorro às necessidades elementares do doador, situações suficientemente aptas a provocar a revogação do ato unilateral em virtude da ingratidão dos donatários" (STJ-3ª T., REsp 1.593.857, Min. Ricardo Cueva, j. 14.6.16, DJ 28.6.16).

Art. 557: 4. "A ingratidão do donatário nem sempre é caracterizada pelo simples descaso com a situação de penúria daquele que lhe doou bem imóvel, mas, sim, pelo completo desinteresse com as adversidades da crise econômica que abate o ex-benfeitor e que culmina com a negativa de prestar-lhe alimentos para uma sobrevida digna, embora pudesse fazê-lo sem sacrifício pessoal. Revogação necessária" (RMDCPC 37/135: TJSP, AP 994.09.317.539-0).

Art. 558. Pode ocorrer também a revogação quando o ofendido, nos casos do artigo anterior, for o cônjuge, ascendente, descendente, ainda que adotivo, ou irmão do doador. [Sem dispositivo correspondente no CC/1916.]

Art. 559. A revogação por qualquer desses motivos deverá ser pleiteada dentro de um ano, a contar de quando chegue ao conhecimento do doador o fato que a autorizar, e de ter sido o donatário o seu autor.[1] [Dispositivo correspondente no CC/1916: art. 1.184.]

Art. 559: 1. Esse prazo "apenas se refere à hipótese em que houver ingratidão do donatário, não abrangendo os casos em que a revogação é lastreada na inexecução do encargo" (RJM 176-177/277).

Art. 560. O direito de revogar a doação não se transmite aos herdeiros do doador, nem prejudica os do donatário. Mas aqueles podem prosseguir na ação iniciada pelo doador, continuando-a contra os herdeiros do donatário, se este falecer depois de ajuizada a lide. [Dispositivo correspondente no CC/1916: art. 1.185.]

Art. 561. No caso de homicídio doloso do doador, a ação caberá aos seus herdeiros, exceto se aquele houver perdoado. [Sem dispositivo correspondente no CC/1916.]

Art. 562. A doação onerosa pode ser revogada por inexecução do encargo, se o donatário incorrer em mora. Não havendo prazo para o cumprimento, o doador poderá notificar judicialmente[1-1a] o donatário, assinando-lhe prazo razoável para que cumpra a obrigação assumida.[2-3] [Dispositivo correspondente no CC/1916: art. 1.181 § ún.]

Art. 562: 1. v. CPC 726 a 729.

Art. 562: 1a. "Doação com encargo. Revogação. Constituição em mora do donatário. **Notificação extrajudicial. Suficiência.** Não previsto prazo determinado para o cumprimento da contraprestação, o doador, mediante notificação judicial ou extrajudicial, na forma do art. 397 do CCB, pode constituir em mora o donatário, fixando-lhe prazo para a execução do encargo, e, restando este inerte, ter-se-á por revogada a doação" (STJ-3ª T., REsp 1.622.377, Min. Paulo Sanseverino, j. 11.12.18, DJ 14.12.18).

Art. 562: 2. v. arts. 553 e 555.

Art. 562: 3. s/ obrigações negativas, v. art. 390; s/ obrigações positivas, v. art. 397.

Art. 563. A revogação por ingratidão não prejudica os direitos adquiridos por terceiros, nem obriga o donatário a restituir os frutos percebidos antes da citação válida; mas sujeita-o a pagar os posteriores, e, quando não possa restituir em espécie as coisas doadas, a indenizá-la[1] pelo meio-termo do seu valor. [Dispositivo correspondente no CC/1916: art. 1.186.]

Art. 563: 1. *sic*; deve ser "indenizá-las".

Art. 564. Não se revogam por ingratidão: [Dispositivo correspondente no CC/1916: art. 1.187-*caput*.]

I — as doações puramente remuneratórias;[1] [Dispositivo correspondente no CC/1916: art. 1.187-I.]

II — as oneradas com encargo[2] já cumprido; [Dispositivo correspondente no CC/1916: art. 1.187-II.]

III — as que se fizerem em cumprimento de obrigação natural;[3] [Dispositivo correspondente no CC/1916: art. 1.187-III.]

IV — as feitas para determinado casamento.[4-4a] [Dispositivo correspondente no CC/1916: art. 1.187-IV.]

Art. 564: 1. v. art. 540.

Art. 564: 2. v. art. 540, nota 1.

Art. 564: 3. v. arts. 814-*caput* e 882.

Art. 564: 4. v. arts. 546 e 1.647 § ún.

Art. 564: 4a. A fim de que sejam preservados os direitos do cônjuge inocente e dos seus futuros filhos.

Capítulo V | DA LOCAÇÃO DE COISAS[1-2]

CAP. V: 1. v. Lei 8.245, de 18.10.91, no tít. LOCAÇÃO.

CAP. V: 2. Disposição transitória: "Art. 2.036. A locação do prédio urbano, que esteja sujeita à lei especial, por esta continua a ser regida".

Art. 565. Na locação de coisas, uma das partes se obriga a ceder à outra, por tempo determinado ou não, o uso e gozo de coisa não fungível,[1] mediante certa retribuição.[2] [Dispositivo correspondente no CC/1916: art. 1.188.]

Art. 565: 1. v. art. 85.

Art. 565: 2. Em matéria de falência, v. LRF 119-VII, 192 § 5º e 199 §§ 1º e 3º.

V. tb. Dec. lei 9.760, de 5.9.46, arts. 64 § 1º e 86 a 98 (locação de bens imóveis da União); Lei 8.494, de 23.11.92 (reajuste dos contratos de locação residencial); Lei 9.514, de 20.11.97, art. 27 § 7º, no tít. ALIENAÇÃO FIDUCIÁRIA (alienação fiduciária e locação).

Art. 566. O locador é obrigado:[1] [Dispositivo correspondente no CC/1916: art. 1.189-*caput*.]

I — a entregar ao locatário a coisa alugada, com suas pertenças, em estado de servir ao uso a que se destina,[2] e a mantê-la nesse estado, pelo tempo do contrato, salvo cláusula expressa em contrário; [Dispositivo correspondente no CC/1916: art. 1.189-I.]

II — a garantir-lhe, durante o tempo do contrato, o uso pacífico da coisa.[3] [Dispositivo correspondente no CC/1916: art. 1.189-II.]

Art. 566: 1. Súmula 492 do STF (Locadora de veículos): "A empresa locadora de veículos responde, civil e solidariamente com o locatário, pelos danos por este causados a terceiro, no uso do carro locado".

Art. 566: 2. v. LI 22-I.

Art. 566: 3. v. art. 568 e LI 22-II.

Art. 567. Se, durante a locação, se deteriorar a coisa alugada, sem culpa do locatário, a este caberá pedir redução proporcional do aluguel, ou resolver o contrato, caso já não sirva a coisa para o fim a que se destinava.[1] [Dispositivo correspondente no CC/1916: art. 1.190.]

Art. 567: 1. v. LI 26.

Art. 568. O locador resguardará o locatário dos embaraços e turbações de terceiros, que tenham ou pretendam ter direitos sobre a coisa alugada,[1] e responderá pelos seus vícios, ou defeitos, anteriores à locação.[2] [Dispositivo correspondente no CC/1916: art. 1.191.]

Art. 568: 1. v. arts. 447 a 457, 566-II e 569-III.

Art. 568: 2. v. arts. 441 a 446 e LI 22-IV.

Art. 569. O locatário é obrigado: [Dispositivo correspondente no CC/1916: art. 1.192-*caput*.]

I — a servir-se da coisa alugada para os usos convencionados ou presumidos, conforme a natureza dela e as circunstâncias, bem como tratá-la com o mesmo cuidado como se sua fosse;[1] [Dispositivo correspondente no CC/1916: art. 1.192-I.]

II — a pagar pontualmente o aluguel nos prazos ajustados, e, em falta de ajuste, segundo o costume do lugar;[2] [Dispositivo correspondente no CC/1916: art. 1.192-II.]

III — a levar ao conhecimento do locador as turbações de terceiros, que se pretendam fundadas em direito;[3] [Dispositivo correspondente no CC/1916: art. 1.192-III.]

IV — a restituir a coisa, finda a locação, no estado em que a recebeu, salvas as deteriorações naturais ao uso regular.[4] [Dispositivo correspondente no CC/1916: art. 1.192-IV.]

Art. 569: 1. v. art. 570 e LI 23-II.

Art. 569: 2. v. LI 23-I. V. tb. art. 206 § 3º-I (prescrição da pretensão relativa a aluguéis de prédios urbanos ou rústicos).

Art. 569: 3. v. LI 23-IV.

Art. 569: 4. v. LI 23-III. V. tb. arts. 575 e 578.

Art. 570. Se o locatário empregar a coisa em uso diverso do ajustado,[1] ou do a que se destina, ou se ela se danificar por abuso do locatário, poderá o locador, além de rescindir o contrato, exigir perdas e danos.[2] [Dispositivo correspondente no CC/1916: art. 1.193-*caput*.]

Art. 570: 1. v. art. 569-I e IV.

Art. 570: 2. v. arts. 402 a 405.

Art. 571. Havendo prazo estipulado à duração do contrato, antes do vencimento não poderá o locador reaver a coisa alugada,[1] senão ressarcindo ao locatário as perdas e danos[2] resultantes, nem o locatário devolvê-la ao locador, senão pagando, proporcionalmente, a multa[3] prevista no contrato. [Dispositivo correspondente no CC/1916: art. 1.193 § ún.]

Parágrafo único. O locatário gozará do direito de retenção,[4] enquanto não for ressarcido. [Sem dispositivo correspondente no CC/1916.]

Art. 571: 1. v. LI 4º.

Art. 571: 2. v. arts. 402 a 405.

Art. 571: 3. v. art. 572 e LI 4º. V. tb. art. 413.

Art. 571: 4. Também no caso do art. 578.

Art. 572. Se a obrigação de pagar o aluguel pelo tempo que faltar[1] constituir indenização excessiva, será facultado ao juiz fixá-la em bases razoáveis.[2] [Sem dispositivo correspondente no CC/1916.]

Art. 572: 1. v. art. 571.

Art. 572: 2. v. arts. 413 e 884. V. tb. LI 4º.

Art. 573. A locação por tempo determinado cessa de pleno direito findo o prazo estipulado, independentemente de notificação ou aviso.[1] [Dispositivo correspondente no CC/1916: art. 1.194.]

Art. 573: 1. v. LI 46-*caput*.

Art. 574. Se, findo o prazo, o locatário continuar na posse da coisa alugada, sem oposição do locador, presumir-se-á prorrogada a locação pelo mesmo aluguel, mas sem prazo determinado.[1] [Dispositivo correspondente no CC/1916: art. 1.195.]

Art. 574: 1. v. LI 46 § 1º e 50.

Art. 575. Se, notificado o locatário,[1] não restituir a coisa, pagará, enquanto a tiver em seu poder, o aluguel que o locador arbitrar, e responderá pelo dano que ela venha a sofrer, embora proveniente de caso fortuito.[1a] [Dispositivo correspondente no CC/1916: art. 1.196.]

Parágrafo único. Se o aluguel arbitrado for manifestamente excessivo, poderá o juiz reduzi-lo, mas tendo sempre em conta o seu caráter de penalidade.[2-2a] [Sem dispositivo correspondente no CC/1916.]

Art. 575: 1. "A notificação a que se refere o art. 1.196 do CC/16 (art. 575 do CC/02) não tem a função de constituir o locatário em mora, tendo em vista o que dispõe o art. 1.194 do CC/16 (art. 573 do CC/2). Ela objetiva, em vez disso, a: (i) que não há a intenção do locador de permitir a prorrogação tácita do contrato por prazo indeterminado (art. 1.195 do CC/16 — art. 574 do CC/2); (ii) fixar a sanção patrimonial decorrente da retenção do bem locado. Na hipótese em que o próprio locatário notifica o locador de que não será renovado o contrato, a primeira função já se encontra preenchida: não é necessário ao locador repetir sua intenção de não prorrogar o contrato se o próprio locatário já o fez. A segunda função, por sua vez, pode se considerar também preenchida pelo fato de que é presumível a ciência, por parte do locatário, do valor das diárias dos automóveis pela tarifa de balcão" (STJ-3ª T., REsp 953.389, Min. Nancy Andrighi, j. 23.2.10, DJ 11.3.10).

Art. 575: 1a. v. art. 393 § ún.

Art. 575: 2. Enunciado 180 do CEJ: "A regra do parágrafo único do art. 575 do novo CC, que autoriza a limitação pelo juiz do aluguel-pena arbitrado pelo locador, aplica-se também ao aluguel arbitrado pelo comodante, autorizado pelo art. 582, 2ª parte, do novo CC".

Art. 575: 2a. v. arts. 413 e 884 a 886.

Art. 576. Se a coisa for alienada durante a locação,[1 a 3] o adquirente não ficará obrigado a respeitar o contrato, se nele não for consignada a cláusula da sua vigência no caso de alienação, e não constar de registro. [Dispositivo correspondente no CC/1916: art. 1.197-*caput*.]

§ 1º O registro a que se refere este artigo será o de Títulos e Documentos do domicílio do locador, quando a coisa for móvel; e será o Registro de Imóveis[4] da respectiva circunscrição, quando imóvel.[4a] [Sem dispositivo correspondente no CC/1916.]

§ 2º Em se tratando de imóvel, e ainda no caso em que o locador não esteja obrigado a respeitar o contrato, não poderá ele despedir o locatário, senão observado o prazo de noventa dias após a notificação. [Dispositivo correspondente no CC/1916: art. 1.197 § ún.]

Art. 576: 1. O locatário e o sublocatário têm preferência para a aquisição (LI 27 e 30).

Art. 576: 2. v. LI 8º.

Art. 576: 3. **Súmula 158 do STF (Benfeitorias feitas pelo locatário):** "Salvo estipulação contratual averbada no registro imobiliário, não responde o adquirente pelas benfeitorias do locatário".

Art. 576: 4. v. LRP 167-I-3.

Art. 576: 4a. **Súmula 442 do STF (Vigência, contra terceiros, da locação):** "A inscrição do contrato de locação no Registro de Imóveis, para a validade da cláusula de vigência contra o adquirente do imóvel, ou perante terceiros, dispensa a transcrição no Registro de Títulos e Documentos".

Art. 577. Morrendo o locador ou o locatário, transfere-se aos seus herdeiros a locação por tempo determinado.[1] [Dispositivo correspondente no CC/1916: art. 1.198.]

Art. 577: 1. v. LI 10.

Art. 578. Salvo disposição em contrário, o locatário goza do direito de retenção,[1] no caso de benfeitorias necessárias, ou no de benfeitorias úteis,[1a] se estas houverem sido feitas com expresso consentimento do locador.[2] [Dispositivo correspondente no CC/1916: art. 1.199.]

Art. 578: 1. Também no caso do art. 571 § ún.

Art. 578: 1a. v. arts. 96 e 1.219.

Art. 578: 2. v. LI 35 e 36.

Capítulo VI | DO EMPRÉSTIMO

Seção I | DO COMODATO

Art. 579. O comodato é o empréstimo[1] gratuito de coisas não fungíveis.[2] Perfaz-se com a tradição[3] do objeto.[4-5] [Dispositivo correspondente no CC/1916: art. 1.248.]

Art. 579: 1. tanto por quem tenha a propriedade quanto por quem tenha apenas a posse da coisa.

Art. 579: 2. v. art. 85.

Art. 579: 3. v. arts. 1.267 e 1.268.

Art. 579: 4. "Não existe obrigação do comodante de reparar defeitos no imóvel ou de entregá-lo ao comodatário a ponto de lhe servir, como acontece na locação, na qual o locador tem o dever de entrega, manutenção e garantia do bem"; salvo má-fé, caracterizada, por exemplo, na ocultação de vício da coisa emprestada (RJM 174/193).

Art. 579: 5. "A atribuição de encargo ao comodatário, consistente na construção de casa de alvenaria, a fim de evitar a 'favelização' do local, não desnatura o contrato de comodato modal" (STJ-3ª T., REsp 1.316.895, Min. Ricardo Cueva, j. 11.6.13, maioria, DJ 1.7.13).

Art. 580. Os tutores, curadores e em geral todos os administradores de bens alheios não poderão dar em comodato, sem autorização especial, os bens confiados à sua guarda.[1] [Dispositivo correspondente no CC/1916: art. 1.249.]

Art. 580: 1. s/ vedação aos curadores e tutores de comprar bens confiados à sua guarda ou administração, v. art. 497-I; s/ proibição de dispor gratuitamente dos bens do menor, v. art. 1.749-II; s/ aplicação à curatela das regras a respeito do exercício da tutela, v. art. 1.781.

Art. 581. Se o comodato não tiver prazo convencional, presumir-se-lhe-á o necessário para o uso concedido; não podendo o comodante, salvo necessidade imprevista e urgente, reconhecida pelo juiz, suspender o uso e gozo da coisa emprestada, antes de findo o prazo convencional, ou o que se determine pelo uso outorgado.[1] [Dispositivo correspondente no CC/1916: art. 1.250.]

Art. 581: 1. "Dado em comodato o imóvel, mediante contrato verbal, onde, evidentemente, não há prazo assinalado, bastante à desocupação a notificação ao comodatário da pretensão do comodante, não se lhe exigindo prova de necessidade imprevista e urgente do bem" (STJ-4ª T., REsp 605.137, Min. Aldir Passarinho Jr., j. 18.5.04, DJU 23.8.04). No mesmo sentido: STJ-3ª T., REsp 1.136.200-AgRg, Min. Sidnei Beneti, j. 28.6.11, DJ 1.7.11; RT 879/236 (TJSP, AP 182.275-4/8-00).

Art. 582. O comodatário é obrigado a conservar, como se sua própria fora, a coisa emprestada, não podendo usá-la senão de acordo com o contrato ou a natureza dela, sob pena de responder por perdas e danos.[1] O comodatário constituído em mora, além de por ela responder,[1a] pagará, até restituí-la, o aluguel da coisa que for arbitrado pelo comodante.[2-3] [Dispositivos correspondentes no CC/1916: arts. 1.251 e 1.252.]

Art. 582: 1. v. arts. 402 a 405.

Art. 582: 1a. v. art. 395.

Art. 582: 2. **Enunciado 180 do CEJ:** "A regra do parágrafo único do art. 575 do novo CC, que autoriza a limitação pelo juiz do aluguel-pena arbitrado pelo locador, aplica-se também ao aluguel arbitrado pelo comodante, autorizado pelo art. 582, 2ª parte, do novo CC".

Art. 582: 3. "Nos contratos de comodato com prazo determinado, a mora se constitui de pleno direito no dia do vencimento da obrigação de restituição da coisa. O **aluguel decorrente da mora,** em casos tais, é exigível independentemente de ter sido objeto de prévia estipulação contratual, sendo perfeitamente possível seu arbitramento posterior, pelo comodante, na via judicial ou até mesmo por notificação extrajudicial do comodatário. O arbitramento do aluguel, em todo caso, deve ser feito com razoabilidade e observância ao princípio da boa-fé objetiva, de modo a se evitar eventual abuso de direito ou indevido enriquecimento sem causa do comodante" (STJ-3ª T., REsp 1.188.315, Min. Ricardo Cueva, j. 5.8.14, DJ 18.8.14).

"Constituído em mora o comodatário para a restituição do imóvel emprestado, fica ele obrigado ao pagamento de aluguel arbitrado unilateralmente pelo comodante. O arbitramento, embora não deva respeito à média do mercado locativo, deve ser feito com razoabilidade, respeitando o princípio da boa-fé objetiva, para evitar a ocorrência de abuso de direito e do enriquecimento sem causa do comodante. Razoável o arbitramento do aluguel pelo comodante em valor inferior ao dobro da média do mercado locativo" (STJ-3ª T., REsp 1.175.848, Min. Paulo Sanseverino, j. 18.9.12, DJ 26.9.12). Do voto do relator, com apoio em lição doutrinária sua: "O montante arbitrado poderá ser superior ao valor de mercado do aluguel locatício, pois a sua finalidade não é transmudar o comodato em locação, mas coagir o comodatário a restituir o mais rapidamente possível a coisa emprestada. Entretanto, se esse arbitramento ocorrer em valor exagerado, poderá ser objeto de controle judicial".

"Constituído em mora, sujeita-se o comodatário ao pagamento de aluguel arbitrado unilateralmente pelo comodante, nos termos do art. 582 do CC/02, ainda que a obrigação principal de restituição da coisa seja posteriormente convertida em perdas e danos, devido ao extravio dos bens objeto do contrato. Nessa hipótese, o aluguel é exigível pelo período compreendido entre a constituição do comodatário em mora e o efetivo adimplemento da indenização" (STJ-3ª T., REsp 1.662.045, Min. Nancy Andrighi, j. 12.9.17, DJ 14.9.17).

Art. 583. Se, correndo risco o objeto do comodato juntamente com outros do comodatário, antepuser este a salvação dos seus abandonando o do comodante, responderá pelo dano ocorrido, ainda que se possa atribuir a caso fortuito, ou força maior.[1] [Dispositivo correspondente no CC/1916: art. 1.253.]

Art. 583: 1. v. art. 393 § ún. (conceito de caso fortuito).

Art. 584. O comodatário não poderá jamais recobrar do comodante as despesas feitas com o uso e gozo da coisa emprestada.[1] [Dispositivo correspondente no CC/1916: art. 1.254.]

Art. 584: 1. i. e., com as despesas ordinárias. Já as despesas extraordinárias e urgentes devem ser ressarcidas e geram, inclusive, direito de retenção.

Art. 585. Se duas ou mais pessoas forem simultaneamente comodatárias de uma coisa, ficarão solidariamente[1] responsáveis para com o comodante. [Dispositivo correspondente no CC/1916: art. 1.255.]

Art. 585: 1. v. arts. 275 a 285.

Seção II | DO MÚTUO[1]

SEÇ. II: 1. "Tradição e contrato de mútuo, de conta-corrente e de compra e venda", por Álvaro Villaça Azevedo (RF 392/3).

Art. 586. O mútuo[1 a 3] é o empréstimo de coisas fungíveis.[4] O mutuário é obrigado a restituir ao mutuante o que dele recebeu em coisa do mesmo gênero, qualidade e quantidade. [Dispositivo correspondente no CC/1916: art. 1.256.]

Art. 586: 1. v., no tít. MÚTUO, Dec. 22.626, de 7.4.33 ("Lei da Usura").

Art. 586: 2. s/ depósito de coisas fungíveis, v. art. 645.

Art. 586: 3. **Súmula 26 do STJ (Responsabilidade do avalista):** "O avalista do título de crédito vinculado a contrato de mútuo também responde pelas obrigações pactuadas, quando no contrato figurar como devedor solidário" (v. jurisprudência s/ esta Súmula em RSTJ 33/109 a 142).

Súmula 60 do STJ (Procurador do mutuário vinculado ao mutuante): "É nula a obrigação cambial assumida por procurador do mutuário vinculado ao mutuante, no exclusivo interesse deste" (v. jurisprudência s/ esta Súmula em RSTJ 44/17 a 79).

Súmula 176 do STJ (Taxa ANBID-CETIP): "É nula a cláusula contratual que sujeita o devedor à taxa de juros divulgada pela ANBID-CETIP" (v. jurisprudência s/ esta Súmula em RSTJ 91/235).

Art. 586: 4. v. art. 85.

Art. 587. Este empréstimo transfere o domínio da coisa emprestada ao mutuário, por cuja conta correm todos os riscos dela desde a tradição.[1-2] [Dispositivo correspondente no CC/1916: art. 1.257.]

Art. 587: 1. O mútuo é o chamado empréstimo de consumo, em que se presume a destruição do bem emprestado. Por isso há a transferência do domínio do bem mutuado desde a tradição, momento a partir do qual passa a ser do mutuário a responsabilidade pelos riscos de deterioração ou perda do objeto do contrato (aplicação da regra *res perit domino*).

Situação diversa ocorre no comodato, contrato por meio do qual se transfere somente a posse do bem. V. arts. 582 e 583.

Art. 587: 2. s/ riscos da coisa e do preço na compra e venda, v. arts. 492 e 524.

Art. 588. O mútuo feito a pessoa menor,[1] sem prévia autorização daquele sob cuja guarda estiver, não pode ser reavido nem do mutuário, nem de seus fiadores. [Dispositivo correspondente no CC/1916: art. 1.259.]

Art. 588: 1. v. arts. 180, 824 § ún. e 837.

Art. 589. Cessa a disposição do artigo antecedente: [Dispositivo correspondente no CC/1916: art. 1.260-*caput*.]

I — se a pessoa, de cuja autorização necessitava o mutuário para contrair o empréstimo, o ratificar[1] posteriormente; [Dispositivo correspondente no CC/1916: art. 1.260-I.]

II — se o menor, estando ausente essa pessoa, se viu obrigado a contrair o empréstimo para os seus alimentos habituais; [Dispositivo correspondente no CC/1916: art. 1.260-II.]

III — se o menor tiver bens ganhos com o seu trabalho. Mas, em tal caso, a execução do credor não lhes poderá ultrapassar as forças;[2] [Dispositivo correspondente no CC/1916: art. 1.260-III.]

IV — se o empréstimo reverteu em benefício do menor; [Sem dispositivo correspondente no CC/1916.]

V — se o menor obteve o empréstimo maliciosamente.[3] [Sem dispositivo correspondente no CC/1916.]

Art. 589: 1. v. arts. 172 a 175.

Art. 589: 2. v. art. 1.693-II.

Art. 589: 3. v. art. 180.

Art. 590. O mutuante pode exigir garantia da restituição, se antes do vencimento o mutuário sofrer notória mudança em sua situação econômica.[1] [Dispositivo correspondente no CC/1916: art. 1.261.]

Art. 590: 1. s/ direito de cobrança da dívida antes do vencimento do prazo, v. art. 333; exceção de contrato não cumprido, v. art. 476; exceção de inseguridade, v. art. 477.

Art. 591. Destinando-se o mútuo a fins econômicos, presumem-se devidos juros,[1 a 1c] os quais, sob pena de redução, não poderão exceder a taxa a que se refere o art. 406,[2] permitida a capitalização anual.[2a a 3] [Dispositivo correspondente no CC/1916: art. 1.262.]

Art. 591: 1. **Súmula 283 do STJ:** "As empresas administradoras de cartão de crédito são instituições financeiras e, por isso, os juros remuneratórios por elas cobrados não sofrem as limitações da Lei de Usura" (v. jurisprudência s/ esta Súmula em RSTJ 177/87).

"Autoriza-se a incidência de capitalização anual dos juros nos contratos de cartão de crédito, na linha da jurisprudência da Corte" (STJ-2ª Seção, ED no REsp 917.570, Min. Nancy Andrighi, j. 28.5.08, um voto vencido, DJU 4.8.08).

Súmula 296 do STJ: "Os juros remuneratórios, não cumuláveis com a comissão de permanência, são devidos no período de inadimplência, à taxa média de mercado estipulada pelo Banco Central do Brasil, limitada ao percentual contratado".

Súmula 382 do STJ: "A estipulação de juros remuneratórios superiores a 12% ao ano, por si só, não indica abusividade".

Enunciado 34 do CEJ: "No novo Código Civil, quaisquer contratos de mútuo destinados a fins econômicos presumem-se onerosos (art. 591), ficando a taxa de juros compensatórios limitada ao disposto no art. 406, com capitalização anual".

Art. 591: 1a. "São **inaplicáveis** aos juros remuneratórios dos contratos de **mútuo bancário** as disposições do art. 591 c/c o art. 406 do CC/02" (STJ-2ª Seção, REsp 1.061.530, Min. Nancy Andrighi, j. 22.10.08, DJ 10.3.09). V. tb. Dec. 22.626, de 7.4.33, art. 1º e notas (no tít. MÚTUO), especialmente **Súmula 596 do STF.**

Os juros remuneratórios dos contratos de mútuo bancário somente podem sofrer limitação quando comprovadamente abusivos. V. CDC 51, nota 7a.

Art. 591: 1b. Liberando os **fundos de investimento em direitos creditórios** das limitações da Lei de Usura: "Como há a captação de poupança popular dos próprios condôminos (cotistas), caracterizando-se como atividade de instituição do mercado financeiro, além da eficiência da engenhosa estrutura a envolver a operação dos FIDCs, presumivelmente o deságio pelos direitos creditórios é menor que nas operações de desconto ou redesconto bancário, razão pela qual é descabido o entendimento de que não se pode cobrar os juros contratuais" (STJ-4ª T., REsp 1.634.958, Min. Luis Felipe, j. 6.8.19, DJ 3.9.19; a citação é do voto do relator).

Art. 591: 1c. "As **empresas de *factoring*** não se enquadram no conceito de instituições financeiras, e por isso os juros remuneratórios estão limitados em 12% ao ano, nos termos da Lei de Usura" (STJ-4ª T., REsp 1.048.341, Min. Aldir Passarinho Jr., j. 10.2.09, DJ 9.3.09).

Art. 591: 2. O art. 406 diz que os juros "serão fixados segundo a taxa que estiver em vigor para a mora do pagamento de impostos devidos à Fazenda Nacional".

A cobrança de juros acima da taxa legal constitui crime contra a economia popular (Lei 1.521, de 26.12.51, art. 4º-*a*, em RT 197/530, Lex 1951/521, RF 139/563, DLF 773).

O art. 1º-I da Med. Prov. 2.172-32, de 23.8.01 (no tít. MÚTUO) determina que o juiz, sob requerimento da parte, ajuste os juros à taxa legal ou, se já tiverem sido pagos, ordene a restituição em dobro do excesso, "com juros legais a contar da data do pagamento indevido".

Art. 591: 2a. s/ capitalização e Sistema Financeiro da Habitação, v. Lei 4.380/64, arts. 15-A e 15-B (no tít. CONTRATOS IMOBILIÁRIOS).

Art. 591: 2b. "A cobrança de juros capitalizados nos contratos de mútuo é permitida quando houver **expressa pactuação**" (STJ-2ª Seção, REsp 1.388.972, Min. Marco Buzzi, j. 8.2.17, DJ 13.3.17).

Art. 591: 3. **Med. Prov. 2.170-36, de 23.8.01: "Art. 5º-*caput*.** Nas operações realizadas pelas instituições integrantes do Sistema Financeiro Nacional, é admissível a capitalização de juros com periodicidade inferior a um ano".

Súmula 539 do STJ: "É permitida a **capitalização de juros com periodicidade inferior à anual** em contratos celebrados com instituições integrantes do Sistema Financeiro Nacional a partir de 31/3/2000 (MP n. 1.963-17/2000, reeditada como MP n. 2.170-36/2001), desde que expressamente pactuada".

Súmula 541 do STJ: "A previsão no contrato bancário de **taxa de juros anual superior ao duodécuplo da mensal** é suficiente para permitir a cobrança da taxa efetiva anual contratada".

"Não é aplicável aos contratos de mútuo bancário a periodicidade da capitalização prevista no art. 591 do CC, prevalecente a regra especial do art. 5º, *caput*, da Med. Prov. 1.963-17/2000 (2.170-36/2001), que admite a incidência mensal" (STJ-RMDECC 19/97: 4ª T., REsp 890.460).

Todavia: "Cédula de crédito bancário. **Capitalização** diária de **juros** remuneratórios. **Taxa diária não informada.** Violação ao dever de informação. **Abusividade.** Necessidade de fornecimento, pela instituição financeira, de informações claras ao consumidor acerca da periodicidade da capitalização dos juros adotada no contrato, e das respectivas taxas. Insuficiência da informação acerca das taxas efetivas mensal e anual, na hipótese em que pactuada capitalização diária, sendo imprescindível, também, informação acerca da taxa diária de juros, a fim de se garantir ao consumidor a possibilidade de controle *a priori* do alcance dos encargos do contrato. Na espécie, abusividade parcial da cláusula contratual na parte em que, apesar de pactuar as taxas efetivas anual e mensal, que ficam mantidas, conforme decidido pelo acórdão recorrido, não dispôs acerca da taxa diária" (STJ-2ª Seção, REsp 1.826.463, Min. Paulo Sanseverino, j. 14.10.20, DJ 29.10.20).

Contra, no sentido da inconstitucionalidade da capitalização mensal dos juros: "O art. 5º, *caput*, da Med. Prov. 2.170-36, de 23.8.01, admite a capitalização de juros com periodicidade inferior a um ano nas operações realizadas pelas instituições integrantes do Sistema Financeiro Nacional, porém, tal artigo foi declarado inconstitucional, *incidenter tantum*, nos autos da Arguição de Inconstitucionalidade 2006.00.2.001774-7, nesta Corte de Justiça" (RT 863/270, maioria). Também reconhecendo incidentalmente essa inconstitucionalidade, mas sem notícia de pronunciamento nesse sentido do órgão especial do próprio tribunal: JTJ 315/491 (EI 7.020.647-6/02, maioria).

Também no sentido da capitalização anual, v. **Enunciado 34 do CEJ** (na nota 1).

Art. 592. Não se tendo convencionado expressamente, o prazo do mútuo será: [Dispositivo correspondente no CC/1916: art. 1.264-*caput*.]

I — até a próxima colheita, se o mútuo for de produtos agrícolas, assim para o consumo, como para semeadura; [Dispositivo correspondente no CC/1916: art. 1.264-I.]

II — de trinta dias, pelo menos, se for de dinheiro;[1] [Dispositivo correspondente no CC/1916: art. 1.264-II.]

III — do espaço de tempo que declarar o mutuante, se for de qualquer outra coisa fungível. [Dispositivo correspondente no CC/1916: art. 1.264-III.]

Art. 592: 1. Este inciso faz exceção ao disposto no art. 331.

Capítulo VII | DA PRESTAÇÃO DE SERVIÇO[1 a 3]

CAP. VII: 1. Se houver relação de emprego, a prestação de serviço vem a ser contrato de trabalho e é regida inteiramente pela CLT, com as ressalvas do art. 7º desta.

CAP. VII: 2. s/ registro do contrato, no Registro de Títulos e Documentos, para surtir efeito em relação a terceiros, v. LRP 129-4º; s/ serviços defeituosos, v. CDC 14 §§ 1º e 2º, 20-*caput*-I e § 2º, 32 e 70; s/ orçamento prévio, v. CDC 39-VI e 40.

CAP. VII: 3. Lei 10.741, de 1.10.03 — Dispõe sobre o Estatuto do Idoso e dá outras providências (v. texto integral no tít. IDOSO): **"Art. 50.** Constituem obrigações das entidades de atendimento: **I** — celebrar contrato escrito de prestação de serviço com o idoso, especificando o tipo de atendimento, as obrigações da entidade e prestações decorrentes do contrato, com os respectivos preços, se for o caso".

Art. 593. A prestação de serviço, que não estiver sujeita às leis trabalhistas ou a lei especial, reger-se-á pelas disposições deste Capítulo.[1] [Sem dispositivo correspondente no CC/1916.]

Art. 593: 1. v. CLT, especialmente arts. 2º e 3º.

Art. 594. Toda a espécie de serviço ou trabalho lícito, material ou imaterial, pode ser contratada mediante retribuição.[1] [Dispositivo correspondente no CC/1916: art. 1.216.]

Art. 594: 1. Lei 9.608, de 18.2.98 — Dispõe sobre o serviço voluntário: **"Art. 1º** (*redação da Lei 13.297, de 16.6.16*) Considera-se serviço voluntário, para os fins desta Lei, a atividade não remunerada prestada por pessoa física a entidade pública de qualquer natureza ou a instituição privada de fins não lucrativos que tenha objetivos cívicos, culturais, educacionais, científicos, recreativos ou de assistência à pessoa. **Parágrafo único.** O serviço voluntário não gera vínculo empregatício, nem obrigação de natureza trabalhista previdenciária ou afim.

"Art. 2º O serviço voluntário será exercido mediante a celebração de termo de adesão entre a entidade, pública ou privada, e o prestador do serviço voluntário, dele devendo constar o objeto e as condições de seu exercício.

"Art. 3º O prestador do serviço voluntário poderá ser ressarcido pelas despesas que comprovadamente realizar no desempenho das atividades voluntárias. Parágrafo único. As despesas a serem ressarcidas deverão estar expressamente autorizadas pela entidade a que for prestado o serviço voluntário".

Art. 595. No contrato de prestação de serviço, quando qualquer das partes não souber ler, nem escrever, o instrumento poderá ser assinado a rogo e subscrito por duas testemunhas. [Dispositivo correspondente no CC/1916: art. 1.217.]

Art. 596. Não se tendo estipulado, nem chegado a acordo as partes, fixar-se-á por arbitramento a retribuição, segundo o costume do lugar, o tempo de serviço e sua qualidade.[1-2] [Dispositivo correspondente no CC/1916: art. 1.218.]

Art. 596: 1. v. tb. art. 606.

Art. 596: 2. Para disposições similares em outros contratos, v. arts. 628 § ún. (depósito), 658 § ún. (mandato), 701 (comissão) e 724 (corretagem).

Art. 597. A retribuição pagar-se-á depois de prestado o serviço, se, por convenção, ou costume, não houver de ser adiantada, ou paga em prestações. [Dispositivo correspondente no CC/1916: art. 1.219.]

Art. 598. A prestação de serviço não se poderá convencionar por mais de quatro anos, embora o contrato tenha por causa o pagamento de dívida de quem o presta, ou se destine à execução de certa e determinada obra. Neste caso, decorridos quatro anos, dar-se-á por findo o contrato, ainda que não concluída a obra.[1] [Dispositivo correspondente no CC/1916: art. 1.220.]

Art. 598: 1. Todavia, o contrato admite renovação.

Art. 599. Não havendo prazo estipulado, nem se podendo inferir da natureza do contrato, ou do costume do lugar, qualquer das partes, a seu arbítrio, mediante prévio aviso,[1] pode resolver o contrato. [Dispositivo correspondente no CC/1916: art. 1.221-*caput*.]

Parágrafo único. Dar-se-á o aviso: [Dispositivo correspondente no CC/1916: art. 1.221 § ún.]

I — com antecedência de oito dias, se o salário se houver fixado por tempo de um mês, ou mais; [Dispositivo correspondente no CC/1916: art. 1.221 § ún.-I.]

II — com antecipação de quatro dias, se o salário se tiver ajustado por semana, ou quinzena; [Dispositivo correspondente no CC/1916: art. 1.221 § ún.-II.]

III — de véspera, quando se tenha contratado por menos de sete dias. [Dispositivo correspondente no CC/1916: art. 1.221 § ún.-III.]

Art. 599: 1. por meio de notificação judicial ou extrajudicial. S/ notificação judicial, v. CPC 726 a 729.

Art. 600. Não se conta no prazo do contrato o tempo em que o prestador de serviço, por culpa sua, deixou de servir.[1] [Dispositivo correspondente no CC/1916: art. 1.223.]

Art. 600: 1. s/ exceção de contrato não cumprido, v. arts. 476 e 477.

Art. 601. Não sendo o prestador de serviço contratado para certo e determinado trabalho, entender-se-á que se obrigou a todo e qualquer serviço compatível com as suas forças e condições. [Dispositivo correspondente no CC/1916: art. 1.224.]

Art. 602. O prestador de serviço contratado por tempo certo, ou por obra determinada, não se pode ausentar, ou despedir, sem justa causa, antes de preenchido o tempo, ou concluída a obra. [Dispositivo correspondente no CC/1916: art. 1.225-*caput*.]

Parágrafo único. Se se despedir sem justa causa, terá direito à retribuição vencida, mas responderá por perdas e danos.[1-1a] O mesmo dar-se-á, se despedido por justa causa.[2] [Dispositivo correspondente no CC/1916: art. 1.225 § ún.]

✎ **Art. 602: 1.** "Rescisão imotivada e indenização de efeito inibitório em contratos de prestação de serviço por tempo determinado no Código Civil de 2002", por Tercio Sampaio Ferraz Jr. (RDPr 44/9).

Art. 602: 1a. v. arts. 402 a 405.

Art. 602: 2. v. art. 603.

Art. 603. Se o prestador de serviço for despedido sem justa causa, a outra parte será obrigada a pagar-lhe por inteiro a retribuição vencida, e por metade a que lhe tocaria de então ao termo legal do contrato.[1-2] [Dispositivo correspondente no CC/1916: art. 1.228.]

✎ **Art. 603: 1.** "Rescisão imotivada e indenização de efeito inibitório em contratos de prestação de serviço por tempo determinado no Código Civil de 2002", por Tercio Sampaio Ferraz Jr. (RDPr 44/9).

Art. 603: 2. Já se o prestador de serviço decide imotivadamente não mais levar o contrato adiante, ele responde integralmente pelos danos emergentes e lucros cessantes daí decorrentes.

Art. 604. Findo o contrato, o prestador de serviço tem direito a exigir da outra parte a declaração[1] de que o contrato está findo. Igual direito lhe cabe, se for despedido sem justa causa, ou se tiver havido motivo justo para deixar o serviço. [Dispositivo correspondente no CC/1916: art. 1.230.]

Art. 604: 1. a qual lhe serve de quitação.

Art. 605. Nem aquele a quem os serviços são prestados, poderá transferir a outrem o direito aos serviços ajustados, nem o prestador de serviços, sem aprazimento da outra parte, dar substituto que os preste.[1] [Dispositivo correspondente no CC/1916 art. 1.232.]

Art. 605: 1. afinal, o contrato de prestação de serviços é de caráter pessoal (*intuitu personae*).

Art. 606. Se o serviço for prestado por quem não possua título de habilitação, ou não satisfaça requisitos outros estabelecidos em lei, não poderá quem os prestou cobrar a retribuição normalmente correspondente ao trabalho executado. Mas se deste resultar benefício para a outra parte, o juiz atribuirá a quem o prestou uma compensação razoável,[1] desde que tenha agido com boa-fé.[2] [Sem dispositivo correspondente no CC/1916.]

Parágrafo único. Não se aplica a segunda parte deste artigo, quando a proibição da prestação de serviço resultar de lei de ordem pública. [Sem dispositivo correspondente no CC/1916.]

Art. 606: 1. em atenção à vedação ao enriquecimento sem causa (arts. 884 a 886).

Art. 606: 2. v. arts. 113, 421 e 422.

Art. 607. O contrato de prestação de serviço acaba[1] com a morte de qualquer das partes. Termina, ainda, pelo escoamento do prazo, pela conclusão da obra, pela rescisão do contrato mediante aviso prévio,[2] por inadimplemento de qualquer das partes[2a] ou pela impossibilidade da continuação do contrato, motivada por força maior.[3] [Dispositivo correspondente no CC/1916: art. 1.233.]

Art. 607: 1. s/ extinção do contrato, v. arts. 472 a 480.

Art. 607: 2. v. art. 599.

Art. 607: 2a. "O art. 607 do CC não impõe a rescisão do contrato de prestação de serviço a partir do inadimplemento de qualquer das partes, mas possibilita ao contratante adimplente sua rescisão unilateral, o que não foi efetuado no presente caso. Se o contrato se manteve hígido, com a agravante usufruindo dos serviços prestados, deve arcar com o seu pagamento" (STJ-4ª T., Ag em REsp 967.440-AgInt, Min. Isabel Gallotti, j. 25.10.16, DJ 4.11.16).

Art. 607: 3. v. art. 393 § ún.

Art. 608. Aquele que aliciar[1-1a] pessoas obrigadas em contrato escrito a prestar serviço a outrem pagará a este a importância que ao prestador de serviço, pelo ajuste desfeito, houvesse de caber durante dois anos.[2] [Dispositivo correspondente no CC/1916: art. 1.235.]

✎ **Art. 608: 1.** "Aliciamento no contrato de prestação de serviços: responsabilidade de terceiro por interferência ilícita em direito pessoal", por Davi Monteiro Diniz (RSDCPC 27/82 e RF 375/27).

Art. 608: 1a. s/ crime de aliciamento, v. CP 206 e 207.

Art. 608: 2. As relações contratuais produzem direitos e obrigações *inter partes* (princípio da relatividade contratual), mas são oponíveis *erga omnes*, de modo que todos devem respeitar as relações jurídicas em curso.

Art. 609. A alienação do prédio agrícola, onde a prestação dos serviços se opera, não importa a rescisão do contrato,[1] salvo ao prestador opção entre continuá-lo com o adquirente da propriedade ou com o primitivo contratante. [Dispositivo correspondente no CC/1916: art. 1.236.]

Art. 609: 1. v. art. 605.

Capítulo VIII | DA EMPREITADA[1]

Cap. VIII: 1. "Da empreitada", por Hamid Charaf Bdine Júnior (RT 858/82); "A aplicação da teoria da imprevisão na empreitada", por Arnoldo Wald (Rev. AASP 98/59); "O contrato de empreitada por preço global e a teoria da imprevisão", por Humberto Theodoro Jr. (RF 416/125, RMDCPC 47/5, RMDECC 43/5).

Art. 610. O empreiteiro de uma obra pode contribuir para ela só com seu trabalho[1] ou com ele e os materiais.[2] [Dispositivo correspondente no CC/1916: art. 1.237.]

§ 1º A obrigação de fornecer os materiais não se presume; resulta da lei ou da vontade das partes. [Sem dispositivo correspondente no CC/1916.]

§ 2º O contrato para elaboração de um projeto não implica a obrigação de executá-lo, ou de fiscalizar-lhe a execução. [Sem dispositivo correspondente no CC/1916.]

Art. 610: 1. v. art. 613.

Art. 610: 2. s/ responsabilidade do proprietário da obra e do empreiteiro por dano causado a terceiro, v. art. 927, nota 10.

Art. 611. Quando o empreiteiro fornece os materiais, correm por sua conta os riscos até o momento da entrega da obra, a contento[1] de quem a encomendou, se este não estiver em mora de receber. Mas se estiver, por sua conta correrão os riscos.[2] [Dispositivo correspondente no CC/1916: art. 1.238.]

Art. 611: 1. v. art. 615-2ª parte.

Art. 611: 2. v. arts. 394 e 400.

Art. 612. Se o empreiteiro só forneceu mão de obra, todos os riscos em que não tiver culpa correrão por conta do dono.[1 a 2] [Dispositivo correspondente no CC/1916: art. 1.239.]

Art. 612: 1. v. art. 613.

Art. 612: 1a. Assim, se o empreiteiro apenas forneceu mão de obra para a construção de uma piscina, ele não responde pelas ulteriores rachaduras, fissuras e deformações decorrentes da inadequação do solo onde ela foi construída, devendo estas ser suportadas pelo dono da obra, que negligentemente deixou de providenciar prévio projeto ou estudo geológico (RT 874/361: TJSC, AP 2008.013332-7).

Art. 612: 2. "Embora somente concorrendo com o serviço, e recebendo do dono da obra os materiais a serem empregados, o engenheiro contratado para elaborar o projeto e fiscalizar a construção é civilmente responsável pelo evento danoso, pois era de seu dever examinar os materiais empregados, tais como os tijolos, e recusá-los se frágeis ou defeituosos. A ocorrência de chuvas excessivas, máxime na região da Serra do Mar, não constitui fato da natureza imprevisível aos construtores de edifícios" (STJ-RT 676/195: 4ª T., REsp 8.410).

Art. 613. Sendo a empreitada unicamente de lavor (art. 610), se a coisa perecer antes de entregue, sem mora[1] do dono nem culpa do empreiteiro, este perderá a retribuição, se não provar que a perda resultou de defeito dos materiais e que em tempo reclamara contra a sua quantidade ou qualidade. [Dispositivo correspondente no CC/1916: art. 1.240.]

Art. 613: 1. s/ mora, v. arts. 394 a 401.

Art. 614. Se a obra constar de partes distintas, ou for de natureza das que se determinam por medida, o empreiteiro terá direito a que também se verifique por medida, ou segundo as partes em que se dividir, podendo exigir o pagamento na proporção da obra executada. [Dispositivo correspondente no CC/1916: art. 1.241-*caput*.]

§ 1º Tudo o que se pagou presume-se verificado.[1] [Dispositivo correspondente no CC/1916: art. 1.241 § ún.]

§ 2º O que se mediu presume-se verificado se, em trinta dias, a contar da medição, não forem denunciados os vícios ou defeitos pelo dono da obra ou por quem estiver incumbido da sua fiscalização. [Sem dispositivo correspondente no CC/1916.]

Art. 614: 1. "Demonstrado que o contrato de empreitada foi realizado com etapas, ou seja, por preço unitário, o termo de recebimento e entrega definitivo da obra é desnecessário para comprovar a execução dos serviços, devendo haver o pagamento dos valores ajustados no contrato sob pena de enriquecimento ilícito do Estado" (STJ-1ª T., REsp 687.774, Min. Francisco Falcão, j. 16.6.05, DJU 27.6.05).

Art. 615. Concluída a obra de acordo com o ajuste, ou o costume do lugar, o dono é obrigado a recebê-la. Poderá, porém, rejeitá-la, se o empreiteiro se afastou das instruções recebidas e dos planos dados, ou das regras técnicas em trabalhos de tal natureza.[1] [Dispositivo correspondente no CC/1916: art. 1.242.]

Art. 615: 1. s/ vícios redibitórios, v. art. 441; exceção de contrato não cumprido, v. art. 476.

Art. 616. No caso da segunda parte do artigo antecedente, pode quem encomendou a obra, em vez de enjeitá-la, recebê-la com abatimento no preço.[1] [Dispositivo correspondente no CC/1916: art. 1.243.]

Art. 616: 1. s/ abatimento no preço por vício redibitório, v. art. 442.

Art. 617. O empreiteiro é obrigado a pagar os materiais que recebeu, se por imperícia ou negligência os inutilizar.[1] [Dispositivo correspondente no CC/1916: art. 1.244.]

Art. 617: 1. s/ ato ilícito, v. art. 186; s/ responsabilidade civil subjetiva, v. art. 927.

Art. 618. Nos contratos de empreitada de edifícios ou outras construções consideráveis, o empreiteiro de materiais e execução responderá, durante o prazo irredutível de cinco anos, pela solidez e segurança do trabalho, assim em razão dos materiais, como do solo.[1 a 2c] [Dispositivo correspondente no CC/1916: art. 1.245.]

Parágrafo único. Decairá do direito assegurado neste artigo o dono da obra que não propuser a ação contra o empreiteiro, nos cento e oitenta dias seguintes ao aparecimento do vício ou defeito.[3-4] [Sem dispositivo correspondente no CC/1916.]

✎ **Art. 618: 1.** "Responsabilidade civil do empreiteiro: natureza normativa do artigo 618 do Código Civil; prazo de garantia", por Álvaro Villaça Azevedo (RMDCPC 4/33).

Art. 618: 2. v. tb. arts. 622, 937 e 1.280.

Art. 618: 2a. Esse **prazo de 5 anos é de garantia** e não propriamente de prescrição ou decadência (STJ-4ª T., REsp 215.832, Min. Sálvio de Figueiredo, j. 6.3.03, DJU 7.4.03; STJ-2ª T., Ag em REsp 1.191.201-EDcl-AgInt, Min. Francisco Falcão, j. 14.5.19, DJ 21.5.19; JTJ 345/43: AI 670.464-4/3-00; JTJ 348/173: AI 994.09.326459-6). Todavia, há prazo decadencial para a preservação da garantia: 180 dias (§ ún.).

Isso não interfere na pretensão indenizatória deduzida em face do empreiteiro com fundamento diverso da garantia, que se sujeita, em regra, ao prazo prescricional decenal (art. 205). V. tb. CDC 26, nota 1.

Súmula 194 do STJ: "Prescreve em vinte anos a ação para obter, do construtor, indenização por defeitos da obra" (v. jurisprudência s/ essa Súmula em RSTJ 101/305).

"Enquanto a responsabilização do construtor pelo art. 1.245 do CC/16 é objetiva, visando, conforme relembra Sergio Cavalieri Filho (Programa de responsabilidade civil. 7. ed. São Paulo: Atlas, 2007, p. 341), a resguardar os interesses de toda a coletividade, o regime de responsabilidade do art. 1.056 do CC/16, que não visa a resguardar mais do que os interesses do dono da obra, exige a demonstração do inadimplemento contratual do construtor. Ainda, e relativamente ao que mais interessa ao presente caso, enquanto a utilização do art. 1.245 do CC/16 pressupõe que a fragilidade da obra tenha transparecido nos primeiros cinco anos da sua entrega, no caso do art. 1.056 do CC/16 não há esta exigência, podendo os problemas relativos à sua solidez e segurança surgir até mesmo depois daquele prazo" (STJ-3ª T., REsp 903.771, Min. Paulo Sanseverino, j. 12.4.11, DJ 27.4.11; a citação é do voto do relator).

Art. 618: 2b. "Cabe a responsabilização do empreiteiro quando a obra se revelar imprópria para os fins a que se destina, sendo considerados graves os defeitos que afetem a salubridade da moradia, como infiltrações e vazamentos, e não apenas aqueles que apresentam o risco de ruína do imóvel" (STJ-3ª T., AI 1.208.663-AgRg, Min. Sidnei Beneti, j. 18.11.10, DJ 30.11.10).

Art. 618: 2c. "Mesmo quando o incorporador não é o executor direto da construção do empreendimento imobiliário, mas contrata construtor, fica, juntamente com este, responsável pela solidez e segurança da edificação (CC/2002, art. 618). Trata-se de obrigação de garantia assumida solidariamente com o construtor" (STJ-4ª T., REsp 884.367, Min. Raul Araújo, j. 6.3.12, DJ 15.3.12).

Art. 618: 3. Enunciado 181 do CEJ: "O prazo referido no art. 618, parágrafo único, do CC refere-se unicamente à garantia prevista no *caput*, sem prejuízo de poder o dono da obra, com base no mau cumprimento do contrato de empreitada, demandar perdas e danos".

Art. 618: 4. "O **termo inicial do prazo decadencial** previsto no parágrafo único do art. 618 do Código Civil conta-se do momento em que o dono da obra toma ciência da existência do vício construtivo coberto pela garantia legal. Hipótese em que, em razão da inexistência de prova da ciência do autor, fixado o termo a partir da expedição da notificação extrajudicial da ré" (STJ-4ª T., REsp 1.296.849, Min. Isabel Gallotti, j. 14.2.17, DJ 20.2.17).

Art. 619. Salvo estipulação em contrário, o empreiteiro que se incumbir de executar uma obra, segundo plano aceito por quem a encomendou, não terá direito a exigir acréscimo no preço, ainda que sejam introduzidas modificações no projeto, a não ser que estas resultem de instruções escritas do dono da obra. [Dispositivo correspondente no CC/1916: art. 1.246.]

Parágrafo único. Ainda que não tenha havido autorização escrita, o dono da obra é obrigado a pagar ao empreiteiro os aumentos e acréscimos, segundo o que for arbitrado, se, sempre presente à obra, por continuadas visitas, não podia ignorar o que se estava passando, e nunca protestou.[1] [Sem dispositivo correspondente no CC/1916.]

Art. 619: 1. "Se o serviço extraordinário foi executado às claras, inclusive sob a supervisão de prepostos da subempreiteira, tem-se como pertinente a cobrança dos seus valores, independentemente de autorização por escrito" (STJ-4ª T., REsp 103.715, Min. Sálvio de Figueiredo, j. 5.10.99, DJU 28.2.00).

Art. 620. Se ocorrer diminuição no preço do material ou da mão de obra superior a um décimo do preço global convencionado, poderá este ser revisto, a pedido do dono da obra, para que se lhe assegure a diferença apurada.[1] [Sem dispositivo correspondente no CC/1916.]

Art. 620: 1. s/ onerosidade excessiva, v. arts. 317 e 478 a 480; enriquecimento sem causa, v. arts. 884 a 886.

Art. 621. Sem anuência de seu autor, não pode o proprietário da obra introduzir modificações no projeto por ele aprovado,[1] ainda que a execução seja confiada a terceiros, a não ser que,[2] por motivos supervenientes ou razões de ordem técnica, fique comprovada a inconveniência ou a excessiva onerosidade[3] de execução do projeto em sua forma originária. [Sem dispositivo correspondente no CC/1916.]

Parágrafo único. A proibição deste artigo não abrange alterações de pouca monta, ressalvada sempre a unidade estética da obra projetada. [Sem dispositivo correspondente no CC/1916.]

Art. 621: 1. s/ proteção dos direitos do autor do projeto, v. LDA 7º-X (inclusive nota 7a), 24-IV e V e 26.

Art. 621: 2. O CC não revogou as disposições da LDA, mas apenas admitiu duas exceções à vedação de alterar o projeto do autor, a despeito de autorização deste.

Art. 621: 3. s/ onerosidade excessiva, v. arts. 317 e 478 a 480.

Art. 622. Se a execução da obra for confiada a terceiros, a responsabilidade do autor do projeto respectivo, desde que não assuma a direção ou fiscalização daquela, ficará limitada aos danos resultantes de defeitos previstos no art. 618 e seu parágrafo único. [Sem dispositivo correspondente no CC/1916.]

Art. 623. Mesmo após iniciada a construção, pode o dono da obra suspendê-la, desde que pague ao empreiteiro as despesas e lucros relativos aos serviços já feitos, mais indenização razoável, calculada em função do que ele teria ganho, se concluída a obra. [Sem dispositivo correspondente no CC/1916.]

Art. 624. Suspensa a execução da empreitada sem justa causa, responde o empreiteiro por perdas e danos.[1] [Sem dispositivo correspondente no CC/1916.]

Art. 624: 1. v. arts. 402 a 405.

Art. 625. Poderá o empreiteiro suspender a obra: [Sem dispositivo correspondente no CC/1916.]

I — por culpa do dono, ou por motivo de força maior;[1] [Sem dispositivo correspondente no CC/1916.]

II — quando, no decorrer dos serviços, se manifestarem dificuldades imprevisíveis de execução, resultantes de causas geológicas ou hídricas, ou outras semelhantes, de modo que torne a empreitada excessivamente onerosa, e o dono da obra se opuser ao reajuste do preço inerente ao projeto por ele elaborado, observados os preços;[2] [Sem dispositivo correspondente no CC/1916.]

III — se as modificações exigidas pelo dono da obra, por seu vulto e natureza, forem desproporcionais ao projeto aprovado, ainda que o dono se disponha a arcar com o acréscimo de preço. [Sem dispositivo correspondente no CC/1916.]

Art. 625: 1. v. art. 393 § ún.

Art. 625: 2. s/ onerosidade excessiva, v. arts. 317 e 478 a 480.

Art. 626. Não se extingue o contrato de empreitada pela morte de qualquer das partes, salvo se ajustado em consideração às qualidades pessoais do empreiteiro.[1-2] [Sem dispositivo correspondente no CC/1916.]

Art. 626: 1. Já na prestação de serviços a morte é causa extintiva do contrato, cf. art. 607.

Art. 626: 2. "Quando o que mais importa para a obra é que seja feita exclusivamente por determinado empreiteiro ou construtor, a obrigação desse é personalíssima e não se transmite aos seus herdeiros e sucessores, conforme dispunha o art. 878 do CC/1916 e agora dispõe a segunda parte do art. 626 do CC/2002. Quando na contratação de uma obra o fator pessoal das habilidades técnicas do empreiteiro ou construtor não é decisivo para a contratação, a obrigação desse não é personalíssima e, por isso, transmite-se aos seus herdeiros e sucessores, nos termos do art. 928 do CC/1916 e da primeira parte do art. 626 do CC/ 2002. Em regra, a obrigação do empreiteiro ou construtor não é personalíssima, porquanto a obra pode ser executada por várias pessoas, como ocorre em geral, a exemplo das obras feitas mediante concorrência pública com a participação de várias construtoras e das pequenas construções feitas mediante a escolha do empreiteiro que oferecer o menor preço. Na presente hipótese, com a morte do construtor, a sua obrigação transmitiu-se aos seus herdeiros, pois a obra não demandava habilidades técnicas exclusivas do falecido" (STJ-3ª T., REsp 703.244, Min. Nancy Andrighi, j. 15.4.08, DJU 29.4.08).

Capítulo IX | DO DEPÓSITO[1]

Seção I | DO DEPÓSITO VOLUNTÁRIO[1 a 4]

CAP. IX: 1. v. arts. 343, 751, 1.363, 1.435-I, 1.445 § ún. e 1.652-III.

SEÇ. I: 1. v. Lei 8.866, de 11.4.94, que dispõe sobre o depositário infiel de valor pertencente à Fazenda Pública, no tít. DEPOSITÁRIO INFIEL.

SEÇ. I: 2. v. art. 652, importante disposição que também se refere ao depósito voluntário.

SEÇ. I: 2a. **Dec. 1.102, de 21.11.1903** — Institui regras para o estabelecimento de empresas de armazéns gerais, determinando os direitos e obrigações dessas empresas.

SEÇ. I: 3. **Lei 2.313, de 3.9.54** — Dispõe sobre os prazos dos contratos de depósito regular e voluntário de bens de qualquer espécie, e dá outras providências (RT 230/574, Lex 1954/494, RF 156/509). Regulamentada pelo **Dec. 40.395, de 21.11.56** (RT 256/722, Lex 1956/605, RF 169/541). A Lei 2.313, em seu art. 2º, dispõe s/ contas bancárias sem movimentação por mais de 25 anos.

A **Lei 370, de 4.1.37** (RT 106/832, Lex 1937/1, RF 69/440), regulamentada pelo **Dec. 1.508, de 17.3.37** (Lex 1937/29, RF 70/192), considera abandonados os objetos de valor, depositados sem reclamação, por mais de 30 anos, nos estabelecimentos bancários e comerciais.

Lei 9.526, de 8.12.97 — Dispõe sobre recursos não reclamados correspondentes às contas de depósitos não recadastrados, e dá outras providências (Lex 1997/4.439, RT 746/737, RDA 210/384).

Lei 9.973, de 29.5.00 — Dispõe sobre o sistema de armazenagem dos produtos agropecuários. O art. 3º estabelece regras sobre contratos de depósito de produtos agropecuários; os arts. 6º a 10 dispõem acerca dos bens depositados e da responsabilidade do depositário.

SEÇ. I: 4. s/ depósitos judiciais: em geral, v. CPC 840; na Justiça Federal, v. tb. **Dec. lei 1.737, de 20.12.79** (Lex 1979/1.038), art. 1º-I e art. 3º.

Art. 627. Pelo contrato de depósito recebe o depositário um objeto móvel, para guardar, até que o depositante o reclame.[1] [Dispositivo correspondente no CC/1916: art. 1.265-*caput*.]

Art. 627: 1. "A entrega de veículo em confiança a manobrista de restaurante caracteriza contrato de depósito e, como tal, atrai a responsabilidade do estabelecimento comercial pelo furto, ainda que na via pública, impondo-lhe o dever de indenizar o proprietário pelos prejuízos daí decorrentes" (STJ-4ª T., REsp 419.465, Min. Aldir Passarinho Jr., j. 25.2.03, DJU 5.5.03).

S/ furto de veículo em estacionamento de empresa, v. Súmula 130 do STJ, em nota 1 ao art. 927.

Art. 628. O contrato de depósito é gratuito,[1] exceto se houver convenção em contrário, se resultante de atividade negocial ou se o depositário o praticar por profissão. [Dispositivo correspondente no CC/1916: art. 1.265 § ún.]
Parágrafo único. Se o depósito for oneroso e a retribuição do depositário não constar de lei, nem resultar de ajuste, será determinada pelos usos do lugar, e, na falta destes, por arbitramento.[2] [Sem dispositivo correspondente no CC/1916.]

Art. 628: 1. O depósito necessário, por sua vez, não se presume gratuito (cf. art. 651).

Art. 628: 2. Para disposições similares em outros contratos, v. arts. 596 (prestação de serviços), 658 § ún. (mandato), 701 (comissão) e 724 (corretagem).

Art. 629. O depositário é obrigado a ter na guarda e conservação da coisa depositada o cuidado e diligência que costuma com o que lhe pertence, bem como a restituí-la,[1] com todos os frutos e acrescidos, quando o exija o depositante.[2 a 3a] [Dispositivo correspondente no CC/1916: art. 1.266.]

Art. 629: 1. v. art. 638. V. tb. arts. 238 a 240.

Art. 629: 2. s/ responsabilidade dos bancos, v. art. 927, nota 6e; de condomínios edilícios, v. art. 1.334, nota 1a.

Art. 629: 3. Em matéria de propriedade fiduciária, v. art. 1.363.

Art. 629: 3a. **Súmula 179 do STJ:** "O estabelecimento de crédito que recebe dinheiro, em depósito judicial, responde pelo pagamento da correção monetária relativa aos valores recolhidos".

Art. 630. Se o depósito se entregou fechado, colado, selado, ou lacrado, nesse mesmo estado se manterá. [Dispositivo correspondente no CC/1916: art. 1.267.]

Art. 631. Salvo disposição em contrário, a restituição da coisa deve dar-se no lugar em que tiver de ser guardada. As despesas de restituição correm por conta do depositante. [Sem dispositivo correspondente no CC/1916.]

Art. 632. Se a coisa houver sido depositada no interesse de terceiro, e o depositário tiver sido cientificado deste fato pelo depositante, não poderá ele exonerar-se restituindo a coisa a este, sem consentimento daquele. [Sem dispositivo correspondente no CC/1916.]

Art. 633. Ainda que o contrato fixe prazo à restituição, o depositário entregará o depósito logo que se lhe exija, salvo se tiver o direito de retenção a que se refere o art. 644, se o objeto for judicialmente embargado, se sobre ele pender execução, notificada ao depositário, ou se houver motivo razoável de suspeitar que a coisa foi dolosamente obtida.[1-2] [Dispositivo correspondente no CC/1916: art. 1.268.]

Art. 633: 1. p. ex., através de roubo ou furto.

Art. 633: 2. v. arts. 634 e 638.

Art. 634. No caso do artigo antecedente, última parte, o depositário, expondo o fundamento da suspeita, requererá que se recolha o objeto ao Depósito Público.[1] [Dispositivo correspondente no CC/1916: art. 1.269.]

Art. 634: 1. v. art. 638.

Art. 635. Ao depositário será facultado, outrossim, requerer depósito judicial da coisa, quando, por motivo plausível, não a possa guardar, e o depositante não queira recebê-la.[1] [Dispositivo correspondente no CC/1916: art. 1.270.]

Art. 635: 1. v. arts. 334, 335-I e 641. V. tb. CPC 539 e segs.

Art. 636. O depositário, que por força maior[1] houver perdido a coisa depositada e recebido outra em seu lugar, é obrigado a entregar a segunda ao depositante, e ceder-lhe as ações que no caso tiver contra o terceiro responsável pela restituição da primeira. [Dispositivo correspondente no CC/1916: art. 1.271.]

Art. 636: 1. v. art. 393 § ún. V. tb. art. 642.

Art. 637. O herdeiro do depositário, que de boa-fé vendeu a coisa depositada, é obrigado a assistir[1] o depositante na reivindicação, e a restituir ao comprador o preço recebido.[2 a 3] [Dispositivo correspondente no CC/1916: art. 1.272.]

Art. 637: 1. v. CPC 119 e segs.

Art. 637: 2. v. arts. 447 a 457 (evicção), 1.792 e 1.821 (responsabilidade nos limites da herança).

Art. 637: 2a. Mas se for provada a má-fé do herdeiro do depositário, este responderá pelos eventuais danos causados ao depositante e ao adquirente de boa-fé.

Art. 637: 3. Se a transferência do bem depositado se deu a título gratuito, o adquirente não poderá demandar por evicção (cf. art. 447).

Art. 638. Salvo os casos previstos nos arts. 633 e 634, não poderá o depositário furtar-se à restituição do depósito, alegando não pertencer a coisa ao depositante, ou opondo compensação,[1] exceto se noutro depósito se fundar. [Dispositivo correspondente no CC/1916: art. 1.273.]

Art. 638: 1. v. art. 373-II.

Art. 639. Sendo dois ou mais depositantes, e divisível[1] a coisa, a cada um só entregará o depositário a respectiva parte, salvo se houver entre eles solidariedade.[2] [Dispositivo correspondente no CC/1916: art. 1.274.]

Art. 639: 1. v. art. 87.

Art. 639: 2. s/ solidariedade ativa, v. arts. 267 a 274.

Art. 640. Sob pena de responder por perdas e danos,[1] não poderá o depositário, sem licença expressa do depositante, servir-se da coisa depositada, nem a dar em depósito a outrem. [Dispositivo correspondente no CC/1916: art. 1.275.]

Parágrafo único. Se o depositário, devidamente autorizado, confiar a coisa em depósito a terceiro, será responsável se agiu com culpa na escolha deste.[2] [Sem dispositivo correspondente no CC/1916.]

Art. 640: 1. v. arts. 402 a 405.

Art. 640: 2. i. e., ele responderá se agir com culpa *in eligendo*.

Art. 641. Se o depositário se tornar incapaz,[1] a pessoa que lhe assumir a administração dos bens diligenciará imediatamente restituir a coisa depositada e, não querendo ou não podendo o depositante recebê-la, recolhê-la-á ao Depósito Público ou promoverá nomeação de outro depositário.[2-3] [Dispositivo correspondente no CC/1916: art. 1.276.]

Art. 641: 1. v. arts. 3º e 4º.

Art. 641: 2. s/ consignação em pagamento, v. arts. 334 e 335-I e CPC 539 e segs.

Art. 641: 3. Neste caso, o curador não precisa de autorização do depositante para nomear outro depositário, mas responderá por culpa *in eligendo* (cf. art. 640 § ún.).

Art. 642. O depositário não responde pelos casos de força maior;[1-1a] mas, para que lhe valha a escusa, terá de prová-los.[2] [Dispositivo correspondente no CC/1916: art. 1.277.]

Art. 642: 1. v. art. 393 § ún.

Art. 642: 1a. Exceto se estiver em mora (art. 399).

Art. 642: 2. v. arts. 238, 240 e 636.

Art. 643. O depositante é obrigado a pagar ao depositário as despesas feitas com a coisa, e os prejuízos que do depósito provierem.[1-2] [Dispositivo correspondente no CC/1916: art. 1.278.]

Art. 643: 1. "**Art. 1.219.** O possuidor de boa-fé tem direito à indenização das benfeitorias necessárias e úteis, bem como, quanto às voluptuárias, se não lhe forem pagas, a levantá-las, quando o puder sem detrimento da coisa, e poderá exercer o direito de retenção pelo valor das benfeitorias necessárias e úteis".

Art. 643: 2. O inadimplemento do depositante gera direito de retenção (art. 644).

Art. 644. O depositário poderá reter[1] o depósito até que se lhe pague a retribuição[1a] devida, o líquido valor das despesas, ou dos prejuízos a que se refere o artigo anterior, provando imediatamente esses prejuízos ou essas despesas.[1b-2] [Dispositivo correspondente no CC/1916: art. 1.279-*caput*.]

Parágrafo único. Se essas dívidas, despesas ou prejuízos não forem provados suficientemente, ou forem ilíquidos, o depositário poderá exigir caução idônea do depositante ou, na falta desta, a remoção da coisa para o Depósito Público, até que se liquidem. [Dispositivo correspondente no CC/1916: art. 1.279 § ún.]

Art. 644: 1. v. art. 633.

Art. 644: 1a. v. art. 628.

Art. 644: 1b. Para disposições similares em outros contratos, v. arts. 664 (mandato), 708 (comissão) e 742 (transporte).

Art. 644: 2. O art. 644 não se aplica às alienações fiduciárias (v., no tít. ALIENAÇÃO FIDUCIÁRIA, art. 66-B § 6º da Lei 4.728, na redação da Lei 10.931, de 2.8.04).

Art. 645. O depósito de coisas fungíveis,[1] em que o depositário se obrigue a restituir objetos do mesmo gênero, qualidade e quantidade, regular-se-á pelo disposto acerca do mútuo.[2 a 3] [Dispositivo correspondente no CC/1916: art. 1.280.]

Art. 645: 1. v. art. 85.

Art. 645: 2. v. arts. 586 a 593 (mútuo).

Art. 645: 2a. O art. 645 não se aplica ao depósito de valor pertencente à Fazenda Pública (v., no tít. DEPOSITÁRIO INFIEL, art. 9º da Lei 8.866, de 11.4.94).

Art. 645: 3. "No contrato de depósito bancário, o depositante transfere à instituição financeira depositária a propriedade do dinheiro, passando esta a ter sobre ele total disponibilidade. Este contrato, por construção doutrinária e jurisprudencial, é equiparado ao contrato de mútuo. É chamado de depósito irregular (depósito de coisas fungíveis). Ocorrendo a liquidação extrajudicial da Instituição Financeira os depósitos denominados irregulares passam a integrar a massa falida gerando direito de crédito e não à restituição dos valores depositados, concorrendo o correntista com os demais credores quirografários" (STJ-1ª T., REsp 492.956, Min. José Delgado, j. 6.3.03, DJU 26.5.03).

Art. 646. O depósito voluntário provar-se-á por escrito.[1] [Dispositivo correspondente no CC/1916: art. 1.281.]

Art. 646: 1. mas só vale contra terceiros se registrado (LRP 129-2º).

Seção II | DO DEPÓSITO NECESSÁRIO

Art. 647. É depósito necessário: [Dispositivo correspondente no CC/1916: art. 1.282-*caput*.]

I — o que se faz em desempenho de obrigação legal;[1-1a] [Dispositivo correspondente no CC/1916: art. 1.282-I.]

II — o que se efetua por ocasião de alguma calamidade, como o incêndio, a inundação, o naufrágio ou o saque.[2] [Dispositivo correspondente no CC/1916: art. 1.282-II.]

Art. 647: 1. v. art. 648-*caput*.

Art. 647: 1a. v. art. 1º da Lei 8.866, de 11.4.94 (no tít. DEPOSITÁRIO INFIEL).

Art. 647: 2. v. art. 648 § ún.

Art. 648. O depósito a que se refere o inciso I do artigo antecedente, reger-se-á pela disposição da respectiva lei, e, no silêncio ou deficiência dela, pelas concernentes ao depósito voluntário.[1] [Dispositivo correspondente no CC/1916: art. 1.283-*caput*.]

Parágrafo único. As disposições deste artigo aplicam-se aos depósitos previstos no inciso II do artigo antecedente, podendo estes certificarem-se por qualquer meio de prova. [Dispositivo correspondente no CC/1916: art. 1.283 § ún.]

Art. 648: 1. v. arts. 627 a 646.

Art. 649. Aos depósitos previstos no artigo antecedente é equiparado o das bagagens dos viajantes ou hóspedes nas hospedarias onde estiverem. [Dispositivo correspondente no CC/1916: art. 1.284-*caput*.]

Parágrafo único. Os hospedeiros[1] responderão como depositários, assim como pelos furtos e roubos que perpetrarem as pessoas empregadas ou admitidas nos seus estabelecimentos.[2] [Dispositivo correspondente no CC/1916: art. 1.284 § ún.]

Art. 649: 1. v. arts. 650, 651, 932-IV, 933 e 1.467-I.

Art. 649: 2. "Tratando-se de contrato de hospedagem remunerado, o proprietário do estabelecimento é responsável pelas bagagens e pertences dos hóspedes. Há um dever legal de proteção ao patrimônio dos clientes, segurança, integridade física e bem-estar, devendo indenizar eventuais danos em caso de furto nas dependências, independentemente de culpa" (JTJ 353/449: AP 992.08.034326-0).

V. art. 650, nota 2.

Art. 650. Cessa, nos casos do artigo antecedente, a responsabilidade dos hospedeiros, se provarem que os fatos prejudiciais aos viajantes ou hóspedes não podiam ter sido evitados.[1-2] [Dispositivo correspondente no CC/1916: art. 1.285-*caput* e I.]

Art. 650: 1. v. art. 393. No caso de depósito voluntário, v. art. 642.

Art. 650: 2. "Roubo com emprego de arma de fogo contra hóspedes de pousada. Ausência de qualquer equipamento de segurança para impedir ou dificultar ação de criminosos. Não configuração de caso fortuito. Caracterização de negligência do estabelecimento comercial. Dever de reparar" (JTJ 372/443: AP 165095-64.2009.8.26.0100; ementa da redação).

V. art. 649, nota 2.

Art. 651. O depósito necessário não se presume gratuito.[1] Na hipótese do art. 649, a remuneração pelo depósito está incluída no preço da hospedagem. [Dispositivo correspondente no CC/1916: art. 1.286.]

Art. 651: 1. Ao contrário do depósito voluntário (art. 628).

Art. 652. Seja o depósito voluntário ou necessário,[1] o depositário que não o restituir quando exigido será compelido a fazê-lo mediante prisão[2-2a] não excedente a um ano, e ressarcir os prejuízos. [Dispositivo correspondente no CC/1916: art. 1.287.]

Art. 652: 1. Esta disposição está mal situada. Refere-se a ambos os tipos de depósito, mas foi posta na seção relativa unicamente ao depósito necessário.

Art. 652: 2. **CF 5º: "LXVII** — não haverá prisão civil por dívida, salvo a do responsável pelo inadimplemento voluntário e inescusável de obrigação alimentícia e a do depositário infiel".

Art. 652: 2a. **Súmula Vinculante 25 do STF:** "É ilícita a **prisão civil de depositário infiel,** qualquer que seja a modalidade do depósito".

Súmula 619 do STF: "A prisão do depositário judicial pode ser decretada no próprio processo em que se constituiu o encargo, independentemente da propositura de ação de depósito". O STF **revogou** a Súmula 619 (STF-Pleno, HC 92.566, Min. Marco Aurélio, j. 3.12.08, um voto vencido, DJ 5.6.09).

Assim, não estão sujeitos a prisão o depositário judicial infiel (STF-Pleno, HC 94.307-QO, Min. Cezar Peluso, j. 14.4.08, DJU 23.5.08; STJ-4ª T., RHC 23.625, Min. Aldir Passarinho Jr., j. 11.11.08, DJ 1.12.08; STJ-3ª T., HC 110.344, Min. Nancy Andrighi, j. 9.12.08, DJ 3.2.09; STJ-2ª T., HC 110.770, Min. Castro Meira, j. 19.2.09, DJ 27.3.09; STJ-1ª T., HC 92.531, Min. Teori Zavascki, j. 5.2.09, DJ 18.2.09) nem o devedor alienante que não entrega o bem alienado fiduciariamente (STF-Pleno, RE 466.343, Min. Cezar Peluso, j. 3.12.08, DJ 5.6.09; STJ-Corte Especial, ED no REsp 489.278-AgRg, Min. Hamilton Carvalhido, j. 27.11.03, DJU 22.3.04).

Capítulo X | DO MANDATO[1-2]

Seção I | DISPOSIÇÕES GERAIS

CAP. X: 1. "Mandato, procuração e representação no novo Código Civil brasileiro", por Pablo Stolze Gagliano e Rodolfo Pamplona Filho (RJ-Lex 59/92, RMDCPC 50/22).

CAP. X: 2. s/ mandato e: ausência, v. art. 23; casamento, v. art. 1.542.

V. tb. arts. 115 a 120 (representação).

Art. 653. Opera-se o mandato[1-2] quando alguém[3] recebe de outrem poderes para, em seu nome, praticar atos ou administrar interesses. A procuração é o instrumento do mandato. [Dispositivo correspondente no CC/1916: art. 1.288.]

Art. 653: 1. **Dec. leg. 4, de 7.2.94** — Aprova o texto da Convenção Interamericana sobre Regime Legal das Procurações para serem utilizadas no Exterior, concluída em 30 de janeiro de 1975, na Cidade do Panamá (Lex 1994/436).

Art. 653: 2. **LDA: "Art. 98.** Com o ato de filiação, as associações tornam-se mandatárias de seus associados para a prática de todos os atos necessários à defesa judicial ou extrajudicial de seus direitos autorais, bem como para sua cobrança". Refere-se às associações de titulares de direitos de autor.

Art. 653: 3. **Súmula 60 do STJ (Procurador do mutuário vinculado ao mutuante):** "É nula a obrigação cambial assumida por procurador do mutuário vinculado ao mutuante, no exclusivo interesse deste" (v. jurisprudência s/ esta Súmula em RSTJ 44/17 a 79).

Art. 654. Todas as pessoas capazes[1] são aptas para dar procuração mediante instrumento particular, que valerá desde que tenha a assinatura do outorgante. [Dispositivo correspondente no CC/1916: art. 1.289-*caput*.]

§ 1º O instrumento particular deve conter a indicação do lugar onde foi passado, a qualificação do outorgante e do outorgado, a data e o objetivo da outorga com a designação e a extensão dos poderes conferidos.[2] [Dispositivo correspondente no CC/1916: art. 1.289 § 1º.]

§ 2º O terceiro com quem o mandatário tratar poderá exigir que a procuração traga a firma reconhecida.[3] [Sem dispositivo correspondente no CC/1916.]

Art. 654: 1. No caso de mandatário maior de dezesseis e menor de dezoito anos não emancipado, v. art. 666.

Art. 654: 2. s/ a possibilidade de o administrador de sociedade simples constituir mandatários da sociedade, v. art. 1.018.

Art. 654: 3. s/ a dispensa do reconhecimento de firma nas procurações empregadas nos autos do processo, v., no CPCLPV, CPC 105, nota 2a.

Art. 655. Ainda quando se outorgue mandato por instrumento público,[1-1a] pode substabelecer-se[2] mediante instrumento particular.[3] [Dispositivo correspondente no CC/1916: art. 1.289 § 2º.]

Art. 655: 1. v. arts. 108, 109, 215 e 1.806, nota 5.

Art. 655: 1a. "Não é requisito essencial da procuração por instrumento público para a venda de imóvel o valor pelo qual pretende o outorgante seja alienado o bem" (STJ-4ª T., REsp 891.027, Min. Isabel Gallotti, j. 6.12.12, DJ 1.2.13).

V. tb. art. 661, nota 1a.

Art. 655: 2. v. art. 667.

Art. 655: 3. **Enunciado 182 do CEJ:** "O mandato outorgado por instrumento público previsto no art. 655 do CC somente admite substabelecimento por instrumento particular quando a forma pública for facultativa e não integrar a substância do ato".

Art. 656. O mandato pode ser expresso ou tácito,[1] verbal[2] ou escrito. [Dispositivo correspondente no CC/1916: art. 1.290-*caput*.]

Art. 656: 1. Aceitação tácita do mandato: v. art. 659. Em matéria de condomínio, v. art. 1.324.

Art. 656: 2. v. art. 657-2ª parte.

Art. 657. A outorga do mandato está sujeita à forma exigida por lei para o ato a ser praticado.[1] Não se admite mandato verbal quando o ato deva ser celebrado por escrito.[2] [Dispositivo correspondente no CC/1916: art. 1.291.]

Art. 657: 1. v. arts. 108, 109, 215 e 654.

Art. 657: 2. "O **mandato verbal** confere ao mandatário **somente poderes de administração,** dentre os quais não estão incluídos poderes especiais, que exigem procuração escrita — como, por exemplo, os poderes para alienar, hipotecar e transigir. Também o poder de dar quitação — por se afastar dos atos ordinários de administração do bem e implicar, no caso, potencialmente, a própria extinção do direito real de propriedade do mandante — não prescinde de mandato escrito" (STJ-4ª T., REsp 1.379.740-AgInt-EDcl, Min. Isabel Gallotti, j. 2.10.18, maioria, DJ 12.11.18).

Art. 658. O mandato presume-se gratuito quando não houver sido estipulada retribuição,[1] exceto se o seu objeto corresponder ao daqueles que o mandatário trata por ofício ou profissão lucrativa. [Dispositivo correspondente no CC/1916: art. 1.290 § ún.]

Parágrafo único. Se o mandato for oneroso, caberá ao mandatário a retribuição prevista em lei ou no contrato. Sendo estes omissos, será ela determinada pelos usos do lugar, ou, na falta destes, por arbitramento.[2] [Sem dispositivo correspondente no CC/1916.]

Art. 658: 1. v. § ún. e art. 676.

Art. 658: 2. Para disposições similares em outros contratos, v. arts. 596 (prestação de serviços), 628 § ún. (depósito), 701 (comissão) e 724 (corretagem).

Art. 659. A aceitação do mandato pode ser tácita,[1-2] e resulta do começo de execução. [Dispositivo correspondente no CC/1916: art. 1.292.]

Art. 659: 1. assim como o próprio mandato pode sê-lo (art. 656).

Art. 659: 2. v. art. 432.

Art. 660. O mandato pode ser especial a um ou mais negócios determinadamente, ou geral[1] a todos os do mandante. [Dispositivo correspondente no CC/1916: art. 1.294.]

Art. 660: 1. v. art. 661.

Art. 661. O mandato em termos gerais só confere poderes de administração.[1] [Dispositivo correspondente no CC/1916: art. 1.295-*caput*.]

§ 1º Para alienar,[1a] hipotecar,[1b-1c] transigir,[2] ou praticar outros quaisquer atos que exorbitem da administração ordinária,[2a a 4] depende a procuração de poderes especiais e expressos.[5-5a] [Dispositivo correspondente no CC/1916: art. 1.295 § 1º.]

§ 2º O poder de transigir não importa o de firmar compromisso.[6] [Dispositivo correspondente no CC/1916: art. 1.295 § 2º.]

Art. 661: 1. "A outorga de poder para **contratação de advogado** traz em si o poder para **convencionar** os respectivos **honorários,** porque representam estes a contraprestação devida pelo serviço contratado" (STJ-3ª T., REsp 1.731.096, Min. Nancy Andrighi, j. 8.5.18, DJ 11.5.18).

Art. 661: 1a. "Para realização de negócio jurídico que transcende a administração ordinária, tal qual a alienação de bens imóveis, exige-se a outorga de poderes especiais e expressos, com a respectiva descrição do objeto a ser negociado" (STJ-4ª T., REsp 262.777, Min. Luis Felipe, j. 5.2.09, DJ 26.2.09).

"A outorga de poderes de alienação de 'quaisquer imóveis em todo o território nacional' não supre o requisito de especialidade exigido por lei, que exige referência e determinação dos bens concretamente mencionados na procuração" (STJ-3ª T., REsp 1.814.643, Min. Nancy Andrighi, j. 22.10.19, DJ 28.10.19). V. tb. nota 5a.

"Petição de arrolamento sumário. Advogado sem poderes específicos. Transmissão de bens de pessoa viva e exclusão da herança. Nulidade reconhecida" (STJ-4ª T., REsp 1.551.430, Min. Luis Felipe, j. 21.9.17, maioria, DJ 16.11.17).

"É nula a transferência de ações nominativas de companhia de capital fechado realizada pelo mandatário, sem poderes especiais e expressos, para a sua própria esfera patrimonial" (STJ-3ª T., REsp 1.678.191, Min. Nancy Andrighi, j. 22.5.18, DJ 5.6.18).

V. tb. art. 655, nota 1a.

Art. 661: 1b. v. arts. 1.473 a 1.505.

Art. 661: 1c. "Somente surte efeito prático o mandato que autoriza a oneração de bens por intermédio de hipoteca se particularizados no instrumento, não sendo suficiente a alusão genérica" (STJ-4ª T., REsp 404.707, Min. Aldir Passarinho Jr., j. 5.6.07, DJU 6.8.07). No mesmo sentido: STJ-3ª T., REsp 98.143, Min. Menezes Direito, j. 19.2.98, um voto vencido, DJU 18.5.98.

Art. 661: 2. v. arts. 840 a 850; CPC 105.

Art. 661: 2a. v. art. 657, nota 2 (mandato verbal).

Art. 661: 3. p. ex., casar (v. art. 1.542).

Art. 661: 4. "Para que procurador constituído movimente e saque valores depositados em conta-corrente, é indispensável que constem do instrumento de mandato poderes especiais e expressos para tal fim" (STJ-4ª T., REsp 731.580, Min. João Otávio, j. 23.2.10, DJ 8.3.10).

Art. 661: 5. **Enunciado 183 do CEJ:** "Para os casos em que o parágrafo primeiro do art. 661 exige poderes especiais, a procuração deve conter a identificação do objeto".

Art. 661: 5a. "Os **poderes expressos** identificam, de forma explícita (não implícita ou tácita), exatamente qual o poder conferido (por exemplo, o poder de vender). Já os **poderes** serão **especiais** quando determinados, particularizados, individualizados os negócios para os quais se faz a outorga (por exemplo, o poder de vender tal ou qual imóvel)" (STJ-3ª T., REsp 1.814.643, Min. Nancy Andrighi, j. 22.10.19, DJ 28.10.19). V. tb. nota 1a.

Art. 661: 6. v. arts. 851 a 853.

Art. 662. Os atos praticados por quem não tenha mandato, ou o tenha sem poderes suficientes, são ineficazes em relação àquele em cujo nome foram praticados, salvo se este os ratificar.[1 a 3] [Dispositivo correspondente no CC/1916: art. 1.296-*caput*.]

Parágrafo único. A ratificação há de ser expressa, ou resultar de ato inequívoco,[4] e retroagirá à data do ato. [Dispositivo correspondente no CC/1916: art. 1.296 § ún.]

Art. 662: 1. v. arts. 176, 665, 672, 673, 679, 873 e 1.205-II; CPC 104 § 2º.

Art. 662: 2. "A inaplicabilidade da teoria da aparência de representação no direito brasileiro", por Paulo Roberto de Figueiredo Dantas (RIDCPC 40/75).

Art. 662: 2a. "Os negócios realizados por terceiro de boa-fé com pessoa que aparenta ser o representante de outrem reputam-se válidos, com vinculação do pretenso mandante" (RT 715/174; acórdão relatado pelo Des. Roberto Bedaque).

Art. 662: 3. No caso de vedação ao substabelecimento e ato praticado por substabelecido, v. art. 667 § 3º.

Art. 662: 4. "Se o fiador, em ação de execução contra ele ajuizada com base em instrumento de fiança firmado por procurador sem poderes específicos, não impugna tal ato, pratica ato inequívoco de ratificação da fiança. O fato de referida execução ter sido extinta por motivos meramente processuais não modifica tal interpretação e não possibilita que, em nova ação de execução, o fiador venha a invocar a invalidade da referida fiança" (STJ-3ª T., REsp 960.075, Min. Nancy Andrighi, j. 6.5.08, DJ 3.9.08).

Art. 663. Sempre que o mandatário estipular negócios expressamente em nome do mandante, será este o único responsável; ficará, porém, o mandatário pessoalmente obrigado, se agir no seu próprio nome, ainda que o negócio seja de conta do mandante.[1-2] [Dispositivo correspondente no CC/1916: art. 1.307.]

Art. 663: 1. s/ obrigações do mandatário, v. arts. 667 e 668; ação contra mandatário que compra, em nome próprio, algo que deveria ter comprado para o mandante, v. art. 671.

Art. 663: 2. "O mandatário que obrar em seu próprio nome, como se fora seu o negócio, com infringência dos limites que lhe foram concedidos, responderá pelos danos a que der causa, eximindo, por consequência, o mandante de qualquer responsabilidade" (RT 758/192).

Art. 664. O mandatário tem o direito de reter,[1-1a] do objeto da operação que lhe foi cometida, quanto baste para pagamento de tudo que lhe for devido em consequência do mandato.[2] [Dispositivo correspondente no CC/1916: art. 1.315.]

Art. 664: 1. v. art. 681.

Art. 664: 1a. **Enunciado 184 do CEJ:** "Da interpretação conjunta desses dispositivos, extrai-se que o mandatário tem o direito de reter, do objeto da operação que lhe foi cometida, tudo o que lhe for devido em virtude do mandato, incluindo-se a remuneração ajustada e o reembolso de despesas" (o enunciado refere-se aos arts. 664 e 681 do CC).

Art. 664: 2. Para disposições similares em outros contratos, v. arts. 644 (depósito), 708 (comissão) e 742 (transporte).

Art. 665. O mandatário que exceder os poderes do mandato,[1] ou proceder contra eles, será considerado mero gestor de negócios,[2] enquanto o mandante lhe não ratificar os atos.[3] [Dispositivo correspondente no CC/1916: art. 1.297.]

Art. 665: 1. **"Art. 892.** Aquele que, sem ter poderes, ou excedendo os que tem, lança a sua assinatura em título de crédito, como mandatário ou representante de outrem, fica pessoalmente obrigado, e, pagando o título, tem ele os mesmos direitos que teria o suposto mandante ou representado".

Art. 665: 2. v. arts. 861 a 875.

Art. 665: 3. v. art. 662.

Art. 666. O maior de dezesseis e menor de dezoito anos não emancipado pode ser mandatário, mas o mandante não tem ação contra ele senão de conformidade com as regras gerais, aplicáveis às obrigações contraídas por menores.[1] [Dispositivo correspondente no CC/1916: art. 1.298.]

Art. 666: 1. v. arts. 4º-I, 171-I, 180, 181 e 654-*caput*.

Seção II | DAS OBRIGAÇÕES DO MANDATÁRIO

Art. 667. O mandatário é obrigado a aplicar toda sua diligência habitual na execução do mandato, e a indenizar qualquer prejuízo causado por culpa sua ou daquele a quem substabelecer, sem autorização, poderes que devia exercer pessoalmente.[1 a 1b] [Dispositivo correspondente no CC/1916: art. 1.300-*caput*.]

§ 1º Se, não obstante proibição do mandante, o mandatário se fizer substituir na execução do mandato, responderá ao seu constituinte pelos prejuízos ocorridos sob a gerência do substituto,[1c] embora provenientes de caso fortuito,[2] salvo provando que o caso teria sobrevindo, ainda que não tivesse havido substabelecimento. [Dispositivo correspondente no CC/1916: art. 1.300 § 1º.]

§ 2º Havendo poderes de substabelecer, só serão imputáveis ao mandatário os danos[3] causados pelo substabelecido, se tiver agido com culpa na escolha deste[3a-3b] ou nas instruções dadas a ele. [Dispositivo correspondente no CC/1916: art. 1.300 § 2º.]

§ 3º Se a proibição de substabelecer constar da procuração, os atos praticados pelo substabelecido não obrigam o mandante, salvo ratificação expressa, que retroagirá à data do ato.[4] [Sem dispositivo correspondente no CC/1916.]

§ 4º Sendo omissa a procuração quanto ao substabelecimento, o procurador será responsável se o substabelecido proceder culposamente. [Sem dispositivo correspondente no CC/1916.]

Art. 667: 1. **Súmula 60 do STJ (Procurador do mutuário vinculado ao mutuante):** "É nula a obrigação cambial assumida por procurador do mutuário vinculado ao mutuante, no exclusivo interesse deste" (v. jurisprudência s/ esta Súmula em RSTJ 44/17 a 79).

Art. 667: 1a. O gestor de negócio também tem semelhantes deveres (arts. 866 e 867).

Art. 667: 1b. "A administradora de imóveis figura como mandatária do proprietário do bem para, em nome deste, realizar e administrar a locação, nos termos do art. 653, do Código Civil, obrigando-se a indenizar o mandante por quaisquer prejuízos advindos de sua conduta culposa (art. 667 do mesmo diploma legal). Por outro lado, não cabe à imobiliária que agiu diligentemente a responsabilidade pelo pagamento de aluguéis, cotas condominiais ou tributos inadimplidos pelo locatário — ressalvadas as hipóteses de previsão contratual nesse sentido —, porquanto ausente sua culpa, elemento imprescindível em sede de responsabilidade civil subjetiva. Ao revés, configura-se a responsabilidade da administradora de imóveis pelos prejuízos sofridos pelo locador quando ela não cumpre com os deveres oriundos da relação contratual. A recorrente é parte legítima para figurar no polo passivo da presente demanda, uma vez que a pretensão veiculada na petição inicial não diz respeito à mera cobrança de alugueres atrasados, mas à responsabilização civil da imobiliária pelo descumprimento do contrato. No caso concreto, o Tribunal *a quo* consignou a efetiva existência de falha na aprovação do cadastro do locatário e do fiador, uma vez que a renda auferida por eles não alcançava o patamar mínimo exigido contratualmente, resultando na frustração da execução que visava à cobrança dos alugueres e débitos relativos às cotas condominiais e tributos inadimplidos" (STJ-4ª T., REsp 1.103.658, Min. Luis Felipe, j. 4.4.13, DJ 23.4.13).

Art. 667: 1c. Assim: "A vedação ao substabelecimento não invalida a transmissão de poderes, mas apenas torna o substabelecente responsável pelos atos praticados pelo substabelecido" (STJ-3ª T., AI 624.704-AgRg-EDcl, Min. Castro Filho, j. 28.6.07, DJ 5.8.08).

Art. 667: 2. v. art. 393 § ún.

Art. 667: 3. v. arts. 402 a 405.

Art. 667: 3a. i. e., ele responderá se agir com culpa *in eligendo.*

Art. 667: 3b. "Delimitação da responsabilidade civil de advogado substabelecente por ato praticado exclusivamente pelo substabelecido, causador de prejuízo ao cliente/mandatário. Apropriação indébita de valor pertencente ao cliente pelo substabelecido, sem nenhuma demonstração de participação do mandatário. Culpa *in eligendo.* A **inaptidão do eleito** para o exercício do mandato (em substabelecimento) deve ser uma circunstância **contemporânea à escolha e,** necessariamente, **de conhecimento do substabelecente.** Não caracterização, na espécie" (STJ-3ª T., REsp 1.742.246, Min. Marco Bellizze, j. 19.3.19, DJ 22.3.19).

Art. 667: 4. v. art. 662.

Art. 668. O mandatário é obrigado a dar contas[1 a 2] de sua gerência ao mandante, transferindo-lhe as vantagens[3] provenientes do mandato, por qualquer título que seja. [Dispositivo correspondente no CC/1916: art. 1.301.]

Art. 668: 1. v. art. 685; s/ juros recíprocos, v. arts. 670 e 677.

Art. 668: 1a. "O mandante, ainda que tenha noção do saldo das contas, possui interesse de agir para ajuizar ação de prestação de contas contra o mandatário, em razão de sua gerência e administração de bem" (STJ-4ª T., REsp 703.390, Min. Aldir Passarinho Jr., j. 3.12.09, DJ 18.12.09).

Art. 668: 2. "O mandato é contrato personalíssimo por excelência, tendo como uma das causas extintivas, nos termos do art. 682, II, do CC de 2002, a morte do mandatário. Sendo o dever de prestar contas uma das obrigações do mandatário perante o mandante e tendo em vista a natureza personalíssima do contrato de mandato, por consectário lógico, a obrigação de prestar contas também tem natureza personalíssima. Desse modo, somente é legitimada passiva na ação de prestação de contas a pessoa a quem incumbia tal encargo, por lei ou contrato, sendo tal obrigação intransmissível ao espólio do mandatário, que constitui, na verdade, uma ficção jurídica. Considerando-se, ainda, o fato de já ter sido homologada a partilha no inventário em favor dos herdeiros, impõe-se a manutenção da sentença que julgou extinto o feito sem resolução do mérito, por ilegitimidade passiva, ressalvada à recorrente a pretensão de direito material perante as vias ordinárias" (STJ-3ª T., REsp 1.055.819, Min. Massami Uyeda, j. 16.3.10, DJ 7.4.10).

Todavia: "Essa orientação, porém, não pode ser estendida à hipótese de morte do mandante, porque as circunstâncias que impedem a transmissibilidade do dever de prestar contas aos herdeiros do mandatário não se verificam na hipótese inversa, relativa ao direito de os herdeiros do mandante exigirem a prestação de contas do mandatário. Legitimidade dos herdeiros do mandante para ajuizarem ação de prestação de contas em desfavor do mantatário do 'de cujus'" (STJ-3ª T., REsp 1.122.589, Min. Paulo Sanseverino, j. 10.4.12, RT 922/783).

Art. 668: 3. v. art. 669.

Art. 669. O mandatário não pode compensar os prejuízos a que deu causa com os proveitos que, por outro lado, tenha granjeado ao seu constituinte. [Dispositivo correspondente no CC/1916: art. 1.302.]

Art. 670. Pelas somas que devia entregar ao mandante ou recebeu para despesa, mas empregou em proveito seu, pagará o mandatário juros, desde o momento em que abusou.[1] [Dispositivo correspondente no CC/1916: art. 1.303.]

Art. 670: 1. "Os juros devidos pelo mandatário que desvia o numerário devido ao mandante fluem desde a data do abuso, e não da interpelação ou da citação" (RSTJ 139/385: 4ª T., REsp 249.382).

Art. 671. Se o mandatário, tendo fundos ou crédito do mandante, comprar, em nome próprio, algo que devera comprar para o mandante, por ter sido expressamente designado no mandato, terá este ação para obrigá-lo à entrega da coisa comprada.[1] [Sem dispositivo correspondente no CC/1916.]

Art. 671: 1. v. CPC 498, 538 e 806 a 813.

Art. 672. Sendo dois ou mais os mandatários nomeados no mesmo instrumento, qualquer deles poderá exercer os poderes outorgados, se não forem expressamente declarados conjuntos, nem especificamente designados para atos diferentes, ou subordinados a atos sucessivos. Se os mandatários forem declarados conjuntos, não terá eficácia o ato praticado sem interferência de todos, salvo havendo ratificação, que retroagirá à data do ato.[1] [Dispositivo correspondente no CC/1916: art. 1.304.]

Art. 672: 1. v. art. 662.

Art. 673. O terceiro que, depois de conhecer os poderes do mandatário, com ele celebrar negócio jurídico exorbitante do mandato, não tem ação contra o mandatário, salvo se este lhe prometeu ratificação[1] do mandante ou se responsabilizou pessoalmente. [Dispositivo correspondente no CC/1916: art. 1.306.]

Art. 673: 1. v. art. 662.

Art. 674. Embora ciente da morte,[1] interdição[2] ou mudança de estado[3] do mandante, deve o mandatário concluir o negócio já começado, se houver perigo na demora. [Dispositivo correspondente no CC/1916: art. 1.308.]

Art. 674: 1. v. arts. 689 e 682-II. No caso de gestão de negócios, v. art. 865.

Art. 674: 2. v. art. 682-II.

Art. 674: 3. v. art. 682-III.

Seção III | DAS OBRIGAÇÕES DO MANDANTE

Art. 675. O mandante é obrigado a satisfazer todas as obrigações contraídas pelo mandatário, na conformidade do mandato conferido,[1] e adiantar a importância das despesas necessárias à execução dele, quando o mandatário lho pedir. [Dispositivo correspondente no CC/1916: art. 1.309.]

Art. 675: 1. v. art. 679. No caso de gestão de negócios, v. art. 869.

Art. 676. É obrigado o mandante a pagar ao mandatário a remuneração[1] ajustada e as despesas da execução do mandato,[2] ainda que o negócio não surta o esperado efeito, salvo tendo o mandatário culpa. [Dispositivo correspondente no CC/1916: art. 1.310.]

Art. 676: 1. v. art. 658.

Art. 676: 2. v. arts. 677 e 678.

Art. 677. As somas adiantadas pelo mandatário, para a execução do mandato, vencem juros desde a data do desembolso.[1] [Dispositivo correspondente no CC/1916: art. 1.311.]

Art. 677: 1. cf. art. 670. V. tb. arts. 406 e 407.

Art. 678. É igualmente obrigado o mandante a ressarcir ao mandatário as perdas[1] que este sofrer com a execução do mandato, sempre que não resultem de culpa sua ou de excesso[2] de poderes. [Dispositivo correspondente no CC/1916: art. 1.312.]

Art. 678: 1. v. arts. 402 a 405.

Art. 678: 2. v. arts. 665 e 673.

Art. 679. Ainda que o mandatário contrarie as instruções do mandante, se não exceder os limites do mandato,[1] ficará o mandante obrigado para com aqueles com quem o seu procurador contratou; mas terá contra este ação pelas perdas e danos[2] resultantes da inobservância das instruções. [Dispositivo correspondente no CC/1916: art. 1.313.]

Art. 679: 1. v. arts. 665 e 673.

Art. 679: 2. v. arts. 402 a 405.

Art. 680. Se o mandato for outorgado por duas ou mais pessoas, e para negócio comum, cada uma ficará solidariamente[1-2] responsável ao mandatário por todos os compromissos e efeitos do mandato, salvo direito regressivo, pelas quantias que pagar, contra os outros mandantes. [Dispositivo correspondente no CC/1916: art. 1.314.]

Art. 680: 1. v. arts. 275 a 285.

Art. 680: 2. "Diante da solidariedade de interesses existente entre os mandantes, ausente previsão contratual a respeito, é razoável que o mandatário, advogado que recebe valores em juízo, possa, quando do repasse, escolher um dos mandantes como destinatário de referidos valores" (STJ-3ª T., REsp 1.415.752, Min. João Otávio, j. 23.9.14, DJ 30.9.14).

Art. 681. O mandatário tem sobre a coisa de que tenha a posse em virtude do mandato, direito de retenção,[1-1a] até se reembolsar do que no desempenho do encargo despendeu. [Dispositivo correspondente no CC/1916: art. 1.315.]

Art. 681: 1. v. art. 664.

Art. 681: 1a. Enunciado 184 do CEJ: "Da interpretação conjunta desses dispositivos, extrai-se que o mandatário tem o direito de reter, do objeto da operação que lhe foi cometida, tudo o que lhe for devido em virtude do mandato, incluindo-se a remuneração ajustada e o reembolso de despesas" (o enunciado refere-se aos arts. 664 e 681 do CC).

Seção IV | DA EXTINÇÃO DO MANDATO

Art. 682. Cessa o mandato:[1 a 1b] [Dispositivo correspondente no CC/1916: art. 1.316-*caput*.]

I — pela revogação[2-2a] ou pela renúncia;[3] [Dispositivo correspondente no CC/1916: art. 1.316-I.]

II — pela morte[3a] ou interdição[3b-4] de uma das partes; [Dispositivo correspondente no CC/1916: art. 1.316-II.]

III — pela mudança de estado[4a] que inabilite o mandante a conferir os poderes, ou o mandatário para os exercer; [Dispositivo correspondente no CC/1916: art. 1.316-III.]

IV — pelo término do prazo[4b] ou pela conclusão do negócio.[5] [Dispositivo correspondente no CC/1916: art. 1.316-IV.]

Art. 682: 1. LRF 120: "O mandato conferido pelo devedor, antes da falência, para a realização de negócios, cessará seus efeitos com a decretação da falência, cabendo ao mandatário prestar contas de sua gestão. § 1º O mandato conferido para representação judicial do devedor continua em vigor até que seja expressamente revogado pelo administrador judicial. § 2º Para o falido, cessa o mandato ou comissão que houver recebido antes da falência, salvo os que versem sobre matéria estranha à atividade empresarial".

Art. 682: 1a. "A decretação de intervenção ou liquidação extrajudicial não acarreta a automática cessação dos mandatos judiciais outorgados aos advogados da instituição financeira. Buscando a intervenção e a liquidação extrajudicial a preservação do patrimônio da instituição financeira no interesse dos credores, da economia popular e do próprio sistema financeiro, não faria sentido que a lei erguesse formalismos inúteis, que certamente apenas trariam transtornos e prejuízos para os objetivos a serem alcançados. Assim como sucede na falência de sociedade empresária (Lei 11.101/2005, art. 120, § 1º; antes DL 7.661/45, art. 49), com a liquidação extrajudicial de instituição financeira, o mandato para representação judicial continua em vigor até que seja expressamente revogado pelo liquidante, por razões a serem motivadas, quanto às vantagens da medida" (STJ-4ª T., REsp 757.760-EDcl-EDcl-EDcl, Min. Raul Araújo, j. 16.10.12, DJ 13.6.13).

Art. 682: 1b. A extinção do mandato *ad negotia* com prazo certo não prejudica o mandato *ad judicia* ulteriormente outorgado por mandatário naquele, dentro de tal prazo; este subsiste e permanece eficaz (STJ-3ª T., REsp 798.901, Min. Sidnei Beneti, j. 1.12.09, DJ 10.12.09).

Art. 682: 2. v. arts. 683 a 687. S/ revogação de mandato outorgado a advogado, v. CPC 111; s/ revogação de instrumento procuratório de idoso por iniciativa do MP, v. EId 74-IV.

Art. 682: 2a. "A resilição unilateral do contrato de mandato é faculdade atribuída pela lei tanto ao mandante como ao mandatário (CC/2002, art. 473, c/c o art. 682, I). Portanto, a revogação, pelo mandante, do mandato outorgado ao advogado é causa lícita de rescisão do contrato de prestação de serviços advocatícios, **não ensejando** o pagamento de multa prevista em **cláusula penal**" (STJ-4ª T., REsp 1.803.346-AgInt, Min. Raul Araújo, j. 27.8.19, DJ 11.9.19).

"Contrato de prestação de serviços advocatícios. Previsão de penalidade consubstanciada no pagamento integral dos valores pactuados ante a revogação unilateral do mandato. Impossibilidade. Direito potestativo do cliente de revogar o mandato, assim como é do advogado de renunciar. Não é possível a estipulação de multa no contrato de honorários para as hipóteses de renúncia ou revogação unilateral do mandato do advogado, independentemente de motivação, respeitado o direito de recebimento dos honorários proporcionais ao serviço prestado" (STJ-3ª T., REsp 1.882.117, Min. Nancy Andrighi, j. 27.10.20, DJ 12.11.20).

Art. 682: 3. v. art. 688. S/ renúncia de mandato por advogado, v. CPC 112, EA 5º § 3º.

Art. 682: 3a. v. arts. 674, 689 (morte do mandante), 685 (mandato em causa própria) e 690 (morte do mandatário). S/ morte de uma das partes e obrigação de dar contas, v. art. 668, nota 2; s/ suspensão do processo por morte, v. CPC 313-I e 1.004.

Art. 682: 3b. v. art. 674.

Art. 682: 4. "Interdição do mandante que acarreta automaticamente a extinção do mandato, inclusive o judicial, nos termos do art. 682, II, do CC. Inaplicabilidade do referido dispositivo legal ao mandato outorgado pelo interditando para atuação de seus advogados na ação de interdição, sob pena de cerceamento de seu direito de defesa no processo de interdição" (STJ-3ª T., REsp 1.251.728, Min. Paulo Sanseverino, j. 14.5.13, DJ 23.5.13).

Art. 682: 4a. v. art. 674.

Art. 682: 4b. Em matéria de mandato outorgado a advogado, v. no nosso CPCLPV CPC 104, nota 2a.

Art. 682: 5. "Não há de se cogitar de revogação de mandato quando já inteiramente cumprido e concluído o negócio" (JTJ 201/347, ementa da redação).

Art. 683. Quando o mandato contiver a cláusula de irrevogabilidade e o mandante o revogar, pagará perdas e danos.[1-2] [Sem dispositivo correspondente no CC/1916.]

Art. 683: 1. s/ perdas e danos, v. arts. 402 a 405.

Art. 683: 2. "O mandato é um negócio baseado na confiança, portanto, este só deverá perdurar enquanto esta existir. Entretanto, mesmo que a irrevogabilidade tenha sido convencionada nada obsta que o mandante revogue o instrumento. Ressalte-se apenas que, ao fazê-lo, o mandante se sujeitará às perdas e danos que seu ato acarretar" (RT 805/301).

Art. 684. Quando a cláusula de irrevogabilidade for condição de um negócio bilateral, ou tiver sido estipulada no exclusivo interesse do mandatário,[1] a revogação do mandato será ineficaz.[2] [Sem dispositivo correspondente no CC/1916.]

Art. 684: 1. v. art. 685.

Art. 684: 2. Trata-se de irrevogabilidade absoluta.

Art. 685. Conferido o mandato com a cláusula "em causa própria",[1] a sua revogação não terá eficácia, nem se extinguirá pela morte de qualquer das partes,[2] ficando o mandatário dispensado de prestar contas, e podendo transferir para si os bens móveis ou imóveis objeto do mandato, obedecidas as formalidades legais.[3-4] [Sem dispositivo correspondente no CC/1916.]

Art. 685: 1. v. art. 684.

Art. 685: 2. "A procuração em causa própria é irrevogável, não porque constitua exceção à revogabilidade do mandato, mas porque implica transferência de direitos. E por ser negócio de alienação, concretizada esta, com os requisitos da *res*, *pretium* e *consensus*, não se desfaz com a morte do mandante e o negócio feito não perde a eficácia" (RT 692/82).

Art. 685: 3. "É justa a posse exercida por quem recebeu substabelecimento de procuração em causa própria outorgada pela proprietária do imóvel, tendo por objeto este mesmo imóvel, e apresenta recibo de quitação do preço" (STJ-4ª T., REsp 238.750, Min. Ruy Rosado, j. 16.12.99, DJU 8.3.00).

Art. 685: 4. "O beneficiário de mandato com cláusula 'em causa própria' tem garantido, ante quem lhe outorgou esse mandato, o direito subjetivo de transferir para si os bens móveis ou imóveis objeto do contrato, desde que obedecidas as formalidades legais. Em face de terceiros, porém, a estipulação só é válida mediante o competente registro em cartório. Assim, o mandatário não pode pretender a invalidação da alienação posteriormente efetuada pelo mandante, que figurava como regular proprietário do bem, a terceiro de boa-fé. Resolve-se, pois, a obrigação em perdas e danos" (STJ-3ª T., REsp 1.269.572, Min. Sidnei Beneti, j. 17.4.12, DJ 9.5.12).

Art. 686. A revogação do mandato, notificada somente ao mandatário, não se pode opor aos terceiros que, ignorando-a, de boa-fé com ele trataram;[1] mas ficam salvas ao constituinte as ações que no caso lhe possam caber contra o procurador. [Dispositivo correspondente no CC/1916: art. 1.318.]

Parágrafo único. É irrevogável o mandato que contenha poderes de cumprimento ou confirmação de negócios encetados, aos quais se ache vinculado.[2] [Sem dispositivo correspondente no CC/1916.]

Art. 686: 1. v. art. 689.

Art. 686: 2. Ou seja, qualquer tentativa de revogação do mandato será ineficaz (irrevogabilidade absoluta).

Art. 687. Tanto que for comunicada ao mandatário a nomeação de outro, para o mesmo negócio, considerar-se-á revogado[1] o mandato anterior. [Dispositivo correspondente no CC/1916: art. 1.319.]

Art. 687: 1. tacitamente.

Art. 688. A renúncia[1] do mandato será comunicada ao mandante, que, se for prejudicado pela sua inoportunidade, ou pela falta de tempo, a fim de prover à substituição do procurador, será indenizado[2] pelo mandatário, salvo se este provar que não podia continuar no mandato sem prejuízo considerável, e que não lhe era dado substabelecer. [Dispositivo correspondente no CC/1916: art. 1.320.]

Art. 688: 1. v. art. 682-I. S/ renúncia de mandato por advogado, v. CPC 112, EA 5º § 3º.

Art. 688: 2. s/ perdas e danos, v. arts. 402 a 405; s/ obrigação de indenizar, v. art. 927 e segs.

Art. 689. São válidos, a respeito dos contratantes de boa-fé, os atos com estes ajustados em nome do mandante pelo mandatário, enquanto este ignorar a morte daquele ou a extinção do mandato, por qualquer outra causa.[1] [Dispositivo correspondente no CC/1916: art. 1.321.]

Art. 689: 1. v. art. 686-*caput*.

Art. 690. Se falecer o mandatário, pendente o negócio a ele cometido, os herdeiros,[1] tendo ciência do mandato, avisarão o mandante, e providenciarão a bem dele,[2] como as circunstâncias exigirem. [Dispositivo correspondente no CC/1916: art. 1.322.]

Art. 690: 1. v. art. 691.

Art. 690: 2. i. e., defenderão seus direitos e interesses.

Art. 691. Os herdeiros, no caso do artigo antecedente, devem limitar-se às medidas conservatórias, ou continuar os negócios pendentes que se não possam demorar sem perigo, regulando-se os seus serviços dentro desse limite, pelas mesmas normas a que os do mandatário estão sujeitos. [Dispositivo correspondente no CC/1916: art. 1.323.]

Seção V | DO MANDATO JUDICIAL

Art. 692. O mandato judicial fica subordinado às normas que lhe dizem respeito, constantes da legislação processual,[1-2] e, supletivamente, às estabelecidas neste Código. [Sem dispositivo correspondente no CC/1916.]

Art. 692: 1. v. CPC 103 a 107, EA 4º e 5º. V. ainda CPC 287 (distribuição da petição), LAJ 16 (assistência judiciária) e LJE 9º § 3º e 41 § 2º (Juizados Especiais).

Art. 692: 2. Não pode procurar em juízo a pessoa:

— não inscrita na OAB (EA 4º-*caput*);

— que tenha incompatibilidade para o exercício da advocacia (EA 27 e 28);

— suspensa do exercício da advocacia (EA 4º § ún.).

Não pode patrocinar determinadas causas o advogado que tenha impedimento para defendê-las (EA 29 e 30).

Capítulo XI | DA COMISSÃO[1]

CAP. XI: 1. "Do contrato de comissão no novo Código Civil", por Humberto Theodoro Jr. (RT 814/26 e RF 372/119).

Art. 693. O contrato de comissão[1] tem por objeto a aquisição ou a venda de bens pelo comissário, em seu próprio nome,[2] à conta do comitente. [Sem dispositivo correspondente no CC/1916.]

Art. 693: 1. **LRF 120 § 2º:** "Para o falido, cessa o mandato ou comissão que houver recebido antes da falência, salvo os que versem sobre matéria estranha à atividade empresarial".

Art. 693: 2. Já no mandato, o mandatário age em nome do mandante.

Art. 694. O comissário fica diretamente obrigado para com as pessoas com quem contratar, sem que estas tenham ação contra o comitente,[1] nem este contra elas, salvo se o comissário ceder seus direitos[2] a qualquer das partes. [Sem dispositivo correspondente no CC/1916.]

Art. 694: 1. diferentemente do que acontece no mandato, no qual o mandatário age em nome do mandante e vincula este às pessoas com as quais contratar (arts. 675 e 679).

Art. 694: 2. s/ cessão de crédito, v. arts. 286 a 298.

Art. 695. O comissário é obrigado a agir de conformidade com as ordens e instruções do comitente, devendo, na falta destas, não podendo pedi-las a tempo, proceder segundo os usos em casos semelhantes. [Sem dispositivo correspondente no CC/1916.]

Parágrafo único. Ter-se-ão por justificados os atos do comissário, se deles houver resultado vantagem para o comitente, e ainda no caso em que, não admitindo demora a realização do negócio, o comissário agiu de acordo com os usos. [Sem dispositivo correspondente no CC/1916.]

Art. 696. No desempenho das suas incumbências o comissário é obrigado a agir com cuidado e diligência, não só para evitar qualquer prejuízo ao comitente, mas ainda para lhe proporcionar o lucro que razoavelmente se podia esperar do negócio. [Sem dispositivo correspondente no CC/1916.]

Parágrafo único. Responderá o comissário, salvo motivo de força maior,[1] por qualquer prejuízo que, por ação ou omissão, ocasionar ao comitente. [Sem dispositivo correspondente no CC/1916.]

Art. 696: 1. v. art. 393 § ún.

Art. 697. O comissário não responde pela insolvência[1] das pessoas com quem tratar, exceto em caso de culpa e no do artigo seguinte. [Sem dispositivo correspondente no CC/1916.]

Art. 697: 1. v. art. 955 e CPC/73 art. 748.

Art. 698. Se do contrato de comissão constar a cláusula *del credere*, responderá o comissário solidariamente[1] com as pessoas com que houver tratado em nome do comitente, caso em que, salvo estipulação em contrário, o comissário tem direito a remuneração mais elevada, para compensar o ônus assumido.[2] [Sem dispositivo correspondente no CC/1916.]

Art. 698: 1. v. arts. 275 a 285.

Art. 698: 2. v. art. 697.

Art. 699. Presume-se o comissário autorizado a conceder dilação do prazo para pagamento, na conformidade dos usos do lugar onde se realizar o negócio, se não houver instruções diversas do comitente. [Sem dispositivo correspondente no CC/1916.]

Art. 700. Se houver instruções do comitente proibindo prorrogação de prazos para pagamento, ou se esta não for conforme os usos locais, poderá o comitente exigir que o comissário pague incontinênti ou responda pelas consequências da dilação concedida, procedendo-se de igual modo se o comissário não der ciência ao comitente dos prazos concedidos e de quem é seu beneficiário. [Sem dispositivo correspondente no CC/1916.]

Art. 701. Não estipulada a remuneração[1] devida ao comissário, será ela arbitrada segundo os usos correntes no lugar.[2] [Sem dispositivo correspondente no CC/1916.]

Art. 701: 1. "No contrato de comissão mercantil por tempo indeterminado, o comitente pode modificar unilateralmente o valor a ser pago ao comissário" (STJ-3ª T., REsp 762.773, Min. Gomes de Barros, j. 17.4.07, DJU 7.5.07). No mesmo sentido, "acerca da possibilidade de a empresa aérea comitente reduzir unilateralmente o valor das comissões na venda de passagens aéreas feitas pelas agências de viagens comissárias": STJ-4ª T., REsp 787.052, Min. Quaglia Barbosa, j. 21.9.06, DJU 13.11.06; RJM 186/67 (AP 1.0024.07.432228-0/002).

Art. 701: 2. Para disposições similares em outros contratos, v. arts. 596 (prestação de serviços), 628 § ún. (depósito), 658 § ún. (mandato) e 724 (corretagem).

Art. 702. No caso de morte do comissário, ou, quando, por motivo de força maior,[1] não puder concluir o negócio, será devida pelo comitente uma remuneração proporcional aos trabalhos realizados.[2] [Sem dispositivo correspondente no CC/1916.]

Art. 702: 1. v. art. 393 § ún.

Art. 702: 2. sob pena de enriquecimento sem causa do comitente (arts. 884 a 886).

Art. 703. Ainda que tenha dado motivo à dispensa, terá o comissário direito a ser remunerado pelos serviços úteis prestados ao comitente,[1-1a] ressalvado a este o direito de exigir daquele os prejuízos sofridos.[2] [Sem dispositivo correspondente no CC/1916.]

Art. 703: 1. No caso de despedida sem justa causa, v. art. 705.

Art. 703: 1a. sob pena de enriquecimento sem causa do comitente (arts. 884 a 886).

Art. 703: 2. inclusive, lançando mão de compensação (arts. 368 e segs.).

Art. 704. Salvo disposição em contrário, pode o comitente, a qualquer tempo, alterar as instruções dadas ao comissário, entendendo-se por elas regidos também os negócios pendentes. [Sem dispositivo correspondente no CC/1916.]

Art. 705. Se o comissário for despedido sem justa causa,[1] terá direito a ser remunerado pelos trabalhos prestados, bem como a ser ressarcido pelas perdas e danos[2] resultantes de sua dispensa. [Sem dispositivo correspondente no CC/1916.]

Art. 705: 1. No caso de justa causa, v. art. 703.

Art. 705: 2. v. arts. 402 a 405.

Art. 706. O comitente e o comissário são obrigados a pagar juros[1] um ao outro; o primeiro pelo que o comissário houver adiantado para cumprimento de suas ordens; e o segundo pela mora[2] na entrega dos fundos que pertencerem ao comitente. [Sem dispositivo correspondente no CC/1916.]

Art. 706: 1. v. arts. 406 e 407.

Art. 706: 2. v. arts. 394 a 401.

Art. 707. O crédito do comissário, relativo a comissões e despesas feitas, goza de privilégio geral,[1] no caso de falência ou insolvência do comitente.[2] [Sem dispositivo correspondente no CC/1916.]

Art. 707: 1. v. arts. 955 a 965.

Art. 707: 2. v. art. 333-I.

Art. 708. Para reembolso das despesas feitas, bem como para recebimento das comissões devidas, tem o comissário direito de retenção sobre os bens e valores em seu poder em virtude da comissão.[1] [Sem dispositivo correspondente no CC/1916.]

Art. 708: 1. Para disposições similares em outros contratos, v. arts. 644 (depósito), 664 (mandato) e 742 (transporte).

Art. 709. São aplicáveis à comissão, no que couber, as regras sobre mandato.[1] [Sem dispositivo correspondente no CC/1916.]

Art. 709: 1. v. arts. 653 a 691.

Capítulo XII | DA AGÊNCIA E DISTRIBUIÇÃO[1-2]

CAP. XII: 1. "Do contrato de agência e distribuição no novo Código Civil", por Humberto Theodoro Jr. (RT 812/22 e RF 374/111); "O regime do contrato (típico) de agência e distribuição (representação comercial) no novo Código Civil em cotejo com a situação jurídica do contrato (atípico) de concessão comercial. Indenizações cabíveis na extinção da relação contratual", por Humberto Theodoro Jr. e Adriana Mandim Theodoro de Mello (RT 825/35 e RSDCPC 28/119); "Aspectos do contrato de agência no Código Civil de 2002", por Jean Carlos Fernandes (RDPr 23/91); "O contrato de distribuição no novo Código Civil (à luz da jurisprudência do TJRS)", por Luciano Benetti Timm e Lausiane Luz de Saboya (RTDC 35/75); "O contrato de agência e seus elementos caracterizadores", por Gustavo Luís da Cruz Haical (RT 877/41).

CAP. XII: 2. **Lei 4.886, de 9.12.65** — Regula as atividades dos representantes comerciais autônomos.

Lei 4.680, de 18.6.65 — Dispõe sobre o exercício da profissão de Publicitário e de Agenciador de Propaganda e dá outras providências.

Lei 6.729, de 28.11.79 — Dispõe sobre a concessão comercial entre produtores e distribuidores de veículos automotores de via terrestre.

Art. 710. Pelo contrato de agência,[1] uma pessoa assume, em caráter não eventual e sem vínculos de dependência, a obrigação de promover, à conta de outra,[1a] mediante retribuição, a realização de certos negócios, em zona determinada, caracterizando-se a distribuição quando o agente tiver à sua disposição a coisa a ser negociada.[2 a 4] [Sem dispositivo correspondente no CC/1916.]

Parágrafo único. O proponente pode conferir poderes ao agente para que este o represente na conclusão dos contratos. [Sem dispositivo correspondente no CC/1916.]

Art. 710: 1. ou representação comercial.

Art. 710: 1a. "O representante comercial age por conta e risco do representando, não figurando, pessoalmente, como vendedor nos negócios que intermedeia. Tendo isso em vista, não se pode imputar a ele a responsabilidade pela não conclusão da venda decorrente da falência da sociedade estrangeira a quem ele representa. Não tendo sido possível concluir a entrega da mercadoria, contudo, por força de evento externo pelo qual nenhuma das partes responde, é lícito que seja resolvida a avença, com a devolução, pelo representante, de todos os valores por ele recebidos diretamente, salvo os que tiverem sido repassados à sociedade estrangeira, por regulares operações contabilmente demonstradas" (STJ-3ª T., REsp 1.173.060, Min. Nancy Andrighi, j. 16.10.12, DJ 25.10.12).

Art. 710: 2. v. art. 721. Em matéria de seguro, v. art. 775.

Art. 710: 3. "A complexidade da relação de distribuição torna, via de regra, impraticável a sua **contratação verbal.** Todavia, sendo possível, a partir das provas carreadas aos autos, extrair todos os elementos necessários à análise da relação comercial estabelecida entre as partes, nada impede que se reconheça a existência do contrato verbal de distribuição" (STJ-3ª T., REsp 1.255.315, Min. Nancy Andrighi, j. 13.9.11, DJ 27.9.11).

Art. 710: 4. "Nos termos da doutrina, o contrato de distribuição é bilateral, sinalagmático, atípico e misto, de longa duração, pelo qual um agente econômico (fornecedor) obriga-se ao fornecimento de certos bens ou serviços a outro agente econômico (distribuidor), para que este os revenda, tendo como proveito econômico a diferença entre o preço de aquisição e o de revenda e assumindo obrigações voltadas à satisfação das exigências do sistema de distribuição do qual participa (FORGIONI, Paula. Contrato de distribuição. 2ª ed. São Paulo: Editora RT, 2008, p. 116). Não se concebe a fixação imutável de **preço do produto a ser distribuído,** na medida em que este se sujeita a inúmeras variantes, como o preço dos insumos, o custo industrial (impostos, encargos trabalhistas, dentre outras) e a situação de mercado. A prática dos descontos é parte de uma trama estratégica de mercados e significa sempre uma liberalidade de quem os concede, resultando dessa assertiva a não obrigatoriedade de sua continuidade e a possibilidade de serem suprimidos quando assim julgar conveniente o fornecedor, tomando como base seu plano de desenvolvimento. O contrato de distribuição é avençado entre profissionais, pessoas que, no discernimento, e quanto à capacidade de decisão, devem ser tratadas como iguais, em perfeitas condições de analisar a conveniência de cada uma das cláusulas, de negociá-las na medida do possível, de recusá-las ou de vir mesmo a não contratar. A cessação dos descontos oferecidos no momento da contratação não pressupõe a má-fé do fornecedor, tampouco significa intenção de rescisão do contrato de distribuição, não exigindo, para tanto, aviso prévio por parte do fornecedor" (STJ-4ª T., REsp 1.412.658, Min. Luis Felipe, j. 1.12.15, DJ 1.2.16).

Art. 711. Salvo ajuste, o proponente não pode constituir, ao mesmo tempo, mais de um agente, na mesma zona, com idêntica incumbência; nem pode o agente assumir o encargo de nela tratar de negócios do mesmo gênero, à conta de outros proponentes.[1] [Sem dispositivo correspondente no CC/1916.]

Art. 711: 1. v. art. 31 da Lei 4.886, de 9.12.65 (com redação dada pela Lei 8.420, de 8.5.92).

Art. 712. O agente, no desempenho que lhe foi cometido, deve agir com toda diligência, atendo-se às instruções recebidas do proponente.[1] [Sem dispositivo correspondente no CC/1916.]

Art. 712: 1. v. art. 29 da Lei 4.886, de 9.12.65.

Art. 713. Salvo estipulação diversa, todas as despesas com a agência ou distribuição correm a cargo do agente ou distribuidor. [Sem dispositivo correspondente no CC/1916.]

Art. 714. Salvo ajuste, o agente ou distribuidor terá direito à remuneração correspondente aos negócios concluídos dentro de sua zona, ainda que sem a sua interferência. [Sem dispositivo correspondente no CC/1916.]

Art. 715. O agente ou distribuidor tem direito à indenização se o proponente, sem justa causa, cessar o atendimento das propostas ou reduzi-lo tanto que se torna antieconômica a continuação do contrato. [Sem dispositivo correspondente no CC/1916.]

Art. 716. A remuneração será devida ao agente também quando o negócio deixar de ser realizado por fato imputável ao proponente. [Sem dispositivo correspondente no CC/1916.]

Art. 717. Ainda que dispensado por justa causa,[1] terá o agente direito[2] a ser remunerado pelos serviços úteis prestados ao proponente, sem embargo de haver[3] este perdas e danos[4] pelos prejuízos sofridos. [Sem dispositivo correspondente no CC/1916.]

Art. 717: 1. v. art. 35 da Lei 4.886, de 9.12.65.

Art. 717: 2. sob pena de enriquecimento sem causa do proponente (arts. 884 a 886).

Art. 717: 3. inclusive, lançando mão de compensação (arts. 368 e segs.).

Art. 717: 4. v. arts. 402 a 405.

Art. 718. Se a dispensa se der sem culpa do agente, terá ele direito à remuneração até então devida, inclusive sobre os negócios pendentes, além das indenizações previstas em lei especial.[1 a 4] [Sem dispositivo correspondente no CC/1916.]

Art. 718: 1. Lei 4.886, de 9.12.65: "Art. 27. Do contrato de representação comercial, além dos elementos comuns e outros a juízo dos interessados, constarão obrigatoriamente: (...) **j)** indenização devida ao representante pela rescisão do contrato fora dos casos previstos no art. 35, cujo montante não poderá ser inferior a 1/12 (um doze avos) do total da retribuição auferida durante o tempo em que exerceu a representação. **§ 1º** Na hipótese de contrato a prazo certo, a indenização corresponderá à importância equivalente à média mensal da retribuição auferida até a data da rescisão, multiplicada pela metade dos meses resultantes do prazo contratual".

Art. 718: 2. "Não tem validade ou eficácia disposição contratual que libere o representado de pagar indenização ao representante em casos de rescisão unilateral do ajuste, ainda que com concordância expressa das partes, pois contraria o disposto no art. 27 da Lei 4.886/65" (RT 800/289). No mesmo sentido: RT 743/303.

Art. 718: 3. "Tendo o próprio representante comercial admitido que a rescisão contratual deu-se exclusivamente por sua iniciativa, não há como falar em incidência do disposto no art. 35 e muito menos da alínea *j* do art. 27, ambos da Lei n. 4.886/65, que tratam da rescisão pela representada. Não demonstradas quaisquer das hipóteses que constituiriam motivos justos para rescisão do contrato de representação comercial pelo representante, previstas no art. 36 da Lei n. 4.886/65, indevida será a indenização" (RMDCPC 46/143: TJMG, AP 4986234-27.2008.8.13.0145).

Art. 718: 4. "Eventual **insucesso do empreendimento** ou dificuldades financeiras estão, inexoravelmente, abrangidos pelo risco inerente a qualquer atividade empresarial, **não** podendo ser considerados **fortuito externo (força maior)**, aptos a exonerar a responsabilidade do representado pelo pagamento do aviso prévio e da indenização de doze avos, previstos na lei de regência, quando da rescisão unilateral do contrato de representação comercial" (STJ-4ª T., REsp 1.341.605, Min. Luis Felipe, j. 10.10.17, DJ 6.11.17).

Art. 719. Se o agente não puder continuar o trabalho por motivo de força maior,[1] terá direito à remuneração correspondente aos serviços realizados, cabendo esse direito aos herdeiros no caso de morte. [Sem dispositivo correspondente no CC/1916.]

Art. 719: 1. v. art. 393 § ún.

Art. 720. Se o contrato for por tempo indeterminado, qualquer das partes poderá resolvê-lo, mediante aviso prévio de noventa dias, desde que transcorrido prazo compatível com a natureza e o vulto do investimento exigido do agente. [Sem dispositivo correspondente no CC/1916.]

Parágrafo único. No caso de divergência entre as partes, o juiz decidirá da razoabilidade do prazo e do valor devido.[1] [Sem dispositivo correspondente no CC/1916.]

Art. 720: 1. cf. art. 473 § ún. V. tb. art. 422, nota 3e.

Art. 721. Aplicam-se ao contrato de agência e distribuição, no que couber, as regras concernentes ao mandato[1] e à comissão[2] e as constantes de lei especial.[3] [Sem dispositivo correspondente no CC/1916.]

Art. 721: 1. v. arts. 653 a 691.

Art. 721: 2. v. arts. 693 a 709.

Art. 721: 3. v. nota 2 ao Cap. XII, que antecede o art. 710.

Capítulo XIII | DA CORRETAGEM[1]

CAP. XIII: 1. **Lei 2.146, de 29.12.53** — Manda aplicar aos corretores, câmaras sindicais, juntas, bolsas de mercadorias e caixas de liquidação de todo o país, a legislação anteriormente decretada para o Distrito Federal.

Lei 4.594, de 29.12.64 — Regula a profissão de corretor de seguros.

Dec. 56.900, de 23.9.65 — Dispõe sobre o regime de corretagem de seguros na forma da Lei 4.594, de 29.12.64.

Dec. 56.903, de 24.9.65 — Regulamenta a profissão de corretor de seguros de vida e de capitalização, de conformidade com o art. 32 da Lei 4.594, de 29.12.64.

Lei 6.385, de 7.12.76 — Dispõe sobre o mercado de valores mobiliários e cria a Comissão de Valores Mobiliários: "**Art. 16.** Depende de prévia autorização da Comissão de Valores Mobiliários o exercício das seguintes atividades:

...

III — mediação ou corretagem de operações com valores mobiliários (*redação dada pela Lei 10.411, de 26.2.02*);

...

"**Parágrafo único.** Só os agentes autônomos e as sociedades com registro na Comissão poderão exercer a atividade de mediação ou corretagem de valores mobiliários fora da bolsa".

Lei 6.530, de 12.5.78 — Dá nova regulamentação à profissão de corretor de imóveis, disciplina o funcionamento de seus órgãos de fiscalização.

Art. 722. Pelo contrato de corretagem, uma pessoa, não ligada a outra em virtude de mandato, de prestação de serviços ou por qualquer relação de dependência, obriga-se a obter para a segunda um ou mais negócios, conforme as instruções recebidas.[1-2] [Sem dispositivo correspondente no CC/1916.]

Art. 722: 1. Diferentemente do comissário e do agente, o corretor não realiza o negócio, mas apenas aproxima as partes contratantes, a fim de que elas o concluam em seu próprio nome.

Art. 722: 2. "É certo que a prestação do serviço de corretagem é de risco, de resultado, guarda peculiaridades, porém, como toda atividade profissional, ela há de ter, como princípio básico, o estabelecimento de uma relação jurídica entre partes. Sem isso, não há contrato, nem escrito e nem verbal. Exatamente essa ausência de contrato é que não dá ensejo a uma ulterior comissão, pois não se pode impingir pagamento por serviço que sequer foi avençado, sob pena de se instituir verdadeiro contrato unilateral entre duas partes" (STJ-4ª T., REsp 214.410, Min. Aldir Passarinho Jr., j. 6.11.07, um voto vencido, DJU 14.4.08; a citação é do voto do relator). Do voto do Min. Cesar Rocha: "É certo que o contrato de corretagem, mesmo informal, exige que tenha havido um mínimo de contato entre o contratante e o contratado e que este tenha recebido instruções para intermediar a transação, já que, como se sabe, a atividade de corretagem se faz em nome do contratante".

Art. 723. O corretor é obrigado a executar a mediação com diligência e prudência, e a prestar ao cliente, espontaneamente, todas as informações sobre o andamento do negócio.[1]

Parágrafo único. Sob pena de responder por perdas e danos,[1a] o corretor prestará ao cliente todos os esclarecimentos acerca da segurança ou do risco do negócio, das alterações de valores e de outros fatores que possam influir nos resultados da incumbência.[1b a 3]

Art. 723: 1. Redação do *caput* de acordo com a Lei 12.236, de 19.5.10.

Art. 723: 1a. v. arts. 402 a 405. Em matéria de responsabilidade solidária, v. art. 264, nota 8.

Art. 723: 1b. Redação do § ún. de acordo com a Lei 12.236, de 19.5.10.

Art. 723: 2. Isentando o corretor de responsabilidade por eventuais prejuízos que o vendedor possa ter sofrido em razão de ter aquele redigido contrato sem a previsão de cláusula penal, por entender que "sua obrigação não se estende a tanto": RT 804/270.

Art. 723: 3. "Corretora que intermedeia a celebração de contrato de promessa de compra e venda que, desde a origem, mostrava-se nulo, visto que a vendedora tivera a falência decretada cerca de um ano antes e o bem imóvel encontrava-se penhorado. Indenização por perdas e danos. Possibilidade" (STJ-4ª T., REsp 1.266.937, Min. Luis Felipe, j. 6.12.11, DJ 1.2.12).

Art. 724. A remuneração do corretor,[1-1a] se não estiver fixada em lei, nem ajustada entre as partes, será arbitrada segundo a natureza do negócio e os usos locais.[2-3] [Sem dispositivo correspondente no CC/1916.]

Art. 724: 1. Entendendo ser desnecessária a inscrição profissional para a cobrança da remuneração pelo corretor: STF-Pleno, RE 70.563, Min. Thompson Flores, j. 18.3.71, DJU 26.4.71.

"A despeito de não inscrito no Conselho Regional de Corretores de Imóveis, o intermediador faz jus ao recebimento da comissão de corretagem" (STJ-4ª T., REsp 87.918, Min. Barros Monteiro, j. 20.2.01, DJ 9.4.01). No mesmo sentido: STJ-3ª T., AI 747.023-AgRg, Min. Gomes de Barros, j. 14.11.07, DJU 26.11.07.

"A falta de inscrição do corretor no CRECI não obsta, por si, ao direito à remuneração de corretagem e com muito maior razão, pela intermediação de venda de bem móvel, estabelecimento comercial" (JTJ 317/92: AP 1.068.576-0/5).

Art. 724: 1a. "Compra e venda de imóvel. Contrato verbal de corretagem. Comissão. Cabimento. Obrigação do comitente. Contratação do corretor pelo comprador. Contrato de corretagem é aquele por meio do qual alguém se obriga a obter para outro um ou mais negócios de acordo com as instruções recebidas. **A obrigação de pagar a comissão de corretagem é daquele que efetivamente contrata o corretor.** É o comitente que busca o auxílio do corretor, visando à aproximação com outrem cuja pretensão, naquele momento, esteja em conformidade com seus interesses, seja como comprador ou como vendedor" (STJ-3ª T., REsp 1.288.450, Min. João Otávio, j. 24.2.15, DJ 27.2.15).

"Tratando-se de mediação em compra e venda de imóvel, está obrigado a pagar a corretagem aquele que contratou a prestação deste serviço. De fato, a regra geral é que a comissão deve ser paga pelo vendedor, sendo devida pelo comprador apenas diante de prova inequívoca" (RT 814/252; ementa da redação).

S/ comissão de corretagem nos contratos de promessa de compra e venda de unidade autônoma em regime de incorporação imobiliária, v. CDC 51, nota 7c.

Art. 724: 2. Para disposições similares em outros contratos, v. arts. 596 (prestação de serviços), 628 § ún. (depósito), 658 § ún. (mandato) e 701 (comissão).

Art. 724: 3. "Na **aferição dos usos e costumes locais,** é válida a consulta aos sítios virtuais dos Conselhos Federal e Estaduais de Corretores de Imóveis" (STJ-3ª T., REsp 1.537.306, Min. Ricardo Cueva, j. 21.6.16, DJ 1.7.16).

Art. 725. A remuneração é devida ao corretor uma vez que tenha conseguido o resultado previsto no contrato de mediação, ou ainda que este não se efetive em virtude de arrependimento das partes.[1-2] [Sem dispositivo correspondente no CC/1916.]

Art. 725: 1. "Para fazer jus à comissão de corretagem, é necessária a conclusão efetiva do negócio, sendo insuficiente a simples aproximação entre as partes interessadas" (STJ-4ª T., AI 543.601-AgRg, Min. Aldir Passarinho Jr., j. 9.3.04, DJU 12.4.04). No mesmo sentido: "É indevida a comissão de corretagem se, mesmo após a aceitação da proposta, o comprador se arrepende e desiste da compra" (STJ-Bol. AASP 2 545/4.495: 3ª T., REsp 753.566). "A comissão de corretagem apenas é devida quando se tem como aperfeiçoado o negócio imobiliário, o que se dá com a efetiva venda do imóvel" (STJ-4ª T., AI 719.434-AgRg, Min. Luis Felipe, j. 2.4.09, DJ 20.4.09). Ainda: JTJ 327/242 (AP 1.032.362-0/5).

Combinado por ocasião do compromisso de compra e venda de imóvel que o pagamento da comissão ficaria condicionado à lavratura da respectiva escritura, nada é devido ao corretor se as partes desistem do negócio, malgrado seu caráter irrevogável e irretratável (RT 872/235: TJSP, AP 916847-0/7).

"A mera aproximação das partes, para que se inicie o processo de negociação no sentido da compra de determinado bem, não justifica o pagamento de comissão. A desistência, portanto, antes de concretizado o negócio, permanece possível. Num contrato de compra e venda de imóveis é natural que, após o pagamento de pequeno sinal, as partes requisitem certidões umas das outras a fim de verificar a conveniência de efetivamente levarem a efeito o negócio jurídico, tendo em vista os riscos de inadimplemento, de inadequação do imóvel ou mesmo de evicção. Essas providências se encontram no campo das tratativas, e a não realização do negócio por força do conteúdo de uma dessas certidões implica mera desistência, não arrependimento, sendo, assim, inexigível a comissão por corretagem" (STJ-3ª T., REsp 1.183.324, Min. Nancy Andrighi, j. 18.10.11, DJ 10.11.11).

"Os ora recorrentes (corretores) não atuaram com prudência e diligência na mediação do negócio, porque lhes cabia conferir previamente sobre a existência de eventuais ações judiciais que pendiam em desfavor dos promitentes vendedores — ou das pessoas jurídicas de que são sócios —, a fim de proporcionar aos promissários compradores todas as informações necessárias à segura conclusão da avença. Assim ainda que tenha havido a concreta aproximação das partes, com a assinatura da promessa de compra e venda e, inclusive, pagamento do sinal, o posterior arrependimento por parte dos promissários compradores deu-se por fato atribuível aos próprios corretores, sendo indevida, por este motivo, a comissão de corretagem" (STJ-3ª T., REsp 1.810.652, Min. Nancy Andrighi, j. 4.6.19, DJ 6.6.19).

"Contrato de corretagem. Celebração de negócio jurídico precário. Desfazimento do pacto. Posterior análise de documentos. Descoberta de ação de desapropriação. Hipótese diversa de arrependimento. Não cabe o pagamento de comissão de corretagem quando, apesar da celebração de compromisso de compra e venda, a negociação se revele precária e incompleta em relação à análise dos documentos concernentes ao imóvel e ao vendedor, subordinando o pagamento do sinal à higidez das certidões cartorárias" (STJ-3ª T., REsp 1.272.932, Min. Ricardo Cueva, j. 26.9.17, DJ 2.10.17).

"Em se tratando de prestação de serviços vinculados à compra e venda de imóvel, em linha de princípio, a completa formação do contrato de corretagem depende de três etapas: a) a aproximação das partes; b) o fechamento do negócio (assinatura da proposta de compra e venda); e c) a execução do contrato (compra e venda), por meio da assinatura da escritura para transcrição no registro de imóveis. O art. 725 do CC, ao estabelecer que a remuneração é devida ao corretor uma vez que tenha conseguido o resultado previsto no contrato de mediação, ou ainda que este não se efetive em virtude de arrependimento das partes, demanda harmonização com os arts. 723 do diploma civilista, 6º, III, IV e VI, do CDC e 20, I e VIII, da Lei 6.530/1978. Com efeito, em caso de desistência do negócio antes da assinatura da escritura, é possível fazer recair sobre aquele que voluntariosamente rompeu o compromisso de compra e venda a obrigação de pagar a comissão, não incidindo, todavia, nas hipóteses em que o arrependimento é motivado. Muito embora não tenha sido apurado ou infirmado se a venda do imóvel pelos promitentes vendedores constituiria fraude à execução, é vultoso o valor da causa na execução fiscal em que um deles é demandado — semelhante ao do imóvel objeto do compromisso de compra e venda —, e, como não foi devidamente informado pela imobiliária, é motivo bastante para ensejar o rompimento contratual, não havendo cogitar em obrigação de pagar comissão de corretagem" (STJ-4ª T., REsp 1.364.574, Min. Luis Felipe, j. 24.10.17, DJ 30.11.17).

"Contrato de compra e venda de imóvel. Financiamento imobiliário negado. Culpa da construtora. Comissão de corretagem. Restituição" (STJ-4ª T., Ag em REsp 1.158.464-AgInt, Min. Isabel Gallotti, j. 7.6.18, DJ 14.6.18).

Todavia: "No regime anterior ao do CC/02, a jurisprudência do STJ se consolidou em reputar de resultado a obrigação assumida pelos corretores, de modo que a não concretização do negócio jurídico iniciado com sua participação não lhe dá direito a remuneração. Após o CC/02, a disposição contida em seu art. 725, segunda parte, dá novos contornos à discussão, visto que, nas hipóteses de arrependimento das partes, a comissão por corretagem permanece devida. Pelo novo regime, deve-se refletir sobre o que pode ser considerado resultado útil, a partir do trabalho de mediação do corretor. A assinatura da promessa de compra e venda e o pagamento do sinal demonstram que o resultado útil foi alcançado e, por conseguinte, apesar de ter o comprador desistido do negócio posteriormente, é devida a comissão por corretagem" (STJ-3ª T., REsp 1.339.642, Min. Nancy Andrighi, j. 12.3.13, DJ 18.3.13).

"O arrependimento de quaisquer dos contratantes não afetará a comissão devida ao corretor, desde que o mesmo se dê por causa estranha à sua atividade. Na espécie, as partes contratantes assinaram o instrumento de promessa de compra e venda, tendo havido a atuação efetiva das corretoras para tanto. Deve-se reconhecer, portanto, que o resultado útil da mediação foi atingido. O negócio foi posteriormente desfeito, sem qualquer contribuição das corretoras para a não consolidação do negócio, isto é, o arrependimento da contratante deu-se por fatores alheios à atividade das intermediadoras. Destarte, a comissão de corretagem é devida, na espécie" (STJ-3ª T., REsp 1.783.074, Min. Nancy Andrighi, j. 12.11.19, DJ 21.11.19).

"É devida a comissão de corretagem quando, após a assinatura da promessa de compra e venda e o pagamento do sinal, o negócio é desfeito em razão do inadimplemento dos compradores" (STJ-4ª T., REsp 1.803.620-EDcl-AgInt, Min. Antonio Ferreira, j. 6.2.20, DJ 11.2.20).

"Carece de razoabilidade, em uma contratação vinculada à percepção de comissão de corretagem decorrente de venda de unidades habitacionais — consideradas perfectibilizadas mediante o trabalho de aproximação e intermediação empreendido pela corretora — seja reputada válida uma cláusula contratual que estabelece como motivo para o não pagamento ou determinação de devolução das comissões, eventual rescisão ocorrida, após já ultimada a concretização dos negócios e, absolutamente alheia a qualquer conduta da corretora" (STJ-2ª Seção, AR 5.812, Min. Marco Buzzi, j. 23.9.20, maioria, DJ 16.10.20).

"Ação monitória. Corretagem. Êxito na venda de imóvel. Aproximação entre vendedor e comprador a merecer, também, remuneração, apesar de a venda ter sido finalizada mediante outro profissional. Comissão de corretagem devida" (STJ-3ª T., REsp 1.504.306-AgInt, Min. Paulo Sanseverino, j. 16.3.17, DJ 28.3.17).

"Para que seja devida a comissão, basta a aproximação das partes e a conclusão bem sucedida de negócio jurídico. A participação efetiva do corretor na negociação do contrato é circunstância que não desempenha, via de regra, papel essencial no adimplemento de sua prestação. Portanto, esse auxílio, posterior à aproximação e até a celebração do contrato, não pode ser colocado como condição para o pagamento da comissão devida pelo comitente" (STJ-3ª T., REsp 1.072.397, Min. Nancy Andrighi, j. 15.9.09, DJ 9.10.09).

"Embora o serviço de corretagem somente se aperfeiçoe quando o negócio é concretizado, dado o risco inerente à atividade, não se pode perder de vista que, nos negócios imobiliários — os quais dependem de registro do ato negocial no Cartório de Registro de Imóveis para fins de transferência e aquisição da propriedade e de outros direitos reais (CC/2002, arts. 1.227, 1.245-1.246) —, a intermediação da corretora pode encerrar-se antes da conclusão da fase de registro imobiliário. Por certo, quando as partes firmam, de algum modo, atos, com mediação da corretora, que geram obrigatoriedade legal de proceder-se ao registro imobiliário, tal como ocorre no caso de celebração de promessa de compra e venda ou de pagamento de sinal, torna-se devida a percepção de comissão de corretagem, mormente quando eventual desfazimento do negócio não decorrer de ato praticado pela corretora" (STJ-4ª T., REsp 1.228.180, Min. Raul Araújo, j. 17.3.11, DJ 28.3.11).

Art. 725: 2. "Sendo alienado o imóvel em período de exclusividade da imobiliária, somente não será devida a comissão quando o corretor for desidioso com a obrigação assumida. Verificado o propósito desleal dos réus/proprietários, inválida é a rescisão do contrato de corretagem, mantendo-se vigentes as obrigações nele assumidas" (RT 878/304: TJSC, AP 2006.046794-7).

Art. 726. Iniciado e concluído o negócio diretamente entre as partes, nenhuma remuneração será devida ao corretor; mas se, por escrito, for ajustada a corretagem com exclusividade, terá o corretor direito à remuneração integral, ainda que realizado o negócio sem a sua mediação, salvo se comprovada sua inércia ou ociosidade.[1] [Sem dispositivo correspondente no CC/1916.]

Art. 726: 1. "Havendo contrato de corretagem com exclusividade em vigor, mesmo que o negócio se perfaça por terceira pessoa, o corretor possui direito à comissão integral" (RT 872/327: TJMS, AP 2007.023255-0/0000-00).

Art. 727. Se, por não haver prazo determinado, o dono do negócio dispensar o corretor, e o negócio se realizar posteriormente, como fruto da sua mediação, a corretagem lhe será devida; igual solução se adotará se o negócio se realizar após a decorrência do prazo contratual, mas por efeito dos trabalhos do corretor. [Sem dispositivo correspondente no CC/1916.]

Art. 728. Se o negócio se concluir com a intermediação de mais de um corretor, a remuneração será paga a todos em partes iguais, salvo ajuste em contrário.[1] [Sem dispositivo correspondente no CC/1916.]

Art. 728: 1. cf. art. 257.

Art. 729. Os preceitos sobre corretagem constantes deste Código não excluem a aplicação de outras normas da legislação especial.[1] [Sem dispositivo correspondente no CC/1916.]

Art. 729: 1. v. nota 1 ao Cap. XIII, que antecede o art. 722.

Capítulo XIV | DO TRANSPORTE[1-2]

Seção I | DISPOSIÇÕES GERAIS

CAP. XIV: 1. v. **Dec. 2.681, de 7.12.1912,** s/ responsabilidade civil das estradas de ferro, no tít. TRANSPORTE FERROVIÁRIO.

CAP. XIV: 2. Lei 7.565, de 19.12.86 — Código Brasileiro de Aeronáutica.

Lei 7.029, de 13.9.82 — Dispõe sobre o transporte dutoviário de álcool.

Dec. 1.832, de 4.3.96 — Aprova o Regulamento dos Transportes Ferroviários.

Lei 9.432, de 8.1.97 — Dispõe sobre a ordenação do transporte aquaviário.

Dec. 2.256, de 17.6.97 — Regulamenta o Registro Especial Brasileiro (REB) para embarcações de que trata a Lei 9.432, de 8.1.97.

Lei 9.611, de 19.2.98 — Dispõe sobre o Transporte Multimodal de Cargas (regulamentada pelo Dec. 3.411, de 12.4.00).

Lei 9.966, de 28.4.00 — Dispõe sobre a prevenção, o controle e a fiscalização da poluição causada por lançamento de óleo e outras substâncias nocivas ou perigosas em águas sob jurisdição nacional e dá outras providências. Os **arts. 10 a 14** dessa Lei dispõem sobre o transporte de óleo e substâncias nocivas ou perigosas.

Lei 10.209, de 23.3.01 — Institui o Vale-Pedágio obrigatório sobre o transporte rodoviário de carga.

Lei 10.233, de 5.6.01 — Dispõe sobre a reestruturação dos transportes aquaviário e terrestre, cria o Conselho Nacional de Integração de Políticas de Transporte, a Agência Nacional de Transportes Terrestres, a Agência Nacional de Transportes Aquaviários e o Departamento Nacional de Infraestrutura de Transportes.

Dec. 5.910, de 27.9.06 — Promulga a Convenção para a unificação de certas regras relativas ao transporte aéreo internacional, celebrada em Montreal, em 28 de maio de 1999.

Lei 11.442, de 5.1.07 — Dispõe sobre o transporte rodoviário de cargas por conta de terceiros e mediante remuneração e revoga a Lei 6.813, de 10.7.80.

Lei 12.379, de 6.1.11 — Dispõe sobre o Sistema Nacional de Viação.

Lei 12.587, de 3.1.12 — Institui as diretrizes da Política Nacional de Mobilidade Urbana.

Art. 730. Pelo contrato de transporte alguém se obriga, mediante retribuição, a transportar, de um lugar para outro, pessoas ou coisas. [Sem dispositivo correspondente no CC/1916.]

Art. 731. O transporte exercido em virtude de autorização, permissão ou concessão,[1-1a] rege-se pelas normas regulamentares e pelo que for estabelecido naqueles atos, sem prejuízo do disposto neste Código.[2 a 4] [Sem dispositivo correspondente no CC/1916.]

Art. 731: 1. **Lei 9.074, de 7.7.95** — Estabelece normas para outorga e prorrogações das concessões e permissões de serviços públicos.

Dec. 2.521, de 20.3.98 — Dispõe sobre a exploração, mediante permissão e autorização, de serviços de transporte rodoviário interestadual e internacional de passageiros.

Art. 731: 1a. v. CF 21-XI-*d* e *e*, 30-V, 37 § 6º, 175.

Art. 731: 2. "A permissão para operacionalizar o transporte alternativo é ato discricionário e facultativo da Administração e de seus entes delegados, sendo defeso ao Judiciário, no exercício do controle jurisdicional, enveredar-se na apreciação do mérito do ato administrativo em espécie, ficando restrito apenas à verificação de sua legalidade" (RT 807/351: TJGO, AP 63.704-0/189).

Art. 731: 3. "O transporte coletivo e remunerado de pessoas só pode ser exercido mediante permissão ou concessão do Poder Público. Deste modo, não há qualquer ilegalidade no ato da municipalidade que determina a apreensão de ônibus clandestino, por estar agindo no interesse da coletividade" (RT 812/310: TJMG, AP 000.223.938-2/00).

Art. 731: 4. "Lícitas são a apreensão de veículo utilizado no transporte público sem a devida concessão ou permissão pelo Município, bem como a aplicação de multa pela transgressão às normas legais preexistentes" (RT 798/363: TJMG, AP 000.213.016-9/00).

Art. 732. Aos contratos de transporte, em geral, são aplicáveis, quando couber, desde que não contrariem as disposições deste Código, os preceitos constantes da legislação especial[1] e de tratados e convenções internacionais.[2-3] [Sem dispositivo correspondente no CC/1916.]

Art. 732: 1. v. nota 2 ao Cap. XIV, que antecede o art. 730.

Art. 732: 2. **Dec. 20.704, de 24.11.31** — Promulga a Convenção de Varsovia, para a unificação de certas regras relativas ao transporte aéreo internacional.

Art. 732: 3. **Enunciado 369 do CEJ:** "Diante do preceito constante no art. 732 do Código Civil, teleologicamente e em uma visão constitucional de unidade do sistema, quando o contrato de transporte constituir uma relação de consumo, aplicam-se as normas do Código de Defesa do Consumidor que forem mais benéficas a este".

Art. 733. Nos contratos de transporte cumulativo,[1] cada transportador se obriga a cumprir o contrato relativamente ao respectivo percurso, respondendo pelos danos nele causados a pessoas e coisas. [Sem dispositivo correspondente no CC/1916.]

§ 1º O dano, resultante do atraso ou da interrupção da viagem, será determinado em razão da totalidade do percurso.[1a] [Sem dispositivo correspondente no CC/1916.]

§ 2º Se houver substituição de algum dos transportadores no decorrer do percurso, a responsabilidade solidária[2] estender-se-á ao substituto. [Sem dispositivo correspondente no CC/1916.]

Art. 733: 1. v. tb. art. 756.

Art. 733: 1a. v. art. 737 (atraso no transporte de pessoas).

Art. 733: 2. v. arts. 275 a 285.

Seção II | DO TRANSPORTE DE PESSOAS[1-2]

SEÇ. II: 1. "Os contratos de transporte de pessoas à luz da responsabilidade civil e do novo Código Civil brasileiro", por Helder Martinez Dal Col (RT 804/11, RF 364/125); "Do transporte de pessoas no novo Código Civil", por Humberto Theodoro Jr. (RT 807/11, RF 367/91 e RSDCPC 21/16); "Responsabilidade civil nos transportes alternativos", por Patrícia Ribeiro Serra Vieira e Tatiana Zuma Pereira (RSDCPC 27/134).

SEÇ. II: 2. s/ autorização para viagem de criança ou adolescente, v. ECA 83 a 85 (no tít. CRIANÇA, ADOLESCENTE E JOVEM).

Art. 734. O transportador responde pelos danos[1-1a] causados às pessoas transportadas e suas bagagens,[1b] salvo motivo de força maior,[2] sendo nula qualquer cláusula excludente da responsabilidade.[2a a 3b] [Sem dispositivo correspondente no CC/1916.]

Parágrafo único. É lícito ao transportador exigir a declaração do valor da bagagem a fim de fixar o limite da indenização.[4] [Sem dispositivo correspondente no CC/1916.]

Art. 734: 1. s/ obrigação de indenizar, v. art. 927; s/ valor da indenização, v. arts. 944 a 950.

Art. 734: 1a. Súmula 35 do STF (Companheira): "Em caso de acidente do trabalho ou de transporte, a concubina tem direito de ser indenizada pela morte do amásio, se entre eles não havia impedimento para o matrimônio".

Súmula 314 do STF (Base da indenização): "Na composição do dano por acidente do trabalho, ou de transporte, não é contrário à lei tomar para base da indenização o salário do tempo da perícia ou da sentença".

Art. 734: 1b. v. nota 3b ao art. 186 (configura dano moral o extravio de bagagem).

S/ valor da indenização em caso de extravio de bagagem, v. nota 4a ao art. 186.

Art. 734: 2. v. arts. 393 § ún. e 737, nota 3.

Art. 734: 2a. s/ responsabilidade civil no transporte ferroviário, v. Dec. 2.681, de 7.12.1912, no tít. TRANSPORTE FERROVIÁRIO (em especial art. 17 e notas).

Em matéria de cláusula abusiva, v. CDC 51-I.

Art. 734: 3. "O transportador só responde pelos **danos resultantes de fatos conexos com o serviço** que presta" (STJ-2ª Seção, ED no REsp 232.649, Min. Ari Pargendler, j. 26.10.05, DJU 5.12.05).

"Constitui causa **excludente da responsabilidade** da empresa transportadora o fato inteiramente estranho ao transporte em si, como é o assalto ocorrido no interior do coletivo" (STJ-2ª Seção, REsp 435.865, Min. Barros Monteiro, j. 9.10.02, um voto vencido, DJU 12.5.03). No mesmo sentido: RJM 175/145. Ainda, em caso de homicídio: STJ-4ª T., REsp 142.186, Min. Quaglia Barbosa, j. 27.2.07, DJU 19.3.07; JTJ 321/1.629 (AP 1.262.950-6); em caso de "vítima atingida por disparos de arma de fogo efetuados por motorista de outro veículo": STJ-4ª T., REsp 589.629, Min. Fernando Gonçalves, j. 2.10.08, DJ 17.11.08; em caso de "terceiro que arremessa pedra no ônibus e fere passageiro": STJ-RF 400/405 (4ª T., REsp 247.349); STJ-3ª T., AI 940.875-AgRg, Min. Vasco Della Giustina, j. 19.5.09, DJ 8.6.09; STJ-2ª T., REsp 1.655.353, Min. Herman Benjamin, j. 6.4.17, DJ 25.4.17.

"O transportador não pode ser responsabilizado pelos danos decorrentes de fatos de terceiros que possam ser caracterizados como fortuito externo, no caso, a colocação de artefato explosivo em composição ferroviária, por se tratar de evento que não está relacionado com os riscos inerentes à atividade explorada" (STJ-2ª Seção, ED no REsp 1.200.369-EDcl-AgRg, Min. Sidnei Beneti, j. 11.12.13, DJ 16.12.13).

Afirmando não responder o transportador pelo "furto de valise no interior de ônibus", na medida em que sua responsabilidade se restringe à bagagem que lhe é confiada: JTJ 302/206.

"Ato libidinoso praticado contra passageira no interior de uma composição de trem do metrô paulista. Ausência de responsabilidade da transportadora. Fato exclusivo de terceiro e estranho ao contrato de transporte" (STJ-4ª T., REsp 1.748.295, Min. Marco Buzzi, j. 13.12.18, maioria, DJ 13.2.19).

Todavia, se o assalto no ônibus aconteceu em razão da "parada do veículo em ponto irregular", a empresa transportadora responde pelos correlatos danos (STJ-3ª T., REsp 200.808, Min. Ari Pargendler, j. 16.11.00, DJU 12.2.01).

"Transporte aéreo que seguiu via terrestre (ônibus), em virtude de cancelamento do voo. Passageiros roubados durante o trajeto. Concorrência de culpa da transportadora. A alteração substancial e unilateral do contrato firmado pela recorrente — de transporte aéreo para terrestre —, sem dúvida alguma, acabou criando uma situação favorável à ação de terceiros (roubo), pois o transporte rodoviário é sabidamente muito mais suscetível de ocorrer crimes dessa natureza, ao contrário do transporte aéreo. Dessa forma, a conduta da transportadora concorreu para o evento danoso, pois ampliou significativamente o risco de ocorrência desse tipo de situação, não podendo, agora, se valer da excludente do fortuito externo para se eximir da responsabilidade" (STJ-3ª T., REsp 1.728.068, Min. Marco Bellizze, j. 5.6.18, DJ 8.6.18).

"A cláusula de incolumidade é ínsita ao contrato de transporte, implicando obrigação de resultado do transportador, consistente em levar o passageiro com conforto e segurança ao seu destino, salvo se demonstrada causa de exclusão do nexo de causalidade, notadamente o caso fortuito, a força maior ou a culpa exclusiva da vítima ou de terceiro. O fato de terceiro, conforme se apresente, pode ou não romper o nexo de causalidade. Exclui-se a responsabilidade do transportador quando a conduta praticada por terceiro, sendo causa única do evento danoso, não guarda relação com a organização do negócio e os riscos da atividade de transporte, equiparando-se a fortuito externo. De outro turno, a culpa de terceiro não é apta a romper o nexo causal quando se mostra conexa à atividade econômica e aos riscos inerentes à sua exploração, caracterizando fortuito interno. Na hipótese, conforme consta no acórdão recorrido, a recorrente foi vítima de ato libidinoso praticado por outro passageiro do trem durante a viagem, isto é, um conjunto de atos referidos como assédio sexual. É evidente que ser exposta a assédio sexual viola a cláusula de incolumidade física e psíquica daquele que é passageiro de um serviço de transporte de pessoas. Na hipótese em julgamento, a ocorrência do assédio sexual guarda conexidade com os serviços prestados pela recorrida CPTM e, por se tratar de fortuito interno, a transportadora de passageiros permanece objetivamente responsável pelos danos causados à recorrente" (STJ-3ª T., REsp 1.747.637, Min. Nancy Andrighi, j. 25.6.19, maioria, DJ 1.7.19).

"Responsabilidade civil. Transporte público metropolitano. Queda de passageiro no momento do embarque. Dano moral. A situação descrita pelo acórdão recorrido, na qual o passageiro restou empurrado por aglomeração de pessoas no momento do embarque, vindo a sofrer severos danos físicos, constitui típico exemplo de fortuito interno, o qual é incapaz de romper o nexo de causalidade e de eximir a concessionária de sua responsabilidade civil" (STJ-1ª T., REsp 1.715.816, Min. Sérgio Kukina, j. 2.6.20, DJ 9.6.20).

"Acidente em linha férrea. Transporte de passageiros. Responsabilidade civil objetiva. O ato de vandalismo não foi a causa única e exclusiva da ocorrência do abalo moral sofrido pelo autor, pois outros fatores, como o tumulto decorrente da falta de informações sobre a causa, gravidade e precauções a serem tomadas pelos passageiros diante das explosões elétricas no vagão de trem que os transportava, aliada à falta de socorro às pessoas que se jogavam às vias férreas, contribuíram para as lesões reportadas nos presentes autos. Não o suficiente, a incolumidade dos passageiros diante de eventos inesperados, mas previsíveis, como o rompimento de um cabo elétrico, encontra-se indubitavelmente inserido nos fortuitos internos da prestação do serviço de transporte, pois o transportador deve possuir protocolos de atuação para evitar o tumulto, o pânico e a submissão dos passageiros a mais situações de perigo, como ocorreu com o rompimento dos lacres das portas de segurança dos vagões e o posterior salto às linhas férreas de altura considerável e entre duas estações de parada" (STJ-3ª T., REsp 1.786.722, Min. Nancy Andrighi, j. 9.6.20, DJ 12.6.20).

V. tb. art. 932, nota 5c.

Art. 734: 3a. "**Acidentes** ocorridos em autoestradas, mesmo por culpa exclusiva de terceiros, são considerados **fortuitos internos,** incapazes, por isso, de afastar a responsabilidade civil do transportador" (STJ-3ª T., REsp 1.318.095-EDcl-AgRg, Min. Sidnei Beneti, j. 19.6.12, DJ 27.6.12; no caso, o acidente se deu em razão do "desprendimento de uma bobina de aço de 12 toneladas que era transportada em caminhão que seguia à frente do ônibus de passageiros no qual se encontrava a vítima").

"O passageiro que sofre ferimentos graves ao ser transportado em ônibus coletivo, em razão do estouro de pneu traseiro que ocasionou o rompimento do assoalho do veículo, tem o direito a receber indenização por dano moral em face do evento, pois a responsabilidade da empresa de transporte coletivo é objetiva, não havendo lugar para discussão acerca da culpa, eis que é inerente ao contrato de transporte a cláusula de incolumidade, cabendo ao transportador levar o passageiro são e salvo ao lugar de destino" (RT 792/272: 1º TASP, AP 819.019-4; ementa da redação).

"As empresas permissionárias de transporte público são obrigadas a conduzir, com segurança, os passageiros aos locais de destino da linha que explora, o que resulta na sua responsabilidade pela ocorrência de incêndio ocorrido no interior do coletivo derivado da combustão de material explosivo carregado por passageira que adentrou o ônibus conduzindo pacote de volume expressivo, cujo ingresso se deu, excepcionalmente, pela porta da frente, mediante prévia autorização do motorista. Fato previsível e inerente à atividade empresarial, que deve ser avaliado caso a caso, não se limitando a responsabilidade do transportador exclusivamente àqueles eventos comumente verificados, mas a todos aqueles que se possa esperar como possíveis ou previsíveis de acontecer, dentro do amplo leque de variáveis inerentes ao meio, interno ou externo, em que trafega o coletivo, resultando no afastamento da hipótese de caso fortuito" (STJ-4ª T., REsp 168.985, Min. Aldir Passarinho Jr., j. 23.5.00, DJU 21.8.00).

Todavia: "Atropelamento de animal na pista de rolamento. Coletivo da empresa ré, que trafegava em velocidade compatível com o local e com o horário. Fato imprevisível e inevitável, que configura o fortuito externo" (Bol. AASP 2.631: TJRJ, AP 2008.001.25895).

Art. 734: 3b. "Em acidente de trânsito de graves proporções, inclusive com vítimas fatais, mesmo o passageiro que sofre apenas lesões leves faz jus à indenização por danos morais, a ser paga pela empresa de transporte público coletivo, tendo em vista sua exposição a cenas de horror e tragédia, repletas de imagens traumatizantes, violadoras do direito de personalidade. Ao aceitar a condução de pessoas — firmando, ainda que de forma tácita e não escrita, legítimo contrato de transporte —, surge para o transportador a obrigação de levar o passageiro com segurança (inclusive psicológica) até o seu destino. Essa obrigação assume relevância ainda maior quando se tratar de empresa dedicada ao transporte público coletivo" (STJ-3ª T., REsp 1.231.240, Min. Nancy Andrighi, j. 10.4.12, um voto vencido, RT 929/585).

Art. 734: 4. s/ responsabilidade pelo transporte de coisas, v. arts. 749 e 750; valor da indenização, v. arts. 944 a 950.

Art. 735. A responsabilidade contratual do transportador por acidente com o passageiro não é elidida por culpa de terceiro, contra o qual tem ação regressiva.[1-2] [Sem dispositivo correspondente no CC/1916.]

Art. 735: 1. No mesmo sentido, **Súmula 187 do STF:** "A responsabilidade contratual do transportador, pelo acidente com o passageiro, não é elidida por culpa de terceiro, contra o qual tem ação regressiva".

Art. 735: 2. v. arts. 927, 932-III, 933 e 934. V. tb. CPC 125-II (denunciação da lide).

Art. 736. Não se subordina às normas do contrato de transporte o feito gratuitamente, por amizade ou cortesia.[1-1a] [Sem dispositivo correspondente no CC/1916.]

Parágrafo único. Não se considera gratuito o transporte quando, embora feito sem remuneração, o transportador auferir vantagens indiretas.[2] [Sem dispositivo correspondente no CC/1916.]

Art. 736: 1. **Súmula 145 do STJ (Transporte de favor):** "No transporte desinteressado, de simples cortesia, o transportador só será civilmente responsável por danos causados ao transportado quando incorrer em dolo ou culpa grave" (v. jurisprudência s/ esta Súmula em RSTJ 80/335 a 352).

"Resta configurada a culpa grave do condutor de veículo que transporta gratuitamente passageiro, de forma irregular, ou seja, em carroceira aberta, uma vez que previsível a ocorrência de graves danos, ainda que haja a crença de que eles não irão acontecer" (STJ-3ª T., REsp 685.791, Min. Vasco Della Giustina, j. 18.2.10, DJ 10.3.10).

Art. 736: 1a. v. art. 392.

Art. 736: 2. É o caso do dono de hotel que transporta gratuitamente seus hóspedes ao aeroporto.

"O transporte aparentemente gratuito de passageiro — condução de eleitores para assistir a comício — não afasta o dever de indenizar os danos ocorridos, porque nele estão embutidos outros interesses, contrários à cortesia" (RJM 175/331).

Art. 737. O transportador está sujeito aos horários[1] e itinerários previstos, sob pena de responder por perdas e danos,[1a] salvo motivo de força maior.[2-3] [Sem dispositivo correspondente no CC/1916.]

Art. 737: 1. v. nota 3b ao art. 186 (configura dano moral o atraso no embarque de viagem).

S/ valor da indenização em caso de atraso no embarque de viagem, v. nota 4a ao art. 186.

Art. 737: 1a. v. arts. 402 a 405.

Art. 737: 2. v. art. 393 § ún. Em matéria de transporte ferroviário, v. art. 24 do Dec. 2.681, de 7.12.1912 (no tít. TRANSPORTE FERROVIÁRIO).

Art. 737: 3. **Atraso em voo.** "A ocorrência de problemas técnicos não é considerada hipótese de caso fortuito ou de força maior, mas sim fato inerente aos próprios riscos da atividade empresarial de transporte aéreo (fortuito interno), não sendo possível, pois, afastar a responsabilidade da empresa de aviação e, consequentemente, o dever de indenizar" (STJ-4ª T., Ag 1.310.356-AgRg, Min. João Otávio, j. 14.4.11, DJ 4.5.11).

Art. 738. A pessoa transportada deve sujeitar-se às normas estabelecidas pelo transportador, constantes no bilhete ou afixadas à vista dos usuários, abstendo-se de quaisquer atos que causem incômodo ou prejuízo aos passageiros, danifiquem o veículo, ou dificultem ou impeçam a execução normal do serviço. [Sem dispositivo correspondente no CC/1916.]

Parágrafo único. Se o prejuízo sofrido pela pessoa transportada for atribuível à transgressão de normas e instruções regulamentares, o juiz reduzirá equitativamente a indenização, na medida em que a vítima houver concorrido para a ocorrência do dano.[1] [Sem dispositivo correspondente no CC/1916.]

Art. 738: 1. v. arts. 734 e 945.

Art. 739. O transportador não pode recusar passageiros, salvo os casos previstos nos regulamentos, ou se as condições de higiene ou de saúde do interessado o justificarem.[1] [Sem dispositivo correspondente no CC/1916.]

Art. 739: 1. v. CDC 39-II.

Art. 740. O passageiro tem direito a rescindir o contrato de transporte antes de iniciada a viagem, sendo-lhe devida a restituição do valor da passagem, desde que feita a comunicação ao transportador em tempo de ser renegociada.[1] [Sem dispositivo correspondente no CC/1916.]

§ 1º Ao passageiro é facultado desistir do transporte, mesmo depois de iniciada a viagem, sendo-lhe devida a restituição do valor correspondente ao trecho não utilizado, desde que provado que outra pessoa haja sido transportada em seu lugar. [Sem dispositivo correspondente no CC/1916.]

§ 2º Não terá direito ao reembolso do valor da passagem o usuário que deixar de embarcar, salvo se provado que outra pessoa foi transportada em seu lugar, caso em que lhe será restituído o valor do bilhete não utilizado. [Sem dispositivo correspondente no CC/1916.]

§ 3º Nas hipóteses previstas neste artigo, o transportador terá direito de reter até cinco por cento da importância a ser restituída ao passageiro, a título de multa compensatória. [Sem dispositivo correspondente no CC/1916.]

Art. 740: 1. v. art. 473.

Art. 741. Interrompendo-se a viagem por qualquer motivo alheio à vontade do transportador, ainda que em consequência de evento imprevisível, fica ele obrigado a concluir o transporte contratado em outro veículo da mesma categoria, ou, com a anuência do passageiro, por modalidade diferente, à sua custa, correndo também por sua conta as despesas de estada e alimentação do usuário, durante a espera de novo transporte. [Sem dispositivo correspondente no CC/1916.]

Art. 742. O transportador, uma vez executado o transporte, tem direito de retenção sobre a bagagem de passageiro e outros objetos pessoais deste, para garantir-se do pagamento do valor da passagem que não tiver sido feito no início ou durante o percurso.[1] [Sem dispositivo correspondente no CC/1916.]

Art. 742: 1. Para disposições similares em outros contratos, v. arts. 644 (depósito), 664 (mandato) e 708 (comissão).

Seção III | DO TRANSPORTE DE COISAS[1]

SEÇ. III: 1. s/ fretamentos no comércio marítimo, v. CCo 566 a 628.

Art. 743. A coisa, entregue ao transportador, deve estar caracterizada pela sua natureza, valor, peso e quantidade, e o mais que for necessário para que não se confunda com outras, devendo o destinatário ser indicado ao menos pelo nome e endereço. [Sem dispositivo correspondente no CC/1916.]

Art. 744. Ao receber a coisa, o transportador emitirá conhecimento[1] com a menção dos dados que a identifiquem, obedecido o disposto em lei especial. [Sem dispositivo correspondente no CC/1916.]

Parágrafo único. O transportador poderá exigir que o remetente lhe entregue, devidamente assinada, a relação discriminada das coisas a serem transportadas, em duas vias, uma das quais, por ele devidamente autenticada, ficará fazendo parte integrante do conhecimento.[2] [Sem dispositivo correspondente no CC/1916.]

Art. 744: 1. v. arts. 745, 750, 752 e 754. S/ conhecimento no comércio marítimo, v. CCo 575 a 589.

Art. 744: 2. s/ a importância do conhecimento para o dimensionamento da responsabilidade do transportador, v. art. 750.

Art. 745. Em caso de informação inexata ou falsa descrição no documento a que se refere o artigo antecedente, será o transportador indenizado pelo prejuízo que sofrer, devendo a ação respectiva ser ajuizada no prazo de cento e vinte dias, a contar daquele ato, sob pena de decadência. [Sem dispositivo correspondente no CC/1916.]

Art. 746. Poderá o transportador recusar a coisa cuja embalagem seja inadequada,[1] bem como a que possa pôr em risco a saúde das pessoas, ou danificar o veículo e outros bens. [Sem dispositivo correspondente no CC/1916.]

Art. 746: 1. **Lei 9.611, de 19.2.98** — Dispõe sobre o Transporte Multimodal de Cargas: **"Art. 16.** O Operador de Transporte Multimodal e seus subcontratados somente serão liberados de sua responsabilidade em razão de: ... **II** — inadequação da embalagem, quando imputável ao expedidor da carga".

Art. 747. O transportador deverá obrigatoriamente recusar a coisa cujo transporte ou comercialização não sejam permitidos, ou que venha desacompanhada dos documentos exigidos por lei ou regulamento.[1] [Sem dispositivo correspondente no CC/1916.]

Art. 747: 1. v. CP 180.

Art. 748. Até a entrega da coisa, pode o remetente desistir do transporte e pedi-la de volta, ou ordenar seja entregue a outro destinatário, pagando, em ambos os casos, os acréscimos de despesa decorrentes da contraordem, mais as perdas e danos[1] que houver.[2] [Sem dispositivo correspondente no CC/1916.]

Art. 748: 1. v. arts. 402 a 405.

Art. 748: 2. v. art. 473.

Art. 749. O transportador conduzirá a coisa ao seu destino, tomando todas as cautelas necessárias para mantê-la em bom estado e entregá-la no prazo ajustado ou previsto.[1 a 4] [Sem dispositivo correspondente no CC/1916.]

Art. 749: 1. O transportador responde pela deterioração ou perda da coisa transportada, bem como pelo atraso na entrega, salvo motivo de força maior (art. 393 § ún.).

Art. 749: 2. "O **roubo da mercadoria em trânsito,** uma vez evidenciado que o transportador tomou as precauções e cautelas a que se acha obrigado, configura força maior, suscetível de excluir a sua responsabilidade" (STJ-4ª T., REsp 329.931, Min. Barros Monteiro, j. 22.10.02, DJU 17.2.03). No mesmo sentido: STJ-3ª T., REsp 772.620-EDcl-AgRg, Min. Nancy Andrighi, j. 6.12.05, DJU 19.12.05; RJTJERGS 266/301 (AP 70011676376), RIDCPC 64/184 (TRF-5ª Reg., AP 2002.81.00.020955-0).

"Transporte de carga. Roubo. Força maior. Situação previsível, porém inevitável. Ausência de comprovação do descuido por parte do transportador. Causa de exclusão da responsabilidade" (STJ-Corte Especial, ED no REsp 1.172.027, Min. Maria Thereza, j. 18.12.13, maioria, DJ 19.3.14).

"A Corte local apurou que os roubos normalmente eram efetuados por bandos fortemente armados e com mais de seis componentes, de modo que não se constata, objetivamente, negligência da transportadora, a ponto de caracterizar a sua culpa pelos eventos. Não é cabível o reconhecimento da culpa da transportadora apenas por não ter alterado unilateralmente a rota habitual, sendo certo que, na relação jurídica mercantil existente entre a segurada e a transportadora, aquela poderia ter proposto, se necessário, a sua alteração, porquanto, apesar dos roubos, foram pactuados sucessivos novos contratos de transporte de mercadorias" (STJ-4ª T., REsp 927.148, Min. Luis Felipe, j. 4.10.11, DJ 4.11.11).

"Mesmo diante de todas as precauções e cautelas possíveis, a força maior é por si mesma inevitável e irresistível e, por mais que se exija dos prestadores de serviço de transporte terrestre de mercadoria, o roubo com emprego de arma de fogo pode continuar a ocorrer, não sendo exigível a existência de escolta armada, sem a prévia estipulação contratual" (STJ-3ª T., REsp 1.660.163, Min. Nancy Andrighi, j. 6.3.18, DJ 9.3.18).

Todavia: "O transporte de malotes sob guarda de empresa contratada pela instituição financeira é de sua inteira responsabilidade, de sorte que não constitui, em tal caso, força maior o roubo de malote contendo numerário em espécie" (STJ-4ª T., REsp 965.520, Min. Aldir Passarinho Jr., j. 8.6.10, DJ 1.7.10). "Apesar de o roubo à mão armada ser um fato difícil de ser evitado nas estradas brasileiras, os seus efeitos danosos podem ser pelo menos atenuados. Previsão expressa do art. 13 da Lei 11.442/2007, estatuindo que toda operação de transporte contará com seguro contra perdas ou danos causados à carga. Manifesta previsibilidade do risco de roubo de mercadorias nas operações de transporte de carga. Caso dos autos em que a ré não adotou as cautelas que razoavelmente dela se poderia esperar para evitar ou reduzir os prejuízos patrimoniais advindos do roubo de carga, especialmente (a) a não contratação do seguro obrigatório com apólice de valor suficiente para cobrir a carga; (b) o parcelamento da carga até o limite da apólice durante a rota; (c) a comunicação à autora e à seguradora da subcontratação de terceiro para realização do serviço; (d) a comunicação da rota à seguradora para eventual utilização do rastreamento do veículo. A circunstância da adoção de rota normalmente utilizada em horário de movimento da via não é suficiente para demonstração das cautelas que razoavelmente se espera da transportadora. O padrão de conduta exigível das transportadoras tem seu fundamento também na boa-fé objetiva, com incidência dos artigos 422, 113 e 187 do Código Civil. Procedência parcial da demanda principal e procedência da denunciação da lide em face da seguradora" (STJ-3ª T., REsp 1.676.764, Min. Paulo Sanseverino, j. 23.10.18, maioria, DJ 5.11.18). "Tratando-se de roubo de carga, não se pode afastar a culpa da transportadora por caso fortuito ou força maior, quando já era previsível tal evento naquela região. Dessa forma, não pode a transportadora se eximir de tal responsabilidade por estar caracterizada a culpa, na modalidade negligência" (RT 814/227: 1º TASP, AP 834.874-1, maioria; ementa da redação). "Caminhão que deveria acompanhar outros dois, com escolta. Providência (comboio) para evitar eventual ação de criminosos. Não observada a orientação, culminando com o roubo da carga, responde a transportadora pelo risco assumido" (JTJ 339/277: AP 1.202.074-3).

Afirmando a responsabilidade do transportador em caso de **furto,** "quando comprovada a falta de diligência do preposto da transportadora na vigilância do veículo e carga suprimidos": STJ-4ª T., REsp 899.429, Min. Aldir Passarinho Jr., j. 14.12.10, DJ 17.12.10.

"A **apropriação indébita** da carga objeto do contrato de transporte, quando praticada por preposto da empresa transportadora (*in casu,* o motorista do veículo) não exonera esta de sua responsabilidade, por não configurar hipótese de força maior e evidenciar, ainda, sua culpa *in eligendo*" (STJ-3ª T., REsp 1.229.361, Min. Vasco Della Giustina, j. 12.4.11, DJ 25.4.11).

V. tb. art. 757, nota 3c.

Art. 749: 2a. "Os **Correios** são, a um só tempo, empresa pública prestadora de serviço público em sentido estrito e agente inserido no mercado, desempenhando, neste caso, típica atividade econômica e se sujeitando ao regime de direito privado. Destarte, o caso dos autos revela o exercício de atividade econômica típica, consubstanciada na prestação de serviço de 'recebimento/coleta, transporte e entrega domiciliar aos destinatários em âmbito nacional' de 'fitas de vídeo e/ou material promocional relativo a elas', por isso que os Correios se sujeitam à responsabilidade civil própria das transportadoras de carga, as quais estão isentas de indenizar o dano causado na hipótese de força maior, cuja extensão conceitual abarca a ocorrência de roubo das mercadorias transportadas. A força maior deve ser entendida, atualmente, como espécie do gênero fortuito externo, do qual faz parte também a culpa exclusiva de terceiros, os quais se contrapõem ao chamado fortuito interno. O roubo, mediante uso de arma de fogo, em regra é fato de terceiro equiparável a força maior, que deve excluir o dever de indenizar, mesmo no sistema de responsabilidade civil objetiva" (STJ-4ª T., REsp 976.564, Min. Luis Felipe, j. 20.9.12, DJ 23.10.12).

Código Civil

Art. 749: 3. "**Transporte aéreo** internacional **de carga.** Contrato de transporte de mercadoria. Relação de consumo. Inexistência. Indenização pelo **extravio.** Convenção de Montreal. Incidência. As limitações e tarifações de indenização estabelecidas pela convenção internacional estão ancoradas em justificativas relevantes, como: a) indispensabilidade de contratação de seguro, que seria inviabilizada pela inexistência de teto; b) compensação entre, de um lado, a limitação e, do outro, o agravamento do regime de responsabilização (inversão do ônus da prova de culpa ou mesmo imputação objetiva); c) unificação do direito, quanto aos valores indenizatórios pagos. O art. 248 do Código Brasileiro de Aeronáutica tem disposição harmoniosa com o art. 22, alínea 5, da Convenção de Montreal, que estabelece que a limitação indenizatória não se aplicará se for provado que o dano é resultado de uma ação ou omissão do transportador ou de seus prepostos, com intenção de causar dano, ou de forma temerária e sabendo que provavelmente causaria dano, sempre que, no caso de uma ação ou omissão de preposto, se prove também que este atuava no exercício de suas funções. O extravio da carga é, em todas as hipóteses, o próprio fato gerador da obrigação de indenizar do transportador, não se podendo reconhecer que, sem demonstração de dolo ou culpa grave do transportador ou de seus prepostos, possa ser afastada a aplicação da fórmula convencional, para o cálculo do montante indenizatório" (STJ-4ª T., REsp 1.341.364, Min. Luis Felipe, j. 19.4.18, DJ 5.6.18).

"Responsabilidade civil. Extravio de bagagem. Transporte aéreo internacional. Danos materiais. Convenção de Varsóvia. Incidência. Limitação da indenização" (STJ-3ª T., REsp 254.561-AgRg, Min. Ricardo Cueva, j. 5.2.19, DJ 12.2.19).

"Contrato de transporte aéreo de carga. Ação regressiva de seguradora. Segurada que não era destinatária final do serviço prestado pela empresa aérea, tratando-se de outra transportadora, despachando mercadorias de um cliente seu. Ausência de relação de consumo entre segurada e requerida. Aplicação do Código Brasileiro de Aeronáutica. Valor não declarado. Incidência da restrição de seu art. 262" (JTJ 347/245: AI 7.392.574-3).

Todavia: "Transporte aéreo de carga. Extravio das mercadorias. Código de Defesa do Consumidor. Não incidência. Contrato de transporte aéreo de mercadorias. Relação de consumo não caracterizada. Transporte de mercadorias e bens de produção. Código Brasileiro de Aeronáutica. Responsabilidade tarifada. Não incidência. Extravio. Falha da prestação de serviço. Responsabilidade regulada pelo direito comum. Reparação integral do dano, independentemente de pagamento de taxa *ad valorem*. Não caracterização de caso fortuito ou força maior. Presunção de dolo ou culpa grave da apelante" (JTJ 345/242: AP 7.002.019-4).

V. tb. Lei 8.078/90, nota 1 (no tít. CONSUMIDOR).

Art. 749: 3a. "Se o transporte da carga é efetivamente feito por um único transportador, como no caso dos autos, esse transportador **(transportador de fato)** e a empresa contratada para promover o transporte internacional da mercadoria, que subcontratou a empresa aérea **(transportador contratual)** são **solidariamente responsáveis** pelo **extravio da mercadoria** ocorrido durante o transporte" (STJ-3ª T., REsp 900.250, Min. Sidnei Beneti, j. 2.9.10, DJ 2.12.10).

Art. 749: 3b. "**Não se aplica** o prazo decadencial previsto no **art. 26 da Convenção de Varsóvia** na hipótese de **extravio de carga,** uma vez que o referido dispositivo trata da necessidade de protesto e do respectivo prazo, apenas nos casos de avaria ou atraso no recebimento da mercadoria" (STJ-3ª T., REsp 900.250, Min. Sidnei Beneti, j. 2.9 10, DJ 2.12.10).

Art. 749: 4. "Transporte de produtos químicos. Armazenamento em local não refrigerado. Violação do dever jurídico do transportador. Não caracterização. Ação improcedente. No conhecimento de transporte não há qualquer menção a temperaturas específicas, mínima e máxima, em que a carga deveria ser mantida quando de seu armazenamento. Assim, não há como se pretender que tais informações — não passadas especificamente à transportadora-ré — decorram meramente do termo 'refrigerado' constante do conhecimento de transporte" (JTJ 347/277: AP 991.04.014644-4).

Art. 750. A responsabilidade do transportador, limitada ao valor constante do conhecimento, começa no momento em que ele, ou seus prepostos, recebem a coisa; termina quando é entregue ao destinatário,[1] ou depositada em juízo,[1a] se aquele não for encontrado.[2] [Sem dispositivo correspondente no CC/1916.]

Art. 750: 1. v. art. 494.

Art. 750: 1a. v. arts. 334 a 345 e CPC 539 e segs.

Art. 750: 2. v. arts. 734 § ún., 780, 927 e 944 a 950. V. tb. arts. 11 a 23 da Lei 9.611, de 19.2.98.

Art. 751. A coisa, depositada ou guardada nos armazéns do transportador, em virtude de contrato de transporte, rege-se, no que couber, pelas disposições relativas a depósito.[1] [Sem dispositivo correspondente no CC/1916.]

Art. 751: 1. v. arts. 627 a 652, em especial art. 644 (direito de retenção).

Art. 752. Desembarcadas as mercadorias, o transportador não é obrigado a dar aviso ao destinatário, se assim não foi convencionado, dependendo também de ajuste a entrega a domicílio, e devem constar do conhecimento de embarque as cláusulas de aviso ou de entrega a domicílio. [Sem dispositivo correspondente no CC/1916.]

Art. 753. Se o transporte não puder ser feito ou sofrer longa interrupção, o transportador solicitará, incontinênti, instruções ao remetente, e zelará pela coisa, por cujo perecimento ou deterioração responderá, salvo força maior.[1] [Sem dispositivo correspondente no CC/1916.]

§ 1º Perdurando o impedimento, sem motivo imputável ao transportador e sem manifestação do remetente, poderá aquele depositar a coisa em juízo,[2] ou vendê-la, obedecidos os preceitos legais e regulamentares, ou os usos locais, depositando o valor. [Sem dispositivo correspondente no CC/1916.]

§ 2º Se o impedimento for responsabilidade do transportador, este poderá depositar a coisa, por sua conta e risco, mas só poderá vendê-la se perecível. [Sem dispositivo correspondente no CC/1916.]

§ 3º Em ambos os casos, o transportador deve informar o remetente da efetivação do depósito ou da venda. [Sem dispositivo correspondente no CC/1916.]

§ 4º Se o transportador mantiver a coisa depositada[3] em seus próprios armazéns, continuará a responder pela sua guarda e conservação, sendo-lhe devida, porém, uma remuneração pela custódia, a qual poderá ser contratualmente ajustada ou se conformará aos usos adotados em cada sistema de transporte. [Sem dispositivo correspondente no CC/1916.]

Art. 753: 1. v. art. 393 § ún.

Art. 753: 2. v. arts. 334 a 345 e CPC 539 e segs.

Art. 753: 3. v. arts. 627 a 652.

Art. 754. As mercadorias devem ser entregues ao destinatário,[1] ou a quem apresentar o conhecimento[2] endossado, devendo aquele que as receber conferi-las e apresentar as reclamações que tiver, sob pena de decadência[3-3a] dos direitos. [Sem dispositivo correspondente no CC/1916.]

Parágrafo único. No caso de perda parcial ou de avaria não perceptível à primeira vista, o destinatário conserva a sua ação contra o transportador, desde que denuncie o dano em dez dias a contar da entrega.[4] [Sem dispositivo correspondente no CC/1916.]

Art. 754: 1. v. art. 494.

Art. 754: 2. v. art. 744.

Art. 754: 3. v. arts. 207 a 211.

Art. 754: 3a. "Seguro de transporte de carga. Diferença de peso entre a carga embarcada e a carga desembarcada. Ausência de avarias. Extravio de peso equivalente a 1% do total da carga. Ausência de vistoria aduaneira e de protesto. Carga recebida sem qualquer ressalva. Decadência do direito de reclamar por extravio de parte da carga. Exegese do art. 754 do Código Civil. Cobrança indevida" (JTJ 347/320: AP 991.09.028795-0).

Art. 754: 4. Súmula 109 do STJ: "O reconhecimento do direito a indenização, por falta de mercadoria transportada via marítima, independe de vistoria" (v. jurisprudência s/ esta Súmula em RT 709/170 e RSTJ 70/209).

Art. 755. Havendo dúvida acerca de quem seja o destinatário, o transportador deve depositar a mercadoria em juízo,[1] se não lhe for possível obter instruções do remetente; se a demora puder ocasionar a deterioração da coisa, o transportador deverá vendê-la, depositando o saldo[2] em juízo.[3] [Sem dispositivo correspondente no CC/1916.]

Art. 755: 1. v. arts. 334 a 345 e CPC 539 e segs.

Art. 755: 2. descontadas as despesas que teve.

Art. 755: 3. v. arts. 334 a 345 e CPC 539 e segs.

Art. 756. No caso de transporte cumulativo,[1] todos os transportadores respondem solidariamente[2] pelo dano causado perante o remetente, ressalvada a apuração final da responsabilidade entre eles, de modo que o ressarcimento recaia, por inteiro, ou proporcionalmente, naquele ou naqueles em cujo percurso houver ocorrido o dano. [Sem dispositivo correspondente no CC/1916.]

Art. 756: 1. v. tb. art. 733.

Art. 756: 2. v. arts. 275 a 285.

Capítulo XV | DO SEGURO[1 a 2]

Seção I | DISPOSIÇÕES GERAIS[1]

CAP. XV: 1. v. tít. SEGUROS.

CAP. XV: 1a. v. art. 777. S/ seguros marítimos, v. CCo 666 a 730.

CAP. XV: 2. "Os contratos de seguro e sua função social. A revisão securitária no novo Código Civil", por Nelson Borges (RT 826/25); "O seguro de pessoa no novo Código Civil", por Guilherme Calmon Nogueira da Gama (RT 826/11); "Contrato de seguro e a regulação do sinistro", por Humberto Theodoro Jr. (RSDCPC 30/5 e RT 832/67); "Do contrato de seguro no Código Civil: noções fundamentais", por Munir Karam (RT 834/74); "O contrato de seguro e o direito das relações de consumo", por Lucas Abreu Barroso (RDPr 22/184); "O contrato de seguro à luz do Código de Defesa do Consumidor e do novo Código Civil", por Luiz Felipe Silveira Difini (Ajuris 98/195); "O dever de cooperação no contrato de seguro", por Juliana Carolina Frutuoso Bizarria (RDPr 50/143).

SEÇ. I: 1. Prescrição: art. 206 §§ 1º-II e 3º-IX. V. tb. Súmula 229 do STJ.

Art. 757. Pelo contrato de seguro, o segurador[1] se obriga, mediante o pagamento do prêmio, a garantir interesse legítimo do segurado, relativo a pessoa ou a coisa, contra riscos predeterminados.[1a a 4a] [Dispositivo correspondente no CC/1916: art. 1.432.]

Parágrafo único. Somente pode ser parte, no contrato de seguro, como segurador, entidade para tal fim legalmente autorizada.[5-6] [Sem dispositivo correspondente no CC/1916.]

Art. 757: 1. As companhias de seguros não podem funcionar sem prévia autorização (Dec. lei 73, de 21.11.66, arts. 74 a 77).

Art. 757: 1a. s/ contratos aleatórios (caso do contrato de seguro), v. arts. 458 a 461; s/ responsabilidade do corretor de seguros pela cobertura, v. art. 775, nota 3; s/ ação de responsabilidade civil ajuizada diretamente contra o segurador do causador do dano, v. art. 927, nota 5d.

S/ cobertura de riscos e: contrato de seguro em geral, v. CDC 54, nota 2a; contrato de seguro-saúde, v. CDC 51, nota 7, e 54, nota 3.

S/ correção monetária em indenização securitária, v. LCM 1º, nota 3 **(Súmula 632 do STJ),** no tít. CORREÇÃO MONETÁRIA.

Art. 757: 1b. Súmula 31 do STJ: "A aquisição, pelo segurado, de mais de um imóvel financiado pelo Sistema Financeiro da Habitação, situados na mesma localidade, não exime a seguradora da obrigação de pagamento dos seguros" (v. jurisprudência s/ esta Súmula em RT 672/195 e RSTJ 33/285).

Súmula 402 do STJ: "O contrato de seguro por **danos pessoais compreende os danos morais,** salvo cláusula expressa de exclusão".

"Entende-se incluída nos chamados danos corporais contratualmente cobertos, a lesão moral decorrente do sofrimento e angústia da vítima de acidente de trânsito, para fins de indenização securitária" (STJ-4ª T., AI 935.821-AgRg, Min. Aldir Passarinho Jr., j. 6.12.07, DJU 17.3.08).

"Se o contrato consignou em cláusulas distintas e autônomas os danos material, corpóreo e moral, não pode ser exigido da seguradora o pagamento por este último, se o segurado optou por não contratá-lo" (STJ-3ª T., AI 912.855-AgRg, Min. Vasco Della Giustina, j. 19.3.09, DJ 30.3.09).

"Se o contrato de seguro prevê, em cláusula distinta, a cobertura para danos morais, deve a indenização correspondente ficar limitada ao valor contratado a esse título. Somente nos casos em que a cláusula é inespecífica, referindo-se genericamente a danos corporais ou a danos pessoais, é que se pode compreender nela inclusos os danos morais" (STJ-3ª T., Ag em REsp 708.653-EDcl-AgInt-AgInt, Min. João Otávio, j. 18.8.16, DJ 25.8.16). No mesmo sentido: STJ-4ª T., Ag em REsp 979.723-AgInt, Min. Isabel Gallotti, j. 4.5.17, DJ 10.5.17.

"A apólice de seguro contra danos corporais pode excluir da cobertura tanto o dano moral quanto o dano estético, desde que o faça de maneira expressa e individualizada para cada uma dessas modalidades de dano extrapatrimonial, sendo descabida a pretensão da seguradora de estender tacitamente a exclusão de cobertura manifestada em relação ao dano moral para o dano estético, ou vice-versa, ante a nítida distinção existente entre as rubricas. Hipótese sob julgamento em que a apólice continha cobertura para danos corporais a terceiros, com exclusão expressa apenas de danos morais, circunstância que obriga a seguradora a indenizar os danos estéticos" (STJ-3ª T., REsp 1.408.908, Min. Nancy Andrighi, j. 26.11.13, DJ 19.12.13).

Art. 757: 1c. Enunciado 370 do CEJ: "Nos contratos de seguro por adesão, os riscos predeterminados indicados no art. 757, parte final, devem ser interpretados de acordo com os arts. 421, 422, 424, 759 e 799 do Código Civil e 1º, inc. III, da Constituição Federal".

Art. 757: 1d. "Uma vez **alienado o bem segurado,** o alienante não detém legitimidade, tampouco direito de reivindicar, perante a seguradora, o pagamento de indenização securitária decorrente do implemento do risco garantido contratualmente, pois **não mais** guarda, em relação ao bem, **interesse segurável legítimo,** elemento essencial à constituição do contrato de seguro e, por consectário, à perfectibilização de todos os efeitos dele emanados. Por interesse segurável legítimo, compreende-se a relação existente entre o segurado e a coisa ou a pessoa exposta ao risco, ao qual a garantia contratada objetiva assegurar" (STJ-3ª T., REsp 1.739.971, Min. Marco Bellizze, j. 23.4.19, DJ 26.4.19).

V. tb. art. 884, nota 5a.

Art. 757: 1e. "Conhecida e comprovada situação de invalidez anterior à celebração da avença, é nula a estipulação de cobertura securitária quando **impossível o advento do risco** ao qual se pretendia acobertar. **Nulidade** absoluta que produz efeitos *ex tunc*" (STJ-4ª T., REsp 1.005.495, Min. João Otávio, j. 4.8.11, DJ 12.9.11).

Art. 757: 1f. "O sinistro, na garantia de invalidez permanente por acidente, nem sempre ocorrerá de modo instantâneo, visto que entre a data do infortúnio e a consolidação da invalidez dele decorrente poderá transcorrer período considerável de tempo, às vezes até ultrapassando o lapso de vigência da apólice. Todavia, esse interregno não eximirá a responsabilização da seguradora cujo contrato vigia quando da ocorrência do acidente, ou seja, do sinistro. A seguradora que tinha apólice vigente na data da ocorrência do acidente pessoal é a legítima para figurar no polo passivo de demanda que busca a indenização securitária fundada na cobertura IPA. Logo, não possui legit midade passiva *ad causam* a seguradora detentora da apólice válida apenas no dia da constatação da incapacidade laboral (realização da perícia médica ou concessão da aposentadoria por invalidez), quando já ocorrido o sinistro" (STJ-3ª T., REsp 1.191.204, Min. Ricardo Cueva, j. 2.9.14, DJ 11.9.14).

Art. 757: 2. "Se a morte resultou do esforço físico do segurado para se defender de uma agressão, ainda que na certidão de óbito conste 'enfarto agudo do miocárdio', não há como se qualificar tal sinistro como **'morte natural'**. É **acidental** a morte resultante de entrevero que acirrou deficiência orgânica apresentada pela vítima" (STJ-3ª T., REsp 782.684, Min. Gomes de Barros, j. 14.2.08, DJU 13.3.08).

"A lesão acidental no baço da paciente durante cirurgia bariátrica (cirurgia de redução de estômago), causadora da infecção generalizada que resultou no óbito da segurada, constitui morte acidental, para fins securitários, e não morte natural" (STJ-4ª T., REsp 1.184.189, Min. Isabel Gallotti, j. 15.3.12, DJ 23.3.12).

"Morte do segurado. Choque séptico pós-operatório. Cirurgia bariátrica. Acidente pessoal. Caracterização. Infecção decorrente de trauma físico. Constatada a morte acidental do segurado, ocasionada por infecção, septicemia ou embolia, resultante de ferimento visível causado em decorrência de acidente coberto (evento externo, súbito, involuntário, violento e lesionante), é de ser reconhecido o direito à indenização securitária decorrente da garantia morte por acidente" (STJ-3ª T., REsp 1.673.368, Min. Ricardo Cueva, j. 15.8.17, DJ 22.8.17).

"Os microtraumas sofridos pelo operário, quando exposto a esforços repetitivos no ambiente de trabalho, incluem-se no conceito de acidente pessoal definido no contrato de seguro" (STJ-4ª T., REsp 324.197, Min. Barros Monteiro, j. 23.11.04, DJU 14.3.05). No mesmo sentido: RT 872/275 (TJBA, AP 8306-3/2007).

Todavia: "O seguro de vida difere do seguro de acidentes pessoais. No primeiro, a cobertura de morte abarca causas naturais e também causas acidentais; já no segundo, apenas os infortúnios causados por acidente pessoal, a exemplo da morte acidental, são garantidos. Para fins securitários, a morte acidental evidencia-se quando o falecimento da pessoa decorre de acidente pessoal, sendo este definido como um evento súbito, exclusivo e diretamente externo, involuntário e violento. Já a morte natural configura-se por exclusão, ou seja, por qualquer outra causa, como as doenças em geral, que são de natureza interna, feita exceção às infecções, aos estados septicêmicos e às embolias resultantes de ferimento visível causado em decorrência de acidente coberto (Resolução CNSP 117/2004). Apesar da denominação 'acidente vascular cerebral', o AVC é uma patologia, ou seja, não decorre de causa externa, mas de fatores internos e de risco da saúde da própria pessoa que levam à sua ocorrência. Contratado o seguro de acidentes pessoais (garantia por morte acidental), não há falar em obrigação da seguradora em indenizar o beneficiário quando a morte do segurado é decorrente de causa natural, a exemplo da doença conhecida como acidente vascular cerebral (AVC), desencadeada apenas por fatores internos à pessoa" (STJ-3ª T., REsp 1.443.115, Min. Ricardo Cueva, j. 21.10.14, DJ 28.10.14).

"Ação de cobrança. Seguro de vida. Cobertura por morte acidental. Tromboembolismo pulmonar pós-cirúrgico. Ausência de elemento externo. Morte natural. Ausência de cobertura. Definida a causa da morte como decorrente de tromboembolismo pulmonar pós-operatório, e depreendendo-se dos fatos incontroversos nos autos que a cirurgia a que foi submetida a segurada, histerectomia total, ocorreu dentro do esperado, sem nenhuma intercorrência ou incidente que possa ter contribuído para a morte da paciente, não se tem por caracterizada, nos termos da legislação securitária, a morte acidental" (STJ-4ª T., REsp 1.284.847, Min. Raul Araújo, j. 28.3.17, DJ 3.4.17).

Art. 757: 2a. "Não é nula a cláusula de exclusão de riscos constante em contrato de seguro de vida, diante do equilíbrio da mutualidade que deve reger os contratos dessa natureza. Se do contrato de seguro consta, expressamente, que estão excluídos da cobertura os eventos ocorridos em consequência de acidentes decorrentes da prática profissional ou amadora de esportes nos quais o segurado se exponha a algum tipo de risco, como o voo livre, ultraleve, paraquedismo, *body jumping*, competições em veículos motorizados, etc., evidentemente que a morte ocorrida em consequência de acidente em voo de *paraglider* não pode merecer recebimento de indenização securitária" (RT 904/273: TJSP, AP 992.02.052903-0).

Todavia: "Seguro de acidentes pessoais. Contrato de adesão. Exclusão de cobertura. Cláusulas genéricas e abstratas. Interesse legítimo do consumidor-aderente. Desvantagem exagerada. É abusiva a exclusão do seguro de acidentes pessoais em contrato de adesão para as hipóteses de: i) gravidez, parto ou aborto e suas consequências; ii) perturbações e intoxicações alimentares de qualquer espécie; e iii) todas as intercorrências ou complicações consequentes da realização de exames, tratamentos clínicos ou cirúrgicos" (STJ-3ª T., REsp 1.635.238, Min. Nancy Andrighi, j. 11.12.18, DJ 13.12.18).

Art. 757: 3. "Se a administradora de cartões de crédito oferece cobertura securitária para os sinistros em que se envolva o consumidor no percurso de viagem feita mediante aquisição de passagem com o cartão, não se pode obrigar a seguradora a indenizar sinistro ocorrido após concluído esse percurso. Ou seja, tendo, na hipótese dos autos, o consumidor adquirido passagem de trem para se deslocar dentro da Europa, não há como condenar-se a administradora a indenizar acidente acontecido depois, durante viagem de automóvel que ele fazia nesse mesmo continente europeu. A alegação de que a administradora do cartão de crédito não prestou as informações adequadas sobre o produto que comercializava é desmentida pelos próprios termos da petição inicial, na qual o consumidor transcreve literalmente uma comunicação que recebeu, dando conta de que o seguro oferecido se referia apenas ao percurso de viagem" (STJ-3ª T., REsp 947.968, Min. Nancy Andrighi, j. 6.3.08, DJ 5.8.08).

Art. 757: 3a. "A hipótese narrada nos autos demonstra que não se trata de mero agravamento de riscos contratados, mas sim de causa de exclusão de cobertura securitária por expressa previsão contratual. A **condução de veículo por pessoa menor de idade** e, consequentemente, sem habilitação, é um risco que a seguradora não se comprometeu a cobrir, sendo que eventual exigência de cumprimento de algo que não fora pactuado inevitavelmente violará o princípio do *pacta sunt servanda*" (STJ-4ª T., Ag em REsp 1.533.368-AgInt, Min. Luis Felipe, j. 21.9.20, DJ 29.9.20).

V. tb. arts. 766, nota 3, e 768, nota 2b.

Art. 757: 3b. "O contrato de seguro tem por objeto a cobertura de riscos predeterminados, os quais, tratando-se de seguro de automóvel, são aqueles decorrentes de acidentes, furtos, roubos e quejandos; o risco resultante da falta de devolução ao segurado de veículo que emprestou a um amigo não é inerente ao seguro de automóvel, e a seguradora só estaria obrigada a indenizar esse sinistro se estivesse coberto por outro seguro, o de fidelidade" (STJ-3ª T., REsp 917.356, Min. Ari Pargendler, j. 17.6.08, dois votos vencidos, DJ 22.8.08).

"Conduta de ex-empregado que não devolve ao empregador veículo utilizado no trabalho não se assemelha a furto ou roubo. Legítima a negativa de cobertura pela seguradora" (STJ-4ª T., REsp 1.177.479, Min. Antonio Ferreira, j. 15.5.12, maioria, DJ 19.6.12).

Todavia: "Violação ao art. 757 do CC. Cobertura securitária. Predeterminação de riscos. Cláusula contratual remissiva a conceitos de direito penal (furto e roubo). Segurado vítima de extorsão. Tênue distinção entre o delito do art. 157 do CP e o tipo do art. 158 do mesmo Codex. Critério do entendimento do homem médio. Relação contratual submetida às normas do Código de Defesa do Consumidor. Dever de cobertura caracterizado" (STJ-4ª T., REsp 1.106.827, Min. Marco Buzzi, j. 16.10.12, DJ 23.10.12).

Art. 757: 3c. No sentido de que, uma vez condicionada a cobertura securitária à utilização de escolta especializada por ocasião do transporte de certas mercadorias, fica a seguradora isenta de cobrir eventos danosos suportados pela transportadora que se omitiu na contratação dessa escolta: STJ-3ª T., REsp 763.648, Min. Castro Filho, j. 14.6.07, um voto vencido, DJU 1.10.07. No mesmo sentido: JTJ 339/274 (AP 1.199.939-2).

Em matéria de eventos danosos por ocasião do transporte de coisas, v. tb. art. 749, nota 2.

Art. 757: 3d. "Contrato de seguro. **Roubo** ocorrido **em hotel.** Cláusula contratual que prevê a cobertura securitária para bens de hóspedes somente com relação aos que estiverem depositados no **cofre** central do hotel. Exclusão expressa dos bens que estiverem no interior dos cofres dos apartamentos. Ausência de responsabilidade da seguradora. Indenização securitária indevida" (STJ-3ª T., REsp 1.678.221, Min. Nancy Andrighi, j. 27.2.18, DJ 2.3.18).

Art. 757: 4. "O cumprimento de obrigação civil legal resultante de contrato de seguro não fica afastado pela aplicação de cláusulas de exceção que de sobremaneira favorecem a empresa seguradora, isentando-a da responsabilidade sobre o risco assumido quando, ao vistoriar as dependências do banco, não fez restrições às condições de segurança nem, ulteriormente, durante a vigência da cobertura, tampouco preocupou-se em fiscalizar a manutenção adequada do sistema de segurança, apontando eventuais vícios que poderiam autorizar a rescisão da avença ou eximi-la de cobrir o sinistro, caracterizado pelo furto de valores dentro das instalações da instituição" (STJ-4ª T., REsp 442.751, Min. Aldir Passarinho Jr., j. 11.12.07, DJU 25.2.08).

Art. 757: 4a. "O seguro de RC D&O (*Directors and Officers Insurance*) tem por objetivo garantir o risco de eventuais prejuízos causados por **atos de gestão de diretores, administradores e conselheiros** que, na atividade profissional, agiram com culpa (Circular/SUSEP 541/2016). Preservação não só do patrimônio individual dos que atuam em cargos de direção (segurados), o que incentiva práticas corporativas inovadoras, mas também do patrimônio social da empresa tomadora do seguro e de seus acionistas, já que serão ressarcidos de eventuais danos. A apólice do seguro de RC D&O não pode cobrir atos dolosos, principalmente se cometidos para favorecer a própria pessoa do administrador, o que evita forte redução do grau de diligência do gestor ou a assunção de riscos excessivos, a comprometer tanto a atividade de *compliance* da empresa quanto as boas práticas de governança corporativa. Aplicação dos arts. 757 e 762 do CC. Considera-se *insider trading* qualquer operação realizada por um *insider* (diretor, administrador, conselheiro e pessoas equiparadas) com valores mobiliários de emissão da companhia, em proveito próprio ou de terceiro, com base em informação relevante ainda não revelada ao público. É uma prática danosa ao mercado de capitais, aos investidores e à própria sociedade anônima, devendo haver repressão efetiva contra o uso indevido de tais informações privilegiadas (arts. 155, § 1º, e 157, § 4º, da Lei 6.404/1976 e 27-D da Lei 6.385/1976). O seguro de RC D&O somente possui cobertura para (i) atos culposos de diretores, administradores e conselheiros (ii) praticados no exercício de suas funções (atos de gestão). Em outras palavras, atos fraudulentos e desonestos de favorecimento pessoal e **práticas dolosas** lesivas à companhia e ao mercado de capitais, a exemplo do *insider trading*, não estão abrangidos na garantia securitária" (STJ-3ª T., REsp 1.601.555, Min. Ricardo Cueva, j. 14.2.17, DJ 20.2.17).

Art. 757: 5. **Enunciado 185 do CEJ:** "A disciplina dos seguros do Código Civil e as normas da previdência privada que impõem a contratação exclusivamente por meio de entidades legalmente autorizadas não impedem a formação de grupos restritos de ajuda mútua, caracterizados pela autogestão".

Art. 757: 6. "Pela própria descrição contida no aresto impugnado, verifica-se que a recorrida não pode se qualificar como **'grupo restrito de ajuda mútua'**, dadas as características de típico contrato de seguro, além de que o serviço intitulado de 'proteção automotiva' é aberto a um grupo indiscriminado e indistinto de interessados, o que resulta em violação do dispositivo do art. 757 do Código Civil/2002, bem como dos arts. 24, 78 e 113 do Decreto-Lei n. 73/1966. Não se está afirmando que a requerida não possa se constituir em 'grupo restrito de ajuda mútua', mas tal somente pode ocorrer se a parte se constituir em conformidade com o disposto no Decreto-Lei n. 2.063/1940 e legislação correlata, obedecidas às restrições que constam de tal diploma legal e nos termos estritos do Enunciado n. 185 da III Jornada de Direito Civil do Conselho da Justiça Federal" (STJ-2ª T., REsp 1.616.359, Min. Og Fernandes, j. 21.6.18, DJ 27.6.18; no caso, a Associação Mineira de Proteção e Assistência Automotiva foi proibida de comercializar contrato com natureza de seguro).

Art. 758. O contrato de seguro prova-se com a exibição da apólice ou do bilhete do seguro, e, na falta deles, por documento comprobatório do pagamento do respectivo prêmio.[1-2] [Sem dispositivo correspondente no CC/1916.]

Art. 758: 1. "O art. 758 do Código Civil não confere à emissão da apólice a condição de requisito de existência do contrato de seguro, tampouco eleva tal documento ao degrau de prova tarifada ou única capaz de atestar a celebração da avença. É fato notório que o contrato de seguro é celebrado, na prática, entre a corretora e o segurado, de modo que a seguradora não manifesta expressamente sua aceitação quanto à proposta, apenas a recusa ou emite, diretamente, a apólice do seguro, enviando-a ao contratante, juntamente com as chamadas condições gerais do seguro. Bem a propósito dessa praxe, a própria Susep disciplinou que a ausência de manifestação por parte da seguradora, no prazo de 15 (quinze) dias, configura aceitação tácita da cobertura do risco, conforme dispõe o art. 2º, *caput* e § 6º, da Circular Susep 251/2004. Com efeito, havendo essa prática no mercado de seguro, a qual, inclusive, recebeu disciplina normativa pelo órgão regulador do setor, há de ser aplicado o art. 432 do Código Civil, segundo o qual 'se o negócio for daqueles em que não seja costume a aceitação expressa, ou o proponente a tiver dispensado, reputar-se-á concluído o contrato, não chegando a tempo a recusa'. Na mesma linha, o art. 111 do Estatuto Civil preceitua que 'o silêncio importa anuência, quando as circunstâncias ou os usos o autorizarem, e não for necessária a declaração de vontade expressa'. No caso, não havendo nenhuma indicação de fraude e tendo o sinistro ocorrido efetivamente após a contratação junto à corretora de seguros, ocasião em que o consumidor firmou autorização de pagamento do prêmio mediante débito em conta, se em um prazo razoável não houve recusa da seguradora, só tendo havido muito tempo depois e exclusivamente em razão do sinistro noticiado, há de considerar-se aceita a proposta e plenamente aperfeiçoado o contrato. Deveras, vulnera os deveres de boa-fé contratual a inércia da seguradora em aceitar expressamente a contratação, vindo a recusá-la somente depois da notícia de ocorrência do sinistro e exclusivamente em razão disso" (STJ-4ª T., REsp 1.306.367, Min. Luis Felipe, j. 20.3.14, DJ 5.5.14).

Todavia: "O contrato de seguro, para ser concluído, necessita passar, comumente, por duas fases: i) a da proposta, em que o segurado fornece as informações necessárias para o exame e a mensuração do risco, indispensável para a garantia do interesse segurável, e ii) a da recusa ou aceitação do negócio pela seguradora, ocasião em que emitirá, nessa última hipótese, a apólice. A proposta é a manifestação da vontade de apenas uma das partes e, no caso do seguro, deverá ser escrita e conter a declaração dos elementos essenciais do interesse a ser garantido e do risco. Todavia, apesar de obrigar o proponente, não gera por si só o contrato, que depende de consentimento recíproco de ambos os contratantes. A seguradora, recebendo a proposta, terá o prazo de até 15 (quinze) dias para recusá-la, caso contrário, o silêncio importará em aceitação tácita (cf. Circular Susep 251/2004). No contrato de seguro de automóvel, o início da vigência será a partir da realização da vistoria, exceto para os veículos zero quilômetro ou quando se tratar de renovação do seguro na mesma sociedade seguradora, pois, nessas situações, a vigência será a partir da data da recepção da proposta pelo ente segurador (art. 8º, *caput* e § 1º, da Circular Susep 251/2004). Para que o contrato de seguro se aperfeiçoe, são imprescindíveis o envio da proposta pelo interessado ou pelo corretor e o consentimento, expresso ou tácito, da seguradora, mesmo sendo dispensáveis a apólice ou o pagamento de prêmio. Não há contrato de seguro se o particular envia a proposta após ocorrido o sinistro (a exemplo de furto de veículo), visto que não há a manifestação da vontade em firmar a avença em tempo hábil, tampouco existe a concordância, ainda que tácita, da seguradora. Além disso, nessa hipótese, quando o proponente decidiu ultimar a avença, já não havia mais o objeto do contrato (interesse segurável ou risco futuro)" (STJ-3ª T., REsp 1.273.204, Min. Ricardo Cueva, j. 7.10.14, DJ 28.10.14).

Art. 758: 2. "Embora o art. 758 do Código Civil faça alusão à apólice, bilhete ou pagamento do prêmio como meios de prova do contrato de seguro, é certo também que não exclui outras formas aptas à comprovação da relação securitária. Vale dizer que a citada norma indica que se considera provado o contrato de seguro mediante a exibição da apólice, bilhete ou pagamento do prêmio, não se excluindo, aprioristicamente, outros tipos de prova.

No caso concreto, é incontroversa a juntada de documentação robusta a comprovar as alegações da seguradora autora: recibo de pagamento da indenização feito ao beneficiário do seguro, certificado de registro do veículo já em nome da seguradora com autorização de transferência do 'salvado' à compradora, autorização assinada pela segurada para que a seguradora transportasse o veículo, reconhecendo tratar-se de objeto de indenização, laudos, aviso de sinistro (no qual consta o número da apólice e demais dados relativos ao veículo e ao acidente), entre outros. Com efeito, há farta documentação — toda ela reconhecida pelas instâncias ordinárias — que comprova a participação efetiva da segurada nos trâmites para o acionamento do seguro, atestam o pagamento da indenização e liberação do salvado, mostrando-se infundada a dúvida acerca da sub-rogação em benefício da autora" (STJ-4ª T., REsp 1.130.704, Min. Luis Felipe, j. 19.3.13, DJ 17.4.13).

Art. 759. A emissão da apólice deverá ser precedida de proposta[1] escrita com a declaração dos elementos essenciais do interesse a ser garantido e do risco.[2] [Sem dispositivo correspondente no CC/1916.]

Art. 759: 1. v. arts. 427 a 435.

Art. 759: 2. **Lei 7.565, de 19.12.86** — Dispõe sobre o Código Brasileiro de Aeronáutica (Lex 1986/1.285, RF 296/483):

"**Art. 285.** Sob pena de nulidade da cláusula, nas apólices de seguro de vida ou de seguro de acidente, não poderá haver exclusão de riscos resultantes do transporte aéreo.

"Parágrafo único. Em se tratando de transporte aéreo, as apólices de seguro de vida ou de seguro de acidentes não poderão conter cláusulas que apresentem taxas ou sobretaxas maiores que as cobradas para os transportes terrestres".

Art. 760. A apólice ou o bilhete de seguro serão nominativos,[1] à ordem ou ao portador,[1a] e mencionarão os riscos assumidos, o início e o fim de sua validade,[1b] o limite da garantia e o prêmio devido, e, quando for o caso, o nome do segurado e o do beneficiário.[2] [Dispositivos correspondentes no CC/1916: arts. 1.447-*caput* e § ún e 1.448-*caput*.]

Parágrafo único. No seguro de pessoas, a apólice ou o bilhete não podem ser ao portador. [Dispositivo correspondente no CC/1916: art. 1.447-*caput*.]

Art. 760: 1. i. e., que indicam o nome do segurado e do beneficiário.

Art. 760: 1a. s/ transferência do contrato de seguro, v. art. 785.

Art. 760: 1b. v. art. 774.

Art. 760: 2. v. arts. 791 a 793.

Art. 761. Quando o risco for assumido em cosseguro,[1-2] a apólice indicará o segurador que administrará o contrato e representará os demais, para todos os seus efeitos. [Sem dispositivo correspondente no CC/1916.]

Art. 761: 1. i. e., quando diversas seguradoras forem contratadas pelo segurado para a assunção do risco.

Art. 761: 2. "Se a cobertura securitária era limitada a determinado percentual do todo garantido, a existência de outro seguro cobrindo o restante, embora não seja tipicamente um cosseguro por refugir às formalidades da espécie (alinhamento de seguradoras e escolha de seguradora líder), distancia-se, por outro lado, da hipótese de duplicidade de seguro que obstaria o pagamento da indenização, que se postula, aqui, apenas em proporção à cobertura convencionada" (STJ-4ª T., REsp 442.751, Min. Aldir Passarinho Jr., j. 11.12.07, DJU 25.2.08).

Art. 762. Nulo[1] será o contrato para garantia de risco proveniente de ato doloso[2] do segurado,[3] do beneficiário, ou de representante de um ou de outro. [Dispositivo correspondente no CC/1916: art. 1.436.]

Art. 762: 1. s/ nulidade dos seguros marítimos, v. CCo 677 a 680.

Art. 762: 2. s/ dolo, v. arts. 145 a 150.

Art. 762: 3. s/ ato doloso do segurado, v. art. 757, nota 4a; s/ suicídio do segurado, v. art. 798 § ún.

Art. 763. Não terá direito a indenização o segurado que estiver em mora no pagamento do prêmio, se ocorrer o sinistro antes de sua purgação.[1 a 4] [Dispositivo correspondente no CC/1916: art. 1.451.]

Art. 763: 1. "O inadimplemento no pagamento do prêmio no contrato de seguro em face do novo Código Civil", por Virginia Duarte Deda de Abreu (RT 824/24).

Art. 763: 2. s/ mora e sua purgação, v. arts. 394 a 401, especialmente este último; s/ seguro-saúde, v. CDC 51, nota 7.

Art. 763: 2a. Enunciado 371 do CEJ: "A mora do segurado, sendo de escassa importância, não autoriza a resolução do contrato, por atentar ao princípio da boa-fé objetiva".

Enunciado 376 do CEJ: "Para efeito de aplicação do art. 763 do Código Civil, a resolução do contrato depende de prévia interpelação".

Art. 763: 3. "Conforme a teoria da aparência, o fato de ser o corretor de seguros profissional autônomo não retira a responsabilidade da seguradora, porquanto aquele é mero representante desta, por ela autorizado a celebrar contratos em seu nome. Em sendo assim, válido é o pagamento realizado pelo apelado diretamente à corretora de seguros vinculada à apelante" (RJM 176-177/123).

"O segurado, agindo com boa-fé, não pode ser penalizado quando o corretor não repassar as parcelas do prêmio à seguradora" (STJ-4ª T., Ag 1.369.356-AgRg, Min. João Otávio, j. 4.8.11, DJ 16.8.11).

Art. 763: 3a. Súmula 616 do STJ: "A indenização securitária é devida quando ausente a **comunicação prévia** do segurado acerca do atraso no pagamento do prêmio, por constituir requisito essencial para a suspensão ou resolução do contrato de seguro".

"'O mero atraso no pagamento de prestação do prêmio de seguro não importa em desfazimento automático do contrato, para o que se exige, ao menos, a prévia constituição em mora do contratante pela seguradora, mediante interpelação' (REsp 316.552, Min. Aldir Passarinho Jr., DJU 12.4.04). Caso em que o requisito foi cumprido pela seguradora ante o atraso de três meses por parte do segurado, que não efetuou a purgação da mora antes do sinistro que o vitimou fatalmente, levando ao cancelamento do contrato que, por outro lado, não pode ser revigorado após o óbito, com a quitação das parcelas em atraso pelos herdeiros beneficiários" (STJ-4ª T., REsp 650.938, Min. Aldir Passarinho Jr., j. 28.4.09, DJ 1.6.09).

"O simples atraso no pagamento do prêmio não implica suspensão ou cancelamento automático da cobertura securitária, fazendo-se necessária a constituição em mora do segurado, por intermédio de interpelação específica" (STJ-4ª T., REsp 943.289-AgRg, Min. Massami Uyeda, j. 1.4.08, DJU 14.4.08). No mesmo sentido: STJ-3ª T., AI 1.100.993-AgRg, Min. Sidnei Beneti, j. 16.4.09, DJ 6.5.09.

"As cláusulas contratuais devem ser interpretadas de maneira mais favorável ao consumidor, de modo que é necessária a prévia notificação do segurado, que se encontra inadimplente, a fim de constituição em mora, para, aí sim, ser aplicado o disposto no art. 763 do CC" (RT 870/365; a citação é do voto do relator).

"Para que possa ocorrer a rescisão ou suspensão da cobertura securitária em razão do inadimplemento do segurado, imprescindível é a notificação do consumidor, para que este possa purgar a mora ou, se assim preferir, tomar as providências para o fim da cobertura" (RJM 176-177/123).

Todavia: "Normalmente, para que se caracterize mora no pagamento de prestações relativas ao prêmio é necessária a interpelação do segurado. Mero atraso não basta para desconstituir a relação contratual. A cláusula de cancelamento do seguro sem prévia notificação deixa de ser abusiva, se o segurado permanece em mora há mais de 15 (quinze) meses. Em homenagem à boa-fé e à lógica do razoável, atraso superior a um ano não pode ser qualificado como 'mero atraso no pagamento de prestação do prêmio do seguro' (REsp 316.552). A ausência de interpelação por parte da seguradora não assegura, no caso, o direito à indenização securitária" (STJ-3ª T., REsp 842.408, Min. Gomes de Barros, j. 16.11.06, DJU 4.12.06).

Contra: "A indenização era indevida, no caso concreto, não porque o contrato havia de ser reputado cancelado, mas sim porque a cobertura ficou suspensa a partir da data em que o segurado deixou de pagar a parcela do prêmio. Note-se que esse efeito independia de formal notificação do segurado, bastando o fato objetivo de o prêmio não ter sido pago" (JTJ 324/635: AP 1.083.710-0/0; a citação é do voto do relator).

Art. 763: 4. "O contrato de previdência privada com plano de pecúlio por morte se assemelha ao seguro de vida, podendo também as normas aplicáveis às sociedades seguradoras estender-se, no que couber, às entidades abertas de previdência privada (art. 73, LC n. 109/2001). Portanto, à pretensão de recebimento de pecúlio devido por morte, aplica-se a jurisprudência da Segunda Seção relativa a contratos de seguro, segundo a qual 'o mero atraso no pagamento de prestação do prêmio do seguro não importa em desfazimento automático do contrato, para o que se exige, ao menos, a prévia constituição em mora do contratante pela seguradora, mediante interpelação'" (STJ-4ª T., REsp 877.965, Min. Luis Felipe, j. 22.11.11, DJ 1.2.12).

Art. 764. Salvo disposição especial,[1] o fato de se não ter verificado o risco, em previsão do qual se faz o seguro, não exime o segurado de pagar o prêmio.[2] [Dispositivo correspondente no CC/1916: art. 1.452.]

Art. 764: 1. v. CCo 642 e 684.

Art. 764: 2. v. art. 773.

Art. 765. O segurado e o segurador são obrigados a guardar na conclusão e na execução do contrato, a mais estrita boa-fé[1-2] e veracidade, tanto a respeito do objeto como das circunstâncias e declarações a ele concernentes. [Dispositivo correspondente no CC/1916: art. 1.443.]

Art. 765: 1. v. arts. 762, 766, 768, 769-*caput*, 773.

Art. 765: 2. "Em virtude dos deveres anexos (notadamente os da informação, cooperação e proteção) deflagrados pelos princípios da função social do contrato e da boa-fé objetiva, cumpre à seguradora demonstrar, de forma cabal, que deixou lúcido para o segurado o que vem a ser doença preexistente, bem como as implicações jurídicas dela decorrentes. Impera no ordenamento jurídico pátrio a presunção da boa-fé, não sendo admissível cogitar-se de má-fé ou de dolo se inexistirem nos autos provas robustas nesse sentido" (RJM 186/187: AP 1.0313.04.148487-1/001).

Art. 766. Se o segurado, por si ou por seu representante, fizer declarações inexatas ou omitir circunstâncias que possam influir na aceitação da proposta ou na taxa do prêmio, perderá o direito à garantia, além de ficar obrigado ao prêmio vencido.[1 a 7] [Dispositivo correspondente no CC/1916: art. 1.444.]

Parágrafo único. Se a inexatidão ou omissão nas declarações não resultar de má-fé do segurado, o segurador terá direito a resolver o contrato, ou a cobrar, mesmo após o sinistro, a diferença do prêmio. [Sem dispositivo correspondente no CC/1916.]

Art. 766: 1. v. arts. 147 (omissão intencional) e 765, nota 2 (boa-fé e doença preexistente).

Art. 766: 2. Em matéria de **seguro de vida,** "a doença preexistente pode ser oposta pela seguradora ao segurado apenas se houver prévio exame médico ou prova inequívoca da má-fé do segurado" (STJ-3ª T., AI 818.443-AgRg, Min. Nancy Andrighi, j. 1.3.07, DJU 19.3.07; no caso, o direito ao seguro foi reconhecido). No mesmo sentido: JTJ 320/630 (AP 1.058.486-0/7).

"Se a seguradora, em contrato típico de adesão, aceita a proposta e firma com o proponente contrato de seguro sem lhe exigir atestado de saúde ou submetê-lo a exames, a fim de verificar sua real condição física, deve suportar o risco do negócio, notadamente quando fica comprovado que este não agiu de má-fé" (STJ-4ª T., Ag em REsp 309.469-AgRg, Min. Raul Araújo, j. 7.8.14, DJ 26.8.14).

"Cabe ao segurador provar, para exonerar-se do pagamento da indenização, não só que o segurado já sofria da moléstia que deu causa à invalidez total e permanente, como também a omissão intencional e maliciosa do fato, que não admite presunção" (JTJ 327/466: AP 1.096.581-0/0).

"Excepcionalmente, a omissão do segurado não é relevante quando contrata seguro e mantém vida regular por vários anos, demonstrando que possuía, ainda, razoável estado de saúde quando da contratação da apólice. Aufere vantagem manifestamente exagerada, de forma abusiva e em contrariedade à boa-fé objetiva, o segurador que, após mais de duas décadas recebendo os prêmios devidos pelo segurado, nega cobertura, sob a alegação de que se trata de doença preexistente" (STJ-3ª T., REsp 913.120-AgRg, Min. Sidnei Beneti, j. 5.8.10, DJ 17.8.10).

"As causas diretas do óbito foram embolia pulmonar, insuficiência respiratória e infecção respiratória, decorrentes de tratamento de fratura no fêmur. A circunstância de haver doença preexistente que fragilizava a saúde do segurado (hepatopatia crônica), doença esta não informada quando da contratação da apólice, mesmo que tenha contribuído indiretamente para a morte, não exime a seguradora de honrar sua obrigação em caso de óbito cuja causa direta não foi a doença omitida" (STJ-4ª T., REsp 765.471, Min. Isabel Gallotti, j. 6.12.12, DJ 7.3.13).

"Quando se tratar de morte acidental e não de morte natural por doença, o silêncio do segurado acerca da enfermidade preexistente no questionário de risco não enseja a aplicação da pena do art. 766 do CC, já que a informação sonegada em nada concorreu para a ocorrência do dano, não guardando relação com o sinistro gerado" (STJ-3ª T., REsp 1.673.368, Min. Ricardo Cueva, j. 15.8.17, DJ 22.8.17).

"Inobstante a omissão do segurado sobre padecer de alcoolismo quando da contratação, não se configura má-fé se o contratante demonstrou que possuía, ainda, razoável estado de saúde quando da realização da avença original, renovada sucessivas vezes, somente vindo a se aposentar por invalidez muitos anos após" (STJ-4ª T., REsp 708.209, Min. Aldir Passarinho Jr., j. 12.9.06, DJU 16.10.06).

"Em que pese ser o alcoolismo considerado doença, tal circunstância ainda não restou assimilada no senso comum, principalmente aos consumidores crônicos de bebida alcoólica, não podendo presumir-se ter agido o segurado de má-fé ao não referir sua condição de alcoólatra quando da celebração da apólice" (RJTJERGS 269/158: EI 70024318982, maioria).

"Seguro de vida e acidentes pessoais. Cobrança. A hipertensão arterial é situação fisiopatológica tida como controlada, não exatamente caracterizada como doença, o que desconfigura a suposta má-fé da viúva-autora. Não demonstrada a alegada má-fé da segurada principal, sendo o ônus da prova da seguradora, correto o pagamento da indenização securitária" (RT 869/244).

"A exigência da realização de prévio exame médico para que a seguradora se oponha ao pagamento da indenização prevista na apólice de seguro, sob a alegação de doença preexistente, não se aplica nas hipóteses em que ficar comprovado que o contrato foi celebrado de má-fé pelo segurado" (STJ-4ª T., REsp 1.215.413-AgRg, Min. Isabel Gallotti, j. 7.8.14, DJ 20.8.14).

"É indevido o pagamento da indenização se o estipulante, esposo da segurada e beneficiário do seguro de vida, não obstante ciente das cláusulas gerais do seguro (uma das quais excluía os riscos resultantes da doença preexistente), sonegou a informação de que ela estava doente" (STJ-3ª T., REsp 964.648, Min. Ari Pargendler, j. 13.11.07, DJU 5.3.08).

"Não há falar em pagamento de indenização decorrente de contrato de seguro de vida se, consoante o acervo fático soberanamente analisado pelo Tribunal local, restar sobejamente comprovado nos autos que o segurado silenciou sobre a doença preexistente que o levou à morte" (STJ-3ª T., REsp 1.289.628, Min. Ricardo Cueva, j. 14.5.13, DJ 2.8.13).

"É indevido o pagamento de indenização decorrente de contrato de seguro de vida se constatado que a parte segurada, ao firmar o ajuste, sonegou, deliberadamente, informações relevantes acerca de seu estado de saúde" (STJ-4ª T., REsp 823.090-AgRg, Min. João Otávio, j. 7.5.09, DJ 18.5.09).

"Patenteada a deliberada omissão do segurado quanto à grande precariedade de seu estado de saúde quando da contratação, ocorrendo o óbito poucos dias após, torna-se indevida a pretendida cobertura indenizatória, pelo reconhecimento da má-fé" (STJ-4ª T., REsp 617.287, Min. Aldir Passarinho Jr., j. 18.10.05, DJU 14.11.05).

"Seguro de vida. Indenização. Doença preexistente. Estado de saúde precário. Omissão no preenchimento do questionário. Má-fé do segurado. O entendimento jurisprudencial de que a má-fé do segurado que omitiu a doença preexistente estaria descaracterizada quando teve razoável sobrevida após a assinatura do contrato de seguro não se aplica na hipótese em que não detinha razoável estado de saúde antes, durante e após a conclusão da avença, a exemplo das diversas ocorrências hospitalares existentes no período, devidamente especificadas em histórico médico. A má-fé na conduta é reflexo da falta deliberada em informar a seguradora acerca da precariedade do estado de saúde, que, como cediço, é capaz de influir nos riscos e termos da contratação" (STJ-3ª T., REsp 1.432.532, Min. Ricardo Cueva, j. 22.4.14, maioria, DJ 25.6.14).

"Seguro de vida em grupo. Segurado que omitiu a circunstância de ser portador de HIV (AIDS) quando da elevação do capital. Fato que sendo do seu conhecimento e com influência na aceitação e no valor do prêmio devia ser informado à seguradora. Justa recusa no pagamento da indenização maior" (JTJ 323/636: AP 962.279-0/6).

Enunciado 372 do CEJ: "Em caso de negativa de cobertura securitária por doença preexistente, cabe à seguradora comprovar que o segurado tinha conhecimento inequívoco daquela".

Em matéria de seguro-saúde, v. CDC 51, nota 7.

Art. 766: 2a. "As declarações inexatas ou omissões no questionário de risco em contrato de **seguro de veículo** automotor não autorizam, automaticamente, a perda da indenização securitária. É preciso que tais inexatidões ou omissões tenham acarretado concretamente o agravamento do risco contratado e decorram de ato intencional do segurado. Interpretação sistemática dos arts. 766, 768 e 769 do CC/02. No caso concreto, a circunstância de a segurada não possuir carteira de habilitação ou de ter idade avançada — ao contrário do seu neto, o verdadeiro condutor — não poderia mesmo, por si, justificar a negativa da seguradora. É sabido, por exemplo, que o valor do prêmio de seguro de veículo automotor é mais elevado na primeira faixa etária (18 a 24 anos), mas volta a crescer para contratantes de idade avançada. Por outro lado, o roubo do veículo segurado — que, no caso, ocorreu com o neto da segurada no interior do automóvel — não guarda relação lógica com o fato de o condutor ter ou não carteira de habilitação. Ou seja, não ter carteira de habilitação ordinariamente não agrava o risco de roubo de veículo. Ademais, no caso de roubo, a experiência demonstra que, ao invés de reduzi-lo, a idade avançada do

Código Civil

condutor pode até agravar o risco de sinistro — o que ocorreria se a condutora fosse a segurada, de mais de 70 anos de idade —, porque haveria, em tese, uma vítima mais frágil a investidas criminosas" (STJ-4ª T., REsp 1.210.205, Min. Luis Felipe, j. 1.9.11, DJ 15.9.11).

Art. 766: 3. "Nos contratos de seguro de veículos denominados 'seguro perfil', ocorrendo o sinistro, o fato de o motorista ser pessoa não relacionada como condutor do veículo, eventualmente tendo se utilizado do bem, não elide o dever de indenizar da seguradora, se não comprovada a má-fé do segurado" (RJM 173/209). No mesmo sentido: "Seguro de automóvel. Contratação pelo regime de perfil. Bem subtraído. Irrelevância do fato de o bem estar na posse de quem não era o condutor habitual, no caso de isso não ter concorrido para o sinistro" (JTJ 305/308) Ainda: "A omissão do contratante em relatar que o veículo segurado poderia ser conduzido por seu filho não afasta a responsabilidade da seguradora ao pagamento da indenização, sobretudo porque não demonstrada a má-fé do segurado, bem como que tal omissão teria acarretado o agravamento de risco. Inaplicável ao caso o art. 768 do Código Civil" (RMDECC 32/122: TJPR, AP 636.345-9). Também mantendo o direito ao seguro nessas circunstâncias: RT 870/239, 871/318, JTJ 343/375 (AP 992.05.061006-5).

Contra: "Fere a boa-fé objetiva a pretensão do segurado ao recebimento de indenização securitária em caso de sinistro causado por condutor com menos de 25 anos de idade, se, no contrato de seguro, há cláusula expressa de exclusão da cobertura para essa situação. O fato de o condutor com menos de 25 anos ter adquirido habilitação para dirigir após a contratação do seguro não exime o segurado de informar a seguradora sobre a nova condição, caso seja de seu interesse incluí-lo na cobertura" (STJ-3ª T., REsp 1.284.475, Min. João Otávio, j. 6.5.14, maioria, DJ 29.5.14).

"Na hipótese dos autos, a apólice securitária consigna expressamente que o veículo segurado não pode ser dirigido por pessoa(s) menor(es) de 26 anos na época de vigência do contrato. Assim, como à época do acidente, o terceiro responsável pela prática do 'racha' possuía 21 anos de idade, houve a inobservância dos termos da apólice, razão pela qual não há falar em pagamento de indenização securitária" (STJ-4ª T., REsp 1.368.766, Min. Luis Felipe, j. 1.3.16, DJ 6.4.16).

V. tb. arts. 757, nota 3a, e 768, nota 2b.

Art. 766: 4. "Se o segurado faz declaração inverídica com relação à destinação do veículo, e desta forma agrava os riscos, procedendo de maneira contrária ao estipulado no contrato, perderá o direito à indenização securitária" (JTJ 314/332: AP 938.830-0/4; no caso, declarou-se que o veículo era exclusivamente para passeio, mas o segurado fazia uso do automóvel para o transporte de passageiros). Em sentido semelhante: STJ-3ª T., REsp 1.340.100, Min. Ricardo Cueva, j. 21.8.14, DJ 8.9.14.

Todavia, em caso no qual a omissão do segurado não interferiu na ocorrência do sinistro (ele não disse à seguradora que o veículo objeto do seguro era usado também para fins de locação, mas o evento danoso aconteceu na garagem da sua casa), foi mantido o direito ao seguro (RT 858/323).

Art. 766: 4a. "É válida cláusula contratual que isenta a responsabilidade da seguradora, quando o veículo circula, habitualmente, em região distinta da declarada no contrato de seguro, pois é com base nas informações prestadas pelo segurado que a seguradora avalia a aceitação dos riscos e arbitra o valor da prestação a ser paga. De acordo com o princípio da boa-fé objetiva, deve-se esperar do segurado a prestação de informações que possam influenciar na aceitação do contrato e na fixação do prêmio. Na presente hipótese, o segurado, ao firmar contrato em localidade diversa da circulação habitual do veículo e ali indicar endereço residencial, certamente, omitiu informação relevante" (STJ-3ª T., REsp 988.044, Min. Nancy Andrighi, j. 17.12.09, DJ 2.2.10). No mesmo sentido: RJM 192/300 (AP 1.0145.07.413789-7/001).

Todavia: "A ausência de comunicação do segurado à seguradora sobre eventual mudança de endereço somente gerará o agravamento de risco e permitirá a negativa de pagamento da cobertura quando ficar expressamente comprovado o *animus* de lesionar" (RJ-Lex 51/351: TJSC, AP 2011.019956-9).

V. art. 768.

Art. 766: 5. "Embora o segurado haja afirmado que seu veículo era guardado em estacionamento fechado, o fato de ele ser furtado, quando estacionado em via pública, não afasta o dever indenizatório da seguradora, sob pena de o seguro se tornar inócuo" (RT 859/265).

"Cláusula de perfil. Resposta afirmativa da segurada à indagação acerca da guarda do veículo em garagem no trabalho e na residência. Furto do veículo estacionado em via pública defronte o local em que a segurada trabalhava por período de um mês e meio por ano. Não ocorrência de declaração inverídica. Indenização devida" (JTJ 320/622: AP 958.243-0/1, maioria).

"Veículo furtado. Estacionamento. Alteração da situação no decorrer do contrato. Declaração correta por ocasião da assinatura. Vaga de garagem alugada. Vencimento do contrato e negociação quando do furto. Prova testemunhal. Veículo que não era habitualmente estacionado na via pública. Agravamento de risco não verificado" (RT 892/195: TJSP, AP 992.05.035007-1, maioria).

"Indiferente o fato do autor estacionar ou não seu veículo em garagem fechada quando no trabalho, haja vista o veículo ter sido roubado quando o autor saía de um restaurante" (JTJ 328/561: AP 987.800-0/0; a citação é do voto do relator).

Contra: "O sinistro (furto) ocorreu por um comportamento habitual do real condutor do veículo, que o estacionava na rua, e as informações falseadas eram relevantes para o enquadramento do risco e do grupo de exposição e para a fixação do prêmio" (STJ-3ª T., REsp 1.419.731, Min. Ricardo Cueva, j. 7.8.14, DJ 9.9.14; a citação é do voto do relator).

Art. 766: 6. Em caso no qual o segurado fez declarações incorretas para obter ilegitimamente bonificações redutoras da taxa do prêmio, a indenização que lhe foi entregue sofreu proporcional redução (RT 879/262: TJSP, AP 941001-0/3).

Art. 766: 7. "Seguro de responsabilidade civil de diretores e administradores de pessoa jurídica (seguro de RC D&O). Renovação da apólice. Questionário de avaliação de risco. Informações inverídicas do segurado e do tomador do seguro. Má-fé. Configuração. Perda do direito à garantia. Na hipótese dos autos, as informações prestadas pela tomadora do seguro e pelo segurado no questionário de risco não correspondiam à realidade enfrentada pela empresa no momento da renovação da apólice, o que acabou por induzir a seguradora em erro na avaliação do risco contratual. A omissão dolosa quanto aos eventos sob investigação da CVM dá respaldo à sanção de perda do direito à indenização securitária" (STJ-3ª T., REsp 1.601.555, Min. Ricardo Cueva, j. 14.2.17, DJ 20.2.17).

Código Civil

Art. 767. No seguro à conta de outrem,[1] o segurador pode opor ao segurado quaisquer defesas que tenha contra o estipulante, por descumprimento das normas de conclusão do contrato, ou de pagamento do prêmio.[2] [Dispositivo correspondente no CC/1916: art. 1.464.]

Art. 767: 1. i. e., no seguro em que o estipulante realiza com o segurador um contrato em favor de terceiro (segurado).

Art. 767: 2. s/ estipulação em favor de terceiro, v. arts. 436 a 438.

Art. 768. O segurado perderá o direito à garantia se agravar intencionalmente o risco objeto do contrato.[1 a 4] [Dispositivo correspondente no CC/1916: art. 1.454.]

Art. 768: 1. v. art. 769. V. tb. arts. 422 e 765.

Art. 768: 1a. Súmula 465 do STJ: "Ressalvada a hipótese de efetivo agravamento do risco, a seguradora não se exime do dever de indenizar em razão da **transferência do veículo sem a sua prévia comunicação".**

Em outras palavras: "A transferência de titularidade do veículo segurado sem comunicação à seguradora, por si só, não constitui agravamento do risco" (STJ-3ª T., REsp 600.788, Min. Gomes de Barros, j. 25.9.06, DJU 30.10.06).

V. tb. art. 766, nota 4a (circulação habitual do veículo em local distinto do informado).

Art. 768: 1b. "Seguro de veículo. Ação de indenização. **Embriaguez** do condutor do veículo segurado. Causa do acidente. Agravamento do risco. **Perda do direito à indenização**. Os elementos dos autos indicam o estado de embriaguez da condutora do veículo segurado como única causa plausível para a ocorrência do acidente, o que acarreta a perda do direito à indenização securitária" (JTJ 348/330). No mesmo sentido: RT 862/378.

"A ingestão de álcool produz rápidos efeitos no cérebro humano, influenciando os sentidos e produzindo distorção na valoração e na percepção de riscos. No contexto do trânsito, tais efeitos acarretam a diminuição dos reflexos do motorista e de seu senso de responsabilidade, incrementando, de outro turno, condutas impulsivas e agressivas. Considerando esses graves efeitos do álcool, que tornam o indivíduo menos apto a dirigir, aumentando, consequentemente, o número de infrações de trânsito e as chances de ocorrer acidentes, é invencível a conclusão de que a condução de veículo em estado de embriaguez caracteriza o agravamento essencial do risco do seguro de automóvel, a afastar a cobertura securitária, na forma do art. 768 do CC/02" (STJ-3ª T., REsp 1.838.962, Min. Nancy Andrighi, j. 12.11.19, DJ 19.11.19).

"Sob o prisma da boa-fé, é possível concluir que o segurado, quando ingere bebida alcoólica e assume a direção do veículo ou empresta-o a alguém desidioso, que irá, por exemplo, embriagar-se (*culpa in eligendo* ou *in vigilando*), frustra a justa expectativa das partes contratantes na execução do seguro, pois rompe-se com os deveres anexos do contrato, como os de fidelidade e de cooperação. Constatado que o condutor do veículo estava sob influência do álcool (causa direta ou indireta) quando se envolveu em acidente de trânsito — fato esse que compete à seguradora comprovar —, há presunção relativa de que o risco da sinistralidade foi agravado, a ensejar a aplicação da pena do art. 768 do CC" (STJ-3ª T., REsp 1.485.717, Min. Ricardo Cueva, j. 22.11.16, DJ 14.12.16). No mesmo sentido: "O agravamento do risco não se dá somente quando o próprio segurado se encontra alcoolizado na direção do veículo; também abrange os condutores principais (familiares, empregados e prepostos), e envolve tanto o dolo quanto a culpa grave do segurado, que tem o dever de vigilância e o dever de escolha adequada daquele a quem confia a prática do ato" (STJ-4ª T., REsp 1.664.910-AgInt, Min. Isabel Gallotti, j. 12.12.17, DJ 18.12.17). Ainda: RJM 174/186.

Todavia: "Para a configuração da hipótese de exclusão da cobertura securitária prevista no art. 1.454 do Código Civil anterior, não basta a identificação de que o motorista segurado se achava alcoolizado, mas que o estado mórbido constituiu elemento essencial para a ocorrência do sinistro, prova que a ré, cuja atividade é precisamente a cobertura de eventos incertos, não logrou fazer" (STJ-4ª T., REsp 595.551, Min. Aldir Passarinho Jr., j. 13.9.05, DJU 10.10.05).

Mantendo o direito à indenização em caso no qual o veículo era conduzido por pessoa outra que o segurado e que estava embriagada: RT 870/239, 871/318. No mesmo sentido, ponderando o seguinte: "O comportamento que gera o aumento dos riscos assumidos na apólice e que, portanto, exime a seguradora do pagamento da indenização, a teor do disposto no art. 1.454 do CC de 1916 (art. 768 do CC de 2002), deve ser do próprio segurado, e não de preposto ou terceiro a quem entregou a direção do veículo" (JTJ 329/590: AP 934.054-0/9). Ainda: "A presunção de que o contratante-segurado tem por obrigação não permitir que o veículo segurado seja conduzido por pessoa em estado de embriaguez é válida e esgota-se, efetivamente, até a entrega do veículo a terceiro. Inexiste nos autos qualquer menção de que, na oportunidade em que o segurado entregou o veículo ao seu filho, este já se encontraria em estado de embriaguez, caso em que se poderia, com razão, cogitar em agravamento direto do risco por parte do segurado" (STJ-3ª T., REsp 1.097.758, Min. Massami Uyeda, j. 10.2.09, DJ 27.2.09). No mesmo sentido: STJ-4ª T., REsp 1.050.317-EDcl-AgRg, Min. Marco Buzzi, j. 1.10.13, DJ 8.10.13.

Em matéria de seguro de: responsabilidade civil, v. nota seguinte; vida, v. nota 4.

Art. 768: 2. "É inidônea a **exclusão da cobertura de responsabilidade civil** no **seguro de automóvel** quando o motorista dirige em estado de **embriaguez**, visto que somente prejudicaria a vítima já penalizada, o que esvaziaria a finalidade e a função social dessa garantia, de proteção dos interesses dos terceiros prejudicados à indenização, ao lado da proteção patrimonial do segurado" (STJ-3ª T., REsp 1.738.247, Min. Ricardo Cueva, j. 27.11.18, maioria, DJ 10.12.18).

Art. 768: 2a. Mantendo o direito à indenização em caso no qual o condutor do veículo, filho da segurada, estava sob os efeitos de droga ilícita ("crack"): JTJ 357/458 (AP 992.07.036848-0).

Art. 768: 2b. "A **inabilitação do condutor** responsável pelo acidente automobilístico exclui o dever da seguradora pela indenização securitária" (RJM 184/239: AP 1.0105.04.127155-9/001). No mesmo sentido: JTJ 318/320 (AP 1.013.558-0/5), RJM 176-177/87.

"À vista dos princípios da eticidade, da boa-fé e da proteção da confiança, o agravamento do risco decorrente da culpa *in vigilando* da empresa, ao não evitar que empregado não habilitado se apossasse do veículo, tem como consequência a exclusão da cobertura, haja vista que o apossamento proveio de culpa grave do segurado" (STJ-3ª T., REsp 1.412.816, Min. Nancy Andrighi, j. 15.5.14, DJ 30.5.14).

Contra: "A falta de habilitação para dirigir motocicleta constitui mera infração administrativa que não configura, por si só, o agravamento intencional do risco por parte do segurado apto a afastar a obrigação de indenização da seguradora" (STJ-4ª T., REsp 1.230.754, Min. Isabel Gallotti, j. 18.12.12, DJ 4.2.13).

"Seguro de vida. Ausência de brevê para pilotar aeronave. Agravamento de risco não configurado. Excludente da cobertura do seguro não caracterizada" (STJ-4ª T., Ag em REsp 218.061-AgRg, Min. Isabel Gallotti, j. 17.12.13, DJ 4.2.14).

V. tb. arts. 757, nota 3a, e 766, nota 3.

Art. 768: 3. "Seguro de pessoa. Morte acidental. Cobertura indevida. Circunstância de agravamento de risco. *Causa mortis*, traumatismo crânio-encefálico. **Segurado, conduzindo motocicleta, sem o uso de capacete,** equipamento de segurança obrigatório. Inteligência do art. 54, I, do Código de Trânsito Brasileiro e art. 1.454 do Código Civil de 1916" (JTJ 347/377: AP 992.06.031401-9).

Art. 768: 3a. "**Veículo furtado,** durante a madrugada, em posto de gasolina, tendo o segurado deixado as portas abertas e a chave na ignição. Caracterização do agravamento intencional do risco pelo segurado. Interpretação do art. 768 do Código Civil à luz do princípio da boa-fé objetiva (art. 765 do CC)" (STJ-3ª T., REsp 1.411.431, Min. Paulo Sanseverino, j. 4.11.14, DJ 10.11.14).

Art. 768: 3b. "**Contratos de seguro e de transporte.** Agravamento do risco. Culpa grave. No caso dos autos, a conduta culposa apontada pela seguradora, em relação ao primeiro sinistro, não configura a gravidade imprescindível à caraterização do agravamento do risco, porque respaldado em estudo técnico preparatório e atendida a diligência esperada na realização da carga e descarga envolvida no contrato de transporte. No segundo sinistro, a utilização de peça não original, substituída sem prévio estudo técnico quanto à sua resistência e sua viabilidade para a realização do transporte contratado, não atende à prudência esperada de empresas que se dedicam habitualmente ao transporte de supercargas, caracterizando, nesse caso, o agravamento do risco e afastando o dever da seguradora de indenizar" (STJ-3ª T., REsp 1.584.477, Min. Marco Bellizze, j. 30.3.17, maioria, DJ 5.5.17).

Art. 768: 4. Súmula 620 do STJ: "A **embriaguez** do segurado não exime a seguradora do pagamento da indenização prevista em contrato de **seguro de vida**".

"A simples relação entre o estado de **embriaguez e a queda fatal,** como única forma razoável de explicar o evento, não se mostra, por si só, suficiente para elidir a responsabilidade da seguradora, com a consequente exoneração de pagamento da indenização prevista no contrato. A legitimidade de recusa ao pagamento do seguro requer a comprovação de que houve voluntário e consciente agravamento do risco por parte do segurado, revestindo-se seu ato condição determinante na configuração do sinistro, para efeito de dar ensejo à perda da cobertura securitária, porquanto não basta a presença de ajuste contratual prevendo que a embriaguez exclui a cobertura do seguro. Destinando-se o seguro a cobrir os danos advindos de possíveis acidentes, geralmente oriundos de atos dos próprios segurados, nos seus normais e corriqueiros afazeres do dia a dia, a prova do teor alcoólico na concentração de sangue não se mostra suficiente para se situar como nexo de causalidade com o dano sofrido, notadamente por não exercer influência o álcool com idêntico grau de intensidade nos indivíduos. A culpa do segurado, para efeito de caracterizar desrespeito ao contrato, com prevalecimento da cláusula liberatória da obrigação de indenizar prevista na apólice, exige a plena demonstração de intencional conduta do segurado para agravar o risco objeto do contrato" (STJ-RDPr 43/396: 4ª T., REsp 780.757).

"Seguro de vida. **Acidente de trânsito.** Causa do sinistro. **Embriaguez** do segurado. Morte acidental. Agravamento do risco. Descaracterização. Dever de indenizar da seguradora. No seguro de vida, é vedada a exclusão de cobertura na hipótese de sinistros ou acidentes decorrentes de atos praticados pelo segurado em estado de insanidade mental, de alcoolismo ou sob efeito de substâncias tóxicas (Carta Circular SUSEP/DETEC/GAB n. 08/2007). As cláusulas restritivas do dever de indenizar no contrato de seguro de vida são mais raras, visto que não podem esvaziar a finalidade do contrato, sendo da essência do seguro de vida um permanente e contínuo agravamento do risco segurado" (STJ-3ª T., REsp 1.665.701, Min. Ricardo Cueva, j. 9.5.17, DJ 31.5.17). No mesmo sentido: "Nos seguros de pessoas, é vedada a exclusão de cobertura na hipótese de sinistros ou acidentes decorrentes de atos praticados pelo segurado em estado de insanidade mental, de alcoolismo ou sob efeito de substâncias tóxicas" (STJ-2ª Seção, ED no REsp 973.725, Min. Lázaro Guimarães, j. 25.4.18, DJ 2.5.18; a citação é do voto do relator). **Todavia:** "A circunstância de o segurado, no momento em que aconteceu o sinistro, apresentar dosagem etílica superior àque a admitida na legislação de trânsito não basta para excluir a responsabilidade da seguradora, pela indenização prevista no contrato. Para livrar-se da obrigação securitária, a seguradora deve provar que a embriaguez causou, efetivamente, o sinistro" (STJ-RT 853/188: 3ª T., REsp 685.413, dois votos vencidos). **Contra:** "Seguro de vida. Atropelamento. Morte. Negativa de pagamento da indenização. Embriaguez da vítima comprovada. Causa determinante para a ocorrência do sinistro. Diante da prova de que o cônjuge da segurada se encontrava embriagado e ingressou na via de rolamento de inopino, sendo colhido por veículo que trafegava em velocidade compatível com o local, a improcedência da demanda é medida que se impõe" (RT 844/371). Para outros seguros, v. notas 1b e 2.

"Em matéria de seguro de vida, vocacionado a permitir ao segurado maior tranquilidade, o contrato não lhe inflige o dever de exercer vigília permanente sobre si mesmo, de sorte a evitar, em tempo, a ocorrência de todo e qualquer sinistro envolto em sua esfera de atuação. A indenização, em linha de princípio, pago o prêmio se afigura devida. A negativa, medida excepcional, requer se configure o dolo do segurado em relação ao agravamento do risco, visando deliberada e voluntariamente ao pagamento do prêmio em prol dos terceiros beneficiários. Não é o que ocorre quando o segurado, em momento habitual de lazer, vem a falecer em decorrência da prática do esporte da **caça subaquática** (art. 799 do CC/2002), ainda que o exame toxicológico decline o encontro do princípio ativo da **maconha** (THC)" (RT 859/375).

"Não consubstancia situação de agravamento de risco o ato do segurado que sobe em torre metálica elevada, mas de fácil acesso, para descortinar vista panorâmica, porquanto constitui **comportamento aventureiro razoável** e previsível na vida das pessoas, como também acontece com escalada de árvores, pedras, trilhas íngremes, e coisas semelhantes. Devida, portanto, a cobertura securitária ante a paraplegia decorrente da queda" (STJ-RT 899/131: 4ª T., REsp 795.027).

Todavia: "Tendo o segurado agravado o risco, praticando **atividades ilícitas** que resultaram em seu falecimento, praticou ele infração contratual", sendo de rigor a aplicação da pena do CC 768 (JTJ 333/548: AP 1.063.004-0/7, maioria). Do voto do relator: "No presente feito restou demonstrado que o segurado faleceu em decorrência de traumatismo craniano encefálico e hemorragia interna por ferimentos de projéteis de arma de fogo, em razão de seu envolvimento em atividades ilícitas, havendo nos autos informes comprovando ter sido ele denunciado e condenado por infração do art. 168 do Código Penal, havendo, também, farto material corroborando seus péssimos antecedentes criminais, com participação em outros delitos, anteriores e posteriores à contratação".

Art. 769. O segurado é obrigado a comunicar ao segurador, logo que saiba, todo incidente suscetível de agravar consideravelmente o risco[1-1a] coberto, sob pena de perder o direito à garantia, se provar que silenciou de má-fé.[2-3] [Dispositivo correspondente no CC/1916: art. 1.455.]

§ 1º O segurador, desde que o faça nos quinze dias seguintes ao recebimento do aviso da agravação do risco sem culpa do segurado, poderá dar-lhe ciência, por escrito, de sua decisão de resolver o contrato. [Sem dispositivo correspondente no CC/1916.]

§ 2º A resolução só será eficaz trinta dias após a notificação, devendo ser restituída pelo segurador a diferença do prêmio. [Sem dispositivo correspondente no CC/1916.]

Art. 769: 1. v. arts. 770 e 773.

Art. 769: 1a. **Enunciado 374 do CEJ:** "No contrato de seguro, o juiz deve proceder com equidade, atentando às circunstâncias reais, e não a probabilidades infundadas, quanto à agravação dos riscos".

Art. 769: 2. v. arts. 422 e 765.

Art. 769: 3. Entendendo ser devida a indenização de sinistro em caso no qual o segurado já havia transferido o veículo para terceiro, sem comunicar a seguradora, porque não restou provado o agravamento considerável do risco, nem a má-fé do silêncio: RDPr 32/380.

Art. 770. Salvo disposição em contrário, a diminuição do risco no curso do contrato não acarreta a redução do prêmio estipulado; mas, se a redução do risco for considerável, o segurado poderá exigir a revisão do prêmio, ou a resolução do contrato. [Sem dispositivo correspondente no CC/1916.]

Art. 771. Sob pena de perder o direito à indenização, o segurado participará o sinistro ao segurador, logo que o saiba,[1-2] e tomará as providências imediatas para minorar-lhe as consequências. [Dispositivo correspondente no CC/1916: art. 1.457-*caput*.]

Parágrafo único. Correm à conta do segurador, até o limite fixado no contrato, as despesas de salvamento consequente ao sinistro.[3] [Sem dispositivo correspondente no CC/1916.]

Art. 771: 1. "O comando do art. 1.457 do CC/16, cuja essência foi mantida pelo art. 771 do CC/02, não autoriza a seguradora a recusar o pagamento da indenização pelo simples fato de o segurado não ter comunicado o sinistro. A obrigação de informar a seguradora do sinistro 'logo que o saiba' desaparece desde que se torne supérfluo qualquer aviso, pela notoriedade do fato ou quando, pela espécie de seguro, não tenha a seguradora interesse algum em ser avisada imediatamente da ocorrência" (STJ-3ª T., REsp 1.137.113, Min. Nancy Andrighi, j. 13.3.12, DJ 22.3.12).

Art. 771: 2. "A **pena de perda do direito à indenização** securitária inscrita no art. 771 do CC, ao fundamento de que o segurado não participou o sinistro ao segurador logo que teve ciência, deve ser interpretada de forma sistemática com as cláusulas gerais da função social do contrato e de probidade, lealdade e boa-fé previstas nos arts. 113, 421, 422 e 765 do CC, devendo a punição recair primordialmente em posturas de **má-fé ou culpa grave,** que lesionem legítimos interesses da seguradora. A sanção de perda da indenização securitária **não incide de forma automática** na hipótese de inexistir pronta notificação do sinistro, visto que deve ser imputada ao segurado uma omissão dolosa, injustificada, que beire a má-fé, ou culpa grave, que prejudique, de forma desproporcional, a atuação da seguradora, que não poderá se beneficiar, concretamente, da redução dos prejuízos indenizáveis com possíveis medidas de salvamento, de preservação e de minimização das consequências. Na hipótese dos autos, fatos relevantes impediram o segurado de promover a imediata comunicação de sinistro: temor real de represálias em razão de ameaças de morte feitas pelo criminoso quando da subtração do bem à mão armada no interior da residência da própria vítima. Assim, não poderia ser exigido comportamento diverso, que poderia lhe causar efeitos lesivos ou a outrem, o que afasta a aplicação da drástica pena de perda do direito à indenização, especialmente considerando a presença da boa-fé objetiva, princípio-chave que permeia todas as relações contratuais, incluídas as de natureza securitária. É imperioso o pagamento da indenização securitária, haja vista a dinâmica dos fatos ocorridos durante e após o sinistro e a interpretação sistemática que deve ser dada ao art. 771 do CC, ressaltando-se que não houve nenhum conluio entre os agentes ativo e passivo do episódio criminoso, tampouco vontade deliberada de fraudar o contrato de seguro ou de piorar os efeitos decorrentes do sinistro, em detrimento dos interesses da seguradora. Longe disso, visto que o salvado foi recuperado, inexistindo consequências negativas à seguradora com o ato omissivo de entrega tardia do aviso de sinistro" (STJ-3ª T., REsp 1.546.178, rel. Min. Ricardo Cueva, j. 13.9.16, DJ 19.9.16).

Art. 771: 3. v. arts. 779 e 787.

Art. 772. A mora do segurador em pagar o sinistro obriga à atualização monetária[1-1a] da indenização devida segundo índices oficiais regularmente estabelecidos, sem prejuízo dos juros moratórios.[2] [Sem dispositivo correspondente no CC/1916.]

Art. 772: 1. v. LCM 1º, nota 3 **(Súmula 632 do STJ),** no tít. CORREÇÃO MONETÁRIA.

Art. 772: 1a. Lei 5.488, de 27.8.68 — Institui a correção monetária nos casos de liquidação de sinistros cobertos por contratos de seguro.

Art. 772: 2. v. arts. 394 a 401, 406 e 407.

Art. 773. O segurador que, ao tempo do contrato, sabe estar passado o risco de que o segurado se pretende cobrir, e, não obstante, expede a apólice, pagará em dobro o prêmio estipulado.[1] [Dispositivo correspondente no CC/1916: art. 1.446.]

Art. 773: 1. v. arts. 147, 764 e 765.

Art. 774. A recondução tácita do contrato pelo mesmo prazo, mediante expressa cláusula contratual, não poderá operar mais de uma vez.[1-2] [Sem dispositivo correspondente no CC/1916.]

Art. 774: 1. de modo a permitir uma reavaliação das condições e riscos do negócio.

Art. 774: 2. "Em se tratando de contrato por prazo determinado, a obrigação da seguradora, consistente na assunção dos riscos predeterminados, restringe-se ao período contratado, tão somente. Na hipótese de concretização do risco, durante o período contratado, a seguradora, por consectário lógico, é responsável, ainda, pelo pagamento da respectiva cobertura. Em contrapartida, a não implementação do risco (ou seja, a não concretização do perigo — evento futuro, incerto e alheio à vontade das partes) não denota, por parte da seguradora, qualquer inadimplemento contratual, tampouco confere ao segurado o direito de reaver os valores pagos ou percentual destes, ou mesmo de manter o vínculo contratual. Sobressai, assim, do contrato em tela, dois aspectos relevantes, quais sejam, o do mutualismo das obrigações (diluição do risco individual no risco coletivo) e o da temporariedade contratual. A temporariedade dos contratos de seguro de vida decorre justamente da necessidade de, periodicamente, aferir-se, por meio dos correlatos cálculos atuariais, a higidez e a idoneidade do fundo a ser formado pelas arrecadações dos segurados, nas bases contratadas, para o efeito de resguardar, no período subsequente, os interesses da coletividade segurada. Tal regramento provém, assim, da constatação de que esta espécie contratual, de cunho coletivo, para atingir sua finalidade, deve ser continuamente revisada (adequação atuarial), porquanto os riscos predeterminados a que os interesses segurados estão submetidos são, por natureza, dinâmicos. Efetivamente, a partir de tal aferição, será possível à seguradora sopesar se a contratação do seguro de vida deverá seguir nas mesmas bases pactuadas, se deverá ser reajustada, ou mesmo se, pela absoluta inviabilidade de se resguardar os interesses da coletividade, não deverá ser renovada. Tal proceder, em si, não encerra qualquer abusividade ou indevida potestatividade por parte da seguradora" (STJ-2ª Seção, REsp 880.605, Massami Uyeda, j. 13.6.12, maioria, DJ 17.9.12).

"O contrato de seguro de vida celebrado entre as partes só foi renovado automaticamente por 5 (cinco) vezes, não podendo ser aplicados os precedentes desta Corte, os quais tratam de relações muito mais duradouras — 20, 30 anos — em que se estabeleceu um vínculo de dependência e confiança do segurado em relação a seguradora, ficando aquele em situação de desvantagem excessiva em relação a essa, além de se encontrar totalmente desamparado após longos anos de mútua colaboração. Salvo situações excepcionais, em que os contratos de seguros foram renovados sucessivamente, por longos períodos de tempo, evidenciando seu caráter relacional, e gerando no consumidor a legítima expectativa de continuidade da relação, além da dependência em relação à seguradora, não se pode obrigar essa última a ficar eternamente vinculada à prestação de cobertura aos riscos contratados" (STJ-3ª T., REsp 1.294.093, Min. Nancy Andrighi, j. 8.4.14, DJ 24.4.14).

Todavia: "No moderno direito contratual reconhece-se, para além da existência dos contratos descontínuos, a existência de contratos relacionais, nos quais as cláusulas estabelecidas no instrumento não esgotam a gama de direitos e deveres das partes. Se o consumidor contratou, ainda jovem, o seguro de vida oferecido pela recorrida e se esse vínculo vem se renovando desde então, ano a ano, por mais de trinta anos, a pretensão da seguradora de modificar abruptamente as condições do seguro, não renovando o ajuste anterior, ofende os princípios da boa fé objetiva, da cooperação, da confiança e da lealdade que deve orientar a interpretação dos contratos que regulam relações de consumo. Constatados prejuízos pela seguradora e identificada a necessidade de modificação da carteira de seguros em decorrência de novo cálculo atuarial, compete a ela ver o consumidor como um colaborador, um parceiro que a tem acompanhado ao longo dos anos. Assim, os aumentos necessários para o reequilíbrio da carteira têm de ser estabelecidos de maneira suave e gradual, mediante um cronograma extenso, do qual o segurado tem de ser cientificado previamente. Com isso, a seguradora colabora com o particular, dando-lhe a oportunidade de se preparar para os novos custos que onerarão, ao longo do tempo, o seu seguro de vida, e o particular também colabora com a seguradora, aumentando sua participação e mitigando os prejuízos constatados. A intenção de modificar abruptamente a relação jurídica continuada, com simples notificação entregue com alguns meses de antecedência, ofende o sistema de proteção ao consumidor e não pode prevalecer" (STJ-2ª Seção, REsp 1.073.595, Min. Nancy Andrighi, j. 23.3.11, maioria, DJ 29.4.11).

"Ainda que inexista norma legal que proíba a resolução unilateral do contrato de seguro de vida, é lícito ao julgador, sobretudo em situações excepcionais que possam colocar o consumidor em posições deveras desvantajosas, valer-se da analogia a fim de assegurar o equilíbrio das partes e de dar prestígio à boa-fé objetiva, à dignidade humana e à função social do negócio jurídico entabulado. Aparenta-se possível que a análise judicial da questão absorva a *mens legis* posta nos arts. 14 e 15 da Lei n. 9.656/98, no sentido de garantir ao segurado, como alternativa ao contrato anterior, a disponibilização de propostas viáveis e razoáveis, mesmo que estas não venham a desprezar a sua idade avançada" (RMDECC 16/127).

Art. 775. Os agentes autorizados do segurador presumem-se seus representantes para todos os atos relativos aos contratos que agenciarem.[1 a 3] [Sem dispositivo correspondente no CC/1916.]

Art. 775: 1. v. arts. 710 a 721. S/ pagamento do prêmio ao corretor de seguros, v. art. 763, nota 3.

Art. 775: 2. **Lei 4.594, de 29.12.64** — Regula a profissão de corretor de seguros.

Dec. 56.900, de 23.9.65 — Dispõe sobre o regime de corretagem de seguros na forma da Lei 4.594, de 29.12.64.

Dec. 56.903, de 24.9.65 — Regulamenta a profissão de corretor de Seguros de Vida e de Capitalização, de conformidade com o art. 32 da Lei 4.594, de 29.12.64.

Art. 775: 3. "Muito embora a **corretora de seguros** responda pelos danos causados ao segurado em razão de eventual conduta culposa, isso não a torna solidariamente responsável pelo pagamento da própria indenização securitária" (STJ-4ª T., REsp 1.190.772, Min. Luis Felipe, j. 19.10.10, DJ 26.10.10).

Todavia: "O agente que intermedeia a contratação de seguro é parte legítima para figurar na ação de cobrança da indenização securitária se, com seu comportamento, faz crer ao contratante que é responsável pela cobertura" (STJ-4ª T., REsp 1.041.037, Min. Aldir Passarinho Jr., j. 2.9.10, DJ 17.9.10).

"É possível, excepcionalmente, atribuir ao estipulante e à corretora de seguros a responsabilidade pelo pagamento da indenização securitária, em solidariedade com o ente segurador, como nas hipóteses de mau cumprimento das obrigações contratuais ou de criação nos segurados de legítima expectativa de serem eles os responsáveis por esse pagamento (teoria da aparência), sobretudo se integrarem o mesmo grupo econômico" (STJ-3ª T., REsp 1.673.368, Min. Ricardo Cueva, j. 15.8.17, DJ 22.8.17).

Art. 776. O segurador é obrigado a pagar em dinheiro o prejuízo[1 a 1b] resultante do risco assumido, salvo se convencionada a reposição da coisa. [Dispositivo correspondente no CC/1916: art. 1.458.]

Art. 776: 1. v. art. 781.

Art. 776: 1a. "o prejuízo"; não a importância pela qual a coisa foi segurada. Assim, na sistemática do CC, segurado veículo por R$ 100.000,00 e valendo ele no momento do sinistro R$ 80.000,00, em razão da sua desvalorização, é este valor e não aquele que baliza o pagamento ao segurado, ainda que o prêmio tenha sido pago com base no valor maior.

Art. 776: 1b. "As seguradoras disponibilizam mais de uma espécie de contrato de seguro de **automóvel** ao consumidor, cada qual com diferentes preços. Há contratos que estabelecem que a indenização do sinistro deve ser feita pelo valor do veículo determinado na apólice e há contratos que determinam que essa indenização securitária seja realizada pelo valor de mercado referenciado. Cabe ao consumidor optar pela modalidade que lhe pareça mais favorável. Não é abusiva, por si só, a cláusula dos contratos de seguro que preveja que a seguradora de veículos, nos casos de perda total ou de furto do bem, indenize o segurado pelo **valor de mercado na data do sinistro**" (STJ-4ª T., REsp 1.189.213, Min. Raul Araújo, j. 22.2.11, um voto vencido, DJ 27.6.11).

Mas: "É abusiva a cláusula contratual do seguro de automóvel que impõe o cálculo da indenização securitária com base no valor médio de mercado do bem vigente na data de liquidação do sinistro, pois onera desproporcionalmente o segurado, colocando-o em situação de desvantagem exagerada, indo de encontro ao princípio indenitário. Como cediço, os veículos automotores sofrem, com o passar do tempo, depreciação econômica, e quanto maior o lapso entre o sinistro e o dia do efetivo pagamento, menor será a recomposição do patrimônio garantido. A cláusula do contrato de seguro de automóvel a qual adota, na ocorrência de perda total, o valor médio de mercado do veículo como parâmetro para a apuração da indenização securitária deve observar a tabela vigente na data do sinistro e **não a data do efetivo pagamento (liquidação do sinistro)**" (STJ-3ª T., REsp 1.546.163, Min. Ricardo Cueva, j. 5.5.16, DJ 16.5.16).

Art. 777. O disposto no presente Capítulo aplica-se, no que couber, aos seguros regidos por leis próprias.[1] [Sem dispositivo correspondente no CC/1916.]

Art. 777: 1. s/ seguro marítimo, v. CCo 666 a 730.

Seção II | DO SEGURO DE DANO

Art. 778. Nos seguros de dano, a garantia prometida não pode ultrapassar o valor do interesse segurado no momento da conclusão do contrato,[1-2] sob pena do disposto no art. 766, e sem prejuízo da ação penal que no caso couber. [Sem dispositivo correspondente no CC/1916.]

Art. 778: 1. No caso de novo seguro, v. art. 782.

Art. 778: 2. o que é uma exigência da vedação ao enriquecimento sem causa (arts. 884 a 886).

Art. 779. O risco do seguro compreenderá todos os prejuízos resultantes ou consequentes, como sejam os estragos ocasionados para evitar o sinistro, minorar o dano, ou salvar a coisa.[1] [Dispositivo correspondente no CC/1916: art. 1.461.]

Art. 779: 1. v. art. 771.

Art. 780. A vigência da garantia, no seguro de coisas transportadas, começa no momento em que são pelo transportador recebidas, e cessa com a sua entrega ao destinatário.[1] [Sem dispositivo correspondente no CC/1916.]

Art. 780: 1. v. art. 750.

Art. 781. A indenização não pode ultrapassar o valor do interesse segurado no momento do sinistro,[1] e, em hipótese alguma, o limite máximo da garantia fixado na apólice,[1a] salvo em caso de mora[2] do segurador. [Sem dispositivo correspondente no CC/1916.]

Art. 781: 1. v. art. 776.

Art. 781: 1a. v. arts. 778 e 783.

Art. 781: 2. v. arts. 394 a 401.

Art. 782. O segurado que, na vigência do contrato, pretender obter novo seguro[1] sobre o mesmo interesse, e contra o mesmo risco junto a outro segurador, deve previamente comunicar sua intenção por escrito ao primeiro, indicando a soma por que pretende segurar-se, a fim de se comprovar a obediência ao disposto no art. 778. [Sem dispositivo correspondente no CC/1916.]

Art. 782: 1. cf. art. 789.

Art. 783. Salvo disposição em contrário, o seguro de um interesse por menos do que valha acarreta a redução proporcional da indenização, no caso de sinistro parcial.[1] [Sem dispositivo correspondente no CC/1916.]

Art. 783: 1. p. ex., segurado por 500 reais bem de valor equivalente a 1.000 reais, sua perda pela metade ensejará o pagamento de indenização equivalente a 250 reais.

Art. 784. Não se inclui na garantia o sinistro provocado por vício intrínseco da coisa segurada,[1] não declarado pelo segurado. [Dispositivo correspondente no CC/1916: art. 1.459.]

Parágrafo único. Entende-se por vício intrínseco o defeito próprio da coisa, que se não encontra normalmente em outras da mesma espécie. [Sem dispositivo correspondente no CC/1916.]

Art. 784: 1. v. arts. 441 a 446.

Art. 785. Salvo disposição em contrário, admite-se a transferência do contrato a terceiro com a alienação ou cessão[1] do interesse segurado.[2] [Dispositivo correspondente no CC/1916: art. 1.463-*caput*.]

§ 1º Se o instrumento contratual é nominativo,[3] a transferência só produz efeitos em relação ao segurador mediante aviso escrito assinado pelo cedente e pelo cessionário. [Sem dispositivo correspondente no CC/1916.]

§ 2º A apólice ou o bilhete à ordem só se transfere por endosso em preto, datado e assinado pelo endossante e pelo endossatário. [Sem dispositivo correspondente no CC/1916.]

Art. 785: 1. v. arts. 286 a 298.

Art. 785: 2. v. art. 959-I.

Art. 785: 3. i. e., que indicam o nome do segurado e do beneficiário.

Art. 786. Paga a indenização,[1] o segurador sub-roga-se,[1a] nos limites do valor respectivo, nos direitos e ações que competirem ao segurado contra o autor do dano.[1b a 2c] [Sem dispositivo correspondente no CC/1916.]

§ 1º Salvo dolo,[3] a sub-rogação não tem lugar se o dano foi causado pelo cônjuge do segurado, seus descendentes ou ascendentes, consanguíneos ou afins. [Sem dispositivo correspondente no CC/1916.]

§ 2º É ineficaz qualquer ato do segurado que diminua ou extinga, em prejuízo do segurador, os direitos a que se refere este artigo. [Sem dispositivo correspondente no CC/1916.]

Art. 786: 1. "Após o pagamento da indenização, é dever do segurado proceder à entrega da documentação do veículo, possibilitando a transferência do salvado à seguradora, desembaraçado de quaisquer ônus, o que evita enriquecimento ilícito" (STJ-3ª T., Ag em REsp 49.595-AgRg-EDcl, Min. Ricardo Cueva, j. 11.11.14, DJ 19.11.14).

Art. 786: 1a. v. arts. 346 a 351.

Art. 786: 1b. v. CPC 125-II (denunciação da lide).

Art. 786: 2. No mesmo sentido, **Súmula 188 do STF (Ação regressiva do segurador):** "O segurador tem ação regressiva contra o causador do dano, pelo que efetivamente pagou, até ao limite previsto no contrato de seguro".

Assim, tendo a seguradora pago ao segurado o valor do veículo roubado nas dependências da oficina encarregada de repará-lo, pode ela pleitear em face desta aquele valor, apoiada na falta de cuidado com a guarda da coisa, que gerou o dano em questão (RT 869/358).

Súmula 257 do STF: "São cabíveis honorários de advogado na ação regressiva do segurador contra o causador do dano".

Art. 786: 2a. "Na ação regressiva não cabe ao segurador provar a culpa do causador do dano, sendo da responsabilidade do transportador provar que os danos decorrem de vício próprio da mercadoria, força maior ou caso fortuito" (STJ-4ª T., REsp 663.356, Min. Luis Felipe, j. 19.8.10, DJ 14.10.10).

Art. 786: 2b. "O Código de Defesa do Consumidor não se aplica ao contrato de **transporte** de cargas, no caso, equipamento importado para uso pela empresa importadora no processo industrial de produção de medicamentos. Fatos ocorridos na vigência do Código Civil de 1916. Incidência da **prescrição** anual (Código Comercial, art. 449 e Decreto-lei 116/1967, art. 8º) à relação entre a segurada e a transportadora, que se aplica também à ação de regresso ajuizada pela seguradora na condição de sub-rogada" (STJ-2ª Seção, ED no REsp 1.202.756-EDcl, Min. Isabel Gallotti, j. 14.3.18, DJ 20.3.18).

"A seguradora, arcando com a indenização securitária, está sub-rogada nos direitos de sua segurada, podendo, dentro do prazo prescricional aplicável à relação jurídica entabulada por esta, buscar o ressarcimento do que despendeu, nos mesmos termos e limites que assistiam à segurada. No entanto, a relação jurídica existente entre a segurada e a transportadora ostenta nítido caráter mercantil, não podendo, em regra, ser aplicadas as normas inerentes às relações de consumo" (STJ-4ª T., REsp 982.492, Min. Luis Felipe, j. 27.9.11, DJ 17.10.11).

Todavia, mantendo acórdão que decidiu pela prescrição bienal em caso de transporte aéreo: STJ-4ª T., REsp 1.162.649, Min. Antonio Ferreira, j. 13.5.14, maioria, DJ 18.8.14.

"O prazo prescricional para o ajuizamento de ação de regresso da seguradora contra o causador do dano é de vinte anos" (STJ-4ª T., Ag 1.215.279-AgRg, Min. João Otávio, j. 7.6.11, DJ 14.6.11).

V. tb. CDC 2º, nota 2, e 27, nota 1a.

Em matéria de fiança, v. art. 831, nota 1a.

S/ termo inicial do prazo prescricional, v. art. 189, nota 8.

Art. 786: 2c. Diversamente, no seguro de pessoas não ocorre essa sub-rogação (art. 800).

Art. 786: 3. v. arts. 145 a 150.

Art. 787. No seguro de responsabilidade civil,[1-1a] o segurador garante o pagamento de perdas e danos[1b] devidos pelo segurado a terceiro. [Sem dispositivo correspondente no CC/1916.]

§ 1º Tão logo saiba o segurado das consequências de ato seu, suscetível de lhe acarretar a responsabilidade incluída na garantia, comunicará o fato ao segurador.[1c] [Sem dispositivo correspondente no CC/1916.]

§ 2º É defeso ao segurado reconhecer sua responsabilidade ou confessar a ação, bem como transigir com o terceiro prejudicado, ou indenizá-lo diretamente, sem anuência expressa do segurador.[2 a 2b] [Sem dispositivo correspondente no CC/1916.]

§ 3º Intentada a ação contra o segurado, dará este ciência da lide ao segurador.[3] [Sem dispositivo correspondente no CC/1916.]

§ 4º Subsistirá a responsabilidade do segurado perante o terceiro, se o segurador for insolvente.[4] [Sem dispositivo correspondente no CC/1916.]

Art. 787: 1. "O seguro de responsabilidade civil e seus efeitos jurídicos no novo Código Civil", por Voltaire Giavarina Marensi (RMDCPC 1/107); "Anotações sobre três novas (e discutíveis) hipóteses de intervenção de terceiros previstas no Código Civil de 2002", por Fernando da Fonseca Gajardoni (RIDCPC 53/66); "Novidades no campo da intervenção de terceiros no processo civil: a denunciação da lide *per saltum* (ação direta) e o chamamento ao processo da seguradora na ação de responsabilidade civil", por Humberto Theodoro Jr. (RMDCPC 27/16); "Aspectos relevantes do seguro de responsabilidade civil", por Voltaire Giavarina Marensi (RMDECC 33/9).

Art. 787: 1a. s/ ação de responsabilidade civil ajuizada diretamente contra o segurador do causador do dano, v. art. 927, nota 5d.

Em matéria de consumidor, v. CDC 101-II.

Art. 787: 1b. v. arts. 402 a 405.

Art. 787: 1c. v. art. 771.

Art. 787: 2. cf. art. 795.

Art. 787: 2a. **Enunciado 373 do CEJ:** "Embora sejam defesos pelo § 2º do art. 787 do Código Civil, o reconhecimento da responsabilidade, a confissão da ação ou a transação não retiram ao segurado o direito à garantia, sendo apenas ineficazes perante a seguradora".

Art. 787: 2b. "As normas jurídicas não são estanques, ao revés, sofrem influências mútuas, pelo que a melhor interpretação do parágrafo 2º do art. 787 do Código Civil é de que, embora sejam defesos, o reconhecimento da responsabilidade, a confissão da ação ou a transação não retiram do segurado, que estiver de boa-fé e tiver agido com probidade, o direito à indenização e ao reembolso, sendo os atos apenas ineficazes perante a seguradora (enunciados 373 e 546 das Jornadas de Direito Civil). Desse modo, a perda da garantia securitária apenas se dará em caso de prejuízo efetivo ao ente segurador, a exemplo de fraude (conluio entre segurado e terceiro) ou de ressarcimento de valor exagerado (superfaturamento) ou indevido, resultantes de má-fé do próprio segurado. Se não há demonstração de que a transação feita pelo segurado e pela vítima do acidente de trânsito foi abusiva, infundada ou desnecessária, mas, ao contrário, sendo evidente que o sinistro de fato aconteceu e o acordo realizado foi em termos favoráveis tanto ao segurado quanto à seguradora, não há razão para erigir a regra do art. 787, § 2º, do CC em direito absoluto a afastar o ressarcimento do segurado" (STJ-3ª T., REsp 1.133.459, Min. Ricardo Cueva, j. 21.8.14, DJ 3.9.14).

"O acordo celebrado entre a segurada com a proprietária da carga roubada, sem comunicação à seguradora, por si só, não afasta o dever da seguradora ao pagamento da indenização. A previsão legal no sentido de impedir o segurado de transigir em processo judicial promovido pelo terceiro prejudicado somente é aplicável enquanto não houver posição de recusa da indenização por parte da seguradora" (RJTJERGS 272/194: AP 70018905927).

Art. 787: 3. v. CPC 130-III.

Art. 787: 4. v. art. 955 e CPC/73 art. 748.

Art. 788. Nos seguros de responsabilidade legalmente obrigatórios,[1] a indenização por sinistro será paga pelo segurador diretamente ao terceiro prejudicado. [Sem dispositivo correspondente no CC/1916.]

Parágrafo único. Demandado em ação direta pela vítima do dano, o segurador não poderá opor a exceção de contrato não cumprido[2] pelo segurado, sem promover a citação deste para integrar o contraditório. [Sem dispositivo correspondente no CC/1916.]

Art. 788: 1. v. art. 20 do Dec. lei 73, de 21.11.66, em nota 2 ao art. 1º do Dec. 61.867, de 7.12.67 (no tít. SEGUROS).

Lei 6.194, de 19.12.74 — Dispõe sobre Seguro Obrigatório de Danos Pessoais causados por veículos automotores de via terrestre, ou por sua carga, a pessoas transportadas ou não.

Lei 8.374, de 30.12.91 — Dispõe sobre o Seguro Obrigatório de Danos Pessoais causados por embarcações ou por sua carga.

Art. 788: 2. v. arts. 476 e 477.

Seção III | DO SEGURO DE PESSOA[1]

SEÇ. III: 1. v. CPC 784-VI (contrato de seguro de vida como título executivo extrajudicial) e 833-VI (impenhorabilidade do seguro de vida).

S/ seguro de vida e declaração de ausência do segurado, v. art. 37, nota 1.

Art. 789. Nos seguros de pessoas, o capital segurado é livremente estipulado pelo proponente, que pode contratar mais de um seguro[1] sobre o mesmo interesse, com o mesmo ou diversos seguradores. [Dispositivo correspondente no CC/1916: art. 1.441.]

Art. 789: 1. cf. art. 782.

Art. 790. No seguro sobre a vida de outros, o proponente é obrigado a declarar, sob pena de falsidade, o seu interesse pela preservação da vida do segurado.[1] [Dispositivo correspondente no CC/1916: art. 1.472-*caput*.]

Parágrafo único. Até prova em contrário, presume-se o interesse, quando o segurado é cônjuge, ascendente ou descendente do proponente.[2] [Dispositivo correspondente no CC/1916: art. 1.472 § ún.]

Art. 790: 1. v. arts. 760 e 766.

Art. 790: 2. **Enunciado 186 do CEJ:** "O companheiro deve ser considerado implicitamente incluído no rol das pessoas tratadas no art. 790, parágrafo único, por possuir interesse legítimo no seguro da pessoa do outro companheiro".

Art. 791. Se o segurado não renunciar à faculdade, ou se o seguro não tiver como causa declarada a garantia de alguma obrigação, é lícita a substituição do beneficiário, por ato entre vivos ou de última vontade.[1-2] [Dispositivo correspondente no CC/1916 art. 1.473.]

Parágrafo único. O segurador, que não for cientificado oportunamente da substituição, desobrigar-se-á pagando o capital segurado ao antigo beneficiário. [Sem dispositivo correspondente no CC/1916.]

Art. 791: 1. s/ possibilidade de substituição do beneficiário, v. art. 438.

Art. 791: 2. "No contrato de seguro de vida há uma espécie de estipulação em favor de terceiro, visto que a nomeação do beneficiário é, a princípio, livre, podendo o segurado promover a substituição a qualquer tempo, mesmo em ato de última vontade, até a ocorrência do sinistro, a menos que a indicação esteja atrelada à garantia de alguma obrigação (art. 1.473 do CC/16, correspondente ao art. 791 do CC/2002). Se a indicação do beneficiário não for a título gratuito, deverá ele permanecer o mesmo durante toda a vigência do contrato de seguro de vida, pois não é detentor de mera expectativa de direito, mas, sim, possuidor do direito condicional de receber o capital contratado, que se concretizará sobrevindo a morte do segurado. Todavia, se a obrigação garantida for satisfeita antes de ocorrido o sinistro, esse direito desaparecerá, tornando insubsistente a indicação. É nula a alteração de beneficiário em contrato de seguro de vida feita por segurado que se obrigou, em acordo de separação homologado judicialmente, a indicar a prole do primeiro casamento, não tendo desaparecido a causa da garantia" (STJ-3ª T., REsp 1.197.476, Min. Ricardo Cueva, j. 7.10.14, DJ 10.10.14).

Art. 792. Na falta de indicação da pessoa ou beneficiário, ou se por qualquer motivo não prevalecer a que for feita,[1] o capital segurado será pago por metade ao cônjuge não separado judicialmente,[1a-1b] e o restante aos herdeiros do segurado, obedecida a ordem da vocação hereditária.[2 a 3] [Dispositivo correspondente no CC/1916: art. 1.473.]

Parágrafo único. Na falta das pessoas indicadas neste artigo, serão beneficiários os que provarem que a morte do segurado os privou dos meios necessários à subsistência. [Sem dispositivo correspondente no CC/1916.]

Art. 792: 1. "Em vista do disposto no art. 794 do CC/2002, em interpretação sistemática do diploma civilista, o art. 792 — correspondente ao art. 1.473 do CC/16 — incide apenas caso não persista designação eficaz. No caso, por ocasião do falecimento da segurada, permanecia eficaz a designação de três dos quatro beneficiários. Portanto, aqueles devem receber por inteiro a quota à que fazem jus, dividindo entre eles o percentual que seria do beneficiário pré-morto" (STJ-4ª T., REsp 803.299, Min. Luis Felipe, j. 5.11.13, maioria, DJ 3.4.14).

Art. 792: 1a. v. arts. 1.571-III e 1.572 a 1.578.

Art. 792: 1b. "O art. 792 do Código Civil não pode ser interpretado de forma literal, devendo ser igualado o cônjuge não separado judicialmente à companheira, desde que comprovada a união estável" (RT 907/1.015: TJPR, AP 661.009-7).

Art. 792: 2. v. art. 1.829.

Art. 792: 2a. "A disposição legal do art. 792 do Código Civil somente é aplicável se o contrato de seguro for totalmente omisso quanto à previsão de beneficiários. Se não houver indicação expressa de nome de beneficiário, prevalece a cláusula contratual que elenca a ordem vocacional dos beneficiários" (RT 907/1.015: TJPR, AP 661.009-7).

Art. 792: 3. "Nada obstante omissão quanto à indicação de beneficiário, o conjunto probatório prestigia convicção de que o segurado instituiu a autora como beneficiária do seguro de vida. É bem verdade que a autora não é parenta do segurado, mas não deixou ele sucessores, sendo inequívoco que viveu com ele por muitos anos, primeiro na condição de filha, de sua companheira e, depois, com a morte da mãe, como aquela que dele cuidou até a morte" (JTJ 348/342: AP 992.08.009778-1).

Art. 793. É válida a instituição do companheiro[1] como beneficiário, se ao tempo do contrato o segurado era separado judicialmente,[2] ou já se encontrava separado de fato. [Sem dispositivo correspondente no CC/1916.]

Art. 793: 1. v. arts. 1.723 a 1.727.

Art. 793: 2. v. arts. 1.571-III e 1.572 a 1.578.

Art. 794. No seguro de vida ou de acidentes pessoais para o caso de morte, o capital estipulado não está sujeito às dívidas do segurado,[1] nem se considera herança para todos os efeitos de direito.[2-3] [Dispositivo correspondente no CC/1916: art. 1.475.]

Art. 794: 1. v. CPC 833-VI.

Art. 794: 2. "Inventário. Seguro de vida contratado pelo *de cujus*. Capital do seguro. Levantamento pelo beneficiário. Possibilidade. Valor que não integra o patrimônio do espólio" (JTJ 339/35: AI 612.096-4/9-00).

Art. 794: 3. "Ação de resgate de pecúlio. Morte da segurada. Pecúlio devido aos beneficiários. Desconto do saldo devedor de contrato de mútuo celebrado pela segurada. Impossibilidade. **Aplica-se ao contrato de previdência privada com plano de pecúlio a regra do art. 794 do CC/02,** segundo o qual o capital estipulado não está sujeito às dívidas do segurado, nem se considera herança para todos os efeitos de direito. No particular, a morte da participante do plano de previdência complementar fez nascer para os seus beneficiários o direito de exigir o recebimento do pecúlio, não pelo princípio de *saisine*, mas sim por força da estipulação contratual em favor dos filhos, de tal modo que, se essa verba lhes pertence por direito próprio, e não hereditário, não pode responder pelas dívidas da estipulante falecida. Ademais, a vontade manifestada pela participante em vida, ao contrair o empréstimo junto à entidade aberta de previdência complementar oferecendo o pecúlio em garantia, não sobrevive à sua morte, porque não pode atingir o patrimônio de terceiros, independentemente de quem sejam os indicados por ela como seus beneficiários" (STJ-3ª T., REsp 1.713.147, Min. Nancy Andrighi, j. 11.12.18, DJ 13.12.18).

Art. 795. É nula, no seguro de pessoa, qualquer transação[1-1a] para pagamento reduzido do capital segurado. [Sem dispositivo correspondente no CC/1916.]

Art. 795: 1. cf. art. 787 § 2º.

Art. 795: 1a. v. arts. 840 a 850.

Art. 796. O prêmio,[1] no seguro de vida, será conveniado por prazo limitado, ou por toda a vida do segurado. [Dispositivo correspondente no CC/1916: art. 1.471 § ún.]

Parágrafo único. Em qualquer hipótese, no seguro individual, o segurador não terá ação para cobrar o prêmio vencido, cuja falta de pagamento, nos prazos previstos, acarretará, conforme se estipular, a resolução do contrato, com a restituição da reserva já formada, ou a redução do capital garantido proporcionalmente ao prêmio pago. [Sem dispositivo correspondente no CC/1916.]

Art. 796: 1. "Os valores pagos a título de prêmio pelo seguro por invalidez ou morte não são passíveis de restituição, uma vez que a entidade suportou o risco, como é próprio dos contratos aleatórios" (STJ-RF 396/399: 3ª T., AI 800.429-AgRg).

Art. 797. No seguro de vida para o caso de morte, é lícito estipular-se um prazo de carência, durante o qual o segurador não responde pela ocorrência do sinistro. [Sem dispositivo correspondente no CC/1916.]

Parágrafo único. No caso deste artigo o segurador é obrigado a devolver ao beneficiário o montante da reserva técnica já formada.[1] [Sem dispositivo correspondente no CC/1916.]

Art. 797: 1. "O art. 797 do CC impõe à seguradora, na hipótese de morte do segurado dentro do prazo de carência, a obrigação de restituir a reserva técnica ao beneficiário, sem apontar, contudo, qualquer ressalva quanto à espécie de seguro, se em grupo ou individual, não se conferindo ao intérprete proceder a uma interpretação restritiva" (STJ-RMDECC 21/99: 3ª T., REsp 1.038.136, Min. Massami Uyeda).

Art. 798. O beneficiário não tem direito ao capital estipulado quando o segurado se suicida nos primeiros dois anos de vigência inicial do contrato,[1] ou da sua recondução depois de suspenso, observado o disposto no parágrafo único do artigo antecedente. [Sem dispositivo correspondente no CC/1916.]

Parágrafo único. Ressalvada a hipótese prevista neste artigo, é nula a cláusula contratual que exclui o pagamento do capital por suicídio do segurado.[2] [Sem dispositivo correspondente no CC/1916.]

Art. 798: 1. **Súmula 105 do STF (Suicídio do segurado):** "Salvo se tiver havido premeditação, o suicídio do segurado no período contratual de carência não exime o segurador do pagamento do seguro".

Súmula 610 do STJ: "O **suicídio** não é coberto nos dois primeiros anos de vigência do contrato de seguro de vida, ressalvado o direito do beneficiário à devolução do montante da reserva técnica formada".

Enunciado 187 do CEJ: "No contrato de seguro de vida, presume-se, de forma relativa, ser premeditado o suicídio cometido nos dois primeiros anos de vigência da cobertura, ressalvado ao beneficiário o ônus de demonstrar a ocorrência do chamado 'suicídio involuntário'".

"De acordo com a redação do art. 798 do Código Civil de 2002, **a seguradora não está obrigada a indenizar o suicídio ocorrido dentro dos dois primeiros anos do contrato.** O legislador estabeleceu critério objetivo para regular a matéria, tornando irrelevante a discussão a respeito da premeditação da morte, de modo a conferir maior segurança jurídica à relação havida entre os contratantes" (STJ-2ª Seção, ED no REsp 1.076.942-EDcl-AgRg, Min. João Otávio, j. 27.5.15, maioria, DJ 15.6.15). No mesmo sentido, consignando a "inaplicabilidade das Súmulas 105/STF e 61/STJ, editadas com base no Código Civil de 1916": STJ-3ª T., AREsp 935.434-AgInt, Min. Ricardo Cueva, j. 17.11.16, DJ 25.11.16.

"É irrelevante a discussão a respeito de ter sido premeditado ou não o suicídio, diante da regra expressa do art. 798 do CC/2002, que determina que o beneficiário perde o direito ao capital estipulado se o suicídio ocorrer nos dois primeiros anos de vigência do contrato de seguro" (RT 902/301: TJMG, EI 1.0024.07.525307-0/003; a citação é do voto do relator).

Contra: "A interpretação do art. 798, do Código Civil de 2002, deve ser feita de modo a compatibilizar o seu ditame ao disposto nos arts. 113 e 422 do mesmo diploma legal, que evidenciam a boa-fé como um dos princípios norteadores da redação da nova codificação civil. Nessa linha, o fato de o suicídio ter ocorrido no período inicial de dois anos de vigência do contrato de seguro, por si só, não autoriza a companhia seguradora a eximir-se do dever de indenizar, sendo necessária a comprovação inequívoca da premeditação por parte do segurado, ônus que cabe à seguradora, conforme as Súmulas 105/STF e 61/STJ expressam em relação ao suicídio ocorrido durante o período de carência. O art. 798 do Código Civil de 2002 não alterou o entendimento de que a prova da premeditação do suicídio é necessária para afastar o direito à indenização securitária" (STJ-2ª Seção, Ag 1.244.022-AgRg, Min. Luis Felipe, j. 13.4.11, maioria, DJ 25.10.11). No mesmo sentido: RJM 191/66 (AP 1.0439.09.099346-0/001), RT 911/905 (TJPR, AP 648.269-5).

"A premeditação antecede a celebração do contrato e não surge depois da contratação do seguro, portanto, é evidente que o suicídio cujo contexto no qual foi praticado revela perturbação da inteligência do segurado, em grave estado depressivo, que se manifestou posteriormente à contratação, não autoriza se falar em premeditação" (JTJ 308/348).

"É irrelevante a discussão a respeito de ter sido premeditado ou não o suicídio, diante da regra expressa do art. 798 do CC/2002, que determina que o beneficiário perde o direito ao capital estipulado se o suicídio ocorrer nos dois primeiros anos de vigência do contrato de seguro" (RT 902/301: TJMG, EI 1.0024.07.525307-0/003; a citação é do voto do relator).

Art. 798: 2. Entendendo que o suicídio não premeditado equipara-se a acidente e que dá direito ao recebimento de indenização correspondente à morte acidental: STJ-4ª T., AI 647.568-AgRg, Min. Aldir Passarinho Jr., j. 23.5.06, DJU 26.6.06. No mesmo sentido: STJ-3ª T., REsp 164.254, Min. Ari Pargendler, j. 2.5.02, DJU 5.8.02.

Art. 799. O segurador não pode eximir-se ao pagamento do seguro, ainda que da apólice conste a restrição, se a morte ou a incapacidade do segurado provier da utilização de meio de transporte mais arriscado, da prestação de serviço militar, da prática de esporte, ou de atos de humanidade em auxílio de outrem.[1] [Sem dispositivo correspondente no CC/1916.]

Art. 799: 1. s/ agravamento de risco em seguro de vida, v. art. 768, nota 4.

Art. 800. Nos seguros de pessoas, o segurador não pode sub-rogar-se[1] nos direitos e ações do segurado, ou do beneficiário, contra o causador do sinistro.[2] [Sem dispositivo correspondente no CC/1916.]

Art. 800: 1. v. arts. 346 a 351.

Art. 800: 2. Diversamente, no seguro de dano ocorre essa sub-rogação (art. 786).

Art. 801. O seguro de pessoas pode ser estipulado por pessoa natural ou jurídica em proveito de grupo que a ela, de qualquer modo, se vincule.[1] [Dispositivo correspondente no CC/1916: art. 1.466.]

§ 1º O estipulante[1a] não representa o segurador perante o grupo segurado, e é o único responsável, para com o segurador, pelo cumprimento de todas as obrigações contratuais. [Sem dispositivo correspondente no CC/1916.]

§ 2º A modificação da apólice em vigor dependerá da anuência expressa de segurados que representem três quartos do grupo.[2] [Sem dispositivo correspondente no CC/1916.]

Art. 801: 1. "Seguros coletivos de pessoas", por Voltaire Giavarina Marensi (RMDCPC 11/70); "Seguro de vida em grupo. Renovação negada pela seguradora. Análise do problema no prisma do Código Civil e do Código do Consumidor", por Humberto Theodoro Jr. (RMDECC 23/90).

Art. 801: 1a. v. art. 775, nota 3 (responsabilidade do estipulante pela indenização securitária).

Art. 801: 2. **Enunciado 375 do CEJ:** "No seguro em grupo de pessoas, exige-se o quórum qualificado de 3/4 do grupo, previsto no § 2º do art. 801 do Código Civil, apenas quando as modificações impuserem novos ônus aos participantes ou restringirem seus direitos na apólice em vigor".

"Para não haver o engessamento da dinâmica negocial nos seguros coletivos, não se revela razoável que toda e qualquer alteração do contrato dependa da anuência do grupo segurado, mas, ao contrário, o **quórum legal somente será exigido** quando a modificação da apólice mestre implicar **ônus, dever ou redução de direitos para os segurados.** Incidência do Enunciado 375 da IV Jornada de Direito Civil. A hipótese de transferência do grupo segurado de uma para outra apólice, da mesma ou de outra sociedade seguradora, também deve ser inserida no âmbito de proteção da norma inscrita no art. 801, § 2º, do CC, ao lado da modificação da apólice mestre durante sua vigência e renovação e da rescisão contratual (arts. 4º, II, e 10 da Resolução CNSP 107/2004), já que todas as situações são evidentemente correlatas, devendo ser resguardados os segurados contra alterações no seguro coletivo que lhes sejam desfavoráveis, sobretudo em não havendo a sua prévia anuência. A constatação de ilegalidade da conduta da seguradora ao não observar a determinação do art. 801, § 2º, do CC acarreta a revalidação das condições da apólice mestre original, isto é, daquela que vigorava antes das alterações prejudiciais feitas contra o grupo segurado. Na hipótese, como houve a redução de direitos dos segurados, a exemplo da diminuição do capital segurado, a concordância expressa de 3/4 dos integrantes do grupo era uma condição de observância obrigatória, a qual não poderia ter sido negligenciada seja pela estipulante seja pela seguradora" (STJ-3ª T., REsp 1.766.156, Min. Ricardo Cueva, j. 27.11.18, DJ 6.12.18).

Art. 802. Não se compreende nas disposições desta Seção a garantia do reembolso de despesas hospitalares ou de tratamento médico, nem o custeio das despesas de luto e de funeral do segurado. [Sem dispositivo correspondente no CC/1916.]

Capítulo XVI | DA CONSTITUIÇÃO DE RENDA

Art. 803. Pode uma pessoa, pelo contrato de constituição de renda, obrigar-se para com outra a uma prestação periódica, a título gratuito. [Dispositivo correspondente no CC/1916: art. 1.424.]

Art. 804. O contrato pode ser também a título oneroso, entregando-se bens[1] móveis ou imóveis à pessoa que se obriga a satisfazer as prestações a favor do credor ou de terceiros. [Dispositivo correspondente no CC/1916: art. 1.424.]

Art. 804: 1. v. art. 809.

Art. 805. Sendo o contrato a título oneroso, pode o credor, ao contratar, exigir que o rendeiro lhe preste garantia real,[1] ou fidejussória.[2] [Sem dispositivo correspondente no CC/1916.]

Art. 805: 1. v. arts. 1.419 a 1.430.

Art. 805: 2. v. arts. 818 a 839.

Art. 806. O contrato de constituição de renda será feito a prazo certo, ou por vida, podendo ultrapassar a vida do devedor[1] mas não a do credor, seja ele o contratante, seja terceiro. [Sem dispositivo correspondente no CC/1916.]

Art. 806: 1. Todavia, "o herdeiro não responde por encargos superiores às forças da herança" (art. 1.792).

Art. 807. O contrato de constituição de renda requer escritura pública.[1-2] [Sem dispositivo correspondente no CC/1916.]

Art. 807: 1. v. arts. 215 a 218.

Art. 807: 2. a ser feita no Registro de Títulos e Documentos, salvo na hipótese da LRP 167-I-8, caso em que será lavrada no Registro de Imóveis.

Art. 808. É nula a constituição de renda em favor de pessoa já falecida, ou que, nos trinta dias seguintes, vier a falecer de moléstia que já sofria, quando foi celebrado o contrato. [Dispositivo correspondente no CC/1916: art. 1.425.]

Art. 809. Os bens dados em compensação da renda[1] caem, desde a tradição,[1a] no domínio da pessoa que por aquela[2] se obrigou. [Dispositivo correspondente no CC/1916: art. 1.426.]

Art. 809: 1. v. art. 804 (contrato oneroso de constituição de renda).

Art. 809: 1a. O vocábulo "tradição" é usado aqui em sentido amplo, abrangendo a tradição do bem móvel e o registro do título translativo do bem imóvel no Cartório de Registro de Imóveis.

Art. 809: 2. i. e., no domínio de quem se obrigou à prestação periódica.

Art. 810. Se o rendeiro, ou censuário, deixar de cumprir a obrigação estipulada, poderá o credor da renda acioná-lo, tanto para que lhe pague as prestações atrasadas como para que lhe dê garantias das futuras,[1] sob pena de rescisão do contrato. [Dispositivo correspondente no CC/1916: art. 1.427.]

Art. 810: 1. v. art. 477 (exceção de contrato não cumprido).

Art. 811. O credor adquire o direito à renda dia a dia, se a prestação não houver de ser paga adiantada, no começo de cada um dos períodos prefixos. [Dispositivo correspondente no CC/1916: art. 1.428.]

Art. 812. Quando a renda for constituída em benefício de duas ou mais pessoas, sem determinação da parte de cada uma, entende-se que os seus direitos são iguais;[1] e, salvo estipulação diversa, não adquirirão os sobrevivos direito à parte dos que morrerem. [Dispositivo correspondente no CC/1916: art. 1.429.]

Art. 812: 1. cf. art. 257.

Código Civil

Art. 813. A renda constituída por título gratuito pode, por ato do instituidor, ficar isenta de todas as execuções pendentes e futuras.[1] [Dispositivo correspondente no CC/1916: art. 1.430.]

Parágrafo único. A isenção prevista neste artigo prevalece de pleno direito[1a] em favor dos montepios e pensões alimentícias.[2] [Dispositivo correspondente no CC/1916: art. 1.430.]

Art. 813: 1. cf. CPC 833-I.

Art. 813: 1a. i. e., independentemente de estipulação do instituidor.

Art. 813: 2. cf. CPC 833-IV.

Capítulo XVII | DO JOGO E DA APOSTA[1 a 2]

CAP. XVII: 1. Dec. lei 9.215, de 30.4.46 — Proíbe a prática ou exploração de jogos de azar em todo o território nacional.

CAP. XVII: 1a. s/ jogo e contravenção penal, v. LCP 50 a 58.

✎ **CAP. XVII: 2.** "Disciplina jurídica do jogo e aposta no sistema brasileiro", por Pablo Stolze Gagliano e Rodolfo Pamplona Filho (RIDCPC 51/71); "Aspectos de direito internacional privado relativos às dívidas de jogo contraídas no estrangeiro: lei aplicável às obrigações e contornos da ordem pública", por Fabrício Bertini Pasquot Polido (RT 876/52).

Art. 814. As dívidas de jogo[1 a 1b] ou de aposta não obrigam a pagamento; mas não se pode recobrar a quantia, que voluntariamente se pagou,[1c] salvo se foi ganha por dolo,[1d] ou se o perdente é menor ou interdito.[2] [Dispositivo correspondente no CC/1916: art. 1.477-*caput*.]

§ 1º Estende-se esta disposição a qualquer contrato que encubra ou envolva reconhecimento, novação[2a] ou fiança[3] de dívida de jogo; mas a nulidade resultante não pode ser oposta ao terceiro de boa-fé. [Dispositivo correspondente no CC/1916: art. 1.477 § ún.]

§ 2º O preceito contido neste artigo tem aplicação, ainda que se trate de jogo não proibido, só se excetuando os jogos e apostas legalmente permitidos.[4] [Sem dispositivo correspondente no CC/1916.]

§ 3º Excetuam-se, igualmente, os prêmios oferecidos ou prometidos para o vencedor em competição de natureza esportiva, intelectual ou artística, desde que os interessados se submetam às prescrições legais e regulamentares. [Sem dispositivo correspondente no CC/1916.]

Art. 814: 1. "Dívidas de jogo ou de aposta constituem obrigações naturais. Embora sejam incabíveis, é lícito ao devedor pagá-las. Se o pagamento é realizado por meio de cheques sem provisão de fundos, admite-se o manejo de ação de locupletamento para cobrá-los, sem que se esbarre na proibição de cobrança de dívida de jogo" (STJ-3ª T., REsp 822.922, Min. Gomes de Barros, j. 6.3.08, DJ 1.8.08). **Contra:** RT 794/381 (TJRJ, AP 18.836/00).

Art. 814: 1a. "Ação monitória. Cobrança. Dívida de jogo. Cassino norte-americano. Possibilidade. Art. 9º da Lei de Introdução às Normas do Direito Brasileiro. Equivalência. Direito nacional e estrangeiro. Ofensa à ordem pública. Inexistência. Enriquecimento sem causa. Vedação. Aquele que visita **país estrangeiro,** usufrui de sua hospitalidade e contrai livremente obrigações lícitas, não pode retornar a seu país de origem buscando a impunidade civil. A lesão à boa-fé de terceiro é patente, bem como o enriquecimento sem causa, motivos esses capazes de contrariar a ordem pública e os bons costumes. A vedação contida no artigo 50 da Lei de Contravenções Penais diz respeito à exploração de jogos não legalizados, o que não é o caso dos autos, em que o jogo é permitido pela legislação estrangeira" (STJ-3ª T., REsp 1.628.974, Min. Ricardo Cueva, j. 13.6.17, maioria, DJ 25.8.17).

"Considerando a antinomia na interpenetração de dois sistemas jurídicos, caracterizada pela pretensão de cobrança de dívida de jogo, contraída no exterior, onde as atividades oriundas de jogos e apostas são consideradas lícitas, inexigível no ordenamento jurídico brasileiro, aplica-se a regra *locus regit actum*, prevista no art. 9º da LICC, como forma de evitar o enriquecimento sem causa por parte do devedor que abusou da boa-fé do credor, emitindo cheque de conta encerrada, sob pena de atentar-se à ordem pública, no sentido que lhe dá o Direito Internacional Privado" (RT 763/105: TJDFT, EI 44.921/97, maioria; ementa da redação).

Contra: "O cheque emitido para pagamento de dívida de jogo é inexigível, nos termos do art. 1.477 do CC, ainda que a obrigação tenha sido contraída em país em que a jogatina é lícita, eis que o princípio do *locus regit actum*, consagrado no art. 9º da LICC, sofre restrições em face da regra insculpida no art. 17 do mesmo diploma legal" (RT 794/381: TJRJ, AP 18.836/00; ementa da redação). O art. 1.477 do CC rev. corresponde ao CC 814.

Art. 814: 1b. "A **aposta em corrida de cavalos** é atividade expressamente regulamentada pela Lei n. 7.291/84 e pelo Decreto n. 96.993/88, não incidindo, pois, as vedações contidas no Código Civil a esse tipo de jogo. Embora os referidos diplomas legais prevejam a realização de apostas em dinheiro e nas dependências do hipódromo, em nenhum momento eles proíbem a realização delas por telefone e mediante o empréstimo de dinheiro da banca exploradora ao apostador. Entender pela abusividade de tal prática levaria ao enriquecimento ilícito do apostador e feriria o princípio da autonomia da vontade, que permeia as relações de Direito Privado, onde, ao contrário do Direito Público, é possível fazer tudo aquilo que a lei não proíbe" (STJ-RDPr 46/407: 3ª T., REsp 1.070.316, maioria).

Art. 814: 1c. v. art. 882.

S/ revogação por ingratidão de doação que se fizer em cumprimento de obrigação natural, v. art. 564-III.

Art. 814: 1d. v. arts. 145 a 150.

Art. 814: 2. v. art. 816.

Art. 814: 2a. v. arts. 360 a 367.

Art. 814: 3. v. arts. 818 a 839.

Art. 814: 4. Excetuam-se, portanto, as diversas loterias patrocinadas pelo Governo Federal, por meio da Caixa Econômica Federal.

Art. 815. Não se pode exigir reembolso do que se emprestou para jogo ou aposta, no ato de apostar ou jogar.[1-2] [Dispositivo correspondente no CC/1916: art. 1.478.]

Art. 815: 1. em razão das condições psicológicas do jogador ou apostador naquele momento.

Art. 815: 2. v. art. 816.

Art. 816. As disposições dos arts. 814 e 815 não se aplicam aos contratos sobre títulos de bolsa, mercadorias ou valores,[1] em que se estipulem[2] a liquidação exclusivamente pela diferença entre o preço ajustado e a cotação que eles tiverem no vencimento do ajuste.[3] [Dispositivo correspondente no CC/1916: art. 1.479.]

Art. 816: 1. Lei 6.385, de 7.12.76 — Dispõe sobre o mercado de valores mobiliários e cria a Comissão de Valores Mobiliários.

Art. 816: 2. *sic*; deve ser "estipule".

✎ **Art. 816: 3.** "Disciplina jurídica dos contratos derivativos", por Fábio Cardoso Machado (RT 896/61).

Art. 817. O sorteio para dirimir questões ou dividir coisas comuns considera-se sistema de partilha[1] ou processo de transação,[2] conforme o caso. [Dispositivo correspondente no CC/1916: art. 1.480.]

Art. 817: 1. s/ partilha de herança, v. arts. 2.013 a 2.022; divisão de coisa comum, v. art. 1.321.

Art. 817: 2. v. arts. 840 a 850.

Capítulo XVIII | DA FIANÇA[1-2]

Seção I | DISPOSITIVOS GERAIS

CAP. XVIII: 1. s/ fiança locatícia, v. LI 37-II e 39; s/ registro da fiança, v. LRP 129-3º.

✎ **CAP. XVIII: 2.** "Os requisitos de validade do negócio jurídico de fiança", por Gerci Giareta (Ajuris 87-I/99).

Art. 818. Pelo contrato de fiança,[1 a 1b] uma pessoa[1c-2] garante satisfazer ao credor uma obrigação assumida pelo devedor,[3] caso este não a cumpra. [Dispositivo correspondente no CC/1916: art. 1.481.]

Art. 818: 1. s/ rescisão da fiança pelo cônjuge, v. arts. 1.642-IV e 1.645; fiança sem autorização do outro cônjuge: arts. 1.647-III a 1.650; reforço de fiança: art. 333-III; LI 40, 22-VII, *in fine*, 23-XI e 71-V.

Art. 818: 1a. **Dec. 21.981, de 19.10.32** — Regula a profissão de Leiloeiro ao território da República: **"Art. 30.** São nulas as fianças, bem como os endossos e avais dados pelos leiloeiros".

Dec. 91.271, de 29.5.85 — Veda a concessão, por entidades estatais, de aval, fiança ou outras garantias.

Art. 818: 1b. "A esposa do fiador que se limita a dar outorga uxória à fiança prestada por seu marido, em atendimento à exigência legal, não adquire a condição de fiadora. O acordo realizado apenas entre locadora e locatário, com o qual não consentiu a esposa do fiador, não pode ser executado em relação a esta" (RT 778/319).

Art. 818: 1c. A fiança é uma garantia pessoal (fidejussória). S/ garantias reais, v. art. 1.419.

Art. 818: 2. "É nula a fiança prestada por analfabeto, ou por quem não saiba escrever. Para ter validade só pode ser por instrumento público" (JTJ 292/233).

Art. 818: 3. "Se o contrato de fiança foi prestado em benefício de uma pessoa jurídica, o fato de ter havido alteração em seu quadro social gera como efeito reflexo e imediato a exoneração dos fiadores da garantia prestada, tendo em vista o caráter *intuitu personae* do contrato" (RJM 184/160: AP 1.0287.06.026326-9/001).

Art. 819. A fiança dar-se-á por escrito, e não admite interpretação extensiva.[1 a 3] [Dispositivo correspondente no CC/1916: art. 1.483.]

Art. 819: 1. v. arts. 114, 823 e 830.

Art. 819: 2. Não se admite contrato de fiança verbal (JTJ 316/219: AP 874.874-0/2).

Art. 819: 3. "Contrato bancário. Caracteriza-se por ser, em regra, cativo e de longa duração, prorrogando-se sucessivamente. Fiança prevendo claramente sua **prorrogação,** caso ocorra a da **avença principal.** Interpretação extensiva. Inexistência. A interpretação extensiva da fiança constitui em utilizar analogia para ampliar as obrigações do fiador ou a duração do contrato acessório, não o sendo a observância àquilo que foi expressamente pactuado, sendo certo que as causas específicas legais de extinção da fiança são taxativas. Com efeito, não há falar em nulidade da disposição contratual que prevê prorrogação da fiança, pois não admitir interpretação extensiva significa tão somente que o fiador responde, precisamente, por aquilo que declarou no instrumento da fiança" (STJ-2ª Seção, REsp 1.253.411, Min. Luis Felipe, j. 24.6.15, DJ 4.8.15).

Contra: "Tem-se como correto o acórdão estadual que, afastando a cláusula que previa a prorrogação automática da fiança para além do prazo original de vigência do contrato de crédito em conta-corrente, exonerou o autor da garantia por valores tomados pela mutuária após findado o lapso original, sem que tivesse havido anuência expressa do garante nesse sentido" (STJ-RIDCPC 60/32: 4ª T., REsp 594.502). No mesmo sentido: STJ-3ª T., REsp 1.194.836-AgRg, Min. Nancy Andrighi, j. 18.10.12, DJ 31.10.12.

Art. 820. Pode-se estipular a fiança, ainda que sem consentimento do devedor ou contra a sua vontade. [Dispositivo correspondente no CC/1916: art. 1.484.]

Art. 821. As dívidas futuras podem ser objeto de fiança; mas o fiador, neste caso, não será demandado senão depois que se fizer certa e líquida a obrigação do principal devedor.[1] [Dispositivo correspondente no CC/1916: art. 1.485.]

Art. 821: 1. "Quando o credor não dispõe de pretensão executória contra o devedor afiançado (triplicatas não aceitas e não protestadas e cheque prescrito), o fiador, à evidência, não pode ser executado" (STJ-RT 659/195: 3ª T., REsp 2.375).

Art. 822. Não sendo limitada, a fiança compreenderá todos os acessórios[1] da dívida principal, inclusive as despesas judiciais,[2] desde a citação do fiador. [Dispositivo correspondente no CC/1916: art. 1.486.]

Art. 822: 1. v. art. 92.

Art. 822: 2. No sentido de que, sendo a fiança limitada a determinado valor, tudo o que excedê-lo, inclusive **honorários sucumbenciais,** deverá ser cobrado do afiançado, e não do fiador: STJ-3ª T., REsp 1.482.565, Min. Marco Bellizze, j. 6.12.16, DJ 15.12.16.

Art. 823. A fiança pode ser de valor inferior ao da obrigação principal e contraída em condições menos onerosas, e, quando exceder o valor da dívida, ou for mais onerosa que ela, não valerá senão até ao limite da obrigação afiançada.[1] [Dispositivo correspondente no CC/1916: art. 1.487.]

Art. 823: 1. cf. art. 114.

Art. 824. As obrigações nulas não são suscetíveis de fiança, exceto se a nulidade resultar apenas de incapacidade pessoal do devedor. [Dispositivo correspondente no CC/1916: art. 1.488-*caput*.]

Parágrafo único. A exceção estabelecida neste artigo não abrange o caso de mútuo feito a menor.[1] [Dispositivo correspondente no CC/1916: art. 1.488 § ún.]

Art. 824: 1. v. art. 837. V. tb. arts. 588 e 589.

Art. 825. Quando alguém houver de oferecer fiador, o credor não pode ser obrigado a aceitá-lo se não for pessoa idônea, domiciliada no município onde tenha de prestar a fiança, e não possua bens suficientes para cumprir a obrigação. [Dispositivo correspondente no CC/1916: art. 1.489.]

Art. 826. Se o fiador se tornar insolvente[1] ou incapaz,[1a] poderá o credor exigir que seja substituído.[2] [Dispositivo correspondente no CC/1916: art. 1.490.]

Art. 826: 1. v. art. 955 e CPC/73 art. 748.

Art. 826: 1a. v. arts. 3º a 5º.

Art. 826: 2. cf. art. 477.

Seção II | DOS EFEITOS DA FIANÇA

Art. 827. O fiador demandado pelo pagamento da dívida tem direito a exigir, até a contestação da lide,[1] que sejam primeiro executados os bens do devedor.[1a-1b] [Dispositivo correspondente no CC/1916: art. 1.491-*caput*.]

Parágrafo único. O fiador que alegar o benefício de ordem,[2] a que se refere este artigo, deve nomear bens do devedor, sitos no mesmo município, livres e desembargados, quantos bastem para solver o débito.[3] [Dispositivo correspondente no CC/1916: art. 1.491 § ún.]

Art. 827: 1. v. CPC 335.

Art. 827: 1a. Esse direito é chamado de benefício de ordem ou benefício da **excussão.**

Art. 827: 1b. s/ benefício de ordem e avalista, v. art. 897, nota 2.

Art. 827: 2. v. art. 839.

Art. 827: 3. v. arts. 828 e 839, CPC 794.

Art. 828. Não aproveita este benefício ao fiador: [Dispositivo correspondente no CC/1916: art. 1.492-*caput*.]

I — se ele o renunciou expressamente;[1] [Dispositivo correspondente no CC/1916: art. 1.492-I.]

II — se se obrigou como principal pagador, ou devedor solidário;[2-3] [Dispositivo correspondente no CC/1916: art. 1.492-II.]

III — se o devedor for insolvente, ou falido.[4] [Dispositivo correspondente no CC/1916: art. 1.492-III.]

Art. 828: 1. **Enunciado 364 do CEJ:** "No contrato de fiança é nula a cláusula de renúncia antecipada ao benefício de ordem quando inserida em contrato de adesão".

Art. 828: 2. s/ solidariedade passiva, v. arts. 275 a 285.

Art. 828: 3. s/ fiador que paga a dívida do devedor principal em obrigação solidária, v. art. 285, nota 1; s/ extinção da fiança em obrigação solidária, v. art. 838.

Art. 828: 4. s/ insolvência, v. arts. 839 e 955, bem como CPC/73 art. 748.

Art. 829. A fiança conjuntamente prestada a um só débito por mais de uma pessoa importa o compromisso de solidariedade[1-1a] entre elas, se declaradamente não se reservarem o benefício de divisão. [Dispositivo correspondente no CC/1916: art. 1.493-*caput*.]

Parágrafo único. Estipulado este benefício, cada fiador responde unicamente pela parte que, em proporção, lhe couber no pagamento.[2] [Dispositivo correspondente no CC/1916: art. 1.493 § ún.]

Art. 829: 1. v. arts. 275 a 285.

Art. 829: 1a. "A fiança, cuja validade depende da outorga uxória, quando prestada por pessoa casada, não implica, por si só, a solidariedade do art. 829 do Código Civil, em relação à esposa desse mesmo prestador" (STJ-5ª T., REsp 1.038.774, Min. Napoleão Maia Filho, j. 15.12.09, DJ 1.2.10).

Art. 829: 2. v. art. 830.

Art. 830. Cada fiador pode fixar no contrato a parte da dívida que toma sob sua responsabilidade, caso em que não será por mais obrigado.[1] [Dispositivo correspondente no CC/1916: art. 1.494.]

Art. 830: 1. v. arts. 114 e 829.

Art. 831. O fiador que pagar integralmente a dívida fica sub-rogado nos direitos do credor;[1-1a] mas só poderá demandar a cada um dos outros fiadores pela respectiva quota.[2-2a] [Dispositivo correspondente no CC/1916: art. 1.495-*caput*.]

Parágrafo único. A parte do fiador insolvente distribuir-se-á pelos outros.[3] [Dispositivo correspondente no CC/1916: art. 1.495 § ún.]

Art. 831: 1. v. arts. 838-II e 346-III.

S/ execução do devedor-afiançado pelo fiador que pagou a dívida no mesmo processo, v., no nosso CPCLPV, CPC 794 § 2º e notas.

Art. 831: 1a. "Contrato de locação. Pagamento do débito pelo fiador. Sub-rogação. Demanda regressiva ajuizada contra os locatários inadimplentes. Manutenção dos mesmos elementos da obrigação originária, inclusive o prazo prescricional. Arts. 349 e 831 do Código Civil. Prescrição trienal (CC, art. 206, § 3º, I). Ocorrência" (STJ-3ª T., REsp 1.432.999, Min. Marco Bellizze, j. 16.5.17, DJ 25.5.17).

Em matéria de seguro, v. art. 786, nota 2b.

Art. 831: 2. v. art. 283.

Art. 831: 2a. "Se pode o fiador, sub-rogado nos direitos do credor primitivo, exigir o que despendeu do devedor principal, por certo que poderá fazê-lo em relação ao avalista, o qual, segundo a melhor doutrina, ocupa, no contexto cambiário, a mesma posição jurídica objetiva da pessoa que avaliza, à qual se equipara" (STJ-4ª T., REsp 303.634, Min. Fernando Gonçalves, j. 10.11.09, DJ 23.11.09).

O fiador que paga a dívida pode obter do avalista do afiançado o valor total do título quitado e não apenas parte dele (RSTJ 109/132: 3ª T., REsp 76.705).

Art. 831: 3. v. art. 284.

Art. 832. O devedor responde também perante o fiador por todas as perdas e danos[1] que este pagar, e pelos que sofrer em razão da fiança. [Dispositivo correspondente no CC/1916: art. 1.496.]

Art. 832: 1. v. arts. 402 a 405.

Art. 833. O fiador tem direito aos juros do desembolso pela taxa estipulada na obrigação principal, e, não havendo taxa convencionada, aos juros legais da mora.[1] [Dispositivo correspondente no CC/1916: art. 1.497.]

Art. 833: 1. v. art. 406.

Art. 834. Quando o credor, sem justa causa, demorar a execução iniciada contra o devedor, poderá o fiador promover-lhe o andamento.[1] [Dispositivo correspondente no CC/1916: art. 1.498.]

Art. 834: 1. cf. CPC 778 § 1º-IV.

Art. 835. O fiador poderá exonerar-se da fiança que tiver assinado sem limitação de tempo,[1] sempre que lhe convier, ficando obrigado por todos os efeitos da fiança, durante sessenta dias após a notificação do credor.[1a a 2] [Dispositivo correspondente no CC/1916: art. 1.500.]

Art. 835: 1. "Contrato de financiamento estudantil. Fiança. Desoneração. Possibilidade. Prazo indeterminado. Evento futuro e incerto. A hipótese *sub judice*, que trata de um contrato de financiamento estudantil, onde temos a expressão de que a fiança perdurará até que o afiançado esteja cursando a faculdade, define um fato futuro e incerto. Não se pode afirmar, juridicamente, tratar-se de fato certo porque não se pode definir qual o dia do calendário em que ocorrerá e se realmente irá acontecer" (STJ-2ª T., REsp 1.450.033, Min. Herman Benjamin, j. 4.11.14, DJ 27.11.14).

Art. 835: 1a. s/ fiança locatícia, v. LI 37-II e 39, especialmente nota 2.

Art. 835: 1b. "Não se pode conceber a exoneração do fiador com o simples envio de notificação, pois **só com a ciência pessoal** do credor é que se inicia o prazo de 60 dias previsto no art. 835 do CC/02, razão pela qual caberá ao fiador, em situação de eventual litígio, o ônus de provar não só o envio, mas o recebimento da notificação pelo credor. Na hipótese, não há como se afirmar, nem mesmo presumir, que a locadora teve ciência da notificação enviada pelos recorrentes, que foi recebida por procurador e representante legal de imobiliária, sendo, portanto, impossível considerar que os fiadores exoneraram-se da fiança prestada" (STJ-3ª T., REsp 1.428.271, Min. Nancy Andrighi, j. 28.3.17, DJ 30.3.17).

Art. 835: 2. "Não basta a simples retirada do sócio-fiador da sociedade, ou mesmo a alteração societária, para que o garante se desonere da fiança prestada; é necessário, nos termos do art. 1.500 do Código Civil de 1916, ou o distrato — que no caso se consubstancia em comunicação ao credor — ou sentença judicial que assim determine" (STJ-3ª T., Ag em REsp 246.402-EDcl-AgRg, Min. Ricardo Cueva, j. 2.5.13, DJ 8.5.13; a citação é do voto do relator). No mesmo sentido: STJ-4ª T., REsp 1.336.452-AgRg, Min. Isabel Gallotti, j. 25.3.14, DJ 7.4.14.

V. tb. LI 37, nota 5a.

Art. 836. A obrigação do fiador passa aos herdeiros; mas a responsabilidade da fiança se limita ao tempo decorrido até a morte do fiador, e não pode ultrapassar as forças da herança.[1] [Dispositivo correspondente no CC/1916: art. 1.501.]

Art. 836: 1. cf. arts. 1.792 e 1.997-*caput*. V. tb. art. 1.821.

Seção III | DA EXTINÇÃO DA FIANÇA

Art. 837. O fiador pode opor ao credor as exceções[1] que lhe forem pessoais, e as extintivas da obrigação que competem ao devedor principal, se não provierem simplesmente de incapacidade pessoal, salvo o caso do mútuo feito a pessoa menor.[2] [Dispositivo correspondente no CC/1916: art. 1.502.]

Art. 837: 1. s/ interrupção da prescrição e fiança, v. art. 204 § 3º.

Art. 837: 2. v. art. 824 § ún.

Art. 838. O fiador, ainda que solidário,[1] ficará desobrigado:[1a] [Dispositivo correspondente no CC/1916: art. 1.503-*caput*.]

I — se, sem consentimento seu, o credor conceder moratória ao devedor; [Dispositivo correspondente no CC/1916: art. 1.503-I.]

II — se, por fato do credor, for impossível a sub-rogação nos seus direitos e preferências;[2] [Dispositivo correspondente no CC/1916: art. 1.503-II.]

III — se o credor, em pagamento da dívida, aceitar amigavelmente do devedor objeto diverso[3] do que este era obrigado a lhe dar, ainda que depois venha a perdê-lo por evicção.[3a] [Dispositivo correspondente no CC/1916: art. 1.503-III.]

Art. 838: 1. v. arts. 828 e 829.

Art. 838: 1a. s/ novação e fiança, v. art. 366; s/ transação e fiança, v. art. 844 § 1º.

Art. 838: 2. v. arts. 346-III e 831.

Art. 838: 3. v. arts. 356 a 359.

Art. 838: 3a. v. arts. 447 a 457.

Art. 839. Se for invocado o benefício da excussão[1] e o devedor, retardando-se a execução, cair em insolvência,[2] ficará exonerado o fiador que o invocou, se provar que os bens por ele indicados eram, ao tempo da penhora, suficientes para a solução da dívida afiançada. [Dispositivo correspondente no CC/1916: art. 1.504.]

Art. 839: 1. v. art. 827 § ún.

Art. 839: 2. v. art. 955 e CPC/73 art. 748.

Capítulo XIX | DA TRANSAÇÃO[1-2]

CAP. XIX: 1. v. arts. 262 § ún. (obrigação indivisível), 661 §§ 1º e 2º (mandato), 787 § 2º e 795 (seguro), 817 (jogo e aposta), 1.105-*caput* (liquidação), 1.748-III (tutela), 1.782 (curatela).

V. tb. CPC 487-III-*b*; LJE 22 a 24 e 41-*caput*.

Em matéria de falência e recuperação judicial, v. LRF 22 § 3º

CAP. XIX: 2. **LJE: "Art. 57.** O acordo extrajudicial, de qualquer natureza ou valor, poderá ser homologado, no juízo competente, independentemente de termo, valendo a sentença como título executivo judicial".

Art. 840. É lícito aos interessados prevenirem ou terminarem o litígio[1] mediante concessões mútuas. [Dispositivo correspondente no CC/1916: art. 1.025.]

Art. 840: 1. "São indispensáveis a autorização judicial e a intervenção do Ministério Público em acordo extrajudicial firmado pelos pais dos **menores**, em nome deles, para fins de receber indenização por ato ilícito. A transação firmada sem observância desses requisitos não impedirá o ajuizamento da ação correspondente, ressalvando-se, no entanto, a dedução, a final, do valor pago no acordo, para evitar o enriquecimento sem causa" (STJ-2ª Seção, ED no REsp 292.974, Min. Sálvio de Figueiredo, j. 12.2.03, um voto vencido, DJU 15.9.03). No mesmo sentido: "Em caso de acidente de trânsito que produziu a morte de marido e pai de família, a transação havida entre a empresa de transporte e a viúva não é válida em relação aos filhos menores impúberes absolutamente incapazes à época do fato se a viúva não detinha capacidade para agir em nome deles, por não possuir autorização judicial para tanto" (RT 804/243: 1º TASP, AP 1.019.030-8; ementa da redação).

Art. 841. Só quanto a direitos patrimoniais de caráter privado se permite a transação.[1-2] [Dispositivo correspondente no CC/1916: art. 1.035.]

Art. 841: 1. s/ transação concernente a obrigações resultantes de delito, v. art. 846; s/ compromisso arbitral e questões que não tenham caráter estritamente patrimonial, v. art. 852.

Art. 841: 2. v. nota 1 ao art. 840.

Art. 842. A transação far-se-á por escritura pública,[1-2] nas obrigações em que a lei o exige, ou por instrumento particular, nas em que ela o admite; se recair sobre direitos contestados em juízo,[2a] será feita por escritura pública, ou por termo nos autos, assinado pelos transigentes e homologado pelo juiz.[3-4] [Dispositivo correspondente no CC/1916: art. 1.028-I e II.]

Art. 842: 1. v. arts. 215 a 218.

Art. 842: 2. "A não adoção de escritura pública no tocante aos **bens imóveis** não acarreta defeito insanável, porquanto a transação não tem o condão de constituir, modificar, transferir ou transmitir direitos reais sobre imóveis. Ela apenas declara ou reconhece direitos, nos termos do art. 1.027 do CC/16 (correspondência: art. 843 do CC/02). A nulidade poderia ser decretada tão só se ausente escritura pública em contrato constitutivo ou translativo de direitos reais sobre imóveis, a teor do art. 134, II do CC/16 (correspondência: art. 108 do CC/02), o que não se coaduna com o caso em julgamento. A transação efetuada e concluída entre as partes, sem qualquer mácula, seja vício de consentimento, seja defeito ou nulidade, é perfeitamente válida, o que torna inevitável sua homologação" (STJ-3ª T., REsp 650.795, Min. Nancy Andrighi, j. 7.6.05, DJU 15.8.05).

Art. 842: 2a. "Apenas tem lugar a intervenção da autoridade judiciária quando a transação recai sobre direitos contestados em juízo, sendo dispensável a homologação judicial ou a intervenção de membro do *Parquet* para a validade da transação preventiva, que visa evitar litígio" (RT 792/245: TJSP, AP 097.531-5/6-00; ementa da redação).

Art. 842: 3. v. CPC 487-III-*b*.

Art. 842: 4. "A transação firmada entre as partes, ainda que não homologada judicialmente, por desídia da justiça, produz efeito de coisa julgada, somente rescindível por dolo, violência ou erro essencial quanto à pessoa ou coisa controversa" (RT 790/356: TJGO, AI 20.413-6/180).

Art. 843. A transação interpreta-se restritivamente,[1-2] e por ela não se transmitem, apenas se declaram ou reconhecem direitos. [Dispositivo correspondente no CC/1916: art. 1.027.]

Art. 843: 1. s/ interpretação dos negócios jurídicos benéficos e da renúncia, v. art. 114.

Art. 843: 2. "A declaração de plena e geral quitação deve ser interpretada *modus in rebus*, limitando-se ao valor nela registrado. Em outras palavras, o recibo fornecido pelo lesado deve ser interpretado restritivamente, significando apenas a quitação dos valores a que refere, sem obstar a propositura de ação para alcançar a integral reparação dos danos sofridos com o acidente" (STJ-2ª Seção, ED no REsp 292.974, Min. Sálvio de Figueiredo, j. 12.2.03, um voto vencido, DJU 15.9.03). No mesmo sentido: RT 743/299 (1º TASP, AP 700.890-8).

"A quitação plena e geral, para nada mais reclamar a qualquer título, constante de acordo extrajudicial, considera-se válida e eficaz, desautorizando investida judicial para ampliar a verba indenizatória aceita e recebida. Todavia, a transação deve ser interpretada restritivamente, significando a quitação apenas dos valores a que se refere. No caso concreto, o Tribunal de origem interpretou o termo de transação extrajudicial, bem como os documentos juntados pela seguradora, concluindo que a autora deu quitação apenas quanto aos danos materiais, relativos ao conserto da motocicleta e às despesas médico-hospitalares. Nesse contexto, não se pode obstar a integral reparação dos outros danos sofridos com o acidente (lucros cessantes e danos morais e estéticos), claramente não incluídos no acordo" (STJ-4ª T., Ag em REsp 1.131.730-AgInt, Min. Lázaro Guimarães, j. 21.8.18, DJ 24.8.18).

Todavia: "Quem, transigindo, passa quitação total à seguradora, não pode, mais tarde, deduzir novo pedido de indenização pelo agravamento da lesão em torno da qual se efetivou a transigência" (STJ-3ª T., REsp 796.727, Min. Gomes de Barros, j. 24.4.07, DJU 14.5.07).

"A quitação plena e geral, para nada mais reclamar a qualquer título, constante do acordo extrajudicial, é válida e eficaz, desautorizando investida judicial para ampliar a verba indenizatória aceita e recebida. Ainda que, nos termos do art. 1.027 do CC/16, a transação deva ser interpretada restritivamente, não há como negar eficácia a um acordo que contenha outorga expressa de quitação ampla e irrestrita, se o negócio foi celebrado sem qualquer vício capaz de macular a manifestação volitiva das partes. Sustentar o contrário implicaria ofensa ao princípio da segurança jurídica, que possui, entre seus elementos de efetividade, o respeito ao ato jurídico perfeito, indispensável à estabilidade das relações negociais" (STJ-3ª T., REsp 809.565, Min. Nancy Andrighi, j. 22.3.11, maioria, DJ 29.6.11).

Art. 844. A transação não aproveita, nem prejudica senão aos que nela intervierem,[1] ainda que diga respeito a coisa indivisível.[1a] [Dispositivo correspondente no CC/1916: art. 1.031-*caput*.]

§ 1º Se for concluída entre o credor e o devedor, desobrigará o fiador.[1b-1c] [Dispositivo correspondente no CC/1916: art. 1.031 § 1º.]

§ 2º Se entre um dos credores solidários[2] e o devedor, extingue a obrigação deste para com os outros credores. [Dispositivo correspondente no CC/1916: art. 1.031 § 2º.]

§ 3º Se entre um dos devedores solidários[3] e seu credor, extingue a dívida em relação aos codevedores.[4] [Dispositivo correspondente no CC/1916: art. 1.031 § 3º.]

Art. 844: 1. "Muito embora não seja desinfluente o pagamento realizado pelo segurador diretamente à vítima, sem participação do segurado, não é esse fato apto a afastar por completo a responsabilidade civil do causador do dano, tampouco obsta a instauração do processo em face deste. Tendo em vista que a indenização por dano moral deve ser ampla, eventual sub-rogação operada com o pagamento pela seguradora, diretamente aos familiares das vítimas do acidente, não abarca necessariamente todo o crédito decorrente do infortúnio, porquanto não se equipara o instituto da sub-rogação à cessão de crédito. Com efeito, não se deve ter por extinta toda e qualquer responsabilização do segurado pelos danos advindos do acidente automobilístico, uma vez que não poderia mesmo a seguradora transacionar valores além da apólice, uma vez que sua responsabilidade está limitada à quantia segurada" (STJ-RT 896/131: 4ª T., REsp 506.917).

Art. 844: 1a. s/ bens divisíveis, v. art. 87; s/ obrigações divisíveis e indivisíveis, v. arts. 257 a 263.

Art. 844: 1b. v. art. 838.

Art. 844: 1c. "Transação entre credor e devedor sem anuência dos fiadores. Parcelamento da dívida. Extinção do contrato de fiança. Exoneração dos fiadores" (STJ-4ª T., REsp 1.013.436, Min. Luis Felipe, j. 11.9.12, DJ 28.9.12).

Art. 844: 2. v. arts. 267 a 274.

Art. 844: 3. v. arts. 275 a 285.

Art. 844: 4. "A quitação parcial da dívida dada pelo credor a um dos devedores solidários por meio de transação, tal como ocorre na remissão não aproveita aos outros devedores, senão até a concorrência da quantia paga. Se, na transação, libera-se o devedor que dela participou com relação à quota-parte pela qual era responsável, ficam os devedores remanescentes responsáveis somente pelo saldo que, *pro rata*, lhes cabe" (STJ-4ª T., REsp 1.002.491-AgRg, Min. João Otávio, j. 28.6.11, DJ 1.7.11).

"A transação efetivada entre um dos devedores solidários e seu credor só irá extinguir a dívida em relação aos demais codevedores (CC, art. 844, § 3º) quando o credor der a quitação por toda a dívida, e não de forma parcial. A remissão ou exclusão de determinado devedor solidário pelo credor, em razão do pagamento parcial do débito, deverá, para fins de redução do valor total devido, corresponder à dedução de, no mínimo, sua quota-parte, partilhando-se a responsabilidade *pro rata*, sob pena de prejudicar o exercício do direito de regresso contra os codevedores, pois o credor iria receber por inteiro uma obrigação já parcialmente extinta; e o devedor que pagasse o total da dívida não poderia reembolsar-se da parte viril dos coobrigados, pois um deles já teria perdido, anteriormente e por causa distinta, a sua condição de devedor. Na hipótese, em uma execução contra cinco devedores solidários, em razão do pagamento parcial e irrisório com remissão obtida por um deles (CC, art. 277), entendeu o Tribunal que os outros codevedores continuariam responsáveis pelo total do débito cobrado (montante aproximado de R$ 3.500.000,00), abatida tão somente a quantia paga de R$ 20.013,69; sendo que, em verdade, deverá ser abatida a quota-parte correspondente ao remitido, isto é, 1/5 do valor total executado" (STJ-4ª T., REsp 1.478.262, Min. Luis Felipe, j. 21.10.14, DJ 7.11.14).

V. tb. art. 275, nota 1c.

Art. 845. Dada a evicção[1] da coisa renunciada por um dos transigentes, ou por ele transferida à outra parte, não revive a obrigação extinta pela transação; mas ao evicto cabe o direito de reclamar perdas e danos.[2] [Dispositivo correspondente no CC/1916: art. 1.032-*caput*.]

Parágrafo único. Se um dos transigentes adquirir, depois da transação, novo direito sobre a coisa renunciada ou transferida, a transação feita não o inibirá de exercê-lo. [Dispositivo correspondente no CC/1916: art. 1.032 § ún.]

Art. 845: 1. v. arts. 447 a 457.

Art. 845: 2. v. arts. 402 a 405.

Art. 846. A transação concernente a obrigações resultantes de delito não extingue a ação penal pública.[1] [Dispositivo correspondente no CC/1916: art. 1.033.]

Art. 846: 1. v. LJE 74.

Art. 847. É admissível, na transação, a pena convencional.[1] [Dispositivo correspondente no CC/1916: art. 1.034.]

Art. 847: 1. v. arts. 408 a 416.

Art. 848. Sendo nula[1] qualquer das cláusulas da transação, nula será esta.[2] [Dispositivo correspondente no CC/1916: art. 1.026-*caput*.]

Parágrafo único. Quando a transação versar sobre diversos direitos contestados, independentes entre si, o fato de não prevalecer em relação a um não prejudicará os demais. [Dispositivo correspondente no CC/1916: art. 1.026 § ún.]

Art. 848: 1. v. arts. 166 e segs.

Art. 848: 2. "Havendo na transação cláusula nula ou ineficaz ligada aos demais pontos da transigência, não há como homologá-la, porque a eiva parcial contamina o acordo por inteiro" (RT 771/290: 2º TASP, AI 591.762-00/6).

Art. 849. A transação só se anula[1-1a] por dolo,[1b] coação,[2] ou erro essencial[3] quanto à pessoa ou coisa controversa.[4] [Sem dispositivo correspondente no CC/1916.]

Código Civil

Parágrafo único. A transação não se anula por erro de direito a respeito das questões que foram objeto de controvérsia entre as partes. [Sem dispositivo correspondente no CC/1916.]

Art. 849: 1. "Efetuada e concluída a transação, é vedada a um dos transatores a rescisão unilateral, como também é obrigado o juiz a homologar o negócio jurídico, desde que não esteja contaminado por defeito insanável (objeto ilícito, incapacidade das partes ou irregularidade do ato)" (STJ-3ª T., REsp 650.795, Min. Nancy Andrighi, j. 7.6.05, DJU 15.8.05).

"É impossível o arrependimento e rescisão unilateral da transação, ainda que não homologada de imediato pelo Juízo. Uma vez concluída a transação, as suas cláusulas ou condições obrigam definitivamente os contraentes, e sua rescisão só se torna possível 'por dolo, coação, ou erro essencial quanto à pessoa ou coisa controversa' (CC de 2002, art. 849; CC de 1916, art. 1.030)" (STJ-3ª T., REsp 825.425, Min. Sidnei Beneti, j. 18.5.10, DJ 8.6.10).

Art. 849: 1a. v. art. 171.

Art. 849: 1b. v. arts. 145 a 150.

Art. 849: 2. v. arts. 151 a 155.

Art. 849: 3. v. arts. 138 a 144.

Art. 849: 4. Logo, após a transação, descabem discussões em torno do contrato que até então unia as partes (RT 825/276).

"Eventual deficiência na informação prestada pela instituição financeira na contratação do serviço não gera, obrigatoriamente, o vício na transação havida, ato jurídico posterior e autônomo" (STJ-3ª T., AI 967.259-AgRg, Min. Nancy Andrighi, j. 16.9.08, DJ 26.9.08).

Art. 850. É nula a transação a respeito do litígio decidido por sentença passada em julgado, se dela não tinha ciência algum dos transatores,[1] ou quando, por título ulteriormente descoberto, se verificar que nenhum deles tinha direito sobre o objeto da transação. [Dispositivo correspondente no CC/1916: art. 1.036.]

Art. 850: 1. "Admissível a transação entre os litigantes, mesmo havendo sentença de julgamento de mérito que favorece integralmente uma das partes, desde que o acordo apresente os requisitos de validade, entre os quais a assinatura dos patronos de cada qual" (RT 773/285: 2º TASP, AI 594.690-00/6).

Capítulo XX | DO COMPROMISSO

Art. 851. É admitido compromisso,[1] judicial ou extrajudicial, para resolver litígios entre pessoas que podem contratar. [Sem dispositivo correspondente no CC/1916.]

Art. 851: 1. v. art. 661 § 2º (poder do mandatário para firmar compromisso).

Art. 852. É vedado compromisso para solução de questões de estado, de direito pessoal de família e de outras que não tenham caráter estritamente patrimonial.[1] [Sem dispositivo correspondente no CC/1916.]

Art. 852: 1. cf. art. 841. Em matéria de arbitragem, v. art. 1º da Lei 9.307, de 23.9.96.

Art. 853. Admite-se nos contratos a cláusula compromissória, para resolver divergências mediante juízo arbitral, na forma estabelecida em lei especial.[1-2] [Sem dispositivo correspondente no CC/1916.]

Art. 853: 1. v., no CPCLPV, Lei 9.307, de 23.9.96, no tít. ARBITRAGEM E MEDIAÇÃO. V. tb. CPC 337-X e §§ 5º e 6º, 485-VII, 1.012-IV; LJE 24 a 26.

✎ **Art. 853: 2.** "Arbitragem internacional, cláusula compromissória e o novo Código Civil brasileiro", por Luiz Edson Fachin (RTDC 27/221).

Título VII | DOS ATOS UNILATERAIS

Capítulo I | DA PROMESSA DE RECOMPENSA[1]

CAP. I: 1. **Lei 5.768, de 20.12.71** — Altera a legislação sobre distribuição gratuita de prêmios, mediante sorteio, vale-brinde ou concurso, a título de propaganda, estabelece normas de proteção à poupança popular, e dá outras providências.

Art. 854. Aquele que, por anúncios públicos, se comprometer a recompensar, ou gratificar, a quem preencha certa condição, ou desempenhe certo serviço, contrai obrigação de cumprir o prometido.[1] [Dispositivo correspondente no CC/1916: art. 1.512.]

Art. 854: 1. Em matéria de direito do consumidor, v. CDC 37, nota 2.

Art. 855. Quem quer que, nos termos do artigo antecedente, fizer o serviço, ou satisfizer a condição, ainda que não pelo interesse da promessa, poderá exigir a recompensa estipulada. [Dispositivo correspondente no CC/1916: art. 1.513.]

Art. 856. Antes de prestado o serviço ou preenchida a condição, pode o promitente revogar a promessa, contanto que o faça com a mesma publicidade; se houver assinado prazo[1] à execução da tarefa, entender-se-á que renuncia o arbítrio de retirar, durante ele, a oferta.[2] [Dispositivo correspondente no CC/1916: art. 1.514.]

Parágrafo único. O candidato de boa-fé, que houver feito despesas, terá direito a reembolso. [Sem dispositivo correspondente no CC/1916.]

Art. 856: 1. v. art. 859.

Art. 856: 2. i. e., enquanto não houver decorrido o prazo fixado, o promitente não poderá revogar a promessa.

Art. 857. Se o ato contemplado na promessa for praticado por mais de um indivíduo, terá direito à recompensa o que primeiro o executou. [Dispositivo correspondente no CC/1916: art. 1.515-*caput*.]

Art. 858. Sendo simultânea a execução, a cada um tocará quinhão igual na recompensa; se esta não for divisível,[1] conferir-se-á por sorteio,[2] e o que obtiver a coisa dará ao outro o valor de seu quinhão. [Dispositivo correspondente no CC/1916: art. 1.515 §§ 1º e 2º.]

Art. 858: 1. v. art. 87.

Art. 858: 2. v. art. 817.

Art. 859. Nos concursos que se abrirem com promessa pública de recompensa, é condição essencial, para valerem, a fixação de um prazo,[1] observadas também as disposições dos parágrafos seguintes. [Dispositivo correspondente no CC/1916: art. 1.516-*caput*.]

§ 1º A decisão da pessoa nomeada, nos anúncios, como juiz, obriga os interessados. [Dispositivo correspondente no CC/1916: art. 1.516 § 1º.]

§ 2º Em falta de pessoa designada para julgar o mérito dos trabalhos que se apresentarem, entender-se-á que o promitente se reservou essa função. [Dispositivo correspondente no CC/1916: art. 1.516 § 2º.]

§ 3º Se os trabalhos tiverem mérito igual, proceder-se-á de acordo com os arts. 857 e 858. [Dispositivo correspondente no CC/1916: art. 1.516 § 3º.]

Art. 859: 1. v. art. 856.

Art. 860. As obras premiadas, nos concursos de que trata o artigo antecedente, só ficarão pertencendo ao promitente, se assim for estipulado na publicação da promessa. [Dispositivo correspondente no CC/1916: art. 1.517.]

Capítulo II | DA GESTÃO DE NEGÓCIOS[1-1a]

CAP. II: 1. "Reflexões sobre a gestão de negócios", por Thiago Antônio Sumeira (RDPr 21/274); "Doação pura, preliminar de doação e contratos de gestão", por Nelson Nery Junior e Luciano de Camargo Penteado (RDPr 25/7).

CAP. II: 1a. v. arts. 662, 665, 673 e 679 (inexistência de mandato ou excesso de poderes pelo mandatário). V. tb. CPC 53-IV-*b* (foro competente para a ação em que for réu o gestor de negócios).

Art. 861. Aquele que, sem autorização do interessado, intervém na gestão de negócio alheio, dirigi-lo-á segundo o interesse e a vontade presumível de seu dono,[1] ficando responsável a este e às pessoas com que tratar.[2] [Dispositivo correspondente no CC/1916: art. 1.331.]

Art. 861: 1. v. arts. 873 e 874 (aprovação ou desaprovação pelo dono do negócio).

Art. 861: 2. Aquele que adquire a posse de uma coisa para outro sem ter mandato (art. 1.205-II) também pode ser considerado gestor de negócio.

Art. 862. Se a gestão foi iniciada contra a vontade manifesta ou presumível do interessado, responderá o gestor até pelos casos fortuitos,[1] não provando que teriam sobrevindo, ainda quando se houvesse abatido.[2 a 3] [Dispositivo correspondente no CC/1916: art. 1.332.]

Art. 862: 1. v. art. 393 § ún.

Art. 862: 2. *sic*; deve ser "abstido", e não "abatido" (cf. CC rev. 1.332).

Art. 862: 2a. v. arts. 863, 868-*caput* e 874.

Art. 862: 3. "Para que a instituição financeira proceda à alteração de uma aplicação de rendimento certo para outra de risco, é necessária a devida autorização por escrito do cliente, sob pena de, em não agindo assim, responder na qualidade de gestora de negócios, pelos prejuízos causados ao correntista, nos termos do art. 1.332 do CC" (RT 793/268: 1º TACSP, AP 961.683-9; ementa da redação). O art. 1.332 do CC rev. corresponde ao CC 862.

Art. 863. No caso do artigo antecedente, se os prejuízos da gestão excederem o seu proveito, poderá o dono do negócio exigir que o gestor restitua as coisas ao estado anterior, ou o indenize da diferença.[1] [Dispositivo correspondente no CC/1916: art. 1.333.]

Art. 863: 1. v. art. 874.

. 864. Tanto que se possa, comunicará o gestor ao dono do negócio a estão que assumiu, aguardando-lhe a resposta, se da espera não resular perigo. [Dispositivo correspondente no CC/1916: art. 1.334.]

't. 865. Enquanto o dono não providenciar, velará o gestor pelo negócio, até o levar a cabo, esperando, se aquele falecer[1] durante a gestão, as instruções dos herdeiros, sem se descuidar, entretanto, das medidas que o caso reclame. [Dispositivo correspondente no CC/1916: art. 1.335.]

1. cf. art. 674 (mandato).

Art. 866. O gestor envidará toda[1] sua diligência habitual na administração do negócio,[2] ressarcindo ao dono o prejuízo resultante de qualquer culpa na gestão.[3] [Dispositivo correspondente no CC/1916: art. 1.336.]

Art. 866: 1. *sic*; deve ser "toda a sua" (cf. CC rev. 1.336).

Art. 866: 2. cf. art. 667-*caput*.

Art. 866: 3. v. arts. 402 a 405, 862, 868 e 874.

Art. 867. Se o gestor se fizer substituir por outrem,[1] responderá pelas faltas do substituto, ainda que seja pessoa idônea, sem prejuízo da ação que a ele, ou ao dono do negócio, contra ela possa caber. [Dispositivo correspondente no CC/1916: art. 1.337-*caput*.]

Parágrafo único. Havendo mais de um gestor, solidária[2] será a sua responsabilidade. [Dispositivo correspondente no CC/1916: art. 1.337 § ún.]

Art. 867: 1. cf. art. 667 §§ 1º a 4º.

Art. 867: 2. v. arts. 275 a 285.

Art. 868. O gestor responde pelo caso fortuito[1] quando fizer operações arriscadas, ainda que o dono costumasse fazê-las, ou quando preterir interesse deste em proveito de interesses seus. [Dispositivo correspondente no CC/1916: art. 1.338-*caput*.]

Parágrafo único. Querendo o dono aproveitar-se da gestão, será obrigado a indenizar o gestor das despesas necessárias,[2] que tiver feito, e dos prejuízos, que por motivo da gestão, houver sofrido. [Dispositivo correspondente no CC/1916: art. 1.338 § ún.]

Art. 868: 1. v. art. 393 § ún.

Art. 868: 2. v. art. 869-*caput* e § 1º.

Art. 869. Se o negócio for utilmente administrado, cumprirá ao[1] dono as obrigações contraídas em seu nome, reembolsando ao gestor as despesas necessárias ou úteis[2] que houver feito, com os juros legais,[3] desde o desembolso, respondendo ainda pelos prejuízos que este houver sofrido por causa da gestão.[4] [Dispositivo correspondente no CC/1916: art. 1.339-*caput*.]

§ 1º A utilidade, ou necessidade, da despesa, apreciar-se-á não pelo resultado obtido, mas segundo as circunstâncias da ocasião em que se fizerem. [Dispositivo correspondente no CC/1916: art. 1.339 § 1º.]

§ 2º Vigora o disposto neste artigo, ainda quando o gestor, em erro quanto ao dono do negócio, der a outra pessoa as contas da gestão. [Dispositivo correspondente no CC/1916: art. 1.339 § 2º.]

Art. 869: 1. *sic;* deve ser "cumprirá o dono" (cf. CC rev. 1.339).

Art. 869: 2. v. art. 868 § ún.

Art. 869: 3. v. arts. 406 e 407.

Art. 869: 4. v. arts. 870 e 874.

Art. 870. Aplica-se a disposição do artigo antecedente, quando a gestão se proponha a acudir a prejuízos iminentes, ou redunde em proveito do dono do negócio ou da coisa; mas a indenização ao gestor não excederá em importância, as vantagens obtidas com a gestão.[1] [Dispositivo correspondente no CC/1916: art. 1.340.]

Art. 870: 1. v. art. 874.

Art. 871. Quando alguém, na ausência do indivíduo obrigado a alimentos,[1] por ele os prestar a quem se devem, poder-lhes-á reaver do devedor a importância, ainda que este não ratifique o ato.[2-3] [Dispositivo correspondente no CC/1916: art. 1.341.]

Art. 871: 1. v. arts. 1.694 a 1.710.

Art. 871: 2. e salvo o disposto no art. 872 § ún.

Art. 871: 3. "Equipara-se à gestão de negócios a prestação de alimentos feita por outrem na ausência do alimentante. Assim, a pretensão creditícia ao reembolso exercitada por terceiro é de direito comum, e não de direito de família" (STJ-3ª T., REsp 1.197.778, Min. João Otávio, j. 25.3.14, DJ 1.4.14).

V. tb. art. 346, nota 2.

Art. 872. Nas[1] despesas do enterro, proporcionadas[2] aos usos locais e à condição do falecido, feitas por terceiro, podem ser cobradas da pessoa que teria a obrigação de alimentar[3] a que veio a falecer, ainda mesmo que esta não tenha deixado bens. [Dispositivo correspondente no CC/1916: art. 1.342-*caput*.]

Parágrafo único. Cessa o disposto neste artigo e no antecedente, em se provando que o gestor fez essas despesas com o simples intento de bem-fazer. [Dispositivo correspondente no CC/1916: art. 1.342 § ún.]

Art. 872: 1. *sic;* deve ser "As".

Art. 872: 2. *sic;* deve ser "proporcionais".

Art. 872: 3. v. arts. 1.694 a 1.710.

Art. 873. A ratificação[1] pura e simples do dono do negócio retroage ao dia do começo da gestão, e produz todos os efeitos do mandato.[2] [Dispositivo correspondente no CC/1916: art. 1.343.]

Art. 873: 1. cf. art. 662 § ún. Em matéria de posse, v. art. 1.205-II.

Art. 873: 2. v. arts. 653 a 692.

Art. 874. Se o dono do negócio, ou da coisa, desaprovar a gestão, considerando-a contrária aos seus interesses, vigorará o disposto nos arts. 862 e 863, salvo o estabelecido nos arts. 869 e 870. [Dispositivo correspondente no CC/1916: art. 1.344.]

Art. 875. Se os negócios alheios forem conexos ao do gestor, de tal arte que se não possam gerir separadamente, haver-se-á o gestor por sócio daquele cujos interesses agenciar de envolta com os seus. [Dispositivo correspondente no CC/1916: art. 1.345-*caput*.]

Parágrafo único. No caso deste artigo, aquele em cujo benefício interveio o gestor só é obrigado na razão das vantagens que lograr. [Dispositivo correspondente no CC/1916: art. 1.345 § ún.]

Capítulo III | DO PAGAMENTO INDEVIDO[1-1a]

CAP. III: 1. s/ pagamento indevido na relação tributária, v. CTN 165 a 169.

CAP. III: 1a. **Súmula 71 do STF:** "Embora pago indevidamente, não cabe restituição de tributo indireto".

Súmula 546 do STF: "Cabe a restituição do tributo pago indevidamente, quando reconhecido por decisão que o contribuinte *de jure* não recuperou do contribuinte *de facto* o *quantum* respectivo".

Súmula 162 do STJ: "Na repetição de indébito tributário, a correção monetária incide a partir do pagamento indevido".

Súmula 188 do STJ: "Os juros moratórios, na repetição do indébito tributário, são devidos a partir do trânsito em julgado da sentença".

Art. 876. Todo aquele que recebeu o que lhe não era devido fica obrigado a restituir;[1] obrigação que incumbe àquele que recebe dívida condicional[2] antes de cumprida a condição. [Dispositivo correspondente no CC/1916: art. 964.]

Art. 876: 1. s/ pagamento após intimação da penhora feita sobre o crédito ou da impugnação a ele oposta, v. art. 312.

Art. 876: 2. s/ condição, v. art. 121.

Art. 877. Àquele que voluntariamente pagou o indevido incumbe a prova de tê-lo feito por erro.[1 a 3] [Dispositivo correspondente no CC/1916: art. 965.]

Art. 877: 1. s/ erro, v. arts. 138 a 144.

Art. 877: 1a. **Súmula 322 do STJ:** "Para a repetição de indébito, nos contratos de abertura de crédito em conta-corrente, não se exige a prova do erro" (v. jurisprudência s/ esta Súmula em RSTJ 198/631).

Art. 877: 2. "É possível a repetição do indébito quanto a valores pagos por força de cláusulas contratuais ulteriormente reconhecidas como ilegais, sob pena de se prestigiar o enriquecimento indevido do credor. Nesses casos, faz-se desnecessária a prova do erro, uma vez que o art. 965 do CC anterior (*art. 877 do CC atual*) só tem aplicação nas hipóteses de pagamento voluntário, situação diversa da dos autos, em que os valores das prestações são fixados unilateralmente pelo credor" (STJ-3ª T., REsp 345.750, Min. Castro Filho, j. 13.9.05, DJU 13.3.06). No mesmo sentido: STJ-2ª Seção, REsp 680.237, Min. Aldir Passarinho Jr., j. 14.12.05, DJU 15.3.06.

"A exigência da prova do erro, estabelecida no art 877 do CC, só tem cabimento nas hipóteses de pagamento voluntário, situação que, por certo, não guarda identidade com a imposição relativa ao pagamento de multa de trânsito, penalidade aplicada pelo Estado em consequência do exercício do poder de polícia" (STJ-2ª T., REsp 1.009.616, Min. Eliana Calmon, j. 1.4.08, DJU 11.4.08).

Art. 877: 3. "Pagamento dos alugueres feito ao antigo curador da locadora, após a morte desta, que antes do falecimento tinha legitimidade para receber. Nomeação de outro inventariante com o ajuizamento pelo espólio de ação de despejo por falta de pagamento cumulada com cobrança contra o locatário, determinando novo pagamento dos alugueres ao verdadeiro credor. Procedência do pedido de repetição do indébito devida, pois o antigo curador sabia que estava recebendo os alugueres sem ter legitimidade para tanto" (STJ-3ª T., REsp 1.252.875, Min. Paulo Sanseverino, j. 18.12.12, DJ 4.2.13).

Art. 878. Aos frutos, acessões, benfeitorias[1] e deteriorações sobrevindas à coisa dada em pagamento indevido, aplica-se o disposto neste Código sobre o possuidor de boa-fé ou de má-fé,[2] conforme o caso. [Dispositivo correspondente no CC/1916: art. 966.]

Art. 878: 1. v. arts. 92 a 97.

Art. 878: 2. v. arts. 1.214 a 1.222.

Art. 879. Se aquele que indevidamente recebeu um imóvel o tiver alienado em boa-fé, por título oneroso, responde somente pela quantia recebida; mas, se agiu de má-fé, além do valor do imóvel, responde por perdas e danos.[1] [Dispositivo correspondente no CC/1916: art. 968-*caput*.]

Parágrafo único. Se o imóvel foi alienado por título gratuito,[2] ou se, alienado por título oneroso, o terceiro adquirente agiu de má-fé, cabe ao que pagou por erro o direito de reivindicação. [Dispositivo correspondente no CC/1916: art. 968 § ún.]

Art. 879: 1. v. arts. 402 a 405.

Art. 879: 2. s/ doação, v. arts. 538 a 564.

Art. 880. Fica isento de restituir pagamento indevido aquele que, recebendo-o como parte de dívida verdadeira, inutilizou o título, deixou prescrever a pretensão ou abriu mão das garantias que asseguravam seu direito; mas aquele que pagou dispõe de ação regressiva[1] contra o verdadeiro devedor e seu fiador. [Dispositivo correspondente no CC/1916: art. 969.]

Art. 880: 1. s/ denunciação da lide, v. CPC 125-II.

Art. 881. Se o pagamento indevido tiver consistido no desempenho de obrigação de fazer ou para eximir-se da obrigação de não fazer,[1] aquele que recebeu a prestação fica na obrigação de indenizar o que a cumpriu, na medida do lucro obtido. [Sem dispositivo correspondente no CC/1916.]

Art. 881: 1. v. arts. 247 a 251. V. tb. ECA 213, CDC 84 e LJE 52-V e VI.

Art. 882. Não se pode repetir[1] o que se pagou para solver dívida prescrita,[2] ou cumprir obrigação judicialmente inexigível. [Dispositivo correspondente no CC/1916: art. 970.]

Art. 882: 1. v. arts. 564-III e 814. "Repetir", aqui, tem o sentido de "reaver".

Art. 882: 2. v. art. 191, nota 2.

Art. 883. Não terá direito à repetição aquele que deu alguma coisa para obter fim ilícito, imoral, ou proibido por lei. [Dispositivo correspondente no CC/1916: art. 971.]

Parágrafo único. No caso deste artigo, o que se deu reverterá em favor de estabelecimento local de beneficência, a critério do juiz. [Sem dispositivo correspondente no CC/1916.]

Capítulo IV | DO ENRIQUECIMENTO SEM CAUSA[1]

✎ **CAP. IV: 1.** "Considerações sobre o enriquecimento sem causa no novo Código Civil", por Fábio Jun Capucho (RDPr 16/9); "O enriquecimento sem causa como fonte de obrigações", por José Roberto de Castro Neves (RT 843/97).

Art. 884. Aquele que, sem justa causa, se enriquecer à custa de outrem,[1] será obrigado a restituir o indevidamente auferido, feita a atualização dos valores monetários.[2 a 6] [Sem dispositivo correspondente no CC/1916.]

Parágrafo único. Se o enriquecimento tiver por objeto coisa determinada, quem a recebeu é obrigado a restituí-la, e, se a coisa não mais subsistir, a restituição se fará pelo valor do bem na época em que foi exigido. [Sem dispositivo correspondente no CC/1916.]

Art. 884: 1. **Enunciado 35 do CEJ:** "A expressão 'se enriquecer à custa de outrem' do art. 884 do novo Código Civil não significa, necessariamente, que deverá haver empobrecimento". V. tb. nota 6.

Enunciado 188 do CEJ: "A existência de negócio jurídico válido e eficaz é, em regra, uma justa causa para o enriquecimento".

Art. 884: 2. s/ enriquecimento sem causa e cobrança por associação de moradores de despesas de manutenção de loteamento de morador não associado, v. Dec. lei 271, de 28.2.67, art. 3º, nota 3a (no tít. PROMESSA DE COMPRA E VENDA E LOTEAMENTO); s/ resolução contratual por onerosidade excessiva, v. arts. 478 a 480; s/ repetição do indébito, v. art. 877 e notas.

Art. 884: 2a. A pretensão de ressarcimento do enriquecimento sem causa prescreve em 3 anos (art. 206 § 3º-IV).

Art. 884: 3. "Ao reconhecer a nulidade da contratação de servidores públicos, não se deve exigir que as partes retornem à sua situação patrimonial anterior, com a devolução da remuneração auferida, desde que o servidor, agindo de boa-fé, tenha efetivamente prestado serviços à Administração Pública. Se a Administração Pública recebe de volta a remuneração que pagou a seus servidores e ainda aufere os benefícios dos serviços que lhe foram prestados, experimenta claro enriquecimento sem causa" (STJ-Corte Especial, ED no REsp 575.551, Min. Nancy Andrighi, j. 1.4.09, DJ 30.4.09).

"Ainda que a Administração Pública não tenha observado os princípios que regem os contratos administrativos para a contratação, não pode o contratante ser penalizado pela falta do administrador, uma vez que não lhe compete a observância de tais princípios. Assim, a causa do pagamento não é o contrato nulo ou inexistente, mas sim a vantagem auferida pelo Município com o serviço prestado pelo particular de boa-fé, sob pena de locupletamento sem causa pela Administração" (Bol. AASP 2.597: TJRS, AP 70022243737).

V., no CPCLPV, LIA 12, nota 3.

Art. 884: 4. "Celebrado contrato de prestação de serviços entre a universidade e os recorrentes, e não tendo sido ministrado o número de créditos avençados, deve esta restituir o que recebeu a maior, indevidamente, sob pena de enriquecimento ilícito. Não pode ser imputada aos recorrentes a anuência com o ilícito, pelo simples fato de ter ocorrido a colação de grau, pois buscaram, tanto na via administrativa quanto judicial, o reconhecimento do seu direito à repetição" (STJ-4ª T., REsp 895.480, Min. Luis Felipe, j. 16.11.10, DJ 22.11.10).

Art. 884: 5. "Acidente de trânsito. Perda total do veículo. Reparação por danos materiais. Dedução do valor correspondente à sucata. A finalidade da reparação por danos materiais é a recomposição do patrimônio do lesado, de modo que se retornem as coisas ao seu *status quo ante*. A reparação foi calculada com base no valor de mercado do bem, do qual deveria ter sido descontado aquele correspondente ao que restou do veículo sinistrado, ou seja, o valor da sucata, que, na hipótese, permanece de propriedade do recorrido. Impedir esse desconto é permitir o enriquecimento sem causa do recorrido" (STJ-3ª T., REsp 1.058.967, Min. Nancy Andrighi, j. 20.9.11, DJ 29.9.11).

Art. 884: 5a. "A recorrente, ao perceber a **indenização securitária,** em momento no qual **não mais era proprietária do bem segurado,** a um só tempo, incorreu em enriquecimento sem causa e lesou a adquirente do bem segurado, frustrando seu direito de obter a garantia do seguro contratado. A procedência da pretensão ressarcitória, nesse contexto, mostra-se impositiva" (STJ-3ª T., REsp 1.739.971, Min. Marco Bellizze, j. 23.4.19, DJ 26.4.19).

V. tb. art. 757, nota 1d.

Art. 884: 6. "Além do dever de reparação dos danos morais e materiais causados pela **utilização não autorizada da imagem** de pessoa com fins econômicos ou comerciais, nos termos da Súmula 403/STJ, tem o titular do bem jurídico violado o direito de exigir do violador a **restituição do lucro** que este obteve à custa daquele. De acordo com a maioria da doutrina, o dever de restituição do denominado lucro da intervenção encontra fundamento no instituto do enriquecimento sem causa, atualmente positivado no art. 884 do Código Civil. O dever de restituição daquilo que é auferido mediante indevida interferência nos direitos ou bens jurídicos de outra pessoa tem a função de preservar a livre disposição de direitos, nos quais estão inseridos os direitos da personalidade, e de inibir a prática de atos contrários ao ordenamento jurídico. A subsidiariedade da ação de enriquecimento sem causa não impede que se promova a cumulação de ações, cada qual disciplinada por um instituto específico do Direito Civil, sendo perfeitamente plausível a formulação de pedido de reparação dos danos mediante a aplicação das regras próprias da responsabilidade civil, limitado ao efetivo prejuízo suportado pela vítima, cumulado com o pleito de restituição do indevidamente auferido, sem justa causa, à custa do demandante. Para a configuração do enriquecimento sem causa por intervenção, **não** se faz **imprescindível** a existência de deslocamento patrimonial, com o **empobrecimento** do titular do direito violado, bastando a demonstração de que houve enriquecimento do interventor" (STJ-3ª T., REsp 1.698.701, Min. Ricardo Cueva, j. 2.10.18, DJ 8.10.18).

S/ prescindibilidade do empobrecimento, v. tb. nota 1 (Enunciado 35 do CEJ).

Art. 885. A restituição é devida, não só quando não tenha havido causa que justifique o enriquecimento, mas também se esta deixou de existir. [Sem dispositivo correspondente no CC/1916.]

Art. 886. Não caberá a restituição por enriquecimento, se a lei conferir ao lesado outros meios para se ressarcir do prejuízo sofrido.[1 a 3] [Sem dispositivo correspondente no CC/1916.]

Art. 886: 1. s/ prescrição, v. arts. 189 e segs.

Art. 886: 2. **Enunciado 36 do CEJ:** "O art. 886 do novo Código Civil não exclui o direito à restituição do que foi objeto de enriquecimento sem causa, nos casos em que os meios alternativos conferidos ao lesado encontram obstáculos de fato".

Art. 886: 3. "Nos casos em que ocorrida a **prescrição de ação específica**, não pode o prejudicado valer-se da ação de enriquecimento, sob pena de violação da finalidade da lei". (STJ-4ª T., REsp 1.497.769, Min. Luis Felipe, j. 5.5.16, DJ 7.6.16).

Título VIII | DOS TÍTULOS DE CRÉDITO[1 a 3]

Capítulo I | DISPOSITIVOS GERAIS

TÍT. VIII: 1. v. tb. os títs. CÉDULA HIPOTECÁRIA, CHEQUE, DUPLICATA, LETRA DE CÂMBIO, PROTESTO DE TÍTULOS, TÍTULOS DE CRÉDITO À EXPORTAÇÃO, TÍTULOS DE CRÉDITO COMERCIAL, TÍTULOS DE CRÉDITO INDUSTRIAL e TÍTULOS DE CRÉDITO RURAL.

TÍT. VIII: 2. **Lei 4.728, de 14.7.65** — Dispõe sobre o mercado de valores mobiliários e cria a Comissão de Valores Mobiliários (v., em especial, o art. 31).

TÍT. VIII: 3. **Lei 13.986, de 7.4.20** — Institui o Fundo Garantidor Solidário (FGS); dispõe sobre o patrimônio rural em afetação, a Cédula Imobiliária Rural (CIR), a escrituração de títulos de crédito, e dá outras providências. **Nota:** os arts. 17 a 29 tratam da **cédula imobiliária rural (CIR);** e os arts. 30 a 40 dispõem sobre o **certificado de depósito bancário (CDB).**

Art. 887. O título de crédito,[1 a 1c] documento necessário ao exercício do direito literal e autônomo nele contido, somente produz efeito quando preencha os requisitos da lei.[2] [Sem dispositivo correspondente no CC/1916.]

✎ Art. 887: 1. "Dos títulos de crédito. Exame crítico do Tít. VIII do Livro I da Parte Especial do novo Código Civil", por Manoel Justino Bezerra Filho (RT 798/103); "Os títulos de crédito no comércio internacional", por Hilário de Oliveira (RDPr 13/127); "Os títulos de crédito no novo Código Civil", por Paulo Roberto Colombo Arnoldi e Marcos Paulo Félix da Silva (RT 824/11); "Os títulos de crédito e as novas regras do Código Civil", por Itamar Dutra (RJ 326/41); "As principais dúvidas na aplicação dos princípios dos títulos de crédito", por Rodrigo Almeida Magalhães (RMDECC 21/8); "Os títulos causais no comércio internacional", por Hilário de Oliveira (RMDECC 22/28); "Notas sobre os títulos causais e sua função social", por Hilário de Oliveira e Andréa Luísa de Oliveira (RMDECC 35/77); "Contornos dogmáticos da teoria geral dos títulos de crédito e a tecnologia da informação", por Cássio Cavali (RT 919/199).

Art. 887: 1a. s/ cópia fotográfica do título de crédito, v. art. 223 § ún.; s/ penhor de títulos de crédito, v. arts. 1.458 a 1.460.

Art. 887: 1b. **CPC 784:** "São títulos executivos extrajudiciais: **I** — a letra de câmbio, a nota promissória, a duplicata, a debênture e o cheque".

Art. 887: 1c. **Súmula 258 do STJ:** "A nota promissória vinculada a contrato de abertura de crédito não goza de autonomia em razão da iliquidez do título que a originou" (v. jurisprudência s/ esta Súmula em RT 794/212 e RSTJ 155/125).

Art. 887: 2. A pretensão para haver o pagamento de título de crédito prescreve em 3 anos (art. 206 § 3º-VII).

Art. 888. A omissão de qualquer requisito legal,[1] que tire ao escrito a sua validade como título de crédito, não implica a invalidade do negócio jurídico que lhe deu origem.[2] [Sem dispositivo correspondente no CC/1916.]

Art. 888: 1. v. art. 889.

Art. 888: 2. v. LCh 2º, LCa 2º e LCU 2º e 76.

Art. 889. Deve o título de crédito conter a data da emissão, a indicação precisa dos direitos que confere, e a assinatura do emitente.[1] [Sem dispositivo correspondente no CC/1916.]

§ 1º É à vista o título de crédito que não contenha indicação de vencimento.[2] [Sem dispositivo correspondente no CC/1916.]

§ 2º Considera-se lugar de emissão e de pagamento, quando não indicado no título, o domicílio do emitente.[3] [Sem dispositivo correspondente no CC/1916.]

§ 3º O título poderá ser emitido a partir dos caracteres criados em computador ou meio técnico equivalente e que constem da escrituração do emitente, observados os requisitos mínimos previstos neste artigo. [Sem dispositivo correspondente no CC/1916.]

Art. 889: 1. s/ requisitos do cheque, v. LCh 1º e 2º; s/ requisitos da letra de câmbio, v. LCa 1º e LCU 1º e 2º; s/ requisitos da nota promissória, v. LCa 54 e LCU 75 e 76; s/ requisitos da duplicata, v. LDu 2º.

Art. 889: 2. cf. art. 331.

Art. 889: 3. v. arts. 327 a 330.

Art. 890. Consideram-se não escritas no título a cláusula de juros,[1] a proibitiva de endosso, a excludente de responsabilidade pelo pagamento ou por despesas, a que dispense a observância de termos e formalidade prescritas, e a que, além dos limites fixados em lei, exclua ou restrinja direitos e obrigações. [Sem dispositivo correspondente no CC/1916.]

Art. 890: 1. v., no tít. LETRA DE CÂMBIO, LCU 5º (Anexo I) e LCa 44.

Art. 891. O título de crédito, incompleto ao tempo da emissão, deve ser preenchido de conformidade com os ajustes realizados. [Sem dispositivo correspondente no CC/1916.]

Parágrafo único. O descumprimento dos ajustes previstos neste artigo pelos que deles participaram, não constitui motivo de oposição ao terceiro portador, salvo se este, ao adquirir o título, tiver agido de má-fé.[1-2] [Sem dispositivo correspondente no CC/1916.]

Art. 891: 1. v. LCU 10 e LCa 54, nota 1e.

Art. 891: 2. **Súmula 387 do STF:** "A cambial emitida ou aceita com omissões, ou em branco, pode ser completada pelo credor de boa-fé antes da cobrança ou do protesto".

Art. 892. Aquele que, sem ter poderes, ou excedendo os que tem,[1] lança a sua assinatura em título de crédito, como mandatário ou representante de outrem, fica pessoalmente obrigado, e, pagando o título, tem ele os mesmos direitos que teria o suposto mandante ou representado. [Sem dispositivo correspondente no CC/1916.]

Art. 892: 1. cf. art. 662. V. ainda arts. 663 e 665 e LCU 18.

Art. 893. A transferência do título de crédito implica a de todos os direitos que lhe são inerentes.[1 a 3] [Sem dispositivo correspondente no CC/1916.]

Art. 893: 1. v. LCh 20 e LCU 14.

Art. 893: 2. Em caso de título à ordem, a transferência ocorre mediante endosso, com a assinatura no título. O endosso pode ser em branco (sem indicação do endossatário) ou em preto (com indicação do endossatário). Já em matéria de título ao portador, a transferência se dá com a simples tradição (art. 904).

Art. 893: 3. Daí ser nulo o endosso parcial. V. art. 912 § ún.

Art. 894. O portador de título representativo de mercadoria tem o direito de transferi-lo, de conformidade com as normas que regulam a sua circulação, ou de receber aquela independentemente de quaisquer formalidades, além da entrega do título devidamente quitado.[1] [Sem dispositivo correspondente no CC/1916.]

Art. 894: 1. v. arts. 319 a 324.

Art. 895. Enquanto o título de crédito estiver em circulação, só ele poderá ser dado em garantia, ou ser objeto de medidas judiciais,[1] e não, separadamente, os direitos ou mercadorias que representa. [Sem dispositivo correspondente no CC/1916.]

Art. 895: 1. v. CPC 798-I-*a*.

Art. 896. O título de crédito não pode ser reivindicado do portador que o adquiriu de boa-fé e na conformidade das normas que disciplinam a sua circulação.[1] [Sem dispositivo correspondente no CC/1916.]

Art. 896: 1. v. LCh 24.

Art. 897. O pagamento de título de crédito, que contenha obrigação de pagar soma determinada, pode ser garantido por aval.[1 a 4] [Sem dispositivo correspondente no CC/1916.]

Parágrafo único. É vedado o aval parcial.[5] [Sem dispositivo correspondente no CC/1916.]

Art. 897: 1. v. tb. LCh 29 a 31, LDu 12 e LCU 30 a 32.

S/ aval em contrato, v. art. 264, nota 3; s/ responsabilidade do avalista perante fiador que paga a dívida, v. art. 831, nota 2a; s/ necessidade de autorização do cônjuge para a prestação do aval, v. art. 1.647-III.

Art. 897: 1a. "O aval é dotado de **autonomia** substancial, de sorte que a sua existência, validade e eficácia não estão jungidas à da obrigação avalizada. Diante disso, o fato do sacador de nota promissória vir a ter sua falência decretada, em nada afeta a obrigação do avalista do título, que, inclusive, não pode opor em seu favor qualquer dos efeitos decorrentes da quebra do avalizado" (STJ-3ª T., REsp 883.859, Min. Nancy Andrighi, j. 10.3.09, DJ 23.3.09).

"Sendo o embargado avalista das notas promissórias executadas, é-lhe vedado sustentar a inexistência da causa que pautou a emissão das notas promissórias executadas, dada a autonomia que emana do aval e a natureza de exceção pessoal dessa defesa" (STJ-3ª T., REsp 1.305.637, Min. Nancy Andrighi, j. 24.9.13, DJ 2.10.13).

"A autonomia do aval não se confunde com a abstração do título de crédito e, portanto, independe de sua circulação" (STJ-4ª T., REsp 885.261-AgRg, Min. Antonio Ferreira, j. 2.10.12, DJ 10.10.12).

Art. 897: 2. Por ser um obrigado autônomo, não se equiparando ao fiador, "o avalista não pode exercer benefício de ordem" (STJ-3ª T., AI 747.148-AgRg, Min. Gomes de Barros, j. 28.6.06, DJU 1.8.06).

Art. 897: 3. "O aval, espécie de obrigação cambial, é autônomo em relação à obrigação do devedor principal e se constitui no momento da aposição da assinatura do avalista no título de crédito. Existente a obrigação desde a emissão do título, o avalista era devedor solidário no momento do óbito, constituindo o transcurso da data do vencimento apenas requisito para a exigibilidade do montante devido. A morte do responsável cambiário é modalidade de transferência anômala da obrigação que, por não possuir caráter personalíssimo, é repassada aos herdeiros, mesmo que o óbito tenha ocorrido antes do vencimento do título" (STJ-RT 859/191: 3ª T., REsp 260.004). No mesmo sentido: JTJ 338/221 (AP 1.150.656-0).

Art. 897: 4. "Se o avalista não honra o aval prestado e, ademais, reside no polo passivo da execução do título, a sua inadimplência é flagrante, de sorte que a sua inclusão no cadastro Serasa não constitui ilícito, mas exercício regular de direito do credor" (RJM 166/128).

Art. 897: 5. Essa vedação não se aplica aos títulos de créditos cujas leis específicas preveem o aval parcial (art. 903). Esse é o caso, p. ex., do cheque (LCh 29), da letra de câmbio e da nota promissória (LCU 30).

Código Civil

Art. 898. O aval deve ser dado no verso ou no anverso do próprio título.[1] [Sem dispositivo correspondente no CC/1916.]

§ 1º Para a validade do aval, dado no anverso do título, é suficiente a simples assinatura do avalista. [Sem dispositivo correspondente no CC/1916.]

§ 2º Considera-se não escrito o aval cancelado. [Sem dispositivo correspondente no CC/1916.]

Art. 898: 1. v. LCh 30 e LCU 31.

Art. 899. O avalista equipara-se àquele cujo nome indicar; na falta de indicação, ao emitente ou devedor final.[1-1a] [Sem dispositivo correspondente no CC/1916.]

§ 1º Pagando o título, tem o avalista ação de regresso contra o seu avalizado e demais coobrigados anteriores.[2] [Sem dispositivo correspondente no CC/1916.]

§ 2º Subsiste a responsabilidade do avalista, ainda que nula a obrigação daquele a quem se equipara, a menos que a nulidade decorra de vício de forma.[3-4] [Sem dispositivo correspondente no CC/1916.]

Art. 899: 1. v. LCh 30 § ún., LDu 12-*caput* e LCU 31 e 77, *in fine*. S/ aval em branco, v. Súmula 189 do STF, em LCa 15, nota 1.

Art. 899: 1a. **Súmula 26 do STJ:** "O avalista do título de crédito vinculado a contrato de mútuo também responde pelas obrigações pactuadas, quando no contrato figurar como devedor solidário" (v. jurisprudência s/ esta Súmula em RSTJ 33/109 a 142).

"O comparecimento do avalista da cártula no instrumento de contrato por ela garantido pode indicar que houve a intenção de assumir solidariamente as obrigações contraídas, além daquelas decorrentes do aval na promissória vinculada. Para reconhecer que houve a intenção de assumir solidariamente as obrigações do contrato, é necessária a presença de elementos objetivos aptos a amparar tal conclusão. Havendo as instâncias de origem delineado que o contrato faz clara separação das figuras do avalista da nota promissória vinculada e do garantidor da obrigação principal, não se reconhece intenção das partes em fixar a solidariedade no contrato" (STJ-3ª T., REsp 1.218.410, Min. João Otávio, j. 5.11.13, DJ 11.11.13).

V. tb. art. 264, nota 3.

Art. 899: 2. v. CPC 125-II (denunciação da lide).

Art. 899: 3. v. LCh 31-*caput*. V. tb. art. 296, nota 3.

Art. 899: 4. "O aval é obrigação autônoma e independente, descabendo assim a discussão sobre a origem da dívida" (RSTJ 188/425: 4ª T., REsp 190.753).

Art. 900. O aval posterior ao vencimento produz os mesmos efeitos do anteriormente dado.[1] [Sem dispositivo correspondente no CC/1916.]

Art. 900: 1. v. LDu 12 § ún.

Art. 901. Fica validamente desonerado o devedor que paga título de crédito ao legítimo portador, no vencimento, sem oposição, salvo se agiu de má-fé.[1] [Sem dispositivo correspondente no CC/1916.]

Parágrafo único. Pagando, pode o devedor exigir do credor, além da entrega do título,[2] quitação regular. [Sem dispositivo correspondente no CC/1916.]

Art. 901: 1. v. arts. 308 a 311. V. tb. LCa 23 e LCU 40.

Art. 901: 2. v. arts. 321 e 324.

Art. 902. Não é o credor obrigado a receber o pagamento antes do vencimento do título, e aquele que o paga, antes do vencimento, fica responsável pela validade do pagamento.[1] [Sem dispositivo correspondente no CC/1916.]

§ 1º No vencimento, não pode o credor recusar pagamento, ainda que parcial.[2] [Sem dispositivo correspondente no CC/1916.]

§ 2º No caso de pagamento parcial, em que se não opera a tradição do título, além da quitação em separado, outra deverá ser firmada no próprio título.[3] [Sem dispositivo correspondente no CC/1916.]

Art. 902: 1. v. art. 315. V. tb. LCa 22-*caput* e LCU 40.

Art. 902: 2. cf. LCa 22 § 1º.

Art. 902: 3. v. LCa 22 § 2º.

Art. 903. Salvo disposição diversa em lei especial, regem-se os títulos de crédito pelo disposto neste Código.[1-2] [Sem dispositivo correspondente no CC/1916.]

Art. 903: 1. v. nota 1 ao Tít. VIII, que antecede o art. 887.

Art. 903: 2. **Enunciado 464 do CEJ:** "As disposições relativas aos títulos de crédito do Código Civil aplicam-se àqueles regulados por leis especiais, no caso de omissão ou lacuna".

Capítulo II | DO TÍTULO AO PORTADOR[1]

CAP. II: 1. **Dec. lei 1.392, de 29.6.39** — Dispõe sobre emissão de obrigações ao portador.

Dec. lei 8.274, de 4.12.45 — Restabelece o regime de compra e venda em bolsa para os títulos ao portador.

Dec. 83.974, de 13.9.79 — Dispõe sobre o resgate dos títulos da dívida pública federal ao portador, nos casos de destruição, perda ou extravio.

Art. 904. A transferência de título ao portador se faz por simples tradição.[1-2] [Sem dispositivo correspondente no CC/1916.]

Art. 904: 1. v. art. 1.267. Em matéria de cessão de crédito, v. art. 291.

Art. 904: 2. **Dec. lei 6.259, de 10.2.44** — Dispõe sobre o serviço de loterias e dá outras providências: **"Art. 23.** O bilhete de loteria, documento pelo qual alguém se habilita ao sorteio, é considerado, para todos os efeitos, título ao portador".

Dec. lei 204, de 27.2.67 — Dispõe sobre a exploração de loterias e dá outras providências: **"Art. 6º** O bilhete de loteria, ou sua fração, será considerado nominativo e intransferível quando contiver o nome e endereço do possuidor. *A falta desses elementos será tido como ao portador*, para todos os efeitos".

Lei 8.021, de 12.4.90 — Dispõe sobre a identificação dos contribuintes para fins fiscais, e dá outras providências: **"Art. 2º** A partir da data de publicação desta lei fica vedada: **I** — a emissão de quotas ao portador ou nominativas-endossáveis, pelos fundos em condomínio; **II** — a emissão de títulos e a captação de depósitos ou aplicações ao portador ou nominativos-endossáveis".

Art. 905. O possuidor de título ao portador tem direito à prestação nele indicada, mediante a sua simples apresentação ao devedor.[1-2] [Dispositivo correspondente no CC/1916: art. 1.505.]

Parágrafo único. A prestação é devida ainda que o título tenha entrado em circulação contra a vontade do emitente. [Dispositivo correspondente no CC/1916: art. 1.506.]

Art. 905: 1. v. LCa 39 e LCU 16.

Art. 905: 2. "Os concursos lotéricos constituem-se em modalidade de jogo de azar, sendo seus prêmios pagos apenas aos portadores dos respectivos bilhetes. Dessa forma, os bilhetes de apostas são considerados como títulos ao portador e como tal a obrigação deve ser cumprida a quem apresente o título, liberando-se, assim, o devedor do compromisso assumido. Entretanto, aquele que possui o bilhete de loteria — a despeito do caráter de título ao portador — não é, necessariamente, o titular do direito ao prêmio. Dessa forma, é possível a discussão quanto à propriedade do direito representado pelo título ao portador, no caso, o bilhete de loteria. Logo, o caráter não nominativo e de literalidade do bilhete de loteria importa, apenas, ao sacado, no caso, a Caixa Econômica Federal para finalidade específica de resgate do prêmio sorteado" (STJ-3ª T., REsp 1.202.238, Min. Massami Uyeda, j. 14.8.12, DJ 18.9.12).

Art. 906. O devedor só poderá opor ao portador exceção fundada em direito pessoal,[1] ou em nulidade de sua obrigação. [Dispositivo correspondente no CC/1916: art. 1.507.]

Art. 906: 1. LCh 25: "Quem for demandado por obrigação resultante de cheque não pode opor ao portador exceções fundadas em relações pessoais com o emitente, ou com os portadores anteriores, salvo se o portador o adquiriu conscientemente em detrimento do devedor".

LCU 17: "As pessoas acionadas em virtude de uma letra não podem opor ao portador as exceções fundadas sobre as relações pessoais delas com o sacador ou com os portadores anteriores, a menos que o portador ao adquirir a letra tenha procedido conscientemente em detrimento do devedor".

LCa 51: "Na ação cambial, somente é admissível defesa fundada no direito pessoal do réu contra o autor, em defeito de forma do título e na falta de requisito necessário ao exercício da ação".

Art. 907. É nulo o título ao portador emitido sem autorização de lei especial.[1] [Dispositivo correspondente no CC/1916: art. 1.511.]

Art. 907: 1. v. CP 292.

Art. 908. O possuidor de título dilacerado, porém identificável, tem direito a obter do emitente a substituição do anterior, mediante a restituição do primeiro e o pagamento das despesas. [Sem dispositivo correspondente no CC/1916.]

Art. 909. O proprietário, que perder ou extraviar título, ou for injustamente desapossado dele, poderá obter novo título em juízo, bem como impedir sejam pagos a outrem capital e rendimentos.[1-2] [Dispositivo correspondente no CC/1916: art. 1.509-*caput*.]

Parágrafo único. O pagamento, feito antes de ter ciência da ação referida neste artigo, exonera o devedor, salvo se se provar que ele tinha conhecimento do fato. [Sem dispositivo correspondente no CC/1916.]

Art. 909: 1. v. art. 321. V. tb. LCa 36.

Art. 909: 2. Lei 4.728, de 14.7.65 — Disciplina o mercado de capitais e estabelece medidas para o seu desenvolvimento: **"Art. 71.** Não se aplicam aos títulos da Dívida Pública Federal, Estadual ou Municipal, as disposições do art. 1.509 e seu parágrafo único, do Código Civil ficando consequentemente, a Fazenda Pública da União, dos Estados e dos Municípios, excluídas da formalidade de intimação prevista neste ou em quaisquer outros dispositivos legais reguladores do processo de recuperação de títulos ao portador, extraviados.

"§ 1º Os juros e as amortizações ou resgates dos títulos a que se refere este artigo serão pagos, nas épocas próprias, pelas repartições competentes, à vista dos cupões respectivos, verificada a autenticidade destes e independentemente de outras formalidades.

"§ 2º Fica dispensada, para a caução de títulos ao portador, a certidão a que se refere a primeira parte da alínea *a* do § 1º do art. 860 do Regulamento Geral de Contabilidade Pública, ou outros documentos semelhantes".

Dec. 59.560, de 14.11.66 — Revoga o Dec. 57.821, de 15.2.66 e dá nova regulamentação aos artigos 56 e 71, da Lei 4.728, de 14.7.65, no que se refere a obrigações do tesouro nacional — Lei 4.357-64: **"Art. 6º** Nos casos de extravio do certificado endossável, caberá ao respectivo titular, ou aos seus sucessores, ação de recuperação prevista nos artigos 336 a 341 do Código de Processo Civil, para obter a expedição de segunda via do certificado em substituição do extraviado.

"§ 1º A emissão da segunda via do certificado nominativo intransferível, no caso de perda ou extravio do original, poderá ser obtida, junto ao Tesouro Nacional ou a seus agentes, mediante declaração de perda ou de extravio pelo respectivo titular.

"§ 2º Os juros só serão devidos respectivamente a partir do último vencimento anterior à decisão judicial, no caso de Obrigações endossáveis, ou a apresentação da declaração de que trata o parágrafo primeiro, no caso de Obrigações intransferíveis".

Dec. 83.974, de 13.9.79 — Dispõe sobre o resgate dos títulos da dívida pública federal ao portador, nos casos de destruição, perda ou extravio.

Capítulo III | DO TÍTULO À ORDEM

Art. 910. O endosso deve ser lançado pelo endossante no verso ou anverso do próprio título.[1] [Sem dispositivo correspondente no CC/1916.]

§ 1º Pode o endossante designar o endossatário, e para validade do endosso, dado no verso do título, é suficiente a simples assinatura do endossante.[2] [Sem dispositivo correspondente no CC/1916.]

§ 2º A transferência por endosso completa-se com a tradição do título.[3] [Sem dispositivo correspondente no CC/1916.]

§ 3º Considera-se não escrito o endosso cancelado, total ou parcialmente. [Sem dispositivo correspondente no CC/1916.]

Art. 910: 1. v. LCh 17 a 28, LCa 8º e LCU 11 a 20.

Art. 910: 2. v. LCh 19.

Art. 910: 3. v. art. 324.

Art. 911. Considera-se legítimo possuidor o portador do título à ordem com série regular e ininterrupta de endossos, ainda que o último seja em branco.[1] [Sem dispositivo correspondente no CC/1916.]

Parágrafo único. Aquele que paga o título está obrigado a verificar a regularidade da série de endossos, mas não a autenticidade das assinaturas. [Sem dispositivo correspondente no CC/1916.]

Art. 911: 1. v. LCh 22 e LCU 16.

Art. 912. Considera-se não escrita no endosso qualquer condição a que o subordine o endossante. [Sem dispositivo correspondente no CC/1916.]

Parágrafo único. É nulo o endosso parcial.[1-1a] [Sem dispositivo correspondente no CC/1916.]

Art. 912: 1. v. LCh 18, LCa 8º § 3º e LCU 12.

Art. 912: 1a. A exemplo do que ocorre com o aval (art. 897 § ún.).

Art. 913. O endossatário de endosso em branco pode mudá-lo para endosso em preto, completando-o com o seu nome ou de terceiro; pode endossar novamente o título, em branco ou em preto; ou pode transferi-lo sem novo endosso.[1] [Sem dispositivo correspondente no CC/1916.]

Art. 913: 1. v. LCh 20 e LCU 14.

Art. 914. Ressalvada cláusula expressa em contrário, constante do endosso, não responde o endossante pelo cumprimento da prestação constante do título.[1] [Sem dispositivo correspondente no CC/1916.]

§ 1º Assumindo responsabilidade pelo pagamento, o endossante se torna devedor solidário.[2] [Sem dispositivo correspondente no CC/1916.]

§ 2º Pagando o título, tem o endossante ação de regresso contra os coobrigados anteriores.[3] [Sem dispositivo correspondente no CC/1916.]

Art. 914: 1. v. LCh 21 e LCU 14.

Art. 914: 2. v. arts. 275 a 285.

Art. 914: 3. v. CPC 125-II (denunciação da lide).

Art. 915. O devedor, além das exceções fundadas nas relações pessoais que tiver com o portador, só poderá opor a este as exceções relativas à forma do título e ao seu conteúdo literal, à falsidade da própria assinatura, a defeito de capacidade ou de representação no momento da subscrição, e à falta de requisito necessário ao exercício da ação.[1] [Sem dispositivo correspondente no CC/1916.]

Art. 915: 1. v. arts. 906, 916, 917 § 3º e 918 § 2º. V. tb. LCh 25 e LCU 17.

Art. 916. As exceções, fundadas em relação do devedor com os portadores precedentes, somente poderão ser por ele opostas ao portador, se este, ao adquirir o título, tiver agido de má-fé. [Sem dispositivo correspondente no CC/1916.]

Art. 917. A cláusula constitutiva de mandato, lançada no endosso, confere ao endossatário o exercício dos direitos inerentes ao título, salvo restrição expressamente estatuída.[1 a 2] [Sem dispositivo correspondente no CC/1916.]

§ 1º O endossatário de endosso-mandato só pode endossar novamente o título na qualidade de procurador, com os mesmos poderes que recebeu. [Sem dispositivo correspondente no CC/1916.]

§ 2º Com a morte ou a superveniente incapacidade do endossante, não perde eficácia o endosso-mandato. [Sem dispositivo correspondente no CC/1916.]

§ 3º Pode o devedor opor ao endossatário de endosso-mandato somente as exceções que tiver contra o endossante. [Sem dispositivo correspondente no CC/1916.]

Art. 917: 1. "Alcance judicial dos poderes resultantes do endosso-mandato", por Gladston Mamede (RMDCPC 1/92); "A irrevogabilidade do endosso-mandato e os contratos bancários de cobrança de títulos", por Almir Garcia Fernandes (RMDECC 47/27).

Art. 917: 1a. v. LCh 26 e LCU 18.

Art. 917: 2. "A doutrina e a jurisprudência consolidaram o entendimento de que o endosso-mandato, não transferindo a propriedade do título, desqualifica o endossatário-mandatário como parte passiva em ação cautelar para sustação do protesto de título de crédito" (RSTJ 94/177).

"O endosso-mandato não transfere a propriedade do título ao endossatário, tornando este parte ilegítima na ação de anulação de título de crédito fundada na ausência de negócio jurídico subjacente" (STJ-3ª T., AI 667.542-AgRg, Min. Sidnei Beneti, j. 21.8.08, DJ 11.9.08).

Código Civil

Art. 918. A cláusula constitutiva de penhor,[1] lançada no endosso, confere ao endossatário o exercício dos direitos inerentes ao título.[2] [Sem dispositivo correspondente no CC/1916.]

§ 1º O endossatário de endosso-penhor só pode endossar novamente o título na qualidade de procurador. [Sem dispositivo correspondente no CC/1916.]

§ 2º Não pode o devedor opor ao endossatário de endosso-penhor as exceções que tinha contra o endossante, salvo se aquele tiver agido de má-fé.[3] [Sem dispositivo correspondente no CC/1916.]

Art. 918: 1. v. arts. 1.458 a 1.460.

Art. 918: 2. v. LCU 19-1ª parte.

Art. 918: 3. v. LCU 19-2ª parte.

Art. 919. A aquisição de título à ordem, por meio diverso do endosso, tem efeito de cessão civil.[1] [Sem dispositivo correspondente no CC/1916.]

Art. 919: 1. v. arts. 286 a 298.

Art. 920. O endosso posterior ao vencimento produz os mesmos efeitos do anterior.[1-2] [Sem dispositivo correspondente no CC/1916.]

Art. 920: 1. A exemplo do que ocorre com o aval (art. 900).

Art. 920: 2. v. LCh 27 e LCU 20.

Capítulo IV | DO TÍTULO NOMINATIVO

Art. 921. É título nominativo o emitido em favor de pessoa cujo nome conste no registro do emitente. [Sem dispositivo correspondente no CC/1916.]

Art. 922. Transfere-se o título nominativo mediante termo, em registro do emitente, assinado pelo proprietário e pelo adquirente. [Sem dispositivo correspondente no CC/1916.]

Art. 923. O título nominativo também pode ser transferido por endosso[1] que contenha o nome do endossatário.[2] [Sem dispositivo correspondente no CC/1916.]

§ 1º A transferência mediante endosso só tem eficácia perante o emitente, uma vez feita a competente averbação em seu registro, podendo o emitente exigir do endossatário que comprove a autenticidade da assinatura do endossante. [Sem dispositivo correspondente no CC/1916.]

§ 2º O endossatário, legitimado por série regular e ininterrupta de endossos, tem o direito de obter a averbação no registro do emitente, comprovada a autenticidade das assinaturas de todos os endossantes. [Sem dispositivo correspondente no CC/1916.]

§ 3º Caso o título original contenha o nome do primitivo proprietário, tem direito o adquirente a obter do emitente novo título, em seu nome, devendo a emissão do novo título constar no registro do emitente. [Sem dispositivo correspondente no CC/1916.]

Art. 923: 1. v. art. 910.

Art. 923: 2. i. e., pode ser transferido por endosso em preto.

Art. 924. Ressalvada proibição legal, pode o título nominativo ser transformado em à ordem[1] ou ao portador,[2] a pedido do proprietário e à sua custa. [Sem dispositivo correspondente no CC/1916.]

Art. 924: 1. v. arts. 910 a 920.

Art. 924: 2. v. arts. 904 a 909.

Art. 925. Fica desonerado de responsabilidade o emitente que de boa-fé fizer a transferência pelos modos indicados nos artigos antecedentes. [Sem dispositivo correspondente no CC/1916.]

Art. 926. Qualquer negócio ou medida judicial, que tenha por objeto o título, só produz efeito perante o emitente ou terceiros, uma vez feita a competente averbação no registro do emitente. [Sem dispositivo correspondente no CC/1916.]

Título IX | DA RESPONSABILIDADE CIVIL[1-2]

Capítulo I | DA OBRIGAÇÃO DE INDENIZAR

TÍT. IX: 1. "Responsabilidade civil no novo Código Civil Brasileiro", por Misael Montenegro Filho (RDA 229/115); "Responsabilidade civil objetiva por dano ambiental com base no risco criado", por Toshio Mukai (RDA 229/253); "Apêndice da jurisprudência argentina sobre responsabilidade civil ambiental. Pequenos comentários", por Carlos Alberto Ghersi (RDPr 13/63); "Funções e modelos da responsabilidade aquiliana no novo Código", por Eugênio Facchini Neto (RJ 309/23); "A responsabilidade civil no novo Código Civil: algumas considerações", por Alexandre Miguel (RT 809/11); "O sistema da responsabilidade civil e o novo Código", por Dilvanir José da Costa (RF 366/57); "Responsabilidade civil do advogado", por Ênio Santarelli Zuliani (RF 374/79 e RSDCPC 21/127); "Natureza da resposta à responsabilidade civil: reparação, indenização, satisfação, expiação", por José Paulo Baltazar Junior (RJ 322/41); "Responsabilidade civil contratual e extracontratual: primeiras anotações em face do novo Código Civil brasileiro", por Rodrigo Xavier Leonardo (RDPr 19/260); "Responsabilidade civil do advogado", por Fábio Siebeneichler de Andrade (RT 697/22); "Responsabilidade civil no Código Civil francês e no Código Civil brasileiro (estudos em homenagem ao bicentenário do Código Civil francês)", por Rui Stoco (RT 831/11); "La responsabilidad civil", por Ricardo Luis Lorenzetti (Ajuris 97/337); "Dignidade da pessoa humana e responsabilidade civil", por Othon de Azevedo Lopes (RDA 238/207); "Os acidentes de trânsito e o novo Código Civil", por Ênio Santarelli Zuliani (RSDCPC 34/40); "Responsabilidade por perda de chances", por Fernando Noronha (RDPr 23/28); "Responsabilidade civil: teoria da perda de uma chance", por Glenda Gonçalves Gondim (RT 840/11); "Pressupostos da responsabilidade civil", por Roberto de Abreu e Silva (RF 377/175); "Responsabilidade civil e ofensa à dignidade humana", por Ana Carolina Brochado Teixeira (RBDF 32/138); "Aspectos da responsabilidade civil do advogado", por Justino Magno Araújo (RJ 337/37); "Dano existencial a tutela da dignidade da pessoa humana", por Amaro Alves de Almeida Neto (RDPr 24/21); "A atividade interpretativa e a imputação do dever de indenizar no direito civil brasileiro contemporâneo", por Roberto Altheim (RT 841/127); "A evolução da responsabilidade civil e dos contratos no direito francês e brasileiro", por Arnoldo Wald (RT 845/81 e RF 382/15); "Responsabilidade civil e reparação de danos. Raízes históricas. Função e objetivo", por Ênio Santarelli Zuliani (RIDCPC 40/54 e RMDCPC 9/12); "As ações indenizatórias movidas por fumantes contra empresas que produzem cigarros no direito comparado e brasileiro", por Luiz Guilherme Migliora, Felipe Bastos e Thomas Belitz França (RT 846/30); "Responsabilidade civil e o novo Código: contributo para uma revisitação conceitual", por Ronnie Duarte (RT 850/57); "Responsabilidade civil", por Álvaro Villaça Azevedo (RJ 353/11); "Da responsabilidade civil no novo Código", por Eugênio Facchini Neto (RJ 356/31); "Aguiar Dias e a evolução da responsabilidade civil no direito brasileiro", por Ênio Santarelli Zuliani (RIDCPC 51/39); "Responsabilidade pressuposta — evolução de fundamentos e de paradigmas da responsabilidade civil na contemporaneidade", por Giselda Maria Fernandes Novaes Hironaka (RJ 364/35); "Da responsabilidade civil do transportador marítimo", por Mariana Mazziero Mourão (RDPr 33/215); "Novos paradigmas da responsabilidade civil", por Sílvio de Salvo Venosa (RMDCPC 27/38); "Da responsabilidade civil por danos ambientais durante o transporte marítimo de petróleo", por Mírian Barreta Palla (RDPr 44/168); "A responsabilidade civil pela perda de uma chance: a técnica na jurisprudência francesa", por Daniel Amaral Carnaúba (RT 922/139).

TÍT. IX: 2. s/ responsabilidade civil e: danos à honra ou à imagem, v. art. 20; Estado, v. art. 43 (especialmente notas 2a e segs.) e CF 37 § 6º; dano moral, v. art. 186 e notas; ato lícito, v. art. 188, nota 5; nexo de causalidade, v. art. 403; mandatário, v. art. 667 e notas; transportador, v. art. 734; incapaz, v. art. 928; médico, v. art. 951; condomínio, v. art. 1.334, nota 1a; prestadores de serviço, v. CDC 14; fato do produto ou serviço, v. CDC 12 a 17; vício do produto ou serviço, v. CDC 18 a 25; direito eleitoral, v. Lei 4.737, de 15.7.65, art. 243-IX e § 1º; proteção de dados, v. Lei 13.709/2018, arts. 42 a 45.

V. tb. CP 91-I e CPP 64 (indenização do dano causado pelo crime).

Art. 927. Aquele que, por ato ilícito (arts. 186 e 187), causar dano a outrem, fica obrigado a repará-lo.[1 a 10f] [Dispositivo correspondente no CC/1916: art. 159.]

Parágrafo único. Haverá obrigação de reparar o dano, independentemente de culpa, nos casos especificados em lei, ou quando a atividade normalmente desenvolvida pelo autor do dano implicar, por sua natureza, risco para os direitos de outrem.[11 a 15] [Sem dispositivo correspondente no CC/1916.]

Art. 927: 1. **Súmula 28 do STF (Cheque falso):** "O estabelecimento bancário é responsável pelo pagamento de cheque falso, ressalvadas as hipóteses de culpa exclusiva ou concorrente do correntista".

Súmula 35 do STF (Companheira): "Em caso de acidente do trabalho ou de transporte, a concubina tem direito de ser indenizada pela morte do amásio, se entre eles não havia impedimento para o matrimônio".

Súmula 229 do STF (Responsabilidade civil em acidente do trabalho): "A indenização acidentária não exclui a do direito comum, em caso de dolo ou culpa grave do empregador". Atualmente, a culpa, ainda que leve, também dá lugar à indenização de direito comum (RSTJ 26/514, 30/483, 53/117, 53/135). V. tb. nota 10c.

Súmula 492 do STF (Locadora de veículos): "A empresa locadora de veículos responde, civil e solidariamente com o locatário, pelos danos por este causados a terceiro, no uso do carro locado". No mesmo sentido: STJ-4ª T., REsp 1.748.263-AgInt, Min. Isabel Gallotti, j. 12.2.19, DJ 19.2.19. V. tb. nota 4a.

Súmula 37 do STJ (Dano material e dano moral): "São cumuláveis as indenizações por dano material e dano moral oriundos do mesmo fato" (cf. retificação no DJU 18.3.92, p. 3.201).

Súmula 130 do STJ (Furto de veículo em estacionamento de empresa): "A empresa responde, perante o cliente, pela reparação de dano ou furto de veículo ocorridos em seu estacionamento". De acordo com precedentes que deram origem à súmula (p. ex., REsps 4.582 e 25.302), tal responsabilidade existe ainda que o estacionamento seja gratuito. Também afirmando a responsabilidade da empresa em caso de estacionamento gratuito: STJ-RT 911/557 (3ª T., REsp 1.249.104-AgRg), JTJ 347/421 (AP 341.658-4/4-00). S/ responsabilidade civil e estacionamento, v. tb. nota 6c.

Em caso de veículo entregue a manobrista de estabelecimento, v. art. 627, nota 1.

Súmula 132 do STJ (Acidente de automóvel): "A ausência de registro de transferência não implica a responsabilidade do antigo proprietário por dano resultante de acidente que envolva o veículo alienado". "Não constitui fundamento suficiente, a acarretar, para o alienante, a responsabilidade por danos resultantes de acidente de trânsito, a simples omissão do registro da venda do veículo, junto à repartição de trânsito e ao cartório de títulos, quando comprovado que a alienação efetivamente ocorreu antes do acidente e que o motorista do automóvel não era preposto do alienante" (RT 126/1.170). No mesmo sentido, a **Súmula 2 do TJSC:** "Responsabilidade civil. Acidente de trânsito. Ilegitimidade de causa. Inocorrência. Comprovada induvidosamente a compra e venda do veículo, ainda que não efetuada a transferência do certificado de registro na repartição competente, responde o novo proprietário pelos danos causados a terceiro". V. tb. nota 4a.

Súmula 221 do STJ (Dano por publicação pela imprensa): "São civilmente responsáveis pelo ressarcimento de dano, decorrente de publicação pela imprensa, tanto o autor do escrito quanto o proprietário do veículo de divulgação".

Súmula 227 do STJ (Dano moral): "A pessoa jurídica pode sofrer dano moral". V. anotações a essa Súmula no art. 186, nota 2.

Enunciado 189 do CEJ: "Na responsabilidade civil por dano moral causado à pessoa jurídica, o fato lesivo, como dano eventual, deve ser devidamente demonstrado".

Súmula 479 do STJ: "As **instituições financeiras** respondem objetivamente pelos danos gerados por fortuito interno relativo a fraudes e delitos praticados por terceiros no âmbito de operações bancárias". V. tb. nota 7.

Art. 927: 2. **CF 5º: "V** — é assegurado o direito de resposta, proporcional ao agravo, além da indenização por dano material, moral ou à imagem".

"X — são invioláveis a intimidade, a vida privada, a honra e a imagem das pessoas, assegurado o direito a indenização pelo dano material ou moral decorrente de sua violação".

"LXXV — o Estado indenizará o condenado por erro judiciário, assim como o que ficar preso além do tempo fixado na sentença".

Art. 927: 2a. **Lei 9.096, de 19.9.95** — Dispõe sobre partidos políticos: **"Art. 15-A-*caput*** (*redação da Lei 12.034, de 29.9.09*). A responsabilidade, inclusive civil e trabalhista, cabe exclusivamente ao órgão partidário municipal, estadual ou nacional que tiver dado causa ao não cumprimento da obrigação, à violação de direito, a dano a outrem ou a qualquer ato ilícito, excluída a solidariedade de outros órgãos de direção partidária".

Todavia: "Nas relações civis com terceiros, responde o partido político enquanto pessoa jurídica, independentemente de sua organização interna; o estatuto de uma pessoa jurídica, e assim o de um partido político, não pode dispor sobre as relações de seus órgãos com terceiros — indiferente, portanto, que a lesão tenha resultado de ato do diretório nacional ou de diretório municipal" (STJ-3ª T., REsp 872.079, Min. Ari Pargendler, j. 18.12.07, DJU 26.3.08).

Art. 927: 3. No regime da comunhão parcial, não se comunicam as obrigações provenientes de ato ilícito, salvo reversão em proveito do casal (art. 1.659-IV).

Dec. 24.216, de 9.5.34 — Provê sobre a responsabilidade civil da Fazenda Pública: **"Art. 2º** A obrigação de indenizar por motivo de atos ilícitos não é excluída da comunhão, quando os mesmos tiverem proporcionado qualquer proveito ao casal". O Dec. s/n de 25.4.91 considerou revogado o Dec. 24.216. Não poderia fazê-lo, porque se trata de decreto com força de lei, editado pelo Governo Provisório.

Art. 927: 3a. "A responsabilidade civil decorrente de abusos perpetrados por meio da **imprensa** abrange a colisão de dois direitos fundamentais: a liberdade de informação e a tutela dos direitos da personalidade (honra, imagem e vida privada). A atividade jornalística deve ser livre para informar a sociedade acerca de fatos cotidianos de interesse público, em observância ao princípio constitucional do Estado Democrático de Direito; contudo, o direito de informação não é absoluto, vedando-se a divulgação de notícias falaciosas, que exponham indevidamente a intimidade ou acarretem danos à honra e à imagem dos indivíduos, em ofensa ao fundamento constitucional da dignidade da pessoa humana" (STJ-4ª T., REsp 818.764, Min. Jorge Scartezzini, j. 15.2.07, DJU 12.3.07). No mesmo sentido: JTJ 305/186.

"A liberdade de informação deve estar atenta ao dever de veracidade, pois a falsidade dos dados divulgados manipula em vez de formar a opinião pública, bem como ao interesse público, pois nem toda informação verdadeira é relevante para o convívio em sociedade. A vítima de crime contra o costume tem o direito de não perpetuar seu sofrimento. Não há qualquer interesse público no conhecimento da identidade da vítima do crime de estupro, havendo aí abuso da liberdade de informação" (STJ-3ª T., REsp 896.635, Min. Nancy Andrighi, j. 26.2.08, DJU 10.3.08).

"Em se tratando de questões políticas, e de pessoa pública, como o é um Senador da República, é natural que haja exposição à opinião e crítica dos cidadãos, da imprensa. Contudo, não há como se tolerar que essa crítica desvie para ofensas pessoais. O exercício da crítica, bem como o direito à liberdade de expressão, não pode ser usado como pretexto para atos irresponsáveis, como os xingamentos, porque isso pode implicar mácula de difícil reparação à imagem de outras pessoas — o que é agravado para aquelas que têm pretensões políticas, que, para terem sucesso nas urnas, dependem da boa imagem pública perante seus eleitores" (STJ-3ª T., REsp 1.328.914, Min. Nancy Andrighi, j. 11.3.14, DJ 24.3.14).

"As pessoas públicas, malgrado mais suscetíveis a críticas, não perdem o direito à honra. Alguns aspectos da vida particular de pessoas notórias podem ser noticiados. No entanto, o limite para a informação é o da honra da pessoa. Com efeito, as notícias que têm como objeto pessoas de notoriedade não podem refletir críticas indiscriminadas e levianas, pois existe uma esfera íntima do indivíduo, como pessoa humana, que não pode ser ultrapassada. Por outro lado, não prospera o argumento de que inexistia o *animus* de ofender a vítima. O exame das declarações difundidas nos programas de rádio revela evidente a vontade consciente de atingir a honra da ora recorrida, mediante imputação de atos tipificados como crime, como corrupção passiva, ou de atos que simplesmente a desmoralizam perante a sociedade. Com efeito, estando evidente o abuso do direito de informar, a indenização por danos morais é medida que se impõe" (STJ-4ª T., REsp 706.769, Min. Luis Felipe, j. 14.4.09, DJ 27.4.09). Em sentido semelhante: STF-RDDP 104/144 (Pleno, AO 1.390).

"Ante o desbordamento de seu dever de tão somente informar, revela-se ilícita a conduta do jornal, de propriedade da recorrente, ao replicar trechos da entrevista concedida pela ex-companheira do recorrido a outro órgão de imprensa, onde são proferidas declarações ofensivas à honra deste, caracterizando-se, desta forma, o dano moral e impondo-se, por conseguinte, sua reparação. Nesta seara de revelação pela imprensa de fatos da vida íntima das pessoas, o digladiar entre o direito de livre informar e os direitos de personalidade deve ser balizado pelo interesse público na informação veiculada, para que se possa inferir qual daqueles direitos deve ter uma maior prevalência sobre o outro no caso concreto. A mera curiosidade movida pelo diletantismo de alguns, tanto na divulgação de notícias, quanto na busca de fatos que expõem indevidamente a vida íntima, notadamente, daquelas pessoas com alguma notoriedade no corpo social, não pode ser encarada como de interesse social, a justificar a atenção dos organismos de imprensa. Na hipótese sob exame, ainda que se trate de pessoa notória, revela-se claro não haver um efetivo interesse social na divulgação de fatos que dizem respeito unicamente à esfera íntima de sua vida privada, o que denota tão somente uma manobra para aumentar as vendas do jornal. Ainda que as declarações veiculadas nas matérias jornalísticas tenham sido, nestas, atribuídas exclusivamente à entrevistada da revista, as imputações em questão se beneficiaram da credibilidade de que goza o jornal, na qualidade de órgão de informação e de divulgação, na comunidade em que circula, ampliando e perpetuando indevidamente o âmbito de incidência da violação à honorabilidade da pessoa ofendida" (STJ-4ª T., REsp 713.202, Min. Luis Felipe, j. 1.10.09, DJ 3.8.10).

"O reconhecimento do **direito ao esquecimento** dos condenados que cumpriram integralmente a pena e, sobretudo, dos que foram absolvidos em processo criminal, além de sinalizar uma evolução cultural da sociedade, confere concretude a um ordenamento jurídico que, entre a memória — que é a conexão do presente com o passado — e a esperança — que é o vínculo do futuro com o presente —, fez clara opção pela segunda. E é por essa ótica que o direito ao esquecimento revela sua maior nobreza, pois afirma-se, na verdade, como um direito à esperança, em absoluta sintonia com a presunção legal e constitucional de regenerabilidade da pessoa humana. Ressalvam-se do direito ao esquecimento os fatos genuinamente históricos — historicidade essa que deve ser analisada em concreto —, cujo interesse público e social deve sobreviver à passagem do tempo, desde que a narrativa desvinculada dos envolvidos se fizer impraticável. No caso concreto, a despeito de a Chacina da Candelária ter se tornado — com muita razão — um fato histórico, que expôs as chagas do País ao mundo, tornando-se símbolo da precária proteção estatal conferida aos direitos humanos da criança e do adolescente em situação de risco, o certo é que a fatídica história seria bem contada e de forma fidedigna sem que para isso a imagem e o nome do autor precisassem ser expostos em rede nacional. Nem a liberdade de imprensa seria tolhida, nem a honra do autor seria maculada, caso se ocultassem o nome e a fisionomia do recorrido, ponderação de valores que, no caso, seria a melhor solução ao conflito. Muito embora tenham as instâncias ordinárias reconhecido que a reportagem se mostrou fidedigna com a realidade, a receptividade do homem médio brasileiro a noticiários desse jaez é apta a reacender a desconfiança geral acerca da índole do autor, o qual, certamente, não teve reforçada sua imagem de inocentado, mas sim a de indiciado. No caso, permitir nova veiculação do fato, com a indicação precisa do nome e imagem do autor, significaria a permissão de uma segunda ofensa à sua dignidade, só porque a primeira já ocorrera no passado, uma vez que, como bem reconheceu o acórdão recorrido, além do crime em si, o inquérito policial consubstanciou uma reconhecida 'vergonha' nacional à parte" (STJ-4ª T., REsp 1.334.097, Min. Luis Felipe, j. 28.5.13, RT 939/292). V. tb. MCI 19, nota 3.

"Aplica-se a teoria da **perda de uma chance** ao caso de candidato a vereador que deixa de ser eleito por reduzida diferença de oito votos após atingido por notícia falsa publicada por jornal, resultando, por isso, a obrigação de indenizar" (STJ-3ª T., REsp 821.004, Min. Sidnei Beneti, j. 19.8.10, DJ 24.9.10). S/ perda de uma chance, v. tb. notas 3c, 5c e 8b, arts. 402, nota 7, e 951, notas 1c e 7a, e CDC 14, notas 2, *in fine*, 3a, e 7a.

Também condenando o órgão de imprensa por ofensa aos direitos da personalidade: RT 887/278 (TJDFT, AP 20070110802450), JTJ 320/450 (AP 223.939-4/6-00); RP 164/326 e RMDCPC 23/128 (TJSP: AP 498.727.4/0-00, com excelente voto vista do Des. Ênio Zuliani).

Todavia: "A **liberdade de imprensa**, enquanto projeção das liberdades de comunicação e de manifestação do pensamento, reveste-se de conteúdo abrangente, por compreender, dentre outras prerrogativas relevantes que lhe são inerentes, (a) o direito de informar, (b) o direito de buscar a informação, (c) o direito de opinar e (d) o direito de criticar. A crítica jornalística, desse modo, traduz direito impregnado de qualificação constitucional, plenamente oponível aos que exercem qualquer atividade de interesse da coletividade em geral, pois o interesse social, que legitima o direito de criticar, sobrepõe-se a eventuais suscetibilidades que possam revelar as pessoas públicas ou as figuras notórias, exercentes, ou não, de cargos oficiais. A crítica que os meios de comunicação social dirigem às pessoas públicas, por mais dura e veemente que possa ser, deixa de sofrer, quanto ao seu concreto exercício, as limitações externas que ordinariamente resultam dos direitos de personalidade. Não induz responsabilidade civil a publicação de matéria jornalística cujo conteúdo divulgue observações em caráter mordaz ou irônico ou, então, veicule opiniões em tom de crítica severa, dura ou, até, impiedosa, ainda mais se a pessoa a quem tais observações forem dirigidas ostentar a condição de figura pública, investida, ou não, de autoridade governamental, pois, em tal contexto, a liberdade de crítica qualifica-se como verdadeira excludente anímica, apta a afastar o intuito doloso de ofender. O Supremo Tribunal Federal tem destacado, de modo singular, em seu magistério jurisprudencial, a necessidade de preservar-se a prática da liberdade de informação, resguardando-se, inclusive, o exercício do direito de crítica que dela emana, por tratar-se de prerrogativa essencial que se qualifica como um dos suportes axiológicos que conferem legitimação material à própria concepção do regime democrático. Mostra-se incompatível com o pluralismo de ideias, que legitima a divergência de opiniões, a visão daqueles que pretendem negar, aos meios de comunicação social (e aos seus profissionais), o direito de buscar e de interpretar as informações, bem assim a prerrogativa de expender as críticas pertinentes. Arbitrária, desse modo, e inconciliável com a proteção constitucional da informação, a repressão à crítica jornalística, pois o Estado — inclusive seus Juízes e Tribunais — não dispõe de poder algum sobre a palavra, sobre as ideias e sobre as convicções manifestadas pelos profissionais da Imprensa" (STF-RT 909/435: 2ª T., AI 705.630-AgRg).

"A publicidade, pela imprensa, de apreensão de produtos farmacêuticos não gera responsabilidade da empresa jornalística, ainda que posteriormente se revele que o fato decorreu de erro da autoridade administrativa; a imprensa não tem a obrigação de, previamente à notícia, se certificar da legalidade do ato da autoridade administrativa" (STJ-3ª T., AI 898.175-AgRg, Min. Ari Pargendler, j. 11.3.08, DJ 3.9.08).

"A honra e imagem dos cidadãos não são violados quando se divulgam informações verdadeiras e fidedignas a seu respeito e que, além disso, são do interesse público. O veículo de comunicação exime-se de culpa quando busca fontes fidedignas, quando exerce atividade investigativa, ouve as diversas partes interessadas e afasta quaisquer dúvidas sérias quanto à veracidade do que divulgará. O jornalista tem um dever de investigar os fatos que deseja publicar. Isso não significa que sua cognição deva ser plena e exauriente à semelhança daquilo que ocorre em juízo. A elaboração de reportagens pode durar horas ou meses, dependendo de sua complexidade, mas não se pode exigir que a mídia só divulgue fatos após ter certeza plena de sua veracidade. Isso se dá, em primeiro lugar, porque os meios de comunicação, como qualquer outro particular, não detém poderes estatais para empreender tal cognição. Ademais, impor tal exigência à imprensa significaria engessá-la e condená-la a morte. O processo de divulgação de informações satisfaz verdadeiro interesse público, devendo ser célere e eficaz, razão pela qual não se coaduna com rigorismos próprios de um procedimento judicial. A reportagem da recorrente indicou o recorrido como suspeito de integrar organização criminosa. Para sustentar tal afirmação, trouxe ao ar elementos importantes, como o depoimento de fontes fidedignas, a saber: (i) a prova testemunhal de quem foi à autoridade policial formalizar notícia crime; (ii) a opinião de um Procurador da República. O repórter fez-se passar por agente interessado nos benefícios da atividade ilícita, obtendo gravacões que efetivamente demonstravam a existência de engenho fraudatório. Houve busca e apreensão em empresa do recorrido e daí infere-se que, aos olhos da autoridade judicial que determinou tal medida, havia fumaça do bom direito a justificá-la. Ademais, a reportagem procurou ouvir o recorrido, levando ao ar a palavra de seu advogado. Não se tratava, portanto, de um mexerico, fofoca ou boato que, negligentemente, se divulgava em cadeia nacional. A suspeita que recaía sobre o recorrido, por mais dolorosa que lhe seja, de fato, existia e era, à época, fidedigna. Se hoje já não pesam sobre o recorrido essas suspeitas, isso não faz com que o passado se altere. Pensar de modo contrário seria impor indenização a todo veículo de imprensa que divulgue investigação ou ação penal que, ao final, se mostre improcedente" (STJ-RT 889/223: 3ª T., REsp 984.803).

"Dentre os direitos inerentes à personalidade, encontra-se a proteção ao patrimônio imaterial do indivíduo, o que gera para o transgressor, dentre outras cominações, o dever de indenizar a vítima, a fim de compensá-la pelo sofrimento desnecessariamente causado. Todavia, esse direito não possui caráter absoluto, devendo ser compatibilizado com outros valores igualmente tutelados pelo ordenamento jurídico, a exemplo do direito à informação. Tratando-se de suposto ato de corrupção praticado por autoridade pública, essa intangibilidade da esfera individual ainda sofre temperamentos em face do interesse coletivo existente e da repercussão da conduta praticada sobre o patrimônio público. A mera concessão de entrevista por membro do Ministério Público relatando a existência de acusações contra magistrado supostamente envolvido em esquema de venda de sentenças e informando a população acerca das providências a serem tomadas pelo *Parquet*, ainda que a manifestação contenha preliminar juízo de valor acerca dos fatos, não configura ato ilícito capaz de ensejar indenização por danos morais, quando ausente manifesto excesso ou inequívoco *animus* de desmoralizar a pessoa investigada, mormente nos casos em que a suposta vítima já está sendo alvo de denúncias sérias de natureza congênere" (STJ-2ª T., REsp 1.314.163, Min. Castro Meira, j. 11.12.12, DJ 4.2.13).

"Responsabilidade civil do Estado. Danos morais decorrentes da publicação de notícia no sítio eletrônico de órgão do Poder Judiciário. Divulgação de nomes. Sigilo não decretado. Ausência de nexo de causalidade. Impossibilidade de responsabilização da União. É certo que denúncias falsas de venda de sentenças devem ser fortemente combatidas pelos meios adequados, como uma queixa-crime por calúnia ou difamação — como fizeram os ora recorridos — ou mesmo uma ação indenizatória proposta em face do denunciante. Entretanto, não é possível transcender a esse cenário e atribuir responsabilidade à União pela veiculação de notícia com conteúdo informativo e sem qualquer ameaça à dignidade das pessoas envolvidas" (STJ-2ª T., REsp 1.293.401, Min. Mauro Campbell, j. 3.8.17, DJ 9.8.17).

"A liberdade de expressão, compreendendo a informação, opinião e crítica jornalística, por não ser absoluta, encontra algumas limitações ao seu exercício, compatíveis com o regime democrático, quais sejam: (I) o compromisso ético com a informação verossímil; (II) a preservação dos chamados direitos da personalidade, entre os quais incluem-se os direitos à honra, à imagem, à privacidade e à intimidade; e (III) a vedação de veiculação de crítica jornalística com intuito de difamar, injuriar ou caluniar a pessoa (*animus injuriandi vel diffamandi*). Assim, em princípio, não caracteriza hipótese de responsabilidade civil a publicação de matéria jornalística que narre fatos verídicos ou verossímeis, embora eivados de opiniões severas, irônicas ou impiedosas, sobretudo quando se trate de figuras públicas que exerçam atividades tipicamente estatais, gerindo interesses da coletividade, e a notícia e crítica referirem-se a fatos de interesse geral relacionados à atividade pública desenvolvida pela pessoa noticiada. Nessas hipóteses, principalmente, a liberdade de expressão é prevalente, atraindo verdadeira excludente anímica, a afastar o intuito doloso de ofender a honra da pessoa a que se refere a reportagem" (STJ-4ª T., REsp 801.109, Min. Raul Araújo, j. 12.6.12, DJ 12.3.13).

"A assunção de cargos corporativos ou públicos, como a presidência de uma seccional da OAB, torna o sujeito uma pessoa pública, com atuação de interesse de todos advogados, estando seus atos sujeitos a maior exposição e mais suscetíveis à mitigação dos direitos de personalidade, principalmente por estar incurso em um cenário político, com intenso debate corporativo. Dentro desta perspectiva, o entrevistado não extrapolou os limites da liberdade de pensamento nem se verificou o intuito de atingir a honra da antiga presidente da OAB/DF, já que as informações relacionaram-se a questões de interesse do órgão de classe, limitando-se a criticar, com cunho político, a gestão anterior, sem nenhuma menção específica à pessoa da antiga presidente ou imputando alguma conduta desonrosa capaz de ensejar o dever de indenizar" (STJ-3ª T., REsp 1.624.388, Min. Marco Bellizze, j. 7.3.17, DJ 21.3.17).

"Publicação de série de escritos jornalísticos originados de informações do Ministério Público e da Polícia Federal não configura ilícito apto a desencadear indenização por dano moral, ainda que lançada em linguagem incisiva e dura. Imprecisões técnicas de linguagem, atinente a matéria jurídica, como significado de folha de antecedentes, cancelamento de registro de inquéritos e outras, bem como do sentido de arquivamento e absolvições, não implicam dano moral, quando não visualizado dolo implícito no uso inadequado dos termos" (STJ-3ª T., REsp 1.305.897, Min. Sidnei Beneti, j. 21.8.12, DJ 18.9.12).

"O direito ao esquecimento que ora se reconhece para todos, ofensor e ofendidos, não alcança o caso dos autos, em que se reviveu, décadas depois do crime, acontecimento que entrou para o domínio público, de modo que se tornaria impraticável a atividade da imprensa para o desiderato de retratar o caso Aida Curi, sem Aida Curi. É evidente ser possível, caso a caso, a ponderação acerca de como o crime tornou-se histórico, podendo o julgador reconhecer que, desde sempre, o que houve foi uma exacerbada exploração midiática, e permitir novamente essa exploração significaria conformar-se com um segundo abuso só porque o primeiro já ocorrera. Porém, no caso em exame, não ficou reconhecida essa artificiosidade ou o abuso antecedente na cobertura do crime, inserindo-se, portanto, nas exceções decorrentes da ampla publicidade a que podem se sujeitar alguns delitos" (STJ-4ª T., REsp 1.335.153, Min. Luis Felipe, j. 28.5.13, maioria, RT 939/298).

"Diante de evidente interesse social no cultivo à memória histórica e coletiva de delito notório, incabível o acolhimento da tese do direito ao esquecimento para o fim de proibir qualquer veiculação futura de matérias jornalísticas relacionadas ao fato criminoso, sob pena de configuração de censura prévia, vedada pelo ordenamento jurídico pátrio" (STJ-3ª T., REsp 1.736.803, Min. Ricardo Cueva, j. 28.4.20, DJ 4.5.20).

Também liberando o órgão de imprensa de acusação de ofensa aos direitos da personalidade: RT 888/212 (TJSP, AP 416.077.4/3-00), 938/800 (TJDFT, AP 20080110885022), JTJ 324/662 (EI 342.077-4/1-01), 328/418 (AP 522.036.4/5-00), 341/222 (AP 446.031-4/9).

V. tb. arts. 12 (especialmente nota 3), 20 (especialmente nota 3), 186 (notas 3b e 4) e 188 (nota 3a) e ECA 143 (nota 2a). S/ reparação do dano moral nessas circunstâncias, v. art. 186, nota 4d.

Art. 927: 3b. "As empresas de comunicação não respondem por **publicidade** de propostas abusivas ou **enganosas.** Tal responsabilidade toca aos fornecedores-anunciantes, que a patrocinaram (CDC, arts. 3º e 38)" (STJ-Bol. AASP 2.537/4.425: 3ª T., REsp 604.172).

"O dano sofrido pelo consumidor deu-se em razão do pagamento por um veículo que não foi entregue pelo anunciante, e não pela compra de um exemplar do jornal. Ou seja: o produto oferecido no anúncio (veículo) não tem relação com o produto oferecido pela recorrente (publicação de anúncios). Assim, a empresa jornalística não pode ser responsabilizada pelos produtos ou serviços oferecidos pelos seus anunciantes, sobretudo quando dos anúncios publicados não se infere qualquer ilicitude" (STJ-3ª T., REsp 1.046.241, Min. Nancy Andrighi, j. 12.8.10, DJ 19.8.10).

"A responsabilidade pela qualidade do produto ou serviço anunciado ao consumidor é do fornecedor respectivo, assim conceituado nos termos do art. 3º da Lei n. 8.078/1990, não se estendendo à empresa de comunicação que veicula a propaganda por meio de apresentador durante programa de televisão, denominada 'publicidade de palco'. Destarte, é de se excluir da lide, por ilegitimidade passiva *ad causam*, a emissora de televisão, por não se lhe poder atribuir corresponsabilidade por apresentar publicidade de empresa financeira, também ré na ação, que teria deixado de fornecer o empréstimo ao telespectador nas condições prometidas no anúncio" (STJ-4ª T., REsp 1.157.228, Min. Aldir Passarinho Jr., j. 3.2.11, DJ 27.4.11).

V. tb. CDC 14, nota 6a.

Art. 927: 3c. "A recorrente recebeu bilhete para participar de **sorteio** em razão de compras efetuadas em hipermercado. Neste constava 'você concorre a 900 vales-compras de R$ 100,00 e a 30 casas'. Foi sorteada e, ao comparecer para receber o prêmio, obteve apenas um vale-compras, tomando, então, conhecimento de que, segundo o regulamento, as casas seriam sorteadas àqueles que tivessem sido premiados com os vale-compras. Este segundo sorteio, todavia, já tinha ocorrido, sem a sua participação. As trinta casas já haviam sido sorteadas entre os demais participantes. Violação do dever contratual, previsto no regulamento, de comunicação à autora de que fora uma das contempladas no primeiro sorteio e de que receberia um segundo bilhete, com novo número, para concorrer às casas em novo sorteio. Fato incontroverso, reconhecido pelo acórdão recorrido, de que a falta de comunicação a cargo dos recorridos a impediu de participar do segundo sorteio e, portanto, de concorrer, efetivamente, a uma das trinta casas. A circunstância de a participação no sorteio não ter sido diretamente remunerada pelos consumidores, sendo contrapartida à aquisição de produtos no hipermercado, não exime os promotores do evento do dever de cumprir o regulamento da promoção, ao qual se vincularam. Dano material que, na espécie, não corresponde ao valor de uma das trinta casas sorteadas, mas à **perda da chance**, no caso, de 30 chances, em 900, de obter o bem da vida almejado" (STJ-4ª T., AI 1.196.957-AgRg-EDcl, Min. Isabel Gallotti, j. 10.4.12, RT 922/611; com comentário de Glenda Gonçalves Gondim).

"O questionamento, em **programa de perguntas e respostas, pela televisão,** sem viabilidade lógica, uma vez que a Constituição Federal não indica percentual relativo às terras reservadas aos índios, acarreta, como decidido pelas instâncias ordinárias, a impossibilidade da prestação por culpa do devedor, impondo o dever de ressarcir o participante pelo que razoavelmente haja deixado de lucrar, pela perda da oportunidade" (STJ-4ª T., REsp 788.459, Min. Fernando Gonçalves, j. 8.11.05, DJ 13.3.06). Do voto do relator: "A quantia sugerida pela recorrente (R$ 125.000,00) — equivalente a um quarto do valor em comento, por ser uma 'probabilidade matemática' de acerto de uma questão de múltipla escolha com quatro itens, reflete as reais possibilidades de êxito da recorrida. Ante o exposto, conheço do recurso especial e lhe dou parcial provimento para reduzir a indenização a R$ 125.000,00".

"*Reality show*. Fase semifinal. Contagem dos pontos. Erro. Eliminação. Ato ilícito. Indenização. Dano material. Perda de uma chance. Cabimento" (STJ-3ª T., REsp 1.757.936, Min. Ricardo Cueva, j. 20.8.19, DJ 28.8.19).

S/ perda de uma chance, v. tb. notas 3a, 5c e 8b, arts. 402, nota 7, e 951, notas 1c e 7a, e CDC 14, notas 2, *in fine*, 3a, e 7a.

Art. 927: 4. Internet. "A atividade desenvolvida em um blog pode assumir duas naturezas distintas: (i) provedoria de informação, no que tange às matérias e artigos disponibilizados no blog por aquele que o mantém e o edita; e (ii) provedoria de conteúdo, em relação aos posts dos seguidores do blog. Nos termos do enunciado 221 da Súmula/STJ, são civilmente responsáveis pela reparação de dano derivado de publicação pela imprensa tanto o autor da matéria quanto o proprietário do respectivo veículo de divulgação. O enunciado 221 da Súmula/STJ incide sobre todas as formas de imprensa, alcançando, assim, também os serviços de provedoria de informação, cabendo àquele que mantém blog exercer o seu controle editorial, de modo a evitar a inserção no site de matérias ou artigos potencialmente danosos" (STJ-3ª T., REsp 1.381.610, Min. Nancy Andrighi, j. 3.9.13, DJ 12.9.13). "Ação indenizatória por danos morais sofridos em razão de blog do réu/apelante ter imputado ao autor/apelado ser racista e de ter escrito livro racista. Palavras claramente ofensivas. Dano moral configurado" (RT 910/1.030: TJRJ, AP 0309228-06.2009.8.19.0001). Do voto do relator: "A Internet divulga rapidamente a mensagem ofensiva no país e no mundo, haja vista se tratar de um blog de famoso jornalista, que tem diversos acessos diários, e inclusive com comentários de blogueiros, tornando os fatos ainda mais gravosos à pessoa do escritor".

Condenando o usuário a compensar danos morais "por frase ofensiva postada no Twitter": JTJ 375/566 (AP 131637-85.2011.8.26.0100).

V. tb. art. 12 (especialmente, nota 3) e MCI 18 a 21 e respectivas notas.

Art. 927: 4a. "Em matéria de **acidente automobilístico,** o **proprietário do veículo** responde objetiva e solidariamente pelos atos culposos de terceiro que o conduz e que provoca o acidente, pouco importando que o motorista não seja seu empregado ou preposto, ou que o transporte seja gratuito ou oneroso, uma vez que sendo o automóvel um veículo perigoso, o seu mau uso cria a responsabilidade pelos danos causados a terceiros. Provada a responsabilidade do condutor, o proprietário do veículo fica solidariamente responsável pela reparação do dano, como criador do risco para os seus semelhantes" (STJ-3ª T., REsp 577.902, Min. Nancy Andrighi, j. 13.6.06, maioria, DJU 28.8.06). Em síntese: "Quem permite que terceiro conduza seu veículo é responsável solidário pelos danos causados culposamente pelo permissionário" (STJ-3ª T., REsp 343.649, Min. Gomes de Barros, j. 5.2.04, DJU 25.2.04). No mesmo sentido: STJ-4ª T., REsp 895.419, Min. Aldir Passarinho Jr., j. 3.8.10, DJ 27.8.10; STJ-1ª T., Ag em REsp 234.868-AgRg, Min. Ari Pargendler, j. 2.5.13, DJ 8.5.13; RT 864/287, 876/299 (TJMS, AP 2006.003458-0/0000-00), 888/286 (TJMG, AP 1.0680.03.000208-2/001), JTJ 315/220 (AP 908.370-0/3).

"O proprietário do veículo responde solidariamente com o condutor do veículo. Em outras palavras, a responsabilidade do dono da coisa é presumida, invertendo-se, em razão disso, o ônus da prova. Não demonstrado pelo proprietário do veículo que seu filho inabilitado o utilizou ao arrepio das suas proibições, recomendações e cautelas, responde o pai solidariamente pelos danos causados pelo ato culposo do filho, ainda que maior" (STJ-4ª T., REsp 145.358, Min. Sálvio de Figueiredo, j. 29.10.98, DJU 1.3.99).

Todavia: "O proprietário do veículo se exonera da responsabilidade pelo dano se provar que tudo fez para impedir a ocorrência do fato" (STJ-4ª T., REsp 261.310, Min. Ruy Rosado de Aguiar, j. 3.10.00, DJU 27.11.00).

Afastando a responsabilidade "do cônjuge do proprietário do veículo, visto que não se pode a ele atribuir o dever de guarda do automóvel": STJ-3ª T., REsp 1.591.178, Min. Ricardo Cueva, j. 25.4.17, DJ 2.5.17.

V. tb. nota 1 (Súmulas 492 do STF e 132 do STJ).

Art. 927: 4b. "Não é possível reconhecer a existência de culpa concorrente da vítima pelo simples fato de que esta dirigia com a **carteira de habilitação** vencida. Muito embora tal fato seja, por si, um ilícito, não há como presumir a participação culposa da vítima no evento apenas com base em tal assertiva" (STJ-RDPr 30/334: 3ª T., REsp 604.758, maioria). Em sentido semelhante, para caso de ausência de habilitação: STJ-4ª T., REsp 896.176, Min. Isabel Gallotti, j. 13.12.11, DJ 1.2.12; RJM 188/112 (AP 1.0431.07.035125-6/001).

Art. 927: 4c. "Não tem direito à indenização por danos sofridos em acidente de trânsito o passageiro maior, capaz e habilitado que se expõe conscientemente ao risco de trafegar em **veículo conduzido por menor,** obviamente não habilitado" (STJ-3ª T., REsp 753.906, Min. Gomes de Barros, j. 14.8.07, DJU 27.8.07).

Art. 927: 4d. "Em se tratando de cruzamento com rotatória (ou 'balão'), a preferência é do veículo que por ela estiver circulando (art. 29, III, *b*, do Código de Trânsito Brasileiro). **Age com culpa o motorista** que, sem tomar as devidas cautelas, ingressa em rotatória sem atentar para o direito de preferência, vindo a interceptar a trajetória de veículo que por ela trafegava, ofertando-se à colisão em sua lateral esquerda" (RT 869/276).

"Num cruzamento não sinalizado, em princípio, a preferência é do veículo que vem da direita, consoante determina o art. 29, III, *c*, do CTB. Contudo, se as vias têm fluxos de trânsito muito distintos, como ocorre entre ruas e avenidas, a regra de experiência determina que o veículo que trafega pela rua dê preferência ao veículo que trafega pela avenida, independentemente da sinalização. Se o condutor de um ônibus, cruzando uma avenida a partir de uma rua, para seu veículo a fim de observar o fluxo na avenida, duas consequências podem ser extraídas: primeiro, a de que ele reconheceu uma regra costumeira no sentido de dar a preferência, independentemente da sinalização; segundo, que transmitiu, à motocicleta que trafegava pela avenida, a justa expectativa de que permaneceria parado, agravando, com isso, por sua conduta, o risco de acidente. A regra geral do art. 29, § 2º, do CTB é expressa em determinar a responsabilidade dos veículos maiores pela segurança dos veículos menores no trânsito, o que incrementa o dever de cuidado dos motoristas de veículos pesados" (STJ-3ª T., REsp 1.069.446, Min. Nancy Andrighi, j. 20.10.11, DJ 3.11.11).

"Culpado, em linha de princípio, é o motorista que colide por trás, invertendo-se, em razão disso, o *onus probandi*, cabendo a ele a prova de desoneração de sua culpa" (STJ-4ª T., REsp 198.196, Min. Sálvio de Figueiredo, j. 18.2.99, DJU 12.4.99). No mesmo sentido: STJ-3ª T., REsp 535.627-AgRg, Min. Ari Pargendler, j. 27.5.08, DJ 5.8.08; JTJ 320/395 (AP 1.116.110-0/3).

"Acidente de veículo. Mudança de faixa. Obrigação do motorista em observar o fluxo a fim de não interceptar a correta trajetória dos demais veículos que transitam na mesma via e sentido. Culpa do requerido comprovada nos autos" (JTJ 331/409: AP 955.240-0/1). Do voto da relatora: "Para a mudança de faixa não basta a sinalização. O motorista deve aguardar o momento oportuno, a fim de não interceptar a trajetória daquele que está atrás e transitando em sua correta mão de direção e preferência de tráfego. Assim dispõe o art. 38 do Código de Trânsito brasileiro".

"É iniludível que a conversão à esquerda é manobra que deve ser precedida de toda atenção e cautela. Para que a intente, deve o motorista ter certeza de que a pista, que cruzará, está livre de trânsito ou pelo menos, com circulação livre para o seu cruzamento. Qualquer risco assumido, ante a aproximação de outro veículo, demonstra imprudência, caracterizadora da culpa. Além disso, a livre circulação, concedida aos carros de incêndio, de polícia e ambulâncias, quando em serviço de urgência, não quer significar liberdade de transformar as ruas em pistas de corrida, sem nenhum respeito à sua própria finalidade" (JTJ 334/582: AP 986.126-0/7).

"O motorista do veículo simplesmente arremessado contra outro não tem sua conduta inserida na relação causal e por isso não responde pelos danos causados, devendo a ação indenizatória ser dirigida diretamente contra quem, culposamente, causou o primeiro abalroamento. Diferente é a situação do motorista que, em estado de necessidade, para se salvar de perigo posto por outrem, vem a causar o choque com terceiro. Nesse caso, ele responde, com direito de regresso contra o culpado" (STJ-4ª T., REsp 81.631, Min. Ruy Rosado, j. 5.3.96, DJU 17.6.96). "O proprietário do carro arremessado contra outro por culpa de terceiro não responde pelo dano causado no veículo atingido" (STJ-3ª T., REsp 50.385, Min. Ari Pargendler, j. 7.6.99, DJU 1.7.99). V. tb. art. 930, nota 1a.

"O motorista que permite a derrapagem e por causa disso perde o controle do carro está dirigindo sem o cuidado que era exigido nas circunstâncias, pouco importando as condições da pista, o traçado da estrada etc." (STJ-4ª T., REsp 236.458, Min. Ruy Rosado, j. 7.12.99, DJU 28.2.00; a citação é do voto do relator). No mesmo sentido: RJM 183/211 (AP 1.0024.05.705658-2/001).

"Age com culpa o condutor que, por verificado as condições climáticas desfavoráveis, não reduz a velocidade em leito asfáltico molhado, vindo a aquaplanar e a invadir a pista contrária e abalroar o veículo que trafega em sentido contrário, dada a previsibilidade do evento" (RT 876/299: TJMS, AP 2006.003458-0/0000-00).

"Age com culpa a condutora que avança sinal semafórico, provocando colisão de veículos" (JTJ 315/220: AP 908.370-0/3).

"Ação de indenização em razão de acidente de trânsito. A conduta do demandado de conduzir sua motocicleta em estado de embriaguez, contrária às normas jurídicas de trânsito, revela-se absolutamente idônea à produção do evento danoso em exame, consistente no atropelamento da vítima que se encontrava ou na calçada ou à margem, ao bordo da pista de rolamento, em local e horário de baixa luminosidade, após a realização de acentuada curva.

Em tal circunstância, o condutor tem, contra si, a presunção relativa de culpa, a ensejar a inversão do ônus probatório. Caberia, assim, ao transgressor da norma jurídica comprovar a sua tese de culpa exclusiva da vítima, incumbência em relação à qual não obteve êxito" (STJ-3ª T., REsp 1.749.954, Min. Marco Bellizze, j. 26.2.19, DJ 15.3.19).

"Indenização. Acidente de trânsito. Atropelamento. Rodovia. Marcha à ré pelo acostamento. Manobra de risco por conta exclusiva do condutor. Vítima em ponto de ônibus. Ausência de calçada. Responsabilidade do condutor do veículo. Ação procedente" (JTJ 323/472: AP 1.143.405-0/6).

"O poste de iluminação, corretamente instalado na via pública, constitui obstáculo imóvel, impossível, por si só, de causar acidente, de sorte que no caso de colisão contra o mesmo, causando-lhe danos, cabe àquele que o atingiu demonstrar o fato excludente de sua responsabilidade, o que, na espécie, não ocorreu" (STJ-4ª T., REsp 895.419, Min. Aldir Passarinho Jr., j. 3.8.10, DJ 27.8.10).

Todavia: "O indivíduo que estaciona seu veículo em local proibido não pode ser civilmente responsável por acidente causado por condutor que o abalroe, justamente porque sua conduta, punível embora na esfera administrativa, não terá sido imprudente, nem conota falta de perícia ou inobservância de regra técnica na condução de veículo automotor" (JTJ 305/164).

Código Civil

Art. 927: 4e. "Na hipótese de acidente de trânsito causado pelo condutor do 'cavalo mecânico', o **proprietário do veículo semirreboque** responde solidariamente pelos danos causados à vítima" (STJ-4ª T., Ag em REsp 545.104-AgInt, Min. Isabel Gallotti, j. 7.11.17, DJ 20.11.17). No mesmo sentido: STJ-3ª T., Ag em REsp 893.770-EDcl-AgInt, Min. Marco Bellizze, j. 16.2.17, DJ 1.3.17.

Art. 927: 4f. "Tratando-se o **arrendamento mercantil** de contrato peculiar, de natureza mista, em que se mesclam a locação com a compra e venda do bem financiado, pertence à arrendatária, que detém a posse direta do bem, a legitimidade passiva para a ação regressiva movida pela seguradora, objetivando o ressarcimento do valor que pagou aos beneficiários do DPVAT por acidente causado pelo veículo objeto de arrendamento" (STJ-4ª T., REsp 436.201, Min. Aldir Passarinho Jr., j. 13.11.07, DJU 5.5.08). Ainda: "A empresa de arrendamento mercantil é, objetivamente, parte ilegítima para figurar no polo passivo da demanda causada pelo uso indevido do bem pelo arrendatário, porquanto o mesmo é o possuidor direto da coisa, descabendo à empresa arrendatária a fiscalização pela utilização irregular do bem" (STJ-1ª T., REsp 1.066.087, Min. Teori Zavascki, j. 21.8.08, DJ 10.9.08).

Art. 927: 4g. **Responsabilidade civil e cigarro.** "Imputação de ato ilícito desacolhida por haver, de parte da demandada, apenas o exercício regular de um direito reconhecido, seja na produção e comercialização de cigarros, seja na publicidade de suas marcas, à luz do art. 160, I, do CC/16 e 188, I, do novo CC. Circunstâncias que, diante do teor do art. 159 do CC anterior e dos arts. 186 e 927 do atual, descartam a possibilidade de culpa da demandada e o nexo de causalidade entre a conduta da mesma e o uso de cigarros pela autora" (RJTJERGS 255/168). No mesmo sentido: STJ-4ª T., REsp 1.113.804, Min. Luis Felipe, j. 27.4.10, DJ 24.6.10; STJ-3ª T., REsp 1.322.964, Min. Ricardo Cueva, j. 22.5.18, DJ 1.6.18; RT 863/355, JTJ 299/215, 303/224; RJTJERGS 277/323 (AP 70027823426). **Contra:** RF 389/370, JTJ 334/350 (AP 379.261-4/5-00, maioria).

Art. 927: 4h. "Aquele que, por livre e espontânea vontade, inicia-se no consumo de **bebidas alcoólicas**, propagando tal hábito durante certo período de tempo, não pode, doravante, pretender atribuir responsabilidade de sua conduta ao fabricante do produto, que exerce atividade lícita e regulamentada pelo Poder Público" (STJ-3ª T., REsp 1.261.943, Min. Massami Uyeda, j. 22.11.11, DJ 27.2.12).

Art. 927: 5. "Indenização por danos morais. **Perito judicial** que concluiu erroneamente pela paternidade do apelado. Preliminar de ilegitimidade passiva rejeitada. Imperícia configurada. Dano moral demonstrado" (RT 886/188: TJSP, AP 280.614-4/0-00).

Art. 927: 5a. O **cartório extrajudicial** de notas ou de registros tem legitimidade passiva para a ação de indenização movida por atos ilícitos causados em seus serviços (RSTJ 188/459: 4ª T.). No mesmo sentido: JTJ 176/121. Ponderando que a opção pelo ajuizamento da demanda diretamente contra o tabelião implica para o autor o ônus de "provar-lhe a culpa (*lato sensu*)": RP 124/261.

Mas: "Os tabelionatos são serventias judiciais e estão imbricados na máquina estatal, mesmo quando os servidores têm remuneração pelos rendimentos do próprio cartório e não dos cofres públicos. Embora seja o preposto estatal também legitimado para responder pelo dano, sendo diferentes as suas responsabilidades, a do Estado objetiva e a do preposto subjetiva, caminhou a jurisprudência por resolver em 1º lugar a relação jurídica mais facilmente comprovável, ressalvando-se a ação de regresso para apurar-se a responsabilidade subjetiva do preposto estatal" (STJ-RDPr 22/318: 2ª T.).

Falta de legitimidade do **sucessor do tabelião ou registrador** que causou o dano: "A responsabilidade civil por dano causado a particular por ato de oficial do Registro de Imóveis é pessoal, não podendo o seu sucessor, atual titular da serventia, responder pelo ato ilícito praticado pelo sucedido, antigo titular" (STJ-3ª T., REsp 443.467, Min. Castro Filho, j. 5.5.05, DJU 1.7.05). No mesmo sentido: "No caso de dano decorrente de má prestação de serviços notariais, somente o tabelião à época dos fatos e o Estado possuem legitimidade passiva" (STJ-4ª T., REsp 545.613, Min. Cesar Rocha, j. 8.5.07, maioria, DJ 29.6.07). Ainda no mesmo sentido: JTJ 336/290 (AP 7.203.925-5).

S/ responsabilidade civil do Estado e ato praticado por notário ou oficial de registro, v. LRP 28, nota 2a.

Art. 927: 5b. "Os **membros do Ministério Público** podem, em tese, responder civilmente por seus atos que extrapolem as atribuições legais do cargo. A responsabilidade, nestes casos, deve ser examinada após a instrução processual, em que se apurará a existência de má-fé ou abuso de direito na conduta do réu" (STJ-3ª T., REsp 759.272, Min. Gomes de Barros, j. 18.8.05, DJ 19.6.06).

"O representante do *parquet* que extrapola os limites de sua atuação profissional, promovendo a divulgação televisiva dos fatos e circunstâncias que envolveram as pessoas em processo que tramita em segredo de justiça, possui legitimidade para estar no polo passivo da respectiva ação de responsabilidade por danos morais (art. 26, § 2º, da Lei n. 8.625, de 12.2.1993; e art. 201, § 4º, da Lei n. 8.069/90)" (STJ-4ª T., REsp 1.162.598, Min. João Otávio, j. 2.8.11, DJ 8.8.11).

"Ofensas de membro do Ministério Público (promotor de justiça) dirigidas a membro do Poder Judiciário (desembargador). Ato doloso. Responsabilidade pessoal do órgão do Ministério Público. Legitimidade passiva. Ocorrência de ato ilícito. Dano moral. As ofensas dissociadas do contexto do debate da causa — a exemplo de excessos cometidos contra a honra de quaisquer das pessoas envolvidas no processo — são passíveis de punição na esfera cível. Mesmo eventuais críticas devem observar que o direito à liberdade de expressão não permite a prática de atos irresponsáveis, que podem implicar em mácula de difícil reparação à imagem daquele a quem são dirigidas" (STJ-3ª T., REsp 1.435.582, Min. Nancy Andrighi, j. 10.6.14, DJ 11.9.14).

V. tb., no CPCLPV, CPC 181 e notas.

S/ responsabilidade do **juiz**, v. CPC 143. S/ responsabilidade do Estado por atos do juiz, v. art. 43, nota 3.

Art. 927: 5c. **Responsabilidade civil do advogado.** "Malgrado o debate em torno da doutrina da **'perda de uma chance'**, de forte influência francesa, é devida a indenização em valor exatamente proporcional ao proveito econômico baldado, em ação anterior, pela incúria do advogado. Mormente no caso dos autos em que o direito vindicado, desde a época do ajuizamento da pretensão, já encontrava manifesta procedência jurisprudencial" (RDDP 43/141: TJDFT, AP 2004.01.1.090484-7). "Responsabilidade civil do advogado, diante de conduta omissiva e culposa, pela impetração de mandado de segurança fora do prazo e sem instruí-lo com os documentos necessários, frustrando a possibilidade da cliente, aprovada em concurso público, de ser nomeada ao cargo pretendido. Aplicação da teoria da 'perda de uma chance'. Valor da indenização por danos morais decorrentes da perda de uma chance que atende aos princípios da razoabilidade e da proporcionalidade, tendo em vista os objetivos da reparação civil" (STJ-4ª T., REsp 1.321.606-EDcl, Min. Antonio Ferreira, j. 23.4.13, RSDCPC 85/52). **Todavia,** julgando improcedente a demanda indenizatória ajuizada pelo cliente, malgrado o deslize do advogado na interposição do recurso quando já esgotado o prazo para tanto: "Reconhecida a falha na prestação do serviço pelos causídicos, não se pode deixar de considerar que a pretensão indenizatória formulada com base na perda de uma chance exige que se analise a efetiva probabilidade de sucesso do recurso considerado intempestivo. No caso dos autos, como já explicitado, não se exige a prova da certeza do dano, mas a prova da certeza da chance perdida, ou seja, a certeza da probabilidade. O recurso especial cuja inadmissão vedou o acesso da ora recorrente à obtenção de futura reforma do acórdão que afastou o direito ao benefício previdenciário, como afirma o acórdão recorrido e a sentença, em dupla conformidade, estava fadado ao não conhecimento" (STJ-3ª T., REsp 1.758.767, Min. Paulo Sanseverino, j. 9.10.18, DJ 15.10.18). No mesmo sentido: STJ-4ª T., Ag em REsp 878.524-AgInt, Min. Antonio Ferreira, j. 16.5.19, DJ 23.5.19. S/ perda de uma chance, v. tb. notas 3a, 3c e 8b, arts. 402, nota 7, e 951, notas 1c e 7a, e CDC 14, notas 2, *in fine*, 3a, e 7a.

O advogado está obrigado a **interpor os recursos ordinários** cabíveis contra a decisão prejudicial ao seu cliente. "Assim, estando convencido da falta de direito do constituinte, pode aconselhá-lo a desistir da demanda e a deixar de interpor o recurso cabível. Todavia não pode, por si só, desistir ou permanecer inerte sem seu devido consentimento, sob pena de sacrificar o direito da parte. Obviamente, caso não acatada pelo cliente a orientação, a quem cumpre decisão final sobre eventual desistência, resta ao advogado renunciar ao mandato ou proceder conforme determinado pelo mandante. Ou seja, é imprescindível a anuência prévia da parte, ciente das respectivas consequências, quanto aos atos ordinários que importem perda de seu direito. O mesmo não ocorre com o recurso extraordinário, ou especial, que tem caráter eminentemente técnico e de cabimento restrito, devendo o advogado, ao manifestá-lo, justificar a sua idoneidade" (RSTJ 181/330: 4ª T., REsp 596.613; a citação é do voto do relator). No mesmo sentido: Bol. AASP 2.574. Também afirmando o dever de recorrer da sentença desfavorável: RDDP 51/139, JTJ 374/309 (AP 9159703-67.2007.8.26.0000). **Todavia:** "Nada obstante considere-se culposa a omissão perpetrada pelos apelados, porquanto cientes da chance de sucesso do recurso cabível contra a decisão desfavorável à sua cliente, não há como aferir — sob pena de incorrer em temeroso e reprovável exercício de adivinhação — a ocorrência de danos materiais efetivos, verba à qual se restringiu o pedido indenizatório" (RT 860/374). Em sentido semelhante: "Contratação para ajuizamento de reclamação trabalhista. Falta de comunicação sobre a redesignação de audiência de instrução e julgamento. Aplicação da pena de confissão ficta quanto à matéria fática. Julgamento desfavorável. Ausência de demonstração de nexo causal entre o comportamento negligente das advogadas e o fracasso da demanda trabalhista. Incidência da teoria da causalidade adequada. Indenização indevida. Falta de interposição de recurso contra a sentença desfavorável. Necessidade de demonstração de que o recurso não interposto teria razoável probabilidade de êxito" (RJ-Lex 61/272 e RMDCPC 52/151: TJSP, AP 9081989-60.2009.8.26.0000). Ainda: "Ação de indenização. Dano material e moral. Responsabilidade civil de advogado. Teoria da perda de uma chance. Inaplicabilidade. Ausência de probabilidade de sucesso em apelação não interposta. Acórdão recorrido mantido" (STJ-4ª T., Ag em REsp 1.333.056-AgInt, Min. Raul Araújo, j. 17.12.19, DJ 3.2.20).

O advogado que deixa de se pronunciar sobre **laudo** de liquidação confeccionado com **erro grosseiro** pelo perito responde sozinho pelos danos daí decorrentes ao seu cliente, sem dividir tal responsabilidade com o perito nem com o juiz (STJ-3ª T., REsp 402.182, Min. Gomes de Barros, j. 18.5.06, DJU 12.6.06). No caso, determinou-se que o advogado pagasse ao cliente tudo o que ele deixou de ganhar no anterior processo, em razão daquele erro grosseiro não impugnado.

O advogado que, após determinação do juiz, **não emenda a inicial** e posterga o ajuizamento de outra demanda, deixando advir a **prescrição** da pretensão de seu cliente, deve indenizá-lo (RMDCPC 17/129). No mesmo sentido: RT 891/354 (TJMS, AP 2009.024081-4/0000-00).

"O advogado contratado para aforar ação judicial que se mostra negligente ou quebra o dever de prudência ao quedar-se **inerte** por longo período, mesmo de posse de mandato e documentos necessários ao **ajuizamento da *actio***, causa aos clientes dano moral indenizável, sobretudo na hipótese em que ele, em flagrante contradição, informa aos clientes já haver ajuizado a ação, quando sequer protocolara a petição inicial" (RDDP 53/131).

"O advogado que utiliza **linguagem excessiva e desnecessária**, fora de limites razoáveis da discussão da causa e da defesa de direitos, continua responsável penalmente. Seria odiosa qualquer interpretação da legislação vigente conducente à conclusão absurda de que o novo Estatuto da OAB teria instituído, em favor da nobre classe dos advogados, imunidade penal ampla e absoluta, nos crimes contra a honra e até no desacato, imunidade essa não conferida ao cidadão brasileiro, às partes litigantes, nem mesmo aos juízes e promotores. O nobre exercício da advocacia não se confunde com um ato de guerra em que todas as armas, por mais desleais que sejam, possam ser utilizadas" (RSTJ 69/129).

Assim: "A imunidade conferida ao advogado no exercício da sua bela e árdua profissão não constitui um *bill of indemnity*" (STJ-RF 358/237).

"A imunidade profissional, garantida ao advogado pelo Estatuto da Advocacia, não é de caráter absoluto, não tolerando os excessos cometidos pelo profissional em afronta à honra de quaisquer das pessoas envolvidas no processo, seja o Juiz, a parte, o membro do Ministério Público, o serventuário ou o advogado da parte contrária" (STJ-3ª T., REsp 1.022.103, Min. Nancy Andrighi, j. 17.4.08, DJU 16.5.08; no caso, o advogado foi condenado a indenizar danos morais causados ao juiz por alegações desonrosas feitas em juízo). No mesmo sentido: STJ-4ª T., REsp 988.380, Min. Luis Felipe, j. 20.11.08, DJ 15.12.08.

"O advogado que, atuando de forma livre e independente, lesa terceiros no exercício de sua profissão responde diretamente pelos danos causados, não havendo que se falar em solidariedade de seus clientes, salvo prova expressa da *culpa in eligendo* ou do assentimento a suas manifestações escritas, o que não ocorreu na hipótese" (STJ-3ª T., REsp 932.334, Min. Nancy Andrighi, j. 18.11.08, DJ 4.8.09). "Incumbe ao advogado, e não à parte que lhe outorgou mandato, responder por supostos danos morais acarretados à parte contrária por eventuais excessos de linguagem" (RDDP 57/119). No mesmo sentido: STJ-4ª T., REsp 983.430, Min. Fernando Gonçalves, j. 1.12.09, dois votos vencidos, DJ 8.3.10; RT 902/240 (TJSP, AP 992.05.140761-1).

"O advogado, assim como qualquer outro profissional, é responsável pelos danos que causar no exercício de sua profissão. Caso contrário, jamais seria ele punido por seus excessos, ficando a responsabilidade sempre para a parte que representa, o que não tem respaldo em nosso ordenamento jurídico, inclusive no próprio Estatuto da Ordem" (STJ-4ª T., REsp 163.221, Min. Sálvio de Figueiredo, j. 28.6.01, DJU 5.8.02).

Todavia: "Não constituem ato ilícito as expressões ofensivas utilizadas em juízo pela parte ou por seu procurador, desde que sejam compatíveis com os fatos discutidos no processo e não tenham sido escritas ou pronunciadas com a intenção de ofender" (RT 781/355: TJPR, AP 84.551-2). No mesmo sentido: JTJ 315/180 (AP 466.643-4/8-00).

"Se as alegações imputadas de caluniosas estiverem no contexto da defesa dos interesses e direitos do constituinte em juízo, havendo boa-fé, evidencia-se a ausência de dolo, razão pela qual não há crime, tampouco responsabilidade civil por danos morais. Na espécie, constata-se que inexistiu imputação direta de crime ao juiz. As afirmações surgiram no encadeamento de ideias da peça recursal, com o claro intuito de reforçar a alegação de que o juiz vinha desrespeitando decisão do tribunal, fato esse que, se confirmado, implicaria inclusive no provimento do recurso. Tratou-se, se tanto, de forma impolida de expressão, mas que constitui excesso admissível no cotidiano forense" (STJ-3ª T., REsp 854.452, Min. Gomes de Barros, j. 26.6.08, um voto vencido, DJ 22.8.08).

"Críticas à atividade desenvolvida pelo homem público, *in casu*, o magistrado, são decorrência natural da atividade por ele desenvolvida e não ensejam indenização por danos morais quando baseadas em fatos reais, aferíveis concretamente. Respaldado nas disposições do § 2º do art. 7º da Lei n. 8.906/94, pode o advogado manifestar-se, quando no exercício profissional, sobre decisões judiciais, mesmo que seja para criticá-las. O que não se permite, até porque nenhum proveito advém para as partes representadas pelo advogado, é crítica pessoal ao Juiz" (STJ-3ª T., REsp 531.335, Min. João Otávio, j. 2.9.08, dois votos vencidos, DJ 19.12.08).

"Quando o advogado não excede os limites do mandato, o cliente (mandante) pode responder pelos atos do mandatário, figurando no polo passivo da ação de reparação de danos morais, sendo-lhe, todavia, resguardado o direito de regresso" (RT 781/355: TJPR, AP 84.551-2).

Art. 927: 5d. "Descabe ação do terceiro prejudicado ajuizada direta e exclusivamente em face da **seguradora** do apontado causador do dano. No seguro de responsabilidade civil facultativo a obrigação da seguradora de ressarcir danos sofridos por terceiros pressupõe a responsabilidade civil do segurado, a qual, de regra, não poderá ser reconhecida em demanda na qual este não interveio, sob pena de vulneração do devido processo legal e da ampla defesa" (STJ-2ª Seção, REsp 962.230, Min. Luis Felipe, j. 8.2.12, DJ 20.4.12).

"Impõe-se demandar quem se apresenta como responsável direto para suportar possível condenação, cabendo a este, se for o caso, denunciar da lide aquele que, por contrato, se obrigou a indenizar os prejuízos advindos de eventual sucumbência (art. 70, III, CPC)" (STJ-RT 693/264: 4ª T.).

Contra: "Pode a vítima em acidente de veículos propor ação de indenização diretamente, também, contra a seguradora, sendo irrelevante que o contrato envolva, apenas, o segurado, causador do acidente, que se nega a usar a cobertura do seguro" (STJ-RJTAMG 81/402: 3ª T.). No mesmo sentido: RSTJ 168/377 e RDPr 16/340 (4ª T.), JTJ 318/156 (AP 1.009.622-0/6).

"A interpretação do contrato de seguro dentro de uma perspectiva social autoriza e recomenda que a indenização prevista para reparar os danos causados pelo segurado a terceiro seja por este diretamente reclamada da seguradora. Não obstante o contrato de seguro ter sido celebrado apenas entre o segurado e a seguradora, dele não fazendo parte o recorrido, ele contém uma estipulação em favor de terceiro. E é em favor desse terceiro — na hipótese, o recorrido — que a importância segurada será paga. Daí a possibilidade de ele requerer diretamente da seguradora o referido pagamento. O fato de o segurado não integrar o polo passivo da ação não retira da seguradora a possibilidade de demonstrar a inexistência do dever de indenizar" (STJ-3ª T., REsp 1.245.618, Min. Nancy Andrighi, j. 22.11.11, DJ 30.11.11).

Art. 927: 6. A **seguradora** que se limita a resistir à pretensão do segurado, no caso, com apoio na inadimplência deste, não pode ser responsabilizada pela consequente demora no pagamento do valor do seguro, atrelada ao legítimo **exercício do direito de demandar,** que, assim, não pode ser apontada como causa da falência do segurado (STJ-4ª T., REsp 660.904, Min. Fernando Gonçalves, j. 4.3.08, DJ 15.9.08).

Todavia: "O atraso indevido no pagamento da indenização securitária consiste em ato ilícito, que impõe reparação própria e de natureza extracontratual, ou seja, com amparo nas normas relativas à responsabilidade civil" (STJ-RMDECC 23/113: 4ª T., REsp 631.198).

Art. 927: 6a. "Inexistindo expressa previsão estatutária, não é a **entidade sociorrecreativa**, assim como por igual acontece nos condomínios, responsável pelo furto de veículos ocorrido em suas dependências, dada a natureza comunitária entre os filiados, sem caráter lucrativo" (STJ-3ª T., REsp 310.953, Min. Aldir Passarinho Jr., j. 10.4.07, DJU 7.5.07). V. tb. art. 1.334, nota 1a.

Todavia: "Responsabilidade civil. Associação de classe. Clube recretativo. Piscina aparentemente semiolímpica. Diferentes níveis de profundidade. Ausência de informações e pessoal para garantir a segurança dos usuários. Acidente. Tetraplegia. Negligência" (STJ-3ª T., REsp 1.226.974, Min. João Otávio, j. 12.8.14, DJ 30.9.14). No caso, afirmou-se a culpa concorrente da vítima (v. art. 945, nota 2).

"Ação de indenização por danos materiais e morais. Falecimento de menor impúbere vítima de afogamento em piscina de clube associativo. Culpa *in vigilando*. A partir do momento em que a associação recreativa permitiu que os pais deixassem os filhos menores impúberes na portaria do clube para frequentar as aulas na escolinha de futebol — o que inclusive se tornou corriqueiro —, aceitou a incumbência de guarda sobre eles, surgindo, em contrapartida, para ela o dever de zelar por sua incolumidade física ou demonstrar que, se não o fez, foi por algum motivo que escapou ao seu controle, a fim de tornar evidente que não incorreu em falta de vigilância ou não agiu com culpa" (STJ-3ª T., REsp 1.346.320, Min. Marco Bellizze, j. 16.8.16, DJ 5.9.16). No caso, afastou-se a culpa concorrente da vítima (v. art. 945, nota 3).

Art. 927: 6b. "Só se pode responsabilizar ***shopping center*** e estabelecimentos assemelhados por **furto** de bolsas, carteiras e outros objetos de guarda pessoal, se comprovada culpa do estabelecimento" (STJ-3ª T., REsp 772.818, Min. Castro Filho, j. 23.8.07, um voto vencido, DJU 1.10.07).

Isentando o *shopping center* de qualquer responsabilidade por **homicídio** ocorrido em sala de cinema nas suas dependências: STJ-4ª T., REsp 1.164.889, Min. Honildo Castro, j. 4.5.10, DJ 19.11.10; RT 906/820 (TJSP, AP 994.06.123661-0). "A culpa de terceiro, que realiza disparos de arma de fogo contra o público no interior de sala de cinema, rompe o nexo causal entre o dano e a conduta do *shopping center* no interior do qual ocorrido o crime, haja vista configurar hipótese de caso fortuito, imprevisível, inevitável e autônomo, sem origem ou relação com o comportamento deste último. Não se revela razoável exigir das equipes de segurança de um cinema ou de uma administradora de *shopping centers* que previssem, evitassem ou estivessem antecipadamente preparadas para conter os danos resultantes de uma investida homicida promovida por terceiro usuário, mesmo porque tais medidas não estão compreendidas entre os deveres e cuidados ordinariamente exigidos de estabelecimentos comerciais de tais espécies" (STJ-3ª T., REsp 1.384.630, Min. Ricardo Cueva, j. 20.2.14, maioria, RT 948/389).

"Tratando-se de **postos de combustíveis**, a ocorrência de **delito (roubo)** a clientes de tal estabelecimento não traduz, em regra, evento inserido no âmbito da prestação específica do comerciante, cuidando-se de caso fortuito externo, ensejando-se, por conseguinte, a exclusão de sua responsabilidade pelo lamentável incidente" (STJ-3ª T., REsp 1.243.970, Min. Massami Uyeda, j. 24.4.12, RT 923/779).

Todavia: "Quando a atividade da empresa exige segurança, e este é o caso daquela que explora o **bingo,** o roubo de pertences do cliente não constitui força maior para o efeito de excluir a responsabilidade civil; a natureza do negócio exige medidas preventivas" (STJ-3ª T., AI 1.027.203-AgRg, Min. Ari Pargendler, j. 12.8.08, DJ 26.9.08).

"Ação de indenização por danos morais e estéticos. Assalto nas dependências de *shopping center*. Vítima atingida por projétil de arma de fogo. Força maior. Inexistência. É dever de estabelecimentos como *shopping centers* zelar pela segurança de seu ambiente, de modo que não há falar em força maior para eximi-los da responsabilidade civil decorrente de roubos violentos" (STJ-4ª T., Ag em REsp 1.027.025-AgInt, Min. Raul Araújo, j. 18.6.19, DJ 28.6.19).

Afirmando a responsabilidade de **supermercado** pela morte de consumidora acontecida durante assalto nas suas dependências: "Ao contrário de outros contratos, como o de transporte, o roubo ocorrido no interior das dependências de grande loja de eletrodomésticos constitui o que a melhor doutrina denomina de fortuito interno. Na lição clássica de Agostinho Alvim, é o fortuito interno ligado à própria atividade geradora do dano, ou à pessoa do devedor e, por isso, leva à responsabilidade do causador do evento. Somente o fortuito externo, ou força maior, é que exoneraria o devedor, mas exigiria fato externo, que não se liga à pessoa ou empresa por nenhum laço de conexidade (Da Inexecução das Obrigações e suas Consequências, Saraiva, 1949, p. 291)" (JTJ 333/375: AP 424.258-4/3; a citação é do voto do relator, Des. Francisco Loureiro).

V. tb. CDC 14, nota 3b.

Art. 927: 6c. "A empresa que explora o serviço de **estacionamento** de veículos é responsável pela eficiente guarda e conservação dos mesmos, devendo, por isso, empreender todos os esforços necessários a tanto, dotando o local de sistema de vigilância adequado ao mister que se propõe realizar, desservindo como excludente, a título de força maior, haver sofrido roubo, fato absolutamente previsível em atividade dessa natureza, mormente dado o elevado valor dos bens que lhe são confiados, altamente visados por marginais, por servirem, inclusive, como instrumento à prática de outros crimes" (STJ-4ª T., REsp 131.662, Min. Aldir Passarinho Jr., j. 17.8.00, DJU 16.10.00).

"Tanto a instituição bancária locadora da área como a empresa administradora do estacionamento são responsáveis pela segurança das pessoas e veículos que dele fazem uso. A exploração comercial de estacionamento, que tem por escopo oferecer espaço e segurança aos usuários, afasta a alegação de força maior em caso de roubo havido dentro de suas instalações" (STJ-4ª T., REsp 503.208, Min. Aldir Passarinho Jr., j. 26.5.08, DJU 23.6.08). No mesmo sentido: JTJ 315/168 (AP 469.576.4/3), 330/567 (AP 573.661-4/5), 343/306 (AP 7.062.548-8), 347/298 (AP 991.07.024761-4).

"A instituição bancária responde objetivamente pelos furtos, roubos e latrocínios ocorridos nas dependências de estacionamento que oferecera aos veículos de seus clientes. Não há falar em caso fortuito nessas hipóteses como excludente da responsabilidade civil, porquanto o proveito financeiro indireto obtido pela instituição atrai-lhe o ônus de proteger o consumidor" (STJ-3ª T., REsp 1.045.775, Min. Massami Uyeda, j. 23.4.09, DJ 4.8.09).

"É responsável a instituição bancária pelo serviço prestado de maneira defeituosa, eis que não se incumbiu de zelar e tomar as providências necessárias à segurança do serviço colocado no mercado de consumo, deixando que o usuário fosse assaltado por agente que aguardava na saída de seu estacionamento, roubando-lhe quantia considerável de dinheiro" (RT 869/332, maioria).

"Indenização. Roubo em estacionamento de supermercado. Obrigação de vigilância. Responsabilidade pela guarda. Dever de indenizar configurado" (RT 868/229). No mesmo sentido: STJ-3ª T., REsp 582.047, Min. Massami Uyeda, j. 17.2.09, DJ 4.8.09.

O estabelecimento comercial responde pelo sequestro acontecido nas dependências do estacionamento disponibilizado a seus clientes (STJ-3ª T., REsp 1.772.480-EDcl-AgInt, Min. Marco Bellizze, j. 1.7.19, DJ 6.8.19; RT 834/327, maioria; 911/727: TJSP, AP 9131941-76.2007.8.26.0000; RJM 178/142). Assim: "'Sequestro-relâmpago' ocorrido no interior de estacionamento de supermercado. Consumidor que tem a legítima expectativa, fomentada pelo fornecedor, de segurança enquanto frui dos serviços do estabelecimento. Estacionamento integrado ao edifício do supermercado e, em última análise, nada mais é do que uma extensão do estabelecimento, pouco importando se é gratuito ou pago. Comodidade posta à disposição dos clientes como atrativo e fator determinante para consumidores frequentarem o supermercado. Dever de segurança. Fato previsível e evitável. Ocorrência de fortuito interno, decorrente do próprio risco do negócio" (RT 905/262: TJSP, AP 990.10.111310-4).

"Ação indenizatória. Responsabilidade civil por roubo ocorrido no estacionamento externo de farmácia. Fortuito interno. O fornecimento de vigilância no local causa expectativa de segurança ao consumidor. Serviço que funciona como atrativo de clientes" (STJ-4ª T., Ag em REsp 1.317.166-AgInt, Min. Raul Araújo, j. 7.2.19, DJ 19.2.19).

"Roubo de relógio, mediante assalto a mão armada, em estacionamento de clube. A ocorrência de roubo não constitui causa excludente de responsabilidade civil nos casos em que a garantia de segurança física e patrimonial do consumidor é inerente ao serviço prestado pelo estabelecimento comercial. Reconhecimento da ocorrência de danos materiais e morais" (STJ-3ª T., REsp 1.687.632-AgInt, Min. Paulo Sanseverino, j. 24.4.18, DJ 30.4.18).

"Assalto à mão armada em ***drive-thru*** de estabelecimento comercial. Fortuito interno. Fato do serviço. Relação de consumo. Obrigação de indenizar. Assim como ocorre nos assaltos em estacionamentos, a rede de restaurantes, ao disponibilizar o serviço de *drive-thru* em troca dos benefícios financeiros indiretos decorrentes desse acréscimo de conforto aos consumidores, assumiu o dever implícito de lealdade e segurança em qualquer relação contratual, como incidência concreta do princípio da confiança (inteligência da Súm. 130 do STJ). Ao estender a sua atividade para a modalidade *drive-thru*, a lanchonete buscou, no espectro da atividade econômica, aumentar os seus ganhos e proventos, pois, por meio do novo serviço, ampliou o acesso aos seus produtos e serviços, facilitou a compra e venda, aumentou as suas receitas, perfazendo um diferencial competitivo para atrair e fidelizar ainda mais a sua clientela. Por conseguinte, chamou para si o ônus de fornecer a segurança legitimamente esperada em razão dessa nova atividade" (STJ-4ª T., REsp 1.450.434, Min. Luis Felipe, j. 18.9.18, DJ 9.11.18).

Todavia: "A prática do crime de roubo, com emprego inclusive de arma de fogo, de cliente de lanchonete *fast-food*, ocorrido no estacionamento externo e gratuito por ela oferecido, constitui verdadeira hipótese de caso fortuito (ou motivo de força maior) que afasta do estabelecimento comercial proprietário da mencionada área o dever de indenizar (art. 393 do Código Civil)" (STJ-3ª T., REsp 1.431.606, Min. Ricardo Cueva, j. 15.8.17, maioria, DJ 13.10.17). Esse acórdão foi confirmado nos subsequentes embargos de divergência (STJ-2ª Seção, ED no REsp 1.431.606, Min. Isabel Gallotti, j. 27.3.19, DJ 2.5.19).

"Restando inequívoco o fato de que o autor se utilizou do estacionamento público externo ao centro comercial, não há que se falar em responsabilidade deste pelo furto de veículo, sob pena de se responsabilizar todo aquele que possua estabelecimento próximo a estacionamento público, ainda que sem qualquer ingerência em sua administração ou responsabilidade legal por sua segurança" (STJ-4ª T., REsp 883.452, Min. Aldir Passarinho Jr., j. 1.12.09, DJ 18.12.09). No mesmo sentido: STJ-3ª T., REsp 1.642.397, Min. Ricardo Cueva, j. 20.3.18, DJ 23.3.18.

"Caso do estacionamento de veículo particular e autônomo — absolutamente independente e desvinculado do banco — a quem não se pode imputar a responsabilidade pela segurança individual do cliente, tampouco pela proteção de numerário anteriormente sacado na agência e dos pertences que carregava consigo, elementos não compreendidos no contrato firmado entre as partes, que abrange exclusivamente o depósito do automóvel. Não se trata, aqui, de resguardar os interesses da parte hipossuficiente da relação de consumo, mas de assegurar ao consumidor apenas aquilo que ele legitimamente poderia esperar do serviço contratado, no caso, a guarda do veículo. O roubo à mão armada exclui a responsabilidade de quem explora o serviço de estacionamento de veículos" (STJ-3ª T., REsp 1.232.795, Min. Nancy Andrighi, j. 2.4.13, DJ 10.4.13).

"Responsabilidade civil. Danos materiais e morais. Assalto seguido de sequestro-relâmpago em estacionamento. Vítima abordada após se utilizar de caixa eletrônico. Estacionamento que não se qualifica como atrativo de clientela. Ausência de falha no serviço. Nos casos em que o estacionamento representa mera comodidade, sendo área aberta, gratuita e de livre acesso a todos, a instituição financeira não pode ser responsabilizada por crimes tais como roubos e sequestros, por relacionarem-se a fato de terceiro, excludente da responsabilidade (fortuito externo)" (STJ-4ª T., REsp 1.487.050, Min. Luis Felipe, j. 5.11.19, DJ 4.2.20).

V. tb. nota 1 (Súmula 130 do STJ) e CDC 14, notas 8 e 9b.

Art. 927: 6d. "A segurança é prestação essencial à atividade bancária. Não configura caso fortuito ou força maior, para efeito de isenção de responsabilidade civil, a ação de terceiro que **furta,** do interior do próprio **banco,** talonário de cheques e cartão de garantia emitidos em favor de cliente do estabelecimento" (STJ-4ª T., REsp 126.819, Min. Aldir Passarinho Jr., j. 15.6.00, DJU 21.8.00). No mesmo sentido: JTJ 315/193 (AP 7.113.272-0).

V. tb. CDC 14, nota 9.

"Esta Corte tem entendimento firme no sentido da responsabilidade do banco por **roubo** ocorrido no interior de agência bancária, por ser a instituição financeira obrigada por lei (Lei n. 7.102/83) a tomar todas as cautelas necessárias a assegurar a incolumidade dos cidadãos, não podendo alegar força maior, por ser o roubo fato previsível na atividade bancária" (STJ-4ª T., REsp 227.364, Min. Sálvio de Figueiredo, j. 24.4.01, DJU 11.6.01).

"Ação movida por cliente que foi alvo de roubo ao sair da agência bancária, onde possuía conta corrente, buscando o ressarcimento de quantia sacada no interior da agência. Aos consumidores que saquem quaisquer valores nos caixas de bancos, deve ser destinado um mínimo espaço reservado para que tenham absoluta certeza de que outrem não esteja visualizando os procedimentos de recebimento dos valores e sua conferência. Responsabilidade do banco que deve zelar pela segurança dos destinatários de seus serviços, principalmente quando efetuem operações que envolvam a retirada de valores elevados. Manutenção da sentença de procedência" (RT 878/284 e RMDCPC 26/123: TJRJ, AP 2008.001.08511).

"Ação de indenização por danos materiais, morais e estéticos promovida por transeunte em face de instituição financeira e de empresa de segurança, atingido por projétil disparado com arma de fogo, no momento em que ocorreu tentativa de roubo de malotes de dinheiro retirados em frente à agência bancária, na consecução de operação típica. Caso a atividade bancária venha a ser desenvolvida fora dos limites físicos da agência, também com a movimentação de expressivos valores monetários, a conduta ilícita, ainda que ocorrida na via pública, compreende-se igualmente no risco do empreendimento, devendo a instituição financeira, por isso, responsabilizar-se objetivamente ante danos daí advindos, suportados por clientes ou terceiros" (STJ-4ª T., REsp 1.098.236, Min. Marco Buzzi, j. 24.6.14, DJ 5.8.14).

Todavia: "Não houve qualquer demonstração de falha na segurança interna da agência bancária que propiciasse a atuação dos criminosos fora das suas dependências. Ausência portanto, de vício na prestação de serviços. O ilícito ocorreu na via pública, sendo do Estado, e não da instituição financeira, o dever de garantir a segurança dos cidadãos e de evitar a atuação dos criminosos. O risco inerente à atividade exercida pela instituição financeira não a torna responsável pelo assalto sofrido pela autora, fora das suas dependências" (STJ-3ª T., REsp 1.284.962, Min. Nancy Andrighi, j. 11.12.12, DJ 4.2.13).

Código Civil

Art. 927: 6e. "Os **bancos** depositários são, em tese, responsáveis pelo ressarcimento dos danos materiais e morais causados em decorrência do furto ou roubo dos bens colocados sob sua custódia em **cofres** de segurança alugados aos seus clientes, independentemente da prévia discriminação dos objetos ali guardados" (STJ-4ª T., REsp 767.923, Min. Cesar Rocha, j. 5.6.07, DJU 6.8.07). No mesmo sentido: RT 887/259 (TJSP, AP 1206506-0/3), JTJ 329/432 (AP 7.173.531-2), Bol. AASP 2.678 (TJSP, AP 7.290.641-9).

"No caso de assalto de cofres bancários, o banco tem responsabilidade objetiva, decorrente do risco empresarial, devendo indenizar o valor correspondente aos bens reclamados. Em se tratando de instituição financeira, os roubos são eventos totalmente previsíveis e até esperados, não se podendo admitir as excludentes de responsabilidade pretendidas pelo recorrente — caso fortuito ou força maior e culpa de terceiros" (STJ-3ª T., REsp 1.286.180, Min. Nancy Andrighi, j. 3.11.11, DJ 17.11.11).

"A despeito da maior ou menor engenhosidade dos delinquentes, descabe a alegação de força maior (ou de caso fortuito), pois a segurança é elemento essencial do contrato de locação de cofres junto a instituições financeiras, estando a responsabilidade fincada na falha do serviço oferecido" (STJ-4ª T., REsp 994.040, Min. Raul Araújo, j. 7.4.11, DJ 18.4.11).

"Ainda que os bens comprovadamente depositados no cofre roubado sejam de propriedade de terceiros, alheios à relação contratual, permanece hígido o dever de indenizar do banco, haja vista sua responsabilidade objetiva frente a todas as vítimas do fato do serviço, sejam elas consideradas consumidores *stricto sensu* ou consumidores por equiparação" (STJ-3ª T., REsp 1.045.897, Min. Nancy Andrighi, j. 24.5.11, DJ 1.6.11).

Todavia: "O contrato, ao limitar o uso do receptáculo posto à disposição do cliente, preceitua que a instituição financeira tem por obrigação zelar pela segurança e incolumidade do receptáculo posto à disposição do cliente, devendo ressarci-lo, na hipótese de roubo ou de furto, os prejuízos referentes aos bens subtraídos que, por contrato, poderiam encontrar-se no interior do compartimento. Sobre os **bens, indevidamente armazenados,** segundo o contrato, não há dever de proteção, já que refoge, inclusive, do risco profissional assumido. O Banco não tem acesso (nem ciência) sobre o que é efetivamente armazenado, não podendo impedir, por conseguinte, que o cliente infrinja os termos contratados e insira, no interior do cofre, objeto sobre o qual, por cláusula contratual (limitativa de uso), o banco não se comprometeu a, indiretamente, proteger. É de se ponderar, contudo, que, se o cliente assim proceder, deve arcar com as consequências de eventuais perdas decorrentes de roubo ou furto dos objetos não protegidos, não havendo falar, nesse caso, em inadimplemento contratual por parte da instituição financeira. Aliás, o inadimplemento contratual é do cliente que inseriu objeto sobre o qual recaía expressa vedação de guarda" (STJ-RT 907/558: 3ª T., REsp 1.163.137).

V. tb. art. 186, nota 3b, e CDC 51, nota 7c.

Em matéria de penhor, v. art. 1.435, nota 1a.

Art. 927: 7. "As instituições bancárias respondem objetivamente pelos danos causados por fraudes ou delitos praticados por terceiros — como, por exemplo, abertura de conta corrente ou recebimento de empréstimos mediante fraude ou utilização de documentos falsos —, porquanto tal responsabilidade decorre do risco do empreendimento, caracterizando-se como fortuito interno" (STJ-RT 915/614: 2ª Seção, REsp 1.197.929).

V. tb. nota 1 (Súmula 479 do STJ).

Art. 927: 7a. "O cliente que dá a terceiro acesso à senha do cartão que movimenta sua **conta bancária** não pode atribuir à instituição financeira a responsabilidade pelos **saques** subsequentes" (STJ-3ª T., AI 962.927-AgRg, Min. Ari Pargendler, j. 27.5.08, DJ 22.8.08). No mesmo sentido: STJ-4ª T., REsp 601.805, Min. Jorge Scartezzini, j. 20.10.05, DJU 14.11.05; JTJ 314/215 (AP 7.059.080-6), 341/320 (AP 7.280.811-8).

"Não é possível reconhecer a responsabilidade civil do banco na hipótese em que o dano foi causado em razão da culpa exclusiva da vítima, pois os **valores** somente foram **desviados** da empresa em razão da fraude perpetrada por seus próprios funcionários" (STJ-3ª T., REsp 1.414.391, rel. Min. Paulo Sanseverino, j. 10.5.16, DJ 17.5.16).

"Autora efetuara transação em terminal de autoatendimento bancário. Alegação de que terceiro teria auxiliado na operação e trocado de cartão. Culpa exclusiva da titular da conta corrente. Ausência de responsabilidade do réu.

Portadora do cartão deve observar os cuidados necessários durante sua utilização. Apelante vítima de estelionatário. Restituição de valores sacados não pode sobressair" (RMDECC 47/143: TJSP, AP 0008278-52.2011.8.26.0568).

Todavia, condenando o banco a indenizar parte dos prejuízos sofridos pelo correntista, em circunstâncias semelhantes, por entender maior o grau de culpa da instituição financeira no caso concreto: RT 879/278 (TJSP, AP 1.249.014-7).

"Não se pode presumir a negligência do correntista quanto ao sigilo da senha e à vigilância sobre seu cartão, havendo de ser afastada a alegação de culpa da vítima, porquanto a instituição bancária não demonstrou que o autor permitira ou facilitara a utilização indevida do seu cartão" (RMDCPC 9/117).

"Indenização. Banco. Saque indevido em conta-corrente. Cartão bancário. Responsabilidade objetiva do fornecedor do serviço. Inversão do ônus da prova" (JTJ 318/174: AP 7.085.339-7). No mesmo sentido: JTJ 321/1.591 (AP 1.250.651-7).

"Saque de valores de contas poupanças e contas correntes por falsário, com o uso de procuração pública falsa em nome da correntista. A tese de ausência de culpa por ser a procuração um documento aparentemente autêntico, não se aceita, pois o risco às contas passaria a ser da correntista-poupadora, que em nada contribuiu para o ilícito, enquanto o depositário dos valores, o que obtém lucro com a atividade, ficaria liberto de qualquer responsabilidade. Os pagamentos e movimentações de valores em decorrência de documento falso, sem a concorrência de culpa da correntista-poupadora, constituem ofensa ao direito desta se tais pagamentos são lançados à sua conta e a culpa consiste exatamente na efetivação do pagamento ao falsário" (JTJ 358/220: AP 7.340.301-7).

"Responsabilidade civil. Instituição financeira. Resgate de aplicações financeiras e saque imediato da quantia resgatada (R$ 5.000,00). Extravio efetuado por assaltantes que o tomaram por refém e sacaram a quantia em postos de gasolina. Afirmação da casa bancária de que o uso de cartão magnético e senha eram de uso pessoal e que não poderia se responsabilizar por fato típico ocorrido longe de suas agências. Relação de consumo em que o banco tem o dever de guardar e bem administrar os valores do correntista. Sistema de débito automático falho que causou todo o ocorrido. Dever de impedir uso por estranhos, de modo evidentemente atípico. Responsabilidade civil objetiva do fornecedor de serviços bancários" (JTJ 323/479: AP 1.286.643-8).

V. tb. art. 945, nota 2, e CDC 14, nota 9c.

Art. 927: 7b. **"Cheque** com adulteração sofisticada. Falso hábil. Caso fortuito interno. Caracterização da responsabilidade objetiva da instituição financeira. Danos materiais e morais indenizáveis" (STJ-4ª T., REsp 1.093.440, Min. Luis Felipe, j. 2.4.13, DJ 17.4.13).

Todavia: "Pagamento de cheques pelo banco, emitidos por preposto(s) da correntista mediante a falsificação de assinaturas por imitação. Culpa *in vigilando* e *in eligendo* da correntista na guarda de talonários e controle de cheques. Circunstâncias que eximem o banco, à míngua de provas da falta de acuidade deste na confrontação das assinaturas. Falso grosseiro repelido. Prejuízo material a ser suportado exclusivamente pela correntista" (JTJ 320/411: AP 7.022.003-2).

V. tb. art. 945, nota 2, e LCh 39 § ún., especialmente nota 3.

Art. 927: 7c. "O banco sacado não responde por prejuízos de ordem material eventualmente causados a terceiros beneficiários de **cheques** emitidos por seus correntistas e devolvidos por **falta de provisão de fundos.** O fato de existir em circulação grande número de cheques ou de ser recente a relação havida entre o banco sacado e seu cliente, emitente dos referidos títulos, não revela a ocorrência de defeito na prestação dos serviços bancários e, consequentemente, afasta a possibilidade de que, por tais motivos, seja o eventual benefíciário das cártulas elevado à condição de consumidor por equiparação" (STJ-3ª T., REsp 1.665.290, Min. Ricardo Cueva, j. 13.10.20, DJ 19.10.20).

Art. 927: 7d. "Ação declaratória de inexistência de relação jurídica e ação indenizatória. Danos moral e material. Prestação de serviços. TV a cabo. Demanda interposta contra a instituição financeira em que foram efetuados **débitos automáticos não autorizados** para pagamento de mensalidades do serviço não contratado. Admissibilidade. Estabelecimento bancário que tinha a obrigação de investigar, junto ao cliente, a viabilidade e exatidão da dívida cobrada por terceiro" (RT 899/194: TJSP, AP 990.10.001309-2; ementa da redação).

Art. 927: 8. "O STJ, em casos análogos, assentou posicionamento no sentido da inexistência de nexo de causalidade entre a eventual falta ou deficiência de fiscalização por parte do Banco Central do Brasil e o dano causado a investidores em decorrência da **quebra de instituição financeira**" (STJ-1ª T., REsp 647.552, Min. Teori Zavascki, j. 15.5.08, DJU 2.6.08). No mesmo sentido: STJ-2ª T., REsp 522.856, Min. João Otávio, j. 3.5.07, DJU 25.5.07.

Art. 927: 8a. "Para a configuração da responsabilidade civil, não basta a ocorrência de uma perda, de uma redução do patrimônio, mas esse prejuízo deve ser precedido de um fato antijurídico que constitua a sua causa. O administrador de **fundo de investimento** não se compromete a entregar ao investidor uma rentabilidade contratada, mas apenas empregar os melhores esforços — portanto, uma obrigação de meio — no sentido de obter os melhores ganhos possíveis frente a outras possibilidades de investimento existentes no mercado" (STJ-3ª T., REsp 1.724.722, Min. Nancy Andrighi, j. 27.8.19, DJ 29.8.19).

"No investimento em fundos derivativos, principalmente os vinculados ao dólar-americano, é ínsito o alto grau de risco, tanto para grandes ganhos como para perdas consideráveis. Aqueles que se encorajam a investir em fundos arrojados estão cientes dos riscos do negócio" (STJ-3ª T., REsp 1.003.893, Min. Massami Uyeda, j. 10.8.10, DJ 8.9.10).

"Em regra, descabe indenização por danos materiais ou morais a aplicador em fundos derivativos, pois o alto risco é condição inerente aos investimentos nessas aplicações. Tanto é assim que são classificados no mercado financeiro como voltados para investidores experientes, de perfil agressivo, podendo o consumidor ganhar ou perder, sem nenhuma garantia de retorno do capital. Como é da lógica do mercado financeiro, quanto maior a possibilidade de lucro e rentabilidade de produto oferecido, maiores também os riscos envolvidos no investimento. No caso em exame, o consumidor buscou aplicar recursos em fundo agressivo, objetivando ganhos muito maiores do que os de investimentos conservadores, sendo razoável entender-se que conhecia plenamente os altos riscos envolvidos em tais negócios especulativos, mormente quando se sabe que o perfil médio do consumidor brasileiro é o de aplicação em caderneta de poupança, de menor rentabilidade e maior segurança. Não fica caracterizado defeito na prestação do serviço por parte do gestor de negócios, o qual, não obstante remunerado pelo investidor para providenciar as aplicações mais rentáveis, não assumiu obrigação de resultado, vinculando-se a lucro certo, mas obrigação de meio, de bem gerir o investimento, visando à tentativa de máxima obtenção de lucro. Não pode ser considerado defeituoso serviço que não garante resultado (ganho) financeiro ao consumidor" (STJ-4ª T., REsp 799.241, Min. Raul Araújo, j. 14.8.12, DJ 26.2.13).

"No caso de aplicação em fundo de investimentos de alto risco, por investidores qualificados, experientes em aplicações financeiras, não há que se reconhecer direito a serem imunes a rendimentos significativamente menores em período de perdas gerais no setor, à invocação do dever de informar e de inversão do ônus da prova (expressamente afastada, no caso dos autos), sob a alegação de contradição entre os prospectos, que não deixam expresso o direito sustentado, e os regulamentos do fundo de investimentos, que claramente estabelecem a possibilidade até mesmo de perda total — não ocorrida, no caso, em que, a despeito da significativa queda de rendimento no período, obtiveram, os investidores, rendimentos elevados no período total de aplicação. Afastamento, pelo Tribunal de origem, de violação do princípio da boa-fé objetiva, consignando-se, na origem, o conhecimento do risco de perdas pelos investidores" (STJ-3ª T., REsp 1.214.318, Min. Sidnei Beneti, j. 12.6.12, DJ 18.9.12).

Todavia: "O princípio da boa-fé e seus deveres anexos devem ser aplicados na proteção do investidor-consumidor que utiliza os serviços de fornecedores de serviços bancários, o que implica a exigência, por parte desses, de informações adequadas, suficientes e específicas sobre o serviço que está sendo prestado com o patrimônio daquele que o escolheu como parceiro. O redirecionamento das aplicações do recorrente ao fundo gerido pelo Banco Santos S/A. configura-se operação realizada pela instituição bancária fora de seu compromisso contratual e legal, que extrapola, por essa razão, a *alea* natural do contrato. Essa situação não pode ser equiparada, a título exemplificativo, ao risco de que o real se desvalorize frente ao dólar ou de que determinada ação sofra uma queda abrupta na bolsa de valores, pois não se pode chamar de risco, a desonerar a instituição bancária de sua responsabilidade, o que foi sua própria escolha, elemento volitivo, com o qual o conceito de risco é incompatível. Não estando inserida na *alea* natural do contrato a aplicação junto ao Banco Santos S/A do capital investido pelo recorrente enquanto correntista da instituição financeira recorrida, a mera presunção de conhecimento ou anuência acerca desses riscos não é fundamento para desonerar a instituição bancária da obrigação de ressarcir ao consumidor-investidor os valores aplicados. Deve restar demonstrada a autorização expressa quanto à finalidade pretendida, ônus que cabe ao banco e do qual, na espécie, não se desincumbiu" (STJ-3ª T., REsp 1.131.073, Min. Nancy Andrighi, j. 5.4.11, dois votos vencidos, DJ 13.6.11). No mesmo sentido: STJ-4ª T., REsp 1.194.699-AgRg, Min. Isabel Gallotti, j. 22.5.12, DJ 29.5.12.

✎ "Os contratos de derivativos e a teoria da imprevisão", por Paula Greco Bandeira (RT 904/97).

Art. 927: 8b. "**Ações em bolsa** de valores. **Venda** promovida **sem autorização** do titular. Responsabilidade civil. **Perda de uma chance.** Dano consistente na impossibilidade de negociação das ações com melhor valor, em momento futuro. Indenização pela perda da oportunidade. A teoria da perda de uma chance não se presta a reparar danos fantasiosos, não servindo ao acolhimento de meras expectativas, que pertencem tão somente ao campo do íntimo desejo, cuja indenização é vedada pelo ordenamento jurídico, mas sim um dano concreto (perda de probabilidade). A indenização será devida, quando constatada a privação real e séria de chances, quando detectado que, sem a conduta do réu, a vítima teria obtido o resultado desejado. No caso concreto, houve venda de ações sem a autorização do titular, configurando o ato ilícito. O dano suportado consistiu exatamente na perda da chance de obter uma vantagem, qual seja a venda daquelas ações por melhor valor. Presente, também, o nexo de causalidade entre o ato ilícito (venda antecipada não autorizada) e o dano (perda da chance de venda valorizada), já que a venda pelo titular das ações, em momento futuro, por melhor preço, não pode ocorrer justamente porque os papéis já não estavam disponíveis para serem colocados em negociação" (STJ-4ª T., REsp 1.540.153, Min. Luis Felipe, j. 17.4.18, DJ 6.6.18).

S/ perda de uma chance, v. tb. notas 3a, 3c e 5c, arts. 402, nota 7, e 951, notas 1c e 7a, e CDC 14, notas 2, *in fine*, 3a, e 7a.

Art. 927: 9. "O lojista que aceita pagamento com **cartões de crédito** clonados, descumprindo com seu dever de identificar o portador do cartão ao não requerer a apresentação de identidade e de colher a respectiva assinatura, não pode exigir da administradora de cartões que arque com os prejuízos decorrentes dos estornos dos créditos efetuados em seu desfavor. Aquele que age culposamente em virtude de negligência no cumprimento de suas obrigações deve arcar única e exclusivamente com os danos que a si mesmo ocasionou" (STJ-4ª T., REsp 945.154, Min. João Otávio, j. 8.4.08, DJU 28.4.08).

Art. 927: 9a. "Participação em processo licitatório. Impossibilidade. Envio da proposta pelo **correio** a Estado diverso da federação. Possibilidade concreta de êxito. Prejuízo real. O êxito em licitação, possibilidade frustrada em virtude da conduta ilícita da empresa responsável pela entrega, em tempo hábil, da documentação devidamente enviada, enseja dano concreto, aferível à luz do art. 159 do Código Civil de 1916" (STJ-3ª T., REsp 614.266, Min. Ricardo Cueva, j. 18.12.12, DJ 2.8.13).

Art. 927: 10. "O **proprietário** da **obra** responde solidariamente com o empreiteiro, pelos danos causados a terceiro" (STJ-3ª T., REsp 473.107-AgRg, Min. Gomes de Barros, j. 26.10.06, DJU 18.12.06).

Art. 927: 10a. A conclusão da obra e a outorga das chaves, mas sem o "habite-se", não libera a construtora da obrigação de **entregar o imóvel** em condições de habitação. Por isso, até a concessão do "habite-se", a construtora responde pelos danos sofridos pelo comprador em razão da privação do uso do imóvel (RT 867/165).

Art. 927: 10b. "A **legítima defesa putativa** supõe negligência na apreciação dos fatos, e por isso não exclui a responsabilidade civil pelos danos que dela decorram" (STJ-3ª T., REsp 513.891, Min. Ari Pargendler, j. 20.3.07, DJU 16.4.07).

V. tb. art. 188, nota 2a.

Art. 927: 10c. "Nos acidentes de trabalho, cabe ao **empregador** provar que cumpriu seu dever contratual de preservação da integridade física do empregado, respeitando as normas de segurança e medicina do trabalho. Em outras palavras, fica estabelecida a presunção relativa de culpa do empregador" (STJ-3ª T., REsp 1.067.738, Min. Nancy Andrighi, j. 26.5.09, DJ 25.6.09).

"Uma vez comprovado o nexo de causalidade entre o sinistro e o exercício da atividade laboral, torna-se presumida a culpa do empregador pelo acidente de trabalho, ficando para este o encargo de demonstrar alguma causa excludente de sua responsabilidade ou de redução do valor da indenização" (STJ-4ª T., REsp 876.144, Min. Raul Araújo, j. 3.5.12, DJ 20.8.12).

Todavia: "A responsabilidade civil do empregador não decorre automaticamente dos riscos pertinentes à atividade empresarial, mas de eventual violação, por ação ou omissão voluntária, negligência ou imprudência em relação ao cumprimento das normas de higiene e segurança do trabalho inerentes à relação jurídica estabelecida com seus empregados, ônus que incumbe ao autor provar por força do disposto no art. 333, I, do CPC" (RT 870/237).

Art. 927: 10d. "Restando incontroverso que a autora foi gravemente vitimada pela quebra de cadeira onde desempenhava sua função de confeiteira, torna-se a **empregadora** civilmente responsável pelo acidente pela má qualidade do móvel usado no ambiente de trabalho, desservindo como excludente a alegação de que a peça fora adquirida de fabricante idôneo ou que não apresentava defeito visível" (STJ-4ª T., REsp 555.801, Min. Aldir Passarinho Jr., j. 22.9.09, DJ 19.10.09).

Art. 927: 10e. Responde o sindicato pelos danos causados à coletividade em razão de **greve** abusiva (JTJ 309/211).

Art. 927: 10f. "O **cúmplice de cônjuge infiel** não tem o dever de indenizar o traído, uma vez que o conceito de ilicitude está imbricado na violação de um dever legal ou contratual, do qual resulta dano para outrem, e não há no ordenamento jurídico pátrio norma de direito público ou privado que obrigue terceiros a velar pela fidelidade conjugal em casamento do qual não faz parte. Não há como o Judiciário impor um 'não fazer' ao cúmplice, decorrendo disso a impossibilidade de se indenizar o ato por inexistência de norma posta — legal e não moral — que assim determine. O réu é estranho à relação jurídica existente entre o autor e sua ex-esposa, relação da qual se origina o dever de fidelidade mencionado no art. 1.566, I, do CC/02. De outra parte, não se reconhece solidariedade do réu por suposto ilícito praticado pela ex-esposa do autor, tendo em vista que o art. 942, *caput* e § único, do CC/02 (art. 1.518 do CC/16), somente tem aplicação quando o ato do coautor ou partícipe for, em si, ilícito, o que não se verifica na hipótese dos autos" (STJ-4ª T., REsp 1.122.547, Min. Luis Felipe, j. 10.11.09, DJ 27.11.09). No mesmo sentido: STJ-3ª T., REsp 922.462, Min. Ricardo Cueva, j. 4.4.13, RT 937/538, com comentário de Rolf Madaleno.

✎ "Ensaio sobre possíveis opções dogmáticas para viabilidade de pretensão indenizatória do cônjuge ou convivente traído em face de *amante*: breves comentários ao REsp 1.122.547/MG", por Felipe Raminelli Leonardi (RBDFS 17/100).

✎ **Art. 927: 11.** "A responsabilidade civil no parágrafo único do artigo 927 do Código Civil e alguns apontamentos do direito comparado", por Leonardo de Faria Beraldo (RSDCPC 31/56, RF 376/131, RDPr 20/217 e RJM 168/21); "Risco, solidariedade e responsabilidade objetiva", por Maria Celina Bodin de Moraes (RT 854/11).

Art. 927: 12. v. art. 932 c/c art. 933 (outros casos de responsabilidade objetiva).

V. ainda Lei 6.453, de 17.10.77 (responsabilidade por danos nucleares); Dec. 83.540, de 4.6.79 (poluição de óleos); CDC 6º-I e 8º a 17.

Art. 927: 13. **CF 21-XXIII-*d*:** "a responsabilidade civil por danos nucleares independe da existência de culpa" (alínea acrescida pela Em. Const. 49, de 8.2.06).

Art. 927: 13a. **Enunciado 38 do CEJ:** "A responsabilidade fundada no risco da atividade, como prevista na 2ª parte do parágrafo único do art. 927 do novo Código Civil, configura-se quando a atividade normalmente desenvolvida pelo autor do dano causar a pessoa determinada um ônus maior do que aos demais membros da coletividade".

Enunciado 377 do CEJ: "O art. 7º, inc. XXVIII, da Constituição Federal não é impedimento para a aplicação do disposto no art. 927, parágrafo único, do Código Civil quando se tratar de atividade de risco".

Art. 927: 14. "O artigo 927, parágrafo único, do Código Civil é compatível com o artigo 7º, XXVIII, da Constituição Federal, sendo constitucional a responsabilização objetiva do empregador por danos decorrentes de **acidentes de trabalho,** nos casos especificados em lei, ou quando a atividade normalmente desenvolvida, por sua natureza, apresentar exposição habitual a risco especial, com potencialidade lesiva e implicar ao trabalhador ônus maior do que aos demais membros da coletividade" (STF-Pleno, RE 828.040, Min. Alexandre de Moraes, j. 12.3.20, maioria, DJ 26.6.20).

Art. 927: 14a. A responsabilidade objetiva libera a vítima apenas da prova da culpa. Ela não dispensa a prova do dano e do nexo de causalidade. Sem a prova desses dois elementos, não se cogita da obrigação de reparação.

Art. 927: 14b. "Mesmo antes da entrada em vigor do Código Civil de 2002, já se reconhecia a responsabilidade objetiva da empresa concessionária de energia elétrica, em virtude do risco da atividade, com fundamento no art. 37, § 6º, da CF/88. O risco da atividade de **fornecimento de energia elétrica** é altíssimo, sendo necessária a manutenção e fiscalização rotineira das instalações. Reconhecida, portanto, a responsabilidade objetiva e o dever de indenizar" (STJ-3ª T., REsp 1.095.575, Min. Nancy Andrighi, j. 18.12.12, maioria, DJ 26.3.13). No mesmo sentido: "Ressarcimento de danos. Concessionária de serviço público. Oscilação de energia. Dano a equipamentos. Responsabilidade objetiva. Nexo de causalidade reconhecido pelo tribunal de origem" (STJ-4ª T., Ag em REsp 1.337.558-AgInt, Min. Raul Araújo, j. 7.2.19, DJ 20.2.19).

V. tb. art. 945, nota 2.

Art. 927: 14c. "A **responsabilidade por dano ambiental** é objetiva, informada pela teoria do risco integral, sendo o nexo de causalidade o fator aglutinante que permite que o risco se integre na unidade do ato, sendo descabida a invocação, pela empresa responsável pelo dano ambiental, de excludentes de responsabilidade civil para afastar sua obrigação de indenizar" (STJ-2ª Seção, REsp 1.374.284, Min. Luis Felipe, j. 27.8.14, DJ 5.9.14).

"A alegação de culpa exclusiva de terceiro pelo acidente em causa, como excludente de responsabilidade, deve ser afastada, ante a incidência da teoria do risco integral e da responsabilidade objetiva ínsita ao dano ambiental (art. 225, § 3º, da CF e art. 14, § 1º, da Lei 6.938/81), responsabilizando o degradador em decorrência do princípio do poluidor-pagador" (STJ-2ª Seção, REsp 1.114.398, Min. Sidnei Beneti, j. 8.2.12, DJ 16.2.12).

"A responsabilidade civil por danos ambientais, seja por lesão ao meio ambiente propriamente dito (dano ambiental público), seja por ofensa a direitos individuais (dano ambiental privado), é objetiva, fundada na teoria do risco integral, em face do disposto no art. 14, § 10, da Lei n. 6.938/81. A colocação de placas no local indicando a presença de material orgânico não é suficiente para excluir a responsabilidade civil. Irrelevância da eventual culpa exclusiva ou concorrente da vítima" (STJ-3ª T., REsp 1.373.788, Min. Paulo Sanseverino, j. 6.5.14, DJ 20.5.14). Do voto do relator: "Tratando-se de responsabilidade objetiva pelo risco integral, somente uma conduta dolosa da própria vítima (v.g. atentado terrorista suicida contra uma usina nuclear) teria o condão de interferir no nexo causal, o que evidentemente não ocorreu na espécie".

Todavia: "Em que pese a responsabilidade por dano ambiental seja objetiva (e lastreada pela teoria do risco integral), faz-se imprescindível, para a configuração do dever de indenizar, a demonstração da existência de nexo de causalidade apto a vincular o resultado lesivo efetivamente verificado ao comportamento (comissivo ou omissivo) daquele a quem se repute a condição de agente causador" (STJ-2ª Seção, REsp 1.602.106, Min. Ricardo Cueva, j. 25.10.17, DJ 22.11.17; no caso, foi afastada a responsabilidade da empresa que simplesmente adquiriu a carga transportada por embarcação que explodiu).

Art. 927: 15. "É objetiva a responsabilidade do construtor pelos danos que, a vizinhos ou terceiros, causar a **construção**. Entre tais danos se inclui aquele sofrido por transeunte que despenca em vala da obra" (JTJ 292/182).

Art. 928. O incapaz[1] responde[1a] pelos prejuízos que causar, se as pessoas por ele responsáveis não tiverem obrigação de fazê-lo ou não dispuserem de meios suficientes.[1b] [Sem dispositivo correspondente no CC/1916.]

Parágrafo único. A indenização prevista neste artigo, que deverá ser equitativa, não terá lugar se privar do necessário o incapaz ou as pessoas que dele dependem.[2] [Sem dispositivo correspondente no CC/1916.]

Art. 928: 1. v. arts. 3º e 4º.

Art. 928: 1a. "Responsabilidade civil do incapaz no novo Código Civil", por Alexandre Nader e Ana Rita Nery Nader (RSDCPC 32/35); "Enfoque processual do art. 928 do Código Civil (responsabilidade civil do incapaz)", por Rodrigo Mazzei (RBDP 61/45); "Responsabilidade civil do incapaz. Busca pela harmonização do sistema", por José Fernando Simão (RBDFS 10/85).

Art. 928: 1b. v. arts. 932-I e II, 933 e 934. V. tb. ECA 116.

Art. 928: 2. **Enunciado 39 do CEJ:** "A impossibilidade de privação do necessário à pessoa, prevista no art. 928, traduz um dever de indenização equitativa, informado pelo princípio constitucional da proteção à dignidade da pessoa humana. Como consequência, também os pais, tutores e curadores serão beneficiados pelo limite humanitário do dever de indenizar, de modo que a passagem ao patrimônio do incapaz se dará não quando esgotados todos os recursos do responsável, mas quando reduzidos estes ao montante necessário à manutenção de sua dignidade".

Enunciado 40 do CEJ: "O incapaz responde pelos prejuízos que causar de maneira subsidiária ou excepcionalmente, como devedor principal, na hipótese do ressarcimento devido pelos adolescentes que praticarem atos infracionais, nos termos do art. 116 do Estatuto da Criança e do Adolescente, no âmbito das medidas socioeducativas ali previstas".

Enunciado 41 do CEJ: "A única hipótese em que poderá haver responsabilidade solidária do menor de 18 anos com seus pais é ter sido emancipado nos termos do art. 5º, parágrafo único, inciso I, do novo Código Civil".

Art. 929. Se a pessoa lesada, ou o dono da coisa, no caso do inciso II do art. 188, não forem culpados do perigo, assistir-lhes-á direito à indenização do prejuízo que sofreram.[1] [Dispositivo correspondente no CC/1916: art. 1.519.]

Art. 929: 1. Nesse caso, o lesado deve sempre buscar a reparação do dano junto àquele que por ação ou omissão sua causou o prejuízo (princípio da causalidade). Cabe a este, quando imputáveis a um terceiro as consequências daquela ação ou omissão, lançar mão do direito de regresso (art. 930).

Art. 930. No caso do inciso II do art. 188, se o perigo ocorrer por culpa de terceiro, contra este terá o autor do dano ação regressiva para haver a importância que tiver ressarcido ao lesado.[1-1a] [Dispositivo correspondente no CC/1916: art. 1.520-*caput*.]

Parágrafo único. A mesma ação competirá contra aquele em defesa de quem se causou o dano (art. 188, inciso I).[2] [Dispositivo correspondente no CC/1916: art. 1.520 § ún.]

Art. 930: 1. v. art. 929 e CPC 125-II.

Art. 930: 1a. "O motorista que, ao desviar de 'fechada' provocada por terceiro, vem a colidir com automóvel que se encontra regularmente estacionado responde perante o proprietário deste pelos danos causados, não sendo elisiva da obrigação indenizatória a circunstância de ter agido em estado de necessidade. Em casos tais, ao agente causador do dano assiste tão somente direito de regresso contra o terceiro que deu causa a situação de perigo" (STJ-4ª T., REsp 12.840, Min. Sálvio de Figueiredo, j. 22.2.94, DJU 28.3.94). "Acidente de trânsito ocorrido em estrada federal consistente na colisão de um automóvel com uma motocicleta, que trafegava em sua mão de direção. Alegação do motorista do automóvel de ter agido em estado de necessidade, pois teve a sua frente cortada por outro veículo, obrigando-o a invadir a outra pista da estrada. Irrelevância da alegação, mostrando-se correto o julgamento antecipado da lide por se tratar de hipótese de responsabilidade civil por ato lícito prevista nos arts. 929 e 930 do Código Civil. O estado de necessidade não afasta a responsabilidade civil do agente, quando o dono da coisa atingida ou a pessoa lesada pelo evento danoso não for culpado pela situação de perigo. A prova pleiteada pelo recorrente somente seria relevante para efeito de ação de regresso contra o terceiro causador da situação de perigo (art. 930 do CC/02). Ausência de cerceamento de defesa" (STJ-3ª T., REsp 1.278.627, Min. Paulo Sanseverino, j. 18.12.12, DJ 4.2.13). V. tb. art. 927, nota 4d.

Código Civil

Art. 930: 2. i.e., quem, em legítima defesa de outro, causar dano a um terceiro terá ação regressiva contra aquele outro, caso esse terceiro lhe mova ação de indenização. Nesse caso, aquele outro em defesa de quem se causou o dano também terá ação regressiva contra uma quarta pessoa: o causador do perigo que motivou o ato de legítima defesa.

Art. 931. Ressalvados outros casos previstos em lei especial, os empresários individuais e as empresas respondem independentemente de culpa pelos danos causados pelos produtos postos em circulação.[1 a 2] [Sem dispositivo correspondente no CC/1916.]

Art. 931: 1. **Enunciado 42 do CEJ:** "O art. 931 amplia o conceito de fato do produto, existente no art. 12 do Código de Defesa do Consumidor, imputando responsabilidade civil à empresa e aos empresários individuais vinculados à circulação dos produtos".

Enunciado 43 do CEJ: "A responsabilidade civil pelo fato do produto, prevista no art. 931 do novo Código Civil, também inclui os riscos do desenvolvimento".

Enunciado 190 do CEJ: "A regra do art. 931 do novo CC não afasta as normas acerca da responsabilidade pelo fato do produto previstas no art. 12 do CDC, que continuam mais favoráveis ao consumidor lesado".

Enunciado 378 do CEJ: "Aplica-se o art. 931 do Código Civil, haja ou não relação de consumo".

✎ **Art. 931: 1a.** "A responsabilidade empresarial no Código Civil. O art. 931, seu conteúdo e alcance", por Humberto Manoel Alves Afonso (RJ 321/73).

Art. 931: 2. v. CDC 6º-VI e VII, 8º a 10 e 12.

Art. 932. São também responsáveis pela reparação civil:[1] [Dispositivo correspondente no CC/1916: art. 1.521-*caput*.]

I — os pais, pelos filhos menores que estiverem sob sua autoridade e em sua companhia;[2 a 3b] [Dispositivo correspondente no CC/1916: art. 1.521-I.]

II — o tutor e o curador, pelos pupilos e curatelados, que se acharem nas mesmas condições; [Dispositivo correspondente no CC/1916: art. 1.521-II.]

III — o empregador ou comitente, por seus empregados, serviçais e prepostos, no exercício do trabalho que lhes competir, ou em razão dele;[3c a 5c] [Dispositivo correspondente no CC/1916: art. 1.521-III.]

IV — os donos de hotéis, hospedarias, casas ou estabelecimentos onde se albergue por dinheiro, mesmo para fins de educação, pelos seus hóspedes, moradores e educandos;[6] [Dispositivo correspondente no CC/1916: art. 1.521-IV.]

V — os que gratuitamente houverem participado nos produtos do crime, até a concorrente quantia. [Dispositivo correspondente no CC/1916: art. 1.521-V.]

Art. 932: 1. s/ responsável pela reparação civil e: responsabilidade objetiva, v. art. 933; ressarcimento pelo causador do dano, v. art. 934; responsabilidade solidária, v. art. 942 § ún.

V. tb. arts. 43 (responsabilidade da pessoa jurídica de direito público interno pelo ato de seu agente), 149 (responsabilidade do representado pelo dolo do representante), 927, nota 4a (responsabilidade do proprietário do veículo pelo ato do condutor), 928 (responsabilidade do incapaz pelos prejuízos que causar).

✎ **Art. 932: 2.** "Maioridade aos 18 anos e responsabilidade civil dos pais. Algumas reflexões", por Rosaldo Elias Pacagnan e Francisco Smarczewski (RJ 320/57); "Responsabilidade civil dos pais pelos atos dos filhos no antigo e no novo Código Civil", por Clarissa Costa de Lima (Ajuris 96/55); "*Bullying* e responsabilidade civil: uma nova visão do Direito de Família à luz do Direito Civil Constitucional", por Silvano Andrade do Bomfim (RBDFS 22/60).

Art. 932: 2a. s/ obrigação do adolescente de reparar dano decorrente de ato infracional, v. ECA 116.

Art. 932: 2b. "A responsabilidade dos pais só ocorre em consequência de ato ilícito de filho menor. O **pai não responde,** a esse título, **por** nenhuma obrigação do **filho maior,** ainda que viva em sua companhia, nos termos do inciso I do art. 932 do Código Civil" (STJ-4ª T., REsp 1.734.536, Min. Luis Felipe, j. 6.8.19, DJ 24.9.19).

Art. 932: 3. "Os pais, ou responsável, que **não exercem autoridade de fato sobre o filho,** embora ainda detenham o poder familiar, não respondem por ele, nos termos do inciso I do art. 932 do Código Civil" (STJ-3ª T., REsp 1.232.011, rel. Min. João Otávio, j. 17.12.15, DJ 4.2.16).

"No presente caso, sem adentrar-se no exame das provas, pela simples leitura da decisão recorrida, tem-se claramente que a genitora assumiu o risco da ocorrência de uma tragédia, ao comprar, três ou quatro dias antes do fato, o revólver que o filho utilizou para o crime, arma essa adquirida de modo irregular e guardada sem qualquer cautela. Essa realidade, narrada no voto vencido do v. acórdão recorrido, é situação excepcional que isenta o **genitor, que não detém a guarda e não habita no mesmo domicílio,** de responder solidariamente pelo ato ilícito cometido pelo menor" (STJ-RJ 387/119: 3ª T., REsp 777.327).

Todavia: "A mera separação dos pais não isenta o cônjuge, com o qual os filhos não residem, da responsabilidade em relação aos atos praticados pelos menores, pois permanece o dever de criação e orientação, especialmente se o poder familiar é exercido conjuntamente" (STJ-4ª T., REsp 1.074.937, Min. Luis Felipe, j. 1.10.09, DJ 19.10.09).

Art. 932: 3a. "A emancipação voluntária, diversamente da operada por força de lei, não exclui a responsabilidade civil dos pais pelos atos praticados por seus filhos menores" (STJ-4ª T., AI 1.239.557-AgRg, Min. Isabel Gallotti, j. 9.10.12, DJ 17.10.12). No mesmo sentido: STJ-3ª T., REsp 122.573, Min. Eduardo Ribeiro, j. 23.6.98, DJ 18.12.98.

Art. 932: 3b. "O art. 932, I do CC ao se referir a autoridade e companhia dos pais em relação aos filhos, quis explicitar o poder familiar (a autoridade parental não se esgota na guarda), compreendendo um plexo de deveres como, proteção, cuidado, educação, informação, afeto, dentre outros, independentemente da vigilância investigativa e diária, sendo **irrelevante a proximidade física no momento** em que os menores venham a causar danos" (STJ-4ª T., REsp 1.436.401, Min. Luis Felipe, j. 2.2.17, DJ 16.3.17).

✎ **Art. 932: 3c.** "Responsabilidade civil patronal por atos dos empregados ou prepostos", por Sebastião Geraldo de Oliveira (RJ 423/45).

Art. 932: 4. s/ responsabilidade do preponente pelo ato do gerente, contabilista ou outros auxiliares, v. arts. 1.175, 1.177 § ún. e 1.178.

S/ ressarcimento do empregador ou comitente que pagou pelo dano causado pelo empregado ou preposto, v. art. 934, especialmente nota 1 (Enunciado 44 do CEJ).

Art. 932: 4a. Lei 7.565, de 19.12.86 — Código Brasileiro de Aeronáutica: **"Art. 297.** A pessoa jurídica empregadora responderá solidariamente com seus prepostos, agentes, empregados ou intermediários, pelas infrações por eles cometidas no exercício das respectivas funções".

Art. 932: 4b. Súmula 341 do STF: "É presumida a culpa do patrão ou comitente pelo ato culposo do empregado ou preposto". Essa Súmula, editada à luz do CC rev., comporta uma releitura, à luz do disposto no CC 933: atualmente, há mais do que presunção de culpa do patrão ou comitente pelo ato culposo do empregado ou preposto; a responsabilidade daqueles pelo ato culposo destes agora é objetiva.

Súmula 221 do STJ: "São civilmente responsáveis pelo ressarcimento de dano, decorrente de publicação pela imprensa, tanto o autor do escrito quanto o proprietário do veículo de divulgação".

Art. 932: 4c. Enunciado 191 do CEJ: "A instituição hospitalar privada responde, na forma do art. 932-III do CC, pelos atos culposos praticados por médicos integrantes de seu corpo clínico".

V. CDC 14, nota 2.

Art. 932: 4d. "Tanto em casos regidos pelo Código Civil de 1916 quanto nos regidos pelo Código Civil de 2002, responde o empregador pelo ato ilícito do preposto se este, embora não estando efetivamente no exercício do labor que lhe foi confiado ou mesmo fora do horário de trabalho, vale-se das circunstâncias propiciadas pelo trabalho para agir, se de tais circunstâncias resultou facilitação ou auxílio, ainda que de forma incidental, local ou cronológica, à ação do empregado. No caso, o preposto teve acesso à máquina retroescavadeira — que foi má utilizada para transportar a vítima em sua 'concha' — em razão da função de **caseiro** que desempenhava no sítio de propriedade dos empregadores, no qual a mencionada máquina estava depositada, ficando por isso evidenciado o liame funcional entre o ilícito e o trabalho prestado" (STJ-4ª T., REsp 1.072.577, Min. Luis Felipe, j. 12.4.12, DJ 26.4.12). Todavia, com a devida vênia, entendemos que a responsabilidade do empregador por ato praticado pelo empregado "em razão" do seu trabalho foi, nesse caso, excessivamente ampliada.

"Segundo o art. 932, II, do CC/02, não se exige que o preposto esteja efetivamente em pleno exercício do trabalho, bastando que o fato ocorra 'em razão dele', mesmo que esse nexo causal seja meramente incidental, mas propiciado pelos encargos derivados da relação de subordinação. Na espécie, em virtude de desavenças relativas ao usufruto das águas que provinham das terras que pertencem aos requeridos, o recorrente foi ferido por tiro desferido pelo caseiro de referida propriedade. O dano, portanto, foi resultado de ato praticado no exercício das atribuições funcionais de mencionado empregado — de zelar pela manutenção da propriedade pertencente aos recorridos — e relaciona-se a desentendimento propiciado pelo trabalho a ele confiado — relativo à administração da fonte de água controvertida" (STJ-3ª T., REsp 1.433.566, Min. Nancy Andrighi, j. 23.5.17, DJ 31.5.17).

Art. 932: 4e. "Responde o preponente, se o preposto, ao executar serviços de dedetização, penetra residência aproveitando-se para conhecer os locais de acesso e fuga, para — no dia seguinte — furtar vários bens. Se o ilícito foi facilitado pelo acesso do preposto à residência, em função de serviços executados, há relação causal entre a função exercida e os danos. Deve o empregador, portanto, responder pelos atos do empregado" (STJ-3ª T., REsp 623.040, Min. Gomes de Barros, j. 16.11.06, DJ 4.12.06).

Art. 932: 4f. "Ação indenizatória. Responsabilidade civil do empregador por ato de preposto (art. 932, III, CC). Teoria da aparência. Responsabilidade objetiva. O autor do evento danoso atuou na qualidade de vigia do local e, ainda que em gozo de licença médica e desobedecendo os procedimentos da ré, praticou o ato negligente na proteção do estabelecimento" (STJ-4ª T., REsp 1.365.339, Min. Isabel Gallotti, j. 2.4.13, DJ 16.4.13).

Art. 932: 4g. "Ofende o art. 1.521, III, do Código Civil de 1916, correspondente ao art. 932, III, do Código de 2002, o acórdão recorrido quando entende que a responsabilidade da empresa por ato de seu preposto (um dos assassinos) é subjetiva. É subjetiva a responsabilidade do empregado da empresa, autor do homicídio. Esta já foi reconhecida por sentença penal condenatória. Reconhecida a prática de ato doloso do empregado partícipe, o qual teve conhecimento prévio da data e das circunstâncias relacionadas ao transporte dos valores exatamente em razão de suas atividades na empresa, a responsabilidade da empregadora pelos danos causados por seu empregado é objetiva" (STJ-4ª T., REsp 1.385.943, Min. Isabel Gallotti, j. 20.2.14, DJ 11.4.14).

Art. 932: 4h. "O empregador responde objetivamente pelos atos ilícitos de seus empregados e prepostos praticados no exercício do trabalho que lhes competir, ou em razão dele (arts. 932, III, e 933 do Código Civil). Tendo o Tribunal de origem admitido que o preposto da instituição de ensino entregou obra literária de terceiro para disponibilização no sítio eletrônico daquela, sem autorização e indicação clara de seu verdadeiro autor, o reconhecimento da responsabilidade da instituição empregadora pelos danos causados é de rigor, ainda que não haja culpa de sua parte" (STJ-4ª T., REsp 1.201.340, Min. Isabel Gallotti, j. 3.11.11, DJ 2.8.12).

Art. 932: 4i. "Relação de preposição entre a **Diocese e** o **padre** a ela vinculado. Subordinação configurada. Responsabilidade solidária e objetiva da instituição. Evidencia-se, no particular, a subordinação caracterizadora da relação de preposição, porque demonstrada a relação voluntária de dependência entre o padre e a Diocese à qual era vinculado, de sorte que o primeiro recebia ordens, diretrizes e toda uma gama de funções do segundo, e, portanto, estava sob seu poder de direção e vigilância, mesmo que a ele submetido por mero ato gracioso (voto religioso). A gravidade dos fatos reconhecidos em juízo, sobre crimes sexuais praticados por religiosos contra menores, acarreta responsabilidade civil da entidade religiosa, dado o agir aproveitando-se da condição religiosa, traindo a confiança que nela depositam os fiéis. Notadamente em circunstâncias como a dos autos, em que o preposto, como sacerdote, é, em geral, pessoa de poucas posses, às vezes por causa do voto de pobreza, e, portanto, sem possuir os meios necessários para garantir a justa indenização, assume o preponente nítida posição de garantidor da reparação devida à vítima do evento danoso, porque, em regra, possui melhores condições de fazê-lo" (STJ-3ª T., REsp 1.393.699, Min. Nancy Andrighi, j. 19.11.13, DJ 24.2.14).

Art. 932: 5. "O fato de o suposto causador do ato ilícito ser funcionário **terceirizado** não exime a tomadora do serviço de sua eventual responsabilidade. A jurisprudência do STJ entende como preposto aquele que possui relação de dependência ou presta serviço sob o interesse de outrem" (STJ-3ª T., REsp 904.127, Min. Nancy Andrighi, j. 18.9.08, DJ 3.10.08). Ainda: "Responsabilidade civil. Usina. Transporte de trabalhadores rurais. Motorista. Prestador de serviço terceirizado. Vínculo de preposição. Reconhecimento. Para o reconhecimento do vínculo de preposição, não é preciso que exista um contrato típico de trabalho; é suficiente a relação de dependência ou que alguém preste serviço sob o interesse e o comando de outrem" (STJ-4ª T., REsp 304.673, Min. Barros Monteiro, j. 25.9.01, DJ 11.3.02). "Caracteriza-se a responsabilidade solidária da empresa contratante de serviço de transporte por acidente causado por motorista da empresa transportadora terceirizada" (STJ-3ª T., Ag em REsp 438.006-AgRg, Min. Ricardo Cueva, j. 7.10.14, DJ 10.10.14). No mesmo sentido: STJ-4ª T., REsp 1.282.069, Min. Luis Felipe, j. 17.5.16, DJ 7.6.16.

Todavia, afirmando que, se não restar caracterizada relação de subordinação entre a empresa tomadora e a empresa prestadora de serviço ou entre aquela e os funcionários desta, não é possível a responsabilização da primeira com fundamento neste inciso III: STJ-RJ 398/143 (3ª T., REsp 1.171.939).

Art. 932: 5a. "Condomínio. Porteiro que recusa receber carta enviada pela Prefeitura Municipal à moradora do prédio contendo convocação para exercício de investidura em cargo público, o que se revelou inexplicável diante da identificação correta da destinatária. Dever de indenizar que se impõe em virtude de a autora ter perdido o direito do concurso para a qual foi aprovada, embora devesse a interessada diligenciar *sponte sua* o andamento do concurso e a sua posição para escolha da vaga. Perda de chance de modificar projeto de vida e que causa grave perturbação, produzindo dano moral indenizável (art. 5º, V e X, da CF e art. 932, III, do CC). Inadmissibilidade de condenar o condomínio e sua administradora a pagar os vencimentos do cargo público, em razão da incerteza da nomeação" (RMDCPC 34/131: TJSP, AP 994.08.051305-4; acórdão relatado pelo Des. Ênio Zuliani).

Art. 932: 5b. Afastando a incidência do inc. III na relação mantida entre a **fabricante e a distribuidora de bebidas:** "Não se tratando de relação de consumo, a empresa concedente não é parte legítima para responder solidariamente por danos contra terceiros, causados pela empresa concessionária no exercício da atividade de distribuição" (STJ-3ª T., REsp 1.157.859, Min. Ricardo Cueva, j. 19.6.12, maioria, DJ 14.11.12).

Art. 932: 5c. "Responde civilmente o empregador pelo ato de seu preposto que matou pessoa por tentar pegar o **ônibus** sem pagamento de passagem (art. 1.521 do Código Civil). Culpa *in eligendo* e culpa *in vigilando* do empregador por permitir que seu funcionário dirigisse armado" (STJ-3ª T., REsp 1.279.346, Min. Ricardo Cueva, j. 26.11.13, DJ 29.11.13).

Art. 932: 6. v. art. 649 § ún. (responsabilidade do hospedeiro por danos às bagagens dos hóspedes).

Art. 933. As pessoas indicadas nos incisos I a V do artigo antecedente, ainda que não haja culpa de sua parte, responderão pelos atos praticados pelos terceiros ali referidos.[1] [Sem dispositivo correspondente no CC/1916.]

Art. 933: 1. "O novo Código Civil (art. 933), seguindo evolução doutrinária, considera a responsabilidade civil por ato de terceiro como sendo objetiva, aumentando sobejamente a garantia da vítima. Malgrado a responsabilização objetiva do empregador, esta só exsurgirá se, antes, for demonstrada a culpa do empregado ou preposto, à exceção, por evidência, da relação de consumo" (STJ-4ª T., REsp 1.135.988, Min. Luis Felipe, j. 8.10.13, DJ 17.10.13).

Art. 934. Aquele que ressarcir o dano causado por outrem pode reaver o que houver pago daquele por quem pagou,[1] salvo se o causador do dano for descendente seu, absoluta ou relativamente incapaz.[2-3] [Dispositivo correspondente no CC/1916: art. 1.524.]

Art. 934: 1. Enunciado 44 do CEJ: "Na hipótese do art. 934, o empregador e o comitente somente poderão agir regressivamente contra o empregado ou preposto se estes tiverem causado dano com dolo ou culpa".

Art. 934: 2. v. arts. 304 a 307. S/ incapacidade, v. arts. 3º e 4º.

Art. 934: 3. v. art. 349, nota 1 (Súmula 188 do STF), e art. 735, nota 1 (Súmula 187 do STF).

Art. 935. A responsabilidade civil é independente da criminal,[1-1a] não se podendo questionar mais sobre a existência do fato, ou sobre quem seja o seu autor, quando estas questões se acharem decididas no juízo criminal.[2-3] [Dispositivo correspondente no CC/1916: art. 1.525.]

Art. 935: 1. v. CPP 63 a 67 e 92 a 94, CP 91-I, CPC 313-V-*a*, 315 e 515-VI; Lei 13.869/2019, arts. 6º a 8º.

✎ **Art. 935: 1a.** "Jurisdição penal e civil: integração e conflitos", por Ênio Santarelli Zuliani (RSDCPC 38/130).

Art. 935: 2. CPP: "Art. 65. Faz coisa julgada no cível a sentença penal que reconhecer ter sido o ato praticado em estado de necessidade, em legítima defesa, em estrito cumprimento de dever legal ou no exercício regular de direito.

"Art. 66. Não obstante a sentença absolutória no juízo criminal, a ação civil poderá ser proposta quando não tiver sido, categoricamente, reconhecida a inexistência material do fato.

"Art. 67. Não impedirão igualmente a propositura da ação civil:

"I — o despacho de arquivamento do inquérito ou das peças de informação;

"II — a decisão que julgar extinta a punibilidade;

"III — a sentença absolutória que decidir que o fato imputado não constitui crime".

Art. 935: 3. Enunciado 45 do CEJ: "No caso do art. 935, não mais se poderá questionar sobre a existência do fato ou sobre quem seja o seu autor se estas questões se acharem categoricamente decididas no juízo criminal".

"Para fins de indenização por danos morais, em razão de ofensas dirigidas em programa jornalístico, o fato de a queixa-crime ter sido julgada procedente, implica a impossibilidade de indagação sobre a ofensa injuriosa ou sobre sua autoria, nos termos do art. 935 do CC/02" (RT 846/289; ementa da redação).

"Faz coisa julgada no cível a sentença penal que reconhecer ter sido o ato praticado em exercício regular de direito. A afirmação de que a publicação da matéria jornalística se deu no exercício regular do direito-dever de imprensa constitucionalmente assegurado, tratando-se, portanto, de um ato lícito, em decisão penal com trânsito em julgado, impede a reabertura da discussão no cível para indagar acerca do direito à reparação civil, especialmente em se tratando de responsabilidade civil subjetiva" (STJ-3ª T., REsp 1.793.052, Min. Ricardo Cueva, j. 1.12.20, maioria, DJ 10.12.20).

"A sentença absolutória criminal, em relação a um dos corréus, deu-se com fundamento no art. 386, IV, do CPP — reconhecendo que esse corréu, ora agravado, não concorreu para o acidente que levou a óbito a filha dos ora recorrentes —, razão pela qual não se mostrava possível ao juízo cível perscrutar novamente a dinâmica dos fatos, de forma a responsabilizar o recorrido, por acarretar violação à coisa julgada, nos termos do art. 935, do CC" (STJ-3ª T., Ag em REsp 1.380.027-AgInt, Min. Marco Bellizze, j. 29.6.20, DJ 3.8.20).

"O juízo cível somente está vinculado à decisão proferida no juízo criminal em relação ao fato e à autoria, nos termos do art. 935 do CC. A decisão fundamentada na ausência de justa causa para o exercício da ação penal, como no presente caso, não restringe o exame da questão na esfera cível" (STJ-4ª T., Ag em REsp 412.858-AgRg, Min. Isabel Gallotti, j. 5.6.14, DJ 20.6.14).

"A decisão fundamentada na falta de provas aptas a ensejar a condenação criminal, como no particular, não restringe o exame da questão na esfera cível. A sentença criminal ainda não transitada em julgado revela-se inapta a irradiar o efeito vinculante pretendido pelo recorrente" (STJ-3ª T., REsp 1.164.236, Min. Nancy Andrighi, j. 21.2.13, DJ 28.2.13).

"Em caso de sentença condenatória com trânsito em julgado, há incontornável dever de indenizar, e em caso de sentença absolutória em virtude do reconhecimento de inexistência do fato, da negativa de autoria, não haverá dever de indenizar. Não havendo sentença condenatória com trânsito em julgado, deve-se avaliar os elementos de prova para aferir a responsabilidade do réu pela reparação do dano. No caso, ainda que ausente a condenação criminal definitiva, não se pode negar a existência incontroversa do dano sofrido pela autora com a morte de seu filho e a autoria do crime que gerou esse dano. A acentuada reprovabilidade da conduta do réu, ainda que a vítima apresentasse comportamento agressivo e que tenha havido 'luta corporal' entre vítima e o réu, não afasta o dever do causador do dano de indenizar" (STJ-3ª T., REsp 1.829.682, Min. Ricardo Cueva, j. 2.6.20, DJ 9.6.20).

"A sentença criminal que, em decorrência da insuficiência de provas, absolve o condutor do veículo acidentado com base no art. 386, VI, do CPP, sem negar a autoria ou a materialidade do fato, não gera a preclusão da discussão da culpa da pessoa jurídica de que possa decorrer eventual responsabilidade civil" (STJ-4ª T., REsp 594.392, Min. Cesar Rocha, j. 6.4.04, DJ 13.9.04). Em sentido semelhante: STJ-3ª T., REsp 228.414, Min. Ari Pargendler, j. 6.12.01, DJ 25.3.02; STJ-2ª T., REsp 1.780.046, Min. Herman Benjamin, j. 15.8.19, DJ 11.10.19.

"A sentença criminal absolutória por ausência de culpa do réu não se amolda a quaisquer das ressalvas previstas no art. 1.525 do CC/16 (*art. 935 do CC/02*), segundo o qual a responsabilidade criminal repercutirá na civil apenas quando se acharem decididas no juízo criminal a existência do fato ou quem seja o seu autor, caso em que tais questões não mais poderão ser discutidas" (STJ-RT 856/170: 4ª T., REsp 789.072).

"A decisão na esfera criminal somente gera influência na jurisdição cível, impedindo a rediscussão do tema, quando tratar de aspectos comuns às duas jurisdições, ou seja, quando tratar da materialidade do fato ou da autoria, segundo previsto no art. 935 do CC/02 (que repetiu o disposto no art. 1.525 do CC/16). O reconhecimento da legítima defesa do vigilante no juízo criminal não implica, automaticamente, a impossibilidade de a parte autora requerer indenização pelos danos ocorridos, especialmente quando, como no caso ora em análise, pugna pelo reconhecimento da responsabilidade civil objetiva do banco e da empresa de vigilância, obrigados em face do risco da atividade" (STJ-4ª T., REsp 686.486, Min. Luis Felipe, j. 14.4.09, DJ 27.4.09).

"A responsabilidade civil é independente da criminal, não interferindo, pois, no andamento da ação de reparação de danos que tramita no juízo cível eventual absolvição por sentença criminal que, a despeito de reconhecer a culpa exclusiva da vítima pelo acidente, não ilide a autoria ou a existência do fato" (STJ-RJTJERGS 265/40: 3ª T., REsp 759.120). No mesmo sentido: STJ-2ª T., REsp 1.140.387, Min. Herman Benjamin, j. 13.4.10, DJ 23.4.10; STJ-4ª T., REsp 964.851-AgRg-EDcl, Min. João Otávio, j. 5.8.10, DJ 19.8.10.

"Tendo em vista a independência das esferas cível e criminal, a absolvição nesse juízo apenas vincula a esfera cível quando restar reconhecida a inexistência do fato ou atestar não ter sido o demandado seu autor, o que não ocorreu no caso, posto que o juízo reconheceu apenas não constituir o fato infração penal e não a inexistência do fato em si" (STJ-2ª T., Ag em REsp 519.456-AgRg, Min. Mauro Campbell, j. 21.8.14, DJ 26.8.14).

"O reconhecimento da prescrição retroativa, por se referir à forma de prescrição da pretensão punitiva, extingue a punibilidade, afastando todos os efeitos principais (aqueles concernentes à imposição das penas ou medidas de segurança) e secundários da sentença penal condenatória (custas, reincidência, confisco etc.), incluindo-se nestes últimos o efeito civil de que trata o art. 91, I, do Código Penal. Afastado o obrigatório aproveitamento da sentença penal condenatória que não transitou em julgado, deve o juízo cível, no âmbito de sua livre convicção, pautar-se nos elementos de prova apresentados no âmbito de todo o processo, inclusive em eventual prova emprestada do processo criminal do qual tenha participado o réu (garantia do contraditório), a fim de aferir a responsabilidade da parte ré pela reparação do dano. Recurso especial parcialmente provido, com retorno dos autos ao colendo Tribunal *a quo*, para novo julgamento da apelação cível" (STJ-4ª T., REsp 678.143, Min. Raul Araújo, j. 22.5.12, DJ 30.4.13). No mesmo sentido: STJ-3ª T., REsp 1.642.331, Min. Nancy Andrighi, j. 24.4.18, DJ 18.5.18.

"O que é defeso por força do disposto no art. 935 do Código Civil é tão somente que o juízo cível contrarie a existência do fato e a autoria afirmadas pela Justiça criminal. Fora isso, conclusões outras acerca do dever dos agravantes de indenizar a agravada devem derivar do entendimento do julgador sobre a responsabilidade civil daqueles — a partir das provas a serem produzidas no processo —, sem nenhum vínculo de dependência com a compreensão alcançada pela Justiça penal, até mesmo porque, consoante já exaustivamente frisado, a ação penal em questão não absolveu os agravantes da prática do crime, afinal, estes não foram denunciados" (STJ-3ª T., Ag em REsp 504.470-EDcl-AgRg, Min. Marco Bellizze, j. 23.10.14, DJ 4.11.14).

Art. 936. O dono, ou detentor,[1] do animal ressarcirá o dano por este causado,[1a] se não provar culpa da vítima[2] ou força maior.[3 a 6] [Dispositivo correspondente no CC/1916: art. 1.527-III e IV.]

Art. 936: 1. "Presume-se guardião da coisa o proprietário, de sorte que, ocorrendo fato danoso, sobre ele recai o dever de indenizar. Porém, demonstrado que a guarda foi, de fato, transferida a terceiro (como ocorre, v. g., nos contratos de locação, comodato, depósito e penhor), não é possível responsabilizar aquele que não mais ostentava poder fático sobre o bem" (RT 919/1.169: TJSC, AP 2009.066890-2).

Art. 936: 1a. v. LCP 31.

Art. 936: 2. v. art. 945.

Art. 936: 3. v. art. 393.

Art. 936: 4. "O tratamento legal acerca da responsabilidade civil por fato de animal, atualmente, não mais apenas prega a presunção de culpa em desfavor do dono ou detentor do animal. Na verdade o Código Civil de 2002 trouxe em seu bojo o entendimento de que se trata de **responsabilidade objetiva,** que independe de culpa, restando afastada apenas quando comprovada culpa da vítima ou força maior" (RJTJERGS 272/280: AP 70022138721).

Art. 936: 5. "Incumbe ao dono a obrigação de cuidar do animal e, portanto, da cerca do pasto em que o gado se encontra, respondendo pelo prejuízo causado por invasão de imóvel vizinho" (JTJ 312/205).

Art. 936: 6. "Contexto probatório evidencia que o bovino que ingressou no leito da rodovia integrava o rebanho de propriedade do demandado. Responsabilidade objetiva do proprietário pelos danos causados pelo animal nos termos do CC 936. Ausente a comprovação de mácula na conduta do demandante" (RF 411/381: TJRS, AP 70035596972).

Art. 937. O dono de edifício ou construção responde pelos danos que resultarem de sua ruína, se esta provier de falta de reparos, cuja necessidade fosse manifesta.[1] [Dispositivo correspondente no CC/1916: art. 1.528.]

Art. 937: 1. v. art. 1.280; cf. art. 618.

Art. 938. Aquele que habitar prédio, ou parte dele, responde pelo dano proveniente das coisas que dele caírem ou forem lançadas em lugar indevido.[1-2] [Dispositivo correspondente no CC/1916: art. 1.529.]

Art. 938: 1. "Na impossibilidade de identificar o causador, o condomínio responde pelos danos resultantes de objetos lançados sobre prédio vizinho" (STJ-3ª T., REsp 246.830, Min. Gomes de Barros, j. 22.2.05, DJU 14.3.05). No mesmo sentido: RT 848/323, JTJ 324/459 (AP 160.237-4/4-00).

Art. 938: 2. s/ condomínio, v. arts. 1.331 a 1.358 e LCE (no tít. CONDOMÍNIO E INCORPORAÇÃO).

Art. 939. O credor que demandar o devedor antes de vencida a dívida,[1] fora dos casos em que a lei o permita,[2] ficará obrigado a esperar o tempo que faltava para o vencimento, a descontar os juros correspondentes, embora estipulados, e a pagar as custas em dobro. [Dispositivo correspondente no CC/1916: art. 1.530.]

Art. 939: 1. v. art. 941; cf. art. 162. S/ cobrança indevida, contra o consumidor, v. CDC 42 § ún. V. tb. CPC 79 a 81 (dano processual) e EA 32 § ún. (responsabilidade solidária do advogado).

Art. 939: 2. v. arts. 333, 1.425, 1.426, 1.465.

Art. 940. Aquele que demandar por dívida já paga, no todo ou em parte, sem ressalvar as quantias recebidas ou pedir mais do que for devido, ficará obrigado a pagar ao devedor, no primeiro caso, o dobro do que houver cobrado e, no segundo, o equivalente do que dele exigir, salvo se houver prescrição.[1 a 5] [Dispositivo correspondente no CC/1916: art. 1.531.]

Art. 940: 1. v. art. 941. S/ cobrança indevida contra o consumidor, v. CDC 42 § ún. e notas. V. tb. CPC 79 a 81 (dano processual) e 776 (responsabilidade do exequente) e EA 32 § ún. (responsabilidade solidária do advogado).

Art. 940: 2. Súmula 159 do STF: "Cobrança excessiva, mas de boa-fé, não dá lugar às sanções do art. 1.531 do Código Civil". O art. 1.531 do CC antigo corresponde ao atual art. 940.

"Não incide a sanção do art. 1.531 do CC/16 contra aquele que não é credor, pois o dispositivo pressupõe uma vinculação de confiança anterior entre as partes, ou seja, uma dívida existente já paga, no todo ou em parte, sem ressalva das quantias já recebidas" (STJ-4ª T., REsp 788.700, Min. Luis Felipe, j. 10.11.09, DJ 30.11.09).

"É entendimento desta Corte que a aplicação da sanção prevista no art. 1.531 do CC de 1916 (mantida pelo art. 940 do CC/02) — pagamento em dobro por dívida já paga ou pagamento equivalente a valor superior do que é devido — depende da demonstração de má-fé, dolo ou malícia, por parte do credor" (STJ-1ª T., REsp 697.133, Min. Teori Zavascki, j. 18.10.05, DJU 7.11.05). No mesmo sentido: STJ-2ª T., REsp 595.706, Min. Castro Meira, j. 12.8.08, DJ 2.9.08; STJ-2ª Seção, REsp 1.111.270, Min. Marco Buzzi, j. 25.11.15, DJ 16.2.16; RT 871/240, JTJ 314/46 (AP 1.024.076-0/3), RJM 195/187 (AP 1.0313.09.278295-9/001).

"Por terem fundamentos diferentes, o reconhecimento da litigância de má-fé não importa aplicação automática da penalidade do artigo 1.531 do estatuto revogado" (STJ-3ª T., REsp 730.861, Min. Castro Filho, j. 10.10.06, DJU 13.11.06). No mesmo sentido: STJ-4ª T., REsp 1.455.017-AgInt-EDcl-AgInt, Min. Isabel Gallotti, j. 27.2.18, DJ 8.3.18. Mas: "Sendo uma só a conduta supostamente caracterizadora tanto da litigância de má-fé quanto do dolo na cobrança de dívida já paga — qual seja, a recusa de submeter parte dos livros contábeis à análise pericial — e não tendo o Tribunal Estadual enquadrado esse comportamento nas hipóteses do art. 17 do CPC, deve-se, por coerência, afastar também a incidência da sanção do art. 1.531 do CC/16" (STJ-3ª T., REsp 1.286.704, Min. Nancy Andrighi, j. 22.10.13, DJ 28.10.13).

"Aplicação simultânea dos institutos de direito material e processual. Possibilidade. As penalidades decorrentes da violação das normas contidas nos arts. 17, 18 do Estatuto Processual Civil e 940 do Código Civil são distintas, pois destinam-se à proteção e à eficácia de objetos jurídicos diversos. A primeira tutela a prestação jurisdicional, o processo e as suas finalidades. Já a segunda visa a defesa das relações jurídicas materiais, com o escopo de conformá-las com os vetores morais vigentes" (STJ-4ª T., REsp 1.339.625, Min. Marco Buzzi, j. 17.12.13, DJ 14.2.14).

"A simples circunstância de o credor haver deixado de deduzir do montante cobrado o valor da caução contratual não dá ensejo, por si só, à sanção cominada no art. 1.531 do CC de 1916" (STJ-2ª T., REsp 595.706, Min. Castro Meira, j. 12.8.08, DJ 2.9.08).

"A incidência da norma do art. 1.531 do CC (*atual art. 940 do CC*) pressupõe a cobrança judicial de dívida já paga, não se lhe assimilando a cobrança de dívida forjada" (STJ-3ª T., REsp 892.839, Min. Ari Pargendler, j. 21.8.08, DJ 26.3.09).

"A discussão judicial de cláusulas contratuais, com controvérsia acerca de seu alcance e da extensão exata das obrigações pactuadas, não se identifica com a hipótese 'cobrança indevida', núcleo do suporte fático do art. 1.531 (*atual art. 940 do CC*) a condicionar a sanção do pagamento em dobro do que cobrado. A ação de execução e a ação cautelar que lhe correspondia foram extintas não por se considerar inexistente a dívida e indevida a cobrança — fatos ainda controvertidos — mas por se considerar inexistente o título executivo, por ausência de liquidez e exigibilidade. Assim, foi a exequente considerada carecedora da ação executiva, sem que se possa impor a ela o pagamento em dobro do que pretendia haver do executado. Sentindo-se prejudicado pela constrição decorrente da concessão de medida cautelar de arresto pedida pela recorrida, pode a recorrente ajuizar ação autônoma a fim de provar os danos materiais e morais alegados, mas não exigir em embargos do devedor, a aplicação do preceito do art. 1531 do Código Civil (1916) — pagamento em dobro da dívida exigida na ação de execução" (STJ-3ª T., REsp 759.690, Min. Sidnei Beneti, j. 6.10.09, DJ 3.11.09).

"A repetição do indébito de valores cobrados por instituição financeira, quando concernente a taxas e índices objeto de controvérsia mesmo no âmbito do Poder Judiciário há ser feita na forma simples" (STJ-4ª T., REsp 1.226.286-AgRg, Min. Aldir Passarinho Jr., j. 22.3.11, DJ 28.3.11).

"A iniciativa da empresa recorrida de reajustar as prestações do plano de saúde, com base na mudança da faixa etária, encontra-se amparada em cláusula contratual e presumidamente aceita pelas partes. Desse modo, não há razão para concluir que a conduta da administradora do plano de saúde foi motivada por má-fé, de forma a possibilitar a repetição em dobro de valores" (STJ-4ª T., Ag em REsp 268.154-AgRg, Min. Luis Felipe, j. 11.2.14, DJ 14.2.14).

"Quando a cobrança estiver calcada em cláusula de contrato que as partes livremente pactuaram, ainda que seja ela declarada nula, não se vislumbra, *a priori*, má-fé ou dolo" (RT 862/261).

"Este Tribunal admite a aplicação da penalidade estabelecida no art. 1.531 do CC/16 (*art. 940 do CC/02*) somente quando demonstrada conduta maliciosa do credor. Pratica conduta maliciosa o credor que, após demonstrado cabalmente o pagamento pelo devedor, insiste na cobrança de dívida já paga e continua praticando atos processuais, levando o processo até o final" (STJ-3ª T., REsp 608.887, Min. Nancy Andrighi, j. 18.8.05, dois votos vencidos, DJU 13.3.06).

"O ajuizamento de execução, quando o credor já recebeu, pela seguradora, parte da importância cobrada, e o restante, no curso da própria ação, constitui-se em vulneração do art. 940 do CC-02, e desobediência à regra de conduta de boa-fé entre os contratantes" (STJ-3ª T., REsp 1.068.271, Min. Nancy Andrighi, j. 24.4.12, DJ 15.6.12).

Art. 940: 3. "A aplicação da sanção civil do pagamento em dobro por cobrança judicial de dívida já adimplida (cominação encartada no artigo 1.531 do Código Civil de 1916, reproduzida no artigo 940 do Código Civil de 2002) pode ser postulada pelo réu na própria defesa, **independendo** da propositura **de ação autônoma ou** do manejo de **reconvenção,** sendo imprescindível a demonstração de má-fé do credor" (STJ-2ª Seção, REsp 1.111.270, Min. Marco Buzzi, j. 25.11.15, DJ 16.2.16). Em sentido semelhante: STJ-2ª T., REsp 759.929, Min. Eliana Calmon, j. 21.6.07, DJU 29.6.07.

"Nos termos do art. 745, V, do CPC/73 (reproduzido no art. 917 do NCPC), todas as matérias defensivas podem ser suscitadas nos **embargos do devedor,** devendo ser considerada como tal a incidência da penalidade prevista no art. 940 do CC na medida em que implica abuso do direito de ação que deve ser sancionado de forma análoga à do art. 18 do CPC/73, correspondente ao art. 81 do NCPC" (STJ-3ª T., REsp 1.638.535, Min. Moura Ribeiro, j. 7.2.17, DJ 4.4.17).

Indo além, para afirmar a "possibilidade da imposição da sanção civil prevista no art. 1.531 do CC/16 até mesmo de ofício porque ela configura um exercício abusivo do direito de ação, assim como ocorre na litigância de má-fé": STJ-2ª Seção, ED no REsp 1.106.999, Min. Moura Ribeiro, j. 27.2.19, DJ 13.3.19.

Contra, no sentido de que "a aplicação do artigo 1.531 do Código Civil está sujeita à reconvenção": STJ-3ª T., AI 326.119-AgRg, Min. Ari Pargendler, j. 17.4.01, DJU 4.6.01.

Art. 940: 4. "Conquanto represente pena e imponha indenização tarifada, cuja base de cálculo equivale ao dobro do valor cobrado por dívida já paga, por dizer respeito a espécie de responsabilidade civil, a aplicação do art. 940 do CC não pode resultar em condenação exorbitante, sem nenhuma correlação com a dívida quitada e com os danos sofridos. O valor indenizado, ainda que presumido por lei, conforme a regra geral do art. 944 do CC, deve sempre estar relacionado com a extensão do dano" (STJ-3ª T., REsp 1.119.803, Min. Ricardo Cueva, j. 3.5.12, DJ 13.9.12).

Art. 940: 5. "Na espécie, a construtora não tinha a possibilidade de satisfazer a obrigação pecuniária — a sanção privada, prevista no art. 940 do CC/02, de pagamento em dobro de quantia cobrada e já paga — enquanto não fixada esta obrigação pelo Tribunal de origem. Portanto, são devidos os **juros moratórios** desde a data em que condenada a construtora à pena prevista no art. 940 do CC/02. A **correção monetária** tem por objetivo exatamente a recomposição no tempo do valor da moeda em que se expressa determinada obrigação pecuniária. Logo, na presente hipótese, deve-se reconhecer que o termo inicial de sua incidência remonta à data em que se deu o ajuizamento da ação monitória, já que o valor, à época em que cobrado indevidamente — e que deverá ser restituído ao condomínio —, é que deve submeter-se à correção monetária" (STJ-3ª T., REsp 1.628.544, Min. Nancy Andrighi, j. 11.6.19, DJ 13.6.19).

Art. 941. As penas previstas nos arts. 939 e 940 não se aplicarão quando o autor desistir da ação[1] antes de contestada a lide, salvo ao réu o direito de haver indenização por algum prejuízo[2] que prove ter sofrido. [Dispositivo correspondente no CC/1916: art. 1.532.]

Art. 941: 1. v. CPC 200 § ún. e 485-VIII.

Art. 941: 2. v. arts. 402 a 405 e CPC 79 a 81.

Art. 942. Os bens do responsável pela ofensa ou violação do direito de outrem ficam sujeitos à reparação do dano causado;[1] e, se a ofensa tiver mais de um autor,[2] todos responderão solidariamente[3] pela reparação.[3a-3b] [Dispositivo correspondente no CC/1916: art. 1.518-*caput*.]

Parágrafo único. São solidariamente responsáveis com os autores os coautores e as pessoas designadas no art. 932.[4-5] [Dispositivo correspondente no CC/1916: art. 1.518 § ún.]

Art. 942: 1. v. arts. 391 e 1.659-IV. V. tb. CPC 789.

Art. 942: 2. "Há coparticipação quando as condutas de duas ou mais pessoas concorrem efetivamente para o evento, gerando responsabilidade solidária. Cada um dos coagentes que concorre adequadamente para o evento é considerado pessoalmente causador do dano e obrigado a indenizar" (RF 378/314).

Art. 942: 3. v. arts. 275 a 285. V. tb. art. 944, nota 4b.

Art. 942: 3a. "Havendo mais de um causador de um mesmo dano ambiental, todos respondem solidariamente pela reparação, na forma do art. 942 do Código Civil. De outro lado, se diversos forem os causadores da degradação ocorrida em diferentes locais, ainda que contíguos, não há como atribuir-se a responsabilidade solidária adotando-se apenas o critério geográfico, por falta de nexo causal entre o dano ocorrido em um determinado lugar por atividade poluidora realizada em outro local" (STJ-RDPr 37/345: 2ª T., REsp 647.493).

Art. 942: 3b. "A solidariedade prevista no art. 1.518 do Código Civil de 1916 (art. 942 do Código Civil de 2002) tem suas bases na ilicitude do ato praticado, e não na impossibilidade de individualização das condutas" (STJ-4ª T., REsp 739.289, Min. Aldir Passarinho Jr., j. 4.5.10, DJ 24.5.10).

Art. 942: 4. Todavia, quanto às pessoas dos incs. I e II do art. 932, v. art. 928-*caput*, de acordo com o qual "o filho menor não é responsável solidário com seus genitores, pelos danos causados, mas subsidiário" (STJ-3ª T., REsp 1.319.626, Min. Nancy Andrighi, j. 26.2.13, DJ 5.3.13; a citação é do voto da relatora).

Art. 942: 5. "A diretoria de instituição de ensino é órgão da pessoa jurídica, por meio do qual esta pratica os atos inerentes à atividade de administração e direção da escola. Portanto, os ditos atos de direção, ainda que praticados por intermédio da pessoa física do diretor, são próprios da pessoa jurídica, e não de terceiro. Uma vez configurado o dano, surge a responsabilidade direta da pessoa jurídica ou por fato próprio. Ao ofendido é possível escolher entre ajuizar a ação reparatória do dano contra a pessoa jurídica em conjunto com a pessoa física que atuou como órgão daquela, causando o dano, ou separadamente, preferindo acionar um ou outro. Há um laço de solidariedade entre a pessoa jurídica e a física, a qual age como órgão daquela, causando dano a terceiro (CC/16, art. 1.518; CC/02, art. 942)" (STJ-4ª T., REsp 705.870, Min. Raul Araújo, j. 21.8.12, DJ 23.4.13).

Art. 943. O direito de exigir reparação e a obrigação de prestá-la transmitem-se com a herança.[1] [Dispositivo correspondente no CC/1916: art. 1.526.]

Art. 943: 1. dentro das forças desta (v. arts. 1.792, 1.821 e 1.997-*caput*); v. tb. art. 1.700. V. ainda arts. 12 § ún. (legitimidade para a tutela de direito da personalidade), 20 § ún. (legitimidade para a tutela da honra). No CPC, v. art. 75-VII (representação do espólio em juízo).

Capítulo II | DA INDENIZAÇÃO

Art. 944. A indenização mede-se pela extensão do dano.[1 a 5b] [Sem dispositivo correspondente no CC/1916.]

Parágrafo único. Se houver excessiva desproporção entre a gravidade da culpa e o dano, poderá o juiz reduzir, equitativamente, a indenização.[6-7] [Sem dispositivo correspondente no CC/1916.]

✎ **Art. 944: 1.** "Os artigos 944 e 945 do novo Código Civil brasileiro: grau de culpa e redução equitativa da indenização", por Miguel Kfouri Neto (RJ 318/60); "Por uma nova teoria da reparação por danos morais", por Nehemias Domingos de Melo (RSDCPC 33/66).

Art. 944: 2. s/ indenização por danos morais, v. tb. art. 186 e notas; s/ extensão do dano, v. tb. art. 402 e notas; s/ indenização em caso de homicídio, v. art. 948 e notas.

Art. 944: 3. Súmula 491 do STF (Morte de filho menor): "É indenizável o acidente que cause a morte de filho menor, ainda que não exerça trabalho remunerado".

✎ "Súmula 491 do STF *versus* Súmula 37 do STJ", por Yussef Said Cahali (RF 379/173).

Súmula 562 do STF (Correção monetária): "Na indenização de danos materiais decorrentes de ato ilícito cabe a atualização de seu valor, utilizando-se, para esse fim, dentre outros critérios, dos índices de correção monetária".

Súmula 37 do STJ: "São cumuláveis as indenizações por dano material e dano moral oriundos do mesmo fato".

Súmula 43 do STJ (Correção monetária): "Incide a correção monetária sobre dívida por ato ilícito a partir da data do efetivo prejuízo".

Súmula 54 do STJ (Juros de mora): "Os juros moratórios fluem a partir do evento danoso, em caso de responsabilidade extracontratual". V. art. 398.

Súmula 246 do STJ: "O valor do seguro obrigatório deve ser deduzido da indenização judicialmente fixada" (v. jurisprudência s/ esta Súmula em RT 787/183 e RSTJ 144/239).

"A dedução do valor do seguro obrigatório da indenização judicialmente fixada dispensa a comprovação de seu recebimento ou mesmo de seu requerimento" (STJ-2ª Seção, ED no REsp 1.191.598, Min. Marco Bellizze, j. 26.4.17, DJ 3.5.17).

Todavia, negando a dedução em caso de dano moral acontecido no contexto de acidente de veículo, por entender que o prejuízo identificado no caso não estava coberto pelo seguro DPVAT: STJ-2ª Seção, REsp 1.365.540, Min. Nancy Andrighi, j. 23.4.14, DJ 5.5.14.

V. tb. Lei 6.194, de 19.12.74, art. 3º, nota 6 (no tít. SEGUROS).

Súmula 498 do STJ: "Não incide imposto de renda sobre a indenização por danos morais".

"A indenização por dano estritamente moral não é fato gerador do imposto de renda, pois limita-se a recompor o patrimônio imaterial da vítima, atingido pelo ato ilícito praticado. *In casu*, a negativa de incidência do imposto de renda não se faz por força de isenção, mas em decorrência da ausência de riqueza nova — oriunda dos frutos do capital, do trabalho ou da combinação de ambos — capaz de caracterizar acréscimo patrimonial. A indenização por dano moral não aumenta o patrimônio do lesado, apenas o repõe, pela via da substituição monetária, *in statu quo ante*. A vedação de incidência do imposto de renda sobre indenização por danos morais é também decorrência do princípio da reparação integral, um dos pilares do Direito brasileiro. A tributação, nessas circunstâncias e, especialmente, na hipótese de ofensa a direitos da personalidade, reduziria a plena eficácia material do princípio, transformando o erário simultaneamente em sócio do infrator e beneficiário do sofrimento do contribuinte" (STJ-RDPr 39/334: 1ª Seção, REsp 963.387).

Com isso, tende a ficar superado o entendimento no sentido da incidência do imposto de renda nessas circunstâncias (p/ esse entendimento, v. STJ-1ª T., REsp 748.868).

Art. 944: 3a. Enunciado 379 do CEJ: "O art. 944, *caput*, do Código Civil não afasta a possibilidade de se reconhecer a função punitiva ou pedagógica da responsabilidade civil".

Art. 944: 4. "Os valores recebidos a título de indenização não sofrem a incidência do imposto sobre a renda, pois representam compensação pela perda da capacidade laboral, e não acréscimo patrimonial. Ainda que a indenização seja paga sob a forma de pensionamento mensal, os pagamentos não perdem a natureza indenizatória, não subsistindo razão para a retenção de imposto de renda na fonte" (STJ-4ª T., REsp 1.106.854, Min. Raul Araújo, j. 4.10.11, DJ 17.10.11). Da mesma forma, "não pode haver a dedução de quaisquer parcelas pagas à vítima a título de benefício previdenciário" (STJ-4ª T., REsp 248.412, Min. Aldir Passarinho Jr., j. 9.4.02, DJU 19.8.02).

Art. 944: 4a. "As duas únicas variações que abrem a possibilidade de alteração do valor da **prestação de alimentos decorrentes de indenização por ato ilícito** são: (i) o decréscimo das condições econômicas da vítima, dentre elas inserida a eventual defasagem da indenização fixada; (ii) a capacidade de pagamento do devedor: se houver acréscimo, possibilitará o pedido de revisão para mais, por parte da vítima, até atingir a integralidade do dano material futuro; se sofrer decréscimo, possibilitará pedido de revisão para menos, por parte do próprio devedor, em atenção a princípios outros, como a dignidade da pessoa humana e a própria faculdade então outorgada pelo art. 602, § 3º, do CPC (atual art. 475-Q, § 3º, do CPC). Entendimento em sentido contrário puniria a vítima do ilícito, por ter, mediante esforço sabidamente incomum, revertido situação desfavorável pelas limitações físicas sofridas" (STJ-RMDCPC 27/107: 3ª T., REsp 913.431).

V. tb. art. 950, nota 1c.

Art. 944: 4b. "Tendo o autor da ação de indenização obtido do empregador o ressarcimento pleno dos danos materiais, morais e estéticos sofridos em decorrência do acidente, não lhe assiste o direito de obter outra indenização para compor exatamente o mesmo dano já indenizado, ressalvada a existência de outro tipo de prejuízo não incluído na indenização trabalhista e, portanto, ainda não ressarcido. A **indenização** mede-se pela extensão do dano (Código Civil, art. 944), de forma que **não cabe multiplicá-la** conforme seja o número de partícipes do ato ilícito que o causou, todos eles **responsáveis solidários** pelo ressarcimento pleno do prejuízo (Código Civil, art. 942). O dano material — pensão correspondente ao trabalho para o qual a vítima ficou inabilitada — por sua natureza vitalícia haverá de ser composto ao longo dos anos. Isso não justifica o recebimento de duas pensões mensais, mas deve ser reconhecida a *solidariedade* dos responsáveis em face da vítima pelo pagamento da pensão, sendo exigível o pagamento mensal em face de cada um ou de todos os obrigados" (STJ-4ª T., Ag em REsp 1.505.915-AgInt, Min. Isabel Gallotti, j. 16.6.20, maioria, DJ 4.8.20).

Art. 944: 5. No sentido de que a pessoa afetada pela perda de capacidade laborativa que já recebe o respectivo **benefício previdenciário** pode receber, ainda, indenização por danos materiais com base no mesmo evento danoso: STJ-4ª T., REsp 476.409, Min. Aldir Passarinho Jr., j. 26.2.08, DJU 14.4.08. Em sentido semelhante: STJ-3ª T., REsp 1.295.001-AgRg, Min. Paulo Sanseverino, j. 25.6.13, DJ 1.7.13.

V. tb. art. 948, nota 3.

Art. 944: 5a. "A extensão do dano, enquanto medida da indenização, deve ser apurada por critério que aponte o real desfalque no patrimônio da vítima. Tratando-se o dano material da perda dos bens entregues em garantia (joias empenhadas), e não de indenização por posição contratual, deve-se apurar o valor de mercado, real e atual, do bem perdido" (STJ-3ª T., REsp 1.320.973, Min. Nancy Andrighi, j. 18.3.14, DJ 26.3.14).

S/ impossibilidade de restituição do bem empenhado e valor a ser pago, v. tb. CDC 51, nota 1e. S/ prescrição nessas circunstâncias, v. CDC 27, nota 2c.

Art. 944: 5b. "Na hipótese em que se divulga ao mercado informação desabonadora a respeito de empresa-concorrente, gerando-se desconfiança geral da cadeia de fornecimento e dos consumidores, agrava-se a culpa do causador do dano, que resta beneficiado pela lesão que ele próprio provocou. Isso justifica o aumento da indenização fixada, de modo a incrementar o seu caráter pedagógico, prevenindo-se a repetição da conduta" (STJ-3ª T., REsp 1.353.896, Min. Nancy Andrighi, j. 20.5.14, DJ 15.8.14).

✎ **Art. 944: 6.** "Graus da culpa e redução equitativa da indenização", por Miguel Kfouri Neto (RT 839/47); "Redução da indenização na responsabilidade objetiva", por Kleber Luiz Zanchim (RDPr 33/201); "Indenização por equidade: desproporção entre a culpa e o dano", por Diogo Naves Mendonça (RMDCPC 28/80).

Art. 944: 7. **Enunciado 46 do CEJ:** "A possibilidade de redução do montante da indenização em face do grau de culpa do agente, estabelecida no parágrafo único do art. 944 do novo Código Civil, deve ser interpretada restritivamente, por representar uma exceção ao princípio da reparação integral do dano" (redação de acordo com o Enunciado 380 do CEJ).

Art. 945. Se a vítima tiver concorrido culposamente para o evento danoso,[1 a 3] a sua indenização será fixada tendo-se em conta a gravidade de sua culpa em confronto com a do autor do dano. [Sem dispositivo correspondente no CC/1916.]

Art. 945: 1. v. arts. 738 § ún. (transporte de pessoas), 936 (dono ou detentor de animal), LCh 39, nota 2 (endosso fraudulento).

Art. 945: 1a. **Enunciado 47 do CEJ:** "O art. 945 do Código Civil, que não encontra correspondente no Código Civil de 1916, não exclui a aplicação da **teoria da causalidade adequada".**

"A partir da teoria da causalidade adequada, a concorrência de culpas, que na verdade consubstancia concorrência de causas para o evento danoso, só deve ser admitida em casos excepcionais, quando não se cogita de preponderância causal manifesta e provada da conduta do agente. Sempre que seja possível estabelecer a inocuidade de um ato, ainda que imprudente, se não tivesse intervindo outro ato imprudente, não se deve falar de concorrência de culpa, ou seja, a culpa grave necessária e suficiente para o dano exclui a concorrência de culpas" (STJ-3ª T., REsp 1.007.692, Min. Nancy Andrighi, j. 17.8.10, DJ 14.10.10).

"A configuração da culpa concorrente exige a simultaneidade dos atos jurídicos. Em consequência, a sucessividade no descumprimento dos deveres contratuais implica o seu afastamento" (STJ-3ª T., REsp 1.581.075, Min. Moura Ribeiro, j. 19.3.19, DJ 22.3.19).

Art. 945: 2. **Casos em que se afirmou haver culpa concorrente:**

— "Mal conservado o muro que cerca a **via férrea,** viabilizando a passagem de pedestre, o **atropelamento** deste resulta de concorrência de culpas: do pedestre, por imprudência; da empresa que explora a ferrovia, por negligência" (STJ-Bol. AASP 2.516/4.261: 3ª T., REsp 778.466). No mesmo sentido: STJ-2ª T., REsp 1.155.559, Min. Herman Benjamin, j. 25.5.10, DJ 30.6.10; RSTJ 202/381 (4ª T., REsp 705.859). "A vítima teve acesso aos trilhos por intermédio de passagem clandestina, ocasião em que foi colhida por composição férrea pertencente à recorrida. Em situações como a relatada nos autos, a jurisprudência desta Corte Superior é tranquila em reconhecer a concorrência de culpa da vítima e da empresa prestadora de serviço público" (STJ-4ª T., REsp 503.046, Min. Luis Felipe, j. 28.4.09, DJ 25.5.09).

"Em casos de atropelamentos por composição férrea, com vítima fatal, a jurisprudência desta Corte entende que a aferição quanto ao cenário do local do acidente é ponto nodal para se determinar a quem deve ser imputada a culpa, porquanto cabe à empresa prestadora do serviço impedir que pedestres invadam a área destinada ao trânsito férreo. Isso se dá, por exemplo, com a vigilância e cercamento de áreas propícias a tais infortúnios, notadamente as de grande concentração urbana, como é o caso" (STJ-4ª T., REsp 979.129, Min. Luis Felipe, j. 2.4.09, DJ 13.4.09).

"Não obstante constitua ônus da empresa concessionária de transporte ferroviário a fiscalização de suas linhas em meios urbanos, a fim de evitar a irregular transposição da via por transeuntes, é de se reconhecer a concorrência de culpas quando a vítima, tendo a sua disposição passarela construída nas proximidades para oferecer percurso seguro, age com descaso e imprudência, optando por trilhar caminho perigoso, levando-o ao acidente fatal" (STJ-4ª T., REsp 1.046.535, Min. Aldir Passarinho Jr., j. 18.6.09, DJ 10.8.09). No mesmo sentido: STJ-2ª Seção, REsp 1.172.421, Min. Luis Felipe, j. 8.8.12, RT 928/759.

Para situação similar em que se entendeu não haver culpa concorrente, v. nota seguinte; haver culpa exclusiva da vítima, v. nota 2a ao art. 17 do Dec. 2.681/1912, no tít. TRANSPORTE FERROVIÁRIO;

— "Admissível a concorrência de culpa em **transporte ferroviário,** quando verificado comportamento aventureiro da vítima, a dificultar, consideravelmente, a eficiência do serviço de fiscalização da empresa transportadora" (STJ-4ª T., REsp 746.894, Min. Aldir Passarinho Jr., j. 15.8.06, DJU 18.9.06; no caso, o passageiro viajava na escada do trem). Em sentido semelhante: STJ-3ª T., REsp 1.034.302, Min. Nancy Andrighi, j. 12.4.11, DJ 27.4.11. Para situação similar em que se entendeu: não haver culpa concorrente, v. nota seguinte; haver culpa exclusiva da vítima, v. nota 4 ao art. 17 do Dec. 2.681/1912, no tít. TRANSPORTE FERROVIÁRIO;

— **Acidente de trânsito.** "Há concorrência de culpas: a do motorista por atravessar o cruzamento simplesmente ignorando a **ausência da sinalização** que ali deveria existir, a da Municipalidade em decorrência de omissão que permitiu e contribuiu para um tal proceder" (RSTJ 197/222: 2ª T., REsp 716.250). No mesmo sentido: RSTJ 43/329 (1ª T., REsp 13.369);

— "Responde civilmente o órgão público competente pela conservação das **estradas** de rodagem por não tomar providências quanto à proteção de bueiro de captação de águas pluviais e **sinalização** indicativa de perigo, capaz de provocar acidentes com danos em transeuntes" (RIDA 7/395);

— "Ao mesmo tempo em que se exige da vítima, em tais circunstâncias, prudência e discernimento — já que pelo senso comum não se deve mergulhar em local desconhecido —, imperioso reconhecer, também, que, ao franquear a entrada de visitantes em **balneário público,** sejam eles menores ou não, deve o Estado proporcionar satisfatórias condições de segurança, mormente nos finais de semana" (STJ-2ª T., REsp 418.713, Min. Franciulli Netto, j. 20.5.03, DJU 8.9.03).

"Acidente. Tetraplegia. Negligência. Vítima em idade suficiente para antever o perigo. Falta de cautela. Concorrência de culpas. Subsistência da obrigação de indenizar. Redução do *quantum*. Caracterizada a culpa da **associação** e constatado que o comportamento do usuário também correu para o acidente, justifica-se aferir a existência de culpa concorrente e reduzir o valor da indenização" (STJ-3ª T., REsp 1.226.974, Min. João Otávio, j. 12.8.14, DJ 30.9.14). V. tb. nota seguinte;

— "A responsabilidade dos pais é dever decorrente do exercício do poder familiar, prerrogativa a que não podem renunciar. O Estatuto da Criança e do Adolescente (ECA) considera a vulnerabilidade da criança e do adolescente, impondo aos pais, em razão do poder familiar, obrigações materiais, afetivas, morais e psíquicas, entre as quais o dever de educar os filhos e sobre eles manter vigilância, preservando sua segurança. Ocorrido **acidente** que leve **menor** a óbito e constatado que, além da responsabilidade objetiva da empresa por ato de seu preposto, houve falha quanto ao **dever de vigilância dos pais** sobre o menor acidentado, caracterizada está a culpa concorrente, de forma que a indenização deve ser fixada na proporção da culpa de cada parte" (STJ-3ª T., REsp 1.415.474, Min. João Otávio, j. 14.6.16, DJ 16.6.16). V. tb. nota seguinte;

— "Situação em que se identifica, com base no voto médio, a concorrência de culpas da autora e do **banco,** a primeira por entregar o **cartão** e informar senha a pessoa amiga, que permitiu o acesso a terceiro sobre os dados sigilosos, e do réu por atuar negligentemente quando da solicitação, pelo fraudador, via telefônica, da transferência de valores da conta de poupança para a corrente, o que viabilizou a retirada subsequentemente" (RSTJ 193/401: 4ª T., REsp 235.385, maioria). V. tb. art. 927, nota 7a;

— "Pode o **banco** responder pelos danos sofridos por comerciante, quando recebe cheque como forma de pagamento, posteriormente devolvido por ser de **talonário furtado** ainda sob a guarda da instituição financeira. Resta caracterizada, no entanto, a culpa concorrente se o comerciante não toma cautelas mínimas quando do recebimento do cheque" (STJ-4ª T., REsp 435.230, Min. Sálvio de Figueiredo, j. 22.10.02, DJU 14.4.03).

"A guarda do talonário de cheques é de responsabilidade de seu titular; agindo este com negligência, não tendo a diligência necessária para evitar o furto do talão, assume o risco de restar caracterizada a culpa concorrente" (RJM 178/194). V. tb. art. 927, nota 7b;

— "Age com culpa o banco que não apresenta as informações necessárias para o **encerramento de conta bancária,** permitindo a evolução de saldo devedor e, posteriormente, a inscrição em órgão de proteção ao crédito, o que configura a responsabilidade contratual prevista no art. 14 do CDC. Mas, todavia, age também com culpa o consumidor que não verifica se o seu pedido de encerramento de conta bancária foi atendido, permanecendo inerte e não tomando as medidas necessárias para a verificação do atendimento de seu pleito de encerramento de conta ou de eventual saldo devedor, tomando o conhecimento de tal situação após passados quatro anos da solicitação de encerramento de conta bancária. Caracterização de culpa concorrente" (JTJ 322/2.654: AP 7.119.456-0);

— "De um lado, a prestadora do **serviço de telefonia** tem o dever de zelar, até porque maior interessada na relação, pela entrega da **fatura** no endereço indicado pelo cliente. Sem ela, não pode o consumidor conferir a prestação do serviço para fins de efetuar o pagamento. De outro, o assinante deve entrar em contato com a prestadora de serviços, informando-a do não recebimento da fatura na data aprazada" (STJ-RJ 293/99: 4ª T., REsp 327.420);

— "O acidente decorreu da concorrência de causas, uma vez que, concomitantemente à ausência da indispensável atuação fiscalizatória por parte da **concessionária de energia elétrica,** deve ser considerado o fato de que a residência da família foi construída de forma irregular, sem respeitar a distância mínima da rede de energia preexistente, o que possibilitou que, ao manusear uma barra de ferro próxima à fiação, a vítima viesse a sofrer o acidente fatal" (STJ-3ª T., REsp 1.693.414, Min. Marco Bellizze, j. 6.10.20, DJ 14.10.20). V. tb. art. 927, nota 14b;

— "Fuga de paciente menor de **estabelecimento hospitalar.** Agravamento da doença. Morte subsequente. Nexo de causalidade. Concorrência de culpas. Reconhecimento. Redução da condenação. As circunstâncias invocadas pelas instâncias ordinárias levaram a que concluíssem que a causa direta e determinante do falecimento do menor fora a omissão do hospital em impedir a evasão do paciente menor, enquanto se encontrava sob sua guarda para tratamento de doença que poderia levar à morte. Contudo, não se pode perder de vista sobretudo a atitude negligente dos pais após a fuga do menor, contribuindo como causa direta e também determinante para o trágico evento danoso. Está-se, assim, diante da concorrência de causas, atualmente prevista expressamente no art. 945 do Código Civil de 2002, mas, há muito, levada em conta pela doutrina e jurisprudência pátrias. A culpa concorrente é fator determinante para a redução do valor da indenização, mediante a análise do grau de culpa de cada um dos litigantes, e, sobretudo, das colaborações individuais para confirmação do resultado danoso, considerando a relevância da conduta de cada qual. O evento danoso resulta da conduta culposa das partes nele envolvidas, devendo a indenização medir-se conforme a extensão do dano e o grau de cooperação de cada uma das partes à sua eclosão" (STJ-4ª T., REsp 1.307.032, Min. Raul Araújo, j. 18.6.13, maioria, DJ 1.8.13). V. tb. CDC 14, nota 2;

— "A mera disponibilização ao empregado de **equipamentos de segurança** não isenta o **empregador** de responsabilidade em caso de acidentes. É necessário também que ele promova a fiscalização de sua utilização. Culpa concorrente do empregador reconhecida na morte do empregado, eletrocutado ao promover a manutenção de equipamentos em poste de alta tensão" (STJ-3ª T., REsp 555.468, Min. Nancy Andrighi, j. 4.10.05, DJU 14.11.05).

Art. 945: 3. Casos em que se afirmou não haver culpa concorrente:

— **Atropelamento por trem em via férrea.** "Se a prova dos autos revela a intenção da vítima, não de se utilizar do trecho para chegar à plataforma, mas de ocultar-se do público, na companhia de uma mulher, com outras finalidades, é de ser afastada a responsabilidade da empresa ré, uma vez que, na hipótese, o dever de guarda não se mostra apto a evitar a concretização da vontade das vítimas de permanecer, às escuras, em local inadequado. Ao assim proceder, assumiram a exclusividade da culpa pelo acidente" (STJ-3ª T., REsp 530.610, Min. Castro Filho, j. 22.3.07, DJU 16.4.07).

Para situação similar em que se entendeu: haver culpa concorrente, v. nota anterior; haver culpa exclusiva da vítima, v. nota 2a ao art. 17 do Dec. 2.681/1912, no tít. TRANSPORTE FERROVIÁRIO;

— "Risco assumido inteiramente pelo **'surfista ferroviário'**, sendo inexigível e até mesmo impraticável nessa hipótese a fiscalização por parte da empresa" (STJ-4ª T., REsp 261.027, Min. Barros Monteiro, j. 19.4.01, maioria, DJU 13.8.01). No mesmo sentido: RSTJ 73/405 (3ª T., REsp 60.929) Para situação similar em que se entendeu: haver culpa concorrente, v. nota anterior; haver culpa exclusiva da vítima, v. nota 4 ao art. 17 do Dec. 2.681/1912, no tít. TRANSPORTE FERROVIÁRIO;

— "Acidente de transporte. **Passageiro** que trafegava com **braço para fora** do coletivo. Colisão entre dois coletivos. Distensão muscular e cicatriz no braço. Culpa exclusiva da vítima reconhecida" (RT 874/332: TJRJ, AP 10425/08);

— Acidente de trânsito envolvendo pessoa não habilitada ou que dirigia com a **carteira de habilitação vencida** (v. art. 927, nota 4b);

— a falta de uso de **capacete** pelo motoqueiro em acidente causado por culpa exclusiva do motorista de veículo que obstruiu a passagem da moto (RT 868/322);

— "O **excesso de velocidade** não implica o reconhecimento da culpa concorrente se nem foi a causa determinante do acidente nem do agravamento dos danos sofridos" (STJ-3ª T., REsp 438.925, Min. Ari Pargendler, j. 7.4.03, DJU 2.6.03);

— "É exclusivamente do **pedestre** que, **desatento** ao tráfego, atravessa correndo a rua para alcançar parada de ônibus, a culpa pelo próprio atropelamento, em não havendo qualquer indício autuado de procedimento inadequado do condutor do veículo atropelante" (RMDCPC 17/133)

— "Ação de indenização por danos materiais e morais. Falecimento de menor impúbere vítima de **afogamento em piscina de clube associativo.** Não deve ser acolhida a alegação de culpa concorrente dos pais, o que importaria em redução do valor da indenização, haja vista que, tendo havido a aceitação tácita por parte da associação do dever de guarda dos filhos dos autores, reside nesse fato o elemento ontológico da responsabilidade, o qual se sobrepõe à eventual ausência dos pais no momento do trágico incidente, como causa direta e imediata do dano" (STJ-3ª T., REsp 1.346.320, Min. Marco Bellizze, j. 16.8.16, DJ 5.9.16). V. tb. nota anterior;

— "A simples **ausência da genitora** no local e momento do incidente que vitimou sua filha, a despeito de lhe imposto dever de vigilância pelo Estatuto da Criança e do Adolescente, não configura a culpa concorrente da mesma pelo afogamento da menina em razão de ter ela seus cabelos sugados por sistema hidráulico de drenagem e filtragem superdimensionado para o local e instalado de forma indevida pelo Condomínio-réu" (STJ-RDPr 41/342: 4ª T., REsp 1.081.432). V. tb. nota anterior.

Art. 946. Se a obrigação for indeterminada, e não houver na lei ou no contrato disposição fixando a indenização devida pelo inadimplente, apurar-se-á o valor das perdas e danos [1] na forma que a lei processual [2] determinar. [Sem dispositivo correspondente no CC/1916.]

Art. 946: 1. v. arts. 402 a 405.

Art. 946: 2. A lei processual não determina propriamente uma forma para a apuração do valor das perdas e danos. Em se tratando de obrigação sem um valor predeterminado, o que se pode dizer é que se faz necessária a instauração de um processo de conhecimento para a investigação das suas exatas dimensões.

A liquidação de sentença (CPC 509 e segs.), nas suas distintas modalidades, não é mecanismo adequado para a determinação do valor de obrigação indeterminada que não esteja expressa em sentença. Ela somente tem lugar nos casos em que uma sentença ilíquida tenha sido anteriormente proferida.

Daí a reafirmação de que a lei processual praticamente nada determina em matéria de obrigação indeterminada e apuração de perdas e danos.

Art. 947. Se o devedor não puder cumprir a prestação na espécie ajustada, substituir-se-á pelo seu valor, em moeda corrente. [Dispositivo correspondente no CC/1916: art. 1.534.]

Art. 948. No caso de homicídio, a indenização consiste, sem excluir outras reparações: [1] [Dispositivo correspondente no CC/1916: art. 1.537-*caput*.]

I — no pagamento das despesas com o tratamento da vítima, seu funeral e o luto da família; [1a] [Dispositivo correspondente no CC/1916: art. 1.537-I.]

II — na prestação de alimentos às pessoas a quem o morto os devia, levando-se em conta a duração provável da vida da vítima. [2 a 10] [Dispositivo correspondente no CC/1916: art. 1.537-II.]

Art. 948: 1. v. art. 951.

Art. 948: 1a. "Desnecessidade de comprovação das despesas de funeral para a obtenção do ressarcimento dos causadores do sinistro, em face da certeza do fato, da modicidade da verba quando dentro dos parâmetros previstos pela Previdência Social e da imperiosidade de se dar proteção e respeito à dignidade humana" (STJ-4ª T., REsp 625.161, Min. Aldir Passarinho Jr., j. 27.11.07, DJU 17.12.07). No mesmo sentido: STJ-3ª T., REsp 1.095.575, Min. Nancy Andrighi, j. 18.12.12, maioria, DJ 26.3.13; STJ-2ª T., REsp 1.799.104, Min. Herman Benjamin, j. 9.6.20, DJ 28.8.20.

"Cabível a indenização por luto, que dispensa comprovação das despesas, quando fixada em parâmetro compatível" (STJ-4ª T., REsp 853.921, Min. João Otávio, j. 16.3.10, DJ 24.5.10).

Art. 948: 2. v. art. 944, nota 3 (Súmulas 491 e 562 do STF e 37 do STJ).

V. tb., no CPCLPV, CPC 533 e notas.

Art. 948: 2a. **Súmula 490 do STF:** "A pensão correspondente à indenização oriunda de responsabilidade civil deve ser calculada com base no salário mínimo vigente ao tempo da sentença e ajustar-se-á às variações ulteriores".

Fixada a pensão com base em salário mínimo, não se cogita da "incidência de correção monetária, na medida em que o valor do salário mínimo sofre natural e periódico reajuste, que já engloba a perda inflacionária ocorrida. Disso decorre que, calculado o número de salários mínimos devidos, basta multiplicá-lo pelo valor do salário mínimo vigente na data do pagamento para obter o montante, em moeda corrente e já atualizado, a ser pago. Esse critério é válido tanto para determinação do valor das prestações vencidas como das vincendas" (RSTJ 63/212: 4ª T., REsp 11.599; a citação é do voto do relator, Min. Sálvio de Figueiredo).

Contra: "A pensão fixada a título de indenização por ato ilícito em número de salários mínimos também deve ser corrigida monetariamente, não sendo lícito afirmar que ela apenas será reajustada com a alteração do valor do próprio salário mínimo" (STJ-3ª T., AI 816.398-AgRg, Min. Sidnei Beneti, j. 7.8.08, DJ 28.8.08; nota: o precedente mencionado nesse acórdão não autorizava essa conclusão, pois fez incidir a correção monetária em caso no qual se considerava o valor do salário mínimo vigente à época dos fatos, e não o atual).

Art. 948: 2b. "As prestações devidas a título de pensão indenizatória devem, para garantir o princípio da *restitutio in integrum*, acompanhar a variação salarial da categoria funcional a que pertencia a vítima" (STJ-3ª T., REsp 39.625-5, Min. Cláudio Santos, j. 17.4.95, DJU 15.5.95).

Art. 948: 2c. "Os filhos da vítima fatal recebiam pensão alimentícia do pai no valor de 15 salários mínimos, devendo esse valor nortear a pensão devida pelo ato ilícito (art. 1.537, II, do Código Civil de 1916), e não um valor presumido de 2/3 de um salário mínimo, o que, na medida do possível, recoloca as partes em situação equivalente ao momento anterior ao evento danoso" (STJ-2ª T., REsp 1 090.861, Min. Castro Meira, j. 21.5.09, DJ 1.6.09).

Art. 948: 3. Abatimento do benefício previdenciário. "O acórdão recorrido determinou o pagamento à viúva, por parte da causadora do evento danoso, de pensão mensal vitalícia em face dos danos materiais sofridos; contudo, o falecido era magistrado estadual e, em face de seu cargo, a viúva tem assegurada pensão mensal vitalícia, a ser paga pelo Estado, no valor integral dos vencimentos do *de cujus*. A indenização por dano material, porém, só pode dizer respeito ao ressarcimento daquilo que, em cada situação, representou uma diminuição indevida do patrimônio do ofendido. Colocada tal premissa, o que se verifica é a existência de uma previsão legal de assunção dos riscos previdenciários relativos à carreira da magistratura pelo Estado, em razão da importância e seriedade do exercício desse mister. Se assim é, e se o acórdão afirma existir o direito da viúva à percepção integral, a título de pensão por morte, dos vencimentos do magistrado falecido, qualquer quantia recebida a mais sobre a mesma base representaria a fruição de uma vantagem pecuniária indevida, ultrapassando os limites do ressarcimento ao dano causado" (STJ-RDPr 30/334: 3ª T., REsp 604.758, maioria). No mesmo sentido: "Impossível a cumulação de auxílio-reclusão, convertido em pensão após o óbito do beneficiário, com a indenização por danos materiais aplicada a título de pensionamento à família do *de cujus*. A indenização por dano material só pode dizer respeito ao ressarcimento do que representou a diminuição indevida do patrimônio do ofendido" (STJ-2ª T., REsp 1.125.195, Min. Herman Benjamin, j. 20.4.10, DJ 1.7.10). Ainda: "Incabível o recebimento de pensão mensal, em razão da concessão da aposentadoria por invalidez" (JTJ 348/449: AP 994.05.108625-5). Também: JTJ 314/163 (AP 407.765-5/6-00).

Contra: "O benefício previdenciário não pode ser abatido do pensionamento decorrente de ato ilícito, ante a diversidade da sua origem, constituição do direito e fins" (STJ-4ª T., REsp 373.843, Min. Aldir Passarinho Jr., j. 7.11.06, DJU 11.12.06).

V. tb. art. 944, nota 5.

Art. 948: 4. "No caso de **culpa concorrente,** a indenização, que tem característica típica de alimentos, deve ser fixada na metade do valor da prestação pretendida" (STJ-3ª T., REsp 35.446-3, Min. Waldemar Zveiter, j. 19.10.93, DJU 14.3.94).

Art. 948: 4a. "**Vítima dona de casa.** Indenização por dano material. O fato de a vítima não exercer atividade remunerada não nos autoriza concluir que, por isso, não contribuía ela com a manutenção do lar, haja vista que os trabalhos domésticos prestados no dia a dia podem ser mensurados economicamente, gerando reflexos patrimoniais imediatos" (STJ-RT 827/200, um voto vencido).

Art. 948: 5. Alimentos devidos aos pais por morte de filho:

"A morte de **filho que já colabora para as despesas da casa** pode ser indenizada, cumulativamente, tanto pelo dano moral como pelo **dano patrimonial"** (RSTJ 105/341 — voto do relator bastante esclarecedor, sobre todas as hipóteses do assunto). No mesmo sentido: RT 783/432. "A concessão de pensão por morte de filho que já atingiu a idade adulta exige a demonstração da efetiva dependência econômica dos pais em relação à vítima na época do óbito. Na hipótese dos autos, a pensão mensal é devida à genitora da vítima, haja vista a existência de prova testemunhal atestando que o filho, antes do óbito, prestava assistência financeira à mãe" (STJ-3ª T., REsp 1.616.128, Min. Nancy Andrighi, j. 14.3.17, DJ 21.3.17).

Considerando devida, a nosso ver sem razão, a indenização por danos materiais aos pais de **vítima que ainda não trabalhava:**

— por se tratar de **família de baixa renda,** "no pressuposto de que, em se tratando de família humilde, o filho falecido iria colaborar com a manutenção do lar onde residia com sua família" (STJ-4ª T., REsp 740.059, Min. Aldir Passarinho Jr., j. 12.6.07, DJU 6.8.07). "Em família de poucos recursos, o dano patrimonial resultante da morte de um de seus membros é de ser presumido" (RSTJ 76/257: 1ª T., REsp 58.519). No mesmo sentido: STJ-Corte Especial, ED no REsp 147.412, Min. Laurita Vaz, j. 15.2.06, DJU 27.3.06. Estimando que a indenização por danos materiais deve corresponder ao auxílio que, no futuro, o filho poderia prestar aos pais: STJ-3ª T., REsp 437.681, Min. Ari Pargendler, j. 8.10.02, DJU 2.12.02. Concedendo indenização, no caso de morte de **filho recém-nascido:** STJ-2ª T., REsp 738.413,

Min. João Otávio, j. 18.10.05, DJU 21.11.05. Ainda, no caso de **filho com deficiência mental:** STJ-3ª T., REsp 1.069.288, Min. Massami Uyeda, j. 14.12.10, DJ 4.2.11;

— independentemente da situação econômica da família: "Assentou a Corte que sendo a vítima menor, sem participar, comprovadamente, das despesas do lar, não configurando nem a sentença nem o acórdão a família como de baixa renda, o cálculo da pensão deve considerar o limite de 25 anos de idade" (STJ-3ª T., REsp 208.363, Min. Menezes Direito, j. 10.12.99, DJU 8.3.00).

Entendendo que, mesmo no caso de vítima que não trabalhava, "cabe ao causador do ilícito desconstituir a presunção de que o acidentado não auxiliaria materialmente a sua família": STJ-3ª T., REsp 1.069.288, Min. Massami Uyeda, j. 14.12.10, DJ 4.2.11.

"O encarceramento não afasta a presunção de ajuda mútua familiar, pois, após a soltura, existe a possibilidade de contribuição do filho para o sustento da família, especialmente em razão do avançar etário dos pais" (STJ-2ª T., Ag em REsp 812.782-AgInt, Min. Og Fernandes, j. 17.10.18, DJ 23.10.18).

Afirmando, a nosso ver com razão, que, **se o filho não trabalhava, sua morte somente pode ser indenizada a título de dano moral:** "Em se tratando de menor que ainda não estava trabalhando, seus pais não fazem jus ao pensionamento decorrente de danos materiais, mas tão somente aos morais" (STJ-4ª T., REsp 74.532, Min. Sálvio de Figueiredo, j. 11.3.97, DJU 12.5.97). "A concessão de pensão por morte de filho que já atingira a idade adulta exige a demonstração da efetiva dependência econômica dos pais em relação à vítima na época do óbito (art. 948, II, do CC)" (STJ-3ª T., REsp 1.320.715, Min. Paulo Sanseverino, j. 7.11.13, DJ 27.2.14). "O *de cujus* não contribuía com nenhum tipo de ajuda financeira para com a autora, e a mera expectativa de que ele viesse a ajudar os pais nos trabalhos da casa ou no exercício de profissão não são razoáveis para a atribuição de pensão" (RT 884/358: TRF-2ª Reg., AP 2006.71.03.002270-3). "Renda mensal não ocorre na espécie, pois filho origina gastos e não rendimentos" (JTJ 341/226: AP 467.471.4/0-00).

Considerando que nas **famílias mais ricas** a morte do filho menor não gera danos materiais por perda de renda nem dá direito à consequente pensão, pois presume-se que nessas situações aquele se dedicaria aos estudos e não à atividade remunerada: STJ-RT 807/219. "Impossibilidade de se determinar o pagamento de pensão, se a vítima é filho menor de pais de classe média e profissão definida" (JTJ 331/621: AP 425.386.4/4-00).

"É cabível a fixação de salário mensal em favor dos pais de menores vítimas fatais de acidente de trânsito e oriundos de famílias de baixa renda. Contudo, não comprovado o último requisito, não cabe o pensionamento até a idade em que a vítima completaria 65 anos" (STJ-3ª T., REsp 1.302.599, Min. João Otávio, j. 26.4.16, DJ 6.5.16).

Art. 948: 5a. Termo inicial da pensão devida aos pais pela morte de filho:

"A indenização por danos materiais, nos casos de falecimento de menor, é devida a partir da data em que este teria idade para o trabalho (14 anos), sendo fixada à base de 2/3 do salário mínimo até que a vítima completasse 25 anos, e reduzida para 1/3 até os 65 anos, tratando-se de família de baixa renda" (STJ-3ª T., REsp 422.911, Min. Ari Pargendler, j. 7.4.03, DJU 29.9.03). No mesmo sentido, quanto ao termo inicial: STJ-Corte Especial, ED no REsp 107.617, Min. Ari Pargendler, j. 4.5.05, DJU 1.8.05; RSTJ 165/391 (4ª T., REsp 302.298).

Todavia: "Essa presunção relativa, criada pela jurisprudência do STJ, cede ante à constatação de que, na hipótese específica dos autos, a realidade era outra e que, ao falecer, a vítima tinha 16 anos de idade e não exercia atividade remunerada. Afastada a presunção de que a vítima trabalhava desde os 14 anos de idade, estabelece-se outra, no sentido de que, por ser de família de baixa renda, completados 18 anos, integraria o mercado de trabalho. Por maior que seja o empenho dos pais para retardar o ingresso dos filhos no mercado de trabalho, é de se supor que, com idade suficiente para terem encerrado o ensino médio, já adultos e em condições de se sustentar, sejam estes compelidos a trabalhar, até mesmo para fazer frente às suas crescentes necessidades financeiras, bem como para aliviar ao menos parte do fardo imposto até então aos seus pais" (STJ-3ª T., REsp 1.045.389, Min. Nancy Andrighi, j. 19.11.09, DJ 26.11.09).

Termo final da pensão devida aos pais pela morte de filho:

No sentido de que os alimentos devem ser pagos até a data em que a vítima completaria 65 anos: RSTJ 50/305, 83/101, 111/263, 133/327, 147/324; STJ-RT 698/237, 712/286, dois votos vencidos, 713/230, 721/292; STJ-RJM 122/262; STJ-RTJE 118/207; STJ-Bol. AASP 1.813/393; STJ-1ª T.: RSTJ 57/286; STJ-3ª T., REsp 297.544, Min. Pádua Ribeiro, j. 22.5.03, DJU 30.6.03; STJ-4ª T., REsp 138.373, Min. Sálvio de Figueiredo, j. 21.5.98, DJU 29.6.98. No mesmo sentido, porém determinando, na data em que a vítima completaria 25 anos de idade:

— a redução de 50% do valor da pensão: "Assim como é dado presumir-se que o filho, vítima de acidente fatal, teria, não fosse o infausto evento, uma sobrevida até os sessenta e cinco anos, e até lá auxiliaria a seus pais, prestando *alimentos, também pode-se supor, pela ordem* natural dos fatos da vida, que ele se casaria aos vinte e cinco anos, momento a partir do qual já não mais teria a mesma disponibilidade para ajudar materialmente a seus pais, pois que, a partir do casamento, passaria a suportar novos encargos, que da constituição de uma nova família são decorrentes. A pensão fixada, com base nas peculiaridades da espécie pelo Tribunal de origem, deve, a partir de quando a vítima viesse a completar vinte e cinco anos, ser reduzida pela metade, assim ficando, caso haja a sobrevida dos pais, até os presumíveis sessenta e cinco anos da vítima" (STJ-2ª Seção, ED no REsp 106.327, Min. Cesar Rocha, j. 23.2.00, quatro votos vencidos, DJU 1.10.01). No mesmo sentido: STJ-2ª T., REsp 653.597, Min. Castro Meira, j. 24.8.04, DJU 4.10.04. Reduzindo a pensão de 2/3 do salário mínimo recebida até os 25 anos para 1/3 daí em diante: STJ-RT 828/178 (4ª T., REsp 514.384), STJ-RT 842/143 (2ª T., REsp 586.443);

— a redução de 2/3 (dois terços) da pensão integral recebida até então: STJ-2ª T., REsp 507.120, Min. Eliana Calmon, j. 2.10.03, DJU 10.11.03.

No sentido de que os alimentos devem ser pagos até a data em que a vítima completaria 70 anos, com valor de 2/3 do salário mínimo entre os 14 e os 25 anos e de 1/3 do salário mínimo entre os 25 e os 70 anos: STJ-3ª T., REsp 646.482, Min. Menezes Direito, j. 15.12.05, DJU 8.5.06.

Adotando os mesmos valores e idade como parâmetro, mas fixando como termo final "a longevidade provável prevista em tabela expedida pela Previdência Social": STJ-4ª T., REsp 740.059, Min. Aldir Passarinho Jr., j. 12.6.07, DJU 6.8.07.

Em qualquer caso, **a pensão cessa se o beneficiário falecer antes do termo final** previsto para o pagamento dos alimentos (RSTJ 70/159).

No sentido de que a pensão é **vitalícia:** "Pensão devida aos pais da vítima. Não há limite para a duração dessa pensão, que, por natureza, é vitalícia" (STJ-3ª T., REsp 437.681-EDcl, Min. Ari Pargendler, j. 10.2.04, DJU 29.3.04).

Art. 948: 6. Alimentos devidos aos filhos, pela morte do pai:

Entendendo que o pensionamento aos filhos da vítima é devido "até a data de aniversário dos 25 anos": STJ-2ª T., REsp 592.671, Min. Eliana Calmon, j. 6.4.04, DJU 17.5.04. No mesmo sentido: STJ-3ª T., REsp 650.853, Min. Menezes Direito, j. 26.4.05, DJU 13.6.05; STJ-4ª T., AI 718.562-AgRg, Min. Carlos Mathias, j. 5.8.08, DJ 25.8.08.

"A obrigação de dar pensão, pela morte do pai, ao filho menor, cessa quando este completar 25 anos. Tal regra incide apenas quando o pensionário é física e mentalmente são" (STJ-1ª T.: RSTJ 134/88).

"Os filhos menores de vítima de ato ilícito fazem jus à pensão no equivalente à renda mensal da falecida, desde a data do ilícito até a data de suas colações de grau em curso superior ou, se não concluído, até os 25 anos de idade, excetuando-se o primogênito, emancipado por outorga paterna logo após o fato, para o qual a data da cessação do benefício corresponde à data do registro da emancipação" (RT 870/328).

Art. 948: 6a. "O direito a pensão mensal surge exatamente da necessidade de reparação de dano material decorrente da perda de ente familiar que contribuía com o sustento de parte que era economicamente dependente até o momento do óbito. O fato de a **vítima já ter ultrapassado a idade correspondente à expectativa de vida** média do brasileiro, por si só, não é óbice ao deferimento do benefício, pois muitos são os casos em que referida faixa etária é ultrapassada. É cabível a utilização da tabela de sobrevida, de acordo com os cálculos elaborados pelo IBGE, para melhor valorar a expectativa de vida da vítima quando do momento do acidente automobilístico e, consequentemente, fixar o termo final da pensão" (STJ-3ª T., REsp 1.311.402, Min. João Otávio, j. 18.2.16, DJ 7.3.16).

Art. 948: 6b. Direito de acrescer. "Ao cessar, para um dos beneficiários, o direito a receber pensão relativa à indenização dos danos materiais por morte, sua cota-parte acresce, proporcionalmente, aos demais" (STJ-3ª T., REsp 408.802, Min. Nancy Andrighi, j. 27.6.02, DJU 16.9.02). "Responsabilidade civil. A responsabilidade do réu quanto à integralidade da pensão permanece a mesma, em face do direito de acrescer" (STJ-4ª T., REsp 333.462, Min. Barros Monteiro, j. 5.11.02, DJU 24.2.03). No mesmo sentido: STJ-2ª T., REsp 1.155.559-EDcl, Min. Herman Benjamin, j. 16.11.10, DJ 4.2.11; RSTJ 26/514, RT 865/233.

Súmula 57 do TFR: "É cabível a reversão da pensão previdenciária e daquela decorrente de ato ilícito aos demais beneficiários, em caso de morte do respectivo titular ou a sua perda por força de impedimento legal".

"O direito de acrescer decorre logicamente do pedido formulado na petição inicial das ações de natureza indenizatória, cujo escopo é recompor o estado das coisas existente antes do evento danoso. Assim, o direito de acrescer encontra fundamento no fato de que a renda da vítima sempre seria revertida em benefício dos demais familiares quando qualquer deles não mais necessitasse dela. Não se afigura razoável que, cessado o direito de um dos familiares ao recebimento da pensão, o valor correspondente simplesmente deixe de ser pago pelo réu. Para manter a coerência da premissa que justifica a própria imposição da pensão mensal — de que o pai de família participaria do orçamento doméstico até a sua morte natural — esta deve continuar a ser paga integralmente. A saída de um dos filhos do núcleo familiar não permite inferir que a contribuição do pai diminuiria; apenas significa que esse valor seria distribuído de forma diferente" (STJ-3ª T., REsp 1.155.739, Min. Nancy Andrighi, j. 2.12.10, DJ 10.10.11).

"Cabimento do direito de acrescer, independentemente de previsão no título executivo, no caso de pensão *intuitu familiae*, como na espécie" (STJ-3ª T., AI 1.209.255-EDcl-AgRg, Min. Paulo Sanseverino, j. 7.8.12, DJ 13.8.12).

S/ direito de acrescer e julgamento *extra petita*, v., no CPCLPV, CPC 492, nota 16c.

Código Civil

Art. 948: 7. Segundo **tabela elaborada pelo IBGE,** a expectativa de vida do brasileiro, nas diversas faixas etárias, é a seguinte (idade atual/número de anos que a pessoa ainda viverá):

0	76,6
1	76,5
5	72,6
10	67,7
15	62,8
20	58,1
21	57,2
25	53,5
30	48,9
40	39,7
45	35,2
50	30,8
55	26,7
60	22,7
65	18,9
70	15,5
75	12,4
80 ou mais	9,7

Essa tabela pode ser consultada, na íntegra, em <https://www.ibge.gov.br/estatisticas/sociais/populacao/9126-tabuas-completas-de-mortalidade.html?=&t=resultados>.

Em decisão do Min. Sálvio de Figueiredo (ED no REsp 119.649, DJU 12.6.01, p. 97, *in fine*), verifica-se que essa tabela tem sido aceita em julgados do STJ. No mesmo sentido: STJ-4ª T., REsp 503.046, Min. Luis Felipe, j. 28.4.09, DJ 25.5.09; STJ-2ª T., REsp 1.027.318, Min. Herman Benjamin, j. 7.5.09, DJ 31.8.09; STJ-1ª T., REsp 1.124.471, Min. Luiz Fux, j. 17.6.10, DJ 1.7.10.

Mas: "Sendo a **vítima** do evento um **estrangeiro,** residente e domiciliado nos Estados Unidos da América, revela-se adequada a substituição da tabela do IBGE (para fins de fixação do termo final da pensão mensal devida a seu respectivo cônjuge) por apontamento estatístico que indique, com maior precisão, a expectativa média de vida naquele país. No caso, cumpre bem essa finalidade a base de dados do Banco Mundial, segundo a qual a expectativa de vida do norte-americano no ano de 2001 era pouco superior a 76 anos" (STJ-3ª T., REsp 1.677.955, Min. Ricardo Cueva, j. 18.9.18, DJ 26.9.18).

Art. 948: 7a. Negando o pagamento da pensão de uma só vez: RTJ 114/427. V. art. 950, nota 6a. Mas: "A satisfação do dano moral deve ser paga de uma só vez, de imediato" (RSTJ 76/257).

Art. 948: 8. A pensão devida a título de indenização por morte não pode ser igual aos rendimentos que eram percebidos pela vítima, porque "desse montante deve ser **descontado** o que lhe era necessário para o **sustento próprio**" (STJ-3ª T., REsp 191.379, Min. Ari Pargendler, j. 27.8.01, DJU 1.10.01).

Entendendo que essa redução deve corresponder à terça parte dos rendimentos da vítima: STJ-2ª T., REsp 26.810-6, Min. Pádua Ribeiro, j. 15.9.93, DJU 4.10.93; STJ-4ª T., REsp 100.927, Min. Cesar Rocha, j. 26.10.01, DJU 15.10.01.

Art. 948: 9. "A ausência de prova de que a vítima possuía, ao tempo do acidente, vínculo empregatício constitui óbice à inclusão do **décimo terceiro salário** e da gratificação de **férias** no montante da indenização" (STJ-4ª T., REsp 1.075.663-AgRg, Min. João Otávio, j. 3.2.09, DJ 16.2.09). No mesmo sentido, quanto ao 13º salário: STJ-3ª T., REsp 1.279.173, Min. Paulo Sanseverino, j. 4.4.13, DJ 9.4.13.

"Consignado que a vítima era empregada assalariada, a pensão fixada em favor de seus familiares deve contemplar os valores relativos a férias" (STJ-3ª T., REsp 1.137.708, Min. Nancy Andrighi, j. 13.10.09, DJ 6.11.09). No mesmo sentido: JTJ 330/162 (AI 568.058-4/1-00).

"É cabível a inclusão do 13º salário, das férias remuneradas acrescidas de 1/3 e do **FGTS** no cálculo do pensionamento por ato ilícito quando existir prova de trabalho assalariado da vítima na época do sinistro. Na apuração do valor da pensão mensal por ato ilícito, não podem ser consideradas as promoções futuras na carreira e a participação nos lucros nem as verbas atinentes ao plano de aquisição de ações e ao adicional de automóvel em face da eventualidade de tais fatos e do caráter indenizatório de alguns (e não salarial), não se enquadrando no conceito jurídico de lucros cessantes" (STJ-3ª T., REsp 1.422.873, Min. Ricardo Cueva, j. 13.3.18, DJ 20.3.18).

Art. 948: 9a. "Inexistindo comprovação dos rendimentos da vítima do acidente ensejador de seu direito ao recebimento de pensão mensal por incapacidade laboral, a jurisprudência desta Corte Superior é firme no sentido de que tal verba deve corresponder a 1 salário mínimo. No caso, em virtude da **nacionalidade** da autora e do fato de **residir no exterior,** impõe-se que a pensão seja fixada em **valor** equivalente ao **do salário mínimo** do Estado da Califórnia, nos Estados Unidos da América" (STJ-3ª T., REsp 1.677.955, Min. Ricardo Cueva, j. 18.9.18, DJ 26.9.18).

Art. 948: 9b. **Novo casamento do cônjuge beneficiário da pensão.** "A pensão prestada à viúva pelos danos materiais decorrentes da morte de seu marido não termina em face da remaridação, tanto porque o casamento não constitui nenhuma garantia da cessação das necessidades da viúva alimentanda, quanto porque o prevalecimento da tese oposta importa na criação de obstáculo para que a viúva venha a contrair novas núpcias, contrariando o interesse social que estimula que as relações entre homem e mulher sejam estabilizadas com o vínculo matrimonial" (STJ-4ª T., REsp 100.927, Min. Cesar Rocha, j. 26.10.01, DJU 15.10.01).

Art. 948: 10. **Súmula 493 do STF:** "O valor da indenização, se consistente em prestações periódicas e sucessivas, compreenderá, para que se mantenha inalterável na sua fixação, parcelas compensatórias do imposto de renda, incidente sobre os juros do capital gravado ou caucionado, nos termos dos arts. 911 e 912 do CPC". Os arts. 911 e 912 do CPC/39 correspondem ao atual art. 533 do CPC.

Art. 949. No caso de lesão ou outra ofensa à saúde, [1-1a] o ofensor indenizará o ofendido das despesas do tratamento e dos lucros cessantes até ao fim da convalescença, [2 a 5] além de algum outro prejuízo que o ofendido prove haver sofrido. [6] [Dispositivo correspondente no CC/1916: art. 1.538-*caput*.]

Art. 949: 1. v. arts. 950 e 951.

Art. 949: 1a. "As sequelas físicas decorrentes do ato ilícito, mesmo que não sejam visíveis de ordinário e, por isso, não causem repercussão negativa na aparência da vítima, certamente provocam intenso sofrimento. Desta forma, as lesões não precisam estar expostas a terceiros para que sejam indenizáveis, pois o que se considera para os danos estéticos é a degradação da integridade física da vítima, decorrente do ato ilícito" (STJ-3ª T., REsp 899.869, Min. Gomes de Barros, j. 13.2.07, DJU 26.3.07).

S/ cumulação de dano moral e dano estético, v. art. 186, nota 2b.

Art. 949: 2. **Enunciado 192 do CEJ:** "Os danos oriundos das situações previstas nos arts. 949 e 950 do Código Civil de 2002 devem ser analisados em conjunto, para o efeito de atribuir indenização por perdas e danos materiais, cumulada com dano moral e estético".

Art. 949: 3. "Não obstante a lei determine 'até o fim da convalescença', nada obsta que o juiz, dentro do poder de cautela que lhe é inerente e já se adiantando a tumultos processuais certamente ocorrentes se não delimitada a matéria, estabeleça, pelo menos, um ponto de partida para a obrigação de reparar o dano. O ponto de partida encontrado na sentença foi a fase de liquidação, onde se apurará o estado atual do autor, os tratamentos necessários e possíveis para abrandar o mal impingido, suas conveniências e possibilidades, sem o risco de que, na hipótese de ser deixado em aberto o período da convalescença, terminasse o réu suportando além do que se obrigou, seja pelo advento de outras mazelas, seja pelo decurso do tempo, seja pela própria acentuação da idade do demandante" (RJTJERGS 255/199).

Art. 949: 3a. "A condenação deve incluir todas as intervenções que se fizeram necessárias durante a tramitação do demorado processo e das que devam ser feitas no tratamento das sequelas deixadas pelo acidente, ainda que não possam ser desde logo definidas em número e em valor, o que ficará para a liquidação de sentença. Conforme a perícia, a natureza das lesões exige constantes e periódicas intervenções, até sua definitiva consolidação" (STJ-4ª T., REsp 297.007, Min. Ruy Rosado, j. 14.8.01, DJU 18.3.02).

"Tratando-se de sequelas duradouras, que exijam tratamento contínuo e prolongado, a indenização devida ao prejudicado também deve abranger essas despesas, sendo desnecessária a propositura de novas ações" (STJ-3ª T., REsp 651.225, Min. Castro Filho, j. 19.8.04, DJU 20.9.04).

V. tb. art. 950, nota 2.

Art. 949: 4. "Pedindo a autora a condenação da ré no pagamento de pensão mensal para custear futuros tratamentos médicos, remédios, exames e outros, não é lícito ao juiz julgar procedente o pedido para determinar que a ré pague plano de saúde para a autora" (STJ-3ª T., REsp 899.869, Min. Gomes de Barros, j. 13.2.07, DJU 26.3.07).

Art. 949: 5. v. arts. 402 e 403.

Art. 949: 6. v. art. 944, nota 3 (Súmula 37 do STJ).

Art. 950. Se da ofensa resultar defeito[1-1a] pelo qual o ofendido não possa exercer o seu ofício ou profissão, ou se lhe diminua a capacidade de trabalho,[1b a 1f] a indenização, além das despesas do tratamento e lucros cessantes até o fim da convalescença,[1g-2] incluirá pensão correspondente à importância do trabalho para que se inabilitou, ou da depreciação que ele sofreu.[2a a 5] [Dispositivo correspondente no CC/1916: art. 1.539.]

Parágrafo único. O prejudicado, se preferir, poderá exigir que a indenização seja arbitrada e paga de uma só vez.[6 a 8] [Sem dispositivo correspondente no CC/1916.]

Art. 950: 1. v. arts. 949 e 951.

Art. 950: 1a. v. art. 949, nota 2 (Enunciado 192 do CEJ).

Art. 950: 1b. "Presume-se a redução da capacidade laborativa da vítima de ato ilícito que sofre graves sequelas físicas permanentes, evidentemente limitadoras de uma vida plena. O só fato de se presumir que a vítima de ato ilícito portadora de limitações está capacitada para exercer algum trabalho não exclui o pensionamento, pois a experiência mostra que o deficiente mercado de trabalho brasileiro é restrito mesmo quando se trata de pessoa sem qualquer limitação física" (STJ-3ª T., REsp 899.869, Min. Gomes de Barros, j. 13.2.07, DJU 26.3.07).

"A vítima do evento danoso — que sofre redução parcial e permanente da capacidade laborativa — tem direito ao pensionamento previsto no art. 950 do CC, **independentemente** da existência **de capacidade para o exercício de outras atividades,** em face do maior sacrifício tanto na busca de um emprego quanto na maior dificuldade na realização do serviço" (STJ-2ª T., REsp 1.269.274, Min. Mauro Campbell, j. 4.12.12, DJ 10.12.12). No mesmo sentido: STJ-1ª T., REsp 1.843.679-AgInt, Min. Sérgio Kukina, j. 6.4.20, DJ 14.4.20.

Art. 950: 1c. "Diversamente do benefício previdenciário, a indenização de cunho civil tem por objetivo não apenas o ressarcimento de ordem econômica, mas, igualmente, o de compensar a vítima pela lesão física causada pelo ato ilícito do empregador, que reduziu a sua capacidade laboral em caráter definitivo, inclusive pelo natural obstáculo de ensejar a busca por melhores condições e remuneração na mesma empresa ou no mercado de trabalho. Destarte, ainda que o empregado passe a exercer funções melhor remuneradas, o desempenho do trabalho com maior sacrifício em face das sequelas permanentes há de ser compensado pelo pagamento de uma pensão indenizatória total" (STJ-4ª T., REsp 579.888, Min. Aldir Passarinho Jr., j. 6.8.09, DJ 21.9.09).

"O art. 950 do Código Civil não exige que tenha havido também a perda do emprego ou a redução dos rendimentos da vítima para que fique configurado o direito ao recebimento da pensão. O dever de indenizar decorre unicamente da perda da capacidade laboral, que, na hipótese, foi expressamente reconhecida pelo acórdão recorrido. A indenização de cunho civil não se confunde com aquela de natureza previdenciária. Assim, é **irrelevante o fato de que** o recorrente, durante o período do seu afastamento do trabalho, **continuou auferindo renda** através do sistema previdenciário dos servidores públicos. A indenização civil, diferentemente da previdenciária, busca o ressarcimento da lesão física causada, não propriamente a mera compensação sob a ótica econômica" (STJ-3ª T., REsp 1.062.692, Min. Nancy Andrighi, j. 4.10.11, DJ 11.10.11).

V. tb. art. 944, nota 4a.

S/ dimensionamento da pensão, v. tb. notas 3 e segs.

Art. 950: 1d. "É devida a indenização ao adolescente que teve sua capacidade laborativa reduzida. O fato de **não exercer atividade remunerada,** no momento do acidente, **não afasta a pretensão** indenizatória, pois a redução da aptidão para o trabalho, por si só, gera prejuízo que refletirá em toda a sua vida" (STJ-3ª T., REsp 712.293, Min. Castro Filho, j. 21.11.06, DJU 4.12.06). No mesmo sentido: RT 868/273.

"O art. 950 do Código Civil admite ressarcir não apenas a quem, na ocasião da lesão, exerça atividade profissional, mas também aquele que, muito embora não a exercitando, veja restringida sua capacidade de futuro trabalho" (STJ-4ª T., REsp 1.281.742, Min. Marco Buzzi, j. 13.11.12, DJ 5.12.12). Do voto do relator: "A circunstância de estar o autor, ao tempo do acidente, já aposentado, não exclui o seu direito ao recebimento da pensão".

Art. 950: 1e. "Na hipótese como a dos autos, em que a acidentada desenvolvia **atividade meramente intelectual,** apurando-se que a perda do braço esquerdo em nada prejudicou suas atividades profissionais, indevido é o pensionamento pretendido" (STJ-4ª T., REsp 799.989, Min. João Otávio, j. 26.8.08, DJ 8.9.08).

Art. 950: 1f. "A amputação de membro, no caso, configura invalidez permanente notória, a qual é presumida independentemente de laudo médico, sendo a vítima profissional cuja **atividade depende de plena aptidão física,**

como, na espécie, a profissão de gari. Diante da inequívoca invalidez total e permanente da vítima do acidente de trânsito, mostra-se despicienda a produção de prova pericial para atestar o percentual de redução da capacidade para fins de fixação da pensão" (STJ-4ª T., Ag em REsp 1.358.259-AgInt, Min. Raul Araújo, j. 27.11.18, DJ 7.12.18).

Art. 950: 1g. v. arts. 402 e 403.

Art. 950: 2. "Não encontra respaldo legal a condenação ao pagamento de **danos emergentes** em forma de pensão mensal, com base em estimativa de custos com o tratamento. O ressarcimento deve corresponder ao exato montante desembolsado, sob pena de enriquecimento ilícito" (STJ-RF 397/476: 2ª T., REsp 718.632).

V. tb. art. 949, nota 3a.

Art. 950: 2a. v. arts. 944, nota 3, e 948, nota 2a (Súmulas 490 e 562 do STF).

Art. 950: 3. Para o **dimensionamento da pensão,** "o que vale para a fixação do percentual, em princípio, é a incapacidade para o trabalho que exercia no momento do ato lesivo, pouco relevando que haja incapacidade apenas parcial para outras atividades, salvo a comprovação de que o ofendido efetivamente exerce outro emprego remunerado. A mera possibilidade de fazê-lo está fora da presunção legal" (STJ-RT 837/160: 3ª T., REsp 569.351). No caso, tendo o laudo atestado incapacidade total para a atividade anteriormente exercida e estando a pessoa desempregada, foi fixada a pensão em valor equivalente a cem por cento do que ela recebia em seu trabalho, pouco importando a constatação pelo perito de incapacidade simplesmente parcial para o desenvolvimento de atividades laborativas em geral.

"Em razão de acidente de trabalho, o desempenho do labor, embora com maior sacrifício, em face das sequelas permanentes, há de ser compensado pelo pagamento de uma pensão indenizatória total, ainda que o trabalhador exerça outra função melhor remunerada" (STJ-4ª T., REsp 796.037-AgRg, Min. Luis Felipe, j. 15.12.09, dois votos vencidos, DJ 10.8.10).

"Quanto ao valor da pensão, deverá ser equivalente ao percentual de perda da capacidade aplicado sobre o valor da renda que o recorrente auferia à época do acidente, devidamente corrigida" (STJ-3ª T., REsp 1.062.692, Min. Nancy Andrighi, j. 4.10.11, DJ 11.10.11; a citação é do voto da relatora).

"A pensão mensal vitalícia fixada em razão da incapacidade laborativa total ou parcial resultante de moléstia profissional, mercê do caráter indenizatório, deve ser corrigida monetariamente a partir do evento danoso. Nesse contexto, a remuneração mensal da autora declarada na petição inicial deve ser corrigida monetariamente desde a data do evento danoso, para fins de determinação do valor inicial da pensão mensal vitalícia, incidindo correção monetária sobre o valor devido a contar de cada vencimento" (STJ-4ª T., REsp 813.209-EDcl, Min. Antonio Ferreira, j. 27.11.12, DJ 6.12.12).

"O termo inicial para o pensionamento vitalício, em caso de responsabilidade civil decorrente de ato ilícito, é a data do fato ensejador da reparação, qual seja, o evento danoso. No cálculo da pensão vitalícia deve-se tomar por base os valores dos salários mínimos correspondentes a cada período transcorrido desde o acidente" (STJ-4ª T., REsp 1.281.742-EDcl, Min. Marco Buzzi, j. 2.9.14, DJ 11.9.14).

"A pensão por incapacidade permanente decorrente de lesão corporal é vitalícia, não havendo o limitador da expectativa de vida" (STJ-3ª T., REsp 1.278.627, Min. Paulo Sanseverino, j. 18.12.12, DJ 4.2.13). No mesmo sentido, ponderando que no caso "o tempo de pensionamento é pautado pela longevidade real": STJ-4ª T., REsp 775.332, Min. Aldir Passarinho Jr., j. 5.3.09, DJ 23.3.09.

S/ direito à pensão, v. tb. notas 1b e segs.

Art. 950: 3a. **"Sem provas** do exercício **de atividade remunerada,** tampouco de eventual remuneração recebida antes do ato ilícito, a vítima tem direito a pensão mensal de 1 (um) salário mínimo, desde o evento danoso até o fim de sua vida. A indicação de termo final do pensionamento só é cabível quando se pretende pensão por morte, pois deve-se presumir que a vítima, não fosse o ato ilícito, viveria tempo equivalente à expectativa média de vida do brasileiro. É lícito ao juiz determinar que o réu constitua capital para garantir o adimplemento da pensão a que foi condenado, mesmo sem pedido do autor" (STJ-3ª T., REsp 899.869, Min. Gomes de Barros, j. 13.2.07, DJU 26.3.07). No mesmo sentido: STJ-4ª T., AI 599.565-AgRg, Min. Fernando Gonçalves, j. 11.11.08, DJ 1.12.08.

Art. 950: 4. "Em se tratando de ato ilícito gerador de incapacidade para o trabalho, o **salário a ser considerado** para efeito de cálculos das verbas indenizatórias, deve ser aquele que o trabalhador recebia à **época do evento,** na hipótese, o fixado em carteira de trabalho" (STJ-RT 850/215: 4ª T., REsp 240.406).

Art. 950: 5. "Indenização por ato ilícito não se confunde com pensão enquanto benefício previdenciário (REsp 811.193/GO, Min. Rel. Jorge Scartezzini, 4ª T., DJ de 6.11.06). A indenização, reconhecida em sentença, representada por pensão mensal vitalícia, devida a quem teve reduzida a capacidade laborativa, tem caráter personalíssimo, perdurando enquanto vivo o seu titular. **Falecido o credor,** em respeito à natureza da obrigação e aos limites da coisa julgada, os seus dependentes não têm direito a continuar percebendo a indenização" (STJ-RT 864/197: 1ª T., RMS 21.611). "Em que pese a natureza indenizatória da pensão mensal fixada em função da perda da capacidade laborativa do empregado que perdeu a mão em acidente do trabalho, tal indenização somente pode ser paga enquanto se produzir o dano correspondente. Se o empregado, que mensalmente é remunerado em conformidade com o que se determinou na sentença, vem a falecer antes da data-limite nela fixada, não há como habilitar os sucessores a receber a pensão mensal" (STJ-3ª T., REsp 997.056, Min. Nancy Andrighi, j. 3.4.08, um voto vencido, DJ 22.8.08). No mesmo sentido: STJ-2ª T., REsp 1.320.214, Min. Castro Meira, j. 21.8.12, DJ 29.8.12.

Art. 950: 6. **Enunciado 48 do CEJ:** "O parágrafo único do art. 950 do novo Código Civil institui **direito potestativo** do lesado para exigir pagamento da indenização de uma só vez, mediante arbitramento do valor pelo juiz, atendido ao disposto nos artigos 944 e 945 e à possibilidade econômica do ofensor".

Enunciado 381 do CEJ: "O lesado pode exigir que a indenização, sob a forma de pensionamento, seja arbitrada e paga de uma só vez, salvo impossibilidade econômica do devedor, caso em que o juiz poderá fixar outra forma de pagamento, atendendo à condição financeira do ofensor e aos benefícios resultantes do pagamento antecipado".

Art. 950: 6a. "O **direito potestativo** de a vítima solicitar o pagamento imediato da indenização material ocorre apenas na hipótese de redução da capacidade laboral e não nos casos de falecimento (artigo 948 do Código Civil)" (STJ-2ª T., REsp 1.230.007, Min. Castro Meira, j. 17.2.11, DJ 28.2.11; a citação é do voto do relator).

Art. 950: 6b. "O parágrafo único do art. 950 do Código Civil de 2002, que prevê a possibilidade de pagamento de cota única de pensão decorrente de ato ilícito, **não se aplica aos casos de pensão vitalícia.** O pagamento, em parcela única, implica, em tese, a desnaturação do próprio instituto da vitaliciedade, pois a vítima do acidente pode ficar desamparada em determinado momento de sua vida ou provocar o enriquecimento sem causa do credor, caso este faleça de forma prematura. A regra de constituição de capital, aplicada pelo aresto impugnado, nos moldes da Súmula 313 do STJ e do art. 475-Q do Código de Processo Civil de 1973, segue os interesses de ambas as partes e garante o pagamento mensal da pensão vitalícia" (STJ-4ª T., REsp 1.282.069, Min. Luis Felipe, j. 17.5.16, DJ 7.6.16).

Art. 950: 7. "O pagamento de indenização em parcela única **não se configura em um direito absoluto da vítima,** mas, caso requerido, deve ser apreciado pelo julgador, que ponderará as circunstâncias do caso, em especial, a capacidade econômica do ofensor" (STJ-3ª T., REsp 1.531.096, Min. Ricardo Cueva, j. 17.5.16, DJ 23.5.16). No mesmo sentido: STJ-4ª T., Ag em REsp 1.243.487-AgInt, Min. Marco Buzzi, j. 8.10.19, DJ 4.12.19.

"Deve-se, entretanto, atentar à situação de cada caso, à higidez econômica do devedor e à possibilidade e conveniência de que a pensão seja paga de uma só vez. Deve-se dosar e ponderar a incidência dessa norma, não se podendo aplicar ao pé da letra a disposição referida, antecipando-se as prestações vincendas que deverão ser pagas no decorrer dos anos. Além disso, quando a vítima sobrevive ao evento, como ocorre nos autos, a antecipação das prestações daria ensejo a que o pagamento em parcela única deixasse de atender ao seu estrito objetivo, permitindo enriquecimento ilícito" (STJ-3ª T., REsp 876.448, Min. Sidnei Beneti, j. 17.6.10, DJ 21.9.10; a citação é do voto do relator).

Art. 950: 8. "A regra contida no art. 950, parágrafo único, do Código Civil, ao explicitar que 'o prejudicado, se preferir, poderá exigir que a indenização seja arbitrada e paga de uma só vez', **apenas** pode ser suscitada pela parte interessada **na fase de conhecimento,** pois é o momento que a indenização é arbitrada e que são aferidas as circunstâncias exigidas no *caput* do mencionado normativo para a substituição do regime de pensão. No caso, o aresto recorrido concluiu que o requerimento para o pagamento da pensão por meio de parcela única apenas ocorreu na fase de execução, não tendo constado do título judicial transitado em julgado" (STJ-2ª T., REsp 1.797.688-AgInt, Min. Og Fernandes, j. 13.8.19, DJ 19.8.19).

Art. 951. O disposto nos arts. 948, 949 e 950 aplica-se ainda no caso de indenização devida por aquele que, no exercício de atividade profissional, por negligência, imprudência ou imperícia, causar a morte do paciente, agravar-lhe o mal, causar-lhe lesão, ou inabilitá-lo para o trabalho.[1 a 9] [Dispositivo correspondente no CC/1916: art. 1.545.]

Art. 951: 1. "A responsabilidade médica na experiência brasileira contemporânea", por Gustavo Tepedino (RJ 311/18); "Responsabilidade civil do médico", por Márcia Regina Lusa Cadore Weber (Ajuris 95/201, RDPr 18/144 e RSDCPC 36/138); "Responsabilidade civil por erro médico", por Misael Montenegro Filho (RDA 229/125); "Entendendo problemas médico-jurídicos em ginecologia e obstetrícia", por Judith Martins-Costa (RT 831/106); "Erro médico, complicação e prática não médica. Por uma classificação da responsabilidade do profissional de saúde", por Edmundo Machado Ferraz e Roberto Wanderley Nogueira (RT 835/33); "O dever de esclarecimento e a responsabilidade médica", por André Gonçalo Dias Pereira (RT 839/69); "A responsabilidade civil médica frente ao ordenamento jurídico atual", por Domingos Afonso Kriger Filho (RF 380/33); "O erro médico: lei, doutrina e jurisprudência", por Amadeu de Almeida Weinmann (RMDCPC 6/42); "O consumidor e seus direitos diante de erros médicos e falhas de serviços hospitalares", por Andréa de Almeida Brunhari e Ênio Santarelli Zuliani (RMDCPC 47/58, RMDECC 43/35 e RSDCPC 77/95).

Art. 951: 1a. s/ responsabilidade civil dos hospitais, v. CDC 14, notas 1 e 2. V. tb CDC 14 § 4º.

Art. 951: 1b. A responsabilidade do médico "não decorre do mero insucesso no diagnóstico ou no tratamento, seja clínico ou cirúrgico. Cabe ao paciente demonstrar que o resultado funesto teve por causa a negligência, imprudência ou imperícia do médico, sendo a **prova da culpa imprescindível"** (RF 377/345, acórdão relatado pelo Des. Sergio Cavalieri). No mesmo sentido: RP 119/200.

"A responsabilidade do médico pressupõe o estabelecimento do nexo causal entre causa e efeito da alegada falta médica, tendo em vista que, embora se trate de responsabilidade contratual — cuja obrigação gerada é de meio —, é subjetiva, devendo ser comprovada ainda a culpa do profissional" (STJ-RJM 188/333: 4ª T., REsp 1.078.057).

S/ inversão do ônus da prova nesses casos, v. CDC 6º, nota 8b

Art. 951: 1c. "Nas hipóteses em que se discute erro médico, a incerteza não está no dano experimentado, notadamente nas situações em que a vítima vem a óbito. A incerteza está na participação do médico nesse resultado, à medida que, em princípio, o dano é causado por força da doença, e não pela falha de tratamento. Conquanto seja viva a controvérsia, sobretudo no direito francês, acerca da aplicabilidade da teoria da responsabilidade civil pela **perda de uma chance** nas situações de erro médico, é forçoso reconhecer sua aplicabilidade. Basta, nesse sentido, notar que a chance, em si, pode ser considerada um bem autônomo, cuja violação pode dar lugar à indenização de seu equivalente econômico, a exemplo do que se defende no direito americano. Prescinde-se, assim, da difícil sustentação da teoria da causalidade proporcional. Admitida a indenização pela chance perdida, o valor do bem deve ser calculado em uma proporção sobre o prejuízo final experimentado pela vítima. A chance, contudo, jamais pode alcançar o valor do bem perdido. É necessária uma redução proporcional" (STJ-3ª T., REsp 1.254.141, Min. Nancy Andrighi, j. 4.12.12, DJ 20.2.13).

Todavia: "A chamada 'teoria da perda da chance', de inspiração francesa e citada em matéria de responsabilidade civil, aplica-se aos casos em que o dano seja real, atual e certo, dentro de um juízo de probabilidade, e não de mera possibilidade, porquanto o dano potencial ou incerto, no âmbito da responsabilidade civil, em regra, não é indenizável. *In casu*, o v. acórdão recorrido concluiu haver mera possibilidade de o resultado morte ter sido evitado caso a paciente tivesse acompanhamento prévio e contínuo do médico no período pós-operatório, sendo inadmissível, pois, a responsabilização do médico com base na aplicação da 'teoria da perda da chance'" (STJ-RF 405/448: 3ª T., REsp 1.104.665).

S/ perda de uma chance, v. tb. nota 7a, arts. 402, nota 7, e 927, notas 3a, 3c, 5c e 8b, CDC 14, notas 2, *in fine*, 3a, e 7a.

Art. 951: 1d. "O médico que deixa de informar o paciente acerca dos riscos da cirurgia incorre em negligência, e responde civilmente pelos danos resultantes da operação" (STJ-3ª T., AI 818.144-AgRg, Min. Ari Pargendler, j. 9.10.07, DJU 5.11.07). No mesmo sentido: "Dano moral que ocorre *in re ipsa*, sendo obrigação do profissional da saúde os esclarecimentos acerca de qualquer procedimento ou tratamento, notadamente aquele que poderá agravar o quadro e prejudicar a qualidade de sobrevida" (JTJ 355/620: AP 994.09.285412-0, maioria).

Art. 951: 1e. "Na medicina moderna a operação cirúrgica não pode ser compreendida apenas em seu aspecto unitário, pois frequentemente nela interferem múltiplas especialidades médicas. Nesse contexto, normalmente só caberá a responsabilização solidária e objetiva do cirurgião chefe da equipe médica quando o causador do dano for profissional que atue sob predominante subordinação àquele. No caso de médico anestesista, em razão de sua capacitação especializada e de suas funções específicas durante a cirurgia, age com acentuada autonomia, segundo técnicas médico-científicas que domina e suas convicções e decisões pessoais, assumindo, assim, responsabilidades próprias, segregadas, dentro da equipe médica. Destarte, se o dano ao paciente advém, comprovadamente, de ato praticado pelo anestesista, no exercício de seu mister, este responde individualmente pelo evento. O Código de Defesa do Consumidor, em seu art. 14, *caput*, prevê a responsabilidade objetiva aos fornecedores de serviço pelos danos causados ao consumidor em virtude de defeitos na prestação do serviço ou nas informações prestadas — fato do serviço. Todavia, no § 4º do mesmo artigo, excepciona a regra, consagrando a responsabilidade subjetiva dos profissionais liberais. Não há, assim, solidariedade decorrente de responsabilidade objetiva, entre o cirurgião-chefe e o anestesista, por erro médico deste último durante a cirurgia" (STJ-2ª Seção, ED no REsp 605.435, Min. Raul Araújo, j. 14.9.11, maioria, DJ 28.11.12). **Contra:** "Em regra, o cirurgião chefe dirige a equipe, estando os demais profissionais, que participam do ato cirúrgico, subordinados às suas ordens, de modo que a intervenção se realize a contento. No caso ora em análise, restou incontroverso que o anestesista, escolhido pelo chefe da equipe, agiu com culpa, gerando danos irreversíveis à autora, motivo pelo qual não há como afastar a **responsabilidade solidária do cirurgião chefe,** a quem estava o anestesista diretamente subordinado" (STJ-4ª T., REsp 605.435, Min. Luis Felipe, j. 22.9.09, um voto vencido, DJ 16.11.09; nota: esse acórdão foi cassado no julgamento dos subsequentes embargos de divergência).

Art. 951: 1f. "Médico que deixa de prestar **assistência pós-cirúrgica** a paciente que tem seu estado de saúde agravado, alegando que a piora não decorre do ato cirúrgico que realizou, mas de outras causas, encaminhando-a a profissionais diversos, deve responder pelo dano ocasionado à paciente, pois deixou de agir com a cautela necessária, sendo negligente" (STJ-4ª T., REsp 914.329, Min. Luis Felipe, j. 19.8.08, DJ 13.10.08).

Art. 951: 2. "Constatada a realização de **cirurgia reparadora e estética,** o cirurgião assume, na primeira, obrigação de meio, e, provado que agiu culposamente, fica obrigado a ressarcir os prejuízos materiais experimentados pela vítima. Na segunda, assume obrigação de resultado (responsabilidade contratual ou objetiva), devendo indenizar a vítima pelo não cumprimento do contrato, decorrente da deformidade ou de alguma irregularidade" (RT 813/354). "Nas cirurgias de natureza mista — estética e reparadora —, a responsabilidade do médico não pode ser generalizada, devendo ser analisada de forma fracionada, sendo de resultado em relação à sua parcela estética e de meio em relação à sua parcela reparadora" (STJ-RT 914/536: 3ª T., REsp 1.097.955). No mesmo sentido: STJ-4ª T., REsp 819.008, Min. Raul Araújo, j. 4.10.12, DJ 29.10.12. Também enfatizando a condição da cirurgia reparadora como obrigação de meio: RT 849/348, RJM 174/171.

"A obrigação assumida pelo médico, normalmente, é obrigação de meios, posto que objeto do contrato estabelecido com o paciente não é a cura assegurada, mas sim o compromisso do profissional no sentido de uma prestação de cuidados precisos e em consonância com a ciência médica na busca pela cura. Apesar de abalizada doutrina em sentido contrário, este Superior Tribunal de Justiça tem entendido que a situação é distinta, todavia, quando o médico se compromete com o paciente a alcançar um determinado resultado, o que ocorre no caso da cirurgia plástica meramente estética. Nesta hipótese, segundo o entendimento nesta Corte Superior, o que se tem é uma obrigação de resultados e não de meios. No caso das obrigações de meio, à vítima incumbe, mais do que demonstrar o dano, provar que este decorreu de culpa por parte do médico. Já nas obrigações de resultado, como a que serviu de origem à controvérsia, basta que a vítima demonstre, como fez, o dano (que o médico não alcançou o resultado prometido e contratado) para que a culpa se presuma, havendo, destarte, a inversão do ônus da prova. Não se priva, assim, o médico da possibilidade de demonstrar, pelos meios de prova admissíveis, que o evento danoso tenha decorrido, por exemplo, de motivo de força maior, caso fortuito ou mesmo de culpa exclusiva da 'vítima' (paciente)" (STJ-RDPr 41/323: 4ª T., REsp 236.708).

"A cirurgia estética é uma obrigação de resultado, pois o contratado se compromete a alcançar um resultado específico, que constitui o cerne da própria obrigação, sem o que haverá a inexecução desta. Nessas hipóteses, há a presunção de culpa, com inversão do ônus da prova. O uso da técnica adequada na cirurgia estética não é suficiente para isentar o médico da culpa pelo não cumprimento de sua obrigação" (STJ-3ª T., REsp 1.395.254, Min. Nancy Andrighi, j. 15.10.13, DJ 29.11.13).

"A cirurgia plástica com fim exclusivo ou preponderantemente estético é obrigação de resultado, presumindo-se a culpa do cirurgião, a quem incumbe provar sua inocência ou causa exonerativa" (RT 883/283: TJMS, AP 2006.021397-3/0000-00).

"A obrigação do médico na cirurgia plástica meramente estética é de resultado, pois ninguém em sã consciência se submete aos riscos de uma cirurgia, nem se dispõe a fazer elevados gastos para ficar mais feio do que já era, ou com a mesma aparência" (JTJ 327/441: AP 200.098-4/9-00; a citação é do voto do relator, na p. 445).

Todavia: "Os procedimentos cirúrgicos de fins meramente estéticos caracterizam verdadeira obrigação de resultado, pois neles o cirurgião assume verdadeiro compromisso pelo efeito embelezador prometido. Nas obrigações de resultado, a responsabilidade do profissional da medicina permanece subjetiva. Cumpre ao médico, contudo, demonstrar que os eventos danosos decorreram de fatores externos e alheios à sua atuação durante a cirurgia. Apesar de não prevista expressamente no CDC, a eximente de caso fortuito possui força liberatória e exclui a responsabilidade do cirurgião plástico, pois rompe o nexo de causalidade entre o dano apontado pelo paciente e o serviço prestado pelo profissional. Age com cautela e conforme os ditames da boa-fé objetiva o médico que colhe a assinatura do paciente em 'termo de consentimento informado', de maneira a alertá-lo acerca de eventuais problemas que possam surgir durante o pós-operatório" (STJ-RT 903/196: 3ª T., REsp 1.180.815).

"Malgrado se trate de cirurgia plástica, a cicatrização varia conforme a reação de cada organismo, de modo que eventual aparência em desconformidade com o esperado pela paciente não está abrangido pela denominada obrigação de resultado. Logo, a responsabilização do médico depende da prova de conduta culposa, circunstância ausente na espécie, pois o conjunto probatório revela a adoção de técnica correta e, ainda, inadequado comportamento pós-cirúrgico da autora. Demonstrado que a autora foi devidamente cientificada dos riscos da cirurgia, não houve descumprimento do dever de informação pelo médico" (RT 892/265: TJPR, AP 572.009-2).

Art. 951: 3. "Quando o médico, para salvar a vida do paciente, vê-se na contingência de proceder a intervenção que contenha o risco de causar efeito colateral leve ou grave, sequela, cicatriz aparente ou *deficit* sensorial, não lhe restando outra alternativa para preservar a vida, está-se diante de **inexigibilidade de conduta diversa,** que atua como causa excludente de responsabilidade, ainda que esta seja objetiva" (RT 824/222: caso envolvendo hospital público e relatado pelo Des. Rui Stoco).

Art. 951: 4. "Esquecimento de **agulha no abdômen** da paciente. Negligência. Nexo de causalidade configurado. Indenização por danos morais fixada. Pagamento das despesas com tratamento determinado" (JTJ 333/428: AP 591.562-4/5-00).

Todavia: "A ilicitude desaparece quando, antevendo risco de morte do paciente em caso de prolongamento de cirurgia urgente, o médico encerra o procedimento, mesmo sabendo que fragmento de agulha cirúrgica se perdeu, acidentalmente, no organismo do enfermo. Não sofre danos morais paciente que, tão logo se recupera da cirurgia de urgência, é informado de que parte de material cirúrgico foi deixado em seu organismo e, conscientemente, decide não realizar simples intervenção para extrair o fragmento" (STJ-3ª T., REsp 902.537, Min. Gomes de Barros, j. 17.3.08, DJU 13.5.08).

Art. 951: 5. "Em se tratando de demanda ressarcitória fundada em responsabilidade civil do nosocômio em virtude de danos decorrentes de **infecção hospitalar**, são partes passivas ilegítimas o médico que realizou a intervenção cirúrgica e a entidade mantenedora do plano de saúde" (RT 858/393).

Art. 951: 6. "Responsabilidade civil. Cirurgia de laqueadura de trompas. **Gravidez** após 4 anos. Ausência de provas que pudessem configurar negligência ou imperícia por parte do médico. Não há técnica que tenha finalidade de esterilização por ligadura de trompas que seja eficaz em 100% (cem por cento). Falta de comprovação, no percurso instrutório, de nexo de causalidade ou de qualquer conduta por parte do médico ou da casa de saúde, que pudesse ensejar a condenação a título de dano moral" (RT 871/342). No mesmo sentido: RT 905/336 (TJPR, AP 698.808-7), JTJ 345/210 (AP 591.727.4/9, maioria). Ainda, no caso de uso de dispositivo intrauterino (DIU): RT 904/394 (TRF-2ª Reg., AP 2003.51.01.017872-6).

"A literatura médica informa percentual de insucessos na cirurgia de vasectomia, atribuídos aos mais variados fatores, não sendo a mesma considerada infalível. Não tendo o paciente demonstrado qualquer culpa ou conduta ilícita do médico, muito menos a ausência de informações corretas a respeito do procedimento de vasectomia realizado, a improcedência do pedido de indenização decorrente de gravidez indesejada é medida que se impõe" (RJM 192/214: AP 1.0395.07.016168-6/001). No mesmo sentido, afirmando que a vasectomia é "procedimento médico de meio e não de resultado": JTJ 365/297 (AP 9162172-23.2006.8.26.0000). **Todavia:** "Restou comprovada a veiculação de propaganda enganosa pelo demandado, que prometeu êxito na cirurgia de vasectomia, levando o autor a acreditar que estava estéril e, consequentemente, duvidar da fidelidade de sua mulher, que engravidou após o procedimento" (RJTJERGS 278/269: AP 70034402461).

Art. 951: 6a. "Câncer na tireoide, recidiva após uma primeira cirurgia anos antes. Ablação total contra que se insurge a autora, afirmando previamente não haver sido consultada sobre a necessidade de sua realização. **Autorização escrita** a liberar o cirurgião, todavia, para todos os procedimentos que se fizessem necessários. Necessidade de extração de três tumores que depois se verificou serem malignos. Procedimento correto e de rotina mantido pelo cirurgião, improcedência bem decretada. Afirmação, de que a extração poderia ter sido parcial e não total, cabalmente desmentida pela perícia técnica" (RT 876/187: TJSP, AP 259.975.4/8-00).

Art. 951: 7. "Responsabilidade civil. Paciente que se interna para ablação do ovário esquerdo e que sofre **extirpação do ovário** direito, cuja biopsia não indicou malignidade; hipótese em que ficou caracterizado o erro do médico em extrair órgão sadio, sem prévio diagnóstico, sendo impossível admitir como legítima a mudança de diretriz em pleno curso da operação, por falta de informação e consentimento da mulher. Dever de indenizar do médico e do hospital" (JTJ 314/184: AP 268.872-4/9-00).

"Negligência comprovada de cirurgião que, não obstante os exames terem demonstrado a necessidade de retirada do ovário esquerdo, retira somente o direito e afirma que extirpou os dois. Dano moral consubstanciado nas dores de que padeceu a autora pela hipertrofia do órgão doente, agravado pelo fato de que a afirmativa do requerido de que retirara ambos os ovários dificultou a descoberta da origem das dores" (JTJ 321/1.599: AP 531.387-4/7).

Art. 951: 7a. "Responsabilidade civil por **erro de diagnóstico e perda de uma chance.** Configura negligente atuação do médico que, ao atender jovem que para ele se dirige reclamando de dor abdominal e no testículo, não examina a região escrotal e dispensa o paciente após melhora do quadro doloroso (pela aplicação de Buscopan), porque o diagnóstico de cálculo renal a que chegou pelo equivocado serviço impediu que se detectasse a torção do cordão espermático (infarto testicular), passível de ser revertida se fosse realizada, dentro de 24 horas, a destorção. Paciente que, cinco dias depois, sofre ablação do testículo. Dano moral indenizável, embora inalteradas as funções sexuais e reprodutivas pela preservação de um dos testículos. Espécie de dano estético e fisiológico" (RT 907/872: TJSP, AP 0118869-69.2007.8.26.0100).

Todavia: "A apreciação do erro de diagnóstico por parte do juiz deve ser cautelosa, com tônica especial quando os métodos científicos são discutíveis ou sujeitos a dúvidas, pois nesses casos o erro profissional não pode ser considerado imperícia, imprudência ou negligência. A dúvida sobre o diagnóstico exato da paciente foi atestada por vários especialistas, não sendo possível, portanto, imputar ao recorrente erro crasso passível de caracterizar frustração de uma oportunidade de cura incerta" (STJ-3ª T., REsp 1.622.538, Min. Nancy Andrighi, j. 21.3.17, DJ 24.3.17).

S/ perda de uma chance, v. tb. nota 1c, arts. 402, nota 7, e 927, notas 3a, 3c, 5c e 8b, e CDC 14, notas 2, *in fine*, 3a, e 7a.

Art. 951: 8. "Intervenção cirúrgica para retirada de um mioma que resultou na retirada de todos os órgãos reprodutivos. Inexistência de provas conclusivas que afastam a necessidade do procedimento adotado, em razão do 'achado cirúrgico'. Tratamento previsto na literatura médica para tratamento da patologia. Profissionais que têm **obrigação de meio** e não de resultado. Responsabilidade não configurada" (JTJ 331/424: AP 555.674-4/2-00).

"Na hipótese, dentre os diversos tratamentos disponibilizados pela medicina para a disfunção erétil (medicamentos orais, injeção intracavernosa, terapia, revascularização, bomba de vácuo etc.), foi indicada a cirurgia de colocação de prótese peniana, o que denota inexistir obrigação de resultado, pois a cirurgia não é considerada de natureza estética. Em se tratando de intervenção cirúrgica que não ostenta natureza estética, mas sim reparadora/terapêutica, a responsabilidade do médico é de meio, ou seja, assume a obrigação de se valer de todos os métodos, em consonância com a técnica (e ética) admitida pela ciência médica, para alcançar determinado resultado, sem, entretanto, responsabilizar-se por este último" (STJ-4ª T., REsp 1.046.632, Min. Marco Buzzi, j. 24.9.13, DJ 13.11.13; a citação é do voto do relator).

Art. 951: 9. "Nos **procedimentos odontológicos,** mormente os ortodônticos, os profissionais da saúde especializados nessa ciência, em regra, comprometem-se pelo resultado, visto que os objetivos relativos aos tratamentos, de cunho estético e funcional, podem ser atingidos com previsibilidade. Tendo a autora demonstrado não ter sido atingida a meta avençada, há presunção de culpa do profissional, com a consequente inversão do ônus da prova, cabendo ao réu demonstrar que não agiu com negligência, imprudência ou imperícia, ou mesmo que o insucesso se deu em decorrência de culpa exclusiva da autora" (STJ-4ª T., REsp 1.238.746, Min. Luis Felipe, j. 18.10.11, DJ 4.11.11).

"Verificada a imperfeição do **tratamento odontológico,** mediante dados concretos, completos e a convencer da existência de ato ilícito, moldado em ação/omissão do profissional, resta configurada a responsabilidade indenizatória. Com relação aos cirurgiões-dentistas, mesmo que em alguns casos se possa dizer que a sua obrigação é de meio, na maioria das vezes apresenta-se como obrigação de resultado" (RJM 189/57: AP 1.0549.05.001623-3/001).

"Implantação de prótese dentária pelo recorrente na cavidade bucal da apelada. Insucesso do procedimento adotado pelo recorrente. Falta do necessário planejamento na execução da implantação. Nexo causal entre a conduta e a lesão. Reconhecimento por prova pericial. Inexistência de indicativo no sentido de que a recorrida teria concorrido para o insucesso da implantação da prótese. Obrigação, na espécie, de resultado. Dano material. Restituição daquilo que foi pago pelo serviço executado pelo réu. Dano moral. Configuração. Intenso sofrimento físico e psíquico experimentado pela autora. Situação constrangedora, ademais, vivenciada pela autora, já que não podia abrir a boca pelo inchaço e pelo odor dela emanado" (JTJ 333/626: AP 567.654-4/4-00).

"Paciente que, ao realizar cirurgia para remoção de sobra de material (fragmento metálico) utilizado no trabalho do canal, perde parte da sensibilidade da mandíbula direita. Obrigação de resultado, sendo que o efeito adverso prova o cumprimento defeituoso do serviço contratado. Dever de indenizar os danos morais, independentemente da reversibilidade ou não da parestesia bucal" (RMDECC 38/124: TJSP, AP 0230907-58.2006.8.26.0100).

Art. 952. Havendo usurpação ou esbulho[1] do alheio, além da restituição da coisa, a indenização consistirá em pagar o valor das suas deteriorações e o devido a título de lucros cessantes;[2] faltando a coisa, dever-se-á reembolsar o seu equivalente ao prejudicado.[3] [Dispositivo correspondente no CC/1916: art. 1.541.]

Parágrafo único. Para se restituir o equivalente, quando não exista a própria coisa, estimar-se-á ela pelo seu preço ordinário e pelo de afeição, contanto que este não se avantaje àquele.[4] [Dispositivo correspondente no CC/1916: art. 1.543.]

Art. 952: 1. v. art. 1.212. V. tb. CP 161 e 162 e CPC 555-I.

Art. 952: 2. v. arts. 402 e 403.

Art. 952: 3. v. art. 944, nota 3 (Súmula 562 do STF e Súmula 54 do STJ).

Art. 952: 4. Entendemos que a limitação do preço de afeição ao valor da coisa, além de inócua, é incorreta. Isso porque há vários exemplos de bens pessoais que, embora de pequeno valor de mercado, têm grande valor sentimental. Ademais, prevalece no ordenamento jurídico nacional a regra da ampla reparabilidade do dano moral (CF 5º-V e X).

Art. 953. A indenização por injúria, difamação[1] ou calúnia consistirá na reparação do dano que delas resulte ao ofendido.[2-2a] [Dispositivo correspondente no CC/1916: art. 1.547-*caput*.]

Parágrafo único. Se o ofendido não puder provar prejuízo material, caberá ao juiz fixar, equitativamente, o valor da indenização, na conformidade das circunstâncias do caso.[3] [Dispositivo correspondente no CC/1916: art. 1.547 § ún.]

Art. 953: 1. "Irrelevante a alegação acerca da veracidade dos fatos imputados à pessoa, para os fins a que se propõe o art. 953 do CC/2002, uma vez que, até para a caracterização do ilícito penal de **difamação,** tal averiguação é dispensada" (RJM 173/240).

Art. 953: 2. Indenização por dano moral: CF 5º-V e X.

Art. 953: 2a. No âmbito eleitoral, v. Lei 4.737, de 15.7.65, art. 243-IX e § 1º.

V. tb. CP 138 a 145.

Art. 953: 3. v. art. 944, nota 3 **(Súmula 37 do STJ).**

Art. 954. A indenização por ofensa à liberdade pessoal consistirá no pagamento das perdas e danos[1] que sobrevierem ao ofendido,[1a] e se este não puder provar prejuízo, tem aplicação o disposto no parágrafo único do artigo antecedente. [Dispositivo correspondente no CC/1916: art. 1.550.]

Parágrafo único. Consideram-se ofensivos da liberdade pessoal: [Dispositivo correspondente no CC/1916: art. 1.551-*caput*.]

I — o cárcere privado;[2] [Dispositivo correspondente no CC/1916: art. 1.551-I.]

II — a prisão por queixa ou denúncia falsa e de má-fé;[3] [Dispositivo correspondente no CC/1916: art. 1.551-II.]

III — a prisão ilegal.[4] [Dispositivo correspondente no CC/1916: art. 1.551-III.]

Art. 954: 1. v. arts. 402 a 405.

Art. 954: 1a. v. arts. 927, nota 1, e 944, nota 3 (Súmula 37 do STJ).

Art. 954: 2. v. CP 148.

Art. 954: 3. v. CP 339.

Art. 954: 4. **CF 5º: "LXXV** — o Estado indenizará o condenado por erro judiciário, assim como o que ficar preso além do tempo fixado na sentença".

V. tb. art. 43, nota 3.

Título X | DAS PREFERÊNCIAS E PRIVILÉGIOS CREDITÓRIOS[1]

TÍT. X: 1. "Concurso de preferência e privilégios na execução (com alterações do novo Código Civil brasileiro)", por Cledi de Fátima Manica Moscon (RF 366/17); "Direitos de preferências e privilégios no concurso particular de credores na execução", por Cledi de Fátima Manica Moscon (RP 131/36).

Art. 955. Procede-se à declaração de insolvência toda vez que as dívidas excedam à importância dos bens do devedor.[1] [Dispositivo correspondente no CC/1916: art. 1.554.]

Art. 955: 1. v. CPC/73 art. 748.

Art. 956. A discussão entre os credores[1] pode versar quer sobre a preferência entre eles disputada, quer sobre a nulidade,[2] simulação,[3] fraude,[4-4a] ou falsidade das dívidas e contratos. [Dispositivo correspondente no CC/1916: art. 1.555.]

Art. 956: 1. v. CPC/73 art. 768-*caput*.

Art. 956: 2. v. art. 166.

Art. 956: 3. v. art. 167.

Art. 956: 4. v. arts. 158 a 165.

Art. 956: 4a. **CTN 185:** "Presume-se fraudulenta a alienação ou oneração de bens ou rendas, ou seu começo, por sujeito passivo em débito para com a Fazenda Pública, por crédito tributário regularmente inscrito como dívida ativa".

Art. 957. Não havendo título legal à preferência, terão os credores igual direito sobre os bens do devedor comum. [Dispositivo correspondente no CC/1916: art. 1.556.]

Art. 958. Os títulos legais de preferência são os privilégios e os direitos reais.[1 a 3] [Dispositivo correspondente no CC/1916: art. 1.557.]

Art. 958: 1. v. art. 1.225. V. tb. art. 1.422.

Art. 958: 2. v. CTN 186 a 192 (privilégio fiscal); LEF 4º § 4º e 29 (dívida ativa da Fazenda Pública); CLT 449 § 1º (preferência dos créditos trabalhistas); LRF 83 e 84 (classificação dos créditos na falência).

Art. 958: 2a. Esse dispositivo diz respeito aos direitos reais de garantia (arts. 1.225-VIII, IX e X e 1.419 a 1.510).

Art. 958: 3. **Súmula 144 do STJ:** "Os créditos de natureza alimentícia gozam de preferência, desvinculados os precatórios da ordem cronológica dos créditos de natureza diversa" (v. jurisprudência s/ esta Súmula em RT 719/254 e em RSTJ 80/301 a 333).

Art. 959. Conservam seus respectivos direitos os credores, hipotecários ou privilegiados:[1] [Dispositivo correspondente no CC/1916: art. 1.558-*caput*.]

I — sobre o preço do seguro da coisa gravada com hipoteca ou privilégio, ou sobre a indenização devida, havendo responsável pela perda ou danificação da coisa; [Dispositivo correspondente no CC/1916: art. 1.558-I.]

II — sobre o valor da indenização, se a coisa obrigada a hipoteca ou privilégio for desapropriada.[2] [Dispositivo correspondente no CC/1916: art. 1.558-II.]

Art. 959: 1. v. arts. 960 e 1.425 § 1º (preferência do credor pignoratício, hipotecário ou anticrético, no caso de perecimento da coisa dada em garantia).

Art. 959: 2. v. art. 1.425-V e LD 31.

Art. 960. Nos casos a que se refere o artigo antecedente, o devedor do seguro, ou da indenização, exonera-se pagando sem oposição dos credores hipotecários ou privilegiados. [Dispositivo correspondente no CC/1916: art. 1.559.]

Art. 961. O crédito real[1] prefere ao pessoal de qualquer espécie; o crédito pessoal privilegiado, ao simples; e o privilégio especial,[2] ao geral.[3] [Dispositivo correspondente no CC/1916: art. 1.560.]

Art. 961: 1. v. arts. 1.419 a 1.509 (especialmente o art. 1.422).

Art. 961: 2. v. arts. 963 e 964.

Art. 961: 3. v. arts. 963 e 965.

Art. 962. Quando concorrerem aos mesmos bens, e por título igual, dois ou mais credores da mesma classe especialmente privilegiados, haverá entre eles rateio proporcional ao valor dos respectivos créditos, se o produto não bastar para o pagamento integral de todos.[1] [Dispositivo correspondente no CC/1916: art. 1.562.]

Art. 962: 1. v. art. 964. V. tb., no CPCLPV, CPC 908 e notas.

Art. 963. O privilégio especial[1] só compreende os bens sujeitos, por expressa disposição de lei, ao pagamento do crédito que ele favorece; e o geral,[2] todos os bens não sujeitos a crédito real nem a privilégio especial. [Dispositivo correspondente no CC/1916: art. 1.565.]

Art. 963: 1. v. art. 964.

Art. 963: 2. v. art. 965.

Art. 964. Têm privilégio especial:[1 e 2] [Dispositivo correspondente no CC/1916: art. 1.566-*caput*.]

I — sobre a coisa arrecadada e liquidada, o credor de custas e despesas judiciais feitas com a arrecadação e liquidação; [Dispositivo correspondente no CC/1916: art. 1.566-I.]

II — sobre a coisa salvada, o credor por despesas de salvamento;[3] [Dispositivo correspondente no CC/1916: art. 1.566-II.]

III — sobre a coisa beneficiada, o credor por benfeitorias necessárias ou úteis;[4] [Dispositivo correspondente no CC/1916: art. 1.566-III.]

IV — sobre os prédios rústicos ou urbanos, fábricas, oficinas, ou quaisquer outras construções, o credor[5] de materiais, dinheiro, ou serviços para a sua edificação, reconstrução, ou melhoramento; [Dispositivo correspondente no CC/1916: art. 1.566-IV.]

V — sobre os frutos agrícolas, o credor por sementes, instrumentos e serviços à cultura, ou à colheita; [Dispositivo correspondente no CC/1916: art. 1.566-V.]

VI — sobre as alfaias e utensílios de uso doméstico, nos prédios rústicos ou urbanos, o credor de aluguéis, quanto às prestações do ano corrente e do anterior;[6] [Dispositivo correspondente no CC/1916: art. 1.566-VI.]

VII — sobre os exemplares da obra existente na massa do editor, o autor dela, ou seus legítimos representantes, pelo crédito fundado contra aquele no contrato da edição;[7] [Dispositivo correspondente no CC/1916: art. 1.566-VII.]

VIII — sobre o produto da colheita, para a qual houver concorrido com o seu trabalho, e precipuamente a quaisquer outros créditos, ainda que reais, o trabalhador agrícola, quanto à dívida dos seus salários. [Dispositivo correspondente no CC/1916: art. 1.566-VIII.]

IX — sobre os produtos do abate, o credor por animais.[8] [Sem dispositivo correspondente no CC/1916.]

Art. 964: 1. "O crédito pela nota de crédito rural tem privilégio especial sobre os bens discriminados no art. 1.563 do Código Civil" revogado **(art. 28 do Dec. lei 167, de 14.2.67,** no tít. TÍTULOS DE CRÉDITO RURAL).

"A duplicata rural goza de privilégio especial sobre os bens enumerados no art. 1.563 do Código Civil" revogado **(art. 53 do Dec. lei 167** — v. acima).

"O crédito pela nota de crédito industrial tem privilégio especial sobre os bens discriminados no art. 1.563 do Cód go Civil" revogado **(Dec. lei 413, de 9.1.69, art. 17,** no tít. TÍTULOS DE CRÉDITO INDUSTRIAL).

Art. 964: 1a. **Dec. lei 70, de 21.11.66: "Art. 35.** O agente fiduciário é autorizado, independentemente de mandato do credor ou do devedor, a receber as quantias que resultarem da purgação do débito ou do primeiro ou segundo públicos leilões, que deverá entregar ao credor ou ao devedor, conforme o caso, deduzidas de sua própria remuneração. ... **§ 2º** Os créditos previstos neste artigo, contra agente fiduciário, são privilegiados, em caso de falência ou concordata".

Lei 7.565, de 19.12.86: "Art. 189. Além dos previstos em lei, constituem créditos privilegiados da União nos processos de liquidação ou falência de empresa de transporte aéreo: I — a quantia despendida pela União para financiamento ou pagamento de aeronaves e produtos aeronáuticos adquiridos pela empresa de transporte aéreo; II — a quantia por que a União se haja obrigado, ainda que parceladamente, para pagamento de aeronaves e produtos aeronáuticos, importados pela empresa de transporte aéreo".

Art. 964: 2. O crédito por honorários de advogado é privilegiado (EA 24-*caput*). A lei vigente não esclarece se o privilégio é geral ou especial; a anterior considerava-o especial (Lei 4.215, de 27.4.63, art. 102).

Art. 964: 3. **Lei 7.203, de 3.7.84** — Dispõe sobre a assistência e salvamento de embarcação, coisa ou bem em perigo no mar, nos portos e nas vias navegáveis interiores (em Lex 1984/334, RDA 157/381): **"Art. 13.** As dívidas decorrentes das operações de assistência e salvamento gozam de privilégio em relação às embarcações, coisas ou bens que estavam em perigo, tendo preferência mesmo em relação aos créditos garantidos por hipoteca ou penhor sobre os referidos bens".

Art. 964: 4. v. art. 96 §§ 3º e 2º, respectivamente.

Art. 964: 5. "A emissão de duplicatas não exclui o privilégio assegurado pelo art. 1.566, IV, do Código Civil, nem produz novação" **(Lei 4.068, de 9.6.62, art. 5º,** em Lex 1962/82, RF 199/403). O art. 1.566-IV do CC 1916 corresponde ao CC atual 964-IV.

Conquanto a Lei 4.068 haja sido revogada, na parte relativa à duplicata, pelo art. 28 da Lei 5.474, de 18.7.68 (RT 393/458, Lex 1968/975, RF 224/413), a disposição supra, por meramente interpretativa, pode ser considerada em vigor.

Art. 964: 6. "O penhor cedular de máquinas e aparelhos utilizados na indústria tem preferência sobre o penhor legal do locador do imóvel de sua situação" **(art. 46-*caput* do Dec. lei 413, de 9.1.69,** em TÍTULOS DE CRÉDITO INDUSTRIAL).

Art. 964: 7. v. LDA 57 a 62.

Art. 964: 8. O inc. IX foi acrescido pela Lei 13.176, de 21.10.15.

Art. 965. Goza de privilégio geral,[1-2] na ordem seguinte, sobre os bens do devedor: [Dispositivo correspondente no CC/1916: art. 1.569-*caput*.]

I — o crédito por despesa de seu funeral, feito segundo a condição do morto e o costume do lugar;[2a] [Dispositivo correspondente no CC/1916: art. 1.569-I.]

II — o crédito por custas judiciais, ou por despesas com a arrecadação e liquidação da massa; [Dispositivo correspondente no CC/1916: art. 1.569-II.]

III — o crédito por despesas com o luto do cônjuge sobrevivo e dos filhos do devedor falecido, se foram moderadas; [Dispositivo correspondente no CC/1916: art. 1.569-III.]

IV — o crédito por despesas com a doença de que faleceu o devedor, no semestre anterior à sua morte; [Dispositivo correspondente no CC/1916: art. 1.569-IV.]

V — o crédito pelos gastos necessários à mantença do devedor falecido e sua família, no trimestre anterior ao falecimento; [Dispositivo correspondente no CC/1916: art. 1.569-V.]

VI — o crédito pelos impostos devidos à Fazenda Pública, no ano corrente e no anterior;[3-4] [Dispositivo correspondente no CC/1916: art. 1.569-VI.]

VII — o crédito pelos salários dos empregados do serviço doméstico do devedor, nos seus derradeiros seis meses de vida; [Dispositivo correspondente no CC/1916: art. 1.569-VII.]

VIII — os demais créditos de privilégio geral.[5] [Sem dispositivo correspondente no CC/1916.]

Art. 965: 1. s/ honorários de advogado, v. art. 964, nota 2.

Art. 965: 2. **"Art. 707.** O crédito do comissário, relativo a comissões e despesas feitas, goza de privilégio geral, no caso de falência ou insolvência do comitente".

Art. 965: 2a. v. art. 1.998.

Art. 965: 3. s/ concurso de preferência, em execuções fiscais, v. LEF 29 § ún.

Art. 965: 4. **CTN: "Art. 186** (*redação da LC n. 118, de 9.2.05*). O crédito tributário prefere a qualquer outro, seja qual for sua natureza ou o tempo de sua constituição, ressalvados os créditos decorrentes da legislação do trabalho ou do acidente de trabalho.

"Parágrafo único (*redação da LC 118, de 9.2.05*). Na falência:

"I (*redação da LC 118, de 9.2.05*) — o crédito tributário não prefere aos créditos extraconcursais ou às importâncias passíveis de restituição, nos termos da lei falimentar, nem aos créditos com garantia real, no limite do valor do bem gravado;

"II (*redação da LC 118, de 9.2.05*) — a lei poderá estabelecer limites e condições para a preferência dos créditos decorrentes da legislação do trabalho; e

"III (*redação da LC 118, de 9.2.05*) — a multa tributária prefere apenas aos créditos subordinados.

"Art. 187 (*redação da LC 118, de 9.2.05*). A cobrança judicial do crédito tributário não é sujeita a concurso de credores ou habilitação em falência, recuperação judicial, concordata, inventário ou arrolamento.

"Parágrafo único. O concurso de preferência somente se verifica entre pessoas jurídicas de direito público, na seguinte ordem:

"I — União;

"II — Estados, Distrito Federal e Territórios, conjuntamente e *pro rata*;

"III — Municípios, conjuntamente e *pro rata*.

"Art. 188 (*redação da LC 118, de 9.2.05*). São extraconcursais os créditos tributários decorrentes de fatos geradores ocorridos no curso do processo de falência.

"§ 1º Contestado o crédito tributário, o juiz remeterá as partes ao processo competente, mandando reservar bens suficientes à extinção total do crédito e seus acrescidos, se a massa não puder efetuar a garantia da instância por outra forma, ouvido, quanto à natureza e valor dos bens reservados, o representante da Fazenda Pública interessada.

"§ 2º O disposto neste artigo aplica-se aos processos de concordata.

"Art. 189. São pagos preferencialmente a quaisquer créditos habilitados em inventário ou arrolamento, ou a outros encargos do monte, os créditos tributários vencidos ou vincendos, a cargo do *de cujus* ou de seu espólio, exigíveis no decurso do processo de inventário ou arrolamento.

"Parágrafo único. Contestado o crédito tributário, proceder-se-á na forma do disposto no § 1º do artigo anterior.

"Art. 190. São pagos preferencialmente a quaisquer outros os créditos tributários vencidos ou vincendos, a cargo de pessoas jurídicas de direito privado em liquidação judicial ou voluntária, exigíveis no decurso da liquidação.

"Art. 191 (*redação da LC 118, de 9.2.05*). A extinção das obrigações do falido requer prova de quitação de todos os tributos.

"Art. 191-A (*acrescido pela LC 118, de 9.2.05*). A concessão de recuperação judicial depende da apresentação da prova de quitação de todos os tributos, observado o disposto nos arts. 151, 205 e 206 desta Lei.

"Art. 192. Nenhuma sentença de julgamento de partilha ou adjudicação será proferida sem prova da quitação de todos os tributos relativos aos bens do espólio, ou às suas rendas".

Art. 965: 5. Goza de privilégio geral o crédito do comissário, relativo a comissões e despesas feitas (art. 707).

Livro II | DO DIREITO DE EMPRESA[1-2]

Título I | DO EMPRESÁRIO[1]

Capítulo I | DA CARACTERIZAÇÃO E DA INSCRIÇÃO

✎ **LIV. II: 1.** "A empresa: novo instituto jurídico", por Jorge Lobo (RT 795/81); "O novo Código Civil e o Livro II 'Do direito de empresa'", por Paulo Roberto Colombo Arnoldi (RT 803/18, RJ 297/19); "A função social da empresa", por Eduardo Tomasevicius Filho (RT 810/33); "O direito empresarial no Mercosul", por Paulo Roberto Colombo Arnoldi (RJ 310/38); "O novo Código Civil brasileiro e a teoria da empresa", por Daniel Carneiro Machado (RDPr 15/9); "O novo conceito de empresa", por Flávia Trentini (RT 813/13); "Análise dos conceitos de *affectio societatis* e de *ligabilidad* como elementos de caracterização das sociedades comerciais", por Álvaro Rodrigues Junior (RDPr 14/87); "O direito da empresa no novo Código Civil", por Cássio Machado Cavalli (RT 828/43, RF 386/51, Ajuris 93/87); "Novo Código Civil. Pessoas jurídicas, empresário, sociedade, estabelecimento, nome comercial e/ou nome empresarial, perdas e danos e prescrição", por José Carlos Tinoco Soares (RT 798/11); "O empresário, a empresa e o Código Civil", por Arnoldo Wald (RF 372/51); "Do direito comercial ao direito empresarial. Formação histórica e tendências do direito brasileiro", por Bruno Nubens Barbosa Miragem (RDPr 17/71); "O empresário no Código Civil brasileiro", por Vinícius José Marques Gontijo (RT 831/147); "Apontamentos sobre a função social da empresa e o moderno direito privado", por Cássio Cavalli (RDPr 22/22); "A empresa no novo Código Civil: elemento unificador do Direito Privado", por Adria Paula Ferronatto (RT 843/11); "Direito de empresa, atividade empresarial, empresa e empresário (à luz do novo Código Civil)", por Irineu Mariani (RT 844/28 e Ajuris 101/111); "Notas sobre o conceito de empresário e empresa no Código Civil brasileiro", por Rachel Sztajn (RDPr 25/233); "Empresa e meio ambiente", por Gisele Ferreira de Araújo (Ajuris 103/147); "A norma de configuração do papel social de empresário no direito brasileiro", por Cássio Machado Cavalli (Ajuris 106/31); "A recente evolução da empresa e o direito", por Arnoldo Wald (RMDCPC 27/5); "Boa-fé nas relações entre sócios", por Ana Beatriz Nunes Barbosa (RF 407/31); "Empreendedorismo e função social da empresa", por Eduardo Tomasevicius Filho (RT 946/129).

LIV. II: 2. **LC 123, de 14.12.06** — Institui o Estatuto Nacional da Microempresa e da Empresa de Pequeno Porte, e dá outras providências: **"Art. 3º** (*redação da LC 139, de 10.11.11, em vigor a partir de 1.1.12*). Para os efeitos desta Lei Complementar, consideram-se microempresas ou empresas de pequeno porte a sociedade empresária, a sociedade simples, a empresa individual de responsabilidade limitada e o empresário a que se refere o art. 966 da Lei n. 10.406, de 10 de janeiro de 2002 (Código Civil), devidamente registrados no Registro de Empresas Mercantis ou no Registro Civil de Pessoas Jurídicas, conforme o caso, desde que:

"**I** — no caso da microempresa, aufira, em cada ano-calendário, receita bruta igual ou inferior a R$ 360.000,00 (trezentos e sessenta mil reais); e

"**II** (*redação da LC 155, de 27.10.16, produzindo efeitos a partir de 1º de janeiro de 2018*) — no caso de empresa de pequeno porte, aufira, em cada ano-calendário, receita bruta superior a R$ 360.000,00 (trezentos e sessenta mil reais) e igual ou inferior a R$ 4.800.000,00 (quatro milhões e oitocentos mil reais)".

TÍT. I: 1. **Disposições transitórias** sobre empresas e empresários: arts. 2.031, 2.033, 2.034 e 2.037.

Art. 966. Considera-se empresário[1-2] quem exerce profissionalmente atividade econômica organizada para a produção ou a circulação de bens ou de serviços.[2a] [Sem dispositivo correspondente no CC/1916.]

Parágrafo único. Não se considera empresário quem exerce profissão intelectual,[3] de natureza científica, literária ou artística, ainda com o concurso de auxiliares ou colaboradores, salvo se o exercício da profissão constituir elemento de empresa. [Sem dispositivo correspondente no CC/1916.]

Art. 966: 1. **Enunciado 53 do CEJ:** "Deve-se levar em consideração o princípio da função social na interpretação das normas relativas à empresa, a despeito da falta de referência expressa".

Enunciado 54 do CEJ: "É caracterizador do elemento empresa a declaração da atividade-fim, assim como a prática de atos empresariais".

Enunciado 194 do CEJ: "Os profissionais liberais não são considerados empresários, salvo se a organização dos fatores da produção for mais importante que a atividade pessoal desenvolvida".

Enunciado 195 do CEJ: "A expressão 'elemento de empresa' demanda interpretação econômica, devendo ser analisada sob a égide da absorção da atividade intelectual, de natureza científica, literária ou artística, como um dos fatores da organização empresarial".

Enunciado 197 do CEJ: "A pessoa natural, maior de 16 e menor de 18 anos, é reputada empresário regular se satisfizer os requisitos dos arts. 966 e 967; todavia, não tem direito a concordata preventiva, por não exercer regularmente a atividade por mais de dois anos". A concordata preventiva deu lugar à recuperação judicial ou extrajudicial.

Art. 966: 2. Nome, firma ou denominação do empresário: arts. 1.156, 1.163 a 1.168; adaptação dos empresários ao CC/02: art. 2.031; aplicação aos empresários das leis não revogadas pelo CC/02: art. 2.037.

Art. 966: 2a. "Por exercício profissional da atividade econômica, elemento que integra o núcleo do conceito de empresa, há que se entender a exploração de atividade com finalidade lucrativa. Em se tratando o ECAD de associação civil, que não explora de fato qualquer atividade econômica, visto que desprovida de intento lucrativo, não se subsume, à toda evidência, no conceito de empresa" (STJ-2ª T., REsp 623.367, Min. João Otávio, j. 15.6.04, DJ 9.8.04).

Art. 966: 3. **Enunciado 193 do CEJ:** "O exercício das atividades de natureza exclusivamente intelectual está excluído do conceito de empresa".

Enunciado 196 do CEJ: "A sociedade de natureza simples não tem seu objeto restrito às atividades intelectuais".

Art. 967. É obrigatória a inscrição do empresário[1-1a] no Registro Público de Empresas Mercantis[2] da respectiva sede, antes do início de sua atividade.[2a] [Sem dispositivo correspondente no CC/1916.]

Art. 967: 1. Também é obrigatória a inscrição da sociedade empresária (as do art. 983, nota 1) no Registro Público de Empresas Mercantis (v. art. 985).

Art. 967: 1a. **Enunciado 198 do CEJ:** "A inscrição do empresário na Junta Comercial não é requisito para a sua caracterização, admitindo-se o exercício da empresa sem tal providência. O empresário irregular reúne os requisitos do art. 966, sujeitando-se às normas do Código Civil e da legislação comercial, salvo naquilo em que forem incompatíveis com a sua condição ou diante de expressa disposição em contrário".

Enunciado 199 do CEJ: "A inscrição do empresário ou sociedade empresária é requisito delineador de sua regularidade, e não da sua caracterização".

Art. 967: 2. s/ registro, v. arts. 1.150 a 1.154.

Art. 967: 2a. **Lei 4.728, de 14.7.65** — Disciplina o mercado de capitais e estabelece medidas para o seu desenvolvimento (v. arts. 7º, 8º e 15).

Dec. lei 73, de 21.11.66 — Dispõe sobre o Sistema Nacional de Seguros Privados, regula as operações de seguros e resseguros e dá outras providências (v. arts. 72 a 88).

Lei 8.934, de 18.11.94 — Dispõe sobre o Registro Público de Empresas Mercantis e atividades afins e dá outras providências. Regulamentada pelo **Dec. 1.800, de 30.1.96.**

Dec. 1.102, de 21.11.1903 — Institui regras para o estabelecimento de empresas de armazéns gerais, determinando os direitos e obrigações dessas empresas.

Art. 968. A inscrição do empresário far-se-á mediante requerimento que contenha: [Sem dispositivo correspondente no CC/1916.]

I — o seu nome,[1] nacionalidade, domicílio,[1a] estado civil e, se casado, o regime de bens;[1b] [Sem dispositivo correspondente no CC/1916.]

II — a firma, com a respectiva assinatura autógrafa que poderá ser substituída pela assinatura autenticada com certificação digital ou meio equivalente que comprove a sua autenticidade, ressalvado o disposto no inciso I do § 1º do art. 4º da Lei Complementar n. 123, de 14 de dezembro de 2006;[1c-1d]

III — o capital; [Sem dispositivo correspondente no CC/1916.]

IV — o objeto e a sede[2] da empresa. [Sem dispositivo correspondente no CC/1916.]

§ 1º Com as indicações estabelecidas neste artigo, a inscrição será tomada por termo no livro próprio do Registro Público de Empresas Mercantis, e obedecerá a número de ordem contínuo para todos os empresários inscritos. [Sem dispositivo correspondente no CC/1916.]

§ 2º À margem da inscrição, e com as mesmas formalidades, serão averbadas quaisquer modificações nela ocorrentes.[3] [Sem dispositivo correspondente no CC/1916.]

§ 3º Caso venha a admitir sócios, o empresário individual poderá solicitar ao Registro Público de Empresas Mercantis a transformação de seu registro de empresário para registro de sociedade empresária, observado, no que couber, o disposto nos arts. 1.113 a 1.115 deste Código.[4-4a] [Sem dispositivo correspondente no CC/1916.]

§ 4º O processo de abertura, registro, alteração e baixa do microempreendedor individual de que trata o art. 18-A da Lei Complementar n. 123, de 14 de dezembro de 2006,[4b] bem como qualquer exigência para o início de seu funcionamento deverão ter trâmite especial e simplificado, preferentemente eletrônico, opcional para o empreendedor, na forma a ser disciplinada pelo Comitê para Gestão da Rede Nacional para a Simplificação do Registro e da Legalização de Empresas e Negócios — CGSIM, de que trata o inciso III do art. 2º da mesma Lei.[5] [Sem dispositivo correspondente no CC/1916.]

§ 5º Para fins do disposto no § 4º, poderão ser dispensados o uso da firma, com a respectiva assinatura autógrafa, o capital, requerimentos, demais assinaturas, informações relativas à nacionalidade, estado civil e regime de bens, bem como remessa de documentos, na forma estabelecida pelo CGSIM.[6] [Sem dispositivo correspondente no CC/1916.]

Art. 968: 1. Nome empresarial: v. arts. 1.155 a 1.168.

Art. 968: 1a. s/ domicílio da pessoa jurídica, v. art. 75-IV e §§ 1º e 2º.

Art. 968: 1b. v. arts. 978 a 980 e 1.639 a 1.688.

Art. 968: 1c. Redação do inc. II de acordo com a LC 147, de 7.8.14.

Art. 968: 1d. **LC 123, de 14.12.06** — Institui o Estatuto Nacional da Microempresa e da Empresa de Pequeno Porte, e dá outras providências: **"Art. 4º** Na elaboração de normas de sua competência, os órgãos e entidades envolvidos na abertura e fechamento de empresas, dos 3 (três) âmbitos de governo, deverão considerar a unicidade do processo de registro e de legalização de empresários e de pessoas jurídicas, para tanto devendo articular as competências próprias com aquelas dos demais membros, e buscar, em conjunto, compatibilizar e integrar procedimentos, de modo a evitar a duplicidade de exigências e garantir a linearidade do processo, da perspectiva do usuário. **§ 1º** (*redação da LC 147, de 7.8.14*) O processo de abertura, registro, alteração e baixa da microempresa e empresa de pequeno porte, bem como qualquer exigência para o início de seu funcionamento, deverão ter trâmite especial e simplificado, preferencialmente eletrônico, opcional para o empreendedor, observado o seguinte: **I** — poderão ser dispensados o uso da firma, com a respectiva assinatura autógrafa, o capital, requerimentos, demais assinaturas, informações relativas ao estado civil e regime de bens, bem como remessa de documentos, na forma estabelecida pelo CGSIM".

Art. 968: 2. **Enunciado 55 do CEJ:** "O domicílio da pessoa jurídica empresarial regular é o estatutário ou o contratual, em que indicada a sede da empresa, na forma dos arts. 968, IV, e 969, combinados com o art. 1.150, todos do Código Civil".

Art. 968: 3. s/ inscrições e averbações no Registro Público de Empresas Mercantis, v. arts. 976, 979, 980, 1.032, 1.048, 1.057 § ún., 1.063, 1.083, 1.084 § 2º, 1.086, 1.102 § ún., 1.121, 1.138 § ún. e 1.174.

Art. 968: 4. O § 3º foi acrescido pela LC 128, de 19.12.08.

Art. 968: 4a. v. art. 1.245, nota 1d.

Art. 968: 4b. **LC 123, de 14.12.06** — Institui o Estatuto Nacional da Microempresa e da Empresa de Pequeno Porte, e dá outras providências: **"Art. 18-A.** O Microempreendedor Individual — MEI poderá optar pelo recolhimento dos impostos e contribuições abrangidos pelo Simples Nacional em valores fixos mensais, independentemente da receita bruta por ele auferida no mês, na forma prevista neste artigo.

"**§ 1º** (*redação da LC 155, de 27.10.16, produzindo efeitos a partir de 1º de janeiro de 2018*) Para os efeitos desta Lei Complementar, considera-se MEI o empresário individual que se enquadre na definição do art. 966 da Lei n. 10.406, de 10 de janeiro de 2002 — Código Civil, ou o empreendedor que exerça as atividades de industrialização, comercialização e prestação de serviços no âmbito rural, que tenha auferido receita bruta, no ano-calendário anterior, de até R$ 81.000,00 (oitenta e um mil reais), que seja optante pelo Simples Nacional e que não esteja impedido de optar pela sistemática prevista neste artigo.

"**§ 2º** (*redação da LC 155, de 27.10.16, produzindo efeitos a partir de 1º de janeiro de 2018*) No caso de início de atividades, o limite de que trata o § 1º será de R$ 6.750,00 (seis mil, setecentos e cinquenta reais) multiplicados pelo número de meses compreendido entre o início da atividade e o final do respectivo ano-calendário, consideradas as frações de meses como um mês inteiro".

Art. 968: 5. O § 4º foi acrescido pela Lei 12.470, de 31.8.11.

Art. 968: 6. O § 5º foi acrescido pela Lei 12.470, de 31.8.11.

Art. 969. O empresário que instituir sucursal, filial ou agência, em lugar sujeito à jurisdição de outro Registro Público de Empresas Mercantis, neste deverá também inscrevê-la, com a prova da inscrição originária. [Sem dispositivo correspondente no CC/1916.]

Parágrafo único. Em qualquer caso, a constituição do estabelecimento secundário deverá ser averbada no Registro Público de Empresas Mercantis da respectiva sede.[1] [Sem dispositivo correspondente no CC/1916.]

Art. 969: 1. A sociedade simples possui disposição análoga (art. 1.000).

Art. 970. A lei assegurará tratamento favorecido, diferenciado e simplificado ao empresário rural e ao pequeno empresário,[1 a 2] quanto à inscrição e aos efeitos daí decorrentes.[3-3a] [Sem dispositivo correspondente no CC/1916.]

Art. 970: 1. v. art. 1.179 § 2º.

Art. 970: 1a. **LC 123, de 14.12.06** — Institui o Estatuto Nacional da Microempresa e da Empresa de Pequeno Porte, e dá outras providências: **"Art. 68** (*redação da LC 139, de 10.11.11, em vigor a partir de 1.1.12*). Considera-se pequeno empresário, para efeito de aplicação do disposto nos arts. 970 e 1.179 da Lei n. 10.406, de 10 de janeiro de 2002 (Código Civil), o empresário individual caracterizado como microempresa na forma desta Lei Complementar que aufira receita bruta anual até o limite previsto no § 1º do art. 18-A". V. nota 4b ao art. 968.

Art. 970: 2. **Enunciado 200 do CEJ:** "É possível a qualquer empresário individual, em situação regular, solicitar seu enquadramento como microempresário ou empresário de pequeno porte, observadas as exigências e restrições legais".

Art. 970: 3. s/ questões falimentares referentes às microempresas e empresas de pequeno porte, v. LRF 51 § 2º, 70 a 72 e 168 § 4º.

Art. 970: 3a. **LC 48, de 10.12.84** — Estabelece normas integrantes do Estatuto da Microempresa, relativas à isenção do Imposto sobre Circulação de Mercadorias — ICM e do Imposto sobre Serviços — ISS.

Lei 8.174, de 30.1.91 — Dispõe sobre princípios de Política Agrícola, estabelecendo atribuições ao Conselho Nacional de Política Agrícola (CNPA), tributação compensatória de produtos agrícolas, amparo ao pequeno produtor e regras de fixação e liberação dos estoques públicos.

Lei 10.194, de 14.2.01 — Dispõe sobre a instituição de sociedades de crédito ao microempreendedor, e dá outras providências.

Art. 971. O empresário, cuja atividade rural[1-1a] constitua sua principal profissão, pode, observadas as formalidades de que tratam o art. 968 e seus parágrafos, requerer inscrição[2] no Registro Público de Empresas Mercantis da respectiva sede, caso em que, depois de inscrito, ficará equiparado, para todos os efeitos, ao empresário sujeito a registro.[3] [Sem dispositivo correspondente no CC/1916.]

Art. 971: 1. **Enunciado 201 do CEJ:** "O empresário rural e a sociedade empresária rural, inscritos no registro público de empresas mercantis, estão sujeitos à falência e podem requerer concordata".

✎ Art. 971: 1a. "Princípio da função social da empresa agrária", por Frederico Garcia Pinheiro (RMDECC 28/50).

Art. 971: 2. **Enunciado 202 do CEJ:** "O registro do empresário ou sociedade rural na Junta Comercial é facultativo e de natureza constitutiva, sujeitando-o ao regime jurídico empresarial. É inaplicável esse regime ao empresário ou sociedade rural que não exercer tal opção".

Art. 971: 3. v. art. 984.

Capítulo II | DA CAPACIDADE[1]

CAP. II: 1. **Enunciado 396 do CEJ:** "A capacidade para contratar a constituição da sociedade submete-se à lei vigente no momento do registro".

Art. 972. Podem exercer a atividade de empresário os que estiverem em pleno gozo da capacidade civil[1] e não forem legalmente impedidos.[2] [Sem dispositivo correspondente no CC/1916.]

✎ Art. 972: 1. "O menor empresário: uma análise sob a perspectiva do novo Código Civil e da nova Lei de Falências e Recuperação de Empresas", por Igor Silva de Lima (RT 840/37); "O sócio incapaz nas sociedades limitadas", por Cássio Cavalli (RDPr 54/183).

Art. 972: 2. v. art. 1.011 § 1º (impedimento para administrar sociedade). V. tb. LOM 36-I (magistrados); CF 54-II-*a* (deputados e senadores), 128 § 5º-II-*c* (membros do MP) e 222 (empresa jornalística e de radiodifusão); LRF 102 e 103 (falido); LSA 147 § 1º e 159 § 2º (sociedade por ações).

V. ainda: Lei 6.880, de 9.12.80 (Estatuto dos Militares), art. 29; Lei 8.625, de 12.2.93 (Lei Orgânica Nacional do MP), art. 44-III; Dec. lei 1.001, de 21.10.69 (Código Penal Militar), art. 204; Dec. 84.934, de 21.7.80 (Agências de Turismo), art. 29.

Art. 973. A pessoa legalmente impedida de exercer atividade própria de empresário, se a exercer, responderá pelas obrigações contraídas. [Sem dispositivo correspondente no CC/1916.]

Art. 974. Poderá o incapaz, por meio de representante ou devidamente assistido, continuar a empresa antes exercida por ele enquanto capaz, por seus pais ou pelo autor de herança.[1-1a] [Sem dispositivo correspondente no CC/1916.]

§ 1º Nos casos deste artigo, precederá autorização judicial,[2] após exame das circunstâncias e dos riscos da empresa, bem como da conveniência em continuá-la, podendo a autorização ser revogada pelo juiz, ouvidos os pais, tutores ou representantes legais do menor ou do interdito, sem prejuízo dos direitos adquiridos por terceiros. [Sem dispositivo correspondente no CC/1916.]

§ 2º Não ficam sujeitos ao resultado da empresa os bens que o incapaz já possuía, ao tempo da sucessão ou da interdição, desde que estranhos ao acervo daquela, devendo tais fatos constar do alvará que conceder a autorização. [Sem dispositivo correspondente no CC/1916.]

§ 3º O Registro Público de Empresas Mercantis a cargo das Juntas Comerciais deverá registrar contratos ou alterações contratuais de sociedade que envolva sócio incapaz, desde que atendidos, de forma conjunta, os seguintes pressupostos:[3]

I — o sócio incapaz não pode exercer a administração da sociedade;

II — o capital social deve ser totalmente integralizado;

III — o sócio relativamente incapaz deve ser assistido e o absolutamente incapaz deve ser representado por seus representantes legais.[4]

Art. 974: 1. v. art. 976. V. tb. arts. 115 a 120 (representação).

Art. 974: 1a. **Enunciado 203 do CEJ:** "O exercício da empresa por empresário incapaz, representado ou assistido somente é possível nos casos de incapacidade superveniente ou incapacidade do sucessor na sucessão por morte".

Art. 974: 2. v. art. 976.

Art. 974: 3. O § 3º e os seus incisos foram acrescidos pela Lei 12.399, de 1.4.11.

Art. 974: 4. O absolutamente incapaz (art. 3º) e o relativamente incapaz (art. 4º) são representados ou assistidos por tutor ou curador (arts. 1.774 e 1.781 c/c art. 1.747-I).

Art. 975. Se o representante ou assistente do incapaz for pessoa que, por disposição de lei, não puder exercer atividade de empresário,[1] nomeará, com a aprovação do juiz, um ou mais gerentes. [Sem dispositivo correspondente no CC/1916.]

§ 1º Do mesmo modo será nomeado gerente em todos os casos em que o juiz entender ser conveniente. [Sem dispositivo correspondente no CC/1916.]

§ 2º A aprovação do juiz não exime o representante ou assistente do menor ou do interdito da responsabilidade pelos atos dos gerentes nomeados. [Sem dispositivo correspondente no CC/1916.]

Art. 975: 1. v. art. 972, nota 2.

Art. 976. A prova da emancipação e da autorização do incapaz, nos casos do art. 974, e a de eventual revogação desta, serão inscritas ou averbadas no Registro Público de Empresas Mercantis. [Sem dispositivo correspondente no CC/1916.]

Parágrafo único. O uso da nova firma caberá, conforme o caso, ao gerente; ou ao representante do incapaz; ou a este, quando puder ser autorizado. [Sem dispositivo correspondente no CC/1916.]

Art. 977. Faculta-se aos cônjuges contratar sociedade, entre si ou com terceiros, desde que não tenham casado no regime da comunhão universal de bens,[1] ou no da separação obrigatória.[1a a 4] [Sem dispositivo correspondente no CC/1916.]

Art. 977: 1. v. arts. 1.667 a 1.671.

✎ Art. 977: 1a. "Sociedade entre cônjuges: aplicação do art. 977 do CC/02 às sociedades simples", por Rolf Madaleno e Bibiana Brum Ohira (RBDFS 35/5).

Art. 977: 2. v. art. 1.641.

Art. 977: 3. **Enunciado 204 do CEJ:** "A proibição de sociedade entre pessoas casadas sob o regime da comunhão universal ou da separação obrigatória só atinge as sociedades constituídas após a vigência do Código Civil de 2002".

Enunciado 205 do CEJ: "Adotar as seguintes interpretações ao art. 977: (1) a vedação à participação de cônjuges casados nas condições previstas no artigo refere-se unicamente a uma mesma sociedade; (2) o artigo abrange tanto a participação originária (na constituição da sociedade) quanto a derivada, isto é, fica vedado o ingresso de sócio casado em sociedade de que já participa o outro cônjuge".

Art. 977: 3a. "Ação anulatória. Casamento em regime de comunhão universal de bens. **Constituição de sociedade com terceiros por um dos cônjuges. Possibilidade.** A interpretação do art. 977 do Código Civil permite concluir pela inexistência de impedimento legal para que alguém casado sob o regime de comunhão universal ou de separação obrigatória participe, sozinho, de sociedade com terceiro, sendo a restrição apenas de participação dos cônjuges casados sob tais regimes numa mesma sociedade" (STJ-3ª T., REsp 1.721.600-AgInt, Min. Marco Bellizze, j. 30.9.19, DJ 4.10.19).

Art. 977: 4. "As restrições previstas no art. 977 do CC/02 impossibilitam que os cônjuges casados sob os regimes de bens ali previstos contratem entre si tanto **sociedades empresárias** quanto **sociedades simples**" (STJ-3ª T., REsp 1.058.165, Min. Nancy Andrighi, j. 14.4.09, DJ 21.8.09).

Art. 978. O empresário casado pode, sem necessidade de outorga conjugal, qualquer que seja o regime de bens, alienar os imóveis que integrem o patrimônio da empresa ou gravá-los de ônus real.[1-2] [Sem dispositivo correspondente no CC/1916.]

✎ Art. 978: 1. "Disposição dos bens da empresa unipessoal: necessidade de outorga uxória do empresário casado", por Olga Juliana Auad e William Teles Freitas (RMDECC 39/5).

Art. 978: 2. Este artigo constitui exceção ao disposto no art. 1.647-I.

Art. 979. Além de no Registro Civil,[1] serão arquivados e averbados, no Registro Público de Empresas Mercantis, os pactos e declarações antenupciais do empresário,[2] o título de doação, herança, ou legado, de bens clausulados de incomunicabilidade ou inalienabilidade.[3] [Sem dispositivo correspondente no CC/1916.]

Art. 979: 1. As escrituras antenupciais devem ser **registradas** no Livro 3 do Registro de Imóveis do domicílio conjugal e **averbadas** nas matrículas dos imóveis do casal (LRP 167-I-12 e II-1, 244 e 245).

Art. 979: 2. v. arts. 1.653 a 1.657.

Art. 979: 3. v. arts. 1.848 e 1.911.

Art. 980. A sentença que decretar ou homologar a separação judicial[1-1a] do empresário e o ato de reconciliação[2] não podem ser opostos a terceiros, antes de arquivados e averbados no Registro Público de Empresas Mercantis. [Sem dispositivo correspondente no CC/1916.]

Art. 980: 1. v., porém, art. 1.571, nota 2b **(Em. Const. 66, de 13.7.10).**

Art. 980: 1a. Também está sujeita a arquivamento e averbação no Registro Público de Empresas Mercantis a sentença proferida em ação de divórcio do empresário.

Art. 980: 2. v. art. 1.577; LDi 46 e 33.

Título I-A | DA EMPRESA INDIVIDUAL DE RESPONSABILIDADE LIMITADA[1]

TÍT. I-A: 1. O Título I-A foi acrescido pela Lei 12.441, de 11.7.11, em vigor 180 dias após a sua publicação (DOU 12.7.11).

Art. 980-A. A empresa individual de responsabilidade limitada[1] será constituída por uma única pessoa titular da totalidade do capital social, devidamente integralizado, que não será inferior a 100 (cem) vezes o maior salário mínimo vigente no País.[2-2a] [Sem dispositivo correspondente no CC/1916.]

§ 1º O nome empresarial deverá ser formado pela inclusão da expressão "EIRELI" após a firma ou a denominação social da empresa individual de responsabilidade limitada.[3]

§ 2º A pessoa natural que constituir empresa individual de responsabilidade limitada somente poderá figurar em uma única empresa dessa modalidade.

§ 3º A empresa individual de responsabilidade limitada também poderá resultar da concentração das quotas de outra modalidade societária num único sócio, independentemente das razões que motivaram tal concentração.[3a]

§ 4º (VETADO).

§ 5º Poderá ser atribuída à empresa individual de responsabilidade limitada constituída para a prestação de serviços de qualquer natureza a remuneração decorrente da cessão de direitos patrimoniais de autor ou de imagem, nome, marca ou voz de que seja detentor o titular da pessoa jurídica, vinculados à atividade profissional.

§ 6º Aplicam-se à empresa individual de responsabilidade limitada, no que couber, as regras previstas para as sociedades limitadas.[4]

§ 7º Somente o patrimônio social da empresa responderá pelas dívidas da empresa individual de responsabilidade limitada, hipótese em que não se confundirá, em qualquer situação, com o patrimônio do titular que a constitui, ressalvados os casos de fraude.[5-6]

Art. 980-A: 1. que é uma das modalidades de pessoa jurídica de direito privado (v. art. 44-VI).

S/ desconsideração da personalidade jurídica, v. art. 50 e notas.

Art. 980-A: 2. O art. 980-A, *caput* e parágrafos, foi acrescido pela Lei 12.441, de 11.7.11, em vigor 180 dias após a sua publicação (DOU 12.7.11).

Art. 980-A: 2a. "Empresa individual de responsabilidade limitada", por Frederico Garcia Pinheiro (RMDECC 41/59); "A empresa individual de responsabilidade limitada", por Alfredo de Assis Gonçalves Neto (RT 915/153); "A empresa individual de responsabilidade limitada: aspectos societários, tributários e econômicos", por André Lipp Pinto Basto Lupi e Gustavo Miranda Schlösser (RMDECC 43/60); "A complexa identificação da natureza jurídica da empresa individual de responsabilidade limitada — EIRELI", por José Tadeu Neves Xavier (RJ 421/9, RSDCPC 81/29); "EIRELI — Análise crítica e algumas reflexões", por Nelly Potter (RF 418/465).

Art. 980-A: 3. v. art. 1.158.

Art. 980-A: 3a. v. art. 1.033 § ún.

Art. 980-A: 4. v. arts. 1.052 a 1.087.

Art. 980-A: 5. O § 7º foi acrescido pela Lei 13.874, de 20.9.19.

Art. 980-A: 6. s/ desconsideração da personalidade jurídica, v. art. 50 e notas.

Título II | DA SOCIEDADE[1 a 4]

Capítulo Único | DISPOSIÇÕES GERAIS

TÍT. II: 1. "Novo Código Civil. Pessoas jurídicas, empresário, sociedade, estabelecimento, nome comercial e/ou nome empresarial, perdas e danos e prescrição", por José Carlos Tinoco Soares (RT 798/11); "As sociedades e o novo Código Civil: uma primeira abordagem do tema", por Pedro Paulo Cristofaro (RF 364/241); "O direito societário e as alterações introduzidas pelo novo Código Civil", por Antonio Cecílio Moreira Pires e João Antonio Wiegerinck (RT 816/11); "Novo Código Civil: unificação do direito das obrigações e direito societário", por Suzy Cavalcante Koury (RDPr 17/184); "Associações e sociedades: semelhanças e distinções à luz da noção de contrato plurilateral", por Rachel Sztajn (RDPr 21/223); "Responsabilidade civil dos sócios e dos administradores de sociedades empresárias (à luz do novo Código Civil)", por Irineu Mariani (RT 834/58 e Ajuris 97/103); "O negócio jurídico societário e hipóteses de responsabilidade dos sócios por dívidas da sociedade empresária", por Augusto Passamani Bufulin (RDPr 57/203).

TÍT. II: 2. Lei aplicável: LINDB 11-*caput*.

TÍT. II: 3. **Disposições transitórias** s/ sociedades: arts. 2.031, 2.033, 2.034 e 2.037.

TÍT. II: 4. **LC 123, de 14.12.06** — Institui o Estatuto Nacional da Microempresa e da Empresa de Pequeno Porte, e dá outras providências: **"Art. 61-A** (*acrescido pela LC 155, de 27.10.16*). Para incentivar as atividades de inovação e os investimentos produtivos, a sociedade enquadrada como microempresa ou empresa de pequeno porte, nos termos desta Lei Complementar, poderá admitir o aporte de capital, que não integrará o capital social da empresa. **§ 1º** As finalidades de fomento a inovação e investimentos produtivos deverão constar do contrato de participação, com vigência não superior a sete anos. **§ 2º** O aporte de capital poderá ser realizado por pessoa física ou por pessoa jurídica, denominadas investidor-anjo. **§ 3º** A atividade constitutiva do objeto social é exercida unicamente por sócios regulares, em seu nome individual e sob sua exclusiva responsabilidade. **§ 4º** O investidor--anjo: **I** — não será considerado sócio nem terá qualquer direito a gerência ou voto na administração da empresa; **II** — não responderá por qualquer dívida da empresa, inclusive em recuperação judicial, não se aplicando a ele o art. 50 da Lei n. 10.406, de 10 de janeiro de 2002 — Código Civil; **III** — será remunerado por seus aportes, nos termos do contrato de participação, pelo prazo máximo de cinco anos. **§ 5º** Para fins de enquadramento da sociedade como microempresa ou empresa de pequeno porte, os valores de capital aportado não são considerados receitas da sociedade. **§ 6º** Ao final de cada período, o investidor-anjo fará jus à remuneração correspondente aos resultados distribuídos, conforme contrato de participação, não superior a 50% (cinquenta por cento) dos lucros da sociedade enquadrada como microempresa ou empresa de pequeno porte. **§ 7º** O investidor-anjo somente poderá exercer o direito de resgate depois de decorridos, no mínimo, dois anos do aporte de capital, ou prazo superior estabelecido no contrato de participação, e seus haveres serão pagos na forma do art. 1.031 da Lei n. 10.406, de 10 de janeiro de 2002 — Código Civil, não podendo ultrapassar o valor investido devidamente corrigido. **§ 8º** O disposto no § 7º deste artigo não impede a transferência da titularidade do aporte para terceiros. **§ 9º** A transferência da titularidade do aporte para terceiro alheio à sociedade dependerá do consentimento dos sócios, salvo estipulação contratual expressa em contrário. **§ 10.** O Ministério da Fazenda poderá regulamentar a tributação sobre retirada do capital investido.

"Art. 61-B (*acrescido pela LC 155, de 27.10.16*). A emissão e a titularidade de aportes especiais não impedem a fruição do Simples Nacional.

"Art. 61-C (*acrescido pela LC 155, de 27.10.16*). Caso os sócios decidam pela venda da empresa, o investidor-anjo terá direito de preferência na aquisição, bem como direito de venda conjunta da titularidade do aporte de capital, nos mesmos termos e condições que forem ofertados aos sócios regulares.

"Art. 61-D (*acrescido pela LC 155, de 27.10.16*). Os fundos de investimento poderão aportar capital como investidores-anjos em microempresas e empresas de pequeno porte".

"Art. 61-E (*redação da LC 169, de 2.12.19, em vigor após decorridos 180 dias de sua publicação — DOU 3.12.19*). É autorizada a constituição de sociedade de garantia solidária (SGS), sob a forma de sociedade por ações, para a concessão de garantia a seus sócios participantes. **§ 1º** (VETADO). **§ 2º** (VETADO). **§ 3º** Os atos da sociedade de garantia solidária serão arquivados no Registro Público de Empresas Mercantis e Atividades Afins. **§ 4º** É livre a negociação, entre sócios participantes, de suas ações na respectiva sociedade de garantia solidária, respeitada a participação máxima que cada sócio pode atingir. **§ 5º** Podem ser admitidos como sócios participantes os pequenos empresários, microempresários e microempreendedores e as pessoas jurídicas constituídas por esses associados. **§ 6º** (VETADO). **§ 7º** Sem prejuízo do disposto nesta Lei Complementar, aplicam-se à sociedade de garantia solidária as disposições da lei que rege as sociedades por ações.

"Art. 61-F (*redação da LC 169, de 2.12.19, em vigor após decorridos 180 dias de sua publicação — DOU 3.12.19*). O contrato de garantia solidária tem por finalidade regular a concessão da garantia pela sociedade ao sócio participante, mediante o recebimento de taxa de remuneração pelo serviço prestado, devendo fixar as cláusulas necessárias ao cumprimento das obrigações do sócio beneficiário perante a sociedade. **Parágrafo único.** Para a concessão da garantia, a sociedade de garantia solidária poderá exigir contragarantia por parte do sócio participante beneficiário, respeitados os princípios que orientam a existência daquele tipo de sociedade.

"Art. 61-G (*redação da LC 169, de 2.12.19, em vigor após decorridos 180 dias de sua publicação — DOU 3.12.19*). A sociedade de garantia solidária pode conceder garantia sobre o montante de recebíveis de seus sócios participantes que sejam objeto de securitização.

"Art. 61-H (*redação da LC 169, de 2.12.19, em vigor após decorridos 180 dias de sua publicação — DOU 3.12.19*). É autorizada a constituição de sociedade de contragarantia, que tem como finalidade o oferecimento de contragarantias à sociedade de garantia solidária, nos termos a serem definidos por regulamento.

"Art. 61-I (*redação da LC 169, de 2.12.19, em vigor após decorridos 180 dias de sua publicação — DOU 3.12.19*). A sociedade de garantia solidária e a sociedade de contragarantia integrarão o Sistema Financeiro Nacional e terão sua constituição, organização e funcionamento disciplinados pelo Conselho Monetário Nacional, observado o disposto nesta Lei Complementar".

Art. 981. Celebram contrato de sociedade[1-2] as pessoas que reciprocamente se obrigam a contribuir, com bens ou serviços, para o exercício de atividade econômica e a partilha, entre si, dos resultados. [Sem dispositivo correspondente no CC/1916.]

Parágrafo único. A atividade pode restringir-se à realização de um ou mais negócios determinados. [Sem dispositivo correspondente no CC/1916.]

Art. 981: 1. v. tít. SOCIEDADES (onde estão a Lei 5.764, de 16.12.71, s/ sociedades cooperativas, e o EA 15 a 17, s/ sociedades de advogados); CF 5º-XVII a 21; CC 44 a 52; LINDB 11; LRP 114 a 126.

— s/ associações, v. CC 53 a 61; s/ fundações, v. CC 62 a 69;

— s/ sociedades imobiliárias, v. Lei 4.380, de 21.8.64, arts. 35 a 43 (no tít. CONTRATOS IMOBILIÁRIOS), e Lei 4.728, de 14.7.65, arts. 62 a 65;

— s/ associações de poupança e empréstimo, v. Dec. lei 70, de 21.11.66, arts. 1º a 8º (no tít. CÉDULA HIPOTECÁRIA);

— s/ sociedades seguradoras, v. Dec. lei 73, de 21.11.66 (arts. 72 a 88);

— s/ sociedades de caça, v. Lei 5.197, de 3.1.67;

— s/ aeroclubes, v. Dec. lei 205, de 27.2.67;

— s/ participação de capital estrangeiro nas empresas jornalísticas e de radiodifusão sonora e de sons e imagens, v. Lei 10.610, de 20.12.02;

— s/ recuperação judicial e extrajudicial e falência da sociedade empresária, v. LRF (Lei 11.101, de 9.2.05);

— s/ cadastro obrigatório das sociedades empresárias, sociedades simples e empresários individuais que prestam serviços turísticos remunerados, v. Dec. 5.406, de 30.3.05.

Art. 981: 2. **Dec. 7.984, de 8.4.13** — Regulamenta a Lei 9.615, de 24.3.98, que institui normas gerais sobre desporto: **"Art. 42.** É facultado às entidades desportivas profissionais, inclusive às de prática de futebol profissional, constituírem-se como sociedade empresária, segundo um dos tipos regulados pelos arts. 1.039 a 1.092 da Lei n. 10.406, de 10 de janeiro de 2002 — Código Civil".

Art. 982. Salvo as exceções expressas, considera-se empresária[1-1a] a sociedade que tem por objeto o exercício de atividade própria de empresário sujeito a registro[2-2a] (art. 967); e, simples, as demais.[3 a 3b] [Sem dispositivo correspondente no CC/1916.]

Parágrafo único. Independentemente de seu objeto, considera-se empresária a sociedade por ações;[3c] e, simples, a cooperativa.[3d a 5a] [Sem dispositivo correspondente no CC/1916.]

Art. 982: 1. Especificação das sociedades empresárias: art. 983, nota 1.

Art. 982: 1a. **Lei 9.615, de 24.3.98: "Art. 27 § 9º** (*redação da Lei 10.672, de 15.5.03*) É facultado às entidades desportivas profissionais constituírem-se regularmente em sociedade empresária, segundo um dos tipos regulados nos arts. 1.039 a 1.092 da Lei n. 10.406, de 10 de janeiro de 2002 — Código Civil".

Art. 982: 2. ou inscrição (cf. art. 967).

Art. 982: 2a. s/ registro da sociedade empresária e da sociedade simples, v. art. 1.150.

✎ **Art. 982: 3.** "Empresa no novo Código Civil: conceituação e dicotomia entre sociedades simples e empresárias", por Suzy Cavalcante Koury (RDPr 22/277).

Art. 982: 3a. "O novo Código Civil distingue claramente entre sociedade, de fins econômicos, e associações de fins puramente culturais. A sociedade formada por advogados, médicos, etc., constitui sociedade simples, bem distinta da empresária" (Miguel Reale).

Enunciado 196 do CEJ: "A sociedade de natureza simples não tem seu objeto restrito às atividades intelectuais".

Enunciado 382 do CEJ: "Nas sociedades, o registro observa a natureza da atividade (empresarial ou não — art. 966); as demais questões seguem as normas pertinentes ao tipo societário adotado (art. 983). São exceções as sociedades por ações e as cooperativas (art. 982, parágrafo único)".

Art. 982: 3b. Mesmo sendo simples, a sociedade pode adotar qualquer um dos tipos da sociedade empresária, cf. art. 983-*caput*.

Art. 982: 3c. s/ sociedade anônima, v. LSA (Lei 6.404, de 15.12.76).

Art. 982: 3d. s/ sociedade cooperativa, v. Lei 5.764, de 16.12.71 (no tít. SOCIEDADES).

Art. 982: 4. Embora se trate de sociedade simples, a sociedade cooperativa deve ser inscrita no Registro Público de Empresas Mercantis, a cargo das Juntas Comerciais (v. art. 1.093, nota 4, e Lei 5.764, de 16.12.71, art. 18 § 6º, no tít. SOCIEDADES).

Art. 982: 5. A sociedade em conta de participação também é simples, ressalvado o disposto no art. 983 § ún.

Art. 982: 5a. **Enunciado 207 do CEJ:** "A natureza de sociedade simples da cooperativa, por força legal, não a impede de ser sócia de qualquer tipo societário, tampouco de praticar ato de empresa".

Art. 983. A sociedade empresária deve constituir-se segundo um dos tipos regulados nos arts. 1.039 a 1.092;[1] a sociedade simples[1a-1b] pode constituir-se de conformidade com um desses tipos,[2] e, não o fazendo, subordina-se às normas que lhe são próprias. [Sem dispositivo correspondente no CC/1916.]

Parágrafo único. Ressalvam-se as disposições concernentes à sociedade em conta de participação[3] e à cooperativa,[4] bem como as constantes de leis especiais que, para o exercício de certas atividades, imponham a constituição da sociedade segundo determinado tipo. [Sem dispositivo correspondente no CC/1916.]

Art. 983: 1. i. e.: sociedade em nome coletivo (arts. 1.039 a 1.044); sociedade em comandita simples (arts. 1.045 a 1.051); sociedade limitada (arts. 1.052 a 1.087); sociedade anônima (arts. 1.088 e 1.089); sociedade em comandita por ações (arts. 1.090 a 1.092).

Art. 983: 1a. **Enunciado 206 do CEJ:** "A contribuição do sócio exclusivamente em prestação de serviços é permitida nas sociedades cooperativas (art. 1.094, I) e nas sociedades simples propriamente ditas (art. 983, 2ª parte)".

Art. 983: 1b. v. arts. 997 a 1.038.

Art. 983: 2. **Enunciado 57 do CEJ:** "A opção pelo tipo empresarial não afasta a natureza simples da sociedade".

Art. 983: 3. v. arts. 991 a 996.

Art. 983: 4. v. arts. 1.093 a 1.096 e, no tít. SOCIEDADES, Lei 5.764, de 16.12.71.

Art. 984. A sociedade que tenha por objeto o exercício de atividade própria de empresário rural[1] e seja constituída, ou transformada, de acordo com um dos tipos de sociedade empresária, pode, com as formalidades do art. 968, requerer inscrição[2] no Registro Público de Empresas Mercantis da sua sede, caso em que, depois de inscrita, ficará equiparada, para todos os efeitos, à sociedade empresária. [Sem dispositivo correspondente no CC/1916.]

Parágrafo único. Embora já constituída a sociedade segundo um daqueles tipos, o pedido de inscrição se subordinará, no que for aplicável, às normas que regem a transformação.[3] [Sem dispositivo correspondente no CC/1916.]

Art. 984: 1. v. art. 971, nota 1 (Enunciado 201 do CEJ). V. tb. art. 970.

Art. 984: 2. v. art. 971, nota 2 (Enunciado 202 do CEJ).

Art. 984: 3. s/ transformação das sociedades, v. arts. 1.113 a 1.115.

Art. 985. A sociedade adquire personalidade jurídica com a inscrição,[1] no registro próprio[2] e na forma da lei, dos seus atos constitutivos (arts. 45 e 1.150).[3] [Sem dispositivo correspondente no CC/1916.]

Art. 985: 1. v. arts. 988 e 986.

Art. 985: 2. v. art. 1.150. O empresário e as sociedades empresárias (art. 983, nota 1) devem inscrever-se no Registro Público de Empresas Mercantis (art. 967; cf. art. 984); as sociedades simples (arts. 997 a 1.038) devem ser inscritas no Registro Civil das Pessoas Jurídicas (art. 998), salvo as sociedades cooperativas (v. arts. 982, nota 4, e 1.093, nota 2).

Art. 985: 3. s/ inscrição das sociedades simples (exceto a cooperativa), v. LRP 114 a 126. V. tb. Lei 4.503, de 30.11.64 (cadastro geral de pessoas jurídicas, do Ministério da Fazenda); Lei 8.906, de 4.7.94, arts. 1º § 2º e 15

§ 1º (Estatuto da Advocacia); Lei 8.934, de 18.11.94 (Registro Público de Empresas Mercantis e atividades afins), regulamentada pelo Dec. 1.800, de 30.1.96; Lei 9.096, de 19.9.95, arts. 7º a 11 (registro dos partidos políticos); Lei 7.433, de 18.12.85 (requisitos para a lavratura de escrituras públicas), regulamentada pelo Dec. 93.240, de 9.9.86.

Subtítulo I | DA SOCIEDADE NÃO PERSONIFICADA[1]

Capítulo I | DA SOCIEDADE EM COMUM[1 a 2]

SUBTÍT. I: 1. "Sociedades não personificadas no Código Civil", por Alexandre Gir Gomes (RDPr 25/59).

CAP. I: 1. s/ união homoafetiva, v. art. 1.723, notas 2 a 2c.

CAP. I: 1a. A **sociedade irregular** é aquela cujo contrato social não está inscrito no registro próprio, ou está, mas de forma inadequada; já a **sociedade de fato** é aquela que nem mesmo possui contrato social escrito. Ambas, sociedade irregular e de fato, **compõem a categoria da sociedade em comum.**

S/ sociedade de fato entre concubinos, v. art. 1.727 e notas.

CAP. I: 2. **Enunciado 58 do CEJ:** "A sociedade em comum compreende as figuras doutrinárias da sociedade de fato e da irregular".

Enunciado 209 do CEJ: "O art. 986 deve ser interpretado em sintonia com os arts. 985 e 1.150, de modo a ser considerada em comum a sociedade que não tenha seu ato constitutivo inscrito no registro próprio ou em desacordo com as normas legais previstas para esse registro (art. 1.150), ressalvadas as hipóteses de registros efetuados de boa-fé".

Art. 986. Enquanto não inscritos[1-1a] os atos constitutivos, reger-se-á a sociedade, exceto por ações[1b] em organização, pelo disposto neste Capítulo, observadas, subsidiariamente e no que com ele forem compatíveis, as normas da sociedade simples.[2-2a] [Sem dispositivo correspondente no CC/1916.]

Art. 986: 1. v. art. 985.

Art. 986: 1a. **CPC 75 § 2º:** "A sociedade ou associação sem personalidade jurídica não poderá opor a irregularidade de sua constituição quando demandada".

Art. 986: 1b. s/ sociedade por ações, v. **LSA** (Lei 6.404, de 15.12.76).

Art. 986: 2. v. arts. 997 a 1.038.

Art. 986: 2a. **Enunciado 383 do CEJ:** "A falta de registro do contrato social (irregularidade originária — art. 998) ou de alteração contratual versando sobre matéria referida no art. 997 (irregularidade superveniente — art. 999, parágrafo único) conduzem à aplicação das regras da sociedade em comum (art. 986)".

Art. 987. Os sócios, nas relações entre si ou com terceiros, somente por escrito podem provar a existência da sociedade, mas os terceiros podem prová-la de qualquer modo.[1-2] [Sem dispositivo correspondente no CC/1916.]

Art. 987: 1. s/ meios de prova, v. art. 212.

Art. 987: 2. "Restringindo-se o debate à existência de sociedade empresarial irregular (de fato), a exigência intransigente de prova exclusivamente documental da relação jurídica resulta no esvaziamento do instituto, prestigia o enriquecimento sem causa e deturpa o sistema jurídico brasileiro" (STJ-3ª T., REsp 1.430.750, Min. Nancy Andrighi, j. 21.8.14, DJ 8.9.14).

Art. 988. Os bens e dívidas sociais constituem patrimônio especial,[1] do qual os sócios são titulares em comum. [Sem dispositivo correspondente no CC/1916.]

Art. 988: 1. **Enunciado 210 do CEJ:** "O patrimônio especial a que se refere o art. 988 é aquele afetado ao exercício da atividade, garantidor de terceiro, e de titularidade dos sócios em comum, em face da ausência de personalidade jurídica".

Art. 989. Os bens sociais respondem pelos atos de gestão praticados por qualquer dos sócios, salvo pacto expresso limitativo de poderes, que somente terá eficácia contra o terceiro que o conheça ou deva conhecer.[1-2] [Sem dispositivo correspondente no CC/1916.]

Art. 989: 1. cf. art. 1.024.

Art. 989: 2. **Enunciado 211 do CEJ:** "Presume-se disjuntiva a administração dos sócios a que se refere o art. 989".

Art. 990. Todos os sócios[1-1a] respondem solidária[2] e ilimitadamente pelas obrigações sociais, excluído do benefício de ordem, previsto no art. 1.024, aquele que contratou pela sociedade. [Sem dispositivo correspondente no CC/1916.]

Art. 990: 1. s/ entidades esportivas profissionais, v. art. 50, nota 3, e art. 981, nota 2.

Art. 990: 1a. **Enunciado 59 do CEJ:** "Os sócios gestores e os administradores das empresas são responsáveis subsidiária e ilimitadamente pelos atos ilícitos praticados, de má gestão ou contrários ao previsto no contrato social ou estatuto, conforme estabelecem os arts. 990, 1.009, 1.016, 1.017 e 1.091, todos do Código Civil".

Enunciado 212 do CEJ: "Embora a sociedade em comum não tenha personalidade jurídica, o sócio que tem seus bens constritos por dívida contraída em favor da sociedade, e não participou do ato por meio do qual foi contraída a obrigação, tem o direito de indicar bens afetados às atividades empresariais para substituir a constrição".

Art. 990: 2. v. arts. 275 a 285.

Capítulo II | DA SOCIEDADE EM CONTA DE PARTICIPAÇÃO[1]

✎ CAP. II: 1. "Sociedade em conta de participação", por Eduardo Carlezzo (RSDCPC 23/159); "Da sociedade em conta de participação", por Fábio Martins de Andrade (RDPr 33/39); "Reflexos processuais da sociedade em conta de participação", por Eduardo Henrique de Oliveira Yoshikawa (RDDP 116/30).

Art. 991. Na sociedade em conta de participação,[1 a 2] a atividade constitutiva do objeto social é exercida unicamente pelo sócio ostensivo, em seu nome individual e sob sua própria e exclusiva responsabilidade, participando os demais dos resultados correspondentes. [Sem dispositivo correspondente no CC/1916.]

Parágrafo único. Obriga-se perante terceiro tão somente o sócio ostensivo;[3] e, exclusivamente perante este, o sócio participante, nos termos do contrato social. [Sem dispositivo correspondente no CC/1916.]

Art. 991: 1. Proibição de ter firma ou denominação: art. 1.162. Forma de constituição: art. 983 § ún.

Art. 991: 1a. **Dec. lei 2.303, de 21.11.86** — Altera a legislação tributária federal, e dá outras providências: **"Art. 7º** Equiparam-se a pessoas jurídicas, para os efeitos da legislação do imposto de renda, as sociedades em conta de participação. Parágrafo único. Na apuração dos resultados dessas sociedades, assim como na tributação dos lucros apurados e dos distribuídos, serão observadas as normas aplicáveis às demais pessoas jurídicas".

Dec. 3.000, de 26.3.99 — Regulamenta a tributação, fiscalização, arrecadação e administração do Imposto sobre a Renda e Proventos de Qualquer Natureza: **"Art. 254.** A escrituração das operações de sociedade em conta de participação poderá, à opção do sócio ostensivo, ser efetuada nos livros deste ou em livros próprios, observando-se o seguinte: I — quando forem utilizados os livros do sócio ostensivo, os registros contábeis deverão ser feitos de forma a evidenciar os lançamentos referentes à sociedade em conta de participação; II — os resultados e o lucro real correspondentes à sociedade em conta de participação deverão ser apurados e demonstrados destacadamente dos resultados e do lucro real do sócio ostensivo, ainda que a escrituração seja feita nos mesmos livros; III — nos documentos relacionados com a atividade da sociedade em conta de participação, o sócio ostensivo deverá fazer constar indicação de modo a permitir identificar sua vinculação com a referida sociedade".

Art. 991: 2. **Enunciado 208 do CEJ:** "As normas do Código Civil para as sociedades em comum e em conta de participação são aplicáveis independentemente de a atividade dos sócios, ou do sócio ostensivo, ser ou não própria de empresário sujeito a registro (distinção feita pelo art. 982 do Código Civil entre sociedade simples e empresária)".

Art. 991: 3. "Na sociedade em conta de participação o sócio ostensivo é quem se obriga para com terceiros pelos resultados das transações e das obrigações sociais, realizadas ou empreendidas em decorrência da sociedade, nunca o sócio participante ou oculto que nem é conhecido dos terceiros nem com estes nada trata" (STJ-4ª T., REsp 192.603, Min. Barros Monteiro, j. 15.4.04, DJU 1.7.04).

Art. 992. A constituição da sociedade em conta de participação independe de qualquer formalidade[1-2] e pode provar-se por todos os meios de direito.[3] [Sem dispositivo correspondente no CC/1916.]

Art. 992: 1. A sociedade em conta de participação pode ser constituída inclusive por contrato verbal. Todavia, a validade de qualquer negócio jurídico depende da observância do art. 104.

Art. 992: 2. O registro do contrato social não é obrigatório. V. art. 993.

Art. 992: 3. s/ meios de prova, v. art. 212.

Art. 993. O contrato social produz efeito somente entre os sócios, e a eventual inscrição de seu instrumento em qualquer registro não confere personalidade jurídica à sociedade.[1-2] [Sem dispositivo correspondente no CC/1916.]

Parágrafo único. Sem prejuízo do direito de fiscalizar a gestão dos negócios sociais, o sócio participante não pode tomar parte nas relações do sócio ostensivo com terceiros, sob pena de responder solidariamente[3] com este pelas obrigações em que intervier. [Sem dispositivo correspondente no CC/1916.]

Art. 993: 1. **Dec. lei 2.303, de 21.11.86** — Altera a legislação tributária federal, e dá outras providências: **"Art. 7º** Equiparam-se a pessoas jurídicas, para os efeitos da legislação do imposto de renda, as sociedades em conta de participação. Parágrafo único. Na apuração dos resultados dessas sociedades, assim como na tributação dos lucros apurados e dos distribuídos, serão observadas as normas aplicáveis às demais pessoas jurídicas".

Art. 993: 2. "Não há falar em citação da sociedade em conta de participação, que não tem personalidade jurídica, nem existência perante terceiros" (RSTJ 173/244: 3ª T., REsp 474.704).

Art. 993: 3. v. arts. 275 a 285.

Art. 994. A contribuição do sócio participante constitui, com a do sócio ostensivo, patrimônio especial, objeto da conta de participação relativa aos negócios sociais. [Sem dispositivo correspondente no CC/1916.]

§ 1º A especialização patrimonial somente produz efeitos em relação aos sócios. [Sem dispositivo correspondente no CC/1916.]

§ 2º A falência do sócio ostensivo acarreta a dissolução da sociedade e a liquidação da respectiva conta, cujo saldo constituirá crédito quirografário.[1] [Sem dispositivo correspondente no CC/1916.]

§ 3º Falindo o sócio participante, o contrato social fica sujeito às normas que regulam os efeitos da falência nos contratos bilaterais[2] do falido. [Sem dispositivo correspondente no CC/1916.]

Art. 994: 1. i. e., sem privilégio.

Art. 994: 2. v. LRF 117, 119 e 120.

Art. 995. Salvo estipulação em contrário, o sócio ostensivo não pode admitir novo sócio sem o consentimento expresso dos demais. [Sem dispositivo correspondente no CC/1916.]

Art. 996. Aplica-se à sociedade em conta de participação, subsidiariamente e no que com ela for compatível, o disposto para a sociedade simples,[1] e a sua liquidação rege-se pelas normas relativas à prestação de contas,[2-3] na forma da lei processual. [Sem dispositivo correspondente no CC/1916.]

Parágrafo único. Havendo mais de um sócio ostensivo, as respectivas contas serão prestadas e julgadas no mesmo processo. [Sem dispositivo correspondente no CC/1916.]

Art. 996: 1. v. arts. 997 a 1.038.

Art. 996: 2. v. CPC 550 a 553.

Art. 996: 3. "A sociedade em conta de participação extingue-se quando termina o negócio para que se formou, devendo, portanto, o sócio ostensivo, desde logo, prestar contas ao sócio oculto ou participante. Assim sendo, inexistindo a prestação de contas, o sócio oculto pode exigi-la pela via judicial, do que emerge a admissibilidade da eclosão de medida cautelar preparatória, na busca de documentos comuns, aos quais não teve acesso, limitando-se, no entanto, tal exibição a livros-diário, livros-razão e balancetes contábeis, ou seja, a documentos que digam respeito à participação do requerente no negócio" (RT 768/221).

Subtítulo II | DA SOCIEDADE PERSONIFICADA[1]

Capítulo I | DA SOCIEDADE SIMPLES[1]

Seção I | DO CONTRATO SOCIAL

✎ SUBTÍT. II: 1. **Enunciado 384 do CEJ:** "Nas sociedades personificadas previstas no Código Civil, exceto a cooperativa, é admissível o acordo de sócios, por aplicação analógica das normas relativas às sociedades por ações pertinentes ao acordo de acionistas".

✎ CAP. I: 1. "As sociedades simples do novo Código Civil", por Marlon Tomazette (RT 800/36).

Art. 997. A sociedade constitui-se mediante contrato escrito, particular ou público, que, além de cláusulas estipuladas pelas partes, mencionará:[1 a 2b] [Sem dispositivo correspondente no CC/1916.]

I — nome, nacionalidade, estado civil, profissão e residência dos sócios, se pessoas naturais, e a firma ou a denominação, nacionalidade e sede dos sócios, se jurídicas; [Sem dispositivo correspondente no CC/1916.]

II — denominação, objeto, sede e prazo da sociedade;[3] [Sem dispositivo correspondente no CC/1916.]

III — capital da sociedade, expresso em moeda corrente, podendo compreender qualquer espécie de bens suscetíveis de avaliação pecuniária; [Sem dispositivo correspondente no CC/1916.]

IV — a quota de cada sócio no capital social, e o modo de realizá-la; [Sem dispositivo correspondente no CC/1916.]

V — as prestações a que se obriga o sócio, cuja contribuição consista em serviços;[4] [Sem dispositivo correspondente no CC/1916.]

VI — as pessoas naturais incumbidas da administração da sociedade, e seus poderes e atribuições;[5] [Sem dispositivo correspondente no CC/1916.]

VII — a participação de cada sócio nos lucros e nas perdas;[6] [Sem dispositivo correspondente no CC/1916.]

VIII — se os sócios respondem, ou não, subsidiariamente,[7] pelas obrigações sociais. [Sem dispositivo correspondente no CC/1916.]

Parágrafo único. É ineficaz em relação a terceiros qualquer pacto separado, contrário ao disposto no instrumento do contrato. [Sem dispositivo correspondente no CC/1916.]

Art. 997: 1. A alteração das matérias mencionadas no art. 997 depende do consentimento de todos os sócios (art. 999).

Art. 997: 2. Ainda que a sociedade simples adote um dos tipos de sociedade empresária, ela se vinculará ao Registro Civil das Pessoas Jurídicas. Mas, nesta hipótese, obedecer-se-ão as normas fixadas para o Registro Público de Empresas Mercantis (cf. art. 1.150 e notas).

V. **Lei 8.934, de 18.11.94** — Dispõe sobre o Registro Público de Empresas Mercantis e atividades afins e dá outras providências (regulamentada pelo Dec. 1.800, de 30.1.96).

Art. 997: 2a. s/ cláusula de eleição de foro, v. art. 1.054, nota 2; requisitos do ato constitutivo da pessoa jurídica, v. LRP 120.

Art. 997: 2b. Enunciado 214 do CEJ: "As indicações contidas no art. 997 não são exaustivas, aplicando-se outras exigências contidas na legislação pertinente para fins de registro".

Art. 997: 3. Enunciado 213 do CEJ: "O art. 997, inc. II, não exclui a possibilidade de sociedade simples utilizar firma ou razão social".

Art. 997: 4. v. arts. 1.006 e 1.007.

Art. 997: 5. v. arts. 1.010 a 1.021 (especialmente art. 1.013).

Art. 997: 6. v. art. 1.007.

Art. 997: 7. Enunciado 61 do CEJ: "O termo 'subsidiariamente', constante do inciso VIII do art. 997 do Código Civil, deverá ser substituído por 'solidariamente', a fim de compatibilizar esse dispositivo com o art. 1.023 do mesmo Código".

Art. 998. Nos trinta dias subsequentes à sua constituição, a sociedade deverá requerer a inscrição do contrato social no Registro Civil das Pessoas Jurídicas[1-1a] do local de sua sede.[2-2a] [Sem dispositivo correspondente no CC/1916.]

§ 1º O pedido de inscrição será acompanhado do instrumento autenticado do contrato, e, se algum sócio nele houver sido representado por procurador, o da respectiva procuração, bem como, se for o caso, da prova de autorização[3] da autoridade competente. [Sem dispositivo correspondente no CC/1916.]

§ 2º Com todas as indicações enumeradas no artigo antecedente, será a inscrição tomada por termo no livro de registro próprio, e obedecerá a número de ordem contínua para todas as sociedades inscritas. [Sem dispositivo correspondente no CC/1916.]

Art. 998: 1. Registro Civil de Pessoas Jurídicas: LRP 114 a 126.

Art. 998: 1a. cf. arts. 45 e 1.150, *in fine*.

Art. 998: 2. **Enunciado 215 do CEJ:** "A sede a que se refere o *caput* do art. 998 poderá ser a da administração ou a do estabelecimento onde se realizam as atividades sociais".

Art. 998: 2a. v. art. 986, nota 2a (Enunciado 383 do CEJ).

Art. 998: 3. v. arts. 1.123 a 1.141.

Art. 999. As modificações do contrato social, que tenham por objeto matéria indicada no art. 997, dependem do consentimento de todos os sócios; as demais podem ser decididas por maioria absoluta de votos, se o contrato não determinar a necessidade de deliberação unânime.[1] [Sem dispositivo correspondente no CC/1916.]

Parágrafo único. Qualquer modificação do contrato social será averbada, cumprindo-se as formalidades previstas no artigo antecedente.[2-2a] [Sem dispositivo correspondente no CC/1916.]

Art. 999: 1. **Enunciado 385 do CEJ:** "A unanimidade exigida para a modificação do contrato social somente alcança as matérias referidas no art. 997, prevalecendo, nos demais casos de deliberação dos sócios, a maioria absoluta, se outra mais qualificada não for prevista no contrato".

Art. 999: 2. v. arts. 45, 1.002 a 1.004 § ún., 1.030, 1.058 e 2.033.

Art. 999: 2a. v. art. 986, nota 2a (Enunciado 383 do CEJ).

Art. 1.000. A sociedade simples que instituir sucursal, filial ou agência na circunscrição de outro Registro Civil das Pessoas Jurídicas, neste deverá também inscrevê-la, com a prova da inscrição originária. [Sem dispositivo correspondente no CC/1916.]

Parágrafo único. Em qualquer caso, a constituição da sucursal, filial ou agência deverá ser averbada no Registro Civil da respectiva sede.[1] [Sem dispositivo correspondente no CC/1916.]

Art. 1.000: 1. Hipótese análoga ocorre em caso de constituição de estabelecimento empresarial secundário, cf. art. 969 § ún.

Seção II | DOS DIREITOS E OBRIGAÇÕES DOS SÓCIOS

Art. 1.001. As obrigações[1] dos sócios começam imediatamente com o contrato, se este não fixar outra data, e terminam quando, liquidada a sociedade, se extinguirem as responsabilidades sociais. [Sem dispositivo correspondente no CC/1916.]

Art. 1.001: 1. s/ desconsideração da personalidade jurídica, v. art. 50 e CDC 28.

Art. 1.002. O sócio não pode ser substituído no exercício das suas funções, sem o consentimento dos demais sócios, expresso em modificação do contrato social.[1] [Sem dispositivo correspondente no CC/1916.]

Art. 1.002: 1. v. arts. 999, 1.018 e 1.019. V. tb. LRF 81 § 1º.

Art. 1.003. A cessão[1] total ou parcial de quota, sem a correspondente modificação do contrato social com o consentimento dos demais sócios, não terá eficácia quanto a estes e à sociedade. [Sem dispositivo correspondente no CC/1916.]

Parágrafo único. Até dois anos depois de averbada a modificação do contrato,[1a] responde o cedente solidariamente[2] com o cessionário, perante a sociedade e terceiros, pelas obrigações que tinha como sócio.[3 a 4] [Sem dispositivo correspondente no CC/1916.]

Art. 1.003: 1. v. art. 1.057.

Art. 1.003: 1a. "Considerando a distinção entre a pessoa jurídica e a pessoa dos sócios, bem como o objetivo de evitar fraudes, a melhor solução para o caso dos autos é interpretar estritamente o disposto nos arts. 1.003 e 1.057, no sentido de que os efeitos da cessão com relação à sociedade somente se operem depois da efetiva averbação na Junta Comercial. Desse modo, computando-se o prazo a partir da averbação, não se verifica o transcurso de dois anos, devendo-se, portanto, afastar a decadência proclamada pelo Tribunal *a quo*" (STJ-3ª T., REsp 1.415.543, Min. Paulo Sanseverino, j. 7.6.16, DJ 13.6.16; a citação é do voto do relator).

Art. 1.003: 2. v. arts. 275 a 285.

Art. 1.003: 3. v. arts. 1.032 e 1.057 § ún. V. tb. LRF 81 § 1º.

Art. 1.003: 3a. "Na hipótese de cessão de quotas sociais, a responsabilidade do cedente pelo prazo de até 2 anos após a averbação da respectiva modificação contratual restringe-se às **obrigações sociais contraídas** no período em que ele ainda ostentava a qualidade de sócio, ou seja, **antes da sua retirada** da sociedade" (STJ-3ª T., REsp 1.537.521, Min. Ricardo Cueva, j. 5.2.19, DJ 12.2.19). No mesmo sentido: STJ-4ª T., Ag em REsp 1.520.206-AgInt, Min. Luis Felipe, j. 29.10.19, DJ 5.11.19.

Art. 1.003: 4. "Os prazos prescricionais previstos para os casos de retirada de sócio da sociedade empresarial, dispostos nos arts. 1.003 e 1.032 do CC, **não são aplicáveis às hipóteses de desconsideração da personalidade jurídica,** pois se referem a uma responsabilidade extraordinária, fundada na existência de abuso de direito" (STJ-3ª T., REsp 1.631.322-AgInt, Min. Marco Bellizze, j. 21.9.17, DJ 2.10.17). No mesmo sentido: STJ-4ª T., Ag em REsp 1.554.017-AgInt, Min. Antonio Ferreira, j. 17.2.20, DJ 20.2.20.

Art. 1.004. Os sócios são obrigados, na forma e prazo previstos, às contribuições estabelecidas no contrato social,[1] e aquele que deixar de fazê-lo, nos trinta dias seguintes ao da notificação pela sociedade, responderá perante esta pelo dano emergente da mora.[2] [Sem dispositivo correspondente no CC/1916.]

Parágrafo único. Verificada a mora, poderá a maioria[3] dos demais sócios preferir, à indenização, a exclusão do sócio remisso,[4] ou reduzir-lhe a quota ao montante já realizado, aplicando-se, em ambos os casos, o disposto no § 1º do art. 1.031. [Sem dispositivo correspondente no CC/1916.]

Art. 1.004: 1. v. art. 997-IV e V.

Art. 1.004: 2. s/ mora, v. arts. 394 a 401.

Art. 1.004: 3. Enunciado 216 do CEJ: "O *quorum* de deliberação previsto no art. 1.004, parágrafo único, e no art. 1.030 é de maioria absoluta do capital representado pelas quotas dos demais sócios, consoante a regra geral fixada no art. 999 para as deliberações na sociedade simples. Esse entendimento aplica-se ao art. 1.058 em caso de exclusão de sócio remisso ou redução do valor de sua quota ao montante já integralizado".

Art. 1.004: 4. v. arts. 1.030, 1.032 e 1.058.

Art. 1.005. O sócio que, a título de quota social, transmitir domínio, posse ou uso, responde pela evicção;[1] e pela solvência do devedor, aquele que transferir crédito.[2] [Sem dispositivo correspondente no CC/1916.]

Art. 1.005: 1. v. arts. 447 a 457.

Art. 1.005: 2. v. art. 297.

Art. 1.006. O sócio, cuja contribuição consista em serviços, não pode, salvo convenção em contrário, empregar-se em atividade estranha à sociedade, sob pena de ser privado de seus lucros e dela excluído.[1] [Sem dispositivo correspondente no CC/1916.]

Art. 1.006: 1. v. arts. 1.030 e 1.032. V. tb. art. 997-V.

Art. 1.007. Salvo estipulação em contrário, o sócio participa dos lucros e das perdas,[1] na proporção das respectivas quotas, mas aquele, cuja contribuição consiste em serviços, somente participa dos lucros na proporção da média do valor das quotas.[2] [Sem dispositivo correspondente no CC/1916.]

Art. 1.007: 1. v. art. 997-VII. V. tb. art. 1.008 e notas.

Art. 1.007: 2. s/ sócio que contribui com serviços, v. art. 997-V.

Art. 1.008. É nula a estipulação contratual[1] que exclua qualquer sócio de participar dos lucros e das perdas.[2-3] [Sem dispositivo correspondente no CC/1916.]

Art. 1.008: 1. Nula é apenas a cláusula, pois o restante do contrato social subsiste.

Art. 1.008: 2. v. art. 1.007.

Art. 1.008: 3. Para a nulidade da estipulação contratual, não se exige que o sócio fique excluído tanto dos lucros quanto das perdas: basta a sua exclusão de um deles para a caracterização da chamada "sociedade leonina", vedada pela lei.

Art. 1.009. A distribuição de lucros ilícitos ou fictícios acarreta responsabilidade solidária[1] dos administradores que a realizarem e dos sócios que os receberem, conhecendo ou devendo conhecer-lhes a ilegitimidade.[2-3] [Sem dispositivo correspondente no CC/1916.]

Art. 1.009: 1. v. arts. 275 a 285.

Art. 1.009: 2. v. art. 990, nota 1a.

Art. 1.009: 3. v. art. 422 (boa-fé).

Seção III | DA ADMINISTRAÇÃO[1]

SEÇ. III: 1. Administração da sociedade: em nome coletivo, art. 1.042; limitada, arts. 1.060 a 1.065.

Art. 1.010. Quando, por lei ou pelo contrato social, competir aos sócios decidir sobre os negócios da sociedade, as deliberações[1] serão tomadas por maioria de votos, contados segundo o valor das quotas de cada um. [Sem dispositivo correspondente no CC/1916.]

§ 1º Para formação da maioria absoluta são necessários votos correspondentes a mais de metade do capital. [Sem dispositivo correspondente no CC/1916.]

§ 2º Prevalece a decisão sufragada por maior número de sócios no caso de empate, e, se este persistir, decidirá o juiz. [Sem dispositivo correspondente no CC/1916.]

§ 3º Responde por perdas e danos[2] o sócio que, tendo em alguma operação interesse contrário[2a] ao da sociedade, participar da deliberação que a aprove graças a seu voto.[3] [Sem dispositivo correspondente no CC/1916.]

Art. 1.010: 1. s/ deliberações, v. arts. 1.071 a 1.080.

Art. 1.010: 2. v. arts. 402 a 405.

Art. 1.010: 2a. **Enunciado 217 do CEJ:** "Com a regência supletiva da sociedade limitada, pela lei das sociedades por ações, ao sócio que participar de deliberação na qual tenha interesse contrário ao da sociedade aplicar-se-á o disposto no art. 115, § 3º, da Lei n. 6.404/76. Nos demais casos, aplica-se o disposto no art. 1.010, § 3º, se o voto proferido foi decisivo para a aprovação da deliberação, ou o art. 187 (abuso do direito), se o voto não tiver prevalecido".

Art. 1.010: 3. v. art. 1.017 § ún.

Art. 1.011. O administrador da sociedade deverá ter, no exercício de suas funções, o cuidado e a diligência que todo homem ativo e probo costuma empregar na administração de seus próprios negócios. [Sem dispositivo correspondente no CC/1916.]

§ 1º Não podem ser administradores, além das pessoas impedidas por lei especial, os condenados a pena que vede, ainda que temporariamente, o acesso a cargos públicos; ou por crime falimentar,[1] de prevaricação, peita ou suborno,[1a] concussão, peculato;[1b] ou contra a economia popular,[1c] contra o sistema financeiro nacional,[1d] contra as normas de defesa da concorrência,[1e] contra as relações de consumo,[1f] a fé pública[1g] ou a propriedade,[1h] enquanto perdurarem os efeitos da condenação.[2] [Sem dispositivo correspondente no CC/1916.]

§ 2º Aplicam-se à atividade dos administradores, no que couber, as disposições concernentes ao mandato.[3] [Sem dispositivo correspondente no CC/1916.]

Art. 1.011: 1. v. LRF 64 e 168 a 178.

Art. 1.011: 1a. **Enunciado 60 do CEJ:** "As expressões de peita ou suborno do § 1º do art. 1.011 do novo Código Civil devem ser entendidas como corrupção, ativa ou passiva".

Enunciado 218 do CEJ: "Não são necessárias certidões de nenhuma espécie para comprovar os requisitos do art. 1.011 no ato de registro da sociedade, bastando declaração de desimpedimento".

Art. 1.011: 1b. s/ peculato, v. CP 312; s/ concussão, v. CP 316; s/ prevaricação, v. CP 319.

Art. 1.011: 1c. **Lei 1.521, de 26.12.51** — Altera dispositivos da legislação vigente sobre crimes contra a economia popular.

V. tb. art. 65 da LCE.

Art. 1.011: 1d. **Lei 7.492, de 16.6.86** — Define os crimes contra o sistema financeiro nacional, e dá outras providências.

Lei 9.613, de 3.3.98 — Dispõe sobre os crimes de "lavagem" ou ocultação de bens, direitos e valores; a prevenção da utilização do sistema financeiro para os ilícitos previstos nesta Lei; cria o Conselho de Controle de Atividades Financeiras (COAF), e dá outras providências.

Lei 6.385, de 7.12.76 — Dispõe sobre o mercado de valores mobiliários e cria a Comissão de Valores Mobiliários. Os arts. 27-C a 27-F dessa Lei dispõem sobre os crimes contra os mercados de capitais.

Art. 1.011: 1e. **Lei 12.529, de 30.11.11** — Estrutura o Sistema Brasileiro de Defesa da Concorrência; dispõe sobre a prevenção e repressão às infrações contra a ordem econômica; altera a Lei n. 8.137, de 27 de dezembro de 1990, o Decreto-Lei n. 3.689, de 3 de outubro de 1941 — Código de Processo Penal, e a Lei n. 7.347, de 24 de julho de 1985; revoga dispositivos da Lei n. 8.884, de 11 de junho de 1994, e a Lei n. 9.781, de 19 de janeiro de 1999; e dá outras providências.

Lei 8.884, de 11.6.94 — Transforma o Conselho Administrativo de Defesa Econômica (CADE) em autarquia, dispõe sobre a prevenção e a repressão às infrações contra a ordem econômica e dá outras providências.

Lei 8.176, de 8.2.91 — Define crimes contra a ordem econômica e cria o Sistema de Estoques de Combustíveis.

Art. 1.011: 1f. **Lei 8.137, de 27.12.90** — Define crimes contra a ordem tributária, econômica e contra as relações de consumo. Alterada pela **Lei 12.529, de 30.11.11**.

V. tb. CDC 61 a 80.

Art. 1.011: 1g. v. CP 289 a 311.

Art. 1.011: 1h. v. CP 155 a 183.

Art. 1.011: 2. v. arts. 972 e 1.066 § 1º.

V. LIA, principalmente arts. 9º a 11.

Lei 8.112, de 11.12.90 — Dispõe sobre o regime jurídico dos servidores públicos civis da União, das autarquias e das fundações públicas federais: **"Art. 117.** Ao servidor é proibido: ... **X** — participar de gerência ou administração de sociedade privada, personificada ou não personificada, salvo a participação nos conselhos de administração e fiscal de empresas ou entidades em que a União detenha, direta ou indiretamente, participação no capital social ou em sociedade cooperativa constituída para prestar serviços a seus membros, e exercer o comércio, exceto na qualidade de acionista, cotista ou comanditário" (redação de acordo com a Lei 11.094, de 13.1.05).

Art. 1.011: 3. v. arts. 653 a 691.

Art. 1.012. O administrador, nomeado por instrumento em separado, deve averbá-lo[1] à margem da inscrição da sociedade, e, pelos atos que praticar, antes de requerer a averbação, responde pessoal e solidariamente com a sociedade. [Sem dispositivo correspondente no CC/1916.]

Art. 1.012: 1. v. art. 999 § ún.

Art. 1.013. A administração da sociedade, nada dispondo o contrato social, compete separadamente a cada um dos sócios. [Sem dispositivo correspondente no CC/1916.]

§ 1º Se a administração competir separadamente a vários administradores, cada um pode impugnar operação pretendida por outro, cabendo a decisão aos sócios, por maioria de votos.[1] [Sem dispositivo correspondente no CC/1916.]

§ 2º Responde por perdas e danos[2] perante a sociedade o administrador que realizar operações, sabendo ou devendo saber que estava agindo em desacordo com a maioria. [Sem dispositivo correspondente no CC/1916.]

Art. 1.013: 1. v. art. 1.010.

Art. 1.013: 2. v. arts. 402 a 405.

Art. 1.014. Nos atos de competência conjunta de vários administradores, torna-se necessário o concurso de todos, salvo nos casos urgentes, em que a omissão ou retardo das providências possa ocasionar dano irreparável ou grave. [Sem dispositivo correspondente no CC/1916.]

Art. 1.015. No silêncio do contrato, os administradores podem praticar todos os atos pertinentes à gestão da sociedade; não constituindo objeto social, a oneração ou a venda de bens imóveis depende do que a maioria dos sócios decidir.[1] [Sem dispositivo correspondente no CC/1916.]

Parágrafo único. O excesso por parte dos administradores somente pode ser oposto a terceiros se ocorrer pelo menos uma das seguintes hipóteses:[2] [Sem dispositivo correspondente no CC/1916.]

I — se a limitação de poderes estiver inscrita ou averbada no registro próprio da sociedade; [Sem dispositivo correspondente no CC/1916.]

II — provando-se que era conhecida do terceiro; [Sem dispositivo correspondente no CC/1916.]

III — tratando-se de operação evidentemente estranha aos negócios da sociedade. [Sem dispositivo correspondente no CC/1916.]

Art. 1.015: 1. **Enunciado 219 do CEJ:** "Está positivada a teoria *ultra vires* no Direito brasileiro, com as seguintes ressalvas: (a) o ato *ultra vires* não produz efeito apenas em relação à sociedade; (b) sem embargo, a sociedade poderá, por meio de seu órgão deliberativo, ratificá-lo; (c) o Código Civil amenizou o rigor da teoria *ultra vires*, admitindo os poderes implícitos dos administradores para realizar negócios acessórios ou conexos ao objeto social, os quais não constituem operações evidentemente estranhas aos negócios da sociedade; (d) não se aplica o art. 1.015 às sociedades por ações, em virtude da existência de regra especial de responsabilidade dos administradores (art. 158, II, Lei n. 6.404/76)".

Art. 1.015: 2. Daí que: "Verificada a boa-fé do terceiro, restará à pessoa jurídica exigir a reparação pelos danos sofridos em ação regressiva a ser proposta contra o administrador que agiu em excesso de mandato" (STJ-3ª T., REsp 448.471, Min. Nancy Andrighi, j. 20.3.03, DJ 14.4.03).

Art. 1.016. Os administradores[1] respondem solidariamente[2-2a] perante a sociedade[2b] e os terceiros prejudicados, por culpa no desempenho de suas funções.[3] [Sem dispositivo correspondente no CC/1916.]

Art. 1.016: 1. v. art. 990, nota 1a.

Art. 1.016: 2. v. arts. 275 a 285.

Art. 1.016: 2a. "Em regra, o administrador não tem responsabilidade pessoal pelas obrigações que contrair em nome da sociedade e em decorrência de regulares atos de gestão. Todavia, os administradores serão obrigados pessoalmente e solidariamente pelo ressarcimento do dano, na forma da responsabilidade civil por ato ilícito, perante a sociedade e terceiros prejudicados quando, dentro de suas atribuições e poderes, agirem de forma culposa. Considerando-se que na hipótese dos autos ficou comprovado que todos os onze sócios eram administradores e que realizaram uma má gestão da sociedade autora que lhe acarretou comprovados prejuízos de ordem material e que não há incompatibilidade qualquer entre a solidariedade passiva e as obrigações divisíveis, está o credor autorizado a exigir de qualquer dos devedores o cumprimento integral da obrigação, cuja satisfação não extingue os deveres dos coobrigados, os quais podem ser demandados em ação regressiva" (STJ-3ª T., REsp 1.087.142, Min. Nancy Andrighi, j. 18.8.11, DJ 24.8.11).

Art. 1.016: 2b. **Enunciado 220 do CEJ:** "É obrigatória a aplicação do art. 1.016 do Código Civil de 2002, que regula a responsabilidade dos administradores, a todas as sociedades limitadas, mesmo àquelas cujo contrato social preveja a aplicação supletiva das normas das sociedades anônimas".

Art. 1.016: 3. Esta disposição se aplica aos membros do conselho fiscal (v. art. 1.070-*caput*).

Art. 1.017. O administrador que, sem consentimento escrito dos sócios, aplicar créditos ou bens sociais em proveito próprio ou de terceiros, terá de restituí-los à sociedade, ou pagar o equivalente, com todos os lucros resultantes, e, se houver prejuízo, por ele também responderá.[1] [Sem dispositivo correspondente no CC/1916.]

Parágrafo único. Fica sujeito às sanções o administrador que, tendo em qualquer operação interesse contrário ao da sociedade, tome parte na correspondente deliberação.[2] [Sem dispositivo correspondente no CC/1916.]

Art. 1.017: 1. v. arts. 402 a 405 (perdas e danos) e 1.170 (responsabilidade do preposto).

Art. 1.017: 2. v. arts. 990, nota 1a, e 1.010 § 3º.

Art. 1.018. Ao administrador é vedado fazer-se substituir no exercício de suas funções, sendo-lhe facultado, nos limites de seus poderes, constituir mandatários da sociedade, especificados no instrumento os atos e operações que poderão praticar. [Sem dispositivo correspondente no CC/1916.]

Art. 1.019. São irrevogáveis os poderes do sócio investido na administração por cláusula expressa do contrato social,[1] salvo justa causa, reconhecida judicialmente, a pedido de qualquer dos sócios.[2] [Sem dispositivo correspondente no CC/1916.]

Parágrafo único. São revogáveis, a qualquer tempo, os poderes conferidos a sócio por ato separado, ou a quem não seja sócio.[3] [Sem dispositivo correspondente no CC/1916.]

Art. 1.019: 1. v. arts. 997-VI e 999.

Art. 1.019: 2. v. art. 1.060, nota 1.

Art. 1.019: 3. v. arts. 999 e 1.012.

Art. 1.020. Os administradores são obrigados a prestar aos sócios contas justificadas de sua administração, e apresentar-lhes o inventário anualmente, bem como o balanço patrimonial e o de resultado econômico.[1] [Sem dispositivo correspondente no CC/1916.]

Art. 1.020: 1. v. arts. 1.065, 1.069-III, 1.078-I e § 3º, 1.140 e 1.179 a 1.195. V. tb. LRF 168 § 1º-I e II.

Art. 1.021. Salvo estipulação que determine época própria, o sócio pode, a qualquer tempo, examinar os livros e documentos, e o estado da caixa e da carteira da sociedade.[1 a 3] [Sem dispositivo correspondente no CC/1916.]

Art. 1.021: 1. s/ escrituração, v. arts. 1.179 a 1.195. S/ exibição de documento ou coisa, v. tb. CPC 396 a 404 e 417 a 421; s/ o Livro de Registro de Duplicatas, v. LDu 19.

Art. 1.021: 2. **Súmula 260 do STF:** "O exame de livros comerciais, em ação judicial, fica limitado às transações entre os litigantes".

Art. 1.021: 3. v. **LC 123, de 14.12.06,** que institui o Estatuto Nacional da Microempresa e da Empresa de Pequeno Porte, e dá outras providências, em especial arts. 25 a 27.

Seção IV | DAS RELAÇÕES COM TERCEIROS

Art. 1.022. A sociedade adquire direitos, assume obrigações e procede judicialmente, por meio de administradores com poderes especiais, ou, não os havendo, por intermédio de qualquer administrador. [Sem dispositivo correspondente no CC/1916.]

Art. 1.023. Se os bens da sociedade não lhe cobrirem as dívidas, respondem os sócios pelo saldo, na proporção em que participem das perdas sociais,[1] salvo cláusula de responsabilidade solidária.[2-3] [Sem dispositivo correspondente no CC/1916.]

Art. 1.023: 1. i. e., na proporção das respectivas quotas (art. 1.007).

Art. 1.023: 2. s/ solidariedade passiva, v. arts. 275 a 285; s/ responsabilidade dos sócios, v. CPC 790-II e 795. V. ainda art. 997, nota 7 (Enunciado 61 do CEJ).

Art. 1.023: 3. "Nas sociedades em que a responsabilidade dos sócios perante as obrigações sociais é ilimitada, como ocorre nas sociedades simples (art. 1.023 do CC/02), não se faz necessária, para que os bens pessoais de seus sócios respondam pelas suas obrigações, a desconsideração da sua personalidade" (STJ-3ª T., REsp 895.792, Min. Paulo Sanseverino, j. 7.4.11, DJ 25.4.11).

Art. 1.024. Os bens particulares dos sócios não podem ser executados por dívidas da sociedade,[1] senão depois de executados os bens sociais.[2] [Sem dispositivo correspondente no CC/1916.]

Art. 1.024: 1. salvo o disposto no art. 990, *in fine*.

Art. 1.024: 2. Esse direito é chamado de benefício de ordem ou benefício da **excussão.** V. tb. CPC 795.

Art. 1.025. O sócio, admitido em sociedade já constituída, não se exime das dívidas sociais anteriores à admissão.[1] [Sem dispositivo correspondente no CC/1916.]

Art. 1.025: 1. v. art. 1.003 § ún. (responsabilidade do cedente pelas obrigações que tinha como sócio).

Art. 1.026. O credor particular de sócio pode, na insuficiência de outros bens do devedor, fazer recair a execução sobre o que a este couber nos lucros da sociedade, ou na parte que lhe tocar em liquidação.[1 a 2a] [Sem dispositivo correspondente no CC/1916.]

Parágrafo único. Se a sociedade não estiver dissolvida, pode o credor requerer a liquidação da quota do devedor,[3] cujo valor, apurado na forma do art. 1.031, será depositado em dinheiro, no juízo da execução, até noventa dias após aquela liquidação. [Sem dispositivo correspondente no CC/1916.]

Art. 1.026: 1. v. art. 1.030 § ún.

✎ **Art. 1.026: 1a.** "A penhora de quotas da sociedade limitada: a harmonia entre os arts. 1.026 do CC/2002 e 655, VI, do CPC", por Cristiano Gomes de Brito (RP 171/49).

Art. 1.026: 2. **Enunciado 387 do CEJ:** "A opção entre fazer a execução recair sobre o que ao sócio couber no lucro da sociedade, ou na parte que lhe tocar em dissolução, orienta-se pelos princípios da menor onerosidade e da função social da empresa".

Enunciado 388 do CEJ: "O disposto no art. 1.026 do Código Civil não exclui a possibilidade de o credor fazer recair a execução sobre os direitos patrimoniais da quota de participação que o devedor possui no capital da sociedade".

Enunciado 389 do CEJ: "Quando se tratar de sócio de serviço, não poderá haver penhora das verbas descritas no art. 1.026, se de caráter alimentar".

Art. 1.026: 2a. "Tendo em vista o disposto no artigo 1.026, combinado com o artigo 1.053, ambos do Código Civil, e os princípios da conservação da empresa e da menor onerosidade da execução, cabia à exequente adotar as devidas cautelas impostas pela lei, requerendo a **penhora dos lucros** relativos às quotas sociais correspondentes à devedora, conforme também a inteligência do artigo 1.027 do Código Civil, **não** podendo ser deferida, **de imediato, a penhora das quotas sociais** de sociedade empresária que se encontra em plena atividade, em prejuízo de terceiros, por dívida estranha à referida pessoa jurídica" (STJ-4ª T., REsp 1.346.712-AgInt, Min. Luis Felipe, j. 14.3.17, DJ 20.3.17).

Art. 1.026: 3. **Enunciado 386 do CEJ:** "Na apuração dos haveres do sócio, por consequência da liquidação de suas quotas na sociedade para pagamento ao seu credor (art. 1.026, parágrafo único), não devem ser consideradas eventuais disposições contratuais restritivas à determinação de seu valor".

Art. 1.027. Os herdeiros do cônjuge de sócio, ou o cônjuge do que se separou judicialmente, não podem exigir desde logo a parte que lhes couber na quota social, mas concorrer à divisão periódica dos lucros, até que se liquide a sociedade.[1] [Sem dispositivo correspondente no CC/1916.]

Art. 1.027: 1. O art. 1.027 está **revogado, em termos,** pelo CPC 600 § ún.: "O cônjuge ou companheiro do sócio cujo casamento, união estável ou convivência terminou poderá requerer a apuração de seus haveres na sociedade, que serão pagos à conta da quota social titulada por este sócio".

Seção V | DA RESOLUÇÃO DA SOCIEDADE EM RELAÇÃO A UM SÓCIO[1]

SEÇ. V: 1. v. arts. 1.085 e 1.086 (resolução da sociedade em relação a sócios minoritários). V. tb. CPC 599 e segs. (ação de dissolução parcial de sociedade).

Art. 1.028. No caso de morte de sócio,[1] liquidar-se-á sua quota, salvo: [Sem dispositivo correspondente no CC/1916.]

I — se o contrato dispuser diferentemente; [Sem dispositivo correspondente no CC/1916.]

II — se os sócios remanescentes optarem pela dissolução da sociedade;[2] [Sem dispositivo correspondente no CC/1916.]

III — se, por acordo com os herdeiros, regular-se a substituição do sócio falecido.[3-4] [Sem dispositivo correspondente no CC/1916.]

Art. 1.028: 1. v. art. 1.032.

Art. 1.028: 2. v. arts. 1.033 a 1.038.

Art. 1.028: 3. **Enunciado 221 do CEJ:** "Diante da possibilidade de o contrato social permitir o ingresso na sociedade do sucessor de sócio falecido, ou de os sócios acordarem com os herdeiros a substituição de sócio falecido, sem liquidação da quota em ambos os casos, é lícita a participação de menor em sociedade limitada, estando o capital integralizado, em virtude da inexistência de vedação no Código Civil".

Art. 1.028: 4. "O falecimento de sócio, em regra, dissolve parcialmente a sociedade por quotas de responsabilidade limitada, hipótese em que caberá ao espólio, representado pelo inventariante, administração transitória das quotas enquanto se apuram os haveres e a divisão do espólio (art. 993, parágrafo único, II, do CPC). Resguarda o art. 1.028, III, do CC/02, em observância ao princípio da preservação da empresa, a possibilidade de os sócios remanescentes e herdeiros acordarem a substituição do sócio falecido. A inclusão do espólio no contrato social, mediante alteração contratual arquivada na junta comercial competente, e o regular exercício da atividade empresarial sob o novo quadro societário ao longo de 16 anos denotam a concreta intenção das partes de ajustarem a sucessão do sócio falecido" (STJ-3ª T., REsp 1.422.934, Min. João Otávio, j. 14.10.14, DJ 25.11.14).

Art. 1.029. Além dos casos previstos na lei ou no contrato, qualquer sócio pode retirar-se da sociedade;[1] se de prazo indeterminado, mediante notificação[1a] aos demais sócios, com antecedência mínima de sessenta dias; se de prazo determinado, provando judicialmente justa causa. [Sem dispositivo correspondente no CC/1916.]

Parágrafo único. Nos trinta dias subsequentes à notificação, podem os demais sócios optar pela dissolução da sociedade.[2] [Sem dispositivo correspondente no CC/1916.]

Art. 1.029: 1. "Com a dissolução parcial da sociedade fundamentada na falta de *affectio societatis*, pode o sócio de sociedade por cotas de responsabilidade limitada pleitear em juízo a sua retirada da referida sociedade. Todavia, tal pedido não é viável para impor aos demais sócios a sua retirada" (RJM 192/163: AP 1.0713.08.078196-4/001).

Art. 1.029: 1a. "O direito de retirada do sócio da sociedade, preconizado no art. 1.029 do CC, fica condicionado à notificação aos demais sócios e sua consequente alteração contratual, devidamente registrada perante o órgão competente" (RJM 189/205: AP 1.0024.06.077611-9/001).

Art. 1.029: 2. v. arts. 1.033 a 1.038.

Art. 1.030. Ressalvado o disposto no art. 1.004 e seu parágrafo único, pode o sócio ser excluído judicialmente, mediante iniciativa da maioria[1] dos demais sócios, por falta grave no cumprimento de suas obrigações,[1a a 2] ou, ainda, por incapacidade superveniente.[3-3a] [Sem dispositivo correspondente no CC/1916.]

Parágrafo único. Será de pleno direito excluído da sociedade o sócio declarado falido,[4] ou aquele cuja quota tenha sido liquidada nos termos do parágrafo único do art. 1.026. [Sem dispositivo correspondente no CC/1916.]

Art. 1.030: 1. **Enunciado 216 do CEJ:** "O *quorum* de deliberação previsto no art. 1.004, § ún., e no art. 1.030 é de maioria absoluta do capital representado pelas quotas dos demais sócios, consoante a regra geral fixada no art. 999 para as deliberações na sociedade simples. Esse entendimento aplica-se ao art. 1.058 em caso de exclusão de sócio remisso ou redução do valor de sua quota ao montante já integralizado".

"Na apuração da maioria absoluta do capital social para fins de exclusão judicial de sócio de sociedade limitada, consideram-se apenas as quotas dos demais sócios, excluídas aquelas pertencentes ao sócio que se pretende excluir, não incidindo a condicionante prevista no art. 1.085 do Código Civil de 2002, somente aplicável na hipótese de exclusão extrajudicial de sócio por deliberação da maioria representativa de mais da metade do capital social, mediante alteração do contrato social" (STJ-3ª T., REsp 1.653.421, Min. Ricardo Cueva, j. 10.10.17, DJ 13.11.17).

Art. 1.030: 1a. **Enunciado 67 do CEJ:** "A quebra do *affectio societatis* não é causa para a exclusão do sócio minoritário, mas apenas para dissolução (parcial) da sociedade".

V. art. 1.085. V. tb art. 1.029, nota 1.

Art. 1.030: 1b. "Para exclusão judicial de sócio, **não basta** a alegação de **quebra da *affectio societatis*,** mas a demonstração de justa causa, ou seja, dos motivos que ocasionaram essa quebra" (STJ-RT 914/573: 3ª T., REsp 1.129.222). No mesmo sentido: STJ-4ª T., REsp 1.479.860-AgInt, Min. Lázaro Guimarães, j. 20.9.18, DJ 26.9.18; RT 928/891 (TJSP, EI 0025880-63.2010.8.26.0577/50000, maioria).

Art. 1.030: 1c. "A **prática de atos reiterados** como padrão de normalidade por ambos os sócios e nas três sociedades que mantêm há mais de 40 anos, ainda que irregulares e espúrios, não servem como causa necessária da quebra da *affectio societatis* a fim de configurar justa causa para exclusão de sócio" (STJ-3ª T., REsp 1.286.708, Min. Nancy Andrighi, j. 27.5.14, DJ 5.6.14). Do voto da relatora: "Diante do contexto probatório, a justa causa apontada não foi demonstrada, e as causas consideradas justas pelo Tribunal de origem, no contexto prático da gestão de ambos os sócios, não seriam fundamento para romper o vínculo de afinidade porque tolerado e praticado mutuamente por ambos os sócios. Assim, não há comprovação quanto à culpa pelo rompimento desse vínculo societário, de tal sorte que não se pode impor a um dos sócios a pena de seu desligamento compulsório".

Art. 1.030: 2. Autorizando a exclusão de sócio em **sociedade anônima fechada,** ante a caracterização de justo motivo para tanto: STJ-4ª T., REsp 917.531, Min. Luis Felipe, j. 17.11.11, DJ 1.2.12.

✎ Art. 1.030: 3. "Sociedade contratual e o sócio incapaz (incapacidade superveniente) no Código Civil de 2002: uma evidente inconstitucionalidade", por Olney Queiroz Assis (RSDCPC 27/115).

Art. 1.030: 3a. s/ exercício da empresa por empresário incapaz, v. art. 974.

Art. 1.030: 4. v. LRF 94 e 99-V.

Art. 1.031. Nos casos em que a sociedade se resolver em relação a um sócio, o valor da sua quota, considerada pelo montante efetivamente realizado, liquidar-se-á, salvo disposição contratual em contrário, com base na situação patrimonial da sociedade, à data da resolução, verificada em balanço especialmente levantado.[1-2] [Sem dispositivo correspondente no CC/1916.]

§ 1º O capital social sofrerá a correspondente redução, salvo se os demais sócios suprirem o valor da quota.[3] [Sem dispositivo correspondente no CC/1916.]

§ 2º A quota liquidada será paga em dinheiro, no prazo de noventa dias, a partir da liquidação, salvo acordo, ou estipulação contratual em contrário.[4 a 5] [Sem dispositivo correspondente no CC/1916.]

Art. 1.031: 1. O *caput* do art. 1.031 está **implicitamente revogado** pelo CPC 606, na medida em que este passou a regular a matéria relativa à liquidação do valor da quota, aí tratada como apuração de haveres.

Art. 1.031: 2. v. arts. 1.026 § ún. e 1.077. Em matéria de fim de casamento ou união estável, v. arts. 1.660, nota 1a, e 1.725, notas 2e e 2f.

Art. 1.031: 3. v. art. 1.004 § ún.

Art. 1.031: 4. "O **prazo contratual** previsto para o pagamento dos haveres do sócio que se retira da sociedade supõe *quantum* incontroverso; se houver divergência a respeito, e só for dirimida em ação judicial, cuja tramitação tenha esgotado o aludido prazo, o pagamento dos haveres é exigível de imediato" (STJ-3ª T., REsp 1.371.843, Min. Paulo Sanseverino, j. 20.3.14, DJ 26.3.14).

Art. 1.031: 4a. "A apuração de haveres — levantamento dos valores referentes à participação do sócio que se retira ou que é excluído da sociedade — se processa da forma prevista no contrato social, uma vez que, nessa seara, prevalece o princípio da força obrigatória dos contratos, cujo fundamento é a autonomia da vontade, desde que observados os limites legais e os princípios gerais do direito. Em ação que versa sobre o **inadimplemento dos haveres** oriundos da retirada de sócio, a sociedade é constituída em **mora com a citação válida,** que passa então a ser considerada como termo inicial para o pagamento das parcelas, sendo certo que aquelas que venceram no curso do processo devem ser pagas de imediato, após o trânsito em julgado da sentença condenatória, enquanto as remanescentes serão adimplidas consoante determinado no contrato social" (STJ-4ª T., REsp 1.239.754, Min. Luis Felipe, j. 15.5.12, DJ 22.5.12).

Art. 1.031: 5. "A retirada do sócio por dissolução parcial da empresa não se confunde com o direito de recesso, que possui hipóteses de incidência restrita e forma de apuração de haveres distinta. A existência de cláusula contratual específica para pagamento de haveres na hipótese de exercício do direito de recesso não pode ser aplicada por analogia, para os fins de afastar a incidência do art. 1.031, § 2º, do CC/02 na situação concreta de retirada do sócio. Os **juros de mora** eventualmente devidos em razão do pagamento dos haveres devidos em decorrência da retirada do sócio, no novo contexto legal do art. 1.031, § 2º, do CC/02, terão por termo inicial o **vencimento do prazo legal nonagesimal,** contado desde a liquidação dos haveres" (STJ-3ª T., REsp 1.286.708, Min. Nancy Andrighi, j. 27.5.14, DJ 5.6.14).

Art. 1.032. A retirada, exclusão ou morte do sócio, não o exime, ou a seus herdeiros, da responsabilidade pelas obrigações sociais anteriores, até dois anos após averbada a resolução da sociedade; nem nos dois primeiros casos, pelas posteriores e em igual prazo, enquanto não se requerer a averbação.[1] [Sem dispositivo correspondente no CC/1916.]

Art. 1.032: 1. v. arts. 968 § 2º, 1.003 § ún. e 1.025. V. tb. LRF 81 § 1º.

Seção VI | DA DISSOLUÇÃO[1 a 2]

✎ **SEÇ. VI: 1.** "Dissolução, liquidação e extinção da sociedade empresária", por Jonabio Barbosa dos Santos e Anna Tereza de Mendonça Gonçalves (RJ-Lex 52/103).

SEÇ. VI: 1a. v. arts. 51 e 2.034.

S/ dissolução da sociedade por ações, v. LSA 206 e 207; s/ dissolução das sociedades que houverem adquirido personalidade jurídica mediante falsa declaração de seus fins ou que tenham finalidades ilícitas e nocivas, v. Dec. lei 9.085, de 25.3.46, art. 6º (no tít. REGISTROS PÚBLICOS).

SEÇ. VI: 2. Dec. lei 368, de 19.12.68 — Dispõe sobre efeitos de débitos salariais e dá outras providências: **"Art. 1º** A empresa em débito salarial com seus empregados não poderá: ... **III** — ser dissolvida".

Art. 1.033. Dissolve-se a sociedade[1 a 3] quando ocorrer: [Dispositivo correspondente no CC/1916: art. 1.399-*caput*.]

I — o vencimento do prazo de duração, salvo se, vencido este e sem oposição de sócio, não entrar a sociedade em liquidação, caso em que se prorrogará por tempo indeterminado; [Dispositivo correspondente no CC/1916: art. 1.399-I.]

II — o consenso unânime dos sócios; [Dispositivo correspondente no CC/1916: art. 1.399-VI.]

III — a deliberação dos sócios, por maioria absoluta, na sociedade de prazo indeterminado; [Sem dispositivo correspondente no CC/1916.]

IV — a falta de pluralidade de sócios, não reconstituída no prazo de cento e oitenta dias;[3a] [Sem dispositivo correspondente no CC/1916.]

V — a extinção, na forma da lei, de autorização para funcionar.[4] [Sem dispositivo correspondente no CC/1916.]

Parágrafo único. Não se aplica o disposto no inciso IV caso o sócio remanescente, inclusive na hipótese de concentração de todas as cotas da sociedade sob sua titularidade, requeira, no Registro Público de Empresas Mercantis, a transformação do registro da sociedade para empresário individual ou para empresa individual de responsabilidade limitada,[5] observado, no que couber, o disposto nos arts. 1.113 a 1.115 deste Código.[6] [Sem dispositivo correspondente no CC/1916.]

Art. 1.033: 1. v. art. 1.030, nota 1.

Art. 1.033: 2. v. arts. 1.044 e 1.051.

Art. 1.033: 3. "Regularmente dissolvida a sociedade com registro no órgão competente, os ex-sócios têm legitimidade para reclamar a reparação de eventuais prejuízos sofridos" (RT 871/301).

Art. 1.033: 3a. v., porém, o § ún.

Art. 1.033: 4. v. art. 1.037. V. tb. Dec. lei 9.085, de 25.3.46, art. 6º (no tít. REGISTROS PÚBLICOS).

Art. 1.033: 5. v. art. 980-A.

Art. 1.033: 6. O § ún. foi acrescido pela Lei 12.441, de 11.7.11, em vigor 180 dias após a sua publicação (DOU 12.7.11).

Art. 1.034. A sociedade pode ser dissolvida judicialmente, a requerimento de qualquer dos sócios, quando: [Sem dispositivo correspondente no CC/1916.]

I — anulada a sua constituição; [Sem dispositivo correspondente no CC/1916.]

II — exaurido o fim social, ou verificada a sua inexequibilidade.[1] [Sem dispositivo correspondente no CC/1916.]

Art. 1.034: 1. "A *affectio societatis* é um elemento específico do contrato de sociedade empresarial, que se exterioriza pela vontade comum dos sócios de que o empreendimento prospere, em prol da sociedade e da atividade por ela desenvolvida. Inexistindo a *affectio societatis*, a consecução do fim social se torna impossível, permitindo a dissolução da sociedade empresarial, a teor do art. 1.034, inciso II, do Código Civil" (RJM 189/205: AP 1.0024.06.077611-9/001).

Todavia: "Se um dos sócios de uma **sociedade por cotas de responsabilidade limitada** pretende dar-lhe continuidade, mesmo contra a vontade da maioria, que busca a sua dissolução total, deve-se prestigiar o princípio da preservação da empresa, acolhendo-se o pedido de sua desconstituição apenas parcial, formulado por aquele, pois a sua continuidade ajusta-se ao interesse coletivo, por importar em geração de empregos, em pagamento de impostos, em promoção do desenvolvimento das comunidades em que se integra, e em outros benefícios gerais" (RSTJ 106/324).

"Admite-se dissolução parcial de **sociedade anônima fechada** de cunho familiar quando houver a quebra da *affectio societatis*, com a retirada dos sócios dissidentes, após a apuração de seus haveres em função do valor real do ativo e do passivo. Se o legislador autorizou os acionistas majoritários a pleitearem a dissolução total da sociedade — hipótese que leva à liquidação da empresa, com a saída de todos os sócios, inclusive os minoritários — está admitida também a sua dissolução parcial. Não há sentido em impedir que os acionistas majoritários busquem permanecer no controle da empresa, até porque representam a maioria do capital social e, a rigor, a vontade dominante no que se refere aos interesses convergentes que, desde o início, caracterizaram a *affectio societatis* e a forma de exploração do objeto social. Nada impede os acionistas minoritários de apresentarem, em sede de defesa, reconvenção, caso concordem com a dissolução parcial mas entendam que os acionistas majoritários é que devem se afastar. Todavia, o que não se pode admitir é que, numa sociedade *intuito personae* com ruptura da *affectio societatis*, os sócios minoritários se postem contrários à dissolução parcial mas não demonstrem interesse em assumir o controle da empresa" (STJ-3ª T., REsp 1.128.431, Min. Nancy Andrighi, j. 11.10.11, DJ 25.10.11). Em sentido semelhante: STJ-4ª T., REsp 917.531, Min. Luis Felipe, j. 17.11.11, DJ 1.2.12.

Art. 1.035. O contrato pode prever outras causas de dissolução, a serem verificadas judicialmente quando contestadas. [Sem dispositivo correspondente no CC/1916.]

Art. 1.036. Ocorrida a dissolução, cumpre aos administradores providenciar imediatamente a investidura do liquidante, e restringir a gestão própria aos negócios inadiáveis, vedadas novas operações, pelas quais responderão solidária[1] e ilimitadamente.[2] [Sem dispositivo correspondente no CC/1916.]

Parágrafo único. Dissolvida de pleno direito a sociedade, pode o sócio requerer, desde logo, a liquidação judicial. [Sem dispositivo correspondente no CC/1916.]

Art. 1.036: 1. v. arts. 275 a 285.

Art. 1.036: 2. v. arts. 1.102 a 1.112 e 2.034.

Art. 1.037. Ocorrendo a hipótese prevista no inciso V do art. 1.033, o Ministério Público, tão logo lhe comunique a autoridade competente, promoverá a liquidação judicial da sociedade, se os administradores não o tiverem feito nos trinta dias seguintes à perda da autorização, ou se o sócio não houver exercido a faculdade assegurada no parágrafo único do artigo antecedente. [Sem dispositivo correspondente no CC/1916.]

Parágrafo único. Caso o Ministério Público não promova a liquidação judicial da sociedade nos quinze dias subsequentes ao recebimento da comunicação, a autoridade competente para conceder a autorização nomeará interventor com poderes para requerer a medida e administrar a sociedade até que seja nomeado o liquidante. [Sem dispositivo correspondente no CC/1916.]

Art. 1.038. Se não estiver designado no contrato social, o liquidante será eleito por deliberação dos sócios, podendo a escolha recair em pessoa estranha à sociedade. [Sem dispositivo correspondente no CC/1916.]

§ 1º O liquidante pode ser destituído, a todo tempo: [Sem dispositivo correspondente no CC/1916.]

I — se eleito pela forma prevista neste artigo, mediante deliberação dos sócios; [Sem dispositivo correspondente no CC/1916.]

II — em qualquer caso, por via judicial, a requerimento de um ou mais sócios, ocorrendo justa causa. [Sem dispositivo correspondente no CC/1916.]

§ 2º A liquidação da sociedade se processa de conformidade com o disposto no Capítulo IX, deste Subtítulo.[1] [Sem dispositivo correspondente no CC/1916.]

Art. 1.038: 1. i. e., de acordo com os arts. 1.102 a 1.112.

Capítulo II | DA SOCIEDADE EM NOME COLETIVO

Art. 1.039. Somente pessoas físicas podem tomar parte na sociedade em nome coletivo,[1] respondendo todos os sócios, solidária[2] e ilimitadamente, pelas obrigações sociais. [Sem dispositivo correspondente no CC/1916.]

Parágrafo único. Sem prejuízo da responsabilidade perante terceiros, podem os sócios, no ato constitutivo, ou por unânime convenção posterior, limitar[3] entre si a responsabilidade de cada um. [Sem dispositivo correspondente no CC/1916.]

Art. 1.039: 1. Firma da sociedade em nome coletivo: art. 1.157.

Art. 1.039: 2. v. arts. 275 a 285.

Art. 1.039: 3. Embora essa limitação não tenha incidência perante terceiros, o sócio que satisfez a dívida em quantia superior a ela poderá, posteriormente, exigir dos outros sócios as respectivas parcelas. V. art. 283.

Art. 1.040. A sociedade em nome coletivo se rege pelas normas deste Capítulo e, no que seja omisso, pelas do Capítulo antecedente.[1] [Sem dispositivo correspondente no CC/1916.]

Art. 1.040: 1. i. e., pelos arts. 997 a 1.038.

Art. 1.041. O contrato deve mencionar, além das indicações referidas no art. 997, a firma social.[1] [Sem dispositivo correspondente no CC/1916.]

Art. 1.041: 1. Firma social é o nome empresarial dessa sociedade, formada, em regra, pelo nome dos sócios ou de alguns deles e pela expressão "& Companhia" ou "& Cia.".

Art. 1.042. A administração da sociedade compete exclusivamente a sócios, sendo o uso da firma, nos limites do contrato, privativo dos que tenham os necessários poderes. [Sem dispositivo correspondente no CC/1916.]

Art. 1.043. O credor particular de sócio não pode, antes de dissolver-se a sociedade, pretender a liquidação da quota do devedor.[1] [Sem dispositivo correspondente no CC/1916.]

Parágrafo único. Poderá fazê-lo quando: [Sem dispositivo correspondente no CC/1916.]

I — a sociedade houver sido prorrogada tacitamente; [Sem dispositivo correspondente no CC/1916.]

II — tendo ocorrido prorrogação contratual, for acolhida judicialmente oposição do credor, levantada no prazo de noventa dias, contado da publicação do ato dilatório. [Sem dispositivo correspondente no CC/1916.]

Art. 1.043: 1. Segundo o **Enunciado 63 do CEJ,** o art. 1.043 deve ser interpretado "no sentido de que só será aplicado às sociedades ajustadas por prazo determinado".

Art. 1.044. A sociedade se dissolve de pleno direito por qualquer das causas enumeradas no art. 1.033 e, se empresária,[1] também pela declaração da falência.[2] [Sem dispositivo correspondente no CC/1916.]

Art. 1.044: 1. v. arts. 982 e 983.

Art. 1.044: 2. v. LRF 77, 81 e 94 a 101. V. ainda, no nosso CPCLPV, LRF 159, nota 1.

Capítulo III | DA SOCIEDADE EM COMANDITA SIMPLES[1]

CAP. III: 1. "Hora e vez da sociedade em comandita simples", por Douglas Genelhu de Abreu Guilherme (RSDCPC 78/122).

Art. 1.045. Na sociedade em comandita simples tomam parte sócios de duas categorias: os comanditados, pessoas físicas, responsáveis solidária[1] e ilimitadamente pelas obrigações sociais; e os comanditários, obrigados somente pelo valor de sua quota.[2-2a] [Sem dispositivo correspondente no CC/1916.]

Parágrafo único. O contrato deve discriminar os comanditados e os comanditários. [Sem dispositivo correspondente no CC/1916.]

Art. 1.045: 1. v. arts. 275 a 285.

Art. 1.045: 2. v. LRF 123-*caput*.

Art. 1.045: 2a. Porém, se o comanditário praticar ato de gestão ou tiver nome na firma social, sua responsabilidade passará a ser solidária e ilimitada, cf. art. 1.047.

Art. 1.046. Aplicam-se à sociedade em comandita simples as normas da sociedade em nome coletivo,[1] no que forem compatíveis com as deste Capítulo. [Sem dispositivo correspondente no CC/1916.]

Parágrafo único. Aos comanditados cabem os mesmos direitos e obrigações dos sócios da sociedade em nome coletivo. [Sem dispositivo correspondente no CC/1916.]

Art. 1.046: 1. v. arts. 1.039 a 1.044.

Art. 1.047. Sem prejuízo da faculdade de participar das deliberações da sociedade e de lhe fiscalizar as operações, não pode o comanditário praticar qualquer ato de gestão, nem ter o nome na firma social, sob pena de ficar sujeito às responsabilidades de sócio comanditado. [Sem dispositivo correspondente no CC/1916.]

Parágrafo único. Pode o comanditário ser constituído procurador da sociedade, para negócio determinado e com poderes especiais. [Sem dispositivo correspondente no CC/1916.]

Art. 1.048. Somente após averbada a modificação do contrato, produz efeito, quanto a terceiros, a diminuição da quota do comanditário, em consequência de ter sido reduzido o capital social, sempre sem prejuízo dos credores preexistentes. [Sem dispositivo correspondente no CC/1916.]

Art. 1.049. O sócio comanditário não é obrigado à reposição de lucros recebidos de boa-fé e de acordo com o balanço. [Sem dispositivo correspondente no CC/1916.]

Parágrafo único. Diminuído o capital social por perdas supervenientes, não pode o comanditário receber quaisquer lucros, antes de reintegrado aquele. [Sem dispositivo correspondente no CC/1916.]

Art. 1.050. No caso de morte de sócio comanditário, a sociedade, salvo disposição do contrato, continuará com os seus sucessores, que designarão quem os represente. [Sem dispositivo correspondente no CC/1916.]

Art. 1.051. Dissolve-se de pleno direito a sociedade: [Sem dispositivo correspondente no CC/1916.]

I — por qualquer das causas previstas no art. 1.044;[1] [Sem dispositivo correspondente no CC/1916.]

II — quando por mais de cento e oitenta dias perdurar a falta de uma das categorias de sócio. [Sem dispositivo correspondente no CC/1916.]

Parágrafo único. Na falta de sócio comanditado, os comanditários nomearão administrador provisório para praticar, durante o período referido no inciso II e sem assumir a condição de sócio, os atos de administração. [Sem dispositivo correspondente no CC/1916.]

Art. 1.051: 1. v. art. 1.033.

Capítulo IV | DA SOCIEDADE LIMITADA[1-2]

Seção I | DISPOSIÇÕES PRELIMINARES

✎ **CAP. IV: 1.** "A regulamentação das sociedades limitadas", por Vinícius José Marques Gontijo (RT 810/20); "Sociedade limitada ou anônima fechada? O novo dilema dos empreendedores nacionais", por Ricardo Guimarães Moreira (RF 386/203); "Operacionalidade das cláusulas gerais em direito societário (distribuição de dividendos nas sociedades limitadas)", por Norberto da Costa Caruso MacDonald (Ajuris 110/303); "O sócio incapaz nas sociedades limitadas", por Cássio Cavalli (RDPr 54/183); "A natureza das sociedades limitadas: tratamento jurídico conferido às sociedades empresárias e às sociedades simples", por Aline França Campos (RT 940/185).

CAP. IV: 2. Quadro comparativo da legislação vigente s/ sociedades limitadas no Dec. 3.708, de 10.1.1919, e no CC Bol. AASP 2.302, de 17.2.03, supl.

Art. 1.052. Na sociedade limitada,[1-2] a responsabilidade de cada sócio é restrita ao valor de suas quotas, mas todos respondem solidariamente[3] pela integralização do capital social.[4 a 6] [Sem dispositivo correspondente no CC/1916.]

§ 1º A sociedade limitada pode ser constituída por 1 (uma) ou mais pessoas.[7-7a]

§ 2º Se for unipessoal, aplicar-se-ão ao documento de constituição do sócio único, no que couber, as disposições sobre o contrato social.[8-9]

Art. 1.052: 1. Enunciado 65 do CEJ: "A expressão 'sociedade limitada', tratada nos arts. 1.052 e seguintes do novo Código Civil, deve ser interpretada *stricto sensu*, como 'sociedade por quotas de responsabilidade limitada'".

Art. 1.052: 2. Firma ou denominação: art. 1.158.

Art. 1.052: 3. v. arts. 275 a 285.

Art. 1.052: 4. v. art. 1.056 § 2º. V. tb. art. 1.058.

✎ **Art. 1.052: 4a.** "Responsabilidade dos administradores por débitos negociais das sociedades limitadas", por Gustavo Saad Diniz (RDPr 18/42); "Responsabilidade dos sócios na sociedade limitada", por André Gustavo Livonesi (RDPr 20/53); "A responsabilidade dos sócios e administradores nas sociedades limitadas", por José Carlos Carota (RF 414/555).

Art. 1.052: 5. A responsabilidade solidária dos sócios pela integralização do capital social somente existe perante terceiros. Nessas condições, ela se faz presente em qualquer caso, não ficando circunscrita a situações específicas (p. ex., falência).

Não há responsabilidade solidária dos sócios pela integralização do capital social perante a sociedade. Aqui, cabe à sociedade cobrar a integralização apenas do sócio inadimplente.

Algumas exceções à regra da limitação da responsabilidade dos sócios: arts. 50 (responsabilidade por abuso da personalidade jurídica); 1.010 § 3º (responsabilidade por voto em deliberação na qual o votante tenha interesse contrário ao da sociedade); 1.012, 1.015, 1.016, 1.017 e 1.158 § 3º (responsabilidade do sócio-administrador); 1.080 (responsabilidade por deliberações infringentes do contrato ou da lei).

Art. 1.052: 6. Se os bens da sociedade limitada sem o capital social totalmente integralizado forem insuficientes para a satisfação da dívida, é lícito ao credor executar bens dos sócios (CPC 790-II), até o valor do capital social não integralizado.

S/ benefício da excussão, v. art. 1.024.

Art. 1.052: 7. O § 1º foi acrescido pela Lei 13.874, de 20.9.19.

Art. 1.052: 7a. v. art. 980-A (empresa individual de responsabilidade limitada).

Art. 1.052: 8. O § 2º foi acrescido pela Lei 13.874, de 20.9.19.

Art. 1.052: 9. v. arts. 997 a 1.000 (contrato social).

Art. 1.053. A sociedade limitada rege-se, nas omissões deste Capítulo, pelas normas da sociedade simples.[1 a 1b] [Sem dispositivo correspondente no CC/1916.]

Parágrafo único. O contrato social poderá prever a regência supletiva da sociedade limitada pelas normas da sociedade anônima.[2-2a] [Sem dispositivo correspondente no CC/1916.]

Art. 1.053: 1. v. arts. 997 a 1.038.

✎ **Art. 1.053: 1a.** "Aplicação subsidiária das normas na sociedade limitada", por Luís Rodolfo Cruz e Creuz (RIDCPC 43/88).

Art. 1.053: 1b. Enunciado 222 do CEJ: "O art. 997, V, não se aplica a sociedade limitada na hipótese de regência supletiva pelas regras das sociedades simples".

Art. 1.053: 2. v. arts. 1.088 e 1.089; Lei 6.404, de 15.12.76 (LSA); v. tb. art. 1.010, nota 2a (Enunciado 217 do CEJ).

Art. 1.053: 2a. Enunciado 223 do CEJ: "O parágrafo único do art. 1.053 não significa a aplicação em bloco da Lei n. 6.404/76 ou das disposições sobre a sociedade simples. O contrato social pode adotar, nas omissões do Código sobre as sociedades limitadas, tanto as regras das sociedades simples quanto as das sociedades anônimas".

Art. 1.054. O contrato[1] mencionará, no que couber, as indicações do art. 997, e, se for o caso, a firma social.[1a-2] [Sem dispositivo correspondente no CC/1916.]

Art. 1.054: 1. v. art. 981.

Art. 1.054: 1a. s/ firma social, v. arts. 1.064, 1.155 e 1.158.

Art. 1.054: 2. "Nem no regime anterior nem no novo regime do Código Civil há qualquer disposição que impeça os sócios das sociedades limitadas de estabelecer cláusula de eleição do foro para dirimir suas desavenças" (STJ-RT 866/144: 3ª T., REsp 684.760).

Seção II | DAS QUOTAS[1]

✎ **SEÇ. II: 1.** "Intersecções necessárias entre o direito de família e o direito comercial: as quotas da sociedade limitada na dissolução do casamento, da união estável e na sucessão", por Edenilza Gobbo e Lucíola Fabrete Lopes Nerillo (RBDF 27/5).

Art. 1.055. O capital social divide-se em quotas,[1] iguais ou desiguais, cabendo uma ou diversas a cada sócio. [Sem dispositivo correspondente no CC/1916.]

§ 1º Pela exata estimação de bens conferidos ao capital social respondem solidariamente[2-2a] todos os sócios, até o prazo de cinco anos da data do registro da sociedade. [Sem dispositivo correspondente no CC/1916.]

§ 2º É vedada contribuição que consista em prestação de serviços. [Sem dispositivo correspondente no CC/1916.]

Art. 1.055: 1. Enunciado 391 do CEJ: "A sociedade limitada pode adquirir suas próprias quotas, observadas as condições estabelecidas na Lei das Sociedades por Ações".

Art. 1.055: 2. v. arts. 275 a 285.

Art. 1.055: 2a. Enunciado 224 do CEJ: "A solidariedade entre os sócios da sociedade limitada pela exata estimação dos bens conferidos ao capital social abrange os casos de constituição e aumento do capital e cessa após cinco anos da data do respectivo registro".

Art. 1.056. A quota é indivisível[1] em relação à sociedade, salvo para efeito de transferência, caso em que se observará o disposto no artigo seguinte. [Sem dispositivo correspondente no CC/1916.]

§ 1º No caso de condomínio de quota, os direitos a ela inerentes somente podem ser exercidos pelo condômino representante, ou pelo inventariante do espólio de sócio falecido. [Sem dispositivo correspondente no CC/1916.]

§ 2º Sem prejuízo do disposto no art. 1.052, os condôminos de quota indivisa respondem solidariamente[2] pelas prestações necessárias à sua integralização. [Sem dispositivo correspondente no CC/1916.]

Art. 1.056: 1. cf. art. 87.

Art. 1.056: 2. v. arts. 275 a 285.

Art. 1.057. Na omissão do contrato, o sócio pode ceder sua quota, total ou parcialmente, a quem seja sócio, independentemente de audiência dos outros, ou a estranho, se não houver oposição de titulares de mais de um quarto do capital social.[1-1a] [Sem dispositivo correspondente no CC/1916.]

Parágrafo único. A cessão terá eficácia quanto à sociedade e terceiros, inclusive para os fins do parágrafo único do art. 1.003, a partir da averbação do respectivo instrumento, subscrito pelos sócios anuentes.[2] [Sem dispositivo correspondente no CC/1916.]

Art. 1.057: 1. v. art. 1.081 § 2º.

Art. 1.057: 1a. "A cessão de quotas sociais em uma sociedade por responsabilidade limitada deve observar regras específicas, previstas no art. 1.057 do CC, em cujo *caput* há permissão para que o contrato social franqueie também a terceiros não sócios o livre-ingresso na sociedade — aproximando-se, assim, das sociedades de capitais — ou imponha condições e restrições de toda ordem à admissão do novo sócio, priorizando o elemento humano como fator de aglutinação na formação do ente social. De uma forma ou de outra, a previsão contratual em sentido diverso prevalece sobre o aludido preceito legal. Quando o instrumento de contrato social silenciar total ou parcialmente — embora a redação do art. 1.057 do CC não seja suficientemente clara —, é possível, desmembrando as suas normas, conceber a existência de duas regras distintas: (i) a livre-cessão aos sócios; e (ii) a possibilidade de cessão a terceiros estranhos ao quadro social, desde que não haja a oposição de titulares de mais de 25% do capital social. No caso, a validade do negócio jurídico vê-se comprometida pela oposição expressa de cerca de 67% do quadro social, sendo certo que o contrato social apresenta omissão quanto aos critérios a serem observados para a implementação da cessão de posição societária, limitando-se a mencionar a possibilidade dessa operação na hipótese do não exercício do direito de preferência pelos sócios remanescentes. Causa certa estranheza o fato de os sócios remanescentes terem perquirido aos cedentes a qualificação dos cessionários e eles terem se recusado a fornecer, sob a mera alegação de que o contrato não os obrigava a tanto. Afinal, o pedido de esclarecimento consubstanciado na indicação do interessado na aquisição das quotas sociais, conquanto não fosse expressamente previsto no contrato social, era medida previsível e salutar, cujo escopo precípuo era justamente a preservação da *affectio societatis* e, em última instância, da ética, transparência e boa-fé objetiva, elementos que devem nortear as relações interpessoais tanto *externa quanto interna corporis*" (STJ-4ª T., REsp 1.309.188, Min. Luis Felipe, j. 24.4.14, maioria, DJ 15.8.14).

Art. 1.057: 2. **Enunciado 225 do CEJ:** "Sociedade limitada. Instrumento de cessão de quotas. Na omissão do contrato social, a cessão de quotas sociais de uma sociedade limitada pode ser feita por instrumento próprio, averbado junto ao registro da sociedade, independentemente de alteração contratual, nos termos do art. 1.057 e parágrafo único do Código Civil".

Art. 1.058. Não integralizada a quota de sócio remisso, os outros sócios[1] podem, sem prejuízo do disposto no art. 1.004 e seu parágrafo único, tomá-la para si ou transferi-la a terceiros, excluindo o primitivo titular e devolvendo-lhe o que houver pago, deduzidos os juros da mora, as prestações estabelecidas no contrato mais as despesas.[2] [Sem dispositivo correspondente no CC/1916.]

Art. 1.058: 1. v. art. 1.004, nota 3 (Enunciado 216 do CEJ).

Art. 1.058: 2. s/ juros da mora, v. arts. 406 e 407.

Art. 1.059. Os sócios serão obrigados à reposição dos lucros e das quantias retiradas, a qualquer título, ainda que autorizados pelo contrato, quando tais lucros ou quantia se distribuírem com prejuízo do capital.[1-2] [Sem dispositivo correspondente no CC/1916.]

Art. 1.059: 1. s/ modificação do capital social, v. arts. 1.081 a 1.084.

Art. 1.059: 2. Esse dispositivo visa a atender ao "princípio da integridade do capital social", existente para proteger os direitos de terceiros.

Seção III | DA ADMINISTRAÇÃO

Art. 1.060. A sociedade limitada é administrada[1] por uma ou mais pessoas designadas no contrato social ou em ato separado. [Sem dispositivo correspondente no CC/1916.]

Parágrafo único. A administração atribuída no contrato a todos os sócios[2] não se estende de pleno direito aos que posteriormente adquiram essa qualidade. [Sem dispositivo correspondente no CC/1916.]

Art. 1.060: 1. "As discussões judiciais acerca da administração de sociedades limitadas deve caminhar, via de regra, não para a intervenção judicial na empresa, que só ocorrerá em hipóteses excepcionais, mas para a responsabilização do administrador ímprobo, para a anulação de negócios específicos que prejudiquem a sociedade ou, em última análise, para a retirada do sócio dissidente ou dissolução parcial da empresa. A atuação do Poder Judiciário em causas que versem sobre a administração das sociedades deve pautar-se sempre por um critério de intervenção mínima. A Lei permite o afastamento de sócio majoritário da administração da sociedade, mas isso não implica que ele perca os poderes inerentes à sua condição de sócio, entre os quais está o poder de nomear administrador" (STJ-3ª T., MC 14.561, Min. Nancy Andrighi, j. 16.9.08, DJ 8.10.08).

Art. 1.060: 2. "O parágrafo único, do art. 1.060, do NCC, só se aplica aos administradores sócios da empresa, e não a procuradores constituídos pela pessoa jurídica" (STJ-3ª T., REsp 772.687, Min. Gomes de Barros, j. 6.10.05, DJU 14.11.05).

Art. 1.061. A designação de administradores não sócios dependerá de aprovação da unanimidade dos sócios, enquanto o capital não estiver integralizado, e de 2/3 (dois terços), no mínimo, após a integralização.[1-2] [Sem dispositivo correspondente no CC/1916.]

Art. 1.061: 1. Redação dada pela Lei 12.375, de 30.12.10.

Art. 1.061: 2. v. art. 1.076.

Art. 1.062. O administrador designado em ato separado investir-se-á no cargo mediante termo de posse no livro de atas da administração.[1-1a] [Sem dispositivo correspondente no CC/1916.]

§ 1º Se o termo não for assinado nos trinta dias seguintes à designação, esta se tornará sem efeito. [Sem dispositivo correspondente no CC/1916.]

§ 2º Nos dez dias seguintes ao da investidura, deve o administrador[2] requerer seja averbada sua nomeação no registro competente, mencionando o seu nome, nacionalidade, estado civil, residência, com exibição de documento de identidade, o ato e a data da nomeação e o prazo de gestão. [Sem dispositivo correspondente no CC/1916.]

Art. 1.062: 1. A sociedade por ações tem disposição análoga (LSA 149).

Art. 1.062: 1a. A formalidade prevista neste dispositivo legal não se aplica ao administrador designado no contrato social, cuja investidura no cargo se dá pela simples assinatura do instrumento societário — de constituição da sociedade ou de alteração do contrato social — do qual consta sua nomeação.

Art. 1.062: 2. Enunciado 66 do CEJ: "A teor do § 2º do art. 1.062 do Código Civil, o administrador só pode ser pessoa natural".

Art. 1.063. O exercício do cargo de administrador cessa pela destituição, em qualquer tempo, do titular, ou pelo término do prazo se, fixado no contrato ou em ato separado, não houver recondução. [Sem dispositivo correspondente no CC/1916.]

§ 1º Tratando-se de sócio nomeado administrador no contrato, sua destituição somente se opera pela aprovação de titulares de quotas correspondentes a mais da metade do capital social, salvo disposição contratual diversa.[1-1a] [Sem dispositivo correspondente no CC/1916.]

§ 2º A cessação do exercício do cargo de administrador deve ser averbada no registro competente, mediante requerimento apresentado nos dez dias seguintes ao da ocorrência. [Sem dispositivo correspondente no CC/1916.]

§ 3º A renúncia de administrador torna-se eficaz, em relação à sociedade, desde o momento em que esta toma conhecimento da comunicação escrita do renunciante; e, em relação a terceiros, após a averbação e publicação.[2] [Sem dispositivo correspondente no CC/1916.]

Art. 1.063: 1. Redação do § 1º de acordo com a Lei 13.792, de 3.1.19.

Art. 1.063: 1a. v. art. 1.076.

Art. 1.063: 2. A sociedade por ações tem disposição análoga (LSA 151).

Art. 1.064. O uso da firma ou denominação social é privativo dos administradores que tenham os necessários poderes. [Sem dispositivo correspondente no CC/1916.]

Art. 1.065. Ao término de cada exercício social, proceder-se-á à elaboração do inventário, do balanço patrimonial e do balanço de resultado econômico.[1] [Sem dispositivo correspondente no CC/1916.]

Art. 1.065: 1. v. arts. 1.020, 1.069-III, 1.078-I e § 3º, 1.140 e 1.179 a 1.195.

Seção IV | DO CONSELHO FISCAL[1]

SEÇ. IV: 1. s/ Conselho Fiscal da sociedade por ações, v. LSA 161 a 165.

Art. 1.066. Sem prejuízo dos poderes da assembleia dos sócios,[1] pode o contrato instituir conselho fiscal composto de três ou mais membros e respectivos suplentes, sócios ou não, residentes no País, eleitos na assembleia anual prevista no art. 1.078. [Sem dispositivo correspondente no CC/1916.]

§ 1º Não podem fazer parte do conselho fiscal, além dos inelegíveis enumerados no § 1º do art. 1.011, os membros dos demais órgãos da sociedade ou de outra por ela controlada, os empregados de quaisquer delas ou dos respectivos administradores, o cônjuge ou parente destes até o terceiro grau. [Sem dispositivo correspondente no CC/1916.]

§ 2º É assegurado aos sócios minoritários, que representarem pelo menos um quinto do capital social, o direito de eleger, separadamente, um dos membros do conselho fiscal e o respectivo suplente. [Sem dispositivo correspondente no CC/1916.]

Art. 1.066: 1. v. arts. 1.072 a 1.080.

Art. 1.067. O membro ou suplente eleito, assinando termo de posse lavrado no livro de atas e pareceres do conselho fiscal, em que se mencione o seu nome, nacionalidade, estado civil, residência e a data da escolha, ficará investido nas suas funções, que exercerá, salvo cessação anterior, até a subsequente assembleia anual. [Sem dispositivo correspondente no CC/1916.]

Parágrafo único. Se o termo não for assinado nos trinta dias seguintes ao da eleição, esta se tornará sem efeito. [Sem dispositivo correspondente no CC/1916.]

Art. 1.068. A remuneração dos membros do conselho fiscal será fixada, anualmente, pela assembleia dos sócios que os eleger. [Sem dispositivo correspondente no CC/1916.]

Art. 1.069. Além de outras atribuições determinadas na lei ou no contrato social, aos membros do conselho fiscal incumbem, individual ou conjuntamente, os deveres seguintes: [Sem dispositivo correspondente no CC/1916.]

I — examinar, pelo menos trimestralmente, os livros e papéis da sociedade e o estado da caixa e da carteira, devendo os administradores ou liquidantes prestar-lhes as informações solicitadas; [Sem dispositivo correspondente no CC/1916.]

II — lavrar no livro de atas e pareceres do conselho fiscal o resultado dos exames referidos no inciso I deste artigo; [Sem dispositivo correspondente no CC/1916.]

III — exarar no mesmo livro e apresentar à assembleia anual dos sócios parecer sobre os negócios e as operações sociais do exercício em que servirem, tomando por base o balanço patrimonial e o de resultado econômico;[1] [Sem dispositivo correspondente no CC/1916.]

IV — denunciar os erros, fraudes ou crimes que descobrirem, sugerindo providências úteis à sociedade; [Sem dispositivo correspondente no CC/1916.]

V — convocar a assembleia dos sócios[2] se a diretoria retardar por mais de trinta dias a sua convocação anual, ou sempre que ocorram motivos graves e urgentes;[2a] [Sem dispositivo correspondente no CC/1916.]

VI — praticar, durante o período da liquidação da sociedade, os atos a que se refere este artigo, tendo em vista as disposições especiais reguladoras da liquidação.[3] [Sem dispositivo correspondente no CC/1916.]

Art. 1.069: 1. v. arts. 1.020, 1.065, 1.078-I e § 3º, 1.140, 1.179, 1.188 e 1.189.

Art. 1.069: 2. v. art. 1.152 § 3º.

Art. 1.069: 2a. v. art. 1.073-II.

Art. 1.069: 3. v. arts. 1.102 a 1.112.

Art. 1.070. As atribuições e poderes conferidos pela lei ao conselho fiscal não podem ser outorgados a outro órgão da sociedade, e a responsabilidade de seus membros obedece à regra que define a dos administradores (art. 1.016). [Sem dispositivo correspondente no CC/1916.]

Parágrafo único. O conselho fiscal poderá escolher para assisti-lo no exame[1] dos livros, dos balanços e das contas, contabilista legalmente habilitado,[1a-2] mediante remuneração aprovada pela assembleia dos sócios. [Sem dispositivo correspondente no CC/1916.]

Art. 1.070: 1. v. art. 1.069-I.

Art. 1.070: 1a. v. arts. 1.177 e 1.178.

Art. 1.070: 2. **Dec. lei 9.295, de 27.5.46** — Cria o Conselho Federal de Contabilidade, define as atribuições do Contador e do Guarda-livros, e dá outras providências.

Seção V | DAS DELIBERAÇÕES DOS SÓCIOS

Art. 1.071. Dependem da deliberação[1] dos sócios, além de outras matérias indicadas na lei ou no contrato: [Sem dispositivo correspondente no CC/1916.]

I — a aprovação das contas da administração;[2] [Sem dispositivo correspondente no CC/1916.]

II — a designação dos administradores, quando feita em ato separado;[3] [Sem dispositivo correspondente no CC/1916.]

III — a destituição dos administradores;[4] [Sem dispositivo correspondente no CC/1916.]

IV — o modo de sua remuneração, quando não estabelecido no contrato;[5] [Sem dispositivo correspondente no CC/1916.]

V — a modificação do contrato social;[6] [Sem dispositivo correspondente no CC/1916.]

VI — a incorporação, a fusão e a dissolução da sociedade,[7] ou a cessação do estado de liquidação; [Sem dispositivo correspondente no CC/1916.]

VII — a nomeação e destituição dos liquidantes[8] e o julgamento das suas contas; [Sem dispositivo correspondente no CC/1916.]

VIII — o pedido de concordata.[9-9a] [Sem dispositivo correspondente no CC/1916.]

Art. 1.071: 1. *Quorum* para as deliberações: art. 1.076.

Art. 1.071: 2. v. art. 1.065.

Art. 1.071: 3. v. arts. 1.060, 1.061 e 1.076-II.

Art. 1.071: 4. v. arts. 1.063 § 1º e 1.076-II.

Art. 1.071: 5. v. art. 1.076-II.

Art. 1.071: 6. s/ aumento ou redução do capital, v. arts. 1.081 a 1.086; s/ dissolução da sociedade limitada, v. art. 1.087 c/c arts. 1.044 e 1.033. V. tb. art. 1.076-I.

Art. 1.071: 7. v. arts. 1.113 a 1.122. V. tb. art. 1.076-I.

Art. 1.071: 8. v. art. 1.038.

Art. 1.071: 9. v. art. 1.072 § 4º. V. tb. art. 1.076-II.

Art. 1.071: 9a. A concordata deu lugar à recuperação judicial ou extrajudicial.

Art. 1.072. As deliberações dos sócios,[1] obedecido o disposto no art. 1.010, serão tomadas em reunião ou em assembleia,[1a] conforme previsto no contrato social, devendo ser convocadas[2] pelos administradores[3] nos casos previstos em lei ou no contrato. [Sem dispositivo correspondente no CC/1916.]

§ 1º A deliberação em assembleia será obrigatória se o número dos sócios for superior a dez. [Sem dispositivo correspondente no CC/1916.]

§ 2º Dispensam-se as formalidades de convocação previstas no § 3º do art. 1.152, quando todos os sócios comparecerem ou se declararem, por escrito, cientes do local, data, hora e ordem do dia. [Sem dispositivo correspondente no CC/1916.]

§ 3º A reunião ou a assembleia tornam-se dispensáveis quando todos os sócios decidirem, por escrito, sobre a matéria que seria objeto delas. [Sem dispositivo correspondente no CC/1916.]

§ 4º No caso do inciso VIII do artigo antecedente, os administradores, se houver urgência e com autorização de titulares de mais da metade do capital social, podem requerer concordata preventiva.[4] [Sem dispositivo correspondente no CC/1916.]

§ 5º As deliberações tomadas de conformidade com a lei e o contrato[5] vinculam todos os sócios, ainda que ausentes ou dissidentes. [Sem dispositivo correspondente no CC/1916.]

§ 6º Aplica-se às reuniões dos sócios, nos casos omissos no contrato, o disposto na presente Seção sobre a assembleia.[6] [Sem dispositivo correspondente no CC/1916.]

Art. 1.072: 1. v. art. 1.079.

Art. 1.072: 1a. **LC 123, de 14.12.06** — Institui o Estatuto Nacional da Microempresa e da Empresa de Pequeno Porte, e dá outras providências: **"Art. 70.** As microempresas e as empresas de pequeno porte são desobrigadas da realização de reuniões e assembleias em qualquer das situações previstas na legislação civil, as quais serão substituídas por deliberação representativa do primeiro número inteiro superior à metade do capital social.

"§ 1º O disposto no *caput* deste artigo não se aplica caso haja disposição contratual em contrário, caso ocorra hipótese de justa causa que enseje a exclusão de sócio ou caso um ou mais sócios ponham em risco a continuidade da empresa em virtude de atos de inegável gravidade.

"§ 2º Nos casos referidos no § 1º deste artigo, realizar-se-á reunião ou assembleia de acordo com a legislação civil".

Art. 1.072: 2. Prazo da convocação: art. 1.152 § 3º.

Art. 1.072: 3. Convocação pelo conselho fiscal: art. 1.069-V; v. tb. art. 1.073.

Art. 1.072: 4. A concordata deu lugar à recuperação judicial ou extrajudicial.

Art. 1.072: 5. s/ as deliberações infringentes da lei ou do contrato, v. art. 1.080.

Art. 1.072: 6. v. arts. 1.074 a 1.080 (o art. 1.079, especialmente, complementa o art. 1.072 § 6º).

Art. 1.073. A reunião ou a assembleia podem também ser convocadas: [Sem dispositivo correspondente no CC/1916.]

I — por sócio, quando os administradores retardarem a convocação, por mais de sessenta dias, nos casos previstos em lei ou no contrato, ou por titulares de mais de um quinto do capital, quando não atendido, no prazo de oito dias, pedido de convocação fundamentado, com indicação das matérias a serem tratadas; [Sem dispositivo correspondente no CC/1916.]

II — pelo conselho fiscal, se houver, nos casos a que se refere o inciso V do art. 1.069. [Sem dispositivo correspondente no CC/1916.]

Art. 1.074. A assembleia dos sócios instala-se com a presença, em primeira convocação, de titulares de no mínimo três quartos do capital social,[1] e, em segunda, com qualquer número. [Sem dispositivo correspondente no CC/1916.]

§ 1º O sócio pode ser representado na assembleia por outro sócio, ou por advogado, mediante outorga de mandato[2] com especificação dos atos autorizados, devendo o instrumento ser levado a registro, juntamente com a ata. [Sem dispositivo correspondente no CC/1916.]

§ 2º Nenhum sócio, por si ou na condição de mandatário, pode votar matéria que lhe diga respeito diretamente.[3] [Sem dispositivo correspondente no CC/1916.]

Art. 1.074: 1. **Enunciado 226 do CEJ:** "A exigência da presença de três quartos do capital social, como *quorum* mínimo de instalação em primeira convocação, pode ser alterada pelo contrato de sociedade limitada com até dez sócios, quando as deliberações sociais obedecerem à forma de reunião, sem prejuízo da observância das regras do art. 1.076 referentes ao *quorum* de deliberação".

Art. 1.074: 2. **EA 7º:** "São direitos do advogado: ... **VI** — ingressar livremente: ... **d)** em qualquer assembleia ou reunião de que participe ou possa participar o seu cliente, ou perante a qual este deva comparecer, desde que munido de poderes especiais".

Art. 1.074: 3. "Em regra, o direito de sócio participar nas deliberações sociais é proporcional à sua quota no capital social. Por outro lado, o § 2º do art. 1.074 do Código Civil veda expressamente, com fundamento no princípio da moralidade e do conflito de interesses, que sócio participe de votação de matéria que lhe diga respeito diretamente, como sói a **exclusão de sócio,** haja vista que atinge diretamente sua esfera pessoal e patrimonial" (STJ-4ª T., REsp 1.459.190, Min. Luis Felipe, j. 15.12.15, DJ 1.2.16).

V. tb. art. 1.085, nota 2.

Art. 1.075. A assembleia será presidida e secretariada por sócios escolhidos entre os presentes. [Sem dispositivo correspondente no CC/1916.]

§ 1º Dos trabalhos e deliberações será lavrada, no livro de atas da assembleia, ata assinada pelos membros da mesa e por sócios participantes da reunião, quantos bastem à validade das deliberações, mas sem prejuízo dos que queiram assiná-la. [Sem dispositivo correspondente no CC/1916.]

§ 2º Cópia da ata autenticada pelos administradores, ou pela mesa, será, nos vinte dias subsequentes à reunião, apresentada ao Registro Público de Empresas Mercantis[1] para arquivamento e averbação. [Sem dispositivo correspondente no CC/1916.]

§ 3º Ao sócio, que a solicitar, será entregue cópia autenticada da ata. [Sem dispositivo correspondente no CC/1916.]

Art. 1.075: 1. **Lei 8.934, de 18.11.94** — Dispõe sobre o Registro Público de Empresas Mercantis e atividades afins e dá outras providências. Regulamentada pelo **Dec. 1.800, de 30.1.96.**

Art. 1.076. Ressalvado o disposto no art. 1.061, as deliberações dos sócios serão tomadas:[1-1a] [Sem dispositivo correspondente no CC/1916.]

I — pelos votos correspondentes, no mínimo, a três quartos do capital social, nos casos previstos nos incisos V e VI do art. 1.071; [Sem dispositivo correspondente no CC/1916.]

II — pelos votos correspondentes a mais de metade do capital social, nos casos previstos nos incisos II, III, IV e VIII do art. 1.071; [Sem dispositivo correspondente no CC/1916.]

III — pela maioria de votos dos presentes, nos demais casos previstos na lei ou no contrato, se este não exigir maioria mais elevada. [Sem dispositivo correspondente no CC/1916.]

Art. 1.076: 1. Redação do *caput* de acordo com a Lei 13.792, de 3.1.19.

Art. 1.076: 1a. **Enunciado 227 do CEJ:** "O *quorum* mínimo para a deliberação da cisão da sociedade limitada é de três quartos do capital social".

Art. 1.077. Quando houver modificação do contrato, fusão da sociedade, incorporação de outra, ou dela por outra,[1] terá o sócio que dissentiu o direito de retirar-se da sociedade, nos trinta dias subsequentes à reunião, aplicando-se, no silêncio do contrato social antes vigente, o disposto no art. 1.031.[2] [Sem dispositivo correspondente no CC/1916.]

Art. 1.077: 1. s/ transformação, incorporação, fusão e cisão das sociedades, v. arts. 1.113 a 1.122.

Art. 1.077: 2. **Enunciado 392 do CEJ:** "Nas hipóteses do art. 1.077 do Código Civil, cabe aos sócios delimitarem seus contornos para compatibilizá-los com os princípios da preservação e da função social da empresa, aplicando-se, supletiva (art. 1.053, parágrafo único) ou analogicamente (art. 4º da LICC), o art. 137, § 3º, da Lei das Sociedades por Ações, para permitir a reconsideração da deliberação que autorizou a retirada do sócio dissidente".

Art. 1.078. A assembleia dos sócios deve realizar-se ao menos uma vez por ano, nos quatro meses seguintes ao término do exercício social, com o objetivo de: [Sem dispositivo correspondente no CC/1916.]

I — tomar as contas dos administradores e deliberar sobre o balanço patrimonial e o de resultado econômico;[1] [Sem dispositivo correspondente no CC/1916.]

II — designar administradores, quando for o caso;[2] [Sem dispositivo correspondente no CC/1916.]

III — tratar de qualquer outro assunto constante da ordem do dia. [Sem dispositivo correspondente no CC/1916.]

§ 1º Até trinta dias antes da data marcada para a assembleia, os documentos referidos no inciso I deste artigo devem ser postos, por escrito, e com a prova do respectivo recebimento, à disposição dos sócios que não exerçam a administração. [Sem dispositivo correspondente no CC/1916.]

§ 2º Instalada a assembleia, proceder-se-á à leitura dos documentos referidos no parágrafo antecedente, os quais serão submetidos, pelo presidente, a discussão e votação, nesta não podendo tomar parte os membros da administração e, se houver, os do conselho fiscal.[3] [Sem dispositivo correspondente no CC/1916.]

§ 3º A aprovação, sem reserva, do balanço patrimonial e do de resultado econômico, salvo erro, dolo ou simulação,[3a] exonera de responsabilidade os membros da administração e, se houver, os do conselho fiscal.[4] [Sem dispositivo correspondente no CC/1916.]

§ 4º Extingue-se em dois anos o direito de anular a aprovação a que se refere o parágrafo antecedente. [Sem dispositivo correspondente no CC/1916.]

Art. 1.078: 1. v. arts. 1.020, 1.065, 1.069-III, 1.140, 1.179, 1.188 e 1.189.

Art. 1.078: 2. e os membros do conselho fiscal (art. 1.066).

Art. 1.078: 3. cf. art. 1.074 § 2º.

Art. 1.078: 3a. s/ erro, v. arts. 138 a 144; s/ dolo, v. arts. 145 a 150; s/ simulação, v. art. 167.

Art. 1.078: 4. Enunciado 228 do CEJ: "As sociedades limitadas estão dispensadas da publicação das demonstrações financeiras a que se refere o § 3º do art. 1.078. Naquelas de até dez sócios, a deliberação de que trata o art. 1.078 pode dar-se na forma dos §§ 2º e 3º do art. 1.072, e a qualquer tempo, desde que haja previsão contratual nesse sentido".

Art. 1.079. Aplica-se às reuniões dos sócios, nos casos omissos no contrato, o estabelecido nesta Seção sobre a assembleia, obedecido o disposto no § 1º do art. 1.072.[1] [Sem dispositivo correspondente no CC/1916.]

Art. 1.079: 1. Este artigo complementa o art. 1.072 § 6º.

Art. 1.080. As deliberações infringentes do contrato ou da lei tornam ilimitada a responsabilidade dos que expressamente as aprovaram.[1 a 3] [Sem dispositivo correspondente no CC/1916.]

Art. 1.080: 1. s/ desconsideração da personalidade jurídica, v. art. 50; deliberações em conformidade com a lei e o contrato, v. art. 1.072 § 5º.

Art. 1.080: 2. Enunciado 229 do CEJ: "A responsabilidade ilimitada dos sócios pelas deliberações infringentes da lei ou do contrato torna desnecessária a desconsideração da personalidade jurídica, por não constituir a autonomia patrimonial da pessoa jurídica escudo para a responsabilização pessoal e direta".

Art. 1.080: 3. "O 'fechamento de fato' da sociedade empresaria, com a cessação de suas atividades sem a correspondente baixa no registro do comércio, constitui atitude que pode permitir a aplicação da teoria da desconsideração. Age de forma lícita a sociedade empresária que faz a 'baixa' regular de sua inscrição na Junta, cessando formalmente suas atividades; alternativamente, se não tiver condições de efetuar tal 'baixa' (*v.g.*, por ter dívidas em aberto), deve valer-se do art. 105 da Lei 11.101/05, a Lei de Recuperação e Falências, e requerer sua autofalência, na qual explicitará as causas de sua derrocada, salvaguardando assim o patrimônio pessoal de seus sócios quotistas, ao comprovar a inexistência de atos ilícitos, ao demonstrar que a falência foi apenas resultado do natural risco da atividade empresarial. Encerramento irregular da empresa. Ato ilícito. Responsabilidade do sócio-gerente pela totalidade do débito exequendo, independentemente da proporção da participação no capital social, a teor do art. 1.080 do Código Civil" (JTJ 354/411: AP 992.07.000056-4).

Art. 1.080-A. O sócio poderá participar e votar a distância em reunião ou em assembleia, nos termos do regulamento do órgão competente do Poder Executivo federal.[1]

Parágrafo único. A reunião ou a assembleia poderá ser realizada de forma digital, respeitados os direitos legalmente previstos de participação e de manifestação dos sócios e os demais requisitos regulamentares.

Art. 1.080-A: 1. O art. 1.080-A foi acrescido pela Lei 14.030, de 28.7.20.

Seção VI | DO AUMENTO E DA REDUÇÃO DO CAPITAL

Art. 1.081. Ressalvado o disposto em lei especial, integralizadas as quotas, pode ser o capital[1] aumentado, com a correspondente modificação do contrato.[1a] [Sem dispositivo correspondente no CC/1916.]

§ 1º Até trinta dias após a deliberação, terão os sócios preferência para participar do aumento, na proporção das quotas de que sejam titulares.[2] [Sem dispositivo correspondente no CC/1916.]

§ 2º À cessão do direito de preferência, aplica-se o disposto no *caput* do art. 1.057. [Sem dispositivo correspondente no CC/1916.]

§ 3º Decorrido o prazo da preferência, e assumida pelos sócios, ou por terceiros, a totalidade do aumento, haverá reunião ou assembleia dos sócios, para que seja aprovada a modificação do contrato. [Sem dispositivo correspondente no CC/1916.]

Art. 1.081: 1. O capital social é uma ficção jurídica que representa o valor dos aportes de recursos que os sócios declaram ter realizado para a consecução do objeto da sociedade.

Representando o montante das quotas subscritas, o capital social tem valor fixo no contrato social, e a sua modificação deve obedecer às disposições legais.

Art. 1.081: 1a. v. arts. 1.071-V e 1.076-I. V. tb. LSA 166.

Art. 1.081: 2. v. LSA 171.

Art. 1.082. Pode a sociedade reduzir o capital, mediante a correspondente modificação do contrato:[1] [Sem dispositivo correspondente no CC/1916.]

I — depois de integralizado, se houver perdas irreparáveis;[2] [Sem dispositivo correspondente no CC/1916.]

II — se excessivo em relação ao objeto da sociedade.[3] [Sem dispositivo correspondente no CC/1916.]

Art. 1.082: 1. v. arts. 1.071-V e 1.076-I. V. tb. LSA 173.

Art. 1.082: 2. v. art. 1.083.

Art. 1.082: 3. v. art. 1.084.

Art. 1.083. No caso do inciso I do artigo antecedente, a redução do capital será realizada com a diminuição proporcional do valor nominal das quotas, tornando-se efetiva a partir da averbação, no Registro Público de Empresas Mercantis,[1] da ata da assembleia que a tenha aprovado. [Sem dispositivo correspondente no CC/1916.]

Art. 1.083: 1. Lei 8.934, de 18.11.94 — Dispõe sobre o Registro Público de Empresas Mercantis e atividades afins e dá outras providências. Regulamentada pelo **Dec. 1.800, de 30.1.96.**

Art. 1.084. No caso do inciso II do art. 1.082, a redução do capital será feita restituindo-se parte do valor das quotas aos sócios, ou dispensando-se as prestações ainda devidas, com diminuição proporcional, em ambos os casos, do valor nominal das quotas. [Sem dispositivo correspondente no CC/1916.]

§ 1º No prazo de noventa dias, contado da data da publicação da ata da assembleia que aprovar a redução, o credor quirografário, por título líquido anterior a essa data, poderá opor-se ao deliberado. [Sem dispositivo correspondente no CC/1916.]

§ 2º A redução somente se tornará eficaz se, no prazo estabelecido no parágrafo antecedente, não for impugnada, ou se provado o pagamento da dívida ou o depósito judicial do respectivo valor. [Sem dispositivo correspondente no CC/1916.]

§ 3º Satisfeitas as condições estabelecidas no parágrafo antecedente, proceder-se-á à averbação, no Registro Público de Empresas Mercantis,[1] da ata que tenha aprovado a redução. [Sem dispositivo correspondente no CC/1916.]

Art. 1.084: 1. Lei 8.934, de 18.11.94 — Dispõe sobre o Registro Público de Empresas Mercantis e atividades afins e dá outras providências. Regulamentada pelo **Dec. 1.800, de 30.1.96.**

Seção VII | DA RESOLUÇÃO DA SOCIEDADE EM RELAÇÃO A SÓCIOS MINORITÁRIOS[1]

SEÇ. VII: 1. v. arts. 1.028 a 1.032 (resolução da sociedade em relação a um sócio).

Art. 1.085. Ressalvado o disposto no art. 1.030, quando a maioria dos sócios, representativa de mais da metade do capital social, entender que um ou mais sócios estão pondo em risco a continuidade da empresa, em virtude de atos de inegável gravidade, poderá excluí-los da sociedade, mediante alteração do contrato social, desde que prevista neste a exclusão por justa causa.[1 a 2] [Sem dispositivo correspondente no CC/1916.]

Parágrafo único. Ressalvado o caso em que haja apenas dois sócios na sociedade, a exclusão de um sócio somente poderá ser determinada em reunião ou assembleia especialmente convocada para esse fim, ciente o acusado em tempo hábil para permitir seu comparecimento e o exercício do direito de defesa.[2a a 3] [Sem dispositivo correspondente no CC/1916.]

Art. 1.085: 1. s/ decadência do direito à invalidação da deliberação de exclusão de sócio, v. art. 48, nota 2.

Art. 1.085: 1a. **Enunciado 67 do CEJ:** "A quebra do *affectio societatis* não é causa para a exclusão do sócio minoritário, mas apenas para dissolução (parcial) da sociedade".

V. art. 1.030. V. tb art. 1.029, nota 1.

Art. 1.085: 2. "Para fins de **quórum de deliberação,** não pode ser computada a participação no capital social do sócio excluendo, devendo a apuração se lastrear em 100% do capital restante, isto é, daqueles legitimados a votar. Na hipótese, a exclusão foi aprovada por unanimidade, mas, apesar de reconhecer isso, o Tribunal de origem entendeu pela ilegalidade da deliberação ao fundamento de que os sócios votantes eram detentores do percentual de 79,58% do capital social, inferior aos 85% exigidos pelo contrato social. Nesse contexto, todavia, excluindo-se as quotas representativas de 20,413% do capital da ora recorrida, percebe-se que houve unanimidade dos sócios votantes representativos, por causa da exclusão desta, de 100% do capital social legitimado a deliberar. Portanto, presentes todos os requisitos legais, sendo o expulso sócio minoritário, havendo cláusula permissiva no contrato social com convocação de reunião dos sócios especialmente para tal finalidade, tendo havido a cientificação do excluendo e com conclave realizado com sócios titulares de mais de metade do capital social, necessário reconhecer a legitimidade da deliberação de exclusão" (STJ-4ª T., REsp 1.459.190, Min. Luis Felipe, j. 15.12.15, DJ 1.2.16).

V. tb. art. 1.074, nota 3.

Art. 1.085: 2a. Redação do § ún. de acordo com a Lei 13.792, de 3.1.19.

Art. 1.085: 2b. **CF 5º-LV:** "Aos litigantes, em processo judicial ou administrativo, e aos acusados em geral são assegurados o contraditório e ampla defesa, com os meios e recursos a ela inerentes".

Art. 1.085: 3. "Ação de anulação de deliberação de assembleia. Verificado que o sócio excluído não foi convocado para se defender de seu ato de exclusão, julga-se procedente o pedido" (RT 920/532: TJSP, AP 9130800-27.2004.8.26.0000).

Art. 1.086. Efetuado o registro da alteração contratual, aplicar-se-á o disposto nos arts. 1.031 e 1.032. [Sem dispositivo correspondente no CC/1916.]

Seção VIII | DA DISSOLUÇÃO

Art. 1.087. A sociedade dissolve-se, de pleno direito, por qualquer das causas previstas no art. 1.044.[1] [Sem dispositivo correspondente no CC/1916.]

Art. 1.087: 1. O art. 1.044 remete ao art. 1.033.

Capítulo V | DA SOCIEDADE ANÔNIMA[1 a 3]

Seção Única | DA CARACTERIZAÇÃO

CAP. V: 1. Lei das Sociedades Anônimas: Lei 6.404, de 15.12.76, muito modificada pela legislação posterior.

✎ CAP. V: 2. "Sociedade limitada ou anônima fechada? O novo dilema dos empreendedores nacionais", por Ricardo Guimarães Moreira (RF 386/203).

CAP. V: 3. **LRF 96 § 1º:** "Não será decretada a falência de sociedade anônima após liquidado e partilhado seu ativo nem do espólio após 1 (um) ano da morte do devedor".

Art. 1.088. Na sociedade anônima[1] ou companhia, o capital divide-se em ações,[2-3] obrigando-se cada sócio ou acionista somente pelo preço de emissão das ações que subscrever ou adquirir. [Sem dispositivo correspondente no CC/1916.]

Art. 1.088: 1. Denominação: art. 1.160.

Art. 1.088: 2. A sociedade anônima é sempre considerada sociedade empresária (cf. art. 982 § ún.).

Art. 1.088: 3. **Súmula 329 do STF:** "O imposto de transmissão *inter vivos* não incide sobre a transferência de ações de sociedade imobiliária".

Súmula 476 do STF: "Desapropriadas as ações de uma sociedade, o poder desapropriante, imitido na posse, pode exercer, desde logo, todos os direitos inerentes aos respectivos títulos".

Art. 1.089. A sociedade anônima rege-se por lei especial,[1] aplicando-se-lhe, nos casos omissos, as disposições deste Código.[1a] [Sem dispositivo correspondente no CC/1916.]

Art. 1.089: 1. Lei 6.404, de 15.12.76.

Art. 1.089: 1a. **Enunciado 230 do CEJ:** "A fusão e a incorporação de sociedade anônima continuam reguladas pelas normas previstas na Lei n. 6.404/76, não revogadas pelo Código Civil (art. 1.089), quanto a esse tipo societário".

Capítulo VI | DA SOCIEDADE EM COMANDITA POR AÇÕES

Art. 1.090. A sociedade em comandita por ações[1] tem o capital dividido em ações,[2] regendo-se pelas normas relativas à sociedade anônima,[3] sem prejuízo das modificações constantes deste Capítulo, e opera sob firma ou denominação. [Sem dispositivo correspondente no CC/1916.]

Art. 1.090: 1. Firma ou denominação: art. 1.161.

Art. 1.090: 2. A sociedade em comandita por ações é sociedade empresária (cf. art. 982 § ún.).

Art. 1.090: 3. v. LSA 280 a 284.

Art. 1.091. Somente o acionista tem qualidade para administrar a sociedade e, como diretor, responde subsidiária e ilimitadamente pelas obrigações da sociedade.[1] [Sem dispositivo correspondente no CC/1916.]

§ 1º Se houver mais de um diretor, serão solidariamente responsáveis,[2] depois de esgotados os bens sociais. [Sem dispositivo correspondente no CC/1916.]

§ 2º Os diretores serão nomeados no ato constitutivo da sociedade, sem limitação de tempo, e somente poderão ser destituídos por deliberação de acionistas que representem no mínimo dois terços do capital social. [Sem dispositivo correspondente no CC/1916.]

§ 3º O diretor destituído ou exonerado continua, durante dois anos, responsável pelas obrigações sociais contraídas sob sua administração. [Sem dispositivo correspondente no CC/1916.]

Art. 1.091: 1. v. LSA 282.

Art. 1.091: 2. v. art. 990, nota 1a. S/ responsabilidade solidária, v. arts. 275 a 285.

Art. 1.092. A assembleia geral não pode, sem o consentimento dos diretores, mudar o objeto essencial da sociedade, prorrogar-lhe o prazo de duração, aumentar ou diminuir o capital social, criar debêntures, ou partes beneficiárias.[1] [Sem dispositivo correspondente no CC/1916.]

Art. 1.092: 1. v. LSA 283.

Capítulo VII | DA SOCIEDADE COOPERATIVA[1-1a]

CAP. VII: 1. v. CF 5º-XVIII, 174 §§ 2º a 4º e 187-VI.

CAP. VII: 1a. **Lei 5.764, de 16.12.71** — Define a Política Nacional de Cooperativismo, institui o regime jurídico das sociedades cooperativas e dá outras providências (no tít. SOCIEDADES).

Lei 9.867, de 10.11.99 — Dispõe sobre a criação e o funcionamento de cooperativas sociais, visando a integração social dos cidadãos, conforme especifica.

LC 130, de 17.4.09 — Dispõe sobre o Sistema Nacional de Crédito Cooperativo e revoga dispositivos das Leis n. 4.595, de 31 de dezembro de 1964, e 5.764, de 16 de dezembro de 1971.

Lei 12.690, de 19.7.12 — Dispõe sobre a organização e o funcionamento das Cooperativas de Trabalho; institui o Programa Nacional de Fomento às Cooperativas de Trabalho — PRONACOOP; e revoga o § ún. do art. 442 da Consolidação das Leis do Trabalho — CLT, aprovada pelo Dec. lei n. 5.452, de 1º de maio de 1943 (no tít. SOCIEDADES).

Lei 12.815, de 5.6.13 — Dispõe sobre a exploração direta e indireta pela União de portos e instalações portuárias e sobre as atividades desempenhadas pelos operadores portuários; e dá outras providências: **"Art. 29.** As cooperativas formadas por trabalhadores portuários avulsos, registrados de acordo com esta Lei, poderão estabelecer-se como operadores portuários".

Art. 1.093. A sociedade cooperativa[1] reger-se-á pelo disposto no presente Capítulo, ressalvada a legislação especial.[2 a 4] [Sem dispositivo correspondente no CC/1916.]

Art. 1.093: 1. s/ denominação, v. art. 1.159.

Art. 1.093: 2. s/ legislação especial, v., logo acima, nota 1a a este Cap. VII. V., especialmente, Lei 5.764, de 16.12.71, int., no tít. SOCIEDADES.

Art. 1.093: 3. A sociedade cooperativa é sempre sociedade simples (cf. art. 982 § ún.).

Art. 1.093: 4. **Enunciado 69 do CEJ:** "As sociedades cooperativas são sociedades simples, sujeitas a inscrição nas juntas comerciais".

V. Lei 5.764, de 16.12.71, art. 18 § 6º, no tít. SOCIEDADES.

Art. 1.094. São características[1] da sociedade cooperativa: [Sem dispositivo correspondente no CC/1916.]

I — variabilidade, ou dispensa do capital social;[2] [Sem dispositivo correspondente no CC/1916.]

II — concurso de sócios em número mínimo necessário a compor a administração da sociedade, sem limitação de número máximo;[3] [Sem dispositivo correspondente no CC/1916.]

III — limitação do valor da soma de quotas do capital social que cada sócio poderá tomar; [Sem dispositivo correspondente no CC/1916.]

IV — intransferibilidade das quotas do capital a terceiros estranhos à sociedade, ainda que por herança; [Sem dispositivo correspondente no CC/1916.]

V — *quorum*, para a assembleia geral funcionar e deliberar, fundado no número de sócios presentes à reunião, e não no capital social representado; [Sem dispositivo correspondente no CC/1916.]

VI — direito de cada sócio a um só voto nas deliberações, tenha ou não capital a sociedade, e qualquer que seja o valor de sua participação; [Sem dispositivo correspondente no CC/1916.]

VII — distribuição dos resultados, proporcionalmente ao valor das operações efetuadas pelo sócio com a sociedade, podendo ser atribuído juro fixo ao capital realizado; [Sem dispositivo correspondente no CC/1916.]

VIII — indivisibilidade do fundo de reserva entre os sócios, ainda que em caso de dissolução da sociedade. [Sem dispositivo correspondente no CC/1916.]

Art. 1.094: 1. v. art. 4º da Lei 5.764, de 16.12.71 (no tít. SOCIEDADES).

Art. 1.094: 2. **Enunciado 206 do CEJ:** "A contribuição do sócio exclusivamente em prestação de serviços é permitida nas sociedades cooperativas (art. 1.094, I) e nas sociedades simples propriamente ditas (art. 983, 2ª parte)".

Art. 1.094: 3. v. art. 6º da Lei 5.764, de 16.12.71 (no tít. SOCIEDADES).

Art. 1.095. Na sociedade cooperativa, a responsabilidade dos sócios pode ser limitada ou ilimitada. [Sem dispositivo correspondente no CC/1916.]

§ 1º É limitada a responsabilidade na cooperativa em que o sócio responde somente pelo valor de suas quotas e pelo prejuízo verificado nas operações sociais, guardada a proporção de sua participação nas mesmas operações.[1] [Sem dispositivo correspondente no CC/1916.]

§ 2º É ilimitada a responsabilidade na cooperativa em que o sócio responde solidária[2] e ilimitadamente pelas obrigações sociais.[3] [Sem dispositivo correspondente no CC/1916.]

Art. 1.095: 1. v. art. 11 da Lei 5.764, de 16.12.71 (no tít. SOCIEDADES).

Art. 1.095: 2. v. arts. 275 a 285.

Art. 1.095: 3. v. art. 12 da Lei 5.764, de 16.12.71 (no tít. SOCIEDADES).

Art. 1.096. No que a lei for omissa, aplicam-se as disposições referentes à sociedade simples,[1] resguardadas as características estabelecidas no art. 1.094. [Sem dispositivo correspondente no CC/1916.]

Art. 1.096: 1. v. arts. 997 a 1.038.

Capítulo VIII | DAS SOCIEDADES COLIGADAS

Art. 1.097. Consideram-se coligadas[1] as sociedades que, em suas relações de capital, são controladas, filiadas, ou de simples participação, na forma dos artigos seguintes.[2] [Sem dispositivo correspondente no CC/1916.]

Art. 1.097: 1. s/ balanço patrimonial, v. art. 1.188 § ún.

Art. 1.097: 2. v. LSA 243 a 264 e LRF 43.

Art. 1.098. É controlada:[1] [Sem dispositivo correspondente no CC/1916.]

I — a sociedade de cujo capital outra sociedade possua a maioria dos votos nas deliberações dos quotistas ou da assembleia geral e o poder de eleger a maioria dos administradores; [Sem dispositivo correspondente no CC/1916.]

II — a sociedade cujo controle, referido no inciso antecedente, esteja em poder de outra, mediante ações ou quotas possuídas por sociedades ou sociedades por esta já controladas. [Sem dispositivo correspondente no CC/1916.]

Art. 1.098: 1. v. LSA 243 § 2º.

Art. 1.099. Diz-se coligada ou filiada a sociedade de cujo capital outra sociedade participa com dez por cento ou mais, do capital da outra, sem controlá-la.[1] [Sem dispositivo correspondente no CC/1916.]

Art. 1.099: 1. v. LSA 243 § 1º.

Art. 1.100. É de simples participação a sociedade de cujo capital outra sociedade possua menos de dez por cento do capital com direito de voto. [Sem dispositivo correspondente no CC/1916.]

Art. 1.101. Salvo disposição especial de lei, a sociedade não pode participar de outra, que seja sua sócia, por montante superior, segundo o balanço, ao das próprias reservas, excluída a reserva legal.[1] [Sem dispositivo correspondente no CC/1916.]

Parágrafo único. Aprovado o balanço em que se verifique ter sido excedido esse limite, a sociedade não poderá exercer o direito de voto correspondente às ações ou quotas em excesso, as quais devem ser alienadas nos cento e oitenta dias seguintes àquela aprovação. [Sem dispositivo correspondente no CC/1916.]

Art. 1.101: 1. v. LSA 244.

Capítulo IX | DA LIQUIDAÇÃO DA SOCIEDADE[1-2]

CAP. IX: 1. v. tb. dissolução da sociedade (arts. 1.033 a 1.038).

CAP. IX: 2. s/ liquidação da sociedade e direito intertemporal, v. art. 2.034; s/ liquidação da sociedade anônima, v. LSA 208 a 218.

Art. 1.102. Dissolvida a sociedade e nomeado o liquidante na forma do disposto neste Livro,[1] procede-se à sua liquidação, de conformidade com os preceitos deste Capítulo, ressalvado o disposto no ato constitutivo ou no instrumento da dissolução. [Sem dispositivo correspondente no CC/1916.]

Parágrafo único. O liquidante, que não seja administrador da sociedade, investir-se-á nas funções, averbada a sua nomeação no registro próprio. [Sem dispositivo correspondente no CC/1916.]

Art. 1.102: 1. v. art. 1.038.

Art. 1.103. Constituem deveres do liquidante:[1] [Sem dispositivo correspondente no CC/1916.]

I — averbar e publicar a ata, sentença ou instrumento de dissolução da sociedade; [Sem dispositivo correspondente no CC/1916.]

II — arrecadar os bens, livros e documentos da sociedade, onde quer que estejam; [Sem dispositivo correspondente no CC/1916.]

III — proceder, nos quinze dias seguintes ao da sua investidura e com a assistência, sempre que possível, dos administradores, à elaboração do inventário e do balanço geral do ativo e do passivo; [Sem dispositivo correspondente no CC/1916.]

IV — ultimar os negócios da sociedade, realizar o ativo, pagar o passivo e partilhar o remanescente entre os sócios ou acionistas; [Sem dispositivo correspondente no CC/1916.]

V — exigir dos quotistas, quando insuficiente o ativo à solução do passivo, a integralização de suas quotas e, se for o caso, as quantias necessárias, nos limites da responsabilidade de cada um e proporcionalmente à respectiva participação nas perdas, repartindo-se, entre os sócios solventes e na mesma proporção, o devido pelo insolvente; [Sem dispositivo correspondente no CC/1916.]

VI — convocar assembleia dos quotistas, cada seis meses, para apresentar relatório e balanço do estado da liquidação, prestando conta dos atos praticados durante o semestre, ou sempre que necessário; [Sem dispositivo correspondente no CC/1916.]

VII — confessar a falência da sociedade e pedir concordata,[2] de acordo com as formalidades prescritas para o tipo de sociedade liquidanda; [Sem dispositivo correspondente no CC/1916.]

VIII — finda a liquidação, apresentar aos sócios o relatório da liquidação e as suas contas finais; [Sem dispositivo correspondente no CC/1916.]

IX — averbar a ata da reunião ou da assembleia, ou o instrumento firmado pelos sócios, que considerar encerrada a liquidação. [Sem dispositivo correspondente no CC/1916.]

Parágrafo único. Em todos os atos, documentos ou publicações, o liquidante empregará a firma ou denominação social sempre seguida da cláusula "em liquidação" e de sua assinatura individual, com a declaração de sua qualidade. [Sem dispositivo correspondente no CC/1916.]

Art. 1.103: 1. v. LSA 210 a 212.

Art. 1.103: 2. A concordata deu lugar à recuperação judicial ou extrajudicial.

Art. 1.104. As obrigações e a responsabilidade do liquidante regem-se pelos preceitos peculiares às dos administradores[1] da sociedade liquidanda.[2] [Sem dispositivo correspondente no CC/1916.]

Art. 1.104: 1. Administrador de sociedade simples: arts. 1.010 a 1.021.

Art. 1.104: 2. v. LSA 217.

Art. 1.105. Compete ao liquidante representar a sociedade e praticar todos os atos necessários à sua liquidação, inclusive alienar bens móveis ou imóveis, transigir, receber e dar quitação.[1] [Sem dispositivo correspondente no CC/1916.]

Parágrafo único. Sem estar expressamente autorizado pelo contrato social, ou pelo voto da maioria dos sócios, não pode o liquidante gravar de ônus reais os móveis e imóveis, contrair empréstimos, salvo quando indispensáveis ao pagamento de obrigações inadiáveis, nem prosseguir, embora para facilitar a liquidação, na atividade social. [Sem dispositivo correspondente no CC/1916.]

Art. 1.105: 1. v. LSA 211.

Art. 1.106. Respeitados os direitos dos credores preferenciais,[1] pagará o liquidante as dívidas sociais proporcionalmente, sem distinção entre vencidas e vincendas, mas, em relação a estas, com desconto.[2] [Sem dispositivo correspondente no CC/1916.]

Parágrafo único. Se o ativo for superior ao passivo, pode o liquidante, sob sua responsabilidade pessoal, pagar integralmente as dívidas vencidas. [Sem dispositivo correspondente no CC/1916.]

Art. 1.106: 1. v. arts. 955 a 965.

Art. 1.106: 2. v. LSA 214.

Art. 1.107. Os sócios podem resolver, por maioria de votos, antes de ultimada a liquidação, mas depois de pagos os credores, que o liquidante faça rateios por antecipação da partilha, à medida em que se apurem os haveres sociais.[1] [Sem dispositivo correspondente no CC/1916.]

Art. 1.107: 1. v. LSA 215.

Art. 1.108. Pago o passivo e partilhado o remanescente, convocará o liquidante assembleia dos sócios para a prestação final de contas.[1] [Sem dispositivo correspondente no CC/1916.]

Art. 1.108: 1. v. LSA 216.

Art. 1.109. Aprovadas as contas, encerra-se a liquidação, e a sociedade se extingue, ao ser averbada no registro próprio a ata da assembleia.[1] [Sem dispositivo correspondente no CC/1916.]

Parágrafo único. O dissidente tem o prazo de trinta dias, a contar da publicação da ata, devidamente averbada, para promover a ação que couber.[2] [Sem dispositivo correspondente no CC/1916.]

Art. 1.109: 1. v. LSA 216 § 1º.

Art. 1.109: 2. v. LSA 216 § 2º.

Art. 1.110. Encerrada a liquidação, o credor não satisfeito só terá direito a exigir dos sócios, individualmente, o pagamento do seu crédito, até o limite da soma por eles recebida em partilha, e a propor contra o liquidante ação de perdas e danos.[1-2] [Sem dispositivo correspondente no CC/1916.]

Art. 1.110: 1. v. arts. 402 a 405.

Art. 1.110: 2. v. LSA 218.

Art. 1.111. No caso de liquidação judicial, será observado o disposto na lei processual.[1] [Sem dispositivo correspondente no CC/1916.]

Art. 1.111: 1. v. tb. LSA 209.

Art. 1.112. No curso de liquidação judicial, o juiz convocará, se necessário, reunião ou assembleia para deliberar sobre os interesses da liquidação, e as presidirá, resolvendo sumariamente as questões suscitadas.[1] [Sem dispositivo correspondente no CC/1916.]

Parágrafo único. As atas das assembleias serão, em cópia autêntica, apensadas ao processo judicial. [Sem dispositivo correspondente no CC/1916.]

Art. 1.112: 1. v. LSA 213 § 2º.

Capítulo X DA TRANSFORMAÇÃO, DA INCORPORAÇÃO, DA FUSÃO E DA CISÃO DAS SOCIEDADES[1 a 4]

CAP. X: 1. "Concentração de poder econômico e grupos não acionários perante a ótica do Código Civil (breve análise pontual)", por Vera Helena de Mello Franco (RT 908/205).

CAP. X: 1a. v. art. 2.033. V. tb. LSA 220 a 234.

CAP. X: 2. **LRF 50:** "Constituem meios de recuperação judicial, observada a legislação pertinente a cada caso, dentre outros: ... **II** — cisão, incorporação, fusão ou transformação de sociedade, constituição de subsidiária integral, ou cessão de cotas ou ações, respeitados os direitos dos sócios, nos termos da legislação vigente".

CAP. X: 3. **Enunciado 70 do CEJ:** "As disposições sobre incorporação, fusão e cisão previstas no Código Civil não se aplicam às sociedades anônimas. As disposições da Lei n. 6.404/76 sobre essa matéria aplicam-se por analogia às demais sociedades, naquilo em que o Código Civil for omisso".

Enunciado 231 do CEJ: "A cisão de sociedades continua disciplinada na Lei n. 6.404/76, aplicável a todos os tipos societários, inclusive no que se refere aos direitos dos credores. Interpretação dos arts. 1.116 a 1.122 do Código Civil".

Enunciado 232 do CEJ: "Nas fusões e incorporações entre sociedades reguladas pelo Código Civil, é facultativa a elaboração de protocolo firmado pelos sócios ou administradores das sociedades; havendo sociedade anônima ou comandita por ações envolvida na operação, a obrigatoriedade do protocolo e da justificação somente a ela se aplica".

CAP. X: 4. "A **cisão** é uma forma sem onerosidade de sucessão entre pessoas jurídicas, em que o patrimônio da sucedida ou cindida é vertido, total ou parcialmente, para uma ou mais sucessoras, sem contraprestação destas para aquela" (STJ-4ª T., REsp 553.042-SE, Min. Cesar Rocha, j. 25.11.03, DJU 14.6.04).

"Sendo a cisão um ato jurídico sem onerosidade, não há espaço para eventual responsabilidade da sociedade cindida por vícios redibitórios, evicção ou eventual falha da documentação da cadeia dominial dos bens entregues à sociedade cindenda. Na cisão parcial, ocorre a fragmentação do patrimônio da sociedade cindida de modo que os seus sócios não podem ser considerados terceiros nessa operação, pois, anteriormente à cisão, já eram titulares indiretos dos bens vertidos, não podendo alegar desconhecimento quanto à situação dos referidos bens" (STJ-3ª T., REsp 1.839.673, Min. Paulo Sanseverino, j. 10.3.20, DJ 13.3.20).

Art. 1.113. O ato de transformação independe de dissolução ou liquidação da sociedade, e obedecerá aos preceitos reguladores da constituição e inscrição próprios do tipo em que vai converter-se.[1] [Sem dispositivo correspondente no CC/1916.]

Art. 1.113: 1. v. LSA 220.

Art. 1.114. A transformação depende do consentimento de todos os sócios, salvo se prevista no ato constitutivo, caso em que o dissidente poderá retirar-se da sociedade, aplicando-se, no silêncio do estatuto ou do contrato social, o disposto no art. 1.031.[1] [Sem dispositivo correspondente no CC/1916.]

Art. 1.114: 1. v. LSA 221.

Art. 1.115. A transformação não modificará nem prejudicará, em qualquer caso, os direitos dos credores.[1] [Sem dispositivo correspondente no CC/1916.]

Parágrafo único. A falência da sociedade transformada somente produzirá efeitos em relação aos sócios que, no tipo anterior, a eles estariam sujeitos, se o pedirem os titulares de créditos anteriores à transformação, e somente a estes beneficiará.[2] [Sem dispositivo correspondente no CC/1916.]

Art. 1.115: 1. v. LSA 222-*caput*.

Art. 1.115: 2. v. LSA 222 § ún.

Art. 1.116. Na incorporação, uma ou várias sociedades são absorvidas por outra, que lhes sucede em todos os direitos e obrigações, devendo todas aprová-la, na forma estabelecida para os respectivos tipos.[1] [Sem dispositivo correspondente no CC/1916.]

Art. 1.116: 1. v. LSA 227.

Art. 1.117. A deliberação dos sócios da sociedade incorporada deverá aprovar as bases da operação e o projeto de reforma do ato constitutivo. [Sem dispositivo correspondente no CC/1916.]

§ 1º A sociedade que houver de ser incorporada tomará conhecimento desse ato, e, se o aprovar, autorizará os administradores a praticar o necessário à incorporação, inclusive a subscrição em bens pelo valor da diferença que se verificar entre o ativo e o passivo. [Sem dispositivo correspondente no CC/1916.]

§ 2º A deliberação dos sócios da sociedade incorporadora compreenderá a nomeação dos peritos para a avaliação do patrimônio líquido da sociedade, que tenha de ser incorporada.[1] [Sem dispositivo correspondente no CC/1916.]

Art. 1.117: 1. v. arts. 1.071-VI e 1.076-I. V. tb. LSA 227 §§ 1º e 2º.

Art. 1.118. Aprovados os atos da incorporação, a incorporadora declarará extinta a incorporada, e promoverá a respectiva averbação no registro próprio.[1] [Sem dispositivo correspondente no CC/1916.]

Art. 1.118: 1. v. LSA 227 § 3º.

Art. 1.119. A fusão determina a extinção das sociedades que se unem, para formar sociedade nova, que a elas sucederá nos direitos e obrigações.[1] [Sem dispositivo correspondente no CC/1916.]

Art. 1.119: 1. v. LSA 228-*caput*.

Art. 1.120. A fusão será decidida, na forma estabelecida para os respectivos tipos, pelas sociedades que pretendam unir-se. [Sem dispositivo correspondente no CC/1916.]

§ 1º Em reunião ou assembleia dos sócios de cada sociedade, deliberada a fusão e aprovado o projeto do ato constitutivo da nova sociedade, bem como o plano de distribuição do capital social, serão nomeados os peritos para a avaliação do patrimônio da sociedade.[1] [Sem dispositivo correspondente no CC/1916.]

§ 2º Apresentados os laudos, os administradores convocarão reunião ou assembleia dos sócios para tomar conhecimento deles, decidindo sobre a constituição definitiva da nova sociedade. [Sem dispositivo correspondente no CC/1916.]

§ 3º É vedado aos sócios votar o laudo de avaliação do patrimônio da sociedade de que façam parte.[2] [Sem dispositivo correspondente no CC/1916.]

Art. 1.120: 1. v. arts. 1.071-VI e 1.076-I. V. tb. LSA 228 §§ 1º e 2º.

Art. 1.120: 2. cf. art. 1.074 § 4º.

Art. 1.121. Constituída a nova sociedade, aos administradores incumbe fazer inscrever,[1] no registro próprio da sede, os atos relativos à fusão.[2] [Sem dispositivo correspondente no CC/1916.]

Art. 1.121: 1. v. art. 968.

Art. 1.121: 2. v. LSA 228 § 3º.

Art. 1.122. Até noventa dias[1] após publicados os atos relativos à incorporação, fusão ou cisão,[1a] o credor anterior, por ela prejudicado, poderá promover judicialmente a anulação deles. [Sem dispositivo correspondente no CC/1916.]

§ 1º A consignação em pagamento prejudicará a anulação pleiteada. [Sem dispositivo correspondente no CC/1916.]

§ 2º Sendo ilíquida a dívida, a sociedade poderá garantir-lhe a execução, suspendendo-se o processo de anulação. [Sem dispositivo correspondente no CC/1916.]

§ 3º Ocorrendo, no prazo deste artigo, a falência da sociedade incorporadora, da sociedade nova ou da cindida, qualquer credor anterior terá direito a pedir a separação dos patrimônios, para o fim de serem os créditos pagos pelos bens das respectivas massas.[2] [Sem dispositivo correspondente no CC/1916.]

Art. 1.122: 1. Para as sociedades anônimas, esse prazo é de sessenta dias, cf. art. 1.089 c/c LSA 232-*caput*.

Art. 1.122: 1a. s/ cisão em geral, v. nota 4 ao Cap. X, que antecede o art. 1.113.

Art. 1.122: 2. v. LSA 232 §§ 1º a 3º.

Capítulo XI | DA SOCIEDADE DEPENDENTE DE AUTORIZAÇÃO[1-2]

Seção I | DISPOSIÇÕES GERAIS

CAP. XI: 1. v. Dec. lei 2.627, de 26.9.40, arts. 59 a 73 (dispõem s/ a sociedade anônima ou companhia cujo funcionamento depende de autorização do governo, sociedades anônimas ou companhias nacionais e estrangeiras), expressamente mantidos pelo art. 300 da LSA; Dec. lei 73, de 21.11.66, arts. 74 a 77 (dispõem s/ a autorização para o funcionamento das sociedades seguradoras); Lei 5.764, de 16.12.71 (no tít. SOCIEDADES), arts. 17 a 20 e 63-VI; Lei 7.565, de 19.12.86 (Código Brasileiro de Aeronáutica), arts. 98, 99, 180 a 183, 204 a 207, 210, 212 a 214 e 217 (autorização para o funcionamento de aeroclubes, escolas ou cursos de aviação ou de atividade a ela vinculada, bem como para a exploração de serviços aéreos públicos nacionais ou internacionais); CF 176 § 1º (autorização para pesquisa e lavra de recursos minerais e aproveitamento dos potenciais de energia hidráulica); e LSA 255 e 268.

CAP. XI: 2. **Lei 4.595, de 31.12.64** — Dispõe sobre a Política e as Instituições Monetárias, Bancárias e Creditícias, cria o Conselho Monetário Nacional e dá outras providências: **"Art. 10.** Compete privativamente ao Banco Central da República do Brasil: ... **IX** — Exercer a fiscalização das instituições financeiras e aplicar as penalidades previstas; **X** — Conceder autorização às instituições financeiras, a fim de que possam: **a)** funcionar no País; ... **§ 1º** No exercício das atribuições a que se refere o inc. IX deste artigo, com base nas normas estabelecidas pelo Conselho Monetário Nacional, o Banco Central da República do Brasil, estudará os pedidos que lhe sejam formulados e resolverá conceder ou recusar a autorização pleiteada, podendo incluir as cláusulas que reputar convenientes ao interesse público. **§ 2º** Observado o disposto no parágrafo anterior, as instituições financeiras estrangeiras dependem de autorização do Poder Executivo, mediante decreto, para que possam funcionar no País".

Lei 4.728, de 14.7.65 — Disciplina o mercado de capitais e estabelece medidas para o seu desenvolvimento: **"Art. 11.** Depende de prévia autorização do Banco Central, o funcionamento de sociedades ou firmas individuais que tenham por objeto a subscrição para revenda e a distribuição no mercado de títulos ou valores mobiliários. Parágrafo único. Depende igualmente de aprovação pelo Banco Central: a) a modificação de contratos ou estatutos sociais das sociedades referidas neste artigo; b) a investidura de administradores, responsáveis ou prepostos das sociedades e empresas referidas neste artigo.

"**Art. 49.** Depende de prévia autorização do Banco Central o funcionamento das sociedades de investimento que tenham por objeto: **I** — a aplicação de capital em Carteira diversificada de títulos ou valores mobiliários ou; **II** — a administração de fundos em condomínio ou de terceiros, para aplicação nos termos do inciso anterior. ... **§ 4º** A alteração do estatuto social e a investidura de administradores das sociedades de investimentos dependerão de prévia aprovação do Banco Central".

Lei 8.934, de 18.11.94 — Dispõe sobre o Registro Público de Empresas Mercantis e atividades afins e dá outras providências: **"Art. 35.** (...) **Parágrafo único** (*redação da Lei 13.874, de 20.9.19*). O registro dos atos constitutivos e de suas alterações e extinções ocorrerá independentemente de autorização governamental prévia, e os órgãos públicos deverão ser informados pela Rede Nacional para a Simplificação do Registro e da Legalização de Empresas e Negócios (Redesim) a respeito dos registros sobre os quais manifestarem interesse".

Art. 1.123. A sociedade que dependa de autorização do Poder Executivo para funcionar reger-se-á por este título, sem prejuízo do disposto em lei especial.[1] [Sem dispositivo correspondente no CC/1916.]

Parágrafo único. A competência para a autorização será sempre do Poder Executivo federal. [Sem dispositivo correspondente no CC/1916.]

Art. 1.123: 1. v. arts. 45, 1.033-V, 1.132 e 1.133. V. tb. LINDB 11 § 1º.

Art. 1.124. Na falta de prazo estipulado em lei ou em ato do poder público, será considerada caduca a autorização se a sociedade não entrar em funcionamento nos doze meses seguintes à respectiva publicação. [Sem dispositivo correspondente no CC/1916.]

Art. 1.125. Ao Poder Executivo é facultado, a qualquer tempo, cassar a autorização concedida a sociedade nacional ou estrangeira que infringir disposição de ordem pública ou praticar atos contrários aos fins declarados no seu estatuto.[1] [Sem dispositivo correspondente no CC/1916.]

Art. 1.125: 1. **Dec. lei 2.627, de 26.9.40** — Dispõe sobre as sociedades por ações: **"Art. 73.** O Governo Federal poderá, a qualquer tempo, e sem prejuízo da responsabilidade penal que couber, cassar a autorização, concedida às sociedades anônimas, nacionais ou estrangeiras, quando infringirem disposição de ordem pública ou praticarem atos contrários aos fins declarados nos estatutos ou nocivos à economia nacional". Esse dispositivo foi expressamente mantido pelo art. 300 da LSA.

Seção II | DA SOCIEDADE NACIONAL

Art. 1.126. É nacional a sociedade organizada de conformidade com a lei brasileira e que tenha no País a sede de sua administração.[1-1a] [Sem dispositivo correspondente no CC/1916.]

Parágrafo único. Quando a lei exigir que todos ou alguns sócios sejam brasileiros,[2] as ações da sociedade anônima revestirão, no silêncio da lei, a forma nominativa. Qualquer que seja o tipo da sociedade, na sua sede ficará arquivada cópia autêntica do documento comprobatório da nacionalidade dos sócios. [Sem dispositivo correspondente no CC/1916.]

✎ **Art. 1.126: 1.** "Nacionalidade da pessoa jurídica: sistemática no novo Código Civil", por Luiz Antonio Soares Hentz e Gustavo Saad Diniz (RSDCPC 35/48).

Art. 1.126: 1a. v. LINDB 11.

Art. 1.126: 2. v. CF 176 § 1º (pesquisa e lavra de recursos minerais e aproveitamento dos potenciais de energia hidráulica) e 222 e 223 (empresa jornalística e de radiodifusão, regulamentados pela Lei 10.610, de 20.12.02, e pelo Dec. 2.617, de 5.6.98).

V. tb. art. 60 do Dec. lei 2.627, de 26.9.40, expressamente mantido pelo art. 300 da LSA.

Art. 1.127. Não haverá mudança de nacionalidade de sociedade brasileira sem o consentimento unânime dos sócios ou acionistas. [Sem dispositivo correspondente no CC/1916.]

Art. 1.128. O requerimento de autorização de sociedade nacional deve ser acompanhado de cópia do contrato, assinada por todos os sócios, ou, tratando-se de sociedade anônima, de cópia, autenticada pelos fundadores, dos documentos exigidos pela lei especial.[1] [Sem dispositivo correspondente no CC/1916.]

Parágrafo único. Se a sociedade tiver sido constituída por escritura pública, bastará juntar-se ao requerimento a respectiva certidão. [Sem dispositivo correspondente no CC/1916.]

Art. 1.128: 1. v. art. 1.131.

Art. 1.129. Ao Poder Executivo é facultado exigir que se procedam a alterações ou aditamento no contrato ou no estatuto, devendo os sócios, ou, tratando-se de sociedade anônima, os fundadores, cumprir as formalidades legais para revisão dos atos constitutivos, e juntar ao processo prova regular.[1] [Sem dispositivo correspondente no CC/1916.]

Art. 1.129: 1. v. art. 1.131.

Art. 1.130. Ao Poder Executivo é facultado recusar a autorização, se a sociedade não atender às condições econômicas, financeiras ou jurídicas especificadas em lei.[1] [Sem dispositivo correspondente no CC/1916.]

Art. 1.130: 1. v. art. 62 do Dec. lei 2.627, de 26.9.40, expressamente mantido pelo art. 300 da LSA.

Art. 1.131. Expedido o decreto de autorização, cumprirá à sociedade publicar os atos referidos nos arts. 1.128 e 1.129, em trinta dias, no órgão oficial da União, cujo exemplar representará prova para inscrição, no registro próprio, dos atos constitutivos da sociedade.[1] [Sem dispositivo correspondente no CC/1916.]

Parágrafo único. A sociedade promoverá, também no órgão oficial da União e no prazo de trinta dias, a publicação do termo de inscrição.[2] [Sem dispositivo correspondente no CC/1916.]

Art. 1.131: 1. v. art. 1.135 § ún.

V. tb. art. 61 § 3º do Dec. lei 2.627, de 26.9.40, expressamente mantido pelo art. 300 da LSA.

Art. 1.131: 2. v. art. 1.136 § 3º.

Art. 1.132. As sociedades anônimas nacionais, que dependam de autorização do Poder Executivo para funcionar, não se constituirão sem obtê-la, quando seus fundadores pretenderem recorrer a subscrição pública para a formação do capital.[1] [Sem dispositivo correspondente no CC/1916.]

§ 1º Os fundadores deverão juntar ao requerimento cópias autênticas do projeto do estatuto e do prospecto. [Sem dispositivo correspondente no CC/1916.]

§ 2º Obtida a autorização e constituída a sociedade, proceder-se-á à inscrição dos seus atos constitutivos. [Sem dispositivo correspondente no CC/1916.]

Art. 1.132: 1. v. art. 63 do Dec. lei 2.627, de 26.9.40, expressamente mantido pelo art. 300 da LSA. V. tb. LSA 82 a 87 (constituição por subscrição pública).

Art. 1.133. Dependem de aprovação as modificações do contrato ou do estatuto de sociedade sujeita a autorização do Poder Executivo, salvo se decorrerem de aumento do capital social, em virtude de utilização de reservas ou reavaliação do ativo. [Sem dispositivo correspondente no CC/1916.]

Seção III | DA SOCIEDADE ESTRANGEIRA[1-2]

SEÇ. III: 1. v. LINDB 11 § 1º e 17.

SEÇ. III: 2. Dec. 5.664, de 10.1.06 — Delega competência ao Ministro de Estado do Desenvolvimento, Indústria e Comércio Exterior para autorizar o funcionamento no Brasil de sociedade estrangeira, bem como suas alterações estatutárias ou contratuais, nacionalização e cassação da autorização, nas formas previstas nos arts. 1.134, 1.139 e 1.141 da Lei 10.406, de 10.1.02 — Código Civil, e nos arts. 59 e 73 do Dec. lei 2.627, de 26.9.40, esses últimos expressamente mantidos pelo art. 300 da LSA.

Dec. 92.319, de 23.1.86 — Dispõe sobre o funcionamento, no país, de empresas estrangeiras que têm por objeto a exploração do transporte aéreo e de serviços acessórios.

Lei 8.934, de 18.11.94 — Dispõe sobre o Registro Público de Empresas Mercantis e atividades afins e dá outras providências: **"Art. 32.** O registro compreende: ... **II** — O arquivamento: ... **c)** dos atos concernentes a empresas mercantis estrangeiras autorizadas a funcionar no Brasil".

Lei 12.529, de 30.11.11 — Estrutura o Sistema Brasileiro de Defesa da Concorrência; dispõe sobre a prevenção e repressão às infrações contra a ordem econômica; e dá outras providências: **"Art. 2º § 1º** Reputa-se domiciliada no território nacional a empresa estrangeira que opere ou tenha no Brasil filial, agência, sucursal, escritório, estabelecimento, agente ou representante.

"§ 2º A empresa estrangeira será notificada e intimada de todos os atos processuais previstos nesta Lei, independentemente de procuração ou de disposição contratual ou estatutária, na pessoa do agente ou representante ou pessoa responsável por sua filial, agência, sucursal, estabelecimento ou escritório instalado no Brasil".

Art. 1.134. A sociedade estrangeira, qualquer que seja o seu objeto, não pode, sem autorização do Poder Executivo, funcionar no País, ainda que por estabelecimentos subordinados, podendo, todavia, ressalvados os casos expressos em lei, ser acionista de sociedade anônima brasileira. [Sem dispositivo correspondente no CC/1916.]

§ 1º Ao requerimento de autorização devem juntar-se: [Sem dispositivo correspondente no CC/1916.]

I — prova de se achar a sociedade constituída conforme a lei de seu país; [Sem dispositivo correspondente no CC/1916.]

II — inteiro teor do contrato ou do estatuto; [Sem dispositivo correspondente no CC/1916.]

III — relação dos membros de todos os órgãos da administração da sociedade, com nome, nacionalidade, profissão, domicílio e, salvo quanto a ações ao portador, o valor da participação de cada um no capital da sociedade; [Sem dispositivo correspondente no CC/1916.]

IV — cópia do ato que autorizou o funcionamento no Brasil e fixou o capital destinado às operações no território nacional; [Sem dispositivo correspondente no CC/1916.]

V — prova de nomeação do representante no Brasil, com poderes expressos para aceitar as condições exigidas para a autorização; [Sem dispositivo correspondente no CC/1916.]

VI — último balanço.[1] [Sem dispositivo correspondente no CC/1916.]

§ 2º Os documentos serão autenticados, de conformidade com a lei nacional da sociedade requerente, legalizados no consulado brasileiro da respectiva sede e acompanhados de tradução em vernáculo. [Sem dispositivo correspondente no CC/1916.]

Art. 1.134: 1. v. arts. 1.135 § ún. e 1.141 § 1º. V. tb. art. 64 do Dec. lei 2.627, de 26.9.40, expressamente mantido pelo art. 300 da LSA.

Art. 1.135. É facultado ao Poder Executivo, para conceder a autorização, estabelecer condições convenientes à defesa dos interesses nacionais.[1] [Sem dispositivo correspondente no CC/1916.]

Parágrafo único. Aceitas as condições, expedirá o Poder Executivo decreto de autorização, do qual constará o montante de capital destinado às operações no País, cabendo à sociedade promover a publicação dos atos referidos no art. 1.131 e no § 1º do art. 1.134.[2] [Sem dispositivo correspondente no CC/1916.]

Art. 1.135: 1. v. LINDB 17 e art. 65 do Dec. lei 2.627, de 26.9.40, expressamente mantido pelo art. 300 da LSA.

Art. 1.135: 2. v. art. 1.136 § 1º.

Art. 1.136. A sociedade autorizada não pode iniciar sua atividade antes de inscrita no registro próprio do lugar em que se deva estabelecer. [Sem dispositivo correspondente no CC/1916.]

§ 1º O requerimento de inscrição será instruído com exemplar da publicação exigida no parágrafo único do artigo antecedente, acompanhado de documento do depósito em dinheiro, em estabelecimento bancário oficial, do capital ali mencionado.[1] [Sem dispositivo correspondente no CC/1916.]

§ 2º Arquivados esses documentos, a inscrição será feita por termo em livro especial para as sociedades estrangeiras, com número de ordem contínuo para todas as sociedades inscritas; no termo constarão: [Sem dispositivo correspondente no CC/1916.]

I — nome, objeto, duração e sede da sociedade no estrangeiro; [Sem dispositivo correspondente no CC/1916.]

II — lugar da sucursal, filial ou agência, no País; [Sem dispositivo correspondente no CC/1916.]

III — data e número do decreto de autorização; [Sem dispositivo correspondente no CC/1916.]

IV — capital destinado às operações no País; [Sem dispositivo correspondente no CC/1916.]

V — individuação do seu representante permanente. [Sem dispositivo correspondente no CC/1916.]

§ 3º Inscrita a sociedade, promover-se-á a publicação determinada no parágrafo único do art. 1.131. [Sem dispositivo correspondente no CC/1916.]

Art. 1.136: 1. v. art. 65 § ún. do Dec. lei 2.627, de 26.9.40, expressamente mantido pelo art. 300 da LSA.

Art. 1.137. A sociedade estrangeira autorizada a funcionar ficará sujeita às leis e aos tribunais brasileiros, quanto aos atos ou operações praticados no Brasil.[1] [Sem dispositivo correspondente no CC/1916.]

Parágrafo único. A sociedade estrangeira funcionará no território nacional com o nome que tiver em seu país de origem, podendo acrescentar as palavras "do Brasil" ou "para o Brasil".[2] [Sem dispositivo correspondente no CC/1916.]

Art. 1.137: 1. v. CPC 21 a 24 e LINDB 9º e 12. V. tb. art. 68 do Dec. lei 2.627, de 26.9.40, expressamente mantido pelo art. 300 da LSA.

Art. 1.137: 2. v. art. 66 do Dec. lei 2.627, de 26.9.40, expressamente mantido pelo art. 300 da LSA.

Art. 1.138. A sociedade estrangeira autorizada a funcionar é obrigada a ter, permanentemente, representante no Brasil, com poderes para resolver quaisquer questões e receber citação judicial pela sociedade.[1] [Sem dispositivo correspondente no CC/1916.]

Parágrafo único. O representante somente pode agir perante terceiros depois de arquivado e averbado o instrumento de sua nomeação. [Sem dispositivo correspondente no CC/1916.]

Art. 1.138: 1. v. CPC 75 § 3º e art. 67 do Dec. lei 2.627, de 26.9.40, esse último expressamente mantido pelo art. 300 da LSA.

Art. 1.139. Qualquer modificação no contrato ou no estatuto dependerá da aprovação do Poder Executivo, para produzir efeitos no território nacional.[1] [Sem dispositivo correspondente no CC/1916.]

Art. 1.139: 1. v. art. 69 do Dec. lei 2.627, de 26.9.40, expressamente mantido pelo art. 300 da LSA.

Art. 1.140. A sociedade estrangeira deve, sob pena de lhe ser cassada a autorização, reproduzir no órgão oficial da União, e do Estado, se for o caso, as publicações que, segundo a sua lei nacional, seja obrigada a fazer relativamente ao balanço patrimonial e ao de resultado econômico, bem como aos atos de sua administração.[1] [Sem dispositivo correspondente no CC/1916.]

Parágrafo único. Sob pena, também, de lhe ser cassada a autorização, a sociedade estrangeira deverá publicar o balanço patrimonial e o de resultado econômico das sucursais, filiais ou agências existentes no País.[2] [Sem dispositivo correspondente no CC/1916.]

Art. 1.140: 1. v. arts. 1.020, 1.065, 1.069-III, 1.078-I e § 3º, 1.179, 1.188 e 1.189.

V. tb. art. 70-*caput* do Dec. lei 2.627, de 26.9.40, expressamente mantido pelo art. 300 da LSA.

Art. 1.140: 2. v. art. 70 § ún. do Dec. lei 2.627, de 26.9.40, expressamente mantido pelo art. 300 da LSA.

Art. 1.141. Mediante autorização do Poder Executivo, a sociedade estrangeira admitida a funcionar no País pode nacionalizar-se, transferindo sua sede para o Brasil.[1] [Sem dispositivo correspondente no CC/1916.]

§ 1º Para o fim previsto neste artigo, deverá a sociedade, por seus representantes, oferecer, com o requerimento, os documentos exigidos no art. 1.134, e ainda a prova da realização do capital, pela forma declarada no contrato, ou no estatuto, e do ato em que foi deliberada a nacionalização. [Sem dispositivo correspondente no CC/1916.]

§ 2º O Poder Executivo poderá impor as condições que julgar convenientes à defesa dos interesses nacionais.[2] [Sem dispositivo correspondente no CC/1916.]

§ 3º Aceitas as condições pelo representante, proceder-se-á, após a expedição do decreto de autorização, à inscrição da sociedade e publicação do respectivo termo. [Sem dispositivo correspondente no CC/1916.]

Art. 1.141: 1. v. art. 71 do Dec. lei 2.627, de 26.9.40, expressamente mantido pelo art. 300 da LSA.

Art. 1.141: 2. v. LINDB 17.

Título III | DO ESTABELECIMENTO

Capítulo Único | DISPOSIÇÕES GERAIS[1]

CAP. ÚN.: 1. Enunciado 233 do CEJ: "A sistemática do contrato de trespasse delineada pelo Código Civil nos arts. 1.142 e ss., especialmente seus efeitos obrigacionais, aplica-se somente quando o conjunto de bens transferidos importar a transmissão da funcionalidade do estabelecimento empresarial".

Art. 1.142. Considera-se estabelecimento todo complexo de bens organizado, para exercício da empresa, por empresário, ou por sociedade empresária.[1-2] [Sem dispositivo correspondente no CC/1916.]

Art. 1.142: 1. "Novo Código Civil. Pessoas jurídicas, empresário, sociedade, estabelecimento, nome comercial e/ou nome empresarial, perdas e danos e prescrição", por José Carlos Tinoco Soares (RT 798/11); "Empresa e estabelecimento. A avaliação do *Goodwill*", por Sérgio Dulac Müller e Thomas Müller (RJ 318/24); "Apontamentos sobre a teoria do estabelecimento empresarial no direito brasileiro", por Cássio Machado Cavalli (RJ 347/45, RT 858/30).

Art. 1.142: 2. "A discriminação do patrimônio da empresa, mediante a criação de filiais, não afasta a unidade patrimonial da pessoa jurídica, que, na condição de devedora, deve responder com todo o ativo do patrimônio social por suas dívidas, à luz de regra de direito processual prevista no art. 591 do Código de Processo Civil" (STJ-1ª Seção, REsp 1.355.812, Min. Mauro Campbell, j. 22.5.13, DJ 31.5.13).

Art. 1.143. Pode o estabelecimento ser objeto unitário de direitos e de negócios jurídicos, translativos ou constitutivos, que sejam compatíveis com a sua natureza.[1] [Sem dispositivo correspondente no CC/1916.]

Art. 1.143: 1. v. art. 1.164 § ún.

Art. 1.144. O contrato que tenha por objeto a alienação,[1] o usufruto ou arrendamento do estabelecimento, só produzirá efeitos quanto a terceiros depois de averbado à margem da inscrição do empresário, ou da sociedade empresária, no Registro Público de Empresas Mercantis, e de publicado na imprensa oficial. [Sem dispositivo correspondente no CC/1916.]

Art. 1.144: 1. **Enunciado 393 do CEJ:** "A validade da alienação do estabelecimento empresarial não depende de forma específica, observado o regime jurídico dos bens que a exijam".

Art. 1.145. Se ao alienante não restarem bens suficientes para solver o seu passivo, a eficácia da alienação do estabelecimento depende do pagamento de todos os credores, ou do consentimento destes, de modo expresso ou tácito, em trinta dias a partir de sua notificação.[1] [Sem dispositivo correspondente no CC/1916.]

Art. 1.145: 1. **LRF: "Art. 94.** Será decretada a falência do devedor que: ... **III** — pratica qualquer dos seguintes atos, exceto se fizer parte de plano de recuperação judicial: ... **c)** transfere estabelecimento a terceiro, credor ou não, sem o consentimento de todos os credores e sem ficar com bens suficientes para solver seu passivo".

"Art. 129. São ineficazes em relação à massa falida, tenha ou não o contratante conhecimento do estado de crise econômico-financeira do devedor, seja ou não intenção deste fraudar credores: ... **VI** — a venda ou transferência de estabelecimento feita sem o consentimento expresso ou o pagamento de todos os credores, a esse tempo existentes, não tendo restado ao devedor bens suficientes para solver o seu passivo, salvo se, no prazo de 30 (trinta) dias, não houver oposição dos credores, após serem devidamente notificados, judicialmente ou pelo oficial do registro de títulos e documentos".

V. ainda LRF 50-VII.

Art. 1.146. O adquirente do estabelecimento responde pelo pagamento dos débitos anteriores à transferência, desde que regularmente contabilizados, continuando o devedor primitivo solidariamente[1] obrigado pelo prazo de um ano, a partir, quanto aos créditos vencidos, da publicação,[2] e, quanto aos outros, da data do vencimento.[3] [Sem dispositivo correspondente no CC/1916.]

Art. 1.146: 1. v. arts. 275 a 285.

Art. 1.146: 2. publicação na imprensa oficial do contrato de alienação do estabelecimento (v. arts. 1.144 e 1.152).

Art. 1.146: 3. **CTN 133:** "A pessoa natural ou jurídica de direito privado que adquirir de outra, por qualquer título, fundo de comércio ou estabelecimento comercial, industrial ou profissional, e continuar a respectiva exploração, sob a mesma ou outra razão social ou sob firma ou nome individual, responde pelos tributos, relativos ao fundo ou estabelecimento adquirido, devidos até à data do ato:

"I — integralmente, se o alienante cessar a exploração do comércio, indústria ou atividade;

"II — subsidiariamente com o alienante, se este prosseguir na exploração ou iniciar dentro de seis meses a contar da data da alienação, nova atividade no mesmo ou em outro ramo de comércio, indústria ou profissão.

"§ 1º O disposto no *caput* deste artigo não se aplica na hipótese de alienação judicial (*parágrafo incluído pela LC 118, de 9.2.05*):

"I — em processo de falência (*inciso incluído pela LC 118, de 9.2.05*);

"II — de filial ou unidade produtiva isolada, em processo de recuperação judicial (*inciso incluído pela LC 118, de 9.2.05*).

"§ 2º Não se aplica o disposto no § 1º deste artigo quando o adquirente for (*parágrafo incluído pela LC 118, de 9.2.05*):

"I — sócio da sociedade falida ou em recuperação judicial, ou sociedade controlada pelo devedor falido ou em recuperação judicial (*inciso incluído pela LC 118, de 9.2.05*);

"II — parente, em linha reta ou colateral até o 4º (quarto) grau, consanguíneo ou afim, do devedor falido ou em recuperação judicial ou de qualquer de seus sócios (*inciso incluído pela LC 118, de 9.2.05*); ou

"III — identificado como agente do falido ou do devedor em recuperação judicial com o objetivo de fraudar a sucessão tributária" (*inciso incluído pela LC 118, de 9.2.05*).

Art. 1.147. Não havendo autorização expressa, o alienante do estabelecimento não pode fazer concorrência ao adquirente, nos cinco anos subsequentes à transferência. [Sem dispositivo correspondente no CC/1916.]

Parágrafo único. No caso de arrendamento ou usufruto do estabelecimento, a proibição prevista neste artigo persistirá durante o prazo do contrato. [Sem dispositivo correspondente no CC/1916.]

Art. 1.148. Salvo disposição em contrário, a transferência importa a sub-rogação[1] do adquirente nos contratos[2] estipulados para exploração do estabelecimento, se não tiverem caráter pessoal, podendo os terceiros rescindir o contrato em noventa dias a contar da publicação da transferência, se ocorrer justa causa, ressalvada, neste caso, a responsabilidade do alienante.[3] [Sem dispositivo correspondente no CC/1916.]

Art. 1.148: 1. v. arts. 346 a 351.

Art. 1.148: 2. **Enunciado 234 do CEJ:** "Quando do trespasse do estabelecimento empresarial, o contrato de locação do respectivo ponto não se transmite automaticamente ao adquirente".

Art. 1.148: 3. v. art. 90 (universalidade).

Art. 1.149. A cessão[1] dos créditos referentes ao estabelecimento transferido produzirá efeito em relação aos respectivos devedores, desde o momento da publicação da transferência, mas o devedor ficará exonerado se de boa-fé pagar ao cedente. [Sem dispositivo correspondente no CC/1916.]

Art. 1.149: 1. v. arts. 286 a 298.

Título IV | DOS INSTITUTOS COMPLEMENTARES

Capítulo I | DO REGISTRO[1-2]

CAP. I: 1. s/ registro no direito de empresa, v. arts. 45, 967 a 971, 976, 979, 980, 984, 985, 997 a 1.000, 1.075 § 2º, 1.083, 1.084 § 3º, 1.144, 1.174 e 1.181.

CAP. I: 2. **EA 15 § 1º:** "A sociedade de advogados adquire personalidade jurídica com o registro aprovado dos seus atos constitutivos no Conselho Seccional da OAB em cuja base territorial tiver sede".

CPC 75 § 2º: "A sociedade ou associação sem personalidade jurídica não poderá opor a irregularidade de sua constituição quando demandada".

Lei 10.610, de 20.12.02 — Dispõe sobre a participação de capital estrangeiro nas empresas jornalísticas e de radiodifusão sonora e de sons e imagens, conforme o § 4º do art. 222 da Constituição, altera os arts. 38 e 64 da Lei

n. 4.117, de 27 de agosto de 1962, o § 3º do art. 12 do Decreto-Lei n. 236, de 28 de fevereiro de 1967, e dá outras providências: "**Art. 5º** Os órgãos de registro comercial ou de registro civil das pessoas jurídicas não procederão ao registro ou arquivamento dos atos societários de empresas jornalísticas e de radiodifusão, caso seja constatada infração dos limites percentuais de participação previstos no art. 2º, sendo nulo o ato de registro ou arquivamento baseado em declaração que omita informação ou contenha informação falsa".

Art. 1.150. O empresário e a sociedade empresária vinculam-se ao Registro Público de Empresas Mercantis[1-2] a cargo das Juntas Comerciais, e a sociedade simples[3-3a] ao Registro Civil das Pessoas Jurídicas,[4-4a] o qual deverá obedecer às normas fixadas para aquele registro, se a sociedade simples adotar um dos tipos de sociedade empresária. [Sem dispositivo correspondente no CC/1916.]

Art. 1.150: 1. v. arts. 967 a 971 (inscrição do empresário).

V. tb. art. 968, nota 2 (Enunciado 55 do CEJ).

Art. 1.150: 2. **Lei 8.934, de 18.11.94** — Dispõe sobre o Registro Público de Empresas Mercantis e atividades afins, e dá outras providências. Regulamentada pelo **Dec. 1.800, de 30.1.96**.

Lei 8.934, de 18.11.94: "**Art. 35.** Não podem ser arquivados:

"I — os documentos que não obedecerem às prescrições legais ou regulamentares ou que contiverem matéria contrária aos bons costumes ou à ordem pública, bem como os que colidirem com o respectivo estatuto ou contrato não modificado anteriormente;

"II — os documentos de constituição ou alteração de empresas mercantis de qualquer espécie ou modalidade em que figure como titular ou administrador pessoa que esteja condenada pela prática de crime cuja pena vede o acesso à atividade mercantil;

"III — os atos constitutivos de empresas mercantis que, além das cláusulas exigidas em lei, não designarem o respectivo capital, bem como a declaração precisa de seu objeto, cuja indicação no nome empresarial é facultativa;

"IV — a prorrogação do contrato social, depois de findo o prazo nele fixado;

"V — os atos de empresas mercantis com nome idêntico ou semelhante a outro já existente;

"VI — a alteração contratual, por deliberação majoritária do capital social, quando houver cláusula restritiva;

"VI — os contratos sociais ou suas alterações em que haja incorporação de imóveis à sociedade, por instrumento particular, quando do instrumento não constar:

"a) a descrição e identificação do imóvel, sua área, dados relativos à sua titulação, bem como o número da matrícula no registro imobiliário;

"b) a outorga uxória ou marital, quando necessária;

"VIII — os contratos ou estatutos de sociedades mercantis, ainda não aprovados pelo Governo, nos casos em que for necessária essa aprovação, bem como as posteriores alterações, antes de igualmente aprovadas.

"Parágrafo único. A junta não dará andamento a qualquer documento de alteração de firmas individuais ou sociedades, sem que dos respectivos requerimentos e instrumentos conste o Número de Identificação de Registro de Empresas (Nire)".

Art. 1.150: 3. São sempre sociedades simples as sociedades cooperativas (v. art. 982 § ún.); entretanto, devem ser registradas na Junta Comercial, cf. art. 18 § 6º da Lei 5.764, de 16.12.71 (no tít. SOCIEDADES).

V. art. 1.093, nota 4 (Enunciado 69 do CEJ).

Art. 1.150: 3a. s/ **distinção** entre sociedade empresária e sociedade simples, v. art. 982-*caput*. Apesar da distinção, pode a sociedade simples adotar qualquer um dos tipos da sociedade empresária (cf. art. 983-*caput*), mas, ainda que o faça, ela deverá ser registrada no Registro Civil das Pessoas Jurídicas.

Art. 1.150: 4. v. LRP 114 a 121.

Art. 1.150: 4a. **Dec. lei 9.085, de 25.3.46** — Dispõe sobre o registro civil das pessoas jurídicas.

Art. 1.151. O registro dos atos sujeitos à formalidade exigida no artigo antecedente será requerido pela pessoa obrigada em lei, e, no caso de omissão ou demora, pelo sócio ou qualquer interessado. [Sem dispositivo correspondente no CC/1916.]

§ 1º Os documentos necessários[1-1a] ao registro deverão ser apresentados no prazo de trinta dias,[2] contado da lavratura dos atos respectivos. [Sem dispositivo correspondente no CC/1916.]

§ 2º Requerido além do prazo previsto neste artigo, o registro somente produzirá efeito a partir da data de sua concessão. [Sem dispositivo correspondente no CC/1916.]

§ 3º As pessoas obrigadas a requerer o registro responderão por perdas e danos,[3] em caso de omissão ou demora. [Sem dispositivo correspondente no CC/1916.]

Art. 1.151: 1. v. arts. 37 e 63 da Lei 8.934, de 18.11.94.

Art. 1.151: 1a. "A exigência de certidão de regularidade fiscal estadual para o registro de alteração contratual perante a Junta Comercial não está prevista na lei de regência (Lei 8.934/94), nem no decreto federal que a regulamentou (Dec. 1.800/96), mas em decreto estadual, razão pela qual se mostra ilegítima" (STJ-4ª T., REsp 724.015, Min. Antonio Ferreira, j. 15.5.12, DJ 22.5.12).

"Junta Comercial. Exigência de certidão negativa tributária. Antinomia jurídica de segundo grau. Conflito entre o critério cronológico e o da especialidade. Hipótese de prevalência do critério cronológico. Derrogação tácita dos dispositivos de leis tributárias anteriores que condicionavam o ato de arquivamento na Junta Comercial à apresentação de certidão negativa de débitos" (STJ-3ª T., REsp 1.290.954, Min. Paulo Sanseverino, j. 11.2.14, DJ 25.2.14).

Art. 1.151: 2. v. art. 36 da Lei 8.934, de 18.11.94.

Art. 1.151: 3. v. arts. 402 a 405.

Art. 1.152. Cabe ao órgão incumbido do registro verificar a regularidade das publicações[1] determinadas em lei, de acordo com o disposto nos parágrafos deste artigo. [Sem dispositivo correspondente no CC/1916.]

§ 1º Salvo exceção expressa, as publicações ordenadas neste Livro serão feitas no órgão oficial da União ou do Estado, conforme o local da sede do empresário ou da sociedade, e em jornal de grande circulação. [Sem dispositivo correspondente no CC/1916.]

§ 2º As publicações das sociedades estrangeiras serão feitas nos órgãos oficiais da União e do Estado onde tiverem sucursais, filiais ou agências. [Sem dispositivo correspondente no CC/1916.]

§ 3º O anúncio de convocação[2] da assembleia de sócios será publicado por três vezes, ao menos, devendo mediar, entre a data da primeira inserção e a da realização da assembleia, o prazo mínimo de oito dias, para a primeira convocação, e de cinco dias, para as posteriores.[3] [Sem dispositivo correspondente no CC/1916.]

Art. 1.152: 1. **LC 123, de 14.12.06** — Institui o Estatuto Nacional da Microempresa e da Empresa de Pequeno Porte, e dá outras providências: **"Art. 71.** Os empresários e as sociedades de que trata esta Lei Complementar, nos termos da legislação civil, ficam dispensados da publicação de qualquer ato societário".

Art. 1.152: 2. s/ dispensa de convocação, v. art. 1.072 § 2º.

Art. 1.152: 3. v. LSA 124.

Art. 1.153. Cumpre à autoridade competente, antes de efetivar o registro, verificar a autenticidade e a legitimidade do signatário do requerimento, bem como fiscalizar a observância das prescrições legais concernentes ao ato ou aos documentos apresentados.[1] [Sem dispositivo correspondente no CC/1916.]

Parágrafo único. Das irregularidades encontradas deve ser notificado o requerente, que, se for o caso, poderá saná-las, obedecendo às formalidades da lei. [Sem dispositivo correspondente no CC/1916.]

Art. 1.153: 1. v. LSA 97. V. tb. art. 40 da Lei 8.934, de 18.11.94.

Art. 1.154. O ato sujeito a registro, ressalvadas disposições especiais da lei, não pode, antes do cumprimento das respectivas formalidades, ser oposto a terceiro, salvo prova de que este o conhecia. [Sem dispositivo correspondente no CC/1916.]

Parágrafo único. O terceiro não pode alegar ignorância, desde que cumpridas as referidas formalidades. [Sem dispositivo correspondente no CC/1916.]

Capítulo II | DO NOME EMPRESARIAL[1]

CAP. II: 1. Lei 8.934, de 18.11.94 — Dispõe sobre o Registro Público de Empresas Mercantis e atividades afins e dá outras providências: **"Art. 33.** A proteção ao nome empresarial decorre automaticamente do arquivamento dos atos constitutivos de firma individual e de sociedades, ou de suas alterações.

"Art. 34. O nome empresarial obedecerá aos princípios da veracidade e da novidade".

Lei 9.279, de 14.5.96 — Regula direitos e obrigações relativos à propriedade industrial: **"Art. 124.** Não são registráveis como marca: ... **V** — reprodução ou imitação de elemento característico ou diferenciador de título de estabelecimento ou nome de empresa de terceiros, suscetível de causar confusão ou associação com estes sinais distintivos".

Art. 1.155. Considera-se nome empresarial[1-1a] a firma ou a denominação adotada,[2] de conformidade com este Capítulo, para o exercício de empresa. [Sem dispositivo correspondente no CC/1916.]

Parágrafo único. Equipara-se ao nome empresarial, para os efeitos da proteção da lei, a denominação das sociedades simples, associações e fundações. [Sem dispositivo correspondente no CC/1916.]

Art. 1.155: 1. "Novo Código Civil. Pessoas jurídicas, empresário, sociedade, estabelecimento, nome comercial e/ou nome empresarial, perdas e danos e prescrição", por José Carlos Tinoco Soares (RT 798/11); "Nome empresarial", por Luiz Marcelo Figueiras de Góis (RF 385/127); "Nome empresarial: natureza jurídica, distinções, composição e proteção", por Leonardo Gomes de Aquino (RDPr 32/148); "Nome empresarial e a normatização do DNRC", por Cássio Cavalli (RT 912/213); "Nome empresarial: funções e peculiaridades do instituto. Críticas e sugestões a seu tratamento jurídico (estudo realizado de acordo com as alterações da IN DNRC 116/2011)", por Victor Emendörfer Neto (RT 921/215).

Art. 1.155: 1a. v. art. 2.031, nota 1a (Enunciado 395 do CEJ).

Art. 1.155: 2. A **firma** (ou **razão social**) deve ser composta pelo nome de todos os sócios da sociedade, de alguns deles ou de apenas um; já a **denominação** pode ser composta por uma expressão de fantasia, devendo no entanto designar o tipo de atividade realizada pela sociedade.

A firma é obrigatória para o empresário individual, para a sociedade em comandita simples e para a sociedade em nome coletivo; a denominação é obrigatória para a sociedade cooperativa e para a sociedade anônima.

Art. 1.156. O empresário[1] opera sob firma constituída por seu nome, completo ou abreviado, aditando-lhe, se quiser, designação mais precisa da sua pessoa ou do gênero de atividade. [Sem dispositivo correspondente no CC/1916.]

Art. 1.156: 1. s/ conceito de empresário, v. art. 966.

Art. 1.157. A sociedade em que houver sócios de responsabilidade ilimitada operará sob firma, na qual somente os nomes daqueles poderão figurar, bastando para formá-la aditar ao nome de um deles a expressão "e companhia" ou sua abreviatura. [Sem dispositivo correspondente no CC/1916.]

Parágrafo único. Ficam solidária[1] e ilimitadamente responsáveis pelas obrigações contraídas sob a firma social aqueles que, por seus nomes, figurarem na firma da sociedade de que trata este artigo. [Sem dispositivo correspondente no CC/1916.]

Art. 1.157: 1. v. arts. 275 a 285.

Art. 1.158. Pode a sociedade limitada[1] adotar firma ou denominação, integradas pela palavra final "limitada" ou a sua abreviatura.[2] [Sem dispositivo correspondente no CC/1916.]

§ 1º A firma será composta com o nome de um ou mais sócios, desde que pessoas físicas, de modo indicativo da relação social. [Sem dispositivo correspondente no CC/1916.]

§ 2º A denominação deve designar o objeto da sociedade, sendo permitido nela figurar o nome de um ou mais sócios. [Sem dispositivo correspondente no CC/1916.]

§ 3º A omissão da palavra "limitada" determina a responsabilidade solidária[3] e ilimitada dos administradores que assim empregarem a firma ou a denominação da sociedade. [Sem dispositivo correspondente no CC/1916.]

Art. 1.158: 1. v. arts. 1.052 a 1.087.

Art. 1.158: 2. v. arts. 1.054 e 1.064.

Art. 1.158: 3. v. arts. 275 a 285.

Art. 1.159. A sociedade cooperativa[1] funciona sob denominação integrada pelo vocábulo "cooperativa".[2] [Sem dispositivo correspondente no CC/1916.]

Art. 1.159: 1. v. arts. 1.093 a 1.096.

Art. 1.159: 2. v. art. 5º da Lei 5.764, de 16.12.71 (no tít. SOCIEDADES).

Art. 1.160. A sociedade anônima[1] opera sob denominação designativa do objeto social, integrada pelas expressões "sociedade anônima" ou "companhia", por extenso ou abreviadamente.[2] [Sem dispositivo correspondente no CC/1916.]

Parágrafo único. Pode constar da denominação o nome do fundador, acionista, ou pessoa que haja concorrido para o bom êxito da formação da empresa. [Sem dispositivo correspondente no CC/1916.]

Art. 1.160: 1. v. arts. 1.088 e 1.089.

Art. 1.160: 2. v. LSA 3º.

Art. 1.161. A sociedade em comandita por ações[1] pode, em lugar de firma, adotar denominação designativa do objeto social, aditada da expressão "comandita por ações".[2] [Sem dispositivo correspondente no CC/1916.]

Art. 1.161: 1. v. arts. 1.090 a 1.092.

Art. 1.161: 2. v. LSA 281.

Art. 1.162. A sociedade em conta de participação não pode ter firma ou denominação.[1] [Sem dispositivo correspondente no CC/1916.]

Art. 1.162: 1. v. arts. 991 a 996.

Art. 1.163. O nome de empresário deve distinguir-se de qualquer outro já inscrito no mesmo registro.[1] [Sem dispositivo correspondente no CC/1916.]

Parágrafo único. Se o empresário tiver nome idêntico ao de outros já inscritos, deverá acrescentar designação que o distinga. [Sem dispositivo correspondente no CC/1916.]

Art. 1.163: 1. **Lei 8.934, de 18.11.94** — Dispõe sobre o Registro Público de Empresas Mercantis e atividades afins e dá outras providências: **"Art. 35.** Não podem ser arquivados: ... **V** — os atos de empresas mercantis com nome idêntico ou semelhante a outro já existente".

LSA 3º § 2º: "Se a denominação for idêntica ou semelhante a de companhia já existente, assistirá à prejudicada o direito de requerer a modificação, por via administrativa (artigo 97) ou em juízo, e demandar as perdas e danos resultantes".

Lei 9.279, de 14.5.96 — Regula direitos e obrigações relativos à propriedade industrial: **"Art. 195.** Comete crime de concorrência desleal quem: ... **V** — usa, indevidamente, nome comercial, título de estabelecimento ou insígnia alheios ou vende, expõe ou oferece à venda ou tem em estoque produto com essas referências".

Art. 1.164. O nome empresarial não pode ser objeto de alienação. [Sem dispositivo correspondente no CC/1916.]

Parágrafo único. O adquirente de estabelecimento, por ato entre vivos, pode, se o contrato o permitir, usar o nome do alienante, precedido do seu próprio, com a qualificação de sucessor.[1] [Sem dispositivo correspondente no CC/1916.]

Art. 1.164: 1. v. art. 1.143.

Art. 1.165. O nome de sócio que vier a falecer, for excluído ou se retirar, não pode ser conservado na firma social.[1] [Sem dispositivo correspondente no CC/1916.]

Art. 1.165: 1. em obediência ao princípio da veracidade (v. art. 34 da Lei 8.934, de 18.11.94).

Art. 1.166. A inscrição do empresário, ou dos atos constitutivos das pessoas jurídicas, ou as respectivas averbações, no registro próprio, asseguram o uso exclusivo do nome nos limites do respectivo Estado.[1] [Sem dispositivo correspondente no CC/1916.]

Parágrafo único. O uso previsto neste artigo estender-se-á a todo o território nacional, se registrado na forma da lei especial.[2] [Sem dispositivo correspondente no CC/1916.]

Art. 1.166: 1. **Lei 9.279, de 14.5.96** — Regula direitos e obrigações relativos à propriedade industrial: **"Art. 195.** Comete crime de concorrência desleal quem ... **V** — usa, indevidamente, nome comercial, título de estabelecimento ou insígnia alheios ou vende, expõe ou oferece à venda ou tem em estoque produto com essas referências".

Art. 1.166: 2. **Lei 8.934, de 18.11.94** — Dispõe sobre o Registro Público de Empresas Mercantis e atividades afins e dá outras providências. Regulamentada pelo Dec. 1.800, de 30.1.96.

Art. 1.167. Cabe ao prejudicado, a qualquer tempo, ação para anular a inscrição do nome empresarial feita com violação da lei ou do contrato.[1] [Sem dispositivo correspondente no CC/1916.]

Art. 1.167: 1. **LSA 3º § 2º:** "Se a denominação for idêntica ou semelhante a de companhia já existente, assistirá à prejudicada o direito de requerer a modificação, por via administrativa (artigo 97) ou em juízo, e demandar as perdas e danos resultantes".

Art. 1.168. A inscrição do nome empresarial será cancelada, a requerimento de qualquer interessado, quando cessar o exercício da atividade para que foi adotado, ou quando ultimar-se a liquidação da sociedade que o inscreveu.[1] [Sem dispositivo correspondente no CC/1916.]

Art. 1.168: 1. v. arts. 59 e 60 § 1º da Lei 8.934, de 18.11.94.

Capítulo III | DOS PREPOSTOS

Seção I | DISPOSIÇÕES GERAIS

Art. 1.169. O preposto[1] não pode, sem autorização escrita, fazer-se substituir no desempenho da preposição, sob pena de responder pessoalmente pelos atos do substituto e pelas obrigações por ele contraídas. [Sem dispositivo correspondente no CC/1916.]

Art. 1.169: 1. O gerente é uma espécie de preposto, cuja peculiaridade é o caráter permanente de sua condição (cf. art. 1.172).

Art. 1.170. O preposto,[1] salvo autorização expressa, não pode negociar por conta própria ou de terceiro, nem participar, embora indiretamente, de operação do mesmo gênero da que lhe foi cometida, sob pena de responder por perdas e danos[2] e de serem retidos pelo preponente os lucros da operação. [Sem dispositivo correspondente no CC/1916.]

Art. 1.170: 1. Responsabilidade do preponente por ato do preposto: arts. 1.178 e 932-III.

Art. 1.170: 2. v. arts. 402 a 405.

Art. 1.171. Considera-se perfeita a entrega de papéis, bens ou valores ao preposto, encarregado pelo preponente, se os recebeu sem protesto, salvo nos casos em que haja prazo para reclamação. [Sem dispositivo correspondente no CC/1916.]

Seção II | DO GERENTE

Art. 1.172. Considera-se gerente o preposto[1] permanente no exercício da empresa, na sede desta, ou em sucursal, filial ou agência. [Sem dispositivo correspondente no CC/1916.]

Art. 1.172: 1. v. arts. 1.169 a 1.171.

Art. 1.173. Quando a lei não exigir poderes especiais,[1] considera-se o gerente autorizado a praticar todos os atos necessários ao exercício dos poderes que lhe foram outorgados. [Sem dispositivo correspondente no CC/1916.]

Parágrafo único. Na falta de estipulação diversa, consideram-se solidários[2] os poderes conferidos a dois ou mais gerentes. [Sem dispositivo correspondente no CC/1916.]

Art. 1.173: 1. v. art. 661 § 1º.

Art. 1.173: 2. v. arts. 275 a 285.

Art. 1.174. As limitações contidas na outorga de poderes, para serem opostas a terceiros, dependem do arquivamento e averbação do instrumento no Registro Público de Empresas Mercantis,[1-2] salvo se provado serem conhecidas da pessoa que tratou com o gerente.[3] [Sem dispositivo correspondente no CC/1916.]

Parágrafo único. Para o mesmo efeito e com idêntica ressalva, deve a modificação ou revogação do mandato ser arquivada e averbada no Registro Público de Empresas Mercantis. [Sem dispositivo correspondente no CC/1916.]

Art. 1.174: 1. Lei 8.934, de 18.11.94 — Dispõe sobre o Registro Público de Empresas Mercantis e atividades afins e dá outras providências. Regulamentada pelo **Dec. 1.800, de 30.1.96.**

Art. 1.174: 2. v. arts. 1.150 a 1.154.

Art. 1.174: 3. v. arts. 660, 661, 1.178 e 1.182.

Art. 1.175. O preponente responde com o gerente pelos atos que este pratique em seu próprio nome, mas à conta daquele.[1] [Sem dispositivo correspondente no CC/1916.]

Art. 1.175: 1. v. arts. 932-III, 933, 1.177 e 1.178. V. tb. CDC 34.

Art. 1.176. O gerente pode estar em juízo em nome do preponente, pelas obrigações resultantes do exercício da sua função. [Sem dispositivo correspondente no CC/1916.]

Seção III | DO CONTABILISTA E OUTROS AUXILIARES

Art. 1.177. Os assentos lançados nos livros ou fichas do preponente, por qualquer dos prepostos encarregados de sua escrituração,[1-1a] produzem, salvo se houver procedido de má-fé, os mesmos efeitos como se o fossem por aquele. [Sem dispositivo correspondente no CC/1916.]

Parágrafo único. No exercício de suas funções, os prepostos são pessoalmente responsáveis, perante os preponentes, pelos atos culposos; e, perante terceiros, solidariamente[2] com o preponente, pelos atos dolosos.[3] [Sem dispositivo correspondente no CC/1916.]

Art. 1.177: 1. v. art. 1.182 (responsabilidade do contabilista).

Art. 1.177: 1a. Dec. lei 9.295, de 27.5.46 — Cria o Conselho Federal de Contabilidade, define as atribuições do Contador e do Guarda-livros, e dá outras providências.

Art. 1.177: 2. v. arts. 275 a 285.

Art. 1.177: 3. "Atrocidades contábeis no novo Código Civil", por Eliseu Martins (Rev. AASP 68/87); "A responsabilidade do contabilista — o Código Civil brasileiro e o Decreto-Lei n. 9.295/1946 devidamente atualizado", por Voltaire Marensi (RMDECC 40/24, RJ-Lex 52/58).

Art. 1.178. Os preponentes são responsáveis[1] pelos atos de quaisquer prepostos, praticados nos seus estabelecimentos e relativos à atividade da empresa, ainda que não autorizados por escrito. [Sem dispositivo correspondente no CC/1916.]

Parágrafo único. Quando tais atos forem praticados fora do estabelecimento, somente obrigarão o preponente nos limites dos poderes conferidos por escrito, cujo instrumento pode ser suprido pela certidão ou cópia autêntica do seu teor. [Sem dispositivo correspondente no CC/1916.]

Art. 1.178: 1. v. art. 932-III c/c art. 933.

Capítulo IV | DA ESCRITURAÇÃO[1]

CAP. IV: 1. **Dec. lei 9.295, de 27.5.46** — Cria o Conselho Federal de Contabilidade, define as atribuições do Contador e do Guarda-livros, e dá outras providências.

Dec. lei 486, de 3.3.69 — Dispõe sobre escrituração e livros mercantis e dá outras providências (regulamentado pelo Dec. 64.567, de 22.5.69).

Dec. 6.022, de 22.1.07 — Institui o Sistema Público de Escrituração Digital (Sped).

Art. 1.179. O empresário e a sociedade empresária são obrigados a seguir um sistema de contabilidade, mecanizado ou não, com base na escrituração uniforme de seus livros, em correspondência com a documentação respectiva, e a levantar anualmente o balanço patrimonial[1] e o de resultado econômico.[1a-2] [Sem dispositivo correspondente no CC/1916.]

§ 1º Salvo o disposto no art. 1.180, o número e a espécie de livros ficam a critério dos interessados.[3] [Sem dispositivo correspondente no CC/1916.]

§ 2º É dispensado das exigências deste artigo o pequeno empresário[4] a que se refere o art. 970. [Sem dispositivo correspondente no CC/1916.]

Art. 1.179: 1. v. arts. 1.186 a 1.189.

Art. 1.179: 1a. v. arts. 1.020, 1.065, 1.069-III, 1.078-I e § 3º, 1.140, 1.188 e 1.189.

Art. 1.179: 2. v. LRF 168 §§ 1º a 4º. V. tb. art. 1º do Dec. lei 486, de 3.3.69 e LSA 175 a 188.

Art. 1.179: 3. v. LSA 100 a 102 e CP 297 § 2º.

Art. 1.179: 4. **LC 123, de 14.12.06** — Institui o Estatuto Nacional da Microempresa e da Empresa de Pequeno Porte, e dá outras providências: **"Art. 68** (*redação da LC 139, de 10.11.11, em vigor a partir de 1.1.12*). Considera-se pequeno empresário, para efeito de aplicação do disposto nos arts. 970 e 1.179 da Lei n. 10.406, de 10 de janeiro de 2002 (Código Civil), o empresário individual caracterizado como microempresa na forma desta Lei Complementar que aufira receita bruta anual até o limite previsto no § 1º do art. 18-A". V. nota 4b ao art. 968.

Art. 1.180. Além dos demais livros exigidos por lei,[1-1a] é indispensável o Diário,[2] que pode ser substituído por fichas no caso de escrituração mecanizada ou eletrônica. [Sem dispositivo correspondente no CC/1916.]

Parágrafo único. A adoção de fichas não dispensa o uso de livro apropriado para o lançamento do balanço patrimonial e do de resultado econômico. [Sem dispositivo correspondente no CC/1916.]

Art. 1.180: 1. cf. art. 1.179 § 1º.

Art. 1.180: 1a. v. arts. 32 § 1º e 40 § ún. da Lei 4.728, de 14.7.65; art. 5º do Dec. lei 486, de 3.3.69; LSA 100 a 105; e LDu 19 (no tít. DUPLICATA).

Art. 1.180: 2. v. arts. 1.184 a 1.186.

Art. 1.181. Salvo disposição especial de lei, os livros obrigatórios e, se for o caso, as fichas, antes de postos em uso, devem ser autenticados no Registro Público de Empresas Mercantis.[1] [Sem dispositivo correspondente no CC/1916.]

Parágrafo único. A autenticação não se fará sem que esteja inscrito o empresário, ou a sociedade empresária, que poderá fazer autenticar livros não obrigatórios. [Sem dispositivo correspondente no CC/1916.]

Art. 1.181: 1. v. art. 39 da Lei 8.934, de 18.11.94.

Art. 1.182. Sem prejuízo do disposto no art. 1.174, a escrituração ficará sob a responsabilidade de contabilista legalmente habilitado, salvo se nenhum houver na localidade.[1-1a] [Sem dispositivo correspondente no CC/1916.]

Art. 1.182: 1. **Dec. lei 9.295, de 27.5.46** — Cria o Conselho Federal de Contabilidade, define as atribuições do Contador e do Guarda-livros, e dá outras providências.

Dec. lei 806, de 4.9.69 — Dispõe sobre a profissão de atuário e dá outras providências (regulamentado pelo Dec. 66.408, de 3.4.70).

Art. 1.182: 1a. v. art. 3º do Dec. lei 486, de 3.3.69.

Art. 1.183. A escrituração será feita em idioma e moeda corrente nacionais e em forma contábil, por ordem cronológica de dia, mês e ano, sem intervalos em branco, nem entrelinhas, borrões, rasuras, emendas ou transportes para as margens.[1-1a] [Sem dispositivo correspondente no CC/1916.]

Parágrafo único. É permitido o uso de código de números ou de abreviaturas, que constem de livro próprio, regularmente autenticado. [Sem dispositivo correspondente no CC/1916.]

Art. 1.183: 1. v. art. 226. V. tb. CPC 417 a 419.

Art. 1.183: 1a. v. art. 2º do Dec. lei 486, de 3.3.69, e art. 2º do Dec. 64.567, de 22.5.69.

Art. 1.184. No Diário[1] serão lançadas, com individuação, clareza e caracterização do documento respectivo, dia a dia, por escrita direta ou reprodução, todas as operações relativas ao exercício da empresa. [Sem dispositivo correspondente no CC/1916.]

§ 1º Admite-se a escrituração resumida do Diário, com totais que não excedam o período de trinta dias, relativamente a contas cujas operações sejam numerosas ou realizadas fora da sede do estabelecimento, desde que utilizados livros auxiliares regularmente autenticados, para registro individualizado, e conservados os documentos que permitam a sua perfeita verificação. [Sem dispositivo correspondente no CC/1916.]

§ 2º Serão lançados no Diário o balanço patrimonial e o de resultado econômico, devendo ambos ser assinados por técnico em Ciências Contábeis legalmente habilitado e pelo empresário ou sociedade empresária. [Sem dispositivo correspondente no CC/1916.]

Art. 1.184: 1. v. art. 1.180.

V. ainda art. 5º do Dec. lei 486, de 3.3.69.

Art. 1.185. O empresário ou sociedade empresária que adotar o sistema de fichas de lançamentos poderá substituir o livro Diário pelo livro Balancetes Diários e Balanços, observadas as mesmas formalidades extrínsecas exigidas para aquele.[1] [Sem dispositivo correspondente no CC/1916.]

Art. 1.185: 1. v. arts. 1.180, 1.183, 1.184 e 1.186.

Art. 1.186. O livro Balancetes Diários e Balanços[1] será escriturado de modo que registre: [Sem dispositivo correspondente no CC/1916.]

I — a posição diária de cada uma das contas ou títulos contábeis, pelo respectivo saldo, em forma de balancetes diários; [Sem dispositivo correspondente no CC/1916.]

II — o balanço patrimonial e o de resultado econômico, no encerramento do exercício. [Sem dispositivo correspondente no CC/1916.]

Art. 1.186: 1. v. art. 1.185.

Art. 1.187. Na coleta dos elementos para o inventário serão observados os critérios de avaliação a seguir determinados:[1] [Sem dispositivo correspondente no CC/1916.]

I — os bens destinados à exploração da atividade serão avaliados pelo custo de aquisição, devendo, na avaliação dos que se desgastam ou depreciam com o uso, pela ação do tempo ou outros fatores, atender-se à desvalorização respectiva, criando-se fundos de amortização para assegurar-lhes a substituição ou a conservação do valor; [Sem dispositivo correspondente no CC/1916.]

II — os valores mobiliários, matéria-prima, bens destinados à alienação, ou que constituem produtos ou artigos da indústria ou comércio da empresa, podem ser estimados pelo custo de aquisição ou de fabricação, ou pelo preço corrente, sempre que este for inferior ao preço de custo, e quando o preço corrente ou venal estiver acima do valor do custo de aquisição, ou fabricação, e os bens forem avaliados pelo preço corrente, a diferença entre este e o preço de custo não será levada em conta para a distribuição de lucros, nem para as percentagens referentes a fundos de reserva; [Sem dispositivo correspondente no CC/1916.]

III — o valor das ações e dos títulos de renda fixa pode ser determinado com base na respectiva cotação da Bolsa de Valores; os não cotados e as participações não acionárias serão considerados pelo seu valor de aquisição; [Sem dispositivo correspondente no CC/1916.]

IV — os créditos serão considerados de conformidade com o presumível valor de realização, não se levando em conta os prescritos ou de difícil liquidação, salvo se houver, quanto aos últimos, previsão equivalente. [Sem dispositivo correspondente no CC/1916.]

Parágrafo único. Entre os valores do ativo podem figurar, desde que se preceda, anualmente, à sua amortização: [Sem dispositivo correspondente no CC/1916.]

I — as despesas de instalação da sociedade, até o limite correspondente a dez por cento do capital social; [Sem dispositivo correspondente no CC/1916.]

II — os juros pagos aos acionistas da sociedade anônima, no período antecedente ao início das operações sociais, à taxa não superior a doze por cento ao ano, fixada no estatuto; [Sem dispositivo correspondente no CC/1916.]

III — a quantia efetivamente paga a título de aviamento de estabelecimento adquirido pelo empresário ou sociedade. [Sem dispositivo correspondente no CC/1916.]

Art. 1.187: 1. v. LSA 183.

Art. 1.188. O balanço patrimonial deverá exprimir, com fidelidade e clareza, a situação real da empresa e, atendidas as peculiaridades desta, bem como as disposições das leis especiais, indicará, distintamente, o ativo e o passivo. [Sem dispositivo correspondente no CC/1916.]

Parágrafo único. Lei especial disporá sobre as informações que acompanharão o balanço patrimonial, em caso de sociedades coligadas.[1] [Sem dispositivo correspondente no CC/1916.]

Art. 1.188: 1. v. arts. 1.097 a 1.101 e LSA 247 a 250.

Art. 1.189. O balanço de resultado econômico, ou demonstração da conta de lucros e perdas, acompanhará o balanço patrimonial e dele constarão crédito e débito, na forma da lei especial.[1] [Sem dispositivo correspondente no CC/1916.]

Art. 1.189: 1. v. LSA 176.

Art. 1.190. Ressalvados os casos previstos em lei,[1-1a] nenhuma autoridade, juiz ou tribunal, sob qualquer pretexto, poderá fazer ou ordenar diligência para verificar se o empresário ou a sociedade empresária observam, ou não, em seus livros e fichas, as formalidades prescritas em lei.[2] [Sem dispositivo correspondente no CC/1916.]

Art. 1.190: 1. CTN 195: "Para os efeitos da legislação tributária, não têm aplicação quaisquer disposições legais excludentes ou limitativas do direito de examinar mercadorias, livros, arquivos, documentos, papéis e efeitos comerciais ou fiscais, dos comerciantes industriais ou produtores, ou da obrigação destes de exibi-los. **Parágrafo único.** Os livros obrigatórios de escrituração comercial e fiscal e os comprovantes dos lançamentos neles efetuados serão conservados até que ocorra a prescrição dos créditos tributários decorrentes das operações a que se refiram".

Lei 8.212, de 24.7.91 — Dispõe sobre a organização da Seguridade Social, institui Plano de Custeio, e dá outras providências: **"Art. 33 (...) § 1º** (*redação da Lei 11.941, de 27.5.09*) É prerrogativa da Secretaria da Receita Federal do Brasil, por intermédio dos Auditores-Fiscais da Receita Federal do Brasil, o exame da contabilidade das empresas, ficando obrigados a prestarem todos os esclarecimentos e informações solicitados o segurado e os terceiros responsáveis pelo recolhimento das contribuições previdenciárias e das contribuições devidas a outras entidades e fundos".

Dec. 3.048, de 6.5.99 — Aprova o Regulamento da Previdência Social, e dá outras providências: **"Art. 231.** É prerrogativa do Ministério da Previdência e Assistência Social, do Instituto Nacional do Seguro Social e da Secretaria da Receita Federal o exame da contabilidade da empresa, não prevalecendo para esse efeito o disposto nos arts. 17 e 18 do Código Comercial, ficando obrigados a empresa e o segurado a prestarem todos os esclarecimentos e informações solicitados".

LRF 22: "Ao administrador judicial compete, sob a fiscalização do juiz e do Comitê, além de outros deveres que esta Lei lhe impõe: **I** — na recuperação judicial e na falência: ... **c)** dar extratos dos livros do devedor, que merecerão fé de ofício, a fim de servirem de fundamento nas habilitações e impugnações de créditos; ... **III** — na falência: ... **b)** examinar a escrituração do devedor".

Art. 1.190. 1a. "No exercício de sua atividade fiscalizatória, a teor da combinada exegese dos **arts. 2º, 10, *c*, e 25 do Decreto-Lei 9.295/46,** podem os Conselhos Regionais de Contabilidade examinar livros e fichas contábeis de empresários e de sociedades empresárias em poder de contadores" (STJ-1ª T., REsp 1.420.396, Min. Sérgio Kukina, j. 19.9.17, DJ 29.9.17).

Art. 1.190: 2. **Súmula 439 do STF:** "Estão sujeitos à fiscalização tributária ou previdenciária quaisquer livros comerciais, limitado o exame aos pontos objeto da investigação".

Art. 1.191. O juiz só poderá autorizar a exibição integral dos livros[1] e papéis de escrituração quando necessária para resolver questões relativas a sucessão,[1a-1b] comunhão ou sociedade, administração ou gestão à conta de outrem, ou em caso de falência.[2] [Sem dispositivo correspondente no CC/1916.]

§ 1º O juiz ou tribunal que conhecer de medida cautelar ou de ação pode, a requerimento ou de ofício, ordenar que os livros de qualquer das partes, ou de ambas, sejam examinados na presença do empresário ou da sociedade empresária a que pertencerem, ou de pessoas por estes nomeadas, para deles se extrair o que interessar à questão.[2a] [Sem dispositivo correspondente no CC/1916.]

§ 2º Achando-se os livros em outra jurisdição, nela se fará o exame, perante o respectivo juiz. [Sem dispositivo correspondente no CC/1916.]

Art. 1.191: 1. v. CPC 420 e 421.

Art. 1.191: 1a. Este dispositivo refere-se tanto à sucessão *causa mortis* quanto à comercial, relativa à transferência de quotas, ações ou do próprio estabelecimento.

Art. 1.191: 1b. "Não é escusa para a exibição da escrituração da sociedade o incomprovado encerramento das atividades, já que incumbe ao administrador da sociedade diligenciar não só a escrituração da empresa, mas também a comunicação aos sócios de todos os incidentes e percalços ocorridos, sendo certo que o eventual encerramento das atividades sociais, assim como a sucessão da empresa, deveria ter sido precedido da prévia comunicação e anuência de todos os sócios" (Bol. AASP 2.599: TJRJ, AP 58.989/2007; a citação é do voto do relator).

Art. 1.191: 2. v. LSA 105. V. tb. art. 1.192.

Art. 1.191: 2a. **Súmula 260 do STF:** "O exame de livros comerciais, em ação judicial, fica limitado às transações entre os litigantes".

Súmula 390 do STF: "A exibição judicial de livros comerciais pode ser requerida como medida preventiva".

Art. 1.192. Recusada[1] a apresentação dos livros, nos casos do artigo antecedente, serão apreendidos judicialmente e, no do seu § 1º, ter-se-á como verdadeiro o alegado pela parte contrária para se provar pelos livros.[2] [Sem dispositivo correspondente no CC/1916.]

Parágrafo único. A confissão[3] resultante da recusa pode ser elidida por prova documental em contrário. [Sem dispositivo correspondente no CC/1916.]

Art. 1.192: 1. **CP 330:** "Desobedecer a ordem legal de funcionário público: Pena — detenção, de quinze dias a seis meses, e multa".

Art. 1.192: 2. v. CPC 400.

Art. 1.192: 3. v. CPC 389 a 395.

Art. 1.193. As restrições estabelecidas neste Capítulo ao exame da escrituração, em parte ou por inteiro, não se aplicam às autoridades fazendárias, no exercício da fiscalização do pagamento de impostos, nos termos estritos das respectivas leis especiais.[1] [Sem dispositivo correspondente no CC/1916.]

Art. 1.193: 1. v. CTN 195 e 198; Lei 8.137, de 27.12.90, art. 1º (omissão de informação ou declaração falsa diante de autoridades fazendárias); e Lei 8.212, de 24.7.91, art. 33 § 1º.

V. tb. art. 1.190, nota 2 (Súmula 439 do STF).

Art. 1.194. O empresário e a sociedade empresária são obrigados a conservar em boa guarda toda a escrituração, correspondência e mais papéis concernentes à sua atividade, enquanto não ocorrer prescrição ou decadência[1] no tocante aos atos neles consignados.[2] [Sem dispositivo correspondente no CC/1916.]

Art. 1.194: 1. v. arts. 189 a 211.

Art. 1.194: 2. v. art. 4º do Dec. lei 486, de 3.3.69, e art. 5º do Dec. 64.567, de 22.5.69.

Art. 1.195. As disposições deste Capítulo aplicam-se às sucursais, filiais ou agências, no Brasil, do empresário ou sociedade com sede em país estrangeiro.[1] [Sem dispositivo correspondente no CC/1916.]

Art. 1.195.1. v. arts. 1.134 a 1.141 (e notas).

Código Civil

Livro III | DO DIREITO DAS COISAS[1]

Título I | DA POSSE[1-2]

Capítulo I | DA POSSE E SUA CLASSIFICAÇÃO

✎ LIV. III: 1. "O projeto de Código Civil e o direito das coisas", por Sérgio José Porto (RT 794/36); "O novo Código Civil e o direito das coisas", por Jackson Rocha Guimarães (RT 798/51); "A limitação da autonomia privada nos direitos reais e pessoais", por Luiz Fernando do Vale de Almeida Guilherme (RDPr 14/281); "Algumas inovações e críticas ao livro dos 'Direitos das coisas' no novo Código Civil", por Eduardo Cambi (RT 823/11).

✎ TÍT. I: 1. "A posse e a propriedade no novo Código Civil", por Edílson Pereira Nobre Jr. (RF 364/67 e RDPr 15/17); "A posse e a tutela possessória", por Moacir Adiers (RT 820/61 e RJ 306/19); "Defesa da posse e ações possessórias", por Arruda Alvim (RP 114/9); "Posse no direito brasileiro: para além do *animus* e do *corpus*", por Paulo Lobo (RJ 436/79).

TÍT. I: 2. Ações possessórias: CPC 554 e segs.

Art. 1.196. Considera-se possuidor[1-2] todo aquele que tem de fato o exercício, pleno ou não, de algum dos poderes inerentes à propriedade.[3 a 5]
[Dispositivo correspondente no CC/1916: art. 485.]

Art. 1.196: 1. **Enunciado 236 do CEJ:** "Considera-se possuidor, para todos os efeitos legais, também a coletividade desprovida de personalidade jurídica".

Art. 1.196: 2. "A **ocupação de área pública,** quando irregular, não pode ser considerada como posse, mas como mera detenção" (STJ-2ª T., REsp 556.721, Min. Eliana Calmon, j. 15.9.05, DJU 3.10.05).

Todavia: "Na ocupação de bem público, duas situações devem ter tratamentos distintos: i) aquela em que o particular invade imóvel público e almeja proteção possessória ou indenização/retenção em face do ente estatal e ii) as **contendas possessórias entre particulares** no tocante a imóvel situado em terras públicas. A posse deve ser protegida como um fim em si mesma, exercendo o particular o poder fático sobre a *res* e garantindo sua função social, sendo que o critério para aferir se há posse ou detenção não é o estrutural e sim o funcional. É a afetação do bem a uma finalidade pública que dirá se pode ou não ser objeto de atos possessórias por um particular. A jurisprudência do STJ é sedimentada no sentido de que o particular tem apenas detenção em relação ao Poder Público, não se cogitando de proteção possessória. É possível o manejo de interditos possessórios em litígio entre particulares sobre bem público dominical, pois entre ambos a disputa será relativa à posse. Nos bens do patrimônio disponível do Estado (dominicais), despojados de destinação pública, permite-se a proteção possessória pelos ocupantes da terra pública que venham a lhe dar função social. A ocupação por particular de um bem público abandonado/desafetado — isto é, sem destinação ao uso público em geral ou a uma atividade administrativa —, confere justamente a função social da qual o bem está carente em sua essência. A exegese que reconhece a posse nos **bens dominicais** deve ser conciliada com a regra que veda o reconhecimento da usucapião nos bens públicos (STF, Súm. 340; CF, arts. 183, § 3º; e 192; CC, art. 102); um dos efeitos jurídicos da posse — a usucapião — será limitado, devendo ser mantido, no entanto, a possibilidade de invocação dos interditos possessórios pelo particular" (STJ-4ª T., REsp 1.296.964, Min. Luis Felipe, j. 18.10.16, DJ 7.12.16).

"A ocupação de área pública, sem autorização expressa e legítima do titular do domínio, não pode ser confundida com a mera detenção. Aquele que invade terras e nela constrói sua moradia jamais exercerá a posse em nome alheio. Não há entre ele e o proprietário ou quem assim possa ser qualificado como o que ostenta *jus possidendi* uma relação de dependência ou subordinação. Ainda que a posse não possa ser oposta ao ente público senhor da propriedade do bem, ela pode ser oposta contra outros particulares, tornando admissíveis as ações possessórias entre invasores" (STJ-3ª T., REsp 1.484.304, Min. Moura Ribeiro, j. 10.3.16, DJ 15.3.16).

"Diferentemente do que ocorre com a situação de fato existente sobre bens públicos dominicais — sobre os quais o exercício de determinados poderes ocorre a pretexto de mera detenção —, é possível a posse de particulares sobre **bens públicos de uso comum,** a qual, inclusive, é exercida coletivamente, como composse. Estando presentes a possibilidade de configuração de posse sobre bens públicos de uso comum e a possibilidade de as autoras serem titulares desse direito, deve ser reconhecido o preenchimento das condições da ação" (STJ-3ª T., REsp 1.582.176, Min. Nancy Andrighi, j. 20.9.16, DJ 30.9.16).

S/ detenção, v. art. 1.198; s/ ocupação de área pública, v. arts. 1.219, notas 4, 4a e 7a, e 1.255, nota 2.

Art. 1.196: 3. s/ aquisição da posse, v. arts. 1.204 e segs.; s/ efeitos da posse, v. arts. 1.210 e segs.; s/ perda da posse, v. arts. 1.223 e 1.224.

Art. 1.196: 4. Os poderes inerentes à propriedade são o de usar, gozar, dispor e reivindicar (art. 1.228).

Art. 1.196: 5. "Desnecessária a residência no imóvel para comprovação da posse, na medida em que a concepção atual de posse dispensa permanente contato físico do possuidor com o objeto. Logo, vigilância, limpeza, cercamento do imóvel e depoimentos de testemunhas mostram-se aptos a revelar exercício de posse. Tratando-se da disputa de posse contra posse, há que ser resguardado aquele que exercer a melhor posse, assim considerado o possuidor que detém a posse mais antiga" (RMDAU 45/118: TJDFT, AP 2012.01.1.148007-4).

Art. 1.197. A posse direta,[1] de pessoa que tem a coisa em seu poder, temporariamente, em virtude de direito pessoal, ou real, não anula a indireta,[2] de quem aquela foi havida, podendo o possuidor direto defender a sua posse contra o indireto.[3] [Dispositivo correspondente no CC/1916: art. 486.]

Art. 1.197: 1. Exemplos de possuidores diretos: usufrutuário, locatário, comodatário.

Art. 1.197: 2. Exemplos de possuidores indiretos: nu-proprietário, locador, comodante.

Art. 1.197: 3. **Enunciado 76 do CEJ:** "O possuidor direto tem direito de defender a sua posse contra o indireto e este contra aquele (art. 1.197, *in fine*, do novo Código Civil)".

Art. 1.198. Considera-se detentor[1-1a] aquele que, achando-se em relação de dependência para com outro, conserva a posse em nome deste e em cumprimento de ordens ou instruções suas.[2-2a] [Dispositivo correspondente no CC/1916: art. 487.]

Parágrafo único. Aquele que começou a comportar-se do modo como prescreve este artigo, em relação ao bem e à outra pessoa, presume-se detentor, até que prove o contrário. [Sem dispositivo correspondente no CC/1916.]

Art. 1.198: 1. s/ ocupação de área pública, v. nota 2 ao art. 1.196; outras situações de mera detenção, v. art. 1.208.

Art. 1.198: 1a. detentor ou "fâmulo da posse".

Art. 1.198: 2. **Enunciado 301 do CEJ:** "É possível a conversão da detenção em posse, desde que rompida a subordinação, na hipótese de exercício em nome próprio dos atos possessórios".

Art. 1.198: 2a. O detentor, cujo exemplo clássico é o caseiro, não tem o direito de invocar proteção possessória, já que a posse não está em seu nome.

"Tendo sido contratado como caseiro, é forçoso reconhecer, portanto, que o agravante não pode ser qualificado como possuidor do imóvel, mas sim como mero detentor, nos termos do art. 1.198 do Código Civil, não adquirindo, assim, a posse do imóvel em questão, consoante previsto no art. 1.208 deste mesmo Código" (JTJ 342/212: AI 7.361.658-1; a citação é do voto do relator).

Art. 1.199. Se duas ou mais pessoas possuírem coisa indivisa, poderá cada uma exercer sobre ela atos possessórios, contanto que não excluam os dos outros compossuidores.[1 a 3] [Dispositivo correspondente no CC/1916: art. 488.]

Art. 1.199: 1. s/ direitos e deveres dos condôminos, v. art. 1.314 e §.

Art. 1.199: 2. "Área comum *pro indiviso*. Turbação. É cabível ação possessória intentada por compossuidores para combater turbação ou esbulho praticado por um deles, cercando fração da gleba comum" (STJ-4ª T., REsp 136.922, Min. Ruy Rosado, j. 18.12.97, DJU 16.3.98).

"Cada compossuidor só poderá exercer sobre a coisa atos possessórios que não excluam a posse dos demais compossuidores. E à semelhança do condomínio, o compossuidor não pode ceder seus direitos sem a anuência dos demais compossuidores. Desse modo, é vedado a qualquer dos compossuidores, por sua própria iniciativa, transformar a composse *pro indiviso* em *pro diviso*, estabelecendo-se em parte da área, à sua livre escolha, e praticando atos de demolição, com notada ofensa ao art. 488 do CC, configurando esbulho à posse dos demais compossuidores, e devendo responder por perdas e danos" (RT 734/347: 1º TASP, AP 594.839-4; ementa da redação). O art. 488 do CC rev. corresponde ao CC 1.199.

Art. 1.199: 3. "O exercício da composse, pelo pretenso usucapiente, não exclui o dos demais compossuidores (aliás, característica fundamental da composse, a teor do artigo 488 do Código Civil de 1916 e artigo 1.199 do Código Civil vigente). Não há se cogitar, portanto, de posse exclusiva exercida pelas autoras, a ensejar a declaração da prescrição aquisitiva" (JTJ 338/335: AP 190.746-4/1-00).

Art. 1.200. É justa a posse que não for violenta, clandestina ou precária.[1 a 4] [Dispositivo correspondente no CC/1916: art. 489.]

✎ **Art. 1.200: 1.** "Os vícios objetivos da posse no ordenamento jurídico brasileiro", por Claudio Ferreira Pazini (RDPr 34/67).

Art. 1.200: 1a. v. art. 1.208.

Art. 1.200: 2. Posse precária é aquela que, adquirida de forma provisória, permanece após o fim do seu prazo de duração, havendo o descumprimento do dever de restituir.

Art. 1.200: 3. **Enunciado 302 do CEJ:** "Pode ser considerado justo título para a posse de boa-fé o ato jurídico capaz de transmitir a posse *ad usucapionem*, observado o disposto no art. 113 do Código Civil".

Art. 1.200: 4. "A invasão é necessariamente clandestina ou violenta, não pode, assim, gerar posse" (STJ-1ª T., REsp 219.579, Min. Gomes de Barros, j. 26.9.00, DJU 4.12.00).

"O fato de o imóvel encontrar-se sem utilização pode evidenciar o descumprimento da função social estabelecida pela Constituição, mas não legitima a ocupação clandestina pela via da invasão coletiva e organizada. As medidas cabíveis para forçar o atendimento do preceito constitucional devem partir da autoridade pública" (RT 739/425: TARS, AI 196.177.349).

Art. 1.201. É de boa-fé[1 a 2a] a posse, se o possuidor ignora o vício, ou o obstáculo que impede a aquisição da coisa. [Dispositivo correspondente no CC/1916: art. 490.]

Parágrafo único. O possuidor com justo título[3 a 5] tem por si a presunção de boa-fé, salvo prova em contrário, ou quando a lei expressamente não admite esta presunção. [Dispositivo correspondente no CC/1916: art. 490 § ún.]

✎ **Art. 1.201: 1.** "A função social do contrato e o princípio da boa-fé no novo Código Civil Brasileiro", por Adriana Mandim Theodoro de Mello (RF 364/3).

Art. 1.201: 2. v. art. 1.202; s/ posse de boa-fé, v. arts. 1.214, 1.217, 1.219, 1.222, 1.238, 1.242, 1.243, 1.254 a 1.260; s/ posse de má-fé, v. arts. 1.216, 1.218, 1.220, 1.222, 1.254, 1.256, 1.258 § ún. e 1.259.

Art. 1.201: 2a. "Embora seja certo que o recorrido sempre teve ciência da mencionada ação rescisória, tendo sido, inclusive, citado para respondê-la, na qualidade de parte (réu), esse fato não transmuda sua posse de boa-fé em posse de má-fé, situação que afastaria o direito de retenção pelas benfeitorias realizadas no imóvel. O fato dos recorrentes terem promovido a ação rescisória não implicaria necessariamente que lhes fosse outorgada a tutela jurisdicional pretendida, de declaração de nulidade da ação de extinção de condomínio, permanecendo, portanto, incólume a boa-fé do recorrido no exercício da posse do bem" (STJ-3ª T., REsp 1.217.597, Min. Nancy Andrighi, j. 27.8.13, DJ 6.9.13).

Art. 1.201: 3. s/ conceito de justo título, v. art. 1.242, nota 1.

Art. 1.201: 3a. **Enunciado 303 do CEJ:** "Considera-se justo título para presunção relativa da boa-fé do possuidor o justo motivo que lhe autoriza a aquisição derivada da posse, esteja ou não materializado em instrumento público ou particular. Compreensão na perspectiva da função social da posse".

Art. 1.201: 3b. "A função social da posse deve complementar o exame da 'melhor posse' para fins de utilização dos interditos possessórios. Quer dizer, alia-se a outros elementos, tais como a antiguidade e a qualidade do título, não podendo ser analisada dissociada de tais critérios, estabelecidos pelo legislador de 2002, a teor do art. 1.201, parágrafo único, do Código Civil, conferindo-se, inclusive, ao portador do justo título a presunção de boa-fé. É importante deixar assente que a própria função social da posse, como valor e critério jurídico-normativo, não tem caráter absoluto, sob pena deste Tribunal, caso coteje de modo preponderante apenas um dos fatores ou requisitos integrados no instituto jurídico, gerar insegurança jurídica no trato de tema por demais relevante, em que o legislador ordinário e o próprio constituinte não pretenderam regrar com cláusulas amplamente abertas. É preciso considerar o critério da função social da posse, complementado a outros parâmetros, como a antiguidade e a qualidade do título, a existência real da relação material com a coisa, sua intensidade, tendo como norte hermenêutico a definição do art. 1.201, parágrafo único, do Código Civil. No caso em foco, o exame do vetor alusivo à função social da posse, como critério jurídico-normativo único, não teria isoladamente influência suficiente para alterar o resultado do processo, a ponto de beneficiar qualquer litigante, porquanto os elementos existentes e, sobretudo, a equivalência de forças dos documentos apresentados tornam dispensáveis considerações segmentadas, não conjunturais, em relação àquele elemento. Merece ser mantida incólume a conclusão das instâncias ordinárias, que valoraram adequadamente os requisitos do art. 927 do CPC e concluíram por negar ao recorrente a melhor posse, com base nos argumentos da antiguidade do título e da efetiva relação material com a coisa possuída. Além disso, observando-se a ordem de alienação do imóvel objeto do presente litígio, verifica-se, em princípio, a correção na cadeia de transferência dominial do bem, até a aquisição da posse pela ora recorrida" (STJ-4ª T., REsp 1.148.631, Min. Marco Buzzi, j. 15.8.13, maioria, DJ 4.4.14).

Art. 1.201: 4. "Nos termos do artigo 1.201 do Código Civil, a existência de justo título instaura a presunção de que a posse é exercida de boa-fé, mas a sua falta, ao contrário, não autoriza a conclusão de que há má-fé. Com efeito, para que a posse seja considerada de boa-fé, basta que o possuidor ignore a existência de obstáculo legal à aquisição da coisa" (STJ-RP 189/380: 3ª T., REsp 855.040).

Art. 1.201: 5. "Estando o contrato de dação de imóvel em pagamento impossibilitado de produzir efeitos jurídicos, o negócio subsiste nos planos da existência e validade, mas fica impedido de produzir resultado no plano da sua eficácia, de modo que o referido instrumento não constitui justo título para fins de proteção possessória. O direito à posse é relativo, podendo esta ser justa em relação a uns e injusta em relação a outros, a depender da relação existente entre os sujeitos, a ser analisada casuisticamente" (STJ-3ª T., REsp 1.347.390, Min. Nancy Andrighi, j. 4.2.14, DJ 17.2.14).

Art. 1.202. A posse de boa-fé só perde este caráter no caso e desde o momento em que as circunstâncias façam presumir que o possuidor não ignora que possui indevidamente. [Dispositivo correspondente no CC/1916: art. 491.]

Art. 1.203. Salvo prova em contrário, entende-se manter a posse o mesmo caráter com que foi adquirida.[1 a 4] [Dispositivo correspondente no CC/1916: art. 492.]

Art. 1.203: 1. "Da possibilidade de interversão da posse precária e a sua configuração em posse *ad usucapionem*", por Carlos José Cordeiro e Josiane Araújo Gomes (RDPr 45/241).

Art. 1.203: 1a. v. art. 1.206. V. tb. art. 1.208, *in fine*.

Art. 1.203: 2. **Enunciado 237 do CEJ:** "É cabível a modificação do título da posse — *interversio possessionis* — na hipótese em que o até então possuidor direto demonstrar ato exterior e inequívoco de oposição ao antigo possuidor indireto, tendo por efeito a caracterização do *animus domini*".

Art. 1.203: 3. "Nada impede que o caráter originário da posse se modifique, motivo pelo qual o fato de ter havido no início da posse da autora um vínculo locatício, não é embaraço ao reconhecimento de que, a partir de um determinado momento, essa mesma mudou de natureza e assumiu a feição de posse em nome próprio, sem subordinação ao antigo dono e, por isso mesmo, com força *ad usucapionem*" (RSTJ 143/370: 4ª T., REsp 154.733).

Mas: "Decorrente a posse da autora de contrato de locação, a ela incumbia produzir prova da transmutação da posse. Para que se verifique a mudança do caráter da posse não própria para própria, o possuidor deve passar a externar conduta típica de proprietário, intitulando-se e agindo como tal perante a comunidade e a administração pública, seja mediante a formulação de pleitos junto à municipalidade, pagamento de tributos, e rompimento, ainda que apenas pelo descumprimento, do contrato por meio do qual a ele transmitida a posse pelo titular do domínio ou anterior possuidor, o que não ocorreu no caso *sub judice*" (RT 912/988: TJRS, AP 70024502494).

S/ inadimplemento do locatário e subsistência do contrato de locação, v. LI 9º, nota 7a.

Art. 1.203: 4. "Patente a inversão no caráter da posse, vez que cessada a relação de emprego, permaneceram os autores na posse do imóvel por mais de 20 anos, usando a área usucapienda como se sua fosse, sem interrupção e qualquer oposição dos demandados" (RJTJERGS 270/345: AP 70022738488).

"Templo. Pastor que se desfilia dos quadros de obreiros da religião. Transmudação da detenção em posse. Desde quando se desligou da instituição recorrida, rompendo sua subordinação e convertendo a sua detenção em posse, fez-se possível, em tese, a contagem do prazo para fins da usucapião — diante da mudança da natureza jurídica de sua apreensão" (STJ-4ª T., REsp 1.188.937, Min. Luis Felipe, j. 11.3.14, DJ 2.4.14).

Capítulo II | DA AQUISIÇÃO DA POSSE

Art. 1.204. Adquire-se a posse desde o momento em que se torna possível o exercício, em nome próprio, de qualquer dos poderes inerentes à propriedade.[1] [Dispositivo correspondente no CC/1916: art. 493.]

Art. 1.204: 1. v. art. 1.198, nota 2 (Enunciado 301 do CEJ).

Art. 1.205. A posse pode ser adquirida:[1] [Dispositivo correspondente no CC/1916: art. 494-*caput*.]

I — pela própria pessoa que a pretende ou por seu representante; [Dispositivo correspondente no CC/1916: art. 494-I e II.]

II — por terceiro sem mandato, dependendo de ratificação.[2-2a] [Dispositivo correspondente no CC/1916: art. 494-III.]

Art. 1.205: 1. **Enunciado 77 do CEJ:** "A posse das coisas móveis e imóveis também pode ser transmitida pelo constituto possessório". V., a propósito, art. 1.267 § ún.

Art. 1.205: 2. v. art. 662 § ún.

Art. 1.205: 2a. Enquanto não ocorrer a ratificação, esse terceiro será considerado gestor de negócio (v. arts. 861 a 875, especialmente o art. 873).

Art. 1.206. A posse transmite-se aos herdeiros ou legatários do possuidor com os mesmos caracteres.[1] [Dispositivo correspondente no CC/1916: art. 495.]

Art. 1.206: 1. v. arts. 1.203 e 1.784, nota 4.

Art. 1.207. O sucessor universal[1] continua de direito a posse do seu antecessor;[2] e ao sucessor singular é facultado unir sua posse à do antecessor, para os efeitos legais.[3-4] [Dispositivo correspondente no CC/1916: art. 496.]

Art. 1.207: 1. p. ex., o herdeiro. V. art. 1.206.

Art. 1.207: 2. v. art. 1.203.

Art. 1.207: 3. v. art. 1.243.

Art. 1.207: 4. mas não é possível adquiri-la por adjudicação em inventário ou arrolamento (RJM 168/184).

Art. 1.208. Não induzem posse os atos de mera permissão ou tolerância assim como não autorizam a sua aquisição os atos violentos, ou clandestinos, senão depois de cessar a violência ou a clandestinidade.[1-2] [Dispositivo correspondente no CC/1916: art. 497.]

Art. 1.208: 1. Ou seja, enquanto perdurar a violência ou a clandestinidade, não haverá posse, mas mera detenção. Cessadas aquelas, nasce posse injusta, porque viciada na sua origem.

S/ posse injusta, v. art. 1.200. V. tb. art. 1.203.

Art. 1.208: 2. "A posse *ad usucapionem* deve ser exercida, com *animus domini*, de forma mansa e pacífica, durante o lapso prescricional estabelecido em lei. Ausência de *animus domini*. Herdeira que permaneceu no imóvel após o falecimento dos genitores. Não possuía condições financeiras de residir em imóvel próprio. Mera permissão dos demais herdeiros. Posse precária" (JTJ 322/358: AP 990.10.261936-2; maioria).

Art. 1.209. A posse do imóvel faz presumir, até prova contrária, a das coisas móveis que nele estiverem.[1] [Dispositivo correspondente no CC/1916: art. 498.]

Art. 1.209: 1. Esse dispositivo atende ao princípio de que o acessório segue o principal (v. art. 92).

Capítulo III | DOS EFEITOS DA POSSE[1]

CAP. III: 1. v. art. 1.826 (efeitos sobre o possuidor de herança).

Art. 1.210. O possuidor tem direito a ser mantido na posse[1 a 1c] em caso de turbação, restituído no de esbulho,[2-2a] e segurado de violência iminente, se tiver justo receio de ser molestado.[3-3a] [Dispositivo correspondente no CC/1916: art. 499.]

§ 1º O possuidor turbado, ou esbulhado, poderá manter-se ou restituir-se por sua própria força, contanto que o faça logo;[4-4a] os atos de defesa, ou de desforço, não podem ir além do indispensável à manutenção, ou restituição da posse.[5] [Dispositivo correspondente no CC/1916: art. 502-*caput* e § ún.]

§ 2º Não obsta à manutenção ou reintegração na posse a alegação de propriedade, ou de outro direito sobre a coisa.[5a a 6a] [Dispositivo correspondente no CC/1916: art. 505.]

Art. 1.210: 1. "A posse e a tutela possessória", por Moacir Adiers (RJ 306/19); "Da oposição fundada na propriedade: sua viabilidade em sede de ação possessória", por Marcelo Silva Moreira (RDPr 21/175 e 22/201).

Art. 1.210: 1a. Enunciado 239 do CEJ: "Na falta de demonstração inequívoca de posse que atenda à função social, deve-se utilizar a noção de 'melhor posse', com base nos critérios previstos no parágrafo único do art. 507 do CC/1916".

Enunciado 238 do CEJ: "Ainda que a ação possessória seja intentada além de 'ano e dia' da turbação ou esbulho, e, em razão disso, tenha seu trâmite regido pelo procedimento ordinário (CPC, art. 924), nada impede que o juiz conceda a tutela possessória liminarmente, mediante antecipação de tutela, desde que presentes os requisitos autorizadores do art. 273, I ou II, bem como aqueles previstos no art. 461-A e §§, todos do CPC".

Art. 1.210: 1b. "A hipoteca, por si só, não limita de nenhuma forma o pleno exercício da posse" (STJ-3ª T., REsp 768.102, Min. Nancy Andrighi, j. 17.4.08, DJU 30.4.08).

Art. 1.210: 1c. "Bem público não pode ser objeto de posse, porque há obstáculo legal. A destinação das coisas públicas é servir ao público" (RT 870/229).

Todavia: "Pode o particular postular a tutela possessória de bem público destinado ao uso comum (estrada municipal), se teve a posse molestada por terceiro" (RJM 180/154).

Art. 1.210: 2. A via adequada para fazer cessar a turbação é a ação de manutenção de posse. Já o remédio para o esbulho é a reintegração de posse. De todo modo, as ações possessórias são fungíveis (CPC 554).

Art. 1.210: 2a. Embora a Administração, pelo princípio da autoexecutoriedade, possa reintegrar-se *ex proprio Marte* na posse de bem público de uso comum, nada impede que o faça através do Judiciário (JTA 118/213, maioria).

Art. 1.210: 3. A ação de *interdito proibitório* é a via adequada para fazer cessar ameaça de turbação ou de esbulho (CPC 567 e 568).

S/ fungibilidade das ações possessórias, v. CPC 554.

Art. 1.210: 3a. Súmula 228 do STJ (Direito autoral): "É inadmissível o interdito proibitório para a proteção do direito autoral".

Art. 1.210: 4. v. art. 1.224.

Art. 1.210: 4a. "A turbação e o esbulho ambiental-urbanístico podem — e no caso do Estado, devem — ser combatidos pelo desforço imediato, medida prevista atualmente no art. 1.210, § 1º, do CC e imprescindível à manutenção da autoridade e da credibilidade da Administração, da integridade do patrimônio estatal, da legalidade, da ordem pública e da conservação de bens intangíveis e indisponíveis associados à qualidade de vida das presentes e futuras gerações" (STJ-2ª T., REsp 1.071.741, Min. Herman Benjamin, j. 24.3.09, DJ 16.12.10).

Art. 1.210: 5. v. CP 23-II c/c 25.

Art. 1.210: 5a. Súmula 487 do STF: "Será deferida a posse a quem, evidentemente, tiver o domínio, se com base neste for ela disputada".

"A Súmula 487 só se aplica nas hipóteses em que ambos os litigantes pretendem a posse a título de domínio, e não quando um deles a defende por ela mesma, até porque não é proprietário do imóvel" (RTJ 123/770). Ainda: "Será deferida a posse a quem evidentemente tiver domínio, apenas se com base neste for a posse disputada por um e por outro dos litigantes" (STJ-4ª T., REsp 6.012, Min. Athos Carneiro, j. 13.8.91, DJU 9.9.91). "Não se aplica a Súmula 487/STF quando não se disputa a posse com base no domínio" (STJ-4ª T., REsp 94.076, Min. Ruy Rosado, j. 27.8.96, DJU 7.10.96).

"Não cabe, em sede possessória, a discussão sobre o domínio, salvo se ambos os litigantes disputam a posse alegando propriedade ou quando duvidosas ambas as posses alegadas" (STJ-4ª T., REsp 5.462, Min. Athos Carneiro, j. 20.8.91, DJU 7.10.91). No mesmo sentido: STJ-RF 410/317 (3ª T., REsp 842.559).

"Não nega vigência ao art. 505 do Cód. Civil e nem contraria a Súmula 487 do STF o acórdão que, ante dúvida existente sobre o domínio, defere a posse a quem a detém" (STJ-3ª T., REsp 3.068, Min. Dias Trindade, j. 5.3.91, DJU 25.3.91). O art. 505 do CC rev. corresponde ao CC 1.210 § 2º.

Art. 1.210: 5b. **Súmula 637 do STJ:** "O **ente público** detém legitimidade e interesse para intervir, incidentalmente, na ação possessória entre particulares, podendo deduzir qualquer matéria defensiva, inclusive, se for o caso, o domínio".

Art. 1.210: 6. "O art. 923 do CPC/73 (atual art. 557 do CPC/2015), ao proibir, na pendência de demanda possessória, a propositura de ação de reconhecimento do domínio, apenas pode ser compreendido como uma forma de se manter restrito o objeto da demanda possessória ao exame da posse, não permitindo que se amplie o objeto da possessória para o fim de se obter sentença declaratória a respeito de quem seja o titular do domínio. A vedação constante do art. 923 do CPC/73 (atual art. 557 do CPC/2015), contudo, não alcança a hipótese em que o proprietário alega a **titularidade** do domínio apenas **como fundamento para pleitear a tutela possessória.** Conclusão em sentido contrário importaria chancelar eventual fraude processual e negar tutela jurisdicional a direito fundamental. Titularizar o domínio, de qualquer sorte, não induz necessariamente êxito na demanda possessória. Art. 1.210, parágrafo 2º, do CC/2002. A tutela possessória deverá ser deferida a quem ostente melhor posse, que poderá ser não o proprietário, mas o cessionário, arrendatário, locatário, depositário, etc. A alegação de domínio, embora não garanta por si só a obtenção de tutela possessória, pode ser formulada incidentalmente com o fim de se obter tutela possessória" (STJ-Corte Especial, ED no REsp 1.134.446, Min. Benedito Gonçalves, j. 21.3.18, DJ 4.4.18).

Art. 1.210: 6a. **Enunciado 78 do CEJ:** "Tendo em vista a não recepção, pelo novo Código Civil, da *exceptio proprietatis* (art. 1.210, § 2º), em caso de ausência de prova suficiente para embasar decisão liminar ou sentença final ancorada exclusivamente no *jus possessionis* deverá o pedido ser indeferido e julgado improcedente, não obstante eventual alegação e demonstração de direito real sobre o bem litigioso".

Enunciado 79 do CEJ: "A *exceptio proprietatis*, como defesa oponível às ações possessórias típicas, foi abolida pelo Código Civil de 2002, que estabeleceu a absoluta separação entre os juízos possessório e petitório".

Art. 1.211. Quando mais de uma pessoa se disser possuidora, manter-se-á provisoriamente a que tiver a coisa, se não estiver manifesto que a obteve de alguma das outras por modo vicioso.[1] [Dispositivo correspondente no CC/1916: art. 500.]

Art. 1.211: 1. v. art. 1.200.

Art. 1.212. O possuidor pode intentar a ação de esbulho, ou a de indenização,[1] contra o terceiro, que recebeu a coisa esbulhada sabendo que o era.[2] [Dispositivo correspondente no CC/1916: art. 504.]

Art. 1.212: 1. v. art. 952; CPC 555-I.

Art. 1.212: 2. **Enunciado 80 do CEJ:** "É inadmissível o direcionamento de demanda possessória ou ressarcitória contra terceiro possuidor de boa-fé, por ser parte passiva ilegítima, diante do disposto no art. 1.212 do novo Código Civil. Contra o terceiro de boa-fé cabe tão somente a propositura de demanda de natureza real".

Art. 1.213. O disposto nos artigos antecedentes não se aplica às servidões não aparentes,[1] salvo quando os respectivos títulos provierem do possuidor do prédio serviente, ou daqueles de quem este o houve. [Dispositivo correspondente no CC/1916: art. 509.]

Art. 1.213: 1. **Súmula 415 do STF (Servidão de trânsito):** "Servidão de trânsito não titulada, mas tornada permanente, sobretudo pela natureza das obras realizadas, considera-se aparente, conferindo direito à proteção possessória".

Art. 1.214. O possuidor de boa-fé tem direito, enquanto ela durar, aos frutos percebidos.[1-1a] [Dispositivo correspondente no CC/1916: art. 510.]

Parágrafo único. Os frutos pendentes ao tempo em que cessar a boa-fé devem ser restituídos, depois de deduzidas as despesas da produção e custeio; devem ser também restituídos os frutos colhidos com antecipação.[2-3] [Dispositivo correspondente no CC/1916: art. 511.]

Art. 1.214: 1. s/ construções e plantações, v. arts. 1.253 a 1.259; s/ frutos da coisa comum, v. arts. 1.319 e 1.326.

Art. 1.214: 1a. v. art. 1.200, nota 3 (Enunciado 302 do CEJ).

Art. 1.214: 2. "Os efeitos da posse em relação aos frutos e a responsabilidade pela perda ou deterioração da coisa no Código Civil de 2002", por Cláudio Antônio Soares Levada (RDPr 13/9).

Art. 1.214: 3. v. arts. 242 § ún. e 878.

Art. 1.215. Os frutos naturais e industriais reputam-se colhidos e percebidos, logo que são separados; os civis reputam-se percebidos dia por dia.[1] [Dispositivo correspondente no CC/1916: art. 512.]

Art. 1.215: 1. No caso de usufruto, v. arts. 1.396 a 1.398.

Art. 1.216. O possuidor de má-fé responde por todos os frutos colhidos e percebidos, bem como pelos que, por culpa sua, deixou de perceber, desde o momento em que se constituiu de má-fé; tem direito às despesas da produção e custeio.[1] [Dispositivo correspondente no CC/1916: art. 513.]

Art. 1.216: 1. s/ vedação ao enriquecimento sem causa, v. art. 884.

Art. 1.217. O possuidor de boa-fé não responde pela perda ou deterioração da coisa, a que não der causa. [Dispositivo correspondente no CC/1916: art. 514.]

Art. 1.218. O possuidor de má-fé responde pela perda, ou deterioração da coisa, ainda que acidentais, salvo se provar que de igual modo se teriam dado, estando ela na posse do reivindicante. [Dispositivo correspondente no CC/1916: art. 515.]

Art. 1.219. O possuidor de boa-fé tem direito à indenização das benfeitorias[1 a 5a] necessárias e úteis, bem como, quanto às voluptuárias, se não lhe forem pagas, a levantá-las, quando o puder sem detrimento da coisa, e poderá exercer o direito de retenção[6 a 8] pelo valor das benfeitorias necessárias e úteis. [Dispositivo correspondente no CC/1916: art. 516.]

Art. 1.219: 1. v. art. 96.

Art. 1.219: 2. **"Art. 578.** Salvo disposição em contrário, o locatário goza do direito de retenção, no caso de benfeitorias necessárias, ou no de benfeitorias úteis, se estas houverem sido feitas com expresso consentimento do locador".

Súmula 158 do STF (Direito de retenção pelo locatário): "Salvo estipulação contratual averbada no registro imobiliário, não responde o adquirente pelas benfeitorias do locatário".

Art. 1.219: 3. No caso de loteamento urbano, se o contrato for rescindido por culpa do adquirente, "as benfeitorias necessárias ou úteis por ele levadas a efeito no imóvel deverão ser indenizadas, sendo de nenhum efeito qualquer disposição contratual em contrário" (Lei 6.766, de 19.12.79, art. 34, no tít. PROMESSA DE COMPRA E VENDA E LOTEAMENTO, int.).

Embora as construções não sejam benfeitorias, a disposição *supra*, pela sua finalidade, abrange umas e outras.

O arrendatário rural tem direito à indenização das benfeitorias necessárias e úteis; quanto às voluptuárias, somente te-á direito a indenização se autorizadas pelo locador do solo (ET 95-VIII).

Art. 1.219: 3a. Não vale a cláusula de renúncia, pelo consumidor, ao direito de indenização por benfeitorias necessárias (CDC 51-*caput*-XVI).

Art. 1.219: 4. **Súmula 619 do STJ:** "A ocupação indevida de **bem público** configura mera detenção, de natureza precária, insuscetível de retenção ou indenização por acessões e benfeitorias".

"O particular jamais exerce poderes de propriedade (art. 1.196 do CC) sobre imóvel público, impassível de usucapião (art. 183, § 3º, da CF). Não poderá, portanto, ser considerado possuidor dessas áreas, senão mero detentor. Essa impossibilidade, por si só, afasta a viabilidade de indenização por acessões ou benfeitorias, pois não prescindem da posse de boa-fé (arts. 1.219 e 1.255 do CC)" (STJ-2ª T., REsp 945.055, Min. Herman Benjamin, j. 2.6.09, DJ 20.8.09). No mesmo sentido: RT 897/222 (TJSP, AP 994.06.107737-2), JTJ 330/512 (AP 332.366-5/4-00).

"A nulidade do contrato de alienação de bem público celebrado entre particulares impõe o retorno das partes ao estado anterior, o que deve ser feito sem que se imponha a indenização por acessões e benfeitorias. Isso porque tais acréscimos não são validamente incorporados ao domínio daquele a quem será restituída a ocupação irregular. Caso contrário, a parte adquirente seria indenizada enquanto a parte alienante, que não realizou as construções, estaria sujeita a perdê-las em definitivo para o ente público titular do domínio sem direito à reparação" (STJ-4ª T., REsp 1.025.552, Min. Isabel Gallotti, j. 4.4.17, maioria, DJ 23.5.17).

Contra, concedendo indenização nessas circunstâncias: STJ-3ª T., REsp 855.040, Min. Sidnei Beneti, j. 22.6.10, DJ 1.7.10; RIDCPC 41/133.

S/ ocupação de área pública, v. tb. nota seguinte, nota 7a e arts. 1.196, nota 2, e 1.255, nota 2.

Art. 1.219: 4a. "Os imóveis pertencentes à União Federal são regidos pelo Decreto-Lei 9.760/46, que em seu art. 71 dispõe que, na falta de assentimento (expresso, inequívoco, válido e atual) da autoridade legitimamente incumbida na sua guarda e zelo, o ocupante poderá ser sumariamente despejado e perderá, sem direito a indenização, tudo quanto haja incorporado ao solo, ficando ainda sujeito ao disposto nos arts. 513, 515 e 517 do Código Civil de 1916. A apropriação, ao arrepio da lei, de terras e imóveis públicos (mais ainda de bem tombado desde 1937), além de acarretar o dever de imediata desocupação da área, dá ensejo à aplicação das sanções administrativas e penais previstas na legislação, bem como à obrigação de reparar eventuais danos causados. Aplica-se às benfeitorias e acessões em área ou imóvel público a lei especial que rege a matéria, e não o Código Civil, daí caber indenização tão só se houver prévia notificação do proprietário (art. 90 do Decreto-Lei 9.760/46). Simples detenção precária não dá ensejo a indenização por acessões e benfeitorias, nem mesmo as ditas necessárias, definidas como 'as que têm por fim conservar o bem ou evitar que se deteriore' (Código Civil, art. 96, § 3º). Situação difícil de imaginar em construções que deverão ser demolidas, por imprestabilidade ou incompatibilidade com as finalidades do Jardim Botânico (visitação pública e conservação da flora), a antítese do fim de 'conservar o bem ou evitar que se deteriore'. Para fazer jus a indenização por acessões e benfeitorias, ao administrado incumbe o ônus de provar: a) a regularidade e a boa-fé da ocupação, exploração ou uso do bem, lastreadas em assentimento expresso, inequívoco, válido e atual; b) o caráter necessário das benfeitorias e das acessões; c) a notificação, escorreita na forma e no conteúdo, do órgão acerca da realização dessas acessões e benfeitorias. Eventual indenização, em nome das acessões e benfeitorias que o ocupante ilegal tenha realizado, deve ser buscada após a desocupação do imóvel, momento e instância em que o Poder Público também terá a oportunidade, a preço de mercado, de cobrar-lhe pelo período em que, irregularmente, ocupou ou explorou o imóvel e por despesas de demolição, assim como pelos danos que tenha causado ao próprio bem, à coletividade e a outros valores legalmente protegidos. Inexiste boa-fé contra expressa determinação legal. Ao revés, entende-se agir de má-fé o particular que, sem título expresso, inequívoco, válido e atual ocupa imóvel público, mesmo depois de notificação para abandoná-lo, situação típica de esbulho permanente, em que cabível a imediata reintegração judicial. Na ocupação, uso ou exploração de bem público, a boa-fé é impresumível, requisitando prova cabal a cargo de quem a alega. Incompatível com a boa-fé agir com o reiterado ânimo de se furtar e até de burlar a letra e o espírito da lei, com sucessivas reformas e ampliações de construção em imóvel público, por isso mesmo feitas à sua conta e risco" (STJ-2ª T., REsp 808.708, Min. Herman Benjamin, j. 18.8.09, DJ 4.5.11).

V. tb. nota anterior.

Art. 1.219: 4b. "Não se podem considerar como benfeitorias indenizáveis construções que, obrigatoriamente, em face do risco que representam e por determinação legal, terão de ser demolidas" (RJM 170/175).

Art. 1.219: 5. "Considerando-se como úteis as benfeitorias que 'aumentam a capacidade de uso da coisa, tornando-a mais produtiva ou de utilização mais fácil', tem-se como tais os armários embutidos e carpete instalados no imóvel" (STJ-3ª T., REsp 845.247, Min. Sidnei Beneti, j. 1.6.10, DJ 18.6.10).

Art. 1.219: 5a. "O pedido de indenização por benfeitorias, ainda que formulado após a contestação, é consequência lógica da procedência do pedido de resolução do contrato, cujo resultado prático é o retorno das partes ao *status quo ante*. Com a retomada do imóvel pela promitente-vendedora, esta não pode locupletar-se, recebendo seu terreno com a construção realizada pelos promitentes-compradores sem a correspondente indenização" (STJ-3ª T., REsp 764.529, Min. Paulo Sanseverino, j. 26.10.10, DJ 9.11.10).

Art. 1.219: 6. v. tb. CPC 917-IV (embargos de retenção por benfeitorias).

Art. 1.219: 7. **Enunciado 81 do CEJ:** "O direito de retenção previsto no art. 1.219 do Código Civil, decorrente da realização de benfeitorias necessárias e úteis, também se aplica às acessões (construções e plantações), nas mesmas circunstâncias".

Art. 1.219: 7a. "Configurada a ocupação indevida de bem público, não há falar em posse, mas em mera detenção, de natureza precária, o que afasta o direito de retenção por benfeitorias" (STJ-3ª T., REsp 699.374, Min. Menezes Direito, j. 22.3.07, DJU 18.6.07). No mesmo sentido: RIDCPC 41/133.

S/ ocupação de área pública, v. tb. notas 4 e 4a e arts. 1.196, nota 2, e 1.255, nota 2.

Art. 1.219: 7b. "O direito de retenção decorrente da realização de benfeitoria no bem, hipótese excepcional de autotutela prevista no ordenamento jurídico pátrio, **só** pode ser invocado pelo **possuidor** de boa-fé, por expressa disposição do art. 1.219 do Código Civil de 2002. Nos termos do art. 1.196 do Código Civil de 2002, possuidor é aquele que pode exercer algum dos poderes inerentes à propriedade, circunstância não configurada na espécie. Na hipótese, o veículo foi deixado na concessionária pela proprietária somente para a realização de reparos, sem que isso conferisse à recorrente sua posse. A concessionária teve **somente a detenção do bem,** que ficou sob sua custódia por determinação e liberalidade da proprietária, em uma espécie de vínculo de subordinação. O direito de retenção, sob a justificativa de realização de benfeitoria no bem, não pode ser invocado por aquele que possui tão somente a detenção do bem" (STJ-3ª T., REsp 1.628.385, Min. Ricardo Cueva, j. 22.8.17, DJ 29.8.17).

Art. 1.219: 7c. "Não há vedação para que seja contratada a renúncia do direito de retenção por benfeitorias, afastada a aplicação do Código de Defesa do Consumidor, porquanto operação de compra e venda entre particulares, destacando o acórdão que não existe desequilíbrio entre as partes" (STJ-3ª T., REsp 697.138, Min. Menezes Direito, j. 7.4.05, DJU 23.5.05).

Art. 1.219: 8. "O direito de retenção assegurado ao possuidor de boa-fé não é absoluto. Pode ele ser limitado pelos princípios da vedação ao enriquecimento sem causa e da boa-fé objetiva, de forma que a retenção não se estenda por prazo indeterminado e interminável. O possuidor de boa-fé tem o direito de detenção sobre a coisa, não sendo obrigado a devolvê-la até que seu crédito seja satisfeito, mas não pode se utilizar dela ou perceber seus frutos. Reter uma coisa não equivale a servir-se dela. O uso da coisa retida constitui abuso, gerando o dever de indenizar os prejuízos como se aluguel houvesse. Afigura-se justo que o proprietário deva pagar pelas acessões introduzidas, de boa-fé, no terreno e que, por outro lado, os possuidores sejam obrigados a pagar um valor, a ser arbitrado, a título de aluguel, pelo uso do imóvel. Os créditos recíprocos haverão de ser compensados de forma que o direito de retenção será exercido no limite do proveito que os retentores tenham da propriedade alheia" (STJ-RDPr 37/336: 3ª T., REsp 613.387, um voto vencido).

Art. 1.220. Ao possuidor de má-fé serão ressarcidas somente as benfeitorias necessárias; não lhe assiste o direito de retenção pela importância destas, nem o de levantar as voluptuárias.[1-2] [Dispositivo correspondente no CC/1916: art. 517.]

Art. 1.220: 1. s/ benfeitorias, v. art. 96.

Art. 1.220: 2. Possuidor de má-fé é aquele que sabe ser sua posse violenta, clandestina ou precária (arts. 1.200 e 1.201).

Art. 1.221. As benfeitorias compensam-se[1] com os danos, e só obrigam ao ressarcimento se ao tempo da evicção[2-3] ainda existirem.[4] [Dispositivo correspondente no CC/1916: art. 518.]

Art. 1.221: 1. v. arts. 368 a 380.

Art. 1.221: 2. i. e., da perda da posse pelo vencido.

Art. 1.221: 3. s/ evicção, v. arts. 447 a 457.

Art. 1.221: 4. "Para a compensação do valor das benfeitorias com o valor dos danos, no qual foram incluídos, pelas instâncias ordinárias, os aluguéis pagos pelos autores da ação, estes devem corresponder ao tempo em que cessou a boa-fé dos possuidores (data da citação na ação de imissão) até a data em que manifestaram, nos embargos que vieram a ser julgados procedentes, a pretensão de serem indenizados pelas benfeitorias necessárias e úteis, uma vez que a partir daí estavam exercendo o direito de retenção. O valor dos aluguéis deve corresponder, aproximadamente, ao valor locativo do imóvel objeto da ação" (STJ-4ª T., REsp 279.303, Min. Ruy Rosado, j. 14.12.00, DJU 12.3.01).

Art. 1.222. O reivindicante, obrigado a indenizar as benfeitorias ao possuidor de má-fé, tem o direito de optar entre o seu valor atual e o seu custo; ao possuidor de boa-fé indenizará pelo valor atual. [Dispositivo correspondente no CC/1916: art. 519.]

Capítulo IV | DA PERDA DA POSSE

Art. 1.223. Perde-se a posse quando cessa, embora contra a vontade do possuidor, o poder sobre o bem, ao qual se refere o art. 1.196. [Dispositivo correspondente no CC/1916: art. 520.]

Art. 1.224. Só se considera perdida a posse para quem não presenciou o esbulho, quando, tendo notícia dele, se abstém de retornar[1] a coisa, ou, tentando recuperá-la, é violentamente repelido.[2] [Dispositivo correspondente no CC/1916: art. 522.]

Art. 1.224: 1. "Retornar" ou "retomar"?

Art. 1.224: 2. v. art. 1.210 § 1º.

Título II | DOS DIREITOS REAIS

Capítulo Único | DISPOSIÇÕES GERAIS

Art. 1.225. São direitos reais:[1-1a] [Dispositivo correspondente no CC/1916: art. 674-*caput*.]

I — a propriedade;[2] [Sem dispositivo correspondente no CC/1916.]

II — a superfície;[3] [Sem dispositivo correspondente no CC/1916.]

III — as servidões;[4] [Dispositivo correspondente no CC/1916: art. 674-II.]

IV — o usufruto;[5] [Dispositivo correspondente no CC/1916: art. 674-III.]

V — o uso;[6] [Dispositivo correspondente no CC/1916: art. 674-IV.]

VI — a habitação;[7] [Dispositivo correspondente no CC/1916: art. 674-V.]

VII — o direito do promitente comprador do imóvel;[8] [Sem dispositivo correspondente no CC/1916.]

VIII — o penhor;[9] [Dispositivo correspondente no CC/1916: art. 674-VII.]

IX — a hipoteca;[10] [Dispositivo correspondente no CC/1916: art. 674-IX.]

X — a anticrese;[11] [Dispositivo correspondente no CC/1916: art. 674-VIII.]

XI — a concessão de uso especial para fins de moradia;[12] [Sem dispositivo correspondente no CC/1916.]

XII — a concessão de direito real de uso; e[13]

XIII — a laje.[14]

Art. 1.225: 1. Há outros direitos reais (cf. LRP 167). Quanto à enfiteuse, v. art. 2.038.

Art. 1.225: 1a. **"Multipropriedade imobiliária (*time-sharing*).** Natureza jurídica de direito real. Unidades fixas de tempo. Uso exclusivo e perpétuo durante certo período anual. Parte ideal do multiproprietário. Penhora. Insubsistência" (STJ-3ª T., REsp 1.546.165, Min. João Otávio, j. 26.4.16, maioria, DJ 6.9.16).

Art. 1.225: 2. v. arts. 1.228 a 1.368.

Art. 1.225: 3. v. arts. 1.369 a 1.377.

Art. 1.225: 4. v. arts. 1.378 a 1.389.

Art. 1.225: 5. v. arts. 1.390 a 1.411.

Art. 1.225: 6. v. arts. 1.412 e 1.413.

Art. 1.225: 7. v. arts. 1.414 a 1.416.

Art. 1.225: 8. v. arts. 1.417 e 1.418.

Art. 1.225: 9. v. arts. 1.431 a 1.472.

Art. 1.225: 10. v. arts. 1.473 a 1.505.

Art. 1.225: 11. v. arts. 1.506 a 1.510.

Art. 1.225: 12. O inc. XI foi acrescido pela Lei 11.481, de 31.5.07.

Art. 1.225: 13. Redação do inciso XII de acordo com a Lei 13.465, de 11.7.17.

Art. 1.225: 14. O inciso XIII foi acrescido pela Lei 13.465, de 11.7.17.

Art. 1.226. Os direitos reais sobre coisas móveis, quando constituídos, ou transmitidos por atos entre vivos, só se adquirem[1] com a tradição.[2] [Dispositivo correspondente no CC/1916: art. 675.]

Art. 1.226: 1. Adquirem-se também pela ocupação (art. 1.263).

Art. 1.226: 2. v. arts. 1.267 e 1.268.

Art. 1.227. Os direitos reais sobre imóveis constituídos, ou transmitidos por atos entre vivos, só se adquirem com o registro no Cartório de Registro de Imóveis[1] dos referidos títulos (arts. 1.245 a 1.247),[1a] salvo os casos expressos neste Código.[2] [Dispositivo correspondente no CC/1916: art. 676.]

Art. 1.227: 1. v. LRP 167 a 259.

Art. 1.227: 1a. v. arts. 108, 215, 1.369, 1.378, 1.379, 1.417 e 1.492.

Art. 1.227: 2. Não depende de registro o usufruto de imóveis decorrente de usucapião (art. 1.391) e o dos pais sobre os bens dos filhos menores (art. 1.689-I).

Título III | DA PROPRIEDADE[1 a 3]

Capítulo I | DA PROPRIEDADE EM GERAL

Seção I | DISPOSIÇÕES PRELIMINARES

✎ **TÍT. III: 1.** "A posse e a propriedade no novo Código Civil", por Edílson Pereira Nobre Jr. (RF 364/67); "A transmissão de propriedade no Código Civil brasileiro e no BGB alemão. Um estudo comparado", por Erasmo Gomes (RT 815/38).

TÍT. III: 2. v. CF 5º-XXII a XXVI; CC 1.228 a 1.368; CP 155 a 170 e 180; v. títs. ÁGUAS, CONDOMÍNIO E INCORPORAÇÃO, CONTRATOS IMOBILIÁRIOS, DESAPROPRIAÇÃO, DIREITO AUTORAL, PROMESSA DE COMPRA E VENDA E LOTEAMENTO, PROPRIEDADE RURAL ADQUIRIDA POR ESTRANGEIRO, TERRA.

TÍT. III: 3. Principais restrições ao direito de propriedade, fora do CC:

ÁGUAS: v. tít. correspondente.

ÁGUAS MINERAIS: Dec. lei 7.841, de 8.8.45 — Código de Águas Minerais.

CAÇA: v. Fauna.

CONSERVAÇÃO DA NATUREZA: Lei 9.985, de 18.7.00 — Regulamenta o art. 225, § 1º, incisos I, II, III e VII da Constituição Federal, institui o Sistema Nacional de Unidades de Conservação da Natureza, e dá outras providências.

Lei 11.428, de 22.12.06 — Dispõe sobre a utilização e proteção da vegetação nativa do Bioma Mata Atlântica, e dá outras providências (DOU 26.12.06).

Dec. 6.660, de 21.11.08 — Regulamenta dispositivos da Lei n. 11.428, de 22 de dezembro de 2006, que dispõe sobre a utilização e proteção da vegetação nativa do Bioma Mata Atlântica (DOU 24.11.08).

DESAPROPRIAÇÃO: v. tít. correspondente.

ESTATUTO DA TERRA: Lei 4.504, de 30.11.64 — Dispõe sobre o Estatuto da Terra e dá outras providências (no tít. TERRA, transcrição dos arts. 17 a 23 e 92 a 102).

FAIXA DE FRONTEIRA (v. tb. CF 20 § 2º): **Lei 13.178, de 22.10.15** — Dispõe sobre a ratificação dos registros imobiliários decorrentes de alienações e concessões de terras públicas situadas nas faixas de fronteira; e revoga o Decreto-Lei n. 1.414, de 18 de agosto de 1975, e a Lei n. 9.871, de 23 de novembro de 1999.

Lei 6.634, de 2.5.79 — Dispõe sobre a Faixa de Fronteira, altera o Dec. lei n. 1.135, de 3 de dezembro de 1970, e dá outras providências. Estabelece restrições ao direito de propriedade numa faixa interna de 150 km, paralela à linha divisória do território nacional. Regulamentada pelo **Dec. 85.064, de 26.8.80.**

Lei 9.871, de 23.11.99 — Estabelece prazo para as ratificações de concessões e alienações de terras feitas pelos Estados na faixa de fronteira, e dá outras providências (DOU 24.11.99).

FAUNA: Lei 5.197, de 3.1.67 — Dispõe sobre a proteção à fauna e dá outras providências.

FLORESTAS (v. tb. CF 225 § 4º): **Lei 12.651, de 25.5.12** — Dispõe sobre a proteção da vegetação nativa e dá outras providências (Código Florestal).

Dec. 7.830, de 17.10.12 — Dispõe sobre o Sistema de Cadastro Ambiental Rural, o Cadastro Ambiental Rural, estabelece normas de caráter geral aos Programas de Regularização Ambiental, de que trata a Lei n. 12.651, de 25 de maio de 2012, e dá outras providências.

Dec. 6.514, de 22.7.08 — Dispõe sobre as infrações e sanções administrativas ao meio ambiente, estabelece o processo administrativo federal para apuração destas infrações, e dá outras providências.

Lei 11.284, de 2.3.06 — Dispõe sobre a gestão de florestas públicas para a produção sustentável; institui, na estrutura do Ministério do Meio Ambiente, o Serviço Florestal Brasileiro — SFB; cria o Fundo Nacional de Desenvolvimento Florestal — FNDF; e dá outras providências. Regulamentada pelo **Dec. 6.063, de 20.3.07.**

MINERAÇÃO (v. tb. CF 176 e 177, ADCT 43 e 44, MINÉRIOS PARA A PRODUÇÃO DE ENERGIA NUCLEAR, PETRÓLEO): **Dec. lei 227, de 28.2.67** — Dá nova redação ao Dec. lei n. 1.985 (Código de Minas), de 29 de janeiro de 1940. Esta Lei tem o nome de Código de Mineração.

Lei 7.805, de 18.7.89. Criou o regime de permissão de lavra garimpeira, extinguiu o de matrícula, e deu outras providências. Regulamentada pelo **Dec. 9.406, de 12.6.18.**

Lei 8.901, de 30.6.94 — Regulamenta o disposto no § 2º do art. 176 da Constituição Federal e altera dispositivos do Dec. lei n. 227, de 28 de fevereiro de 1967 — Código de Mineração, adaptando-o às normas constitucionais vigentes.

MINÉRIOS PARA A PRODUÇÃO DE ENERGIA NUCLEAR (v. tb. CF 21-XXIII, 22-XXVI, 225 § 6º e MINERAÇÃO): **Dec. 30.230, de 1.12.51** — Aprova regulamento para pesquisa e lavra de minerais de interesse para a produção de energia atômica.

Dec. lei 1.865, de 26.2.81 — Dispõe sobre a ocupação provisória de imóveis para pesquisa e lavra de substâncias minerais que contenham elementos nucleares.

PATRIMÔNIO HISTÓRICO E CULTURAL (v. tb. CF 216, 5º-LXXIII, 20-X, 23-III, 24-VII e VIII): **Dec. lei 25, de 30.11.37** — Organiza a proteção do patrimônio histórico e artístico nacional.

PESCA: Dec. lei 221, de 28.2.67 — Dispõe sobre a proteção e estímulos à pesca e dá outras providências.

Lei 7.643, de 18.12.87. Proibiu a pesca da baleia, nas águas jurisdicionais brasileiras.

Lei 11.959, de 29.6.09 — Dispõe sobre a Política Nacional de Desenvolvimento Sustentável da Aquicultura e da Pesca, regula as atividades pesqueiras, revoga a Lei 7.679 e dispositivos do Dec. lei 221, e dá outras providências.

PETRÓLEO E GÁS NATURAL (v. CF 177 e ADCT 45; v. tb. MINERAÇÃO): **Lei 9.478, de 6.8.97** — Dispõe sobre a política energética nacional, as atividades relativas ao monopólio do petróleo, institui o Conselho Nacional de Política Energética e a Agência Nacional do Petróleo, e dá outras providências.

Lei 6.340, de 5.7.76 — Estabelece regime especial para o aproveitamento das jazidas de substâncias minerais em áreas específicas objeto de pesquisa ou lavra de petróleo, e dá outras providências.

Dec. lei 1.864, de 26.2.81 — Dispõe sobre a ocupação provisória de imóveis para pesquisa e lavra de petróleo.

Lei 11.909, de 4.3.09 — Dispõe sobre as atividades relativas ao transporte de gás natural, de que trata o art. 177 da Constituição Federal, bem como sobre as atividades de tratamento, processamento, estocagem, liquefação, regaseificação e comercialização de gás natural; altera a Lei n. 9.478, de 6 de agosto de 1997; e dá outras providências.

Lei 12.351, de 22.12.10 — Dispõe sobre a exploração e a produção de petróleo, de gás natural e de outros hidrocarbonetos fluidos, sob o regime de partilha de produção, em áreas do pré-sal e em áreas estratégicas; cria o Fundo Social — FS e dispõe sobre sua estrutura e fontes de recursos; altera dispositivos da Lei n. 9.478, de 6 de agosto de 1997; e dá outras providências.

Lei 12.490, de 16.9.11 — Altera as Leis ns. 9.478, de 6 de agosto de 1997, e 9.847, de 26 de outubro de 1999, que dispõem sobre a política e a fiscalização das atividades relativas ao abastecimento nacional de combustíveis; e dá outras providências.

Lei 12.734, de 30.11.12 — Modifica as Leis n. 9.478, de 6 de agosto de 1997, e n. 12.351, de 22 de dezembro de 2010, para determinar novas regras de distribuição entre os entes da Federação dos *royalties* e da participação especial devidos em função da exploração de petróleo, gás natural e outros hidrocarbonetos fluidos, e para aprimorar o marco regulatório sobre a exploração desses recursos no regime de partilha.

PROPRIEDADE INDUSTRIAL: Lei 9.279, de 14.5.96 — Regula direitos e obrigações relativos à propriedade industrial.

PROPRIEDADE RURAL ADQUIRIDA POR ESTRANGEIRO: v. tít. correspondente.

ZONAS DE PROTEÇÃO A AERÓDROMOS: Lei 7.565, de 19.12.86 — Dispõe sobre o Código Brasileiro de Aeronáutica. Os arts. 43 a 46 dispõem s/ restrições especiais às propriedades vizinhas dos aeródromos e das instalações de auxílio à navegação aérea.

ZONAS DE PROTEÇÃO A ESTAÇÕES DE RADIOGONOMETRIA E RADIOMONITORAGEM: Lei 6.442, de 26.9.77 — Dispõe sobre áreas de proteção para o funcionamento das estações radiogonométricas de alta frequência do Ministério da Marinha e de radiomonitoragem do Ministério das Comunicações. A edificação de prédios e de estruturas metálicas, numa faixa de terras de 1.000 metros de largura, contígua às estações radiogonométricas e de radiomonitoragem, só é permitida com assentimento ou do Ministério da Marinha, ou do Ministério das Comunicações.

Art. 1.228. O proprietário tem a faculdade de usar, gozar e dispor da coisa, e o direito de reavê-la do poder de quem quer que injustamente a possua ou detenha.[1 a 1b] [Dispositivo correspondente no CC/1916: art. 524-*caput*.]

§ 1º O direito de propriedade deve ser exercido em consonância com as suas finalidades econômicas e sociais[2-2a] e de modo que sejam preservados, de conformidade com o estabelecido em lei especial, a flora, a fauna, as belezas naturais, o equilíbrio ecológico e o patrimônio histórico e artístico, bem como evitada a poluição do ar e das águas. [Sem dispositivo correspondente no CC/1916.]

§ 2º São defesos os atos que não trazem ao proprietário qualquer comodidade, ou utilidade, e sejam animados pela intenção de prejudicar outrem.[3-3a] [Sem dispositivo correspondente no CC/1916.]

§ 3º O proprietário pode ser privado da coisa, nos casos de desapropriação,[4] por necessidade ou utilidade pública ou interesse social, bem como no de requisição, em caso de perigo público iminente.[4a] [Sem dispositivo correspondente no CC/1916.]

§ 4º O proprietário também pode ser privado da coisa se o imóvel reivindicado consistir em extensa área, na posse ininterrupta e de boa-fé, por mais de cinco anos,[5] de considerável número de pessoas, e estas nela houverem realizado, em conjunto ou separadamente, obras e serviços considerados pelo juiz de interesse social e econômico relevante.[6-6a] [Sem dispositivo correspondente no CC/1916.]

§ 5º No caso do parágrafo antecedente, o juiz fixará a justa indenização[7-7a] devida ao proprietário; pago o preço, valerá a sentença como título para o registro do imóvel em nome dos possuidores.[8] [Sem dispositivo correspondente no CC/1916.]

Art. 1.228: 1. "Compreendendo os novos limites à propriedade: uma análise do artigo 1.228 do Código Civil brasileiro", por Camilo de Lelis Colani Barbosa e Rodolfo Pamplona Filho (RMDCPC 9/73).

Art. 1.228: 1a. s/ ação reivindicatória em matéria de: condomínio edilício, v. art. 1.331, nota 1; usufruto, v. art. 1.394, nota 2.

Art. 1.228: 1b. A ação própria é a reivindicatória, que segue o procedimento comum (CPC 318 e segs.).

"Extrai-se do art. 1.228 do CC/2002, como requisitos para a propositura da ação reivindicatória, que o autor tenha titularidade do domínio sobre a coisa reivindicada, que a mesma seja individuada, identificada e esteja injustamente em poder do réu. Em ação reivindicatória o objetivo é assegurar ao titular do domínio, o uso e gozo da coisa, *ex vi* do art. 524, hoje art. 1.228 do CC de 2002. Ausente o domínio, a extinção do processo é medida que se impõe" (RT 876/318: TJMG, AP 1.0351.07.080101-1/001).

"A ação de imissão na posse é uma ação real que possui como causas de pedir a propriedade e o direito de sequela (*ius possidendi*). Possui fundamento no art. 1.228 do CC/2002. Assim sendo, é requisito imprescindível desta demanda que a parte autora possua o título de propriedade. A prova carreada nos autos demonstra que a autora adquiriu mediante cessão de direitos hereditários a posse que os alienantes detinham sobre o terreno. Daí se conclui que a autora não é a titular do direito de propriedade do imóvel" (RT 873/305: TJRJ, AP 2008.001.05591).

Art. 1.228: 2. **Disposição transitória: "Art. 2.035 § ún.** "Nenhuma convenção prevalecerá se contrariar preceitos de ordem pública, tais como os estabelecidos por este Código para assegurar a função social da propriedade e dos contratos".

✎ **Art. 1.228: 2a.** "A função social da cidade e da propriedade privada urbana como propriedade de funções", por Jacques Távora Alfonsin (Ajuris 96/141); "A função social dos imóveis agrários", por Fernando Campos Scaff (RT 840/107); "Estatuto da cidade e a função social da propriedade", por Regina Maria Macedo Nery Ferrari (RT 867/52).

✎ **Art. 1.228: 3.** "Abuso do direito: contradição entre o § 2º do art. 1.228 e o art. 187 do Código Civil", por Rodrigo Mazzei (RF 396/207).

Art. 1.228: 3a. **Enunciado 49 do CEJ:** "A regra do art. 1.228, § 2º, do novo Código Civil interpreta-se restritivamente, em harmonia com o princípio da função social da propriedade e com o disposto no art. 187 da mesma lei".

V. art. 187 (abuso de direito).

Art. 1.228: 4. s/ desapropriação, v. CF 5º-XXIV (procedimento), 182 § 3º (prévia e justa indenização em dinheiro), 184 a 186 (desapropriação para fins de reforma agrária).

V. tb. Dec. lei 3.365, de 21.6.41, no tít. DESAPROPRIAÇÃO.

Art. 1.228: 4a. **Enunciado 305 do CEJ:** "Tendo em vista as disposições dos §§ 3º e 4º do art. 1.228 do Código Civil, o Ministério Público tem o poder-dever de atuação nas hipóteses de desapropriação, inclusive a indireta, que envolvam relevante interesse público, determinado pela natureza dos bens jurídicos envolvidos".

Art. 1.228: 5. v. art. 2.030 (acréscimo do prazo por disposição transitória).

Art. 1.228: 6. **Enunciado 82 do CEJ:** "É constitucional a modalidade aquisitiva de propriedade imóvel prevista nos §§ 4º e 5º do art. 1.228 do novo Código Civil".

Enunciado 83 do CEJ: "Nas ações reivindicatórias propostas pelo Poder Público, não são aplicáveis as disposições constantes dos §§ 4º e 5º do art. 1.228 do novo Código Civil".

Enunciado 84 do CEJ: "A defesa fundada no direito de aquisição com base no interesse social (art. 1.228, §§ 4º e 5º, do novo Código Civil) deve ser arguida pelos réus da ação reivindicatória, eles próprios responsáveis pelo pagamento da indenização".

Enunciado 304 do CEJ: "São aplicáveis as disposições dos §§ 4º e 5º do art. 1.228 do Código Civil às ações reivindicatórias relativas a bens públicos dominicais, mantido, parcialmente, o Enunciado 83 da I Jornada de Direito Civil, no que concerne às demais classificações dos bens públicos".

Enunciado 306 do CEJ: "A situação descrita no § 4º do art. 1.228 do Código Civil enseja a improcedência do pedido reivindicatório".

Enunciado 307 do CEJ: "Na desapropriação judicial (art. 1.228, § 4º), poderá o juiz determinar a intervenção dos órgãos públicos competentes para o licenciamento ambiental e urbanístico".

Enunciado 309 do CEJ: "O conceito de posse de boa-fé de que trata o art. 1.201 do Código Civil não se aplica ao instituto previsto no § 4º do art. 1.228".

Enunciado 310 do CEJ: "Interpreta-se extensivamente a expressão 'imóvel reivindicado' (art. 1.228, § 4º), abrangendo pretensões tanto no juízo petitório quanto no possessório".

S/ **usucapião especial urbana coletiva,** v. art. 10 da Lei 10.257, de 10.7.01, no tít. USUCAPIÃO ESPECIAL.

✎ **Art. 1.228: 6a.** "Posse *pro labore* do novo Código Civil", por Alex Sandro Ribeiro (RSDCPC 23/148); "A extensão do conceito de 'boa-fé' em limitação ao direito de propriedade definida no art. 1.228, § 4º, do Código Civil: o controvertido instituto da 'expropriação judicial'", por Joel Dias Figueira Júnior (RDPr 21/123); "Hermenêutica e operabilidade dos §§ 4º e 5º do art. 1.228 do Código Civil", por Lucas Abreu Barroso (RDPr 21/130); "Desapropriação judicial no Código Civil", por Luís Paulo Cotrim Guimarães (RT 833/97); "Controvérsias constitucionais acerca do usucapião coletivo", por Pablo Stolze Gagliano (RMDCPC 12/37); "Considerações acerca do instituto previsto no art. 1.228, §§ 4º e 5º, do Código Civil", por Rodrigo Trugillo del Cueto Narbondo (Ajuris 103/271); "A aquisição da propriedade *imobiliária* pela *Acessão Invertida Social*: análise sistemática dos parágrafos 4º e 5º do artigo 1.228 do Código Civil", por Pablo Rentería (RTDC 34/71); "Critérios objetivos da 'justa indenização' na desapropriação judicial", por Luís Paulo Cotrim Guimarães (RF 398/155); "A trajetória doutrinária e judicial da desapropriação judicial — perspectivas e prognósticos (§§ 4º e 5º do art. 1.228 do Código Civil)", por Voltaire de Freitas Michel (RBDP 81/143).

Art. 1.228: 7. **Enunciado 240 do CEJ:** "A justa indenização a que alude o parágrafo 5º do art. 1.228 não tem como critério valorativo, necessariamente, a avaliação técnica lastreada no mercado imobiliário, sendo indevidos os juros compensatórios".

Enunciado 241 do CEJ: "O registro da sentença em ação reivindicatória, que opera a transferência da propriedade para o nome dos possuidores, com fundamento no interesse social (art. 1.228, § 5º), é condicionado ao pagamento da respectiva indenização, cujo prazo será fixado pelo juiz".

Enunciado 308 do CEJ: "A justa indenização devida ao proprietário em caso de desapropriação judicial (art. 1.228, § 5º) somente deverá ser suportada pela Administração Pública no contexto das políticas públicas de reforma urbana ou agrária, em se tratando de possuidores de baixa renda e desde que tenha havido intervenção daquela nos termos da lei processual. Não sendo os possuidores de baixa renda, aplica-se a orientação do Enunciado 84 da I Jornada de Direito Civil".

Enunciado 311 do CEJ: "Caso não seja pago o preço fixado para a desapropriação judicial, e ultrapassado o prazo prescricional para se exigir o crédito correspondente, estará autorizada a expedição de mandado para registro da propriedade em favor dos possuidores".

Art. 1.228: 7a. A fixação da justa indenização e os seus desdobramentos (pagamento do preço e registro do imóvel em nome dos possuidores) somente devem ter lugar nos casos em que o réu formular pretensão nesse sentido, isto é, nos casos em que o réu reconvir para essa finalidade. Nas situações em que o réu simplesmente se defender da ação reivindicatória com arrimo na exceção prevista no § 4º, o desfecho do processo deve trazer tão somente a improcedência da demanda.

Art. 1.228: 8. v. nota 2. S/ registro, v. LRP 176-B-V.

Art. 1.229. A propriedade do solo abrange a do espaço aéreo e subsolo correspondentes, em altura e profundidade úteis ao seu exercício, não podendo o proprietário opor-se a atividades que sejam realizadas, por terceiros, a uma altura ou profundidade tais, que não tenha ele interesse legítimo em impedi-las.[1-2] [Dispositivo correspondente no CC/1916: art. 526.]

Art. 1.229: 1. v. art. 1.286 (passagem de cabos e tubulações). V. tb. CF 26 (bens dos Estados) e 177 (monopólio da União das jazidas de petróleo e gás natural); Dec. lei 1.985, de 29.1.40 (Código de Minas); Lei 8.901, de 30.6.94 (regime jurídico das jazidas); Dec. lei 227, de 28.2.67 (Código de Mineração); Dec. lei 3.263, de 12.5.41 (jazidas de petróleos e gases raros); Dec. lei 2.375, de 24.11.87 (Terras Públicas); Lei 6.634, de 2.5.79 (Faixa de Fronteira); Dec. 24.643, de 10.7.34 (Código de Águas); Dec. 28.840, de 8.11.50 (plataforma submarina); Lei 8.617, de 4.1.93 (mar territorial); Lei 9.478, de 6.8.97 (monopólio do petróleo); Lei 12.351, de 22.12.10 (pré-sal); Lei 11.909, de 4.3.09 (gás natural).

Art. 1.229: 2. "O legislador adotou o critério da utilidade como parâmetro definidor da propriedade do subsolo, limitando-a ao proveito normal e atual que pode proporcionar, conforme as possibilidades técnicas então existentes" (STJ-RT 919/770: 3ª T., REsp 1.233.852). Do voto da relatora: "Não tendo havido nenhum prejuízo ou restrição ao direito de uso, gozo e fruição, conclui-se que a parcela do subsolo utilizada pelos recorridos para a realização de obras em seu imóvel não deve ser considerada parte integrante da propriedade dos recorrentes".

Art. 1.230. A propriedade do solo não abrange as jazidas, minas e demais recursos minerais, os potenciais de energia hidráulica,[1] os monumentos arqueológicos e outros bens referidos por leis especiais.[2-3] [Sem dispositivo correspondente no CC/1916.]

Parágrafo único. O proprietário do solo tem o direito de explorar os recursos minerais de emprego imediato na construção civil, desde que não submetidos a transformação industrial, obedecido o disposto em lei especial. [Sem dispositivo correspondente no CC/1916.]

Art. 1.230: 1. **CF 176:** "As jazidas, em lavra ou não, e demais recursos minerais e os potenciais de energia hidráulica constituem propriedade distinta da do solo, para efeito de exploração ou aproveitamento, e pertencem à União, garantida ao concessionário a propriedade do produto da lavra. § 1º A pesquisa e a lavra de recursos minerais e o aproveitamento dos potenciais a que se refere o *caput* deste artigo somente poderão ser efetuados mediante autorização ou concessão da União, no interesse nacional, por brasileiros ou empresa constituída sob as leis brasileiras e que tenha sua sede e administração no País, na forma da lei, que estabelecerá as condições específicas quando essas atividades se desenvolverem em faixa de fronteira ou terras indígenas. § 2º É assegurada participação ao proprietário do solo nos resultados da lavra, na forma e no valor que dispuser a lei. § 3º A autorização de pesquisa será sempre por prazo determinado, e as autorizações e concessões previstas neste artigo não poderão ser cedidas ou transferidas, total ou parcialmente, sem prévia anuência do poder concedente. § 4º Não dependerá de autorização ou concessão o aproveitamento do potencial de energia renovável de capacidade reduzida".

Art. 1.230: 2. v. art. 1.229, nota 1.

Art. 1.230: 3. v. art. 1.392 § 2º.

Art. 1.231. A propriedade presume-se plena e exclusiva,[1] até prova em contrário. [Dispositivo correspondente no CC/1916: art. 527.]

Art. 1.231: 1. s/ propriedade resolúvel, v. arts. 1.359 e 1.360.

Art. 1.232. Os frutos[1] e mais produtos da coisa pertencem, ainda quando separados, ao seu proprietário, salvo se, por preceito jurídico especial, couberem a outrem. [Dispositivo correspondente no CC/1916: art. 528.]

Art. 1.232: 1. v., no índice, Frutos.

Seção II | DA DESCOBERTA

Art. 1.233. Quem quer que ache coisa alheia perdida[1] há de restituí-la ao dono ou legítimo possuidor.[2-2a] [Dispositivo correspondente no CC/1916: art. 603-*caput*.]

Parágrafo único. Não o conhecendo, o descobridor fará por encontrá-lo, e, se não o encontrar, entregará a coisa achada à autoridade competente.[3] [Dispositivo correspondente no CC/1916: art. 603 § ún.]

Art. 1.233: 1. v. tb. arts. 1.264 a 1.266 (achado do tesouro).

Art. 1.233: 2. v. CP 169 § ún.-II (crime de apropriação de coisa achada).

Art. 1.233: 2a. A descoberta diz respeito à coisa alheia perdida. Se for coisa **sem dono** trata-se de ocupação, cujas consequências jurídicas são diversas (v. art. 1.263).

Art. 1.233: 3. v. CPC 746.

Art. 1.234. Aquele que restituir a coisa achada, nos termos do artigo antecedente, terá direito a uma recompensa não inferior a cinco por cento do seu valor, e à indenização pelas despesas que houver feito com a conservação e transporte da coisa, se o dono não preferir abandoná-la. [Dispositivo correspondente no CC/1916: art. 604.]

Parágrafo único. Na determinação do montante da recompensa, considerar-se-á o esforço desenvolvido pelo descobridor para encontrar o dono, ou o legítimo possuidor, as possibilidades que teria este de encontrar a coisa e a situação econômica de ambos. [Sem dispositivo correspondente no CC/1916.]

Art. 1.235. O descobridor responde pelos prejuízos causados ao proprietário ou possuidor legítimo, quando tiver procedido com dolo. [Dispositivo correspondente no CC/1916: art. 605.]

Art. 1.236. A autoridade competente dará conhecimento da descoberta através da imprensa e outros meios de informação, somente expedindo editais se o seu valor os comportar.[1] [Sem dispositivo correspondente no CC/1916.]

Art. 1.236: 1. v. CPC 746 § 2º.

Art. 1.237. Decorridos sessenta dias da divulgação da notícia pela imprensa, ou do edital, não se apresentando quem comprove a propriedade sobre a coisa, será esta vendida em hasta pública[1] e, deduzidas do preço as despesas, mais a recompensa do descobridor, pertencerá o remanescente ao Município em cuja circunscrição se deparou o objeto perdido. [Dispositivo correspondente no CC/1916: art. 606.]

Parágrafo único. Sendo de diminuto valor, poderá o Município abandonar a coisa em favor de quem a achou. [Sem dispositivo correspondente no CC/1916.]

Art. 1.237: 1. v. CPC 730.

Capítulo II | DA AQUISIÇÃO DA PROPRIEDADE IMÓVEL

Seção I | DA USUCAPIÃO[1 a 3]

SEÇ. I: 1. s/ usucapião: de servidão aparente, v. art. 1.379; e pessoa estrangeira, v. Lei 5.709/71, art. 1º, nota 3a, no tít. PROPRIEDADE RURAL ADQUIRIDA POR ESTRANGEIRO; especial, v. CF 183 e 191 e, no tít. USUCAPIÃO ESPECIAL, Lei 6.969, de 10.12.81, e Lei 10.257, de 10.7.01, arts. 9º a 14.

SEÇ. I: 2. "Aquisição e perda da propriedade. Usucapião: roupagem dada pelo novo Código Civil", por Newman Debs (RT 811/24); "Usucapião administrativa: uma alternativa possível", por Fernanda Loures de Oliveira (RDPr 48/129).

SEÇ. I: 3. **Lei 14.010, de 10.6.20** — Dispõe sobre o Regime Jurídico Emergencial e Transitório das relações jurídicas de Direito Privado (RJET) no período da pandemia do coronavírus (Covid-19): **"Art. 10** Suspendem-se os prazos de aquisição para a propriedade imobiliária ou mobiliária, nas diversas espécies de usucapião, a partir da entrada em vigor desta Lei até 30 de outubro de 2020". **Nota:** A Lei 14.010, de 10.6.20, entrou em vigor na data de sua publicação (DOU 12.6.20).

Art. 1.238. Aquele que, por quinze anos, sem interrupção, nem oposição,[1 a 1b] possuir como seu[2] um imóvel, adquire-lhe a propriedade,[2a a 2e] independentemente de título e boa-fé[2f]; podendo requerer ao juiz que assim o declare por sentença,[3] a qual servirá de título para o registro no Cartório de Registro de Imóveis.[3a-3b] [Dispositivo correspondente no CC/1916: art. 550.]

Parágrafo único. O prazo estabelecido neste artigo reduzir-se-á a dez anos[4] se o possuidor houver estabelecido no imóvel a sua moradia habitual, ou nele realizado obras ou serviços de caráter produtivo.[5] [Sem dispositivo correspondente no CC/1916.]

Art. 1.238: 1. No sentido de que "uma vez julgada improcedente a ação possessória, a citação não tem efeito interruptivo da prescrição aquisitiva. Notificação judicial ou protesto para interromper a prescrição aquisitiva deve ter fim específico e declarado": RSTJ 176/351 (4ª T., REsp 149.186, maioria).

Art. 1.238: 1a. "A contestação na ação de usucapião não pode ser erigida à oposição prevista em lei, não tendo o condão de interromper, só por si, o prazo da prescrição aquisitiva" (STJ-3ª T., REsp 234.240, Min. Pádua Ribeiro, j. 2.12.04, dois votos vencidos, DJU 11.4.05; a contestação referida na ementa tinha sido apresentada em ação de usucapião entre as mesmas partes e sobre o mesmo imóvel, julgada improcedente, anteriormente à ação objeto do recurso especial). No mesmo sentido: STJ-4ª T., REsp 1.210.396, Min. Luis Felipe, j. 12.4.12, DJ 19.6.12.

Art. 1.238: 1b. "O bem imóvel, ocupado por quem tem expectativa de adquiri-lo por meio da usucapião, passa a compor um só patrimônio afetado na **decretação da falência,** correspondente à massa falida objetiva. Assim, o **curso da prescrição aquisitiva** da propriedade de bem que compõe a massa falida é **interrompido** com a decretação da falência, pois o possuidor (seja ele o falido ou terceiros) perde a posse pela incursão do Estado na sua esfera jurídica" (STJ-3ª T., REsp 1.680.357, Min. Nancy Andrighi, j. 10.10.17, DJ 16.10.17).

Art. 1.238: 2. A posse direta (art. 1.197) em regra não gera usucapião: "A posse que conduz à usucapião deve ser exercida por certo tempo com *animus domini*, mansa e pacificamente, contínua e ininterruptamente. Preleciona o art. 579 do CC/2002 que comodato é o empréstimo gratuito de coisas não fungíveis. Os atos de mera detenção ou tolerância não induzem posse, conforme preleciona o art. 1.208 do CC/2002" (RT 873/272: TJMG, AP 1.0471.03.005494-7/001). Também negando a usucapião, em caso de posse oriunda de contrato de locação: RT 874/201 (TJSP, AP 400.101.4/2-00).

Todavia, há notícia de acórdãos que aceitam a modificação da natureza da posse ao longo do tempo: "O fato de ser possuidor direto na condição de promitente-comprador de imóvel, a princípio, não impede que este adquira a propriedade do bem por usucapião, uma vez que é possível a transformação do caráter originário daquela posse, de não própria, para própria" (STJ-3ª T., REsp 220.200, Min. Nancy Andrighi, j.16.9.03, DJU 20.10.03). No mesmo sentido: STJ-4ª T., REsp 143.976, Min. Barros Monteiro, j. 6.4.04, DJU 14.6.04.

Entendendo possível a aquisição da propriedade via usucapião por possuidor que inicialmente encontrava-se na posse direta como locatário, mas que, diante do desinteresse do proprietário em cobrar aluguel, passou a exercê-la com *animus domini*: RSTJ 143/370 (4ª T., REsp 154.733).

V. tb. art. 1.261, nota 2.

Art. 1.238: 2a. v. Estatuto do Índio (Lei 6.001, de 19.12.73, em Lex 1973/1.957, RT 458/488, RDA 116/575 e RF 245/457), arts. 33 e 38. V. tb. CF 231 § 4º.

Art. 1.238: 2b. Os bens públicos não estão sujeitos a usucapião (art. 102). V. notas ao art. 102 para usucapião e: domínio útil de bem público sobre o qual haja enfiteuse; bem de sociedade de economia mista.

Art. 1.238: 2c. Não se admite usucapião de **imóvel rural** de área inferior ao módulo (RT 652/65, RJTJESP 62/230, maioria). S/ módulo rural, v. ET 4º e 5º.

Do mesmo modo, não cabe ação de usucapião sobre imóvel que "não atende às normas municipais que estabelecem o módulo mínimo local, para **parcelamento do solo urbano**" (RSTJ 185/430: REsp 402.792, 4ª T.). V. Lei 6.766/79, no tít. PROMESSA DE COMPRA E VENDA E LOTEAMENTO.

Art. 1.238: 2d. "O usucapião por **condômino** é possível, desde que a posse seja exercida com exclusividade sobre o bem almejado" (RJ 175/59). No mesmo sentido: STJ-3ª T., Ag em REsp 22.114-AgRg, Min. João Otávio, j. 5.11.13, DJ 11.11.13; STJ-RDDP 92/134 (4ª T., REsp 668.131).

"Aberta a sucessão, a herança transmite-se, desde logo, aos herdeiros legítimos e testamentários (art. 1.784 do CC/02). A partir dessa transmissão, cria-se um condomínio *pro indiviso* sobre o acervo hereditário, regendo-se o direito dos coerdeiros, quanto à propriedade e posse da herança, pelas normas relativas ao condomínio, como mesmo disposto no art. 1.791, parágrafo único, do CC/02. O condômino tem legitimidade para usucapir em nome próprio, desde que exerça a posse por si mesmo, ou seja, desde que comprovados os requisitos legais atinentes à usucapião, bem como tenha sido exercida posse exclusiva com efetivo *animus domini* pelo prazo determinado em lei, sem qualquer oposição dos demais proprietários. Sob essa ótica, tem-se, assim, que é possível à recorrente pleitear a declaração da prescrição aquisitiva em desfavor de seu irmão — o outro herdeiro/condômino —, desde que, obviamente, observados os requisitos para a configuração da usucapião extraordinária, previstos no art. 1.238 do CC/02, quais sejam, lapso temporal de 15 (quinze) anos cumulado com a posse exclusiva, ininterrupta e sem oposição do bem" (STJ-3ª T., REsp 1.631.859, Min. Nancy Andrighi, j. 22.5.18, DJ 29.5.18).

Art. 1.238: 2e. "Corredor de 60 cm existente entre os imóveis das partes. Usucapião extraordinária. Impossibilidade de reconhecimento. Atos possessórios praticados sobre a coisa insuficientes à configuração de posse qualificada. Proprietário não desidioso. Servidão. Ocorrência de quase posse. **Possibilidade de usucapir a servidão e não a propriedade.** Qualquer que seja a espécie de usucapião alegada, a comprovação do exercício da posse sobre a coisa será sempre obrigatória, sendo condição indispensável à aquisição da propriedade. Isso porque a usucapião é efeito da posse, instrumento de conversão da situação fática do possuidor em direito de propriedade ou em outro direito real. Se não se identificar posse com ânimo de dono, acrescido do despojamento da propriedade, que qualifica a posse, o exercício de fato sobre a coisa não servirá à aquisição da propriedade. No caso concreto, ainda que os recorrentes tenham se **utilizado** do **corredor** de propriedade dos recorridos, por longos anos, **como forma de acesso** aos fundos de sua casa, isso não importou constatação de abandono, desídia ou não exercício de posse pelos proprietários da área" (STJ-4ª T., REsp 1.644.897, Min. Luis Felipe, j. 19.3.19, DJ 7.5.19).

V. tb. art. 1.379, nota 2b.

Art. 1.238: 2f. s/ boa-fé, v. art. 1.201.

Art. 1.238: 3. No mesmo sentido: art. 1.241.

Art. 1.238: 3a. v. LRP-I-28 e 226.

Art. 1.238: 3b. Esse dispositivo trata da **usucapião extraordinária.** S/ usucapião ordinária, v. art. 1.242.

Art. 1.238: 4. v. art. 2.029 (acréscimo do prazo por disposição transitória).

Art. 1.238: 5. "A redução do prazo de prescrição prevista no parágrafo único do art. 1.238 do CC não é aplicável ao **Poder Público,** sendo benefício exclusivo do particular para fins de usucapião" (STJ-1ª T., REsp 1.548.180, Min. Benedito Gonçalves, j. 3.10.17, maioria, DJ 19.12.17).

Art. 1.239. Aquele que, não sendo proprietário de imóvel rural ou urbano, possua como sua,[1] por cinco anos ininterruptos, sem oposição, área de terra em zona rural não superior a cinquenta hectares, tornando-a produtiva por seu trabalho ou de sua família, tendo nela sua moradia, adquirir-lhe-á a propriedade.[2-3] [Sem dispositivo correspondente no CC/1916.]

Art. 1.239: 1. Este artigo reproduz textualmente o disposto na CF 191-*caput*, corrigindo um erro de redação: "como sua", em vez de "como seu".

Art. 1.239: 2. Esse dispositivo trata da **usucapião especial rural** ou **usucapião *pro labore*** (v. tb. art. 1º da Lei 6.969, de 10.12.81, no tít. USUCAPIÃO ESPECIAL). S/ usucapião especial urbana, v. art. 1.240.

Art. 1.239: 3. Enunciado 312 do CEJ: "Observado o teto constitucional, a fixação da área máxima para fins de usucapião especial rural levará em consideração o módulo rural e a atividade agrária regionalizada".

Enunciado 313 do CEJ: "Quando a posse ocorre sobre área superior aos limites legais, não é possível a aquisição pela via da usucapião especial, ainda que o pedido restrinja a dimensão do que se quer usucapir".

V. tb. art. 1.243, nota 2 (Enunciado 317 do CEJ).

Art. 1.240. Aquele que possuir, como sua, área urbana[1] de até duzentos e cinquenta metros quadrados,[1a a 3a] por cinco anos ininterruptamente e sem oposição,[4-4a] utilizando-a para sua moradia ou de sua família,[4b] adquirir-lhe-á o domínio, desde que não seja proprietário de outro imóvel urbano ou rural.[5] [Sem dispositivo correspondente no CC/1916.]

§ 1º O título de domínio e a concessão de uso serão conferidos ao homem ou à mulher, ou a ambos, independentemente do estado civil. [Sem dispositivo correspondente no CC/1916.]

§ 2º O direito previsto no parágrafo antecedente não será reconhecido ao mesmo possuidor mais de uma vez. [Sem dispositivo correspondente no CC/1916.]

Art. 1.240: 1. Enunciado 85 do CEJ: "Para efeitos do art. 1.240, *caput*, do novo Código Civil, entende-se por 'área urbana' o imóvel edificado ou não, inclusive unidades autônomas vinculadas a condomínios edilícios".

Art. 1.240: 1a. Entendendo possível a usucapião especial urbana de **apartamento:** "Tratando-se de unidade condominial — apartamento —, cumpre perquirir se a fração ideal correspondente e a metragem de área real privativa não suplantam, cada qual individualmente, os 250m² previstos como limite" (STF-Pleno, RE 305.416, Min. Marco Aurélio, j. 31.8.20, DJ 3.12.20).

Art. 1.240: 1b. "Módulo mínimo do lote urbano municipal fixado como área de 360 m². Pretensão da parte autora de usucapir porção de 225 m², destacada de um todo maior, dividida em composse. Preenchidos os requisitos do art. 183 da Constituição Federal, o reconhecimento do direito à usucapião especial urbana não pode ser obstado por legislação infraconstitucional que estabeleça módulos urbanos na respectiva área em que situado o imóvel (dimensão do lote)" (STF-Pleno, RE 422.349, Min. Dias Toffoli, j. 29.4.15, maioria, DJ 5.8.15). No mesmo sentido: "Cuida-se de ação de usucapião especial urbana em que a autora pretende usucapir imóvel com área de 35,49 m². Pedido declaratório indeferido pelas instâncias ordinárias sob o fundamento de que o imóvel usucapiendo apresenta metragem inferior à estabelecida na legislação infraconstitucional que dispõe sobre o parcelamento do solo urbano e nos planos diretores municipais. Recurso especial provido" (STJ-3ª T., REsp 1.360.017, Min. Ricardo Cueva, j. 5.5.16, DJ 27.5.16).

Art. 1.240: 2. V. art. 1.239, nota 3 (Enunciado 313 do CEJ).

Art. 1.240: 3. Enunciado 314 do CEJ: "Para os efeitos do art. 1.240, não se deve computar, para fins de limite de metragem máxima, a extensão compreendida pela fração ideal correspondente à área comum".

Art. 1.240: 3a. "A metragem da área usucapienda na modalidade de usucapião constitucional/especial deve ser de até 250 m², ainda que inserida em área maior, ou seja, cuja matrícula indique metragem superior. O importante é que a posse sobre a área pretendida a usucapir tenha sido exercida unicamente sobre a área de até 250 m². No caso concreto, comprovado foi que a posse exercida pelos autores ocorreu apenas sobre a área postulada de 161,51 m², que é um lote irregular inserido dentro do grande terreno previsto na matrícula" (RMDAU 44/133: TJRS, AP 13163-23.2012.8.21.7000).

"O simples fato de a área usucapienda estar compreendida em terrenos de dimensão superior ao limite legal de duzentos e cinquenta metros quadrados não demonstra impedimento à sua aquisição" (RMDAU 46/122: TJMG, AP 1.0433.09.301608-0/001).

Art. 1.240: 4. A oposição iniciada após o lapso de cinco anos ininterruptos de posse mansa e pacífica não é capaz de impedir a usucapião especial urbana (RMDAU 46/122: TJMG, AP 1.0433.09.301608-0/001). Do voto do relator: "A posse da autora restou inconteste desde o ano de 1988 até o momento da imissão na posse, cujo mandado foi expedido em 10 de julho de 2009, ultrapassando, portanto, o lapso temporal de 5 anos exigíveis *in casu*. É cediço que a sentença da ação de usucapião possui natureza meramente declaratória, e não constitutiva, limitando-se a reconhecer uma prerrogativa já consolidada no mundo jurídico em virtude dos fatos que a originaram, existindo, portanto, o direito de aquisição desde o momento em que cumpridos os requisitos legais, ainda que não reconhecidos judicialmente, pois estes apenas pretendem reconhecer domínio, já anteriormente obtido. Dessa maneira, resta indubitável, no caso em tela, a existência de posse mansa e pacífica pelo prazo necessário à aquisição da mesma pela usucapião, qual seja, 5 anos, pois o despejo mencionado pelas testemunhas somente ocorrera posteriormente à consolidação do direito de aquisição, não constituindo, assim, um empecilho à sua declaração".

Art. 1.240: 4a. "Imóveis destinados à população de baixa renda e financiados por meio do **Sistema Financeiro de Habitação,** gerido pela Caixa Econômica Federal, não estão sujeitos à aquisição originária pela usucapião urbana especial do Estatuto da Cidade se, no período de cinco anos de posse previsto no art. 9º da Lei 10.257/2001, a CEF promovia os atos jurídicos necessários à retomada e refinanciamento. Para efeitos da usucapião, mesmo a especial urbana, a posse exercida com *animus domini* ultrapassa a mera vontade de possuir, devendo resultar do título pelo qual é detida, de forma que posse decorrente de relações contratuais que afetem o proprietário do imóvel prescinde do *animus domini*" (STJ-3ª T., REsp 1.221.243, Min. João Otávio, j. 25.2.14, DJ 10.3.14).

Art. 1.240: 4b. "O art. 1.240 do CC/2002 **não** direciona para a **necessidade de destinação exclusiva** residencial do bem a ser usucapido. Assim, o exercício simultâneo de pequena atividade comercial pela família domiciliada no imóvel objeto do pleito não inviabiliza a prescrição aquisitiva buscada" (STJ-3ª T., REsp 1.777.404, Min. Nancy Andrighi, j. 5.5.20, DJ 11.5.20). No mesmo sentido: RT 744/367.

Art. 1.240: 5. Esse dispositivo reproduz o disposto na CF 183-*caput* e trata da **usucapião especial urbana individual** (v. tb. art. 9º da Lei 10.257, de 10.7.01, no tít. USUCAPIÃO ESPECIAL). S/ usucapião especial urbana coletiva, v. art. 10 da Lei 10.257, de 10.7.01, no tít. USUCAPIÃO ESPECIAL. S/ usucapião especial rural, v. art. 1.239.

Art. 1.240-A. Aquele que exercer, por 2 (dois) anos ininterruptamente e sem oposição, posse direta, com exclusividade, sobre imóvel urbano de até 250m² (duzentos e cinquenta metros quadrados) cuja propriedade divida com ex-cônjuge ou ex-companheiro que abandonou o lar, utilizando-o para sua moradia ou de sua família, adquirir-lhe-á o domínio integral, desde que não seja proprietário de outro imóvel urbano ou rural.[1-2] [Sem dispositivo correspondente no CC/1916.]

§ 1º O direito previsto no *caput* não será reconhecido ao mesmo possuidor mais de uma vez. [Sem dispositivo correspondente no CC/1916.]

§ 2º (VETADO). [Sem dispositivo correspondente no CC/1916.]

Art. 1.240-A: 1. O art. 1.240-A foi acrescido pela Lei 12.424, de 16.6.11.

✎ **Art. 1.240-A: 2.** "Primeiras anotações sobre os pressupostos e a processualização da usucapião familiar", por Roberto Paulino de Albuquerque Jr. e Roberto P. Campos Gouveia Filho (RP 199/369); "Usucapião especial e abandono de lar. Usucapião entre ex-casal", por Maria Aglaé Tedesco Vilardo (RBDFS 27/46); "Usucapião por abandono do lar conjugal: repercussões no direito de família", por Mônica Guazzelli (RBDFS 28/97); "Aspectos polêmicos da 'usucapião conjugal': questões afetas ao art. 1.240-A do Código Civil brasileiro", por Guilherme Calmon Nogueira da Gama e Thaís Boia Marçal (RDPr 54/257).

Art. 1.241. Poderá o possuidor requerer ao juiz[1-2] seja declarada adquirida, mediante usucapião, a propriedade imóvel.[2a] [Sem dispositivo correspondente no CC/1916.]

Parágrafo único. A declaração obtida na forma deste artigo constituirá título hábil para o registro no Cartório de Registro de Imóveis.[3-4] [Sem dispositivo correspondente no CC/1916.]

Art. 1.241: 1. Ação de usucapião especial: Lei 6.969, de 10.12.81, no tít. USUCAPIÃO ESPECIAL, art. 4º, e Lei 10.257, de 10.7.01, no mesmo tít., art. 10.

Art. 1.241: 2. Súmula 237 do STF: "O usucapião pode ser arguido em defesa". O CC atual consigna, corretamente: "**a** usucapião".

Súmula 391 do STF: "O confinante certo deve ser citado pessoalmente para a ação de usucapião".

Art. 1.241: 2a. Enunciado 315 do CEJ: "O art. 1.241 do Código Civil permite que o possuidor que figurar como réu em ação reivindicatória ou possessória formule pedido contraposto e postule ao juiz seja declarada adquirida, mediante usucapião, a propriedade imóvel, valendo a sentença como instrumento para registro imobiliário, ressalvados eventuais interesses de confinantes e terceiros".

Art. 1.241: 3. v. LRP 167-I-28.

Art. 1.241: 4. "A sentença proferida no processo de usucapião (art. 941 do CPC) possui **natureza meramente declaratória** (e não constitutiva), pois apenas reconhece, com oponibilidade *erga omnes*, um direito já existente com a posse *ad usucapionem*, exalando, por isso mesmo, efeitos *ex tunc*. O efeito retroativo da sentença se dá desde a consumação da prescrição aquisitiva. O registro da sentença de usucapião no cartório extrajudicial não é essencial para a consolidação da propriedade imobiliária, porquanto, ao contrário do que ocorre com as aquisições derivadas de imóveis, o ato registral, em tais casos, não possui caráter constitutivo. Assim, a sentença oriunda do processo de usucapião é tão somente título para registro (arts. 945 do CPC; 550 do CC/1916; 1.241, parágrafo único, do CC/2002) — e não título constitutivo do direito do usucapiente, buscando este, com a demanda, atribuir segurança jurídica e efeitos de coisa julgada com a declaração formal de sua condição. O registro da usucapião no cartório de imóveis serve não para constituir, mas para dar publicidade à aquisição originária (alertando terceiros), bem como para permitir o exercício do *ius disponendi* (direito de dispor), além de regularizar o próprio registro cartorial" (STJ-3ª T., REsp 118.360, Min. Vasco Della Giustina, j. 16.12.10, DJ 2.2.11).

"A declaração de usucapião é forma de aquisição originária da propriedade ou de outros direitos reais, modo que se opõe à aquisição derivada, a qual se opera mediante a sucessão da propriedade, seja de forma singular, seja de forma universal. Vale dizer que, na usucapião, a propriedade não é adquirida do anterior proprietário, mas, em boa verdade, contra ele. A propriedade é absolutamente nova e não nasce da antiga. É adquirida a partir da objetiva situação de fato consubstanciada na posse *ad usucapionem* pelo interregno temporal exigido por lei. Aliás, é até mesmo desimportante que existisse antigo proprietário" (STJ-4ª T., REsp 941.464, Min. Luis Felipe, j. 24.4.12, DJ 29.6.12).

"Hipoteca judicial de gleba de terras. Posterior procedência de ação de usucapião de parte das terras hipotecadas. Participação do credor hipotecário na ação de usucapião como assistente do réu. Ausência de cerceamento de defesa. Prevalência da usucapião. Efeitos *ex tunc* da sentença declaratória. Cancelamento parcial da hipoteca judicial" (STJ-4ª T., REsp 620.610, Min. Raul Araújo, j. 3.9.13, DJ 19.2.14).

V. tb. art. 1.499, nota 3a (declaração de usucapião e extinção de hipoteca).

Art. 1.242. Adquire também a propriedade do imóvel aquele que, contínua e incontestadamente, com justo título[1-1a] e boa-fé,[2] o possuir por dez anos.[2a] [Dispositivo correspondente no CC/1916: art. 551-*caput*.]

Parágrafo único. Será de cinco anos[3] o prazo previsto neste artigo se o imóvel houver sido adquirido, onerosamente, com base no registro constante do respectivo cartório, cancelada[4] posteriormente, desde que os possuidores nele tiverem estabelecido a sua moradia, ou realizado investimentos de interesse social e econômico.[5] [Sem dispositivo correspondente no CC/1916.]

Art. 1.242: 1. Enunciado 86 do CEJ: "A expressão 'justo título', contida nos arts. 1.242 e 1.260 do Código Civil, abrange todo e qualquer ato jurídico hábil, em tese, a transferir a propriedade, independentemente do registro".

Art. 1.242: 1a. "Ainda que não passível de registro, a jurisprudência do STJ reconhece como justo título, hábil a demonstrar a posse, o instrumento particular de compromisso de compra e venda" (STJ-4ª T., REsp 171.204, Min. Aldir Passarinho Jr., j. 26.6.03, DJU 1.3.04).

"Por justo título, para efeito da usucapião ordinária, deve-se compreender o ato ou fato jurídico que, em tese, possa transmitir a propriedade, mas que, por lhe faltar algum requisito formal ou intrínseco (como a venda *a non domino*), não produz tal efeito jurídico. Tal ato ou fato jurídico, por ser juridicamente aceito pelo ordenamento jurídico, confere ao possuidor, em seu consciente, a legitimidade de direito à posse, como se dono do bem transmitido fosse (*cum animo domini*). O contrato particular de cessão e transferência de direitos e obrigações de instrumento particular de compra e venda, o qual originou a longeva posse exercida pela ora recorrente, para efeito de comprovação da posse, deve ser reputado justo título" (STJ-3ª T., REsp 652.449, Min. Massami Uyeda, j. 15.12.09, DJ 23.3.10). No mesmo sentido: RT 893/299 (TJPR, AP 583.537-3).

Art. 1.242: 2. s/ conceito de boa-fé, v. art. 1.201.

A existência de justo título gera presunção de boa-fé, cf. art. 1.201 § ún.

Art. 1.242: 2a. Esse dispositivo trata da **usucapião ordinária.** S/ usucapião extraordinária, v. art. 1.238.

Art. 1.242: 3. v. art. 2.029 (acréscimo do prazo por disposição transitória).

Art. 1.242: 4. Deve ser "cancelado", e não "cancelada".

Art. 1.242: 5. "Se, por uma peculiaridade do direito brasileiro, é possível promover a restrição do direito de propriedade do adquirente para a proteção de um crédito, a prescrição aquisitiva que beneficia esse adquirente somente pode ser interrompida por um ato que inequivocamente indique a intenção do credor de realizar esse crédito. Se, após dez anos a partir do bloqueio da matrícula, o INSS não requer a declaração de nulidade da compra e venda, não executa o crédito previdenciário que mantém perante o vendedor do imóvel, não requer o reconhecimento de fraude à execução, não penhora o bem controvertido, enfim, não toma providência alguma, é possível reconhecer, ao menos em *status assertionis*, a ocorrência de usucapião tabular, de modo que o indeferimento da petição inicial da ação que a requer é providência exagerada" (STJ-3ª T., REsp 1.133.451, Min. Nancy Andrighi, j. 27.3.12, DJ 18.4.12).

Art. 1.243. O possuidor pode, para o fim de contar o tempo exigido pelos artigos antecedentes, acrescentar à sua posse a dos seus antecessores (art. 1.207), contanto que todas sejam contínuas, pacíficas e, nos casos do art. 1.242, com justo título e de boa-fé.[1-2] [Dispositivo correspondente no CC/1916: art. 552.]

✎ **Art. 1.243: 1.** "*Accessio possessionis* e usucapião constitucional agrário: inaplicabilidade do art. 1.243, primeira parte do Código Civil", por Lucas Abreu Barroso e Gustavo Elias Kallás Rezek (RDPr 28/113).

Art. 1.243: 2. **Enunciado 317 do CEJ:** "A *accessio possessionis*, de que trata o art. 1.243, 1ª parte, do Código Civil, não encontra aplicabilidade relativamente aos arts. 1.239 e 1.240 do mesmo diploma legal, em face da normatividade do usucapião constitucional urbano e rural, arts. 183 e 191, respectivamente".

Art. 1.244. Estende-se ao possuidor o disposto quanto ao devedor acerca das causas que obstam, suspendem ou interrompem a prescrição,[1] as quais também se aplicam à usucapião.[2] [Dispositivo correspondente no CC/1916: art. 553.]

Art. 1.244: 1. v. arts. 197, inclusive nota 2a, a 204.

Art. 1.244: 2. Se o prazo da usucapião não corre contra um dos coproprietários, em razão de sua incapacidade, também não corre contra os demais (JTJ 259/219).

Seção II | DA AQUISIÇÃO PELO REGISTRO DO TÍTULO[1-2]

SEÇ. II: 1. **Lei 5.972, de 11.12.73** — Regula o procedimento para o registro da propriedade de bens imóveis discriminados administrativamente ou possuídos pela União.

Lei 6.739, de 5.12.79 — Dispõe sobre a Matrícula e o Registro de Imóveis Rurais, e dá outras providências.

Lei 7.433, de 18.12.85 — Dispõe sobre os requisitos para a lavratura de escrituras públicas (regulamentada pelo Dec. 93.240, de 9.9.86).

Lei 8.935, de 18.11.94 — Regulamenta o art. 236 da Constituição Federal, dispondo sobre serviços notariais e de registro (Lei dos Cartórios).

SEÇ. II: 2. v. tít. REGISTROS PÚBLICOS.

Art. 1.245. Transfere-se entre vivos a propriedade mediante o registro[1 a 1f] do título translativo[2] no Registro de Imóveis. [Dispositivo correspondente no CC/1916: art. 530-I.]

§ 1º Enquanto não se registrar o título translativo,[3] o alienante continua a ser havido como dono do imóvel. [Sem dispositivo correspondente no CC/1916.]

§ 2º Enquanto não se promover, por meio de ação própria, a decretação de invalidade do registro, e o respectivo cancelamento, o adquirente continua a ser havido como dono do imóvel.[3a a 5] [Sem dispositivo correspondente no CC/1916.]

Art. 1.245: 1. "Imposto de transmissão de bens imóveis por ato *inter vivos*. Momento da transferência da propriedade. Registro no álbum imobiliário", por Adelar José Drescher (RJ 320/45).

Art. 1.245: 1a. s/ registro e usucapião, v. art. 1.241, nota 4; s/ registro em nome do expropriante, v. LD 29.

Art. 1.245: 1b. "Duas sendo as promessas de compra e venda sobre o mesmo imóvel, nada importa qual a respectiva ordem cronológica; produz efeitos aquela que foi inscrita no Ofício Imobiliário, não podendo o outro promitente comprador averbar na matrícula do imóvel a pretensão que possa ter contra o promitente vendedor" (STJ-3ª T., RMS 21.479, Min. Ari Pargendler, j. 7.8.07, DJU 16.5.08).

Art. 1.245: 1c. Havendo duas praças do mesmo bem, em processos distintos de execução, prevalece a carta de arrematação registrada em primeiro lugar (Lex-JTA 141/57). "A carta de arrematação é o título de domínio, mas este só se transfere com o registro daquela no Cartório de Registro de Imóveis" (STJ-2ª Seção, CC 105.386, Min. Sidnei Beneti, j. 8.9.10, DJ 15.9.10).

"A arrematação, como dito no art. 694, *caput*, do Código de Processo Civil, após a assinatura do auto, será considerada 'perfeita, acabada e irretratável', contudo a eficácia destinada pelo referido dispositivo não pode se sobrepor a lógica posta pelo sistema registral brasileiro. Ou seja, pela matrícula do bem é que se toma conhecimento de eventuais gravames incidentes sobre ele e pelo registro do título é que se opera a transmissão da propriedade. Dar eficácia *erga omnes* a primeira arrematação não registrada desprestigia a confiança no registro e a boa-fé daqueles que nele confiam" (STJ-4ª T., REsp 1.045.258, Min. Marco Buzzi, j. 26.11.13, DJ 10.12.13).

"A pretensão de quem objetiva a imissão na posse fundamenta-se no direito de propriedade. Visa à satisfação daquele que, sem nunca ter exercido a posse, espera obtê-la judicialmente. Logo, na medida em que a transferência da propriedade imobiliária ocorre com o registro do título aquisitivo — no particular, a carta de arrematação — perante o Registro de Imóveis, somente depois da prática desse ato é que o arrematante estará capacitado a exigir sua imissão na posse do bem" (STJ-3ª T., REsp 1.238.502, Min. Nancy Andrighi, j. 28.5.13, DJ 13.6.13).

Mas: "O arrematante de imóvel tem o direito de receber os valores relativos ao aluguel a partir da lavratura do auto de arrematação, não sendo preciso esperar o registro no cartório do registro de imóveis" (STJ-3ª T., REsp 1.232.559, Min. João Otávio, j. 11.2.14, DJ 17.2.14). No mesmo sentido: STJ-4ª T., REsp 698.234, Min. Raul Araújo, j. 25.3.14, DJ 30.4.14.

Art. 1.245: 1d. "A estipulação prevista no contrato social de integralização do capital social por meio de imóvel indicado pelo sócio, por si, não opera a transferência de propriedade do bem à sociedade empresarial. De igual modo, a inscrição do ato constitutivo com tal disposição contratual, no Registro Público de Empresas Mercantis, a cargo das Juntas Comerciais, não se presta a tal finalidade. A integralização do capital social da empresa pode se dar por meio da realização de dinheiro ou bens móveis ou imóveis, havendo de se observar, necessariamente, o modo pelo qual se dá a transferência de titularidade de cada qual. Em se tratando de imóvel, como se dá no caso dos autos, a incorporação do bem à sociedade empresarial haverá de observar, detidamente, os ditames do art. 1.245 do Código Civil, que dispõe: transfere-se entre vivos a propriedade mediante o registro do título translativo no Registro de Imóveis. O registro do título translativo no Registro de Imóveis, como condição imprescindível à transferência de propriedade de bem imóvel entre vivos, propugnada pela lei civil, não se confunde, tampouco pode ser substituído para esse efeito, pelo registro do contrato social na Junta Comercial, como sugere a insurgente" (STJ-3ª T., REsp 1.743.088, Min. Marco Bellizze, j. 12.3.19, DJ 22.3.19).

"'Transformação' do empresário individual em sociedade limitada. Operação *sui generis*, distinta da transformação de sociedades. Integralização de capital com bem imóvel. Necessidade de registro para transmissão do domínio" (STJ-4ª T., REsp 703.419-AgRg, Min. Antonio Ferreira, j. 2.4.13, DJ 16.4.13).

Art. 1.245: 1e. "O imóvel objeto de separação consensual devidamente homologada pela Vara de Família e Sucessões, cuja propriedade ficou a cargo da ex-esposa do executado, não pode ser objeto de penhora, ainda que o registro da partilha só tenha ocorrido em momento posterior ao ajuizamento da ação de execução" (STJ-3ª T., Ag em REsp 159.917-AgRg, Min. Sidnei Beneti, j. 6.8.13, DJ 30.8.13).

V. tb., no nosso CPCLPV, CPC 674, nota 12, inclusive com a Súmula 84 do STJ.

Art. 1.245: 1f. "A **doação** efetuada, **em partilha** decorrente de separação judicial, pelos genitores dos autores antes mesmo de o imóvel ser hipotecado, por **não** ter sido **registrada** no cartório de registro de imóveis, gera efeitos obrigacionais apenas para os alienantes (doadores) e para os donatários, de modo que não torna ineficaz nem inválida a **hipoteca** dada a terceiro de boa-fé pelos efetivos proprietários" (STJ-4ª T., REsp 1.358.062, Min. Luis Felipe, j. 15.8.19, DJ 3.9.19).

Art. 1.245: 2. Enunciado 87 do CEJ: "Considera-se também título translativo, para fins do art. 1.245 do novo Código Civil, a promessa de compra e venda devidamente quitada (arts. 1.417 e 1.418 do Código Civil e § 6º do art. 26 da Lei n. 6.766/79)".

Art. 1.245: 3. v. art. 1.275 § ún.

Art. 1.245: 3a. Súmula 496 do STJ: "Os registros de propriedade particular de imóveis situados em terrenos de marinha não são oponíveis à União".

Art. 1.245: 4. "O **bloqueio administrativo** da matrícula do imóvel não impede a pretensão reivindicatória do suposto proprietário, tendo em vista que 'enquanto não se promover, por meio de ação própria, a decretação de invalidade do registro e o respectivo cancelamento, o adquirente continua a ser havido como dono do imóvel' (art. 1.245, § 2º, CC/2002)" (RT 871/271).

Também não impede a pretensão reivindicatória a **simples propositura da ação própria** para a invalidação do registro: "Não basta, para ilidir a fé pública que o registro imobiliário reveste, o ajuizamento de ação tendente a invalidá-lo; exige-se sua procedência" (STJ-3ª T., REsp 988.505, Min. Nancy Andrighi, j. 26.6.08, DJ 5.8.08).

Art. 1.245: 5. "Não obstante o Juízo de Família seja competente para reconhecer e dissolver a união estável, bem como para determinar a partilha dos bens adquiridos na constância da convivência, eventual nulificação de registro de escritura pública de transferência de propriedade a terceiro que não participou da lide familiar, ainda que com base em simulação, deve ser realizada em **ação autônoma,** a teor do art. 1.245 do CC/02, em decorrência do princípio da fé pública" (STJ-3ª T., REsp 1.485.014, Min. Moura Ribeiro, j. 25.4.17, DJ 15.5.17).

Art. 1.246. O registro é eficaz desde o momento em que se apresentar o título ao oficial do registro, e este o prenotar no protocolo.[1] [Dispositivo correspondente no CC/1916: art. 534.]

Art. 1.246: 1. v. LRP 174, 175, 182 a 188 e 205.

Art. 1.247. Se o teor do registro não exprimir a verdade, poderá o interessado reclamar que se retifique[1] ou anule. [Dispositivo correspondente no CC/1916: art. 860.]

Parágrafo único. Cancelado o registro, poderá o proprietário[2] reivindicar o imóvel, independentemente da boa-fé ou do título do terceiro adquirente. [Sem dispositivo correspondente no CC/1916.]

Art. 1.247: 1. v. LRP 212 a 213 (retificação administrativa) e 216 (retificação contenciosa).

Art. 1.247: 2. i. e., aquele que teve ou terá seu registro revalidado por força do cancelamento do registro posterior.

Seção III | DA AQUISIÇÃO POR ACESSÃO[1]

SEÇ. III: 1. s/ bens imóveis por acessão física, v. art. 79; s/ indenização paga ao evicto por conta de acessão, v. nota 2 ao art. 453.

Art. 1.248. A acessão pode dar-se: [Dispositivo correspondente no CC/1916: art. 536-*caput*.]

I — por formação de ilhas;[1] [Dispositivo correspondente no CC/1916: art. 536-I.]

II — por aluvião;[2] [Dispositivo correspondente no CC/1916: art. 536-II.]

III — por avulsão;[3] [Dispositivo correspondente no CC/1916: art. 536-III.]

IV — por abandono de álveo;[4] [Dispositivo correspondente no CC/1916: art. 536, IV.]

V — por plantações ou construções.[5] [Dispositivo correspondente no CC/1916: art. 536-V.]

Art. 1.248: 1. v. art. 1.249 e CA 23 a 25.

Art. 1.248: 2. v. art. 1.250 e CA 16 a 18.

Art. 1.248: 3. v. art. 1.251 e CA 19 a 22.

Art. 1.248: 4. v. art. 1.252 e CA 26 e 27.

Art. 1.248: 5. v. arts. 1.253 a 1.259.

Código Civil

Subseção I | DAS ILHAS

Art. 1.249. As ilhas que se formarem em correntes comuns ou particulares pertencem aos proprietários ribeirinhos fronteiros, observadas as regras seguintes:[1-2] [Dispositivo correspondente no CC/1916: art. 537-*caput*.]

I — as que se formarem no meio do rio consideram-se acréscimos sobrevindos aos terrenos ribeirinhos fronteiros de ambas as margens, na proporção de suas testadas, até a linha que dividir o álveo em duas partes iguais; [Dispositivo correspondente no CC/1916: art. 537-I.]

II — as que se formarem entre a referida linha e uma das margens consideram-se acréscimos aos terrenos ribeirinhos fronteiros desse mesmo lado; [Dispositivo correspondente no CC/1916: art. 537-II.]

III — as que se formarem pelo desdobramento de um novo braço do rio continuam a pertencer aos proprietários dos terrenos à custa dos quais se constituíram. [Dispositivo correspondente no CC/1916: art. 537-III.]

Art. 1.249: 1. v. CF 20-IV e 26-II e III.

Art. 1.249: 2. v. CA 23 a 25.

Subseção II | DA ALUVIÃO

Art. 1.250. Os acréscimos formados, sucessiva e imperceptivelmente, por depósitos e aterros naturais ao longo das margens das correntes, ou pelo desvio das águas destas, pertencem aos donos dos terrenos marginais, sem indenização.[1] [Dispositivo correspondente no CC/1916: art. 538.]

Parágrafo único. O terreno aluvial, que se formar em frente de prédios de proprietários diferentes, dividir-se-á entre eles, na proporção da testada de cada um sobre a antiga margem. [Dispositivo correspondente no CC/1916: art. 540.]

Art. 1.250: 1. v. CA 16 a 18.

Subseção III | DA AVULSÃO

Art. 1.251. Quando, por força natural violenta, uma porção de terra se destacar de um prédio e se juntar a outro, o dono deste adquirirá a propriedade do acréscimo, se indenizar o dono do primeiro ou, sem indenização, se, em um ano, ninguém houver reclamado.[1] [Sem dispositivo correspondente no CC/1916.]

Parágrafo único. Recusando-se ao pagamento de indenização, o dono do prédio a que se juntou a porção de terra deverá aquiescer a que se remova a parte acrescida. [Dispositivo correspondente no CC/1916: arts. 541 e 542.]

Art. 1.251: 1. v. CA 19 a 22.

Subseção IV | DO ÁLVEO ABANDONADO

Art. 1.252. O álveo abandonado de corrente pertence aos proprietários ribeirinhos das duas margens, sem que tenham indenização os donos dos terrenos por onde as águas abrirem novo curso, entendendo-se que os prédios marginais se estendem até o meio do álveo.[1] [Dispositivo correspondente no CC/1916: art. 544.]

Art. 1.252: 1. v. CA 9º, 26 e 27.

Subseção V | DAS CONSTRUÇÕES E PLANTAÇÕES

Art. 1.253. Toda construção ou plantação existente em um terreno presume-se feita pelo proprietário e à sua custa, até que se prove o contrário. [Dispositivo correspondente no CC/1916: art. 545.]

Art. 1.254. Aquele que semeia, planta ou edifica em terreno próprio com sementes, plantas ou materiais alheios, adquire a propriedade destes; mas fica obrigado a pagar-lhes o valor,[1] além de responder por perdas e danos,[2] se agiu de má-fé. [Dispositivo correspondente no CC/1916: art. 546.]

Art. 1.254: 1. i. e., o valor das sementes, plantas ou materiais empregados.

Art. 1.254: 2. v. arts. 402 a 405.

Art. 1.255. Aquele que semeia, planta ou edifica em terreno alheio perde, em proveito do proprietário, as sementes, plantas e construções; se procedeu de boa-fé,[1-1a] terá direito a indenização.[2-3] [Dispositivo correspondente no CC/1916: art. 547.]

Parágrafo único. Se a construção ou a plantação exceder consideravelmente o valor do terreno, aquele que, de boa-fé, plantou ou edificou, adquirirá a propriedade do solo, mediante pagamento da indenização fixada judicialmente, se não houver acordo. [Sem dispositivo correspondente no CC/1916.]

Art. 1.255: 1. s/ conceito de boa-fé, v. art. 1.201.

Art. 1.255: 1a. **Boa-fé e construção em terreno alheio.** "A ausência de contrato de compra e venda e a existência de registro de penhora, com eficácia *erga omnes*, afastam a presunção de boa-fé do apelante, razão pela qual não há que se falar em dever de indenizar" (RT 897/305: TJPR, AP 614.651-8).

Art. 1.255: 2. "A jurisprudência assentada no Superior Tribunal de Justiça considera indevida a indenização por acessões construídas sobre **área pública** irregularmente ocupada" (STJ-1ª T., REsp 850.970, Min. Teori Zavascki, j. 1.3.11, DJ 11.3.11).

S/ ocupação de área pública, v. arts. 1.196, nota 2, e 1.219, notas 4, 4a e 7a.

Art. 1.255: 3. "Ação de dissolução de sociedade de fato cumulada com alimentos, guarda e partilha de bens. Reconhecimento da sociedade conjugal e dissolução decretada. Pretensão à partilha de imóvel construído em terreno alheio. Direito à meação inexistente. Indenização a ser verificada em ação própria. Inteligência do art. 1.255 do CC" (RT 896/330: TJSC, AP 2009.065059-6). Em sentido semelhante: STJ-4ª T., REsp 1.327.652, Min. Luis Felipe, j. 10.10.17, DJ 22.11.17.

Art. 1.256. Se de ambas as partes houve má-fé, adquirirá o proprietário as sementes, plantas e construções, devendo ressarcir o valor das acessões.[1] [Dispositivo correspondente no CC/1916: art. 548-*caput*.]

Parágrafo único. Presume-se má-fé no proprietário, quando o trabalho de construção, ou lavoura, se fez em sua presença e sem impugnação sua. [Dispositivo correspondente no CC/1916: art. 548 § ún.]

Art. 1.256: 1. v. art. 1.257.

Art. 1.257. O disposto no artigo antecedente aplica-se ao caso de não pertencerem as sementes, plantas ou materiais a quem de boa-fé os empregou em solo alheio.[1] [Dispositivo correspondente no CC/1916: art. 549-*caput*.]

Parágrafo único. O proprietário das sementes, plantas ou materiais poderá cobrar do proprietário do solo a indenização devida, quando não puder havê-la do plantador ou construtor. [Dispositivo correspondente no CC/1916: art. 549 § ún.]

Art. 1.257: 1. ou seja: as sementes, plantas e materiais serão adquiridos pelo proprietário do solo, o qual indenizará o antigo dono daqueles, caso o plantador ou construtor não possam fazê-lo.

Art. 1.258. Se a construção, feita parcialmente em solo próprio, invade solo alheio em proporção não superior à vigésima parte deste, adquire o construtor de boa-fé a propriedade da parte do solo invadido, se o valor da construção exceder o dessa parte, e responde por indenização que represente, também, o valor da área perdida e a desvalorização da área remanescente.[1] [Sem dispositivo correspondente no CC/1916.]

Parágrafo único. Pagando em décuplo as perdas e danos[1a] previstos neste artigo, o construtor de má-fé adquire a propriedade da parte do solo que invadiu, se em proporção à vigésima parte deste e o valor da construção exceder consideravelmente o dessa parte e não se puder demolir a porção invasora sem grave prejuízo para a construção.[2] [Sem dispositivo correspondente no CC/1916.]

Art. 1.258: 1. "Aquisição construtiva de solo alheio: princípio *superficies solo cedit*, boa-fé e função social à luz do Código Civil brasileiro", por Luiz Edson Fachin (RT 922/123).

Art. 1.258: 1a. v. arts. 402 a 405.

Art. 1.258: 2. Enunciado 318 do CEJ: "O direito à aquisição da propriedade do solo em favor do construtor de má-fé (art. 1.258, parágrafo único) somente é viável quando, além dos requisitos explícitos previstos em lei, houver necessidade de proteger terceiros de boa-fé".

Art. 1.259. Se o construtor estiver de boa-fé, e a invasão do solo alheio exceder a vigésima parte deste, adquire a propriedade da parte do solo invadido, e responde por perdas e danos que abranjam o valor que a invasão acrescer à construção, mais o da área perdida e o da desvalorização da área remanescente; se de má-fé, é obrigado a demolir o que nele construiu, pagando as perdas e danos apurados, que serão devidos em dobro.[1] [Sem dispositivo correspondente no CC/1916.]

Art. 1.259: 1. s/ perdas e danos, v. arts. 402 a 405.

Capítulo III | DA AQUISIÇÃO DA PROPRIEDADE MÓVEL

Seção I | DA USUCAPIÃO[1-2]

SEÇ. I: 1. "Usucapião de coisa móvel nas relações de consumo", por Rogério Ferraz Donnini (RDPr 25/271).

SEÇ. I: 2. Lei 14.010, de 10.6.20 — Dispõe sobre o Regime Jurídico Emergencial e Transitório das relações jurídicas de Direito Privado (RJET) no período da pandemia do coronavírus (Covid-19): **"Art. 10** Suspendem-se os prazos de aquisição para a propriedade imobiliária ou mobiliária, nas diversas espécies de usucapião, a partir da entrada em vigor desta Lei até 30 de outubro de 2020". **Nota:** A Lei 14.010, de 10.6.20, entrou em vigor na data de sua publicação (DOU 12.6.20).

Art. 1.260. Aquele que possuir coisa móvel[1-1a] como sua, contínua e incontestadamente durante três anos, com justo título[2] e boa-fé,[3] adquirir-lhe-á a propriedade.[4-4a] [Dispositivo correspondente no CC/1916: art. 618-*caput* e § ún.]

Art. 1.260: 1. s/ usucapião de imóvel, v. arts. 1.238 a 1.244.

Art. 1.260: 1a. "As ações ao portador transformadas em nominativas são bens usucapíveis, como bens móveis corpóreos" (STJ-3ª T., REsp 1.077.658, Min. Sidnei Beneti, j. 6.3.12, DJ 7.5.12).

Art. 1.260: 2. s/ justo título, v. art. 1.242, nota 1.

Art. 1.260: 3. s/ conceito de boa-fé, v. art. 1.201.

Art. 1.260: 4. Os bens públicos não estão sujeitos a usucapião (art. 102).

Art. 1.260: 4a. v. LRP-I-28 e 226.

Art. 1.261. Se a posse da coisa móvel se prolongar por cinco anos, produzirá usucapião, independentemente de título ou boa-fé.[1-2] [Dispositivo correspondente no CC/1916: art. 619-*caput*.]

Art. 1.261: 1. "A posse de bem por **contrato de alienação fiduciária** em garantia **não pode levar a usucapião,** seja pelo adquirente, seja por cessionário deste, porque essa posse remonta ao fiduciante, que é a financiadora, a qual, no ato do financiamento, adquire a propriedade do bem, cuja posse direta passa ao comprador fiduciário, conservando a posse indireta (Ihering) e restando essa posse como resolúvel por todo o tempo, até que o financiamento seja pago. A posse, nesse caso, é justa enquanto válido o contrato. Ocorrido o inadimplemento, transforma-se em posse injusta, incapaz de gerar direito a usucapião" (STJ-RT 885/199: 3ª T., REsp 844.098, um voto vencido).

"A transferência a terceiro de veículo gravado como propriedade fiduciária, à revelia do proprietário (credor), constitui ato de clandestinidade, incapaz de induzir posse (art. 1.208 do Código Civil de 2002), sendo por isso mesmo impossível a aquisição do bem por usucapião. De fato, em contratos com alienação fiduciária em garantia, sendo o desdobramento da posse e a possibilidade de busca e apreensão do bem inerentes ao próprio contrato, conclui-se que a transferência da posse direta a terceiros — porque modifica a essência do contrato, bem como a garantia do credor fiduciário — deve ser precedida de autorização" (STJ-RT 898/169: 4ª T., REsp 881.270).

Art. 1.261: 2. "A existência de **contrato de arrendamento mercantil** do bem móvel **impede** a aquisição de sua propriedade pela **usucapião,** em vista da precariedade da posse exercida pelo devedor arrendatário. **Contudo, verificada a prescrição da dívida,** inexiste óbice legal para prescrição aquisitiva. A pretensão de cobrança de dívida líquida constante de instrumento público ou particular, conforme o art. 206, § 5º, I, do Código Civil, prescreve em cinco anos. No caso, apesar do contrato de arrendamento que tornava possível o manejo da ação para a cobrança das prestações em atraso e ensejava, concomitantemente, a reintegração de posse, permaneceu inerte o credor arrendante. Após o transcurso do prazo de cinco anos, no qual se verificou a prescrição do direito do credor arrendante, a autora da ação de usucapião permaneceu com a posse do veículo, que adquirira do devedor arrendatário, por mais de cinco anos, fato que ensejou a ocorrência da prescrição aquisitiva" (STJ-4ª T., REsp 1.528.626, Min. Raul Araújo, j. 17.12.19, maioria, DJ 16.3.20).

V. tb. art. 1.238, nota 2.

Art. 1.262. Aplica-se à usucapião das coisas móveis o disposto nos arts. 1.243 e 1.244. [Dispositivo correspondente no CC/1916: art. 619 § ún.]

Seção II | DA OCUPAÇÃO

Art. 1.263. Quem se assenhorear de coisa[1] sem dono[2-2a] para logo lhe adquire a propriedade, não sendo essa ocupação defesa por lei.[3] [Dispositivo correspondente no CC/1916: art. 592-*caput*.]

Art. 1.263: 1. móvel

Art. 1.263: 2. s/ coisa perdida que tenha dono, v. arts. 1.233 a 1.237 (descoberta).

Art. 1.263: 2a. A coisa abandonada por seu proprietário (*res derelictae*) e a coisa que nunca foi apropriada (*res nullius*) são consideradas sem dono, podendo sofrer ocupação.

Art. 1.263: 3. **Lei 9.605, de 12.2.98** — Dispõe sobre as sanções penais e administrativas derivadas de condutas e atividades lesivas ao meio ambiente (os **arts. 29 a 37** dispõem s/ os crimes contra a fauna).

Dec. 6.514, de 22.7.08 — Dispõe sobre as infrações e sanções administrativas ao meio ambiente, estabelece o processo administrativo federal para apuração destas infrações, e dá outras providências.

Lei 5.197, de 3.1.67 — Dispõe sobre a proteção à fauna.

Dec. lei 221, de 28.2.67 — Dispõe sobre a proteção e estímulos à pesca.

Lei 11.959, de 29.6.09 — Dispõe sobre a Política Nacional de Desenvolvimento Sustentável da Aquicultura e da Pesca, regula as atividades pesqueiras, revoga a Lei 7.679 e dispositivos do Dec. lei 221, e dá outras providências.

Seção III | DO ACHADO DO TESOURO

Art. 1.264. O depósito antigo de coisas preciosas, oculto e de cujo dono não haja memória, será dividido por igual entre o proprietário do prédio e o que achar o tesouro casualmente.[1-2] [Dispositivo correspondente no CC/1916: art. 607.]

Art. 1.264: 1. v. arts. 1.233 a 1.237 (descoberta); art. 1.392 § 3º (tesouro e usufruto); CP 169 § ún.-I (apropriação de tesouro) e 169 § ún.-II (apropriação de coisa achada).

Art. 1.264: 2. CF 20: "São bens da União: (...) **IX** — os recursos minerais, inclusive os do subsolo; **X** — as cavidades naturais subterrâneas e os sítios arqueológicos e pré-históricos".

Lei 3.924, de 26.7.61 — Dispõe sobre os monumentos arqueológicos e pré-históricos: **"Art. 17.** A posse e a salvaguarda dos bens de natureza arqueológica ou pré-histórica constituem, em princípio, direito imanente ao Estado.

"Art. 18. A descoberta fortuita de quaisquer elementos de interesse arqueológico ou pré-histórico, histórico, artístico ou numismático, deverá ser imediatamente comunicada à Diretoria do Patrimônio Histórico e Artístico Nacional, ou aos órgãos oficiais autorizados, pelo autor do achado ou pelo proprietário do local onde tiver ocorrido. Parágrafo único. O proprietário ou ocupante do imóvel onde se tiver verificado o achado, é responsável pela conservação provisória da coisa descoberta, até pronunciamento e deliberação da Diretoria do Patrimônio Histórico e Artístico Nacional.

"Art. 19. A infringência da obrigação imposta no artigo anterior implicará na apreensão sumária do achado, sem prejuízo da responsabilidade do inventor pelos danos que vier a causar ao Patrimônio Nacional, em decorrência da omissão".

Art. 1.265. O tesouro pertencerá por inteiro ao proprietário do prédio, se for achado por ele, ou em pesquisa que ordenou, ou por terceiro não autorizado.[1] [Dispositivo correspondente no CC/1916: art. 608.]

Art. 1.265: 1. Pela leitura do art. 1.264-*in fine*, conclui-se, *contrario sensu*, que esse terceiro não autorizado é aquela pessoa que não achou casualmente o tesouro em prédio alheio, mas sim de forma intencional e sem permissão do proprietário.

Art. 1.266. Achando-se em terreno aforado, o tesouro será dividido por igual entre o descobridor e o enfiteuta,[1] ou será deste por inteiro quando ele mesmo seja o descobridor. [Dispositivo correspondente no CC/1916: art. 609.]

Art. 1.266: 1. s/ enfiteuse, v. arts. 2.038 do CC atual e 678 a 694 do CC revogado.

Seção IV | DA TRADIÇÃO[1-2]

✎ **SEÇ. IV: 1.** "Tradição e contrato de mútuo, de conta-corrente e de compra e venda", por Álvaro Villaça Azevedo (RF 392/3).

SEÇ. IV: 2. v. arts. 234, 237, 291, 444, 492, 495, 529, 541 § ún., 579, 809 e 1.226.

Art. 1.267. A propriedade das coisas[1] não se transfere pelos negócios jurídicos antes da tradição.[1a-1b] [Dispositivo correspondente no CC/1916: art. 620.]

Parágrafo único. Subentende-se a tradição quando o transmitente continua a possuir pelo constituto possessório;[2] quando cede ao adquirente o direito à restituição da coisa, que se encontra em poder de terceiro; ou quando o adquirente já está na posse da coisa, por ocasião do negócio jurídico. [Dispositivo correspondente no CC/1916: arts. 620 e 621.]

Art. 1.267: 1. móveis

Art. 1.267: 1a. Na venda sobre documentos, substitui-se a tradição da coisa pela entrega do seu título representativo, cf. art. 529.

Art. 1.267: 1b. "A transferência da propriedade de veículo automotor se dá com a tradição, sendo desnecessário registro da transferência junto ao DETRAN" (RT 885/294: TJMA, AP 001606/2009).

Art. 1.267: 2. Por meio do constituto possessório, o transmitente permanece na posse do bem, mas em nome do adquirente.

Art. 1.268. Feita por quem não seja proprietário, a tradição não aliena a propriedade,[1] exceto se a coisa, oferecida ao público, em leilão ou estabelecimento comercial, for transferida em circunstâncias tais que, ao adquirente de boa-fé, como a qualquer pessoa, o alienante se afigurar dono. [Dispositivo correspondente no CC/1916: art. 622-*caput*, 1ª parte.]

§ 1º Se o adquirente estiver de boa-fé e o alienante adquirir depois a propriedade, considera-se realizada a transferência desde o momento em que ocorreu a tradição.[1a] [Dispositivo correspondente no CC/1916: art. 622-*caput*, 2ª parte.]

§ 2º Não transfere a propriedade a tradição, quando tiver por título um negócio jurídico nulo.[2] [Dispositivo correspondente no CC/1916: art. 622 § ún.]

Art. 1.268: 1. "Nas hipóteses de furto ou roubo não se dá a transmissão da propriedade, nem se transfere legitimamente a posse. Portanto, não perde o titular o direito de sequela, de seguir a coisa e obtê-la de quem a detenha ou possua. E ao terceiro de boa-fé cabe o direito de regresso contra quem lhe transferiu o bem" (STJ-5ª T., RMS 1.710, Min. Edson Vidigal, j. 31.8.94, DJ 7.11.94).

Art. 1.268: 1a. cf. art. 1.420 § 1º.

Art. 1.268: 2. v. art. 166.

Seção V | DA ESPECIFICAÇÃO

Art. 1.269. Aquele que, trabalhando em matéria-prima em parte alheia, obtiver espécie nova, desta será proprietário, se não se puder restituir à forma anterior.[1-2] [Dispositivo correspondente no CC/1916: art. 611.]

Art. 1.269: 1. Outro caso de especificação: art. 1.274 (v. nota 2).

Art. 1.269: 2. v. exemplos de especificação no início do art. 1.270 § 2º.

Art. 1.270. Se toda a matéria for alheia, e não se puder reduzir à forma precedente, será do especificador de boa-fé a espécie nova. [Dispositivo correspondente no CC/1916: art. 612-*caput*.]

§ 1º Sendo praticável a redução, ou quando impraticável, se a espécie nova se obteve de má-fé,[1] pertencerá ao dono da matéria-prima. [Dispositivo correspondente no CC/1916: art. 612 § 1º.]

§ 2º Em qualquer caso, inclusive o da pintura em relação à tela, da escultura, escritura e outro qualquer trabalho gráfico em relação à matéria-prima, a espécie nova será do especificador, se o seu valor exceder consideravelmente o da matéria-prima. [Dispositivo correspondente no CC/1916: art. 612 § 2º.]

Art. 1.270: 1. v. art. 1.271.

Art. 1.271. Aos prejudicados, nas hipóteses dos arts. 1.269 e 1.270, se ressarcirá o dano que sofrerem, menos ao especificador de má-fé, no caso do § 1º do artigo antecedente, quando irredutível a especificação. [Dispositivo correspondente no CC/1916: art. 613.]

Seção VI | DA CONFUSÃO, DA COMISSÃO[1] E DA ADJUNÇÃO

SEÇ. VI: 1. Deve ser "comistão" (v. art. 1.273, nota 1).

Art. 1.272. As coisas pertencentes a diversos donos, confundidas, misturadas ou adjuntadas[1] sem o consentimento deles, continuam a pertencer-lhes, sendo possível separá-las sem deterioração. [Dispositivo correspondente no CC/1916: art. 615-*caput*.]

§ 1º Não sendo possível a separação das coisas, ou exigindo dispêndio excessivo, subsiste indiviso o todo, cabendo a cada um dos donos quinhão proporcional ao valor da coisa com que entrou para a mistura ou agregado. [Dispositivo correspondente no CC/1916: art. 615 § 1º.]

§ 2º Se uma das coisas puder considerar-se principal,[2] o dono sê-lo-á do todo, indenizando os outros. [Dispositivo correspondente no CC/1916: art. 615 § 2º.]

Art. 1.272: 1. Confusão é a mistura de líquidos; comistão é a mistura de sólidos; e adjunção é a justaposição de uma coisa à outra.

Art. 1.272: 2. v. art. 92.

Art. 1.273. Se a confusão, comissão[1] ou adjunção se operou de má-fé, à outra parte caberá escolher entre adquirir a propriedade do todo, pagando o que não for seu, abatida a indenização que lhe for devida, ou renunciar ao que lhe pertencer, caso em que será indenizado. [Dispositivo correspondente no CC/1916: art. 616.]

Art. 1.273: 1. O CC revogado, na Seção III, que antecedia o art. 615, consignava, corretamente, "comistão", e não "comissão".

Art. 1.274. Se da união de matérias de natureza diversa se formar espécie nova, à confusão, comissão[1] ou adjunção aplicam-se as normas dos arts. 1.272 e 1.273.[2] [Dispositivo correspondente no CC/1916: art. 617.]

Art. 1.274: 1. v. art. 1.273, nota 1.

Art. 1.274: 2. A remissão deve ser aos arts. 1.269 a 1.271, que cuidam da formação de espécie nova (especificação). Era neste sentido a remissão feita pelo art. 617 do CC rev.

Capítulo IV | DA PERDA DA PROPRIEDADE

Art. 1.275. Além das causas consideradas neste Código, perde-se a propriedade: [Dispositivo correspondente no CC/1916: art. 589-*caput*.]

I — por alienação; [Dispositivo correspondente no CC/1916: art. 589-I.]

II — pela renúncia; [Dispositivo correspondente no CC/1916: art. 589-II.]

III — por abandono;[1] [Dispositivo correspondente no CC/1916: art. 589-III.]

Código Civil

IV — por perecimento da coisa; [Dispositivo correspondente no CC/1916: art. 589-IV.]

V — por desapropriação.[2] [Sem dispositivo correspondente no CC/1916.]

Parágrafo único. Nos casos dos incisos I e II, os efeitos da perda da propriedade imóvel serão subordinados ao registro do título transmissivo ou do ato renunciativo no Registro de Imóveis.[3-4] [Dispositivo correspondente no CC/1916: art. 589 § 1º.]

Art. 1.275: 1. s/ abandono de imóvel, v. art. 1.276.

Art. 1.275: 2. s/ desapropriação, v. CF 5º-XXII, XXIII, XXIV, 22-II e § ún., 100, 182 § 3º e § 4º-III, 184 a 186; ADCT 33; CC 1.387-*caput*, 1.409, 1.425-V e § 2º, 1.509 § 2º, 519, 959-II e 960 (CC rev. 590, 708, 738, 762-V e § 2º, 808 § 2º, 1.150, 1.558-II e 1.559). V. tb. art. 8º da Lei 10.257, de 10.7.01 (desapropriação de imóvel urbano que não cumpre sua função social, com pagamento em títulos).

V., adiante, no tít. DESAPROPRIAÇÃO, texto integral, com todas as alterações, das seguintes leis sobre desapropriação:

— **Dec. lei 3.365, de 21.6.41** — Dispõe sobre desapropriações por utilidade pública.

— **Lei 4.132, de 10.9.62** — Define os casos de desapropriação por interesse social e dispõe sobre sua aplicação.

— **Lei 8.629, de 25.2.93** — Dispõe sobre a regulamentação dos dispositivos constitucionais relativos à reforma agrária, previstos no Cap. III, Tít. VII, da Constituição Federal.

Art. 1.275: 3. s/ escritura pública de alienação ou renúncia da propriedade, v. art. 108.

S/ registro, no Registro de Imóveis, de títulos transmissíveis de imóveis, v. arts. 1.245 a 1.247 e LRP 167-I. A renúncia da propriedade de imóvel deve ser averbada na matrícula (LRP 167-II).

Art. 1.275: 4. "Tem-se, portanto, que a alteração do registro, em razão do abandono da propriedade, não tem o condão de desconstituir a propriedade do titular, mas, sim, declarar a perda da propriedade daquele" (STJ-3ª T., REsp 1.176.013, Min. Massami Uyeda, j. 22.6.10, DJ 1.7.10).

Art. 1.276. O imóvel urbano que o proprietário abandonar, com a intenção de não mais o conservar em seu patrimônio, e que se não encontrar na posse de outrem, poderá ser arrecadado, como bem vago,[1] e passar, três anos depois, à propriedade do Município ou à do Distrito Federal, se se achar nas respectivas circunscrições.[1a-2] [Dispositivo correspondente no CC/1916: art. 589 § 2º-a.]

§ 1º O imóvel situado na zona rural, abandonado nas mesmas circunstâncias, poderá ser arrecadado, como bem vago, e passar, três anos depois, à propriedade da União, onde quer que ele se localize. [Dispositivo correspondente no CC/1916: art. 589 § 2º-b.]

§ 2º Presumir-se-á de modo absoluto a intenção a que se refere este artigo, quando, cessados os atos de posse, deixar o proprietário de satisfazer os ônus fiscais.[3] [Sem dispositivo correspondente no CC/1916.]

Art. 1.276: 1. v. CPC 746.

Art. 1.276: 1a. **Enunciado 316 do CEJ:** "Eventual ação judicial de abandono de imóvel, caso procedente, impede o sucesso de demanda petitória".

✎**Art. 1.276: 2.** "A inconstitucionalidade do art. 1.276 do novo CC e a garantia do direito de propriedade", por Adolfo Mamoru Nishiyama (RDPr 18/9); "Abandono e arrecadação de imóveis urbanos na perspectiva da política urbana", por Fernando G. Bruno Filho (RMDAU 42/5).

Art. 1.276: 3. **Enunciado 242 do CEJ:** "A aplicação do art. 1.276 depende do devido processo legal, em que seja assegurado ao interessado demonstrar a não cessação da posse".

Enunciado 243 do CEJ: "A presunção de que trata o § 2º do art. 1.276 não pode ser interpretada de modo a contrariar a norma-princípio do art. 150, IV, da Constituição da República".

Capítulo V | DOS DIREITOS DE VIZINHANÇA[1 a 3]

Seção I | DO USO ANORMAL DA PROPRIEDADE[1]

CAP. V: 1. "Direito de vizinhança: condicionamentos públicos e privados", por Mariana Mencio (IP 66/167); "Direito de vizinhança — o uso abusivo da propriedade imóvel", por José Eulálio Figueiredo de Almeida (RMDAU 41/5).

CAP. V: 2. s/ direito de vizinhança e foro competente, v. CPC 47.

CAP. V: 3. **Lei 10.257, de 10.7.01 (Estatuto da Cidade)** — Regulamenta os arts. 182 e 183 da Constituição Federal, estabelece diretrizes gerais da política urbana e dá outras providências. Os arts. 36 a 38 dispõem sobre **estudo de impacto de vizinhança.**

SEÇ. I: 1. v. tb. arts. 1.331 a 1.346 e LCE 19 (uso da propriedade em condomínios edilícios).

Art. 1.277. O proprietário ou o possuidor de um prédio tem o direito de fazer cessar as interferências prejudiciais à segurança, ao sossego e à saúde dos que o habitam, provocadas pela utilização de propriedade vizinha.[1 a 4] [Dispositivo correspondente no CC/1916: art. 554.]

Parágrafo único. Proíbem-se as interferências considerando-se a natureza da utilização, a localização do prédio, atendidas as normas que distribuem as edificações em zonas,[5] e os limites ordinários de tolerância dos moradores da vizinhança. [Sem dispositivo correspondente no CC/1916.]

Art. 1.277: 1. s/ direito de construir, v. arts. 1.299 a 1.302 e respectivas notas.

Art. 1.277: 1a. **Enunciado 319 do CEJ:** "A condução e a solução das causas envolvendo conflitos de vizinhança devem guardar estreita sintonia com os princípios constitucionais da intimidade, da inviolabilidade da vida privada e da proteção ao meio ambiente".

Art. 1.277: 2. **Vizinho** não é apenas o prédio contíguo (RT 505/74, 696/105, RJTJESP 47/164, Bol. AASP 1.002/34).

"O ocupante do imóvel é parte legítima para figurar no polo passivo da ação de obrigação de fazer, ajuizada pelo proprietário ou pelo inquilino do imóvel vizinho, fundada no mau uso da propriedade" (STJ-3ª T., REsp 622.303, Min. Nancy Andrighi, j. 16.3.04, DJU 26.4.04).

"A ação do proprietário pelo uso nocivo do prédio vizinho pode ser dirigida contra o dono, ainda que locada a coisa" (STJ-4ª T., REsp 480.621, Min. Ruy Rosado, j. 17.6.03, DJU 12.8.03).

Art. 1.277: 3. "Fere o direito de vizinhança e caracteriza o uso nocivo da propriedade a mantença de inúmeros **animais** em precárias condições de higiene e cuidados, que causam aos vizinhos perturbações de toda ordem, especialmente em razão da sujeira, do mau cheiro, do barulho e das invasões na propriedade alheia" (JTJ 292/511).

Todavia: "Obrigação de não fazer. Proprietários de loteamento fechado que visam à interdição de granja avícola em imóvel vizinho. Inadmissibilidade. Irregularidade quanto à autorização para funcionamento expedida pelo órgão de fiscalização agropecuária sanada no curso do processo. Odor inerente a atividade que são incômodos toleráveis. Plano diretor do Município, ademais, que classifica a região como não exclusivamente residencial, autorizando o seu uso rural. Perturbação à segurança, à saúde e ao sossego que não se evidenciam" (RT 922/956: TJSP, AP 0010584-84.2008.8.26.0281; ementa da redação).

Art. 1.277: 4. "Direito de vizinhança. Perturbação ao sossego alheio. Funcionamento de bar em quiosque ao ar livre, com utilização de som mecânico e ao vivo. **Ruídos excessivos.** Limitações ao direito de propriedade, face ao incômodo causado aos vizinhos" (RT 884/315 e Bol. AASP 2.696: TJRS, AP 70018092973).

"A constatação de que o estabelecimento comercial produz elevados níveis de ruído, a ponto de causar grave perturbação ao sossego da vizinhança, fato que constitui dano à saúde da coletividade, justifica a determinação da paralisação de suas atividades, até porque os elementos de prova já apresentados evidenciam a reiterada prática, desrespeitando preceitos a que se encontrava vinculado. Sabendo-se, ademais, que os níveis sonoros apurados são prejudiciais ao sossego, à saúde e à segurança das pessoas, com consequências praticamente irreparáveis, identificado está o *periculum in mora*, a justificar o prevalecimento da medida, não sendo suficiente para afastá-la a afirmação de prejuízo econômico-financeiro propiciado ao réu" (JTJ 347/104: AI 990.09.292840-6).

"Poluição sonora. Imóvel destinado à locação para festas e eventos. Prova técnica. Prescindibilidade. Hipótese em que os depoimentos das testemunhas corroboraram as alegações ministeriais, tornando desnecessária a medição do ruído proveniente do local. Os ruídos urbanos são, hoje, considerados fatores altamente prejudiciais à população urbana, razão pela qual, além da disposição genérica do Código Civil que permite ao proprietário impedir que o vizinho perturbe o seu sossego (art. 1.277), o Poder Público vem alargando, por normas regulamentares, as exigências do silêncio, e os tribunais não têm negado ação, quer aos particulares, quer à Municipalidade, quer ao Ministério Público, para impedir os ruídos molestos aos vizinhos, individualmente, ou à coletividade em geral. Demonstrando a prova testemunhal que os distúrbios noticiados nos autos se referem à realização de eventos noturnos com níveis muito altos de emissão sonora, de se confirmar a sentença que impôs a proibição no que concerne aos eventos/festas, sendo prescindível, para tanto, a realização de prova pericial" (RT 897/295: TJMG, AP 1.0694.07.039949-8/001).

"Direito de vizinhança. Obrigação de não fazer. Mau uso da propriedade. Poluição sonora. Ruído excessivo oriundo de festa realizada pelos apelantes que gerou perturbação aos moradores vizinhos. Relações de vizinhança que limitam o uso do direito de propriedade em prol da boa convivência social (art. 1.277 do CC/2002)" (RT 900/260: TJSP, AP 992.07.025249-0).

Todavia: "Direito de vizinhança. Ruídos decorrentes da utilização do ***playground*** pelos moradores do próprio edifício dos autores. Uso normal da propriedade. Incômodo considerado como dentro dos limites ordinários de tolerância, que se impõe diante da convivência em sociedade" (JTJ 331/370: AP 285.633-4/3-00).

Art. 1.277: 5. "Utilização de imóvel para **fins comerciais** em área exclusivamente residencial. Mau uso caracterizado" (RDPr 16/364; ementa da redação).

Art. 1.278. O direito a que se refere o artigo antecedente não prevalece quando as interferências forem justificadas por interesse público, caso em que o proprietário ou o possuidor, causador delas, pagará ao vizinho indenização cabal. [Sem dispositivo correspondente no CC/1916.]

Art. 1.279. Ainda que por decisão judicial devam ser toleradas as interferências, poderá o vizinho exigir a sua redução, ou eliminação, quando estas se tornarem possíveis. [Sem dispositivo correspondente no CC/1916.]

Art. 1.280. O proprietário ou o possuidor tem direito a exigir do dono do prédio vizinho a demolição, ou a reparação deste, quando ameace ruína,[1] bem como que lhe preste caução pelo dano iminente. [Dispositivo correspondente no CC/1916: art. 555.]

Art. 1.280: 1. v. art. 937.

Art. 1.281. O proprietário ou o possuidor de um prédio, em que alguém tenha direito de fazer obras, pode, no caso de dano iminente, exigir do autor delas as necessárias garantias contra o prejuízo eventual.[1] [Dispositivo correspondente no CC/1916: art. 529.]

Art. 1.281: 1. v. arts. 1.311 a 1.313 e LI 9º-IV e 26.

S/ pesquisa mineral em terreno alheio, v. principalmente arts. 27 e 28 do Dec. lei 227, de 28.2.67 (Código de Mineração).

Seção II | DAS ÁRVORES LIMÍTROFES

Art. 1.282. A árvore, cujo tronco estiver na linha divisória, presume-se pertencer em comum aos donos dos prédios confinantes. [Dispositivo correspondente no CC/1916: art. 556.]

Art. 1.283. As raízes e os ramos de árvore, que ultrapassarem a estrema do prédio, poderão ser cortados, até o plano vertical divisório, pelo proprietário do terreno invadido. [Dispositivo correspondente no CC/1916: art. 558.]

Art. 1.284. Os frutos caídos de árvore do terreno vizinho pertencem ao dono do solo onde caíram, se este for de propriedade particular. [Dispositivo correspondente no CC/1916: art. 557.]

Seção III | DA PASSAGEM FORÇADA

Art. 1.285. O dono do prédio que não tiver acesso a via pública, nascente ou porto, pode, mediante pagamento de indenização cabal, constranger o vizinho a lhe dar passagem, cujo rumo será judicialmente fixado, se necessário.[1-2] [Dispositivo correspondente no CC/1916: arts. 559 e 560.]

§ 1º Sofrerá o constrangimento o vizinho cujo imóvel mais natural e facilmente se prestar à passagem. [Sem dispositivo correspondente no CC/1916.]

§ 2º Se ocorrer alienação parcial do prédio, de modo que uma das partes perca o acesso a via pública, nascente ou porto, o proprietário da outra deve tolerar a passagem. [Sem dispositivo correspondente no CC/1916.]

§ 3º Aplica-se o disposto no parágrafo antecedente ainda quando, antes da alienação, existia passagem através de imóvel vizinho, não estando o proprietário deste constrangido, depois, a dar uma outra. [Sem dispositivo correspondente no CC/1916.]

Art. 1.285: 1. **Enunciado 88 do CEJ:** "O direito de passagem forçada, previsto no art. 1.285 do Código Civil, também é garantido nos casos em que o acesso à via pública for insuficiente ou inadequado, consideradas inclusive as necessidades de exploração econômica".

Art. 1.285: 2. "A passagem forçada constitui modalidade onerosa do direito de vizinhança, cujo pressuposto é o **encravamento do imóvel**; juridicamente, encravado é o imóvel cujo acesso exige do respectivo proprietário despesas excessivas" (STJ-3ª T., REsp 850.867, Min. Ari Pargendler, j. 26.8.08, DJ 26.9.08).

Todavia, dispensando o requisito do encravamento: "Apesar de não se tratar de imóvel encravado, a concessão da servidão funda-se em razões humanitárias e tem por finalidade facilitar a locomoção da beneficiária, pessoa doente e com dificuldades de locomoção. Na hipótese dos autos, a utilização da passagem deve ser estendida ao cônjuge da titular da servidão judicial, enquanto em sua companhia, de forma a garantir efetividade à decisão judicial e facilitar-lhe a locomoção digna" (STJ-3ª T., REsp 1.370.210, Min. Nancy Andrighi, j. 27.8.13, RT 940/575).

Seção IV | DA PASSAGEM DE CABOS E TUBULAÇÕES

Art. 1.286. Mediante recebimento de indenização que atenda, também, à desvalorização da área remanescente, o proprietário é obrigado a tolerar a passagem, através de seu imóvel, de cabos, tubulações e outros condutos subterrâneos de serviços de utilidade pública, em proveito de proprietários vizinhos, quando de outro modo for impossível ou excessivamente onerosa.[1] [Sem dispositivo correspondente no CC/1916.]

Parágrafo único. O proprietário prejudicado pode exigir que a instalação seja feita de modo menos gravoso ao prédio onerado, bem como, depois, seja removida, à sua custa, para outro local do imóvel. [Sem dispositivo correspondente no CC/1916.]

Art. 1.286: 1. v. art. 1.294.

Art. 1.287. Se as instalações oferecerem grave risco, será facultado ao proprietário do prédio onerado exigir a realização de obras de segurança.[1] [Sem dispositivo correspondente no CC/1916.]

Art. 1.287: 1. v. art. 1.294.

Seção V | DAS ÁGUAS[1]

SEÇ. V: 1. v. Dec. 24.643, de 10.7.34 (Código de Águas), arts. 1º a 138, no tít. ÁGUAS.

V. tb. Dec. lei 3.094, de 5.3.41 (fontes de águas minerais, termais e gasosas), e Dec. lei 7.841, de 8.8.45 (Código de Águas Minerais).

Art. 1.288. O dono ou o possuidor do prédio inferior é obrigado a receber as águas que correm naturalmente do superior,[1-1a] não podendo realizar obras que embaracem o seu fluxo; porém a condição natural e anterior do prédio inferior não pode ser agravada por obras feitas pelo dono ou possuidor do prédio superior.[1b a 3] [Dispositivo correspondente no CC/1916: art. 563.]

Art. 1.288: 1. Incumbe ao proprietário do prédio inferior "arcar com as obras necessárias à canalização das águas que correm naturalmente de um prédio ao outro, descabendo imputá-las ao réu, proprietário do prédio superior" (RJTJERGS 262/356, AP 70016391476).

Art. 1.288: 1a. "O dono do prédio inferior tem por obrigação receber as águas que correm naturalmente do superior (art. 1.288 do CC), sendo estas águas, no entanto, as pluviais, e não o esgoto" (JTJ 323/649: AP 7.030.324-1).

Art. 1.288: 1b. v. CA 69, no mesmo sentido.

Art. 1.288: 2. "Desabamento de muros e inundação, pelas águas de forte chuva, da residência dos autores, com danificação da própria construção, bem como de móveis e utensílios. Evento decorrente do rebaixamento da guia de calçada, para ingresso e estacionamento de caminhões de transportadora, feito pelo dono do prédio superior, provocando desnível. Artigos 563 do Código Civil e 69 do Código de Águas. Inocorrência de força maior, não se devendo o acidente simplesmente à excepcionalidade pluviométrica" (Lex-JTA 159/112: 1º TASP, AP 636.089-6). O art. 563 do CC rev. corresponde ao CC 1.288.

Art. 1.288: 3. "O art. 1.288 do CC/02 há de ser interpretado à luz do princípio constitucional da função social, que qualifica a propriedade como uma relação jurídica complexa, em que se estabelecem direitos e deveres recíprocos, a partir da articulação entre o interesse do titular e a utilidade social. O prédio inferior é obrigado a tolerar o fluxo de águas pluviais apenas quando este decorrer da ação da natureza; do contrário, havendo atuação humana no prédio superior que, de qualquer forma, interfira no curso natural das águas pluviais, causando prejuízo ao proprietário ou possuidor do prédio inferior, a este será devida a respectiva indenização. Hipótese em que, embora os recorrentes não tenham realizado obras no imóvel, ficou comprovado que a atividade de pasto por eles exercida no prédio superior provocou o agravamento da condição natural e anterior do prédio inferior, surgindo, pois, o dever de indenizar" (STJ-3ª T., REsp 1.589.352, Min. Nancy Andrighi, j. 2.4.19, DJ 4.4.19).

Art. 1.289. Quando as águas, artificialmente levadas ao prédio superior, ou aí colhidas, correrem dele para o inferior, poderá o dono deste reclamar que se desviem, ou se lhe indenize o prejuízo que sofrer.[1] [Dispositivo correspondente no CC/1916: art. 564.]

Parágrafo único. Da indenização será deduzido o valor do benefício obtido. [Sem dispositivo correspondente no CC/1916.]

Art. 1.289: 1. v. CA 92.

Art. 1.290. O proprietário de nascente,[1] ou do solo onde caem águas pluviais, satisfeitas as necessidades de seu consumo, não pode impedir, ou desviar[2] o curso natural das águas remanescentes pelos prédios inferiores. [Dispositivo correspondente no CC/1916: art. 565.]

Art. 1.290: 1. v. art. 1.310, CA 89 a 92.

Art. 1.290: 2. v. CA 103 § ún.-2º.

Art. 1.291. O possuidor do imóvel superior não poderá poluir[1] as águas indispensáveis às primeiras necessidades da vida dos possuidores dos imóveis inferiores; as demais, que poluir, deverá recuperar, ressarcindo os danos que estes sofrerem, se não for possível a recuperação ou o desvio do curso artificial das águas.[2] [Sem dispositivo correspondente no CC/1916.]

Art. 1.291: 1. v. arts. 1.228 § 1º, *in fine*, 1.309, CA 109 a 116.

Art. 1.291: 2. Enunciado 244 do CEJ: "O art. 1.291 deve ser interpretado conforme a Constituição, não sendo facultada a poluição das águas, quer sejam essenciais ou não às primeiras necessidades da vida".

Art. 1.292. O proprietário tem direito de construir barragens, açudes, ou outras obras para represamento de água em seu prédio; se as águas represadas invadirem prédio alheio, será o seu proprietário indenizado pelo dano sofrido, deduzido o valor do benefício obtido. [Sem dispositivo correspondente no CC/1916.]

Art. 1.293. É permitido a quem quer que seja, mediante prévia indenização aos proprietários prejudicados, construir canais,[1] através de prédios alheios, para receber as águas a que tenha direito, indispensáveis às primeiras necessidades da vida, e, desde que não cause prejuízo considerável à agricultura e à indústria, bem como para o escoamento de águas supérfluas ou acumuladas, ou a drenagem de terrenos.[1a-1b] [Dispositivo correspondente no CC/1916: art. 567-*caput*.]

§ 1º Ao proprietário prejudicado, em tal caso, também assiste direito a ressarcimento pelos danos que de futuro lhe advenham da infiltração ou irrupção das águas, bem como da deterioração das obras destinadas a canalizá-las. [Dispositivo correspondente no CC/1916: art. 567 § ún.]

§ 2º O proprietário prejudicado poderá exigir que seja subterrânea a canalização que atravessa áreas edificadas, pátios, hortas, jardins ou quintais. [Sem dispositivo correspondente no CC/1916.]

§ 3º O aqueduto[2] será construído de maneira que cause o menor prejuízo aos proprietários dos imóveis vizinhos, e a expensas do seu dono, a quem incumbem também as despesas de conservação. [Sem dispositivo correspondente no CC/1916.]

Art. 1.293: 1. v. art. 1.296, CA 117.

Art. 1.293: 1a. Enunciado 245 do CEJ: "Muito embora omisso acerca da possibilidade de canalização forçada de águas por prédios alheios, para fins da agricultura ou indústria, o art. 1.293 não exclui a possibilidade da canalização forçada pelo vizinho, com prévia indenização aos proprietários prejudicados".

Art. 1.293: 1b. *Esse dispositivo assegura o direito à servidão de aqueduto.*

Art. 1.293: 2. v. CA 117 a 138.

Art. 1.294. Aplica-se ao direito de aqueduto o disposto nos arts. 1.286 e 1.287. [Sem dispositivo correspondente no CC/1916.]

Art. 1.295. O aqueduto não impedirá que os proprietários cerquem os imóveis e construam sobre ele, sem prejuízo para a sua segurança e conservação; os proprietários dos imóveis poderão usar das águas do aqueduto para as primeiras necessidades da vida.[1] [Sem dispositivo correspondente no CC/1916.]

Art. 1.295: 1. v. CA 130.

Art. 1.296. Havendo no aqueduto águas supérfluas, outros poderão canalizá-las, para os fins previstos no art. 1.293, mediante pagamento de indenização aos proprietários prejudicados e ao dono do aqueduto, de importância equivalente às despesas que então seriam necessárias para a condução das águas até o ponto de derivação.[1] [Sem dispositivo correspondente no CC/1916.]

Parágrafo único. Têm preferência os proprietários dos imóveis atravessados pelo aqueduto. [Sem dispositivo correspondente no CC/1916.]

Art. 1.296: 1. v. CA 134.

Seção VI | DOS LIMITES ENTRE PRÉDIOS E DO DIREITO DE TAPAGEM

Art. 1.297. O proprietário tem direito a cercar, murar, valar ou tapar de qualquer modo o seu prédio, urbano ou rural, e pode constranger o seu confinante a proceder com ele à demarcação[1 a 1c] entre os dois prédios, a aviventar rumos apagados e a renovar marcos destruídos ou arruinados, repartindo-se proporcionalmente entre os interessados as respectivas despesas.[2] [Dispositivo correspondente no CC/1916: arts. 569 e 588-*caput*.]

§ 1º Os intervalos, muros, cercas e os tapumes divisórios,[3] tais como sebes vivas, cercas de arame ou de madeira, valas ou banquetas, presumem-se, até prova em contrário, pertencer a ambos os proprietários confinantes, sendo estes obrigados, de conformidade com os costumes da localidade, a concorrer, em partes iguais, para as despesas de sua construção e conservação.[4] [Dispositivo correspondente no CC/1916: arts. 571 e 588 §§ 1º e 2º.]

§ 2º As sebes vivas, as árvores, ou plantas quaisquer, que servem de marco divisório, só podem ser cortadas, ou arrancadas, de comum acordo entre proprietários. [Sem dispositivo correspondente no CC/1916.]

§ 3º A construção de tapumes especiais para impedir a passagem de animais de pequeno porte, ou para outro fim, pode ser exigida de quem provocou a necessidade deles, pelo proprietário, que não está obrigado a concorrer para as despesas. [Dispositivo correspondente no CC/1916: art. 588 § 3º.]

Art. 1.297: 1. v. CPC 569 e segs.

Art. 1.297: 1a. v. LRP 167-I-23.

Art. 1.297: 1b. "Ação demarcatória visando a fixar os limites, dentro de um mesmo edifício (objeto de condomínio por unidades autônomas) entre uma dessas unidades e a parte comum. Aplicação, no caso, naquilo que for cabível, das normas que regulam a pretensão de demarcar" (STJ-3ª T., REsp 165.223, Min. Eduardo Ribeiro, j. 17.12.98, DJU 8.3.99).

Art. 1.297: 1c. "Mesmo havendo marcos no terreno, permite-se o manejo da demarcatória para fixar os limites se existe divergência de área entre a realidade e os títulos dominiais, geradora de insegurança e controvérsia entre as partes. O ponto decisivo a distinguir a demarcatória em relação à reivindicatória é 'a circunstância de ser imprecisa, indeterminada ou confusa a verdadeira linha de confrontação a ser estabelecida ou restabelecida no terreno'" (STJ-4ª T., REsp 60.110, Min. Sálvio de Figueiredo, j. 5.9.95, DJU 2.10.95).

"Se a linha divisória existente não corresponde aos títulos e não há outros limites, devidamente definidos no terreno, cabível a demarcatória. A reivindicatória supõe a perfeita individuação da coisa" (RSTJ 13/399: 3ª T., REsp 3.193).

Contra, em termos: "Na demarcatória, a confusão dos limites é resultado do desconhecimento do lugar certo em que deve passar a linha que separa os dois prédios. Se essa linha pode ser determinada a partir de marcos já existentes, não há falar em desconhecimento do seu lugar certo" (JTJ 208/35, a citação é do voto do relator).

Art. 1.297: 2. v. CPC 89 (despesas no juízo divisório).

Art. 1.297: 3. condomínio s/ paredes, cercas, muros, valas e tapumes: arts. 1.327 a 1.330.

Art. 1.297: 4. Se um dos confinantes for usufrutuário, v. art. 1.392 § 3º.

Art. 1.298. Sendo confusos, os limites, em falta de outro meio, se determinarão de conformidade com a posse justa;[1] e, não se achando ela provada, o terreno contestado se dividirá por partes iguais entre os prédios, ou, não sendo possível a divisão cômoda, se adjudicará a um deles, mediante indenização ao outro. [Dispositivo correspondente no CC/1916: art. 570.]

Art. 1.298: 1. s/ posse justa, v. art. 1.200.

Seção VII | DO DIREITO DE CONSTRUIR[1]

SEÇ. VII: 1. Dec. lei 25, de 30.11.37 — Organiza a proteção do patrimônio histórico e artístico nacional: **"Art. 18.** Sem prévia autorização do Serviço do Patrimônio Histórico e Artístico Nacional, não se poderá, na vizinhança da coisa tombada, fazer construção que lhe impeça ou reduza a visibilidade, nem nela colocar anúncios ou cartazes, sob pena de ser mandada destruir a obra ou retirar o objeto, impondo-se neste caso a multa de cinquenta por cento do valor do mesmo objeto".

Lei 10.257, de 10.7.01 (Estatuto da Cidade) — Regulamenta os arts. 182 e 183 da Constituição Federal, estabelece diretrizes gerais da política urbana e dá outras providências. Seus **arts. 28 a 31** dispõem s/ a outorga onerosa do direito de construir e seu **art. 35** dispõe s/ a transferência do direito de construir.

Art. 1.299. O proprietário pode levantar em seu terreno as construções que lhe aprouver, salvo o direito dos vizinhos e os regulamentos administrativos.[1 a 3] [Dispositivo correspondente no CC/1916: art. 572.]

Art. 1.299: 1. "Não é qualquer inconveniente relacionado com construção em imóvel contíguo que lesa direito e autoriza o embargo. Ainda que o prédio sofra algum prejuízo no tocante à ventilação e à vista, o proprietário não pode, só por isso, sem que se haja apurado a infração de disposição legal, impedir que o vizinho realize a obra" (RT 664/129).

"A colocação de placa de propaganda que altere a fachada de prédio (em condomínio) se insere no conceito de obra nova, para os efeitos da ação prevista no *caput* do art. 934 do CPC, visto que a expressão deve ser compreendida em seu significado mais amplo" (RJTAMG 53/143).

Art. 1.299: 2. "Direito Administrativo. Poder de Polícia da Municipalidade que além de ter competência para fiscalizar construções irregulares no âmbito de seu território, poderá determinar o seu refazimento, até mesmo a sua demolição, se for o caso. Aplicação do art. 30, VIII, da CF e do art. 1.299, do CC. Uso e ocupação do solo deve ocorrer de forma que melhor atenda ao interesse público" (RT 876/192: TJSP, AP 432.626.5/0-00).

Art. 1.299: 3. "O direito de construir previsto no art. 1.299 do CC/02 abrange inclusive o subsolo, respeitado o critério de utilidade delineado no art. 1.229 do mesmo diploma legal" (STJ-3ª T., REsp 1.233.852, Min. Nancy Andrighi, j. 15.12.11, DJ 1.2.12).

Art. 1.300. O proprietário construirá de maneira que o seu prédio não despeje águas, diretamente, sobre o prédio vizinho.[1] [Dispositivo correspondente no CC/1916: art. 575.]

Art. 1.300: 1. v. CA 105.

Art. 1.301. É defeso abrir janelas, ou fazer eirado, terraço ou varanda, a menos de metro e meio do terreno vizinho.[1 a 3] [Dispositivo correspondente no CC/1916: art. 573-*caput*.]

§ 1º As janelas cuja visão não incida sobre a linha divisória, bem como as perpendiculares, não poderão ser abertas a menos de setenta e cinco centímetros. [Sem dispositivo correspondente no CC/1916.]

§ 2º As disposições deste artigo não abrangem as aberturas para luz ou ventilação, não maiores de dez centímetros de largura sobre vinte de comprimento e construídas a mais de dois metros de altura de cada piso. [Dispositivo correspondente no CC/1916: art. 573 § 1º.]

Art. 1.301: 1. **Súmula 120 do STF:** "Parede de tijolos de vidro translúcido pode ser levantada a menos de metro e meio do prédio vizinho, não importando servidão sobre ele".

Súmula 414 do STF: "Não se distingue a visão direta da oblíqua na proibição de abrir janela, ou fazer terraço, eirado, ou varanda, a menos de metro e meio do prédio de outrem".

Art. 1.301: 1a. "A proibição inserta no art. 1.301, *caput*, do Código Civil — de não construir janelas a menos de um metro e meio do terreno vizinho — possui **caráter objetivo,** traduzindo verdadeira presunção de devassamento, que não se limita à visão, englobando outras espécies de invasão (auditiva, olfativa e principalmente física). A aferição do descumprimento do disposto na referida regra legal independe da aferição de aspectos subjetivos relativos à eventual atenuação do devassamento visual, se direto ou oblíquo, se efetivo ou potencial" (STJ-3ª T., REsp 1.531.094, Min. Ricardo Cueva, j. 18.10.16, DJ 24.10.16).

Art. 1.301: 2. "Contra a construção do terraço a menos de metro e meio do terreno vizinho, cabia ação de nunciação de obra nova até o momento de sua conclusão, entendendo-se como tal aquela a que faltem apenas trabalhos secundários. Uma vez concluída a obra (faltava apenas a pintura), cabível a ação demolitória, com prazo decadencial de ano e dia, que se iniciou a partir da conclusão e não se interrompeu com a notificação administrativa" (STJ-RT 798/239: 4ª T., REsp 311.507).

Inversamente, se a obra ainda não está concluída, cabe a nunciação; e é possível converter aquela nesta (RJTJESP 113/343, JTJ 165/114).

Art. 1.301: 2a. "Um muro, a limitar imóveis urbanos e de reduzidas dimensões, não pode ser considerado como concluído se ainda lhe falta o reboco. Isso porque se trata de obra que pode ser edificada em exíguo período de tempo" (RJTJERGS 146/212).

Art. 1.301: 3. "A regra do Código Civil que proíbe abertura de janela a menos de metro e meio do prédio vizinho não colide com normas municipais que dilargam essa distância, segundo o gabarito da obra" (STJ-3ª T., REsp 6.501, Min. Dias Trindade, j. 10.12.90, DJU 18.2.91).

Art. 1.302. O proprietário pode, no lapso de ano e dia após a conclusão da obra, exigir que se desfaça janela, sacada, terraço ou goteira sobre o seu prédio;[1-1a] escoado o prazo, não poderá, por sua vez, edificar sem atender ao disposto no artigo antecedente, nem impedir, ou dificultar, o escoamento das águas da goteira, com prejuízo para o prédio vizinho. [Dispositivo correspondente no CC/1916: art. 576.]

Parágrafo único. Em se tratando de vãos, ou aberturas para luz, seja qual for a quantidade, altura e disposição, o vizinho poderá, a todo tempo, levantar a sua edificação, ou contramuro, ainda que lhes vede a claridade.[2] [Dispositivo correspondente no CC/1916: art. 573 § 2º.]

Art. 1.302: 1. v. art. 1.312.

Art. 1.302: 1a. "O prazo decadencial de ano e dia para a propositura da ação demolitória previsto no artigo 576 do Código Civil/1916 é limitado às espécies nele mencionadas: janela, sacada, terraço, goteira ou similares. Referido prazo não tem aplicação no caso dos autos, que trata de construção de escada externa integralmente em terreno alheio, invadindo 15 m² do lote limítrofe" (STJ-3ª T., REsp 1.218.605, Min. Ricardo Cueva, j. 2.12.14, DJ 9.12.14).

Art. 1.302: 2. "A expressão 'em se tratando de vãos' (parágrafo único do art. 1.302 do CC/02 — equivalente ao § 2º do art. 573 do CC/16) há de ser interpretada como ali subsumida a ventilação, ou areação, no mesmo nível da expressão 'claridade', esta já compreendida explicitamente na locução 'aberturas para luz'" (STJ-3ª T., AI 686.902-AgRg, Min. Vasco Della Giustina, j. 10.11.09, DJ 16.12.09).

Art. 1.303. Na zona rural, não será permitido levantar edificações a menos de três metros do terreno vizinho. [Dispositivo correspondente no CC/1916: art. 577.]

Art. 1.304. Nas cidades, vilas e povoados cuja edificação estiver adstrita a alinhamento, o dono de um terreno pode nele edificar, madeirando na parede divisória do prédio contíguo, se ela suportar a nova construção; mas terá de embolsar ao vizinho metade do valor da parede e do chão correspondentes. [Dispositivo correspondente no CC/1916: art. 579.]

Art. 1.305. O confinante, que primeiro construir, pode assentar a parede divisória até meia espessura no terreno contíguo, sem perder por isso o direito a haver meio valor dela se o vizinho a travejar, caso em que o primeiro fixará a largura e a profundidade do alicerce. [Dispositivo correspondente no CC/1916: art. 580-*caput*.]

Parágrafo único. Se a parede divisória pertencer a um dos vizinhos, e não tiver capacidade para ser travejada pelo outro, não poderá este fazer-lhe alicerce ao pé sem prestar caução àquele, pelo risco a que expõe a construção anterior. [Dispositivo correspondente no CC/1916: art. 580 § ún.]

Art. 1.306. O condômino da parede-meia pode utilizá-la até ao meio da espessura, não pondo em risco a segurança ou a separação dos dois prédios, e avisando previamente o outro condômino das obras que ali tenciona fazer;[1] não pode sem consentimento do outro, fazer, na parede-meia, armários, ou obras semelhantes, correspondendo a outras, da mesma natureza, já feitas do lado oposto. [Dispositivo correspondente no CC/1916: art. 581.]

Art. 1.306: 1. "Muro divisório. Construção clandestina de varanda e abrigo para auto com a utilização de técnica inadequada ao apoiar as vigas de sustentação no muro limítrofe. Comprovação por prova pericial que a obra foi erigida no alinhamento das paredes da residência dos autores. Demolitória procedente com a consequente reconstrução do muro divisório onde antes estava" (Lex-JTA 152/113: 1º TASP, AP 606.255-1).

Art. 1.307. Qualquer dos confinantes pode altear a parede divisória, se necessário reconstruindo-a, para suportar o alteamento; arcará com todas as despesas, inclusive de conservação, ou com metade, se o vizinho adquirir meação também na parte aumentada. [Sem dispositivo correspondente no CC/1916.]

Art. 1.308. Não é lícito encostar à parede divisória chaminés, fogões, fornos ou quaisquer aparelhos ou depósitos suscetíveis de produzir infiltrações ou interferências prejudiciais ao vizinho. [Dispositivo correspondente no CC/1916: art. 583-*caput*.]

Parágrafo único. A disposição anterior não abrange as chaminés ordinárias e os fogões de cozinha. [Dispositivo correspondente no CC/1916: art. 583 § ún.]

Art. 1.309. São proibidas construções capazes de poluir,[1] ou inutilizar, para uso ordinário, a água do poço, ou nascente alheia, a elas preexistentes. [Dispositivo correspondente no CC/1916: art. 584.]

Art. 1.309: 1. v. art. 1.291. V. tb. art. 1.228 § 1º-*in fine* e CA 98.

Art. 1.310. Não é permitido fazer escavações ou quaisquer obras que tirem ao poço ou à nascente de outrem a água indispensável às suas necessidades normais.[1] [Dispositivo correspondente no CC/1916: art. 585.]

Art. 1.310: 1. v. CA 96 a 101.

Art. 1.311. Não é permitida a execução de qualquer obra ou serviço suscetível de provocar desmoronamento ou deslocação de terra, ou que comprometa a segurança do prédio vizinho, senão após haverem sido feitas as obras acautelatórias.[1] [Sem dispositivo correspondente no CC/1916.]

Parágrafo único. O proprietário do prédio vizinho tem direito a ressarcimento pelos prejuízos que sofrer, não obstante haverem sido realizadas as obras acautelatórias.[2] [Sem dispositivo correspondente no CC/1916.]

Art. 1.311: 1. v. art. 1.281.

Art. 1.311: 2. v. art. 927 § ún.

Art. 1.312. Todo aquele que violar as proibições estabelecidas nesta Seção é obrigado a demolir as construções feitas, respondendo por perdas e danos.[1] [Dispositivo correspondente no CC/1916: art. 586.]

Art. 1.312: 1. v. arts. 402 a 405.

Art. 1.313. O proprietário ou ocupante do imóvel é obrigado a tolerar que o vizinho entre no prédio, mediante prévio aviso, para: [Dispositivo correspondente no CC/1916: art. 587-*caput*.]

I — dele temporariamente usar, quando indispensável à reparação, construção, reconstrução ou limpeza de sua casa ou do muro divisório; [Dispositivo correspondente no CC/1916: art. 587-*caput*.]

II — apoderar-se de coisas suas, inclusive animais que aí se encontrem casualmente.[1] [Sem dispositivo correspondente no CC/1916.]

§ 1º O disposto neste artigo aplica-se aos casos de limpeza ou reparação de esgotos, goteiras, aparelhos higiênicos, poços e nascentes e ao aparo de cerca viva. [Dispositivo correspondente no CC/1916: art. 587 § ún.]

§ 2º Na hipótese do inciso II, uma vez entregues as coisas buscadas pelo vizinho, poderá ser impedida a sua entrada no imóvel. [Sem dispositivo correspondente no CC/1916.]

§ 3º Se do exercício do direito assegurado neste artigo provier dano, terá o prejudicado direito a ressarcimento. [Dispositivo correspondente no CC/1916: art. 587-*caput*.]

Art. 1.313: 1. v. art. 1.297 § 3º (tapumes para impedir a passagem de animais).

S/ invasão de animais em propriedade vizinha, v. art. 1.277, nota 3.

Capítulo VI | DO CONDOMÍNIO GERAL[1]

Seção I | DO CONDOMÍNIO VOLUNTÁRIO

Subseção I | DOS DIREITOS E DEVERES DOS CONDÔMINOS

CAP. VI: 1. v. tít. CONDOMÍNIO E INCORPORAÇÃO.

Art. 1.314. Cada condômino[1-1a] pode usar da coisa conforme sua destinação, sobre ela exercer todos os direitos compatíveis com a indivisão,[2] reivindicá-la de terceiro,[2a] defender a sua posse[2b] e alhear a respectiva parte ideal,[3] ou gravá-la.[4] [Dispositivo correspondente no CC/1916: art. 623-I a III.]

Parágrafo único. Nenhum dos condôminos pode alterar a destinação da coisa comum, nem dar posse, uso ou gozo dela a estranhos, sem o consenso dos outros.[5] [Dispositivo correspondente no CC/1916: arts. 628 e 633.]

Art. 1.314: 1. "A imissão provisória do expropriante diante do direito condominial", por Nelson Kojranski (RIASP ano 5, n. 10, p. 144).

Art. 1.314: 1a. s/ condômino e: usucapião, v. art. 1.238, nota 2d; falência, v. LRF 123 § 2º; retificação de registro ou averbação, v. LRP 213-II § 10.

Art. 1.314: 2. v. art. 1.791 § ún.

Art. 1.314: 2a. "Qualquer dos condôminos tem legitimidade para reivindicar de terceiro a coisa em comum" (RSTJ 75/380).

Art. 1.314: 2b. No sentido de que a ação de imissão na posse não pode ser ajuizada por um condômino em face do outro, mas apenas por condômino em face de terceiro: JTJ 309/259.

Art. 1.314: 3. com a restrição do art. 1.322.

Art. 1.314: 4. Pode também exigir a divisão da coisa comum (art. 1.320).

Art. 1.314: 5. "Ainda que seja exigível a anuência da maioria absoluta dos coproprietários para dar posse da coisa comum a terceiros, eventual inexistência desse consentimento não enseja a nulidade do **contrato de locação,** tornando-o incapaz de produzir qualquer efeito jurídico. No caso, não se verifica nenhum dos vícios capazes de ensejar a nulidade do negócio jurídico (arts. 166 e 167 do Código Civil). É incontroverso que o contrato foi celebrado em 15/6/2012, com transmissão da posse ao locatário, o qual, a partir dessa data, passou a ter a posse do imóvel, embora tenha deixado de pagar os aluguéis em setembro daquele ano. Isentar o locatário de qualquer dever com o locador implicaria ofensa ao princípio da vedação do enriquecimento sem causa, consagrado no art. 884 do Código Civil" (STJ-3ª T., REsp 1.861.062, Min. Ricardo Cueva, j. 15.12.20, DJ 18.12.20).

Art. 1.315. O condômino é obrigado, na proporção de sua parte, a concorrer para as despesas de conservação ou divisão da coisa, e a suportar os ônus a que estiver sujeita.[1 a 3] [Dispositivo correspondente no CC/1916: art. 624-*caput*.]

Parágrafo único. Presumem-se iguais as partes ideais dos condôminos. [Sem dispositivo correspondente no CC/1916.]

Art. 1.315: 1. v. arts. 1.320, 1.321 e CPC 89.

S/ cobrança por associação de moradores de despesas de manutenção de loteamento de morador não associado, v. Dec. lei 271, de 28.2.67, art. 3º, nota 3a (no tít. PROMESSA DE COMPRA E VENDA E LOTEAMENTO).

Art. 1.315: 1a. "Os **cônjuges,** coproprietários de imóvel, respondem solidariamente pelas despesas de condomínio, mas esta responsabilidade não implica litisconsórcio necessário em razão da natureza pessoal da ação de cobrança de cotas condominiais" (STJ-3ª T., REsp 838.526, Min. Sidnei Beneti, j. 26.2.08, DJU 13.3.08).

Art. 1.315: 1b. O **ex-cônjuge,** coproprietário do imóvel, responde pelas despesas condominiais, ainda que não mais resida no imóvel (RJM 199/95: AP 1.0024.09.733825-5/001; no caso, havia acordo homologado judicialmente por ocasião da separação do casal, relegando a partilha dos bens para momento ulterior e destinando o apartamento provisoriamente para a residência da ex-cônjuge). Do voto do relator: "A despeito de o negócio jurídico celebrado pelo apelante não ser apto a gerar efeitos perante o condomínio, nada obsta seja eventual direito de regresso exercido em ação própria, caso convencionado que apenas o possuidor arcará com as despesas para conservação da coisa".

S/ uso exclusivo do imóvel por um dos ex-cônjuges e despesas condominiais, v. tb. art. 1.667, nota 4.

Art. 1.315: 1c. "A **inventariante reside de forma exclusiva** no imóvel objeto de discussão, tolhendo o uso por parte dos demais herdeiros, não havendo, tampouco, qualquer pagamento de aluguel ou indenização referente à cota-parte de cada um na herança. Dessa forma, em relação ao respectivo imóvel, não se mostra razoável que as verbas de condomínio e de IPTU, após a data do óbito do autor da herança, sejam custeadas pelos demais herdeiros, sob pena de enriquecimento sem causa, devendo, portanto, as referidas despesas ser descontadas do quinhão da inventariante" (STJ-3ª T., REsp 1.704.528, Min. Marco Bellizze, j. 14.8.18, DJ 24.8.18).

Art. 1.315: 2. "Se a despesa condominial é **dívida *propter rem*** que onera o próprio bem e se o coproprietário por ela responde integralmente como devedor solidário, a coisa comum pode ser penhorada por inteiro, mesmo que executado apenas um dos codevedores. Inteligência do art. 1.315 c/c os arts. 275 e 280, do Código Civil de 2002" (JTJ 297/324). Nesses casos, o terceiro que teve o bem constrito não deve ficar alheio aos atos do processo. Faz-se indispensável, ao menos, sua intimação acerca da constrição levada a efeito e da eventual praça ou leilão do bem penhorado, na medida em que lhe é dado defender seu patrimônio por meio de embargos ou impugnação.

Art. 1.315: 3. "**Desnecessidade de aplicação da teoria da desconsideração da personalidade jurídica aos condomínios.** Possibilidade de redirecionamento da execução em relação aos condôminos após esgotadas as tentativas de constrição de bens do condomínio, em respeito ao princípio da menor onerosidade para o devedor. Hipótese em que houve penhora de créditos, mas não se esgotaram as possibilidades de realização desses créditos em favor do exequente. Redirecionamento da execução descabido no caso concreto" (STJ-3ª T., REsp 1.486.478, Min. Paulo Sanseverino, j. 5.4.16, DJ 28.4.16).

Art. 1.316. Pode o condômino eximir-se do pagamento das despesas e dívidas, renunciando à parte ideal. [Sem dispositivo correspondente no CC/1916.]

§ 1º Se os demais condôminos assumem as despesas e as dívidas, a renúncia lhes aproveita, adquirindo a parte ideal de quem renunciou, na proporção dos pagamentos que fizerem. [Sem dispositivo correspondente no CC/1916.]

§ 2º Se não há condômino que faça os pagamentos, a coisa comum será dividida. [Sem dispositivo correspondente no CC/1916.]

Art. 1.317. Quando a dívida houver sido contraída por todos os condôminos, sem se discriminar a parte de cada um na obrigação, nem se estipular solidariedade,[1] entende-se que cada qual se obrigou proporcionalmente ao seu quinhão na coisa comum. [Dispositivo correspondente no CC/1916: art. 626.]

Art. 1.317: 1. v. arts. 275 a 285.

Art. 1.318. As dívidas contraídas por um dos condôminos em proveito da comunhão, e durante ela, obrigam o contratante; mas terá este ação regressiva[1] contra os demais. [Dispositivo correspondente no CC/1916: art. 625-*caput*.]

Art. 1.318: 1. v. CPC 125-II.

Art. 1.319. Cada condômino responde aos outros pelos frutos que percebeu da coisa[1-2] e pelo dano que lhe causou. [Dispositivo correspondente no CC/1916: art. 627.]

Art. 1.319: 1. No mesmo sentido: art. 1.326.

Art. 1.319: 2. "Na propriedade em comum, quem **ocupa** integralmente **imóvel** de que é **coproprietário,** deve **pagar aluguel** aos demais condôminos, aos quais são assegurados os direitos inerentes ao domínio e perceber os frutos produzidos pela coisa comum" (STJ-6ª T., REsp 72.190, Min. Vicente Leal, j. 24.6.97, DJU 1.9.97).

"Se apenas um dos condôminos ocupa o imóvel com exclusividade, faz jus, o outro, à indenização, a título de aluguel, na proporção de sua cota-parte" (RT 864/325).

"Se existe impedimento concreto para a utilização conjunta do bem por ambos os usufrutuários, alternativa não resta senão a imposição da obrigação de pagar aluguel por aquele que o utiliza com exclusividade" (RJM 181/63).

"Convencionado na separação do casal que o imóvel residencial seria partilhado, tocando metade para cada cônjuge, e permanecendo em comum até a alienação, o fato de o marido deter a posse exclusiva dá à mulher o direito à indenização correspondente ao uso da propriedade comum" (STJ-2ª Seção, ED no REsp 130.605, Min. Ruy Rosado, j. 13.10.99, maioria, DJU 23.4.01). Considerando que, para tal indenização, "não se leva em consideração o valor locativo do bem, que de locação não se trata": STJ-4ª T., REsp 399.640, Min. Ruy Rosado, j. 6.8.02, DJU 16.9.02.

"Com a separação do casal cessa a comunhão de bens, de modo que, embora ainda não operada a partilha do patrimônio comum do casal, é facultado a um dos ex-cônjuges exigir do outro que estiver na posse e uso exclusivos de determinado imóvel, a título de indenização, parcela correspondente à metade da renda de um presumido aluguel, devida a partir da citação. Enquanto não dividido o imóvel, a propriedade do casal sobre o bem remanesce, sob as regras que regem o instituto do condomínio, notadamente aquela que estabelece que cada condômino responde aos outros pelos frutos que percebeu da coisa, nos termos do art. 1.319 do CC/02. Assim, se apenas um dos condôminos reside no imóvel, abre-se a via da indenização àquele que se encontra privado da fruição da coisa. Subsiste, em igual medida, a obrigação de ambos os condôminos, na proporção de cada parte, de concorrer para as despesas inerentes à manutenção da coisa, o que engloba os gastos resultantes da necessária regularização do imóvel junto aos órgãos competentes, dos impostos, taxas e encargos que porventura onerem o bem, além, é claro, da obrigação de promover a sua venda, para que se ultime a partilha, nos termos em que formulado o acordo entre as partes. Inteligência do art. 1.315 do CC/02" (STJ-3ª T., REsp 983.450, Min. Nancy Andrighi, j. 2.2.10, DJ 10.2.10).

"Na separação e no divórcio, sob pena de gerar enriquecimento sem causa, o fato de certo bem comum ainda pertencer indistintamente aos ex-cônjuges, por não ter sido formalizada a partilha, não representa automático empecilho ao pagamento de indenização pelo uso exclusivo do bem por um deles, desde que a parte que toca a cada um tenha sido definida por qualquer meio inequívoco. Na hipótese dos autos, tornado certo pela sentença o quinhão que cabe a cada um dos ex-cônjuges, aquele que utiliza exclusivamente o bem comum deve indenizar o outro, proporcionalmente. Registre-se que a indenização pelo uso exclusivo do bem por parte do alimentante pode influir no valor da prestação de alimentos, pois afeta a renda do obrigado, devendo as obrigações serem reciprocamente consideradas pelas instâncias ordinárias, sempre a par das peculiaridades do caso concreto. O termo inicial para o ressarcimento deve ser a data da ciência do pedido da parte contrária, que, no caso, deu-se com a intimação" (STJ-2ª Seção, REsp 1.250.362, Min. Raul Araújo, j. 8.2.17, maioria, DJ 20.2.17).

"O marco temporal para o cômputo do período a ser indenizado não é a data em que houve a ocupação exclusiva pela ex-cônjuge, tampouco é a data do divórcio, mas, sim, é a data da citação para a ação judicial de arbitramento de alugueis, ocasião em que se configura a extinção do comodato gratuito que antes vigorava" (STJ-3ª T., REsp 1.375.271, Min. Nancy Andrighi, j. 21.9.17, DJ 2.10.17). Mas: "Circunstâncias específicas da hipótese que excepcionam a regra geral, diante da presença de elementos concretos que atestam a efetiva oposição dos demais herdeiros à fruição exclusiva do bem anteriormente ao ajuizamento da ação de indenização pelo uso exclusivo do bem imóvel, aliada a comprovada procrastinação do herdeiro possuidor exclusivo do bem, também administrador provisório, em ultimar a partilha" (STJ-3ª T., REsp 1.583.973, Min. Nancy Andrighi, j. 5.10.17, DJ 13.10.17). No caso, fixou-se como termo *a quo* para o aluguel a citação em anterior ação de inventário.

Todavia, ponderando que para um condômino poder exigir do outro contraprestação em razão do uso da coisa comum é preciso que haja resistência a esse uso e que ele impeça a fruição do bem por outrem, não sendo nada devido quando a utilização exclusiva acontece por simples desinteresse: STJ-RT 844/201 (Corte Especial, ED no REsp 622.472).

"Nos termos do artigo 1.571, III, do Código Civil, a sociedade conjugal apenas termina pela separação judicial, razão pela qual não há que se falar em ato ilícito gerador do dever de indenizar durante a constância do casamento, sendo o uso exclusivo do imóvel decorrente de cumprimento de ordem judicial que determinou a separação de corpos" (STJ-3ª T., AI 1.212.247-AgRg, Min. Sidnei Beneti, j. 27.4.10, DJ 12.5.10).

"União estável. Ressarcimento de aluguel por uso exclusivo de bem comum ainda não partilhado formalmente. Ausência de definição da parte que toca a cada um dos ex-cônjuges. Impossibilidade da cobrança. Na hipótese, não houve definição ou reconhecimento inequívoco da cota que caberia a cada uma das partes sobre o imóvel em comento, não se prestando, para tanto, apenas o registro público do imóvel em que ambos constam como adquirentes, especialmente no caso em que expressamente indeferida a partilha do bem, por decisão transitada em julgado, ante a controvertida contribuição das partes para a aquisição do imóvel" (STJ-4ª T., REsp 1.456.716-AgRg, Min. Raul Araújo, j. 18.4.17, DJ 10.5.17).

"Em se tratando de imóvel ainda pertencente à sociedade conjugal, tendo em vista que, mesmo após a separação judicial, não foi providenciada a partilha do patrimônio do casal, a sua ocupação somente pela ex-esposa deve ser tida como mero uso de coisa comum, sem, no entanto, gerar a obrigação de pagamento de aluguel mensal ao ex-marido" (RJM 182/182, AP 1.0145.05.280729-7/001).

"Difere o condomínio propriamente dito, que é o chamado condomínio de quotas, de origem romana, da comunhão entre cônjuges, de origem germânica, que é a chamada comunhão de 'mãos juntas'. No primeiro, há uma cotitularidade sobre cada objeto individualizado, e sua essência é a possibilidade de alienação da respectiva parte ideal; no segundo, há uma cotitularidade sobre um conjunto de patrimônio, em que os comunheiros não têm uma determinada parte ideal na propriedade comum, mas apenas o direito de uso e gozo da coisa comum. Somente a cessação da comunhão pela partilha definirá os bens que caberão na meação de cada consorte, apreciando-se o patrimônio total existente na época da separação de fato. Enquanto tal não ocorrer, exerce a ré um direito de família próprio, de uso da coisa comum, não suscetível de ser remunerado, porquanto o autor, deixando o imóvel que era o lar conjugal para formar outro lar com outra mulher, renunciou ao seu uso" (RT 784/232: TJSP, AP 105.964-4/9).

V. tb. arts. 1.689, nota 2a, e 2.020, nota 1a.

S/ uso exclusivo do imóvel por um dos ex-cônjuges e despesas condominiais, v. arts. 1.315, nota 1b, e 1.667, nota 4.

Art. 1.320. A todo tempo será lícito ao condômino exigir a divisão[1] da coisa comum,[2-2a] respondendo o quinhão de cada um pela sua parte nas despesas da divisão.[3] [Dispositivo correspondente no CC/1916: art. 629-*caput*.]

§ 1º Podem os condôminos acordar que fique indivisa a coisa comum por prazo não maior de cinco anos, suscetível de prorrogação ulterior. [Dispositivo correspondente no CC/1916: art. 629 § ún.]

§ 2º Não poderá exceder de cinco anos a indivisão estabelecida pelo doador ou pelo testador. [Dispositivo correspondente no CC/1916: art. 630.]

§ 3º A requerimento de qualquer interessado e se graves razões o aconselharem, pode o juiz determinar a divisão da coisa comum antes do prazo. [Sem dispositivo correspondente no CC/1916.]

Art. 1.320: 1. v. CPC 588 e segs.

Art. 1.320: 2. divisível. Do contrário, aplica-se o art. 1.322.

Art. 1.320: 2a. "Em sendo divisível a coisa comum, não pode o condômino exigir sua alienação. No caso, o condomínio resolve-se com a divisão (Código Beviláqua, art. 629). Ofende o art. 629 do CC/1916 (*art. 1.320 do CC/2002*) a decisão que — em reconhecendo ser divisível o bem sob condomínio — determina sua venda" (STJ-3ª T., REsp 791.147, Min. Gomes de Barros, j. 27.2.07, DJU 26.3.07).

Art. 1.320: 3. v. CPC 89.

Art. 1.321. Aplicam-se à divisão do condomínio, no que couber, as regras de partilha de herança (arts. 2.013 a 2.022). [Sem dispositivo correspondente no CC/1916.]

Art. 1.322. Quando a coisa for indivisível, e os consortes não quiserem adjudicá-la a um só, indenizando os outros, será vendida e repartido o apurado, preferindo-se, na venda, em condições iguais de oferta, o condômino ao estranho, e entre os condôminos aquele que tiver na coisa benfeitorias mais valiosas, e, não as havendo, o de quinhão maior.[1 a 5] [Dispositivo correspondente no CC/1916: art. 632.]

Parágrafo único. Se nenhum dos condôminos tem benfeitorias na coisa comum e participam todos do condomínio em partes iguais, realizar-se-á licitação entre estranhos e, antes de adjudicada a coisa àquele que ofereceu maior lanço, proceder-se-á à licitação entre os condôminos, a fim de que a coisa seja adjudicada a quem afinal oferecer melhor lanço, preferindo, em condições iguais, o condômino ao estranho. [Sem dispositivo correspondente no CC/1916.]

Art. 1.322: 1. **LRF 123 § 2º:** "Nos casos de condomínio indivisível de que participe o falido, o bem será vendido e deduzir-se-á do valor arrecadado o que for devido aos demais condôminos, facultada a estes a compra da quota-parte do falido nos termos da melhor proposta obtida".

Art. 1.322: 2. s/ preferência do condômino para a aquisição da coisa indivisível, v. art. 504; s/indivisibilidade de imóvel rural em fração inferior ao módulo, v. ET 65; Lei 4.947, de 6.4.66, art. 10 § 2º (na redação da Lei 5.672, de 2.7.71); Lei 5.868, de 12.12.72, art. 8º; Dec. 62.504, de 8.4.68; Dec. 72.106, de 18.4.73, art. 39.

Quanto às alterações de uso do solo rural, para fins urbanos, v. Lei 6.766, de 19.12.79, art. 53, no tít. PROMESSA DE COMPRA E VENDA E LOTEAMENTO.

Art. 1.322: 3. s/ loteamento rural, em face do módulo, v. Lei 4.947, de 6.4.66, art. 10 (cujo § 2º foi alterado pela Lei 5.672, de 2.7.71), que se acha transcrito na nota 2 ao art. 1º do Dec. lei 58, de 10.12.37, no tít. PROMESSA DE COMPRA E VENDA E LOTEAMENTO.

Art. 1.322: 4. "Mesmo sendo **pessoa jurídica de direito público a proprietária de fração ideal do bem imóvel indivisível,** é legítima a sua alienação pela forma da extinção de condomínio, por provocação de outro condômino. Nesse caso, a autorização legislativa para a alienação da fração ideal pertencente ao domínio público é dispensável, porque inerente ao regime da propriedade condominial" (STJ-RJM 174/404: 1ª T., REsp 655.787, um voto vencido).

Art. 1.322: 4a. "A existência de cláusula de inalienabilidade recaindo sobre uma fração de bem imóvel, não impede a extinção do condomínio. Na hipótese, haverá sub-rogação da cláusula de inalienabilidade, que incidirá sobre o produto da alienação do bem, no percentual correspondente a fração gravada" (STJ-3ª T., REsp 729.701, Min. Nancy Andrighi, j. 15.12.05, DJU 1.2.06).

Art. 1.322: 5. "Pressuposto imprescindível para a extinção do condomínio é a copropriedade, a qual se comprova mediante registro de título translativo hábil no Cartório de Registro de Imóveis (CC/2002, art. 1.245). Embasada a causa de pedir em meros contratos de promessa de compra e venda, que sequer registrados estão, impõe-se o reconhecimento da carência de ação" (RT 871/352).

Subseção II | DA ADMINISTRAÇÃO DO CONDOMÍNIO

Art. 1.323. Deliberando a maioria[1] sobre a administração da coisa comum, escolherá o administrador, que poderá ser estranho ao condomínio; resolvendo alugá-la, preferir-se-á, em condições iguais, o condômino ao que não o é.[1a] [Dispositivo correspondente no CC/1916: arts. 635 e 636.]

Art. 1.323: 1. v. art. 1.325.

Art. 1.323: 1a. s/ exercício de preferência por condômino, v. arts. 504 e 1.322.

V. tb. CPC 725-IV.

Art. 1.324. O condômino que administrar sem oposição dos outros presume-se representante comum.[1] [Dispositivo correspondente no CC/1916: art. 640.]

Art. 1.324: 1. Esse é um caso de mandato tácito (v. art. 656).

Art. 1.325. A maioria será calculada pelo valor dos quinhões. [Dispositivo correspondente no CC/1916: art. 637-*caput*.]

§ 1º As deliberações serão obrigatórias, sendo tomadas por maioria absoluta. [Dispositivo correspondente no CC/1916: art. 637 § 1º.]

§ 2º Não sendo possível alcançar maioria absoluta, decidirá o juiz, a requerimento de qualquer condômino, ouvidos os outros. [Dispositivo correspondente no CC/1916: art. 637 § 2º.]

§ 3º Havendo dúvida quanto ao valor do quinhão, será este avaliado judicialmente. [Sem dispositivo correspondente no CC/1916.]

Art. 1.326. Os frutos da coisa comum, não havendo em contrário estipulação ou disposição de última vontade, serão partilhados na proporção dos quinhões.[1] [Dispositivo correspondente no CC/1916: art. 638.]

Art. 1.326: 1. No mesmo sentido: art. 1.319.

Seção II | DO CONDOMÍNIO NECESSÁRIO

Art. 1.327. O condomínio por meação de paredes, cercas, muros e valas regula-se pelo disposto neste Código (arts. 1.297 e 1.298; 1.304 a 1.307). [Dispositivo correspondente no CC/1916: art. 642.]

Art. 1.328. O proprietário que tiver direito a estremar um imóvel com paredes, cercas, muros, valas ou valados, tê-lo-á igualmente a adquirir meação na parede, muro, valado ou cerca do vizinho,[1] embolsando-lhe metade do que atualmente valer a obra e o terreno por ela ocupado (art. 1.297). [Dispositivo correspondente no CC/1916: art. 643.]

Art. 1.328: 1. v. art. 1.330.

Art. 1.329. Não convindo os dois no preço da obra, será este arbitrado por peritos, a expensas de ambos os confinantes. [Dispositivo correspondente no CC/1916: art. 644.]

Art. 1.330. Qualquer que seja o valor da meação, enquanto aquele que pretender a divisão não o pagar ou depositar, nenhum uso poderá fazer na parede, muro, vala, cerca ou qualquer outra obra divisória. [Dispositivo correspondente no CC/1916: art. 645.]

Capítulo VII | DO CONDOMÍNIO EDILÍCIO[1 a 4]

Seção I | DISPOSIÇÕES GERAIS

CAP. VII: 1. "O condomínio edilício no novo Código Civil", por Carlos Alberto Dabus Maluf (Rev. AASP 68/61); "Natureza jurídica do condomínio no sistema jurídico dos Estados Unidos da América do Norte", por Maria Regina Pagetti Cross (RDPr 18/163); "Condomínio em edifícios: o problema da sua atual regulamentação sob a perspectiva civil-constitucional", por Samir José Caetano Martins (RT 841/77); "Natureza jurídica do condomínio voluntário e edilício", por Carlos Alberto Dabus Maluf (Rev. AASP 98/75); "Responsabilidade civil em condomínios edilícios", por Tarlei Lemos Pereira (RDPr 46/149); "Condomínio edilício — aspectos controvertidos", por Ênio Santarelli Zuliani (RMDCPC 43/87, RJ-Lex 52/81).

CAP. VII: 2. v. Lei 4.591, de 16.12.64, no tít. CONDOMÍNIO E INCORPORAÇÃO.

S/ a não aplicação das normas do CDC às relações entre condomínio e condômino, v. CDC, nota 1 à Lei 8.078.

CAP. VII: 3. Enunciado 89 do CEJ: "O disposto nos arts. 1.331 a 1.358 do novo Código Civil aplica-se, no que couber, aos condomínios assemelhados, tais como loteamentos fechados, multipropriedade imobiliária e clubes de campo".

Enunciado 90 do CEJ: "Deve ser reconhecida personalidade jurídica ao condomínio edilício" (redação conforme o Enunciado 246, que suprimiu a parte final: "nas relações jurídicas inerentes às atividades de seu peculiar interesse").

CAP. VII: 4. Assuntos principais:

— Administração 1.347 a 1.356

— Assembleia geral 1.349 a 1.355, 1.341, 1.342, 1.348-I e VIII, 1.357; LCE 24 a 27, 30

— Comissão de representantes LCE 50, 61

— Conselho consultivo LCE 23

— Conselho Fiscal 1.356

— Construção LCE 48 a 62: por administração LCE 58 a 62; por empreitada LCE 55 a 57

— Convenção do condomínio 1.333, 1.334, 1.351; LCE 9º a 1'

— Demolição e reconstrução LCE 14, 17

— Desapropriação 1.358

— Despesas LCE 12

— Deveres do condômino 1.336 a 1.338; LCE 10

— Direitos do condômino 1.335, 1.339

— Guarda de veículos LCE 2º § 1º

— Incorporação LCE 28 a 31

— Incorporador LCE 29 e 30, 32 a 47

— Infrações LCE 63 a 66

— Locação 1.338

— Multas 1.336 § 2º, 1.337; LCE 12 § 3º

— Reconstrução ou venda do edifício 1.357

— Regimento interno 1.334-V

— Seguro 1.346, 1.348-IX; LCE 13

— Síndico 1.347, 1.348 a 1.350; LCE 22

— Sinistro LCE 16

Art. 1.331. Pode haver, em edificações, partes que são propriedade exclusiva, e partes que são propriedade comum dos condôminos.[1] [Sem dispositivo correspondente no CC/1916.]

§ 1º As partes suscetíveis de utilização independente, tais como apartamentos, escritórios, salas, lojas e sobrelojas, com as respectivas frações ideais no solo e nas outras partes comuns, sujeitam-se a propriedade exclusiva, podendo ser alienadas e gravadas livremente por seus proprietários, exceto os abrigos para veículos, que não poderão ser alienados ou alugados a pessoas estranhas ao condomínio, salvo autorização expressa na convenção de condomínio.[1a a 1c]

§ 2º O solo, a estrutura do prédio, o telhado, a rede geral de distribuição de água, esgoto, gás e eletricidade, a calefação e refrigeração centrais, e as demais partes comuns, inclusive o acesso ao logradouro público, são utilizados em comum[2-2a] pelos condôminos, não podendo ser alienados separadamente, ou divididos. [Sem dispositivo correspondente no CC/1916.]

§ 3º A cada unidade imobiliária caberá, como parte inseparável, uma fração ideal no solo e nas outras partes comuns, que será identificada em forma decimal ou ordinária no instrumento de instituição do condomínio.[3] [Sem dispositivo correspondente no CC/1916.]

§ 4º Nenhuma unidade imobiliária pode ser privada do acesso ao logradouro público. [Sem dispositivo correspondente no CC/1916.]

§ 5º O terraço de cobertura é parte comum, salvo disposição contrária da escritura de constituição do condomínio.[4] [Sem dispositivo correspondente no CC/1916.]

Art. 1.331: 1. "Em se tratando de assenhoreamento de área comum de condomínio edilício por terceiro, a competente **ação reivindicatória** só poderá ser ajuizada pelo próprio condomínio, salvo se o uso desse espaço comum for: (1) exclusivo de um ou mais condôminos ou (2) essencial ao exercício do direito de usar, fruir ou dispor de uma ou mais unidades autônomas. Nesses dois casos excepcionais, haverá legitimação concorrente e interesse de agir tanto do condomínio como dos condôminos diretamente prejudicados" (STJ-RF 405/433: 3ª T., REsp 1.015.652).

"Em condomínio edilício, a vaga de garagem pode ser enquadrada como: (i) unidade autônoma (art. 1.331, § 1º, do CC), desde que lhe caiba matrícula independente no Registro de Imóveis, sendo, então, de uso exclusivo do titular; (ii) direito acessório, quando vinculado a um apartamento, sendo, assim, de uso particular; ou (iii) área comum, quando sua fruição couber a todos os condôminos indistintamente. A via da ação reivindicatória não é franqueada àquele que pretende obter direito exclusivo de vaga no estacionamento, quando este, na verdade, configura direito acessório da unidade autônoma ou área de uso comum, uma vez que, nessas hipóteses, inexiste requisito essencial ao seu ajuizamento, qual seja, a individualização do bem reivindicando. No caso em exame, as vagas na garagem encontram-se na área comum do edifício ou são acessórias aos apartamentos, a depender do que regula a convenção do condomínio, o que se torna ainda mais evidente ante a ausência de matrícula autônoma no Registro de Imóveis, descabendo, por isso, o manejo da ação reivindicatória" (STJ-4ª T., REsp 1.152.148, Min. Luis Felipe, j. 13.8.13, DJ 2.9.13).

Art. 1.331: 1a. Redação do § 1º conforme a Lei 12.607, de 4.4.12.

✎ Art. 1.331: 1b. "Ponderações acerca da nova redação do § 1º do art. 1.331 do Código Civil: uma nova hipótese de impenhorabilidade?", por Venceslau Tavares Costa Filho (RP 220/355).

Art. 1.331: 1c. v. LCE 2º § 2º. V. ainda art. 1.338, nota 2 (Enunciado 320 do CEJ).

S/ convenção de condomínio, v. especialmente art. 1.333 e LCE 9º.

Art. 1.331: 2. **Enunciado 247 do CEJ:** "No condomínio edilício é possível a utilização exclusiva de área 'comum' que, pelas próprias características da edificação, não se preste ao 'uso comum' dos demais condôminos".

Art. 1.331: 2a. "Diante das circunstâncias concretas dos autos, nos quais os proprietários de duas unidades condominiais fazem uso exclusivo de área de propriedade comum, que há mais de 30 anos só eram utilizadas pelos moradores das referidas unidades, pois eram os únicos com acesso ao local, e estavam autorizados por assembleia condominial, tal situação deve ser mantida, por aplicação do princípio da boa-fé objetiva" (RSTJ 159/366: 3ª T., REsp 356.821).

Todavia: "Possessória. Interdito proibitório. Uso e gozo exclusivo de área comum destinada a vaga de garagem em condomínio edilício. Impossibilidade. Área comum de condomínio que não pode ser utilizada privativamente, nem vendida separadamente ou dividida. Impossibilidade de ser negado direito aos demais condôminos ao uso de área comum. Ato de tolerância do condomínio e demais condôminos permitindo a utilização da referida área por longa data, que não induz a posse" (JTJ 341/345: AP 7.345.650-5).

"A mera explicitação de que o uso exclusivo do terraço não é transmissível a terceiros, além de convergir com a natureza transitória do instituto, não frustra qualquer expectativa do condômino beneficiado. Entretanto, a superveniente exigência de uma remuneração pelo uso (não inferior à taxa condominial), após o transcurso de mais de trinta anos de exercício sem contraprestação de ordem pecuniária (apenas de conservação e manutenção) destoa da boa-fé objetiva que deve permear a relação jurídica *sub judice*" (STJ-4ª T., REsp 1.035.778, Min. Marco Buzzi, j. 5.12.13, maioria, DJ 3.3.15).

Art. 1.331: 3. Redação do § 3º conforme a Lei 10.931, de 2.8.04.

Art. 1.331: 4. v. art. 1.344.

Art. 1.332. Institui-se o condomínio edilício por ato entre vivos ou testamento, registrado no Cartório de Registro de Imóveis,[1-1a] devendo constar daquele ato, além do disposto em lei especial:[2-2a] [Sem dispositivo correspondente no CC/1916.]

I — a discriminação e individualização das unidades de propriedade exclusiva, estremadas uma[3] das outras e das partes comuns; [Sem dispositivo correspondente no CC/1916.]

II — a determinação da fração ideal atribuída a cada unidade, relativamente ao terreno e partes comuns; [Sem dispositivo correspondente no CC/1916.]

III — o fim a que as unidades se destinam. [Sem dispositivo correspondente no CC/1916.]

Art. 1.332: 1. v. LRP 167-I-17.

Art. 1.332: 1a. "Registro em nome do condomínio de carta de arrematação de imóvel. Inadmissibilidade. Ausência de capacidade aquisitiva" (JTJ 322/2.388: TJSP, AI 524.302-4/4-00).

Art. 1.332: 2. e no art. 1.334

Art. 1.332: 2a. v. LCE 7º.

Art. 1.332: 3. Deve ser "umas", e não "uma".

Art. 1.333. A convenção[1 a 2a] que constitui o condomínio edilício deve ser subscrita pelos titulares de, no mínimo, dois terços das frações ideais e torna-se, desde logo, obrigatória para os titulares de direito sobre as unidades, ou para quantos sobre elas tenham posse ou detenção. [Sem dispositivo correspondente no CC/1916.]

Parágrafo único. Para ser oponível contra terceiros, a convenção do condomínio deverá ser registrada no Cartório de Registro de Imóveis.[3] [Sem dispositivo correspondente no CC/1916.]

Art. 1.333: 1. v. arts. 1.334 e 1.351; LCE 9º a 11.

Art. 1.333: 2. **Súmula 260 do STJ (Convenção de condomínio):** "A convenção de condomínio aprovada, ainda que sem registro, é eficaz para regular as relações entre os condôminos" (v. jurisprudência s/ esta Súmula em RSTJ 155/237 a 257).

Art. 1.333: 2a. Aplicam-se as regras do novo CC às convenções condominiais anteriores à sua vigência (RJ 313/117).

Art. 1.333: 3. v. LRP 167-I-17.

Art. 1.334. Além das cláusulas referidas no art. 1.332[1] e das que os interessados houverem por bem estipular, a convenção determinará:[1a] [Sem dispositivo correspondente no CC/1916.]

I — a quota proporcional e o modo de pagamento das contribuições dos condôminos para atender às despesas ordinárias e extraordinárias do condomínio;[1b] [Sem dispositivo correspondente no CC/1916.]

II — sua forma de administração; [Sem dispositivo correspondente no CC/1916.]

III — a competência das assembleias, forma de sua convocação e *quorum* exigido para as deliberações; [Sem dispositivo correspondente no CC/1916.]

IV — as sanções a que estão sujeitos os condôminos, ou possuidores; [Sem dispositivo correspondente no CC/1916.]

V — o regimento interno.[2] [Sem dispositivo correspondente no CC/1916.]

§ 1º A convenção poderá ser feita por escritura pública ou por instrumento particular. [Sem dispositivo correspondente no CC/1916.]

§ 2º São equiparados aos proprietários, para os fins deste artigo, salvo disposição em contrário, os promitentes compradores e os cessionários de direitos relativos às unidades autônomas.[3] [Sem dispositivo correspondente no CC/1916.]

Art. 1.334: 1. e das exigidas pela LCE 9º § 3º.

Art. 1.334: 1a. "O condomínio só responde por furtos ocorridos nas suas áreas comuns se isso estiver expressamente previsto na respectiva convenção" (STJ-2ª Seção, ED no REsp 268.669, Min. Ari Pargendler, j. 8.3.06, DJU 26.4.06). No mesmo sentido: RT 870/226.

Por isso, "a circunstância de existir porteiro ou vigia na guarita não resulta em que o condomínio estaria a assumir a prefalada guarda e vigilância dos automóveis, que se encontram estacionados na área comum" (STJ-4ª T., REsp 618.533, Min. Quaglia Barbosa, j. 3.5.07, DJU 4.6.07).

"Ação de ressarcimento de danos. Furto de bens no interior de unidade condominial. Inexistência do dever de guarda do condomínio, expressamente assumido em convenção ou deliberação assemblear regular, pelos bens dos condôminos que se achem nas respectivas unidades autônomas. Culpa não demonstrada. Improcedência da demanda" (RT 878/211: TJSP, AP 1.001.516-0/0).

"O condomínio não responde pelos danos morais sofridos por condômino, em virtude de lesão corporal provocada por outro condômino, em suas áreas comuns, salvo se o dever jurídico de agir e impedir a ocorrência do resultado estiver previsto na respectiva convenção condominial" (STJ-RJ 386/151: 3ª T., REsp 1.036.917).

S/ responsabilidade civil do condomínio por ato de empregado seu, v. CC 932, nota 5a.

Art. 1.334: 1b. v. art. 1.336-I e notas.

Art. 1.334: 2. **Enunciado 248 do CEJ:** "O *quorum* para alteração do regimento interno do condomínio edilício pode ser livremente fixado na convenção".

A convenção de condomínio pode prever *quorum* qualificado de 2/3 para alteração do regimento interno (STJ-4ª T., REsp 1.169.865, Min. Luis Felipe, j. 13.8.13, DJ 2.9.13).

Art. 1.334: 3. s/ promitentes compradores, v. arts. 1.417 e 1.418; s/ cessão de crédito, v. arts. 286 a 298.

Art. 1.335. São direitos do condômino:[1] [Sem dispositivo correspondente no CC/1916.]

I — usar, fruir e livremente dispor das suas unidades;[2] [Sem dispositivo correspondente no CC/1916.]

II — usar das partes comuns,[3] conforme a sua destinação, e contanto que não exclua a utilização dos demais compossuidores; [Sem dispositivo correspondente no CC/1916.]

III — votar nas deliberações da assembleia e delas participar, estando quite.[4] [Sem dispositivo correspondente no CC/1916.]

Art. 1.335: 1. v. tb. art. 1.339.

Art. 1.335: 2. Por isso: "É vedado à assembleia de condomínio extinguir vagas de garagem que dispõem de matrícula própria e pertencem a um dos condôminos, ausente à reunião, sob alegação de que a quantidade total não é comportada no espaço físico disponível" (STJ-4ª T., REsp 400.767, Min. Aldir Passarinho Jr., j. 24.4.07, DJU 28.5.07).

"Assembleia que decide mudar o desenho das vagas de garagens do subsolo, aplicando um mecanismo de junção das três vagas, que são independentes, dos autores, como se formassem um conjunto, com total prejuízo da função desses bens. Alteração que caracteriza esbulho e autoriza a proteção possessória" (RMDAU 14/149).

✎ Art. 1.335: 3. "Perturbação da área condominial de uso comum", por Julio Pinheiro Faro Homem de Siqueira (RDPr 42/276).

Art. 1.335: 4. "A unidade isolada constitui elemento primário da formação do condomínio edilício, e se sujeita a direitos e deveres, que devem ser entendidos como inerentes a cada unidade, o que é corroborado pela natureza *propter rem* da obrigação condominial. Estando a obrigação de pagar a taxa condominial vinculada não à pessoa do condômino, mas à unidade autônoma, também o dever de quitação e a penalidade advinda do seu descumprimento estão relacionados a cada unidade. O fato de um condômino ser proprietário de mais de uma unidade autônoma em nada altera a relação entre unidade isolada e condomínio. Se o condômino está quite em relação a alguma unidade, não pode ter seu direito de participação e voto — em relação àquela unidade — tolhido" (STJ-3ª T., REsp 1.375.160, Min. Nancy Andrighi, j. 1.10.13, DJ 7.10.13).

Art. 1.336. São deveres do condômino:[1] [Sem dispositivo correspondente no CC/1916.]

I — contribuir para as despesas do condomínio[1a a 2a] na proporção das suas frações ideais,[2b] salvo disposição em contrário na convenção;[2c a 3b] [Sem dispositivo correspondente no CC/1916.]

II — não realizar obras que comprometam a segurança da edificação; [Sem dispositivo correspondente no CC/1916.]

III — não alterar a forma e a cor da fachada, das partes e esquadrias externas;[3c-3d] [Sem dispositivo correspondente no CC/1916.]

IV — dar às suas partes a mesma destinação que tem a edificação, e não as utilizar de maneira prejudicial ao sossego, salubridade e segurança dos possuidores, ou aos bons costumes.[3e-3f] [Sem dispositivo correspondente no CC/1916.]

§ 1º O condômino que não pagar a sua contribuição ficará sujeito aos juros moratórios convencionados[3g-3h] ou, não sendo previstos, os de um por cento ao mês e multa de até dois por cento sobre o débito.[4 a 4e] [Sem dispositivo correspondente no CC/1916.]

§ 2º O condômino, que não cumprir qualquer dos deveres estabelecidos nos incisos II a IV, pagará a multa prevista no ato constitutivo ou na convenção, não podendo ela ser superior a cinco vezes o valor de suas contribuições mensais, independentemente das perdas e danos[5] que se apurarem; não havendo disposição expressa, caberá à assembleia geral, por dois terços no mínimo dos condôminos restantes, deliberar sobre a cobrança da multa.[6-7] [Sem dispositivo correspondente no CC/1916.]

Art. 1.336: 1. v. LCE 10. S/ deveres relacionados ao uso de partes comuns, v. art. 1.335, nota 3 (referência bibliográfica); s/ responsabilidade do locador, v. LI 22, nota 1.

Art. 1.336: 1a. "A responsabilidade pelo pagamento de cotas condominiais no regime da propriedade horizontal", por Eduardo Sócrates Castanheira Sarmento Filho (RF 346/65); "Despesas de condomínio: abusos da minoria qualificada", por Murilo Giordan Santos (RDPr 16/216); "Despesas condominiais devidas por lojas térreas em edifícios", por Renato Ventura Ribeiro (RT 849/111).

Art. 1.336: 1b. s/ despesas condominiais e: prescrição da pretensão de cobrança, v. art. 206, nota 8; uso exclusivo do imóvel por um dos ex-cônjuges, v. arts. 1.315, nota 1b, e 1.667, nota 4; imóvel objeto de alienação fiduciária, v. Lei 9.514/97, art. 27 § 8º, inclusive nota 3 (no tít. ALIENAÇÃO FIDUCIÁRIA).

Art. 1.336: 1c. "A 'responsabilidade pelas despesas de condomínio pode recair tanto sobre o promitente vendedor quanto sobre o promissário comprador, dependendo das circunstâncias do caso' (EREsp 138.389/MG, Rel. Min. Sálvio de Figueiredo, DJ de 13.9.99). No presente caso, havendo prova de que os recibos foram emitidos pelo condomínio contra o atual ocupante, com isso mostrando ter pleno conhecimento do fato, não tem a empresa responsabilidade pelo pagamento das cotas condominiais, sendo insuficiente a simples ausência de registro" (STJ-3ª T., REsp 579.943, Min. Menezes Direito, j. 5.8.04, DJU 16.11.04).

"O promitente-vendedor não responde pelos encargos condominiais devidos após a alienação do imóvel feita por meio de promessa de compra e venda em caráter irrevogável e irretratável, mesmo que, apesar de transferida a posse, não tenha sido alterado o registro do imóvel" (STJ-4ª T., REsp 655.267, Min. Jorge Scartezzini, j. 17.2.05, DJU 21.3.05).

"Despesas de condomínio. Cobrança. **Legitimidade passiva do promissário comprador.** Ausência de registro da promessa de compra e venda no Cartório de Registro de Imóveis. Irrelevância. Ciência do condomínio. Exercício da posse pelo promissário-comprador. Responsabilidade pelas despesas" (JTJ 292/60).

"Compromisso de compra e venda não registrado. Ciência inequívoca do condomínio. Ilegitimidade passiva do vendedor. Tendo o condomínio ciência inequívoca da venda do imóvel e tratando-se de **ônus *propter rem*** que grava o próprio bem, a dívida condominial se transfere ao comprador, que tem de saldá-la para manter o equilíbrio econômico-financeiro da comunidade que passou a integrar" (Bol. AASP 2.676: TJSP, AP 992.09.085379-1). No mesmo sentido: JTJ 302/43 (AP 903.482-0/9).

"A dívida condominial constitui obrigação *propter rem*, de sorte que, aderindo ao imóvel, passa à responsabilidade do novo adquirente, ainda que se cuide de **cotas anteriores à transferência do domínio,** ressalvado o seu direito de regresso contra o antigo proprietário" (STJ-4ª T., REsp 869.155, Min. Aldir Passarinho Jr., j. 15.5.07, DJU 25.6.07).

Dando pela responsabilidade do promitente vendedor: "No caso, havendo no acórdão recorrido informação de que o condomínio não tinha conhecimento da cessão, não há falar em ilegitimidade passiva" (STJ-3ª T., REsp 541.878, Min. Menezes Direito, j. 5.2.04, DJU 29.3.04). No mesmo sentido: STJ-4ª T., REsp 327.429, Min. Barros Monteiro, j. 21.8.01, DJU 19.11.01; JTJ 305/394.

"Alienada a propriedade por 'compromisso de compra e venda', 'enquanto não se registrar o título translativo, o alienante continua a ser havido como dono do imóvel' (art. 1.245, § 1º, do novo CC). Se não há elemento seguro a indicar que o promitente comprador exerceu posse direta sobre o imóvel, a responsabilidade pelo pagamento das cotas condominiais é do promitente vendedor" (STJ-3ª T., REsp 722.501, Min. Gomes de Barros, j. 27.2.07, um voto vencido, DJU 28.5.07).

"A existência de eventual cláusula no compromisso de venda e compra, atribuindo de forma diversa a responsabilidade pelo pagamento das cotas condominiais, quando não há imissão na posse do bem pelo promitente comprador, obriga somente os contratantes e poderá fundamentar o exercício do direito de regresso, mas não vincula o condomínio" (STJ-3ª T., REsp 1.297.239, Min. Nancy Andrighi, j. 8.4.14, DJ 29.4.14).

Em síntese: "O que define a responsabilidade pelo pagamento das obrigações condominiais não é o registro do compromisso de compra e venda, mas a relação jurídica material com o imóvel, representada pela imissão na posse pelo promissário comprador e pela ciência inequívoca do condomínio acerca da transação. Havendo compromisso de compra e venda não levado a registro, a responsabilidade pelas despesas de condomínio pode recair tanto sobre o promitente vendedor quanto sobre o promissário comprador, dependendo das circunstâncias de cada caso concreto. Se ficar comprovado: (i) que o promissário comprador se imitira na posse; e (ii) o condomínio teve ciência inequívoca da transação, afasta-se a legitimidade passiva do promitente vendedor para responder por despesas condominiais relativas a período em que a posse foi exercida pelo promissário comprador" (STJ-2ª Seção, REsp 1.345.331, Min. Luis Felipe, j. 8.4.15, DJ 20.4.15).

Mas, no sentido de que, se o compromisso de compra e venda é desfeito e o promitente vendedor retoma o imóvel para si, ele responde pelas despesas condominiais contemporâneas à posse do promissário comprador, sem prejuízo do direito de regresso: STJ-3ª T., REsp 1.293.855-AgRg, Min. Marco Bellizze, j. 17.12.15, DJ 2.2.16; STJ-4ª T., REsp 1.252.025-AgRg, Min. Marco Buzzi, j. 27.2.18, DJ 2.3.18.

V. tb. art. 1.345 e notas; LCE 4º § ún. e 12, com respectivas notas.

Art. 1.336: 1d. "A parcela relativa às despesas condominiais, por sua peculiar natureza, é indivisível perante o condomínio, de sorte que, em caso de inadimplemento, sendo a unidade de propriedade de dois ou mais titulares, face ao princípio da solidariedade, pode o credor optar pela cobrança exclusiva de qualquer um dos condôminos" (JTJ 321/1.389: AP 1.078.558-0/0).

"Ação de cobrança. Cotas condominiais. Legitimidade passiva do herdeiro, que detém a posse do imóvel, ainda que não tenha sido homologada a partilha. Até a partilha, o direito dos coerdeiros será indivisível e regular-se-á pelas normas relativas ao condomínio. Cabe ao condômino antecipar as despesas para pagar o débito, referente às cotas condominiais, tendo ação regressiva contra os demais, ou contra o próprio espólio" (RT 843/350).

Art. 1.336: 1e. "O propósito recursal é definir se a proprietária do imóvel gerador dos débitos condominiais pode ter o seu bem penhorado no bojo de ação de cobrança, já em fase de cumprimento de sentença, da qual não figurou no polo passivo, uma vez que ajuizada, em verdade, em face da então locatária do imóvel. Em se tratando a dívida de condomínio de obrigação *propter rem* e partindo-se da premissa de que o próprio imóvel gerador das despesas constitui garantia ao pagamento da dívida, o proprietário do imóvel pode ter seu bem penhorado no bojo de ação de cobrança, já em fase de cumprimento de sentença, da qual não figurou no polo passivo" (STJ-3ª T., REsp 1.829.663, Min. Nancy Andrighi, j. 5.11.19, DJ 7.11.19).

Art. 1.336: 1f. "É o usufrutuário responsável pelo pagamento das cotas de condomínio" (RSTJ 174/311).

Art. 1.336: 2. "As cotas condominiais são imprescindíveis à manutenção do condomínio, que sobrevive da contribuição de todos em benefício da propriedade comum que usufruem, e representam os gastos efetuados mês a mês, de sorte que gozam de autonomia umas das outras, não prevalecendo a presunção contida no art. 322 do Código Civil (correspondente ao art. 943 do Código de 1916), de que a mais antiga parcela estaria paga se as subsequentes o estiverem" (STJ-2ª Seção, ED no REsp 712.106, Min. João Otávio, j. 9.12.09, DJ 16.12.09). Assim: "Constitui ônus do condômino comprovar que efetuou o pagamento de cada uma, ainda que já vencida há mais tempo" (STJ-4ª T., REsp 679.010, Min. Aldir Passarinho Jr., j. 27.9.05, um voto vencido, DJU 5.12.05). **Contra:** "O art. 943 do Código Civil, ao dizer que 'quando o pagamento for em quotas periódicas, a quitação da última estabelece, até prova em contrário, a presunção de estarem solvidas as anteriores', estabelece uma presunção relativa em favor do devedor, incumbindo ao credor, uma vez por aquele demonstrado o pagamento das parcelas posteriores, produzir prova que desconstitua tal presunção, não havendo de invocar-se a inaplicabilidade dessa norma às verbas condominiais, posto que se refere ela às obrigações em geral" (STJ-4ª T., REsp 70.170, Min. Sálvio de Figueiredo, j. 18.4.00, DJU 12.6.00).

Art. 1.336: 2a. O condômino que litiga contra o condomínio não fica excluído do rateio das despesas para o custeio dos honorários do advogado que patrocina os interesses deste no respectivo processo (STJ-3ª T., REsp 1.185.061, Min. Ricardo Cueva, j. 16.9.14, DJ 30.9.14; JTJ 342/410: AP 460.886-4/2-00; v. p. 415).

V. tb. LCE 12, nota 1a.

Art. 1.336: 2b. "Não há ilegalidade no **pagamento a maior** de taxa condominial por apartamentos em **cobertura** decorrente da fração ideal do imóvel" (STJ-3ª T., REsp 1.778.522, Min. Ricardo Cueva, j. 2.6.20, DJ 4.6.20).

Art. 1.336: 2c. Redação do inciso I conforme a Lei 10.931, de 2.8.04.

Art. 1.336: 3. "Não ostentando a convenção de condomínio natureza puramente contratual, **inadmissível** é ao condômino invocar a **exceção de contrato não cumprido** para escusar-se ao pagamento das cotas condominiais" (STJ-RT 832/180).

Art. 1.336: 3a. "A unidade condominial com **acesso direto à via pública** não está sujeita às taxas gerais atinentes aos demais apartamentos, salvo se a convenção dispõe em contrário" (STJ-4ª T., REsp 646.406, Min. Jorge Scartezzini, j. 1.3.05, DJU 21.3.05). No mesmo sentido: STJ-RT 772/178.

Mas: "Lojas térreas. Responsabilidade dos titulares dessas unidades pelo rateio de despesas, se assim o determinar a convenção, pouco importando que tais imóveis tenham acesso independente e não se sirvam das áreas e equipamentos comuns" (JTJ 312/53). No mesmo sentido: RJTJERGS 258/315 (AP 70015874852).

S/ despesas do condomínio edilício, v. LCE 12.

Art. 1.336: 3b. "A convenção outorgada pela **construtora/incorporadora** não pode estabelecer **benefício de caráter subjetivo** a seu favor com a finalidade de reduzir ou isentar do pagamento da taxa condominial. A taxa condominial é fixada de acordo com a previsão orçamentária de receitas e de despesas, bem como para constituir o fundo de reserva com a finalidade de cobrir eventuais gastos de emergência. A redução ou isenção da cota condominial a favor de um ou vários condôminos implica oneração dos demais, com evidente violação da regra da proporcionalidade prevista no inciso I do art. 1.334 do CC/2002" (STJ-3ª T., REsp 1.816.039, Min. Ricardo Cueva, j. 4.2.20, DJ 6.2.20; no caso, invalidou-se disposição no sentido de que as unidades imobiliárias não comercializadas responderiam por 30% do valor da taxa condominial).

✎ **Art. 1.336: 3c.** "Da alteração de fachada no condomínio horizontal", por Vanderci Alvarez (RDPr 23/271).

Art. 1.336: 3d. "Modificação de janelas e esquadrias sem autorização do condomínio. Desfazimento determinado. Ainda que luxuosa a modificação, se ela altera o exterior de cada unidade, deve se submeter ao crivo assemblear ou estar autorizada pela convenção, sob pena de desfazimento" (RJM 191/260: AP 1.0024.08.966234-0/001).

"Tendo o proprietário de um dos apartamentos substituído as janelas originais por venezianas de alumínio, alterando consideravelmente a fachada e as laterais do edifício e perturbando a harmonia da construção, deve ser condenado a desfazer a obra, em prazo razoável, sob pena de multa diária" (RJM 174/109).

"Condomínio. Colocação de blindex na varanda de unidade residencial. Alteração da forma externa. Fachada. Violação às normas da convenção do condomínio e do Código Civil" (RT 871/372).

Todavia: "Condômino que utilizou vidro fumê liso ao invés do vidro incolor canelado estabelecido como norma condominial. Material que não compromete a estética ou a segurança do prédio" (JTJ 314/50: AP 226.926-4/9-00). Do voto do relator: "a ideia de uniformidade visual estética não pode ser levada a ponto de exigir exatamente a mesma aparência para todas as unidades condominiais, de forma tão rigorosamente indistinta, coibindo qualquer detalhe de personalização, como se pudessem ser impostos a todos exatamente os mesmos gostos e preferências e na espécie não se vislumbra na vidraça em questionamento nada que extrapole o limite de uniformidade da aparência externa do edifício em questão".

"Esquadrias e janelas substituídas por peças semelhantes às originais, mas em alumínio e com proteção termo-acústica. Inocorrência de prejuízo estético ou afetação negativa da área comum. Instalação de aparelhos de ar-condicionado. Sistema *split*. Unidades externas colocadas em área de uso comum. Parte interna de muretas que envolvem o telhado. Possibilidade. Adequação ao local. Uso de modernas técnicas. Invisibilidade externa. Fachada não afetada. Segurança geral e estrutural do prédio preservada. Alterações que não prejudicam os demais condôminos nem ofendem substancialmente a convenção de condomínio ou a legislação civil" (JTJ 333/579: AP 1.162.849-0/9).

V. tb. Lei 4.591, de 16.12.64, art. 10 (no tít. CONDOMÍNIO E INCORPORAÇÃO).

Art. 1.336: 3e. "O exercício de posições jurídicas encontra-se limitado pela boa-fé objetiva. Assim, o condômino não pode exercer suas pretensões de forma anormal ou exagerada com a finalidade de prejudicar seu vizinho. Mais especificamente não se pode impor ao vizinho uma convenção condominial que jamais foi observada na prática e que se encontra completamente desconexa da realidade vivenciada no condomínio. A *suppressio*, regra que se desdobra do princípio da boa-fé objetiva, reconhece a perda da eficácia de um direito quando este longamente não é exercido ou observado. Não age no exercício regular de direito a sociedade empresária que se estabelece em edifício cuja destinação mista é aceita, de fato, pela coletividade dos condôminos e pelo próprio condomínio, pretendendo justificar o excesso de ruído por si causado com a imposição de regra constante da convenção condominial, que impõe o uso exclusivamente comercial, mas que é letra morta desde sua origem" (STJ-3ª T., REsp 1.096.639, Min. Nancy Andrighi, j. 9.12.08, DJ 12.2.09).

Art. 1.336: 3f. "Se a convenção proíbe a **criação e a guarda de animais** de quaisquer espécies, a restrição pode se revelar desarrazoada, haja vista determinados animais não apresentarem risco à incolumidade e à tranquilidade dos demais moradores e dos frequentadores ocasionais do condomínio. Na hipótese, a restrição imposta ao condômino não se mostra legítima, visto que o condomínio não demonstrou nenhum fato concreto apto a comprovar que o animal (gato) provoque prejuízos à segurança, à higiene, à saúde e ao sossego dos demais moradores" (STJ-3ª T., REsp 1.783.076, Min. Ricardo Cueva, j. 14.5.19, DJ 19.8.19).

"Pretensão visando o ingresso e permanência de animal de pequeno porte. Convenção condominial que proíbe a manutenção de qualquer espécie de animal nas dependências do condomínio. Abusividade, na hipótese. Ausência de prova de que o animal coloque em risco a salubridade do ambiente ou importune o sossego dos demais moradores" (RMDAU 34/131: TJSP, AP 9135048-65.2006.8.26.0000).

"Embora expresso o regimento interno do condomínio proibindo manter cães e gatos nas unidades autônomas, a observância da regra exige o exame de provas e das circunstâncias peculiares do caso. Demonstrado que se trata de animal de pequeno porte (gato), inofensivo e saudável, e que mantê-lo no interior do apartamento não traz qualquer incômodo, transtorno ou perigo aos demais condôminos, mitiga-se a regra" (RMDAU 48/136: TJDFT, AI 2013.00.2.009684-4).

Todavia: "Cão de grande porte que circula com liberdade em área comum de condomínio. Animal que, em razão do porte, representa perigo para os vizinhos. Sentença de procedência, para determinar a retirada do animal do condomínio. Possibilidade de manter o animal no condomínio, desde que tomadas as precauções necessárias. Recurso dos requeridos parcialmente provido, para autorizar a permanência do animal, desde que tomadas as cautelas necessárias para garantir a integridade de pessoas, com a imposição de multa de R$ 3.000,00 (nesta data) no primeiro descumprimento e imediata remoção do animal ao centro de controle de zoonoses do Município (ou da região, se o caso), no caso de reincidência" (RT 918/941: TJSP, AP 0000799-82.2010.8.26.0587).

"Perturbação do sossego alheio comprovado. Situação anômala que interfere na esfera do direito da vizinhança. Criação de cães em apartamento. Número de animais (05) que deve ser tido como excessivo. Animais que latem constantemente conforme depoimentos prestados por testemunhas. Adoção de critério de razoabilidade. Requerido deve restringir a dois animais em sua unidade condominial" (RT 934/772: TJPR, AP 957.797-9).

Contra: "Pretendida permissão de manutenção de animal em unidade autônoma. Inadmissibilidade. Vedação pela convenção condominial. Inexistência de quaisquer outros animais no local, por opção dos moradores. Direito individual que não pode ser imposto à coletividade de moradores" (JTJ 315/68: AP 345.553-4/4-00, maioria). No mesmo sentido: RMDAU 14/115.

A permanência de cão da raça *pit bull* no edifício representa um risco à segurança dos condôminos e funcionários (RDPr 25/331).

Art. 1.336: 3g. "Após o advento do Código Civil de 2002, é possível fixar na convenção do condomínio **juros moratórios acima de 1% ao mês** em caso de inadimplemento das taxas condominiais" (STJ-RT 903/164: 3ª T., REsp 1.002.525).

Art. 1.336: 3h. "Os juros moratórios e a correção monetária incidem a partir do vencimento de cada parcela na ação de cobrança de cotas condominiais" (STJ-4ª T., Ag 1.291.541-EDcl, Min. João Otávio, j. 5.5.11, DJ 12.5.11).

Art. 1.336: 4. "Condomínio: qual a porcentagem que deve incidir sobre a multa por inadimplência?", por Fábio Campos de Aquino (RDPr 16/83).

Art. 1.336: 4a. v. LCE 12 § 3º.

Art. 1.336: 4b. A 2ª Seção do STJ tem dado conotação cogente à disposição que limita o valor da multa a dois por cento: STJ-4ª T., REsp 753.546, Min. Jorge Scartezzini, j. 4.8.05, DJU 29.8.05; STJ-3ª T., REsp 718.217, Min. Menezes Direito, j. 14.6.05, DJU 1.7.05. No mesmo sentido: JTJ 337/636 (AP 1.036.263-0/9).

Contra, ponderando que este § 1º tem caráter dispositivo também no tocante à multa, autorizando as partes a "contratar de forma diversa da lei, já que versa sobre interesse particular dos condôminos, daí por que prevalece a norma convencional em sentido contrário, que prevê multa mais pesada", inclusive, por não existir relação de consumo no caso (RJ 311/116). No mesmo sentido, consignando que este § 1º não revogou o art. 12, § 3º, da LCE: RT 826/344.

Art. 1.336: 4c. "O abatimento concedido pelo condomínio ao pagamento antecipado reflete uma cobrança dissimulada de multa em percentual proibido, eis que, de acordo com o art. 1.336, § 1º, do Código Civil, a multa pelo atraso no pagamento da contribuição condominial deve ser de até 2% sobre o débito. O desconto de 13% concedido para as cotas condominiais pagas antes do prazo estipulado é vedado pela legislação" (RT 900/326: TJRJ, AP 0008726-74.2004.8.19.0209).

Art. 1.336: 4d. A partir do vencimento da cota condominial são **devidos juros e correção monetária** (STJ-4ª T., REsp 679.019, Min. Jorge Scartezzini, j. 2.6.05, DJU 20.6.05).

Art. 1.336: 4e. "O inadimplemento de taxas condominiais **não autoriza a suspensão,** por determinação da assembleia geral de condôminos, quanto ao uso **de serviços essenciais,** em clara afronta ao direito de propriedade e sua função social e à dignidade da pessoa humana, em detrimento da utilização de meios expressamente previstos em lei para a cobrança da dívida condominial. Não sendo o elevador um mero conforto em se tratando de edifício de diversos pavimentos, com apenas um apartamento por andar, localizando-se o apartamento da recorrente no oitavo pavimento, o equipamento passa a ter *status* de essencial à própria utilização da propriedade exclusiva. O corte do serviço dos elevadores gerou dano moral, tanto do ponto de vista subjetivo, analisando as peculiaridades da situação concreta, em que a condição de inadimplente restou ostensivamente exposta, como haveria, também, tal dano *in re ipsa*, pela mera violação de um direito da personalidade" (STJ-3ª T., REsp 1.401.815, Min. Nancy Andrighi, j. 3.12.13, DJ 13.12.13).

"**Restrição** imposta na convenção condominial **de acesso à área comum destinada ao lazer do condômino em mora** e de seus familiares. Ilicitude. Reconhecimento. A vedação de acesso e de utilização de qualquer área comum pelo condômino e de seus familiares, independentemente de sua destinação (se de uso essencial, recreativo, social, lazer etc.), com o único e ilegítimo propósito de expor ostensivamente a condição de inadimplência perante o meio social em que residem, desborda dos ditames do princípio da dignidade humana" (STJ-3ª T., REsp 1.564.030, Min.

Marco Bellizze, j. 9.8.16, DJ 19.8.16). No mesmo sentido: STJ-4ª T., Ag em REsp 1.220.353-EDcl-AgInt, Min. Isabel Gallotti, j. 5.2.19, DJ 12.2.19.

Art. 1.336: 5. v. arts. 402 a 405.

Art. 1.336: 6. "Condomínio que providenciou o desligamento do registro de água por inadimplemento de despesas condominiais pelo autor. Inadmissibilidade. Serviço de natureza essencial. Impossibilidade de uso arbitrário das próprias razões. Débitos condominiais devem ser exigidos de forma própria" (RT 865/190).

Art. 1.336: 7. Multa e solidariedade entre proprietário e locatário. "O proprietário do apartamento responde *in solidum* por fato imputável ao seu locatário, em face da obrigação de vigilância que deve ter o titular de domínio sobre os acontecimentos relacionados com o imóvel de sua propriedade" (RT 893/343: TJSC, AP 2007.006431-1).

Art. 1.337. O condômino, ou possuidor, que não cumpre reiteradamente com os seus deveres[1] perante o condomínio poderá, por deliberação de três quartos dos condôminos restantes, ser constrangido a pagar multa[1a] correspondente até ao quíntuplo do valor atribuído à contribuição para as despesas condominiais, conforme a gravidade das faltas e a reiteração, independentemente das perdas e danos[2] que se apurem.[3-4] [Sem dispositivo correspondente no CC/1916.]

Parágrafo único. O condômino ou possuidor que, por seu reiterado comportamento antissocial, gerar incompatibilidade de convivência com os demais condôminos ou possuidores, poderá ser constrangido a pagar multa correspondente ao décuplo do valor atribuído à contribuição para as despesas condominiais, até ulterior deliberação da assembleia.[5-6] [Sem dispositivo correspondente no CC/1916.]

Art. 1.337: 1. previstos em lei, na convenção ou no regimento interno.

Art. 1.337: 1a. independentemente de previsão no ato constitutivo ou na convenção.

Art. 1.337: 2. v. arts. 402 a 405.

Art. 1.337: 3. v. tb. LCE 21.

Art. 1.337: 4. Enunciado 92 do CEJ: "As sanções do art. 1.337 do novo Código Civil não podem ser aplicadas sem que se garanta direito de defesa ao condômino nocivo".

Contra, entendendo que a aplicação de multa ao condômino não exige "a obediência a normas do devido processo legal, próprias do processo judicial": RT 807/310.

✎ **Art. 1.337: 5.** "Tutela de exclusão do condômino nocivo", por Jorge Elias Nehme (RT 806/44); "Exclusão do condômino por reiterado comportamento antissocial à luz do novo Código Civil", por Américo Isidoro Angélico (RDPr 17/99); "Da possibilidade de 'expulsão' do condômino antissocial", por Werner Braun Rizk (RJ 330/77); "Condomínio edilício e exclusão do condômino nocivo", por Álvaro Villaça Azevedo (RMDCPC 27/48); "O que fazer com o condômino antissocial que não muda o comportamento nocivo, apesar das multas aplicadas?", por Ênio Santarelli Zuliani (RMDCPC 39/25).

Art. 1.337: 6. ou seja: a multa é aplicada pelo síndico e deve ser ulteriormente submetida à apreciação da assembleia. V. art. 1.348-VII.

Art. 1.338. Resolvendo o condômino alugar área no abrigo para veículos, preferir-se-á, em condições iguais, qualquer dos condôminos a estranhos,[1] e, entre todos, os possuidores.[2] [Sem dispositivo correspondente no CC/1916.]

Art. 1.338: 1. v. art. 1.331 § 1º.

Art. 1.338: 2. Enunciado 320 do CEJ: "O direito de preferência de que trata o art. 1.338 deve ser assegurado não apenas nos casos de locação, mas também na hipótese de venda da garagem".

Art. 1.339. Os direitos de cada condômino às partes comuns são inseparáveis de sua propriedade exclusiva; são também inseparáveis das frações ideais correspondentes as unidades imobiliárias, com as suas partes acessórias.[1] [Sem dispositivo correspondente no CC/1916.]

§ 1º Nos casos deste artigo é proibido alienar ou gravar os bens em separado. [Sem dispositivo correspondente no CC/1916.]

§ 2º É permitido ao condômino alienar parte acessória de sua unidade imobiliária a outro condômino, só podendo fazê-lo a terceiro se essa faculdade constar do ato constitutivo do condomínio, e se a ela não se opuser a respectiva assembleia geral.[2] [Sem dispositivo correspondente no CC/1916.]

Art. 1.339: 1. "Não se aplica o art. 1.339 do CC a boxe de estacionamento autonomamente registrado no registro de imóveis" (STJ-4ª T., AI 1.179.583-EDcl, Min. Isabel Gallotti, j. 15.5.12, DJ 24.5.12).

Art. 1.339: 2. v. art. 1.331 § 1º.

Art. 1.340. As despesas[1] relativas a partes comuns de uso exclusivo de um condômino, ou de alguns deles, incumbem a quem delas se serve.[2] [Sem dispositivo correspondente no CC/1916.]

Art. 1.340: 1. s/ despesas do condomínio, v. art. 1.336-I (bem como o § 1º) e LCE 12.

Art. 1.340: 2. "O condômino não deve arcar, no rateio de despesas condominiais, com aquelas que digam respeito a serviços ou utilidades que não têm nenhuma utilidade para ele, a exemplo de despesas de gás e manobrista de lojas, quando o contrato de locação tem como objeto vagas de garagem" (Bol. AASP 2.573).

Art. 1.341. A realização de obras no condomínio depende: [Sem dispositivo correspondente no CC/1916.]

I — se voluptuárias,[1] de voto de dois terços dos condôminos; [Sem dispositivo correspondente no CC/1916.]

II — se úteis, de voto da maioria dos condôminos. [Sem dispositivo correspondente no CC/1916.]

§ 1º As obras ou reparações necessárias podem ser realizadas, independentemente de autorização,[2] pelo síndico, ou, em caso de omissão ou impedimento deste, por qualquer condômino. [Sem dispositivo correspondente no CC/1916.]

§ 2º Se as obras ou reparos necessários forem urgentes e importarem em despesas excessivas, determinada sua realização, o síndico ou o condômino que tomou a iniciativa delas dará ciência à assembleia, que deverá ser convocada imediatamente. [Sem dispositivo correspondente no CC/1916.]

§ 3º Não sendo urgentes, as obras ou reparos necessários, que importarem em despesas excessivas, somente poderão ser efetuadas após autorização da assembleia, especialmente convocada pelo síndico, ou, em caso de omissão ou impedimento deste, por qualquer dos condôminos. [Sem dispositivo correspondente no CC/1916.]

§ 4º O condômino que realizar obras ou reparos necessários será reembolsado das despesas que efetuar, não tendo direito à restituição das que fizer com obras ou reparos de outra natureza, embora de interesse comum. [Sem dispositivo correspondente no CC/1916.]

Art. 1.341: 1. obras voluptuárias, úteis ou necessárias: v. art. 96.

Art. 1.341: 2. Independem de autorização apenas se forem urgentes e não implicarem despesas excessivas, cf. § 3º.

Art. 1.342. A realização de obras, em partes comuns, em acréscimo às já existentes, a fim de lhes facilitar ou aumentar a utilização, depende da aprovação de dois terços dos votos dos condôminos, não sendo permitidas construções, nas partes comuns, suscetíveis de prejudicar a utilização, por qualquer dos condôminos, das partes próprias, ou comuns. [Sem dispositivo correspondente no CC/1916.]

Art. 1.343. A construção de outro pavimento, ou, no solo comum, de outro edifício, destinado a conter novas unidades imobiliárias, depende da aprovação da unanimidade dos condôminos.[1] [Sem dispositivo correspondente no CC/1916.]

Art. 1.343: 1. Também depende de aprovação unânime a mudança da destinação do edifício ou da unidade imobiliária (v. art. 1.351, *in fine*).

Art. 1.344. Ao proprietário do terraço de cobertura incumbem as despesas da sua conservação, de modo que não haja danos às unidades imobiliárias inferiores.[1] [Sem dispositivo correspondente no CC/1916.]

Art. 1.344: 1. v. arts. 1.331 § 5º e 1.336.

Art. 1.345. O adquirente de unidade responde pelos débitos do alienante, em relação ao condomínio, inclusive multas e juros moratórios.[1 a 3] [Sem dispositivo correspondente no CC/1916.]

Art. 1.345: 1. "O **adquirente de imóvel** em condomínio responde pelas cotas condominiais em atraso, ainda que anteriores à aquisição, ressalvado o seu direito de regresso contra o antigo proprietário" (STJ-3ª T., REsp 1.119.090, Min. Nancy Andrighi, j. 22.2.11, DJ 2.3.11).

"A obrigação de pagamento dos débitos condominiais alcança os novos titulares do imóvel que não participaram da fase de conhecimento da ação de cobrança, em razão da natureza *propter rem* da dívida. Em caso de alienação de objeto litigioso, a sentença proferida entre as partes originárias, estende seus efeitos ao adquirente ou ao cessionário" (STJ-3ª T., REsp 1.653.143, Min. Nancy Andrighi, j. 16.5.17, DJ 22.5.17).

"O adquirente do imóvel do qual se originaram as despesas de condomínio é responsável pelo pagamento dos débitos anteriores à aquisição, de modo que admissível a substituição do polo passivo da execução como autoriza o disposto no art. 1.345 do CC/2002" (JTJ 302/380).

"O **arrematante** de imóvel em condomínio responde pelas cotas condominiais em atraso, ainda que anteriores à aquisição" (STJ-3ª T., REsp 682.664-AgRg, Min. Nancy Andrighi j. 18.8.05, DJ 5.9.05). No mesmo sentido: STJ-4ª T., REsp 506.183, rel. Min. Fernando Gonçalves, j. 2.12.03, DJU 25.2.04; RT 815/410, RF 288/241, JTJ 372/152 (AI 308222-98.2011.8.26.0000). **Todavia,** em caso no qual o edital da hasta pública não informava a existência dos débitos condominiais, o arrematante foi liberado do pagamento desses débitos (STJ-3ª T., REsp 1.044.890-EDcl, Min. Sidnei Beneti, j. 2.12.10, DJ 17.2.11). Assim: "A responsabilização do arrematante por eventuais encargos omitidos no edital de praça é incompatível com os princípios da segurança jurídica e da proteção da confiança. Considerando a ausência de menção no edital da praça acerca dos ônus incidentes sobre o imóvel, conclui-se pela impossibilidade de substituição do polo passivo da ação de cobrança de cotas condominiais, mesmo diante da natureza *propter rem* da obrigação" (STJ-3ª T., REsp 1.297.672, Min. Nancy Andrighi, j 24.9.13, DJ 1.10.13). **Ainda,** liberando o arrematante de pagar o valor remanescente cobrado pelo condomínio, em caso no qual o produto da arrematação foi insuficiente para quitar todos os débitos condominiais: JTJ 375/604 (EI 149585-11.2009.8.26.0100/50002, um voto vencido).

"A dívida condominial constitui obrigação *propter rem*, respondendo o arrematante pelos débitos constituídos a partir da conclusão da arrematação do imóvel, ainda que não imitido na posse do bem e não formalizado o registro imobiliário respectivo, uma vez que tais circunstâncias decorrem de relações jurídicas estranhas ao condomínio e que, por isso, não lhe podem ser impostas" (STJ-4ª T., Ag em REsp 1.347.829-AgInt, Min. Raul Araújo, j. 10.12.19, DJ 19.12.19).

"O adquirente de imóvel em condomínio responde pelas cotas condominiais em atraso, ainda que anteriores à aquisição, ressalvado o seu direito de regresso contra o antigo proprietário. Entendimento que se aplica à União na hipótese de ingresso de imóveis em seu patrimônio em decorrência de **pena de perdimento** aplicada em processo criminal. O condomínio se enquadra no conceito de lesado previsto nos arts. 91, II, do CP, e 133, parágrafo único, do CPP, não podendo ser prejudicado em virtude do confisco do bem em prol da União, cujo direito de propriedade, nesse caso, subsiste apenas em caráter precário (até que haja a arrematação do bem em hasta pública) e residual (recebendo o saldo credor, após o ressarcimento das vítimas, lesados e terceiros de boa-fé). Sendo o imóvel confiscado pela União objeto de execução para pagamento de dívida condominial, o bem é litigioso, sujeitando-se ao comando do art. 42, § 3º, do CPC, que excepciona a regra do art. 472 do CPC, possibilitando que a sentença proferida entre as partes originárias repercuta na esfera jurídica do terceiro adquirente. Nada impede a realização das hastas públicas nos autos da execução movida pelo condomínio, devendo o produto da arrematação dos imóveis confiscados ser primeiro destinado à satisfação do débito condominial, repassando-se o saldo à União, que passará a ter direito de regresso contra os executados pelo período anterior ao perdimento dos imóveis" (STJ-3ª T., REsp 1.366.894, Min. Nancy Andrighi, j. 22.4.14, DJ 2.6.14).

V. tb. art. 1.336, nota 1c, e LCE 4º § ún. e 12, com respectivas notas.

Art. 1.345: 2. "Se o vendedor declarou inexistir débitos condominiais, havendo-os, o adquirente do imóvel tem pretensão e ação contra ele, não contra o condomínio" (STJ-3ª T., AI 653.907-AgRg, Min. Ari Pargendler, j. 20.4.06, DJU 13.3.08).

Art. 1.345: 3. "A obrigação de pagar as **verbas de sucumbência,** ainda que sejam elas decorrentes de sentença proferida em ação de cobrança de cotas condominiais, não pode ser qualificada como ambulatória (*propter rem*), seja porque tal prestação **não se enquadra** dentre as hipóteses previstas **no art. 1.345 do CC/02** para o pagamento de despesas indispensáveis e inadiáveis do condomínio, seja porque os honorários constituem direito autônomo do advogado, não configurando débito do alienante em relação ao condomínio, senão débito daquele em relação ao advogado deste. Hipótese em que não se justifica a alienação judicial do imóvel do recorrente-adquirente para o pagamento das verbas de sucumbência devidas pelo recorrido-alienante" (STJ-3ª T., REsp 1.730.651, Min. Nancy Andrighi, j. 9.4.19, DJ 12.4.19).

Art. 1.346. É obrigatório o seguro de toda a edificação[1] contra o risco de incêndio ou destruição, total ou parcial. [Sem dispositivo correspondente no CC/1916.]

Art. 1.346: 1. v. art. 1.348-IX, LCE 13.

Seção II | DA ADMINISTRAÇÃO DO CONDOMÍNIO

Art. 1.347. A assembleia[1] escolherá um síndico,[2-3] que poderá não ser condômino, para administrar o condomínio, por prazo não superior a dois anos, o qual poderá renovar-se. [Sem dispositivo correspondente no CC/1916.]

Art. 1.347: 1. s/ assembleia geral, v. arts. 1.349 a 1.355, 1.341, 1.342, 1.348-I e VIII, 1.357, LCE 24 a 27, 30.

Art. 1.347: 2. s/ síndico, v. arts. 1.348, 1.349, 1.350, LCE 22.

Art. 1.347: 3. O condomínio edilício regularmente instituído, registrado no Registro de Imóveis (art. 1.332), é representado pelo síndico (art. 1.348-II); quanto à representação do condomínio edilício irregular, sem registro, incide o art. 1.324.

Art. 1.348. Compete ao síndico: [Sem dispositivo correspondente no CC/1916.]

I — convocar a assembleia dos condôminos; [Sem dispositivo correspondente no CC/1916.]

II — representar, ativa e passivamente, o condomínio, praticando, em juízo ou fora dele, os atos necessários à defesa dos interesses comuns;[1 a 1b] [Sem dispositivo correspondente no CC/1916.]

III — dar imediato conhecimento à assembleia da existência de procedimento judicial ou administrativo, de interesse do condomínio; [Sem dispositivo correspondente no CC/1916.]

IV — cumprir e fazer cumprir a convenção, o regimento interno e as determinações da assembleia; [Sem dispositivo correspondente no CC/1916.]

V — diligenciar a conservação e a guarda das partes comuns e zelar pela prestação dos serviços que interessem aos possuidores; [Sem dispositivo correspondente no CC/1916.]

VI — elaborar o orçamento da receita e da despesa relativa a cada ano; [Sem dispositivo correspondente no CC/1916.]

VII — cobrar dos condôminos as suas contribuições, bem como impor e cobrar as multas devidas; [Sem dispositivo correspondente no CC/1916.]

VIII — prestar contas à assembleia, anualmente e quando exigidas; [1c] [Sem dispositivo correspondente no CC/1916.]

IX — realizar o seguro da edificação. [2] [Sem dispositivo correspondente no CC/1916.]

§ 1º Poderá a assembleia investir outra pessoa, em lugar do síndico, em poderes de representação. [Sem dispositivo correspondente no CC/1916.]

§ 2º O síndico pode transferir a outrem, total ou parcialmente, os poderes de representação ou as funções administrativas, mediante aprovação da assembleia, salvo disposição em contrário da convenção. [Sem dispositivo correspondente no CC/1916.]

Art. 1.348: 1. v. LCE 22 § 1º-*a* e CPC 75-XI.

Art. 1.348: 1a. **Enunciado 90 do CEJ:** "Deve ser reconhecida personalidade jurídica ao condomínio edilício" (redação conforme o Enunciado 246, que suprimiu a parte final: "nas relações jurídicas inerentes às atividades de seu peculiar interesse").

Art. 1.348: 1b. O condomínio, através do síndico, tem legitimidade:

— "para pleitear reparação de danos por defeitos de construção ocorridos na área comum do edifício, bem como na área individual de cada unidade habitacional, podendo defender tanto os interesses coletivos quanto os individuais homogêneos dos moradores" (RSTJ 104/334). No mesmo sentido: STJ-3ª T., REsp 63.941-7, Min. Eduardo Ribeiro, j. 26.6.96, DJU 26.8.96;

— "para propor ação de indenização por danos ao prédio que afetem a todos os condôminos" (RSTJ 101/335);

— para a ação de desapropriação indireta de parte de sua área comum (STJ-2ª T., REsp 412.774, Min. Eliana Calmon, j. 4.6.02, DJU 19.8.02).

— para pedir o adimplemento de servidão de água (STJ-3ª T., REsp 1.124.506, Min. Nancy Andrighi, j. 19.6.12, DJ 14.11.12).

Todavia: "O condomínio é parte ilegítima para pleitear pedido de compensação por danos morais em nome dos condôminos" (STJ-3ª T., REsp 1.177.862, Min. Nancy Andrighi, j. 3.5.11, DJ 1.8.11). No mesmo sentido: STJ-4ª T., REsp 1.812.546-AgInt, Min. Isabel Gallotti, j. 26.11.19, DJ 9.12.19.

V. art. 186, nota 8a. V. tb. LCE 22, nota 1a. V. ainda, no CPCLPV, CPC 75, nota 26.

Art. 1.348: 1c. "Não há dúvidas a respeito da responsabilidade do síndico, na qualidade de representante e administrador do condomínio, de prestar contas de sua gestão, já que lhe cabe administrar e gerir valores e interesses alheios. Forçoso, portanto, reconhecer a ilegitimidade do condomínio para figurar no polo passivo da demanda" (STJ-3ª T., REsp 707.506, Min. Sidnei Beneti, j. 15.12.09, DJ 18.12.09).

V. tb. LCE 22, nota 1d.

Art. 1.348: 2. v. art. 1.346, LCE 13.

Art. 1.349. A assembleia, [1] especialmente convocada para o fim estabelecido no § 2º do artigo antecedente, poderá, pelo voto da maioria absoluta de seus membros, destituir o síndico que praticar irregularidades, não prestar contas, ou não administrar convenientemente o condomínio. [2] [Sem dispositivo correspondente no CC/1916.]

Art. 1.349: 1. "Pretensão de destituição de síndico. Ação aforada por condômino. Inviabilidade. Ato de competência privativa do órgão que o escolheu, qual seja, a assembleia geral" (RJTJERGS 273/438: AP 70026129908).

Art. 1.349: 2. "A destituição do síndico decorre da prática de irregularidades, recusa à prestação de contas ou administração inconveniente, por deliberação da maioria absoluta dos membros de assembleia específica (CC 1.349). **Confusão patrimonial e desorganização gerencial,** isto é, a administração inconveniente do condomínio, levou a assembleia a deliberar legitimamente pela destituição da síndica" (Bol. AASP 2.718: TJDFT, AP 20080410114603).

Art. 1.350. Convocará o síndico, anualmente, reunião da assembleia dos condôminos, na forma prevista na convenção, a fim de aprovar o orçamento das despesas, as contribuições dos condôminos e a prestação de contas, e eventualmente eleger-lhe o substituto e alterar o regimento interno.[1] [Sem dispositivo correspondente no CC/1916.]

§ 1º Se o síndico não convocar a assembleia, um quarto dos condôminos poderá fazê-lo. [Sem dispositivo correspondente no CC/1916.]

§ 2º Se a assembleia não se reunir, o juiz decidirá, a requerimento de qualquer condômino. [Sem dispositivo correspondente no CC/1916.]

Art. 1.350: 1. s/ assembleias extraordinárias, v. art. 1.355.

Art. 1.351. Depende da aprovação de 2/3 (dois terços) dos votos dos condôminos a alteração da convenção; a mudança da destinação do edifício, ou da unidade imobiliária, depende da aprovação pela unanimidade dos condôminos.[1 a 3] [Sem dispositivo correspondente no CC/1916.]

Art. 1.351: 1. Redação alterada pela Lei 10.931, de 2.8.04.

Art. 1.351: 2. Também depende de aprovação unânime a construção de outro pavimento ou, no solo comum, de outro edifício (v. art. 1.343).

Art. 1.351: 2a. "Expressa a convenção de condomínio a exigir unanimidade para alteração do critério de rateio da contribuição condominial, inválida a alteração da convenção, para suprimir essa cláusula, ao *quorum* de somente dois terços, sob invocação do disposto no art. 1.351 do Cód. Civil de 2002" (STJ-3ª T., REsp 1.230.916, Min. Sidnei Beneti, j. 27.3.12, DJ 11.5.12).

Art. 1.351: 3. Não depende da aprovação pela unanimidade dos coproprietários de condomínio residencial "a simples instalação de antena de telefonia celular, no topo do prédio, propiciando vantagem financeira ao condomínio, pela locação do espaço físico, em nada modificando o uso adotado" (RMDAU 23/143: TJGO, AP 137677-8/188, maioria).

Art. 1.352. Salvo quando exigido *quorum* especial,[1] as deliberações da assembleia serão tomadas, em primeira convocação, por maioria de votos dos condôminos presentes que representem pelo menos metade das frações ideais.[1a a 3] [Sem dispositivo correspondente no CC/1916.]

Parágrafo único. Os votos serão proporcionais às frações ideais no solo e nas outras partes comuns pertencentes a cada condômino, salvo disposição diversa da convenção de constituição do condomínio.[4] [Sem dispositivo correspondente no CC/1916.]

Art. 1.352: 1. *quorum* especial: v. arts. 1.336 § 2º, 1.337, 1.341 a 1.343, 1.349 e 1.357-*caput*.

Art. 1.352: 1a. Este artigo prevê um ***quorum* para a instalação da assembleia** em primeira convocação, que ocorrerá com a presença de condôminos "que representem pelo menos metade das frações ideais", e outro ***quorum* para as deliberações,** que se darão por "maioria de votos dos condôminos presentes", salvo quando exigido *quorum* especial.

V. tb. art. 1.353, nota 1.

Art. 1.352: 2. "A assembleia, na qualidade de órgão deliberativo, é o palco onde, sob os influxos dos argumentos e dos contra-argumentos, pode-se chegar ao voto que melhor reflita a vontade dos condôminos e, portanto, não é de admitir-se a ratificação posterior para completar *quorum* eventualmente não verificado na sua realização" (STJ-3ª T., REsp 1.120.140, Min. Massami Uyeda, j. 6.10.09, DJ 23.10.09).

Art. 1.352: 3. "O uso de **procurações** em assembleias condominiais constitui questão situada no âmbito dos direitos patrimoniais disponíveis dos condôminos. Dessa forma, cada condomínio edilício tem a liberdade de definir, em convenção, as regras de utilização de procurações por seus condôminos, não podendo o Poder Judiciário interferir ou regular a manifestação de vontade dos condôminos sobre atos que digam respeito exclusivamente ao uso, gozo e disposição de seu patrimônio, sobretudo porque inexiste, no Código Civil ou na Lei 4.591/64, qualquer dispositivo legal que limite o quantitativo de procurações em assembleias de condomínios edilícios" (RJ-Lex 60/281: TJDFT, AI 2012.00.2.009532-9).

Art. 1.352: 4. Afirmando a licitude de "cláusula que limita votos para aqueles que possuem muitas unidades no condomínio": STJ-4ª T., Ag em REsp 1.077.879, Min. Lázaro Guimarães, j. 24.10.17, DJ 31.10.17 (no caso, o recorrente tinha 29 unidades, mas a convenção de condomínio limitava a 10 a quantidade de votos por proprietário).

Art. 1.353. Em segunda convocação, a assembleia poderá deliberar por maioria dos votos dos presentes,[1] salvo quando exigido *quorum* especial.[2] [Sem dispositivo correspondente no CC/1916.]

Art. 1.353: 1. Em segunda convocação, **não se exige *quorum* para a instalação da assembleia.** Mas as deliberações continuam dependentes da aprovação da "maioria dos votos dos presentes, salvo quando exigido *quorum* especial".

V. tb. art. 1.352, nota 1a.

Art. 1.353: 2. *quorum* especial: v. arts. 1.336 § 2º, 1.337, 1.341 a 1.343, 1.349 e 1.357-*caput*.

Art. 1.354. A assembleia não poderá deliberar se todos os condôminos não forem convocados para a reunião.[1-2] [Sem dispositivo correspondente no CC/1916.]

Art. 1.354: 1. v. arts. 1.348-I e 1.350.

Art. 1.354: 2. "Ainda que de forma diversa da convenção condominial, se o ato convocatório alcançar seu objetivo, qual seja, dar prévia ciência à coletividade sobre a realização da assembleia, não se justifica sua anulação, tratando-se, assim, de mera irregularidade. Se a esmagadora maioria compareceu e votou unanimemente pelo reajuste da taxa e ainda elegeu os cargos de direção, têm-se por legítimas as decisões tomadas na assembleia e a eficácia inequívoca da convocação realizada" (Bol. AASP 2.691: TJDFT, AP 20060910146100).

Art. 1.355. Assembleias extraordinárias poderão ser convocadas pelo síndico ou por um quarto dos condôminos.[1] [Sem dispositivo correspondente no CC/1916.]

Art. 1.355: 1. s/ assembleia ordinária, v. art. 1.350.

Art. 1.356. Poderá haver no condomínio um conselho fiscal,[1] composto de três membros, eleitos pela assembleia, por prazo não superior a dois anos, ao qual compete dar parecer sobre as contas do síndico. [Sem dispositivo correspondente no CC/1916.]

Art. 1.356: 1. A LCE 23 prevê tb. a eleição de um conselho consultivo.

Seção III | DA EXTINÇÃO DO CONDOMÍNIO

Art. 1.357. Se a edificação for total ou consideravelmente destruída, ou ameace ruína, os condôminos deliberarão em assembleia sobre a reconstrução, ou venda, por votos que representem metade mais uma das frações ideais. [Sem dispositivo correspondente no CC/1916.]

§ 1º Deliberada a reconstrução, poderá o condômino eximir-se do pagamento das despesas respectivas, alienando os seus direitos a outros condôminos, mediante avaliação judicial. [Sem dispositivo correspondente no CC/1916.]

§ 2º Realizada a venda, em que se preferirá, em condições iguais de oferta, o condômino ao estranho, será repartido o apurado entre os condôminos, proporcionalmente ao valor das suas unidades imobiliárias. [Sem dispositivo correspondente no CC/1916.]

Código Civil

Art. 1.358. Se ocorrer desapropriação, a indenização será repartida na proporção a que se refere o § 2º do artigo antecedente. [Sem dispositivo correspondente no CC/1916.]

Seção IV | DO CONDOMÍNIO DE LOTES[1]

SEÇ. IV: 1. A Seção IV foi acrescida pela Lei 13.465, de 11.7.17.

Art. 1.358-A. Pode haver, em terrenos, partes designadas de lotes que são propriedade exclusiva e partes que são propriedade comum dos condôminos.[1]

§ 1º A fração ideal de cada condômino poderá ser proporcional à área do solo de cada unidade autônoma, ao respectivo potencial construtivo ou a outros critérios indicados no ato de instituição.

§ 2º Aplica-se, no que couber, ao condomínio de lotes o disposto sobre condomínio edilício neste Capítulo, respeitada a legislação urbanística.

§ 3º Para fins de incorporação imobiliária, a implantação de toda a infraestrutura ficará a cargo do empreendedor.

Art. 1.358-A: 1. O art. 1.358-A foi acrescido pela Lei 13.465, de 11.7.17.

Capítulo VII-A | DO CONDOMÍNIO EM MULTIPROPRIEDADE[1]

CAP. VII-A: 1. O Cap. VII-A foi acrescido pela Lei 13.777, de 20.12.18.

Seção I | DISPOSIÇÕES GERAIS

Art. 1.358-B. A multipropriedade reger-se-á pelo disposto neste Capítulo e, de forma supletiva e subsidiária, pelas demais disposições deste Código e pelas disposições das Leis ns. 4.591, de 16 de dezembro de 1964, e 8.078, de 11 de setembro de 1990 (Código de Defesa do Consumidor).

Art. 1.358-C. Multipropriedade é o regime de condomínio em que cada um dos proprietários de um mesmo imóvel é titular de uma fração de tempo, à qual corresponde a faculdade de uso e gozo, com exclusividade, da totalidade do imóvel, a ser exercida pelos proprietários de forma alternada.

Parágrafo único. A multipropriedade não se extinguirá automaticamente se todas as frações de tempo forem do mesmo multiproprietário.

Art. 1.358-D. O imóvel objeto da multipropriedade:

I — é indivisível, não se sujeitando a ação de divisão ou de extinção de condomínio;

II — inclui as instalações, os equipamentos e o mobiliário destinados a seu uso e gozo.

Art. 1.358-E. Cada fração de tempo é indivisível.

§ 1º O período correspondente a cada fração de tempo será de, no mínimo, 7 (sete) dias, seguidos ou intercalados, e poderá ser:

I — fixo e determinado, no mesmo período de cada ano;

II — flutuante, caso em que a determinação do período será realizada de forma periódica, mediante procedimento objetivo que respeite, em relação a todos os multiproprietários, o princípio da isonomia, devendo ser previamente divulgado; ou

III — misto, combinando os sistemas fixo e flutuante.

§ 2º Todos os multiproprietários terão direito a uma mesma quantidade mínima de dias seguidos durante o ano, podendo haver a aquisição de frações maiores que a mínima, com o correspondente direito ao uso por períodos também maiores.

Seção II | DA INSTITUIÇÃO DA MULTIPROPRIEDADE

Art. 1.358-F. Institui-se a multipropriedade por ato entre vivos ou testamento, registrado no competente cartório de registro de imóveis, devendo constar daquele ato a duração dos períodos correspondentes a cada fração de tempo.

Art. 1.358-G. Além das cláusulas que os multiproprietários decidirem estipular, a convenção de condomínio em multipropriedade determinará:

I — os poderes e deveres dos multiproprietários, especialmente em matéria de instalações, equipamentos e mobiliário do imóvel, de manutenção ordinária e extraordinária, de conservação e limpeza e de pagamento da contribuição condominial;

II — o número máximo de pessoas que podem ocupar simultaneamente o imóvel no período correspondente a cada fração de tempo;

III — as regras de acesso do administrador condominial ao imóvel para cumprimento do dever de manutenção, conservação e limpeza;

IV — a criação de fundo de reserva para reposição e manutenção dos equipamentos, instalações e mobiliário;

V — o regime aplicável em caso de perda ou destruição parcial ou total do imóvel, inclusive para efeitos de participação no risco ou no valor do seguro, da indenização ou da parte restante;

VI — as multas aplicáveis ao multiproprietário nas hipóteses de descumprimento de deveres.

Art. 1.358-H. O instrumento de instituição da multipropriedade ou a convenção de condomínio em multipropriedade poderá estabelecer o limite máximo de frações de tempo no mesmo imóvel que poderão ser detidas pela mesma pessoa natural ou jurídica.

Parágrafo único. Em caso de instituição da multipropriedade para posterior venda das frações de tempo a terceiros, o atendimento a eventual limite de frações de tempo por titular estabelecido no instrumento de instituição será obrigatório somente após a venda das frações.

Seção III | DOS DIREITOS E DAS OBRIGAÇÕES DO MULTIPROPRIETÁRIO

Art. 1.358-I. São direitos do multiproprietário, além daqueles previstos no instrumento de instituição e na convenção de condomínio em multipropriedade:

I — usar e gozar, durante o período correspondente à sua fração de tempo, do imóvel e de suas instalações, equipamentos e mobiliário;

II — ceder a fração de tempo em locação ou comodato;

III — alienar a fração de tempo, por ato entre vivos ou por causa de morte, a título oneroso ou gratuito, ou onerá-la, devendo a alienação e a qualificação do sucessor, ou a oneração, ser informadas ao administrador;

IV — participar e votar, pessoalmente ou por intermédio de representante ou procurador, desde que esteja quite com as obrigações condominiais, em:

a) assembleia geral do condomínio em multipropriedade, e o voto do multiproprietário corresponderá à quota de sua fração de tempo no imóvel;

b) assembleia geral do condomínio edilício, quando for o caso, e o voto do multiproprietário corresponderá à quota de sua fração de tempo em relação à quota de poder político atribuído à unidade autônoma na respectiva convenção de condomínio edilício.

Art. 1.358-J. São obrigações do multiproprietário, além daquelas previstas no instrumento de instituição e na convenção de condomínio em multipropriedade:

I — pagar a contribuição condominial do condomínio em multipropriedade e, quando for o caso, do condomínio edilício, ainda que renuncie ao uso e gozo, total ou parcial, do imóvel, das áreas comuns ou das respectivas instalações, equipamentos e mobiliário;

II — responder por danos causados ao imóvel, às instalações, aos equipamentos e ao mobiliário por si, por qualquer de seus acompanhantes, convidados ou prepostos ou por pessoas por ele autorizadas;

III — comunicar imediatamente ao administrador os defeitos, avarias e vícios no imóvel dos quais tiver ciência durante a utilização;

IV — não modificar, alterar ou substituir o mobiliário, os equipamentos e as instalações do imóvel;

V — manter o imóvel em estado de conservação e limpeza condizente com os fins a que se destina e com a natureza da respectiva construção;

VI — usar o imóvel, bem como suas instalações, equipamentos e mobiliário, conforme seu destino e natureza;

VII — usar o imóvel exclusivamente durante o período correspondente à sua fração de tempo;

VIII — desocupar o imóvel, impreterivelmente, até o dia e hora fixados no instrumento de instituição ou na convenção de condomínio em multipropriedade, sob pena de multa diária, conforme convencionado no instrumento pertinente;

IX — permitir a realização de obras ou reparos urgentes.

§ 1º Conforme previsão que deverá constar da respectiva convenção de condomínio em multipropriedade, o multiproprietário estará sujeito a:

I — multa, no caso de descumprimento de qualquer de seus deveres;

II — multa progressiva e perda temporária do direito de utilização do imóvel no período correspondente à sua fração de tempo, no caso de descumprimento reiterado de deveres.

§ 2º A responsabilidade pelas despesas referentes a reparos no imóvel, bem como suas instalações, equipamentos e mobiliário, será:

I — de todos os multiproprietários, quando decorrentes do uso normal e do desgaste natural do imóvel;

II — exclusivamente do multiproprietário responsável pelo uso anormal, sem prejuízo de multa, quando decorrentes de uso anormal do imóvel.

§ 3º (VETADO).

§ 4º (VETADO).

§ 5º (VETADO).

Art. 1.358-K. Para os efeitos do disposto nesta Seção, são equiparados aos multiproprietários os promitentes compradores e os cessionários de direitos relativos à cada fração de tempo.

Seção IV | DA TRANSFERÊNCIA DA MULTIPROPRIEDADE

Art. 1.358-L. A transferência do direito de multipropriedade e a sua produção de efeitos perante terceiros dar-se-ão na forma da lei civil e não dependerão da anuência ou cientificação dos demais multiproprietários.

§ 1º Não haverá direito de preferência na alienação de fração de tempo, salvo se estabelecido no instrumento de instituição ou na convenção do condomínio em multipropriedade em favor dos demais multiproprietários ou do instituidor do condomínio em multipropriedade.

§ 2º O adquirente será solidariamente responsável com o alienante pelas obrigações de que trata o § 5º do art. 1.358-J deste Código caso não obtenha a declaração de inexistência de débitos referente à fração de tempo no momento de sua aquisição.

Seção V | DA ADMINISTRAÇÃO DA MULTIPROPRIEDADE

Art. 1.358-M. A administração do imóvel e de suas instalações, equipamentos e mobiliário será de responsabilidade da pessoa indicada no instrumento de instituição ou na convenção de condomínio em multipropriedade, ou, na falta de indicação, de pessoa escolhida em assembleia geral dos condôminos.

§ 1º O administrador exercerá, além daquelas previstas no instrumento de instituição e na convenção de condomínio em multipropriedade, as seguintes atribuições:

I — coordenação da utilização do imóvel pelos multiproprietários durante o período correspondente a suas respectivas frações de tempo;

II — determinação, no caso dos sistemas flutuante ou misto, dos períodos concretos de uso e gozo exclusivos de cada multiproprietário em cada ano;

III — manutenção, conservação e limpeza do imóvel;

IV — troca ou substituição de instalações, equipamentos ou mobiliário, inclusive:

a) determinar a necessidade da troca ou substituição;

b) providenciar os orçamentos necessários para a troca ou substituição;

c) submeter os orçamentos à aprovação pela maioria simples dos condôminos em assembleia;

V — elaboração do orçamento anual, com previsão das receitas e despesas;

VI — cobrança das quotas de custeio de responsabilidade dos multiproprietários;

VII — pagamento, por conta do condomínio edilício ou voluntário, com os fundos comuns arrecadados, de todas as despesas comuns.

§ 2º A convenção de condomínio em multipropriedade poderá regrar de forma diversa a atribuição prevista no inciso IV do § 1º deste artigo.

Art. 1.358-N. O instrumento de instituição poderá prever fração de tempo destinada à realização, no imóvel e em suas instalações, em seus equipamentos e em seu mobiliário, de reparos indispensáveis ao exercício normal do direito de multipropriedade.

§ 1º A fração de tempo de que trata o *caput* deste artigo poderá ser atribuída:

I — ao instituidor da multipropriedade; ou

II — aos multiproprietários, proporcionalmente às respectivas frações.

§ 2º Em caso de emergência, os reparos de que trata o *caput* deste artigo poderão ser feitos durante o período correspondente à fração de tempo de um dos multiproprietários.

Seção VI | DISPOSIÇÕES ESPECÍFICAS RELATIVAS ÀS UNIDADES AUTÔNOMAS DE CONDOMÍNIOS EDILÍCIOS

Art. 1.358-O. O condomínio edilício poderá adotar o regime de multipropriedade em parte ou na totalidade de suas unidades autônomas, mediante:

I — previsão no instrumento de instituição; ou

II — deliberação da maioria absoluta dos condôminos.

Parágrafo único. No caso previsto no inciso I do *caput* deste artigo, a iniciativa e a responsabilidade para a instituição do regime da multipropriedade serão atribuídas às mesmas pessoas e observarão os mesmos requisitos indicados nas alíneas *a*, *b* e *c* e no § 1º do art. 31 da Lei n. 4.591, de 16 de dezembro de 1964.

Art. 1.358-P. Na hipótese do art. 1.358-O, a convenção de condomínio edilício deve prever, além das matérias elencadas nos arts. 1.332, 1.334 e, se for o caso, 1.358-G deste Código:

I — a identificação das unidades sujeitas ao regime da multipropriedade, no caso de empreendimentos mistos;

II — a indicação da duração das frações de tempo de cada unidade autônoma sujeita ao regime da multipropriedade;

III — a forma de rateio, entre os multiproprietários de uma mesma unidade autônoma, das contribuições condominiais relativas à unidade, que, salvo se disciplinada de forma diversa no instrumento de instituição ou na convenção de condomínio em multipropriedade, será proporcional à fração de tempo de cada multiproprietário;

IV — a especificação das despesas ordinárias, cujo custeio será obrigatório, independentemente do uso e gozo do imóvel e das áreas comuns;

V — os órgãos de administração da multipropriedade;

VI — a indicação, se for o caso, de que o empreendimento conta com sistema de administração de intercâmbio, na forma prevista no § 2º do art. 23 da Lei n. 11.771, de 17 de setembro de 2008, seja do período de fruição da fração de tempo, seja do local de fruição, caso em que a responsabilidade e as obrigações da companhia de intercâmbio limitam-se ao contido na documentação de sua contratação;

VII — a competência para a imposição de sanções e o respectivo procedimento, especialmente nos casos de mora no cumprimento das obrigações de custeio e nos casos de descumprimento da obrigação de desocupar o imóvel até o dia e hora previstos;

VIII — o quórum exigido para a deliberação de adjudicação da fração de tempo na hipótese de inadimplemento do respectivo multiproprietário;[1]

IX — o quórum exigido para a deliberação de alienação, pelo condomínio edilício, da fração de tempo adjudicada em virtude do inadimplemento do respectivo multiproprietário.[2]

Art. 1.358-P: 1 e 2. v. art. 1.358-S.

Art. 1.358-Q. Na hipótese do art. 1.358-O deste Código, o regimento interno do condomínio edilício deve prever:

I — os direitos dos multiproprietários sobre as partes comuns do condomínio edilício;

II — os direitos e obrigações do administrador, inclusive quanto ao acesso ao imóvel para cumprimento do dever de manutenção, conservação e limpeza;

III — as condições e regras para uso das áreas comuns;

IV — os procedimentos a serem observados para uso e gozo dos imóveis e das instalações, equipamentos e mobiliário destinados ao regime da multipropriedade;

V — o número máximo de pessoas que podem ocupar simultaneamente o imóvel no período correspondente a cada fração de tempo;

VI — as regras de convivência entre os multiproprietários e os ocupantes de unidades autônomas não sujeitas ao regime da multipropriedade, quando se tratar de empreendimentos mistos;

VII — a forma de contribuição, destinação e gestão do fundo de reserva específico para cada imóvel, para reposição e manutenção dos equipamentos, instalações e mobiliário, sem prejuízo do fundo de reserva do condomínio edilício;

VIII — a possibilidade de realização de assembleias não presenciais, inclusive por meio eletrônico;

IX — os mecanismos de participação e representação dos titulares;

X — o funcionamento do sistema de reserva, os meios de confirmação e os requisitos a serem cumpridos pelo multiproprietário quando não exercer diretamente sua faculdade de uso;

XI — a descrição dos serviços adicionais, se existentes, e as regras para seu uso e custeio.

Parágrafo único. O regimento interno poderá ser instituído por escritura pública ou por instrumento particular.

Art. 1.358-R. O condomínio edilício em que tenha sido instituído o regime de multipropriedade em parte ou na totalidade de suas unidades autônomas terá necessariamente um administrador profissional.

§ 1º O prazo de duração do contrato de administração será livremente convencionado.

§ 2º O administrador do condomínio referido no *caput* deste artigo será também o administrador de todos os condomínios em multipropriedade de suas unidades autônomas.

§ 3º O administrador será mandatário legal de todos os multiproprietários, exclusivamente para a realização dos atos de gestão ordinária da multipropriedade, incluindo manutenção, conservação e limpeza do imóvel e de suas instalações, equipamentos e mobiliário.

§ 4º O administrador poderá modificar o regimento interno quanto aos aspectos estritamente operacionais da gestão da multipropriedade no condomínio edilício.

§ 5º O administrador pode ser ou não um prestador de serviços de hospedagem.

Art. 1.358-S. Na hipótese de inadimplemento, por parte do multiproprietário, da obrigação de custeio das despesas ordinárias ou extraordinárias, é cabível, na forma da lei processual civil, a adjudicação ao condomínio edilício da fração de tempo correspondente.[1]

Parágrafo único. Na hipótese de o imóvel objeto da multipropriedade ser parte integrante de empreendimento em que haja sistema de locação das frações de tempo no qual os titulares possam ou sejam obrigados a locar suas frações de tempo exclusivamente por meio de uma administração única, repartindo entre si as receitas das locações independentemente da efetiva ocupação de cada unidade autônoma, poderá a convenção do condomínio edilício regrar que em caso de inadimplência:

I — o inadimplente fique proibido de utilizar o imóvel até a integral quitação da dívida;

II — a fração de tempo do inadimplente passe a integrar o *pool* da administradora;

III — a administradora do sistema de locação fique automaticamente munida de poderes e obrigada a, por conta e ordem do inadimplente, utilizar a integralidade dos valores líquidos a que o inadimplente tiver direito para amortizar suas dívidas condominiais, seja do condomínio edilício, seja do condomínio em multipropriedade, até sua integral quitação, devendo eventual saldo ser imediatamente repassado ao multiproprietário.

Art. 1.358-S: 1. v. art. 1.358-P-VIII e IX.

Art. 1.358-T. O multiproprietário somente poderá renunciar de forma translativa a seu direito de multipropriedade em favor do condomínio edilício.

Parágrafo único. A renúncia de que trata o *caput* deste artigo só é admitida se o multiproprietário estiver em dia com as contribuições condominiais, com os tributos imobiliários e, se houver, com o foro ou a taxa de ocupação.

Art. 1.358-U. As convenções dos condomínios edilícios, os memoriais de loteamentos e os instrumentos de venda dos lotes em loteamentos urbanos poderão limitar ou impedir a instituição da multipropriedade nos respectivos imóveis, vedação que somente poderá ser alterada no mínimo pela maioria absoluta dos condôminos.

Capítulo VIII | DA PROPRIEDADE RESOLÚVEL[1]

CAP. VIII: 1. v. art. 1.953.

Art. 1.359. Resolvida a propriedade pelo implemento da condição[1] ou pelo advento do termo,[2] entendem-se também resolvidos os direitos reais[3] concedidos na sua pendência, e o proprietário, em cujo favor se opera a resolução, pode reivindicar a coisa do poder de quem a possua ou detenha. [Dispositivo correspondente no CC/1916: art. 647.]

Art. 1.359: 1. v. art. 121.

Art. 1.359: 2. v. art. 131.

Art. 1.359: 3. v. art. 1.225.

Art. 1.360. Se a propriedade se resolver por outra causa superveniente,[1] o possuidor, que a tiver adquirido por título anterior à sua resolução, será considerado proprietário perfeito, restando à pessoa, em cujo benefício houve a resolução, ação contra aquele cuja propriedade se resolveu para haver a própria coisa ou o seu valor. [Dispositivo correspondente no CC/1916: art. 648.]

Art. 1.360: 1. i. e., se ela se resolver fora das hipóteses de condição resolutiva e termo final, como nos casos de revogação da doação por ingratidão ou por inexecução de encargo (v. arts. 555, 557 e 563).

Capítulo IX | DA PROPRIEDADE FIDUCIÁRIA[1-2]

CAP. IX: 1. v., no tít. ALIENAÇÃO FIDUCIÁRIA, Lei 4.728, de 14.7.65, art. 66-B (contrato de alienação fiduciária celebrado no âmbito do mercado financeiro e de capitais, bem como em garantia de créditos fiscais e previdenciários), Dec. lei 911, de 1.11.69 (normas processuais sobre alienação fiduciária), e Lei 9.514, de 20.11.97 (alienação fiduciária de coisa imóvel). V. tb. Lei 7.565, de 19.12.86 — Código Brasileiro de Aeronáutica (Lex 1986/1.285, RF 296/483), cujos arts. 148 a 152 dispõem sobre a alienação fiduciária de aeronave.

CAP. IX: 2. v. LRF 49 § 3º e LI 32 § ún.

Art. 1.361. Considera-se fiduciária a propriedade resolúvel[1] de coisa móvel infungível[2] que o devedor, com escopo de garantia, transfere ao credor. [Sem dispositivo correspondente no CC/1916.]

§ 1º Constitui-se a propriedade fiduciária com o registro do contrato, celebrado por instrumento público ou particular, que lhe serve de título, no Registro de Títulos e Documentos[3] do domicílio do devedor,[3a] ou, em se tratando de veículos, na repartição competente para o licenciamento, fazendo-se a anotação no certificado de registro.[3b a 5] [Sem dispositivo correspondente no CC/1916.]

§ 2º Com a constituição da propriedade fiduciária, dá-se o desdobramento da posse, tornando-se o devedor possuidor direto[6] da coisa. [Sem dispositivo correspondente no CC/1916.]

§ 3º A propriedade superveniente, adquirida pelo devedor, torna eficaz, desde o arquivamento, a transferência da propriedade fiduciária. [Sem dispositivo correspondente no CC/1916.]

Art. 1.361: 1. v. arts. 1.359 e 1.360.

Art. 1.361: 2. v. art. 85.

Art. 1.361: 3. v. LRP 129-5º. A alienação fiduciária de coisa **imóvel** se constitui pelo registro, do contrato que lhe serve de título, no Registro de Imóveis (Lei 9.514, de 20.11.97, art. 23, no tít. ALIENAÇÃO FIDUCIÁRIA). Neste sentido: LRP 167-I-35.

Art. 1.361: 3a. **Cartório competente para o registro do contrato.** "Alienação fiduciária. Registro duplo. Necessidade. Pela Lei 6.015, em seu art. 130, os contratos devem ser registrados no domicílio das partes contratantes, e quando eles forem diversos, em cada um dos ofícios se fará o registro" (RTJE 113/113). "Para surtir efeitos em relação a terceiros, os contratos de alienação fiduciária em que forem as partes residentes em circunscrições territoriais diversas deverão ser registrados em todas elas, ou seja, tanto no domicílio do credor como no do financiado alienante" (RT 648/117). No mesmo sentido: RF 322/240.

✎ **Art. 1.361: 3b.** "O Código Civil e a alienação fiduciária de veículos", por Arruda Alvim (RJ 356/27).

Art. 1.361: 3c. Em matéria de coisa fungível e de cessão fiduciária envolvendo coisas móveis e títulos de crédito, v. Lei 4.728, de 14.7.65, art. 66-B, nota 6.

Art. 1.361: 3d. **Súmula 92 do STJ (Registro do contrato):** "A terceiro de boa-fé não é oponível a alienação fiduciária não anotada no Certificado de Registro do veículo automotor" (v. jurisprudência s/ esta Súmula em RSTJ 61/145).

Art. 1.361: 4. "O registro do contrato de alienação fiduciária no Cartório de Títulos e Documentos, previsto no inciso 5º do art. 129 da Lei de Registros Públicos (Lei n. 6.015/73), não revela condição para a transferência da propriedade do bem, senão, procedimento tendente a emprestar publicidade e, *a fortiori*, efeito *erga omnes* ao ato translatício, evitando prejuízos jurídicos ao terceiro de boa-fé" (STJ-1ª Seção, ED no REsp 875.634-AgRg, Min. Luiz Fux, j. 10.2.10, DJ 1.3.10). "Não é necessário o registro do contrato garantido por alienação fiduciária no Cartório de Títulos e Documentos para que tenha validade e eficácia, uma vez que tal providência tem o intuito apenas de dar ciência a terceiros" (STJ-4ª T., Ag em REsp 206.250-EDcl-AgInt, Min. Isabel Gallotti, j. 4.4.17, DJ 18.4.17).

Assim: "Inviável determinar que o órgão administrativo exija o prévio registro cartorial do contrato de alienação fiduciária para a expedição do certificado de registro do veículo, sem que a lei o faça" (STJ-2ª T., REsp 770.315, Min. Peçanha Martins, j. 4.4.06, DJU 15.5.06).

Art. 1.361: 5. Antes do advento do CC/02, há notícia de acórdão no sentido de que a **alienação fiduciária de aeronave** "vale contra terceiros se registrado o respectivo instrumento no Registro de Títulos e Documentos, independente de anotação no Registro Aeronáutico Brasileiro" (STF-Pleno, RTJ 92/221).

Art. 1.361: 6. v. art. 1.197.

Art. 1.362. O contrato, que serve de título à propriedade fiduciária, conterá:[1] [Sem dispositivo correspondente no CC/1916.]

I — o total da dívida, ou sua estimativa; [Sem dispositivo correspondente no CC/1916.]

II — o prazo, ou a época do pagamento; [Sem dispositivo correspondente no CC/1916.]

III — a taxa de juros, se houver; [Sem dispositivo correspondente no CC/1916.]

IV — a descrição da coisa objeto da transferência, com os elementos indispensáveis à sua identificação. [Sem dispositivo correspondente no CC/1916.]

Art. 1.362: 1. **CDC 53-*caput*:** "Nos contratos de compra e venda de móveis ou imóveis mediante pagamento em prestações, bem como nas alienações fiduciárias em garantia, consideram-se nulas de pleno direito as cláusulas que estabeleçam a perda total das prestações pagas em benefício do credor que, em razão do inadimplemento, pleitear a resolução do contrato e a retomada do produto alienado".

Art. 1.363. Antes de vencida a dívida, o devedor, a suas expensas e risco, pode usar[1] a coisa segundo sua destinação, sendo obrigado, como depositário: [Sem dispositivo correspondente no CC/1916.]

I — a empregar na guarda da coisa a diligência exigida por sua natureza; [Sem dispositivo correspondente no CC/1916.]

II — a entregá-la ao credor, se a dívida não for paga no vencimento. [Sem dispositivo correspondente no CC/1916.]

Art. 1.363: 1. v. art. 1.361 § 2º.

Art. 1.364. Vencida a dívida, e não paga,[1] fica o credor obrigado a vender, judicial ou extrajudicialmente, a coisa a terceiros, a aplicar o preço no pagamento de seu crédito e das despesas de cobrança, e a entregar o saldo, se houver, ao devedor. [Sem dispositivo correspondente no CC/1916.]

Art. 1.364: 1. **Súmula 72 do STJ (Comprovação da mora):** "A comprovação da mora é imprescindível à busca e apreensão do bem alienado fiduciariamente" (v. jurisprudência s/ esta Súmula em RSTJ 49/17 a 33).

Art. 1.365. É nula a cláusula que autoriza o proprietário fiduciário a ficar com a coisa alienada em garantia, se a dívida não for paga no vencimento.[1-2] [Sem dispositivo correspondente no CC/1916.]

Parágrafo único. O devedor pode, com a anuência do credor, dar seu direito eventual à coisa em pagamento da dívida, após o vencimento desta. [Sem dispositivo correspondente no CC/1916.]

Art. 1.365: 1. No mesmo sentido: art. 1.428.

Art. 1.365: 2. ou seja: é nulo, nesse caso, o denominado **pacto comissório.**

Art. 1.366. Quando, vendida a coisa, o produto não bastar para o pagamento da dívida e das despesas de cobrança, continuará o devedor obrigado pelo restante. [Sem dispositivo correspondente no CC/1916.]

Art. 1.367. A propriedade fiduciária em garantia de bens móveis ou imóveis sujeita-se às disposições do Capítulo I do Título X do Livro III da Parte Especial deste Código e, no que for específico, à legislação especial pertinente, não se equiparando, para quaisquer efeitos, à propriedade plena de que trata o art. 1.231.[1]

Art. 1.367: 1. Redação de acordo com a Lei 13.043, de 13.11.14.

Art. 1.368. O terceiro, interessado ou não, que pagar a dívida, se sub-rogará[1] de pleno direito no crédito e na propriedade fiduciária. [Sem dispositivo correspondente no CC/1916.]

Art. 1.368: 1. v. arts. 346 a 351.

Art. 1.368-A. As demais espécies de propriedade fiduciária ou de titularidade fiduciária submetem-se à disciplina específica das respectivas leis especiais, somente se aplicando as disposições deste Código naquilo que não for incompatível com a legislação especial.[1-2] [Sem dispositivo correspondente no CC/1916.]

Art. 1.368-A: 1. O art. 1.368-A foi acrescido pela Lei 10.931, de 2.8.04.

Art. 1.368-A: 2. v. nota 1 ao Cap. IX, que antecede o art. 1.361.

Art. 1.368-B. A alienação fiduciária em garantia de bem móvel ou imóvel confere direito real de aquisição ao fiduciante, seu cessionário ou sucessor.[1]

Parágrafo único. O credor fiduciário que se tornar proprietário pleno do bem, por efeito de realização da garantia, mediante consolidação da propriedade, adjudicação, dação ou outra forma pela qual lhe tenha sido transmitida a propriedade plena, passa a responder pelo pagamento dos tributos sobre a propriedade e a posse, taxas, despesas condominiais e quaisquer outros encargos, tributários ou não, incidentes sobre o bem objeto da garantia, a partir da data em que vier a ser imitido na posse direta do bem.[2]

Art. 1.368-B: 1. O art. 1.368-B foi acrescido pela Lei 13.043, de 13.11.14.

Art. 1.368-B: 2. v. Lei 9.514, de 20.11.97, art. 27 § 8º, nota 3.

Capítulo X | DO FUNDO DE INVESTIMENTO[1]

CAP. X: 1. O Cap. X foi acrescido pela Lei 13.874, de 20.9.19.

Art. 1.368-C. O fundo de investimento é uma comunhão de recursos, constituído sob a forma de condomínio de natureza especial, destinado à aplicação em ativos financeiros, bens e direitos de qualquer natureza.[1] [Sem dispositivo correspondente no CC/1916.]

§ 1º Não se aplicam ao fundo de investimento as disposições constantes dos arts. 1.314 ao 1.358-A deste Código.

§ 2º Competirá à Comissão de Valores Mobiliários disciplinar o disposto no *caput* deste artigo.

§ 3º O registro dos regulamentos dos fundos de investimentos na Comissão de Valores Mobiliários é condição suficiente para garantir a sua publicidade e a oponibilidade de efeitos em relação a terceiros.

Art. 1.368-C: 1. O art. 1.368-C foi acrescido pela Lei 13.874, de 20.9.19.

Art. 1.368-D. O regulamento do fundo de investimento poderá, observado o disposto na regulamentação a que se refere o § 2º do art. 1.368-C desta Lei, estabelecer:[1] [Sem dispositivo correspondente no CC/1916.]

I — a limitação da responsabilidade de cada investidor ao valor de suas cotas;

II — a limitação da responsabilidade, bem como parâmetros de sua aferição, dos prestadores de serviços do fundo de investimento, perante o condomínio e entre si, ao cumprimento dos deveres particulares de cada um, sem solidariedade; e

III — classes de cotas com direitos e obrigações distintos, com possibilidade de constituir patrimônio segregado para cada classe.

§ 1º A adoção da responsabilidade limitada por fundo de investimento constituído sem a limitação de responsabilidade somente abrangerá fatos ocorridos após a respectiva mudança em seu regulamento.

§ 2º A avaliação de responsabilidade dos prestadores de serviço deverá levar sempre em consideração os riscos inerentes às aplicações nos mercados de atuação do fundo de investimento e a natureza de obrigação de meio de seus serviços.

§ 3º O patrimônio segregado referido no inciso III do *caput* deste artigo só responderá por obrigações vinculadas à classe respectiva, nos termos do regulamento.

Art. 1.368-D: 1. O art. 1.368-D foi acrescido pela Lei 13.874, de 20.9.19.

Art. 1.368-E. Os fundos de investimento respondem diretamente pelas obrigações legais e contratuais por eles assumidas, e os prestadores de serviço não respondem por essas obrigações, mas respondem pelos prejuízos que causarem quando procederem com dolo ou má-fé.[1] [Sem dispositivo correspondente no CC/1916.]

§ 1º Se o fundo de investimento com limitação de responsabilidade não possuir patrimônio suficiente para responder por suas dívidas, aplicam-se as regras de insolvência previstas nos arts. 955 a 965 deste Código.

§ 2º A insolvência pode ser requerida judicialmente por credores, por deliberação própria dos cotistas do fundo de investimento, nos termos de seu regulamento, ou pela Comissão de Valores Mobiliários.

Art. 1.368-E: 1. O art. 1.368-E foi acrescido pela Lei 13.874, de 20.9.19.

Art. 1.368-F. O fundo de investimento constituído por lei específica e regulamentado pela Comissão de Valores Mobiliários deverá, no que couber, seguir as disposições deste Capítulo.[1] [Sem dispositivo correspondente no CC/1916.]

Art. 1.368-F: 1. O art. 1.368-F foi acrescido pela Lei 13.874, de 20.9.19.

Título IV | DA SUPERFÍCIE[1 a 3]

TÍT. IV: 1. "O direito de superfície e o novo Código Civil", por Ricardo Pereira Lira (RF 364/251); "Direito de superfície e espaço aéreo", por Ricardo Pereira Lira (RF 365/191); "Direito de superfície", por Sílvio de Salvo Venosa (RMDCPC 5/5); "Noções conceituais sobre o direito de superfície no Código Civil e no Estatuto da Cidade", por Leandro Soares Lomeu (RIDCPC 54/103); "O direito de superfície sobre propriedade urbana", por Carlos Bastide Horbach (RDPr 40/110); "O direito de superfície e a *sobrelevação* (o direito de construir na edificação alheia ou *direito de laje*)", por Rodrigo Mazzei (RF 416/243, RJ 409/67)

TÍT. IV: 2. **Lei 10.257, de 10.7.01 (Estatuto da Cidade)** — Regulamenta os arts. 182 e 183 da Constituição Federal, estabelece diretrizes gerais da política urbana e dá outras providências: **"Art. 21.** O proprietário urbano poderá conceder a outrem o direito de superfície do seu terreno, por tempo determinado ou indeterminado, mediante escritura pública registrada no cartório de registro de imóveis.

"§ 1º O direito de superfície abrange o direito de utilizar o solo, o subsolo ou o espaço aéreo relativo ao terreno, na forma estabelecida no contrato respectivo, atendida a legislação urbanística.

"§ 2º A concessão do direito de superfície poderá ser gratuita ou onerosa.

"§ 3º O superficiário responderá integralmente pelos encargos e tributos que incidirem sobre a propriedade superficiária, arcando, ainda, proporcionalmente à sua parcela de ocupação efetiva, com os encargos e tributos sobre a área objeto da concessão do direito de superfície, salvo disposição em contrário do contrato respectivo.

"§ 4º O direito de superfície pode ser transferido a terceiros, obedecidos os termos do contrato respectivo.

"§ 5º Por morte do superficiário, os seus direitos transmitem-se a seus herdeiros.

"Art. 22. Em caso de alienação do terreno, ou do direito de superfície, o superficiário e o proprietário, respectivamente, terão direito de preferência, em igualdade de condições à oferta de terceiros.

"Art. 23. Extingue-se o direito de superfície:

I — pelo advento do termo;

II — pelo descumprimento das obrigações contratuais assumidas pelo superficiário.

"Art. 24. Extinto o direito de superfície, o proprietário recuperará o pleno domínio do terreno, bem como das acessões e benfeitorias introduzidas no imóvel, independentemente de indenização, se as partes não houverem estipulado o contrário no respectivo contrato.

"§ 1º Antes do termo final do contrato, extinguir-se-á o direito de superfície se o superficiário der ao terreno destinação diversa daquela para a qual for concedida.

"§ 2º A extinção do direito de superfície será averbada no cartório de registro de imóveis".

TÍT. IV: 3. **Enunciado 93 do CEJ:** "As normas previstas no Código Civil, regulando o direito de superfície, não revogam as normas relativas a direito de superfície constantes do Estatuto da Cidade (Lei n. 10.257/2001), por ser instrumento de política de desenvolvimento urbano".

Art. 1.369. O proprietário pode conceder a outrem o direito[1] de construir ou de plantar em seu terreno, por tempo determinado,[1a] mediante escritura pública devidamente registrada no Cartório de Registro de Imóveis.[2] [Sem dispositivo correspondente no CC/1916.]

Parágrafo único. O direito de superfície não autoriza obra no subsolo,[3] salvo se for inerente ao objeto da concessão. [Sem dispositivo correspondente no CC/1916.]

Art. 1.369: 1. **Enunciado 249 do CEJ:** "A propriedade superficiária pode ser autonomamente objeto de direitos reais de gozo e de garantia, cujo prazo não exceda a duração da concessão da superfície, não se lhe aplicando o art. 1.474".

Enunciado 250 do CEJ: "Admite-se a constituição do direito de superfície por cisão".

Enunciado 321 do CEJ: "Os direitos e obrigações vinculados ao terreno e, bem assim, aqueles vinculados à construção ou à plantação formam patrimônios distintos e autônomos, respondendo cada um dos seus titulares exclusivamente por suas próprias dívidas e obrigações, ressalvadas as fiscais decorrentes do imóvel".

Art. 1.369: 1a. Apenas o direito de superfície sobre os imóveis rurais não pode ser concedido por tempo indeterminado; quanto aos imóveis urbanos, há permissão expressa no Estatuto da Cidade (art. 21-*caput*).

Art. 1.369: 2. s/ direito de superfície de imóvel urbano, v. nota 2 ao Tít. IV que antecede o art. 1.369; s/ registros públicos, v. LRP 167-I-39 e II-20.

Art. 1.369: 3. O direito de superfície sobre imóvel urbano autoriza obra no subsolo (Estatuto da Cidade, art. 21 § 1º), mas são bens da União "os recursos minerais, inclusive os do subsolo".

Art. 1.370. A concessão da superfície será gratuita ou onerosa; se onerosa, estipularão as partes se o pagamento será feito de uma só vez, ou parceladamente.[1-2] [Sem dispositivo correspondente no CC/1916.]

Art. 1.370: 1. v. art. 21 § 2º da Lei 10.257, de 10.7.01, em nota 2 ao Tít. IV que antecede o art. 1.369 (direito de superfície de imóvel urbano).

Art. 1.370: 2. A remuneração que se estabelece no contrato de concessão onerosa de superfície chama-se *solarium*.

Art. 1.371. O superficiário responderá pelos encargos e tributos que incidirem sobre o imóvel.[1-2] [Sem dispositivo correspondente no CC/1916.]

Art. 1.371: 1. **Enunciado 94 do CEJ:** "As partes têm plena liberdade para deliberar, no contrato respectivo, sobre o rateio dos encargos e tributos que incidirão sobre a área objeto da concessão do direito de superfície".

Art. 1.371: 2. v. art. 21 § 3º da Lei 10.257, de 10.7.01, em nota 2 ao Tít. IV que antecede o art. 1.369 (direito de superfície de imóvel urbano).

Art. 1.372. O direito de superfície pode transferir-se a terceiros e, por morte do superficiário, aos seus herdeiros.[1] [Sem dispositivo correspondente no CC/1916.]

Parágrafo único. Não poderá ser estipulado pelo concedente, a nenhum título, qualquer pagamento pela transferência. [Sem dispositivo correspondente no CC/1916.]

Art. 1.372: 1. v. art. 21 §§ 4º e 5º da Lei 10.257, de 10.7.01, em nota 2 ao Tít. IV que antecede o art. 1.369 (direito de superfície de imóvel urbano).

Art. 1.373. Em caso de alienação do imóvel ou do direito de superfície, o superficiário ou o proprietário tem direito de preferência, em igualdade de condições.[1] [Sem dispositivo correspondente no CC/1916.]

Art. 1.373: 1. v. art. 22 da Lei 10.257, de 10.7.01, em nota 2 ao Tít. IV que antecede o art. 1.369 (direito de superfície de imóvel urbano).

Art. 1.374. Antes do termo final, resolver-se-á a concessão se o superficiário der ao terreno destinação diversa daquela para que foi concedida.[1] [Sem dispositivo correspondente no CC/1916.]

Art. 1.374: 1. v. art. 24 § 1º da Lei 10.257, de 10.7.01, em nota 2 ao Tít. IV que antecede o art. 1.369 (direito de superfície de imóvel urbano).

Art. 1.375. Extinta a concessão, o proprietário passará a ter a propriedade plena sobre o terreno, construção ou plantação, independentemente de indenização, se as partes não houverem estipulado o contrário.[1] [Sem dispositivo correspondente no CC/1916.]

Art. 1.375: 1. v. art. 24-*caput* da Lei 10.257, de 10.7.01, em nota 2 ao Tít. IV que antecede o art. 1.369 (direito de superfície de imóvel urbano).

Art. 1.376. No caso de extinção do direito de superfície em consequência de desapropriação, a indenização cabe ao proprietário e ao superficiário, no valor correspondente ao direito real de cada um.[1] [Sem dispositivo correspondente no CC/1916.]

Art. 1.376: 1. **Enunciado 322 do CEJ:** "O momento da desapropriação e as condições da concessão superficiária serão considerados para fins da divisão do montante indenizatório (art. 1.376), constituindo-se litisconsórcio passivo necessário simples entre proprietário e superficiário".

Art. 1.377. O direito de superfície, constituído por pessoa jurídica de direito público interno, rege-se por este Código, no que não for diversamente disciplinado em lei especial.[1-2] [Sem dispositivo correspondente no CC/1916.]

Art. 1.377: 1. v., em nota 2 ao Tít. IV que antecede o art. 1.369, arts. 21 a 24 da Lei 10.257, de 10.7.01 (Estatuto da Cidade). V. tb. nota 3 ao Tít. IV que antecede o art. 1.369 (Enunciado 93 do CEJ).

Art. 1.377: 2. **Lei 4.947, de 6.4.66** — Fixa normas de Direito Agrário, dispõe sobre o sistema de organização e funcionamento do Instituto Brasileiro de Reforma Agrária, e dá outras providências.

Lei 8.629, de 25.2.93 — Dispõe sobre a regulamentação dos dispositivos constitucionais relativos à reforma agrária, previstos no Cap. III, Tít. VII, da Constituição Federal.

Lei 9.636, de 15.5.98 — Dispõe sobre a regularização, administração, aforamento e alienação de bens imóveis de domínio da União, altera dispositivos dos Decs. leis 9.760, de 5.9.46, e 2.398, de 21.12.87, regulamenta o § 2º do art. 49 do ADCT, e dá outras providências.

Título V | DAS SERVIDÕES[1 a 3]

Capítulo I | DA CONSTITUIÇÃO DAS SERVIDÕES

TÍT. V: 1. Os arts. 59 e 60 do Código de Mineração (**Dec. lei 227, de 28.2.67** — RT 381/367, Lex 1967/499, RF 219/429), conforme renumeração determinada pelo Dec. lei 318, de 14.3.67, instituem servidão, em favor do minerador, sobre a propriedade onde se localiza a jazida, bem como sobre as limítrofes.

TÍT. V: 2. Os arts. 9º-A, 9º-B e 9º-C da Lei 6.938, de 31.8.81, dispõem sobre a instituição de servidão ambiental pelo proprietário, com o intuito de limitar o uso de toda a sua propriedade, ou de parte dela, para preservar, conservar ou recuperar os recursos ambientais existentes. Essa servidão ambiental deverá ser averbada no Registro de Imóveis, cf. LRP 167-II-23.

TÍT. V: 3. s/ cancelamento da servidão, v. LRP 256 e 257; s/ servidão de trânsito e águas, v. CA 12, 17 e 35; s/ servidão de aqueduto, v. CA 77 e 117 a 138.

Art. 1.378. A servidão[1] proporciona utilidade para o prédio dominante, e grava o prédio serviente,[2] que pertence a diverso dono, e constitui-se mediante declaração expressa dos proprietários, ou por testamento, e subsequente registro no Cartório de Registro de Imóveis.[3 a 4] [Dispositivo correspondente no CC/1916: arts. 695 e 697.]

Art. 1.378: 1. **Súmula 120 do STF:** "Parede de tijolos de vidro translúcido pode ser levantada a menos de metro e meio do prédio vizinho, não importando servidão sobre ele".

Art. 1.378: 2. O prédio serviente suporta o encargo de permitir alguma ação do prédio dominante ou o de não fazer algo em relação a este último.

Art. 1.378: 3. v. LRP 167-I-6.

Art. 1.378: 3a. "Tendo a presente demanda dois escopos básicos — quais sejam, constituir a servidão e indenizar a limitação à propriedade daí advinda —, devem figurar no polo passivo tanto os proprietários da área na qual se pretende implantar a limitação, como também os possuidores legítimos do terreno. A posse é um fenômeno fático que merece proteção jurídica, e, via de consequência, pode ser indenizada. Nem se diga que a indenização do possuidor caberia ao proprietário, porque quem causa o prejuízo na hipótese, ainda que licitamente, é o ente que pretende instituir a servidão, e não o proprietário" (STJ-2ª T., REsp 953.910, Min. Mauro Campbell, j. 18.8.09, DJ 10.9.09).

Art. 1.378: 4. A servidão de trânsito não se confunde com a passagem forçada (art. 1.285). Ao contrário desta, cuja constituição é compulsória ao prédio serviente, aquela geralmente se origina de um acordo de vontades ou de um exercício incontestado e contínuo por um período de tempo (art. 1.379).

Art. 1.379. O exercício incontestado e contínuo de uma servidão aparente,[1] por dez anos, nos termos do art. 1.242,[1a] autoriza o interessado a registrá-la em seu nome no Registro de Imóveis, valendo-lhe como título a sentença que julgar consumado[2] a usucapião.[2a-2b] [Dispositivo correspondente no CC/1916: art. 698-*caput*.]

Parágrafo único. Se o possuidor não tiver título, o prazo da usucapião será de vinte anos.[3-4] [Dispositivo correspondente no CC/1916: art. 698 § ún.]

Art. 1.379: 1. s/ servidão aparente, v. art. 1.385, nota 1b (Súmula 415 do STF).

Art. 1.379: 1a. i. e., com justo título e boa-fé.

Art. 1.379: 2. *sic*; deve ser "consumada".

Art. 1.379: 2a. v. LRP 167-I-28.

Art. 1.379: 2b. "Corredor de 60 cm existente entre os imóveis das partes. Usucapião extraordinária. Impossibilidade de reconhecimento. Atos possessórios praticados sobre a coisa insuficientes à configuração de posse qualificada. Proprietário não desidioso. Servidão. Ocorrência de quase posse. **Possibilidade de usucapir a servidão** e não a propriedade. Servidão é a relação jurídica real por meio da qual o proprietário vincula o seu imóvel, dito serviente, a prestar certa utilidade a outro prédio, dito dominante, pertencente a dono distinto. Sendo assim, o poder de fato exercido pelo titular do prédio dominante não constitui posse qualificada para usucapir a propriedade. Na servidão, o sujeito exerce quase posse e age com *animus domini*, mas não da propriedade do bem serviente. O *animus domini* relaciona-se à própria servidão: a posse é exteriorização da propriedade, enquanto a quase-posse seria a expressão da exteriorização da servidão. Na hipótese, não ocorrendo desídia do proprietário em relação à área reivindicada e a natureza de quase-posse dos atos praticados, além de não posse, essencial à aquisição da propriedade, configura-se o direito à usucapião da servidão, expressada pela **intenção de transitar, como se fossem donos daquela servidão,** e não da coisa sobre a qual o direito real recaía" (STJ-4ª T., REsp 1.644.897, Min. Luis Felipe, j. 19.3.19, DJ 7.5.19).

V. tb. art. 1.238, nota 2e.

Art. 1.379: 3. **Enunciado 251 do CEJ:** "O prazo máximo para o usucapião extraordinário de servidões deve ser de 15 anos, em conformidade com o sistema geral de usucapião previsto no Código Civil".

Art. 1.379: 4. O legislador não foi razoável ao estabelecer prazo de usucapião extraordinário de 20 anos para constituir servidão. Na medida em que para usucapir a propriedade plena do imóvel bastam 15 anos (art. 1.238), não há razão de se exigir prazo maior para autorizar o interessado a registrar simples direito real sobre coisa alheia em seu nome.

Capítulo II | DO EXERCÍCIO DAS SERVIDÕES

Art. 1.380. O dono de uma servidão[1] pode fazer todas as obras necessárias à sua conservação e uso, e, se a servidão pertencer a mais de um prédio, serão as despesas rateadas entre os respectivos donos. [Dispositivo correspondente no CC/1916: art. 699.]

Art. 1.380: 1. i. e., o dono do prédio dominante, em benefício do qual a servidão foi instituída.

Art. 1.381. As obras a que se refere o artigo antecedente devem ser feitas pelo dono do prédio dominante, se o contrário não dispuser expressamente o título. [Dispositivo correspondente no CC/1916: art. 700.]

Art. 1.382. Quando a obrigação incumbir ao dono do prédio serviente, este poderá exonerar-se, abandonando, total ou parcialmente, a propriedade ao dono do dominante. [Dispositivo correspondente no CC/1916: art. 701.]

Parágrafo único. Se o proprietário do prédio dominante se recusar a receber a propriedade do serviente, ou parte dela, caber-lhe-á custear as obras. [Sem dispositivo correspondente no CC/1916.]

Art. 1.383. O dono do prédio serviente não poderá embaraçar de modo algum o exercício legítimo da servidão. [Dispositivo correspondente no CC/1916: art. 702.]

Art. 1.384. A servidão pode ser removida, de um local para outro, pelo dono do prédio serviente e à sua custa, se em nada diminuir as vantagens do prédio dominante, ou pelo dono deste e à sua custa, se houver considerável incremento da utilidade e não prejudicar o prédio serviente.[1] [Dispositivo correspondente no CC/1916: art. 703.]

Art. 1.384: 1. "A remoção de servidão antiga, conquanto admissível, nos termos do CC 1.384, não pode ser feita **unilateralmente.** A situação anterior deve ser restaurada" (JTJ 371/442: AP 92596-91.2009.8.26.0000).

Art. 1.385. Restringir-se-á o exercício da servidão às necessidades do prédio dominante, evitando-se, quanto possível, agravar o encargo ao prédio serviente.[1] [Dispositivo correspondente no CC/1916: art. 704-*caput.*]

§ 1º Constituída para certo fim, a servidão não se pode ampliar a outro.[1a] [Dispositivo correspondente no CC/1916: art. 704 § ún.]

§ 2º Nas servidões de trânsito,[1b] a de maior inclui a de menor ônus, e a menor exclui a mais onerosa.[2] [Dispositivo correspondente no CC/1916: art. 705.]

§ 3º Se as necessidades da cultura, ou da indústria, do prédio dominante impuserem à servidão maior largueza, o dono do serviente é obrigado a sofrê-la; mas tem direito a ser indenizado pelo excesso. [Dispositivo correspondente no CC/1916: art. 706-*caput.*]

Art. 1.385: 1. "Não se vislumbra qualquer turbação ao direito de passagem do apelante, decorrente da colocação de uma porteira pelos apelados, se a chave do respectivo cadeado foi por estes disponibilizada àquele" (RJM 185/57: AP 1.0116.06.007134-1/002). **Contra:** JTJ 338/164 (AI 7.328.851-8).

Art. 1.385: 1a. "O art. 1.385 do diploma material, que disciplina a servidão, é claro ao dispor que ela não se constitui para propiciar ao dono do prédio dominante a realização de caprichos e veleidades, mas sim para permitir-lhe a razoável satisfação de necessidades ligadas à utilização do imóvel de que é titular. Restando induvidoso que o imóvel do requerido não se encontra encravado, na medida em que existe outra via a permitir o seu acesso, configura ato turbativo a ampliação de simples passagem de pedestres, para permitir o trânsito de veículos, por mera conveniência e comodidade" (RJM 192/259: AI 1.0297.08.008394-4/001).

Art. 1.385: 1b. Súmula 415 do STF: "Servidão de trânsito não titulada, mas tornada permanente, sobretudo pela natureza das obras realizadas, considera-se aparente, conferindo direito à proteção possessória".

Art. 1.385: 2. p. ex.: uma servidão de trânsito para automóveis (mais onerosa) inclui a de trânsito para pedestres (menos onerosa), e essa exclui aquela.

Art. 1.386. As servidões prediais são indivisíveis, e subsistem, no caso de divisão dos imóveis, em benefício de cada uma das porções do prédio dominante, e continuam a gravar cada uma das do prédio serviente, salvo se, por natureza, ou destino, só se aplicarem a certa parte de um ou de outro. [Dispositivo correspondente no CC/1916: art. 707.]

Capítulo III | DA EXTINÇÃO DAS SERVIDÕES

Art. 1.387. Salvo nas desapropriações, a servidão, uma vez registrada, só se extingue, com respeito a terceiros, quando cancelada.[1] [Dispositivo correspondente no CC/1916: art. 708.]

Parágrafo único. Se o prédio dominante estiver hipotecado, e a servidão se mencionar no título hipotecário, será também preciso, para a cancelar, o consentimento do credor.[2] [Dispositivo correspondente no CC/1916: art. 712.]

Art. 1.387: 1. v. arts. 1.388 e 1.389. V. tb. LRP 256 e 257.

Art. 1.387: 2. v. LRP 256.

Art. 1.388. O dono do prédio serviente tem direito, pelos meios judiciais,[1] ao cancelamento do registro, embora o dono do prédio dominante lho impugne: [Dispositivo correspondente no CC/1916: art. 709-*caput*.]

I — quando o titular houver renunciado a sua servidão; [Dispositivo correspondente no CC/1916: art. 709-I.]

II — quando tiver cessado, para o prédio dominante, a utilidade ou a comodidade, que determinou a constituição da servidão; [Dispositivo correspondente no CC/1916: art. 709-II.]

III — quando o dono do prédio serviente resgatar a servidão.[2] [Dispositivo correspondente no CC/1916: art. 709-III.]

Art. 1.388: 1. "Não é possível ao juízo negar cumprimento a uma servidão estabelecida em registro público, com fundamento na invalidade ou na caducidade desse registro, se não há uma ação proposta para esse fim específico pelo titular do prédio serviente. O que motiva a existência de registros públicos é a necessidade de conferir a terceiros segurança jurídica quanto às relações neles refletidas. Para que se repute ineficaz a servidão, é preciso que seja retificado o registro, e tal retificação somente pode ser requerida em ação na qual figurem, no polo passivo, todos os proprietários dos terrenos nos quais tal servidão se desmembrou, notadamente considerando a indivisibilidade desse direito real. Não obstante, a lei é expressa em reputar a água bem essencial à vida. Se há escassez no condomínio que fora beneficiado pela servidão, não é possível, em ponderação de valores, privilegiar o uso comercial da água, pelo titular do prédio serviente, em detrimento de seu uso para o abastecimento humano. A falta de requerimento de implementação da servidão por anos após firmado o contrato indica que o condomínio cumpriu com seu dever de colaboração, buscando seu abastecimento por fontes autônomas. Uma vez constatada a insuficiência dessas fontes, contudo, não se pode reputar caduca a servidão com fundamento no instituto da *supressio*. O princípio da boa-fé objetiva não pode atuar contrariamente a quem colaborou para o melhor encaminhamento da relação jurídica de direito material" (STJ-3ª T., REsp 1.124.506, Min. Nancy Andrighi, j. 19.6.12, maioria, DJ 14.11.12).

Art. 1.388: 2. O resgate é uma renúncia expressa, mediante escritura pública, através da qual o serviente libera-se do encargo pagando ao dominante uma determinada quantia.

Art. 1.389. Também se extingue a servidão, ficando ao dono do prédio serviente a faculdade de fazê-la cancelar, mediante a prova da extinção: [Dispositivo correspondente no CC/1916: arts. 710-*caput* e 711.]

I — pela reunião dos dois prédios no domínio da mesma pessoa;[1] [Dispositivo correspondente no CC/1916: art. 710-I.]

II — pela supressão das respectivas obras por efeito de contrato, ou de outro título expresso; [Dispositivo correspondente no CC/1916: art. 710-II.]

III — pelo não uso, durante dez anos contínuos. [Dispositivo correspondente no CC/1916: art. 710-III.]

Art. 1.389: 1. Isso porque a diversidade de donos é requisito essencial para a existência de servidão (v. art. 1.378).

Título VI | DO USUFRUTO[1 a 3]

Capítulo I | DISPOSIÇÕES GERAIS

TÍT. VI: 1. "Venda de imóveis com reserva de usufruto e regime das reparações ordinárias e extraordinárias — O novo mercado da nua-propriedade imobiliária", por Eduardo C. Silveira Marchi (RTDC 34/3, RT 875/11).

TÍT. VI: 2. CF 231: "§ 2º: As terras tradicionalmente ocupadas pelos índios destinam-se a sua posse permanente, cabendo-lhes o usufruto exclusivo das riquezas do solo, dos rios e dos lagos nelas existentes".

TÍT. VI: 3. s/ diferença entre usufruto e uso, v. art. 1.412, nota 1.

Art. 1.390. O usufruto[1] pode recair em um ou mais bens, móveis ou imóveis, em um patrimônio inteiro,[2] ou parte deste, abrangendo-lhe, no todo ou em parte, os frutos e utilidades. [Dispositivo correspondente no CC/1916: art. 714.]

Art. 1.390: 1. s/ usufruto, v. arts. 1.144, 1.147 § ún., 1.416, 1.652-I, 1.689-I, 1.693, 1.816 § ún., 1.921, 1.946 e 1.952 § ún. V. tb. CPC 799-II, 804 § 6º, 889-III.

Art. 1.390: 2. "Usufruto. Instituição sobre todo o patrimônio imobiliário. Usufrutuária casada com o instituidor sob o regime de separação obrigatória de bens. Morte do instituidor que ocasionou aos filhos, herdeiros necessários, restrição do exercício dos direitos sobre a legítima da herança. Determinação judicial para que a usufrutuária deposite, em Juízo, a metade dos aluguéis dos imóveis. Dedução apenas do valor da metade das despesas de administração e conservação, devidamente comprovadas no ato dos depósitos" (Bol. AASP 2.579).

Art. 1.391. O usufruto de imóveis, quando não resulte de usucapião, constituir-se-á mediante registro no Cartório de Registro de Imóveis.[1-2] [Dispositivo correspondente no CC/1916: art. 715.]

Art. 1.391: 1. v. LRP 167-I-7.

Art. 1.391: 2. Não depende de registro no Cartório de Registro de Imóveis o usufruto dos bens dos filhos pelos pais, previsto no art. 1.689-I.

Art. 1.392. Salvo disposição em contrário, o usufruto estende-se aos acessórios da coisa e seus acrescidos.[1] [Dispositivo correspondente no CC/1916: art. 716.]

§ 1º Se, entre os acessórios e os acrescidos, houver coisas consumíveis,[1a-1b] terá o usufrutuário o dever de restituir, findo o usufruto, as que ainda houver e, das outras, o equivalente em gênero, qualidade e quantidade, ou, não sendo possível, o seu valor, estimado ao tempo da restituição. [Dispositivo correspondente no CC/1916: art. 726-*caput*.]

§ 2º Se há no prédio em que recai o usufruto florestas ou os recursos minerais a que se refere o art. 1.230, devem o dono e o usufrutuário prefixar-lhe a extensão do gozo e a maneira de exploração. [Dispositivo correspondente no CC/1916: art. 725.]

§ 3º Se o usufruto recai sobre universalidade[2] ou quota-parte de bens, o usufrutuário tem direito à parte do tesouro achado[3] por outrem, e ao preço pago pelo vizinho do prédio usufruído, para obter meação em parede, cerca, muro, vala ou valado.[4] [Dispositivo correspondente no CC/1916: arts. 727 e 728.]

Art. 1.392: 1. s/ acessórios, v. art. 92; s/ acrescidos, v. arts. 1.248 a 1.259.

Art. 1.392: 1a. s/ bens consumíveis, v. art. 86.

Art. 1.392: 1b. O usufruto sobre bens consumíveis é conhecido como **usufruto impróprio.**

Art. 1.392: 2. v. art. 90.

Art. 1.392: 3. v. arts. 1.264 a 1.266.

Art. 1.392: 4. v. art. 1.297-*caput*.

Art. 1.393. Não se pode transferir o usufruto por alienação;[1] mas o seu exercício pode ceder-se por título gratuito[1a] ou oneroso.[2-3] [Dispositivo correspondente no CC/1916: art. 717.]

Art. 1.393: 1. "Descabe a **partilha de usufruto,** porquanto direito real que não admite, nos termos do CC 1.393, transferência por alienação, mas, unicamente, cedência de seu exercício a título oneroso ou gratuito. Impossibilidade, consequentemente, de exercício comum e de partilha, tampouco de ressarcimento pela fruição do bem" (Bol. AASP 2.721: TJRS, AP 70034054791).

Art. 1.393: 1a. Essa cessão a título gratuito equivale ao comodato (v. arts. 579 a 585).

Art. 1.393: 2. Essa cessão a título oneroso equivale à locação (v. arts. 565 a 578).

Art. 1.393: 3. O **direito real de usufruto** não é penhorável (RT 797/274), mas a penhora pode recair sobre a **nua-propriedade** (STJ-RDPr 43/409: 3ª T., REsp 925.687, com a ressalva de que se resguarda "o direito real de usufruto, inclusive após a arrematação ou a adjudicação, até que haja sua extinção"; RT 668/112, 828/253, RJTAMG 69/359) ou sobre o exercício do usufruto — notadamente os **frutos** (STJ-3ª T., REsp 242.031, Min. Ari Pargendler, j. 2.10.03, um voto vencido, DJU 29.3.04; JTJ 332/69: AI 589.181-4/6-00).

A penhora do exercício do usufruto "recairá sobre as comodidades do usufruto e sobre a faculdade de perceber os frutos e vantagens da coisa frutuária" (RT 573/196). No mesmo sentido: RT 592/127, 649/104, 717/218, 759/278, JTJ 170/249, Lex-JTA 141/30, maioria, JTJ 310/97. É preciso, por isso, que seja bem individuada, mencionando com clareza sobre o que incide (RT 654/89, RJTJESP 126/309, 766/306).

A penhora do exercício do usufruto é possível independentemente de estar ou não o usufrutuário ocupando pessoalmente o imóvel (RT 592/127, 649/104). **Contra,** admitindo a penhora sobre o exercício do usufruto somente no caso de o usufrutuário não utilizar diretamente a coisa: RT 796/304; JTJ 336/211: AI 7.317.163-6; ou, se esta se acha alugada, não constituir renda para a sua manutenção: RT 638/123.

Há um acórdão entendendo que, como o usufruto é alienável somente ao nu-proprietário, só é possível sua penhora em execução por este movida contra o usufrutuário (RT 654/89 e Bol. AASP 1.636/106).

Capítulo II | DOS DIREITOS DO USUFRUTUÁRIO

Art. 1.394. O usufrutuário tem direito à posse, uso, administração e percepção dos frutos.[1-2] [Dispositivo correspondente no CC/1916: art. 718.]

Art. 1.394: 1. s/ frutos, v. arts. 1.395 a 1.398.

Art. 1.394: 2. "O usufrutuário — na condição de possuidor direto do bem — pode valer-se das ações possessórias contra o possuidor indireto (nu-proprietário) e — na condição de titular de um direito real limitado (usufruto) — também tem legitimidade/interesse para a propositura de ações de caráter petitório, tal como a reivindicatória, contra o nu-proprietário ou contra terceiros" (STJ-3ª T., REsp 1.202.843, Min. Ricardo Cueva, j. 21.10.14, DJ 28.10.14).

Art. 1.395. Quando o usufruto recai em títulos de crédito, o usufrutuário tem direito a perceber os frutos e a cobrar as respectivas dívidas. [Dispositivo correspondente no CC/1916 art. 719.]

Parágrafo único. Cobradas as dívidas, o usufrutuário aplicará, de imediato, a importância em títulos da mesma natureza,[1] ou em títulos da dívida pública federal, com cláusula de atualização monetária segundo índices oficiais regularmente estabelecidos. [Sem dispositivo correspondente no CC/1916.]

Art. 1.395: 1. v. art. 1.410-VII.

Art. 1.396. Salvo direito adquirido por outrem, o usufrutuário faz seus os frutos naturais, pendentes ao começar o usufruto, sem encargo de pagar as despesas de produção. [Dispositivo correspondente no CC/1916: art. 721-*caput*.]

Parágrafo único. Os frutos naturais,[1] pendentes ao tempo em que cessa o usufruto, pertencem ao dono, também sem compensação das despesas.[2] [Dispositivo correspondente no CC/1916: art. 721 § ún.]

Art. 1.396: 1. cf. art. 1.215.

Art. 1.396: 2. v. art. 1.214.

Art. 1.397. As crias dos animais pertencem ao usufrutuário, deduzidas quantas bastem para inteirar as cabeças de gado existentes ao começar o usufruto. [Dispositivo correspondente no CC/1916: art. 722.]

Art. 1.398. Os frutos civis,[1] vencidos na data inicial do usufruto, pertencem ao proprietário, e ao usufrutuário os vencidos na data em que cessa o usufruto. [Dispositivo correspondente no CC/1916: art. 723.]

Art. 1.398: 1. v. art. 1.215.

Art. 1.399. O usufrutuário pode usufruir em pessoa, ou mediante arrendamento,[1] o prédio, mas não mudar-lhe a destinação econômica, sem expressa autorização do proprietário. [Sem dispositivo correspondente no CC/1916.]

Art. 1.399: 1. A possibilidade de arrendamento encontra amparo no art. 1.393, o qual permite a transferência do exercício de usufruto.

Capítulo III | DOS DEVERES DO USUFRUTUÁRIO

Art. 1.400. O usufrutuário, antes de assumir o usufruto, inventariará, à sua custa, os bens que receber, determinando o estado em que se acham, e dará caução, fidejussória ou real, se lha exigir o dono, de velar-lhes pela conservação,[1] e entregá-los findo o usufruto. [Dispositivo correspondente no CC/1916: art. 729.]

Parágrafo único. Não é obrigado à caução o doador que se reservar o usufruto da coisa doada. [Dispositivo correspondente no CC/1916: art. 731-I.]

Art. 1.400: 1. v. art. 1.402.

Art. 1.401. O usufrutuário que não quiser ou não puder dar caução suficiente perderá o direito de administrar o usufruto; e, neste caso, os bens serão administrados pelo proprietário, que ficará obrigado, mediante caução, a entregar ao usufrutuário o rendimento deles, deduzidas as despesas de administração, entre as quais se incluirá a quantia fixada pelo juiz como remuneração do administrador. [Dispositivo correspondente no CC/1916: art. 730.]

Art. 1.402. O usufrutuário não é obrigado a pagar as deteriorações resultantes do exercício regular do usufruto.[1] [Dispositivo correspondente no CC/1916: art. 732.]

Art. 1.402: 1. No mesmo sentido: para locação de coisas, v. art. 569-IV.

Art. 1.403. Incumbem ao usufrutuário:[1] [Dispositivo correspondente no CC/1916: art. 733-*caput*.]

I — as despesas ordinárias de conservação dos bens no estado em que os recebeu; [Dispositivo correspondente no CC/1916: art. 733-I.]

II — as prestações e os tributos devidos pela posse ou rendimento da coisa usufruída.[2] [Dispositivo correspondente no CC/1916: art. 733-II.]

Art. 1.403: 1. s/ extinção do usufruto por culpa do usufrutuário, v. art. 1.410-VII e notas.

Art. 1.403: 2. "Segundo lição do saudoso mestre Pontes de Miranda, 'o direito de usufruto compreende o usar e fruir, ainda que não exerça, e a pretensão a que outrem, inclusive o dono, se o há, do bem, ou do patrimônio, se abstenha de intromissão tal que fira o uso e a fruição exclusivos. É direito, *erga omnes*, de exclusividade do usar e do fruir'. O renomado jurista perlustra, ainda, acerca do dever do usufrutuário de suportar certos encargos, que 'os encargos públicos ordinários são os impostos e taxas, que supõem uso e fruto da propriedade, como o imposto territorial e o predial'. Dessarte, nas hipóteses de usufruto de imóvel, não há falar em solidariedade passiva do proprietário e do usufrutuário no tocante ao imposto sobre a propriedade predial e territorial urbana quando apenas o usufrutuário é quem detém o direito de usar e fruir exclusivamente do bem" (STJ-2ª T., REsp 691.714, Min. Franciulli Netto, j. 22.3.05, DJ 27.6.05). No mesmo sentido: "O usufrutuário, que colhe os proveitos do bem, é o responsável pelo pagamento do IPTU, nos termos do art. 733, II, do Código Civil, na proporção de seu usufruto" (STJ-3ª T., REsp 203.098, Min. Menezes Direito, j. 9.12.99, DJ 8.3.00). O art. 733-II do CC rev. corresponde ao CC 1.403-II.

Art. 1.404. Incumbem ao dono as reparações extraordinárias e as que não forem de custo módico; mas o usufrutuário lhe pagará os juros do capital despendido com as que forem necessárias à conservação, ou aumentarem o rendimento da coisa usufruída. [Dispositivo correspondente no CC/1916: art. 734-*caput*.]

§ 1º Não se consideram módicas as despesas superiores a dois terços do líquido rendimento em um ano. [Dispositivo correspondente no CC/1916: art. 734 § ún.]

§ 2º Se o dono não fizer as reparações a que está obrigado, e que são indispensáveis à conservação da coisa, o usufrutuário pode realizá-las, cobrando daquele a importância despendida. [Sem dispositivo correspondente no CC/1916.]

Art. 1.405. Se o usufruto recair num patrimônio,[1] ou parte deste, será o usufrutuário obrigado aos juros da dívida que onerar o patrimônio ou a parte dele. [Dispositivo correspondente no CC/1916: art. 736.]

Art. 1.405: 1. v. arts. 89 a 91.

Art. 1.406. O usufrutuário é obrigado a dar ciência ao dono de qualquer lesão produzida contra a posse da coisa, ou os direitos deste. [Sem dispositivo correspondente no CC/1916.]

Art. 1.407. Se a coisa estiver segurada,[1] incumbe ao usufrutuário pagar, durante o usufruto, as contribuições do seguro. [Dispositivo correspondente no CC/1916: art. 735-*caput*.]

§ 1º Se o usufrutuário fizer o seguro, ao proprietário caberá o direito dele resultante contra o segurador. [Dispositivo correspondente no CC/1916: art. 735 § 1º.]

§ 2º Em qualquer hipótese, o direito do usufrutuário fica sub-rogado[2] no valor da indenização do seguro. [Dispositivo correspondente no CC/1916: art. 735 § 2º.]

Art. 1.407: 1. v. art. 1.408.

Art. 1.407: 2. v. arts. 346 a 351.

Art. 1.408. Se um edifício sujeito a usufruto for destruído sem culpa do proprietário, não será este obrigado a reconstruí-lo, nem o usufruto se restabelecerá, se o proprietário reconstruir à sua custa o prédio; mas se a indenização do seguro[1] for aplicada à reconstrução do prédio, restabelecer-se-á o usufruto. [Dispositivo correspondente no CC/1916: art. 737.]

Art. 1.408: 1. v. art. 1.407.

Art. 1.409. Também fica sub-rogada no ônus do usufruto, em lugar do prédio, a indenização paga, se ele for desapropriado,[1] ou a importância do dano, ressarcido pelo terceiro responsável no caso de danificação ou perda. [Dispositivo correspondente no CC/1916: art. 738.]

Art. 1.409: 1. LD 31: "Ficam sub-rogados no preço quaisquer ônus ou direitos que recaiam sobre o bem expropriado".

Capítulo IV | DA EXTINÇÃO DO USUFRUTO

Art. 1.410. O usufruto extingue-se,[1-1a] cancelando-se[2] o registro no Cartório de Registro de Imóveis: [Dispositivo correspondente no CC/1916: art. 739-*caput*.]

I — pela renúncia[2a] ou morte do usufrutuário; [Dispositivo correspondente no CC/1916: art. 739-I.]

II — pelo termo de sua duração;[3] [Dispositivo correspondente no CC/1916: art. 739-II.]

III — pela extinção da pessoa jurídica, em favor de quem o usufruto foi constituído, ou, se ela perdurar, pelo decurso de trinta anos da data em que se começou a exercer; [Dispositivo correspondente no CC/1916: art. 741.]

IV — pela cessação do motivo de que se origina; [Dispositivo correspondente no CC/1916: art. 739-III.]

V — pela destruição da coisa, guardadas as disposições dos arts. 1.407, 1.408, 2ª parte, e 1.409; [Dispositivo correspondente no CC/1916: art. 739-IV.]

VI — pela consolidação;[4] [Dispositivo correspondente no CC/1916: art. 739-V.]

VII — por culpa do usufrutuário, quando aliena,[4a] deteriora,[4b] ou deixa arruinar os bens, não lhes acudindo com os reparos de conservação,[4c] ou quando, no usufruto de títulos de crédito, não dá às importâncias recebidas a aplicação prevista no parágrafo único do art. 1.395; [Dispositivo correspondente no CC/1916: art. 739-VII.]

VIII — pelo não uso, ou não fruição, da coisa em que o usufruto recai (arts. 1.390 e 1.399).[5-6] [Sem dispositivo correspondente no CC/1916.]

Art. 1.410: 1. v. CPC 725-VI.

Art. 1.410: 1a. "O art. 1.410 do Código Civil elenca, exaustivamente, as causas de extinção do usufruto voluntário. Os motivos alegados pelo nu-proprietário não são suficientes para extinguir o usufruto instituído por sua livre manifestação de vontade. Não estabelecido termo ou condição, o usufruto é vitalício" (RF 388/327).

Art. 1.410: 2. v. LRP 248 a 254.

Art. 1.410: 2a. "A renúncia ao usufruto não alcança o direito real de habitação, que decorre de lei e se destina a proteger o cônjuge sobrevivente mantendo-o no imóvel destinado à residência da família" (RSTJ 200/309: 3ª T., REsp 565.820, um voto vencido).

Art. 1.410: 3. Legado sem termo expresso: art. 1.921

Art. 1.410: 4. i. e., pela reunião das condições de usufrutuário e proprietário em uma só pessoa.

Art. 1.410: 4a. "Também carece de razoabilidade o argumento recursal de que deve o recurso ser provido para que se declare a extinção do usufruto em razão de o apelado haver locado o imóvel objeto consubstanciador da lide, haja vista que, nos termos do art. 1.393 do Código Civil, o que é vedado é a transferência do usufruto por alienação, podendo, no entanto, ser objeto de cessão o respectivo exercício, onerosa ou gratuitamente" (Bol. AASP 2.647: TJMG, AP 1.0105.06.188112-1/001; a citação é do voto do relator).

Art. 1.410: 4b. "A exegese do inciso VII do art. 1.410 do Código Civil indica a possibilidade da extinção de usufruto quando o usufrutuário não envida os cuidados necessários para a preservação do bem. Todavia, não é toda e qualquer deterioração que autoriza a extinção do usufruto com fulcro em tal preceito, sendo imprescindível a comprovação de uma deterioração anormal, que ultrapasse os limites do mero uso, transmudando-se em manifesto abuso" (Bol. AASP 2.647: TJMG, AP 1.0105.06.188112-1/001).

Art. 1.410: 4c. "O acúmulo de dívidas de responsabilidade do usufrutuário sobre o imóvel inclui-se entre as causas de extinção descritas nesse inciso, notadamente na hipótese em que a desídia do usufrutuário chega a ponto de permitir a propositura de ação de execução pelos credores, da qual resultaria o praceamento do bem. A perda do imóvel em alienação judicial não se diferencia, do ponto de vista substancial, de sua deterioração ou de sua ruína" (STJ-RTDC 36/213: 3ª T., REsp 1.018.179).

Todavia: "Embora seja obrigação do usufrutuário efetivar o pagamento de tributos devidos pela posse ou rendimento da coisa usufruída (art. 1.403-II), a falta do respectivo pagamento não enseja a extinção do usufruto, conforme se extrai da leitura do art. 1.410 e incisos do Código Civil. A alegação de risco de que o imóvel possa vir a ser objeto de execução fiscal, resultando inclusive em sua perda, embora séria, não se afigura determinante para a consecução do seu intento de querer ver declarada a extinção do usufruto, por falta de enquadramento legal. Anote-se, no entanto, que o apelante, na qualidade de nu-proprietário do imóvel em referência e de filho do apelado, poderá evitar ocorrência de tal perda, quitando o mencionado imposto" (Bol. AASP 2.647: TJMG, AP 1.0105.06.188112-1/001; a citação é do voto do relator).

Art. 1.410: 5. **Enunciado 252 do CEJ:** "A extinção do usufruto pelo não uso, de que trata o art. 1.410, inc. VIII, independe do prazo previsto no art. 1.389, inc. III, operando-se imediatamente. Tem-se por desatendida, nesse caso, a função social do instituto".

"No intuito de assegurar o cumprimento da função social da propriedade gravada, o Código Civil, sem prever prazo determinado, autoriza a extinção do usufruto pelo não uso ou pela não fruição do bem sobre o qual ele recai. A aplicação de prazos de natureza prescricional não é cabível quando a demanda não tem por objetivo compelir a parte adversa ao cumprimento de uma prestação. Tratando-se de usufruto, tampouco é admissível a incidência, por analogia, do prazo extintivo das servidões, pois a circunstância que é comum a ambos os institutos — *extinção pelo não uso* — não decorre, em cada hipótese, dos mesmos fundamentos. A extinção do usufruto pelo não uso pode ser levada a efeito sempre que, diante das circunstâncias da hipótese concreta, se constatar o não atendimento da finalidade social do bem gravado. No particular, as premissas fáticas assentadas pelo acórdão recorrido revelam, de forma cristalina, que a finalidade social do imóvel gravado pelo usufruto não estava sendo atendida pela usufrutuária, que tinha o dever de adotar uma postura ativa de exercício de seu direito" (STJ-3ª T., REsp 1.179.259, Min. Nancy Andrighi, j. 14.5.13, DJ 24.5.13).

Art. 1.410: 6. "Não procede a reintegração de posse com fundamento no direito de usufruto se este se encontra extinto pelo não uso" (RJM 192/238: AP 1.0382.07.071542-2/001; no caso, considerou-se "que o autor durante seis anos não exerceu posse sobre o imóvel").

Art. 1.411. Constituído o usufruto em favor de duas ou mais pessoas, extinguir-se-á a parte em relação a cada uma das que falecerem, salvo se, por estipulação expressa, o quinhão desses couber ao sobrevivente.[1] [Dispositivo correspondente no CC/1916: art. 740.]

Art. 1.411: 1. cf. art. 1.946.

Título VII | DO USO[1]

TÍT. VII: 1. v. LRP 167-I-7.

Art. 1.412. O usuário usará da coisa e perceberá os seus frutos, quanto o exigirem as necessidades suas e de sua família.[1] [Dispositivo correspondente no CC/1916: art. 742.]

§ 1º Avaliar-se-ão as necessidades pessoais do usuário conforme a sua condição social e o lugar onde viver. [Dispositivo correspondente no CC/1916: art. 743.]

§ 2º As necessidades da família do usuário compreendem as de seu cônjuge, dos filhos solteiros e das pessoas de seu serviço doméstico. [Dispositivo correspondente no CC/1916 art. 744-I a III.]

Art. 1.412: 1. Tanto no uso como no usufruto há um direito real de uso da coisa. Porém, no uso a percepção dos frutos (direito real de fruição) é algo excepcional, limitado às necessidades do usuário e de sua família; já no usufruto a percepção dos frutos faz parte da essência do instituto, não sofrendo aquele tipo de limitação.

Art. 1.413. São aplicáveis ao uso, no que não for contrário à sua natureza, as disposições relativas ao usufruto.[1] [Dispositivo correspondente no CC/1916: art. 745.]

Art. 1.413: 1. v. arts. 1.390 a 1.411.

Título VIII | DA HABITAÇÃO[1]

TÍT. VIII: 1. v. LRP 167-I-7.

Art. 1.414. Quando o uso consistir no direito de habitar gratuitamente casa alheia,[1] o titular deste direito não a pode alugar, nem emprestar, mas simplesmente ocupá-la com sua família.[2] [Dispositivo correspondente no CC/1916: art. 746.]

Art. 1.414: 1. O cônjuge sobrevivente tem direito real de habitação no imóvel que era destinado à residência da família (art. 1.831). Isso também se aplica à união estável (v. arts. 1.723, nota 1a, e 1.831, nota 1a).

Art. 1.414: 2. "A renúncia ao usufruto não alcança o direito real de habitação, que decorre de lei e se destina a proteger o cônjuge sobrevivente mantendo-o no imóvel destinado à residência da família" (RSTJ 200/309: 3ª T., REsp 565.820, um voto vencido).

Art. 1.415. Se o direito real de habitação for conferido a mais de uma pessoa, qualquer delas que sozinha habite a casa não terá de pagar aluguel à outra, ou às outras, mas não as pode inibir de exercerem, querendo, o direito, que também lhes compete, de habitá-la. [Dispositivo correspondente no CC/1916: art. 747.]

Art. 1.416. São aplicáveis à habitação, no que não for contrário à sua natureza, as disposições relativas ao usufruto.[1] [Dispositivo correspondente no CC/1916: art. 748.]

Art. 1.416: 1. v. arts. 1.390 a 1.411.

Título IX | DO DIREITO DO PROMITENTE COMPRADOR[1-2]

TÍT. IX: 1. v. Dec. lei 58, de 10.12.37, no tít. PROMESSA DE COMPRA E VENDA E LOTEAMENTO. (v. tb. o **ementário** desse tít.).

✎ **TÍT. IX: 2.** "Compromisso de compra e venda com eficácia real. Direito do promitente comprador", por Sílvio de Salvo Venosa (RMDCPC 1/77).

Art. 1.417. Mediante promessa de compra e venda,[1] em que se não pactuou arrependimento,[1a] celebrada por instrumento público ou particular, e registrada no Cartório de Registro de Imóveis,[2] adquire o promitente comprador direito real à aquisição do imóvel.[3-4] [Sem dispositivo correspondente no CC/1916.]

Art. 1.417: 1. s/ contrato preliminar, v. arts. 462 a 466.

Art. 1.417: 1a. **Súmula 412 do STF (Arrependimento na promessa de venda):** "No compromisso de compra e venda com cláusula de arrependimento, a devolução do sinal, por quem o deu, ou a sua restituição em dobro, por quem o recebeu, exclui indenização maior, a título de perdas e danos, salvo os juros moratórios e os encargos do processo". V. art. 420.

Art. 1.417: 2. v. LRP 167-I-9, 18 e 20.

Art. 1.417: 3. **Enunciado 95 do CEJ:** "O direito à adjudicação compulsória (art. 1.418 do novo Código Civil), quando exercido em face do promitente vendedor, não se condiciona ao registro da promessa de compra e venda no cartório do registro imobiliário (Súmula n. 239 do STJ)".

A **Súmula 239 do STJ** dispõe o seguinte:

"O direito à adjudicação compulsória não se condiciona ao registro do compromisso de compra e venda no cartório de imóveis".

Art. 1.417: 4. **Enunciado 253 do CEJ:** "O promitente comprador, titular de direito real (art. 1.417), tem a faculdade de reivindicar de terceiro o imóvel prometido à venda".

Art. 1.418. O promitente comprador, titular de direito real, pode exigir do promitente vendedor, ou de terceiros, a quem os direitos deste forem cedidos, a outorga da escritura definitiva de compra e venda, conforme o disposto no instrumento preliminar; e, se houver recusa, requerer ao juiz a adjudicação do imóvel.[1-2] [Sem dispositivo correspondente no CC/1916.]

✎ **Art. 1.418: 1.** "Compromisso de compra e venda em face do Código Civil de 2002: contrato preliminar e adjudicação compulsória", por Hamid Charaf Bdine Jr. (RT 843/58).

Art. 1.418: 2. v. art. 1.417, nota 3, e art. 16 do Dec. lei 58, de 10.12.37 (no tít. PROMESSA E LOTEAMENTO).

Título X | DO PENHOR, DA HIPOTECA E DA ANTICRESE[1]

Capítulo I | DISPOSIÇÕES GERAIS

TÍT. X: 1. Outros direitos reais de garantia: alienação fiduciária (arts. 1.361 a 1.368 e tít. ALIENAÇÃO FIDUCIÁRIA) e cédula hipotecária (art. 1.486 e tít. CÉDULA HIPOTECÁRIA). V. tb. os títs. CÉDULA DE PRODUTO RURAL, TÍTU-

LOS DE CRÉDITO À EXPORTAÇÃO, TÍTULOS DE CRÉDITO COMERCIAL, TÍTULOS DE CRÉDITO INDUSTRIAL e TÍTULOS DE CRÉDITO RURAL.

V., ainda, Lei 10.931, de 2.8.04, arts. 12 a 17 (letra de crédito mobiliário), 18 a 25 (cédula de crédito imobiliário) e 26 a 45 (cédula de crédito bancário), no tít. CONDOMÍNIO E INCORPORAÇÃO.

Art. 1.419. Nas dívidas garantidas por penhor, anticrese ou hipoteca, o bem dado em garantia fica sujeito, por vínculo real, ao cumprimento da obrigação. [1] [Dispositivo correspondente no CC/1916: art. 755.]

Art. 1.419: 1. v. LRF 50 § 1º, 129-III e 163 § 4º. V. tb. CPC 674 § 2º-IV (embargos de terceiro e garantia real).

Art. 1.420. Só aquele que pode alienar poderá empenhar, hipotecar ou dar em anticrese; [1] só os bens que se podem alienar poderão ser dados em penhor, anticrese ou hipoteca. [1a] [Dispositivo correspondente no CC/1916: art. 756-*caput*.]

§ 1º A propriedade superveniente [2] torna eficaz, desde o registro, as garantias reais estabelecidas por quem não era dono. [Dispositivo correspondente no CC/1916: art. 756 § ún.]

§ 2º A coisa comum a dois ou mais proprietários não pode ser dada em garantia real, na sua totalidade, sem o consentimento de todos; mas cada um pode individualmente dar em garantia real a parte que tiver. [3] [Dispositivo correspondente no CC/1916: art. 757.]

Art. 1.420: 1. v. art. 1.245, nota 1f.

Art. 1.420: 1a. Exemplos de restrições a alienabilidade: arts. 1.647-I, 1.691-*caput* e 1.717.

Art. 1.420: 2. s/ aquisição superveniente da propriedade: e tradição, v. art. 1.268 § 1º; e propriedade fiduciária, v. art. 1.361 § 3º.

Art. 1.420: 3. v. art. 1.314.

Art. 1.421. [1] O pagamento de uma ou mais prestações da dívida não importa exoneração correspondente da garantia, ainda que esta compreenda vários bens, salvo disposição expressa no título ou na quitação. [2] [Dispositivo correspondente no CC/1916: art. 758.]

Art. 1.421: 1. Os arts. 1.421, 1.425, 1.426, 1.427 e 1.436 aplicam-se à alienação fiduciária (v. art. 1.367).

Art. 1.421: 2. v. arts. 324 e 902 §§ 1º e 2º.

Art. 1.422. O credor hipotecário e o pignoratício têm o direito de excutir [1] a coisa hipotecada ou empenhada, e preferir, [1a] no pagamento, a outros credores, observada, quanto à hipoteca, a prioridade no registro. [1b] [Dispositivo correspondente no CC/1916: art. 759-*caput*.]

Parágrafo único. Excetuam-se da regra estabelecida neste artigo as dívidas que, em virtude de outras leis, [2-2a] devam ser pagas precipuamente a quaisquer outros créditos. [Dispositivo correspondente no CC/1916: art. 759 § ún.]

Art. 1.422: 1. v. arts. 1.430 e 1.455 § ún., *in fine*.

Art. 1.422: 1a. v. arts. 958, 959 e 961.

Art. 1.422: 1b. v. art. 1.493 § ún.

Art. 1.422: 2. v. arts. 955 a 965.

Art. 1.422: 2a. v. CTN 186 a 192 (privilégio fiscal); LEF 4º § 4º e 29 (dívida ativa da Fazenda Pública); CLT 449 § 1º (preferência dos créditos trabalhistas); LRF 83 e 84 (classificação dos créditos na falência).

Art. 1.423. O credor anticrético tem direito a reter em seu poder o bem, enquanto a dívida não for paga; extingue-se esse direito decorridos quinze anos da data de sua constituição.[1] [Dispositivo correspondente no CC/1916: art. 760.]

Art. 1.423: 1. v. art. 1.507 § 2º.

Art. 1.424. Os contratos de penhor, anticrese ou hipoteca declararão, sob pena de não terem eficácia:[1] [Dispositivo correspondente no CC/1916: art. 761-*caput*.]

I — o valor do crédito, sua estimação, ou valor máximo; [Dispositivo correspondente no CC/1916: art. 761-I.]

II — o prazo fixado para pagamento; [Dispositivo correspondente no CC/1916: art. 761-II.]

III — a taxa dos juros, se houver; [Dispositivo correspondente no CC/1916: art. 761-III.]

IV — o bem dado em garantia com as suas especificações.[1a-2] [Dispositivo correspondente no CC/1916: art. 761-IV.]

Art. 1.424: 1. "Os requisitos elencados no art. 761 do Código revogado (art. 1.424 do CC/2002) não constituem elementos nucleares do penhor, sem os quais inexistiria o próprio contrato; sequer se ligam à validade mesma do acordo. Constituem, ao revés, verdadeiras condições de sua plena eficácia no mundo jurídico, isto é, da validade de sua oponibilidade a terceiros. Assim, devem ser mantidas, porque válidas, as disposições firmadas entre as partes originárias" (STJ-4ª T., REsp 226.041, Min. Quaglia Barbosa, j. 12.6.07, DJU 29.6.07).

Art. 1.424: 1a. v. art. 1.474, nota 1a.

Art. 1.424: 2. "Instituída a hipoteca sobre certas unidades que seriam construídas, devidamente especificadas e numeradas no ato levado a registro, não pode a garantia ter eficácia frente a terceiros para estender-se sobre outras não indicadas no registro" (STJ-4ª T., REsp 239.231, Min. Ruy Rosado, j. 16.12.99, DJ 3.4.00).

Art. 1.425. A dívida considera-se vencida:[1 a 2a] [Dispositivo correspondente no CC/1916: art. 762-*caput*.]

I — se, deteriorando-se, ou depreciando-se o bem dado em segurança, desfalcar a garantia, e o devedor, intimado, não a reforçar ou substituir;[2b] [Dispositivo correspondente no CC/1916: art. 762-I.]

II — se o devedor cair em insolvência[3] ou falir;[3a] [Dispositivo correspondente no CC/1916: art. 762-II.]

III — se as prestações não forem pontualmente pagas, toda vez que deste modo se achar estipulado o pagamento.[4] Neste caso, o recebimento posterior da prestação atrasada importa renúncia do credor ao seu direito de execução imediata; [Dispositivo correspondente no CC/1916: art. 762-III.]

IV — se perecer o bem dado em garantia, e não for substituído;[4a-5] [Dispositivo correspondente no CC/1916: art. 762-IV.]

V — se se desapropriar o bem dado em garantia, hipótese na qual se depositará a parte do preço que for necessária para o pagamento integral do credor.[6-6a] [Dispositivo correspondente no CC/1916: art. 762-V.]

§ 1º Nos casos de perecimento da coisa dada em garantia, esta se sub-rogará na indenização do seguro, ou no ressarcimento do dano, em benefício do credor, a quem assistirá sobre ela preferência até seu completo reembolso.[7] [Dispositivo correspondente no CC/1916: art. 762 § 1º.]

§ 2º Nos casos dos incisos IV e V, só se vencerá a hipoteca antes do prazo estipulado, se o perecimento, ou a desapropriação recair sobre o bem dado em garantia, e esta não abranger outras; subsistindo, no caso contrário, a dívida reduzida, com a respectiva garantia sobre os demais bens, não desapropriados ou destruídos. [Dispositivo correspondente no CC/1916: art. 762 § 2º.]

Art. 1.425: 1. Também se considera vencida nos casos do art. 333 e do art. 1.445 § ún.

Art. 1.425: 1a. v. art. 1.426.

Art. 1.425: 2. Outra hipótese de vencimento antecipado do crédito hipotecário: art. 1.475 § ún.

Art. 1.425: 2a. O art. 1.425 aplica-se às alienações fiduciárias (v. art. 1.367).

Art. 1.425: 2b. v., porém, art. 1.427.

Art. 1.425: 3. v. CPC/73 art. 751-I.

Art. 1.425: 3a. v. LRF 77, 129-III e 163 § 4º.

Art. 1.425: 4. s/ purgação da mora pelo devedor, v. art. 401-I.

Art. 1.425: 4a. v. art. 959-I.

Art. 1.425: 5. v. §§ 1º e 2º.

Art. 1.425: 6. v. § 2º.

Art. 1.425: 6a. v. arts. 959-II e 1.509 § 2º. V. tb. LD 31.

Art. 1.425: 7. quanto à anticrese, v., porém, art. 1.509 § 2º.

Art. 1.426. Nas hipóteses do artigo anterior, de vencimento antecipado da dívida, não se compreendem os juros correspondentes ao tempo ainda não decorrido. [Dispositivo correspondente no CC/1916: art. 763.]

Art. 1.427. Salvo cláusula expressa, o terceiro que presta garantia real por dívida alheia não fica obrigado a substituí-la, ou reforçá-la, quando, sem culpa sua, se perca, deteriore, ou desvalorize.[1] [Dispositivo correspondente no CC/1916: art. 764.]

Art. 1.427: 1. v. art. 1.425-I.

Art. 1.428. É nula a cláusula que autoriza o credor pignoratício, anticrético ou hipotecário a ficar com o objeto da garantia, se a dívida não for paga no vencimento.[1 a 2c] [Dispositivo correspondente no CC/1916: art. 765.]

Parágrafo único. Após o vencimento, poderá o devedor dar a coisa em pagamento da dívida.[3] [Sem dispositivo correspondente no CC/1916.]

Art. 1.428: 1. ou seja: é nulo, nesse caso, o denominado **pacto comissório.**

Art. 1.428: 2. **Lei 4.864, de 29.11.65** (no tít. CONTRATOS IMOBILIÁRIOS), **art. 23 § 3º:** "É nula a cláusula que autoriza o cessionário fiduciário a ficar com os direitos cedidos em garantia, se a dívida não for paga no seu vencimento". V. tb. art. 1.365.

Art. 1.428: 2a. A nulidade do pacto comissório não prejudica a validade da cláusula que legitimamente instituiu o direito real de garantia (RSTJ 28/564: 3ª T., REsp 10.952). V. art. 184.

Art. 1.428: 2b. "Resta perfeitamente configurada a figura do pacto comissório, pois, simulando a celebração de contratos de compromisso de compra e venda, foram instituídas verdadeiras garantias reais aos ajustes de *factoring*, permitindo que, em caso de inadimplência, fossem os bens transmitidos diretamente ao credor. Avença nula de pleno direito, consoante o disposto no art. 765 do CC/16, atual art. 1.428 do CC/02" (STJ-4ª T., REsp 954.903, Min. Marco Buzzi, j. 11.12.12, DJ 1.2.13).

Art. 1.428: 2c. "No caso em exame, não se verifica a cristalização de pacto comissório, mormente porque o **contrato de mútuo** foi firmado em 30.7.2002, ao passo que o **compromisso de compra e venda** do imóvel ocorreu em 6.5.2003, isto é, quase 1 ano após a celebração do contrato primevo. Além disso, não houve previsão, no contrato de mútuo, de cláusula que estabelecesse que, em caso de não pagamento, o imóvel passaria a pertencer ao credor. Verifica-se, portanto, que, na hipótese vertente, não ocorreu nulidade, notadamente porque os contratos **não foram celebrados concomitantemente,** sendo o ato de compra posterior ao mútuo, caracterizando-se, em verdade, a legítima possibilidade de dar a coisa em pagamento da dívida após o vencimento, máxime em virtude da natureza jurídica alternativa das obrigações que ficaram à livre escolha do devedor, consubstanciadas no pagamento do empréstimo ou na venda de 61% dos imóveis oferecidos em garantia" (STJ-4ª T., REsp 1.424.930, Min. Luis Felipe, j. 13.12.16, maioria, DJ 24.2.17).

Art. 1.428: 3. "Admissível a dação em pagamento, não o é, entretanto, a promessa de fazê-la, mediante avença no mesmo ato em que contratado o mútuo e constituída a garantia hipotecária" (RSTJ 28/564: 3ª T., REsp 10.952).

Art. 1.429. Os sucessores do devedor não podem remir[1] parcialmente o penhor ou a hipoteca na proporção dos seus quinhões; qualquer deles, porém, pode fazê-lo no todo. [Dispositivo correspondente no CC/1916: art. 766-*caput*.]

Parágrafo único. O herdeiro ou sucessor que fizer a remição fica sub-rogado nos direitos do credor pelas quotas que houver satisfeito. [Dispositivo correspondente no CC/1916: art. 766 § ún.]

Art. 1.429: 1. v. art. 1.481.

Art. 1.430. Quando, excutido[1] o penhor, ou executada a hipoteca, o produto não bastar para pagamento da dívida e despesas judiciais, continuará o devedor obrigado pessoalmente pelo restante.[2 a 4] [Dispositivo correspondente no CC/1916: art. 767.]

Art. 1.430: 1. v. art. 1.422-*caput*.

Art. 1.430: 2. v. LRF 83-VI-*b*.

Art. 1.430: 3. cf. CPC/73 arts. 774 a 776.

Art. 1.430: 4. v. art. 1.488 § 3º.

Capítulo II | DO PENHOR[1]

Seção I | DA CONSTITUIÇÃO DO PENHOR

CAP. II: 1. v. arts. 1.419 a 1.430, bem como títs. CÉDULA DE PRODUTO RURAL e TÍTULOS DE CRÉDITO RURAL.

Art. 1.431. Constitui-se o penhor[1] pela transferência efetiva da posse que, em garantia do débito ao credor ou a quem o represente, faz o devedor, ou alguém por ele, de uma coisa móvel, suscetível de alienação. [Dispositivo correspondente no CC/1916: art. 768.]

Parágrafo único. No penhor rural, industrial, mercantil e de veículos, as coisas empenhadas continuam em poder do devedor, que as deve guardar e conservar.[2] [Dispositivo correspondente no CC/1916: art. 769.]

Art. 1.431: 1. v. CPC 784-V, 799-I, 804-*caput* e 889-V. V. tb. LINDB 8º § 2º.

Art. 1.431: 2. "O Código Comercial, a teor do revogado art. 271, tratava o penhor mercantil como contrato, todavia o Código Civil inclui o penhor entre os direitos reais de garantia, sem que tenha procedido à substancial modificação em sua disciplina. Com efeito, em que pese o Diploma civilista não dispor textualmente acerca da possibilidade de fazer-se a tradição simbólica, isso ressai nítido da leitura de seu art. 1.431, parágrafo único, que estabelece que no penhor rural, industrial, mercantil e de veículos, 'as coisas empenhadas continuam em poder do devedor'. À luz do art. 1.431, § ún., do Código Civil c/c os arts. 31 e 35 da Lei 10.931/04, ainda que o dador não figure como emitente (devedor) da cédula de crédito bancário (obrigação principal), sendo, pois, terceiro em relação a essa avença, é possível que a garantia real seja constituída por bem de sua titularidade" (STJ-4ª T., REsp 1.377.908, Min. Luis Felipe, j. 21.5.13, DJ 1.7.13).

Art. 1.432. O instrumento do penhor deverá ser levado a registro, por qualquer dos contratantes; o do penhor comum será registrado no Cartório de Títulos e Documentos.[1] [Sem dispositivo correspondente no CC/1916.]

Art. 1.432: 1. v. LRP 127-II (penhor comum) e IV; penhor de máquinas: LRP 167-I-4; penhor rural: LRP 167-I-15.

Seção II | DOS DIREITOS DO CREDOR PIGNORATÍCIO

Art. 1.433. O credor pignoratício tem direito: [Sem dispositivo correspondente no CC/1916.]

I — à posse da coisa empenhada; [Sem dispositivo correspondente no CC/1916.]

II — à retenção dela, até que o indenizem das despesas devidamente justificadas, que tiver feito, não sendo ocasionadas por culpa sua; [Dispositivo correspondente no CC/1916: art. 772.]

III — ao ressarcimento do prejuízo que houver sofrido por vício[1] da coisa empenhada; [Dispositivo correspondente no CC/1916: art. 773.]

IV — a promover a execução judicial,[2] ou a venda amigável, se lhe permitir expressamente o contrato, ou lhe autorizar o devedor mediante procuração; [Sem dispositivo correspondente no CC/1916.]

V — a apropriar-se dos frutos[3] da coisa empenhada que se encontra em seu poder; [Sem dispositivo correspondente no CC/1916.]

VI — a promover a venda antecipada, mediante prévia autorização judicial, sempre que haja receio fundado de que a coisa empenhada se perca ou deteriore, devendo o preço ser depositado. O dono da coisa empenhada pode impedir a venda antecipada, substituindo-a, ou oferecendo outra garantia real idônea. [Sem dispositivo correspondente no CC/1916.]

Art. 1.433: 1. v. arts. 441 a 446.

Art. 1.433: 2. v. art. 1.435-V, CPC 784-V.

Art. 1.433: 3. v. art. 1.435-III.

Art. 1.434. O credor não pode ser constrangido a devolver a coisa empenhada, ou uma parte dela, antes de ser integralmente pago, podendo o juiz, a requerimento do proprietário, determinar que seja vendida apenas uma das coisas, ou parte da coisa empenhada, suficiente para o pagamento do credor. [Dispositivo correspondente no CC/1916: art. 772.]

Seção III | DAS OBRIGAÇÕES DO CREDOR PIGNORATÍCIO

Art. 1.435. O credor pignoratício é obrigado: [Dispositivo correspondente no CC/1916: art. 774-*caput*.]

I — à custódia da coisa, como depositário,[1] e a ressarcir ao dono a perda ou deterioração de que for culpado, podendo ser compensada na dívida, até a concorrente quantia, a importância da responsabilidade;[1a] [Dispositivo correspondente no CC/1916: arts. 774-*caput*-IV e 775.]

II — à defesa da posse da coisa empenhada e a dar ciência, ao dono dela, das circunstâncias que tornarem necessário o exercício de ação possessória; [Sem dispositivo correspondente no CC/1916.]

III — a imputar o valor dos frutos, de que se apropriar (art. 1.433, inciso V) nas despesas de guarda e conservação, nos juros e no capital da obrigação garantida, sucessivamente; [Sem dispositivo correspondente no CC/1916.]

IV — a restituí-la, com os respectivos frutos e acessões, uma vez paga a dívida; [Dispositivo correspondente no CC/1916: art. 774-II.]

V — a entregar o que sobeje do preço, quando a dívida for paga, no caso do inciso IV do art. 1.433.[2] [Dispositivo correspondente no CC/1916: art. 774-III.]

Art. 1.435: 1. v. arts. 627 a 652.

Art. 1.435: 1a. "Na hipótese de roubo ou furto de joias que se encontravam depositadas em agência bancária, por força de contrato de penhor, o credor pignoratício, vale dizer, o banco, deve pagar ao proprietário das joias subtraídas a quantia equivalente ao valor de mercado das mesmas, descontando-se os valores dos mútuos referentes ao contrato de penhor" (STJ-3ª T., REsp 730.925, Min. Nancy Andrighi, j. 20.4.06, DJ 15.5.06).

"O credor pignoratício assume o *status* de depositário dos bens empenhados, respondendo pela perda ou deterioração que a coisa vier a sofrer, salvo nas hipóteses de força maior, caso fortuito ou culpa exclusiva da vítima. Entretanto, os casos de roubo e furto a bancos não se inserem em tais excludentes, porquanto a própria natureza da atividade bancária pressupõe a prevenção contra tais riscos. Em outras palavras, cabe à instituição financeira tomar as medidas necessárias para evitar a ocorrência desses eventos, sob pena de responder a terceiros pelos prejuízos que lhes forem causados. A indenização estabelecida por meio do contrato de mútuo celebrado é passível de revisão pelo Judiciário, tendo em vista que tais negócios jurídicos revestem-se da característica de típicos contratos de adesão. De fato, a cláusula limitadora da indenização fixa o *quantum* indenizatório à proporção de 150% do valor estabelecido por conta da avaliação unilateralmente realizada pela instituição financeira. Tal avaliação, contudo, por ser realizada exclusivamente pelos profissionais pertencentes aos quadros funcionais da CEF, não está imune de reexame na via judicial para o fim de ser aferido o seu acerto ou não. Tal função é precípua do Poder Judiciário, sendo o mesmo responsável por ditar o direito com a característica da definitividade própria aos provimentos que emite, atributo de que não se revestem os atos praticados pela empresa pública em referência" (RT 925/803: TRF-3ª Reg., AP 0002688-76.2001.4.03.6111-AgRg).

V. tb. art. 927, nota 6e.

Art. 1.435: 2. v. CPC 907.

Seção IV | DA EXTINÇÃO DO PENHOR

Art. 1.436. Extingue-se o penhor: [Dispositivo correspondente no CC/1916: art. 802-*caput*.]

I — extinguindo-se a obrigação; [Dispositivo correspondente no CC/1916: art. 802-I.]

II — perecendo a coisa;[1] [Dispositivo correspondente no CC/1916: art. 802-II.]

III — renunciando o credor;[1a] [Dispositivo correspondente no CC/1916: art. 802-III.]

IV — confundindo-se na mesma pessoa as qualidades de credor e de dono da coisa;[2] [Dispositivo correspondente no CC/1916: art. 802-V.]

V — dando-se a adjudicação judicial, a remissão[3] ou a venda da coisa empenhada, feita pelo credor ou por ele autorizada. [Dispositivo correspondente no CC/1916: art. 802-VI.]

§ 1º Presume-se a renúncia do credor quando consentir na venda particular do penhor sem reserva de preço, quando restituir a sua posse ao devedor,[4] ou quando anuir à sua substituição por outra garantia. [Dispositivo correspondente no CC/1916: art. 803.]

§ 2º Operando-se a confusão tão somente quanto a parte da dívida pignoratícia, subsistirá inteiro o penhor quanto ao resto. [Dispositivo correspondente no CC/1916: art. 804.]

Art. 1.436: 1. "O perecimento por completo da coisa empenhada não induz à extinção da obrigação principal, pois o penhor é apenas acessório desta, perdurando, por conseguinte, a obrigação do devedor, embora com caráter pessoal e não mais real" (STJ-3ª T., REsp 730.925, Min. Nancy Andrighi, j. 20.4.06, DJ 15.5.06).

Art. 1.436: 1a. v. § 1º.

Art. 1.436: 2. v. § 2º. V. tb. arts. 381 a 384.

Art. 1.436: 3. No caso, trata-se de "remição" (resgate, pagamento), e não de "remissão" (renúncia, perdão).

Art. 1.436: 4. v. art. 387.

Art. 1.437. Produz efeitos a extinção do penhor depois de averbado o cancelamento[1] do registro,[2] à vista da respectiva prova. [Sem dispositivo correspondente no CC/1916.]

Art. 1.437: 1. v. LRP 248 a 250.

Art. 1.437: 2. v. art. 1.432 e nota 1.

Seção V | DO PENHOR RURAL[1]

Subseção I | DISPOSIÇÕES GERAIS

SEÇ. V: 1. Lei 492, de 30.9.37 — Regula o penhor rural e a cédula pignoratícia.

Os dispositivos dessa lei cuja matéria foi objeto de expressa regulação pelo Código Civil estão **implicitamente revogados.** É o caso, p. ex., dos arts. 7º-*caput* e 13-*caput* da Lei 492, cuja matéria foi expressamente regulada pelo art. 1.439 do CC.

V. tb. títs. CÉDULA DE PRODUTO RURAL e TÍTULOS DE CRÉDITO RURAL.

Art. 1.438. Constitui-se o penhor rural mediante instrumento público ou particular, registrado no Cartório de Registro de Imóveis da circunscrição em que estiverem situadas as coisas empenhadas.[1-1a] [Dispositivo correspondente no CC/1916: art. 796-*caput*.]

Parágrafo único. Prometendo pagar em dinheiro a dívida, que garante com penhor rural, o devedor poderá emitir, em favor do credor, cédula rural pignoratícia, na forma determinada em lei especial.[2] [Sem dispositivo correspondente no CC/1916.]

Art. 1.438: 1. v. LRP 167-I-15.

Art. 1.438: 1a. O registro do penhor rural tem natureza constitutiva, "de sorte que não se pode tratar como tal o ajuste ao qual falte esse requisito formal" (STJ-4ª T., REsp 35.109, Min. Sálvio de Figueiredo, j. 3.9.96, DJU 23.9.96).

Art. 1.438: 2. v., no tít. TÍTULOS DE CRÉDITO RURAL, arts. 14 a 19 do Dec. lei 167, de 14.2.67.

Art. 1.439. O penhor agrícola e o penhor pecuário não podem ser convencionados por prazos superiores aos das obrigações garantidas.[1-1a] [Dispositivo correspondente no CC/1916: arts. 782 e 788-*caput*.]

§ 1º Embora vencidos os prazos, permanece a garantia, enquanto subsistirem os bens que a constituem. [Sem dispositivo correspondente no CC/1916.]

§ 2º A prorrogação deve ser averbada[2] à margem do registro respectivo, mediante requerimento do credor e do devedor. [Sem dispositivo correspondente no CC/1916.]

Art. 1.439: 1. Redação do *caput* de acordo com a Lei 12.873, de 24.10.13.

Art. 1.439: 1a. v., no tít. TÍTULOS DE CRÉDITO RURAL, art. 61 do Dec. lei 167, de 14.2.67.

S/ prazo do penhor de veículos, v. art. 1.466.

Art. 1.439: 2. v. LRP 246-*caput*.

Art. 1.440. Se o prédio estiver hipotecado, o penhor rural poderá constituir-se independentemente da anuência do credor hipotecário, mas não lhe prejudica o direito de preferência, nem restringe a extensão da hipoteca, ao ser executada. [Dispositivo correspondente no CC/1916: art. 783.]

Art. 1.441. Tem o credor direito a verificar o estado das coisas empenhadas, inspecionando-as onde se acharem, por si ou por pessoa que credenciar.[1-2] [Sem dispositivo correspondente no CC/1916.]

Art. 1.441: 1. O penhor industrial e mercantil (art. 1.450) e o penhor de veículos têm disposições similares. V. ainda art. 1.431 § ún.

Art. 1.441: 2. Se houver expedição de cédula de crédito rural, os bens empenhados deverão ser necessariamente segurados (cf. art. 76 do Dec. lei 167, de 14.2.67, no tít. TÍTULOS DE CRÉDITO RURAL).

Subseção II | DO PENHOR AGRÍCOLA[1]

SUBSEÇ. II: 1. s/ prazo máximo do penhor agrícola, v. art. 1.439.

Art. 1.442. Podem ser objeto de penhor: [Dispositivo correspondente no CC/1916: art. 781-*caput*.]

I — máquinas[1] e instrumentos de agricultura; [Dispositivo correspondente no CC/1916: art. 781-I.]

II — colheitas pendentes, ou em via de formação;[2] [Dispositivo correspondente no CC/1916: art. 781-II.]

III — frutos acondicionados ou armazenados; [Dispositivo correspondente no CC/1916: art. 781-III.]

IV — lenha cortada e carvão vegetal; [Dispositivo correspondente no CC/1916: art. 781-IV.]

V — animais do serviço ordinário de estabelecimento agrícola. [Dispositivo correspondente no CC/1916: art. 781-V.]

Art. 1.442: 1. v. LRP 167-I-4.

Art. 1.442: 2. v. art. 1.443.

Art. 1.443. O penhor agrícola que recai sobre colheita pendente, ou em via de formação, abrange a imediatamente seguinte, no caso de frustrar-se ou ser insuficiente a que se deu em garantia.[1] [Sem dispositivo correspondente no CC/1916.]

Parágrafo único. Se o credor não financiar a nova safra, poderá o devedor constituir com outrem novo penhor, em quantia máxima equivalente à do primeiro; o segundo penhor terá preferência sobre o primeiro, abrangendo este apenas o excesso apurado na colheita seguinte. [Sem dispositivo correspondente no CC/1916.]

Art. 1.443: 1. "Plano de recuperação aprovado. Novação de créditos anteriores ao pedido de recuperação. Inexistência de esvaziamento, substituição ou supressão de garantias reais (penhora agrícola de safras). Harmonização entre o art. 50, § 1º, da Lei 11.101/05 e o art. 1.443 do Código Civil. Preservação não apenas dos interesses dos credores, mas também das próprias garantias contratadas, fazendo, na espécie, aplicar-se o art. 1.443 do CCB, cuja incidência não ofende o quanto disposto no § 1º do art. 50 da Lei 11.101/05, já que não se estará a substituir o penhor agrícola das safras, nem a suprimi-lo, restando a garantia hígida, acaso sobrevenha o insucesso da recuperação. Impedir a empresa em recuperação de transformar as suas colheitas no produto que será objeto de renda para o pagamento das suas diuturnas obrigações, e de cumprir os contratos consoante esquematizado no plano, apenas malograria o objetivo principal da recuperação" (STJ-3ª T., REsp 1.388.948, Min. Paulo Sanseverino, j. 1.4.14, DJ 8.4.14).

Subseção III | DO PENHOR PECUÁRIO

Art. 1.444. Podem ser objeto de penhor os animais que integram a atividade pastoril, agrícola ou de lacticínios.[1] [Sem dispositivo correspondente no CC/1916.]

Art. 1.444: 1. s/ prazo máximo do penhor pecuário, v. art 1.439.

Art. 1.445. O devedor não poderá alienar os animais empenhados sem prévio consentimento, por escrito, do credor. [1] [Dispositivo correspondente no CC/1916: art. 785.]

Parágrafo único. Quando o devedor pretende alienar o gado empenhado ou, por negligência, ameace prejudicar o credor, poderá este requerer se depositem os animais sob a guarda de terceiro, ou exigir que se lhe pague a dívida de imediato. [Dispositivo correspondente no CC/1916: art. 786.]

Art. 1.445: 1. v. CP 171 § 2º-III (crime de defraudação de penhor).

Art. 1.446. Os animais da mesma espécie, comprados para substituir os mortos, ficam sub-rogados no penhor. [Dispositivo correspondente no CC/1916: art. 787-*caput*.]

Parágrafo único. Presume-se a substituição prevista neste artigo, mas não terá eficácia contra terceiros, se não constar de menção adicional ao respectivo contrato, a qual deverá ser averbada. [Dispositivo correspondente no CC/1916: art. 787 § ún.]

Seção VI | DO PENHOR INDUSTRIAL E MERCANTIL [1-2]

SEÇ. VI: 1. v. tít. TÍTULOS DE CRÉDITO INDUSTRIAL.

SEÇ. VI: 2. **Dec. lei 4.191, de 18.3.42** — Dispõe sobre o penhor de máquinas e aparelhos utilizados na indústria quando instalados em imóvel alugado a terceiro e dá outras providências.

Art. 1.447. Podem ser objeto de penhor máquinas, aparelhos, materiais, instrumentos, instalados e em funcionamento, com os acessórios ou sem eles; animais, utilizados na indústria; sal e bens destinados à exploração das salinas; produtos de suinocultura, animais destinados à industrialização de carnes e derivados; matérias-primas e produtos industrializados. [1] [Sem dispositivo correspondente no CC/1916.]

Parágrafo único. Regula-se pelas disposições relativas aos armazéns gerais o penhor das mercadorias neles depositadas. [2] [Sem dispositivo correspondente no CC/1916.]

Art. 1.447: 1. v., s/ penhor cedular, art. 20 do Dec. lei 413, de 9.1.69, no tít. TÍTULOS DE CRÉDITO INDUSTRIAL.

Art. 1.447: 2. **Dec. 1.102, de 21.11.1903 (Armazéns gerais)** — Institui regras para o estabelecimento de empresas de armazéns gerais, determinando os direitos e obrigações dessas empresas. O CC de 1916 e o novo CC não estabeleceram regras específicas para as empresas de armazéns gerais (STJ-3ª T., REsp 476.458, Min. Nancy Andrighi, j. 4.8.05, DJU 29.8.05).

Art. 1.448. Constitui-se o penhor industrial, ou o mercantil, mediante instrumento público ou particular, registrado no Cartório de Registro de Imóveis da circunscrição onde estiverem situadas as coisas empenhadas. [1] [Sem dispositivo correspondente no CC/1916.]

Parágrafo único. Prometendo pagar em dinheiro a dívida, que garante com penhor industrial ou mercantil, o devedor poderá emitir, em favor do credor, cédula do respectivo crédito, na forma e para os fins que a lei especial determinar. [2] [Sem dispositivo correspondente no CC/1916.]

Art. 1.448: 1. v. LRP 167-I-4.

Art. 1.448: 2. v., no tít. TÍTULOS DE CRÉDITO INDUSTRIAL, Dec. lei 413, de 9.1.69, arts. 9º a 14.

Art. 1.449. O devedor não pode, sem o consentimento por escrito do credor, alterar as coisas empenhadas ou mudar-lhes a situação, nem delas dispor. O devedor que, anuindo o credor, alienar as coisas empenhadas, deverá repor outros bens da mesma natureza, que ficarão sub-rogados no penhor.[1] [Sem dispositivo correspondente no CC/1916.]

Art. 1.449: 1. O penhor rural pecuário tem dispositivos similares: arts. 1.445 e 1.446.

Art. 1.450. Tem o credor direito a verificar o estado das coisas empenhadas, inspecionando-as onde se acharem, por si ou por pessoa que credenciar.[1] [Sem dispositivo correspondente no CC/1916.]

Art. 1.450: 1. O penhor rural (art. 1.441) e o penhor de veículos (art. 1.464) têm disposições similares. V. ainda art. 1.431 § ún.

Seção VII | DO PENHOR DE DIREITOS E TÍTULOS DE CRÉDITO[1-2]

SEÇ. VII: 1. s/ títulos de crédito, v. arts. 887 a 926 e títs. CHEQUE e LETRA DE CÂMBIO.

SEÇ. VII: 2. s/ penhor de títulos de crédito e recuperação judicial, v. LRF 49 § 5º.

Art. 1.451. Podem ser objeto de penhor direitos, suscetíveis de cessão, sobre coisas móveis.[1] [Sem dispositivo correspondente no CC/1916.]

Art. 1.451: 1. v. art. 83-II.

Art. 1.452. Constitui-se o penhor de direito mediante instrumento público ou particular, registrado no Registro de Títulos e Documentos.[1] [Sem dispositivo correspondente no CC/1916.]

Parágrafo único. O titular de direito empenhado deverá entregar ao credor pignoratício os documentos comprobatórios desse direito, salvo se tiver interesse legítimo em conservá-los. [Sem dispositivo correspondente no CC/1916.]

Art. 1.452: 1. v. LRP 127-III e 129.

Art. 1.453. O penhor de crédito não tem eficácia senão quando notificado ao devedor; por notificado tem-se o devedor que, em instrumento público ou particular, declarar-se ciente da existência do penhor. [Sem dispositivo correspondente no CC/1916.]

Art. 1.454. O credor pignoratício deve praticar os atos necessários à conservação e defesa do direito empenhado e cobrar os juros e mais prestações acessórias compreendidas na garantia. [Sem dispositivo correspondente no CC/1916.]

Art. 1.455. Deverá o credor pignoratício cobrar o crédito empenhado, assim que se torne exigível. Se este consistir numa prestação pecuniária, depositará a importância recebida, de acordo com o devedor pignoratício, ou onde o juiz determinar; se consistir na entrega da coisa, nesta se sub-rogará o penhor. [Sem dispositivo correspondente no CC/1916.]

Parágrafo único. Estando vencido o crédito pignoratício, tem o credor direito a reter, da quantia recebida, o que lhe é devido, restituindo o restante ao devedor; ou a excutir[1-1a] a coisa a ele entregue.[2] [Sem dispositivo correspondente no CC/1916.]

Art. 1.455: 1. v. CPC 784-V.

Art. 1.455: 1a. v. art. 1.422-*caput*.

Art. 1.455: 2. v. arts. 1.433 e 1.459.

Art. 1.456. Se o mesmo crédito for objeto de vários penhores, só ao credor pignoratício, cujo direito prefira[1] aos demais, o devedor deve pagar; responde por perdas e danos[2] aos demais credores o credor preferente que, notificado por qualquer um deles, não promover oportunamente a cobrança. [Sem dispositivo correspondente no CC/1916.]

Art. 1.456: 1. em razão de registro anterior de sua penhora.

Art. 1.456: 2. v. arts. 402 a 405.

Art. 1.457. O titular do crédito empenhado só pode receber o pagamento com a anuência, por escrito, do credor pignoratício, caso em que o penhor se extinguirá.[1-2] [Sem dispositivo correspondente no CC/1916.]

Art. 1.457: 1. v. arts. 1.436 e 1.437. V. tb. LRP 164 a 166.

Art. 1.457: 2. extinguir-se-á porque essa anuência corresponde a uma renúncia do credor pignoratício à garantia (mas não ao crédito em si).

Art. 1.458. O penhor, que recai sobre título de crédito, constitui-se mediante instrumento público ou particular ou endosso pignoratício,[1] com a tradição do título ao credor, regendo-se pelas Disposições Gerais deste Título[2] e, no que couber, pela presente Seção. [Sem dispositivo correspondente no CC/1916.]

Art. 1.458: 1. v. art. 918.

Art. 1.458: 2. v. arts. 1.419 a 1.430.

Art. 1.459. Ao credor, em penhor de título de crédito, compete o direito de:[1] [Dispositivo correspondente no CC/1916: art. 792-*caput*.]

I — conservar a posse do título e recuperá-la de quem quer que o detenha; [Dispositivo correspondente no CC/1916: art. 792-I.]

II — usar dos meios judiciais convenientes para assegurar os seus direitos, e os do credor do título empenhado; [Dispositivo correspondente no CC/1916: art. 792-III.]

III — fazer intimar ao devedor do título que não pague ao seu credor, enquanto durar o penhor;[2] [Dispositivo correspondente no CC/1916: art. 792-II.]

IV — receber a importância consubstanciada no título e os respectivos juros, se exigíveis, restituindo o título ao devedor, quando este solver a obrigação. [Dispositivo correspondente no CC/1916: art. 792-IV.]

Art. 1.459: 1. v. arts. 1.433 e 1.455.

Art. 1.459: 2. v. art. 1.460.

Art. 1.460. O devedor do título empenhado que receber a intimação prevista no inciso III do artigo antecedente, ou se der por ciente do penhor, não poderá pagar ao seu credor. Se o fizer, responderá solidariamente[1] por este, por perdas e danos,[2] perante o credor pignoratício.[3] [Dispositivo correspondente no CC/1916: art. 794.]

Parágrafo único. Se o credor der quitação ao devedor do título empenhado, deverá saldar imediatamente a dívida, em cuja garantia se constituiu o penhor.[4] [Dispositivo correspondente no CC/1916: art. 795.]

Art. 1.460: 1. v. arts. 275 a 285.

Art. 1.460: 2. v. arts. 402 a 405.

Art. 1.460: 3. v. art. 1.453.

Art. 1.460: 4. v., porém, art. 1.457.

Seção VIII | DO PENHOR DE VEÍCULOS[1]

SEÇ. VIII: 1. v. TCI 20-V (no tít. TÍTULOS DE CRÉDITO INDUSTRIAL).

Art. 1.461. Podem ser objeto de penhor os veículos empregados em qualquer espécie de transporte ou condução.[1-2] [Sem dispositivo correspondente no CC/1916.]

Art. 1.461: 1. Este dispositivo comporta algumas ressalvas. A principal delas refere-se a navios e aeronaves, que não podem ser objeto de penhor, mas sim de hipoteca (art. 1.473-VI e VII).

Art. 1.461: 2. "É inadmissível a penhora de elevador de edifício de apartamento, porquanto se encontra incorporado à estrutura do prédio" (RSTJ 192/414: 4ª T., REsp 259.994).

Art. 1.462. Constitui-se o penhor, a que se refere o artigo antecedente, mediante instrumento público ou particular, registrado no Cartório de Títulos e Documentos[1] do domicílio do devedor, e anotado no certificado de propriedade.[1a] [Sem dispositivo correspondente no CC/1916.]

Parágrafo único. Prometendo pagar em dinheiro a dívida garantida com o penhor, poderá o devedor emitir cédula de crédito,[2] na forma e para os fins que a lei especial determinar. [Sem dispositivo correspondente no CC/1916.]

Art. 1.462: 1. v. LRP 129-7º.

Art. 1.462: 1a. Como regra geral, o penhor constitui-se mediante a transferência efetiva da posse da coisa móvel (art. 1.431). Esse não é o caso, entretanto, do penhor especial de veículos, já que neste o bem permanece com o devedor.

Art. 1.462: 2. s/ cédula de crédito industrial, v. Dec. lei 413, de 9.1.69, arts. 9º a 14, no tít. TÍTULOS DE CRÉDITO INDUSTRIAL.

Art. 1.463. Não se fará o penhor de veículos sem que estejam previamente segurados contra furto, avaria, perecimento e danos causados a terceiros.[1] [Sem dispositivo correspondente no CC/1916.]

Art. 1.463: 1. v. art. 1.425 § 1º. S/ seguros, v. arts. 757 a 788.

Art. 1.464. Tem o credor direito a verificar o estado do veículo empenhado, inspecionando-o onde se achar, por si ou por pessoa que credenciar.[1] [Sem dispositivo correspondente no CC/1916.]

Art. 1.464: 1. O penhor rural (art. 1.441) e o penhor industrial e mercantil (art. 1.450) possuem disposições similares. V. ainda art. 1.431 § ún.

Art. 1.465. A alienação, ou a mudança, do veículo empenhado sem prévia comunicação ao credor importa no vencimento antecipado[1] do crédito pignoratício.[2] [Sem dispositivo correspondente no CC/1916.]

Art. 1.465: 1. v. tb. art. 1.425. V. ainda arts. 333-III e 1.426.

Art. 1.465: 2. CP 171 § 2º-III (crime de defraudação de penhor).

Art. 1.466. O penhor de veículos só se pode convencionar pelo prazo máximo de dois anos, prorrogável até o limite de igual tempo, averbada[1] a prorrogação à margem do registro respectivo.[2] [Sem dispositivo correspondente no CC/1916.]

Art. 1.466: 1. v. LRP 167-II-5.

Art. 1.466: 2. s/ prazos do penhor rural, v. art. 1.439.

Seção IX | DO PENHOR LEGAL

Art. 1.467. São credores pignoratícios, independentemente de convenção:[1] [Dispositivo correspondente no CC/1916: art. 776-*caput*.]

I — os hospedeiros, ou fornecedores de pousada ou alimento,[2] sobre as bagagens, móveis, joias ou dinheiro que os seus consumidores ou fregueses tiverem consigo nas respectivas casas ou estabelecimentos, pelas despesas ou consumo que aí tiverem feito; [Dispositivo correspondente no CC/1916: art. 776-I.]

II — o dono do prédio rústico ou urbano, sobre os bens móveis que o rendeiro ou inquilino tiver guarnecendo o mesmo prédio, pelos aluguéis ou rendas. [Dispositivo correspondente no CC/1916: art. 776-II.]

Art. 1.467: 1. **Lei 6.533, de 24.5.78** — Dispõe sobre a regulamentação das profissões de artista e de técnico em espetáculos de diversões, e dá outras providências: "**Art. 31.** Os profissionais de que trata esta lei têm penhor legal sobre o equipamento e todo o material de propriedade do empregador, utilizado na realização de programa, espetáculo ou produção, pelo valor das obrigações não cumpridas pelo empregador".

Art. 1.467: 2. v. art. 1.468. V. tb. arts. 1.469 e 1.470.

Art. 1.468. A conta das dívidas enumeradas no inciso I do artigo antecedente será extraída conforme a tabela impressa, prévia e ostensivamente exposta na casa, dos preços de hospedagem, da pensão ou dos gêneros fornecidos, sob pena de nulidade do penhor.[1] [Dispositivo correspondente no CC/1916: art. 777.]

Art. 1.468: 1. cf. CDC 6º-III.

Art. 1.469. Em cada um dos casos do art. 1.467, o credor poderá tomar em garantia um ou mais objetos até o valor da dívida. [Dispositivo correspondente no CC/1916: art. 778.]

Art. 1.470. Os credores, compreendidos no art. 1.467, podem fazer efetivo o penhor, antes de recorrerem à autoridade judiciária, sempre que haja perigo na demora, dando aos devedores comprovante dos bens de que se apossarem. [Dispositivo correspondente no CC/1916: art. 779.]

Art. 1.471. Tomado o penhor, requererá o credor, ato contínuo, a sua homologação judicial.[1] [Dispositivo correspondente no CC/1916: art. 780.]

Art. 1.471: 1. v. CPC 703 a 706.

Art. 1.472. Pode o locatário impedir a constituição do penhor mediante caução idônea.[1] [Sem dispositivo correspondente no CC/1916.]

Art. 1.472: 1. v. art. 1.467-II. V. tb. LI 37 a 42.

Capítulo III | DA HIPOTECA[1]

Seção I | DISPOSIÇÕES GERAIS

CAP. III: 1. v. tít. CÉDULA HIPOTECÁRIA; v. tb., em TÍTULOS DE CRÉDITO RURAL, Dec. lei 167, de 14.2.67 (arts. 20 a 24: cédula rural hipotecária; arts. 25 a 26: cédula rural hipotecária e pignoratícia). V., ainda, **Súmula 308 do STJ** em LCE 31-A, nota 1, e Lei 4.864/65, art. 22, nota 1 (tít. CONTRATOS IMOBILIÁRIOS).

Art. 1.473. Podem ser objeto de hipoteca: [Dispositivo correspondente no CC/1916: art. 810-*caput*.]

I — os imóveis e os acessórios dos imóveis conjuntamente com eles; [Dispositivo correspondente no CC/1916: art. 810-I e II.]

II — o domínio direto; [Dispositivo correspondente no CC/1916: art. 810-III.]

III — o domínio útil; [Dispositivo correspondente no CC/1916: art. 810-IV.]

IV — as estradas de ferro;[1] [Dispositivo correspondente no CC/1916: art. 810-V.]

V — os recursos naturais a que se refere o art. 1.230, independentemente do solo onde se acham; [Dispositivo correspondente no CC/1916: art. 810-VI.]

VI — os navios;[2] [Dispositivo correspondente no CC/1916: art. 810-VII.]

VII — as aeronaves;[3] [Sem dispositivo correspondente no CC/1916.]

VIII — o direito de uso especial para fins de moradia;[4] [Sem dispositivo correspondente no CC/1916.]

IX — o direito real de uso;[5] [Sem dispositivo correspondente no CC/1916.]

X — a propriedade superficiária.[6] [Sem dispositivo correspondente no CC/1916.]

§ 1º A hipoteca dos navios e das aeronaves reger-se-á pelo disposto em lei especial.[7] [Sem dispositivo correspondente no CC/1916.]

§ 2º Os direitos de garantia instituídos nas hipóteses dos incisos IX e X do *caput* deste artigo ficam limitados à duração da concessão ou direito de superfície, caso tenham sido transferidos por período determinado.[8] [Sem dispositivo correspondente no CC/1916.]

Art. 1.473: 1. v. arts. 1.502 a 1.505.

Art. 1.473: 2. **Dec. 18.871, de 13.8.29** — Promulga a Convenção de Direito Internacional Privado, de Havana (RT 72/476). Esta Convenção, conhecida sob a denominação de Código Bustamante, dispõe: **"Art. 278.** A hipoteca marítima e os privilégios e garantias de caráter real, constituídos de acordo com a lei do pavilhão, têm efeitos extraterritoriais, até nos países cuja legislação não conheça ou não regule essa hipoteca ou esses privilégios".

Lei 7.652, de 3.2.88 — Dispõe sobre o registro da propriedade marítima, e dá outras providências (Lex 1988/89, RF 301/357). Os arts. 12 a 14 dispõem sobre o registro da hipoteca naval e outros ônus.

Art. 1.473: 3. v. Lei 7.565, de 19.12.86 (Código Brasileiro de Aeronáutica), arts. 138 a 147, em Lex 1986/1.285, RF 296/483.

Art. 1.473: 4. O inc. VIII foi acrescido pela Lei 11.481, de 31.5.07.

Art. 1.473: 5. O inc. IX foi acrescido pela Lei 11.481, de 31.5.07.

Art. 1.473: 6. O inc. X foi acrescido pela Lei 11.481, de 31.5.07.

Art. 1.473: 7. O § ún. passou a § 1º, com a inserção do § 2º pela Lei 11.481, de 31.5.07.

Art. 1.473: 8. O § 2º foi acrescido pela Lei 11.481, de 31.5.07.

Art. 1.474. A hipoteca abrange todas as acessões, melhoramentos ou construções do imóvel.[1-1a] Subsistem os ônus reais constituídos e registrados, anteriormente à hipoteca, sobre o mesmo imóvel.[2] [Dispositivo correspondente no CC/1916: art. 811.]

Art. 1.474: 1. s/ benfeitorias, v. arts. 96 e 97; s/ acessões, v. art. 1.248.

Art. 1.474: 1a. "O princípio da especialização, segundo o qual é imprescindível a descrição pormenorizada de bens imóveis dados em garantia hipotecária, não impede a **extensão dos efeitos da hipoteca sobre as benfeitorias** que neles venham a ser incorporadas. Irrelevância do fato de se incorporarem as benfeitorias posteriormente à instituição do gravame ou mesmo de não haver nenhuma menção a elas no termo constitutivo da hipoteca. Eventual direito de indenização por benfeitorias construídas por terceiro de boa-fé deve ser direcionado contra o proprietário do imóvel, não sendo oponível ao titular do direito real de garantia. Admitir que terceiros possam exercer direito de retenção sobre benfeitoriais erguidas em imóveis dados em hipoteca equivaleria a retirar a eficácia do próprio direito real de garantia e a tornar letra morta a disposição contida no art. 1.474 do Código Civil" (STJ-3ª T., REsp 1.361.214, Min. Ricardo Cueva, j. 27.11.18, DJ 6.12.18).

Art. 1.474: 2. Assim, a anterior hipoteca já constituída e registrada também subsiste diante da nova garantia.

Art. 1.475. É nula a cláusula que proíbe ao proprietário alienar imóvel hipotecado.[1-2] [Sem dispositivo correspondente no CC/1916.]

Parágrafo único. Pode convencionar-se que vencerá o crédito hipotecário, se o imóvel for alienado. [Sem dispositivo correspondente no CC/1916.]

Art. 1.475: 1. Este dispositivo preserva o *jus disponendi* do proprietário do imóvel, que abrange, dentre outros direitos, o de constituir outras hipotecas sobre o bem hipotecado (v. art. seguinte).

Art. 1.475: 2. "O art. 1.475 do diploma civil vigente considera nula a cláusula que veda a alienação do imóvel hipotecado, admitindo, entretanto, que a referida transmissão importe no vencimento antecipado da dívida. Dispensa-se, assim, a anuência do credor para alienação do imóvel hipotecado em enunciação explícita de um princípio fundamental dos direitos reais. Deveras, jamais houve vedação de alienação do imóvel hipotecado, ou gravado com qualquer outra garantia real, porquanto função da sequela, o titular do direito real tem o direito de seguir o imóvel em poder de quem quer que o detenha, podendo excuti-lo mesmo que tenha sido transferido para o patrimônio de outrem distinto da pessoa do devedor. Dessarte, referida regra não alcança as hipotecas vinculadas ao **Sistema Financeiro da Habitação,** posto que para esse fim há lei especial — Lei n. 8.004/90 —, a qual não veda a alienação, mas apenas estabelece como requisito a interveniência do credor hipotecário e a assunção, pelo novo adquirente, do saldo devedor existente na data da venda, em sintonia com a regra do art. 303 do Código Civil de 2002" (STJ-1ª T., REsp 627.424, Min. Luiz Fux, j. 6.3.07, maioria, DJ 28.5.07). V. Lei 8.004, de 14.3.90, especialmente art. 1º, no tít. CONTRATOS IMOBILIÁRIOS.

Art. 1.476. O dono do imóvel hipotecado pode constituir outra hipoteca[1] sobre ele, mediante novo título, em favor do mesmo ou de outro credor.[2-3] [Dispositivo correspondente no CC/1916: art. 812.]

Art. 1.476: 1. v. arts. 1.477 e 1.478.

Art. 1.476: 2. Esse instituto é conhecido como **sub-hipoteca**, a qual só poderá realizar-se caso o valor do imóvel seja superior ao da dívida garantida pela primeira hipoteca.

Art. 1.476: 3. A constituição de nova(s) hipoteca(s) independe de prévia anuência do credor hipotecário em primeiro grau, tendo em vista que ela não interfere nos efeitos da garantia já constituída (v. art. 1.474, nota 2).

Todavia, s/ concordância do credor hipotecário a respeito da alienação ou oneração do imóvel no Sistema Financeiro da Habitação, v. art. 1.475, nota 2.

Art. 1.477. Salvo o caso de insolvência do devedor,[1] o credor da segunda hipoteca, embora vencida, não poderá executar o imóvel antes de vencida a primeira.[2] [Dispositivo correspondente no CC/1916: art. 813-*caput*.]

Parágrafo único. Não se considera insolvente o devedor por faltar ao pagamento das obrigações garantidas por hipotecas posteriores à primeira. [Dispositivo correspondente no CC/1916: art. 813 § ún.]

Art. 1.477: 1. s/ insolvência, v. art. 955. V. tb. CPC/73 art. 748.

Art. 1.477: 2. Este dispositivo regula a relação de todas as hipotecas de grau superior em relação às de grau inferior. Assim, p. ex., o credor da terceira hipoteca, embora vencida, não pode executá-la enquanto não vencerem as hipotecas registradas anteriormente.

Art. 1.478. Se o devedor da obrigação garantida pela primeira hipoteca não se oferecer, no vencimento, para pagá-la, o credor da segunda[1] pode promover-lhe a extinção,[1a] consignando a importância[2] e citando o primeiro credor para recebê-la e o devedor para pagá-la; se este não pagar, o segundo credor, efetuando o pagamento, se sub-rogará nos direitos da hipoteca anterior, sem prejuízo dos que lhe competirem contra o devedor comum.[3] [Dispositivo correspondente no CC/1916: art. 814-*caput* e § 2º.]

Parágrafo único. Se o primeiro credor estiver promovendo a execução da hipoteca, o credor da segunda depositará a importância do débito e as despesas judiciais. [Dispositivo correspondente no CC/1916: art. 814 § 1º.]

Art. 1.478: 1. ou da terceira, ou da quarta... (v. art. 1.477, nota 2).

Art. 1.478: 1a. A rigor, nesse caso, não ocorre a extinção da hipoteca, mas mera sub-rogação do credor com hipoteca posterior nos direitos do credor com hipoteca anterior.

Art. 1.478: 2. v. CPC 539 e segs.

Art. 1.478: 3. v. LRP 270 a 273 (remição de imóvel hipotecado). V. tb. nota 1 a LRP 270.

Art. 1.479. O adquirente do imóvel hipotecado, desde que não se tenha obrigado pessoalmente a pagar as dívidas aos credores hipotecários, poderá exonerar-se da hipoteca, abandonando-lhes[1] o imóvel. [Sem dispositivo correspondente no CC/1916.]

Art. 1.479: 1. i. e., abandonando em favor dos credores hipotecários, para que eles promovam a excussão do imóvel.

Art. 1.480. O adquirente notificará o vendedor e os credores hipotecários, deferindo-lhes, conjuntamente, a posse do imóvel, ou o depositará em juízo.[1] [Sem dispositivo correspondente no CC/1916.]

Parágrafo único. Poderá o adquirente exercer a faculdade de abandonar o imóvel hipotecado, até as vinte e quatro horas subsequentes à citação, com que se inicia o procedimento executivo. [Sem dispositivo correspondente no CC/1916.]

Art. 1.480: 1. v. art. 1.479.

Art. 1.481. Dentro em trinta dias, contados do registro do título aquisitivo, tem o adquirente do imóvel hipotecado o direito de remi-lo,[1] citando os credores hipotecários e propondo importância não inferior ao preço por que o adquiriu. [Dispositivo correspondente no CC/1916: art. 815-*caput* e § 1º.]

§ 1º Se o credor impugnar o preço da aquisição ou a importância oferecida, realizar-se-á licitação, efetuando-se a venda judicial a quem oferecer maior preço, assegurada preferência ao adquirente do imóvel. [Dispositivo correspondente no CC/1916: art. 815 § 2º.]

§ 2º Não impugnado pelo credor, o preço da aquisição ou o preço proposto pelo adquirente, haver-se-á por definitivamente fixado para a remissão[2] do imóvel, que ficará livre de hipoteca, uma vez pago ou depositado o preço. [Sem dispositivo correspondente no CC/1916.]

§ 3º Se o adquirente deixar de remir o imóvel, sujeitando-o a execução, ficará obrigado a ressarcir os credores hipotecários da desvalorização que, por sua culpa, o mesmo vier a sofrer, além das despesas judiciais da execução. [Sem dispositivo correspondente no CC/1916.]

§ 4º Disporá de ação regressiva contra o vendedor o adquirente que ficar privado do imóvel em consequência de licitação ou penhora, o que pagar a hipoteca, o que, por causa de adjudicação ou licitação, desembolsar com o pagamento da hipoteca importância excedente à da compra e o que suportar custas e despesas judiciais. [Dispositivo correspondente no CC/1916: art. 816 § 4º.]

Art. 1.481: 1. s/ remição do imóvel hipotecado, v. art. 1.484, LRP 266 a 276; s/ assunção do débito pelo adquirente de imóvel hipotecado, v. art. 303.

Art. 1.481: 2. *sic*; deve ser "remição".

Art. 1.482. .... [1]

Art. 1.482: 1. Revogado expressamente pela Lei 13.105, de 16.3.15, em vigor um ano após sua publicação (DOU 17.3.15).

Art. 1.483. .... [1]

Art. 1.483: 1. Revogado expressamente pela Lei 13.105, de 16.3.15, em vigor um ano após sua publicação (DOU 17.3.15).

Art. 1.484. É lícito aos interessados fazer constar das escrituras o valor entre si ajustado dos imóveis hipotecados, o qual, devidamente atualizado, será a base para as arrematações, adjudicações e remições, dispensada a avaliação.[1-2] [Dispositivo correspondente no CC/1916: art. 818.]

Art. 1.484: 1. v. CPC 871-I.

Art. 1.484: 2. "Não prevalência da disposição de caráter processual do art. 818 do Código Civil, em face dos preceitos adjetivos mais modernos, que autorizam a avaliação dos bens dados em garantia, independentemente do valor acordado para o bem na escritura em que constituída a hipoteca" (STJ-4ª T., AI 305.622-AgRg, Min. Aldir Passarinho Jr., j. 12.3.02, DJU 20.5.02). No mesmo sentido: STJ-3ª T., REsp 1.163.585-AgRg, Min. Ricardo Cueva, j. 17.10.13, DJ 28.10.13. O art. 818 do CC rev. corresponde ao CC 1.484.

Art. 1.485. Mediante simples averbação,[1] requerida por ambas as partes, poderá prorrogar-se a hipoteca, até (30) trinta anos da data do contrato. Desde que perfaça esse prazo,[1a] só poderá subsistir o contrato de hipoteca[1b] reconstituindo-se por novo título e novo registro; e, nesse caso, lhe será mantida a precedência, que então lhe competir.[2 a 3] [Sem dispositivo correspondente no CC/1916.]

Art. 1.485: 1. v. LRP 246-*caput*.

Art. 1.485: 1a. O prazo de perempção da hipoteca é decadencial, razão pela qual ele não se suspende nem se interrompe.

Art. 1.485: 1b. Esta regra, portanto, não vale para as hipotecas legais e judiciárias, mas tão somente para as convencionais. V. tb. art. 1.498.

Art. 1.485: 2. Redação alterada pela Lei 10.931, de 2.8.04.

✎ **Art. 1.485: 2a.** "A extinção da hipoteca pelo decurso do tempo no regime do Código Civil de 2002", por Humberto Theodoro Jr. (RMDCPC 22/17).

Art. 1.485: 3. v. LRP 238.

Art. 1.486. Podem o credor e o devedor, no ato constitutivo da hipoteca, autorizar a emissão da correspondente cédula hipotecária,[1] na forma e para os fins previstos em lei especial. [Sem dispositivo correspondente no CC/1916.]

Art. 1.486: 1. v. Dec. lei 70, de 21.11.66, arts. 9º a 28, no tít. CÉDULA HIPOTECÁRIA.

Art. 1.487. A hipoteca pode ser constituída para garantia de dívida futura ou condicionada, desde que determinado o valor máximo do crédito a ser garantido.[1] [Sem dispositivo correspondente no CC/1916.]

§ 1º Nos casos deste artigo, a execução da hipoteca dependerá de prévia e expressa concordância do devedor quanto à verificação da condição, ou ao montante da dívida. [Sem dispositivo correspondente no CC/1916.]

§ 2º Havendo divergência entre o credor e o devedor, caberá àquele fazer prova de seu crédito. Reconhecido este, o devedor responderá, inclusive, por perdas e danos,[2] em razão da superveniente desvalorização do imóvel. [Sem dispositivo correspondente no CC/1916.]

✎ **Art. 1.487: 1.** "Hipoteca de dívida futura e processo de execução", por Eduardo Henrique de Oliveira Yoshikawa (RDDP 35/38).

Art. 1.487: 2. v. arts. 402 a 405.

Art. 1.488. Se o imóvel, dado em garantia hipotecária, vier a ser loteado, ou se nele se constituir condomínio edilício,[1] poderá o ônus ser dividido, gravando cada lote ou unidade autônoma, se o requererem ao juiz o credor, o devedor ou os donos, obedecida a proporção entre o valor de cada um deles e o crédito.[2] [Sem dispositivo correspondente no CC/1916.]

§ 1º O credor só poderá se opor ao pedido de desmembramento do ônus, provando que o mesmo importa em diminuição de sua garantia. [Sem dispositivo correspondente no CC/1916.]

§ 2º Salvo convenção em contrário, todas as despesas judiciais ou extrajudiciais necessárias ao desmembramento do ônus correm por conta de quem o requerer. [Sem dispositivo correspondente no CC/1916.]

§ 3º O desmembramento do ônus não exonera o devedor originário da responsabilidade a que se refere o art. 1.430, salvo anuência do credor. [Sem dispositivo correspondente no CC/1916.]

Art. 1.488: 1. v. arts. 1.331 a 1.358.

Art. 1.488: 2. "O art. 1.488 do CC/02, que regula a possibilidade de fracionamento de hipoteca, consubstancia uma das hipóteses de materialização do princípio da função social dos contratos, aplicando-se, portanto, imediatamente às relações jurídicas em curso, nos termos do art. 2.035 do CC/02" (STJ-3ª T., REsp 691.738, Min. Nancy Andrighi, j. 12.5.05, um voto vencido, DJU 26.9.05).

Seção II | DA HIPOTECA LEGAL[1]

SEÇ. II: 1. v. ECA 201-IV, LRP 274.

Art. 1.489. A lei confere hipoteca:[1-2] [Dispositivo correspondente no CC/1916: art. 827-*caput*.]

I — às pessoas de direito público interno (art. 41) sobre os imóveis pertencentes aos encarregados da cobrança, guarda ou administração dos respectivos fundos e rendas; [Dispositivo correspondente no CC/1916: art. 827-V.]

II — aos filhos, sobre os imóveis do pai ou da mãe que passar a outras núpcias, antes de fazer o inventário do casal anterior;[3] [Dispositivo correspondente no CC/1916: art. 827-III.]

III — ao ofendido, ou aos seus herdeiros, sobre os imóveis do delinquente, para satisfação do dano causado pelo delito e pagamento das despesas judiciais;[3a] [Dispositivo correspondente no CC/1916: art. 827-VI.]

IV — ao coerdeiro, para garantia do seu quinhão ou torna da partilha, sobre o imóvel adjudicado ao herdeiro reponente;[4] [Dispositivo correspondente no CC/1916: art. 827-VIII.]

V — ao credor sobre o imóvel arrematado, para garantia do pagamento do restante do preço da arrematação. [Sem dispositivo correspondente no CC/1916.]

Art. 1.489: 1. s/ hipoteca judiciária, v. CPC 495.

Art. 1.489: 2. A quem incumbe promover a especialização da hipoteca legal? v. art. 1.497 § 1º.

Art. 1.489: 3. v. arts. 1.523-I e 1.641-I.

Art. 1.489: 3a. Enquanto ainda for incerta a obrigação de indenizar o dano causado pelo crime, o pedido de especialização da hipoteca legal deve ser dirigido ao juízo penal (RT 810/270: 1º TACSP, AP 1.095.212-8). V. tb. CP 91-I.

Art. 1.489: 4. v. art. 2.019 § 1º.

Art. 1.490. O credor da hipoteca legal, ou quem o represente, poderá, provando a insuficiência dos imóveis especializados, exigir do devedor que seja reforçado com outros. [Dispositivo correspondente no CC/1916: art. 819.]

Art. 1.491. A hipoteca legal pode ser substituída por caução de títulos da dívida pública federal ou estadual, recebidos pelo valor de sua cotação mínima no ano corrente; ou por outra garantia, a critério do juiz, a requerimento do devedor. [Sem dispositivo correspondente no CC/1916.]

Seção III | DO REGISTRO DA HIPOTECA

Art. 1.492. As hipotecas serão registradas no cartório do lugar do imóvel, ou no de cada um deles, se o título se referir a mais de um.[1] [Dispositivo correspondente no CC/1916: art. 831.]

Parágrafo único. Compete aos interessados,[2] exibido o título, requerer o registro da hipoteca. [Dispositivo correspondente no CC/1916: art. 838.]

Art. 1.492: 1. v. LRP 169. V. tb. LRP 167-I-2.

Art. 1.492: 2. Interessados no registro da hipoteca podem ser, p. ex., além do credor hipotecário, o devedor ou o terceiro prestador da garantia.

Art. 1.493. Os registros e averbações seguirão a ordem em que forem requeridas,[1] verificando-se ela pela da sua numeração sucessiva no protocolo.[2] [Dispositivo correspondente no CC/1916: art. 833-*caput*.]

Parágrafo único. O número de ordem determina a prioridade, e esta a preferência entre as hipotecas.[3-3a] [Dispositivo correspondente no CC/1916: art. 833 § ún.]

Art. 1.493: 1. *sic*; o correto é "requeridos".

Art. 1.493: 2. v. LRP 182.

Art. 1.493: 3. v. LRP 186.

Art. 1.493: 3a. v. arts. 1.422-*caput*, *in fine*, e 1.495.

Art. 1.494. Não se registrarão no mesmo dia duas hipotecas, ou uma hipoteca e outro direito real, sobre o mesmo imóvel, em favor de pessoas diversas,[1] salvo se as escrituras, do mesmo dia, indicarem a hora em que foram lavradas. [Dispositivo correspondente no CC/1916: art. 836.]

Art. 1.494: 1. v. LRP 190 a 192.

Art. 1.495. Quando se apresentar ao oficial do registro título de hipoteca que mencione a constituição de anterior, não registrada, sobrestará ele na inscrição da nova, depois de a prenotar, até trinta dias, aguardando que o interessado inscreva a precedente;[1] esgotado o prazo, sem que se requeira a inscrição desta, a hipoteca ulterior será registrada e obterá preferência. [Dispositivo correspondente no CC/1916: art. 837.]

Art. 1.495: 1. v. LRP 189.

Art. 1.496. Se tiver dúvida[1] sobre a legalidade do registro requerido, o oficial fará, ainda assim, a prenotação do pedido. Se a dúvida, dentro em noventa dias, for julgada improcedente, o registro efetuar-se-á com o mesmo número que teria na data da prenotação; no caso contrário, cancelada esta, receberá o registro o número correspondente à data em que se tornar a requerer. [Dispositivo correspondente no CC/1916: arts. 834 e 835.]

Art. 1.496: 1. v., s/ dúvida, LRP 198 a 207.

Art. 1.497. As hipotecas legais, de qualquer natureza, deverão ser registradas e especializadas.[1] [Dispositivo correspondente no CC/1916: art. 843.]

§ 1º O registro e a especialização das hipotecas legais incumbem a quem está obrigado a prestar a garantia, mas os interessados podem promover a inscrição delas, ou solicitar ao Ministério Público que o faça. [Dispositivo correspondente no CC/1916: art. 843.]

§ 2º As pessoas, às quais incumbir o registro e a especialização das hipotecas legais, estão sujeitas a perdas e danos[2] pela omissão. [Dispositivo correspondente no CC/1916: art. 845.]

Art. 1.497: 1. v. art. 1.498.

Art. 1.497: 2. v. arts. 402 a 405.

Art. 1.498. Vale o registro da hipoteca, enquanto a obrigação perdurar;[1] mas a especialização, em completando vinte anos, deve ser renovada. [Dispositivo correspondente no CC/1916: art. 830.]

Art. 1.498: 1. s/ prazo de perempção da hipoteca convencional, v. art. 1.485. V. tb. LRP 238.

Código Civil

Seção IV | DA EXTINÇÃO DA HIPOTECA

Art. 1.499. A hipoteca extingue-se:[1] [Dispositivo correspondente no CC/1916: art. 849-*caput*.]

I — pela extinção da obrigação principal;[2] [Dispositivo correspondente no CC/1916: art. 849-I.]

II — pelo perecimento da coisa; [Dispositivo correspondente no CC/1916: art. 849-II.]

III — pela resolução da propriedade;[3-3a] [Dispositivo correspondente no CC/1916: art. 849-II.]

IV — pela renúncia do credor; [Dispositivo correspondente no CC/1916: art. 849-III.]

V — pela remição;[4] [Dispositivo correspondente no CC/1916: art. 849-IV.]

VI — pela arrematação ou adjudicação.[5] [Dispositivo correspondente no CC/1916: art. 849-VII.]

Art. 1.499: 1. Este rol não é exaustivo. A hipoteca também pode se extinguir, p. ex., pela perempção (art. 1.485) ou pela consolidação (i. e., pela reunião em uma só pessoa das figuras de credor hipotecário e proprietário do imóvel). V. tb. art. 1.500.

S/ cancelamento da hipoteca, v. ainda LRP 248 a 259.

Art. 1.499: 2. "Se a obrigação principal não foi completamente adimplida, devem subsistir os gravames hipotecários sobre os bens dados em garantia da dívida" (STJ-3ª T., REsp 299.118, Min. Nancy Andrighi, j. 18.12.01, DJU 3.6.02).

Art. 1.499: 3. v. art. 1.359.

Art. 1.499: 3a. "Os direitos reais de garantia não subsistem se desaparecer o 'direito principal' que lhe dá suporte, como no caso de perecimento da propriedade por qualquer motivo. Com a **usucapião,** a propriedade anterior, gravada pela hipoteca, extingue-se e dá lugar a uma outra, *ab novo*, que não decorre da antiga, porquanto não há transferência de direitos, mas aquisição originária. Se a própria propriedade anterior se extingue, dando lugar a uma nova, originária, tudo o que gravava a antiga propriedade — e lhe era acessório — também se extinguirá. Assim, com a declaração de aquisição de domínio por usucapião, deve desaparecer o gravame real hipotecário constituído pelo antigo proprietário, antes ou depois do início da posse *ad usucapionem*, seja porque a sentença apenas declara a usucapião com efeitos *ex tunc*, seja porque a usucapião é forma originária de aquisição de propriedade, não decorrente da antiga e não guardando com ela relação de continuidade" (STJ-4ª T., REsp 941.464, Min. Luis Felipe, j. 24.4.12, DJ 29.6.12).

S/ efeitos da declaração de usucapião, v. art. 1.241, nota 4.

Art. 1.499: 4. v. arts. 1.481 a 1.484.

Art. 1.499: 5. v., porém, art. 1.501.

S/ adjudicação, v. CPC 876 a 878.

Art. 1.500. Extingue-se ainda a hipoteca com a averbação, no Registro de Imóveis, do cancelamento do registro, à vista da respectiva prova.[1] [Dispositivo correspondente no CC/1916: art. 851.]

Art. 1.500: 1. v. LRP 251 e 259.

Art. 1.501. Não extinguirá a hipoteca, devidamente registrada, a arrematação ou adjudicação, sem que tenham sido notificados judicialmente os respectivos credores hipotecários, que não forem de qualquer modo partes na execução.[1] [Dispositivo correspondente no CC/1916: art. 826.]

Art. 1.501: 1. "Se o credor hipotecário foi notificado dos termos da execução e deixou o processo correr, sem manifestar o seu interesse, opera-se a extinção da hipoteca" (RTJ 97/817). No mesmo sentido: RTJ 99/901; STJ-4ª T., REsp 36.757-3, Min. Barros Monteiro, j. 24.5.94, DJU 5.9.94; JTA 104/235.

"O objetivo da notificação, de que trata o art. 1.501 do Código Civil, é levar ao conhecimento do credor hipotecário o fato de que o bem gravado foi penhorado e será levado à praça de modo que este possa vir a juízo em defesa de seus direitos, adotando as providências que entender mais convenientes, dependendo do caso concreto. Realizada a intimação do credor hipotecário, nos moldes da legislação de regência (arts. 619 e 698 do Código de Processo Civil), a arrematação extingue a hipoteca, operando-se a sub-rogação do direito real no preço e transferindo-se o bem ao adquirente livre e desembaraçado de tais ônus por força do efeito purgativo do gravame. Extinta a hipoteca pela arrematação, eventual saldo remanescente em favor do credor hipotecário poderá ser buscado contra o devedor originário, que responderá pessoalmente pelo restante do débito (art. 1.430 do Código Civil). Sem notícia nos autos de efetiva impugnação da avaliação do bem ou da arrematação em virtude de preço vil, não é possível concluir pela manutenção do gravame simplesmente porque o valor foi insuficiente para quitar a integralidade do crédito hipotecário" (STJ-3ª T., REsp 1.201.108, Min. Ricardo Cueva, j. 17.5.12, DJ 23.5.12).

V. tb., no nosso CPCLPV, CPC 799-I, 804-*caput* e 889-V, bem como respectivas notas.

Seção V | DA HIPOTECA DE VIAS FÉRREAS[1]

SEÇ. V: 1. Dec. lei 3.109, de 12.3.41 — Dispõe sobre o registro de alienações de estradas de ferro.

Art. 1.502. As hipotecas sobre as estradas de ferro serão registradas no Município da estação inicial da respectiva linha.[1] [Dispositivo correspondente no CC/1916: art. 852.]

Art. 1.502: 1. v. LRP 171.

Art. 1.503. Os credores hipotecários não podem embaraçar a exploração da linha, nem contrariar as modificações, que a administração deliberar, no leito da estrada, em suas dependências, ou no seu material. [Dispositivo correspondente no CC/1916: art. 853.]

Art. 1.504. A hipoteca será circunscrita à linha ou às linhas especificadas na escritura e ao respectivo material de exploração, no estado em que ao tempo da execução estiverem; mas os credores hipotecários poderão opor-se à venda da estrada, à de suas linhas, de seus ramais ou de parte considerável do material de exploração; bem como à fusão com outra empresa, sempre que com isso a garantia do débito enfraquecer. [Dispositivo correspondente no CC/1916: art. 854.]

Art. 1.505. Na execução das hipotecas será intimado o representante da União ou do Estado, para, dentro em quinze dias, remir a estrada de ferro hipotecada, pagando o preço da arrematação ou da adjudicação. [Dispositivo correspondente no CC/1916: art. 855.]

Capítulo IV | DA ANTICRESE[1]

CAP. IV: 1. v. CPC 784-V, 799-I, 804-*caput* e 889-V. V. tb. LRP 167-I-11, 178-I, 220-IV e 241. V. ainda art. 17 § 3º da Lei 9.514, de 20.11.97 (no tít. ALIENAÇÃO FIDUCIÁRIA).

Art. 1.506. Pode o devedor ou outrem por ele, com a entrega do imóvel ao credor, ceder-lhe o direito de perceber, em compensação da dívida, os frutos e rendimentos. [Dispositivo correspondente no CC/1916: art. 805-*caput*.]

§ 1º É permitido estipular que os frutos e rendimentos do imóvel sejam percebidos pelo credor à conta de juros, mas se o seu valor ultrapassar a taxa máxima[1] permitida em lei para as operações financeiras, o remanescente será imputado ao capital.[2] [Dispositivo correspondente no CC/1916: art. 805 § 1º.]

§ 2º Quando a anticrese recair sobre bem imóvel, este poderá ser hipotecado pelo devedor ao credor anticrético, ou a terceiros, assim como o imóvel hipotecado poderá ser dado em anticrese. [Dispositivo correspondente no CC/1916: art. 805 § 2º.]

Art. 1.506: 1. s/ taxa de juros, v. art. 406 e notas.

Art. 1.506: 2. s/ imputação do pagamento, v. arts. 352 a 355.

Art. 1.507. O credor anticrético pode administrar os bens dados em anticrese e fruir seus frutos e utilidades, mas deverá apresentar anualmente balanço, exato e fiel, de sua administração. [Dispositivo correspondente no CC/1916: art. 806.]

§ 1º Se o devedor anticrético não concordar com o que se contém no balanço, por ser inexato, ou ruinosa a administração, poderá impugná-lo, e, se o quiser, requerer a transformação em arrendamento, fixando o juiz o valor mensal do aluguel, o qual poderá ser corrigido anualmente. [Sem dispositivo correspondente no CC/1916.]

§ 2º O credor anticrético pode, salvo pacto em sentido contrário, arrendar os bens dados em anticrese a terceiro, mantendo, até ser pago, direito de retenção do imóvel,[1] embora o aluguel desse arrendamento não seja vinculativo para o devedor. [Dispositivo correspondente no CC/1916: art. 806.]

Art. 1.507: 1. v. art. 1.423.

Art. 1.508. O credor anticrético responde pelas deteriorações que, por culpa sua, o imóvel vier a sofrer,[1] e pelos frutos e rendimentos que, por sua negligência, deixar de perceber. [Dispositivo correspondente no CC/1916: art. 807.]

Art. 1.508: 1. v. art. 569-IV.

Art. 1.509. O credor anticrético pode vindicar os seus direitos contra o adquirente dos bens, os credores quirografários[1] e os hipotecários posteriores ao registro da anticrese. [Dispositivo correspondente no CC/1916: art. 808-*caput*.]

§ 1º Se executar os bens por falta de pagamento da dívida, ou permitir que outro credor o execute, sem opor o seu direito de retenção[2] ao exequente, não terá preferência sobre o preço. [Dispositivo correspondente no CC/1916: art. 808 § 1º.]

§ 2º O credor anticrético não terá preferência sobre a indenização do seguro, quando o prédio seja destruído,[3] nem, se forem desapropriados os bens, com relação à desapropriação.[4] [Dispositivo correspondente no CC/1916: art. 808 § 2º.]

Art. 1.509: 1. i. e., sem privilégio algum.

Art. 1.509: 2. v. art. 1.507 § 2º.

Art. 1.509: 3. v. art. 1.425 § 1º.

Art. 1.509: 4. v. art. 1.425-V.

Art. 1.510. O adquirente dos bens dados em anticrese poderá remi-los,[1] antes do vencimento da dívida, pagando a sua totalidade à data do pedido de remição[1a] e imitir-se-á, se for o caso, na sua posse. [Sem dispositivo correspondente no CC/1916.]

Art. 1.510: 1. v. art. 1.481.

Art. 1.510: 1a. Terá o adquirente direito de regresso contra o vendedor para reaver a quantia paga pela remição dos bens dados em anticrese.

Título XI | DA LAJE[1]

TÍT. XI: 1. O Tít. XI foi acrescido pela Lei 13.465, de 11.7.17.

Art. 1.510-A. O proprietário de uma construção-base poderá ceder a superfície superior ou inferior de sua construção a fim de que o titular da laje mantenha unidade distinta daquela originalmente construída sobre o solo.[1]

§ 1º O direito real de laje contempla o espaço aéreo ou o subsolo de terrenos públicos ou privados, tomados em projeção vertical, como unidade imobiliária autônoma, não contemplando as demais áreas edificadas ou não pertencentes ao proprietário da construção-base.

§ 2º O titular do direito real de laje responderá pelos encargos e tributos que incidirem sobre a sua unidade.

§ 3º Os titulares da laje, unidade imobiliária autônoma constituída em matrícula própria, poderão dela usar, gozar e dispor.

§ 4º A instituição do direito real de laje não implica a atribuição de fração ideal de terreno ao titular da laje ou a participação proporcional em áreas já edificadas.

§ 5º Os Municípios e o Distrito Federal poderão dispor sobre posturas edilícias e urbanísticas associadas ao direito real de laje.

§ 6º O titular da laje poderá ceder a superfície de sua construção para a instituição de um sucessivo direito real de laje, desde que haja autorização expressa dos titulares da construção-base e das demais lajes, respeitadas as posturas edilícias e urbanísticas vigentes.

Art. 1.510-A: 1. O art. 1.510-A foi acrescido pela Lei 13.465, de 11.7.17.

Art. 1.510-B. É expressamente vedado ao titular da laje prejudicar com obras novas ou com falta de reparação a segurança, a linha arquitetônica ou o arranjo estético do edifício, observadas as posturas previstas em legislação local.[1]

Art. 1.510-B: 1. O art. 1.510-B foi acrescido pela Lei 13.465, de 11.7.17.

Art. 1.510-C. Sem prejuízo, no que couber, das normas aplicáveis aos condomínios edilícios, para fins do direito real de laje, as despesas necessárias à conservação e fruição das partes que sirvam a todo o edifício e ao pagamento de serviços de interesse comum serão partilhadas entre o proprietário da construção-base e o titular da laje, na proporção que venha a ser estipulada em contrato.[1]

§ 1º São partes que servem a todo o edifício:

I — os alicerces, colunas, pilares, paredes-mestras e todas as partes restantes que constituam a estrutura do prédio;

II — o telhado ou os terraços de cobertura, ainda que destinados ao uso exclusivo do titular da laje;

III — as instalações gerais de água, esgoto, eletricidade, aquecimento, ar condicionado, gás, comunicações e semelhantes que sirvam a todo o edifício; e

IV — em geral, as coisas que sejam afetadas ao uso de todo o edifício.

§ 2º É assegurado, em qualquer caso, o direito de qualquer interessado em promover reparações urgentes na construção na forma do parágrafo único do art. 249 deste Código.

Art. 1.510-C: 1. O art. 1.510-C foi acrescido pela Lei 13.465, de 11.7.17.

Art. 1.510-D. Em caso de alienação de qualquer das unidades sobrepostas, terão direito de preferência, em igualdade de condições com terceiros, os titulares da construção-base e da laje, nessa ordem, que serão cientificados por escrito para que se manifestem no prazo de trinta dias, salvo se o contrato dispuser de modo diverso.[1]

§ 1º O titular da construção-base ou da laje a quem não se der conhecimento da alienação poderá, mediante depósito do respectivo preço, haver para si a parte alienada a terceiros, se o requerer no prazo decadencial de cento e oitenta dias, contado da data de alienação.

§ 2º Se houver mais de uma laje, terá preferência, sucessivamente, o titular das lajes ascendentes e o titular das lajes descendentes, assegurada a prioridade para a laje mais próxima à unidade sobreposta a ser alienada.

Art. 1.510-D: 1. O art. 1.510-D foi acrescido pela Lei 13.465, de 11.7.17.

Art. 1.510-E. A ruína da construção-base implica extinção do direito real de laje, salvo:[1]

I — se este tiver sido instituído sobre o subsolo;

II — se a construção-base não for reconstruída no prazo de cinco anos.

Parágrafo único. O disposto neste artigo não afasta o direito a eventual reparação civil contra o culpado pela ruína.

Art. 1.510-E: 1. O art. 1.510-E foi acrescido pela Lei 13.465, de 11.7.17.

Livro IV | DO DIREITO DE FAMÍLIA[1 a 2]

Título I | DO DIREITO PESSOAL

Subtítulo I | DO CASAMENTO[1-2]

Capítulo I | DISPOSIÇÕES GERAIS

LIV. IV: 1. "O direito de família e o novo Código Civil: principais alterações", por Sérgio Gischkow Pereira (RT 804/43); "Direito de família no novo Código Civil", por Euclides Benedito de Oliveira (RIASP ano 5, n. 10, p. 236, e RT 822/11); "O direito de família e o Código Civil de 2002", por Heloisa Helena Barboza (RF 364/151); "Notas sobre as ações de família à luz do novo Código Civil", por José Maria Rosa Tesheiner (RJ 311/44); "Reflexões sobre o Direito de Família no novo Código Civil", por João Batista Arruda Giordano (Ajuris 87/183); "O Direito de Família e o novo Código Civil", por Sérgio Gischkow Pereira (RJ 313/7); "A proteção social à família", por Wagner Balera (RDPr 13/264); "O direito de família e o novo Código Civil: alguns aspectos polêmicos ou inovadores", por Sérgio Gischkow Pereira (Ajuris 90/285 e RT 823/87); "Direito de família no novo Código Civil", por Ricardo Rodrigues Gama (RF 370/147); "A família da pós-modernidade: em busca da dignidade perdida da pessoa humana", por Cristiano Chaves de Farias (RDPr 19/56 e RMDCPC 2/101); "A repersonalização das relações de família", por Paulo Luiz Netto Lôbo (RDPr 19/243 e RBDF 24/136); "Sociedade de afeto: um nome para a família", por Maria Berenice Dias (RBDF 22/32); "Os sete pecados capitais do novo Direito de Família", por Eduardo de Oliveira Leite (RT 833/66); "O valor do afeto para a dignidade humana nas relações de família", por Cleber Affonso Angeluci (RJ 331/75); "Direito constitucional à família", por Cristiano Chaves de Farias (RBDF 23/5); "As sociedades afetivas e sua evolução", por José Russo (RBDF 32/40); "O direito de família no contexto de organizações socioafetivas: dinâmica, instabilidade e polifamiliaridade", por Andréa Aldrovandi e Rafael Lazzarotto Simioni (RBDF 34/5); "O princípio da boa-fé objetiva no direito de família", por Flávio Tartuce (RBDF 35/5); "Acercamiento al derecho de familia y al sistema judicial de familia de Costa Rica", por Diego Benavides Santos (Ajuris 102/369); "O Código Civil de 2002 e as entidades familiares. Direito convivencial: uma tentativa de conformação principiológica", por Roberto Figueiredo (RBDF 36/17); "Princípio da solidariedade familiar", por Paulo Lôbo (RBDFS 0/144); "Novas perspectivas do Direito de Família", por Euclides de Oliveira (Just. 197/121); "Socioafetividade no direito de família: a persistente trajetória de um conceito fundamental", por Paulo Luiz Netto Lôbo (RBDFS 5/5); "A companhia de capital fechado no direito de família", por Rolf Madaleno (RJ 371/39); "Inovação e tradição do direito de família contemporâneo sob o novo Código Civil brasileiro", por Luiz Edson Fachin (RJ 389/77); "Teoria tridimensional do direito de família", por Belmiro Pedro Marx Welter (RJ 390/11); "A teoria da perda de uma chance aplicada ao direito de família: utilizar com moderação", por Cristiano Chaves de Farias (RF 406/87).

LIV. IV: 1a. **CF 226-*caput*:** "A família, base da sociedade, tem especial proteção do Estado".

LIV. IV: 2. v. arts. 1.511 a 1.783, LINDB 7º, 18 e 19, CP 235 a 249; v. tb. títs. ALIMENTOS, CRIANÇA, ADOLESCENTE E JOVEM, DIVÓRCIO E SEPARAÇÃO JUDICIAL, INVESTIGAÇÃO DE PATERNIDADE, PESSOA COM DEFICIÊNCIA, UNIÃO ESTÁVEL.

S/ responsabilidade civil nas relações familiares, v. art. 186, nota 4.

SUBTÍT. I: 1. "A ditadura do afeto: uma crítica à introdução do sentimento como valor jurídico", por Caio Martins Cabeleira (RDFAS 1/43).

SUBTÍT. I: 2. O Estatuto dos **Militares** (Lei 6.880, de 9.12.80), em seus arts. 144 e 145, dispõe sobre casamento de militar da ativa.

A Lei 11.440, de 29.12.06, disciplina, dentre outros assuntos, a autorização para casamento, com pessoa estrangeira, de **funcionário do Serviço Exterior** do Ministério das Relações Exteriores.

Art. 1.511. O casamento estabelece comunhão plena de vida, com base na igualdade[1] de direitos e deveres[2-2a] dos cônjuges. [Sem dispositivo correspondente no CC/1916.]

Art. 1.511: 1. "A mulher e o novo Código Civil: a confirmação do princípio da isonomia", por Karina Melissa Cabral (RDPr 17/135).

Art. 1.511: 2. s/ direitos e deveres dos cônjuges, v. arts. 1.565 a 1.570.

Art. 1.511: 2a. **CF 226: "§ 5º** Os direitos e deveres referentes à sociedade conjugal são exercidos igualmente pelo homem e pela mulher".

Art. 1.512. O casamento é civil e gratuita a sua celebração.[1] [Sem dispositivo correspondente no CC/1916.]

Parágrafo único. A habilitação para o casamento, o registro e a primeira certidão serão isentos de selos, emolumentos e custas, para as pessoas cuja pobreza for declarada,[2] sob as penas da lei. [Sem dispositivo correspondente no CC/1916.]

Art. 1.512: 1. cf. CF 226 § 1º.

Art. 1.512: 2. O termo "declarada" deve ser interpretado no sentido de que basta a simples afirmação dos nubentes de sua pobreza para que seja concedida a isenção, podendo a autoridade competente exigir comprovação em caso de fundada suspeita, a exemplo do que ocorre nos casos de gratuidade da justiça (v. CPC 99 § 2º).

Art. 1.513. É defeso a qualquer pessoa, de direito público ou privado, interferir na comunhão de vida instituída pela família.[1-2] [Sem dispositivo correspondente no CC/1916.]

Art. 1.513: 1. **CF 226: "§ 7º** Fundado nos princípios da dignidade da pessoa humana e da paternidade responsável, o planejamento familiar é livre decisão do casal, competindo ao Estado propiciar recursos educacionais e científicos para o exercício desse direito, vedada qualquer forma coercitiva por parte de instituições oficiais ou privadas".

V. ainda art. 1.565 § 2º.

Art. 1.513: 2. **Lei 9.263, de 12.1.96** — Regula o § 7º do art. 226 da Constituição Federal, que trata do planejamento familiar, estabelece penalidades e dá outras providências.

Art. 1.514. O casamento se realiza no momento em que o homem e a mulher[1-1a] manifestam, perante o juiz, a sua vontade de estabelecer vínculo conjugal, e o juiz os declara casados.[2] [Dispositivo correspondente no CC/1916: art. 194.]

Art. 1.514: 1. **Res. 175 do CNJ, de 14.5.13: "Art. 1º** É vedada às autoridades competentes a recusa de habilitação, celebração de casamento civil ou de conversão de união estável em casamento entre pessoas de mesmo sexo.

"Art. 2º A recusa prevista no art. 1º implicará a imediata comunicação ao respectivo juiz corregedor para as providências cabíveis".

Art. 1.514: 1a. Autorizando o casamento entre **pessoas do mesmo sexo:** "Os arts. 1.514, 1.521, 1.523, 1.535 e 1.565, todos do Código Civil de 2002, não vedam expressamente o casamento entre pessoas do mesmo sexo, e não há como se enxergar uma vedação implícita ao casamento homoafetivo sem afronta a caros princípios constitucionais, como o da igualdade, o da não discriminação, o da dignidade da pessoa humana e os do pluralismo e livre planejamento familiar" (STJ-4ª T., REsp 1.183.378, Min. Luis Felipe, j. 25.10.11, maioria, RJ-Lex 59/182 e RT 925/379).

S/ união estável entre pessoas do mesmo sexo, v. art. 1.723, notas 2 e segs.

Art. 1.514: 2. v. arts. 1.535, 1.538, 1.540 e 1.542.

Art. 1.515. O casamento religioso,[1-2] que atender às exigências da lei para a validade do casamento civil, equipara-se a este, desde que registrado[3] no registro próprio, produzindo efeitos a partir da data de sua celebração.[4] [Sem dispositivo correspondente no CC/1916.]

✎ Art. 1.515: 1. "A recepção do casamento religioso e o novo Código Civil", por Paulo Restiffe Neto e Félix Ruiz Alonso (RT 817/35).

Art. 1.515: 2. **CF 226: "§ 2º** O casamento religioso tem efeito civil, nos termos da lei".

Art. 1.513: 3. s/ registro do casamento religioso para efeitos civis, v. LRP 71 a 75.

Art. 1.515: 4. **Lei 1.110, de 23.5.50** — Regula o reconhecimento dos efeitos civis ao casamento religioso.

Código Civil

Art. 1.516. O registro do casamento religioso submete-se aos mesmos requisitos exigidos para o casamento civil.[1] [Sem dispositivo correspondente no CC/1916.]

§ 1º O registro civil do casamento religioso deverá ser promovido dentro de noventa dias de sua realização, mediante comunicação do celebrante ao ofício competente, ou por iniciativa de qualquer interessado, desde que haja sido homologada previamente a habilitação regulada neste Código. Após o referido prazo, o registro dependerá de nova habilitação. [Sem dispositivo correspondente no CC/1916.]

§ 2º O casamento religioso, celebrado sem as formalidades exigidas neste Código, terá efeitos civis se, a requerimento do casal, for registrado, a qualquer tempo, no registro civil, mediante prévia habilitação perante a autoridade competente e observado o prazo do art. 1.532. [Sem dispositivo correspondente no CC/1916.]

§ 3º Será nulo o registro civil do casamento religioso se, antes dele, qualquer dos consorciados houver contraído com outrem casamento civil.[2] [Sem dispositivo correspondente no CC/1916.]

Art. 1.516: 1. v. arts. 1.525 a 1.532 e 1.536. S/ registro do casamento religioso para efeitos civis, v. LRP 71 a 75.

Art. 1.516: 2. v. art. 1.521-VI.

Capítulo II | DA CAPACIDADE PARA O CASAMENTO[1]

CAP. II: 1. "Incapacidades e impedimentos matrimoniais no novo Código Civil", por Inacio de Carvalho Neto (RIDF 44/94).

Art. 1.517. O homem e a mulher com dezesseis anos podem casar, exigindo-se autorização de ambos os pais, ou de seus representantes legais, enquanto não atingida a maioridade civil.[1-2] [Dispositivo correspondente no CC/1916: arts. 183-XII e 185.]

Parágrafo único. Se houver divergência entre os pais, aplica-se o disposto no parágrafo único do art. 1.631. [Dispositivo correspondente no CC/1916: art. 186-*caput*.]

Art. 1.517: 1. É anulável o casamento celebrado com infração ao art. 1.517 (v. art. 1.550-I e II). S/ invalidade do casamento, v. tb arts. 1.550 a 1.553.

Art. 1.517: 2. **Dec. 66.605, de 20.5.70** — Promulga a Convenção sobre consentimento para casamento, idade mínima para casamento e registro de casamento, adotada pela Assembleia Geral das Nações Unidas.

Art. 1.518. Até a celebração do casamento podem os pais ou tutores revogar a autorização.[1-2] [Dispositivo correspondente no CC/1916: art. 187.]

Art. 1.518: 1. Redação da Lei 13.146, de 6.7.15, em vigor 180 dias após a sua publicação (DOU 7.7.15).

Art. 1.518: 2. v. art. 1.514.

Art. 1.519. A denegação do consentimento, quando injusta, pode ser suprida pelo juiz.[1-2] [Dispositivo correspondente no CC/1916: art. 188.]

Art. 1.519: 1. Nesse caso, o regime de bens deverá ser o da separação, cf. art. 1.641-III.

Art. 1.519: 2. v. ECA 148 § ún.-*c*.

Art. 1.520. Não será permitido, em qualquer caso, o casamento de quem não atingiu a idade núbil, observado o disposto no art. 1.517 deste Código.[1] [Dispositivo correspondente no CC/1916: art. 214-*caput*.]

Art. 1.520: 1. Redação da Lei 13.811, de 12.3.19.

Capítulo III | DOS IMPEDIMENTOS[1-2]

✎ **CAP. III: 1.** "Reflexões sobre os impedimentos matrimoniais e a união estável no novo Código Civil", por Débora Vanessa Caús Brandão (RT 805/11).

CAP. III: 2. v. LINDB 7º § 1º.

Art. 1.521. Não podem casar:[1 a 2] [Dispositivo correspondente no CC/1916: art. 183-*caput*.]

I — os ascendentes com os descendentes, seja o parentesco natural ou civil;[2a] [Dispositivo correspondente no CC/1916: art. 183-I.]

II — os afins[3] em linha reta;[4-4a] [Dispositivo correspondente no CC/1916: art. 183-II.]

III — o adotante com quem foi cônjuge do adotado e o adotado com quem o foi do adotante; [Dispositivo correspondente no CC/1916: art. 183-III.]

IV — os irmãos, unilaterais ou bilaterais, e demais colaterais,[5] até o terceiro grau inclusive;[6 a 6c] [Dispositivo correspondente no CC/1916: art. 183-IV.]

V — o adotado com o filho do adotante; [Dispositivo correspondente no CC/1916: art. 183-V.]

VI — as pessoas casadas;[7] [Dispositivo correspondente no CC/1916: art. 183-VI.]

VII — o cônjuge sobrevivente com o condenado por homicídio ou tentativa de homicídio contra o seu consorte. [Dispositivo correspondente no CC/1916: art. 183-VIII.]

Art. 1.521: 1. s/ casamento entre pessoas do mesmo sexo, v. art. 1.514, notas 1 e segs.

S/ crime de: bigamia, v. CP 235; induzimento a erro essencial e ocultação de impedimento, v. CP 236; conhecimento prévio de impedimento, v. CP 237.

Art. 1.521: 1a. **"Art. 1.723 § 1º** A **união estável** não se constituirá se ocorrerem os impedimentos do art. 1.521; não se aplicando a incidência do inciso VI no caso de a pessoa casada se achar separada de fato ou judicialmente".

V. tb. nota 3 ao art. 1.523.

Art. 1.521: 2. É nulo o casamento celebrado com infringência de impedimento (art. 1.548-II).

Art. 1.521: 2a. **"Art. 1.593.** O parentesco é natural ou civil, conforme resulte de consanguinidade ou outra origem".

Art. 1.521: 3. v. art. 1.595.

Art. 1.521: 4. v. art. 1.591.

Art. 1.521: 4a. "Casamento. Ação de anulação fundada na existência do impedimento previsto no artigo 1.521, II, do Código Civil. Mulher que vivia em união estável com o filho do contraente. Vínculo de afinidade caracterizado (artigo 1.595 do Código Civil) a nulificar o matrimônio" (JTJ 339/426: AP 604.649-4/0-00).

Art. 1.521: 5. v. art. 1.592.

Art. 1.521: 6. **Dec. lei n. 3.200, de 19.4.41** — Dispõe sobre a organização e proteção da família: **"Art. 1º** O casamento de colaterais, legítimos ou ilegítimos do terceiro grau, é permitido nos termos do presente decreto-lei.

"**Art. 2º** Os colaterais do terceiro grau, que pretendam casar-se, ou seus representantes legais, se forem menores, requererão ao juiz competente para a habilitação que nomeie dois médicos de reconhecida capacidade, isentos de suspeição para examiná-los e atestar-lhes a sanidade, afirmando não haver inconveniente, sob o ponto de vista da saúde de qualquer deles e da prole, na realização do matrimônio.

"§ 1º Se os dois médicos divergirem quanto à conveniência do matrimônio, poderão os nubentes, conjuntamente, requerer ao Juiz que nomeie terceiro, como desempatador.

"§ 2º Sempre que, a critério do Juiz, não for possível a nomeação de dois médicos idôneos, poderá ele incumbir do exame um só médico, cujo parecer será conclusivo.

"§ 3º O exame médico será feito extrajudicialmente, sem qualquer formalidade, mediante simples apresentação do requerimento despachado pelo Juiz.

"§ 4º Poderá o exame médico concluir não apenas pela declaração da possibilidade ou da irrestrita inconveniência do casamento, mas ainda pelo reconhecimento de sua viabilidade em época ulterior, uma vez feito, por um dos nubentes ou por ambos, o necessário tratamento de saúde. Nesta última hipótese, provando a realização do tratamento, poderão os interessados pedir ao juiz que determine novo exame médico, na forma do presente artigo.

"§ 5º (Revogado pela Lei 5.891, de 12.6.73.)

"§ 6º O atestado, constante de um só ou mais instrumentos, será entregue aos interessados, não podendo qualquer que se refira ao outro, sob penas do art. 153 do Código Penal.

"§ 7º Quando o atestado dos dois médicos, havendo ou não desempatador, ou do único médico, no caso do § 2º deste artigo, afirmar a inexistência de motivo que desaconselhe o matrimônio, poderão os interessados promover o processo de habilitação, apresentando, com o requerimento inicial, a prova de sanidade, devidamente autenticada. Se o atestado declarar a inconveniência do casamento, prevalecerá, em toda a plenitude, o impedimento matrimonial.

"§ 8º Sempre que na localidade não se encontrar médico que possa ser nomeado, o juiz designará profissional de localidade próxima a que irão os nubentes.

"§ 9º (Revogado pela Lei 5.891, de 12.6.73.)

"**Art. 3º** Se algum dos nubentes, para frustrar os efeitos do exame médico desfavorável, pretender habilitar-se, ou habilitar-se para casamento, perante outro juiz, incorrerá na pena do art. 237 do Código Penal".

Art. 1.521: 6a. **Enunciado 98 do CEJ:** "O inciso IV do art. 1.521 do novo Código Civil deve ser interpretado à luz do Dec. lei n. 3.200/41, no que se refere à possibilidade do casamento entre colaterais de terceiro grau".

Art. 1.521: 6b. Não há antinomia entre o Dec. lei 3.200 e o CC/02 (RT 887/325: TJRN, AP 2009.002388-5; RBDF 41/91, com comentário de Euclides de Oliveira).

Art. 1.521: 6c. "Matrimônio realizado entre tio e sobrinha. Ato que não pode ser validado com a realização de perícia médica, pois esta deve ser feita antes da celebração do casamento. Alegação de desconhecimento da lei que não procede, diante da declaração dos nubentes de serem primos, quando da habilitação. Inteligência do art. 1.521, IV, do CC" (RT 840/249: TJSP, AP 374.941-4/2-00).

Todavia: "A discussão relativa à nulidade preconizada pelo art. 1.548 do CC-02, que se reporta aos impedimentos, na espécie, consignados no art. 1.521, IV, do CC-02 (casamento entre colaterais, até o terceiro grau, inclusive), fenece por falta de escopo, tendo em vista que o quase imediato óbito de um dos nubentes não permitiu o concúbito pós-casamento, não havendo que se falar, por conseguinte, em riscos eugênicos, realidade que, na espécie, afasta a impositividade da norma, porquanto lhe retira seu lastro teleológico" (STJ-3ª T., REsp 1.330.023, Min. Nancy Andrighi, j. 5.11.13, DJ 29.11.13).

Art. 1.521: 7. A ação para declarar a nulidade do casamento por bigamia é imprescritível (RSTJ 132/398: 4ª T., REsp 85.794).

Art. 1.522. Os impedimentos podem ser opostos,[1] até o momento da celebração do casamento, por qualquer pessoa capaz.[2-2a] [Dispositivo correspondente no CC/1916: art. 189-III.]

Parágrafo único. Se o juiz, ou o oficial de registro, tiver conhecimento da existência de algum impedimento, será obrigado a declará-lo. [Dispositivo correspondente no CC/1916: art. 189-I e II.]

Art. 1.522: 1. v. art. 1.529.

Art. 1.522: 2. v. LRP 67 §§ 2º e 5º.

Art. 1.522: 2a. Já as causas suspensivas, por serem de interesse privado dos familiares, somente podem ser arguidas pelos parentes em linha reta de um dos nubentes ou pelos colaterais em segundo grau, cf. art. 1.524.

Capítulo IV | DAS CAUSAS SUSPENSIVAS

Art. 1.523. Não devem casar:[1 a 3] [Sem dispositivo correspondente no CC/1916.]

I — o viúvo ou a viúva que tiver filho do cônjuge falecido, enquanto não fizer inventário dos bens do casal e der partilha aos herdeiros;[4-4a] [Dispositivo correspondente no CC/1916: art. 183-XIII.]

II — a viúva, ou a mulher cujo casamento se desfez por ser nulo ou ter sido anulado, até dez meses depois do começo da viuvez, ou da dissolução da sociedade conjugal;[5] [Dispositivo correspondente no CC/1916: art. 183-XIV.]

III — o divorciado, enquanto não houver sido homologada ou decidida a partilha dos bens do casal;[6] [Sem dispositivo correspondente no CC/1916.]

IV — o tutor ou o curador e os seus descendentes, ascendentes, irmãos, cunhados ou sobrinhos, com a pessoa tutelada ou curatelada, enquanto não cessar a tutela ou curatela, e não estiverem saldadas as respectivas contas.[7] [Dispositivo correspondente no CC/1916: art. 183-XV.]

Parágrafo único. É permitido aos nubentes solicitar ao juiz que não lhes sejam aplicadas as causas suspensivas previstas nos incisos I, III e IV deste artigo, provando-se a inexistência de prejuízo, respectivamente, para o herdeiro, para o ex-cônjuge e para a pessoa tutelada ou curatelada; no caso do inciso II, a nubente deverá provar nascimento de filho, ou inexistência de gravidez, na fluência do prazo. [Sem dispositivo correspondente no CC/1916.]

Art. 1.523: 1. Também não devem casar os menores de 18 anos e maiores de 16, salvo se autorizados pelos pais ou seus representantes legais (arts. 1.517 a 1.520).

Art. 1.523: 2. É obrigatório o regime da **separação de bens** aos que se casarem com infração do art. 1.523 (v. art. 1.641-I).

Art. 1.523: 3. **"Art. 1.723 § 2º** As causas suspensivas do art. 1.523 não impedirão a caracterização da **união estável".**

V. tb. nota 1a ao art. 1.521.

Art. 1.523: 4. v. art. 1.489-II (caso de hipoteca legal).

Art. 1.523: 4a. "Não se faz necessário a efetiva homologação da partilha (por meio de sentença), para se permitir o regime de comunhão universal de bens nas novas núpcias do viúvo que tem filhos do casamento anterior, desde que aquela tenha sido iniciada, com a apresentação de todos os bens a serem partilhados, de modo a afastar a possibilidade de confusão de patrimônios dos bens do novo casal com os dos filhos da união anterior" (RSTJ 182/360: REsp 343.719, 4ª T.).

Art. 1.523: 5. v. art. 1.598.

Art. 1.523: 6. O divórcio pode ser concedido sem que haja prévia partilha dos bens do casal (art. 1.581). Nessa situação, o novo casamento do divorciado deverá ter o regime da separação obrigatória de bens (art. 1.641-I).

V. tb. § ún.

Art. 1.523: 7. s/ prestação de contas na tutela e curatela, v. arts. 1.755 a 1.762 e 1.781; s/ cessação da tutela e curatela, v. arts. 1.763 a 1.766 e 1.781.

Art. 1.524. As causas suspensivas da celebração do casamento podem ser arguidas pelos parentes em linha reta de um dos nubentes, sejam consanguíneos ou afins, e pelos colaterais em segundo grau, sejam também consanguíneos ou afins.[1 a 3] [Dispositivo correspondente no CC/1916: art. 190-I e II.]

Art. 1.524: 1. Já os impedimentos, por serem de interesse público, podem ser opostos por qualquer pessoa capaz, cf. art. 1.522. Ademais, as causas suspensivas não podem ser reconhecidas pelo juiz ou pelo oficial de registro, por falta de expressa previsão legal, ao contrário dos impedimentos, cf. art. 1.522 § ún.

Art. 1.524: 2. s/ relações de parentesco, v. arts. 1.591 a 1.595.

Art. 1.524: 3. **Enunciado 330 do CEJ:** "As causas suspensivas da celebração do casamento poderão ser arguidas inclusive pelos parentes em linha reta de um dos nubentes e pelos colaterais em segundo grau, por vínculo decorrente de parentesco civil".

Capítulo V | DO PROCESSO DE HABILITAÇÃO PARA O CASAMENTO[1]

CAP. V: 1. v. LRP 67 a 69.

Art. 1.525. O requerimento de habilitação para o casamento será firmado por ambos os nubentes,[1] de próprio punho, ou, a seu pedido, por procurador, e deve ser instruído com os seguintes documentos: [Dispositivo correspondente no CC/1916: art. 180-*caput*.]

I — certidão de nascimento ou documento equivalente; [Dispositivo correspondente no CC/1916: art. 180-I.]

II — autorização por escrito das pessoas sob cuja dependência legal estiverem, ou ato judicial que a supra;[2] [Dispositivo correspondente no CC/1916: art. 180-III.]

III — declaração de duas testemunhas maiores, parentes ou não, que atestem conhecê-los e afirmem não existir impedimento que os iniba de casar; [Dispositivo correspondente no CC/1916: art. 180-IV.]

IV — declaração do estado civil, do domicílio e da residência atual dos contraentes e de seus pais, se forem conhecidos; [Dispositivo correspondente no CC/1916: art. 180-II.]

V — certidão de óbito do cônjuge falecido, de sentença declaratória de nulidade ou de anulação de casamento, transitada em julgado, ou do registro da sentença de divórcio. [Dispositivo correspondente no CC/1916: art. 180-V.]

Art. 1.525: 1. s/ casamento entre pessoas do mesmo sexo, v. art. 1.514, notas 1 e segs.

Art. 1.525: 2. v. art. 1.517.

Art. 1.526. A habilitação será feita pessoalmente perante o oficial do Registro Civil,[1] com a audiência do Ministério Público.[1a-2] [Sem dispositivo correspondente no CC/1916.]

Parágrafo único. Caso haja impugnação do oficial, do Ministério Público ou de terceiro, a habilitação será submetida ao juiz.[3-4] [Sem dispositivo correspondente no CC/1916.]

Art. 1.526: 1. v. LRP 67-*caput*.

Art. 1.526: 1a. Redação do *caput* de acordo com a Lei 12.133, de 17.12.09, em vigor 30 dias após a sua publicação (DOU 18.12.09).

Art. 1.526: 2. v. LRP 67 § 1º.

Art. 1.526: 3. O § ún. foi acrescido pela Lei 12.133, de 17.12.09, em vigor 30 dias após a sua publicação (DOU 18.12.09).

Art. 1.526: 4. v. LRP 67 §§ 2º e 3º.

Art. 1.527. Estando em ordem a documentação, o oficial extrairá o edital, que se afixará durante quinze dias nas circunscrições do Registro Civil de ambos os nubentes, e, obrigatoriamente, se publicará na imprensa local, se houver.[1] [Dispositivo correspondente no CC/1916: art. 181-*caput*.]

Parágrafo único. A autoridade competente, havendo urgência,[2] poderá dispensar a publicação. [Dispositivo correspondente no CC/1916: art. 182 § ún.]

Art. 1.527: 1. v. art. 1.531.

Art. 1.527: 2. v. arts. 1.520, 1.539 e 1.540.

Art. 1.528. É dever do oficial do registro esclarecer os nubentes a respeito dos fatos que podem ocasionar a invalidade do casamento,[1] bem como sobre os diversos regimes de bens.[2-3] [Sem dispositivo correspondente no CC/1916.]

Art. 1.528: 1. v. arts. 1.521 e 1.548 a 1.564.

Art. 1.528: 2. v. arts. 1.639 a 1.688.

Art. 1.528: 3. v. LRP 28. V. tb. art. 1.640, nota 1b (Enunciado 331 do CEJ).

Art. 1.529. Tanto os impedimentos[1] quanto as causas suspensivas[2] serão opostos em declaração escrita e assinada, instruída com as provas do fato alegado, ou com a indicação do lugar onde possam ser obtidas. [Sem dispositivo correspondente no CC/1916.]

Art. 1.529: 1. v. art. 1.521.

Art. 1.529: 2. v. art. 1.523.

Art. 1.530. O oficial do registro dará aos nubentes ou a seus representantes nota da oposição, indicando os fundamentos, as provas e o nome de quem a ofereceu.[1] [Dispositivo correspondente no CC/1916: art. 191-*caput*.]

Parágrafo único. Podem os nubentes requerer prazo razoável para fazer prova contrária aos fatos alegados, e promover as ações civis e criminais contra o oponente de má-fé. [Dispositivo correspondente no CC/1916: art. 191 § ún.]

Art. 1.530: 1. v. LRP 67 § 5º.

Art. 1.531. Cumpridas as formalidades dos arts. 1.526 e 1.527 e verificada a inexistência de fato obstativo, o oficial do registro extrairá o certificado de habilitação.[1] [Dispositivo correspondente no CC/1916: art. 181 § 1º.]

Art. 1.531: 1. v. arts. 1.532 e 1.533.

Art. 1.532. A eficácia da habilitação será de noventa dias, a contar da data em que foi extraído o certificado. [Dispositivo correspondente no CC/1916: art. 181 § 1º.]

Capítulo VI | DA CELEBRAÇÃO DO CASAMENTO[1]

CAP. VI: 1. Lei 1.110, de 23.5.50 — Regula o reconhecimento dos efeitos civis ao casamento religioso. S/ a conversão da união estável em casamento, v. art. 1.726; s/ o registro do casamento religioso para efeitos civis, v. LRF 71 a 75.

Art. 1.533. Celebrar-se-á o casamento, no dia, hora e lugar previamente designados pela autoridade que houver de presidir o ato, mediante petição dos contraentes, que se mostrem habilitados com a certidão do art. 1.531. [Dispositivo correspondente no CC/1916: art. 192.]

Art. 1.534. A solenidade realizar-se-á na sede do cartório, com toda publicidade, a portas abertas, presentes pelo menos duas testemunhas, parentes ou não dos contraentes, ou, querendo as partes e consentindo a autoridade celebrante, noutro edifício público ou particular. [Dispositivo correspondente no CC/1916: art. 193-*caput*.]

§ 1º Quando o casamento for em edifício particular, ficará este de portas abertas durante o ato. [Dispositivo correspondente no CC/1916: art. 193 § ún.]

§ 2º Serão quatro as testemunhas na hipótese do parágrafo anterior e se algum dos contraentes não souber ou não puder escrever. [Dispositivo correspondente no CC/1916: art. 193 § ún.]

Art. 1.535. Presentes os contraentes, em pessoa ou por procurador[1] especial, juntamente com as testemunhas e o oficial do registro, o presidente do ato, ouvida aos nubentes a afirmação de que pretendem casar por livre e espontânea vontade, declarará efetuado o casamento, nestes termos:[2]

"De acordo com a vontade que ambos acabais de afirmar perante mim, de vos receberdes por marido e mulher, eu, em nome da lei, vos declaro casados". [Dispositivo correspondente no CC/1916: art. 194.]

Art. 1.535: 1. v. art. 1.542.

Art. 1.535: 2. v. arts. 1.514 e 1.538.

Art. 1.536. Do casamento, logo depois de celebrado, lavrar-se-á o assento[1] no livro de registro. No assento, assinado pelo presidente do ato, pelos cônjuges, as testemunhas, e o oficial do registro, serão exarados:[2] [Dispositivo correspondente no CC/1916: art. 195.]

I — os prenomes, sobrenomes, datas de nascimento, profissão, domicílio e residência atual dos cônjuges;[3] [Dispositivo correspondente no CC/1916: art. 195-I.]

II — os prenomes, sobrenomes, datas de nascimento ou de morte, domicílio e residência atual dos pais; [Dispositivo correspondente no CC/1916: art. 195-II.]

III — o prenome e sobrenome do cônjuge precedente e a data da dissolução do casamento anterior; [Dispositivo correspondente no CC/1916: art. 195-III.]

IV — a data da publicação dos proclamas e da celebração do casamento; [Dispositivo correspondente no CC/1916: art. 195-IV.]

V — a relação dos documentos apresentados ao oficial do registro; [Dispositivo correspondente no CC/1916: art. 195-V.]

VI — o prenome, sobrenome, profissão, domicílio e residência atual das testemunhas; [Dispositivo correspondente no CC/1916: art. 195-VI.]

VII — o regime do casamento, com a declaração da data e do cartório em cujas notas foi lavrada a escritura antenupcial,[4] quando o regime não for o da comunhão parcial, ou o obrigatoriamente estabelecido.[5] [Dispositivo correspondente no CC/1916: art. 195-VII.]

Art. 1.536: 1. v. LRP 70.

Art. 1.536: 2. Também será consignado o instrumento da autorização para casar (art. 1.537).

Art. 1.536: 3. O assento deverá consignar também o sobrenome que os nubentes adotarão após o casamento (v., a propósito, art. 1.565 § 1º).

Art. 1.536: 4. v. arts. 1.653 a 1.657.

Art. 1.536: 5. Se o regime de bens for o obrigatoriamente estabelecido por lei (art. 1.641), o assento, quando possível, deve mencionar essa circunstância.

Art. 1.537. O instrumento da autorização para casar[1] transcrever-se-á integralmente na escritura antenupcial.[2] [Dispositivo correspondente no CC/1916: art. 196.]

Art. 1.537: 1. v. arts. 1.517 a 1.520 e 1.525-II.

Art. 1.537: 2. v. art. 1.654 (eficácia do pacto antenupcial realizado por menor).

Art. 1.538. A celebração do casamento será imediatamente suspensa se algum dos contraentes:[1] [Dispositivo correspondente no CC/1916: art. 197-*caput*.]

I — recusar a solene afirmação da sua vontade; [Dispositivo correspondente no CC/1916: art. 197-I.]

II — declarar que esta não é livre e espontânea; [Dispositivo correspondente no CC/1916: art. 197-II.]

III — manifestar-se arrependido. [Dispositivo correspondente no CC/1916: art. 197-III.]

Parágrafo único. O nubente que, por algum dos fatos mencionados neste artigo, der causa à suspensão do ato, não será admitido a retratar-se no mesmo dia. [Dispositivo correspondente no CC/1916: art. 197 § ún.]

Art. 1.538: 1. v. art. 1.535.

Art. 1.539. No caso de moléstia grave de um dos nubentes, o presidente do ato irá celebrá-lo onde se encontrar o impedido, sendo urgente, ainda que à noite, perante duas testemunhas que saibam ler e escrever. [Dispositivo correspondente no CC/1916: art. 198-*caput*.]

§ 1º A falta ou impedimento da autoridade competente para presidir o casamento suprir-se-á por qualquer dos seus substitutos legais, e a do oficial do Registro Civil por outro *ad hoc*, nomeado pelo presidente do ato. [Dispositivo correspondente no CC/1916: art. 198 § 1º.]

§ 2º O termo avulso, lavrado pelo oficial *ad hoc*, será registrado no respectivo registro dentro em cinco dias, perante duas testemunhas, ficando arquivado. [Dispositivo correspondente no CC/1916: art. 198 § 2º.]

Art. 1.540. Quando algum dos contraentes estiver em iminente risco de vida,[1-2] não obtendo a presença da autoridade à qual incumba presidir o ato, nem a de seu substituto, poderá o casamento ser celebrado na presença de seis testemunhas, que com os nubentes não tenham parentesco em linha reta, ou, na colateral, até segundo grau.[3 a 5] [Dispositivo correspondente no CC/1916: art. 199 § ún.]

Art. 1.540: 1. v. LRP 76.

Art. 1.540: 2. Indeferindo o pedido de homologação do casamento nuncupativo, em razão da falta de urgência: "Inobstante a gravidade da doença seja evidente, entre a data da declaração e o óbito decorreu mais de vinte dias, o suficiente para que as providências previstas no art. 1.539 do CC fossem tomadas" (RT 881/221: TJSP, AP 504.155-4/6-00; a citação é do voto do relator).

Art. 1.540: 3. Trata-se do **casamento nuncupativo**.

A respeito, v. tb. arts. 1.521, nota 6c, *in fine*, 1.541 e 1.542 § 2º.

Art. 1.540: 3a. "A inquestionável manifestação da vontade do nubente enfermo, no momento do casamento, fato corroborado pelas 6 testemunhas exigidas por lei, ainda que não realizada de viva voz, supre a exigência legal quanto ao ponto" (STJ-3ª T., REsp 1.330.023, Min. Nancy Andrighi, j. 5.11.13, DJ 29.11.13).

Art. 1.540: 4. O casamento nuncupativo depende da observância de todas as formalidades previstas neste artigo e no art. 1.541, não sendo suficiente para o seu aperfeiçoamento a simples manifestação de vontade do nubente à beira da morte (RT 841/338: TJRN, AP 2004.003554-3; 798/385: TJRN, AP 98.000855-7).

Art. 1.540: 5. "Não existem objetivos pré-constituídos para o casamento, que descumpridos, imporiam sua nulidade, mormente naqueles realizados com evidente possibilidade de óbito de um dos nubentes — casamento nuncupativo —, pois esses se afastam tanto do usual que, salvaguardadas as situações constantes dos arts. 166 e 167 do CC-02, que tratam das nulidades do negócio jurídico, devem, independentemente do fim perseguido pelos nubentes, ser ratificados judicialmente. E no amplo espectro que se forma com essa assertiva, nada impede que o casamento nuncupativo realizado tenha como motivação central, ou única, a consolidação de meros efeitos sucessórios em favor de um dos nubentes — pois essa circunstância não macula o ato com um dos vícios citados nos arts. 166 e 167 do CC-02: incapacidade; ilicitude do motivo e do objeto; malferimento da forma, fraude ou simulação" (STJ-3ª T., REsp 1.330.023, Min. Nancy Andrighi, j. 5.11.13, DJ 29.11.13).

Art. 1.541. Realizado o casamento, devem as testemunhas comparecer perante a autoridade judicial mais próxima, dentro em dez dias, pedindo que lhes tome por termo a declaração de: [Dispositivo correspondente no CC/1916: art. 200-*caput*.]

I — que foram convocadas por parte do enfermo; [Dispositivo correspondente no CC/1916: art. 200-I.]

II — que este parecia em perigo de vida, mas em seu juízo; [Dispositivo correspondente no CC/1916: art. 200-II.]

III — que, em sua presença, declararam os contraentes, livre e espontaneamente, receber-se por marido e mulher. [Dispositivo correspondente no CC/1916: art. 200-III.]

§ 1º Autuado o pedido e tomadas as declarações, o juiz procederá às diligências necessárias para verificar se os contraentes podiam ter-se habilitado, na forma ordinária,[1] ouvidos os interessados que o requererem, dentro em quinze dias. [Dispositivo correspondente no CC/1916: art. 200 § 1º.]

§ 2º Verificada a idoneidade dos cônjuges para o casamento, assim o decidirá a autoridade competente, com recurso voluntário às partes. [Dispositivo correspondente no CC/1916: art. 200 § 2º.]

§ 3º Se da decisão não se tiver recorrido, ou se ela passar em julgado, apesar dos recursos interpostos, o juiz mandará registrá-la no livro do Registro dos Casamentos. [Dispositivo correspondente no CC/1916: art. 200 § 3º.]

§ 4º O assento assim lavrado retrotrairá os efeitos do casamento, quanto ao estado dos cônjuges, à data da celebração. [Dispositivo correspondente no CC/1916: art. 200 § 4º.]

§ 5º Serão dispensadas as formalidades deste e do artigo antecedente, se o enfermo convalescer e puder ratificar o casamento na presença da autoridade competente e do oficial do registro. [Dispositivo correspondente no CC/1916: art. 200 § 5º.]

Art. 1.541: 1. v. arts. 1.525 a 1.532.

Art. 1.542. O casamento pode celebrar-se mediante procuração,[1-1a] por instrumento público, com poderes especiais. [Dispositivo correspondente no CC/1916: art. 201-*caput*.]

§ 1º A revogação do mandato não necessita chegar ao conhecimento do mandatário; mas, celebrado o casamento sem que o mandatário ou o outro contraente tivessem ciência da revogação, responderá o mandante por perdas e danos.[2] [Sem dispositivo correspondente no CC/1916.]

§ 2º O nubente que não estiver em iminente risco de vida poderá fazer-se representar no casamento nuncupativo.[3-4] [Sem dispositivo correspondente no CC/1916.]

§ 3º A eficácia do mandato não ultrapassará noventa dias. [Sem dispositivo correspondente no CC/1916.]

§ 4º Só por instrumento público se poderá revogar o mandato. [Sem dispositivo correspondente no CC/1916.]

Art. 1.542: 1. v. art. 1.550-V.

Art. 1.542: 1a. Entendendo, por analogia, que é possível também mediante procuração requerer a extinção do vínculo matrimonial: RIDF 45/164 (no caso, a parte autora residia no exterior e o outro cônjuge estava em local incerto).

Art. 1.542: 2. v. arts. 402 a 405.

Art. 1.542: 3. Casamento nuncupativo é aquele previsto no art. 1.540.

Art. 1.542: 4. *A contrario sensu*, o nubente que estiver em iminente risco de vida não poderá ser representado por procurador.

Capítulo VII | DAS PROVAS DO CASAMENTO

Art. 1.543. O casamento celebrado no Brasil prova-se pela certidão do registro.[1-2] [Dispositivo correspondente no CC/1916: art. 202-*caput*.]

Parágrafo único. Justificada a falta ou perda do registro civil, é admissível qualquer outra espécie de prova. [Dispositivo correspondente no CC/1916: art. 202 § ún.]

Art. 1.543: 1. v. arts. 9º-I, 1.515 e 1.516. V. tb. LRP 70 a 76.

Art. 1.543: 2. Dec. lei 7.485, de 23.4.45 — Dispõe sobre a prova do casamento nas habilitações aos benefícios do seguro social, e dá outras providências.

Art. 1.544. O casamento de brasileiro, celebrado no estrangeiro, perante as respectivas autoridades ou os cônsules brasileiros,[1] deverá ser registrado em cento e oitenta dias,[1a] a contar da volta de um ou de ambos os cônjuges ao Brasil, no cartório do respectivo domicílio, ou, em sua falta, no 1º Ofício da Capital do Estado em que passarem a residir.[2-3] [Dispositivo correspondente no CC/1916: art. 204 § ún.]

Art. 1.544: 1. "Casamento perante autoridade consular", por José Russo (RBDF 23/55).

Art. 1.544: 1a. "O casamento entre brasileiros celebrado no exterior produz efeitos no território nacional mesmo que averbado após o prazo de 180 dias previsto no art. 1.544 do CC/02, porquanto o traslado da referida certidão para o cartório brasileiro se destina apenas a fazer prova de sua celebração, não interferindo em sua validade e eficácia no âmbito do território nacional" (RJM 191/93: AP 1.0024.07.506350-3/002).

Art. 1.544: 2. v. LINDB 7º, especialmente nota 7c, 18 e 19. V. tb. LRP 32, especialmente nota 3.

Art. 1.544: 3. Dec. 23.102, de 28.5.47 — Aprova o Regulamento para o Serviço Consular Honorário do Brasil: **"Art. 15.** São expressamente proibidos aos Consulados ou Vice-Consulados honorários os seguintes atos: ... **VII)** celebrar casamentos".

Art. 1.545. O casamento de pessoas que, na posse do estado de casadas,[1] não possam manifestar vontade, ou tenham falecido, não se pode contestar em prejuízo da prole comum, salvo mediante certidão do Registro Civil que prove que já era casada alguma delas, quando contraiu o casamento impugnado.[2] [Dispositivo correspondente no CC/1916: art. 203.]

Art. 1.545: 1. Posse do estado de casados é a situação de fato que demonstre o convívio público, notório e estável de duas pessoas como marido e mulher, servindo de prova indireta e excepcional do casamento nos termos do artigo *supra*.

Art. 1.545: 2. v. art. 1.547.

Art. 1.546. Quando a prova da celebração legal do casamento resultar de processo judicial, o registro da sentença no livro do Registro Civil produzirá, tanto no que toca aos cônjuges como no que respeita aos filhos, todos os efeitos civis desde a data do casamento. [Dispositivo correspondente no CC/1916: art. 205.]

Art. 1.547. Na dúvida entre as provas favoráveis e contrárias, julgar-se-á pelo casamento, se os cônjuges, cujo casamento se impugna, viverem ou tiverem vivido na posse do estado de casados.[1] [Dispositivo correspondente no CC/1916: art. 206.]

Art. 1.547: 1. s/ posse do estado de casados, v. art. 1.545, nota 1.

Capítulo VIII | DA INVALIDADE DO CASAMENTO[1-2]

CAP. VIII: 1. Na hipótese de casamento nulo, a ação declaratória de nulidade pode ser proposta por qualquer interessado ou pelo MP; não há prazo para a propositura dessa ação e pode o juiz conhecer *ex officio* da nulidade. Na hipótese de casamento anulável, a ação anulatória de casamento sujeita-se a prazo decadencial (arts. 1.555 e 1.560), somente poderá ser proposta pelo cônjuge prejudicado ou, em alguns casos, por interessados previstos em lei, e a anulabilidade não pode ser conhecida de ofício. No entanto, contrariando a regra geral das nulidades no direito privado, nos dois casos, o decreto de invalidade produz efeitos *ex tunc*, salvo exceção prevista pelos arts. 1.561 e 1.563.

CAP. VIII: 2. v. LRP 100.

Art. 1.548. É nulo o casamento contraído: [Dispositivo correspondente no CC/1916: art. 207.]

I — (Revogado);[1]

II — por infringência de impedimento.[2] [Dispositivo correspondente no CC/1916: art. 207.]

Art. 1.548: 1. O inc. I foi revogado pela Lei 13.146, de 6.7.15, em vigor 180 dias após a sua publicação (DOU 7.7.15).

Art. 1.548: 2. v. art. 1.521.

Art. 1.549. A decretação de nulidade de casamento,[1] pelos motivos previstos no artigo antecedente, pode ser promovida mediante ação direta, por qualquer interessado, ou pelo Ministério Público.[2] [Dispositivo correspondente no CC/1916: art. 208 § ún.]

Art. 1.549: 1. Postula-se a nulidade do casamento através da ação de nulidade de casamento (ou ação declaratória de nulidade de casamento).

Art. 1.549: 2. v. CPC 17 e 177.

Art. 1.550. É anulável o casamento:[1 a 1b] [Dispositivo correspondente no CC/1916: art. 209.]

I — de quem não completou a idade mínima para casar;[2] [Sem dispositivo correspondente no CC/1916.]

II — do menor em idade núbil, quando não autorizado por seu representante legal;[3] [Sem dispositivo correspondente no CC/1916.]

III — por vício da vontade, nos termos dos arts. 1.556 a 1.558;[4-4a] [Sem dispositivo correspondente no CC/1916.]

IV — do incapaz de consentir ou manifestar, de modo inequívoco, o consentimento; [Sem dispositivo correspondente no CC/1916.]

V — realizado pelo mandatário,[5] sem que ele ou o outro contraente soubesse da revogação[6] do mandato, e não sobrevindo coabitação entre os cônjuges; [Sem dispositivo correspondente no CC/1916.]

VI — por incompetência da autoridade celebrante.[7-7a] [Dispositivo correspondente no CC/1916: art. 208-*caput*.]

§ 1º Equipara-se à revogação a invalidade do mandato judicialmente decretada.[8] [Sem dispositivo correspondente no CC/1916.]

§ 2º A pessoa com deficiência mental ou intelectual em idade núbia poderá contrair matrimônio, expressando sua vontade diretamente ou por meio de seu responsável ou curador.[9-10] [Sem dispositivo correspondente no CC/1916.]

Art. 1.550: 1. "Casamento anulável no Código Civil e repercussões da Lei 11.106/2005", por Gustavo Filipe Barbosa Garcia (RT 840/114).

Art. 1.550: 1a. Prazos para a anulação: arts. 1.560 e 1.555.

S/ competência para a ação de anulação de casamento, v. CPC 53-I.

Art. 1.550: 1b. "O pedido de anulação de casamento não está sem objeto diante do julgamento da ação de divórcio, considerando que seus efeitos são mais intensos e abrangentes" (STJ-3ª T., REsp 650.133, Min. Menezes Direito, j. 25.9.06, DJU 26.2.07).

Art. 1.550: 2. v. arts. 1.551, 1.517, 1.552 e 1.553.

Art. 1.550: 3. v. arts. 1.551, 1.517 e 1.555.

Art. 1.550: 4. v. arts. 1.556 a 1.559: erro essencial e coação.

Art. 1.550: 4a. v. CP 239.

Art. 1.550: 5. v. arts. 1.542 e 1.535.

Art. 1.550: 6. v. § 1º.

Art. 1.550: 7. v. art. 1.554.

Art. 1.550: 7a. v. CP 238.

Art. 1.550: 8. O primitivo § ún. foi renumerado pela Lei 13.146, de 6.7.15, em vigor 180 dias após a sua publicação (DOU 7.7.15).

Art. 1.550: 9. O § 2º foi incluído pela Lei 13.146, de 6.7.15, em vigor 180 após a sua publicação (DOU 7.7.15).

Art. 1.550: 10. v. arts. 1.767 e segs. V. tb. EPD 6º-I

Art. 1.551. Não se anulará, por motivo de idade, o casamento de que resultou gravidez.[1] [Dispositivo correspondente no CC/1916: art. 215.]

Art. 1.551: 1. v. arts. 1.517, 1.520 e 1.550-I.

Art. 1.552. A anulação do casamento dos menores de dezesseis anos será requerida:[1] [Dispositivo correspondente no CC/1916: art. 213-*caput*.]

I — pelo próprio cônjuge menor; [Dispositivo correspondente no CC/1916: art. 213-I.]

II — por seus representantes legais; [Dispositivo correspondente no CC/1916: art. 213-II.]

III — por seus ascendentes. [Dispositivo correspondente no CC/1916: art. 213-III.]

Art. 1.552: 1. v. art. 1.560 § 1º.

Art. 1.553. O menor que não atingiu a idade núbil[1] poderá, depois de completá-la, confirmar seu casamento, com a autorização de seus representantes legais, se necessária, ou com suprimento judicial. [Dispositivo correspondente no CC/1916: art. 211.]

Art. 1.553: 1. v. art. 1.550-I. V. tb. art. 1.517.

Art. 1.554. Subsiste o casamento celebrado por aquele que, sem possuir a competência exigida na lei, exercer publicamente as funções de juiz de casamentos e, nessa qualidade, tiver registrado o ato no Registro Civil.[1] [Sem dispositivo correspondente no CC/1916.]

Art. 1.554: 1. v. art. 1.550-VI.

Art. 1.555. O casamento do menor em idade núbil, quando não autorizado por seu representante legal,[1] só poderá ser anulado se a ação for proposta em cento e oitenta dias,[2] por iniciativa do incapaz, ao deixar de sê-lo, de seus representantes legais ou de seus herdeiros necessários. [Dispositivo correspondente no CC/1916: art. 178 § 5º-III.]

§ 1º O prazo estabelecido neste artigo será contado do dia em que cessou a incapacidade, no primeiro caso; a partir do casamento, no segundo; e, no terceiro, da morte do incapaz. [Dispositivo correspondente no CC/1916: art. 178 § 5º-III.]

§ 2º Não se anulará o casamento quando à sua celebração houverem assistido os representantes legais do incapaz, ou tiverem, por qualquer modo, manifestado sua aprovação. [Sem dispositivo correspondente no CC/1916.]

Art. 1.555: 1. v. art. 1.550-II.

Art. 1.555: 2. Também é de 180 dias o prazo para anulação do casamento de menor sem idade núbil, cf. art. 1.560 § 1º.

Art. 1.556. O casamento pode ser anulado por vício da vontade,[1 a 1b] se houve por parte de um dos nubentes, ao consentir, erro essencial[2] quanto à pessoa do outro.[3] [Dispositivo correspondente no CC/1916: art. 218.]

Art. 1.556: 1. v. art. 1.550-III.

Art. 1.556: 1a. É causa de anulação de matrimônio a **gravidez simulada** que foi determinante para que o noivo consentisse em se casar (JTJ 262/36).

Art. 1.556: 1b. "Se o cônjuge varão contrai núpcias com a mulher em razão de sua gravidez e vem a descobrir posteriormente que o **filho,** na realidade, **pertence a terceiro,** resta configurado o erro essencial quanto à pessoa do outro, investido de força bastante à anulação do casamento, a teor do art. 218 do CC, independentemente de a esposa ter ou não agido dolosamente" (RT 767/235: TJSP, AP 88.837-4/8, ementa da redação). O art. 218 do CC rev. corresponde ao CC 1.556. No mesmo sentido, inclusive condenando a ré em indenização por danos morais: JTJ 350/624 (AP 994.09.318754-4). V. tb. art. 1.557-I.

Art. 1.556: 2. v. arts. 138 e 139-II. V. tb. art. 1.560-III (prazo para anulação do casamento).

Art. 1.556: 3. v. CP 236 (crime de induzimento a erro essencial e ocultação de impedimento).

Art. 1.557. Considera-se erro essencial[1] sobre a pessoa do outro cônjuge: [Dispositivo correspondente no CC/1916: art. 219-*caput*.]

I — o que diz respeito à sua identidade,[1a] sua honra e boa fama, sendo esse erro tal que o seu conhecimento ulterior torne insuportável a vida em comum ao cônjuge enganado;[1b a 3] [Dispositivo correspondente no CC/1916: art. 219-I.]

II — a ignorância de crime, anterior ao casamento, que, por sua natureza, torne insuportável a vida conjugal;[3a] [Dispositivo correspondente no CC/1916: art. 219-II.]

III — a ignorância, anterior ao casamento, de defeito físico irremediável[3b] que não caracterize deficiência ou de moléstia grave e transmissível, por contágio ou por herança, capaz de pôr em risco a saúde do outro cônjuge ou de sua descendência;[3c-3d] [Dispositivo correspondente no CC/1916: art. 219-III.]

IV — (Revogado).[4]

Art. 1.557: 1. v. arts. 138 e 139-II. V. tb. art. 1.560-III (prazo para anulação do casamento).

Art. 1.557: 1a. O noivo que mente à noiva, afirmando ter curso superior e ser proprietário de estabelecimento de ensino, não diz a verdade quanto à sua identidade civil ou social, o que enseja a anulação do casamento por erro essencial (RT 842/199).

Art. 1.557: 1b. v. art. 1.556, notas 1a e 1b.

Art. 1.557: 1c. "Caso em que restou bem demonstrado que a apelada, ao aceitar casar com o apelante, tinha apenas a intenção de obter metade do patrimônio dele, e que sequer admitiu a ocorrência de relação sexual, nos menos de três meses de convivência conjugal. Hipótese na qual resta bem caracterizado o erro essencial, que deve levar à decretação de anulação do casamento" (RT 925/1.057: TJRS, AP 70046384459).

Art. 1.557: 2. A ulterior descoberta de que o cônjuge mantinha **relacionamento amoroso fora do namoro** influencia na sua honra e boa fama e configura erro essencial quanto à pessoa, ensejador da invalidação do casamento (JTJ 298/43). No mesmo sentido: "Erro essencial. Narração de adultério e abandono do lar nos primeiros dias após as bodas" (JTJ 312/48, ementa da redação).

Art. 1.557: 2a. A ulterior descoberta de que o cônjuge é **toxicômano** torna a convivência e a coabitação insuportáveis (JTJ 249/31).

Art. 1.557: 2b. O fato de o marido assumir compromissos comerciais acima de suas posses não enseja a anulação do matrimônio (RSTJ 142/320: 4ª T., REsp 134.690). No mesmo sentido, não configura erro de identidade moral apto a anular casamento o fato de o cônjuge fazer gastos desmedidos com despesas pessoais (JTJ 265/233, acórdão bem fundamentado).

Art. 1.557: 2c. "Alegação de que, após o casamento, o apelado demitiu-se do emprego e passou a viver às expensas da apelante. Ausência dos requisitos necessários à anulação dispostos no artigo 1.557, inciso I, do Código Civil. Apelante que continuou convivendo com o marido mesmo após ciência dos fatos. Iniciativa do apelado em deixar o lar conjugal. Aplicação da regra contida no art. 1.559 do mesmo diploma de lei. Erro que, ademais, pressupõe preexistência do vício de conduta e não seu aparecimento após o matrimônio" (JTJ 341/237: AP 607.487-4/1-00).

Art. 1.557: 3. "Se a opção pela rápida celebração do casamento com pessoa que conheceu por site de relacionamento retirou do autor a possibilidade de convivência prévia para conhecer a personalidade instável da requerida, não há falar em anulação de casamento. As hipóteses do art. 1.557 do CC/2002 que caracterizam erro essencial constituem *numerus clausus*, descabendo interpretação extensiva. No caso, não configurado erro de identidade, honra e boa fama" (RT 907/1.082: TJRS, AP 70039523204).

Art. 1.557: 3a. "Pedido ajuizado três meses após o enlace, por ter se revelado a sequência de crimes de estelionato praticados pela esposa antes do casamento. Elementos que indicam que o autor desconhecia a vida pregressa da esposa quando se casou. Prova da ciência do marido anterior ao casamento que incumbia à ré e não foi realizada. Incidência do art. 1.557, I e II, do CC" (JTJ 375/293: AP 17329-96.2008.8.26.0405).

Art. 1.557: 3b. "Marido, portador de deformidade peniana congênita (hipospádia). Ausência de comprovação de anterior ciência da mulher. Defeito equiparável à **impotência instrumental,** que frustra a plena satisfação sexual também procurada no casamento" (JTJ 251/39).

Art. 1.557: 3c. Redação do inc. III de acordo com a Lei 13.146, de 6.7.15, em vigor 180 dias após a sua publicação (DOU 7.7.15).

Art. 1.557: 3d. v. art. 1.559.

Art. 1.557: 4. O inc. IV foi revogado pela Lei 13.146, de 6.7.15, em vigor 180 dias após a sua publicação (DOU 7.7.15).

Art. 1.558. É anulável o casamento em virtude de coação,[1] quando o consentimento de um ou de ambos os cônjuges houver sido captado mediante fundado temor de mal considerável e iminente para a vida, a saúde e a honra, sua ou de seus familiares.[2] [Sem dispositivo correspondente no CC/1916.]

Art. 1.558: 1. v. art. 1.550-III. V. tb. arts. 151 a 155 (coação). V. ainda art. 1.560-IV (prazo para anulação do casamento).

Art. 1.558: 2. "Casamento. Anulação. Inadmissibilidade. Adolescente que, por **temor reverencial ao pai,** precipita-se em contrair núpcias, em face do conhecimento, pelos genitores, da manutenção de relações sexuais com seu namorado. Situação que não caracteriza coação, pois não restou configurado que a vontade emitida pela nubente foi induzida por força da insinuação de outrem" (RT 778/335: TJAL, REO 99.000977-7).

Art. 1.559. Somente o cônjuge que incidiu em erro, ou sofreu coação, pode demandar a anulação do casamento; mas a coabitação, havendo ciência do vício, valida o ato, ressalvadas as hipóteses dos incisos III e IV do art. 1.557. [Dispositivo correspondente no CC/1916: art. 210-I.]

Código Civil

Art. 1.560. O prazo para ser intentada a ação de anulação do casamento, a contar da data da celebração, é de: [Sem dispositivo correspondente no CC/1916.]

I — cento e oitenta dias, no caso do inciso IV do art. 1.550; [Dispositivo correspondente no CC/1916: art. 178 § 5º-II.]

II — dois anos, se incompetente a autoridade celebrante;[1] [Dispositivo correspondente no CC/1916: art. 208-*caput*.]

III — três anos, nos casos dos incisos I a IV do art. 1.557; [Dispositivo correspondente no CC/1916: art. 178 § 7º-I.]

IV — quatro anos, se houver coação.[2-2a] [Sem dispositivo correspondente no CC/1916.]

§ 1º Extingue-se, em cento e oitenta dias, o direito de anular o casamento dos menores de dezesseis anos,[3] contado o prazo para o menor do dia em que perfez essa idade; e da data do casamento, para seus representantes legais ou ascendentes. [Dispositivo correspondente no CC/1916: art. 178 § 5º-III.]

§ 2º Na hipótese do inciso V do art. 1.550, o prazo para anulação do casamento é de cento e oitenta dias, a partir da data em que o mandante tiver conhecimento da celebração. [Sem dispositivo correspondente no CC/1916.]

Art. 1.560: 1. v. arts. 1.550-VI e 1.554.

Art. 1.560: 2. v. art. 1.558.

Art. 1.560: 2a. Esse inciso **alterou** o art. 1º do Dec. lei 4.529, de 30.7.42, o qual estabelecia que "a ação do cônjuge coacto para anular o casamento prescreverá em dois anos contados da data da sua celebração".

Art. 1.560: 3. Também é de 180 dias o prazo para anulação do casamento de menor com idade núbil, cf. art. 1.555.

Art. 1.561. Embora anulável ou mesmo nulo,[1] se contraído de boa-fé por ambos os cônjuges, o casamento, em relação a estes como aos filhos, produz todos os efeitos até o dia da sentença anulatória.[2 a 2b] [Dispositivo correspondente no CC/1916: art. 221-*caput*.]

§ 1º Se um dos cônjuges estava de boa-fé ao celebrar o casamento, os seus efeitos civis só a ele e aos filhos aproveitarão.[3] [Dispositivo correspondente no CC/1916: art. 221 § ún.]

§ 2º Se ambos os cônjuges estavam de má-fé ao celebrar o casamento, os seus efeitos civis só aos filhos aproveitarão.[4] [Sem dispositivo correspondente no CC/1916.]

Art. 1.561: 1. v. art. 1.563.

✎ **Art. 1.561: 2.** "Considerações sobre o casamento putativo", por Gustavo Filipe Barbosa Garcia (RT 919/109).

Art. 1.561: 2a. Esse dispositivo trata do denominado **casamento putativo.**

Art. 1.561: 2b. "A mulher que reclama alimentos a eles tem direito mas até à data da sentença. Anulado ou declarado nulo o casamento, desaparece a condição de cônjuges" (RSTJ 130/225: 3ª T., REsp 69.108). No mesmo sentido: "O casamento putativo gera efeitos civis até a declaração de nulidade do ato. A partir de então o contraente de boa-fé deixa de ter direitos patrimoniais e de pensão alimentícia, por não mais existir a condição de cônjuge" (RT 840/334: TJMS, AP 2003.010814-9/0000-00).

Art. 1.561: 3. s/ casamento anulado por culpa de um dos cônjuges, v. art. 1.564; união estável putativa, v. art. 1.727, nota 3.

Art. 1.561: 4. v. LDi 14 § ún. V. tb. art. 1.617.

Art. 1.562. Antes de mover a ação de nulidade do casamento, a de anulação, a de separação judicial,[1] a de divórcio direto ou a de dissolução de união estável, poderá requerer a parte, comprovando sua necessidade, a separação de corpos,[1a a 3a] que será concedida pelo juiz com a possível brevidade. [Dispositivo correspondente no CC/1916: art. 223.]

Art. 1.562: 1. v. art. 1.571, nota 2b **(Em. Const. 66, de 13.7.10).**

✎ **Art. 1.562: 1a.** "Ponderações relevantes sobre a separação de corpos: aspectos processuais, substanciais e seu tratamento pela doutrina e jurisprudência modernas", por Maria Isabel El Maerrawi (RIDF 45/136).

Art. 1.562: 1b. v. LDi 7º § 1º. S/ alimentos provisórios, v. LA 4º.

Quanto à guarda dos filhos, v. art. 1.585 c/c art. 1.584.

Art. 1.562: 1c. "Separação de corpos. Decretação que depende apenas do **exame da existência do casamento.** Hipótese em que se mostra inoportuna e impertinente a discussão que envolva fatos a serem apreciados na ação de separação judicial" (RT 819/289: TJCE, AI 2000.0013.1944-3/0). No mesmo sentido: "Na separação provisória de corpos como processo cautelar, a única prova a ser examinada é a da existência do casamento. A gravidade do fato que a legitima resulta, por presunção legal, do enunciado da própria ação de dissolução da sociedade conjugal que vai ser proposta" (RT 722/165). **Contra,** entendendo que deva ser feita menção ao direito ameaçado pela permanência do requerente no lar conjugal e à lesão que lhe possa advir da coabitação com a mulher: RJTJESP 53/137.

Art. 1.562: 1d. A separação de corpos pode ser concedida, a requerimento conjunto dos cônjuges, mesmo antes de completado o **prazo** para ser requerida a **separação consensual** (RT 518/95 e RJTJESP 53/169, RT 601/74, 636/71, 699/69, 862/227, RJTJESP 94/179, 96/185, 99/176, JTJ 199/75, 200/124, 207/130, RF 301/175, 321/202, RCJ 1/77, RP 44/286, com comentário de Gelson Amaro de Souza) e, neste caso, não se exige que o pedido principal seja formulado no prazo de trinta dias (RT 756/225). V. CPC 308.

Não é possível, porém, que no pedido cautelar de separação de corpos os cônjuges estabeleçam condições somente cabíveis no caso de separação consensual (RT 640/98), como, por exemplo, a partilha dos bens do casal (RT 715/129, maioria, e JTJ 174/120, maioria).

Art. 1.562: 2. "Separação de corpos. Relevância prática da distinção entre simples pedido de afastamento espontâneo do lar e pedido de **afastamento coativo do outro cônjuge.** Na última hipótese, salvo casos excepcionais, deve o magistrado ouvir o réu, antes de resolver sobre solicitação de liminar; outrossim, poderá ordenar provas para verificar quem deve retirar-se do lar ou dele ser retirado" (RJTJERGS 176/706).

Art. 1.562: 2a. "Separação de corpos. Ajuizamento para fixação da data da **separação de fato** do casal. Admissibilidade, ainda que fora dos casos usuais, para preservação de outros aspectos juridicamente relevantes até a separação consensual ou judicial" (JTJ 273/146: AP 271.396-4/3).

Art. 1.562: 3. "A anterior separação de fato não impede que seja outorgado alvará de separação de corpos com o objetivo de legalizar a situação em que se encontram os cônjuges, sendo a medida perfeitamente admissível, inclusive para regularizar situação, na tentativa de se evitar a alegação de **abandono do lar** como argumento de defesa ou acusação no processo de separação judicial, não havendo como prevalecer a decisão que julga extinto o processo por falta de interesse de agir" (RT 781/349: TJMG, AP 142.444/9). No mesmo sentido: RT 525/66, 541/97, 712/148, 781/349, 810/391, RJTJESP 61/189, 63/135, 99/175, 100/207, JTJ 165/141, 169/231, RTJE 148/224, Bol. AASP 1.061/78.

Art. 1.562: 3a. Separação de corpos entre companheiros. "A concubina tem o direito líquido e certo de ver apreciado seu pedido de separação de corpos, cujo processo não pode ser extinto sob a alegação de que tal providência somente cabe aos casados, estando ela livre para seguir o seu caminho, abandonando lar e filhos" (STJ 4ª T., RMS 5.422-5, Min. Ruy Rosado, j. 24.4.95, DJU 29.5.95).

"Em face do novo sistema constitucional, que reconhece a **união estável** como entidade familiar, possível a concessão da liminar para o afastamento de um dos concubinos do imóvel onde coabitam, com base na medida cautelar inominada prevista no art. 798 do CPC" (RJTAMG 58/46). No mesmo sentido: RSTJ 25/472, STJ-RJ 171/49, RT 721/87, 785/231, RJTJESP 132/202, JTJ 141/142, 160/53, 164/119, 183/144, 187/63, 212/122, 236/152, 236/154, RJTJERGS 146/298, 166/233, Bol. AASP 1.773/486, maioria, JTJ 310/218.

Contra: RT 675/186, 695/88.

"A medida cautelar inominada que visa ao afastamento do companheiro do lar conjugal **não pode ter caráter satisfativo,** devendo, destarte, ser ajuizada no prazo legal a ação principal, uma vez que há a necessidade de se preservar o exercício dos direitos e obrigações dos companheiros, como se casados fossem" (RT 808/234).

Art. 1.563. A sentença que decretar[1] a nulidade do casamento retroagirá à data da sua celebração,[2] sem prejudicar a aquisição de direitos, a título oneroso, por terceiros de boa-fé, nem a resultante de sentença transitada em julgado. [Sem dispositivo correspondente no CC/1916.]

Art. 1.563: 1. v. LRP 100.

Art. 1.563: 2. v., porém, art. 1.561.

Art. 1.564. Quando o casamento for anulado por culpa de um dos cônjuges, este incorrerá:[1] [Dispositivo correspondente no CC/1916: art. 232-*caput*.]

I — na perda de todas as vantagens havidas do cônjuge inocente;[1a] [Dispositivo correspondente no CC/1916: art. 232-I.]

II — na obrigação de cumprir as promessas que lhe fez no contrato antenupcial.[2] [Dispositivo correspondente no CC/1916: art. 232-II.]

Art. 1.564: 1. v. art. 1.561 § 1º.

Art. 1.564: 1a. "Se a autora já era casada, não poderia ter contraído novas núpcias, pelo que, nulificado o segundo matrimônio, verifica-se também inviável o reconhecimento da existência de sociedade de fato geradora de direitos patrimoniais justamente em favor da ex-cônjuge virago, que cometeu patente ilegalidade" (STJ-4ª T., REsp 513.895, Min. Aldir Passarinho Jr., j. 10.6.08, DJ 29.3.10).

No caso de concubinato, v. art. 1.727, nota 3.

Art. 1.564: 2. v. arts. 1.639 e 1.653 a 1.657.

Capítulo IX | DA EFICÁCIA DO CASAMENTO

Art. 1.565. Pelo casamento, homem e mulher assumem mutuamente a condição de consortes, companheiros e responsáveis pelos encargos da família. [Dispositivo correspondente no CC/1916: art. 240-*caput*.]

§ 1º Qualquer dos nubentes, querendo, poderá acrescer ao seu o sobrenome do outro.[1 a 3] [Dispositivo correspondente no CC/1916: art. 240 § ún.]

§ 2º O planejamento familiar é de livre decisão do casal, competindo ao Estado propiciar recursos educacionais e financeiros para o exercício desse direito, vedado qualquer tipo de coerção por parte de instituições privadas ou públicas.[4-5] [Sem dispositivo correspondente no CC/1916.]

✎ Art. 1.565: 1. "O nome da mulher no casamento, na separação, no divórcio e na viuvez", por Silmara Juny de Abreu Chinelato (Rev. AASP 68/69).

Art. 1.565: 1a. "Possível o pleito de adoção do sobrenome dentro de uma união estável, em aplicação analógica do art. 1.565, § 1º, do CC/02, devendo-se, contudo, em atenção às peculiaridades dessa relação familiar, ser feita sua prova documental, por instrumento público, com anuência do companheiro cujo nome será adotado" (STJ-3ª T., REsp 1.206.656, Min. Nancy Andrighi, j. 16.10.12, maioria, RT 930/463). No mesmo sentido: RT 931/731 (TJMT, AP 52150/2012).

V. tb. LRP 57, nota 4a.

Art. 1.565: 2. O acréscimo de sobrenome deverá constar do assento matrimonial. Com a extinção da sociedade conjugal, tal acréscimo de sobrenome poderá ser mantido (art. 1.571 § 2º) ou perdido (art. 1.578), conforme o caso.

Também se admite que a mulher, em razão da viuvez, exclua de seu nome o patronímico do marido (RSTJ 162/271: 3ª T., REsp 363.794; RJTJESP 137/227; RJTJERGS 216/400).

Art. 1.565: 2a. "Desde que não haja prejuízo à ancestralidade, nem à sociedade, é possível a supressão de um patronímico, pelo casamento, pois o nome civil é direito da personalidade" (STJ-RF 385/299: 3ª T., REsp 662.799).

No sentido de que o cônjuge pode adotar o patronímico familiar do outro, mas não pode excluir totalmente o sobrenome de sua família: RF 347/335, maioria.

Art. 1.565: 2b. "O art. 1.565, § 1º, do Código Civil de 2002 **não impõe limitação temporal** para a retificação do registro civil e o acréscimo de patronímico do outro cônjuge por retratar manifesto direito de personalidade" (STJ-3ª T., REsp 1.648.858, Min. Ricardo Cueva, j. 20.8.19, DJ 28.8.19).

"A alteração de preferência deve ocorrer no momento da habilitação, mas não há óbices legais para que ocorra posteriormente, ainda mais se não causar prejuízo à personalidade da requerente nem à de terceiros" (RJM 185/89: AP 1.0024.06.130477-0/001).

"O art. 1.565, § 1º, do Código Civil de 2002 autoriza a inclusão do sobrenome de um dos nubentes no nome do outro, o que se dá mediante solicitação durante o processo de habilitação, e, após a celebração do casamento, com a lavratura do respectivo registro. Nessa hipótese, a alteração do nome de um ou de ambos os noivos é realizada pelo oficial de registro civil de pessoas naturais, sem a necessidade de intervenção judicial. Dada a multiplicidade de circunstâncias da vida humana, a opção conferida pela legislação de inclusão do sobrenome do outro cônjuge não pode ser limitada, de forma peremptória, à data da celebração do casamento. Podem surgir situações em que a mudança se faça conveniente ou necessária em período posterior, enquanto perdura o vínculo conjugal. Nesses casos, já não poderá a alteração de nome ser procedida diretamente pelo oficial de registro de pessoas naturais, que atua sempre limitado aos termos das autorizações legais, devendo ser motivada e requerida perante o Judiciário, com o ajuizamento da ação de retificação de registro civil prevista nos arts. 57 e 109 da Lei 6.015/73. Trata-se de procedimento judicial de jurisdição voluntária, com participação obrigatória do Ministério Público" (STJ-4ª T., REsp 910.094, Min. Raul Araújo, j. 4.9.12, RT 936/425).

Art. 1.565: 2c. "Indefere-se o pedido de retificação de registro civil se a hipótese não se enquadra em nenhuma daquelas previstas em lei a autorizarem a mudança do prenome. O nome de família da mulher, adotado pelo homem quando do casamento, não pode ser alterado à alegação de ter ocorrido mero equívoco da escrivã, se consta do processo a explícita opção do marido agora insatisfeito" (RBDFS 12/151: TJMG, AP 1.0515.06.021344-1/001).

V. LRP 57 e notas.

Art. 1.565: 3. "Direito ao nome. Atributo da personalidade e vetor de dignidade da pessoa humana. **Retorno ao nome de solteiro após o falecimento do cônjuge.** Possibilidade. Impedir a retomada do nome de solteiro na hipótese de falecimento do cônjuge implicaria em grave violação aos direitos da personalidade e à dignidade da pessoa humana após a viuvez, especialmente no momento em que a substituição do patronímico é cada vez menos relevante no âmbito social, quando a questão está, cada dia mais, no âmbito da autonomia da vontade e da liberdade e, ainda, quando a manutenção do nome pode, em tese, acarretar ao cônjuge sobrevivente abalo de natureza emocional, psicológica ou profissional, em descompasso, inclusive, com o que preveem as mais contemporâneas legislações civis. Na hipótese, a justificativa apresentada pela parte — reparação de uma dívida moral com o genitor, que foi contrário à assunção do patronímico do cônjuge, e com isso atingir a sua paz interior — é mais do que suficiente para autorizar a retomada do nome de solteiro pelo cônjuge sobrevivente" (STJ-3ª T., REsp 1.724.718, Min. Nancy Andrighi, j. 22.5.18, DJ 29.5.18).

Art. 1.565: 4. Enunciado 99 do CEJ: "O art. 1.565, § 2º, do Código Civil não é norma destinada apenas às pessoas casadas, mas também aos casais que vivem em companheirismo, nos termos do art. 226, *caput*, §§ 3º e 7º, da Constituição Federal de 1988, e não revogou o disposto na Lei n. 9.263/96".

Art. 1.565: 5. v. art. 1.513.

Art. 1.566. São deveres[1 a 2a] de ambos os cônjuges: [Dispositivo correspondente no CC/1916: art. 231-*caput*.]

I — fidelidade recíproca;[2b-3] [Dispositivo correspondente no CC/1916: art. 231-I.]

II — vida em comum, no domicílio conjugal;[4] [Dispositivo correspondente no CC/1916: art. 231-II.]

III — mútua assistência;[4a] [Dispositivo correspondente no CC/1916: art. 231-III.]

IV — sustento, guarda e educação dos filhos;[5-5a] [Dispositivo correspondente no CC/1916: art. 231-IV.]

V — respeito e consideração mútuos. [Sem dispositivo correspondente no CC/1916.]

Art. 1.566: 1. s/ deveres dos companheiros, v. art. 1.724.

Art. 1.566: 2. CF 226: "§ 5º Os direitos e deveres referentes à sociedade conjugal são exercidos igualmente pelo homem e pela mulher".

Art. 1.566: 2a. CF 229: "Os pais têm o dever de assistir, criar e educar os filhos menores, e os filhos maiores têm o dever de ajudar e amparar os pais na velhice, carência ou enfermidade".

Art. 1.566: 2b. Cessam, com o divórcio, os deveres de fidelidade conjugal e de vida em comum (art. 1.576).

Art. 1.566: 3. "Transgride o dever de sinceridade o cônjuge que, deliberadamente, omite a verdadeira paternidade biológica dos filhos gerados na constância do casamento, mantendo o consorte na ignorância" (STJ-RBDFS 1/84: 3ª T., REsp 742.137).

Art. 1.566: 4. v. nota 2b.

Art. 1.566: 4a. "O dever de mútua assistência permanece até que sejam definitivamente rompidos os laços conjugais", motivo pelo qual "os alimentos provisionais são deferidos para a mantença da mulher durante o processo de separação judicial" (RT 840/358).

✎ **Art. 1.566: 5.** "O caráter não patrimonial do dever de sustento na perspectiva constitucional", por Flávio Luís de Oliveira (RBDF 22/5).

Art. 1.566: 5a. v. art. 1.568; v. tb. Alimentos (arts. 1.694 a 1.710), Guarda de filho (arts. 1.583 a 1.590) e Poder familiar (arts. 1.630 a 1.638). V. ainda ECA 22.

Art. 1.567. A direção da sociedade conjugal será exercida, em colaboração, pelo marido e pela mulher,[1] sempre no interesse do casal e dos filhos.[1a] [Dispositivo correspondente no CC/1916: art. 233-*caput*.]

Parágrafo único. Havendo divergência, qualquer dos cônjuges poderá recorrer ao juiz, que decidirá tendo em consideração aqueles interesses.[2] [Sem dispositivo correspondente no CC/1916.]

Art. 1.567: 1. salvo nas hipóteses contidas no art. 1.570.

Art. 1.567: 1a. v. arts. 1.647, 1.648 e 1.651. V. tb. CPC 73 e 74.

Art. 1.567: 2. v. arts. 1.720-*caput*, 1.631 § ún. e 1.517 § ún.; ECA 21.

Art. 1.568. Os cônjuges são obrigados a concorrer, na proporção de seus bens e dos rendimentos do trabalho, para o sustento da família e a educação dos filhos,[1] qualquer que seja o regime patrimonial.[2] [Dispositivo correspondente no CC/1916: art. 233-IV.]

Art. 1.568: 1. A maioridade do filho, por si só, não afasta a obrigação de alimentar (v. LA 13, nota 5).

Art. 1.568: 2. Mas no regime da separação de bens admite-se estipulação contrária no pacto antenupcial, cf. art. 1.688.

Art. 1.569. O domicílio[1] do casal será escolhido por ambos os cônjuges, mas um e outro podem ausentar-se do domicílio conjugal para atender a encargos públicos, ao exercício de sua profissão, ou a interesses particulares relevantes.[2] [Dispositivo correspondente no CC/1916: art. 233-III.]

Art. 1.569: 1. v. arts. 70 a 79.

Art. 1.569: 2. v. arts. 1.566-II e 1.573-IV.

Art. 1.570. Se qualquer dos cônjuges estiver em lugar remoto ou não sabido,[1] encarcerado por mais de cento e oitenta dias, interditado[2] judicialmente ou privado, episodicamente, de consciência, em virtude de enfermidade ou de acidente, o outro exercerá com exclusividade a direção da família, cabendo-lhe a administração dos bens. [Dispositivo correspondente no CC/1916: art. 251-*caput* e § ún.-I.]

Art. 1.570: 1. v. art. 25.

Art. 1.570: 2. v. arts. 1.767 e segs. V. tb. CPC 747 e segs.

Capítulo X — DA DISSOLUÇÃO DA SOCIEDADE E DO VÍNCULO CONJUGAL[1]

✎ **CAP. X: 1.** "Da possibilidade de ressarcimento dos danos decorrentes da dissolução da sociedade conjugal", por Nara Rubia Alves de Resende (RBDF 21/5).

Art. 1.571. A sociedade conjugal termina: [Sem dispositivo correspondente no CC/1916.]

I — pela morte de um dos cônjuges;[1] [Sem dispositivo correspondente no CC/1916.]

II — pela nulidade ou anulação do casamento;[1a] [Sem dispositivo correspondente no CC/1916.]

III — pela separação judicial;[2 a 2c] [Sem dispositivo correspondente no CC/1916.]

IV — pelo divórcio.[3-3a] [Sem dispositivo correspondente no CC/1916.]

§ 1º O casamento válido só se dissolve pela morte de um dos cônjuges ou pelo divórcio, aplicando-se a presunção estabelecida neste Código quanto ao ausente.[4-4a] [Sem dispositivo correspondente no CC/1916.]

§ 2º Dissolvido o casamento pelo divórcio direto[5] ou por conversão,[6-6a] o cônjuge poderá manter[7-7a] o nome de casado; salvo, no segundo caso, dispondo em contrário a sentença de separação judicial.[8] [Sem dispositivo correspondente no CC/1916.]

Art. 1.571: 1. "A morte presumida como causa de dissolução do casamento", por Inacio de Carvalho Neto (Ajuris 98/99).

Art. 1.571: 1a. Casamento nulo: art. 1.548; anulável: arts. 1.550, 1.556 e 1.559.

Art. 1.571: 2. "A Emenda Constitucional n. 66/2010: semelhanças, diferenças e inutilidades entre separação e divórcio — O direito intertemporal", por Rodrigo da Cunha Pereira (RMDCPC 37/5, RBDFS 17/5); "A nova Emenda do divórcio: primeiras reflexões", por Pablo Stolze Gagliano (RBDFS 16/5, RF 410/439); "O divórcio, após a Emenda Constitucional n. 66, de 2010", por Pedro Roberto Decomain (RDDP 90/108); "Emenda Constitucional n. 66 e a possibilidade jurídica do pedido de separação", por Walsir Edson Rodrigues Jr. e Dierle Nunes (RBDFS 18/5); "A PEC do divórcio. A revolução do século em matéria de direito de família. A passagem de um sistema antidivorcista para o divorcista pleno", por José Fernando Simão (RBDFS 17/14); "Emenda Constitucional do divórcio", por Álvaro Villaça Azevedo (RMDCPC 39/88); "O divórcio e separação no Brasil — algumas considerações após a aprovação da EC 66", por Marianna Chaves (RBDFS 20/5); "Sobrevive a separação conjugal", por Clito Fornaciari Jr. (RMDCPC 43/40); "Emenda Constitucional n. 66/2010 e a supressão dos prazos para o divórcio: pontos positivos e negativos", por Lígia Barbieri Mantovani e Giana Lisa Zanardo Sartori (RJ 421/57).

Art. 1.571: 2a. A separação judicial pode ser consensual ou litigiosa. Aplicam-se tanto à esta quanto àquela a LDi 3º, 7º, 8º, 13, 15, 16, 21 a 25, 41, 42 e 46; e tão somente à separação consensual a LDi 4º, 9º, 34 (principalmente) e 39.

A LDi foi muito alterada pelo atual CC (v. arts. 1.572 a 1.578).

V. nota seguinte.

Art. 1.571: 2b. **Em. Const. 66, de 13.7.10** — Dá nova redação à CF 226 § 6º, que dispõe sobre a dissolubilidade do casamento civil pelo divórcio, suprimindo o requisito de prévia separação judicial por mais de 1 ano ou de comprovada separação de fato por mais de 2 anos.

A antiga redação da CF 226 § 6º era do seguinte teor: "O casamento civil pode ser dissolvido pelo divórcio, após prévia separação judicial por mais de um ano nos casos expressos em lei, ou comprovada separação de fato por mais de dois anos". Com o advento da **Em. Const. 66, de 13.7.10,** o referido § 6º passou a dispor apenas que "o casamento civil pode ser dissolvido pelo divórcio".

Não obstante, é importante registrar que nenhum dispositivo legal foi **revogado expressamente** por conta da referida Em. Const.

Seguem manifestações jurisprudenciais a respeito do tema:

— "A separação é modalidade de extinção da sociedade conjugal, pondo fim aos deveres de coabitação e fidelidade, bem como ao regime de bens, podendo, todavia, ser revertida a qualquer momento pelos cônjuges (Código Civil, arts. 1571, III e 1.577). O divórcio, por outro lado, é forma de dissolução do vínculo conjugal e extingue o casamento, permitindo que os ex-cônjuges celebrem novo matrimônio (Código Civil, arts. 1571, IV e 1.580). São institutos diversos, com consequências e regramentos jurídicos distintos. A Emenda Constitucional 66/2010 **não revogou os artigos do Código Civil que tratam da separação judicial"** (STJ-4ª T., REsp 1.247.098, Min. Isabel Gallotti, j. 14.3.17, maioria, DJ 16.5.17). "A Emenda à Constituição 66/2010 apenas excluiu os requisitos temporais para facilitar o divórcio. O constituinte derivado reformador não revogou, expressa ou tacitamente, a legislação ordinária que cuida da separação judicial, que remanesce incólume no ordenamento pátrio, conforme previsto pelo Código de Processo Civil de 2015 (arts. 693, 731, 732 e 733 da Lei 13.105/2015). A opção pela separação faculta às partes uma futura reconciliação e permite discussões subjacentes e laterais ao rompimento da relação. A possibilidade de eventual arrependimento durante o período de separação preserva, indubitavelmente, a autonomia da vontade das partes, princípio basilar do direito privado. O atual sistema brasileiro se amolda ao sistema dualista opcional que não condiciona o divórcio à prévia separação judicial ou de fato" (STJ-3ª T., REsp 1.431.370, Min. Ricardo Cueva, j. 15.8.17, DJ 22.8.17).

"A aprovação da EC 66/2010, ao dar nova redação ao § 6º do art. 226 da CF/1988, que dispõe sobre a dissolubilidade do casamento civil pelo divórcio, não enseja automática revogação da legislação infraconstitucional que disciplina a dissolução da sociedade e do vínculo conjugal. Para que isso ocorra, indispensável seja modificado o Código Civil, que, por ora, preserva em pleno vigor os dispositivos atinentes à separação judicial e ao divórcio. Inteligência do art. 2º § 1º da LICC (Dec.-lei 4.657/1942)" (RT 910/1.046: TJRS, AP 70040795247, maioria; bem fundamentado). No mesmo sentido: RT 906/870 (TJES, AI 24100917921), 924/1.058 (TJRS, AP 70045626108).

"A Emenda Constitucional 66/10 não aboliu a separação judicial do ordenamento jurídico pátrio, limitando-se à desconstitucionalização do tema, conferindo ao legislador ordinário liberdade para sua regulamentação, em consonância com os reclamos da sociedade pós-moderna. Deve ser reformada a sentença que converte a ação de separação judicial em divórcio, sem observância do lapso temporal exigido pelo art. 1.580 do Código Civil" (RT 918/1.101: TJMG, AP 1.0028.11.000116-2/001).

Contra: "Separação judicial litigiosa. Instituto extinto pela EC n. 66, que deu nova redação ao art. 226 § 6º da CF. Intimação das partes para que se manifestassem sobre o interesse da conversão da ação em divórcio. Inércia das partes. Divórcio decretado" (JTJ 366/292: AP 9211780.87.2006.8.26.0000).

— No sentido de que "o divórcio passou a **independer de restrição temporal ou causal,** tornando-se o simples exercício de um direito potestativo": RBDFS 19/145 [TJMG, AP 1.0210.09.061665-2/001(1)].

"A Emenda Constitucional n. 66/2010 modificou o § 6º do art. 226 da Constituição Federal e, assim, não mais requer o decurso de dois anos para a conversão da separação de fato em divórcio, como consignava o art. 1.580, § 2º, do Código Civil; neste novo contexto normativo, a sentença estrangeira pode ser integrada sem ofender o panorama jurídico pátrio" (STJ-Corte Especial, SE 261, Min. Humberto Martins, j. 19.6.13, DJ 1.7.13).

"Evidente a eliminação da exigência de comprovação de lapso temporal para ingresso com o divórcio. Não é correto, do ponto de vista da moderna hermenêutica que hoje se aplica, ignorar a prevalência absoluta, sobre todas as outras, da norma constitucional, que tem vida e efetividade desde o momento que adquire vigência, reformando tudo que está no ordenamento infraconstitucional em desacordo com a norma atual. Como todas as leis retiram a sua validade direta ou indiretamente da Constituição, a mudança da norma constitucional determina consequentemente a mudança no fundamento de validade das normas encontradas em vigor. Não se pode exigir, para dar efeito à Emenda Constitucional em referência, que revela claramente a nova ordem constitucional da dissolução do casamento, que se faça a reforma da lei não recepcionada" (JTJ 373/104: AI 0244014-08.2011.8.26.0000).

— No sentido de que a separação não mais depende de requisito temporal para sua efetivação: "Em uma interpretação lógico-sistêmica, não há como entender preservados os requisitos de um ano de separação de fato, quando litigioso o pedido (art. 1.572, § 1º, do CC), ou ano de casamento, quando consensual (art. 1.574 do CC), na medida em que, para o divórcio, este mesmo Colegiado já disse não mais subsistirem (Súmula 37). Ocorre que, notoriamente, o instituto do divórcio possui efeitos muito mais contundentes do que o da separação judicial, pois rompe o vínculo matrimonial, enquanto esta última desfaz apenas a sociedade conjugal. Logo, não se mostra coerente exigir mais para o menos e menos para o mais" (RT 924/1.058: TJRS, AP 70045626108).

Art. 1.571: 2c. ou extrajudicial (CPC 733).

Art. 1.571: 3. v. arts. 1.579 a 1.582.

Art. 1.571: 3a. "Falecendo o varão antes de transitada em julgado a decisão que concedeu o divórcio, embora em execução provisória, porque pendente o julgamento de recursos contra os despachos que não admitiram os especiais, o estado civil do cônjuge sobrevivente é de viúva, não de divorciada" (STJ-3ª T., REsp 239.195, Min. Menezes Direito, j. 20.9.01, maioria, DJU 5.11.01).

Art. 1.571: 4. "Novo casamento do cônjuge do ausente", por Zeno Veloso (RBDF 23/37); "O momento de dissolução do casamento do ausente", por Jayme de Souza Vieira Lima Filho (RBDF 42/5).

Art. 1.571: 4a. v. arts. 6º e 22.

Art. 1.571: 5. v. art. 1.580 § 2º e LDi 40. V. tb. CPC 733.

Art. 1.571: 6. v. art. 1.580.

Art. 1.571: 6a. v. nota 2b **(Em. Const. 66, de 13.7.10).**

Art. 1.571: 7. v. art. 1.565 § 1º e notas, especialmente nota 3 (exclusão do nome de casado após a dissolução do casamento por morte).

Art. 1.571: 7a. Autorizando a mulher a seguir com o nome de casada, em razão de ela assim ser conhecida no seu círculo social há 45 anos e de o homem não ter trazido qualquer motivo plausível em prol da sua oposição: RT 843/352.

Art. 1.571: 8. v. art. 1.578.

Art. 1.572. Qualquer dos cônjuges poderá propor a ação de separação judicial,[1] imputando ao outro qualquer ato que importe grave violação dos deveres do casamento e torne insuportável a vida em comum.[1a a 2]

[Sem dispositivo correspondente no CC/1916.]

§ 1º A separação judicial pode também ser pedida se um dos cônjuges provar ruptura da vida em comum há mais de um ano[3] e a impossibilidade de sua reconstituição. [Sem dispositivo correspondente no CC/1916.]

§ 2º O cônjuge pode ainda pedir a separação judicial quando o outro estiver acometido de doença mental grave, manifestada após o casamento, que torne impossível a continuação da vida em comum, desde que, após uma duração de dois anos, a enfermidade tenha sido reconhecida de cura improvável. [Sem dispositivo correspondente no CC/1916.]

§ 3º No caso do § 2º, reverterão ao cônjuge enfermo, que não houver pedido a separação judicial, os remanescentes dos bens que levou para o casamento, e se o regime dos bens adotado o permitir, a meação dos adquiridos na constância da sociedade conjugal. [Sem dispositivo correspondente no CC/1916.]

Art. 1.572: 1. V. art. 1.571, nota 2b **(Em. Const. 66, de 13.7.10).**

Art. 1.572: 1a. "A proclamação da liberdade de não permanecer casado (ou: um réquiem para a culpa na dissolução das relações afetivas", por Cristiano Chaves de Farias (RDPr 16/46 e 20/83); "A culpa na ruptura do casamento", por Regina Beatriz Tavares da Silva (RIASP ano 5, n. 10 p. 149); "Redesenhando os contornos da dissolução do casamento (casar e permanecer casado: eis a questão)", por Cristiano Chaves de Farias (RJ 318/45); "Danos morais em família? Conjugalidade, parentalidade e responsabilidade civil", por Maria Celina Bodin de Moraes (RF 386/183); "A culpa nas relações de casamento e de união estável", por Regina Beatriz Tavares da Silva (Rev. AASP 98/186).

Art. 1.572: 1b. V. art. 1.573. V. tb. LDi 5º e notas. S/ deveres dos cônjuges, v. art. 1.566.

Art. 1.572: 2. **Enunciado 100 do CEJ:** "Na separação, recomenda-se apreciação objetiva de fatos que tornem evidente a impossibilidade da vida em comum".

Art. 1.572: 3. i. e., se for provada a separação de fato por mais de um ano.

Art. 1.573. Podem caracterizar a impossibilidade da comunhão de vida a ocorrência de algum dos seguintes motivos:[1] [Sem dispositivo correspondente no CC/1916.]

I — adultério; [Sem dispositivo correspondente no CC/1916.]

II — tentativa de morte; [Sem dispositivo correspondente no CC/1916.]

III — sevícia ou injúria grave; [Sem dispositivo correspondente no CC/1916.]

IV — abandono voluntário do lar conjugal, durante um ano contínuo; [Sem dispositivo correspondente no CC/1916.]

V — condenação por crime infamante; [Sem dispositivo correspondente no CC/1916.]

VI — conduta desonrosa. [Sem dispositivo correspondente no CC/1916.]

Parágrafo único. O juiz poderá considerar outros fatos[2-2a] que tornem evidente a impossibilidade da vida em comum. [Sem dispositivo correspondente no CC/1916.]

Art. 1.573: 1. "Irrelevante, para fins de procedência de ação de separação judicial fundamentada em grave violação dos deveres do casamento, o simples fato de o autor ainda frequentar o antigo lar conjugal, o que não representa indulgência do lesado" (RT 667/91).

"Ainda que tenha havido pretenso ou tácito perdão do cônjuge varão atinente à conduta irregular pretérita da varoa, esse pretenso perdão não serve de óbice a posterior decreto de separação judicial fundada em culpa da varoa, mormente se esta persiste em sua conduta irregular" (RBDF 34/119).

V. art. 1.571, nota 2b **(Em. Const. 66, de 13.7.10).**

Art. 1.573: 2. "O afeto como fator preponderante para a manutenção da sociedade conjugal", por Ezequiel Paulo Zanellato (RBDF 28/45 e Ajuris 99/93).

Art. 1.573: 2a. "Na linha de entendimento mais recente e em atenção às diretrizes do novo Código Civil, evidenciado o desejo de ambos os cônjuges em extinguir a sociedade conjugal, a separação deve ser decretada, mesmo que a pretensão posta em juízo tenha como causa de pedir a existência de conduta desonrosa" (STJ-4ª T., REsp 433.206, Min. Sálvio de Figueiredo, j. 6.3.03, DJU 7.4.03).

"Ainda que se requeira a separação judicial com imputação de culpa e essa não reste provada nos autos, o juiz pode decretá-la caso verifique, nas provas coligidas aos autos, a insuportabilidade da vida em comum, situação em que a decretação da separação não implica julgamento diverso do pedido" (STJ-3ª T., REsp 466.329, Min. Nancy Andrighi, j. 22.6.04, DJU 11.10.04).

"É possível entender 'falta de amor' como fundamento suficiente para aquilatar a impossibilidade da vida em comum" (JTJ 351/443: AP 994.04.072296-1; a citação é do voto do relator).

"Separação. Ação e reconvenção. Improcedência de ambos os pedidos. Evidenciada a insuportabilidade da vida em comum, e manifestado por ambos os cônjuges, pela ação e reconvenção, o propósito de se separarem, o mais conveniente é reconhecer esse fato e decretar a separação, sem imputação da causa a qualquer das partes" (RSTJ 174/411: 4ª T., REsp 467.184). No mesmo sentido: STJ-3ª T., REsp 783.137, Min. Nancy Andrighi, j. 25.9.06, DJU 9.10.06.

"Restando demonstrado nos autos, pelo depoimento das partes e de suas testemunhas, o lapso temporal de um ano e a impossibilidade de reconstituição da vida comum (art. 1.572, § 1º, do CC/2002), impõe-se a decretação da separação litigiosa, com a consequente dissolução da sociedade conjugal, independentemente da existência de culpa de qualquer dos cônjuges" (RT 865/289).

"Separação judicial. Não comprovadas as recíprocas imputações de injúria grave deduzidas pelos cônjuges. Evidenciada, entretanto, a ruptura da vida em comum há vários anos e a impossibilidade de sua reconstituição. Transformação da separação-sanção em separação-remédio. Aplicação da regra do § único do artigo 1.573 do Código Civil" (RT 893/229: TJSP, AP 615.313.4/2-00).

Enunciado 254 do CEJ: "Formulado o pedido de separação judicial com fundamento na culpa (art. 1.572 e/ou art. 1.573 e incisos), o juiz poderá decretar a separação do casal diante da constatação da insubsistência da comunhão plena de vida (art. 1.511) — que caracteriza hipótese de 'outros fatos que tornem evidente a impossibilidade da vida em comum' — sem atribuir culpa a nenhum dos cônjuges".

V. LDi 5º e notas.

Art. 1.574. Dar-se-á a separação judicial[1] por mútuo consentimento dos cônjuges[1a] se forem casados por mais de um ano e o manifestarem perante o juiz, sendo por ele devidamente homologada a convenção.[1b a 3] [Sem dispositivo correspondente no CC/1916.]

Parágrafo único. O juiz pode recusar a homologação e não decretar a separação judicial se apurar que a convenção não preserva suficientemente os interesses dos filhos ou de um dos cônjuges. [Sem dispositivo correspondente no CC/1916.]

Art. 1.574: 1. v. art. 1.571, nota 2b **(Em. Const. 66, de 13.7.10).**

Art. 1.574: 1a. O mútuo consentimento também autoriza a separação extrajudicial, uma vez atendidos os demais requisitos do CPC 733.

Art. 1.574: 1b. É válida a cláusula de renúncia a alimentos em separação judicial (v. art. 1.707, nota 3).

Art. 1.574: 1c. **Súmula 336 do STJ:** "A mulher que renunciou aos alimentos na separação judicial tem direito à pensão previdenciária por morte do ex-marido, comprovada a necessidade econômica superveniente".

Art. 1.574: 2. Quanto à guarda dos filhos, v. art. 1.583.

Art. 1.574: 3. s/ aspectos processuais da separação consensual, v. CPC 731.

Art. 1.575. A sentença de separação judicial[1] importa a separação de corpos[1a] e a partilha de bens.[1b a 3] [Sem dispositivo correspondente no CC/1916.]

Parágrafo único. A partilha de bens poderá ser feita mediante proposta dos cônjuges e homologada pelo juiz ou por este decidida. [Sem dispositivo correspondente no CC/1916.]

Art. 1.575: 1. v. art. 1.571, nota 2b **(Em. Const. 66, de 13.7.10).**

Art. 1.575: 1a. se esta já não tiver sido concedida antes (v. art. 1.562).

✎Art. 1.575: 1b. "As manobras dolosas e contrárias à boa-fé objetiva perfilhadas ao ensejo da partilha de bens", por Priscila M. P. Corrêa da Fonseca (RBDFS 7/38); "Partilha amigável na dissolução da sociedade conjugal e da união estável. Anulação por vício de consentimento. Manifesta desproporção de quinhões. Boa-fé", por Humberto Theodoro Júnior e Juliana Cordeiro de Faria (RMDCPC 62/75).

Art. 1.575: 1c. v. LDi 7º.

S/ promessa de doação ou doação dos pais aos filhos, feita na partilha, em separação judicial, v. art. 538, nota 3, e art. 541, nota 3.

Art. 1.575: 2. **Enunciado 255 do CEJ:** "Não é obrigatória a partilha de bens na separação judicial".

A partilha de bens não guarda relação de necessariedade com a dissolução da sociedade conjugal (v. arts. 1.580, nota 2, e 1.581).

Art. 1.575: 3. "Verificada severa **desproporcionalidade da partilha,** a sua anulação pode ser decretada sempre que, pela dimensão do prejuízo causado a um dos consortes, verifique-se a ofensa à sua dignidade. O critério de considerar violado o princípio da dignidade da pessoa humana apenas nas hipóteses em que a partilha conduzir um dos cônjuges a situação de miserabilidade não pode ser tomado de forma absoluta. Há situações em que, mesmo destinando-se a um dos consortes patrimônio suficiente para a sua sobrevivência, a intensidade do prejuízo por ele sofrido, somada a indicações de que houve dolo por parte do outro cônjuge, possibilitam a anulação do ato" (STJ-RT 906/627 e RDDP 96/177: 3ª T., REsp 1.200.708).

Art. 1.576. A separação judicial[1] põe termo aos deveres de coabitação e fidelidade recíproca[1a] e ao regime de bens.[2-3] [Sem dispositivo correspondente no CC/1916.]

Parágrafo único. O procedimento judicial da separação caberá somente aos cônjuges,[4] e, no caso de incapacidade,[5] serão representados pelo curador, pelo ascendente ou pelo irmão. [Sem dispositivo correspondente no CC/1916.]

Art. 1.576: 1. e a extrajudicial também (CPC 733).

V. art. 1.571, nota 2b **(Em. Const. 66, de 13.7.10).**

Art. 1.576: 1a. v. art. 1.566-I e II.

Art. 1.576: 2. v. arts. 1.639 a 1.688.

Art. 1.576: 3. v. LDi 3º.

Art. 1.576: 4. No divórcio, v. art. 1.582.

Art. 1.576: 5. v. arts. 3º e 4º.

Art. 1.577. Seja qual for a causa da separação judicial[1] e o modo como esta se faça, é lícito aos cônjuges restabelecer,[1a] a todo tempo, a sociedade conjugal, por ato regular em juízo.[2-2a] [Sem dispositivo correspondente no CC/1916.]

Parágrafo único. A reconciliação em nada prejudicará o direito de terceiros, adquirido antes e durante o estado de separado, seja qual for o regime de bens.[3-4] [Sem dispositivo correspondente no CC/1916.]

Art. 1.577: 1. v. art. 1.571, nota 2b **(Em. Const. 66, de 13.7.10).**

Art. 1.577: 1a. Averbação, no registro público, da reconciliação: v. art. 10-I. V. tb. LRP 101 e 107 § 2º.

Art. 1.577: 2. v. LDi 46.

Art. 1.577: 2a. "Falecimento do cônjuge varão após o pedido. Remanesce o interesse processual da outra parte no julgamento da demanda. Restando satisfeitos os requisitos do art. 1.577 do Código Civil, não há razão para negativa do pedido inicial. A superveniente morte do varão não impede o julgamento de mérito do pedido" (Bol. AASP 2.586: TJDFT, AP 2005.01.1.095769-8).

"Separação judicial. Pedido de reconstituição da sociedade conjugal, formulado diretamente pelos cônjuges e pelo advogado comum. Demora no exame do pedido, com o falecimento do varão. Extinção do processo decretada. Inadmissibilidade. Recurso provido para se homologar a reconstituição, retroagidos os efeitos à data da manifestação de vontade dos cônjuges" (JTJ 273/200: AP 269.563-4/6-00).

Art. 1.577: 3. s/ reconciliação de empresário, v. art. 980.

Art. 1.577: 4. A sentença homologatória da reconciliação produz **efeitos** somente **ex nunc,** justamente para preservar direitos de terceiros (JTJ 261/418: AI 250.419-4/6).

Art. 1.578. O cônjuge declarado culpado na ação de separação judicial[1] perde o direito de usar o sobrenome do outro,[1a] desde que expressamente requerido pelo cônjuge inocente e se a alteração não acarretar:[1b] [Sem dispositivo correspondente no CC/1916.]

I — evidente prejuízo para a sua identificação; [Sem dispositivo correspondente no CC/1916.]

II — manifesta distinção entre o seu nome de família e o dos filhos havidos da união dissolvida; [Sem dispositivo correspondente no CC/1916.]

III — dano grave reconhecido na decisão judicial. [Sem dispositivo correspondente no CC/1916.]

§ 1º O cônjuge inocente na ação de separação judicial poderá renunciar, a qualquer momento, ao direito de usar o sobrenome do outro.[2] [Sem dispositivo correspondente no CC/1916.]

§ 2º Nos demais casos caberá a opção pela conservação do nome de casado.[3] [Sem dispositivo correspondente no CC/1916.]

Art. 1.578: 1. v. art. 1.571, nota 2b **(Em. Const. 66, de 13.7.10).**

Art. 1.578: 1a. v. art. 1.565 § 1º. V. tb. art. 1.571 § 2º.

Art. 1.578: 1b. "O art. 1.578 do Código Civil prevê a perda do direito de uso do nome de casado para o caso de o cônjuge ser declarado culpado na ação de separação judicial. Mesmo nessas hipóteses, porém, a perda desse direito somente terá lugar se não ocorrer uma das situações previstas nos incisos I a III do referido dispositivo legal. Assim, a perda do direito ao uso do nome é exceção, e não regra" (STJ-4ª T., Ag em REsp 204.908-AgRg, Min. Raul Araújo, j. 4.11.14, DJ 3.12.14).

Art. 1.578: 2. "Pode a mulher, a qualquer tempo depois da separação ou divórcio, escolher voltar ou não a utilizar seu nome de solteira. Faculdade que encontra amparo no exercício do direito personalíssimo da mulher" (RT 872/372: TJRS, AP 70022522148).

Art. 1.578: 3. "A conservação do nome de casado depende da opção do cônjuge que adotou o nome do outro ao casar, não podendo um exigir do outro a retomada imotivada do nome de solteiro. Inteligência do artigo 1.578, § 2º, do Código Civil" (RT 893/321: TJRS, AP 70031551237).

"A não apresentação de contestação ao pedido de divórcio pelo cônjuge virago não pode ser entendida como manifestação de vontade no sentido de opção pelo uso do nome de solteira (CC, art. 1.578, § 2º)" (STJ-4ª T., Ag em REsp 204.908-AgRg, Min. Raul Araújo, j. 4.11.14, DJ 3.12.14).

V. tb., no nosso CPCLPV, CPC 345, nota 5a.

Art. 1.579. O divórcio[1] não modificará os direitos e deveres[1a] dos pais em relação aos filhos. [Sem dispositivo correspondente no CC/1916.]

Parágrafo único. Novo casamento de qualquer dos pais, ou de ambos, não poderá importar restrições aos direitos e deveres previstos neste artigo.[2] [Sem dispositivo correspondente no CC/1916.]

Art. 1.579: 1. s/ divórcio, v. Lei 6.515, de 26.12.77, no tít. DIVÓRCIO E SEPARAÇÃO JUDICIAL. S/ divórcio extrajudicial, v. CPC 733.

Art. 1.579: 1a. v. arts. 1.566-IV, 1.568 e ECA 22.

Art. 1.579: 2. v. arts. 1.636 e 1.588.

Art. 1.580. Decorrido um ano do trânsito em julgado da sentença que houver decretado a separação judicial, ou da decisão concessiva da medida cautelar de separação de corpos, qualquer das partes poderá requerer sua conversão em divórcio.[1 a 2] [Sem dispositivo correspondente no CC/1916.]

§ 1º A conversão em divórcio da separação judicial dos cônjuges será decretada por sentença, da qual não constará referência à causa que a determinou. [Sem dispositivo correspondente no CC/1916.]

§ 2º O divórcio poderá ser requerido, por um ou por ambos os cônjuges, no caso de comprovada separação de fato por mais de dois anos.[2a-3] [Sem dispositivo correspondente no CC/1916.]

Art. 1.580: 1. s/ divórcio, v. Lei 6.515, de 26.12.77, no tít. DIVÓRCIO E SEPARAÇÃO JUDICIAL. S/ divórcio extrajudicial, v. CPC 733.

Art. 1.580: 1a. **CF 226: "§ 6º** (*redação da Em. Const. 66, de 13.7.10*) O casamento civil pode ser dissolvido pelo divórcio".

V., ainda, art. 1.571, notas 2 e 2b.

Art. 1.580: 1b. Trata-se do **divórcio indireto** (conversão da separação em divórcio).

Art. 1.580: 2. "Divórcio indireto (por conversão). Requisitos para deferimento. Prévia partilha de bens. Inexigibilidade. Nova perspectiva do direito de família. Arts. 1.580 e 1.581 do CC/02. A regulamentação das ações de estado, na perspectiva contemporânea do fenômeno familiar, afasta-se da tutela do direito essencialmente patrimonial, ganhando autonomia e devendo ser interpretada com vistas à realização ampla da dignidade da pessoa humana. A tutela jurídica do direito patrimonial, por sua vez, deve ser atendida por meio de vias próprias e independentes, desobstruindo o caminho para a realização do direito fundamental de busca da felicidade" (STJ-3ª T., REsp 1.281.236, Min. Nancy Andrighi, j. 19.3.13, DJ 26.3.13). No mesmo sentido: RJ 316/121.

Art. 1.580: 2a. v., porém, art. 1.571, nota 2b **(Em. Const. 66, de 13.7.10).**

Art. 1.580: 3. Trata-se do **divórcio direto.**

Art. 1.581. O divórcio pode ser concedido sem que haja prévia partilha de bens.[1 a 3] [Sem dispositivo correspondente no CC/1916.]

Art. 1.581: 1. v. art. 1.580, nota 2.

S/ novo casamento do divorciado, sem que tenha havido a partilha de bens do casamento anterior, v. arts. 1.523-III e 1.641-I; s/ sentença da separação judicial e partilha de bens, v. art. 1.575, inclusive nota 2; s/ partilha de bens, na petição de separação consensual, v., no nosso CPCLPV, CPC 731-I, inclusive nota 4.

Art. 1.581: 2. **Súmula 197 do STJ:** "O divórcio direto pode ser concedido sem que haja partilha dos bens" (v. jurisprudência s/ esta Súmula em RSTJ 101/421).

Art. 1.581: 3. "Divórcio litigioso. Determinada partilha de bem imóvel. Inviabilidade. Apartamento pertencente ao Projeto Cingapura. Autora que detém apenas permissão de uso. Ato administrativo unilateral e precário. Natureza do ato que obsta a partilha" (RT 868/218).

Art. 1.582. O pedido de divórcio somente competirá aos cônjuges.[1] [Sem dispositivo correspondente no CC/1916.]

Parágrafo único. Se o cônjuge for incapaz para propor a ação ou defender-se, poderá fazê-lo o curador,[2] o ascendente ou o irmão. [Sem dispositivo correspondente no CC/1916.]

Art. 1.582: 1. Na separação judicial, v. art. 1.576 § ún.

Art. 1.582: 2. "Justamente por ser excepcional o ajuizamento da ação de dissolução de vínculo conjugal por terceiro em representação do cônjuge, deve ser restritiva a interpretação da norma jurídica que indica os representantes processuais habilitados a fazê-lo, não se admitindo, em regra, o ajuizamento da referida ação por quem possui apenas a **curatela provisória,** cuja nomeação, que deve delimitar os atos que poderão ser praticados, melhor se amolda à hipótese de concessão de uma espécie de tutela provisória e que tem por finalidade específica permitir que alguém — o curador provisório — exerça atos de gestão e de administração patrimonial de bens e direitos do interditando e que deve possuir, em sua essência e como regra, a ampla e irrestrita possibilidade de reversão dos atos praticados. O ajuizamento de ação de dissolução de vínculo conjugal por curador provisório é admissível, em situações ainda mais excepcionais, quando houver prévia autorização judicial e oitiva do Ministério Público. É irrelevante o fato de ter havido a produção de prova pericial na ação de interdição que concluiu que a cônjuge possui doença de Alzheimer, uma vez que não se examinou a possibilidade de adoção do procedimento de tomada de decisão apoiada, preferível em relação à interdição e que depende da apuração do estágio e da evolução da doença e da capacidade de discernimento e de livre manifestação da vontade pelo cônjuge acerca do desejo de romper ou não o vínculo conjugal" (STJ-3ª T., REsp 1.645.612, Min. Nancy Andrighi, j. 16.10.18, DJ 12.11.18).

Capítulo XI | DA PROTEÇÃO DA PESSOA DOS FILHOS[1]

CAP. XI: 1. v. ECA 33 a 35, bem como suas respectivas notas.

Art. 1.583. A guarda será unilateral ou compartilhada.[1 a 5] [Sem dispositivo correspondente no CC/1916.]

§ 1º Compreende-se por guarda unilateral a atribuída a um só dos genitores ou a alguém que o substitua (art. 1.584, § 5º) e, por guarda compartilhada a responsabilização conjunta e o exercício de direitos e deveres do pai e da mãe que não vivam sob o mesmo teto, concernentes ao poder familiar dos filhos comuns.[5a] [Sem dispositivo correspondente no CC/1916.]

§ 2º Na guarda compartilhada, o tempo de convívio com os filhos deve ser dividido de forma equilibrada com a mãe e com o pai, sempre tendo em vista as condições fáticas e os interesses dos filhos.[6-6a]

§ 3º Na guarda compartilhada, a cidade considerada base de moradia dos filhos será aquela que melhor atender aos interesses dos filhos.[7-7a]

§ 4º (VETADO)

§ 5º A guarda unilateral obriga o pai ou a mãe que não a detenha a supervisionar os interesses dos filhos, e, para possibilitar tal supervisão, qualquer dos genitores sempre será parte legítima para solicitar informações e/ou prestação de contas, objetivas ou subjetivas, em assuntos ou situações que direta ou indiretamente afetem a saúde física e psicológica e a educação de seus filhos.[8-9]

Art. 1.583: 1. Redação do *caput* de acordo com a Lei 11.698, de 13.6.08, em vigor 60 dias após a sua publicação (DOU 16.6.08).

✎**Art. 1.583: 1a.** "Da guarda compartilhada em oposição à guarda unilateral", por Claudete Carvalho Canezin (RBDF 28/5); "Anotações sobre a guarda compartilhada", por Flávio Augusto de Oliveira Santos (RDPr 22/96); "As perspectivas e o exercício da guarda compartilhada consensual e litigiosa", por Fabíola Santos Albuquerque (RBDF 31/19); "Guarda compartilhada de filhos", por Edivane Paixão e Fernanda Oltramari (RBDF 32/50); "Guarda de filhos", por Ênio Santarelli Zuliani (RIDCPC 43/66, RMDCPC 13/38, RJ 349/33); "Guarda compartilhada", por Águida Arruda Barbosa (RMDCPC 6/60); "Guarda compartilhada — Considerações interdisciplinares", por Giselle Câmara Groeninga (RJ 371/31); "Guarda e convivência dos filhos após a Lei n. 11.698/2008", por Paulo Lôbo (RBDFS 6/23); "A guarda compartilhada e a Lei n. 11.698/2008", por Leonardo Barreto Moreira Alves (RBDFS 6/36); "Razões e contrarrazões para aplicação da guarda compartilhada", por Leila Maria Torraca de Brito e Emmanuela Neves Gonsalves (RT 886/69); "Guarda compartilhada e visitas: a nova perspectiva de impor sanções por violações ao direito de ter o filho em sua companhia ou de visitá-lo, como estabelecido", por Ênio Santarelli Zuliani (RMDCPC 35/9); "Guarda compartilhada — a difícil passagem da teoria à prática: a realidade da Lei n. 11.698/2008", por Maria Lúcia Luz Leiria (RJ 409/10).

Art. 1.583: 2. s/ proteção da pessoa dos filhos, v. LDi 9º a 16; s/ atribuição da guarda ao réu e necessidade de reconvenção, v., no CPCLPV, CPC 343, nota 2c; s/ guarda de filhos e regime de visita, na petição inicial da separação judicial, v. CPC 731-III. V. ainda ECA 33 a 35 (guarda de filho menor).

Art. 1.583: 3. "Nos processos em que se litiga pela guarda de menor, não se atrela a temática ao direito da mãe ou do pai, ou ainda de outro familiar, mas sim, e sobretudo, ao **direito da criança** a uma estrutura familiar que lhe confira segurança e todos os elementos necessários a um crescimento equilibrado" (STJ-3ª T., REsp 916.350, Min. Nancy Andrighi, j. 11.3.08, DJU 26.3.08).

"A proteção integral, conferida pelo ECA, à criança e ao adolescente como pessoa em desenvolvimento, deve pautar de forma indelével as decisões que poderão afetar o menor em sua subjetividade. Sob a ótica dos direitos da criança e do adolescente, não são os pais que têm direito ao filho, mas sim, e sobretudo, é o menor que tem direito a uma estrutura familiar que lhe confira segurança e todos os elementos necessários a um crescimento equilibrado. Devem as partes pensar de forma comum no bem-estar do menor, sem intenções egoísticas, para que ele possa, efetivamente, usufruir harmonicamente da família que possui, tanto a materna, quanto a paterna, porque toda criança ou adolescente tem direito a ser criado e educado no seio da sua família, conforme dispõe o art. 19 do ECA" (STJ-3ª T., REsp 1.076.834, Min. Nancy Andrighi, j. 10.2.09, DJ 4.8.09).

Art. 1.583: 4. "A **guarda compartilhada** busca a plena proteção do melhor interesse dos filhos, pois reflete, com muito mais acuidade, a realidade da organização social atual que caminha para o fim das rígidas divisões de papéis sociais definidas pelo gênero dos pais. A guarda compartilhada é o ideal a ser buscado no exercício do poder familiar entre pais separados, mesmo que demandem deles reestruturações, concessões e adequações diversas, para que seus filhos possam usufruir, durante sua formação, do ideal psicológico de duplo referencial. Apesar de a separação ou do divórcio usualmente coincidirem com o ápice do distanciamento do antigo casal e com a maior evidenciação das diferenças existentes, o melhor interesse do menor, ainda assim, dita a aplicação da guarda compartilhada como regra, **mesmo na hipótese de ausência de consenso.** A inviabilidade da guarda compartilhada, por ausência de consenso, faria prevalecer o exercício de uma potestade inexistente por um dos pais. E diz-se inexistente, porque contrária ao escopo do poder familiar que existe para a proteção da prole. A imposição judicial das atribuições de cada um dos pais, e o período de convivência da criança sob guarda compartilhada, quando não houver consenso, é medida extrema, porém necessária à implementação dessa nova visão, para que não se faça do texto legal, letra morta. A **custódia física conjunta** é o ideal a ser buscado na fixação da guarda compartilhada, porque sua implementação quebra a monoparentalidade na criação dos filhos, fato corriqueiro na guarda unilateral, que é substituída pela implementação de condições propícias à continuidade da existência de fontes bifrontais de exercício do poder familiar. A fixação de um lapso temporal qualquer, em que a custódia física ficará com um dos pais, permite que a mesma rotina do filho seja vivenciada à luz do contato materno e paterno, além de habilitar a criança a ter uma visão tridimensional da realidade, apurada a partir da síntese dessas isoladas experiências interativas. O estabelecimento da custódia física conjunta, sujeita-se, contudo, à possibilidade prática de sua implementação, devendo ser observadas as peculiaridades fáticas que envolvem pais e filho, como a localização das residências, capacidade financeira das partes, disponibilidade de tempo e rotinas do menor, além de outras circunstâncias que devem ser observadas. A guarda compartilhada deve ser tida como regra, e a custódia física conjunta — sempre que possível — como sua efetiva expressão" (STJ-3ª T., REsp 1.251.000, Min. Nancy Andrighi, j. 23.8.11, DJ 31.8.11).

"A nova redação do art. 1.584 do Código Civil irradia, com força vinculante, a peremptoriedade da guarda compartilhada. O termo 'será' não deixa margem a debates periféricos, fixando a presunção — *jure tantum* — de que se houver interesse na guarda compartilhada por um dos ascendentes, será esse o sistema eleito, salvo se um dos genitores [ascendentes] declarar ao magistrado que não deseja a guarda do menor (art. 1.584, § 2º, *in fine*, do CC)" (STJ-3ª T., REsp 1.626.495, Min. Nancy Andrighi, j. 15.9.16, DJ 30.9.16).

Determinando o compartilhamento da guarda mesmo em situação de ausência de consenso entre os pais: RT 925/1.077 (TJSE, AP 6867/2011, maioria).

"A peculiaridade da situação dos autos, que retrata a longa coabitação do menor com a **avó e o tio paternos,** desde os quatro meses de idade, os bons cuidados àquele dispensados, e a anuência dos genitores quanto à pretensão dos recorrentes, também endossada pelo Ministério Público Estadual, é recomendável, em benefício da criança, a concessão da guarda compartilhada" (STJ-4ª T., REsp 1.147.138, Min. Aldir Passarinho Jr., j. 11.5.10, DJ 27.5.10).

"É possível deferir a guarda compartilhada entre os **pais e a avó materna,** visto que a pretensão resulta do consenso entre as partes e visa ampliar a proteção da criança" (RBDFS 18/151: TJMS, AP 2010.016220-8/0000-00).

Todavia: "A guarda compartilhada não pode ser exercida quando os guardiões possuem uma **relação conflituosa,** sob o risco de se comprometer o bem-estar dos menores e perpetuar o litígio parental. Na definição de guarda de filhos menores, é preciso atender, antes de tudo, aos interesses deles" (RT 878/271: TJMG, AP 1.0775.05.004678-5/001). No mesmo sentido: RJTJERGS 273/93 (AI 70025244955).

"A guarda compartilhada deve ser buscada no exercício do poder familiar entre pais separados, mesmo que demande deles reestruturações, concessões e adequações diversas para que os filhos possam usufruir, durante a formação, do ideal psicológico de duplo referencial. Em atenção ao melhor interesse do menor, mesmo na ausência de consenso dos pais, a guarda compartilhada deve ser aplicada, cabendo ao Judiciário a imposição das atribuições de cada um. Contudo, essa regra cede quando os desentendimentos dos pais ultrapassarem o mero dissenso, podendo resvalar, em razão da imaturidade de ambos e da atenção aos próprios interesses antes dos do menor, em prejuízo de sua formação e saudável desenvolvimento (art. 1.586 do CC/2002)" (STJ-3ª T., REsp 1.417.868, Min. João Otávio, j. 10.5.16, DJ 10.6.16).

"As peculiaridades do caso concreto inviabilizam a implementação da guarda compartilhada, tais como a **dificuldade geográfica** e a realização do princípio do melhor interesse dos menores, que obstaculizam, a princípio, sua efetivação" (STJ-3ª T., REsp 1.605.477, Min. Ricardo Cueva, j. 21.6.16, DJ 27.6.16).

V. tb. art. 1.584, nota 3a.

Art. 1.583: 4a. "A alternância da posse física do menor entre os genitores, sendo aquele submetido ora aos cuidados do pai, ora da mãe, configura **guarda alternada,** repudiada pela doutrina e pela jurisprudência, e não guarda compartilhada, na qual os pais regem, em conjunto, a vida da prole, tomando as decisões necessárias à sua educação e criação. Apurando-se através dos estudos sociais realizados nos autos que a criança tem maior vínculo afetivo com seu pai, deve ser fixada sua residência naquela do genitor" (Bol. AASP 2.701: TJMG, AP 1.0324.07.057434-2/001). Do voto do relator: "A guarda compartilhada é aquela pela qual pai e mãe fazem-se presentes em todas as decisões da vida dos filhos, ainda que o casal não mais conviva sob o mesmo teto, pois este instituto não exige a posse física da criança por ambos, mas apenas a posse jurídica, consubstanciada na participação constante dos genitores, em conjunto e harmonicamente, em todas as decisões que envolvem sua prole; já a guarda alternada pressupõe a posse física do menor por ambos os pais para que eles possam reger sua vida, devendo aquele permanecer determinado período com o pai e outro com a mãe. Assim, ao pretender que o menor permaneça uma semana com a mãe e outra com o pai, alternando-se o responsável pelos seus cuidados, pleiteiam as partes, em verdade, guarda alternada".

Todavia, *chancelando* a seguinte regulação para a guarda, por entender que no caso há efetiva guarda compartilhada, e não alternada: "Quanto aos dias que cada qual deverá ficar com a criança deverá imperar o bom senso dos pais levando-se em conta os interesses da própria criança, aliás, como já decidido. De qualquer forma, entendo que cada um dos pais deverá ter a criança, de forma alternada aos sábados, domingos e feriados. Nos dias da semana o pai poderá ficar com a criança por quatro dias na primeira semana e a mãe por três, também de forma alternada, quando a mãe, na próxima semana ficará com a criança por quatro e o pai por 3 e assim sucessivamente. Idem com relação às festas de fim de ano, quando deverá ser também de forma alternada: um ficará no Natal e o outro na Confraternização Universal (primeiro dia do ano). Cada um terá a criança em sua companhia por 15 dias nas férias escolares de meio e fim de ano, também alternadamente" (STJ-3ª T., REsp 1.251.000, Min. Nancy Andrighi, j. 23.8.11, DJ 31.8.11; a citação é do voto da relatora). Ainda do voto da relatora: "De se ressaltar, ainda, que a custódia física conjunta, preconizada na guarda compartilhada, em muito se diferencia da guarda alternada. Na guarda alternada, a criança fica em um período de tempo — semana, mês, semestre ou ano — sob a guarda de um dos pais que detém e exerce, durante o respectivo período, o Poder Familiar de forma exclusiva".

Art. 1.583: 4b. "A **guarda unilateral** somente será fixada se um dos genitores declarar que não deseja a guarda do menor ou se o juiz entender que um deles não está apto a exercer o poder familiar, nos termos do que dispõe o art. 1584, § 2º, do Código Civil, sem contar, também, com a possibilidade de afastar a guarda compartilhada diante de situações excepcionais, em observância ao princípio do melhor interesse da criança e do adolescente. Na hipótese dos autos, revela-se prudente o deferimento da guarda unilateral em favor da genitora, considerando a completa ausência do recorrido em relação aos filhos menores, pois demorou mais de 2 anos para ser citado em virtude das constantes mudanças de endereço, permanecendo as crianças nesse período apenas com a mãe, fato que demonstra que não tem o menor interesse em cuidar ou mesmo conviver com eles" (STJ-3ª T., REsp 1.773.290, Min. Marco Bellizze, j. 21.5.19, DJ 24.5.19).

"A guarda deverá ser atribuída ao genitor que revele **melhores condições** para exercê-la e, objetivamente, mais aptidão para propiciar ao filho, afeto — não só no universo genitor-filho como também no do grupo familiar em que está a criança inserida —, saúde, segurança e educação" (STJ-3ª T., REsp 1.076.834, Min. Nancy Andrighi, j. 10.2.09, DJ 4.8.09).

"Se a conduta da mãe, nos termos do traçado probatório delineado pelo Tribunal de origem, denota plenas condições de promover o sustento, a guarda, a educação do menor, bem assim assegurar a efetivação de seus direitos e facultar seu desenvolvimento físico, intelectual, moral, espiritual e social, em condições de liberdade e de dignidade, com todo o amor, carinho e zelo inerentes à relação materno-filial, deve-lhe ser atribuída a guarda da filha, porquanto revela melhores condições para exercê-la, conforme dispõe o art. 1.584 do CC/02. Melhores condições para o exercício da guarda de menor, na acepção jurídica do termo, evidencia não só o aparelhamento econômico daquele que se pretende guardião do menor, mas, acima de tudo, o atendimento ao melhor interesse da criança, no sentido mais completo alcançável" (STJ-3ª T., REsp 916.350, Min. Nancy Andrighi, j. 11.3.08, DJU 26.3.08).

"Ação de guarda. Genitora. Ré confessa do assassinato do pai dos menores. Direito das crianças de viverem no seio da família natural e usufruir do convívio materno. Genitora que reúne perfeitas condições de criar e educar os filhos, apesar da tragédia envolvendo a morte do companheiro. Crianças submetidas a fortes pressões psicológicas por parte da avó paterna com relação à mãe" (RJM 181/58: AP 1.0672.02.080641-6/001).

"A guarda tem por finalidade o amparo e a proteção ao menor, tanto no que diz respeito à assistência econômica como também no que se refere ao amparo moral, emocional e disciplinar de que necessita uma criança para ver definido quem é a autoridade em sua vida, devendo ser preservada sua rotina e o contato frequente com o genitor que não possuir sua guarda. No presente caso, há de se considerar que o menor possui atualmente 7 anos de idade, e convive no núcleo familiar paterno desde o seu nascimento, com o consentimento expresso de sua mãe. O parecer técnico realizado pelo Serviço Psicossocial Forense atesta que o menor está sendo bem cuidado pelos avós na casa destes, onde se encontra totalmente adaptado e tendo nesta o seu referencial de lar. Logo, não há motivo para a transferência da guarda" (Bol. AASP 2.571: TJDFT, AP 2004.09.1.013852-8).

"Restando demonstrado que a mãe vem descurando da boa formação psicológica e educacional do filho, por manter conduta moral inadequada, enquanto o pai possui melhores condições para prover assistência material, moral e educacional ao infante, defere-se a guarda definitiva ao progenitor" (RBDF 28/122).

Art. 1.583: 5. Modificação de guarda. "No direito de família, notadamente quando se trata do interesse de menores, a responsabilidade do julgador é redobrada: é a vida da criança que está para ser decidida, e para uma criança, muitas vezes, um simples gesto implica causar-lhe um trauma tão profundo, que se refletirá por toda a sua vida adulta. Por esse motivo, toda a mudança brusca deve ser, na medida do possível, evitada. Nos processos envolvendo a guarda de menores, a verossimilhança deve ser analisada com maior rigor. Tirar a criança do convívio com sua mãe, com quem esteve, sempre, desde o nascimento, é medida que só pode ser adotada em casos extremos" (STJ-3ª T., AI 1.121.907-AgRg, Min. Nancy Andrighi, j. 5.5.09, maioria, DJ 3.6.09).

"Modificação de guarda. Menor que é deixada com tia, juntamente com outros cinco irmãos. Pai que pretende a guarda da filha. Possibilidade. Situação retratada nos autos que enseja o deferimento do pedido, sempre atendendo ao melhor interesse da criança" (RT 882/180: TJSP, AP 551.636.4/0-00).

Art. 1.583: 5a. O § 1º foi acrescido pela Lei 11.698, de 13.6.08, em vigor 60 dias após a sua publicação (DOU 16.6.08).

Art. 1.583: 6. O § 2º foi alterado pela Lei 13.058, de 22.12.14.

Art. 1.583: 6a. v. nota 4a.

Art. 1.583: 7. O § 3º foi alterado pela Lei 13.058, de 22.12.14.

Art. 1.583: 7a. v. nota 4, *in fine*.

Art. 1.583: 8. O § 5º foi acrescido pela Lei 13.058, de 22.12.14.

Art. 1.583: 9. v., no nosso CPCLPV, CPC 550, *nota 6 in fine*.

Art. 1.584. A guarda, unilateral ou compartilhada,[1] poderá ser:[1a] [Sem dispositivo correspondente no CC/1916.]

I — requerida, por consenso, pelo pai e pela mãe, ou por qualquer deles, em ação autônoma de separação,[1b] de divórcio, de dissolução de união estável ou em medida cautelar; [Sem dispositivo correspondente no CC/1916.]

II — decretada pelo juiz, em atenção a necessidades específicas do filho, ou em razão da distribuição de tempo necessário ao convívio deste com o pai e com a mãe. [Sem dispositivo correspondente no CC/1916.]

§ 1º Na audiência de conciliação, o juiz informará ao pai e à mãe o significado da guarda compartilhada, a sua importância, a similitude de deveres e direitos atribuídos aos genitores e as sanções pelo descumprimento de suas cláusulas.[2] [Sem dispositivo correspondente no CC/1916.]

§ 2º Quando não houver acordo entre a mãe e o pai quanto à guarda do filho, encontrando-se ambos os genitores aptos a exercer o poder familiar, será aplicada a guarda compartilhada, salvo se um dos genitores declarar ao magistrado que não deseja a guarda do menor.[3-3a]

§ 3º Para estabelecer as atribuições do pai e da mãe e os períodos de convivência sob guarda compartilhada, o juiz, de ofício ou a requerimento do Ministério Público, poderá basear-se em orientação técnico-profissional ou de equipe interdisciplinar, que deverá visar à divisão equilibrada do tempo com o pai e com a mãe.[4 a 5]

§ 4º A alteração não autorizada ou o descumprimento imotivado de cláusula de guarda unilateral ou compartilhada poderá implicar a redução de prerrogativas atribuídas ao seu detentor.[6]

§ 5º Se o juiz verificar que o filho não deve permanecer sob a guarda do pai ou da mãe, deferirá a guarda a pessoa que revele compatibilidade com a natureza da medida, considerados, de preferência, o grau de parentesco e as relações de afinidade e afetividade.[7 a 11]

§ 6º Qualquer estabelecimento público ou privado é obrigado a prestar informações a qualquer dos genitores sobre os filhos destes, sob pena de multa de R$ 200,00 (duzentos reais) a R$ 500,00 (quinhentos reais) por dia pelo não atendimento da solicitação.[12]

Art. 1.584: 1. s/ guarda compartilhada, v. tb. art. 1.583, especialmente nota 4; s/ guarda alternada, v. art. 1.583, nota 4a.

Art. 1.584: 1a. Redação do *caput* de acordo com a Lei 11.698, de 13.6.08, em vigor 60 dias após a sua publicação (DOU 16.6.08).

Art. 1.584: 1b. v. art. 1.571, nota 2b **(Em. Const. 66, de 13.7.10).**

Art. 1.584: 2. O § 1º foi acrescido pela Lei 11.698, de 13.6.08, em vigor 60 dias após a sua publicação (DOU 16.6.08).

Art. 1.584: 3. O § 2º foi alterado pela Lei 13.058, de 22.12.14.

Art. 1.584: 3a. "A nova redação do art. 1.584 do Código Civil irradia, com força vinculante, a peremptoriedade da guarda compartilhada. O termo 'será' não deixa margem a debates periféricos, fixando a presunção — *jure tantum* — de que se houver interesse na guarda compartilhada por um dos ascendentes, será esse o sistema eleito, salvo se um dos genitores [ascendentes] declarar ao magistrado que não deseja a guarda do menor (art. 1.584, § 2º, *in fine*, do CC). A guarda compartilhada somente deixará de ser aplicada, quando houver inaptidão de um dos ascendentes para o exercício do poder familiar, fato que deverá ser declarado prévia ou incidentalmente à ação de guarda, por meio de decisão judicial, no sentido da suspensão ou da perda do Poder Familiar" (STJ-3ª T., REsp 1.629.994, Min. Nancy Andrighi, j. 6.12.16, DJ 15.12.16).

V. tb. art. 1.583, nota 4.

Art. 1.584: 4. O § 3º foi alterado pela Lei 13.058, de 22.12.14

Art. 1.584: 4a. Distinção entre guarda compartilhada e guarda alternada: v. art. 1.583, nota 4a.

Art. 1.584: 5. Enunciado 335 do CEJ: "A guarda compartilhada deve ser estimulada, utilizando-se, sempre que possível, da mediação e da orientação de equipe interdisciplinar".

Art. 1.584: 6. O § 4º foi alterado pela Lei 13.058, de 22.12.14.

Art. 1.584: 7. O § 5º foi alterado pela Lei 13.058, de 22.12.14.

Art. 1.584: 8. s/ guarda compartilhada entre tio e avó, v. art. 1.583, nota 4; direito de visita, v. art. 1.589 e notas; inserção da criança ou adolescente em família substituta, v. ECA 28.

Art. 1.584: 9. **Enunciado 334 do CEJ:** "A guarda de fato pode ser reputada como consolidada diante da estabilidade da convivência familiar entre a criança ou o adolescente e o terceiro guardião, desde que seja atendido o princípio do melhor interesse".

Art. 1.584: 10. "Dar-se preferência a alguém pertencente ao grupo familiar — na hipótese a **avó** — para que seja preservada a identidade da criança bem como seu vínculo com os pais biológicos, significa resguardar ainda mais o interesse do menor, que poderá ser acompanhado de perto pelos genitores e ter a continuidade do afeto e a proximidade da avó materna, sua guardiã desde tenra idade, que sempre lhe destinou todos os cuidados, atenção, carinhos e provê sua assistência moral, educacional e material. O deferimento da guarda não é definitivo, tampouco faz cessar o poder familiar, o que permite aos pais, futuramente, quando alcançarem estabilidade financeira, reverter a situação se assim entenderem, na conformidade do art. 35 do ECA" (STJ-3ª T., REsp 993.458, Min. Nancy Andrighi, j. 7.10.08, DJ 23.10.08).

Todavia: "Ação de guarda ajuizada por avó paterna em face dos pais. Genitora que contesta a ação e pretende exercer a guarda. Preferência legal de exercício da guarda pelos pais. Os motivos que autorizam a excepcional concessão da guarda a terceiros dizem respeito à existência de riscos à segurança, saúde, formação moral ou instrução do infante, bem como a presença de pressupostos que justifiquem a destituição do poder familiar. Na hipótese, a despeito de ter havido uma aparente melhor ambientação da menor durante o convívio com a avó paterna com quem residiu durante determinado período, não há absolutamente nenhum fato que desabone a genitora, não há nenhum risco à menor e nem tampouco há quaisquer circunstâncias que justificariam, em tese, a destituição do poder familiar — comprovada, inclusive, por recente audiência realizada com base no art. 28, § 2º, do ECA —, não se admitindo, em princípio, que se subverta drasticamente a lógica instituída pelo legislador ordinário com base na aplicação do princípio do melhor interesse do menor, que deve ser conformado com as regras legais específicas que disciplinam a matéria" (STJ-3ª T., REsp 1.711.037, Min. Nancy Andrighi, j. 11.2.20, DJ 13.2.20).

V. tb. ECA 33, nota 2a.

Art. 1.584: 10a. "Verificado que estudo social, o parecer psicológico e o relatório psicossocial realizados nos autos apresentam robustos elementos desfavoráveis à concessão da guarda de adolescente especial do sexo feminino ao pai, o qual, inclusive, responde a inquérito por suspeita de ser autor do assassinato que vitimou a mãe da menor, não se apresenta recomendável deferir-lhe a guarda da filha. Demonstrado robustamente nos autos que a guarda da menor pela **tia materna** atende perfeitamente ao princípio do melhor interesse do menor, faz-se imperioso o acolhimento dos embargos infringentes" (RT 923/1.030: TJMA, EI 112.143/2012).

Todavia: "Os concêntricos patamares estabelecidos em lei para a fixação da guarda de menor focam-se, primeiramente, na ideia de que a convivência familiar — *stricto sensu* — é, primariamente, um direito da própria criança, pois, da teia familiar originária, aufere o conforto psicológico da sensação de pertencimento e retira os primeiros elementos para a construção do sentimento de sua própria identidade, originando-se, daí, a ordem hierárquica de presunção de maior bem-estar para a criança e o adolescente, em relação ao ambiente em que devem conviver, dado pela sequência: família natural, família natural estendida e família substituta. Somente, na consecutiva impossibilidade de manutenção da criança nesses núcleos de família natural, poderão os menores ser colocados em família natural estendida, devendo os fatores que justifiquem a excepcionalidade ser objetivamente comprovados, como pareceres técnicos que informem a existência de sólidos elementos desabonadores da conduta do genitor preterido. À mingua dessas excepcionais circunstâncias, a questão fática de residir a criança durante algum período com a tia não pode servir de obstáculo à concretização do direito do infante à convivência com sua família natural, mormente se nunca houve abandono do genitor em relação à sua prole" (STJ-3ª T., REsp 1.388.966, Min. Nancy Andrighi, j. 22.5.14, DJ 13.6.14).

Art. 1.584: 11. "Guarda. Ação procedente. Fixação em favor da **madrasta**. Prova dos autos que demonstra que o *decisum* melhor atende aos interesses do menor" (RT 880/180: TJSP, AP 555.582-4/2-00).

Art. 1.584: 12. O § 6º foi acrescido pela Lei 13.058, de 22.12.14.

Art. 1.585. Em sede de medida cautelar de separação de corpos,[1] em sede de medida cautelar de guarda ou em outra sede de fixação liminar de guarda, a decisão sobre guarda de filhos, mesmo que provisória, será proferida preferencialmente após a oitiva de ambas as partes perante o juiz, salvo se a proteção aos interesses dos filhos exigir a concessão de liminar sem a oitiva da outra parte, aplicando-se as disposições do art. 1.584.[2-3]

Art. 1.585: 1. v. art. 1.562.

Art. 1.585: 2. Redação de acordo com a Lei 13.058, de 22.12.14.

Art. 1.585: 3. e as do art. 1.586.

Art. 1.586. Havendo motivos graves, poderá o juiz, em qualquer caso, a bem dos filhos, regular de maneira diferente da estabelecida nos artigos antecedentes a situação deles para com os pais.[1] [Sem dispositivo correspondente no CC/1916.]

Art. 1.586: 1. cf. LINDB 5º.

Art. 1.587. No caso de invalidade do casamento,[1] havendo filhos comuns, observar-se-á o disposto nos arts. 1.584 e 1.586. [Sem dispositivo correspondente no CC/1916.]

Art. 1.587: 1. i. e., tanto na hipótese de casamento nulo como na de anulável (v. cap. que antecede o art. 1.548). Casamento: nulo (art. 1.548); anulável (art. 1.550).

Art. 1.588. O pai ou a mãe que contrair novas núpcias não perde o direito de ter consigo os filhos,[1] que só lhe poderão ser retirados por mandado judicial, provado que não são tratados convenientemente.[2] [Dispositivo correspondente no CC/1916: art. 329.]

Art. 1.588: 1. v. arts. 1.630 e 1.579 § ún. V. tb. art. 1.636.

Art. 1.588: 2. **Enunciado 337 do CEJ:** "O fato de o pai ou a mãe constituírem nova união não repercute no direito de terem os filhos do leito anterior em sua companhia, salvo quando houver comprometimento da sadia formação e do integral desenvolvimento da personalidade destes".

Enunciado 338 do CEJ: "A cláusula de não tratamento conveniente para a perda da guarda dirige-se a todos os que integrem, de modo direto ou reflexo, as novas relações familiares".

Art. 1.589. O pai ou a mãe, em cuja guarda não estejam os filhos, poderá visitá-los[1 a 2c] e tê-los em sua companhia, segundo o que acordar[3] com o outro cônjuge, ou for fixado pelo juiz, bem como fiscalizar sua manutenção e educação.[4-4a] [Sem dispositivo correspondente no CC/1916.]

Parágrafo único. O direito de visita estende-se a qualquer dos avós, a critério do juiz, observados os interesses da criança ou do adolescente.[5 a 7] [Sem dispositivo correspondente no CC/1916.]

Art. 1.589: 1. "Direito à visita ou poder-dever de visitar: o princípio da afetividade como orientação significante no direito de família humanizado", por Joubert R. Rezende (RBDF 28/150); "Guarda de filhos não é posse ou propriedade", por Regina Beatriz Tavares da Silva (RJ 374/51).

Art. 1.589: 2. "Com base no princípio do melhor interesse da criança e no novo conceito eudemonista socioafetivo de família consagrado pela Constituição Federal de 1988, o direito de visita, que anteriormente era concebido apenas a quem detinha a guarda ou o poder familiar da criança, deve ser estendido a outras pessoas que com ela possuam relação de amor, carinho e afeto. Assim, considerando que o requerente conviveu com o requerido, menor de idade, durante cinco preciosos anos de sua vida, como se seu pai fosse, não se pode negar o **vínculo socioafetivo** que os une, advindo daí a fundamentação para o pedido de visita' (RT 883/298: TJMG, AP 1.0024.07.803449-3/001).

Art. 1.589: 2a. "Revogação do direito de visitação de filha menor. Possibilidade. Genitor ausente e cumprindo pena privativa de liberdade. Preservação do melhor interesse da criança. O **direito de visitação** garantido ao pai ou à mãe que não tenha a guarda da criança, não obstante a sua natureza afetiva, não tem caráter definitivo e não é absoluto. Ele **pode ser restringido temporariamente ou suprimido em situações excepcionais,** como na hipótese em que tal direito confronte diretamente com o princípio da proteção integral da criança e do adolescente, consagrado no art. 227 da CF/1988 e no Estatuto da Criança e do Adolescente (Lei n. 8.069/1990), de modo que eles tenham sua integridade física e emocional preservadas" (STJ-3ª T., REsp 1.497.628, Min. Moura Ribeiro, j. 1.3.16, DJ 7.3.16).

"Agravo de instrumento. Destituição do poder familiar. Pedido de suspensão de visitas do pai à menor, mesmo em local público a tanto destinado. Ocorrência de denúncia do Ministério Público, quanto à prática de crime sexual contra infante, pelo genitor. Laudo psicológico recomendando a suspensão de visitas pelo genitor, por ora. Agravo provido para determinar a providência, considerado tanto o princípio do *cuidado*, com o valor jurídico a ele pertinente, e o quanto disposto nos arts. 1º, III, 227 e 229, 2ª parte, da CF, até final julgamento da lide, ressalvada ulterior e diversa deliberação" (JTJ 347/41: AI 661.476-4/7-00).

Art. 1.589: 2b. "A determinação de que o paciente se submeta a exame toxicológico para que seja viável a decisão acerca da visitação das filhas menores não caracteriza constrangimento da sua liberdade de ir e vir, tão pouco, ilegalidade ou abuso de poder passível de exame em *habeas corpus*" (STJ-4ª T., HC 269.499, Min. Isabel Gallotti, j. 24.6.14, DJ 1.8.14).

Art. 1.589: 2c. "Na dissolução da entidade familiar em que haja algum conflito em relação ao **animal de estimação,** independentemente da qualificação jurídica a ser adotada, a resolução deverá buscar atender, sempre a depender do caso em concreto, aos fins sociais, atentando para a própria evolução da sociedade, com a proteção do ser humano e do seu vínculo afetivo com o animal. Na hipótese, o Tribunal de origem reconheceu que a cadela fora adquirida na constância da união estável e que estaria demonstrada a relação de afeto entre o recorrente e o animal de estimação, reconhecendo o seu direito de visitas ao animal, o que deve ser mantido" (STJ-4ª T., REsp 1.713.167, Min. Luis Felipe, j. 19.6.18, maioria, DJ 9.10.18).

Art. 1.589: 3. v. CPC 731-III.

Art. 1.589: 4. "Menor. Viagem ao exterior. Genitora que recebeu proposta de emprego em Lisboa. Novo domicílio da detentora da guarda. Pretensão a envolver melhorias nas condições de vida. Pai que não ofereceu oposição séria e fundada ao pedido" (JTJ 269/355: AI 278.124-4/4-00).

Todavia: "Menor. Suprimento de autorização paterna para viagem ao exterior. Indeferimento. Prejuízo à criança que se afastaria da escola em pleno período letivo, além de mantê-la distante do meio sociofamiliar que tanto preza. Transtornos evidentes ao direito de visitas pelo progenitor" (JTJ 262/174, AP 96.988-0/5-00).

Art. 1.589: 4a. Negando a ação de prestação de contas para o pai contra a mãe, em relação à pensão alimentícia paga ao filho, com a ponderação de que, no caso, cabe ao alimentante apenas fiscalizar a aplicação dos valores pagos, ressalvado o direito de o próprio filho exigir contas da mãe quanto à pensão paga pelo pai, o que pode ser feito através do MP: JTJ 239/164.

"Aquele que presta alimentos não detém interesse processual para ajuizar ação de prestação de contas em face da mãe da alimentada, porquanto ausente a utilidade do provimento jurisdicional invocado, notadamente porque quaisquer valores que sejam porventura apurados em favor do alimentante estarão cobertos pelo manto do princípio da irrepetibilidade dos alimentos já pagos" (STJ-3ª T., REsp 985.061, Min. Nancy Andrighi, j. 20.5.08, DJU 16.6.08). No mesmo sentido: STJ-4ª T., REsp 970.147, Min. Marco Buzzi, j. 4.9.12, maioria, DJ 16.10.12.

Afirmando que "a guardiã legal dos menores não tem o dever de prestar contas acerca da utilização dos alimentos em favor dos menores": RT 863/241.

Art. 1.589: 5. O § ún. foi acrescido pela Lei 12.398, de 28.3.11.

✎ **Art. 1.589: 5a.** "Direitos e deveres dos avós — alimentos e visitação", por Álvaro Villaça Azevedo (RIDF 45/38); "Poder familiar, tutela, curatela e guarda de incapazes e o direito dos avós de visita aos netos — aspectos abrangentes da Lei 12.398/2011", por Rosa Maria Barreto Borrielo de Andrade Nery (RT 907/21); "Direito dos avós", por Lourival Serejo (RBDFS 25/65).

Art. 1.589: 6. **Enunciado 333 do CEJ:** "O direito de visita pode ser estendido aos avós e pessoas com as quais a criança ou o adolescente mantenha vínculo afetivo, atendendo ao seu melhor interesse".

Art. 1.589: 7. "As eventuais **desavenças existentes entre os avós e os pais** do menor não são suficientes, por si sós, para restringir ou suprimir o exercício do direito à visitação, devendo o exame acerca da viabilidade do pedido se limitar a existência de benefício ou de prejuízo ao próprio menor. Na hipótese, tendo sido o menor diagnosticado com TEA — Transtorno do Espectro do Autismo, devidamente demonstrado por estudos psicossociais que atestam as suas especialíssimas condições psíquicas e que recomenda a sua não exposição a ambientes desequilibrados, a situações conturbadas ou a experiências traumáticas, sob pena de regressão em seu tratamento psicológico, descabe ao Poder Judiciário, em atenção ao melhor interesse do menor, impor a observância da regra que permite a visitação" (STJ-3ª T., REsp 1.573.635, Min. Nancy Andrighi, j. 27.11.18, DJ 6.12.18).

"Menor. Regulamentação de visita. Avó que não possui convivência boa com o pai da já adolescente. Imposição da visitação à neta. Inadequacidade. Consideração, sempre que possível, da vontade da menor, a fim de serem evitados efeitos indesejados, como a rejeição" (JTJ 312/245: AP 362.735-4/0-00).

Art. 1.590. As disposições relativas à guarda e prestação de alimentos aos filhos menores estendem-se aos maiores incapazes.[1] [Sem dispositivo correspondente no CC/1916.]

Art. 1.590: 1. s/ alimentos, v. arts. 1.694 a 1.710.

Subtítulo II | DAS RELAÇÕES DE PARENTESCO[1-2]

Capítulo I | DISPOSIÇÕES GERAIS

SUBTÍT. II: 1. "Os operadores do direito frente às questões da parentalidade", por Euclides de Oliveira (RBDF 20/150); "A tripla parentalidade (biológica, registral e socioafetiva)", por Adalgisa Wiedemann Chaves (RBDF 31/143).

SUBTÍT. II: 2. Súmula Vinculante 13 do STF: "A nomeação de cônjuge, companheiro ou parente em linha reta, colateral ou por afinidade, até o terceiro grau, inclusive, da autoridade nomeante ou de servidor da mesma pessoa jurídica investido em cargo de direção, chefia ou assessoramento, para o exercício de cargo em comissão ou de confiança ou, ainda, de função gratificada na administração pública direta e indireta em qualquer dos Poderes da União, dos Estados, do Distrito Federal e dos Municípios, compreendido o ajuste mediante designações recíprocas, viola a Constituição Federal".

Art. 1.591. São parentes em linha reta[1] as pessoas que estão umas para com as outras na relação de ascendentes e descendentes. [Dispositivo correspondente no CC/1916: art. 330.]

Art. 1.591: 1. v. art. 1.595 § 2º.

Art. 1.592. São parentes em linha colateral[1] ou transversal, até o quarto grau, as pessoas provenientes de um só tronco, sem descenderem uma da outra.[2] [Dispositivo correspondente no CC/1916: art. 331.]

Art. 1.592: 1. v. arts. 12 § ún., 228-V, 1.521-IV, 1.524, 1.540, 1.731-II, 1.822 § ún., 1.829-IV, 1.839, 1.840 e 1.850.

Art. 1.592: 2. ex.: irmãos, tios, sobrinhos e primos. Os irmãos podem ser germanos (oriundos dos mesmos pais) ou unilaterais (oriundos apenas da mesma mãe ou do mesmo pai).

Art. 1.593. O parentesco é natural ou civil, conforme resulte de consanguinidade ou outra origem.[1-2] [Sem dispositivo correspondente no CC/1916.]

Art. 1.593: 1. v. arts. 1.596, nota 2 (paternidade sociológica ou socioafetiva), 1.597-V (filhos por inseminação artificial heteróloga) e 1.618 e 1.619 e ECA 39 a 52-D (adoção).

Art. 1.593: 2. Enunciado 103 do CEJ: "O Código Civil reconhece, no art. 1.593, outras espécies de parentesco civil além daquele decorrente da adoção, acolhendo, assim, a noção de que há também parentesco civil no vínculo parental proveniente quer das técnicas de reprodução assistida heteróloga relativamente ao pai (ou mãe) que não contribuiu com seu material fecundante, quer da paternidade socioafetiva, fundada na posse do estado de filho".

Enunciado 256 do CEJ: "A posse do estado de filho (parentalidade socioafetiva) constitui modalidade de parentesco civil".

"União homoafetiva. Reprodução assistida. Possibilidade de registro simultâneo do pai biológico e do pai socioafetivo no assento de nascimento. A doadora do material genético, no caso, não estabeleceu qualquer vínculo com a criança, tendo expressamente renunciado ao poder familiar. Inocorrência de hipótese de adoção, pois não se pretende o desligamento do vínculo com o pai biológico, que reconheceu a paternidade no registro civil de nascimento da criança. A reprodução assistida e a paternidade socioafetiva constituem nova base fática para incidência do preceito 'ou outra origem' do art. 1.593 do Código Civil" (STJ-3ª T., REsp 1.608.005, Min. Paulo Sanseverino, j. 14.5.19, DJ 21.5.19).

V. tb. ECA 41, nota 2.

Art. 1.594. Contam-se, na linha reta, os graus de parentesco pelo número de gerações, e, na colateral, também pelo número delas, subindo de um dos parentes até ao ascendente comum, e descendo até encontrar o outro parente. [Dispositivo correspondente no CC/1916: art. 333.]

Art. 1.595. Cada cônjuge ou companheiro é aliado aos parentes do outro pelo vínculo da afinidade. [Dispositivo correspondente no CC/1916: art. 334.]

§ 1º O parentesco por afinidade limita-se aos ascendentes, aos descendentes e aos irmãos do cônjuge ou companheiro. [Sem dispositivo correspondente no CC/1916.]

§ 2º Na linha reta, a afinidade não se extingue com a dissolução do casamento ou da união estável.[1] [Dispositivo correspondente no CC/1916: art. 335.]

Art. 1.595: 1. Assim, mesmo após o fim do casamento ou da união estável, permanecem os laços entre sogro e nora, sogra e genro, padrasto e enteada etc., de modo que um continua impedido de casar com o outro.

Já na linha colateral, o parentesco por afinidade desaparece com a extinção do casamento ou da união estável, de modo que os cunhados podem se casar nessas circunstâncias.

Capítulo II | DA FILIAÇÃO[1]

CAP. II: 1. "Direito ao estado de filiação e direito à origem genética: uma distinção necessária", por Paulo Luiz Netto Lôbo (RJ 316/19 e RBDF 19/133); "Filhos do coração", por Rolf Madaleno (RBDF 23/22); "Filiação sucessória", por Rolf Madaleno (RBDFS 1/25).

Art. 1.596. Os filhos, havidos ou não da relação de casamento, ou por adoção, terão os mesmos direitos e qualificações,[1-2] proibidas quaisquer designações discriminatórias relativas à filiação.[3] [Sem dispositivo correspondente no CC/1916.]

Art. 1.596: 1. **CF 227: "§ 6º** Os filhos, havidos ou não da relação do casamento, ou por adoção, terão os mesmos direitos e qualificações, proibidas quaisquer designações discriminatórias relativas à filiação".

Art. 1.596: 2. "A **paternidade sociológica** é um ato de opção, fundando-se na liberdade de escolha de quem ama e tem afeto, o que não acontece, às vezes, com quem apenas é a fonte geratriz. Embora o ideal seja a concentração entre as paternidades jurídica, biológica e socioafetiva, o reconhecimento da última não significa o desapreço à biologização, mas atenção aos novos paradigmas oriundos da instituição das entidades familiares. Uma de suas formas é a 'posse do estado de filho', que é a exteriorização da condição filial, seja por levar o nome, seja por ser aceito como tal pela sociedade, com visibilidade notória e pública. Liga-se ao princípio da aparência, que corresponde a uma situação que se associa a um direito ou estado, e que dá segurança jurídica, imprimindo caráter de seriedade à relação aparente. Isso ainda ocorre com o 'estado de filho afetivo', que além do nome, que não é decisivo, ressalta o tratamento e a reputação, eis que a pessoa é amparada, cuidada e atendida pelo indigitado pai, como se filho fosse. O ativismo judicial e a peculiar atuação do juiz de família impõem, em afago à solidariedade humana e veneração respeitosa ao princípio da dignidade da pessoa, que se supere a formalidade processual, determinando o registro da filiação do autor, com veredito declaratório nesta investigação de paternidade socioafetiva, e todos os seus consectários" (RJTJERGS 248/229, maioria).

"Paternidade e maternidade socioafetiva. Autora que, com o óbito da mãe biológica, contando com apenas quatro anos de idade, ficou sob a guarda de casal que por mais de duas décadas dispensou a ela o mesmo tratamento concedido aos filhos genéticos, sem quaisquer distinções. Prova eloquente demonstrando que a demandante era tratada como filha, tanto que os nomes dos pais afetivos, contra os quais é direcionada a ação, encontram-se timbrados nos convites de debutante, formatura e casamento da acionante" (RT 928/1.071: TJSC, AP 2011.034517-3).

"A paternidade ou maternidade socioafetiva é concepção jurisprudencial e doutrinária recente, ainda não abraçada, expressamente, pela legislação vigente, mas a qual se aplica, de forma analógica, no que forem pertinentes, as regras orientadoras da filiação biológica. A norma princípio estabelecida no art. 27, *in fine*, do ECA afasta as restrições à busca do reconhecimento de filiação e, quando conjugada com a possibilidade de filiação socioafetiva, acaba por reorientar, de forma ampliativa, os restritivos comandos legais hoje existentes, para assegurar ao que procura o reconhecimento de vínculo de filiação socioafetivo, trânsito desimpedido de sua pretensão. Nessa senda, não se pode olvidar que a construção de uma relação socioafetiva, na qual se encontre caracterizada, de maneira indelével, a posse do estado de filho, dá a esse o direito subjetivo de pleitear, em juízo, o reconhecimento desse vínculo, mesmo por meio de ação de investigação de paternidade, *a priori*, restrita ao reconhecimento forçado de vínculo biológico. Não demonstrada a chamada posse do estado de filho, torna-se inviável a pretensão" (STJ-3ª T., REsp 1.189.663, Min. Nancy Andrighi, j. 6.9.11, DJ 15.9.11).

V. tb. arts. 1.603, nota 3, 1.606, nota 2, e 1.614, nota 1c.

Art. 1.596: 3. **Lei 8.560, de 29.12.92** — Regula a investigação de paternidade dos filhos havidos fora do casamento e dá outras providências: **"Art. 5º** No registro de nascimento não se fará qualquer referência à natureza da filiação, à sua ordem em relação a outros irmãos do mesmo prenome, exceto gêmeos, ao lugar e cartório do casamento dos pais e ao estado civil destes.

"**Art. 6º** Das certidões de nascimento não constarão indícios de a concepção haver sido decorrente de relação extraconjugal.

"**§ 1º** Não deverá constar, em qualquer caso, o estado civil dos pais e a natureza da filiação, bem como o lugar e cartório do casamento, proibida referência à presente lei".

Art. 1.597. Presumem-se concebidos na constância do casamento os filhos:[1] [Dispositivo correspondente no CC/1916: art. 338-*caput*.]

I — nascidos cento e oitenta dias, pelo menos, depois de estabelecida a convivência conjugal; [Dispositivo correspondente no CC/1916: art. 338-I.]

II — nascidos nos trezentos dias subsequentes à dissolução da sociedade conjugal, por morte, separação judicial,[1a] nulidade e anulação do casamento;[1b] [Dispositivo correspondente no CC/1916: art. 338-II.]

III — havidos por fecundação artificial[1c-1d] homóloga,[1e] mesmo que falecido o marido; [Sem dispositivo correspondente no CC/1916.]

IV — havidos, a qualquer tempo, quando se tratar de embriões excedentários,[2] decorrentes de concepção artificial homóloga; [Sem dispositivo correspondente no CC/1916.]

V — havidos por inseminação artificial heteróloga,[2a-2b] desde que tenha prévia autorização do marido.[3] [Sem dispositivo correspondente no CC/1916.]

Art. 1.597: 1. "Reprodução humana assistida e filiação na perspectiva dos direitos de personalidade", por José Jairo Gomes (RDPr 22/136); "O fenômeno da paternidade socioafetiva: a filiação e a revolução da genética", por Jédison Daltrozo Maidana (RBDF 24/50); "Técnicas de reprodução assistida e o biodireito", por Jesualdo Eduardo de Almeida Júnior (RT 838/87); "Reproduções assistidas à luz do novo Código Civil", por Lidia Elizabeth Penaloza Jaramillo Gama (RF 380/493); "Reprodução assistida: os direitos dos embriões congelados e daqueles que os geram", por Suzana Stoffel Martins Albano (RBDF 34/72); "Considerações acerca dos efeitos jurídicos do uso indevido de material genético", por Domingos Afonso Kriger Filho (RJ 347/37).

Art. 1.597: 1a. v. art. 1.571, nota 2b **(Em. Const. 66, de 13.7.10).**

Art. 1.597: 1b. "Se nosso ordenamento jurídico, notadamente o próprio texto constitucional (art. 226, § 3º), admite a **união estável** e reconhece nela a existência de entidade familiar, nada mais razoável de se conferir interpretação sistemática ao art. 1.597, inciso II, do Código Civil, para que passe a contemplar, também, a presunção de concepção dos filhos na constância de união estável. Na espécie, o companheiro da mãe da menor faleceu 239 (duzentos e trinta e nove) dias antes do seu nascimento. Portanto, dentro da esfera de proteção conferida pelo inciso II do art. 1.597 do Código Civil, que presume concebidos na constância do casamento os filhos nascidos nos trezentos dias subsequentes, entre outras hipóteses, em razão de sua morte" (STJ-3ª T., REsp 1.194.059, Min. Massami Uyeda, j. 6.11.12, RBDFS 31/109, com comentário de Cristiano Chaves de Farias).

Art. 1.597: 1c. Enunciado 105 do CEJ: "As expressões 'fecundação artificial', 'concepção artificial' e 'inseminação artificial' constantes, respectivamente, dos incisos III, IV e V do art. 1.597 deverão ser interpretadas como 'técnica de reprodução assistida'".

Enunciado 106 do CEJ: "Para que seja presumida a paternidade do marido falecido, será obrigatório que a mulher, ao se submeter a uma das técnicas de reprodução assistida com o material genético do falecido, esteja na condição de viúva, sendo obrigatório, ainda, que haja autorização escrita do marido para que se utilize seu material genético após sua morte".

Enunciado 257 do CEJ: "As expressões 'fecundação artificial', 'concepção artificial' e 'inseminação artificial', constantes, respectivamente, dos incs. III, IV e V do art. 1.597 do Código Civil, devem ser interpretadas restritivamente, não abrangendo a utilização de óvulos doados e a gestação de substituição".

Art. 1.597: 1d. v. CF 225 § 1º-II e V, regulamentados pela Lei 11.105, de 24.3.05.

Art. 1.597: 1e. A fecundação artificial homóloga é aquela realizada com sêmen do próprio cônjuge. Se o sêmen utilizado for de outro homem, a fecundação artificial é heteróloga (v. inc. V).

Art. 1.597: 2. Enunciado 107 do CEJ: "Finda a sociedade conjugal, na forma do art. 1.571, a regra do inciso IV somente poderá ser aplicada se houver autorização prévia, por escrito, dos ex-cônjuges, para a utilização dos embriões excedentários, só podendo ser revogada até o início do procedimento de implantação desses embriões".

✎ **Art. 1.597: 2a.** "A reprodução assistida heteróloga sob a ótica do novo Código", por Guilherme Calmon Nogueira da Gama (RT 817/11 e RBDF 19/41); "A inseminação artificial heteróloga", por Lidia Elizabeth Penaloza Jaramillo Gama (RF 377/451).

Art. 1.597: 2b. v. nota 1e.

Art. 1.597: 3. **Enunciado 104 do CEJ:** "No âmbito das técnicas de reprodução assistida envolvendo o emprego de material fecundante de terceiros, o pressuposto fático da relação sexual é substituído pela vontade (ou, eventualmente, pelo risco da situação jurídica matrimonial) juridicamente qualificada, gerando presunção absoluta ou relativa de paternidade no que tange ao marido da mãe da criança concebida, dependendo da manifestação expressa (ou implícita) de vontade no curso do casamento".

Enunciado 258 do CEJ: "Não cabe a ação prevista no art. 1.601 do Código Civil se a filiação tiver origem em procriação assistida heteróloga, autorizada pelo marido nos termos do inc. V do art. 1.597, cuja paternidade configura presunção absoluta".

Art. 1.598. Salvo prova em contrário, se, antes de decorrido o prazo previsto no inciso II do art. 1.523, a mulher contrair novas núpcias e lhe nascer algum filho, este se presume do primeiro marido, se nascido dentro dos trezentos dias a contar da data do falecimento deste e, do segundo, se o nascimento ocorrer após esse período e já decorrido o prazo a que se refere o inciso I do art. 1.597. [Dispositivo correspondente no CC/1916: art. 340.]

Art. 1.599. A prova da impotência do cônjuge para gerar, à época da concepção, ilide a presunção da paternidade. [Dispositivo correspondente no CC/1916: art. 342.]

Art. 1.600. Não basta o adultério da mulher, ainda que confessado, para ilidir a presunção legal da paternidade.[1] [Dispositivo correspondente no CC/1916: art. 343.]

Art. 1.600: 1. v. arts. 1.601 e 1.602.

Art. 1.601. Cabe ao marido[1] o direito de contestar a paternidade[1a a 2] dos filhos nascidos de sua mulher, sendo tal ação imprescritível.[2a a 4] [Dispositivo correspondente no CC/1916: art. 344.]

Parágrafo único. Contestada a filiação, os herdeiros do impugnante têm direito de prosseguir na ação. [Dispositivo correspondente no CC/1916: art. 345.]

Art. 1.601: 1. ou ao companheiro (STJ-RT 814/193: 4ª T., REsp 440.394).

Fora eles, ninguém mais tem legitimidade para propor a ação negatória de paternidade. Assim: "Cabe apenas ao marido a propositura da ação negatória de paternidade, prevista no art. 1.601 do CC/02, tendo por objeto restritivamente a impugnação da paternidade de filhos havidos no casamento" (STJ-4ª T., Ag em REsp 199.308-AgRg, Min. Luis Felipe, j. 25.9.12, DJ 3.10.12).

"Somente o pai registral possui legitimidade para a ação na qual se busca impugnar a paternidade — usualmente denominada de ação negatória de paternidade —, não podendo ser ajuizada por terceiros com mero interesse econômico" (STJ-4ª T., REsp 1.412.946, Min. Luis Felipe, j. 17.3.16, DJ 22.4.16).

S/ legitimidade para a ação declaratória de inexistência de filiação, fundada em falsidade ideológica, v. art. 1.604, nota 1b.

✎ **Art. 1.601: 1a.** "Ação de investigação de paternidade", por Alexandre Betini (RT 799/725); "Prazo para impugnar a paternidade", por Marco Túlio de Carvalho Rocha (RJ 296/42); "Negatória de paternidade e anulação de registro civil: certezas e instabilidades", por Leila Maria Torraca de Brito (RBDF 36/5).

Art. 1.601: 1b. v. art. 1.597, nota 3 (Enunciados 104 e 258 do CEJ). V. tít. INVESTIGAÇÃO DE PATERNIDADE. V. ainda LRP 29 § 1º-b e 102-1º.

Art. 1.601: 1c. "Mesmo considerando a prevalência dos interesses da criança que deve nortear a condução do processo em que se discute de um lado o direito do pai de negar a paternidade em razão do estabelecimento da verdade biológica e, de outro, o direito da criança de ter preservado seu estado de filiação, verifica-se que não há prejuízo para esta, porquanto à menor socorre o direito de perseguir a verdade real em ação investigatória de paternidade, para valer-se, aí sim, do direito indisponível de reconhecimento do estado de filiação e das consequências, inclusive materiais, daí advindas" (STJ-3ª T., REsp 878.954, Min. Nancy Andrighi, j. 7.5.07, DJU 28.5.07).

Art. 1.601: 2. "O filho nascido na constância do casamento, tem legitimidade para propor ação para identificar seu verdadeiro ancestral. A ação negatória de paternidade atribuída privativamente ao marido, não exclui a ação de investigação de paternidade proposta pelo filho contra o suposto pai ou seus sucessores" (STJ-3ª T., REsp 765.479, Min. Gomes de Barros, j. 7.3.06, DJU 24.4.06). Em sentido semelhante: STF-Pleno, AR 1.244-EI, Min. Cármen Lúcia, j. 22.9.16, DJ 30.3.17.

Art. 1.601: 2a. **ECA 27:** "O reconhecimento do estado de filiação é direito personalíssimo, indisponível e imprescritível, podendo ser exercitado contra o pai ou seus herdeiros, sem qualquer restrição, observado o segredo de justiça".

Art. 1.601: 3. **Súmula 149 do STF (Prescrição):** "É imprescritível a ação de investigação de paternidade, mas não o é a de petição de herança".

V. tb. arts. 205, nota 3, 1.604, nota 2a, 1.614, nota 2, e 1.824, nota 1.

Art. 1.601: 4. No processo instaurado para a declaração negativa da paternidade, não há espaço para o ingresso de terceiro interessado na tutela dos direitos do filho, que são tutelados pelo MP (STJ-3ª T., REsp 886.124, Min. Gomes de Barros, j. 20.9.07, DJU 19.11.07). Ou seja, não há aplicação analógica do art. 1.615.

Art. 1.602. Não basta a confissão materna para excluir a paternidade.[1]
[Dispositivo correspondente no CC/1916: art. 346.]

Art. 1.602: 1. v. art. 1.600. V. tb. art. 213 e CPC 392.

Art. 1.603. A filiação prova-se pela certidão do termo de nascimento registrada no Registro Civil.[1 a 3] [Sem dispositivo correspondente no CC/1916.]

Art. 1.603: 1. v. LRP 50 a 66.

Art. 1.603: 1a. v. art. 9º-I.

Art. 1.603: 2. **Enunciado 108 do CEJ:** "No fato jurídico do nascimento, mencionado no art. 1.603, compreende-se, à luz do disposto no art. 1.593, a filiação consanguínea e também a socioafetiva".

Art. 1.603: 3. "A relação socioafetiva serve para preservar uma filiação juridicamente já constituída, modo voluntário, pelo registro (que define, no plano jurídico, a existência do laço — art. 1.603 do CC), jamais sendo suficiente para constituí-la de modo forçado, à revelia da vontade do genitor. Dar tamanha extensão à parentalidade socioafetiva resultará, por certo, não em proteção aos interesses de crianças e de adolescentes, mas, ao contrário, em desserviço a eles, pois, se consolidada tal tese, ninguém mais correrá o risco de tomar uma criança em guarda, com receio de, mais adiante, se ver réu de uma investigatória de paternidade ou maternidade" (RJTJERGS 259/218: AP 70014775159, maioria).

V. tb. art. 1.596, nota 2.

Art. 1.604. Ninguém pode vindicar estado contrário ao que resulta do registro de nascimento, salvo provando-se erro ou falsidade do registro.[1 a 3]
[Dispositivo correspondente no CC/1916: art. 348.]

Art. 1.604: 1. "As verdades parentais e a ação vindicatória de filho", por Flávio Tartuce (RBDFS 4/29).

Art. 1.604: 1a. v. art. 1.608. V. tb. LRP 113 e CP 241 a 243.

Art. 1.604: 1b. "A ação declaratória de inexistência de filiação legítima, por comprovada falsidade ideológica, é suscetível de ser intentada não só pelo suposto filho, mas também por outros **legítimos interessados"** (STJ-4ª T., REsp 139.118, Min. Sálvio de Figueiredo, j. 26.5.03, DJU 25.8.03). "A anulação do registro de nascimento ajuizada com fulcro no art. 348 do Código Civil, em virtude de falsidade ideológica, pode ser pleiteada por quem tenha legítimo interesse moral ou material na declaração da nulidade" (STJ-4ª T., REsp 257.119, Min. Cesar Rocha, j. 20.2.01, DJU 2.4.01). "Não se tratando de negatória de paternidade, mas de ação declaratória de inexistência de filiação, por alegada falsidade ideológica no registro de nascimento, não apenas o pai é legítimo para intentá-la, mas também outros legítimos interessados" (STJ-3ª T., REsp 939.657-AgRg, Min. Nancy Andrighi, j. 1.12.09, DJ 14.12.09).

Consideram-se legitimados para pedir a desconstituição do registro:

— os **filhos** do pai registral, ou seja, os irmãos da pessoa registrada como filha: "O pretenso **irmão** da ré tem legitimidade ativa para pleitear a anulação de registro de seu nascimento, com fundamento na falsidade ideológica (art. 348 do CC de 1916, atual art. 1.604)" (STJ-RJ 373/147: 4ª T., REsp 799.588). No mesmo sentido: STJ-3ª T., REsp 1.170.148-AgRg, Min. Paulo Sanseverino, j. 15.3.12, DJ 21.3.12; RJM 184/162 (AI 1.0607.06.028958-6/001);

— "os **irmãos** daquele que prestou declarações falsas ao registro civil, atribuindo-se a paternidade da criança", ou seja, os **tios** da pessoa registrada como filha (STJ-4ª T., REsp 434.759, Min. Ruy Rosado, j. 17.9.02, DJU 10.2.03);

— os **pais** do suposto pai, ou seja, os **avós** da pessoa registrada como filha (RSTJ 30/322, RF 377/361, Bol. AASP 2.252/2.147, RJM 166/208);

— aquele que afirma ser o **verdadeiro pai** (RSTJ 96/249), podendo, inclusive, cumular pedido de reconhecimento de paternidade (RJM 168/236). **Contra,** negando esse direito ao pretenso pai biológico: RT 897/340 (TJSC, AP 2009.037289-8), JTJ 316/380 (AI 457.549-4/8, maioria).

Todavia, entendendo que carecem "a esposa e os demais filhos de legitimidade, sobretudo **enquanto vivo o 'pai do registro',** o qual nunca suscitou erro ou falsidade na concepção do ato registral": Bol. AASP 2.574 (a citação é do voto do relator).

"Ação de anulação de registro de nascimento. Art. 1.604 do Código Civil. Pretensão que vindica bem jurídico próprio dos herdeiros. **Ilegitimidade ativa do espólio.** O espólio não detém legitimidade para o ajuizamento da ação, uma vez que a sua capacidade processual é voltada para a defesa de interesses que possam afetar a esfera patrimonial dos bens que compõem a herança, até que ocorra a partilha. Como, no caso, a demanda veicula direito de natureza pessoal, que não importa em aumento ou diminuição do acervo hereditário, a legitimidade ativa deve ser reconhecida apenas em favor dos herdeiros, que poderão ingressar com nova ação, em nome próprio, se assim o desejarem" (STJ-3ª T., REsp 1.497.676, Min. Marco Bellizze, j. 9.5.17, DJ 31.5.17).

"Afastada a existência de união estável, mediante decisão transitada em julgado, verifica-se a **perda superveniente da legitimidade** e interesse **da pretensa convivente** para figurar no polo ativo de ação na qual objetiva a anulação de registro civil de filho de pessoa já falecida e com a qual manteve simples relacionamento ocasional" (STJ-4ª T., Ag em REsp 677.722-EDcl-EDcl-AgRg, Min. Isabel Gallotti, j. 17.8.17, DJ 22.8.17).

S/ legitimidade para a ação negatória de paternidade, v. art. 1.601, nota 1.

Art. 1.604: 1c. Nas demandas em que se vindicar estado contrário ao que resulta do registro de nascimento, a citação do pai registral é impositiva, na condição de litisconsorte necessário (CPC 114). "Conquanto desnecessária a prévia propositura de ação anulatória de registro civil, sendo bastante o ajuizamento direto da ação investigatória de paternidade, é essencial, sob pena de nulidade, a integração à lide, como litisconsorte necessário, do pai registral, que deve ser obrigatoriamente citado para a demanda onde é interessado direto, pois nela concomitantemente postulada a desconstituição da sua condição de genitor" (STJ-4ª T., REsp 512.278, Min. Aldir Passarinho Jr., j. 14.10.08, DJ 3.11.08).

Art. 1.604: 2. "É **inadmissível** a homologação de **acordo extrajudicial de retificação de registro civil** em juízo, ainda que fundada no princípio da instrumentalidade das formas, devendo ser respeitados os requisitos e o procedimento legalmente instituídos para essa finalidade, que compreendem, dentre outros, a investigação acerca de erro ou falsidade do registro anterior, a concreta participação do Ministério Público, a realização de prova pericial consistente em exame de DNA em juízo e sob o crivo do mais amplo contraditório e a realização de estudos psicossociais que efetivamente apurem a existência de vínculos socioafetivos com o pai registral e com a sua família extensa" (STJ-3ª T., REsp 1.698.717, Min. Nancy Andrighi, j. 5.6.18, DJ 7.6.18).

"É ilegítimo o pedido de retificação de assento de nascimento, fundado em acordo extrajudicial de reconhecimento de paternidade, para a inclusão de terceiro como pai do menor, em substituição àquele constante do respectivo assento de nascimento, uma vez que, por tratar-se de direito indisponível, é imprescindível que a pretensão se dê pela via judicial, mediante propositura de ação de nulidade do registro de nascimento, oportunizando a participação de todos os interessados na lide, mormente se o suposto genitor, que levou a efeito o registro e deu a alegada falsa declaração de paternidade, é casado com a mãe do infante" (RT 844/247; ementa da redação).

Art. 1.604: 2a. "A falsidade ideológica de registro de nascimento torna-o anulável, e não nulo, e, portanto, a ação que visa desconstituir o aludido ato jurídico sujeita-se a **prazo decadencial de quatro anos**" (STJ-4ª T., REsp 844.462-AgRg, Min. João Otávio, j. 20.5.10, DJ 27.5.10).

Todavia, no sentido de que é **"imprescritível** o direito ao reconhecimento do estado filial, interposto com fundamento na falsidade do registro": RSTJ 171/297 (4ª T., REsp 139.118). No caso, "trata-se de ação de irmão contra irmã, fundada no art. 348 do mesmo diploma legal, requerendo a nulidade do registro dessa última". O art. 348 do CC rev. corresponde ao CC 1.604.

"O filho tem o direito de buscar sua identidade biológica a qualquer tempo, não ocorrendo decadência ou prescrição da pretensão, pois busca conhecer a verdade real e, conforme o caso, alterar o assento de nascimento" (STJ-3ª T., Ag em REsp 309.548-AgRg, Min. João Otávio, j. 27.5.14, DJ 3.6.14).

V. tb. arts. 205, nota 3, 1.601, 1.614, nota 2, e 1.824, nota 1.

Art. 1.604: 3. Enunciado 339 do CEJ: "A paternidade socioafetiva, calcada na vontade livre, não pode ser rompida em detrimento do melhor interesse do filho".

"A ausência de vínculo biológico é fato que por si só não revela a falsidade da declaração de vontade consubstanciada no ato do reconhecimento. A relação socioafetiva é fato que não pode ser, e não é, desconhecido pelo Direito. Inexistência de nulidade do assento lançado em registro civil. O STJ vem dando prioridade ao critério biológico para o reconhecimento da filiação naquelas circunstâncias em que há dissenso familiar, onde a relação socioafetiva desapareceu ou nunca existiu. Não se pode impor os deveres de cuidado, de carinho e de sustento a alguém que, não sendo o pai biológico, também não deseja ser pai socioafetivo. A *contrario sensu*, se o afeto persiste de forma que pais e filhos constroem uma relação de mútuo auxílio, respeito e amparo, é acertado desconsiderar o vínculo meramente sanguíneo, para reconhecer a existência de filiação jurídica" (STJ-RIDF 44/153: 3ª T., REsp 878.941). No mesmo sentido: STJ-RT 893/194 e RBDFS 13/130 (4ª T., REsp 709.608). Ainda: "Desconsiderar o vínculo socioafetivo enraizado entre o pai que consta do registro e a adolescente, em prol apenas de uma mera vinculação genética, é ignorar a nova exegese do Direito de Família brasileiro que busca pautar-se, entre outros valores, no princípio da paternidade responsável" (Bol. AASP 2.650: TJRJ, AP 2008.001.51947-AgRg).

"Apesar do resultado negativo do exame de DNA, deve ser **mantido o assento de paternidade** no registro de nascimento, tendo em vista o **caráter socioafetivo** da relação que perdurou por aproximadamente vinte anos, como se pai e filha fossem" (RBDF 0/102).

"O reconhecimento espontâneo da paternidade somente pode ser desfeito quando demonstrado vício de consentimento, isto é, para que haja possibilidade de anulação do registro de nascimento de menor cuja paternidade foi reconhecida, é necessária prova robusta no sentido de que o 'pai registral' foi de fato, por exemplo, induzido a erro, ou, ainda, que tenha sido coagido a tanto" (STJ-RDDP 72/139: 3ª T., REsp 1.003.628). "Negatória de paternidade. Inadmissibilidade. Reconhecimento livre e espontâneo, sem indução por erro ou qualquer outro vício de consentimento, durante período de convivência em união estável. Hipótese de paternidade socioafetiva" (RT 864/250). "As alegações do recorrido de que foi convencido pela mãe do menino a registrá-lo como se seu filho fosse e de que o fez por apreço a ela não configuram erro ou qualquer outro vício do consentimento, e, portanto, não são, por si sós, motivos hábeis a justificar a anulação do assento de nascimento, levado a efeito por ele, quatro anos antes, quando, em juízo, voluntariamente reconheceu ser o pai da criança, embora sabendo não sê-lo" (STJ-3ª T., REsp 1.229.044, Min. Nancy Andrighi, j. 4.6.13, DJ 13.6.13). No mesmo sentido: RT 868/383, 889/382 (TJSC, AP 2009.004712-2).

"O ajuizar de uma ação negatória de paternidade com o intuito de dissipar dúvida sobre a existência de vínculo biológico, restando inequívoco nos autos, conforme demonstrado no acórdão impugnado, que o pai sempre suspeitou a respeito da ausência de tal identidade e, mesmo assim, registrou, de forma voluntária e consciente, a criança como sua filha, coloca por terra qualquer possibilidade de se alegar a existência de vício de consentimento, o que indiscutivelmente acarreta a carência da ação, sendo irreprochável a extinção do processo, sem resolução do mérito. Se a causa de pedir da negatória de paternidade repousa em mera dúvida acerca do vínculo biológico, extingue-se o processo, sem resolução do mérito, nos termos do art. 267-VI do CPC, por carência da ação" (STJ-3ª T., REsp 1.067.438, Min. Nancy Andrighi, j. 3.3.09, DJ 20.5.09).

"O reconhecimento espontâneo da paternidade daquele que, mesmo tendo dúvidas quanto à paternidade biológica, registra como seu filho que não o é, tipifica verdadeira adoção, irrevogável, descabendo posteriormente a pretensão anulatória do registro de nascimento" (RBDF 19/94). No mesmo sentido: RBDF 36/128, RT 874/197 (TJSP, AP 389.953-4/1-00), 886/234 (TJDFT, EI na AP 1999061003958-5, maioria).

"Para que fique caracterizado o erro, é necessária a prova do engano não intencional na manifestação da vontade de registrar. Mesmo que não tenha ficado demonstrada a construção de qualquer vínculo de afetividade entre as partes, no decorrer de mais de 50 anos, a dúvida que o recorrente confessa que sempre existiu, mesmo antes da criança nascer, de que ele era seu filho, já é suficiente para afastar a ocorrência do vício de consentimento — erro — no momento do registro voluntário. No entendimento desta Corte, para que haja efetiva possibilidade de anulação do registro de nascimento, é necessária prova robusta no sentido de que o pai foi de fato induzido a erro, ou ainda, que tenha sido coagido a tanto" (STJ-3ª T., REsp 1.433.470, Min. Nancy Andrighi, j. 15.5.14, DJ 22.5.14).

"Sendo a filiação um estado social, comprovada a posse do estado de filho, não se justifica a anulação de registro de nascimento por nele não constar o nome do pai biológico, e sim o do pai afetivo" (RJTJERGS 248/257). No mesmo sentido: RT 862/363, 870/370, 872/341 (TJPA, AP 2007.3007294-5).

"A paternidade biológica não tem o condão de vincular, inexoravelmente, a filiação, apesar de deter peso específico ponderável, ante o liame genético para definir questões relativas à filiação. Pressupõe, no entanto, para a sua prevalência, da concorrência de elementos imateriais que efetivamente demonstram a ação volitiva do genitor em tomar posse da condição de pai ou mãe. A filiação socioafetiva, por seu turno, ainda que despida de ascendência genética, constitui uma relação de fato que deve ser reconhecida e amparada juridicamente. Isso porque a parentalidade que nasce de uma decisão espontânea, frise-se, arrimada em boa-fé, deve ter guarida no Direito de Família. Nas relações familiares, o princípio da boa-fé objetiva deve ser observado e visto sob suas funções integrativas e limitadoras, traduzidas pela figura do *venire contra factum proprium* (proibição de comportamento contraditório), que exige coerência comportamental daqueles que buscam a tutela jurisdicional para a solução de conflitos no âmbito do Direito de Família. Na hipótese, a evidente má-fé da genitora e a incúria do recorrido, que conscientemente deixou de agir para tornar pública sua condição de pai biológico e, quiçá, buscar a construção da necessária paternidade socioafetiva, toma-lhes o direito de se insurgirem contra os fatos consolidados. A omissão do recorrido, que contribuiu decisivamente para a perpetuação do engodo urdido pela mãe, atrai o entendimento de que a ninguém é dado alegar a própria torpeza em seu proveito (*nemo auditur propriam turpitudinem allegans*) e faz fenecer a sua legitimidade para pleitear o direito de buscar a alteração no registro de nascimento de sua filha biológica" (STJ-3ª T., REsp 1.087.163, Min. Nancy Andrighi, j. 18.8.11, DJ 31.8.11).

"Ação de investigação de paternidade c/c retificação de registro de nascimento. Filho havido de relação extraconjugal. Conflito entre paternidade socioafetiva e biológica. Os princípios da paternidade responsável e do melhor interesse da criança inviabilizam, no caso concreto, o reconhecimento da multiparentalidade. A possibilidade de se estabelecer a concomitância das parentalidades sociafetiva e biológica não é uma regra, pelo contrário, a multiparentalidade é uma casuística, passível de conhecimento nas hipóteses em que as circunstâncias fáticas a justifiquem, não sendo admissível que o Poder Judiciário compactue com uma pretensão contrária aos princípios da afetividade, da solidariedade e da parentalidade responsável" (STJ-3ª T., REsp 1.674.849, Min. Marco Bellizze, j. 17.4.18, DJ 23.4.18; a citação é do voto do relator). Ainda do voto do relator: "Levando-se em consideração que a presente ação foi intentada pela menor absolutamente incapaz, representada por sua genitora (reafirme-se, no interesse próprio desta), deve-se ressalvar o direito da filha de buscar a inclusão da paternidade biológica em seu registro civil quando atingir a maioridade, tendo em vista que o estado de filiação configura direito personalíssimo, indisponível e imprescritível, que pode ser exercitado, portanto, sem nenhuma restrição, contra os pais ou seus herdeiros".

Julgando improcedente ação declaratória de maternidade cumulada com pedido de anulação de registro, ajuizada pela mãe biológica em face do casal para o qual ela espontaneamente entregara a criança, sob o argumento de não ter condições para criá-la na época: "Tendo como prisma a integridade psicológica da menor, não se pode entender como justa e razoável sua retirada de lugar que considera seu lar e com pessoas que considera seus pais, lá criada desde os primeiros dias de vida, como medida protetiva ao direito daquela que, nada obstante tenha emprestado à criança seus dados genéticos, contribuiu decisivamente para a consolidação dos laços afetivos supra referidos" (RF 392/431).

Todavia: "Se, à época da realização do registro de nascimento, a filiação foi declarada tão somente com base nas afirmativas feitas pela genitora do menor, que induziram o declarante a acreditar ser o pai da criança, é possível questionar a paternidade em ação negatória, com base em vício de consentimento. Se o vínculo biológico foi afastado por prova genética (exame de DNA) e, por depoimentos, comprovou-se a ausência de vínculo afetivo entre o declarante e o menor, não há como manter filiação em desacordo com a realidade. Nas ações de estado, prevalece o princípio da verdade real, que deve ser afastado apenas em circunstâncias particulares e especiais, considerando-se o caso concreto" (STJ-3ª T., REsp 1.362.557, Min. João Otávio, j. 7.10.14, maioria, DJ 9.12.14).

"O fato de ambos os genitores não terem ciência ou ao menos mera desconfiança de que o menor não era fruto do relacionamento amoroso por eles vivenciado caracteriza erro que justifica a alteração do registro de nascimento, na forma do art. 1.604 do Código Civil. A prática de atos, pelo pai registral, que demonstram desinteresse no exercício da paternidade, que visam promover o efetivo afastamento do menor e que pretendem impedir a criação de uma relação fraterna, amorosa e afetuosa, descaracteriza a relação paterno-filial socioafetiva, não sendo suficiente para tanto a mera convivência entre o pai registral e o menor por um curto lapso temporal e as eventuais incertezas por ele vivenciadas nesse período. A intervenção do pai biológico do menor no curso do processo, manifestando expressamente o seu interesse em exercer a plena paternidade e reivindicando não apenas a paternidade registral, como também a biológica e a socioafetiva, torna inviável a manutenção do vínculo registral inicialmente realizado" (STJ-3ª T., REsp 1.676.877, Min. Nancy Andrighi, j. 17.10.17, DJ 20.10.17).

"É admissível presumir que os filhos concebidos na constância de um vínculo conjugal estável foram registrados pelo genitor convicto de que realmente existiria vínculo de natureza genética com a prole e, portanto, em situação de erro substancial, especialmente na hipótese em que não se suscitam dúvidas sérias ou razoáveis acerca do desconhecimento da inexistência de relação biológica pelo genitor ao tempo da realização do registro civil. Mesmo quando configurado o erro substancial no registro civil, é relevante investigar a eventual existência de vínculos socioafetivos entre o genitor e a prole, na medida em que a inexistência de vínculo paterno-filial de natureza biológica deve, por vezes, ceder à existência de vínculo paterno-filial de índole socioafetiva. Hipótese em que, conquanto tenha havido um longo período de convivência e de relação filial socioafetiva entre as partes, é incontroverso o fato de que, após a realização do exame de DNA, todos os laços mantidos entre pai registral e filhas foram abrupta e definitivamente rompidos, situação que igualmente se mantém pelo longo período de mais de 6 anos, situação em que a manutenção da paternidade registral com todos os seus consectários legais (alimentos, dever de cuidado, criação e educação, guarda, representação judicial ou extrajudicial etc.) seria um ato unicamente ficcional diante da realidade" (STJ-3ª T., REsp 1.741.849, Min. Nancy Andrighi, j. 20.10.20, DJ 26.10.20).

"Conquanto tenha a investigante sido acolhida em lar 'adotivo' e usufruído de uma relação socioafetiva, nada lhe retira o direito, em havendo sua insurgência ao tomar conhecimento de sua real história, de ter acesso à sua verdade biológica que lhe foi usurpada, desde o nascimento até a idade madura" (STJ-RBDFS 19/137: 3ª T., REsp 833.712). No mesmo sentido, ponderando que, "se o pai registral não passou de um pai no papel, se não surgiu entre ambos um vínculo de afetividade, se não se está na presença de uma filiação socioafetiva, imperativo será desconstituir o vínculo registral, fazer reconhecer a verdade biológica e proceder à alteração do registro": RBDF 43/105 (a citação é do voto da relatora, Des. Maria Berenice Dias).

"Se é o próprio **filho** quem **busca o reconhecimento do vínculo biológico** com outrem, porque durante toda a sua vida foi induzido a acreditar em uma verdade que lhe foi imposta por aqueles que o registraram, não é razoável que se lhe imponha a prevalência da paternidade socioafetiva, a fim de impedir sua pretensão. O reconhecimento do estado de filiação constitui direito personalíssimo, indisponível e imprescritível, que pode ser exercitado, portanto, sem qualquer restrição, em face dos pais ou seus herdeiros. Ainda que haja a consequência patrimonial advinda do reconhecimento do vínculo jurídico de parentesco, ela não pode ser invocada como argumento para negar o direito do recorrido à sua ancestralidade. Afinal, todo o embasamento relativo à possibilidade de investigação da paternidade, na hipótese, está no valor supremo da dignidade da pessoa humana e no direito do recorrido à sua identidade genética" (STJ-3ª T., REsp 1.401.719, Min. Nancy Andrighi, j. 8.10.13, DJ 15.10.13).

"É de prevalecer a paternidade socioafetiva sobre a biológica para garantir direitos aos filhos, na esteira do princípio do melhor interesse da prole, sem que, necessariamente, a assertiva seja verdadeira quando é o filho que busca a paternidade biológica em detrimento da socioafetiva. No caso de ser o filho — o maior interessado na manutenção do vínculo civil resultante do liame socioafetivo — quem vindica estado contrário ao que consta no registro civil, socorre-lhe a existência de 'erro ou falsidade' (art. 1.604 do CC/02) para os quais não contribuiu. Afastar a possibilidade de o filho pleitear o reconhecimento da paternidade biológica, no caso de 'adoção à brasileira', significa impor-lhe que se conforme com essa situação criada à sua revelia e à margem da lei. A paternidade biológica gera, necessariamente, uma responsabilidade não evanescente e que não se desfaz com a prática ilícita da chamada 'adoção à brasileira', independentemente da nobreza dos desígnios que a motivaram. E, do mesmo modo, a filiação socioafetiva desenvolvida com os pais registrais não afasta os direitos da filha resultantes da filiação biológica, não podendo, no caso, haver equiparação entre a adoção regular e a chamada 'adoção à brasileira'" (STJ-4ª T., REsp 1.167.993, Min. Luis Felipe, j. 18.12.12, maioria, DJ 15.3.13).

"A filiação socioafetiva encontra amparo na cláusula geral de tutela da personalidade humana, que salvaguarda a filiação como elemento fundamental na formação da identidade e definição da personalidade da criança. A superveniência do fato jurídico representado pela morte da criança, ocorrido após a interposição do recurso especial, impõe o emprego da norma contida no art. 462 do CPC, porque faz fenecer o direito, que tão somente à criança pertencia, de ser abrigada pela filiação socioafetiva" (STJ-3ª T., REsp 450.566, Min. Nancy Andrighi, j. 3.5.11, DJ 11.5.11).

Contra, no sentido de que o resultado do exame de DNA basta para a desconstituição do registro: "O reconhecimento dos filhos através de registro público é irrevogável, no entanto, tal fato não implica na vedação de questionamentos em torno da filiação, desde que haja elementos suficientes para buscar a desconstituição do reconhecimento anteriormente formulado. Para desconstituir o registro de nascimento é necessário erro ou falsidade, contudo tenho que o exame de DNA, por ter como resultado um erro essencial sobre o estado da pessoa, é prova capaz de desconstituí-lo, pois derruba, por completo, a verdade jurídica nele estabelecida. Diante de uma prova tecnológica e cientificamente avançada como o exame de DNA e, ainda, não havendo, nos autos, elementos suficientes para contradizer o resultado por ele alcançado, não há razão para decidir contrariamente à sua conclusão" (RT 869/311, maioria).

Mais liberal: "A paternidade socioafetiva, declarada ou não em registro público, não impede o reconhecimento do **vínculo de filiação concomitante** baseado na origem biológica, com os efeitos jurídicos próprios" (STF-Pleno, RE 898.060, Min. Luiz Fux, j. 23.8.17, maioria, DJ 24.8.17). No mesmo sentido: "Extrai-se dos autos que o marido da mãe assumiu a paternidade do menor de forma voluntária, mesmo sabendo que não era seu filho biológico, e desse reconhecimento estabeleceu-se um vínculo afetivo que, certamente, só vem se fortalecendo com o tempo, haja vista que ele permanece casado com a genitora da criança registrada, participando, em consequência, do seu convívio diário. Por sua vez, desde que teve ciência da possibilidade de ser o pai biológico, o ora recorrido sempre buscou ter reconhecida essa condição. Inicialmente, mediante a realização do exame de DNA e, posteriormente, com o ajuizamento da presente ação, seguida da obtenção de regulamentação de visitas, o que também lhe permitiu conviver com o menor, desde quando ele tinha pouco mais de 2 anos de idade, e com ele estabelecer verdadeira relação paternal. Os elementos fáticos do caso, portanto, revelam o surgimento de filiação por origens distintas, do qual emerge um modelo familiar diverso da concepção tradicional, pela presença concomitante, tanto de vínculos estabelecidos por relação afetiva, quanto daqueles oriundos de ascendência biológica, e para cuja solução, vislumbrando o melhor interesse do menor, não se impõe a prevalência de um sobre o outro, mas o reconhecimento jurídico de ambos" (STJ-3ª T., REsp 1.548.187, Min. Marco Bellizze, j. 27.2.18, DJ 2.4.18). Ainda: "Ação de investigação de paternidade de filho que já fora adotado pelos tios maternos. Investigação de paternidade julgada procedente. Multiparentalidade. Possibilidade. O fato de ter havido a adoção plena do autor não o impede de forma alguma de ter reconhecida a verdade biológica quanto a sua filiação. A procedência do pedido de investigação de paternidade — o que não é objeto de insurgência por ambas as partes — de filho que fora adotado pelos tios maternos, com o pleito de novo assento, constando o nome do pai verdadeiro, implica o reconhecimento de todas as consequências patrimoniais e extrapatrimoniais daí advindas" (STJ-4ª T., REsp 1.607.056-EDcl-EDcl-AgInt, Min. Luis Felipe, j. 15.10.19, DJ 24.10.19). V. ECA 27, nota 3.

V. tb. arts. 1.601, nota 1c, e 1.609, nota 1.

Art. 1.605. Na falta, ou defeito, do termo de nascimento, poderá provar-se[1-2] a filiação por qualquer modo admissível em direito:[3] [Dispositivo correspondente no CC/1916: art. 349-*caput*.]

I — quando houver começo de prova por escrito, proveniente dos pais, conjunta ou separadamente; [Dispositivo correspondente no CC/1916: art. 349-I.]

II — quando existirem veementes presunções resultantes de fatos já certos. [Dispositivo correspondente no CC/1916: art. 349-II.]

Art. 1.605: 1. **Enunciado 109 do CEJ:** "A restrição da coisa julgada oriunda de demandas reputadas improcedentes por insuficiência de prova não deve prevalecer para inibir a busca da identidade genética pelo investigando".

Art. 1.605: 2. s/ prova, v. arts. 212 a 232.

Art. 1.605: 3. v. CPC 400-II.

Art. 1.606. A ação de prova de filiação compete ao filho, enquanto viver, passando aos herdeiros, se ele morrer menor ou incapaz.[1-2] [Dispositivo correspondente no CC/1916: art. 350.]

Parágrafo único. Se iniciada a ação pelo filho, os herdeiros poderão continuá-la, salvo se julgado extinto o processo. [Dispositivo correspondente no CC/1916: art. 351.]

Art. 1.606: 1. v. ECA 27 e LRP 102-2º. V. ainda, no tít. INVESTIGAÇÃO DE PATERNIDADE, art. 2º da Lei 8.560, de 29.12.92.

Art. 1.606: 2. "O direito ao reconhecimento judicial de **vínculo paternal,** seja ele genético ou **socioafetivo,** é pessoal, podendo ser transferido entre filhos e netos apenas de forma sucessiva, na hipótese em que a ação tiver sido iniciada pelo próprio filho e não houver sido extinto o processo. Interpretação do art. 1.606 e parágrafo único, do Código Civil. A ação foi proposta pelos netos objetivando o reconhecimento de vínculo socioafetivo entre a mãe, pré-morta, e os avós, um deles também já falecido, que a teriam criado como filha desde os 3 anos de idade, carecendo os autores, portanto, de legitimidade ativa *ad causam*, sendo-lhes resguardado, porém, o direito de demandar em nome próprio" (STJ-3ª T., REsp 1.492.861, Min. Marco Bellizze, j. 2.8.16, DJ 16.8.16).

V. tb. art. 1.596, nota 2.

Capítulo III | DO RECONHECIMENTO DOS FILHOS[1 a 3]

CAP. III: 1. v. tít. INVESTIGAÇÃO DE PATERNIDADE.

CAP. III: 2. v. ECA 27, LRP 59 e 113 e LJE 3º § 2º, *in fine*.

CAP. III: 3. **Enunciado 339 do CEJ:** "A paternidade socioafetiva, calcada na vontade livre, não pode ser rompida em detrimento do melhor interesse do filho".

Art. 1.607. O filho havido fora do casamento pode ser reconhecido pelos pais, conjunta ou separadamente.[1-2] [Dispositivo correspondente no CC/1916: art. 355.]

Art. 1.607: 1. v. arts. 1.596 e 1.693-I. V. tb. CF 227 § 6º e ECA 26.

Art. 1.607: 2. "O direito de reconhecer voluntariamente a prole é personalíssimo e, portanto, intransmissível aos herdeiros, não existindo no direito positivo pátrio norma que atribua efeitos jurídicos ao ato pelo qual aqueles reconhecem a condição de irmão, se o pai não o fez em vida. Falecido o suposto genitor sem manifestação expressa acerca da existência de filho *extra matrimonium*, a pretensão de inclusão do seu nome no registro de nascimento poderá ser deduzida apenas na via judicial, por meio de ação investigatória de paternidade" (STJ-3ª T., REsp 832.330, Min. Castro Filho, j. 20.3.07, DJU 2.4.07).

Todavia, há acórdãos no sentido de que os pais do pai já falecido, isto é, os avós, podem reconhecer extrajudicialmente o filho de seu filho, ou seja, o neto, em situações nas quais não haja conflito de interesses (RBDF 20/130, 21/89).

Art. 1.608. Quando a maternidade constar do termo do nascimento do filho, a mãe só poderá contestá-la, provando a falsidade do termo, ou das declarações nele contidas.[1] [Dispositivo correspondente no CC/1916: art. 356.]

Art. 1.608: 1. v. art. 1.604. V. tb. LRP 113 e CP 241 a 243.

Art. 1.609. O reconhecimento dos filhos havidos fora do casamento é irrevogável[1] e será feito: [Dispositivo correspondente no CC/1916: art. 357-*caput*.]

I — no registro do nascimento;[1a] [Dispositivo correspondente no CC/1916: 357-*caput*.]

II — por escritura pública ou escrito particular, a ser arquivado em cartório; [Dispositivo correspondente no CC/1916: art. 357-*caput*.]

III — por testamento, ainda que incidentalmente manifestado;[2] [Dispositivo correspondente no CC/1916: art. 357-*caput*.]

IV — por manifestação direta e expressa perante o juiz, ainda que o reconhecimento não haja sido o objeto único e principal do ato que o contém. [Dispositivo correspondente no CC/1916: art. 357-*caput*.]

Parágrafo único. O reconhecimento pode preceder o nascimento do filho ou ser posterior ao seu falecimento, se ele deixar descendentes. [Dispositivo correspondente no CC/1916: art. 357 § ún.]

Art. 1.609: 1. O que a lei veda é a retratação pura e simples do reconhecimento; se este é inverídico, admite-se a propositura de ação para anulá-lo, movida pelo suposto pai (RT 779/227, 811/229, 851/213, 860/354, 863/239, RBDF 40/133) ou "intentada por quem quer que nisso tenha interesse" (RT 656/76).

V. tb. art. 1.604 e notas.

Art. 1.609: 1a. v. art. 10-II; LRP 29 § 1º-*b*, *c* e *d*.

Art. 1.609: 2. v. art. 1.610.

Art. 1.610. O reconhecimento não pode ser revogado,[1] nem mesmo quando feito em testamento.[2] [Sem dispositivo correspondente no CC/1916.]

Art. 1.610: 1. v. art. 1.609, nota 1.

Art. 1.610: 2. v. art. 1.609-III.

Art. 1.611. O filho havido fora do casamento, reconhecido por um dos cônjuges, não poderá residir no lar conjugal sem o consentimento do outro.[1] [Dispositivo correspondente no CC/1916: art. 359.]

Art. 1.611: 1. Dec. lei 3.200, de 19.4.41 — Dispõe sobre a organização e proteção da família: **"Art. 15.** Se um dos cônjuges negar consentimento para que resida no lar conjugal o filho natural reconhecido do outro, caberá ao pai ou à mãe, que o reconheceu, prestar-lhe, fora do seu lar, inteira assistência, assim como alimentos correspondentes à condição social em que viva, iguais aos que prestar ao filho legítimo se o tiver".

Art. 1.612. O filho reconhecido, enquanto menor, ficará sob a guarda do genitor que o reconheceu, e, se ambos o reconheceram e não houver acordo, sob a de quem melhor atender aos interesses do menor.[1-2] [Dispositivo correspondente no CC/1916: art. 360.]

Art. 1.612: 1. v. arts. 1.583 a 1.586.

Quanto ao filho não reconhecido pelo pai, v. art. 1.633.

Art. 1.612: 2. **Dec. lei 3.200, de 19.4.41** — Dispõe sobre a organização e proteção da família: **"Art. 16** (*redação dada pela Lei 5.582, de 16.6.70*). O filho natural enquanto menor ficará sob o poder do genitor que o reconheceu e, se ambos o reconheceram, sob o poder da mãe, salvo se de tal solução advier prejuízo ao menor.

"§ 1º (*incluído pela Lei 5.582, de 16.6.70*) Verificado que não deve o filho permanecer em poder da mãe ou do pai, deferirá o Juiz a sua guarda a pessoa notoriamente idônea, de preferência da família de qualquer dos genitores.

"§ 2º (*incluído pela Lei 5.582, de 16.6.70*) Havendo motivos graves, devidamente comprovados, poderá o Juiz, a qualquer tempo e caso, decidir de outro modo, no interesse do menor".

Art. 1.613. São ineficazes a condição[1] e o termo[2] apostos ao ato de reconhecimento do filho. [Dispositivo correspondente no CC/1916: art. 361.]

Art. 1.613: 1. v. art. 121.

Art. 1.613: 2. v. art. 131.

Art. 1.614. O filho maior não pode ser reconhecido sem o seu consentimento, e o menor pode impugnar o reconhecimento, nos quatro anos que se seguirem à maioridade, ou à emancipação.[1 a 2] [Dispositivo correspondente no CC/1916: art. 362.]

✎ **Art. 1.614: 1.** "A investigação de paternidade e o artigo 1.614 do Código Civil", por Sérgio Gischkow Pereira (Ajuris 94/283); "Princípio constitucional da paternidade responsável: diretrizes para a reinterpretação do art. 1.614 do Código Civil", por Vanessa Ribeiro Corrêa Sampaio Souza (RBDFS 31/17).

Art. 1.614: 1a. v. art. 4º da Lei 8.560, de 29.12.92 (no tít. INVESTIGAÇÃO DE PATERNIDADE).

Art. 1.614: 1b. "Falece legítimo interesse econômico ou moral, faltando, pois, condição da ação (CPC, art. 267, VI), ao pretenso genitor que, durante clima de animosidade, demonstrado por acionamento judicial e dissensões, move ação de reconhecimento de paternidade e anulação de registro de nascimento contra suposta filha, registrada há cerca de quarenta anos, pelos mesmos genitores do autor e, portanto, sua irmã" (STJ-3ª T., REsp 903.613, Min. Sidnei Beneti, j. 24.6.08, DJ 5.8.08).

Art. 1.614: 1c. Julgando improcedente ação de reconhecimento de **maternidade socioafetiva** de filho maior ***post mortem***, em razão da inviabilidade do consentimento deste: "A imprescindibilidade do consentimento do filho maior para o reconhecimento de filiação *post mortem* decorre da impossibilidade de se alterar, unilateralmente, a verdade biológica ou afetiva de alguém sem que lhe seja dada a oportunidade de se manifestar, devendo ser respeitadas a memória e a imagem póstumas de modo a preservar a história do filho e também de sua genitora biológica" (STJ-3ª T., REsp 1.688.470, Min. Nancy Andrighi, j. 10.4.18, DJ 13.4.18).

V. tb. art. 1.596, nota 2.

Art. 1.614: 2. "A regra que impõe o prazo de quatro anos para impugnar o reconhecimento da paternidade constante do registro civil só é aplicável ao filho natural que pretende afastar a paternidade por mero ato de vontade, com o objetivo único de desconstituir o reconhecimento da filiação, sem contudo buscar constituir nova relação. A decadência, portanto, não atinge o direito do filho que busca o reconhecimento da verdade biológica em investigação de paternidade e a consequente anulação do registro com base na falsidade deste" (STJ-3ª T., REsp 987.987, Min. Nancy Andrighi, j. 21.8.08, DJ 5.9.08). No mesmo sentido: STJ-4ª T., REsp 681.837, Min. Jorge Scartezzini, j. 2.6.05, DJU 20.6.05.

Contra: "Se a parte já contava mais de 30 anos de idade ao ajuizar a ação e sempre soube da inexistência do liame biológico com os pais registrais, mas manteve com eles e com o irmão proveniente dessa relação estreito liame social e afetivo, descabe buscar a desconstituição do vínculo, tendo ocorrido de forma indelével a decadência do seu direito" (RJTJERGS 248/248: AP 70011110327, maioria; no caso, foram cumulados os pedidos de investigação de paternidade, de anulação de registro e de petição de herança).

V. tb. arts. 205, nota 3, 1.601, 1.604, nota 2a, e 1.824, nota 1.

Art. 1.615. Qualquer pessoa, que justo interesse tenha, pode contestar a ação de investigação de paternidade,[1] ou maternidade.[2] [Dispositivo correspondente no CC/1916: art. 365.]

Art. 1.615: 1. v. art. 2º da Lei 8.560, de 29.12.92 (no tít. INVESTIGAÇÃO DE PATERNIDADE).

Art. 1.615: 2. Diversamente, para caso de ação declaratória negativa da paternidade, v. art. 1.601, nota 4.

Art. 1.616. A sentença que julgar procedente a ação de investigação produzirá os mesmos efeitos do reconhecimento;[1] mas poderá ordenar que o filho se crie e eduque fora da companhia dos pais ou daquele que lhe contestou essa qualidade.[2] [Dispositivo correspondente no CC/1916: art. 366.]

Art. 1.616: 1. v. LRP 29 § 1º-*d*.

Art. 1.616: 2. v. arts. 1.584 § 5º e 1.586.

Art. 1.617. A filiação materna ou paterna pode resultar de casamento declarado nulo, ainda mesmo sem as condições do putativo.[1-2] [Dispositivo correspondente no CC/1916: art. 367.]

Art. 1.617: 1. Casamento putativo: art. 1.561. Casamento nulo: art. 1.548.

Art. 1.617: 2. Ou seja, subsiste a presunção de paternidade e de maternidade dos filhos havidos de casamento nulo, porque, ainda que provada a má-fé de ambos os cônjuges, os efeitos civis do casamento "aos filhos aproveitarão" (art. 1.561 § 2º).

Capítulo IV | DA ADOÇÃO[1 a 3]

CAP. IV: 1. "Igualdade entre a filiação biológica e socioafetiva", por Belmiro Pedro Welter (RDPr 14/111); "A filiação adotiva dos menores e o novo modelo de família previsto na Constituição Federal de 1988", por Fernanda Stracke Moor (Ajuris 83/135); "A família nos estudos psicossociais de adoção: experiência de uma vara da infância e da juventude", por Niva Maria Vasques Campos e Liana Fortunato Costa (RT 813/114); "Adoção plena: um instituto do amor", por Anabel Vitória Mendonça de Souza (RBDF 28/78); "O processo de adoção. Brasil (1998-2006)", por Carla Hecht Domingos (RBDF 38/38).

CAP. IV: 2. v. arts. 558, 1.521-I, III e V, 1.593, 1.596, 1.635-IV e 1.763-II. V. tb. CF 227 § 6º.

CAP. IV: 3. **Lei 10.421, de 15.4.02** — Estende à mãe adotiva o direito à licença-maternidade e ao salário-maternidade, alterando a Consolidação das Leis do Trabalho e a Lei 8.213, de 24.7.91.

V. arts. 208 e 210 da Lei 8.112, de 11.12.90 (concessão de licença para servidor público federal que adotar filho).

Art. 1.618. A adoção de crianças e adolescentes será deferida na forma prevista pela Lei n. 8.069, de 13 de julho de 1990 — Estatuto da Criança e do Adolescente.[1-2] [Sem dispositivo correspondente no CC/1916.]

Parágrafo único. .... [3]

Art. 1.618: 1. Redação do *caput* de acordo com a Lei 12.010, de 3.8.09, em vigor 90 dias após a sua publicação (DOU 4.8.09).

Art. 1.618: 2. v. especialmente ECA 39 a 52-D e notas, no tít. CRIANÇA, ADOLESCENTE E JOVEM.

Art. 1.618: 3. O § ún. foi expressamente revogado pela Lei 12.010, de 3.8.09, em vigor 90 dias após a sua publicação (DOU 4.8.09).

Art. 1.619. A adoção de maiores de dezoito anos dependerá da assistência efetiva do poder público e de sentença constitutiva, aplicando-se, no que couber, as regras gerais da Lei n. 8.069, de 13 de julho de 1990 — Estatuto da Criança e do Adolescente.[1 a 4] [Sem dispositivo correspondente no CC/1916.]

Art. 1.619: 1. Redação do art. 1.619 de acordo com a Lei 12.010, de 3.8.09, em vigor 90 dias após a sua publicação (DOU 4.8.09).

Art. 1.619: 2. "Na vigência do Código Civil de 2002, é indispensável o processo judicial, mesmo para a adoção de maiores de 18 anos, não sendo possível realizar o ato por intermédio de escritura pública" (STJ-4ª T., REsp 703.362, Min. Luis Felipe, j. 25.10.10, DJ 8.6.10).

Art. 1.619: 3. "Remetendo o art. 1.619 do Código Civil, que trata da adoção de maiores de dezoito anos, a aplicação dos dispositivos da Lei 8.069/90 — Estatuto da Criança e do Adolescente, impõe-se a observância do rito processual nele encartado, no que couber. Os requisitos legais para a adoção da pessoa maior e capaz são os mesmos para a adoção do menor, a saber: a) diferença de idade de dezesseis anos entre adotante e adotado (art. 42, § 3º, ECA); b) consentimento do adotando maior de 18 anos (art. 45, § 2º, ECA); c) impedimentos matrimoniais quanto à família adotiva como em relação à família natural; d) proibição de ser adotado por avós, irmãos, tutores e curadores (art. 42, § 1º, ECA); e e) direito sucessório assegurado (art. 41, § 2º, ECA). Todavia, o requisito primordial à adoção é a demonstração de forma cabal da existência de vínculo afetivo que une os adotantes e adotados e da convivência harmônica entre os mesmos, eis que nos termos do art. 43 da Lei 8.069/90: 'a adoção será deferida quando apresentar reais vantagens para o adotando e fundar-se em motivos legítimos'. No caso em comento, além da irregularidade na manifestação de vontade e da falta de representação da pretensa adotante, não houve comprovação acerca da existência de laço afetivo entre os adotantes e o adotado, bem como de uma convivência harmônica entre os mesmos, pois residentes em países distintos, inegavelmente, desde fevereiro de 2008. Não preenchidos os requisitos necessários ao prosseguimento do feito, impõe-se a manutenção da sentença recorrida" (RT 932/901: TJES, AP 0017624-75.2011.8.08.0035).

Art. 1.619: 4. "A adoção de pessoa maior e plenamente capaz é questão que envolve interesse individual e disponível, **não dependente do consentimento dos pais biológicos** do adotando" (STJ-3ª T., REsp 1.421.409, Min. João Otávio, j. 18.8.16, DJ 25.8.16).

Art. 1.620. ....[1]

Art. 1.620: 1. O art. 1.620 foi expressamente revogado pela Lei 12.010, de 3.8.09, em vigor 90 dias após a sua publicação (DOU 4.8.09).

Art. 1.621. ....[1]

§ 1º ....[2]

§ 2º ....[3]

Art. 1.621: 1. O art. 1.621 foi expressamente revogado pela Lei 12.010, de 3.8.09, em vigor 90 dias após a sua publicação (DOU 4.8.09).

Art. 1.621: 2. O § 1º foi expressamente revogado pela Lei 12.010, de 3.8.09, em vigor 90 dias após a sua publicação (DOU 4.8.09).

Art. 1.621: 3. O § 2º foi expressamente revogado pela Lei 12.010, de 3.8.09, em vigor 90 dias após a sua publicação (DOU 4.8.09).

Art. 1.622. ....[1]

Parágrafo único. ....[2]

Art. 1.622: 1. O art. 1.622 foi expressamente revogado pela Lei 12.010, de 3.8.09, em vigor 90 dias após a sua publicação (DOU 4.8.09).

Art. 1.622: 2. O § ún. foi expressamente revogado pela Lei 12.010, de 3.8.09, em vigor 90 dias após a sua publicação (DOU 4.8.09).

Art. 1.623. ....[1]

Parágrafo único. ....[2]

Art. 1.623: 1. O art. 1.623 foi expressamente revogado pela Lei 12.010, de 3.8.09, em vigor 90 dias após a sua publicação (DOU 4.8.09).

Art. 1.623: 2. O § ún. foi expressamente revogado pela Lei 12.010, de 3.8.09, em vigor 90 dias após a sua publicação (DOU 4.8.09).

Art. 1.624. 1

Art. 1.624: 1. O art. 1.624 foi expressamente revogado pela Lei 12.010, de 3.8.09, em vigor 90 dias após a sua publicação (DOU 4.8.09).

Art. 1.625. 1

Art. 1.625: 1. O art. 1.625 foi expressamente revogado pela Lei 12.010, de 3.8.09, em vigor 90 dias após a sua publicação (DOU 4.8.09).

Art. 1.626. 1
Parágrafo único. 2

Art. 1.626: 1. O art. 1.626 foi expressamente revogado pela Lei 12.010, de 3.8.09, em vigor 90 dias após a sua publicação (DOU 4.8.09).

Art. 1.626: 2. O § ún. foi expressamente revogado pela Lei 12.010, de 3.8.09, em vigor 90 dias após a sua publicação (DOU 4.8.09).

Art. 1.627. 1

Art. 1.627: 1. O art. 1.627 foi expressamente revogado pela Lei 12.010, de 3.8.09, em vigor 90 dias após a sua publicação (DOU 4.8.09).

Art. 1.628. 1

Art. 1.628: 1. O art. 1.628 foi expressamente revogado pela Lei 12.010, de 3.8.09, em vigor 90 dias após a sua publicação (DOU 4.8.09).

Art. 1.629. 1

Art. 1.629: 1. O art. 1.629 foi expressamente revogado pela Lei 12.010, de 3.8.09, em vigor 90 dias após a sua publicação (DOU 4.8.09).

Capítulo V | DO PODER FAMILIAR[1]

Seção I | DISPOSIÇÕES GERAIS

CAP. V: 1. v. tít. CRIANÇA, ADOLESCENTE E JOVEM.

Art. 1.630. Os filhos estão sujeitos ao poder familiar, enquanto menores.[1] [Dispositivo correspondente no CC/1916: art. 379.]

Art. 1.630: 1. v. arts. 5º (maioridade civil) e 1.612 (guarda do filho).

Art. 1.631. Durante o casamento e a união estável, compete o poder familiar aos pais; na falta ou impedimento de um deles, o outro o exercerá com exclusividade. [Dispositivo correspondente no CC/1916: art. 380-*caput*.]

Parágrafo único. Divergindo os pais quanto ao exercício do poder familiar, é assegurado a qualquer deles recorrer ao juiz para solução do desacordo.[1-2] [Dispositivo correspondente no CC/1916: art. 380 § ún.]

Art. 1.631: 1. "O direito de audição de crianças e jovens em processo de regulação do exercício do poder familiar", por Gustavo Ferraz de Campos Mônaco e Maria Luiza Ferraz de Campos (RBDF 32/5).

Art. 1.631: 2. v. arts. 1.567 § ún., 1.690 § ún., 1.517 § ún.; ECA 21.

Art. 1.632. A separação judicial,[1] o divórcio e a dissolução da união estável não alteram as relações entre pais e filhos senão quanto ao direito, que aos primeiros cabe, de terem em sua companhia os segundos.[2] [Dispositivo correspondente no CC/1916: art. 381.]

Art. 1.632: 1. v. art. 1.571, nota 2b **(Em. Const. 66, de 13.7.10).**

Art. 1.632: 2. v. arts. 1.583 a 1.590. V. tb. LDi 27.

Art. 1.633. O filho, não reconhecido pelo pai, fica sob poder familiar exclusivo da mãe; se a mãe não for conhecida ou capaz de exercê-lo, dar-se-á tutor ao menor.[1] [Dispositivo correspondente no CC/1916: art. 383.]

Art. 1.633: 1. v. arts. 1.638 (destituição judicial do poder familiar) e 1.728 (tutela do filho menor).

Seção II | DO EXERCÍCIO DO PODER FAMILIAR[1]

SEÇ. II: 1. s/ crimes ligados ao poder familiar, v. CP 244 a 249.

Art. 1.634. Compete a ambos os pais, qualquer que seja a sua situação conjugal, o pleno exercício do poder familiar, que consiste em, quanto aos filhos:[1]

I — dirigir-lhes a criação e a educação;[1a]

II — exercer a guarda unilateral ou compartilhada nos termos do art. 1.584;[1b]

III — conceder-lhes ou negar-lhes consentimento para casarem;[2]

IV — conceder-lhes ou negar-lhes consentimento para viajarem ao exterior;[2a]

V — conceder-lhes ou negar-lhes consentimento para mudarem sua residência permanente para outro Município;

VI — nomear-lhes tutor[3] por testamento ou documento autêntico, se o outro dos pais não lhe sobreviver, ou o sobrevivo não puder exercer o poder familiar;

VII — representá-los judicial e extrajudicialmente até os 16 (dezesseis) anos, nos atos da vida civil, e assisti-los, após essa idade,[4] nos atos em que forem partes, suprindo-lhes o consentimento;[5 a 7]

VIII — reclamá-los de quem ilegalmente os detenha;

IX — exigir que lhes prestem obediência, respeito e os serviços próprios de sua idade e condição.

Art. 1.634: 1. Redação do *caput* e incisos de acordo com a Lei 13.058, de 22.12.14.

Art. 1.634: 1a. s/ dever dos pais de prestar alimentos aos filhos, v. art. 1.566-IV. V. tb. ECA 22.

Art. 1.634: 1b. v. arts. 1.583 a 1.589, 1.612 e 1.631 a 1.633. V. tb. ECA 33 a 35.

Art. 1.634: 2. v. arts. 1.517 e 1.555.

Art. 1.634: 2a. v. ECA 83 a 85.

Art. 1.634: 3. v. art. 1.729.

Art. 1.634: 4. "após essa idade", i. e., até completarem 18 anos (art. 5º).

Art. 1.634: 5. v. tb. art. 1.690.

Art. 1.634: 6. "O fato de ter sido concedida a guarda permanente a terceiro que não compõe o núcleo familiar não pode implicar em automática destituição — ou em injustificada restrição — do exercício do poder familiar pela genitora, sobretudo porque medida dessa espécie não prescinde de cognição exauriente em ação a ser proposta especificamente para essa finalidade. Hipótese em que, não havendo nenhum óbice ao ajuizamento da ação investigatória de paternidade pelo menor representado pela genitora biológica, descabe a propositura da referida ação pela guardiã em representação do menor, ressalvada a possibilidade de, na inércia da genitora, a ação ser proposta pelo Ministério Público e, excepcionalmente, até mesmo pela própria guardiã, mas desde que presentes circunstâncias excepcionais que justifiquem a concessão a ela de poderes de representação judicial" (STJ-3ª T., REsp 1.761.274, Min. Nancy Andrighi, j. 4.2.20, DJ 6.2.20).

Art. 1.634: 7. "Caso concreto em que menores impúberes figuraram como cessionários em contrato de cessão de cotas de sociedade por cotas de responsabilidade limitada, **representados exclusivamente pelo genitor,** não tendo a genitora sequer tido ciência do negócio jurídico. A representação inadequada de pessoas absolutamente incapazes maculou a validade do negócio jurídico, desde sua formação, ensejando a sua nulidade absoluta, nos termos do art. 145, IV, do CC/16" (STJ-3ª T., REsp 1.816.742, Min. Nancy Andrighi, j. 27.10.20, DJ 19.11.20).

Seção III | DA SUSPENSÃO E EXTINÇÃO DO PODER FAMILIAR[1]

SEÇ. III: 1. v. ECA 155 a 163.

Art. 1.635. Extingue-se o poder familiar: [Dispositivo correspondente no CC/1916: art. 392-*caput*.]

I — pela morte dos pais ou do filho; [Dispositivo correspondente no CC/1916: art. 392-I.]

II — pela emancipação, nos termos do art. 5º, parágrafo único; [Dispositivo correspondente no CC/1916: art. 392-II.]

III — pela maioridade;[1] [Dispositivo correspondente no CC/1916: art. 392-III.]

IV — pela adoção;[2] [Dispositivo correspondente no CC/1916: art. 392-IV.]

V — por decisão judicial, na forma do art. 1.638. [Dispositivo correspondente no CC/1916: art. 395-*caput*.]

Art. 1.635: 1. i. e., aos 18 anos (art. 5º).

Art. 1.635: 2. A adoção transfere o poder familiar dos pais consanguíneos para os pais adotivos (ECA 41).

Art. 1.636. O pai ou a mãe que contrai novas núpcias, ou estabelece união estável, não perde, quanto aos filhos do relacionamento anterior, os direitos ao poder familiar,[1] exercendo-os sem qualquer interferência do novo cônjuge ou companheiro. [Dispositivo correspondente no CC/1916: art. 393.]

Parágrafo único. Igual preceito ao estabelecido neste artigo aplica-se ao pai ou à mãe solteiros que casarem ou estabelecerem união estável. [Sem dispositivo correspondente no CC/1916.]

Art. 1.636: 1. v. art. 1.588.

Art. 1.637. Se o pai, ou a mãe, abusar de sua autoridade, faltando aos deveres a eles inerentes ou arruinando os bens dos filhos,[1] cabe ao juiz, requerendo algum parente, ou o Ministério Público,[1a] adotar a medida que lhe pareça reclamada pela segurança do menor e seus haveres, até suspendendo o poder familiar, quando convenha. [Dispositivo correspondente no CC/1916: art. 394-*caput*.]

Parágrafo único. Suspende-se igualmente o exercício do poder familiar ao pai ou à mãe condenados por sentença irrecorrível, em virtude de crime cuja pena exceda a dois anos de prisão.[2] [Dispositivo correspondente no CC/1916: art. 394 § ún.]

Art. 1.637: 1. v. art. 1.691.

Art. 1.637: 1a. s/ legitimidade para o pedido de perda ou suspensão do poder familiar, v., mais amplamente, ECA 155.

Art. 1.637: 2. v. CP 92-II.

Art. 1.638. Perderá por ato judicial o poder familiar o pai ou a mãe que:[1-1a] [Dispositivo correspondente no CC/1916: art. 395-*caput*.]

I — castigar imoderadamente o filho;[1b] [Dispositivo correspondente no CC/1916: art. 395-I.]

II — deixar o filho em abandono;[2-2a] [Dispositivo correspondente no CC/1916: art. 395-II.]

III — praticar atos contrários à moral e aos bons costumes;[3] [Dispositivo correspondente no CC/1916: art. 395-III.]

IV — incidir, reiteradamente, nas faltas previstas no artigo antecedente; [Sem dispositivo correspondente no CC/1916.]

V — entregar de forma irregular o filho a terceiros para fins de adoção.[4] [Sem dispositivo correspondente no CC/1916.]

Parágrafo único. Perderá também por ato judicial o poder familiar aquele que:[5] [Sem dispositivo correspondente no CC/1916.]

I — praticar contra outrem igualmente titular do mesmo poder familiar: [Sem dispositivo correspondente no CC/1916.]

a) homicídio, feminicídio ou lesão corporal de natureza grave ou seguida de morte, quando se tratar de crime doloso envolvendo violência doméstica e familiar ou menosprezo ou discriminação à condição de mulher; [Sem dispositivo correspondente no CC/1916.]

b) estupro ou outro crime contra a dignidade sexual sujeito à pena de reclusão; [Sem dispositivo correspondente no CC/1916.]

II — praticar contra filho, filha ou outro descendente: [Sem dispositivo correspondente no CC/1916.]

a) homicídio, feminicídio ou lesão corporal de natureza grave ou seguida de morte, quando se tratar de crime doloso envolvendo violência doméstica e familiar ou menosprezo ou discriminação à condição de mulher; [Sem dispositivo correspondente no CC/1916.]

b) estupro, estupro de vulnerável ou outro crime contra a dignidade sexual sujeito à pena de reclusão. [Sem dispositivo correspondente no CC/1916.]

Art. 1.638: 1. v. art. 1.635-V.

Art. 1.638: 1a. "Destituição do pátrio poder. Menor. Família substituta. Caso peculiar. Migração da mãe para o sul do Brasil em busca de melhores condições. Maus-tratos e situação de risco. Confirmação. Pretensão de atribuição da guarda à avó materna. Inexistência de vínculo com a família estendida (avós, tios e primos). Adoção concluída. Prevalência do interesse do menor. Estabilidade na criação e formação. Estando a criança em situação de risco e não subsistindo nenhum vínculo afetivo entre ela e a família de origem, prevalece o interesse da menor, que deve ser inserida em família substituta, sobretudo quando há notícia de que o processo de adoção já foi concluído" (STJ-3ª T., REsp 1.422.929, Min. João Otávio, j. 24.4.14, maioria, DJ 12.8.14).

Art. 1.638: 1b. v. CP 136.

Art. 1.638: 2. v. CP 244 a 247 (crimes contra a assistência familiar).

Art. 1.638: 2a. "Se não há controvérsia sobre o fato de a menor ter sido vítima de negligência e de maus-tratos e encontrar-se em situação de risco, destitui-se o pátrio poder" (STJ-3ª T., REsp 1.422.929, Min. João Otávio, j. 24.4.14, maioria, DJ 12.8.14).

"Estando as crianças privadas dos cuidados indispensáveis à sua saúde, segurança pessoal e moralidade, caracterizado está o abandono destas pela mãe" (RT 827/421). No mesmo sentido: RBDF 31/104. Ainda, destituindo os pais do poder familiar "em virtude do alcoolismo e da falta de estrutura familiar": RT 826/335 (TJPR, AP 152.301-7). Também: RT 940/707 (TJDF, AP 2012.01.3.003029-2).

"Pais alcoólatras. Situação de risco evidenciada. Ambiente familiar não propício à formação da menor e ao seu desenvolvimento sadio. Constada, ademais, negligência daqueles em relação à infante. Ausência de cuidado com sua saúde, alimentação, educação e higiene" (RT 887/339: TJSC, AP 2009.001881-5).

"Comprovada a violação aos deveres inerentes ao poder familiar, em razão do histórico de negligência e drogadição da genitora, que abandonou a filha recém-nascida na maternidade, não mais voltando a procurá-la, resta configurada situação grave de risco autorizadora da destituição do poder familiar" (RT 901/321: TJRS, AP 70034858712).

"Destituição do poder familiar. Adolescente de 12 anos que engravida do padrasto e, após o nascimento da filha, envolve-se com drogas e prostituição. Riscos de que, mantida sob a guarda da avó, a garotinha venha a repetir a história da mãe. Núcleo familiar da bisavó tampouco adequado para a criação da menor. Impossibilidade de manutenção na família de origem. Princípio da proteção integral que deve prevalecer sobre o direito da adolescente em criar a filha" (RT 909/767: TJSP, AP 990.10.447562-7, maioria).

"Justifica a extinção do poder familiar a negligência nos deveres de sustentar, educar e guardar o menor, por não deter a mãe e a família biológica condições de provê-lo com os cuidados necessários ao seu desenvolvimento saudável, sob o aspecto físico, intelectual, emocional, afetivo, emotivo, espiritual e social. Hipótese em que o infante nasceu com problemas de atraso de desenvolvimento psicomotor e a mãe foi diagnosticada com retardo moderado, com idade mental de seis a nove anos, sendo incapaz de oferecer os cuidados mínimos ao seu filho" (RT 925/993: TJMG, AP 1.0702.10.008067-1/001).

Art. 1.638: 3. Extinguindo o poder familiar de mãe que se prostituía na frente da criança e sofria de alcoolismo: RT 872/213 (TJSP, AP 154.450-0/2-00).

Art. 1.638: 4. O inc. V foi acrescido pela Lei 13.509, de 22.11.17.

Art. 1.638: 5. O § ún. foi acrescido pela Lei 13.715, de 24.9.18.

Título II | DO DIREITO PATRIMONIAL[1]

Subtítulo I | DO REGIME DE BENS ENTRE OS CÔNJUGES[1 a 4]

Capítulo I | DISPOSIÇÕES GERAIS

TÍT. II: 1. "A questão patrimonial na relação matrimonial", por Schirlei Gonçalves de Oliveira (RJ 320/37); "Aspectos patrimoniais do direito de família no Brasil", por Cibele Pinheiro Marçal Tucci (RNDFS 1/37).

SUBTÍT. I: 1. **Disposição transitória: "Art. 2.039.** O regime de bens nos casamentos celebrados na vigência do Código Civil anterior, Lei n. 3.071, de 1º de janeiro de 1916, é o por ele estabelecido". V. art. 2.039, nota 2.

SUBTÍT. I: 2. Os cônjuges podem contratar sociedade entre si ou com terceiros, desde que não sejam casados no regime da comunhão universal de bens (arts. 1.667 a 1.671) ou no da separação obrigatória (art. 1.641). É o que dispõe o art. 977.

SUBTÍT. I: 3. "Regime de bens no Código Civil brasileiro vigente", por Denise Willhelm Gonçalves (RT 819/11 e RBDF 22/109); "Observações sobre os regimes de bens e o novo Código Civil", por Sérgio Gischkow Pereira (Ajuris 100/347 e RBDF 30/5); "Controvérsias sobre regime de bens no novo Código Civil", por Gustavo Tepedino (RBDFS 2/5 e Rev. AASP 98/111); "A crise conjugal e o colapso dos atuais modelos de regime de bens", por Rolf Madaleno (RBDFS 25/5); "A escolha do consorte e do regime de bens sob a perspectiva da análise econômica do direito", por Cristiana Sanchez Gomes-Ferreira (RJ 436/9).

SUBTÍT. I: 4. v. LRP 167-I-12 e II-1, 178-V e LINDB 7º §§ 4º e 5º.

Art. 1.639. É lícito aos nubentes, antes de celebrado o casamento, estipular, quanto aos seus bens, o que lhes aprouver. [Dispositivo correspondente no CC/1916: art. 256-*caput*.]

§ 1º O regime de bens entre os cônjuges começa a vigorar desde a data do casamento.[1] [Dispositivo correspondente no CC/1916: art. 230.]

§ 2º É admissível alteração do regime de bens,[2 a 2b] mediante autorização judicial[3-3a] em pedido motivado de ambos os cônjuges, apurada a procedência das razões invocadas e ressalvados os direitos de terceiros.[4 a 6] [Sem dispositivo correspondente no CC/1916.]

Art. 1.639: 1. A separação judicial põe termo ao regime de bens (art. 1.576).

Art. 1.639: 2. "Alteração do regime de bens e o art. 2.039 do Código Civil", por Heloisa Helena Barboza (RF 327/101); "Modificação do regime de bens no casamento: aspectos gerais e reflexos no patrimônio imobiliário do casal", por Luciano Lopes Passarelli (RDPr 21/139); "Mutabilidade do regime patrimonial de bens no casamento e na união estável. Conflito de normas", por Érica Verícia de Oliveira Canuto (RBDF 22/151); "A mudança do regime de bens no casamento em face do novo Código Civil brasileiro", por Clayton Reis (RBDF 20/5); "A alteração do regime de bens: possibilidade de retroagir", por Sérgio Gischkow Pereira (RBDF 23/66); "Modificação do regime de bens entre os cônjuges", por Laércio Galati (RDPr 23/234); "O direito adquirido e o regime de bens", por Rolf Madaleno (RJ 348/27); "Ação de modificação de regime matrimonial de bens", por Eduardo Henrique de Oliveira Yoshikawa (RDDP 73/36); "Questões relevantes sobre a mutabilidade do regime de bens do casamento", por José Tadeu Neves Xavier (RDPr 52/193).

Art. 1.639: 2a. **Enunciado 113 do CEJ:** "É admissível alteração do regime de bens entre os cônjuges, quando então o pedido, devidamente motivado e assinado por ambos os cônjuges, será objeto de autorização judicial, com ressalva dos direitos de terceiros, inclusive dos entes públicos, após perquirição de inexistência de dívida de qualquer natureza, exigida ampla publicidade".

Enunciado 260 do CEJ: "A alteração do regime de bens prevista no § 2º do art. 1.639 do Código Civil também é permitida nos casamentos realizados na vigência da legislação anterior". No mesmo sentido: STJ-RDDP 35/121 (4ª T., REsp 730.546); STJ-RMDCPC 16/105 (3ª T., REsp 821.807); RT 874/204 (TJSP, AP 448.010-4/8-00), JTJ 301/54, RBDF 25/76, RMDCPC 10/136. V. tb. art. 2.039, nota 2.

"Regime de bens. Separação obrigatória. Casamento realizado sob a égide do Código Civil de 1916. Mulher, à época, maior de 50 anos. Pretendida modificação para o regime da comunhão universal. Indeferimento da inicial. Processo extinto. Impossibilidade. Aplicação do art. 1.639 § 2º. Dispositivo legal que não contém restrição/ressalva a quaisquer dos regimes de bens. Inciso II do art. 1.641 do CC que fere frontalmente os princípios da igualdade e da dignidade da pessoa humana. Norma dissonante do regramento constitucional. Sentença anulada. Prosseguimento do feito determinado" (JTJ 323/276: AP 389.806.4/1-00). **Contra:** "Modificação de regime de bens no casamento. Matrimônio realizado na vigência do CC de 1916. Mulher, na ocasião, tinha 58 anos de idade. Regime da separação de bens observou o disposto no art. 258, § ún., II, do estatuto referido. Pretensão de alteração do regime, em decorrência do CC de 2002, não tem amparo legal, haja vista o caráter protetivo da legislação, não obstante os apelantes a adjetivarem de caprichosa e anacrônica" (RT 886/202: TJSP, AP 609.485.4/7-00).

Enunciado 262 do CEJ: "A obrigatoriedade da separação de bens, nas hipóteses previstas nos incs. I e III do art. 1.641 do Código Civil, não impede a alteração do regime, desde que superada a causa que o impôs".

Art. 1.639: 2b. "Regime de bens. Pretensão da mudança de comunhão parcial para separação de bens. Necessidade de as partes procederem ao **inventário** e à **partilha** de eventuais bens adquiridos após o casamento, a ser homologada pelo juiz, antes da expedição do mandado de averbação ao registro civil de pessoas naturais. A separação de bens **não retroage** à época da celebração do casamento, passando a vigorar daqui para diante" (JTJ 329/566: AP 561.634-4/0-00).

"Reconhecimento da eficácia 'ex nunc' da alteração do regime de bens, tendo por termo inicial a data do trânsito em julgado da decisão judicial que o modificou. Interpretação do art. 1.639, § 2º, do CC/2002" (STJ-3ª T., REsp 1.300.036, Min. Paulo Sanseverino, j. 13.5.14, DJ 20.5.14).

"A eleição de regime de bens diverso do legal, que deve ser feita por contrato escrito, tem efeitos apenas *ex nunc*, sendo inválida a estipulação de forma retroativa" (STJ-4ª T., REsp 1.751.645-AgInt, Min. Marco Buzzi, j. 4.11.19, DJ 11.11.19).

Todavia: "Alteração de regime de bens de casamento, de separação total para comunhão universal de bens, em face da permissão contida no § 2º do art. 1.639 do novo CC. Pretensão de que a alteração **retroaja** à data da celebração do casamento. Circunstâncias excepcionais que justificam o pleito. Superada a causa que impôs o regime da separação de bens (suprimento judicial por ausência de idade núbil da virago). Eventuais direitos de terceiros que devem ser ressalvados" (JTJ 341/408: AP 505.889-4/2-00).

Art. 1.639: 3. "O art. 1.639, § 2º, do novo CC, exige análise de requisitos específicos pelo douto magistrado singular para a modificação do regime de bens, sob pena de não o fazendo, acarretar a nulidade absoluta do pronunciamento judicial exarado" (RT 836/292).

Art. 1.639: 3a. "Sendo deferida a alteração de regime, desnecessário será lavrar escritura pública, sendo bastante a expedição do competente mandado judicial. O pacto antenupcial é ato notarial; a alteração do regime matrimonial é ato judicial" (RBDF 25/76).

Art. 1.639: 4. "A melhor interpretação que se deve conferir ao art. 1.639, § 2º, do CC/02 é a que não exige dos cônjuges justificativas exageradas ou provas concretas do prejuízo na manutenção do regime de bens originário, sob pena de se esquadrinhar indevidamente a própria intimidade e a vida privada dos consortes. No caso em exame, foi pleiteada a alteração do regime de bens do casamento dos ora recorrentes, manifestando eles como justificativa a constituição de sociedade de responsabilidade limitada entre o cônjuge varão e terceiro, providência que é acauteladora de eventual comprometimento do patrimônio da esposa com a empreitada do marido. A divergência conjugal quanto à condução da vida financeira da família é justificativa, em tese, plausível à alteração do regime de bens, divergência essa que, em não raras vezes, se manifesta ou se intensifica quando um dos cônjuges ambiciona enveredar-se por uma nova carreira empresarial, fundando, como no caso em apreço, sociedade com terceiros na qual algum aporte patrimonial haverá de ser feito, e do qual pode resultar impacto ao patrimônio comum do casal" (STJ-4ª T., REsp 1.119.462, Min. Luis Felipe, j. 26.2.13, RBDFS 34/98; com comentário de Érica Verícia Canuto de Oliveira Veras).

Art. 1.639: 5. "A manifestação de vontade das partes, comprovada a ausência de prejuízo a terceiros, possibilita a alteração do regime de bens adotado por ocasião da celebração do casamento, mesmo quando celebrado sob a égide do Código Civil de 1916. Há inadmissibilidade do pleito por colidência ao permissivo legal quando tramita ação indenizatória contra o cônjuge-varão na esfera cível, com sentença condenatória no juízo criminal, impossibilitando a conversão do regime de bens" (RJTJERGS 275/312: AP 70024823247).

"Alteração de regime de bens. Existência de execuções movidas em desfavor do varão. Ausência de patrimônio pela sociedade conjugal. Todavia, possibilidade de que futuros bens obtidos pelo esforço comum respondam pelo débito ao menos em sua meação. Inteligência do art. 591 do CPC e art. 1.658 do CC/02. Modificação que não pode estorvar interesses dos credores. Necessidade de prévia solução do passivo. Sentença de improcedência" (RT 880/187: TJSP, AP 589.897-4/3).

Art. 1.639: 6. "Dispensável a formalidade emanada de Provimento do Tribunal de Justiça de publicação de editais acerca da alteração do regime de bens, mormente pelo fato de se tratar de providência da qual não cogita a legislação aplicável. O princípio da publicidade, em tal hipótese, é atendido pela publicação da sentença que defere o pedido e pelas anotações e alterações procedidas nos registros próprios, com averbação no registro civil de pessoas naturais e, sendo o caso, no registro de imóveis" (STJ-4ª T., REsp 776.455, Min. Raul Araújo, j. 17.4.12, DJ 26.4.12).

Art. 1.640. Não havendo convenção, ou sendo ela nula ou ineficaz, vigorará, quanto aos bens entre os cônjuges, o regime da comunhão parcial.[1-1a] [Dispositivo correspondente no CC/1916: art. 258-*caput*.]

Parágrafo único. Poderão os nubentes, no processo de habilitação, optar por qualquer dos regimes que este Código regula.[1b] Quanto à forma, reduzir-se-á a termo a opção pela comunhão parcial,[2] fazendo-se o pacto antenupcial por escritura pública, nas demais escolhas.[3-3a] [Sem dispositivo correspondente no CC/1916.]

Art. 1.640: 1. v. arts. 1.658 a 1.666.

Art. 1.640: 1a. O regime da comunhão parcial é também conhecido como **regime legal de bens** ou regime **supletivo**. Já o art. 1.641 dispõe s/ o regime da separação legal de bens.

Art. 1.640: 1b. **Enunciado 331 do CEJ:** "O estatuto patrimonial do casal pode ser definido por escolha de regime de bens distinto daqueles tipificados no Código Civil (art. 1.639 e parágrafo único do art. 1.640), e, para efeito de fiel observância do disposto no art. 1.528 do Código Civil, cumpre certificação a respeito, nos autos do processo de habilitação matrimonial".

Art. 1.640: 2. v. arts. 1.658 a 1.666. No caso do art. 1.665, há necessidade de pacto antenupcial.

Art. 1.640: 3. i. e., no regime de comunhão universal de bens (arts. 1.667 a 1.671), no de participação final nos aquestos (arts. 1.672 a 1.686; cf. art. 1.656) e no de separação de bens (arts. 1.687 e 1.688). Obviamente, no regime legal de separação obrigatória (art. 1.641) não cabe pacto antenupcial.

Art. 1.640: 3a. s/ escritura pública, v. art. 215.

Art. 1.641. É obrigatório o regime da separação de bens[1 a 2b] no casamento: [Dispositivo correspondente no CC/1916: art. 258 § ún.]

I — das pessoas que o contraírem com inobservância das causas suspensivas da celebração do casamento;[3] [Dispositivo correspondente no CC/1916: art. 258 § ún-I.]

II — da pessoa maior de 70 (setenta) anos;[3a a 4]

III — de todos os que dependerem, para casar, de suprimento judicial.[5] [Dispositivo correspondente no CC/1916: art. 258 § ún.-IV.]

Art. 1.641: 1. s/ vedação de sociedade entre pessoas casadas sob o regime da separação obrigatória de bens, v. art. 977; s/ prerrogativas dos cônjuges, independentemente do regime de bens, v. art. 1.642; s/ regime de separação convencional de bens, v. arts. 1.687 e 1.688; s/ regime da separação obrigatória de bens e união estável, v. art. 1.725, nota 2a.

Art. 1.641: 2. **Súmula 377 do STF:** "No regime de separação legal de bens, comunicam-se os adquiridos na constância do casamento".

Segue a interpretação da jurisprudência para essa Súmula: "Em se tratando de regime de separação obrigatória (CC, art. 258 — *art. 1.641 do CC atual*), comunicam-se os bens adquiridos na constância do casamento pelo esforço comum. O enunciado n. 377 da Súmula do STF deve restringir-se aos aquestos resultantes da conjugação de esforços do casal, em exegese que se afeiçoa à evolução do pensamento jurídico e repudia o enriquecimento sem causa" (RSTJ 39/413, STJ-RT 691/194, STJ-RF 320/84). No mesmo sentido: STJ-2ª Seção, ED no REsp 1.623.858, Min. Lázaro Guimarães, j. 23.5.18, DJ 30.5.18; RT 846/256.

"Apesar de o casamento haver sido contraído pelo regime da separação de bens no exterior, os bens adquiridos na constância da vida comum, quase à totalidade transcorrida no Brasil, devem se comunicar, desde que resultantes do esforço comum. Exclusão, portanto, do patrimônio existente em nome da viúva, obtido pelo labor individual, doação ou herança, incorporando-se os demais ao espólio do cônjuge varão, para partilha e meação, a serem apurados em ação própria" (STJ-4ª T., REsp 123.633, Min. Aldir Passarinho Jr., j. 17.3.09, maioria, DJ 30.3.09).

Contra, a nosso ver sem razão, determinando a comunicação dos aquestos nessas circunstâncias independentemente da prova do esforço comum: STJ-3ª T., REsp 208.640, Min. Menezes Direito, j. 15.2.01, DJ 28.5.01; STJ-4ª T., REsp 1.008.684-AgRg, Min. Antonio Ferreira, j. 24.4.12, DJ 2.5.12.

S/ comunicabilidade de aquestos e: regime da separação de bens instituído por convenção dos cônjuges, v. art. 1.687, nota 2; pessoas em união estável que, se casadas fossem, deveriam sê-lo pelo regime da separação obrigatória de bens, v. art. 1.725, nota 2a.

Art. 1.641: 2a. "São válidas as **doações** promovidas, na constância do casamento, por cônjuges que contraíram matrimônio pelo regime da separação legal de bens, por três motivos: (i) o CC/16 não as veda, fazendo-no apenas com relação às doações antenupciais; (ii) o fundamento que justifica a restrição aos atos praticados por homens maiores de sessenta anos ou mulheres maiores que cinquenta, presente à época em que promulgado o CC/16, não mais se justifica nos dias de hoje, de modo que a manutenção de tais restrições representa ofensa ao princípio da dignidade da pessoa humana; (iii) nenhuma restrição seria imposta pela lei às referidas doações caso o doador não tivesse se casado com a donatária, de modo que o Código Civil, sob o pretexto de proteger o patrimônio dos cônjuges, acaba fomentando a união estável em detrimento do casamento, em ofensa ao art. 226, § 3º, da Constituição Federal" (STJ-RDDP 74/141 e RBDFS 10/141: 3ª T., REsp 471.958). No mesmo sentido: RT 901/228 (TJSP, AP 994.04.033199-7).

Art. 1.641: 2b. Sendo a situação impositiva do regime da separação obrigatória de bens, não se admite que os nubentes firmem pacto antenupcial para que o casamento seja regulado pelo regime da separação convencional de bens (RT 900/275: TJSP, AP 994.09.337258-8; caso de viúvo com filhos que casou antes da ultimação da partilha dos bens do cônjuge falecido).

Art. 1.641: 3. v. arts. 1.523 e 1.639, nota 2a (Enunciado 262 do CEJ).

Art. 1.641: 3a. Redação de acordo com a Lei 12.344, de 9.12.10. A redação anterior era a seguinte: "II — da pessoa maior de sessenta anos".

✎ **Art. 1.641: 3b.** "Aspectos patrimoniais do casamento do maior de 60 anos: antes e depois do novo Código Civil", por Frederico Liserre Barruffini (RDPr 29/150).

Art. 1.641: 4. Enunciado 261 do CEJ: "A obrigatoriedade do regime da separação de bens não se aplica a pessoa maior de sessenta anos, quando o casamento for precedido de união estável iniciada antes dessa idade". No mesmo sentido: RT 848/319, RMDCPC 10/136.

Art. 1.641: 5. v. arts. 1.519 e 1.639, nota 2a (Enunciado 262 do CEJ).

Art. 1.642. Qualquer que seja o regime de bens, tanto o marido quanto a mulher podem livremente:[1] [Sem dispositivo correspondente no CC/1916.]

I — praticar todos os atos de disposição e de administração necessários ao desempenho de sua profissão, com as limitações estabelecidas no inciso I do art. 1.647; [Sem dispositivo correspondente no CC/1916.]

II — administrar os bens próprios;[1a] [Sem dispositivo correspondente no CC/1916.]

III — desobrigar ou reivindicar os imóveis que tenham sido gravados ou alienados sem o seu consentimento ou sem suprimento judicial;[1b] [Dispositivo correspondente no CC/1916: art. 248-II.]

IV — demandar a rescisão dos contratos de fiança[1c] e doação, ou a invalidação do aval,[1d] realizados pelo outro cônjuge com infração do disposto nos incisos III e IV do art. 1.647;[2] [Dispositivo correspondente no CC/1916: art. 248-III.]

V — reivindicar os bens comuns, móveis ou imóveis, doados ou transferidos pelo outro cônjuge ao concubino, desde que provado que os bens não foram adquiridos pelo esforço comum destes, se o casal estiver separado de fato por mais de cinco anos;[3-4] [Dispositivo correspondente no CC/1916: art. 248-IV.]

VI — praticar todos os atos que não lhes forem vedados expressamente. [Dispositivo correspondente no CC/1916: art. 248-VII.]

Art. 1.642: 1. v. arts. 1.643 e 1.647.

Art. 1.642: 1a. v. ET 95, nota 1 (arrendamento rural).

Art. 1.642: 1b. v. arts. 1.645 e 1.646. V. tb. art. 1.647-I.

Art. 1.642: 1c. v. art. 1.647-III.

Art. 1.642: 1d. v. art. 1.647-III.

Art. 1.642: 2. v. arts. 1.645 e 1.646.

Art. 1.642: 3. v. art. 1.645.

Art. 1.642: 4. Para que a reivindicação seja possível, é necessário que marido e mulher não estejam separados de fato há mais de cinco anos e que o bem reivindicado não tenha sido adquirido pelo esforço comum dos concubinos.

Art. 1.643. Podem os cônjuges, independentemente de autorização um do outro:[1] [Sem dispositivo correspondente no CC/1916.]

I — comprar, ainda a crédito, as coisas necessárias à economia doméstica; [Dispositivo correspondente no CC/1916: art. 247-I.]

II — obter, por empréstimo, as quantias que a aquisição dessas coisas possa exigir. [Dispositivo correspondente no CC/1916: art. 247-II.]

Art. 1.643: 1. v. art. 1.644.

Art. 1.644. As dívidas contraídas para os fins do artigo antecedente obrigam solidariamente[1-2] ambos os cônjuges. [Sem dispositivo correspondente no CC/1916.]

Art. 1.644: 1. v. arts. 275 a 285.

Art. 1.644: 2. "Solidariedade dos cônjuges por dívidas contraídas em benefício da economia doméstica. Inteligência dos arts. 1.643 e 1.644 do CC de 2002. Legitimidade extraordinária do cônjuge, cujos bens se sujeitam à execução, na forma do art. 592, inciso IV, do CPC" (JTJ 342/217: AI 7.371.870-0).

"Mensalidades escolares. Dívidas contraídas em nome dos filhos da executada. Ausência de bens em nome da mãe para a satisfação do débito. Pretensão de inclusão do pai na relação jurídica processual. Possibilidade. Legitimidade extraordinária do responsável solidário pelo sustento e pela manutenção do menor matriculado em ensino regular. Nos arts. 1.643 e 1644 do Código Civil, o legislador reconheceu que, pelas obrigações contraídas para a manutenção da economia doméstica, e, assim, notadamente, em proveito da entidade familiar, o casal responderá solidariamente, podendo-se postular a excussão dos bens do legitimado ordinário e do coobrigado, extraordinariamente legitimado. Estão abrangidas na locução 'economia doméstica' as obrigações assumidas para a administração do lar e, pois, à satisfação das necessidades da família, no que se inserem as despesas educacionais" (STJ-3ª T., REsp 1.472.316, Min. Paulo Sanseverino, j. 5.12.17, DJ 18.12.17).

Todavia: "No âmbito do poder familiar estão contidos poderes jurídicos de direção da criação e da educação, envolvendo pretensões e faculdades dos pais em relação a seus filhos, correspondentes a um encargo privado imposto pelo Estado, com previsão em nível constitucional e infraconstitucional. As obrigações derivadas do poder familiar, contraídas nessa condição, quando casados os titulares, classificam-se como necessárias à economia doméstica, sendo, portanto, solidárias por força de lei e inafastáveis pela vontade das partes (art. 1644, do CC/2002). Nos casos de execução de obrigações contraídas para manutenção da economia doméstica, para que haja responsabilização de ambos os cônjuges, o processo judicial de conhecimento ou execução deve ser instaurado em face dos dois, com a devida citação e formação de litisconsórcio necessário. Nos termos do art. 10, § 1º, III, CPC/1973 (art. 73, § 1º, CPC/2015), se não houver a citação de um dos cônjuges, o processo será valido e eficaz para aquele que foi citado, e a execução não poderá recair sobre os bens que componham a meação ou os bens particulares do cônjuge não citado" (STJ-4ª T., REsp 1.444.511, Min. Luis Felipe, j. 11.2.20, DJ 19.5.20).

Art. 1.645. As ações fundadas nos incisos III, IV e V do art. 1.642 competem ao cônjuge prejudicado e a seus herdeiros.[1] [Dispositivo correspondente no CC/1916: art. 249.]

Art. 1.645: 1. v. arts. 1.646, 1.649 e 1.650.

Art. 1.646. No caso dos incisos III e IV do art. 1.642, o terceiro, prejudicado com a sentença favorável ao autor, terá direito regressivo contra o cônjuge, que realizou o negócio jurídico, ou seus herdeiros. [Dispositivo correspondente no CC/1916: art. 250.]

Art. 1.647. Ressalvado o disposto no art. 1.648, nenhum dos cônjuges pode, sem autorização do outro, exceto no regime da separação absoluta:[1 a 1d] [Sem dispositivo correspondente no CC/1916.]

I — alienar ou gravar de ônus real[2] os bens imóveis;[2a a 5a] [Dispositivo correspondente no CC/1916: art. 235-I.]

II — pleitear, como autor ou réu, acerca desses bens ou direitos;[5b-6] [Dispositivo correspondente no CC/1916: art. 235-II.]

III — prestar fiança[7 a 8] ou aval;[8a a 9] [Dispositivo correspondente no CC/1916: art. 235-III.]

IV — fazer doação, não sendo remuneratória, de bens comuns, ou dos que possam integrar futura meação. [Dispositivo correspondente no CC/1916: art. 235-IV.]

Parágrafo único. São válidas as doações nupciais feitas aos filhos quando casarem ou estabelecerem economia separada. [Dispositivo correspondente no CC/1916: art. 236.]

✎ Art. 1.647: 1. "Ser ou não ser: outorga conjugal e solidariedade familiar", por José Fernando Simão (RBDFS 3/56).

Art. 1.647: 1a. **Lei 14.118, de 12.1.21** — Institui o Programa Casa Verde e Amarela: **"Art. 13.** Os contratos e os registros efetivados no âmbito do Programa Casa Verde e Amarela serão formalizados, preferencialmente, em nome da mulher e, na hipótese de esta ser chefe de família, poderão ser firmados independentemente da outorga do cônjuge, afastada a aplicação do disposto nos arts. 1.647, 1.648 e 1.649 da Lei n. 10.406, de 10 de janeiro de 2002 (Código Civil). **§ 1º** O contrato firmado na forma prevista no *caput* deste artigo será registrado no cartório de registro de imóveis competente, sem a exigência de dados relativos ao cônjuge ou ao companheiro e ao regime de bens. **§ 2º** O disposto neste artigo não se aplica aos contratos de financiamento firmados com recursos do FGTS.

(...)

"Art. 15. Os prejuízos sofridos pelo cônjuge ou pelo companheiro em razão do disposto nos arts. 13 e 14 desta Lei serão resolvidos em perdas e danos".

Art. 1.647: 1b. No regime da separação absoluta de bens, nenhum dos cônjuges precisa de autorização do outro para praticar os atos previstos nos incisos I a IV. Entre os atos que pode livremente praticar, o mais importante vem a ser alienar bens ou gravá-los com ônus real (art. 1.687).

S/ suprimento judicial da autorização do cônjuge, v. art. 1.648.

Art. 1.647: 1c. A autorização da mulher é chamada de **outorga uxória** e a do marido de **outorga marital.**

Art. 1.647: 1d. Entendendo que a expressão "regime da separação absoluta" compreende apenas o regime da separação convencional de bens, não atingindo o regime da **separação legal de bens,** razão pela qual, neste regime, seria exigível a outorga uxória ou marital: "A exigência de outorga uxória ou marital para os negócios jurídicos de (presumidamente) maior expressão econômica previstos no artigo 1.647 do Código Civil (como a prestação de aval ou a alienação de imóveis) decorre da necessidade de garantir a ambos os cônjuges meio de controle da gestão patrimonial, tendo em vista que, em eventual dissolução do vínculo matrimonial, os consortes terão interesse na partilha dos bens adquiridos onerosamente na constância do casamento. Nas hipóteses de casamento sob o regime da separação legal, os consortes, por força da Súmula n. 377/STF, possuem o interesse pelos bens adquiridos onerosamente ao longo do casamento, razão por que é de rigor garantir-lhes o mecanismo de controle de outorga uxória/marital para os negócios jurídicos previstos no artigo 1.647 da lei civil" (STJ-RT 895/237: 3ª T., REsp 1.163.074, Min. Massami Uyeda). V. tb. nota 9.

Art. 1.647: 2. i. e., gravar de hipoteca, penhor ou anticrese.

Art. 1.647: 2a. v. art. 1.656 (regime de participação final nos aquestos e pacto antenupcial para livre disposição de bens).

Art. 1.647: 2b. **Enunciado 340 do CEJ:** "No regime da comunhão parcial de bens é sempre indispensável a autorização do cônjuge, ou seu suprimento judicial, para atos de disposição sobre bens imóveis".

Art. 1.647: 3. Se um dos cônjuges estiver impossibilitado para a administração dos bens, o outro poderá alienar os imóveis mediante autorização judicial, cf. art. 1.651-III.

Art. 1.647: 4. O empresário casado pode, sem necessidade de outorga conjugal, qualquer que seja o regime de bens, alienar os imóveis que integrem o patrimônio da empresa ou gravá-los de ônus real (art. 978).

Art. 1.647: 4a. "Não deve ser preservada a meação da **companheira** do devedor que agiu de má-fé, omitindo viver em união estável para oferecer bem do casal em **hipoteca,** sob pena de sacrifício da segurança jurídica em prejuízo do credor" (STJ-RT 866/173: 3ª T., REsp 952.141).

Todavia: "Somente aquele que pode alienar pode instituir hipoteca, de modo que a garantia real constituída sobre a integralidade do imóvel do casal, à revelia de um dos companheiros, prevalece somente sobre a parcela do bem pertencente àquele que estabeleceu o gravame" (RBDF 41/115).

V. tb notas 5 e 8.

Art. 1.647: 5. "Reconhecimento da incidência da regra do art. 1.647, I, do CCB sobre as uniões estáveis, adequando-se, todavia, os efeitos do seu desrespeito às nuanças próprias da ausência de exigências formais para a constituição dessa entidade familiar. Necessidade de preservação dos efeitos, em nome da segurança jurídica, dos atos jurídicos praticados de boa-fé, que é presumida em nosso sistema jurídico. A invalidação da **alienação** de imóvel comum, realizada sem o consentimento do **companheiro,** dependerá da publicidade conferida à união estável mediante a averbação de contrato de convivência ou da decisão declaratória da existência de união estável no Ofício do Registro de Imóveis em que cadastrados os bens comuns, ou pela demonstração de má-fé do adquirente. Hipótese dos autos em que não há qualquer registro no álbum imobiliário em que inscrito o imóvel objeto de alienação em relação à copropriedade ou mesmo à existência de união estável, devendo-se preservar os interesses do adquirente de boa-fé" (STJ-3ª T., REsp 1.424.275, Min. Paulo Sanseverino, j. 4.12.14, DJ 16.12.14).

V. tb. notas 4a e 8.

Art. 1.647: 5a. "Em se tratando de casamento celebrado na vigência do CC/1916 sob o regime da separação convencional de bens, somente aos negócios jurídicos celebrados na vigência da legislação revogada é que se poderá aplicar a regra do art. 235, I, do CC/1916, que previa a necessidade de autorização conjugal como condição de eficácia da hipoteca, independentemente do regime de bens. Contudo, aos negócios jurídicos celebrados após a entrada em vigor do CC/2002, deverá ser aplicada a regra do art. 1.647, I, do CC/2002, que prevê a dispensa de autorização conjugal como condição de eficácia da hipoteca quando o regime de bens for o da separação absoluta, ainda que se trate de **casamento celebrado na vigência da legislação civil revogada"** (STJ-3ª T., REsp 1.797.027, Min. Nancy Andrighi, j. 15.9.20, DJ 18.9.20).

✎ **Art. 1.647: 5b.** "A participação das pessoas casadas no processo", por Fredie Didier Jr. (RMDCPC 8/5).

Art. 1.647: 6. v. CPC 73.

Art. 1.647: 7. **Súmula 332 do STJ:** "A fiança prestada sem autorização de um dos cônjuges implica a ineficácia total da garantia".

Daí não se poder cogitar de considerar a fiança "parcialmente eficaz para constranger a meação do cônjuge varão" (STJ-5ª T., REsp 772.419, Min. Arnaldo Esteves, j. 16.3.06, DJU 24.4.06). No mesmo sentido: STJ-4ª T., REsp 277.010, Min. Barros Monteiro, j. 8.6.04, DJU 27.9.04; RT 860/329.

Todavia: "Ao declarar estado civil diverso daquele que verdadeiramente ostenta, o fiador (cônjuge varão) violou os princípios da boa-fé objetiva e da lealdade contratual, por isso que não pode se aproveitar da própria torpeza a fim de se eximir da responsabilidade que assumira, em prejuízo dos locadores, que, no caso, são considerados terceiros de boa-fé. Contudo, a embargante não pode sofrer as consequências negativas decorrentes do procedimento indigno do cônjuge varão. Assim, emerge como correta a solução aplicada pelo sentenciante de piso no sentido de entender por eficaz a fiança prestada, ressalvando, contudo, de seus efeitos a meação da ora recorrente (embargante), vez que esta não participou do negócio jurídico em questão" (Bol. AASP 2.657: TJRJ, AP 2009.001.08581). No mesmo sentido: STJ-6ª T., REsp 1.095.441-AgRg, Min. Og Fernandes, j. 17.5.11, DJ 1.6.11; STJ-3ª T., REsp 1.328.235, Min. Sidnei Beneti, j. 4.6.13, DJ 28.6.13; RJM 200/88 (AP 1.0687.09.072314-3/001).

"Fiador que, ao prestar fiança em contrato de locação não se qualifica como casado, não se pode eximir dos efeitos de sua omissão. Inexigibilidade de outorga uxória. Validade da fiança" (RJTJERGS 254/294: AP 70012269585).

V. tb. nota 8b e art. 1.650, nota 2.

Art. 1.647: 7a. "Deve ser considerada válida a fiança prestada pelo cônjuge sem outorga uxória na hipótese em que a **esposa** encontrava-se em **local incerto e não sabido** há mais de 13 (treze) anos e a declaração de ausência somente foi requerida em juízo quando transcorridos mais de 4 (quatro) da concessão da garantia e quase 3 (três) anos da arrematação do imóvel pertencente ao casal, por terceiro de boa-fé, realizada nos autos da execução do contrato de locação inadimplido" (STJ-RT 901/163: 5ª T., REsp 900.255).

Art. 1.647: 7b. "A ausência do necessário consentimento do cônjuge para a prestação de fiança somente poderá ser suprida se for realizada por escrito, por meio de instrumento público ou particular autenticado. A **assinatura** do cônjuge, na qualidade de mera **testemunha** instrumental do contrato de locação, não é capaz de suprir essa exigência" (STJ-3ª T., REsp 1.185.982, Min. Nancy Andrighi, j. 14.12.10, DJ 2.2.11).

Art. 1.647: 8. "Em sede de fiança, a exigência de outorga uxória ou marital só incide em hipóteses do civilmente casado, inaplicável ao instituto da **união estável**" (JTJ 373/372: AP 9121750-35.2008.8.26.0000).

"Contrato de locação. Fiança. Fiadora que convivia em união estável. Inexistência de outorga uxória. Dispensa. Validade da garantia. Inaplicabilidade da Súmula 332/STJ. A exigência de outorga uxória a determinados negócios jurídicos transita exatamente por este aspecto em que o tratamento diferenciado entre casamento e união estável é justificável. É por intermédio do ato jurídico cartorário e solene do casamento que se presume a publicidade do estado civil dos contratantes, de modo que, em sendo eles conviventes em união estável, hão de ser dispensadas as vênias conjugais para a concessão de fiança. Desse modo, não é nula nem anulável a fiança prestada por fiador convivente em união estável sem a outorga uxória do outro companheiro" (STJ-4ª T., REsp 1.299.866, Min. Luis Felipe, j. 25.2.14, DJ 21.3.14). No mesmo sentido: STJ-3ª T., Ag em REsp 841.104-AgInt, Min. Ricardo Cueva, j. 16.6.16, DJ 27.6.16.

V. tb. nota 8b e notas 4a e 5.

✎ **Art. 1.647: 8a.** "Conflito entre o novo Código Civil e a Lei Uniforme de Genebra quanto à obrigatoriedade da outorga uxória para validade do aval", por Paulo Roberto Colombo Arnoldi (RT 810/15).

Art. 1.647: 8b. "O **aval** prestado pelo cônjuge sem a devida outorga uxória é anulável, tendo o reconhecimento da nulidade o objetivo de tornar **insubsistente toda a garantia,** e não apenas de preservar a meação" (STJ-4ª T., REsp 1.028.014-AgInt, Min. Raul Araújo, j. 16.8.16, DJ 1.9.16).

Todavia: Enunciado 114 do CEJ: "O aval não pode ser anulado por falta de vênia conjugal, de modo que o inciso III do art. 1.647 apenas caracteriza a inoponibilidade do título ao cônjuge que não assentiu". No mesmo sentido: RMDECC 25/127 (TJMG, AP 1.0134.07.090325-4/001), JTJ 348/210 (AP 990.09.332996-4).

V. tb. nota 7.

Art. 1.647: 8c. Dispensando a outorga conjugal para o aval em **títulos de crédito típicos ou nominados:** "É imprescindível proceder-se à interpretação sistemática para a correta compreensão do art. 1.647, III, do CC/2002, de modo a harmonizar os dispositivos do Diploma civilista. Nesse passo, coerente com o espírito do Código Civil, em se tratando da disciplina dos títulos de crédito, o art. 903 estabelece que 'salvo disposição diversa em lei especial, regem-se os títulos de crédito pelo disposto neste Código'. No tocante aos títulos de crédito nominados, o Código Civil deve ter uma aplicação apenas subsidiária, respeitando-se as disposições especiais, pois o objetivo básico da regulamentação dos títulos de crédito, no novel Diploma civilista, foi permitir a criação dos denominados títulos atípicos ou inominados, com a preocupação constante de diferençar os títulos atípicos dos títulos de crédito tradicionais, dando aos primeiros menos vantagens. A necessidade de outorga conjugal para o aval em títulos inominados — de livre criação — tem razão de ser no fato de que alguns deles não asseguram nem mesmo direitos creditícios, a par de que a possibilidade de circulação é, evidentemente, deveras mitigada. A negociabilidade dos títulos de crédito é decorrência do regime jurídico-cambial, que estabelece regras que dão à pessoa para quem o crédito é transferido maiores garantias do que as do regime civil. As normas das leis especiais que regem os títulos de crédito nominados, *v.g.*, letra de câmbio, nota promissória, cheque, duplicata, cédulas e notas de crédito, continuam vigentes e se aplicam quando dispuserem diversamente do Código Civil de 2002, por força do art. 903 do Diploma civilista. Com efeito, com o advento do Diploma civilista, passou a existir uma dualidade de regramento legal: os títulos de crédito típicos ou nominados continuam a ser disciplinados pelas leis especiais de regência, enquanto os títulos atípicos ou inominados subordinam-se às normas do novo Código, desde que se enquadrem na definição de título de crédito constante no art. 887 do Código Civil" (STJ-4ª T., REsp 1.633.399, Min. Luis Felipe, j. 10.11.16, DJ 1.12.16). No mesmo sentido: STJ-3ª T., REsp 1.526.560, Min. Paulo Sanseverino, j. 16.3.17, DJ 16.5.17.

Art. 1.647: 9. "É necessária a vênia conjugal para a prestação de aval por pessoa casada sob o regime da **separação obrigatória de bens,** à luz do artigo 1.647, III, do Código Civil" (STJ-RT 895/237: 3ª T., REsp 1.163.074). V. tb. nota 1d.

Art. 1.648. Cabe ao juiz, nos casos do artigo antecedente, suprir a outorga, quando um dos cônjuges a denegue sem motivo justo, ou lhe seja impossível concedê-la.[1-2] [Dispositivo correspondente no CC/1916: art. 237.]

Art. 1.648: 1. v. arts. 1.567 § ún. e 1.570. V. tb. CPC 74.

Art. 1.648: 2. O CPC não previu expressamente o procedimento relativo ao suprimento de autorização ou de outorga. Aplicando no caso as regras dos procedimentos de jurisdição voluntária: RT 530/90, RJTJESP 59/219.

Art. 1.649. A falta de autorização, não suprida pelo juiz, quando necessária (art. 1.647), tornará anulável o ato praticado, podendo o outro cônjuge pleitear-lhe a anulação, até dois anos depois de terminada a sociedade conjugal.[1-2] [Sem dispositivo correspondente no CC/1916.]

Parágrafo único. A aprovação torna válido o ato, desde que feita por instrumento público, ou particular, autenticado. [Sem dispositivo correspondente no CC/1916.]

Art. 1.649: 1. v. arts. 1.645, 1.646 e 1.650. V. tb. CPC 74 § ún.

Art. 1.649: 2. "O prazo decadencial de 2 anos, estipulado inicialmente para o consorte prejudicado, reflete-se também nos **herdeiros** que, no lugar daquele, buscará a anulabilidade de um ato negocial defectível" (STJ-4ª T., REsp 1.273.639, Min. Luis Felipe, j. 10.3.16, DJ 18.4.16).

Art. 1.650. A decretação de invalidade dos atos praticados sem outorga, sem consentimento, ou sem suprimento do juiz, só poderá ser demandada pelo cônjuge a quem cabia concedê-la, ou por seus herdeiros.[1-2] [Dispositivo correspondente no CC/1916 art. 239.]

Art. 1.650: 1. v. arts. 1.645 a 1.649.

Art. 1.650: 2. "A nulidade da fiança só pode ser demandada pelo cônjuge que não a subscreveu, ou por seus respectivos herdeiros. Afasta-se a legitimidade do cônjuge autor da fiança para alegar sua nulidade, pois a ela deu causa. Tal posicionamento busca preservar o princípio consagrado na lei substantiva civil segundo a qual não poder invocar a nulidade do ato aquele que o praticou, valendo-se da própria ilicitude para desfazer o negócio. A nulidade da fiança também não pode ser declarada *ex officio*, à falta de base legal, por não se tratar de nulidade absoluta, à qual a lei comine tal sanção, independentemente da provocação do cônjuge ou herdeiros, legitimados a argui-la. Ao contrário, trata-se de nulidade relativa, válida e eficaz entre o cônjuge que a concedeu, o afiançado e o credor da obrigação, sobrevindo sua invalidade quando, e se, legitimamente suscitada, por quem de direito, vier a ser reconhecida judicialmente, quando, então, em sua totalidade será desconstituído tal contrato acessório" (STJ-5ª T., REsp 772.419, Min. Arnaldo Esteves, j. 16.3.06, DJU 24.4.06). No mesmo sentido: STJ-6ª T., REsp 1.024.785-EDcl-AgRg, Min. Paulo Gallotti, j. 14.10.08, DJ 17.11.08; STJ-RSDCPC 71/144 (4ª T., Ag 1.165.674-EDcl-AgRg); RMDCPC 13/129.

Art. 1.651. Quando um dos cônjuges não puder exercer a administração dos bens que lhe incumbe,[1] segundo o regime de bens, caberá ao outro: [Sem dispositivo correspondente no CC/1916.]

I — gerir os bens comuns e os do consorte;[2] [Dispositivo correspondente no CC/1916: art. 251 § ún.-I e III.]

II — alienar os bens móveis comuns; [Dispositivo correspondente no CC/1916: art. 251 § ún.-II.]

III — alienar os imóveis comuns e os móveis ou imóveis do consorte, mediante autorização judicial. [Dispositivo correspondente no CC/1916: art. 251 § ún.-IV.]

Art. 1.651: 1. v. art. 1.570. V. tb. arts. 1.775 e 1.783.

Art. 1.651: 2. v. art. 1.652.

Art. 1.652. O cônjuge, que estiver na posse dos bens particulares do outro, será para com este e seus herdeiros responsável: [Dispositivo correspondente no CC/1916: art. 260-*caput*.]

I — como usufrutuário, se o rendimento for comum;[1] [Dispositivo correspondente no CC/1916: art. 260-I.]

II — como procurador, se tiver mandato expresso ou tácito para os administrar;[2] [Dispositivo correspondente no CC/1916: art. 260-II.]

III — como depositário, se não for usufrutuário, nem administrador.[3] [Dispositivo correspondente no CC/1916: art. 260-III.]

Art. 1.652: 1. v. arts. 1.390 a 1.411.

Art. 1.652: 2. v. arts. 653 a 691.

Art. 1.652: 3. v. arts. 627 a 652.

Capítulo II | DO PACTO ANTENUPCIAL

Art. 1.653. É nulo o pacto antenupcial[1] se não for feito por escritura pública,[2-2a] e ineficaz se não lhe seguir o casamento. [Dispositivo correspondente no CC/1916: art. 256 § ún.-I e II.]

Art. 1.653: 1. s/ vigência do regime da comunhão parcial, no caso de nulidade ou ineficácia da convenção, v. art. 1.640; s/ eficácia do pacto antenupcial em relação a união estável, v. art. 1.725, nota 2b.

Art. 1.653: 2. v. art. 1.640 § ún., 2ª parte.

Art. 1.653: 2a. "A certidão de casamento não é suficiente para demonstrar que o casamento foi celebrado sob o regime de separação de bens. É imprescindível tenha havido pacto antenupcial com convenção nesse sentido" (STJ-RT 783/255: 3ª T., REsp 173.018).

Art. 1.654. A eficácia do pacto antenupcial, realizado por menor, fica condicionada à aprovação de seu representante legal, salvo as hipóteses de regime obrigatório de separação de bens.[1] [Sem dispositivo correspondente no CC/1916.]

Art. 1.654: 1. Somente se cogita de pacto antenupcial envolvendo menor nas situações de casamento realizado mediante autorização dos pais ou representantes legais (art. 1.517). Tal pacto, evidentemente, não é obrigatório, mas se for da vontade dos nubentes celebrá-lo, nessas condições, deverão obter a aprovação do seu representante. Na hipótese de casamento realizado mediante suprimento judicial (arts. 1.519 e 1.520), não há espaço para pacto antenupcial, já que o regime de bens deve ser necessariamente o da separação obrigatória (art. 1.641-III).

Art. 1.655. É nula a convenção ou cláusula dela que contravenha disposição absoluta de lei.[1] [Dispositivo correspondente no CC/1916: art. 257-II.]

Art. 1.655: 1. "É inviável a pretensão de estender o regime de bens do casamento, de separação total, para alcançar os direitos sucessórios dos cônjuges, obstando a comunicação dos bens do falecido com os do cônjuge supérstite. As regras sucessórias são de ordem pública, não admitindo, por isso, disposição em contrário pelas partes" (STJ-4ª T., REsp 1.622.459-AgInt, Min. Raul Araújo, j. 3.12.19, DJ 19.12.19).

V. art. 1.829, notas 3a e 6.

Art. 1.656. No pacto antenupcial, que adotar o regime de participação final nos aquestos,[1] poder-se-á convencionar a livre disposição dos bens imóveis, desde que particulares. [Sem dispositivo correspondente no CC/1916.]

Art. 1.656: 1. v. arts. 1.672 a 1.686.

Art. 1.657. As convenções antenupciais não terão efeito perante terceiros senão depois de registradas, em livro especial, pelo oficial do Registro de Imóveis do domicílio dos cônjuges.[1] [Dispositivo correspondente no CC/1916: art. 261.]

Art. 1.657: 1. v. LRP 167-I-12 e II-1, 178-V, 244 e 245.

Capítulo III | DO REGIME DE COMUNHÃO PARCIAL

Art. 1.658. No regime de comunhão parcial, comunicam-se os bens que sobrevierem ao casal, na constância do casamento, com as exceções dos artigos seguintes.[1] [Sem dispositivo correspondente no CC/1916.]

Art. 1.658: 1. Aplica-se o regime de comunhão parcial aos casos de pacto antenupcial ausente, nulo ou ineficaz (art. 1.640) e à união estável, salvo contrato escrito entre os companheiros (art. 1.725).

Art. 1.659. Excluem-se da comunhão:[1 a 1b] [Dispositivo correspondente no CC/1916: art. 269-*caput*.]

I — os bens que cada cônjuge possuir ao casar,[1c a 1e] e os que lhe sobrevierem, na constância do casamento, por doação[1f-1g] ou sucessão, e os sub-rogados em seu lugar; [Dispositivo correspondente no CC/1916: art. 269-I.]

II — os bens adquiridos com valores exclusivamente pertencentes a um dos cônjuges em sub-rogação dos bens particulares;[2-2a] [Dispositivo correspondente no CC/1916: art. 269-II.]

III — as obrigações anteriores ao casamento;[2b] [Dispositivo correspondente no CC/1916: art. 270-I.]

IV — as obrigações provenientes de atos ilícitos, salvo reversão em proveito do casal;[3] [Dispositivo correspondente no CC/1916: art. 270-II.]

V — os bens de uso pessoal, os livros e instrumentos de profissão; [Sem dispositivo correspondente no CC/1916.]

VI — os proventos do trabalho pessoal de cada cônjuge;[4 a 6] [Sem dispositivo correspondente no CC/1916.]

VII — as pensões, meios-soldos, montepios e outras rendas semelhantes.[7] [Sem dispositivo correspondente no CC/1916.]

Art. 1.659: 1. "Regime de bens e algumas absurdas incomunicabilidades", por Maria Berenice Dias (RMDCPC 13/34); "Da comunicabilidade de bens no regime da comunhão parcial de bens e a justa interpretação do art. 1.659 do Código Civil", por Marco Antonio de Oliveira Camargo (RDPr 34/153); "A incomunicabilidade das quotas de sociedades de advogados", por Paulo Macedonia Pereira (RMDCPC 62/92).

Art. 1.659: 1a. "O conjunto de bens adquiridos por um dos cônjuges, após a **separação de fato,** não se comunica ao outro, não podendo, por isso, ser partilhado" (STJ-3ª T., AI 682.230-AgRg, Min. Vasco Della Giustina, j. 16.6.09, DJ 24.6.09).

V. tb. arts. 1.660, nota 2, e 1.668, nota 1a.

Art. 1.659: 1b. "No que concerne aos **créditos decorrentes de ação de reparação civil** movida pelo ex-cônjuge em face de terceiro, considerando que não há, no acórdão impugnado, qualquer elucidação a respeito do que teria gerado a pretensão reparatória, fazendo apenas alusão a 'eventuais valores provenientes de ações de dano moral e patrimonial', deve ser mantida a incomunicabilidade de possíveis valores advindos do julgamento da referida ação, porque, conforme declarado no acórdão recorrido, os prováveis danos sofridos unicamente pelo ex-cônjuge revestem-se de **caráter 'personalíssimo'"** (STJ-3ª T., REsp 1.024.169, Min. Nancy Andrighi, j. 13.4.10, DJ 28.4.10).

Art. 1.659: 1c. No mesmo sentido: art. 1.661.

Art. 1.659: 1d. "O imóvel adquirido pelo varão antes da constância do casamento e quitado posteriormente deve ser também partilhado meio a meio para os divorciados, porque a **quitação** ocorreu com o concurso do trabalho de ambos os cônjuges" (RJM 166/71).

Art. 1.659: 1e. "A **valorização patrimonial das cotas sociais** adquiridas antes do casamento não deve integrar o patrimônio comum a ser partilhado, por ser decorrência de um fenômeno econômico que dispensa a comunhão de esforços do casal" (STJ-4ª T., Ag em REsp 297.242-AgInt, Min. Lázaro Guimarães, j. 7.11.17, DJ 13.11.17).

V. tb. arts. 1.660, nota 1, e 1.725, nota 2d.

Art. 1.659: 1f. "O regime de comunhão parcial de bens tem, por testa, a ideia de que há compartilhamento dos esforços do casal na construção do patrimônio comum, mesmo quando a aquisição do patrimônio decorre, diretamente, do labor de apenas um dos consortes. Na **doação,** no entanto, há claro descolamento entre a aquisição de patrimônio e uma perceptível congruência de esforços do casal, pois não se verifica a contribuição do não donatário na incorporação do patrimônio. Nessa hipótese, o aumento patrimonial de um dos consortes prescinde da participação direta ou indireta do outro, sendo fruto da liberalidade de terceiros, razão pela qual, a doação realizada a um dos cônjuges, em relações matrimoniais regidas pelo regime de comunhão parcial de bens, somente serão comunicáveis quando o doador expressamente se manifestar neste sentido e, no silêncio, presumir-se-á feitas **apenas ao donatário"** (STJ-3ª T., REsp 1.318.599, Min. Nancy Andrighi, j. 23.4.13, DJ 2.5.13).

Art. 1.659: 1g. "No regime da comunhão parcial de bens, a cláusula de **incomunicabilidade** dos bens recebidos em doação por um dos cônjuges **decorre da lei** (art. 1659, inc. I, do Código Civil/2002), sendo desnecessária a inclusão dessa regra no contrato correspondente" (STJ-4ª T., REsp 1.351.529-AgInt, Min. Isabel Gallotti, j. 13.3.18, maioria, DJ 24.4.18).

Código Civil

V. tb. art. 541, nota 5.

Art. 1.659: 2. i.e., se um dos cônjuges, durante o casamento, adquirir um bem com o produto da venda de um outro bem que já era dele antes do casamento, o bem adquirido não entra na comunhão.

Art. 1.659: 2a. "No regime de comunhão parcial, a aquisição de bem durante o matrimônio por um dos cônjuges, mediante pagamento cuja origem tenha sido a venda de bens exclusivos, em princípio conduz à exclusão desse bem da comunhão, seja porque tem por título uma causa preexistente ao casamento (art. 272, CC/16), seja porque se configurou a sub-rogação de bem particular (art. 269, inciso II). Porém, 'para que a sub-rogação possa produzir esse efeito, deve o bem ser adquirido com valores exclusivamente pertencentes ao dono do bem substituído. Se com valores dele concorrerem valores da comunhão ou do outro cônjuge, estabelecer-se-á um condomínio' (SANTOS, J. M. de Carvalho. *Código Civil Brasileiro interpretado*. vol. V. 14 ed. Rio de Janeiro: Freitas Bastos, 1988, p. 89). Havendo aquisição de bens durante o casamento pagos parcialmente mediante sub-rogação de patrimônio particular de um dos cônjuges, somente o quinhão proporcional à sub-rogação será excluído da partilha — e destinado exclusivamente a um dos cônjuges —, devendo a diferença ser dividida à razão de 50% para cada um dos consortes" (STJ-4ª T., REsp 963.983, Min. Luis Felipe, j. 12.6.12, DJ 16.8.12).

Art. 1.659: 2b. O regime de comunhão universal possui disposição similar: art. 1.668-III.

Art. 1.659: 3. **Súmula 251 do STJ:** "A meação só responde pelo ato ilícito quando o credor, na execução fiscal, provar que o enriquecimento dele resultante aproveitou ao casal".

Art. 1.659: 4. **LDA 39:** "Os direitos patrimoniais do autor, excetuados os rendimentos resultantes de sua exploração, não se comunicam, salvo pacto antenupcial em contrário".

Art. 1.659: 5. "Ao cônjuge casado pelo regime de comunhão parcial de bens é devida a meação das **verbas trabalhistas** pleiteadas judicialmente durante a constância do casamento. As verbas indenizatórias decorrentes da rescisão de contrato de trabalho só devem ser excluídas da comunhão quando o direito trabalhista tenha nascido ou tenha sido pleiteado após a separação do casal" (STJ-3ª T., REsp 646.529, Min. Nancy Andrighi, j. 21.6.05, DJU 22.8.05).

"A indenização trabalhista correspondente a direitos adquiridos na constância do casamento integra o acervo patrimonial partilhável" (STJ-4ª T., Ag em REsp 1.152-AgRg, Min. Marco Buzzi, j. 7.5.13, DJ 13.5.13).

"O entendimento que melhor se coaduna com a essência do regime da comunhão parcial de bens, no que se refere aos direitos trabalhistas perseguidos por um dos cônjuges em ação judicial, é aquele que estabelece sua comunicabilidade, desde o momento em que pleiteados. Assim o é porque o 'fato gerador' de tais créditos ocorre no momento em que se dá o desrespeito, pelo empregador, aos direitos do empregado, fazendo surgir uma pretensão resistida. Sob esse contexto, se os acréscimos laborais tivessem sido pagos à época em que nascidos os respectivos direitos, não haveria dúvida acerca da sua comunicação entre os cônjuges, não se justificando tratamento desigual apenas por uma questão temporal imposta pelos trâmites legais a que está sujeito um processo perante o Poder Judiciário. Para que o ganho salarial insira-se no monte-partível é necessário, portanto, que o cônjuge tenha exercido determinada atividade laborativa e adquirido direito de retribuição pelo trabalho desenvolvido, na constância do casamento. Se um dos cônjuges efetivamente a exerceu e, pleiteando os direitos dela decorrentes, não lhe foram reconhecidas as vantagens daí advindas, tendo que buscar a via judicial, a sentença que as reconhece é declaratória, fazendo retroagir, seus efeitos, à época em que proposta a ação. O direito, por conseguinte, já lhe pertencia, ou seja, já havia ingressado na esfera de seu patrimônio, e, portanto, integrado os bens comuns do casal. Consequentemente, ao cônjuge que durante a constância do casamento arcou com o ônus da defasagem salarial de seu consorte, o que presumivelmente demandou-lhe maior colaboração no sustento da família, não se pode negar o direito à partilha das verbas trabalhistas nascidas e pleiteadas na constância do casamento, ainda que percebidas após a ruptura da vida conjugal" (STJ-3ª T., REsp 1.024.169, Min. Nancy Andrighi, j. 13.4.10, DJ 28.4.10).

"Deve ser reconhecido o direito à meação dos valores do FGTS auferidos durante a constância do casamento", o que afasta da meação parcela de imóvel adquirida com valores depositados no FGTS antes do casamento: STJ-2ª Seção, REsp 1.399.199, Min. Luis Felipe, j. 9.3.16, maioria, DJ 22.4.16.

Todavia, afirmando que o valor depositado em conta vinculada ao Fundo de Garantia por Tempo de Serviço fica excluído da comunhão: "Partilha indevida, por não integrar o patrimônio comum" (RT 888/223: TJSP, AP 566.291-4/0-00)).

V. tb. arts. 1.668, notas 5 e segs., e 1.725, notas 3 e 4.

Art. 1.659: 6. "Os **proventos de aposentadoria,** percebidos por cônjuge casado em regime de comunhão universal e durante a vigência da sociedade conjugal, constituem patrimônio particular do consorte ao máximo enquanto mantenham caráter alimentar. Perdida essa natureza, como na hipótese de **acúmulo do capital** mediante depósito das verbas em **aplicação financeira,** o valor originado dos proventos de um dos consortes passa a integrar o patrimônio comum do casal, devendo ser partilhado quando da extinção da sociedade conjugal. Interpretação sistemática dos comandos contidos nos arts. 1.659, VI, 1.668, V, 1.565, 1.566, III, e 1.568, todos do Código Civil" (STJ-4ª T., REsp 1.053.473, Min. Marco Buzzi, j. 2.10.12, DJ 10.10.12).

"O **crédito previdenciário** decorrente de aposentadoria pela previdência pública que, conquanto somente veio a ser recebido após o divórcio, tem como elemento causal uma ação judicial ajuizada na constância da sociedade conjugal e na qual se concedeu o benefício retroativamente a período em que as partes ainda se encontravam vinculadas pelo casamento, deve ser objeto de partilha" (STJ-3ª T., REsp 1.651.292, Min. Nancy Andrighi, j. 19.5.20, DJ 25.5.20).

Art. 1.659: 7. **"Planos de previdência privada aberta.** Regime marcado pela liberdade do investidor. Contribuição, depósitos, aportes e resgates flexíveis. Natureza jurídica multifacetada. Seguro previdenciário. Investimento ou aplicação financeira. Dessemelhanças entre os planos de previdência privada aberta e fechada, este último insuscetível de partilha. Embora, de acordo com a SUSEP, o PGBL seja um plano de previdência complementar aberta com cobertura por sobrevivência e o VGBL seja um plano de seguro de pessoa com cobertura por sobrevivência, a natureza securitária e previdenciária complementar desses contratos é marcante no momento em que o investidor passa a receber, a partir de determinada data futura e em prestações periódicas, os valores que acumulou ao longo da vida, como forma de complementação do valor recebido da previdência pública e com o propósito de manter um determinado padrão de vida. Todavia, no período que antecede a percepção dos valores, ou seja, durante as contribuições e formação do patrimônio, com múltiplas possibilidades de depósitos, de aportes diferenciados e de retiradas, inclusive antecipadas, a natureza preponderante do contrato de previdência complementar aberta é de investimento, razão pela qual o valor existente em plano de previdência complementar aberta, antes de sua conversão em renda e pensionamento ao titular, possu natureza de aplicação e investimento, devendo ser objeto de partilha por ocasião da dissolução do vínculo conjugal por não estar abrangido pela regra do art. 1.659, VII, do CC/2002" (STJ-3ª T., REsp 1.698.774, Min. Nancy Andrighi, j. 1.9.20, DJ 9.9.20).

V. tb. art. 1.725, nota 4.

Art. 1.660. Entram na comunhão:[1-1a] [Dispositivo correspondente no CC/1916: art. 271-*caput*.]

I — os bens adquiridos na constância do casamento por título oneroso, ainda que só em nome de um dos cônjuges;[1b-1c] [Dispositivo correspondente no CC/1916: art. 271-I.]

II — os bens adquiridos por fato eventual,[2] com ou sem o concurso de trabalho ou despesa anterior; [Dispositivo correspondente no CC/1916: art. 271-II.]

III — os bens adquiridos por doação, herança ou legado, em favor de ambos os cônjuges; [Dispositivo correspondente no CC/1916: art. 271-III.]

IV — as benfeitorias[3] em bens particulares de cada cônjuge; [Dispositivo correspondente no CC/1916: art. 271-IV.]

V — os frutos dos bens comuns, ou dos particulares de cada cônjuge,[4-5] percebidos na constância do casamento, ou pendentes ao tempo de cessar a comunhão. [Dispositivo correspondente no CC/1916: art. 271-V.]

Art. 1.660: 1. "O **valor do capital social** integralizado de determinada empresa é parâmetro adequado para a partilha especialmente quando a separação de fato do casal, ocasião em que finda o regime de bens, ocorre em momento muito próximo à sua constituição. Ausência de necessidade de realização de balanço contábil referente a apenas um mês para aferir o valor real a ser partilhado, já que o percentual de participação do recorrido em tão curto período de tempo não justificaria a alteração do critério adotado pelo Tribunal de origem, à luz das provas constantes dos autos" (STJ-3ª T., REsp 1.595.775, Min. Ricardo Cueva, j. 9.8.16, DJ 16.8.16).

V. tb. arts. 1.659, nota 1e, e 1.725, nota 2d.

Art. 1.660: 1a. "Casamento em regime de comunhão parcial de bens. Partilha de bens. **Momento de avaliação da expressão econômica das cotas de sociedade.** A participação em sociedade não constitui um patrimônio partilhável, automaticamente, no rompimento de uma relação conjugal, detendo o ex-cônjuge sócio a singular administração da integralidade das cotas do ex-casal. Essa circunstância, que deprime, em nome da preservação da sociedade empresarial, o pleno direito de propriedade do ex-cônjuge, não sócio, pode dar ensejo a manipulações que afetem ainda mais o já vulnerado direito à propriedade. Nessa linha, verifica-se a existência de mancomunhão sobre o patrimônio, ou parte dele, expresso, na hipótese, em cotas de sociedade, que somente se dissolverá com a partilha e consequente pagamento, ao cônjuge não sócio, da expressão econômica das cotas que lhe caberiam por força da anterior relação conjugal. Sob a égide dessa singular relação de propriedade, o valor das cotas de sociedade empresária deverá sempre refletir o momento efetivo da **partilha"** (STJ-3ª T., REsp 1.537.107, Min. Nancy Andrighi, j. 17.11.16, DJ 25.11.16).

V. tb. art. 1.725, nota 2e.

Art. 1.660: 1b. Diversamente, no regime de participação final nos aquestos: art. 1.681.

Art. 1.660: 1c. v., porém, art. 1.659-II.

Art. 1.660: 2. p. ex.: prêmio de loteria, de sorteio, de rifa, etc. Todavia: "Se um dos cônjuges adquire bilhete de loteria premiado durante a separação de fato, sendo evidente a ausência de contribuição do outro consorte, o prêmio não deve ser partilhado" (RJM 169/114). V. arts. 1.659, nota 1a, e 1.668, nota 1a.

V. tb. art. 1.725, nota 2a.

Art. 1.660: 3. realizadas na constância do casamento.

Art. 1.660: 4. Todavia: "O doador pode dispor em cláusula expressa a incomunicabilidade dos frutos de bem doado no benefício exclusivo do cônjuge beneficiário antes da celebração de casamento sob o regime de comunhão parcial dos bens. O mandamento legal previsto no art. 265 do Código Civil de 1916 (correspondente ao art. 1.669 do atual Código Civil), de natureza genérica, não veda previsão em sentido contrário" (STJ-3ª T., REsp 1.164.887, Min. Ricardo Cueva, j. 24.4.14, DJ 29.4.14).

Art. 1.660: 5. "A capitalização de reservas e lucros decorrente da própria atividade empresarial constitui produto da sociedade por incrementar o seu capital social. O **lucro destinado à conta de reserva,** que não é distribuído aos sócios, não integra o acervo comum do casal, tendo em vista pertencer apenas à sociedade e não ao sócio. A **quantia destinada a futuro aumento de capital não** deve ser objeto de **partilha** em virtude do fim de união estável, pois não está incluída no conceito de fruto, à luz do art. 1.660, inciso V, do Código Civil" (STJ-3ª T., REsp 1.595.775, Min. Ricardo Cueva, j. 9.8.16, DJ 16.8.16).

Art. 1.661. São incomunicáveis os bens cuja aquisição tiver por título uma causa anterior ao casamento.[1-2] [Dispositivo correspondente no CC/1916: art. 272.]

Art. 1.661: 1. cf. art. 1.659-I. V. tb. art. 1.659-II.

Art. 1.661: 2. "Imóvel cuja aquisição tenha causa anterior ao casamento realizado sob o regime de comunhão parcial de bens, com transcrição no registro imobiliário na constância deste, é incomunicável" (STJ-3ª T., REsp 707.092, Min. Nancy Andrighi, j. 28.6.05, DJ 1.8.05).

Art. 1.662. No regime da comunhão parcial, presumem-se adquiridos na constância do casamento os bens móveis,[1] quando não se provar que o foram em data anterior. [Dispositivo correspondente no CC/1916: art. 273.]

Art. 1.662: 1. s/ bens móveis, v. arts. 82 a 84.

Art. 1.663. A administração do patrimônio comum compete a qualquer dos cônjuges.[1-1a] [Dispositivo correspondente no CC/1916: art. 274.]

§ 1º As dívidas contraídas no exercício da administração obrigam os bens comuns e particulares do cônjuge que os administra, e os do outro na razão do proveito que houver auferido.[2-3] [Dispositivo correspondente no CC/1916: art. 274.]

§ 2º A anuência de ambos os cônjuges é necessária para os atos, a título gratuito, que impliquem cessão do uso ou gozo dos bens comuns. [Sem dispositivo correspondente no CC/1916.]

§ 3º Em caso de malversação dos bens, o juiz poderá atribuir a administração a apenas um dos cônjuges. [Sem dispositivo correspondente no CC/1916.]

Art. 1.663: 1. v. arts. 1.567, 1.570 e 1.642-II.

Art. 1.663: 1a. Já a administração do patrimônio particular compete ao cônjuge proprietário, salvo convenção diversa (cf. art. 1.665).

Art. 1.663: 2. Quanto às dívidas contraídas na administração dos bens particulares, v. art. 1.666. S/ dívidas contraídas por um dos cônjuges no regime de participação final nos aquestos, v. art. 1.677. V. ainda art. 1.664.

Art. 1.663: 3. "Dívida contraída pelo apelado, mas na vigência do casamento, e em proveito do negócio que servia de fonte de renda ao casal, deve ser dividida igualitariamente. Comprovado que o apelado utilizava cheques da apelante para pagamento de despesas comuns (ou até exclusivas dele), mostra-se de rigor determinar a partilha de saldo devedor em conta corrente da apelante, na data da separação de fato. Débito que estava sendo cobrado da apelante em ação de execução, e que ela já pagou, deve ser reconhecido como sendo comum, porquanto comprovado que teve por origem a aquisição de um veículo, em plena constância do casamento" (RT 902/340: TJRS, AP 70037084142).

Art. 1.664. Os bens da comunhão respondem pelas obrigações contraídas pelo marido ou pela mulher para atender aos encargos da família, às despesas de administração e às decorrentes de imposição legal.[1] [Sem dispositivo correspondente no CC/1916.]

Art. 1.664: 1. v. arts. 1.643 e 1.663 § 1º.

Art. 1.665. A administração e a disposição dos bens constitutivos do patrimônio particular competem ao cônjuge proprietário, salvo convenção diversa em pacto antenupcial.[1-2] [Sem dispositivo correspondente no CC/1916.]

Art. 1.665: 1. Já a administração do patrimônio comum compete a qualquer dos cônjuges, cf. art. 1.663-*caput*.

Art. 1.665: 2. v. art. 1.642-II.

Art. 1.666. As dívidas, contraídas por qualquer dos cônjuges na administração de seus bens particulares[1] e em benefício destes,[2] não obrigam os bens comuns. [Sem dispositivo correspondente no CC/1916.]

Art. 1.666: 1. Quanto às dívidas contraídas na administração do patrimônio comum, v. art. 1.663 § 1º. S/ dívidas contraídas por um dos cônjuges no regime de participação final nos aquestos, v. art. 1.677.

Art. 1.666: 2. v., por outro lado, art. 1.664.

Capítulo IV | DO REGIME DE COMUNHÃO UNIVERSAL

Art. 1.667. O regime de comunhão universal importa a comunicação de todos os bens presentes e futuros dos cônjuges[1-2] e suas dívidas passivas,[3-4] com as exceções do artigo seguinte. [Dispositivo correspondente no CC/1916: art. 262.]

Art. 1.667: 1. v. arts. 977, 1.783, 1.829-I. V. tb. LA 4º § ún.

Art. 1.667: 2. "Regime de bens. Comunhão universal. Alegação de que os bens foram adquiridos com os proventos exclusivos do agravante. Irrelevância. Dinheiro utilizado para a formação do patrimônio comum do casal. Aplicação do disposto no art. 1.667 do CC. Desnecessidade de apuração da origem dos recursos para a formação do acervo de bens" (JTJ 300/379).

Art. 1.667: 3. "No regime da comunhão universal de bens partilham-se todas as dívidas contraídas na constância do casamento, tenham ou não revertido em prol do casal. Inteligência do artigo 1.667 do CCB" (RT 893/321: TJRS, AP 70031551237).

Art. 1.667: 4. "Débito de prestações de financiamento e tributos, decorrentes de contrato de financiamento imobiliário no qual os dois ex-cônjuges figuram como compradores, deve ser suportado por ambos, independentemente de quem faz uso do bem. Mas o débito condominial relativo ao mesmo imóvel deve ser suportado integralmente pela parte que, exclusivamente, fez uso do imóvel comum" (RT 893/321: TJRS, AP 70031551237).

S/ uso exclusivo do imóvel por um dos ex-cônjuges e despesas condominiais, v. tb. art. 1.315, nota 1b.

Art. 1.668. São excluídos da comunhão:[1 a 1b] [Dispositivo correspondente no CC/1916: art. 263-*caput*.]

I — os bens doados ou herdados com a cláusula de incomunicabilidade[2] e os sub-rogados em seu lugar; [Dispositivo correspondente no CC/1916: art. 263-II.]

II — os bens gravados de fideicomisso[3] e o direito do herdeiro fideicomissário, antes de realizada a condição suspensiva; [Dispositivo correspondente no CC/1916: art. 263-III.]

III — as dívidas anteriores ao casamento,[3a] salvo se provierem de despesas com seus aprestos, ou reverterem em proveito comum; [Dispositivo correspondente no CC/1916: art. 263-VII.]

IV — as doações antenupciais[4] feitas por um dos cônjuges ao outro com a cláusula de incomunicabilidade; [Dispositivo correspondente no CC/1916: art. 263-VIII.]

V — os bens referidos nos incisos V a VII do art. 1.659.[5 a 6] [Sem dispositivo correspondente no CC/1916.]

Art. 1.668: 1. As obrigações provenientes de ato ilícito são excluídas da comunhão? v. art. 1.659-IV, relativo ao regime da comunhão parcial, e, no CC rev., art. 263-VI.

Art. 1.668: 1a. "Os bens adquiridos por um dos cônjuges **separado de fato** há longos anos não integram o patrimônio do casal para efeito de partilha, desde que havidos após a separação de fato" (RT 831/365).

"Veículo adquirido por financiamento, pago quase que inteiramente pelo varão após a separação de fato, deve permanecer com ele e não deve ser partilhado. A partilha deve se dar apenas em relação aos valores do financiamento que foram pagos na constância do casamento" (RT 893/321: TJRS, AP 70031551237).

Não tem direito à meação da herança "o cônjuge que encontrava-se separado de fato quando transmitida a herança. Tal fato ocasionaria enriquecimento sem causa, porquanto o patrimônio foi adquirido individualmente, sem qualquer colaboração do cônjuge. A preservação do condomínio patrimonial entre cônjuges após a separação de fato é incompatível com orientação do novo Código Civil, que reconhece a união estável estabelecida nesse período, regulada pelo regime da comunhão parcial de bens (CC 1.725). Assim, em regime de comunhão universal, a comunicação de bens e dívidas deve cessar com a ruptura da vida comum, respeitado o direito de meação do patrimônio adquirido na constância da vida conjugal" (STJ-RF 402/442: 4ª T., REsp 555.771). No mesmo sentido: RT 840/251 (TJSP, AI 388.303-4/9-00), 893/321 (TJRS, AP 70031551237).

V. tb. arts. 1.659, nota 1a, e 1.660, nota 2.

Art. 1.668: 1b. "A sobrepartilha é instituto utilizado em casos de desconhecimento de uma das partes a respeito de determinado bem, no momento da partilha, seja ou não por ocultação maliciosa ou, ainda, se situados em lugar remoto da sede do juízo. Embora os bens sonegados não se confundam com os descobertos após a partilha, ambos pressupõem o desconhecimento de sua existência por umas das partes. Nessa linha, é bem de ver que não é todo e qualquer bem que não foi partilhado que pode ser considerado sonegado. São considerados sonegados os bens que, embora devessem ser partilhados, não o foram, em razão de ocultação daquele que estava em sua administração. Isto é, a sobrepartilha de bens sonegados encontra fundamento no desconhecimento ou ocultação sobre determinado bem por uma das partes. No caso em exame, como assinalado, tal não ficou caracterizado, de acordo com o que entendeu o Tribunal de origem, não servindo o instituto a corrigir arrependimentos quanto à divisão já realizada. O prévio conhecimento da autora sobre a existência das cotas e ações objeto da ação de sobrepartilha apurado pelo Tribunal de origem é fundamento suficiente para a improcedência da ação no caso concreto" (STJ-4ª T., REsp 1.204.253, Min. Luis Felipe, j. 27.5.14, DJ 15.8.14).

Art. 1.668: 2. v. arts. 1.669 e 1.911.

Art. 1.668: 3. v. arts. 1.951 a 1.960.

Art. 1.668: 3a. O regime de comunhão parcial possui disposição similar: art. 1.659-III.

Art. 1.668: 4. v. art. 546.

Art. 1.668: 5. "No regime de comunhão universal de bens, os honorários advocatícios, provenientes do trabalho do cônjuge inventariado, percebidos no decorrer do casamento, ingressam no patrimônio comum do casal, porquanto lhes guarneceram do necessário para seu sustento, devendo, portanto, integrar a meação da viúva inventariante. Muito embora as relações intrafamiliares tenham adquirido matizes diversos, com as mais inusitadas roupagens, há de se ressaltar a peculiaridade que se reproduz infindavelmente nos lares mais tradicionais não só brasileiros, como no mundo todo, em que o marido exerce profissão, dela auferindo renda, e a mulher, mesmo que outrora inserida no mercado de trabalho, abandonou a profissão que exercia antes do casamento, por opção ou até mesmo por imposição das circunstâncias, para se dedicar de corpo e alma à criação dos filhos do casal e à administração do lar, sem o que o falecido não teria a tranquilidade e serenidade necessárias para ascender profissionalmente e, consequentemente, acrescer o patrimônio, fruto, portanto, do trabalho e empenho de ambos" (STJ-RT 874/166: 3ª T., REsp 895.344). **Contra:** "As terras nuas e as TDAs recebidas pelo falecido, a título de pagamento de honorários advocatícios, são frutos civis do trabalho e não comunicam com a viúva, casados que eram sob o regime da comunhão universal de bens" (RJTJERGS 258/127: EI 70012506572, maioria).

"Integra a comunhão a indenização trabalhista correspondente a direitos adquiridos durante o tempo de casamento sob o regime de comunhão universal" (STJ-2ª Seção, ED no REsp 421.801, Min. Cesar Rocha, j. 22.9.04, um voto vencido, DJU 17.12.04). No mesmo sentido: RT 893/321 (TJRS, AP 70031551237; nota: a ementa oficial foi reproduzida de forma equivocada na revista).

V. tb. arts. 1.659, notas 5 e segs., e 1.725, notas 3 e 4.

Art. 1.668: 5a. "Admite-se a comunicação da indenização decorrente de anistia política, mesmo que percebida após a ruptura da vida conjugal, na medida em que coincidirem o período considerado para o cálculo da indenização e a constância do matrimônio" (STJ-3ª T., REsp 1.205.188, Min. Nancy Andrighi, j. 12.4.11, DJ 25.4.11).

Art. 1.668: 5b. "No regime da comunhão universal de bens, as verbas percebidas a título de benefício previdenciário resultantes de um direito que nasceu e foi pleiteado durante a constância do casamento devem entrar na partilha, ainda que recebidas após a ruptura da vida conjugal" (STJ-RBDFS 6/138 e Bol. AASP 2.611: 3ª T., REsp 918.173).

Art. 1.668: 6. "A indenização, ou pensão mensal, decorrente de seguro por invalidez não integra a comunhão universal de bens. Entendimento diverso provocaria um comprometimento da subsistência do segurado, com a diminuição da renda destinada ao seu sustento após a invalidez, e, ao mesmo tempo, ensejaria o enriquecimento indevido do ex-cônjuge, porquanto seria um bem conseguido por esse apenas às custas do sofrimento e do prejuízo pessoal daquele" (STJ-3ª T., REsp 631.475, Min. Nancy Andrighi, j. 13.11.07, um voto vencido, DJU 8.2.08). V. tb. art. 1.725, nota 4.

Art. 1.669. A incomunicabilidade dos bens enumerados no artigo antecedente não se estende aos frutos, quando se percebam ou vençam durante o casamento.[1] [Dispositivo correspondente no CC/1916: art. 265.]

Art. 1.669: 1. Este artigo não impede que o doador estabeleça no ato da doação a incomunicabilidade dos frutos (v. art. 1.660, nota 4).

Art. 1.670. Aplica-se ao regime da comunhão universal o disposto no Capítulo antecedente, quanto à administração dos bens.[1] [Sem dispositivo correspondente no CC/1916.]

Art. 1.670: 1. v. arts. 1.663, 1.665 e 1.666.

Art. 1.671. Extinta a comunhão, e efetuada a divisão do ativo e do passivo, cessará a responsabilidade de cada um dos cônjuges para com os credores do outro. [Dispositivo correspondente no CC/1916: art. 268.]

Capítulo V | DO REGIME DE PARTICIPAÇÃO FINAL NOS AQUESTOS[1]

CAP. V: 1. "O regime da participação final nos aquestos no Código Civil de 2002", por Silvano Andrade do Bomfim (RBDFS 9/59).

Art. 1.672. No regime de participação final nos aquestos, cada cônjuge possui patrimônio próprio, consoante disposto no artigo seguinte, e lhe cabe, à época da dissolução da sociedade conjugal, direito à metade dos bens adquiridos pelo casal, a título oneroso, na constância do casamento. [Sem dispositivo correspondente no CC/1916.]

Art. 1.673. Integram o patrimônio próprio os bens que cada cônjuge possuía ao casar e os por ele adquiridos, a qualquer título, na constância do casamento. [Sem dispositivo correspondente no CC/1916.]

Parágrafo único. A administração desses bens é exclusiva de cada cônjuge, que os poderá livremente alienar, se forem móveis.[1-2] [Sem dispositivo correspondente no CC/1916.]

Art. 1.673: 1. s/ bens móveis, v. arts. 82 a 84.

Art. 1.673: 2. Quanto à alienação de bens imóveis, em regra, há necessidade de autorização do outro cônjuge (art. 1.647-I). Todavia, esta pode ser dispensada no pacto antenupcial (art. 1.656).

Art. 1.674. Sobrevindo a dissolução da sociedade conjugal, apurar-se-á o montante dos aquestos, excluindo-se da soma dos patrimônios próprios:[1] [Sem dispositivo correspondente no CC/1916.]

I — os bens anteriores ao casamento e os que em seu lugar se sub-rogaram; [Sem dispositivo correspondente no CC/1916.]

II — os que sobrevieram a cada cônjuge por sucessão ou liberalidade; [Sem dispositivo correspondente no CC/1916.]

III — as dívidas relativas a esses bens. [Sem dispositivo correspondente no CC/1916.]

Parágrafo único. Salvo prova em contrário, presumem-se adquiridos durante o casamento os bens móveis.[2] [Sem dispositivo correspondente no CC/1916.]

Art. 1.674: 1. Conforme o *caput* e os incisos deste artigo, entrarão, no montante dos aquestos, somente os bens adquiridos por cada cônjuge de forma onerosa e na constância do casamento. Cf. tb. art. 1.672.

Art. 1.674: 2. v., porém, art. 1.680, nota 1.

Art. 1.675. Ao determinar-se o montante dos aquestos, computar-se-á o valor das doações feitas por um dos cônjuges, sem a necessária autorização do outro;[1] nesse caso, o bem poderá ser reivindicado pelo cônjuge prejudicado ou por seus herdeiros, ou declarado no monte partilhável, por valor equivalente ao da época da dissolução. [Sem dispositivo correspondente no CC/1916.]

Art. 1.675: 1. v. art. 1.647-IV e § ún. V. tb. arts. 176 e 1.649.

Art. 1.676. Incorpora-se ao monte o valor dos bens alienados em detrimento da meação,[1] se não houver preferência do cônjuge lesado, ou de seus herdeiros, de os reivindicar. [Sem dispositivo correspondente no CC/1916.]

Art. 1.676: 1. i.e., quando a alienação for intencionalmente prejudicial à futura meação.

Art. 1.677. Pelas dívidas posteriores ao casamento, contraídas por um dos cônjuges, somente este responderá, salvo prova[1] de terem revertido, parcial ou totalmente, em benefício do outro.[2] [Sem dispositivo correspondente no CC/1916.]

Art. 1.677: 1. É do credor o ônus da prova.

Art. 1.677: 2. v. art. 1.686. No regime de comunhão parcial, v. arts. 1.663 § 1º e 1.666.

Art. 1.678. Se um dos cônjuges solveu uma dívida do outro com bens do seu patrimônio, o valor do pagamento deve ser atualizado e imputado, na data da dissolução, à meação do outro cônjuge. [Sem dispositivo correspondente no CC/1916.]

Art. 1.679. No caso de bens adquiridos pelo trabalho conjunto, terá cada um dos cônjuges uma quota igual no condomínio ou no crédito por aquele modo estabelecido. [Sem dispositivo correspondente no CC/1916.]

Art. 1.680. As coisas móveis, em face de terceiros, presumem-se do domínio do cônjuge devedor, salvo se o bem for de uso pessoal do outro.[1-2] [Sem dispositivo correspondente no CC/1916.]

Art. 1.680: 1. Esse dispositivo tem como principal objetivo facilitar a execução da dívida que um dos cônjuges tenha em favor de terceiro de boa-fé, ao presumir que as coisas móveis do casal são de domínio do cônjuge devedor.

Art. 1.680: 2. v. art. 1.674 § ún.

Art. 1.681. Os bens imóveis são de propriedade do cônjuge cujo nome constar no registro. [Sem dispositivo correspondente no CC/1916.]

Parágrafo único. Impugnada a titularidade, caberá ao cônjuge proprietário provar a aquisição regular dos bens [Sem dispositivo correspondente no CC/1916.]

Art. 1.682. O direito à meação não é renunciável, cessível ou penhorável na vigência do regime matrimonial. [Sem dispositivo correspondente no CC/1916.]

Art. 1.683. Na dissolução do regime de bens por separação judicial[1] ou por divórcio,[2] verificar-se-á o montante dos aquestos à data em que cessou a convivência. [Sem dispositivo correspondente no CC/1916.]

Art. 1.683: 1. v. art. 1.571, nota 2b **(Em. Const. 66, de 13.7.10).**

Art. 1.683: 2. v. art. 1.571-IV.

Art. 1.684. Se não for possível nem conveniente a divisão de todos os bens em natureza, calcular-se-á o valor de alguns ou de todos para reposição em dinheiro ao cônjuge não proprietário. [Sem dispositivo correspondente no CC/1916.]

Parágrafo único. Não se podendo realizar a reposição em dinheiro, serão avaliados e, mediante autorização judicial, alienados tantos bens quantos bastarem. [Sem dispositivo correspondente no CC/1916.]

Art. 1.685. Na dissolução da sociedade conjugal por morte,[1] verificar-se-á a meação do cônjuge sobrevivente de conformidade com os artigos antecedentes, deferindo-se a herança aos herdeiros na forma estabelecida neste Código.[2] [Sem dispositivo correspondente no CC/1916.]

Art. 1.685: 1. v. art. 1.571-I.

Art. 1.685: 2. v. arts. 1.829 a 1.844.

Art. 1.686. As dívidas de um dos cônjuges, quando superiores à sua meação, não obrigam ao outro, ou a seus herdeiros.[1] [Sem dispositivo correspondente no CC/1916.]

Art. 1.686: 1. v. art. 1.677.

Capítulo VI | DO REGIME DE SEPARAÇÃO DE BENS[1]

CAP. VI: 1. Regime da separação obrigatória de bens: art. 1.641.

Art. 1.687. Estipulada a separação de bens, estes permanecerão sob a administração exclusiva de cada um dos cônjuges, que os poderá livremente alienar ou gravar de ônus real.[1-2] [Dispositivo correspondente no CC/1916: art. 276.]

Art. 1.687: 1. s/ desnecessidade de autorização do cônjuge para a prática de determinados atos no regime da separação de bens, v. art. 1.647.

Art. 1.687: 2. "A cláusula do pacto antenupcial que exclui a comunicação dos aquestos impede o reconhecimento de uma sociedade de fato entre marido e mulher para o efeito de dividir os bens adquiridos depois do casamento" (STJ-RIDCPC 48/149: 3ª T., REsp 404.088, um voto vencido). No mesmo sentido: STJ-RT 776/176 (4ª T., REsp 83.750).

Todavia: "A circunstância de os cônjuges haverem pactuado, como regime de bens, o da separação, não impede que se unam, em empreendimento estranho ao casamento. Isso ocorrendo, poderá caracterizar-se a sociedade de fato, admitindo-se sua dissolução, com a consequente partilha de bens. O que não se há de reconhecer é a existência de tal sociedade, apenas em virtude da vida em comum, com o entendimento dos deveres que decorram da existência do consórcio" (STJ-3ª T., REsp 30.513, Min. Eduardo Ribeiro, j. 26.4.94, DJU 13.6.94). No mesmo sentido: "O regime jurídico da separação de bens voluntariamente estabelecido é imutável e deve ser observado, admitindo-se, todavia, excepcionalmente, a participação patrimonial de um cônjuge sobre bem do outro, se efetivamente demonstrada, de modo concreto, a aquisição patrimonial pelo esforço comum, caso dos autos, em que uma das fazendas foi comprada mediante permuta com cabeças de gado que pertenciam ao casal" (STJ-4ª T., REsp 286.514, Min. Aldir Passarinho Jr., j. 2.8.07, DJU 22.10.07).

S/ comunicabilidade de aquestos e regime da separação legal de bens, v. art. 1.641, nota 2.

Art. 1.688. Ambos os cônjuges são obrigados a contribuir para as despesas do casal na proporção dos rendimentos de seu trabalho e de seus bens, salvo estipulação em contrário no pacto antenupcial.[1] [Dispositivo correspondente no CC/1916: art. 277.]

Art. 1.688: 1. v. arts. 1.567 e 1.568.

Subtítulo II DO USUFRUTO E DA ADMINISTRAÇÃO DOS BENS DE FILHOS MENORES

Art. 1.689. O pai e a mãe, enquanto no exercício do poder familiar:[1] [Dispositivo correspondente no CC/1916: art. 385.]

I — são usufrutuários dos bens dos filhos;[2-2a] [Dispositivo correspondente no CC/1916: art. 389.]

II — têm a administração dos bens dos filhos menores sob sua autoridade.[3 a 5] [Dispositivo correspondente no CC/1916: art. 385.]

Art. 1.689: 1. v., porém, art. 1.693.

Art. 1.689: 2. s/ usufruto, v. arts. 1.390 a 1.411.

Art. 1.689: 2a. "O exercício do direito real de usufruto de imóvel de filho, com base no poder familiar, compete aos pais de forma conjunta, conforme o disposto no art. 1.689, I, do CC-02. A aplicação direta do regramento, contudo, apenas é possível na constância do relacionamento, pois, findo o casamento, ou a união estável, no mais das vezes, ocorre a separação física do casal, fato que torna inviável o exercício do usufruto de forma conjunta. Nessa hipótese, é factível cobrança do equivalente à metade da locação do imóvel, pois a simples ocupação do bem por um dos ex-consortes representa impedimento de cunho concreto, ou mesmo psicológico, à utilização simultânea pelo outro usufrutuário" (STJ-3ª T., REsp 1.098.864, Min. Nancy Andrighi, j. 4.9.12, DJ 21.9.12).

V. tb. arts. 1.319, nota 2, e 2.020, nota 1a.

Art. 1.689: 3. v. art. 1.691. S/ curador especial para menor herdeiro, v. art. 1.733 § 2º.

Art. 1.689: 4. "Não há óbice a que a genitora levante os valores da indenização que cabem a cada um dos filhos menores, de família humilde, para aplicação em alimentação, instrução e educação visando ao seu futuro, o que constitui melhor investimento social do que a mera manutenção do numerário por longos anos em caderneta de poupança até a maioridade, como ditado pelas instâncias ordinárias, aplicação que, a longo prazo, tem revelado perdas em relação à inflação real" (STJ-4ª T., REsp 534.521, Min. Aldir Passarinho Jr., j. 16.10.08, DJ 3.11.08).

"Os valores destinados aos irmãos menores da vítima de acidente fatal, depositados em cadernetas de poupança, podem ser livremente movimentados pela mãe, porque no exercício do poder familiar e da administração dos bens dos filhos" (STJ-3ª T., REsp 727.056, Min. Nancy Andrighi, j. 17.8.06, DJ 4.9.06). Em sentido semelhante: RT 877/297 (TJPA, AI 2007.3.009782-8).

Todavia: "O poder legal de administração dos bens dos filhos menores aos pais, conferido pela redação do art. 1.689, II, do Código Civil, não comporta o de disposição. Dessa forma, sendo as quantias expressivas, sua entrega incondicionada à genitora significaria, na verdade, a possibilidade de dispor das referidas importâncias como lhe aprouvesse, o que não está amparado pela Lei e não atende, sobretudo, aos interesses dos menores. A disposição do art. 1.689, II, do Código Civil, não pode ser interpretada de forma absoluta mas, sim, em harmonia com outros diplomas legais, que enfrentam o exercício do poder familiar, à luz de princípios que objetivam, em última análise, a proteção integral dos interesses dos filhos menores. Em casos de recebimento de indenizações em favor de menores, é mister que convertam-se estas em pecúlio, a serem preservados até a maioridade, ou se levantado antes, seja comprovada a necessidade, mediante a evidente utilidade para o beneficiário. Ainda que adquiridos por direito próprio, a indenização devida aos menores, submete-se, igualmente, às disposições da Lei n. 6.858/80. Tratando-se de numerário decorrente de indenização, não se percebe qualquer ilegalidade na determinação que pretendeu preservar o montante percebido desde logo, de forma a servir, em momento próprio e oportuno, aos próprios interesses dos menores, quiçá para estudos ou para a própria subsistência. Tais cautelas não significam, de forma alguma, ingerência no poder familiar, sendo que o direito ao levantamento permanece e poderá ser exercido sempre que circunstâncias se apresentem, bastando, para tanto, a devida justificação" (STJ-RMDCPC 39/116: 3ª T., REsp 1.110.775).

Art. 1.689: 5. "Partindo-se da premissa de que o poder dos pais, em relação ao usufruto e à administração dos bens de filhos menores, não é absoluto, deve-se permitir, em caráter excepcional, o ajuizamento de **ação de prestação de contas** pelo filho, sempre que a causa de pedir estiver fundada na suspeita de abuso de direito no exercício desse poder, como ocorrido na espécie" (STJ-3ª T., REsp 1.623.098, Min. Marco Bellizze, j. 13.3.18, DJ 23.3.18).

Art. 1.690. Compete aos pais, e na falta de um deles ao outro, com exclusividade, representar os filhos menores de dezesseis anos, bem como assisti-los até completarem a maioridade ou serem emancipados.[1] [Dispositivo correspondente no CC/1916: art. 384-V.]

Parágrafo único. Os pais devem decidir em comum as questões relativas aos filhos e a seus bens; havendo divergência, poderá qualquer deles recorrer ao juiz para a solução necessária.[2] [Dispositivo correspondente no CC/1916: art. 380 § ún.]

Art. 1.690: 1. No mesmo sentido: art. 1.634-V.

Art. 1.690: 2. v. art. 1.631 § ún.

Art. 1.691. Não podem os pais alienar, ou gravar de ônus real os imóveis dos filhos, nem contrair, em nome deles, obrigações que ultrapassem os limites da simples administração, salvo por necessidade ou evidente interesse da prole, mediante prévia autorização do juiz.[1 a 3] [Dispositivo correspondente no CC/1916: art. 386.]

Parágrafo único. Podem pleitear a declaração de nulidade dos atos previstos neste artigo:[4] [Dispositivo correspondente no CC/1916: art. 388-*caput*.]

I — os filhos;[4a] [Dispositivo correspondente no CC/1916: art. 388-I.]

II — os herdeiros;[4b] [Dispositivo correspondente no CC/1916: art. 388-II.]

III — o representante legal. [Dispositivo correspondente no CC/1916: art. 388-III.]

Art. 1.691: 1. v. art. 1.637 (suspensão do poder familiar).

Art. 1.691: 2. "A contratação de advogado com pactuação de honorários advocatícios *ad exitum* por representante do incapaz caracteriza ato simples de administração. A prática de atos de simples administração, decorrente do poder familiar, prescinde de prévia autorização judicial" (STJ-3ª T., REsp 1.233.261, Min. Nancy Andrighi, j. 21.2.13, DJ 27.2.13; no caso, porém, houve redução da verba honorária combinada de 30% do valor da condenação para 15% do valor depositado judicialmente).

"Ação de inventário. Contratação, pela inventariante e genitora, de advogado para a representação do herdeiro menor sem prévia autorização judicial. Possibilidade. Ato de simples administração. Contratação exclusivamente com base em futuro êxito, que resultou em acréscimo ao patrimônio do herdeiro e que envolveu outros processos judiciais. Atendimento do melhor interesse do menor. Impossibilidade de modificação, inclusive de ofício, do percentual avençado entre as partes" (STJ-3ª T., REsp 1.694.350, Min. Nancy Andrighi, j. 16.10.18, DJ 18.10.18; no caso, o recurso especial foi provido para a preservação dos honorários advocatícios *ad exitum*, convencionados em 20% sobre o monte partilhável).

Todavia: "O Código Civil, apesar de outorgar aos pais amplos poderes de administração sobre os bens dos filhos, não autoriza a realização de atos que extrapolem a simples gerência e conservação do patrimônio do representado. Se o representante legal assume, sem prévia autorização judicial, contrato de prestação de serviços advocatícios em nome da filha, sendo o valor fixado dos honorários desproporcional (30% do valor total da causa), com o consequente comprometimento do patrimônio da representada, deve avocar para si a obrigação, ainda mais se considerado que, no caso concreto, os advogados contratados prestaram mais serviços ao representante do que à representada" (STJ-3ª T., AI 1.065.953-AgRg, Min. Sidnei Beneti, j. 7.10.08, DJ 28.10.08).

"Prestação de serviços advocatícios. Honorários. Contrato escrito firmado pela genitora representando sua filha menor. Nulidade absoluta por ausência de formalidade legal (autorização judicial). Arbitramento compatível com a razoabilidade, sem destoar do teor do trabalho realizado, afastando-se estimativa modesta ou que implique em lucro excessivo ao causídico" (JTJ 342/639: AP 1.124.343-0/3; no caso, foram fixados honorários em 6% do benefício econômico, em vez dos combinados "20% sobre o valor comercial dos bens inventariados").

Art. 1.691: 3. "A transação, por ser negócio jurídico bilateral, que implica concessões recíprocas, não constitui ato de mera administração a autorizar o pai a praticá-la em nome dos filhos menores independentemente de autorização judicial" (STJ-3ª T., REsp 292.974, Min. Nancy Andrighi, j. 29.5.01, DJU 25.6.01). Esse acórdão foi mantido no julgamento dos subsequentes embargos de divergência: "São indispensáveis a autorização judicial e a intervenção do Ministério Público em acordo extrajudicial firmado pelos pais dos menores, em nome deles, para fins de receber indenização por ato ilícito" (STJ-2ª Seção, ED no REsp 292.974, Min. Sálvio de Figueiredo Teixeira, j. 12.2.03, um voto vencido, DJU 15.9.03).

Art. 1.691: 4. A prescrição não corre entre ascendentes e descendentes durante o poder familiar (art. 197-II), nem contra os absolutamente incapazes (art. 198-I).

Art. 1.691: 4a. Se o filho for menor, aplica-se o disposto no art. 1.692.

Art. 1.691: 4b. i. e., os herdeiros do filho, após o falecimento deste.

Art. 1.692. Sempre que no exercício do poder familiar colidir o interesse dos pais com o do filho, a requerimento deste ou do Ministério Público o juiz lhe dará curador especial.[1 a 3] [Dispositivo correspondente no CC/1916: art. 387.]

Art. 1.692: 1. v. ECA 142 § ún. e 148 § ún.-*f*.

Art. 1.692: 2. Embora este dispositivo legal esteja localizado em subtítulo que trata da administração dos bens dos filhos, ele pode ser aplicado em outras hipóteses de conflito entre o interesse destes com o dos pais.

Art. 1.692: 3. "Pensão alimentícia. Ação de prestação de contas. Pretensão manifestada pelo pai, ex-marido, contra a mãe, ex-esposa. Ilegitimidade *ad causam*. Colidência de interesses entre a genitora, guardiã e administradora dos bens, com os interesses dos filhos, que impõe que a ação seja intentada através de curador especial. Inteligência do art. 387 do CC" (RT 781/239: TJSP, AP 151.703-4/0). O art. 387 do CC rev. corresponde ao CC 1.692.

Art. 1.693. Excluem-se do usufruto e da administração dos pais:[1] [Dispositivo correspondente no CC/1916: art. 391-*caput*.]

I — os bens adquiridos pelo filho havido fora do casamento, antes do reconhecimento; [Dispositivo correspondente no CC/1916: art. 391-I.]

II — os valores auferidos pelo filho maior de dezesseis anos, no exercício de atividade profissional e os bens com tais recursos adquiridos; [Dispositivo correspondente no CC/1916: art. 391-II.]

III — os bens deixados ou doados ao filho, sob a condição de não serem usufruídos, ou administrados, pelos pais; [Dispositivo correspondente no CC/1916: art. 391-III.]

IV — os bens que aos filhos couberem na herança, quando os pais forem excluídos da sucessão.[2] [Dispositivo correspondente no CC/1916: art. 391-IV.]

Art. 1.693: 1. v. art. 1.689.

Art. 1.693: 2. v. arts. 1.814 e 1.816 § ún.

Subtítulo III | DOS ALIMENTOS[1 a 3]

SUBTÍT. III: 1. "Os alimentos no novo Código Civil", por Luiz Felipe Brasil Santos (Ajuris 89/217); "A obrigação alimentar no novo Código Civil", por Marcelo Truzzi (RBDF 21/33); "O princípio da solidariedade e algumas de suas aplicações ao direito de família — abandono afetivo e alimentos", por Flávio Tartuce (RBDFS 30/5, RJ-Lex 60/165).

SUBTÍT. III: 2. v. no tít. ALIMENTOS: Lei 5.478, de 25.7.68 (ação de alimentos), e Lei 11.804, de 5.11.08 (alimentos gravídicos).

SUBTÍT. III: 3. v. CPC 189-II (segredo de justiça), 215-II (não suspensão da ação de alimentos durante as férias forenses), 292-III (valor da causa na ação de alimentos), 528 a 533 (cumprimento da sentença que condena ao pagamento de alimentos), 911 a 913 (execução de alimentos), 1.012 § 1º-II (efeito da apelação contra sentença que condena a pagar alimentos).

Em matéria de idoso, v. EId 11 a 14.

Art. 1.694. Podem os parentes, os cônjuges ou companheiros pedir uns aos outros os alimentos de que necessitem para viver de modo compatível com a sua condição social, inclusive para atender às necessidades de sua educação. [Dispositivo correspondente no CC/1916: art. 396.]

§ 1º Os alimentos devem ser fixados na proporção das necessidades do reclamante e dos recursos da pessoa obrigada.[1 a 5a] [Dispositivo correspondente no CC/1916: art. 400.]

§ 2º Os alimentos serão apenas os indispensáveis à subsistência, quando a situação de necessidade resultar de culpa de quem os pleiteia.[6] [Sem dispositivo correspondente no CC/1916.]

Art. 1.694: 1. v. arts. 1.699 (mudança superveniente da situação financeira do alimentante ou alimentando), 1.700 (transmissão da obrigação aos herdeiros) e 1.702 (alimentos para o cônjuge inocente na separação litigiosa).

Para algumas diretrizes na fixação do valor dos alimentos, v. LA 11 e notas.

S/ a influência da guarda do alimentando no valor da pensão, v. art. 1.701, nota 1a.

Art. 1.694: 2. **Súmula 226 do STF. "Na ação de desquite,** os alimentos são **devidos desde a inicial** e não da data da decisão que os concede".

Art. 1.694: 3. "Do princípio da igualdade entre os filhos, previsto no art. 227, § 6º, da Constituição Federal, deduz-se que não deverá haver, em regra, diferença no valor ou no percentual dos alimentos destinados a prole, pois se presume que, em tese, os filhos — indistintamente — possuem as mesmas demandas vitais, tenham as mesmas condições dignas de sobrevivência e igual acesso às necessidades mais elementares da pessoa humana. A igualdade entre os filhos, todavia, não tem natureza absoluta e inflexível, devendo, de acordo com a concepção aristotélica de isonomia e justiça, tratar-se igualmente os iguais e desigualmente os desiguais, na medida de suas desigualdades, de modo que é **admissível a fixação de alimentos em valor ou percentual distinto entre os filhos** se demonstrada a existência de necessidades diferenciadas entre eles ou, ainda, de capacidades contributivas diferenciadas dos genitores. Na hipótese, tendo sido apurado que havia maior capacidade contributiva de uma das genitoras em relação a outra, é justificável que se estabeleçam percentuais diferenciados de alimentos entre os filhos, especialmente porque é dever de ambos os cônjuges contribuir para a manutenção dos filhos na proporção de seus recursos" (STJ-3ª T., REsp 1.624.050, Min. Nancy Andrighi, j. 19.6.18, DJ 22.6.18). Também admitindo a fixação de pensões distintas para filhos de relacionamentos diferentes do mesmo alimentante: RJM 55/106.

Art. 1.694: 3a. "Não se justifica o arbitramento de verba alimentar em favor de ex-esposa, se os elementos trazidos aos autos são suficientes para comprovar que a mesma deles não necessita, máxime em razão do longo período de separação de fato, sem pedido de auxílio material, restando, ainda, ausente a comprovação acerca da possibilidade do alimentante" (RT 871/307).

Art. 1.694: 3b. "União estável. Caracterização. Pedido de alimentos pela ex-companheira. Não cabimento. Mulher jovem, com profissão e apta ao trabalho" (RT 865/177).

Art. 1.694: 4. "Na hipótese de o cônjuge apontado como culpado ser o prestador de alimentos, desnecessária a realização de provas que firam seu direito à intimidade e privacidade, porquanto a pensão não será aferida em razão da medida de sua culpabilidade (pensão não é pena), mas pela possibilidade que tem de prestar associada à necessidade de receber do alimentando" (STJ-4ª T., RMS 28.336, Min. João Otávio, j. 24.3.09, DJ 6.4.09).

Art. 1.694: 5. "Os alimentos devidos entre ex-cônjuges devem ser fixados por **prazo certo,** suficiente para, levando-se em conta as condições próprias do alimentado, permitir-lhe uma potencial inserção no mercado de trabalho" (STJ-3ª T., REsp 1.559.564, Min. Nancy Andrighi, j. 22.11.16, DJ 30.11.16). Do voto da relatora: "Tirando hipóteses excepcionais, como a incapacidade física duradoura para o labor ou, ainda, a impossibilidade prática de inserção no mercado de trabalho, os alimentos devidos ao ex-cônjuge devem ser fixados por prazo determinado **(alimentos temporários),** considerado suficiente para permitir a adaptação do alimentado à nova realidade, que a ruptura do relacionamento lhe impôs, e possibilitar a reconstrução de sua vida sem a dependência econômica do ex-cônjuge. Essa é a plena absorção do conceito de excepcionalidade dos alimentos devidos entre ex-cônjuges, que repudia a anacrônica tese de que o alimentado possa quedar-se inerte — quando tenha capacidade laboral — e deixar ao alimentante a perene obrigação de sustentá-lo".

"A obrigação de prestar alimentos transitórios — a tempo certo — é cabível, em regra, quando o alimentando é pessoa com idade, condições e formação profissional compatíveis com uma provável inserção no mercado de trabalho, necessitando dos alimentos apenas até que atinja sua autonomia financeira, momento em que se emancipará da tutela do alimentante — outrora provedor do lar —, que será então liberado da obrigação, a qual se extinguirá automaticamente" (STJ-RT 903/180 e RBDFS 18/125: 3ª T., REsp 1.025.769). No caso, foram fixados alimentos para os dois anos seguintes ao trânsito em julgado da decisão que os concedeu.

"Alimentos transitórios — de cunho resolúvel — são obrigações prestadas, notadamente entre ex-cônjuges ou ex-companheiros, em que o credor, em regra pessoa com idade apta para o trabalho, necessita dos alimentos apenas até que se projete determinada condição ou ao final de certo tempo, circunstância em que a obrigação extinguir-se-á automaticamente. Na hipótese dos autos, o pagamento da mensalidade referente à pós-graduação era possível, no curso da sociedade conjugal, em razão da condição financeira do casal. Após a ruptura da sociedade conjugal, embora a ex-companheira exerça atividade laboral, seu salário tornou-se insuficiente para arcar com os custos referentes ao mestrado, motivo pelo qual são devidos alimentos transitórios, até a conclusão do curso de pós-graduação" (STJ-3ª T., REsp 1.388.955, Min. Nancy Andrighi, j. 19.11.13, DJ 29.11.13).

"Admite-se a fixação provisória de alimentos quando, rompida a relação matrimonial, necessita o ex-cônjuge alimentado de período para adequar-se à nova realidade profissional e financeira. É princípio do direito alimentar que, observado o caso concreto, tanto quanto possível, a pensão seja fixada, considerando-se a capacidade do alimentante e o padrão de vida propiciado à alimentada" (STJ-3ª T., REsp 1.353.941, Min. João Otávio, j. 16.4.13, maioria, DJ 24.5.13). No caso, fixaram-se alimentos no valor de R$ 50.000,00 por 18 meses.

"Os chamados alimentos compensatórios, ou prestação compensatória, não têm por finalidade suprir as necessidades de subsistência do credor, tal como ocorre com a pensão alimentícia regulada pelo art. 1.694 do CC/2002, senão corrigir ou atenuar grave desequilíbrio econômico-financeiro ou abrupta alteração do padrão de vida do cônjuge desprovido de bens e de meação. Os alimentos devidos entre ex-cônjuges devem, em regra, ser fixados com termo certo, assegurando-se ao alimentando tempo hábil para sua inserção, recolocação ou progressão no mercado de trabalho, que lhe possibilite manter, pelas próprias forças, o *status* social similar ao período do relacionamento" (STJ-4ª T., REsp 1.290.313, Min. Antonio Ferreira, j. 12.11.13, maioria, DJ 7.11.14). No caso, foi determinada a cessação dos alimentos quando se completarem três anos da publicação do acórdão do recurso especial.

"A estipulação de pensão alimentícia pelo lapso temporal de 12 (doze) meses se mostra razoável, uma vez que a requerida é uma pessoa saudável, com apenas 29 anos de idade, que tem condição de se inserir no mercado de trabalho e conseguir uma vaga de emprego com remuneração suficiente para sua subsistência" (RBDFS 31/176: TJDFT, AP 2011.07.1.014430-7).

Todavia: "*In casu*, o Tribunal de origem, analisando o acervo fático-probatório dos autos, entendeu por fixar a pensão para ex-cônjuge por **prazo indeterminado,** considerando sua idade avançada e o fato de não ter exercido atividade remunerada durante os trinta anos de casamento, o que dificultaria, certamente, seu ingresso no mercado de trabalho. Tal entendimento está em sintonia com a jurisprudência desta Corte" (STJ-3ª T., Ag em REsp 896.324-AgInt, Min. Marco Bellizze, j. 1.9.16, DJ 8.9.16).

V. tb. arts. 422, nota 3b, e 1.699, nota 3b.

Art. 1.694: 5a. "A obrigação alimentícia deve ser mantida enquanto pendente a partilha do patrimônio comum do ex-casal manifestamente procrastinada pelo ex-cônjuge recalcitrante, que se encontra na exclusiva posse e administração dos bens e não coopera para que a controvérsia seja dirimida judicialmente" (STJ-3ª T., REsp 1.287.579, Min. Ricardo Cueva, j. 11.6.13, DJ 2.8.13).

V. tb. LA 4º, nota 6.

Art. 1.694: 6. v. art. 1.704 § ún.

Art. 1.695. São devidos os alimentos quando quem os pretende não tem bens suficientes, nem pode prover, pelo seu trabalho, à própria mantença, e aquele, de quem se reclamam, pode fornecê-los, sem desfalque do necessário ao seu sustento.[1-2] [Dispositivo correspondente no CC/1916: art. 399-*caput*.]

Art. 1.695: 1. v. CP 244 (crime de abandono material).

Art. 1.695: 2. **CF 5º-LXVII:** "Não haverá prisão civil por dívida, salvo a do responsável pelo inadimplemento voluntário e inescusável de obrigação alimentícia e a do depositário infiel".

CF 229: "Os pais têm o dever de assistir, criar e educar os filhos menores, e os filhos maiores têm o dever de ajudar e amparar os pais na velhice, carência ou enfermidade".

Art. 1.696. O direito à prestação de alimentos é recíproco entre pais e filhos,[1 a 1c] e extensivo a todos os ascendentes, recaindo a obrigação nos mais próximos em grau, uns em falta de outros.[2] [Dispositivo correspondente no CC/1916: art. 397.]

Art. 1.696: 1. s/ maioridade do filho credor de alimentos, v. LA 13, nota 5.

Art. 1.696: 1a. cf. CF 229.

Art. 1.696: 1b. Enunciado 341 do CEJ: "Para os fins do art. 1.696, a relação socioafetiva pode ser elemento gerador de obrigação alimentar".

Enunciado 112 do CEJ: "Em acordos celebrados antes do advento do novo Código, ainda que expressamente convencionado que os alimentos cessarão com a maioridade, o juiz deve ouvir os interessados, apreciar as circunstâncias do caso concreto e obedecer ao princípio *rebus sic stantibus*".

Art. 1.696: 1c. "É descabido o pedido de alimentos, com fundamento no dever de solidariedade, pelo genitor que nunca cumpriu com os deveres inerentes ao poder familiar, deixando de pagar alimentos e prestar aos filhos os cuidados e o afeto de que necessitavam em fase precoce de seu desenvolvimento" (RBDF 35/107).

Art. 1.696: 2. v. arts. 871, 1.697 e 1.698. V. tb. LA 1º e notas.

S/ legitimidade passiva de avós, v. LA 1º, notas 6a e 6b.

Art. 1.697. Na falta[1] dos ascendentes cabe a obrigação aos descendentes, guardada a ordem de sucessão e, faltando estes, aos irmãos, assim germanos como unilaterais.[1a a 2] [Dispositivo correspondente no CC/1916: art. 398.]

Art. 1.697: 1. "São chamados, primeiramente, a prestar alimentos, os parentes mais próximos em grau, só fazendo recair a obrigação nos mais remotos, à falta daqueles; essa **falta** deve ser compreendida, conforme interpretação conjugada dos arts. 1.697 e 1.698 do CC/02, para além da **ausência** de parentes de grau mais próximo, como a **impossibilidade** ou, ainda, a **insuficiência financeira** desses de suportar o encargo" (STJ-3ª T., REsp 1.120.922, Min. Nancy Andrighi, j. 23.11.10, DJ 7.12.10).

Art. 1.697: 1a. Irmãos germanos são os oriundos dos mesmos pais; unilaterais são os provenientes apenas da mesma mãe ou do mesmo pai.

Art. 1.697: 1b. Assim: "A obrigação alimentar entre irmãos (germanos ou unilaterais) é subsidiária, porque somente ocorre na falta ou incapacidade de ascendentes e descendentes" (RJM 183/139: AP 1.0027.07.118511-3/001). No mesmo sentido: JTJ 327/208 (AP 520.523-4/3-00).

Art. 1.697: 2. "Na falta de ascendentes e descendentes, a obrigação é estendida somente aos irmãos tanto germanos quanto unilaterais. Não houve extensão aos **tios, sobrinhos ou primos**" (RJM 187/50: AI 1.0112.07.072770-9/001).

V. tb. art. 305, nota 2, e LA 1º, nota 6e.

Art. 1.698. Se o parente, que deve alimentos em primeiro lugar, não estiver em condições de suportar totalmente o encargo, serão chamados a concorrer os de grau imediato;[1] sendo várias as pessoas obrigadas a prestar alimentos, todas devem concorrer na proporção dos respectivos recursos, e, intentada ação contra uma delas, poderão as demais ser chamadas a integrar a lide.[2 a 3a] [Sem dispositivo correspondente no CC/1916.]

Art. 1.698: 1. Súmula 596 do STJ: "A **obrigação alimentar dos avós** tem natureza complementar e subsidiária, somente se configurando no caso de impossibilidade total ou parcial de seu cumprimento pelos pais".

V. art. 1.694 § 1º e LA 1º, nota 6a.

✎ **Art. 1.698: 2.** "A intervenção de terceiros sob a luz do art. 1.698 do novo CC e o Estatuto do Idoso", por Nelson Finotti Silva (RP 119/285).

Art. 1.698: 3. v. art. 1.694 § 1º e CPC 113.

Art. 1.698: 3a. Ressalvado o caso específico de idoso (v. EId 12), não há solidariedade em matéria de obrigação alimentar. Por isso, a integração do devedor de alimentos ao processo previamente instaurado não ocorre por meio de chamamento ao processo. Trata-se de integração *sui generis*, que não encontra paralelo nas figuras de intervenção de terceiros reguladas no Código de Processo Civil.

Uma vez integrado o terceiro ao processo nessas circunstâncias, tem-se a formação de litisconsórcio facultativo ulterior.

"Não obstante se possa inferir do texto do art. 1.698 do CC — norma de natureza especial — que o credor de alimentos detém a faculdade de ajuizar ação apenas contra um dos coobrigados, não há óbice legal a que o demandado exponha, circunstanciadamente, a arguição de não ser o único devedor e, por conseguinte, adote a iniciativa de chamamento de outro potencial devedor para integrar a lide" (STJ-4ª T., REsp 964.866, Min. João Otávio, j. 1.3.11, DJ 11.3.11).

"Quando se tratar de credor de alimentos que reúna plena capacidade processual, cabe a ele, exclusivamente, provocar a integração posterior do polo passivo, devendo a sua inércia ser interpretada como concordância tácita com os alimentos que puderem ser prestados pelo réu por ele indicado na petição inicial, sem prejuízo de eventual e futuro ajuizamento de ação autônoma de alimentos em face dos demais coobrigados. Nas hipóteses em que for necessária a representação processual do credor de alimentos incapaz, cabe também ao devedor provocar a integração posterior do polo passivo, a fim de que os demais coobrigados também componham a lide, inclusive aquele que atua como representante processual do credor dos alimentos, bem como cabe provocação do Ministério Público, quando a ausência de manifestação de quaisquer dos legitimados no sentido de chamar ao processo possa causar prejuízos aos interesses do incapaz. A natureza jurídica do mecanismo de integração posterior do polo passivo previsto no art. 1.698 do CC/2002 é de litisconsórcio facultativo ulterior simples, com a particularidade, decorrente da realidade do direito material, de que a formação dessa singular espécie de litisconsórcio não ocorre somente por iniciativa exclusiva do autor, mas também por provocação do réu ou do Ministério Público, quando o credor dos alimentos for incapaz. No que tange ao momento processual adequado para a integração do polo passivo pelos coobrigados, cabe ao autor requerê-lo em sua réplica à contestação; ao réu, em sua contestação; e ao Ministério Público, após a prática dos referidos atos processuais pelas partes, respeitada, em todas as hipóteses, a impossibilidade de ampliação objetiva ou subjetiva da lide após o saneamento e organização do processo, em homenagem ao contraditório, à ampla defesa e à razoável duração do processo. Na hipótese, a credora dos alimentos é menor emancipada, possui capacidade processual plena e optou livremente por ajuizar a ação somente em face do genitor, cabendo a ela, com exclusividade, provocar a integração posterior do polo passivo, devendo a sua inércia em fazê-lo ser interpretada como a abdicação, ao menos neste momento, da quota-parte que lhe seria devida pela genitora coobrigada, sem prejuízo de eventualmente ajuizar, no futuro, ação de alimentos autônoma em face da genitora" (STJ-3ª T., REsp 1.715.438, Min. Nancy Andrighi, j. 13.11.18, DJ 21.11.18).

V. tb. LA 1º, notas 6a e 6b.

Art. 1.699. Se, fixados os alimentos, sobrevier mudança na situação financeira[1 a 2] de quem os supre, ou na de quem os recebe,[3] poderá o interessado reclamar ao juiz, conforme as circunstâncias, exoneração,[3a-3b] redução ou majoração do encargo.[4 a 6] [Dispositivo correspondente no CC/1916: art. 401.]

Art. 1.699: 1. "Os alimentos devidos entre ex-cônjuges serão fixados com termo certo, a depender das circunstâncias fáticas próprias da hipótese sob discussão, assegurando-se, ao alimentado, tempo hábil para sua inserção, recolocação ou progressão no mercado de trabalho, que lhe possibilite manter pelas próprias forças, *status* social similiar ao período do relacionamento. Serão, no entanto, perenes, nas excepcionais circunstâncias de incapacidade laboral permanente, ou ainda, quando se constatar a impossibilidade prática de inserção no mercado de trabalho. Em qualquer uma das hipóteses, sujeitam-se os alimentos à cláusula *rebus sic stantibus*, podendo os valores ser alterados quando houver variação no binômio necessidade/possibilidade. Se os alimentos devidos a ex-cônjuge não forem fixados por termo certo, o pedido de desoneração total, ou parcial, poderá **dispensar a existência de variação no binômio necessidade/possibilidade,** quando demonstrado o pagamento de pensão por lapso temporal suficiente para que o alimentado revertesse a condição desfavorável que detinha, no momento da fixação desses alimentos" (STJ-RDDP 102/144: 3ª T., REsp 1.188.399). Em sentido semelhante: STJ-4ª T., REsp 1.370.778, Min. Marco Buzzi, j. 10.3.16, maioria, DJ 4.4.16.

"Há casos em que é possível revisar o pensionamento mesmo sem comprovada alteração nas condições financeiras das partes. Tal ocorre, por exemplo, naquelas hipóteses onde é inquestionável que a manutenção do pensionamento no valor em que foi originalmente fixado, mediante acordo, acarretará a ruína financeira do alimentante" (RJ 316/115: TJRS, AP 70007212673).

Art. 1.699: 1a. "A modificação das condições econômicas de possibilidade ou de necessidade das partes constitui elemento condicionante da revisão e da exoneração de alimentos, sem o que não há que se adentrar na esfera de análise do pedido, fulcrado no art. 1.699 do CC/02. As necessidades do reclamante e os recursos da pessoa obrigada devem ser sopesados tão somente após a verificação da necessária ocorrência da mudança na situação financeira das partes, isto é, para que se faça o cotejo do binômio, na esteira do princípio da proporcionalidade, previsto no art. 1.694, § 1º, do CC/02, deve o postulante primeiramente demonstrar de maneira satisfatória os elementos condicionantes da revisional de alimentos, nos termos do art. 1.699 do CC/02. Se não há prova do decréscimo das necessidades dos credores, ou do depauperamento das condições econômicas do devedor, a **constituição de nova família,** resultando ou não em nascimento de filho, não importa na redução da pensão alimentícia prestada a filhos havidos da união anterior" (STJ-3ª T., REsp 1.027.930, Min. Nancy Andrighi, j. 3.3.09, DJ 16.3.09). Em sentido semelhante: STJ-4ª T., Ag em REsp 808.033-AgRg, Min. Raul Araújo, j. 17.3.16, DJ 13.4.16.

Todavia: "A constituição de nova família pelo alimentante, com filhos, constitui motivo a ser ponderado para a verificação da alegada mudança em sua situação financeira" (RSTJ 176/348: 4ª T., REsp 109.259).

"O advento de prole resultante da celebração de um novo casamento representa encargo superveniente que pode autorizar a diminuição do valor da prestação alimentícia antes estipulado, uma vez que, por princípio de equidade, todos os filhos comungam do mesmo direito de terem o seu sustento provido pelo genitor comum, na proporção das possibilidades deste e necessidades daqueles" (STJ-3ª T., REsp 244.015, Min. Castro Filho, j. 19.4.05, dois votos vencidos, DJU 5.9.05).

Art. 1.699: 2. "A simples alegação de desemprego não é o bastante para eximir o devedor do pagamento das prestações acordadas" (STJ-4ª T., HC 22.489, Min. Barros Monteiro, j. 17.9.02, DJU 2.12.02).

"Não basta ao alimentante asserir que se acha desempregado. É de rigor que demonstre, de modo cabal, não lhe ser possível arcar com o pagamento da prestação acordada" (RT 840/250).

Art. 1.699: 3. v. arts. 1.694 § 1º e 1.695.

Art. 1.699: 3a. "Por restar fixado pelo Tribunal Estadual, de forma induvidosa, que a alimentanda não apenas apresenta plenas condições de inserção no mercado de trabalho como também efetivamente exerce atividade laboral, e mais, caracterizada essa atividade como potencialmente apta a mantê-la com o mesmo *status* social que anteriormente gozava, ou ainda alavancá-la a patamares superiores, deve ser julgado procedente o pedido de exoneração deduzido pelo alimentante" (STJ-3ª T., REsp 933.355, Min. Nancy Andrighi, j. 25.3.08, DJU 11.4.08).

Art. 1.699: 3b. "Os alimentos devidos entre ex-cônjuges não podem servir de fomento ao ócio ou ao enriquecimento sem causa. Por isso, quando fixados sem prazo determinado, a análise da pretensão do devedor de se exonerar da obrigação não se restringe à prova da alteração do binômio necessidade-possibilidade, mas deve agregar e ponderar outras circunstâncias, como a capacidade potencial do alimentado para o trabalho e o tempo decorrido entre o início da prestação alimentícia e a data do pedido de desoneração. Particularmente, impõe-se a exoneração da obrigação alimentar tendo em vista que a alimentada está trabalhando, embora tenha afirmado que o valor recebido em contrapartida é insuficiente à própria manutenção, sendo, ademais, relevante o fato de que a obrigação de prestar alimentos, correspondentes a doze salários mínimos, subsiste há mais de dezoito anos, tempo esse suficiente e além do razoável para que ela pudesse se restabelecer e seguir a vida sem o apoio financeiro do ex-cônjuge" (STJ-3ª T., REsp 1.396.957, Min. Nancy Andrighi, j. 3.6.14, DJ 20.6.14).

"Os alimentos devidos entre ex-cônjuges devem ser fixados por prazo certo, suficiente para, levando-se em conta as condições próprias do alimentado, permitir-lhe uma potencial inserção no mercado de trabalho em igualdade de condições com o alimentante. Particularmente, impõe-se a exoneração da obrigação alimentar tendo em vista que a alimentada tem condições de exercer sua profissão, tem uma fonte de renda e recebeu pensão alimentícia por nove anos, tempo esse suficiente e além do razoável para que ela pudesse se restabelecer e seguir a vida sem o apoio financeiro do ex-cônjuge" (STJ-3ª T., REsp 1.616.889, Min. Nancy Andrighi, j. 13.12.16, DJ 1.2.17).

V. tb. arts. 422, nota 3b, e 1.694, nota 5.

Art. 1.699: 4. v. LA 13 e 15. V. tb. CPC 505-I.

Art. 1.699: 5. "O pensionamento deve atender tanto às necessidades do alimentando quanto às possibilidades do alimentante, sendo as partes envolvidas as mais indicadas para proceder a essa avaliação, ficando a atuação do órgão jurisdicional, em princípio, restrita à homologação de um acordo de vontades, reservada a sua intervenção direta tão somente para as situações de dissensão, quando não for possível a conciliação. Destarte, em âmbito de ação revisional, tendo o próprio alimentante sugerido na inicial a fixação dos alimentos provisórios em determinado valor, o qual foi adotado de pronto pelo juiz, fica o tribunal impossibilitado de, utilizando-se de parâmetros outros, rever essa decisão, para arbitrá-los em patamar inferior, agravando a situação dos beneficiários" (STJ-3ª T., REsp 595.900, Min. Castro Filho, j. 7.12.06, DJU 12.2.07).

Art. 1.699: 6. "A variabilidade — característica dos alimentos —, além de possibilitar a majoração, redução, ou mesmo exoneração da obrigação alimentar, também pode ser aplicada à fórmula para o cumprimento da obrigação que inclui a prestação de alimentos *in natura*, notadamente quando a alimentada aponta dificuldades para usufruir dessa fração dos alimentos" (STJ-3ª T., REsp 1.284.177, Min. Nancy Andrighi, j. 4.10.11, DJ 24.10.11).

Art. 1.700. A obrigação de prestar alimentos transmite-se aos herdeiros[1 a 3] do devedor, na forma do art. 1.694.[4] [Dispositivo correspondente no CC/1916: art. 402.]

Art. 1.700: 1. "Nota sobre a transmissão dos alimentos no novo Código Civil", por Maria Teresa Moreira Lima (RF 364/229); "Os alimentos e a transmissibilidade da obrigação de prestá-los", por Walsir Edson Rodrigues Júnior (RBDF 37/42).

Art. 1.700: 1a. No mesmo sentido: art. 943, quanto a pensão que tenha como causa ato ilícito.

Art. 1.700: 2. A transmissão somente se dá *intra vires hereditatis* (v. art. 1.792).

Enunciado 343 do CEJ: "A transmissibilidade da obrigação alimentar é limitada às forças da herança".

Art. 1.700: 2a. "O espólio tem a obrigação de prestar alimentos àquele a quem o *de cujus* devia, mesmo vencidos após a sua morte. Enquanto não encerrado o inventário e pagas as quotas devidas aos sucessores, o autor da ação de alimentos e presumível herdeiro não pode ficar sem condições de subsistência no decorrer do processo. Exegese do art. 1.700 do novo CC" (STJ-2ª Seção, REsp 219.199, Min. Fernando Gonçalves, j. 10.12.03, um voto vencido, DJU 3.5.04). No mesmo sentido: RT 839/317 (ponderando, todavia, que "os valores recebidos a tal título serão descontados do quinhão hereditário que couber ao alimentado"), JTJ 205/17, 312/347, RJ 179/84.

"Malgrado a divergência doutrinária e jurisprudencial sobre o alcance da alteração sobre o tema no âmbito do Código Civil de 2002, e apesar de sua natureza personalíssima, o fato é que previu o novo Código que 'a obrigação de prestar alimentos transmite-se aos herdeiros do devedor' (art. 1.700), não podendo a massa inventariada nem os herdeiros, contudo, responder por valores superiores à força da herança, haja vista ser a dívida oriunda de obrigação pretérita do morto e não originária daqueles (arts. 1.792 e 1.997 e En. 343 do CJF)" (STJ-4ª T., HC 256.793, Min. Luis Felipe, j. 1.10.13, DJ 15.10.13).

Todavia: "Observado que os alimentos pagos pelo *de cujus* à recorrida, ex-companheira, decorrem de acordo celebrado no momento do encerramento da união estável, a referida obrigação, de natureza personalíssima, extingue-se com o óbito do alimentante, cabendo ao espólio recolher, tão somente, eventuais débitos não quitados pelo devedor quando em vida. Fica ressalvada a irrepetibilidade das importâncias percebidas pela alimentada" (STJ-2ª Seção, REsp 1.354.693, Min. Antonio Ferreira, j. 26.11.14, maioria, DJ 20.2.15).

Art. 1.700: 3. "Inexistindo condenação prévia do autor da herança, não há por que falar em transmissão do dever jurídico de prestar alimentos, em razão do seu caráter personalíssimo e, portanto, intransmissível" (STJ-4ª T., REsp 775.180, Min. João Otávio, j. 15.12.09, DJ 2.2.10). No mesmo sentido: "Se a obrigação alimentar não foi constituída antes da morte do companheiro da apelante, não há falar em fixação de alimentos em face do espólio, uma vez que a correta interpretação do CC 1.700 é no sentido de que se transmite aos herdeiros a dívida constituída antes do falecimento do devedor, sem que isso signifique a transferência da condição de alimentante" (RJM 190/177: AP 1.0024.09.632850-5/001). Ainda: STJ-3ª T., Ag em REsp 271.410-AgRg, Min. Sidnei Beneti, j. 23.4.13, DJ 7.5.13.

Art. 1.700: 4. v. arts. 1.821, 1.997 e LDi 23.

Art. 1.701. A pessoa obrigada a suprir alimentos poderá pensionar o alimentando, ou dar-lhe hospedagem e sustento, sem prejuízo do dever de prestar o necessário à sua educação, quando menor.[1-1a] [Dispositivo correspondente no CC/1916: art. 403-*caput*.]

Parágrafo único. Compete ao juiz, se as circunstâncias o exigirem, fixar a forma do cumprimento da prestação.[2] [Dispositivo correspondente no CC/1916: art. 403 § ún.]

Art. 1.701: 1. v. arts. 1.920 e 1.928 § ún.

Art. 1.701: 1a. "A partir da modificação da guarda de menor, quando este passa a viver com o alimentante, torna-se mister a redução do percentual da pensão alimentícia, na parte que cabe a esse filho, sob pena de ser criado um acréscimo injustificável no valor do débito alimentar" (RJM 165/136). V. tb. LA 11, nota 5.

Art. 1.701: 2. "O fim do consenso que regulava a forma de prestação alimentar, aliado a pedido do alimentado para que haja conversão dos alimentos *in natura* para pecúnia, são elementos suficientes para autorizar o julgador, com base no § ún. do art. 1.701 do CC/02, a fixar de pronto nova forma de cumprimento da prestação que deverá, prioritariamente, privilegiar o pagamento de alimentos em dinheiro" (STJ-3ª T., REsp 1.284.177, Min. Nancy Andrighi, j. 4.10.11, DJ 24.10.11).

Art. 1.702. Na separação judicial litigiosa, sendo um dos cônjuges inocente e desprovido de recursos, prestar-lhe-á o outro a pensão alimentícia que o juiz fixar, obedecidos os critérios estabelecidos no art. 1.694.[1] [Sem dispositivo correspondente no CC/1916.]

Art. 1.702: 1. v. arts. 1.572, 1.573, 1.704 e LDi 19. No caso de separação e divórcio consensuais, v. art. 1.574, nota 1b, LDi 40 § 2º-II e CPC 731-II.

V. art. 1.571, nota 2b **(Em. Const. 66, de 13.7.10).**

Art. 1.703. Para a manutenção dos filhos, os cônjuges separados judicialmente[1-2] contribuirão na proporção de seus recursos.[3] [Sem dispositivo correspondente no CC/1916.]

Art. 1.703: 1. v. art. 1.571, nota 2b **(Em. Const. 66, de 13.7.10).**

Art. 1.703: 2. ou divorciados.

Art. 1.703: 3. "O dever de prestar alimentos aos filhos menores impúberes independe da demonstração da necessidade"; nesse caso, "para que se estabeleça a relação obrigacional entre o alimentante e o alimentando, basta que haja a comprovação do vínculo jurídico a unir as partes" (STJ-3ª T., REsp 241.832, Min. Menezes Direito, j. 17.6.03, DJU 1.9.03).

S/ cessação dos alimentos, em razão da maioridade do filho, v. LA 13, nota 5.

Art. 1.704. Se um dos cônjuges separados judicialmente vier a necessitar de alimentos, será o outro obrigado a prestá-los mediante pensão a ser fixada pelo juiz, caso não tenha sido declarado culpado na ação de separação judicial.[1-2] [Sem dispositivo correspondente no CC/1916.]

Parágrafo único. Se o cônjuge declarado culpado vier a necessitar de alimentos, e não tiver parentes em condições de prestá-los, nem aptidão para o trabalho, o outro cônjuge será obrigado a assegurá-los, fixando o juiz o valor indispensável à sobrevivência.[3-4] [Sem dispositivo correspondente no CC/1916.]

Art. 1.704: 1. v. art. 1.702.

V., ainda, art. 1.571, nota 2b **(Em. Const. 66, de 13.7.10).**

Art. 1.704: 2. "Não há falar-se em renúncia do direito aos alimentos ante a **simples inércia** de seu exercício, porquanto o ato abdicativo do direito deve ser expresso e inequívoco. Em atenção ao princípio da mútua assistência, **mesmo após o divórcio,** não tendo ocorrido a renúncia aos alimentos por parte do cônjuge que, em razão dos longos anos de duração do matrimônio, não exercera atividade econômica, se vier a padecer de recursos materiais, por não dispor de meios para suprir as próprias necessidades vitais (alimentos necessários), seja por incapacidade laborativa, seja por insuficiência de bens, poderá requerê-la de seu ex-consorte, desde que preenchidos os requisitos legais" (STJ-4ª T., REsp 1.073.052, Min. Marco Buzzi, j. 11.6.13, DJ 2.9.13).

V. tb art. 1.707, nota 3.

✎ Art. 1.704: 3. "O novo divórcio e seus reflexos no direito a alimentos", por Rodolfo Pamplona Filho e Luiz Carlos de Assis Jr. (RJ-Lex 61/50).

Art. 1.704: 4. cf. art. 1.694 § 2º. V. tb. art. 1.572.

Art. 1.705. Para obter alimentos, o filho havido fora do casamento pode acionar o genitor, sendo facultado ao juiz determinar, a pedido de qualquer das partes, que a ação se processe em segredo de justiça.[1] [Sem dispositivo correspondente no CC/1916.]

Art. 1.705: 1. v. art. 7º da Lei 8.560, de 29.12.92 (no tít. INVESTIGAÇÃO DE PATERNIDADE). V. tb. CPC 189-II (segredo de justiça), 215-II (não suspensão da ação de alimentos durante as férias forenses), 292-III (valor da causa na ação de alimentos), 528 a 533 (cumprimento da sentença que condena ao pagamento de alimentos), 911 a 913 (execução de alimentos), 1.012 § 1º-II (efeito da apelação contra sentença que condena a pagar alimentos).

Art. 1.706. Os alimentos provisionais serão fixados pelo juiz, nos termos da lei processual.[1] [Sem dispositivo correspondente no CC/1916.]

Art. 1.706: 1. A lei processual não mais disciplina alimentos provisionais. S/ alimentos provisórios, v. LA 4º.

Art. 1.707. Pode o credor não exercer, porém lhe é vedado renunciar[1 a 4a] o direito a alimentos, sendo o respectivo crédito insuscetível de cessão, compensação[5] ou penhora. [Dispositivo correspondente no CC/1916: art. 404.]

✎ Art. 1.707: 1. "Renúncia a alimentos", por Rolf Madaleno (RBDF 27/146).

Art. 1.707: 2. **Enunciado 263 do CEJ:** "O art. 1.707 do Código Civil não impede seja reconhecida válida e eficaz a renúncia manifestada por ocasião do divórcio (direto ou indireto) ou da dissolução da 'união estável'. A irrenunciabilidade do direito a alimentos somente é admitida enquanto subsista vínculo de Direito de Família".

Art. 1.707: 3. Aos olhos da jurisprudência, a irrenunciabilidade prevista no art. 1.707 contempla apenas os parentes, não alcançando os cônjuges:

"A cláusula de renúncia a alimentos, constante em acordo de separação devidamente homologado, é válida e eficaz, não permitindo ao ex-cônjuge que renunciou a pretensão de ser pensionado ou voltar a pleitear o encargo" (STJ-3ª T., REsp 701.902, Min. Nancy Andrighi, j. 15.9.05, DJU 3.10.05). Ainda: STJ-4ª T., REsp 199.427, Min. Fernando Gonçalves, j. 9.3.04, DJU 29.3.04; JTJ 284/20, 309/40 (bem fundamentado); RT 854/195, 860/252; RBDF 19/90; Bol. AASP 2.686 (TJDFT, AP 20080111480364).

Com isso, segue **superada** a **Súmula 379 do STF** ("No acordo de desquite não se admite renúncia aos alimentos, que poderão ser pleiteados ulteriormente, verificados os pressupostos legais"), que já não vinha sendo aplicada mesmo antes do advento do vigente CC. V. STJ-RT 713/228 (3ª T., REsp 37.151), RSTJ 145/419 (4ª T., REsp 70.630).

V. tb. arts. 1.574, notas 1b e 1c, e 1.704, nota 2.

Art. 1.707: 3a. "União estável. Dissolução. Se no momento da separação há dispensa quanto à prestação alimentícia sem nenhuma ressalva quanto a essa parcela, não pode um dos ex-companheiros, posteriormente, postular alimentos, dado que já definitivamente dissolvido qualquer vínculo existente entre eles" (STJ-4ª T., REsp 674.233, Min. Fernando Gonçalves, j. 12.4.05, DJU 9.5.05).

Art. 1.707: 3b. "União estável. Escritura pública de reconhecimento. Alimentos. Cláusula de dispensa prévia. Alteração da situação financeira na constância da união. Ação de alimentos ajuizada após a dissolução do vínculo. Viabilidade. Irrenunciabilidade dos alimentos devidos na constância do vínculo conjugal. Nulidade da cláusula de renúncia. São irrenunciáveis os alimentos devidos na constância do vínculo familiar (art. 1.707 do CC/2002). Não obstante considere-se válida e eficaz a renúncia manifestada por ocasião de acordo de separação judicial ou de divórcio, nos termos da reiterada jurisprudência do Superior Tribunal de Justiça, não pode ser admitida enquanto perdurar a união estável" (STJ-4ª T., REsp 1.178.233, Min. Raul Araújo, j. 18.11.14, DJ 9.12.14).

Art. 1.707: 4. "A obrigação de prestar alimentos somente se instaura entre cônjuges ou, no caso de estar desfeito o vínculo matrimonial pelo divórcio, se os ex-cônjuges a pactuaram ainda durante o casamento, no máximo no ajuste de divórcio. Se as partes são divorciadas, não produz efeito de obrigação alimentícia o acerto particular em que uma assume o ônus de entregar determinada quantia à outra" (RT 836/308: TJRJ, AP 11820/04).

Art. 1.707: 4a. "É irrenunciável o direito aos alimentos presentes e futuros (art. 1.707 do Código Civil), mas pode o credor **renunciar aos alimentos pretéritos devidos e não prestados,** isso porque a irrenunciabilidade atinge o direito, e não o seu exercício. Na hipótese, a extinção da execução em virtude da celebração de acordo em que o débito foi exonerado não resultou em prejuízo, visto que não houve renúncia aos alimentos vincendos e que são indispensáveis ao sustento das alimentandas. As partes transacionaram somente o crédito das parcelas específicas dos alimentos executados, em relação aos quais inexiste óbice legal" (STJ-3ª T., REsp 1.529.532, Min. Ricardo Cueva, j. 9.6.20, DJ 16.6.20).

Art. 1.707: 5. s/ compensação em matéria de alimentos, v. LA 1º, nota 10a.

Art. 1.708. Com o casamento, a união estável ou o concubinato do credor, cessa o dever de prestar alimentos.[1 a 2a] [Sem dispositivo correspondente no CC/1916.]

Parágrafo único. Com relação ao credor cessa, também, o direito a alimentos, se tiver procedimento indigno em relação ao devedor.[2b a 3] [Sem dispositivo correspondente no CC/1916.]

✎ Art. 1.708: 1. "A exoneração da pensão alimentícia devida ao ex-cônjuge", por Priscila Maria Pereira Corrêa da Fonseca (RBDFS 16/20).

Art. 1.708: 1a. s/ união estável, v. art. 1.723; s/ concubinato, v. art. 1.727.

Art. 1.708: 1b. **Enunciado 265 do CEJ:** "Na hipótese de concubinato, haverá necessidade de demonstração da assistência material prestada pelo concubino a quem o credor de alimentos se uniu".

Art. 1.708: 1c. "A desoneração de alimentos prestados a ex-cônjuge, por força da constituição de novo relacionamento familiar da alimentada, abrange tanto os alimentos pagos em dinheiro como aqueles prestados diretamente, por meio de utilidades ou gêneros alimentícios. O proveito direto é o elemento a ser considerado para se definir o destinatário dos alimentos que não são pagos em dinheiro. Os débitos relativos ao IPTU, luz, água e telefone, embora não possam ser considerados, todos, como obrigações *propter rem*, são de alguma forma ligados ao imóvel e, à exceção do IPTU, caracterizam obrigação pessoal, usualmente do proprietário do imóvel, se este residir no local. Sob essa orientação, o pagamento de IPTU, água, luz e telefone, invariavelmente, encontrará o proprietário do imóvel como destinatário ou porque está mantendo desonerado o seu patrimônio — no caso da obrigação *propter rem* — ou, ainda, porque está, tão somente, adimplindo obrigações pessoais que assumiu e das quais usufrui, à medida que lhe convém. Os benefícios reflexos que os filhos têm pelo pagamento dos referidos débitos são, *in casu*, absorvidos pela obrigação materna em relação à sua prole, que continua a existir, embora haja o pagamento de alimentos pelo pai, porquanto cediço que a obrigação de criar os filhos é conjunta" (STJ-RT 913/595: 3ª T., REsp 1.087.164).

Art. 1.708: 2. "O fato de a mulher manter relacionamento afetivo com outro homem não é causa bastante para a dispensa da pensão alimentar prestada pelo ex-marido, acordada quando da separação consensual, diferentemente do que aconteceria se estabelecida união estável" (STJ-RT 797/200). No mesmo sentido: RBDF 25/74. **Contra:** RBDF 19/110.

Mas para a caracterização da união estável exoneratória do credor, não se exige a "convivência sob o mesmo teto" (RT 887/2237: TJSP, AP 551.812.4/4-00).

Art. 1.708: 2a. "Tendo a requerida, após o casamento desfeito, instaurado nova sociedade afetiva, impõe-se a exoneração alimentar do devedor para com a alimentada, a teor do art. 1.708 do CC. Se os princípios da boa-fé e da eticidade subjugam a relação pós-matrimônio entre ex-cônjuges, a alimentada tem obrigação de comunicar ao alimentante a cessação de seu crédito alimentício, sob pena de pagamento indevido do devedor para a credora através de ardil que leva ao locupletamento ilícito. Ausente a licitude na conduta da credora, deve ela **restituir** ao suposto devedor a **verba alimentar** indevida e ilicitamente recebida ao longo do tempo, a partir da sociedade afetiva que o ex-cônjuge desconhecia" (RT 876/367: TJSC, AP 2004.034220-9).

✎ **Art. 1.708: 2b.** "A indignidade como causa de escusabilidade do dever de alimentar", por Giselda Maria Fernandes Novaes Hironaka (Rev. AASP 98/101).

Art. 1.708: 2c. s/ revogação de doação por ingratidão, v. art. 557; s/ redução do valor da pensão alimentícia para quantia indispensável à sobrevivência do cônjuge culpado pela separação, v. art. 1.704 § ún.; s/ exclusão da sucessão por indignidade, v. art. 1.814-I e II.

Art. 1.708: 3. Enunciado 264 do CEJ: "Na interpretação do que seja procedimento indigno do credor, apto a fazer cessar o direito a alimentos, aplicam-se, por analogia, as hipóteses dos incs. I e II do art. 1.814 do Código Civil".

Enunciado 345 do CEJ: "O 'procedimento indigno' do credor em relação ao devedor, previsto no parágrafo único do art. 1.708 do Código Civil, pode ensejar a exoneração ou apenas a redução do valor da pensão alimentícia para quantia indispensável à sobrevivência do credor".

Art. 1.709. O novo casamento do cônjuge devedor não extingue a obrigação constante da sentença de divórcio.[1-2] [Sem dispositivo correspondente no CC/1916.]

Art. 1.709: 1. v. art. 1.699, nota 1a, e LDi 30.

Art. 1.709: 2. "O simples fato de constituir nova família não importa em redução de pensão à ex-esposa, especialmente se não houve modificação para pior na situação econômica do ex-marido" (STJ-3ª T., REsp 475.167, Min. Pádua Ribeiro, j. 25.2.03, DJU 24.3.03).

Art. 1.710. As prestações alimentícias, de qualquer natureza,[1] serão atualizadas segundo índice oficial regularmente estabelecido.[2 a 4] [Sem dispositivo correspondente no CC/1916.]

Art. 1.710: 1. "De qualquer natureza"; ou seja, também as prestações alimentícias previstas como reparação de ato ilícito. V. art. 948-II. V. tb. CPC 533.

Art. 1.710: 2. s/ pensão alimentícia e salário mínimo, v. LA 11, nota 2a.

Art. 1.710: 3. "Nos termos do art. 1.710 do CC/02, a atualização monetária deve constar expressamente da decisão concessiva de alimentos, os quais podem ser fixados em número de salários mínimos" (STJ-RT 903/180 e RBDFS 18/125: 3ª T., REsp 1.025.769).

Art. 1.710: 4. "Por ser a correção monetária mera recomposição do valor real da pensão alimentícia, é de rigor que conste, expressamente, da decisão concessiva de alimentos — sejam **provisórios ou definitivos** —, o índice de atualização monetária, conforme determina o art. 1.710 do Código Civil. Diante do lapso temporal transcorrido, deveria ter havido incidência da correção monetária sobre o valor dos alimentos provisórios, independentemente da iminência da prolação de sentença, na qual seria novamente analisado o binômio necessidade-possibilidade para determinação do valor definitivo da pensão. Na hipótese, para a correção monetária, faz-se mais adequada a utilização do **INPC,** em consonância com a jurisprudência do STJ, no sentido da utilização do referido índice para correção monetária dos débitos judiciais" (STJ-3ª T., REsp 1.258.824, Min. Nancy Andrighi, j. 24.4.14, DJ 30.5.14).

Subtítulo IV | DO BEM DE FAMÍLIA[1-2]

✎ **SUBTÍT. IV: 1.** "Bem de família e o novo Código Civil brasileiro", por Denise Willhelm Gonçalves (RDPr 17/116); "Instituição voluntária do bem de família conforme o novo Código Civil", por Josiane Dalla Vechia (RSDCPC 32/75).

SUBTÍT. IV: 2. Dec. lei 3.200, de 19.4.41 — Dispõe sobre a organização e proteção da família (v. seus arts. 8º § 5º e 19 a 23). V. tb. LRP 260 a 265.

Art. 1.711. Podem os cônjuges, ou a entidade familiar,[1] mediante escritura pública[2] ou testamento, destinar parte de seu patrimônio para instituir bem de família, desde que não ultrapasse um terço do patrimônio líquido existente ao tempo da instituição, mantidas as regras sobre a impenhorabilidade do imóvel residencial estabelecida em lei especial.[3] [Dispositivo correspondente no CC/1916: art. 70-*caput*.]

Parágrafo único. O terceiro poderá igualmente instituir bem de família por testamento ou doação, dependendo a eficácia do ato da aceitação expressa de ambos os cônjuges beneficiados ou da entidade familiar beneficiada. [Sem dispositivo correspondente no CC/1916.]

✎ **Art. 1.711: 1.** "Da instituição de bem de família no caso de união estável", por Mariana Ribeiro Santiago (RDPr 18/176).

Art. 1.711: 2. v. art. 1.713 § 1º.

Art. 1.711: 3. v. Lei 8.009, de 29.3.90, no tít. BEM DE FAMÍLIA.

Art. 1.712. O bem de família consistirá em prédio residencial urbano ou rural, com suas pertenças e acessórios,[1] destinando-se[2] em ambos os casos a domicílio familiar, e poderá abranger valores mobiliários,[3] cuja renda será aplicada na conservação do imóvel e no sustento da família. [Sem dispositivo correspondente no CC/1916.]

Art. 1.712: 1. s/ pertenças e acessórios, v. arts. 92 e 93.

Art. 1.712: 2. v. art. 1.717.

Art. 1.712: 3. v. art. 1.713.

Art. 1.713. Os valores mobiliários, destinados aos fins previstos no artigo antecedente, não poderão exceder o valor do prédio instituído em bem de família, à época de sua instituição. [Sem dispositivo correspondente no CC/1916.]

§ 1º Deverão os valores mobiliários ser devidamente individualizados no instrumento de instituição do bem de família. [Sem dispositivo correspondente no CC/1916.]

§ 2º Se se tratar de títulos nominativos,[1] a sua instituição como bem de família deverá constar dos respectivos livros de registro. [Sem dispositivo correspondente no CC/1916.]

§ 3º O instituidor poderá determinar que a administração dos valores mobiliários seja confiada a instituição financeira,[2] bem como disciplinar a forma de pagamento da respectiva renda aos beneficiários, caso em que a responsabilidade dos administradores obedecerá às regras do contrato de depósito.[3] [Sem dispositivo correspondente no CC/1916.]

Art. 1.713: 1. s/ títulos nominativos, v. arts. 921 a 926.

Art. 1.713: 2. v. art. 1.718.

Art. 1.713: 3. v. arts. 627 a 646.

Art. 1.714. O bem de família, quer instituído pelos cônjuges ou por terceiro, constitui-se pelo registro de seu título no Registro de Imóveis.[1] [Sem dispositivo correspondente no CC/1916.]

Art. 1.714: 1. v. LRP 167-I-1 e 260 a 265.

Art. 1.715. O bem de família é isento de execução por dívidas posteriores à sua instituição, salvo as que provierem de tributos relativos ao prédio, ou de despesas de condomínio.[1] [Dispositivo correspondente no CC/1916: art. 70-*caput*.]

Parágrafo único. No caso de execução pelas dívidas referidas neste artigo, o saldo existente será aplicado em outro prédio, como bem de família, ou em títulos da dívida pública, para sustento familiar, salvo se motivos relevantes aconselharem outra solução, a critério do juiz. [Sem dispositivo correspondente no CC/1916.]

Art. 1.715: 1. v. art. 1.716. V. tb. CPC 832 c/c 833-I e LRF 108 § 4º.

Art. 1.716. A isenção de que trata o artigo antecedente durará enquanto viver um dos cônjuges, ou, na falta destes, até que os filhos completem a maioridade.[1] [Dispositivo correspondente no CC/1916: art. 70 § ún.]

Art. 1.716: 1. v. arts. 1.719, 1.721 e 1.722.

Art. 1.717. O prédio e os valores mobiliários, constituídos como bem da família, não podem ter destino diverso do previsto no art. 1.712 ou serem alienados sem o consentimento dos interessados e seus representantes legais, ouvido o Ministério Público.[1] [Dispositivo correspondente no CC/1916: art. 72.]

Art. 1.717: 1. v. art. 1.719. V. tb. CPC 832 c/c 833-I e LRF 108 § 4º.

Art. 1.718. Qualquer forma de liquidação da entidade administradora, a que se refere o § 3º do art. 1.713, não atingirá os valores a ela confiados, ordenando o juiz a sua transferência para outra instituição semelhante, obedecendo-se, no caso de falência, ao disposto sobre pedido de restituição.[1] [Sem dispositivo correspondente no CC/1916.]

Art. 1.718: 1. s/ pedido de restituição, v. LRF 85 a 93.

Art. 1.719. Comprovada a impossibilidade da manutenção do bem de família nas condições em que foi instituído, poderá o juiz, a requerimento dos interessados, extingui-lo ou autorizar a sub-rogação dos bens que o constituem em outros, ouvidos o instituidor e o Ministério Público. [Sem dispositivo correspondente no CC/1916.]

Art. 1.720. Salvo disposição em contrário do ato de instituição, a administração do bem de família compete a ambos os cônjuges, resolvendo o juiz em caso de divergência.[1] [Sem dispositivo correspondente no CC/1916.]

Parágrafo único. Com o falecimento de ambos os cônjuges, a administração passará ao filho mais velho, se for maior, e, do contrário, a seu tutor.[2] [Sem dispositivo correspondente no CC/1916.]

Art. 1.720: 1. v. art. 1.567 § ún.

Art. 1.720: 2. v. art. 1.741.

Art. 1.721. A dissolução[1] da sociedade conjugal não extingue o bem de família. [Sem dispositivo correspondente no CC/1916.]

Parágrafo único. Dissolvida a sociedade conjugal pela morte de um dos cônjuges,[2] o sobrevivente poderá pedir a extinção do bem de família, se for o único bem do casal. [Sem dispositivo correspondente no CC/1916.]

Art. 1.721: 1. v. arts. 1.571 a 1.582.

Art. 1.721: 2. cf. art. 1.571-I.

Art. 1.722. Extingue-se,[1] igualmente, o bem de família com a morte de ambos os cônjuges e a maioridade dos filhos, desde que não sujeitos a curatela.[2] [Sem dispositivo correspondente no CC/1916.]

Art. 1.722: 1. v. arts. 1.716 e 1.721.

Art. 1.722: 2. v. art. 1.767 (sujeitos a curatela).

Título III | DA UNIÃO ESTÁVEL[1 a 3]

TÍT. III: 1. **CF 226: "§ 3º** Para efeito da proteção do Estado, é reconhecida a união estável entre o homem e a mulher como entidade familiar, devendo a lei facilitar sua conversão em casamento.

"§ 4º Entende-se, também, como entidade familiar a comunidade formada por qualquer dos pais e seus descendentes".

TÍT. III: 2. Segundo o enunciado 97 do CEJ (texto integral em nota 1 ao art. 25), as regras do Código Civil que se referem apenas ao cônjuge devem ser estendidas ao companheiro.

✎ TÍT. III: 3. "Reflexões sobre os impedimentos matrimoniais e a união estável no novo Código Civil", por Débora Vanessa Caús Brandão (RT 805/11); "Dano moral na separação, divórcio e união estável", por Belmiro Pedro Welter (RT 775/128); "O novo Código Civil e a união estável", por José Carlos Barbosa Moreira (RDPr 13/51 e RSDCPC 21/5); "A união estável perante o novo Código Civil", por Helder Martinez Dal Col (RT 818/11 e RF 379/97); "Da união estável no novo Código Civil", pelo Min. Carlos Alberto Menezes Direito (RF 369/51); "União estável como direito fundamental e lacunas em nosso ordenamento", por Sergio Luiz Monteiro Salles (RDPr 21/235); "União estável e casamento: adequação da disciplina da união estável no Código Civil à Constituição Federal", por Wilson J. Comel e Denise Damo Comel (RT 832/37); "Novo Código Civil e família informal", por José de Farias Tavares (RBDF 19/5); "União estável e concubinato no novo Código Civil", por Marco Túlio Murano Garcia (RBDF 20/32); "União estável e contratos de namoro no NCCB", por Helder Martinez Dal Col (RBDF 23/126); "A escritura pública de união estável como prova *juris tantum* da paternidade", por Assuelma Arantes da Silva (RDPr 41/31); "Contratos afetivos: o temor do amor", por Sílvio de Salvo Venosa (RMDCPC 44/82, RJ-Lex 53/183).

Art. 1.723. É reconhecida como entidade familiar a união estável[1 a 1c] entre o homem e a mulher,[2 a 2c] configurada na convivência pública, contínua e duradoura[3] e estabelecida com o objetivo de constituição de família.[3a a 3e] [Sem dispositivo correspondente no CC/1916.]

§ 1º A união estável não se constituirá se ocorrerem os impedimentos do art. 1.521;[4] não se aplicando a incidência do inciso VI no caso de a pessoa casada se achar separada de fato ou judicialmente.[4a] [Sem dispositivo correspondente no CC/1916.]

§ 2º As causas suspensivas do art. 1.523 não impedirão a caracterização da união estável. [Sem dispositivo correspondente no CC/1916.]

Art. 1.723: 1. s/ presunção da concepção de filho na constância da união estável, v. art. 1.597, nota 1b; s/ uso do nome do companheiro pela companheira, v. art. 1.565, nota 1a, e LRP 57, nota 4a; s/ pensão previdenciária, v. nota 1c.

No nosso CPCLPV, v. CPC 53-I (foro competente para ação de dissolução), 612, nota 3 (reconhecimento em sede de inventário), 628, nota 2a (reserva de bens em inventário).

Art. 1.723: 1a. Entendemos que as **Leis 8.971, de 29.12.94, e 9.278, de 10.5.96, foram implícita e parcialmente revogadas** pelos arts. 1.723 a 1.727 do CC, na medida em que estes passaram a regular a matéria relativa à união estável. Ficaram a salvo da revogação os arts. 7º § ún. (direito real de habitação) e 9º (regras processuais) da Lei 9.278, de 10.5.96, que tratam de temas não disciplinados pela legislação ulterior e, assim, continuam em vigor.

Lei 9.278, de 10.5.96: "Art. 7º § ún. Dissolvida a união estável por morte de um dos conviventes, o sobrevivente terá direito real de habitação, enquanto viver ou não constituir nova união ou casamento, relativamente ao imóvel destinado à residência da família.

(...)

"Art. 9º Toda a matéria relativa à união estável é de competência do Juízo da Vara de Família, assegurado o segredo de justiça".

S/ revogação implícita, v. LINDB 2º e §§ e CC 2.045, nota 2.

S/ competência do Juízo da Vara de Família, v. tb. nota seguinte; s/ direito real de habitação, v. tb. art. 1.831, nota 1a.

Art. 1.723: 1b. É cabível a ação de dissolução da união estável (v. art. 1.562).

"União estável. Dissolução. Interesse de agir. Partilha do patrimônio comum. Ajuste consensual. A união estável autoriza os parceiros a procurar, amigavelmente, o Poder Judiciário para fazer a respectiva dissolução" (STJ-3ª T., REsp 178.262, Min. Menezes Direito, j. 19.5.05, dois votos vencidos, DJU 29.8.05).

"A ação declaratória de união estável e sua dissolução, em que pese tratar-se de direito personalíssimo, admite plenamente, após a morte da parte originária, sua **substituição**, no caso, **pelos herdeiros** do *de cujus*" (RT 900/292: TJGO, AP 249588-54).

"Os **herdeiros** do falecido companheiro têm legitimidade para **propor ação** de reconhecimento da união estável" (RJTJERGS 250-251/247).

"Ação de reconhecimento e dissolução de união estável. **Desconsideração da personalidade jurídica. Legitimidade passiva.** Pessoa jurídica. As sociedades empresárias, cuja personalidade jurídica se pretende desconsiderar, têm legitimidade passiva para integrar a demanda que busca, em última análise, a partilha de bens do casal" (STJ-3ª T., REsp 1.625.826-AgInt, Min. Ricardo Cueva, j. 1.10.18, DJ 4.10.18).

"É competente o **Juízo da Família** não só para o processo e julgamento de ações visando ao reconhecimento da união estável, mas também para a partilha do patrimônio durante ela amealhado pelos conviventes, em consonância com o prescrito no art. 9º da Lei 9.278/96. Embora, em um primeiro momento, a pretensão inicial em ação declaratória de reconhecimento de sociedade de fato vise precipuamente a decisão judicial sobre a existência do relacionamento afetivo mantido entre os conviventes, impossível dissociar as questões atinentes à aquisição patrimonial da análise desse relacionamento, de modo que inconveniente a cisão da competência entre o Juízo de reconhecimento da união estável e o da partilha do patrimônio adquirido durante a união, a que tudo, afinal, remonta" (STJ-3ª T., REsp 1.281.552, Min. Sidnei Beneti, j. 3.11.11, DJ 2.2.12). V. tb. art. 1.727, nota 2b.

Todavia: "Discussão relativa à legitimidade ativa de **credor** para propositura de ação declaratória de união estável entre o devedor e terceiro. Compete exclusivamente aos titulares da relação que se pretende ver declarada, a demonstração do *animus*, ou seja, do elemento subjetivo consubstanciado no desejo anímico de constituir família. Ainda que possa haver algum interesse econômico ou financeiro de terceiro credor no reconhecimento da união estável, ele terá caráter reflexo e indireto, o que não justifica a sua intervenção na relação processual que tem por objetivo declarar a existência de relacionamento afetivo entre as partes" (STJ-3ª T., REsp 1.353.039, Min. Nancy Andrighi, j. 7.11.13, DJ 18.11.13).

Art. 1.723: 1c. "A **previdência** privada não perde o seu caráter social pelo só fato de decorrer de avença firmada entre particulares. Assim, incontroversa a união estável, como no caso, a companheira de participante de plano dessa natureza faz jus à pensão por morte, mesmo não estando expressamente inscrita no instrumento de adesão" (STJ-RT 863/202: 4ª T., REsp 844.522). "Comprovada a união estável, a companheira de participante de plano de previdência privada faz jus ao recebimento do benefício de pensão por morte, ainda que não tenha sido designada como beneficiária por ocasião da adesão ao respectivo plano, ressalvando-se que o pagamento deverá ser feito conforme a sua cota-parte, caso haja outros inscritos recebendo devidamente o benefício" (STJ-3ª T., REsp 1.705.576, Min. Marco Bellizze, j. 27.2.18, DJ 6.3.18).

"É prescindível a designação pelo servidor falecido de sua companheira como beneficiária de pensão vitalícia, se a união estável restou comprovada por outros meios" (STJ-6ª T., REsp 550.141, Min. Quaglia Barbosa, j. 16.9.04, DJU 4.10.04). No mesmo sentido: STJ-5ª T., REsp 553.115, Min. Jorge Scartezzini, j. 25.5.04, DJU 2.8.04.

"A inclusão da companheira, ao lado da ex-esposa, no rol de beneficiários da previdência privada, mesmo no caso de omissão do participante quando da inscrição no plano, promoverá o aperfeiçoamento do regime complementar fechado, à semelhança do que já acontece na previdência social e nas previdências do servidor público e do militar nos casos de pensão por morte. Em tais situações, é recomendável o rateio igualitário do benefício entre o ex-cônjuge e o companheiro do instituidor da pensão, visto que não há ordem de preferência entre eles" (STJ-3ª T., REsp 1.715.485, Min. Ricardo Cueva, j. 27.2.18, DJ 6.3.18).

Art. 1.723: 2. "O casamento como um instituto de direito civil: a homoafetividade", por Gabriela Soares Balestero (RBDFS 22/25); "A inclusão dos excluídos: a regulamentação jurisdicional para a família homoafeiva e o ativismo judicial", por César Leandro de Almeida Rabelo, Cláudia Mara de Almeida Rabelo Viegas e Leonardo Macedo Poli (RBDFS 27/106).

Art. 1.723: 2a. s/ união homoafetiva e: adoção, v. ECA 42, notas 1 e 1a; pedido de reserva de bens no inventário, v., no CPCLPV, CPC 628, nota 3.

S/ casamento entre pessoas do mesmo sexo, v. art. 1.514, notas 1 e segs.

Art. 1.723: 2b. **Instrução Normativa 126, de 17.8.11, do Diretor-Geral da Secretaria do STF** — Dispõe sobre os procedimentos para reconhecimento da união estável no âmbito do Supremo Tribunal Federal.

Res. 175, de 14.5.13, do CNJ — Dispõe sobre a habilitação, celebração de casamento civil, ou de conversão de união estável em casamento, entre pessoas de mesmo sexo:

"Art. 1º É vedada às autoridades competentes a recusa de habilitação, celebração de casamento civil ou de conversão de união estável em casamento entre pessoas de mesmo sexo.

"Art. 2º A recusa prevista no art. 1º implicará a imediata comunicação ao respectivo juiz corregedor para as providências cabíveis".

Art. 1.723: 2c. "Ante a possibilidade de interpretação em sentido preconceituoso ou discriminatório do art. 1.723 do Código Civil, não resolúvel à luz dele próprio, faz-se necessária a utilização da técnica de 'interpretação conforme à Constituição'. Isso para excluir do dispositivo em causa qualquer significado que impeça o reconhecimento da união contínua, pública e duradoura entre **pessoas do mesmo sexo** como família. Reconhecimento que é de ser feito segundo as mesmas regras e com as mesmas consequências da união estável heteroafetiva" (STF-Pleno, ADI 4.277, Min. Ayres Britto, j. 5.5.11, DJ 14.10.11).

"O Supremo Tribunal Federal — apoiando-se em valiosa hermenêutica construtiva e invocando princípios essenciais (como os da dignidade da pessoa humana, da liberdade, da autodeterminação, da igualdade, do pluralismo, da intimidade, da não discriminação e da busca da felicidade) — reconhece assistir, a qualquer pessoa, o direito fundamental à orientação sexual, havendo proclamado, por isso mesmo, a plena legitimidade ético-jurídica da união homoafetiva como entidade familiar, atribuindo-lhe, em consequência, verdadeiro estatuto de cidadania, em ordem a permitir que se extraiam, em favor de parceiros homossexuais, relevantes consequências no plano do Direito, notadamente no campo previdenciário, e, também, na esfera das relações sociais e familiares. A **extensão, às uniões homoafetivas, do mesmo regime jurídico aplicável à união estável** entre pessoas de gênero distinto justifica-se e legitima-se pela direta incidência, dentre outros, dos princípios constitucionais da igualdade, da liberdade, da dignidade, da segurança jurídica e do postulado constitucional implícito que consagra o direito à busca da felicidade, os quais configuram, numa estrita dimensão que privilegia o sentido de inclusão decorrente da própria Constituição da República (art. 1º, III, e art. 3º, IV), fundamentos autônomos e suficientes aptos a conferir suporte legitimador à qualificação das conjugalidades entre pessoas do mesmo sexo como espécie do gênero entidade familiar. A proteção das minorias e dos grupos vulneráveis qualifica-se como fundamento imprescindível à plena legitimação material do Estado Democrático de Direito. Incumbe, por isso mesmo, ao Supremo Tribunal Federal, em sua condição institucional de guarda da Constituição (o que lhe confere 'o monopólio da última palavra' em matéria de interpretação constitucional), desempenhar função contramajoritária, em ordem a dispensar efetiva proteção às minorias contra eventuais excessos (ou omissões) da maioria, eis que ninguém se sobrepõe, nem mesmo os grupos majoritários, à autoridade hierárquico-normativa e aos princípios superiores consagrados na Lei Fundamental do Estado" (STF-2ª T., RE 477.554-AgRg, Min. Celso de Mello, j. 16.8.11, DJ 26.8.11). No mesmo sentido: RT 849/165, 883/273 (TJMA, AP 020371/2008), RJTJERGS 261/256 (AP 70016660383).

"Os princípios da igualdade e da dignidade humana, que têm como função principal a promoção da autodeterminação e impõem tratamento igualitário entre as diferentes estruturas de convívio sob o âmbito do direito de família, justificam o reconhecimento das parcerias afetivas entre homossexuais como mais uma das várias modalidades de entidade familiar. O art. 4º da LICC permite a equidade na busca da Justiça. O manejo da analogia frente à lacuna da lei é perfeitamente aceitável para alavancar, como entidades familiares, as uniões de afeto entre pessoas do mesmo sexo. Para ensejar o reconhecimento, como entidades familiares, é de rigor a demonstração inequívoca da presença dos elementos essenciais à caracterização de entidade familiar diversa e que serve, na hipótese, como parâmetro diante do vazio legal — a de união estável — com a evidente exceção da diversidade de sexos. Demonstrada a convivência, entre duas pessoas do mesmo sexo, pública, contínua e duradoura, estabelecida com o objetivo de constituição de família, sem a ocorrência dos impedimentos do art. 1.521 do CC/02, com a exceção do inc. VI quanto à pessoa casada separada de fato ou judicialmente, haverá, por consequência, o reconhecimento dessa parceria como entidade familiar, com a respectiva atribuição de efeitos jurídicos dela advindos. Comprovada a existência de união afetiva entre pessoas do mesmo sexo, é de se reconhecer o direito do companheiro à **meação dos bens** adquiridos a título oneroso ao longo do relacionamento, mesmo que registrados unicamente em nome de um dos parceiros, **sem que se exija,** para tanto, a **prova do esforço comum,** que nesses casos é presumida" (STJ-2ª Seção, REsp 1.085.646, Min. Nancy Andrighi, j. 11.5.11, maioria, DJ 26.9.11).

"Comprovada a existência de união afetiva entre pessoas do mesmo sexo, é de se reconhecer o direito do companheiro sobrevivente de receber **benefícios previdenciários** decorrentes do plano de previdência privada no qual o falecido era participante, com os idênticos efeitos operados pela união estável. Se, por força do art. 16 da Lei 8.213/91, a necessária dependência econômica para a concessão da pensão por morte entre companheiros de união estável é presumida, também o é no caso de companheiros do mesmo sexo, diante do emprego da analogia que se estabeleceu entre essas duas entidades familiares" (STJ-RT 896/157: 3ª T., REsp 1.026.981).

"É de ser reconhecida judicialmente a união homoafetiva mantida entre duas mulheres de forma pública e ininterrupta pelo período de 16 anos. A homossexualidade é um fato social que se perpetua através dos séculos, não mais podendo o Judiciário se olvidar de emprestar a tutela jurisdicional a uniões que, enlaçadas pelo afeto, assumem feição de família. A união pelo amor é que caracteriza a entidade familiar, e não apenas a diversidade de sexos. É o afeto a mais pura exteriorização do ser e do viver, de forma que a marginalização das relações homoafetivas constitui afronta aos direitos humanos por ser forma de privação do direito à vida, violando os princípios da dignidade humana e da igualdade" (RJTJERGS 255/183; acórdão relatado pela Des. Maria Berenice Dias).

"A pretensão expressamente manifestada de reconhecimento judicial de união estável homoafetiva é dotada de interesse de agir, não se prestando a escritura pública de declaração de sociedade de fato para efeitos patrimoniais — anteriormente firmada pelos recorrentes — à consecução dos mesmos efeitos decorrentes da declaração de existência de uma entidade familiar. A pretensão de ver reconhecida a união estável homoafetiva como uma sociedade de natureza familiar vai além de eventual intenção de se fazer prova voltada à concessão de visto definitivo de permanência do recorrente estrangeiro no Brasil, afigurando-se o procedimento de justificação insuficiente para a consecução do fim almejado pelos autores" (STJ-3ª T., REsp 1.370.542, Min. Nancy Andrighi, j. 5.11.13, DJ 29.11.13).

"O *status* de entidade familiar atribuído às uniões homoafetivas pelo STF exige que os julgamentos que versam acerca do reconhecimento das aludidas uniões sejam realizados pelos **Juízos das Varas de Família,** e não mais pelos Juízos das Varas Cíveis" (RT 910/927: TJES, CC 100100029121). No mesmo sentido: STJ-4ª T., REsp 964.489, Min. Antonio Ferreira, j. 12.3.13, DJ 20.3.13; STJ-3ª T., REsp 1.291.924, Min. Nancy Andrighi, j. 28.5.13, RT 938/584; RT 918/970 (TJSP, CC 0130844-58.2011.8.26.0000).

Assim, ficou **superado** o entendimento no sentido de que a união entre pessoas do mesmo sexo configuraria mera sociedade de fato (p/ esse entendimento, v. STJ-3ª T., REsp 773.136, Min. Nancy Andrighi, j. 10.10.06, DJU 13.11.06; STJ-RJ 332/113: 4ª T., REsp 502.995; JTJ 312/467; 341/464: AP 643.179-4/0-00, maioria; 352/270: AP 990.10.120213-1).

Art. 1.723: 3. Para a configuração da união estável, a lei **não exige um prazo mínimo de convivência** (JTJ 366/255: AP 9254236-86.2005.8.26.0000).

Mas: "Apesar de não haver previsão de um prazo mínimo, exige a norma que a convivência seja duradoura, em período suficiente a demonstrar a intenção de constituir família, permitindo que se dividam alegrias e tristezas, que se compartilhem dificuldades e projetos de vida, sendo necessário um tempo razoável de relacionamento. Na hipótese, o relacionamento do casal teve um tempo muito exíguo de duração — apenas dois meses de namoro, sendo duas semanas em coabitação —, que não permite a configuração da estabilidade necessária para o reconhecimento da união estável" (STJ-4ª T., REsp 1.761.887, Min. Luis Felipe, j. 6.8.19, DJ 24.9.19).

✎**Art. 1.723: 3a.** "O ânimo de constituir família como elemento caracterizador da união estável", por Fernando Malheiros Filho (Ajuris 98/83 e RDPr 22/66).

Art. 1.723: 3b. Embora seja um importante elemento indicador da união estável, a coabitação não lhe é indispensável. Nesse sentido, **Súmula 382 do STF:** "A vida em comum sob o mesmo teto, *more uxorio*, não é indispensável à caracterização do concubinato" (essa súmula é anterior ao novo CC, quando não havia distinção entre união estável e concubinato).

"Não exige a lei específica a coabitação como requisito essencial para caracterizar a união estável. Na realidade, a convivência sob o mesmo teto pode ser um dos fundamentos a demonstrar a relação comum, mas a sua ausência não afasta, de imediato, a existência da união estável" (STJ-RDPr 21/359: 4ª T., REsp 474.962). No mesmo sentido: STJ-RT 879/202 e RDPr 36/315 (3ª T., REsp 275.839); JTJ 343/43[illegible] (AP 278.001-4/3-00).

"Mesmo que a ex-convivente tenha ido morar no exterior, a qual enviava, periodicamente, dinheiro para aquele que ficou no Brasil, a fim de contribuir para o sustento da entidade familiar, existe a união estável" (RJM 183/72: AP 1.0451.05.004111-5/001).

Art. 1.723: 3c. "Caso em que se reconhece a união estável. Prova que as partes buscaram ter filhos tanto com inseminação *in vitro* como pela via da adoção, que faz reconhecer mais relevância e maior constância da relação entre apelante e apelado, do que eventuais outros relacionamentos" (RJTJERGS 266/239: AP 70018626648).

Art. 1.723: 3d. "A configuração da união estável é ditada pela confluência dos parâmetros expressamente declinados, hoje, no art. 1.723 do CC-02, que tem elementos objetivos descritos na norma: convivência pública, sua continuidade e razoável duração, e um elemento subjetivo: o desejo de constituição de família. A congruência de todos os fatores objetivos descritos na norma, não levam, necessariamente, à conclusão sobre a existência de união estável, mas tão somente informam a existência de um relacionamento entre as partes. O desejo de constituir uma família, por seu turno, é essencial para a caracterização da união estável pois distingue um relacionamento, dando-lhe a marca da união estável, ante outros tantos que, embora públicos, duradouros e não raras vezes com prole, não têm o escopo de serem família, porque assim não quiseram seus atores principais. A demanda declaratória de união estável não pode prescindir de um diligente perscrutar sobre o 'querer constituir família', desejo anímico, que deve ser nutrido por ambos os conviventes, e a falta dessa conclusão impede o reconhecimento da união estável" (STJ-3ª T., REsp 1.263.015, Min. Nancy Andrighi, j. 19.6.12, DJ 26.6.12).

"O propósito de constituir família, alçado pela lei de regência como requisito essencial à constituição da união estável — a distinguir, inclusive, esta entidade familiar do denominado **'namoro qualificado'** —, não consubstancia mera proclamação, para o futuro, da intenção de constituir uma família. É mais abrangente. Esta deve se afigurar presente durante toda a convivência, a partir do efetivo compartilhamento de vidas, com irrestrito apoio moral e material entre os companheiros. É dizer: a família deve, de fato, restar constituída" (STJ-3ª T., REsp 1.454.643, Min. Marco Bellizze, j. 3.3.15, DJ 10.3.15).

"A dedicação e a solidariedade prestadas pela ora recorrente ao namorado, ponto incontroverso nos autos, por si só, não tem o condão de transmudar a relação de namoro para a de união estável, assim compreendida como unidade familiar. Revela-se imprescindível, para tanto, a presença inequívoca do intuito de constituir uma família, de ambas as partes, desiderato, contudo, que não se infere das condutas e dos comportamentos exteriorizados" (STJ-3ª T., REsp 1.257.819, Min. Massami Uyeda, j. 1.12.11, DJ 15.12.11).

"O relacionamento afetivo-sexual entre homem e mulher, ainda que ostensivo e de alguma duração, não caracteriza, necessariamente, a existência de união estável. Entre pessoas maduras e de bom nível sociocultural é comum o envolvimento emocional, que se materializa com a frequência a festas, viagens ao exterior e troca de bilhetes amorosos, sem que isso implique desejo de constituir família" (RDPr 15/364).

Art. 1.723: 3e. "A análise dos requisitos para configuração da união estável deve centrar-se na conjunção de fatores presente em cada hipótese, como a *affectio societatis* familiar, a participação de esforços, a posse do estado de casado, a continuidade da união, e também a **fidelidade.** Uma sociedade que apresenta como elemento estrutural a monogamia não pode atenuar o dever de fidelidade — que integra o conceito de lealdade e respeito mútuo — para o fim de inserir no âmbito do Direito de Família relações afetivas paralelas e, por consequência, desleais, sem descurar que o núcleo familiar contemporâneo tem como escopo a busca da realização de seus integrantes, vale dizer, a busca da felicidade. Ao analisar as lides que apresentam paralelismo afetivo, deve o juiz, atento às peculiaridades multifacetadas apresentadas em cada caso, decidir com base na dignidade da pessoa humana, na solidariedade, na afetividade, na busca da felicidade, na liberdade, na igualdade, bem assim, com redobrada atenção ao primado da monogamia, com os pés fincados no princípio da eticidade. Na hipótese, a recorrente não logrou êxito em demonstrar, nos termos da legislação vigente, a existência da união estável com o recorrido, podendo, no entanto, pleitear, em processo próprio, o reconhecimento de uma eventual sociedade de fato entre eles" (STJ-3ª T., REsp 1.348.458, Min. Nancy Andrighi, j. 8.5.14, DJ 25.6.14).

V. tb. art. 1.727, nota 3.

✎ "Famílias simultâneas *versus* família monogâmica: a nova decisão do STJ", por Débora Gozzo e Wilson Ricardo Ligiera (RNDFS 1/58).

Art. 1.723: 4. s/ sociedade de fato mantida por homem e mulher, um dos quais casado com outra pessoa, v. art. 1.727 e notas.

Art. 1.723: 4a. A convivência de pessoas impedidas de casar (art. 1.521) constitui concubinato (art. 1.727) e não união estável. Todavia, o impedimento do inciso VI do art. 1.521 ("as pessoas casadas") é mitigado. Assim, pessoa casada mas separada de fato ou judicialmente pode constituir união estável.

"Se rompido de fato há anos, o casamento não impede o reconhecimento da união estável" (STJ-3ª T., AI 966.256-AgRg, Min. Ari Pargendler, j. 27.5.08, DJ 5.11.08). No mesmo sentido: JTJ 342/431 (AP 617.651-4/9-00), RJ 416/155 (TRF-2ª Reg., AP 2003.51.10.004649-5).

V., ainda, art. 1.571, nota 2b **(Em. Const. 66, de 13.7.10).**

Art. 1.724. As relações pessoais entre os companheiros obedecerão aos deveres de lealdade, respeito e assistência, e de guarda, sustento e educação dos filhos.[1] [Sem dispositivo correspondente no CC/1916.]

Art. 1.724: 1. cf. art. 1.566. S/ direito a alimentos, v. art. 1.694, nota 3b; s/ renúncia a alimentos, v. art. 1.707, notas 3a e 3b; s/ oferta de alimentos, v. LA 24, nota 2a.

Art. 1.725. Na união estável, salvo contrato escrito entre os companheiros,[1] aplica-se às relações patrimoniais, no que couber, o regime da comunhão parcial de bens.[1a a 4] [Sem dispositivo correspondente no CC/1916.]

Art. 1.725: 1. "O pacto de convivência formulado em particular, pelo casal, na qual se opta pela adoção da regulação patrimonial da futura relação como símil ao regime de comunhão universal, é válido, desde que escrito" (STJ-3ª T., REsp 1.459.597, Min. Nancy Andrighi, j. 1.12.16, DJ 15.12.16).

Art. 1.725: 1a. "A retroatividade restritiva do contrato de convivência", por Rolf Madaleno (RBDF 33/147).

Art. 1.725: 1b. v. arts. 1.658 a 1.666.

Art. 1.725: 2. Enunciado 115 do CEJ: "Há presunção de comunhão de aquestos na constância da união extramatrimonial mantida entre os companheiros, sendo desnecessária a prova do esforço comum para se verificar a comunhão dos bens".

Enunciado 346 do CEJ: "Na união estável o regime patrimonial obedecerá à norma vigente no momento da aquisição de cada bem, salvo contrato escrito".

"A comunicabilidade de bens adquiridos na constância da união estável é regra e, como tal, deve prevalecer sobre as exceções, que merecem interpretação restritiva. Deve-se reconhecer a contribuição indireta do companheiro, que consiste no apoio, conforto moral e solidariedade para a formação de uma família. Se a participação de um dos companheiros se resume a isto, ao auxílio imaterial, tal fato não pode ser ignorado pelo direito" (STJ-3ª T., REsp 915.297, Min. Nancy Andrighi, j. 13.11.08, dois votos vencidos, DJ 3.3.09).

"Ficando comprovada a união estável, presume-se a mútua colaboração dos conviventes para aquisição do imóvel residencial. A ausência de provas acerca da contribuição material à formação do patrimônio não permite, por si, a exclusão do direito à meação do imóvel. A contribuição imaterial para formação do núcleo familiar enseja o direito à partilha do imóvel" (STJ-3ª T., REsp 1.136.345, Min. Sidnei Beneti, j. 23.2.10, DJ 18.3.10).

"Na união estável, vigente o regime da comunhão parcial, há presunção absoluta de que os bens adquiridos onerosamente na constância da união são resultado do esforço comum dos conviventes. Desnecessidade de comprovação da participação financeira de ambos os conviventes na aquisição de bens, considerando que o suporte emocional e o apoio afetivo também configuram elemento imprescindível para a construção do patrimônio comum. Os bens adquiridos onerosamente apenas não se comunicam quando configuram bens de uso pessoal ou instrumentos da profissão ou ainda quando há sub-rogação de bens particulares, o que deve ser provado em cada caso" (STJ-3ª T., REsp 1.295.991, Min. Paulo Sanseverino, j. 11.4.13, DJ 17.4.13).

"Uma vez reconhecida a união estável, impera sejam partilhados igualitariamente os bens adquiridos, a título oneroso, na sua vigência, sem que se perquira da contribuição de cada convivente, bastando que fiquem comprovadas, portanto, a época e a forma de aquisição" (RT 831/399). No mesmo sentido: RT 864/305.

Art. 1.725: 2a. "Nos moldes do art. 258, II, do Código Civil de 1916, vigente à época dos fatos (matéria atualmente regida pelo art. 1.641, II, do Código Civil de 2002), à união estável de sexagenário, se homem, ou cinquentenária, se mulher, impõe-se o regime da **separação obrigatória de bens.** Nessa hipótese, apenas os bens adquiridos onerosamente na constância da união estável, e desde que **comprovado o esforço comum** na sua aquisição, devem ser objeto de partilha" (STJ-2ª Seção, ED no REsp 1.171.820, Min. Raul Araújo, j. 26.8.15, maioria, DJ 21.9.15).

Todavia, determinando a divisão do prêmio de loteria percebido durante união estável de casal sujeito à separação obrigatória de bens: STJ-4ª T., REsp 1.689.152, Min. Luis Felipe, j. 24.10.17, DJ 22.11.17. S/ prêmio de loteria, v. art. 1.660, nota 2.

V. Súmula 377 do STF, em art. 1.641, nota 2.

Art. 1.725: 2b. O **pacto antenupcial** de separação de bens não atinge o patrimônio comum dos cônjuges, amealhado durante o período de união estável anterior ao casamento (STJ-RDPr 26/355: 4ª T., REsp 680.738).

"O pacto antenupcial prévio ao segundo casamento, adotando o regime da separação total de bens ainda durante a convivência em união estável, possui o efeito imediato de regular os atos a ele posteriores havidos na relação patrimonial entre os conviventes, uma vez que não houve estipulação diversa" (STJ-4ª T., REsp 1.483.863, Min. Isabel Gallotti, j. 10.5.16, maioria, DJ 22.6.16). Também reconhecendo eficácia imediata para o pacto antenupcial na união estável existente, mesmo quando o casamento não chega a se concretizar: "O pacto antenupcial por escritura pública, mesmo que não seguido pelo casamento, deve ser tido como um ato celebrado que deve ser aproveitado na sua eficácia como contrato de convivência" (STJ-4ª T., REsp 1.318.249-EDcl-EDcl-EDcl-AgInt, Min. Luis Felipe, j. 24.9.19, DJ 30.9.19; a citação é do voto do relator).

"Convolada em casamento uma união estável ou sociedade de fato, optando o casal por um regime restritivo de compartilhamento do patrimônio individual, devem liquidar o patrimônio até então construído para, após sua partilha, estabelecer novas bases de compartilhamento patrimonial. A não liquidação e partilha do patrimônio adquirido durante o convívio pré-nupcial, caracterizado como sociedade de fato ou união estável, importa na prorrogação da cotitularidade, antes existente, para dentro do casamento, sendo desinfluente, quanto a esse acervo, o regime de bens adotado para viger no casamento" (STJ-3ª T., REsp 1.263.234, Min. Nancy Andrighi, j. 11.6.13, DJ 1.7.13).

Art. 1.725: 2c. Os bens adquiridos com recursos obtidos antes do início da convivência ficam excluídos da meação apurada por ocasião da morte de um dos conviventes (RT 844/235).

Art. 1.725: 2d. "A valorização patrimonial das cotas sociais de sociedade limitada, adquiridas antes do início do período de convivência, decorrente de mero fenômeno econômico, e não do esforço comum dos companheiros, não se comunica" (STJ-3ª T., REsp 1.173.931, Min. Paulo Sanseverino, j. 22.10.13, RT 940/440).

V. tb. arts. 1659, nota 1e, e 1.660, nota 1.

Art. 1.725: 2e. "Dissolução de união estável. **Cotas sociais** a serem partilhadas. **Valores** apurados na data da partilha" (STJ-3ª T., REsp 1.723.688-EDcl-AgInt, Min. Marco Bellizze, j. 26.6.18, DJ 29.6.18).

V. tb. art. 1.660, nota 1a.

Art. 1.725: 2f. "Ação de dissolução de união estável cumulada com partilha de bens. Pretensão de partilhar **quotas sociais da sociedade de advogados** então pertencentes ao varão. Possibilidade de divisão do conteúdo econômico da participação societária" (STJ-3ª T., REsp 1.807.787-AgInt, Min. Marco Bellizze, j. 20.4.20, DJ 24.4.20).

Art. 1.725: 3. De acordo com a jurisprudência, **entra na partilha de bens** em razão da dissolução da união estável:

— **"créditos trabalhistas** nascidos e pleiteados na constância da união estável" (STJ-4ª T., Ag em REsp 604.725-AgInt, Min. Marco Buzzi, j. 1.9.16, DJ 8.9.16);

— "A conta vinculada mantida para depósitos mensais do **FGTS** pelo empregador constitui um crédito de evolução contínua, que se prolonga no tempo, isto é, ao longo da vida laboral do empregado o fato gerador da referida verba se protrai, não se evidenciando a sua disponibilidade a qualquer momento, mas tão somente nas hipóteses em que a lei permitir. As verbas de natureza trabalhista nascidas e pleiteadas na constância da união estável comunicam-se entre os companheiros" (STJ-3ª T., REsp 758.548, Min. Nancy Andrighi, j. 3.10.06, DJ 13.11.06).

"Os valores relacionados ao Fundo de Garantia por Tempo de Serviço — FGTS, consoante exegese dos arts. 1.658 e 1.660, I, do CC, são exclusivos de seu titular e, por esse motivo, não se comunicam. Contudo, uma vez movimentados tais recursos para a aquisição de bens na constância do casamento ou união estável, perdem a característica da incomunicabilidade e se transformam em patrimônio comum do casal" (RT 893/264: TJDFT, EI 2005.01.1.028758-6, maioria);

— os bens adquiridos com o **resultado do trabalho** pessoal do convivente: "Os frutos civis do trabalho são comunicáveis quando percebidos, sendo que a incomunicabilidade apenas atinge o direito ao seu recebimento. Interpretação restritiva do art. 1.659, VI, do Código Civil, sob pena de se malferir a própria natureza do regime da comunhão parcial. Caso concreto em que o automóvel deve integrar a partilha, por ser presumido o esforço do recorrente na construção da vida conjugal, a despeito de qualquer participação financeira. Sub-rogação de bem particular da recorrida que deve ser preservada, devendo integrar a partilha apenas a parte do bem imóvel integrante do patrimônio comum" (STJ-3ª T., REsp 1.295.991, Min. Paulo Sanseverino, j. 11.4.13, DJ 17.4.13);

— "as **dívidas** e os **encargos** existentes até o momento da separação de fato" (STJ-3ª T., REsp 1.477.937, Min. Ricardo Cueva, j. 27.4.17, DJ 20.6.17);

— **"direitos** de concessão de **uso** para **moradia** de imóvel público" (STJ-4ª T., REsp 1.494.302, Min. Luis Felipe, j. 13.6.17, DJ 15.8.17).

V. tb. arts. 1.659, notas 5 e segs., e 1.668, notas 5 e segs.

Art. 1.725: 4. De acordo com a jurisprudência, **não entra na partilha de bens** em razão da dissolução da união estável:

— "Na dissolução da união estável, a partilha de bens refere-se ao patrimônio comum formado pelo casal, não se computando **indenizações** percebidas a título personalíssimo por quaisquer dos ex-companheiros, tal qual a recebida em razão de acidentes de trabalho, pois certo que a reparação deve ser feita àquele que sofreu o dano e que carrega consigo a deficiência adquirida. A indenização recebida em razão do pagamento de seguro de pessoa cujo risco previsto era a invalidez temporária ou permanente não constitui frutos ou rendimentos do trabalho" (STJ-RDDP 70/134: 4ª T., REsp 848.998). V. tb. art. 1.668, nota 6;

— "O artigo 1.659, inciso VII, do CC/2002 expressamente exclui da comunhão de bens as pensões, meios-soldos, montepios e outras rendas semelhantes, como, por analogia, é o caso da **previdência complementar fechada.** O equilíbrio financeiro e atuarial é princípio nuclear da previdência complementar fechada, motivo pelo qual permitir o resgate antecipado de renda capitalizada, o que em tese não é possível à luz das normas previdenciárias e estatutárias, em razão do regime de casamento, representaria um novo parâmetro para a realização de cálculo já extremamente complexo e desequilibraria todo o sistema, lesionando participantes e beneficiários, terceiros de boa-fé, que assinaram previamente o contrato de um fundo sem tal previsão" (STJ-3ª T., REsp 1.477.937, Min. Ricardo Cueva, j. 27.4.17, DJ 20.6.17). V. tb. art. 1.659, nota 7;

— "**Imóvel alienado pelo varão à companheira,** no período de vida em comum, não é bem sujeito à partilha. É que, havendo compra e venda do imóvel, com o respectivo pagamento das parcelas ao réu, como apontado pelas instâncias ordinárias, a manutenção do bem no inventário de partilha implicaria o enriquecimento ilícito da parte, que já recebera o valor correspondente ao imóvel ao aliená-lo à companheira. Eventual discussão sobre a validade do negócio jurídico concluído pelos companheiros somente poderá ser realizada mediante ação própria" (STJ-4ª T., REsp 738.464, Min. Luis Felipe, j. 13.10.09, DJ 2.2.10);

— **imóvel construído em terreno alheio** (v. art. 1.255, nota 3).

Art. 1.726. A união estável poderá converter-se em casamento, mediante pedido dos companheiros ao juiz e assento no Registro Civil.[1-2] [Sem dispositivo correspondente no CC/1916.]

Art. 1.726: 1. v. CF 226 § 3º, *in fine*.

Art. 1.726: 2. "Os arts. 1726 do CC e 8º da Lei 9278/96 **não** impõem a **obrigatoriedade** de que se formule pedido de conversão de união estável em casamento exclusivamente pela **via administrativa.** A interpretação sistemática dos dispositivos à luz do art. 226 § 3º da Constituição Federal confere a possibilidade de que as partes elejam a via mais conveniente para o pedido de conversão de união estável em casamento" (STJ-3ª T., REsp 1.685.937, Min. Nancy Andrighi, j. 17.8.17, DJ 22.8.17).

Art. 1.727. As relações não eventuais entre o homem e a mulher, impedidos de casar,[1-1a] constituem concubinato.[1b a 4] [Sem dispositivo correspondente no CC/1916.]

Art. 1.727: 1. s/ impedimentos para casar, v. art. 1.521.

Art. 1.727: 1a. A pessoa casada mas separada de fato ou judicialmente pode constituir união estável (v. art. 1.723 § 1º, especialmente nota 4a).

Art. 1.727: 1b. "União estável e concubinato no novo Código Civil", por Marco Túlio Murano Garcia (RBDF 20/32).

Art. 1.727: 2. **Súmula 380 do STF:** "Comprovada a existência de **sociedade de fato** entre os concubinos, é cabível a sua dissolução judicial, com a partilha do patrimônio adquirido pelo **esforço comum**".

Diferentemente do que ocorre na união estável (v. art. 1.725 e notas), no concubinato deverá haver prova do esforço comum a fim de que a partilha seja feita.

Assim, a união estável, por ser reconhecida como entidade familiar, recebe proteção legal e automática quanto às suas relações patrimoniais; já no concubinato o máximo que se pode reconhecer é a existência de sociedade de fato entre os concubinos, mediante comprovação do esforço comum na aquisição de bens.

"A inexistência da prova de patrimônio adquirido pelo esforço comum é circunstância suficiente para afastar a configuração de sociedade de fato, porque é pressuposto para seu reconhecimento. Desse modo, a simples convivência sob a roupagem de concubinato não confere direito ao reconhecimento de sociedade de fato, que somente emerge diante da efetiva comprovação de esforço mútuo despendido pelos concubinos para a formação de patrimônio comum. Isso porque a existência de sociedade de fato pressupõe, necessariamente, a aquisição de bens ao longo do relacionamento, para que se possa ter por caracterizado o patrimônio comum" (STJ-3ª T., REsp 1.170.799-AgRg, Min. Nancy Andrighi, j. 3.8.10, um voto vencido, DJ 6.12.10).

Art. 1.727: 2a. "Em ação de dissolução de sociedade de fato cumulada com partilha de bens imóveis ajuizada em face de homem casado sob o regime da comunhão universal, deve a esposa figurar no polo passivo da demanda, ante o litisconsórcio passivo necessário" (STJ-RBDFS 10/151 4ª T., REsp 885.951).

Art. 1.727: 2b. "A **Vara de Família** não está impedida de analisar o concubinato impuro, e seus eventuais reflexos jurídicos no âmbito familiar, nos termos dos arts. 1.727 do Código Civil de 2002 e 9º da Lei 9.278/1996" (STJ-3ª T., REsp 1.628.701, Min. Ricardo Cueva, j. 7.11.17, DJ 17.11.17).

V. tb. art. 1.723, nota 1b.

Art. 1.727: 3. Em princípio, "a existência de **impedimento para se casar por parte de um dos companheiros,** como, por exemplo, na hipótese de a pessoa ser casada, mas não separada de fato ou judicialmente, obsta a constituição de união estável" (STJ-4ª T., REsp 684.407, Min. Jorge Scartezzini, j. 3.5.05, DJU 27.6.05; STJ-3ª T., REsp 631.465, Min. Nancy Andrighi, j. 5.8.04, DJU 23.8.04). Ainda: "Não caracteriza união estável legalmente protegida o relacionamento adulterino na constância do casamento" (JTJ 294/64). No mesmo sentido: STJ-5ª T., REsp 813.175, Min. Felix Fischer, j. 23.8.07, dois votos vencidos, DJU 29.10.07; JTJ 288/81, RJM 169/97.

"Constando expressamente que muito embora tenha o falecido se relacionado com a recorrente por longo período — 30 anos — com prole comum, em nenhum momento o cônjuge varão deixou a mulher, ainda que separados judicialmente — mas não de fato —, o que confirma o **paralelismo das relações afetivas** mantidas pelo falecido, deve ser confirmado o quanto decidido pelo TJPR, que, rente aos fatos, rente à vida, verificou a ausência de comprovação de requisitos para a configuração da união estável, em especial, a posse do estado de casados" (STJ-3ª T., REsp 1.107.192, Min. Nancy Andrighi, j. 20.4.10, um voto vencido, DJ 27.5.10).

A **preexistência de união estável** também impede a caracterização de ulterior e concomitante união estável (STJ-RT 900/238: 3ª T., REsp 1.157.273). "Havendo sentença transitada em julgado a reconhecer a união estável entre o falecido e sua companheira em determinado período, descabe o reconhecimento de outra união estável, simultânea àquela, com pessoa diversa" (STJ-4ª T., REsp 912.926, Min. Luis Felipe, j. 22.2.11, DJ 7.6.11).

Nessas condições, quem conviveu com pessoa casada ou em prévia união estável não participa da sucessão desta (STJ-RJTJERGS 267/39: 3ª T., REsp 931.155) nem pode postular parte da pensão deixada pelo *de cujus* (STF-RDDP 69/149: 1ª T., RE 397.762, um voto vencido; STJ-5ª T., REsp 813.175, Min. Felix Fischer, j. 23.8.07, dois votos vencidos, DJU 29.10.07; STJ-6ª T., REsp 674.176, Min. Hamilton Carvalhido, j. 17.3.09, dois votos vencidos, DJ 31.8.09; STJ-2ª T., REsp 1.344.664-AgRg, Min. Humberto Martins, j. 6.11.12, DJ 14.11.12; STJ-RDDP 98/139: 4ª T., REsp 1.185.653; RT 890/377: TRF-2ª Reg., AP 447.664; 897/344: TJSC, AI 2009.066056-6; 908/791: TRF-5ª Reg., AP 2006.81.02.000831-2; 925/794: TRF-2ª Reg., AP 2007.51.03.003335-8; JTJ 342/377: AP 267.616-5/8-00; RSDA 101/114: TRF-2ª Reg., AP 2010.51.51.002753-5, maioria).

Todavia, reconhecendo a **união estável putativa,** em caso no qual a companheira desconhecia o casamento do outro companheiro, o qual apenas "mantinha convivência esporádica com a esposa": Bol. AASP 2.676 (TJSP, AP 634.281-4/4-00; maioria). Em sentido semelhante: "É de se dar proteção jurídica a ambas as companheiras em comprovado o estado de recíproca putatividade quanto ao duplo convívio com o mesmo varão, mostrando-se justa a solução que alvitra a divisão da pensão derivada do falecimento dele e da terceira mulher com quem fora casado" (RBDFS 25/164 e RJ-Lex 54/296: TJSC, AP 2009.041434-7). V. tb. art. 1.561 § 1º.

"Pensão por morte de falecido servidor. Rateio entre a esposa e a companheira. Possibilidade. Comprovação da vida em comum que teve com o falecido servidor. Existência. Prova material. Ação declaratória. Filho do casal" (RT 908/785: TRF-5ª Reg., AP 2005.82.00.011690-3).

Ponderando que na **"sociedade de fato entre concubinos** é, para as consequências jurídicas que lhe decorram das relações obrigacionais, irrelevante o casamento de qualquer deles": STJ-4ª T., REsp 229.069, Min. Fernando Gonçalves, j. 26.4.05, DJU 16.5.05.

"A sociedade de fato mantida com a concubina rege-se pelo direito das obrigações e não pelo de família. Inexiste impedimento a que o homem casado, além da sociedade conjugal, mantenha outra, de fato ou de direito, com terceiro. Não há cogitar de pretensa dupla meação. A censurabilidade do adultério não haverá de conduzir a que se locuplete, com o esforço alheio, exatamente aquele que o pratica" (RSTJ 68/368, RT 719/295, RJ 214/48; o mesmo acórdão, da 3ª Turma do STJ).

No sentido de que quem conviveu com pessoa casada somente participa nos bens desta se provar o esforço comum para a aquisição do patrimônio: RT 865/174.

Contra, reconhecendo união estável constituída na constância do casamento: "a presença da afetividade, como fundamento, e a finalidade da entidade, além da estabilidade, com comunhão de vida, e a ostensibilidade, levam ao reconhecimento de famílias simultâneas" (RT 920/1.105: TJPE, AP 176862-7).

"Estando demonstrada, no plano dos fatos, a coexistência de duas relações afetivas públicas, duradouras e contínuas, mantidas com a finalidade de constituir família, é devido o seu reconhecimento jurídico à conta de uniões estáveis, sob pena de negar a ambas a proteção do direito. Ausentes os impedimentos previstos no art. 1.521 do Código Civil, a caracterização da união estável paralela como concubinato somente decorreria da aplicação analógica do art. 1.727 da mesma lei, o que implicaria ofensa ao postulado hermenêutico que veda o emprego da analogia para a restrição de direitos. Os bens adquiridos na constância da união dúplice são partilhados entre as companheiras e o companheiro. Meação que se transmuda em 'triação', pela simultaneidade das relações" (RNDFS 1/158: TJPE, AP 296.862-5, maioria).

V. tb. art. 1.723, nota 3e.

No caso de pessoa já casada que se casa novamente, v. art. 1.564, nota 1a.

"União estável de pessoas casadas (breves comentários ao acórdão do STJ prolatado nos autos do REsp 1.107.192-PR)", por Mário Luiz Delgado (RBDFS 18/84).

Art. 1.727: 4. "Se com o término do casamento não há possibilidade de se pleitear indenização por serviços domésticos prestados, tampouco quando se finda a união estável, muito menos com o cessar do concubinato haverá qualquer viabilidade de se postular tal direito, sob pena de se cometer grave discriminação frente ao casamento, que tem primazia constitucional de tratamento; ora, se o cônjuge no casamento nem o companheiro na união estável fazem jus à indenização, muito menos o concubino pode ser contemplado com tal direito, pois teria mais do que se casado fosse. A concessão da indenização por serviços domésticos prestados à concubina situaria o concubinato em posição jurídica mais vantajosa que o próprio casamento, o que é incompatível com as diretrizes constitucionais fixadas pelo art. 226 da CF/88 e com o Direito de Família, tal como concebido. A relação de cumplicidade, consistente na troca afetiva e na mútua assistência havida entre os concubinos, ao longo do concubinato, em que auferem proveito de forma recíproca, cada qual a seu modo, seja por meio de auxílio moral, seja por meio de auxílio material, não admite que após o rompimento da relação, ou ainda, com a morte de um deles, a outra parte cogite pleitear indenização por serviços domésticos prestados, o que certamente caracterizaria locupletação ilícita. Não se pode mensurar o afeto, a intensidade do próprio sentimento, o desprendimento e a solidariedade na dedicação mútua que se visualiza entre casais. O amor não tem preço. Não há valor econômico em uma relação afetiva. Acaso houver necessidade de dimensionar-se a questão em termos econômicos, poder-se-á incorrer na conivência e até mesmo estímulo àquela conduta reprovável em que uma das partes serve-se sexualmente da outra e, portanto, recompensa-a com favores" (STJ-RDDP 82/134: 3ª T., REsp 872.659).

"Inviável a concessão de indenização à concubina, que mantivera relacionamento com homem casado, uma vez que tal providência eleva o concubinato a nível de proteção mais sofisticado que o existente no casamento e na união estável, tendo em vista que nessas uniões não se há falar em indenização por serviços domésticos prestados, porque, verdadeiramente, de serviços domésticos não se cogita, senão de uma contribuição mútua para o bom funcionamento do lar, cujos benefícios ambos experimentam ainda na constância da união" (STJ-RBDFS 16/133: 4ª T., REsp 988.090).

Contra: "Pacífica é a orientação das Turmas da 2ª Seção do STJ no sentido de indenizar os serviços domésticos prestados pela concubina ao companheiro durante o período da relação, direito que não é esvaziado pela circunstância de ser o concubino casado, se possível, como no caso, identificar a existência de dupla vida em comum, com a esposa e a companheira, por período superior a trinta anos. Pensão devida durante o período do concubinato, até o óbito do concubino" (STJ-4ª T., REsp 303.604, Min. Aldir Passarinho Jr., j. 20.3.03, DJ 23.6.03).

"Não é razoável deixar ao desamparo a companheira de mais de uma dezena de anos, o que representa o locupletamento à custa do afeto e dedicação alheia, sendo cabível estimar-se indenização correspondente ao tempo de convivência" (RJTJERGS 249/188; no caso tratava-se de concubina, apesar de constar 'companheira' na ementa).

Concedendo indenização por serviços prestados no valor de R$ 12.000,00 por ano de convivência concubinária para a concubina que não comprovou contribuição direta para o acervo patrimonial do amásio: RT 881/208 (TJSP, AP 395.385-4/8-00).

Título IV | DA TUTELA, DA CURATELA E DA TOMADA DE DECISÃO APOIADA[1 a 3]

Capítulo I | DA TUTELA[1-2]

Seção I | DOS TUTORES

TÍT. IV: 1. Redação do Tít. IV de acordo com a Lei 13.146, de 6.7.15, em vigor 180 dias após a sua publicação (DOU 7.7.15).

TÍT. IV: 2. s/ tutela e curatela, v. CPC 759 a 763; s/ processo de interdição, v. CPC 747 a 758.

Em matéria penal, v. CP 92-II, 248 e 249.

TÍT. IV: 3. **"Art. 197.** Não corre a prescrição: ... **III** — entre tutelados ou curatelados e seus tutores ou curadores, durante a tutela ou curatela".

CAP. I: 1. v. ECA 28, 32, 36 a 38, 131 a 140, 148 § ún.-*a*, 164 a 170 e 249. V. tb. arts. 7º a 11 da Lei 6.001, de 19.12.73 (Estatuto do Índio).

CAP. I: 2. **"Art. 206.** Prescreve: ... **§ 4º** Em quatro anos, a pretensão relativa à tutela, a contar da data da aprovação das contas".

Art. 1.728. Os filhos menores são postos em tutela: [Dispositivo correspondente no CC/1916: art. 406-*caput*.]

I — com o falecimento dos pais, ou sendo estes julgados ausentes;[1] [Dispositivo correspondente no CC/1916: art. 406-I.]

II — em caso de os pais decaírem do poder familiar.[2] [Dispositivo correspondente no CC/1916: art. 406-II.]

Art. 1.728: 1. v. arts. 6º, 22 a 39 e 1.635-I.

Art. 1.728: 2. v. arts. 1.635-V, 1.637 e 1.638.

Art. 1.729. O direito de nomear tutor compete aos pais, em conjunto.[1] [Dispositivo correspondente no CC/1916: art. 407-*caput*.]

Parágrafo único. A nomeação deve constar de testamento[2] ou de qualquer outro documento autêntico.[3] [Dispositivo correspondente no CC/1916: art. 407 § ún.]

Art. 1.729: 1. v. art. 1.634-VI.

Art. 1.729: 2. v. arts. 1.857 e segs.

Art. 1.729: 3. v. ECA 37.

Art. 1.730. É nula a nomeação de tutor pelo pai ou pela mãe que, ao tempo de sua morte, não tinha o poder familiar.[1] [Dispositivo correspondente no CC/1916: art. 408.]

Art. 1.730: 1. v. arts. 1.635 e 1.638.

Art. 1.731. Em falta de tutor nomeado pelos pais incumbe a tutela aos parentes consanguíneos do menor, por esta ordem:[1-2] [Dispositivo correspondente no CC/1916: art. 409-*caput*.]

I — aos ascendentes, preferindo o de grau mais próximo ao mais remoto; [Dispositivo correspondente no CC/1916: art. 409-I.]

II — aos colaterais até o terceiro grau, preferindo os mais próximos aos mais remotos, e, no mesmo grau, os mais velhos aos mais moços; em qualquer dos casos, o juiz escolherá entre eles o mais apto a exercer a tutela em benefício do menor. [Dispositivo correspondente no CC/1916: art. 409-I e II.]

Art. 1.731: 1. s/ relações de parentesco, v. arts. 1.591 a 1.595; s/ incapazes de exercer a tutela, v. art. 1.735; s/ escusa dos tutores, v. arts. 1.736 a 1.739.

Art. 1.731: 2. que não é inflexível, "podendo ser alterada no interesse do menor" (STJ-3ª T., REsp 710.204, Min. Nancy Andrighi, j. 17.8.06, DJU 4.9.06).

Art. 1.732. O juiz nomeará tutor idôneo e residente no domicílio do menor: [Dispositivo correspondente no CC/1916: art. 410-*caput*.]

I — na falta de tutor testamentário[1] ou legítimo;[1a] [Dispositivo correspondente no CC/1916: art. 410-I.]

II — quando estes forem excluídos ou escusados da tutela;[2] [Dispositivo correspondente no CC/1916: art. 410-II.]

III — quando removidos por não idôneos o tutor legítimo e o testamentário.[3] [Dispositivo correspondente no CC/1916: art. 410-III.]

Art. 1.732: 1. v. art. 1.729 § ún.

Art. 1.732: 1a. v. art. 1.731.

Art. 1.732: 2. v. arts. 1.735, 1.736 e 1.766.

Art. 1.732: 3. v. art. 1.735. V. tb. CPC 761 a 763.

Art. 1.733. Aos irmãos órfãos dar-se-á um só tutor. [Dispositivo correspondente no CC/1916: art. 411-*caput*.]

§ 1º No caso de ser nomeado mais de um tutor por disposição testamentária sem indicação de precedência, entende-se que a tutela foi cometida ao primeiro, e que os outros lhe sucederão pela ordem de nomeação, se ocorrer morte, incapacidade, escusa ou qualquer outro impedimento.[1] [Dispositivo correspondente no CC/1916: art. 411-*caput*.]

§ 2º Quem institui um menor herdeiro, ou legatário seu,[2] poderá nomear-lhe curador especial para os bens deixados, ainda que o beneficiário se encontre sob o poder familiar, ou tutela. [Dispositivo correspondente no CC/1916: art. 411 § ún.]

Art. 1.733: 1. v. arts. 1.735 a 1.737.

Art. 1.733: 2. s/ disposições testamentárias, v. arts. 1.897 e segs.

Art. 1.734. As crianças e os adolescentes cujos pais forem desconhecidos, falecidos ou que tiverem sido suspensos ou destituídos do poder familiar terão tutores nomeados pelo Juiz ou serão incluídos em programa de colocação familiar, na forma prevista pela Lei n. 8.069, de 13 de julho de 1990 — Estatuto da Criança e do Adolescente.[1-2] [Sem dispositivo correspondente no CC/1916.]

Art. 1.734: 1. Redação de acordo com a Lei 12.010, de 3.8.09, em vigor 90 dias após a sua publicação (DOU 4.8.09).

Art. 1.734: 2. v. art. 1.752-*caput*. V. tb. ECA 28 a 38 e 90 a 97.

Seção II | DOS INCAPAZES DE EXERCER A TUTELA

Art. 1.735. Não podem ser tutores e serão exonerados da tutela, caso a exerçam: [Dispositivo correspondente no CC/1916: art. 413-*caput*.]

I — aqueles que não tiverem a livre administração de seus bens; [Dispositivo correspondente no CC/1916: art. 413-I.]

II — aqueles que, no momento de lhes ser deferida a tutela, se acharem constituídos em obrigação para com o menor, ou tiverem que fazer valer direitos contra este, e aqueles cujos pais, filhos ou cônjuges tiverem demanda contra o menor;[1] [Dispositivo correspondente no CC/1916: art. 413-II.]

III — os inimigos do menor, ou de seus pais, ou que tiverem sido por estes expressamente excluídos da tutela; [Dispositivo correspondente no CC/1916: art. 413-III.]

IV — os condenados por crime de furto, roubo, estelionato, falsidade, contra a família ou os costumes, tenham ou não cumprido pena;[2] [Dispositivo correspondente no CC/1916: art. 413-IV.]

V — as pessoas de mau procedimento, ou falhas em probidade, e as culpadas de abuso em tutorias anteriores; [Dispositivo correspondente no CC/1916: art. 413-V.]

VI — aqueles que exercerem função pública incompatível com a boa administração da tutela. [Dispositivo correspondente no CC/1916: art. 413-VI.]

Art. 1.735: 1. v. art. 1.751.

Art. 1.735: 2. v. CP 155 a 157, 171 e 213 a 239.

Seção III | DA ESCUSA DOS TUTORES

Art. 1.736. Podem escusar-se da tutela: [Dispositivo correspondente no CC/1916: art. 414-*caput*.]

I — mulheres casadas; [Dispositivo correspondente no CC/1916: art. 414-I.]

II — maiores de sessenta anos; [Dispositivo correspondente no CC/1916: art. 414-II.]

III — aqueles que tiverem sob sua autoridade mais de três filhos; [Dispositivo correspondente no CC/1916: art. 414-III.]

IV — os impossibilitados por enfermidade; [Dispositivo correspondente no CC/1916: art. 414-IV.]

V — aqueles que habitarem longe do lugar onde se haja de exercer a tutela; [Dispositivo correspondente no CC/1916: art. 414-V.]

VI — aqueles que já exercerem tutela ou curatela; [Dispositivo correspondente no CC/1916: art. 414-VI.]

VII — militares em serviço. [Dispositivo correspondente no CC/1916: art. 414-VII.]

Art. 1.737. Quem não for parente do menor não poderá ser obrigado a aceitar a tutela, se houver no lugar parente idôneo, consanguíneo ou afim, em condições de exercê-la.[1] [Dispositivo correspondente no CC/1916: art. 415.]

Art. 1.737: 1. s/ relações de parentesco, v. arts. 1.591 a 1.595.

Art. 1.738. A escusa apresentar-se-á nos dez dias[1] subsequentes à designação, sob pena de entender-se renunciado o direito de alegá-la; se o motivo escusatório ocorrer depois de aceita a tutela,[2] os dez dias contar-se-ão do em que ele sobrevier. [Dispositivo correspondente no CC/1916: art. 416.]

Art. 1.738: 1. v. CPC 760, que estipula no caso prazo de 5 dias.

Art. 1.738: 2. v. art. 1.764-II.

Art. 1.739. Se o juiz não admitir a escusa, exercerá o nomeado a tutela, enquanto o recurso interposto não tiver provimento, e responderá desde logo pelas perdas e danos[1] que o menor venha a sofrer.[2] [Dispositivo correspondente no CC/1916: art. 417.]

Art. 1.739: 1. v. arts. 402 a 405.

Art. 1.739: 2. v. CPC 760 § 2º.

Seção IV | DO EXERCÍCIO DA TUTELA

Art. 1.740. Incumbe ao tutor, quanto à pessoa do menor:[1-1a] [Dispositivo correspondente no CC/1916: art. 424-*caput*.]

I — dirigir-lhe a educação, defendê-lo e prestar-lhe alimentos, conforme os seus haveres e condição; [Dispositivo correspondente no CC/1916: art. 424-I.]

II — reclamar do juiz que providencie, como houver por bem, quando o menor haja mister correção; [Dispositivo correspondente no CC/1916: art. 424-II.]

III — adimplir os demais deveres que normalmente cabem aos pais, ouvida a opinião do menor, se este já contar doze anos de idade. [Sem dispositivo correspondente no CC/1916.]

Art. 1.740: 1. v. arts. 932-II, 933, 942 e 1.768-I. V. tb. ECA 53 a 58.

Art. 1.740: 1a. CTN 134: "Nos casos de impossibilidade de exigência do cumprimento da obrigação principal pelo contribuinte, respondem solidariamente com este nos atos em que intervierem ou pelas omissões de que forem responsáveis: ... **II** — os tutores e curadores, pelos tributos devidos por seus tutelados ou curatelados".

Art. 1.741. Incumbe ao tutor, sob a inspeção do juiz,[1] administrar os bens do tutelado, em proveito deste, cumprindo seus deveres com zelo e boa-fé. [Dispositivo correspondente no CC/1916: art. 422.]

Art. 1.741: 1. "Cabe ao juiz que decidiu a interdição analisar o pedido de alvará judicial para a venda de bem do curatelado" (RT 860/292).

Art. 1.742. Para fiscalização dos atos do tutor, pode o juiz nomear um protutor.[1] [Sem dispositivo correspondente no CC/1916.]

Art. 1.742: 1. v. art. 1.752 §§ 1º e 2º.

Art. 1.743. Se os bens e interesses administrativos exigirem conhecimentos técnicos, forem complexos, ou realizados em lugares distantes do domicílio do tutor, poderá este, mediante aprovação judicial, delegar a outras pessoas físicas ou jurídicas o exercício parcial da tutela. [Sem dispositivo correspondente no CC/1916.]

Art. 1.744. A responsabilidade do juiz será:[1] [Sem dispositivo correspondente no CC/1916.]

I — direta e pessoal, quando não tiver nomeado o tutor, ou não o houver feito oportunamente; [Dispositivo correspondente no CC/1916: art. 421.]

II — subsidiária, quando não tiver exigido garantia legal do tutor,[2] nem o removido, tanto que se tornou suspeito. [Sem dispositivo correspondente no CC/1916.]

Art. 1.744: 1. v. CPC 143-II.

Art. 1.744: 2. v. art. 1.745 § ún.

Art. 1.745. Os bens do menor serão entregues ao tutor mediante termo especificado deles e seus valores, ainda que os pais o tenham dispensado. [Dispositivo correspondente no CC/1916: art. 423.]

Parágrafo único. Se o patrimônio do menor for de valor considerável, poderá o juiz condicionar o exercício da tutela à prestação de caução bastante, podendo dispensá-la se o tutor for de reconhecida idoneidade.[1 a 3] [Sem dispositivo correspondente no CC/1916.]

Art. 1.745: 1. v. arts. 1.744-II, CPC 759 e ECA 37.

Art. 1.745: 2. Disposição transitória: "Art. 2.040. A hipoteca legal dos bens do tutor ou curador inscrita em conformidade com o inciso IV do art. 827 do Código Civil anterior, Lei n. 3.071, de 1º de janeiro de 1916, poderá ser cancelada, obedecido o disposto no parágrafo único do art. 1.745 deste Código".

Art. 1.745: 3. O Código Civil não exige a hipoteca legal para o exercício da função de tutor, de modo que o juiz pode condicionar o exercício da tutela à qualquer forma de garantia (RT 852/345: TJRJ, AP 2005.001.43577).

Art. 1.746. Se o menor possuir bens, será sustentado e educado a expensas deles, arbitrando o juiz para tal fim as quantias que lhe pareçam necessárias, considerado o rendimento da fortuna do pupilo quando o pai ou a mãe não as houver fixado.[1] [Dispositivo correspondente no CC/1916: art. 425.]

Art. 1.746: 1. v. arts. 1.740-I e 1.753.

Art. 1.747. Compete mais ao tutor: [Dispositivo correspondente no CC/1916: art. 426-*caput*.]

I — representar o menor, até os dezesseis anos, nos atos da vida civil, e assisti-lo, após essa idade,[1] nos atos em que for parte; [Dispositivo correspondente no CC/1916: art. 426-I.]

II — receber as rendas e pensões do menor, e as quantias a ele devidas; [Dispositivo correspondente no CC/1916: art. 426-II.]

III — fazer-lhe as despesas de subsistência e educação, bem como as de administração, conservação e melhoramentos de seus bens; [Dispositivo correspondente no CC/1916: art. 426-III.]

IV — alienar os bens do menor destinados a venda;[2] [Dispositivo correspondente no CC/1916: art. 426-IV.]

V — promover-lhe, mediante preço conveniente, o arrendamento de bens de raiz. [Dispositivo correspondente no CC/1916: art. 427-V.]

Art. 1.747: 1. i. e., até os 18 anos (v. art. 5º).

Art. 1.747: 2. v. art. 1.750.

Art. 1.748. Compete também ao tutor, com autorização do juiz: [Dispositivo correspondente no CC/1916: art. 427-*caput*.]

I — pagar as dívidas do menor; [Dispositivo correspondente no CC/1916: art. 427-II.]

II — aceitar por ele heranças, legados ou doações,[1] ainda que com encargos; [Dispositivo correspondente no CC/1916: art. 427-III.]

III — transigir; [Dispositivo correspondente no CC/1916: art. 427-IV.]

IV — vender-lhe os bens móveis, cuja conservação não convier, e os imóveis[2] nos casos em que for permitido; [Dispositivo correspondente no CC/1916: art. 427-VI.]

V — propor em juízo as ações, ou nelas assistir o menor, e promover todas as diligências a bem deste, assim como defendê-lo nos pleitos contra ele movidos.[3] [Dispositivo correspondente no CC/1916: art. 427-VII.]

Parágrafo único. No caso de falta de autorização, a eficácia de ato do tutor depende da aprovação ulterior do juiz. [Sem dispositivo correspondente no CC/1916.]

Art. 1.748: 1. v., porém, art. 543.

Art. 1.748: 2. v. art. 1.750.

Art. 1.748: 3. "Curatela. Ação de complementação de proventos. Decisão que determinou regularização da representação processual dos coautores incapazes, nos termos do art. 1.748, V, do CC. Descabimento. Ajuizamento da demanda não implica em risco de prejuízo patrimonial para os interessados. O escopo dos dispositivos do Código Civil é o de proteger o hipossuficiente e não obstar o exercício de seus direitos" (JTJ 358/180: AI 990.10.503625-2). V. art. 1.774.

Art. 1.749. Ainda com a autorização judicial, não pode o tutor, sob pena de nulidade: [Dispositivo correspondente no CC/1916: art. 428-*caput*.]

I — adquirir por si, ou por interposta pessoa, mediante contrato particular, bens móveis ou imóveis pertencentes ao menor;[1] [Dispositivo correspondente no CC/1916: art. 428-I.]

II — dispor dos bens do menor a título gratuito;[2] [Dispositivo correspondente no CC/1916: art. 428-II.]

III — constituir-se cessionário de crédito ou de direito, contra o menor. [Dispositivo correspondente no CC/1916: art. 428-III.]

Art. 1.749: 1. v. art. 497-I.

Art. 1.749: 2. v. art. 580.

Art. 1.750. Os imóveis pertencentes aos menores sob tutela somente podem ser vendidos quando houver manifesta vantagem, mediante prévia avaliação judicial e aprovação do juiz.[1-2] [Dispositivo correspondente no CC/1916: art. 429.]

Art. 1.750: 1. v. arts. 1.747-IV e 1.748-IV. V. tb. CPC 725-III e 730.

Art. 1.750: 2. "Pedido de expedição de alvará para permuta da parte pertencente a interdito (1/7) em imóvel rural com imóveis urbanos, um dos quais de residência dele. Indeferimento, ao argumento de que ficará na mesma situação financeira. Permuta cuja natureza não compreende essa vantagem. Benefício consistente em que deixa ele estado de comunhão em área rural que não administra e de que não aufere benefício, para ser titular de imóveis urbanos, usando um como moradia e podendo obter renda do outro. Sentença reformada para autorizar a expedição do alvará" (JTJ 342/267: AP 546.769.4/5-00).

Art. 1.751. Antes de assumir a tutela, o tutor declarará tudo o que o menor lhe deva, sob pena de não lhe poder cobrar, enquanto exerça a tutoria, salvo provando que não conhecia o débito quando a assumiu.[1] [Dispositivo correspondente no CC/1916: art. 430.]

Art. 1.751: 1. v. art. 1.735-II.

Art. 1.752. O tutor responde pelos prejuízos que, por culpa, ou dolo, causar ao tutelado; mas tem direito a ser pago pelo que realmente despender no exercício da tutela, salvo no caso do art. 1.734, e a perceber remuneração proporcional à importância dos bens administrados.[1-1a] [Dispositivo correspondente no CC/1916: art. 431-*caput*.]

§ 1º Ao protutor será arbitrada uma gratificação módica pela fiscalização efetuada.[2] [Sem dispositivo correspondente no CC/1916.]

§ 2º São solidariamente[3] responsáveis pelos prejuízos as pessoas às quais competia fiscalizar a atividade do tutor, e as que concorreram para o dano.[3a] [Sem dispositivo correspondente no CC/1916.]

Art. 1.752: 1. v. arts. 197-III, 1.741, 1.760 e 1.761.

Art. 1.752: 1a. "O curador tem direito de receber remuneração pela administração do patrimônio do interdito, à luz do disposto no art. 1.752, *caput*, do CC/02, aplicável ao instituto da curatela, por força da redação do art.

1.774 do CC/02. Afigura-se, no entanto, indevida a fixação realizada pelo próprio curador e a consequente retenção de rendas do interdito. A **remuneração do curador** deverá ser requerida ao **Juiz que a fixará** com comedição, para não combalir o patrimônio do interdito, mas ainda assim compensar o esforço e tempo despendidos pelo curador no exercício de seu múnus" (STJ-3ª T., REsp 1.205.113, Min. Nancy Andrighi, j. 6.9.11, DJ 14.9.11).

Art. 1.752: 2. v. art. 1.742.

Art. 1.752: 3. v. arts. 275 a 285.

Art. 1.752: 3a. v. arts. 1.741 a 1.744.

Seção V | DOS BENS DO TUTELADO

Art. 1.753. Os tutores não podem conservar em seu poder dinheiro dos tutelados, além do necessário para as despesas ordinárias com o seu sustento, a sua educação e a administração de seus bens.[1] [Dispositivo correspondente no CC/1916: art. 432-*caput*.]

§ 1º Se houver necessidade, os objetos de ouro e prata, pedras preciosas e móveis serão avaliados por pessoa idônea e, após autorização judicial, alienados, e o seu produto convertido em títulos, obrigações e letras de responsabilidade direta ou indireta da União ou dos Estados, atendendo-se preferentemente à rentabilidade, e recolhidos ao estabelecimento bancário oficial[1a] ou aplicado na aquisição de imóveis, conforme for determinado pelo juiz.[2] [Dispositivo correspondente no CC/1916: art. 432 § 1º.]

§ 2º O mesmo destino previsto no parágrafo antecedente terá o dinheiro proveniente de qualquer outra procedência. [Dispositivo correspondente no CC/1916: art. 432 § 1º.]

§ 3º Os tutores respondem pela demora na aplicação dos valores acima referidos, pagando os juros legais[3] desde o dia em que deveriam dar esse destino, o que não os exime da obrigação, que o juiz fará efetiva, da referida aplicação. [Dispositivo correspondente no CC/1916: art. 432 § 2º.]

Art. 1.753: 1. v. art. 1.746. V. tb. CP 168 § 1º-II (crime de apropriação indébita).

Art. 1.753: 1a. "Depósito de numerário pertencente ao interdito. Determinação a que se proceda em banco oficial do Estado. Aplicação do CC 1.753 §§ 1º e 2º, c/c CPC 666-I. Possibilidade do levantamento do dinheiro necessário para as despesas ordinárias" (JTJ 288/187: AP 342.056-4/4; ementa da redação).

Art. 1.753: 2. v. arts. 1.748-IV, 1.754 e 1.757 § ún. V. tb. CPC 725-III e 730.

Art. 1.753: 3. v. arts. 406 e 407.

Art. 1.754. Os valores que existirem em estabelecimento bancário oficial, na forma do artigo antecedente, não se poderão retirar, senão mediante ordem do juiz, e somente: [Dispositivo correspondente no CC/1916: art. 433-*caput*.]

I — para as despesas com o sustento e educação do tutelado, ou a administração de seus bens;[1-2] [Dispositivo correspondente no CC/1916: art. 433-I.]

II — para se comprarem bens imóveis e títulos, obrigações ou letras, nas condições previstas no § 1º do artigo antecedente; [Dispositivo correspondente no CC/1916: art. 433-II.]

III — para se empregarem em conformidade com o disposto por quem os houver doado, ou deixado; [Dispositivo correspondente no CC/1916: art. 433-III.]

IV — para se entregarem aos órfãos, quando emancipados, ou maiores, ou, mortos eles, aos seus herdeiros. [Dispositivo correspondente no CC/1916: art. 433-IV.]

Art. 1.754: 1. cf. art. 1.747-III.

Art. 1.754: 2. "Seguro de vida e acidentes pessoais. Ação de consignação em pagamento. Pedido da segurada, por intermédio de sua filha e curadora, de levantamento da quantia depositada pela seguradora. Admissibilidade. Curadora da segurada (interditada) que detém o poder de administrar seus bens e zelar por sua saúde. Valor depositado pela seguradora a título de indenização que não se mostra superior ao necessário para as despesas ordinárias com o seu sustento e a administração de seus bens, tal como previsto nos artigos 1.753 e 1.754 do Código Civil. Tem a segurada inválida, que se encontra interditada, direito de receber o montante da indenização de seguro de vida e acidentes pessoais, por intermédio de sua filha e curadora, pois não se pode admitir que a quantia contratada fique *ad eternum* depositada em juízo em razão de sua incapacidade. É da curadora, em favor da curatelada, a disposição sobre o numerário a ser recebido" (RT 901/198: TJSP, AI 990.09.318362-5).

Seção VI | DA PRESTAÇÃO DE CONTAS[1]

SEÇ. VI: 1. s/ ação de exigir contas, v. CPC 550 a 553.

Art. 1.755. Os tutores, embora o contrário tivessem disposto os pais dos tutelados, são obrigados a prestar contas da sua administração.[1] [Dispositivo correspondente no CC/1916: art. 434.]

Art. 1.755: 1. Se o curador for o cônjuge do interdito, v. art. 1.783.

Art. 1.756. No fim de cada ano de administração, os tutores submeterão ao juiz o balanço respectivo, que, depois de aprovado, se anexará aos autos do inventário. [Dispositivo correspondente no CC/1916: art. 435.]

Art. 1.757. Os tutores prestarão contas de dois em dois anos, e também quando, por qualquer motivo, deixarem o exercício da tutela ou toda vez que o juiz achar conveniente. [Dispositivo correspondente no CC/1916: art. 436-*caput*.]

Parágrafo único. As contas serão prestadas em juízo,[1] e julgadas depois da audiência dos interessados, recolhendo o tutor imediatamente a estabelecimento bancário oficial os saldos, ou adquirindo bens imóveis, ou títulos, obrigações ou letras, na forma do § 1º do art. 1.753. [Dispositivo correspondente no CC/1916: art. 436 § ún.]

Art. 1.757: 1. v. CPC 550 a 553.

Art. 1.758. Finda a tutela pela emancipação ou maioridade, a quitação do menor não produzirá efeito antes de aprovadas as contas pelo juiz, subsistindo inteira, até então, a responsabilidade do tutor.[1] [Dispositivo correspondente no CC/1916: art. 437.]

Art. 1.758: 1. v. art. 206 § 4º (prescrição da pretensão relativa à tutela).

Art. 1.759. Nos casos de morte, ausência, ou interdição do tutor, as contas serão prestadas por seus herdeiros ou representantes. [Dispositivo correspondente no CC/1916: art. 438.]

Art. 1.760. Serão levadas a crédito do tutor todas as despesas justificadas e reconhecidamente proveitosas ao menor.[1] [Dispositivo correspondente no CC/1916: art. 439.]

Art. 1.760: 1. v. art. 1.752-*caput*.

Art. 1.761. As despesas com a prestação das contas serão pagas pelo tutelado.[1] [Dispositivo correspondente no CC/1916: art. 440.]

Art. 1.761: 1. v. art. 1.752-*caput*.

Art. 1.762. O alcance do tutor,[1] bem como o saldo contra o tutelado, são dívidas de valor e vencem juros[2] desde o julgamento definitivo das contas. [Dispositivo correspondente no CC/1916: art. 441.]

Art. 1.762: 1. Alcance é o eventual saldo a favor do tutelado e a débito do tutor, decorrente de desfalque ocorrido no patrimônio daquele por conta de ato ou omissão deste.

Art. 1.762: 2. v. arts. 405 a 407.

Seção VII | DA CESSAÇÃO DA TUTELA

Art. 1.763. Cessa a condição de tutelado: [Dispositivo correspondente no CC/1916: art. 442-*caput*.]

I — com a maioridade ou a emancipação do menor;[1] [Dispositivo correspondente no CC/1916: art. 442-I.]

II — ao cair o menor sob o poder familiar, no caso de reconhecimento[2] ou adoção.[2a] [Dispositivo correspondente no CC/1916: art. 442-II.]

Art. 1.763: 1. v. art. 5º.

Art. 1.763: 2. v. arts. 1.607 a 1.617.

Art. 1.763: 2a. v. arts. 1.618 e 1.619 e ECA 39 a 52-D (adoção).

Art. 1.764. Cessam as funções do tutor: [Dispositivo correspondente no CC/1916: art. 443-*caput*.]

I — ao expirar o termo, em que era obrigado a servir;[1] [Dispositivo correspondente no CC/1916: art. 443-I.]

II — ao sobrevir escusa legítima;[2] [Dispositivo correspondente no CC/1916: art. 443-II.]

III — ao ser removido.[3] [Dispositivo correspondente no CC/1916: art. 443-III.]

Art. 1.764: 1. v. art. 1.765.

Art. 1.764: 2. v. arts. 1.736 a 1.739.

Art. 1.764: 3. v. arts. 1.735, 1.744-II e 1.766. V. tb. ECA 38 e 164 e CPC 761 a 763.

Art. 1.765. O tutor é obrigado a servir por espaço de dois anos.[1] [Dispositivo correspondente no CC/1916: art. 444-*caput*.]

Parágrafo único. Pode o tutor continuar no exercício da tutela, além do prazo previsto neste artigo, se o quiser e o juiz julgar conveniente ao menor. [Dispositivo correspondente no CC/1916: art. 444 § ún.]

Art. 1.765: 1. v. art. 1.764-I e CPC 763.

Art. 1.766. Será destituído o tutor, quando negligente, prevaricador ou incurso em incapacidade.[1] [Dispositivo correspondente no CC/1916: art. 445.]

Art. 1.766: 1. v. arts. 1.735, 1.744-II e 1.764-III. V. tb. ECA 38 e 164 e CPC 761 a 763.

Capítulo II | DA CURATELA[1-2]

Seção I | DOS INTERDITOS[1-2]

CAP. II: 1. v. CPC 747 e segs. V. tb. CP 92-II, 248 e 249. V. ainda LRP 94-6º e 104.

CAP. II: 2. **Lei 10.216, de 6.4.01** — Dispõe sobre a proteção e os direitos das pessoas portadoras de transtornos mentais e redireciona o modelo assistencial em saúde mental.

Lei 13.146, de 6.7.15 — Institui a Lei Brasileira de Inclusão da Pessoa com Deficiência (Estatuto da Pessoa com Deficiência).

SEÇ. I: 1. "Aspectos da ação de interdição", por Eduardo Henrique de Oliveira Yoshikawa (RDDP 62/15).

SEÇ. I: 2. s/ registro público da interdição, v. art. 9º-III. V. tb. LRP 29-V, 92 e 93.

Art. 1.767. Estão sujeitos a curatela: [Dispositivo correspondente no CC/1916: art. 446-*caput*.]

I — aqueles que, por causa transitória ou permanente, não puderem exprimir sua vontade;[1 a 4a] [Dispositivo correspondente no CC/1916: art. 446-I.]

II — (Revogado);[4b]

III — os ébrios habituais e os viciados em tóxico;[5-5a] [Sem dispositivo correspondente no CC/1916.]

IV — (Revogado);[6]

V — os pródigos.[7] [Dispositivo correspondente no CC/1916: art. 446-III.]

Art. 1.767: 1. Redação do inc. I de acordo com a Lei 13.146, de 6.7.15, em vigor 180 dias após a sua publicação (DOU 7.7.15).

Art. 1.767: 2. v. arts. 4º-III, 1.775-A e 1.777.

V. tb. EPD 2º (pessoa com deficiência).

Art. 1.767: 3. No sentido de que falta interesse processual ao pedido de interdição de **menor** absolutamente incapaz, ainda que este seja **portador de Síndrome de Down,** na medida em que ele já está sujeito ao poder familiar em razão da idade: JTJ 313/224.

Art. 1.767: 3a. **"Transtorno afetivo** apenas **episódico"** não configura doença mental a exigir interdição (RBDF 43/79).

Art. 1.767: 3b. "A doença que acomete o interditando classifica-se como **Hipomania** (CID-F30), a qual não é capaz de interditá-lo, pois esta não implica limitações deste ou qualquer incapacidade para manifestar sua vontade (Centro Brasileiro de Estimulação Magnética Transcraniana — CBREMT e Revista de Psiquiatria Clínica). O laudo médico constante nos autos afirmou que o interditando possui condições de gerir seus atos, trabalhar para se manter, capacidade de aprendizado, mesmo sendo a patologia de caráter irreversível. Digo isso, porque o fato de ser irreversível não significa dizer que a doença apresentada o incapacita para tais atos" (RT 931/751: TJPA, AP 20113008078-6).

Art. 1.767: 4. "Interdição. Pedido formulado por genitor objetivando a interdição de filho. **Transtorno bipolar.** Laudo pericial que concluiu pela incapacidade do interditando de gerir sua vida e administrar seus bens, com comprometimento mental crescente. Réu que já sofreu ação penal pública por atirar contra pessoas, bem como ação de cobrança na ocasião em que tentou alienar bens da residência. Procedência do pedido" (RT 921/876: TJSP, AP 0026429-64.2007.8.26.0032).

Todavia: "Interdição. Pessoa portadora de transtorno afetivo bipolar. Ausência de incapacidade total para os atos da vida civil. Descabimento. Se os laudos médicos atestam que a interditanda não apresenta total incapacidade para os atos da vida civil, descabe a medida extrema de interdição" (RT 891/378: TJRS, AP 70032057432).

Art. 1.767: 4a. "Recurso especial no qual se discute se pessoa que praticou atos infracionais equivalentes aos crimes tipificados no art. 121, § 2º, II, III e IV **(homicídios triplamente qualificados),** dos quais foram vítimas o padrasto, a mãe de criação e seu irmão de 03 (três) anos de idade, e que ostenta condição psiquiátrica descrita como **transtorno não especificado da personalidade** (CID 10 — F 60.9), está sujeita à curatela, em processo de interdição promovido pelo Ministério Público Estadual. A sociopatia, quando há prévia manifestação de violência por parte do sociopata, demonstra, inelutavelmente, percepção desvirtuada das regras sociais, dos limites individuais e da dor e sofrimento alheio, condições que apesar de não infirmarem, *per se*, a capacidade do indivíduo gerenciar sua vida civil, por colocarem em xeque a própria vida do interditando e de outrem, autorizam a sua curatela para que ele possa ter efetivo acompanhamento psiquiátrico, de forma voluntária ou coercitiva, com ou sem restrições à liberdade, a depender do quadro mental constatado, da evolução — se houver — da patologia, ou de seu tratamento" (STJ-3ª T., REsp 1.306.687, Min. Nancy Andrighi, j. 18.3.14, maioria, DJ 22.4.14).

Art. 1.767: 4b. O inc. II foi revogado pela Lei 13.146, de 6.7.15, em vigor 180 dias após a sua publicação (DOU 7.7.15).

Art. 1.767: 5. Redação do inc. III de acordo com a Lei 13.146, de 6.7.15, em vigor 180 dias após a sua publicação (DOU 7.7.15).

Art. 1.767: 5a. v. art. 4º-II.

Art. 1.767: 6. O inc. IV foi revogado pela Lei 13.146, de 6.7.15, em vigor 180 dias após a sua publicação (DOU 7.7.15).

Art. 1.767: 7. v. arts. 4º-IV e 1.782.

Art. 1.768. O processo que define os termos da curatela deve ser promovido: [1 a 1b] [Dispositivo correspondente no CC/1916: art. 447-*caput*.]

I — .... [2]

II — .... [3]

III — .... [4]

IV — pela própria pessoa. [5] [Sem dispositivo correspondente no CC/1916.]

Art. 1.768: 1. Redação do *caput* de acordo com a Lei 13.146, de 6.7.15, em vigor 180 dias após a sua publicação (DOU 7.7.15).

Art. 1.768: 1a. O CPC 1.072-II dispôs sobre a revogação do art. 1.768. Ocorre que ulteriormente sobreveio a Lei 13.146, de 6.7.15, dando nova redação ao *caput* e ao inc. IV do CC 1.768, que subsistem, por prevalecer, no ponto, a lei posterior (cf. LINDB 2º § 1º).

Art. 1.768: 1b. s/ processo de interdição, v. CPC 747 e segs., em especial, CPC 747, que traz rol com outras pessoas legitimadas a pedir a sua instauração, além da própria pessoa.

Art. 1.768: 2. O inc. I foi revogado pela Lei 13.105, de 16.3.15, em vigor um ano após a sua publicação (DOU 17.3.15).

Art. 1.768: 3. O inc. II foi revogado pela Lei 13.105, de 16.3.15, em vigor um ano após a sua publicação (DOU 17.3.15).

Art. 1.768: 4. O inc. III foi revogado pela Lei 13.105, de 16.3.15, em vigor um ano após a sua publicação (DOU 17.3.15).

Art. 1.768: 5. O inc. IV foi acrescido pela Lei 13.146, de 6.7.15, em vigor 180 dias após a sua publicação (DOU 7.7.15).

Art. 1.769. O Ministério Público somente promoverá o processo que define os termos da curatela: [1 a 2] [Dispositivo correspondente no CC/1916: art. 448-*caput*.]

I — nos casos de deficiência mental ou intelectual; [2a] [Dispositivo correspondente no CC/1916: art. 448-I.]

II — .... [3]

III — se, existindo, forem menores ou incapazes as pessoas mencionadas no inciso II. [4-5] [Dispositivo correspondente no CC/1916: art. 448-III.]

Art. 1.769: 1. Redação do *caput* de acordo com a Lei 13.146, de 6.7.15, em vigor 180 dias após a sua publicação (DOU 7.7.15).

Art. 1.769: 1a. O CPC 1.072-II dispôs sobre a revogação do art. 1.769. Ocorre que ulteriormente sobreveio a Lei 13.146, de 6.7.15, dando nova redação ao *caput* e aos incs. I e III do CC 1.769, que subsistem, por prevalecer, no ponto, a lei posterior (cf. LINDB 2º § 1º).

Art. 1.769: 2. V. CPC 748.

Art. 1.769: 2a. Redação do inc. I de acordo com a Lei 13.146, de 6.7.15, em vigor 180 dias após a sua publicação (DOU 7.7.15).

Art. 1.769: 3. O inc. II foi revogado pela Lei 13.105, de 16.3.15, em vigor um ano após a sua publicação (DOU 17.3.15).

Art. 1.769: 4. Redação do inc. III de acordo com a Lei 13.146, de 6.7.15, em vigor 180 dias após a sua publicação (DOU 7.7.15).

Art. 1.769: 5. O inc. II foi revogado (v. nota 3). Para disposições semelhantes, v. CPC 748-II.

Art. 1.770. .... [1]

Art. 1.770: 1. O art. 1.770 foi expressamente revogado pela Lei 13.105, de 16.3.15, em vigor um ano após a sua publicação (DOU 17.3.15).

Art. 1.771. Antes de se pronunciar acerca dos termos da curatela, o juiz, que deverá ser assistido por equipe multidisciplinar, entrevistará pessoalmente o interditando.[1 a 2] [Dispositivo correspondente no CC/1916: art. 450.]

Art. 1.771: 1. Redação de acordo com a Lei 13.146, de 6.7.15, em vigor 180 dias após a sua publicação (DOU 7.7.15).

Art. 1.771: 1a. O CPC 1.072-II dispôs sobre a revogação do art. 1.771. Ocorre que ulteriormente sobreveio a Lei 13.146, de 6.7.15, dando nova redação ao CC 1.771, que subsiste, por prevalecer, no ponto, a lei posterior (cf. LINDB 2º § 1º).

Art. 1.771: 2. v. CPC 751 a 754.

Art. 1.772. O juiz determinará, segundo as potencialidades da pessoa, os limites da curatela,[1] circunscritos às restrições constantes do art. 1.782, e indicará curador.[1a-2] [Dispositivo correspondente no CC/1916: art. 451.]

Parágrafo único. Para a escolha do curador, o juiz levará em conta a vontade e as preferências do interditando, a ausência de conflito de interesses e de influência indevida, a proporcionalidade e a adequação às circunstâncias da pessoa. [Sem dispositivo correspondente no CC/1916.]

Art. 1.772: 1. v. CPC 755, EPD 85 e LRP 92-6º.

Art. 1.772: 1a. O CPC 1.072-II dispôs sobre a revogação do art. 1.772. Ocorre que ulteriormente sobreveio a Lei 13.146, de 6.7.15, dando nova redação ao *caput* do CC 1.772 e acrescentando-lhe parágrafo único, que subsistem, por prevalecer, no ponto, a lei posterior (cf. LINDB 2º § 1º).

Art. 1.772: 2. Redação do *caput* e do § ún. de acordo com a Lei 13.146, de 6.7.15, em vigor 180 dias após a sua publicação (DOU 7.7.15).

Art. 1.773. .... [1]

Art. 1.773: 1. O art. 1.773 foi expressamente revogado pela Lei 13.105, de 16.3.15, em vigor um ano após a sua publicação (DOU 17.3.15).

Art. 1.774. Aplicam-se à curatela as disposições concernentes à tutela,[1-2] com as modificações dos artigos seguintes. [Dispositivo correspondente no CC/1916: art. 453.]

Art. 1.774: 1. No mesmo sentido: art. 1.781.

Art. 1.774: 2. v. arts. 1.728 a 1.766, bem como as respectivas notas.

Art. 1.775. O cônjuge ou companheiro, não separado judicialmente ou de fato, é, de direito, curador do outro, quando interdito.[1-2] [Dispositivo correspondente no CC/1916: art. 454-*caput*.]

§ 1º Na falta do cônjuge ou companheiro, é curador legítimo o pai ou a mãe; na falta destes, o descendente que se demonstrar mais apto. [Dispositivo correspondente no CC/1916: art. 454 § 1º.]

§ 2º Entre os descendentes, os mais próximos precedem aos mais remotos. [Dispositivo correspondente no CC/1916: art. 454 § 2º.]

§ 3º Na falta das pessoas mencionadas neste artigo, compete ao juiz a escolha do curador.[3] [Dispositivo correspondente no CC/1916: art. 454 § 3º.]

Art. 1.775: 1. v. arts. 1.570 e 1.651. V. tb. art. 1.783. V. ainda CPC 755.

Art. 1.775: 2. "Ainda que o cônjuge mulher separada de fato do interditando não tivesse legitimidade para propor a ação de interdição, em razão do disposto no art. 1.775 do CC/2002, no caso específico, onde não há notícia de outra pessoa capaz de exercer a curadoria dele, justifica-se a sua legitimidade, se a filha maior, que pretende exercer o encargo, também apresenta fragilidade emocional, já tendo sido internada em clínica psiquiátrica" (RT 858/378).

Art. 1.775: 3. Ao contrário do que sugere o texto legal, **a ordem de preferência de nomeação nele expressa não tem caráter absoluto.** Nesse sentido, nomeando curador:

— a filha, em detrimento do cônjuge: JTJ 343/35 (AI 623.956-4/0-00);

— a irmã, em detrimento da filha, pois "a curatela somente deve ser deferida a quem tem melhores condições de exercer o encargo": RJM 174/211;

— dativo, ante a animosidade entre os filhos do interditando: RT 877/190 (TJSP, AI 561.389-4/0-00). No mesmo sentido: RT 902/224 (TJSP, AI 990.10.059370-6).

Art. 1.775-A. Na nomeação de curador para a pessoa com deficiência, o juiz poderá estabelecer curatela compartilhada a mais de uma pessoa.[1]

Art. 1.775-A: 1. O art. 1.775-A foi introduzido pela Lei 13.146, de 6.7.15, em vigor 180 dias após a sua publicação (DOU 7.7.15).

Art. 1.776. ....[1]

Art. 1.776: 1. O art. 1.776 foi expressamente revogado pela Lei 13.146, de 6.7.15, em vigor 180 dias após a sua publicação (DOU 7.7.15).

Art. 1.777. As pessoas referidas no inciso I do art. 1.767 receberão todo o apoio necessário para ter preservado o direito à convivência familiar e comunitária, sendo evitado o seu recolhimento em estabelecimento que os afaste desse convívio.[1-2]

Art. 1.777: 1. Redação de acordo com a Lei 13.146, de 6.7.15, em vigor 180 dias após a sua publicação (DOU 7.7.15).

Art. 1.777: 2. v. EPD 6º-V e Lei 10.216, de 6.4.01, art. 4º, nota 1, ambos no tít. PESSOA COM DEFICIÊNCIA.

Art. 1.778. A autoridade do curador estende-se à pessoa e aos bens dos filhos do curatelado, observado o art. 5º.[1] [Dispositivo correspondente no CC/1916: art. 458.]

Art. 1.778: 1. v. art. 1.779 § ún.

Seção II | DA CURATELA DO NASCITURO E DO ENFERMO OU PORTADOR DE DEFICIÊNCIA FÍSICA

Art. 1.779. Dar-se-á curador ao nascituro,[1] se o pai falecer estando grávida a mulher, e não tendo o poder familiar.[1a] [Dispositivo correspondente no CC/1916: art. 462-*caput*.]

Parágrafo único. Se a mulher estiver interdita, seu curador será o do nascituro.[2] [Dispositivo correspondente no CC/1916: art. 462 § ún.]

Art. 1.779: 1. v. art. 2º.

Art. 1.779: 1a. v. arts. 1.638 e 1.800.

Art. 1.779: 2. v. art. 1.778.

Art. 1.780. ....[1]

Art. 1.780: 1. O art. 1.780 foi expressamente revogado pela Lei 13.146, de 6.7.15, em vigor 180 dias após a sua publicação (DOU 7.7.15).

Seção III | DO EXERCÍCIO DA CURATELA

Art. 1.781. As regras a respeito do exercício da tutela[1] aplicam-se ao da curatela, com a restrição do art. 1.772 e as desta Seção.[2] [Dispositivo correspondente no CC/1916: art. 453.]

Art. 1.781: 1. v. arts. 1.728 a 1.766.

Art. 1.781: 2. No mesmo sentido: art. 1.774.

Art. 1.782. A interdição do pródigo só o privará de, sem curador, emprestar, transigir, dar quitação, alienar, hipotecar, demandar ou ser demandado, e praticar, em geral, os atos que não sejam de mera administração.[1] [Dispositivo correspondente no CC/1916: art. 459.]

Art. 1.782: 1. v. arts. 1.767-V e 1.772.

Art. 1.783. Quando o curador for o cônjuge e o regime de bens do casamento for de comunhão universal,[1] não será obrigado à prestação de contas,[2] salvo determinação judicial.[3-4] [Dispositivo correspondente no CC/1916: art. 455-*caput*.]

Art. 1.783: 1. v. arts. 1.667 a 1.671.

Art. 1.783: 2. v. arts. 1.755 a 1.762 c/c arts. 1.774 e 1.781.

Art. 1.783: 3. v. arts. 1.570, 1.651 e 1.775-*caput*.

Art. 1.783: 4. "O magistrado poderá (deverá) decretar a prestação de contas pelo cônjuge curador, resguardando o interesse prevalente do curatelado e a proteção especial do interdito quando: a) houver qualquer indício ou dúvida de malversação dos bens do incapaz, com a periclitação de prejuízo ou desvio de seu patrimônio, no caso de bens comuns; e b) se tratar de bens incomunicáveis, excluídos da comunhão, ressalvadas situações excepcionais" (STJ-4ª T., REsp 1.515.701, Min. Luis Felipe Salomão, j. 2.10.18, DJ 31.10.18).

Capítulo III | DA TOMADA DE DECISÃO APOIADA[1]

CAP. III: 1. Capítulo acrescido pela Lei 13.146, de 6.7.15, em vigor 180 dias após a sua publicação (DOU 7.7.15).

Art. 1.783-A. A tomada de decisão apoiada é o processo pelo qual a pessoa com deficiência elege pelo menos 2 (duas) pessoas idôneas, com as quais mantenha vínculos e que gozem de sua confiança, para prestar-lhe apoio na tomada de decisão sobre atos da vida civil, fornecendo-lhes os elementos e informações necessários para que possa exercer sua capacidade.

§ 1º Para formular pedido de tomada de decisão apoiada, a pessoa com deficiência e os apoiadores devem apresentar termo em que constem os limites do apoio a ser oferecido e os compromissos dos apoiadores, inclusive o prazo de vigência do acordo e o respeito à vontade, aos direitos e aos interesses da pessoa que devem apoiar.

§ 2º O pedido de tomada de decisão apoiada será requerido pela pessoa a ser apoiada, com indicação expressa das pessoas aptas a prestarem o apoio previsto no *caput* deste artigo.

§ 3º Antes de se pronunciar sobre o pedido de tomada de decisão apoiada, o juiz, assistido por equipe multidisciplinar, após oitiva do Ministério Público,[1] ouvirá pessoalmente o requerente e as pessoas que lhe prestarão apoio.

§ 4º A decisão tomada por pessoa apoiada terá validade e efeitos sobre terceiros, sem restrições, desde que esteja inserida nos limites do apoio acordado.

§ 5º Terceiro com quem a pessoa apoiada mantenha relação negocial pode solicitar que os apoiadores contra-assinem o contrato ou acordo, especificando, por escrito, sua função em relação ao apoiado.

§ 6º Em caso de negócio jurídico que possa trazer risco ou prejuízo relevante, havendo divergência de opiniões entre a pessoa apoiada e um dos apoiadores, deverá o juiz, ouvido o Ministério Público,[2] decidir sobre a questão.

§ 7º Se o apoiador agir com negligência, exercer pressão indevida ou não adimplir as obrigações assumidas, poderá a pessoa apoiada ou qualquer pessoa apresentar denúncia ao Ministério Público ou ao juiz.

§ 8º Se procedente a denúncia, o juiz destituirá o apoiador e nomeará, ouvida a pessoa apoiada e se for de seu interesse, outra pessoa para prestação de apoio.

§ 9º A pessoa apoiada pode, a qualquer tempo, solicitar o término de acordo firmado em processo de tomada de decisão apoiada.

§ 10. O apoiador pode solicitar ao juiz a exclusão de sua participação do processo de tomada de decisão apoiada, sendo seu desligamento condicionado à manifestação do juiz sobre a matéria.

§ 11. Aplicam-se à tomada de decisão apoiada, no que couber, as disposições referentes à prestação de contas na curatela.[3]

Art. 1.783-A: 1. v. CPC 178-II.

Art. 1.783-A: 2. v. CPC 178-II.

Art. 1.783-A: 3. v. arts. 1.781 e 1.783 c/c arts. 1.755 a 1.762.

Livro V | DO DIREITO DAS SUCESSÕES[1-2]

Título I | DA SUCESSÃO EM GERAL[1]

Capítulo I | DISPOSIÇÕES GERAIS

LIV. V: 1. CF 5º: "XXX — é garantido o direito de herança"

✎ **LIV. V: 2.** "O novo direito sucessório brasileiro", por Rolf Madaleno (RJ 291/35); "Direito das sucessões brasileiro. Disposições gerais e sucessão legítima", por Giselda Maria Fernandes Novaes Hironaka (RT 808/20); "O direito das sucessões no novo Código Civil brasileiro", por Maria Aracy Menezes da Costa (Ajuris 88/261); "Planejamento sucessório: uma questão de reflexão", por Silvia Maria Benedetti Teixeira (RBDF 31/5); "Princípios constitucionais e o Direito das Sucessões", por Carlos Roberto Barbosa Moreira (RF 390/45); "Novo Código Civil — sucessão dos cônjuges", por Zeno Veloso (Rev. AASP 98/234); "Casar ou não casar? Dúvidas sobre questões sucessórias", por Maria Berenice Dias (RBDFS 17/27).

TÍT. I: 1. v. arts. 6º, 26 a 39, 80-II, 426, 1.206 e 1.207. V. tb. LINDB 10.

S/ processo de inventário e partilha, v. CPC 610 a 673.

Art. 1.784. Aberta a sucessão,[1] a herança transmite-se, desde logo, aos herdeiros legítimos e testamentários.[2 a 5] [Dispositivo correspondente no CC/1916: art. 1.572.]

Art. 1.784: 1. A sucessão abre-se no momento da morte do autor da herança.

Art. 1.784: 2. A transmissão desde logo da herança (*droit de saisine*) não tem lugar no caso de **vacância** (v. art. 1.822, nota 2a).

Art. 1.784: 2a. "Em observância ao princípio da *saisine*, corolário da premissa de que inexiste direito sem o respectivo titular, a herança, compreendida como sendo o acervo de bens, obrigações e direitos, transmite-se, como um todo, imediata e indistintamente aos herdeiros. Ressalte-se, contudo, que os herdeiros, neste primeiro momento, imiscuir-se-ão apenas na posse indireta dos bens transmitidos. A posse direta, conforme se demonstrará, ficará a cargo de quem detém a posse de fato dos bens deixados pelo *de cujus* ou do inventariante, a depender da existência ou não de inventário aberto. De todo modo, enquanto não há individualização da quota pertencente a cada herdeiro, o que se efetivará somente com a consecução da partilha, é a herança, nos termos do artigo supracitado, que responde por eventual obrigação deixada pelo *de cujus*. Nessa perspectiva, o espólio, que também pode ser conceituado como a universalidade de bens deixada pelo *de cujus*, assume, por expressa determinação legal, o viés jurídico-formal, que lhe confere legitimidade *ad causam* para demandar e ser demandado em todas aquelas ações em que o *de cujus* integraria o polo ativo ou passivo da demanda, se vivo fosse. Pode-se concluir que o fato de inexistir, até o momento da prolação do acórdão recorrido, inventário aberto (e, portanto, inventariante nomeado), não faz dos herdeiros, individualmente considerados, partes legítimas para responder pela obrigação, objeto da ação de cobrança, pois, como assinalado, **enquanto não há partilha,** é a herança que responde por eventual obrigação deixada pelo *de cujus* e **é o espólio**, como parte formal, **que detém legitimidade passiva *ad causam* para integrar a lide**. Na espécie, por tudo o que se expôs, revela-se absolutamente correta a promoção da ação de cobrança em face do espólio, representado pela cônjuge supérstite, que, nessa qualidade, detém, preferencialmente, a administração, de fato, dos bens do *de cujus*, conforme dispõe o artigo 1.797 do Código Civil" (STJ-RP 203/398: 3ª T., REsp 1.125.510).

V., no CPCLPV, CPC 75, nota 17.

Art. 1.784: 3. que já "podem defendê-la em sua totalidade" (STJ-4ª T., REsp 650.821, Min. Cesar Rocha, j. 27.3.07, DJU 17.9.07; no caso, considerou-se que os herdeiros, mesmo antes da ultimação do inventário, já poderiam tomar medidas como a de pedir a dissolução de sociedade anônima, nos termos da LSA 206-III, considerando-se, para efeito do preenchimento do requisito necessário para tanto — representação mínima de 5% do capital social —, as ações deixadas pelo *de cujus*).

Art. 1.784: 3a. Legitimidade ativa *ad causam* concorrente entre o espólio e os herdeiros. "Por força do princípio da *saisine*, previsto no art. 1.784 do CC, a morte de uma pessoa opera de pleno direito a transmissão de seus bens e direitos aos herdeiros, que adquirem, ao lado do espólio, a legitimidade para a defesa do acervo hereditário. Interpretação conjunta dos arts. 1.791 e 1.314 do CC" (RT 896/276: TJMG, AP 1.0433.08.264977-6/001).

V., no CPCLPV, CPC 75, nota 16c.

Art. 1.784: 4. "A **transmissão da posse** ao herdeiro se dá *ex lege*. O exercício fático da posse não é requisito essencial para que este tenha direito à proteção possessória contra eventuais atos de turbação ou esbulho, tendo em vista que a transmissão da posse (seja ela direta ou indireta) dos bens da herança se dá *ope legis*, independentemente da prática de qualquer outro ato" (STJ-RJ 391/129 e RP 188/362: 3ª T., REsp 537.363).

Art. 1.784: 4a. "Em razão do princípio da *saisine*, o herdeiro não necessita proceder ao registro do formal de partilha para que os bens herdados lhe sejam transmitidos" (STJ-RP 207/478: 6ª T., REsp 1.290.042).

"O direito hereditário é forma de aquisição da propriedade imóvel (direito de *Saisine*). Aberta a sucessão, o domínio e a posse da herança transmitem-se *incontinenti* aos herdeiros, podendo qualquer um dos coerdeiros reclamar bem, integrante do acervo hereditário, de terceiro que indevidamente o possua (CC/1916, arts. 530, IV, 1.572 e 1.580, parágrafo único; CC/2002, arts. 1.784 e 1.791, parágrafo único). Legitimidade ativa de herdeiro na **ação reivindicatória** reconhecida" (STJ-4ª T., REsp 1.117.018, Min. Raul Araújo, j. 18.5.17, DJ 14.6.17).

"O prévio registro do título translativo no Registro de Imóveis, anotando-se a situação de copropriedade sobre frações ideais entre os herdeiros e não mais a copropriedade sobre o todo indivisível chamado herança, não é condição *sine qua non* para o ajuizamento de **ação de divisão ou de extinção do condomínio** por qualquer deles, especialmente porque a finalidade do registro é a produção de efeitos em relação a terceiros e a viabilização dos atos de disposição pelos herdeiros, mas não é indispensável para a comprovação da propriedade que foi transferida aos herdeiros em razão da *saisine*" (STJ-3ª T., REsp 1.813.862, Min. Nancy Andrighi, j. 15.12.20, DJ 18.12.20).

V. tb., no nosso CPCLPV, CPC 588, nota 7a.

Art. 1.784: 4b. "O herdeiro tem legitimidade *ad causam* para ajuizar ação declaratória de nulidade de negócio jurídico realizado pelo inventariante" (STJ-3ª T., REsp 1.101.708, Min. Massami Uyeda, j. 28.6.11, DJ 2.8.11).

Art. 1.784: 5. Transmite-se com a herança o **aval** dado pelo *de cujus*. V. art. 897, nota 3.

Art. 1.785. A sucessão abre-se no lugar do último domicílio do falecido.[1] [Dispositivo correspondente no CC/1916: art. 1.578.]

Art. 1.785: 1. v. CPC 23-II e 48.

Art. 1.786. A sucessão dá-se por lei[1] ou por disposição de última vontade.[2] [Dispositivo correspondente no CC/1916: art. 1.573.]

Art. 1.786: 1. v. arts. 1.829 a 1.856.

Art. 1.786: 2. v. arts. 1.857 a 1.990.

Art. 1.787. Regula a sucessão e a legitimação para suceder a lei vigente ao tempo da abertura daquela.[1 a 3] [Dispositivo correspondente no CC/1916: art. 1.577.]

Art. 1.787: 1. Disposição transitória: "Art. 2.041. As disposições deste Código relativas à ordem da vocação hereditária (arts. 1.829 a 1.844) não se aplicam à sucessão aberta antes de sua vigência, prevalecendo o disposto na lei anterior (Lei n. 3.071, de 1º de janeiro de 1916)".

Art. 1.787: 2. CF 5º: "XXXI — a sucessão de bens de estrangeiros situados no País será regulada pela lei brasileira em benefício do cônjuge ou dos filhos brasileiros, sempre que não lhes seja mais favorável a lei pessoal do *de cujus*".

V. tb. LINDB 10 § 1º.

Art. 1.787: 3. "Deve ser mantida a sentença que reduz as disposições testamentárias formalizadas sob a égide do Código Civil de 1916 quando, ocorrida a morte do cônjuge já na vigência do Código Civil de 2002, o sobrevivente, agora considerado herdeiro necessário, restou excluído da sucessão, visando, assim, não só à preservação da vontade do testador, mas, também, a parte cabível a este último" (RT 893/290: TJMG, 1.0261.08.059923-4/001). V. art. 1.967, nota 3.

Art. 1.788. Morrendo a pessoa sem testamento, transmite[1] a herança aos herdeiros legítimos; o mesmo ocorrerá quanto aos bens que não forem compreendidos no testamento;[2] e subsiste a sucessão legítima se o testamento caducar,[3] ou for julgado nulo.[3a] [Dispositivos correspondentes no CC/1916: arts. 1.574 e 1.575.]

Art. 1.788: 1. *sic*; deve ser "transmite-se".

Art. 1.788: 2. No mesmo sentido: arts. 1.906, 1.908 e 1.966; de certo modo, tb. art. 1.944.

Art. 1.788: 3. v. arts. 1.939 e 1.940.

Art. 1.788: 3a. v. arts. 1.909 e 1.969 a 1.975.

Art. 1.789. Havendo herdeiros necessários,[1] o testador só poderá dispor da metade da herança.[2-2a] [Dispositivo correspondente no CC/1916: art. 1.576.]

Art. 1.789: 1. v. arts. 1.845 a 1.850.

Art. 1.789: 2. Essa metade da qual o testador não pode dispor, destinada aos herdeiros necessários, denomina-se **legítima.**

Art. 1.789: 2a. v. arts. 1.846, 1.857 § 1º e 2.018.

Art. 1.790. A companheira ou o companheiro participará da sucessão do outro,[1] quanto aos bens adquiridos onerosamente na vigência da união estável, nas condições seguintes: [Sem dispositivo correspondente no CC/1916.]

I — se concorrer com filhos comuns, terá direito a uma quota equivalente à que por lei for atribuída ao filho; [Sem dispositivo correspondente no CC/1916.]

II — se concorrer com descendentes só do autor da herança, tocar-lhe-á a metade do que couber a cada um daqueles; [Sem dispositivo correspondente no CC/1916.]

III — se concorrer com outros parentes sucessíveis, terá direito a um terço da herança; [Sem dispositivo correspondente no CC/1916.]

IV — não havendo parentes sucessíveis, terá direito à totalidade da herança. [Sem dispositivo correspondente no CC/1916.]

Art. 1.790: 1. "No sistema constitucional vigente, é **inconstitucional** a distinção de regimes sucessórios entre cônjuges e companheiros, devendo ser aplicado, em ambos os casos, o regime estabelecido no art. 1.829 do CC/2002" (STF-Pleno, RE 646.721, Min. Roberto Barroso, j. 10.5.17, maioria, DJ 11.9.17). Em sentido semelhante: "O tratamento diferenciado acerca da participação na herança do companheiro ou cônjuge falecido conferido pelo art. 1.790 do Código Civil/2002 ofende frontalmente os princípios da igualdade, da dignidade humana, da proporcionalidade e da vedação ao retrocesso. Ausência de razoabilidade do discrímen à falta de justo motivo no plano sucessório" (STJ-3ª T., REsp 1.332.773, Min. Ricardo Cueva, j. 27.6.17, DJ 1.8.17). Ainda: STJ-4ª T., REsp 1.337.420, Min. Luis Felipe, j. 22.8.17, DJ 21.9.17.

V. art. 1.829 e notas.

Capítulo II | DA HERANÇA E DE SUA ADMINISTRAÇÃO

Art. 1.791. A herança defere-se como um todo unitário,[1] ainda que vários sejam os herdeiros. [Dispositivo correspondente no CC/1916: art. 1.580.]

Parágrafo único. Até a partilha, o direito dos coerdeiros, quanto à propriedade e posse da herança, será indivisível,[1a a 2b] e regular-se-á pelas normas relativas ao condomínio.[3 a 5] [Dispositivo correspondente no CC/1916: art. 1.580.]

Art. 1.791: 1. v. art. 91.

✎ **Art. 1.791: 1a.** "Efeitos da indivisibilidade da herança", por Eduardo Henrique de Oliveira Yoshikawa (RDDP 118/9).

Art. 1.791: 2. v. art. 88. V. tb. arts. 1.784, notas 3 e segs., e 1.991, nota 3; Lei 8.629, de 25.2.93, art. 2º, nota 1a (no tít. DESAPROPRIAÇÃO).

Art. 1.791: 2a. "Aberta a sucessão, o domínio é transmitido de imediato aos herdeiros e os direitos são indivisíveis, até a partilha, de sorte que é vedado ao viúvo-meeiro, da mesma forma que em vida não poderia fazê-lo sem a outorga uxória, gravar imóvel objeto do inventário já aberto com ônus hipotecário" (STJ-4ª T., REsp 304.800, Min. Aldir Passarinho Jr., j. 19.4.07, DJU 28.5.07).

Art. 1.791: 2b. "Considerando que é a própria indivisibilidade do bem objeto da herança que cria em favor dos herdeiros a situação de condomínio que lhes autoriza a, *de per si*, atuar na defesa do patrimônio comum, é de se concluir que sempre que presente essa situação, estará configurada a legitimidade destacada. Em outras palavras, a restrição temporal imposta pelo artigo 1.580 do Código Civil de 1916 — 'até a partilha', só se aplica em relação aos bens que foram objeto da partilha, porque em relação aos demais, sujeitos a uma sobrepartilha, persiste a situação de indivisibilidade e, por conseguinte, a legitimação" (STJ-3ª T., REsp 844.248, Min. Sidnei Beneti, j. 20.5.10, DJ 10.6.10).

Art. 1.791: 3. v. arts. 1.314 a 1.322. S/ ocupação exclusiva de imóvel do *de cujus* e custeio das suas despesas, v. art. 1.315, nota 1c.

Art. 1.791: 4. "Tal como ocorre em relação a um condômino, ao coerdeiro é dada a legitimidade *ad causam* para reivindicar, independentemente da formação de litisconsórcio com os demais coerdeiros, a coisa comum que esteja indevidamente em poder de terceiro, nos moldes no art. 1.314 da lei civil" (STJ-3ª T., REsp 1.192.027, Min. Massami Uyeda, j. 19.8.10, DJ 6.9.10).

Art. 1.791: 5. "Ainda que a coisa seja passível de divisão, enquanto não tiver ocorrido a partilha ou a delimitação do espaço a ser utilizado por cada condômino, necessária a anuência dos compossuidores para que determinado condômino possa dar posse, uso ou gozo da propriedade comum a terceiro" (STJ-3ª T., REsp 1.168.834, Min. Nancy Andrighi, j. 21.6.11, DJ 30.6.11).

"O princípio da indivisibilidade da herança, inserto no art. 1.580 do Código Civil de 1916, veda a alienação, por herdeiro, de coisa singularmente considerada do patrimônio a ser inventariado. Sem embargo, poderá ser realizada a alienação de bem específico, desde que haja concordância de todos os sucessores e autorização judicial, providência esta que viabilizará o controle de legalidade do negócio jurídico, coibindo fraudes e prejuízo aos demais herdeiros e aos credores" (STJ-4ª T., REsp 1.072.511, Min. Marco Buzzi, j. 12.3.13, DJ 30.4.13).

"O termo aditivo ao contrato de compra e venda de imóvel rural, questionado pelos ora agravados, foi corretamente anulado pelo Tribunal de Justiça, pois fora firmado entre o comprador e a viúva-meeira, como vendedora, antes da nomeação desta como inventariante do espólio do cônjuge varão falecido, também vendedor na versão original do contrato. A invalidação operou-se por ter sido o aditivo firmado sem autorização judicial e sem a participação dos filhos, herdeiros do *de cujus*, os quais passaram a ser coproprietários de parcela do patrimônio do falecido tão logo aberta a sucessão, em harmonia com o princípio da *saisine*. A viúva-meeira não pode ser considerada 'inventariante natural', mas sim administradora provisória, até ser nomeada e assinar o termo de compromisso de inventariante" (STJ-4ª T., REsp 1.145.366-AgRg, Min. Raul Araújo, j. 8.4.14, DJ 30.4.14).

Art. 1.792. O herdeiro não responde por encargos superiores às forças da herança;[1 a 4] incumbe-lhe, porém, a prova do excesso, salvo se houver inventário que a escuse, demonstrando o valor dos bens herdados. [Dispositivo correspondente no CC/1916: art. 1.587.]

Art. 1.792: 1. No mesmo sentido: arts. 1.821 e 1.997-*caput*. V. tb. CPC 796.

Em matéria de: alimentos, v. art. 1.700, nota 2 (Enunciado 343 do CEJ); improbidade administrativa, v., no CPCLPV, LIA 8º, nota 2.

Art. 1.792: 2. Entre tais encargos, está o aval dado pelo *de cujus*.

V. art. 897, nota 3.

Art. 1.792: 3. "Nos casos legalmente previstos de sucessão por representação (por estirpe), os descendentes de classe mais distante concorrerão com os mais próximos, na proporção que seria cabível ao herdeiro natural pré-morto, porém em nome próprio e em decorrência de expressa convocação hereditária legal. O **patrimônio herdado por representação,** nem mesmo por ficção legal, jamais integra o patrimônio do descendente pré-morto e, por isso, não pode ser alcançado para pagamento de suas dívidas. Para tanto, limita-se a responsabilidade patrimonial dos sucessores de devedor às forças da herança por ele deixada" (STJ-3ª T., REsp 1.627.110, Min. Marco Bellizze, j. 12.9.17, DJ 15.9.17).

Art. 1.792: 4. "A **impenhorabilidade do imóvel herdado,** ainda que mantida, não afasta a sucessão obrigacional, decorrente, em última análise, da livre aceitação da herança" (STJ-3ª T., REsp 1.591.288, Min. Marco Bellizze, j. 21.11.17, DJ 30.11.17). Do voto do relator: "A responsabilidade pelas dívidas existentes não estará adstrita ao patrimônio transferido, mas tão somente limitada à proporção da parte que na herança lhe coube (que, no caso, corresponde a 100%), até a força do quinhão hereditário. Logo, ainda que o imóvel herdado seja protegido pela impenhorabilidade, a aceitação da herança operou contra o recorrente a responsabilização pessoal, dentro dos limites legais, razão pela qual, não sendo possível o alcance do bem herdado, nada obstará que outros bens respondam".

Art. 1.793. O direito à sucessão aberta, bem como o quinhão de que disponha o coerdeiro, pode ser objeto de cessão por escritura pública.[1 a 1d] [Sem dispositivo correspondente no CC/1916.]

§ 1º Os direitos, conferidos ao herdeiro em consequência de substituição[2] ou de direito de acrescer,[2a] presumem-se[2b] não abrangidos pela cessão feita anteriormente.[2c] [Sem dispositivo correspondente no CC/1916.]

§ 2º É ineficaz a cessão, pelo coerdeiro, de seu direito hereditário sobre qualquer bem da herança considerado singularmente.[3] [Sem dispositivo correspondente no CC/1916.]

§ 3º Ineficaz é a disposição, sem prévia autorização do juiz da sucessão, por qualquer herdeiro, de bem componente do acervo hereditário, pendente a indivisibilidade.[4] [Sem dispositivo correspondente no CC/1916.]

Art. 1.793: 1. "A forma dos negócios jurídicos no direito das sucessões", por Kleber Luiz Zanchim (RDPr 35/173).

Art. 1.793: 1a. s/ escritura pública, v. art. 215. V. tb. art. 1.795, nota 1.

Art. 1.793: 1b. **"Art. 80.** Consideram-se imóveis para os efeitos legais: ... **II** — o direito à sucessão aberta".

Art. 1.793: 1c. somente após a abertura da sucessão, já que a herança de pessoa viva não pode ser objeto de contrato (art. 426).

Art. 1.793: 1d. "A cessão de direitos hereditários, sem outorga uxória, pelo marido casado em regime de comunhão de bens, é ineficaz em relação à metade da mulher" (STJ-4ª T., REsp 60.820, Min. Ruy Rosado, j. 21.6.95, DJU 14.8.95).

Art. 1.793: 2. v. arts. 1.947 a 1.960.

Art. 1.793: 2a. v. arts. 1.941 a 1.946.

Art. 1.793: 2b. Essa presunção é relativa, na medida em que o herdeiro pode ceder também os direitos de representação e de acrescer.

Art. 1.793: 2c. Os negócios jurídicos benéficos interpretam-se restritivamente (art. 114).

Art. 1.793: 3. Esse dispositivo justifica-se pelo caráter unitário e indivisível da herança até a partilha, cf. art. 1.791.

Art. 1.793: 4. v. CPC 619-I.

Art. 1.794. O coerdeiro não poderá ceder a sua quota hereditária a pessoa estranha à sucessão, se outro coerdeiro a quiser, tanto por tanto.[1 a 2] [Sem dispositivo correspondente no CC/1916.]

Art. 1.794: 1. v. arts. 504, especialmente nota 1a, e 1.795.

Art. 1.794: 1a. "Apesar de o recorrente ter sido chamado a se manifestar a respeito de eventual interesse na aquisição da quota hereditária de seu irmão, não foi naquele ato cientificado a respeito do **preço** e das **condições de pagamento** que foram avençadas entre este e terceiro estranho à sucessão, situação que revela a deficiência de sua **notificação** por obstar o exercício do direito de preferência do coerdeiro na aquisição, tanto por tanto, do objeto da cessão" (STJ-3ª T., REsp 1.620.705, Min. Ricardo Cueva, j. 21.11.17, DJ 30.11.17).

Art. 1.794: 2. "O direito de preferência disciplinado nos arts. 1.794 e 1.795 do CC é inerente à qualidade de herdeiro, que não se transfere ao cessionário. De consequência, este não tem legitimidade ativa *ad causam* para pleitear a anulação de cessão de direitos hereditários feita por um dos herdeiros a terceiro" (RT 857/294).

Art. 1.795. O coerdeiro, a quem não se der conhecimento da cessão, poderá, depositado o preço, haver para si a quota cedida a estranho, se o requerer até cento e oitenta dias após a transmissão.[1-2] [Sem dispositivo correspondente no CC/1916.]

Parágrafo único. Sendo vários os coerdeiros a exercer a preferência, entre eles se distribuirá o quinhão cedido, na proporção das respectivas quotas hereditárias. [Sem dispositivo correspondente no CC/1916.]

Art. 1.795: 1. "A cessão de direitos hereditários, sem a observância do direito de preferência dos demais herdeiros, encontra óbice no CC 1.795. O prazo decadencial imposto ao coerdeiro prejudicado conta-se a partir da transmissão, contudo, será contado apenas da sua ciência acerca do negócio jurídico quando não é seguida a formalidade legal imposta pelo CC 1.793 e a transmissão não se dá por escritura pública" (RJM 190/237: AP 1.0251.07.021397-9/001).

Art. 1.795: 2. "O exercício desse direito de preferência ocorre, em regra, independentemente da atuação jurisdicional, bastando que, notificado, o coerdeiro adquira os direitos hereditários por valor idêntico e pelas mesmas condições oferecidas ao eventual terceiro estranho interessado na cessão. Todavia, uma vez ultimado o negócio sem observância da notificação prévia do coerdeiro, a solução da questão somente pode se dar na via judicial, pela **ação de preferência** c.c. adjudicação compulsória. A prova do **depósito do preço** para adjudicação do bem, na petição inicial, é **condição de procedibilidade** da referida ação. Por se tratar de condição de procedibilidade, a omissão do autor em depositar o valor da cessão de direitos hereditários deve ensejar a oportunidade de correção do citado defeito processual, em homenagem aos princípios da instrumentalidade das formas e da economia processual. Portanto, sobretudo na hipótese em que a ação é ajuizada antes do termo final do prazo decadencial de 180 dias, sendo corrigido o defeito, com o depósito da quantia, o exercício do direito deve retroagir à data do ingresso em juízo" (STJ-3ª T., REsp 1.870.836, Min. Nancy Andrighi, j. 13.10.20, DJ 19.10.20).

V. tb. art. 504, nota 2b.

Art. 1.796. No prazo de trinta dias,[1] a contar da abertura da sucessão, instaurar-se-á inventário do patrimônio hereditário, perante o juízo[1a] competente no lugar da sucessão,[1b] para fins de liquidação e, quando for o caso, de partilha da herança.[2-3] [Dispositivo correspondente no CC/1916: art. 1.770-*caput*.]

Art. 1.796: 1. Este prazo passou a ser de **dois meses** (v. CPC 611).

Art. 1.796: 1a. Se todos os herdeiros forem capazes e concordes, é possível também a abertura de inventário perante o tabelionato de notas (cf. CPC 610).

Art. 1.796: 1b. v. CPC 48.

Art. 1.796: 2. s/ inventário e partilha, v. arts. 1.991 a 2.022 e CPC 610 a 673.

Art. 1.796: 3. **Súmula 542 do STF:** "Não é inconstitucional a multa instituída pelo estado-membro, como sanção pelo retardamento do início ou da ultimação do inventário".

Art. 1.797. Até o compromisso do inventariante,[1] a administração da herança caberá, sucessivamente:[1a] [Sem dispositivo correspondente no CC/1916.]

I — ao cônjuge ou companheiro, se com o outro convivia ao tempo da abertura da sucessão; [Sem dispositivo correspondente no CC/1916.]

II — ao herdeiro que estiver na posse e administração dos bens, e, se houver mais de um nessas condições, ao mais velho; [Sem dispositivo correspondente no CC/1916.]

III — ao testamenteiro;[2] [Sem dispositivo correspondente no CC/1916.]

IV — a pessoa de confiança do juiz, na falta ou escusa das indicadas nos incisos antecedentes, ou quando tiverem de ser afastadas por motivo grave levado ao conhecimento do juiz. [Sem dispositivo correspondente no CC/1916.]

Art. 1.797: 1. v. art. 1.991.

Art. 1.797: 1a. s/ a figura do administrador provisório, v. CPC 613 e 614.

Art. 1.797: 2. v. arts. 1.976 a 1.990.

Capítulo III | DA VOCAÇÃO HEREDITÁRIA[1]

CAP. III: 1. s/ ordem da vocação hereditária, v. arts. 1.829 a 1.844.

Art. 1.798. Legitimam-se a suceder as pessoas nascidas ou já concebidas[1 a 2] no momento da abertura da sucessão. [Sem dispositivo correspondente no CC/1916.]

Art. 1.798: 1. v. art. 2º.

✎ **Art. 1.798: 1a.** "A reprodução humana assistida *post mortem* e o direito sucessório do concebido — uma interpretação constitucional da legitimidade sucessória a partir do princípio da isonomia", por Dario Alexandre Guimarães Nóbrega (RBDFS 20/39).

Art. 1.798: 2. Enunciado 267 do CEJ: "A regra do art. 1.798 do Código Civil deve ser estendida aos embriões formados mediante o uso de técnicas de reprodução assistida, abrangendo, assim, a vocação hereditária da pessoa humana a nascer cujos efeitos patrimoniais se submetem às regras previstas para a petição da herança".

Art. 1.799. Na sucessão testamentária podem ainda ser chamados a suceder: [Dispositivo correspondente no CC/1916: art. 1.717.]

I — os filhos, ainda não concebidos, de pessoas indicadas pelo testador, desde que vivas estas ao abrir-se a sucessão;[1 a 1b] [Dispositivo correspondente no CC/1916: art. 1.718.]

II — as pessoas jurídicas;[2] [Sem dispositivo correspondente no CC/1916.]

III — as pessoas jurídicas, cuja organização for determinada pelo testador sob a forma de fundação.[3] [Sem dispositivo correspondente no CC/1916.]

✎ **Art. 1.799: 1.** "Fideicomisso e sucessores não concebidos: exame de uma questão controvertida", por Carlos Roberto Barbosa Moreira (RF 399/49).

Art. 1.799: 1a. v. art. 1.800.

Art. 1.799: 1b. Enunciado 268 do CEJ: "Nos termos do inc. I do art. 1.799, pode o testador beneficiar filhos de determinada origem, não devendo ser interpretada extensivamente a cláusula testamentária respectiva".

Art. 1.799: 2. v. arts. 40 a 69.

Art. 1.799: 3. v. arts. 62 a 69.

Art. 1.800. No caso do inciso I do artigo antecedente, os bens da herança serão confiados, após a liquidação ou partilha, a curador nomeado pelo juiz. [Sem dispositivo correspondente no CC/1916.]

§ 1º Salvo disposição testamentária em contrário, a curatela caberá à pessoa cujo filho o testador esperava ter por herdeiro, e, sucessivamente, às pessoas indicadas no art. 1.775. [Sem dispositivo correspondente no CC/1916.]

§ 2º Os poderes, deveres e responsabilidades do curador, assim nomeado, regem-se pelas disposições concernentes à curatela dos incapazes,[1] no que couber. [Sem dispositivo correspondente no CC/1916.]

§ 3º Nascendo com vida o herdeiro esperado, ser-lhe-á deferida a sucessão, com os frutos e rendimentos relativos à deixa, a partir da morte do testador. [Sem dispositivo correspondente no CC/1916.]

§ 4º Se, decorridos dois anos após a abertura da sucessão, não for concebido o herdeiro esperado, os bens reservados, salvo disposição em contrário do testador, caberão aos herdeiros legítimos. [Sem dispositivo correspondente no CC/1916.]

Art. 1.800: 1. v. arts. 1.767 a 1.783.

Art. 1.801. Não podem ser nomeados herdeiros nem legatários:[1] [Dispositivo correspondente no CC/1916: art. 1.719-*caput*.]

I — a pessoa que, a rogo, escreveu o testamento, nem o seu cônjuge ou companheiro, ou os seus ascendentes e irmãos;[1a-1b] [Dispositivo correspondente no CC/1916: art. 1.719-I.]

II — as testemunhas do testamento; [Dispositivo correspondente no CC/1916: art. 1.719-II.]

III — o concubino do testador casado, salvo se este, sem culpa sua, estiver separado de fato do cônjuge há mais de cinco anos;[2-3] [Dispositivo correspondente no CC/1916: art. 1.719-III.]

IV — o tabelião, civil ou militar, ou o comandante ou escrivão, perante quem se fizer, assim como o que fizer ou aprovar o testamento. [Dispositivo correspondente no CC/1916: art. 1.719-IV.]

Art. 1.801: 1. v. art. 1.900-V.

Art. 1.801: 1a. O descendente de quem escreveu o testamento também não pode ser nomeado legatário (cf. CC 1.802 § ún.).

Art. 1.801: 1b. "As testemunhas impedidas de participarem do ato são as resultantes de parentesco por consanguinidade, não as por afinidade" (RSTJ 81/274: 4ª T., REsp 7.197).

Art. 1.801: 2. **Enunciado 269 do CEJ:** "A vedação do art. 1.801, inc. III, do Código Civil não se aplica à união estável, independentemente do período de separação de fato (art. 1.723, § 1º)".

Art. 1.801: 3. s/ concubinato, v. art. 1.727. V., porém, art. 1.803.

Art. 1.802. São nulas as disposições testamentárias em favor de pessoas não legitimadas a suceder, ainda quando simuladas sob a forma de contrato oneroso, ou feitas mediante interposta pessoa.[1] [Dispositivo correspondente no CC/1916: art. 1.720.]

Parágrafo único. Presumem-se pessoas interpostas os ascendentes, os descendentes, os irmãos e o cônjuge ou companheiro do não legitimado a suceder. [Dispositivo correspondente no CC/1916: art. 1.720.]

Art. 1.802: 1. v. arts. 1.801 e 1.900-V.

Art. 1.803. É lícita a deixa ao filho do concubino, quando também o for do testador.[1-1a] [Sem dispositivo correspondente no CC/1916.]

Art. 1.803: 1. No mesmo sentido, a **Súmula 447 do STF:** "É válida a disposição testamentária em favor de filho adulterino do testador com sua concubina".

Art. 1.803: 1a. Diferentemente do concubino (v. art. 1.801-III), o filho deste com o testador tem vocação hereditária.

Capítulo IV | DA ACEITAÇÃO E RENÚNCIA DA HERANÇA

Art. 1.804. Aceita a herança, torna-se definitiva a sua transmissão ao herdeiro, desde a abertura da sucessão.[1-2] [Sem dispositivo correspondente no CC/1916.]

Parágrafo único. A transmissão tem-se por não verificada quando o herdeiro renuncia à herança. [Sem dispositivo correspondente no CC/1916.]

Art. 1.804: 1. Há presunção relativa de que o herdeiro aceitou a herança, que só pode ser afastada por meio de renúncia expressa (v. § ún. e art. 1.806). V. tb. art. 1.807, *in fine*.

Art. 1.804: 2. A aceitação pode ser expressa ou tácita (v. art. 1.805).

Art. 1.805. A aceitação da herança, quando expressa, faz-se por declaração escrita; quando tácita, há de resultar tão somente de atos próprios da qualidade de herdeiro.[1] [Dispositivo correspondente no CC/1916: art. 1.581 § 1º.]

§ 1º Não exprimem aceitação de herança os atos oficiosos, como o funeral do finado, os meramente conservatórios, ou os de administração e guarda provisória. [Dispositivo correspondente no CC/1916: art. 1.581 § 2º.]

§ 2º Não importa igualmente aceitação a cessão gratuita, pura e simples, da herança, aos demais coerdeiros. [Dispositivo correspondente no CC/1916: art. 1.582.]

Art. 1.805: 1. s/ aceitação tácita, v. art. 1.812, nota 1.

Art. 1.806. A renúncia da herança deve constar expressamente de instrumento público[1-1a] ou termo judicial.[2 a 7] [Dispositivo correspondente no CC/1916: art. 1.581-*caput*.]

Art. 1.806: 1. s/ escritura pública, v. art. 215.

Art. 1.806: 1a. "**Art. 80.** Consideram-se imóveis para os efeitos legais: ... **II** — o direito à sucessão aberta".

Art. 1.806: 2. v., porém, art. 1.913 (legado com encargo).

Art. 1.806: 3. A renúncia da herança por termo nos autos do processo dispensa a lavratura de escritura pública (RT 840/253).

Art. 1.806: 4. "A renúncia à herança depende de ato solene, a saber, escritura pública ou termo nos autos de inventário; petição manifestando a renúncia, com a promessa de assinatura do termo judicial, não produz efeitos sem que essa formalidade seja ultimada" (STJ-3ª T., REsp 431.695, Min. Ari Pargendler, j. 21.5.02, DJ 5.8.02).

Art. 1.806: 5. "O ato de renúncia à herança deve constar expressamente de instrumento público ou de termo nos autos, sob pena de invalidade. Daí se segue que a constituição de mandatário para a renúncia à herança deve obedecer à mesma forma, não tendo validade a outorga por instrumento particular" (STJ-3ª T., REsp 1.236.671, Min. Sidnei Beneti, j. 9.10.12, um voto vencido, DJ 4.3.13). No mesmo sentido: STJ-4ª T., REsp 1.551.430, Min. Luis Felipe, j. 21.9.17, maioria, DJ 16.11.17.

Art. 1.806: 6. "Embora o art. 1.806 do Código Civil admita que a renúncia à herança possa ser efetivada por instrumento público ou termo judicial, a meação não se confunde com a herança" (STJ-3ª T., REsp 1.196.992, Min. Nancy Andrighi, j. 6.8.13, RP 226/409).

V. tb. art. 541, nota 1a.

Art. 1.806: 7. "O Tribunal na origem, ao nulificar todos os atos decisórios em virtude da ausência de litisconsorte passiva necessária, também decretou por arrastamento a nulidade da própria renúncia à herança anteriormente realizada, pois, a despeito de se tratar de ato de disposição de natureza preponderantemente material, a renúncia à herança também possui um requisito de validade específico de índole processual, a saber, a exigência legal de que ocorra por meio de termo judicial" (STJ-3ª T., REsp 1.402.675, Min. Nancy Andrighi, j. 12.12.17, DJ 18.12.17).

Art. 1.807. O interessado em que o herdeiro declare se aceita, ou não, a herança, poderá, vinte dias após aberta a sucessão, requerer ao juiz prazo razoável, não maior de trinta dias, para, nele, se pronunciar o herdeiro, sob pena de se haver a herança por aceita.[1] [Dispositivo correspondente no CC/1916: art. 1.584.]

Art. 1.807: 1. v. arts. 1.805-*caput* e 1.806.

Art. 1.808. Não se pode aceitar ou renunciar a herança em parte, sob condição[1] ou a termo.[2] [Dispositivo correspondente no CC/1916: art. 1.583.]

§ 1º O herdeiro, a quem se testarem legados,[3] pode aceitá-los, renunciando a herança; ou, aceitando-a, repudiá-los. [Dispositivo correspondente no CC/1916: art. 1.583.]

§ 2º O herdeiro, chamado, na mesma sucessão, a mais de um quinhão hereditário, sob títulos sucessórios diversos, pode livremente deliberar quanto aos quinhões que aceita e aos que renuncia. [Sem dispositivo correspondente no CC/1916.]

Art. 1.808: 1. v. art. 121.

Art. 1.808: 2. v. art. 131.

Art. 1.808: 3. s/ legados, v. arts. 1.912 a 1.940.

Art. 1.809. Falecendo o herdeiro antes de declarar se aceita a herança, o poder de aceitar passa-lhe aos herdeiros, a menos que se trate de vocação adstrita a uma condição suspensiva,[1] ainda não verificada.[2] [Dispositivo correspondente no CC/1916: art. 1.585.]

Parágrafo único. Os chamados à sucessão do herdeiro falecido antes da aceitação, desde que concordem em receber a segunda herança, poderão aceitar ou renunciar a primeira. [Sem dispositivo correspondente no CC/1916.]

Art. 1.809: 1. v. arts. 125 e 1.897.

Art. 1.809: 2. v. art. 1.933.

Art. 1.810. Na sucessão legítima, a parte do renunciante acresce à dos outros herdeiros da mesma classe e, sendo ele o único desta, devolve-se aos da subsequente.[1] [Dispositivo correspondente no CC/1916: art. 1.589.]

Art. 1.810: 1. s/ ordem da vocação hereditária na sucessão legítima, v. arts. 1.829 a 1.844.

Art. 1.811. Ninguém pode suceder, representando herdeiro renunciante.[1] Se, porém, ele for o único legítimo da sua classe, ou se todos os outros da mesma classe renunciarem a herança, poderão os filhos vir à sucessão, por direito próprio, e por cabeça. [Dispositivo correspondente no CC/1916: art. 1.588.]

Art. 1.811: 1. v. arts. 1.810, 1.851 e 1.856.

Art. 1.812. São irrevogáveis os atos de aceitação ou de renúncia da herança.[1] [Dispositivo correspondente no CC/1916: art. 1.590.]

Art. 1.812: 1. "A concordância com os termos das primeiras declarações apresentadas pela inventariante, bem como a juntada aos autos de instrumento de procuração, constituem formas de aceitação tácita da herança, que, nos termos do art. 1.812 do CC/2002, é irrevogável" (RJM 189/101: AI 1.0223.07.217289-1/001).

Art. 1.813. Quando o herdeiro prejudicar os seus credores, renunciando à herança, poderão eles, com autorização do juiz, aceitá-la em nome do renunciante.[1-2] [Dispositivo correspondente no CC/1916: art. 1.586.]

§ 1º A habilitação dos credores se fará no prazo de trinta dias seguintes ao conhecimento do fato. [Sem dispositivo correspondente no CC/1916.]

§ 2º Pagas as dívidas do renunciante, prevalece a renúncia quanto ao remanescente, que será devolvido aos demais herdeiros. [Dispositivo correspondente no CC/1916: art. 1.586.]

Art. 1.813: 1. v. arts. 158 a 165 (fraude à execução).

V. tb. art. 391 e CPC 789.

Art. 1.813: 2. "O pedido de aceitação da herança realizado pelo credor do executado/renunciante, nos autos do arrolamento de bens do falecido pai deste, somente pode ser formulado até o momento imediatamente anterior ao da sentença de homologação da partilha. Após a divisão do patrimônio do *de cujus*, acolhida a renúncia por parte do executado, os bens passaram a integrar o patrimônio dos demais herdeiros. Inexistindo recurso de terceiro prejudicado e transitada em julgado a sentença que homologou a partilha, resta ao credor, se for o caso e se preenchidos os demais requisitos legais, arguir, em ação própria, a anulação da partilha homologada" (STJ-RT 893/205: 4ª T., REsp 754.468).

Capítulo V | DOS EXCLUÍDOS DA SUCESSÃO

Art. 1.814. São excluídos da sucessão[1] os herdeiros ou legatários:[2-2a] [Dispositivo correspondente no CC/1916: art. 1.595-*caput*.]

I — que houverem sido autores, coautores ou partícipes de homicídio doloso, ou tentativa deste, contra a pessoa de cuja sucessão se tratar, seu cônjuge, companheiro, ascendente ou descendente; [Dispositivo correspondente no CC/1916: art. 1.595-I.]

II — que houverem acusado caluniosamente em juízo o autor da herança[2b] ou incorrerem em crime contra a sua honra,[3] ou de seu cônjuge ou companheiro; [Dispositivo correspondente no CC/1916: art. 1.595-II.]

III — que, por violência ou meios fraudulentos, inibirem ou obstarem o autor da herança de dispor livremente de seus bens por ato de última vontade. [Dispositivo correspondente no CC/1916: art. 1.595-III.]

Art. 1.814: 1. v. tb. deserdação (arts. 1.961 a 1.965).

Art. 1.814: 2. Esse dispositivo trata da exclusão por **indignidade.**

Art. 1.814: 2a. s/ conferência de doações recebidas por aquele que foi excluído da sucessão, v. art. 2.008.

Art. 1.814: 2b. "Realçando-se o viés punitivo da deserdação, entende-se que a melhor interpretação jurídica acerca da questão consiste em compreender que o artigo 1.595, II, do Código Civil 1916 não se contenta com a acusação caluniosa em juízo qualquer, senão em **juízo criminal.** Ausente a comprovação de que as manifestações do herdeiro recorrido tenham ensejado 'investigação policial, processo judicial, instauração de investigação administrativa, inquérito civil ou ação de improbidade administrativa' (artigo 339 do Código Penal) em desfavor do testador, a improcedência da ação de deserdação é medida que se impõe" (STJ-RMDCPC 41/114: 3ª T., REsp 1.185.122).

Art. 1.814: 3. v. CP 138 a 145.

Art. 1.815. A exclusão do herdeiro ou legatário, em qualquer desses casos de indignidade, será declarada por sentença.[1] [Dispositivo correspondente no CC/1916: art. 1.596.]

§ 1º O direito de demandar a exclusão do herdeiro ou legatário extingue-se em quatro anos, contados da abertura da sucessão.[2-3] [Dispositivo correspondente no CC/1916: art. 178 § 9º-IV.]

§ 2º Na hipótese do inciso I do art. 1.814, o Ministério Público tem legitimidade para demandar a exclusão do herdeiro ou legatário.[4] [Sem dispositivo correspondente no CC/1916.]

Art. 1.815: 1. v. art. 1.939-IV.

Art. 1.815: 2. O § ún. foi renumerado pela Lei 13.532, de 7.12.17.

Art. 1.815: 3. "Se o autor não possui herdeiros necessários que possam vir a ajuizar ação de indignidade quando este vier a falecer, nem é possível deserdar sua companheira por testamento, em razão de não ser sua herdeira necessária, a ação de indignidade por ele proposta, mesmo que em vida, apontando que a companheira não é digna de herdar, deve ser processada, diante da lacuna legislativa referente à hipótese contida nos autos" (RT 879/331: TJMS, AP 2007.026708-9/0000-00).

Art. 1.815: 4. O § 2º foi acrescido pela Lei 13.532, de 7.12.17.

Art. 1.816. São pessoais os efeitos da exclusão; os descendentes do herdeiro excluído sucedem,[1] como se ele morto fosse antes da abertura da sucessão. [Dispositivo correspondente no CC/1916: art. 1.599.]

Parágrafo único. O excluído da sucessão não terá direito ao usufruto ou à administração dos bens que a seus sucessores couberem na herança, nem à sucessão eventual desses bens.[2] [Dispositivo correspondente no CC/1916: art. 1.602.]

Art. 1.816: 1. Já no caso de renúncia à herança, em regra, os descendentes do renunciante não sucedem (v. art. 1.811).

Art. 1.816: 2. v. arts. 1.689 e 1.693-IV.

Art. 1.817. São válidas as alienações onerosas de bens hereditários a terceiros de boa-fé,[1] e os atos de administração legalmente praticados pelo herdeiro, antes da sentença de exclusão; mas aos herdeiros subsiste, quando prejudicados, o direito de demandar-lhe perdas e danos.[2] [Dispositivo correspondente no CC/1916: art. 1.600.]

Parágrafo único. O excluído da sucessão é obrigado a restituir os frutos e rendimentos que dos bens da herança houver percebido, mas tem direito a ser indenizado das despesas com a conservação deles. [Dispositivo correspondente no CC/1916: art. 1.598.]

Art. 1.817: 1. v. art. 1.827 § ún.

Art. 1.817: 2. v. arts. 402 a 405.

Art. 1.818. Aquele que incorreu em atos que determinem a exclusão da herança será admitido a suceder, se o ofendido o tiver expressamente reabilitado em testamento, ou em outro ato autêntico. [Dispositivo correspondente no CC/1916: art. 1.597.]

Parágrafo único. Não havendo reabilitação expressa, o indigno, contemplado em testamento do ofendido, quando o testador, ao testar, já conhecia a causa da indignidade, pode suceder no limite da disposição testamentária. [Sem dispositivo correspondente no CC/1916.]

Capítulo VI | DA HERANÇA JACENTE[1]

CAP. VI: 1. v. CPC 738 e segs.

Art. 1.819. Falecendo alguém sem deixar testamento nem herdeiro legítimo notoriamente conhecido, os bens da herança, depois de arrecadados,[1] ficarão sob a guarda e administração de um curador,[2-3] até a sua entrega ao sucessor devidamente habilitado ou à declaração de sua vacância.[4] [Dispositivo correspondente no CC/1916: art. 1.591-*caput* e I.]

Art. 1.819: 1. v. art. 28 § 2º.

Art. 1.819: 2. s/ representação em juízo da herança jacente, v. CPC 75-VI.

Art. 1.819: 3. "Tratando-se de herança jacente, não tem aplicação a norma do CPC 985, que trata da figura do administrador provisório no inventário, mas sim a do CPC 1.143" (STJ-3ª T., AI 475.911-AgRg, Min. Ari Pargendler, j. 16.10.03, DJ 19.12.03).

Art. 1.819: 4. Os bens da herança jacente são arrecadados e confiados à guarda e administração de um curador nomeado pelo juiz. Trata-se de um estado provisório, tendo em vista que a herança jacente passa a ser vacante, se não aparecer herdeiro dentro do prazo para habilitação. V. art. 1.820.

Art. 1.820. Praticadas as diligências de arrecadação e ultimado o inventário, serão expedidos editais na forma da lei processual, e, decorrido um ano de sua primeira publicação, sem que haja herdeiro habilitado, ou penda habilitação, será a herança declarada vacante.[1-2] [Dispositivo correspondente no CC/1916: art. 1.593-*caput* § ún.]

Art. 1.820: 1. Herança vacante: CPC 743.

Art. 1.820: 2. "Antes da declaração da vacância, o bem arrecadado não passa ao domínio do ente público" (RSTJ 94/215). No mesmo sentido: RSTJ 142/216, STJ-RT 738/236, 755/201.

Art. 1.821. É assegurado aos credores o direito de pedir o pagamento das dívidas reconhecidas, nos limites das forças da herança.[1] [Sem dispositivo correspondente no CC/1916.]

Art. 1.821: 1. No mesmo sentido: arts. 1.792 e 1.997-*caput*. V. tb. CPC 741 § 4º.

Art. 1.822. A declaração de vacância da herança não prejudicará os herdeiros que legalmente se habilitarem;[1] mas, decorridos cinco anos da abertura da sucessão, os bens arrecadados passarão ao domínio do Município ou do Distrito Federal, se localizados nas respectivas circunscrições, incorporando-se ao domínio da União quando situados em território federal.[2-2a] [Dispositivo correspondente no CC/1916: art. 1.594-*caput*.]

Parágrafo único. Não se habilitando até a declaração de vacância, os colaterais[3] ficarão excluídos da sucessão. [Dispositivo correspondente no CC/1916: art. 1.594 § ún.]

Art. 1.822: 1. v. CPC 743.

Art. 1.822: 2. **Dec. lei 8.207, de 22.11.45: "Art. 3º** Adquirindo o domínio dos bens arrecadados, a União, o Estado ou o Distrito Federal ficam obrigados a aplicá-los em fundações destinadas ao desenvolvimento do ensino universitário, e o Ministério Público respectivo velará por essa aplicação".

Art. 1.822: 2a. "Os bens jacentes são transferidos ao ente público no momento da declaração da vacância, não se aplicando, desta forma, o princípio da *saisine*" (STJ-3ª T., AI 851.228-AgRg, Min. Sidnei Beneti, j. 23.9.08, DJ 13.10.08). No mesmo sentido: STJ-4ª T., REsp 100.290, Min. Barros Monteiro, j. 14.5.02, DJU 26.8.02.

"Até a declaração de vacância a favor do Estado, corre o prazo para que o imóvel possa ser usucapido pelo particular que o detém" (STJ-4ª T., REsp 170.666, Min. Aldir Passarinho Jr., j. 14.2.06, DJU 13.3.06).

"Usucapião. Constitucional urbano. Art. 183-*caput* da CF. Alegação de não ser o imóvel suscetível de aquisição por usucapião, por ser ele bem público. Descabimento. Inaplicabilidade do princípio da *saisine*. Estado que não é herdeiro. Herança jacente que somente passa ao domínio do Poder Público após a declaração de vacância. Inocorrência no presente caso. *Animus domini* do requerente demonstrado. Sentença de procedência mantida" (JTJ 323/657: AP 224.107-4/7-00).

Art. 1.822: 3. v. art. 1.592.

Art. 1.823. Quando todos os chamados a suceder renunciarem[1] à herança, será esta desde logo declarada vacante. [Dispositivo correspondente no CC/1916: art. 1.591-II.]

Art. 1.823: 1. v. arts. 1.804 § ún., 1.806 e 1.812.

Capítulo VII | DA PETIÇÃO DE HERANÇA

Art. 1.824. O herdeiro pode, em ação de petição de herança,[1-1a] demandar o reconhecimento de seu direito sucessório, para obter a restituição da herança, ou de parte dela, contra quem, na qualidade de herdeiro, ou mesmo sem título, a possua.[2] [Sem dispositivo correspondente no CC/1916.]

Art. 1.824: 1. **Súmula 149 do STF (Prescrição):** "É imprescritível a ação de investigação de paternidade, mas não o é a de petição de herança".

Prescreve a ação de petição de herança em dez anos (art. 205).

"A teor do art. 189 do Código Civil, o **termo inicial** para o ajuizamento da ação de petição de herança é a data do trânsito em julgado da ação de investigação de paternidade, quando, em síntese, confirma-se a condição de herdeiro" (STJ-3ª T., REsp 1.475.759, Min. João Otávio, j. 17.5.16, DJ 20.5.16). **Contra:** "O termo inicial do prazo prescricional da pretensão de petição de herança conta-se da abertura da sucessão, ou, em se tratando de herdeiro absolutamente incapaz, da data em que completa 16 anos, momento em que, em ambas as hipóteses, nasce para o herdeiro, ainda que não legalmente reconhecido, o direito de reivindicar os direitos sucessórios (*actio nata*)" (STJ-4ª T., Ag em REsp 1.430.937-AgInt, Min. Raul Araújo, j. 10.12.19, DJ 6.3.20).

V. tb. art. 205, nota 3, 1.601, 1.604, nota 2a, e 1.614, nota 2.

Art. 1.824: 1a. "A ação rescisória não é o remédio processual adequado a ser manejado pelos herdeiros que não participaram do processo de inventário, buscando atacar a partilha homologada em procedimento sem contencioso. Inteligência das regras dos arts. 1.824 e 1.825 do Código Civil de 2002" (STJ-3ª T., REsp 940.455, Min. Paulo Sanseverino, j. 17.5.11, DJ 23.5.11).

Art. 1.824: 2. v. CPC 628.

Art. 1.825. A ação de petição de herança, ainda que exercida por um só dos herdeiros, poderá compreender todos os bens hereditários. [Sem dispositivo correspondente no CC/1916.]

Art. 1.826. O possuidor da herança está obrigado à restituição dos bens do acervo, fixando-se-lhe a responsabilidade segundo a sua posse, observado o disposto nos arts. 1.214 a 1.222. [Sem dispositivo correspondente no CC/1916.]

Parágrafo único. A partir da citação, a responsabilidade do possuidor se há de aferir pelas regras concernentes à posse de má-fé e à mora.[1] [Sem dispositivo correspondente no CC/1916.]

Art. 1.826: 1. s/ posse de má-fé, v. arts. 1.216, 1.218, 1.220 e 1.222; s/ mora, v. arts. 394 a 401 e 405.

Art. 1.827. O herdeiro pode demandar os bens da herança, mesmo em poder de terceiros, sem prejuízo da responsabilidade do possuidor originário pelo valor dos bens alienados. [Sem dispositivo correspondente no CC/1916.]

Parágrafo único. São eficazes as alienações feitas, a título oneroso, pelo herdeiro aparente[1] a terceiro de boa-fé.[2] [Sem dispositivo correspondente no CC/1916.]

Art. 1.827: 1. ex. de herdeiro aparente: herdeiro excluído por indignidade ou afastado por testamento posterior; sucessor testamentário que o deixa de ser em virtude de rompimento ou anulação do testamento.

Art. 1.827: 2. cf. art. 1.817-*caput*.

Art. 1.828. O herdeiro aparente, que de boa-fé houver pago um legado,[1] não está obrigado a prestar o equivalente ao verdadeiro sucessor, ressalvado a este o direito de proceder contra quem o recebeu. [Sem dispositivo correspondente no CC/1916.]

Art. 1.828: 1. v. art. 1.934.

Título II | DA SUCESSÃO LEGÍTIMA[1]

Capítulo I | DA ORDEM DA VOCAÇÃO HEREDITÁRIA[1-2]

TÍT. II: 1. "Sucessão legítima no novo Código Civil", por Gustavo Rene Nicolau (RDPr 21/112, RIDF 44/48).

CAP. I: 1. "Concorrência sucessória à luz dos princípios norteadores do Código Civil de 2002", por Guilherme Calmon Nogueira da Gama (RBDF 29/11); "Concorrência sucessória e a nova ordem de vocação hereditária", por Euclides de Oliveira (RBDF 29/26); "Concorrência sucessória e conflito de leis", por Gustavo Ferraz de Campos Monaco (RBDF 29/173).

CAP. I: 2. **Disposição transitória: "Art. 2.041.** As disposições deste Código relativas à ordem da vocação hereditaria (arts. 1.829 a 1.844) não se aplicam à sucessão aberta antes de sua vigência, prevalecendo o disposto na lei anterior (Lei n. 3.071, de 1º de janeiro de 1916)".

Art. 1.829. A sucessão legítima defere-se na ordem seguinte:[1-1a] [Dispositivo correspondente no CC/1916: art. 1.603-*caput*.]

I — aos descendentes, em concorrência com o cônjuge sobrevivente,[2-2a] salvo se casado este com o falecido no regime da comunhão universal,[2b] ou no da separação obrigatória de bens (art. 1.640, parágrafo único);[3 a 3b] ou se, no regime da comunhão parcial, o autor da herança não houver deixado bens particulares;[4-5] [Dispositivo correspondente no CC/1916: art. 1.603-I.]

II — aos ascendentes, em concorrência com o cônjuge;[5a] [Dispositivo correspondente no CC/1916: art. 1.603-II.]

III — ao cônjuge sobrevivente;[5b a 6a] [Dispositivo correspondente no CC/1916: art. 1.603-III.]

IV — aos colaterais.[7] [Dispositivo correspondente no CC/1916: art. 1.603-IV.]

Art. 1.829: 1. "A nova ordem de vocação hereditária e a sucessão dos cônjuges", por Eduardo de Oliveira Leite (RT 815/32); "Cônjuge sobrevivente, herdeiro concorrente", por Wilson J. Comel (RT 820/50); "A vocação hereditária e a concorrência do cônjuge com os descendentes ou ascendentes do falecido (art. 1.829, I, do Código Civil de 2002)", por João Agnaldo Donizeti Gandini e Cristiane Bassi Jacob (RBDF 25/9, RJ 322/56 e RT 834/11); "A herança do cônjuge sobrevivo e o novo Código Civil", por Fernanda de Souza Rabello (Ajuris 86/111); "Os direitos sucessórios do cônjuge sobrevivo", por José Carlos Teixeira Giorgis (RBDF 29/88); "Reflexões acerca do direito sucessório do cônjuge no Código Civil de 2002", por Helena de Azeredo Orselli (RIDCPC 39/110); "Os direitos sucessórios do cônjuge e do companheiro no Código Civil de 2002: uma abordagem à luz do Direito Civil Constitucional", por Ana Luiza Maia Nevares (RBDF 36/139); "A sucessão do cônjuge e do companheiro no novo Código Civil", por Inacio de Carvalho Neto (RT 803/11); "Sucessão em torno do cônjuge herdeiro: a polêmica instalada sobre o assunto", por Rogério Licastro Torres de Mello (RMDCPC 14/56); "Sucessão do cônjuge à luz da Constituição Federal", por Carlos José de Castro Costa (RBDFS 14/5).

Art. 1.829: 1a. Um mesmo herdeiro pode **participar concomitantemente** da **sucessão legítima,** ainda que na condição de colateral, **e** da sucessão **testamentária** (STJ-3ª T., REsp 1.674.162, Min. Ricardo Cueva, j. 16.10.18, DJ 26.10.18).

Art. 1.829: 2. Não se deve confundir **herança** com **participação na sociedade conjugal.**

O cônjuge sobrevivente pode ser **herdeiro** do morto:

— se concorrer com descendentes deste (arts. 1.829-I e 1.832);

— se concorrer com ascendentes deste (arts. 1.829-II, 1.836 e 1.837);

— na falta de ascendentes ou descendentes do morto (arts. 1.829-III e 1.838).

Além disso, tem direito real de habitação sobre o imóvel de residência da família (art. 1.831).

Art. 1.829: 2a. **Enunciado 270 do CEJ:** "O art. 1.829, inc. I, só assegura ao cônjuge sobrevivente o direito de concorrência com os descendentes do autor da herança quando casados no regime da separação convencional de bens ou, se casados nos regimes da comunhão parcial ou participação final nos aquestos, o falecido possuísse bens particulares, hipóteses em que a concorrência se restringe a tais bens, devendo os bens comuns (meação) ser partilhados exclusivamente entre os descendentes".

Art. 1.829: 2b. "Quando casado no regime da comunhão universal de bens, considerando que metade do patrimônio já pertence ao cônjuge sobrevivente (meação), este não terá o direito de herança, posto que a exceção do art. 1.829, I, o exclui da condição de herdeiro concorrente com os descendentes" (STJ-3ª T., RMS 22.684, Min. Nancy Andrighi, j. 7.5.07, DJU 28.5.07).

Art. 1.829: 3. A remissão deve ser ao art. 1.641, e não ao art. 1.640 § ún.

Art. 1.829: 3a. "O cônjuge, qualquer que seja o regime de bens adotado pelo casal, é herdeiro necessário (art. 1.845 do Código Civil). **No regime de separação convencional de bens, o cônjuge sobrevivente concorre com os descendentes do falecido.** A lei afasta a concorrência apenas quanto ao regime da separação legal de bens prevista no art. 1.641 do Código Civil. Interpretação do art. 1.829, I, do Código Civil" (STJ-2ª Seção, REsp 1.382.170, Min. João Otávio, j. 22.4.15, um voto vencido, DJ 26.5.15). Em sentido semelhante: Bol. AASP 2.673 (TJSP, AI 595.009-4/1-00, bem fundamentado).

"O art. 1.829, I, do Código Civil de 2002 confere ao cônjuge casado sob a égide do regime de separação convencional a condição de herdeiro necessário, que concorre com os descendentes do falecido independentemente do período de duração do casamento, com vistas a garantir-lhe o mínimo necessário para uma sobrevivência digna. O intuito de plena comunhão de vida entre os cônjuges (art. 1.511 do Código Civil) conduziu o legislador a incluir o cônjuge sobrevivente no rol dos herdeiros necessários (art. 1.845), o que reflete irrefutável avanço do Código Civil de 2002 no campo sucessório, à luz do princípio da vedação ao retrocesso social. O pacto antenupcial celebrado no regime de separação convencional somente dispõe acerca da incomunicabilidade de bens e o seu modo de administração no curso do casamento, não produzindo efeitos após a morte por inexistir no ordenamento pátrio previsão de ultratividade do regime patrimonial apta a emprestar eficácia póstuma ao regime matrimonial. O fato gerador no direito sucessório é a morte de um dos cônjuges, e não, como cediço no direito de família, a vida em comum. As situações, porquanto distintas, não comportam tratamento homogêneo, à luz do princípio da especificidade, motivo pelo qual a intransmissibilidade patrimonial não se perpetua *post mortem*. O concurso hereditário na separação convencional impõe-se como norma de ordem pública, sendo nula qualquer convenção em sentido contrário, especialmente porque o referido regime não foi arrolado como exceção à regra da concorrência posta no art. 1.829, I, do Código Civil. O regime da separação convencional de bens escolhido livremente pelos nubentes à luz do princípio da autonomia de vontade (por meio do pacto antenupcial), não se confunde com o regime da separação legal ou obrigatória de bens, que é imposto de forma cogente pela legislação (art. 1.641 do Código Civil), e no qual efetivamente não há concorrência do cônjuge com o descendente. Aplicação da máxima de hermenêutica de que não pode o intérprete restringir onde a lei não excepcionou, sob pena de violação do dogma da separação dos Poderes (art. 2º da Constituição Federal de 1988). O novo Código Civil, ao ampliar os direitos do cônjuge sobrevivente, assegurou ao casado pela comunhão parcial cota na herança dos bens particulares, ainda que os únicos deixados pelo falecido, direito que pelas mesmas razões deve ser conferido ao casado pela separação convencional, cujo patrimônio é, inexoravelmente, composto somente por acervo particular" (STJ-3ª T., REsp 1.472.945, Min. Ricardo Cueva, j. 23.10.14, maioria, DJ 19.11.14). Esse acórdão foi mantido no julgamento dos subsequentes embargos de divergência (STJ-2ª Seção, ED no REsp 1.472.945-AgRg, Min. Antonio Ferreira, j. 24.6.15, DJ 29.6.15).

Contra: "O regime de separação obrigatória de bens, previsto no art. 1.829, inc. I, do CC/02, é gênero que congrega duas espécies: (i) separação legal; (ii) separação convencional. Uma decorre da lei e a outra da vontade das partes, e ambas obrigam os cônjuges, uma vez estipulado o regime de separação de bens, à sua observância. Não remanesce, para o cônjuge casado mediante separação de bens, direito à meação, tampouco à concorrência sucessória, respeitando-se o regime de bens estipulado, que obriga as partes na vida e na morte. Nos dois casos, portanto, o cônjuge sobrevivente não é herdeiro necessário. Entendimento em sentido diverso, suscitaria clara antinomia entre os arts. 1.829, inc. I, e 1.687, do CC/02, o que geraria uma quebra da unidade sistemática da lei codificada, e provocaria a morte do regime de separação de bens. Por isso, deve prevalecer a interpretação que conjuga e torna complementares os citados dispositivos. Se o casal firmou pacto no sentido de não ter patrimônio comum e, se não requereu a alteração do regime estipulado, não houve doação de um cônjuge ao outro durante o casamento, tampouco foi deixado testamento ou legado para o cônjuge sobrevivente, quando seria livre e lícita qualquer dessas providências, não deve o intérprete da lei alçar o cônjuge sobrevivente à condição de herdeiro necessário, concorrendo com os descendentes, sob pena de clara violação ao regime de bens pactuado. Haveria, induvidosamente, em tais situações, a alteração do regime matrimonial de bens *post mortem*, ou seja, com o fim do casamento pela morte de um dos cônjuges, seria alterado o regime de separação convencional de bens pactuado em vida, permitindo ao cônjuge sobrevivente o recebimento de bens de exclusiva propriedade do autor da herança, patrimônio ao qual recusou, quando do pacto antenupcial, por vontade própria" (STJ-3ª T., REsp 992.749, Min. Nancy Andrighi, j. 1.12.09, RDPr 42/402). Do voto da relatora: "Ao volver os olhos para o processo em análise, imprescindível auscultar a situação fática vivenciada pelo casal — declarada desde já a insuscetibilidade de seu reexame nesta via recursal: (i) não houve longa convivência, mas um casamento que durou meses, mais especificamente, 10 meses; (ii) quando desse segundo casamento, o autor da herança já havia formado todo seu patrimônio e padecia de doença incapacitante".

Também afirmando que o cônjuge sobrevivente casado pelo regime da separação convencional de bens não concorre com os descendentes: RT 864/129 e RF 391/498 (o mesmo acórdão), RMDCPC 61/147 (TJSP, AI 2053432-46.2013.8.26.0000).

"Separação convencional, separação legal e separação obrigatória: reflexões a respeito da concorrência sucessória e o alcance do artigo 1.829, I, do CC — Recurso especial n. 992.749/MS", por José Fernando Simão (RBDFS 15/5).

S/ cláusula de extensão do regime de bens para os direitos sucessórios, v. art. 1.655, nota 1.

Art. 1.829: 3b. "Direito sucessório. Regime de separação de bens. Separação convencional. Cônjuge supérstite. Herdeiro necessário. Concorrência com os descendentes. O **superveniente falecimento do cônjuge supérstite,** no curso do inventário, não altera os seus direitos sucessórios, que têm por fato gerador o falecimento anterior do seu cônjuge, autor da herança, de modo que desde a abertura da sucessão a herança lhe foi transmitia ('droit de saisine') em concorrência com os descendentes do 'de cujus', a teor dos artigos 1.845 e 1.821, I, do Código Civil" (STJ-3ª T., REsp 1.830.753, Min. Paulo Sanseverino, j. 3.12.19, DJ 6.12.19).

Art. 1.829: 4. No regime de **comunhão parcial,** o cônjuge só concorrerá com os descendentes se houver **bens particulares,** e **somente quanto a esses bens,** pois quanto aos bens comuns ele já teve sua participação garantida por meio da meação. Do contrário, teriam os descendentes uma enorme desvantagem: o cônjuge receberia metade dos bens comuns na condição de cônjuge-meeiro e mais outra parte desses bens como herdeiro, restando aos descendentes uma proporção muito pequena.

"Nos termos do art. 1.829, I, do Código Civil de 2002, o cônjuge sobrevivente, casado no regime de comunhão parcial de bens, concorrerá com os descendentes do cônjuge falecido somente quando este tiver deixado bens particulares. A referida concorrência dar-se-á exclusivamente quanto aos bens particulares constantes do acervo hereditário do *de cujus*" (STJ-2ª Seção, REsp 1.368.123, Min. Raul Araújo, j. 22.4.15, maioria, DJ 8.6.15).

"No regime da comunhão parcial de bens, o cônjuge sobrevivente não concorre com os descendentes em relação aos bens integrantes da meação do falecido. Interpretação do art. 1.829, inc. I, do Código Civil. Tendo em vista as circunstâncias da causa, restaura-se a decisão que determinou a partilha, entre o cônjuge sobrevivente e a descendente, apenas dos bens particulares do falecido" (STJ-4ª T., REsp 974.241, Min. Isabel Gallotti, j. 7.6.11, DJ 5.10.11).

Contra, incluindo na herança do cônjuge supérstite bem comum e excluindo dela bens particulares: "A melhor interpretação, portanto, é aquela que prima pela valorização da vontade das partes na escolha do regime de bens, mantendo-a intacta, assim na vida como na morte dos cônjuges. Desse modo, preserva-se o regime da comunhão parcial de bens, de acordo com o postulado da autodeterminação, ao contemplar o cônjuge sobrevivente com o direito à meação, além da concorrência hereditária sobre os bens comuns, haja ou não bens particulares, partilháveis, estes, unicamente entre os descendentes" (STJ-3ª T., REsp 1.377.084, Min. Nancy Andrighi, j. 8.10.13, RDPr 56/415; a citação é do voto da relatora).

Art. 1.829: 5. v. arts. 1.832 a 1.835.

Art. 1.829: 5a. v. arts. 1.836 e 1.837.

Art. 1.829: 5b. v. arts. 1.830, 1.831 e 1.838.

Art. 1.829: 6. "A definição da ordem de vocação hereditária é competência atribuída ao legislador, que, no novo Código Civil, erigiu o cônjuge sobrevivente à condição de herdeiro necessário, **independentemente do regime de bens** adotado no casamento. O regime de bens entre os cônjuges, contratado por meio do pacto antenupcial, extingue-se com a morte de um dos contratantes, não podendo produzir efeitos depois de extinto" (STJ-3ª T., REsp 1.501.332, Min. João Otávio, j. 23.8.16, DJ 26.8.16). V. art. 1.845.

S/ cláusula de extensão do regime de bens para os direitos sucessórios, v. art. 1.655, nota 1.

Art. 1.829: 6a. "Direito das sucessões. **Bem gravado com cláusula de inalienabilidade. Cônjuge que não perde a condição de herdeiro.** O art. 1.829 do Código Civil enumera os chamados a suceder e define a ordem em que a sucessão é deferida. O dispositivo preceitua que o cônjuge é também herdeiro e nessa qualidade concorre com descendentes (inciso I) e ascendentes (inciso II). Na falta de descendentes e ascendentes, o cônjuge herda sozinho (inciso III). Só no inciso IV é que são contemplados os colaterais. A cláusula de incomunicabilidade imposta a um bem não se relaciona com a vocação hereditária. Assim, se o indivíduo recebeu por doação ou testamento bem imóvel com a referida cláusula, sua morte não impede que seu herdeiro receba o mesmo bem" (STJ-4ª T., REsp 1.552.553, Min. Isabel Gallotti, j. 24.11.15, DJ 11.2.16).

V. tb. art. 1.911, nota 2.

Art. 1.829: 7. v. arts. 1.592 a 1.594 e 1.839 a 1.843.

Art. 1.830. Somente é reconhecido direito sucessório ao cônjuge sobrevivente se, ao tempo da morte do outro, não estavam separados judicialmente, nem separados de fato há mais de dois anos, salvo prova, neste caso, de que essa convivência se tornara impossível sem culpa do sobrevivente.[1-2] [Sem dispositivo correspondente no CC/1916.]

✎ Art. 1.830: 1. "A concorrência sucessória e o trânsito processual: a culpa mortuária", por Rolf Madaleno (RBDF 29/144).

Art. 1.830: 2. v. art. 1.571, nota 2b **(Em. Const. 66, de 13.7.10).**

Art. 1.831. Ao cônjuge sobrevivente, qualquer que seja o regime de bens, será assegurado, sem prejuízo da participação que lhe caiba na herança, o direito real de habitação relativamente ao imóvel destinado à residência da família, desde que seja o único daquela natureza a inventariar.[1 a 4] [Dispositivo correspondente no CC/1916: art. 1.611 § 2º.]

Art. 1.831: 1. s/ direito real de habitação, v. arts. 1.414 a 1.416.

Art. 1.831: 1a. **Enunciado 117 do CEJ:** "O direito real de habitação deve ser estendido ao **companheiro**, seja por não ter sido revogada a previsão da Lei n. 9.278/96, seja em razão da interpretação analógica do art. 1.831, informado pelo art. 6º, *caput*, da Constituição Federal de 1988".

"A disciplina geral promovida pelo Código Civil acerca do regime sucessório dos companheiros não revogou as disposições constantes da Lei 9.278/96 nas questões em que verificada a compatibilidade. A legislação especial, ao conferir direito real de habitação ao companheiro sobrevivente, subsiste diante da omissão do Código Civil em disciplinar tal direito àqueles que convivem em união estável" (STJ-4ª T., REsp 1.156.744, Min. Marco Buzzi, j. 9.10.12, DJ 18.10.12).

Reconhecendo que o direito real de habitação ao companheiro subsiste mesmo com o advento do novo Código Civil: JTJ 337/37 (AI 589.196-4/4-00), RT 922/937 (TJSP, AP 0002036-90.2010.8.26.0187).

"É possível a arguição do direito real de habitação para fins exclusivamente possessórios, independentemente de seu reconhecimento anterior em ação própria declaratória de união estável. No caso, a sentença apenas veio a declarar a união estável na motivação do decisório, de forma incidental, sem repercussão na parte dispositiva e, por conseguinte, sem alcançar a coisa julgada (CPC, art. 469), mantendo aberta eventual discussão no tocante ao reconhecimento da união estável e seus efeitos decorrentes" (STJ-4ª T., REsp 1.203.144, Min. Luis Felipe, j. 27.5.14, DJ 15.8.14).

"Direito real de habitação. Companheiro sobrevivente. Aplicação dos mesmos direitos e dos mesmos deveres atribuídos ao cônjuge sobrevivente. Celebração de contrato de locação ou comodato do imóvel objeto do direito de uso. Impossibilidade" (STJ-3ª T., REsp 1.654.060, Min. Nancy Andrighi, j. 2.10.18, DJ 4.10.18). V. nota 4.

V. tb. art. 1.723, nota 1a, e Lei 9.278, de 10.5.96, art. 7º § ún.

✎ "O direito real da habitação e o usufruto nas leis concubinárias frente ao novo Código Civil", por Luciana Rezende Souza (RF 373/155); "Da inexistência do direito real de habitação em favor do companheiro sobrevivente após o advento do Código Civil de 2002", por Rogério Ribeiro Domingues (RF 395/665); "O direito real de habitação na sucessão do companheiro", por José Tadeu Neves Xavier (RDpr 59/261).

Art. 1.831: 2. **Enunciado 271 do CEJ:** "O cônjuge pode renunciar ao direito real de habitação, nos autos do inventário ou por escritura pública, sem prejuízo de sua participação na herança".

Art. 1.831: 2a. "A constituição do direito real de habitação do cônjuge supérstite emana exclusivamente da lei, sendo certo que seu reconhecimento de forma alguma repercute na definição de propriedade dos bens partilhados. Em se tratando de direito ***ex vi lege***, seu reconhecimento não precisa necessariamente dar-se por ocasião da partilha dos bens deixados pelo *de cujus*, inocorrendo, por conseguinte, ofensa à coisa julgada. Nesse quadro, a superveniente declaração do direito real de habitação dispensa prévia rescisão ou anulação da partilha, pois com ela não encerra qualquer oposição" (STJ-4ª T., REsp 1.125.901, Min. Marco Buzzi, j. 20.6.13, DJ 6.9.13).

Art. 1.831: 2b. O direito real de habitação conferido ao cônjuge sobrevivente **não exige o registro imobiliário** (STJ-4ª T., REsp 74.729, Min. Sálvio de Figueiredo, j. 9.12.97, DJU 2.3.98; STJ-RDPr 27/336: 3ª T., REsp 565.820, um voto vencido; RJTJESP 95/255).

Art. 1.831: 3. "O fato de a companheira ter adquirido **outro imóvel residencial** com o dinheiro recebido pelo seguro de vida do falecido não resulta exclusão de seu direito real de habitação referente ao imóvel em que residia com o companheiro, ao tempo da abertura da sucessão. Ademais, o imóvel em questão adquirido pela ora recorrente não faz parte dos bens a inventariar" (STJ-4ª T., REsp 1.249.227, Min. Luis Felipe, j. 17.12.13, maioria, DJ 25.3.14).

"Os dispositivos legais relacionados com a matéria não impõem como requisito para o reconhecimento do direito real de habitação a inexistência de outros bens, seja de que natureza for, no patrimônio próprio do cônjuge/companheiro sobrevivente. O objetivo da lei é permitir que o cônjuge/companheiro sobrevivente permaneça no mesmo imóvel familiar que residia ao tempo da abertura da sucessão como forma, não apenas de concretizar o direito constitucional à moradia, mas também por razões de ordem humanitária e social, já que não se pode negar a existência de vínculo afetivo e psicológico estabelecido pelos cônjuges/companheiros com o imóvel em que, no transcurso de sua convivência, constituíram não somente residência, mas um lar" (STJ-3ª T., REsp 1.582.178, Min. Ricardo Cueva, j. 11.9.18, maioria, DJ 14.9.18).

Art. 1.831: 3a. "O direito real de habitação sobre o imóvel que servia de residência do casal deve ser conferido ao cônjuge/companheiro sobrevivente não apenas quando houver descendentes comuns, mas também quando concorrerem **filhos exclusivos** do *de cujus*" (STJ-3ª T., REsp 1.134.387, Min. Sidnei Beneti, j. 16.4.13, maioria, DJ 29.5.13).

Art. 1.831: 3b. "O cônjuge sobrevivente tem direito real de habitação sobre o imóvel em que residia o casal, desde que seja o único dessa natureza e que integre o patrimônio comum ou particular do cônjuge falecido no momento da abertura da sucessão. Peculiaridade do caso, pois o cônjuge falecido já não era mais proprietário do imóvel residencial, mas mero usufrutuário, tendo sido extinto o usufruto pela sua morte. Figurando a viúva sobrevivente como mera comodatária, correta a decisão concessiva da reintegração de posse em favor dos herdeiros do falecido" (STJ-3ª T., REsp 1.273.222, Min. Paulo Sanseverino, j. 18.6.13, DJ 21.6.13).

Art. 1.831: 3c. "A **copropriedade anterior** à abertura da sucessão **impede** o reconhecimento do **direito real de habitação,** visto que de titularidade comum a terceiros estranhos à relação sucessória que ampararia o pretendido direito" (STJ-2ª Seção, ED no REsp 1.520.294, Min. Isabel Gallotti, j. 26.8.20, DJ 2.9.20).

"Não há direito real de habitação se o imóvel no qual os companheiros residiam era propriedade conjunta do falecido e de mais doze irmãos. O direito real à habitação limita os direitos de propriedade, porém, quem deve suportar tal limitação são os herdeiros do *de cujus*, e não quem já era proprietário do imóvel antes do óbito e havia permitido sua utilização a título de comodato" (STJ-4ª T., REsp 1.212.121, Min. Luis Felipe, j. 3.12.13, RT 942/328).

"Toca a matriz sociológica e constitucional que justifica a concessão do direito real de habitação ao cônjuge supérstite deixa de ter razoabilidade, em especial porque o condomínio formado pelos irmãos do falecido preexiste à abertura da sucessão, pois a copropriedade foi adquirida muito antes do óbito do marido da recorrida, e não em decorrência deste evento" (STJ-3ª T., REsp 1.184.492, Min. Nancy Andrighi, j. 1.4.14, DJ 7.4.14).

Art. 1.831: 4. O direito real de habitação não dá direito à percepção de frutos (v. nota 1a e art. 2.020, nota 2).

Art. 1.832. Em concorrência com os descendentes (art. 1.829, inciso I) caberá ao cônjuge quinhão igual ao dos que sucederem por cabeça, não podendo a sua quota ser inferior à quarta parte da herança, se for ascendente dos herdeiros com que concorrer.[1-2] [Sem dispositivo correspondente no CC/1916.]

Art. 1.832: 1. "A concorrência sucessória do cônjuge nos casos de filiação híbrida", por Gustavo André Guimarães Medeiros (RBDFS 25/77).

Art. 1.832: 2. "A interpretação mais razoável do enunciado normativo do art. 1.832 do Código Civil é a de que a reserva de 1/4 da herança restringe-se à hipótese em que o cônjuge ou companheiro concorrem com os descendentes comuns. Enunciado 527 da Jornada de Direito Civil. A interpretação restritiva dessa disposição legal assegura a igualdade entre os filhos, que dimana do Código Civil (art. 1.834 do CCB) e da própria Constituição Federal (art. 227, § 6º, da CF), bem como o direito dos descendentes exclusivos não verem seu patrimônio injustificadamente reduzido mediante interpretação extensiva de norma. **Não haverá** falar em **reserva** quando a concorrência se estabelece entre o cônjuge/companheiro e os **descendentes apenas do autor da herança ou,** ainda, na hipótese de **concorrência híbrida,** ou seja, quando concorrem descendentes comuns e exclusivos do falecido. Especificamente na hipótese de concorrência híbrida o quinhão hereditário do consorte há de ser igual ao dos descendentes" (STJ-3ª T., REsp 1.617.501, Min. Paulo Sanseverino, j. 11.6.19, DJ 6.9.19).

Art. 1.833. Entre os descendentes, os em grau mais próximo excluem os mais remotos, salvo o direito de representação.[1] [Sem dispositivo correspondente no CC/1916.]

Art. 1.833: 1. v. arts. 1.851 a 1.856.

Art. 1.834. Os descendentes da mesma classe têm os mesmos direitos à sucessão de seus ascendentes.[1-2] [Sem dispositivo correspondente no CC/1916.]

Art. 1.834: 1. v. CF 227 § 6º.

Art. 1.834: 2. i.e., cada um dos descendentes de mesmo grau receberá parte igual à dos demais.

Art. 1.835. Na linha descendente, os filhos sucedem por cabeça, e os outros descendentes, por cabeça ou por estirpe,[1] conforme se achem ou não no mesmo grau.[1a-2] [Dispositivo correspondente no CC/1916: art. 1.604.]

Art. 1.835: 1. Sucessão por cabeça é aquela que envolve herdeiros de igual classe e grau.

Já a **sucessão por estirpe** ocorre nos casos em que há concorrência de herdeiros de graus diferentes dentro da mesma classe, sendo que os mais remotos são chamados por representação (arts. 1.851 e segs.). Assim, p. ex., se o *de cujus* tinha três filhos vivos e um premorto, que deixou dois filhos, estes também participarão da herança. Nesse caso, a herança será dividida em quatro partes: três delas cabendo aos filhos sobreviventes, que herdam por direito próprio, e a quarta parte cabendo aos dois netos, filhos do descendente premorto, que herdam por estirpe.

Art. 1.835: 1a. Grau: art. 1.594.

Art. 1.835: 2. v. art. 1.833.

Art. 1.836. Na falta de descendentes, são chamados à sucessão os ascendentes, em concorrência com o cônjuge sobrevivente.[1-1a] [Dispositivo correspondente no CC/1916: art. 1.606.]

§ 1º Na classe dos ascendentes, o grau mais próximo exclui o mais remoto, sem distinção de linhas.[2-3] [Dispositivo correspondente no CC/1916: art. 1.607.]

§ 2º Havendo igualdade em grau e diversidade em linha, os ascendentes da linha paterna herdam a metade, cabendo a outra aos da linha materna.[4] [Dispositivo correspondente no CC/1916: art. 1.608.]

Art. 1.836: 1. cf. art. 1.829-II.

V. tb. arts. 1.830 e 1.837.

Art. 1.836: 1a. "Em nenhum momento o legislador condicionou a concorrência entre ascendentes e cônjuge supérstite ao **regime de bens** adotado no casamento. Com a dissolução da sociedade conjugal operada pela morte de um dos cônjuges, o sobrevivente terá direito, além do seu quinhão na herança do *de cujus*, conforme o caso, à sua meação, agora sim regulado pelo regime de bens adotado no casamento" (STJ-3ª T., REsp 954.567, Min. Massami Uyeda, j. 10.5.11, DJ 18.5.11).

Art. 1.836: 2. v. art. 1.852.

Art. 1.836: 3. Isso significa que a existência, p. ex., de avó paterna exclui a possibilidade de serem chamados a suceder, concomitantemente, os bisavós pela linha materna.

Art. 1.836: 4. Assim, p. ex., deixando o *de cujus*, pela linha paterna, somente o avô, e pela materna, avô e avó, caberá ao primeiro 50% da herança, ao avô materno 25% e à avó os restantes 25% da herança do neto.

Art. 1.837. Concorrendo com ascendente em primeiro grau, ao cônjuge tocará um terço da herança; caber-lhe-á a metade desta se houver um só ascendente, ou se maior for aquele grau.[1] [Sem dispositivo correspondente no CC/1916.]

Art. 1.837: 1. i. e., se concorrer com o pai e a mãe do falecido, o cônjuge terá direito a um terço; se concorrer com um só dos pais do falecido ou com seus avós ou bisavós, terá direito à metade da herança.

Art. 1.838. Em falta de descendentes e ascendentes, será deferida a sucessão por inteiro ao cônjuge sobrevivente.[1] [Dispositivo correspondente no CC/1916: art. 1.611-*caput*.]

Art. 1.838: 1. cf. art. 1.829-III.

V., porém, art. 1.830.

Art. 1.839. Se não houver cônjuge sobrevivente, nas condições estabelecidas no art. 1.830, serão chamados a suceder os colaterais até o quarto grau.[1] [Dispositivo correspondente no CC/1916: art. 1.612.]

Art. 1.839: 1. cf. art. 1.829-IV.

V. tb. arts. 1.592 e 1.840 a 1.842.

Art. 1.840. Na classe dos colaterais,[1-1a] os mais próximos excluem os mais remotos,[1b] salvo o direito de representação concedido aos filhos de irmãos.[2 a 3] [Dispositivo correspondente no CC/1916: art. 1.613.]

Art. 1.840: 1. v. arts. 1.592 e 1.594.

Art. 1.840: 1a. Para excluir os colaterais, v. art. 1.850.

Art. 1.840: 1b. Tanto os tios do autor da herança quantos os sobrinhos deste são seus colaterais de 3º grau. Não obstante, havendo concorrência entre eles, o Código Civil optou por dar preferência aos sobrinhos, filhos de irmãos falecidos, em detrimento dos tios (art. 1.843). Trata-se portanto de exceção à regra da igualdade entre herdeiros de mesmo grau.

Art. 1.840: 2. v. art. 1.853.

Art. 1.840: 2a. "Na classe colateral, apenas os sobrinhos herdam por representação, sendo que, nas demais situações, aqueles que se encontrarem em grau de parentesco mais próximo herdarão, excluindo o direito de representação dos mais distantes. Os parentes colaterais de 4º grau só são chamados a suceder por direito próprio, mas não por representação, ou seja, só herdam se o falecido não tiver deixado nenhum colateral de 3º grau" (STJ-4ª T., REsp 950.301-AgRg, Min. João Otávio, j. 22.6.10, DJ 1.7.10; caso em que a prima do *de cujus* foi excluída da sucessão, por não concorrer com os tios deste).

Art. 1.840: 2b. "Inventário. Exclusão de colateral. Sobrinha-neta. Existência de outros herdeiros colaterais de grau mais próximo. Herança por representação de sobrinho premorto. Impossibilidade" (STJ-RT 915/429 e RMDCPC 45/109: 3ª T., REsp 1.064.363). Do voto da relatora: "Na hipótese, os dois irmãos da falecida são premortos, tendo, portanto, sido chamados a suceder, por cabeça, nos termos do referido art. 1.617 do Código Civil (*art. 1.843 do Código Civil de 2002*), os seus sobrinhos, na condição de colaterais de terceiro grau. O pai da recorrente era sobrinho da falecida. Todavia, ele já havia falecido e o direito de representação, na sucessão colateral, por expressa disposição legal, está limitado aos filhos dos irmãos, não se estendendo aos sobrinhos-netos, como é o caso da recorrente".

Art. 1.840: 3. "Tratando a hipótese de sucessão transversal, em que não há concorrência entre tios do falecido e sobrinhos filhos de irmãos deste, mas sim, entre os tios (3º grau) e sobrinhos-netos (4º grau), os tios preferem aos sobrinhos, herdando por cabeça, prevalecendo a regra do art. 1.840, de que o grau mais próximo exclui o mais remoto" (RJTJERGS 257/205).

Art. 1.841. Concorrendo à herança do falecido irmãos bilaterais com irmãos unilaterais, cada um destes herdará metade do que cada um daqueles herdar.[1-2] [Dispositivo correspondente no CC/1916: art. 1.614.]

Art. 1.841: 1. v., simetricamente, art. 1.843 § 2º.

✎ **Art. 1.841: 2.** "A constitucional discriminação entre irmãos germanos e unilaterais na sucessão dos colaterais", por Inacio de Carvalho Neto (Ajuris 84/133).

Art. 1.842. Não concorrendo à herança irmão bilateral, herdarão, em partes iguais, os unilaterais.[1] [Dispositivo correspondente no CC/1916: art. 1.616.]

Art. 1.842: 1. v., simetricamente, art. 1.843 § 3º.

Art. 1.843. Na falta de irmãos, herdarão os filhos destes e, não os havendo, os tios.[1] [Dispositivo correspondente no CC/1916: art. 1.617-*caput*.]

§ 1º Se concorrerem à herança somente filhos de irmãos falecidos, herdarão por cabeça. [Dispositivo correspondente no CC/1916: art. 1.617 § 1º.]

§ 2º Se concorrem filhos de irmãos bilaterais com filhos de irmãos unilaterais, cada um destes herdará a metade do que herdar cada um daqueles.[2] [Dispositivo correspondente no CC/1916: art. 1.617 § 2º.]

§ 3º Se todos forem filhos de irmãos bilaterais, ou todos de irmãos unilaterais, herdarão por igual.[3] [Dispositivo correspondente no CC/1916: art. 1.617 § 3º.]

Art. 1.843: 1. s/ direito de representação na linha transversal, v. art. 1.853. V. ainda art. 1.840, nota 1b.

Art. 1.843: 2. v., simetricamente, art. 1.841.

Art. 1.843: 3. v., simetricamente, art. 1.842.

Art. 1.844. Não sobrevivendo cônjuge, ou companheiro, nem parente algum sucessível, ou tendo eles renunciado a herança, esta se devolve ao Município ou ao Distrito Federal, se localizada nas respectivas circunscrições, ou à União, quando situada em território federal.[1] [Dispositivo correspondente no CC/1916: art. 1.619.]

Art. 1.844: 1. v. art. 1.822.

Capítulo II | DOS HERDEIROS NECESSÁRIOS

Art. 1.845. São herdeiros necessários os descendentes, os ascendentes e o cônjuge.[1] [Sem dispositivo correspondente no CC/1916.]

Art. 1.845: 1. v. art. 1.829-I a III. S/ relações de parentesco, v. arts. 1.591 a 1.595.

Art. 1.846. Pertence[1] aos herdeiros necessários, de pleno direito, a metade dos bens da herança, constituindo a legítima.[2-3] [Dispositivo correspondente no CC/1916: art. 1.721.]

Art. 1.846: 1. v., porém, arts. 1.814 e 1.961.

✎ **Art. 1.846: 2.** "O princípio da intangibilidade da legítima", por Rodrigo Santos Neves (RJ 375/61).

Art. 1.846: 3. v. arts. 1.789, 1.857 § 1º e 2.018.

Art. 1.847. Calcula-se a legítima sobre o valor dos bens existentes na abertura da sucessão, abatidas as dívidas e as despesas do funeral, adicionando-se, em seguida, o valor dos bens sujeitos a colação.[1] [Dispositivo correspondente no CC/1916: art. 1.722.]

Art. 1.847: 1. v. art. 1.789. S/ colação, v. arts. 2.002 a 2.012.

Art. 1.848. Salvo se houver justa causa, declarada no testamento, não pode o testador estabelecer cláusula de inalienabilidade, impenhorabilidade, e de incomunicabilidade, sobre os bens da legítima.[1 a 1c] [Dispositivo correspondente no CC/1916: art. 1.723.]

§ 1º Não é permitido ao testador estabelecer a conversão dos bens da legítima em outros de espécie diversa. [Dispositivo correspondente no CC/1916: art. 1.723.]

§ 2º Mediante autorização judicial e havendo justa causa, podem ser alienados os bens gravados,[2] convertendo-se o produto em outros bens, que ficarão sub-rogados nos ônus dos primeiros. [Sem dispositivo correspondente no CC/1916.]

Art. 1.848: 1. **Disposição transitória: "Art. 2.042.** Aplica-se o disposto no *caput* do art. 1.848, quando aberta a sucessão no prazo de um ano após a entrada em vigor deste Código, ainda que o testamento tenha sido feito na vigência do anterior, Lei n. 3.071, de 1º de janeiro de 1916; se, no prazo, o testador não aditar o testamento para declarar a justa causa de cláusula aposta à legítima, não subsistirá a restrição".

Art. 1.848: 1a. v. art. 1.911, nota 2.

Art. 1.848: 1b. "Embora o autor da herança tenha deixado testamento público no qual fez inserir, como disposição única, que todos os bens imóveis deixados aos seus filhos deveriam ser gravados com cláusula de incomunicabilidade, com a vigência do CC de 2002 passou-se a exigir a indicação de justa causa para que a restrição tivesse eficácia, tendo sido concedido o prazo de 1 ano após a entrada em vigor do Código, para que fosse feito o aditamento (CC, art. 1.848 c/c 2.042), o que não foi observado, no caso, pelo testador" (STJ-3ª T., REsp 1.207.103, Min. Marco Bellizze, j. 2.12.14, DJ 11.12.14).

Art. 1.848: 1c. "Não podem se tornar incongruentes as regras do Direito de Família e do Direito Sucessório, mas se imbricar, quando cuidem de tratos comuns. As normas sobre a incomunicabilidade de bens transitam um e outro Direito, sem confronto, mas o mesmo não ocorre quando se cogite dos **frutos** do patrimônio, cuja incomunicabilidade é vedada no cânone matrimonial, sem que no Direito Hereditário se permita ou proíba sua clausulação. Numa interpretação sistemática, frente à existência de uma única disposição, e proibitiva no âmbito da família, não se admite possa estender a incomunicabilidade também aos frutos, pois isso acarretaria uma violação da única regra existente, fragilizando a leitura coerente do sistema civil. É impositiva a conclusão, desta forma, que não se podem clausular os frutos" (RJTJERGS 248/268).

Art. 1.848: 2. **Dec. lei 6.777, de 8.8.44** — Dispõe sobre a sub-rogação de imóveis gravados ou inalienáveis (RT 152/337, Lex 1944/283, RF 100/197):

"Art. 1º Na sub-rogação de imóveis gravados ou inalienáveis, estes serão sempre substituídos por outros imóveis ou apólices da dívida pública.

"Art. 2º Se requerida a sub-rogação mediante permuta por apólices da dívida pública, o juiz mandará vender o imóvel em hasta pública, ressalvando ao interessado o direito de conservá-lo livre, desde que, antes de assinado o auto de arrematação, ofereça, em substituição, apólices de valor igual ou superior ao do maior lanço acima da avaliação, ou ao desta, na falta de licitante".

S/ o assunto, v. art. 1.911 § ún.; CPC 725-II.

Art. 1.849. O herdeiro necessário, a quem o testador deixar a sua parte disponível, ou algum legado, não perderá o direito à legítima.[1] [Dispositivo correspondente no CC/1916: art. 1.724.]

Art. 1.849: 1. v. art. 1.789.

Art. 1.850. Para excluir da sucessão os herdeiros colaterais, basta que o testador disponha de seu patrimônio sem os contemplar.[1] [Dispositivo correspondente no CC/1916: art. 1.725.]

Art. 1.850: 1. Isso porque os parentes colaterais não fazem parte do rol de herdeiros necessários (cf. art. 1.845). E, caso não haja herdeiros necessários, inexistirá legítima (art. 1.846), podendo o testador dispor de todo o seu patrimônio em favor de quem ele quiser (cf. art. 1.789).

Capítulo III | DO DIREITO DE REPRESENTAÇÃO

Art. 1.851. Dá-se o direito de representação, quando a lei chama certos parentes do falecido a suceder em todos os direitos, em que ele sucederia, se vivo fosse.[1] [Dispositivo correspondente no CC/1916: art. 1.620.]

Art. 1.851: 1. Exercendo o direito de representação, o parente do autor da herança concorre **por estirpe** (v. art. 1.835, nota 1).

Art. 1.852. O direito de representação dá-se na linha reta descendente,[1] mas nunca na ascendente.[2] [Dispositivo correspondente no CC/1916: art. 1.621.]

Art. 1.852: 1. v. art. 1.833.

Art. 1.852: 2. Por isso, o ascendente só pode herdar por direito próprio. V. art. 1.836 §§ 1º e 2º, notas 3 e 4.

Art. 1.853. Na linha transversal,[1] somente se dá o direito de representação em favor dos filhos de irmãos do falecido, quando com irmãos deste concorrerem.[2] [Dispositivo correspondente no CC/1916: art. 1.622.]

Art. 1.853: 1. v. art. 1.592.

Art. 1.853: 2. v. art. 1.840.

Art. 1.854. Os representantes só podem herdar, como tais, o que herdaria o representado, se vivo fosse.[1] [Dispositivo correspondente no CC/1916: art. 1.623.]

Art. 1.854: 1. cf. art. 1.851.

Art. 1.855. O quinhão do representado partir-se-á por igual entre os representantes. [Dispositivo correspondente no CC/1916: art. 1.624.]

Art. 1.856. O renunciante à herança de uma pessoa poderá representá-la na sucessão de outra.[1] [Dispositivo correspondente no CC/1916: art. 1.625.]

Art. 1.856: 1. s/ renúncia e representação, v. tb. art. 1.811.

Título III | DA SUCESSÃO TESTAMENTÁRIA[1 a 2a]

Capítulo I | DO TESTAMENTO EM GERAL

✎ **TÍT. III: 1.** "Propriedade e herança: o testamento por meios eletrônicos e a relação com os direitos da personalidade do testador", por Jorge José Lawand (RF 405/257).

TÍT. III: 2. v. CPC 735 a 737.

TÍT. III: 2a. Enquanto o testador ainda estiver vivo, seu testamento não pode ser considerado ato jurídico perfeito. Por conta disso, lei superveniente à elaboração do testamento é apta a modificar as disposições que regulam esse instituto. V. art. 2.042.

Art. 1.857. Toda pessoa capaz[1] pode dispor, por testamento,[1a] da totalidade dos seus bens, ou de parte deles, para depois de sua morte. [Dispositivo correspondente no CC/1916: art. 1.626.]

§ 1º A legítima dos herdeiros necessários não poderá ser incluída no testamento.[2] [Sem dispositivo correspondente no CC/1916.]

§ 2º São válidas as disposições testamentárias de caráter não patrimonial,[3] ainda que o testador somente a elas se tenha limitado. [Sem dispositivo correspondente no CC/1916.]

Art. 1.857: 1. v. arts. 1.860 e 1.861.

Art. 1.857: 1a. "Constatada em perícia judicial a falsidade 'grosseira' da assinatura da testadora, o Magistrado pode reconhecê-la, independentemente de prévio pleito das partes, visto tratar-se de matéria de ordem pública" (STJ-4ª T., REsp 594.112, Min. Massami Uyeda, j. 3.4.08, DJU 16.6.08).

Art. 1.857: 2. v. arts. 1.845 a 1.848. S/ testamento e legislação superveniente em matéria de herdeiro necessário, v. art. 1.787, nota 3.

Art. 1.857: 3. v. arts. 1.609-III, 1.729 § ún. e 1.881.

Art. 1.858. O testamento é ato personalíssimo, podendo ser mudado a qualquer tempo.[1-2] [Dispositivo correspondente no CC/1916: art. 1.626.]

Art. 1.858: 1. s/ revogação do testamento, v. arts. 1.969 a 1.972.

Art. 1.858: 2. O reconhecimento de filho, feito em testamento, é irrevogável (arts. 1.609-III e 1.610).

Art. 1.859. Extingue-se em cinco anos o direito de impugnar a validade do testamento, contado o prazo da data do seu registro.[1] [Sem dispositivo correspondente no CC/1916.]

Art. 1.859: 1. v. arts. 1.900, 1.903 e 1.909.

Capítulo II | DA CAPACIDADE DE TESTAR

Art. 1.860. Além dos incapazes,[1] não podem testar os que, no ato de fazê-lo, não tiverem pleno discernimento.[2 a 3] [Dispositivo correspondente no CC/1916: art. 1.627-III.]

Parágrafo único. Podem testar os maiores de dezesseis anos. [Sem dispositivo correspondente no CC/1916.]

Art. 1.860: 1. A lei exige pleno discernimento da pessoa para testar e não prevê que ela possa se valer da assistência para praticar esse ato, tendo em vista seu caráter personalíssimo. Sendo assim, em regra, além dos absolutamente incapazes (art. 3º), também os relativamente incapazes (art. 4º) não podem testar, ressalvado o caso dos maiores de 16 e menores de 18 anos (v. § ún.).

Art. 1.860: 2. "Anulação de testamento. Testador que era detentor de mal de Hodgkin. Hipótese, entretanto, de ausência de comprometimento da saúde mental. Existência de provas da conservação da lucidez do testador até os últimos momentos da sua vida" (RT 887/230: TJSP, AP 333.342.4/0).

Art. 1.860: 2a. "Só a dificuldade de falar, a afasia, não induz ausência de juízo perfeito para testar. Ausência de comprovação da incapacidade mental ou falta de lucidez do finado para testar. Exigência de prova cabal de que o finado, quando da lavratura do testamento, não tivesse plena capacidade de discernimento de seus atos. Incabível a anulação. Testemunhas instrumentárias do testamento público, que disseram que o finado estava entendendo bem. Mera suspeita de incapacidade em virtude do AVC, do finado. Prova que era ônus dos autores" (JTJ 342/401: AP 429.976-4/6-00).

Art. 1.860: 3. "Testamento. Anulação. Testador psicopata esquizofrênico. Incapacidade mental reconhecida pelo órgão previdenciário, sem revisão superveniente, mais de vinte anos antes do ato. Prova oral convergente. Sentença de procedência" (JTJ 318/339: AP 490.569.4/0-00).

Art. 1.861. A incapacidade superveniente do testador não invalida o testamento, nem o testamento do incapaz se valida com a superveniência da capacidade.[1] [Dispositivo correspondente no CC/1916: art. 1.628.]

Art. 1.861: 1. Isso significa que a capacidade testamentária ativa deve existir no momento de elaboração do testamento.

Capítulo III | DAS FORMAS ORDINÁRIAS DO TESTAMENTO

Seção I | DISPOSIÇÕES GERAIS

Art. 1.862. São testamentos ordinários:[1] [Dispositivo correspondente no CC/1916: art. 1.629-*caput*.]

I — o público;[1a] [Dispositivo correspondente no CC/1916: art. 1.629-I.]

II — o cerrado;[2] [Dispositivo correspondente no CC/1916: art. 1.629-II.]

III — o particular.[3] [Dispositivo correspondente no CC/1916: art. 1.629-III.]

Art. 1.862: 1. s/ testamentos especiais, v. arts. 1.886 a 1.896.

Art. 1.862: 1a. v. arts. 1.864 a 1.867.

Art. 1.862: 2. v. arts. 1.868 a 1.875.

Art. 1.862: 3. v. arts. 1.876 a 1.880.

Art. 1.863. É proibido o testamento conjuntivo,[1] seja simultâneo, recíproco ou correspectivo.[2-3] [Dispositivo correspondente no CC/1916: art. 1.630.]

Art. 1.863: 1. i. e., o testamento realizado por mais de uma pessoa, dispondo sobre seus patrimônios em um mesmo instrumento.

Art. 1.863: 2. **Simultâneo** é o testamento em que dois ou mais testadores beneficiam terceiro. **Recíproco** é o testamento em que dois ou mais testadores se beneficiam mutuamente. **Correspectivo** é o testamento em que dois ou mais testadores fazem disposições que retribuem outras correspondentes.

Art. 1.863: 3. O Código Civil "veda o testamento conjuntivo, em que há, no mesmo ato, a participação de mais alguém além do testador, a indicar que o ato, necessariamente unilateral na sua realização, assim não o foi, pela presença direta de outro testador, a descaracterizá-lo com o vício da nulidade. Não se configurando, na espécie, a última hipótese, já que o testamento do *de cujus*, deixando suas cotas para sua ex-sócia e concubina, e o outro por ela feito, constituíram atos distintos, em que cada um compareceu individualmente para expressar seu desejo sucessório" (STJ-RT 787/189: 4ª T., REsp 88.388).

"Não ocorreu, no caso, testamento conjuntivo, *uno contextu*, ou de mão comum, mas foram feitos dois testamentos em separado, relativamente aos quais o tabelião, com sua fé, certificou, sem qualquer elemento de prova em contrário, a plena capacidade dos testadores e a livre manifestação de sua vontade. O fato de marido e mulher fazerem, cada qual, o seu testamento, na mesma data, local e perante as mesmas testemunhas e tabelião, legando um ao outro a respectiva parte disponível, não importa em se tolherem, mutuamente, a liberdade, desde que o façam em testamentos distintos: cada um conserva a liberdade de revogar ou modificar o seu testamento" (STF-1ª T., RE 93.603, Min. Néri da Silveira, j. 31.5.94, maioria, DJ 4.8.95).

Seção II | DO TESTAMENTO PÚBLICO

Art. 1.864. São requisitos essenciais do testamento público:[1] [Dispositivo correspondente no CC/1916: art. 1.632-*caput*.]

I — ser escrito por tabelião ou por seu substituto legal em seu livro de notas, de acordo com as declarações do testador, podendo este servir-se de minuta, notas ou apontamentos; [Dispositivo correspondente no CC/1916: art. 1.632-I.]

II — lavrado o instrumento, ser lido[1a] em voz alta pelo tabelião ao testador e a duas testemunhas,[2 a 2b] a um só tempo; ou pelo testador, se o quiser, na presença destas e do oficial; [Dispositivo correspondente no CC/1916: art. 1.632-III.]

III — ser o instrumento, em seguida à leitura, assinado pelo testador,[3] pelas testemunhas e pelo tabelião.[4] [Dispositivo correspondente no CC/1916: art. 1.632-IV.]

Parágrafo único. O testamento público pode ser escrito manualmente ou mecanicamente, bem como ser feito pela inserção da declaração de vontade em partes impressas de livro de notas, desde que rubricadas todas as páginas pelo testador, se mais de uma. [Sem dispositivo correspondente no CC/1916.]

Art. 1.864: 1. O testamento público pode ser lavrado fora das dependências do tabelionato, sem que isso afete a sua validade (RT 870/211). Mas, nesse caso, é requisito de validade do testamento que ele tenha sido lavrado por tabelião atuante no município da sua lavratura (RJ-Lex 59/233: TJAL, AP 2011.003823-0; no caso, anulou-se testamento lavrado em Maceió por tabelião de Coruripe).

V. Lei 8.935, de 18.11.94, arts. 8º e 9º.

Art. 1.864: 1a. v. art. 1.866.

Art. 1.864: 2. v. art. 228.

Art. 1.864: 2a. **"Art. 1.801.** Não podem ser nomeados herdeiros nem legatários: ... **II** — as testemunhas do testamento".

Art. 1.864: 2b. "Nos termos do art. 228, IV e V, do Código Civil vigente (CC/16, art. 1.650), não podem ser admitidos como testemunhas o interessado no litígio, o amigo íntimo ou o inimigo capital das partes, bem como os cônjuges, os ascendentes, os descendentes e os colaterais, até o terceiro grau de alguma das partes, por consanguinidade, ou afinidade. *In casu*, houve violação dos referidos dispositivos legais, na medida em que o testamento público teve como testemunhas um amigo íntimo e a nora da única beneficiária da disposição de última vontade" (STJ-4ª T., REsp 1.155.641, Min. Raul Araújo, j. 13.12.11, DJ 28.9.12).

Art. 1.864: 3. v. art. 1.865.

Art. 1.864: 4. "A vontade manifestada pelo autor do testamento de dispor sobre os bens disponíveis da herança, em detrimento da filha reconhecida *a posteriori* — intuito sobre o qual, como visto, nem mesmo a recorrente controverte —, restou substancialmente demonstrada, cuja verificação deu-se, de modo uníssono, pelas instâncias ordinárias com esteio nos elementos de prova reunidos nos autos. Segundo apurado, o testador, contando com oitenta e oito anos à época da efetuação do testamento, justamente para prevenir posterior e infundada alegação de incapacidade, apresentou laudos médicos que atestavam sua plena sanidade mental. É dizer, o testador, por sua própria iniciativa, deixou comprovado, por ocasião da confecção do documento, que a manifestação acerca da destinação de seus bens, na parte disponível da herança, expressada no testamento público por ele subscrito, representava, de modo livre e consciente, verdadeiramente a sua última vontade. O proceder adotado pelo testador revelou inequívoca preocupação em assegurar que as disposições de última vontade insertas em seu testamento fossem efetivamente observadas. Não há na lei de regência qualquer limitação (máxima) de idade para testar, tampouco exigência de que o autor do testamento comprove sua capacidade para o ato. Não obstante, o testador assim acautelou-se. Há que se pontuar, ainda, não remanescer qualquer dúvida, a considerar o laudo pericial conclusivo, acolhido pelas instâncias precedentes, de que o autor do testamento efetivamente apôs sua assinatura no documento, por ocasião de sua lavratura. Aliás, a própria adoção da forma pública do testamento revela a intenção do testador de valer-se da segurança e seriedade a ela inerente. Todas essas circunstâncias, de fato, deixaram evidenciada a congruência entre o disposto no testamento e o real propósito de seu autor. Em que pese a existência de vício de forma (testemunhas instrumentárias, funcionários do cartório, que não presenciaram a lavratura do testamento, apondo as respectivas assinaturas posteriormente), a confirmar a reiterada atuação antijurídica da Tabeliã, a quem incumbia, imediatamente, zelar pela observância dos requisitos formais, inviável, na hipótese dos autos, frustrar a manifestação de última vontade encerrada no testamento público, quando esta, a partir dos elementos de prova reunidos nos autos, refletiu, indene de dúvidas, a real intenção de seu autor" (STJ-3ª T., REsp 1.419.726, Min. Marco Bellizze, j. 9.12.14, DJ 16.12.14).

Art. 1.865. Se o testador não souber, ou não puder assinar, o tabelião ou seu substituto legal assim o declarará, assinando, neste caso, pelo testador, e, a seu rogo, uma das testemunhas instrumentárias.[1-2] [Dispositivo correspondente no CC/1916: art. 1.633.]

Art. 1.865: 1. v. art. 1.864-III.

Art. 1.865: 2. Mas "não podem ser nomeados herdeiros nem legatários a pessoa que, a rogo, escreveu o testamento, nem o seu cônjuge ou companheiro, ou os seus ascendentes e irmãos" (art. 1.801-I).

Art. 1.866. O indivíduo inteiramente surdo, sabendo ler, lerá o seu testamento, e, se não o souber, designará quem o leia em seu lugar, presentes as testemunhas. [Dispositivo correspondente no CC/1916: art. 1.636.]

Art. 1.867. Ao cego só se permite o testamento público, que lhe será lido, em voz alta, duas vezes, uma pelo tabelião ou por seu substituto legal, e a outra por uma das testemunhas, designada pelo testador, fazendo-se de tudo circunstanciada menção no testamento.[1] [Dispositivo correspondente no CC/1916: art. 1.637.]

Art. 1.867: 1. "Atendidos os pressupostos básicos da sucessão testamentária — i) capacidade do testador; ii) atendimento aos limites do que pode dispor e; iii) lídima declaração de vontade —, a ausência de umas das formalidades exigidas por lei pode e deve ser colmatada para a preservação da vontade do testador, pois as regulações atinentes ao testamento tem por escopo único a preservação da vontade do testador. Evidenciada tanto a capacidade cognitiva do testador quanto o fato de que o testamento, lido pelo tabelião, correspondia exatamente à manifestação de vontade do *de cujus*, não cabe então reputar como nulo o testamento, por terem sido preteridas solenidades fixadas em lei, porquanto o fim dessas — assegurar a higidez da manifestação do *de cujus* — foi completamente satisfeito com os procedimentos adotados" (STJ-3ª T., REsp 1.677.931, Min. Nancy Andrighi, j. 15.8.17, DJ 22.8.17) Do voto da relatora: "Na hipótese, o testamento público, apesar de produzido em cartório, lido em voz alta pelo tabelião na presença do testador e de duas testemunhas, **suprimiu** a exigência legal de uma **segunda leitura** e da expressa menção no corpo do documento da **condição de cego** do testador".

Seção III | DO TESTAMENTO CERRADO

Art. 1.868. O testamento escrito pelo testador, ou por outra pessoa, a seu rogo,[1] e por aquele assinado, será válido se aprovado pelo tabelião ou seu substituto legal, observadas as seguintes formalidades: [Dispositivo correspondente no CC/1916: art. 1.638-I e II.]

I — que o testador o entregue ao tabelião em presença de duas testemunhas;[2-2a] [Dispositivo correspondente no CC/1916: art. 1.638-IV.]

II — que o testador declare que aquele é o seu testamento e quer que seja aprovado; [Dispositivo correspondente no CC/1916: art. 1.638-V.]

III — que o tabelião lavre, desde logo, o auto de aprovação, na presença de duas testemunhas, e o leia, em seguida, ao testador e testemunhas; [Dispositivo correspondente no CC/1916: art. 1.638-VI.]

IV — que o auto de aprovação seja assinado pelo tabelião, pelas testemunhas e pelo testador. [Dispositivo correspondente no CC/1916: art. 1.638-IX.]

Parágrafo único. O testamento cerrado pode ser escrito mecanicamente, desde que seu subscritor numere e autentique, com a sua assinatura, todas as páginas. [Sem dispositivo correspondente no CC/1916.]

Art. 1.868: 1. v. art. 1.801-1.

Art. 1.868: 2. v. art. 228.

Art. 1.868: 2a. "**Art. 1.801.** Não podem ser nomeados herdeiros nem legatários: ... **II** — as testemunhas do testamento".

Art. 1.869. O tabelião deve começar o auto de aprovação imediatamente depois da última palavra do testador, declarando, sob sua fé, que o testador lhe entregou para ser aprovado na presença das testemunhas; passando a cerrar e coser o instrumento aprovado.[1] [Dispositivo correspondente no CC/1916: art. 1.638-VII e XI.]

Parágrafo único. Se não houver espaço na última folha do testamento, para início da aprovação, o tabelião aporá nele o seu sinal público, mencionando a circunstância no auto. [Dispositivo correspondente no CC/1916: art. 1.638-VIII.]

Art. 1.869: 1. Revogação: art. 1.972.

Art. 1.870. Se o tabelião tiver escrito o testamento a rogo do testador, poderá, não obstante, aprová-lo. [Dispositivo correspondente no CC/1916: art. 1.639.]

Art. 1.871. O testamento pode ser escrito em língua nacional ou estrangeira, pelo próprio testador, ou por outrem, a seu rogo.[1] [Dispositivo correspondente no CC/1916: art. 1.640.]

Art. 1.871: 1. cf. art. 1.868-*caput*.

Art. 1.872. Não pode dispor de seus bens em testamento cerrado quem não saiba ou não possa[1] ler. [Dispositivo correspondente no CC/1916: art. 1.641.]

Art. 1.872: 1. O cego só pode dispor em testamento público, cf. art. 1.867.

Art. 1.873. Pode fazer testamento cerrado o surdo-mudo, contanto que o escreva todo, e o assine de sua mão, e que, ao entregá-lo ao oficial público, ante as duas testemunhas, escreva, na face externa do papel ou do envoltório, que aquele é o seu testamento, cuja aprovação lhe pede. [Dispositivo correspondente no CC/1916: art. 1.642.]

Art. 1.874. Depois de aprovado e cerrado, será o testamento entregue ao testador, e o tabelião lançará, no seu livro, nota do lugar, dia, mês e ano em que o testamento foi aprovado e entregue. [Dispositivo correspondente no CC/1916: art. 1.643.]

Art. 1.875. Falecido o testador, o testamento será apresentado ao juiz, que o abrirá e o fará registrar, ordenando seja cumprido, se não achar vício externo que o torne eivado de nulidade ou suspeito de falsidade.[1] [Dispositivo correspondente no CC/1916: art. 1.644.]

Art. 1.875: 1. v. art. 1.972 e CPC 735.

Seção IV | DO TESTAMENTO PARTICULAR[1]

SEÇ. IV: 1. "O testamento particular no Código Civil de 2002", por Sílvio de Salvo Venosa (RMDCPC 11/46).

Art. 1.876. O testamento particular pode ser escrito de próprio punho ou mediante processo mecânico.[1] [Dispositivo correspondente no CC/1916: art. 1.645.]

§ 1º Se escrito de próprio punho, são requisitos essenciais à sua validade seja lido[1a] e assinado por quem o escreveu,[1b] na presença de pelo menos três testemunhas,[2-2a] que o devem subscrever. [Dispositivo correspondente no CC/1916: art. 1.645-II e III.]

§ 2º Se elaborado por processo mecânico, não pode conter rasuras ou espaços em branco, devendo ser assinado pelo testador,[2b] depois de o ter lido na presença de pelo menos três testemunhas, que o subscreverão.[3] [Sem dispositivo correspondente no CC/1916.]

Art. 1.876: 1. s/ testamento escrito em língua estrangeira, v. art. 1.880.

Art. 1.876: 1a. "Não há falar em nulidade do ato de disposição de última vontade (testamento particular), apontando-se preterição de formalidade essencial (leitura do testamento perante as três testemunhas), quando as provas dos autos confirmam, de forma inequívoca, que o documento foi firmado pelo próprio testador, por livre e espontânea vontade, e por três testemunhas idôneas, não pairando qualquer dúvida quanto à capacidade mental do *de cujus*, no momento do ato. O rigor formal deve ceder ante a necessidade de se atender à finalidade do ato, regularmente praticado pelo testador" (STJ-3ª T., REsp 828.616, Min. Castro Filho, j. 5.9.06, DJU 23.10.06).

Código Civil

Art. 1.876: 1b. "A jurisprudência desta Corte tem flexibilizado as formalidades prescritas em lei no tocante às testemunhas do testamento particular quando o documento tiver sido escrito e assinado pelo testador e as demais circunstâncias dos autos indicarem que o ato reflete a vontade do testador. No caso dos autos, o testamento é **apócrifo,** não sendo, portanto, possível concluir, de modo seguro, que o testamento redigido de próprio punho exprime a real vontade do testador" (STJ-3ª T., REsp 1.444.867, Min. Ricardo Cueva, j. 23.9.14, maioria, DJ 31.10.14).

V. tb. nota 2b.

Art. 1.876: 2. v. art. 228.

Art. 1.876: 2a. **"Art. 1.801.** Não podem ser nomeados herdeiros nem legatários: ... **II** — as testemunhas do testamento".

Art. 1.876: 2b. "Em uma sociedade que é comprovadamente menos formalista, na qual as pessoas não mais se individualizam por sua assinatura de próprio punho, mas, sim, pelos seus *tokens*, chaves, *logins* e senhas, ID's, certificações digitais, reconhecimentos faciais, digitais e oculares e, até mesmo, pelos seus hábitos profissionais, de consumo e de vida captados a partir da reiterada e diária coleta de seus dados pessoais, e na qual se admite a celebração de negócios jurídicos complexos e vultosos até mesmo por redes sociais ou por meros cliques, o papel e a caneta esferográfica perdem diariamente o seu valor e a sua relevância, devendo ser examinados em conjunto com os demais elementos que permitam aferir ser aquela a real vontade do contratante. A regra segundo a qual a assinatura de próprio punho é requisito de validade do testamento particular, pois, traz consigo a presunção de que aquela é a real vontade do testador, tratando-se, todavia, de uma presunção *juris tantum*, admitindo-se, ainda que excepcionalmente, a prova de que, se porventura ausente a assinatura nos moldes exigidos pela lei, ainda assim era aquela a real vontade do testador. Hipótese em que, a despeito da **ausência de assinatura de próprio punho do testador** e do testamento ter sido lavrado a rogo e apenas com a aposição de sua impressão digital, não havia dúvida acerca da manifestação de última vontade da testadora que, embora sofrendo com limitações físicas, não possuía nenhuma restrição cognitiva" (STJ-2ª Seção, REsp 1.633.254, Min. Nancy Andrighi, j. 11.3.20, maioria, DJ 18.3.20).

Todavia: "No caso dos autos, além de o **testamento não** ter sido **assinado pelo próprio testador,** há fundada dúvida acerca da higidez da manifestação de vontade ali expressa. Segundo a doutrina especializada, na confecção do testamento particular não se admite a assinatura a rogo" (STJ-3ª T., REsp 1.618.754, Min. Ricardo Cueva, j. 26.9.17, maioria, DJ 13.10.17).

V. tb. nota 1b.

Art. 1.876: 3. "Testamento particular datilografado. **Ausência de leitura e de assinaturas** da testadora e de testemunhas **nas duas primeiras laudas** do instrumento. Recurso a que se dá provimento para anular a escritura" (RBDFS 1/110: TJMG, AP 1.0024.00.136365-4/001, maioria).

Art. 1.877. Morto o testador, publicar-se-á em juízo o testamento, com citação dos herdeiros legítimos.[1] [Dispositivo correspondente no CC/1916: art. 1.646.]

Art. 1.877: 1. s/ sucessão legítima, v. art. 1.829; procedimento de confirmação do testamento particular, v. CPC 737.

Art. 1.878. Se as testemunhas forem contestes[1] sobre o fato da disposição, ou, ao menos, sobre a sua leitura perante elas, e se reconhecerem as próprias assinaturas, assim como a do testador, o testamento será confirmado. [Dispositivo correspondente no CC/1916: art. 1.647.]

Parágrafo único. Se faltarem testemunhas, por morte ou ausência, e se pelo menos uma delas o reconhecer, o testamento poderá ser confirmado, se, a critério do juiz, houver prova suficiente de sua veracidade. [Dispositivo correspondente no CC/1916: art. 1.648.]

Art. 1.878: 1. i.e., se elas estiverem de acordo.

Art. 1.879. Em circunstâncias excepcionais declaradas na cédula, o testamento particular de próprio punho e assinado pelo testador, sem testemunhas, poderá ser confirmado, a critério do juiz.[1-2] [Sem dispositivo correspondente no CC/1916.]

✎**Art. 1.879: 1.** "Notas sobre testamento particular excepcional", por José Carlos Teixeira Giorgis (RBDF 43/5).

Art. 1.879: 2. Esse dispositivo refere-se ao denominado **testamento de emergência.**

Art. 1.880. O testamento particular pode ser escrito em língua estrangeira, contanto que as testemunhas a compreendam. [Dispositivo correspondente no CC/1916: art. 1.649.]

Capítulo IV | DOS CODICILOS[1]

CAP. IV: 1. v. CPC 737.

Art. 1.881. Toda pessoa capaz de testar[1] poderá, mediante escrito particular seu, datado e assinado, fazer disposições especiais sobre o seu enterro,[2] sobre esmolas de pouca monta a certas e determinadas pessoas, ou, indeterminadamente, aos pobres[3] de certo lugar, assim como legar móveis, roupas ou joias, de pouco valor, de seu uso pessoal. [Dispositivo correspondente no CC/1916: art. 1.651.]

Art. 1.881: 1. v. art. 1.860.

Art. 1.881: 2. v. art. 1.998.

Art. 1.881: 3. v. art. 1.902.

Art. 1.882. Os atos a que se refere o artigo antecedente, salvo direito de terceiro, valerão como codicilos, deixe ou não testamento o autor.[1] [Dispositivo correspondente no CC/1916: art. 1.652.]

Art. 1.882: 1. Mas se ele deixar testamento feito posteriormente, este deverá confirmar ou modificar tais atos, sob pena de se considerarem revogados, cf. art. 1.884.

Art. 1.883. Pelo modo estabelecido no art. 1.881, poder-se-ão nomear ou substituir testamenteiros.[1] [Dispositivo correspondente no CC/1916: art. 1.653.]

Art. 1.883: 1. s/ testamenteiro, v. arts. 1.976 a 1.990.

Art. 1.884. Os atos previstos nos artigos antecedentes revogam-se por atos iguais, e consideram-se revogados, se, havendo testamento posterior, de qualquer natureza, este os não confirmar ou modificar. [Dispositivo correspondente no CC/1916: art. 1.654.]

Art. 1.885. Se estiver fechado o codicilo, abrir-se-á do mesmo modo que o testamento cerrado.[1] [Dispositivo correspondente no CC/1916: art. 1.655.]

Art. 1.885: 1. v. art. 1.875. V. tb. CPC 735.

Capítulo V | DOS TESTAMENTOS ESPECIAIS

Seção I | DISPOSIÇÕES GERAIS

Art. 1.886. São testamentos especiais: [Dispositivos correspondentes no CC/1916: arts. 1.656 a 1.663.]

I — o marítimo;[1] [Dispositivos correspondentes no CC/1916: arts. 1.656 a 1.659.]

II — o aeronáutico;[2] [Sem dispositivo correspondente no CC/1916.]

III — o militar.[3] [Dispositivos correspondentes no CC/1916: arts. 1.660 a 1.663.]

Art. 1.886: 1. v. arts. 1.888 a 1.892.

Art. 1.886: 2. v. arts. 1.888 a 1.892.

Art. 1.886: 3. v. arts. 1.893 a 1.896.

Art. 1.887. Não se admitem outros testamentos especiais além dos contemplados neste Código. [Dispositivo correspondente no CC/1916: art. 1.631.]

Seção II | DO TESTAMENTO MARÍTIMO E DO TESTAMENTO AERONÁUTICO[1-2]

SEÇ. II: 1. v. CPC 737.

SEÇ. II: 2. **"Art. 1.801.** Não podem ser nomeados herdeiros nem legatários: ... **IV** — o tabelião, civil ou militar, ou o comandante ou escrivão, perante quem se fizer, assim como o que fizer ou aprovar o testamento".

Art. 1.888. Quem estiver em viagem, a bordo de navio nacional, de guerra ou mercante, pode testar perante o comandante, em presença de duas testemunhas, por forma que corresponda ao testamento público[1] ou ao cerrado.[2] [Dispositivo correspondente no CC/1916: art. 1.656-*caput*.]

Parágrafo único. O registro do testamento será feito no diário de bordo. [Sem dispositivo correspondente no CC/1916.]

Art. 1.888: 1. v. arts. 1.864 a 1.867.

Art. 1.888: 2. v. arts. 1.868 a 1.875.

Art. 1.889. Quem estiver em viagem, a bordo de aeronave militar ou comercial, pode testar perante pessoa designada pelo comandante, observado o disposto no artigo antecedente. [Sem dispositivo correspondente no CC/1916.]

Art. 1.890. O testamento marítimo ou aeronáutico ficará sob a guarda do comandante, que o entregará às autoridades administrativas do primeiro porto ou aeroporto nacional, contra recibo averbado no diário de bordo. [Dispositivo correspondente no CC/1916: art. 1.657 § 1º.]

Art. 1.891. Caducará o testamento marítimo, ou aeronáutico, se o testador não morrer na viagem, nem nos noventa dias subsequentes ao seu desembarque em terra, onde possa fazer, na forma ordinária, outro testamento. [Dispositivo correspondente no CC/1916: art. 1.658.]

Art. 1.892. Não valerá o testamento marítimo, ainda que feito no curso de uma viagem, se, ao tempo em que se fez, o navio estava em porto onde o testador pudesse desembarcar e testar na forma ordinária. [Dispositivo correspondente no CC/1916: art. 1.659.]

Código Civil

Seção III | DO TESTAMENTO MILITAR[1-2]

SEÇ. III: 1. v. CPC 737.

SEÇ. III: 2. "**Art. 1.801.** Não podem ser nomeados herdeiros nem legatários: ... **IV** — o tabelião, civil ou militar, ou o comandante ou escrivão, perante quem se fizer, assim como o que fizer ou aprovar o testamento".

Art. 1.893. O testamento dos militares e demais pessoas a serviço das Forças Armadas em campanha, dentro do País ou fora dele, assim como em praça sitiada, ou que esteja de comunicações interrompidas, poderá fazer-se, não havendo tabelião ou seu substituto legal, ante duas, ou três testemunhas, se o testador não puder, ou não souber assinar, caso em que assinará por ele uma delas.[1] [Dispositivo correspondente no CC/1916: art. 1.660-*caput*.]

§ 1º Se o testador pertencer a corpo ou seção de corpo destacado, o testamento será escrito pelo respectivo comandante, ainda que de graduação ou posto inferior. [Dispositivo correspondente no CC/1916: art. 1.660 § 1º.]

§ 2º Se o testador estiver em tratamento em hospital, o testamento será escrito pelo respectivo oficial de saúde, ou pelo diretor do estabelecimento. [Dispositivo correspondente no CC/1916: art. 1.660 § 2º.]

§ 3º Se o testador for o oficial mais graduado, o testamento será escrito por aquele que o substituir. [Dispositivo correspondente no CC/1916: art. 1.660 § 3º.]

Art. 1.893: 1. i. e., se o testador souber e puder assinar, necessitará de duas testemunhas; se não souber ou não puder, necessitará de três.

Art. 1.894. Se o testador souber escrever, poderá fazer o testamento de seu punho, contanto que o date e assine por extenso, e o apresente aberto ou cerrado, na presença de duas testemunhas ao auditor, ou ao oficial de patente, que lhe faça as vezes neste mister. [Dispositivo correspondente no CC/1916: art. 1.661-*caput*.]

Parágrafo único. O auditor, ou o oficial a quem o testamento se apresente notará, em qualquer parte dele, lugar, dia, mês e ano, em que lhe for apresentado, nota esta que será assinada por ele e pelas testemunhas. [Dispositivo correspondente no CC/1916: art. 1.661 § ún.]

Art. 1.895. Caduca o testamento militar, desde que, depois dele, o testador esteja, noventa dias seguidos, em lugar onde possa testar na forma ordinária, salvo se esse testamento apresentar as solenidades prescritas no parágrafo único do artigo antecedente. [Dispositivo correspondente no CC/1916: art. 1.662.]

Art. 1.896. As pessoas designadas no art. 1.893, estando empenhadas em combate, ou feridas, podem testar oralmente, confiando a sua última vontade a duas testemunhas.[1] [Dispositivo correspondente no CC/1916: art. 1.663-*caput*.]

Parágrafo único. Não terá efeito o testamento se o testador não morrer na guerra ou convalescer do ferimento. [Dispositivo correspondente no CC/1916: art. 1.663 § ún.]

Art. 1.896: 1. Trata-se do **testamento militar nuncupativo.**

Capítulo VI | DAS DISPOSIÇÕES TESTAMENTÁRIAS

Art. 1.897. A nomeação de herdeiro, ou legatário,[1] pode fazer-se pura e simplesmente, sob condição,[1a] para certo fim[2] ou modo, ou por certo motivo.[3] [Dispositivo correspondente no CC/1916: art. 1.664.]

Art. 1.897: 1. Herdeiro é aquele que herda a título universal toda a herança ou uma fração dela. Já o legatário herda a título singular um ou mais bens determinados pelo testador.

Art. 1.897: 1a. v. arts. 121 e segs. V. tb. art. 1.693-III.

Art. 1.897: 2. v. arts. 62 e 1.902.

Art. 1.897: 3. Se o motivo indicado constar como razão determinante da disposição testamentária, é possível a invalidação desta se provado o erro do testador, p. ex., quanto à pessoa designada no testamento (cf. art. 1.903).

Art. 1.898. A designação do tempo em que deva começar ou cessar o direito do herdeiro,[1] salvo nas disposições fideicomissárias,[2] ter-se-á por não escrita. [Dispositivo correspondente no CC/1916: art. 1.665.]

Art. 1.898: 1. Já quanto ao legatário essa designação é permitida, cf. art. 1.924.

Art. 1.898: 2. v. arts. 1.951 a 1.960.

Art. 1.899. Quando a cláusula testamentária for suscetível de interpretações diferentes, prevalecerá a que melhor assegure a observância da vontade do testador.[1 a 3] [Dispositivo correspondente no CC/1916: art. 1.666.]

Art. 1.899: 1. cf. art. 112.

Art. 1.899: 2. Os prazos no testamento presumem-se em favor do herdeiro (art. 133).

Art. 1.899: 3. "A interpretação do testamento segundo a vontade do testador é relevante nas hipóteses em que a **cláusula testamentária** é **equívoca ou suscita dúvidas** acerca de seu real sentido, de modo que, ausentes tais condições, deve-se considerar como vontade do testador aquela manifestada por ele como sendo a sua declaração de última vontade, aposta de forma expressa e inequívoca na própria cédula testamentária, excluindo-se o exame de elementos colaterais, como testemunhos e declarações" (STJ-3ª T., REsp 1.694.394, Min. Nancy Andrighi, j. 22.3.18, DJ 26.3.18).

Art. 1.900. É nula a disposição:[1] [Dispositivo correspondente no CC/1916: art. 1.667-*caput*.]

I — que institua herdeiro ou legatário sob a condição captatória de que este disponha, também por testamento, em benefício do testador, ou de terceiro; [Dispositivo correspondente no CC/1916: art. 1.667-I.]

II — que se refira a pessoa incerta, cuja identidade não se possa averiguar;[2] [Dispositivo correspondente no CC/1916: art. 1.667-II.]

III — que favoreça a pessoa incerta, cometendo a determinação de sua identidade a terceiro;[3] [Dispositivo correspondente no CC/1916: art. 1.667-III.]

IV — que deixe a arbítrio do herdeiro, ou de outrem, fixar o valor do legado;[4] [Dispositivo correspondente no CC/1916: art. 1.667-IV.]

V — que favoreça as pessoas a que se referem os arts. 1.801 e 1.802. [Sem dispositivo correspondente no CC/1916.]

Art. 1.900: 1. v. art. 1.859 (prazo para anulação do testamento) e art. 1.909 (prazo para anulação de disposições testamentárias).

Art. 1.900: 2. v. art. 1.903.

Art. 1.900: 3. v., porém, art. 1.901-I.

Art. 1.900: 4. v., porém, art. 1.901-II.

Código Civil

Art. 1.901. Valerá a disposição: [Dispositivo correspondente no CC/1916: art. 1.668-*caput*.]

I — em favor de pessoa incerta que deva ser determinada por terceiro, dentre duas ou mais pessoas mencionadas pelo testador, ou pertencentes a uma família, ou a um corpo coletivo, ou a um estabelecimento por ele designado;[1] [Dispositivo correspondente no CC/1916: art. 1.668-I.]

II — em remuneração de serviços prestados ao testador, por ocasião da moléstia de que faleceu, ainda que fique ao arbítrio do herdeiro ou de outrem determinar o valor do legado.[2] [Dispositivo correspondente no CC/1916: art. 1.668-II.]

Art. 1.901: 1. v. art. 1.900-III.

Art. 1.901: 2. v. art. 1.900-IV.

Art. 1.902. A disposição geral em favor dos pobres, dos estabelecimentos particulares de caridade, ou dos de assistência pública, entender-se-á relativa aos pobres do lugar do domicílio do testador ao tempo de sua morte, ou dos estabelecimentos aí sitos, salvo se manifestamente constar que tinha em mente beneficiar os de outra localidade.[1] [Dispositivo correspondente no CC/1916: art. 1.669-*caput*.]

Parágrafo único. Nos casos deste artigo, as instituições particulares preferirão sempre às públicas. [Dispositivo correspondente no CC/1916: art. 1.669 § ún.]

Art. 1.902: 1. v. art. 1.881 (codicilo).

Art. 1.903. O erro na designação da pessoa do herdeiro, do legatário, ou da coisa legada anula a disposição,[1] salvo se, pelo contexto do testamento, por outros documentos, ou por fatos inequívocos, se puder identificar a pessoa ou coisa a que o testador queria referir-se.[2] [Dispositivo correspondente no CC/1916: art. 1.670.]

Art. 1.903: 1. v. art. 1.909 § ún. (prazo).

Art. 1.903: 2. v. arts. 142. V. tb. arts. 1.899 (regra interpretativa) e 1.900-II (nulidade de disposição em favor de pessoa incerta).

Art. 1.904. Se o testamento nomear dois ou mais herdeiros, sem discriminar a parte de cada um, partilhar-se-á por igual, entre todos, a porção disponível[1] do testador.[2] [Dispositivo correspondente no CC/1916: art. 1.671.]

Art. 1.904: 1. v. art. 1.789.

Art. 1.904: 2. v. art. 1.907.

Art. 1.905. Se o testador nomear certos herdeiros individualmente e outros coletivamente, a herança será dividida em tantas quotas quantos forem os indivíduos e os grupos designados.[1] [Dispositivo correspondente no CC/1916: art. 1.672.]

Art. 1.905: 1. i.e., cada grupo será considerado como uma parte, equiparando-se ao herdeiro individual: se houver um herdeiro individualmente nomeado e três grupos de herdeiros coletivamente nomeados, a herança será dividida em quatro partes.

Art. 1.906. Se forem determinadas as quotas de cada herdeiro, e não absorverem toda a herança, o remanescente pertencerá aos herdeiros legítimos, segundo a ordem da vocação hereditária.[1] [Dispositivo correspondente no CC/1916: art. 1.673.]

Art. 1.906: 1. Em sentido semelhante, v. arts. 1.788 e 1.966. V. tb. arts. 1.829 e 1.908.

Art. 1.907. Se forem determinados os quinhões de uns e não os de outros herdeiros, distribuir-se-á por igual a estes últimos o que restar, depois de completas as porções hereditárias dos primeiros.[1] [Dispositivo correspondente no CC/1916: art. 1.674.]

Art. 1.907: 1. v. art. 1.904.

Art. 1.908. Dispondo o testador que não caiba ao herdeiro instituído certo e determinado objeto, dentre os da herança, tocará ele aos herdeiros legítimos.[1] [Dispositivo correspondente no CC/1916: art. 1.675.]

Art. 1.908: 1. Em sentido semelhante, v. art. 1.788. V. tb. art. 1.906.

Art. 1.909. São anuláveis as disposições testamentárias inquinadas de erro,[1] dolo[2] ou coação.[3] [Sem dispositivo correspondente no CC/1916.]

Parágrafo único. Extingue-se em quatro anos o direito de anular a disposição, contados de quando o interessado tiver conhecimento do vício.[4] [Sem dispositivo correspondente no CC/1916.]

Art. 1.909: 1. v. arts. 138 a 144. V. tb. art. 1.903.

Art. 1.909: 2. v. arts. 145 a 150.

Art. 1.909: 3. v. arts. 151 a 155.

Art. 1.909: 4. Já para anular todo o testamento, o prazo é de cinco anos, contado da data do seu registro (v. art. 1.859).

Art. 1.910. A ineficácia de uma disposição testamentária importa a das outras que, sem aquela, não teriam sido determinadas pelo testador.[1] [Sem dispositivo correspondente no CC/1916.]

Art. 1.910: 1. cf. art. 184.

Art. 1.911. A cláusula de inalienabilidade, imposta aos bens por ato de liberalidade,[1-1a] implica impenhorabilidade e incomunicabilidade.[1b a 2b] [Dispositivo correspondente no CC/1916: art. 1.676.]

Parágrafo único. No caso de desapropriação de bens clausulados, ou de sua alienação, por conveniência econômica do donatário ou do herdeiro,[3] mediante autorização judicial, o produto da venda converter-se-á em outros bens, sobre os quais incidirão as restrições apostas aos primeiros.[4] [Dispositivos correspondentes no CC/1916: arts. 1.676 e 1.677.]

Art. 1.911: 1. s/ cláusula de inalienabilidade, imposta em testamento, v. art. 1.848; s/ registro, no Registro de Imóveis, v. LRP 167-II-11.

Art. 1.911: 1a. Há um acórdão admitindo **cláusula de inalienabilidade adjeta à garantia hipotecária** e seu registro no Registro de Imóveis: "Oferecido o bem ao credor hipotecário, com adicional garantia de inalienabilidade, devidamente registrada, sem possibilidade de se configurar fraude à execução, porque anterior ao ajuizamento desta, fica inviável a penhora decorrente" (STJ-3ª T., REsp 440.798, Min. Menezes Direito, j. 26.6.03, DJU 8.9.03).

Art. 1.911: 1b. **CPC 832:** "Não estão sujeitos à execução os bens que a lei considera impenhoráveis ou inalienáveis".

Art. 1.911: 1c. **Súmula 49 do STF:** "A cláusula de inalienabilidade inclui a incomunicabilidade dos bens".

Art. 1.911: 1d. "A exegese do *caput* do art. 1.911 do Código Civil de 2002 conduz ao entendimento de que: a) há possibilidade de imposição autônoma das cláusulas de inalienabilidade, impenhorabilidade e incomunicabilidade, a critério do doador/instituidor; b) uma vez aposto o gravame da inalienabilidade, pressupõe-se, *ex vi lege*, automaticamente, a impenhorabilidade e a incomunicabilidade; c) **a inserção exclusiva da proibição de não penhorar e/ou não comunicar não gera a presunção do ônus da inalienabilidade;** e d) a instituição autônoma da impenhorabilidade, por si só, não pressupõe a incomunicabilidade e vice-versa" (STJ-4ª T., REsp 1.155.547, Min. Marco Buzzi, j. 6.11.18, DJ 9.11.18). Do voto do relator: "Dá-se provimento ao recurso especial a fim de julgar procedentes os pedidos veiculados na demanda para declarar que a aposição somente das cláusulas de incomunicabilidade e impenhorabilidade sobre o imóvel objeto do presente feito não impede a sua alienação, que poderá ser realizada sem exigência de sub-rogação das cláusulas em outro bem".

Código Civil

Art. 1.911: 2. "Os gravames da inalienabilidade, impenhorabilidade e incomunicabilidade são instituídos em garantia do donatário, sendo possível o cancelamento do vínculo pelo doador em vida, com anuência do donatário. Porém, após a morte do doador, as cláusulas tornam-se irretratáveis, perdurando até o falecimento do donatário, ou do último sobrevivente, se houver mais de um donatário, mesmo em se tratando de adiantamento de legítima" (RJ 313/112).

"A cláusula de inalienabilidade vitalícia tem vigência enquanto viver o beneficiário, passando livres e desembaraçados aos seus herdeiros os bens objeto da restrição" (STJ-3ª T., REsp 1.101.702, Min. Nancy Andrighi, j. 22.9.09, DJ 9.10.09). "Assim, as cláusulas de inalienabilidade, incomunicabilidade e impenhorabilidade não tornam nulo o testamento que dispõe sobre transmissão *causa mortis* de bem gravado, haja vista que o ato de disposição somente produz efeitos após a morte do testador, quando então ocorrerá a transmissão da propriedade" (STJ-4ª T., REsp 1.641.549, Min. Antonio Ferreira, j. 13.8.19, DJ 20.8.19).

Todavia: "A doação do genitor para os filhos e a instituição de cláusula de inalienabilidade, por representar adiantamento de legítima, deve ser interpretada na linha do que prescreve o art. 1.848 do CCB, exigindo-se justa causa notadamente para a instituição da restrição ao direito de propriedade. Possibilidade de cancelamento da cláusula de inalienabilidade após a morte dos doadores, passadas quase duas décadas do ato de liberalidade, em face da ausência de justa causa para a sua manutenção. Interpretação do art. 1.848 do Código Civil à luz do princípio da função social da propriedade" (STJ-3ª T., REsp 1.631.278, Min. Paulo Sanseverino, j. 19.3.19, DJ 29.3.19).

V. tb. art. 1.829, nota 6a.

V., ainda, no nosso CPCLPV, CPC 833, nota 13a.

Art. 1.911: 2a. "Se a alienação do imóvel gravado permite uma melhor adequação do patrimônio à sua função social e possibilita ao herdeiro sua sobrevivência e bem-estar, a comercialização do bem vai ao encontro do propósito do testador, que era, em princípio, o de amparar adequadamente o beneficiário das cláusulas de inalienabilidade, impenhorabilidade e incomunicabilidade. A vedação contida no art. 1.676 do CC/16 poderá ser amenizada sempre que for verificada a presença de situação excepcional de necessidade financeira, apta a recomendar a liberação das restrições instituídas pelo testador" (STJ-RDPr 46/426: 3ª T., REsp 1.158.679).

"Doação. Cancelamento de cláusulas restritivas de inalienabilidade e impenhorabilidade. Possibilidade. Desnecessidade de sub-rogação. Donatárias que dispõem de outros bens, mas não têm disponibilidade financeira para o pagamento de impostos e custeio para reforma de imóveis destinados à produção de renda (JTJ 374/314: AP 9169028-66.2007.8.26.0000; ementa da redação).

Art. 1.911: 2b. "As dívidas dos herdeiros não serão pagas com os bens que lhes foram transmitidos em herança, quando gravados com cláusulas de inalienabilidade e impenhorabilidade, por disposição de última vontade. Tais bens respondem, entretanto, pelas dívidas contraídas pelo autor da herança. A cláusula testamentária de inalienabilidade não impede a penhora em execução contra o espólio" (STJ-RT 871/207 e RIDF 46/154: 3ª T., REsp 998.031).

O bem gravado com cláusulas de incomunicabilidade, impenhorabilidade e inalienabilidade responde por dívidas condominiais em função dele devidas (JTJ 315/379: AI 1.080.053-0/1).

Art. 1.911: 3. **Dec. lei 6.777, de 8.8.44** — Dispõe sobre a sub-rogação de imóveis gravados ou inalienáveis (RT 152/337, Lex 1944/283, RF 100/197):

"Art. 1º Na sub-rogação de imóveis gravados ou inalienáveis, estes serão sempre substituídos por outros imóveis ou apólices da dívida pública.

"Art. 2º Se requerida a sub-rogação mediante permuta por apólices da dívida pública, o juiz mandará vender o imóvel em hasta pública, ressalvando ao interessado o direito de conservá-lo livre, desde que, antes de assinado o auto de arrematação, ofereça, em substituição, apólices de valor igual ou superior ao do maior lanço acima da avaliação, ou ao desta, na falta de licitante".

V. art. 1.848 § 2º.

Art. 1.911: 4. "A existência de cláusula de inalienabilidade recaindo sobre uma fração de bem imóvel, não impede a extinção do condomínio. Na hipótese, haverá sub-rogação da cláusula de inalienabilidade, que incidirá sobre o produto da alienação do bem, no percentual correspondente a fração gravada" (STJ-3ª T., REsp 729.701, Min. Nancy Andrighi, j. 15.12.05, DJU 1.2.06).

Capítulo VII | DOS LEGADOS

Seção I | DISPOSIÇÕES GERAIS

Art. 1.912. É ineficaz o legado de coisa certa que não pertença ao testador no momento da abertura da sucessão.[1-2] [Dispositivo correspondente no CC/1916: art. 1.678.]

Art. 1.912: 1. v. art. 1.939-II.

Art. 1.912: 2. "Nos termos dos arts. 16, I, e 76, § 2º, ambos da Lei 8.213/91; e do art. 1.678 do CC/1916 (correspondente ao art. 1.912 do CC atual), os benefícios previdenciários decorrentes da morte do segurado não podem ser objeto de disposição testamentária, eis que não são direitos pertencentes ao testador, mas aos seus beneficiários" (STJ-3ª T., REsp 887.271, Min. Nancy Andrighi, j. 18.9.07, DJU 8.10.07).

Art. 1.913. Se o testador ordenar que o herdeiro ou legatário entregue coisa de sua propriedade a outrem,[1] não o cumprindo ele, entender-se-á que renunciou à herança ou ao legado.[2] [Dispositivo correspondente no CC/1916: art. 1.679.]

Art. 1.913: 1. s/ possibilidade de ressarcimento, v. art. 1.935.

Art. 1.913: 2. s/ renúncia da herança, v. arts. 1.804 a 1.813.

Art. 1.914. Se tão somente em parte a coisa legada pertencer ao testador, ou, no caso do artigo antecedente, ao herdeiro ou ao legatário, só quanto a essa parte valerá o legado.[1] [Dispositivo correspondente no CC/1916: art. 1.680.]

Art. 1.914: 1. v. art. 1.916.

Art. 1.915. Se o legado for de coisa que se determine pelo gênero,[1] será o mesmo cumprido, ainda que tal coisa não exista entre os bens deixados pelo testador.[2] [Dispositivo correspondente no CC/1916: art. 1.681.]

Art. 1.915: 1. Pode o testador, p. ex., estabelecer que o legado consistirá em uma casa cujo valor não ultrapasse R$ 200.000,00.

Art. 1.915: 2. s/ forma de cumprimento dessa disposição testamentária, v. arts. 1.929 a 1.931.

Art. 1.916. Se o testador legar coisa sua, singularizando-a, só terá eficácia o legado se, ao tempo do seu falecimento, ela se achava entre os bens da herança; se a coisa legada existir entre os bens do testador, mas em quantidade inferior à do legado, este será eficaz apenas quanto à existente.[1] [Dispositivo correspondente no CC/1916: art. 1.682.]

Art. 1.916: 1. v. art. 1.914.

Art. 1.917. O legado de coisa que deva encontrar-se em determinado lugar só terá eficácia se nele for achada, salvo se removida a título transitório. [Dispositivo correspondente no CC/1916: art. 1.683.]

Art. 1.918. O legado de crédito, ou de quitação de dívida,[1] terá eficácia somente até a importância desta, ou daquele, ao tempo da morte do testador. [Dispositivo correspondente no CC/1916: art. 1.685-*caput*.]

§ 1º Cumpre-se o legado, entregando o herdeiro ao legatário o título respectivo. [Dispositivo correspondente no CC/1916: art. 1.685 § 1º.]

§ 2º Este legado não compreende as dívidas posteriores à data do testamento. [Dispositivo correspondente no CC/1916: art. 1.685 § 2º.]

Art. 1.918: 1. O legado de quitação de dívida corresponde ao perdão (remissão) de uma dívida em que o testador seja o credor e o legatário seja o devedor.

Art. 1.919. Não o declarando expressamente o testador, não se reputará compensação[1] da sua dívida o legado que ele faça ao credor. [Dispositivo correspondente no CC/1916: art. 1.686.]

Parágrafo único. Subsistirá integralmente o legado, se a dívida lhe foi posterior, e o testador a solveu antes de morrer. [Dispositivo correspondente no CC/1916: art. 1.686.]

Art. 1.919: 1. s/ compensação, v. arts. 368 a 380.

Art. 1.920. O legado de alimentos[1] abrange o sustento, a cura, o vestuário e a casa, enquanto o legatário viver, além da educação, se ele for menor.[2] [Dispositivo correspondente no CC/1916: art. 1.687.]

Art. 1.920: 1. v. art. 1.928 § ún.

Art. 1.920: 2. Pode o testador estipular o valor exato dos alimentos, bem como uma limitação temporal para as prestações (p. ex., até o legatário atingir a maioridade). No silêncio do testamento, entende-se que o legado deve ser vitalício e fixado conforme os critérios previstos neste dispositivo legal, considerando-se também as necessidades específicas do alimentante e as próprias forças da herança (v. art. 1.792).

Art. 1.921. O legado de usufruto, sem fixação de tempo, entende-se deixado ao legatário por toda a sua vida.[1] [Dispositivo correspondente no CC/1916: art. 1.688.]

Art. 1.921: 1. s/ extinção do usufruto, v. art. 1.410.

Art. 1.922. Se aquele que legar um imóvel lhe ajuntar depois novas aquisições, estas, ainda que contíguas, não se compreendem no legado, salvo expressa declaração em contrário do testador. [Dispositivo correspondente no CC/1916: art. 1.689-*caput*.]

Parágrafo único. Não se aplica o disposto neste artigo às benfeitorias necessárias, úteis ou voluptuárias[1] feitas no prédio legado. [Dispositivo correspondente no CC/1916: art. 1.689 § ún.]

Art. 1.922: 1. v. art. 96.

Seção II | DOS EFEITOS DO LEGADO E DO SEU PAGAMENTO

Art. 1.923. Desde a abertura da sucessão, pertence ao legatário a coisa certa, existente no acervo, salvo se o legado estiver sob condição[1] suspensiva.[2] [Dispositivo correspondente no CC/1916: art. 1.692.]

§ 1º Não se defere de imediato a posse da coisa, nem nela pode o legatário entrar por autoridade própria. [Dispositivo correspondente no CC/1916: art. 1.690 § ún.]

§ 2º O legado de coisa certa existente na herança transfere também ao legatário os frutos que produzir,[3] desde a morte do testador, exceto se dependente de condição suspensiva, ou de termo inicial. [Dispositivo correspondente no CC/1916: art. 1.692.]

Art. 1.923: 1. v. art. 121.

Art. 1.923: 2. v. art. 1.924.

Art. 1.923: 3. "Recaindo o legado em ações de sociedade comercial e sendo o dividendo a parcela do lucro que corresponde a cada ação, uma vez resolvida sua distribuição, integra o patrimônio do legatário" desde o dia da morte do testador (RT 659/75: TJSP, AP 120.733-1).

Art. 1.924. O direito de pedir o legado não se exercerá, enquanto se litigue sobre a validade do testamento, e, nos legados condicionais, ou a prazo, enquanto esteja pendente a condição ou o prazo não se vença. [Dispositivo correspondente no CC/1916: art. 1.691.]

Art. 1.925. O legado em dinheiro só vence juros[1] desde o dia em que se constituir em mora[2] a pessoa obrigada a prestá-lo. [Dispositivo correspondente no CC/1916: art. 1.693.]

Art. 1.925: 1. v. arts. 405 a 407.

Art. 1.925: 2. v. arts. 394 a 401.

Art. 1.926. Se o legado consistir em renda vitalícia ou pensão periódica, esta ou aquela correrá da morte do testador.[1-2] [Dispositivo correspondente no CC/1916: art. 1.694.]

Art. 1.926: 1. v. art. 1.928 § ún.

Art. 1.926: 2. Pode o testador estipular, no entanto, termo inicial ou condição suspensiva para o pagamento do legado (v. art. 1.924, *in fine*).

Art. 1.927. Se o legado for de quantidades certas, em prestações periódicas, datará da morte do testador o primeiro período, e o legatário terá direito a cada prestação, uma vez encetado cada um dos períodos sucessivos, ainda que venha a falecer antes do termo dele.[1] [Dispositivo correspondente no CC/1916: art. 1.695.]

Art. 1.927: 1. i.e., uma vez iniciado cada período, o legatário terá direito à respectiva prestação *in totum*, ainda que venha a falecer antes do seu termo. Neste caso, portanto, seus sucessores terão direito à prestação inteira, de maneira que dela não se exclui a fração referente aos dias decorridos após a morte do legatário.

S/ exigibilidade da prestação periódica, v. art. 1.928.

Art. 1.928. Sendo periódicas as prestações, só no termo de cada período se poderão exigir. [Dispositivo correspondente no CC/1916: art. 1.696-*caput*.]

Parágrafo único. Se as prestações forem deixadas a título de alimentos,[1] pagar-se-ão no começo de cada período, sempre que outra coisa não tenha disposto o testador. [Dispositivo correspondente no CC/1916: art. 1.696 § ún.]

Art. 1.928: 1. v. art. 1.920 e notas.

Art. 1.929. Se o legado consiste em coisa determinada pelo gênero, ao herdeiro tocará escolhê-la, guardando o meio-termo entre as congêneres da melhor e pior qualidade.[1-2] [Dispositivo correspondente no CC/1916: art. 1.697.]

Art. 1.929: 1. v. art. 244.

Art. 1.929: 2. v. arts. 1.915, 1.930 e 1.931.

Art. 1.930. O estabelecido no artigo antecedente será observado, quando a escolha for deixada a arbítrio de terceiro; e, se este não a quiser ou não a puder exercer, ao juiz competirá fazê-la, guardado o disposto na última parte do artigo antecedente.[1] [Dispositivo correspondente no CC/1916: art. 1.698.]

Art. 1.930: 1. v. art. 252 § 4º.

Art. 1.931. Se a opção foi deixada ao legatário, este poderá escolher, do gênero determinado, a melhor coisa que houver na herança; e, se nesta não existir coisa de tal gênero, dar-lhe-á de outra congênere o herdeiro, observada a disposição na última parte do art. 1.929. [Dispositivo correspondente no CC/1916: art. 1.699.]

Art. 1.932. No legado alternativo, presume-se deixada ao herdeiro a opção.[1] [Dispositivo correspondente no CC/1916: art. 1.700.]

Art. 1.932: 1. s/ obrigações alternativas, v. arts. 252 a 256; perecimento da coisa legada, v. art. 1.940.

Art. 1.933. Se o herdeiro ou legatário a quem couber a opção falecer antes de exercê-la, passará este poder aos seus herdeiros. [Dispositivo correspondente no CC/1916: art. 1.701-*caput*.]

Art. 1.934. No silêncio do testamento, o cumprimento dos legados incumbe aos herdeiros e, não os havendo, aos legatários, na proporção do que herdaram. [Sem dispositivo correspondente no CC/1916.]

Parágrafo único. O encargo estabelecido neste artigo, não havendo disposição testamentária em contrário, caberá ao herdeiro ou legatário incumbido pelo testador da execução do legado; quando indicados mais de um, os onerados dividirão entre si o ônus, na proporção do que recebam da herança. [Dispositivos correspondentes no CC/1916: arts. 1.702 e 1.703.]

Art. 1.935. Se algum legado consistir em coisa pertencente a herdeiro ou legatário (art. 1.913), só a ele incumbirá cumpri-lo, com regresso contra os coerdeiros, pela quota de cada um, salvo se o contrário expressamente dispôs o testador. [Dispositivo correspondente no CC/1916: art. 1.704.]

Art. 1.936. As despesas e os riscos da entrega do legado correm à conta do legatário, se não dispuser diversamente o testador. [Dispositivo correspondente no CC/1916: art. 1.705.]

Art. 1.937. A coisa legada entregar-se-á, com seus acessórios,[1] no lugar e estado em que se achava ao falecer o testador, passando ao legatário com todos os encargos[2] que a onerarem.[3] [Dispositivo correspondente no CC/1916: art. 1.706.]

Art. 1.937: 1. v. art. 92.

V. tb. arts. 1.922 e 1.923 § 2º.

Art. 1.937: 2. v. arts. 136, 137 e 1.938.

Art. 1.937: 3. "A caução em dinheiro, dada pelo locatário a locador posteriormente falecido, com a extinção da locação passa a ser dívida da herança, incumbindo a esta o ônus de sua devolução, e não ao legatário, que adquiriu a propriedade do imóvel locado sem o encargo expresso da restituição" (RSTJ 47/337: 4ª T., REsp 26.871).

Art. 1.938. Nos legados com encargo,[1] aplica-se ao legatário o disposto neste Código quanto às doações de igual natureza.[2] [Dispositivo correspondente no CC/1916: art. 1.707.]

Art. 1.938: 1. v. arts. 136 e 137.

Art. 1.938: 2. v. arts. 553, 555 e 562.

Seção III | DA CADUCIDADE DOS LEGADOS

Art. 1.939. Caducará o legado: [Dispositivo correspondente no CC/1916: art. 1.708-*caput*.]

I — se, depois do testamento, o testador modificar a coisa legada, ao ponto de já não ter a forma nem lhe caber a denominação que possuía; [Dispositivo correspondente no CC/1916: art. 1.708-I.]

II — se o testador, por qualquer título, alienar no todo ou em parte a coisa legada; nesse caso, caducará até onde ela deixou de pertencer ao testador;[1] [Dispositivo correspondente no CC/1916: art. 1.708-II.]

III — se a coisa perecer ou for evicta,[2] vivo ou morto o testador, sem culpa do herdeiro ou legatário incumbido do seu cumprimento;[3] [Dispositivo correspondente no CC/1916: art. 1.708-III.]

IV — se o legatário for excluído da sucessão, nos termos do art. 1.815; [Dispositivo correspondente no CC/1916: art. 1.708-IV.]

V — se o legatário falecer antes do testador. [Dispositivo correspondente no CC/1916: art. 1.708-V.]

Art. 1.939: 1. v. arts. 1.912 e 1.914.

Art. 1.939: 2. v. arts. 447 a 457.

Art. 1.939: 3. v. art. 1.934.

Art. 1.940. Se o legado for de duas ou mais coisas alternativamente,[1] e algumas delas perecerem, subsistirá quanto às restantes;[2] perecendo parte de uma, valerá, quanto ao seu remanescente, o legado. [Dispositivo correspondente no CC/1916: art. 1.709.]

Art. 1.940: 1. v. art. 1.932.

Art. 1.940: 2. v., analogamente, art. 253.

Capítulo VIII | DO DIREITO DE ACRESCER ENTRE HERDEIROS E LEGATÁRIOS[1]

CAP. VIII: 1. "Direito de acrescer: breves apontamentos e análise jurisprudencial", por Luiz Ricardo Coragem Dumit (RDPr 24/135).

Art. 1.941. Quando vários herdeiros, pela mesma disposição testamentária, forem conjuntamente chamados à herança em quinhões não determinados,[1] e qualquer deles não puder ou não quiser aceitá-la, a sua parte acrescerá à dos coerdeiros, salvo o direito do substituto.[2] [Dispositivo correspondente no CC/1916: art. 1.710-*caput*.]

Art. 1.941: 1. "Quando o testador **fixa a cota ou o objeto** de cada sucessor, **não há direito de acrescer** entre os demais herdeiros ou legatários. Ocorre a conjunção *verbis tantum* quando são utilizadas as expressões 'partes iguais', 'partes equivalentes', ou outras que denotem o mesmo significado, o que exclui o direito de acrescer" (STJ-3ª T., REsp 565.097, Min. Castro Filho, j. 9.3.04, DJ 19.4.04).

"Na hipótese de quinhões determinados, não há falar no direito de acrescer. Se o herdeiro testamentário pleiteado com quota fixa falecer antes da abertura da sucessão, sem previsão de substituto, aquela parcela deve retornar ao monte e ser objeto de partilha com todos os herdeiros legítimos" (STJ-3ª T., REsp 1.674.162, Min. Ricardo Cueva, j. 16.10.18, DJ 26.10.18).

Art. 1.941: 2. v. art. 1.947.

Art. 1.942. O direito de acrescer competirá aos colegatários, quando nomeados conjuntamente a respeito de uma só coisa, determinada e certa, ou quando o objeto do legado não puder ser dividido sem risco de desvalorização.[1] [Dispositivo correspondente no CC/1916: art. 1.710 § ún.]

Art. 1.942: 1. v. art. 1.943.

Art. 1.943. Se um dos coerdeiros ou colegatários, nas condições do artigo antecedente, morrer antes do testador; se renunciar a herança ou legado, ou destes for excluído, e, se a condição sob a qual foi instituído não se verificar, acrescerá o seu quinhão, salvo o direito do substituto, à parte dos coerdeiros ou colegatários conjuntos. [Dispositivo correspondente no CC/1916: art. 1.712.]

Parágrafo único. Os coerdeiros ou colegatários, aos quais acresceu o quinhão daquele que não quis ou não pôde suceder, ficam sujeitos às obrigações ou encargos que o oneravam.[1] [Dispositivo correspondente no CC/1916: art. 1.714-*caput*.]

Art. 1.943: 1. s/ encargos, v. arts. 136, 1.937 e 1.938.

Art. 1.944. Quando não se efetua o direito de acrescer, transmite-se aos herdeiros legítimos[1] a quota vaga do nomeado.[2] [Dispositivo correspondente no CC/1916: art. 1.713.]

Parágrafo único. Não existindo o direito de acrescer entre os colegatários, a quota do que faltar acresce ao herdeiro ou ao legatário incumbido de satisfazer esse legado, ou a todos os herdeiros, na proporção dos seus quinhões, se o legado se deduziu da herança. [Dispositivo correspondente no CC/1916: art. 1.715.]

Art. 1.944: 1. v. art. 1.829.

Art. 1.944: 2. s/ requisitos para existir o direito de acrescer entre: herdeiros testamentários, v. art. 1.941; colegatários, v. art. 1.942.

Art. 1.945. Não pode o beneficiário do acréscimo repudiá-lo separadamente[1] da herança ou legado que lhe caiba, salvo se o acréscimo comportar encargos especiais impostos pelo testador; nesse caso, uma vez repudiado, reverte o acréscimo para a pessoa a favor de quem os encargos foram instituídos. [Sem dispositivo correspondente no CC/1916.]

Art. 1.945: 1. i. e., ele somente poderá repudiar o acréscimo se renunciar à totalidade da herança ou do legado.

Art. 1.946. Legado um só usufruto conjuntamente a duas ou mais pessoas, a parte da que faltar acresce aos colegatários. [Dispositivo correspondente no CC/1916: art. 1.716.]

Parágrafo único. Se não houver conjunção entre os colegatários, ou se, apesar de conjuntos, só lhes foi legada certa parte do usufruto, consolidar-se-ão na propriedade as quotas dos que faltarem, à medida que eles forem faltando. [Dispositivo correspondente no CC/1916: art. 1.716.]

Capítulo IX | DAS SUBSTITUIÇÕES

Seção I | DA SUBSTITUIÇÃO VULGAR E DA RECÍPROCA

Art. 1.947. O testador pode substituir outra pessoa ao herdeiro ou ao legatário nomeado, para o caso de um ou outro não querer ou não poder aceitar a herança ou o legado, presumindo-se que a substituição foi determinada para as duas alternativas, ainda que o testador só a uma se refira.[1] [Dispositivo correspondente no CC/1916: art. 1.729.]

Art. 1.947: 1. A parte final deste dispositivo não passa de simples **regra interpretativa,** tendo em vista que é a vontade do testador que deve subsistir, se houver disposição em sentido contrário ao da presunção legal. Assim, se o testador dispuser expressamente que a substituição não deverá ocorrer em determinado caso, essa manifestação prevalecerá.

Art. 1.948. Também é lícito ao testador substituir muitas pessoas por uma só, ou vice-versa, e ainda substituir com reciprocidade[1] ou sem ela. [Dispositivo correspondente no CC/1916: art. 1.730.]

Art. 1.948: 1. i. e., um herdeiro ou legatário será substituto de outro e vice-versa.

Art. 1.949. O substituto fica sujeito à condição[1] ou encargo[2] imposto ao substituído, quando não for diversa a intenção manifestada pelo testador, ou não resultar outra coisa da natureza da condição ou do encargo. [Dispositivo correspondente no CC/1916: art. 1.731.]

Art. 1.949: 1. v. art. 121.

Art. 1.949: 2. v. arts. 136 e 137.

Art. 1.950. Se, entre muitos coerdeiros ou legatários de partes desiguais, for estabelecida substituição recíproca, a proporção dos quinhões fixada na primeira disposição entender-se-á mantida na segunda;[1-2] se, com as outras anteriormente nomeadas, for incluída mais alguma pessoa na substituição, o quinhão vago pertencerá em partes iguais aos substitutos. [Dispositivo correspondente no CC/1916: art. 1.732.]

Art. 1.950: 1. p. ex.: caso sejam nomeados quatro coerdeiros ou legatários, substitutos entre si, com direito a 2/5, 1/5, 1/5 e 1/5 da herança ou legado, não aceitando esse último sua quota, os outros três a receberão na mesma proporção em que foram nomeados, com o primeiro deles recebendo o dobro dos demais.

Art. 1.950: 2. *A contrario sensu*, se forem coerdeiros ou legatários de parcelas iguais, o quinhão vago pertencerá em partes iguais aos substitutos.

Seção II | DA SUBSTITUIÇÃO FIDEICOMISSÁRIA[1]

SEÇ. II: 1. "O novo Código Civil e as inovações no direito das sucessões: a nova forma da substituição fideicomissária", por Hélio Borghi (RDPr 31/91).

Art. 1.951. Pode o testador[1] instituir herdeiros ou legatários, estabelecendo que, por ocasião de sua morte, a herança ou o legado se transmita ao fiduciário, resolvendo-se[2] o direito deste, por sua morte, a certo tempo ou sob certa condição, em favor de outrem, que se qualifica de fideicomissário.[3-4] [Dispositivo correspondente no CC/1916: art. 1.733.]

Art. 1.951: 1. fideicomitente.

Art. 1.951: 2. s/ propriedade resolúvel, v. arts. 1.359 e 1.360.

Art. 1.951: 3. s/ propriedade fiduciária, v. arts. 1.361 a 1.368-A. V. tb. art. 1.668-II (bens excluídos da comunhão), LRP 167-II-11 (averbação da constituição de fideicomisso).

Art. 1.951: 4. "Fideicomisso. Instituto que não pode servir para deserdação ou mera atribuição de usufruto ao herdeiro necessário para que a herança seja transmitida a terceiro. Legítima do herdeiro necessário que não é alcançada por ato de vontade do autor da herança" (RT 789/222: TJSP, AP 110.559-4/2-00).

Art. 1.952. A substituição fideicomissária somente se permite em favor dos não concebidos ao tempo da morte do testador.[1] [Sem dispositivo correspondente no CC/1916.]

Parágrafo único. Se, ao tempo da morte do testador, já houver nascido o fideicomissário, adquirirá este a propriedade dos bens fideicometidos, convertendo-se em usufruto[2] o direito do fiduciário. [Sem dispositivo correspondente no CC/1916.]

Art. 1.952: 1. v. arts. 1.799-I e 1.959.

Art. 1.952: 2. v. arts. 1.390 a 1.411.

Art. 1.953. O fiduciário tem a propriedade da herança ou legado, mas restrita e resolúvel.[1-2] [Dispositivo correspondente no CC/1916: art. 1.734-*caput*.]

Parágrafo único. O fiduciário é obrigado a proceder ao inventário dos bens gravados, e a prestar caução de restituí-los se o exigir o fideicomissário. [Dispositivo correspondente no CC/1916: art. 1.734 § ún.]

Art. 1.953: 1. s/ propriedade resolúvel, v. arts. 1.359 e 1.360.

Art. 1.953: 2. "Patenteando-se que a venda de imóvel objeto de fideicomisso realizou-se em prejuízo de menor fideicomissária, ainda que mediante alvará judicial em que representada pelo fiduciário, ante a aquisição de imóvel de valor sensivelmente menor, anula-se a venda do imóvel fideicomitido" (STJ-3ª T., REsp 945.027, Min. Sidnei Beneti, j. 19.8.08, maioria, DJ 24.11.08).

Art. 1.954. Salvo disposição em contrário do testador, se o fiduciário renunciar a herança ou o legado, defere-se ao fideicomissário o poder de aceitar. [Sem dispositivo correspondente no CC/1916.]

Art. 1.955. O fideicomissário pode renunciar [1] a herança ou o legado, e, neste caso, o fideicomisso caduca, deixando de ser resolúvel a propriedade do fiduciário, se não houver disposição contrária do testador. [2] [Dispositivo correspondente no CC/1916: art. 1.735.]

Art. 1.955: 1. v. art. 1.806.

Art. 1.955: 2. v. art. 1.958 (morte do fideicomissário).

Art. 1.956. Se o fideicomissário aceitar a herança ou o legado, terá direito à parte que, ao fiduciário, em qualquer tempo acrescer. [1] [Dispositivo correspondente no CC/1916: art. 1.736.]

Art. 1.956: 1. s/ direito de acrescer, v. arts. 1.941 a 1.946.

Art. 1.957. Ao sobrevir a sucessão, [1] o fideicomissário responde pelos encargos da herança que ainda restarem. [Dispositivo correspondente no CC/1916: art. 1.737.]

Art. 1.957: 1. i.e., a transmissão da herança ou do legado do fiduciário ao fideicomissário (v. art. 1.951).

Art. 1.958. Caduca o fideicomisso se o fideicomissário morrer antes do fiduciário, ou antes de realizar-se a condição resolutória do direito deste último; nesse caso, a propriedade consolida-se no fiduciário, nos termos do art. 1.955. [1-2] [Dispositivo correspondente no CC/1916: art. 1.738.]

Art. 1.958: 1. s/ substituição do fideicomissário, v. art. 1.959, nota 2.

Art. 1.958: 2. "Fideicomisso. Caducidade. Morte do fideicomissário anterior à do fiduciário. Propriedade consolidada na pessoa do fiduciário. Direito eventual que não se transmite aos herdeiros do fideicomissário premorto. Extinção do fideicomisso" (JTJ 159/75: AP 201.307-1).

Art. 1.959. São nulos os fideicomissos além do segundo grau. [1-2] [Dispositivo correspondente no CC/1916: art. 1.739.]

Art. 1.959: 1. i. e., é nulo o fideicomisso pelo qual o fideicomissário deva transmitir a herança ou o legado a outrem. Desse modo, admite-se a substituição fideicomissária uma única vez.

Todavia, a nulidade da determinação de fideicomisso além de 2º grau não atinge a validade daquele de 1º grau (v. art. 1.960).

Art. 1.959: 2. "A lei veda a substituição fiduciária além do segundo grau. **O fideicomissário, porém, pode ter substituto,** que terá posição idêntica à do substituído, pois o que se proíbe é a sequência de fiduciários, não a substituição vulgar do fiduciário ou do fideicomissário. A substituição fideicomissária é compatível com a substituição vulgar e ambas podem ser estipuladas na mesma cláusula testamentária. Dá-se o que a doutrina denomina substituição compendiosa. Assim, é válida a cláusula testamentária pela qual o testador pode dar substituto ao fideicomissário para o caso deste vir a falecer antes do fiduciário ou de se realizar a condição resolutiva, com o que se impede a caducidade do fideicomisso. É o que se depreende do art. 1.958 c.c. 1.955, parte final, do Código Civil" (STJ-4ª T., REsp 1.221.817, Min. Isabel Gallotti, j. 10.12.13, DJ 18.12.13).

Art. 1.960. A nulidade da substituição ilegal não prejudica a instituição, que valerá sem o encargo resolutório. [1] [Dispositivo correspondente no CC/1916: art. 1.740.]

Art. 1.960: 1. i. e., ainda que haja disposição testamentária estabelecendo a substituição do fideicomissário (v. art. 1.959, nota 1), deve subsistir a instituição do fideicomisso até o 2º grau. Nesse caso, desconsidera-se aquela previsão e o fideicomissário adquire a propriedade plena dos bens que lhe forem transmitidos pelo fiduciário.

Capítulo X | DA DESERDAÇÃO [1]

✎ CAP. X: 1. "Apontamentos sobre a deserdação", por Cristiano Pretto (RBDFS 21/19); "Aspectos processuais da deserdação", por Eduardo Henrique de Oliveira Yoshikawa (RDDP 117/32).

Art. 1.961. Os herdeiros necessários podem ser privados de sua legítima, ou deserdados, em todos os casos em que podem ser excluídos da sucessão. [1 a 3] [Dispositivo correspondente no CC/1916: art. 1.741.]

Art. 1.961: 1. Casos de exclusão: art. 1.814.

S/ exclusão de herdeiros colaterais, v. art. 1.850.

Art. 1.961: 2. A deserdação só pode ser ordenada em testamento e com expressa declaração de causa (v. art. 1.964). Essa disposição testamentária, todavia, não produz efeitos automáticos, pois "ao herdeiro instituído, ou àquele a quem aproveite a deserdação, incumbe provar a veracidade da causa alegada pelo testador" (art. 1.965).

Art. 1.961: 3. Por analogia com a exclusão por indignidade (v. art. 1.816), deve-se entender que também na deserdação a pena é pessoal, podendo os herdeiros do deserdado herdar por representação (art. 1.851).

Art. 1.962. Além das causas mencionadas no art. 1.814, autorizam a deserdação dos descendentes por seus ascendentes: [Dispositivo correspondente no CC/1916: art. 1.744-*caput*.]

I — ofensa física; [Dispositivo correspondente no CC/1916: art. 1.744-I.]

II — injúria grave; [1] [Dispositivo correspondente no CC/1916: art. 1.744-II.]

III — relações ilícitas com a madrasta ou com o padrasto; [Dispositivo correspondente no CC/1916: art. 1.744-IV.]

IV — desamparo do ascendente em alienação mental ou grave enfermidade. [Dispositivo correspondente no CC/1916: art. 1.744-V.]

Art. 1.962: 1. O ajuizamento de ação de interdição e o pedido de remoção do cargo de inventariante consistem em exercício regular de direito, de modo que, por si, não configuram injúria grave para fins de deserdação, "o que poderia ocorrer, ao menos em tese, se restasse devidamente caracterizado o abuso de tal direito, circunstância não verificada na espécie" (STJ-RMDCPC 41/114: 3ª T., REsp 1.185.122).

Art. 1.963. Além das causas enumeradas no art. 1.814, autorizam a deserdação dos ascendentes pelos descendentes: [Dispositivo correspondente no CC/1916: art. 1.745-*caput*.]

I — ofensa física; [Dispositivo correspondente no CC/1916: art. 1.745-I.]

II — injúria grave; [Dispositivo correspondente no CC/1916: art. 1.745-II.]

III — relações ilícitas com a mulher ou companheira do filho ou a do neto, ou com o marido ou companheiro da filha ou o da neta; [Dispositivo correspondente no CC/1916: art. 1.745-III.]

IV — desamparo do filho ou neto com deficiência mental ou grave enfermidade. [Dispositivo correspondente no CC/1916: art. 1.745-IV.]

Art. 1.964. Somente com expressa declaração de causa pode a deserdação ser ordenada em testamento. [1] [Dispositivo correspondente no CC/1916: art. 1.742.]

Art. 1.964: 1. v. art. 1.965.

Art. 1.965. Ao herdeiro instituído, ou àquele a quem aproveite a deserdação, incumbe provar a veracidade da causa alegada pelo testador. [Dispositivo correspondente no CC/1916: art. 1.743-*caput*.]

Parágrafo único. O direito de provar a causa da deserdação extingue-se no prazo de quatro anos, a contar da data da abertura do testamento.[1] [Dispositivo correspondente no CC/1916: art. 178 § 9º-IV.]

Art. 1.965: 1. O prazo para demandar a exclusão por indignidade também é de quatro anos, só que "contados da abertura da sucessão" (art. 1.815 § ún.).

Capítulo XI | DA REDUÇÃO DAS DISPOSIÇÕES TESTAMENTÁRIAS

Art. 1.966. O remanescente pertencerá aos herdeiros legítimos,[1] quando o testador só em parte dispuser da quota hereditária disponível.[2] [Dispositivo correspondente no CC/1916: art. 1.726.]

Art. 1.966: 1. s/ sucessão legítima, v. arts. 1.829 e segs.

Art. 1.966: 2. Em sentido semelhante, v. arts. 1.788 e 1.906.

Art. 1.967. As disposições que excederem a parte disponível[1] reduzir-se-ão aos limites dela, de conformidade com o disposto nos parágrafos seguintes.[1a] [Dispositivo correspondente no CC/1916: art. 1.727-*caput*.]

§ 1º Em se verificando excederem as disposições testamentárias a porção disponível, serão proporcionalmente reduzidas as quotas do herdeiro ou herdeiros instituídos, até onde baste,[1b] e, não bastando, também os legados, na proporção do seu valor.[2-3] [Dispositivo correspondente no CC/1916: art. 1.727 § 1º.]

§ 2º Se o testador, prevenindo o caso, dispuser que se inteirem, de preferência, certos herdeiros e legatários, a redução far-se-á nos outros quinhões ou legados, observando-se a seu respeito a ordem estabelecida no parágrafo antecedente. [Dispositivo correspondente no CC/1916: art. 1.727 § 2º.]

Art. 1.967: 1. Se o testador tiver herdeiros necessários, ele só poderá dispor de metade de sua herança; a outra metade constitui a legítima (v. art. 1.846).

Art. 1.967: 1a. s/ doação, v. art. 549.

Art. 1.967: 1b. Assim, suponha-se que o *de cujus* tenha deixado três filhos e herança no montante de R$ 120.000,00. Tendo ele instituído dois outros herdeiros por testamento, cada um deles com 1/3 da herança (R$ 40.000,00), e ainda tendo beneficiado legatário com um bem no valor de R$ 20.000,00, as disposições testamentárias somariam R$ 100.000,00, excedendo a parte disponível em R$ 40.000,00. Nesse caso, se fosse exigida a redução do excesso, esta se daria com a retirada de R$ 20.000,00 de cada um dos herdeiros testamentários.

Art. 1.967: 2. Assim, suponha-se que o *de cujus* tenha deixado três filhos e herança no montante de R$ 120.000,00. Tendo ele instituído dois outros herdeiros por testamento, cada um deles com 1/6 da herança (R$ 20.000,00), e ainda tendo beneficiado legatário com um bem no valor de R$ 70.000,00, as disposições testamentárias somariam R$ 110.000,00, excedendo a parte disponível em R$ 50.000,00. Nesse caso, se fosse exigida a complementação da legítima, os herdeiros instituídos nada herdariam e ainda seria preciso reduzir o legado em R$ 10.000,00.

Art. 1.967: 3. **Enunciado 118 do CEJ:** "O testamento anterior à vigência do novo Código Civil se submeterá à redução prevista no § 1º do art. 1.967, naquilo que atingir a porção reservada ao cônjuge sobrevivente, elevado que foi à condição de herdeiro necessário". V. art. 1.787, nota 3.

Art. 1.968. Quando consistir em prédio divisível[1] o legado sujeito a redução, far-se-á esta dividindo-o proporcionalmente. [Dispositivo correspondente no CC/1916: art. 1.728-*caput*.]

§ 1º Se não for possível a divisão, e o excesso do legado montar a mais de um quarto do valor do prédio, o legatário deixará inteiro na herança o imóvel legado, ficando com o direito de pedir aos herdeiros o valor que couber na parte disponível: se o excesso não for de mais de um quarto, aos herdeiros fará tornar em dinheiro o legatário, que ficará com o prédio. [Dispositivo correspondente no CC/1916: art. 1.728 § 1º.]

§ 2º Se o legatário for ao mesmo tempo herdeiro necessário,[2] poderá inteirar sua legítima no mesmo imóvel, de preferência aos outros, sempre que ela e a parte subsistente do legado lhe absorverem o valor. [Dispositivo correspondente no CC/1916: art. 1.728 § 2º.]

Art. 1.968: 1. v. art. 87.

Art. 1.968: 2. v. arts. 1.845 a 1.850.

Capítulo XII | DA REVOGAÇÃO DO TESTAMENTO

Art. 1.969. O testamento pode ser revogado[1] pelo mesmo modo e forma como pode ser feito.[2 a 3a] [Dispositivo correspondente no CC/1916: art. 1.746.]

Art. 1.969: 1. É irrevogável, porém, a disposição testamentária que contenha reconhecimento de filho (arts. 1.609-III e 1.610).

Art. 1.969: 2. v. art. 1.858.

Art. 1.969: 3. "Manuscrito desprovido da necessária formalidade não possui o condão de revogar testamento anterior, lavrado com observância das solenidades legais" (RSTJ 81/274: 4ª T., REsp 7.197).

Art. 1.969: 3a. "Testamento. Revogação do revogador. Restabelecimento do primeiro testamento. Inadmissibilidade. Inexistência no terceiro de declaração explícita do testador nesse sentido. É lícito ao testador fazer reviver disposições testamentárias já revogadas, necessário sendo, porém, que manifeste sua intenção desenganadamente" (JTJ 150/151: AP 195.539-1). Analogicamente, v. LINDB 2º § 3º.

Art. 1.970. A revogação do testamento pode ser total ou parcial.[1] [Dispositivo correspondente no CC/1916: art. 1.747-*caput*.]

Parágrafo único. Se parcial, ou se o testamento posterior não contiver cláusula revogatória expressa, o anterior subsiste em tudo que não for contrário ao posterior. [Dispositivo correspondente no CC/1916: art. 1.747 § ún.]

Art. 1.970: 1. "Embora admissível, a **revogação parcial do testamento não se presume,** dependendo, obrigatoriamente, da existência de declaração de que o testamento posterior é apenas parcial ou da inexistência de cláusula revogatória expressa, que não se pode inferir pelo simples exame de compatibilidade entre o conteúdo do testamento anterior e o posterior, sobretudo se existente longo lapso temporal entre ambos" (STJ-3ª T., REsp 1.694.394, Min. Nancy Andrighi, j. 22.3.18, DJ 26.3.18).

Art. 1.971. A revogação produzirá seus efeitos, ainda quando o testamento, que a encerra, vier a caducar por exclusão, incapacidade ou renúncia do herdeiro nele nomeado; não valerá, se o testamento revogatório for anulado por omissão ou infração de solenidades essenciais ou por vícios intrínsecos. [Dispositivo correspondente no CC/1916: art. 1.748.]

Art. 1.972. O testamento cerrado[1] que o testador abrir ou dilacerar, ou for aberto ou dilacerado com seu consentimento, haver-se-á como revogado. [Dispositivo correspondente no CC/1916: art. 1.749.]

Art. 1.972: 1. v. arts. 1.868 a 1.875.

Capítulo XIII | DO ROMPIMENTO DO TESTAMENTO

Art. 1.973. Sobrevindo descendente sucessível ao testador, que não o tinha ou não o conhecia quando testou, rompe-se o testamento em todas as suas disposições, se esse descendente sobreviver ao testador.[1 a 2] [Dispositivo correspondente no CC/1916: art. 1.750.]

Art. 1.973: 1. s/ ação de investigação de paternidade e rompimento do testamento, v. art. 1.975, nota 4.

Art. 1.973: 1a. Esse dispositivo se explica pela presunção de que o testador não teria feito testamento se possuísse ou conhecesse descendente seu, ou o teria contemplado naquele.

Art. 1.973: 1b. "No caso concreto, **o novo herdeiro,** que sobreveio, por adoção *post mortem*, **já era conhecido do testador** que expressamente o contemplou no testamento e ali consignou, também, a sua intenção de adotá-lo. A pretendida incidência absoluta do art. 1.750 do Cód. Civil de 1916, em vez de preservar a vontade esclarecida do testador, implicaria a sua frustração" (STJ-3ª T., REsp 985.093, Min. Sidnei Beneti, j. 5.8.10, maioria, DJ 24.9.10).

Art. 1.973: 2. Se o testador já tinha descendente sucessível por ocasião da confecção do testamento, o surgimento de um novo herdeiro não afeta a disposição de última vontade (STJ-3ª T., REsp 539.605, Min. Castro Filho, j. 27.4.04, DJU 10.5.04; STJ-4ª T., REsp 240.720, Min. Aldir Passarinho Jr., j. 21.8.03, DJU 6.10.03).

"O art. 1.973 somente tem incidência se, à época da disposição testamentária, o falecido não tivesse prole ou não a conhecesse, mostrando-se inaplicável na hipótese de o falecido já possuir descendente e sobrevier outro(s) depois da lavratura do testamento" (STJ-4ª T., REsp 1.169.639, Min. Luis Felipe, j. 11.12.12, DJ 4.2.13).

Art. 1.974. Rompe-se também o testamento feito na ignorância de existirem outros herdeiros necessários.[1] [Dispositivo correspondente no CC/1916: art. 1.751.]

Art. 1.974: 1. s/ herdeiros necessários, v. arts. 1.845 e segs. V. tb. art. 1.973, nota 2.

Art. 1.975. Não se rompe o testamento, se o testador dispuser da sua metade,[1] não contemplando os herdeiros necessários[2] de cuja existência saiba, ou quando os exclua dessa parte.[3-4] [Dispositivo correspondente no CC/1916: art. 1.752.]

Art. 1.975: 1. v. art. 1.789.

Art. 1.975: 2. v. arts. 1.845 e 1.846.

Art. 1.975: 3. Isso porque o testador é obrigado a destinar metade da herança aos herdeiros necessários (art. 1.789), mas não a contemplá-los na parte disponível correspondente à outra metade, quando deles tenha conhecimento.

Art. 1.975: 4. "Rompimento de testamento pela superveniência de descendentes herdeiras necessárias, reconhecidas como tal por força de **investigação de paternidade** após a feitura do documento. Conhecimento do testador acerca da existência das filhas não reconhecidas. Disposição sobre a metade disponível com o claro propósito de beneficiar uma das filhas. Possibilidade. Art. 1.975 do CC/02. Não se rompe o testamento se, do contexto, se conclui que o inventariante tinha conhecimento da existência de outras filhas e claramente pretendeu beneficiar aquela havida no casamento, limitando-se a contemplá-la com sua parte disponível" (RJTJERGS 258/153: AI 70015732878, maioria). No mesmo sentido: RT 897/309 (TJPR, AP 625.169-2).

Capítulo XIV | DO TESTAMENTEIRO

Art. 1.976. O testador pode nomear[1] um ou mais[2] testamenteiros, conjuntos ou separados, para lhe darem cumprimento às disposições de última vontade.[3] [Dispositivo correspondente no CC/1916: art. 1.753.]

Art. 1.976: 1. A nomeação ou substituição de testamenteiro pode ser feita através de codicilo (art. 1.883).

Art. 1.976: 2. v. art. 1.986.

Art. 1.976: 3. s/ ausência de disposição testamentária nomeando testamenteiro, v. art. 1.984.

Art. 1.977. O testador pode conceder ao testamenteiro a posse e a administração da herança, ou de parte dela, não havendo cônjuge ou herdeiros necessários.[1] [Dispositivo correspondente no CC/1916: art. 1.754-*caput*.]

Parágrafo único. Qualquer herdeiro pode requerer partilha imediata, ou devolução da herança, habilitando o testamenteiro com os meios necessários para o cumprimento dos legados, ou dando caução de prestá-los. [Dispositivo correspondente no CC/1916: art. 1.754 § ún.]

Art. 1.977: 1. v. arts. 1.797-III (testamenteiro administrador da herança), 1.990 e CPC 617-V (testamenteiro inventariante).

Art. 1.978. Tendo o testamenteiro a posse e a administração dos bens, incumbe-lhe requerer inventário e cumprir o testamento.[1] [Dispositivo correspondente no CC/1916: art. 1.755-*caput*.]

Art. 1.978: 1. v. CPC 615 e 616-IV.

Art. 1.979. O testamenteiro nomeado, ou qualquer parte interessada, pode requerer, assim como o juiz pode ordenar, de ofício, ao detentor do testamento, que o leve a registro. [Dispositivo correspondente no CC/1916: art. 1.756.]

Art. 1.980. O testamenteiro é obrigado a cumprir as disposições testamentárias,[1] no prazo marcado pelo testador, e a dar contas do que recebeu e despendeu, subsistindo sua responsabilidade enquanto durar a execução do testamento. [Dispositivo correspondente no CC/1916: art. 1.757.]

Art. 1.980: 1. Não cumpre as disposições testamentárias o testamenteiro que "somente apresentou testamento quando encerrado o inventário com a devida partilha e arquivados os autos" (JTJ 301/454).

Art. 1.981. Compete ao testamenteiro, com ou sem o concurso do inventariante e dos herdeiros instituídos, defender a validade do testamento. [Dispositivo correspondente no CC/1916: art. 1.760.]

Art. 1.982. Além das atribuições exaradas nos artigos antecedentes, terá o testamenteiro as que lhe conferir o testador, nos limites da lei. [Dispositivo correspondente no CC/1916: art. 1.761.]

Art. 1.983. Não concedendo o testador prazo maior, cumprirá o testamenteiro o testamento e prestará contas em cento e oitenta dias, contados da aceitação da testamentaria.[1] [Dispositivo correspondente no CC/1916: art. 1.762-*caput*.]

Parágrafo único. Pode esse prazo ser prorrogado se houver motivo suficiente. [Dispositivo correspondente no CC/1916: art. 1.762 § ún.]

Art. 1.983: 1. v. art. 1.980.

Art. 1.984. Na falta de testamenteiro nomeado pelo testador,[1] a execução testamentária compete a um dos cônjuges, e, em falta destes, ao herdeiro nomeado pelo juiz. [Dispositivo correspondente no CC/1916: art. 1.763.]

Art. 1.984: 1. v. art. 1.976.

Art. 1.985. O encargo da testamentaria não se transmite aos herdeiros do testamenteiro, nem é delegável; mas o testamenteiro pode fazer-se representar[1] em juízo e fora dele, mediante mandatário[2] com poderes especiais.[3] [Dispositivo correspondente no CC/1916: art. 1.764.]

Art. 1.985: 1. s/ representação, v. arts. 115 a 120.

Art. 1.985: 2. s/ mandato, v. arts. 653 a 691.

Art. 1.985: 3. Não pode o testamenteiro outorgar mandato com **poderes gerais** de administração (arts. 660 e 661), pois isso equivaleria à delegação do encargo da testamentaria.

Art. 1.986. Havendo simultaneamente mais de um testamenteiro, que tenha aceitado o cargo, poderá cada qual exercê-lo, em falta dos outros; mas todos ficam solidariamente[1] obrigados a dar conta dos bens que lhes forem confiados, salvo se cada um tiver, pelo testamento, funções distintas, e a elas se limitar. [Dispositivo correspondente no CC/1916: art. 1.765.]

Art. 1.986: 1. v. arts. 275 a 285.

Art. 1.987. Salvo disposição testamentária em contrário, o testamenteiro, que não seja herdeiro ou legatário, terá direito a um prêmio,[1-2] que, se o testador não o houver fixado,[3] será de um a cinco por cento,[3a] arbitrado pelo juiz, sobre a herança líquida,[4-5] conforme a importância dela e maior ou menor dificuldade na execução do testamento. [Dispositivo correspondente no CC/1916: art. 1.766-*caput*.]

Parágrafo único. O prêmio arbitrado será pago à conta da parte disponível, quando houver herdeiro necessário. [Dispositivo correspondente no CC/1916: art. 1.766 § ún.]

Art. 1.987: 1. "Considerações acerca do prêmio devido ao testamenteiro", por Luís Borrelli Neto (RDPr 43/311).

Art. 1.987: 2. "A despeito de a ineficácia da referida cláusula afetar todo o testamento, não há que se falar em afastamento do pagamento do prêmio ao testamenteiro, a pretexto de que a sua atuação no feito teria sido singela, uma vez que o maior ou menor esforço no cumprimento das disposições testamentárias deve ser considerado apenas como critério para a fixação da vintena, que poderá variar entre o mínimo de 1% e o máximo de 5% sobre a herança líquida (CC, art. 1.987), mas não para ensejar a sua supressão. Na hipótese, a fiel execução da disposição testamentária foi obstada pela própria inação do disponente ante a exigência da lei, razão pela qual não pode ser atribuída ao testamenteiro nenhuma responsabilidade por seu descumprimento, sendo de se ressaltar que a perda do direito ao prêmio só é admitida, excepcionalmente, em caso de sua remoção, nas situações previstas em lei (CC, art. 1.989 e CPC, art. 1.140, I e II)" (STJ-3ª T., REsp 1.207.103, Min. Marco Bellizze, j. 2.12.14, DJ 11.12.14).

Art. 1.987: 3. "Se é lícito ao juiz remover o testamenteiro ou determinar a perda do prêmio por não cumprir as disposições testamentárias (CPC 1.140), é-lhe possível arbitrar um valor compatível para remunerar o trabalho irregular e negligente na execução do testamento", que, no caso, foi de 1%, não obstante o testador o houvesse fixado em 5% (STJ-3ª T., REsp 418.931, Min. Gomes de Barros, j. 25.4.06, dois votos vencidos, DJU 1.8.06).

Art. 1.987: 3a. Há um acórdão entendendo que assiste ao testamenteiro o direito de insurgir-se contra homologação de partilha amigável, a fim de que seja feita a avaliação dos bens e apurado o justo valor de seu prêmio (RT 664/142).

Art. 1.987: 4. s/ conceito de herança líquida, v. RT 507/73 e Bol. AASP 970/85.

Art. 1.987: 5. "Testamenteiro. Prêmio. Tem como base de cálculo o total da herança líquida, ainda que haja herdeiros necessários, e não apenas a metade disponível, ou os bens de que dispôs em testamento o *de cujus*. Pelo pagamento, entretanto, não responderão as legítimas dos herdeiros necessários, deduzindo-se o prêmio da metade disponível" (RSTJ 66/395: 3ª T., REsp 39.891).

Art. 1.988. O herdeiro ou o legatário nomeado testamenteiro poderá preferir o prêmio à herança ou ao legado.[1] [Dispositivo correspondente no CC/1916: art. 1.767.]

Art. 1.988: 1. v. art. 1.987, 1ª parte.

Art. 1.989. Reverterá à herança o prêmio que o testamenteiro perder, por ser removido ou por não ter cumprido o testamento.[1] [Dispositivo correspondente no CC/1916: art. 1.768.]

Art. 1.989: 1. Não cumpre as disposições testamentárias o testamenteiro que "somente apresentou testamento quando encerrado o inventário com a devida partilha e arquivados os autos" (JTJ 301/454).

Art. 1.990. Se o testador tiver distribuído toda a herança em legados,[1] exercerá o testamenteiro as funções de inventariante.[2] [Dispositivo correspondente no CC/1916: art. 1.769.]

Art. 1.990: 1. v. arts. 1.912 a 1.940.

Art. 1.990: 2. v. art. 1.991. V. tb. CPC 617-V e 618 e segs.

Título IV | DO INVENTÁRIO E DA PARTILHA

Capítulo I | DO INVENTÁRIO[1-2]

CAP. I: 1. v. CPC 610 e segs.

CAP. I: 2. Quem pode requerer o inventário? v. CPC 615 e 616. Quanto ao testamenteiro, v. art. 1.978 e CPC 616-IV.

Art. 1.991. Desde a assinatura do compromisso[1] até a homologação da partilha, a administração da herança será exercida pelo inventariante.[2 a 4] [Sem dispositivo correspondente no CC/1916.]

Art. 1.991: 1. Antes da assinatura do compromisso, v. art. 1 797.

Art. 1.991: 2. s/ inventário, v. CPC 610 e segs., bem como respectivas notas, no nosso CPCLPV.

Art. 1.991: 3. "A administração pelo inventariante do acervo hereditário, tornado indivisível pelas regras do Direito das Sucessões, não esbarra no **direito de meação,** este oriundo do Direito de Família, e que é conferido ao companheiro quando da dissolução da união estável ou pela morte de um dos consortes. O art. 1.725 do CC/02 estabelece o regime da comunhão parcial de bens para reger as relações patrimoniais entre os companheiros, excetuando estipulação escrita em contrário. Assim, com a morte de um dos companheiros, do patrimônio do autor da herança retira-se a meação do companheiro sobrevivente, que não se transmite aos herdeiros do falecido por ser decorrência patrimonial do término da união estável, conforme os postulados do Direito de Família. Ou seja, entrega-se a meação ao companheiro sobrevivo, e, somente então, defere-se a herança aos herdeiros do falecido, conforme as normas que regem o Direito Sucessório. Frisa-se, contudo, que, sobre a provável ex-companheira, incidirão as mesmas obrigações que oneram o inventariante, devendo ela requerer autorização judicial para promover qualquer alienação, bem como prestar contas dos bens sob sua administração" (STJ-3ª T., REsp 975.964, Min. Nancy Andrighi, j. 15.2.11, DJ 16.5.11).

Art. 1.991: 4. "Os **poderes de administração do inventariante** são aqueles relativos à conservação dos bens inventariados para a futura partilha, dentre os quais se pode citar o pagamento de tributos e aluguéis, a realização de reparos e a aplicação de recursos, atendendo o interesse dos herdeiros. A atuação do inventariante, alienando bens sociais e buscando modificar a natureza das ações e a própria estrutura de poder da sociedade anônima, está fora dos limites dos poderes de administração e conservação do patrimônio" (STJ-3ª T., REsp 1.627.286, Min. Ricardo Cueva, j. 20.6.17, maioria, DJ 3.10.17).

Capítulo II | DOS SONEGADOS[1]

CAP. II: 1. v. CPC 621 e 669-I; s/ sobrepartilha dos bens sonegados, v. art. 2.022.

Art. 1.992. O herdeiro que sonegar bens da herança, não os descrevendo no inventário quando estejam em seu poder, ou, com o seu conhecimento, no de outrem, ou que os omitir na colação,[1] a que os deva levar, ou que deixar de restituí-los, perderá o direito que sobre eles lhe cabia.[2 a 5] [Dispositivo correspondente no CC/1916: art. 1.780.]

Art. 1.992: 1. v. arts. 2.002 a 2.012.

Art. 1.992: 2. v. arts. 1.993, 1.995 e 2.002-*caput*.

Art. 1.992: 3. "A ação de sonegados não tem como pressuposto a prévia interpelação do herdeiro, nos autos do inventário. Se houver a arguição, a omissão ou a negativa do herdeiro caracterizará o dolo, admitida prova em contrário. Inexistindo arguição nos autos do inventário, a prova do dolo deverá ser apurada durante a instrução. Admitido o desvio de bens, mas negado o dolo, não é aplicável a pena de sonegados, mas os bens devem ser sobrepartilhados" (STJ-4ª T., REsp 163.195, Min. Ruy Rosado, j. 12.5.98, DJU 29.6.98). Também no sentido de que a **omissão escusável** de herdeiro não enseja a pena de sonegados, que somente deve ser aplicada se presente a intenção de fraudar a legítima: JTJ 312/310.

"A simples renitência do herdeiro, mesmo após interpelação, não configura dolo, sendo necessário, para tanto, demonstração inequívoca de que seu comportamento foi inspirado pela fraude. Não caracterizado o dolo de sonegar, afasta-se a pena da perda dos bens (CC, art. 1.992)" (STJ-3ª T., REsp 1.196.946, Min. João Otávio, j. 19.8.14, maioria, DJ 5.9.14).

Entendendo que há sonegação ainda que o inventariante não haja procedido com dolo, mas deixando de impor a pena de sonegados porque o processo de inventário já se findara e os bens que deveriam ser sobrepartilhados tinham sido alienados: JTJ 159/110 (no caso, reconheceu-se ao autor da ação de sonegados o direito a indenização). V. art. 1.995.

Art. 1.992: 4. "É cabível o ajuizamento da ação de sonegados quando não trazidos à colação os numerários doados pelo pai a alguns dos herdeiros para a aquisição de bens imóveis" (STJ-3ª T., REsp 1.196.946, Min. João Otávio, j. 19.8.14, maioria, DJ 5.9.14).

Art. 1.992: 4a. "Na conta corrente bancária coletiva e solidária, cada cotitular possui o direito de movimentar a integralidade dos fundos disponíveis, sendo que a solidariedade se estabelece apenas entre os correntistas e a instituição financeira mantenedora da conta, mas não em relação a terceiros. O cotitular de **conta corrente conjunta** não pode sofrer constrição em virtude de negócio jurídico celebrado pelo outro cotitular e por ele inadimplido, podendo, nessa hipótese, comprovar os valores que compõem o patrimônio de cada um e, na ausência ou na impossibilidade de prova nesse sentido, far-se-á a divisão do saldo de modo igualitário. Esse mesmo entendimento deve se aplicar na hipótese de superveniente falecimento de um dos cotitulares da conta corrente conjunta, na medida em que a atribuição de propriedade exclusiva sobre a totalidade do saldo ao cotitular remanescente representaria grave ofensa aos direitos sucessórios dos herdeiros necessários, de modo que a importância titularizada pelo falecido deverá, obrigatoriamente, constar do inventário e da partilha. Não sendo possível esclarecer a autoria, a propriedade e a origem dos aportes realizados na conta corrente conjunta, deverá incidir a presunção de que o saldo existente na conta corrente ao tempo do falecimento pertencia a ambas as partes em igualdade de condições, razão pela qual o valor deve ser dividido em quotas-parte idênticas. Considerando que a jurisprudência do STJ se consolidou no sentido de que a aplicação da pena de sonegados pressupõe a prova de dolo, fraude ou má-fé, com ressalva pessoal de entendimento desta relatora, não se afigura razoável a aplicação da referida penalidade na hipótese em que a autoria, propriedade e origem dos recursos existentes na conta corrente conjunta mantida pelo autor da herança é duvidosa" (STJ-3ª T., REsp 1.836.130, Min. Nancy Andrighi, j. 10.3.20, DJ 12.3.20).

Art. 1.992: 5. "No regime da comunhão universal de bens, cada cônjuge tem a posse e propriedade em comum, indivisa de todos os bens, cabendo a cada um a metade ideal. Assim, entende-se que cada cônjuge contribui com metade das doações feitas, razão pela qual não se pode apontar como sonegada, no inventário do marido, a metade doada pela esposa" (STJ-3ª T., REsp 1.196.946, Min. João Otávio, j. 19.8.14, maioria, DJ 5.9.14).

Art. 1.993. Além da pena cominada no artigo antecedente, se o sonegador for o próprio inventariante, remover-se-á, em se provando a sonegação, ou negando ele a existência dos bens, quando indicados.[1] [Dispositivo correspondente no CC/1916: art. 1.781.]

Art. 1.993: 1. v. CPC 622-VI.

Art. 1.994. A pena de sonegados só se pode requerer e impor em ação movida pelos herdeiros[1] ou pelos credores da herança.[1a a 2a] [Dispositivo correspondente no CC/1916: art. 1.782-*caput*.]

Parágrafo único. A sentença que se proferir na ação de sonegados, movida por qualquer dos herdeiros ou credores, aproveita aos demais interessados.[3] [Dispositivo correspondente no CC/1916: art. 1.782 § ún.]

Art. 1.994: 1. ou pelos legatários.

Art. 1.994: 1a. "Como a colação tem por escopo equalizar as legítimas dos herdeiros necessários, falece interesse jurídico à viúva-meeira para o ajuizamento das ações de sonegados, visto que estes não serão acrescidos à sua meação" (STJ-3ª T., REsp 1.196.946, Min. João Otávio, j. 19.8.14, maioria, DJ 5.9.14).

Art. 1.994: 2. "O cônjuge meeiro ou comparte em algum bem comum, com o *de cujus* e depois com os herdeiros, responde passivamente à ação de sonegados" (RSTJ 3/1.067).

Art. 1.994: 2a. A ação de sonegados está sujeita a prazo prescricional de dez anos (art. 205). Nesse sentido: STJ-3ª T., REsp 1.196.946-EDcl-AgRg, Min. Sidnei Beneti, j. 18.11.10, DJ 21.3.11.

V. tb. arts. 205, nota 10, e 1.996, nota 2a.

Art. 1.994: 3. "A ação de sonegados pode ser ajuizada pelo herdeiro em benefício próprio e dos demais" (STJ-3ª T., REsp 36.450, Min. Cláudio Santos, j. 18.4.95, DJU 15.5.95).

Art. 1.995. Se não se restituírem os bens sonegados, por já não os ter o sonegador em seu poder, pagará ele a importância dos valores que ocultou, mais as perdas e danos.[1] [Dispositivo correspondente no CC/1916: art. 1.783.]

Art. 1.995: 1. v. arts. 402 a 405.

Art. 1.996. Só se pode arguir de sonegação o inventariante depois de encerrada a descrição dos bens, com a declaração, por ele feita, de não existirem outros por inventariar e partir, assim como arguir o herdeiro, depois de declarar-se no inventário que não os possui.[1 a 3] [Dispositivo correspondente no CC/1916: art. 1.784.]

Art. 1.996: 1. "O termo inicial da prescrição da ação de sonegados e algumas questões práticas de ordem processual e material", por Leonardo de Faria Beraldo (RBDFS 30/67).

Art. 1.996: 2. v., no CPCLPV, CPC 621 e notas.

Art. 1.996: 2a. "A **prescrição** da ação de sonegados, de dez anos, conta-se a partir do encerramento do inventário, pois, até essa data, podem ocorrer novas declarações, trazendo-se bens a inventariar" (STJ-3ª T., REsp 1.196.946, Min. João Otávio, j. 19.8.14, maioria, DJ 5.9.14).

Todavia: "Na hipótese de ocultação de bem imóvel ocorrida mediante artifício que não permitiu que os demais herdeiros sequer identificassem a existência do bem durante a tramitação do inventário do *de cujus*, o termo inicial da prescrição da pretensão de sonegados não deve ser contado da data das primeiras declarações ou da data do encerramento do inventário, devendo ser aplicada a teoria da *actio nata* em sua vertente subjetiva. A mera citação dos demais herdeiros em anterior ação de bens reservados ajuizada pelos supostos sonegadores, fundada em dúvida suscitada pelo registrador do bem imóvel por ocasião de sua venda a terceiro, conquanto dê à parte ciência da existência do bem imóvel, é insuficiente, em regra, para a configuração da ciência inequívoca da lesão indispensável para que se inicie o prazo prescricional da pretensão de sonegados, tendo em vista o cenário de incerteza e controvérsia acerca da existência e extensão da lesão e do dano. A descoberta, em audiência de instrução e julgamento realizada em ação de bens reservados, de que a proprietária do imóvel alegadamente sonegado não exercia atividade remunerada que justificaria a aquisição exclusiva do imóvel apenas configura prova indiciária da sonegação, mas não resulta, por si só, em ciência inequívoca da lesão e do dano que justifica o início do prazo prescricional da pretensão de sonegados. Se o fato determinante para a configuração da ciência inequívoca da lesão e do dano deve ser examinado a partir de outro processo em que essa questão também está em debate, o único marco razoavelmente seguro e objetivo para que se inicie o cômputo do prazo prescricional da pretensão de sonegados será, em regra, o trânsito em julgado da sentença que, promovendo ao acerto definitivo da relação jurídica de direito material, declarar que o bem sonegado não é de propriedade exclusiva de quem o registrou, ressalvadas as hipóteses de confissão ou de incontrovérsia fática" (STJ-3ª T., REsp 1.698.732, Min. Nancy Andrighi, j. 12.5.20, DJ 18.5.20).

V. tb. arts. 205, nota 10, e 1.994, nota 2a.

Art. 1.996: 3. "A ação de sonegados deve ser intentada após as últimas declarações prestadas no inventário, no sentido de não haver mais bens a inventariar. Sem haver a declaração, no inventário, de não haver outros bens a inventariar, falta à ação de sonegados uma das condições, o interesse processual, em face da desnecessidade de utilização do procedimento" (STJ-RT 816/180: 4ª T., REsp 265.859). No mesmo sentido: RSTJ 3/1.067 (3ª T., REsp 52).

Capítulo III | DO PAGAMENTO DAS DÍVIDAS

Art. 1.997. A herança responde pelo pagamento das dívidas do falecido;[1] mas, feita a partilha, só respondem os herdeiros, cada qual em proporção da parte que na herança lhe coube.[2] [Dispositivo correspondente no CC/1916: art. 1.796-*caput*.]

§ 1º Quando, antes da partilha, for requerido no inventário o pagamento de dívidas constantes de documentos, revestidos de formalidades legais, constituindo prova bastante da obrigação, e houver impugnação, que não se funde na alegação de pagamento, acompanhada de prova valiosa, o juiz mandará reservar,[3] em poder do inventariante, bens suficientes para solução do débito, sobre os quais venha a recair oportunamente a execução. [Dispositivo correspondente no CC/1916: art. 1.796 § 1º.]

§ 2º No caso previsto no parágrafo antecedente, o credor será obrigado a iniciar a ação de cobrança no prazo de trinta dias, sob pena de se tornar de nenhum efeito a providência indicada. [Dispositivo correspondente no CC/1916: art. 1.796 § 2º.]

Art. 1.997: 1. No mesmo sentido: arts. 1.792 e 1.821. V. tb., no CPCLPV, CPC 642 a 646 e 796 e respectivas notas.

Art. 1.997: 2. "Após a homologação da partilha e havendo mais de um herdeiro, revela-se incabível a constrição de bem herdado por um deles para a garantia de toda a dívida deixada pela de *cujus*, pois a responsabilidade do sucessor é proporcional ao seu quinhão" (STJ-6ª T., REsp 1.290.042, Min. Maria Thereza, j. 1.12.11, DJ 29.2.12).

Art. 1.997: 3. v. CPC 643 § ún.

Art. 1.998. As despesas funerárias, haja ou não herdeiros legítimos, sairão do monte da herança;[1] mas as de sufrágios[1a] por alma do falecido só obrigarão a herança quando ordenadas em testamento ou codicilo.[2] [Dispositivo correspondente no CC/1916: art. 1.797.]

Art. 1.998: 1. v. arts. 965-I e 1.847.

Art. 1.998: 1a. como missas e eventos religiosos.

Art. 1.998: 2. v. art. 1.881.

Art. 1.999. Sempre que houver ação regressiva de uns contra outros herdeiros, a parte do coerdeiro insolvente dividir-se-á em proporção entre os demais. [Dispositivo correspondente no CC/1916: art. 1.798.]

Art. 2.000. Os legatários e credores da herança podem exigir que do patrimônio do falecido se discrimine o do herdeiro, e, em concurso com os credores deste, ser-lhes-ão preferidos no pagamento.[1] [Dispositivo correspondente no CC/1916: art. 1.799.]

Art. 2.000: 1. i. e., os legatários e credores da herança terão preferência sobre os credores do herdeiro.

Art. 2.001. Se o herdeiro for devedor ao espólio, sua dívida será partilhada igualmente entre todos, salvo se a maioria consentir que o débito seja imputado inteiramente no quinhão do devedor. [Dispositivo correspondente no CC/1916: art. 1.800.]

Capítulo IV | DA COLAÇÃO[1-2]

CAP. IV: 1. "O instituto da colação no Código Civil de 2002", por Fernanda Souza Rabello (RJ 326/89); "Inventário. Superveniência de filhos. Colação de bens. A admissibilidade do sequestro dos frutos e dos rendimentos", por Alexandre Pasquali Parise (RBDF 33/11 e Ajuris 99/7).

CAP. IV: 2. v., no CPCLPV, CPC 639 a 641 e respectivas notas. S/ colação e herdeiro ausente, renunciante ou excluído, v. CPC 618-VI.

Art. 2.002. Os descendentes[1-1a] que concorrerem à sucessão do ascendente comum são obrigados, para igualar as legítimas,[2] a conferir o valor das doações que dele em vida receberam, sob pena de sonegação.[3 a 4a] [Dispositivo correspondente no CC/1916: art. 1.786.]

Parágrafo único. Para cálculo da legítima, o valor dos bens conferidos será computado na parte indisponível, sem aumentar a disponível.[5] [Dispositivo correspondente no CC/1916: art. 1.785.]

Art. 2.002: 1. "Todo ato de liberalidade, inclusive doação, feito a descendente e/ou herdeiro necessário, nada mais é que adiantamento de legítima, impondo, portanto, o dever de trazer à colação, sendo irrelevante a condição dos demais herdeiros: se supervenientes ao ato de liberalidade, se irmãos germanos ou unilaterais" (STJ-3ª T., REsp 730.483, Min. Nancy Andrighi, j. 3.5.05, DJ 20.6.05).

Art. 2.002: 1a. Além dos descendentes do *de cujus*, também seu **cônjuge** supérstite deve conferir o valor das doações que dele recebeu (v. art. 544). V. tb. art. 2.003.

Art. 2.002: 2. v. art. 1.846.

Art. 2.002: 3. "Devem ser relacionados no inventário valores vultosos de caderneta de poupança conjunta, mantida por herdeiros com o *de cujus*, ante a retirada deste da titularidade da conta, permanecendo o valor, não trazido ao inventário, em poder dos herdeiros. Válido o julgamento da matéria obrigacional, antecedente do direito à colação, de alta indagação e dependente de provas, por Juízo de Vara Cível, para o qual declinada, sem recurso, a competência, pelo Juízo do inventário. Ação de colação adequada, não se exigindo a propositura, em seu lugar, de ação de sobrepartilha, consequência do direito de colação de sonegados cujo reconhecimento é antecedente necessário da sobrepartilha. O direito à colação de bens do *de cujus* em proveito de herdeiros necessários subsiste diante da partilha amigável no processo de inventário, em que omitida a declaração dos bens doados inoficiosamente e que, por isso, devem ser colacionados" (STJ-3ª T., REsp 1.343.263, Min. Sidnei Beneti, j. 4.4.13, DJ 11.4.13).

Art. 2.002: 3a. "Havendo partilha em vida e distribuição equânime dos bens entre os herdeiros (CC, art. 1.776), não se justifica a colação, ainda que faltando a dispensa expressa, pelo doador, no ato da liberalidade" (RT 662/83).

O art. 1.776 do CC rev. corresponde ao art. 2.018 do CC.

Art. 2.002: 3b. "Inventário. Pedido de colação do valor corresponde à **ocupação** e ao **uso de imóvel residencial** por uma das herdeiras necessárias. Descabimento. Art. 2.002 do CC. Utilização do bem a título de empréstimo gratuito (comodato). Inocorrência de adiantamento da legítima" (STJ-3ª T., REsp 1.722.691, Min. Paulo Sanseverino, j. 12.3.19, DJ 15.3.19).

Art. 2.002: 4. "O instituto da colação diz respeito, tão somente, à sucessão legítima; assim, os bens eventualmente conferidos não aumentam a metade disponível do autor da herança, de sorte que benefício algum traz ao **herdeiro testamentário** a reivindicação de bem não colacionado no inventário. Destarte, o herdeiro testamentário não tem legitimidade ativa para exigir à colação bem sonegado por herdeiro necessário (descendente sucessivo) em processo de inventário e partilha" (STJ-RT 898/164: 3ª T., REsp 400.948).

Art. 2.002: 4a. "O direito de exigir colação é privativo dos herdeiros necessários. Ilegitimidade de o **testamenteiro** exigir a colação" (STJ-3ª T., REsp 170.037, Min. Waldemar Zveiter, j. 13.4.99, DJ 24.5.99).

Art. 2.002: 5. v. art. 1.847.

Art. 2.003. A colação tem por fim igualar, na proporção estabelecida neste Código, as legítimas dos descendentes e do cônjuge sobrevivente, obrigando também os donatários que, ao tempo do falecimento do doador, já não possuírem os bens doados. [Dispositivos correspondentes no CC/1916: arts. 1.785 e 1.787.]

Parágrafo único. Se, computados os valores das doações feitas em adiantamento de legítima,[1] não houver no acervo bens suficientes para igualar as legítimas dos descendentes e do cônjuge, os bens assim doados serão conferidos em espécie, ou, quando deles já não disponha o donatário, pelo seu valor ao tempo da liberalidade. [Sem dispositivo correspondente no CC/1916.]

Art. 2.003: 1. v. art. 544.

Art. 2.004. O valor de colação dos bens doados será aquele, certo ou estimativo, que lhes atribuir o ato de liberalidade.[1 a 1c] [Dispositivo correspondente no CC/1916: art. 1.792-*caput*.]

§ 1º Se do ato de doação não constar valor certo, nem houver estimação feita naquela época, os bens serão conferidos na partilha pelo que então se calcular valessem ao tempo da liberalidade. [Dispositivo correspondente no CC/1916: art. 1.792 § 1º.]

§ 2º Só o valor dos bens doados entrará em colação; não assim o das benfeitorias[2] acrescidas, as quais pertencerão ao herdeiro donatário, correndo também à conta deste os rendimentos ou lucros, assim como os danos e perdas que eles sofrerem. [Dispositivo correspondente no CC/1916: art. 1.792 § 2º.]

Art. 2.004: 1. O CPC 639 dispôs diversamente sobre o valor de colação dos bens doados e, por ser lei posterior, prevalece no ponto (cf. LINDB 2º § 1º).

V., no nosso CPCLPV, CPC 639 e notas.

Art. 2.004: 1a. **Enunciado 119 do CEJ:** "Para evitar o enriquecimento sem causa, a colação será efetuada com base no valor da época da doação, nos termos do *caput* do art. 2.004, exclusivamente na hipótese em que o bem doado não mais pertença ao patrimônio do donatário. Se, ao contrário, o bem ainda integrar seu patrimônio, a colação se fará com base no valor do bem na época da abertura da sucessão, nos termos do art. 1.014 do CPC, de modo a preservar a quantia que efetivamente integrará a legítima quando esta se constituiu, ou seja, na data do óbito (resultado da interpretação sistemática do art. 2.004 e seus parágrafos, juntamente com os arts. 1.832 e 884 do Código Civil)".

Art. 2.004: 1b. "O valor de colação dos bens deverá ser aquele atribuído ao tempo da liberalidade, **corrigido monetariamente** até a data da abertura da sucessão" (STJ-4ª T., REsp 1.166.568, Min. Lázaro Guimarães, j. 12.12.17, DJ 15.12.17).

Art. 2.004: 1c. "O legislador civil estabeleceu critério específico e objetivo para a quantificação do valor do bem para fins de colação, a saber, o valor certo ou estimado do bem, a fim de que a doação não sofra influências de elementos externos de natureza econômica, temporal ou mercadológica, que, se porventura existentes, deverão ser experimentados exclusivamente pelo donatário, não impactando o acertamento igualitário da legítima, de modo que não é possível substituir o critério legal pelo proveito ou benefício econômico representado por imóveis obtidos a partir do crédito cedido. Na hipótese, o valor do crédito recebido pelo autor da herança em decorrência da venda de terreno à construtora, posteriormente cedido a parte dos herdeiros, deve ser levado à colação pelo seu **valor estimado e não pelo proveito ou pelo benefício econômico** representado pelos bens imóveis posteriormente escriturados em nome dos cessionários do referido crédito" (STJ-3ª T., REsp 1.713.098, Min. Nancy Andrighi, j. 14.5.19, DJ 16.5.19).

Art. 2.004: 2. v. art. 96.

Art. 2.005. São dispensadas da colação as doações que o doador determinar saiam da parte disponível, contanto que não a excedam, computado o seu valor ao tempo da doação.[1] [Dispositivo correspondente no CC/1916: art. 1.788.]

Parágrafo único. Presume-se imputada na parte disponível a liberalidade feita a descendente que, ao tempo do ato, não seria chamado à sucessão na qualidade de herdeiro necessário.[2] [Sem dispositivo correspondente no CC/1916.]

Art. 2.005: 1. v. art. 2.006.

Art. 2.005: 2. p. ex.: a doação feita ao neto quando o filho estava vivo.

Art. 2.006. A dispensa da colação pode ser outorgada pelo doador em testamento, ou no próprio título de liberalidade. [Dispositivo correspondente no CC/1916: art. 1.789.]

Art. 2.007. São sujeitas à redução as doações em que se apurar excesso quanto ao que o doador poderia dispor, no momento da liberalidade.[1] [Dispositivo correspondente no CC/1916: art. 1.790 § ún.]

§ 1º O excesso será apurado com base no valor que os bens doados tinham, no momento da liberalidade. [Sem dispositivo correspondente no CC/1916.]

§ 2º A redução da liberalidade far-se-á pela restituição ao monte do excesso assim apurado; a restituição será em espécie, ou, se não mais existir o bem em poder do donatário, em dinheiro, segundo o seu valor ao tempo da abertura da sucessão, observadas, no que forem aplicáveis, as regras deste Código sobre a redução das disposições testamentárias.[2] [Sem dispositivo correspondente no CC/1916.]

§ 3º Sujeita-se a redução, nos termos do parágrafo antecedente, a parte da doação feita a herdeiros necessários que exceder a legítima e mais a quota disponível. [Sem dispositivo correspondente no CC/1916.]

§ 4º Sendo várias as doações a herdeiros necessários, feitas em diferentes datas, serão elas reduzidas a partir da última, até a eliminação do excesso. [Sem dispositivo correspondente no CC/1916.]

Art. 2.007: 1. v. art. 549.

Art. 2.007: 2. v. art. 2.003 § ún.

Art. 2.008. Aquele que renunciou[1] a herança ou dela foi excluído,[2] deve, não obstante, conferir as doações recebidas, para o fim de repor o que exceder o disponível.[3] [Dispositivo correspondente no CC/1916: art. 1.790-*caput*.]

Art. 2.008: 1. v. arts. 1.804 a 1.813.

Art. 2.008: 2. v. arts. 1.814 e 1.961.

Art. 2.008: 3. v. CPC 618-VI e 640.

Art. 2.009. Quando os netos, representando[1] os seus pais, sucederem aos avós, serão obrigados a trazer à colação, ainda que não o hajam herdado, o que os pais teriam de conferir. [Dispositivo correspondente no CC/1916: art. 1.791.]

Art. 2.009: 1. v. arts. 1.851 a 1.856.

Art. 2.010. Não virão à colação os gastos ordinários do ascendente com o descendente, enquanto menor, na sua educação, estudos, sustento, vestuário, tratamento nas enfermidades, enxoval, assim como as despesas de casamento, ou as feitas no interesse de sua defesa em processo-crime. [Dispositivo correspondente no CC/1916: art. 1.793.]

Art. 2.011. As doações remuneratórias de serviços feitos ao ascendente também não estão sujeitas a colação.[1-2] [Dispositivo correspondente no CC/1916: art. 1.794.]

Art. 2.011: 1. Isso porque as doações remuneratórias, até o valor dos serviços prestados (art. 540), não configuram mera liberalidade.

Art. 2.011: 2. Para a caracterização da doação como remuneratória, no seu instrumento deve haver "expressa menção dos motivos e valor dos serviços que a liberalidade visou gratificar, bem como a declaração expressa da desnecessidade de colação daquela doação, sob pena de entendê-la como adiantamento de legítima" (RJM 169/203 — ementa da redação).

Art. 2.012. Sendo feita a doação por ambos os cônjuges, no inventário de cada um se conferirá por metade.[1] [Dispositivo correspondente no CC/1916: art. 1.795.]

Art. 2.012: 1. Este dispositivo somente se aplica no caso de doação por ambos os cônjuges. No caso de doação por um só dos cônjuges, ainda que casado sob o regime da comunhão universal de bens, ele não incide (STJ-3ª T., AI 1.001.208-AgRg, Min. Sidnei Beneti, j. 19.2.09, DJ 9.3.09).

Capítulo V | DA PARTILHA

Art. 2.013. O herdeiro pode sempre requerer a partilha,[1] ainda que o testador o proíba, cabendo igual faculdade aos seus cessionários e credores.[2] [Dispositivo correspondente no CC/1916: art. 1.772-*caput*.]

Art. 2.013: 1. v. CPC 610 a 614 e 647 a 658.

Art. 2.013: 2. s/ registro do formal de partilha, v. LRP-I-25.

Art. 2.014. Pode o testador indicar os bens e valores que devem compor os quinhões hereditários, deliberando ele próprio a partilha,[1] que prevalecerá, salvo se o valor dos bens não corresponder às quotas estabelecidas. [Sem dispositivo correspondente no CC/1916.]

Art. 2.014: 1. v. art. 2.018.

Art. 2.015. Se os herdeiros forem capazes, poderão fazer partilha amigável,[1] por escritura pública,[1a] termo nos autos do inventário, ou escrito particular, homologado pelo juiz.[2] [Dispositivo correspondente no CC/1916: art. 1.773.]

Art. 2.015: 1. Prazo para anulação da partilha: art. 2.027 § ún.

Art. 2.015: 1a. "De uma leitura sistemática do *caput* e do § 1º do art. 610 do CPC/2015, c/c os arts. 2.015 e 2.016 do CC/2002, mostra-se possível o inventário extrajudicial, ainda que exista testamento, se os interessados forem capazes e concordes e estiverem assistidos por advogado, desde que o testamento tenha sido previamente registrado judicialmente ou haja a expressa autorização do juízo competente" (STJ-4ª T., REsp 1.808.767, Min. Luis Felipe, j. 15.10.19, DJ 3.12.19).

Art. 2.015: 2. s/ arrolamento, v. CPC 659 a 667.

Art. 2.016. Será sempre judicial a partilha,[1] se os herdeiros divergirem,[1a] assim como se algum deles for incapaz.[2] [Dispositivo correspondente no CC/1916: art. 1.774.]

Art. 2.016: 1. v. CPC 647 a 658.

Art. 2.016: 1a. Havendo divergência entre os herdeiros, o juiz pode nomear perito para a avaliação dos bens que compõem o acervo hereditário, a fim de que a partilha seja a mais igual possível (RT 862/231).

Art. 2.016: 2. v. arts. 3º a 5º.

Art. 2.017. No partilhar os bens, observar-se-á, quanto ao seu valor, natureza e qualidade, a maior igualdade possível.[1] [Dispositivo correspondente no CC/1916: art. 1.775.]

Art. 2.017: 1. Assim, p. ex., se a herança é composta tanto de bens móveis quanto de imóveis, cada quinhão hereditário deverá ser composto, na medida do possível, por uns e por outros.

Art. 2.018. É válida a partilha feita por ascendente, por ato entre vivos ou de última vontade,[1] contanto que não prejudique a legítima dos herdeiros necessários.[2 a 3] [Dispositivo correspondente no CC/1916: art. 1.776.]

Art. 2.018: 1. v. art. 2.014.

Art. 2.018: 2. s/ legítima e herdeiros necessários, v. arts. 1.789 e 1.845 a 1.850; nulidade de doação sem reserva de parte e usufruto, v. art. 548, nota 1.

Art. 2.018: 2a. Se a partilha em vida não atender a legítima de algum herdeiro necessário, parece-nos que o problema se resolveria por meio da redução dos quinhões dos demais herdeiros (v. arts. 1.966 a 1.968). Não seria caso de colação, porque a partilha antecipada não pode ser equiparada à doação propriamente dita, embora a esta muito se assemelhe.

Art. 2.018: 3. "Havendo partilha em vida e distribuição equânime dos bens entre os herdeiros (CC, art. 1.776), não se justifica a colação, ainda que faltando a dispensa expressa, pelo doador, no ato da liberalidade" (RT 662/83: TJSP, AI 130.745-1). O art. 1.776 do CC rev. corresponde ao CC 2.018.

Art. 2.019. Os bens insuscetíveis de divisão cômoda, que não couberem na meação do cônjuge sobrevivente[1] ou no quinhão de um só herdeiro, serão vendidos[1a] judicialmente, partilhando-se o valor apurado, a não ser que haja acordo para serem adjudicados a todos.[2] [Dispositivo correspondente no CC/1916: art. 1.777.]

§ 1º Não se fará a venda judicial se o cônjuge sobrevivente ou um ou mais herdeiros requererem lhes seja adjudicado o bem, repondo aos outros, em dinheiro, a diferença, após avaliação atualizada. [Dispositivo correspondente no CC/1916: art. 1.777.]

§ 2º Se a adjudicação for requerida por mais de um herdeiro, observar-se-á o processo da licitação. [Sem dispositivo correspondente no CC/1916.]

Art. 2.019: 1. "Na partilha dos bens do espólio, o julgador deve evitar, ao máximo, a constituição de condomínio sobre os mesmos, sendo esta uma forma de serem prevenidos futuros litígios. Sendo possível a inclusão do imóvel em que residia o casal na meação do cônjuge supérstite e não se opondo diretamente os demais herdeiros contra isso, imperiosa a invalidação da sentença que homologou o plano judicial de partilha contra a vontade das partes interessadas" (RJM 180/112).

Art. 2.019: 1a. "Não se afigura correta a decisão do juiz que defere o pedido de alvará para a alienação de apenas 50% do bem" (RJM 168/116).

Art. 2.019: 2. s/ alienação de coisa indivisível, v. art. 1.322; hipoteca legal para garantia de quinhão hereditário ou torna da partilha, v. 1.489-IV.

Art. 2.020. Os herdeiros em posse dos bens da herança, o cônjuge sobrevivente e o inventariante[1] são obrigados a trazer ao acervo os frutos que perceberam, desde a abertura da sucessão;[1a-2] têm direito ao reembolso das despesas necessárias e úteis que fizeram, e respondem pelo dano a que, por dolo ou culpa, deram causa. [Dispositivo correspondente no CC/1916: art. 1.778.]

Art. 2.020: 1. v. CPC 614 (administrador provisório).

Art. 2.020: 1a. "Aquele que ocupa exclusivamente imóvel deixado pelo falecido deverá pagar aos demais herdeiros valores a título de aluguel proporcional, quando demonstrada oposição à sua ocupação exclusiva. O termo inicial para o pagamento dos valores deve coincidir com a efetiva oposição, judicial ou extrajudicial, dos demais herdeiros" (STJ-3ª T., REsp 570.723, Min. Nancy Andrighi, j. 27.3.07, dois votos vencidos, DJU 20.8.07).

V. tb. arts. 1.319, nota 2, e 1.689, nota 2a.

S/ custeio das despesas do imóvel pelo seu ocupante exclusivo, v. art. 1.315, nota 1c.

Art. 2.020: 2. "Arrolamento. Legatária e companheira sobrevivente na posse de imóvel comum a ex-cônjuge e demais herdeiras. Dever de trazer ao acervo os frutos percebidos (art. 2.020 do CC). Direito real de habitação que não se confunde com o usufruto e não abrange a percepção de aluguéis. Determinação de prestar contas mantida" (RT 871/220).

Art. 2.021. Quando parte da herança consistir em bens remotos do lugar do inventário, litigiosos, ou de liquidação morosa ou difícil, poderá proceder-se, no prazo legal, à partilha dos outros, reservando-se aqueles para uma ou mais sobrepartilhas, sob a guarda e a administração do mesmo ou diverso inventariante, e consentimento da maioria dos herdeiros.[1-2] [Dispositivo correspondente no CC/1916: art. 1.779.]

Art. 2.021: 1. v. CPC 669-III, IV e § ún. e 670. V. tb. art. 2.022.

Em matéria de prescrição, v. art. 189, nota 6a.

Art. 2.021: 2. "Na hipótese de existirem bens sujeitos à sobrepartilha por serem litigiosos ou por estarem situados em lugar remoto da sede do juízo onde se processa o inventário, o espólio permanece existindo, ainda que transitada em julgado a sentença que homologou a partilha dos demais bens do espólio" (STJ-3ª T., REsp 284.669, Min. Nancy Andrighi, j. 10.4.01, DJU 13.8.01). Assim: "Encerrado o inventário, mas ainda havendo bens a partilhar, não se pode concluir pela extinção da figura do espólio" (STJ-4ª T., REsp 977.365, Min. Fernando Gonçalves, j. 26.2.08, DJU 10.3.08).

Art. 2.022. Ficam sujeitos a sobrepartilha[1] os bens sonegados[1a] e quaisquer outros bens da herança de que se tiver ciência após a partilha.[2] [Dispositivo correspondente no CC/1916: art. 1.779.]

Art. 2.022: 1. v. art. 2.021.

Art. 2.022: 1a. v. arts. 1.992 a 1.996.

Art. 2.022: 2. v. CPC 669-I e II e 670.

S/ sobrepartilha de bem sonegado em matéria de separação judicial, v. art. 1.668, nota 1b.

Capítulo VI | DA GARANTIA DOS QUINHÕES HEREDITÁRIOS

Art. 2.023. Julgada a partilha, fica o direito de cada um dos herdeiros circunscrito aos bens do seu quinhão. [Dispositivo correspondente no CC/1916: art. 1.801.]

Art. 2.024. Os coerdeiros são reciprocamente obrigados a indenizar-se no caso de evicção[1] dos bens aquinhoados.[2] [Dispositivo correspondente no CC/1916: art. 1.802.]

Art. 2.024: 1. v. arts. 447 a 457.

Art. 2.024: 2. v., porém, art. 2.025.

Art. 2.025. Cessa a obrigação mútua estabelecida no artigo antecedente, havendo convenção em contrário, e bem assim dando-se a evicção por culpa do evicto, ou por fato posterior à partilha.[1] [Dispositivo correspondente no CC/1916: art. 1.803.]

Art. 2.025: 1. v. art. 448.

Art. 2.026. O evicto será indenizado pelos coerdeiros na proporção de suas quotas hereditárias, mas, se algum deles se achar insolvente, responderão os demais na mesma proporção, pela parte desse, menos a quota que corresponderia ao indenizado. [Dispositivo correspondente no CC/1916: art. 1.804.]

Capítulo VII | DA ANULAÇÃO DA PARTILHA

Art. 2.027. A partilha é anulável pelos vícios e defeitos que invalidam, em geral, os negócios jurídicos.[1 a 3]

Parágrafo único. Extingue-se em um ano o direito de anular a partilha.[4-5] [Sem dispositivo correspondente no CC/1916.]

Art. 2.027: 1. Redação da Lei 13.105, de 16.3.15, em vigor um ano após sua publicação (DOU 17.3.15).

Art. 2.027: 2. s/ vícios e defeitos do negócio jurídico, v. arts. 138 a 165; desconstituição de partilha, v. CPC 657 e 658.

Art. 2.027: 3. "A invalidação de partilha não opera necessariamente apenas sobre a metade atribuída aos herdeiros, mas pode atingir a própria meação da viúva, dês que questionadas a justeza e igualdade na divisão entre o cônjuge supérstite e os herdeiros" (RSTJ 32/381: 4ª T., REsp 12.824).

Art. 2.027: 4. s/ partilha e união estável, v. art. 178, nota 1b.

Art. 2.027: 5. "O prazo prescricional de um ano para anulação da partilha, previsto no art. 178, § 6º, V, do Código Civil de 1916, diz respeito a vícios de menor gravidade que representam nulidades relativas, dirigindo-se aos atos celebrados por relativamente incapazes ou por pessoas cujo consentimento estava viciado. A hipótese dos autos constitui inequívoco caso de **nulidade absoluta,** pois a inclusão, no inventário, de pessoa que não é herdeira torna a partilha nula de pleno direito, porquanto contrária à ordem hereditária prevista na norma jurídica, a cujo respeito as partes não podem transigir ou renunciar. A anulação da partilha, decorrente de ato nulo de pleno direito, está sujeita ao **prazo prescricional máximo,** no caso vinte anos (art. 177 do Código Civil de 1916, vigente à época dos fatos)" (STJ-4ª T., Ag em REsp 226.991-AgInt, Min. Lázaro Guimarães, j. 7.11.17, DJ 13.11.17). Esse acórdão foi mantido no julgamento dos subsequentes embargos de divergência (STJ-2ª Seção, ED no Ag em REsp 226.991, Min. Ricardo Cueva, j. 10.6.20, DJ 1.7.20).

"Na espécie, a pretensão autoral refere-se à declaração de nulidade de partilha efetivada sem que o herdeiro sequer soubesse que estava dispondo de seus bens, não tendo vontade nem consciência do negócio jurídico perpetrado por seu mandatário, devendo ser afastada a incidência do prazo ânuo previsto nos arts. 2.027, parágrafo único, do CC e 1.029, parágrafo único, do CPC/1973" (STJ-4ª T., REsp 1.551.430, Min. Luis Felipe, j. 21.9.17, maioria, DJ 16.11.17).

Livro Complementar | DAS DISPOSIÇÕES FINAIS E TRANSITÓRIAS[1]

✎ **LIV. COMPL.: 1.** "As disposições finais e transitórias do novo Código Civil", por José Raimundo Gomes da Cruz (RF 364/195).

Art. 2.028. Serão os da lei anterior os prazos,[1] quando reduzidos por este Código, e se, na data de sua entrada em vigor, já houver transcorrido mais da metade do tempo estabelecido na lei revogada.[1a a 3] [Sem dispositivo correspondente no CC/1916.]

Art. 2.028: 1. Este dispositivo regula apenas prazos prescricionais ou também é aplicável aos decadenciais?

Humberto Theodoro Jr. entende que essa regra de transição fica restrita aos prazos prescricionais, pois os decadenciais devem sempre ser regidos pela lei em vigor no momento da constituição do direito a que aderem (RMDCPC 22/21).

✎**Art. 2.028: 1a.** "O direito intertemporal e a aplicabilidade do novo Código Civil", por Vilian Bollmann (RF 364/281); "Prescrição: os prazos reduzidos pelo novo Código Civil e a crise na aplicação da regra transitória de prescrição", por Samir El Hajjar (RSDCPC 24/133); "A redução dos prazos de prescrição e o novo Código Civil", por Jânio de Souza Machado (RT 805/20); "Prescrição. Os prazos prescricionais e o direito intertemporal à luz do princípio constitucional da isonomia: interpretação do art. 2.028 do novo Código Civil", por Guilherme Soares de Oliveira Ortolan (RSDCPC 27/93 e RF 384/455); "Indispensável reequacionamento das questões fundamentais de direito intertemporal", por Fernando Noronha (RJ 325/38 e RT 837/55); "A aplicação da lei nova a prazos prescricionais em curso: o Código Civil de 2002 e suas regras de transição", por Alexandre dos Santos Cunha (Ajuris 102/9); "A intertemporalidade e seus critérios", por José Roberto de Castro Neves (RF 382/105); "A redução do prazo prescricional no Código Civil brasileiro de 2002 para a indenização por responsabilidade civil e a segurança jurídica: análise crítica da redação do art. 2.028 do CC/2002", por Leonardo Cesar de Agostini (RDPr 26/183).

Art. 2.028: 2. O texto estabelece dois requisitos para que continue sendo aplicável ao prazo a lei velha: a) que ele tenha sido reduzido pela lei nova; b) que, contado pela lei velha, haja decorrido mais de metade do prazo. Não preenchidos esses requisitos, aplica-se o atual Código Civil.

"Dois requisitos cumulativos devem estar presentes para viabilizar a incidência do prazo prescricional do CC/16: i) o prazo da lei anterior deve ter sido reduzido pelo CC/02; e ii) mais da metade do prazo estabelecido na lei revogada já deveria ter transcorrido no momento em que o CC/02 entrou em vigor, em 11.1.03" (STJ-3ª T., REsp 1.032.952, Min. Nancy Andrighi, j. 17.3.09, DJ 26.3.09).

Outra coisa, porém, é saber a partir de quando, neste caso, incide o prazo da lei nova: do fato gerador ou da vigência do Código Civil? É óbvio que só poderá ser a partir do Código Civil, pois, do contrário, o prazo, na maior parte das vezes, estaria consumado antes de seu início, o que é absurdo. Nesse sentido: RT 832/246, 871/221; RMDCPC 12/110, JTJ 337/181 (AI 7.286.445-8), 357/420 (AP 991.07.042139-0).

Assim: "A contagem do prazo reduzido se dá por inteiro e com marco inicial no dia 11.1.03, em homenagem à segurança e à estabilidade das relações jurídicas" (STJ-4ª T., REsp 717.457, Min. Cesar Rocha, j. 27.3.07, DJU 21.5.07). No mesmo sentido: STJ-3ª T., REsp 896.635, Min. Nancy Andrighi, j. 26.2.08, DJU 10.3.08.

Cf., a propósito, em nosso CPCLPV, a nota 1a ao art. 1º da Lei 6.969, de 10.12.81, e, mais extensamente, a nota 1 ao art. 9º da Lei 10.257, de 10.7.01 (estes dois últimos no tít. USUCAPIÃO ESPECIAL).

Art. 2.028: 3. "Nos termos da regra de transição disposta no artigo 2.028 do Código Civil de 2002, devem ser observados os prazos prescricionais do Codex revogado, quando presentes as seguintes condições: (i) redução do lapso pelo diploma atual; e (ii) transcurso de mais da metade do tempo estabelecido na norma prescricional anterior. Assim, uma vez verificado que, em 11.01.2003, transcorrera mais de dez anos do prazo prescricional previsto no código revogado, a contagem do lapso que remanescer dos vinte anos continuará até seu término; caso contrário, a partir de então (data da vigência do Código Civil de 2002), iniciar-se-á o cômputo da prescrição trienal, que passou a ser aplicável para o exercício da pretensão de cobrança de indenização securitária obrigatória. Nada obstante, a incidência da aludida regra de transição não poderá caracterizar situação prejudicial ao exercício da pretensão pelo menor de 16 (dezesseis anos), em relação ao qual não corre a prescrição durante o período de incapacidade absoluta. Isso porque a **norma impeditiva do curso do prazo prescricional em relação aos menores impúberes** (artigo 169 do Código Civil de 1916 e artigo 198 do Código Civil de 2002) deve ser interpretada à luz de sua *ratio essendi* e em consonância com o paradigma da proteção integral (corolário do princípio da dignidade da pessoa humana). Desse modo, observando-se o princípio da proteção integral, não se pode consagrar interpretação que, ao fim e ao cabo, consubstancie situação menos benéfica ao menor e, o pior, em razão da incidência de regra que deveria favorecê-lo. Tal contradição ou incoerência não pode prosperar. Na espécie, a morte da mãe da autora (em virtude de acidente de trânsito) ocorreu em 25.05.1989, época em que vigorava o prazo prescricional ordinário de vinte anos, previsto no artigo 177 do Código Civil de 1916, aplicável ao exercício da pretensão de cobrança de seguro obrigatório. Nada obstante, o termo inicial da prescrição quedou obstado por ser a autora, nascida em 12.08.1984, menor absolutamente incapaz. Sua maioridade ocorreu em 12.08.2000, quando completou dezesseis anos. Apenas em 20.06.2007, foi ajuizada a ação de cobrança do seguro DPVAT, ocasião na qual vigente o prazo prescricional trienal estipulado no Código Civil de 2002 (inciso IX do § 3º do artigo 206). De acordo com a seguradora (ora recorrente), aplicada a regra de transição do artigo 2.028 do atual Codex Civil, deve ser reconhecida a prescrição da pretensão deduzida na inicial. Alega que, uma vez não decorrido mais de dez anos (metade do lapso previsto no código revogado) entre a data da deflagração da prescrição (data da maioridade da autora: 12.08.2000) e a data da vigência do novo código (11.01.2003), deve ser observado o prazo trienal a partir da vigência do Código Civil de 2002, consumando-se a prescrição em 11.01.2006. Contudo, tal exegese não merece guarida, por traduzir situação pior ao menor que, em vez de beneficiado pela regra impeditiva do curso prescricional, teria sido, em verdade, prejudicado, o que vai de encontro ao princípio da proteção integral e, consequentemente, ao princípio da dignidade da pessoa humana atinente ao hipervulnerável. Assim, deve-se computar a metade da regra revogada desde o fato gerador da pretensão (no caso, a morte da genitora por acidente de trânsito) para fins de observância da norma de transição prevista no artigo 2.028 do Código Civil de 2002. Sob essa ótica, em 11.01.2003, já haveria transcorrido mais da metade do prazo prescricional revogado (13 anos desde 25.05.1989), podendo a demanda ser ajuizada até 25.05.2009, encontrando-se, portanto, hígida a pretensão deduzida em 20.06.2007" (STJ-4ª T., REsp 1.349.599, Min. Luis Felipe, j. 13.6.17, DJ 1.8.17). No mesmo sentido: STJ-3ª T., REsp 1.458.694, Min. Ricardo Cueva, j. 5.2.19, DJ 15.2.19.

Art. 2.029. Até dois anos após a entrada em vigor deste Código, os prazos estabelecidos no parágrafo único do art. 1.238 e no parágrafo único do art. 1.242 serão acrescidos de dois anos, qualquer que seja o tempo transcorrido na vigência do anterior, Lei n. 3.071, de 1º de janeiro de 1916. [Sem dispositivo correspondente no CC/1916.]

Art. 2.030. O acréscimo de que trata o artigo antecedente, será feito nos casos a que se refere o § 4º do art. 1.228. [Sem dispositivo correspondente no CC/1916.]

Art. 2.031. As associações, sociedades e fundações, constituídas na forma das leis anteriores, bem como os empresários, deverão se adaptar às disposições deste Código até 11 de janeiro de 2007.[1-1a] [Sem dispositivo correspondente no CC/1916.]

Parágrafo único. O disposto neste artigo não se aplica às organizações religiosas[2] nem aos partidos políticos.[2a-3] [Sem dispositivo correspondente no CC/1916.]

Art. 2.031: 1. Redação de acordo com a Lei 11.127, de 28.6.05 (DOU 29.6.05).

Art. 2.031: 1a. **Enunciado 73 do CEJ:** "Não havendo a revogação do art. 1.060 do Código Civil, nem a modificação do § 2º do art. 1.158 do mesmo diploma, é de interpretar-se este dispositivo no sentido de não aplicá-lo à denominação das sociedades anônimas e sociedades limitadas já existentes, em razão de se tratar de direito inerente à sua personalidade".

Enunciado 394 do CEJ: "Ainda que não promovida a adequação do contrato social no prazo previsto no art. 2.031 do Código Civil, as sociedades não perdem a personalidade jurídica adquirida antes de seu advento".

Enunciado 395 do CEJ: "A sociedade registrada antes da vigência do Código Civil não está obrigada a adaptar seu nome às novas disposições".

Art. 2.031: 2. s/ organizações religiosas, v. art. 44-IV e § 1º.

Art. 2.031: 2a. § ún. acrescido pela Lei 10.825, de 22.12.03 (DOU 23.12.03).

Art. 2.031: 3. s/ partidos políticos, v. art. 44-V e § 3º.

Art. 2.032. As fundações, instituídas segundo a legislação anterior, inclusive as de fins diversos dos previstos no parágrafo único do art. 62, subordinam-se, quanto ao seu funcionamento, ao disposto neste Código.[1] [Sem dispositivo correspondente no CC/1916.]

Art. 2.032: 1. v. arts. 62 a 69.

Art. 2.033. Salvo o disposto em lei especial, as modificações dos atos constitutivos das pessoas jurídicas referidas no art. 44, bem como a sua transformação, incorporação, cisão ou fusão,[1] regem-se desde logo por este Código. [Sem dispositivo correspondente no CC/1916.]

Art. 2.033: 1. v. arts. 1.113 a 1.122 e 2.034.

Art. 2.034. A dissolução e a liquidação das pessoas jurídicas referidas no artigo antecedente, quando iniciadas antes da vigência deste Código, obedecerão ao disposto nas leis anteriores.[1-2] [Sem dispositivo correspondente no CC/1916.]

Art. 2.034: 1. "À dissolução da sociedade deve ser aplicada a regra vigente no momento do ajuizamento da ação. Pouco importa, por isso, que a sociedade tenha sido constituída antes do advento do novo Código Civil, ou mesmo a antecedência dos fatos que deram origem à ação de dissolução" (RJ 316/112; a citação é do voto do relator).

Art. 2.034: 2. v. arts. 1.102 a 1.112. V. tb. LSA 206 a 218.

Art. 2.035. A validade dos negócios e demais atos jurídicos,[1] constituídos antes da entrada em vigor deste Código, obedece ao disposto nas leis anteriores, referidas no art. 2.045, mas os seus efeitos, produzidos após a vigência deste Código, aos preceitos dele se subordinam, salvo se houver sido prevista pelas partes determinada forma de execução.[1a-1b] [Sem dispositivo correspondente no CC/1916.]

Parágrafo único. Nenhuma convenção prevalecerá se contrariar preceitos de ordem pública, tais como os estabelecidos por este Código para assegurar a função social da propriedade e dos contratos.[2] [Sem dispositivo correspondente no CC/1916.]

Art. 2.035: 1. v. arts. 104 a 188.

✎Art. 2.035: 1a. "Direito intertemporal e os contratos de trato sucessivo no novo Código Civil", por Daniel Guerra Gunzburger (RF 380/21); "Controvérsias constitucionais no Código Civil: o art. 2.035 e a necessidade de uma nova abordagem sobre o princípio da (ir)retroatividade", por Mário Luiz Delgado Régis (RMDCPC 3/40).

Art. 2.035: 1b. **Enunciado 300 do CEJ:** "A lei aplicável aos efeitos atuais dos contratos celebrados antes do novo Código Civil será a vigente na época da celebração; todavia, havendo alteração legislativa que evidencie anacronismo da lei revogada, o juiz equilibrará as obrigações das partes contratantes, ponderando os interesses traduzidos pelas regras revogada e revogadora, bem como a natureza e a finalidade do negócio".

Art. 2.035: 2. s/ função social: dos contratos, v. art. 421; da propriedade, v. art. 1.228 § 1º.

Art. 2.036. A locação do prédio urbano, que esteja sujeita à lei especial,[1] por esta continua a ser regida. [Sem dispositivo correspondente no CC/1916.]

Art. 2.036: 1. v. Lei 8.245, de 18.10.91, no tít. LOCAÇÃO.

Art. 2.037. Salvo disposição em contrário, aplicam-se aos empresários[1] e sociedades empresárias[2] as disposições de lei não revogadas por este Código, referentes a comerciantes, ou a sociedades comerciais, bem como a atividades mercantis.[3] [Sem dispositivo correspondente no CC/1916.]

Art. 2.037: 1. v. arts. 966 a 980.

Art. 2.037: 2. v. art. 982.

Art. 2.037: 3. **v. tít. SOCIEDADES.** S/ sociedades seguradoras, v. Dec. lei 73, de 21.11.66 (arts. 72 a 88); s/ sociedades de caça, v. Lei 5.197, de 3.1.67; s/ sociedades imobiliárias, v. Lei 4.728, de 14.7.65, arts. 62 a 65; s/ aeroclubes, v. Dec. lei 205, de 27.2.67; s/ recuperação judicial e extrajudicial e falência da sociedade empresária, v. LRF (Lei 11.101, de 9.2.05); s/ sociedade por ações, v. LSA (Lei 6.404, de 15.12.76); s/ registro público de empresas mercantis e atividades afins, v. Lei 8.934, de 18.11.94 (regulamentada pelo Dec. 1.800, de 30.1.96); s/ microempresa e empresa de pequeno porte, v. LC 123, de 14.12.06; s/ franquia empresarial, v. Lei 13.966, de 26.12.19.

Art. 2.038. Fica proibida a constituição de enfiteuses e subenfiteuses, subordinando-se as existentes, até sua extinção, às disposições do Código Civil anterior, Lei n. 3.071, de 1º de janeiro de 1916, e leis posteriores.[1] [Sem dispositivo correspondente no CC/1916.]

§ 1º Nos aforamentos a que se refere este artigo é defeso: [Sem dispositivo correspondente no CC/1916.]

I — cobrar laudêmio ou prestação análoga nas transmissões de bem aforado, sobre o valor das construções ou plantações; [Sem dispositivo correspondente no CC/1916.]

II — constituir subenfiteuse. [Sem dispositivo correspondente no CC/1916.]

§ 2º A enfiteuse dos terrenos de marinha e acrescidos regula-se por lei especial.[2] [Sem dispositivo correspondente no CC/1916.]

Art. 2.038: 1. v. CC rev. 678 a 694.

Art. 2.038: 2. **Dec. lei 9.760, de 5.9.46** — Dispõe sobre os bens imóveis da União e dá outras providências (arts. 64 § 2º, 99 a 103).

Lei 9.636, de 15.5.98 — Dispõe sobre a regularização, administração, aforamento e alienação de bens imóveis de domínio da União, altera dispositivos dos Decs. leis 9.760, de 5.9.46, e 2.398, de 21.12.87, regulamenta o § 2º do art. 49 do ADCT, e dá outras providências.

Art. 2.039. O regime de bens nos casamentos[1] celebrados na vigência do Código Civil anterior, Lei n. 3.071, de 1º de janeiro de 1916, é o por ele estabelecido.[2] [Sem dispositivo correspondente no CC/1916.]

Art. 2.039: 1. v. arts. 1.639 a 1.688, especialmente nota 5a ao art. 1.647.

Art. 2.039: 2. "Apresenta-se razoável, *in casu*, não considerar o art. 2.039 do CC/2002 como óbice à aplicação de norma geral, constante do art. 1.639, § 2º, do CC/2002, concernente à alteração incidental de regime de bens nos casamentos ocorridos sob a égide do CC/1916, desde que ressalvados os direitos de terceiros e apuradas as razões invocadas pelos cônjuges para tal pedido, não havendo que se falar em retroatividade legal" (STJ-4ª T., REsp 730.546, Min. Jorge Scartezzini, j. 23.8.05, DJU 3.10.05). No mesmo sentido: Bol. AASP 2.647 (TJSP, AP 415.328-4/2).

Art. 2.040. A hipoteca legal dos bens do tutor ou curador, inscrita em conformidade com o inciso IV do art. 827 do Código Civil anterior, Lei n. 3.071, de 1º de janeiro de 1916, poderá ser cancelada,[1] obedecido o disposto no parágrafo único do art. 1.745 deste Código. [Sem dispositivo correspondente no CC/1916.]

Art. 2.040: 1. v. LRP 251.

Art. 2.041. As disposições deste Código relativas à ordem da vocação hereditária (arts. 1.829 a 1.844) não se aplicam à sucessão aberta antes de sua vigência,[1] prevalecendo o disposto na lei anterior (Lei n. 3.071, de 1º de janeiro de 1916).[2] [Sem dispositivo correspondente no CC/1916.]

Art. 2.041: 1. cf. art. 1.787.

Art. 2.041: 2. v. CC rev. 1.603 a 1.619.

Art. 2.042. Aplica-se o disposto no *caput* do art. 1.848, quando aberta a sucessão no prazo de um ano após a entrada em vigor deste Código, ainda que o testamento tenha sido feito na vigência do anterior, Lei n. 3.071, de 1º de janeiro de 1916; se, no prazo, o testador não aditar o testamento para declarar a justa causa de cláusula aposta à legítima, não subsistirá a restrição.[1] [Sem dispositivo correspondente no CC/1916.]

Art. 2.042: 1. v. nota 2a ao Tít. III que antecede o art. 1.857.

Art. 2.043. Até que por outra forma se disciplinem, continuam em vigor as disposições de natureza processual, administrativa ou penal, constantes de leis cujos preceitos de natureza civil hajam sido incorporados a este Código. [Sem dispositivo correspondente no CC/1916.]

Art. 2.044. Este Código entrará em vigor 1 (um) ano após a sua publicação.[1] [Dispositivo correspondente no CC/1916: art. 1.806.]

Art. 2.044: 1. Publicado no DOU de 11.1.02, o novo Código Civil entrou em vigor em 12.1.03, de acordo com o art. 8º § 1º da LC 95, de 26.2.98, na redação da LC 107, de 26.4.01 (v. texto desse § 1º, já atualizado, em nota 1 ao art. 132).

Art. 2.045. Revogam-se a Lei n. 3.071, de 1º de janeiro de 1916 — Código Civil e a Parte Primeira do Código Comercial, Lei n. 556, de 25 de junho de 1850.[1-2] [Dispositivo correspondente no CC/1916: art. 1.807.]

Art. 2.045: 1. A revogação refere-se aos arts. 1º a 456 do CCo, continuando, porém, em vigor as demais disposições.

Enunciado 75 do CEJ: "A disciplina de matéria mercantil no novo Código Civil não afeta a autonomia do direito comercial".

Art. 2.045: 2. **Enunciado 74 do CEJ:** "Apesar da falta de menção expressa, como exigido pelas LCs 95/98 e 107/2001, estão revogadas as disposições de leis especiais que contiverem matéria regulada inteiramente no novo Código Civil, como, v.g., as disposições da Lei n. 6.404/76, referente à sociedade comandita por ações, e do Decreto n. 3.708/1919, sobre sociedade de responsabilidade limitada".

Art. 2.046. Todas as remissões, em diplomas legislativos, aos Códigos referidos no artigo antecedente, consideram-se feitas às disposições correspondentes deste Código. [Sem dispositivo correspondente no CC/1916.]

Brasília, 10 de janeiro de 2002; 181º da Independência e 114º da República — FERNANDO HENRIQUE CARDOSO — *Aloysio Nunes Ferreira Filho.*

Ementário

Águas

— v. CF 20-III a VIII, 21-XII-*b*, 22-IV e § ún.; CC 1.288 a 1.296; CP 161 § 1º-I.

Dec. 24.643, de 10.7.34 — Decreta o Código de Águas (RT 91/436; v. abaixo, texto da parte que interfere com o CC; as leis a seguir, no ementário, também só se referem a essa parte, i. e., do art. 1º ao art. 138 do CA).

Dec. lei 852, de 11.11.38 — Mantém, com modificações, o Dec. n. 24.643, de 10 de julho de 1934, e dá outras providências (RT 117/724, Lex 1938/515). Este diploma legislativo não alterou ou revogou, especificamente, qualquer disposição do CA. O art. 6º do **Dec. lei 4.295, de 13.5.42** (RT 138/819, Lex 1942/264, RF 91/279), prorrogou, por tempo indeterminado, o prazo de que trata o art. 23 § 3º do Dec. lei 852.

Dec. lei 3.094, de 5.3.41 — Dispõe sobre as fontes de águas minerais, termais e gasosas.

Dec. lei 3.763, de 25.10.41 — Consolida disposições sobre águas e energia elétrica e dá outras providências (RT 135/400, Lex 1941/496, RF 89/330). Textos alterados do CA: arts. 144-*c*, 178, 179 §§ 1º e 2º, 182.

Dec. lei 7.841, de 8.8.45 — Código de Águas Minerais.

Lei 7.542, de 26.9.86 — Dispõe sobre a pesquisa, exploração, remoção e demolição de coisas ou bens afundados, submersos, encalhados e perdidos em águas sob jurisdição nacional, em terreno de marinha e seus acrescidos e em terrenos marginais, em decorrência de sinistro, alijamento ou fortuna do mar, e dá outras providências (Lex 1986/939, RF 295/526, RDA 165/396; art. 38: ret. no DOU 25.3.87 e em Lex 1987/178).

Decreto n. 24.643, de 10 de julho de 1934

Decreta o Código de Águas.

O Chefe do Governo Provisório da República dos Estados Unidos do Brasil, usando das atribuições que lhe confere o art. 1º do Decreto n. 19.398, de 11 de novembro de 1930, e:

Considerando que o uso das águas no Brasil tem-se regido até hoje por uma legislação obsoleta, em desacordo com as necessidades e interesses da coletividade nacional;

Considerando que se torna necessário modificar esse estado de coisas, dotando o país de uma legislação adequada que, de acordo com a tendência atual, permita ao poder público controlar e incentivar o aproveitamento industrial das águas;

Considerando que, em particular, a energia hidráulica exige medidas que facilitem e garantam seu aproveitamento racional;

Considerando que, com a reforma por que passaram os serviços afetos ao Ministério da Agricultura, está o Governo aparelhado, por seus órgãos competentes, a ministrar assistência técnica e material, indispensável à consecução de tais objetivos;

Resolve decretar o seguinte Código de Águas, cuja execução compete ao Ministério da Agricultura e que vai assinado pelos Ministros de Estado:

Código de Águas[1-2]

Livro I | ÁGUAS EM GERAL E SUA PROPRIEDADE

Título I | ÁGUAS, ÁLVEO E MARGENS

Capítulo I | ÁGUAS PÚBLICAS

CAP.: 1. "O direito de águas no Brasil", por Cid Tomanik Pompeu (RT 889/47); "Recursos hídricos e Constituição (a água como bem de domínio público)", por Dimas Macedo (IP 60/133); "Direito e administração de águas no Brasil", por Cid Tomanik Pompeu (RT 899/33).

CAP.: 2. v. CC 1.288 a 1.296.

Art. 1º As águas públicas podem ser de uso comum ou dominicais.

Art. 2º São águas públicas de uso comum: [1]

a) os mares territoriais, nos mesmos incluídos os golfos, baías, enseadas e portos;

b) as correntes, canais, lagos e lagoas navegáveis ou flutuáveis; [2]

c) as correntes de que se façam estas águas;

d) as fontes e reservatórios públicos;

e) as nascentes, quando forem de tal modo consideráveis que, por si só, constituam o *caput fluminis*;

f) os braços de quaisquer correntes públicas, desde que os mesmos influam na navegabilidade ou flutuabilidade.

§ 1º Uma corrente navegável ou flutuável se diz feita por outra quando se torna navegável logo depois de receber essa outra.

§ 2º As correntes de que se fazem os lagos e lagoas navegáveis ou flutuáveis serão determinadas pelo exame de peritos.

§ 3º Não se compreendem na letra *b* deste artigo os lagos ou lagoas situados em um só prédio particular e por ele exclusivamente cercados, quando não sejam alimentados por alguma corrente de uso comum.

Art. 2º: 1. Alterado pelo **Dec. lei 852, de 11.11.38** (v. ementário): **"Art. 3º** São públicas de uso comum, em toda a sua extensão, as águas dos lagos, bem como dos cursos d'água naturais, que, em algum trecho, sejam flutuáveis ou navegáveis por um tipo qualquer de embarcação".

Art. 2º: 2. **Dec. lei 2.281, de 5.6.40** — Dispõe sobre a tributação das empresas de energia elétrica e dá outras providências (RT 127/332, Lex 1940/317, RF 82/831):

"Art. 6º É navegável, para os efeitos de classificação, o curso d'água no qual, *plenissimo flumine*, isto é, coberto todo o álveo, seja possível a navegação por embarcações de qualquer natureza, inclusive jangadas, num trecho não inferior à sua largura; para os mesmos efeitos, é navegável o lago ou a lagoa que, em águas médias, permita a navegação, em iguais condições, num trecho qualquer de sua superfície.

"Parágrafo único. Considera-se flutuável o curso em que, em águas médias, seja possível o transporte de achas de lenha, por flutuação, num trecho de comprimento igual ou superior a cinquenta vezes a largura média do curso no trecho".

Art. 3º A perenidade das águas é condição essencial para que elas se possam considerar públicas, nos termos do artigo precedente.

Parágrafo único. Entretanto, para os efeitos deste Código, ainda serão consideradas perenes as águas que secarem em algum estio forte.

Art. 4º Uma corrente considerada pública, nos termos da letra *b* do art. 2º, não perde este caráter porque em algum ou alguns de seus trechos deixe de ser navegável ou flutuável.

Art. 5º Ainda se consideram públicas, de uso comum, todas as águas situadas nas zonas periodicamente assoladas pelas secas, nos termos e de acordo com a legislação especial sobre a matéria.

Art. 6º São públicas dominicais todas as águas situadas em terrenos que também o sejam, quando as mesmas não forem do domínio público de uso comum, ou não forem comuns.

Capítulo II | ÁGUAS COMUNS

Art. 7º São comuns as correntes não navegáveis ou flutuáveis e de que essas não se façam.

Capítulo III | ÁGUAS PARTICULARES

Art. 8º São particulares as nascentes e todas as águas situadas em terrenos que também o sejam, quando as mesmas não estiverem classificadas entre as águas comuns de todos, as águas públicas ou as águas comuns.

Capítulo IV | ÁLVEO E MARGENS

Art. 9º Álveo é a superfície que as águas cobrem sem transbordar para o solo natural e ordinariamente enxuto.

Art. 10. O álveo será público de uso comum, ou dominical, conforme a propriedade das respectivas águas; e será particular, no caso das águas comuns ou das águas particulares.

§ 1º Na hipótese de uma corrente que sirva de divisa entre diversos proprietários, o direito de cada um deles se estende a todo o comprimento de sua testada até a linha que divide o álveo ao meio.

§ 2º Na hipótese de um lago ou lagoa nas mesmas condições, o direito de cada proprietário estender-se-á desde a margem até a linha ou ponto mais conveniente para divisão equitativa das águas, na extensão da testada de cada quinhoeiro, linha ou ponto locados, de preferência, segundo o próprio uso dos ribeirinhos.

Art. 11. São públicos dominicais, se não estiverem destinados ao uso comum, ou por algum título legítimo não pertencerem ao domínio particular:

1º os terrenos de marinha;

2º os terrenos reservados nas margens das correntes públicas de uso comum, bem como dos canais, lagos e lagoas da mesma espécie.[1] Salvo quanto às correntes que, não sendo navegáveis nem flutuáveis, concorrem apenas para formar outras simplesmente flutuáveis, e não navegáveis.

§ 1º Os terrenos que estão em causa serão concedidos na forma da legislação especial sobre a matéria.

§ 2º Será tolerado o uso desses terrenos pelos ribeirinhos, principalmente os pequenos proprietários, que os cultivem, sempre que o mesmo não colidir por qualquer forma com o interesse público.

Art. 11: 1. **Súmula 479 do STF (Margem de rio navegável):** "As margens dos rios navegáveis são de domínio público, insuscetíveis de expropriação e, por isso mesmo, excluídas de indenização" (aplicando esta Súmula: RTJ 133/348).

"Não se aplica a Súmula 479 às terras marginais que estão efetivamente no domínio particular por título legítimo convalidado, reconhecido ou concedido em face da Lei Imperial de n. 601, de 1850" (RSTJ 105/128).

"Os terrenos marginais aos rios navegáveis e situados entre Estados, por constituírem bens do domínio público, estão forros à indenização, em caso de desapropriação, salvo se pertencerem ao particular por título legítimo. As terras marginais, em face de preceito constitucional, só são indenizáveis acaso se reconhecesse, nas instâncias ordinárias, que os expropriados usavam e dispunham das terras reservadas como se proprietários fossem, a título legítimo, delas retirando rendimentos, mediante a ocupação e o cultivo" (RSTJ 99/80).

"Em se tratando de bens públicos às margens dos rios navegáveis, o título que legitima a propriedade particular deve provir do poder competente, no caso, o Poder Público. Isto significa que os terrenos marginais presumem-se de domínio público, podendo, excepcionalmente, integrar o domínio de particulares, desde que objeto de concessão legítima, expressamente emanada de autoridade competente" (STJ-1ª T., REsp 617.822, Min. Luiz Fux, j. 3.3.05, DJU 28.3.05). Esse acórdão foi confirmado no julgamento dos subsequentes embargos de divergência: "Até prova em contrário, presume-se que os 'terrenos reservados' pertencem ao domínio público, presunção que pode ser ilidida por documento idôneo, comprobatório da propriedade particular. A questão relativa à indenizabilidade dos 'terrenos reservados' passa pela definição do domínio. Se a titularidade é do Poder Público, estas áreas devem ser excluídas do valor da indenização, tal como preconizado na Súmula 479 da Suprema Corte, segundo a qual 'as margens dos rios navegáveis são de domínio público, insuscetíveis de expropriação e, por isso mesmo, excluídas de indenização'. Se o particular comprova a concessão por título legítimo, nos termos do § 1º do art. 11 do Código de Águas, o valor dos terrenos reservados deve ser incluído na indenização, à semelhança do que ocorre com os terrenos de marinha" (STJ-1ª Seção, ED no REsp 617.822, Min. Castro Meira, j. 9.11.05, DJU 21.11.05).

Art. 12. Sobre as margens das correntes a que se refere a última parte do n. 2 do artigo anterior, fica somente, e dentro apenas da faixa de 10 metros, estabelecida uma servidão de trânsito para os agentes da administração pública, quando em execução de serviço.

Art. 13. Constituem terrenos de marinha[1] todos os que, banhados pelas águas do mar ou dos rios navegáveis, vão até 33 metros para a parte da terra, contados desde o ponto a que chega a preamar média.

Este ponto refere-se ao estado do lugar no tempo da execução do art. 51, § 14, da Lei de 15 de novembro de 1831.[2]

Art. 13: 1. v. art. 30.

Art. 13: 2. **Dec. lei 9.760, de 5.9.46** — Dispõe sobre os bens imóveis da União e dá outras providências (RT 164/793, Lex 1946/712, RDA 6/361, RF 108/604):

"Art. 2º São terrenos de marinha, em uma profundidade de 33 (trinta e três) metros, medidos horizontalmente, para a parte da terra, da posição da linha do preamar médio de 1831:

"a) os situados no continente, na costa marítima e nas margens dos rios e lagoas, até onde se faça sentir a influência das marés;

"b) os que contornam as ilhas situadas em zona onde se faça sentir a influência das marés.

"Parágrafo único. Para os efeitos deste artigo a influência das marés é caracterizada pela oscilação periódica de 5 (cinco) centímetros pelo menos do nível das águas, que ocorra em qualquer época do ano".

Art. 14. Os terrenos reservados[1] são os que, banhados pelas correntes navegáveis, fora do alcance das marés, vão até a distância de 15 metros para a parte da terra, contados desde o ponto médio das enchentes ordinárias.[2]

Art. 14: 1. v. art. 31.

Art. 14: 2. No mesmo sentido, **Dec. lei 9.760, de 5.9.46: "Art. 4º** São terrenos marginais os que banhados pelas correntes navegáveis, fora do alcance das marés, vão até a distância de 15 (quinze) metros medidos horizontalmente para a parte da terra, contados desde a linha média das enchentes ordinárias".

Art. 15. O limite que separa o domínio marítimo do domínio fluvial, para o efeito de medirem-se ou demarcarem-se 33 (trinta e três), ou 15 (quinze) metros, conforme os terrenos estiverem dentro ou fora do alcance das marés, será indicado pela seção transversal do rio, cujo nível não oscile com a maré ou, praticamente, por qualquer fato geológico ou biológico que ateste a ação poderosa do mar.

Capítulo V | ACESSÃO[1]

CAP. V: 1. v. CC 1.248.

Art. 16. Constituem "aluvião"[1] os acréscimos que sucessiva e imperceptivelmente se formarem para a parte do mar e das correntes, aquém do ponto a que chega a preamar média, ou do ponto médio das enchentes ordinárias, bem como a parte do álveo que se descobrir pelo afastamento das águas.

§ 1º Os acréscimos que por aluvião, ou artificialmente, se produzirem nas águas públicas ou dominicais, são públicos dominicais, se não estiverem destinados ao uso comum, ou se por algum título legítimo não forem do domínio particular.

§ 2º A esses acréscimos, com referência aos terrenos reservados, se aplica o que está disposto no art. 11, § 2º.

Art. 16: 1. v. CC 1.250.

Art. 17. Os acréscimos por aluvião formados às margens das correntes comuns, ou das correntes públicas de uso comum a que se refere o art. 12, pertencem aos proprietários marginais, nessa segunda hipótese, mantida, porém, a servidão de trânsito constante do mesmo artigo, recuada a faixa respectiva na proporção do terreno conquistado.

Parágrafo único. Se o álveo for limitado por uma estrada pública, esses acréscimos serão públicos dominicais, com ressalva idêntica à da última parte do § 1º do artigo anterior.

Art. 18. Quando a aluvião se formar em frente a prédios pertencentes a proprietários diversos, far-se-á a divisão entre eles, em proporção à testada que cada um dos prédios apresentava sobre a antiga margem.

Art. 19. Verifica-se a "avulsão"[1] quando a força súbita da corrente arranca uma parte considerável e reconhecível de um prédio, arrojando-a sobre outro prédio.

Art. 19: 1. v. CC 1.251.

Art. 20. O dono daquele poderá reclamá-lo ao deste, a quem é permitido optar, ou pelo consentimento na remoção da mesma, ou pela indenização ao reclamante.

Parágrafo único. Não se verificando esta reclamação no prazo de um ano, a incorporação se considera consumada, e o proprietário prejudicado perde o direito de reivindicar e de exigir indenização.

Art. 21. Quando a avulsão for de coisa não suscetível de aderência natural, será regulada pelos princípios de direito que regem a invenção.[1]

Art. 21: 1. v. CC 1.249.

Art. 22. Nos casos semelhantes, aplicam-se à avulsão os dispositivos que regem a aluvião.[1]

Art. 22: 1. v. arts. 16 a 18.

Art. 23. As ilhas ou ilhotas,[1] que se formarem no álveo de uma corrente, pertencem ao domínio público, no caso das águas públicas, e ao domínio particular, no caso das águas comuns ou particulares.

§ 1º Se a corrente servir de divisa entre diversos proprietários e elas estiverem no meio da corrente, pertencem a todos esses proprietários, na proporção de suas testadas até a linha que dividir o álveo em duas partes iguais.

§ 2º As que estiverem situadas entre esta linha e uma das margens pertencem, apenas, ao proprietário ou proprietários desta margem.

Art. 23: 1. v. CC 1.252.

Art. 24. As ilhas ou ilhotas, que se formarem pelo desdobramento de um novo braço de corrente, pertencem aos proprietários dos terrenos, à custa dos quais se formaram.

Parágrafo único. Se a corrente, porém, é navegável ou flutuável, elas poderão entrar para o domínio público, mediante prévia indenização.

Art. 25. As ilhas ou ilhotas, quando de domínio público, consideram-se coisas patrimoniais, salvo se estiverem destinadas ao uso comum.

Art. 26. O álveo abandonado[1] da corrente pública pertence aos proprietários ribeirinhos das duas margens, sem que tenham direito a indenização alguma os donos dos terrenos por onde as águas abrigarem[2] novo curso.

Parágrafo único. Retornando o rio ao seu antigo leito, o abandonado volta aos seus antigos donos, salvo a hipótese do artigo seguinte, a não ser que esses donos indenizem ao Estado.

Art. 26: 1. s/ desvio de álveo, v. art. 72.

Art. 26: 2. *sic*; deve ser "abrirem"?

Art. 27. Se a mudança da corrente se fez por utilidade pública, o prédio ocupado pelo novo álveo deve ser indenizado, e o álveo abandonado passa a pertencer ao expropriante para que se compense da despesa feita.[1-2]

Art. 27: 1. Assim, eventual registro imobiliário por particular seria nulo, tendo em vista que o álveo abandonado torna-se terra pública (JTJ 311/236).

Art. 27: 2. Há acórdão entendendo que a acessão do álveo abandonado ao patrimônio do Poder Público independe de prévio pagamento de indenização (STJ-RT 783/234: 3ª T., REsp 20.762).

Art. 28. As disposições deste capítulo são também aplicáveis aos canais, lagos ou lagoas, nos casos semelhantes que aí ocorram, salvo a hipótese do art. 539 do Código Civil.[1]

Art. 28: 1. O art. 539 do CC/16 não tem correspondente no CC/02.

Título II ÁGUAS PÚBLICAS EM RELAÇÃO AOS SEUS PROPRIETÁRIOS

Capítulo Único

Art. 29. As águas públicas de uso comum, bem como o seu álveo, pertencem:

I — À União:[1]

a) quando marítimas;

b) quando situadas no Território do Acre, ou em qualquer outro território que a União venha a adquirir, enquanto o mesmo não se constituir em Estado, ou for incorporado a algum Estado;

c) quando servem de limites da República com as nações vizinhas ou se estendam a território estrangeiro;

d) quando situadas na zona de 100 quilômetros contígua aos limites da República com estas nações;

e) quando sirvam de limites entre dois ou mais Estados;

f) quando percorram parte dos territórios de dois ou mais Estados.

II — Aos Estados:[2]

a) quando sirvam de limites a dois ou mais Municípios;

b) quando percorram parte dos territórios de dois ou mais Municípios.

III — Aos Municípios:

a) quando, exclusivamente, situados em seus territórios, respeitadas as restrições que possam ser impostas pela legislação dos Estados.

§ 1º Fica limitado o domínio dos Estados e Municípios sobre quaisquer correntes, pela servidão, que à União se confere, para o aproveitamento industrial das águas e da energia hidráulica, e para navegação.

§ 2º Fica, ainda, limitado o domínio dos Estados e Municípios pela competência que se confere à União para legislar, de acordo com os Estados, em socorro das zonas periodicamente assoladas pelas secas.

Art. 29: 1. v. CF 20-III a VIII.

Dec. lei 852, de 11.11.38 (v. ementário):

"**Art. 2º** Pertencem à União as águas:

"I — dos lagos, bem como dos cursos d'água em toda a sua extensão, que, no todo ou em parte, sirvam de limites do Brasil com países estrangeiros.

"II — dos cursos d'água que se dirijam a países estrangeiros ou deles provenham.

"III — dos lagos, bem como dos cursos d'água, em toda a sua extensão que, no todo ou em parte, sirvam de limites a Estados brasileiros.

"IV — dos cursos d'água, em toda a sua extensão, que percorram territórios de mais de um Estado brasileiro.

"V — dos lagos, bem como dos cursos d'água existentes dentro da faixa de cento e cinquenta quilômetros ao longo das fronteiras".

Art. 29: 2. O Dec. 21.235, de 2.4.32 ("Assegura aos Estados o domínio dos terrenos marginais e acrescidos dos rios navegáveis, que correm em seus territórios, das ilhas formadas nesses rios e das lagoas navegáveis, em todas as zonas não alcançadas pela confluência das marés"), foi revogado pelo Dec. 99.999, de 11.1.91 (que, por sua vez, foi revogado por Dec. s/n de 5.9.91).

Art. 30. Pertencem à União os terrenos de marinha e os acrescidos natural e artificialmente, conforme a legislação especial sobre o assunto.

Art. 31. Pertencem aos Estados os terrenos reservados às margens das correntes e lagos navegáveis, se, por algum título, não forem do domínio federal, municipal ou particular.

Parágrafo único. Esse domínio sofre idênticas limitações às de que trata o art. 29.

Título III | DESAPROPRIAÇÃO

Capítulo Único

Art. 32. As águas públicas de uso comum ou patrimoniais, dos Estados ou dos Municípios, bem como as águas comuns e as particulares, e respectivos álveos e margens, podem ser desapropriadas[1] por necessidade ou por utilidade pública:

a) todas elas pela União;

b) as dos Municípios e as particulares, pelos Estados;

c) as particulares, pelos Municípios.

Art. 32: 1. cf. LD 2º § 2º.

Art. 33. A desapropriação só se poderá dar na hipótese[1] de algum serviço público classificado pela legislação vigente ou por este Código.

Art. 33: 1. v. LD 5º.

Livro II | APROVEITAMENTO DAS ÁGUAS

Título I | ÁGUAS COMUNS DE TODOS

Capítulo Único

Art. 34. É assegurado o uso gratuito de qualquer corrente ou nascente de água, para as primeiras necessidades da vida, se houver caminho público que a torne acessível.

Art. 35. Se não houver este caminho, os proprietários marginais não podem impedir que os seus vizinhos se aproveitem das mesmas para aquele fim, contanto que sejam indenizados dos prejuízos que sofrerem com o trânsito pelos seus prédios.

§ 1º Essa servidão se dará, verificando-se que os ditos vizinhos não podem haver água de outra parte, sem grande incômodo ou dificuldade.

§ 2º O direito do uso das águas, a que este artigo se refere, não prescreve, mas cessa logo que as pessoas a quem ele é concedido possam haver, sem grande dificuldade ou incômodo, a água de que carecem.

Título II | APROVEITAMENTO DAS ÁGUAS PÚBLICAS[1]

✎ TÍT. II: 1. "Regime jurídico dos bens públicos empregados na geração de energia", por Floriano de Azevedo Marques Neto (RDA 232/333).

DISPOSIÇÃO PRELIMINAR

Art. 36. É permitido a todos usar de quaisquer águas públicas, conformando-se com os regulamentos administrativos.

§ 1º Quando este uso depender de derivação, será regulado, nos termos do Capítulo IV do Título II, do Livro II,[1] tendo, em qualquer hipótese, preferência a derivação para o abastecimento das populações.

§ 2º O uso comum das águas pode ser gratuito ou retribuído, conforme as leis e regulamentos da circunscrição administrativa a que pertencerem.

Art. 36: 1. v. arts. 43 a 52.

Capítulo I | NAVEGAÇÃO

Art. 37. O uso das águas públicas se deve realizar, sem prejuízo da navegação, salvo a hipótese do art. 48, e seu parágrafo único.

Art. 38. As pontes serão construídas, deixando livre a passagem das embarcações.

Parágrafo único. Assim, estas não devem ficar na necessidade de arriar a mastreação, salvo se contrário é o uso local.

Art. 39. A navegação de cabotagem será feita por navios nacionais.[1]

Art. 39: 1. Nesse sentido: CF 178 § 3º.

Art. 40. Em lei ou leis especiais, serão reguladas:

I — A navegação ou flutuação dos mares territoriais, das correntes, canais e lagos do domínio da União.

II — A navegação das correntes, canais e lagos:

a) que fizerem parte do plano geral de viação da República;

b) que, futuramente, forem considerados de utilidade nacional por satisfazerem as necessidades estratégicas ou corresponderem a elevados interesses de ordem política ou administrativa.

III — A navegação ou flutuação das demais correntes, canais e lagos do território nacional.

Parágrafo único. A legislação atual sobre navegação e flutuação só será revogada à medida que forem sendo promulgadas as novas leis.

Capítulo II | PORTOS

Art. 41. O aproveitamento e os melhoramentos e uso dos portos, bem como a respectiva competência federal, estadual ou municipal serão regulados por leis especiais.[1]

Art. 41: 1. v. CF 21-XII-*f* e 22-X.

Capítulo III | CAÇA E PESCA

Art. 42. Em leis especiais são reguladas a caça, a pesca e sua exploração.[1]

Parágrafo único. As leis federais não excluem a legislação estadual supletiva ou complementar, pertinente a peculiaridades locais.[2]

Art. 42: 1. v. legislação s/caça e pesca no Tít. III, nota 3, que antecede o CC 1.228, subtítulo FAUNA.

Art. 42: 2. Nesse sentido: CF 24-VI.

Capítulo IV | DERIVAÇÃO

Art. 43. As águas públicas não podem ser derivadas para as aplicações da agricultura, da indústria e da higiene, sem a existência de concessão administrativa, no caso de utilidade pública e, não se verificando esta, de autorização administrativa, que será dispensada, todavia, na hipótese de derivações insignificantes.

§ 1º A autorização não confere, em hipótese alguma, delegação de poder público ao seu titular.

§ 2º Toda concessão ou autorização se fará por tempo fixo, e nunca excedente de trinta anos, determinando-se também um prazo razoável, não só para serem iniciadas, como para serem concluídas, sob pena de caducidade, as obras propostas pelo peticionário.

§ 3º Ficará sem efeito a concessão, desde que, durante três anos consecutivos, se deixe de fazer o uso privativo das águas.

Art. 44. A concessão para o aproveitamento das águas que se destinem a um serviço público será feita mediante concorrência pública, salvo os casos em que as leis ou regulamentos a dispensem.

Parágrafo único. No caso de renovação será preferido o concessionário anterior, em igualdade de condições, apurada em concorrência.

Art. 45. Em toda a concessão se estipulará, sempre, a cláusula de ressalva dos direitos de terceiros.

Art. 46. A concessão não importa, nunca, a alienação parcial das águas públicas, que são inalienáveis, mas no simples direito ao uso destas águas.

Águas

Art. 47. O Código respeita os direitos adquiridos sobre estas águas, até a data de sua promulgação, por título legítimo ou posse trintenária.[1]

Parágrafo único. Estes direitos, porém, não podem ter maior amplitude do que os que o Código estabelece, no caso de concessão.[2]

Art. 47: 1. **Dec. lei 2.281, de 5.6.40** (na redação do Dec. lei 2.430, de 19.7.40 — RT 127/713, Lex 1940/392, RF 83/196): **"Art. 7º** São respeitados os direitos adquiridos sobre as águas públicas, por título legítimo, até a data da promulgação do Código de Águas. Esses direitos, porém, não podem ter maior amplitude do que os estabelecidos por lei, no caso de concessão".

Art. 47: 2. v. nota 1 a este art.

Art. 48. A concessão, como a autorização, deve ser feita sem prejuízo da navegação, salvo:

a) no caso de uso para as primeiras necessidades da vida;

b) no caso da lei especial que, atendendo a superior interesse público, o permita.

Parágrafo único. Além dos casos previstos nas letras *a* e *b* deste artigo, se o interesse público superior o exigir, a navegação poderá ser preterida sempre que ela não sirva efetivamente ao comércio.

Art. 49. As águas destinadas a um fim não poderão ser aplicadas a outro diverso, sem nova concessão.

Art. 50. O uso da derivação é real; alienando-se o prédio ou o engenho a que ela serve passa o mesmo ao novo proprietário.

Art. 51. Neste regulamento administrativo se disporá:

a) sobre as condições de derivação, de modo a se conciliarem quanto possível os usos a que as águas se prestam;

b) sobre as condições da navegação que sirva efetivamente ao comércio, para os efeitos do parágrafo único do art. 48.

Art. 52. Toda cessão total ou parcial da concessão ou autorização, toda mudança de concessionário ou de permissionário depende do consentimento da administração.

Capítulo V | DESOBSTRUÇÃO

Art. 53. Os utentes das águas públicas de uso comum ou os proprietários marginais são obrigados a se abster de fatos que prejudiquem ou embaracem o regime e o curso das águas, e a navegação ou flutuação, exceto se para tais fatos forem especialmente autorizados por alguma concessão.

Parágrafo único. Pela infração do disposto neste artigo, os contraventores, além das multas estabelecidas nos regulamentos administrativos, são obrigados a remover os obstáculos produzidos. Na sua falta, a remoção será feita à custa dos mesmos pela administração pública.

Art. 54. Os proprietários marginais de águas públicas são obrigados a remover os obstáculos que tenham origem nos seus prédios e sejam nocivos aos fins indicados no artigo precedente.

Parágrafo único. Se, intimados, os proprietários marginais não cumprirem a obrigação que lhes é imposta pelo presente artigo, de igual forma serão passíveis das multas estabelecidas pelos regulamentos administrativos, e à custa dos mesmos a administração pública fará a remoção dos obstáculos.

Art. 55. Se o obstáculo não tiver origem nos prédios marginais, sendo devido a acidentes ou à ação natural das águas, havendo dono, será este obrigado a removê-lo, nos mesmos termos do artigo anterior; se não houver dono conhecido, removê-lo-á a administração, à custa própria, a ela pertencendo qualquer produto do mesmo proveniente.

Art. 56. Os utentes ou proprietários marginais, afora as multas, serão compelidos a indenizar o dano que causarem pela inobservância do que fica exposto nos artigos anteriores.

Art. 57. Na apreciação desses fatos, desses obstáculos, para as respectivas sanções, se devem ter em conta os usos locais, a efetividade do embaraço ou prejuízo, principalmente com referência às águas terrestres, de modo que sobre os utentes ou proprietários marginais, pela vastidão do país, nas zonas de população escassa, de pequeno movimento, não venham a pesar ônus excessivos e sem real vantagem para o interesse público.

Capítulo VI | TUTELA DOS DIREITOS DA ADMINISTRAÇÃO E DOS PARTICULARES

Art. 58. A administração pública respectiva, por sua própria força e autoridade, poderá repor "incontinenti", no seu antigo estado, as águas públicas, bem como o seu leito e margem, ocupados por particulares, ou mesmo pelos Estados ou Municípios:

a) quando essa ocupação resultar da violação de qualquer lei, regulamento ou ato da administração;

b) quando o exigir o interesse público, mesmo que seja legal a ocupação, mediante indenização, se esta não tiver sido expressamente excluída por lei.

Parágrafo único. Essa faculdade cabe à União, ainda no caso do art. 40, n. II, sempre que a ocupação redundar em prejuízo da navegação que sirva, efetivamente, ao comércio.

Art. 59. Se julgar conveniente recorrer ao juízo, a administração pode fazê-lo tanto no juízo petitório como no juízo possessório.

Art. 60. Cabe a ação judiciária para defesa dos direitos particulares, quer quanto aos usos gerais, quer quanto aos usos especiais, das águas públicas, seu leito e margens, podendo a mesma se dirigir, quer contra a administração, quer contra outros particulares, e ainda no juízo petitório, como no juízo possessório, salvas as restrições constantes dos parágrafos seguintes.

§ 1º Para que a ação se justifique, é mister a existência de um interesse direto por parte de quem recorra ao juízo.

§ 2º Na ação dirigida contra a administração, esta só poderá ser condenada a indenizar o dano que seja devido, e não a destruir as obras que tenha executado prejudicando o exercício do direito de uso em causa.

§ 3º Não é admissível a ação possessória contra a administração.

§ 4º Não é admissível, também, a ação possessória de um particular contra outro, se o mesmo não apresentar como título uma concessão expressa ou outro título legítimo equivalente.

Capítulo VII | COMPETÊNCIA ADMINISTRATIVA

Art. 61. É da competência da União a legislação de que trata o art. 40, em todos os seus incisos.

Parágrafo único. Essa competência não exclui a dos Estados para legislarem subsidiariamente sobre a navegação ou flutuação dos rios, canais e lagos de seu território, desde que não estejam compreendidos nos ns. I e II do art. 40.

Art. 62. As concessões ou autorizações para derivação que não se destine à produção de energia hidrelétrica serão outorgadas pela União, pelos Estados ou pelos Municípios, conforme o seu domínio sobre as águas a que se referir ou conforme os serviços públicos a que se destina a mesma derivação, de acordo com os dispositivos deste Código e as leis especiais sobre os mesmos serviços.

Art. 63. As concessões ou autorizações para derivação que se destinem à produção de energia hidrelétrica serão outorgadas pela União, salvo nos casos de transferência de suas atribuições aos Estados, na forma e com as limitações estabelecidas nos arts. 192, 193 e 194.

Art. 64. Compete à União, aos Estados ou aos Municípios providenciar sobre a desobstrução nas águas do seu domínio.

Parágrafo único. A competência da União se estende às águas de que trata o art. 40, n. II.

Capítulo VIII | EXTINÇÃO DO USO PÚBLICO

Art. 65. Os usos gerais a que se prestam as águas públicas só por disposição de lei se podem extinguir.

Art. 66. Os usos de derivação extinguem-se:

a) pela renúncia;

b) pela caducidade;

c) pelo resgate, decorridos os dez primeiros anos após a conclusão das obras, e tomando-se por base do preço da indenização só o capital efetivamente empregado;

d) pela expiração do prazo;

e) pela revogação.

Art. 67. É sempre revogável o uso das águas públicas.

Título III | APROVEITAMENTO DAS ÁGUAS COMUNS E DAS PARTICULARES

Capítulo I | DISPOSIÇÕES PRELIMINARES

Art. 68. Ficam debaixo da inspeção e autorização administrativa:

a) as águas comuns e as particulares, no interesse da saúde e da segurança pública;

b) as águas comuns, no interesse dos direitos de terceiros ou da qualidade, curso ou altura das águas públicas.

Art. 69. Os prédios inferiores são obrigados a receber as águas que correm naturalmente dos prédios superiores.[1]

Parágrafo único. Se o dono do prédio superior fizer obras de arte, para facilitar o escoamento, procederá de modo que não piore a condição natural e anterior do outro.

Art. 69: 1. v. CC 1.288, no mesmo sentido.

Art. 70. O fluxo natural, para os prédios inferiores, de água pertencente ao dono do prédio superior, não constitui por si só servidão em favor deles.

Capítulo II | ÁGUAS COMUNS

Art. 71. Os donos ou possuidores de prédios atravessados ou banhados pelas correntes podem usar delas em proveito dos mesmos prédios, e com aplicação tanto para a agricultura como para a indústria, contanto que do refluxo das mesmas águas não resulte prejuízo aos prédios que ficam superiormente situados, e que inferiormente não se altere o ponto de saída das águas remanescentes, nem se infrinja o disposto na última parte do parágrafo único do art. 69.

§ 1º Entende-se por ponto de saída aquele onde uma das margens do álveo deixa primeiramente de pertencer ao prédio.

§ 2º Não se compreende na expressão — águas remanescentes — as escorredouras.

§ 3º Terá sempre preferência, sobre quaisquer outros, o uso das águas para as primeiras necessidades da vida.

Art. 72. Se o prédio é atravessado pela corrente, o dono ou possuidor poderá, nos limites dele, desviar o álveo da mesma, respeitando as obrigações que lhe são impostas pelo artigo precedente.

Parágrafo único. Não é permitido esse desvio, quando da corrente se abastecer uma população.

Art. 73. Se o prédio é simplesmente banhado pela corrente e as águas não são sobejas, far-se-á a divisão das mesmas entre o dono ou possuidor dele e o do prédio fronteiro, proporcionalmente à extensão dos prédios e às suas necessidades.

Parágrafo único. Devem-se harmonizar, quanto possível, nesta partilha, os interesses da agricultura com os da indústria; e o juiz terá a faculdade de decidir *ex bono et aequo*.

Art. 74. A situação superior de um prédio não exclui o direito do prédio fronteiro à porção da água que lhe cabe.

Art. 75. Dividido que seja um prédio marginal, de modo que alguma ou algumas das frações não limite com a corrente, ainda assim terão as mesmas direito ao uso das águas.

Art. 76. Os prédios marginais continuam a ter direito ao uso das águas, quando entre os mesmos e as correntes se abrirem estradas públicas, salvo se pela perda desse direito forem indenizados na respectiva desapropriação.

Art. 77. Se a altura das ribanceiras, a situação dos lugares, impedirem a derivação da água na sua passagem pelo prédio respectivo, poderão estas ser derivadas em um ponto superior da linha marginal, estabelecida a servidão legal de aqueduto[1] sobre os prédios intermédios.

Art. 77: 1. v. arts. 117 a 138.

Art. 78. Se os donos ou possuidores dos prédios marginais atravessados pela corrente ou por ela banhados, os aumentarem, com a adjunção de outros prédios, que não tiverem direito ao uso das águas, não as poderão empregar nestes com prejuízo do direito que sobre elas tiverem os seus vizinhos.

Art. 79. É imprescritível o direito de uso sobre as águas das correntes,[1] o qual só poderá ser alienado por título ou instrumento público, permitida não sendo, entretanto, a alienação em benefício de prédios, não marginais, nem com prejuízo de outros prédios, aos quais pelos artigos anteriores é atribuída a preferência no uso das mesmas águas.

Parágrafo único. Respeitam-se os direitos adquiridos até a data da promulgação deste Código, por título legítimo ou prescrição que recaia sobre oposição não seguida, ou sobre a construção de obras no prédio superior, de que se possa inferir abandono do primitivo direito.

Art. 79: 1. e das nascentes (v. art. 93).

Art. 80. O proprietário ribeirinho tem o direito de fazer, na margem ou no álveo da corrente, as obras necessárias ao uso das águas.

Art. 81. No prédio atravessado pela corrente, o seu proprietário poderá travar estas obras em ambas as margens da mesma.

Art. 82. No prédio simplesmente banhado pela corrente, cada proprietário marginal poderá fazer obras apenas no trato do álveo que lhe pertencer.

Parágrafo único. Poderá ainda este proprietário travá-las na margem fronteira, mediante prévia indenização ao respectivo proprietário.

Art. 83. Ao proprietário do prédio serviente, no caso do parágrafo anterior, será permitido aproveitar-se da obra feita, tornando-a comum, desde que pague uma parte da despesa respectiva, na proporção do benefício que lhe advier.

Capítulo III | DESOBSTRUÇÃO E DEFESA

Art. 84. Os proprietários marginais das correntes são obrigados a se abster de fatos que possam embaraçar o livre curso das águas, e a remover os obstáculos a este livre curso, quando eles tiverem origem nos seus prédios, de modo a evitar prejuízo de terceiros, que não for proveniente de legítima aplicação das águas.

Parágrafo único. O serviço de remoção do obstáculo será feito à custa do proprietário a quem ela incumba, quando este não queira fazê-lo, respondendo ainda o proprietário pelas perdas e danos que causar, bem como pelas multas que lhe forem impostas nos regulamentos administrativos.

Art. 85. Se o obstáculo ao livre curso das águas não resultar de fato do proprietário e não tiver origem no prédio, mas for devido a acidentes ou à ação do próprio curso de água, será removido pelos proprietários de todos os prédios prejudicados, e, quando nenhum o seja, pelos proprietários dos prédios fronteiros onde tal obstáculo existir.

Art. 86. Para ser efetuada a remoção de que tratam os artigos antecedentes, o dono do prédio em que estiver o obstáculo é obrigado a consentir que os proprietários interessados entrem em seu prédio, respondendo estes pelos prejuízos que lhe causarem.

Art. 87. Os proprietários marginais são obrigados a defender os seus prédios, de modo a evitar prejuízo para o regime e curso das águas e danos para terceiros.

Capítulo IV | CAÇA E PESCA

Art. 88. A exploração da caça e da pesca está sujeita às leis federais, não excluindo as estaduais subsidiárias e complementares.[1]

Art. 88: 1. v. CF 24-*caput* c/c 24-VI.

Capítulo V | NASCENTES

Art. 89. Consideram-se "nascentes",[1] para os efeitos deste Código, as águas que surgem naturalmente ou por indústria humana, e correm dentro de um só prédio particular, e ainda que o transponham, quando elas não tenham sido abandonadas pelo proprietário do mesmo.

Art. 89: 1. v. CC 1.290.

Art. 90. O dono do prédio onde houver alguma nascente, satisfeitas as necessidades de seu consumo, não pode impedir o curso natural das águas pelos prédios inferiores.

Art. 91. Se uma nascente emerge em um fosso que divide dois prédios, pertence a ambos.

Art. 92. Mediante indenização, os donos dos prédios inferiores, de acordo com as normas da servidão legal de escoamento,[1] são obrigados a receber as águas das nascentes artificiais.[2]

Parágrafo único. Nessa indenização, porém, será considerado o valor de qualquer benefício que os mesmos prédios possam auferir de tais águas.

Art. 92: 1. v. art. 69.

Art. 92: 2. v. CC 1.288.

Art. 93. Aplica-se às nascentes o disposto na primeira parte do art. 79.

Art. 94. O proprietário de uma nascente não pode desviar-lhe o curso quando da mesma se abasteça uma população.

Art. 95. A nascente de uma água será determinada pelo ponto em que ela começa a correr sobre o solo e não pela veia subterrânea que a alimenta.

Título IV | ÁGUAS SUBTERRÂNEAS

Capítulo Único

Art. 96. O dono de qualquer terreno poderá apropriar-se por meio de poços, galerias, etc., das águas que existam debaixo da superfície de seu prédio, contanto que não prejudique aproveitamentos existentes nem derive ou desvie de seu curso natural águas públicas dominicais, públicas de uso comum ou particulares.

Parágrafo único. Se o aproveitamento das águas subterrâneas de que trata este artigo prejudicar ou diminuir as águas públicas dominicais ou públicas de uso comum ou particulares, a administração competente poderá suspender as ditas obras e aproveitamentos.

Art. 97. Não poderá o dono do prédio abrir poço junto ao prédio vizinho, sem guardar as distâncias necessárias ou tomar as precisas precauções para que ele não sofra prejuízo.

Art. 98. São expressamente proibidas construções capazes de poluir ou inutilizar para o uso ordinário a água do poço ou nascente alheia, a ela preexistentes.[1]

Art. 98: 1. v. tb. art. 109 e CC 1.291.

Art. 99. Todo aquele que violar as disposições dos artigos antecedentes é obrigado a demolir as construções feitas, respondendo por perdas e danos.

Art. 100. As correntes que desaparecem momentaneamente do solo, formando um curso subterrâneo, para reaparecer mais longe, não perdem o caráter de coisa pública de uso comum, quando já o eram na sua origem.

Art. 101. Depende de concessão administrativa a abertura de poços em terrenos do domínio público.

Título V | ÁGUAS PLUVIAIS

Capítulo Único

Art. 102. Consideram-se águas pluviais as que procedem imediatamente das chuvas.

Art. 103. As águas pluviais pertencem ao dono do prédio onde caírem diretamente, podendo o mesmo dispor delas à vontade, salvo existindo direito em sentido contrário.

Parágrafo único. Ao dono do prédio, porém, não é permitido:

1º desperdiçar essas águas em prejuízo dos outros prédios que delas se possam aproveitar, sob pena de indenização aos proprietários dos mesmos;

2º desviar[1] essas águas de seu curso natural para lhes dar outro, sem consentimento expresso dos donos dos prédios que irão recebê-las.

Art. 103: 1. v. CC 1.290.

Art. 104. Transpondo o limite do prédio em que caírem, abandonadas pelo proprietário do mesmo, as águas pluviais, no que lhes for aplicável, ficam sujeitas às regras ditadas para as águas comuns e para as águas públicas.[1]

Art. 104: 1. v. arts. 1º a 7º.

Art. 105. O proprietário edificará de maneira que o beiral de seu telhado não despeje sobre o prédio vizinho, deixando entre este e o beiral, quando por outro modo não o possa evitar, um intervalo de 10 centímetros, quando menos, de modo que as águas se escoem.

Art. 106. É imprescritível o direito de uso das águas pluviais.

Art. 107. São de domínio público de uso comum as águas pluviais que caírem em lugares ou terrenos públicos de uso comum.

Art. 108. A todos é lícito apanhar estas águas.

Parágrafo único. Não se poderão, porém, construir nestes lugares ou terrenos, reservatórios para o aproveitamento das mesmas águas sem licença da administração.

Título VI | ÁGUAS NOCIVAS

Capítulo Único

Art. 109. A ninguém é lícito conspurcar[1] ou contaminar as águas que não consome, com prejuízo de terceiros.[2]

Art. 109: 1. v. CC 1.291.

Art. 109: 2. v. art. 98.

Art. 110. Os trabalhos para a salubridade das águas serão executados à custa dos infratores, que, além da responsabilidade criminal, se houver,[1] responderão pelas perdas e danos que causarem e pelas multas que lhes forem impostas nos regulamentos administrativos.

Art. 110: 1. v. CP 270.

Art. 111. Se os interesses relevantes da agricultura ou da indústria o exigirem, e mediante expressa autorização administrativa, as águas poderão ser inquinadas, mas os agricultores ou industriais deverão providenciar para que elas se purifiquem, por qualquer processo, ou sigam o seu esgoto natural.

Art. 112. Os agricultores ou industriais deverão indenizar a União, os Estados, os Municípios, as corporações ou os particulares que, pelo favor concedido no caso do artigo antecedente, forem lesados.

Art. 113. Os terrenos pantanosos, quando, declarada a sua insalubridade, não forem dessecados pelos seus proprietários, sê-lo-ão pela administração, conforme a maior ou menor relevância do caso.

Art. 114. Esta poderá realizar os trabalhos por si ou por concessionários.

Art. 115. Ao proprietário assiste a obrigação de indenizar os trabalhos feitos, pelo pagamento de uma taxa de melhoria sobre o acréscimo do valor dos terrenos saneados, ou por outra forma que for determinada pela administração pública.

Art. 116. Se o proprietário não entrar em acordo para a realização dos trabalhos nos termos dos dois artigos anteriores, dar-se-á a desapropriação, indenizado o mesmo na correspondência do valor atual do terreno, e não do que este venha a adquirir por efeito de tais trabalhos.

Título VII | SERVIDÃO LEGAL DE AQUEDUTO[1]

Capítulo Único

TÍT. VII: 1. v. CC 1.293 § 3º a 1.296.

Art. 117. A todos é permitido canalizar[1] pelo prédio de outrem as águas a que tenham direito,[2] mediante prévia indenização ao dono deste prédio:

a) para as primeiras necessidades da vida;

b) para os serviços da agricultura ou da indústria;

c) para o escoamento das águas superabundantes;

d) para o enxugo ou bonificação dos terrenos.

Art. 117: 1. v. CC 1.293.

Art. 117: 2. v. CP 161 § 1º-I.

Art. 118. Não são passíveis desta servidão as casas de habitação e os pátios, jardins, alamedas, ou quintais, contíguos às casas.

Parágrafo único. Esta restrição, porém, não prevalece no caso de concessão por utilidade pública, quando ficar demonstrada a impossibilidade material ou econômica de se executarem as obras sem a utilização dos referidos prédios.

Art. 119. O direito de derivar águas nos termos dos artigos antecedentes compreende também o de fazer as respectivas represas ou açudes.

Art. 120. A servidão que está em causa será decretada pelo Governo, no caso de aproveitamento das águas, em virtude de concessão por utilidade pública; e pelo juiz, nos outros casos.

§ 1º Nenhuma ação contra o proprietário do prédio serviente e nenhum encargo sobre este prédio, poderá obstar a que a servidão se constitua, devendo os terceiros disputar os seus direitos sobre o preço da indenização.

§ 2º Não havendo acordo entre os interessados sobre o preço da indenização, será o mesmo fixado pelo juiz, ouvidos peritos que eles nomearem.

§ 3º A indenização não compreende o valor do terreno; constitui unicamente o justo preço do uso do terreno ocupado pelo aqueduto, e de um espaço de cada um dos lados, da largura que for necessária, em toda a extensão do aqueduto.

§ 4º Quando o aproveitamento da água vise ao interesse do público, somente é devida indenização ao proprietário pela servidão, se desta resultar diminuição do rendimento da propriedade ou redução da sua área.

Art. 121. Os donos dos prédios servientes têm, também, direito à indenização dos prejuízos que de futuro vierem a resultar da infiltração ou irrupção das águas, ou deterioração das obras feitas, para a condução destas. Para garantia deste direito eles poderão desde logo exigir que se lhes preste caução.

Art. 122. Se o aqueduto tiver de atravessar estradas, caminhos e vias públicas, sua construção fica sujeita aos regulamentos em vigor, no sentido de não se prejudicar o trânsito.

Art. 123. A direção, natureza e forma do aqueduto devem atender ao menor prejuízo para o prédio serviente.

Art. 124. A servidão que está em causa não fica excluída porque seja possível conduzir as águas pelo prédio próprio, desde que a condução por este se apresente muito mais dispendiosa do que pelo prédio de outrem.

Art. 125. No caso de aproveitamento de águas em virtude de concessão por utilidade pública, a direção, a natureza e a forma do aqueduto serão aquelas que constarem dos projetos aprovados pelo Governo, cabendo apenas aos interessados pleitear em juízo os direitos a indenização.

Art. 126. Correrão por conta daquele que obtiver a servidão do aqueduto todas as obras necessárias para a sua conservação, construção e limpeza.

Parágrafo único. Para este fim, ele poderá ocupar, temporariamente, os terrenos indispensáveis para o depósito de materiais, prestando caução pelos prejuízos que possa ocasionar, se o proprietário serviente o exigir.

Art. 127. É inerente à servidão de aqueduto o direito de trânsito por suas margens para seu exclusivo serviço.

Art. 128. O dono do aqueduto poderá consolidar suas margens com relvas, estacadas, paredes de pedras soltas.

Art. 129. Pertence ao dono do prédio serviente tudo que as margens produzem naturalmente.

Não lhe é permitido, porém, fazer plantação, nem operação alguma de cultivo nas mesmas margens, e as raízes que nelas penetrarem poderão ser cortadas pelo dono do aqueduto.

Art. 130. A servidão de aqueduto não obsta a que o dono do prédio serviente possa cercá-lo, bem como edificar sobre o mesmo aqueduto, desde que não haja prejuízo para este, nem se impossibilitem as reparações necessárias.

Parágrafo único. Quando tiver de fazer essas reparações, o dominante avisará previamente ao serviente.

Art. 131. O dono do prédio serviente poderá exigir, a todo o momento, a mudança do aqueduto para outro local do mesmo prédio, se esta mudança lhe for conveniente e não houver prejuízo para o dono do aqueduto.

A despesa respectiva correrá por conta do dono do prédio serviente.

Art. 132. Idêntico direito assiste ao dono do aqueduto, convindo-lhe a mudança e não havendo prejuízo para o serviente.

Art. 133. A água, o álveo e as margens do aqueduto consideram-se como partes integrantes do prédio a que as águas servem.

Art. 134. Se houver águas sobejas[1] no aqueduto, e outro proprietário quiser ter parte nas mesmas, esta lhe será concedida, mediante prévia indenização, e pagando, além disso, a cota proporcional à despesa feita com a condução delas até o ponto de onde se pretendem derivar.

§ 1º Concorrendo diversos pretendentes, serão preferidos os donos dos prédios servientes.

§ 2º Para as primeiras necessidades da vida, o dono do prédio serviente poderá usar gratuitamente das águas do aqueduto.

Art. 134: 1. v. CC 1.296.

Art. 135. Querendo o dono do aqueduto aumentar a sua capacidade, para que receba maior caudal de águas, observar-se-ão os mesmos trâmites necessários para o estabelecimento do aqueduto.

Art. 136. Quando um terreno regadio, que recebe a água por um só ponto, se divida por herança, venda ou outro título, entre dois ou mais donos, os da parte superior ficam obrigados a dar passagem à água, como servidão de aqueduto, para a rega dos inferiores, sem poder exigir por ela indenização alguma, salvo ajuste em contrário.

Art. 137. Sempre que as águas que correm em benefício de particulares impeçam ou dificultem a comunicação com os prédios vizinhos, ou embaracem as correntes particulares, o particular beneficiado deverá construir as pontes, canais, e outras obras necessárias para evitar este inconveniente.

Art. 138. As servidões urbanas de aqueduto, canais, fontes, esgotos sanitários e pluviais, estabelecidos para serviço público e privado das populações, edifícios, jardins e fábricas, reger-se-ão pelo que dispuserem os regulamentos de higiene da União ou dos Estados e as posturas municipais.

Ementário
Alienação Fiduciária

Lei 4.728, de 14.7.65 — Disciplina o mercado de capitais e estabelece medidas para o seu desenvolvimento. O art. 66-B dispõe sobre o contrato de alienação fiduciária celebrado no âmbito do mercado financeiro e de capitais, bem como em garantia de créditos fiscais e previdenciários (v. adiante).

Dec. lei 911, de 1.10.69 — Altera a redação do art. 66, da Lei n. 4.728, de 14 de julho de 1965, estabelece normas de processo sobre alienação fiduciária e dá outras providências (v. adiante, texto integral, com todas as alterações posteriores).

Lei 6.014, de 27.12.73 — Adapta ao Código de Processo Civil as leis que menciona (RT 458/496, Lex 1973/1.992, RF 245/465, Bol. AASP 787/supl.). O art. 15 desta lei alterou o art. 3º § 5º do Dec. lei 911/69.

Lei 6.071, de 3.7.74 — Adapta ao Código de Processo Civil as leis que menciona, e dá outras providências (RT 465/414, Lex 1974/836, RDA 118/479, Bol. AASP 813/supl.). Alterou os arts. 4º e 5º § ún. do Dec. lei 911.

Lei 9.514, de 20.11.97 — Dispõe sobre o Sistema de Financiamento Imobiliário, institui a alienação fiduciária de coisa imóvel e dá outras providências (v. adiante, texto integral).

Lei 10.406, de 10.1.02 — Institui o Código Civil. Os arts. 1.361 a 1.368 dispõem sobre a propriedade fiduciária.

Lei 10.931, de 2.8.04 — Dispõe sobre o patrimônio de afetação de incorporações imobiliárias, Letra de Crédito Imobiliário, Cédula de Crédito Imobiliário, Cédula de Crédito Bancário, altera o Dec. lei n. 911, de 1º de outubro de 1969, as Leis n. 4.591, de 16 de dezembro de 1964, n. 4.728, de 14 de julho de 1965, n. 9.514, de 20 de novembro de 1997 e n. 10.406, de 10 de janeiro de 2002, e dá outras providências.

Lei n. 4.728, de 14 de julho de 1965

Disciplina o mercado de capitais e estabelece medidas para o seu desenvolvimento.

O Presidente da República

Faço saber que o Congresso Nacional decreta e eu sanciono a seguinte Lei:

....

Seção XIV | ALIENAÇÃO FIDUCIÁRIA EM GARANTIA NO ÂMBITO DO MERCADO FINANCEIRO E DE CAPITAIS[1]

SEÇ. XIV: 1. A Seção XIV teve seu título alterado pela Lei 10.931, de 2.8.04.

Art. 66. .... [1]

Art. 66: 1. O art. 66, que dispunha sobre alienação fiduciária de coisa móvel, foi alterado pelo art. 1º do Dec. lei 911, de 1.10.69, e, posteriormente, revogado pela Lei 10.931, de 2.8.04.

Art. 66-A. .... [1]

Art. 66-A: 1. O art. 66-A, sobre alienação em garantia de coisa fungível ou de direito, foi acrescido pela Med. Prov. 2.160-25, de 23.8.01, e revogado pela Lei 10.931, de 2.8.04.

Art. 66-B. O contrato de alienação fiduciária[1 a 2] celebrado no âmbito do mercado financeiro[2a a 3a] e de capitais, bem como em garantia de créditos fiscais e previdenciários, deverá conter, além dos requisitos definidos na Lei n. 10.406, de 10 de janeiro de 2002 — Código Civil,[4] a taxa de juros, a cláusula penal, o índice de atualização monetária, se houver, e as demais comissões e encargos.

§ 1º Se a coisa objeto de propriedade fiduciária não se identifica por números, marcas e sinais no contrato de alienação fiduciária, cabe ao proprietário fiduciário o ônus da prova, contra terceiros, da identificação dos bens do seu domínio que se encontram em poder do devedor.

§ 2º O devedor que alienar, ou der em garantia a terceiros, coisa que já alienara fiduciariamente em garantia, ficará sujeito à pena prevista no art. 171, § 2º, I, do Código Penal.[5 e 5b]

§ 3º É admitida a alienação fiduciária de coisa fungível e a cessão fiduciária de direitos sobre coisas móveis, bem como de títulos de crédito, hipóteses em que, salvo disposição em contrário, a posse direta e indireta do bem objeto da propriedade fiduciária ou do título representativo do direito ou do crédito é atribuída ao credor, que, em caso de inadimplemento ou mora da obrigação garantida, poderá vender a terceiros o bem objeto da propriedade fiduciária independente de leilão, hasta pública ou qualquer outra medida judicial ou extrajudicial, devendo aplicar o preço da venda no pagamento do seu crédito e das despesas decorrentes da realização da garantia, entregando ao devedor o saldo, se houver, acompanhado do demonstrativo da operação realizada.[6]

§ 4º No tocante à cessão fiduciária de direitos sobre coisas móveis ou sobre títulos de crédito aplica-se, também, o disposto nos arts. 18 a 20 da Lei n. 9.514, de 20 de novembro de 1997.[6a-6b]

§ 5º Aplicam-se à alienação fiduciária e à cessão fiduciária de que trata esta Lei os arts. 1.421, 1.425, 1.426, 1.435 e 1.436 da Lei n. 10.406, de 10 de janeiro de 2002.

§ 6º Não se aplica à alienação fiduciária e à cessão fiduciária de que trata esta Lei o disposto no art. 644 da Lei n. 10.406, de 10 de janeiro de 2002.[7]

Art. 66-B: 1. "A alienação fiduciária em garantia e a lei de sociedades anônimas", por Paulo Restiffe Neto e Paulo Sérgio Restiffe (RT 764/60).

Art. 66-B: 1a. v. ementário de jurisprudência s/ alienação fiduciária, por Arruda Alvim e Antonio Alberti Neto, em RP 39/328.

Art. 66-B: 1b. s/ penhora de bem alienado fiduciariamente, v., no CPCLPV, CPC 833, nota 11 (inclusive Súmula 242 do TFR); s/ embargos de terceiro opostos pelo proprietário fiduciante, v., no CPCLPV, CPC 674, nota 12; s/ registro do contrato de alienação fiduciária, v. CC 1.361 e LRP 129-5º.

Art. 66-B: 1c. **Súmula 28 do STJ:** "O contrato de alienação fiduciária em garantia pode ter por objeto **bem que já integrava o patrimônio do devedor"** (v. jurisprudência s/ esta Súmula em RSTJ 33/165 a 216).

Art. 66-B: 2. "Em caso de simulação bilateral em negócio de mútuo, com suposto de alienação fiduciária de **bem inexistente,** declara-se a nulidade deste, com a subsistência do empréstimo" (STJ-RT 677/233).

Se o depósito é fictício, por não existir em realidade a coisa, descabe pedido de prisão do devedor (JTA 59/114).

Art. 66-B: 2a. **Lei 4.595, de 31.12.64** — Dispõe sobre a Política e as Instituições monetárias, bancárias e creditícias, cria o Conselho Monetário Nacional e dá outras providências: **"Art. 17.** Consideram-se instituições financeiras, para os efeitos da legislação em vigor, as pessoas jurídicas públicas ou privadas, que tenham como atividade principal ou acessória a coleta, intermediação ou aplicação de recursos financeiros próprios ou de terceiros, em moeda nacional ou estrangeira, e a custódia de valor de propriedade de terceiros.

"Parágrafo único. Para os efeitos desta Lei e da legislação em vigor, equiparam-se às instituições financeiras as pessoas físicas que exerçam qualquer das atividades referidas neste artigo, de forma permanente ou eventual.

"Art. 18. As instituições financeiras somente poderão funcionar no País mediante prévia autorização do Banco Central da República do Brasil ou decreto do Poder Executivo, quando forem estrangeiras (...)".

O Banco Central da República Federativa do Brasil passou a denominar-se Banco Central do Brasil, conforme o art. 1º do Dec. lei 278, de 28.2.67.

Art. 66-B: 2b. "A jurisprudência predominante, inclusive a do Pretório Excelso, consolidou entendimento segundo o qual qualquer instituição financeira em sentido amplo, entre as quais as entidades bancárias que não são sociedades financeiras, pode utilizar-se da alienação fiduciária para garantia de seus financiamentos concedidos" (STJ-RT 660/211, maioria).

Art. 66-B: 3. É legal a exigência de prova, sob pena de extinção liminar do processo, de que a autora se encontra regularmente registrada perante o Banco Central do Brasil como instituição financeira (JTA 104/37).

Art. 66-B: 3a. **Súmula 6 do 1º TASP (Consórcio):** "Os consórcios de financiamento, regularmente constituídos, podem efetuar financiamentos mediante a alienação fiduciária de bens em garantia e, por consequência, requerer a busca e apreensão, nos termos do Dec. lei n. 911/69" (RT 624/100 e JTA 97/9, reportando-se a JTA 64/160).

"Alienação fiduciária em garantia. Lícita a utilização dessa garantia nas operações de consórcio, regularmente constituído na forma da Lei 5.768/71, dependentes de autorização do Poder Público para funcionamento e sujeitas a sua fiscalização" (RSTJ 9/358).

Art. 66-B: 4. **CDC 53-*caput*:** "Nos contratos de compra e venda de móveis ou imóveis mediante pagamento em prestações, bem como nas alienações fiduciárias em garantia, consideram-se nulas de pleno direito as cláusulas que estabeleçam a perda total das prestações pagas em benefício do credor que, em razão do inadimplemento, pleitear a resolução do contrato e a retomada do produto alienado".

Art. 66-B: 5. O segundo depósito é nulo, não autorizando, por isso, ação de depósito (RTJ 94/1.253).

Art. 66-B: 5a. Pena: reclusão, de um a cinco anos, e multa.

Art. 66-B: 5b. **Súmula Vinculante 25 do STF:** "É ilícita a prisão civil de depositário infiel, qualquer que seja a modalidade do depósito".

Art. 66-B: 6. "A **exigência de registro,** para efeito de constituição da propriedade fiduciária, **não se faz presente** no tratamento legal ofertado pela Lei n. 4.728/95, em seu art. 66-B (introduzido pela Lei n. 10.931/2004) à cessão fiduciária de direitos sobre coisas móveis, bem como de títulos de crédito (bens incorpóreos e fungíveis, por excelência), tampouco com ela se coaduna. A constituição da propriedade fiduciária, oriunda de cessão fiduciária de direitos sobre coisas móveis e de títulos de crédito, dá-se a partir da própria contratação, afigurando-se, desde então, plenamente válida e eficaz entre as partes. A consecução do registro do contrato, no tocante à garantia ali inserta, afigura-se relevante, quando muito, para produzir efeitos em relação a terceiros, dando-lhes a correlata publicidade. Efetivamente, todos os direitos e prerrogativas conferidas ao credor fiduciário, decorrentes da cessão fiduciária, devidamente explicitados na lei (tais como, o direito de posse do título, que pode ser conservado e recuperado 'inclusive contra o próprio cedente'; o direito de 'receber diretamente dos devedores os créditos cedidos fiduciariamente', a outorga do uso de todas as ações e instrumentos, judiciais e extrajudiciais, para receber os créditos cedidos, entre outros) são exercitáveis imediatamente à contratação da garantia, independente de seu registro. Por consectário, absolutamente descabido reputar constituída a obrigação principal (mútuo bancário, representado pela cédula de crédito bancário emitida em favor da instituição financeira) e, ao mesmo tempo, considerar pendente de formalização a indissociável garantia àquela, condicionando a existência desta última ao posterior registro" (STJ-3ª T., REsp 1.412.529, Min. Marco Bellizze, j. 17.12.15, maioria, DJ 2.3.16).

Art. 66-B: 6a. v., adiante, neste tít., **Lei 9.514, de 20.11.97** (Dispõe sobre o Sistema de Financiamento Imobiliário, institui a alienação fiduciária de coisa imóvel e dá outras providências).

Art. 66-B: 6b. "Dos termos do art. 18, IV, e 19, I, da Lei n. Lei n. 9.514/1997, ressai absolutamente claro que a cessão fiduciária sobre títulos de créditos opera a transferência da titularidade dos créditos cedidos. Ou seja, **o objeto da cessão fiduciária são os direitos creditórios** que hão de estar **devidamente especificados** no instrumento contratual, **e não o título,** o qual apenas os representa. Por meio da cessão fiduciária de direitos creditórios, representados pelos correlatos títulos, o devedor fiduciante, a partir da contratação, cede 'seus recebíveis' à instituição financeira (credor fiduciário), como garantia ao mútuo bancário, que, inclusive, poderá apoderar-se diretamente do crédito constante em conta vinculada ('trava bancária') ou receber o respectivo pagamento diretamente do terceiro (devedor do devedor fiduciante). Por consectário, em atenção à própria natureza do direito creditício sobre o qual recai a garantia fiduciária — bem incorpóreo e fungível, por excelência —, sua identificação no respectivo contrato, naturalmente, referir-se-á à mensuração do valor constante da conta vinculada ou dos 'recebíveis', cedidos em garantia ao débito proveniente do mútuo bancário e representados por títulos de crédito. A exigência de especificação do título representativo do crédito, como requisito formal à conformação do negócio fiduciário, além de não possuir previsão legal — o que, por si, obsta a adoção de uma interpretação judicial ampliativa — cede a uma questão de ordem prática incontornável. Por ocasião da realização da cessão fiduciária, afigura-se absolutamente possível que o título representativo do crédito cedido não tenha sido nem sequer emitido, a inviabilizar, desde logo, sua determinação no contrato. Registre-se, inclusive, que a lei especial de regência (Lei n. 10.931/2004, que disciplina a cédula de crédito bancário) é expressa em admitir que a cessão fiduciária em garantia da cédula de crédito bancário recaia sobre um crédito futuro (a performar), o que, *per si*, inviabiliza a especificação do correlato título (já que ainda não emitido)" (STJ-3ª T., REsp 1.797.196, Min. Marco Bellizze, j. 9.4.19, DJ 12.4.19).

Art. 66-B: 7. O art. 66-B foi acrescido pela Lei 10.931, de 2.8.04.

Art. 83. A presente Lei entra em vigor na data de sua publicação.

Art. 84. Revogam-se as disposições em contrário.

Brasília, 14 de julho de 1965; 144º da Independência e 77º da República — H. CASTELLO BRANCO.

Alienação Fiduciária

Decreto-lei n. 911, de 1º de outubro de 1969[1-2]

Altera a redação do art. 66, da Lei n. 4.728, de 14 de julho de 1965, estabelece normas de processo sobre alienação fiduciária e dá outras providências.

Os Ministros da Marinha de Guerra, do Exército e da Aeronáutica Militar, usando das atribuições que lhes confere o art. 1º do Ato Institucional n. 12, de 31 de agosto de 1969, combinado com o § 1º do art. 2º do Ato Institucional n. 5, de 13 de dezembro de 1968, decretam:

DEC. LEI 911: 1. **As notas a este Dec. lei podem ser lidas no nosso CPCLPV.**

DEC. LEI 911: 2. s/ propriedade fiduciária, v. CC 1.361 a 1.368.

Art. 1º .... [1]

Art. 1º: 1. O art. 1º do Dec. lei 911 deu nova redação ao art. 66 da Lei 4.728, de 14.7.65, que dispunha sobre alienação fiduciária de coisa móvel. Este, todavia, foi expressamente revogado pelo art. 67 da Lei 10.931, de 2.8.04.

Art. 2º (*redação da Lei 13.043, de 13.11.14*) No caso de inadimplemento ou mora[1] nas obrigações contratuais garantidas mediante alienação fiduciária, o proprietário fiduciário ou credor poderá vender a coisa a terceiros, independentemente de leilão, hasta pública, avaliação prévia ou qualquer outra medida judicial ou extrajudicial, salvo disposição expressa em contrário prevista no contrato, devendo aplicar o preço da venda no pagamento de seu crédito e das despesas decorrentes e entregar ao devedor o saldo apurado, se houver, com a devida prestação de contas.

§ 1º O crédito a que se refere o presente artigo abrange o principal, juros e comissões, além das taxas, cláusula penal e correção monetária, quando expressamente convencionados pelas partes.

§ 2º (*redação da Lei 13.043, de 13.11.14*) A mora decorrerá do simples vencimento do prazo para pagamento e poderá ser comprovada por carta registrada com aviso de recebimento, não se exigindo que a assinatura constante do referido aviso seja a do próprio destinatário.

§ 3º A mora e o inadimplemento de obrigações contratuais garantidas por alienação fiduciária, ou a ocorrência legal ou convencional de algum dos casos de antecipação de vencimento da dívida facultarão ao credor considerar, de pleno direito, vencidas todas as obrigações contratuais, independentemente de aviso ou notificação judicial ou extrajudicial.

§ 4º (*redação da Lei 13.043, de 13.11.14*) Os procedimentos previstos no *caput* e no seu § 2º aplicam-se às operações de arrendamento mercantil previstas na forma da Lei n. 6.099, de 12 de setembro de 1974.

Art. 2º: 1. v. §§ 2º e 3º; s/ mora, v. CC 394 a 401.

Art. 3º (*redação da Lei 13.043, de 13.11.14*) O proprietário fiduciário ou credor poderá, desde que comprovada a mora, na forma estabelecida pelo § 2º do art. 2º, ou o inadimplemento, requerer contra o devedor ou terceiro a busca e apreensão do bem alienado fiduciariamente, a qual será concedida liminarmente, podendo ser apreciada em plantão judiciário.

§ 1º (*redação da Lei 10.931, de 2.8.04*) Cinco dias após executada a liminar mencionada no *caput*, consolidar-se-ão a propriedade e a posse plena e exclusiva do bem no patrimônio do credor fiduciário, cabendo às repartições competentes, quando for o caso, expedir novo certificado de registro de propriedade em nome do credor, ou de terceiro por ele indicado, livre do ônus da propriedade fiduciária.

§ 2º (*redação da Lei 10.931, de 2.8.04*) No prazo do § 1º, o devedor fiduciante poderá pagar a integralidade da dívida pendente, segundo os valores apresentados pelo credor fiduciário na inicial, hipótese na qual o bem lhe será restituído livre do ônus.

§ 3º (*redação da Lei 10.931, de 2.8.04*) O devedor fiduciante apresentará resposta no prazo de quinze dias da execução da liminar.

§ 4º (*redação da Lei 10.931, de 2.8.04*) A resposta poderá ser apresentada ainda que o devedor tenha se utilizado da faculdade do § 2º, caso entenda ter havido pagamento a maior e desejar restituição.

§ 5º (*redação da Lei 10.931, de 2.8.04*) Da sentença cabe apelação apenas no efeito devolutivo.

§ 6º (*redação da Lei 10.931, de 2.8.04*) Na sentença que decretar a improcedência da ação de busca e apreensão, o juiz condenará o credor fiduciário ao pagamento de multa, em favor do devedor fiduciante, equivalente a cinquenta por cento do valor originalmente financiado, devidamente atualizado, caso o bem já tenha sido alienado.

§ 7º (*redação da Lei 10.931, de 2.8.04*) A multa mencionada no § 6º não exclui a responsabilidade do credor fiduciário por perdas e danos.

§ 8º (*redação da Lei 10.931, de 2.8.04*) A busca e apreensão prevista no presente artigo constitui processo autônomo e independente de qualquer procedimento posterior.

§ 9º (*redação da Lei 13.043, de 13.11.14*) Ao decretar a busca e apreensão de veículo, o juiz, caso tenha acesso à base de dados do Registro Nacional de Veículos Automotores — RENAVAM, inserirá diretamente a restrição judicial na base de dados do Renavam, bem como retirará tal restrição após a apreensão.

§ 10 (*redação da Lei 13.043, de 13.11.14*). Caso o juiz não tenha acesso à base de dados prevista no § 9º, deverá oficiar ao departamento de trânsito competente para que:

I (*redação da Lei 13.043, de 13.11.14*) — registre o gravame referente à decretação da busca e apreensão do veículo; e

II (*redação da Lei 13.043, de 13.11.14*) — retire o gravame após a apreensão do veículo.

§ 11 (*redação da Lei 13.043, de 13.11.14*). O juiz também determinará a inserção do mandado a que se refere o § 9º em banco próprio de mandados.

§ 12 (*redação da Lei 13.043, de 13.11.14*). A parte interessada poderá requerer diretamente ao juízo da comarca onde foi localizado o veículo com vistas à sua apreensão, sempre que o bem estiver em comarca distinta daquela da tramitação da ação, bastando que em tal requerimento conste a cópia da petição inicial da ação e, quando for o caso, a cópia do despacho que concedeu a busca e apreensão do veículo.

§ 13 (*redação da Lei 13.043, de 13.11.14*). *A apreensão do veículo será imediatamente comunicada ao juízo, que* intimará a instituição financeira para retirar o veículo do local depositado no prazo máximo de 48 (quarenta e oito) horas.

§ 14 (*redação da Lei 13.043, de 13.11.14*). O devedor, por ocasião do cumprimento do mandado de busca e apreensão, deverá entregar o bem e seus respectivos documentos.

§ 15 (*redação da Lei 13.043, de 13.11.14*). As disposições deste artigo aplicam-se no caso de reintegração de posse de veículos referente às operações de arrendamento mercantil previstas na Lei n. 6.099, de 12 de setembro de 1974.

Art. 4º (*redação da Lei 13.043, de 13.11.14*) Se o bem alienado fiduciariamente não for encontrado ou não se achar na posse do devedor, fica facultado ao credor requerer, nos mesmos autos, a conversão do pedido de busca e apreensão em ação executiva, na forma prevista no Capítulo II do Livro II da Lei n. 5.869, de 11 de janeiro de 1973 — Código de Processo Civil.[1]

Art. 4º: 1. i. e., conversão em execução para a entrega de coisa (CPC 807 e segs.).

Art. 5º (*redação da Lei 13.043, de 13.11.14*) Se o credor preferir recorrer à ação executiva, direta ou a convertida na forma do art. 4º, ou, se for o caso, ao executivo fiscal, serão penhorados, a critério do autor da ação, bens do devedor quantos bastem para assegurar a execução.

Art. 6º O avalista, fiador ou terceiro interessado que pagar a dívida do alienante ou devedor, se sub-rogará,[1] de pleno direito, no crédito e na garantia constituída pela alienação fiduciária.

Art. 6º: 1. v. CC 346 a 351.

Art. 6º-A (*redação da Lei 13.043, de 13.11.14*). O pedido de recuperação judicial ou extrajudicial pelo devedor nos termos da Lei n. 11.101, de 9 de fevereiro de 2005, não impede a distribuição e a busca e apreensão do bem.

Art. 7º Na falência do devedor alienante, fica assegurado ao credor ou proprietário fiduciário o direito de pedir, na forma prevista na lei, a restituição do bem alienado fiduciariamente.

Parágrafo único. Efetivada a restituição, o proprietário fiduciário agirá na forma prevista neste decreto-lei.

Art. 7º-A (*redação da Lei 13.043, de 13.11.14*). Não será aceito bloqueio judicial de bens constituídos por alienação fiduciária nos termos deste Decreto-Lei, sendo que qualquer discussão sobre concursos de preferências deverá ser resolvida pelo valor da venda do bem, nos termos do art. 2º.

Art. 8º O Conselho Nacional de Trânsito, no prazo máximo de 60 dias, a contar da vigência do presente decreto-lei, expedirá normas regulamentares relativas à alienação fiduciária de veículos automotores.

Art. 8º-A. O procedimento judicial disposto neste Decreto-lei aplica-se exclusivamente às hipóteses da Seção XIV da Lei n. 4.728, de 14 de julho de 1965, ou quando o ônus da propriedade fiduciária tiver sido constituído para fins de garantia de débito fiscal ou previdenciário.[1]

Art. 8º-A: 1. Art. 8º-A acrescido pela Lei 10.931, de 2.8.04.

Art. 9º O presente Decreto-lei entrará em vigor na data de sua publicação, aplicando-se, desde logo, aos processos em curso, revogadas as disposições em contrário.

Brasília, 1º de outubro de 1969; 148º da Independência e 81º da República — AUGUSTO HAMANN RADEMAKER GRÜNEWALD — AURÉLIO DE LYRA TAVARES — MÁRCIO DE SOUZA E MELLO — **Luís Antônio da Gama e Silva — Antônio Delfim Netto.**

Lei n. 9.514, de 20 de novembro de 1997

Dispõe sobre o Sistema de Financiamento Imobiliário, institui a alienação fiduciária[1-2] de coisa imóvel e dá outras providências.

O Presidente da República

Faço saber que o Congresso Nacional decreta e eu sanciono a seguinte lei:

LEI 9.514: 1. s/ propriedade fiduciária, v. CC 1.361 a 1.368.

✎ LEI 9.514: 2. "Aspectos da alienação fiduciária de coisa imóvel", por Paulo Eduardo Fucci (RT 753/80); "Alienação fiduciária de coisa imóvel", por Ernane Fidélis dos Santos (RJ 261/21); "Alguns aspectos do regime jurídico do sistema financeiro imobiliário (Lei n. 9.514/97)", por Arnoldo Wald (RF 359/29); "A execução extrajudicial de créditos do Sistema de Financiamento Imobiliário", por Samir José Caetano Martins (RDDP 41/123).

Capítulo I | DO SISTEMA DE FINANCIAMENTO IMOBILIÁRIO

Seção I | DA FINALIDADE

Art. 1º O Sistema de Financiamento Imobiliário — SFI tem por finalidade promover o financiamento imobiliário em geral, segundo condições compatíveis com as da formação dos fundos respectivos.

Seção II | DAS ENTIDADES

Art. 2º Poderão operar no SFI as caixas econômicas, os bancos comerciais, os bancos de investimento, os bancos com carteira de crédito imobiliário, as sociedades de crédito imobiliário, as associações de poupança e empréstimo, as companhias hipotecárias e, a critério do Conselho Monetário Nacional — CMN, outras entidades.

Art. 3º As companhias securitizadoras de créditos imobiliários, instituições não financeiras constituídas sob a forma de sociedade por ações, terão por finalidade a aquisição e securitização desses créditos e a emissão e colocação, no mercado financeiro, de Certificados de Recebíveis Imobiliários,[1] podendo emitir outros títulos de crédito, realizar negócios e prestar serviços compatíveis com as suas atividades.

Parágrafo único. O Conselho Monetário Nacional — CMN poderá fixar condições para o funcionamento das companhias de que trata este artigo.[2]

Art. 3º: 1. v. art. 6º.

Art. 3º: 2. **Lei 13.097, de 19.1.15: "Art. 169.** Ficam **revogados:** (...) **IV** — após o decurso de 180 (cento e oitenta dias) da data de publicação desta Lei, o parágrafo único do art. 3º da Lei n. 9.514, de 20 de novembro de 1997". **Nota:** a Lei 13.097, de 19.1.15, foi publicada no DOU de 20.1.15.

Seção III | DO FINANCIAMENTO IMOBILIÁRIO

Art. 4º As operações de financiamento imobiliário em geral serão livremente efetuadas pelas entidades autorizadas a operar no SFI, segundo condições de mercado e observadas as prescrições legais.

Parágrafo único. Nas operações de que trata este artigo, poderão ser empregados recursos provenientes da captação nos mercados financeiro e de valores mobiliários, de acordo com a legislação pertinente.

Art. 5º As operações de financiamento imobiliário em geral, no âmbito do SFI, serão livremente pactuadas pelas partes, observadas as seguintes condições essenciais:

I — reposição integral do valor emprestado e respectivo reajuste;

II — remuneração do capital emprestado às taxas convencionadas no contrato;

III — capitalização dos juros;[1]

IV — contratação, pelos tomadores de financiamento, de seguros contra os riscos de morte e invalidez permanente.

§ 1º As partes poderão estabelecer os critérios do reajuste de que trata o inciso I, observada a legislação vigente.[2]

§ 2º (*redação da Lei 10.931, de 2.8.04*) As operações de comercialização de imóveis, com pagamento parcelado, de arrendamento mercantil de imóveis e de financiamento imobiliário em geral poderão ser pactuadas nas mesmas condições permitidas para as entidades autorizadas a operar no SFI.

§ 3º Na alienação de unidades em edificação sob o regime da Lei n. 4.591, de 16 de dezembro de 1964,[3] a critério do adquirente e mediante informação obrigatória do incorporador, poderá ser contratado seguro que garanta o ressarcimento ao adquirente das quantias por este pagas, na hipótese de inadimplemento do incorporador ou construtor quanto à entrega da obra.

Art. 5º: 1. v. art. 7º-VIII.

Art. 5º: 2. O § 1º do art. 5º foi revogado pela Med. Prov. 2.223, de 4.9.01, por sua vez revogada pela Lei 10.931, de 2.8.04.

Art. 5º: 3. Lei 4.591: no tít. CONDOMÍNIO E INCORPORAÇÃO.

Seção IV | DO CERTIFICADO DE RECEBÍVEIS IMOBILIÁRIOS

Art. 6º O Certificado de Recebíveis Imobiliários — CRI é título de crédito nominativo, de livre negociação, lastreado em créditos imobiliários e constitui promessa de pagamento em dinheiro.

Parágrafo único. O CRI é de emissão exclusiva das companhias securitizadoras.

Art. 7º O CRI terá as seguintes características:

I — nome da companhia emitente;

II — número de ordem, local e data de emissão;

III — denominação "Certificado de Recebíveis Imobiliários";

IV — forma escritural;

V — nome do titular;

VI — valor nominal;

VII — data de pagamento ou, se emitido para pagamento parcelado, discriminação dos valores e das datas de pagamento das diversas parcelas;

VIII — taxa de juros, fixa ou flutuante, e datas de sua exigibilidade, admitida a capitalização;[1]

IX — cláusula de reajuste,[2] observada a legislação pertinente;

X — lugar de pagamento;

XI — identificação do Termo de Securitização de Créditos que lhe tenha dado origem.

§ 1º O registro e a negociação do CRI far-se-ão por meio de sistemas centralizados de custódia e liquidação financeira de títulos privados.

§ 2º O CRI poderá ter, conforme dispuser o Termo de Securitização de Créditos,[3] garantia flutuante, que lhe assegurará privilégio geral sobre o ativo da companhia securitizadora, mas não impedirá a negociação dos bens que compõem esse ativo.

Art. 7º: 1. v. art. 5º-III.

Art. 7º: 2. v. art. 36.

Art. 7º: 3. v. art. 8º.

Seção V | DA SECURITIZAÇÃO DE CRÉDITOS IMOBILIÁRIOS[1]

SEÇ. V: 1. "Securitização de créditos imobiliários", por Arthur Rios Júnior (RJ-Lex 57/180).

Art. 8º A securitização de créditos imobiliários é a operação pela qual tais créditos são expressamente vinculados à emissão de uma série de títulos de crédito, mediante Termo de Securitização de Créditos, lavrado por uma companhia securitizadora, do qual constarão os seguintes elementos:[1]

I (*redação da Lei 10.931, de 2.8.04*) — a identificação do devedor e o valor nominal de cada crédito que lastreie a emissão, com a individuação do imóvel a que esteja vinculado e a indicação do Cartório de Registro de Imóveis em que esteja registrado e respectiva matrícula, bem como a indicação do ato pelo qual o crédito foi cedido;

II — a identificação dos títulos emitidos;

III — a constituição de outras garantias de resgate dos títulos da série emitida, se for o caso.

Parágrafo único. Será permitida a securitização de créditos oriundos da alienação de unidades em edificação sob regime de incorporação nos moldes da Lei n. 4.591, de 16 de dezembro de 1964.

Art. 8º: 1. s/ cláusula de reajuste, v. art. 36.

Seção VI | DO REGIME FIDUCIÁRIO

Art. 9º A companhia securitizadora poderá instituir regime fiduciário sobre créditos imobiliários, a fim de lastrear a emissão de Certificados de Recebíveis Imobiliários, sendo agente fiduciário uma instituição financeira ou companhia autorizada para esse fim pelo BACEN e beneficiários os adquirentes dos títulos lastreados nos recebíveis objeto desse regime.

Art. 10. O regime fiduciário será instituído mediante declaração unilateral da companhia securitizadora no contexto do Termo de Securitização de Créditos, que, além de conter os elementos de que trata o art. 8º, submeter-se-á às seguintes condições:

I — a constituição do regime fiduciário sobre os créditos que lastreiem a emissão;

II — a constituição de patrimônio separado, integrado pela totalidade dos créditos submetidos ao regime fiduciário que lastreiem a emissão;

III — a afetação dos créditos como lastro da emissão da respectiva série de títulos;

IV — a nomeação do agente fiduciário, com a definição de seus deveres, responsabilidades e remuneração, bem como as hipóteses, condições e forma de sua destituição ou substituição e as demais condições de sua atuação;

V — a forma de liquidação do patrimônio separado.

Parágrafo único. O Termo de Securitização de Créditos, em que seja instituído o regime fiduciário, será averbado nos Registros de Imóveis em que estejam matriculados os respectivos imóveis.

Art. 11. Os créditos objeto do regime fiduciário:

I — constituem patrimônio separado, que não se confunde com o da companhia securitizadora;

II — manter-se-ão apartados do patrimônio da companhia securitizadora até que se complete o resgate de todos os títulos da série a que estejam afetados;

III — destinam-se exclusivamente à liquidação dos títulos a que estiverem afetados, bem como ao pagamento dos respectivos custos de administração e de obrigações fiscais;

IV — estão isentos de qualquer ação ou execução pelos credores da companhia securitizadora;

V — não são passíveis de constituição de garantias ou de excussão por quaisquer dos credores da companhia securitizadora, por mais privilegiados que sejam;

VI — só responderão pelas obrigações inerentes aos títulos a ele[1] afetados.

§ 1º No Termo de Securitização de Créditos, poderá ser conferido aos beneficiários e demais credores do patrimônio separado, se este se tornar insuficiente, o direito de haverem seus créditos contra o patrimônio da companhia securitizadora.

§ 2º Uma vez assegurado o direito de que trata o parágrafo anterior, a companhia securitizadora, sempre que se verificar insuficiência do patrimônio separado, promoverá a respectiva recomposição, mediante aditivo ao Termo de Securitização de Créditos, nele incluindo outros créditos imobiliários, com observância dos requisitos previstos nesta seção.

§ 3º A realização dos direitos dos beneficiários limitar-se-á aos créditos imobiliários integrantes do patrimônio separado, salvo se tiverem sido constituídas garantias adicionais por terceiros.

Art. 11: 1. *sic* (devia ser "eles").

Art. 12. Instituído o regime fiduciário, incumbirá à companhia securitizadora administrar cada patrimônio separado, manter registros contábeis independentes em relação a cada um deles e elaborar e publicar as respectivas demonstrações financeiras.

Parágrafo único. A totalidade do patrimônio da companhia securitizadora responderá pelos prejuízos que esta causar por descumprimento de disposição legal ou regulamentar, por negligência ou administração temerária ou, ainda, por desvio da finalidade do patrimônio separado.

Art. 13. Ao agente fiduciário são conferidos poderes gerais de representação da comunhão dos beneficiários, inclusive os de receber e dar quitação, incumbindo-lhe:

I — zelar pela proteção dos direitos e interesses dos beneficiários, acompanhando a atuação da companhia securitizadora na administração do patrimônio separado;

II — adotar as medidas judiciais ou extrajudiciais necessárias à defesa dos interesses dos beneficiários, bem como à realização dos créditos afetados ao patrimônio separado, caso a companhia securitizadora não o faça;

III — exercer, na hipótese de insolvência da companhia securitizadora, a administração do patrimônio separado;

IV — promover, na forma em que dispuser o Termo de Securitização de Créditos, a liquidação do patrimônio separado;

V — executar os demais encargos que lhe forem atribuídos no Termo de Securitização de Créditos.

§ 1º O agente fiduciário responderá pelos prejuízos que causar por descumprimento de disposição legal ou regulamentar, por negligência ou administração temerária.

§ 2º Aplicam-se ao agente fiduciário os mesmos requisitos e incompatibilidades impostos pelo art. 66 da Lei n. 6.404, de 15 de dezembro de 1976.[1]

Art. 13: 1. **Lei 6.404, de 15.12.76 (LSA): "Art. 66.** O agente fiduciário será nomeado e deverá aceitar a função na escritura de emissão das debêntures.

"§ 1º Somente podem ser nomeados agentes fiduciários as pessoas naturais que satisfaçam aos requisitos para o exercício de cargo em órgão de administração da companhia e as instituições financeiras que, especialmente autorizadas pelo Banco Central do Brasil, tenham por objeto a administração ou a custódia de bens de terceiros.

"§ 2º A Comissão de Valores Mobiliários poderá estabelecer que nas emissões de debêntures negociadas no mercado o agente fiduciário, ou um dos agentes fiduciários, seja instituição financeira.

"§ 3º Não pode ser agente fiduciário:

"a) (*redação da Lei 12.431, de 27.6.11*) pessoa que já exerça a função em outra emissão da mesma companhia, a menos que autorizado, nos termos das normas expedidas pela Comissão de Valores Mobiliários;

"b) instituição financeira coligada à companhia emissora ou à entidade que subscreva a emissão para distribuí-la no mercado, e qualquer sociedade por elas controlada;

"c) credor, por qualquer título, da sociedade emissora, ou sociedade por ele controlada;

"d) instituição financeira cujos administradores tenham interesse na companhia emissora;

"e) pessoa que, de qualquer outro modo, se coloque em situação de conflito de interesses pelo exercício da função.

"§ 4º O agente fiduciário que, por circunstâncias posteriores à emissão, ficar impedido de continuar a exercer a função deverá comunicar imediatamente o fato aos debenturistas e pedir sua substituição".

Art. 14. A insuficiência dos bens do patrimônio separado não dará causa à declaração de sua quebra, cabendo, nessa hipótese, ao agente fiduciário convocar assembleia geral dos beneficiários para deliberar sobre as normas de administração ou liquidação do patrimônio separado.

§ 1º Na hipótese de que trata este artigo, a assembleia geral estará legitimada a adotar qualquer medida pertinente à administração ou liquidação do patrimônio separado, inclusive a transferência dos bens e direitos dele integrantes para outra entidade que opere no SFI, a forma de liquidação do patrimônio e a nomeação do liquidante.

§ 2º A assembleia geral, convocada mediante edital publicado por três vezes, com antecedência de vinte dias, em jornal de grande circulação na praça em que tiver sido feita a emissão dos títulos, instalar-se-á, em primeira convocação, com a presença de beneficiários que representem, pelo menos, dois terços do valor global dos títulos e, em segunda convocação, com qualquer número, sendo válidas as deliberações tomadas pela maioria absoluta desse capital.

Art. 15. No caso de insolvência da companhia securitizadora, o agente fiduciário assumirá imediatamente a custódia e administração dos créditos imobiliários integrantes do patrimônio separado e convocará a assembleia geral dos beneficiários para deliberar sobre a forma de administração, observados os requisitos estabelecidos no § 2º do art. 14.

Parágrafo único. A insolvência da companhia securitizadora não afetará os patrimônios separados que tenha constituído.

Art. 16. Extinguir-se-á o regime fiduciário de que trata esta seção pelo implemento das condições a que esteja submetido, na conformidade do Termo de Securitização de Créditos que o tenha instituído.

§ 1º Uma vez satisfeitos os créditos dos beneficiários e extinto o regime fiduciário, o agente fiduciário fornecerá, no prazo de três dias úteis, à companhia securitizadora, termo de quitação, que servirá para baixa, nos competentes Registros de Imóveis, da averbação que tenha instituído o regime fiduciário.

§ 2º A baixa de que trata o parágrafo anterior importará na reintegração ao patrimônio comum da companhia securitizadora dos recebíveis imobiliários que sobejarem.

§ 3º (*redação da Lei 10.931, de 2.8.04*) Os emolumentos devidos aos Cartórios de Registros de Imóveis para cancelamento do regime fiduciário e das garantias reais existentes serão cobrados como ato único.

Seção VII | DAS GARANTIAS

Art. 17. As operações de financiamento imobiliário em geral poderão ser garantidas por:

I — hipoteca;

II — cessão fiduciária[1] de direitos creditórios decorrentes de contratos de alienação de imóveis;

III — caução de direitos[2] creditórios ou aquisitivos decorrentes de contratos de venda ou promessa de venda de imóveis;

IV — alienação fiduciária de coisa imóvel.

§ 1º As garantias a que se referem os incisos II, III e IV deste artigo constituem direito real sobre os respectivos objetos.

§ 2º Aplicam-se à caução dos direitos creditórios a que se refere o inciso III deste artigo as disposições dos arts. 789 a 795 do Código Civil.[2a]

§ 3º As operações do SFI que envolvam locação poderão ser garantidas suplementarmente por anticrese.[3]

Art. 17: 1. v. art. 18; LRP 167-II-8.

Art. 17: 2. v. art. 21; LRP 167-II-8.

Art. 17: 2a. Os arts. 789 a 795 do CC rev. correspondem ao CC 1.459 e 1.460. V. tb. CC 1.458.

Art. 17: 3. v. CC 1.506 a 1.510 (CC rev. 805 a 808).

Art. 18. O contrato de cessão fiduciária em garantia[1] opera a transferência ao credor da titularidade dos créditos cedidos, até a liquidação da dívida garantida, e conterá, além de outros elementos, os seguintes:

I — o total da dívida ou sua estimativa;

II — o local, a data e a forma de pagamento;

III — a taxa de juros;

IV — a identificação dos direitos creditórios objeto da cessão fiduciária.[2]

Art. 18: 1. v. art. 35.

Art. 18: 2. v., neste tít., Lei 4.728/65, art. 66-B, nota 6b.

Art. 19. Ao credor fiduciário compete o direito de:

I — conservar e recuperar a posse dos títulos representativos dos créditos cedidos, contra qualquer detentor, inclusive o próprio cedente;

II — promover a intimação dos devedores que não paguem ao cedente, enquanto durar a cessão fiduciária;

III — usar das ações, recursos e execuções, judiciais e extrajudiciais, para receber os créditos cedidos e exercer os demais direitos conferidos ao cedente no contrato de alienação do imóvel;

IV — receber diretamente dos devedores os créditos cedidos fiduciariamente.

§ 1º As importâncias recebidas na forma do inciso IV deste artigo, depois de deduzidas as despesas de cobrança e de administração, serão creditadas ao devedor cedente, na operação objeto da cessão fiduciária, até final liquidação da dívida e encargos, responsabilizando-se o credor fiduciário perante o cedente, como depositário, pelo que receber além do que este lhe devia.

§ 2º Se as importâncias recebidas, a que se refere o parágrafo anterior, não bastarem para o pagamento integral da dívida e seus encargos, bem como das despesas de cobrança e de administração daqueles créditos, o devedor continuará obrigado a resgatar o saldo remanescente nas condições convencionadas no contrato.

Art. 20. Na hipótese de falência do devedor cedente e se não tiver havido a tradição dos títulos representativos dos créditos cedidos fiduciariamente, ficará assegurada ao cessionário fiduciário a restituição na forma da legislação pertinente.

Parágrafo único. Efetivada a restituição, prosseguirá o cessionário fiduciário no exercício de seus direitos na forma do disposto nesta seção.

Art. 21. São suscetíveis de caução, desde que transmissíveis, os direitos aquisitivos sobre imóvel, ainda que em construção.

§ 1º O instrumento da caução, a que se refere este artigo, indicará o valor do débito e dos encargos e identificará o imóvel cujos direitos aquisitivos são caucionados.

§ 2º Referindo-se a caução a direitos aquisitivos de promessa de compra e venda cujo preço ainda não tenha sido integralizado, poderá o credor caucionário, sobrevindo a mora do promissário comprador, promover a execução do seu crédito ou efetivar, sob protesto, o pagamento do saldo da promessa.

§ 3º Se, nos termos do disposto no parágrafo anterior, o credor efetuar o pagamento, o valor pago, com todos os seus acessórios e eventuais penalidades, será adicionado à dívida garantida pela caução, ressalvado ao credor o direito de executar desde logo o devedor, inclusive pela parcela da dívida assim acrescida.

Capítulo II | DA ALIENAÇÃO FIDUCIÁRIA DE COISA IMÓVEL[1]

CAP. II: 1. "Alienação fiduciária de bem imóvel", por Álvaro Villaça Azevedo (RMDCPC 1/41).

Art. 22. A alienação fiduciária regulada por esta lei é o negócio jurídico pelo qual o devedor, ou fiduciante, com o escopo de garantia, contrata a transferência ao credor, ou fiduciário, da propriedade resolúvel de coisa imóvel.[1 a 1b]

§ 1º A alienação fiduciária poderá ser contratada por pessoa física ou jurídica, não sendo privativa das entidades que operam no SFI, podendo ter como objeto, além da propriedade plena:[2-2a]

I — bens enfitêuticos, hipótese em que será exigível o pagamento do laudêmio, se houver a consolidação do domínio útil no fiduciário;

II — o direito de uso especial para fins de moradia;

III — o direito real de uso, desde que suscetível de alienação;

IV — a propriedade superficiária.

§ 2º Os direitos de garantia instituídos nas hipóteses dos incisos III e IV do § 1º deste artigo ficam limitados à duração da concessão ou direito de superfície, caso tenham sido transferidos por período determinado.[3]

Art. 22: 1. v. LCE 31-A, nota 1 (incorporação imobiliária).

Art. 22: 1a. **Enunciado 325 do CEJ:** "É impenhorável, nos termos da Lei n. 8.009/90, o direito real de aquisição do devedor fiduciante".

Art. 22: 1b. "Alienação fiduciária de bem imóvel reconhecido como **bem de família.** Possibilidade. Não se pode concluir que o bem de família legal seja inalienável e, por conseguinte, que não possa ser alienado fiduciariamente por seu proprietário, se assim for de sua vontade, nos termos do art. 22 da Lei 9.514/97. Reconhecida, na espécie, a validade da cláusula que prevê a alienação fiduciária do bem de família, há que se admitir que o imóvel, após a consolidação da propriedade em nome do credor fiduciário, seja vendido, nos termos do art. 27 da já referida lei" (STJ-3ª T., REsp 1.677.015, Min. Nancy Andrighi, j. 28.8.18, maioria, DJ 6.9.18). No mesmo sentido: STJ-4ª T., REsp 1.559.348, Min. Luis Felipe, j. 18.6.19, DJ 5.8.19.

Art. 22: 2. O § 1º foi acrescido pela Lei 11.481, de 31.5.07.

Art. 22: 2a. "Muito embora a alienação fiduciária de imóveis tenha sido introduzida no ordenamento jurídico pela Lei 9.514/1997, que dispõe sobre o Sistema Financiamento Imobiliário, seu alcance ultrapassa os limites das transações relacionadas à aquisição de imóvel. A lei não exige que o contrato de alienação fiduciária de imóvel se vincule ao financiamento do próprio bem, de modo que é legítima a sua formalização como **garantia de toda e qualquer obrigação pecuniária"** (STJ-4ª T., Ag em REsp 1.307.645-AgInt, Min. Marco Buzzi, j. 23.4.19, DJ 26.4.19).

Art. 22: 3. O § 2º foi acrescido pela Lei 11.481, de 31.5.07.

Art. 23. Constitui-se a propriedade fiduciária de coisa imóvel mediante registro, no competente Registro de Imóveis,[1] do contrato que lhe serve de título.

Parágrafo único. Com a constituição da propriedade fiduciária, dá-se o desdobramento da posse, tornando-se o fiduciante possuidor direto e o fiduciário possuidor indireto da coisa imóvel.

Art. 23: 1. v. LRP 167-I-35.

Art. 24. O contrato que serve de título ao negócio fiduciário conterá:

I — o valor do principal da dívida;

II — o prazo e as condições de reposição do empréstimo ou do crédito do fiduciário;

III — a taxa de juros e os encargos incidentes;

IV — a cláusula de constituição da propriedade fiduciária, com a descrição do imóvel objeto da alienação fiduciária e a indicação do título e modo de aquisição;

V — a cláusula assegurando ao fiduciante, enquanto adimplente, a livre utilização, por sua conta e risco, do imóvel objeto da alienação fiduciária;

VI — a indicação, para efeito de venda em público leilão, do valor do imóvel e dos critérios para a respectiva revisão;

VII — a cláusula dispondo sobre os procedimentos de que trata o art. 27.

Parágrafo único (*acrescido pela Lei 13.465, de 11.7.17*). Caso o valor do imóvel convencionado pelas partes nos termos do inciso VI do *caput* deste artigo seja inferior ao utilizado pelo órgão competente como base de cálculo para a apuração do imposto sobre transmissão inter vivos, exigível por força da consolidação da propriedade em nome do credor fiduciário, este último será o valor mínimo para efeito de venda do imóvel no primeiro leilão.

Art. 25. Com o pagamento da dívida e seus encargos, resolve-se, nos termos deste artigo, a propriedade fiduciária do imóvel.

§ 1º No prazo de trinta dias, a contar da data de liquidação da dívida, o fiduciário fornecerá o respectivo termo de quitação ao fiduciante, sob pena de multa em favor deste, equivalente a meio por cento ao mês, ou fração, sobre o valor do contrato.

§ 2º À vista do termo de quitação de que trata o parágrafo anterior, o oficial do competente Registro de Imóveis efetuará o cancelamento do registro da propriedade fiduciária.

§ 3º (*revogado pela Lei 12.810, de 15.5.13*).

Art. 26. Vencida e não paga, no todo ou em parte, a dívida e constituído em mora[1] o fiduciante, consolidar-se-á, nos termos deste artigo, a propriedade do imóvel em nome do fiduciário.[2-2a]

§ 1º Para os fins do disposto neste artigo, o fiduciante, ou seu representante legal ou procurador regularmente constituído, será intimado, a requerimento do fiduciário, pelo oficial do competente Registro de Imóveis, a satisfazer, no prazo de quinze dias, a prestação vencida e as que se vencerem até a data do pagamento, os juros convencionais, as penalidades e os demais encargos contratuais, os encargos legais, inclusive tributos, as contribuições condominiais imputáveis ao imóvel, além das despesas de cobrança e de intimação.[3]

§ 2º O contrato definirá o prazo de carência após o qual será expedida a intimação.

§ 3º A intimação far-se-á pessoalmente ao fiduciante, ou ao seu representante legal ou ao procurador regularmente constituído, podendo ser promovida, por solicitação do oficial do Registro de Imóveis, por oficial de Registro de Títulos e Documentos da comarca da situação do imóvel ou do domicílio de quem deva recebê-la, ou pelo correio, com aviso de recebimento.[3a]

§ 3º-A (*acrescido pela Lei 13.465, de 11.7.17*) Quando, por duas vezes, o oficial de registro de imóveis ou de registro de títulos e documentos ou o serventuário por eles credenciado houver procurado o intimando em seu domicílio ou residência sem o encontrar, deverá, havendo suspeita motivada de ocultação, intimar qualquer pessoa da família ou, em sua falta, qualquer vizinho de que, no dia útil imediato, retornará ao imóvel, a fim de efetuar a intimação, na hora que designar, aplicando-se subsidiariamente o disposto nos arts. 252, 253 e 254 da Lei n. 13.105, de 16 de março de 2015 (Código de Processo Civil).

§ 3º-B (*acrescido pela Lei 13.465, de 11.7.17*) Nos condomínios edilícios ou outras espécies de conjuntos imobiliários com controle de acesso, a intimação de que trata o § 3º-A poderá ser feita ao funcionário da portaria responsável pelo recebimento de correspondência.

§ 4º (*redação da Lei 13.043, de 13.11.14*) Quando o fiduciante, ou seu cessionário, ou seu representante legal ou procurador encontrar-se em local ignorado, incerto ou inacessível, o fato será certificado pelo serventuário encarregado da diligência e informado ao oficial de Registro de Imóveis, que, à vista da certidão, promoverá a intimação por edital[3b] publicado durante 3 (três) dias, pelo menos, em um dos jornais de maior circulação local ou noutro de comarca de fácil acesso, se no local não houver imprensa diária, contado o prazo para purgação da mora da data da última publicação do edital.

§ 5º Purgada a mora no Registro de Imóveis, convalescerá o contrato de alienação fiduciária.

§ 6º O oficial do Registro de Imóveis, nos três dias seguintes à purgação da mora, entregará ao fiduciário as importâncias recebidas, deduzidas as despesas de cobrança e de intimação.

§ 7º (*redação da Lei 10.931, de 2.8.04*) Decorrido o prazo de que trata o § 1º sem a purgação da mora, o oficial do competente Registro de Imóveis, certificando esse fato, promoverá a averbação, na matrícula do imóvel, da consolidação da propriedade em nome do fiduciário,[4] à vista da prova do pagamento por este, do imposto de transmissão *inter vivos* e, se for o caso, do laudêmio.

§ 8º (*acrescido pela Lei 10.931, de 2.8.04*) O fiduciante pode, com a anuência do fiduciário, dar seu direito eventual ao imóvel em pagamento da dívida, dispensados os procedimentos previstos no art. 27.

Art. 26: 1. v. § 1º.

Art. 26: 2. "A execução extrajudicial do contrato de alienação fiduciária de bem imóvel. Exame crítico da Lei 9.514, de 2.11.1997", por Manoel Justino Bezerra Filho (RT 819/65).

Art. 26: 2a. "O **inadimplemento,** referido pelas disposições dos arts. 26 e 27 da Lei 9.514/97, não pode ser interpretado restritivamente à mera não realização do pagamento no tempo, modo e lugar convencionados (mora), devendo ser entendido, também, como o comportamento contrário à manutenção do contrato ou ao direito do credor fiduciário. O pedido de resolução do contrato de compra e venda com pacto de alienação fiduciária em garantia por desinteresse do adquirente, mesmo que ainda não tenha havido mora no pagamento das prestações, configura quebra antecipada do contrato ('antecipatory breach'), decorrendo daí a possibilidade de aplicação do disposto nos arts. 26 e 27 da Lei 9.514/97 para a satisfação da dívida garantida fiduciariamente e devolução do que sobejar ao adquirente" (STJ-3ª T., REsp 1.867.209, Min. Paulo Sanseverino, j. 8.9.20, DJ 30.9.20).

"O inadimplemento do comprador fiduciante conduz ao retorno da propriedade ao vendedor fiduciário. Falta de interesse processual para a rescisão pretendida pelo comprador inadimplente, inclusive para a devolução das parcelas pagas que se dará conforme a lei e o contrato após a venda do bem e o desconto da dívida" (JTJ 315/75: AP 433.293-4/3).

Art. 26: 3. "Alienação fiduciária de imóvel. Cota de consórcio. Reintegração de posse. Notificação extrajudicial que constitui o devedor em mora na qual constou qualificação de pessoa diversa daquela relacionada ao real credor. Nulidade reconhecida. Art. 26 da lei n. 9.514/1997" (STJ-4ª T., REsp 1.172.025, Min. Luis Felipe, j. 7.10.14, DJ 29.10.14).

Art. 26: 3a. "É **nula a intimação** do devedor que não se dirigiu à sua pessoa, sendo processada por carta com aviso de recebimento no qual consta como receptor pessoa alheia aos autos e desconhecida" (STJ-3ª T., REsp 1.531.144, Min. Moura Ribeiro, j. 15.3.16, DJ 28.3.16).

Art. 26: 3b. "A exemplo do que ocorre nos procedimentos regidos pelo Decreto-Lei 70/66 e pelo Decreto-Lei 911/69, a validade da intimação por edital para fins de purgação da mora no procedimento de alienação fiduciária de coisa imóvel, regrado pela Lei 9.514/97, pressupõe o esgotamento de todas as possibilidades de localização do devedor. No caso dos autos, o próprio contrato de financiamento firmado entre as partes indicava o endereço residencial do mutuário, que foi ignorado para fins de intimação pessoal" (STJ-3ª T., REsp 1.367.179, Min. Ricardo Cueva, j. 3.6.14, DJ 16.6.14).

Art. 26: 4. "Os dispositivos da Lei 9.514/97, notadamente seus arts. 26, 27, 30 e 37-A, comportam dupla interpretação: é possível dizer, por um lado, que o direito do credor fiduciário à reintegração da posse do imóvel alienado decorre automaticamente da consolidação de sua propriedade sobre o bem nas hipóteses de inadimplemento; ou é possível afirmar que referido direito possessório somente nasce a partir da realização dos leilões a que se refere o art. 27 da Lei 9.514/97. A interpretação sistemática de uma lei exige que se busque, não apenas em sua arquitetura interna, mas no sentido jurídico dos institutos que regula, o modelo adequado para sua aplicação. Se a posse do imóvel, pelo devedor fiduciante, é derivada de um contrato firmado com o credor fiduciário, a resolução do contrato no qual ela encontra fundamento torna-a ilegítima, sendo possível qualificar como esbulho sua permanência no imóvel. **A consolidação da propriedade do bem no nome do credor fiduciário confere-lhe o direito à posse do imóvel.** Negá-lo implicaria autorizar que o devedor fiduciante permaneça em bem que não lhe pertence, sem pagamento de contraprestação, na medida em que a Lei 9.514/97 estabelece, em seu art. 37-A, o pagamento de taxa de ocupação apenas depois da realização dos leilões extrajudiciais. Se os leilões são suspensos, como ocorreu na hipótese dos autos, a lacuna legislativa não pode implicar a imposição, ao credor fiduciário, de um prejuízo a que não deu causa" (STJ-3ª T., REsp 1.155.716, Min. Nancy Andrighi, j. 13.3.12, RT 921/493, com comentário de Augusto Passamani Bufulin).

Art. 26-A (*acrescido pela Lei 13.465, de 11.7.17*). Os procedimentos de cobrança, purgação de mora e consolidação da propriedade fiduciária relativos às operações de financiamento habitacional, inclusive as operações do Programa Minha Casa, Minha Vida, instituído pela Lei n. 11.977, de 7 de julho de 2009, com recursos advindos da integralização de cotas no Fundo de Arrendamento Residencial (FAR), sujeitam-se às normas especiais estabelecidas neste artigo.

§ 1º (*acrescido pela Lei 13.465, de 11.7.17*) A consolidação da propriedade em nome do credor fiduciário será averbada no registro de imóveis trinta dias após a expiração do prazo para purgação da mora de que trata o § 1º do art. 26 desta Lei.

§ 2º (*acrescido pela Lei 13.465, de 11.7.17*) Até a data da averbação da consolidação da propriedade fiduciária, é assegurado ao devedor fiduciante pagar as parcelas da dívida vencidas e as despesas de que trata o inciso II do § 3º do art. 27, hipótese em que convalescerá o contrato de alienação fiduciária.

Art. 27. Uma vez consolidada a propriedade em seu nome,[1] o fiduciário, no prazo de trinta dias,[1a] contados da data do registro de que trata o § 7º do artigo anterior, promoverá público leilão para a alienação do imóvel.

§ 1º (*redação da Lei 13.465, de 11.7.17*) Se no primeiro leilão público o maior lance oferecido for inferior ao valor do imóvel, estipulado na forma do inciso VI e do parágrafo único do art. 24 desta Lei, será realizado o segundo leilão nos quinze dias seguintes.

§ 2º No segundo leilão, será aceito o maior lance oferecido, desde que igual ou superior ao valor da dívida, das despesas, dos prêmios de seguro, dos encargos legais, inclusive tributos, e das contribuições condominiais.

§ 2º-A (*acrescido pela Lei 13.465, de 11.7.17*) Para os fins do disposto nos §§ 1º e 2º deste artigo, as datas, horários e locais dos leilões serão comunicados ao devedor mediante correspondência dirigida aos endereços constantes do contrato, inclusive ao endereço eletrônico.

§ 2º-B (*acrescido pela Lei 13.465, de 11.7.17*) Após a averbação da consolidação da propriedade fiduciária no patrimônio do credor fiduciário e até a data da realização do segundo leilão, é assegurado ao devedor fiduciante o direito de preferência para adquirir o imóvel por preço correspondente ao valor da dívida, somado aos encargos e despesas de que trata o § 2º deste artigo, aos valores correspondentes ao imposto sobre transmissão *inter vivos* e ao laudêmio, se for o caso, pagos para efeito de consolidação da propriedade fiduciária no patrimônio do credor fiduciário, e às despesas inerentes ao procedimento de cobrança e leilão, incumbindo, também, ao devedor fiduciante o pagamento dos encargos tributários e despesas exigíveis para a nova aquisição do imóvel, de que trata este parágrafo, inclusive custas e emolumentos.

§ 3º Para os fins do disposto neste artigo, entende-se por:

I — dívida: o saldo devedor da operação de alienação fiduciária, na data do leilão, nele incluídos os juros convencionais, as penalidades e os demais encargos contratuais;

II — despesas: a soma das importâncias correspondentes aos encargos e custas de intimação e as necessárias à realização do público leilão, nestas compreendidas as relativas aos anúncios e à comissão do leiloeiro.

§ 4º Nos cinco dias que se seguirem à venda do imóvel no leilão, o credor entregará ao devedor a importância que sobejar, considerando-se nela compreendido o valor da indenização de benfeitorias, depois de deduzidos os valores da dívida e das despesas e encargos de que tratam os §§ 2º e 3º, fato esse que importará em recíproca quitação, não se aplicando o disposto na parte final do art. 516 do Código Civil.[2]

§ 5º Se, no segundo leilão, o maior lance oferecido não for igual ou superior ao valor referido no § 2º, considerar-se-á extinta a dívida e exonerado o credor da obrigação de que trata o § 4º.[2a]

§ 6º Na hipótese de que trata o parágrafo anterior, o credor, no prazo de cinco dias a contar da data do segundo leilão, dará ao devedor quitação da dívida, mediante termo próprio.

§ 7º (*redação da Lei 10.931, de 2.8.04*) Se o imóvel estiver locado, a locação poderá ser denunciada com o prazo de trinta dias para desocupação, salvo se tiver havido aquiescência por escrito do fiduciário, devendo a denúncia ser realizada no prazo de noventa dias a contar da data da consolidação da propriedade no fiduciário, devendo essa condição constar expressamente em cláusula contratual específica, destacando-se das demais por sua apresentação gráfica.

§ 8º (*redação da Lei 10.931, de 2.8.04*) Responde o fiduciante pelo pagamento dos impostos, taxas, contribuições condominiais[3] e quaisquer outros encargos que recaiam ou venham a recair sobre o imóvel, cuja posse tenha sido transferida para o fiduciário, nos termos deste artigo, até a data em que o fiduciário vier a ser imitido na posse.

§ 9º (*acrescido pela Lei 13.465, de 11.7.17*) O disposto no § 2º-B deste artigo aplica-se à consolidação da propriedade fiduciária de imóveis do FAR, na forma prevista na Lei n. 11.977, de 7 de julho de 2009.

Art. 27: 1. v. art. 26, nota 4.

Art. 27: 1a. "O prazo de 30 dias para a promoção do leilão extrajudicial contido no art. 27 da Lei n. 9.514/1997, por não se referir ao exercício de um direito potestativo do credor fiduciário, mas à observância de uma imposição legal — inerente ao próprio rito de execução extrajudicial da garantia —, **não é decadencial,** de forma que a sua extrapolação não extingue a obrigação de alienar o bem imóvel nem restaura o *status quo ante* das partes, acarretando apenas mera irregularidade, a impedir tão somente o agravamento da situação do fiduciante decorrente da demora imputável exclusivamente ao fiduciário" (STJ-3ª T., REsp 1.649.595, Min. Marco Bellizze, j. 13.10.20, DJ 16.10.20).

Art. 27: 2. O art. 516 do CC rev. corresponde ao CC 1.219.

Art. 27: 2a. "O § 5º do art. 27 da Lei 9.514/1997 abrange a situação em que **não houver, no segundo leilão,** interessados na aquisição do imóvel, fracassando a alienação do bem, sem a apresentação de **nenhum lance.** Na hipótese, frustrado o segundo leilão do imóvel, a dívida é compulsoriamente extinta e as partes contratantes são exoneradas das suas obrigações, ficando o imóvel com o credor fiduciário" (STJ-3ª T., REsp 1.654.112, Min. Ricardo Cueva, j. 23.10.18, DJ 26.10.18).

Art. 27: 3. "Nos contratos de alienação fiduciária em garantia de bem imóvel, a **responsabilidade pelo pagamento das despesas condominiais** recai sobre o devedor fiduciante enquanto estiver na posse direta do imóvel. O credor fiduciário somente responde pelas dívidas condominiais incidentes sobre o imóvel se consolidar a propriedade para si, tornando-se o possuidor direto do bem. Com a utilização da garantia, o credor fiduciário receberá o imóvel no estado em que se encontra, até mesmo com os débitos condominiais anteriores, pois são obrigações de caráter *propter rem* (por causa da coisa). Na hipótese, o credor fiduciário não pode responder pelo pagamento das despesas condominiais por não ter a posse direta do imóvel, devendo, em relação a ele, ser julgado improcedente o pedido" (STJ-3ª T., REsp 1.696.038, Min. Ricardo Cueva, j. 28.8.18, DJ 3.9.18).

V. tb. CC 1.368-B.

Art. 28. A cessão do crédito objeto da alienação fiduciária implicará a transferência, ao cessionário, de todos os direitos[1] e obrigações inerentes à propriedade fiduciária em garantia.

Art. 28: 1. v. art. 18.

Art. 29. O fiduciante, com anuência expressa do fiduciário, poderá transmitir os direitos de que seja titular sobre o imóvel objeto da alienação fiduciária em garantia, assumindo o adquirente as respectivas obrigações.

Art. 30. É assegurada ao fiduciário, seu cessionário[1] ou sucessores, inclusive o adquirente do imóvel por força do público leilão de que tratam os §§ 1º e 2º do art. 27, a reintegração na posse do imóvel, que será concedida liminarmente, para desocupação em sessenta dias, desde que comprovada, na forma do disposto no art. 26, a consolidação da propriedade em seu nome.[2]

Parágrafo único (*acrescido pela Lei 13.465, de 11.7.17*). Nas operações de financiamento imobiliário, inclusive nas operações do Programa Minha Casa, Minha Vida, instituído pela Lei n. 11.977, de 7 de julho de 2009, com recursos advindos da integralização de cotas no Fundo de Arrendamento Residencial (FAR), uma vez averbada a consolidação da propriedade fiduciária, as ações judiciais que tenham por objeto controvérsias sobre as estipulações contratuais ou os requisitos procedimentais de cobrança e leilão, excetuada a exigência de notificação do devedor fiduciante, serão resolvidas em perdas e danos e não obstarão a reintegração de posse de que trata este artigo.

Art. 30: 1. v. art. 35 e nota 1.

Art. 30: 2. v. art. 26, nota 4.

Art. 31. O fiador ou terceiro interessado que pagar a dívida ficará sub-rogado, de pleno direito, no crédito e na propriedade fiduciária.

Parágrafo único. (*redação da Lei 12.810, de 15.5.13*). Nos casos de transferência de financiamento para outra instituição financeira, o pagamento da dívida à instituição credora original poderá ser feito, a favor do mutuário, pela nova instituição credora.

Art. 32. Na hipótese de insolvência do fiduciante, fica assegurada ao fiduciário a restituição do imóvel alienado fiduciariamente, na forma da legislação pertinente.

Art. 33. Aplicam-se à propriedade fiduciária, no que couber, as disposições dos arts. 647 e 648 do Código Civil.[1]

Art. 33: 1. Os arts. 647 e 648 do CC rev. correspondem ao CC 1.359 e 1.360.

Capítulo II-A | DO REFINANCIAMENTO COM TRANSFERÊNCIA DE CREDOR[1]

CAP. II-A: 1. O Cap. II-A foi incluído pela Lei 12.810, de 15.5.13.

Art. 33-A (*redação da Lei 12.810, de 15.5.13*). A transferência de dívida de financiamento imobiliário com garantia real, de um credor para outro, inclusive sob a forma de sub-rogação, obriga o credor original a emitir documento que ateste, para todos os fins de direito, inclusive para efeito de averbação,[1] a validade da transferência.

Parágrafo único. A emissão do documento será feita no prazo máximo de 2 (dois) dias úteis após a quitação da dívida original.

Art. 33-A: 1. v. LRP 167-II-30.

Art. 33-B (*redação da Lei 12.810, de 15.5.13*). Para fins de efetivação do disposto no art. 33-A, a nova instituição credora deverá informar à instituição credora original, por documento escrito ou, quando solicitado, eletrônico, as condições de financiamento oferecidas ao mutuário, inclusive as seguintes:

I — a taxa de juros do financiamento;

II — o custo efetivo total;

III — o prazo da operação;

IV — o sistema de pagamento utilizado; e

V — o valor das prestações.

§ 1º A instituição credora original terá prazo máximo de 5 (cinco) dias úteis, contados do recebimento das informações de que trata o *caput*, para solicitar à instituição proponente da transferência o envio dos recursos necessários para efetivar a transferência.

§ 2º O mutuário da instituição credora original poderá, a qualquer tempo, enquanto não encaminhada a solicitação de envio dos recursos necessários para efetivar a transferência de que trata o § 1º, decidir pela não efetivação da transferência, sendo vedada a cobrança de qualquer tipo de ônus ou custa por parte das instituições envolvidas.

§ 3º A eventual desistência do mutuário deverá ser informada à instituição credora original, que terá até 2 (dois) dias úteis para transmiti-la à instituição proponente da transferência.

Art. 33-C (*redação da Lei 12.810, de 15.5.13*). O credor original deverá fornecer a terceiros, sempre que formalmente solicitado pelo mutuário, as informações sobre o crédito que se fizerem necessárias para viabilizar a transferência referida no art. 33-A.

Parágrafo único. O credor original não poderá realizar ações que impeçam, limitem ou dificultem o fornecimento das informações requeridas na forma do *caput*.

Art. 33-D (*redação da Lei 12.810, de 15.5.13*). A instituição credora original poderá exigir ressarcimento financeiro pelo custo de originação da operação de crédito, o qual não poderá ser repassado ao mutuário.

§ 1º O ressarcimento disposto no *caput* deverá ser proporcional ao valor do saldo devedor apurado à época da transferência e decrescente com o decurso de prazo desde a assinatura do contrato, cabendo sua liquidação à instituição proponente da transferência.

§ 2º O Conselho Monetário Nacional disciplinará o disposto neste artigo, podendo inclusive limitar o ressarcimento considerando o tipo de operação de crédito ou o prazo decorrido desde a assinatura do contrato de crédito com a instituição credora original até o momento da transferência.

Art. 33-E (*redação da Lei 12.810, de 15.5.13*). O Conselho Monetário Nacional e o Conselho Curador do Fundo de Garantia do Tempo de Serviço, no âmbito de suas respectivas competências, expedirão as instruções que se fizerem necessárias à execução do disposto no parágrafo único do art. 31 e nos arts. 33-A a 33-D desta Lei.

Art. 33-F (*redação da Lei 12.810, de 15.5.13*). O disposto nos arts. 33-A a 33-E desta Lei não se aplica às operações de transferência de dívida decorrentes de cessão de crédito entre entidades que compõem o Sistema Financeiro da Habitação, desde que a citada transferência independa de manifestação do mutuário.

Capítulo III | DISPOSIÇÕES GERAIS E FINAIS

Art. 34. Os contratos relativos ao financiamento imobiliário em geral poderão estipular que litígios ou controvérsias entre as partes sejam dirimidos mediante arbitragem, nos termos do disposto na Lei n. 9.307, de 24 de setembro de 1996.[1]

Art. 34: 1. Lei 9.307: no CPCLPV, tít. ARBITRAGEM E MEDIAÇÃO.

Art. 35. Nas cessões de crédito a que aludem os arts. 3º,[1] 18 e 28, é dispensada a notificação do devedor.

Art. 35: 1. Deve ser 30, e não 3º.

Art. 36. Nos contratos de venda de imóveis a prazo, inclusive alienação fiduciária, de arrendamento mercantil de imóveis, de financiamento imobiliário em geral e nos títulos de que tratam os arts. 6º, 7º e 8º, admitir-se-á, respeitada a legislação pertinente, a estipulação de cláusula de reajuste e das condições e critérios de sua aplicação.[1]

Art. 36: 1. O art. 36 foi revogado pela Med. Prov. 2.223, de 4.9.01, por sua vez revogada pela Lei 10.931, de 2.8.04.

Art. 37. Às operações de arrendamento mercantil de imóveis não se aplica a legislação pertinente à locação de imóveis residenciais, não residenciais ou comerciais.

Art. 37-A (*redação da Lei 13.465, de 11.7.17*). O devedor fiduciante pagará ao credor fiduciário, ou a quem vier a sucedê-lo, a título de taxa de ocupação do imóvel, por mês ou fração, valor correspondente a 1% (um por cento) do valor a que se refere o inciso VI ou o parágrafo único do art. 24 desta Lei, computado e exigível desde a data da consolidação da propriedade fiduciária no patrimônio do credor fiduciante até a data em que este, ou seus sucessores, vier a ser imitido na posse do imóvel.

Parágrafo único (*acrescido pela Lei 13.465, de 11.7.17*). O disposto no *caput* deste artigo aplica-se às operações do Programa Minha Casa, Minha Vida, instituído pela Lei n. 11.977, de 7 de julho de 2009, com recursos advindos da integralização de cotas no Fundo de Arrendamento Residencial (FAR).

Art. 37-B (*redação da Lei 10.931, de 2.8.04*). Será considerada ineficaz, e sem qualquer efeito perante o fiduciário ou seus sucessores, a contratação ou a prorrogação de locação de imóvel alienado fiduciariamente por prazo superior a um ano sem concordância por escrito do fiduciário.

Art. 38 (*redação da Lei 11.076, de 30.12.04*). Os atos e contratos referidos nesta Lei ou resultantes da sua aplicação, mesmo aqueles que visem à constituição, transferência, modificação ou renúncia de direitos reais sobre imóveis, poderão ser celebrados por escritura pública ou por instrumento particular com efeitos de escritura pública.[1]

Art. 38: 1. v. CC 108. V. tb. CC rev. 134.

Art. 39 (*redação da Lei 13.465, de 11.7.17*). Às operações de crédito compreendidas no sistema de financiamento imobiliário, a que se refere esta Lei:

I — não se aplicam as disposições da Lei n. 4.380, de 21 de agosto de 1964,[1] e as demais disposições legais referentes ao Sistema Financeiro da Habitação — SFH;

II (*redação da Lei 13.465, de 11.7.17*) — aplicam-se as disposições dos arts. 29 a 41 do Decreto-Lei n. 70, de 21 de novembro de 1966,[2] exclusivamente aos procedimentos de execução de créditos garantidos por hipoteca.

Art. 39: 1. Lei 4.380: no tít. CONTRATOS IMOBILIÁRIOS.

Art. 39: 2. Dec. lei 70: no tít. CÉDULA HIPOTECÁRIA.

Art. 40. Os incisos I e II do art. 167 da Lei n. 6.015, de 31 de dezembro de 1973, passam a vigorar acrescidos, respectivamente, dos seguintes itens:

"Art. 167. ....

I — ....

35) da alienação fiduciária em garantia de coisa imóvel.

II — ....

17) do Termo de Securitização de créditos imobiliários, quando submetidos a regime fiduciário".

Art. 41. (*redação da Lei 13.097, de 19.1.15*). O Conselho Monetário Nacional poderá regulamentar o disposto nesta Lei, inclusive estabelecer prazos mínimos e outras condições para emissão e resgate de CRI e diferenciar tais condições de acordo com o tipo de crédito imobiliário vinculado à emissão e com o indexador adotado contratualmente.

Art. 42. Esta lei entra em vigor na data de sua publicação.

Brasília, 20 de novembro de 1997; 176º da Independência e 109º da República — FERNANDO HENRIQUE CARDOSO — **Pedro Malan — Antonio Kandir.**

Ementário

Alimentos

— v. CF 229; CC 1.694 a 1.710; CPC 528 a 533 e 911 a 913; LDi 19 a 23; v. tb. o tít. INVESTIGAÇÃO DE PATERNIDADE.

Dec. leg. 10, de 13.11.58 — Aprova a Convenção sobre a Prestação de Alimentos no Estrangeiro.

Dec. 56.826, de 2.9.65 — Promulga a Convenção sobre prestação de alimentos no estrangeiro (RT 362/663, Lex 1965/1.233).

Lei 5.478, de 25.7.68 — Dispõe sobre ação de alimentos e dá outras providências (RT 393/462, Lex 1968/995, RDA 94/421, RF 224/416; v. adiante, texto integral, conferido com a republicação feita no DOU 8.4.74, supl., em obediência ao art. 20 da Lei 6.014, de 27.12.73).

Lei 6.014, de 27.12.73 — Adapta ao Código de Processo Civil as leis que menciona (RT 458/496, Lex 1973/1.992, RF 245/465, Bol. AASP 787/supl.; v. texto integral em CPCLPV, 22ª ed. p. 574). O art. 4º desta lei alterou os arts. 5º § 8º, 9º-*caput*, 14, 16, 18 e 19 §§ 1º e 3º da Lei 5.478/68.

Dec. 2.428, de 17.12.97 — Promulga a Convenção Interamericana sobre Obrigação Alimentar, concluída em Montevidéu, em 15 de julho de 1989 (Lex 1997/4.663).

Lei 10.741, de 1.10.03 — Dispõe sobre o Estatuto do Idoso e dá outras providências.

Lei 11.804, de 5.11.08 — Disciplina o direito a alimentos gravídicos e a forma como ele será exercido e dá outras providências (v. adiante, texto integral).

Lei 13.105, de 16.3.15 — Código de Processo Civil. Na LA: revogou expressamente os arts. 16 a 18.

Lei n. 5.478, de 25 de julho de 1968

Dispõe sobre ação de alimentos e dá outras providências.

O Presidente da República

Faço saber que o Congresso Nacional decreta e eu sanciono a seguinte lei:

Art. 1º A ação de alimentos[1 a 10a] é de rito especial, independe de prévia distribuição e de anterior concessão do benefício de gratuidade.[11]

§ 1º A distribuição será determinada posteriormente por ofício do juízo, inclusive para o fim de registro do feito.

§ 2º A parte que não estiver em condições de pagar as custas do processo, sem prejuízo do sustento próprio ou de sua família, gozará do benefício da gratuidade, por simples afirmativa dessas condições perante o juiz, sob pena de pagamento até o décuplo das custas judiciais.

§ 3º Presume-se pobre, até prova em contrário, quem afirmar essa condição, nos termos desta lei.

§ 4º A impugnação do direito à gratuidade não suspende o curso do processo de alimentos e será feita em autos apartados.

Art. 1º: 1. "Direitos a alimentos e à sucessão entre companheiros", por Segismundo Gontijo (RT 714/37); "Alimentos e FGTS", por Wallace Paiva Martins Jr. (Just. 166/58); "A regulamentação infraconstitucional dos alimentos na união estável", por Luis Alberto d'Azevedo Aurvalle (Ajuris 64/244); "Alimentos *ex delicto*", por Maria Berenice Dias (Ajuris 64/289); "Concubinato. Alimentos. Sucessão. Partilha de bens", por José Amir do Amaral (Ajuris 65/141); "Investigação de paternidade — Os alimentos provisórios e a retroatividade dos alimentos definitivos", por Fernando Malheiros (Ajuris 72/199, à p. 203); "Alimentos no concubinato adulterino", por Edison Tetsuzo Namba (RT 778/143); "Alimentos e desconsideração da pessoa jurídica", por Jorge Luis Costa Beber (Ajuris 76/257); "Pensão alimentícia entre cônjuges e o conceito de necessidade", por Maria Aracy Menezes da Costa (Ajuris 85/424); "Alimentos: um tema e três questões", por Maria Berenice Dias (RMDCPC 15/87); "Obrigação, dever de assistência e alimentos transitórios", por Rolf Madaleno (RJ 317/34); "Reconhecer a obrigação alimentar nas uniões homoafetivas: uma questão de respeito à Constituição da República", por Cristiano Chaves de Farias (RDPr 22/30 e RBDF 28/26); "Arbitragem e alimentos, uma conexão possível", por Ilza Andrade Campos Silva (RBDF 35/159); "Paternidade alimentar", por Rolf Madaleno (RBDF 37/133); "Alimentos processuais", por Rolf Madaleno (RBDFS 5/23); "Alimentos", por Ênio Santarelli Zuliani (RMDCPC 29/11); "Dos alimentos decorrentes da união estável e do concubinato", por Ênio Santarelli Zuliani (RJ-Lex 51/46).

Art. 1º: 1a. v. jurisprudência s/ alimentos, por Arruda Alvim e Antonio Alberti Neto (RP 33/284).

Art. 1º: 2. s/ alimentos: CF 5º-LXVII, 100-*caput*; CC 1.694 a 1.710; LDi 19 a 23, 16 e 28 a 30; na separação consensual, CPC 731-II e IV; em ação de investigação de paternidade, v. LIP 7º.

S/ alimentos gravídicos, v. Lei 11.804, de 5.11.08 (adiante, texto integral).

S/ alimentos provisórios a favor de criança ou adolescente que tenha sofrido agressão, v. ECA 130 § ún.

S/ alimentos prestados ao idoso, v. EId 11 a 14.

Art. 1º: 3. s/ ação de alimentos: CPC 53-II (alimentos), 61, nota 2 (competência para a revisional de alimentos), 189-II (segredo de justiça), 292-III (valor da causa), 528, nota 14 (competência para a execução da sentença de alimentos), 528 a 533 e 911 a 913 (execução), 1.012 § 1º-II (efeitos da apelação); LJE 3º § 2º (incompetência do Juizado Especial para conhecer de ações de alimentos).

Art. 1º: 4. A ação de alimentos é **intransmissível** (STJ-3ª T., REsp 1.681.877, Min. Marco Bellizze, j. 19.2.19, DJ 26.2.19; RJTJESP 111/39).

Art. 1º: 4a. "A obrigação alimentar não se presta somente aos casos de necessidade, devendo-se considerar a **condição social do alimentado**" (RT 665/75).

Art. 1º: 4b. Filho entregue à adoção e pai biológico. Reconhecendo o direito do filho adotado de pedir alimentos ao pai biológico, não obstante as disposições do ECA 41: STJ-3ª T., REsp 813.604, Min. Nancy Andrighi, j. 16.8.07, DJU 17.9.07. No caso, levou-se em conta a circunstância de constar do assento de nascimento apenas o nome da mãe biológica e o fato de a adoção ter sido efetivada unicamente por uma mulher.

Reconhecendo a possibilidade jurídica do pedido nessas circunstâncias: STJ-RDDP 80/152 (4ª T., REsp 220.623).

S/ ação de investigação de paternidade ajuizada por filho adotado, v. ECA 27, nota 3.

Art. 1º: 4c. "O fato de o ex-marido sustentar os filhos unilaterais da ex-mulher ao longo do casamento não se traduz, automaticamente, no seu dever de seguir custeando-lhes o sustento após a separação" (RT 865/191).

Art. 1º: 5. Filho adulterino. O filho havido fora do casamento pode mover ação de alimentos contra o suposto pai, não sendo obrigado a cumulá-la com ação de investigação de paternidade.

Art. 1º: 5a. Alimentos e ação de anulação ou nulidade de casamento. "A mulher que reclama alimentos a eles tem direito, mas até a data da sentença. Anulado ou declarado nulo o casamento, desaparece a condição de cônjuge. Direito a alimentos até o dia da sentença anulatória" (RSTJ 130/226).

Todavia, anulado o casamento, porém declarado putativo, o cônjuge inocente tem direito a alimentos, sem limitação no tempo (STF-RTJ 89/495, RJTJESP 56/40, maioria).

Art. 1º: 5b. Alimentos e coabitação. "A circunstância de os cônjuges residirem na mesma casa não impede que entre eles se verifique a separação de fato com o correlato direito, conforme as circunstâncias, de a mulher exigir alimentos do marido, se este se omite no cumprimento da obrigação de prover o sustento da família" (RTJ 105/848 e STF-RT 574/271). No mesmo sentido: RT 500/74, RJTJESP 114/43, JTJ 300/304.

Art. 1º: 6. Alimentos pedidos pelo marido. O marido pode pedir que a mulher lhe preste alimentos, desde que presentes as condições exigidas em lei (RT 623/60).

Art. 1º: 6a. Súmula 596 do STJ: "A **obrigação alimentar dos avós** tem natureza complementar e subsidiária, somente se configurando no caso de impossibilidade total ou parcial de seu cumprimento pelos pais".

"O fato de o genitor já vir prestando alimentos ao filho não impede que este último possa reclamá-los dos avós paternos, desde que demonstrada a insuficiência do que recebe. A responsabilidade dos avós não é apenas sucessiva em relação à responsabilidade dos progenitores, mas também é complementar para o caso em que os pais não se encontrem em condições de arcar com a totalidade da pensão alimentícia, ostentando os avós, de seu turno, possibilidades financeiras para tanto" (RSTJ 100/195). No mesmo sentido: STJ-RT 771/189, STJ-Bol. AASP 2.410/3.409, STJ-RJM 149/474, RT 722/150, RJTJERGS 165/256, Bol. AASP 2.577. Ainda, mesmo no caso de o credor dos alimentos ser filho adotivo: JTJ 260/40.

Todavia, a obrigação alimentar dos avós não substitui inteiramente a dos pais: "Os avós podem ser instados a pagar alimentos aos netos por obrigação própria, complementar e/ou sucessiva, mas não solidária. Na hipótese de alimentos complementares, a obrigação de prestá-los se dilui entre todos os avós, paternos e maternos, associada à responsabilidade primária dos pais de alimentarem os seus filhos" (STJ-4ª T., REsp 366.837, Min. Cesar Rocha, j. 19.12.02, um voto vencido, DJU 22.9.03; o voto vencido determinava o pagamento da pensão integralmente). No mesmo sentido: STJ-3ª T., REsp 514.356-AgRg, Min. Gomes de Barros, j. 29.11.06, DJU 18.12.06.

Extinguindo sem julgamento do mérito o processo, no caso de demanda proposta diretamente contra os avós, sem que os pais tenham sido previamente acionados: STJ-RP 193/472 (4ª T., REsp 1.077.010).

Julgando improcedente ação contra avós porque não se provou a incapacidade do pai para prestar os alimentos: JTJ 236/36, 314/335 (AP 390.865-4/2-00), RDDP 56/155.

Não provado que o pai está de fato desaparecido, não tem cabimento ação de alimentos dirigida aos avós (JTJ 316/54, AP 462.011-4/5-00).

Em caso de pai preso, decidiu-se que o avô paterno deveria pagar alimentos aos netos apenas até a obtenção do auxílio-reclusão (JTJ 315/29: AP 466.767-4/3-00).

"Documentos indicativos de que o pai passou a efetuar pagamentos regulares. Fato novo, que faz desaparecer a causa dos alimentos avoengos. Ação de exoneração procedente" (Bol. AASP 2.626: TJSP, AP 576.970.4/7-00).

Há acórdãos admitindo a propositura de ação de alimentos contra os avós na pendência de outra ação contra o pai (RT 624/82) ou execução (JTJ 176/22). V. tb., s/ revisional, neste caso, art. 15, nota 2. **Contra,** entendendo que os avós somente podem ser chamados a juízo com a prova de que os genitores estão impossibilitados de prestar alimentos: RT 832/321.

Além da impossibilidade dos pais, deve-se levar em conta para a definição da obrigação alimentar avoenga, naturalmente, a possibilidade dos avós: "A obrigação alimentar avoenga, de caráter sempre complementar e subsidiário, não poderia ser imputada a quem, reconhecidamente, sequer reunia condições de subsistência por si só, dependendo de auxílio material dos filhos para sobreviver dignamente" (STJ-3ª T., REsp 1.698.643, Min. Nancy Andrighi, j. 10.4.18, DJ 13.4.18).

"Direitos e deveres dos avós — alimentos e visitação", por Álvaro Villaça Azevedo (RIDF 45/38 e Rev. AASP 98/39).

Art. 1º: 6b. **Litisconsórcio entre os avós.** Entendendo ser impositiva a integração dos avós maternos ao polo passivo de demanda por alimentos, requerida pelos réus (pai e avós paternos), à luz do CC 1.698: STJ-RBDF 37/90 (4ª T., REsp 658.139). Em sentido semelhante: RJ-Lex 61/226 (TJAP, AP 0019939-22.2011.8.03.0001).

No sentido de que o credor não está obrigado a mover a ação contra todos os avós, entre os quais, na condição de devedores de alimentos ao neto, não há litisconsórcio passivo necessário: RT 787/242. Todavia, "não se propondo a instauração de litisconsórcio facultativo impróprio entre devedores eventuais, sujeita-se ele às consequências de sua omissão" (RSTJ 71/360). Dentre tais consequências, está a de que os avós demandados somente respondem pelos alimentos na proporção que lhes diz respeito; a não inclusão dos demais avós no polo passivo da demanda não faz variar o montante devido por cada um deles (RT 838/326).

No sentido de que o CC 1.698 autoriza os avós-réus a chamar ao processo os avós não insertos no polo passivo: JTJ 307/345.

V. tb. CC 1.698, nota 3a.

Art. 1º: 6c. "A **obrigação alimentar entre irmãos** (germanos ou unilaterais) é subsidiária, porque somente ocorre na falta ou incapacidade de ascendentes e descendentes" (RJM 183/139: AP 1.0027.07.118511-3/001). No mesmo sentido: JTJ 327/208 (AP 520.523-4/3-00).

Art. 1º: 6d. O pai pode pedir alimentos à filha casada, sem rendimento próprio e dependente do marido (JTJ 189/29).

"Ação de alimentos. Mãe idosa pleiteia em desfavor da filha maior. O dever de alimentar surge da mera comprovação do parentesco, não podendo ser elidida pela filha, mesmo tendo comprovado que durante toda a sua vida foi a avó quem lhe supriu os laços afetivos, psicológicos e materiais" (RT 939/580: TJDF, AP 20060110542066).

Art. 1º: 6e. Não cabe ação de alimentos contra tio do autor (STJ-3ª T., REsp 1.032.846, Min. Nancy Andrighi, j. 18.12.08, DJ 16.6.09; STJ-RT 786/217).

V. CC 1.697, nota 2.

Art. 1º: 7. **Ação de nora contra sogro.** "A obrigação alimentar decorre da lei, não se podendo ampliar a pessoas por ela não contempladas. Inexiste esse dever em relação à nora" (STJ-3ª T., RMS 957, Min. Eduardo Ribeiro, j. 9.8.93, DJU 23.8.93). No mesmo sentido: STJ-RT 703/193.

"Inocorrente obrigação alimentar fundada em parentesco por afinidade, ex-sogros não têm obrigação alimentícia para com ex-nora" (RT 845/402).

Art. 1º: 7a. "Tratando-se de **separação de fato** acordada entre os cônjuges, ainda assim subsiste na sua plenitude a obrigação alimentar" (JTJ 172/13).

Art. 1º: 7b. **Ação de exoneração.** Há um acórdão entendendo que a Lei 5.478 não se aplica às ações que objetivam exoneração total do encargo alimentar (RJTJESP 21/198). V., porém, art. 13.

Art. 1º: 7c. **Ação de modificação de cláusula de separação ou divórcio.** "Ainda que se cuide de modificação substancial de cláusula estabelecida em separação consensual, aplica-se o rito especial estabelecido na Lei 5.478, de 25.7.68. Posição vencida do Relator" (STJ-4ª T., REsp 33.503-0, Min. Barros Monteiro, j. 5.12.95, DJU 19.8.96). No mesmo sentido, entendendo cabível a ação revisional de alimentos: RT 541/649.

O mesmo se diga quanto à cláusula de renúncia ou dispensa de alimentos (RJTJESP 103/41, RF 311/160).

Contra, considerando, nesses casos, inaplicável a Lei 5.478/68, cabendo ao interessado mover ação de modificação da respectiva cláusula: "Para obter alimentos, a mulher separada deve valer-se da ação ordinária de modificação da cláusula que dispensou ex-marido do encargo. A ação de rito sumário, da Lei n. 5.478/68, destina-se àqueles casos em que se presuma de logo o direito ao pensionamento" (TJRS-RT 662/145 e RJTJERGS 134/262). No mesmo sentido: RT 491/190, 605/189, em., RJTJESP 127/184.

Todavia: "Não se considera modificação das condições estabelecidas em separação judicial, para efeitos de exoneração da obrigação de alimentar, o fato de o alimentando passar a exercer alguma profissão, de acordo com sua formação e condições intelectuais, fato já previsível quando da fixação dos alimentos, não se verificando, pois, qualquer ocorrência de acontecimento extraordinário de modo a justificar a alteração" (RT 610/72).

Art. 1º: 8. "É admissível o pedido reconvencional em ação de alimentos, desde que o pleito seja de feitio ordinário" (RT 517/127). Ainda, a lei não impede a reconvenção na ação ordinária de exoneração de alimentos (RSTJ 99/255, RT 479/92).

Todavia, no sentido de que as ações que seguem o rito da Lei 5.478 não admitem reconvenção: RJTJESP 45/55, 84/263, JTJ 165/15.

S/ reconvenção em ação revisional de alimentos, v. art. 15, nota 1c.

Art. 1º: 9. Sem a **prova pré-constituída** da obrigação alimentar, não cabe, com o rito previsto na Lei 5.478/68, a ação de alimentos (RSTJ 11/268; RTJ 64/526, 69/434, 84/950, 113/675, 115/1.231; STF-Pleno: Amagis 8/459, maioria; RT 461/257, 463/229, 499/155, 501/215, 501/229, 502/73, 505/217, 506/95, 601/194, RF 291/261, RJTJESP 46/36, 50/32, 97/61, 113/48, Bol. AASP 975/101). Todavia, movida indevidamente a ação de alimentos sem a prova pré-constituída do vínculo, admite-se a conversão ao procedimento comum (RTJE 142/118, maioria). V. nota 3 ao art. 2º.

Contra: RT 590/181, RF 246/375, RJTJESP 47/231, 64/44, Bol. AASP 955/40 (entendendo, porém, que, neste caso, não podem ser concedidos alimentos provisórios; e, porque não houve tal concessão, considerou-se válido o processo que seguiu o rito da Lei 5.478/68, embora havido como inadequado: RJTJESP 60/38).

Antes da atual Constituição se entendia que, mesmo quando fosse admitida a possibilidade (que a jurisprudência em geral negava) de ser movida pelo filho adulterino ação com o rito da Lei 5.478, não cabia, neste caso, a concessão, *initio litis*, de alimentos provisórios (RT 608/62, RJTJESP 91/377). Hoje, parece mais acertada a jurisprudência de que, presentes os requisitos do *fumus boni juris* e do *periculum in mora*, não é possível denegar ao filho havido fora do matrimônio o direito a receber alimentos provisórios, sob pena de estabelecer-se uma discriminação que o novo texto constitucional não comporta (RJTJERGS 148/221).

Art. 1º: 10. Admitindo a **antecipação da tutela** quanto a pedido de alimentos, em ação de investigação de paternidade: JTJ 188/188, 214/214. **Contra:** JTJ 187/126.

Art. 1º: 10a. Compensação e repetição de alimentos. Em princípio, não se admite compensação ou repetição de alimentos. "A jurisprudência e a doutrina assentaram entendimento no sentido de que os valores atinentes à pensão alimentícia são incompensáveis e irrepetíveis, porque restituí-los seria privar o alimentado dos recursos indispensáveis à própria mantença, condenando-o assim a inevitável perecimento. Daí que o credor da pessoa alimentada não pode opor seu crédito, quando exigida a pensão" (STJ-RT 697/202). No mesmo sentido: RJTJERGS 167/258.

"Alimentos. Embargos à execução. Pagamento *in natura*. Pedido de compensação. Impossibilidade" (STJ-4ª T., REsp 1.257.779-AgRg, Min. Antonio Ferreira, j. 4.11.14, DJ 12.11.14). Do voto do relator: "Uma vez fixados os alimentos, incumbe ao devedor cumprir a obrigação na forma determinada pela sentença e eventual despesa paga em pecúnia ou *in natura*, que extrapole o encargo fixado na sentença, deve ser considerada mera liberalidade". No mesmo sentido: STJ-3ª T., REsp 1.744.597-AgInt, Min. Paulo Sanseverino, j. 16.12.19, DJ 19.12.19.

"A mulher não está obrigada a restituir ao marido os alimentos por ele pagos em favor da criança que, depois se soube, era filha de outro homem" (STJ-4ª T., REsp 412.684, Min. Ruy Rosado, j. 20.8.02, DJU 25.11.02).

Mas, se o pagamento resultou de **erro** de cálculo do contador, podem ser deduzidos nas prestações futuras, para se evitar o enriquecimento sem causa (RJTJESP 123/236, bem fundamentado). No mesmo sentido: Bol. AASP 1.714/278.

Admitindo a repetição por ter o credor ocultado o novo casamento: Bol. AASP 1.810/362.

Considerando cabível a compensação, em razão de ter o credor, involuntariamente, efetuado pagamentos além do *quantum* da pensão alimentícia: RJTJESP 123/236, citando RT 616/147. Também considerando cabível a compensação, em caso no qual o alimentante pagara IPTU e despesas condominiais referentes ao imóvel habitado pelos alimentandos, que não estavam a seu cargo: STJ-4ª T., REsp 1.577.110-EDcl-AgInt, Min. Isabel Gallotti, j. 8.5.18, maioria, DJ 1.8.18; STJ-RJ 372/127 (3ª T., REsp 982.857).

"O desconto indevido realizado nos proventos do alimentante por erro de terceiro, é passível de compensação nas prestações vincendas relativas à pensão alimentícia, evitando-se o enriquecimento sem causa da parte beneficiária em detrimento da obrigada" (STJ-4ª T., REsp 1.287.950, Min. Raul Araújo, j. 6.5.14, DJ 19.5.14).

Art. 1º: 11. v. §§ 2º a 4º e arts. 2º e 3º; v. tb., no CPCLPV, tít. ASSISTÊNCIA JUDICIÁRIA.

Art. 2º O credor,[1] pessoalmente,[1a] ou por intermédio de advogado,[2-2a] dirigir-se-á ao juiz competente, qualificando-se, e exporá suas necessidades,[2b-2c] provando,[3] apenas, o parentesco ou a obrigação de alimentar do devedor, indicando seu nome e sobrenome, residência ou local de trabalho, profissão e naturalidade, quanto ganha aproximadamente ou os recursos de que dispõe.

§ 1º Dispensar-se-á a produção inicial de documentos probatórios:

I — quando existente em notas, registros, repartições ou estabelecimentos públicos e ocorrer impedimento ou demora em extrair certidões;

II — quando estiverem em poder do obrigado, as prestações alimentícias ou de terceiro[4] residente em lugar incerto ou não sabido.

§ 2º Os documentos públicos ficam isentos de reconhecimento de firma.

§ 3º Se o credor comparecer pessoalmente e não indicar profissional que haja concordado em assisti-lo, o juiz designará desde logo quem o deva fazer.

Art. 2º: 1. A mãe de filho natural impúbere pode, em nome deste, pedir alimentos, representando-o (RT 505/68).

"Na ação em que se pleiteia alimentos em favor de filhos menores, é destes a legitimidade ativa, devendo o genitor assisti-los ou representá-los, conforme a idade. A formulação, porém, de pedido de alimentos pela mãe, em nome próprio, em favor dos filhos, em que pese representar má-técnica processual, consubstancia mera irregularidade, não justificando o pedido de anulação de todo o processo, se fica claro, pelo teor da inicial, que o valor solicitado se destina à manutenção da família" (STJ-RBDFS 13/137: 3ª T., REsp 1.046.130).

Art. 2º: 1a. "Ajuizada a ação de alimentos com a assistência da mãe, o menor não pode, sem a anuência desta, considerar quitada a obrigação do pai" (STJ-3ª T., REsp 127.652, Min. Ari Pargendler, j. 25.9.00, DJU 23.10.00).

Art. 2º: 2. s/ atribuição do MP para promover e acompanhar as ações de alimentos devidos a pessoas idosas, v. EId 74-II.

Art. 2º: 2a. **Súmula 594 do STJ:** "O Ministério Público tem legitimidade ativa para ajuizar ação de alimentos em proveito de criança ou adolescente independentemente do exercício do poder familiar dos pais, ou do fato de o menor se encontrar nas situações de risco descritas no art. 98 do Estatuto da Criança e do Adolescente, ou de quaisquer outros questionamentos acerca da existência ou eficiência da Defensoria Pública na comarca".

"O MP é parte legítima tanto para ajuizar ação de alimentos como para postular execuções de prestações alimentícias em favor de criança ou adolescente, independentemente da existência de Assistência Judiciária na comarca, conforme interpretação do art. 201, III, da Lei 8.069/90" (RT 752/189).

Art. 2º: 2b. "As parcelas referentes a medicamentos, vestuário, matrícula e mensalidades escolares constituem necessidades vitais e sociais básicas, que, acordadas em processo de separação do casal, constituem débitos alimentícios. Não pagos, sujeitam o devedor à pena de prisão civil" (STJ-3ª T., HC 33.455-EDcl, Min. Pádua Ribeiro, j. 10.8.04, DJU 4.10.04).

Art. 2º: 2c. "O pedido de alimentos pode ser formulado, quer em ação típica, quer cumulativamente em ação de investigação de paternidade, sem a especificação do *quantum* desejado pelo autor, o que poderá ser apurado durante a fase de conhecimento ou mesmo no juízo sucessivo da execução. Tal permissão não caracteriza infringência ao art. 286 do Código de Processo Civil" (JTJ 142/226).

V. tb. art. 11, nota 7.

Art. 2º: 3. Do modo como está redigida a lei, a prova deve ser feita *initio litis*, o que justifica a conclusão de que o rito da Lei 5.478/68 não é adequado para as ações em que a prova da obrigação alimentar não for feita liminarmente (v. nota 9 ao art. 1º).

Art. 2º: 4. Conforme publicação oficial. Deve ser: "quando estiverem em poder do obrigado às prestações alimentícias, ou de terceiro", etc. (e é assim que consta na rep. pelo DOU 8.4.74, supl.).

Art. 3º O pedido será apresentado por escrito, em 3 (três) vias, e deverá conter a indicação do juiz a quem for dirigido, os elementos referidos no artigo anterior e um histórico sumário dos fatos.[1]

§ 1º Se houver sido designado pelo juiz defensor para assistir o solicitante, na forma prevista no art. 2º, formulará o designado, dentro de 24 (vinte e quatro) horas da nomeação, o pedido, por escrito, podendo, se achar conveniente, indicar seja a solicitação verbal reduzida a termo.

§ 2º O termo previsto no parágrafo anterior será em 3 (três) vias, datadas e assinadas pelo escrivão, observado, no que couber, o disposto no *caput* do presente artigo.

Art. 3º: 1. Valor da causa: CPC 292-III.

Art. 4º Ao despachar o pedido, o juiz fixará[1] desde logo alimentos provisórios[2 a 4c] a serem pagos pelo devedor, salvo se o credor expressamente declarar que deles não necessita.

Parágrafo único. Se se tratar de alimentos provisórios pedidos pelo cônjuge, casado pelo regime da comunhão universal de bens, o juiz determinará igualmente que seja entregue ao credor, mensalmente, parte da renda líquida dos bens comuns, administrados pelo devedor.[5-6]

Art. 4º: 1. A disposição é cogente: "o juiz fixará". Neste sentido: RJTJESP 104/44.

Art. 4º: 2. s/ **alimentos provisórios,** v. art. 13 §§ 1º e 3º. V. tb., em ação de indenização por ato ilícito, art. 13, nota 6a. S/ correção monetária, v. CC 1.710, inclusive nota 4.

S/ alimentos provisórios e provisionais, em ação de investigação de paternidade, v. LIP 7º e notas.

Art. 4º: 3. Os alimentos ou são provisórios ou definitivos.

Alimentos **provisórios** são os fixados *initio litis* nas ações de alimentos que seguem o rito prescrito na Lei 5.478/68 (cf. seu art. 4º). Mas podem também ser concedidos, por expressa disposição do art. 13 dessa mesma lei, nas ações de separação contenciosa, nas de nulidade e anulação de casamento, na revisão de sentenças proferidas em pedidos de alimentos e nas respectivas execuções.

Definitivos são os alimentos que decorrem de sentença transitada em julgado e que, por isso mesmo, substituem os provisórios.

Art. 4º: 4. Admite-se a fixação de alimentos provisórios também em ação revisional, tanto liminarmente (STF-RTJ 100/101, por 4 votos a 1, RT 597/179, JTJ 192/168, RF 293/289, RJTJESP 89/333, 99/348), como no curso da lide (RJTJESP 42/210). **Contra,** não admitindo a fixação liminar: RT 517/54 (concessão de mandado de segurança para cassar a liminar), JTJ 156/262 (segurança concedida unicamente para dar efeito suspensivo a agravo contra liminar deferida em revisional de alimentos), RF 247/160, Bol. AASP 1.036/204, em. 04.

Art. 4º: 4a. "Qualificando-se como interlocutória a decisão que fixa *initio litis* os alimentos provisórios, o recurso dela cabível é o de agravo de instrumento" (RSTJ 30/305). Conta-se o prazo da juntada aos autos do mandado de citação do réu, devidamente cumprido (JTJ 164/220).

Art. 4º: 4b. "Na fase de alimentos provisórios, prioriza-se suprir necessidade imediata, mostrando-se prudente fixar quantia razoável que, de plano, seja compatível com as necessidades do alimentando e as possibilidades do alimentante. Arbitrar valor excessivo implicaria incorrer no risco de fixar-se quantia exorbitante, além da capacidade do devedor, podendo ensejar o descumprimento precoce da obrigação imposta" (RT 870/268, maioria).

Art. 4º: 4c. "As variações positivas na remuneração total do alimentante, de regra, não terão impacto no valor dos alimentos, salvo se as necessidades do alimentado, constatadas inicialmente, não tiverem sido supridas integralmente, ou ainda, quando houver superveniente alteração no elemento necessidade. Supridas as necessidades legalmente preconizadas pelo valor já pago, e não sendo os alimentos provisórios, provisionais ou *pro tempore*, cota de participação no sucesso do alimentante, razão não há para que o aumento dos rendimentos do alimentante, mormente aqueles oriundos de verbas não regulares, tenha reflexos proporcionais no monte destinado aos alimentos" (STJ-3ª T., REsp 1.261.247, Min. Nancy Andrighi, j. 16.4.13, RT 936/447).

S/ base de cálculo, v. tb. art. 11, nota 3.

Art. 4º: 5. "A inadimplência em relação à 'parte da renda líquida dos bens comuns, administrados pelo devedor', prevista no art. 4º, § ún., da Lei de Alimentos, por não cuidar de alimentos em sentido estrito, não enseja a prisão civil prevista no art. 733, § 1º, do CPC" (STJ-RT 831/219).

Art. 4º: 6. "Os alimentos provisórios fixados em favor do cônjuge casado sob o regime da comunhão universal não podem ser arbitrados, sob o fundamento de o patrimônio comum do casal encontrar-se sob a administração do devedor da pensão, em quantia que exorbite os critérios de necessidade do alimentando e possibilidade do alimentante. O repasse de parte da renda mensal líquida dos bens comuns administrados pelo devedor dos alimentos (Lei 5.478/68, art. 4º, parágrafo único) não possui as características peculiares da prestação alimentícia. Com efeito, a ausência ou insuficiência de seu pagamento não enseja execução sob pena de prisão, além de ser admissível, em tese, pedido de repetição, caso se apure excesso no valor repassado. Deverá o Tribunal de origem estabelecer a pensão alimentícia mensal, a partir do binômio necessidade/possibilidade, além de determinar o repasse à beneficiária de parte da renda líquida dos bens comuns administrados pelo devedor, caso a metade da renda mensal dos bens comuns ultrapasse o valor da pensão alimentícia" (STJ-4ª T., REsp 1.343.955-EDcl-EDcl, Min. Isabel Gallotti, j. 10.6.14, DJ 12.8.14).

Art. 5º O escrivão, dentro em 48 (quarenta e oito) horas, remeterá ao devedor a segunda via da petição ou do termo, juntamente com a cópia do despacho do juiz, e a comunicação do dia e hora da realização da audiência de conciliação e julgamento.

§ 1º Na designação da audiência, o juiz fixará o prazo razoável que possibilite ao réu a contestação da ação proposta e a eventualidade de citação por edital.

§ 2º A comunicação, que será feita mediante registro postal isento de taxas e com aviso de recebimento, importa em citação, para todos os efeitos legais.

§ 3º Se o réu criar embaraços ao recebimento da citação, ou não for encontrado, repetir-se-á a diligência por intermédio do oficial de justiça, servindo de mandado a terceira via da petição ou do termo.

§ 4º Impossibilitada a citação do réu por qualquer dos modos acima previstos, será ele citado por edital afixado na sede do juízo e publicado 3 (três) vezes consecutivas no órgão oficial do Estado, correndo a despesa por conta do vencido, a final, sendo previamente a conta juntada aos autos.

§ 5º O edital deverá conter um resumo do pedido inicial, a íntegra do despacho nele exarado, a data e a hora da audiência.

§ 6º O autor será notificado da data e hora da audiência no ato de recebimento da petição, ou da lavratura do termo.

§ 7º O juiz, ao marcar a audiência, oficiará ao empregador do réu, ou, se o mesmo for funcionário público, ao responsável por sua repartição, solicitando o envio, no máximo até a data marcada para a audiência, de informações sobre o salário ou os vencimentos do devedor, sob as penas previstas no art. 22 desta lei.

§ 8º (*redação da Lei 6.014, de 27.12.73*) A citação do réu, mesmo no caso dos arts. 200 e 201 do Código de Processo Civil, far-se-á na forma do § 2º do art. 5º desta lei.

Art. 6º Na audiência de conciliação e julgamento[1] deverão estar presentes autor e réu, independentemente de intimação e de comparecimento de seus representantes.

Art. 6º: 1. "Em ação de alimentos, regulada pela Lei 5.478/68, a realização da audiência de instrução e julgamento é imprescindível, pouco importando seja revel o demandado" (RT 599/55).

Art. 7º O não comparecimento do autor determina o arquivamento do pedido,[1-1a] e a ausência do réu importa em revelia, além de confissão quanto à matéria de fato.

Art. 7º: 1. e não a sua extinção (STJ-4ª T., REsp 38.170-3, Min. Ruy Rosado, j. 28.3.95, DJU 12.6.95; RJTJESP 89/227, JTJ 288/46). No mesmo sentido, determinando a realização de nova audiência: RJTJESP 106/37, maioria.

Art. 7º: 1a. Afastando o arquivamento do processo em caso de autor domiciliado em outro país: "Peculiaridade do caso concreto, porém, em que o autor é menor e residente na Espanha, presumindo-se o seu interesse na demanda alimentar" (STJ-3ª T., RHC 29.777, Min. Paulo Sanseverino, j. 5.5.11, DJ 11.5.11).

Art. 8º Autor e réu comparecerão à audiência acompanhados de suas testemunhas, 3 (três) no máximo,[1] apresentando, nessa ocasião, as demais provas.

Art. 8º: 1. A republicação no DOU 8.4.74 consigna, erroneamente, "3 (três), no mínimo".

Art. 9º (*redação da Lei 6.014, de 27.12.73*) Aberta a audiência, lida a petição, ou o termo, e a resposta, se houver, ou dispensada a leitura, o juiz ouvirá as partes litigantes e o representante do Ministério Público, propondo conciliação.

§ 1º Se houver acordo, lavrar-se-á o respectivo termo, que será assinado pelo juiz, escrivão, partes e representantes do Ministério Público.

§ 2º Não havendo acordo, o juiz tomará o depoimento pessoal das partes e das testemunhas,[1] ouvidos os peritos se houver,[2] podendo julgar o feito sem a mencionada produção de provas, se as partes concordarem.

Art. 9º: 1. v. CPC 361; tb. 385 a 388 e 456 a 460.

Art. 9º: 2. v. CPC 361-I e 477 § 3º.

Art. 10. A audiência de julgamento será contínua; mas, se não for possível, por motivo de força maior, concluí-la no mesmo dia, o juiz marcará a sua continuação para o primeiro dia desimpedido, independentemente de novas intimações.

Art. 11. Terminada a instrução, poderão as partes e o Ministério Público aduzir alegações finais, em prazo não excedente de 10 (dez) minutos para cada um.

Parágrafo único. Em seguida, o juiz renovará a proposta de conciliação[1] e, não sendo aceita, ditará sua sentença,[2 a 7] que conterá sucinto relatório do ocorrido na audiência.

Art. 11: 1. Embora obrigatória a renovação da proposta de conciliação, sua falta não acarreta a nulidade da sentença (RJTJESP 20/215). No mesmo sentido: RJTJESP 103/36.

Contra, declarando a nulidade: RT 511/243, em., RJTJESP 89/46 (revisional).

Art. 11: 2. Súmula 226 do STF (Alimentos na separação contenciosa): "Na ação de desquite, os alimentos são devidos desde a inicial e não da data da decisão que os concede". Ação de desquite = ação de separação litigiosa.

No sentido de que atualização monetária desses alimentos tem como termo inicial a data da citação, e não a da sentença: RT 571/69.

Art. 11: 2a. "Segundo a jurisprudência dominante no C. Supremo Tribunal Federal e nesta Corte, admissível é fixar-se a prestação alimentícia com base no **salário mínimo**" (RSTJ 96/322). Essa fixação não ofende a CF de 1988, art. 7º-IV (RTJ 139/971, STF-RT 724/223, STF-RT 741/226).

No mesmo sentido, quanto à possibilidade de fixar a pensão em salários mínimos: STJ-4ª T., REsp 343.517, Min. Aldir Passarinho Jr., j. 23.4.02, maioria, DJU 2.9.02. Constou do voto do relator que as parcelas pretéritas "serão calculadas na data do vencimento, de acordo com o salário mínimo da época e atualizadas desde então". Ainda: STJ-3ª T., AI 861.075-AgRg, Min. Massami Uyeda, j. 5.5.09, DJ 19.5.09.

Todavia: "O salário mínimo não pode mais se prestar para indexar os alimentos, sob pena de, a curto prazo, desestabilizar o equilíbrio do binômio alimentar. E, dentre os indexadores, o IGP-M é o que se mostra mais adequado" (RBDF 38/154).

V., no CPCLPV, CPC 533, nota 10 (Súmula 490 do STF).

Art. 11: 2b. "Os alimentos arbitrados em valor fixo devem ser analisados de forma diversa daqueles arbitrados em percentuais sobre 'vencimento', 'salário', 'rendimento', 'provento', dentre outros *ad valorem*. No primeiro caso, a dívida se consolida com a fixação do valor e periodicidade em que deve ser paga, não se levando em consideração nenhuma outra base de cálculo. O débito alimentar arbitrado em valor fixo — por sentença transitada em julgado — deve ser pago pelo montante e na exata periodicidade constante no título judicial, revelando-se ofensa à coisa julgada a determinação para que o valor arbitrado seja pago a propósito do recebimento de outras verbas pelo devedor. No caso concreto, as circunstâncias fáticas incontroversas nas quais a sentença foi proferida dão guarida ao pleito recursal, pois não há nenhum vestígio no título de que a verba deveria incidir na forma como entendeu o Tribunal *a quo*. De fato, mostrou-se relevante ao arbitramento em valor fixo o fato de o réu auferir rendimentos por fontes que não empregatícias, fato que reforça a conclusão de que a pensão, na hipótese, não deve incidir sobre verbas outras, como aquelas indicadas pelo acórdão recorrido" (STJ-4ª T., REsp 1.091.095, Min. Luis Felipe, j. 16.4.13, DJ 25.4.13).

Art. 11: 2c. A fixação com indexação não é obrigatória (v. LDi 22: "Salvo decisão judicial", etc.). Diversos critérios podem ser adotados, como o de um percentual sobre os salários do empregado ou sobre os vencimentos do funcionário, etc.

"A Corte guarda algum entendimento de que alimentos em prol de apenas 1 filho, sem necessidades especiais, devem ser fixados em cerca de 20% dos rendimentos líquidos do alimentante" (RMDCPC 41/129: TJRS, AI 85189-53.2011.8.21.7000; dec. mon.).

Art. 11: 2d. Afirmando a "incidência da pensão alimentícia sobre o **décimo terceiro salário** e o **terço constitucional de férias":** STJ-RT 917/740 (2ª Seção, REsp 1.106.654, um voto vencido).

No mesmo sentido, em relação ao décimo terceiro: RT 727/190, JTJ 284/23.

Contra, no que diz respeito ao terço de férias: JTJ 174/178, 306/42.

Art. 11: 3. "O FGTS não é verba salarial; por isso, à falta de cláusula expressa em acordo, sobre ele não incide a pretensão alimentar fixada com base no salário do devedor" (STJ-4ª T., REsp 99.795, Min. Ruy Rosado, j. 22.10.96, DJU 30.6.97). No mesmo sentido: RT 724/302, JTJ 171/165, 206/168, 260/432.

Mais amplo: "Não integram, normalmente, o débito alimentar, as verbas recebidas pelo devedor na rescisão do pacto laborativo" (JTJ 172/172). No mesmo sentido: JTJ 284/23.

Entendendo devidos os alimentos sobre aviso prévio e férias indenizadas recebidos pelo alimentante, mas não sobre as verbas decorrentes de rescisão de contrato de trabalho, FGTS, abono de um terço das férias e multa por dispensa imotivada: JTJ 174/178. S/ terço de férias, v. nota 2d.

Ponderando que os alimentos devem ter por base "os rendimentos permanentes do alimentante, excluída a incidência sobre o FGTS, horas extras, verbas rescisórias e participação nos lucros": RMDCPC 26/130 (TJSP, AP 537.731-4/1-00).

No sentido de que as horas extras não se incluem na base de cálculo dos alimentos: JTJ 176/25, 306/42. **Contra:** "O valor recebido pelo alimentante a título de horas extras, mesmo que não habituais, embora não ostente caráter salarial para efeitos de apuração de outros benefícios trabalhistas, é verba de natureza remuneratória e integra a base de cálculo para a incidência dos alimentos fixados em percentual sobre os rendimentos líquidos do devedor" (STJ-4ª T., REsp 1.098.585, Min. Luis Felipe, j. 25.6.13, maioria, DJ 29.8.13).

"Alimentos. Inclusão dos valores percebidos pelo devedor a título de participação em lucros e resultados nos alimentos devidos à alimentada. Impossibilidade e desnecessidade" (STJ-3ª T., REsp 1.465.679, Min. Nancy Andrighi, j. 9.11.17, DJ 17.11.17). **Contra:** "Participação nos lucros e resultados. Integração na base de cálculo da verba alimentar. Acréscimo patrimonial decorrente do contrato de trabalho, apto ao incremento da possibilidade do alimentante" (STJ-4ª T., REsp 1.561.097, Min. Marco Buzzi, j. 6.2.18, maioria, DJ 2.3.18).

Excluindo da base de cálculo quaisquer gratificações adicionais: JTJ 284/23, 306/42.

"Os alimentos incidem sobre verbas pagas em caráter habitual, aquelas incluídas permanentemente no salário do empregado. A verba alimentar incide, portanto, sobre vencimentos, salários ou proventos, valores auferidos pelo devedor no desempenho de sua função ou de suas atividades empregatícias, decorrentes dos rendimentos ordinários do devedor. As parcelas denominadas auxílio-acidente, cesta-alimentação e vale-alimentação, que tem natureza indenizatória, estão excluídas do desconto para fins de pensão alimentícia porquanto verbas transitórias" (STJ-3ª T., REsp 1.159.408, Min. Ricardo Cueva, j. 7.11.13, DJ 25.11.13). No mesmo sentido, para "as parcelas denominadas diárias e tempo de espera indenizado": STJ-3ª T., REsp 1.747.540, Min. Ricardo Cueva, j. 10.3.20, DJ 13.3.20.

S/ base de cálculo, v. tb. art. 4º, nota 4c.

S/ bloqueio dos valores depositados no FGTS do alimentante, em razão da suspensão do desconto em folha, v., no nosso CPCLPV, CPC 529, nota 4a.

"A pensão alimentícia e o FGTS", por Segismundo Gontijo (RF 338/419); "Alimentos e FGTS", por Wallace Paiva Martins Jr. (Just. 166/58).

Art. 11: 3a. "Alimentos. Ruptura do relacionamento que traz uma diminuição na disponibilidade dos envolvidos. Necessidade de conscientização dos filhos, ante as dificuldades decorrentes de um lar desfeito. Fixação dos alimentos definitivos no mesmo montante fixado a título provisório. Valor condizente com a situação do alimentante e suficiente para os filhos" (JTJ 314/33: AP 436.732-4/0-00).

Art. 11: 4. "Quando a pensão alimentícia, em separação judicial, é fixada de maneira global, presume-se que é *intuitu familiae*, existindo direito de acrescer, pois visa o necessário à manutenção da situação familiar como um todo, sob o comando da esposa" (JTJ 172/170).

Art. 11: 5. "A obrigação alimentar é conjunta e solidária dos pais. Todavia, considerando que ambos trabalham e recebem salários, não se pode deixar de valorar, como critério para a fixação dos alimentos, a dupla jornada de quem tem a guarda, via de regra a mãe, para diferenciar o valor da verba alimentar" (RJM 173/324).

S/ a influência da guarda do alimentando no valor da pensão, v. CC 1.701, nota 1a.

Art. 11: 6. "Despesas comprovadas que favorecem o núcleo familiar e não exclusivamente a alimentanda. Genitora que possui renda equivalente ou superior ao alimentante. Quanto provisório que serviu, ao longo do processo, para o sustento e mantença da alimentanda. Pensão reduzida e fixada em 20% da renda líquida" (RT 867/184: TJSP, AP 462.592.4/5-00). No mesmo sentido: RMDCPC 26/130 (TJSP, AP 537.731-4/1-00).

Art. 11: 7. "Nas demandas de caráter alimentar, as regras que proíbem a decisão *ultra petita* merecem exegese menos rigorosa. Precedentes do STJ" (RSTJ 29/337). No mesmo sentido: RSTJ 29/317, RT 676/156.

Assim: "Ação revisional de alimentos. Não constitui decisão *ultra petita* o eventual arbitramento em montante superior ao do pedido na inicial, uma vez que este serve, apenas, de mera estimativa" (STJ-3ª T., REsp 39.201-2, Min. Waldemar Zveiter, j. 2.8.94, DJU 12.9.94).

Não constitui "julgamento *extra petita* a atualização monetária da pensão alimentícia" (STJ-3ª T., REsp 66.169, Min. Cláudio Santos, j. 19.9.95, DJU 16.10.95).

Todavia, no sentido de que, uma vez requeridos na petição inicial alimentos a partir da sentença, não podem ser eles fixados a partir da citação: STJ-3ª T., REsp 1.079.190, Min. Nancy Andrighi, j. 7.10.08, DJ 23.10.08.

Art. 12. Da sentença serão as partes intimadas, pessoalmente ou através de seus representantes, na própria audiência, ainda quando ausentes, desde que intimadas de sua realização.

Art. 13. O disposto nesta lei aplica-se igualmente, no que couber,[1] às ações ordinárias de desquite,[2-3] nulidade e anulação de casamento, à revisão[4 a 6] de sentenças proferidas em pedidos de alimentos e respectivas execuções.

§ 1º Os alimentos provisórios fixados na inicial poderão ser revistos[7] a qualquer tempo, se houver modificação na situação financeira das partes, mas o pedido será sempre processado em apartado.[8]

§ 2º Em qualquer caso, os alimentos fixados retroagem à data da citação.[9 a 12]

§ 3º Os alimentos provisórios serão devidos até a decisão final, inclusive o julgamento do recurso extraordinário.[13 a 15]

Art. 13: 1. "no que couber", i.e., no que se refere à obrigação alimentar.

Segue-se que os alimentos provisórios podem ser fixados, pelo juiz, ao despachar as iniciais de ações ordinárias de separação judicial e de nulidade ou anulação de casamento (RF 297/244). **Contra,** no sentido de que é inadmissível o arbitramento de alimentos provisórios em ação de separação judicial de rito ordinário: RT 717/140, RJTJESP 135/263.

Art. 13: 2. "desquite": atualmente, separação judicial.

V., CC 1.571, nota 2b **(Em. Const. 66, de 13.7.10).**

Art. 13: 3. "Ação de separação judicial cumulada com pedido de alimentos. Fixação *initio litis* dos alimentos provisórios. Ao despachar a inicial, é possível ao magistrado fixar os alimentos provisórios, sendo desnecessária nesse caso a instauração de medida acautelatória em autos apartados. Arts. 4º e 13 da Lei n. 5.478, de 25.7.68" (STJ-4ª T., REsp 9.113-0, Min. Barros Monteiro, j. 12.5.92, maioria, DJU 28.6.93). No mesmo sentido: JTJ 164/220, 204/227.

Art. 13: 4. v. art. 1º, nota 7c (modificação de acordo para prestar alimentos já homologado judicialmente).

No nosso CPCLPV, v. CPC 61, nota 2 (competência para ação revisional), 492, nota 19 (sentença que, na ação de exoneração, defere a redução dos alimentos), 533 § 3º (revisão de alimentos concedidos como indenização de ato ilícito).

Art. 13: 5. Súmula 358 do STJ: "O cancelamento de pensão alimentícia de filho que atingiu a maioridade está sujeito à decisão judicial, mediante contraditório, ainda que nos próprios autos".

Enunciado 344 do CEJ: "A obrigação alimentar originada do poder familiar, especialmente para atender às necessidades educacionais, pode não cessar com a maioridade".

Enunciado 112 do CEJ: "Em acordos celebrados antes do advento do novo Código, ainda que expressamente convencionado que os alimentos cessarão com a maioridade, o juiz deve ouvir os interessados, apreciar as circunstâncias do caso concreto e obedecer ao princípio *rebus sic stantibus*".

Assim: "Com a maioridade cessa o pátrio poder, mas não termina, automaticamente, o dever de prestar alimentos" (STJ-2ª Seção, REsp 442.502, Min. Pádua Ribeiro, j. 6.12.04, dois votos vencidos, DJU 15.6.05). No mesmo sentido: RT 857/248, 868/231, 877/187 (TJSP, AP 560.921-4/2-00, um voto vencido), RF 395/461, RJ 178/64, JTJ 310/37.

Presume-se que o maior já não necessite de alimentos, cabendo-lhe o ônus da prova em contrário (RJTJERGS 168/334, 169/333).

Em síntese: "O advento da maioridade não extingue, de forma automática, o direito à percepção de alimentos, mas esses deixam de ser devidos em face do poder familiar e passam a ter fundamento nas relações de parentesco, em que se exige a prova da necessidade do alimentado. A necessidade do alimentado, na ação de exoneração de alimentos, é fato impeditivo do direito do autor, cabendo àquele a comprovação de que permanece tendo necessidade de receber alimentos" (STJ-3ª T., REsp 1.198.105, Min. Nancy Andrighi, j. 1.9.11, DJ 14.9.11).

Todavia: "Devem os alimentos prosseguir até o evento que ocorrer primeiro, ou a conclusão do curso técnico profissionalizante, ou a idade de 25 anos" (RT 725/227). No mesmo sentido: RMDCPC 16/132, RT 860/284.

"O dever de sustento oriundo do poder familiar cessa com a maioridade ou emancipação, contudo tal regra é afastada quando o alimentando acha-se cursando ensino superior e até que ele perfaça 24 anos, salvo se comprovado que o mesmo é capaz de prover a sua mantença" (RT 864/289, maioria). No mesmo sentido: RT 892/187 (TJSP, AP 679.994-4/7-00).

Contra, entendendo que a obrigação dos pais de prestar alimentos "cessa quando o filho se emancipa ou atinge a maioridade. Neste caso, **a exoneração é automática,** não dependente da propositura de ação própria para o seu reconhecimento": JTJ 260/282 (a citação é do voto do relator). No mesmo sentido: JTJ 173/15, 191/24 (cuja ementa dispõe que "a fixação alimentar de pais para filhos menores, a menos que explicitamente se tenha disposto em contrário ao ser feita, cessa ao ensejo da maioridade"), 286/35, RJTJERGS 168/334.

Sustentando que a exoneração automática também ocorre em razão de emancipação decorrente de casamento: RT 722/153.

Ponderando que "excluem-se do encargo alimentar a filha que completou 25 anos de idade sem estar frequentando escola, bem como a filha menor que se uniu a um companheiro, formando 'entidade familiar'": RJTJERGS 153/354.

"Acolhe-se o pedido de exoneração de alimentos quando as circunstâncias dos autos revelam que o alimentando é maior de 24 anos — termo presumido pela jurisprudência como bastante para o desaparecimento da necessidade que justificaria a extensão da obrigação alimentícia além da maioridade — e deixou de frequentar a instituição de ensino superior em que estava matriculado, bem como que não se encontra impossibilitado de auferir renda para prover o próprio sustento" (RT 876/273: TJDFT, EI 20040110666522, maioria).

"É presumível — presunção *iuris tantum* — a necessidade dos filhos de continuarem a receber alimentos após a maioridade, quando frequentam curso universitário ou técnico, por força do entendimento de que a obrigação parental de cuidar dos filhos inclui a outorga de adequada formação profissional. Porém, o estímulo à qualificação profissional dos filhos não pode ser imposto aos pais de forma perene, sob pena de subverter o instituto da obrigação alimentar oriunda das relações de parentesco, que tem por objetivo, tão só, preservar as condições mínimas de sobrevida do alimentado. Em rigor, a formação profissional se completa com a graduação, que, de regra, permite ao bacharel o exercício da profissão para a qual se graduou, independentemente de posterior especialização, podendo assim, em tese, prover o próprio sustento, circunstância que afasta, por si só, a presunção *iuris tantum* de necessidade do filho estudante. Persistem, a partir de então, as relações de parentesco, que ainda possibilitam a percepção de alimentos, tanto de descendentes quanto de ascendentes, porém desde que haja prova de efetiva necessidade do alimentado" (STJ-3ª T., REsp 1.218.510, Min. Nancy Andrighi, j. 27.9.11, DJ 3.10.11). No mesmo sentido: STJ-4ª T., REsp 1.312.706, Min. Luis Felipe, j. 21.2.13, maioria, DJ 12.4.13; RT 924/986 (TJGO, AI 496656-45.2011.8.09.0000).

V. tb. CC 1.696; s/ alimentos devidos ao filho maior inválido, v. LDi 16.

✎ "Alimentos para filhos maiores", por Ênio Santarelli Zuliani (RIDCPC 45/49, RIDF 44/125).

Art. 13: 5a. "Quando se trata de **filho com doença mental incapacitante,** a necessidade do alimentado se presume, e deve ser suprida nos mesmo moldes dos alimentos prestados em razão do poder familiar. Mesmo que haja variações positivas nos rendimentos do alimentado — *in casu*, recebimento de benefício de prestação continuada —, se o valor auferido não é suficiente para o suprimento das necessidades básicas de filho com doença mental, mantém-se a obrigação alimentar" (STJ-3ª T., REsp 1.642.323, Min. Nancy Andrighi, j. 28.3.17, DJ 30.3.17).

Art. 13: 6. "O recurso cabível contra a decisão que defere pedido de exoneração de alimentos formulado nos próprios autos de alimentos é o de agravo de instrumento, por ser decisão interlocutória (CPC, art. 513), não se podendo falar que o Juízo de 1º grau conferiu à decisão a qualificação jurídica de sentença. Em se tratando de questão alimentar, de evidente caráter determinativo, alterável diante da mudança de condições de alimentante e alimentado, a decisão interlocutória era possível" (STJ-3ª T., AI 819.940-AgRg, Min. Sidnei Beneti, j. 27.5.08, DJU 20.6.08).

Art. 13: 7. v. art. 4º.

Art. 13: 8. "Nada tem de incivil a redução dos alimentos provisórios dentro da própria ação de alimentos" (RT 591/89 e RJTJESP 90/425). Contra essa decisão cabe agravo, e não apelação (RTJ 112/337).

Art. 13: 9. "O termo inicial dos alimentos e a ação de investigação de paternidade", por Antônio Carlos Mathias Coltro (RIASP 6/50); "Alimentos e sua restituição judicial", por Rolf Madaleno (RJ 211/5); "Alimentos provisórios e provisionais, desde e até quando?", por Maria Berenice Dias (Ajuris 96/187); "Alimentos, desde quando?", por Maria Berenice Dias (RBDF 33/5).

Art. 13: 10. cf. **Súmula 226 do STF (Alimentos na separação judicial):** "Na ação de desquite, os alimentos são devidos desde a inicial e não da data da decisão que os concede".

No sentido de que a atualização monetária desses alimentos tem como termo inicial a data da citação, e não a da sentença: RT 571/69.

Art. 13: 10a. Súmula 277 do STJ (Alimentos na investigação de paternidade): "Julgada procedente a investigação de paternidade, os alimentos são devidos a partir da citação". V. LIP 7º.

Art. 13: 10b. "Não há razão, portanto, para que o efetivo pagamento inicie-se somente depois do decurso de 30 dias da citação, mesmo porque a verba alimentar, como sói acontecer, é destinada à sobrevivência do alimentando, plasmada, sobretudo, no dever de cuidado à pessoa que dela necessita, não possuindo assim natureza ressarcitória" (STJ-4ª T., REsp 660.731, Min. Luis Felipe, j. 8.6.10, DJ 15.6.10).

Art. 13: 11. "Na ação de alimentos, ainda que não submetida ao procedimento da Lei 5.478/68, serão eles devidos a partir da citação" (STJ-3ª T., RJ 184/43).

Art. 13: 11a. Na **ação de alimentos,** "fixados os **alimentos definitivos em valor inferior ao dos provisórios,** retroagirão à data da citação, ressalvadas as possíveis prestações já quitadas em virtude da irrepetibilidade daquilo que já foi pago" (STJ-3ª T., REsp 209.098, Min. Nancy Andrighi, j. 14.12.04, DJU 21.2.05). No mesmo sentido: STJ-4ª T., AI 982.233-AgRg, Min. Aldir Passarinho Jr., j. 17.6.08, DJ 25.3.08. **Contra,** defendendo efeitos prospectivos para a sentença nessas circunstâncias: STJ-3ª T., REsp 1.175.407-AgRg, Min. Massami Uyeda, j. 28.8.12, DJ 4.9.12.

"Os alimentos definitivos, quando fixados em valor inferior ao dos provisórios, não geram para o alimentante o direito de pleitear o que foi pago a maior, tendo em vista irrepetibilidade própria da verba alimentar. Todavia, quando **fixados definitivamente em valor superior ao dos provisórios,** terão efeito retroativo (Lei 5.478/68, art. 13, § 2º), facultando-se ao credor pleitear a diferença" (STJ-3ª T., REsp 1.318.844, Min. Sidnei Beneti, j. 7.3.13, RT 935/450).

V. tb. nota 14.

Art. 13: 11b. Súmula 621 do STJ: "Os efeitos da sentença que reduz, majora ou exonera o alimentante do pagamento retroagem à data da citação, vedadas a compensação e a repetibilidade".

"Nas ações de revisão, os alimentos retroagem à data da citação" (RTJ 90/197), o que também ocorre nas ações de alteração de cláusula fixando pensão em separação consensual (RTJ 119/712).

Art. 13: 11c. "Deve ser recebido apenas no efeito devolutivo o recurso de apelação interposto contra sentença que decida pedido revisional de **alimentos,** seja para majorar, **diminuir ou exonerar** o alimentante do encargo. Valoriza-se, dessa forma, a convicção do juiz que, mais próximo das provas produzidas, pode avaliar com maior precisão as necessidades do alimentando conjugadas às possibilidades do alimentante, para uma adequada fixação ou até mesmo exoneração do encargo. Com a atribuição do duplo efeito, há potencial probabilidade de duplo dano ao alimentante quando a sentença diminuir o encargo alimentar: (i) dano patrimonial, por continuar pagando a pensão alimentícia que a sentença reconhece indevida e por não ter direito à devolução da quantia despendida, caso a sentença de redução do valor do pensionamento seja mantida, em razão do postulado da irrepetibilidade dos alimentos; (ii) dano pessoal, pois o provável inadimplemento ditado pela ausência de condições financeiras poderá levar o alimentante à prisão" (STJ-3ª T., REsp 595.209, Min. Nancy Andrighi, j. 8.3.07, DJU 2.4.07). No mesmo sentido: RJTJESP 82/274.

Assim, determinando que se receba apenas no efeito devolutivo a apelação interposta contra a sentença de exoneração do alimentante: STJ-3ª T., REsp 1.280.171, Min. Massami Uyeda, j. 2.8.12, DJ 15.8.12.

Contra: "A apelação contra a sentença que determina a redução dos alimentos deve ser recebida também no efeito suspensivo, em obséquio ao princípio que privilegia o interesse dos menores em detrimento do direito dos adultos" (STJ-4ª T., REsp 332.897-AgRg, Min. Sálvio de Figueiredo, j. 23.4.02, DJU 12.8.02). No mesmo sentido: RJTJESP 130/342, RT 810/219, JTJ 214/228, Bol. AASP 1.672/10.

Ainda contra, no sentido de que deve ser recebida em ambos os efeitos a apelação contra sentença que exonera da prestação alimentícia: RSTJ 30/422, STJ-RT 674/238, STJ-RTJE 97/108 e STJ-Bol. AASP 1.729/39; STJ-JTJ 247/125; RT 710/130, 718/127, JTJ 173/143; Bol. AASP 2.426/3.537.

"Mesmo considerando sentença de procedência da ação exoneratória, importa que, até a data de seu trânsito em julgado, os alimentos são devidos" (STJ-3ª T., HC 41.074, Min. Nancy Andrighi, j. 5.4.05, DJU 18.4.05). Em outras palavras: "Os efeitos da exoneração da pensão alimentícia não retroagem à data da citação, mas apenas têm incidência a partir do trânsito em julgado da decisão" (STJ-3ª T., REsp 886.537, Min. Sidnei Beneti, j. 8.4.08, DJU 25.4.08). No mesmo sentido: STJ-RT 793/198, dois votos vencidos (4ª T.).

Art. 13: 12. Há um acórdão entendendo que, em ação revisional movida pelo alimentando, se a sentença julga procedente reconvenção e reduz os alimentos primitivamente fixados, essa redução é devida a partir da data em que o autor foi intimado para contestar a reconvenção (RJTJERGS 165/346).

Art. 13: 13. s/ o caráter não repetível dos alimentos, v. art. 1º, nota 10a.

Art. 13: 13a. Não é bem assim. Os alimentos provisórios não são imunes a decisões que levam à sua cassação e estão com a eficácia liberada. Assim, julgada improcedente a ação de alimentos e cassados os alimentos provisórios, fica o alimentante desde logo livre do seu pagamento; os alimentos provisórios apenas voltam a ser devidos se houver no processo pronunciamento que os restabeleça.

"A apelação contra improcedência de pedido alimentar não restabelece liminar de alimentos provisórios, revogada pela sentença" (STJ-3ª T., REsp 746.760, Min. Gomes de Barros, j. 6.11.07, DJU 14.11.07).

Os alimentos provisórios somente serão devidos até o final do processo se as decisões proferidas no seu curso levarem a isso.

Art. 13: 14. **Alimentos provisórios atrasados. Sentença posterior que julga improcedente o pedido ou reduz os alimentos provisórios. Efeitos da sentença com relação às verbas em aberto.** "Ofende o princípio da irrepetibilidade a retroação, à data da citação, dos efeitos da sentença que fixou os alimentos definitivos em valor inferior ao dos provisórios, anteriormente estabelecidos" (STJ-4ª T., REsp 905.986, Min. Aldir Passarinho Jr., j. 23.11.10, DJ 6.12.10).

"O alimentando poderá executar os alimentos provisórios não pagos correspondentes ao período compreendido entre o momento em que foram fixados na concessão liminar e aquele em que foram cassados pela sentença" (STJ-3ª T., REsp 1.155.653, Min. Sidnei Beneti, j. 26.4.11, DJ 4.5.11; a citação é do voto do relator).

V. tb. nota 11a.

Art. 13: 15. Os pagamentos feitos além do *quantum* da pensão alimentícia, não sendo voluntários, podem ser havidos como adiantamento, a ser considerado nas prestações futuras (RJTJESP 123/236, citando RT 616/147).

Art. 14 *(redação da Lei 6.014, de 27.12.73)*. Da sentença caberá apelação no efeito devolutivo.[1]

Art. 14: 1. No mesmo sentido, CPC 1.012 § 1º-II (v. notas a esse dispositivo no nosso CPCLPV).

Art. 15. A decisão judicial sobre alimentos não transita em julgado e pode a qualquer tempo ser revista,[1 a 2c] em face da modificação da situação financeira dos interessados.[3]

Art. 15: 1. "Ação revisional de alimentos", por Jedor Pereira Baleeiro (RCDUFU 15/117, RF 301/326); "Da competência territorial, na ação de revisão de alimentos", por Luiz Antônio Câmara e outro (RP 56/210, RTJE 68/20).

Art. 15: 1a. No nosso CPCLPV, v. CPC 61, nota 2 (competência para a ação revisional), e 327, nota 10 (cumulação de ações revisionais, propostas uma pela mãe e outra, pelo filho).

Art. 15: 1b. **LDi 28:** "Os alimentos devidos pelos pais e fixados na sentença de separação poderão ser alterados a qualquer tempo".

A alteração deve ser pleiteada mediante ação revisional.

Art. 15: 1c. Cabe **reconvenção** em ação revisional de alimentos, especialmente se esta seguir o procedimento comum (JTJ 173/116, 202/202, RJTJERGS 167/268).

Outros casos de reconvenção: art. 1º, nota 8.

Art. 15: 1d. Em ação revisional, somente se concede redução liminar de alimentos "em circunstâncias excepcionais, quando comprovado, de pronto, que os alimentos antes fixados se colocaram em desacordo com a fortuna das partes" (RJTJERGS 167/275).

Art. 15: 2. "O direito à revisional de alimentos é autônomo, sendo que seu exercício não tem vinculação com a ação de alimentos. Por isso, em princípio, podem os parentes remotos, na linha de devedores, figurar na revisional ainda que não tenham participado da ação primitiva. A mudança da necessidade do alimentando será discutida, como, também, a disponibilidade do obrigado a alimentar, e acrescendo-se o parente remoto para prestar a obrigação conjuntamente" (RT 632/103).

Art. 15: 2a. "Os encargos alimentícios podem ser alterados, segundo a necessidade do que os recebe e os recursos do que os presta" (STJ-3ª T., REsp 9.309, Min. Dias Trindade, j. 13.5.91, DJU 10.6.91).

Art. 15: 2b. No sentido de que a ação revisional pode ser proposta antes do trânsito em julgado da sentença na ação de alimentos: JTJ 176/90.

Art. 15: 2c. "Em se tratando de obrigação alimentar fixada *intuitu familiae*, há necessidade da participação de todos os beneficiários na demanda. É caso de **litisconsórcio** passivo **obrigatório,** conforme preceitua o art. 47 do CPC. Considerando a potencialidade da ação revisional, é indispensável que para os autos venham todas as pessoas alimentadas que fazem parte da coletividade de credores solidários" (RJTJER GS 255/192).

Art. 15: 3. s/ revisão de alimentos independentemente de modificação da situação financeira dos interessados, v. CC 1.699, nota 1.

Alimentos

Art. 16. 1

Art. 16: 1. O art. 16 foi expressamente revogado pela Lei 13.105, de 16.3.15, em vigor um ano após a sua publicação (DOU 17.3.15).

V. CPC 1.072-V.

Art. 17. 1

Art. 17: 1. O art. 17 foi expressamente revogado pela Lei 13.105, de 16.3.15, em vigor um ano após a sua publicação (DOU 17.3.15).

V. CPC 1.072-V.

Art. 18. 1

Art. 18: 1. O art. 18 foi expressamente revogado pela Lei 13.105, de 16.3.15, em vigor um ano após a sua publicação (DOU 17.3.15).

V. CPC 1.072-V.

Art. 19. O juiz, para instrução da causa ou na execução da sentença ou do acordo, poderá tomar todas as providências necessárias para seu esclarecimento ou para o cumprimento do julgado ou do acordo, inclusive a decretação de prisão do devedor até 60 (sessenta) dias.[1]

§ 1º (*redação da Lei 6.014, de 27.12.73*) O cumprimento integral da pena de prisão não eximirá o devedor do pagamento das prestações alimentícias, vincendas ou vencidas e não pagas.

§ 2º (*redação da Lei 6.014, de 27.12.73*) Da decisão que decretar a prisão do devedor, caberá agravo de instrumento.

§ 3º (*redação da Lei 6.014, de 27.12.73*) A interposição do agravo não suspende a execução da ordem de prisão.

Art. 19: 1. Entendemos que este artigo está **implicitamente revogado pelo CPC 528.**

Art. 20. As repartições públicas, civis ou militares, inclusive do Imposto de Renda, darão todas as informações necessárias à instrução dos processos previstos nesta lei e à execução do que for decidido ou acordado em juízo.

Art. 21. O art. 244 do Código Penal passa a vigorar com a seguinte redação:[1]

"Art. 244. Deixar, sem justa causa, de prover a subsistência do cônjuge, ou de filho menor de 18 anos ou inapto para o trabalho ou de ascendente inválido ou valetudinário, não lhes proporcionando os recursos necessários ou faltando ao pagamento de pensão alimentícia judicialmente acordada, fixada ou majorada:[1a] deixar, sem justa causa, de socorrer descendente ou ascendente gravemente enfermo:

Pena — Detenção de 1 (um) ano a 4 (quatro) anos e multa.[2]

Parágrafo único. Nas mesmas penas incide quem, sendo solvente, frustra ou ilide,[3] de qualquer modo, inclusive por abandono injustificado de emprego ou função, o pagamento de pensão alimentícia judicialmente acordada, fixada ou majorada".

Art. 21: 1. **Eld 110:** "O **Decreto-lei n. 2.848, de 7 de dezembro de 1940,** Código Penal, passa a vigorar com as seguintes alterações: ... **'Art. 244.** Deixar, sem justa causa, de prover a subsistência do cônjuge, ou de filho menor de 18 (dezoito) anos ou inapto para o trabalho, ou de ascendente inválido ou maior de 60 (sessenta) anos, não lhes proporcionando os recursos necessários ou faltando ao pagamento de pensão alimentícia judicialmente acordada, fixada ou majorada; deixar, sem justa causa, de socorrer descendente ou ascendente, gravemente enfermo:'".

Art. 21: 1a. Vírgula, e não ponto e vírgula, no texto oficial.

Art. 21: 2. A redação, acima, do art. 244 do CP, quanto à pena, foi por nós **corrigida,** para ficar de acordo com o disposto na Lei 7.209, de 11.7.84 (Lex 1984/350), art. 2º.

Art. 21: 3. No texto oficial, está "ilide"; deve ser "elide" (cf. "Pequeno Vocabulário Ortográfico da Língua Portuguesa": elidir = eliminar, e ilidir = refutar; Séguier: elidir = suprimir, eliminar, e ilidir = rebater, refutar; Aurélio: elidir = eliminar, suprimir, e ilidir = rebater, contestar, refutar).

Art. 22. Constitui crime contra a administração da Justiça deixar o empregador ou funcionário público de prestar ao juízo competente as informações necessárias à instrução de processo ou execução de sentença ou acordo que fixe pensão alimentícia:

Pena — Detenção de 6 (seis) meses a 1 (um) ano, sem prejuízo da pena acessória de suspensão do emprego de 30 (trinta) a 90 (noventa) dias.

Parágrafo único. Nas mesmas penas incide quem, de qualquer modo, ajuda o devedor a eximir-se ao pagamento de pensão alimentícia judicialmente acordada, fixada ou majorada, ou se recusa, ou procrastina a executar ordem de descontos em folhas de pagamento, expedida pelo juiz competente.

Art. 23. A prescrição quinquenal referida no art. 178, § 10, inciso I, do Código Civil[1] só alcança as prestações mensais e não o direito a alimentos, que, embora irrenunciável,[1a-2] pode ser provisoriamente dispensado.

Art. 23: 1. Atualmente, a prescrição é de dois anos (CC 206 § 2º).

Art. 23: 1a. v. CC 1.707 e notas.

Art. 23: 2. O autor pode desistir da ação de alimentos, mas não pode renunciar ao direito a haver alimentos (RTJ 130/1.160).

Art. 24. A parte responsável pelo sustento da família, e que deixar a residência comum por motivo que não necessitará declarar, poderá tomar a iniciativa de comunicar ao juízo[1] os rendimentos de que dispõe e de pedir a citação do credor, para comparecer à audiência de conciliação e julgamento destinada à fixação dos alimentos a que está obrigado.[2 a 3]

Art. 24: 1. Na republicação do DOU 8.4.74, supl., está: "comunicar ao juiz". O texto primitivo consigna: "comunicar ao juízo".

Art. 24: 2. Na republicação pelo DOU 8.4.74, supl., lê-se: "a que está obrigada"; o texto primitivo reza: "a que está obrigado".

Art. 24: 2a. O companheiro tem legitimidade para ofertar alimentos (RSTJ 147/357).

Art. 24: 3. Ao contrário do que ocorre na hipótese do art. 7º, o não comparecimento do autor à audiência de instrução e julgamento não acarreta o arquivamento do feito (RJTJESP 98/29).

Art. 25. A prestação não pecuniária estabelecida no art. 403 do Código Civil,[1] só pode ser autorizada pelo juiz se a ela anuir o alimentando capaz.

Art. 25: 1. **CC 1.701:** "A pessoa obrigada a suprir alimentos poderá pensionar o alimentando, ou dar-lhe hospedagem e sustento, sem prejuízo do dever de prestar o necessário à sua educação, quando menor.

"Parágrafo único. Compete ao juiz, se as circunstâncias o exigirem, fixar a forma do cumprimento da prestação".

Art. 26. É competente para as ações de alimentos decorrentes da aplicação do Decreto Legislativo n. 10, de 13 de novembro de 1958, e Decreto n. 56.826, de 2 de setembro de 1965,[1 a 3] o juízo federal[3a] da Capital da Unidade Federativa Brasileira em que reside o devedor, sendo considerada instituição intermediária, para os fins dos referidos decretos, a Procuradoria-Geral da República.[4]

Parágrafo único. Nos termos do inciso III, art. 2º, da Convenção Internacional sobre ações de alimentos, o Governo Brasileiro comunicará, sem demora, ao Secretário Geral das Nações Unidas, o disposto neste artigo.

Art. 26: 1. **Dec. leg. 10, de 13.11.58** — Aprova a Convenção sobre a prestação de alimentos no estrangeiro.

Dec. 56.826, de 2.9.65 — Promulga a Convenção sobre prestação de alimentos no estrangeiro (RT 362/663, Lex 1965/1.233).

Dec. leg. 1, de 28.2.96 — Aprova a Convenção Interamericana sobre Obrigação Alimentar.

Art. 26: 2. "O art. 26 da Lei 5.478/68 se aplica às hipóteses em que o devedor da prestação alimentícia resida em território nacional e atue a Procuradoria-Geral da República como 'instituição intermediária'. Caso em que os autores da ação residem no Brasil e demandam contra réu domiciliado em Portugal, não tendo funcionado a Procuradoria-Geral da República como 'instituição intermediária'" (STJ-2ª Seção, CC 3.833-8, Min. Sálvio de Figueiredo, j. 10.2.93, DJU 8.3.93).

Art. 26: 3. "*Charges du mariage*. Configurando ter natureza e valor de alimentos a prestação a que foi condenado o cônjuge varão, conclui-se pela legitimidade da Instituição Intermediária, definida pela Convenção de Nova York, promulgada pelo Decreto n. 56.826, de 2.9.65" (STF-Pleno: RTJ 134/611, maioria).

Art. 26: 3a. Mas: "Conforme jurisprudência tranquila desta Corte, compete à Justiça Comum do Estado processar e julgar ação de alimentos pertinente ao Decreto n. 56.826/65, que promulgou a Convenção sobre Prestação de Alimentos no Estrangeiro, quando o devedor esteja domiciliado no exterior" (STJ-2ª Seção, CC 20.175, rel. Min. Menezes Direito, j. 14.10.98, DJU 7.12.98).

"Só é competente a Justiça Federal para processar e julgar a ação de alimentos quando, por residir o demandante no exterior e o devedor em território nacional, atua a Procuradoria-Geral da República como 'instituição intermediária'" (RSTJ 6/127). No mesmo sentido: STJ-2ª Seção, CC 1.594, Min. Nilson Naves, j. 10.4.91, DJU 6.5.91.

Cf. RTFR 149/253, RJTJESP 103/265.

Alimentos

Art. 26: 4. "A competência para processar e julgar ação de alimentos quando o alimentante reside no exterior se determina em razão da matéria, quando não é a mesma proposta pela Procuradoria-Geral da República (Convenção sobre Prestação de Alimentos no Estrangeiro)" (STJ-2ª Seção, CC 6.654-9, Min. Dias Trindade, j. 9.2.94, DJU 28.3.94).

Art. 27. Aplicam-se supletivamente nos processos regulados por esta lei as disposições do Código de Processo Civil.

Art. 28. Esta lei entrará em vigor 30 (trinta) dias depois de sua publicação.

Art. 29. Revogam-se as disposições em contrário.

Brasília, 25 de julho de 1968; 147º da Independência e 80º da República — A. COSTA E SILVA — **Luís Antônio da Gama e Silva.**

Lei n. 11.804, de 5 de novembro de 2008

Disciplina o direito a alimentos gravídicos e a forma como ele será exercido e dá outras providências.

O Presidente da República

Faço saber que o Congresso Nacional decreta e eu sanciono a seguinte Lei:

Art. 1º Esta Lei disciplina o direito de alimentos da mulher gestante e a forma como será exercido.[1]

Art. 1º: 1. "Alimentos gravídicos", por Jesualdo Eduardo de Almeida Júnior (RT 882/9, RJ 374/67); "A tutela jurisdicional do direito a alimentos gravídicos: análise às *técnicas processuais diferenciadas* instituídas pela Lei n. 11.804/08", por Lúcio Delfino (RBDP 68/179); "Os alimentos gravídicos no teatro da vida", por Rozane da Rosa Cachapuz (RBDFS 17/74).

Art. 2º Os alimentos de que trata esta Lei compreenderão os valores suficientes para cobrir as despesas adicionais do período de gravidez e que sejam dela decorrentes, da concepção ao parto, inclusive as referentes a alimentação especial, assistência médica e psicológica, exames complementares, internações, parto, medicamentos e demais prescrições preventivas e terapêuticas indispesáveis, a juízo do médico, além de outras que o juiz considere pertinentes.

Parágrafo único. Os alimentos de que trata este artigo referem-se à parte das despesas que deverá ser custeada pelo futuro pai, considerando-se a contribuição que também deverá ser dada pela mulher grávida, na proporção dos recursos de ambos.

Art. 3º (VETADO)

Art. 4º (VETADO)

Art. 5º (VETADO)

Art. 6º Convencido da existência de indícios da paternidade,[1] o juiz fixará alimentos gravídicos que perdurarão até o nascimento da criança, sopesando as necessidades da parte autora e as possibilidades da parte ré.[1a]

Parágrafo único. Após o nascimento com vida, os alimentos gravídicos ficam convertidos em pensão alimentícia em favor do menor até que uma das partes solicite a sua revisão.[1b-2]

Art. 6º: 1. "Alimentos gravídicos. Ajuizamento da ação que não depende de prova pré-constituída da paternidade. Exegese do art. 6º da Lei n. 11.804/08. Conjunto probatório que, no entanto, ainda não é suficiente para demonstrar a existência de indícios de paternidade. Alimentos provisórios indeferidos. Necessidade de dilação probatória" (JTJ 347/36: AI 657.860-4/5-00).

"O deferimento de alimentos gravídicos à gestante pressupõe a demonstração de fundados indícios da paternidade atribuída ao demandado, não bastando a mera imputação da paternidade. Exegese do art. 6º da Lei n. 11.804/08. Ônus da mulher diante da impossibilidade de se exigir prova negativa por parte do indigitado pai. Ausente comprovação mínima das alegações iniciais, resta inviabilizada, na fase, a concessão dos alimentos reclamados, sem prejuízo de decisão em contrário diante de provas nos autos" (RJTJERGS 275/183: AI 70028646594).

Todavia: "O requisito exigido para a concessão dos alimentos gravídicos, qual seja, 'indícios de paternidade', nos termos do art. 6º da Lei n. 11.804/08, deve ser examinado, em sede de cognição sumária, sem muito rigorismo, tendo em vista a dificuldade na comprovação do alegado vínculo de parentesco já no momento do ajuizamento da ação, sob pena de não se atender à finalidade da lei, que é proporcionar ao nascituro seu sadio desenvolvimento. No caso, a nota fiscal relativa à aquisição de um berço infantil em nome do agravado, juntada ao instrumento, confere certa verossimilhança à indicação da insurgente acerca do suposto pai, o que autoriza, em sede liminar, o deferimento dos alimentos gravídicos postulados, no valor de 30% do salário mínimo, quantia significativamente módica" (RJTJERGS 284/197: AI 70046905147).

Art. 6º: 1a. Para algumas diretrizes na fixação do valor dos alimentos, v. LA 11 e notas. V. tb. CC 1.694 § 1º e notas.

Art. 6º: 1b. "Em regra, a ação de alimentos gravídicos **não** se extingue ou **perde** seu **objeto com o nascimento da criança,** pois os referidos alimentos ficam convertidos em pensão alimentícia até eventual ação revisional em que se solicite a exoneração, redução ou majoração do valor dos alimentos ou até mesmo eventual resultado em ação de investigação ou negatória de paternidade" (STJ-3ª T., REsp 1.629.423, Min. Marco Bellizze, j. 6.6.17, DJ 22.6.17).

Art. 6º: 2. A previsão de revisão da pensão alimentícia é da maior pertinência, na medida em que os fatores que norteiam a fixação de alimentos gravídicos são absolutamente diferentes daqueles que orientam o dimensionamento dos alimentos em favor do recém-nascido. Enquanto aqueles se pautam pelas necessidades da mãe atreladas à gestação e ao parto, estes se guiam pelas necessidades do menor. E dificilmente haverá coincidência entre os valores requeridos para satisfazer essas distintas necessidades. Pode acontecer tanto de as necessidades da mãe no período de gravidez serem maiores do que as do recém-nascido (p. ex., gravidez com complicações e recém-nascido que se alimenta exclusivamente de leite materno) quanto as deste serem maiores do que as daquela (p. ex., gravidez sem sobressaltos e recém-nascido acometido por alguma doença). Como se isso não bastasse, as necessidades do menor sofrem intensa variação com o passar do tempo, o que desaconselha, definitivamente, a vinculação entre o valor dos alimentos gravídicos e o valor dos alimentos devidos em favor do filho.

Art. 7º O réu será citado para apresentar resposta em 5 (cinco) dias.

Art. 8º (VETADO)

Art. 9º (VETADO)

Art. 10. (VETADO)

Art. 11. Aplicam-se supletivamente nos processos regulados por esta Lei as disposições das Leis n. 5.478, de 25 de julho de 1968, e 5.869, de 11 de janeiro de 1973 — Código de Processo Civil.

Art. 12. Esta Lei entra em vigor na data de sua publicação.

Brasília, 5 de novembro de 2008; 187º da Independência e 120º da República — LUIZ INÁCIO LULA DA SILVA — **Tarso Genro — José Antonio Dias Toffoli — Dilma Rousseff.**

Ementário

Bem de Família

— v. CC 1.711 a 1.722; LRP 260 a 265.

Lei 8.009, de 29.3.90 — Dispõe sobre a impenhorabilidade do bem de família (v. adiante, texto integral).

Lei 8.245, de 18.10.91 — Dispõe sobre as locações dos imóveis urbanos e os procedimentos a elas pertinentes (no tít. LOCAÇÃO, ínt.). O art. 82 acrescentou inciso VII ao art. 3º da Lei 8.009.

Lei Complementar 150, de 1.6.15 — Dispõe sobre o contrato de trabalho doméstico e dá outras providências. Na LBF: revogou o inc. I do art. 3º.

Lei 13.144, de 6.7.15 — Altera o inciso III do art. 3º da Lei n. 8.009, de 29 de março de 1990, que disciplina o instituto do bem de família, para assegurar proteção ao patrimônio do novo cônjuge ou companheiro do devedor de pensão alimentícia.

Lei n. 8.009, de 29 de março de 1990

Dispõe sobre a impenhorabilidade do bem de família.[1-2]

Faço saber que o Presidente da República adotou a Medida Provisória n. 143, de 1990, que o Congresso Nacional aprovou, e eu, Nelson Carneiro, Presidente do Senado Federal, para os efeitos do disposto no parágrafo único do art. 62 da Constituição Federal, promulgo a seguinte lei:

LEI 8.009: 1. **As notas a esta Lei podem ser lidas no nosso CPCLPV.**

LEI 8.009: 2. v. CC 1.711 a 1.722.

Art. 1º O imóvel residencial próprio do casal, ou da entidade familiar, é impenhorável[1] e não responderá por qualquer tipo de dívida civil, comercial, fiscal, previdenciária ou de outra natureza, contraída pelos cônjuges ou pelos pais ou filhos que sejam seus proprietários e nele residam, salvo nas hipóteses previstas nesta lei.

Parágrafo único. A impenhorabilidade compreende o imóvel sobre o qual se assentam a construção, as plantações, as benfeitorias de qualquer natureza e todos os equipamentos, inclusive os de uso profissional, ou móveis que guarnecem a casa, desde que quitados.

Art. 1º: 1. v. CC 1.715.

Art. 2º Excluem-se da impenhorabilidade os veículos de transporte, obras de arte e adornos suntuosos.

Parágrafo único. No caso de imóvel locado, a impenhorabilidade aplica-se aos bens móveis quitados que guarneçam a residência e que sejam de propriedade do locatário, observado o disposto neste artigo.

Art. 3º A impenhorabilidade é oponível em qualquer processo de execução civil, fiscal, previdenciária, trabalhista ou de outra natureza, salvo se movido:

I — (*revogado expressamente pela LC 150, de 1.6.15*);

II — pelo titular do crédito decorrente do financiamento destinado à construção ou à aquisição do imóvel, no limite dos créditos e acréscimos constituídos em função do respectivo contrato;

III — (*redação da Lei 13.144, de 6.7.15*) pelo credor da pensão alimentícia, resguardados os direitos, sobre o bem, do seu coproprietário que, com o devedor, integre união estável ou conjugal, observadas as hipóteses em que ambos responderão pela dívida;

IV — para cobrança de impostos, predial ou territorial, taxas e contribuições devidas em função do imóvel familiar;

V — para execução de hipoteca sobre o imóvel, oferecido como garantia real pelo casal ou pela entidade familiar;

VI — por ter sido adquirido com produto de crime ou para execução de sentença penal condenatória a ressarcimento, indenização ou perdimento de bens;

VII (*redação da Lei 8.245, de 18.10.91*) — por obrigação decorrente de fiança concedida em contrato de locação.

Art. 4º Não se beneficiará do disposto nesta lei aquele que, sabendo-se insolvente, adquire de má-fé imóvel mais valioso para transferir a residência familiar, desfazendo-se ou não da moradia antiga.

§ 1º Neste caso poderá o juiz, na respectiva ação do credor, transferir a impenhorabilidade para a moradia familiar anterior, ou anular-lhe a venda, liberando a mais valiosa para execução ou concurso, conforme a hipótese.

§ 2º Quando a residência familiar constituir-se em imóvel rural, a impenhorabilidade restringir-se-á à sede de moradia, com os respectivos bens móveis, e, nos casos do art. 5º, inciso XXVI, da Constituição, à área limitada como pequena propriedade rural.

Art. 5º Para os efeitos de impenhorabilidade, de que trata esta lei, considera-se residência um único imóvel utilizado pelo casal ou pela entidade familiar para moradia permanente.

Parágrafo único. Na hipótese de o casal, ou entidade familiar, ser possuidor de vários imóveis utilizados como residência, a impenhorabilidade recairá sobre o de menor valor, salvo se outro tiver sido registrado, para esse fim, no Registro de Imóveis e na forma do art. 70 do Código Civil.

Art. 6º São canceladas as execuções suspensas pela Medida Provisória n. 143, de 8 de março de 1990, que deu origem a esta lei.

Art. 7º Esta lei entra em vigor na data de sua publicação.

Art. 8º Revogam-se as disposições em contrário.

Senado Federal, em 29 de março de 1990; 169º da Independência e 102º da República — NELSON CARNEIRO.

Ementário

Cédula de Produto Rural

— v. tb. títs. CÉDULA HIPOTECÁRIA e TÍTULOS DE CRÉDITO RURAL.

Lei 8.929, de 22.8.94 — Institui a Cédula de Produto Rural, e dá outras providências (v. adiante, texto integral).

Lei n. 8.929, de 22 de agosto de 1994

Institui a Cédula de Produto Rural, e dá outras providências.

O Presidente da República

Faço saber que o Congresso Nacional decreta e eu sanciono a seguinte lei:

Art. 1º (*redação da Lei 13.986, de 7.4.20*) Fica instituída a Cédula de Produto Rural (CPR), representativa de promessa de entrega de produtos rurais, com ou sem garantias cedularmente constituídas.

§ 1º (*redação da Lei 13.986, de 7.4.20*) Fica permitida a liquidação financeira da CPR, desde que observadas as condições estipuladas nesta Lei.

§ 2º (*redação da Lei 13.986, de 7.4.20*) Para os efeitos desta Lei, produtos rurais são aqueles obtidos nas atividades:

I (*redação da Lei 13.986, de 7.4.20*) — agrícola, pecuária, de floresta plantada e de pesca e aquicultura, seus derivados, subprodutos e resíduos de valor econômico, inclusive quando submetidos a beneficiamento ou a primeira industrialização;

II (*redação da Lei 13.986, de 7.4.20*) — relacionadas à conservação de florestas nativas e dos respectivos biomas e ao manejo de florestas nativas no âmbito do programa de concessão de florestas públicas, ou obtidos em outras atividades florestais que vierem a ser definidas pelo Poder Executivo como ambientalmente sustentáveis.

§ 3º (*redação da Lei 13.986, de 7.4.20*) O Poder Executivo poderá regulamentar o disposto neste artigo, inclusive relacionar os produtos passíveis de emissão de CPR.

Art. 2º (*redação da Lei 13.986, de 7.4.20*) Têm legitimação para emitir CPR o produtor rural, pessoa natural ou jurídica, inclusive aquela com objeto social que compreenda em caráter não exclusivo a produção rural, a cooperativa agropecuária e a associação de produtores rurais que tenha por objeto a produção, a comercialização e a industrialização dos produtos rurais de que trata o art. 1º desta Lei.

§ 1º (*redação da Lei 13.986, de 7.4.20*) É facultada a emissão de CPR pelas pessoas naturais ou jurídicas não elencadas no *caput* deste artigo que explorem floresta nativa ou plantada ou que beneficiem ou promovam a primeira industrialização dos produtos rurais referidos no art. 1º desta Lei.

§ 2º (*redação da Lei 13.986, de 7.4.20*) Sobre a CPR emitida pelas pessoas elencadas no § 1º deste artigo incidirá o imposto sobre operações de crédito, câmbio e seguro, ou relativas a títulos ou valores mobiliários, e não será aplicado o disposto no inciso V do *caput* do art. 3º da Lei n. 11.033, de 21 de dezembro de 2004, nem quaisquer outras isenções.

§ 3º (*redação da Lei 13.986, de 7.4.20*) O Poder Executivo poderá regulamentar o disposto neste artigo, inclusive alterando o rol dos emissores de CPR para efeito desta Lei.

Art. 3º A CPR conterá os seguintes requisitos, lançados em seu contexto:[1 a 3]

I (*redação da Lei 13.986, de 7.4.20*) — denominação "Cédula de Produto Rural" ou "Cédula de Produto Rural com Liquidação Financeira", conforme o caso;

II (*redação da Lei 13.986, de 7.4.20*) — data da entrega ou vencimento e, se for o caso, cronograma de liquidação;

III (*redação da Lei 13.986, de 7.4.20*) — nome e qualificação do credor e cláusula à ordem;

IV (*redação da Lei 13.986, de 7.4.20*) — promessa pura e simples de entrega do produto, sua indicação e as especificações de qualidade, de quantidade e do local onde será desenvolvido o produto rural;

V — local e condições da entrega;

VI (*redação da Lei 13.986, de 7.4.20*) — descrição dos bens cedularmente vinculados em garantia, com nome e qualificação dos seus proprietários e nome e qualificação dos garantidores fidejussórios;

VII — data e lugar da emissão;

VIII (*redação da Lei 13.986, de 7.4.20*) — nome, qualificação e assinatura do emitente e dos garantidores, que poderá ser feita de forma eletrônica;

IX (*redação da Lei 13.986, de 7.4.20*) — forma e condição de liquidação; e

X (*redação da Lei 13.986, de 7.4.20*) — critérios adotados para obtenção do valor de liquidação da cédula.

§ 1º (*redação da Lei 13.986, de 7.4.20*) Sem caráter de requisito essencial, a CPR, emitida sob a forma cartular ou escritural, poderá conter outras cláusulas lançadas em seu contexto.

§ 2º A descrição dos bens vinculados em garantia pode ser feita em documento à parte, assinado pelo emitente, fazendo-se, na cédula, menção a essa circunstância.

§ 3º (*redação da Lei 13.986, de 7.4.20*) Os bens vinculados em garantia serão descritos de modo simplificado e, quando for o caso, serão identificados pela sua numeração própria e pelo número de registro ou matrícula no registro oficial competente, dispensada, no caso de imóveis, a indicação das respectivas confrontações.

§ 4º (*redação da Lei 13.986, de 7.4.20*) No caso de emissão escritural, admite-se a utilização das formas previstas na legislação específica quanto à assinatura em documentos eletrônicos, como senha eletrônica, biometria e código de autenticação emitido por dispositivo pessoal e intransferível, inclusive para fins de validade, eficácia e executividade.

§ 5º (*redação da Lei 13.986, de 7.4.20*) A CPR poderá ser aditada, ratificada e retificada por termo aditivo que a integre, datado e assinado pelo emitente, pelo garantidor e pelo credor, com a formalização e o registro na forma do título original, conforme o art. 3º-A desta Lei, fazendo-se, na cédula, menção a essa circunstância.

§ 6º (*redação da Lei 13.986, de 7.4.20*) No caso da CPR com liquidação física, os procedimentos para definição da qualidade do produto obedecerão ao disposto em regulamento do Poder Executivo, quando houver.

§ 7º (*redação da Lei 13.986, de 7.4.20*) O Poder Executivo poderá regulamentar o disposto neste artigo.

✎ **Art. 3º: 1.** "Da desnecessidade de pagamento prévio para caracterização da Cédula de Produto Rural", por Arnoldo Wald (RF 374/3).

Art. 3º: 2. "A Lei 8.929/94 **não impõe,** como requisito essencial para a emissão de uma Cédula de Produto Rural, o **prévio pagamento** pela aquisição dos produtos agrícolas nela representados. A emissão desse título pode se dar para financiamento da safra, com o pagamento antecipado do preço, mas também pode ocorrer numa operação de *hedge*, na qual o agricultor, independentemente do recebimento antecipado do pagamento, pretende apenas se proteger contra os riscos de flutuação de preços no mercado futuro" (STJ-3ª T., REsp 910.537, Min. Nancy Andrighi, j. 25.5.10, DJ 7.6.10). No mesmo sentido: STJ-2ª Seção, ED no Ag em REsp 61.706-AgInt, Min. Antonio Ferreira, j. 8.11.17, DJ 13.11.17.

"Inocorrência de nulidade do título por desvio de finalidade na hipótese em que o emitente alega não ter recebido pagamento antecipado pelos produtos descritos na cártula. Impossibilidade de se acolher, no curso da execução proposta pelo endossatário, alegação de inexistência do negócio jurídico subjacente à CPR, tendo em vista a inoponibilidade das exceções pessoais ao endossatário de boa-fé (art. 17 da Lei Uniforme de Genebra — LUG)" (STJ-3ª T., REsp 1.435.979, Min. Paulo Sanseverino, j. 30.3.17, DJ 5.5.17).

Art. 3º: 3. "Inaplicabilidade da limitação dos **juros moratórios** a 1% ao ano, prevista no art. 5º, p. u., do Decreto-Le 167/1967, por se tratar de norma específica da Cédula de Crédito Rural — CCR. Distinção entre a CPR e a CCR, quanto à autonomia da vontade das partes, sendo esta ampla na CPR e restrita na CCR" (STJ-3ª T., REsp 1.435.979, Min. Paulo Sanseverino, j. 30.3.17, DJ 5.5.17). No mesmo sentido: STJ-4ª T., REsp 1.569.408-AgInt, Min. Lázaro Guimarães, j. 21.6.18, DJ 1.8.18.

Art. 3º-A (*redação da Lei 13.986, de 7.4.20*). A CPR poderá ser emitida sob a forma cartular ou escritural.

§ 1º (*redação da Lei 13.986, de 7.4.20*) A emissão na forma escritural, que poderá valer-se de processos eletrônicos ou digitais, será objeto de lançamento em sistema eletrônico de escrituração gerido por entidade autorizada pelo Banco Central do Brasil a exercer a atividade de escrituração.

§ 2º (*redação da Lei 13.986, de 7.4.20*) A CPR emitida sob a forma cartular assumirá a forma escritural enquanto permanecer depositada em entidade autorizada pelo Banco Central do Brasil a exercer a atividade de depósito centralizado de ativos financeiros ou de valores mobiliários.

§ 3º (*redação da Lei 13.986, de 7.4.20*) Os negócios ocorridos durante o período em que a CPR emitida sob a forma cartular estiver depositada não serão transcritos no verso do título, cabendo ao sistema referido no § 1º deste artigo o controle da titularidade.

§ 4º (*redação da Lei 13.986, de 7.4.20*) A CPR será considerada ativo financeiro, para os fins de registro e de depósito em entidades autorizadas pelo Banco Central do Brasil a exercer tais atividades.

Art. 3º-B (*redação da Lei 13.986, de 7.4.20*). Compete ao Banco Central do Brasil:

I (*redação da Lei 13.986, de 7.4.20*) — estabelecer as condições para o exercício da atividade de escrituração de que trata o § 1º do art. 3º-A desta Lei; e

II (*redação da Lei 13.986, de 7.4.20*) — autorizar e supervisionar o exercício da atividade prevista no inciso I do *caput* deste artigo.

§ 1º (*redação da Lei 13.986, de 7.4.20*) A autorização de que trata o inciso II do *caput* deste artigo poderá, a critério do Banco Central do Brasil, ser concedida por segmento, por espécie ou por grupos de entidades que atendam a critérios específicos, dispensada a autorização individualizada.

§ 2º (*redação da Lei 13.986, de 7.4.20*) A entidade de que trata o § 1º do art. 3º-A desta Lei deverá expedir, mediante solicitação:

I (*redação da Lei 13.986, de 7.4.20*) — certidão de inteiro teor do título, inclusive para fins de protesto, de procedimento extrajudicial ou de medida judicial, mesmo contra garantidores;

Cédula de Produto Rural

II (*redação da Lei 13.986, de 7.4.20*) — certidão de registro de cédulas escrituradas em nome do emitente e garantidor, quando aplicável.

§ 3º (*redação da Lei 13.986, de 7.4.20*) As certidões previstas no § 2º deste artigo podem ser emitidas de forma eletrônica, observados requisitos de segurança que garantam a autenticidade e a integridade do documento, que lhe conferem liquidez, certeza e exigibilidade.

Art. 3º-C (*redação da Lei 13.986, de 7.4.20*). O sistema eletrônico de escrituração de que trata o § 1º do art. 3º-A desta Lei fará constar:

I (*redação da Lei 13.986, de 7.4.20*) — os requisitos essenciais do título;

II (*redação da Lei 13.986, de 7.4.20*) — as transferências de titularidade realizadas;

III (*redação da Lei 13.986, de 7.4.20*) — os aditamentos, as ratificações e as retificações;

IV (*redação da Lei 13.986, de 7.4.20*) — a inclusão de notificações, de cláusulas contratuais e de outras informações;

V (*redação da Lei 13.986, de 7.4.20*) — a forma de liquidação de entrega ajustada no título;

VI (*redação da Lei 13.986, de 7.4.20*) — a entrega ou pagamento em até 30 (trinta) dias após suas ocorrências; e

VII (*redação da Lei 13.986, de 7.4.20*) — as garantias do título.

Parágrafo único (*redação da Lei 13.986, de 7.4.20*). As garantias dadas na CPR, ou, ainda, a constituição de ônus e gravames sobre o título, deverão ser informadas no sistema ao qual se refere o § 1º do art. 3º-A desta Lei.

Art. 3º-D (*redação da Lei 13.986, de 7.4.20*). A CPR poderá ser negociada, desde que registrada ou depositada em entidade autorizada pelo Banco Central do Brasil a exercer a atividade de registro ou depósito centralizado de ativos financeiros.

Parágrafo único (*redação da Lei 13.986, de 7.4.20*). A CPR será considerada ativo financeiro e a operação ficará isenta do imposto sobre operações de crédito, câmbio e seguro, ou relativas a títulos ou valores mobiliários, na hipótese de ocorrência da negociação de que trata o *caput* deste artigo.

Art. 3º-E (*redação da Lei 13.986, de 7.4.20*). As infrações às normas legais regulamentares que regem a atividade de escrituração eletrônica sujeitam a entidade responsável pelo sistema eletrônico de escrituração, os seus administradores e os membros de seus órgãos estatutários ou contratuais ao disposto na Lei n. 13.506, de 13 de novembro de 2017.

Art. 4º (*redação da Lei 13.986, de 7.4.20*) A CPR é título líquido e certo,[1] exigível pela quantidade e qualidade de produto ou pelo valor nela previsto, no caso de liquidação financeira.

Parágrafo único (*redação da Lei 13.986, de 7.4.20*). A CPR admite prestação única ou parcelada, hipótese em que as condições e o cronograma de cumprimento das obrigações deverão estar previstos no título.

Art. 4º: 1. v. art. 15.

Art. 4º-A (*redação da Lei 13.986, de 7.4.20*). A emissão de CPR com liquidação financeira deverá observar as seguintes condições:

I (*redação da Lei 13.986, de 7.4.20*) — que sejam explicitados, em seu corpo, os referenciais necessários à clara identificação do preço ou do índice de preços, da taxa de juros, fixa ou flutuante, da atualização monetária ou da variação cambial a serem utilizados no resgate do título, bem como a instituição responsável por sua apuração ou divulgação, a praça ou o mercado de formação do preço e o nome do índice;

II — que os indicadores de preço de que trata o inciso anterior sejam apurados por instituições idôneas e de credibilidade junto às partes contratantes, tenham divulgação periódica, preferencialmente diária, e ampla divulgação ou facilidade de acesso, de forma a estarem facilmente disponíveis para as partes contratantes;

III — que seja caracterizada por seu nome, seguido da expressão "financeira".

§ 1º (*redação da Lei 13.986, de 7.4.20*) A CPR com liquidação financeira é título líquido e certo, exigível, na data de seu vencimento, pelo resultado da multiplicação do preço praticado para o produto, aplicados eventuais índices de preços ou de conversão de moedas apurados segundo os critérios previstos neste artigo, pela quantidade do produto especificado.

§ 2º (*redação da Lei 10.200, de 14.2.01*) Para cobrança da CPR com liquidação financeira, cabe ação de execução por quantia certa.[1]

§ 3º (*redação da Lei 13.986, de 7.4.20*) A CPR com liquidação financeira poderá ser emitida com cláusula de correção pela variação cambial, podendo o Conselho Monetário Nacional regulamentar o assunto.

Art. 4º-A: 1. "O § 2º do art. 4º-A da Lei n. 8.929/94 autoriza o uso da via executiva para cobrança da CPR, porém não veda a utilização de outras medidas legais postas à disposição do credor, como a ação de cobrança" (STJ-RT 915/597: 3ª T., REsp 1.087.170).

Art. 4º-B (*redação da Lei 13.986, de 7.4.20*). A liquidação do pagamento em favor do legítimo credor, por qualquer meio de pagamento existente no âmbito do Sistema de Pagamentos Brasileiro, constituirá prova de pagamento total ou parcial da CPR emitida sob a forma escritural.

Parágrafo único (*redação da Lei 13.986, de 7.4.20*). A prova de pagamento de que trata o *caput* deste artigo será informada no sistema eletrônico de escrituração de que trata o § 1º do art. 3º-A desta Lei, com referência expressa à CPR amortizada ou liquidada.

Art. 5º (*redação da Lei 13.986, de 7.4.20*) A CPR admite a constituição de quaisquer dos tipos de garantia previstos na legislação, devendo ser observado o disposto nas normas que as disciplinam, salvo na hipótese de conflito, quando prevalecerá esta Lei.

I (*revogado pela Lei 13.986, de 7.4.20*);

II (*revogado pela Lei 13.986, de 7.4.20*);

III (*revogado pela Lei 13.986, de 7.4.20*).

Parágrafo único (*redação da Lei 13.986, de 7.4.20*). A informação eventualmente prestada pelo emitente sobre a essencialidade dos bens móveis e imóveis dados em garantia fiduciária a sua atividade empresarial deverá constar na cédula a partir do momento de sua emissão.

Art. 6º Podem ser objeto de hipoteca cedular imóveis rurais e urbanos.

Parágrafo único. Aplicam-se à hipoteca cedular os preceitos da legislação sobre hipoteca,[1] no que não colidirem com esta lei.

Art. 6º: 1. v. CC 1.473 a 1.505.

Art. 7º Podem ser objeto de penhor cedular, nas condições desta lei, os bens suscetíveis de penhor rural e de penhor mercantil, bem como os bens suscetíveis de penhor cedular.

§ 1º Salvo se se tratar de títulos de crédito, os bens apenhados continuam na posse imediata do emitente ou do terceiro prestador da garantia, que responde por sua guarda e conservação como fiel depositário.

§ 2º Cuidando-se de penhor constituído por terceiro, o emitente da cédula responderá solidariamente com o empenhador pela guarda e conservação dos bens.

§ 3º Aplicam-se ao penhor constituído por CPR, conforme o caso, os preceitos da legislação sobre penhor,[1] inclusive o mercantil, o rural[2] e o constituído por meio de cédulas, no que não colidirem com os desta lei.

Art. 7º: 1. v. CC 1.431 a 1.472.

Art. 7º: 2. v. tít. TÍTULOS DE CRÉDITO RURAL.

Art. 8º A não identificação dos bens objeto de alienação fiduciária não retira a eficácia da garantia, que poderá incidir sobre outros do mesmo gênero, qualidade e quantidade, de propriedade do garante.

§ 1º (*redação da Lei 13.986, de 7.4.20*) A alienação fiduciária de produtos agropecuários e de seus subprodutos poderá recair sobre bens presentes ou futuros, fungíveis ou infungíveis, consumíveis ou não, cuja titularidade pertença ao fiduciante, devedor ou terceiro garantidor, e sujeita-se às disposições previstas na Lei n. 10.406, de 10 de janeiro de 2002 (Código Civil), e na legislação especial a respeito do penhor, do penhor rural e do penhor agrícola e mercantil e às disposições sobre a alienação fiduciária de bens infungíveis, em tudo o que não for contrário ao disposto nesta Lei.

§ 2º (*redação da Lei 13.986, de 7.4.20*) O beneficiamento ou a transformação dos gêneros agrícolas dados em alienação fiduciária não extinguem o vínculo real que se transfere, automaticamente, para os produtos e subprodutos resultantes de beneficiamento ou transformação.

§ 3º (*redação da Lei 13.986, de 7.4.20*) Em caso de necessidade de busca e apreensão dos bens alienados fiduciariamente aplicar-se-á o disposto nos arts. 3º e seguintes do Decreto-Lei n. 911, de 1º de outubro de 1969.

Art. 9º A CPR poderá ser aditada, ratificada e retificada por aditivos, que a integram, datados e assinados pelo emitente e pelo credor, fazendo-se, na cédula, menção a essa circunstância.

Art. 10. Aplicam-se à CPR, no que forem cabíveis, as normas de direito cambial,[1] com as seguintes modificações:

I — os endossos devem ser completos;

II — os endossantes não respondem pela entrega do produto, mas, tão somente, pela existência da obrigação;

III — é dispensado o protesto cambial para assegurar o direito de regresso contra avalistas.

Parágrafo único (*redação da Lei 13.986, de 7.4.20*). No caso de CPR emitida sob forma escritural, a transferência de titularidade da cédula produzirá os mesmos efeitos jurídicos do endosso.

Art. 10: 1. v. tít. LETRA DE CÂMBIO.

Art. 11. Além de responder pela evicção,[1] não pode o emitente da CPR invocar em seu benefício o caso fortuito ou de força maior.

Art. 11: 1. v. CC 447 a 457.

Art. 12 (*redação da Lei 13.986, de 7.4.20*). A CPR emitida a partir de 1º de janeiro de 2021, bem como seus aditamentos, para ter validade e eficácia, deverá ser registrada ou depositada, em até 10 (dez) dias úteis da data de emissão ou aditamento, em entidade autorizada pelo Banco Central do Brasil a exercer a atividade de registro ou de depósito centralizado de ativos financeiros ou de valores mobiliários.

§ 1º (*redação da Lei 13.986, de 7.4.20*) Sem prejuízo do disposto no *caput* deste artigo, a hipoteca, o penhor rural e a alienação fiduciária sobre bem imóvel garantidores da CPR serão levados a registro no cartório de registro de imóveis em que estiverem localizados os bens dados em garantia.

§ 2º (*redação da Lei 13.986, de 7.4.20*) A validade e eficácia da CPR não dependem de registro em cartório, que fica dispensado, mas as garantias reais a ela vinculadas ficam sujeitas, para valer contra terceiros, à averbação no cartório de registro de imóveis em que estiverem localizados os bens dados em garantia, devendo ser efetuada no prazo de 3 (três) dias úteis, contado da apresentação do título ou certidão de inteiro teor, sob pena de responsabilidade funcional do oficial encarregado de promover os atos necessários.

§ 3º (*redação da Lei 13.986, de 7.4.20*) A cobrança de emolumentos e custas cartorárias relacionada ao registro de garantias vinculadas à CPR será regida pelas normas aplicáveis ao registro de garantias vinculadas à Cédula de Crédito Rural, de que trata o Decreto-Lei n. 167, de 14 de fevereiro de 1967.[1]

§ 4º (*redação da Lei 13.986, de 7.4.20*) A CPR, na hipótese de ser garantida por alienação fiduciária sobre bem móvel, será averbada no cartório de registro de títulos e documentos do domicílio do emitente.

§ 5º (*redação da Lei 13.986, de 7.4.20*) Fica o Conselho Monetário Nacional autorizado a:

I (*redação da Lei 13.986, de 7.4.20*) — estabelecer normas complementares para o cumprimento do disposto no *caput* deste artigo, inclusive acerca das informações requeridas para o registro ou o depósito;

II (*redação da Lei 13.986, de 7.4.20*) — dispensar o registro ou o depósito de que trata o *caput* deste artigo, com base em critérios de:

a) (*redação da Lei 13.986, de 7.4.20*) valor;

b) (*redação da Lei 13.986, de 7.4.20*) forma de liquidação; e

c) (*redação da Lei 13.986, de 7.4.20*) características do emissor.

§ 6º (*redação da Lei 13.986, de 7.4.20*) A dispensa de que trata o inciso II do § 5º deste artigo não se aplica à CPR emitida após 31 de dezembro de 2023.

Art. 12: 1. v. tít. TÍTULOS DE CRÉDITO RURAL.

Art. 13. A entrega do produto antes da data prevista na cédula depende da anuência do credor.

Art. 14. A CPR poderá ser considerada vencida na hipótese de inadimplemento de qualquer das obrigações do emitente.

Art. 15. Para cobrança da CPR, cabe a ação de execução para entrega de coisa incerta.[1]

Art. 15: 1. v. CPC 811 a 813.

Art. 16 (*redação da Lei 13.986, de 7.4.20*). A busca e apreensão ou o leilão do bem alienado fiduciariamente, promovidos pelo credor, não elidem posterior execução, inclusive da hipoteca e do penhor constituído na mesma cédula, para satisfação do crédito remanescente.[1]

Parágrafo único. No caso a que se refere o presente artigo, o credor tem direito ao desentranhamento do título, após efetuada a busca e apreensão, para instruir a cobrança do saldo devedor em ação própria.

Art. 16: 1. cf. LAF 1º § 5º.

Art. 17 (*redação da Lei 13.986, de 7.4.20*). Pratica crime de estelionato[1] aquele que fizer declarações falsas ou inexatas acerca de sua natureza jurídica ou qualificação, bem como dos bens oferecidos em garantia da CPR, inclusive omitir declaração de já estarem eles sujeitos a outros ônus ou responsabilidade de qualquer espécie, até mesmo de natureza fiscal.

Art. 17: 1. v. CP 171.

Art. 18. Os bens vinculados à CPR não serão penhorados[1-2] ou sequestrados por outras dívidas do emitente ou do terceiro prestador da garantia real, cumprindo a qualquer deles denunciar a existência da cédula às autoridades incumbidas da diligência, ou a quem a determinou, sob pena de responderem pelos prejuízos resultantes de sua omissão.

Art. 18: 1. v. CPC 831 e segs.

Art. 18: 2. "A **impenhorabilidade** criada por lei é **absoluta** em oposição à impenhorabilidade por simples vontade individual. A impenhorabilidade absoluta é aquela que se constitui por interesse público, e não por interesse particular, sendo possível o afastamento apenas desta última hipótese. O direito de prelação em favor do credor cedular se concretiza no pagamento prioritaritário com o produto da venda judicial do bem objeto da garantia excutida, não significando, entretanto, tratamento legal discriminatório e anti-isonômico, já que é justificado pela existência da garantia real que reveste o crédito privilegiado. Os bens vinculados à cédula rural são impenhoráveis em virtude de lei, mais propriamente do interesse público de estimular o crédito agrícola, devendo prevalecer mesmo diante de penhora realizada para garantia de créditos trabalhistas" (STJ-4ª T., REsp 1.327.643, Min. Luis Felipe, j. 21.5.19, DJ 6.8.19).

Art. 19 (*revogado pela Lei 13.986, de 7.4.20*).

Art. 20. Esta lei entra em vigor na data de sua publicação.

Brasília, 22 de agosto de 1994; 173º da Independência e 106º da República — ITAMAR FRANCO — **Rubens Ricupero** — **Synval Guazzelli.**

Ementário
Cédula Hipotecária

— v. CC 1.486; v. tb. títs. CONTRATOS IMOBILIÁRIOS e TÍTULOS DE CRÉDITO RURAL.

Dec. lei 70, de 21.11.66 — Autoriza o funcionamento de associações de poupança e empréstimo, institui a cédula hipotecária e dá outras providências (v. abaixo, ínt.). Revogado seu art. 42 pelo **Dec. lei 1.494, de 7.12.76** (v. abaixo). O art. 31 foi alterado pela **Lei 8.004, de 14.3.90** (v. abaixo), que, no seu art. 21, por sua vez, também restringiu as execuções com base no Dec. lei 70.

Lei 5.741, de 1.12.71 — Dispõe sobre a proteção do financiamento de bens imóveis vinculados ao Sistema Financeiro da Habitação (v. texto integral no tít. CONTRATOS IMOBILIÁRIOS). Dá execução extrajudicial para a cobrança de débito hipotecário. O art. 5º da Lei 5.741 foi alterado pela **Lei 6.014, de 27.12.73** (RT 458/496, Lex 1973/1.992, RF 245/465); o art. 2º, pela **Lei 6.071, de 3.7.74** (RT 465/414, Lex 1974/836, RF 248/483, RDA 118/479, RJTJESP 30/528, Bol. AASP 813/supl.); e o art. 3º § 1º, pela **Lei 8.004, de 14.3.90** (v. abaixo), cujo art. 21, por sua vez, restringiu as execuções com base na Lei 5.741.

Dec. lei 1.494, de 7.12.76 — Regula a retenção do imposto sobre a renda na fonte incidente sobre rendimentos obtidos em aplicações financeiras, e dá outras providências (Lex 1976/862, RDA 127/661, Bol. AASP 940/supl.). O art. 8º § ún. deste Dec. lei revogou o art. 42 do Dec. lei 70 (supra).

Lei 7.684, de 2.12.88 — Estabelece as condições para emissão de letras hipotecárias (DOU 5.12.88).

Lei 8.004, de 14.3.90 — Dispõe sobre transferência de financiamento no âmbito do Sistema Financeiro da Habitação, e dá outras providências (no tít. CONTRATOS IMOBILIÁRIOS). Alterou o art. 3º § 1º da Lei 5.741, de 1.12.71 (v. acima), bem como o art. 31 do Dec. lei 70, de 21.11.66 (v. acima); e, no art. 21, restringiu as execuções com base na Lei 5.741 e no Dec. lei 70.

Decreto-lei n. 70, de 21 de novembro de 1966[1]

Autoriza o funcionamento de associações de poupança e empréstimo, institui a cédula hipotecária e dá outras providências.

O Presidente da República, com base no disposto pelo art. 31, parágrafo único, do Ato Institucional n. 2, de 27 de outubro de 1965, e tendo em vista o Ato Complementar n. 23, de 20 de outubro de 1966, decreta:

DEC. LEI 70: 1. Os arts. 31 a 38 deste Dec. lei não são inconstitucionais (TFR-RF 254/246, RJTJESP 68/121) e continuam em vigor (STJ-1ª T., REsp 46.050-6-RJ, rel. Min. Garcia Vieira, j. 27.4.94, negaram provimento, v.u., DJU 30.5.94, p. 13.460, 2ª col., em.; TFR-RF 260/223; RT 496/88, 503/96). **Contra,** entendendo que a imissão de posse deve ser feita pelo procedimento comum: 1º TASP-RT 510/140, maioria.

"Imissão na posse. Dec. lei 70/66, art. 37 §§ 2º e 3º. As disposições desse Dec. lei, pertinentes à imissão na posse de quem adquiriu o imóvel hipotecado em leilão, não foram revogadas pelo vigente CPC" (RSTJ 20/394).

Em sessão do dia 1.6.90, o Pleno do TARS, por 17 votos contra 1, considerou inconstitucional o Dec. lei 70, na parte em que admite a execução extrajudicial (JTAERGS 76/8-).

Capítulo I | DAS ASSOCIAÇÕES DE POUPANÇA E EMPRÉSTIMO[1]

CAP. I: 1. v. Res. 199, de 1.11.83, do BNH, que dispõe s/ associações de poupança e empréstimo (Lex-Marg. 1983/1.590).

Art. 1º Dentro das normas gerais que forem estabelecidas pelo Conselho Monetário Nacional, poderão ser autorizadas a funcionar, nos termos deste decreto-lei, associações de poupança e empréstimo, que se constituirão obrigatoriamente sob a forma de sociedades civis, de âmbito regional restrito, tendo por objetivos fundamentais:

I — propiciar ou facilitar a aquisição de casa própria aos associados;

II — captar, incentivar e disseminar a poupança.

§ 1º As associações de poupança e empréstimo estarão compreendidas no Sistema Financeiro da Habitação no item IV do art. 8º da Lei n. 4.380, de 21 de agosto de 1964,[1] e legislação complementar, com todos os encargos e vantagens decorrentes.

§ 2º As associações de poupança e empréstimo e seus administradores ficam subordinados aos mesmos preceitos e normas atinentes às instituições financeiras, estabelecidos no capítulo V da Lei n. 4.595, de 31 de dezembro de 1964.[2]

Art. 1º: 1. no tít. CONTRATOS IMOBILIÁRIOS.

Art. 1º: 2. **Lei 4.595, de 31.12.64** — Dispõe sobre a política e as instituições monetárias, bancárias e creditícias, cria o Conselho Monetário Nacional e dá outras providências.

Art. 2º São características essenciais das associações de poupança e empréstimo:

I — a formação de vínculo societário, para todos os efeitos legais, através de depósitos em dinheiro efetuados por pessoas físicas interessadas em delas participar;

II — a distribuição aos associados, como dividendos, da totalidade dos resultados líquidos operacionais, uma vez deduzidas as importâncias destinadas à constituição dos fundos de reserva e de emergência e a participação da administração nos resultados das associações.

Art. 3º É assegurado aos associados:

I — retirar ou movimentar seus depósitos, observadas as condições regulamentares;

II — tomar parte nas assembleias gerais, com plena autonomia deliberativa, em todos os assuntos da competência delas;

III — votar e ser votado.

Art. 4º Para o exercício de seus direitos societários, cada associado terá pelo menos um voto, qualquer que seja o volume de seus depósitos na associação, e terá tantos votos quantas Unidades-Padrão de Capital do Banco Nacional da Habitação se contenham no respectivo depósito, nos termos do art. 52 e seus parágrafos da Lei n. 4.380, de 21.8.64,[1] e art. 9º e seus parágrafos deste decreto-lei.

§ 1º Quando o associado dispuser de mais de um voto, a soma respectiva será apurada na forma prevista neste artigo, sendo desprezadas as frações inferiores a uma unidade-padrão de capital.

§ 2º Poderá ser limitado, como norma geral, variável de região a região, o número máximo de votos correspondentes a cada depósito ou a cada depositante.

Art. 4º: 1. O art. 52 da Lei 4.380, de 21.8.64, foi **revogado** pela Lei 13.137, de 19.6.15.

Art. 5º Será obrigatório, como despesa operacional das associações de poupança e empréstimo, o pagamento de prêmio para seguro dos depósitos.

Art. 6º O Banco Nacional da Habitação poderá determinar, deliberando inclusive quanto à maneira de fazê-lo, a reorganização, incorporação, fusão ou liquidação de associações de poupança e empréstimo, bem como intervir nas mesmas, através de interventor ou interventores especialmente nomeados, independentemente das respectivas assembleias gerais, sempre que verificada uma ou mais das seguintes hipóteses:

a) insolvência;

b) violação das leis ou dos regulamentos;

c) negativa em exibir papéis e documentos ou tentativa de impedir inspeções;

d) realização de operações inseguras ou antieconômicas;

e) operação em regime de perda.

Art. 7º As associações de poupança e empréstimo são isentas de imposto de renda; são também isentas de imposto de renda as correções monetárias que vierem a pagar a seus depositantes.

Art. 8º Aplicam-se às associações de poupança e empréstimo, no que este decreto-lei não contrariar, os arts. 1.363 e seguintes do Código Civil ou legislação substitutiva ou modificativa deles.

Capítulo II | DA CÉDULA HIPOTECÁRIA

Art. 9º Os contratos de empréstimo com garantia hipotecária, com exceção das que consubstanciam operações de crédito rural,[1] poderão prever o reajustamento das respectivas prestações de amortização e juros com a consequente correção monetária[2] da dívida.

§ 1º Nas hipotecas não vinculadas ao Sistema Financeiro da Habitação,[3] a correção monetária da dívida obedecerá ao que for disposto para o Sistema Financeiro da Habitação.[4]

§ 2º A menção a Obrigações Reajustáveis do Tesouro Nacional nas operações mencionadas no § 2º do art. 1º do Decreto-lei n. 19, de 30 de agosto de 1966,[5] e neste decreto-lei entende-se como equivalente a menção de Unidades-Padrão de Capital do Banco Nacional da Habitação e o valor destas será sempre corrigido monetariamente durante a vigência do contrato, segundo os critérios do art. 7º, § 1º, da Lei n. 4.357-64.[6]

§ 3º A cláusula de correção monetária utilizável nas operações do Sistema Financeiro da Habitação poderá ser aplicada em todas as operações mencionadas no § 2º do art. 1º do Decreto-lei n. 19, de 30.8.66, que vierem a ser pactuadas por pessoas não integrantes daquele Sistema, desde que os atos jurídicos se refiram a operações imobiliárias.

Art. 9º: 1. Para estas, v. tít. TÍTULOS DE CRÉDITO RURAL.

Art. 9º: 2. s/ correção monetária, v. arts. 7º, 12, 25, 34-II, 40.

Art. 9º: 3. v., no índice, Sistema Financeiro da Habitação.

Art. 9º: 4. v. Lei 4.380/64, no tít. CONTRATOS IMOBILIÁRIOS, înt.

Art. 9º: 5. no tít. CONTRATOS IMOBILIÁRIOS, int.

Art. 9º: 6. s/ UPC, v. Lei 8.177, de 1.3.91 (no tít. CONTRATOS IMOBILIÁRIOS), arts. 15 e 16.

Os valores da UPC são fixados de acordo com o Dec. 94.548, de 2.7.87 (em Lex 1987/401, RF 299/466, Bol. AASP 1.505/4), art. 3º.

Art. 10. É instituída a cédula hipotecária[1] para hipotecas inscritas[2] no registro geral de imóveis, como instrumento hábil para a representação dos respectivos créditos hipotecários, a qual poderá ser emitida pelo credor hipotecário nos casos de:

I — operações compreendidas no Sistema Financeiro da Habitação;

II — hipotecas de que sejam credores instituições financeiras em geral, e companhias de seguro;

III — hipotecas entre outras partes, desde que a cédula hipotecária seja originariamente emitida em favor das pessoas jurídicas a que se refere o inciso II supra.

§ 1º A cédula hipotecária poderá ser integral, quando representar a totalidade do crédito hipotecário, ou fracionária, quando representar parte dele, entendido que a soma do principal das cédulas hipotecárias fracionárias emitidas sobre uma determinada hipoteca e ainda em circulação não poderá exceder, em hipótese alguma, o valor total do respectivo crédito hipotecário em nenhum momento.

§ 2º Para os efeitos do valor total mencionado no parágrafo anterior, admite-se o cômputo das correções efetivamente realizadas, na forma do art. 9º, do valor monetário da dívida envolvida.

§ 3º As cédulas hipotecárias fracionárias poderão ser emitidas em conjunto ou isoladamente, a critério do credor, a qualquer momento antes do vencimento da correspondente dívida hipotecária.

Art. 10: 1. v. CC 1.486.

Art. 10: 2. hoje, registradas (LRP 168).

Art. 11. É admitida a emissão de cédula hipotecária sobre segunda hipoteca, desde que tal circunstância seja expressamente declarada com evidência no seu anverso.

Art. 12. O valor nominal de cada cédula hipotecária vinculada ao Sistema Financeiro da Habitação poderá ser expresso pela sua equivalência em Obrigações Reajustáveis do Tesouro Nacional ou Unidades-Padrão de Capital do Banco Nacional da Habitação e representado pelo quociente da divisão do valor inicial da dívida ou da prestação, prestações ou frações de prestações de amortizações e juros da dívida originária pelo valor corrigido de uma Obrigação Reajustável do Tesouro Nacional ou Unidade-Padrão de Capital do Banco Nacional da Habitação no trimestre de constituição da dívida.

§ 1º O valor real ou valor corrigido de cada cédula hipotecária corresponderá ao produto de seu valor nominal, definido neste artigo, pelo valor corrigido de uma Obrigação Reajustável do Tesouro Nacional ou Unidade-Padrão de Capital do Banco Nacional da Habitação no momento da apuração desse valor real.

§ 2º O valor nominal discriminará, na forma deste artigo, a parcela de amortização de capital e a parcela de juros representados pela cédula hipotecária, bem como o prêmio mensal dos seguros obrigatórios estipulados pelo Banco Nacional da Habitação.

Art. 13. A cédula hipotecária só poderá ser lançada à circulação depois de averbada[1] à margem da inscrição[2] da hipoteca a que disser respeito, no registro geral de imóveis, observando-se para essa averbação o disposto na legislação e regulamentação dos serviços concernentes aos registros públicos, no que couber.[3]

Parágrafo único. Cada cédula hipotecária averbada será autenticada pelo oficial do registro geral de imóveis competente, com indicação do seu número, série e data, bem como do livro, folhas e a data da inscrição da hipoteca a que corresponder a emissão e à margem da qual for averbada.

Art. 13: 1. v. LRP 167-II-7.

Art. 13: 2. atualmente, registro, e não inscrição (LRP 168).

Art. 13: 3. v. LRP 169-I, 246 e 247.

Art. 14. Não será permitida a averbação da cédula hipotecária, quando haja prenotação,[1] inscrição[2] ou averbação de qualquer outro ônus real, ação, penhora ou procedimento judicial que afetem o imóvel, direta ou indiretamente, ou de cédula hipotecária anterior, salvo nos casos dos arts. 10, § 1º, e 11.

Art. 14: 1. v. LRP 182, 183, 205.

Art. 14: 2. i. e., registro, atualmente (LRP 168).

Art. 15. A cédula hipotecária conterá obrigatoriamente:

I — no anverso:

a) nome, qualificação e endereço do emitente, e do devedor;

b) número e série da cédula hipotecária, com indicação da parcela ou totalidade do crédito que represente;

c) número, data, livro e folhas do registro geral de imóveis em que foi inscrita a hipoteca e averbada a cédula hipotecária;

d) individualização do imóvel dado em garantia;

e) o valor da cédula, como previsto nos arts. 10 e 12, os juros convencionados e a multa estipulada para o caso de inadimplemento;

f) o número de ordem da prestação a que corresponder a cédula hipotecária, quando houver;

g) a data do vencimento da cédula hipotecária ou, quando representativa de várias prestações, os seus vencimentos de amortização e juros;

h) a autenticação feita pelo oficial do registro geral de imóveis;

i) a data da emissão, e as assinaturas do emitente, com a promessa de pagamento do devedor;

j) o lugar de pagamento do principal, juros, seguros e taxa;

II — no verso, a menção ou locais apropriados para o lançamento dos seguintes elementos:

a) data ou datas de transferência por endosso;

b) nome, assinatura e endereço do endossante;

c) nome, qualificação, endereço e assinatura do endossatário;

d) as condições do endosso;

e) a designação do agente recebedor e sua comissão.

Parágrafo único. A cédula hipotecária vinculada ao Sistema Financeiro da Habitação deverá conter ainda, no verso, a indicação dos seguros obrigatórios, estipulados pelo Banco Nacional da Habitação.

Art. 16. A cédula hipotecária é sempre nominativa, e de emissão do credor da hipoteca a que disser respeito, podendo ser transferida por endosso em preto lançado no seu verso, na forma do art. 15, II, aplicando-se à espécie, no que este decreto-lei não contrarie, os arts. 1.065 e seguintes[1] do Código Civil.

Parágrafo único. Emitida a cédula hipotecária, passa a hipoteca sobre a qual incidir a[2] fazer parte integrante dela, acompanhando-a nos endossos subsequentes, sub-rogando-se automaticamente o favorecido ou o endossatário em todos os direitos creditícios respectivos, que serão exercidos pelo último deles, titular pelo endosso em preto.

Art. 16: 1. Correspondem aos arts. 286 a 298 do Código Civil atual.

Art. 16: 2. Na Coleção das Leis da União, está "e", e não "a".

Art. 17. Na emissão e no endosso da cédula hipotecária, o emitente e o endossante permanecem solidariamente[1] responsáveis pela boa liquidação do crédito, a menos que avisem o devedor hipotecário e o segurador, quando houver, de cada emissão ou endosso, até 30 (trinta) dias após sua realização através de carta (do emitente ou do endossante, conforme o caso), entregue mediante recibo ou enviada pelo registro de títulos e documentos, ou ainda por meio de notificação judicial, indicando-se, na carta ou na notificação, o nome, a qualificação e o endereço completo do beneficiário (se se tratar de emissão) ou do endossatário (se se tratar de endosso).

§ 1º O Conselho Monetário Nacional fixará as condições em que as companhias de seguro e as instituições financeiras poderão realizar endossos de cédulas hipotecárias, permanecendo solidariamente responsáveis por sua boa liquidação, inclusive despesas judiciais, hipótese em que deverão indicar na própria cédula, obrigatoriamente, o custo de tais serviços.

§ 2º Na emissão e no endosso da cédula hipotecária é dispensável a outorga uxória.

Art. 17: 1. v. CC 275 a 285.

Art. 18. A liquidação total ou parcial da hipoteca sobre a qual haja sido emitida cédula hipotecária prova-se pela restituição da mesma cédula hipotecária, quitada, ao devedor, ou, na falta dela, por outros meios admitidos em lei.

Parágrafo único. O emitente, endossante, ou endossatário de cédula hipotecária que receber seu pagamento sem restituí-la ao devedor, permanece responsável por todas as consequências de sua permanência em circulação.

Art. 19. Nenhuma cédula hipotecária poderá ter prazo de resgate diferente do prazo da dívida hipotecária a que disser respeito, cujo vencimento antecipado, por qualquer motivo, acarretará automaticamente o vencimento, identicamente antecipado, de todas as cédulas hipotecárias que sobre ela houverem sido emitidas.[1]

Art. 19: 1. Na Coleção das Leis da União, está "emitidos".

Art. 20. É a cédula hipotecária resgatável antecipadamente, desde que o devedor efetue o pagamento correspondente ao seu valor, corrigido monetariamente até a data da liquidação antecipada; se o credor recusar infundadamente o recebimento, poderá o devedor consignar judicialmente[1] as importâncias devidas, cabendo ao juízo determinar a expedição de comunicação ao registro geral de imóveis para o cancelamento da correspondente averbação ou da inscrição hipotecária,[2] quando se trate de liquidação integral desta.

Art. 20: 1. v. CC 334 a 345; CPC 539 e segs.

Art. 20: 2. hoje, do registro hipotecário (v. LRP 168).

Art. 21. É vedada a emissão de cédulas hipotecárias sobre hipotecas cujos contratos não prevejam a obrigação do devedor de:

I — conservar o imóvel hipotecado em condições normais de uso;

II — pagar nas épocas próprias todos os impostos, taxas, multas ou quaisquer outras obrigações fiscais que recaiam ou venham a recair sobre o imóvel;

III — manter o imóvel segurado por quantia no mínimo correspondente à[1] do seu valor monetário corrigido.

Parágrafo único. O Conselho de Administração do Banco Nacional da Habitação poderá determinar a adoção de instrumentos-padrão, cujos termos fixará, para as hipotecas do Sistema Financeiro da Habitação.

Art. 21: 1. Na Coleção das Leis da União, está "ao", e não "à".

Art. 22. As instituições financeiras em geral e as companhias de seguro poderão adquirir cédulas hipotecárias ou recebê-las em caução,[1] nas condições que o Conselho Monetário Nacional estabelecer.

Art. 22: 1. v. CC 1.451 a 1.460.

Art. 23. Na hipótese de penhora,[1] arresto,[2] sequestro ou outra medida judicial que venha a recair em imóvel objeto de hipoteca sobre a qual haja sido emitida cédula hipotecária, fica o devedor obrigado a denunciar ao juízo da ação ou execução a existência do fato, comunicando-o "incontinenti" aos oficiais incumbidos da diligência, sob pena de responder pelos prejuízos que de sua omissão advierem para o credor.

Art. 23: 1. v. CPC 831 e segs.

Art. 23: 2. Na Coleção das Leis da União, está "aresto".

Art. 24. O cancelamento da averbação da cédula hipotecária e da inscrição da hipoteca respectiva, quando se trate de liquidação integral desta, far-se-ão:

I — à vista das cédulas hipotecárias devidamente quitadas, exibidas pelo devedor ao oficial do registro geral de imóveis;

II — nos casos dos arts. 18 e 20, *in fine*;

III — por sentença judicial transitada em julgado.

Parágrafo único. Se o devedor não possuir a cédula hipotecária quitada, poderá suprir a falta com a apresentação de declaração de quitação do emitente ou endossante em documento à parte.

Art. 25. É proibida a emissão de cédulas hipotecárias sobre hipotecas convencionadas anteriormente à vigência deste decreto-lei, salvo novo acordo entre credor e devedor, ou quando tenha sido prevista a correção monetária nos termos dos arts. 9º e 11.

Art. 26. Todos os atos previstos neste decreto-lei poderão ser feitos por instrumento particular, aplicando-se ao seu extravio, no que couber, o disposto no Título VII, do Livro IV, do Código de Processo Civil.[1]

Art. 26: 1. Refere-se ao CPC/39, mais especialmente aos seus arts. 336 a 342, que regulavam o procedimento para a recuperação de títulos ao portador. No CPC de 2015, não há mais um procedimento próprio para tanto, de modo que se observa aqui o procedimento comum, com atenção para a particularidade do CPC 259-II.

Art. 27. A emissão ou o endosso de cédula hipotecária com infringência deste decreto-lei, constitui, para o emitente ou o endossante, crime de estelionato, sujeitando-o às sanções do art. 171 do Código Penal.[1]

Art. 27: 1. i. e., reclusão, de um a cinco anos, e multa, de acordo com o art. 2º da Lei 7.209, de 11.7.84.

Art. 28. Ficam isentos do imposto de operações financeiras os atos jurídicos e os instrumentos mencionados neste capítulo, bem como todas as operações passivas de entidades integrantes do Sistema Financeiro da Habitação; não estarão sujeitos, outrossim, ao[1] imposto de renda:

I — durante o exercício financeiro de 1967, os juros das operações previstas no mesmo capítulo, quando vinculados ao Sistema Financeiro da Habitação;

II — a correção monetária dessas operações, em todos os casos.

Art. 28: 1. Na Coleção das Leis da União, está "no", e não "ao".

Capítulo III[1-2]

CAP. III: 1. Sem epígrafe, na publicação oficial.

CAP. III: 2. **Lei 9.514, de 20.11.97** — Dispõe sobre o Sistema de Financiamento Imobiliário, institui a alienação fiduciária de coisa imóvel e dá outras providências (no tít. ALIENAÇÃO FIDUCIÁRIA): **"Art. 39** (*redação da Lei 13.465, de 11.7.17*). Às operações de crédito compreendidas no sistema de financiamento imobiliário, a que se refere esta Lei: ... **II** (*redação da Lei 13.465, de 11.7.17*) — aplicam-se as disposições dos arts. 29 a 41 do Decreto-Lei n. 70, de 21 de novembro de 1966, exclusivamente aos procedimentos de execução de créditos garantidos por hipoteca".

Art. 29. As hipotecas a que se referem os arts. 9º e 10 e seus incisos, quando não pagas no vencimento, poderão, à escolha do credor, ser objeto de execução na forma do Código de Processo Civil (arts. 298 e 301)[1] ou deste decreto-lei (arts. 31 a 38).[2]

Parágrafo único. A falta de pagamento do principal, no todo ou em parte, ou de qualquer parcela de juros, nas épocas próprias, bem como o descumprimento das obrigações constantes do art. 21, importará, automaticamente, salvo disposição diversa do contrato de hipoteca, em exigibilidade imediata de toda a dívida.

Art. 29: 1. A citação é do CPC/39; atualmente, CPC 771 e segs.

Art. 29: 2. ou, ainda, de acordo com a Lei 5.741, de 1.12.71 (v. tít. CONTRATOS IMOBILIÁRIOS, ínt.).

Art. 30. Para os efeitos de exercício da opção do art. 29, será agente fiduciário, com as funções determinadas nos arts. 31 a 38:[1]

I — nas hipotecas compreendidas no Sistema Financeiro da Habitação, o Banco Nacional da Habitação;

II — nas demais, as instituições financeiras inclusive sociedades de crédito imobiliário, credenciadas a tanto pelo Banco Central da República do Brasil, nas condições que o Conselho Monetário Nacional venha a autorizar.

§ 1º O Conselho de Administração do Banco Nacional da Habitação poderá determinar que este exerça as funções de agente fiduciário, conforme o inciso I, diretamente ou através das pessoas jurídicas mencionadas no inciso II, fixando os critérios de atuação delas.

§ 2º As pessoas jurídicas mencionadas no inciso II, a fim de poderem exercer as funções de agente fiduciário deste decreto-lei, deverão ter sido escolhidas para tanto, de comum acordo entre o credor e o devedor, no contrato originário de hipoteca ou em aditamento ao mesmo, salvo se estiverem agindo em nome do Banco Nacional da Habitação ou nas hipóteses do art. 41.

§ 3º Os agentes fiduciários não poderão ter ou manter vínculos societários com os credores ou devedores das hipotecas em que sejam envolvidos.

§ 4º É lícito às partes, em qualquer tempo, substituir o agente fiduciário eleito, em aditamento ao contrato de hipoteca.

Art. 30: 1. v. tb. arts. 39 a 41.

Art. 31 (*redação da Lei 8.004, de 14.3.90*). Vencida e não paga a dívida hipotecária, no todo ou em parte, o credor que houver preferido executá-la de acordo com este decreto-lei[1-2] formalizará ao agente fiduciário a solicitação de execução da dívida, instruindo-a com os seguintes documentos:

I — o título da dívida devidamente registrado;

II — a indicação discriminada do valor das prestações e encargos não pagos;

III — o demonstrativo do saldo devedor, discriminando as parcelas relativas a principal, juros, multa e outros encargos contratuais e legais; e

IV — cópia dos avisos reclamando pagamento da dívida, expedidos segundo instruções regulamentares relativas ao SFH.

§ 1º (*redação da Lei 8.004, de 14.3.90*) Recebida a solicitação da execução da dívida, o agente fiduciário, nos dez dias subsequentes, promoverá a notificação do devedor, por intermédio de Cartório de Títulos e Documentos, concedendo-lhe o prazo de vinte dias para a purgação da mora.

§ 2º (*redação da Lei 8.004, de 14.3.90*) Quando o devedor se encontrar em lugar incerto ou não sabido, o oficial certificará o fato, cabendo, então, ao agente fiduciário promover a notificação por edital, publicado por três dias, pelo menos, em um dos jornais de maior circulação local ou noutro de comarca de fácil acesso, se no local não houver imprensa diária.

Art. 31: 1. A execução também poderá ser feita nos termos da Lei 5.741, de 1.12.71 (no tít. CONTRATOS IMOBILIÁRIOS).

Art. 31: 2. **Lei 8.004, de 14.3.90** (v. ementário): **"Art. 21.** Somente serão objeto de execução na conformidade dos procedimentos do Dec. lei 70, de 21 de novembro de 1966, ou da Lei 5.741, de 1º de dezembro de 1971, os financiamentos em que se verificar atraso de pagamento de três ou mais prestações".

Art. 32. Não acudindo o devedor à purgação do débito, o agente fiduciário estará de pleno direito autorizado a publicar editais e a efetuar no decurso dos 15 (quinze) dias imediatos, o primeiro público leilão do imóvel hipotecado.

§ 1º Se, no primeiro público leilão, o maior lance obtido for inferior ao saldo devedor no momento,[1] acrescido das despesas constantes do art. 33, mais as do anúncio e contratação da praça, será realizado o segundo público leilão, nos 15 (quinze) dias seguintes, no qual será aceito o maior lance apurado, ainda que inferior à soma das aludidas quantias.

§ 2º Se o maior lance do segundo público leilão for inferior àquela soma, serão pagas inicialmente as despesas componentes da mesma soma, e a diferença entregue ao credor, que poderá cobrar do devedor, por via executiva,[2] o valor remanescente de seu crédito, sem nenhum direito de retenção ou indenização sobre o imóvel alienado.

§ 3º Se o lance de alienação do imóvel, em qualquer dos dois públicos leilões, for superior ao total das importâncias referidas no *caput* deste artigo, a diferença afinal apurada será entregue ao devedor.

§ 4º A morte do devedor pessoa física, ou a falência, concordata[3] ou dissolução do devedor pessoa jurídica, não impede a aplicação deste artigo.

Art. 32: 1. v. art. 33-*caput*.

Art. 32: 2. v. CPC 771 e segs.

Art. 32: 3. A concordata deu lugar à recuperação judicial ou extrajudicial.

Art. 33. Compreende-se[1] no montante do débito hipotecado,[2] para os efeitos do art. 32, a qualquer momento de sua execução, as demais obrigações contratuais vencidas, especialmente em relação à fazenda pública, federal, estadual ou municipal, e a prêmios de seguro, que serão pagos com preferência sobre o credor hipotecário.

Parágrafo único. Na hipótese do segundo público leilão não cobrir sequer as despesas do artigo supra, o credor nada receberá, permanecendo íntegra a responsabilidade de[3] adquirente do imóvel por este garantida, em relação aos créditos remanescentes da fazenda pública e das seguradoras.

Art. 33: 1. *sic*; deve ser "Compreendem-se".

Art. 33: 2. *sic*; deve ser "hipotecário".

Art. 33: 3. *sic*; deve ser "do".

Art. 34. É lícito ao devedor, a qualquer momento, até a assinatura do auto de arrematação, purgar o débito, totalizado de acordo com o art. 33, e acrescido ainda dos seguintes encargos:

I — se a purgação se efetuar conforme o § 1º do art. 31, o débito será acrescido das penalidades previstas no contrato de hipoteca, até 10% (dez por cento) do valor do mesmo débito, e da remuneração do agente fiduciário;

II — daí em diante, o débito, para os efeitos de purgação, abrangerá ainda os juros de mora e a correção monetária incidente até o momento da purgação.

Art. 35. O agente fiduciário é autorizado, independentemente de mandato do credor ou do devedor, a receber as quantias que resultarem da purgação do débito ou do primeiro ou segundo públicos leilões, que deverá entregar ao credor ou ao devedor, conforme o caso, deduzidas de sua própria remuneração.

§ 1º A entrega em causa será feita até 5 (cinco) dias após o recebimento das quantias envolvidas, sob pena de cobrança, contra o agente fiduciário, pela parte que tiver direito às quantias, por ação executiva.[1]

§ 2º Os créditos previstos neste artigo, contra agente fiduciário, são privilegiados, em caso de falência ou concordata.[2]

Art. 35: 1. v. CPC 771 e segs.

Art. 35: 2. A concordata deu lugar à recuperação judicial ou extrajudicial.

Art. 36. Os públicos leilões regulados pelo art. 32 serão anunciados e realizados, no que este decreto-lei não prever,[1] de acordo com o que estabelecer o contrato de hipoteca, ou, quando se tratar do Sistema Financeiro da Habitação, o que o Conselho de Administração do Banco Nacional da Habitação estabelecer.

Parágrafo único. Considera-se não escrita a cláusula contratual que sob qualquer pretexto preveja condições que subtraiam ao devedor o conhecimento dos públicos leilões de imóvel hipotecado, ou que autorizem sua promoção e realização sem publicidade pelo menos igual à usualmente adotada pelos leiloeiros públicos em sua atividade corrente.

Art. 36: 1. *sic.*

Art. 37. Uma vez efetivada a alienação do imóvel, de acordo com o art. 32, será emitida a respectiva carta de arrematação, assinada pelo leiloeiro, pelo credor, pelo agente fiduciário, e por cinco pessoas físicas idôneas, absolutamente capazes, como testemunhas, documento que servirá como título para a transcrição[1] no registro geral de imóveis.

§ 1º O devedor, se estiver presente ao público leilão, deverá assinar a carta de arrematação que, em caso contrário, conterá necessariamente a constatação de sua ausência ou de sua recusa em subscrevê-la.

§ 2º Uma vez transcrita no registro geral de imóveis a carta de arrematação, poderá o adquirente requerer ao juízo competente imissão de posse no imóvel, que lhe será concedida liminarmente, após decorridas as 48 horas mencionadas no § 3º deste artigo, sem prejuízo de se prosseguir no feito, em rito ordinário,[2] para o debate das alegações que o devedor porventura aduzir em contestação.

§ 3º A concessão da medida liminar do parágrafo anterior só será negada se o devedor, citado, comprovar, no prazo de 48 (quarenta e oito) horas, que resgatou ou consignou judicialmente o valor de seu débito, antes da realização do primeiro ou do segundo público leilão.

Art. 37: 1. hoje, registro (LRP 168).

Art. 37: 2. v. CPC 318 e segs.

Art. 38. No período que mediar entre a transcrição da carta de arrematação no registro geral de imóveis e a efetiva imissão do adquirente na posse do imóvel alienado em público leilão, o juiz arbitrará uma taxa mensal de ocupação compatível com o rendimento que deveria proporcionar o investimento realizado na aquisição, cobrável por ação executiva.[1]

Art. 38: 1. v. CPC 771 e segs.

Art. 39. O contrato de hipoteca deverá prever os honorários do agente fiduciário, que somente lhe serão devidos se se verificar sua intervenção na cobrança do crédito; tais honorários não poderão ultrapassar a 5% (cinco por cento) do mesmo crédito, no momento da intervenção.

Parágrafo único. Para as hipotecas do Sistema Financeiro da Habitação, o Conselho de Administração do Banco Nacional da Habitação poderá fixar tabelas de remuneração do[1] agente fiduciário, dentro dos limites fixados neste artigo.

Art. 39: 1. Na Coleção das Leis da União, está "no", em vez de "do".

Art. 40. O agente fiduciário que, mediante ato ilícito, fraude, simulação ou comprovada má-fé, alienar imóvel hipotecado em prejuízo do credor ou devedor envolvido, responderá por seus atos, perante as autoridades competentes, na forma do Capítulo V da Lei n. 4.595, de 31 de dezembro de 1964,[1] e, perante a parte lesada, por perdas e danos,[2] que levarão em conta os critérios de correção monetária adotados neste decreto-lei ou no contrato hipotecário.

Art. 40: 1. v. nota 2 ao art. 1º.

Art. 40: 2. v. CC 402 a 405.

Art. 41. Se, por qualquer motivo, o agente fiduciário eleito no contrato hipotecário não puder continuar no exercício da função, deverá comunicar o fato imediatamente ao credor e ao devedor, que, se não chegarem a acordo para eleger outro, em aditamento ao mesmo contrato, poderão pedir ao juízo competente, a nomeação de substituto.

§ 1º Se o credor ou o devedor, a qualquer tempo antes do início da execução conforme o art. 31, tiverem fundadas razões para pôr em dúvida a imparcialidade ou idoneidade do agente fiduciário eleito no contrato hipotecário, e se não houver acordo entre eles para substituí-lo, qualquer dos dois poderá pedir ao juízo competente sua destituição.

§ 2º Os pedidos a que se referem este artigo e o parágrafo anterior serão processados segundo o que determina o Código de Processo Civil para as ações declaratórias,[1] com a citação das outras partes envolvidas no contrato hipotecário e do agente fiduciário.

§ 3º O pedido previsto no § 2º pode ser de iniciativa do agente fiduciário.

§ 4º Destituído o agente fiduciário, o juiz nomeará outro em seu lugar, que assumirá imediatamente as funções, mediante termo lavrado nos autos, que será levado a averbação no registro geral de imóveis e passará a constituir parte integrante do contrato hipotecário.

§ 5º Até a sentença destitutória transitar em julgado, o agente fiduciário destituído continuará no pleno exercício de suas funções, salvo nos casos do parágrafo seguinte.

§ 6º Sempre que o juiz julgar necessário, poderá, nos casos deste artigo, nomear liminarmente o novo agente fiduciário, mantendo-o ou substituindo-o na decisão final do pedido.

§ 7º A destituição do agente fiduciário não exclui a aplicação de sanções cabíveis, em virtude de sua ação ou omissão dolosa.

Art. 41: 1. v. CPC 318 e segs.

Capítulo IV | DAS DISPOSIÇÕES FINAIS

Art. 42 *(Revogado expressamente pelo Dec. lei 1.494, de 7.12.76).*

Art. 43. Os empréstimos destinados ao financiamento da construção ou da venda de unidades imobiliárias poderão ser garantidos pela caução, cessão parcial ou cessão fiduciária dos direitos decorrentes de alienação de imóveis, aplicando-se, no que couber, o disposto nos §§ 1º e 2º do art. 22 da Lei n. 4.864, de 29 de dezembro de 1965.[1]

Parágrafo único. As garantias a que se refere este artigo constituem direitos reais[2] sobre os respectivos imóveis.

Art. 43: 1. no tít. CONTRATOS IMOBILIÁRIOS.

Art. 43: 2. v. CC 1.225.

Art. 44. São passíveis de inscrição,[1] nos cartórios do registro de imóveis, os contratos a que se refere o art. 43, e os de hipoteca de unidades imobiliárias em construção ou já construídas mas ainda sem "habite-se" das autoridades públicas competentes e respectiva averbação, desde que estejam devidamente registrados os lotes de terreno em que elas se situem.

Art. 44: 1. atualmente, registro (LRP 168).

Art. 45. Este decreto-lei entra em vigor na data de sua publicação.

Art. 46. Revogam-se as disposições em contrário.

Brasília, 21 de novembro de 1966; 145º da Independência e 78º da República — H. CASTELLO BRANCO — **Carlos Medeiros Silva — Eduardo Lopes Rodrigues — Paulo Egydio Martins.**

Cédula Hipotecária

Ementário

Cheque

Lei 7.357, de 2.9.85 — Dispõe sobre o cheque e dá outras providências (v. adiante, texto integral).

Lei n. 7.357, de 2 de setembro de 1985

Dispõe sobre o cheque e dá outras providências.

O Presidente da República
Faço saber que o Congresso Nacional decreta e eu sanciono a seguinte lei:

Capítulo I | DA EMISSÃO E DA FORMA DO CHEQUE

Art. 1º O cheque[1] contém:

I — a denominação "cheque" inscrita no contexto do título e expressa na língua em que este é redigido;

II — a ordem incondicional de pagar quantia determinada;

III — o nome do banco ou da instituição financeira que deve pagar (sacado);[1a]

IV — a indicação do lugar de pagamento;[2]

V — a indicação da data[2a] e do lugar de emissão;[3]

VI — a assinatura de emitente (sacador), ou de seu mandatário com poderes especiais.[4-5]

Parágrafo único. A assinatura do emitente ou a de seu mandatário com poderes especiais pode ser constituída, na forma de legislação específica, por chancela mecânica ou processo equivalente.

Art. 1º: 1. s/ cheque e curso forçado, v. CDC 39, nota 4d.

Art. 1º: 1a. v. art. 3º.

Art. 1º: 2. v. art. 2º-I.

Art. 1º: 2a. "Os riscos da emissão de cheque com claros recaem particularmente sobre seu emitente, considerando a inoponibilidade de exceção de abuso no preenchimento do cheque quando ele é feito por terceiro portador de boa-fé. Não pode o julgador deduzir a existência de má-fé pelo portador do cheque pelo simples fato do **preenchimento da data de emissão** ocorrer **após a contraordem** para revogação do cheque, a não ser que determine expressamente a existência de má-fé pelo exequente" (STJ-3ª T., REsp 1.647.871, Min. Nancy Andrighi, j. 23.10.18, DJ 26.10.18).

V. tb. art. 59, nota 4.

Art. 1º: 3. v. art. 2º-II.

Art. 1º: 4. No sentido de que a falta de assinatura no cheque retira da cártula sua autonomia e literalidade, sendo imprestável como começo de prova escrita para instrumentalizar ação monitória: JTJ 313/251.

Art. 1º: 5. v. § ún.

Art. 2º O título a que falte qualquer dos requisitos enumerados no artigo precedente não vale como cheque, salvo nos casos determinados a seguir:

I — na falta de indicação especial, é considerado lugar de pagamento o lugar designado junto ao nome do sacado; se designados vários lugares, o cheque é pagável no primeiro deles; não existindo qualquer indicação, o cheque é pagável no lugar de sua emissão;

II — não indicado o lugar de emissão, considera-se emitido o cheque no lugar indicado junto ao nome do emitente.

Art. 3º O cheque é emitido contra banco, ou instituição financeira que lhe seja equiparada, sob pena de não valer como cheque.

Art. 4º O emitente deve ter fundos disponíveis em poder do sacado e estar autorizado a sobre eles emitir cheque, em virtude de contrato expresso ou tácito. A infração desses preceitos não prejudica a validade do título como cheque.

§ 1º A existência de fundos disponíveis é verificada no momento da apresentação do cheque para pagamento.

§ 2º Consideram-se fundos disponíveis:

a) os créditos constantes de conta-corrente bancária não subordinados a termo;

b) o saldo exigível de conta-corrente contratual;

c) a soma proveniente de abertura de crédito.

Art. 5º (VETADO)

Art. 6º O cheque não admite aceite, considerando-se não escrita qualquer declaração com esse sentido.

Art. 7º Pode o sacado, a pedido do emitente ou do portador legitimado, lançar e assinar, no verso do cheque não ao portador e ainda não endossado, visto, certificação ou outra declaração equivalente, datada e por quantia igual à indicada no título.

§ 1º A aposição de visto, certificação ou outra declaração equivalente obriga o sacado a debitar à conta do emitente a quantia indicada no cheque e a reservá-la em benefício do portador legitimado, durante o prazo de apresentação,[1] sem que fiquem exonerados o emitente, endossantes e demais coobrigados.

§ 2º O sacado creditará à conta do emitente a quantia reservada, uma vez vencido o prazo de apresentação, e antes disso, se o cheque lhe for entregue para inutilização.

Art. 7º: 1. v. art. 33.

Art. 8º Pode-se estipular no cheque que seu pagamento seja feito:

I — a pessoa nomeada, com ou sem cláusula expressa "à ordem";

II — a pessoa nomeada, com a cláusula "não à ordem", ou outra equivalente;

III — ao portador.[1-2]

Parágrafo único. Vale como cheque ao portador o que não contém indicação do beneficiário e o emitido em favor de pessoa nomeada com a cláusula "ou ao portador", ou expressão equivalente.

Art. 8º: 1. **Lei 9.069, de 29.6.95** — Dispõe sobre o Plano Real, o Sistema Monetário Nacional, estabelece as regras e condições de emissão do Real e os critérios para conversão das obrigações para o Real, e dá outras providências (Lex 1995/1.216, RT 716/568, RF 330/531, RDA 200/384): **"Art. 69.** A partir de 1º de julho de 1994, fica vedada a emissão, pagamento e compensação de cheque de valor superior a R$ 100,00 (cem Reais), sem identificação do beneficiário".

O texto acima é o que consta do DOU. Na Coleção das Leis da União, lê-se: "a emissão, o pagamento e a compensação".

Art. 8º: 2. "O cheque emitido sem identificação do beneficiário do pagamento é considerado título ao portador. O preenchimento da lacuna destinada ao nome de referido beneficiário por terceiro de boa-fé, detentor do título, não constitui qualquer tipo de vício. O endosso somente é imprescindível para a circulação do título quando sua transferência se faz do beneficiário identificado na cártula para terceiro" (RT 815/376).

Art. 9º O cheque pode ser emitido:

I — à ordem do próprio sacador;

II — por conta de terceiro;

III — contra o próprio banco sacador, desde que não ao portador.

Art. 10. Considera-se não escrita a estipulação de juros inserida no cheque.

Art. 11. O cheque pode ser pagável no domicílio de terceiro, quer na localidade em que o sacado tenha domicílio, quer em outra, desde que o terceiro seja banco.

Art. 12. Feita a indicação da quantia em algarismo e por extenso, prevalece esta no caso de divergência. Indicada a quantia mais de uma vez, quer por extenso, quer por algarismos, prevalece, no caso de divergência, a indicação da menor quantia.

Art. 13. As obrigações contraídas no cheque são autônomas e independentes.[1-2]

Parágrafo único. A assinatura de pessoa capaz cria obrigações para o signatário, mesmo que o cheque contenha assinatura de pessoas incapazes de se obrigar por cheque, ou assinaturas falsas, ou assinaturas de pessoas fictícias, ou assinaturas que, por qualquer outra razão, não poderiam obrigar as pessoas que assinaram o cheque, ou em nome das quais ele foi assinado.

Art. 13: 1. v. art. 25, nota 2.

Art. 13: 2. "O cheque é título autônomo que não se vincula à *causa debendi*, e, por isso, o emitente não pode alegar a terceiro possuidor e credor do título negócio realizado com outra pessoa que deu origem à cártula" (RJM 178/176).

Todavia: "A autonomia e independência do cheque em relação à relação jurídica que o originou é presumida, porém não absoluta, sendo possível a investigação da *causa debendi* e o afastamento da cobrança quando verificado que a obrigação subjacente claramente se ressente de embasamento legal" (STJ-4ª T., REsp 43.513, Min. Aldir Passarinho Jr., j. 7.2.02, DJU 15.4.02).

"Se a praxe no mercado aceita o cheque em garantia, vedar, em tese, a investigação da *causa debendi* propiciaria um desequilíbrio na relação jurídica entre as partes, uma das quais, em casos de extrema necessidade, ficaria a depender do arbítrio da outra" (STJ-3ª T., REsp 111.154, Min. Menezes Direito, j. 21.11.97, DJU 19.12.97).

"O cheque ostenta a natureza de título de crédito, portanto, é não causal (CPC, art. 585, I), ou seja, em decorrência de sua autonomia e abstração, não comporta discussão sobre o negócio jurídico originário. Entretanto, se o cheque não houver circulado, estando, pois, ainda atrelado à relação jurídica originária estabelecida entre seu emitente (sacador) e seu beneficiário (tomador), é possível que se discuta a *causa debendi*" (STJ-4ª T., REsp 1.228.180, Min. Raul Araújo, j. 17.3.11, DJ 28.3.11).

Art. 14. Obriga-se pessoalmente quem assina cheque como mandatário ou representante, sem ter poderes para tal, ou excedendo os que lhe foram conferidos. Pagando o cheque, tem os mesmos direitos daquele em cujo nome assinou.

Art. 15. O emitente garante o pagamento, considerando-se não escrita a declaração pela qual se exima dessa garantia.[1]

Art. 15: 1. **"Cheques emprestados a terceiro.** Na trilha da literalidade indireta, fundada na boa-fé objetiva, é possível admitir a inclusão de terceiro no polo passivo da ação monitória para exigir-lhe o pagamento do cheque, quando ele, inequivocamente, assumiu, perante o beneficiário, a obrigação a que corresponde o título. A flexibilização das normas de regência, à luz do princípio da boa-fé objetiva, não tem o condão de excluir o dever de garantia do emitente do cheque, previsto no art. 15 da Lei 7.357/85, sob pena de se comprometer a segurança na tutela do crédito, pilar fundamental das relações jurídicas desse jaez" (STJ-3ª T., REsp 1.787.274, Min. Nancy Andrighi, j. 23.4.19, DJ 26.4.19).

Art. 16. Se o cheque, incompleto no ato de emissão, for completado com inobservância do convencionado com o emitente, tal fato não pode ser oposto ao portador, a não ser que este tenha adquirido o cheque de má-fé.

Capítulo II | DA TRANSMISSÃO

Art. 17. O cheque pagável à pessoa nomeada, com ou sem cláusula expressa "à ordem", é transmissível por via de endosso.[1]

§ 1º O cheque pagável à pessoa nomeada, com a cláusula "não à ordem", ou outra equivalente, só é transmissível pela forma e com os efeitos de cessão.[2]

§ 2º O endosso pode ser feito ao emitente, ou a outro obrigado, que podem novamente endossar o cheque.

Art. 17: 1. "O cheque emitido nominalmente a terceiro se transfere mediante endosso. Caso em que não é possível verificar se o título foi endossado. Ilegitimidade ativa do mero portador" (RT 876/353: TJRS, AP 70023043433).

Art. 17: 2. v. CC 286 a 298.

Art. 18. O endosso deve ser puro e simples, reputando-se não escrita qualquer condição a que seja subordinado.

§ 1º São nulos o endosso parcial e o do sacado.

§ 2º Vale como em branco o endosso ao portador. O endosso ao sacado vale apenas como quitação, salvo no caso de o sacado ter vários estabelecimentos e o endosso ser feito em favor de estabelecimento diverso daquele contra o qual o cheque foi emitido.

Art. 19. O endosso deve ser lançado no cheque ou na folha de alongamento e assinado pelo endossante ou seu mandatário com poderes especiais.

§ 1º O endosso pode não designar o endossatário. Consistindo apenas na assinatura do endossante (endosso em branco), só é válido quando lançado no verso do cheque ou na folha de alongamento.

§ 2º A assinatura do endossante, ou a de seu mandatário com poderes especiais, pode ser constituída, na forma de legislação específica, por chancela mecânica, ou processo equivalente.

Art. 20. O endosso transmite todos os direitos resultantes do cheque. Se o endosso é em branco, pode o portador:

I — completá-lo com o seu nome ou com o de outra pessoa;

II — endossar novamente o cheque, em branco ou a outra pessoa;

III — transferir o cheque a um terceiro, sem completar o endosso e sem endossar.

Art. 21. Salvo estipulação em contrário, o endossante garante o pagamento.[1]

Parágrafo único. Pode o endossante proibir novo endosso; neste caso, não garante o pagamento a quem seja o cheque posteriormente endossado.

Art. 21: 1. sendo irrelevante a vinculação do cheque a operação de *factoring* para que o endossante garanta o pagamento (STJ-Bol. AASP 2.578: 3ª T., REsp 820.672).

Art. 22. O detentor de cheque "à ordem" é considerado portador legitimado, se provar seu direito por uma série ininterrupta de endossos, mesmo que o último seja em branco. Para esse efeito, os endossos cancelados são considerados não escritos.

Parágrafo único. Quando um endosso em branco for seguido de outro, entende-se que o signatário deste adquiriu o cheque pelo endosso em branco.

Art. 23. O endosso num cheque passado ao portador torna o endossante responsável, nos termos das disposições que regulam o direito de ação, mas nem por isso converte o título num cheque "à ordem".

Art. 24. Desapossado alguém de um cheque, em virtude de qualquer evento, novo portador legitimado não está obrigado a restituí-lo, se não o adquiriu de má-fé.

Parágrafo único. Sem prejuízo do disposto neste artigo, serão observadas, nos casos de perda, extravio, furto, roubo ou apropriação indébita do cheque, as disposições legais relativas à anulação e substituição de títulos ao portador,[1] no que for aplicável.

Art. 24: 1. O CPC de 2015 acabou com o procedimento especial para anulação e substituição de títulos ao portador, de modo que se observa aqui o procedimento comum, com atenção para a particularidade do CPC 259-II.

Art. 25. Quem for demandado por obrigação resultante de cheque não pode opor ao portador exceções fundadas em relações pessoais com o emitente, ou com os portadores anteriores, salvo se o portador o adquiriu conscientemente em detrimento do devedor.[1-2]

Art. 25: 1. v. art. 13, nota 2.

Art. 25: 2. "De acordo com o que dispõem o Código Civil de 2002, em seus arts. 915 e 916, e a Lei do Cheque, em seu art. 25, o devedor somente pode opor ao portador as exceções fundadas em relação pessoal com este ou em relação ao título, em aspectos formais e materiais. Nada pode opor ao atual portador relativamente a relações pessoais com os portadores precedentes ou mesmo com o emitente do título. A única ressalva legal, que viabiliza as exceções mencionadas, tem cabimento quando o portador estiver agindo de má-fé, circunstância que não se verifica na espécie" (STJ-4ª T., REsp 889.713, Min. Raul Araújo, j. 7.10.14, DJ 17.11.14). No mesmo sentido: STJ-3ª T., REsp 1.513.521-AgInt, Min. Paulo Sanseverino, j. 13.6.17, DJ 23.6.17.

"A obrigação decorrente de cheque é desvinculada da causa que lhe deu origem, razão pela qual o emitente do título não poderá opor ao seu portador de boa-fé as exceções pessoais que teria em face do primitivo credor, salvo se comprovar que aquele agiu de má-fé ao receber o título" (RMDCPC 41/125: TJMG, AP 3988752-11.2008.8.13.0079).

"Indícios de má-fé do endossatário-embargado. O endosso dos títulos, em prejuízo do devedor emitente, autoriza invocar exceções pessoais, com discussão do negócio subjacente. Invocada a prática de agiotagem e havendo verossimilhança nas alegações, estabelece-se a inversão do ônus da prova. A embargante afirmou terem os cheques origem em empréstimos, com cobrança de juros a taxas de 8% a 10% ao mês. Colacionadas peças de processo-crime, no qual figura o exequente como réu pela prática de usura pecuniária. Plausibilidade da alegação evidenciada. Em contraposição, o credor não produziu prova do negócio subjacente, ou do valor originalmente emprestado, devendo prevalecer a versão da embargante. Desta sorte, carecem as cártulas de certeza e liquidez" (RJTJERGS 266/314: AP 70018043539).

Admitindo "em certas circunstâncias especiais, como a prática de ilícito pelo vendedor de mercadoria não entregue, após fraude notória na praça, a investigação da causa subjacente e o esvaziamento do título pré-datado em poder de empresa de *factoring*, que o recebeu por endosso": STJ-4ª T. REsp 434.433, Min. Aldir Passarinho Jr., j. 25.3.03, DJU 23.6.03.

"Perdendo o cheque prescrito os seus atributos cambiários, dessume-se que a ação monitória neste documento fundada admitirá a discussão do próprio fato gerador da obrigação, sendo possível a oposição de exceções pessoais a portadores precedentes ou mesmo ao próprio emitente do título" (STJ-3ª T., REsp 1.669.968, Min. Nancy Andrighi, j. 8.10.19, DJ 11.10.19).

Art. 26. Quando o endosso contiver a cláusula "valor em cobrança", "para cobrança", "por procuração", ou qualquer outra que implique apenas mandato, o portador pode exercer todos os direitos resultantes do cheque, mas só pode lançar no cheque endosso-mandato. Neste caso, os obrigados somente podem invocar contra o portador as exceções oponíveis ao endossante.

Parágrafo único. O mandato contido no endosso não se extingue por morte do endossante ou por superveniência de sua incapacidade.

Art. 27. O endosso posterior ao protesto, ou declaração equivalente, ou à expiração do prazo de apresentação produz apenas os efeitos de cessão.[1] Salvo prova em contrário, o endosso sem data presume-se anterior ao protesto, ou declaração equivalente, ou à expiração do prazo de apresentação.

Art. 27: 1. v. CC 286 a 298.

Art. 28. O endosso no cheque nominativo, pago pelo banco contra o qual foi sacado, prova o recebimento da respectiva importância pela pessoa a favor da qual foi emitido, e pelos endossantes subsequentes.

Parágrafo único. Se o cheque indica a nota, fatura, conta cambial, imposto lançado ou declarado a cujo pagamento se destina, ou outra causa da sua emissão, o endosso pela pessoa a favor da qual foi emitido e a sua liquidação pelo banco sacado provam a extinção da obrigação indicada.

Capítulo III | DO AVAL

Art. 29. O pagamento do cheque pode ser garantido, no todo ou em parte, por aval prestado por terceiro, exceto o sacado, ou mesmo por signatário do título.

Art. 30. O aval é lançado no cheque ou na folha de alongamento. Exprime-se pelas palavras "por aval", ou fórmula equivalente, com a assinatura do avalista. Considera-se como resultante da simples assinatura do avalista, aposta no anverso do cheque, salvo quando se tratar da assinatura do emitente.[1]

Parágrafo único. O aval deve indicar o avalizado. Na falta de indicação, considera-se avalizado o emitente.

Art. 30: 1. "Denotado que o cheque, na hipótese vertente, não é ao portador, mas nominal, e a assinatura constante do seu verso é de outra pessoa, que não o seu beneficiário, a conclusão é de que somente pode ter sido efetivada como aval, ainda que não especificada a sua finalidade (por aval), pois, do contrário, estar-se-ia admitindo quebra na cadeia creditícia. Somente poderia ser endosso se a assinatura constante no verso da cártula coincidisse com quem dela seja o beneficiário, o que não ocorre na espécie, pois o beneficiário é pessoa diversa daquela que após a assinatura no dorso do cheque em apreço. A assinatura, que não se pode ter por inútil no título, faz atribuir à pessoa que a apôs coobrigação e responsabilidade pelo crédito por ele representado" (STJ-4ª T., REsp 493.861, Min. Fernando Gonçalves, j. 4.9.08, maioria, DJ 1.12.08).

Art. 31. O avalista se obriga da mesma maneira que o avalizado. Subsiste sua obrigação, ainda que nula a por ele garantida, salvo se a nulidade resultar de vício de forma.

Parágrafo único. O avalista que paga o cheque adquire todos os direitos dele resultantes contra o avalizado e contra os obrigados para com este em virtude do cheque.

Capítulo IV | DA APRESENTAÇÃO E DO PAGAMENTO

Art. 32. O cheque é pagável[1] à vista. Considera-se não escrita qualquer menção em contrário.

Parágrafo único. O cheque apresentado para pagamento antes do dia indicado como data de emissão é pagável no dia da apresentação.[2-3]

Art. 32: 1. s/ pagamento, v. tb. arts. 8º e 11.

Art. 32: 2. "O cheque pré-datado e o direito do consumidor", por Rizzatto Nunes (RJ 302/7 e 319/7).

Art. 32: 3. "A prática comercial de emissão de cheque com data futura de apresentação, popularmente conhecido como cheque 'pré-datado', não desnatura a sua qualidade cambiariforme, representando garantia de dívida com a consequência de ampliar o prazo de apresentação" (RSTJ 138/324).

Mas: "A pactuação da pós-datação de cheque, para que seja hábil a ampliar o prazo de apresentação à instituição financeira sacada, deve espelhar a data de emissão estampada no campo específico da cártula" (STJ-2ª Seção, REsp 1.423.464, Min. Luis Felipe, j. 27.4.16, DJ 27.5.16).

S/ protesto de cheque pré-datado, v. art. 48, nota 1a; s/ dano moral, pela apresentação do cheque antes da data ajustada entre as partes, v. CC 186, nota 2.

Art. 33. O cheque deve ser apresentado para pagamento, a contar do dia da emissão, no prazo de 30 (trinta) dias, quando emitido no lugar onde houver de ser pago; e de 60 (sessenta) dias, quando emitido em outro lugar do País ou no exterior.[1]

Parágrafo único. Quando o cheque é emitido entre lugares com calendários diferentes, considera-se como de emissão o dia correspondente do calendário do lugar de pagamento.

Art. 33: 1. "O prazo estabelecido para a apresentação do cheque (30 dias, quando emitido no lugar onde houver de ser pago, e de 60 dias, quando emitido em outra praça) serve, entre outras coisas, como limite temporal da obrigação que o emitente tem de manter provisão de fundos em conta bancária, suficiente para a compensação do título. Ultrapassado o prazo de apresentação, não se justifica a devolução do cheque pelos 'motivos 11 e 12' do Manual Operacional da COMPE. Isso depõe contra a honra do sacador, na medida em que ele passa por inadimplente quando, na realidade, não já que não tinha mais a obrigação de manter saldo em conta. Tal conclusão ainda mais se reforça quando, além do prazo de apresentação, também transcorreu o prazo de prescrição, hipótese em que o próprio Manual determinava a devolução por motivo diverso ('motivo 44')" (STJ-3ª T., REsp 1.297.353, Min. Sidnei Beneti, j. 16.10.12, DJ 19.10.12).

Art. 34. A apresentação do cheque à câmara de compensação equivale à apresentação a pagamento.

Art. 35. O emitente do cheque pagável no Brasil pode revogá-lo, mercê de contraordem dada por aviso epistolar, ou por via judicial ou extrajudicial, com as razões motivadoras do ato.

Parágrafo único. A revogação ou contraordem só produz efeito depois de expirado o prazo de apresentação e, não sendo promovida, pode o sacado pagar o cheque até que decorra o prazo de prescrição, nos termos do artigo 59 desta lei.

Art. 36. Mesmo durante o prazo de apresentação, o emitente e o portador legitimado podem fazer sustar o pagamento, manifestando ao sacado, por escrito, oposição fundada em relevante razão de direito.

§ 1º A oposição do emitente e a revogação ou contraordem se excluem reciprocamente.

§ 2º Não cabe ao sacado julgar da relevância da razão invocada pelo oponente.

Art. 37. A morte do emitente ou sua incapacidade superveniente à emissão não invalidam os efeitos do cheque.

Art. 38. O sacado pode exigir, ao pagar o cheque, que este lhe seja entregue quitado pelo portador.

Parágrafo único. O portador não pode recusar pagamento parcial, e, nesse caso, o sacado pode exigir que esse pagamento conste do cheque e que o portador lhe dê a respectiva quitação.

Art. 39. O sacado que paga cheque "à ordem" é obrigado a verificar a regularidade da série de endossos, mas não a autenticidade das assinaturas dos endossantes. A mesma obrigação incumbe ao banco apresentante do cheque a câmara de compensação.[1 a 2]

Parágrafo único. Ressalvada a responsabilidade do apresentante, no caso da parte final deste artigo, o banco sacado responde pelo pagamento do cheque falso, falsificado ou alterado, salvo dolo ou culpa do correntista,[3] do endossante ou do beneficiário, dos quais poderá o sacado, no todo ou em parte, reaver o que pagou.

Art. 39: 1. "O estabelecimento bancário está desobrigado, nos termos da lei (art. 39 da Lei do Cheque), a verificar a autenticidade da assinatura do endosso. Por outro lado, todavia, tal não significa que a instituição financeira estaria dispensada de conferir a regularidade dos endossos, aí incluída a legitimidade do endossante. O banco, ao aceitar cheques endossados, deve tomar a cautela de exigir prova da legitimidade do endossante, como, por exemplo, cópia do contrato social da empresa, quando nominal a pessoa jurídica" (RSTJ 148/456). Esse acórdão foi mantido em embargos de divergência (STJ-2ª Seção, ED no REsp 280.285, Min. Pádua Ribeiro, j. 25.6.03, quatro votos vencidos, DJU 28.6.04). No mesmo sentido: JTJ 327/455 (AP 1.144.666-9).

Art. 39: 1a. "Nos termos do art. 39 da Lei do Cheque, a regularidade do endosso deve ser verificada não só pelo banco sacado, mas também pelo banco apresentante do título à câmara de compensação. Trata-se de responsabilidade solidária pela regularidade da cadeia de endossos. Na hipótese, cabia à instituição financeira apresentante a constatação de que, sendo o cheque nominal e cruzado depositado em conta de particular correntista, emitido em favor da Fazenda Pública para quitação de tributo estadual, não seria possível seu endosso, independentemente de a assinatura no verso da cártula ser ou não autêntica, pois sabidamente as despesas públicas têm seus pagamentos realizados por via de empenho (Lei 4.320/64, arts. 58 e segs.), exigindo formalidades que não admitem transmissão de cheques de terceiro contribuinte por via de simples endosso" (STJ-4ª T., REsp 701.381, Min. Raul Araújo, j. 17.4.12, DJ 2.5.12).

Art. 39: 2. "A responsabilidade do banco sacado e a do banco intercalar, determinada pelo art. 39, 1ª e 2ª parte da Lei do Cheque (Lei 7.357/85) pode compensar-se em parte com a responsabilidade do beneficiário, com fundamento no art. 175 do CC de 1916, no caso de este haver parte da culpa pela ação de seu representante, que endossa fraudulentamente numerosos cheques por longo tempo, sem providências obstativas do prosseguimento da ação ilícita por parte do beneficiário dos títulos. É integral a responsabilidade do endossante fraudulento de cheques, descontados diretamente no sacado ou depositado com sucesso em sua conta-corrente em banco diverso" (STJ-3ª T., REsp 874.372, Min. Sidnei Beneti, j. 17.11.09, DJ 30.11.09).

"Há responsabilidade objetiva do banco, que paga cheques assinados apenas por gerente, quando exigível dupla assinatura. Aplicação do art. 14 do CDC. A responsabilidade concorrente é admissível, ainda que no caso de responsabilidade objetiva do fornecedor ou prestador, quando há responsabilidade subjetiva patente e irrecusável também do consumidor, não se exigindo, no caso, a exclusividade da culpa" (STJ-3ª T., REsp 1.349.894, Min. Sidnei Beneti, j. 4.4.13, DJ 11.4.13).

Todavia, aplicando a teoria da causalidade adequada em caso de endosso fraudulento para a responsabilização exclusiva dos bancos-réus, "ainda que tenha havido a participação dolosa de prepostos de ambas as partes": STJ-3ª T., REsp 1.007.692, Min. Nancy Andrighi, j. 17.8.10, DJ 14.10.10.

Art. 39: 3. **Súmula 28 do STF (Cheque falso):** "O estabelecimento bancário é responsável pelo pagamento de cheque falso, ressalvadas as hipóteses de culpa exclusiva ou concorrente do correntista".

V. tb. CC 927, nota 7b.

Art. 40. O pagamento se fará à medida em que forem apresentados os cheques e se 2 (dois) ou mais forem apresentados simultaneamente, sem que os fundos disponíveis bastem para o pagamento de todos, terão preferência os de emissão mais antiga e, se da mesma data, os de número inferior.

Art. 41. O sacado pode pedir explicações ou garantia para pagar cheque mutilado, rasgado ou partido, ou que contenha borrões, emendas e dizeres que não pareçam formalmente normais.

Art. 42. O cheque em moeda estrangeira é pago, no prazo de apresentação, em moeda nacional ao câmbio do dia do pagamento, obedecida a legislação especial.

Parágrafo único. Se o cheque não for pago no ato da apresentação, pode o portador optar entre o câmbio do dia da apresentação e o do dia do pagamento para efeito de conversão em moeda nacional.

Art. 43. (VETADO)

§ 1º (VETADO)

§ 2º (VETADO)

Capítulo V | DO CHEQUE CRUZADO

Art. 44. O emitente ou o portador podem cruzar o cheque, mediante a aposição de dois traços paralelos no anverso do título.

§ 1º O cruzamento é geral se entre os dois traços não houver nenhuma indicação ou existir apenas a indicação "banco", ou outra equivalente. O cruzamento é especial se entre os dois traços existir a indicação do nome do banco.

§ 2º O cruzamento geral pode ser convertido em especial, mas este não pode converter-se naquele.

§ 3º A inutilização do cruzamento ou a do nome do banco é reputada como não existente.

Art. 45. O cheque com cruzamento geral só pode ser pago pelo sacado a banco ou a cliente do sacado, mediante crédito em conta. O cheque com cruzamento especial só pode ser pago pelo sacado ao banco indicado, ou, se este for o sacado, a cliente seu, mediante crédito em conta. Pode, entretanto, o banco designado incumbir outro da cobrança.

§ 1º O banco só pode adquirir cheque cruzado de cliente seu ou de outro banco. Só pode cobrá-lo por conta de tais pessoas.

§ 2º O cheque com vários cruzamentos especiais só pode ser pago pelo sacado no caso de dois cruzamentos, um dos quais para cobrança por câmara de compensação.

§ 3º Responde pelo dano, até a concorrência do montante do cheque, o sacado ou o banco portador que não observar as disposições precedentes.

Capítulo VI | DO CHEQUE PARA SER CREDITADO EM CONTA

Art. 46. O emitente ou o portador podem proibir que o cheque seja pago em dinheiro mediante a inscrição transversal, no anverso do título, da cláusula "para ser creditado em conta", ou outra equivalente. Nesse caso, o sacado só pode proceder a lançamento contábil (crédito em conta, transferência ou compensação), que vale como pagamento. O depósito do cheque em conta de seu beneficiário dispensa o respectivo endosso.

§ 1º A inutilização da cláusula é considerada como não existente.

§ 2º Responde pelo dano, até a concorrência do montante do cheque, o sacado que não observar as disposições precedentes.

Capítulo VII | DA AÇÃO POR FALTA DE PAGAMENTO

Art. 47. Pode o portador promover a execução do cheque:[1]

I — contra o emitente e seu avalista;[1a]

II — contra os endossantes e seus avalistas, se o cheque apresentado em tempo hábil e a recusa de pagamento é comprovada pelo protesto ou por declaração do sacado, escrita e datada sobre o cheque, com indicação do dia de apresentação, ou, ainda, por declaração escrita e datada por câmara de compensação.

§ 1º Qualquer das declarações previstas neste artigo dispensa o protesto e produz os efeitos deste.

§ 2º Os signatários respondem pelos danos causados por declarações inexatas.

§ 3º O portador que não apresentar o cheque em tempo hábil, ou não comprovar a recusa de pagamento pela forma indicada neste artigo, perde o direito de execução contra o emitente, se este tinha fundos disponíveis durante o prazo de apresentação e os deixou de ter, em razão de fato que não lhe seja imputável.[2]

§ 4º A execução independe do protesto e das declarações previstas neste artigo, se a apresentação ou o pagamento do cheque são obstados pelo fato de o sacado ter sido submetido a intervenção, liquidação extrajudicial ou falência.

Art. 47: 1. "Necessidade de o executado figurar no cheque como emitente ou garante, não sendo possível a integração da cártula por fatos outros ocorridos no mundo fenomênico, alheios à relação cambial estabelecida. Caso concreto em que a **esposa do emitente do cheque,** em não tendo contraído qualquer obrigação no título em que lastreada a execução, e não sendo a hipótese daquelas que a lei estabelece a sua responsabilidade, **é parte ilegítima para figurar como executada** e, assim, para responder pelo seu pagamento" (STJ-3ª T., REsp 1.708.694, Min. Paulo Sanseverino, j. 2.4.19, *DJ* 5.4.19).

Art. 47: 1a. "A execução em questão é promovida contra o emitente do cheque e sua avalista e quando ainda não decorrido o prazo prescricional da ação cambiária. Portanto, a hipótese se enquadra no inciso I do art. 47 da Lei 7.357/85, que não prevê a necessidade do prévio protesto do título para comprovação da recusa do pagamento" (STJ-4ª T., REsp 487.250-AgRg-EDcl, Min. Raul Araújo, j. 4.4.13, *DJ* 23.4.13).

Art. 47: 2. "O beneficiário de cheque que não apresenta o título para pagamento, via de regra, vê-se impossibilitado de promover a execução, haja vista a ausência de requisito essencial aos títulos executivos — a exigibilidade —, que somente exsurge com a comprovação da falta de pagamento imotivada, a qual pode ocorrer pelo protesto, por declaração do banco sacado ou da câmara de compensação. Não obstante, no caso concreto, a instância ordinária consignou a existência de provas irrefutáveis acerca da sustação do cheque — entre as quais a declaração de funcionário do banco sacado —, o que impediu o tomador a ajuizar a execução em virtude da inocuidade da prévia apresentação do título" (STJ-4ª T., REsp 1.315.080, Min. Luis Felipe, j. 7.3.13, DJ 14.3.13).

Art. 48. O protesto[1 a 2] ou as declarações do artigo anterior devem fazer-se no lugar de pagamento ou do domicílio do emitente, antes da expiração do prazo de apresentação. Se esta ocorrer no último dia do prazo, o protesto ou as declarações podem fazer-se no primeiro dia útil seguinte.

§ 1º A entrega do cheque para protesto deve ser prenotada em livro especial e o protesto tirado no prazo de 3 (três) dias úteis a contar do recebimento do título.

§ 2º O instrumento do protesto, datado e assinado pelo oficial público competente, contém:

a) a transcrição literal do cheque, com todas as declarações nele inseridas, na ordem em que se acham lançadas;

b) a certidão da intimação do emitente, de seu mandatário especial ou representante legal, e as demais pessoas obrigadas no cheque;

c) a resposta dada pelos intimados ou a declaração da falta de resposta;

d) a certidão de não haverem sido encontrados ou de serem desconhecidos o emitente ou os demais obrigados, realizada a intimação, nesse caso, pela imprensa.

§ 3º O instrumento de protesto, depois de registrado em livro próprio, será entregue ao portador legitimado ou àquele que houver efetuado o pagamento.

§ 4º Pago o cheque depois do protesto, pode este ser cancelado, a pedido de qualquer interessado, mediante arquivamento de cópia autenticada da quitação que contenha perfeita identificação do título.

Art. 48: 1. v., em PROTESTO DE TÍTULOS, Lei 9.492, de 10.9.97 ("Define competência, regulamenta os serviços concernentes ao protesto de títulos e outros documentos de dívida e dá outras providências").

Art. 48: 1a. "Cártula estampando, no campo específico, data de emissão diversa da pactuada para sua apresentação. Considera-se, para contagem do prazo de apresentação, aquela constante no espaço próprio. Protesto, com indicação do emitente do cheque como devedor, ainda que **após o prazo de apresentação,** mas dentro do período para ajuizamento de ação cambial de execução. Possibilidade" (STJ-2ª Seção, REsp 1.423.464, Min. Luis Felipe, j. 27.4.16, DJ 27.5.16).

Art. 48: 2. "Cautelar de sustação de protesto. **Cheque prescrito.** Protesto indevido. Não se pode exigir o pronto cumprimento — e, portanto, não se pode falar em prova de inadimplemento — de uma dívida que não se revista das características de certeza, liquidez e exigibilidade. O cheque prescrito não se reveste das características de certeza e exigibilidade. A expressão 'outros documentos de dívida' a que alude o art. 1º da Lei n. 9.492/1997 apenas abrange aqueles documentos representativos de dívidas líquidas, certas e exigíveis" (STJ-3ª T., REsp 1.256.566, Min. João Otávio, j. 18.3.14, DJ 1.4.14). No mesmo sentido: STJ-4ª T., Ag em REsp 593.208-AgRg, Min. Raul Araújo, j. 25.11.14, DJ 19.12.14.

"Uma vez desaparecida a relação cambial, pela prescrição do título, o protesto torna-se inoperante e deixa de ter utilidade para o credor, portanto não havendo razão para que seja tirado" (JTJ 322/2.476: AP 7.010.855-5).

"Protesto após prazo de apresentação. Inviabilidade. Inteligência dos arts. 33 e 48 da Lei 7.357/85. Sustação definitiva" (JTJ 323/285: AP 7.127.299-0).

Contra, no sentido de que a perda da eficácia executiva do cheque não impede sua remessa a protesto: JTJ 316/296 (AP 7.086.471-4), 330/541 (AP 7.160.416-5), RMDECC 17/119.

V. tb. LCa 28, nota 2, e Lei 9.492/97, art. 9º (no tít. PROTESTO DE TÍTULOS). S/ dano moral, v. CC 186, nota 3b.

Cheque

Art. 49. O portador deve dar aviso da falta de pagamento a seu endossante e ao emitente, nos 4 (quatro) dias úteis seguintes ao do protesto ou das declarações previstas no artigo 47 desta lei ou, havendo cláusula "sem despesa", ao da apresentação.

§ 1º Cada endossante deve, nos 2 (dois) dias úteis seguintes ao do recebimento do aviso, comunicar seu teor ao endossante precedente, indicando os nomes e endereços dos que deram os avisos anteriores, e assim por diante, até o emitente, contando-se os prazos do recebimento do aviso precedente.

§ 2º O aviso dado a um obrigado deve estender-se, no mesmo prazo, a seu avalista.

§ 3º Se o endossante não houver indicado seu endereço, ou o tiver feito de forma ilegível, basta o aviso ao endossante que o preceder.

§ 4º O aviso pode ser dado por qualquer forma, até pela simples devolução do cheque.

§ 5º Aquele que estiver obrigado a aviso deverá provar que o deu no prazo estipulado. Considera-se observado o prazo se, dentro dele, houver sido posta no correio a carta de aviso.

§ 6º Não decai do direito de regresso o que deixa de dar o aviso no prazo estabelecido. Responde, porém, pelo dano causado por sua negligência, sem que a indenização exceda o valor do cheque.

Art. 50. O emitente, o endossante e o avalista podem, pela cláusula "sem despesa", "sem protesto", ou outra equivalente, lançada no título e assinada, dispensar o portador, para promover a execução do título, do protesto ou da declaração equivalente.

§ 1º A cláusula não dispensa o portador da apresentação do cheque no prazo estabelecido, nem dos avisos. Incumbe a quem alega a inobservância de prazo a prova respectiva.

§ 2º A cláusula lançada pelo emitente produz efeito em relação a todos os obrigados; a lançada por endossante ou por avalista produz efeito somente em relação ao que lançar.

§ 3º Se, apesar da cláusula lançada pelo emitente, o portador promove o protesto, as despesas correm por sua conta. Por elas respondem todos os obrigados, se a cláusula é lançada por endossante ou avalista.

Art. 51. Todos os obrigados respondem solidariamente[1] para com o portador do cheque.

§ 1º O portador tem o direito de demandar todos os obrigados, individual ou coletivamente, sem estar sujeito a observar a ordem em que se obrigaram. O mesmo direito cabe ao obrigado que pagar o cheque.

§ 2º A ação contra um dos obrigados não impede sejam os outros demandados, mesmo que se tenham obrigado posteriormente àquele.

§ 3º Regem-se pelas normas das obrigações solidárias[1a] as relações entre obrigados do mesmo grau.

Art. 51: 1. Os cotitulares de conta-corrente conjunta não são devedores solidários perante o portador de cheque emitido por qualquer um deles sem suficiente provisão de fundos (STJ-4ª T., REsp 336.632, Min. Aldir Passarinho Jr., j. 6.2.03, DJU 31.3.03; STJ-RT 899/137: 3ª T., REsp 981.081). **Contra:** RMDECC 28/102 (TRF-4ª Reg., AP 2005.70.00.005145-7).

V. tb. CDC 43, nota 1j.

Art. 51: 1a. v. CC 275 a 285.

Art. 52. O portador pode exigir do demandado:

I — a importância do cheque não pago;

II — os juros legais desde o dia da apresentação;[1]

III — as despesas que fez;

IV — a compensação pela perda do valor aquisitivo da moeda, até o embolso das importâncias mencionadas nos itens antecedentes.

Art. 52: 1. "Em qualquer ação utilizada pelo portador para cobrança de cheque, a correção monetária incide a partir da data de emissão estampada na cártula, e os juros de mora a contar da primeira apresentação à instituição financeira sacada ou câmara de compensação" (STJ-2ª Seção, REsp 1.556.834, Min. Luis Felipe, j. 22.6.16, DJ 10.8.16).

"Os juros relativos à cobrança de crédito estampado em cheque são disciplinados pela Lei do Cheque, que veda a cobrança de juros compensatórios (art. 10) e estabelece que a incidência dos juros de mora é a contar da primeira apresentação da cártula (art. 52, II). O art. 219 do CPC, assim como o art. 405 do CC/02, deve ser interpretado à luz do ordenamento jurídico, tendo aplicação residual para casos de mora *ex persona*, nas hipóteses de obrigações ilíquidas ou sem termo certo, se ainda não houve a prévia constituição em mora por outra forma legalmente admitida" (STJ-4ª T., REsp 1.354.934, Min. Luis Felipe, j. 20.8.13, DJ 25.9.13).

S/ correção monetária em monitória fundada em cheque prescrito, v., no CPCLPV, CPC 700, nota 12.

Art. 53. Quem paga o cheque pode exigir de seus garantes:

I — a importância integral que pagou;

II — os juros legais, a contar do dia do pagamento;

III — as despesas que fez;

IV — a compensação pela perda do valor aquisitivo da moeda, até o embolso das importâncias mencionadas nos itens antecedentes.

Art. 54. O obrigado contra o qual se promova execução, ou que a esta esteja sujeito, pode exigir, contra pagamento, a entrega do cheque, com o instrumento de protesto ou da declaração equivalente e a conta de juros e despesas quitada.

Parágrafo único. O endossante que pagou o cheque pode cancelar seu endosso e os dos endossantes posteriores.

Art. 55. Quando disposição legal ou caso de força maior impedir a apresentação do cheque, o protesto ou a declaração equivalente nos prazos estabelecidos, consideram-se estes prorrogados.

§ 1º O portador é obrigado a dar aviso imediato da ocorrência de força maior a seu endossante e a fazer menção do aviso dado mediante declaração datada e assinada por ele no cheque ou folha de alongamento. São aplicáveis, quanto ao mais, as disposições do artigo 49 e seus parágrafos desta lei.

§ 2º Cessado o impedimento, deve o portador, imediatamente, apresentar o cheque para pagamento e, se couber, promover o protesto ou a declaração equivalente.

§ 3º Se o impedimento durar por mais de 15 (quinze) dias, contados do dia em que o portador, mesmo antes de findo o prazo de apresentação, comunicou a ocorrência de força maior a seu endossante, poderá ser promovida a execução, sem necessidade da apresentação do protesto ou declaração equivalente.

§ 4º Não constituem casos de força maior os fatos puramente pessoais relativos ao portador ou à pessoa por ele incumbida da apresentação do cheque, do protesto ou da obtenção da declaração equivalente.

Capítulo VIII | DA PLURALIDADE DE EXEMPLARES

Art. 56. Excetuado o cheque ao portador, qualquer cheque emitido em um país e pagável em outro pode ser feito em vários exemplares idênticos, que devem ser numerados no próprio texto do título, sob pena de cada exemplar ser considerado cheque distinto.

Art. 57. O pagamento feito contra a apresentação de um exemplar é liberatório, ainda que não estipulado que o pagamento torna sem efeito os outros exemplares.

Parágrafo único. O endossante que transferir os exemplares a diferentes pessoas e os endossantes posteriores respondem por todos os exemplares que assinarem e que não forem restituídos.

Capítulo IX | DAS ALTERAÇÕES

Art. 58. No caso de alteração do texto do cheque, os signatários posteriores à alteração respondem nos termos do texto alterado e os signatários anteriores, nos do texto original.

Parágrafo único. Não sendo possível determinar se a firma foi aposta no título antes ou depois de sua alteração, presume-se que o tenha sido antes.

Capítulo X | DA PRESCRIÇÃO

Art. 59. Prescrevem em 6 (seis) meses, contados da expiração do prazo de apresentação, a ação que o artigo 47 desta lei assegura ao portador.[1 a 4]

Parágrafo único. A ação de regresso de um obrigado ao pagamento do cheque contra outro prescreve em 6 (seis) meses, contados do dia em que o obrigado pagou o cheque ou do dia em que foi demandado.

Art. 59: 1. s/ prazo de apresentação, v. art. 33.

Art. 59: 1a. **Súmula 299 do STJ:** "É admissível a **ação monitória** fundada em **cheque prescrito**" (v. jurisprudência s/ essa Súmula em RSTJ 183/622, 185/668).

Art. 59: 2. "O lapso prescricional previsto no art. 59 da Lei n. 7.357, de 2.9.1985, somente tem **início** a partir da **expiração do prazo para apresentação do cheque,** independentemente de o credor havê-lo feito em data anterior" (STJ-4ª T., REsp 539.777, Min. Barros Monteiro, j. 3.2.04, DJU 12.4.04). No mesmo sentido: RMDECC 46/113 (TJDFT, AI 2012.00.2.011746-3).

Contra: "O termo inicial da prescrição previsto no art. 59 da Lei n. 7.357, de 1985, pressupõe que o cheque não haja sido apresentado no prazo legal. Caso contrário, a prescrição passa a correr da **data da primeira apresentação"** (RSTJ 59/414: 3ª T., REsp 45.512).

Art. 59: 3. "Ainda que a emissão de cheques pós-datados seja prática costumeira, não encontra previsão legal. Admitir-se que do acordo extracartular decorra a dilação do prazo prescricional, importaria na alteração da natureza do cheque como ordem de pagamento à vista e na infringência do art. 192 do CC, além de violação dos princípios da literalidade e abstração. O termo inicial de contagem do prazo prescricional da ação de execução do cheque pelo beneficiário é de 6 meses, prevalecendo, para fins de contagem do prazo prescricional de cheque pós-datado, a data nele regularmente consignada" (STJ-2ª Seção, REsp 1.068.513, Min. Nancy Andrighi, j. 14.9.11, DJ 17.5.12). "A Lei do Cheque estabelece o lapso prescricional para o ajuizamento da execução, o qual flui a partir da **data da emissão**, contado o prazo da apresentação, e **não da data acordada entre credor e devedor"** (RT 873/243: TJDFT, AP 20050110252906, maioria). No mesmo sentido: RT 926/1.098 (TJMS, AI 2012.015208-3/0000-00).

Contra: "A data da prescrição dos cheques pós-datados não pode ser considerada com base na data da emissão, e sim de quando deva ser apresentado ao banco. É que, exigindo-se que o portador do **cheque pós-datado** aguarde, no mínimo, o prazo consignado no título para apresentá-lo ao banco, seria ilógico considerar a data de sua emissão para o cômputo do prazo prescricional" (RMDECC 28/104: TJMG, AP 1.0024.05.739316-7/001).

V. tb. CC 206, nota 6a.

Art. 59: 4. Ainda que a **data da emissão** tenha sido **aposta** no cheque **anos após** a contraordem, é ela que vai balizar o prazo de apresentação e o correlato prazo prescricional semestral (STJ-3ª T., REsp 1.647.871, Min. Nancy Andrighi, j. 23.10.18, DJ 26.10.18).

V. tb. art. 1º, nota 2a.

Art. 60. A interrupção da prescrição produz efeito somente contra o obrigado em relação ao qual foi promovido o ato interruptivo.

Art. 61. A ação de enriquecimento contra o emitente ou outros obrigados, que se locupletaram injustamente com o não pagamento do cheque, prescreve em 2 (dois) anos, contados do dia em que se consumar a prescrição prevista no art. 59 e seu parágrafo desta lei. [1-2]

Art. 61: 1. "O cheque prescrito serve como instrumento de ação monitória, mesmo vencido o prazo de dois anos para a ação de enriquecimento (Lei do Cheque, art. 61)" (STJ-3ª T., AI 666.617-AgRg, Min. Gomes de Barros, j. 1.3.07, DJU 19.3.07). No mesmo sentido: STJ-4ª T., AI 1.011.969-EDcl, Min. João Otávio, j. 20.11.08, DJ 1.12.08; JTJ 345/255 (AP 7.114.891-9).

Contra: "Ação de enriquecimento ilícito, sob o rito monitório, fundada em cheques prescritos — art. 61 da Lei 7.357/85. Prazo prescricional próprio, 2 anos, contados da prescrição da ação cambial" (STJ-3ª T., AI 854.860-AgRg, Min. Vasco Della Giustina, j. 17.8.10, DJ 26.8.10).

V. tb. CC 206, nota 6.

Art. 61: 2. "A ação ordinária de cobrança é via hábil para exigir-se dívida representada por cheque, não recebida pelo credor, por insuficiente provisão de fundos, quando o título encontra-se prescrito para o aforamento da ação executiva. Tal fato constitui ato ilícito, razão suficiente para que a **correção monetária** incida a partir da data da emissão do cheque, que representa ordem de pagamento à vista. Incidência do enunciado da Súmula n. 43, do STJ" (RSTJ 71/354).

Art. 62. Salvo prova de novação,[1] a emissão ou a transferência do cheque não exclui a ação fundada na relação causal,[2] feita a prova do não pagamento.

Art. 62: 1. v. CC 360 a 367.

Art. 62: 2. "Na ação de cobrança prevista no art. 62 da Lei 7.357/1985 — hipótese dos autos — é imprescindível a demonstração da *causa debendi*, não apenas porque o cheque já perdeu sua natureza cambial, mas porque o referido dispositivo legal é claro ao afirmar que tal ação deve ser 'fundada na relação causal'" (STJ-4ª T., REsp 1.104.489-AgRg, Min. Marco Buzzi, j. 10.6.14, DJ 18.6.14).

Capítulo XI DOS CONFLITOS DE LEIS EM MATÉRIA DE CHEQUES

Art. 63. Os conflitos de leis em matéria de cheques serão resolvidos de acordo com as normas constantes das Convenções[1] aprovadas, promulgadas e mandadas aplicar no Brasil, na forma prevista pela Constituição Federal.

Art. 63: 1. **Dec. 57.595, de 7.1.66** — Promulga as Convenções para adoção de uma lei uniforme em matéria de cheques (Lex 1966/27, RT 366/371).

Dec. 1.240, de 15.9.94 — Promulga a Convenção Interamericana sobre Conflitos de Leis em Matéria de Cheque, adotada em Montevidéu, em 8 de maio de 1979 (DOU 16.9.94, seção I, p. 14.040). Aprovada pelo **Dec. leg. 9, de 7.2.94.**

Capítulo XII | DAS DISPOSIÇÕES GERAIS

Art. 64. A apresentação do cheque, o protesto ou a declaração equivalente só podem ser feitos ou exigidos em dia útil, durante o expediente dos estabelecimentos de crédito, câmaras de compensação e cartórios de protestos.

Parágrafo único. O cômputo dos prazos estabelecidos nesta lei obedece às disposições do direito comum.

Art. 65. Os efeitos penais da emissão do cheque sem suficiente provisão de fundos, da frustração do pagamento do cheque, da falsidade, da falsificação e da alteração do cheque continuam regidos pela legislação criminal.

Art. 66. Os vales ou cheques postais, os cheques de poupança ou assemelhados, e os cheques de viagem regem-se pelas disposições especiais a eles referentes.

Art. 67. A palavra "banco", para os fins desta lei, designa também a instituição financeira contra a qual a lei admita a emissão de cheque.

Art. 68. Os bancos e casas bancárias poderão fazer prova aos seus depositantes dos cheques por estes sacados, mediante apresentação de cópia fotográfica ou microfotográfica.

Art. 69. Fica ressalvada a competência do Conselho Monetário Nacional, nos termos e nos limites da legislação específica, para expedir normas relativas à matéria bancária relacionada com o cheque.

Parágrafo único. É da competência do Conselho Monetário Nacional:

a) a determinação das normas a que devem obedecer as contas de depósito para que possam ser fornecidos os talões de cheques aos depositantes;

b) a determinação das consequências do uso indevido do cheque, relativamente à conta do depositante;

c) a disciplina das relações entre o sacado e o opoente, na hipótese do art. 36 desta lei.

Art. 70. Esta lei entra em vigor na data de sua publicação.

Art. 71. Revogam-se as disposições em contrário.

Brasília, 2 de setembro de 1985; 164º da Independência e 97º da República — JOSÉ SARNEY — **Dilson Domingos Funaro.**

Ementário

Condomínio e Incorporação

— v. CC 1.331 a 1.358 (condomínio edilício), CPC 75-XI; v. tb. títs. PROMESSA DE COMPRA E VENDA E LOTEAMENTO e CONTRATOS IMOBILIÁRIOS.

Lei 4.591, de 16.12.64 — Dispõe sobre o condomínio em edificações e as incorporações imobiliárias (v., adiante, texto integral). Alterada pela **Lei 4.864, de 29.11.65**, pelo **Dec. lei 981, de 21.10.69**, pela **Lei 6.434, de 15.7.77**, pela **Lei 6.709, de 31.10.79**, pela **Lei 7.182, de 27.3.84**, pela **Lei 8.245, de 18.10.91**, pela **Lei 9.267, de 25.3.96**, e pela **Lei 12.424, de 16.6.11.**

Dec. 55.815, de 8.3.65 — Estabelece normas para a escrituração dos registros criados pela Lei 4.591, de 16 de dezembro de 1964, que dispõe sobre condomínio e incorporações imobiliárias, no registro geral de imóveis (Lex 1965/288, RF 210/434). Revogado pelo **Dec. 11, de 18.1.91;** este Decreto, publicado no DOU 21.1.91, em seu art. 4º declarou revogados diversos decretos, que relacionou no Anexo IV, inclusive o Dec. 55.815; esse Anexo IV, porém, não está publicado nem mesmo na Coleção de Leis da União.

Lei 4.864, de 29.11.65 — Cria medidas de estímulo à indústria de construção civil (no tít. CONTRATOS IMOBILIÁRIOS). Nos arts. 5º, 7º, 8º, 10 e 11, altera os arts. 2º, 9º, 18, 32 e 65 da Lei 4.591, supra; nos arts. 6º, 9º, 12, 13, 14 e 18, refere-se aos arts. 8º, 28 e segs., 33, 35, 54, 32-*h*, 58-I e II e 63 §§ 8º e 9º da Lei 4.591, supra.

Dec. lei 981, de 21.10.69 — Dá nova redação ao art. 18 da Lei 4.591, de 16 de dezembro de 1964 (RT 408/113, Lex 1969/1.662). O art. 18 já havia sido alterado pela Lei 4.864, supra.

Lei 6.434, de 15.7.77 — Acrescenta dispositivo à Lei 4.591, de 16 de dezembro de 1964, que dispõe sobre o condomínio em edificações e as incorporações imobiliárias (Lex 1977/479, RF 259/373, Bol. AASP 971/4). Acrescentou alínea *g* ao art. 22 § 1º da Lei 4.591.

Lei 6.709, de 31.10.79 — Altera a redação do art. 17 da Lei 4.591, de 16 de dezembro de 1964 (Lex 1979/860, RF 268/472, Bol. AASP 1.091/3).

Lei 7.182, de 27.3.84 — Dá nova redação ao parágrafo único do art. 4º da Lei 4.591, de 16 de dezembro de 1964 (Lex 1984/159, RF 285/559, Ajuris 31/241, Bol. AASP 1.322/4).

Lei 8.245, de 18.10.91 — Dispõe sobre as locações dos imóveis urbanos e os procedimentos a eles pertinentes (no tít. LOCAÇÃO). O art. 83 acrescentou § 4º ao art. 24 da Lei 4.591.

Lei 9.267, de 25.3.96 — Altera a redação do § 4º do art. 24 da Lei 4.591, de 16 de dezembro de 1964, que dispõe sobre o condomínio em edificações e as incorporações imobiliárias (Lex 1996/836, RT 725/756, Bol. AASP 1.946/2).

Lei 10.931, de 2.8.04 — Dispõe sobre o patrimônio de afetação de incorporações imobiliárias, Letra de Crédito Imobiliário, Cédula de Crédito Imobiliário, Cédula de Crédito Bancário, altera o Decreto-lei 911, de 1º de outubro de 1969, as Leis 4.591, de 16 de dezembro de 1964, 4.728, de 14 de julho de 1965, e 10.406, de 10 de janeiro de 2002, e dá outras providências (v., adiante, texto integral).

Lei 11.196, de 21.11.05 — Altera o art. 4º e revoga o art. 11 da Lei 10.931, de 2.8.04 (DOU 22.11.05).

Lei 12.024, de 27.8.09 — Dá nova redação aos arts. 4º, 5º e 8º da Lei 10.931, de 2 de agosto de 2004, que tratam de patrimônio de afetação de incorporações imobiliárias; dispõe sobre o tratamento tributário a ser dado às receitas mensais auferidas pelas empresas construtoras nos contratos de construção de moradias firmados dentro do Programa Minha Casa, Minha Vida — PMCMV, atribui à Agência Nacional de Telecomunicações — ANATEL as atribuições de apurar, constituir, fiscalizar e arrecadar a Contribuição para o Fomento da Radiodifusão Pública; e dá outras providências.

Lei 13.097, de 19.1.15 — Na Lei 10.931: alterou o § 6º do art. 4º e o art. 17.

Lei 13.786, de 27.12.18 — Altera as Leis n. 4.591, de 16 de dezembro de 1964, e 6.766, de 19 de dezembro de 1979, para disciplinar a resolução do contrato por inadimplemento do adquirente de unidade imobiliária em incorporação imobiliária e em parcelamento de solo urbano.

Lei n. 4.591, de 16 de dezembro de 1964[1]

Dispõe sobre o condomínio em edificações e as incorporações imobiliárias.

O Presidente da República,

Faço saber que o Congresso Nacional decreta e eu sanciono a seguinte lei:

LEI 4.591: 1. s/ dispositivos da Lei 4.591, de 16.12.64, incompatíveis com o novo Código Civil, v. "Condomínio e o novo Código Civil", por Paulo Eduardo Fucci (RT 809/91); "Condomínio em edifícios: o problema da sua atual regulamentação sob a perspectiva civil-constitucional", por Samir José Caetano Martins (RT 841/77).

Título I | DO CONDOMÍNIO[1]

TÍT. I: 1. A lei foi publicada sem a epígrafe do Cap. I do Tít. I.

Art. 1º As edificações ou conjuntos de edificações, de um ou mais pavimentos, construídos sob a forma de unidades isoladas entre si, destinadas a fins residenciais ou não residenciais, poderão ser alienados, no todo ou em parte, objetivamente considerados, e constituirá, cada unidade, propriedade autônoma, sujeita às limitações desta lei.

§ 1º Cada unidade será assinalada por designação especial, numérica ou alfabética, para efeitos de identificação e discriminação.

§ 2º A cada unidade caberá, como parte inseparável, uma fração ideal do terreno e coisas comuns, expressa sob forma decimal ou ordinária.

Art. 2º Cada unidade com saída para a via pública, diretamente ou por processo de passagem comum, será sempre tratada como objeto de propriedade exclusiva, qualquer que seja o número de suas peças e sua destinação, inclusive (VETADO) edifício-garagem, com ressalva das restrições que se lhe imponham.

§ 1º (*redação da Lei 4.864, de 29.11.65*) O direito à guarda de veículos[1] nas garagens ou locais a isso destinados nas edificações ou conjuntos de edificações será tratado como objeto de propriedade exclusiva, com ressalva das restrições que ao mesmo sejam impostas por instrumentos contratuais adequados, e será vinculada[2] à unidade habitacional a que corresponder, no caso de não lhe ser atribuída fração ideal específica de terreno.

§ 2º (*redação da Lei 4.864, de 29.11.65*) O direito de que trata o § 1º deste artigo poderá ser transferido a outro condômino, independentemente da alienação da unidade a que corresponder, vedada sua transferência a pessoas estranhas ao condomínio.[3]

§ 3º (*redação da Lei 4.864, de 29.11.65*) Nos edifícios-garagem, às vagas serão atribuídas frações ideais de terreno específicas.

Art. 2º: 1. s/ abrigo para veículos, v. CC 1.331 § 1º e 1.338.

Art. 2º: 2. *sic*; devia ser "vinculado".

Art. 2º: 3. "Como direito acessório, a vaga de garagem adere à unidade, sendo, contudo, desta destacável para efeito de sua cessão a outro condômino" (STJ-3ª T., REsp 954.861, Min. Nancy Andrighi, j. 6.11.08, um voto vencido, DJ 26.11.08).

Art. 3º O terreno em que se levantam a edificação ou o conjunto de edificações e suas instalações, bem como as fundações, paredes externas, o teto, as áreas internas de ventilação, e tudo o mais que sirva a qualquer dependência de uso comum dos proprietários ou titulares de direito à aquisição de unidades ou ocupantes, constituirão condomínio de todos, e serão insuscetíveis de divisão, ou de alienação destacada da respectiva unidade. Serão, também, insuscetíveis de utilização exclusiva por qualquer condômino (VETADO).

Condomínio e Incorporação

Art. 4º A alienação de cada unidade, a transferência de direitos pertinentes à sua aquisição e a constituição de direitos reais sobre ela independerão do consentimento dos condôminos (VETADO).

Parágrafo único (*redação da Lei 7.182, de 27.3.84*). A alienação ou transferência de direitos de que trata este artigo dependerá de prova de quitação das obrigações do alienante para com o respectivo condomínio.[1-2]

Art. 4º: 1. "O art. 4º, § ún., da Lei 4.591/64, na redação dada pela Lei 7.182/84, constitui norma de proteção do condomínio, de sorte que se, porventura, a alienação ou transferência da unidade autônoma se faz sem a prévia comprovação da quitação da dívida, evidenciando má-fé do transmitente, e negligência ou consciente concordância do adquirente, responde este último pelo débito, como novo titular do imóvel, ressalvado o seu direito de regresso contra o alienante" (STJ-4ª T., REsp 547.638, Min. Aldir Passarinho Jr., j. 10.8.04, DJU 25.10.04).

V. CC 1.336-I e notas.

Art. 4º: 2. "O art. 4º, § ún., da LCE, que não foi revogado pelo art. 1.345 do CC, prevê expressamente que a alienação de unidade condominial e a transferência de direitos a ela relativos dependem de prova da quitação das obrigações do alienante para com o respectivo condomínio. Desta feita, agiu com acerto o Oficial Registrador, em harmonia com a jurisprudência pacífica deste Conselho Superior da Magistratura, a qual exige essa comprovação para acesso do título ao fólio real" (JTJ 358/1.296: AP 990.10.278.510-6; a citação é do voto do relator). V. tb. CC 1.345 e notas.

Art. 5º O condomínio por meação de parede, soalhos, e tetos das unidades isoladas, regular-se-á pelo disposto no Código Civil,[1] no que lhe for aplicável.

Art. 5º: 1. v. CC 1.327 a 1.330.

Art. 6º Sem prejuízo do disposto nesta lei, regular-se-á pelas disposições de direito comum[1] o condomínio por cota ideal de mais de uma pessoa sobre a mesma unidade autônoma.

Art. 6º: 1. v. CC 1.314 a 1.326.

Art. 7º O condomínio por unidades autônomas instituir-se-á por ato entre vivos ou por testamento, com inscrição obrigatória no registro de imóveis,[1] dele constando: a individualização de cada unidade, sua identificação e discriminação, bem como a fração ideal sobre o terreno e partes comuns, atribuída a cada unidade, dispensando-se a descrição interna da unidade.

Art. 7º: 1. v. LRP 167-I-17.

Art. 8º Quando, em terreno onde não houver edificação, o proprietário, o promitente comprador, o cessionário deste ou o promitente cessionário sobre ele desejar erigir mais de uma edificação,[1-2] observar-se-á também o seguinte:

a) em relação às unidades autônomas que se constituírem em casas térreas ou assobradadas, será discriminada a parte do terreno ocupada pela edificação e também aquela eventualmente reservada como de utilização exclusiva dessas casas, como jardim e quintal, bem assim a fração ideal do todo do terreno e de partes comuns, que corresponderá às unidades;

b) em relação às unidades autônomas que constituírem edifícios de dois ou mais pavimentos, será discriminada a parte do terreno ocupada pela edificação, aquela que eventualmente for reservada como de utilização exclusiva, correspondente às unidades do edifício, e ainda a fração ideal do todo do terreno e de partes comuns que corresponderá a cada uma das unidades;

c) serão discriminadas as partes do total do terreno que poderão ser utilizadas em comum pelos titulares de direito sobre os vários tipos de unidades autônomas;

d) serão discriminadas as áreas que se constituírem em passagem comum para as vias públicas ou para as unidades entre si.

Art. 8º: 1. **Lei 4.864, de 29.11.65** (v. ementário), **art. 6º:** "No caso de um conjunto de edificações a que se refere o art. 8º da Lei n. 4.591, de 16 de dezembro de 1964, poder-se-á estipular o desdobramento da incorporação em várias incorporações, fixando a convenção de condomínio ou contrato prévio, quando a incorporação ainda estiver subordinada a períodos de carência, os direitos e as relações de propriedade entre condôminos de várias edificações".

✎ Art. 8º: 2. "Condomínio horizontal de lotes. Edificação de livre escolha do condômino", por Décio Antonio Erpen, João Pedro Lamana Paiva e Mario Pazutti Mezzari (RJ 310/69).

Capítulo II | DA CONVENÇÃO DE CONDOMÍNIO[1-2]

CAP. II: 1. s/ convenção do condomínio, v. CC 1.332 a 1.339.

CAP. II: 2. **Súmula 260 do STJ:** "A convenção de condomínio aprovada, ainda que sem registro, é eficaz para regular as relações entre os condôminos".

Art. 9º Os proprietários, promitentes compradores, cessionários ou promitentes cessionários dos direitos pertinentes à aquisição de unidades autônomas, em edificações a serem construídas, em construção ou já construídas, elaborarão, por escrito, a convenção de condomínio, e deverão, também, por contrato ou por deliberação, em assembleia, aprovar o regimento interno da edificação ou conjunto de edificações.

§ 1º Far-se-á o registro da convenção no registro de imóveis,[1] bem como a averbação das suas eventuais alterações.

§ 2º Considera-se aprovada, e obrigatória para os proprietários de unidades, promitentes compradores, cessionários e promitentes cessionários, atuais e futuros, como para qualquer ocupante, a convenção que reúna as assinaturas de titulares de direitos que representem, no mínimo, 2/3 das frações ideais que compõem o condomínio.

§ 3º Além de outras normas aprovadas pelos interessados, a convenção deverá conter:

a) a discriminação das partes de propriedade exclusiva, e as de condomínio, com especificações das diferentes áreas;

b) o destino das diferentes partes;

c) o modo de usar as coisas e serviços comuns;

d) encargos, forma e proporção das contribuições dos condôminos para as despesas de custeio e para as extraordinárias;

e) o modo de escolher o síndico e o conselho consultivo;

f) as atribuições do síndico, além das legais;

g) a definição da natureza gratuita ou remunerada de suas funções;

h) o modo e o prazo de convocação das assembleias gerais dos condôminos;

i) o *quorum* para os diversos tipos de votações;

j) a forma de contribuição para constituição de fundo de reserva;

l) a forma e o *quorum* para as alterações de convenção;

m) a forma e o *quorum* para a aprovação do regimento interno, quando não incluídos na própria convenção.

§ 4º (*redação da Lei 4.864, de 29.11.65*) No caso de conjunto de edificações, a que se refere o art. 8º, a convenção de condomínio fixará os direitos e as relações de propriedade entre os condôminos das várias edificações, podendo estipular formas pelas quais se possam desmembrar e alienar porções do terreno, inclusive as edificadas.

Art. 9º: 1. v. LRP 167-I-17.

Art. 10. É defeso a qualquer condômino:[1]

I — alterar a forma externa da fachada;

II — decorar as partes e esquadrias externas com tonalidades ou cores diversas das empregadas no conjunto da edificação;

III — destinar a unidade a utilização diversa de[1a] finalidade do prédio, ou usá-la de forma nociva ou perigosa ao sossego, à salubridade e à segurança dos demais condôminos;

IV — embaraçar o uso das partes comuns.

§ 1º O transgressor ficará sujeito ao pagamento de multa prevista na convenção ou no regulamento do condomínio, além de ser compelido a desfazer a obra ou abster-se da prática do ato, cabendo, ao síndico, com autorização judicial, mandar desmanchá-la, à custa do transgressor, se este não a desfizer no prazo que lhe for estipulado.

§ 2º O proprietário ou titular de direito à aquisição de unidade poderá fazer obra que (VETADO) ou modifique sua fachada, se obtiver a aquiescência da unanimidade dos condôminos.[2]

Art. 10: 1. v. CC 1.336.

Art. 10: 1a. *sic*; deve ser "da".

Art. 10: 2. Texto cf. ret. no DOU 1.2.65.

Art. 11. Para efeitos tributários, cada unidade autônoma será tratada como prédio isolado, contribuindo o respectivo condômino, diretamente, com as importâncias relativas aos impostos e taxas federais, estaduais e municipais, na forma dos respectivos lançamentos.

Capítulo III | DAS DESPESAS DO CONDOMÍNIO[1]

CAP. III: 1. s/ despesas do condomínio, v. CC 1.340 a 1.346.

Art. 12. Cada condômino concorrerá nas despesas do condomínio, recolhendo, nos prazos previstos na convenção, a cota-parte que lhe couber em rateio.[1-1a]

§ 1º Salvo disposição em contrário na convenção, a fixação da cota no rateio corresponderá à fração ideal de terreno de cada unidade.

§ 2º Cabe ao síndico arrecadar as contribuições, competindo-lhe promover, por via executiva,[1b] a cobrança judicial das cotas atrasadas.

§ 3º O condômino que não pagar a sua contribuição no prazo fixado na convenção fica sujeito ao juro moratório de 1% ao mês, e multa de até 20% sobre o débito,[2] que será atualizado, se o estipular a convenção, com a aplicação dos índices de correção monetária levantados pelo Conselho Nacional de Economia, no caso de mora por período igual ou superior a seis meses.[3]

§ 4º As obras que interessarem à estrutura integral da edificação ou conjunto de edificações, ou ao serviço comum, serão feitas com o concurso pecuniário de todos os proprietários ou titulares de direito à aquisição de unidades, mediante orçamento prévio aprovado em assembleia geral, podendo incumbir-se de sua execução o síndico, ou outra pessoa, com aprovação da assembleia.

§ 5º A renúncia de qualquer condômino aos seus direitos, em caso algum valerá como escusa para exonerá-lo de seus encargos.

Art. 12: 1. v. CC 1.336-I e notas; s/ responsabilidade pelo pagamento das contribuições condominiais, no caso de alienação da unidade autônoma, v. art. 4º, nota 1.

Art. 12: 1a. "Condômino autor em ação ajuizada contra o condomínio deve suportar a cota-parte, que lhe couber, de despesa referente a honorários de advogado, constituído para defesa daquele. Tal despesa é de interesse comum e todos os comunheiros estão a ela obrigados, e como tal suportarão os prejuízos se o condomínio sair vencido, mormente quando prevista em dispositivo da ata da assembleia geral" (STJ-3ª T., REsp 89.501, Min. Waldemar Zveiter, j. 15.10.96, DJ 16.12.96).

V. tb. art. 1.336, nota 2a.

Art. 12: 1b. v. CPC 784-X.

Art. 12: 2. O § 3º está **revogado** pelo **CC 1.336 § 1º,** deste teor: "O condômino que não pagar a sua contribuição ficará sujeito aos **juros moratórios** convencionados ou, não sendo previstos, os de um por cento ao mês e multa de até dois por cento sobre o débito". **Contra:** RT 826/344. V. tb. CC 1.336, nota 4b.

Art. 12: 3. O período de carência de seis meses já não vigora, em face da LCM; a correção monetária é devida a partir do ajuizamento da ação (JTA 81/92). No mesmo sentido: RT 591/134.

Capítulo IV | DO SEGURO,[1] DO INCÊNDIO, DA DEMOLIÇÃO E DA RECONSTRUÇÃO OBRIGATÓRIA

CAP. IV: 1. s/ seguro, v. CC 1.346.

Art. 13. Proceder-se-á ao seguro[1] da edificação ou do conjunto de edificações, neste caso, discriminadamente, abrangendo todas as unidades autônomas e partes comuns, contra incêndio ou outro sinistro que cause destruição no todo ou em parte, computando-se o prêmio nas despesas ordinárias do condomínio.

Parágrafo único. O seguro de que trata este artigo será obrigatoriamente feito dentro de 120 dias, contados da data de concessão do "habite-se", sob pena de ficar o condomínio sujeito à multa mensal equivalente a 1/12 do imposto predial, cobrável executivamente[2] pela municipalidade.

Art. 13: 1. v. art. 23 do Dec. 61.867, de 7.12.67, no tít. SEGUROS.

Art. 13: 2. v. CPC 784-IX.

Art. 14. Na ocorrência de sinistro total, ou que destrua mais de dois terços de uma edificação, seus condôminos reunir-se-ão em assembleia especial, e deliberarão sobre a sua reconstrução ou venda do terreno e materiais, por *quorum* mínimo de votos que representem metade mais uma das frações ideais do respectivo terreno.

§ 1º Rejeitada a proposta de reconstrução, a mesma assembleia, ou outra para este fim convocada, decidirá, pelo mesmo *quorum*, do destino a ser dado ao terreno, e aprovará a partilha do valor do seguro entre os condôminos, sem prejuízo do que receber cada um pelo seguro facultativo de sua unidade.

§ 2º Aprovada, a reconstrução será feita, guardados, obrigatoriamente, o mesmo destino, a mesma forma externa e a mesma disposição interna.

§ 3º Na hipótese do parágrafo anterior, a minoria não poderá ser obrigada a contribuir para a reedificação, caso em que a maioria poderá adquirir as partes dos dissidentes, mediante avaliação judicial, feita em vistoria.[1]

Art. 14: 1. v. CPC 381 a 383.

Art. 15. Na hipótese de que trata o § 3º do artigo antecedente, à maioria poderão ser adjudicadas, por sentença, as frações ideais da minoria.

§ 1º Como condição para o exercício da ação prevista neste artigo, com a inicial, a maioria oferecerá e depositará, à disposição do juízo, as importâncias arbitradas na vistoria para avaliação, prevalecendo as de eventual desempatador.

§ 2º Feito o depósito de que trata o parágrafo anterior, o juiz, liminarmente, poderá autorizar a adjudicação à maioria, e a minoria poderá levantar as importâncias depositadas; o oficial de registro de imóveis, nestes casos, fará constar do registro que a adjudicação foi resultante de medida liminar.

§ 3º Feito o depósito, será expedido o mandado de citação, com o prazo de dez dias para a contestação (VETADO).

§ 4º Se não contestado, o juiz, imediatamente, julgará o pedido.

§ 5º Se contestado o pedido, seguirá o processo o rito ordinário.[1]

§ 6º Se a sentença fixar valor superior ao da avaliação feita na vistoria, o condomínio, em execução, restituirá à minoria a respectiva diferença, acrescida de juros de mora à razão de 1% ao mês, desde a data da concessão de eventual liminar, ou pagará o total devido, com os juros de mora a contar da citação.

§ 7º Transitada em julgado a sentença, servirá ela de título definitivo para a maioria, que deverá registrá-la no registro de imóveis.

§ 8º A maioria poderá pagar e cobrar da minoria, em execução de sentença, encargos fiscais necessários à adjudicação definitiva a cujo pagamento se recusar a minoria.

Art. 15: 1. v. CPC 318 e segs.

Art. 16. Em caso de sinistro que destrua menos de dois terços da edificação, o síndico promoverá o recebimento do seguro e a reconstrução ou os reparos nas partes danificadas.

Art. 17 (*redação da Lei 6.709, de 31.10.79*). Os condôminos que representem, pelo menos, 2/3 (dois terços) do total de unidades isoladas e frações ideais correspondentes a 80% (oitenta por cento) do terreno e coisas comuns poderão decidir sobre a demolição e reconstrução do prédio, ou sua alienação, por motivos urbanísticos ou arquitetônicos, ou, ainda, no caso de condenação do edifício pela autoridade pública, em razão de sua insegurança ou insalubridade.

§ 1º (*redação da Lei 6.709, de 31.10.79*) A minoria não fica obrigada a contribuir para as obras, mas assegura-se à maioria o direito de adquirir as partes dos dissidentes, mediante avaliação judicial, aplicando-se o processo previsto no art. 15.

§ 2º (*redação da Lei 6.709, de 31.10.79*) Ocorrendo desgaste, pela ação do tempo, das unidades habitacionais de uma edificação, que deprecie seu valor unitário em relação ao valor global do terreno onde se acha construída, os condôminos, pelo *quorum* mínimo de votos que representem 2/3 (dois terços) das unidades isoladas e frações ideais correspondentes a 80% (oitenta por cento) do terreno e coisas comuns, poderão decidir por sua alienação total, procedendo-se em relação à minoria na forma estabelecida no art. 15, e seus parágrafos, desta lei.

§ 3º (*redação da Lei 6.709, de 31.10.79*) Decidida por maioria a alienação do prédio, o valor atribuído à cota dos condôminos vencidos será correspondente ao preço efetivo e, no mínimo, à avaliação prevista no § 2º ou, a critério desses, a imóvel localizado em área próxima ou adjacente com a mesma área útil de construção.

Art. 18 (*redação do Dec. lei 981, de 21.10.69*). A aquisição parcial de uma edificação, ou de um conjunto de edificações, ainda que por força de desapropriação, importará no ingresso do adquirente no condomínio, ficando sujeito às disposições desta lei, bem assim às da convenção do condomínio e do regulamento interno.

Capítulo V | UTILIZAÇÃO DA EDIFICAÇÃO OU DO CONJUNTO DE EDIFICAÇÕES

Art. 19. Cada condômino tem o direito de usar e fruir, com exclusividade, de sua unidade autônoma, segundo suas conveniências e interesses, condicionados, umas e outros, às normas de boa vizinhança, e poderá usar as partes e coisas comuns de maneira a não causar dano ou incômodo aos demais condôminos ou moradores, nem obstáculo ou embaraço ao bom uso das mesmas partes por todos.

Parágrafo único. (VETADO)

Art. 20. Aplicam-se ao ocupante do imóvel, a qualquer título, todas as obrigações referentes ao uso, fruição e destino da unidade.

Art. 21. A violação de qualquer dos deveres estipulados na convenção sujeitará o infrator à multa fixada na própria convenção ou no regimento interno, sem prejuízo da responsabilidade civil ou criminal que, no caso, couber.

Parágrafo único. Compete ao síndico a iniciativa do processo e a cobrança da multa, por via executiva,[1] em benefício do condomínio, e, em caso de omitir-se ele, a qualquer condômino.

Art. 21: 1. v. CPC 784-XII.

Capítulo VI | DA ADMINISTRAÇÃO DO CONDOMÍNIO[1]

CAP. VI: 1. s/ administração do condomínio, v. CC 1.347 e 1.348, bem como respectivas notas.

Art. 22. Será eleito, na forma prevista pela convenção, um síndico do condomínio, cujo mandato não poderá exceder a 2 anos, permitida a reeleição.

§ 1º Compete ao síndico:

a) representar, ativa e passivamente, o condomínio, em juízo ou fora dele, e praticar os atos de defesa dos interesses comuns, nos limites das atribuições conferidas por esta lei ou pela convenção;[1-1a]

b) exercer a administração interna da edificação ou do conjunto de edificações, no que respeita à sua vigilância, moralidade e segurança, bem como aos serviços que interessam a todos os moradores;[1b]

c) praticar os atos que lhe atribuírem as leis, a convenção e o regimento interno;

d) impor as multas estabelecidas na lei, na convenção ou no regimento interno;

e) cumprir e fazer cumprir a convenção e o regimento interno, bem como executar e fazer executar as deliberações da assembleia;

f) prestar contas à assembleia dos condôminos;[1c-1d]

g) (*redação da Lei 6.434, de 15.7.77*) manter guardada durante o prazo de cinco anos, para eventuais necessidades[2] de verificação contábil, toda a documentação relativa ao condomínio.[2a-2b]

§ 2º As funções administrativas podem ser delegadas a pessoas de confiança do síndico, e sob a sua inteira responsabilidade, mediante aprovação da assembleia geral dos condôminos.

§ 3º A convenção poderá estipular que dos atos do síndico caiba recurso para a assembleia, convocada pelo interessado.

§ 4º Ao síndico, que poderá ser condômino ou pessoa física ou jurídica estranha ao condomínio, será fixada a remuneração pela mesma assembleia que o eleger, salvo se a convenção dispuser diferentemente.

§ 5º O síndico poderá ser destituído, pela forma e sob as condições previstas na convenção, ou, no silêncio desta, pelo voto de dois terços dos condôminos, presentes, em assembleia geral especialmente convocada.[3]

§ 6º A convenção poderá prever a eleição de subsíndicos, definindo-lhes atribuições e fixando-lhes o mandato, que não poderá exceder de 2 anos, permitida a reeleição.

Art. 22: 1. v. CC 1.348-II e CPC 75-XI.

Art. 22: 1a. "Para fins de reconhecimento da legitimidade passiva de condomínio para figurar na ação de desapropriação, o art. 22 da Lei 4.591/64 cede lugar ao dispositivo especial da Lei de Desapropriação (art. 16 do Dec. lei 3.565/41)" (RSTJ 152/157).

V. tb. CC 1.348, nota 1b. V. ainda, no CPCLPV, CPC 75, nota 26.

Art. 22: 1b. "No caso, a conduta do zelador do edifício, que há muito prestava serviços ao Condomínio, foi temerária, contudo não era razoável esperar que a síndica pudesse ter antevisto a tragédia e a negligência do preposto, porquanto este, após a pintura, simplesmente 'encostou' a porta do elevador para que se fechasse, sem ao menos aferir se houve o travamento. Embora aconselhável avisar aos moradores a respeito da pintura, foi o fato de a porta do elevador estar destravada que deu causa ao acidente" (STJ-4ª T., REsp 955.464, Min. Luis Felipe, j. 6.12.11, DJ 1.2.12).

Art. 22: 1c. v. nota 2b.

Art. 22: 1d. "O condômino, isoladamente, não possui legitimidade para propor ação de prestação de contas, pois a obrigação do síndico é de prestar contas à assembleia, nos termos do art. 22, § 1º, 'f', da Lei 4.591/1964" (STJ-3ª T., REsp 1.046.652, Min. Ricardo Cueva, j. 16.9.14, DJ 30.9.14).

"As contas do síndico devem ser prestadas perante assembleia especialmente convocada para essa finalidade e, caso não o sejam, é cabível a ação de prestação de contas. A mera entrega de documentos — cujo teor, no caso, sequer é conhecido — feita à administradora do condomínio não isenta o síndico de prestar contas na forma prevista em lei" (STJ-4ª T., Ag em REsp 1.120.189-AgInt, Min. Isabel Gallotti, j. 26.2.19, DJ 6.3.19).

Art. 22: 2. No texto oficial da lei está escrito "necessidade".

Art. 22: 2a. "Ação cautelar de **exibição de documentos.** Condomínio. A legitimidade passiva na ação cautelar de exibição de documentos é do síndico, pois trata-se de obrigação pessoal de guarda de documentos" (STJ-3ª T., Ag em REsp 430.735-AgRg, Min. Ricardo Cueva, j. 16.6.16, DJ 24.6.16).

Art. 22: 2b. "A obrigação constante do art. 22, § 1º, 'g', da Lei 4.591/64 circunscreve-se à obrigação da guarda de documentação pelo síndico — o que fulminaria, sim, uma suposta pretensão de exibição de documentos —, ao passo que a **prestação de contas** poderá ser feita de outras formas, ainda que não se esteja mais na posse desta documentação" (STJ-3ª T., REsp 1.820.603, Min. Nancy Andrighi, j. 10.12.19, DJ 17.12.19).

V. tb., no CPCLPV, CPC 550, nota 12b.

Art. 22: 3. "*Quorum* de 2/3 a que alude o art. 22, § 5º, da Lei n. 4.591/64, que se refere aos condôminos presentes na assembleia (ou regularmente representados) e não à totalidade da massa condominial" (JTJ 348/371: AP 994.02.013986-0).

Art. 23. Será eleito, na forma prevista na convenção, um conselho consultivo, constituído de três condôminos, com mandatos que não poderão exceder de 2 anos, permitida a reeleição.

Parágrafo único. Funcionará o conselho como órgão consultivo do síndico, para assessorá-lo na solução dos problemas que digam respeito ao condomínio, podendo a convenção definir suas atribuições específicas.

Capítulo VII | DA ASSEMBLEIA GERAL[1]

CAP. VII: 1. s/ assembleia geral, v. CC 1.349 a 1.355.

Art. 24. Haverá, anualmente, uma assembleia geral ordinária dos condôminos, convocada pelo síndico na forma prevista na convenção, à qual compete, além das demais matérias inscritas na ordem do dia, aprovar, por maioria dos presentes, as verbas para as despesas de condomínio, compreendendo as de conservação da edificação ou conjunto de edificações, manutenção de seus serviços e correlatas.

§ 1º As decisões da assembleia, tomadas, em cada caso, pelo *quorum* que a convenção fixar, obrigam todos os condôminos.

§ 2º O síndico, nos oito dias subsequentes à assembleia, comunicará aos condôminos o que tiver sido deliberado, inclusive no tocante à previsão orçamentária, o rateio das despesas, e promoverá a arrecadação, tudo na forma que a convenção previr.

§ 3º Nas assembleias gerais, os votos serão proporcionais às frações ideais do terreno e partes comuns, pertencentes a cada condômino, salvo disposição diversa da convenção.

§ 4º (*redação da Lei 9.267, de 25.3.96*) Nas decisões da assembleia que não envolvam despesas extraordinárias do condomínio, o locatário poderá votar, caso o condômino-locador a ela não compareça.

Art. 25. Ressalvado o disposto no § 3º do art. 22, poderá haver assembleias gerais extraordinárias, convocadas pelo síndico ou por condôminos que representem um quarto, no mínimo, do condomínio, sempre que o exigirem os interesses gerais.

Parágrafo único. Salvo estipulação diversa da convenção, esta só poderá ser modificada em assembleia geral extraordinária, pelo voto mínimo de condôminos que representem 2/3 do total das frações ideais.

Art. 26. (VETADO)

Art. 27. Se a assembleia não se reunir para exercer qualquer dos poderes que lhe competem, 15 dias após o pedido de convocação, o juiz decidirá a respeito, mediante requerimento dos interessados.

Título II | DAS INCORPORAÇÕES[1-2]

Capítulo I | DISPOSIÇÕES GERAIS[1]

TÍT. II: 1. "Incorporações imobiliárias. Atualidade do regime jurídico instituído pela Lei n. 4.591/1964", por Humberto Theodoro Jr. (RF 376/81).

TÍT. II: 2. **Lei 4.864, de 29.11.65** (v. ementário), **art. 9º:** "As disposições dos arts. 28 e seguintes, da Lei n. 4.591, de 16 de dezembro de 1964, não se aplicam às incorporações iniciadas antes de 10 de março de 1965.

"§ 1º Caracteriza o início da incorporação, para o efeito deste artigo, a venda, promessa de venda, cessão ou promessa de cessão de cota ideal de terreno vinculada a projeto de construção, ou o contrato de construção assinado pelo incorporador, ou por adquirente.

"§ 2º Os instrumentos de contrato referidos no parágrafo anterior somente farão prova de início da execução da incorporação, quando o respectivo imposto do selo tiver sido pago antes da data desta lei".

CAP. I: 1. Comissão de Representantes: arts. 50 e 61.

Art. 28. As incorporações imobiliárias, em todo o território nacional, reger-se-ão pela presente lei.

Parágrafo único. Para efeito desta lei, considera-se incorporação imobiliária a atividade exercida com o intuito de promover e realizar a construção, para alienação total ou parcial, de edificações ou conjunto de edificações compostas de unidades autônomas (VETADO).

Art. 29. Considera-se incorporador a pessoa física ou jurídica, comerciante ou não, que, embora não efetuando a construção, compromisse ou efetive a venda de frações ideais de terreno objetivando a vinculação de tais frações a unidades autônomas, (VETADO) em edificações a serem construídas ou em construção sob regime condominial, ou que meramente aceita propostas para efetivação de tais transações, coordenando e levando a termo a incorporação e responsabilizando-se, conforme o caso, pela entrega, a certo prazo, preço e determinadas condições, das obras concluídas.

Parágrafo único. Presume-se a vinculação entre a alienação das frações do terreno e o negócio de construção, se, ao ser contratada a venda, ou promessa de venda ou de cessão das frações de terreno, já houver sido aprovado e estiver em vigor, ou pender de aprovação de autoridade administrativa, o respectivo projeto de construção, respondendo o alienante como incorporador.

Art. 30. Estende-se a condição de incorporador aos proprietários e titulares de direitos aquisitivos que contratem a construção de edifícios que se destinem a constituição em condomínio, sempre que iniciarem as alienações antes da conclusão das obras.

Art. 31. A iniciativa e a responsabilidade das incorporações imobiliárias caberão ao incorporador, que somente poderá ser:

a) o proprietário do terreno, o promitente comprador, o cessionário deste ou promitente cessionário com título que satisfaça os requisitos da alínea *a* do art. 32;

b) o construtor (Decretos ns. 23.569, de 11.12.33, e 3.995, de 31.12.41, e Decreto-lei n. 8.620, de 10.1.46)[1] ou corretor de imóveis (Lei n. 4.116, de 27.8.62);[2]

c) (*redação da Lei 12.424, de 16.6.11*) o ente da Federação imitido na posse a partir de decisão proferida em processo judicial de desapropriação em curso ou o cessionário deste, conforme comprovado mediante registro no registro de imóveis competente.

§ 1º No caso da alínea *b*, o incorporador será investido, pelo proprietário de terreno, o promitente comprador e cessionário deste ou o promitente cessionário, de mandato outorgado por instrumento público, onde se faça menção expressa desta lei e se transcreva o disposto no § 4º, do art. 35, para concluir todos os negócios tendentes à alienação das frações ideais do terreno, mas se obrigará pessoalmente pelos atos que praticar na qualidade de incorporador.

§ 2º Nenhuma incorporação poderá ser proposta à venda sem a indicação expressa do incorporador, devendo também seu nome permanecer indicado ostensivamente no local da construção.

§ 3º Toda e qualquer incorporação, independentemente da forma por que seja constituída, terá um ou mais incorporadores solidariamente responsáveis,[3] ainda que em fase subordinada a período de carência, referido no art. 34.

Art. 31: 1. O Dec. 23.569, de 11.12.33, o Dec. lei 3.995, de 31.12.41, e o Dec. lei 8.620, de 10.1.46, estão implicitamente revogados pela **Lei 5.194, de 24.12.66** — Regula o exercício das profissões de engenheiro, arquiteto e engenheiro agrônomo, e dá outras providências (Lex 1966/1.990 e 1967/1.201, p. vets., porém mantidas), que, em seu art. 7º, alíneas *e, f, g*, e em seu art. 9º, dispõe s/ a construção por engenheiro, arquiteto ou empresas de construção.

Art. 31: 2. A Lei 4.116, de 27.8.62, foi revogada e substituída pela **Lei 6.530, de 12.5.78** — Dá nova regulamentação à profissão de corretor de imóveis, disciplina o funcionamento de seus órgãos de fiscalização e dá outras providências (Lex 1978/373 e 1979/283, ret.).

Art. 31: 3. v. CC 275 a 285. V. tb. CC 618, nota 2c.

Capítulo I-A[1 a 2] | DO PATRIMÔNIO DE AFETAÇÃO

CAP. I-A: 1. O Capítulo I-A foi introduzido pela Lei 10.931, de 2.8.04.

CAP I-A: 1a. s/ distrato ou resolução da compra e venda do imóvel, v. art. 67-A, especialmente § 5º.

✎ CAP. I-A: 2. "Patrimônio de afetação na incorporação imobiliária", por Cláudia Fonseca Tutikian (RSDCPC 31/46); "Incorporação imobiliária, patrimônio de afetação e garantia dos imóveis", por Cláudia Fonseca Tutikian (RIDCPC 49/112).

Art. 31-A *(redação da Lei 10.931, de 2.8.04)*. A critério do incorporador, a incorporação poderá ser submetida ao regime da afetação, pelo qual o terreno e as acessões objeto de incorporação imobiliária, bem como os demais bens e direitos a ela vinculados, manter-se-ão apartados do patrimônio do incorporador e constituirão patrimônio de afetação, destinado à consecução da incorporação correspondente e à entrega das unidades imobiliárias aos respectivos adquirentes.

§ 1º *(redação da Lei 10.931, de 2.8.04)* O patrimônio de afetação não se comunica com os demais bens, direitos e obrigações do patrimônio geral do incorporador ou de outros patrimônios de afetação por ele constituídos e só responde por dívidas e obrigações vinculadas à incorporação respectiva.

§ 2º *(redação da Lei 10.931, de 2.8.04)* O incorporador responde pelos prejuízos que causar ao patrimônio de afetação.

§ 3º *(redação da Lei 10.931, de 2.8.04)* Os bens e direitos integrantes do patrimônio de afetação somente poderão ser objeto de garantia real em operação de crédito cujo produto seja integralmente destinado à consecução da edificação correspondente e à entrega das unidades imobiliárias aos respectivos adquirentes.

§ 4º *(redação da Lei 10.931, de 2.8.04)* No caso de cessão, plena ou fiduciária, de direitos creditórios oriundos da comercialização das unidades imobiliárias componentes da incorporação, o produto da cessão também passará a integrar o patrimônio de afetação, observado o disposto no § 6º.

§ 5º *(redação da Lei 10.931, de 2.8.04)* As quotas de construção correspondentes a acessões vinculadas a frações ideais serão pagas pelo incorporador até que a responsabilidade pela sua construção tenha sido assumida por terceiros, nos termos da parte final do § 6º do art. 35.

§ 6º *(redação da Lei 10.931, de 2.8.04)* Os recursos financeiros integrantes do patrimônio de afetação serão utilizados para pagamento ou reembolso das despesas inerentes à incorporação.

§ 7º *(redação da Lei 10.931, de 2.8.04)* O reembolso do preço de aquisição do terreno somente poderá ser feito quando da alienação das unidades autônomas, na proporção das respectivas frações ideais, considerando-se tão somente os valores efetivamente recebidos pela alienação.

§ 8º *(redação da Lei 10.931, de 2.8.04)* Excluem-se do patrimônio de afetação:

I — os recursos financeiros que excederem a importância necessária à conclusão da obra (art. 44), considerando-se os valores a receber até sua conclusão e, bem assim, os recursos necessários à quitação de financiamento para a construção, se houver; e

II — o valor referente ao preço de alienação da fração ideal de terreno de cada unidade vendida, no caso de incorporação em que a construção

Condomínio e Incorporação

seja contratada sob o regime por empreitada (art. 55) ou por administração (art. 58).

§ 9º (*redação da Lei 10.931, de 2.8.04*) No caso de conjuntos de edificações de que trata o art. 8º, poderão ser constituídos patrimônios de afetação separados, tantos quantos forem os:

I — subconjuntos de casas para as quais esteja prevista a mesma data de conclusão (art. 8º, alínea *a*); e

II — edifícios de dois ou mais pavimentos (art. 8º, alínea *b*).

§ 10 (*redação da Lei 10.931, de 2.8.04*). A constituição de patrimônios de afetação separados de que trata o § 9º deverá estar declarada no memorial de incorporação.

§ 11 (*redação da Lei 10.931, de 2.8.04*). Nas incorporações objeto de financiamento, a comercialização das unidades deverá contar com a anuência da instituição financiadora ou deverá ser a ela cientificada, conforme vier a ser estabelecido no contrato de financiamento.

§ 12 (*redação da Lei 10.931, de 2.8.04*). A contratação de financiamento e constituição de garantias,[1] inclusive mediante transmissão, para o credor, da propriedade fiduciária sobre as unidades imobiliárias integrantes da incorporação, bem como a cessão, plena ou fiduciária, de direitos creditórios decorrentes da comercialização dessas unidades, não implicam a transferência para o credor de nenhuma das obrigações ou responsabilidades do cedente, do incorporador ou do construtor, permanecendo estes como únicos responsáveis pelas obrigações e pelos deveres que lhes são imputáveis.

Art. 31-A: 1. **Súmula 308 do STJ:** "A hipoteca firmada entre a construtora e o agente financeiro, anterior ou posterior à celebração da promessa de compra e venda, não tem eficácia perante os adquirentes do imóvel" (v. jurisprudência s/ esta Súmula em RSTJ 190/645).

V. Lei 4.864/65, art. 22, nota 1 (tít. CONTRATOS IMOBILIÁRIOS).

Art. 31-B (*redação da Lei 10.931, de 2.8.04*). Considera-se constituído o patrimônio de afetação mediante averbação, a qualquer tempo, no Registro de Imóveis, de termo firmado pelo incorporador e, quando for o caso, também pelos titulares de direitos reais de aquisição sobre o terreno.[1]

Parágrafo único (*redação da Lei 10.931, de 2.8.04*). A averbação não será obstada pela existência de ônus reais que tenham sido constituídos sobre o imóvel objeto da incorporação para garantia do pagamento do preço de sua aquisição ou do cumprimento de obrigação de construir o empreendimento.

Art. 31-B: 1. **Enunciado 323 do CEJ:** "É dispensável a anuência dos adquirentes de unidades imobiliárias no 'termo de afetação' da incorporação imobiliária".

Enunciado 324 do CEJ: "É possível a averbação do termo de afetação de incorporação imobiliária (Lei n. 4.591/64, art. 31-B) a qualquer tempo, na matrícula do terreno, mesmo antes do registro do respectivo Memorial de Incorporação no Registro de Imóveis".

Art. 31-C (*redação da Lei 10.931, de 2.8.04*). A Comissão de Representantes e a instituição financiadora da construção poderão nomear, às suas expensas, pessoa física ou jurídica para fiscalizar e acompanhar o patrimônio de afetação.

§ 1º (*redação da Lei 10.931, de 2.8.04*) A nomeação a que se refere o *caput* não transfere para o nomeante qualquer responsabilidade pela qualidade da obra, pelo prazo de entrega do imóvel ou por qualquer outra obrigação decorrente da responsabilidade do incorporador ou do construtor, seja legal ou a oriunda dos contratos de alienação das unidades imobiliárias, de construção e de outros contratos eventualmente vinculados à incorporação.

§ 2º (*redação da Lei 10.931, de 2.8.04*) A pessoa que, em decorrência do exercício da fiscalização de que trata o *caput* deste artigo, obtiver acesso às informações comerciais, tributárias e de qualquer outra natureza referentes ao patrimônio afetado responderá pela falta de zelo, dedicação e sigilo destas informações.

§ 3º (*redação da Lei 10.931, de 2.8.04*) A pessoa nomeada pela instituição financiadora deverá fornecer cópia de seu relatório ou parecer à Comissão de Representantes, a requerimento desta, não constituindo esse fornecimento quebra de sigilo de que trata o § 2º deste artigo.

Art. 31-D (*redação da Lei 10.931, de 2.8.04*). Incumbe ao incorporador:

I — promover todos os atos necessários à boa administração e à preservação do patrimônio de afetação, inclusive mediante adoção de medidas judiciais;

II — manter apartados os bens e direitos objeto de cada incorporação;

III — diligenciar a captação dos recursos necessários à incorporação e aplicá-los na forma prevista nesta Lei, cuidando de preservar os recursos necessários à conclusão da obra;

IV — entregar à Comissão de Representantes, no mínimo a cada três meses, demonstrativo do estado da obra e de sua correspondência com o prazo pactuado ou com os recursos financeiros que integrem o patrimônio de afetação recebidos no período, firmados por profissionais habilitados, ressalvadas eventuais modificações sugeridas pelo incorporador e aprovadas pela Comissão de Representantes;

V — manter e movimentar os recursos financeiros do patrimônio de afetação em conta de depósito aberta especificamente para tal fim;

VI — entregar à Comissão de Representantes balancetes coincidentes com o trimestre civil, relativos a cada patrimônio de afetação;

VII — assegurar à pessoa nomeada nos termos do art. 31-C o livre acesso à obra, bem como aos livros, contratos, movimentação da conta de depósito exclusiva referida no inciso V deste artigo e quaisquer outros documentos relativos ao patrimônio de afetação; e

VIII — manter escrituração contábil completa, ainda que esteja desobrigado pela legislação tributária.

Art. 31-E (*redação da Lei 10.931, de 2.8.04*). O patrimônio de afetação extinguir-se-á pela:

I — averbação da construção, registro dos títulos de domínio ou de direito de aquisição em nome dos respectivos adquirentes e, quando for o caso, extinção das obrigações do incorporador perante a instituição financiadora do empreendimento;

II — revogação em razão de denúncia da incorporação, depois de restituídas aos adquirentes as quantias por eles pagas (art. 36), ou de outras hipóteses previstas em lei; e

III — liquidação deliberada pela assembleia geral nos termos do art. 31-F, § 1º.

Art. 31-F (*redação da Lei 10.931, de 2.8.04*). Os efeitos da decretação da falência ou da insolvência civil do incorporador não atingem os patrimônios de afetação constituídos, não integrando a massa concursal o terreno, as acessões e demais bens, direitos creditórios, obrigações e encargos objeto da incorporação.

§ 1º (*redação da Lei 10.931, de 2.8.04*) Nos sessenta dias que se seguirem à decretação da falência[1] ou da insolvência civil[2] do incorporador, o condomínio dos adquirentes, por convocação da sua Comissão de Representantes ou, na sua falta, de um sexto dos titulares de frações ideais, ou, ainda, por determinação do juiz prolator da decisão, realizará assembleia geral, na qual, por maioria simples, ratificará o mandato da Comissão de Representantes ou elegerá novos membros, e, em primeira convocação, por dois terços dos votos dos adquirentes ou, em segunda convocação, pela maioria absoluta desses votos, instituirá o condomínio da construção, por instrumento público ou particular, e deliberará sobre os termos da continuação da obra ou da liquidação do patrimônio de afetação (art. 43, inciso III); havendo financiamento para construção, a convocação poderá ser feita pela instituição financiadora.

§ 2º (*redação da Lei 10.931, de 2.8.04*) O disposto no § 1º aplica-se também à hipótese de paralisação das obras prevista no art. 43, inciso VI.

§ 3º (*redação da Lei 10.931, de 2.8.04*) Na hipótese de que tratam os §§ 1º e 2º, a Comissão de Representantes ficará investida de mandato irrevogável para firmar com os adquirentes das unidades autônomas o contrato definitivo a que estiverem obrigados o incorporador, o titular do domínio e o titular dos direitos aquisitivos do imóvel objeto da incorporação em decorrência de contratos preliminares.

§ 4º (*redação da Lei 10.931, de 2.8.04*) O mandato a que se refere o § 3º será válido mesmo depois de concluída a obra.

§ 5º (*redação da Lei 10.931, de 2.8.04*) O mandato outorgado à Comissão de Representantes confere poderes para transmitir domínio, direito, posse e ação, manifestar a responsabilidade do alienante pela evicção e imitir os adquirentes na posse das unidades respectivas.

§ 6º (*redação da Lei 10.931, de 2.8.04*) Os contratos definitivos serão celebrados mesmo com os adquirentes que tenham obrigações a cumprir perante o incorporador ou a instituição financiadora, desde que comprovadamente adimplentes, situação em que a outorga do contrato fica condicionada à constituição de garantia real sobre o imóvel, para assegurar o pagamento do débito remanescente.

§ 7º (*redação da Lei 10.931, de 2.8.04*) Ainda na hipótese dos §§ 1º e 2º, a Comissão de Representantes ficará investida de mandato irrevogável para, em nome dos adquirentes, e em cumprimento da decisão da assembleia geral que deliberar pela liquidação do patrimônio de afetação, efetivar a alienação do terreno e das acessões, transmitindo posse, direito, domínio e ação, manifestar a responsabilidade pela evicção, imitir os futuros adquirentes na posse do terreno e das acessões.

§ 8º (*redação da Lei 10.931, de 2.8.04*) Na hipótese do § 7º, será firmado o respectivo contrato de venda, promessa de venda ou outra modalidade de contrato compatível com os direitos objeto da transmissão.

§ 9º (*redação da Lei 10.931, de 2.8.04*) A Comissão de Representantes cumprirá o mandato nos termos e nos limites estabelecidos pela deliberação da assembleia geral e prestará contas aos adquirentes, entregando-lhes o produto líquido da alienação, no prazo de cinco dias da data em que tiver recebido o preço ou cada parcela do preço.

§ 10 (*redação da Lei 10.931, de 2.8.04*). Os valores pertencentes aos adquirentes não localizados deverão ser depositados em Juízo pela Comissão de Representantes.

§ 11 (*redação da Lei 10.931, de 2.8.04*). Caso decidam pela continuação da obra, os adquirentes ficarão automaticamente sub-rogados nos direitos, nas obrigações e nos encargos relativos à incorporação, inclusive aqueles relativos ao contrato de financiamento da obra, se houver.

§ 12 (*redação da Lei 10.931, de 2.8.04*). Para os efeitos do § 11 deste artigo, cada adquirente responderá individualmente pelo saldo porventura existente entre as receitas do empreendimento e o custo da conclusão da incorporação na proporção dos coeficientes de construção atribuíveis às respectivas unidades, se outro critério de rateio não for deliberado em assembleia geral por dois terços dos votos dos adquirentes, observado o seguinte:

I — os saldos dos preços das frações ideais e acessões integrantes da incorporação que não tenham sido pagos ao incorporador até a data da decretação da falência ou da insolvência civil passarão a ser pagos à Comissão de Representantes, permanecendo o somatório desses recursos submetido à afetação, nos termos do art. 31-A, até o limite necessário à conclusão da incorporação.

II — para cumprimento do seu encargo de administradora da incorporação, a Comissão de Representantes fica investida de mandato legal, em caráter irrevogável, para, em nome do incorporador ou do condomínio de construção, conforme o caso, receber as parcelas do saldo do preço e dar quitação, bem como promover as medidas extrajudiciais ou judiciais necessárias a esse recebimento, praticando todos os atos relativos ao leilão de que trata o art. 63 ou os atos relativos à consolidação da propriedade e ao leilão de que tratam os arts. 26 e 27 da Lei n. 9.514, de 20 de novembro de 1997, devendo realizar a garantia e aplicar na incorporação todo o produto do recebimento do saldo do preço e do leilão;

III — consideram-se receitas do empreendimento os valores das parcelas a receber, vincendas e vencidas e ainda não pagas, de cada adquirente, correspondentes ao preço de aquisição das respectivas unidades ou do preço de custeio de construção, bem como os recursos disponíveis afetados; e

IV — compreendem-se no custo de conclusão da incorporação todo o custeio da construção do edifício e a averbação da construção das edificações para efeito de individualização e discriminação das unidades, nos termos do art. 44.

§ 13 (*redação da Lei 10.931, de 2.8.04*). Havendo saldo positivo entre as receitas da incorporação e o custo da conclusão da incorporação, o valor correspondente a esse saldo deverá ser entregue à massa falida pela Comissão de Representantes.

§ 14 (*redação da Lei 10.931, de 2.8.04*). Para assegurar as medidas necessárias ao prosseguimento das obras ou à liquidação do patrimônio de afetação, a Comissão de Representantes, no prazo de sessenta dias, a contar da data de realização da assembleia geral de que trata o § 1º, promoverá, em leilão público, com observância dos critérios estabelecidos pelo art. 63, a venda das frações ideais e respectivas acessões que, até a data da decretação da falência ou insolvência não tiverem sido alienadas pelo incorporador.

§ 15 (*redação da Lei 10.931, de 2.8.04*). Na hipótese de que trata o § 14, o arrematante ficará sub-rogado, na proporção atribuível à fração e acessões adquiridas, nos direitos e nas obrigações relativas ao empreendimento, inclusive nas obrigações de eventual financiamento, e, em se tratando da hipótese do art. 39 desta Lei, nas obrigações perante o proprietário do terreno.

§ 16 (*redação da Lei 10.931, de 2.8.04*). Dos documentos para anúncio da venda de que trata o § 14 e, bem assim, o inciso III do art. 43, constarão o valor das acessões não pagas pelo incorporador (art. 35, § 6º) e o preço da fração ideal do terreno e das acessões (arts. 40 e 41).

§ 17 (*redação da Lei 10.931, de 2.8.04*). No processo de venda de que trata o § 14, serão asseguradas, sucessivamente, em igualdade de condições com terceiros:

I — ao proprietário do terreno, nas hipóteses em que este seja pessoa distinta da pessoa do incorporador, a preferência para aquisição das acessões vinculadas à fração objeto da venda, a ser exercida nas vinte e quatro horas seguintes à data designada para a venda; e

II — ao condomínio, caso não exercida a preferência de que trata o inciso I, ou caso não haja licitantes, a preferência para aquisição da fração ideal e acessões, desde que deliberada em assembleia geral, pelo voto da maioria simples dos adquirentes presentes, e exercida no prazo de quarenta e oito horas a contar da data designada para a venda.

§ 18 (*redação da Lei 10.931, de 2.8.04*). Realizada a venda prevista no § 14, incumbirá à Comissão de Representantes, sucessivamente, nos cinco dias que se seguirem ao recebimento do preço:

I — pagar as obrigações trabalhistas, previdenciárias e tributárias, vinculadas ao respectivo patrimônio de afetação, observada a ordem de preferência prevista na legislação, em especial o disposto no art. 186 do Código Tributário Nacional;

II — reembolsar aos adquirentes as quantias que tenham adiantado, com recursos próprios, para pagamento das obrigações referidas no inciso I;

III — reembolsar à instituição financiadora a quantia que esta tiver entregue para a construção, salvo se outra forma for convencionada entre as partes interessadas;

IV — entregar ao condomínio o valor que este tiver desembolsado para construção das acessões de responsabilidade do incorporador (§ 6º do art. 35 e § 5º do art. 31-A), na proporção do valor obtido na venda;

V — entregar ao proprietário do terreno, nas hipóteses em que este seja pessoa distinta da pessoa do incorporador, o valor apurado na venda, em proporção ao valor atribuído à fração ideal; e

VI — entregar à massa falida o saldo que porventura remanescer.

§ 19 (*redação da Lei 10.931, de 2.8.04*). O incorporador deve assegurar à pessoa nomeada nos termos do art. 31-C, o acesso a todas as informações necessárias à verificação do montante das obrigações referidas no § 12, inciso I, do art. 31-F vinculadas ao respectivo patrimônio de afetação.

§ 20 (*redação da Lei 10.931, de 2.8.04*). Ficam excluídas da responsabilidade dos adquirentes as obrigações relativas, de maneira direta ou indireta, ao imposto de renda e à contribuição social sobre o lucro, devidas pela pessoa jurídica do incorporador, inclusive por equiparação, bem como as obrigações oriundas de outras atividades do incorporador não relacionadas diretamente com as incorporações objeto de afetação.

Art. 31-F: 1. **LRF 119:** "Nas relações contratuais a seguir mencionadas prevalecerão as seguintes regras: ... **IX** — os patrimônios de afetação, constituídos para cumprimento de destinação específica, obedecerão ao disposto na legislação respectiva, permanecendo seus bens, direitos e obrigações separados dos do falido até o advento do respectivo termo ou até o cumprimento de sua finalidade, ocasião em que o administrador judicial arrecadará o saldo a favor da massa falida ou inscreverá na classe própria o crédito que contra ela remanescer".

Art. 31-F: 2. s/ insolvência civil, v. CPC/73 arts. 748 e segs.

Capítulo II | DAS OBRIGAÇÕES E DIREITOS DO INCORPORADOR

Art. 32. O incorporador somente poderá negociar sobre unidades autônomas após ter arquivado, no cartório competente de registro de imóveis, os seguintes documentos:[1 a 1b]

a) título de propriedade de terreno, ou de promessa, irrevogável e irretratável, de compra e venda ou de cessão de direitos ou de permuta, do qual conste cláusula de imissão na posse do imóvel, não haja estipulações impeditivas de sua alienação em frações ideais e inclua consentimento para demolição e construção, devidamente registrado;

b) certidões negativas de impostos federais, estaduais e municipais, de protesto de títulos, de ações cíveis e criminais e de ônus reais relativamente ao imóvel, aos alienantes do terreno e ao incorporador;

c) histórico dos títulos de propriedade do imóvel, abrangendo os últimos 20 anos, acompanhado de certidão dos respectivos registros;

d) projeto de construção devidamente aprovado pelas autoridades competentes;

e) cálculo das áreas das edificações, discriminando, além da global, a das partes comuns, e indicando, para cada tipo de unidade, a respectiva metragem de área construída;[2]

f) certidão negativa de débito para com a Previdência Social, quando o titular de direitos sobre o terreno for responsável pela arrecadação das respectivas contribuições;

g) memorial descritivo das especificações da obra projetada, segundo modelo a que se refere o inciso IV, do art. 53, desta lei;

h) avaliação do custo global da obra,[3] atualizada à data do arquivamento, calculada de acordo com a norma do inciso III, do art. 53, com base nos custos unitários referidos no art. 54, discriminando-se, também, o custo de construção de cada unidade, devidamente autenticada pelo profissional responsável pela obra;

i) discriminação das frações ideais de terreno, com as unidades autônomas que a elas corresponderão;

j) minuta da futura convenção de condomínio que regerá a edificação ou o conjunto de edificações;

l) declaração em que se defina a parcela do preço de que trata o inciso II, do art. 39;

m) certidão do instrumento público de mandato, referido no § 1º do art. 31;

n) declaração expressa em que se fixe, se houver, o prazo de carência (art. 34);

o) atestado de idoneidade financeira, fornecido por estabelecimento de crédito que opere no país há mais de cinco anos;

p) (*redação da Lei 4.864, de 29.11.65*) declaração, acompanhada de plantas elucidativas, sobre o número de veículos que a garagem comporta e os locais destinados à guarda dos mesmos.

§ 1º A documentação referida neste artigo, após o exame do oficial de registro de imóveis, será arquivada em cartório, fazendo-se o competente registro.

§ 2º (*redação da Lei 10.931, de 2.8.04*) Os contratos de compra e venda, promessa de venda, cessão ou promessa de cessão de unidades autônomas são irretratáveis e, uma vez registrados, conferem direito real oponível a terceiros, atribuindo direito a adjudicação compulsória perante o incorporador ou a quem o suceder, inclusive na hipótese de insolvência posterior ao término da obra.

§ 3º O número do registro referido no § 1º, bem como a indicação do cartório competente, constará, obrigatoriamente, dos anúncios, impressos, publicações, propostas, contratos, preliminares ou definitivos, referentes à incorporação, salvo dos anúncios "classificados".[4]

§ 4º O registro de imóveis dará certidão ou fornecerá, a quem o solicitar, cópia fotostática, heliográfica, termofax, microfilmagem ou outra equivalente, dos documentos especificados neste artigo, ou autenticará cópia apresentada pela parte interessada.

§ 5º A existência de ônus fiscais ou reais, salvo os impeditivos de alienação, não impedem[5] o registro, que será feito com as devidas ressalvas, mencionando-se, em todos os documentos, extraídos do registro, a existência e a extensão dos ônus.

§ 6º Os oficiais de registro de imóveis terão 15 dias para apresentar, por escrito, todas as exigências que julgarem necessárias ao arquivamento, e, satisfeitas as referidas exigências, terão o prazo de 15 dias para fornecer certidão, relacionando a documentação apresentada, e devolver, autenticadas, as segundas vias da mencionada documentação, com exceção dos documentos públicos. Em casos de divergência, o oficial levantará a dúvida[6] segundo as normas processuais aplicáveis.

§ 7º O oficial do registro de imóveis responde, civil e criminalmente, se efetuar o arquivamento de documentação contraveniente à lei ou der certidão ... (VETADO) ... sem o arquivamento de todos os documentos exigidos.

§ 8º (*redação da Lei 4.864, de 29.11.65*) O oficial do registro de imóveis que não observar os prazos previstos no § 6º ficará sujeito a penalidade imposta pela autoridade judiciária competente em montante igual ao dos emolumentos devidos pelo registro de que trata este artigo, aplicável por quinzena ou fração de quinzena de superação de cada um daqueles prazos.

§ 9º (*redação da Lei 4.864, de 29.11.65*) O oficial do registro de imóveis não responde pela exatidão dos documentos que lhe forem apresentados para arquivamento em obediência ao disposto nas alíneas *e*, *g*, *h*, *l* e *p* deste artigo, desde que assinados pelo profissional responsável pela obra.

§ 10 (*redação da Lei 4.864, de 29.11.65*). As plantas do projeto aprovado (alínea *d* deste artigo) poderão ser apresentadas em cópia autenticada pelo profissional responsável pela obra, acompanhada de cópia de licença de construção.

§ 11 (*redação da Lei 4.864, de 29.11.65*). Até 30 de junho de 1966, se, dentro de 15 (quinze) dias da entrega ao cartório do registro de imóveis da documentação completa prevista neste artigo, feita por carta enviada pelo ofício de títulos e documentos, não tiver o cartório de imóveis entregue a certidão de arquivamento e registro, nem formulado, por escrito, as exigências previstas no § 6º, considerar-se-á de pleno direito completado o registro provisório.

§ 12 (*redação da Lei 4.864, de 29.11.65*). O registro provisório previsto no parágrafo anterior autoriza o incorporador a negociar as unidades da incorporação, indicando na sua publicação o número do registro de títulos e documentos referente à remessa dos documentos ao cartório de imóveis, sem prejuízo, todavia, da sua responsabilidade perante o adquirente da unidade e da obrigação de satisfazer as exigências posteriormente formuladas pelo cartório, bem como de completar o registro definitivo.

§ 13 (*redação da Lei 12.424, de 16.6.11*) Na incorporação sobre imóvel objeto de imissão na posse registrada conforme item 36 do inciso I do art. 167 da Lei n. 6.015, de 31 de dezembro de 1973,[7] fica dispensada a apresentação, relativamente ao ente público, dos documentos mencionados nas alíneas *a*, *b*, *c*, *f* e *o* deste artigo, devendo o incorporador celebrar contrato de cessão de posse com os adquirentes das unidades autônomas, aplicando-se a regra prevista nos §§ 4º, 5º e 6º do art. 26 da Lei n. 6.766, de 19 de dezembro de 1979.[8]

Condomínio e Incorporação

Art. 32: 1. v. LRP 167-I-17.

Art. 32: 1a. "A ausência de registro da incorporação não importa, automaticamente, na nulidade dos contratos de promessa de compra e venda, restando, de outra parte, inviabilizada a pretensão rescisória da avença se antes do ajuizamento da ação e citação, a irregularidade resta sanada" (STJ-4ª T., REsp 281.684, Min. Aldir Passarinho Jr., j. 12.6.07, DJU 6.8.07).

"O promitente comprador poderá pleitear a rescisão, assim como se abster de pagar as prestações enquanto não sanada a falta. Suprida essa, desaparecem as razões que justificavam tais consequências. Se o suprimento deu-se após a citação, o fato deve, não obstante, ser considerado (CPC art. 462)" (STJ-3ª T., REsp 49.847, Min. Eduardo Ribeiro, j. 28.8.95, DJU 9.10.95).

Todavia, decretando a nulidade do contrato nessas circunstâncias: STJ-4ª T., REsp 334.838-AgRg, Min. João Otávio, j. 18.5.10, DJ 27.5.10.

Art. 32: 1b. "O incorporador só se acha habilitado a negociar unidades autônomas do empreendimento imobiliário quando registrados, no Cartório de Registro Imobiliário competente, os documentos previstos no art. 32 da Lei n. 4.591/1964. Descumprida a exigência legal, impõe-se a aplicação da multa do art. 35, § 5º, da mesma lei" (STJ-4ª T., REsp 334.838-AgRg, Min. João Otávio, j. 18.5.10, DJ 27.5.10). No mesmo sentido: STJ-3ª T., REsp 325.876, Min. Menezes Direito, j. 8.4.02, DJ 20.5.02.

Art. 32: 2. Texto cf. ret. no DOU 1.2.65.

Art. 32: 3. **Lei 4.864, de 29.11.65** (v. ementário), **art. 14 § ún.:** "O incorporador, ao elaborar a avaliação do custo global da obra para atendimento do disposto na alínea *h* do art. 32 da Lei n. 4.591, de 16 de dezembro de 1964, utilizará o custo unitário, divulgado pelo sindicato na forma deste artigo, referente ao tipo de prédio padronizado que mais se aproxime do prédio objeto da incorporação".

Art. 32: 4. **Lei 6.530, de 12.5.78** (já cit. em nota 2 ao art. 31): **"Art. 20.** Ao corretor de imóveis e à pessoa jurídica inscritos nos órgãos de que trata a presente lei é vedado: ... **V** — anunciar imóvel loteado ou em condomínio sem mencionar o número de registro do loteamento ou da incorporação no registro de imóveis". Esta lei foi regulamentada pelo **Dec. 81.871, de 29.6.78** (Lex 1978/568).

Art. 32: 5. *sic*; deve ser "não impede".

Art. 32: 6. v. LRP 198 e segs.

Art. 32: 7. Lei dos Registros Públicos (no tít. REGISTROS PÚBLICOS, ínt.).

Art. 32: 8. v. Lei 6.766, de 19.12.79, no tít. PROMESSA DE COMPRA E VENDA E LOTEAMENTO.

Art. 33. O registro da incorporação será válido pelo prazo de 120 dias,[1] findo o qual, se ela ainda não se houver concretizado, o incorporador só poderá negociar unidades depois de atualizar a documentação a que se refere o artigo anterior, revalidado o registro por igual prazo.

Art. 33: 1. **Lei 4.864, de 29.11.65** (v. ementário), **art. 12:** "Fica elevado para **180 (cento e oitenta) dias** o prazo de validade de registro da incorporação a que se refere o art. 33 da Lei n. 4.591, de 16 de dezembro de 1964".

Art. 34. O incorporador poderá fixar, para efetivação da incorporação, prazo de carência dentro do qual lhe é lícito desistir do empreendimento.

§ 1º A fixação do prazo de carência será feita pela declaração a que se refere a alínea *n*, do art. 32, onde se fixem as condições que autorizarão o incorporador a desistir do empreendimento.

§ 2º Em caso algum poderá o prazo de carência ultrapassar o termo final do prazo de validade do registro ou, se for o caso, de sua revalidação.

§ 3º Os documentos preliminares de ajuste, se houver, mencionarão, obrigatoriamente, o prazo de carência, inclusive para efeitos do art. 45.

§ 4º A desistência da incorporação será denunciada, por escrito, ao registro de imóveis ... (VETADO) ... e comunicada por escrito, a cada um dos adquirentes ou candidatos à aquisição, sob pena de responsabilidade civil e criminal do incorporador.

§ 5º Será averbada no registro da incorporação a desistência de que trata o parágrafo anterior, arquivando-se em cartório o respectivo documento.

§ 6º O prazo de carência é improrrogável.

Art. 35. O incorporador terá o prazo máximo de 45 dias,[1-2] a contar do termo final do prazo de carência, se houver, para promover a celebração do competente contrato relativo à fração ideal de terreno, e, bem assim, do contrato de construção e da convenção do condomínio, de acordo com discriminação constante da alínea *i*, do art. 32.

§ 1º No caso de não haver prazo de carência, o prazo acima se contará da data de qualquer documento de ajuste preliminar.

§ 2º Quando houver prazo de carência, a obrigação somente deixará de existir se o incorporador tiver denunciado, dentro do mesmo prazo e nas condições previamente estabelecidas, por escrito, ao registro de imóveis, a não concretização do empreendimento.

§ 3º Se, dentro do prazo de carência, o incorporador não denunciar a incorporação, embora não se tenham reunido as condições a que se refere o § 1º, o outorgante do mandato de que trata o § 1º, do art. 31, poderá fazê-lo nos cinco dias subsequentes ao prazo de carência, e nesse caso ficará solidariamente responsável[3] com o incorporador pela devolução das quantias que os adquirentes ou candidatos à aquisição houverem entregue ao incorporador, resguardado o direito de regresso sobre eles, dispensando-se, então, do cumprimento da obrigação fixada no *caput* deste artigo.

§ 4º Descumprida pelo incorporador e pelo mandante de que trata o § 1º do art. 31 a obrigação da outorga dos contratos referidos no *caput* deste artigo nos prazos ora fixados, a carta-proposta ou o documento de ajuste preliminar poderão ser averbados no registro de imóveis, averbação que conferirá direito real oponível a terceiros, com o consequente direito à obtenção compulsória do contrato correspondente.

§ 5º Na hipótese do parágrafo anterior, o incorporador incorrerá também na multa de 50% sobre a quantia que efetivamente tiver recebido,[3a] cobrável por via executiva,[4] em favor do adquirente ou candidato à aquisição.

§ 6º Ressalvado o disposto no art. 43, do contrato de construção deverá constar expressamente a menção dos responsáveis pelo pagamento da construção de cada uma das unidades. O incorporador responde, em igualdade de condições, com os demais contratantes, pelo pagamento da construção das unidades que não tenham tido a responsabilidade pela sua construção assumida por terceiros e até que o tenham.

Art. 35: 1. Texto cf. ret. no DOU 1.2.65.

Art. 35: 2. **Lei 4.864, de 29.11.65** (v. ementário), **art. 13:** "É de 60 (sessenta) dias o prazo máximo concedido ao incorporador, no art. 35 da Lei n. 4.591, de 16 de dezembro de 1964".

Art. 35: 3. v. CC 275 a 285.

Art. 35: 3a. "Dever do incorporador de registrar a incorporação. Multa de 50% do valor pago. Redução equitativa, com base no art. 413 do CC/02. Possibilidade. A multa estipulada pelo art. 35, § 5º, da Lei 4.591/64 é cláusula penal inserida no contrato firmado entre o incorporador e o adquirente, sujeitando-se, portanto, aos dispositivos do Código Civil que dispõem sobre as limitações da cláusula penal" (STJ-3ª T., REsp 1.799.881, Min. Nancy Andrighi, j. 2.4.19, DJ 4.4.19).

Art. 35: 4. v. CPC 784-XII. Para autorizar a execução, "suficiente prova de que existe o compromisso, não carecendo da exigência de que tal prova seja o contrato assinado por duas testemunhas" (STJ-3ª T., REsp 724.934, Min. Menezes Direito, j. 13.12.05, DJU 6.3.06).

S/ prazo prescricional, v. CC 205, nota 7a.

Art. 35-A (*redação da Lei 13.786, de 27.12.18*). Os contratos de compra e venda, promessa de venda, cessão ou promessa de cessão de unidades autônomas integrantes de incorporação imobiliária serão iniciados por quadro-resumo, que deverá conter:

I (*redação da Lei 13.786, de 27.12.18*) — o preço total a ser pago pelo imóvel;

II (*redação da Lei 13.786, de 27.12.18*) — o valor da parcela do preço a ser tratada como entrada, a sua forma de pagamento, com destaque para o valor pago à vista, e os seus percentuais sobre o valor total do contrato;

III (*redação da Lei 13.786, de 27.12.18*) — o valor referente à corretagem, suas condições de pagamento e a identificação precisa de seu beneficiário;

IV (*redação da Lei 13.786, de 27.12.18*) — a forma de pagamento do preço, com indicação clara dos valores e vencimentos das parcelas;

V (*redação da Lei 13.786, de 27.12.18*) — os índices de correção monetária aplicáveis ao contrato e, quando houver pluralidade de índices, o período de aplicação de cada um;

VI (*redação da Lei 13.786, de 27.12.18*) — as consequências do desfazimento do contrato, seja por meio de distrato, seja por meio de resolução contratual motivada por inadimplemento de obrigação do adquirente ou do incorporador, com destaque negritado para as penalidades aplicáveis e para os prazos para devolução de valores ao adquirente;

VII (*redação da Lei 13.786, de 27.12.18*) — as taxas de juros eventualmente aplicadas, se mensais ou anuais, se nominais ou efetivas, o seu período de incidência e o sistema de amortização;

VIII (*redação da Lei 13.786, de 27.12.18*) — as informações acerca da possibilidade do exercício, por parte do adquirente do imóvel, do direito de arrependimento previsto no art. 49 da Lei n. 8.078, de 11 de setembro de 1990 (Código de Defesa do Consumidor), em todos os contratos firmados em estandes de vendas e fora da sede do incorporador ou do estabelecimento comercial;

IX (*redação da Lei 13.786, de 27.12.18*) — o prazo para quitação das obrigações pelo adquirente após a obtenção do auto de conclusão da obra pelo incorporador;

X (*redação da Lei 13.786, de 27.12.18*) — as informações acerca dos ônus que recaiam sobre o imóvel, em especial quando o vinculem como garantia real do financiamento destinado à construção do investimento;

XI (*redação da Lei 13.786, de 27.12.18*) — o número do registro do memorial de incorporação, a matrícula do imóvel e a identificação do cartório de registro de imóveis competente;

XII (*redação da Lei 13.786, de 27.12.18*) — o termo final para obtenção do auto de conclusão da obra (habite-se) e os efeitos contratuais da intempestividade prevista no art. 43-A desta Lei.[1]

§ 1º (*redação da Lei 13.786, de 27.12.18*) Identificada a ausência de quaisquer das informações previstas no *caput* deste artigo, será concedido prazo de 30 (trinta) dias para aditamento do contrato e saneamento da omissão, findo o qual, essa omissão, se não sanada, caracterizará justa causa para rescisão contratual por parte do adquirente.

§ 2º (*redação da Lei 13.786, de 27.12.18*) A efetivação das consequências do desfazimento do contrato, referidas no inciso VI do *caput* deste artigo, dependerá de anuência prévia e específica do adquirente a seu respeito, mediante assinatura junto a essas cláusulas, que deverão ser redigidas conforme o disposto no § 4º do art. 54 da Lei n. 8.078, de 11 de setembro de 1990 (Código de Defesa do Consumidor).

Art. 35-A: 1. "Programa Minha Casa, Minha Vida. Promessa de compra e venda de imóvel em construção. Na aquisição de unidades autônomas em construção, o contrato deverá estabelecer, de forma clara, expressa e inteligível, o prazo certo para a entrega do imóvel, o qual não poderá estar vinculado à concessão do financiamento, ou a nenhum outro negócio jurídico, exceto o acréscimo do prazo de tolerância" (STJ-2ª Seção, REsp 1.729.593, Min. Marco Bellizze, j. 25.9.19, DJ 27.9.19).

Art. 36. No caso de denúncia de incorporação, nos termos do art. 34, se o incorporador, até 30 dias a contar da denúncia, não restituir aos adquirentes as importâncias pagas, estes poderão cobrá-la[1] por via executiva,[2] reajustado o seu valor a contar da data do recebimento, em função do índice geral de preços mensalmente publicado pelo Conselho Nacional de Economia, que reflita as variações no poder aquisitivo da moeda nacional, e acrescido de juros de 6% ao ano, sobre o total corrigido.

Art. 36: 1. *sic*; devia ser "cobrá-las".

Art. 36: 2. v. CPC 784-XII.

Art. 37. Se o imóvel estiver gravado de ônus real ou fiscal ou se contra os alienantes houver qualquer ação que possa comprometê-lo, o fato será obrigatoriamente mencionado em todos os documentos de ajuste, com a indicação de sua natureza e das condições de liberação.

Art. 38. Também constará, obrigatoriamente, dos documentos de ajuste, se for o caso, o fato de encontrar-se ocupado o imóvel, esclarecendo-se a que título se deve esta ocupação e quais as condições de desocupação.

Art. 39. Nas incorporações em que a aquisição do terreno se der com pagamento total ou parcial em unidades a serem construídas, deverão ser discriminadas em todos os documentos de ajuste:

I — a parcela que, se houver, será paga em dinheiro;

II — a cota-parte da área das unidades a serem entregues em pagamento do terreno que corresponderá a cada uma das unidades, a qual deverá ser expressa em metros quadrados.

Parágrafo único. Deverá constar, também, de todos os documentos de ajuste, se o alienante do terreno ficou ou não sujeito a qualquer prestação ou encargo.

Art. 40. No caso de rescisão de contrato de alienação do terreno ou de fração ideal, ficarão rescindidas as cessões ou promessas de cessão de direitos correspondentes à aquisição do terreno.

§ 1º Nesta hipótese, consolidar-se-á, no alienante em cujo favor se opera a resolução, o direito sobre a construção porventura existente.

§ 2º No caso do parágrafo anterior, cada um dos ex-titulares de direito à aquisição de unidades autônomas haverá do mencionado alienante o valor da parcela de construção que haja adicionado à unidade, salvo se a rescisão houver sido causada pelo ex-titular.[1]

§ 3º Na hipótese dos parágrafos anteriores, sob pena de nulidade, não poderá o alienante em cujo favor se operou a resolução voltar a negociar seus direitos sobre a unidade autônoma, sem a prévia indenização aos titulares, de que trata o § 2º.

§ 4º No caso do parágrafo anterior, se os ex-titulares tiverem de recorrer à cobrança judicial do que lhes for devido, somente poderão garantir o seu pagamento a unidade e respectiva fração de terreno objeto do presente artigo.

Art. 40: 1. "Desfeita a promessa de compra e venda, a parte que não deu causa à respectiva rescisão faz jus ao *statu quo ante*, sendo injustificável que deixe de receber tudo quanto investiu no negócio; o art. 40 § 2º da Lei 4.591/64 não contraria o princípio universal de direito que proíbe o enriquecimento sem causa" (STJ-3ª T., AI 611.358-AgRg-EDcl, Min. Ari Pargendler, j. 27.5.08, DJ 5.8.08).

"Em contrato de permuta, no qual uma das partes entra com o imóvel e outra com a construção, não tendo os proprietários do terreno exercido atos de incorporação — uma vez que não tomaram a iniciativa nem assumiram a responsabilidade da incorporação, não havendo contratado a construção do edifício — não cumprida pela construtora sua parte, deve ser deferida aos proprietários do imóvel a reintegração na posse. O deferimento, no entanto, fica condicionado às exigências do § 2º do art. 40 da Lei das Incorporações, para inclusive resguardar os interesses de eventuais terceiros interessados" (STJ-RSDCPC 67/50: 3ª T., REsp 879.548).

"Nem sempre o proprietário do terreno incorporado participa ativamente da incorporação, como incorporador. Este, não raro, firma compromisso de compra e venda com o proprietário do imóvel, assumindo a obrigação de efetuar o pagamento do preço, no todo ou em parte, com unidades do empreendimento, modalidade que encontra previsão no art. 39 da Lei 4.591/64 e que é denominada de 'permuta no local'. Nessa circunstância, o proprietário do terreno assumirá o *status* jurídico de mero condômino, em igualdade de condições com qualquer outro adquirente de unidades da incorporação. A figura do proprietário do terreno se equipara à do consumidor, nos termos do art. 2º do CDC, tendo o incorporador como fornecedor. O dono do imóvel só difere dos demais adquirentes porque paga sua unidade autônoma com o próprio terreno no qual foi erguido o empreendimento, mas tal *circunstância* não tem o condão de desvirtuar a relação de consumo. A natureza da relação entre o proprietário do terreno e os demais adquirentes, contudo, não é de consumo, mas civil, tanto na conclusão regular do empreendimento — quando serão todos condôminos — quanto na rescisão do contrato de alienação do terreno — hipótese em que surgirá para o seu proprietário uma obrigação de reparação civil, visando a evitar o seu enriquecimento sem causa. O dever de indenização previsto no art. 40 da Lei 4.591/64 deve limitar-se à vantagem financeira auferida pelo proprietário do terreno, a qual não se confunde com o valor integral pago pelos demais adquirentes à incorporadora. Na prática, considerando que todas as unidades do empreendimento sejam de igual valor, deve-se apurar o custo total da edificação, dividindo-o pelo número total de adquirentes, excluído o proprietário do terreno. O resultado encontrado corresponderá ao valor da parcela de construção adicionado à unidade por cada adquirente" (STJ-3ª T., REsp 686.198, Min. Nancy Andrighi, j. 23.10.07, DJ 1.2.08).

Art. 41. Quando as unidades imobiliárias forem contratadas pelo incorporador por preço global compreendendo cota de terreno e construção, inclusive com parte do pagamento após a entrega da unidade, discriminar-se-ão, no contrato, o preço da cota de terreno e o da construção.

§ 1º Poder-se-á estipular que, na hipótese de o adquirente atrasar o pagamento de parcela relativa a construção, os efeitos da mora recairão não apenas sobre a aquisição da parte construída, mas, também, sobre a fração ideal de terreno, ainda que esta tenha sido totalmente paga.

§ 2º Poder-se-á também estipular que, na hipótese de o adquirente atrasar o pagamento da parcela relativa à fração ideal de terreno, os efeitos da mora recairão não apenas sobre a aquisição da fração ideal, mas, também, sobre a parte construída, ainda que totalmente paga.

Art. 42. No caso de rescisão do contrato relativo à fração ideal de terreno e partes comuns, a pessoa em cujo favor se tenha operado a resolução sub-rogar-se-á nos direitos e obrigações[1] contratualmente atribuídos ao inadimplente, com relação à construção.

Art. 42: 1. v. CC 346 a 351.

Art. 43. Quando o incorporador contratar a entrega da unidade a prazo[1] e preços certos, determinados ou determináveis, mesmo quando pessoa física, ser-lhe-ão impostas as seguintes normas:

I — informar obrigatoriamente aos adquirentes, por escrito, no mínimo de seis em seis meses, o estado da obra;

II — responder civilmente pela execução da incorporação, devendo indenizar os adquirentes ou compromissários, dos prejuízos que a estes advierem do fato de não se concluir a edificação ou de se retardar injustificadamente a conclusão das obras, cabendo-lhe ação regressiva contra o construtor, se for o caso e se a este couber a culpa;

III — em caso de falência do incorporador, pessoa física ou jurídica, e não ser possível à maioria prosseguir na construção das edificações, os subscritores ou candidatos à aquisição de unidades serão credores privilegiados pelas quantias que houverem pago ao incorporador, respondendo subsidiariamente os bens pessoais deste;[1a-1b]

IV — é vedado ao incorporador alterar o projeto, especialmente no que se refere à unidade do adquirente e às partes comuns, modificar as especificações, ou desviar-se do plano da construção, salvo autorização unânime dos interessados ou exigência legal;

V — não poderá modificar as condições de pagamento nem reajustar o preço das unidades, ainda no caso de elevação dos preços dos materiais e da mão de obra, salvo se tiver sido expressamente ajustada a faculdade de reajustamento, procedendo-se, então, nas condições estipuladas;

VI — se o incorporador, sem justa causa devidamente comprovada, paralisar as obras por mais de 30 dias, ou retardar-lhes excessivamente o andamento, poderá o juiz notificá-lo para que no prazo mínimo de 30 dias as reinicie ou torne a dar-lhes o andamento normal. Desatendida a notificação, poderá o incorporador ser destituído pela maioria absoluta dos votos dos adquirentes, sem prejuízo da responsabilidade civil[1c] ou penal que couber, sujeito à cobrança executiva[2] das importâncias comprovadamente devidas, facultando-se aos interessados prosseguir na obra (VETADO);

VII (*redação da Lei 10.931, de 2.8.04*) — em caso de insolvência do incorporador que tiver optado pelo regime da afetação e não sendo possível à maioria prosseguir na construção, a assembleia geral poderá, pelo voto de dois terços dos adquirentes, deliberar pela venda do terreno, das acessões e demais bens e direitos integrantes do patrimônio de afetação, mediante leilão ou outra forma que estabelecer, distribuindo entre si, na proporção dos recursos que comprovadamente tiverem aportado, o resultado líquido da venda, depois de pagas as dívidas do patrimônio de afetação e deduzido[3] e entregue ao proprietário do terreno a quantia que lhe couber, nos termos do art. 40; não se obtendo, na venda, a reposição dos aportes efetivados pelos adquirentes, reajustada na forma da lei e de acordo com os critérios do contrato celebrado com o incorporador, os adquirentes serão credores privilegiados pelos valores da diferença não reembolsada, respondendo subsidiariamente os bens pessoais do incorporador.

Art. 43: 1. s/ prazo de tolerância, v. CDC 51, nota 7c.

Art. 43: 1a. "Embora o art. 43, III, da Lei 4.591/64 não admita expressamente excluir do patrimônio da incorporadora falida e transferir para comissão formada por adquirentes de unidades a propriedade do empreendimento, de maneira a viabilizar a continuidade da obra, esse caminho constitui a melhor maneira de assegurar a funcionalidade econômica e preservar a função social do contrato de incorporação, do ponto de vista da coletividade dos contratantes e não dos interesses meramente individuais de seus integrantes. Apesar de o legislador não excluir o direito de qualquer adquirente pedir individualmente a rescisão do contrato e o pagamento de indenização frente ao inadimplemento do incorporador, o espírito da Lei 4.591/64 se volta claramente para o interesse coletivo da incorporação, tanto que seus arts. 43, III e VI, e 49, autorizam, em caso de mora ou falência do incorporador, que a administração do empreendimento seja assumida por comissão formada por adquirentes das unidades, cujas decisões, tomadas em assembleia, serão soberanas e vincularão a minoria" (STJ-3ª T., REsp 1.115.605, Min. Nancy Andrighi, j. 7.4.11, DJ 18.4.11).

Art. 43: 1b. "O art. 43, III, da Lei n. 4.591/1964 preconiza que, no caso de decretação da quebra do incorporador e ante a impossibilidade de ultimação da construção do edifício pela maioria dos adquirentes, estes se tornam credores privilegiados em relação aos valores já pagos ao incorporador em razão da compra do imóvel. No caso, os créditos pleiteados ostentam natureza manifestamente diversa, porquanto são oriundos de mero ressarcimento com os custos das obras de finalização do empreendimento imobiliário, enquadrando-se, portanto, na classe dos quirografários" (STJ-4ª T., REsp 1.185.336, Min. Luis Felipe, j. 2.9.14, DJ 25.9.14).

Art. 43: 1c. Para a ação de responsabilidade civil do incorporador, em razão da paralisação das obras ou do seu atraso, é desnecessária a notificação prévia (STJ-4ª T., REsp 74.011, Min. Aldir Passarinho Jr., j. 3.4.03, DJU 15.9.03).

Art. 43: 2. v. CPC 784-XII.

Art. 43: 3. *sic*; o correto é "deduzida".

Art. 43-A (*redação da Lei 13.786, de 27.12.18*). A entrega do imóvel em até 180 (cento e oitenta) dias corridos da data estipulada contratualmente como data prevista para conclusão do empreendimento, desde que expressamente pactuado, de forma clara e destacada, não dará causa à resolução do contrato por parte do adquirente nem ensejará o pagamento de qualquer penalidade pelo incorporador.

§ 1º (*redação da Lei 13.786, de 27.12.18*) Se a entrega do imóvel ultrapassar o prazo estabelecido no *caput* deste artigo, desde que o adquirente não tenha dado causa ao atraso, poderá ser promovida por este a resolução do contrato, sem prejuízo da devolução da integralidade de todos os valores pagos e da multa estabelecida,[1] em até 60 (sessenta) dias corridos contados da resolução, corrigidos[1a] nos termos do § 8º do art. 67-A desta Lei.[2]

§ 2º (*redação da Lei 13.786, de 27.12.18*) Na hipótese de a entrega do imóvel estender-se por prazo superior àquele previsto no *caput* deste artigo, e não se tratar de resolução do contrato, será devida ao adquirente adimplente, por ocasião da entrega da unidade, indenização de 1% (um por cento) do valor efetivamente pago à incorporadora, para cada mês de atraso, *pro rata die*, corrigido monetariamente conforme índice estipulado em contrato.[3-4]

§ 3º (*redação da Lei 13.786, de 27.12.18*) A multa prevista no § 2º deste artigo, referente a mora no cumprimento da obrigação, em hipótese alguma poderá ser cumulada com a multa estabelecida no § 1º deste artigo, que trata da inexecução total da obrigação.

Art. 43-A: 1. "No contrato de adesão firmado entre o comprador e a construtora/incorporadora, havendo previsão de **cláusula penal** apenas para o **inadimplemento do adquirente,** deverá ela ser **considerada para** a fixação da indenização pelo **inadimplemento do vendedor.** As obrigações heterogêneas (obrigações de fazer e de dar) serão convertidas em dinheiro, por arbitramento judicial" (STJ-2ª Seção, REsp 1.614.721, Min. Luis Felipe, j. 22.5.19, maioria, DJ 25.6.19).

Art. 43-A: 1a. "O **marco inicial da correção monetária** nas condenações de restituição das importâncias pagas pelo comprador do imóvel, ante a inadimplência do construtor em entregar a obra na data aprazada, sem culpa do comprador, é a **data do desembolso** de cada quantia paga pelo adquirente, com o propósito de evitar-se o enriquecimento sem causa do construtor" (STJ-2ª Seção, ED no REsp 876.527, Min. Sidnei Beneti, j. 10.12.08, DJ 18.3.09).

Art. 43-A: 2 e 3. s/ lucros cessantes, v. CC 402, nota 4b.

Art. 43-A: 4. "A cláusula penal moratória tem a finalidade de indenizar pelo adimplemento tardio da obrigação, e, em regra, estabelecida em valor equivalente ao locativo, afasta-se sua **cumulação com lucros cessante"** (STJ-2ª Seção, REsp 1.498.484, Min. Luis Felipe, j. 22.5.19, maioria, DJ 25.6.19).

Art. 44. Após a concessão do "habite-se" pela autoridade administrativa, o incorporador deverá requerer (VETADO) a averbação[1] da construção das edificações, para efeito de individualização e discriminação das unidades, respondendo perante os adquirentes pelas perdas e danos[2] que resultem da demora no cumprimento dessa obrigação.

§ 1º Se o incorporador não requerer a averbação (VETADO) o construtor requerê-la-á; (VETADO) sob pena de ficar solidariamente responsável[3] com o incorporador perante os adquirentes.

§ 2º Na omissão do incorporador e do construtor, a averbação poderá ser requerida por qualquer dos adquirentes de unidade.

Art. 44: 1. v. LRP 167-II-4.

Art. 44: 2. v. CC 402 a 405.

Art. 44: 3. v. CC 275 a 285.

Art. 45. É lícito ao incorporador recolher o imposto do selo devido, mediante apresentação dos contratos preliminares, até 10 dias a contar do vencimento do prazo de carência a que se refere o art. 34, extinta a obrigação se, dentro deste prazo, for denunciada a incorporação.

Art. 46. Quando o pagamento do imposto sobre lucro imobiliário e respectivos acréscimos e adicionais for de responsabilidade do vendedor do terreno, será lícito ao adquirente reter o pagamento das últimas prestações anteriores à data-limite em que é lícito pagar, sem reajuste, o referido imposto e os adicionais, caso o vendedor não apresente a quitação até 10 dias[1] antes do vencimento das prestações cujo pagamento torne inferior ao débito fiscal a parte do preço a ser ainda paga até a referida data-limite.

Parágrafo único. No caso de retenção pelo adquirente, este ficará responsável, para todos os efeitos, perante o Fisco, pelo recolhimento do tributo, adicionais e acréscimos, inclusive pelos reajustamentos que vier a sofrer o débito fiscal (VETADO).

Art. 46: 1. Texto cf. ret. no DOU 1.2.65.

Art. 47. Quando se fixar no contrato que a obrigação do pagamento do imposto sobre lucro imobiliário, acréscimos e adicionais devidos pelo alienante é transferida ao adquirente dever-se-á explicitar o montante que tal obrigação atingiria, se sua satisfação se desse na data da escritura.

§ 1º Neste caso, o adquirente será tido, para todos os efeitos, como responsável perante o Fisco.

§ 2º Havendo parcela restituível, a restituição será feita ao adquirente e, se for o caso, em nome deste serão emitidas as obrigações do Tesouro Nacional a que se refere o art. 4º da Lei n. 4.357, de 16.7.64.

§ 3º Para efeitos fiscais, não importará em aumento do preço de aquisição a circunstância de obrigar-se o adquirente ao pagamento do imposto sobre lucro imobiliário, seus acréscimos e adicionais.

Capítulo III | DA CONSTRUÇÃO DE EDIFICAÇÕES EM CONDOMÍNIO

Seção I | DA CONSTRUÇÃO EM GERAL

Art. 48. A construção de imóveis, objeto de incorporação, nos moldes previstos nesta lei, poderá ser contratada sob o regime da empreitada ou de administração, conforme adiante definidos, e poderá estar incluída no contrato com o incorporador (VETADO), ou ser contratada diretamente entre os adquirentes e o construtor.

§ 1º O projeto e o memorial descritivo das edificações farão parte integrante e complementar do contrato.[1]

§ 2º Do contrato deverá constar o prazo da entrega das obras e as condições e formas de sua eventual prorrogação.

Art. 48: 1. No texto oficial, constam dois §§ 2º, e nenhum § 1º do art. 48.

Art. 49. Os contratantes da construção, inclusive no caso do art. 43, para tratar de seus interesses, com relação a ela, poderão reunir-se em assembleia cujas deliberações, desde que aprovadas por maioria simples dos votos presentes, serão válidas e obrigatórias para todos eles, salvo no que afetar ao direito de propriedade previsto na legislação.

§ 1º As assembleias serão convocadas, pelo menos, por 1/3 (um terço) dos votos dos contratantes, pelo incorporador ou pelo construtor, com menção expressa do assunto a tratar, sendo admitido comparecimento de procurador bastante.

§ 2º A convocação da assembleia será feita por carta registrada ou protocolo, com antecedência mínima de 5 dias para a primeira convocação, e mais 3 dias para a segunda, podendo ambas as convocações ser feitas no mesmo aviso.[1]

§ 3º A assembleia instalar-se-á, no mínimo, com metade dos contratantes, em primeira convocação, e com qualquer número, em segunda, sendo, porém, obrigatória a presença, em qualquer caso, do incorporador ou do construtor, quando convocantes, e, pelo menos, com metade dos contratantes que a tenham convocado, se for o caso.

§ 4º Na assembleia, os votos dos contratantes serão proporcionais às respectivas frações ideais de terreno.

Art. 49: 1. "A exigência de carta registrada ou protocolar para convocação da assembleia geral do condomínio, nos termos do art. 49, § 2º, da Lei n. 4.591/64, diz respeito tão somente ao período em que o edifício está em construção. Validade da assembleia convocada por carta simples, em condomínio habitado" (STJ-3ª T., REsp 801.295, Min. Castro Filho, j. 21.2.06, DJU 24.4.06).

Art. 50 (*redação da Lei 10.931, de 2.8.04*). Será designada no contrato de construção ou eleita em assembleia geral uma Comissão de Representantes[1] composta de três membros, pelo menos, escolhidos entre os adquirentes, para representá-los perante o construtor ou, no caso do art. 43, ao incorporador, em tudo o que interessar ao bom andamento da incorporação, e, em especial, perante terceiros, para praticar os atos resultantes da aplicação dos arts. 31-A a 31-F.

§ 1º Uma vez eleita a Comissão, cuja constituição se comprovará com a ata da assembleia, devidamente inscrita no registro de títulos e documentos, esta ficará de pleno direito investida dos poderes necessários para exercer todas as atribuições e praticar todos os atos que esta lei e o contrato de construção lhe deferirem, sem necessidade de instrumento especial outorgado pelos contratantes, ou, se for caso, pelos que se sub-rogarem nos direitos e obrigações destes.

§ 2º (*redação da Lei 10.931, de 2.8.04*) A assembleia geral poderá, pela maioria absoluta dos votos dos adquirentes, alterar a composição da Comissão de Representantes e revogar qualquer de suas decisões, ressalvados os direitos de terceiros quanto aos efeitos já produzidos.

§ 3º Respeitados os limites constantes desta lei, o contrato poderá discriminar as atribuições da Comissão e deverá dispor sobre os mandatos de seus membros, sua destituição e a forma de preenchimento das vagas eventuais, sendo lícita a estipulação de que o mandato conferido a qualquer membro, no caso de sub-rogação de seu contrato a terceiros, se tenha por transferido, de pleno direito, ao sub-rogatário, salvo se este não o aceitar.

§ 4º Nas incorporações em que o número de contratantes de unidades for igual ou inferior a 3, a totalidade deles exercerá, em conjunto, as atribuições que esta lei confere à Comissão, aplicando-se, no que couber, o disposto nos parágrafos anteriores.

Art. 50: 1. Uma vez extinta a Comissão de Representantes, a responsabilidade por seus atos passa a ser do condomínio que lhe sucede (STJ-4ª T., REsp 329.856, Min. Aldir Passarinho Jr., j. 22.5.07, DJU 25.6.07).

Art. 51. Nos contratos de construção, seja qual for seu regime, deverá constar expressamente a quem caberão as despesas com ligações de serviços públicos, devidas ao Poder Público, bem como as despesas indispensáveis à instalação, funcionamento e regulamentação do condomínio.

Parágrafo único. Quando o serviço público for explorado mediante concessão, os contratos de construção deverão também especificar a quem caberão as despesas com as ligações que incumbam às concessionárias, no caso de não estarem elas obrigadas a fazê-las ou, em o estando, se a isto se recusarem ou alegarem impossibilidade.

Art. 52. Cada contratante da construção só será imitido na posse de sua unidade se estiver em dia com as obrigações assumidas, inclusive as relativas à construção, exercendo o construtor e o condomínio, até então, o direito de retenção sobre a respectiva unidade; no caso do art. 43, este direito será exercido pelo incorporador.

Art. 53. O Poder Executivo, através do Banco Nacional da Habitação, promoverá a celebração de contratos com a Associação Brasileira de Normas Técnicas (A.B.N.T.), no sentido de que esta, tendo em vista o disposto na Lei n. 4.150, de 21 de novembro de 1962,[1] prepare, no prazo máximo de 120 dias, normas que estabeleçam, para cada tipo de prédio que padronizar:

I — critérios e normas para cálculo de custos unitários de construção, para uso dos sindicatos, na forma do art. 54;

II — critérios e normas para execução de orçamentos de custos de construção, para fins do disposto no art. 59;

III — critérios e normas para a avaliação de custo global de obra, para fins da alínea *h*, do art. 32;

IV — modelo de memorial descritivo dos acabamentos de edificação, para fins do disposto no art. 32;

V — critério para entrosamento entre o cronograma das obras e o pagamento das prestações, que poderá ser introduzido nos contratos de incorporação, inclusive para o efeito de aplicação do disposto no § 2º do art. 48.

§ 1º O número de tipos padronizados deverá ser reduzido e na fixação se atenderá primordialmente:

a) o número de pavimentos e a existência de pavimentos especiais (subsolo, pilotis etc.);

b) o padrão da construção (baixo, normal, alto), tendo em conta as condições de acabamento, a qualidade dos materiais empregados, os equipamentos, o número de elevadores e as inovações de conforto;

c) as áreas de construção.

§ 2º Para custear o serviço a ser feito pela A.B.N.T., definido neste artigo, fica autorizado o Poder Executivo a abrir um crédito especial no valor de Cr$ 10.000.000 (dez milhões de cruzeiros), em favor do Banco Nacional da Habitação, vinculado a este fim, podendo o Banco adiantar a importância à A.B.N.T., se necessário.

§ 3º No contrato a ser celebrado com a A.B.N.T., estipular-se-á a atualização periódica das normas previstas neste artigo, mediante remuneração razoável.

Art. 53: 1. **Lei 4.150, de 21.11.62** — Institui o regime obrigatório de preparo e observância das normas técnicas nos contratos de obras e compras do serviço público de execução direta, concedida, autárquica ou de economia mista, através da Associação Brasileira de Normas Técnicas, e dá outras providências (RDA 72/489).

Art. 54. Os sindicatos estaduais da indústria da construção civil ficam obrigados a divulgar mensalmente, até o dia 5 de cada mês, os custos unitários de construção a serem adotados nas respectivas regiões jurisdicionais, calculados com observância dos critérios e normas a que se refere o inciso I, do artigo anterior.

§ 1º O sindicato estadual que deixar de cumprir a obrigação prevista neste artigo deixará de receber dos cofres públicos, enquanto perdurar a omissão, qualquer subvenção ou auxílio que pleiteie ou a que tenha direito.

§ 2º Na ocorrência de omissão de sindicato estadual, o construtor usará os índices fixados por outro sindicato estadual, em cuja região os custos de construção mais lhe pareçam aproximados dos da sua.

§ 3º Os orçamentos ou estimativas baseados nos custos unitários a que se refere este artigo só poderão ser considerados atualizados, em certo mês, para os efeitos desta lei, se baseados em custos unitários relativos ao próprio mês ou a um dos dois meses anteriores.

Seção II | DA CONSTRUÇÃO POR EMPREITADA

Art. 55. Nas incorporações em que a construção seja feita pelo regime de empreitada, esta poderá ser a preço fixo, ou a preço reajustável por índices previamente determinados.

§ 1º Na empreitada a preço fixo o preço da construção será irreajustável, independentemente das variações que sofrer o custo efetivo das obras e quaisquer que sejam suas causas.

§ 2º Na empreitada a preço reajustável, o preço fixado no contrato será reajustado na forma e nas épocas nele expressamente previstas, em função da variação dos índices adotados, também previstos obrigatoriamente no contrato.

§ 3º Nos contratos de construção por empreitada, a Comissão de Representantes fiscalizará o andamento da obra e a obediência ao projeto e às especificações, exercendo as demais obrigações inerentes à sua função representativa dos contratantes e fiscalizadora da construção.

§ 4º Nos contratos de construção fixados sob regime de empreitada, reajustável, a Comissão de Representantes fiscalizará, também, o cálculo do reajustamento.

§ 5º No contrato deverá ser mencionado o montante do orçamento atualizado da obra, calculado de acordo com as normas do inciso III, do art. 53, com base nos custos unitários referidos no art. 54, quando o preço estipulado for inferior ao mesmo.

§ 6º Na forma[1] de expressa referência, os contratos de empreitada entendem-se como sendo a preço fixo.

Art. 55: 1. *sic*; será: "Na falta"?

Art. 56. Em toda a publicidade ou propaganda escrita, destinada a promover a venda de incorporação com construção pelo regime de empreitada reajustável, em que conste preço, serão discriminados explicitamente o preço da fração ideal do terreno e o preço da construção, com indicação expressa da reajustabilidade.

§ 1º As mesmas indicações deverão constar em todos os papéis utilizados para a realização da incorporação, tais como cartas, propostas, escrituras, contratos e documentos semelhantes.

§ 2º Esta exigência será dispensada nos anúncios "classificados" dos jornais.

Art. 57. Ao construtor que contratar, por empreitada a preço fixo, uma obra de incorporação, aplicar-se-á, no que couber, o disposto nos itens II, III, IV (VETADO) e VI, do art. 43.[1]

Art. 57: 1. Texto cf. ret. no DOU 1.2.65.

Seção III | DA CONSTRUÇÃO POR ADMINISTRAÇÃO

Art. 58. Nas incorporações em que a construção for contratada pelo regime de administração, também chamado "a preço de custo", será de responsabilidade dos proprietários ou adquirentes[1] o pagamento do custo integral de obra, observadas as seguintes disposições:

I — todas as faturas, duplicatas, recibos e quaisquer documentos referentes às transações ou aquisições para construção, serão emitidos em nome do condomínio dos contratantes da construção;[2]

II — todas as contribuições dos condôminos para qualquer fim relacionado com a construção serão depositadas em contas abertas em nome do condomínio dos contratantes em estabelecimentos bancários, as quais serão movimentadas pela forma que for fixada no contrato.

Art. 58: 1. "No regime de construção por administração, a responsabilidade pelo andamento, recebimento das prestações e administração da obra é dos adquirentes, condôminos, por intermédio da comissão de representantes, e não da **incorporadora, parte ilegítima** para figurar no polo passivo de ação que visa à devolução de valores pagos por adquirente inadimplente" (STJ-3ª T., REsp 679.627, Min. Nancy Andrighi, j. 26.10.06, DJU 20.11.06).

"Tratando-se de construção sob o regime de administração ou preço de custo, o construtor não pode ser considerado parte legítima para figurar no polo passivo de ação cujo escopo seja a restituição de parcelas pagas diretamente ao condomínio e por ele administradas para investimento na construção" (STJ-4ª T., REsp 860.064, Min. Raul Araújo, j. 27.3.12, DJ 2.8.12).

Todavia, reconhecendo a legitimidade do incorporador em situação especial: "No caso ora em análise, embora exista a figura do condomínio, os valores devidos para a realização da construção eram pagos diretamente ao alienante das frações ideais, o qual se confunde com os incorporadores, restando ao condomínio, somente, a fiscalização das obras realizadas, razão pela qual não há falar em carência da ação, respondendo os réus, em tese, pela devolução dos valores pagos e pelos eventuais danos decorrentes do alegado inadimplemento da obrigação" (STJ-4ª T., REsp 426.934, Min. Luis Felipe, j. 16.3.10, DJ 12.4.10).

Art. 58: 2. Lei 4.864, de 29.11.65 (v. ementário), **art. 18 § 2º:** "O disposto na letra *k* da nota 7ª da alínea I do Anexo I da Lei n. 4.505, de 30 de novembro de 1964, aplica-se ao financiamento da venda de bens móveis destinados à construção de imóveis em que o adquirente for o condomínio a que se refere o inciso I do art. 58 da Lei n. 4.591, de 16 de dezembro de 1964".

Art. 59. No regime de construção por administração, será obrigatório constar do respectivo contrato o montante do orçamento do custo da obra, elaborado com estrita observância dos critérios e normas referidos no inciso II, do art. 53, e a data em que se iniciará efetivamente a obra.

§ 1º Nos contratos lavrados até o término das fundações, este montante não poderá ser inferior ao da estimativa atualizada, a que se refere o § 3º, do art. 54.

§ 2º Nos contratos celebrados após o término das fundações, este montante não poderá ser inferior à última revisão efetivada na forma do artigo seguinte.

§ 3º Às transferências e sub-rogações do contrato, em qualquer fase da obra, aplicar-se-á o disposto neste artigo.

Art. 60. As revisões da estimativa de custo da obra serão efetuadas, pelo menos semestralmente, em comum entre a Comissão de Representantes e o construtor. O contrato poderá estipular que, em função das necessidades da obra, sejam alteráveis os esquemas de contribuições quanto ao total, ao número, ao valor e à distribuição no tempo das prestações.[1]

Parágrafo único. Em caso de majoração de prestações, o novo esquema deverá ser comunicado aos contratantes, com antecedência mínima de 45 dias da data em que deverão ser efetuados os depósitos das primeiras prestações alteradas.

Art. 60: 1. "Na construção a preço de custo o incorporador oferece a unidade mediante estimativa de despesa, que *variará na medida das oscilações de mercado, obrigando-se o adquirente a cobrir os gastos na medida em que se fizerem, mediante a atualização periódica das prestações* (PEREIRA, Caio Mário da Silva. *Condomínio e Incorporações*. Rio de Janeiro: Forense, 1991, p. 306). Destarte, é despicienda a prova de que houve mudança no projeto para justificar o custeio extra de novos insumos, bem como a aprovação unânime dos condôminos, o que torna totalmente infundada a defesa apresentada pela acionada, a quem compete arcar com a obrigação em aberto" (RMDAU 42/137: TJSC, AP 2012.027427-9).

Art. 61. A Comissão de Representantes terá poderes para, em nome de todos os contratantes e na forma prevista no contrato:[1]

a) examinar os balancetes organizados pelos construtores, dos recebimentos e despesas do condomínio dos contratantes, aprová-los ou impugná-los, examinando a documentação respectiva;

b) fiscalizar concorrências relativas às compras dos materiais necessários à obra ou aos serviços a ela pertinentes;

c) contratar, em nome do condomínio, com qualquer condômino, modificações por ele solicitadas em sua respectiva unidade, a serem administradas pelo construtor, desde que não prejudiquem unidade de outro condômino e não estejam em desacordo com o parecer técnico do construtor;

d) fiscalizar a arrecadação das contribuições destinadas à construção;

e) exercer as demais obrigações inerentes a sua função representativa dos contratantes e fiscalizadora da construção e praticar todos os atos necessários ao funcionamento regular do condomínio.

Art. 61: 1. "Na construção por administração, também chamada a preço de custo, os direitos e deveres referentes a unidade individual são do adquirente, que realiza o pagamento dos valores ajustados, e, por essa razão, não é razoável que comissão de representantes, que representa os interesses coletivos, seja a única legitimada a exigir as contas daquele que deve prestá-las, decidindo acerca do direito individual da propriedade exclusiva em construção. Adquirente individual de unidade habitacional detém legitimidade para ajuizar ação de prestação de contas em desfavor do construtor, apesar das atribuições legalmente acometidas a comissão de representantes" (STJ-4ª T., REsp 592.839, Min. João Otávio, j. 10.11.09, DJ 23.11.09). No mesmo sentido: STJ-3ª T., REsp 233.001, Min. Nancy Andrighi, j. 26.11.01, DJU 18.2.02.

Art. 62. Em toda publicidade ou propaganda escrita destinada a promover a venda de incorporação com construção pelo regime de administração, em que conste preço, serão discriminados explicitamente o preço da fração ideal de terreno e o montante do orçamento atualizado do custo da construção, na forma dos arts. 59 e 60, com a indicação do mês a que se refere o dito orçamento e do tipo padronizado a que se vincule o mesmo.

§ 1º As mesmas indicações deverão constar em todos os papéis utilizados para a realização da incorporação, tais como cartas, propostas, escrituras, contratos e documentos semelhantes.

§ 2º Esta exigência será dispensada nos anúncios "classificados" dos jornais.

Capítulo IV | DAS INFRAÇÕES

Art. 63. É lícito estipular no contrato, sem prejuízo de outras sanções, que a falta de pagamento,[1] por parte do adquirente ou contratante, de 3 prestações do preço da construção, quer estabelecidas inicialmente, quer alteradas ou criadas posteriormente, quando for o caso, depois de prévia notificação com o prazo de 10 dias para purgação da mora,[2] implique na rescisão do contrato, conforme nele se fixar, ou que, na falta de pagamento, pelo débito respondem os direitos à respectiva fração ideal de terreno e à parte construída adicionada, na forma abaixo estabelecida, se outra forma não fixar o contrato.

§ 1º Se o débito não for liquidado no prazo de 10 dias, após solicitação da Comissão de Representantes, esta ficará, desde logo, de pleno direito, autorizada a efetuar, no prazo que fixar, em público leilão anunciado pela forma que o contrato previr, a venda, promessa de venda ou de cessão, ou a cessão da cota de terreno e correspondente parte construída e direitos, bem como a sub-rogação do contrato de construção.

§ 2º Se o maior lanço obtido for inferior ao desembolso efetuado pelo inadimplente, para a cota do terreno e a construção, despesas acarretadas e as percentagens expressas no parágrafo seguinte, será realizada nova praça no prazo estipulado no contrato. Nesta segunda praça, será aceito o maior lanço apurado, ainda que inferior àquele total (VETADO).

§ 3º No prazo de 24 horas após a realização do leilão final, o condomínio, por decisão unânime de assembleia geral, em condições de igualdade com terceiros, terá preferência na aquisição dos bens, caso em que serão adjudicados ao condomínio.

§ 4º Do preço que for apurado no leilão, serão deduzidas as quantias em débito, todas as despesas ocorridas, inclusive honorários de advogado e anúncios, e mais 5% a título de comissão e 10% de multa compensatória, que reverterão em benefício do condomínio de todos os contratantes, com exceção do faltoso, ao qual será entregue o saldo, se houver.

§ 5º Para os fins das medidas estipuladas neste artigo, a Comissão de Representantes ficará investida de mandato irrevogável, isento do imposto de selo, na vigência do contrato geral de construção da obra, com poderes necessários para, em nome do condômino inadimplente, efetuar as citadas transações, podendo para este fim fixar preços, ajustar condições, sub-rogar o arrematante nos direitos e obrigações decorrentes do contrato de construção e da cota de terreno e construção; outorgar as competentes escrituras e contratos, receber preços, dar quitações; imitir o arrematante na posse do imóvel; transmitir domínio, direito e ação; responder pela evicção; receber citação, propor e variar de ações; e também dos poderes *ad judicia*, a serem substabelecidos a advogado legalmente habilitado.

§ 6º A morte, falência ou concordata[3] do condômino ou sua dissolução, se se tratar de sociedade, não revogará o mandato de que trata o parágrafo anterior, o qual poderá ser exercido pela Comissão de Representantes até a conclusão dos pagamentos devidos, ainda que a unidade pertença a menor de idade.

§ 7º Os eventuais débitos, fiscais ou para com a Previdência Social, não impedirão a alienação por leilão público. Neste caso, ao condômino somente será entregue o saldo, se houver, desde que prove estar quite com o Fisco e a Previdência Social, devendo a Comissão de Representantes, em caso contrário, consignar judicialmente[4] a importância equivalente aos débitos existentes, dando ciência do fato à entidade credora.

§ 8º Independentemente das disposições deste artigo e seus parágrafos, e como penalidades preliminares, poderá o contrato de construção estabelecer a incidência de multas e juros de mora em caso de atraso no depósito de contribuições, sem prejuízo do disposto no parágrafo seguinte.

§ 9º O contrato poderá dispor que o valor das prestações pagas com atraso seja corrigível em função da variação do índice geral de preços mensalmente publicado pelo Conselho Nacional de Economia, que reflita as oscilações do poder aquisitivo da moeda nacional.

§ 10. O membro da Comissão de Representantes que incorrer na falta prevista neste artigo, estará sujeito à perda automática do mandato e deverá ser substituído segundo dispuser o contrato.

Art. 63: 1. s/ nulidade das cláusulas que estabeleçam a perda total das prestações pagas, v. CDC 53.

Art. 63: 2. "Reconhecimento da nulidade da execução e do leilão extrajudicial do imóvel pertencente à recorrente. Inobservância, entre outras circunstâncias, do prazo de 10 dias previsto no art. 63 da Lei 4.591/64" (STJ-3ª T., REsp 1.344.825, Min. Paulo Sanseverino, j. 18.12.12, maioria, DJ 15.2.13).

Art. 63: 3. A concordata deu lugar à recuperação judicial ou extrajudicial.

Art. 63: 4. v. CPC 539 e segs.

Art. 64. Os órgãos de informação e publicidade que divulgarem publicidade sem os requisitos exigidos pelo § 3º do art. 32 e pelos arts. 56 e 62, desta lei, sujeitar-se-ão à multa em importância correspondente ao dobro do preço pago pelo anunciante, a qual reverterá em favor da respectiva Municipalidade.

Art. 65. É crime contra a economia popular promover incorporação, fazendo, em proposta, contratos, prospectos ou comunicação ao público ou aos interessados, afirmação falsa sobre a constituição do condomínio, alienação das frações ideais do terreno ou sobre a construção das edificações.

Pena — reclusão de um a quatro anos e multa de cinco a cinquenta vezes o maior salário mínimo[1] legal vigente no país.

§ 1º Incorrem na mesma pena:

I — o incorporador, o corretor[2] e o construtor, individuais, bem como os diretores ou gerentes de empresa coletiva, incorporadora, corretora ou construtora que, em proposta, contrato, publicidade, prospecto, relatório, parecer, balanço ou comunicação ao público ou aos condôminos, candidatos ou subscritores de unidades, fizerem afirmação falsa sobre a constituição do condomínio, alienação das frações ideais ou sobre a construção das edificações;

II — o incorporador, o corretor e o construtor individuais, bem como os diretores ou gerentes de empresa coletiva, incorporadora, corretora ou construtora que usar, ainda que a título de empréstimo, em proveito próprio ou de terceiro, bens ou haveres destinados a incorporação contratada por administração, sem prévia autorização dos interessados.

§ 2º O julgamento destes crimes será de competência de juízo singular, aplicando-se os arts. 5º, 6º e 7º da Lei n. 1.521, de 26 de dezembro de 1951.[3]

§ 3º (*redação da Lei 4.864, de 29.11.65*) Em qualquer fase do procedimento criminal objeto deste artigo, a prisão do indiciado[4] dependerá sempre de mandado do juízo referido no § 2º.

Art. 65: 1. De acordo com jurisprudência do STF, a pena pecuniária criminal continua a ser calculada com base no salário mínimo, e não no valor de referência, sendo inaplicável, em consequência, o art. 2º da Lei 6.205, de 29.4.75 (no tít. CORREÇÃO MONETÁRIA).

Art. 65: 2. v. nota 4 ao art. 32.

Art. 65: 3. **Lei 1.521, de 26.12.51** — Altera dispositivos da legislação vigente sobre crimes contra a economia popular (RT 197/530, Lex 1951/521, RF 139/563).

O art. 5º da Lei 1.521 foi alterado pela Lei 3.290, de 23.10.57 (RT 267/857, Lex 1957/665, RF 174/510).

Art. 65: 4. No texto oficial, está "indicado".

Art. 66. São contravenções relativas à economia popular, puníveis na forma do art. 10 da Lei n. 1.521, de 26 de dezembro de 1951:

I — negociar o incorporador frações ideais de terreno, sem previamente satisfazer às exigências constantes desta lei;

II — omitir o incorporador, em qualquer documento de ajuste, as indicações a que se referem os arts. 37 e 38, desta lei;

III — deixar o incorporador, sem justa causa, no prazo do art. 35 e ressalvada a hipótese de seus §§ 2º e 3º, de promover a celebração do contrato relativo à fração ideal de terreno, do contrato de construção ou da convenção do condomínio;

IV — (VETADO);

V — omitir o incorporador, no contrato, a indicação a que se refere o § 5º do art. 55, desta lei;

VI — paralisar o incorporador a obra, por mais de 30 dias, ou retardar-lhe excessivamente o andamento sem justa causa.

Pena — multa de 5 a 20 vezes o maior salário mínimo[1] legal vigente no país.

Parágrafo único. No caso de contratos relativos a incorporações, de que não participe o incorporador, responderão solidariamente pelas faltas capituladas neste artigo o construtor, o corretor, o proprietário ou titular de direitos aquisitivos do terreno, desde que figurem no contrato, com direito regressivo sobre o incorporador, se as faltas cometidas lhe forem imputáveis.

Art. 66: 1. v. nota 1 ao art. 65.

Capítulo V | DAS DISPOSIÇÕES FINAIS E TRANSITÓRIAS

Art. 67. Os contratos poderão consignar exclusivamente as cláusulas, termos[1] ou condições variáveis ou específicas.

§ 1º As cláusulas comuns a todos os adquirentes não precisarão figurar expressamente nos respectivos contratos.

§ 2º Os contratos, no entanto, consignarão obrigatoriamente que as partes contratantes adotam e se comprometem[2] a cumprir as cláusulas, termos e condições contratuais a que se refere o parágrafo anterior, sempre transcritas, *verbo ad verbum*, no respectivo cartório ou ofício, mencionando, inclusive, o número do livro e das folhas do competente registro.

§ 3º Aos adquirentes, ao receberem os respectivos instrumentos, será obrigatoriamente entregue cópia impressa ou mimeografada, autenticada, do contrato-padrão, contendo as cláusulas, termos e condições referidas no § 1º deste artigo.

§ 4º Os cartórios de registro de imóveis, para os devidos efeitos, receberão dos incorporadores, autenticadamente, o instrumento a que se refere o parágrafo anterior.

Art. 67: 1. Na publicação oficial, está "termo".

Art. 67: 2. Na publicação oficial, está: "as partes contratantes, adotem e se comprometam", etc.

Art. 67-A (*redação da Lei 13.786, de 27.12.18*). Em caso de desfazimento do contrato celebrado exclusivamente com o incorporador, mediante distrato ou resolução por inadimplemento absoluto de obrigação do adquirente, este fará jus à restituição das quantias que houver pago diretamente ao incorporador, atualizadas com base no índice contratualmente estabelecido para a correção monetária das parcelas do preço do imóvel,[1 a 3] delas deduzidas, cumulativamente:

I (*redação da Lei 13.786, de 27.12.18*) — a integralidade da comissão de corretagem;

II (*redação da Lei 13.786, de 27.12.18*) — a pena convencional, que não poderá exceder a 25% (vinte e cinco por cento) da quantia paga.

§ 1º (*redação da Lei 13.786, de 27.12.18*) Para exigir a pena convencional, não é necessário que o incorporador alegue prejuízo.

§ 2º (*redação da Lei 13.786, de 27.12.18*) Em função do período em que teve disponibilizada a unidade imobiliária, responde ainda o adquirente, em caso de resolução ou de distrato, sem prejuízo do disposto no *caput* e no § 1º deste artigo, pelos seguintes valores:

I (*redação da Lei 13.786, de 27.12.18*) — quantias correspondentes aos impostos reais incidentes sobre o imóvel;

II (*redação da Lei 13.786, de 27.12.18*) — cotas de condomínio e contribuições devidas a associações de moradores;

III (*redação da Lei 13.786, de 27.12.18*) — valor correspondente à fruição do imóvel, equivalente à 0,5% (cinco décimos por cento) sobre o valor atualizado do contrato, *pro rata die*;[3a]

IV (*redação da Lei 13.786, de 27.12.18*) — demais encargos incidentes sobre o imóvel e despesas previstas no contrato.[4]

§ 3º (*redação da Lei 13.786, de 27.12.18*) Os débitos do adquirente correspondentes às deduções de que trata o § 2º deste artigo poderão ser pagos mediante compensação com a quantia a ser restituída.

§ 4º (*redação da Lei 13.786, de 27.12.18*) Os descontos e as retenções de que trata este artigo, após o desfazimento do contrato, estão limitados aos valores efetivamente pagos pelo adquirente, salvo em relação às quantias relativas à fruição do imóvel.

§ 5º (*redação da Lei 13.786, de 27.12.18*) Quando a incorporação estiver submetida ao regime do patrimônio de afetação, de que tratam os arts.

31-A a 31-F desta Lei, o incorporador restituirá os valores pagos pelo adquirente, deduzidos os valores descritos neste artigo e atualizados com base no índice contratualmente estabelecido para a correção monetária das parcelas do preço do imóvel, no prazo máximo de 30 (trinta) dias após o habite-se ou documento equivalente expedido pelo órgão público municipal competente, admitindo-se, nessa hipótese, que a pena referida no inciso II do *caput* deste artigo seja estabelecida até o limite de 50% (cinquenta por cento) da quantia paga.

§ 6º (*redação da Lei 13.786, de 27.12.18*) Caso a incorporação não esteja submetida ao regime do patrimônio de afetação de que trata a Lei n. 10.931, de 2 de agosto de 2004, e após as deduções a que se referem os parágrafos anteriores, se houver remanescente a ser ressarcido ao adquirente, o pagamento será realizado em parcela única, após o prazo de 180 (cento e oitenta) dias, contado da data do desfazimento do contrato.

§ 7º (*redação da Lei 13.786, de 27.12.18*) Caso ocorra a revenda da unidade antes de transcorrido o prazo a que se referem os §§ 5º ou 6º deste artigo, o valor remanescente devido ao adquirente será pago em até 30 (trinta) dias da revenda.

§ 8º (*redação da Lei 13.786, de 27.12.18*) O valor remanescente a ser pago ao adquirente nos termos do § 7º deste artigo deve ser atualizado com base no índice contratualmente estabelecido para a correção monetária das parcelas do preço do imóvel.

§ 9º (*redação da Lei 13.786, de 27.12.18*) Não incidirá a cláusula penal contratualmente prevista na hipótese de o adquirente que der causa ao desfazimento do contrato encontrar comprador substituto que o sub-rogue nos direitos e obrigações originalmente assumidos, desde que haja a devida anuência do incorporador e a aprovação dos cadastros e da capacidade financeira e econômica do comprador substituto.

§ 10 (*redação da Lei 13.786, de 27.12.18*). Os contratos firmados em estandes de vendas e fora da sede do incorporador permitem ao adquirente o exercício do direito de arrependimento, durante o prazo improrrogável de 7 (sete) dias, com a devolução de todos os valores eventualmente antecipados, inclusive a comissão de corretagem.

§ 11 (*redação da Lei 13.786, de 27.12.18*). Caberá ao adquirente demonstrar o exercício tempestivo do direito de arrependimento por meio de carta registrada, com aviso de recebimento, considerada a data da postagem como data inicial da contagem do prazo a que se refere o § 10 deste artigo.

§ 12 (*redação da Lei 13.786, de 27.12.18*). Transcorrido o prazo de 7 (sete) dias a que se refere o § 10 deste artigo sem que tenha sido exercido o direito de arrependimento, será observada a irretratabilidade do contrato de incorporação imobiliária, conforme disposto no § 2º do art. 32 da Lei n. 4.591, de 16 de dezembro de 1964.

§ 13 (*redação da Lei 13.786, de 27.12.18*). Poderão as partes, em comum acordo, por meio de instrumento específico de distrato, definir condições diferenciadas das previstas nesta Lei.

§ 14 (*redação da Lei 13.786, de 27.12.18*). Nas hipóteses de leilão de imóvel objeto de contrato de compra e venda com pagamento parcelado, com ou sem garantia real, de promessa de compra e venda ou de cessão e de compra e venda com pacto adjeto de alienação fiduciária em garantia, realizado o leilão no contexto de execução judicial ou de procedimento extrajudicial de execução ou de resolução, a restituição far-se-á de acordo com os critérios estabelecidos na respectiva lei especial ou com as normas aplicáveis à execução em geral.

Art. 67-A: 1. s/ juros moratórios no caso, v. CC 405, nota 4.

Art. 67-A: 1a. Está **superada** a **Súmula 543 do STJ:** "Na hipótese de resolução de contrato de promessa de compra e venda de imóvel submetido ao Código de Defesa do Consumidor, deve ocorrer a imediata restituição das parcelas pagas pelo promitente comprador — integralmente, em caso de culpa exclusiva do promitente vendedor/construtor, ou parcialmente, caso tenha sido o comprador quem deu causa ao desfazimento". V. § 6º.

Art. 67-A: 1b. Em contrato de compra e venda de imóvel, é **nula a cláusula que prevê** a restituição dos valores pagos pelo adquirente por meio de **carta de crédito para a aquisição de outro imóvel** da mesma construtora, pois "isso significa, efetivamente, que não haverá devolução alguma, permanecendo o consumidor-adquirente submetido à construtora, visto que o único caminho para não perder as prestações já pagas será o de adquirir uma outra unidade imobiliária" (STJ-4ª T., REsp 437.607, Min. Quaglia Barbosa, j. 15.5.07, DJU 4.6.07).

Art. 67-A: 2. "No caso de rescisão de contrato de compra e venda de imóvel em construção, o índice de **atualização monetária** para corrigir as parcelas a serem devolvidas pela vendedora é o INCC, por estar vinculado ao contrato; após o ajuizamento da ação, o INPC" (STJ-3ª T., REsp 1.151.282-AgRg, Min. João Otávio, j. 20.8.13, DJ 29.8.13).

V. tb. Lei 4.864/65, art. 1º, nota 1a (no tít. CONTRATOS IMOBILIÁRIOS).

Art. 67-A: 2a. "Em contratos submetidos ao Código de Defesa do Consumidor, é **abusiva** a cláusula contratual que determina a **restituição** dos valores devidos **somente ao término da obra** ou de forma parcelada, na hipótese de resolução de contrato de promessa de compra e venda de imóvel, por culpa de quaisquer contratantes" (STJ-2ª Seção, REsp 1.300.418, Min. Luis Felipe, j. 13.11.13, DJ 10.12.13).

"É abusiva, por ofensa ao art. 51, incisos II e IV, do Código de Defesa do Consumidor, a cláusula contratual que determina, em caso de rescisão de promessa de compra e venda de imóvel, por culpa exclusiva da construtora/incorporadora, a restituição das parcelas pagas somente ao término da obra, haja vista que poderá o promitente vendedor, uma vez mais, revender o imóvel a terceiros e, a um só tempo, auferir vantagem com os valores retidos, além do que a conclusão da obra atrasada, por óbvio, pode não ocorrer" (STJ-4ª T., REsp 877.980, Min. Luis Felipe, j. 3.8.10, DJ 12.8.10). No mesmo sentido: STJ-3ª T., REsp 1.219.345-AgRg, Min. Sidnei Beneti, j. 15.2.11, DJ 28.2.11.

Art. 67-A: 3. "Reconhecido que o promitente comprador tem direito à **devolução** do que foi pago, posto que negado o pleito do autor no sentido da perda das importâncias correspondentes, as partes haverão de ser repostas no estado anterior. Possibilidade de determinar-se a devolução, **sem necessidade de reconvenção"** (RSTJ 74/348), ou mesmo "independentemente de pedido" (JTAERGS 86/213).

"Decretada a resolução do contrato de promessa de compra e venda, deve o juiz, ainda que não tenha sido expressamente provocado pela parte interessada, determinar a restituição, pelo promitente vendedor, das parcelas do preço pagas pelos promitentes compradores. Concretização da eficácia restitutória da resolução, aplicável em benefício das duas partes do contrato, como consequência natural da desconstituição do vínculo contratual. Inocorrência de decisão *extra petita*" (STJ-3ª T., REsp 1.286.144, Min. Paulo Sanseverino, j. 7.3.13, DJ 1.4.13).

"Compromisso de compra e venda. Rescisão. Nada impede que o juiz, independentemente de reconvenção, em atendimento a pedido do réu na contestação, referente à devolução de quantias pagas, já condene o autor a lhe pagar o valor devido, habilitando-o à execução dessa condenação no mesmo processo" (JTJ 173/119).

Reconhecendo a existência de interesse em pedido reconvencional nessas circunstâncias, "posto que necessário o reconhecimento da possibilidade de restituição dos valores pagos": RT 869/353.

V., no nosso CPCLPV, CPC 492, nota 9.

Art. 67-A: 3a. "Apesar de a rescisão contratual ter ocorrido por culpa da construtora (fornecedor), é devido o pagamento de **aluguéis,** pelo adquirente (consumidor), em razão do tempo em que este ocupou o imóvel. O pagamento da verba consubstancia simples retribuição pelo usufruto do imóvel durante determinado interregno temporal, rubrica que não se relaciona diretamente com danos decorrentes do rompimento da avença, mas com a utilização de bem alheio. Daí por que se mostra desimportante indagar quem deu causa à rescisão do contrato, se o suporte jurídico da condenação é a vedação do enriquecimento sem causa" (STJ-4ª T., REsp 955.134, Min. Luis Felipe, j. 16.8.12, DJ 29.8.12).

"Decretada a resolução do contrato de compra e venda de imóvel, com a restituição das parcelas pagas pelo comprador, o retorno das partes ao estado anterior implica o pagamento de indenização pelo tempo em que o comprador ocupou o bem, desde a data em que a posse lhe foi transferida. A pretensão de que apenas fosse indenizada a posse do imóvel a partir do momento em que o comprador se tornou inadimplente ensejaria enriquecimento ilícito do ocupante" (STJ-4ª T., REsp 1.216.477-AgInt, Min. Isabel Gallotti, j. 10.4.18, maioria, DJ 7.6.18).

Art. 67-A: 4. No sentido de ser nula a cláusula que impõe, ao promissário comprador que tenciona dissolver o contrato e reaver os valores pagos, **desconto** anual de 5% do valor da venda do imóvel, **a título de depreciação:** RP 150/250 (TJSP, AR 455.873-4/1-00).

Art. 68. Os proprietários ou titulares de direito aquisitivo sobre as terras rurais ou os terrenos onde pretendam construir ou mandar construir habitações isoladas para aliená-las antes de concluídas, mediante pagamento do preço a prazo, deverão, previamente, satisfazer às exigências constantes no art. 32, ficando sujeitos ao regime instituído nesta lei para os incorporadores, no que lhes for aplicável.

Art. 69. O Poder Executivo baixará, no prazo de 90 dias, regulamento sobre o registro no registro de imóveis (VETADO).[1]

Art. 69: 1. v. Dec. 55.815, de 8.3.65, em CCLCV, 9ª ed., p. 339. O Dec. 55.815 foi revogado pelo Dec. 11, de 18.1.91.

Art. 70. A presente lei entrará em vigor na data de sua publicação, revogados o Decreto n. 5.481, de 25 de junho de 1928,[1] e quaisquer disposições em contrário.

Art. 70: 1. Dec. 5.481, de 25.6.28 — Dispõe sobre a alienação parcial dos edifícios de mais de cinco andares e dá outras providências (RT 66/643, RF 50/664). O art. 1º tinha sido alterado pela **Lei 285, de 5.6.48** (RT 175/847, Lex 1948/177, RF 118/625).

Brasília, 16 de dezembro de 1964; 143º da Independência e 76º da República — H. CASTELLO BRANCO — **Milton Soares Campos.**

Lei n. 10.931, de 2 de agosto de 2004

Dispõe sobre o patrimônio de afetação de incorporações imobiliárias, Letra de Crédito Imobiliário, Cédula de Crédito Imobiliário, Cédula de Crédito Bancário, altera o Decreto-lei n. 911, de 1º de outubro de 1969, as Leis n. 4.591, de 16 de dezembro de 1964, n. 4.728, de 14 de julho de 1965, e n. 10.406, de 10 de janeiro de 2002, e dá outras providências.

O Presidente da República
Faço saber que o Congresso Nacional decreta e eu sanciono a seguinte Lei:

Capítulo I — DO REGIME ESPECIAL TRIBUTÁRIO DO PATRIMÔNIO DE AFETAÇÃO

Art. 1º Fica instituído o regime especial de tributação aplicável às incorporações imobiliárias, em caráter opcional e irretratável enquanto perdurarem direitos de crédito ou obrigações do incorporador junto aos adquirentes dos imóveis que compõem a incorporação.

Art. 2º A opção pelo regime especial de tributação de que trata o art. 1º será efetivada quando atendidos os seguintes requisitos:

I — entrega do termo de opção ao regime especial de tributação na unidade competente da Secretaria da Receita Federal, conforme regulamentação a ser estabelecida; e

II — afetação do terreno e das acessões objeto da incorporação imobiliária, conforme disposto nos arts. 31-A a 31-E da Lei n. 4.591, de 16 de dezembro de 1964.

Art. 3º O terreno e as acessões objeto da incorporação imobiliária sujeitas ao regime especial de tributação, bem como os demais bens e direitos a ela vinculados, não responderão por dívidas tributárias da incorporadora relativas ao Imposto de Renda das Pessoas Jurídicas — IRPJ, à Contribuição Social sobre o Lucro Líquido — CSLL, à Contribuição para o Financiamento da Seguridade Social — COFINS e à Contribuição para os Programas de Integração Social e de Formação do Patrimônio do Servidor Público — PIS/PASEP, exceto aquelas calculadas na forma do art. 4º sobre as receitas auferidas no âmbito da respectiva incorporação.

Parágrafo único. O patrimônio da incorporadora responderá pelas dívidas tributárias da incorporação afetada.

Art. 4º (*redação da Lei 12.844, de 19.7.13*). Para cada incorporação submetida ao regime especial de tributação, a incorporadora ficará sujeita ao pagamento equivalente a 4% (quatro por cento) da receita mensal recebida, o qual corresponderá ao pagamento mensal unificado do seguinte imposto e contribuições:

I — Imposto de Renda das Pessoas Jurídicas — IRPJ;

II — Contribuição para os Programas de Integração Social e de Formação do Patrimônio do Servidor Público — PIS/PASEP;

III — Contribuição Social sobre o Lucro Líquido — CSLL; e

IV — Contribuição para Financiamento da Seguridade Social — COFINS.

§ 1º Para fins do disposto no *caput*, considera-se receita mensal a totalidade das receitas auferidas pela incorporadora na venda das unidades imobiliárias que compõem a incorporação, bem como as receitas financeiras e variações monetárias decorrentes desta operação.

§ 2º (*alterado pela Lei 11.196, de 21.11.05*) O pagamento dos tributos e contribuições na forma do disposto no *caput* deste artigo será considerado definitivo, não gerando, em qualquer hipótese, direito à restituição ou à compensação com o que for apurado pela incorporadora.

§ 3º (*alterado pela Lei 11.196, de 21.11.05*) As receitas, custos e despesas próprios da incorporação sujeita a tributação na forma deste artigo não deverão ser computados na apuração das bases de cálculo dos tributos e contribuições de que trata o *caput* deste artigo devidos pela incorporadora em virtude de suas outras atividades empresariais, inclusive incorporações não afetadas.

§ 4º (*alterado pela Lei 11.196, de 21.11.05*) Para fins do disposto no § 3º deste artigo, os custos e despesas indiretos pagos pela incorporadora no mês serão apropriados a cada incorporação na mesma proporção representada pelos custos diretos próprios da incorporação, em relação ao custo direto total da incorporadora, assim entendido como a soma de todos os custos diretos de todas as incorporações e o de outras atividades exercidas pela incorporadora.

§ 5º (*renumerado pela Lei 11.196, de 21.11.05*) A opção pelo regime especial de tributação obriga o contribuinte a fazer o recolhimento dos tributos, na forma do *caput* deste artigo, a partir do mês da opção.

§ 6º (*redação da Lei 13.970, de 27.12.19*) Para os projetos de incorporação de imóveis residenciais de interesse social cuja construção tenha sido iniciada ou contratada a partir de 31 de março de 2009, o percentual correspondente ao pagamento unificado dos tributos de que trata o *caput* deste artigo será equivalente a 1% (um por cento) da receita mensal recebida, desde que, até 31 de dezembro de 2018, a incorporação tenha sido registrada no cartório de imóveis competente ou tenha sido assinado o contrato de construção.

§ 7º (*redação da Lei 12.767, de 27.12.12*) Para efeito do disposto no § 6º, consideram-se projetos de incorporação de imóveis de interesse social os destinados à construção de unidades residenciais de valor de até R$ 100.000,00 (cem mil reais) no âmbito do Programa Minha Casa, Minha Vida, de que trata a Lei n. 11.977, de 7 de julho de 2009.

§ 8º (*acrescido pela Lei 12.024, de 27.8.09*) As condições para utilização do benefício de que trata o § 6º serão definidas em regulamento.

Art. 5º (*redação da Lei 12.024, de 27.8.09*) O pagamento unificado de impostos e contribuições efetuado na forma do art. 4º deverá ser feito até o vigésimo dia do mês subsequente àquele em que houver sido auferida a receita.

Art. 6º Os créditos tributários devidos pela incorporadora na forma do disposto no art. 4º não poderão ser objeto de parcelamento.

Art. 7º O incorporador fica obrigado a manter escrituração contábil segregada para cada incorporação submetida ao regime especial de tributação.

Art. 8º (*redação da Lei 12.844, de 19.7.13*). Para fins de repartição de receita tributária e do disposto no § 2º do art. 4º, o percentual de 4% (quatro por cento) de que trata o *caput* do art. 4º será considerado:

I (*redação da Lei 12.844, de 19.7.13*) — 1,71% (um inteiro e setenta e um centésimos por cento) como Cofins;

II (*redação da Lei 12.844, de 19.7.13*) — 0,37% (trinta e sete centésimos por cento) como Contribuição para o PIS/Pasep;

III (*redação da Lei 12.844, de 19.7.13*) — 1,26% (um inteiro e vinte e seis centésimos por cento) como IRPJ; e

IV (*redação da Lei 12.844, de 19.7.13*) — 0,66% (sessenta e seis centésimos por cento) como CSLL.

Parágrafo único (*acrescido pela Lei 12.024, de 27.8.09*). O percentual de 1% (um por cento) de que trata o § 6º do art. 4º será considerado para os fins do *caput*:

I — 0,44% (quarenta e quatro centésimos por cento) como Cofins;

II — 0,09% (nove centésimos por cento) como Contribuição para o PIS/Pasep;

III — 0,31% (trinta e um centésimos por cento) como IRPJ; e

IV — 0,16% (dezesseis centésimos por cento) como CSLL.

Art. 9º Perde eficácia a deliberação pela continuação da obra a que se refere o § 1º do art. 31-F da Lei n. 4.591, de 1964, bem como os efeitos do regime de afetação instituídos por esta Lei, caso não se verifique o pagamento das obrigações tributárias, previdenciárias e trabalhistas, vinculadas ao respectivo patrimônio de afetação, cujos fatos geradores tenham ocorrido até a data da decretação da falência, ou insolvência do incorporador, as quais deverão ser pagas pelos adquirentes em até um ano daquela deliberação, ou até a data da concessão do habite-se, se esta ocorrer em prazo inferior.

Art. 10. O disposto no art. 76 da Medida Provisória n. 2.158-35, de 24 de agosto de 2001, não se aplica ao patrimônio de afetação de incorporações imobiliárias definido pela Lei n. 4.591, de 1964.

Art. 11. .... [1]

Art. 11: 1. O art. 11 foi expressamente revogado pela Lei 11.196, de 21.11.05.

Art. 11-A (*acrescido pela Lei 13.970, de 27.12.19*). O regime especial de tributação previsto nesta Lei será aplicado até o recebimento integral do valor das vendas de todas as unidades que compõem o memorial de incorporação registrado no cartório de imóveis competente, independentemente da data de sua comercialização, e, no caso de contratos de construção, até o recebimento integral do valor do respectivo contrato.

Capítulo II | DA LETRA DE CRÉDITO IMOBILIÁRIO

Art. 12. Os bancos comerciais, os bancos múltiplos com carteira de crédito imobiliário, a Caixa Econômica Federal, as sociedades de crédito imobiliário, as associações de poupança e empréstimo, as companhias hipotecárias e demais espécies de instituições que, para as operações a que se refere este artigo, venham a ser expressamente autorizadas pelo Banco Central do Brasil, poderão emitir, independentemente de tradição efetiva, Letra de Crédito Imobiliário — LCI, lastreada por créditos imobiliários garantidos por hipoteca ou por alienação fiduciária de coisa imóvel, conferindo aos seus tomadores direito de crédito pelo valor nominal, juros e, se for o caso, atualização monetária nelas estipulados.

§ 1º A LCI será emitida sob a forma nominativa, podendo ser transferível mediante endosso em preto, e conterá:

I — o nome da instituição emitente e as assinaturas de seus representantes;

II — o número de ordem, o local e a data de emissão;

III — a denominação "Letra de Crédito Imobiliário";

IV — o valor nominal e a data de vencimento;

V — a forma, a periodicidade e o local de pagamento do principal, dos juros e, se for o caso, da atualização monetária;

VI — os juros, fixos ou flutuantes, que poderão ser renegociáveis, a critério das partes;

VII — a identificação dos créditos caucionados e seu valor;

VIII — o nome do titular; e

IX — cláusula à ordem, se endossável.

§ 2º (*redação da Lei 13.986, de 7.4.20*) A LCI poderá ser emitida sob a forma escritural, por meio do lançamento em sistema eletrônico do emissor, e deverá ser registrada ou depositada em entidade autorizada pelo Banco Central do Brasil a exercer a atividade de registro ou de depósito centralizado de ativos financeiros.

Art. 13. A LCI poderá ser atualizada mensalmente por índice de preços, desde que emitida com prazo mínimo de trinta e seis meses.

Parágrafo único. É vedado o pagamento dos valores relativos à atualização monetária apropriados desde a emissão, quando ocorrer o resgate antecipado, total ou parcial, em prazo inferior ao estabelecido neste artigo, da LCI emitida com previsão de atualização mensal por índice de preços.

Art. 14. A LCI poderá contar com garantia fidejussória adicional de instituição financeira.

Art. 15. A LCI poderá ser garantida por um ou mais créditos imobiliários, mas a soma do principal das LCI emitidas não poderá exceder o valor total dos créditos imobiliários em poder da instituição emitente.

§ 1º A LCI não poderá ter prazo de vencimento superior ao prazo de quaisquer dos créditos imobiliários que lhe servem de lastro.

§ 2º O crédito imobiliário caucionado poderá ser substituído por outro crédito da mesma natureza por iniciativa do emitente da LCI, nos casos de liquidação ou vencimento antecipados do crédito, ou por solicitação justificada do credor da letra.

Art. 16. O endossante da LCI responderá pela veracidade do título, mas contra ele não será admitido direito de cobrança regressiva.

Art. 17 (*redação da Lei 13.097, de 19.1.15*). O Conselho Monetário Nacional poderá estabelecer o prazo mínimo e outras condições para emissão e resgate de LCI, observado o disposto no art. 13 desta Lei, podendo inclusive diferenciar tais condições de acordo com o tipo de indexador adotado contratualmente.

Capítulo III | DA CÉDULA DE CRÉDITO IMOBILIÁRIO

Art. 18. É instituída a Cédula de Crédito Imobiliário — CCI para representar créditos imobiliários.

§ 1º A CCI será emitida pelo credor do crédito imobiliário e poderá ser integral, quando representar a totalidade do crédito, ou fracionária, quando representar parte dele, não podendo a soma das CCI fracionárias emitidas em relação a cada crédito exceder o valor total do crédito que elas representam.

§ 2º As CCI fracionárias poderão ser emitidas simultaneamente ou não, a qualquer momento antes do vencimento do crédito que elas representam.

§ 3º A CCI poderá ser emitida com ou sem garantia, real ou fidejussória, sob a forma escritural ou cartular.

§ 4º (*redação da Lei 13.986, de 7.4.20*) A emissão da CCI sob a forma escritural ocorrerá por meio de escritura pública ou instrumento particular, que permanecerá custodiado em instituição financeira.

§ 4º-A (*redação da Lei 13.986, de 7.4.20*). A negociação da CCI emitida sob forma escritural ou a substituição da instituição custodiante de que trata o § 4º deste artigo será precedida de registro ou depósito em entidade autorizada pelo Banco Central do Brasil a exercer a atividade de registro ou de depósito centralizado de ativos financeiros.

§ 4º-B (*redação da Lei 13.986, de 7.4.20*). O Conselho Monetário Nacional poderá estabelecer as condições para o registro e o depósito centralizado de CCI e a obrigatoriedade de depósito da CCI em entidade autorizada pelo Banco Central do Brasil a exercer a atividade de depósito centralizado de ativos financeiros.

§ 4º-C (*redação da Lei 13.986, de 7.4.20*). Na hipótese de a CCI ser liquidada antes de ser negociada, a instituição custodiante declarará a inexistência do registro ou do depósito de que trata o § 4º-A deste artigo, para fins do disposto no art. 24 desta Lei.

§ 5º Sendo o crédito imobiliário garantido por direito real, a emissão da CCI será averbada no Registro de Imóveis da situação do imóvel, na respectiva matrícula, devendo dela constar, exclusivamente, o número, a série e a instituição custodiante.

§ 6º A averbação da emissão da CCI e o registro da garantia do crédito respectivo, quando solicitados simultaneamente, serão considerados como ato único para efeito de cobrança de emolumentos.

§ 7º A constrição judicial que recaia sobre crédito representado por CCI será efetuada nos registros da instituição custodiante ou mediante apreensão da respectiva cártula.

§ 8º O credor da CCI deverá ser imediatamente intimado de constrição judicial que recaia sobre a garantia real do crédito imobiliário representado por aquele título.

§ 9º No caso de CCI emitida sob a forma escritural, caberá à instituição custodiante identificar o credor, para o fim da intimação prevista no § 8º.

Art. 19. A CCI deverá conter:

I — a denominação "Cédula de Crédito Imobiliário", quando emitida cartularmente;

II — o nome, a qualificação e o endereço do credor e do devedor e, no caso de emissão escritural, também o do custodiante;

III — a identificação do imóvel objeto do crédito imobiliário, com a indicação da respectiva matrícula no Registro de Imóveis competente e do registro da constituição da garantia, se for o caso;

IV — a modalidade da garantia, se for o caso;

V — o número e a série da cédula;

VI — o valor do crédito que representa;

VII — a condição de integral ou fracionária e, nessa última hipótese, também a indicação da fração que representa;

VIII — o prazo, a data de vencimento, o valor da prestação total, nela incluídas as parcelas de amortização e juros, as taxas, seguros e demais encargos contratuais de responsabilidade do devedor, a forma de reajuste e o valor das multas previstas contratualmente, com a indicação do local de pagamento;

IX — o local e a data da emissão;

X — a assinatura do credor, quando emitida cartularmente;

XI — a autenticação pelo Oficial do Registro de Imóveis competente, no caso de contar com garantia real; e

XII — cláusula à ordem, se endossável.

Art. 20. A CCI é título executivo extrajudicial, exigível pelo valor apurado de acordo com as cláusulas e condições pactuadas no contrato que lhe deu origem.

Parágrafo único. O crédito representado pela CCI será exigível mediante ação de execução, ressalvadas as hipóteses em que a lei determine procedimento especial, judicial ou extrajudicial para satisfação do crédito e realização da garantia.

Art. 21. A emissão e a negociação de CCI independe de autorização do devedor do crédito imobiliário que ela representa.

Art. 22 (*redação da Lei 13.986, de 7.4.20*). A cessão do crédito representado por CCI poderá ocorrer por meio de sistema de entidade autorizada pelo Banco Central do Brasil a exercer a atividade de depósito centralizado de ativos financeiros na qual a CCI tenha sido depositada.

§ 1º A cessão do crédito representado por CCI implica automática transmissão das respectivas garantias ao cessionário, sub-rogando-o em todos os direitos representados pela cédula, ficando o cessionário, no caso de contrato de alienação fiduciária, investido na propriedade fiduciária.

§ 2º A cessão de crédito garantido por direito real, quando representado por CCI emitida sob a forma escritural, está dispensada de averbação no Registro de Imóveis, aplicando-se, no que esta Lei não contrarie, o disposto nos arts. 286 e seguintes da Lei n. 10.406, de 10 de janeiro de 2002 — Código Civil Brasileiro.

Art. 23 (*redação da Lei 13.986, de 7.4.20*). A CCI, objeto de securitização nos termos da Lei n. 9.514, de 20 de novembro de 1997, será identificada no respectivo Termo de Securitização de Créditos, mediante indicação do seu valor, número, série e instituição custodiante, dispensada a enunciação das informações já constantes da Cédula, ou nos controles das entidades mencionadas no § 4º-A do art. 18 desta Lei.

Parágrafo único. O regime fiduciário de que trata a Seção VI do Capítulo I da Lei n. 9.514, de 1997, no caso de emissão de Certificados de Recebíveis Imobiliários lastreados em créditos representados por CCI, será registrado na instituição custodiante, mencionando o patrimônio separado a que estão afetados, não se aplicando o disposto no parágrafo único do art. 10 da mencionada Lei.

Art. 24. O resgate da dívida representada pela CCI prova-se com a declaração de quitação, emitida pelo credor, ou, na falta desta, por outros meios admitidos em direito.

Art. 25. É vedada a averbação da emissão de CCI com garantia real quando houver prenotação ou registro de qualquer outro ônus real sobre os direitos imobiliários respectivos, inclusive penhora ou averbação de qualquer mandado ou ação judicial.

Capítulo IV | DA CÉDULA DE CRÉDITO BANCÁRIO[1]

CAP. IV: 1. "A cédula de crédito bancário como título executivo extrajudicial no direito brasileiro", por Humberto Theodoro Jr. (RJ 362/11).

Art. 26. A Cédula de Crédito Bancário é título de crédito emitido, por pessoa física ou jurídica, em favor de instituição financeira ou de entidade a esta equiparada, representando promessa de pagamento em dinheiro, decorrente de operação de crédito, de qualquer modalidade.

§ 1º A instituição credora deve integrar o Sistema Financeiro Nacional, sendo admitida a emissão da Cédula de Crédito Bancário em favor de instituição domiciliada no exterior, desde que a obrigação esteja sujeita exclusivamente à lei e ao foro brasileiros.

§ 2º A Cédula de Crédito Bancário em favor de instituição domiciliada no exterior poderá ser emitida em moeda estrangeira.

Art. 27. A Cédula de Crédito Bancário poderá ser emitida, com ou sem garantia, real ou fidejussória, cedularmente constituída.

Parágrafo único. A garantia constituída será especificada na Cédula de Crédito Bancário, observadas as disposições deste Capítulo e, no que não forem com elas conflitantes, as da legislação comum ou especial aplicável.

Art. 27-A (*redação da Lei 13.986, de 7.4.20*). A Cédula de Crédito Bancário poderá ser emitida sob a forma escritural, por meio do lançamento em sistema eletrônico de escrituração.

Parágrafo único (*redação da Lei 13.986, de 7.4.20*). O sistema eletrônico de escrituração de que trata o *caput* deste artigo será mantido em instituição financeira ou em outra entidade autorizada pelo Banco Central do Brasil a exercer a atividade de escrituração eletrônica.

Art. 27-B (*redação da Lei 13.986, de 7.4.20*). Compete ao Banco Central do Brasil:

I (*redação da Lei 13.986, de 7.4.20*) — estabelecer as condições para o exercício da atividade de escrituração eletrônica de que trata o parágrafo único do art. 27-A desta Lei; e

II (*redação da Lei 13.986, de 7.4.20*) — autorizar e supervisionar o exercício da atividade prevista no inciso I do *caput* deste artigo.

§ 1º (*redação da Lei 13.986, de 7.4.20*) A autorização de que trata o parágrafo único do art. 27-A desta Lei poderá, a critério do Banco Central do Brasil, ser concedida por segmento, por espécie ou por grupos de entidades que atendam a critérios específicos, dispensada a concessão de autorização individualizada.

§ 2º (*redação da Lei 13.986, de 7.4.20*) As infrações às normas legais e regulamentares que regem a atividade de escrituração eletrônica sujeitam a entidade responsável pelo sistema eletrônico de escrituração, os seus administradores e os membros de seus órgãos estatutários ou contratuais ao disposto na Lei n. 13.506, de 13 de novembro de 2017.

Art. 27-C (*redação da Lei 13.986, de 7.4.20*). A entidade responsável pelo sistema eletrônico de escrituração de que trata o art. 27-A desta Lei expedirá, mediante solicitação de seu titular, certidão de inteiro teor do título, a qual corresponderá a título executivo extrajudicial.

Parágrafo único (*redação da Lei 13.986, de 7.4.20*). A certidão de que trata o *caput* deste artigo poderá ser emitida na forma eletrônica, observados os requisitos de segurança que garantam a autenticidade e a integridade do documento.

Art. 27-D (*redação da Lei 13.986, de 7.4.20*). O Banco Central do Brasil poderá regulamentar a emissão, a assinatura, a negociação e a liquidação da Cédula de Crédito Bancário emitida sob a forma escritural.

Art. 28. A Cédula de Crédito Bancário é título executivo extrajudicial e representa dívida em dinheiro, certa, líquida e exigível, seja pela soma nela indicada, seja pelo saldo devedor demonstrado em planilha de cálculo, ou nos extratos da conta corrente, elaborados conforme previsto no § 2º.[1]

§ 1º Na Cédula de Crédito Bancário poderão ser pactuados:

I — os juros sobre a dívida, capitalizados ou não, os critérios de sua incidência e, se for o caso, a periodicidade de sua capitalização, bem como as despesas e os demais encargos decorrentes da obrigação.

II — os critérios de atualização monetária ou de variação cambial como permitido em lei;

III — os casos de ocorrência de mora e de incidência das multas e penalidades contratuais, bem como as hipóteses de vencimento antecipado da dívida;

IV — os critérios de apuração e de ressarcimento, pelo emitente ou por terceiro garantidor, das despesas de cobrança da dívida e dos honorários advocatícios, judiciais ou extrajudiciais, sendo que os honorários advocatícios extrajudiciais não poderão superar o limite de dez por cento do valor total devido;

V — quando for o caso, a modalidade de garantia da dívida, sua extensão e as hipóteses de substituição de tal garantia;

VI — as obrigações a serem cumpridas pelo credor;

VII — a obrigação do credor de emitir extratos da conta-corrente ou planilhas de cálculo da dívida, ou de seu saldo devedor, de acordo com os critérios estabelecidos na própria Cédula de Crédito Bancário, observado o disposto no § 2º; e

VIII — outras condições de concessão do crédito, suas garantias ou liquidação, obrigações adicionais do emitente ou do terceiro garantidor da obrigação, desde que não contrariem as disposições desta Lei.

§ 2º Sempre que necessário, a apuração do valor exato da obrigação, ou de seu saldo devedor, representado pela Cédula de Crédito Bancário, será feita pelo credor, por meio de planilha de cálculo e, quando for o caso, de extrato emitido pela instituição financeira, em favor da qual a Cédula de Crédito Bancário foi originalmente emitida, documentos esses que integrarão a Cédula, observado que:

I — os cálculos realizados deverão evidenciar de modo claro, preciso e de fácil entendimento e compreensão, o valor principal da dívida, seus encargos e despesas contratuais devidos, a parcela de juros e os critérios de sua incidência, a parcela de atualização monetária ou cambial, a parcela correspondente a multas e demais penalidades contratuais, as despesas de cobrança e de honorários advocatícios devidos até a data do cálculo e, por fim, o valor total da dívida; e

II — a Cédula de Crédito Bancário representativa de dívida oriunda de contrato de abertura de crédito bancário em conta-corrente será emitida pelo valor total do crédito posto à disposição do emitente, competindo ao credor, nos termos deste parágrafo, discriminar nos extratos da conta-corrente ou nas planilhas de cálculo, que serão anexados a Cédula, as parcelas utilizadas do crédito aberto, os aumentos do limite do crédito inicialmente concedido, as eventuais amortizações da dívida e a incidência dos encargos nos vários períodos de utilização do crédito aberto.

§ 3º O credor que, em ação judicial, cobrar o valor do crédito exequendo em desacordo com o expresso na Cédula de Crédito Bancário, fica obrigado a pagar ao devedor o dobro do cobrado a maior, que poderá ser compensado na própria ação, sem prejuízo da responsabilidade por perdas e danos.

Art. 28: 1. "A cédula de crédito bancário, mesmo quando o valor nela expresso seja oriundo de saldo devedor em **contrato de abertura de crédito em conta corrente,** tem natureza de título executivo" (STJ-4ª T., REsp 1.038.215-AgRg, Min. Maria Isabel, j. 26.10.10, DJ 19.11.10). No mesmo sentido: STJ-3ª T., REsp 1.330.460-AgRg, Min. Ricardo Cueva, j. 20.8.13, DJ 29.8.13; RT 925/1.020 (TJPE, Ag 0277508-4/01).

"A Lei 10.931/04 estabelece que a Cédula de Crédito Bancário é título executivo extrajudicial, representativo de operações de crédito de qualquer natureza, circunstância que autoriza sua emissão para documentar a abertura de crédito em conta corrente, nas modalidades de crédito rotativo ou cheque especial. Para tanto, o título de crédito deve vir acompanhado de claro demonstrativo acerca dos valores utilizados pelo cliente, trazendo o diploma legal a relação de exigências que o credor deverá cumprir, de modo a conferir liquidez e exequibilidade à Cédula (art. 28, § 2º, I e II, da Lei 10.931/04)" (STJ-2ª Seção, REsp 1.283.621, Min. Luis Felipe, j. 23.5.12, DJ 18.6.12).

Art. 29. A Cédula de Crédito Bancário deve conter os seguintes requisitos essenciais:

I — a denominação "Cédula de Crédito Bancário";

II — a promessa do emitente de pagar a dívida em dinheiro, certa, líquida e exigível no seu vencimento ou, no caso de dívida oriunda de contrato de abertura de crédito bancário, a promessa do emitente de pagar a dívida em dinheiro, certa, líquida e exigível, correspondente ao crédito utilizado;

III — a data e o lugar do pagamento da dívida e, no caso de pagamento parcelado, as datas e os valores de cada prestação, ou os critérios para essa determinação;

IV — o nome da instituição credora, podendo conter cláusula à ordem;

V — a data e o lugar de sua emissão; e

VI — a assinatura do emitente e, se for o caso, do terceiro garantidor da obrigação, ou de seus respectivos mandatários.

§ 1º A Cédula de Crédito Bancário será transferível mediante endosso em preto, ao qual se aplicarão, no que couberem, as normas do direito cambiário, caso em que o endossatário, mesmo não sendo instituição financeira ou entidade a ela equiparada, poderá exercer todos os direitos por ela conferidos, inclusive cobrar os juros e demais encargos na forma pactuada na Cédula.

§ 2º (*redação da Lei 13.986, de 7.4.20*) Na hipótese de emissão sob a forma cartular, a Cédula de Crédito Bancário será emitida em tantas vias quantas forem as partes que nela intervierem, assinadas pelo emitente e pelo terceiro garantidor, se houver, ou por seus respectivos mandatários, e cada parte receberá uma via.

§ 3º Somente a via do credor será negociável, devendo constar nas demais vias a expressão "não negociável".

§ 4º A Cédula de Crédito Bancário pode ser aditada, retificada e ratificada mediante documento escrito, datado, com os requisitos previstos no *caput*, passando esse documento a integrar a Cédula para todos os fins.

§ 5º (*redação da Lei 13.986, de 7.4.20*) A assinatura de que trata o inciso VI do *caput* deste artigo poderá ocorrer sob a forma eletrônica, desde que garantida a identificação inequívoca de seu signatário.

Art. 30. A constituição de garantia da obrigação representada pela Cédula de Crédito Bancário é disciplinada por esta Lei, sendo aplicáveis as disposições da legislação comum ou especial que não forem com elas conflitantes.

Art. 31. A garantia da Cédula de Crédito Bancário poderá ser fidejussória ou real,[1] neste último caso constituída por bem patrimonial de qualquer espécie, disponível e alienável, móvel ou imóvel, material ou imaterial, presente ou futuro, fungível ou infungível, consumível ou não, cuja titularidade pertença ao próprio emitente ou a terceiro garantidor da obrigação principal.

Art. 31: 1. "O art. 31 da Lei 10.931/2004, ao estabelecer que 'a garantia da Cédula de Crédito Bancário poderá ser fidejussória ou real', não veda a constituição de **mais de uma garantia"** (STJ-4ª T., REsp 1.685.259-AgInt, Min. Isabel Gallotti, j. 24.4.18, DJ 3.5.18).

Art. 32. A constituição da garantia poderá ser feita na própria Cédula de Crédito Bancário ou em documento separado, neste caso fazendo-se, na Cédula, menção a tal circunstância.

Art. 33. O bem constitutivo da garantia deverá ser descrito e individualizado de modo que permita sua fácil identificação.

Parágrafo único. A descrição e individualização do bem constitutivo da garantia poderá ser substituída pela remissão a documento ou certidão expedida por entidade competente, que integrará a Cédula de Crédito Bancário para todos os fins.

Art. 34. A garantia da obrigação abrangerá, além do bem principal constitutivo da garantia, todos os seus acessórios, benfeitorias de qualquer espécie, valorizações a qualquer título, frutos e qualquer bem vinculado ao bem principal por acessão física, intelectual, industrial ou natural.

§ 1º O credor poderá averbar, no órgão competente para o registro do bem constitutivo da garantia, a existência de qualquer outro bem por ela abrangido.

§ 2º Até a efetiva liquidação da obrigação garantida, os bens abrangidos pela garantia não poderão, sem prévia autorização escrita do credor, ser alterados, retirados, deslocados ou destruídos, nem poderão ter sua destinação modificada, exceto quando a garantia for constituída por semoventes ou por veículos, automotores ou não, e a remoção ou o deslocamento desses bens for inerente à atividade do emitente da Cédula de Crédito Bancário, ou do terceiro prestador da garantia.

Art. 35. Os bens constitutivos de garantia pignoratícia ou objeto de alienação fiduciária poderão, a critério do credor, permanecer sob a posse direta do emitente ou do terceiro prestador da garantia, nos termos da cláusula de constituto possessório, caso em que as partes deverão especificar o local em que o bem será guardado e conservado até a efetiva liquidação da obrigação garantida.

§ 1º O emitente e, se for caso, o terceiro prestador da garantia responderão solidariamente pela guarda e conservação do bem constitutivo da garantia.

§ 2º Quando a garantia for prestada por pessoa jurídica, esta indicará representantes para responder nos termos do § 1º.

Art. 36. O credor poderá exigir que o bem constitutivo da garantia seja coberto por seguro até a efetiva liquidação da obrigação garantida, em que o credor será indicado como exclusivo beneficiário da apólice securitária e estará autorizado a receber a indenização para liquidar ou amortizar a obrigação garantida.

Art. 37. Se o bem constitutivo da garantia for desapropriado, ou se for danificado ou perecer por fato imputável a terceiro, o credor sub-rogar-se-á no direito à indenização devida pelo expropriante ou pelo terceiro causador do dano, até o montante necessário para liquidar ou amortizar a obrigação garantida.

Art. 38. Nos casos previstos nos arts. 36 e 37 desta Lei, facultar-se-á ao credor exigir a substituição da garantia, ou o seu reforço, renunciando ao direito à percepção do valor relativo à indenização.

Art. 39. O credor poderá exigir a substituição ou o reforço da garantia, em caso de perda, deterioração ou diminuição de seu valor.

Parágrafo único. O credor notificará por escrito o emitente e, se for o caso, o terceiro garantidor, para que substituam ou reforcem a garantia no prazo de quinze dias, sob pena de vencimento antecipado da dívida garantida.

Art. 40. Nas operações de crédito rotativo, o limite de crédito concedido será recomposto, automaticamente e durante o prazo de vigência da Cédula de Crédito Bancário, sempre que o devedor, não estando em mora ou inadimplente, amortizar ou liquidar a dívida.

Art. 41. A Cédula de Crédito Bancário poderá ser protestada por indicação, desde que o credor apresente declaração de posse da sua única via negociável, inclusive no caso de protesto parcial.

Art. 42. A validade e eficácia da Cédula de Crédito Bancário não dependem de registro, mas as garantias reais, por ela constituídas, ficam sujeitas, para valer contra terceiros, aos registros ou averbações previstos na legislação aplicável, com as alterações introduzidas por esta Lei.

Art. 42-A (*redação da Lei 13.986, de 7.4.20*). Na hipótese de Cédula de Crédito Bancário emitida sob a forma escritural, o sistema eletrônico de escrituração de que trata o art. 27-A desta Lei fará constar:

I (*redação da Lei 13.986, de 7.4.20*) — a emissão do título, com seus requisitos essenciais;

II (*redação da Lei 13.986, de 7.4.20*) — a forma de pagamento ajustada no título;

III (*redação da Lei 13.986, de 7.4.20*) — o endosso em preto de que trata o § 1º do art. 29 desta Lei e a cadeia de endossos, se houver;

IV (*redação da Lei 13.986, de 7.4.20*) — os aditamentos, as retificações e as ratificações de que trata o § 4º do art. 29 desta Lei;

V (*redação da Lei 13.986, de 7.4.20*) — a inclusão de notificações, de cláusulas contratuais, de informações, inclusive sobre o fracionamento, quando houver, ou de outras declarações referentes à Cédula de Crédito Bancário ou ao certificado de que trata o art. 43 desta Lei; e

VI (*redação da Lei 13.986, de 7.4.20*) — as ocorrências de pagamento, se houver.

§ 1º (*redação da Lei 13.986, de 7.4.20*) Na hipótese de serem constituídos garantias e quaisquer outros gravames e ônus, tais ocorrências serão informadas no sistema eletrônico de escrituração de que trata o art. 27-A desta Lei.

§ 2º (*redação da Lei 13.986, de 7.4.20*) As garantias dadas na Cédula de Crédito Bancário ou, ainda, a constituição de gravames e ônus sobre o título deverão ser informadas no sistema ao qual se refere o art. 27-A desta Lei.

Art. 42-B (*redação da Lei 13.986, de 7.4.20*). Para fins da cobrança de emolumentos e custas cartorárias relacionadas ao registro da garantia, fica a Cédula de Crédito Bancário, quando utilizada para a formalização de operações de crédito rural, equiparada à Cédula de Crédito Rural de que trata o Decreto-Lei n. 167, de 14 de fevereiro de 1967.

Art. 43 (*redação da Lei 13.986, de 7.4.20*). As instituições financeiras, nas condições estabelecidas pelo Conselho Monetário Nacional, poderão emitir título representativo das Cédulas de Crédito Bancário por elas mantidas em custódia, do qual constarão:

I — o local e a data da emissão;

II (*redação da Lei 13.986, de 7.4.20*) — o nome e a qualificação do custodiante das Cédulas de Crédito Bancário;

III — a denominação "Certificado de Cédulas de Crédito Bancário";

IV (*redação da Lei 13.986, de 7.4.20*) — a especificação das cédulas custodiadas, o nome dos seus emitentes e o valor, o lugar e a data do pagamento do crédito por elas incorporado;

V — o nome da instituição emitente;

VI (*redação da Lei 13.986, de 7.4.20*) — a declaração de que a instituição financeira, na qualidade e com as responsabilidades de custodiante e mandatária do titular do certificado, promoverá a cobrança das Cédulas de Crédito Bancário, e a declaração de que as cédulas custodiadas, o produto da cobrança do seu principal e os seus encargos serão entregues ao titular do certificado somente com a apresentação deste;

VII (*redação da Lei 13.986, de 7.4.20*) — o lugar da entrega do objeto da custódia; e

VIII (*redação da Lei 13.986, de 7.4.20*) — a remuneração devida à instituição financeira pela custódia das cédulas objeto da emissão do certificado, se convencionada.

§ 1º (*redação da Lei 13.986, de 7.4.20*) A instituição financeira responderá pela origem e pela autenticidade das Cédulas de Crédito Bancário nela custodiadas.

§ 2º Emitido o certificado, as Cédulas de Crédito Bancário e as importâncias recebidas pela instituição financeira a título de pagamento do principal e de encargos não poderão ser objeto de penhora, arresto, sequestro, busca e apreensão, ou qualquer outro embaraço que impeça a sua entrega ao titular do certificado, mas este poderá ser objeto de penhora, ou de qualquer medida cautelar por obrigação do seu titular.

§ 3º (*redação da Lei 13.986, de 7.4.20*) O certificado poderá ser emitido sob forma escritural, por meio do lançamento no sistema eletrônico de escrituração, hipótese em que se aplica, no que couber, com as devidas adaptações, o disposto nos arts. 27-A, 27-B, 27-C, 27-D e 42-A desta Lei.

§ 4º (*redação da Lei 13.986, de 7.4.20*) O certificado será transferido somente por meio de endosso, ainda que por intermédio de sistema eletrônico de escrituração, hipótese em que a transferência deverá ser datada e assinada por seu titular ou mandatário com poderes especiais e, na hipótese de certificado cartular, averbada na instituição financeira emitente, no prazo de 2 (dois) dias, contado da data do endosso.

§ 5º As despesas e os encargos decorrentes da transferência e averbação do certificado serão suportados pelo endossatário ou cessionário, salvo convenção em contrário.

§ 6º (*redação da Lei 13.986, de 7.4.20*) O endossatário do certificado, ainda que não seja instituição financeira ou entidade a ela equiparada, fará jus a todos os direitos nele previstos, incluídos a cobrança de juros e os demais encargos.

§ 7º (*redação da Lei 13.986, de 7.4.20*) O certificado poderá representar:

I (*redação da Lei 13.986, de 7.4.20*) — uma única cédula;

II (*redação da Lei 13.986, de 7.4.20*) — um agrupamento de cédulas; ou

III (*redação da Lei 13.986, de 7.4.20*) — frações de cédulas.

§ 8º (*redação da Lei 13.986, de 7.4.20*) Na hipótese de que trata o inciso III do § 7º deste artigo, o certificado somente poderá representar frações de Cédulas de Crédito Bancário emitidas sob forma escritural, e essa informação deverá constar do sistema de que trata o § 3º deste artigo.

Art. 44. Aplica-se às Cédulas de Crédito Bancário, no que não contrariar o disposto nesta Lei, a legislação cambial,[1-2] dispensado o protesto para garantir o direito de cobrança contra endossantes, seus avalistas e terceiros garantidores.

Art. 44: 1. v. tít. LETRA DE CÂMBIO E NOTA PROMISSÓRIA.

Art. 44: 2. "Nos termos do que dispõe o art. 44 da Lei 10.931/2004, aplica-se às Cédulas de Crédito Bancário, no que couber, a legislação cambial, de modo que se mostra de rigor a incidência do art. 70 da LUG, que prevê o

prazo prescricional de 3 anos a contar do vencimento da dívida" (STJ-4ª T., Ag em REsp 353.702-AgRg, Min. Luis Felipe, j. 15.5.14, DJ 22.5.14).

Art. 45. Os títulos de crédito e direitos creditórios, representados sob a forma escritural ou física, que tenham sido objeto de desconto, poderão ser admitidos a redesconto junto ao Banco Central do Brasil, observando-se as normas e instruções baixadas pelo Conselho Monetário Nacional.

§ 1º Os títulos de crédito e os direitos creditórios de que trata o *caput* considerar-se-ão transferidos, para fins de redesconto, à propriedade do Banco Central do Brasil, desde que inscritos em termo de tradição eletrônico constante do Sistema de Informações do Banco Central — SISBACEN, ou, ainda, no termo de tradição previsto no § 1º do art. 5º do Decreto n. 21.499, de 9 de junho de 1932, com a redação dada pelo art. 1º do Decreto n. 21.928, de 10 de outubro de 1932.

§ 2º Entendem-se inscritos nos termos de tradição referidos no § 1º os títulos de crédito e direitos creditórios neles relacionados e descritos, observando-se os requisitos, os critérios e as formas estabelecidas pelo Conselho Monetário Nacional.

§ 3º A inscrição produzirá os mesmos efeitos jurídicos do endosso, somente se aperfeiçoando com o recebimento, pela instituição financeira proponente do redesconto, de mensagem de aceitação do Banco Central do Brasil, ou, não sendo eletrônico o termo de tradição, após a assinatura das partes.

§ 4º Os títulos de crédito e documentos representativos de direitos creditórios, inscritos nos termos de tradição, poderão, a critério do Banco Central do Brasil, permanecer na posse direta da instituição financeira beneficiária do redesconto, que os guardará e conservará em depósito, devendo proceder, como comissária *del credere*, à sua cobrança judicial ou extrajudicial.

Art. 45-A (*redação da Lei 13.986, de 7.4.20*). Para fins do disposto no § 1º do art. 2º da Lei n. 6.385, de 7 de dezembro de 1976, a Cédula de Crédito Bancário, o Certificado de Cédulas de Crédito Bancário e a Cédula de Crédito Imobiliário são títulos cambiais de responsabilidade de instituição financeira ou de entidade autorizada a funcionar pelo Banco Central do Brasil, desde que a instituição financeira ou a entidade:

I (*redação da Lei 13.986, de 7.4.20*) — seja titular dos direitos de crédito por eles representados;

II (*redação da Lei 13.986, de 7.4.20*) — preste garantia às obrigações por eles representadas; ou

III (*redação da Lei 13.986, de 7.4.20*) — realize, até a liquidação final dos títulos, o serviço de monitoramento dos fluxos de recursos entre credores e devedores e de eventuais inadimplementos.

Capítulo V | DOS CONTRATOS DE FINANCIAMENTO DE IMÓVEIS

Art. 46. Nos contratos de comercialização de imóveis, de financiamento imobiliário em geral e nos de arrendamento mercantil de imóveis, bem como nos títulos e valores mobiliários por eles originados, com prazo mínimo de trinta e seis meses, é admitida estipulação de cláusula de reajuste, com periodicidade mensal, por índices de preços setoriais ou gerais ou pelo índice de remuneração básica dos depósitos de poupança.

§ 1º É vedado o pagamento dos valores relativos à atualização monetária apropriados nos títulos e valores mobiliários, quando ocorrer o resgate antecipado, total ou parcial, em prazo inferior ao estabelecido no *caput*.

§ 2º Os títulos e valores mobiliários a que se refere o *caput* serão cancelados pelo emitente na hipótese de resgate antecipado em que o prazo a decorrer for inferior a trinta e seis meses.

§ 3º Não se aplica o disposto no § 1º, no caso de quitação ou vencimento antecipados dos créditos imobiliários que lastreiem ou tenham originado a emissão dos títulos e valores mobiliários a que se refere o *caput*.

Art. 47. São nulos de pleno direito quaisquer expedientes que, de forma direta ou indireta, resultem em efeitos equivalentes à redução do prazo mínimo de que trata o *caput* do art. 46.

Parágrafo único. O Conselho Monetário Nacional poderá disciplinar o disposto neste artigo.

Art. 48. Fica vedada a celebração de contratos com cláusula de equivalência salarial ou de comprometimento de renda, bem como a inclusão de cláusulas desta espécie em contratos já firmados, mantidas, para os contratos firmados até a data de entrada em vigor da Medida Provisória n. 2.223, de 4 de setembro de 2001, as disposições anteriormente vigentes.

Art. 49. No caso do não pagamento tempestivo, pelo devedor, dos tributos e das taxas condominiais incidentes sobre o imóvel objeto do crédito imobiliário respectivo, bem como das parcelas mensais incontroversas de encargos estabelecidos no respectivo contrato e de quaisquer outros encargos que a lei imponha ao proprietário ou ao ocupante de imóvel, poderá o juiz, a requerimento do credor, determinar a cassação de medida liminar, de medida cautelar ou de antecipação dos efeitos da tutela que tenha interferido na eficácia de cláusulas do contrato de crédito imobiliário correspondente ou suspendido encargos dele decorrentes.

Art. 50. Nas ações judiciais que tenham por objeto obrigação decorrente de empréstimo, financiamento ou alienação imobiliários, o autor deverá discriminar na petição inicial, dentre as obrigações contratuais, aquelas que pretende controverter, quantificando o valor incontroverso, sob pena de inépcia.[1]

§ 1º O valor incontroverso[2] deverá continuar sendo pago no tempo e modo contratados.

§ 2º A exigibilidade do valor controvertido poderá ser suspensa mediante depósito do montante correspondente, no tempo e modo contratados.

§ 3º Em havendo concordância do réu, o autor poderá efetuar o depósito de que trata o § 2º deste artigo, com remuneração e atualização nas mesmas condições aplicadas ao contrato:

I — na própria instituição financeira credora, oficial ou não; ou

II — em instituição financeira indicada pelo credor, oficial ou não, desde que estes tenham pactuado nesse sentido.

§ 4º O juiz poderá dispensar o depósito de que trata o § 2º em caso de relevante razão de direito e risco de dano irreparável ao autor, por decisão fundamentada na qual serão detalhadas as razões jurídicas e fáticas da ilegitimidade da cobrança no caso concreto.

§ 5º É vedada a suspensão liminar da exigibilidade da obrigação principal sob a alegação de compensação com valores pagos a maior, sem o depósito do valor integral desta.

✎ **Art. 50: 1.** "A revisão dos contratos de crédito imobiliário à luz do art. 50 da Lei 10.931/04", por Eduardo de Sampaio Soares e Jurandyr Souza Junior (RP 140/86).

✎ **Art. 50: 2.** "Matéria incontroversa na Lei 10.931/04, sobre financiamento imobiliário", por Ruy Rosado de Aguiar Júnior (Ajuris 100/317); "Boa-fé objetiva e adimplemento da obrigação incontroversa. Notas sobre os arts. 49 e 50 da Lei 10.931/2004", por Luiz Rodrigues Wambier (RT 846/117, RJ 341/27, RP 143/26).

Art. 51. Sem prejuízo das disposições do Código Civil, as obrigações em geral também poderão ser garantidas, inclusive por terceiros, por cessão fiduciária de direitos creditórios decorrentes de contratos de alienação de imóveis, por caução de direitos creditórios ou aquisitivos decorrentes de contratos de venda ou promessa de venda de imóveis e por alienação fiduciária de coisa imóvel.

Art. 52. Uma vez protocolizados todos os documentos necessários à averbação ou ao registro dos atos e dos títulos a que se referem esta Lei e a Lei n. 9.514, de 1997, o oficial de Registro de Imóveis procederá ao registro ou à averbação, dentro do prazo de quinze dias.

Capítulo VI | DISPOSIÇÕES FINAIS

ALTERAÇÕES DA LEI DE INCORPORAÇÕES

Art. 53. O Título II da Lei n. 4.591, de 16 de dezembro de 1964, passa a vigorar acrescido dos seguintes Capítulo e artigos:

.... 1

Art. 53: 1. v. LCE 31-A a 31-F.

Art. 54. A Lei n. 4.591, de 1964, passa a vigorar com as seguintes alterações:

.... 1

Art. 54: 1. LCE 32 § 2º, 43-VII e 50 e § 2º.

ALTERAÇÕES DE LEIS SOBRE ALIENAÇÃO FIDUCIÁRIA

Art. 55. A Seção XIV da Lei n. 4.728, de 14 de julho de 1965, passa a vigorar com a seguinte redação:

.... 1

Art. 55: 1. v. Lei 4.728, de 14.7.65, Seç. XIV, no tít. ALIENAÇÃO FIDUCIÁRIA.

Art. 56. O Decreto-lei n. 911, de 1º de outubro de 1969, passa a vigorar com as seguintes alterações:

.... 1

Art. 56: 1. v., no tít. ALIENAÇÃO FIDUCIÁRIA, Dec. lei 911/69, art. 3º §§ 1º a 8º e art. 8º-A.

Art. 57. A Lei n. 9.514, de 1997, passa a vigorar com as seguintes alterações:

.... [1]

Art. 57: 1. v., no tít. ALIENAÇÃO FIDUCIÁRIA, Lei 9.514/97, art. 5º § 2º, art. 8º-I, art. 16 § 3º, art. 22 § ún., art. 26 §§ 7º e 8º, art. 27 §§ 7º e 8º, art. 37-A, art. 37-B, art. 38.

ALTERAÇÕES NO CÓDIGO CIVIL

Art. 58. A Lei n. 10.406, de 2002 — Código Civil passa a vigorar com as seguintes alterações:

.... [1]

Art. 58: 1. v. CC 1.331 § 3º, 1.336-I, 1.351, 1.368-A e 1.485.

ALTERAÇÕES NA LEI DE REGISTROS PÚBLICOS

Art. 59. A Lei n. 6.015, de 31 de dezembro de 1973, passa a vigorar com as seguintes alterações:

.... [1]

Art. 59: 1. v. LRP 167-II, n. 21, 212, 213, 214 §§ 1º a 5º.

ALTERAÇÃO NA LEI DO FGTS

Art. 60. O *caput* do art. 9º da Lei n. 8.036, de 11 de maio de 1990, passa a vigorar com a seguinte redação:

....

ALTERAÇÕES NA LEI DE LOCAÇÕES

Art. 61. A Lei n. 8.245, de 18 de outubro de 1991, passa a vigorar com as seguintes alterações:

.... [1-2]

Art. 61: 1. v. LI 32 § ún.

Art. 61: 2. O art. 39 da Lei 8.245 teve nova redação proposta por esta Lei, porém sofreu veto presidencial.

ALTERAÇÕES NA LEI DE PROTESTO DE TÍTULOS E DOCUMENTOS DE DÍVIDA

Art. 62. (VETADO)

NORMAS COMPLEMENTARES A ESTA LEI

Art. 63. Nas operações envolvendo recursos do Sistema Financeiro da Habitação e do Sistema Financeiro Imobiliário, relacionadas com a moradia, é vedado cobrar do mutuário a elaboração de instrumento contratual particular, ainda que com força de escritura pública.

Art. 63-A (*revogado pela Lei 13.476, 28.8.17*).

Art. 64. (VETADO)

Art. 65. O Conselho Monetário Nacional e a Secretaria da Receita Federal, no âmbito das suas respectivas atribuições, expedirão as instruções que se fizerem necessárias à execução das disposições desta Lei.

VIGÊNCIA

Art. 66. Esta Lei entra em vigor na data de sua publicação.

REVOGAÇÕES

Art. 67. Ficam revogadas as Medidas Provisórias n. 2.160-25, de 23 de agosto de 2001, 2.221, de 4 de setembro de 2001, e 2.223, de 4 de setembro de 2001, e os arts. 66 e 66-A da Lei n. 4.728, de 14 de julho de 1965.

Brasília, 2 de agosto de 2004; 183º da Independência e 116º da República — LUIZ INÁCIO LULA DA SILVA — **Márcio Thomaz Bastos — Antonio Palocci Filho — Marina Silva — Olívio de Oliveira Dutra — José Dirceu de Oliveira e Silva — Álvaro Augusto Ribeiro Costa.**

Ementário Consumidor

— v. CF 5º-XXXII, 24-VIII, 170-V, ADCT 48.

Lei 6.463, de 9.11.77 — Torna obrigatória a declaração de preço total nas vendas a prestação, e dá outras providências (Lex 1977/851, RF 260/449, RDA 131/360, Bol. AASP 988/4, ínt.). O art. 1º-*caput* foi alterado pela **Lei 8.979, de 13.1.95** (Lex 1995/72). A Lei 6.463 foi regulamentada pela Portaria 75, de 3.2.78, e pela Portaria 203, de 10.4.78, ambas do Min. da Fazenda.

Lei 8.078, de 11.9.90 — Dispõe sobre a proteção do consumidor e dá outras providências (v. adiante, texto integral).

Lei 8.137, de 27.12.90 — Define crimes contra a ordem tributária, econômica e contra as relações de consumo, e dá outras providências (v. especialmente o art. 7º). Alterada pela **Lei 12.529, de 30.11.11**.

Lei 8.158, de 8.1.91 — Institui normas para a defesa da concorrência e dá outras providências (Lex 1991/7, RDA 183/293). Foi regulamentada pelo **Dec. 36, de 14.2.91** (Lex 1991/108, RDA 183/334). Revogada pela **Lei 8.884, de 11.6.94** (v. abaixo), art. 92.

Lei 8.656, de 21.5.93 — Altera dispositivo da Lei n. 8.078, de 11 de setembro de 1990, que dispõe sobre a proteção do consumidor, e dá outras providências (Lex 1993/380, Bol. AASP 1.797/5, Just. 162/161). Alterou o art. 57-*caput* do CDC e dispôs sobre processo de aplicação das sanções administrativas e atualização periódica das multas. O art. 1º da Lei 8.656 foi alterado e o art. 3º revogado pela Lei 8.703, de 6.9.93 (v. abaixo).

Lei 8.703, de 6.9.93 — Acrescenta parágrafo único ao art. 57 da Lei n. 8.078, de 11 de setembro de 1990, que dispõe sobre a proteção do consumidor, e revoga o art. 3º da Lei n. 8.656, de 21 de maio de 1993 (Lex 1993/717, RF 323/416, Just. 163/209).

Lei 8.884, de 11.6.94 — Transforma o Conselho Administrativo de Defesa Econômica — CADE em autarquia, dispõe sobre a prevenção e a repressão às infrações contra a ordem econômica, e dá outras providências. Alterou o art. 39-*caput* do CDC e lhe acrescentou incisos IX e X. Alterada pela **Lei 12.529, de 30.11.11**.

Lei 9.008, de 21.3.95 — Cria, na estrutura organizacional do Ministério da Justiça, o Conselho Federal de que trata o art. 13 da Lei n. 7.347, de 24 de julho de 1985, altera os arts. 4º, 39, 82, 91 e 98 da Lei n. 8.078, de 11 de setembro de 1990, e dá outras providências (Lex 1995/474).

Lei 9.298, de 1.8.96 — Altera a redação do § 1º do art. 52 da Lei n. 8.078, de 11 de setembro de 1990, que "dispõe sobre a proteção do consumidor e dá outras providências" (Lex 1996/1.860, RT 730/713, RF 335/495, RDA 205/387, Just. 175/183, Bol. AASP 1.964/2).

Dec. 2.181, de 20.3.97 — Dispõe sobre a organização do Sistema Nacional de Defesa do Consumidor — SNDC, estabelece as normas gerais de aplicação das sanções administrativas previstas na Lei n. 8.078, de 11 de setembro de 1990, revoga o Dec. n. 861, de 9 de julho de 1993, e dá outras providências.

Lei 9.870, de 23.11.99 — Dispõe sobre o valor total das anuidades escolares e dá outras providências (Lex 1999, 6.402). Acrescentou o inc. XIII ao art. 39 da Lei 8.078 (v. acima) e estabeleceu sobre legitimação à propositura das ações previstas na mesma lei (v. o art. 7º da Lei 9.870, no nosso CPCLPV, em CDC 82, nota 1b).

Dec. 5.440, de 4.5.05 — Estabelece definições e procedimentos sobre o controle de qualidade da água de sistemas de abastecimento e institui mecanismos e instrumentos para divulgação de informação ao consumidor sobre a qualidade da água para consumo humano (DOU 5.5.05).

Lei 11.785, de 22.9.08 — Altera o § 3º do art. 54 do CDC, para definir tamanho mínimo da fonte em contratos de adesão (DOU 23.9.08).

Lei 11.800, de 29.10.08 — Acrescenta parágrafo único ao art. 33 do CDC, para impedir que os fornecedores veiculem publicidade ao consumidor que aguarda, na linha telefônica, o atendimento de suas solicitações (DOU 30.10.08).

Lei 11.989, de 27.7.09 — Acrescenta parágrafo único ao art. 31 do CDC.

Lei 12.039, de 1.10.09 — Inclui art. 42-A no CDC.

Lei 12.414, de 9.6.11 — Disciplina a formação e consulta a bancos de dados com informações de adimplemento, de pessoas naturais ou de pessoas jurídicas, para formação de histórico de crédito (v., adiante, texto integral). Regulamentada pelo **Dec. 9.936, de 24.7.19.**

Lei 12.587, de 3.1.12 — Institui as diretrizes da Política Nacional de Mobilidade Urbana.

Lei 12.741, de 8.12.12 — Dispõe sobre as medidas de esclarecimento ao consumidor, de que trata o § 5º do art. 150 da Constituição Federal; altera o inciso III do art. 6º do CDC. **Nota:** em vigor 6 (seis) meses após a sua publicação (DOU 10.12.12). Regulamentada pelo **Dec. 8.264, de 5.6.14.**

Dec. 7.962, de 15.3.13 — Regulamenta o CDC, para dispor sobre a contratação no comércio eletrônico (v., adiante, texto integral).

Lei 13.146, de 6.7.15 — No Código de Defesa do Consumidor: altera os arts. 6º e 43.

Lei n. 8.078, de 11 de setembro de 1990

Dispõe sobre a proteção[1] do consumidor e dá outras providências.

O Presidente da República,
Faço saber que o Congresso Nacional decreta e eu sanciono a seguinte lei:

LEI 8.078: 1. **Súmula 297 do STJ:** "O Código de Defesa do Consumidor é aplicável às instituições financeiras" (v. jurisprudência s/ esta Súmula em RSTJ 185/666).

A aplicação do CDC às relações de consumo de natureza bancária foi declarada constitucional pelo STF (STF-RT 855/79: Pleno, ADI 2.591).

"Relações bancárias com clientes pessoas jurídicas: existência (ou não) de relação de consumo", por Marcio Koji Oya (RP 128/149); "A proteção do consumidor titular de cartões de crédito", por Maria Fernanda Raposo de Medeiros Tavares Martins (RDPr 24/172); "O direito monetário na recente jurisprudência do Supremo Tribunal Federal", por Arnoldo Wald (RT 861/11); "Abertura e encerramento de contas bancárias", por Gladston Mamede (RMDECC 15/5); "Responsabilidade civil dos estabelecimentos bancários e o Código de Defesa do Consumidor", por Rui Stoco (RJ 358/49).

Súmula 563 do STJ: "O Código de Defesa do Consumidor é aplicável às entidades abertas de previdência complementar, não incidindo nos contratos previdenciários celebrados com entidades fechadas".

Foi **cancelada a Súmula 321 do STJ,** que não distinguia as entidades de previdência para a aplicação da legislação consumerista: "O Código de Defesa do Consumidor é aplicável à relação jurídica entre a entidade de previdência privada e seus participantes".

Súmula 602 do STJ: "O Código de Defesa do Consumidor é aplicável aos empreendimentos habitacionais promovidos pelas sociedades cooperativas".

Súmula 608 do STJ: "Aplica-se o Código de Defesa do Consumidor aos contratos de plano de saúde, salvo os administrados por entidades de autogestão".

V. art. 51, nota 7.

Também se aplica o CDC:

— à Caixa de Previdência dos Militares (STJ-4ª T., AI 80.671-AgRg, Min. Ruy Rosado, j. 16.4.96, DJU 20.5.96);

— aos espectadores pagantes, por qualquer meio, de espetáculo ou evento desportivo (Lei 9.615, de 24.3.98, art. 42 § 3º);

— no "relacionamento entre a emissora de televisão e seu público telespectador" (STJ-2ª T., REsp 1.665.213, Min. Herman Benjamin, j. 22.8.17, DJ 13.9.17);

— aos fornecedores de produtos ou serviços, em geral, independentemente de sua natureza jurídica, mesmo no caso de "sociedade civil, sem fins lucrativos, de caráter beneficente e filantrópico, bastando que desempenhem determinada atividade no mercado de consumo mediante remuneração" (STJ-3ª T., REsp 519.310, Min. Nancy Andrighi, j. 20.4.04, DJU 24.5.04);

— às relações resultantes da exploração comercial da internet: "O fato de o serviço prestado pelo provedor de serviço de internet ser gratuito não desvirtua a relação de consumo, pois o termo mediante remuneração, contido no art. 3º, § 2º, do CDC, deve ser interpretado de forma ampla, de modo a incluir o ganho indireto do fornecedor" (STJ-3ª T., REsp 1.308.830, Min. Nancy Andrighi, j. 8.5.12, RT 923/637);

— aos sites que intermedeiam negócios na Internet, recebendo comissão na venda (RT 899/287: TJRN, AP 2008.001217-1; RIDCPC 48/25: TJRS, AP 70016093080; Bol. AASP 2.627: TJRS, AP 70025673856; RJTJERGS 273/364: AP 70026228668);

— na prestação de serviço de corretagem imobiliária (STJ-4ª T., REsp 1.364.574, Min. Luis Felipe, j. 24.10.17, DJ 30.11.17);

— na relação entre o proprietário do imóvel e a administradora contratada para gerenciá-lo: "A atividade da imobiliária, que é normalmente desenvolvida com o escopo de propiciar um outro negócio jurídico, uma nova contratação, envolvendo uma terceira pessoa física ou jurídica, pode também se resumir ao cumprimento de uma agenda de pagamentos (taxas, impostos e emolumentos) ou apenas à conservação do bem, à sua manutenção e até mesmo, em casos extremos, ao simples exercício da posse, presente uma eventual impossibilidade do próprio dono, tudo a evidenciar a sua destinação final econômica em relação ao contratante" (STJ-3ª T., REsp 509.304, Min. Ricardo Cueva, j. 16.5.13, RT 936/417);

— nas relações entre os agentes financeiros do SFH e seus mutuários (STJ-3ª T., AI 478.167-AgRg, Min. Nancy Andrighi, j. 25.3.03, DJU 22.4.03; STJ-4ª T., AI 465.114-AgRg, Min. Aldir Passarinho Jr., j. 20.2.03, DJ 31.3.03; RT 840/298). **Todavia:** "Nos contratos de financiamento do SFH vinculados ao Fundo de Compensação de Variação Salarial — FCVS, pela presença da garantia do Governo em relação ao saldo devedor, aplica-se a legislação própria e protetiva do mutuário hipossuficiente e do próprio Sistema, afastando-se o CDC, se colidentes as regras jurídicas" (STJ-RT 863/177: 1ª Seção, REsp 489.701, maioria). **Contra,** afastando a aplicação do CDC em geral: RT 838/409 (TRF-2ª Reg., AI 2004.02.01.011414-3);

— "a cooperativa de crédito integra o sistema financeiro nacional, estando sujeita às normas do CDC" (STJ-3ª T., AI 1.224.838-AgRg, Min. Nancy Andrighi, j. 4.3.10, DJ 15.3.10);

— "ao contrato de corretagem de ações" (RMDECC 50/127: TJDFT, AP 2011.01.1.127098-5). Em sentido semelhante: "Impõe-se reconhecer a relação de consumo existente entre o contratante que visa a atender necessidades próprias e as sociedades que prestam de forma habitual e profissional o serviço de corretagem de valores e títulos mobiliários" (STJ-3ª T., REsp 1.599.535, Min. Nancy Andrighi, j. 14.3.17, DJ 21.3.17);

— "na relação entre a administradora do clube de ações, que presta serviço de gerência de investimentos, e seu cotista, já que o vínculo societário existente entre as partes não afasta a relação de consumo, a qual se caracteriza pelo objeto contratado, sendo irrelevante a natureza jurídica da entidade que presta os serviços, ainda que se diga sem caráter lucrativo" (STJ-4ª T., Ag em REsp 516.581-AgInt, Min. Lázaro Guimarães, j. 18.9.18, DJ 21.9.18);

— nos contratos de cartão de crédito (STJ-3ª T., REsp 393.798, Min. Menezes Direito, j. 27.6.02, DJU 23.9.02; RF 368/352);

— "aos contratos de cédula de crédito rural" (STJ-2ª T., REsp 1 127.805, Min. Eliana Calmon, j. 6.10.09, DJ 19.10.09). No mesmo sentido: STJ-4ª T., REsp 794.526-AgRg, Min. Aldir Passarinho Jr., j. 16.3.06, DJ 24.4.06;

— nos contratos de arrendamento mercantil de bens móveis — *leasing* (STJ-3ª T., REsp 431.031, Min. Pádua Ribeiro, j. 25.2.03, DJU 24.3.03; STJ-4ª T., REsp 364.140, Min. Ruy Rosado, j. 18.6.02, DJU 12.8.02; RF 347/359, RJM 174/153); **contra:** Bol. AASP 2.123/4;

— "à relação travada entre os titulares do direito de uso dos jazigos situados em cemitério particular e a administradora ou proprietária deste, que comercializa os jazigos e disponibiliza a prestação de outros serviços funerários" (STJ-RT 912/606: 3ª T., REsp 1.090.044);

— "na hipótese de serviço público prestado por concessionária, tendo em vista que a relação jurídica tem natureza de Direito Privado e o pagamento é contraprestação feita sob a modalidade de tarifa, que não se classifica como taxa" (STJ-2ª T., Ag 1.398.696-AgRg, Min. Castro Meira, j. 3.11.11, DJ 10.11.11). Assim, p. ex., o CDC é aplicável às concessionárias de serviços rodoviários, nas suas relações com os usuários da estrada (STJ-3ª T., REsp 467.883, Min. Menezes Direito, j. 17.6.03, DJU 1.9.03). No mesmo sentido: STJ-4ª T., REsp 687.799, Min. Aldir Passarinho Jr., j. 15.10.09, DJ 30.11.09;

— no caso de "coleta de sangue de doador, exercida pelo hemocentro como parte de sua atividade comercial" (STJ-RT 891/248: 4ª T., REsp 540.922);

— nas relações entre os estabelecimentos de ensino e seus alunos (STJ-4ª T., REsp 1.094.769, Min. Marco Buzzi, j. 18.3.14, maioria, DJ 15.8.14; RF 368/348, RJM 174/113).

Por outro lado, tais disposições não incidem:

— no atendimento prestado por hospital público: "Quando o serviço público é prestado diretamente pelo Estado e custeado por meio de receitas tributárias não se caracteriza uma relação de consumo" (STJ-2ª T., REsp 1.187.456, Min. Castro Meira, j. 16.11.10, DJ 1.12.10);

— nas atividades notariais (STJ-RF 387/275: 3ª T., REsp 625.144, dois votos vencidos; RJM 188/87: AP 1.0105.08.257296-4/001);

— nas relações entre os advogados e seus clientes (STJ-RT 878/170: 4ª T., REsp 914.105; STJ-3ª T., REsp 757.867, Min. Gomes de Barros, j. 21.9.06, DJU 9.10.06). **Contra:** RSTJ 182/276 (3ª T., REsp 364.168, dois votos vencidos);

— nas relações entre franqueador e franqueado (STJ-RJ 349/139: 3ª T., REsp 687.322; STJ-4ª T., REsp 632.958, Min. Aldir Passarinho Jr., j. 4.3.10, DJ 29.3.10; JTJ 297/315);

— nas relações entre o representante comercial e a sociedade representada (STJ-3ª T., REsp 761.557, Min. Sidnei Beneti, j. 24.11.09, DJ 3.12.09);

— na "relação existente entre distribuidores e revendedores de combustíveis" (STJ-4ª T., REsp 782.852, Min. Luis Felipe, j. 7.4.11, DJ 29.4.11);

— no "contrato de fornecimento de insumos agrícolas celebrado entre cooperativa e cooperado, por se tratar de ato cooperativo típico" (STJ-3ª T., REsp 1.122.507-AgRg, Min. Paulo Sanseverino, j. 7.8.12, DJ 13.8.12);

— nas relações entre condomínio e condômino (STJ-4ª T., REsp 655.267, Min. Jorge Scartezzini, j. 17.2.05, DJU 21.3.05; STJ-RT 132/338: 3ª T.; RT 808/297, JTJ 235/15);

— nos contratos de locação de imóvel (STJ-5ª T., REsp 303.072, Min. José Arnaldo, j. 3.12.02, DJU 19.12.02; STJ-6ª T., REsp 175.053, Min. Vicente Leal, j. 24.4.01, DJU 20.8.01; RT 782/302, 808/297, Lex-JTA 162/343, 162/401, RJ 273/109);

— em contrato administrativo, "em que a Administração é quem detém posição de supremacia justificada pelo interesse público" (STJ-2ª T., RMS 31.073, Min. Eliana Calmon, j. 26.8.10, DJ 31.8.10). "Inaplicabilidade também, por extensão, ao contrato de fiança bancária acessório ao contrato administrativo" (STJ-3ª T., REsp 1.745.415, Min. Paulo Sanseverino, j. 14.5.19, DJ 21.5.19);

— nas relações entre a Caixa Econômica Federal e os estudantes beneficiários do Programa de Crédito Educativo, regido pela Lei 8.436/92 (STJ-2ª T., REsp 562.565, Min. Franciulli Netto, j. 21.10.04, DJU 11.4.05). **Todavia:** "Embora a jurisprudência desta Corte Superior seja no sentido da não aplicação do CDC aos Contratos de Crédito Educativo, não se deve olvidar a ideologia do Código Consumerista consubstanciada no equilíbrio da relação contratual, partindo-se da premissa da maior vulnerabilidade de uma das partes. O CDC, mesmo não regendo diretamente a espécie sob exame, projeta luz na sua compreensão. Neste caso, o CDC foi referido apenas como ilustração da orientação jurídica moderna, que valoriza o equilíbrio entre as partes da relação contratual, porquanto essa diretriz está posta hoje em dia, no próprio Código Civil. Tratando-se no caso dos autos de Contrato de Crédito Educativo e levando-se em conta a elevada finalidade social da sua instituição, mostra-se desarrazoada uma multa contratual no valor de 10%" (STJ-1ª T., REsp 1.272.995-AgRg, Min. Napoleão Maia Filho, j. 7.2.12, DJ 15.2.12);

— em "contrato de financiamento de dívida pública, no qual a Caixa Econômica Federal atuou, apenas, como agente executiva de políticas públicas determinadas pela União" (STJ-1ª T., REsp 355.099, Min. Denise Arruda, j. 3.10.06, DJU 16.11.06);

— nos contratos de *factoring* (STJ-4ª T., REsp 938.979, Min. Luis Felipe, j. 19.6.12, RT 924/509);

— nas operações efetuadas por meio da cédula de crédito industrial (RJM 165/156);

— no "seguro obrigatório (DPVAT). Com efeito, em se tratando de obrigação imposta por lei, na qual não há acordo de vontade entre as partes, tampouco qualquer ingerência das seguradoras componentes do consórcio do seguro DPVAT nas regras atinentes à indenização securitária (extensão do seguro; hipóteses de cobertura; valores correspondentes; dentre outras), além de inexistir sequer a opção de contratação ou escolha do produto ou fornecedor pelo segurado, revela-se ausente relação consumerista na espécie, ainda que se valha das figuras equiparadas de consumidor dispostas na Lei n. 8.078/90" (STJ-3ª T., REsp 1.635.398, Min. Marco Bellizze, j. 17.10.17, DJ 23.10.17). No mesmo sentido: STJ-2ª Seção, REsp 1.091.756, Min. Marco Bellizze, j. 13.12.17, maioria, DJ 5.2.18;

— no transporte aéreo internacional de passageiros, pois, "nos termos do art. 178 da Constituição da República, as normas e os tratados internacionais limitadores da responsabilidade das transportadoras aéreas de passageiros, especialmente as Convenções de Varsóvia e Montreal, têm prevalência em relação ao Código de Defesa do Consumidor" (STF-Pleno, Ag em RE 766.618, Min. Roberto Barroso, j. 25.5.17, maioria, DJ 13.11.17). No mesmo sentido: STJ-3ª T., REsp 673.048, Min. Marco Bellizze, j. 8.5.18, DJ 18.5.18.

V. tb. art. 27, nota 1c, e CC 186, nota 4c, e 749, nota 3.

V. ainda arts. 2º, 17 e 29.

S/ a aplicação ou não do CDC à luz da noção de destinatário final, v. art. 2º, nota 2.

Título I | DOS DIREITOS DO CONSUMIDOR

Capítulo I | DISPOSIÇÕES GERAIS

Art. 1º O presente Código[1] estabelece normas de proteção e defesa do consumidor, de ordem pública e interesse social, nos termos dos arts. 5º, inciso XXXII, 170, inciso V, da Constituição Federal e art. 48 de suas Disposições Transitórias.

Art. 1º: 1. "O direito do consumidor", por Antônio Herman V. Benjamin (RT 670/49); "Lineamentos jurídicos da empresa e o Código do Consumidor", por Francisco Wildo Lacerda Dantas (RT 671/61); "Tutelas administrativas e penais do Código de Defesa do Consumidor", por Paulo Brasil Dill Soares (RF 362/109); "Considerações sobre os princípios do Código de Defesa do Consumidor", por Antonio de Pádua Ferraz Nogueira (RF 348/37); "O representante comercial autônomo e a sua responsabilidade na relação de consumo", por Maurício Scheinman (RDPr 13/170); "Os fundos de investimentos financeiros à luz do Código de Defesa do Consumidor: a proteção jurídica do investidor", por Rodrigo Alves da Silva (RDPr 13/187); "Anatomia da relação de consumo", por Christiana Motta Gomes (RJM

166/27); "A proteção do consumidor na era da globalização", por Cristiano Chaves de Farias (RF 369/63); "A proteção ao consumidor no sistema jurídico brasileiro", pelo Min. Sálvio de Figueiredo Teixeira (RF 370/177); "O Código de Defesa do Consumidor e a jurisprudência do Tribunal de Justiça do Estado de São Paulo", por Ênio Santarelli Zuliani (RT 822/110 e RSDCPC 29/37); "Princípios nucleares do Código Brasileiro de Defesa do Consumidor", por Henrique Alves Pinto (RDA 236/83); "A defesa do consumidor no Brasil", por Nelson Nery Jr. (RDPr 18/218); "Os direitos de personalidade e os direitos do consumidor", por Bruno Miragem (Ajuris 97/33); "O contrato de seguro à luz do Código de Defesa do Consumidor e do novo Código Civil", por Luiz Felipe Silveira Difini (Ajuris 98/195); "Os serviços de interesse geral e o princípio fundamental da protecção dos interesses económicos do consumidor", por Mário Frota (Ajuris 100/381); "A defesa do consumidor constitucional", por Ricardo H. Weber (RJ 346/33); "Direitos do consumidor no comércio eletrônico", por Fábio Ulhoa Coelho (RIDCPC 48/7); "A incidência do Código de Defesa do Consumidor nos contratos marítimos de transporte de mercadorias e fretamento de navios no direito brasileiro", por Eliane M. Octaviano Martins (RIDCPC 52/141); "Usucapião de coisa móvel nas relações de consumo", por Rogério Donnini (RF 399/509); "Natureza jurídica da responsabilidade civil nas relações de consumo", por Roberto Grassi Neto (RF 401/303).

Art. 2º Consumidor é toda pessoa física ou jurídica que adquire ou utiliza produto ou serviço como destinatário final.[1 a 2]

Parágrafo único. Equipara-se a consumidor a coletividade de pessoas, ainda que indetermináveis, que haja intervindo nas relações de consumo.

Art. 2º: 1. v. arts. 17 e 29. V. ainda nota 1 no início desta lei.

Art. 2º: 1a. "Do conceito ampliado de consumidor", por Nehemias Domingos de Melo (RSDCPC 30/55).

Art. 2º: 2. A noção de destinatário final para o conceito de consumidor e para a aplicação do CDC não é pacífica.

— Defendendo a **corrente subjetiva** (finalista), para a qual destinatário final é quem adquire bem ou serviço para atender necessidade própria e não para desenvolver atividade profissional ou produtiva **(conceito econômico de destinatário final):**

"A aquisição de bens ou a utilização de serviços, por pessoa natural ou jurídica, com o escopo de implementar ou incrementar a sua atividade negocial, não se reputa como relação de consumo" (STJ-2ª Seção, REsp 541.867, Min. Barros Monteiro, j. 10.11.04, quatro votos vencidos, DJU 16.5.05). No mesmo sentido: JTJ 348/312 (AP 992.06.028829-6).

"Tratando-se de financiamento obtido por empresário, destinado precipuamente a incrementar a sua atividade negocial, não se podendo qualificá-lo, portanto, como destinatário final, inexistente é a pretendida relação de consumo" (STJ-4ª T., REsp 264.126, Min. Barros Monteiro, j. 8.5.01, DJU 27.8.01). No mesmo sentido: STJ-3ª T., REsp 1.038.736-AgRg, Min. Ricardo Cueva, j. 20.5.14, DJ 30.5.14.

"O posto revendedor de combustível recorrido não se enquadra no conceito de consumidor final (art. 2º, *caput*, do CDC), haja vista estar o contrato que celebrou com o recorrente vinculado à sua atividade lucrativa" (STJ-6ª T., REsp 475.220, Min. Paulo Medina, j. 24.6.03, DJU 15.9.03).

"Se o transportador contrata seguro visando à proteção da carga pertencente a terceiro, em regra, não pode ser considerado consumidor, uma vez que utiliza os serviços securitários como instrumento dentro do processo de prestação de serviços e com a finalidade lucrativa" (STJ-4ª T., Ag em REsp 1.096.881-AgInt, Min. Luis Felipe, j. 15.3.18, DJ 20.3.18). V. tb. CC 786, nota 2b.

— Defendendo a **corrente objetiva** (maximalista), para a qual destinatário final é quem retira o bem ou serviço do mercado, pouco importando se eles são utilizados no processo produtivo ou no desenvolvimento de atividade profissional **(conceito fático de destinatário final):**

"Aquele que exerce empresa assume a condição de consumidor dos bens e serviços que adquire ou utiliza como destinatário final, isto é, quando o bem ou serviço, ainda que venha a compor o estabelecimento empresarial, não integre diretamente — por meio de transformação, montagem, beneficiamento ou revenda — o produto ou serviço que venha a ser ofertado a terceiros" (STJ-2ª Seção, CC 41.056, Min. Nancy Andrighi, j. 23.6.04, três votos vencidos, DJU 20.9.04).

"O agricultor que adquire bem móvel com a finalidade de utilizá-lo em sua atividade produtiva, deve ser considerado destinatário final, para os fins do artigo 2º do Código de Defesa do Consumidor" (STJ-3ª T., REsp 445.854, Min. Castro Filho, j. 2.12.03, DJU 19.12.03). Também considerando o agricultor como consumidor nessas circunstâncias: STJ-4ª T., AI 1.370.994-AgRg, Min. Isabel Gallotti, j. 1.3.16, DJ 7.3.16.

"'O conceito de destinatário final, do Código de Defesa do Consumidor, alcança a empresa ou o profissional que adquire bens ou serviços e os utiliza em benefício próprio'. No caso em exame, a recorrente enquadra-se em tal conceituação, visto ser empresa prestadora de serviços médico-hospitalares, que utiliza a água para a manutenção predial e o desenvolvimento de suas atividades, ou seja, seu consumo é em benefício próprio" (STJ-1ª T., REsp 1.025.472, Min. Francisco Falcão, j. 3.4.08, DJU 30.4.08). Em sentido semelhante: JTJ 316/102 (AP 881.544-0/0).

— Em seus pronunciamentos mais recentes, a 3ª e a 4ª Turmas do STJ têm afirmado a prevalência da **corrente subjetiva, com temperamentos:** "Cumpre consignar a existência de certo abrandamento na interpretação finalista, na medida em que se admite, excepcionalmente e desde que demonstrada *in concreto* a vulnerabilidade técnica, jurídica ou econômica, a aplicação das normas do Código de Defesa do Consumidor a determinados consumidores profissionais, como pequenas empresas e profissionais liberais. Quer dizer, não se deixa de perquirir acerca do uso, profissional ou não, do bem ou serviço; apenas, como exceção, e à vista da hipossuficiência concreta de determinado adquirente ou utente, não obstante seja um profissional, passa-se a considerá-lo consumidor" (STJ-4ª T., REsp 661.145, Min. Jorge Scartezzini, j. 22.2.05, DJU 28.3.05). No mesmo sentido: STJ-RDPr 40/382 (3ª T., REsp 1.080.719). Por isso, "o fato de o recorrido adquirir o veículo para uso comercial — táxi — não afasta a sua condição de hipossuficiente na relação com a empresa-recorrente, ensejando a aplicação das normas protetivas do Código de Defesa do Consumidor" (STJ-RT 835/189: 4ª T.). "Aplica-se o Código de Defesa do Consumidor aos contratos firmados entre instituições financeiras e agricultor, pessoa física, ainda que para viabilizar o seu trabalho como produtor rural" (STJ-RT 876/164: 3ª T., REsp 866.389-EDcl-AgRg).

"Não perde a condição de consumidor o motorista profissional que adquire os serviços de recuperação de pneus da fornecedora para deles se beneficiar em sua profissão. Havendo vulnerabilidade na relação, devem ser aplicadas as regras do Código de Defesa do Consumidor" (JTJ 326/47: AI 1.159.796-0/2). "Sociedade empresária. Consumidor. Destinatário econômico final. Mitigação. Pessoa jurídica. Excepcionalidade. Vulnerabilidade. Aplicabilidade do Código de Defesa do Consumidor" (RT 930/606: TJAL, AI 2012.003484-0).

— A prevalência da corrente subjetiva não impede o enquadramento de empresa na condição de consumidora, independentemente da questão da hipossuficiência. Basta que ela seja a destinatária final do bem do ponto de vista econômico: "O que qualifica uma pessoa jurídica como consumidora é a aquisição ou utilização de produtos ou serviços em benefício próprio; isto é, para satisfação de suas necessidades pessoais, sem ter o interesse de repassá-los a terceiros, nem empregá-los na geração de outros bens ou serviços. Se a pessoa jurídica contrata o seguro visando a proteção contra roubo e furto do patrimônio próprio dela e não o dos clientes que se utilizam dos seus serviços, ela é considerada consumidora nos termos do art. 2º do CDC" (STJ-3ª T., REsp 733.560, Min. Nancy Andrighi, j. 11.4.06, DJU 2.5.06). No mesmo sentido: STJ-4ª T., REsp 814.060, Min. Luis Felipe, j. 6.4.10, DJ 13.4.10; RT 921/583 (TJPA, AP 2009.3.012072-6). Ainda: "Compra de aeronave por empresa administradora de imóveis. Aquisição como destinatária final. Produto adquirido para atender a uma necessidade própria da pessoa jurídica, não se incorporando ao serviço prestado aos clientes. Existência de relação de consumo, à luz da teoria finalista mitigada" (STJ-3ª T., REsp 1.321.083, Min. Paulo Sanseverino, j. 9.9.14, DJ 25.9.14). Também: "Restando comprovado que a aquisição do veículo, embora possa ser considerada relevante para o funcionamento da empresa, não influenciaria em sua cadeia lucrativa, tratando-se de uso em sua atividade-meio, aplicável o Código de Defesa do Consumidor" (RT 846/350).

V. tb. art. 29, nota 1.

Art. 3º Fornecedor é toda pessoa física ou jurídica,[1-1a] pública ou privada, nacional ou estrangeira, bem como os entes despersonalizados, que desenvolvem atividades[2] de produção, montagem, criação, construção, transformação, importação, exportação, distribuição ou comercialização de produtos ou prestações de serviços.

§ 1º Produto é qualquer bem, móvel ou imóvel, material ou imaterial.

§ 2º Serviço é qualquer atividade fornecida no mercado de consumo, mediante remuneração, inclusive as de natureza bancária,[3] financeira, de crédito e securitária, salvo as decorrentes das relações de caráter trabalhista.

Art. 3º: 1. s/ desconsideração da pessoa jurídica, v. art. 28 e CC 50.

Art. 3º: 1a. "Para o fim de aplicação do CDC, o reconhecimento de uma pessoa física ou jurídica ou de um ente despersonalizado como fornecedor de serviços atende aos critérios puramente objetivos, sendo irrelevantes a sua natureza jurídica, a espécie dos serviços que prestam e até mesmo o fato de se tratar de uma sociedade civil, sem fins lucrativos, de caráter beneficente e filantrópico, bastando que desempenhem determinada atividade no mercado de consumo mediante remuneração" (STJ-3ª T., REsp 519.310, Min. Nancy Andrighi, j. 20.4.04, DJU 24.5.04, p. 262).

V. ainda nota 1 no início desta lei.

Art. 3º: 2. Conforme publicação no DOU. Na Coleção das Leis da União, está: "atividade".

Art. 3º: 3. s/ a constitucionalidade da aplicação do CDC às relações de consumo de natureza bancária, v. nota 1 no início desta lei.

Capítulo II | DA POLÍTICA NACIONAL DE RELAÇÕES DE CONSUMO

Art. 4º (*redação da Lei 9.008, de 21.3.95*) A Política Nacional das Relações de Consumo tem por objetivo o atendimento das necessidades dos consumidores, o respeito à sua dignidade, saúde e segurança, a proteção de seus interesses econômicos, a melhoria da sua qualidade de vida, bem como a transparência e harmonia das relações de consumo, atendidos os seguintes princípios:[1]

I — reconhecimento da vulnerabilidade do consumidor no mercado de consumo;

II — ação governamental no sentido de proteger efetivamente o consumidor:

a) por iniciativa direta;

b) por incentivos à criação e desenvolvimento de associações representativas;

c) pela presença do Estado no mercado de consumo;

d) pela garantia dos produtos e serviços com padrões adequados de qualidade, segurança, durabilidade e desempenho;

III — harmonização dos interesses dos participantes das relações de consumo e compatibilização da proteção do consumidor com a necessidade de desenvolvimento econômico e tecnológico, de modo a viabilizar os princípios nos quais se funda a ordem econômica (art. 170, da Constituição Federal), sempre com base na boa-fé e equilíbrio nas relações entre consumidores e fornecedores;

IV — educação e informação de fornecedores e consumidores, quanto aos seus direitos e deveres, com vistas à melhoria do mercado de consumo;

V — incentivo à criação pelos fornecedores de meios eficientes de controle de qualidade e segurança de produtos e serviços, assim como de mecanismos alternativos de solução de conflitos de consumo;

VI — coibição e repressão eficientes de todos os abusos praticados no mercado de consumo, inclusive a concorrência desleal e utilização indevida de inventos e criações industriais,[2] das marcas e nomes comerciais e signos distintivos, que possam causar prejuízos aos consumidores;

VII — racionalização e melhoria dos serviços públicos;

VIII — estudo constante das modificações do mercado de consumo.

Art. 4º: 1. "Administrativo. Poder de polícia. Aplicação de multa pelo PROCON à empresa pública federal. Possibilidade. A proteção da relação de consumo pode e deve ser feita pelo Sistema Nacional de Defesa do Consumidor — SNDC — conforme dispõem os arts. 4º e 5º do CDC, e é de competência do PROCON a fiscalização das operações, inclusive financeiras, no tocante às relações de consumo com seus clientes, por incidir o referido diploma legal" (STJ-2ª T., REsp 1.103.826, Min. Mauro Campbell, j. 23.6.09, DJ 6.8.09).

Art. 4º: 2. Colocamos uma vírgula no texto.

Art. 5º Para a execução da Política Nacional das Relações de Consumo, contará o Poder Público com os seguintes instrumentos, entre outros:

I — manutenção de assistência jurídica, integral e gratuita para o consumidor carente;

II — instituição de Promotorias de Justiça de Defesa do Consumidor, no âmbito do Ministério Público;

III — criação de delegacias de polícia especializadas no atendimento de consumidores vítimas de infrações penais de consumo;

IV — criação de Juizados Especiais de Pequenas Causas e Varas Especializadas para a solução de litígios de consumo;

V — concessão de estímulos à criação e desenvolvimento das Associações de Defesa do Consumidor.

§ 1º (VETADO)

§ 2º (VETADO)

Capítulo III | DOS DIREITOS BÁSICOS DO CONSUMIDOR[1]

CAP. III: 1. s/ direito do consumidor à informação sobre a qualidade da água para consumo, v. Dec. 5.440, de 4.5.05.

Art. 6º São direitos básicos do consumidor:

I — a proteção da vida, saúde e segurança[1] contra os riscos provocados por práticas no fornecimento de produtos e serviços considerados perigosos ou nocivos;

II — a educação e divulgação sobre o consumo adequado dos produtos e serviços, asseguradas a liberdade de escolha e a igualdade nas contratações;

III (*redação da Lei 12.741, de 8.12.12*) — a informação adequada e clara sobre os diferentes produtos e serviços, com especificação correta de quantidade, características, composição, qualidade, tributos incidentes[1a] e preço, bem como sobre os riscos que apresentem;[2 a 3d]

IV — a proteção contra a publicidade enganosa e abusiva,[4] métodos comerciais coercitivos ou desleais, bem como contra práticas e cláusulas abusivas ou impostas no fornecimento de produtos e serviços;

V — a modificação[4a] das cláusulas contratuais que estabeleçam prestações desproporcionais ou sua revisão em razão de fatos supervenientes que as tornem excessivamente onerosas;[4b a 5a]

VI — a efetiva prevenção e reparação de danos patrimoniais e morais, individuais, coletivos e difusos;[6]

VII — o acesso aos órgãos judiciários e administrativos, com vistas à prevenção ou reparação de danos patrimoniais e morais, individuais, coletivos ou difusos, assegurada a proteção jurídica, administrativa e técnica aos necessitados;

VIII — a facilitação da defesa de seus direitos, inclusive com a inversão do ônus da prova,[7 a 8b] a seu favor, no processo civil, quando, a critério do juiz, for verossímil a alegação ou quando for ele hipossuficiente, segundo as regras ordinárias de experiências;

IX — (VETADO);

X — a adequada e eficaz prestação dos serviços públicos em geral.[9]

Parágrafo único. A informação de que trata o inciso III do *caput* deste artigo deve ser acessível à pessoa com deficiência, observado o disposto em regulamento.[10 a 12]

Art. 6º: 1. v. arts. 8º a 11.

Art. 6º: 1a. A expressão "tributos incidentes" foi acrescida pela Lei 12.741, de 8.12.12, em vigor 6 (seis) meses após a sua publicação (DOU 10.12.12).

Art. 6º: 2. v. § ún. e arts. 8º, 9º, 12-*caput*, 14-*caput*, 30, 31, 36 § ún., 37, 52 e 66 a 69 (penas).

Art. 6º: 2a. **Lei 10.962, de 11.10.04** — Dispõe sobre a oferta e as formas de afixação de preços de produtos e serviços para o consumidor (regulamentada pelo Dec. 5.903, de 20.9.06).

Dec. 5.903, de 20.9.06 — Regulamenta a Lei 10.962, de 11.10.04, e dispõe sobre as práticas infracionais que atentam contra o direito básico do consumidor de obter informação adequada e clara sobre produtos e serviços, previstas na Lei 8.078, de 11.9.90.

Dec. 7.962, de 15.3.13 — Regulamenta o CDC, para dispor sobre a contratação no comércio eletrônico (v., adiante, texto integral).

Lei 13.455, de 26.6.17 — Dispõe sobre a diferenciação de preços de bens e serviços oferecidos ao público em função do prazo ou do instrumento de pagamento utilizado, e altera a Lei n. 10.962, de 11 de outubro de 2004.

Art. 6º: 2b. "Informação adequada, nos termos do art. 6º, III, do CDC, é aquela que se apresenta simultaneamente completa, gratuita e útil, vedada, neste último caso, a diluição da comunicação efetivamente relevante pelo uso de informações soltas, redundantes ou destituídas de qualquer serventia para o consumidor" (STJ-2ª T., REsp 586.316, Min. Herman Benjamin, j. 17.4.07, DJ 19.3.09).

"Os arts. 6º, III, e 46 do CDC instituem o dever de informação e consagram o princípio da transparência, que alcança o negócio em sua essência, na medida em que a informação repassada ao consumidor integra o próprio conteúdo do contrato. Trata-se de dever intrínseco ao negócio e que deve estar presente não apenas na formação do contrato, mas também durante toda a sua execução. O direito à informação visa a assegurar ao consumidor uma escolha consciente, permitindo que suas expectativas em relação ao produto ou serviço sejam de fato atingidas, manifestando o que vem sendo denominado de consentimento informado ou vontade qualificada. Diante disso, o comando do art. 6º, III, do CDC, somente estará sendo efetivamente cumprido quando a informação for prestada ao consumidor de forma adequada, assim entendida como aquela que se apresenta simultaneamente completa, gratuita e útil, vedada, neste último caso, a diluição da comunicação efetivamente relevante pelo uso de informações soltas, redundantes ou destituídas de qualquer serventia para o consumidor" (STJ-3ª T., REsp 1.144.840, Min. Nancy Andrighi, j. 20.3.12, DJ 11.4.12).

Art. 6º: 2c. "A aferição daquilo que o consumidor razoavelmente pode esperar de um serviço está intimamente ligada com a observância do direito do consumidor à informação, previsto no inciso III do art. 6º do CDC. Além de claras e precisas, as informações prestadas pelo fornecedor devem conter as advertências necessárias para alertar o consumidor a respeito dos riscos que, eventualmente, podem frustrar a utilização do serviço contratado. Para além de constituir direito básico do consumidor, a correta prestação de informações revela-se, ainda, consectário da lealdade inerente à boa-fé objetiva e constitui o ponto de partida a partir do qual é possível determinar a perfeita coincidência entre o serviço oferecido e o efetivamente prestado. Na hipótese, em que as consumidoras adquiriram passagens aéreas internacionais com o intuito de juntas conhecer a França, era necessário que a companhia aérea se manifestasse de forma escorreita acerca das medidas que deveriam ser tomadas pelas passageiras para viabilizar o sucesso da viagem, o que envolve desde as advertências quanto ao horário de comparecimento no balcão de *check-in* até mesmo o alerta em relação à necessidade de obtenção do visto. Verificada a negligência da recorrida em fornecer as informações necessárias para as recorrentes, impõe-se o reconhecimento de vício de serviço e se mostra devida a fixação de compensação pelos danos morais sofridos" (STJ-3ª T., REsp 988.595, Min. Nancy Andrighi, j. 19.11.09, DJ 9.12.09).

Art. 6º: 2d. "Com o advento da Lei 10.962/04, restou afastada a obrigatoriedade de etiquetamento individual dos produtos colocados à venda em supermercados e hipermercados, dentre outros estabelecimentos comerciais (art. 2º), sendo possível a utilização do sistema de código de barras" (STJ-2ª T., REsp 813.626, Min. Eliana Calmon, j. 1.10.09, DJ 4.11.09). No mesmo sentido: STJ-3ª T., REsp 688.151, Min. Nancy Andrighi, j. 7.4.05, DJ 8.8.05. **Contra,** exigindo a afixação do preço em cada produto: RIDCPC 41/150.

Art. 6º: 2e. Considerando não haver falta de transparência nas informações constantes de anúncio, em razão de seu público-alvo: "Bens de consumo caros e duráveis, voltados a consumidores que não integram o grande contingente de hipossuficientes econômicos ou culturais que povoa o país. Inocorrência de propaganda enganosa *in casu*" (JTJ 318/119: AP 649.313-5/0-00).

Art. 6º: 3. Súmula 357 do STJ: "A pedido do assinante, que responderá pelos custos, é obrigatória, a partir de 1º de janeiro de 2006, a discriminação de pulsos excedentes e ligações de telefone fixo para celular". Essa Súmula foi **revogada** pela 1ª Seção, em julgamento com o seguinte teor: "a partir de 1.8.07, data da implementação total do sistema, passou a ser exigido das concessionárias o detalhamento de todas as ligações na modalidade local, independentemente de ser dentro ou fora da franquia contratada, por inexistir qualquer restrição a respeito, conforme se observa do constante do artigo 83 do anexo à Resolução 426/2005, que regulamentou o sistema de telefonia fixa. Também no artigo 83 do anexo à Resolução 426/2005, restou reafirmada a determinação para que a concessionária forneça, mediante solicitação do assinante, documento de cobrança contendo o detalhamento das chamadas locais, entretanto ficou consignado que o fornecimento do detalhamento seria gratuito para o assinante, modificando, neste ponto, o constante do artigo 7º, X, do Decreto n. 4.733/2003. A solicitação do fornecimento das faturas discriminadas, sem ônus para o assinante, basta ser feita uma única vez, marcando para a concessionária o momento a partir do qual o consumidor pretende obter suas faturas com detalhamento. Revogação da súmula 357/STJ que se impõe" (STJ-RDPr 40/374: 1ª Seção, REsp 1.074.799).

"Repetição de indébito. Cobrança de pulsos além da franquia. Relação de consumo. Dever de informação. Ressarcimento. Não se desincumbindo a prestadora de serviços de telefonia de demonstrar que a cobrança efetivada condizia com a real prestação de serviços, implica o reconhecimento do direito de o consumidor ser ressarcido dos valores cobrados indevidamente, pois não é obrigado a pagar por um serviço que não lhe foi comprovadamente prestado" (RT 863/315). No mesmo sentido: RJM 182/30 (IUJur 1.0000.06.441889-0/000, maioria).

Art. 6º: 3a. "Questão referente à possibilidade de exposição à venda de cerveja que, embora classificada em seu rótulo com a expressão 'sem álcool', possua teor alcoólico de até 0,5%. A informação 'sem álcool', constante do rótulo do produto, é falsa e, por isso, está em clara desconformidade com o que dispõe o Código de Defesa do Consumidor, notadamente em prejuízo do direito à informação clara e adequada. O fato de existir decreto regulamentar que classifica como 'sem álcool' a cerveja com teor alcoólico de até 0,5% não autoriza que a Empresa, Embargada, desrespeite os direitos mais básicos do consumidor, garantidos em lei especial, naturalmente prevalecente na espécie" (STJ--Corte Especial, ED no REsp 1.185.323, Min. Laurita Vaz, j. 24.10.16, um voto vencido, DJ 29.11.16).

"Venda de refrigerante em volume menor que o habitual. Redução de conteúdo informada na parte inferior do rótulo e em letras reduzidas. Inobservância do dever de informação. Dever positivo do fornecedor de informar. Violação do princípio da confiança. Produto antigo no mercado. Frustração das expectativas legítimas do consumidor" (STJ-2ª T., REsp 1.364.915, Min. Humberto Martins, j. 14.5.13, DJ 24.5.13).

"Informação. Valor nutricional. Variação de 20%. Advertência em rótulo de produtos alimentícios. Sobretudo em alimentos e medicamentos, os rótulos constituem a via mais fácil, barata, ágil e eficaz de transmissão de informações aos consumidores. São eles mudados frequentemente para atender a oportunidades êfemeras de marketing e de negócio, como eventos desportivos ou culturais. Não parece razoável, por conseguinte, alegar que a inclusão expressa da frase 'variação de 20% dos valores nutricionais' das matérias-primas utilizadas cause onerosidade excessiva aos fabricantes" (STJ-2ª T., REsp 1.537.571, Min. Herman Benjamin, j. 27.9.16, DJ 20.8.20).

V. tb. art. 31, nota 4.

Art. 6º: 3b. "A rede conveniada constitui informação primordial na relação do associado frente à operadora do plano de saúde, mostrando-se determinante na decisão quanto à contratação e futura manutenção do vínculo contratual. Tendo em vista a importância que a rede conveniada assume para a continuidade do contrato, a operadora somente cumprirá o dever de informação se comunicar individualmente cada associado sobre o descredenciamento de médicos e hospitais" (STJ-3ª T., REsp 1.144.840, Min. Nancy Andrighi, j. 20.3.12, DJ 11.4.12).

V. tb. Lei 9.656/98, art. 17 § 1º, inclusive nota 2 (no tít. SEGUROS).

Art. 6º: 3c. "O art. 6º, III, do CDC que institui o dever de informação e consagra o princípio da transparência, alcançou o negócio jurídico entabulado entre as partes, porquanto a aluna/consumidora foi adequadamente informada acerca da possibilidade de extinção do curso em razão de ausência de *quorum* mínimo, tanto em razão de cláusula contratual existente no pacto, quanto no manual do discente" (STJ-4ª T., REsp 1.094.769, Min. Marco Buzzi, j. 18.3.14, maioria, DJ 15.8.14).

Art. 6º: 3d. "Embora seja possível, em tese, que se veicule anúncio publicitário informando como área total do imóvel à venda a soma das áreas do apartamento e da(s) vaga(s) de garagem, é absolutamente imprescindível que, nesse caso, a publicidade seja clara e inequívoca, de modo que os consumidores destinatários não tenham nenhuma dúvida quanto ao fato de que o apartamento, em si, possui área menor do que aquela área total anunciada. Aplicação pura e simples do princípio da transparência, previsto no CDC" (STJ-4ª T., REsp 1.139.285, Min. Marco Buzzi, j. 18.11.14, DJ 27.11.14).

Art. 6º: 4. v. art. 37.

Art. 6º: 4a. Em certos casos, as cláusulas que estabelecem prestações desproporcionais para o consumidor, em vez de apenas deverem ser modificadas, como diz o texto, são nulas (v., especialmente, art. 51-IV; v. tb. arts. 25, 52 § 1º, 53, etc.).

✎ **Art. 6º: 4b.** "O fenômeno do superendividamento — inexistência de direito do consumidor à renegociação e de justa causa para intervenção judicial nos contratos", por Demócrito Reinaldo Filho (RMDECC 41/79, RSDCPC 74/78, RF 415/409).

Art. 6º: 5. v. art. 51 § 1º-III.

S/ onerosidade excessiva nos contratos em geral, v. CC 478.

V. tb. CC 317, nota 2a.

Art. 6º: 5a. "O preceito insculpido no inciso V do art. 6º do CDC dispensa a prova do caráter imprevisível do fato superveniente, bastando a demonstração objetiva da excessiva onerosidade advinda para o consumidor. A desvalorização da moeda nacional frente à moeda estrangeira que serviu de parâmetro ao reajuste contratual, por ocasião da crise cambial de janeiro de 1999, apresentou grau expressivo de oscilação, a ponto de caracterizar a onerosidade excessiva que impede o devedor de solver as obrigações pactuadas" (STJ-RJ 287/101: 3ª T., REsp 268.661, maioria). No mesmo sentido: STJ-4ª T., REsp 598.342, Min. Aldir Passarinho Jr., j. 18.2.10, DJ 15.3.10.

"Variação cambial. Fato superveniente. Onerosidade excessiva. Distribuição dos efeitos. A brusca alteração da política cambial do governo, elevando o valor das prestações mensais dos contratos de longa duração, como o *leasing*, constitui fato superveniente que deve ser ponderado pelo juiz para modificar o contrato e repartir entre os contratantes os efeitos do fato novo. Com isso, nem se mantém a cláusula da variação cambial em sua inteireza, porque seria muito gravoso ao arrendatário, nem se a substitui por outro índice interno de correção, porque oneraria demasiadamente o arrendador que obteve recurso externo, mas se permite a atualização pela variação cambial, cuja diferença é cobrável do arrendatário por metade" (STJ-4ª T., REsp 401.021, Min. Ruy Rosado, j. 17.12.02, DJU 22.9.03).

Art. 6º: 6. s/ danos coletivos e difusos, v. arts. 81 a 90.

Art. 6º: 7. v. arts. 38 e 51-VI; cf. CPC 373.

Art. 6º: 7a. "O ônus da prova no Código de Defesa do Consumidor", por Cecília Matos (Just. 170/94); "Anotações sobre o ônus da prova no Código de Processo Civil e no Código de Defesa do Consumidor", por Voltaire de Lima Moraes (Ajuris 74/44); "Inversão do ônus da prova", por Vanessa Verdolim Hudson Andrade (RJTAMG 75/35); "Inversão do ônus da prova e defesa do consumidor (considerações adicionais)", por Carlos Roberto Barbosa Moreira (RF 351/581); "A inversão do ônus da prova no Código do Consumidor", por Ricardo Rodrigues Gama e Elizabeth Wanderley Riggio (RJ 277/26); "A responsabilidade do Estado e o ônus da prova no Código de Defesa do Consumidor sob o enfoque da teoria do risco administrativo", por Mirna Cianci (RT 789/94); "A inversão do ônus da prova como instrumento de efetividade na prestação da tutela jurisdicional dos interesses dos consumidores", por Cláudio Castello de Campos Pereira (RJ 290/51); "Ainda na inversão do ônus da prova no CDC", por Milton Paulo de Carvalho Filho (RT 807/56); "Inversão do ônus da prova na ação de responsabilidade civil fundada em erro médico", por Ênio Santarelli Zuliani (RT 811/43 e RSDCPC 26/135); "A inexistência do ônus da impugnação específica e da presunção de veracidade dos fatos não contestados, para o consumidor, nas relações de consumo", por Eduardo Cambi (RDPr 14/259); "O ônus da prova na culpa médica", por Cleonice Rodrigues Casarin da Rocha (Ajuris 90/106); "A inversão do ônus da prova no Código de Defesa do Consumidor. O momento em que se opera a inversão e outras questões", por André Gustavo C. de Andrade (RF 371/33); "O momento para a inversão do ônus da prova com fundamento no Código de Defesa do Consumidor", por Manoel de Souza Mendes Júnior (RP 114/67); "Divergência jurisprudencial: inversão do ônus da prova e o ônus de antecipar o pagamento dos honorários periciais", por Eduardo Cambi (RSDCPC 23/15); "Inversão do ônus da prova e tutela dos direitos transindividuais: alcance exegético do art. 6º, VIII, do CDC", por Eduardo Cambi (RP 127/101); "Inversão do ônus da prova: regra de julgamento ou de procedimento", por Domingos Afonso Kriger Filho (RJ 337/53 e RP 138/277); "A distribuição do ônus probatório nas lides de consumo: a falsa inversão do ônus da prova do art. 6º, VIII, do CDC", por André Luis Mota Novakoski (RDDP 37/9); "Questões velhas e novas sobre a inversão do ônus da prova (CDC, art. 6º, VIII)", por Heitor Vitor Mendonça Sica (RP 146/49); "A inversão do ônus da prova no Código de Defesa do Consumidor", por Luiz Eduardo Boaventura Pacífico (RT 917/175).

Art. 6º: 7b. V. tb., no CPCLPV, CPC 373 e notas. V. ainda no CPCLPV, LACP 1º, nota 1c (ação civil pública).

Art. 6º: 8. "A inversão ou não do ônus da prova, prevista no art. 6º, VIII, da Lei n. 8.078/90, depende da análise de requisitos básicos (verossimilhança das alegações e hipossuficiência do consumidor), aferidos com base nos aspectos fático-probatórios peculiares de cada caso concreto" (STJ-4ª T., REsp 284.995, Min. Fernando Gonçalves, j. 26.10.04, DJU 22.11.04).

"A chamada inversão do ônus da prova, no Código de Defesa do Consumidor, deve ser compreendida no contexto da facilitação da defesa dos direitos do consumidor, ficando subordinada ao 'critério do juiz, quando for verossímil a alegação ou quando for ele hipossuficiente, segundo as regras ordinárias da experiência' (art. 6º, VIII). Vai daí não ser automática a inversão do ônus da prova. Para que ocorra, necessita ela de circunstâncias concretas que serão apuradas pelo juiz no contexto da 'facilitação da defesa' dos direitos do consumidor" (RT 783/332, a citação é do voto do relator, Juiz Amorim Cantuária). Ou seja, "a regra do art. 6º, VIII, relativa à inversão do ônus da prova, não há de ser considerada aplicável *a priori*, ou utilizada sem análise individual e pormenorizada da *quaestio*" (JTAERGS 100/381). No mesmo sentido: RSTJ 115/271, 152/348; STJ-RT 770/210; STJ-RDPr 14/336. Ainda: "Mesmo caracterizada relação de consumo, o ônus da prova só é de ser invertido quando a parte requerente tiver dificuldades para a demonstração de seu direito" (JTAERGS 102/213).

A nosso ver sem razão, no sentido de que "a verossimilhança da alegação e a hipossuficiência do consumidor constituem requisitos alternativos — e não cumulativos": STJ-RDDP 68/139 (3ª T., REsp 915.599; a citação é do voto da relatora).

"A hipossuficiência a que faz remissão o referido inciso VIII deve ser analisada não apenas sob o prisma econômico e social, mas, sobretudo, quanto ao aspecto da produção de prova técnica" (STJ-RDDP 68/139: 3ª T., REsp 915.599; a citação é do voto da relatora).

"A hipossuficiência não deve ser presumida apenas pelo fato de uma parte ser economicamente mais forte que a outra. Para que ela se concretize é necessário que haja desigualdade entre as partes de tal sorte que impossibilite ou dificulte a produção da defesa" (JTJ 292/388).

"Ainda que se trate de relação regida pelo CDC, não se concebe inverter-se o ônus da prova para, retirando tal incumbência de quem poderia fazê-lo mais facilmente, atribuí-la a quem, por impossibilidade lógica e natural, não o conseguiria. Assim, diante da não comprovação da ingestão dos aludidos placebos pela autora — quando lhe era, em tese, possível provar —, bem como levando em conta a inviabilidade de a ré produzir prova impossível, a celeuma deve se resolver com a improcedência do pedido" (STJ-4ª T., REsp 720.930, Min. Luis Felipe, j. 20.10.09, DJ 9.11.09).

"Admite-se a inversão do ônus da prova em ação de indenização e responsabilidade civil, por hipossuficiência do autor em relação de consumo. Em se tratando, contudo, de comprovação documental de alegação de não recebimento de solicitação de cancelamento de passagem aérea, ressalva deve ser feita, pois diz respeito à prova de fato negativo — que o réu não está obrigado a comprovar, pela impossibilidade de atribuir a quem quer que seja o ônus da prova de natureza negativa" (RT 845/271; ementa da redação). **Contra,** autorizando a inversão do ônus da prova em caso de prova de fato negativo: "tendo a recorrente alegado na inicial que foi furtada no interior de estabelecimento do recorrido, onde se encontrava efetuando compras, bastaria a ré ter comprovado que a recorrente não esteve em seu estabelecimento naquele dia e horário ou que, ainda que lá se encontrasse, não teria ocorrido o furto" (STJ-3ª T., REsp 1.050.554, Min. Nancy Andrighi, j. 25.8.09, DJ 9.9.09; a citação é do voto da relatora).

"Na ação de repetição do indébito é ônus do autor comprovar o efetivo pagamento dos valores que sustenta serem indevidos. Inexistência de dificuldades no cumprimento do ônus da prova, sendo incabível, na hipótese, a inversão do ônus da prova" (JTJ 291/456).

No sentido de que a parte deve comprovar a sua condição de consumidor para poder postular a inversão do ônus da prova prevista no CDC: STJ-3ª T., REsp 1.007.077, Min. Gomes de Barros, j. 24.3.08, DJU 13.5.08.

Invertendo o ônus da prova em caso de serviço de telefonia: "A requerente não tem meios para comprovar o fato negativo da não realização das chamadas indicadas pela apelante no demonstrativo encaminhado, enquanto, para a requerida, é possível trazer aos autos elementos seguros sobre as ligações realizadas" (JTJ 318/283: AP 945.811-0/7).

"A descrição da bagagem extraviada feita pela apelante é verossímil. Todos os itens são comumente encontrados em bagagens, especialmente considerando tratar-se de viagem de 24 dias ao exterior, e o valor individual não é elevado. A aquisição de alguns deles, aliás, foi demonstrada pelas faturas de cartão de crédito. Como a autora não tem condições de demonstrar a afirmação, admissível a inversão do ônus da prova" (RT 895/260: TJSP, AP 991.08.045099-6; a citação é do voto do relator, Des. Roberto Bedaque).

Art. 6º: 8a. Serviços bancários. "O juiz pode ordenar ao banco réu a juntada de cópia de contrato e de extrato bancário, atendendo aos princípios da inversão do ônus da prova e da facilitação da defesa do direito do consumidor em juízo" (RSTJ 154/438).

"É cabível a inversão do ônus da prova em favor do consumidor para o fim de determinar às instituições financeiras a exibição de extratos bancários, enquanto não estiver prescrita a eventual ação sobre eles, tratando-se de obrigação decorrente de lei e de integração contratual compulsória, não sujeita à recusa ou condicionantes, tais como o adiantamento dos custos da operação pelo correntista e a prévia recusa administrativa da instituição financeira em exibir os documentos, com a ressalva de que ao correntista, autor da ação, incumbe a demonstração da plausibilidade da relação jurídica alegada, com indícios mínimos capazes de comprovar a existência da contratação, devendo, ainda, especificar, de modo preciso, os períodos em que pretenda ver exibidos os extratos" (STJ-2ª Seção, REsp 1.133.872, Min. Massami Uyeda, j. 14.12.11, DJ 28.3.12).

No sentido de que, provado que o consumidor costumava guardar bens valiosos no cofre do banco, inverte-se o ônus da prova "no que concerne ao valor dos bens depositados no cofre locado": STJ-3ª T., REsp 974.994, Min. Nancy Andrighi, j. 5.6.08, maioria, DJ 3.11.08.

"Reconhecida a hipossuficiência técnica do consumidor, em ação que versa sobre a realização de saques não autorizados em contas bancárias, mostra-se imperiosa a inversão do ônus probatório" (STJ-3ª T., REsp 915.599, Min. Nancy Andrighi, j. 21.8.08, DJ 5.9.08). No mesmo sentido: JTJ 309/195, 321/1.591 (AP 1.250.651-7), 331/73 (AI 7.272.037-7), RT 916/832 (TRF-3ª Reg., AI 0018222-11.2011.4.03.0000).

Art. 6º: 8b. Entendendo inadmissível a inversão do ônus da prova em ação de responsabilidade civil por **serviços médicos** defeituosos, "porque os médicos, assim como os demais profissionais liberais, só podem ser responsabilizados por atos que realizem no exercício de suas atividades quando tenham agido com imprudência, negligência ou imperícia, circunstâncias que devem ser comprovadas pelo próprio autor da pretensão": RT 785/237. No mesmo sentido: RP 119/200.

Todavia, autorizando a inversão do ônus da prova em demanda ajuizada em face dos hospitais que atenderam o autor: RT 828/222.

Contra, autorizando a inversão do ônus da prova em desfavor do médico: STJ-4ª T., Ag 969.015-AgRg, Min. Isabel Gallotti, j. 7.4.11, DJ 28.4.11; JTJ 342/67 (AI 653.300-4/1-00).

V. tb. CC 951, nota 2.

Art. 6º: 9. v. arts. 22 e 59 § 1º.

Art. 6º: 10. O § ún. foi acrescido pela Lei 13.146, de 6.7.15, em vigor 180 dias após a sua publicação (DOU 7.7.15).

Art. 6º: 11. v. EPD 3º-V, 9º-V e 63 e segs., especialmente, 69.

Art. 6º: 12. "O **método Braille** é oficial e obrigatório no território nacional para uso na escrita e leitura dos deficientes visuais e a sua não utilização, durante todo o ajuste bancário, impede o referido consumidor hipervulnerável de exercer, em igualdade de condições, os direitos básicos, consubstanciando, além de intolerável discriminação e evidente violação aos deveres de informação adequada, vulneração à dignidade humana da pessoa deficiente" (STJ-4ª T., REsp 1.349.188, Min. Luis Felipe, j. 10.5.16, DJ 22.6.16).

Art. 7º Os direitos previstos neste Código não excluem outros decorrentes de tratados ou convenções internacionais de que o Brasil seja signatário, da legislação interna ordinária, de regulamentos expedidos pelas autoridades administrativas competentes, bem como dos que derivem dos princípios gerais do direito, analogia, costumes e equidade.

Parágrafo único. Tendo mais de um autor a ofensa, todos responderão solidariamente[1] pela reparação dos danos previstos nas normas de consumo.

Art. 7º: 1. s/ solidariedade, v. arts. 18-*caput*, 19-*caput*, 25 §§ 1º e 2º, 28 § 3º, 34 e 51-III (nulidade de cláusula que transfere responsabilidade a terceiro); cf. CC 264 a 266 e 275 a 285.

Capítulo IV | DA QUALIDADE DE PRODUTOS E SERVIÇOS, DA PREVENÇÃO E DA REPARAÇÃO DOS DANOS

Seção I | DA PROTEÇÃO À SAÚDE E SEGURANÇA

Art. 8º. Os produtos e serviços colocados no mercado de consumo não acarretarão riscos à saúde ou segurança[1] dos consumidores, exceto os considerados normais e previsíveis em decorrência de sua natureza e fruição, obrigando-se os fornecedores, em qualquer hipótese, a dar as informações[2-2a] necessárias e adequadas a seu respeito.

§ 1º (*renumerado pela Lei 13.486, de 3.10.17*) Em se tratando de produto industrial, ao fabricante cabe prestar as informações a que se refere este artigo, através de impressos apropriados que devam acompanhar o produto.

§ 2º (*acrescido pela Lei 13.486, de 3.10.17*) O fornecedor deverá higienizar os equipamentos e utensílios utilizados no fornecimento de produtos ou serviços, ou colocados à disposição do consumidor, e informar, de maneira ostensiva e adequada, quando for o caso, sobre o risco de contaminação.

Art. 8º: 1. v. arts. 6º-I e 8º a 11. Penas: arts. 63, 64, 66 e 68.

Art. 8º: 2. v. arts. 6º-III, 9º, 12-*caput*, 14-*caput*, 30, 31, 36 § ún., 37, 52 e 66 a 69 (penas).

Art. 8º: 2a. **Lei 11.291, de 26.4.06** — Dispõe sobre a inclusão nos locais indicados de aviso alertando sobre os malefícios resultantes do uso de equipamentos de som em potência superior a 85 (oitenta e cinco) decibéis.

Art. 9º O fornecedor de produtos e serviços potencialmente nocivos ou perigosos à saúde ou segurança deverá informar,[1] de maneira ostensiva e adequada, a respeito da sua nocividade ou periculosidade, sem prejuízo da adoção de outras medidas cabíveis em cada caso concreto.

Art. 9º: 1. Pena: art. 63.

Art. 10. O fornecedor não poderá colocar no mercado de consumo produto ou serviço que sabe ou deveria saber[1] apresentar alto grau de nocividade ou periculosidade à saúde ou segurança.

§ 1º O fornecedor de produtos e serviços que, posteriormente à sua introdução no mercado de consumo, tiver conhecimento da periculosidade que apresentem, deverá comunicar o fato imediatamente às autoridades competentes e aos consumidores, mediante anúncios publicitários.[1a a 2]

§ 2º Os anúncios publicitários a que se refere o parágrafo anterior serão veiculados na imprensa, rádio e televisão, às expensas do fornecedor do produto ou serviço.

§ 3º Sempre que tiverem conhecimento de periculosidade de produtos ou serviços à saúde ou segurança dos consumidores, a União, os Estados, o Distrito Federal e os Municípios deverão informá-los a respeito.

Art. 10: 1. "Não se pode exigir do fornecedor do produto ou serviço mais cuidado em relação à segurança do que a legislação aplicável determina, pois o CDC refere-se a vício que se 'sabe' ou 'deveria' saber, e não a 'poderia'" (Bol. AASP 2.625: TJSP, AP 681.974-5/0-00).

✎ **Art. 10: 1a.** "A aplicação do princípio da precaução no direito do consumidor e sua direta relação com o instituto do *recall*", por Ednara Pontes de Avelar e Rafaela Granja Porto (RDPr 36/93).

Art. 10: 1b. v. art. 64 (pena).

Art. 10: 2. Deverá também retirá-los imediatamente do mercado, quando determinado pela autoridade competente (art. 64 § ún.).

Art. 11. (VETADO)

Seção II — DA RESPONSABILIDADE PELO FATO DO PRODUTO E DO SERVIÇO[1]

SEÇ. II: 1. "Consequências práticas da distinção entre vício e fato do produto: uma análise de decisões judiciais escolhidas", por Flavia Portella Puschel (RDPr 25/164); "Responsabilidade pelo risco de desenvolvimento", por Marco Aurélio Lopes Ferreira da Silva (RJ 345/45); "Defesa do consumidor e responsabilidade pelo risco do desenvolvimento", por Rui Stoco (RT 855/46).

Art. 12. O fabricante, o produtor, o construtor, nacional ou estrangeiro, e o importador respondem, independentemente da existência de culpa, pela reparação dos danos causados aos consumidores por defeitos decorrentes de projeto, fabricação, construção, montagem, fórmulas, manipulação, apresentação ou acondicionamento de seus produtos, bem como por informações insuficientes ou inadequadas sobre sua utilização e riscos.[1 a 2]

§ 1º O produto é defeituoso quando não oferece a segurança que dele legitimamente se espera,[3 a 4] levando-se em consideração as circunstâncias relevantes, entre as quais:

I — sua apresentação;

II — o uso e os riscos que razoavelmente dele se esperam;

III — a época em que foi colocado em circulação.

§ 2º O produto não é considerado defeituoso pelo fato de outro de melhor qualidade ter sido colocado no mercado.

§ 3º O fabricante, o construtor, o produtor ou importador só não será responsabilizado quando provar:[4a-4b]

I — que não colocou o produto no mercado;

II — que, embora haja colocado o produto no mercado, o defeito inexiste;[4c-5]

III — a culpa exclusiva do consumidor[5a a 6b] ou de terceiro.[7]

Art. 12: 1. v. arts. 6º-III, 8º, 9º, 14-caput, 30, 31, 36 § ún., 37, 52 e 66 a 69 (penas).

V. tb. CC 186, nota 3b (dano moral e alimento com animal ou corpo estranho).

Art. 12: 1a. "Há diferença fundamental entre a responsabilidade por vício e a responsabilidade por fato do produto: a primeira trata de perda patrimonial para o consumidor que normalmente não ultrapassa os limites do valor do próprio produto ou serviço, estando a responsabilidade na própria coisa; a segunda é normalmente de maior vulto, pois nos acidentes de consumo os danos materiais podem ultrapassar em muito o valor dos produtos ou serviços adquiridos, cumulando-se ainda com danos físicos e morais" (RT 844/318).

Art. 12: 1b. "É dever do fornecedor a ampla publicidade ao mercado de consumo a respeito dos riscos inerentes a seus produtos e serviços. A posterior alteração da bula do medicamento, que passou a ser indicado para o tratamento de transtornos depressivos, com alto risco de dependência, não é suficiente para retirar do fornecedor a responsabilidade pelos danos causados aos consumidores. O aumento da periculosidade do medicamento deveria ser amplamente divulgado nos meios de comunicação. A mera alteração da bula e do controle de receitas na sua comercialização não são suficientes para prestar a adequada informação ao consumidor. A circunstância de o paciente ter consumido o produto sem prescrição médica não retira do fornecedor a obrigação de indenizar. Pelo sistema do CDC, o fornecedor somente se desobriga nas hipóteses de culpa exclusiva do consumidor (art. 12, § 3º, do CDC), o que não ocorre na hipótese, já que a própria bula do medicamento não indicava os riscos associados à sua administração, caracterizando culpa concorrente do laboratório" (STJ-3ª T., REsp 971.845, Min. Nancy Andrighi, j. 21.8.08, dois votos vencidos, DJ 1.12.08).

"O consumidor pode vir a sofrer dano por defeito (não necessariamente do produto), mas da informação inadequada ou insuficiente que o acompanhe, seja por ter informações deficientes sobre a sua correta utilização, seja pela falta de advertência sobre os riscos por ele ensejados. Na hipótese, como constatado pelo Juízo *a quo*, mera anotação pela recorrente, em letras minúsculas e discretas na embalagem do produto, fazendo constar que deve ser evitado o 'contato prolongado com a pele' e que 'depois de utilizar' o produto, o usuário deve lavar, e secar as mãos, não basta, como de fato no caso não bastou, para alertar de forma eficiente a autora, na condição de consumidora do produto, quanto aos riscos desse" (STJ-4ª T., REsp 1.358.615, Min. Luis Felipe, j. 2.5.13, DJ 1.7.13).

V. tb. nota 5.

Art. 12: 2. "Produto alimentício destinado especificamente para bebês exposto em gôndola de supermercado, com o **prazo de validade vencido,** que coloca em risco a saúde de bebê com apenas três meses de vida, causando-lhe gastroenterite aguda, enseja a responsabilização por fato do produto, ante a existência de vício de segurança previsto no art. 12 do CDC. O comerciante e o **fabricante** estão inseridos no âmbito da cadeia de produção e distribuição, razão pela qual não podem ser tidos como terceiros estranhos à relação de consumo. A eventual configuração da culpa do comerciante que coloca à venda produto com prazo de validade vencido não tem o condão de afastar o direito de o consumidor propor ação de reparação pelos danos resultantes da ingestão da mercadoria estragada em face do fabricante" (STJ-3ª T., REsp 980.860, Min. Nancy Andrighi, j. 23.4.09, um voto vencido, DJ 2.6.09).

V. tb. nota 6a.

Art. 12: 3. "A tutela do consumidor diante das noções de produto e serviço 'defeituosos'. A questão do tabaco", por Luiz Guilherme Marinoni (RBDP 63/11 e RJ 370/29).

Art. 12: 3a. cf. art. 18 § 6º.

Art. 12: 3b. "Um biscoito, com corpo duro em seu interior, viola padrões de segurança socialmente aceitáveis e defrauda a legítima expectativa do consumidor. Isso torna vulnerável o consumidor, que não se acautela ao morder o biscoito, pois tem a confiança de que a textura do produto será macia" (JTJ 323/465: AP 482.531.4/4-00; a citação é do voto do relator, na p. 468).

Art. 12: 4. "Veiculada a informação aos consumidores sobre o funcionamento do sistema de **air bags**, e, considerada a dinâmica do grave acidente em que o veículo dos demandantes restou envolvido (forte desaceleração, decorrente de colisão frontal, nos termos da sentença e do acórdão recorrido, ressalta-se), o não acionamento do referido mecanismo de segurança (em franco descompasso, repisa-se, com a publicidade ofertada) tem o condão de frustrar, por si, a legítima expectativa de segurança gerada no íntimo do consumidor, com significativo abalo de ordem psíquica. Nesse contexto, é de se reconhecer a presença dos requisitos necessários à responsabilização objetiva do fornecedor" (STJ-3ª T., REsp 768.503, Min. Marco Bellizze, j. 25.11.14, maioria, DJ 19.12.14).

Entendendo que também a abertura defeituosa do *air bag* leva à responsabilização da montadora pelos danos daí decorrentes: STJ-3ª T., REsp 1.656.614, Min. Nancy Andrighi, j. 23.5.17, DJ 2.6.17.

Art. 12: 4a. "Se o consumidor não demonstrou que o réu da ação fabricou o produto defeituoso e, portanto, é o responsável pelo dano que alegou ter suportado, não têm aplicação as regras de apresentação de provas previstas no art. 12, § 3º, do CDC (inversão do ônus da prova *ope legis*). Caberia a inversão do ônus de comprovar a identidade do fabricante do produto defeituoso (nexo causal entre o dano e a ação do réu de fabricar o produto), mas esta inversão tem por fundamento o art. 6º, inciso VIII, do CDC (fundamento adotado pelo acórdão da apelação e pelo acórdão embargado), e deveria ter sido determinada pelo juiz, na fase de instrução, ou ao menos seguir-se da reabertura da instrução, a fim de dar oportunidade ao réu de demonstrar que não produziu, fabricou, construiu ou importou a mercadoria reputada defeituosa" (STJ-2ª Seção, ED no REsp 422.778, Min. Isabel Gallotti, j. 29.2.12, maioria, DJ 21.6.12; a citação é do voto da relatora).

V. tb., no nosso CPCLPV, CPC 373, nota 8a.

Art. 12: 4b. "Considerando que não foi elidido no caso dos autos o nexo de causalidade entre os danos sofridos pelos recorrentes e a fabricação do automóvel adquirido da recorrida, tendo em vista que **não houve a comprovação de qualquer causa excludente da responsabilidade, pairando dúvida** acerca da causa do incêndio, é imperioso o provimento do presente recurso especial para imputar a indenização a título de dano material e moral, da forma determinada no acórdão da apelação, o qual julgou a demanda em estrita consonância com a principiologia consumerista e o entendimento deste Tribunal e, portanto, deve prevalecer" (STJ-4ª T., REsp 1.171.767, Min. Marco Buzzi, j. 2.8.16, DJ 16.8.16).

Art. 12: 4c. "Ônus da prova da inexistência de defeito do produto atribuído pelo legislador ao fabricante. Caracterização da violação à regra do inciso II do § 3º do art. 12 do CDC" (STJ-3ª T., REsp 1.288.008, Min. Paulo Sanseverino, j. 4.4.13, DJ 11.4.13). Do voto do relator: "A inversão do ônus da prova, nessa hipótese específica, não decorre de um ato do juiz, nos termos do art. 6º, VIII, do CDC, mas derivou de decisão política do próprio legislador, estatuindo a regra acima aludida. É a distinção entre a inversão do ônus da prova *ope legis* (ato do legislador) e a inversão *ope judicis* (ato do juiz)".

Art. 12: 5. "O Código de Defesa do Consumidor acolheu a teoria do risco do empreendimento (ou da atividade) segundo a qual o fornecedor responde objetivamente por todos os danos causados ao consumidor pelo produto ou serviço que se revele defeituoso (ou com a pecha de defeituoso, em que o fornecedor não se desonera do ônus de comprovar que seu produto não ostenta o defeito a ele imputado), na medida em que a atividade econômica é desenvolvida, precipuamente, em seu benefício, devendo, pois, arcar com os riscos 'de consumo' dela advindos. Há que se bem delimitar, contudo, o fundamento desta responsabilidade, que, é certo, não é integral, pois pressupõe requisitos próprios (especialmente, o defeito do produto como causador do dano experimentado pelo consumidor) e comporta excludentes. O fornecedor, assim, não responde objetivamente pelo fato do produto simplesmente porque desenvolve uma atividade perigosa ou produz um bem de periculosidade inerente, mas sim, concretamente, caso venha a infringir o dever jurídico de segurança (adentrando no campo da ilicitude), o que se dá com a fabricação e a inserção no mercado de um produto defeituoso (de concepção técnica, de fabricação ou de informação), de modo a frustrar a legítima expectativa dos consumidores. Para a responsabilização do fornecedor por acidente do produto não basta ficar evidenciado que os danos foram causados pelo medicamento Vioxx (circunstância, ressalta-se, infirmada pela prova técnica, que imputou o evento morte à doença autoimune que acometeu o paciente, mas admitida pelos depoimentos dos médicos, baseados em indícios), tal como compreendeu o Tribunal de origem. Mais que isso. O defeito do produto deve apresentar-se, concretamente, como o causador do dano experimentado pelo consumidor, fator que se revelou ausente a partir das provas coligidas nos autos (reproduzidas e/ou indicadas no acórdão recorrido), a esvaziar, por completo, a responsabilidade do fornecedor. Restou incontroverso da prova haurida dos autos (seja a partir do laudo pericial que excluiu peremptoriamente o nexo causal entre o uso do medicamento e a morte do paciente, seja do depoimento médico transcrito que embasou o decreto condenatório) que todo anti-inflamatório, como o é o medicamento Vioxx, possui, como reação adversa, a possibilidade de desenvolver doenças renais graves (circunstância, no caso dos autos, devidamente informada na bula do medicamento, com advertência ao consumidor deste risco). Em se tratando de **produto de periculosidade inerente,** cujos riscos são normais à sua natureza (medicamento com contra-indicações) e previsíveis (na medida em que o consumidor é deles expressamente advertido), eventual dano por ele causado ao consumidor não enseja a responsabilização do fornecedor, pois, **de produto defeituoso, não se cuida.** O descumprimento do dever de segurança, que se dá com a fabricação e inserção no mercado de produto defeituoso, a ser devidamente investigado, deve pautar-se na concepção coletiva da sociedade de consumo, e não na concepção individual do consumidor-vítima, especialmente no caso de vir este a apresentar uma condição especial (doença autoimune, desencadeadora da patologia desenvolvida pelo paciente, segundo prova técnica produzida e não infirmada pelo depoimento médico que embasou o decreto condenatório). Tampouco o fato de o medicamento ter sido retirado voluntariamente do mercado pelo laboratório fornecedor, ocasião em que contava com a plena autorização dos órgãos de controle (Anvisa), pode caracterizar, por si, o alegado defeito do produto, ou como entendeu o Tribunal de origem, um indicativo revestido de verossimilhança, se a sua retirada não guarda nenhuma relação com os fatos descritos na exordial" (STJ-3ª T., REsp 1.599.405, Min. Marco Bellizze, j. 4.4.17, DJ 17.4.17).

V. tb. nota 1b.

Art. 12: 5a. "A circunstância de o adquirente não levar o veículo para conserto, em atenção a *recall*, não isenta o fabricante da obrigação de indenizar" (STJ-RDDP 66/120: 3ª T., REsp 1.010.392).

Art. 12: 6. "Acidente ocorrido com trator de 13 anos de idade em que a prova conduz à conclusão de ter ocorrido não por defeito, mas por falta de manutenção adequada. Prova suficiente para excluir a responsabilidade da fabricante. Improcedência acertada" (JTJ 331/616: AP 577.938-4/9).

Art. 12: 6a. "O fabricante, ao estabelecer prazo de validade para consumo de seus produtos, atende aos comandos imperativos do próprio Código de Defesa do Consumidor, especificamente, acerca da segurança do produto, bem como a saúde dos consumidores. O prazo de validade é resultado de estudos técnicos, químicos e biológicos, a fim de possibilitar ao mercado consumidor a segurança de que, naquele prazo, o produto estará em plenas condições de consumo. Dessa forma, na oportunidade em que o produto foi consumido, o mesmo já estava com **prazo de validade expirado.** E essa circunstância rompe o nexo de causalidade e, via de consequência, afasta o dever de indenizar" (STJ-3ª T., REsp 1.252.307, Min. Massami Uyeda, j. 7.2.12, dois votos vencidos, DJ 2.8.12).

V. tb. nota 2.

Art. 12: 6b. "Fato do produto. Dermatite de contato. O uso do sabão em pó para limpeza do chão dos cômodos da casa, além da lavagem do vestuário, por si só, não representou conduta descuidada apta a colocar a consumidora em risco, uma vez que não se trata de uso negligente ou anormal do produto" (STJ-4ª T., REsp 1.358.615, Min. Luis Felipe, j. 2.5.13, DJ 1.7.13).

Art. 12: 7. "Ação de responsabilidade civil. Distúrbios digestivos apresentados pelo autor logo após a ingestão de refrigerante fabricado e enlatado pelas primeiras recorridas. Laudo pericial conclusivo acerca da ocorrência de violação das embalagens, perpetrada por terceiros após a colocação do produto no mercado. Ausência de responsabilidade das rés pela consequente deterioração. Fato de terceiro a impedir a configuração do nexo causal" (RT 904/355: TJRJ, AP 0053092-51.2001.8.19.0001).

Art. 13. O comerciante é igualmente responsável, nos termos do artigo anterior, quando:

I — o fabricante, o construtor, o produtor ou o importador não puderem ser identificados;

II — o produto for fornecido sem identificação clara do seu fabricante, produtor, construtor ou importador;

III — não conservar adequadamente os produtos perecíveis.[1]

Parágrafo único. Aquele que efetivar o pagamento ao prejudicado poderá exercer o direito de regresso[2] contra os demais responsáveis, segundo sua participação na causação do evento danoso.

Art. 13: 1. v. art. 12, nota 2.

Art. 13: 2. vedada a denunciação da lide (v. art. 88).

Art. 14. O fornecedor de serviços responde,[1 a 7a] independentemente da existência de culpa,[7b] pela reparação dos danos causados aos consumidores por defeitos relativos à prestação dos serviços, bem como por informações insuficientes ou inadequadas sobre sua fruição e riscos.

§ 1º O serviço é defeituoso quando não fornece a segurança[8] que o consumidor dele pode esperar, levando-se em consideração as circunstâncias relevantes, entre as quais:

I — o modo de seu fornecimento;

II — o resultado e os riscos que razoavelmente dele se esperam;

III — a época em que foi fornecido.

§ 2º O serviço não é considerado defeituoso pela adoção de novas técnicas.

§ 3º O fornecedor de serviços só não será responsabilizado quando provar:

I — que, tendo prestado o serviço, o defeito inexiste;

II — a culpa exclusiva do consumidor ou de terceiro.[9 a 9c]

§ 4º A responsabilidade pessoal dos profissionais liberais[10-11] será apurada mediante a verificação de culpa.

Art. 14: 1. "A responsabilidade civil dos hospitais e o defeito na prestação dos serviços médicos", por Rafael Nichele (Ajuris 91/185); "A responsabilidade médico-hospitalar à luz do Código do Consumidor", por Sérgio Cavalieri Filho (RF 346/133); "Os fundos de investimento financeiro à luz do Código de Defesa do Consumidor: a proteção jurídica do investidor", por Rodrigo Alves da Silva (RDPr 17/217); "Responsabilidade civil dos estabelecimentos bancários e o Código de Defesa do Consumidor", por Rui Stoco (RT 819/39); "A responsabilidade dos médicos e do hospital por falha no dever de informar ao consumidor", por Cláudia Lima Marques (RT 827/11); "Responsabilidade civil dos *shopping centers* por danos causados em seus estacionamentos: um brado contra a indevida informação", por Cristiano Chaves de Farias (RJ 327/63 e RDPr 21/69); "Responsabilidade de concessionárias de serviço público de energia elétrica por danos decorrentes de descargas atmosféricas", por Márcio Louzada Carpena e Jaqueline Franceschetti (RT 841/118); "Responsabilidade civil dos bancos por assaltos em terminais eletrônicos", por Pablo Stolze Gagliano (RMDCPC 7/87); "A responsabilidade civil por infecção hospitalar", por Domingos Afonso Kriger Filho (RF 405/591, RT 899/65); "O crime de 'saidinha de banco' e o fortuito interno", por João Hora Neto (RDPr 51/231).

Art. 14: 1a. v. arts. 8º, 9º, 12-*caput*, 30, 31, 36 § ún., 37, 52 e 66 a 69 (penas).

Art. 14: 2. "A responsabilidade do **hospital** somente tem espaço quando o dano decorrer de falha de serviços cuja atribuição é afeta única e exclusivamente ao hospital. Nas hipóteses de dano decorrente de falha técnica restrita ao profissional médico, mormente quando este não tem nenhum vínculo com o hospital — seja de emprego ou de mera preposição — não cabe atribuir ao nosocômio a obrigação de indenizar. Se, na ocorrência de dano impõe-se ao hospital que responda objetivamente pelos erros cometidos pelo médico, estar-se-á aceitando que o contrato firmado seja de resultado, pois se o médico não garante o resultado, o hospital garantirá. Isso leva ao seguinte absurdo: na hipótese de intervenção cirúrgica, ou o paciente sai curado ou será indenizado — daí um contrato de resultado firmado às avessas da legislação. O cadastro que os hospitais normalmente mantêm de médicos que utilizam suas instalações para a realização de cirurgias não é suficiente para caracterizar relação de subordinação entre médico e hospital. Na verdade, tal procedimento representa um mínimo de organização empresarial" (STJ-2ª Seção, REsp 908.359, Min. João Otávio, j. 27.8.08, quatro votos a três, DJ 17.12.08).

"A Santa Casa, apesar de ser instituição sem fins lucrativos, responde solidariamente pelo erro do seu médico" (STJ-4ª T., REsp 467.878, Min. Ruy Rosado, j. 5.12.02, DJU 10.2.03). No mesmo sentido: JTJ 315/226 (AP 442.231-4/2-00).

"Uma vez caracterizada a culpa do médico que atua em determinado serviço disponibilizado por estabelecimento de saúde (art. 14, § 4º, CDC), responde a clínica de forma objetiva e solidária pelos danos decorrentes do defeito no serviço prestado, nos termos do art. 14, § 1º, CDC" (STJ-4ª T., REsp 605.435, Min. Luis Felipe, j. 22.9.09, um voto vencido, DJ 16.11.09).

"Responde o hospital pelo ato culposo praticado por profissional de sua equipe médica, mesmo que sem vínculo empregatício com a instituição. A circunstância de os serviços médicos terem sido prestados gratuitamente, ou remunerados pelo SUS, não isenta o profissional e a instituição da responsabilidade civil por erro médico" (STJ-4ª T,. REsp 774.963, Min. Isabel Gallotti, j. 6.12.12, DJ 7.3.13).

"Embora o art. 14, § 4º, do CDC afaste a responsabilidade objetiva dos médicos, não se exclui, uma vez comprovada a culpa desse profissional e configurada uma cadeia de fornecimento do serviço, a solidariedade do hospital imposta pelo *caput* do art. 14 do CDC. A cadeia de fornecimento de serviços se caracteriza por reunir inúmeros contratos numa relação de interdependência, como na hipótese dos autos, em que concorreram, para a realização adequada do serviço, o hospital, fornecendo centro cirúrgico, equipe técnica, medicamentos, hotelaria; e o médico, realizando o procedimento técnico principal, ambos auferindo lucros com o procedimento. Há o dever de o hospital responder qualitativamente pelos profissionais que escolhe para atuar nas instalações por ele oferecidas. O reconhecimento da responsabilidade solidária do hospital não transforma a obrigação de meio do médico, em obrigação de resultado, pois a responsabilidade do hospital somente se configura quando comprovada a culpa do médico, conforme a teoria de responsabilidade subjetiva dos profissionais liberais abrigada pelo Código de Defesa do Consumidor. Admite-se a denunciação da lide na hipótese de defeito na prestação de serviço" (STJ-3ª T., REsp 1.216.424, Min. Nancy Andrighi, j. 9.8.11, DJ 19.8.11).

"Quando o paciente é internado sob a responsabilidade de seu médico, previamente escolhido, a responsabilidade do hospital fica confinada aos seus domínios, como antes mencionado, não havendo nexo de causalidade com o erro do médico propriamente dito. Todavia, quando o paciente procura o hospital para tratamento, principalmente naqueles casos de emergência, e recebe atendimento do médico que se encontra em serviço no local, a responsabilidade em razão das consequências danosas da terapia pertence ao hospital. Em tal situação, pouco releva a circunstância de ser o médico empregado do hospital, porquanto ele se encontrava vinculado ao serviço de emergência oferecido" (STJ-3ª T., REsp 400.843, Min. Menezes Direito, j. 17.2.05, DJU 18.4.05).

"É muito comum surgirem controvérsias sobre o vínculo entre médicos e hospitais quando pacientes reclamam indenizações por danos, e isso fez com que a jurisprudência passasse a exigir prova efetiva e concreta da parte de quem pretende se livrar do processo, da completa desvinculação com o serviço médico que se diz defeituoso. O hospital somente não responde, de forma solidária, quando cede (aluga) seus departamentos para que médicos que não integram seu corpo clínico operem nas suas salas" (JTJ 314/184: AP 268.872-4/9-00; a citação é do voto do relator, Des. Enio Zuliani).

"Ação de indenização movida contra estabelecimento hospitalar. Cirurgia. Erro médico. Denunciação à lide de médicos. Descabimento. Se não se acha plenamente configurado que houve escolha pessoal da autora na contratação dos médicos que a operaram, os quais integravam a equipe que atuava no hospital credenciado do SUS, onde se internara após exame em posto de saúde, inexiste razão para tal denunciação, devendo prosseguir a ação exclusivamente contra o nosocômio indicado como réu pela vítima, ressalvado o direito de regresso em feito próprio" (STJ-4ª T., REsp 125.669, Min. Aldir Passarinho Jr., j. 20.9.01, DJU 4.2.02). Ainda: "Médica plantonista que atendeu menor que faleceu no dia seguinte. Ação de indenização contra o hospital. Denunciação da médica à lide. Impossibilidade. Serviço de emergência. Relação de preposição do médico com o hospital. Responsabilidade objetiva do hospital. Produção de provas que não interessam ao paciente" (STJ-3ª T., REsp 801.691, Min. Ricardo Cueva, j. 6.12.11, DJ 15.12.11).

"Configura cerceamento de defesa se o hospital é impedido de provar, na cobertura do art. 14, § 3º, II, do Código de Defesa do Consumidor, a culpa exclusiva de terceiro, no caso, a médica responsável pela cirurgia, que com ele não mantém relação de emprego" (STJ-3ª T., REsp 419.026, Min. Menezes Direito, j. 26.10.04, maioria, RT 836/133).

Enfim: "A responsabilidade objetiva para o prestador de serviço, prevista no art. 14 do CDC, na hipótese de tratar-se de hospital, limita-se aos serviços relacionados ao estabelecimento empresarial, tais como estadia do paciente (internação e alimentação), instalações, equipamentos e serviços auxiliares (enfermagem, exames, radiologia). Se o dano decorre de falha técnica restrita ao profissional médico, que não possui qualquer vínculo com o hospital — seja de emprego ou de mera preposição — não cabe atribuir ao nosocômio a obrigação de indenizar a vítima" (STJ-3ª T,. REsp 1.733.387, Min. Nancy Andrighi, j. 15.5.18, DJ 18.5.18). "No caso específico dos hospitais, será objetiva a responsabilidade apenas no que toca aos serviços única e exclusivamente relacionados com o estabelecimento empresarial propriamente dito, ou seja, aqueles que digam respeito à estadia do paciente (internação), instalações físicas, equipamentos, serviços auxiliares (enfermagem, exames, radiologia) etc. e não aos serviços técnicos-profissionais dos médicos que ali atuam ou que tenham alguma relação com o nosocômio (convênio por exemplo), permanecendo estes na relação subjetiva de preposição (culpa)" (STJ-4ª T., REsp 258.389, Min. Fernando Gonçalves, j. 16.6.05, DJU 22.8.05; a citação é do voto do relator). Em sentido semelhante: RT 868/346, JTJ 300/376. **Todavia:** "A responsabilidade do hospital é objetiva quanto à atividade de seu profissional plantonista (CDC, art. 14), de modo que dispensada demonstração da culpa do hospital relativamente a atos lesivos decorrentes de culpa de médico integrante de seu corpo clínico no atendimento" (STJ-3ª T., REsp 696.284, Min. Sidnei Beneti, j. 3.12.09, DJ 18.12.09). "Demanda indenizatória proposta pelo marido de paciente morta em clínica médica, alegando defeito na prestação dos serviços médicos. A regra geral do art. 14, *caput*, do CDC, é a responsabilidade objetiva dos fornecedores pelos danos causados aos consumidores. A exceção prevista no § 4º do art. 14 do CDC, imputando-lhes responsabilidade subjetiva, é restrita aos profissionais liberais. Impossibilidade de interpretação extensiva de regra de exceção. O ônus da prova da inexistência de defeito na prestação dos serviços médicos é da clínica recorrida por imposição legal (inversão *ope legis*). Inteligência do art. 14, § 3º, I, do CDC" (STJ-3ª T., REsp 986.648, Min. Paulo Sanseverino, j. 10.5.11, maioria, DJ 2.3.12).

"Se os danos suportados pela autora decorrem de falha na prestação do serviço hospitalar pelas sociedades empresárias envolvidas, e não de erro médico, a responsabilidade é objetiva, sendo desnecessária a verificação da culpa" (STJ-4ª T., Ag em REsp 281.610-AgRg, Min. Isabel Gallotti, j. 7.3.13, DJ 14.3.13).

"A opção do hospital em contratar profissional em regime de sobreaviso (plantão não presencial) trouxe inegavelmente o agravamento do risco de não fornecer em tempo e modo adequados os serviços de atenção à saúde que disponibilizou para o mercado de consumo. Esta conduta exemplifica situação de vício de qualidade por inadequação do serviço, pois o torna carente de idoneidade para realização do fim a que é destinado. Recurso especial conhecido e provido, para reconhecer a responsabilidade objetiva do hospital, decorrente do defeito na prestação do serviço de urgência para a parturiente vítima de hemorragia pós parto" (STJ-3ª T., REsp 1.736.039, Min. Nancy Andrighi, j. 5.6.18, DJ 7.6.18).

"A responsabilidade do hospital é objetiva pelos danos causados em decorrência de atos típicos de sua atividade, estando entre eles a de ministrar medicação" (STJ-3ª T., Ag em REsp 377.201-AgRg, Min. João Otávio, j. 8.4.14, DJ 14.4.14).

"O hospital responde objetivamente pela infecção hospitalar, pois esta decorre do fato da internação e não da atividade médica em si" (STJ-4ª T., REsp 629.212, Min. Cesar Rocha, j. 15.5.07, DJU 17.9.07). No mesmo sentido: STJ-3ª T., REsp 1.472.367-AgInt, Min. Nancy Andrighi, j. 6.12.16, DJ 1.2.17; RT 858/393.

Caso em que se condenou o hospital por infecção hospitalar: "Recém-nascida contaminada por pseudonomas. Inversão do ônus da prova determinada por anterior aresto. Circunstâncias dos autos indicativas de que a contaminação se deu no interior da maternidade. Inexistência de comissão de controle de infecção hospitalar, em desacordo com normas de regência do Ministério da Saúde" (RT 889/257: TJSP, AP 417.906.4/5-00).

"Adotadas as cautelas possíveis pelo hospital e não tendo sido identificada a hepatite C no sangue doado, não é razoável afirmar que o só fato da existência do fenômeno 'janela imunológica' seria passível de tornar o serviço defeituoso. No limite, a tese subverte todos os fundamentos essenciais da responsabilidade civil, ensejando condenações por presunções. Não se pode eliminar, aqui, o risco de transfundir sangue contaminado a um paciente mesmo com a adoção das medidas adequadas à análise do sangue. Para minimizar essa possibilidade, adotam-se medidas de triagem do doador, que não são todas infalíveis, eis que dependentes da veracidade e precisão das informações por este prestadas. Trata-se, como se vê, de um risco reduzido, porém não eliminável. Parece correto sustentar, assim, que aquilo que o consumidor pode legitimamente esperar não é, infelizmente, que sangue contaminado jamais seja utilizado em transfusões sanguíneas, mas sim que todas as medidas necessárias à redução desse risco ao menor patamar possível sejam tomadas pelas pessoas ou entidades responsáveis pelo processamento do sangue" (STJ-4ª T., REsp 1.322.387, Min. Luis Felipe, j. 20.8.13, DJ 26.9.13). **Todavia:** "Não se questiona acerca do intrínseco risco ao receptor de transfusão sanguínea, que atualmente ainda não foi eliminado do ambiente médico-científico. Em vez disso, a questão jurídica relevante está em verificar se a transfusão ocorreu com defeito, ou seja, identificar em concreto se o serviço foi prestado sem a segurança que o consumidor pôde esperar. O defeito na prestação do serviço consiste justamente em, apesar de saber do risco da janela imunológica, ainda assim, o hospital optar por realizar a transfusão de sangue. Este cálculo diz respeito à conduta do hospital, como risco adquirido no desenvolvimento de sua atividade, e não do paciente que se submete ao procedimento" (STJ-3ª T., REsp 1.645.786, Min. Nancy Andrighi, j. 18.5.17, DJ 26.5.17).

"Ação de indenização por danos materiais e compensação por danos morais. Soro contaminado. Contaminação comprovadamente ocorrida durante as etapas do processo de produção. Responsabilidade exclusiva do fabricante do produto. A responsabilidade objetiva para o prestador do serviço prevista no art. 14 do CDC, na hipótese do hospital, limita-se aos serviços relacionados ao estabelecimento empresarial, tais como à estadia do paciente (internação), instalações, equipamentos e serviços auxiliares (enfermagem, exames, radiologia). Quando a contaminação ocorre nas etapas de fabricação do produto, a responsabilidade por danos causados aos consumidores em razão da sua utilização é exclusiva do fabricante e não do hospital. Na hipótese, o hospital não prestou serviço defeituoso, pois restou demonstrado que todos os serviços intrínsecos à sua atividade foram corretos e a causa da contaminação dos pacientes decorreu exclusivamente do fabricante do produto, hipótese de fato exclusivo de terceiro, prevista no art. 14, § 3º, II, do CDC" (STJ-3ª T., REsp 1.556.973, Min. Nancy Andrighi, j. 6.3.18, maioria, DJ 23.4.18).

"Injeção que, por imperícia do funcionário do hospital, atingiu o nervo ciático do paciente, ocasionando-lhe atrofia no membro inferior esquerdo; responsabilidade do hospital" (STJ-3ª T., AI 973.150-AgRg, Min. Ari Pargendler, j. 27.5.08, DJ 22.8.08).

"O hospital é responsável pela incolumidade do paciente internado em suas dependências. Isso implica a obrigação de tratamento de qualquer patologia relevante apresentada por esse paciente, ainda que não relacionada especificamente à doença que motivou a internação. Se o paciente, durante o tratamento de câncer, apresenta quadro depressivo acentuado, com tendência suicida, é obrigação do hospital promover tratamento adequado dessa patologia, ministrando antidepressivos ou tomando qualquer outra medida que, do ponto de vista médico, seja cabível. Na hipótese de ausência de qualquer providência por parte do hospital, é possível responsabilizá-lo pelo suicídio cometido pela vítima dentro de suas dependências" (STJ-RTDC 29/181: 3ª T., REsp 494.206, um voto vencido).

"A alta do paciente, imprudente e negligente, autorizada, sem avaliação médica, por enfermeira do hospital, acarreta a responsabilidade civil deste" (STJ-3ª T., AI 1.009.647-AgRg, Min. Ari Pargendler, j. 5.8.08, DJ 28.10.08).

"Hospital particular. Recusa de atendimento. Omissão. Perda de uma chance. Danos morais. Cabimento. Restando evidenciado que nossas leis estão refletindo e representando quais as prerrogativas que devem ser prioritariamente observadas, a recusa de atendimento médico, que privilegiou trâmites burocráticos em detrimento da saúde da menor, não tem respaldo legal ou moral. A omissão adquire relevância jurídica e torna o omitente responsável quando este tem o dever jurídico de agir, de praticar um ato para impedir o resultado, como na hipótese, criando, assim, sua omissão, risco da ocorrência do resultado. A simples chance (de cura ou sobrevivência) passa a ser considerada como bem juridicamente protegido, pelo que sua privação indevida vem a ser considerada como passível de ser reparada" (STJ-3ª T., REsp 1.335.622, Min. Ricardo Cueva, j. 18.12.12, maioria, DJ 27.2.13). S/ perda de uma chance, v. tb. notas 3a e 7a e CC 402, nota 7, 927, notas 3a, 3c, 5c e 8b, e 951, notas 1c e 7a.

S/ culpa concorrente, v. CC 945, nota 2.

Art. 14: 2a. "A prestadora de serviços de **plano de saúde** é responsável, concorrentemente, pela qualidade do atendimento oferecido ao contratante em hospitais e por médicos por ela credenciados, aos quais aquele teve de obrigatoriamente se socorrer sob pena de não fruir a respectiva cobertura" (STJ-4ª T., REsp 164.084, Min. Aldir Passarinho Jr., j. 17.2.00, DJU 17.4.00). No mesmo sentido: STJ-3ª T., AI 682.875, Min. Paulo Furtado, j. 15.9.09, DJ 15.10.09; JTJ 294/406, 347/517 (AP 604.363-4/4-00), RJM 172/156.

"Se a empresa de plano de saúde não autorizou o procedimento médico realizado, não pode ser responsabilizada pelos danos causados pelo médico, máxime se não é locadora direta dos serviços médico-hospitalares prestados à paciente, não havendo relação de preposição a ensejar sua responsabilização. Todavia, se credencia médico sem os necessários cuidados quanto às qualificações indicadas, responde pelos danos causados ao usuário do plano" (RT 883/283: TJMS, AP 2006.021397-3/0000-00).

"Ausente vínculo entre o profissional causador do dano e a operadora de plano de saúde, em razão da contratação em caráter exclusivamente particular, não se pode imputar a esta a responsabilidade pelo ilícito para o qual não contribuiu de nenhuma maneira" (STJ-3ª T,. REsp 1.733.387, Min. Nancy Andrighi, j. 15.5.18, DJ 18.5.18).

"Em se tratando de demanda ressarcitória fundada em responsabilidade civil do nosocômio em virtude de danos decorrentes de infecção hospitalar, são partes passivas ilegítimas o médico que realizou a intervenção cirúrgica e a entidade mantenedora do plano de saúde" (RT 858/393).

Em síntese: "Se o contrato for fundado na livre escolha pelo beneficiário/segurado de médicos e hospitais com reembolso das despesas no limite da apólice, conforme ocorre, em regra, nos chamados seguros-saúde, não se poderá falar em responsabilidade da seguradora pela má prestação do serviço, na medida em que a eleição dos médicos ou hospitais aqui é feita pelo próprio paciente ou por pessoa de sua confiança, sem indicação de profissionais credenciados ou diretamente vinculados à referida seguradora. A responsabilidade será direta do médico e/ou hospital, se for o caso. Se o contrato é fundado na prestação de serviços médicos e hospitalares próprios e/ou credenciados, no qual a operadora de plano de saúde mantém hospitais e emprega médicos ou indica um rol de conveniados, não há como afastar sua responsabilidade solidária pela má prestação do serviço. A operadora do plano de saúde, na condição de fornecedora de serviço, responde perante o consumidor pelos defeitos em sua prestação, seja quando os fornece por meio de hospital próprio e médicos contratados ou por meio de médicos e hospitais credenciados, nos termos dos arts. 2º, 3º, 14 e 34 do Código de Defesa do Consumidor, art. 1.521, III, do Código Civil de 1916 e art. 932, III, do Código Civil de 2002. Essa responsabilidade é objetiva e solidária em relação ao consumidor, mas, na relação interna, respondem o hospital, o médico e a operadora do plano de saúde nos limites da sua culpa" (STJ-4ª T., REsp 866.371, Min. Raul Araújo, j. 27.3.12, DJ 20.8.12).

Afastando a responsabilidade da operadora de plano de saúde administrado por entidade de autogestão por dano acontecido nas dependências de hospital credenciado, com fundamento na inexistência de relação de consumo nessas circunstâncias: STJ-2ª Seção, REsp 1.285.483, Min. Luis Felipe, j. 22.6.16, DJ 16.8.16.

Art. 14: 3. A responsabilidade dos **laboratórios** de análises clínicas é "de resultado, de natureza objetiva (art. 14 c/c o 3º do CDC)" (STJ-3ª T., REsp 594.962, Min. Pádua Ribeiro, j. 9.11.04, DJU 17.12.04). Eventual ressalva quanto às conclusões erroneamente atestadas "reduz a responsabilização do laboratório, mas não a exclui totalmente" (STJ-4ª T., REsp 401.592, Min. Ruy Rosado, j. 16.5.02, DJU 2.9.02). No mesmo sentido: RT 895/281 (TJSP, AP 994.09.323337-2), RF 377/345 (acórdão relatado pelo Des. Sergio Cavalieri), 396/436 (TJRS, AP 70020533717).

"Reconhece-se a responsabilidade do hospital que emite exame com laudo positivo de HIV, repetido e confirmado, ainda que com a ressalva de que poderia ser necessário exame complementar" (STJ-3ª T., REsp 1.291.576, Min. Nancy Andrighi, j. 28.2.12, maioria, DJ 28.6.12).

"Prova do erro de diagnóstico do vírus HIV-AIDS por parte do laboratório que realizou o exame de sangue. Responsabilidade objetiva do laboratório que fornece resultado 'falso positivo', repetido e confirmado, ainda que com ressalva de que poderia ser necessário exame complementar. Defeito no fornecimento do serviço, nos termos do art. 14 do CDC" (JTJ 327/412: AP 484.024.4/5-00). No mesmo sentido: STJ-4ª T., REsp 1.251.721-EDcl-AgRg, Min. Antonio Ferreira, j. 23.4.13, DJ 26.4.13.

"O exame ultrassonográfico para controle de gravidez implica em obrigação de resultado, caracterizada pela responsabilidade objetiva. O erro no diagnóstico de gestação gemelar, quando existente um único nascituro, resulta em danos morais passíveis de indenização" (STJ-RT 882/146: 3ª T., AI 744.181-AgRg).

"É incontroverso que o exame de DNA realizado pelo laboratório recorrente apresentou resultado equivocado, atribuindo ao recorrido paternidade inexistente. Outrossim, não logrou o recorrente comprovar quaisquer das excludentes de responsabilidade previstas no § 3º do art. 14 do CDC, a saber, a inexistência do defeito ou a culpa exclusiva do consumidor ou de terceiro. Não socorre ao laboratório o argumento de que o falso positivo decorreu do 'isolamento genético' da comunidade onde viviam o recorrido, a criança e sua mãe. Essa circunstância se insere dentre os riscos assumidos pela instituição no exercício de sua atividade empresarial, na medida em que o teste de DNA para investigação de paternidade envolve o uso de dados estatísticos referentes ao perfil genético da população. Perante o consumidor responde apenas o laboratório, pois o médico subscritor do laudo do exame de DNA não se enquadra no conceito de fornecedor, haja vista que não ofereceu no mercado qualquer serviço, atuando como mera mão-de-obra daquele. Assim, é despiciendo perquirir acerca da existência de culpa do médico na realização do exame, discussão que somente interessa ao laboratório e seu preposto, em eventual ação regressiva" (STJ-3ª T., REsp 1.386.129, Min. Nancy Andrighi, j. 3.10.17, DJ 13.10.17).

Todavia: "Mesmo que o indivíduo não tenha interesse ou não queira ter conhecimento sobre a enfermidade que lhe acomete (seja qual for a razão), a informação correta e sigilosa sobre seu estado de saúde dada pelo hospital ou laboratório, ainda que de forma involuntária, tal como ocorrera na hipótese dos autos, não tem o condão de afrontar sua intimidade, na medida em que lhe proporciona a proteção a um direito maior. Não se afigura permitido, tão pouco razoável, que o indivíduo, com o desiderato inequívoco de resguardar sua saúde, após recorrer ao seu médico, que lhe determinou a realização de uma série de exames, vir a juízo aduzir justamente que tinha o direito de não saber que é portador de determinada doença, ainda que o conhecimento desta tenha se dado de forma involuntária" (STJ-RT 909/538: 3ª T., REsp 1.195.995, maioria).

"O autor doou sangue em 1993, mas não retornou ao hemocentro para tomar ciência do resultado do exame de controle em sua amostra de sangue. Não forneceu, na época, telefone próprio e o endereço indicado estava errado. Em 1997, voltando para nova doação, tomou ciência do resultado positivo para HIV. Alega dano moral, em virtude do sofrimento causado pela possibilidade de contaminação de sua companheira (também autora da ação) e filhos concebidos após a data da primeira doação. Inexistência de dano moral causado pelo hemocentro réu. O sofrimento causado pela ciência da contaminação em 1997 teria ocorrido igualmente em 1993. Não houve consequências danosas decorrentes do período de desconhecimento do vírus, entre 1993 e 1997. Não se alega tenha o autor tido eventual tratamento prejudicado pela demora na ciência do vírus. Sequer se sabe se nele se desenvolveu a moléstia. Resultado negativo do exame ao qual se submeteu sua companheira. Ausência de ilegalidade ou culpa na conduta do réu" (STJ-4ª T., REsp 619.185, Min. Isabel Gallotti, j. 13.12.11, DJ 1.2.12).

"Responsabilidade civil do Estado. Exame de HIV em hospital público. Falso positivo. Responsabilidade estatal pelo resultado equivocado. Inocorrência. Possibilidade de erro ínsita ao próprio exame, para a qual não contribuiu qualquer ação ou omissão dos prepostos do réu. O autor não estava insciente da advertência constante no laudo, acerca da necessidade de segunda amostra para confirmar o resultado, tanto que realizou novos exames" (JTJ 343/595: AP 919.275-5/8-00).

"Descabe indenização pleiteada a laboratório que, diante de diagnóstico falso-positivo de HIV, nos termos da Portaria MS 488/98, solicita a submissão a novo exame, diante do fato de o Método ELISA, então utilizado, apresentar elevado número de falsos-positivos" (STJ-3ª T., REsp 1.248.996, Min. Sidnei Beneti, j. 27.9.11, DJ 5.10.11).

"O dever de informação a cargo do fornecedor de serviço, nos termos do art. 14 do CDC, diz respeito aos riscos que razoavelmente se esperam do serviço oferecido; no caso, possíveis riscos a que se expõe um paciente ao realizar determinado exame de imagem. Não compete à clínica de serviços diagnósticos informar os riscos de qualquer doença que pudesse eventualmente acometer o feto, mas apenas realizar o exame prescrito pelo médico, valendo-se da técnica adequada. Avaliar a necessidade de exames complementares cabe ao médico do paciente, detentor de todos os conhecimentos sobre o quadro clínico respectivo, e não à clínica de medicina diagnóstica. Tendo sido assentada pelas instâncias ordinárias a inexistência de falha na prestação do serviço de ultrassonografia pela clínica ré, conforme perícia que atestou que os exames foram realizados de acordo com as normas técnicas, não há que se falar em nexo de causalidade com o dano sofrido em razão da morte do recém-nascido e, por consequência, no dever de indenizar" (STJ-4ª T., REsp 1.441.463, Min. Isabel Gallotti, j. 12.3.19, DJ 15.3.19).

"Ação de indenização por danos morais. Prestação de serviço de exame laboratorial. Erro no resultado de exame parasitológico. Dano moral não configurado. Embora caracterizada a falha na prestação do serviço laboratorial, em razão da inconsistência no resultado de exame parasitológico, a paciente menor não tomou nenhuma medicação e a comunicação entre a genitora e a médica responsável, ao tratar do assunto, ocorreu em clima de tranquilidade" (STJ-4ª T., Ag em REsp 1.556.253-AgInt, Min. Raul Araújo, j. 26.11.19, DJ 19.12.19).

Art. 14: 3a. "A teoria da perda de uma chance aplica-se quando o evento danoso acarreta para alguém a frustração da chance de obter um proveito determinado ou de evitar uma perda. Não se exige a comprovação da existência do dano final, bastando prova da certeza da chance perdida, pois esta é o objeto de reparação. Caracterização de dano extrapatrimonial para criança que tem frustrada a chance de ter suas **células embrionárias** colhidas e armazenadas para, se for preciso, no futuro, fazer uso em tratamento de saúde" (STJ-3ª T., REsp 1.291.247, Min. Paulo Sanseverino, j. 19.8.14, maioria, DJ 1.10.14).

S/ perda de uma chance, v. tb. notas 2, *in fine*, e 7a e CC 402, nota 7, 927, notas 3a, 3c, 5c e 8b, e 951, notas 1c e 7a.

Art. 14: 3b. "Responde o comerciante, independentemente de culpa, pela reparação dos danos causados aos consumidores por defeitos relativos à prestação de serviços, entendendo-se como tal, em face da abrangência do conceito legal, toda a atividade por ele realizada no propósito de tornar o seu negócio viável e atraente, aí incluídos o estacionamento, as instalações confortáveis e outras facilidades colocadas à disposição da sua clientela. Assim, provado que a vítima escorregou e caiu quando fazia compra em seu **estabelecimento comercial,** impõe-se o dever de indenizar os danos decorrentes da queda independentemente de culpa" (RT 865/305). No mesmo sentido: "Queda de cliente em ***shopping center***. Escorregão. Piso molhado sem sinalização de alerta. Lesão no tornozelo. Relação de consumo. Falha na prestação do serviço" (RJ 426/155: TJRS, AP 70052665890).

"A responsabilidade civil do *shopping center* no caso de danos causados à integridade física dos consumidores ou aos seus bens não pode, em regra, ser afastada sob a alegação de caso fortuito ou força maior, pois a prestação de segurança devida por este tipo de estabelecimento é inerente à atividade comercial exercida por ele. Um consumidor que está no interior de uma loja, em um *shopping center*, não imagina que o teto irá desabar sobre si, ainda que haja uma forte tempestade no exterior do empreendimento, afinal, a estrutura do estabelecimento deve — sempre, em qualquer época do ano — ser hábil a suportar rajadas de vento e fortes chuvas. Ademais, a par da ocorrência da chuva, a área em questão encontrava-se em obras, sem qualquer restrição à circulação do público. O próprio laudo produzido pela Superintendência da Polícia Técnico-Científica demostra que houve concorrência da situação das obras de expansão para a ocorrência do evento. Assim, por medida de cautela e em razão do estágio em que se encontravam as obras na oportunidade, poderia o *shopping* recorrido ter isolado temporariamente parte do imóvel, impedindo o acesso de consumidores, evitando eventuais acidentes que pudessem ser desencadeados em razão dos temporais e ventos. Nesse diapasão, não é possível isentar o empreendimento pelas lesões sofridas pela recorrente" (STJ-3ª T., REsp 1.764.439, Min. Nancy Andrighi, j. 21.5.19, DJ 24.5.19).

V. tb. nota 8 e CC 186, nota 3b, e 927, nota 6b.

Art. 14: 4. "A **concessionária** contratada para consertar **veículo** é parte legítima para responder pelo pedido de indenização por serviço mal executado. Irrelevante a circunstância de a seguradora ter pago ou autorizado o serviço" (STJ-3ª T., REsp 993.237, Min. Gomes de Barros, j. 24.3.08, DJU 13.5.08).

Art. 14: 4a. "A **seguradora** de seguro de responsabilidade civil, na condição de fornecedora, responde solidariamente perante o consumidor pelos danos materiais decorrentes de defeitos na prestação dos serviços por parte da **oficina** que credenciou ou indicou, pois, ao fazer tal indicação ao segurado, estende sua responsabilidade também aos consertos realizados pela credenciada, nos termos dos arts. 7º, § ún., 14, 25, § 1º, e 34 do Código de Defesa do Consumidor. O ato de credenciamento ou de indicação de oficinas como aptas a proporcionar ao segurado um serviço adequado no conserto do objeto segurado sinistrado não é uma simples gentileza ou comodidade proporcionada pela seguradora ao segurado. Esse credenciamento ou indicação se faz após um prévio acerto entre a seguradora e a oficina, em que certamente ajustam essas sociedades empresárias vantagens recíprocas, tais como captação de mais clientela pela oficina e concessão por esta de descontos nos preços dos serviços de reparos cobrados das seguradoras. Passa, então, a existir entre a seguradora e a oficina credenciada ou indicada uma relação institucional, de trato duradouro, baseada em ajuste vantajoso para ambas" (STJ-4ª T., REsp 827.833, Min. Raul Araújo, j. 24.4.12, DJ 16.5.12). No mesmo sentido: STJ-3ª T., Ag em REsp 345.322-AgRg, Min. Ricardo Cueva, j. 18.9.14, DJ 25.9.14.

Art. 14: 4b. "Ao selecionar seus clientes com base em informações telefônicas, a **operadora de telefonia** assume o risco pela veracidade das informações passadas verbalmente, respondendo por eventual prejuízo que causar àquele que efetivamente não solicitou a assinatura, não podendo o consumidor, sob qualquer pretexto, ser lesado por práticas ilícitas" (JTJ 314/192: AP 997.986-0/1).

"Restou incontroverso que o sistema de telefonia móvel oferecido pela apelante está sujeito a fraudes e por isso deve suportar a sua responsabilização frente ao apelado, uma vez que se trata do risco de sua atividade diante de uma tecnologia de comunicação que não oferece a segurança necessária para afastar a prática de clonagem dos aparelhos telefônicos de seus clientes" (RT 883/242: TJSP, AP 7294004-2).

V. tb. nota 9a.

Art. 14: 4c. "Acidente ocorrido com aluno durante excursão organizada pelo colégio. Existência de defeito. Fato do serviço. Responsabilidade objetiva. Ausência de excludentes de responsabilidade. Os **estabelecimentos de ensino** têm dever de segurança em relação ao aluno no período em que estiverem sob sua vigilância e autoridade, dever este do qual deriva a responsabilidade pelos danos ocorridos" (STJ-4ª T., REsp 762.075, Min. Luis Felipe, j. 16.6.09, DJ 29.6.09).

Art. 14: 5. Súmula 595 do STJ: "As instituições de ensino superior respondem objetivamente pelos danos suportados pelo aluno/consumidor pela realização de curso não reconhecido pelo Ministério da Educação, sobre o qual não lhe tenha sido dada prévia e adequada informação".

V. tb. CC 186, nota 3b.

Art. 14: 5a. "O art. 14 do CDC estabelece regra de responsabilidade solidária entre os fornecedores de uma mesma cadeia de serviços, razão pela qual as 'bandeiras'/marcas de **cartão de crédito** respondem solidariamente com os bancos e as administradoras de cartão de crédito pelos danos decorrentes da má prestação de serviços" (STJ-3ª T., REsp 1.029.454, Min. Nancy Andrighi, j. 1.10.09, DJ 19.10.09). No mesmo sentido: STJ-4ª T., REsp 1.116.569-AgRg, Min. Antonio Ferreira, j. 21.2.13, DJ 4.3.13.

Art. 14: 6. "A **agência de viagens** que vende pacote turístico responde pelo dano decorrente da má prestação dos serviços" (STJ-3ª T., REsp 850.768-AgRg, Min. Sidnei Beneti, j. 27.10.09, DJ 23.11.09). No mesmo sentido: STJ-4ª T., REsp 888.751, Min. Raul Araújo, j. 25.10.11, DJ 27.10.11; JTJ 325/121 (AI 1.148.309-0/7), 328/365 (AP 1.090.239-9), 337/579 (AP 994.530-0/6).

Todavia: "Ação de indenização. Extravio de bagagem. Responsabilidade da agência de turismo. Desacolhimento. Agência de turismo não é transportadora e não assumiu a obrigação de conduzir o autor a seu destino final. Manutenção do reconhecimento de ilegitimidade passiva" (JTJ 323/509: AP 1.300.206-9).

"Pacote turístico para Portugal. Brasileiro barrado no aeroporto de Lisboa e deportado. Ato discricionário do país. Ausência de responsabilidade ou culpa da agência de viagens e da intermediadora. Responsabilidade exclusiva de terceiros" (JTJ 337/335: AP 7.142.387-1). No mesmo sentido: JTJ 373/330 (AP 9177045-91.2007.8.26.0000).

Art. 14: 6a. "Comércio eletrônico. Compra e venda de aparelho celular via Internet. Não entrega de mercadoria. Legitimidade do **site** que disponibiliza a realização de negócios e recebe uma comissão do anunciante" (RJTJERGS 273/364: AP 70026228668). Em sentido semelhante: RT 899/287 (TJRN, AP 2008.001217-1), RIDCPC 48/25 (TJRS, AP 70016093080), Bol. AASP 2.627 (TJRS, AP 70025673856).

"O Mercadolivre.com não se confunde com mero classificado. Ao revés, participa ativamente das transações como autêntico intermediador entre o comprador e o anunciante, daí auferindo lucros. Além disso, disponibiliza o espaço virtual para quem pretenda algo vender, cadastrando vendedor e comprador e estabelecendo mecanismos de segurança para que os envolvidos nas negociações recebam aquilo pelo que pagaram ou entregaram. Portanto, responde civilmente por eventuais prejuízos decorrentes de fraudes que seu sistema de segurança não consiga impedir, porque neste caso coloca no mercado um serviço pouco confiável e que facilita a ação de fraudadores, estes que conseguem se cadastrar no site sem maiores dificuldades e, ainda, ousam aplicar golpes em escala, alcançando inúmeros consumidores" (RT 910/1.004: TJPE, AP 6233-05.2008.8.17.0480).

"A empresa que opera *site* de **vendas coletivas** atua efetivamente como fornecedora dos produtos e serviços, visto que os anuncia por seus próprios meios e, posteriormente, realiza a contratação em seu próprio sistema, não se tratando de intermediação nem corretagem. Figurando efetivamente como fornecedora, sua responsabilidade é solidária com os demais integrantes da cadeia de fornecimento conforme disciplina do CDC. Ilegitimidade passiva afastada. A oferta vincula as condições de fornecimento do produto ou serviço, não se aplicando posteriormente à compra restrições que não se encontravam explícitas na propaganda divulgada. A recusa em fornecer pacote de viagem que se encontrava dentro dos limites de contratação divulgados no *site* ocasiona transtornos à viagem familiar, viola a boa-fé objetiva, considerada a despropositada causa da recusa, ofende a honra subjetiva e gera dano mora " (RMDECC 48/131: TJDFT, AP 2012.01.1.076639-4).

V. tb. art. 18, nota 1g.

Ainda, v. adiante, neste tít., **Dec. 7.962, de 15.3.13.**

Art. 14: 6b. "A fiscalização prévia, pelo **provedor** de conteúdo, do teor das informações postadas na **web** por cada usuário não é atividade intrínseca ao serviço prestado, de modo que não se pode reputar defeituoso, nos termos do art. 14 do CDC, o site que não examina e filtra os dados e imagens nele inseridos" (STJ-3ª T., REsp 1.308.830, Min. Nancy Andrighi, j. 8.5.12, RT 923/637).

"A filtragem do conteúdo das pesquisas feitas por cada usuário não constitui atividade intrínseca ao serviço prestado pelos provedores de pesquisa, de modo que não se pode reputar defeituoso, nos termos do art. 14 do CDC, o site que não exerce esse controle sobre os resultados das buscas" (STJ-3ª T., REsp 1.316.921, Min. Nancy Andrighi, j. 26.6.12, RT 924/535; com comentário de Fernanda Nunes Barbosa).

V. tb. CC 927, nota 4, e MCI 19, nota 3.

Art. 14: 7. "A presença de animais na pista coloca em risco a segurança dos usuários da **rodovia,** respondendo as **concessionárias** pelo defeito na prestação do serviço que lhes é outorgado pelo Poder Público concedente" (STJ-4ª T., REsp 687.799, Min. Aldir Passarinho Jr., j. 15.10.09, DJ 30.11.09).

Art. 14: 7a. "As empresas públicas prestadoras de serviços públicos submetem-se ao regime de responsabilidade civil objetiva, previsto no art. 14 do CDC, de modo que a responsabilidade civil objetiva pelo risco administrativo, prevista no art. 37, § 6º, da CF/88, é confirmada e reforçada com a celebração de contrato de consumo, do qual emergem deveres próprios do microssistema erigido pela Lei 8.078/90. No caso, a contratação dos **serviços postais oferecidos pelos Correios** revela a existência de contrato de consumo, mesmo que tenha sido celebrado entre a mencionada empresa pública e um advogado, para fins de envio de suas petições ao Poder Judiciário. Não se confunde a responsabilidade do advogado, no cumprimento dos prazos processuais, com a dos Correios, no cumprimento dos contratos de prestação de serviço postal. A responsabilidade do advogado pela protocolização de recurso no prazo é de natureza endoprocessual, que gera consequências para o processo, de modo que a não apresentação de recursos no prazo tem consequências próprias, em face das quais não se pode, certamente, arguir a falha na prestação de serviços pelos Correios. Porém, essa responsabilidade processual do causídico não afasta a responsabilidade de natureza contratual dos Correios pelos danos eventualmente causados pela falha do serviço, de modo que, fora do processo, o advogado — como qualquer consumidor — pode discutir o vício do serviço por ele contratado, e ambas as responsabilidades convivem: a do advogado, que se limita às consequências internas ao processo, e a dos Correios, que decorre do descumprimento do contrato e da prestação de um serviço defeituoso. Assim, muito embora não se possa opor a culpa dos Correios para efeitos processuais da perda do prazo, extraprocessualmente a empresa responde pela falha do serviço prestado como qualquer outra. Descabe, no caso, a condenação dos Correios por danos materiais, porquanto não comprovada sua ocorrência. Também não estão presentes as exigências para o reconhecimento da responsabilidade civil pela **perda de uma chance,** uma vez que as alegações de danos experimentados pelo autor se revelam extremamente fluidas. Existia somente uma remota expectativa e improvável possibilidade de seu cliente se sagrar vitorioso na demanda trabalhista, tendo em vista que o recurso cujo prazo não foi cumprido eram embargos de declaração em recurso de revista no Tribunal Superior do Trabalho, circunstância que revela a exígua chance de êxito na demanda pretérita. Porém, quanto aos danos morais, colhe êxito a pretensão. É de cursivo conhecimento, no ambiente forense e acadêmico, que a perda de prazo recursal é exemplo clássico de advocacia relapsa e desidiosa, de modo que a publicação na imprensa oficial de um julgamento em que foi reconhecida a intempestividade de recurso é acontecimento apto a denegrir a imagem de um advogado diligente, com potencial perda de clientela e de credibilidade. É natural presumir que eventos dessa natureza sejam capazes de abalar a honra subjetiva (apreço por si próprio) e a objetiva (imagem social cultivada por terceiros) de um advogado, razão suficiente para reconhecer a ocorrência de um dano moral indenizável" (STJ-4ª T., REsp 1.210.732, Min. Luis Felipe, j. 2.10.12, maioria, DJ 15.3.13). S/ perda de uma chance, v. tb. notas 2, *in fine*, e 3a e CC 402, nota 7, 927, notas 3a, 3c, 5c e 8b, e 951, notas 1c e 7a.

"O extravio de correspondência registrada acarreta dano moral *in re ipsa*" (STJ-4ª T., REsp 1.097.266, Min. Raul Araújo, j. 7.2.13, maioria, DJ 23.8.13). Esse acórdão foi mantido no julgamento dos subsequentes embargos de divergência (STJ-2ª Seção, ED no REsp 1.097.266, Min. Ricardo Cueva, j. 10.12.14, maioria, DJ 24.2.15).

Art. 14: 7b. Todavia, para os profissionais liberais, v. § 4º.

Art. 14: 8. "Responde o ***shopping center*** réu, objetivamente, nos termos do CDC, pelo serviço prestado de maneira defeituosa, visto que não se incumbiu de zelar e tomar as providências necessárias à segurança do serviço colocado no mercado de consumo, deixando que sua cliente fosse abordada por assaltante armado em seu **estacionamento"** (RJM 176-177/193).

"Assalto à mão armada iniciado dentro de estacionamento coberto de hipermercado. Tentativa de estupro. Morte da vítima ocorrida fora do estabelecimento, em ato contínuo. Relação de consumo. Fato do serviço. Força maior. Hipermercado e shopping center. Prestação de segurança aos bens e à integridade física do consumidor. Atividade inerente ao negócio. Excludente afastada" (STJ-3ª T., REsp 419.059, Min. Nancy Andrighi, j. 19.10.04, DJ 29.11.04). Esse acórdão foi mantido no julgamento dos subsequentes embargos de divergência (STJ-2ª Seção, ED no REsp 419.059, Min. Luis Felipe, j. 11.4.12, maioria, DJ 12.6.12).

V. tb. notas 3b e 9b e CC 927, nota 6c.

Art. 14: 9. "O **banco** é responsável pelos danos morais causados por deficiência na prestação do serviço (art. 14 do CDC), consistente em extravio de talonários de cheques, que posteriormente vêm a ser utilizados fraudulentamente por terceiros e são devolvidos, causando situação de desconforto e abalo psíquico à correntista. Em casos que tais, o dano é considerado *in re ipsa*, isto é, não se faz necessária a prova do prejuízo, que é presumido e decorre do próprio fato e da experiência comum. A exclusão da responsabilidade da instituição financeira por ato de terceiro pressupõe a ausência de defeito na prestação do serviço, o que não se verifica nos autos" (STJ-3ª T., REsp 1.087.487, Min. Sidnei Beneti, j. 3.3.09, DJ 4.8.09). Mas: "O extravio de cheque, por si só, não gera dano moral a ser indenizado. O dano somente surge quando o extravio é acompanhado de algum prejuízo financeiro ou de ordem moral, como a inscrição em cadastro negativo de crédito, o protesto de um cheque extraviado ou o recebimento de cartas de cobrança" (STJ-4ª T., REsp 623.711-AgRg, Min. Luis Felipe, j. 17.12.09, DJ 8.2.10).

"Não caracteriza a excludente do fato exclusivo de terceiro, prevista no artigo 14, § 3º, II, do CDC, quando o fato alegado não é causa exclusiva do evento danoso" (STJ-3ª T., REsp 1.374.726, Min. Paulo Sanseverino, j. 18.2.14, DJ 8.9.14). Do voto do relator: "O evento danoso não decorreu apenas do fato de terceiro (sequestro), tendo contado com a colaboração da conduta desidiosa dos prepostos do banco recorrente, agindo com negligência na liberação da quantia vultuosa, o que caracteriza a sua concorrência para o evento danoso".

Todavia: "Ao receber um cheque para saque, é dever do banco conferir se está presente algum dos motivos para devolução do cheque, conforme previsto no artigo 6º da Resolução do BACEN 1.682/90. Caso o valor do título seja superior ao saldo ou ao eventual limite de crédito rotativo, deve o banco devolver o cheque por falta de fundos (motivo 11 ou 12). Não havendo mácula nessa conferência, não há defeito na prestação do serviço e, portanto, não cabe, com base no Código de Defesa do Consumidor, imputar ao banco conduta ilícita ou risco social inerente à atividade econômica que implique responsabilização por fato do serviço. Na forma do disposto no art. 4º da Lei 7.387/85 'a existência de fundos disponíveis é verificada no momento da apresentação do cheque para pagamento'. A responsabilidade por verificar a capacidade de pagamento é de quem contrata. Ademais, o credor pode se negar a receber cheques, caso não queira correr o risco da devolução por falta de fundos" (STJ-4ª T., REsp 1.538.064, Min. Isabel Gallotti, j. 18.2.16, DJ 2.3.16). "Ação indenizatória. Emissão de cheques sem provisão de fundos. Consumidor por equiparação. Não caracterização. Responsabilidade civil da instituição financeira afastada. Inaplicabilidade do Código de Defesa do Consumidor. Não há que se equiparar a consumidor os terceiros lesados pela não compensação bancária de cheques realizada de acordo com a legislação, ou seja, por cheques sem provisão de fundos emitidos por seus clientes" (STJ-3ª T., REsp 1.581.927-AgRg, Min. Marco Bellizze, j. 10.5.16, DJ 17.5.16).

S/ responsabilidade civil dos bancos, v. tb. CC 186, nota 3b, e 927, notas 6d e segs.

Art. 14: 9a. Deficiência na prestação de serviços telefônicos. "Os atos da operadora local não podem ser tomados pela operadora de longa distância como causa de isenção de responsabilidade com fundamento no art. 14, § 3º, II, CDC" (STJ-3ª T., REsp 790.992, Min. Nancy Andrighi, j. 24.4.07, DJU 14.5.07). No mesmo sentido: STJ-4ª T., REsp 820.381, Min. Jorge Scartezzini, j. 21.3.06, DJU 2.5.06.

"A empresa que integra, como parceira, a cadeia de fornecimento de serviços é responsável solidária pelos danos causados ao consumidor por defeitos no serviço prestado" (STJ-3ª T., REsp 759.791, Min. Sidnei Beneti, j. 3.4.08, DJU 15.4.08).

V. tb. nota 4b.

Art. 14: 9b. "O fato de terceiro, como excludente da responsabilidade pelo fato do serviço (art. 14, § 3º, II, do CDC), deve surgir como causa exclusiva do evento danoso para ensejar o rompimento do nexo causal. No serviço de manobristas de rua (*valets*), as hipóteses de roubo constituem, em princípio, fato exclusivo de terceiro, não havendo prova da concorrência do fornecedor, mediante defeito na prestação do serviço, para o evento danoso. Reconhecimento pelo acórdão recorrido do rompimento do nexo causal pelo roubo praticado por terceiro, **excluindo a responsabilidade civil do restaurante fornecedor do serviço do manobrista** (art. 14, § 3º, II, do CDC)" (STJ-3ª T., REsp 1.321.739, Min. Paulo Sanseverino, j. 5.9.13, DJ 10.9.13).

"Empresa concessionária de rodovia. Roubo e sequestro ocorridos em dependência de suporte ao usuário, mantido pela concessionária. **Fortuito externo.** Excludente de responsabilidade. O fato de terceiro pode romper o nexo de causalidade, exceto nas circunstâncias que guardar conexidade com as atividades desenvolvidas pela concessionária de serviço público. Na hipótese dos autos, é impossível afirmar que a ocorrência do dano sofrido pelos recorridos guarda conexidade com as atividades desenvolvidas pela recorrente. A ocorrência de roubo e sequestro, com emprego de arma de fogo, é evento capaz e suficiente para romper com a existência de nexo causal, afastando-se, assim, a responsabilidade da recorrente" (STJ-3ª T., REsp 1.749.941, Min. Nancy Andrighi, j. 4.12.18, DJ 7.12.18).

V. tb. nota 8 e CC 927, nota 6c.

Art. 14: 9c. "Danos decorrentes de pagamento mediante a **apresentação de cartão bancário** de uso mediante senha, **por terceiro,** amoldam-se à hipótese estabelecida no art. 14, § 3º, II, do Código de Defesa do Consumidor, não podendo ser imputado ao estabelecimento comercial. Não comete ato ilícito o estabelecimento comercial que deixa de exigir documento de identidade no momento do pagamento mediante cartão com uso de senha, porquanto inexiste lei federal que estabeleça obrigação nesse sentido" (STJ-3ª T., REsp 1.676.090, Min. Ricardo Cueva, j. 27.8.19, DJ 3.9.19).

V. tb. CC 927, nota 7a.

Art. 14: 10. "A obrigação de diligência e a responsabilidade civil do profissional liberal", por Nagib Slaibi Filho (RJ 348/11).

Art. 14: 11. s/ responsabilidade civil do médico, v. CC 951 e notas.

Art. 15. (VETADO)

Art. 16. (VETADO)

Art. 17. Para os efeitos desta Seção, equiparam-se aos consumidores todas as vítimas do evento.[1 a 5]

Art. 17: 1. "Nos termos do que dispõe o art. 17 da Lei n. 8.078/90, equipara-se à qualidade de consumidor, para os efeitos legais, aquele que, embora não tenha participado diretamente da relação de consumo, sofre as consequências do evento danoso decorrente do defeito exterior que ultrapassa o objeto e provoca lesões, gerando risco à sua segurança física e psíquica" (STJ-4ª T., REsp 1.000.329-AgRg, Min. João Otávio, j. 10.8.10, DJ 19.8.10).

Art. 17: 2. "O art. 17 do CDC prevê a figura do consumidor por equiparação (*bystander*), sujeitando à proteção do CDC aqueles que, embora não tenham participado diretamente da relação de consumo, sejam vítimas de evento danoso decorrente dessa relação. Em acidente de trânsito envolvendo fornecedor de serviço de transporte, o terceiro vitimado em decorrência dessa relação de consumo deve ser considerado consumidor por equiparação. Excepciona-se essa regra se, no momento do acidente, o fornecedor não estiver prestando o serviço, inexistindo, pois, qualquer relação de consumo de onde se possa extrair, por equiparação, a condição de consumidor do terceiro" (STJ-3ª T., REsp 1.125.276, Min. Nancy Andrighi, j. 28.2.12, DJ 7.3.12).

Art. 17: 2a. "Atropelamento fatal. Travessia na faixa de pedestre. Rodovia sob concessão. Consumidora por equiparação. Concessionária rodoviária. Responsabilidade objetiva em relação a terceiros usuários e não usuários do serviço. Art. 37, § 6º, CF. Via em manutenção. Falta de iluminação e sinalização precária. Nexo causal configurado. No caso, a autora é consumidora por equiparação em relação ao defeito na prestação do serviço, nos termos do art. 17 do Código consumerista. Isso porque prevê o dispositivo que 'equiparam-se aos consumidores todas as vítimas do evento', ou seja, estende o conceito de consumidor àqueles que, mesmo não tendo sido consumidores diretos, acabam por sofrer as consequências do acidente de consumo, sendo também chamados de *bystanders*" (STJ-4ª T., REsp 1.268.743, Min. Luis Felipe, j. 4.2.14, DJ 7.4.14).

Art. 17: 3. "Utilização de cheque furtado para a compra de produtos em joalheria, ensejando a inscrição do seu titular no SPC e o protesto da cártula em tabelionato. Enquadramento da vítima no conceito ampliado de consumidor, pois, embora não tenha mantido relação negocial com a empresa demandada, sofreu dano moral causado por defeito na prestação de serviço da empresa recorrente. Aplicação da regra do art. 17 do Código de Defesa do Consumidor" (STJ-3ª T., REsp 1.192.871-EDcl-AgRg, Min. Paulo Sanseverino, j. 20.9.12, DJ 26.9.12). Em sentido semelhante: STJ-2ª Seção, CC 128.079, Min. Raul Araújo, j. 12.3.14, DJ 9.4.14.

Art. 17: 3a. "Pretensão indenizatória veiculada contra o banco demandado por não correntista, vítima de extorsão mediante sequestro, pela utilização dos serviços bancários para o recebimento do resgate, liberado sem as devidas cautelas para integrante da organização criminosa. Ampliação do conceito básico de consumidor pelo art. 17 do CDC para proteger todas as vítimas de um acidente de consumo" (STJ-3ª T., REsp 1.374.726, Min. Paulo Sanseverino, j. 18.2.14, DJ 8.9.14).

Art. 17: 4. "Comerciante atingido em seu olho esquerdo pelos estilhaços de uma garrafa de cerveja, que estourou em suas mãos quando a colocava em um freezer, causando graves lesões. Enquadramento do comerciante, que é vítima de um acidente de consumo, no conceito ampliado de consumidor estabelecido pela regra do art. 17 do CDC (*bystander*). Reconhecimento do nexo causal entre as lesões sofridas pelo consumidor e o estouro da garrafa de cerveja" (STJ-3ª T., REsp 1.288.008, Min. Paulo Sanseverino, j. 4.4.13, DJ 11.4.13). No mesmo sentido, em caso envolvendo "transportador de mercadoria (motorista)": STJ-4ª T., REsp 1.700.824-AgInt, Min. Isabel Gallotti, j. 4.6.19, DJ 7.6.19.

Art. 17: 4a. "Os pescadores artesanais prejudicados pelo derramamento de óleo no litoral do Estado do Rio de Janeiro — caracterizado como acidente de consumo, ante o suposto prejuízo de suas atividades pesqueiras — são considerados consumidores por equiparação, nos termos do art. 17 do CDC" (STJ-2ª Seção, CC 132.505-EDcl-AgInt, j. 23.11.16, DJ 28.11.16).

Art. 17: 5. "A caracterização do consumidor por equiparação possui como pressuposto a ausência de vínculo jurídico entre fornecedor e vítima; caso contrário, existente uma relação jurídica entre as partes, é com base nela que se deverá apurar eventual responsabilidade pelo evento danoso. Hipótese em que fornecedor e vítima mantinham uma relação jurídica específica, de natureza trabalhista, circunstância que **obsta a aplicação do art. 17 do CDC,** impedindo seja a empregada equiparada à condição de consumidora frente à sua própria empregadora" (STJ-3ª T., REsp 1.370.139, Min. Nancy Andrighi, j. 3.12.13, DJ 12.12.13).

Seção III — DA RESPONSABILIDADE POR VÍCIO DO PRODUTO E DO SERVIÇO[1]

✎ **SEÇ. III: 1.** "Dos vícios do produto no novo Código Civil e no Código de Defesa do Consumidor e suas repercussões no âmbito da responsabilidade civil", por Clarissa Costa de Lima (Ajuris 101/79); "Consequências práticas da distinção entre vício e fato do produto: uma análise de decisões judiciais escolhidas", por Flavia Portella Puschel (RDPr 25/164).

Art. 18. Os fornecedores de produtos de consumo duráveis ou não duráveis respondem[1] solidariamente[1a a 1i] pelos vícios[1j] de qualidade[2-2a] ou quantidade[3] que os tornem impróprios ou inadequados ao consumo a que se destinam ou lhes diminuam o valor, assim como por aqueles decorrentes da disparidade, com as indicações constantes do recipiente, da embalagem, rotulagem ou mensagem publicitária, respeitadas as variações decorrentes de sua natureza, podendo o consumidor exigir a substituição das partes viciadas.

§ 1º Não sendo o vício sanado no prazo máximo de trinta dias,[4 a 5b] pode o consumidor exigir, alternativamente e à sua escolha:[6-6a]

I — a substituição do produto por outro da mesma espécie, em perfeitas condições de uso;[6b]

II — a restituição imediata da quantia paga, monetariamente atualizada,[7] sem prejuízo de eventuais perdas e danos;

III — o abatimento proporcional do preço.

§ 2º Poderão as partes convencionar a redução ou ampliação do prazo previsto no parágrafo anterior, não podendo ser inferior a sete nem superior a cento e oitenta dias. Nos contratos de adesão,[8] a cláusula de prazo deverá ser convencionada em separado, por meio de manifestação expressa do consumidor.

§ 3º O consumidor poderá fazer uso imediato das alternativas do § 1º deste artigo sempre que, em razão da extensão do vício, a substituição das partes viciadas puder comprometer a qualidade ou características do produto, diminuir-lhe o valor ou se tratar de produto essencial.

§ 4º Tendo o consumidor optado pela alternativa do inciso I do § 1º deste artigo, e não sendo possível a substituição do bem, poderá haver substituição por outro de espécie, marca ou modelo diversos, mediante complementação ou restituição de eventual diferença de preço, sem prejuízo do disposto nos incisos[9] II e III do § 1º deste artigo.[9a]

§ 5º No caso de fornecimento de produtos *in natura*, será responsável perante o consumidor o fornecedor imediato, exceto quando identificado claramente seu produtor.

§ 6º São impróprios ao uso e consumo:[10]

I — os produtos cujos prazos de validade estejam vencidos;

II — os produtos deteriorados, alterados, adulterados, avariados, falsificados, corrompidos, fraudados, nocivos à vida ou à saúde, perigosos ou, ainda, aqueles em desacordo com as normas regulamentares de fabricação, distribuição ou apresentação;

III — os produtos que, por qualquer motivo, se revelem inadequados ao fim a que se destinam.

Art. 18: 1. A responsabilidade por vício do produto ou do serviço é objetiva.

"Não havendo nos autos prova de que o defeito foi ocasionado por culpa do consumidor, subsume-se o caso vertente na regra contida no *caput* do artigo 18 da Lei n. 8.078/90, o qual consagra a responsabilidade objetiva dos fornecedores de bens de consumo duráveis pelos vícios de qualidade que os tornem impróprios ou inadequados ao consumo a que se destinam ou lhes diminuam o valor, impondo-se o ressarcimento integral dos prejuízos sofridos" (STJ-3ª T., REsp 760.262, Min. Sidnei Beneti, j. 3.4.08, DJU 15.4.08).

Art. 18: 1a. s/ solidariedade, v. arts. 7º § ún., 19-*caput*, 25 §§ 1º e 2º, 28 § 3º, 34 e 51-III (nulidade da cláusula que transfere responsabilidade a terceiro); CC 275 a 285.

Art. 18: 1b. O banco que financia a aquisição do bem não responde pelos vícios do produto, que são de responsabilidade exclusiva do fabricante (STJ-RF 395/430: 4ª T., REsp 444.699).

"Por certo que o banco não está obrigado a responder por defeito de produto que não forneceu tão somente porque o consumidor adquiriu-o com valores obtidos por meio de financiamento bancário. Se o banco fornece dinheiro, o consumidor é livre para escolher o produto que lhe aprouver. No caso de o bem apresentar defeito, o comprador ainda continua devedor da instituição financeira. Não há relação de acessoriedade entre o contrato de compra e venda de bem de consumo e o de financiamento que propicia numerário ao consumidor para aquisição de bem que, pelo registro do contrato de alienação fiduciária, tem sua propriedade transferida para o credor" (STJ-4ª T., REsp 1.014.547, Min. João Otávio, j. 25.8.09, maioria, DJ 7.12.09).

Todavia: "Responsabilidade por vício do produto. Veículo novo defeituoso. Responsabilidade solidária do 'banco da montadora' integrante da cadeia de consumo. Aplicação do art. 18 do CDC. Distinção em relação às instituições financeiras que atuam como 'banco de varejo', apenas concedendo financiamento ao consumidor para aquisição de um veículo novo ou usado sem vinculação direta com o fabricante" (STJ-3ª T., REsp 1.379.839, Min. Paulo Sanseverino, j. 11.11.14, maioria, DJ 15.12.14). Em sentido semelhante: STJ-4ª T., REsp 1.752.619-EDcl-AgInt, Min. Isabel Gallotti, j. 25.6.19, DJ 1.7.19.

Art. 18: 1c. "Cuidando-se de vício do produto, a responsabilidade da revendedora é solidária e não subsidiária" (RT 874/345: AI 70023560212).

"Comprado veículo novo com defeito, aplica-se o art. 18 do Código de Defesa do Consumidor e não os arts. 12 e 13 do mesmo Código", de modo que respondem solidariamente perante o consumidor tanto o fabricante quanto o concessionário que vendeu o veículo (STJ-3ª T., REsp 554.876, Min. Menezes Direito, j. 17.2.04, DJ 3.5.04). No mesmo sentido: STJ-4ª T., REsp 821.624, Min. Aldir Passarinho Jr., j. 19.10.10, DJ 4.11.10.

S/ responsabilidade solidária entre montadora e concessionária de veículos, v. tb. art. 34, nota 3.

Art. 18: 1d. "Ação de anulação de negócio jurídico. Veículo usado. Venda. Hodômetro adulterado. Responsabilidade. Proprietário. Agência contratada. Solidariedade. Art. 18 do CDC. Fornecedor originário. Inaplicabilidade. Relações de consumo distintas. Cadeia de fornecimento. Ruptura. O fornecimento de bem durável ao seu destinatário final, por removê-lo do mercado de consumo, põe termo à cadeia de seus fornecedores originais. A revenda desse mesmo bem por seu adquirente constitui nova relação jurídica obrigacional, obstando que seja considerada solidariamente responsável por prejuízos resultantes dessa segunda relação, com esteio no art. 18 do CDC, empresa integrante daquela primeira cadeia de fornecimento interrompida" (STJ-3ª T., REsp 1.517.800, Min. Ricardo Cueva, j. 2.5.17, DJ 5.5.17).

Art. 18: 1e. "Contrato. Seguro. Apólice não emitida. Aceitação do seguro. Responsabilidade. **Seguradora e corretores.** Cadeia de fornecimento. Solidariedade. A melhor exegese dos arts. 14 e 18 do CDC indica que todos aqueles que participam da introdução do produto ou serviço no mercado devem responder solidariamente por eventual defeito ou vício, isto é, imputa-se a toda a cadeia de fornecimento a responsabilidade pela garantia de qualidade e adequação. No sistema do CDC fica a critério do consumidor a escolha dos fornecedores solidários que irão integrar o polo passivo da ação. Poderá exercitar sua pretensão contra todos ou apenas contra alguns desses fornecedores, conforme sua comodidade e/ou conveniência. O art. 126 do Dec. lei 73/66 não afasta a responsabilidade solidária entre corretoras e seguradoras; ao contrário, confirma-a, fixando o direito de regresso destas por danos causados por aquelas. Tendo o consumidor realizado a vistoria prévia, assinado proposta e pago a primeira parcela do prêmio, pressupõe-se ter havido a aceitação da seguradora quanto à contratação do seguro, não lhe sendo mais possível exercer a faculdade de recusar a proposta" (STJ-3ª T., REsp 1.077.911, Min. Nancy Andrighi, j. 4.10.11, DJ 14.10.11).

"Devido à atuação ostensiva do corretor como representante do segurador, estabelece-se uma cadeia de fornecimento a tornar solidários seus participantes. Como o pagamento do prejuízo pela corretora verificou-se em decorrência de obrigação solidária existente entre esta e a seguradora perante o consumidor-segurado, é possível, na relação interna de solidariedade, a cobrança regressiva do todo ou da quota do segurador" (STJ-4ª T., REsp 658.938, Min. Raul Araújo, j. 15.5.12, DJ 20.8.12).

Art. 18: 1f. "Compromisso de compra e venda. **Atraso na entrega de imóvel. Corretora imobiliária.** Legitimidade passiva. Cadeia de fornecimento. Responsabilidade solidária. Dano moral. Ocorrência. Apesar de não ter liame jurídico com o consumidor, a corretora pertence, sim, à cadeia de fornecimento do produto, visto se tratar de fenômeno eminentemente econômico, sendo solidária a responsabilidade de todos os fornecedores que se beneficiem da cadeia de fornecimento" (STJ-3ª T., REsp 1.866.097-AgInt, Min. Nancy Andrighi, j. 29.6.20, DJ 1.7.20).

Art. 18: 1g. "Ao publicar anúncios em **caderno de classificados,** a **empresa jornalística** atua como **mera divulgadora** de ofertas elaboradas por terceiros, não assumindo, por isso, a condição de fornecedora dos produtos e/ou serviços que ali são efetivamente oferecidos por seus anunciantes. A editora responsável pela publicação de jornais não responde objetivamente pela reparação de eventuais prejuízos causados a consumidores por vício do produto ou defeito na prestação de serviços anunciados na seção de classificados dos referidos periódicos, sendo completamente descabido pretender inseri-la na cadeia de fornecimento de seus anunciantes" (STJ-3ª T., REsp 1.427.314, Min. Ricardo Cueva, j. 25.9.18, maioria, DJ 11.10.18).

V. tb. art. 14, nota 6a.

Art. 18: 1h. "Ação de reparação de danos decorrentes de procedimento estético realizado por empresa franqueada. **Responsabilidade solidária da franqueadora.** CDC, arts. 14 e 18" (STJ-4ª T., Ag em REsp 278.198-AgInt, Min. Raul Araújo, j. 18.6.19, DJ 28.6.19).

Art. 18: 1i. "O **fornecedor aparente** em prol das vantagens da utilização de **marca internacionalmente reconhecida** não pode se eximir dos ônus daí decorrentes, em atenção à teoria do risco da atividade adotada pelo Código de Defesa do Consumidor. Dessa forma, reconhece-se a responsabilidade solidária do fornecedor aparente para arcar com os danos causados pelos bens comercializados sob a mesma identificação (nome/marca), de modo que resta configurada sua legitimidade passiva para a respectiva ação de indenização em razão do fato ou vício do produto ou serviço" (STJ-4ª T., REsp 1.580.432, Min. Marco Buzzi, j. 6.12.18, DJ 4.2.19).

Art. 18: 1j. Para uma distinção entre vício e fato do produto, v. art. 12, nota 1a.

Art. 18: 2. v. § 6º e arts. 20 e 23.

Art. 18: 2a. "Configura vício do produto incidente em veículo automotor a incompatibilidade, não informada ao consumidor, entre o tipo de combustível necessário ao adequado funcionamento de veículo comercializado no mercado nacional e aquele disponibilizado nos postos de gasolina brasileiros. No caso, o automóvel comercializado, importado da Alemanha, não estava preparado para funcionar adequadamente com o tipo de diesel ofertado no Brasil" (STJ-3ª T., REsp 1.443.268, Min. Sidnei Beneti, j. 3.6.14, maioria, DJ 8.9.14).

Art. 18: 3. v. art. 19.

Art. 18: 4. s/ prazo para propositura de ação, v. arts. 26 e 27.

Art. 18: 5. "A primeira solução que o Código apresenta ao consumidor é a substituição das partes viciadas do produto. Não se está diante de uma 'opção' propriamente dita, de vez que, como regra, o consumidor não tem outra alternativa a não ser aceitar tal substituição" (STJ-RT 872/205 e RF 398/393: 2ª T., REsp 991.985).

Art. 18: 5a. "Em havendo sucessiva manifestação de idênticos vícios em automotor novo, o aludido lapso conferido para o fornecedor os equacionar é computado de forma global, isto é, não se renova cada vez que o veículo é entregue à fabricante ou comerciante em razão do mesmo problema. A solução para o imperfeito funcionamento do produto deve ser implementada dentro do prazo de trinta dias, norma que, uma vez inobservada, faz nascer para o consumidor o direito potestativo de optar, segundo sua conveniência, entre a substituição do produto, a restituição imediata da quantia paga ou o abatimento proporcional do preço (art. 18, § 1º, I, II e III, do CDC). Não é legítimo esperar que um produto novo apresente defeitos imediatamente após a sua aquisição e que o consumidor tenha que, indefinidamente, suportar os ônus da ineficácia dos meios empregados para a correção dos problemas apresentados. O prazo de 30 dias constante do art. 18, § 1º, do CDC, consoante o princípio da proteção integral (art. 6º, VI), deve ser contabilizado de forma a impedir o prolongamento do injusto transtorno causado ao consumidor, na medida em que é terminantemente vedada a transferência, pelo fornecedor de produtos e serviços, dos riscos da sua atividade econômica" (STJ-4ª T., REsp 1.297.690, Min. Marco Buzzi, j. 4.6.13, DJ 6.8.13). No mesmo sentido: STJ-3ª T., REsp 1.684.132, Min. Nancy Andrighi, j. 2.10.18, DJ 4.10.18.

"Não é possível afirmar que o vício do produto tenha sido sanado no prazo de 30 dias, estabelecido pelo artigo 18, § 1º, *caput*, do Código de Defesa do Consumidor, se o automóvel, após retornar da oficina, reincidiu no mesmo problema, por diversas vezes. A necessidade de novos e sucessivos reparos é indicativo suficiente de que o veículo, embora substituídas as peças danificadas pela utilização do combustível impróprio, não foi posto em condições para o uso que dele razoavelmente se esperava" (STJ-3ª T., REsp 1.443.268, Min. Sidnei Beneti, j. 3.6.14, maioria, DJ 8.9.14).

Art. 18: 5b. "Como a defesa do consumidor foi erigida a princípio geral da atividade econômica pelo art. 170, V, da Constituição Federal, é ele — consumidor — quem deve escolher a alternativa que lhe parece menos onerosa ou embaraçosa para exercer seu direito de ter sanado o vício em 30 dias — levar o produto ao comerciante, à assistência técnica ou diretamente ao fabricante —, não cabendo ao fornecedor impor-lhe a opção que mais convém" (STJ-3ª T., REsp 1.634.851, Min. Nancy Andrighi, j. 12.9.17, maioria, DJ 15.2.18).

Art. 18: 6. Para outras hipóteses mais ou menos semelhantes, v. arts. 19-*caput*, 20-*caput* e 35.

Art. 18: 6a. "A faculdade assegurada no § 1º do art. 18 do Estatuto Consumerista permite que o consumidor opte pela substituição do produto no caso de um dos vícios de qualidade previstos no *caput* do mesmo dispositivo, entre eles o que diminui o valor do bem, não exigindo que o vício apresentado impeça o uso do produto. No presente caso, a substituição do veículo por outro em perfeitas condições de uso foi a alternativa escolhida pelo consumidor. Então, não poderia o Juízo de piso alterar essa escolha, ainda que a pretexto de desonerar o consumidor, sob pena de maltrato ao art. 18, § 1º, do CDC" (STJ-4ª T., REsp 1.016.519, Min. Raul Araújo, j. 11.10.11, DJ 25.5.12).

Art. 18: 6b. v. § 4º.

Art. 18: 7. v. art. 51-*caput*-II.

Art. 18: 8. v. art. 54.

Art. 18: 9. No texto oficial, está "inciso", no singular.

Art. 18: 9a. "Não havendo outro veículo nas mesmas condições do adquirido pelo autor nos estoques das recorridas, é de se aplicar o disposto no § 4º do art. 18 do CDC, que permite a substituição por outro produto de espécie, marca ou modelo diversos, mediante complementação ou restituição da diferença de preço, permanecendo abertas as alternativas dos incisos II e III daquele § 1º. Então, na hipótese, o consumidor dispõe das seguintes alternativas: a) receber todo o valor atualizado do preço pago na ocasião da compra, desde que restitua o bem viciado ao fornecedor; b) caso não faça a restituição, receber a diferença entre o valor atualizado do preço pago na ocasião da compra e o valor equivalente ao preço médio de mercado do bem usado; ou, ainda, c) adquirir novo produto do fornecedor, pagando ou recebendo a diferença entre o valor do novo bem e o saldo credor que detém. Cumpre assinalar que o consumidor não tem direito a juros de mora na espécie, pois já foi indenizado pelas perdas e danos decorrentes da mora do fornecedor com o uso e gozo do bem durante o trâmite do processo" (STJ-4ª T., REsp 1.016.519, Min. Raul Araújo, j. 11.10.11, DJ 25.5.12).

Também afirmando que, "no período em que o consumidor se manteve na posse do bem, não incidem juros de mora sobre a quantia a lhe ser restituída": STJ-3ª T., REsp 1.734.541-EDcl, Min. Nancy Andrighi, j. 23.4.19, DJ 29.4.19.

Art. 18: 10. v. arts. 12 § 1º e 58.

Art. 19. Os fornecedores respondem solidariamente[1] pelos vícios de quantidade[2] do produto sempre que, respeitadas as variações decorrentes de sua natureza, seu conteúdo líquido for inferior às indicações constantes do recipiente, da embalagem, rotulagem ou de mensagem publicitária, podendo o consumidor exigir, alternativamente e à sua escolha:[3]

I — o abatimento proporcional do preço;

II — complementação do peso ou medida;

III — a substituição do produto por outro da mesma espécie, marca ou modelo, sem os aludidos vícios;

IV — a restituição imediata da quantia paga, monetariamente atualizada,[4] sem prejuízo de eventuais perdas e danos.

§ 1º Aplica-se a este artigo o disposto no § 4º do artigo anterior.

§ 2º O fornecedor imediato será responsável quando fizer a pesagem ou a medição e o instrumento utilizado não estiver aferido segundo os padrões oficiais.

Art. 19: 1. s/ solidariedade, v. arts. 7º § ún., 18-*caput*, 25 §§ 1º e 2º, 28 § 3º, 34 e 51-III (nulidade de cláusula que transfere responsabilidade a terceiro); CC 275 a 285.

Art. 19: 2. v. art. 58.

Art. 19: 3. v. art. 18, nota 6.

Art. 19: 4. v. art. 51-*caput*-II.

Art. 20. O fornecedor de serviços responde pelos vícios de qualidade[1-1a] que os tornem impróprios ao consumo ou lhes diminuam o valor, assim como por aqueles decorrentes da disparidade com as indicações constantes da oferta ou mensagem publicitária, podendo o consumidor exigir, alternativamente e à sua escolha:[2]

I — a reexecução dos serviços, sem custo adicional e quando cabível;

II — a restituição imediata da quantia paga, monetariamente atualizada,[3] sem prejuízo de eventuais perdas e danos;

III — o abatimento proporcional do preço.

§ 1º A reexecução dos serviços poderá ser confiada a terceiros devidamente capacitados, por conta e risco do fornecedor.

§ 2º São impróprios os serviços que se mostrem inadequados para os fins que razoavelmente deles se esperam, bem como aqueles que não atendam as normas regulamentares de prestabilidade.

✎ **Art. 20: 1.** "A responsabilidade dos bancos pelos prejuízos resultantes do *phishing*", por Demócrito Reinaldo Filho (RF 405/85, RMDECC 21/50).

Art. 20: 1a. v. art. 58.

Art. 20: 2. v. art. 18, nota 6.

Art. 20: 3. v. art. 51-*caput*-II.

Art. 21. No fornecimento de serviços que tenham por objetivo a reparação de qualquer produto considerar-se-á implícita a obrigação do fornecedor de empregar componentes de reposição originais adequados e novos, ou que mantenham as especificações técnicas do fabricante, salvo, quanto a estes últimos, autorização em contrário do consumidor.[1]

Art. 21: 1. Pena: art. 70.

Art. 22. Os órgãos públicos,[1] por si ou suas empresas,[2] concessionárias, permissionárias ou sob qualquer outra forma de empreendimento, são obrigados a fornecer serviços adequados, eficientes, seguros e, quanto aos essenciais, contínuos.[2a a 5a]

Parágrafo único. Nos casos de descumprimento, total ou parcial, das obrigações referidas neste artigo, serão as pessoas jurídicas compelidas a cumpri-las e a reparar os danos causados, na forma prevista neste Código.

Art. 22: 1. **CF 175:** "Incumbe ao Poder Público, na forma da lei, diretamente ou sob regime de concessão ou permissão, sempre através de licitação, a prestação de serviços públicos.

"Parágrafo único. A lei disporá sobre:

"I — o regime das empresas concessionárias e permissionárias de serviços públicos, o caráter especial de seu contrato e de sua prorrogação, bem como as condições de caducidade, fiscalização e rescisão da concessão ou permissão;

"II — os direitos dos usuários;

"III — política tarifária;

"IV — a obrigação de manter serviço adequado".

Art. 22: 2. **Lei 8.987, de 13.2.95** — Dispõe sobre o regime de concessão e permissão da prestação de serviços públicos previsto no art. 175 da Constituição Federal, e dá outras providências: **"Art. 6º** Toda concessão ou permissão pressupõe a prestação de serviço adequado ao pleno atendimento dos usuários, conforme estabelecido nesta lei, nas normas pertinentes e no respectivo contrato.

"§ 1º Serviço adequado é o que satisfaz as condições de regularidade, continuidade, eficiência, segurança, atualidade, generalidade, cortesia na sua prestação e modicidade das tarifas.

"§ 2º A atualidade compreende a modernidade das técnicas, do equipamento e das instalações e a sua conservação, bem como a melhoria e expansão do serviço.

"§ 3º Não se caracteriza como descontinuidade do serviço a sua interrupção em situação de emergência ou após prévio aviso, quando:

"I — motivada por razões de ordem técnica ou de segurança das instalações; e,

"II — por inadimplemento do usuário, considerado o interesse da coletividade.

"§ 4º (*acrescido pela Lei 14.015, de 15.6.20*) A interrupção do serviço na hipótese prevista no inciso II do § 3º deste artigo não poderá iniciar-se na sexta-feira, no sábado ou no domingo, nem em feriado ou no dia anterior a feriado".

Art. 22: 2a. **Lei 9.427, de 26.12.96** — Institui a Agência Nacional de Energia Elétrica — ANEEL, disciplina o regime das concessões de serviços públicos de energia elétrica e dá outras providências: **"Art. 17.** A suspensão, por falta de pagamento, do fornecimento de energia elétrica a consumidor que preste serviço público ou essencial à população e cuja atividade sofra prejuízo será comunicada com antecedência de quinze dias ao Poder Público local ou ao Poder Executivo Estadual".

Art. 22: 2b. **Lei 12.007, de 29.7.09** — Dispõe sobre a emissão de declaração de quitação anual de débitos pelas pessoas jurídicas prestadoras de serviços públicos ou privados: **"Art. 1º** As pessoas jurídicas prestadoras de serviços públicos ou privados são obrigadas a emitir e a encaminhar ao consumidor declaração de quitação anual de débitos.

"Art. 2º A declaração de quitação anual de débitos compreenderá os meses de janeiro a dezembro de cada ano, tendo como referência a data do vencimento da respectiva fatura.

"§ 1º Somente terão direito à declaração de quitação anual de débitos os consumidores que quitarem todos os débitos relativos ao ano em referência.

"§ 2º Caso o consumidor não tenha utilizado os serviços durante todos os meses do ano anterior, terá ele o direito à declaração de quitação dos meses em que houve faturamento dos débitos.

"§ 3º Caso exista algum débito sendo questionado judicialmente, terá o consumidor o direito à declaração de quitação dos meses em que houve faturamento dos débitos.

"Art. 3º A declaração de quitação anual deverá ser encaminhada ao consumidor por ocasião do encaminhamento da fatura a vencer no mês de maio do ano seguinte ou no mês subsequente à completa quitação dos débitos do ano anterior ou dos anos anteriores, podendo ser emitida em espaço da própria fatura.

"Art. 4º Da declaração de quitação anual deverá constar a informação de que ela substitui, para a comprovação do cumprimento das obrigações do consumidor, as quitações dos faturamentos mensais dos débitos do ano a que se refere e dos anos anteriores.

"Art. 5º O descumprimento do disposto nesta Lei sujeitará os infratores às sanções previstas na Lei n. 8.987, de 13 de fevereiro de 1995, sem prejuízo daquelas determinadas pela legislação de defesa do consumidor".

Art. 22: 2c. **Lei 12.587, de 3.1.12** — Institui as diretrizes da Política Nacional de Mobilidade Urbana: **"Art. 14.** São direitos dos usuários do Sistema Nacional de Mobilidade Urbana, sem prejuízo dos previstos nas Leis ns. 8.078, de 11 de setembro de 1990, e 8.987, de 13 de fevereiro de 1995:

"I — receber o serviço adequado, nos termos do art. 6º da Lei n. 8.987, de 13 de fevereiro de 1995;

"II — participar do planejamento, da fiscalização e da avaliação da política local de mobilidade urbana;

"III — ser informado nos pontos de embarque e desembarque de passageiros, de forma gratuita e acessível, sobre itinerários, horários, tarifas dos serviços e modos de interação com outros modais; e

"IV — ter ambiente seguro e acessível para a utilização do Sistema Nacional de Mobilidade Urbana, conforme as Leis ns. 10.048, de 8 de novembro de 2000, e 10.098, de 19 de dezembro de 2000.

"Parágrafo único. Os usuários dos serviços terão o direito de ser informados, em linguagem acessível e de fácil compreensão, sobre:

"I — seus direitos e responsabilidades;

"II — os direitos e obrigações dos operadores dos serviços; e

"III — os padrões preestabelecidos de qualidade e quantidade dos serviços ofertados, bem como os meios para reclamações e respectivos prazos de resposta".

Art. 22: 2d. **Lei 13.460, de 26.6.17** — Dispõe sobre participação, proteção e defesa dos direitos do usuário dos serviços públicos da administração pública.

Art. 22: 3. v. art. 6º-X.

Art. 22: 4. A 1ª Seção do STJ pacificou entendimento no sentido da possibilidade de **interrupção** do **fornecimento** de serviço público essencial, ante o **inadimplemento** do consumidor:

— **energia elétrica:** "É legítima sua interrupção após prévio aviso por inadimplemento do usuário, considerado o interesse da coletividade" (STJ-1ª Seção, ED no REsp 576.242, Min. Teori Zavascki, j. 26.4.06, DJU 15.5.06). No mesmo sentido: RT 826/257, 837/237, RJTJERGS 265/123 (IUJur 70017417692, maioria). "O valor incontroverso de débitos vencidos não deve ser depositado à ordem do juízo; deve ser pago ao credor. Recurso especial conhecido e provido para autorizar o corte no fornecimento de energia elétrica, acaso a consumidora não converta o depósito do incontroverso em pagamento e deixe de pagar o débito remanescente no prazo assinado pelo tribunal *a quo*" (STJ-1ª T., REsp 1.384.670, Min. Ari Pargendler, j. 19.11.13, DJ 29.11.13). "Débito apurado unilateralmente pela concessionária de energia elétrica, por suposta **fraude** no relógio medidor a cargo do consumidor, autoriza o corte de fornecimento de energia elétrica, eis que calcada na Resolução da ANEEL, que por sua vez encontra respaldo na Lei n. 9.427/96. O Termo de Ocorrência de Irregularidade — TOI é hábil à comprovação da alegada fraude no relógio medidor de energia elétrica, elaborado de forma unilateral com permissão constitucional e prevista em lei ordinária. Ademais, cabe ao consumidor a desconstituição da validade do TOI, ou, ainda, demonstrar, por qualquer meio, que não houve irregularidade na medição, ou, se houve, não foi de sua responsabilidade" (RT 900/252: TJSP, AP 990.10.186542-4). **Todavia,** exigindo para a interrupção que se trate de "inadimplemento de conta regular, relativa ao mês do consumo, restando incabível tal conduta quando for relativa a **débitos antigos** não pagos, em que há os meios ordinários de cobrança, sob pena de infringência ao disposto no art. 42 do CDC": STJ-1ª T., REsp 772.486, Min. Francisco Falcão, j. 6.12.05, DJU 6.3.06. No mesmo sentido: STJ-2ª T., REsp 845.695, Min. Humberto Martins, j. 28.11.06, DJU 11.12.06. "O fornecimento de energia elétrica não pode ser interrompido por conta de débitos pretéritos, mesmo que constatada fraude na medição" (STJ-1ª T., REsp 1.222.882, Min. Ari Pargendler, j. 15.8.13, DJ 4.2.14). Flexibilizando o requisito da atualidade do débito em caso de fraude do medidor por parte do consumidor: STJ-RT 880/151 (2ª T., REsp 806.985, um voto vencido). "Na hipótese de débito estrito de recuperação de consumo efetivo por fraude no aparelho medidor atribuída ao consumidor, desde que apurado em observância aos princípios do contraditório e da ampla defesa, é possível o corte administrativo do fornecimento do serviço de energia elétrica, mediante prévio aviso ao consumidor, pelo inadimplemento do consumo recuperado correspondente ao período de 90 dias anterior à constatação da fraude, contanto que executado o corte em até 90 dias após o vencimento do débito, sem prejuízo do direito de a concessionária utilizar os meios judiciais ordinários de cobrança da dívida, inclusive antecedente aos mencionados 90 dias de retroação" (STJ-1ª Seção, REsp 1.412.433, Min. Herman Benjamin, j. 25.4.18, DJ 28.9.18). **Há situações em que não se tem autorizado interrupção do fornecimento:** "Hipótese em que o Tribunal de origem consignou que a consumidora — portadora de enfermidade grave — utiliza medicação que necessita ser mantida sob refrigeração constante. É ilegítimo o corte administrativo no fornecimento de energia elétrica quando puder acarretar **lesão irreversível à integridade física do usuário"** (STJ-2ª T., AI 903.590-AgRg, Min. Herman Benjamin, j. 20.11.08, DJ 9.3.09). "É ilegítimo o corte administrativo no fornecimento de energia elétrica quando o débito decorrer de suposta **fraude** no medidor de consumo de energia, **apurada unilateralmente** pela concessionária" (STJ-2ª T., REsp 906.357, Min. Herman Benjamin, j. 23.9.08, DJ 17.3.09; com interessante panorama sobre o tema). "Por ser a interrupção no fornecimento de energia elétrica medida excepcional, o art. 6º, § 3º, II, da Lei n. 8.987/95 deve ser interpretado restritivamente, de forma a permitir que o corte recaia apenas sobre o **imóvel**

que originou o débito, e não sobre outros imóveis de propriedade do inadimplente" (STJ-1ª T., REsp 662.214, Min. Teori Zavascki, j. 6.2.07, DJU 22.2.07). **Contra** a possibilidade de **interrupção em geral:** RSTJ 134/145, RT 811/262, RT 839/248 (desde que o débito esteja sendo discutido judicialmente e o consumidor apresente caução).

No mesmo sentido, a Corte Especial tem autorizado a suspensão do fornecimento de energia elétrica a **município inadimplente,** tal qual "expressamente previsto na Lei 9.427/96, art. 17, sendo exigida, apenas, a notificação prévia do devedor" (STJ-Corte Especial, SL 78-AgRg, Min. Edson Vidigal, j. 1.12.04, dois votos vencidos, DJU 5.12.05). **Contra,** no sentido de que o município não pode ter a energia cortada: RJM 168/112.

Todavia, excluindo do corte "áreas cuja falta de energia colocaria em demasiado perigo a população, como ruas, hospitais e escolas públicas": STJ-2ª T., REsp 594.095, Min. João Otávio, j. 1.3.07, DJU 19.3.07. Do voto do relator: "A interrupção de fornecimento de energia elétrica de Município inadimplente somente é considerada ilegítima quando atinge as unidades públicas provedoras das necessidades inadiáveis da comunidade, entendidas estas, por analogia à Lei de Greve, como 'aquelas que, não atendidas, coloquem em perigo iminente a sobrevivência, a saúde ou a segurança da população' (art. 11, § ún., da Lei 7.783/89)". Em sentido semelhante: STJ-1ª Seção, ED no REsp 845.982, Min. Luiz Fux, j. 24.6.09, DJ 3.8.09.

"A iluminação pública é indispensável à segurança dos cidadãos; a inadimplência do Município quanto ao pagamento do respectivo serviço não justifica o corte do fornecimento da energia elétrica necessária para esse efeito" (STJ-Corte Especial, SL 1.048-AgRg, Min. Ari Pargendler, j. 7.10.09, DJ 5.11.09).

Preservando do corte as "unidades públicas cuja paralisação é inadmissível. Legalidade do corte para as praças, ruas, ginásios de esporte, repartições públicas, etc.": STJ-1ª Seção, ED no REsp 721.119, Min. Eliana Calmon, j. 8.8.07, um voto vencido, DJU 10.9.07.

V. tb. CC 187, nota 5.

✎ "Suspensão do fornecimento de energia elétrica sob a ótica do Código de Defesa do Consumidor", por Nilton Carlos de Almeida Coutinho (RIDA 2/97).

— **água:** a relação entre a concessionária de serviço público e o consumidor tem natureza privada, sendo o pagamento a cargo deste uma contraprestação pelo serviço prestado, que pode "ser interrompido em caso de inadimplemento", na medida em que o CDC "admite a exceção do contrato não cumprido" (STJ-2ª T., REsp 337.965, Min. Eliana Calmon, j. 2.9.03, um voto vencido, DJU 20.10.03). Este acórdão foi mantido nos subsequentes embargos de divergência: STJ-1ª Seção, ED no REsp 337.965, Min. Luiz Fux, j. 22.9.04, DJU 8.11.04. No mesmo sentido: RT 825/265, JTJ 302/348. **Contra:** STJ-RTJE 178/167, RT 809/262, Bol. AASP 2.621 (TJRS, AP 70022766166).

"Mesmo quando o consumidor é **órgão público,** o corte do fornecimento de água está autorizado por lei sempre que resultar da falta injustificada de pagamento, e desde que não afete a prestação de serviços públicos essenciais, v.g., hospitais, postos de saúde, creches, escolas; caso em que só os órgãos burocráticos foram afetados pela medida" (STJ-Corte Especial, SS 1.764-AgRg, Min. Ari Pargendler, j. 27.11.08, maioria, DJ 16.3.08).

Art. 22: 4a. "É lícito à empresa concessionária de **telefonia** interromper os serviços quando o usuário se mantém inadimplente mesmo após receber a comunicação a respeito" (STJ-4ª T., REsp 592.477, Min. Aldir Passarinho Jr., j. 19.5.09, DJ 8.6.09).

Art. 22: 5. "A questão resume-se à possibilidade ou não da suspensão do fornecimento de água em razão de debito de consumo gerado pelo antigo proprietário do imóvel. No caso, independentemente da natureza da obrigação (se pessoal ou *propter rem*), não cabe a suspensão do fornecimento de água por se tratar de débito consolidado. Ou seja, o novo proprietário do imóvel está sendo privado do fornecimento em razão de dívida pretérita do antigo morador, hipótese que não encontra albergue na jurisprudência do STJ. Ambas as turmas da Primeira Seção concluíram que o art. 6º, § 3º, II, da Lei n. 8.987/95 refere-se ao inadimplemento do usuário, ou seja, do efetivo consumidor do serviço. Inviável, portanto, responsabilizar o atual usuário por débito pretérito relativo ao consumo de água do anterior" (STJ-2ª T., AI 1.107.257-AgRg, Min. Mauro Campbell, j. 16.6.09, DJ 30.6.09). No mesmo sentido: STJ-1ª T., REsp 1.327.162-AgRg, Min. Napoleão Maia Filho, j. 20.9.12, DJ 28.9.12; RT 882/188 (TJSP, AP 1163530-0/1, maioria; caso de fraude cometida pelo antigo proprietário), 901/304 (TJPE, AI 0006806-57.2010.8.17.0000), 912/764 (TRF-3ª Reg., AP 0006501-69.2010.4.03.6105), JTJ 321/1.352 (AP 995.758-0/1).

Todavia: "A obrigação resultante do consumo de água, de natureza *propter rem*, é de responsabilidade solidária do antigo locatário e do proprietário do imóvel, não tendo o novo inquilino, a pretexto de que não é responsável pelo débito, direito ao restabelecimento do corte efetuado pela concessionária" (RT 840/265). No mesmo sentido: JTJ 323/259 (AP 1.130.853-0/7).

Art. 22: 5a. "A cobrança pelo fornecimento de água aos condomínios em que o consumo total de água é medido por único hidrômetro deve se dar pelo consumo real aferido. O Superior Tribunal de Justiça firmou já entendimento de não ser lícita a cobrança de tarifa de água no valor do consumo mínimo multiplicado pelo número de economias existentes no imóvel, quando houver único hidrômetro no local" (STJ-RT 907/597: 1ª Seção, REsp 1.166.561).

Art. 23. A ignorância do fornecedor sobre os vícios de qualidade[1] por inadequação dos produtos e serviços não o exime de responsabilidade.

Art. 23: 1. v. art. 18 § 6º.

Art. 24. A garantia legal[1] de adequação do produto ou serviço independe de termo expresso, vedada a exoneração contratual do fornecedor.

Art. 24: 1. cf. arts. 50 e 74.

Art. 25. É vedada a estipulação contratual de cláusula que impossibilite, exonere ou atenue a obrigação de indenizar prevista nesta e nas Seções anteriores.

§ 1º Havendo mais de um responsável pela causação do dano, todos responderão solidariamente[1] pela reparação prevista nesta e nas Seções anteriores.

§ 2º Sendo o dano causado por componente ou peça incorporada ao produto ou serviço, são responsáveis solidários[2] seu fabricante, construtor ou importador e o que realizou a incorporação.

Art. 25: 1. s/ solidariedade, v. arts. 7º § ún., 18-*caput*, 19-*caput*, 28 § 3º, 34 e 51-III (nulidade de cláusula que transfere responsabilidade a terceiro); CC 275 a 285.

Art. 25: 2. v. nota 1 a este art.

Seção IV | DA DECADÊNCIA[1] E DA PRESCRIÇÃO[2-3]

SEÇ. IV: 1. v. CC 207 a 211.

SEÇ. IV: 2. "Os institutos da prescrição e da decadência no Código Brasileiro de Defesa do Consumidor", por Marcelo Fonseca Boaventura (RDPr 14/300); "As causas impeditivas e suspensivas da decadência no direito do consumidor e os seus reflexos no direito material e processual coletivo", por Pablo Stolze Gagliano (RMDECC 22/78).

SEÇ. IV: 3. v. CC 189 a 206.

Art. 26. O direito de reclamar pelos vícios aparentes ou de fácil constatação caduca em:[1 a 2c]

I — trinta dias, tratando-se de fornecimento de serviço e de produto não duráveis;

II — noventa dias, tratando-se de fornecimento de serviço e de produto duráveis.[2d]

§ 1º Inicia-se a contagem do prazo decadencial a partir da entrega efetiva do produto ou do término da execução dos serviços.

§ 2º Obstam a decadência:

I — a reclamação[3] comprovadamente formulada pelo consumidor[3a] perante o fornecedor de produtos e serviços até a resposta negativa correspondente, que deve ser transmitida de forma inequívoca;[3b]

II — (VETADO);

III — a instauração de inquérito civil,[4] até seu encerramento.

§ 3º Tratando-se de vício oculto, o prazo decadencial inicia-se no momento em que ficar evidenciado o defeito.

Art. 26: 1. "Tratando-se de **pedido** alternativo **indenizatório,** em compra de produto novo com defeito, aplica-se o **prazo prescricional de 5 anos** do art. 27 do CDC e não o prazo decadencial de 90 dias do art. 26 deste diploma" (JTJ 347/363: AP 992.05.012335-0).

"Escoado o prazo decadencial de 90 dias previsto no art. 26, II, do CDC, não poderá o consumidor exigir do fornecedor do serviço as providências previstas no art. 20 do mesmo diploma — reexecução do serviço, restituição da quantia paga ou o abatimento proporcional do preço —, porém, a pretensão de indenização dos danos por ele experimentados pode ser ajuizada durante o prazo prescricional de 5 anos, porquanto rege a hipótese o art. 27 do CDC" (STJ-4ª T., REsp 683.809, Min. Luis Felipe, j. 20.4.10, DJ 3.5.10).

"Se o produto apresenta vício quanto à quantidade ou qualidade, ou que lhe diminua o valor, estar-se-á diante de vício aparente ou de fácil constatação, de acordo com o art. 26 do Código Consumerista. No caso, decaiu em 90 (noventa) dias o direito de os autores reclamarem da diferença entre a metragem do imóvel veiculada em propaganda e a área do apartamento descrita na promessa de compra e venda. A pretensão de indenização pelos danos morais experimentados pelos autores pode ser ajuizada no prazo prescricional de 5 (cinco) anos" (STJ-3ª T., REsp 1.488.239, Min. Ricardo Cueva, j. 1.3.16, DJ 7.3.16).

Indo além: "Defeitos aparentes da obra. Metragem a menor. Prazo decadencial. Inaplicabilidade. Pretensão indenizatória. Sujeição à prescrição. Prazo decenal. Art. 205 do Código Civil" (STJ-3ª T., REsp 1.534.831, Min. Nancy Andrighi, j. 20.2.18, maioria, DJ 2.3.18).

"A entrega de bem imóvel em metragem diversa da contratada não pode ser considerada vício oculto, mas sim aparente, dada a possibilidade de ser verificada com a mera medição das dimensões do imóvel — o que, por precaução, o adquirente, inclusive, deve providenciar tão logo receba a unidade imobiliária. É de 90 dias o prazo para o consumidor reclamar por vícios aparentes ou de fácil constatação no imóvel por si adquirido, contado a partir da efetiva entrega do bem (art. 26, II e § 1º, do CDC). O prazo decadencial previsto no art. 26 do CDC relaciona-se ao período de que dispõe o consumidor para exigir em juízo alguma das alternativas que lhe são conferidas pelos arts. 18, § 1º, e 20, *caput*, do mesmo diploma legal (a saber a substituição do produto, a restituição da quantia paga, o abatimento proporcional do preço e a reexecução do serviço), não se confundindo com o prazo prescricional a que se sujeita o consumidor para pleitear indenização decorrente da má-execução do contrato. Quando a pretensão do consumidor é de natureza indenizatória (isto e, de ser ressarcido pelo prejuízo decorrente dos vícios do imóvel) não há incidência de prazo decadencial. A ação, tipicamente condenatória, sujeita-se a prazo de prescrição. À falta de prazo específico no CDC que regule a pretensão de indenização por inadimplemento contratual, deve incidir o prazo geral decenal previsto no art. 205 do CC/02" (STJ-3ª T., REsp 1.819.058, Min. Nancy Andrighi, j. 3.12.19, DJ 5.12.19).

Art. 26: 1a. "O prazo decadencial de 30 dias do CDC **não se aplica às ações indenizatórias** decorrentes de **atrasos em voos.** Precedentes do STJ. Não seria razoável entender-se que o CDC teria diminuído, em prejuízo ao consumidor, os prazos decadenciais e prescricionais do Código Civil" (STJ-3ª T., REsp 877.446, Min. Nancy Andrighi, j. 9.12.08, DJ 3.2.09).

Art. 26: 1b. Súmula 477 do STJ: "A decadência do art. 26 do CDC **não é aplicável à prestação de contas** para obter esclarecimentos sobre cobrança de taxas, tarifas e encargos bancários".

O direito do correntista de questionar os lançamentos efetuados pelo banco em sua conta-corrente não se submete ao regime do art. 26, pois, no caso, "não se trata de nenhum vício, mas, sim, de falta de prova do que o banco pretende cobrar" (STJ-3ª T., REsp 685.297, Min. Menezes Direito, j. 7.6.05, DJ 29.8.05).

"Para as ações de prestações de contas nas quais o correntista questiona lançamentos indevidos efetivados em sua conta-corrente mantida em instituição financeira, o prazo prescricional é o vintenário (sob a égide do Código Civil de 1916) ou decenal (na vigência do novo *Codex*), não incidindo os arts. 26 ou 27 do CDC" (STJ-4ª T., Ag em REsp 832.638-AgRg, Min. Marco Buzzi, j. 2.8.16, DJ 16.8.16).

V. tb. CC 205, nota 5c.

Art. 26: 1c. "O pedido para repetição de taxas e tarifas bancárias pagas indevidamente, por serviço não prestado, não se equipara às hipóteses estabelecidas nos arts. 20 e 26, CDC. Repetir o pagamento indevido não equivale a exigir reexecução do serviço, à redibição e tampouco ao abatimento do preço, pois não se trata de má prestação do serviço, mas de manifesto enriquecimento sem causa, porque o banco cobra por serviço que jamais prestou" (STJ-3ª T., REsp 1.094.270, Min. Nancy Andrighi, j. 2.12.08, DJ 19.12.08).

"A cobrança a maior não se caracteriza em vício de serviços ou produtos, mas sim de atividade vinculada, erroneamente apresentada, mas que não se confunde com o proprio serviço, devendo ser afastado o prazo nonagesimal previsto no artigo 26 do CDC para o ajuizamento de ação judicial. A cobrança a maior enseja repetição de indébito, a qual, dirigindo-se contra pessoa jurídica de natureza privada, tem como prazo prescricional aquele de vinte anos previsto no artigo 177 do CCR c/c o art. 2.028 do NCC" (STJ-1ª T., REsp 762.000, Min. Francisco Falcão, j. 17.2.09, DJ 2.3.09).

V. tb. art. 27, nota 2a, e CC 205, nota 2 (Súmula 412 do STJ), e 206, nota 3b.

Art. 26: 1d. "O prazo decadencial previsto no art. 26 do Código de Defesa do Consumidor é inaplicável à ação revisional de contratos, que se submete às disposições do Código Civil" (RF 384/351). **Contra:** JTJ 334/307 (AP 7.282.414-7).

Art. 26: 2. "O prazo de decadência para a reclamação de defeitos surgidos no produto não se confunde com o prazo de garantia pela qualidade do produto — a qual pode ser convencional ou, em algumas situações, legal. O Código de Defesa do Consumidor não traz, exatamente, no art. 26, um prazo de garantia legal para o fornecedor responder pelos vícios do produto. Há apenas um prazo para que, tornando-se aparente o defeito, possa o consumidor reclamar a reparação, de modo que, se este realizar tal providência dentro do prazo legal de decadência, ainda é preciso saber se o fornecedor é ou não responsável pela reparação do vício. Por óbvio, o fornecedor não está, *ad aeternum*, responsável pelos produtos colocados em circulação, mas sua responsabilidade não se limita pura e simplesmente ao prazo contratual de garantia, o qual é estipulado unilateralmente por ele próprio. Deve ser considerada para a aferição da responsabilidade do fornecedor a natureza do vício que inquinou o produto, mesmo que tenha ele se manifestado somente ao término da garantia. Os prazos de garantia, sejam eles legais ou contratuais, visam a acautelar o adquirente de produtos contra defeitos relacionados ao desgaste natural da coisa, como sendo um intervalo mínimo de tempo no qual não se espera que haja deterioração do objeto. Depois desse prazo, tolera-se que, em virtude do uso ordinário do produto, algum desgaste possa mesmo surgir. Coisa diversa é o vício intrínseco do produto existente desde sempre, mas que somente veio a se manifestar depois de expirada a garantia. Nessa categoria de vício intrínseco certamente se inserem os defeitos de fabricação relativos a projeto, cálculo estrutural, resistência de materiais, entre outros, os quais, em não raras vezes, somente se tornam conhecidos depois de algum tempo de uso, mas que, todavia, não decorrem diretamente da fruição do bem, e sim de uma característica oculta que esteve latente até então. Cuidando-se de vício aparente, é certo que o consumidor deve exigir a reparação no prazo de noventa dias, em se tratando de produtos duráveis, iniciando a contagem a partir da entrega efetiva do bem e não fluindo o citado prazo durante a garantia contratual. Porém, conforme assevera a doutrina consumerista, o Código de Defesa do Consumidor, no § 3º do art. 26, no que concerne à disciplina do vício oculto, adotou o critério da vida útil do bem, e não o critério da garantia, podendo o fornecedor se responsabilizar pelo vício em um espaço largo de tempo, mesmo depois de expirada a garantia contratual. Com efeito, em se tratando de vício oculto não decorrente do desgaste natural gerado pela fruição ordinária do produto, mas da própria fabricação, e relativo a projeto, cálculo estrutural, resistência de materiais, entre outros, o prazo para reclamar pela reparação se inicia no momento em que ficar evidenciado o defeito, não obstante tenha isso ocorrido depois de expirado o prazo contratual de garantia, devendo ter-se sempre em vista o critério da vida útil do bem" (STJ-4ª T., REsp 984.106, Min. Luis Felipe, j. 4.10.12, DJ 20.11.12).

Art. 26: 2a. "Se ao término do prazo de garantia contratado, o veículo se achava retido pela oficina mecânica para conserto, impõe-se reconhecer o comprovado período que o automóvel passou nas dependências da oficina mecânica autorizada, sem solução para o defeito, como de suspensão do curso do prazo de garantia. Prorroga-se, nessa circunstância, o prazo de garantia inicialmente ofertado, até a efetiva devolução do veículo ao consumidor, sendo este momento fixado como *dies a quo* do prazo decadencial para se reclamar vícios aparentes em produtos duráveis" (STJ-3ª T., REsp 579.941, Min. Nancy Andrighi, j. 28.6.07, um voto vencido, DJ 10.12.08).

"O prazo de decadência para a reclamação de vícios do produto (art. 26 do CDC) não corre durante o período de garantia contratual, em cujo curso o veículo foi, desde o primeiro mês da compra, reiteradamente apresentado à concessionária com defeitos" (STJ-4ª T., REsp 547.794, Min. Isabel Gallotti, j. 15.2.11, DJ 22.2.11).

Art. 26: 2b. "Diferentemente do que ocorre com a garantia legal contra vícios de adequação, cujos prazos de reclamação estão contidos no art. 26 do CDC, a lei não estabelece prazo de reclamação para a garantia contratual. Nessas condições, uma interpretação teleológica e sistemática do CDC permite integrar analogicamente a regra relativa à garantia contratual, estendendo-lhe os prazos de reclamação atinentes à garantia legal, ou seja, a partir do término da garantia contratual, o consumidor terá 30 (bens não duráveis) ou 90 (bens duráveis) dias para reclamar por vícios de adequação surgidos no decorrer do período desta garantia" (STJ-3ª T., REsp 967.623, Min. Nancy Andrighi, j. 16.4.09, maioria, DJ 29.6.09).

Art. 26: 2c. "Na hipótese em que o consumidor não adquire bem propriamente defeituoso, mas alega ter se enganado quanto ao objeto adquirido, comprando o automóvel intermediário em vez do mais luxuoso, não há, necessariamente, qualquer defeito a ser corrigido durante o prazo de garantia. A decadência para pleitear a devolução da mercadoria, a troca do produto ou o abatimento do preço, portanto, conta-se, sendo aparente a diferença entre os modelos, da data da compra" (STJ-RT 899/141: 3ª T., REsp 1.021.261).

Art. 26: 2d. "O vestuário representa produto durável por natureza, porque não se exaure no primeiro uso ou em pouco tempo após a aquisição, levando certo tempo para se desgastar, mormente quando classificado como artigo de luxo, a exemplo do vestido de noiva, que não tem uma razão efêmera. O bem durável é aquele fabricado para servir durante determinado transcurso temporal, que variará conforme a qualidade da mercadoria, os cuidados que lhe são empregados pelo usuário, o grau de utilização e o meio ambiente no qual inserido. Por outro lado, os produtos 'não duráveis' extinguem-se em um único ato de consumo, porquanto imediato o seu desgaste" (STJ-3ª T., REsp 1.161.941, Min. Ricardo Cueva, j. 5.11.13, RT 941/305).

Art. 26: 3. v. art. 18-*caput* e § 1º.

Art. 26: 3a. "A lei não preestabelece uma forma para a realização da reclamação, exigindo apenas comprovação de que o fornecedor tomou ciência inequívoca quanto ao propósito do consumidor de reclamar pelos vícios do produto ou serviço. A reclamação obstativa da decadência, prevista no art. 26, § 2º, I, do CDC, pode ser feita documentalmente — por meio físico ou eletrônico — ou mesmo verbalmente — pessoalmente ou por telefone — e, consequentemente, a sua comprovação pode dar-se por todos os meios admitidos em direito" (STJ-3ª T., REsp 1.442.597, Min. Nancy Andrighi, j. 24.10.17, DJ 30.10.17).

Art. 26: 3b. "Termo inicial do prazo decadencial. Data em que o consumidor teve ciência da recusa do fornecedor. Dicção do art. 26, § 2º, I, do CDC. Prazo de decadência não se suspende, não se interrompe nem comporta prorrogação" (JTJ 314/71: AP 944.794-0/2).

Art. 26: 4. v. art. 90 e Lei 7.347, de 24.7.85 (no CPCLPV, tít. AÇÃO CIVIL PÚBLICA), art. 8º § 1º e art. 9º.

Art. 27. Prescreve em cinco anos a pretensão[1 a 4] à reparação pelos danos causados por fato do produto ou do serviço prevista na Seção II deste Capítulo,[5] iniciando-se a contagem do prazo a partir do conhecimento do dano e de sua autoria.[6-7]

Parágrafo único. (VETADO)

Art. 27: 1. s/ ação de reparação de danos, v. arts. 101 a 102.

Art. 27: 1a. "Aplica-se a prescrição do Código de Defesa do Consumidor (art. 27), em caso de ação de indenização decorrente de dano causado em mercadoria durante o respectivo **transporte marítimo,** não importando para a definição do destinatário final do serviço de transporte o que é feito com o produto transportado. No caso, o serviço de transporte foi consumado com a chegada da mercadoria no seu destino, terminando aí a relação de consumo, estabelecida entre a transportadora e a empresa que a contratou" (RSTJ 175/349, 3ª T., dois votos vencidos).

V. tb. CC 786, nota 2b.

Art. 27: 1b. Transporte aéreo nacional. "Consumidor. Prescrição. Transporte aéreo de pessoas. A reparação de danos resultantes da má prestação do serviço pode ser pleiteada no prazo de **cinco anos"** (STJ-3ª T., REsp 742.447, Min. Ari Pargendler, j. 20.3.07, um voto vencido, DJU 16.4.07; o voto vencido dava pelo prazo de dois anos previsto no art. 317 do Código Brasileiro de Aeronáutica, em razão da especialidade deste em confronto com o CDC).

"Acidente aéreo. Pessoa em superfície que alega abalo moral em razão do cenário trágico. Queda de avião nas cercanias de sua residência. Consumidor por equiparação. Art. 17 do CDC. Prazo prescricional. Código Civil de 1916. Inaplicabilidade. Conflito entre prazo previsto no Código Brasileiro de Aeronáutica (CBA) e no CDC. Prevalência deste. Prescrição, todavia, reconhecida" (STJ-4ª T., REsp 1.281.090, Min. Luis Felipe, j. 7.2.12, DJ 15.3.12).

"O Código Brasileiro de Aeronáutica não se limita a regulamentar apenas o transporte aéreo regular de passageiros, realizado por quem detém a respectiva concessão, mas todo serviço de exploração de aeronave, operado por pessoa física ou jurídica, proprietária ou não, com ou sem fins lucrativos, de forma que seu art. 317, II, não foi revogado e será plenamente aplicado, desde que a relação jurídica não esteja regida pelo CDC, cuja força normativa é extraída diretamente da CF (5º, XXXII). Demonstrada a existência de relação de consumo entre o transportador e aqueles que sofreram o resultado do evento danoso (consumidores por equiparação), configurado está o fato do serviço, pelo qual responde o fornecedor, à luz do art. 14 do CDC, incidindo, pois, na hipótese, o prazo prescricional quinquenal previsto no seu art. 27" (STJ-3ª T., REsp 1.202.013, Min. Nancy Andrighi, j. 18.6.13, DJ 27.6.13).

Contra, dando pela prescrição em dois anos: "Indenização. Danos morais. Acidente aéreo sofrido por vítima terrestre. Prescrição reconhecida na r. sentença. Art. 317, II, do Código Brasileiro Aeronáutico" (JTJ 342/253: AP 429.251.4/8-00).

S/ prescrição e: consumidor por equiparação, v. tb. nota 1e; extravio de mercadoria em transporte aéreo, v. CC 205, nota 5a.

Art. 27: 1c. Transporte aéreo internacional. "Embora válida a norma do Código de Defesa do Consumidor quanto aos consumidores em geral, no caso específico de contrato de transporte internacional aéreo, com base no art. 178 da Constituição Federal de 1988, prevalece a Convenção de Varsóvia, que determina prazo prescricional de **dois anos"** (STF-RJM 176-177/468: 2ª T., RE 297.901). No mesmo sentido: "A prescrição é regulada pelo art. 29 da Convenção de Varsóvia (Decreto n. 20.704/31), que confere aos interessados um prazo de dois anos para ingressar em juízo, 'a contar da data de chegada, ou do dia, em que a aeronave, devia ter chegado a seu destino, ou do da interrupção do transporte'" (STF-Pleno, Ag em RE 766.618, Min. Roberto Barroso, j. 25.5.17, maioria, DJ 13.11.17; a citação é do voto do relator). Ainda: "Transporte aéreo internacional de carga. Tratamento aduaneiro. Despesas de armazenagem. Indenização. Convenção de Montreal. Aplicabilidade. Prescrição bienal. Ocorrência" (STJ-3ª T, REsp 1.615.981, Min. Paulo Sanseverino, j. 24.4.18, DJ 30.4.18).

Contra, no sentido de que mesmo no transporte aéreo internacional observa-se o prazo quinquenal do art. 27 do CDC: STJ-2ª Seção, ED no REsp 258.132, Min. Ari Pargendler, j. 26.10.05, DJU 1.2.06; JTJ 342/147 (AI 7.293.267-5).

V. tb. nota 1 no início desta lei.

S/ prescrição e extravio de mercadoria em transporte aéreo, v. CC 205, nota 5a.

Art. 27: 1d. Transporte rodoviário. "O art. 734 fixa expressamente a responsabilidade objetiva do transportador pelos danos causados às pessoas por ele transportadas, o que engloba o dever de garantir a segurança do passageiro, de modo que ocorrências que afetem o bem-estar do viajante devem ser classificadas de defeito na prestação do serviço de transporte de pessoas. Como decorrência lógica, os contratos de transporte de pessoas ficam sujeitos ao prazo prescricional específico do art. 27 do CDC. Deixa de incidir, por ser genérico, o prazo prescricional do Código Civil" (STJ-3ª T., REsp 958.833, Min. Nancy Andrighi, j. 8.2.08, DJU 25.2.08).

Art. 27: 1e. "Ação indenizatória. **Atropelamento por composição férrea.** Prescrição. Prazo quinquenal. O Superior Tribunal de Justiça entende possível a aplicação das normas do Código de Defesa do Consumidor nas relações entre o fornecedor e o **consumidor por equiparação,** sendo aplicado, portanto, o prazo quinquenal" (STJ-3ª T., Ag em REsp 1.017.427-AgInt, Min. Ricardo Cueva, j. 4.5.17, DJ 19.5.17).

S/ prescrição e consumidor por equiparação, v. tb. nota 1b.

Art. 27: 2. "Ação de indenização por danos morais e materiais. **Contrato de seguro.** Demora injustificada da seguradora. Prestação de serviços. Deficiência. Prazo prescricional quinquenal. Extremo aborrecimento que extrapola o mero dissabor decorrente de inadimplemento contratual. Dano moral indenizável. O artigo 206, § 1º, II, do Código Civil de 2002 (correspondente ao artigo 178, § 6º, II, do Código Civil de 1916), segundo o qual prescreve em um ano a pretensão do segurado contra o segurador, dirige-se à pretensão resultante de inadimplemento contratual, envolvendo a cobertura securitária em si. No caso em que a pretensão decorre de prestação de serviço defeituosa, incide o prazo prescricional estabelecido no artigo 27 do Código de Defesa do Consumidor" (STJ-4ª T., REsp 1.192.274-AgInt, Min. Raul Araújo, j. 2.2.17, DJ 10.2.17).

Todavia: "Nos casos de cobrança de seguro não se aplica o art. 27 do CDC valendo a prescrição prevista no Código Civil" (STJ-3ª T., REsp 595.720, Min. Menezes Direito, j. 7.12.04, DJU 4.4.05). "A prescrição do direito acionário é a ânua, do art. 206, § 1º, II, *b*, do CC vigente, e, não, a do Código de Defesa do Consumidor (arts. 26 e 27), esta aplicável, exclusivamente, aos chamados 'acidentes de consumo', inconfundíveis com a responsabilidade decorrente de recusa da seguradora a indenizar" (RT 868/347).

V. tb. CC 206, nota 2.

Art. 27: 2a. "Em se tratando de pretensão de **repetição de indébito** decorrente de **descontos indevidos,** por falta de contratação de empréstimo com a instituição financeira, ou seja, em decorrência de defeito do serviço bancário, aplica-se o prazo prescricional do art. 27 do CDC" (STJ-4ª T., Ag em REsp 1.377.042-AgInt, Min. Luis Felipe, j. 26.3.19, DJ 29.3.19). "Apesar de denominada taxa, o valor cobrado pela expedição e registro de diploma universitário não tem natureza tributária; trata-se, na verdade, de preço por serviço prestado, em relação de consumo. Entretanto, já se pacificou na jurisprudência pátria o entendimento de que a universidade não pode exigir aludida taxa para expedir a primeira via de diploma ao aluno, configurando-se, tal cobrança, como abusiva, nos termos do art. 51 do CDC, impondo-se a restituição dos valores indevidamente pagos a esse título. Por se tratar de cobrança indevida, feita em relação de consumo, a pretensão de restituição dos valores indevidamente pagos submete-se à prescrição quinquenal, prevista no art. 27 do CDC, e não ao art. 205 do Código Civil, conforme afirmado pela Corte de origem" (STJ-1ª T., REsp 1.329.607, Min. Napoleão Maia Filho, j. 19.8.14, DJ 2.9.14).

Contra: "A incidência da regra de prescrição prevista no art. 27 do CDC tem como requisito essencial a formulação de pedido de reparação de danos causados por fato do produto ou do serviço, o que não ocorreu na espécie. Ante à ausência de disposições no CDC acerca do prazo prescricional aplicável à prática comercial indevida de cobrança excessiva, é de rigor a aplicação das normas relativas a prescrição insculpidas no Código Civil" (STJ-3ª T., REsp 1.032.952, Min. Nancy Andrighi, j. 17.3.09, DJ 26.3.09).

V. tb. art. 26, nota 1c, e CC 205, nota 2 (Súmula 412 do STJ), e 206, nota 3b.

Art. 27: 2b. "Demanda indenizatória movida por correntista contra instituição financeira em face da entrega talonário de cheques a terceiro, com a emissão de várias cártulas devolvidas, gerando a sua **inscrição indevida em órgãos de proteção ao crédito.** Caracterização do fato do serviço, disciplinado no art. 14 do CDC, em face da defeituosa prestação de serviço pela instituição bancária, não atendendo à segurança legitimamente esperada pelo consumidor. Aplicação do prazo prescricional previsto no art. 27 do CDC" (STJ-3ª T., REsp 1.254.883, Min. Paulo Sanseverino, j. 3.4.14, DJ 10.4.14).

Todavia: "O defeito do serviço ensejador de negativação indevida do nome do consumidor, ato ilícito em essência, caracterizando-se também infração administrativa (art. 56 do CDC c/c o art. 13, inc. XIII, do Dec. 2.181/1997) e ilícito penal (arts. 72 e 73 do CDC), gerando direito à indenização por danos morais, não se confunde com o fato do serviço, que pressupõe um risco à segurança do consumidor. Portanto, não se aplica, no caso, o art. 27 CDC, que se refere aos arts. 12 a 17 do mesmo diploma legal. Inexistindo norma específica quanto ao prazo prescricional aplicável ao caso, é de rigor a incidência do art. 177 do CC/1916" (STJ-RJ 389/139: 4ª T., REsp 740.061). O art. 177 do CC rev. corresponde ao CC 205.

V. tb. CC 206, nota 3f.

Art. 27: 2c. "Consumidor. Negócios jurídicos bancários. Investimento fictício. **Estelionato praticado por gerente de instituição financeira.** Aplicação do CDC. Defeito do serviço. Pretensão indenizatória. Prescrição quinquenal" (STJ-3ª T., REsp 1.391.627-AgRg, Min. Paulo Sanseverino, j. 4.2.16, DJ 12.2.16).

"O **furto das joias, objeto do penhor,** constitui falha do serviço prestado pela instituição financeira e não inadimplemento contratual, devendo incidir o prazo prescricional de 5 (cinco) anos para as ações de indenização, previsto no art. 27 do Código de Defesa do Consumidor" (STJ-4ª T., REsp 1.369.579, Min. Luis Felipe, j. 24.10.17, DJ 23.11.17).

Art. 27: 2d. "O fato de se exigir comprovação da culpa para poder responsabilizar o **profissional liberal** pelos serviços prestados de forma inadequada, não é motivo suficiente para afastar a regra de prescrição estabelecida no art. 27 da legislação consumerista, que é especial em relação às normas contidas no Código Civil" (STJ-3ª T., REsp 731.078, Min. Castro Filho, j. 13.12.05, DJU 13.2.06).

"O prazo prescricional, na relação médica profissional-cliente, na condição de consumidor, é o ajustado no art. 27 do CDC" (STJ-4ª T., REsp 704.272, Min. Honildo Castro, j. 18.5.10, DJ 8.6.10).

"O prazo de prescrição para o ajuizamento da ação de indenização por erro médico é quinquenal" (STJ-3ª T., Ag em REsp 792.009-AgRg, Min. Ricardo Cueva, j. 1.3.16, DJ 7.3.16).

Contra: "A causa determinante para a verificação dos danos suportados pelos recorrentes foi o ato culposo do preposto do hospital recorrido, e não o exercício das atividades hospitalares, estritamente consideradas. A causa de pedir não está fundamentada no acidente de consumo, mas sim na imperícia do preposto. Ao justificar sua pretensão por meio da menção aos princípios que regem a responsabilidade civil do empregador por ato culposo de preposto, os recorrentes não restringiram a fundamentação de seu pleito à relação de consumo estabelecida entre as partes, de modo que há espaço para a aplicação das regras contidas no CC/16 à espécie. Considerando-se que o prazo prescricional da pretensão indenizatória dos autores começou a fluir em 12.6.1998, data em que ocorreu o falecimento do pai dos autores, bem como que, na data em que passou a viger o CC/02, não havia transcorrido mais da metade do lapso temporal previsto no art. 177 do CC/16, incide, na espécie, o disposto no art. 206, § 3º, V, do CC/02, que reduziu o prazo prescricional para 3 anos, nos moldes do que dispõe a regra de transição do art. 2.028 do CC/02" (STJ-3ª T., REsp 1.444.600, Min. Nancy Andrighi, j. 7.8.14, DJ 15.8.14).

V. tb. CC 205, nota 5.

Art. 27: 2e. "O prazo decadencial para o ajuizamento de ação de indenização por danos morais e materiais decorrentes de **inadimplemento absoluto** da obrigação do fornecedor de produtos ou serviços é de 5 (cinco) anos, nos termos do art. 27 do CDC" (STJ-3ª T., REsp 1.076.496, Min. Massami Uyeda, j. 2.6.11, DJ 14.6.11).

Art. 27: 3. "Pacote turístico. Fornecedora que não entrega todos os **ingressos** para que os consumidores assistissem aos **jogos da Copa do Mundo** ou o faz após muita incerteza e angústia. Hipótese de defeito e não de vício do serviço. Aplicabilidade do art. 27 e não 26 do CDC. Decacência afastada" (JTJ 298/194).

Também se aplica o art. 27 e não o art. 26 em caso no qual o consumidor compra ingresso numerado para evento esportivo e se vê na contingência de assisti-lo em pé e em condições temerárias, dada a superlotação e a falta de segurança no local (RT 868/225).

Art. 27: 3a. "Diante do fundamento da inicial de ocorrência do fato do produto, e não vício, no **mau funcionamento de herbicida** que, por não combater as ervas daninhas, enseja prejuízo à safra, e consequentemente, ao patrimônio do usuário, o prazo decadencial é de 5 anos (CDC, art. 27)" (STJ-3ª T., REsp 953.187, Min. Sidnei Beneti, j. 23.6.09, DJ 29.6.09).

Art. 27: 4. "A pretensão do autor, apoiada na existência de vícios de segurança, é de informação relativa ao **consumo de cigarros** — responsabilidade por fato do produto. A ação de responsabilidade por fato do produto prescreve em cinco anos, consoante dispõe o art. 27 do Código de Defesa do Consumidor" (STJ-2ª Seção, REsp 489.895, Min. Fernando Gonçalves, j. 10.3.10, um voto vencido, DJ 23.4.10).

"A pretensão de ressarcimento do próprio fumante (cuja prescrição é quinquenal, REsp. 489.895/SP), que desenvolvera moléstias imputadas ao fumo, manifesta-se em momento diverso da pretensão dos herdeiros, em razão dos alegados danos morais experimentados com a morte do fumante. Só a partir do óbito nasce para estes ação exercitável (*actio nata*), com o escopo de compensar o pretenso dano próprio" (STJ-4ª T., REsp 1.113.804, Min. Luis Felipe, j. 27.4.10, DJ 24.6.10).

Art. 27: 5. v. arts. 12 a 17.

Art. 27: 6. "A prescrição da ação de reparação por fato do produto é contada do conhecimento do dano e da autoria, nada importa a renovação da lesão no tempo, pois, ainda que a lesão seja contínua, a fluência da prescrição já se iniciou com o conhecimento do dano e da autoria" (STJ-3ª T., REsp 304.724, Min. Gomes de Barros, j. 24.5.05, DJU 22.8.05). No mesmo sentido: JTJ 328/354 (AP 297.806.4/6-00).

Art. 27: 7. "Além dos dois requisitos elencados pelo legislador para que seja deflagrado o início da contagem do prazo prescricional — o conhecimento do dano e o conhecimento da autoria —, é necessário, ainda, o **conhecimento do defeito,** isto é, a consciência do consumidor de que o dano sofrido está relacionado a defeito do produto ou do serviço. A combinação desses três critérios tem por objetivo conferir maior proteção à vítima que, em determinadas situações, pode ter conhecimento do dano e da identidade do fornecedor, porém, só mais tarde saber que o dano resulta de um defeito do produto adquirido ou do serviço contratado. Na hipótese dos autos, conquanto os danos sofridos pela autora tenham se iniciado com a colocação das próteses de silicone, conforme alegado na exordial, o suposto defeito do produto somente veio a ser conhecido, de forma inequívoca, quando da realização do exame que atestou o rompimento das próteses e o vazamento do gel no organismo da consumidora. Não há se falar, destarte, no implemento do prazo prescricional" (STJ-3ª T., REsp 1.698.676, Min. Nancy Andrighi, j. 23.11.17, DJ 30.11.17).

V. tb. CC 189, nota 2.

Seção V | DA DESCONSIDERAÇÃO DA PERSONALIDADE JURÍDICA[1]

SEÇ. V: 1. "Desconsideração da personalidade jurídica no Código de Defesa do Consumidor e no Código Civil", por Gustavo Filipe Barbosa Garcia (RT 846/11 e RJ 344/67); "A desconsideração da personalidade jurídica no âmbito consumerista e a responsabilização pessoal dos sócios de sociedade limitada", por Aline França Campos (RT 932/105).

Art. 28. O juiz poderá desconsiderar a personalidade jurídica[1] da sociedade quando, em detrimento do consumidor, houver abuso de direito, excesso de poder, infração da lei, fato ou ato ilícito ou violação dos estatutos ou contrato social. A desconsideração também será efetivada quando houver falência, estado de insolvência, encerramento ou inatividade da pessoa jurídica provocados por má administração.

§ 1º (VETADO)

§ 2º As sociedades integrantes dos grupos societários e as sociedades controladas, são subsidiariamente responsáveis pelas obrigações decorrentes deste Código.

§ 3º As sociedades consorciadas[1a] são solidariamente[2] responsáveis pelas obrigações decorrentes deste Código.

§ 4º As sociedades coligadas só responderão por culpa.

§ 5º Também poderá ser desconsiderada a pessoa jurídica sempre que sua personalidade for, de alguma forma, obstáculo ao ressarcimento de prejuízos causados aos consumidores.[3]

Art. 28: 1. v. tb. CC 50.

Art. 28: 1a. "Na hipótese de responsabilidade derivada de relação de consumo, afasta-se a regra geral da ausência de solidariedade entre as consorciadas por força da disposição expressa contida no art. 28, § 3º, do CDC. Essa exceção em matéria consumerista justifica-se pela necessidade de se atribuir máxima proteção ao consumidor, mediante o alargamento da base patrimonial hábil a suportar a indenização. Não obstante, é certo que, por se tratar de exceção à regra geral, a previsão de solidariedade contida no art. 28, § 3º, do CDC deve ser interpretada restritivamente, de maneira a abarcar **apenas as obrigações resultantes do objeto do consórcio,** e não quaisquer obrigações assumidas pelas consorciadas em suas atividades empresariais. Ademais, a exceção em comento **não alcança o próprio consórcio,** que apenas responderá solidariamente com suas integrantes se houver previsão contratual nesse sentido" (STJ-3ª T., REsp 1.635.637, Min. Nancy Andrighi, j. 18.9.18, DJ 21.9.18).

Art. 28: 2. s/ solidariedade, v. arts. 7º § ún., 18-*caput*, 19-*caput*, 25 §§ 1º e 2º, 34 e 51-III (nulidade de cláusula que transfere responsabilidade a terceiro); CC 275 a 285.

Art. 28: 3. A incidência do § 5º do art. 28 do CDC não se subordina à demonstração dos requisitos previstos no *caput*, "mas apenas à prova de causar, a mera existência da pessoa jurídica, obstáculo ao ressarcimento de prejuízos causados aos consumidores" (STJ-3ª T., REsp 279.273, Min. Nancy Andrighi, j. 4.12.03, dois votos vencidos, DJU 29.3.04).

"Possível a desconsideração da personalidade jurídica da empresa ré, com fundamento no art. 28, § 5º, do Código de Defesa do Consumidor, com base na teoria menor, segundo a qual, a mera prova de insolvência da pessoa jurídica para o pagamento de suas obrigações, independentemente da existência de desvio de finalidade ou de confusão patrimonial, é o suficiente para se 'levantar o véu' da personalidade jurídica da sociedade empresária" (STJ-4ª T., REsp 1.106.072-AgRg, Min. Marco Buzzi, j. 2.9.14, DJ 18.9.14; a citação é do voto do relator).

"A simples inatividade da pessoa jurídica, nas relações de consumo, justifica a desconsideração de sua personalidade, dispensada a prova da má administração pelo requerente" (JTJ 347/44: AI 672.069-4/5-00).

Todavia: "Não havendo previsão expressa no código consumeirista quanto à possibilidade de se atingir os bens do administrador não-sócio, pelo simples inadimplemento da pessoa jurídica (ausência de bens) ou mesmo pela baixa registral da empresa executada, é forçoso reconhecer a impossibilidade de atribuição dos efeitos da desconsideração da personalidade jurídica ao administrador não-sócio" (STJ-3ª T., REsp 1.658.648, Min. Moura Ribeiro, j. 7.11.17, DJ 20.11.17).

"A despeito de não se exigir prova de abuso ou fraude para fins de aplicação da teoria menor da desconsideração da personalidade jurídica, tampouco de confusão patrimonial, o § 5º do art. 28 do CDC não dá margem para admitir a responsabilização pessoal de quem jamais atuou como gestor da empresa. A desconsideração da personalidade jurídica de uma sociedade cooperativa, ainda que com fundamento no art. 28, § 5º, do CDC (teoria menor), não pode atingir o patrimônio pessoal de membros do Conselho Fiscal sem que haja a mínima presença de indícios de que estes contribuíram, ao menos culposamente, e com desvio de função, para a prática de atos de administração" (STJ-3ª T., REsp 1.766.093, Min. Ricardo Cueva, j. 12.11.19, maioria, DJ 28.11.19). V. tb. CC 50, nota 5.

Capítulo V | DAS PRÁTICAS COMERCIAIS

Seção I | DAS DISPOSIÇÕES GERAIS

Art. 29. Para os fins deste Capítulo e do seguinte, equiparam-se aos consumidores[1] todas as pessoas determináveis ou não, expostas às práticas nele previstas.

Art. 29: 1. "A relação jurídica qualificada por ser 'de consumo' não se caracteriza pela presença de pessoa física ou jurídica em seus polos, mas pela presença de uma parte vulnerável de um lado (consumidor), e de um fornecedor, de outro. Mesmo nas relações entre pessoas jurídicas, se da análise da hipótese concreta decorrer inegável vulnerabilidade entre a pessoa jurídica consumidora e a fornecedora, deve-se aplicar o CDC na busca do equilíbrio entre as partes. Ao consagrar o critério finalista para interpretação do conceito de consumidor, a jurisprudência deste STJ também reconhece a necessidade de, em situações específicas, abrandar o rigor do critério subjetivo do conceito de consumidor, para admitir a aplicabilidade do CDC nas relações entre fornecedores e consumidores-empresários em que fique evidenciada a relação de consumo" (STJ-3ª T., REsp 476.428, Min. Nancy Andrighi, j. 19.4.05, DJU 9.5.05). No mesmo sentido: STJ-2ª T., RMS 27.541, Min. Herman Benjamin, j. 18.8.09, DJ 27.4.11.
S/ conceito de consumidor, v. art. 2º, nota 2.

Consumidor

Seção II | DA OFERTA

Art. 30. Toda informação[1] ou publicidade, suficientemente precisa, veiculada por qualquer forma ou meio de comunicação com relação a produtos e serviços oferecidos ou apresentados, obriga o fornecedor que a fizer veicular ou dela se utilizar e integra o contrato que vier a ser celebrado.[2 a 5]

Art. 30: 1. v. arts. 6º-III, 8º, 9º, 12-*caput*, 14-*caput*, 31, 36 § ún., 37, 52 e 66 a 69 (penas).

Art. 30: 2. s/ efeito vinculativo da oferta, v. tb. CC 429.

Art. 30: 3. "O art. 30 do CDC consagra o princípio da boa-fé, que deve vigorar nas relações de consumo desde a fase pré-contratual, obrigando o fornecedor a cumprir o prometido em sua propaganda. No entanto, não se pode obrigar o fornecedor a vender mercadoria pelo preço anunciado, se não se vislumbra a existência de dolo, mas sim de evidente erro na informação, denunciado pela grande desproporção entre o preço real do equipamento e o anunciado. A boa-fé que a lei exige do fornecedor também é exigida do consumidor" (Bol. AASP 2.582; um voto vencido).

"Com vistas ao princípio da boa-fé objetiva, inexiste propaganda enganosa quando o preço de produto divulgado em anúncio for muito inferior ao praticado no mercado, incompatível com o seu preço à vista. Constitui erro material escusável facilmente perceptível pelo homem médio e que não obriga o fornecedor" (RJM 201/145: AP 1.0145.11.001114-8/001).

"Cancelamento de reserva de bilhete aéreo. Falha no sistema de carregamento de preços. Ausência de emissão de bilhete eletrônico. Ausência de lançamento do débito no cartão de crédito do consumidor. Comunicação rápida a respeito da não formalização da compra. Falha na prestação do serviço. Inocorrência. Obrigação de fazer afastada" (STJ-3ª T., REsp 1.794.991, Min. Nancy Andrighi, j. 5.5.20, DJ 11.5.20).

Art. 30: 4. "Indenização. Dano material. Contrato de assinatura de revista que oferecia, após quitação, *voucher* para troca por passagem aérea fornecida por empresa que veio a encerrar suas atividades, impossibilitando o consumidor a fazer uso do brinde promocional. Promessa por fato de terceiro que não exime de responsabilidades a empresa que vinculou a oferta ao público. Inteligência do art. 30 do CDC. Indenização devida" (JTJ 323/425: AP 307.498-4/4-00).

Art. 30: 5. "A publicidade que gera expectativa de entrega da obra na forma divulgada é parte integrante do contrato celebrado entre as partes, impondo-se o dever de indenizar, na hipótese de não atendimento" (STJ-4ª T., Ag em REsp 125.934-AgInt, Min. Antonio Ferreira, j. 22.5.18, DJ 29.5.18).

Art. 31. A oferta e apresentação de produtos ou serviços devem assegurar informações[1] corretas, claras, precisas, ostensivas e em língua portuguesa sobre suas características, qualidades, quantidade, composição, preço, garantia, prazos de validade e origem, entre outros dados, bem como sobre os riscos que apresentam à saúde e segurança dos consumidores.[2 a 4a]

Parágrafo único. As informações de que trata este artigo, nos produtos refrigerados oferecidos ao consumidor, serão gravadas de forma indelével.[5]

Art. 31: 1. v. arts. 6º-III, 8º, 9º, 12-*caput*, 14-*caput*, 30, 36 § ún., 37 e 66 a 69 (penas).

S/ dever de informação e comissão de corretagem em contratos de promessa de compra e venda de unidade autônoma, v. art. 51, nota 7c.

Art. 31: 2. **Port. 1, de 6.3.91, do Dep. Nacional de Proteção e Defesa do Consumidor** — Estabelece normas sobre os dados exigidos pelo art. 31 do CDC (Lex-Marg. 1991/408).

Art. 31: 3. "A informação deve ser correta (= verdadeira), clara (= de fácil entendimento), precisa (= não prolixa ou escassa), ostensiva (= de fácil constatação ou percepção) e, por óbvio, em língua portuguesa. A obrigação de informação é desdobrada pelo art. 31 do CDC, em quatro categorias principais, imbricadas entre si: a) informação-conteúdo (= características intrínsecas do produto e serviço), b) informação-utilização (= como se usa o produto ou serviço), c) informação-preço (= custo, formas e condições de pagamento), e d) informação-advertência (= riscos do produto ou serviço). A obrigação de informação exige comportamento positivo, pois o CDC rejeita tanto a regra do *caveat emptor* como a subinformação, o que transmuda o silêncio total ou parcial do fornecedor em patologia repreensível, relevante apenas em desfavor do profissional, inclusive como oferta e publicidade enganosa por omissão" (STJ-2ª T., REsp 586.316, Min. Herman Benjamin, j. 17.4.07, DJ 19.3.09).

Art. 31: 4. "Inexistência de antinomia entre a Lei 10.674/2003, que surgiu para proteger a saúde (imediatamente) e a vida (mediatamente) dos portadores da doença celíaca, e o art. 31 do CDC, que prevê sejam os consumidores informados sobre o 'conteúdo' e alertados sobre os 'riscos' dos produtos ou serviços à saúde e à segurança. Complementaridade entre os dois textos legais. Distinção, na análise das duas leis, que se deve fazer entre obrigação geral de informação e obrigação especial de informação, bem como entre informação-conteúdo e informação-advertência. O CDC estatui uma obrigação geral de informação (= comum, ordinária ou primária), enquanto outras leis, específicas para certos setores (como a Lei 10.674/03), dispõem sobre obrigação especial de informação (= secundária, derivada ou tópica). Esta, por ter um caráter mínimo, não isenta os profissionais de cumprirem aquela. Embora toda advertência seja informação, nem toda informação é advertência. Quem informa nem sempre adverte. No campo da saúde e da segurança do consumidor (e com maior razão quanto a alimentos e medicamentos), em que as normas de proteção devem ser interpretadas com maior rigor, por conta dos bens jurídicos em questão, seria um despropósito falar em dever de informar baseado no *homo medius* ou na generalidade dos consumidores, o que levaria a informação a não atingir quem mais dela precisa, pois os que padecem de enfermidades ou de necessidades especiais são frequentemente a minoria no amplo universo dos consumidores" (STJ-2ª T., REsp 586.316, Min. Herman Benjamin, j. 17.4.07, DJ 19.3.09).

"O fornecedor de alimentos deve complementar a informação-conteúdo 'contém glúten' com a informação-advertência de que o glúten é prejudicial à saúde dos consumidores com doença celíaca" (STJ-Corte Especial, ED no REsp 1.515.895, Min. Humberto Martins, j. 20.9.17, DJ 27.9.17).

V. tb. art. 6º, nota 3a.

Art. 31: 4a. "O dever de o fornecedor assegurar informações corretas, claras e precisas na apresentação dos produtos e serviços ofertados no mercado de consumo (art. 31 da Lei n. 8.078/90) não contempla a obrigação de transcrever a garantia legal nos rótulos/embalagens, porquanto esta deflui diretamente da própria lei (art. 24 e 26 do CDC), a qual o ordenamento jurídico presume ser de conhecimento de todos ('ninguém se escusa de cumprir a lei, alegando que não a conhece' — art. 3º da Lei de Introdução do Direito Brasileiro)" (STJ-4ª T., REsp 1.067.530, Min. Marco Buzzi, j. 28.5.13, DJ 10.6.13).

Art. 31: 5. § ún. acrescido pela Lei 11.989, de 27.7.09, em vigor 180 dias após a sua publicação (DOU 28.7.09).

Art. 32. Os fabricantes e importadores deverão assegurar a oferta de componentes e peças de reposição enquanto não cessar a fabricação ou importação do produto.[1]

Parágrafo único. Cessadas a produção ou importação, a oferta deverá ser mantida por período razoável de tempo, na forma da lei.

Art. 32: 1. v. art. 70.

Art. 33. Em caso de oferta ou venda por telefone[1] ou reembolso postal, deve constar o nome do fabricante e endereço na embalagem, publicidade e em todos os impressos utilizados na transação comercial.

Parágrafo único. É proibida a publicidade de bens e serviços por telefone, quando a chamada for onerosa ao consumidor que a origina.[2]

Art. 33: 1. v. tb. art. 49-*caput*.

Art. 33: 2. § ún. acrescido pela Lei 11.800, de 29.10.08.

Art. 34. O fornecedor do produto ou serviço é solidariamente[1] responsável pelos atos de seus prepostos[2] ou representantes autônomos.[3-4]

Art. 34: 1. v. arts. 7º § ún., 18-*caput*, 19-*caput*, 25 §§ 1º e 2º, 28 § 3º e 51-III (nulidade da cláusula que transfere responsabilidade a terceiro); CC 275 a 285.

Art. 34: 2. No texto oficial, está "propostos".

Art. 34: 3. "A montadora de veículos responde pelo inadimplemento da concessionária credenciada que deixa de entregar veículo comprado e totalmente pago pelo consumidor. A posição jurídica da fornecedora de veículos automotores para revenda — montadora concedente — enquadra-se perfeitamente no que preceitua o art. 34 do CDC, segundo o qual o 'fornecedor do produto ou serviço é solidariamente responsável pelos atos de seus prepostos ou representantes autônomos', norma essa que consagra a responsabilidade de qualquer dos integrantes da cadeia de fornecimento que dela se beneficia, pelo descumprimento dos deveres de boa-fé, transparência, informação e confiança. A utilização de marca de renome — utilização essa consentida até por força de Lei (art. 3º, inciso III, da Lei n. 6.729/79) — gera no consumidor legítima expectativa de que o contrato é garantido pela montadora, razão pela qual deve esta responder por eventuais desvios próprios dos negócios jurídicos celebrados nessa seara" (STJ-4ª T., REsp 1.309.981, Min. Luis Felipe, j. 24.9.13, DJ 17.12.13).

Contra: "Se não há participação da concedente (Fiat) no consórcio, restando impossibilitada a aplicação da teoria da aparência, tampouco se enquadrando a concessionária (única operadora do consórcio) como representante autônoma da fabricante, não se pode responsabilizar a Fiat pelo não cumprimento do contrato, ficando afastada, no caso, a aplicação do art. 34 do CDC" (STJ-4ª T., REsp 566.735, Min. Fernando Gonçalves, j. 10.11.09, dois votos vencidos, DJ 1.3.10).

S/ responsabilidade solidária entre montadora e concessionaria de veículos, v. tb. art. 18, nota 1c.

Art. 34: 4. Caso de responsabilidade solidária entre corretora e seguradora. "O art. 34 do CDC materializa a teoria da aparência, fazendo com que os deveres de boa-fé, cooperação, transparência e informação alcancem todos os fornecedores, diretos ou indiretos, principais ou auxiliares, enfim todos aqueles que, aos olhos do consumidor, participem da cadeia de fornecimento" (STJ-3ª T., REsp 1.077.911, Min. Nancy Andrighi, j. 4.10.11, DJ 14.10.11).

Art. 35. Se o fornecedor de produtos ou serviços recusar cumprimento à oferta, apresentação ou publicidade, o consumidor poderá, alternativamente e à sua livre escolha:[1]

I — exigir o cumprimento forçado da obrigação, nos termos da oferta, apresentação ou publicidade;[2]

II — aceitar outro produto ou prestação de serviço equivalente;

III — rescindir o contrato, com direito à restituição de quantia eventualmente antecipada, monetariamente atualizada,[3] e a perdas e danos.

Art. 35: 1. v. art. 18, nota 6.

Art. 35: 2. v. art. 84.

Art. 35: 3. v. art. 51-*caput*-II.

Seção III | DA PUBLICIDADE[1]

SEÇ. III: 1. "A proteção do consumidor na sociedade de informação", pelo Min. Carlos Alberto Menezes Direito (RF 346/21); "O direito de marcas e a publicidade comparativa", por Lélio Denícoli Schmidt (RT 797/140); "Ensaio sobre a publicidade e o seu regime jurídico no direito brasileiro", por Marcelo Abelha Rodrigues (RT 864/20).

Art. 36. A publicidade deve ser veiculada de tal forma que o consumidor, fácil e imediatamente, a identifique como tal.

Parágrafo único. O fornecedor, na publicidade de seus produtos ou serviços, manterá, em seu poder, para informação dos legítimos interessados, os dados fáticos, técnicos e científicos que dão sustentação à mensagem.[1]

Art. 36: 1. Pena: art. 69.

Art. 37. É proibida toda publicidade enganosa ou abusiva.[1]

§ 1º É enganosa qualquer modalidade de informação ou comunicação de caráter publicitário, inteira ou parcialmente falsa, ou, por qualquer outro modo, mesmo por omissão, capaz de induzir em erro o consumidor a respeito da natureza, características, qualidade, quantidade, propriedades, origem, preço e quaisquer outros dados sobre produtos e serviços.[1a a 2]

§ 2º É abusiva, dentre outras, a publicidade discriminatória de qualquer natureza,[3] a que incite à violência, explore o medo ou a superstição, se aproveite da deficiência de julgamento e experiência da criança,[3a a 4] desrespeita valores ambientais, ou que seja capaz de induzir o consumidor a se comportar de forma prejudicial ou perigosa à sua saúde ou segurança.[5]

§ 3º Para os efeitos deste Código, a publicidade é enganosa por omissão quando deixar de informar sobre dado essencial do produto ou serviço.[6]

§ 4º (VETADO)

Art. 37: 1. s/ publicidade enganosa ou abusiva e: tamanho da fonte, v. art. 54, nota 1c; contrapropaganda, v. art. 60; infração penal, v. art. 67; responsabilidade civil, v. CC 927, nota 3b.

V. tb. Dec. 2.181, de 20.3.97, art. 14.

Art. 37: 1a. "A publicidade enganosa, à luz do Código de Defesa do Consumidor (art. 37, CDC), não exige, para sua configuração, a prova da vontade de enganar o consumidor, tampouco tal nefanda prática também colha que deva estar evidenciada de plano sua ilegalidade, ou seja, a publicidade pode ter aparência de absoluta legalidade na sua vinculação, mas, por **omitir dado essencial** para formação do juízo de opção do consumidor, finda por induzi-lo a erro ou tão somente coloca dúvidas acerca do produto ou serviço oferecido, contaminando sua decisão. Em razão do princípio da veracidade da publicidade, fica evidenciado que a publicidade veiculada pela recorrida é capaz de induzir o consumidor a erro quanto ao preço do serviço, podendo ser considerada enganosa" (STJ-2ª T., REsp 1.317.338, Min. Mauro Campbell, j. 19.3.13, DJ 1.4.13).

"Direito do consumidor. Internet. Banda larga. Velocidade. Publicidade enganosa por omissão. Ausência de informações essenciais. No que diz respeito à publicidade enganosa por omissão, a indução a engano decorre da circunstância de o fornecedor negligenciar algum dado essencial sobre o produto ou serviço por ele comercializado, induzindo o consumidor à contratação por meio de erro, por não ter consciência sobre elemento que, se conhecido, prejudicaria sua vontade em concretizar a transação. Na hipótese em exame, verifica-se a ocorrência da publicidade enganosa por omissão, haja vista a ausência de informação clara sobre qual a qualidade do serviço que está sendo contratado e que será prestado ao consumidor, prejudicando seu conhecimento sobre as características do serviço (informação-conteúdo) e sobre a utilidade do serviço, o que pode dele esperar (informação-utilização)" (STJ-3ª T,. REsp 1.540.566, Min. Nancy Andrighi, j. 11.9.18, DJ 18.9.18).

Art. 37: 1b. "Anúncio publicitário que informa a não inclusão do **valor do frete** no preço ofertado e, ao mesmo tempo, não especifica o seu valor correspondente, por si só, não configura publicidade enganosa ou abusiva, ainda que essa informação conste no rodapé do anúncio veiculado em jornal" (STJ-2ª T., REsp 1.057.828, Min. Eliana Calmon, j. 2.9.10, DJ 27.9.10).

Todavia: "Propaganda enganosa (art. 37 § 1º do CDC). Veículos. Divulgação ostensiva do preço de aquisição. Inclusão do frete, no valor final do produto, não informado com o mesmo destaque da oferta. Utilização de letras miúdas, em notas de rodapé. Falta de advertência necessária, quanto à não inclusão do frete no preço anunciado, para se evitar que o consumidor fosse enganado" (RT 864/239).

Art. 37: 1c. "O anúncio, em português, expressando o **valor** monetário do veículo importado em dólar norte-americano (US$) e indicando, ainda, em **nota de rodapé,** que a conversão se dará pelo dólar comercial na data da celebração do negócio jurídico, não revela, nem potencialmente, capacidade de induzir em erro o consumidor a respeito do preço. Mesmo em relação aos cidadãos de menor escolaridade, está evidente que o preço não foi grafado em reais e que a moeda indicada será, conforme o texto do anúncio, convertida pelo valor do dólar comercial na data da venda. A suposta ilegalidade na indicação do preço em moeda estrangeira, por si, não implica potencialidade de induzir em erro o consumidor, estando descaracterizada a propaganda enganosa prevista no art. 37, § 1º, do Código de Defesa do Consumidor" (STJ-2ª T., REsp 1.057.483, Min. Castro Meira, j. 18.4.13, DJ 24.4.13).

Todavia, considerando enganosa publicidade nos seguintes termos: "A empresa publicou no jornal publicidade ofertando veículo por entrada + parcelas de R$ 299. Em mensagem secundária, cita no rodapé, somente as 12 primeiras parcelas têm o valor de R$ 299 e as 48 parcelas restantes são no valor de R$ 597,83" (STJ-1ª T., Ag em REsp 1.086.752-AgInt, Min. Napoleão Maia Filho, j. 15.12.20, DJ 18.12.20). Do voto do relator: "O anúncio em questão não conduz o consumidor a atentar-se para o valor total do veículo, levando-o a crer que as parcelas de R$ 299,00 iriam vigorar até o final do contrato".

Art. 37: 1d. "Constitui publicidade enganosa o lançamento de um **novo modelo** de veículo, totalmente remodelado, no mesmo ano em que já fora comercializado modelo anterior, ambos noticiados como o modelo do ano seguinte" (STJ-4ª T., REsp 871.172, Min. Isabel Gallotti, j. 14.6.16, DJ 24.8.16).

"Embora lícito ao fabricante de veículos antecipar o lançamento de um modelo meses antes da virada do ano, prática usual no País, constitui prática comercial abusiva e propaganda enganosa e não de 'reestilização' lícita, lançar e comercializar veículo no ano como sendo modelo do ano seguinte e, depois, adquiridos esses modelos pelos consumidores, paralisar a fabricação desse modelo e lançar outro, com novos detalhes, no mesmo ano, como modelo do ano seguinte, nem mesmo comercializando mais o anterior em aludido ano seguinte. Caso em que o fabricante, após divulgar e passar a comercializar o automóvel 'Pálio Fire Ano 2006 Modelo 2007', vendido apenas em 2006, simplesmente lançou outro automóvel 'Pálio Fire Modelo 2007', com alteração de vários itens, o que leva a concluir haver ela oferecido em 2006 um modelo 2007 que não viria a ser produzido em 2007, ferindo a fundada expectativa de consumo de seus adquirentes em terem, no ano de 2007, um veículo do ano. Ao adquirir um automóvel, o consumidor, em regra, opta pela compra do modelo do ano, isto é, aquele cujo modelo deverá permanecer por mais tempo no mercado, circunstância que minimiza o efeito da desvalorização decorrente da depreciação natural. Daí a necessidade de que as informações sobre o produto sejam prestadas ao consumidor, antes e durante a contratação, de forma clara, ostensiva, precisa e correta, visando a sanar quaisquer dúvidas e assegurar o equilíbrio da relação entre os contratantes, sendo de se salientar que um dos principais aspectos da boa-fé objetiva é seu efeito vinculante em relação à oferta e à publicidade que se veicula, de modo a proteger a legítima expectativa criada pela informação, quanto ao fornecimento de produtos ou serviços" (STJ-3ª T., REsp 1.342.899, Min. Sidnei Beneti, j. 20.8.13, DJ 9.9.13).

"Impossível negar o intuito de ludibriar o consumidor, no comportamento adotado por empresa revendedora de automóveis que, meses antes do lançamento de determinado **modelo** no mercado nacional, inunda a imprensa especializada com **informações falsas** a respeito do mesmo, de modo a criar no imaginário popular a falsa impressão de que seria infinitamente superior aos veículos de mesma categoria oferecidos por suas concorrentes" (STJ-3ª T., REsp 1.546.170, Min. Ricardo Cueva, j. 18.2.20, DJ 5.3.20).

Todavia: "Lícito ao fabricante de veículos antecipar o lançamento de um modelo meses antes da virada do ano, prática usual no mercado de veículos. Não há falar em prática comercial abusiva ou propaganda enganosa quando o consumidor, no ano de 2007, adquire veículo modelo 2008 e a reestilização do produto atinge apenas os de modelo 2009, ou seja, não realizada no mesmo ano. Situação diversa da ocorrida no julgamento do REsp 1.342.899" (STJ-3ª T., REsp 1.330.174, Min. Sidnei Beneti, j. 22.10.13, DJ 4.11.13).

Art. 37: 1e. "A **propaganda comparativa** é forma de publicidade que identifica explícita ou implicitamente concorrente de produtos ou serviços afins, consagrando-se, em verdade, como um instrumento de decisão do público consumidor. Embora não haja lei vedando ou autorizando expressamente a publicidade comparativa, o tema sofre influência das legislações consumerista e de propriedade industrial, tanto no âmbito marcário quanto concorrencial. A publicidade comparativa não é vedada pelo Código de Defesa do Consumidor, desde que obedeça ao princípio da veracidade das informações, seja objetiva e não abusiva" (STJ-4ª T., REsp 1.377.911, Min. Luis Felipe, j. 2.10.14, maioria, DJ 19.12.14). No mesmo sentido: STJ-3ª T., REsp 1.668.550, Min. Nancy Andrighi, j. 23.5.17, DJ 26.5.17. Ainda: "A propaganda comparativa somente se mostra enganosa ou falsa, de molde a configurar a concorrência desleal, quando fornecer informações incorretas ou difamar os concorrentes intencionalmente" (JTJ 349/155: AI 994.09.279145-7; a citação é do voto do relator).

Art. 37: 2. "Tratando-se de promoção para distribuição de prêmios a título de propaganda destinada a estimular o consumo de refrigerantes, configura-se enganosa a publicidade veiculada, nos termos do art. 37, § 1º, da Lei 8.078/90, se a empresa responsável pelo evento omite-se de informar a todos os participantes do sorteio da existência de lote com problema de legibilidade das tampinhas premiadas e da utilização de mecanismos para conferir a autenticidade das mesmas, razão pela qual inadmissível prejudicar consumidor que, desconhecendo tais fatos ao comprar o produto, acreditou ter sido sorteado, por possuir as tampas com os códigos vencedores, sendo, portanto, indiscutível o seu direito de receber o valor prometido, já que munido dos elementos que garantiam o prêmio" (RT 773/384: TAMG, AP 268.552-3).

Art. 37: 3. "Ação civil pública. Consumidor. Indenização. Dano moral coletivo. Campanha publicitária de cerveja que exibe modelo de biquíni sendo fabricada, em série, para entrega em domicílio de diversos homens. Emprego de mulher como objeto sexual que não revela propósito de ofender ou mercantilizar gênero ou grupo social. Filme publicitário que reflete aspecto cultural da realidade brasileira e não uma conduta discriminatória. Intenção de menoscabar o sexo feminino que não se evidencia. Verba indevida. Inteligência do art. 186 do CC/02 e arts. 6º, VI, e 37, § 2º, da Lei 8.078/90" (RT 923/954: TJSP, AP 9000005-45.2009.8.26.0100; ementa da redação).

Art. 37: 3a. v. arts. 39-IV e 60-*caput*.

Art. 37: 3b. "Não obstante possa incluir a ingestão de refrigerantes calóricos entre as causas que explicam o excesso de peso, já considerado em estudos como epidêmica em alguns países, não se justifica restringir o *marketing* do fabricante, impedindo que implemente campanhas publicitárias voltadas ao público infantil, pela impossibilidade de caracterizar a estratégia comercial como publicidade enganosa, sendo já sensato exigir que investimentos se façam na área da educação para o consumo racional, inclusive dos pais e educadores, ao invés de práticas interditais que, nesse contexto, se aproximam dos atos de censura de atividades licenciadas" (RDPr 41/392: TJSP, AP 566.275.4/7).

Art. 37: 4. "É abusiva a campanha publicitária que, em emissoras de rádio cujo público alvo é o jovem, simula diálogo havido entre pai e filha adolescente, por meio do qual aquele permite que esta mantenha relações sexuais no interior da residência familiar, cause distúrbios aos vizinhos, desde que não tenha que lhe emprestar o automóvel de sua propriedade" (RT 911/987: TJSC, AP 2007.024920-1).

Art. 37: 5. Pena: art. 68.

Art. 37: 6. Pena: art. 66 ("omitir informação relevante").

Art. 38. O ônus da prova[1] da veracidade e correção da informação ou comunicação publicitária cabe a quem as patrocina.

Art. 38: 1. v. arts. 6º-VIII e 51-VI; cf. CPC 373.

Seção IV | DAS PRÁTICAS ABUSIVAS[1]

✎ **SEÇ. IV: 1.** "A internet banda larga e seus provedores: imposição legal ou abusiva venda casada?", por Guilherme Ferreira da Cruz (RT 851/44).

Art. 39 (*redação da Lei 8.884, de 11.6.94*). É vedado ao fornecedor de produtos ou serviços, dentre outras práticas abusivas:[1]

I — condicionar o fornecimento de produto ou de serviço ao fornecimento de outro produto ou serviço, bem como, sem justa causa, a limites quantitativos;[1a a 2]

II — recusar atendimento às demandas dos consumidores, na exata medida de suas disponibilidades de estoque, e, ainda, de conformidade com os usos e costumes;

III — enviar ou entregar ao consumidor, sem solicitação prévia, qualquer produto, ou fornecer qualquer serviço;[2a a 2c]

IV — prevalecer-se da fraqueza ou ignorância do consumidor, tendo em vista sua idade, saúde, conhecimento ou condição social, para impingir-lhe seus produtos ou serviços;[3-3a]

V — exigir do consumidor vantagem manifestamente excessiva;[3b]

VI — executar serviços sem a prévia elaboração de orçamento[4] e autorização expressa do consumidor, ressalvadas as decorrentes de práticas anteriores entre as partes;

VII — repassar informação depreciativa, referente a ato praticado pelo consumidor no exercício de seus direitos;

VIII — colocar, no mercado de consumo, qualquer produto ou serviço em desacordo com as normas expedidas pelos órgãos oficiais competentes ou, se normas específicas não existirem, pela Associação Brasileira de Normas Técnicas ou outra entidade credenciada pelo Conselho Nacional de Metrologia, Normalização e Qualidade Industrial — CONMETRO;

IX (*redação da Lei 8.884, de 11.6.94*) — recusar a venda de bens ou a prestação de serviços, diretamente a quem se disponha a adquiri-los mediante pronto pagamento, ressalvados os casos de intermediação regulados em leis especiais; [4a a 4d]

X — elevar sem justa causa o preço de produtos ou serviços; [5-6]

XI — .... [7]

XII (*redação da Lei 9.008, de 21.3.95*) — deixar de estipular prazo para o cumprimento de sua obrigação ou deixar a fixação de seu termo inicial a seu exclusivo critério; [8]

XIII (*redação da Lei 9.870, de 23.11.99*) — aplicar fórmula ou índice de reajuste diverso do legal ou contratualmente estabelecido;

XIV (*redação da Lei 13.425, de 30.03.17*) [9] — permitir o ingresso em estabelecimentos comerciais ou de serviços de um número maior de consumidores que o fixado pela autoridade administrativa como máximo.

Parágrafo único. Os serviços prestados e os produtos remetidos ou entregues ao consumidor, na hipótese prevista no inciso III, equiparam-se às amostras grátis, inexistindo obrigação de pagamento.

Art. 39: 1. "A prática da conferência indistinta de mercadorias pelos estabelecimentos comerciais, após a consumação da venda, é em princípio lícito e tem como base o exercício do direito de vigilância e proteção ao patrimônio, razão pela qual não constitui, por si só, prática abusiva. Se a **revista dos bens adquiridos** é realizada em observância aos limites da urbanidade e civilidade, constitui mero desconforto, a que atualmente a grande maioria dos consumidores se submete, em nome da segurança" (STJ-3ª T., REsp 1.120.113, Min. Nancy Andrighi, j. 15.2.11, DJ 10.10.11).

Art. 39: 1a. **Súmula 473 do STJ:** "O mutuário do SFH **não pode ser compelido a contratar o seguro habitacional** obrigatório com a instituição financeira mutuante ou com a seguradora por ela indicada". No mesmo sentido: RJ 346/135.

"Nos contratos bancários em geral, o consumidor não pode ser compelido a contratar seguro com a instituição financeira ou com seguradora por ela indicada" (STJ-2ª Seção, REsp 1.639.320, Min. Paulo Sanseverino, j. 12.12.18, DJ 17.12.18).

Art. 39: 1b. Afirmando **não ser possível condicionar** a vantagem de pagar a prazo por um produto (gasolina) à compra de outro (refrigerante): "O art. 39, I, do CDC, inclui no rol das práticas abusivas a popularmente denominada 'venda casada', ao estabelecer que é vedado ao fornecedor 'condicionar o fornecimento de produto ou de serviço ao fornecimento de outro produto ou serviço, bem como, sem justa causa, a limites quantitativos'. Na primeira situação descrita nesse dispositivo, a ilegalidade se configura pela vinculação de produtos e serviços de natureza distinta e usualmente comercializados em separado, tal como ocorrido na hipótese dos autos. A dilação de prazo para pagamento, embora seja uma liberalidade do fornecedor — assim como o é a própria colocação no comércio de determinado produto ou serviço —, não o exime de observar normas legais que visam a coibir abusos que vieram a reboque da massificação dos contratos na sociedade de consumo e da vulnerabilidade do consumidor. Tais normas de controle e saneamento do mercado, ao contrário de restringirem o princípio da liberdade contratual, o aperfeiçoam, tendo em vista que buscam assegurar a vontade real daquele que é estimulado a contratar. Apenas na segunda hipótese do art. 39, I, do CDC, referente aos limites quantitativos, está ressalvada a possibilidade de exclusão da prática abusiva por justa causa, não se admitindo justificativa, portanto, para a imposição de produtos ou serviços que não os precisamente almejados pelo consumidor" (STJ-2ª T., REsp 384.284, Min. Herman Benjamin, j. 20.8.09, DJ 15.12.09).

"Ao compelir o consumidor a comprar dentro do próprio cinema todo e qualquer produto alimentício, o estabelecimento dissimula uma venda casada (art. 39, I, do CDC), limitando a liberdade de escolha do consumidor (art. 6º, II, do CDC), o que revela prática abusiva" (STJ-3ª T., REsp 1.331.948, Min. Ricardo Cueva, j. 14.6.16, maioria, DJ 5.9.16).

"Trechos de ida e volta adquiridos conjuntamente. Não comparecimento do passageiro para o trecho de ida (*no show*). Cancelamento da viagem de volta. Conduta abusiva da transportadora. Falta de razoabilidade. Ofensa ao direito de informação. Venda casada configurada" (STJ-4ª T., REsp 1.595.731, Min. Luis Felipe, j. 14.11.17, DJ 1.2.18). No mesmo sentido: STJ-3ª T., REsp 1.699.780, Min. Marco Bellizze, j. 11.9.18, DJ 17.9.18. V. tb. art. 51, nota 7b.

Todavia, em caso de "venda casada" atrelada a contrato de participação em grupo de consórcio e a contrato de seguro: "Embora nula a cláusula por força da qual o apelante foi obrigado a contratar o seguro, o pedido de restituição do indébito somente foi deduzido após o término do consórcio, quando já não havia mais risco a ser coberto. Ele tinha ciência da obrigação e a cumpriu espontaneamente durante a vigência do contrato. Nessa medida, não pautou seu comportamento segundo o princípio da boa-fé contratual (CC, art. 422). Beneficiou-se dos efeitos dessa cláusula, pois, caso se verificasse o sinistro coberto pelo seguro, a indenização seria paga. Diante desse quadro, não pode o apelante, findo o contrato, pleitear o reconhecimento da nulidade e pleitear a devolução do valor correspondente ao prêmio. Não há prova de impugnação da cláusula no curso da relação jurídica" (JTJ 348/262: AP 991.08.056176-3; a citação é do voto do relator).

Art. 39: 1c. "O contrato de plano de pecúlio, celebrado com a finalidade de concretizar a filiação aos quadros de entidade aberta de previdência complementar, constitui-se em requisito para a concessão do empréstimo ao interessado e, portanto, **não se enquadra na** vedação à **'venda casada'** de que trata o art. 39, inc. I, da Lei 8.078/90" (STJ-4ª T., REsp 861.830, Min. Isabel Gallotti, j. 5.4.16, DJ 13.4.16). No mesmo sentido: STJ-3ª T., REsp 1.385.375, Min. Ricardo Cueva, j. 17.5.16, DJ 23.5.16.

Art. 39: 2. "O estabelecimento de uma **tarifa mínima** para a utilização do **estacionamento** do *shopping center*, ainda que o consumidor não venha a usar a totalidade do tempo ali abrangido — prática comercial largamente utilizada pelo segmento em exame — não encerra prática comercial abusiva. O empreendedor, levando-se em consideração uma série de fatores atinentes a sua atividade, pode eleger um valor mínimo que repute adequado para remunerar o serviço colocado à disposição do público, a fim de remunerar um custo inicial mínimo, cabendo ao consumidor, indiscutivelmente ciente do critério proposto, a faculdade de utilizar ou não o serviço de estacionamento do *shopping center*, inexistindo imposição ou condicionamento da aquisição do serviço a limites quantitativos sem justa causa" (STJ-3ª T., REsp 1.855.136, Min. Marco Bellizze, j. 15.12.20, maioria, DJ 18.12.20).

Art. 39: 2a. v. Dec. 2.181, de 20.3.97, arts. 12 a 17 (práticas infrativas).

Art. 39: 2b. v. § ún.

Art. 39: 2c. **Súmula 532 do STJ:** "Constitui prática comercial abusiva o **envio de cartão de crédito sem prévia e expressa solicitação** do consumidor, configurando-se ato ilícito indenizável e sujeito à aplicação de multa administrativa".

"O envio do cartão de crédito, ainda que bloqueado, sem pedido pretérito e expresso do consumidor, caracteriza prática comercial abusiva, violando frontalmente o disposto no art. 39, III, do Código de Defesa do Consumidor" (STJ-3ª T., REsp 1.199.117, Min. Paulo Sanseverino, j. 18.12.12, um voto vencido, RT 932/525). No mesmo sentido: STJ-2ª T., REsp 1.261.513, Min. Mauro Campbell, j. 27.8.13, DJ 4.9.13; STJ-4ª T., Ag em REsp 275.047-AgRg, Min. Marco Buzzi, j. 22.4.14, DJ 29.4.14.

"A reiteração de assinaturas de revistas não solicitadas é conduta considerada pelo Código de Defesa do Consumidor como prática abusiva (art. 39, III). Esse fato e os incômodos decorrentes das providências notoriamente dificultosas para o cancelamento significam sofrimento moral de monta, mormente em se tratando de pessoa de idade avançada, próxima dos 85 anos de idade à época dos fatos, circunstância que agrava o sofrimento moral" (STJ-3ª T., REsp 1.102.787, Min. Sidnei Beneti, j. 16.3.10, DJ 29.3.10).

Art. 39: 3. v. arts. 37 § 2º e 76-IV-*b* (circunstância agravante).

Art. 39: 3a. "Direito do consumidor. Ação indenizatória. Propaganda enganosa. Cogumelo do sol. Cura do câncer. Abuso de direito. Art. 39, inciso IV, do CDC. Hipervulnerabilidade. Responsabilidade objetiva. Danos morais. Indenização devida" (STJ-3ª T., REsp 1.329.556, Min. Ricardo Cueva, j. 25.11.14, maioria, DJ 9.12.14).

Art. 39: 3b. v. art. 51-IV.

Art. 39: 4. v. art. 40.

A infração deste dispositivo sujeita o infrator à pena de multa (art. 56-*caput* c/c art. 57 § ún.).

Art. 39: 4a. "Nos dias de hoje a contratação de seguros, seja de saúde, de automóveis ou de vida, é pratica cada vez mais comum, integrando o dia a dia das pessoas. Assim, conquanto o direito securitário tenha um notório viés econômico, é inegável que também apresenta um acentuado componente social. Assim, a **negativa de aceitar um consumidor na contratação de seguro** deve ser regra absolutamente excepcional. Para a manutenção do equilíbrio da carteira de seguros, é importante que a companhia seguradora formule um preço que respeite o correto cálculo atuarial. Consumidores que apresentam grau de risco maior devem arcar com prêmios mais elevados, ao passo que consumidores cujo risco seja menor devem poder contratar o seguro a preço mais baixo. Se um jovem foi portador de leucemia, mas apresenta-se clinicamente curado, a pura e simples negativa de contratar seguro de vida é ilícita, violando a regra do art. 39, IX, do CDC. Diversas opções poderiam substituir a simples negativa, como a formulação de prêmio mais alto ou mesmo a redução da cobertura securitária, excluindo-se os sinistros relacionados à doença preexistente. Rejeitar o consumidor, pura e simplesmente, notadamente em situações em que o seguro é oferecido como consectário do contrato de estágio, gera dano moral. O consumidor, rejeitado pelo seguro, vê sua doença desnecessariamente exposta em seu ambiente de trabalho. O fato de o consumidor não ter cumulado a seu pedido de reparação de dano moral também um pedido de imposição da assinatura do contrato de seguro, não macula seu direito de se ver indenizado. Não é inusitado que a parte, ofendida pela postura da outra, decida não mais se vincular a ela por contrato, sem prejuízo do desejo de reparação" (STJ-3ª T., REsp 1.300.116, Min. Nancy Andrighi, j. 23.10.12, DJ 13.11.12).

Art. 39: 4b. "**Encerramento unilateral de conta bancária.** A regra do art. 39, IX, do CDC não se aplica às instituições financeiras, afastando-se a obrigatoriedade de manutenção do contrato de conta-corrente" (STJ-4ª T., REsp 1.733.345-AgInt, Min. Antonio Ferreira, j. 30.3.20, DJ 1.4.20). "Atendo-se à natureza do contrato bancário, notadamente o de conta-corrente, o qual se afigura *intuitu personae*, bilateral, oneroso, de execução continuada, prorrogando-se no tempo por prazo indeterminado, não se impõe às instituições financeiras a obrigação de contratar ou de manter em vigor específica contratação, a elas não se aplicando o art. 39, II e IX, do Código de Defesa do Consumidor" (STJ-3ª T., REsp 1.696.214, Min. Marco Bellizze, j. 9.10.18, maioria, DJ 16.10.18).

Contra: "Não pode o banco, por simples notificação unilateral imotivada, sem apresentar motivo justo, encerrar conta corrente antiga de longo tempo, ativa e em que mantida movimentação financeira razoável. Configurando contrato relacional ou cativo, o contrato de conta corrente bancária de longo tempo não pode ser encerrado unilateralmente pelo banco, ainda que após notificação, sem motivação razoável, por contrariar o preceituado no art. 39, IX, do Código de Defesa do Consumidor. Condenação do banco à manutenção das contas correntes dos autores. Dano moral configurado, visto que atingida a honra dos correntistas, deixando-os em situação vexatória, causadora de padecimento moral indenizável" (STJ-3ª T., REsp 1.277.762, Min. Sidnei Beneti, j. 4.6.13, DJ 13.8.13).

Art. 39: 4c. "A instituição financeira declinou as razões acerca da realidade de superendividamento da **população idosa,** da facilidade de acesso ao empréstimo consignado e o caráter irrevogável da operação, ao mesmo tempo em que registrou disponibilizar outras opções de acesso ao crédito em conformidade aos riscos assumidos na sua atividade no mercado financeiro. O critério de **vedação ao crédito consignado** — a soma da idade do cliente com o prazo do contrato não pode ser maior que 80 anos — não representa discriminação negativa que coloque em desvantagem exagerada a população idosa que pode se socorrer de outras modalidades de acesso ao crédito bancário" (STJ-3ª T., REsp 1.783.731, Min. Nancy Andrighi, j. 23.4.19, DJ 26.4.19).

Art. 39: 4d. "O **recebimento de cheques** é liberalidade dos comerciantes, a sua aceitação pode ser condicionada, como ocorreu no caso vertente, sem infringência ao Código de Defesa do Consumidor" (STJ-2ª T., Ag em REsp 552.457-AgRg, Min. Humberto Martins, j. 18.9.14, DJ 29.9.14).

Art. 39: 5. O primitivo inciso X havia sido vetado e, por isso, em seu lugar a Lei 8.884, de 11.6.94, acrescentou o texto reproduzido acima.

Art. 39: 6. **"Cobrança de preços diferenciados para venda de combustível em dinheiro, cheque e cartão de crédito. Prática de consumo abusiva.** Não se deve olvidar que o pagamento por meio de cartão de crédito garante ao estabelecimento comercial o efetivo adimplemento, já que, como visto, a administradora do cartão se responsabiliza integralmente pela compra do consumidor, assumindo o risco de crédito, bem como de eventual fraude. O consumidor, ao efetuar o pagamento por meio de cartão de crédito (que só se dará a partir da autorização da emissora), exonera-se, de imediato, de qualquer obrigação ou vinculação perante o fornecedor, que deverá conferir àquele plena quitação. Está-se, portanto, diante de uma forma de pagamento à vista e, ainda, *pro soluto* (que enseja a imediata extinção da obrigação). O custo pela disponibilização de pagamento por meio do cartão de crédito é inerente à própria atividade econômica desenvolvida pelo empresário, destinada à obtenção de lucro, em nada referindo-se ao preço de venda do produto final. Imputar mais este custo ao consumidor equivaleria a atribuir a este a divisão de gastos advindos do próprio risco do negócio (de responsabilidade exclusiva do empresário), o que, além de refugir da razoabilidade, destoa dos ditames legais, em especial do sistema protecionista do consumidor. O consumidor, pela utilização do cartão de crédito, já paga à administradora e emissora do cartão de crédito taxa por este serviço (taxa de administração). Atribuir-lhe ainda o custo pela disponibilização de pagamento por meio de cartão de crédito, responsabilidade exclusiva do empresário, importa em onerá-lo duplamente (*bis in idem*) e, por isso, em prática de consumo que se revela abusiva" (STJ-RDDP 87/158: 3ª T., REsp 1.133.410).

Todavia: "A simples oferta de desconto nas vendas feitas com dinheiro ou cheque, em relação às efetuadas por meio de cartão de crédito, não encontra óbice legal, pela inexistência de lei que proíba essa diferenciação, e por não caracterizar abuso de poder econômico" (STJ-2ª T., REsp 1.178.360-AgRg, Min. Humberto Martins, j. 5.8.10, DJ 19.8.10).

Art. 39: 7. A Med. Prov. 550, de 8.7.94, acrescentou inciso XI ao art. 39 do CDC e foi sucessivamente reeditada pelo Poder Executivo até 22.10.99, como Med. Prov. 1.890-67. A lei de conversão (9.870, de 23.11.99, em Lex 1999/6.402) acrescentou inciso XIII ao art. 39 do CDC, com a mesma redação dada por aquelas medidas provisórias ao inciso XI, que, portanto, deixou de existir.

Art. 39: 8. v. art. 51-IX e XI. V. tb. CC 122-*in fine*.

Art. 39: 9. Em vigor 180 dias após sua publicação (DOU 31.3.17).

Art. 40. O fornecedor de serviço será obrigado a entregar ao consumidor orçamento prévio discriminando o valor da mão de obra, dos materiais e equipamentos a serem empregados, as condições de pagamento, bem como as datas de início e término dos serviços.[1 a 2]

§ 1º Salvo estipulação em contrário, o valor orçado terá validade pelo prazo de dez dias, contado de seu recebimento pelo consumidor.

§ 2º Uma vez aprovado pelo consumidor, o orçamento obriga os contraentes e somente pode ser alterado mediante livre negociação das partes.

§ 3º O consumidor não responde por quaisquer ônus ou acréscimos decorrentes da contratação de serviços de terceiros, não previstos no orçamento prévio.

Consumidor

Art. 40: 1. v. art. 39-VI.

Art. 40: 1a. "Pedido cominatório para compelir **hospital** a incluir cláusula contratual estipulando a obrigação de apresentar orçamento prévio sobre os serviços contratados, bem como serviços prestados apenas em momento superveniente. Inserção de outra cláusula contratual para que, nos casos de urgência e indefinição do tratamento, seja apresentada tabela dos preços dos serviços disponíveis no nosocômio. Direito básico do consumidor à informação clara e adequada sobre os serviços que lhe são prestados, inclusive no que diz respeito ao preço. Art. 6º, III, do CDC. Dever de informação decorrente do princípio da boa-fé objetiva. Arts. 40 e 39, VI, do CDC. Dever dos fornecedores em geral de entrega de orçamento prévio dos serviços contratados. Recusa do hospital que configura prática abusiva. Precedentes jurisprudenciais que corroboram a sujeição dos hospitais ao dever legal de apresentação de orçamento prévio" (RT 905/271: TJSP, AP 992.07.021649-4).

Todavia: "Não há dúvida de que houve a prestação de serviço médico-hospitalar e que o caso guarda peculiaridades importantes, suficientes ao afastamento, para o próprio interesse do consumidor, da necessidade de prévia elaboração de instrumento contratual e apresentação de orçamento pelo fornecedor de serviço, prevista no artigo 40 do CDC, dado ser incompatível com a situação médica emergencial experimentada pela filha do réu" (STJ-4ª T., REsp 1.256.703, Min. Luis Felipe, j. 6.9.11, DJ 27.9.11).

Art. 40: 2. "Se o consumidor deixa de impugnar os valores cobrados pelos serviços prestados, não discordando, por conseguinte, do montante da dívida, não se há falar em prática abusiva pelo fornecedor, mesmo que ausente o orçamento prévio" (STJ-RF 395/376: 4ª T., REsp 285.241).

Art. 41. No caso de fornecimento de produtos ou de serviços sujeitos ao regime de controle ou de tabelamento de preços, os fornecedores deverão respeitar os limites oficiais sob pena de, não o fazendo, responderem pela restituição da quantia recebida em excesso, monetariamente atualizada, podendo o consumidor exigir, à sua escolha, o desfazimento do negócio, sem prejuízo de outras sanções cabíveis.

Seção V | DA COBRANÇA DE DÍVIDAS

Art. 42. Na cobrança de débitos, o consumidor inadimplente não será exposto a ridículo, nem será submetido a qualquer tipo de constrangimento ou ameaça.[1]

Parágrafo único. O consumidor cobrado em quantia indevida tem direito à repetição do indébito,[2-2a] por valor igual ao dobro do que pagou em excesso, acrescido de correção monetária e juros legais, salvo hipótese de engano justificável.[2b]

Art. 42: 1. Pena: art. 71.

Art. 42: 2. Impondo a condenação em dobro do valor cobrado indevidamente, ainda que não haja **pagamento** dessa quantia pelo consumidor: "Mesmo diante de uma relação de consumo, se inexistentes os pressupostos de aplicação do art. 42, parágrafo único, do CDC, deve ser aplicado o sistema geral do Código Civil, no que couber" (STJ-3ª T., REsp 1.645.589, Min. Ricardo Cueva, j. 4.2.20, DJ 6.2.20).

Contra: "A só remessa de carta de cobrança ao consumidor não preenche o suporte do art. 42, § ún., do CDC; diversamente do art. 1.531 do Código Civil, para o qual é suficiente a simples demanda, o CDC apenas autoriza a repetição se o consumidor tiver efetivamente pago o indébito" (STJ-3ª T., REsp 539.238, Min. Ari Pargendler, j. 12.8.03, DJU 29.3.04). O acórdão refere-se ao CC rev., cujo art. 1.531 corresponde ao art. 940 do CC atual.

"Não deve ser aplicado o art. 42, § ún., do CDC ao caso dos autos, tendo em vista que não houve efetivo pagamento dos valores incorretos, não havendo que se falar em repetição do indébito. Não basta a simples cobrança indevida para dar direito ao consumidor à restituição em dobro do valor em questão" (JTJ 314/325: AP 944.554-0/3). Em sentido semelhante: JTJ 374/429 (AP 150531-86.2009.8.26.0001).

Art. 42: 2a. O simples pagamento em excesso, sem que tenha efetivamente ocorrido uma cobrança indevida, não dá ensejo à restituição dobrada: "O § ún. do art. 42 do CDC deve ser interpretado sistematicamente. Na espécie, **não há cobrança** de dívida nem qualquer espécie de cobrança ofensiva, devendo ser aplicado o Código Civil, que prevê a restituição na forma simples e não em dobro" (STJ-3ª T., REsp 893.648, Min. Nancy Andrighi, j. 2.10.08, DJ 15.10.08). No mesmo sentido: STJ-4ª T., REsp 895.480, Min. Luis Felipe, j. 16.11.10, DJ 22.11.10.

"O preceito inserto no artigo 42 do CDC vincula-se à cobrança de dívida, não servindo ao propósito de reparação de dano decorrente de responsabilidade civil. No caso, não se verifica a existência de cobrança indevida por parte da instituição financeira, pois, exatamente em razão do ilícito (fraude), inclusive punível no âmbito criminal, empreendido pelo gerente ao promover a duplicação e compensação de inúmeros cheques junto à conta-corrente do demandante, é que o autor se viu desfalcado do seu patrimônio. Não há falar em cobrança em nome próprio por parte da casa bancária, isto é, em locupletamento da financeira, visto que essa não era credora e o montante descontado mediante fraude resultou em ilícito proveito exclusivamente do fraudador. Ainda que tenha ocorrido pagamento indevido por parte do consumidor, o desfalque operado em sua conta-corrente não se deu em razão da cobrança de dívida pelo banco, notadamente quando o instrumento utilizado para perfectibilizar a fraude (compensação de cheque) tem a financeira como o sacado, ou seja, a quem é dirigida a ordem para o pagamento da quantia determinada no título" (STJ-4ª T., REsp 1.358.431, Min. Marco Buzzi, j. 27.8.19, maioria, DJ 10.12.19).

Art. 42: 2b. "Constatada, por perícia, a inexistência de rede de esgotamento sanitário, a repetição em dobro dos pagamentos efetuados a título de tarifa de esgoto é medida que se impõe. Nem a cobrança indevida resultou de fato alheio à esfera de controle do fornecedor nem se verifica boa-fé quando, a despeito da constatação do *expert*, a empresa insiste em defender a cobrança, sem prejuízo de não haver-se desincumbido do ônus de comprovar a inexistência de má-fé ou de culpa" (STJ-2ª T., REsp 817.733, Min. Castro Meira, j. 15.5.07, DJU 25.5.07). No mesmo sentido: STJ-1ª T., REsp 821.634, Min. Teori Zavasck, j. 11.3.08, DJU 23.4.08.

"O engano, na cobrança indevida, só é justificável quando não decorrer de dolo (má-fé) ou culpa na conduta do fornecedor do serviço. Dessume-se das premissas fáticas do acórdão recorrido que a concessionária agiu com culpa, pois incorreu em erro no cadastramento das unidades submetidas ao regime de economias. *In casu*, cabe a restituição em dobro do indébito cobrado após a vigência do CDC" (STJ-RF 404/356: 2ª T., REsp 1.079.064). No mesmo sentido: STJ-1ª T., REsp 1.084.815, Min. Denise Arruda, j. 23.6.09, DJ 5.8.09.

"A cobrança indevida caracterizou-se pela conduta da casa bancária de exigir dos mutuários, no bojo de contrato de mútuo, quantia superior à efetivamente utilizada para a aquisição das ações, diferença que passou a existir em decorrência de deságio sofrido pelas moedas da privatização. Não integra o conceito de engano justificável a conduta da embargante que, na condição de instituição financeira mandatária, constituída por consumidor para a realização de negócio jurídico de aquisição de ações, descumpre cláusula expressa da avença e, mesmo após reiteradas solicitações dos mandantes para a prestação de contas, atinente à comprovação do valor pago pelas moedas da privatização, recusa-se ao cumprimento da obrigação. Má-fé caracterizada, devendo haver a devolução em dobro das quantias indevidamente exigidas" (STJ-2ª Seção, ED no REsp 1.127.721, Min. Marco Buzzi, j. 28.11.12, maioria, DJ 13.3.13).

"Não se considera erro justificável a hipótese de 'dificuldade de interpretação e/ou dissídio jurisprudencial'. Nesse sentido, a doutrina abalizada de Herman Benjamin: 'No Código Civil, só a má-fé permite a aplicação da sanção. Na legislação especial, tanto a má-fé como a culpa (imprudência, negligência e imperícia) dão ensejo à punição do fornecedor do produto em restituição em dobro' (*In* Código Brasileiro de Defesa do Consumidor: Comentado pelos Autores do Anteprojeto. 8 ed. Rio de Janeiro: Forense Universitária, 2004, págs. 396-397)" (STJ-2ª T., REsp 1.117.014-AgRg, Min. Humberto Martins, j. 2.2.10, DJ 19.2.10).

No sentido de que basta a culpa da parte contrária para a condenação dobrada em favor do consumidor: STJ-1ª T., REsp 1.085.947, Min. Francisco Falcão, j. 4.11.08, DJ 12.11.08.

Todavia, no sentido de que deve se fazer presente a má-fé para a condenação dobrada: "Para que se configure a restituição em dobro dos valores pagos indevidamente, necessária a comprovação de má-fé por parte do prestador do serviço, ou seja, que este aja de forma consciente, sabendo que não tem o direito pretendido" (STJ-2ª T., REsp 1.061.057, Min. Humberto Martins, j. 24.3.09, DJ 23.4.09). Ainda: STJ-1ª T., REsp 1.138.129-AgRg, Min. Hamilton Carvalhido, j. 3.5.11, DJ 16.5.11; STJ-2ª Seção, Rcl 4.892, Min. Raul Araújo, j. 27.4.11, DJ 11.5.11.

"O art. 42, § ún., do CDC não se aplica quando o objeto da cobrança está sujeito à controvérsia na jurisprudência dos Tribunais" (STJ-3ª T., REsp 528.186, Min. Menezes Direito, j. 18.12.03, DJU 22.3.04).

"Não incide a sanção do art. 42, parágrafo único, do CDC quando o encargo considerado indevido for objeto de controvérsia jurisprudencial e não estiver configurada a má-fé do credor" (STJ-1ª T., REsp 1.096.125-AgRg, Min. Denise Arruda, j. 16.4.09, DJ 7.5.09).

"Não se mostram contraditórias a conclusão de que a cobrança era abusiva e a condenação à devolução simples, porquanto o critério definidor da forma da restituição (simples ou dobrada) é a boa ou má-fé, bem como a culpa do fornecedor, não simplesmente a ilegalidade da cobrança" (STJ-2ª T., REsp 1.300.032, Min. Mauro Campbell, j. 7.3.13, DJ 13.3.13).

"Não poderia ser a devolução em dobro, porque a cobrança de encargos com base em previsão contratual não consubstancia má-fé, única hipótese em que cabível tal sanção, mesmo quando verificada a cobrança de encargos ilegais, tendo em vista o princípio que veda o enriquecimento sem causa do credor, independentemente da comprovação do erro no pagamento, ante a complexidade do contrato em discussão, no qual são inseridos valores sem que haja propriamente voluntariedade do devedor para tanto" (STJ-4ª T., Ag em REsp 18.867-AgRg, Min. Luis Felipe, j. 5.3.13, DJ 12.3.13).

"Estando a cobrança baseada no contrato, não há falar em restituição em dobro", mesmo que fundada em cláusula considerada abusiva (RJM 174/113).

Consumidor

"A restituição de valores pagos em excesso pelo promissário comprador em contratos de compromisso de compra e venda far-se-á de modo simples, salvo má-fé do promitente vendedor" (TJSP, IRDR 0023203-35.2016.8.26.000, Des. Francisco Loureiro, j. 31.8.17, DJ 5.9.17).

Art. 42-A. (*redação da Lei 12.039, de 1.10.09*). Em todos os documentos de cobrança de débitos apresentados ao consumidor, deverão constar o nome, o endereço e o número de inscrição no Cadastro de Pessoas Físicas — CPF ou no Cadastro Nacional de Pessoa Jurídica — CNPJ do fornecedor do produto ou serviço correspondente.

Seção VI | DOS BANCOS DE DADOS E CADASTROS DE CONSUMIDORES[1]

SEÇ. VI: 1. **v. tb., neste tít., Lei 12.414, de 9.6.11 (cadastro positivo).**

Art. 43. O consumidor, sem prejuízo do disposto no art. 86, terá acesso[1] às informações[1a] existentes em cadastros, fichas, registros e dados pessoais e de consumo arquivados sobre ele,[1b] bem como sobre as suas respectivas fontes.

§ 1º Os cadastros e dados de consumidores devem ser objetivos, claros, verdadeiros[1c a 2a] e em linguagem de fácil compreensão, não podendo conter informações negativas referentes a período superior a cinco anos.[2b a 3]

§ 2º A abertura de cadastro, ficha, registro e dados pessoais e de consumo deverá ser comunicada[4 a 4d] por escrito ao consumidor, quando não solicitada por ele.

§ 3º O consumidor, sempre que encontrar inexatidão nos seus dados e cadastros, poderá exigir sua imediata correção,[5-5a] devendo o arquivista, no prazo de cinco dias úteis, comunicar a alteração aos eventuais destinatários das informações incorretas.

§ 4º Os bancos de dados e cadastros relativos a consumidores, os serviços de proteção ao crédito e congêneres são considerados entidades de caráter público.

§ 5º Consumada a prescrição[6-7] relativa à cobrança de débitos do consumidor, não serão fornecidas, pelos respectivos Sistemas de Proteção ao Crédito, quaisquer informações que possam impedir ou dificultar novo acesso ao crédito junto aos fornecedores.

§ 6º Todas as informações de que trata o *caput* deste artigo devem ser disponibilizadas em formatos acessíveis, inclusive para a pessoa com deficiência, mediante solicitação do consumidor.[8-9]

Art. 43: 1. Pena por ter dificultado ou impedido o acesso às informações: art. 72.

Art. 43: 1a. v. § 6º e art. 39-VII.

Art. 43: 1b. "As informações fornecidas pelas instituições financeiras ao **Sisbacen** afiguram-se como restritivas de crédito, visto que esse sistema de informação avalia a capacidade de pagamento do consumidor de serviços bancários. A inclusão do nome da parte autora no Sisbacen, enquanto o débito estiver *sub judice*, configura descumprimento de ordem judicial proferida em sede de ação revisional de contrato, que, em antecipação de tutela, determinou à instituição bancária que se abstenha de negativar o nome da recorrida em qualquer banco de dados de proteção ao crédito" (STJ-RMDCPC 38/127: 3ª T., REsp 1.099.527).

Art. 43: 1c. v., no CPCLPV, CPC 782 §§ 3º a 5º, bem como respectivas notas (execução), e LAF 5º, nota 2a (*alienação fiduciária*).

Art. 43: 1d. "A **vedação da inscrição** do nome do devedor em cadastro de inadimplentes somente deve ser deferida se presentes três requisitos, a saber: que exista ação ajuizada pelo devedor contestando total ou parcialmente o débito; que haja efetiva demonstração de que se trata de cobrança indevida e que, sendo a contestação de apenas parte do débito, deposite ou preste o devedor caução idônea alcançando o valor da parte tida por incontroversa (REsp 527.618)" (STJ-Corte Especial, ED no REsp 777.206, Min. Menezes Direito, j. 7.2.07, DJU 4.6.07). No mesmo sentido: RT 838/387, 862/315.

"A abstenção da inscrição/manutenção em cadastro de inadimplentes, requerida em antecipação de tutela e/ou medida cautelar, somente será deferida se, cumulativamente: i) a ação for fundada em questionamento integral ou parcial do débito; ii) houver demonstração de que a cobrança indevida se funda na aparência do bom direito e em jurisprudência consolidada do STF ou STJ; iii) houver depósito da parcela incontroversa ou for prestada a caução fixada conforme o prudente arbítrio do juiz" (STJ-2ª Seção, REsp 1.061.530, Min. Nancy Andrighi, j. 22.10.08, DJ 10.3.09).

Decisões mais favoráveis ao consumidor: "A inscrição de nome no cadastro de devedores dos serviços de proteção ao crédito somente é possível se a inadimplência for indiscutível" (Bol. AASP 2.320/2.695). No mesmo sentido: STJ-Bol. AASP 2.073/713, RT 746/260, 838/263.

Art. 43: 1e. "Aos bancos de dados e cadastros de inadimplentes cabem apenas as anotações das informações passadas pelos credores, não sendo de suas alçadas a confirmação por meio de documento formal dos dados fornecidos" (STJ-4ª T., REsp 1.033.274, Min. Luis Felipe, j. 6.8.13, DJ 27.9.13).

Art. 43: 1f. "A existência de **processo de execução** constitui, além de dado público (nos termos do art. 5º, incs. XXXIII e LX, da CF, e do art. 155 do CPC), fato verdadeiro, que não pode ser omitido dos cadastros mantidos pelos órgãos de proteção ao crédito pelo simples fato de o devedor estar impugnando a execução; porquanto tal supressão equivaleria à eliminação da notícia da distribuição da execução, no distribuidor forense, algo que não pode ser admitido e faria com que os cadastros e dados de consumidores deixassem de ser objetivos e verdadeiros, contrariando, portanto, o § 1º, do art. 43, do CDC. Não se pode vedar que se reproduzam os dados de processo de execução, constantes no cartório distribuidor, tendo em vista que o processo não deixa de existir tão somente pelo fato de estar o executado discutindo o título executivo em juízo. Se os órgãos de proteção ao crédito reproduzem fielmente o que consta no cartório de distribuição a respeito de determinado processo de execução, não se lhes pode tolher que forneçam tais dados públicos aos seus associados" (STJ-3ª T., REsp 866.198, Min. Nancy Andrighi, j. 14.12.06, DJU 5.2.07). No mesmo sentido: JTJ 302/171.

"Constatada a existência de processo executivo contra a postulante, objeto de registro por órgão mantenedor de cadastro de proteção ao crédito, o reconhecimento posterior de carência de ação não configura o dever de indenizar do pretenso exequente, em respeito ao direito de ação, e não reconhecida a má-fé processual. Ademais, tal acarretaria a responsabilização por ato de terceiro" (STJ-4ª T., REsp 780.583, Min. Aldir Passarinho Jr., j. 24.8.10, DJ 14.9.10).

Art. 43: 1g. "Pretensão do **exequente** de inscrever o nome do devedor contumaz de **alimentos** nos cadastros do SERASA e SCPC. Possibilidade de determinação judicial da medida. Inexistência de violação ao segredo de justiça, uma vez que as informações que constarão daqueles bancos de dados devem ser sucintas, dando conta apenas da existência de uma execução em curso. Privacidade do alimentante que, ademais, não é direito fundamental absoluto, podendo ser mitigada em face do direito do alimentado à sobrevivência com dignidade. Ausência de violação ao CDC 43, uma vez que tal artigo não faz qualquer restrição à natureza dos débitos a serem inscritos naqueles cadastros. Cadastros que, ademais, já se utilizam de informações oriundas de distribuidores judiciais para inscrição de devedores com execuções em andamento, execuções estas não limitadas às relações de consumo" (RBDFS 17/154: TJSP, AgRg 990.10.088682-7/50000, maioria).

"Execução de alimentos. Agravante requereu a expedição de ofícios ao SPC e ao SERASA para inscrição do alimentante em seus cadastros. Admissibilidade. O ordenamento jurídico confere ao magistrado poderes para adotar medidas coercitivas atípicas, adequadas ao caso concreto, com o objetivo de garantir a efetiva e célere satisfação do credor. Por conseguinte, não obstante a execução de alimentos ter procedimento próprio, o pleiteado pelo menor é também um meio coercitivo admitido" (RT 921/575: TJSP, AI 0285338-75.2011.8.26.0000, com comentário de Maria Berenice Dias).

V. CPC 782 §§ 3º a 5º.

Art. 43: 1h. "O título regularmente protestado e cujo registro não tenha sido cancelado pode constar do banco de dados dos órgãos de proteção ao crédito, mas nem toda informação constante desse órgão precisa estar calcada em título protestado, a teor da harmonização dos artigos 29, § 2º, da Lei n. 9.492/97 e 43 do CDC" (STJ-4ª T., REsp 686.203, Min. João Otávio, j. 4.6.09, DJ 15.6.09).

Art. 43: 1i. "A inscrição/manutenção do nome do devedor em cadastro de inadimplentes decidida na sentença ou no acórdão observará o que for decidido no mérito do processo. Caracterizada a mora, correta a inscrição/manutenção" (STJ-2ª Seção, REsp 1.061.530, Min. Nancy Andrighi, j. 22.10.08, DJ 10.3.09).

Art. 43: 1j. "Celebrado contrato de abertura de conta-corrente conjunta, no qual uma das cotitulares da conta emitiu cheque sem provisão de fundos, é indevida a inscrição do nome daquele que não emitiu o cheque em cadastro de proteção ao crédito" (STJ-RT 899/137: 3ª T., REsp 981.081). No mesmo sentido: JTJ 347/271 (AP 991.02.021941-5).

V. tb. LCh 51, nota 1.

Art. 43: 2. "A indevida inscrição no cadastro de inadimplentes, por si só, é fato gerador de indenização por **dano moral**, sendo **desnecessária a prova** objetiva do abalo à honra e à reputação sofrida pelo demandante" (RSTJ

180/297: 2ª T., REsp 468.573). No mesmo sentido: RSTJ 115/369 (4ª T., REsp 165.727); STJ-3ª T., AI 779.264-AgRg, Min. Ari Pargendler, j. 7.5.07, DJU 28.5.07; RF 395/469, JTJ 312/163, RMDECC 17/91.

"Comprovada a inscrição indevida nos órgãos de proteção ao crédito, o dano moral é presumido; irrelevante a circunstância de o autor da ação ser menor impúbere" (STJ-3ª T., AI 975.788-AgRg, Min. Ari Pargendler, j. 26.8.08, DJ 13.11.08).

"Ainda que a ilegalidade tenha permanecido por um prazo exíguo, por menor que seja tal lapso temporal esta circunstância não será capaz de afastar o direito do consumidor a uma justa compensação pelos danos morais sofridos. O curto lapso de permanência da inscrição indevida em cadastro restritivo, apesar de não afastar o reconhecimento dos danos morais suportados, deve ser levado em consideração na fixação do valor da reparação" (STJ-3ª T., REsp 994.253, Min. Nancy Andrighi, j. 15.5.08, DJ 24.11.08).

"A novação extingue a dívida anterior; estando o autor adimplente quanto ao novo débito, é ilícita a inscrição em órgãos de proteção ao crédito fundamentada em inadimplemento de parcela vencida anteriormente à novação" (STJ-3ª T., AI 948.785-AgRg, Min. Ari Pargendler, j. 27.5.08, DJ 5.8.08).

"Na hipótese dos autos, as anotações pretéritas existentes em nome da consumidora também são objeto de questionamento judicial, por se originarem de atos fraudulentos cometidos por terceiros, mediante a utilização de documentos pessoais que foram extraviados. Nessa situação, mostra-se razoável a flexibilização do entendimento firmado na Súmula 385/STJ, de modo a reconhecer o dano moral decorrente da inscrição indevida do nome da consumidora em cadastro restritivo, ainda que não tenha havido o trânsito em julgado das outras demandas" (STJ-3ª T., REsp 1.647.795, Min. Nancy Andrighi, j. 5.10.17, DJ 13.10.17). V. Súmula 385 do STJ em nota 4.

Todavia: "A inscrição indevida comandada pelo credor em cadastro de proteção ao crédito, quando **preexistente legítima inscrição,** não enseja indenização por dano moral, ressalvado o direito ao cancelamento" (STJ-2ª Seção, REsp 1.386.424, Min. Isabel Gallotti, j. 27.4.16, maioria, DJ 16.5.16; a citação é do voto da relatora). Também negando a ocorrência de dano moral nessas circunstâncias: JTJ 320/420 (AP 1.317.581-8), 326/506 (AP 1.134.712-0/5), 365/546 (AP 27464-40.2010.8.26.0554). Está assim superado o entendimento jurisprudencial no sentido de que a prévia existência de outros apontamentos não impediria a caracterização do dano moral nessas circunstâncias, repercutindo apenas na quantificação da indenização (p/ esse entendimento, v. STJ-4ª T., REsp 540.944; STJ-3ª T., REsp 688.547). V. tb. nota 4, especialmente Súmula 385 do STJ.

"Inscrição em cadastro de proteção ao crédito. Apontamentos diversos. Questionamento em várias ações. Para que se afaste a incidência da Súmula 385/STJ, autorizando a indenização por danos morais em razão de inscrição indevida em cadastro de inadimplentes, não basta o ajuizamento de ação para cada uma das inscrições; é necessário que haja verossimilhança nas alegações e, se existente dívida, o depósito ao menos do valor de sua parte incontroversa" (STJ-4ª T., REsp 1.747.091, Min. Isabel Gallotti, j. 26.6.18, maioria, DJ 21.8.18).

"O **simples erro no valor** inscrito da dívida, em órgão de proteção ao crédito, não tem o condão de causar dano moral ao devedor, haja vista que não é o valor do débito que promove o dano moral ou o abalo de crédito, mas o registro indevido, que, no caso, não ocorreu, uma vez que a dívida existe, foi reconhecida pelo autor e comprovada, expressamente, pelo acórdão recorrido" (STJ-4ª T., REsp 831.162, Min. Jorge Scartezzini, j. 3.8.06, DJU 21.8.06). "Conquanto, no particular, seja evidente o aborrecimento gerado com a anotação de dívida a maior no cadastro de inadimplentes, dela não sobressai ofensa apta a se qualificar como dano moral, porque, embora fosse irregular, a inscrição era devida" (STJ-3ª T., REsp 1.660.152, Min. Nancy Andrighi, j. 14.8.18, DJ 17.8.18).

Art. 43: 2a. "A ação de indenização, nas hipóteses de fraude, deve ser dirigida apenas contra o credor direto, não contra a empresa mantenedora dos cadastros" (STJ-3ª T., REsp 987.483, Min. Nancy Andrighi, j. 17.12.09, DJ 2.2.10).

Art. 43: 2b. **Súmula 323 do STJ:** "A inscrição do nome do devedor pode ser mantida nos serviços de proteção ao crédito até o prazo máximo de cinco anos, independentemente da prescrição da execução".

Súmula 13 do TJRS: "A inscrição do nome do devedor no Serviço de Proteção ao Crédito (SPC) deve ser cancelada após o decurso do prazo de cinco anos se, antes disso, não ocorreu a prescrição da ação de cobrança (art. 43 §§ 1º e 5º da Lei n. 8.078/90), revisada a Súmula n. 11".

V. tb. nota 6.

Art. 43: 2c. O **prazo de 5 anos** tem como **termo *a quo*** "a efetiva inscrição no cadastro restritivo de crédito, não o vencimento da dívida, interpretação que provocaria distorção no sentido da norma insculpida no art. 43 § 1º da Lei 8.078/90" (STJ-4ª T., REsp 817.201, Min. Aldir Passarinho Jr., j. 12.9.06, DJ 30.10.06). No mesmo sentido: JTJ 334/299 (AP 7.279.173-6). **Contra:** "Interpretação literal, lógica, sistemática e teleológica do enunciado normativo do § 1º do art. 43 do CDC, conduzindo à conclusão de que o termo 'a quo' do quinquênio deve tomar por base a data do fato gerador da informação depreciadora. Vencida e não paga a obrigação, inicia-se, no dia seguinte, a contagem do prazo, independentemente da efetivação da inscrição pelo credor" (STJ-3ª T., REsp 1.316.117, Min. Paulo Sanseverino, j. 26.4.16, maioria, DJ 19.8.16). No mesmo sentido, ainda, com o seguinte comando: "Os arquivistas devem adotar a posição que evite o dano potencial ao direito da personalidade do consumidor, razão pela qual é legítima a imposição da obrigação de não-fazer, consistente em não incluir em sua base de dados informações coletadas dos cartórios de protestos, sem a informação do prazo de vencimento da dívida, para controle de ambos os limites temporais estabelecidos no art. 43 da Lei 8.078/90" (STJ-3ª T., REsp 1.630.659, Min. Nancy Andrighi, j. 11.9.18, maioria, DJ 21.9.18).

Art. 43: 2d. Afirmando que a manutenção da informação negativa além do prazo legal causa **dano moral:** STJ-3ª T., REsp 1.630.659, Min. Nancy Andrighi, j. 11.9.18, maioria, DJ 21.9.18.

Art. 43: 3. **Súmula 548 do STJ:** "Incumbe ao **credor** a **exclusão do registro** da dívida em nome do devedor no cadastro de inadimplentes no prazo de **cinco dias úteis,** a partir do integral e efetivo pagamento do débito".

"Cabe às entidades credoras que fazem uso dos serviços de cadastro de proteção ao crédito mantê-los atualizados, de sorte que, uma vez recebido o pagamento da dívida, devem providenciar, em breve espaço de tempo, o cancelamento do registro negativo do devedor, sob pena de gerarem, por omissão, lesão moral passível de indenização" (STJ-4ª T., REsp 299.456, Min. Aldir Passarinho Jr., j. 19.12.02, DJU 2.6.03). No mesmo sentido: STJ-3ª T., REsp 439.243, Min. Menezes Direito, j. 6.12.02, DJU 24.2.03; STJ-RT 837/169 (4ª T., REsp 581.814; com ponderação de que a indenização deve ser módica nessas situações), JTJ 319/216 (AP 974.193-0/8). **Contra:** "Ainda que extinto o débito na sua totalidade, a lei não impõe ao credor a obrigação de reabilitar o nome do devedor no cadastro de proteção ao crédito, cabendo a este, encontrando inexatidões nos seus dados, exigir sua imediata correção, conforme prevê o art. 43, § 3º, do CDC" (RT 849/253; ementa da redação).

"Quitada a dívida pelo devedor, a exclusão do seu nome deverá ser requerida pelo credor no prazo de 5 dias, contados da data em que houver o pagamento efetivo, sendo certo que as quitações realizadas mediante cheque, boleto bancário, transferência interbancária ou outro meio sujeito a confirmação dependerão do efetivo ingresso do numerário na esfera de disponibilidade do credor Nada impede que as partes, atentas às peculiaridades de cada caso, estipulem prazo diverso do ora estabelecido, desde que não se configure uma prorrogação abusiva desse termo pelo fornecedor em detrimento do consumidor, sobretudo em se tratando de contratos de adesão. A inércia do credor em promover a atualização dos dados cadastrais, apontando o pagamento, e consequentemente, o cancelamento do registro indevido, gera o dever de indenizar, independentemente da prova do abalo sofrido pelo autor, sob forma de dano presumido" (STJ-3ª T., REsp 1.149.998, Min. Nancy Andrighi, j. 7.8.12, DJ 15.8.12).

"O cancelamento de inscrição em órgãos restritivos de crédito após o pagamento deve ser procedido pelo responsável pela inscrição, em prazo razoável, não superior a **dez dias,** sob pena de importar em indenização por dano moral" **(Enunciado n. 26 do I Encontro JECSP,** Bol. AASP 2.554).

No sentido de que apenas demora superior a **30 dias** para o cancelamento do registro negativo dá ensejo a danos morais: RT 861/325.

Ponderando que, "em face do inadimplemento contratual e do tempo bem maior em que perdurou a negativação, o lapso de apenas **38 dias** que mediou entre o pagamento do débito e a comprovação da baixa foi insignificante para presumir, automaticamente, a lesão alegadamente ocorrida": STJ-4ª T., REsp 742.590, Min. Aldir Passarinho Jr., j. 15.8.06, DJU 18.9.06.

Art. 43: 4. **Súmula 359 do STJ:** "Cabe ao órgão mantenedor do Cadastro de Proteção ao Crédito a **notificação do devedor antes** de proceder à inscrição".

Súmula 385 do STJ: "Da anotação irregular em cadastro de proteção ao crédito, não cabe indenização por dano moral, quando preexistente legítima inscrição, ressalvado o direito ao cancelamento". V. tb. nota 2 *in fine.*

"A ausência de prévia comunicação ao consumidor da inscrição do seu nome em cadastros de proteção ao crédito, prevista no art. 43, § 2º, do CDC, enseja o **direito à compensação por danos morais, salvo quando preexista inscrição desabonadora regularmente realizada"** (STJ-2ª Seção, REsp 1.061.134, Min. Nancy Andrighi, j. 10.12.08, um voto vencido, DJ 1.4.09). "Quem já é registrado como mau pagador não pode se sentir moralmente ofendido por mais uma inscrição do nome como inadimplente em cadastros de proteção ao crédito; dano moral, haverá se comprovado que as anotações anteriores foram realizadas sem a prévia notificação do interessado" (STJ-2ª Seção, REsp 1.002.985, Min. Ari Pargendler, j. 14.5.08, DJ 27.8.08). "Hipótese excepcional em que o devedor não nega, na inicial, a existência da dívida, aliás uma dentre muitas outras, o que exclui a ofensa moral, mas determina o cancelamento da inscrição, até o cumprimento da formalidade legal" (STJ-4ª T., REsp 901.204, Min. Aldir Passarinho Jr., j. 24.4.07, DJU 28.5.07). No mesmo sentido: RT 862/321.

No que diz respeito à **legitimidade passiva para a ação indenizatória** nessas circunstâncias: "Os **órgãos mantenedores de cadastros** possuem legitimidade passiva para as ações que buscam a reparação dos danos morais e materiais decorrentes da inscrição, sem prévia notificação, do nome de devedor em seus cadastros restritivos, inclusive quando os dados utilizados para a negativação são oriundos do CCF do Banco Central ou de outros cadastros mantidos por entidades diversas" (STJ-2ª Seção, REsp 1.061.134, Min. Nancy Andrighi, j. 10.12.08, DJ 1.4.09). A responsabilidade pelo dano causado ao consumidor é do "órgão responsável pela manutenção do cadastro e não do credor, que meramente informa a existência da dívida" (RSTJ 179/382: 4ª T.). No mesmo sentido: STJ-3ª T., REsp 471.091, Min. Nancy Andrighi, j. 22.5.03, DJU 23.6.03; JTJ 286/118, RF 385/340. "É parte legítima para a causa a entidade que se utiliza de cadastro aberto por outro banco de dados, porque dele aufere vantagens na sua área de atuação" (STJ-4ª T., REsp 793.926, Min. Aldir Passarinho Jr., j. 23.9.08, DJ 28.10.08). "Qualquer associação ou câmara de dirigentes que se sirva de banco de dados no qual o consumidor foi inscrito sem prévia notificação, tem legitimidade para responder ao pedido de reparação de danos (art. 7º, § ún., CDC)" (STJ-3ª T., REsp 974.212, Min. Gomes de Barros, j. 8.2.08, DJ 25.2.08). "O órgão de proteção ao crédito que inclui o nome do devedor no seu cadastro, ainda que utilizando-se de informação retirada de outro, mesmo que público, é legitimado para responder a ação de indenização por ausência de notificação prévia da inscrição que efetivou" (STJ-3ª T., REsp 990.576, Min. Ari

Pargendler, j. 4.12.07, DJ 26.11.08). **Todavia,** há decisões **condenando o credor** que pediu a inscrição, em caso de ausência de comunicação prévia (RSTJ 115/369: 4ª T., 162/295: 3ª T.). No mesmo sentido, por entender haver solidariedade entre o credor e o órgão de proteção ao crédito: JTJ 299/219.

"Alegando a parte não ter sido notificada previamente de determinada inscrição que reputa indevida, tanto a empresa que solicitou a inclusão do nome no rol de inadimplentes (suposto credor), como o órgão mantenedor do cadastro, podem ser sujeitos passivos na respectiva ação de indenização por danos morais. O dano moral é causado pela inscrição indevida. A eventual ausência de prévia comunicação é elemento integrante do evento danoso, qualificando-o, o que pode influir no valor da indenização e na atribuição de responsabilidades, circunstância que deverá ser levada em consideração na ação de indenização proposta contra um dos autores do ato lesivo ou contra ambos. Se o autor optou por demandar somente contra o suposto credor e foi julgado procedente o pedido, não se mostra cabível o ajuizamento de nova demanda pedindo indenização pelo mesmo dano, agora contra a entidade mantenedora do cadastro, sob pena de pagamento de dupla indenização pelo mesmo dano, ocasionando enriquecimento ilícito do autor" (STJ-4ª T., Ag 881.401-EDcl-AgRg, Min. Isabel Gallotti, j. 10.5.11, DJ 16.5.11).

"Havendo notificação prévia pelo próprio credor da existência do débito e do encaminhamento do nome do devedor para inscrição em cadastro de inadimplência, entendem-se cumpridos os objetivos do § 2º, do art. 43, do CDC, razão pela qual não há falar-se em direito à percepção de indenização por dano moral em face do arquivista" (STJ-4ª T., REsp 1.143.648-AgRg, Min. Isabel Gallotti, j. 18.6.15, DJ 25.6.15).

Art. 43: 4a. **Súmula 404 do STJ:** "É dispensável o aviso de recebimento (AR) na carta de comunicação ao consumidor sobre a negativação de seu nome em bancos de dados e cadastros".

"Para adimplemento, pelos cadastros de inadimplência, da obrigação consubstanciada no art. 43, § 2º, do CDC, basta que comprovem a postagem, ao consumidor, de correspondência notificando-o quanto à inscrição de seu nome no respectivo cadastro, sendo desnecessário aviso de recebimento. A postagem deverá ser dirigida ao endereço fornecido pelo credor" (STJ-2ª Seção, REsp 1.083.291, Min. Nancy Andrighi, j. 9.9.09, DJ 20.10.09).

"Não há nada na lei a obrigar o órgão de proteção ao crédito a notificar por meio de aviso de recebimento, nem verificar se o notificado ainda reside no endereço, cabendo-lhe apenas comprovar que enviou a notificação" (STJ-3ª T., AI 833.769-AgRg, Min. Gomes de Barros, j. 3.12.07, DJU 12.12.07). No mesmo sentido: STJ-4ª T., AI 1.033.452-AgRg, Min. João Otávio, j. 7.10.08, DJ 3.11.08.

"A notificação independe de maior formalidade e prescinde de comprovação por aviso de recebimento, bastando a prova da postagem ao consumidor no endereço constante do contrato" (RT 868/350).

No tocante ao endereço para o encaminhamento da notificação: "Se o próprio consumidor teve a cautela de informar ao recorrente o endereço ao qual deveriam ser enviadas as futuras notificações, há de se concluir que não se está exigindo que o recorrente proceda à verificação das informações que lhe são prestadas, não se está criando qualquer obrigação desproporcional ou impossível. Observe-se que a responsabilidade civil pelos danos sofridos pelo recorrente ante a ausência de notificação prévia das anotações deve ser imputada à conduta negligente da recorrente, que, apesar de ter sido informada do endereço correto, ainda assim enviou a notificação a endereço diverso, impossibilitando o exercício de direito do recorrido de impugnar essa anotações" (STJ-3ª T., REsp 1.620.394, Min. Paulo Sanseverino, j. 15.12.16, DJ 6.2.17; a citação é do voto do relator).

Art. 43: 4b. "É desnecessária a comunicação prévia ao consumidor prevista no art. 43, § 2º, do CDC nos casos em que o arquivista apenas reproduz informações de domínio público" (STJ-3ª T., REsp 1.021.234-AgRg, Min. Sidnei Beneti, j. 20.5.08, DJU 16.6.08).

"Diante da presunção legal de veracidade e publicidade inerente aos registros do cartório de distribuição judicial, a reprodução objetiva, fiel, atualizada e clara desses dados na base de órgão de proteção ao crédito — ainda que sem a ciência do consumidor — não tem o condão de ensejar obrigação de reparação de danos" (STJ-2ª Seção, REsp 1.344.352, Min. Luis Felipe, j. 12.11.14, DJ 16.12.14). No mesmo sentido, em matéria de registro de cartório de protesto: STJ-2ª Seção, REsp 1.444.469, Min. Luis Felipe, j. 12.11.14, DJ 16.12.14.

Art. 43: 4c. **Súmula 572 do STJ:** "O Banco do Brasil, na condição de gestor do **Cadastro de Emitentes de Cheques sem Fundos (CCF),** não tem a responsabilidade de notificar previamente o devedor acerca da sua inscrição no aludido cadastro, tampouco legitimidade passiva para as ações de reparação de danos fundadas na ausência de prévia comunicação".

"O Banco do Brasil, na condição de mero operador e gestor do Cadastro de Emitentes de Cheques sem Fundos — CCF, não detém legitimidade passiva para responder por danos resultantes da ausência de notificação prévia do correntista acerca de sua inscrição no referido cadastro, obrigação que incumbe ao banco sacado, junto ao qual o correntista mantém relação contratual" (STJ-2ª Seção, REsp 1.354.590, Min. Raul Araújo, j. 9.9.15, DJ 15.9.15).

Art. 43: 4d. "O **'cadastro de passagem'** ou 'cadastro de consultas anteriores' é um banco de dados de consumo no qual os comerciantes registram consultas feitas a respeito do histórico de crédito de consumidores que com eles tenham realizado tratativas ou solicitado informações gerais sobre condições de financiamento ou crediário. A despeito de ser lícita a manutenção do cadastro de passagem, que é banco de dados de natureza neutra, ela está subordinada, como ocorre com todo e qualquer banco de dados ou cadastro de consumo, às exigências previstas no art. 43 do CDC. A disponibilização das informações constantes de tal banco de dados — que ali foram inseridas sem prévia solicitação das pessoas a elas relacionadas — só é permitida, a teor do que expressamente dispõe o § 2º do art. 43 do CDC, após ser comunicado por escrito o consumidor de sua respectiva inclusão cadastral. No caso, restou evidenciada a ausência de comunicação prévia dos consumidores que tiveram seus dados inseridos no cadastro de passagem objeto da controvérsia. Tal prática, e não o cadastro de passagem em si, é que se revela ilegal, mesmo porque, sem ter ciência da própria existência de registros em seu nome, fica o consumidor indiretamente impedido de solicitar 'acesso às informações existentes em cadastros, fichas, registros e dados pessoais e de consumo arquivados sobre ele' (art. 43, *caput*, do CDC) e de, consequentemente, exigir a imediata correção de eventual inexatidão, prerrogativa que lhe é expressamente assegurada pelo § 3º do próprio art. 43 do CDC. A responsabilidade de adequar-se ao comando inserto no art. 43, § 2º, do CDC é exclusiva da mantenedora do banco de dados ora questionado. É sobre ela, por isso, que devem recair tanto a obrigação de abstenção da prática aqui reconhecida como ilícita quanto a obrigação de reparar e compensar eventuais prejuízos de ordem material e moral que, comprovadamente, tenham sido suportados por consumidores em virtude de injusta negativa de concessão de crédito fundada única e exclusivamente nas anotações constantes do chamado 'cadastro de passagem'" (STJ-3ª T., REsp 1.726.270, Min. Ricardo Cueva, j. 27.11.18, maioria, DJ 7.2.19).

Art. 43: 5. "Obrigação de retificação dos dados do consumidor", por Marcos Alberto Sant'anna Bitelli (RT 812/41).

Art. 43: 5a. v. tb. nota 3 (cancelamento de informação negativa) e art. 73 (infração penal).

Art. 43: 6. "A prescrição relativa a cobrança de débitos, cogitada no § 5º do art. 43 do CDC, não é da ação executiva, mas de qualquer ação de cobrança" (RSTJ 194/334: 2ª Seção, REsp 472.203). Por isso, "enquanto não prescrita a pretensão de cobrança, a inscrição do inadimplemento pode ser mantida nos serviços de proteção ao crédito até o prazo máximo de cinco anos" (STJ-2ª Seção, REsp 873.690, Min. Nancy Andrighi, j. 8.11.06, DJ 10.10.08). Assim, p. ex., prescrita a ação executiva do cheque, mas podendo a dívida ainda ser exigida por outro meio, é regular a manutenção do nome do devedor no cadastro de inadimplentes (STJ-4ª T., AI 687.106-AgRg, Min. Fernando Gonçalves, j. 5.8.08, DJ 18.8.08).

V. tb. nota 2b.

Art. 43: 7. O registro negativo do consumidor deve indicar o título que lhe deu origem. Sem esse requisito, "não pode prevalecer a manutenção deste, porque impossível verificar se já ocorreu a prescrição" (STJ-3ª T., REsp 469.859, Min. Menezes Direito, j. 17.6.03, DJU 1.9.03).

Art. 43: 8. O § 6º foi acrescido pela Lei 13.146, de 6.7.15, em vigor 180 dias após a sua publicação (DOU 7.7.15).

Art. 43: 9. v. EPD 3º-V, 9º-V e 63 e segs., especialmente, 69.

Art. 44. Os órgãos públicos de defesa do consumidor manterão cadastros atualizados de reclamações fundamentadas contra fornecedores de produtos e serviços, devendo divulgá-los[1] pública e anualmente. A divulgação indicará se a reclamação foi atendida ou não pelo fornecedor.

§ 1º É facultado o acesso às informações lá constantes para orientação e consulta por qualquer interessado.

§ 2º Aplicam-se a este artigo, no que couber, as mesmas regras enunciadas no artigo anterior e as do parágrafo único do art. 22 deste Código.

Art. 44: 1. No texto oficial, está "divulgá-lo".

Art. 45. (VETADO)

Capítulo VI | DA PROTEÇÃO CONTRATUAL

Seção I | DISPOSIÇÕES GERAIS

Art. 46. Os contratos que regulam as relações de consumo não obrigarão os consumidores, se não lhes for dada a oportunidade de tomar conhecimento prévio de seu conteúdo, ou se os respectivos instrumentos forem redigidos de modo a dificultar a compreensão de seu sentido e alcance.

Art. 47. As cláusulas contratuais serão interpretadas de maneira mais favorável ao consumidor.

Art. 48. As declarações de vontade constantes de escritos particulares, recibos e pré-contratos relativos às relações de consumo vinculam o fornecedor, ensejando inclusive execução específica, nos termos do art. 84 e parágrafos.[1]

Art. 48: 1. v. tb. art. 35-I.

Art. 49. O consumidor pode desistir do contrato, no prazo de 7 dias a contar de sua assinatura ou do ato de recebimento do produto ou serviço, sempre que a contratação de fornecimento de produtos e serviços ocorrer fora do estabelecimento comercial,[1] especialmente por telefone[1a] ou a domicílio.[1b]

Parágrafo único. Se o consumidor exercitar o direito de arrependimento previsto neste artigo, os valores eventualmente pagos, a qualquer título, durante o prazo de reflexão, serão devolvidos, de imediato, monetariamente atualizados.[2 a 3]

Art. 49: 1. s/ direito de arrependimento do adquirente de imóvel, v. Lei 4.591, de 16.12.64, arts. 35-A-VIII e 67-A §§ 10 a 12 (no tít. CONDOMÍNIO E INCORPORAÇÃO).

Art. 49: 1a. v. tb. art. 33.

Art. 49: 1b. "O art. 49 do Código de Defesa do Consumidor dispõe que, quando o contrato de consumo for concluído fora do estabelecimento comercial, o consumidor tem o direito de desistir do negócio em 7 dias ('período de reflexão'), sem qualquer motivação. Trata-se do direito de arrependimento, que assegura ao consumidor a realização de uma compra consciente, equilibrando as relações de consumo" (STJ-2ª T., REsp 1.340.604, Min. Mauro Campbell, j. 15.8.13, DJ 22.8.13).

Art. 49: 2. v. art. 51-*caput*-II.

Art. 49: 2a. "Exercido o direito de arrependimento, o parágrafo único do art. 49 do CDC especifica que o consumidor terá de volta, imediatamente e monetariamente atualizados, **todos os valores** eventualmente pagos, a qualquer título, durante o prazo de reflexão, entendendo-se incluídos nestes valores **todas as despesas** com o serviço postal para a devolução do produto, quantia esta que não pode ser repassada ao consumidor. Eventuais prejuízos enfrentados pelo fornecedor neste tipo de contratação são inerentes à modalidade de venda agressiva fora do estabelecimento comercial (internet, telefone, domicílio). Aceitar o contrário é criar limitação ao direito de arrependimento legalmente não previsto" (STJ-2ª T., REsp 1.340.604, Min. Mauro Campbell, j. 15.8.13, DJ 22.8.13).

Art. 49: 3. Condenando a empresa aérea a devolver ao consumidor o valor que ele pagou a título de multa, corrigido monetariamente desde o dispêndio e acrescido de juros legais a partir da citação: RDDP 124/153 (TJDFT, AP 20120111194722). Do voto do relator: "Demonstrado nos autos que as passagens foram adquiridas pela ***internet***, é aplicável o art. 49 do CDC. Assim, é indevida a multa cobrada pelo exercício do direito de arrependimento no prazo de reflexão".

Art. 50. A garantia contratual[1] é complementar à legal e será conferida mediante termo escrito.

Parágrafo único. O termo de garantia ou equivalente deve ser padronizado e esclarecer, de maneira adequada, em que consiste a mesma garantia, bem como a forma, o prazo e o lugar em que pode ser exercitada e os ônus a cargo do consumidor, devendo ser-lhe entregue, devidamente preenchido pelo fornecedor,[2] no ato do fornecimento, acompanhado de manual de instrução, de instalação e uso de produto em linguagem didática, com ilustrações.

Art. 50: 1. cf. art. 24.

Os termos da garantia escrita devem ser fixados em convenção coletiva de consumo (art. 107).

Art. 50: 2. Pena: art. 74.

Seção II | DAS CLÁUSULAS ABUSIVAS[1]

SEÇ. II: 1. "Cláusulas contratuais abusivas nos serviços bancários e financeiros", por José de Oliveira Ascenção (RF 347/127); "As cláusulas abusivas nos contratos de planos privados de assistência à saúde: uma proposta de sistematização", por João Neumann Marinho da Nóbrega (RDPr 23/102); "Um estudo das cláusulas abusivas no Código de Defesa do Consumidor e no Código Civil de 2002", por Lucia Ancona Lopez de Magalhães Dias (RDPr 32/171).

Art. 51. São nulas de pleno direito,[1 a 1b] entre outras, as cláusulas contratuais relativas ao fornecimento de produtos e serviços que:

I — impossibilitem, exonerem ou atenuem a responsabilidade[1c-1d] do fornecedor por vícios[2-2a] de qualquer natureza dos produtos e serviços ou impliquem renúncia[3] ou disposição de direitos. Nas relações de consumo entre o fornecedor e o consumidor-pessoa jurídica, a indenização poderá ser limitada, em situações justificáveis;

II — subtraiam ao consumidor a opção de reembolso[4] da quantia já paga, nos casos previstos neste Código;

III — transfiram responsabilidades a terceiros;[5]

IV — estabeleçam obrigações consideradas iníquas, abusivas, que coloquem o consumidor em desvantagem exagerada, ou sejam incompatíveis com a boa-fé ou a equidade;[6 a 7d]

V — (VETADO);

VI — estabeleçam inversão do ônus da prova em prejuízo do consumidor;[7e]

VII — determinem a utilização compulsória de arbitragem;[7f-8]

VIII — imponham representante para concluir ou realizar outro negócio jurídico pelo consumidor;[8a]

IX — deixem ao fornecedor a opção de concluir ou não o contrato, embora obrigando o consumidor;[9]

X — permitam ao fornecedor, direta ou indiretamente, variação do preço de maneira unilateral;[9a-10]

XI — autorizem o fornecedor a cancelar o contrato unilateralmente, sem que igual direito seja conferido ao consumidor;[10a]

XII — obriguem o consumidor a ressarcir os custos de cobrança de sua obrigação, sem que igual direito lhe seja conferido contra o fornecedor;[11-11a]

XIII — autorizem o fornecedor a modificar unilateralmente o conteúdo ou a qualidade do contrato, após sua celebração;[12]

XIV — infrinjam ou possibilitem a violação de normas ambientais;

XV — estejam em desacordo com o sistema de proteção ao consumidor;

XVI — possibilitem a renúncia do direito de indenização por benfeitorias necessárias.[13]

§ 1º Presume-se[14] exagerada,[15] entre outros casos, a vantagem que:

I — ofende os princípios fundamentais do sistema jurídico a que pertence;

II — restringe direitos ou obrigações fundamentais inerentes à natureza do contrato, de tal modo a ameaçar seu objeto ou o equilíbrio contratual;

III — se mostra excessivamente onerosa para o consumidor,[16] considerando-se a natureza e conteúdo do contrato, o interesse das partes e outras circunstâncias peculiares ao caso.

§ 2º A nulidade de uma cláusula contratual abusiva não invalida o contrato, exceto quando de sua ausência, apesar dos esforços de integração, decorrer ônus excessivo a qualquer das partes.[17]

Consumidor

§ 3º (VETADO)

§ 4º É facultado a qualquer consumidor ou entidade que o represente requerer ao Ministério Público que ajuíze a competente ação para ser declarada a nulidade de cláusula contratual que contrarie o disposto neste Código ou de qualquer forma não assegure o justo equilíbrio entre direitos e obrigações das partes.

Art. 51: 1. s/ nulidade da cláusula que exonera o fornecedor de garantir que o produto ou o serviço é adequado, v. art. 24; idem, quanto à que exclui ou reduz a responsabilidade do fornecedor, v. art. 25.

Art. 51: 1a. s/ o conhecimento de ofício dessa nulidade, v., no CPCLPV, CPC 492, nota 4.

Art. 51: 1b. s/ a possibilidade de exame de nulidade de cláusula contratual mesmo após o pagamento ou a novação, v. no CC a nota 3 ao Cap. I ("Do Pagamento") que antecede o art. 304. V. tb. CC 360, nota 2.

Art. 51: 1c. "A referência à área do imóvel nos contratos de compra e venda de imóvel adquirido na planta regidos pelo CDC não pode ser considerada simplesmente enunciativa, ainda que a diferença encontrada entre a área mencionada no contrato e a área real não exceda um vigésimo (5%) da extensão total anunciada, devendo a venda, nessa hipótese, ser caracterizada sempre como por medida, de modo a possibilitar ao consumidor o complemento da área, o abatimento proporcional do preço ou a rescisão do contrato. A disparidade entre a descrição do imóvel objeto de contrato de compra e venda e o que fisicamente existe sob titularidade do vendedor provoca instabilidade na relação contratual. Basta, assim, a ameaça do desequilíbrio para ensejar a correção das cláusulas do contrato, devendo sempre vigorar a interpretação mais favorável ao consumidor, que não participou da elaboração do contrato, consideradas a imperatividade e a indisponibilidade das normas do CDC. Uma disposição legal não pode ser utilizada para eximir de responsabilidade o contratante que age com notória má-fé em detrimento da coletividade" (STJ-3ª T., REsp 436.853, Min. Nancy Andrighi, j. 4.5.06, DJU 27.11.06).

Art. 51: 1d. Súmula 638 do STJ: "É abusiva a cláusula contratual que restringe a responsabilidade de instituição financeira pelos danos decorrentes de roubo, furto ou extravio de bem entregue em garantia no âmbito de **contrato de penhor** civil".

"No contrato de penhor é notória a hipossuficiência do consumidor, pois este, necessitando de empréstimo, apenas adere a um contrato cujas cláusulas são inegociáveis, submetendo-se à avaliação unilateral realizada pela instituição financeira. Nesse contexto, deve-se reconhecer a violação ao art. 51, I, do CDC, pois mostra-se abusiva a cláusula contratual que limita, em uma vez e meia o valor da avaliação, a indenização devida no caso de extravio, furto ou roubo das joias que deveriam estar sob a segura guarda da recorrida. O consumidor que opta pelo penhor assim o faz pretendendo receber o bem de volta, e, para tanto, confia que o mutuante o guardará pelo prazo ajustado. Se a joia empenhada fosse para o proprietário um bem qualquer, sem valor sentimental, provavelmente o consumidor optaria pela venda da joia, pois, certamente, obteria um valor maior" (STJ-4ª T., REsp 1.155.395, Min. Raul Araújo, j. 1.10.13, DJ 29.10.13).

S/ impossibilidade de restituição do bem empenhado e valor a ser pago, v. tb. CC 944, nota 5a. S/ prescrição nessas circunstâncias, v. CDC 27, nota 2c.

Art. 51: 2. s/ vícios de quantidade, v. art. 19; de qualidade, v. arts. 20 e 23.

Art. 51: 2a. "A cláusula que retira a garantia legal do produto é nula, *ex vi* do art. 51, I, do CDC, ainda que o contrato de compra e venda tenha como objeto **veículo usado**" (RIDCPC 39/158).

Art. 51: 3. v. inciso XVI.

Art. 51: 4. v. arts. 18 § 1º-II, 19-*caput*-IV, 20-*caput*-II, 35-III e 49 § ún.

Art. 51: 5. como, p. ex., exonerar-se da solidariedade prevista nos arts. 7º § ún., 18-*caput*, 19-*caput*, 25 §§ 1º e 2º, 28 § 3º e 34.

✎ **Art. 51: 6.** "Ensaio sobre a lesão contratual nas relações de consumo, segundo a nova ordem civil", por Carlos Fernando Carvalho Motta Filho (RF 371/79); "O instituto da lesão no Código de Defesa do Consumidor — uma análise dirigida aos juros praticados em contratos bancários", por Viviane Perez (RJ 359/53).

Art. 51: 6a. v. § 1º. V. tb. art. 39-V.

Art. 51: 7. Súmula 302 do STJ: "É abusiva a cláusula contratual de plano de saúde que **limita no tempo a internação** hospitalar do segurado" (v. jurisprudência s/ esta Súmula em RSTJ 183/625, 185/671).

Súmula 597 do STJ: "A cláusula contratual de plano de saúde que prevê **carência** para utilização dos serviços de assistência médica nas **situações de emergência** ou de urgência é considerada abusiva se ultrapassado o prazo máximo de 24 horas contado da data da contratação".

Súmula 608 do STJ: "Aplica-se o Código de Defesa do Consumidor aos contratos de plano de saúde, salvo os administrados por entidades de autogestão". Também aplicando o CDC, em matéria de contrato de seguro-saúde: RSTJ 151/343, 154/193; Bol. AASP 2.405/3.371.

Todavia: "Contrato de plano de saúde coletivo empresarial. Relação jurídica entre estipulante e operadora. Não incidência do CDC. A demanda entre empregador e a operadora do plano de saúde coletivo não se rege pelo CDC, ressalvada a hipótese em que o contrato conta com menos de 30 beneficiários, situação que revela a condição de vulnerabilidade do estipulante" (STJ-3ª T., REsp 1.830.065, Min. Nancy Andrighi, j. 17.11.20, DJ 19.11.20). S/ rescindibilidade do contrato coletivo empresarial, v. nesta nota, abaixo.

Súmula 609 do STJ: "A recusa de cobertura securitária, sob a alegação de doença preexistente, é ilícita se não houve a exigência de exames médicos prévios à contratação ou a demonstração de má-fé do segurado".

Ainda em matéria de **seguro e plano de saúde:**

— "a finalidade essencial do seguro-saúde reside em proporcionar adequados meios de recuperação ao segurado, sob pena de esvaziamento da sua própria *ratio*, o que não se coaduna com a presença de **cláusula limitativa do valor indenizatório** de tratamento que as instâncias ordinárias consideraram coberto pelo contrato" (STJ-4ª T., REsp 326.147, Min. Aldir Passarinho Jr., j. 21.5.09, DJ 8.6.09);

— "reconhecida a incidência do Código de Defesa do Consumidor, impende reconhecer, também, a abusividade da cláusula contratual/estatutária que **limita a quantidade de sessões anuais de rádio e de quimioterapia** cobertas pelo plano. Aplicação, por analogia, da Súmula 302/STJ" (STJ-3ª T., REsp 1.115.588, Min. Sidnei Beneti, j. 25.8.09, DJ 16.9.09). "À luz do Código de Defesa do Consumidor, devem ser reputadas como abusivas as cláusulas que nitidamente afetam de maneira significativa a própria essência do contrato, impondo restrições ou limitações aos procedimentos médicos, fisioterápicos e hospitalares (*v.g.* limitação do tempo de internação, **número de sessões de fisioterapia,** entre outros) prescritos para doenças cobertas nos contratos de assistência e seguro de saúde dos contratantes. Se há cobertura de doenças ou sequelas relacionadas a certos eventos, em razão de previsão contratual, não há possibilidade de restrição ou limitação de procedimentos prescritos pelo médico como imprescindíveis para o êxito do tratamento, inclusive no campo da fisioterapia" (STJ-4ª T., REsp 1.349.647-AgInt, Min. Raul Araújo, j. 13.11.18, DJ 23.11.18);

— "a exclusão de cobertura de determinado procedimento médico/hospitalar, quando essencial para garantir a saúde e, em algumas vezes, a vida do segurado, vulnera a finalidade básica do contrato" (STJ-4ª T., REsp 183.719, Min. Luis Felipe, j. 18.9.08, DJ 13.10.08). "O plano de saúde pode estabelecer quais doenças estão sendo cobertas, mas não que **tipo de tratamento** está alcançado para a respectiva cura. Se a patologia está coberta, no caso, o câncer, é inviável vedar a quimioterapia pelo simples fato de ser esta uma das alternativas possíveis para a cura da doença. A abusividade da cláusula reside exatamente nesse preciso aspecto, qual seja, não pode o paciente, em razão de cláusula limitativa, ser impedido de receber tratamento com o método mais moderno disponível no momento em que instalada a doença coberta" (STJ-3ª T., REsp 668.216, Min. Menezes Direito, j. 15.3.07, DJU 2.4.07). No mesmo sentido: JTJ 310/311.

"Tratamento experimental é aquele em que não há comprovação médico-científica de sua eficácia, e não o procedimento que, a despeito de efetivado com a utilização de equipamentos modernos, é reconhecido pela ciência e escolhido pelo médico como o método mais adequado à preservação da integridade física e ao completo restabelecimento do paciente" (STJ-4ª T., REsp 1.320.805, Min. Isabel Gallotti, j. 5.12.13, RT 942/341). "A Agência Nacional de Saúde Suplementar (ANS) editou a Resolução Normativa 338/2013, vigente ao tempo da demanda, disciplinando que consiste em tratamento experimental aquele que não possui as indicações descritas na bula/manual registrado na ANVISA (uso *off-label*). Quem decide se a situação concreta de enfermidade do paciente está adequada ao tratamento conforme as indicações da bula/manual da ANVISA daquele específico remédio é o profissional médico. Autorizar que a operadora negue a cobertura de tratamento sob a justificativa de que a doença do paciente não está contida nas indicações da bula representa inegável ingerência na ciência médica, em odioso e inaceitável prejuízo do paciente enfermo" (STJ-3ª T., REsp 1.721.705, Min. Nancy Andrighi, j. 28.8.18, DJ 6.9.18). **Todavia:** "Fisioterapia pelo método TheraSuit. Ausência de previsão na relação editada pela autarquia ou no conteúdo adicional do contrato. Cobertura contratual. Inexistência. Método, ademais, tido pelo CFM como meramente experimental, sem evidência científica de superioridade com relação à fisioterapia convencional, segundo o NAT-Jus nacional e parecer daquele conselho federal. Imposição de custeio ao plano de saúde. Inviabilidade" (STJ-4ª T., Ag em REsp 1.497.534-AgInt, Min. Luis Felipe, j. 6.10.20, DJ 23.10.20). V. tb. Lei 9.656/98, art. 10, nota 1 (no tít. SEGUROS).

"A cláusula que exclui a realização do exame de ressonância magnética da cobertura do contrato de plano de saúde, restringindo a intervenção médica, é manifestamente abusiva" (RMDCPC 51/134: TJMG, AP 0028978-82.2012.8.13.0016).

"Negativa de pagamento de **medicamentos** necessários para realização de sessão de quimioterapia. Exclusão de cobertura afastada. Medicamentos prescritos por centro oncológico idôneo. Ilicitude da recusa" (RT 865/186). "É abusiva a cláusula contratual que exclui da cobertura do plano de saúde o fornecimento de medicamento para quimioterapia tão somente pelo fato de ser ministrado em ambiente domiciliar" (STJ-4ª T., Ag em REsp 147.376-AgRg, Min. Antonio Ferreira, j. 6.12.12, DJ 14.12.12). "Caso concreto em que o medicamento passou pelo crivo sanitário da ANVISA, tendo sofrido cancelamento de registro por motivo de desinteresse comercial. Ausência de risco sanitário no caso concreto. Legalidade da importação, a despeito do cancelamento do registro, desde que realizada em nome da pessoa física da paciente, conforme nota técnica da ANVISA. Manutenção da condenação da operadora a custear a importação do medicamento" (STJ-3ª T., REsp 1.816.768, Min. Paulo Sanseverino, j. 15.12.20, DJ 18.12.20). Em sentido semelhante: JTJ 326/662 (AP 354.917-4/7-00), 343/501 (AP 492.867-4/5-00). **Todavia,** não se pode impor à empresa administradora do plano de saúde dever de fornecer medicamento de "importação e comercialização vetada pelos órgãos governamentais. Não pode o Judiciário impor a prestadora de serviços que realize ato tipificado como infração de natureza sanitária, previsto na Lei 6.360, art. 66, pois isso significaria, em última análise, a vulneração do princípio da legalidade previsto constitucionalmente" (STJ-RT 894/158: 4ª T., REsp 874.976). Mais amplamente: "As operadoras de plano de saúde não estão obrigadas a fornecer medicamento não registrado pela ANVISA" (STJ-2ª Seção, REsp 1.712.163, Min. Moura Ribeiro, j. 8.11.18, DJ 26.11.18). V. tb. Lei 9.656/98, art. 10-V (no tít. SEGUROS).

"Negativa de continuidade na cobertura de tratamento de câncer metastático do pulmão e anemia secundária à quimioterapia. Alegação de alta hospitalar. Situação excepcional de impossibilidade de deslocamento até o hospital, que não configura alta" (RT 868/216: TJSP, AP 319.755-4/0; no caso, o plano de saúde invocou a existência de cláusula contratual que excluiria despesas com medicamentos e curativos após alta hospitalar).

"Recusa na continuidade na prestação de serviço pelo sistema *home care*. Sucedâneo da internação hospitalar. Serviço necessário, que não se revela como mera comodidade para a paciente e seus familiares. Insubsistência da alegação de falta de imposição legal ou de cobertura contratual. Instabilidade do quadro clínico da autora a demandar cuidados, tal como concluído na perícia. Aplicação do CDC. Abusividade da limitação contratual que coloca em risco o objeto do próprio contrato" (JTJ 325/337: AP 531.310-4/7-00). No mesmo sentido: STJ-3ª Turma, Ag em REsp 869.843-AgInt, Min. Moura Ribeiro, j. 21.6.16, DJ 30.6.16; STJ-4ª T., Ag em REsp 1.086.737-AgInt, Min. Isabel Gallotti, j. 20.3.18, DJ 5.4.18; JTJ 347/626 (EI 516.075-4/5-01, maioria).

"É abusiva a cláusula contratual que exclui tratamento domiciliar quando essencial para garantir a saúde e, em algumas vezes, a vida do segurado" (STJ-3ª T., Ag em REsp 368.748-AgRg, Min. João Otávio, j. 10.6.14, DJ 20.6.14). **Todavia:** "Distinção entre internação domiciliar e assistência domiciliar, sendo esta entendida como conjunto de atividades de caráter ambulatorial, programadas e continuadas desenvolvidas em domicílio. No caso, do contexto delineado no acórdão recorrido, conclui-se que o tratamento pretendido pela autora amolda-se à hipótese de assistência domiciliar, e não de internação domiciliar, o que afasta a obrigatoriedade de custeio do plano de saúde" (STJ-3ª T., REsp 1.766.181, Min. Ricardo Cueva, j. 3.12.19, maioria, DJ 13.12.19).

"Planos e seguros de saúde. Rol de procedimentos e eventos em saúde elaborado pela ANS. Requerimento de imposição de custeio de ampla lista de terapias (musicoterapia, equoterapia, fonoterapia com método PECS e TEACHH, método ABA, psicopedagogia, terapia ocupacional com método integracão sensorial, psicomotricidade com método integracão sensorial e hidroterapia). Ausência de previsão na relação editada pela autarquia, conforme reconhecimento expresso na inicial e pelas instâncias ordinárias. Cobertura contratual. Inexistência" (STJ-4ª T., REsp 1.882.494-AgInt, Min. Luis Felipe, j. 10.12.20, DJ 15.12.20);

— "A empresa de saúde realizou a **alteração contratual sem a participação do consumidor,** por isso é nula a modificação que determinou que a assistência médico-hospitalar fosse prestada apenas por estabelecimento credenciado ou, caso o consumidor escolhesse hospital não credenciado, que o ressarcimento das despesas estaria limitado a determinada tabela. Violação dos arts. 46 e 51, IV e § 1º, do CDC" (STJ-4ª T., REsp 418.572, Min. Luis Felipe, j. 10.3.09, DJ 30.3.09);

— "é nula, por expressa previsão legal, e em razão de sua abusividade, a cláusula inserida em contrato de plano de saúde que permite a sua **rescisão unilateral pela seguradora,** sob simples alegação de inviabilidade de manutenção da avença" (STJ-3ª T., REsp 602.397, Min. Castro Filho, j. 21.6.05, DJU 1.8.05). **Todavia:** "Plano de saúde. **Contrato coletivo.** Pleito ajuizado pela empresa contratante de plano de saúde para seus beneficiários. Pretendida declaração de nulidade da cláusula contratual que prevê o direito de rescisão, com pedido de manutenção do contrato. Descabimento. Previsão de rescisão contratual que não se mostra írrita ao bom direito, tanto mais porque prevista para ambos os contratantes e condicionada à prévia notificação. Ausência de violação a dispositivo da Lei n. 9.656/98, posto que esta aplica-se apenas aos contratos individuais e familiares" (JTJ 347/520: AP 651.005-4/0-00). No mesmo sentido: STJ-3ª T., REsp 1.630.049-AgInt, Min. Marco Bellizze, j. 2.5.17, DJ 12.5.17; STJ-4ª T., Ag em REsp 1.111.399-EDcl-AgInt, Min. Lázaro Guimarães, j. 6.2.18, DJ 9.2.18. **Mas:** "As avenças coletivas com número pequeno de usuários possuem natureza híbrida, pois ostentam valores similares aos planos individuais, já que há reduzida diluição do risco, além de possuírem a exigência do cumprimento de carências e, em contrapartida, estão sujeitos à rescisão unilateral pela operadora e possuem reajustes livremente pactuados, o que lhes possibilita a comercialização no mercado por preços mais baixos e atraentes. Inquestionável a vulnerabilidade dos planos coletivos com quantidade inferior a 30 beneficiários, cujos estipulantes possuem pouco poder de negociação diante da operadora, sendo maior o ônus de mudança para outra empresa caso as condições oferecidas não sejam satisfatórias. Não se pode transmudar o contrato coletivo empresarial com poucos beneficiários para plano familiar a fim de se aplicar a vedação do art. 13, parágrafo único, II, da Lei n. 9.656/1998, porém, a rescisão deve ser devidamente motivada, incidindo a legislação consumerista" (STJ-2ª Seção, ED no REsp 1.692.594, Min. Marco Bellizze, j. 12.2.20, DJ 19.2.20). Ainda: "Não obstante seja possível a resilição unilateral e imotivada do contrato de plano de saúde coletivo, deve ser resguardado o direito daqueles beneficiários que estejam internados ou em pleno tratamento médico, observando-se, assim, os princípios da boa-fé, da segurança jurídica e da dignidade da pessoa humana" (STJ-3ª T., REsp 1.818.495, Min. Marco Bellizze, j. 8.10.19, DJ 11.10.19). Em sentido semelhante: STJ-4ª T., Ag em REsp 1.434.412-AgInt, Min. Raul Araújo, j. 18.6.19, DJ 27.6.19. V. nesta nota, acima, anotações à **Súmula 608 do STJ;**

— "cláusula que suspende os efeitos do contrato pelo só **atraso no pagamento da prestação** mensal é abusiva. Um mínimo de tolerância deve ser estabelecido para tão grave tratamento. É preciso que o atraso se repita, revelando, mais do que isso, a inadimplência do contrato. Um critério razoável seria o de que a suspensão do contrato de seguro só ocorresse após o vencimento da prestação seguinte" (STJ-3ª T., REsp 343.698, Min. Ari Pargendler, j. 5.12.02, DJU 24.3.03). No mesmo sentido: RJTJERGS 272/201 (AP 70020948691). V. CC 763 e notas.

"Indevida a cláusula contratual que impõe o cumprimento de novo prazo de carência, equivalente ao período em que o consumidor restou inadimplente, para o restabelecimento do atendimento" (STJ-4ª T., REsp 285.618, Min. Luis Felipe, j. 18.12.08, DJ 26.2.09);

— "lídima a cláusula de **carência** estabelecida em contrato voluntariamente aceito por aquele que ingressa em plano de saúde, merecendo temperamento, todavia, a sua aplicação quando se revela circunstância excepcional, constituída por necessidade de tratamento de urgência decorrente de doença grave que, se não combatida a tempo, tornará inócuo o fim maior do pacto celebrado, qual seja, o de assegurar eficiente amparo à saúde e à vida" (STJ-4ª T., REsp 466.667, Min. Aldir Passarinho Jr., j. 27.11.07, DJU 17.12.07). "A interpretação de cláusula de carência estabelecida em contrato de plano de saúde deve, em circunstâncias excepcionais, como a necessidade de tratamento de urgência decorrente de doença grave, ser ponderada a fim de assegurar o eficiente amparo à vida e à saúde" (STJ-3ª T., Ag em REsp 340.767-AgRg, Min. João Otávio, j. 27.5.14, DJ 3.6.14). "Não obstante o contrato de assistência à saúde, firmado entre as partes, prever o prazo de carência de 300 dias para parto, faltando, à autora, implementar apenas alguns dias, a situação em tela autoriza a cobertura contratual, tendo em vista o disposto no art. 12, V, *c*, da Lei 9.656/98. Caso em que a mãe corria risco de morte, se não realizado o procedimento cirúrgico após o parto, na modalidade particular, enquadrando-se como urgência/emergência, com prazo de carência de 24 horas" (RT 869/301). No mesmo sentido: STJ-3ª T., REsp 1.055.199, Min. Sidnei Beneti, j. 3.5.11, DJ 18.5.11; RT 887/233 (TJSP, AP 467.534-4/8-00), JTJ 342/272 (AP 613.814-4/4). V., nesta nota, acima, **Súmula 597 do STJ;**

— "Mostra-se abusiva a cláusula restritiva de direito que prevê o não custeio de **prótese,** imprescindível para o êxito do procedimento cirúrgico coberto pelo plano, sendo indiferente, para tanto, se referido material é ou não importado" (STJ-3ª T., REsp 1.046.355, Min. Massami Uyeda, j. 15.5.08, DJ 5.8.08). No mesmo sentido: STJ-4ª T., AI 1.139.871-AgRg, Min. João Otávio, j. 27.4.10, DJ 10.5.10; JTJ 310/254, 315/343 (AP 462.210-4/3-00). "É abusiva a cláusula contratual que exclui de cobertura a colocação de ***stent,*** quando este é necessário ao bom êxito do procedimento cirúrgico coberto pelo plano de saúde" (STJ-3ª T., REsp 896.247, Min. Gomes de Barros, j. 21.11.06, DJU 18.12.06). No mesmo sentido: RT 867/201. Ainda: "Exclusão genérica de cobertura de próteses e acessórios em geral, que não especifica o *stent*. Desarrazoado exigir-se do consumidor, homem médio, a interpretação de que estaria descoberta a colocação de *stent* em cirurgia cardíaca. Interpretação de cláusulas contratuais de maneira mais favorável ao consumidor. Aplicação dos arts. 46 e 47 do CDC" (JTJ 314/86: AP 434.157-4/0-00). Também: "A lei estabelece que as operadoras de plano de saúde não podem negar o fornecimento de órteses, próteses e seus acessórios indispensáveis ao sucesso da cirurgia, como por exemplo a implantação de *stents* ou marcapassos em cirurgias cardíacas. Se o fornecimento de órtese essencial ao sucesso da cirurgia deve ser custeado, com muito mais razão a órtese que substitui esta cirurgia, por ter eficácia equivalente sem o procedimento médico invasivo do paciente portador de determinada moléstia" (STJ-3ª T., REsp 1.731.762, Min. Nancy Andrighi, j. 22.5.18, DJ 28.5.18). Determinando o custeio de prótese de platina pelo plano de saúde: STJ-4ª T., REsp 873.226, Min. Luis Felipe, j. 8.2.11, DJ 22.2.11. **Todavia:** "Nos planos de saúde, é obrigatória apenas a cobertura de órteses, próteses e materiais especiais (OPME) sem a finalidade estética e que necessitem de cirurgia para serem colocados ou retirados, ou seja, que se qualifiquem como dispositivos médicos implantáveis, independentemente de se tratar de produto de alto custo ou não. Para saber se uma prótese ou órtese está ligada ao ato cirúrgico e, portanto, coberta pelo plano de saúde, deve-se indagar se ela possui as seguintes características, inerentes aos dispositivos médicos implantáveis: (i) ser introduzida (total ou parcialmente) no corpo humano; (ii) ser necessário procedimento cirúrgico para essa introdução e (iii) permanecer no local onde foi introduzida, após o procedimento cirúrgico. As próteses de substituição de membros, a exemplo das endo ou exoesqueléticas para desarticulação de joelho, transfemural ou transtibial, são não implantáveis, o que as tornam objeto de exclusão de cobertura obrigatória pelos planos de saúde, pois não estão ligadas a ato cirúrgico" (STJ-3ª T., REsp 1.673.822, Min. Ricardo Cueva, j. 15.3.18, maioria, DJ 11.5.18). Ainda: "Plano de saúde. Prótese auditiva. Cobertura. Dispositivo médico não implantável. Exclusão assistencial. Legalidade" (STJ-3ª T., REsp 1.854.853-AgInt-AgInt, Min. Moura Ribeiro, j. 26.10.20, DJ 29.10.20);

— "é abusiva a cláusula contratual que exclui de cobertura securitária a utilização de **material importado,** quando este é necessário ao bom êxito do procedimento cirúrgico coberto pelo plano de saúde e não existente similar nacional" (STJ-3ª T., REsp 952.144, Min. Gomes de Barros, j. 17.3.08, DJU 13.5.08);

— "a **exclusão** de **doença preexistente** da cobertura securitária depende da prova da má-fé do segurado, ao não informar à seguradora sobre tal circunstância, no momento da contratação" (STJ-3ª T., AI 396.472-AgRg, Min. Nancy Andrighi, j. 15.10.01, DJU 19.11.01). Logicamente, essa má-fé não pode ser presumida (STJ-3ª T., REsp 617.239, Min. Menezes Direito, j. 14.9.04, DJU 17.12.04). No mesmo sentido: RT 871/287, JTJ 314/334 (AP 944.215-0/2), RJM 173/182.

"Não se justifica a recusa à cobertura de cirurgia necessária à sobrevida do segurado, ao argumento de se tratar de doença preexistente, quando a administradora do plano de saúde não se precaveu mediante realização de exames de admissão no plano, sobretudo no caso de obesidade mórbida, a qual poderia ser facilmente detectada. No caso, tendo sido as declarações do segurado submetidas à apreciação de médico credenciado pela recorrente, por ocasião do que não foi verificada qualquer incorreção na declaração de saúde do contratante, deve mesmo a seguradora suportar as despesas decorrentes de gastroplastia indicada como tratamento de obesidade mórbida" (STJ-4ª T., REsp 980.326, Min. Luis Felipe, j. 1.3.11, DJ 4.3.11).

"Provado nos autos que, no ato de assinatura do contrato, o recorrente já era portador de obesidade mórbida, os respectivos riscos certamente foram levados em consideração e aceitos pela seguradora ao admiti-lo como segurado, não se podendo falar em vício na manifestação de vontade. Ademais, diante do quadro de obesidade mórbida, era razoável supor que o segurado apresentasse problemas de saúde dela decorrentes — inclusive diabetes, hipertensão e cardiopatia — de sorte que, em respeito ao princípio da boa-fé, a seguradora não poderia ter adotado uma postura passiva, de simplesmente aceitar as negativas do segurado quanto à existência de problemas de saúde, depois se valendo disso para negar-lhe cobertura. Antes de concluir o contrato de seguro saúde, pode a seguradora exigir do segurado a realização de exames médicos para constatação de sua efetiva disposição física e psíquica, mas, não o fazendo e ocorrendo sinistro, não se eximirá do dever de indenizar, salvo se comprovar a má-fé do segurado ao informar seu estado de saúde. A má-fé do segurado somente implicará isenção de cobertura caso tenha tido o condão de ocultar ou dissimular o próprio risco segurado, isto é, a omissão do segurado deve ter sido causa determinante para a seguradora assumir o risco da cobertura que se pretende afastar. Somente se pode falar em vício da livre manifestação de vontade caso o comportamento do segurado tenha efetivamente influenciado a análise do risco, afetando de forma decisiva o desígnio da seguradora. O princípio da boa-fé contratual, contido nos arts. 422 do CC/02 e 4º, III, do CDC, inclui o dever de não se beneficiar da má-fé da parte contrária. Ter-se-á caracterizada, nessa situação, o dolo recíproco ou bilateral, previsto no art. 150 do CC/02, consistente em tirar proveito da leviandade da outra parte para obter vantagem indevida no negócio" (STJ-3ª T., REsp 1.230.233, Min. Nancy Andrighi, j. 3.5.11, DJ 11.5.11).

"Excepcionalmente, a omissão do segurado não é relevante quando contrata seguro e mantém vida regular por vários anos, demonstrando que possuía, ainda, razoável estado de saúde quando da contratação da apólice. Aufere vantagem manifestamente exagerada, de forma abusiva e em contrariedade à boa-fé objetiva, o segurador que, após longo período recebendo os prêmios devidos pelo segurado, nega cobertura, sob a alegação de que se trata de doença preexistente" (STJ-3ª T., REsp 1.080.973, Min. Nancy Andrighi, j. 9.12.08, DJ 3.2.09).

Todavia: "Configurada a má-fé do segurado, é lícita a recusa da cobertura securitária sob a alegação de doença preexistente à contratação do seguro-saúde" (STJ-4ª T., AI 1.102.845-AgRg, Min. João Otávio, j. 5.5.09, DJ 18.5.09).

Enunciado 372 do CEJ: "Em caso de negativa de cobertura securitária por doença preexistente, cabe à seguradora comprovar que o segurado tinha conhecimento inequívoco daquela".

V., nesta nota, acima, **Súmula 609 do STJ.**

V. tb. Lei 9.656/98, art. 11 (no tít. SEGUROS).

Em matéria de seguro de vida, v. CC 766, nota 2.

✎ "As doenças e lesões preexistentes nos planos privados de assistência à saúde interpretadas de acordo com o dever de informação", por Rodrigo Daniel Félix da Silva (RJ 346/55);

— "é da jurisprudência deste Tribunal a abusividade de cláusula que, em contrato de seguro-saúde, afasta o tratamento de **moléstias infectocontagiosas** de notificação compulsória, a exemplo da AIDS" (STJ-4ª T., REsp 265.872-AgRg, Min. Sálvio de Figueiredo, j. 18.9.03, DJU 19.12.03);

— "se a **fisioterapia** estava no contexto da recuperação cirúrgica, não poderia ela ser excluída da cobertura, sendo abusiva a cláusula que impede o pagamento. Não se trata de saber se o contrato prevê, ou não, o tratamento denominado de reabilitação; pode não prever, e, mesmo assim, se a fisioterapia é feita no hospital, em seguida ao procedimento cirúrgico, não há como negar o vínculo com a patologia da internação, com o tratamento necessário à recuperação do paciente, cenário que não autoriza a recusa do pagamento" (STJ-4ª T., REsp 439.410, Min. Menezes Direito, j. 10.12.02, DJU 10.3.03);

— "é nula a estipulação, em contrato de seguro saúde, excluindo cobertura de tratamento médico em virtude de **dependência química**" (RT 903/275: TJGO, AP 258673-42);

— é inválida a cláusula que exclui da cobertura eventos ligados ao tratamento da **obesidade mórbida** (RT 809/345, 846/278, 847/313, 849/352, 871/346, RJTJERGS 252/208, JTJ 310/251; 327/261: AP 382.720-5/1-00).

"A gastroplastia, indicada como tratamento para obesidade mórbida, longe de ser um procedimento estético ou mero tratamento emagrecedor, revela-se como cirurgia essencial à sobrevida do segurado, vocacionada, ademais, ao tratamento das outras tantas comorbidades que acompanham a obesidade em grau severo. Nessa hipótese, mostra-se ilegítima a negativa do plano de saúde em cobrir as despesas da intervenção cirúrgica" (STJ-4ª T., REsp 1.175.616, Min. Luis Felipe, j. 1.3.11, DJ 4.3.11). No mesmo sentido, determinando a "cobertura de gastroplastia redutora, conhecida como 'cirurgia de redução do estômago'": STJ-3ª T., REsp 1.106.789, Min. Nancy Andrighi, j. 15.10.09, maioria, DJ 18.11.09. Ainda: RT 914/911 (TJPR, AP 766.066-4).

"Encontrando-se o tratamento da obesidade mórbida coberto pelo plano de saúde entabulado entre as partes, a seguradora deve arcar com todos os tratamentos destinados à cura de tal patologia, o principal — cirurgia bariátrica (ou outra que se fizer pertinente) — e os subsequentes ou consequentes — cirurgias destinadas à retirada de excesso de tecido epitelial, que, nos termos assentados, na hipótese dos autos, não possuem natureza estética. As cirurgias de remoção de excesso de pele (retirada do avental abdominal, mamoplastia redutora e dermolipoctomia braçal) consistem no tratamento indicado contra infecções e manifestações propensas a ocorrer nas regiões onde a pele dobra sobre si mesma, o que afasta, inequivocamente, a tese sufragada pela parte ora recorrente no sentido de que tais cirurgias possuem finalidade estética. Considera-se, assim, ilegítima a recusa de cobertura das cirurgias destinadas à remoção de tecido epitelial, quando estas se revelarem necessarias ao pleno restabelecimento do paciente-segurado, acometido de obesidade mórbida" (STJ-RT 898/190: 3ª T., REsp 1.136.475). No mesmo sentido: STJ-4ª T., Ag em REsp 520.189-AgRg, Min. Raul Araújo, j. 24.6.14, DJ 4.8.14; JTJ 330/357 (AP 530.446-4/0-00).

V. tb. Lei 9.656/98, art. 10, nota 1b (no tít. SEGUROS).

S/ obesidade mórbida preexistente à contratação v. acima, nesta nota, tópico sobre doença preexistente;

— "não ofende a lei o acórdão que mantém a cláusula de exclusão da cobertura a **cirurgia estética** que não se destina a restaurar função de órgão ou membro" (STJ-4ª T., REsp 305.684, Min. Ruy Rosado, j. 4.12.01, DJU 18.3.02);

— "Em sendo clara e de entendimento imediato, não é abusiva a cláusula que exclui da cobertura contratual o **transplante** de órgãos. A clareza dos termos contratuais não está necessariamente vinculada ao modo como foram grafados" (STJ-3ª T., REsp 378.863-AgRg, Min. Gomes de Barros, j. 21.2.06, DJU 8.5.06). **Todavia:** "Com vistas à necessidade de se conferir maior efetividade ao direito integral à cobertura de proteção à saúde — por meio do acesso ao tratamento médico-hospitalar necessário —, deve ser invalidada a cláusula de exclusão de transplante do contrato de seguro-saúde, notadamente ante a peculiaridade de ter sido, o segurado, submetido a tratamento complexo, que incluía a probabilidade — e não a certeza — da necessidade do transplante, procedimento que, ademais, foi utilizado para salvar-lhe a vida, bem mais elevado no plano não só jurídico, como também metajurídico" (STJ-3ª T., REsp 1.053.810, Min. Nancy Andrighi, j. 17.12.09, um voto vencido, DJ 15.3.10). Ainda: "Paciente portador de *Diabetes Mellitus* Tipo 1. Doença grave e progressiva. Art. 10 da Lei 9.656/98 exclui transplantes, à exceção de córnea e rim. Autor que, no entanto, necessita de transplante duplo (pâncreas e rim). Recusa da seguradora descabida, já que somente o transplante de rim será insuficiente para a melhora da paciente. Afronta aos arts. 51, IV, § 1º, I, 46 e 47 do CDC. Mitigação do princípio *pacta sunt servanda*, porquanto está em jogo a vida daquele que deve se submeter ao transplante, que padece de grave enfermidade. Cobertura que, entretanto, deve ser feita na rede credenciada" (RT 863/236). No mesmo sentido: RT 886/193 (TJSP, AP 583.114.4/8);

— "Não há abusividade na cláusula contratual de exclusão de cobertura de **inseminação artificial**" (STJ-3ª T., REsp 1.590.221, Min. Nancy Andrighi, j. 7.11.17, DJ 13.11.17). "Não há obrigatoriedade para as operadoras de planos de saúde custearem tratamento de fertilização *in vitro*" (STJ-3ª T., REsp 1.788.114-AgInt, Min. Marco Bellizze, j. 20.5.19, DJ 24.5.19). No mesmo sentido: STJ-4ª T., REsp 1.808.166-AgInt, Min. Marco Buzzi, j. 30.9.19, DJ 7.10.19. **Todavia:** "Caso concreto em que se revela a necessidade de atenuação dos efeitos colaterais, previsíveis e evitáveis, da quimioterapia, dentre os quais a falência ovariana, em atenção ao princípio médico 'primum, non nocere' e à norma que emana do art. 35-F da Lei 9.656/1998, segundo a qual a cobertura dos planos de saúde abrange também a prevenção de doenças, no caso, a infertilidade. Manutenção da condenação da operadora à cobertura de parte do procedimento pleiteado, como medida de prevenção para a possível infertilidade da paciente, cabendo à beneficiária arcar com os eventuais custos do procedimento a partir da alta do tratamento quimioterápico. Distinção entre o caso dos autos, em que a paciente é fértil e busca a criopreservação como forma de prevenir a infertilidade, daqueloutros em que a paciente já é infértil, e pleiteia a criopreservação como meio para a reprodução assistida, casos para os quais não há obrigatoriedade de cobertura" (STJ-3ª T., REsp 1.815.796, Min. Paulo Sanseverino, j. 26.5.20, DJ 9.6.20). V. tb. Lei 9.656/98, art. 10-III (no tít. SEGUROS);

— "Há abusividade na cláusula contratual ou em ato da operadora de plano de saúde que importe em interrupção de **tratamento psicoterápico** por esgotamento do número de sessões anuais asseguradas no Rol de Procedimentos e Eventos em Saúde da ANS, visto que se revela incompatível com a equidade e a boa-fé, colocando o usuário (consumidor) em situação de desvantagem exagerada (art. 51, IV, da Lei 8.078/1990). O número de consultas/sessões anuais de psicoterapia fixado pela ANS no Rol de Procedimentos e Eventos em Saúde deve ser considerado apenas como cobertura obrigatória mínima a ser custeada plenamente pela operadora de plano de saúde. A quantidade de consultas psicoterápicas que ultrapassar as balizas de custeio mínimo obrigatório deverá ser suportada tanto pela operadora quanto pelo usuário, em regime de coparticipação, aplicando-se, por analogia, com adaptações, o que ocorre nas hipóteses de internação em clínica psiquiátrica, especialmente o percentual de contribuição do beneficiário (arts. 16, VIII, da Lei 9.656/1998; 2º, VII e VIII, e 4º, VII, da Resolução CONSU 8/1998 e 22, II, da RN ANS 387/2015). A estipulação de coparticipação se revela necessária, porquanto, por um lado, impede a concessão de consultas indiscriminadas ou o prolongamento em demasia de tratamentos e, por outro, restabelece o equilíbrio contratual (art. 51, § 2º, do CDC), já que as sessões de psicoterapia acima do limite mínimo estipulado pela ANS não foram consideradas no cálculo atuarial do fundo mútuo do plano, o que evita a onerosidade excessiva para ambas as partes" (STJ-3ª T., REsp 1.679.190, Min. Ricardo Cueva, j. 26.9.17, DJ 2.10.17). No mesmo sentido, em matéria de **terapia ocupacional:** STJ-3ª T., REsp 1.642.255, Min. Nancy Andrighi, j. 17.4.18, DJ 20.4.18;

— é lícito o **reembolso** dentro dos **limites** contratualmente previstos para despesas com hospital não conveniado ou médico não referenciado, de modo a garantir a equação econômica do contrato e a preservar os interesses dos demais segurados (JTJ 304/351). No mesmo sentido, ponderando que há várias categorias de plano de saúde, que cabe ao consumidor escolher a que melhor atenda seus interesses (custo/benefício) e que, uma vez feita a escolha, não cabe a ele exigir cobertura de despesas que extrapolem o plano escolhido: JTJ 314/84 (AP 154.153-4/1-00). Ainda: "O beneficiário de plano de saúde familiar com coparticipação, que escolhe hospital privado de referência em seu segmento, de outra capital e de alto custo para realização do diagnóstico e tratamento, ainda que emergencial, da sua doença, tem o respectivo ônus financeiro de custear com o pagamento das despesas decorrentes de sua opção. Nesses contornos, a operadora do plano de saúde contratado tem o dever de reembolsar os valores nos limites do que foi estabelecido contratualmente" (STJ-3ª T., REsp 1.679.015, Min. Nancy Andrighi, j. 6.2.18, DJ 15.2.18). **Todavia:** "Seguro-saúde. Pedido de reembolso integral de despesas com cirurgia feita em hospital fora da área de cobertura do convênio e por médico não credenciado. Procedência. Se o convênio médico se obrigou a prestar serviço em uma especialidade, mas na área de cobertura não existe profissional habilitado, deve arcar integralmente com o custo desse serviço em outra cidade" (JTJ 341/220: AP 424.286-4/0);

— "Não há falar em ilegalidade na contratação de plano de saúde em regime de **coparticipação,** seja em percentual sobre o custo do tratamento seja em montante fixo, até mesmo porque 'percentual de coparticipação do consumidor ou beneficiário' (art. 16, VIII, da Lei 9.656/1998) é expressão da lei. Vedação, todavia, da instituição de fator que limite seriamente o acesso aos serviços de assistência à saúde, a exemplo de financiamentos quase integrais do procedimento pelo próprio usuário, a evidenciar comportamento abusivo da operadora. A coparticipação em percentual sobre o custo do tratamento é proibida apenas nos casos de internação, e somente para os eventos que não tenham relação com a saúde mental, devendo, no lugar, ser os valores prefixados (arts. 2º, VII e VIII, e 4º, VII, da Resolução CONSU 8/1998). O afastamento da cláusula de coparticipação equivaleria a admitir-se a mudança do plano de saúde para que o usuário arcasse com valores reduzidos de mensalidade sem a necessária contrapartida, o que causaria grave desequilíbrio contratual por comprometer a atuária e por onerar, de forma desproporcional, a operadora, a qual teria que custear a integralidade do tratamento" (STJ-3ª T., REsp 1.566.062, Min. Ricardo Cueva, j. 21.6.16, DJ 1.7.16). "Nos contratos de plano de saúde não é abusiva a cláusula de coparticipação expressamente ajustada e informada ao consumidor, à razão máxima de 50% do valor das despesas, nos casos de internação superior a 30 dias por ano, decorrente de transtornos psiquiátricos, preservada a manutenção do equilíbrio financeiro" (STJ-2ª Seção, REsp 1.755.866, Min. Marco Buzzi, j. 9.12.20, DJ 16.12.20). Em sentido semelhante: "A operadora está obrigada ao fornecimento de próteses, órteses e seus acessórios ligados ao ato cirúrgico (art. 10, VII, da Lei 9.656/98). Todavia, esta obrigação de fornecimento não implica dizer que o respectivo pagamento seja suportado exclusivamente pela operadora, pois é da própria essência da coparticipação servir como fator moderador na utilização dos serviços de assistência médica e hospitalar. A conduta da operadora, na hipótese dos autos, de cobrar 20% dos materiais cirúrgicos tem respaldo no art. 16, VII, da LPS e não implica restrição exagerada ao consumidor. Em relação à válvula utilizada no procedimento hospitalar, o acórdão recorrido registrou que apesar da disponibilização do produto de menor custo pela operadora, o médico-assistente e a usuária escolheram uma marca específica, de custo elevado. Assim, deve a usuária arcar com o valor adicional decorrente de sua opção, pois a prudência figura como importante instrumento de regulação do seu comportamento" (STJ-3ª T., REsp 1.671.827, Min. Nancy Andrighi, j. 13.3.18, DJ 20.3.18);

— é válida a recusa da operadora de plano de saúde a custear tratamento fora da sua **rede credenciada,** quando o contrato traz tal limitação e ela oferece outras categorias de plano mais abrangentes, que trazem o benefício postulado pelo consumidor, bastando a este fazer opção nesse sentido e arcar com a respectiva contrapartida (RT 839/218). Também: RT 886/193 (TJSP, AP 583.114.4/8), JTJ 325/334 (AP 463.120-4/0). "Realização de tratamento oncológico em hospital não conveniado. Falta dos requisitos para cabimento do custeio. Existência de estabelecimento adequado na área de abrangência da operadora contratada. Art. 12, VI, da Lei 9.656/98. Reembolso. Não cabimento" (STJ-3ª T., Ag em REsp 1.170.106-AgInt, Min. Moura Ribeiro, j. 24.4.18, DJ 30.4.18). "O tratamento médico percebido pelos demandantes no hospital de alto custo, com renomada e especializada equipe médica, após a alta hospitalar — e, portanto, quando não mais presente a situação de emergência ou de urgência do atendimento/tratamento —, ainda que indiscutivelmente importante e necessário a sua recuperação, não se encontrava, nos termos legitimamente ajustados, coberto pelo plano de assistência à saúde em comento. Improcede, por conseguinte, a pretensão de ressarcimento da totalidade da despesas expendidas" (STJ-3ª T., REsp 1.286.133, Min. Marco Bellizze, j. 5.4.16, DJ 11.4.16). **Todavia:** "O reembolso das despesas efetuadas pela internação em hospital não conveniado é exigível apenas em casos excepcionais (inexistência de estabelecimento credenciado no local, recusa do hospital conveniado de receber o paciente, urgência da internação etc.). Reconhecida a situação de emergência pelas instâncias ordinárias, possível o ressarcimento das despesas efetuadas" (STJ-3ª T., REsp 1.437.877, Min. Sidnei Beneti, j. 22.4.14, DJ 2.6.14). No mesmo sentido: STJ-4ª T., Ag em REsp 886.798-AgInt, Min. Luis Felipe, j. 9.8.16, DJ 16.8.16. **Mas:** "Em que pese ser devido o atendimento de urgência ou emergência em entidade não credenciada pelo plano de saúde, é lícita a cláusula que limita o reembolso à tabela da prestadora de assistência à saúde, nos termos do artigo 12, VI, da Lei 9.656/98" (STJ-4ª T,. Ag em REsp 929.402, Min. Isabel Gallotti, j. 27.4.17, DJ 4.5.17).

"A operadora, ao divulgar e disponibilizar ao usuário a lista de prestadores conveniados, deve também providenciar a descrição dos serviços que cada um está apto a executar — pessoalmente ou por meio de terceiros —, segundo o contrato de credenciamento formalizado. Se a prestação do serviço (hospitalar, ambulatorial, médico-hospitalar, obstétrico e de urgência 24h) não for integral, deve ser indicada a restrição e quais especialidades oferecidas pela entidade não estão cobertas, sob pena de se considerar todas incluídas no credenciamento, principalmente em se tratando de hospitais, já que são estabelecimentos de saúde vocacionados a prestar assistência sanitária em regime de internação e de não internação, nas mais diversas especialidades médicas. O credenciamento, sem restrições, de hospital por operadora abrange, para fins de cobertura de plano de assistência à saúde, todas as especialidades médicas oferecidas pela instituição, ainda que prestadas sob o sistema de parceria com instituição não credenciada. Eventual divergência de índole administrativa entre operadora e prestador quanto aos serviços de atenção à saúde efetivamente cobertos no instrumento jurídico de credenciamento não pode servir de subterfúgio para prejudicar o consumidor de boa-fé, que confiou na rede conveniada e nas informações divulgadas pelo plano de saúde. As partes, nas relações contratuais, devem manter posturas de cooperação, transparência e lealdade recíprocas, de modo a respeitar as legítimas expectativas geradas no outro, sobretudo em contratos de longa duração, em que a confiança é elemento essencial e fonte de responsabilização civil" (STJ-3ª T., REsp 1.613.644, Min. Ricardo Cueva, j. 20.9.16, DJ 30.9.16).

V. tb. Lei 9.656/98, art. 17, nota 1a (no tít. SEGUROS);

— "A realização de exames, internações e demais procedimentos hospitalares não pode ser obstada aos usuários cooperados, exclusivamente pelo fato de terem sido solicitados por médico diverso daqueles que compõem o quadro da operadora, pois isso configura não apenas discriminação do galeno, mas também tolhe tanto o direito de usufruir do plano contratado como a liberdade de escolha do profissional que lhe aprouver. Assim, a cláusula contratual que prevê o indeferimento de quaisquer procedimentos médico-hospitalares, se estes forem solicitados por **médicos não cooperados,** deve ser reconhecida como cláusula abusiva, nos termos do art. 51, IV, do CDC" (STJ-4ª T., REsp 1.330.919, Min. Luis Felipe, j. 2.8.16, DJ 18.8.16);

— "Plano de saúde. **Honorários médicos complementares.** Responsabilidade do usuário. Opção por acomodação superior à contratada. Cláusula contratual. Legalidade. Ausência de abusividade. O consumidor, ao contratar um plano de saúde hospitalar, pode optar por cobertura em acomodação coletiva (enfermaria ou quarto com dois ou mais leitos) ou em acomodação individual (quarto privativo ou apartamento). Caso o usuário opte, no ato da internação, por uma acomodação superior à oferecida pelo seu plano, deverá pagar diretamente ao hospital as diferenças de estada. Apesar de a cobertura de despesas referentes a honorários médicos estar incluída no plano de saúde hospitalar, os custos decorrentes da escolha por uma acomodação superior à contratada não se restringem aos de hospedagem, pois é permitido também aos médicos cobrarem honorários complementares. É lícita a cobrança de honorários médicos complementares no setor privado, desde que seja acordado pelas partes e haja previsão contratual, sendo proibida apenas a cobrança em duplicidade pelo mesmo serviço (ato médico) realizado" (STJ-3ª T., REsp 1.178.555, Min. Ricardo Cueva, j. 9.12.14, DJ 15.12.14).

Todavia: "Atendimento por plano de saúde. Cobrança ou admissão, por parte do hospital, de que seja cobrado por empregado e/ou preposto, em tratamento médico-hospitalar coberto por plano de saúde, de **adicional** referente à **suplementação dos honorários médicos,** relativa à alegada majoração imposta pela prestação de serviço em **determinados horários.** Impossibilidade. Custo que deve estar presente no preço cobrado, na avença mercantil, pelo hospital da operadora do plano de saúde. Descabimento de sua imposição, em prevalecimento sobre a fragilidade do consumidor" (STJ-4ª T., REsp 1.324.712, Min. Luis Felipe, j. 24.9.13, maioria, DJ 13.11.13);

— "A Lei dos Planos de Saúde (LPS — Lei 9.656/98) estabelece as exceções (art. 10) as exigências mínimas (art. 12) e as hipóteses obrigatórias (art. 35-C) de cobertura assistencial que as operadoras devem observar ao disponibilizar no mercado de consumo a prestação de serviços de assistência à saúde. Na disciplina do plano-referência, a lei destaca que a cobertura assistencial médico-ambulatorial compreende partos e tratamentos realizados exclusivamente no Brasil (art. 10). Além dessa expressa disposição, a lei criou uma disciplina para a contratação dos planos de saúde, com especial destaque para que nesses contratos constem dispositivos que indiquem com clareza a área geográfica de abrangência (art. 16, X). Na hipótese em exame, a recorrida é beneficiária dependente de plano de saúde; o contrato estabelece expressamente a exclusão de **tratamento realizado fora do território nacional** e o exame Oncotype DX prescrito pela médica assistente é realizado apenas no exterior. Assim, não há se falar em abusividade da conduta da operadora de plano de saúde ao negar a cobertura e o reembolso do procedimento internacional, pois sua conduta tem respaldo na Lei 9.656/98 (art. 10) e no contrato celebrado com a beneficiária" (STJ-3ª T., REsp 1.762.313, Min. Nancy Andrighi, j. 18.9.18, DJ 21.9.18);

— "O **reajuste de mensalidade** de plano de saúde individual ou familiar fundado na **mudança de faixa etária** do beneficiário é válido desde que (i) haja previsão contratual, (ii) sejam observadas as normas expedidas pelos órgãos governamentais reguladores e (iii) não sejam aplicados percentuais desarrazoados ou aleatórios que, concretamente e sem base atuarial idônea, onerem excessivamente o consumidor ou discriminem o idoso" (STJ-2ª Seção, REsp 1.568.244, Min. Ricardo Cueva, j. 14.12.16, DJ 19.12.16).

"Somente o reajuste desarrazoado, injustificado, que, em concreto, vise de forma perceptível a dificultar ou impedir a permanência do segurado idoso no plano de saúde implica a vedada discriminação, violadora da garantia da isonomia. Nesse contexto, deve-se admitir a validade de reajustes em razão da mudança de faixa etária, desde que atendidas certas condições, quais sejam: a) previsão no instrumento negocial; b) respeito aos limites e demais requisitos estabelecidos na Lei Federal 9.656/98; e c) observância ao princípio da boa-fé objetiva, que veda índices de reajuste desarrazoados ou aleatórios, que onerem em demasia o segurado. Sempre que o consumidor segurado perceber abuso no aumento de mensalidade de seu seguro de saúde, em razão de mudança de faixa etária, poderá questionar a validade de tal medida, cabendo ao Judiciário o exame da exorbitância, caso a caso" (STJ-4ª T., REsp 866.840, Min. Raul Araújo, j. 7.6.11, maioria, DJ 17.8.11). No mesmo sentido: STJ-3ª T., REsp 1.381.606, Min. João Otávio, j. 7.10.14, maioria, DJ 31.10.14.

"O surgimento de norma cogente (impositiva e de ordem pública), posterior à celebração do contrato de trato sucessivo, como acontece com o Estatuto do Idoso, impõe-lhe aplicação imediata, devendo incidir sobre todas as relações que, em execução contratual, realizarem-se a partir da sua vigência, abarcando os planos de saúde, ainda que firmados anteriormente à vigência do Estatuto do Idoso. O consumidor que atingiu a idade de 60 anos, quer seja antes da vigência do Estatuto do Idoso, quer seja a partir de sua vigência (1º de janeiro de 2004), está sempre amparado contra a abusividade de reajustes das mensalidades dos planos de saúde com base exclusivamente na mudança de faixa etária" (STJ-3ª T., REsp 1.228.904, Min. Nancy Andrighi, j. 5.3.13, DJ 8.3.13). "Veda-se a discriminação do idoso em razão da idade, nos termos do art. 15, § 3º, do Estatuto do Idoso, o que impede especificamente o reajuste das mensalidades dos planos de saúde sob alegação de alta sinistralidade do grupo, decorrente da maior concentração dos segurados nas faixas etárias mais avançadas; essa vedação não envolve, todavia, os demais reajustes permitidos em lei, os quais ficam garantidos às empresas prestadoras de planos de saúde, sempre ressalvada a abusividade" (STJ-3ª T., REsp 1.106.557, Min. Nancy Andrighi, j. 16.9.10, DJ 21.10.10). "Plano de saúde. Cláusula de reajuste diferenciado, aos sessenta anos do conveniado. Descabimento. Vedação expressa no Estatuto do Idoso (Lei 10.741/03, art. 15, § 3º). Aplicação da restrição mesmo a contratos anteriores à lei, desde que atingida a faixa etária citada em momento posterior. Inexistência de retroatividade. Exegese da garantia constitucional da proteção ao ato jurídico perfeito em face da lei nova" (RT 907/858: TJSP, AP 0015566-61.2010.8.26.0576, maioria).

"Deve ser declarada a abusividade e consequente nulidade de cláusula contratual que prevê reajuste de mensalidade de plano de saúde calcada exclusivamente na mudança de faixa etária — de 60 e 70 anos respectivamente, no percentual de 100% e 200%, ambas inseridas no âmbito de proteção do Estatuto do Idoso" (STJ-RT 881/189: 3ª T., REsp 989.380). "É nula a cláusula que prevê o aumento de 164,91% na mensalidade do plano de saúde tão logo o contratante complete a idade de 60 anos — sem prejuízo de que incidam os reajustes gerais decorrentes do custo dos serviços" (STJ-3ª T., REsp 809.329-EDcl, Min. Ari Pargendler, j. 17.6.08, um voto vencido, DJ 11.11.08). "Na hipótese em foco, o plano de saúde foi reajustado no percentual de 93% de variação da contraprestação mensal, quando do implemento da idade de 60 anos, majoração que, nas circunstâncias do presente caso, destoa significativamente dos aumentos previstos contratualmente para as faixas etárias precedentes, a possibilitar o reconhecimento, de plano, da abusividade da respectiva cláusula. Recurso especial provido, para reconhecer a abusividade do percentual de reajuste estipulado para a consumidora maior de sessenta anos, determinando-se, para efeito de integração do contrato, a apuração, na fase de cumprimento de sentença, do adequado aumento a ser computado na mensalidade do plano de saúde, à luz de cálculos atuariais voltados à aferição do efetivo incremento do risco contratado" (STJ-2ª Seção, REsp 1.280.211, Min. Marco Buzzi, j. 23.4.14, maioria, DJ 4.9.14). "Cláusula que determina reajuste de 5% ao ano após os 70 anos de idade. Alegação de abusividade. Procedência. Vedação do reajuste após os 60 anos. Art. 15 § ún. da Lei 9.656/98. Legislação aplicável aos contratos que a precederam, mas foram sucessivamente renovados após a sua vigência" (JTJ 323/320: AP 425.349.4/6-00);

— "É abusivo o **reajuste** de plano de saúde pelo **índice que melhor atende aos interesses do fornecedor,** sem que se acorde ou se dê ao consumidor qualquer informação a respeito do critério adotado" (STJ-3ª T., AI 1.087.391-AgRg, Min. Sidnei Beneti, j. 16.4.09, DJ 5.5.09);

— "Plano de saúde coletivo. Previsão contratual de **reajuste por aumento de sinistralidade.** Possibilidade. Afirmação genérica de abusividade. Inviabilidade. Apuração no caso concreto. Necessidade" (STJ-4ª T., REsp 1.676.857-AgInt, Min. Luis Felipe, j. 16.10.18, DJ 19.10.18). Mantendo acórdão que reconheceu a validade da cláusula de **reajuste do prêmio no caso de aumento da sinistralidade:** STJ-3ª T., REsp 1.102.848, Min. Massami Uyeda, j. 3.8.10, um voto vencido, DJ 25.10.10.

V. tb. art. 54, nota 3.

Art. 51: 7a. Súmula 382 do STJ: "A estipulação de **juros remuneratórios** superiores a 12% ao ano, por si só, não indica abusividade".

Súmula 530 do STJ: "Nos **contratos bancários,** na impossibilidade de comprovar a taxa de juros efetivamente contratada — por ausência de pactuação ou pela falta de juntada do instrumento aos autos —, aplica-se a taxa média de mercado, divulgada pelo Bacen, praticada nas operações da mesma espécie, salvo se a taxa cobrada for mais vantajosa para o devedor".

"Os negócios bancários estão sujeitos ao Código de Defesa do Consumidor, inclusive quanto aos juros remuneratórios; a abusividade destes, todavia, só pode ser declarada, caso a caso, à vista de taxa que comprovadamente discrepe, de modo substancial, da média do mercado na praça do empréstimo, salvo se justificada pelo risco da operação" (STJ-2ª Seção, REsp 407.097, Min. Ari Pargendler, j. 12.3.03, maioria, DJU 29.9.03). Mais recentemente: "A estipulação de juros remuneratórios superiores a 12% ao ano, por si só, não indica abusividade. É admitida a revisão das taxas de juros remuneratórios em situações excepcionais, desde que caracterizada a relação de consumo e que a abusividade (capaz de colocar o consumidor em desvantagem exagerada — art. 51, § 1º, do CDC) fique cabalmente demonstrada, ante às peculiaridades do julgamento em concreto" (STJ-2ª Seção, REsp 1.061.530, Min. Nancy Andrighi, j. 22.10.08, DJ 10.3.09).

"Não se pode dizer abusiva a taxa de juros só com base na estabilidade econômica do país, desconsiderando todos os demais aspectos que compõem o sistema financeiro e os diversos componentes do custo final do dinheiro emprestado, tais como o custo de captação, a taxa de risco, os custos administrativos (pessoal, estabelecimento, material de consumo, etc.) e tributários e, finalmente, o lucro do banco. Com efeito, a limitação da taxa de juros em face da suposta abusividade somente se justificaria diante de uma demonstração cabal da excessividade do lucro da intermediação financeira" (STJ-3ª T., REsp 774.591-EDcl-AgRg, Min. Menezes Direito, j. 24.8.06, DJU 5.2.07).

"A onerosidade excessiva do percentual dos juros remuneratórios somente pode ser demonstrada mediante perícia que propicie a comparação com as taxas praticadas por outras instituições financeiras, desde que coincidentes o produto, a praça e a época da firmatura do pacto" (STJ-4ª T., REsp 935.231-AgRg, Min. Aldir Passarinho Jr., j. 21.8.07, DJU 29.10.07).

"A circunstância de a taxa de juros remuneratórios praticada pela instituição financeira exceder a taxa média do mercado não induz, por si só, a conclusão de cobrança abusiva, consistindo a referida taxa em um referencial a ser considerado, e não em um limite que deva ser necessariamente observado pelas instituições financeiras" (STJ-4ª T., Ag em REsp 584.695-AgRg, Min. Raul Araújo, j. 23.10.14, DJ 21.11.14).

"Na hipótese de o contrato prever a incidência de juros remuneratórios, porém sem lhe precisar o montante, está correta a decisão que considera nula tal cláusula porque fica ao exclusivo arbítrio da instituição financeira o preenchimento de seu conteúdo. A fixação dos juros, porém, não deve ficar adstrita ao limite de 12% ao ano, mas deve ser feita segundo a média de mercado nas operações da espécie" (STJ-2ª Seção, REsp 715.894, Min. Nancy Andrighi, j. 26.4.06, maioria, DJU 19.3.07).

"A Selic não representa a taxa média praticada pelo mercado, sendo, portanto, inviável sua utilização como parâmetro de limitação de juros remuneratórios" (STJ-3ª T., REsp 930.156-AgRg, Min. Nancy Andrighi, j. 14.11.07, DJU 26.11.07). No mesmo sentido: STJ-4ª T., REsp 509.577-AgRg, Min. Jorge Scartezzini, j. 4.8.05, DJU 22.8.05.

"À míngua de contrato escrito, e tratando-se de relação jurídica resultante de um contrato de abertura de crédito, na modalidade 'cheque especial', são devidos os juros remuneratórios cobrados pela instituição financeira, salvo se forem abusivos — tudo porque, antes de sacar o dinheiro por conta do crédito previamente autorizado, o correntista tem a obrigação de se informar a respeito dos respectivos encargos, sabido que o empréstimo bancário é sempre oneroso" (STJ-3ª T., REsp 683.728-AgRg, Min. Ari Pargendler, j. 19.12.07, DJU 5.3.08).

"Não é potestativa a cláusula que estipula os encargos financeiros de contrato de abertura de crédito em percentual sobre a taxa média aplicável aos Certificados de Depósitos Interbancários (CDIs), visto que tal indexador é definido pelo mercado, a partir das oscilações econômico-financeiras, não se sujeitando a manipulações que possam atender aos interesses das instituições financeiras" (STJ-3ª T., REsp 1.781.959, Min. Ricardo Cueva, j. 11.2.20, DJ 20.2.20). Do voto do relator: "No caso em apreço, em contrato de abertura de crédito rotativo fixo, os respectivos encargos financeiros foram pactuados em 180% da taxa média dos CDIs, não havendo nenhum elemento nos autos capaz de demonstrar que a cláusula ajustada discrepa substancialmente da taxa média de mercado divulgada pelo Banco Central para operações da mesma espécie".

S/ juros remuneratórios, v. tb. CC 591 e notas; Dec. 22.626, de 7.4.33, art. 1º e notas (no tít. MÚTUO).

Art. 51: 7b. De acordo com a jurisprudência, **enquadra-se na *fattispecie* descrita no inciso IV:**

— "a cláusula contratual que prevê o pagamento integral da semestralidade, independentemente do número de disciplinas que o aluno irá cursar no período, pois consiste em contraprestação sem relação com os serviços educacionais efetivamente prestados" (STJ-RT 868/204 e RF 397/483: 3ª T., AI 906.980-AgRg). No mesmo sentido: STJ-4ª T., REsp 927.457, Min. Luis Felipe, j. 13.12.11, DJ 1.2.12; RJM 181/324. **Todavia:** "Devida a cobrança por serviços educacionais contratados e disponibilizados ao educando, mesmo quando ele não frequenta as aulas" (STJ-4ª T., Ag em REsp 481.951-AgRg, Min. Raul Araújo, j. 25.11.14, DJ 19.12.14);

— "Tem-se por nula de pleno direito, nos ditames do art. 51, § 1º, III, do CDC, a cláusula contratual que prevê a cobrança das mensalidades correspondentes ao período semestral em que solicitado o trancamento da matrícula. Ao trancar a matrícula, o aluno fica fora da faculdade, não frequenta aulas e não participa de nenhuma atividade relacionada com o curso, de modo que não pode ficar refém da instituição e ver-se compelido a pagar por serviços que não viria receber, para poder se afastar temporariamente da universidade" (STJ-1ª T., REsp 1.081.936, Min. Benedito Gonçalves, j. 18.11.08, DJ 26.11.08). No mesmo sentido: JTJ 330/527 (AP 1.064.793-0/9);

— "cláusula prevista em contrato de prestação de serviços de cartão de crédito, que autoriza o banco contratante a compartilhar dados dos consumidores com outras entidades financeiras, assim como com entidades mantenedoras de cadastros positivos e negativos de consumidores, sem que seja dada opção de discordar daquele compartilhamento" (STJ-4ª T., REsp 1.348.532, Min. Luis Felipe, j. 10.10.17, DJ 30.11.17);

— "as cláusulas contratuais que impõem ao consumidor a responsabilidade absoluta por compras realizadas com cartão de crédito furtado até o momento (data e hora) da comunicação do furto", pois "as administradoras e os vendedores têm o dever de apurar a regularidade no uso dos cartões" (STJ-RT 853/164: 3ª T., REsp 348.343). No mesmo sentido: STJ-4ª T., REsp 970.322, Min. Luis Felipe, j. 9.3.10, DJ 19.3.10; JTJ 314/178 (AP 1.047.213-8), 333/517 (AP 911.823-0/1). **Contra:** JTJ 313/63;

— "Sendo os serviços prestados pelo banco remunerados pela tarifa interbancária, conforme referido pelo Tribunal de origem, a cobrança de tarifa dos consumidores pelo pagamento mediante boleto/ficha de compensação constitui enriquecimento sem causa por parte das instituições financeiras, pois há 'dupla remuneração' pelo mesmo serviço, importando em vantagem exagerada dos bancos em detrimento dos consumidores, razão pela qual abusiva a cobrança da tarifa, nos termos do art. 39, V, do CDC c/c art. 51, § 1º, I e III, do CDC" (STJ-4ª T., REsp 794.752, Min. Luis Felipe, j. 16.3.10, DJ 12.4.10). No mesmo sentido: STJ-3ª T., REsp 1.161.411, Min. Nancy Andrighi, j. 1.9.11, DJ 10.10.11. Todavia, em matéria de serviços prestados por imobiliária, v. nota seguinte;

"Taxa para compensação de cheques de valor igual ou superior a cinco mil reais. Resolução do Banco Central do Brasil. A Resolução 3.919/10 veda expressamente a cobrança de tarifas em contraprestação de serviços essenciais às pessoas naturais. Não demonstrada a efetiva prestação de serviço especial a justificar a cobrança da referida taxa de compensação de cheques, deve ser reconhecida a sua abusividade" (STJ-3ª T., REsp 1.208.567, Min. Paulo Sanseverino, j. 20.2.14, DJ 10.3.14);

— "O direito ao resgate das contribuições pessoais vertidas ao plano antes da aquisição plena do direito aos benefícios, decorre da norma prevista no art. 21 da Lei n. 6.435/77, que dispõe sobre as entidades de previdência privada, assim como dos arts. 115 do Código Civil anterior e 51, IV, do Código de Defesa do Consumidor, os quais consideram nulas as cláusulas impostas arbitrariamente à parte mais fraca da relação contratual, ou qualquer conduta que importe prejuízo desmedido ao consumidor" (STJ-3ª T., REsp 573.761, Min. Castro Filho, j. 2.12.03, DJU 19.12.03). No mesmo sentido: RT 863/412, 865/311. **Todavia:** "Não é abusiva a cláusula que impede o ressarcimento dos valores pagos pelo beneficiário em substituição da patrocinadora, pois essa quantia, *in casu*, é convertida em favor de todo o grupo (equilíbrio atuarial), não ensejando vantagem ou desvantagem para qualquer das partes" (STJ-3ª T., REsp 1.053.644, Min. Massami Uyeda, j. 20.5.10, DJ 7.6.10);

— "É indevida a utilização da Tabela Price na atualização monetária dos contratos de financiamento de crédito educativo, uma vez que, nesse sistema, os juros crescem em progressão geométrica, sobrepondo-se juros sobre juros, caracterizando-se o anatocismo. A aplicação da Tabela Price, nos contratos em referência, encontra vedação na regra disposta nos arts. 6º, V, e 51, IV, § 1º, III, do CDC, em razão da excessiva onerosidade imposta ao consumidor, no caso, o estudante. Na atualização do contrato de crédito educativo, devem-se aplicar os juros legais, ajustados de forma não capitalizada ou composta" (STJ-1ª T., REsp 572.210, Min. José Delgado, j. 6.5.04, DJU 7.6.04). S/ Tabela Price, v. tb. Dec. 22.626, de 7.4.33, art. 4º, nota 2 (no tít. MÚTUO);

— a cláusula que, em contrato de capitalização, prevê para a hipótese de desistência retenção de mais de 10% dos valores pagos (RT 868/293);

— "a cláusula que fixa a multa pelo descumprimento do contrato com base não no valor das prestações pagas, mas no valor do imóvel, onerando demasiadamente o devedor" (STJ-3ª T., AI 664.744-EDcl-AgRg, Min. Sidnei Beneti, j. 26.8.08, DJ 11.9.08). No mesmo sentido: STJ-4ª T., Ag em REsp 1.068.171-AgInt, Min. Lázaro Guimarães, j. 5.12.17, DJ 12.12.17;

— a "cobrança pelo promitente-vendedor do serviço de assessoria técnico-imobiliária (SATI), ou atividade congênere, vinculado à celebração de promessa de compra e venda de imóvel" (STJ-2ª Seção, REsp 1.599.511, Min. Paulo Sanseverino, j. 24.8.16, DJ 6.9.16). S/ prescrição, v. CC 206, nota 3h;

— "É abusiva a prática comercial consistente no cancelamento unilateral e automático de um dos trechos da passagem aérea, sob a justificativa de não ter o passageiro se apresentado para embarque no voo antecedente, por afrontar direitos básicos do consumidor, tais como a vedação ao enriquecimento ilícito, a falta de razoabilidade nas sanções impostas e, ainda, a deficiência na informação sobre os produtos e serviços prestados" (STJ-4ª T., REsp 1.595.731, Min. Luis Felipe, j. 14.11.17, DJ 1.2.18). No mesmo sentido: STJ-3ª T., REsp 1.699.780, Min. Marco Bellizze, j. 11.9.18, DJ 17.9.18. V. tb. art. 39, nota 1b;

— "Previsão contratual de perda total do valor antecipadamente pago na hipótese de desistência em período inferior a vinte e um dias da data do início da viagem. Reconhecimento da abusividade da cláusula penal seja com fundamento no art. 413 do Código Civil de 2002, seja com fundamento no art. 51, II e IV, do CDC" (STJ-3ª T., REsp 1.321.655, Min. Paulo Sanseverino, j. 22.10.13, DJ 28.10.13). "Na hipótese em exame, o valor da multa penitencial, de 25 a 100% do montante contratado, transfere ao consumidor os riscos da atividade empresarial desenvolvida pelo fornecedor e se mostra excessivamente onerosa para a parte menos favorecida, prejudicando o equilíbrio contratual. É equitativo reduzir o valor da multa aos patamares previstos na Deliberação Normativa 161 de 9/8/1985 da EMBRATUR, que fixa o limite de 20% do valor do contrato às desistências, condicionando a cobrança de valores superiores à efetiva prova de gastos irrecuperáveis pela agência de turismo. Na hipótese em tela, o contrato estabelece o início da cobrança da multa penitencial no 29º dia anterior ao início da viagem, devendo, assim, ser reduzido a 20% o percentual máximo de referida multa pelo exercício da desistência a partir do referido marco temporal, com o condicionamento da cobrança de valores superiores à prova de efetivos gastos irrecuperáveis" (STJ-3ª T., REsp 1.580.278, Min. Nancy Andrighi, j. 21.8.18, DJ 3.9.18). **Todavia:** "Ação civil pública. Contrato de agenciamento de viagem. Cláusula penal compensatória. Perda gradativa de valores pagos em caso de cancelamento tardio. Serviço de intermediação. Risco do negócio. Direito não homogêneo. Impropriedade da via eleita. Abusividade que deve ser verificada casuisticamente" (STJ-4ª T., REsp 1.314.884, Min. Isabel Gallotti, j. 13.11.18, maioria, DJ 5.2.19).

Art. 51: 7c. De acordo com a jurisprudência, **não se enquadra** nas hipóteses previstas no inciso IV e, consequentemente, **é válida:**

— a cláusula mandato nos contratos de cartão de crédito (STJ-4ª T., AI 947.298-AgRg, Min. Quaglia Barbosa, j. 18.12.07, DJU 11.2.08; STJ-3ª T., REsp 779.332-AgRg, Min. Paulo Sanseverino, j. 21.10.10, DJ 28.10.10; RT 845/295). **Todavia:** "A cláusula-mandato inserida nos contratos de cartão de crédito possui três acepções distintas, que embora decorram da relação de representação existente entre os interessados, ensejam efeitos jurídicos e materiais totalmente diversos. A primeira é inerente a todos os contratos de cartão de crédito, tenham eles sido estabelecidos com instituições financeiras ou administradoras de cartão *private label*, sendo o real objeto contratado, na qual a operadora se compromete a honrar o compromisso assumido por seu mandante/cliente/consumidor perante o comerciante/prestador de serviço, até o limite estabelecido mediante eventual remuneração (comumente denominada anuidade). A segunda, considerada válida e inerente aos contratos de cartão de crédito mantidos por operadoras de cartões *private label* refere-se à autorização dada pelo mandante (cliente/consumidor) ao mandatário (administradora de cartão de crédito), para que este obtenha recursos no mercado financeiro para saldar eventuais dívidas e financiamentos daquele. A terceira, reputada abusiva pelo ordenamento jurídico pátrio, é no sentido de admitir que o mandatário emita título de crédito em nome do devedor principal mandante/cliente/consumidor. Na presente hipótese, não se está a discutir as duas primeiras acepções que a cláusula-mandato possui, haja vista que somente fora reputada abusiva pelas instâncias precedentes a parte da cláusula do contrato padrão no que permite à administradora de cartão de crédito sacar título cambial em nome do mandante. Compreende-se por abusiva a cláusula-mandato que prevê a emissão de título de crédito, por parte do mandatário contra o mandante, haja vista que tal procedimento expõe o outorgante à posição de extrema vulnerabilidade, a ponto de converter-se em prática ilegítima, eis que dela resulta um instrumento cambial apto a possibilitar a pronta invasão de seu patrimônio por meio da compensação bancária direta ou pela via executiva, reduzindo, inegavelmente, a sua capacidade defensiva, porquanto a expropriação estará lastrada em cártula que, em regra, por mera autorização contratual firmada em contrato de adesão, será sacada independentemente da intervenção do devedor/mandante" (STJ-2ª Seção, REsp 1.084.640, Min. Marco Buzzi, j. 23.9.15, DJ 29.9.15);

— "a cláusula contratual que permite o bloqueio temporário do cartão de crédito após a verificação de descumprimento contratual pelo consumidor, pois não o coloca em situação de sujeição ao puro arbítrio da administradora (art. 122 do CC), porquanto o bloqueio decorre do fato de o consumidor não cumprir com suas obrigações contratuais, sendo que, 'nos contratos bilaterais, nenhum dos contratantes, antes de cumprida a sua obrigação, pode exigir o implemento da do outro' (art. 476 do CC/02)" (STJ-RT 893/209: 3ª T., REsp 770.053);

— a cláusula que sujeita toda operação com o cartão de crédito à aprovação da administradora (JTJ 316/163: AP 1.289.260-1);

— "a cláusula de renovação automática do contrato de abertura de crédito" (STJ-3ª T., REsp 697.379, Min. Menezes Direito, j. 1.3.07, DJU 21.5.07);

— **Súmula 565 do STJ:** "A pactuação das tarifas de abertura de crédito (TAC) e de emissão de carnê (TEC), ou outra denominação para o mesmo fato gerador, é válida apenas nos contratos bancários anteriores ao início da vigência da Resolução-CMN n. 3.518/2007, em 30/4/2008".

Súmula 566 do STJ: "Nos contratos bancários posteriores ao início da vigência da Resolução-CMN n. 3.518/2007, em 30/4/2008, pode ser cobrada a tarifa de cadastro no início do relacionamento entre o consumidor e a instituição financeira".

"Durante a vigência da Resolução CMN 2.303/1996 era lícita a cobrança pela prestação de quaisquer tipos de serviços pelas instituições financeiras, entre eles o de liquidação antecipada de operação de crédito, desde que efetivamente contratados e prestados e, somente com o advento da Resolução CMN 3.516/2007, é que foi expressamente vedada a cobrança de tarifa em decorrência de liquidação antecipada de contratos de concessão de crédito e de arrendamento mercantil financeiro. Viabilidade da cobrança da tarifa de liquidação antecipada de contrato, desde que expressamente prevista nos contratos entabulados até a data da entrada em vigor da Resolução 3.501/2007, ou seja, para as operações de crédito e arrendamento mercantil contratadas antes de 10/12/2007 podem ser cobradas tarifas pela liquidação antecipada no momento em que for efetivada a liquidação, desde que a cobrança dessa tarifa esteja claramente identificada no extrato de conferência" (STJ-2ª Seção, REsp 1.392.449, Min. Marco Buzzi, j. 24.5.17, DJ 2.6.17).

"Abusividade da cláusula que prevê a cobrança de ressarcimento de serviços prestados por terceiros, sem a especificação do serviço a ser efetivamente prestado. Abusividade da cláusula que prevê o ressarcimento pelo consumidor da comissão do correspondente bancário, em contratos celebrados a partir de 25/02/2011, data de entrada em vigor da Res.-CMN 3.954/2011, sendo válida a cláusula no período anterior a essa resolução, ressalvado o controle da onerosidade excessiva. Validade da tarifa de avaliação do bem dado em garantia, bem como da cláusula que prevê o ressarcimento de despesa com o registro do contrato, ressalvadas a: abusividade da cobrança por serviço não efetivamente prestado; e a possibilidade de controle da onerosidade excessiva, em cada caso concreto" (STJ-2ª Seção, REsp 1.578.553, Min. Paulo Sanseverino, j. 28.11.18, DJ 6.12.18).

"Abusividade da cláusula que prevê o ressarcimento pelo consumidor da despesa com o registro do pré-gravame, em contratos celebrados a partir de 25/02/2011, data de entrada em vigor da Res.-CMN 3.954/2011, sendo válida a cláusula pactuada no período anterior a essa resolução, ressalvado o controle da onerosidade excessiva" (STJ-2ª Seção, REsp 1.639.320, Min. Paulo Sanseverino, j. 12.12.18, DJ 17.12.18);

— a cláusula que, em contrato de aluguel de cofre, limita os bens que podem ser guardados neste: "A cláusula limitativa de uso, assim compreendida como sendo aquela que determina quais seriam os objetos que poderiam (ou não) ser armazenados e sobre os quais recairiam (ou não) a obrigação (indireta) de segurança e proteção, não se confunde com a cláusula que exclui a responsabilidade da instituição financeira" (STJ-3ª T., REsp 1.163.137, Min. Massami Uyeda, j. 14.12.10, DJ 3.2.11). "Nos contratos de aluguel de cofre, não é abusiva a cláusula que impõe limite aos valores e objetos que podem ser armazenados, sobre os quais incidirá a obrigação de segurança e proteção" (STJ-4ª T., REsp 1.746.909-AgInt, Min. Isabel Gallotti, j. 11.2.20, DJ 18.2.20). V. tb. CC 927, nota 6e *in fine*;

— "É lícita a conduta da prestadora de serviço que em período anterior à Resolução 528, de 17 de abril de 2009, da agência reguladora ANATEL, efetua cobranças por ponto extra de TV por assinatura, face a ausência de disposição regulamentar à época vedando o recolhimento a esse título. Não se afigura abusiva a percepção por aluguel de equipamentos adicionais de transmissão ou reprodução do sinal de TV, pois, por serem opcionais, permitem cobrança mensal em número correspondente ao de sua disponibilização, visto acarretarem custos para o fornecedor e vantagens para o consumidor" (STJ-4ª T., REsp 1.449.289, Min. Marco Buzzi, j. 14.11.17, maioria, DJ 13.12.17);

— "Nada há de abusivo nas cláusulas de fidelidade, cuja legalidade está intimamente ligada aos benefícios que o consumidor desfruta quando da contratação, notadamente, com a isenção da taxa de instalação da fiação e aparelho de recepção do sinal de TV a cabo. A utilização do serviço somente por três meses não dá direito à exclusão da multa, tampouco redução da penalidade" (RT 869/376). "A cláusula de fidelização, em contrato de telefonia, é legítima, na medida em que o assinante, em contrapartida, recebe benefícios, bem como em face da necessidade de garantir um retorno mínimo em relação aos gastos realizados" (STJ-3ª T., REsp 1.204.952-AgRg, Min. Paulo Sanseverino, j. 14.8.12, DJ 20.8.12). No mesmo sentido: STJ-2ª T., Ag em REsp 253.609-AgRg, Min. Mauro Campbell, j. 18.12.12, DJ 5.2.13; STJ-1ª T., REsp 1.445.560, Min. Napoleão Maia Filho, j. 16.6.14, DJ 18.8.14. **Todavia,** em matéria de telefonia móvel e comodato de aparelho celular: "Em que pese ser possível a fixação de prazo mínimo de permanência, na hipótese dos autos, o contrato de 'comodato' de estações móveis entabulado entre as partes estabeleceu a vigência por 24 meses, distanciando-se das determinações regulamentares da ANATEL (Norma Geral de Telecomunicações n. 23/96 e Resolução 477/07), de ordem a tornar tal estipulação, inequivocamente, abusiva, haja vista atentar contra a liberdade de escolha do consumidor, direito básico deste" (STJ-4ª T., REsp 1.097.582, Min. Marco Buzzi, j. 19.3.13, DJ 8.4.13). Considerando "abusiva a prática comercial adotada pela prestadora do serviço de TV a cabo, que, até 2011, cobrava a multa fidelidade integral dos consumidores, independentemente do tempo faltante para o término da relação de fidelização. Isso porque a cobrança integral da multa, sem computar o prazo de carência parcialmente cumprido pelo consumidor, coloca o fornecedor em vantagem exagerada, caracterizando conduta iníqua, incompatível com a equidade, consoante disposto no § 1º e inciso IV do artigo 51 do código consumerista": STJ-4ª T., REsp 1.362.084, Min. Luis Felipe, j. 16.5.17, maioria, DJ 1.8.17. **Contra,** afirmando a abusividade da cláusula que vincula o consumidor à empresa de telefonia celular por período mínimo: RT 844/331;

— **Súmula 356 do STJ:** "É legítima a cobrança da tarifa básica pelo uso dos serviços de telefonia fixa".

"É legal a cobrança de assinatura mensal pelas empresas de telefonia" **(Enunciado n. 22 do I Encontro JECSP,** Bol. AASP 2.554). Isso porque essa cobrança "não constitui abuso proibido pelo CDC, por, primeiramente, haver amparo legal e, em segundo lugar, tratar-se de serviço que, necessariamente, é disponibilizado, de modo contínuo e ininterrupto, aos usuários" (STJ-1ª Seção, REsp 911.802, Min. José Delgado, j. 24.10.07, um voto vencido, DJ 1.9.08). No mesmo sentido: RT 873/237 (TJCE, AP 2005.0017.6617-3/1), JTJ 312/316, 314/345. **Contra:** RT 869/279;

— "Os valores pagos a título de prêmio pelo seguro por invalidez ou morte não são passíveis de restituição, uma vez que a entidade suportou o risco. E, embora não tenha ocorrido o sinistro, nem por isso deixaram os associados de usufruir da prestação do serviço na vigência do contrato, que é, por natureza, oneroso" (STJ-3ª T., REsp 573.761, Min. Castro Filho, j. 2.12.03, DJU 19.12.03). No mesmo sentido: RT 863/412;

— "Controvérsia acerca da validade de cláusula de reajuste do prêmio por faixa etária em contrato de seguro de vida em grupo. Justificativa eminentemente patrimonial do seguro de vida em contraste com o fundamento humanitário (dignidade da pessoa humana) subjacente aos contratos de plano/seguro de saúde. Distinção impeditiva da aplicação, por analogia, da regra do art. 15 da Lei 9.656/1998 aos contratos de seguro de vida. Ressalva dos contratos de seguro de vida que estabeleçam alguma forma de compensação do 'desvio de risco', como a formação de reserva técnica para essa finalidade" (STJ-3ª T., REsp 1.816.750, Min. Paulo Sanseverino, j. 26.11.19, maioria, DJ

3.12.19). No mesmo sentido: STJ-4ª T., REsp 1.769.111, Min. Luis Felipe, j. 10.12.19, DJ 20.2.20. Do voto do relator: "Nada obsta a que as seguradoras estabeleçam em seus contratos uma cláusula de reajuste por faixa etária, cobrando um prêmio maior dos segurados idosos para compensar o desvio de risco verificado nessa classe de segurados. Nessa extensão, eventual revisão de cláusula desse teor para simplesmente eliminar o reajuste da faixa etária dos idosos por certo que abalaria significativamente o equilíbrio financeiro do contrato de seguro de vida, passando todo o desvio de risco daqueles segurados a ser suportado pelo fundo mútuo, sem nenhuma compensação no valor do prêmio". **Contra:** "Seguro de vida. Reajuste por faixa etária. Abusividade da cláusula que estabelece fatores de aumento do prêmio do seguro de acordo com a faixa etária, após o segurado implementar 60 anos de idade e mais de 10 anos de vínculo contratual. Analogia com os contratos de plano de saúde (art. 15 da Lei 9.656/98)" (STJ-3ª T., REsp 1.453.941-AgRg-EDcl, Min. Paulo Sanseverino, j. 25.11.14, DJ 4.12.14);

— a cláusula que prevê o pagamento do valor de mercado do automóvel segurado no momento do sinistro que leva à sua perda (v. CC 776, nota 1a);

— "As administradoras de consórcio possuem total liberdade para fixar a respectiva taxa de administração, nos termos do art. 33 da Lei 8.177/91 e da Circular 2.766/97 do BACEN, não sendo considerada ilegal ou abusiva, portanto, as taxas fixadas em percentual superior a 10%" (STJ-2ª Seção, ED no REsp 927.379, Min. Fernando Gonçalves, j. 12.11.08, DJ 19.12.08);

— "Nos contratos de capitalização, é válida a convenção que prevê, para o caso de resgate antecipado, o prazo de carência de até 24 (vinte e quatro) meses para a devolução do montante da provisão matemática. Não pode o juiz, com base no CDC, determinar a anulação de cláusula contratual expressamente admitida pelo ordenamento jurídico pátrio se não houver evidência de que o consumidor tenha sido levado a erro quanto ao seu conteúdo. No caso concreto, não há nenhuma alegação de que a recorrente tenha omitido informações aos aplicadores ou agido de maneira a neles incutir falsas expectativas. Deve ser utilizada a técnica do 'diálogo das fontes' para harmonizar a aplicação concomitante de dois diplomas legais ao mesmo negócio jurídico; no caso, as normas específicas que regulam os títulos de capitalização e o CDC, que assegura aos investidores a transparência e as informações necessárias ao perfeito conhecimento do produto" (STJ-RT 911/529: 4ª T., REsp 1.216.673). "Analisando detidamente os artigos 71, § 1º, da Resolução da CNSP n. 15/1992 e 23, §§ 1º e 2º, da Circular Susep n. 365/2008, nota-se que o primeiro admite, genericamente, a estipulação de prazo de carência, enquanto o segundo, de forma específica, permite a fixação do mesmo tipo de prazo, não superior a 24 (vinte e quatro) meses, contados da data de início de vigência do título de capitalização. Assim, não há falar em abusividade de cláusula contratual que estipule prazo de carência para devolução de valores aplicados em planos de capitalização, desde que redigida em estrita obediência ao previsto na legislação vigente sobre a matéria. A estipulação de cláusula de carência para resgate visa proteger os recursos da capitalização, a fim de impedir que a desistência de algum dos aderentes prejudique os demais detentores de títulos dentro de uma mesma sociedade de capitalização, impedindo o cumprimento de obrigações previstas pela companhia como, por exemplo, o pagamento da premiação por sorteio. Na espécie, a cláusula contratual que estipulou o prazo de carência foi elaborada em conformidade com a legislação vigente, não podendo ser considerada abusiva por não causar prejuízo ao consumidor, além de não ter tido a intenção de puni-lo; antes, teve por objetivo proteger o interesse coletivo dos participantes (também consumidores) dos planos de capitalização" (STJ-2ª Seção, ED no REsp 1.354.963, Min. Luis Felipe, j. 24.9.14, DJ 7.10.14);

— "Na incorporação imobiliária, o pagamento pela compra de um imóvel em fase de produção, a rigor, deve ser à vista. Nada obstante, pode o incorporador oferecer prazo ao adquirente para pagamento, mediante parcelamento do preço. Afigura-se, nessa hipótese, legítima a cobrança de juros compensatórios. Por isso, não se considera abusiva cláusula contratual que preveja a cobrança de juros antes da entrega das chaves, que, ademais, confere maior transparência ao contrato e vem ao encontro do direito à informação do consumidor (art. 6º, III, do CDC), abrindo a possibilidade de correção de eventuais abusos. No caso concreto, a exclusão dos juros compensatórios convencionados entre as partes, correspondentes às parcelas pagas antes da efetiva entrega das chaves, altera o equilíbrio financeiro da operação e a comutatividade da avença" (STJ-2ª Seção, ED no REsp 670.117, Min. Antonio Ferreira, j. 13.6.12, três votos vencidos, DJ 26.11.12). **Todavia:** "Programa Minha Casa, Minha Vida. É ilícito cobrar do adquirente juros de obra ou outro encargo equivalente, após o prazo ajustado no contrato para a entrega das chaves da unidade autônoma, incluído o período de tolerância" (STJ-2ª Seção, REsp 1.729.593, Min. Marco Bellizze, j. 25.9.19, DJ 27.9.19);

— a "cláusula contratual que transfere ao promitente-comprador a obrigação de pagar a comissão de corretagem nos contratos de promessa de compra e venda de unidade autônoma em regime de incorporação imobiliária, desde que previamente informado o preço total da aquisição da unidade autônoma, com o destaque do valor da comissão de corretagem" (STJ-2ª Seção, REsp 1.599.511, Min. Paulo Sanseverino, j. 24.8.16, DJ 6.9.16). S/ dever de informação, v. arts. 31 e 46; s/ prescrição, v. CC 206, nota 3h;

— "Validade da intermediação, pela internet, da venda de ingressos para eventos culturais e de entretenimento mediante cobrança de 'taxa de conveniência', desde que o consumidor seja previamente informado do preço total da aquisição do ingresso, com o destaque do valor. Descumprimento do dever de informação pela empresa demandada, na medida em que a referida taxa de conveniência vem sendo escamoteada na fase pré-contratual, como se estivesse embutida no preço, para depois ser cobrada como um valor adicional, gerando aumento indevido do preço total. Prática abusiva e prejudicial à livre concorrência" (STJ-3ª T., REsp 1.737.428-EDcl, Min. Paulo Sanseverino, j. 6.10.20, maioria, DJ 19.11.20);

— "A previsão contratual que outorga ao vendedor o direito de exigir o resíduo inflacionário não constitui manobra ilícita e nem frustra os fins da Lei 9.069/1995, mas, ao contrário, visa manter o equilíbrio econômico-financeiro das partes contratantes, como expressamente prevê o § 6º do art. 28 da referida Lei" (STJ-4ª T., REsp 1.142.348, Min. Luis Felipe, j. 2.10.14, DJ 30.10.14);

— "Contrato de financiamento imobiliário. Indexação pelo IGP-M. Possibilidade" (STJ-4ª T., Ag em REsp 165.318-AgRg, Min. Isabel Gallotti, j. 19.3.13, DJ 3.4.13);

— "Serviços prestados por imobiliária. Custos de cobrança. Boleto bancário. Repasse. Possibilidade. O boleto bancário não se constitui na única forma de pagamento colocada à disposição do consumidor, que pode se valer de outros meios de adimplemento das obrigações decorrentes dos contratos de locação celebrados com a empresa demandada, inclusive com instruções claras e adequadas sobre a possibilidade de pagamento com isenção da tarifa bancária. Ausência de prática ilegal ou abusiva" (STJ-3ª T., REsp 1.439.314, Min. Ricardo Cueva, j. 18.2.20, DJ 20.2.20). Todavia, em matéria de serviços prestados por banco, v. nota anterior;

— "A fixação de horários diversos de *check-in* (15:00hs) e *check-out* (12:00hs) atende a interesses legítimos do consumidor e do prestador dos serviços de hospedagem, espelhando antiga prática amplamente aceita dentro e fora do Brasil" (STJ-3ª T., REsp 1.717.111, Min. Paulo Sanseverino, j. 12.3.19, DJ 15.3.19).

Art. 51: 7d. "A imposição de **multa moratória** para a hipótese de atraso no pagamento da compra é revertida, sobretudo, em favor da instituição financeira que dá suporte à compra dos produtos adquiridos a prazo pelo consumidor. Sob este ângulo, sequer há reciprocidade negocial a justificar a **intervenção judicial** de maneira genérica nos contratos padronizados da recorrente. O vendedor do produto está obrigado a prestar seu serviço no tempo, lugar e forma contratados, e acaso incorra em mora deverá responder pelos respectivos prejuízos, mais juros, atualização monetária e honorários de advogado (arts. 394, 395, do CC). É indevida a intervenção estatal para fazer constar cláusula penal genérica contra o fornecedor de produto em contrato padrão de consumo, pois além de violar os princípios da livre iniciativa e da autonomia da vontade, a própria legislação já prevê mecanismos de punição daquele que incorre em mora" (STJ-2ª Seção, REsp 1.656.182, Min. Nancy Andrighi, j. 11.9.19, maioria, DJ 14.9.19).

Art. 51: 7e. v. arts. 6º-VIII e 38.

Art. 51: 7f. **Lei 9.307, de 23.9.96: "Art. 4º § 2º** Nos contratos de adesão, a cláusula compromissória só terá eficácia se o aderente tomar a iniciativa de instituir a arbitragem ou concordar, expressamente, com a sua instituição, desde que por escrito em documento anexo ou em negrito, com a assinatura ou visto especialmente para essa cláusula".

Art. 51: 8. "Com a promulgação da Lei de Arbitragem, passaram a conviver, em harmonia, três regramentos de diferentes graus de especificidade: (i) a regra geral, que obriga a observância da arbitragem quando pactuada pelas partes, com derrogação da jurisdição estatal; (ii) a regra específica, contida no art. 4º, § 2º, da Lei 9.307/96 e aplicável a contratos de adesão genéricos, que restringe a eficácia da cláusula compromissória; e (iii) a regra ainda mais específica, contida no art. 51, VII, do CDC, incidente sobre contratos derivados de relação de consumo, sejam eles de adesão ou não, impondo a nulidade de cláusula que determine a utilização compulsória da arbitragem, ainda que satisfeitos os requisitos do art. 4º, § 2º, da Lei 9.307/96. O art. 51, VII, do CDC se limita a vedar a adoção prévia e compulsória da arbitragem, no momento da celebração do contrato, mas não impede que, posteriormente, diante de eventual litígio, havendo consenso entre as partes (em especial a aquiescência do consumidor), seja instaurado o procedimento arbitral. As regras dos arts. 51, VII, do CDC e 34 da Lei 9.514/97 não são incompatíveis. Primeiro porque o art. 34 não se refere exclusivamente a financiamentos imobiliários sujeitos ao CDC e segundo porque, havendo relação de consumo, o dispositivo legal não fixa o momento em que deverá ser definida a efetiva utilização da arbitragem" (STJ-3ª T., REsp 1.169.841, Min. Nancy Andrighi, j. 6.11.12, RAM 37/503). Do voto da relatora: "Na hipótese específica dos autos, o ajuizamento da ação principal evidencia, ainda que de forma implícita, a discordância do recorrido em se submeter ao procedimento arbitral, não podendo, pois, nos termos do art. 51, VII, do CDC, prevalecer a cláusula que impõe sua utilização compulsória".

"Não há incompatibilidade entre os arts. 51, VII, do CDC e 4º, § 2º, da Lei n. 9.307/96. Visando conciliar os normativos e garantir a maior proteção ao consumidor é que entende-se que a cláusula compromissória só virá a ter eficácia caso este aderente venha a tomar a iniciativa de instituir a arbitragem, ou concorde, expressamente, com a sua instituição, não havendo, por conseguinte, falar em compulsoriedade. Ademais, há situações em que, apesar de se tratar de consumidor, não há vulnerabilidade da parte a justificar sua proteção. Dessarte, a instauração da arbitragem pelo consumidor vincula o fornecedor, mas a recíproca não se mostra verdadeira, haja vista que a propositura da arbitragem pelo policitante depende da ratificação expressa do oblato vulnerável, não sendo suficiente a aceitação da cláusula realizada no momento da assinatura do contrato de adesão. Com isso, evita-se qualquer forma de abuso, na medida em que o consumidor detém, caso desejar, o poder de libertar-se da via arbitral para solucionar eventual lide com o prestador de serviços ou fornecedor. É que a recusa do consumidor não exige qualquer motivação. Propondo ele ação no Judiciário, haverá negativa (ou renúncia) tácita da cláusula compromissória. Assim, é possível a cláusula arbitral em contrato de adesão de consumo quando não se verificar presente a sua imposição pelo fornecedor ou a vulnerabilidade do consumidor, bem como quando a iniciativa da instauração ocorrer pelo consumidor ou, no caso de iniciativa do fornecedor, venha a concordar ou ratificar expressamente com a instituição, afastada qualquer possibilidade de abuso. Na hipótese, os autos revelam contrato de adesão de consumo em que fora estipulada cláusula compromissória. Apesar de sua manifestação inicial, a mera propositura da presente ação pelo consumidor é apta a demonstrar o seu desinteresse na adoção da arbitragem — não haveria a exigível ratificação posterior da cláusula —, sendo que o recorrido/fornecedor não aventou em sua defesa qualquer das exceções que afastariam a jurisdição estatal, isto é: que o recorrente/consumidor detinha, no momento da pactuação, condições de equilíbrio com o fornecedor — não haveria vulnerabilidade da parte a justificar sua proteção; ou ainda, que haveria iniciativa da instauração de arbitragem pelo consumidor ou, em sendo a iniciativa do fornecedor, que o consumidor teria concordado com ela. Portanto, é de se reconhecer a ineficácia da cláusula arbitral" (STJ-4ª T., REsp 1.189.050, Min. Luis Felipe, j. 1.3.16, DJ 14.3.16).

Art. 51: 8a. cf. **Súmula 60 do STJ (Procurador do mutuário vinculado ao mutuante):** "É nula a obrigação cambial assumida por procurador do mutuário vinculado ao mutuante, no exclusivo interesse deste" (v. jurisprudência s/ esta Súmula em RSTJ 44/17 a 79).

"É nula a cláusula contratual, em pacto de adesão, que autoriza o credor a sacar letra de câmbio, na qual o devedor figura como sacado, sendo aplicável, por extensão, o enunciado da Súmula 60 do Superior Tribunal de Justiça" (STJ-3ª T., REsp 713.842-AgRg, Min. Paulo Furtado, j. 14.4.09, DJ 20.5.09).

Art. 51: 9. v. tb. art. 39-IX; cf. CC 122-parte final.

O inc. XI deste art. 51 repete quase a mesma disposição, mas com outra redação.

Art. 51: 9a. s/ possibilidade de fixação de preços diferenciados conforme a modalidade de pagamento, v. art. 39, nota 6.

Art. 51: 10. cf. inciso XIII, mais amplo.

Ficou proibido ao fornecedor escolher, a cada prestação e a seu inteiro critério, o índice de atualização monetária (v. tb. art. 51-*caput*-IV e § 1º-III).

Art. 51: 10a. v. inciso IX.

Art. 51: 11. s/ ressarcimento de custos de cobrança, v. CC 395, nota 1.

Art. 51: 11a. "Os honorários contratuais decorrentes de contratação de serviços advocatícios extrajudiciais são passíveis de ressarcimento, nos termos do art. 395 do CC/02. Em contratos de consumo, além da existência de cláusula expressa para a responsabilização do consumidor, deve haver reciprocidade, garantindo-se igual direito ao consumidor na hipótese de inadimplemento do fornecedor. A liberdade contratual integrada pela boa-fé objetiva acrescenta ao contrato deveres anexos, entre os quais o ônus do credor de minorar seu prejuízo buscando soluções amigáveis antes da contratação de serviço especializado. O exercício regular do direito de ressarcimento aos honorários advocatícios, portanto, depende da demonstração de sua imprescindibilidade para solução extrajudicial de impasse entre as partes contratantes ou para adoção de medidas preparatórias ao processo judicial, bem como da prestação efetiva de serviços privativos de advogado e da razoabilidade do valor dos honorários convencionados" (STJ-3ª T., REsp 1.274.629, Min. Nancy Andrighi, j. 16.5.13, DJ 20.6.13).

"É nula a cláusula contratual que fixa a cobrança dos honorários advocatícios, em caso de inadimplemento do consumidor, sem que igual direito lhe seja conferido contra o fornecedor, nos termos do art. 51, XII, do CDC" (RT 841/344).

"É nula a cláusula contratual que, em contrato de mútuo habitacional firmado no âmbito do SFH, concede vantagem unilateral a um dos contratantes, estabelecendo pena convencional aos devedores, equivalente a 10% sobre o total da dívida, em caso de deflagração de execução judicial ou extrajudicial, impondo, ainda, o pagamento de honorários advocatícios, ou do agente fiduciário, conforme o caso" (RDDP 59/167).

Art. 51: 12. v. inciso X.

Art. 51: 13. v. CC 96 § 3º.

Art. 51: 14. Na publicação oficial, está "Pressume-se".

Art. 51: 15. v. inciso IV do *caput*.

Art. 51: 16. v. art. 6º-V.

Art. 51: 17. cf. CC 184 e 478 a 480.

Art. 52. No fornecimento de produtos ou serviços que envolva outorga de crédito ou concessão de financiamento ao consumidor, o fornecedor deverá, entre outros requisitos, informá-lo[1] prévia e adequadamente sobre:

I — preço do produto ou serviço em moeda corrente nacional;[2]
II — montante dos juros de mora[3] e da taxa efetiva anual de juros;
III — acréscimos legalmente previstos;
IV — número e periodicidade das prestações;[4]
V — soma total a pagar, com e sem financiamento.

§ 1º (*redação da Lei 9.298, de 1.8.96*) As multas de mora[4a] decorrentes do inadimplemento de obrigações no seu termo não poderão ser superiores a dois por cento do valor da prestação.[4b a 4d]

§ 2º É assegurada ao consumidor a liquidação antecipada do débito, total ou parcialmente, mediante redução proporcional dos juros e demais acréscimos.[5-6]

§ 3º (VETADO)

Art. 52: 1. Pena: art. 66.

Art. 52: 2. v. art. 53 § 2º. Pena: multa (art. 56-I c/c art. 57 § ún.).

Art. 52: 3. v. § 1º. Pena: multa (art. 56-I c/c art. 57 § ún.).

Art. 52: 4. Quanto a prestações, v. art. 51, nota 10.

Art. 52: 4a. s/ cláusula penal em geral, v. CC 408 a 416.

S/ intervenção judicial para inserção no contrato de multa moratória em favor do consumidor, v. art. 51, nota 7d.

Art. 52: 4b. cf., no mesmo sentido, CC 1.336 § 1º.

Art. 52: 4c. "Os contratos de prestação de serviços de telefonia, por envolver **relação de consumo,** estão sujeitos à regra prevista no § 1º do art. 52 do CDC, segundo a qual é de até 2% do valor da prestação (e não de 10%) a multa de mora decorrente do inadimplemento de obrigação no seu termo" (STJ-1ª T., REsp 436.224, Min. Teori Zavascki, j. 18.12.07, DJU 11.2.08).

"É aplicável aos contratos de prestações de serviços educacionais o limite de 2% para a multa moratória, em harmonia com o disposto no § 1º do art. 52 do CDC" (STJ-3ª T., REsp 476.649, Min. Nancy Andrighi, j. 20.11.03, DJU 25.2.04).

Art. 52: 4d. "A pessoa jurídica executada adquiriu os produtos como revendedora de combustíveis e produtos derivados de petróleo, **não** os utilizando na condição de **destinatária final.** Consequentemente, não cabe a redução da multa moratória, de 10% para 2%, com fundamento no Código de Defesa do Consumidor" (STJ-4ª T., Ag em REsp 1.136.463-AgInt-AgInt, Min. Raul Araújo, j. 17.9.19, DJ 3.10.19).

Art. 52: 5. Súmula 285 do STJ: "Nos contratos bancários posteriores ao Código de Defesa do Consumidor incide a multa moratória nele prevista" (v. jurisprudência s/ esta Súmula em RSTJ 177/157).

Art. 52: 6. cf. Dec. 22.626, de 7.4.33, art. 7º, no tít. MÚTUO.

Art. 53. Nos contratos de compra e venda de móveis ou imóveis[1-1a] mediante pagamento em prestações, bem como nas alienações fiduciárias em garantia, consideram-se nulas de pleno direito as cláusulas que estabeleçam a perda total das prestações pagas em benefício do credor que, em razão do inadimplemento, pleitear a resolução do contrato e a retomada do produto alienado.

§ 1º (VETADO)

§ 2º Nos contratos do sistema de consórcio[2] de produtos duráveis, a compensação ou a restituição das parcelas quitadas, na forma deste artigo, terá descontada, além da vantagem econômica auferida com a fruição, os prejuízos que o desistente ou inadimplente causar ao grupo.[3 a 4]

§ 3º Os contratos de que trata o *caput* deste artigo serão expressos em moeda corrente nacional.[4a-5]

Art. 53: 1. Por identidade de razões, aplica-se às promessas de compra e venda e às cessões de promessa de compra e venda.

Art. 53: 1a. v. Lei 4.591/64, art. 67-A e notas (no tít. CONDOMÍNIO E INCORPORAÇÃO).

Art. 53: 2. **Lei 11.795, de 8.10.08** — Dispõe sobre o Sistema de Consórcio.

Art. 53: 3. "A possibilidade de se descontar dos valores devidos percentual a título de reparação pelos prejuízos causados ao grupo (art. 53, § 2º, do CDC) depende da efetiva prova do prejuízo sofrido, ônus que incumbe à administradora do consórcio. A atualização monetária das parcelas a serem restituídas deve ser realizada com base em índice que melhor reflita a desvalorização da moeda, o que não corresponde à variação do valor do bem objeto do consórcio" (STJ-3ª T., REsp 871.421, Min. Sidnei Beneti, j. 11.3.08, DJU 1.4.08).

Art. 53: 3a. "É devida a **restituição de valores vertidos por consorciado desistente ao grupo de consórcio,** mas não de imediato, e sim em até **trinta dias** a contar do prazo previsto contratualmente para o **encerramento do plano"** (STJ-2ª Seção, REsp 1.119.300, Min. Luis Felipe, j. 14.4.10, DJ 27.8.10). No mesmo sentido: JTJ 348/272 (AP 991.09.026966-8).

Contra: "A restituição dos valores pagos ao consorciado desistente deve ser **imediata**, e não após certo decurso de prazo, uma vez que, sempre que um consorciado desiste do plano, a administradora o substitui, livrando-se de qualquer prejuízo decorrente da desistência daquele" (RJM 179/200).

"Afigura-se abusiva e, portanto, nula a cláusula contratual que prevê para o caso de desistência do consórcio a devolução das prestações pagas somente após o encerramento do grupo. O consorciado desistente tem direito ao reembolso imediato das prestações pagas" (RT 876/276: TJDFT, EI 2006.01.1.086201-6, maioria).

No caso, s/ correção monetária, v. LCM 1º, nota 3 (Súmula 35 do STJ); juros de mora, v. CC 405, nota 5.

Art. 53: 3b. Negando o direito à restituição das parcelas pagas em caso de **consorciado** inadimplente que já havia sido **contemplado:** "Haveria indisfarçável desequilíbrio se fosse dado ao consumidor o direito à restituição integral do quanto pago após quase três anos de uso de um bem que, particularmente, sofre forte depreciação com o tempo" (STJ-3ª T., REsp 997.287, Min. Nancy Andrighi, j. 17.12.09, DJ 2.2.10).

Art. 53: 3c. "O **fundo de reserva** visa a conferir maior segurança ao grupo de consórcio, assegurando o seu perfeito equilíbrio e regular funcionamento, resguardando o fundo comum contra imprevistos como a inadimplência. Por se tratar de uma verba com destinação específica, uma vez encerrado o grupo, eventual saldo positivo da conta deverá ser rateado entre todos os consorciados, inclusive os desistentes, na proporção de sua contribuição. Considerando que o consorciado desistente somente irá receber seus haveres ao final, após o encerramento contábil do grupo — quando todos os participantes já terão sido contemplados e todas as despesas e encargos do grupo, inclusive os decorrentes de inadimplência e retirada antecipada, já estarão pagos — não há motivo para excluí-lo da devolução de eventual saldo do fundo de reserva" (STJ-3ª T., REsp 1.363.781, Min. Nancy Andrighi, j. 18.3.14, DJ 26.3.14).

Art. 53: 4. **Súmula 538 do STJ:** "As administradoras de consórcio têm liberdade para estabelecer a respectiva **taxa de administração,** ainda que fixada em percentual superior a dez por cento".

"As administradoras de consórcio possuem liberdade para fixar a respectiva taxa de administração, nos termos do art. 33 da Lei 8.177/91 e da Circular 2.766/97 do BACEN, não sendo considerada ilegal ou abusiva a taxa fixada em 13%" (STJ-2ª Seção, ED no REsp 992.740, Min. Luis Felipe, j. 9.6.10, DJ 15.6.10).

"Livremente contratada a taxa de administração de grupo consorcial, deve prevalecer o percentual acertado quando não demonstrado qualquer fato relevante que possa ensejar a nulidade da cláusula que o prevê, cuja taxa está dentro do que é normalmente cobrado pelas demais administradoras" (RJM 179/200).

Art. 53: 4a. Pena: multa (art. 56-I c/c art. 57 § ún.).

Art. 53: 5. v. nota 1.

Seção III | DOS CONTRATOS DE ADESÃO[1]

✎ **SEÇ. III: 1.** "Contratos de adesão e condições gerais dos contratos", por Eduardo Messias Gonçalves de Lyra Junior (RT 828/11).

Art. 54. Contrato de adesão[1] é aquele cujas cláusulas tenham sido aprovadas pela autoridade competente ou estabelecidas unilateralmente pelo fornecedor de produtos ou serviços, sem que o consumidor possa discutir ou modificar substancialmente seu conteúdo.

§ 1º A inserção de cláusula no formulário não desfigura a natureza de adesão do contrato.

§ 2º Nos contratos de adesão admite-se cláusula resolutória, desde que alternativa, cabendo a escolha ao consumidor, ressalvando-se o disposto no § 2º do artigo anterior.[1a]

Consumidor

§ 3º Os contratos de adesão escritos serão redigidos em termos claros e com caracteres ostensivos e legíveis, cujo tamanho da fonte não será inferior ao corpo doze, de modo a facilitar sua compreensão pelo consumidor.[1b-1c]

§ 4º As cláusulas que implicarem limitação de direito do consumidor deverão ser redigidas com destaque, permitindo sua imediata e fácil compreensão.[1d a 3]

§ 5º (VETADO)

Art. 54: 1. v. art. 18 § 2º-*in fine.*

Art. 54: 1a. "No caso, não se verifica o alegado defeito na prestação de serviços, haja vista que a extinção de cursos é procedimento legalmente previsto e admitido, não sendo dado atribuir-se a responsabilização à universidade por evento sobre o qual não há qualquer participação ou influência desta (ausência de alunos e não obtenção, pela aluna, de aprovação), mormente quando cumpre todos os deveres ínsitos à boa-fé objetiva. Na relação jurídica estabelecida com seu corpo discente, consoante atestado pelas instâncias ordinárias, a instituição de ensino forneceu adequada informação e, no momento em que verificada a impossibilidade de manutenção do curso superior, ofereceu alternativas à aluna, providenciando e viabilizando, conforme solicitado por esta, a transferência para outra faculdade" (STJ-4ª T., REsp 1.094.769, Min. Marco Buzzi, j. 18.3.14, maioria, DJ 15.8.14).

Art. 54: 1b. Redação do § 3º de acordo com a Lei 11.785, de 22.9.08.

Art. 54: 1c. "Existência de elementos de distinção entre o instrumento escrito dos contratos de adesão e o contexto dos **anúncios publicitários,** que impedem a aplicação da analogia. **Inaplicabilidade** da norma do art. 54, § 3º, do CDC ao contexto dos anúncios, sem prejuízo do controle da prática enganosa com base em outro fundamento" (STJ-3ª T., REsp 1.602.678, Min. Paulo Sanseverino, j. 23.5.17, DJ 31.5.17). No mesmo sentido: STJ-4ª T., Ag em REsp 1.074.382-AgInt, Min. Isabel Gallotti, j. 18.9.18, maioria, DJ 24.10.18.

Art. 54: 1d. v., a propósito: Lei 4.591/64, art. 35-A § 2º (no tít. CONDOMÍNIO E INCORPORAÇÃO); Lei 6.766/79, art. 26-A § 2º (no tít. PROMESSA DE COMPRA E VENDA E LOTEAMENTO); Lei 9.307, de 23.9.96, art. 4º § 2º (no CPCLPV, tít. ARBITRAGEM E MEDIAÇÃO).

Art. 54: 1e. "Por se tratar de relação de consumo, a eventual limitação de direito do segurado deve constar, de forma clara e com destaque, nos moldes do art. 54, § 4º, do CDC e, obviamente, ser entregue ao consumidor **no ato da contratação,** não sendo admitida a entrega posterior. No caso concreto, surge incontroverso que o documento que integra o contrato de seguro de vida não foi apresentado por ocasião da contratação, além do que a cláusula restritiva constou tão somente do 'manual do segurado', enviado após a assinatura da proposta. Portanto, configurada a violação ao artigo 54, § 4º, do CDC" (STJ-4ª T., REsp 1.219.406, Min. Luis Felipe, j. 15.2.11, DJ 18.2.11).

Art. 54: 2: "Cláusula restritiva, contida em contrato de adesão, deve ser redigida com destaque a fim de se permitir, ao consumidor, sua imediata e fácil compreensão. O fato de a cláusula restritiva estar no meio de outras, em negrito, não é suficiente para se atender à exigência do art. 54, § 4º, do CDC. A lei não prevê — e nem o deveria — o modo como tais cláusulas deverão ser redigidas. Assim, a interpretação do art. 54 deve ser feita com o espírito protecionista, buscando sua máxima efetividade" (STJ-3ª T., REsp 774.035, Min. Gomes de Barros, j. 21.11.06, DJU 5.2.07).

Art. 54: 2a. "Contrato. **Seguro.** Furto qualificado. Cláusula restritiva de direito. Exclusão de bens que se encontrem em ambiente aberto. Exclusão constante apenas no Manual de Condições Gerais de Seguro. Cláusula limitativa de direito que deve ser expressa na apólice de seguro a ser redigida com destaque a permitir a fácil compreensão. Infringência do disposto no art. 54, § 4º, da Lei 8.078/90" (JTJ 302/303).

"Cláusula limitativa que restringe a cobertura a furto qualificado. Reprodução da letra da lei. Informação precária. Incidência do art. 54 § 4º do CDC. Os arts. 6º, inciso III, e 54, § 4º, do CDC, estabelecem que é direito do consumidor a informação plena do objeto do contrato, garantindo-lhe, ademais, não somente uma clareza física das cláusulas limitativas — o que é atingido pelo simples destaque destas —, mas, sobretudo, clareza semântica, um significado unívoco dessas cláusulas, que deverão estar infensas a duplo sentido. O esclarecimento contido no contrato acerca da abrangência da cobertura securitária que reproduz, em essência, a letra do art. 155 do Código Penal, à evidência, não satisfaz o comando normativo segundo o qual as cláusulas limitadoras devem ser claras, por óbvio, aos olhos dos seus destinatários, os consumidores, cuja hipossuficiência informacional é pressuposto do seu enquadramento como tal. Mostra-se inoperante a cláusula contratual que, a pretexto de informar o consumidor sobre as limitações da cobertura securitária, somente o remete para a letra da Lei acerca da tipicidade do furto qualificado, cuja interpretação, ademais, é por vezes controvertida até mesmo no âmbito dos Tribunais e da doutrina criminalista" (STJ-4ª T., REsp 814.060, Min. Luis Felipe, j. 6.4.10, DJ 13.4.10). No mesmo sentido: STJ-3ª T., REsp 1.293.006, Min. Massami Uyeda, j. 21.6.12, RT 926/869.

"A mera remissão a conceitos e artigos do Código Penal contida em cláusula de contrato de seguro não se compatibiliza com a exigência do art. 54, § 4º, do CDC, uma vez que materializa informação insuficiente, que escapa à compreensão do homem médio, incapaz de distinguir entre o crime de roubo e o delito de extorsão, dada sua aproximação topográfica, conceitual e da forma probatória. Dever de cobertura caracterizado" (STJ-4ª T., REsp 1.106.827, Min. Marco Buzzi, j. 16.10.12, DJ 23.10.12).

"Sinistro causado por sobrecarga elétrica advinda de faísca de raio. Danos em equipamentos e aparelhos domésticos. Queda de raio na área externa à do imóvel segurado. Recusa da seguradora no ressarcimento. Alegação de incidência da cláusula contratual que prevê cobertura se o dano resultar de queda de raio dentro da área do imóvel segurado. Abusividade. Afronta à boa-fé objetiva. Indenização devida" (JTJ 347/444: AP 359.221-4/7-00; ementa da redação).

Todavia: "Cobrança. Seguro de vida. Cobertura exclusiva para morte e invalidez decorrentes de acidente pessoal. Cláusulas contratuais que foram redigidas com clareza e precisão, não provocando desvantagem exagerada ao consumidor. Ausência de violação ao art. 47 da Lei 8.078/90. Ação improcedente" (JTJ 342/570: AP 1.246.339-0/6; no caso, pretendia-se que o contrato cobrisse tambem morte natural).

V. tb. CC 757 e notas.

Art. 54: 3. "Ainda que se deva, em princípio, dar interpretação favorável ao adquirente de **plano de saúde,** não há como impor-se responsabilidade por cobertura que, por cláusula expressa e de fácil verificação, tenha sido excluída do contrato" (STJ-3ª T., REsp 319.707, Min. Castro Filho, j. 7.11.02, dois votos vencidos, DJU 28.4.03).

Já se a redação da cláusula limitativa não observa os ditames do art. 54 § 4º, ela "não tem força para alcançar o consumidor" (STJ-3ª T., REsp 255.064, Min. Menezes Direito, j. 5.4.01, DJU 4.6.01).

"Em sendo clara e de entendimento imediato, não é abusiva a cláusula que exclui da cobertura contratual o transplante de órgãos. A clareza dos termos contratuais não está necessariamente vinculada ao modo como foram grafados" (STJ-3ª T., REsp 378.863-AgRg, Min. Gomes de Barros, j. 21.2.06, DJU 8.5.06).

V tb. art. 51, nota 7.

Consumidor

Capítulo VII | DAS SANÇÕES ADMINISTRATIVAS[1]

CAP. VII: 1. v. Dec. 2.181, de 20.3.97, arts. 18 a 28.

Art. 55. A União, os Estados e o Distrito Federal, em caráter concorrente e nas suas respectivas áreas de atuação administrativa, baixarão normas relativas à produção, industrialização, distribuição e consumo de produtos e serviços.

§ 1º A União, os Estados, o Distrito Federal e os Municípios fiscalizarão e controlarão a produção, industrialização, distribuição, a publicidade de produtos e serviços e o mercado de consumo, no interesse da preservação da vida, da saúde, da segurança, da informação e do bem-estar do consumidor, baixando as normas que se fizerem necessárias.

§ 2º (VETADO)

§ 3º Os órgãos federais, estaduais, do Distrito Federal e municipais com atribuições para fiscalizar e controlar o mercado de consumo manterão comissões permanentes para elaboração, revisão e atualização das normas referidas no § 1º, sendo obrigatória a participação dos consumidores e fornecedores.

§ 4º Os órgãos oficiais poderão expedir notificações aos fornecedores para que, sob pena de desobediência, prestem informações sobre questões de interesse do consumidor, resguardado o segredo industrial.[1]

Art. 55: 1. "A recusa do fornecedor em prestar informações pode ensejar o crime de desobediência, além de sujeitá-lo às demais sanções administrativas previstas no próprio art. 55, sistemática seguida pelo art. 33 § 2º do Dec. 2.181/1997" (STJ-2ª T., REsp 1.120.310, Min. Herman Benjamin, j. 24.8.10, DJ 14.9.10). No caso, a recusa à prestação de informações implicou a imposição de multa ao fornecedor.

Art. 56. As infrações das normas de defesa do consumidor ficam sujeitas, conforme o caso, às seguintes sanções administrativas, sem prejuízo das de natureza civil, penal e das definidas em normas específicas:[1 a 1c]

I — multa;[1d a 1f]
II — apreensão do produto;[2]
III — inutilização do produto;
IV — cassação do registro do produto junto ao órgão competente;
V — proibição de fabricação do produto;
VI — suspensão de fornecimento de produtos ou serviço;
VII — suspensão temporária de atividade;
VIII — revogação de concessão ou permissão de uso;
IX — cassação de licença do estabelecimento ou de atividade;[3]
X — interdição, total ou parcial, de estabelecimento, de obra ou de atividade;[4]
XI — intervenção administrativa;[5]
XII — imposição de contrapropaganda.[6]

Parágrafo único. As sanções previstas neste artigo serão aplicadas pela autoridade administrativa, no âmbito de sua atribuição, podendo ser aplicadas cumulativamente, inclusive por medida cautelar antecedente ou incidente de procedimento administrativo.

Art. 56: 1. S/ legitimidade para a imposição de multa, v. Dec. 2.181/97, art. 5º, bem como a nota seguinte.

Art. 56: 1a. "Constitui atribuição do **Procon** a análise de contratos e a aplicação de multas e outras penalidades, nos termos dos arts. 56 e 57 do CDC e 18 e 22 do Decreto 2.181/97" (STJ-2ª T., REsp 1.652.614, Min. Herman Benjamin, j. 6.4.17, DJ 27.4.17).

"Não obstante os órgãos de proteção e defesa do consumidor, que integram o Sistema Nacional de Defesa do Consumidor, serem autônomos e independentes quanto à fiscalização e controle do mercado de consumo, não se demonstra razoável e lícita a aplicação de sanções a fornecedor, decorrentes da mesma infração, por mais de uma autoridade consumerista, uma vez que tal conduta possibilitaria que todos os órgãos de defesa do consumidor existentes no País punissem o infrator, desvirtuando o poder punitivo do Estado" (STJ-1ª T., REsp 1.087.892, Min. Benedito Gonçalves, j. 22.6.10, DJ 3.8.10).

"Única infração ao Código do Consumidor, objeto de multas distintas, uma pelo DPDC (âmbito federal), no grau máximo, e outra pelo Procon-SP (esfera estadual). Inadmissibilidade (*bis in idem*). Confronto das situações previstas pelos arts. 10 e 8º do Código do Consumidor, que se excluem, não coexistem e, como tal, não podem ser, cumulativamente, sancionadas" (Bol. AASP 2.579: TJSP, AP 344.553-5/0).

Art. 56: 1b. "A **responsabilidade** administrativa de pessoa jurídica e as sanções previstas no art. 56 do CDC seguem o **regime objetivo e solidário** da responsabilidade civil, dispensados dolo ou culpa e com incidência sobre todos aqueles que compõem a cadeia de fornecedores" (STJ-2ª T., REsp 1.784.264, Min. Herman Benjamin, j. 25.6.19, DJ 20.8.20).

Art. 56: 1c. Autorizando a aplicação de sanção em caso de infração de norma consumerista contra um **único consumidor:** "A quantidade de reclamantes não é critério de imputação mas, sim, de dosimetria da pena a ser imposta" (STJ-2ª T., REsp 1.576.694, Min. Herman Benjamin, j. 22.11.16, DJ 27.8.20).

Art. 56: 1d. v. art. 57.

Art. 56: 1e. "A multa prevista no art. 56 do CDC não visa à reparação do dano sofrido pelo consumidor, mas sim à punição pela infração às normas que tutelam as relações de consumo" (STJ-1ª T., RMS 21.520, Min. Teori Zavascki, j. 8.8.06, DJU 17.8.06). No mesmo sentido: STJ-2ª T., RMS 22.015, Min. Castro Meira, j. 26.9.06, DJU 5.10.06.

Por isso: "A composição civil entre o consumidor e o fornecedor e/ou prestador de serviços, ainda que realizada em juízo, não tem o condão de afastar a imposição de penalidade de multa, aplicada por órgão de proteção e defesa do consumidor, no exercício do poder sancionatório do Estado" (STJ-RT 898/201: 1ª T., REsp 1.164.146).

Art. 56: 1f. Essa multa **não pode ser aplicada de ofício** pelo juiz (STJ-3ª T., REsp 1.377.463, Min. Nancy Andrighi, j. 27.2.18, DJ 2.3.18).

Art. 56: 2. Incisos II a VIII: v. art. 58.

Art. 56: 3. v. art. 59.

Art. 56: 4. v. art. 59.

Art. 56: 5. v. art. 59 § 2º.

Art. 56: 6. v. art. 60.

Art. 57 (*redação da Lei 8.656, de 21.5.93*). A pena de multa, graduada de acordo com a gravidade da infração, a vantagem auferida e a condição econômica do fornecedor,[1] será aplicada mediante procedimento administrativo, revertendo para o Fundo de que trata a Lei n. 7.347, de 24 de julho de 1985, os valores cabíveis à União, ou para os Fundos estaduais ou municipais de proteção ao consumidor nos demais casos.

Parágrafo único (*redação da Lei 8.703, de 6.9.93*). A multa[2] será em montante não inferior a duzentas e não superior a três milhões de vezes o valor da Unidade Fiscal de Referência (UFIR), ou índice equivalente que venha a substituí-lo.[3-4]

Art. 57: 1. "O valor da multa aplicada, por levar em conta a gravidade da infração, a vantagem auferida e a condição econômica do fornecedor (art. 57 do CDC), não pode ser revisto em sede de mandado de segurança, pois exige dilação probatória" (STJ-1ª T., RMS 21.818, Min. Denise Arruda, j. 17.10.06, DJU 26.10.06).

Art. 57: 2. O art. 3º da Lei 8.656, de 21.5.93, que dispunha sobre a pena de multa, foi revogado pela Lei 8.703, de 6.9.93.

Art. 57: 3. O § ún., suprimido implicitamente pela Lei 8.656, de 21.5.93, foi restabelecido, com a redação acima, pela Lei 8.703, de 6.9.93.

Art. 57: 4. "O comando do parágrafo único do art. 57 do CDC não é apto a sustentar a tese do recorrente de que o valor da multa deveria ter sido fixado em UFIR. A redação do referido dispositivo legal é clara e trata unicamente dos limites em UFIR para se estabelecer o montante da penalidade, de forma que o *quantum* da sanção pode ser fixado em reais" (STJ-1ª T., REsp 1.385.625-AgRg, Min. Sérgio Kukina, j. 3.9.13, DJ 11.9.13; a citação é do voto do relator).

Art. 58. As penas de apreensão, de inutilização de produtos, de proibição de fabricação de produtos, de suspensão do fornecimento de produto ou serviço, de cassação do registro do produto e revogação da concessão ou permissão de uso serão aplicadas pela administração, mediante procedimento administrativo, assegurada ampla defesa, quando forem constatados vícios de quantidade[1] ou de qualidade[2] por inadequação ou insegurança do produto ou serviço.

Art. 58: 1. v. art. 19.

Art. 58: 2. v. art. 18 § 6º.

Art. 59. As penas de cassação de alvará de licença, de interdição e de suspensão temporária da atividade, bem como a de intervenção administrativa serão aplicadas mediante procedimento administrativo, assegurada ampla defesa, quando o fornecedor reincidir[1] na prática das infrações de maior gravidade previstas neste Código e na legislação de consumo.

§ 1º A pena de cassação da concessão será aplicada à concessionária de serviço público, quando violar obrigação legal ou contratual.[2]

§ 2º A pena de intervenção administrativa será aplicada sempre que as circunstâncias de fato desaconselharem a cassação de licença, a interdição ou suspensão da atividade.

§ 3º Pendendo ação judicial na qual se discuta a imposição de penalidade administrativa, não haverá reincidência até o trânsito em julgado da sentença.

Art. 59: 1. v. § 3º.

Art. 59: 2. v. arts. 6º-X e 22.

Art. 60. A imposição de contrapropaganda será cominada quando o fornecedor incorrer na prática de publicidade enganosa ou abusiva, nos termos do art. 36 e seus parágrafos,[1-2] sempre às expensas do infrator.

§ 1º A contrapropaganda será divulgada pelo responsável da mesma forma, frequência e dimensão e, preferencialmente no mesmo veículo, local, espaço e horário, de forma capaz de desfazer o malefício da publicidade enganosa ou abusiva.

§ 2º (VETADO)

§ 3º (VETADO)

Art. 60: 1. A remissão deve ser ao art. 37 e §§.

Art. 60: 2. v. tb. art. 67.

Título II | DAS INFRAÇÕES PENAIS[1]

TÍT. II: 1. "Questões fundamentais da responsabilidade penal pelo produto defeituoso", por Fábio Guedes de Paula Machado (RT 910/177).

Art. 61. Constituem crimes contra as relações de consumo previstas neste Código, sem prejuízo do disposto no Código Penal e leis especiais,[1] as condutas tipificadas nos artigos seguintes.

Art. 61: 1. As penas dos arts. 63 a 80 podem ser impostas sem prejuízo das penalidades administrativas previstas no art. 56 (v. *caput* deste art.).

Art. 62. (VETADO)

Art. 63. Omitir dizeres ou sinais ostensivos sobre a nocividade ou periculosidade de produtos, nas embalagens, nos invólucros, recipientes ou publicidade:[1]

Pena — Detenção de seis meses a dois anos e multa.

§ 1º Incorrerá nas mesmas penas quem deixar de alertar, mediante recomendações escritas ostensivas, sobre a periculosidade do serviço a ser prestado.

§ 2º Se o crime é culposo:

Pena — Detenção de um a seis meses ou multa.

Art. 63: 1. v. arts. 9º, 12-*caput* e 14-*caput*; cf. art. 66.

Art. 64. Deixar de comunicar à autoridade competente e aos consumidores a nocividade ou periculosidade de produtos cujo conhecimento seja posterior à sua colocação no mercado:[1]

Pena — Detenção de seis meses a dois anos e multa.

Parágrafo único. Incorrerá nas mesmas penas quem deixar de retirar do mercado, imediatamente quando determinado pela autoridade competente, os produtos nocivos ou perigosos, na forma deste artigo.

Art. 64: 1. v. art. 10 § 1º.

Art. 65. Executar serviço de alto grau de periculosidade, contrariando determinação de autoridade competente:

Pena — Detenção de seis meses a dois anos e multa.

§ 1º As penas deste artigo são aplicáveis sem prejuízo das correspondentes à lesão corporal e à morte.[1-1a]

§ 2º A prática do disposto no inciso XIV do art. 39 desta Lei também caracteriza o crime previsto no *caput* deste artigo.[2]

Art. 65: 1. O § ún. foi renumerado pela Lei 13.425, de 30.3.17 (DOU 31.3.17).

Art. 65: 1a. causadas a terceiro, não ao executor (claro!).

Art. 65: 2. O § 2º foi acrescido pela Lei 13.425, de 30.03.17, em vigor 180 dias após sua publicação (DOU 31.3.17).

Art. 66. Fazer afirmação falsa ou enganosa, ou omitir informação relevante[1] sobre a natureza, característica, qualidade, quantidade, segurança, desempenho, durabilidade, preço ou garantia de produtos ou serviços:

Pena — Detenção de três meses a um ano e multa.

§ 1º Incorrerá nas mesmas penas quem patrocinar a oferta.

§ 2º Se o crime é culposo:

Pena — Detenção de um a seis meses ou multa.

Art. 66: 1. v. arts. 30, 37 § 3º e 52-*caput*; cf. tb. art. 63.

Art. 67. Fazer ou promover publicidade que sabe ou deveria saber ser enganosa ou abusiva:[1]

Pena — Detenção de três meses a um ano e multa.

Parágrafo único. (VETADO)

Art. 67: 1. v. arts. 37-*caput* e §§ e 60-*caput*.

Art. 68. Fazer ou promover publicidade que sabe ou deveria saber ser capaz de induzir o consumidor a se comportar de forma prejudicial ou perigosa a sua saúde ou segurança:[1]

Pena — Detenção de seis meses a dois anos e multa.

Parágrafo único. (VETADO)

Art. 68: 1. v. art. 37 § 2º-*in fine*.

Art. 69. Deixar de organizar dados fáticos, técnicos e científicos que dão base à publicidade:[1]

Pena — Detenção de um a seis meses ou multa.

Art. 69: 1. v. art. 36 § ún.

Art. 70. Empregar, na reparação de produtos, peças ou componentes de reposição usados, sem autorização do consumidor:[1]

Pena — Detenção de três meses a um ano e multa.

Art. 70: 1. v. arts. 21 e 32.

Art. 71. Utilizar, na cobrança de dívidas, de ameaça, coação, constrangimento físico ou moral, afirmações falsas, incorretas ou enganosas ou de qualquer outro procedimento que exponha o consumidor, injustificadamente, a ridículo ou interfira com seu trabalho, descanso ou lazer:[1]

Pena — Detenção de três meses a um ano e multa.

Art. 71: 1. v. art. 42.

Art. 72. Impedir ou dificultar o acesso do consumidor às informações que sobre ele constem em cadastros, banco de dados, fichas e registros:[1]

Pena — Detenção de seis meses a um ano ou multa.

Art. 72: 1. v. art. 43-*caput*.

Art. 73. Deixar de corrigir imediatamente[1] informação sobre consumidor constante de cadastro, banco de dados, fichas ou registros que sabe ou deveria saber ser inexata:

Pena — Detenção de um a seis meses ou multa.

Art. 73: 1. v. art. 43 § 3º.

Art. 74. Deixar de entregar ao consumidor o termo de garantia adequadamente preenchido e com especificação clara de seu conteúdo:[1]

Pena — Detenção de um a seis meses ou multa.

Art. 74: 1. v. art. 50.

Art. 75. Quem, de qualquer forma, concorrer para os crimes referidos neste Código incide nas penas a esses cominadas na medida de sua culpabilidade, bem como o diretor, administrador ou gerente da pessoa jurídica que promover, permitir ou por qualquer modo aprovar o fornecimento, oferta, exposição à venda ou manutenção em depósito de produtos ou a oferta e prestação de serviços nas condições por ele proibidas.

Art. 76. São circunstâncias agravantes dos crimes tipificados neste Código:

I — serem cometidos em época de grave crise econômica ou por ocasião de calamidade;

II — ocasionarem grave dano individual ou coletivo;

III — dissimular-se a natureza ilícita do procedimento;

IV — quando cometidos:

a) por servidor público, ou por pessoa cuja condição econômico-social seja manifestamente superior à da vítima;

b) em detrimento de operário ou rurícola; de menor de dezoito ou maior de sessenta anos ou de pessoas portadoras de deficiência mental, interditadas ou não;[1]

V — serem praticados em operações que envolvam alimentos, medicamentos ou quaisquer outros produtos ou serviços essenciais.

Art. 76: 1. v. art. 39-IV.

Art. 77. A pena pecuniária prevista nesta Seção será fixada em dias-multa, correspondente ao mínimo e ao máximo de dias de duração da pena privativa da liberdade cominada ao crime. Na individualização desta multa, o juiz observará o disposto no art. 60, § 1º do Código Penal.

Art. 78. Além das penas privativas de liberdade e de multa, podem ser impostas, cumulativa ou alternadamente, observado o disposto nos arts. 44 a 47, do Código Penal:

I — a interdição temporária de direitos;

II — a publicação em órgãos de comunicação de grande circulação ou audiência, às expensas do condenado, de notícia sobre os fatos e a condenação;

III — a prestação de serviços à comunidade.

Art. 79. O valor da fiança, nas infrações de que trata este Código, será fixado pelo juiz, ou pela autoridade que presidir o inquérito, entre cem e duzentas mil vezes o valor do Bônus do Tesouro Nacional — BTN, ou índice equivalente que venha substituí-lo.[1]

Parágrafo único. Se assim recomendar a situação econômica do indiciado ou réu, a fiança poderá ser:

a) reduzida até a metade de[2] seu valor mínimo;

b) aumentada pelo juiz até vinte vezes.

Art. 79: 1. Conforme publicação no DOU. Na Coleção de Leis da União, está: "venha a substituí-lo".

Art. 79: 2. Conforme publicação no DOU. Na Coleção de Leis da União, está: "do seu valor".

Art. 80. No processo penal atinente aos crimes previstos neste Código, bem como a outros crimes e contravenções que envolvam relações de consumo, poderão intervir, como assistentes do Ministério Público, os legitimados indicados no art. 82, inciso[1] III e IV, aos quais também é facultado propor ação penal subsidiária, se a denúncia não for oferecida no prazo legal.

Art. 80: 1. *sic*; deve ser "incisos".

Título III | DA DEFESA DO CONSUMIDOR EM JUÍZO[1]

TÍT. III: 1. **As notas a este Título podem ser lidas no nosso CPCLPV.**

Capítulo I | DISPOSIÇÕES GERAIS

Art. 81. A defesa dos interesses e direitos dos consumidores e das vítimas poderá ser exercida em juízo individualmente, ou a título coletivo.[1]

Parágrafo único. A defesa coletiva será exercida quando se tratar de:

I — interesses ou direitos difusos, assim entendidos, para efeitos deste Código, os transindividuais, de natureza indivisível, de que sejam titulares pessoas indeterminadas e ligadas por circunstâncias de fato;[2]

II — interesses ou direitos coletivos, assim entendidos, para efeitos deste Código, os transindividuais de natureza indivisível de que seja titular grupo, categoria ou classe de pessoas ligadas entre si ou com a parte contrária por uma relação jurídica base;[3]

III — interesses ou direitos individuais homogêneos,[4] assim entendidos os decorrentes de origem comum.

Art. 81: 1. Ação civil coletiva: art. 91 (competência: art. 93). Execução coletiva: art. 98 (competência: § 2º).

Art. 81: 2. v. art. 104.

Art. 81: 3. v. art. 104.

Art. 81: 4. v. arts. 91 a 100.

Art. 82 (*redação da Lei 9.008, de 21.3.95*). Para os fins do art. 81, parágrafo único,[1] são legitimados concorrentemente:[2]

I — o Ministério Público;

II — a União, os Estados, os Municípios e o Distrito Federal;

III — as entidades e órgãos da administração pública, direta ou indireta, ainda que sem personalidade jurídica, especificamente destinados à defesa dos interesses e direitos protegidos por este Código;

IV — as associações legalmente constituídas há pelo menos um ano e que incluam entre seus fins institucionais a defesa dos interesses e direitos protegidos por este Código, dispensada a autorização assemblear.

§ 1º O requisito da pré-constituição pode ser dispensado pelo juiz, nas ações previstas no art. 91 e seguintes, quando haja manifesto interesse social evidenciado pela dimensão ou característica do dano, ou pela relevância do bem jurídico a ser protegido.

§ 2º (VETADO)

§ 3º (VETADO)

Art. 82: 1. i. e., para efeito de execução de sentença; cf. tb. art. 97.

Art. 82: 2. v. art. 92.

Art. 83. Para a defesa dos direitos e interesses protegidos por este Código são admissíveis todas as espécies de ações capazes de propiciar sua adequada e efetiva tutela.

Parágrafo único. (VETADO)

Art. 84. Na ação que tenha por objeto o cumprimento da obrigação de fazer ou não fazer,[1] o juiz concederá a tutela específica da obrigação ou determinará providências que assegurem o resultado prático equivalente ao do adimplemento.

§ 1º A conversão da obrigação em perdas e danos somente será admissível se por elas optar o autor ou se impossível a tutela específica ou a obtenção do resultado prático correspondente.

§ 2º A indenização por perdas e danos se fará sem prejuízo da multa (art. 287, do Código de Processo Civil).[1a-2]

§ 3º Sendo relevante o fundamento da demanda e havendo justificado receio de ineficácia do provimento final, é lícito ao juiz conceder a tutela liminarmente ou após justificação prévia, citado o réu.

§ 4º O juiz poderá, na hipótese do § 3º ou na sentença, impor multa diária ao réu, independentemente de pedido do autor, se for suficiente ou compatível com a obrigação, fixando prazo razoável para o cumprimento do preceito.

§ 5º Para a tutela específica ou para a obtenção do resultado prático equivalente, poderá o juiz determinar as medidas necessárias, tais como busca e apreensão, remoção de coisas e pessoas, desfazimento de obra, impedimento de atividade nociva, além de requisição de força policial.

Art. 84: 1. v. arts. 35-I e 48.

Art. 84: 1a. A referência é ao CPC rev.

Art. 84: 2. v. § 4º.

Art. 85. (VETADO)

Art. 86. (VETADO)

Art. 87. Nas ações coletivas de que trata este Código não haverá adiantamento de custas, emolumentos, honorários periciais e quaisquer outras despesas, nem condenação da associação autora, salvo comprovada má-fé, em honorários de advogados, custas e despesas processuais.

Parágrafo único. Em caso de litigância de má-fé, a associação autora e os diretores responsáveis pela propositura da ação serão solidariamente condenados em honorários advocatícios e ao décuplo das custas, sem prejuízo da responsabilidade por perdas e danos.

Art. 88. Na hipótese do art. 13, parágrafo único deste Código, a ação de regresso poderá ser ajuizada em processo autônomo, facultada a possibilidade de prosseguir-se nos mesmos autos, vedada a denunciação da lide.[1]

Art. 88: 1. v. CPC 125 a 129.

Art. 89. (VETADO)

Art. 90. Aplicam-se às ações previstas neste Título as normas do Código de Processo Civil e da Lei n. 7.347, de 24 de julho de 1985,[1] inclusive no que respeita ao inquérito civil,[2] naquilo que não contrariar suas disposições.

Art. 90: 1. Lei 7.347, no CPCLPV, tít. AÇÃO CIVIL PÚBLICA.

Art. 90: 2. v. art. 26 § 2º-III; Lei 7.347, art. 8º-§ 1º e art. 9º.

Capítulo II — DAS AÇÕES COLETIVAS[1] PARA A DEFESA DE INTERESSES INDIVIDUAIS HOMOGÊNEOS

CAP. II: 1. s/ ação coletiva, em geral: arts. 81 § ún., 87, 90 e 103 (coisa julgada); s/ ação coletiva para defesa de interesses individuais homogêneos (art. 81-III): arts. 91 a 100.

Art. 91 (*redação da Lei 9.008, de 21.3.95*). Os legitimados de que trata o art. 82 poderão propor, em nome próprio e no interesse das vítimas ou seus sucessores, ação civil coletiva de responsabilidade pelos danos individualmente sofridos, de acordo com o disposto nos artigos seguintes.

Art. 92. O Ministério Público,[1] se não ajuizar a ação,[2] atuará sempre como fiscal da lei.

Parágrafo único. (VETADO)

Art. 92: 1. v. arts. 51 § 4º e 82-I.

Art. 92: 2. v. art. 82-I.

Art. 93. Ressalvada a competência da justiça federal, é competente para a causa a justiça local:

I — no foro do lugar onde ocorreu ou deva ocorrer o dano, quando de âmbito local;[1]

II — no foro da Capital do Estado ou no do Distrito Federal, para os danos de âmbito nacional ou regional, aplicando-se as regras do Código de Processo Civil aos casos de competência concorrente.[2]

Art. 93: 1. cf. CPC 53-IV-*a*.

Art. 93: 2. v., p. ex., CPC 46 § 4º.

Art. 94. Proposta a ação, será publicado edital[1-2] no órgão oficial, a fim de que os interessados possam intervir no processo como litisconsortes,[3] sem prejuízo de ampla divulgação pelos meios de comunicação social por parte dos órgãos de defesa do consumidor.

Art. 94: 1. "Edital", no singular; logo, uma só publicação.

Art. 94: 2. O prazo do edital, para que se considere perfeita a citação dos interessados, deve variar entre 20 dias, no mínimo, e 60, no máximo, contados da publicação pela imprensa (CPC 257-III).

Art. 94: 3. v. CPC 113 a 118.

Art. 95. Em caso de procedência do pedido, a condenação será genérica, fixando a responsabilidade do réu pelos danos causados.

Art. 96. (VETADO)

Art. 97. A liquidação e a execução de sentença poderão ser promovidas pela vítima e seus sucessores, assim como pelos legitimados de que trata o art. 82.

Parágrafo único. (VETADO)

Art. 98 (*redação da Lei 9.008, de 21.3.95*). A execução poderá ser coletiva, sendo promovida pelos legitimados de que trata o art. 82, abrangendo as vítimas cujas indenizações já tiverem sido fixadas em sentença de liquidação, sem prejuízo do ajuizamento de outras execuções.

§ 1º A execução coletiva far-se-á com base em certidão das sentenças de liquidação, da qual deverá constar a ocorrência ou não do trânsito em julgado.

§ 2º É competente para a execução o juízo:

I — da liquidação da sentença ou da ação condenatória, no caso de execução individual;

II — da ação condenatória, quando coletiva a execução.

Art. 99. Em caso de concurso de créditos decorrentes de condenação prevista na Lei n. 7.347, de 24 de julho de 1985, e de indenizações pelos prejuízos individuais resultantes do mesmo evento danoso, estas terão preferência no pagamento.

Parágrafo único. Para efeito do disposto neste artigo, a destinação da importância recolhida ao Fundo criado pela Lei n. 7.347, de 24 de julho de 1985,[1] ficará sustada enquanto pendentes de decisão de segundo grau as ações de indenização pelos danos individuais, salvo na hipótese de o patrimônio do devedor ser manifestamente suficiente para responder pela integralidade das dívidas.

Art. 99: 1. v. art. 13 da Lei 7.347.

Art. 100. Decorrido o prazo de um ano sem habilitação de interessados em número compatível com a gravidade do dano, poderão os legitimados do art. 82 promover a liquidação e execução da indenização devida.

Parágrafo único. O produto da indenização devida reverterá para o Fundo criado pela Lei n. 7.347, de 24 de julho de 1985.[1]

Art. 100: 1. v. art. 13 da Lei 7.347.

Capítulo III — DAS AÇÕES DE RESPONSABILIDADE DO FORNECEDOR DE PRODUTOS E SERVIÇOS

Art. 101. Na ação de responsabilidade civil do fornecedor de produtos e serviços,[1] sem prejuízo do disposto nos Capítulos I e II deste Título,[2] serão observadas as seguintes normas:

I — a ação pode ser proposta no domicílio do autor;[3]

II — o réu que houver contratado seguro de responsabilidade poderá chamar ao processo o segurador, vedada a integração do contraditório pelo Instituto de Resseguros do Brasil. Nesta hipótese, a sentença que julgar procedente o pedido condenará o réu nos termos do art. 80 do Código de Processo Civil.[4] Se o réu houver sido declarado falido, o síndico será intimado a informar a existência de seguro de responsabilidade, facultando-se, em caso afirmativo, o ajuizamento de ação de indenização diretamente contra o segurador, vedada a denunciação da lide ao Instituto de Resseguros do Brasil e dispensado o litisconsórcio obrigatório com este.

Art. 101: 1. Prescrição: art. 27.

Art. 101: 2. v. arts. 81 a 100.

Art. 101: 3. cf. CPC 53-IV-*a*.

Art. 101: 4. v. CPC 132.

Art. 102. Os legitimados a agir na forma deste Código[1] poderão propor ação visando compelir o Poder Público competente a proibir, em todo o território nacional, a produção, divulgação, distribuição ou venda, ou a determinar alteração na composição, estrutura, fórmula ou acondicionamento de produto, cujo uso ou consumo regular se revele nocivo ou perigoso à saúde pública e à incolumidade pessoal.

§ 1º (VETADO)

§ 2º (VETADO)

Art. 102: 1. v. art. 82.

Capítulo IV | DA COISA JULGADA

Art. 103. Nas ações coletivas de que trata este Código, a sentença fará coisa julgada:[1]

I — *erga omnes*,[2] exceto se o pedido for julgado improcedente por insuficiência de provas, hipótese em que qualquer legitimado poderá intentar outra ação, com idêntico fundamento, valendo-se de nova prova, na hipótese do inciso I do parágrafo único do art. 81;

II — *ultra partes*,[3] mas limitadamente ao grupo, categoria ou classe, salvo improcedência por insuficiência de provas, nos termos do inciso anterior, quando se tratar da hipótese prevista no inciso II do parágrafo único do art. 81;

III — *erga omnes*, apenas no caso de procedência do pedido, para beneficiar todas as vítimas e seus sucessores, na hipótese do inciso III do parágrafo único do art. 81.

§ 1º Os efeitos da coisa julgada previstos nos incisos I e II não prejudicarão interesses e direitos individuais dos integrantes da coletividade, do grupo, categoria ou classe.

§ 2º Na hipótese prevista no inciso III, em caso de improcedência do pedido, os interessados que não tiverem intervindo no processo como litisconsortes poderão propor ação de indenização a título individual.

§ 3º Os efeitos da coisa julgada de que cuida o art. 16, combinado com o art. 13 da Lei n. 7.347, de 24 de julho de 1985, não prejudicarão as ações de indenização por danos pessoalmente sofridos, propostas individualmente ou na forma prevista neste Código, mas, se procedente o pedido, beneficiarão as vítimas e seus sucessores, que poderão proceder à liquidação e à execução, nos termos dos arts. 96 a 99.

§ 4º Aplica-se o disposto no parágrafo anterior à sentença penal condenatória.

Art. 103: 1. cf. CPC 506.

Art. 103: 2. v. art. 104.

Art. 103: 3. v. art. 104.

Art. 104. As ações coletivas, previstas nos incisos I e II do parágrafo único do art. 81, não induzem litispendência[1] para as ações individuais, mas os efeitos da coisa julgada *erga omnes* ou *ultra partes* a que aludem os incisos II e III do artigo anterior não beneficiarão os autores das ações individuais, se não for requerida sua suspensão no prazo de trinta dias, a contar da ciência nos autos do ajuizamento da ação coletiva.

Art. 104: 1. v. CPC 337 §§ 1º a 3º.

Título IV | DO SISTEMA NACIONAL DE DEFESA DO CONSUMIDOR[1]

TÍT. IV: 1. v. Dec. 2.181, de 20.3.97, arts. 3º a 8º.

Art. 105. Integram o Sistema Nacional de Defesa do Consumidor — SNDC os órgãos federais, estaduais, do Distrito Federal e municipais e as entidades privadas de defesa do consumidor.

Art. 106. O Departamento Nacional de Defesa do Consumidor, da Secretaria Nacional de Direito Econômico-MJ, ou órgão federal que venha substituí-lo, é organismo de coordenação da política do Sistema Nacional de Defesa do Consumidor, cabendo-lhe:

I — planejar, elaborar, propor, coordenar e executar a política nacional de proteção ao consumidor;

II — receber, analisar, avaliar e encaminhar consultas, denúncias ou sugestões apresentadas por entidades representativas ou pessoas jurídicas de direito público ou privado;

III — prestar aos consumidores orientação permanente sobre seus direitos e garantias;

IV — informar, conscientizar e motivar o consumidor através dos diferentes meios de comunicação;

V — solicitar à polícia judiciária a instauração de inquérito policial para a apreciação de delito contra os consumidores, nos termos da legislação vigente;

VI — representar ao Ministério Público competente para fins de adoção de medidas processuais no âmbito de suas atribuições;

VII — levar ao conhecimento dos órgãos competentes as infrações de ordem administrativa que violarem os interesses difusos, coletivos, ou individuais dos consumidores;

VIII — solicitar o concurso de órgãos e entidades da União, Estados, do Distrito Federal e Municípios, bem como auxiliar a fiscalização de preços, abastecimento, quantidade e segurança de bens e serviços;

IX — incentivar, inclusive com recursos financeiros e outros programas especiais, a formação de entidades de defesa do consumidor pela população e pelos órgãos públicos estaduais e municipais;

X — (VETADO)

XI — (VETADO)

XII — (VETADO)

XIII — desenvolver outras atividades compatíveis com suas finalidades.

Parágrafo único. Para a consecução de seus objetivos, o Departamento Nacional de Defesa do Consumidor poderá solicitar o concurso de órgãos e entidades de notória especialização técnico-científica.

Título V | DA CONVENÇÃO COLETIVA DE CONSUMO

Art. 107. As entidades civis de consumidores e as associações de fornecedores ou sindicatos de categoria econômica podem regular, por convenção escrita, relações de consumo que tenham por objeto estabelecer condições relativas ao preço, à qualidade, à quantidade, à garantia[1] e características de produtos e serviços, bem como à reclamação e composição do conflito de consumo.

§ 1º A convenção tornar-se-á obrigatória a partir do registro do instrumento no cartório de títulos e documentos.

§ 2º A convenção somente obrigará os filiados às entidades signatárias.

§ 3º Não se exime de cumprir a convenção o fornecedor que se desligar da entidade em data posterior ao registro do instrumento.

Art. 107: 1. v. arts. 50 e 74.

Art. 108. (VETADO)

Título VI | DISPOSIÇÕES FINAIS

Art. 109. (VETADO)

Art. 110. Acrescente-se o seguinte inciso IV ao art. 1º da Lei n. 7.347, de 24 de julho de 1985:[1]

"IV — a qualquer outro interesse difuso ou coletivo".

Art. 110: 1. Lei 7.347: no CPCLPV, tít. AÇÃO CIVIL PÚBLICA.

Art. 111. O inciso II do art. 5º da Lei n. 7.347, de 24 de julho de 1985, passa a ter a seguinte redação:

"II — inclua, entre suas finalidades institucionais, a proteção ao meio ambiente, ao consumidor, ao patrimônio artístico, estético, histórico, turístico e paisagístico, ou a qualquer outro interesse difuso ou coletivo".[1]

Art. 111: 1. Esse inc. II foi alterado pela Lei 8.884, de 11.6.94, e posteriormente renumerado pela Lei 11.448, de 15.1.07.

Art. 112. O § 3º do art. 5º da Lei n. 7.347, de 24 de julho de 1985, passa a ter a seguinte redação:

"§ 3º Em caso de desistência infundada ou abandono da ação por associação legitimada, o Ministério Público ou outro legitimado assumirá a titularidade ativa".

Art. 113. Acrescente-se[1] os seguintes §§ 4º, 5º e 6º ao art. 5º da Lei n. 7.347, de 24 de julho de 1985:

"§ 4º O requisito da pré-constituição poderá ser dispensado pelo juiz, quando haja manifesto interesse social evidenciado pela dimensão ou característica do dano, ou pela relevância do bem jurídico a ser protegido.

"§ 5º Admitir-se-á o litisconsórcio facultativo entre os Ministérios Públicos da União, do Distrito Federal e dos Estados na defesa dos interesses e direitos de que cuida esta lei.[2]

"§ 6º Os órgãos públicos legitimados poderão tomar dos interessados compromisso de ajustamento de sua conduta às exigências legais, mediante cominações, que terá eficácia de título executivo extrajudicial".[3]

Art. 113: 1. *sic.*

Art. 113: 2. Os §§ 5º e 6º do art. 113 foram **vetados** (cf. DOU 12.9.90, supl., p. 11), mas, por inadvertência, estão publicados no texto oficial do CDC. V., a propósito, em nosso CPCLPV, tít. AÇÃO CIVIL PÚBLICA, nota 8 ao art. 5º da Lei 7.347.

Todavia, o eminente Ministro Ruy Rosado, em voto acompanhado por todos os seus ilustres pares, diz o seguinte:

"Procurei obter na Câmara dos Deputados a documentação sobre a tramitação e votação da referida mensagem, pela qual verifiquei que realmente não existe veto ao art. 113. Faltou na mensagem da Presidência da República a expressa menção ao art. 113 do CDC, que assim **não foi objeto de veto;** nem a referência constante daquele documento, quando tratava de justificar o veto ao art. 92, veio a ser votada no Congresso Nacional como compreensiva do tal veto" (RSTJ 134/401; citação da p. 406).

A informação que deram na Câmara dos Deputados ao excelso Ministro relator **não é exata: houve veto expresso** a esses parágrafos 5º e 6º, introduzidos pela Lei 8.078, de 11.9.90, conforme se pode verificar nas razões do veto transcritas no DOU 12.9.90, suplemento, p. 11 (pomos à disposição dos interessados cópia xerográfica do órgão oficial, onde se lê: "Assim também, **vetam-se, no aludido art. 113, os referidos parágrafos"**).

Sem a expressa rejeição desse veto, portanto, os referidos parágrafos 5º e 6º não podem ser considerados em vigor.

Projeto de lei, vetado, não é lei. Ora, o CPC 784-XII é claríssimo em dizer que só é título executivo aquele "a que, por disposição expressa, **a lei** atribui força executiva". Logo, como não existe lei, porque a disposição do § 6º foi vetada, também não é possível falar, na hipótese, em título executivo.

Segundo julgados do STJ, os referidos parágrafos do art. 113 não foram vetados e estão em vigor (RSTJ 134/401; STJ-1ª T., REsp 222.582, Min. Milton Luiz Pereira, j. 12.3.02, DJU 29.4.02; STJ-2ª T., REsp 443.407, Min. João Otávio, j. 16.3.06, DJU 25.4.06).

Art. 113: 3. v. nota 2 a este art.

Art. 114. O art. 15 da Lei n. 7.347, de 24 de julho de 1985, passa a ter a seguinte redação:

"Art. 15. Decorridos sessenta dias do trânsito em julgado da sentença condenatória, sem que a associação autora lhe promova a execução, deverá fazê-lo o Ministério Público, facultada igual iniciativa aos demais legitimados".

Art. 115. Suprima-se o *caput* do art. 17 da Lei n. 7.347, de 24 de julho de 1985, passando o parágrafo único a constituir o *caput*, com a seguinte redação:

"Art. 17. Em caso de litigância de má-fé, a associação autora e os diretores responsáveis pela propositura da ação serão solidariamente condenados em honorários advocatícios e ao décuplo das custas, sem prejuízo da responsabilidade por perdas e danos".[1]

Art. 115: 1. Redação de acordo com retificação publicada no DOU 10.1.07, p. 1.

Art. 116. Dê-se a seguinte redação ao art. 18 da Lei n. 7.347, de 24 de julho de 1985:

"Art. 18. Nas ações de que trata esta lei, não haverá adiantamento de custas, emolumentos, honorários periciais e quaisquer outras despesas, nem condenação da associação autora, salvo comprovada má-fé, em honorários de advogado, custas e despesas processuais".

Art. 117. Acrescente-se à Lei n. 7.347, de 24 de julho de 1985, o seguinte dispositivo, renumerando-se os seguintes:

"Art. 21. Aplicam-se à defesa dos direitos e interesses difusos, coletivos e individuais, no que for cabível, os dispositivos do Título III da lei que instituiu o Código de Defesa do Consumidor".

Art. 118. Este Código entrará em vigor dentro de cento e oitenta dias a contar de sua publicação.[1]

Art. 118: 1. Publicada no DOU 12.9.90, supl.

Art. 119. Revogam-se as disposições em contrário.

Brasília, em 11 de setembro de 1990; 169º da Independência e 102º da República — FERNANDO COLLOR — **Bernardo Cabral — Zélia M. Cardoso de Mello — Ozires Silva.**

Lei n. 12.414, de 9 de junho de 2011

Disciplina a formação e consulta a bancos de dados com informações de adimplemento, de pessoas naturais ou de pessoas jurídicas, para formação de histórico de crédito.[1]

A Presidenta da República,

Faço saber que o Congresso Nacional decreta e eu sanciono a seguinte lei:

LEI 12.414: 1. **Dec. 9.936, de 24.7.19** — Regulamenta a Lei n. 12.414, de 9 de junho de 2011, que disciplina a formação e a consulta a bancos de dados com informações de adimplemento, de pessoas naturais ou de pessoas jurídicas, para formação de histórico de crédito.

Art. 1º Esta Lei disciplina a formação e consulta a bancos de dados com informações de adimplemento, de pessoas naturais ou de pessoas jurídicas, para formação de histórico de crédito, sem prejuízo do disposto na Lei n. 8.078, de 11 de setembro de 1990 — Código de Proteção e Defesa do Consumidor.[1]

Parágrafo único. Os bancos de dados instituídos ou mantidos por pessoas jurídicas de direito público interno serão regidos por legislação específica.

Art. 1º: 1. **Súmula 550 do STJ:** "A utilização de escore de crédito, método estatístico de avaliação de risco que não constitui banco de dados, **dispensa o consentimento do consumidor,** que terá o **direito de solicitar esclarecimentos** sobre as informações pessoais valoradas e as fontes dos dados considerados no respectivo cálculo".

"O sistema 'credit scoring' é um método desenvolvido para avaliação do risco de concessão de crédito, a partir de modelos estatísticos, considerando diversas variáveis, com atribuição de uma pontuação ao consumidor avaliado (nota do risco de crédito). Essa prática comercial é lícita, estando autorizada pelo art. 5º, IV, e pelo art. 7º, I, da Lei 12.414/2011 (Lei do Cadastro Positivo). Na avaliação do risco de crédito, devem ser respeitados os limites estabelecidos pelo sistema de proteção do consumidor no sentido da tutela da privacidade e da máxima transparência nas relações negociais, conforme previsão do CDC e da Lei 12.414/2011. Apesar de desnecessário o consentimento do consumidor consultado, devem ser a ele fornecidos esclarecimentos, caso solicitados, acerca das fontes dos dados considerados (histórico de crédito), bem como as informações pessoais valoradas. O desrespeito aos limites legais na utilização do sistema 'credit scoring', configurando abuso no exercício desse direito (art. 187 do CC), pode ensejar a responsabilidade objetiva e solidária do fornecedor do serviço, do responsável pelo banco de dados, da fonte e do consulente (art. 16 da Lei 12.414/2011) pela ocorrência de danos morais nas hipóteses de utilização de informações excessivas ou sensíveis (art. 3º, § 3º, I e II, da Lei 12.414/2011), bem como nos casos de comprovada recusa indevida de crédito pelo uso de dados incorretos ou desatualizados" (STJ-2ª Seção, REsp 1.419.697, Min. Paulo Sanseverino, j. 12.11.14, DJ 17.11.14).

Art. 2º Para os efeitos desta Lei, considera-se:

I — banco de dados: conjunto de dados relativo a pessoa natural ou jurídica armazenados com a finalidade de subsidiar a concessão de crédito, a realização de venda a prazo ou de outras transações comerciais e empresariais que impliquem risco financeiro;

II — gestor: pessoa jurídica que atenda aos requisitos mínimos de funcionamento previstos nesta Lei e em regulamentação complementar, responsável pela administração de banco de dados, bem como pela coleta, pelo armazenamento, pela análise e pelo acesso de terceiros aos dados armazenados;[1]

III — cadastrado: pessoa natural ou jurídica cujas informações tenham sido incluídas em banco de dados;[2]

IV — fonte: pessoa natural ou jurídica que conceda crédito, administre operações de autofinanciamento ou realize venda a prazo ou outras transações comerciais e empresariais que lhe impliquem risco financeiro, inclusive as instituições autorizadas a funcionar pelo Banco Central do Brasil e os prestadores de serviços continuados de água, esgoto, eletricidade, gás, telecomunicações e assemelhados;[3]

V — consulente: pessoa natural ou jurídica que acesse informações em bancos de dados para qualquer finalidade permitida por esta Lei;

VI — anotação: ação ou efeito de anotar, assinalar, averbar, incluir, inscrever ou registrar informação relativa ao histórico de crédito em banco de dados; e

VII — histórico de crédito: conjunto de dados financeiros e de pagamentos, relativos às operações de crédito e obrigações de pagamento adimplidas ou em andamento por pessoa natural ou jurídica.[4]

Art. 2º: 1 a 4. Redação de acordo com a LC 166, de 8.4.19, em vigor após decorridos 91 (noventa e um) dias de sua publicação oficial (DOU 9.4.19).

Art. 3º Os bancos de dados poderão conter informações de adimplemento do cadastrado, para a formação do histórico de crédito, nas condições estabelecidas nesta Lei.

§ 1º Para a formação do banco de dados, somente poderão ser armazenadas informações objetivas, claras, verdadeiras e de fácil compreensão, que sejam necessárias para avaliar a situação econômica do cadastrado.

§ 2º Para os fins do disposto no § 1º, consideram-se informações:

I — objetivas: aquelas descritivas dos fatos e que não envolvam juízo de valor;

II — claras: aquelas que possibilitem o imediato entendimento do cadastrado independentemente de remissão a anexos, fórmulas, siglas, símbolos, termos técnicos ou nomenclatura específica;

III — verdadeiras: aquelas exatas, completas e sujeitas à comprovação nos termos desta Lei; e

IV — de fácil compreensão: aquelas em sentido comum que assegurem ao cadastrado o pleno conhecimento do conteúdo, do sentido e do alcance dos dados sobre ele anotados.

§ 3º Ficam proibidas as anotações de:

I — informações excessivas, assim consideradas aquelas que não estiverem vinculadas à análise de risco de crédito ao consumidor; e

II — informações sensíveis, assim consideradas aquelas pertinentes à origem social e étnica, à saúde, à informação genética, à orientação sexual e às convicções políticas, religiosas e filosóficas.

Art. 4º O gestor está autorizado, nas condições estabelecidas nesta Lei, a:[1]

I — abrir cadastro em banco de dados com informações de adimplemento de pessoas naturais e jurídicas;[1a]

II — fazer anotações no cadastro de que trata o inciso I do *caput* deste artigo;[1b]

III — compartilhar as informações cadastrais e de adimplemento armazenadas com outros bancos de dados; e[2]

IV — disponibilizar a consulentes:[3]

a) a nota ou pontuação de crédito elaborada com base nas informações de adimplemento armazenadas; e[4]

b) o histórico de crédito, mediante prévia autorização específica do cadastrado.[5]

§ 1º (*revogado*).[6]

§ 2º (*revogado*).[7]

§ 3º (VETADO).

§ 4º A comunicação ao cadastrado deve:[8]

I — ocorrer em até 30 (trinta) dias após a abertura do cadastro no banco de dados, sem custo para o cadastrado;[9]

II — ser realizada pelo gestor, diretamente ou por intermédio de fontes; e

III — informar de maneira clara e objetiva os canais disponíveis para o cancelamento do cadastro no banco de dados.[10]

§ 5º Fica dispensada a comunicação de que trata o § 4º deste artigo caso o cadastrado já tenha cadastro aberto em outro banco de dados.[11]

§ 6º Para o envio da comunicação de que trata o § 4º deste artigo, devem ser utilizados os dados pessoais, como endereço residencial, comercial, eletrônico, fornecidos pelo cadastrado à fonte.[12]

§ 7º As informações do cadastrado somente poderão ser disponibilizadas a consulentes 60 (sessenta) dias após a abertura do cadastro, observado o disposto no § 8º deste artigo e no art. 15 desta Lei.[13]

§ 8º É obrigação do gestor manter procedimentos adequados para comprovar a autenticidade e a validade da autorização de que trata a alínea *b* do inciso IV do *caput* deste artigo.[14]

Art. 4º: 1 a 5. Redação de acordo com a LC 166, de 8.4.19, em vigor após decorridos 91 (noventa e um) dias de sua publicação oficial (DOU 9.4.19).

Art. 4º: 6 e 7. Os §§ 1º e 2º foram revogados pela LC 166, de 8.4.19, em vigor após decorridos 91 (noventa e um) dias de sua publicação oficial (DOU 9.4.19).

Art. 4º: 8 a 14. Redação de acordo com a LC 166, de 8.4.19, em vigor após decorridos 91 (noventa e um) dias de sua publicação oficial (DOU 9.4.19).

Art. 5º São direitos do cadastrado:

I — obter o cancelamento ou a reabertura do cadastro, quando solicitado;[1]

II — acessar gratuitamente, independentemente de justificativa, as informações sobre ele existentes no banco de dados, inclusive seu histórico e sua nota ou pontuação de crédito, cabendo ao gestor manter sistemas seguros, por telefone ou por meio eletrônico, de consulta às informações pelo cadastrado;[1a-1b]

III — solicitar a impugnação de qualquer informação sobre ele erroneamente anotada em banco de dados e ter, em até 10 (dez) dias, sua correção ou seu cancelamento em todos os bancos de dados que compartilharam a informação;[1c]

IV — conhecer os principais elementos e critérios considerados para a análise de risco, resguardado o segredo empresarial;[2]

V — ser informado previamente sobre a identidade do gestor e sobre o armazenamento e o objetivo do tratamento dos dados pessoais;[2a-2b]

VI — solicitar ao consulente a revisão de decisão realizada exclusivamente por meios automatizados; e

VII — ter os seus dados pessoais utilizados somente de acordo com a finalidade para a qual eles foram coletados.

§ 1º (VETADO).

§ 2º (VETADO).

§ 3º O prazo para disponibilização das informações de que tratam os incisos II e IV do *caput* deste artigo será de 10 (dez) dias.[3]

§ 4º O cancelamento e a reabertura de cadastro somente serão processados mediante solicitação gratuita do cadastrado ao gestor.[4]

§ 5º O cadastrado poderá realizar a solicitação de que trata o § 4º deste artigo a qualquer gestor de banco de dados, por meio telefônico, físico e eletrônico.[4a]

§ 6º O gestor que receber a solicitação de que trata o § 4º deste artigo é obrigado a, no prazo de até 2 (dois) dias úteis:[5]

I — encerrar ou reabrir o cadastro, conforme solicitado; e[5a]

II — transmitir a solicitação aos demais gestores, que devem também atender, no mesmo prazo, à solicitação do cadastrado.[5b]

§ 7º O gestor deve proceder automaticamente ao cancelamento de pessoa natural ou jurídica que tenha manifestado previamente, por meio telefônico, físico ou eletrônico, a vontade de não ter aberto seu cadastro.[6]

§ 8º O cancelamento de cadastro implica a impossibilidade de uso das informações do histórico de crédito pelos gestores, para os fins previstos nesta Lei, inclusive para a composição de nota ou pontuação de crédito de terceiros cadastrados, na forma do art. 7º-A desta Lei.[7]

Art. 5º: 1 e 1a. Redação de acordo com a LC 166, de 8.4.19, em vigor após decorridos 91 (noventa e um) dias de sua publicação oficial (DOU 9.4.19).

Art. 5º: 1b. "Em relação ao sistema *credit scoring*, o **interesse de agir** para a propositura da ação cautelar de exibição de documentos exige, no mínimo, a prova de: i) requerimento para obtenção dos dados ou, ao menos, a tentativa de fazê-lo à instituição responsável pelo sistema de pontuação, com a fixação de prazo razoável para atendimento; e ii) que a recusa do crédito almejado ocorreu em razão da pontuação que lhe foi atribuída pelo sistema *scoring*" (STJ-2ª Seção, REsp 1.304.736, Min. Luis Felipe, j. 24.2.16, DJ 30.3.16).

Art. 5º: 1c. Redação de acordo com a LC 166, de 8.4.19, em vigor após decorridos 91 (noventa e um) dias de sua publicação oficial (DOU 9.4.19).

Art. 5º: 2. v. nota 1b e art. 1º, nota 1.

Art. 5º: 2a. Redação de acordo com a LC 166, de 8.4.19, em vigor após decorridos 91 (noventa e um) dias de sua publicação oficial (DOU 9.4.19).

Art. 5º: 2b. "Banco de dados. **Compartilhamento de informações pessoais. Dever de informação.** Violação. Dano moral *in re ipsa*. O fato, por si só, de se tratar de dados usualmente fornecidos pelos próprios consumidores quando da realização de qualquer compra no comércio, não afasta a responsabilidade do gestor do banco de dados, na medida em que, quando o consumidor o faz não está, implícita e automaticamente, autorizando o comerciante a divulgá-los no mercado; está apenas cumprindo as condições necessárias à concretização do respectivo negócio jurídico entabulado apenas entre as duas partes, confiando ao fornecedor a proteção de suas informações pessoais. Do mesmo modo, o fato de alguém publicar em rede social uma informação de caráter pessoal não implica o consentimento, aos usuários que acessam o conteúdo, de utilização de seus dados para qualquer outra finalidade, ainda mais com fins lucrativos" (STJ-3ª T., REsp 1.758.799, Min. Nancy Andrighi, j. 12.11.19, DJ 19.11.19).

Art. 5º: 3 a 7. Redação de acordo com a LC 166, de 8.4.19, em vigor após decorridos 91 (noventa e um) dias de sua publicação oficial (DOU 9.4.19).

Art. 6º Ficam os gestores de bancos de dados obrigados, quando solicitados, a fornecer ao cadastrado:

I — todas as informações sobre ele constantes de seus arquivos, no momento da solicitação;

II — indicação das fontes relativas às informações de que trata o inciso I, incluindo endereço e telefone para contato;

III — indicação dos gestores de bancos de dados com os quais as informações foram compartilhadas;

IV — indicação de todos os consulentes que tiveram acesso a qualquer informação sobre ele nos 6 (seis) meses anteriores à solicitação;[1]

V — cópia de texto com o sumário dos seus direitos, definidos em lei ou em normas infralegais pertinentes à sua relação com gestores, bem como a lista dos órgãos governamentais aos quais poderá ele recorrer, caso considere que esses direitos foram infringidos; e[2]

VI — confirmação de cancelamento do cadastro.[3]

§ 1º É vedado aos gestores de bancos de dados estabelecerem políticas ou realizarem operações que impeçam, limitem ou dificultem o acesso do cadastrado previsto no inciso II do art. 5º.

§ 2º O prazo para atendimento das informações de que tratam os incisos II, III, IV e V do *caput* deste artigo será de 10 (dez) dias.[4]

Art. 6º: 1 a 4. Redação de acordo com a LC 166, de 8.4.19, em vigor após decorridos 91 (noventa e um) dias de sua publicação oficial (DOU 9.4.19).

Art. 7º As informações disponibilizadas nos bancos de dados somente poderão ser utilizadas para:

I — realização de análise de risco de crédito do cadastrado; ou

II — subsidiar a concessão ou extensão de crédito e a realização de venda a prazo ou outras transações comerciais e empresariais que impliquem risco financeiro ao consulente.

Parágrafo único. Cabe ao gestor manter sistemas seguros, por telefone ou por meio eletrônico, de consulta para informar aos consulentes as informações de adimplemento do cadastrado.

Art. 7º-A Nos elementos e critérios considerados para composição da nota ou pontuação de crédito de pessoa cadastrada em banco de dados de que trata esta Lei, não podem ser utilizadas informações:[1]

I — que não estiverem vinculadas à análise de risco de crédito e aquelas relacionadas à origem social e étnica, à saúde, à informação genética, ao sexo e às convicções políticas, religiosas e filosóficas;

II — de pessoas que não tenham com o cadastrado relação de parentesco de primeiro grau ou de dependência econômica; e

III — relacionadas ao exercício regular de direito pelo cadastrado, previsto no inciso II do *caput* do art. 5º desta Lei.

§ 1º O gestor de banco de dados deve disponibilizar em seu sítio eletrônico, de forma clara, acessível e de fácil compreensão, a sua política de coleta e utilização de dados pessoais para fins de elaboração de análise de risco de crédito.

§ 2º A transparência da política de coleta e utilização de dados pessoais de que trata o § 1º deste artigo deve ser objeto de verificação, na forma de regulamentação a ser expedida pelo Poder Executivo.

Art. 7º-A: 1. O art. 7º-A foi acrescido pela LC 166, de 8.4.19, em vigor após decorridos 91 (noventa e um) dias de sua publicação oficial (DOU 9.4.19).

Art. 8º São obrigações das fontes:

I — (*revogado*);[1]

II — (*revogado*);[1a]

III — verificar e confirmar, ou corrigir, em prazo não superior a 2 (dois) dias úteis, informação impugnada, sempre que solicitado por gestor de banco de dados ou diretamente pelo cadastrado;

IV — atualizar e corrigir informações enviadas aos gestores, em prazo não superior a 10 (dez) dias;[2]

V — manter os registros adequados para verificar informações enviadas aos gestores de bancos de dados; e

VI — fornecer informações sobre o cadastrado, em bases não discriminatórias, a todos os gestores de bancos de dados que as solicitarem, no mesmo formato e contendo as mesmas informações fornecidas a outros bancos de dados.

Parágrafo único. É vedado às fontes estabelecer políticas ou realizar operações que impeçam, limitem ou dificultem a transmissão a banco de dados de informações de cadastrados.[3]

Art. 8º: 1 e 1a. Os incisos I e II foram revogados pela LC 166, de 8.4.19, em vigor após decorridos 91 (noventa e um) dias de sua publicação oficial (DOU 9.4.19).

Art. 8º: 2 e 3. Redação de acordo com a LC 166, de 8.4.19, em vigor após decorridos 91 (noventa e um) dias de sua publicação oficial (DOU 9.4.19).

Art. 9º O compartilhamento de informações de adimplemento entre gestores é permitido na forma do inciso III do *caput* do art. 4º desta Lei.[1]

§ 1º O gestor que receber informação por meio de compartilhamento equipara-se, para todos os efeitos desta Lei, ao gestor que anotou originariamente a informação, inclusive quanto à responsabilidade por eventuais prejuízos a que der causa e ao dever de receber e processar impugnações ou cancelamentos e realizar retificações.[1a]

§ 2º O gestor originário é responsável por manter atualizadas as informações cadastrais nos demais bancos de dados com os quais compartilhou informações, sem nenhum ônus para o cadastrado.[1b]

§ 3º (*revogado*).[2]

§ 4º O gestor deverá assegurar, sob pena de responsabilidade, a identificação da pessoa que promover qualquer inscrição ou atualização de dados relacionados com o cadastrado, registrando a data desta ocorrência, bem como a identificação exata da fonte, do nome do agente que a efetuou e do equipamento ou terminal a partir do qual foi processada tal ocorrência.

Art. 9º: 1 a 1b. Redação de acordo com a LC 166, de 8.4.19, em vigor após decorridos 91 (noventa e um) dias de sua publicação oficial (DOU 9.4.19).

Art. 9º: 2. O § 3º foi revogado pela LC 166, de 8.4.19, em vigor após decorridos 91 (noventa e um) dias de sua publicação oficial (DOU 9.4.19).

Art. 10. É proibido ao gestor exigir exclusividade das fontes de informações.

Art. 11 (*revogado*).[1]

Art. 11: 1. O artigo foi revogado pela LC 166, de 8.4.19, em vigor após decorridos 91 (noventa e um) dias de sua publicação oficial (DOU 9.4.19).

Art. 12. As instituições autorizadas a funcionar pelo Banco Central do Brasil fornecerão as informações relativas a suas operações de crédito, de arrendamento mercantil e de autofinanciamento realizadas por meio de grupos de consórcio e a outras operações com características de concessão de crédito somente aos gestores registrados no Banco Central do Brasil.[1]

§ 1º (*revogado*).[2]

§ 2º (*revogado*).[2a]

§ 3º O Conselho Monetário Nacional adotará as medidas e normas complementares necessárias para a aplicação do disposto neste artigo.

§ 4º O compartilhamento de que trata o inciso III do *caput* do art. 4º desta Lei, quando referente a informações provenientes de instituições autorizadas a funcionar pelo Banco Central do Brasil, deverá ocorrer apenas entre gestores registrados na forma deste artigo.[3]

§ 5º As infrações à regulamentação de que trata o § 3º deste artigo sujeitam o gestor ao cancelamento do seu registro no Banco Central do Brasil, assegurado o devido processo legal, na forma da Lei n. 9.784, de 29 de janeiro de 1999.[4]

§ 6º O órgão administrativo competente poderá requerer aos gestores, na forma e no prazo que estabelecer, as informações necessárias para o desempenho das atribuições de que trata este artigo.[5]

§ 7º Os gestores não se sujeitam à legislação aplicável às instituições financeiras e às demais instituições autorizadas a funcionar pelo Banco Central do Brasil, inclusive quanto às disposições sobre processo administrativo sancionador, regime de administração especial temporária, intervenção e liquidação extrajudicial.[6]

§ 8º O disposto neste artigo não afasta a aplicação pelos órgãos integrantes do Sistema Nacional de Defesa do Consumidor (SNDC), na forma do art. 17 desta Lei, das penalidades cabíveis por violação das normas de proteção do consumidor.[7]

Art. 12: 1. Redação de acordo com a LC 166, de 8.4.19.

Art. 12: 2 e 2a. Os §§ 1º e 2º foram revogados pela LC 166, de 8.4.19, em vigor após decorridos 91 (noventa e um) dias de sua publicação oficial (DOU 9.4.19).

Art. 12: 3 e 4. Redação de acordo com a LC 166, de 8.4.19, em vigor após decorridos 91 (noventa e um) dias de sua publicação oficial (DOU 9.4.19).

Art. 12: 5. Redação de acordo com a LC 166, de 8.4.19.

Art. 12: 6 e 7. Redação de acordo com a LC 166, de 8.4.19, em vigor após decorridos 91 (noventa e um) dias de sua publicação oficial (DOU 9.4.19).

Art. 13. O Poder Executivo regulamentará o disposto nesta Lei, em especial quanto:[1]

I — ao uso, à guarda, ao escopo e ao compartilhamento das informações recebidas por bancos de dados;

II — aos procedimentos aplicáveis aos gestores de banco de dados na hipótese de vazamento de informações dos cadastrados, inclusive com relação à comunicação aos órgãos responsáveis pela sua fiscalização, nos termos do § 1º do art. 17 desta Lei; e

III — ao disposto nos arts. 5º e 7º-A desta Lei.

Art. 13: 1. Redação do art. 13, *caput* e incisos, de acordo com a LC 166, de 8.4.19, em vigor após decorridos 91 (noventa e um) dias de sua publicação oficial (DOU 9.4.19).

Art. 14. As informações de adimplemento não poderão constar de bancos de dados por período superior a 15 (quinze) anos.

Art. 15. As informações sobre o cadastrado constantes dos bancos de dados somente poderão ser acessadas por consulentes que com ele mantiverem ou pretenderem manter relação comercial ou creditícia.

Art. 16. O banco de dados, a fonte e o consulente são responsáveis, objetiva e solidariamente, pelos danos materiais e morais que causarem ao cadastrado, nos termos da Lei n. 8.078, de 11 de setembro de 1990 (Código de Proteção e Defesa do Consumidor).[1]

Art. 16: 1. Redação de acordo com a LC 166, de 8.4.19, em vigor após decorridos 91 (noventa e um) dias de sua publicação oficial (DOU 9.4.19).

Art. 17. Nas situações em que o cadastrado for consumidor, caracterizado conforme a Lei n. 8.078, de 11 de setembro de 1990 — Código de Proteção e Defesa do Consumidor, aplicam-se as sanções e penas nela previstas e o disposto no § 2º.

§ 1º Nos casos previstos no *caput*, a fiscalização e a aplicação das sanções serão exercidas concorrentemente pelos órgãos de proteção e defesa do consumidor da União, dos Estados, do Distrito Federal e dos Municípios, nas respectivas áreas de atuação administrativa.

§ 2º Sem prejuízo do disposto no *caput* e no § 1º deste artigo, os órgãos de proteção e defesa do consumidor poderão aplicar medidas corretivas e estabelecer aos bancos de dados que descumprirem o previsto nesta Lei a obrigação de excluir do cadastro informações incorretas, no prazo de 10 (dez) dias, bem como de cancelar os cadastros de pessoas que solicitaram o cancelamento, conforme disposto no inciso I do *caput* do art. 5º desta Lei.[1]

Art. 17: 1. Redação de acordo com a LC 166, de 8.4.19, em vigor após decorridos 91 (noventa e um) dias de sua publicação oficial (DOU 9.4.19).

Art. 17-A. A quebra do sigilo previsto na Lei Complementar n. 105, de 10 de janeiro de 2001, sujeita os responsáveis às penalidades previstas no art. 10 da referida Lei, sem prejuízo do disposto na Lei n. 8.078, de 11 de setembro de 1990 (Código de Proteção e Defesa do Consumidor).[1]

Art. 17-A: 1. O art. 17-A foi acrescido pela LC 166, de 8.4.19, em vigor após decorridos 91 (noventa e um) dias de sua publicação oficial (DOU 9.4.19).

Art. 18. Esta Lei entra em vigor na data de sua publicação.

Brasília, em 9 de junho de 2011; 190º da Independência e 123º da República — DILMA ROUSSEFF — **José Eduardo Cardozo** — **Guido Mantega.**

Consumidor

Decreto n. 7.962, de 15 de março de 2013

Regulamenta a Lei n. 8.078, de 11 de setembro de 1990, para dispor sobre a contratação no comércio eletrônico.

A Presidenta da República, no uso da atribuição que lhe confere o art. 84, *caput*, inciso IV, da Constituição, e tendo em vista o disposto na Lei n. 8.078, de 11 de setembro de 1990,
Decreta:

Art. 1º Este Decreto regulamenta a Lei n. 8.078, de 11 de setembro de 1990, para dispor sobre a contratação no comércio eletrônico,[1] abrangendo os seguintes aspectos:

I — informações claras a respeito do produto, serviço e do fornecedor;

II — atendimento facilitado ao consumidor; e

III — respeito ao direito de arrependimento.

Art. 1º: 1. v. CDC 14, nota 6a.

Art. 2º Os sítios eletrônicos ou demais meios eletrônicos utilizados para oferta ou conclusão de contrato de consumo devem disponibilizar, em local de destaque e de fácil visualização, as seguintes informações:

I — nome empresarial e número de inscrição do fornecedor, quando houver, no Cadastro Nacional de Pessoas Físicas ou no Cadastro Nacional de Pessoas Jurídicas do Ministério da Fazenda;

II — endereço físico e eletrônico, e demais informações necessárias para sua localização e contato;

III — características essenciais do produto ou do serviço, incluídos os riscos à saúde e à segurança dos consumidores;

IV — discriminação, no preço, de quaisquer despesas adicionais ou acessórias, tais como as de entrega ou seguros;

V — condições integrais da oferta, incluídas modalidades de pagamento, disponibilidade, forma e prazo da execução do serviço ou da entrega ou disponibilização do produto; e

VI — informações claras e ostensivas a respeito de quaisquer restrições à fruição da oferta.

Art. 3º Os sítios eletrônicos ou demais meios eletrônicos utilizados para ofertas de compras coletivas ou modalidades análogas de contratação deverão conter, além das informações previstas no art. 2º, as seguintes:

I — quantidade mínima de consumidores para a efetivação do contrato;

II — prazo para utilização da oferta pelo consumidor; e

III — identificação do fornecedor responsável pelo sítio eletrônico e do fornecedor do produto ou serviço ofertado, nos termos dos incisos I e II do art. 2º.

Art. 4º Para garantir o atendimento facilitado ao consumidor no comércio eletrônico, o fornecedor deverá:

I — apresentar sumário do contrato antes da contratação, com as informações necessárias ao pleno exercício do direito de escolha do consumidor, enfatizadas as cláusulas que limitem direitos;

II — fornecer ferramentas eficazes ao consumidor para identificação e correção imediata de erros ocorridos nas etapas anteriores à finalização da contratação;

III — confirmar imediatamente o recebimento da aceitação da oferta;

IV — disponibilizar o contrato ao consumidor em meio que permita sua conservação e reprodução, imediatamente após a contratação;

V — manter serviço adequado e eficaz de atendimento em meio eletrônico, que possibilite ao consumidor a resolução de demandas referentes a informação, dúvida, reclamação, suspensão ou cancelamento do contrato;

VI — confirmar imediatamente o recebimento das demandas do consumidor referidas no inciso, pelo mesmo meio empregado pelo consumidor; e

VII — utilizar mecanismos de segurança eficazes para pagamento e para tratamento de dados do consumidor.

Parágrafo único. A manifestação do fornecedor às demandas previstas no inciso V do *caput* será encaminhada em até cinco dias ao consumidor.

Art. 5º O fornecedor deve informar, de forma clara e ostensiva, os meios adequados e eficazes para o exercício do direito de arrependimento pelo consumidor.

§ 1º O consumidor poderá exercer seu direito de arrependimento pela mesma ferramenta utilizada para a contratação, sem prejuízo de outros meios disponibilizados.

§ 2º O exercício do direito de arrependimento implica a rescisão dos contratos acessórios, sem qualquer ônus para o consumidor.

§ 3º O exercício do direito de arrependimento será comunicado imediatamente pelo fornecedor à instituição financeira ou à administradora do cartão de crédito ou similar, para que:

I — a transação não seja lançada na fatura do consumidor; ou

II — seja efetivado o estorno do valor, caso o lançamento na fatura já tenha sido realizado.

§ 4º O fornecedor deve enviar ao consumidor confirmação imediata do recebimento da manifestação de arrependimento.

Art. 6º As contratações no comércio eletrônico deverão observar o cumprimento das condições da oferta, com a entrega dos produtos e serviços contratados, observados prazos, quantidade, qualidade e adequação.

Art. 7º A inobservância das condutas descritas neste Decreto ensejará aplicação das sanções previstas no art. 56 da Lei n. 8.078, de 1990.

Art. 8º O Decreto n. 5.903, de 20 de setembro de 2006, passa a vigorar com as seguintes alterações:

"Art. 10. ...
Parágrafo único. O disposto nos arts. 2º, 3º e 9º deste Decreto aplica-se às contratações no comércio eletrônico".[1]

Art. 8º: 1. **Dec. 5.903, de 20.9.06** — Regulamenta a Lei 10.962, de 11.10.04, e dispõe sobre as práticas infracionais que atentam contra o direito básico do consumidor de obter informação adequada e clara sobre produtos e serviços, previstas na Lei 8.078, de 11.9.90:

"**Art. 2º** Os preços de produtos e serviços deverão ser informados adequadamente, de modo a garantir ao consumidor a correção, clareza, precisão, ostensividade e legibilidade das informações prestadas. **§ 1º** Para efeito do disposto no *caput* deste artigo, considera-se: **I** — correção, a informação verdadeira que não seja capaz de induzir o consumidor em erro; **II** — clareza, a informação que pode ser entendida de imediato e com facilidade pelo consumidor, sem abreviaturas que dificultem a sua compreensão, e sem a necessidade de qualquer interpretação ou cálculo; **III** — precisão, a informação que seja exata, definida e que esteja física ou visualmente ligada ao produto a que se refere, sem nenhum embaraço físico ou visual interposto; **IV** — ostensividade, a informação que seja de fácil percepção, dispensando qualquer esforço na sua assimilação; e **V** — legibilidade, a informação que seja visível e indelével.

(...)

"**Art. 3º** O preço de produto ou serviço deverá ser informado discriminando-se o total à vista. **Parágrafo único.** No caso de outorga de crédito, como nas hipóteses de financiamento ou parcelamento, deverão ser também discriminados: **I** — o valor total a ser pago com financiamento; **II** — o número, periodicidade e valor das prestações; **III** — os juros; e **IV** — os eventuais acréscimos e encargos que incidirem sobre o valor do financiamento ou parcelamento".

(...)

"**Art. 9º** Configuram infrações ao direito básico do consumidor à informação adequada e clara sobre os diferentes produtos e serviços, sujeitando o infrator às penalidades previstas na Lei n. 8.078, de 1990, as seguintes condutas: **I** — utilizar letras cujo tamanho não seja uniforme ou dificulte a percepção da informação, considerada a distância normal de visualização do consumidor; **II** — expor preços com as cores das letras e do fundo idêntico ou semelhante; **III** — utilizar caracteres apagados, rasurados ou borrados; **IV** — informar preços apenas em parcelas, obrigando o consumidor ao cálculo do total; **V** — informar preços em moeda estrangeira, desacompanhados de sua conversão em moeda corrente nacional, em caracteres de igual ou superior destaque; **VI** — utilizar referência que deixa dúvida quanto à identificação do item ao qual se refere; **VII** — atribuir preços distintos para o mesmo item; e **VIII** — expor informação redigida na vertical ou outro ângulo que dificulte a percepção".

Art. 9º Este Decreto entra em vigor sessenta dias após a data de sua publicação.[1]

Art. 9º: 1. O Dec. 7.962 foi publicado no DOU de 15.3.13 (ed. extra).

Brasília, 15 de março de 2013; 192º da Independência e 125º da República — DILMA ROUSSEFF — **José Eduardo Cardozo.**

Ementário

Contratos Imobiliários

— v. CC 809 a 851 (hipoteca), 1.122 a 1.163 (compra e venda), 1.237 a 1.247 (empreitada); v. títs. CÉDULA HIPOTECÁRIA, CONDOMÍNIO E INCORPORAÇÃO, PROMESSA DE COMPRA E VENDA E LOTEAMENTO.

Lei 4.068, de 9.6.62 — Declara comerciais as empresas de construção, e dá outras providências (Lex 1962/82, RF 199/403). **Art. 1º:** "São comerciais as empresas de construção". Os demais artigos se referem a duplicatas, e foram expressamente revogados pelo art. 28 da **Lei 5.474, de 18.7.68** (no tít. DUPLICATA).

Lei 4.380, de 21.8.64 — Institui a correção monetária nos contratos imobiliários de interesse social, o sistema financeiro para aquisição da casa própria, cria o Banco Nacional da Habitação (BNH), e sociedades de crédito imobiliário, as letras imobiliárias, o Serviço Federal de Habitação e Urbanismo e dá outras providências (v. adiante, texto integral). V. **Lei 8.692, de 28.7.93,** art. 33 (neste tít., ínt.).

Dec. 56.793, de 27.8.65 — Consolida a matéria contida nos Decs. ns. 55.738, de 4 de fevereiro de 1965, e 55.955, de 20 de abril de 1965, estabelece o processo de venda dos imóveis de que trata o art. 65 e parágrafos da Lei n. 4.380, de 21 de agosto de 1964, e dá outras providências (RT 362/641, Lex 1965/1.222). O art. 13 § 1º foi alterado pelo **Dec. 76.826, de 17.12.75** (Lex 1975/811).

Lei 4.864, de 29.11.65 — Cria medidas de estímulo à indústria de construção civil (v. adiante, texto integral). Alterou os arts. 11, 12-I, II e III, 23 e 52 §§ 2º e 3º. Cita os arts. 5º e 6º da Lei 4.380. Dispõe, no art. 20, sobre sociedades de crédito imobiliário. Alterada pela **Lei 5.049, de 29.6.66,** pelo **Dec. lei 283, de 28.2.67,** pelo **Dec. lei 400, de 30.12.68,** pelo **Dec. lei 1.593, de 21.12.77,** e pela **Lei 6.649, de 16.5.79** (v. abaixo).

Lei 5.049, de 29.6.66 — Introduz modificações na legislação pertinente ao Plano Nacional de Habitação (RT 372/368 e 373/403, p. vets., Lex 1966/956 e 1.224, p. vets., RDA 85/447). Alterou os arts. 61 (acrescidos §§ 5º, 6º e 7º) e 65 §§ 1º e 3º da Lei 4.380. Também alterou o art. 30 da Lei 4.864. Deu nova redação ao art. 10-*caput* da Lei 4.864, de 29.11.65, revogando, em consequência, o art. 6º-*a* e *b* da Lei 4.380. Quanto às seguintes alterações, o Congresso rejeitou o veto: novas redações do art. 65 §§ 1º e 3º da Lei 4.380 e do art. 30 § 3º da Lei 4.864. A **Res. 6, de 5.5.70**, do Senado Federal, suspendeu, por inconstitucionalidade, as expressões "e as sociedades de economia mista, inclusive a Petrobrás S.A. e o Banco do Brasil S.A.", constantes da alteração feita pelo art. 2º § 1º da Lei 5.049 ao art. 65 § 1º da Lei 4.380.

Dec. lei 19, de 30.8.66 — Obriga a adoção da cláusula de correção monetária nas operações do Sistema Financeiro da Habitação e dá outras providências (RT 373/402, Lex 1966/1.227). V., no tít. CÉDULA HIPOTECÁRIA, Dec. lei 70, de 21.11.66, art. 9º § 3º, que estende o alcance do disposto no art. 1º §§ 2º e 3º do Dec. lei 19. V. **Lei 8.692, de 28.7.93,** art. 33 (neste tít., ínt.).

Lei 5.107, de 13.9.66 — Cria o Fundo de Garantia do Tempo de Serviço e dá outras providências (RT 374/374, Lex 1966/1.257, RF 216/484). O art. 22-III extinguiu, a partir de 1.1.67 (v. art. 30), a contribuição prevista no art. 22 da Lei 4.380; e o art. 23 dispensou o SESC e o SESI da subscrição compulsória estabelecida pelo art. 21 da Lei 4.380. Depois de inúmeras modificações, a Lei 5.107 foi revogada pela **Lei 8.036, de 11.5.90** (Lex 1990/682).

Dec. lei 70, de 21.11.66 — Autoriza o funcionamento das associações de poupança e empréstimo, institui a cédula hipotecária e dá outras providências (no tít. CÉDULA HIPOTECÁRIA). O art. 1º § 1º se refere ao art. 8º-IV da Lei 4.380, e o art. 43 menciona o art. 22 da Lei 4.864. O art. 42 do Dec. lei 70 foi revogado pelo **Dec. lei 1.494, de 7.12.76** (Lex 1976/862, RDA 127/661, Bol. AASP 940/supl.). O art. 31 foi alterado pela **Lei 8.004, de 14.3.90** (v. abaixo), que, por sua vez, no art. 21, restringiu as execuções com base no Dec. lei 70.

Dec. lei 204, de 27.2.67 — Dispõe sobre a exploração de loterias, e dá outras providências (Lex 1967/452, RDA 88/421, RF 219/427). Revogou, no art. 37, o art. 70 § ún. da Lei 4.380.

Dec. lei 283, de 28.2.67 — Dispõe sobre empréstimos contraídos no exterior, destinados à construção e venda de habitações (Lex 1967/662). Revoga o art. 15 e §§ da Lei 4.864.

Dec. lei 350, de 2.2.68 — Altera a legislação do imposto de renda e dá outras providências (RT 389/445, Lex 1968/202, RF 222/452). O Dec. lei 350 foi rejeitado pela **Res. 63, de 4.4.68,** da Câmara dos Deputados; continha, no art. 3º, disposição s/ valor das habitações.

Lei 5.455, de 19.6.68 — Altera dispositivos da Lei n. 4.380, de 21 de agosto de 1964, que institui a correção monetária nos contratos imobiliários, de interesse social, o sistema financeiro para aquisição da casa própria, cria o Banco Nacional da Habitação (BNH), e sociedades de crédito imobiliário, as letras imobiliárias, o Serviço Federal de Habitação e Urbanismo, e dá outras providências (RT 392/433, Lex 1968/841, RDA 94/419, RF 223/460). Textos alterados da Lei 4.380: art. 7º (acrescido o § 5º), art. 21 (suprimido o § 2º) e art. 65 (acrescido novo § 3º, passando os antigos §§ 3º a 8º a ser os atuais §§ 4º a 9º).

Dec. lei 400, de 30.12.68 — Altera a legislação pertinente ao imposto sobre produtos industrializados e dá outras providências (RT 398/470, Lex 1968/1.528, RDA 96/338). Alterou o art. 31 da Lei 4.864, novamente alterado pelo **Dec. lei 1.593, de 21.12.77** (v. abaixo).

Lei 5.741, de 1.12.71 — Dispõe sobre a proteção do financiamento de bens imóveis vinculados ao Sistema Financeiro da Habitação (v. adiante, texto integral). O art. 5º da Lei 5.741 foi alterado pela **Lei 6.014, de 27.12.73** (RT 458/496, Lex 1973/1.992, RF 245/465), e o art. 2º pela **Lei 6.071, de 3.7.74** (RT 465/414, Lex 1974/836, RDA 118/479). O art. 3º § 1º da Lei 5.741 foi alterado pela **Lei 8.004, de 14.3.90** (v. abaixo), que também, no seu art. 21, restringiu as execuções com base na Lei 5.741.

Dec. lei 1.338, de 23.7.74 — Dispõe sobre incentivos fiscais a investimentos, realizados por pessoas físicas, aplica novo tratamento fiscal aos rendimentos de investimentos e dá outras providências (Lex 1974/862, ret. 924, RDA 118/490). Revoga o art. 57 e suas alíneas da Lei 4.380, de 21.8.64.

Dec. lei 1.593, de 21.12.77 — Altera a legislação do imposto sobre produtos industrializados, em relação aos casos que especifica, e dá outras providências (Lex 1977/1.070). O art. 29 alterou o art. 31 da Lei 4.864, de 29.11.65.

Lei 6.649, de 16.5.79 — Regula a locação predial urbana e dá outras providências (Lex 1979/433, RF 266/462, Bol. AASP 1.067/supl.; v. texto integral em CCLCV, 11ª ed., p. 533). Revogou expressamente os arts. 17 e 28 da Lei 4.864, de 29.11.65. A Lei 6.649 foi revogada pela **Lei 8.245, de 18.10.91** (v. abaixo).

Lei 6.748, de 10.12.79 — Reduz a exigência de documentação aos pretendentes à aquisição de unidades habitacionais pelo Sistema Financeiro de Habitação, nos financiamentos de valor igual ou inferior a 1.500 Unidades-Padrão de Capital (UPC) (Lex 1979/959, RF 268/478; em nota 2 ao art. 60 da Lei 4.380, adiante).

Dec. lei 2.045, de 13.7.83 — (Lex 1983/241, RDA 154/275, RF 283/472), e **Dec. lei 2.064, de 19.10.83** (Lex 1983/417, RDA 154/285, Bol. AASP 1.298/supl.). Estes diplomas legislativos, que continham disposições sobre o Sistema Financeiro da Habitação, não foram aprovados pelo Congresso Nacional, que, porém, aprovou, s/ matéria idêntica, o Dec. lei 2.065, de 26.10.83, a seguir.

Dec. lei 2.065, de 26.10.83 — Altera a legislação do imposto de renda, dispõe sobre o reajustamento dos aluguéis residenciais, sobre as prestações dos empréstimos do Sistema Financeiro da Habitação, sobre a revisão do valor dos salários, e dá outras providências (Lex 1983/441, RDA 154/294, RF 284/533, Bol. AASP 1.299/supl.). Aprovado pelo Congresso Nacional (v. **Dec. leg. 91, de 10.11.83,** em Lex 1983/460, RDA 155/368, RF 284/543). O art. 23 do Dec. lei 2.065 dispôs s/ prestações e juros dos financiamentos vinculados ao SFH. Os arts. 24 a 42 do Dec. lei 2.065, que dispunham s/ salário, foram revogados pelo art. 17 da Lei 7.238, de 29.10.84.

Dec. lei 2.164, de 19.9.84 — Institui incentivo financeiro para os adquirentes de moradia própria através do Sistema Financeiro da Habitação, a equivalência salarial como critério de reajustamento das prestações e dá outras providências (Lex 1984/473, RDA 157/387, RF 287/510). Os arts. 3º, 7º, 9º § 2º e 12 foram alterados pelo **Dec. lei 2.240, de 31.1.85** (v. abaixo); os arts. 4º e 6º foram revogados pelo **Dec. lei 2.406, de 5.1.88** (Lex 1988/3, RF 301/360); o art. 9º, inclusive seus §§, foi modificado pela Lei 8.004, de 14.3.90 (v. abaixo). V. Lei 8.692, de 28.7.93, arts. 33 e 17 § ún. (neste tít., ínt.).

Dec. lei 2.240, de 31.1.85 — Dá nova redação aos arts. 3º, 7º, § 2º do art. 9º e art. 12 do Dec. lei n. 2.164, de 19 de setembro de 1984, e dá outras providências (Lex 1985/77, RF 289/465, Bol. AASP 1.364/3).

Dec. lei 2.284, de 10.3.86 — Mantém a nova unidade do sistema monetário brasileiro, o seguro-desemprego, amplia e consolida as medidas de combate à inflação (Lex 1986/214, RF 293/541, Bol. AASP 1.422/supl.). Os arts. 10 e 42, bem como o Anexo I, contêm disposições sobre o Sistema Financeiro da Habitação. O **Dec. 92.592, de 25.4.86** (Lex 1986/357, RF 294/555, Bol. AASP 1.430/supl.), dispôs, em seu art. 2º, s/ a conversão de ORTNs em cruzados; o Anexo III deste Dec. foi retificado, quanto ao reajuste referente a dezembro de 1985, que é de 0,8281 (v. Lex 1986/506); o art. 7º do Dec. 92.592 foi considerado ilegal, na parte em que dispunha s/ locações não residenciais (v. no tít. CORREÇÃO MONETÁRIA, nota ao Dec. lei 2.284); finalmente, o Dec. 92.592 foi considerado revogado por Dec. s/n de 25.4.91.

Dec. 92.492, de 25.3.86 — Regulamenta disposições do Dec. lei n. 2.284, de 10 de março de 1986, especialmente quanto ao Sistema Financeiro da Habitação e do Fundo de Garantia do Tempo de Serviço (Lex 1986/257, RF 293/588, Bol. AASP 1.425/supl.). Os arts. 3º e 7º do Dec. 92.492 foram alterados e o art. 4º revogado, pelo **Dec. 92.591, de 25.4.86** (v. abaixo); o art. 3º § ún. foi alterado pelo **Dec. 93.598, de 21.11.86** (v. abaixo); o art. 9º § 2º foi alterado e o art. 3º-III revogado, pelo **Dec. 94.060, de 26.2.87,** que também dá outras providências (v. abaixo). O Dec. s/n de 25.4.91 considerou **revogado** o Dec. 92.492.

Dec. 92.591, de 25.4.86 — Dispõe sobre a conversão para cruzados dos saldos de contratos do Sistema Financeiro da Habitação, dá nova redação aos arts. 3º e 7º do Dec. n. 92.492, de 25 de março de 1986, e estabelece outras providências (Lex 1986/352, RF 294/553, Bol. AASP 1.430/supl.). O Dec. s/n de 25.4.91 considerou **revogado** o Dec. 92.591.

Dec. lei 2.291, de 21.11.86 — Extingue o Banco Nacional da Habitação — BNH e dá outras providências (Lex 1986/1.110, RF 296/509, RDA 166/300, Bol. AASP 1.459/4). O art. 9º do Dec. lei 2.291 foi alterado pelo **Dec. lei 2.406, de 5.1.88** (Lex 1988/3, RF 301/360).

Dec. 93.598, de 21.11.86 — Dá nova redação ao parágrafo único do art. 3º do Dec. n. 92.492, de 25 de março de 1986 (Lex 1986/1.139, RF 296/545, RDA 166/337, Bol. AASP 1.460/3).

Dec. 94.060, de 26.2.87 — Define a atualização *pro rata temporis* e a conversão para cruzados dos saldos das obrigações com cláusula de reajuste monetário no primeiro dia do trimestre civil, no âmbito do Sistema Financeiro da Habitação, e dá outras providências (Lex 1987/120, RF 297/498, RAMPR 47/306, Bol. AASP 1.473/3).

Dec. 94.548, de 2.7.87 — Dispõe sobre a forma de reajuste de contratos de financiamento imobiliário vinculados à Unidade-Padrão de Capital, de que trata a Lei n. 4.380, de 21 de agosto de 1964, e dá outras providências (Lex 1987/401, RF 299/466, Bol. AASP 1.505/4).

Dec. 97.482, de 31.1.89 — Dispõe sobre o reajuste das prestações devidas pelos mutuários do SFH (Lex 1989/109, Bol. AASP 1.573/3). Este Dec. foi **revogado** por Dec. s/n de 5.9.91.

Lei 7.989, de 28.12.89 — Dispõe sobre o critério de reajustamento do valor das obrigações relativas aos contratos de alienação de bens imóveis não abrangidos pelas normas do Sistema Financeiro da Habitação, a que se refere a Lei n. 7.774, de 8 de junho de 1989 (Lex 1989/1.106, RDA 178/160, Bol. AASP 1.621/2).

Lei 8.004, de 14.3.90 — Dispõe sobre transferência de financiamento no âmbito do Sistema Financeiro da Habitação, e dá outras providências (v. adiante, texto integral). Alterou o art. 3º § 1º da Lei 5.741, de 1.12.71 (v. acima), o art. 31 do Dec. lei 70, de 21.11.66 (v. acima), e o art. 9º do Dec. lei 2.164, de 19.9.84 (v. acima); no art. 21, restringiu as execuções com fundamento na Lei 5.741 e no Dec. lei 70. V. **Lei 8.692, de 28.7.93,** art. 33 (neste tít., ínt.).

Lei 8.088, de 31.10.90 — Dispõe sobre a atualização do Bônus do Tesouro Nacional e dos depósitos de poupança e dá outras providências (Lex 1990/1.194 e 1991/301, p. vets., RDA 181/488, RF 312/349). **Art. 13-*caput***: "É autorizado, a partir de 13 de setembro de 1990, o pagamento integral, em cruzados novos, de saldo devedor, inclusive de parcelas atrasadas, de mutuários junto ao Sistema Financeiro da Habitação (SFH), desde que seja efetuado em parcela única e o contrato esteja enquadrado nas condições da Lei n. 8.004, de 14 de março de 1990".

Lei 8.100, de 5.12.90 — Dispõe sobre o reajuste das prestações pactuadas nos contratos de financiamento firmados no âmbito do Sistema Financeiro da Habitação, vinculados ao Plano de Equivalência Salarial e dá outras providências (Lex 1990/1.290, RF 312/351; v. adiante, texto integral). V. **Lei 8.692, de 28.7.93,** art. 33 (neste tít., ínt.).

Lei 8.177, de 1.3.91 — Estabelece regras para a desindexação da economia e dá outras providências (Lex 1991/147, RDA 183/311, RF 313/320, Bol. AASP 1.682/supl.; **v. adiante, texto parcial,** contendo os artigos de interesse do Sistema Financeiro de Habitação).

Lei 8.245, de 18.10.91 — Dispõe sobre as locações dos imóveis urbanos e os procedimentos a elas pertinentes (no tít. LOCAÇÃO, ínt.). O art. 86 da Lei 8.245 alterou o *caput* do art. 8º da Lei 4.380.

Lei 8.692, de 28.7.93 — Define planos de reajustamento dos encargos mensais e dos saldos devedores nos contratos de financiamentos habitacionais no âmbito do Sistema Financeiro da Habitação e dá outras providências (v. adiante, texto integral).

Lei 9.069, de 29.6.95 — Dispõe sobre o Plano Real, o Sistema Monetário Nacional, estabelece as regras e condições de emissão do Real e os critérios para conversão das obrigações para o Real, e dá outras providências (Lex 1995/1.216, RT 716/568, RF 330/531, RDA 200/384, Bol. AASP 1.909/supl., p. 1). Os arts. 12 a 26 disciplinam a conversão para o real e os arts. 27 a 28 a correção monetária.

Lei 10.150, de 21.12.00 — Dispõe sobre a novação de dívidas e responsabilidades do Fundo de Compensação de Variações Salariais — FCVS; altera o Dec. lei n. 2.406, de 5 de janeiro de 1988, e as Leis ns. 8.004, 8.100 e 8.692, de 14 de março de 1990, 5 de dezembro de 1990, e 28 de julho de 1993, respectivamente; e dá outras providências (DOU 22.12.00). Na Lei 8.004: alterou os arts. 1º (§ ún.), 2º (totalmente), 3º, 5º (*caput* e § 1º); revogou o art. 6º. Na Lei 8.100: alterou o art. 3º (*caput* e § 3º); acresceu o art. 3º § 4º. Na Lei 8.692: alterou o art. 21 (§ 2º); acresceu o art. 31-A.

Med. Prov. 2.181-45, de 24.8.01 — Na Lei 8.177: acrescentou §§ 5º a 7º ao art. 18.

Med. Prov. 2.197-43, de 24.8.01 — Na Lei 4.380: alterou o art. 18-III; revogou o art. 9º § 1º e o art. 14. Na Lei 8.692: alterou o art. 25 e revogou o art. 23.

Med. Prov. 2.223, de 4.9.01 — Na Lei 8.692: revogou os arts. 1º a 9º, 11 a 15, 18 e 26.

Lei 11.434, de 28.12.06 — Na Lei 8.177: acrescentou o art. 18-A.

Lei 11.977, de 7.7.09 — Na Lei 4.380: alterou o art. 8º e acrescentou os arts. 15-A e 15-B.

Lei 12.703, de 7.8.12 — Altera o art. 12 da Lei n. 8.177, de 1º de março de 1991, que estabelece regras para a desindexação da economia e dá outras providências, o art. 25 da Lei n. 9.514, de 20 de novembro de 1997, que dispõe sobre o Sistema de Financiamento Imobiliário, institui a alienação fiduciária de coisa imóvel e dá outras providências, e o inciso II do art. 167 da Lei n. 6.015, de 31 de dezembro de 1973, que dispõe sobre os registros públicos e dá outras providências.

Lei 13.137, de 19.6.15 — Entre outras providências, revoga os arts. 44 a 53 da Lei 4.380, de 21.8.64, assim como o § 2º do art. 18 e o art. 18-A da Lei 8.177, de 1.3.91.

Lei n. 4.380, de 21 de agosto de 1964

Institui a correção monetária nos contratos imobiliários de interesse social, o sistema financeiro para aquisição da casa própria, cria o Banco Nacional da Habitação (BNH), e sociedades de crédito imobiliário, as letras imobiliárias, o Serviço Federal de Habitação e Urbanismo e dá outras providências.

O Presidente da República,

Faço saber que o Congresso Nacional decreta e eu sanciono a seguinte lei:

Capítulo I – DA COORDENAÇÃO DOS ÓRGÃOS PÚBLICOS E DA INICIATIVA PRIVADA

Art. 1º O Governo Federal, através do Ministro do Planejamento, formulará a política nacional de habitação e de planejamento territorial, coordenando a ação dos órgãos públicos e orientando a iniciativa privada no sentido de estimular a construção de habitações de interesse social e o financiamento da aquisição da casa própria, especialmente pelas classes da população de menor renda.

Art. 2º O Governo Federal intervirá no setor habitacional por intermédio:

I — do Banco Nacional da Habitação;[1]

II — do Serviço Federal de Habitação e Urbanismo;[2]

III — das Caixas Econômicas Federais, IPASE, das Caixas Militares,[3] dos órgãos federais de desenvolvimento regional e das sociedades de economia mista.

Art. 2º: 1. v. arts. 16 a 34.

Art. 2º: 2. v. arts. 54 a 56.

Art. 2º: 3. Incluída na enumeração a Caixa de Financiamento Imobiliário da Aeronáutica (**Lei 6.715, de 12.11.79, art. 2º,** em Lex 1979/877).

Art. 3º Os órgãos federais enumerados no artigo anterior exercerão de preferência atividades de coordenação, orientação e assistência técnica e financeira, ficando reservados:

I — aos Estados e Municípios, com a assistência dos órgãos federais, a elaboração e execução de planos diretores, projetos e orçamentos para a solução dos seus problemas habitacionais;

II — à iniciativa privada, a promoção e execução de projetos de construção de habitações segundo as diretrizes urbanísticas locais.

§ 1º Será estimulada a coordenação dos esforços, na mesma área ou local, dos órgãos públicos federais, estaduais e municipais, bem como das iniciativas privadas, de modo que se obtenha a concentração e melhor utilização dos recursos disponíveis.

§ 2º A execução dos projetos somente caberá aos órgãos federais para suprir a falta de iniciativa local, pública ou privada.

Art. 4º Terão prioridade na aplicação dos recursos:

I — a construção de conjuntos habitacionais destinados à eliminação de favelas, mocambos e outras aglomerações em condições subumanas de habitação;

II — os projetos municipais ou estaduais que, com as ofertas de terrenos já urbanizados e dotados dos necessários melhoramentos, permitirem o início imediato da construção de habitações;

III — os projetos de cooperativas e outras formas associativas de construção de casa própria;

IV — os projetos da iniciativa privada que contribuam para a solução de problemas habitacionais ... (VETADO) ...

V — a construção de moradia para a população rural.[1-2]

Art. 4º: 1. O veto ao inciso V foi rejeitado pelo Congresso Nacional.

Art. 4º: 2. v. **Dec. 85.876, de 3.4.81** — Cria o Plano da Casa Rural — PLACAR, e dá outras providências (Lex 1981/110).

Capítulo II | DA CORREÇÃO MONETÁRIA NOS CONTRATOS IMOBILIÁRIOS

Art. 5º Observado o disposto na presente lei, os contratos de vendas ou construção[1] de habitações para pagamento a prazo ou de empréstimos para aquisição ou construção de habitações poderão prever o reajustamento das prestações mensais de amortização e juros, com a consequente correção do valor monetário da dívida[2 a 3] toda a vez que o salário mínimo legal for alterado.

§ 1º O reajustamento será baseado em índice geral de preços mensalmente apurado ou adotado pelo Conselho Nacional de Economia que reflita adequadamente as variações no poder aquisitivo da moeda nacional.

§ 2º O reajustamento contratual será efetuado ... (VETADO) ... na mesma proporção da variação do índice referido no parágrafo anterior:

a) desde o mês da data do contrato até o mês da entrada em vigor do novo nível de salário mínimo, no primeiro reajustamento após a data do contrato;

b) entre os meses de duas alterações sucessivas do nível de salário mínimo, nos reajustamentos subsequentes ao primeiro.

§ 3º Cada reajustamento entrará em vigor após 60 (sessenta) dias da data da vigência da alteração do salário mínimo que o autorizar e a prestação mensal reajustada vigorará até novo reajustamento.

§ 4º Do contrato constará, obrigatoriamente, na hipótese de adotada a cláusula de reajustamento, a relação original entre a prestação mensal de amortização e juros e o salário mínimo em vigor na data do contrato.

§ 5º Durante a vigência do contrato, a prestação mensal reajustada não poderá exceder, em relação ao salário mínimo em vigor, a percentagem nele estabelecida.

§ 6º Para o efeito de determinar a data do reajustamento e a percentagem referida no parágrafo anterior, tomar-se-á por base o salário mínimo da região onde se acha situado o imóvel.

§ 7º (VETADO)

§ 8º (VETADO)

§ 9º O disposto neste artigo, quando o adquirente for servidor público ou autárquico, poderá ser aplicado tomando como base a vigência da lei que lhes altere os vencimentos.

Art. 5º: 1. As empresas de construção são comerciais (v. Lei 4.068, de 9.6.62).

Art. 5º: 2. s/ UPC, v. art. 52; v. tb. art. 30 da Lei 4.864, a seguir, e o tít. CORREÇÃO MONETÁRIA.

Art. 5º: 2a. **Dec. lei 19, de 30.8.66** — Obriga a adoção da cláusula de correção monetária nas operações do Sistema Financeiro da Habitação e dá outras providências (RT 373/402, Lex 1966/1.227):

"**Art. 1º** Em todas as operações do Sistema Financeiro da Habitação deverá ser adotada cláusula de correção monetária, de acordo com os índices de correção monetária fixados pelo Conselho Nacional de Economia, para correção do valor das Obrigações Reajustáveis do Tesouro Nacional, e cuja aplicação obedecerá a instruções do Banco Nacional da Habitação.

"§ 1º O reajustamento das prestações poderá ser feito com base no salário mínimo, no caso de operações que tenham por objeto imóveis residenciais de valor unitário inferior a setenta e cinco (75) salários mínimos e se destinarem a atender às necessidades habitacionais de famílias de baixa renda.

"§ 2º O Banco Nacional da Habitação, bem como os demais órgãos integrantes do Sistema Financeiro da Habitação, poderão financiar ou descontar as operações de compra e venda, promessa de venda, cessão, promessa de cessão, empréstimo, financiamento e construção de habitação para pagamento a prazo, quando os créditos delas resultantes forem corrigidos monetariamente de acordo com o art. 1º deste decreto-lei".

Art. 5º: 3. O STF, em sessão plenária, firmou o seguinte entendimento sobre o art. 5º e §§ da Lei 4.380/64, o art. 30 da Lei 4.864/65 (neste tít., adiante), com a redação dada pela Lei 5.049/66, e o art. 1º do Dec. lei 19/66 (v. nota anterior):

"1. O sentido dos parágrafos do art. 5º da Lei 4.380/64 não é o de estabelecer o salário mínimo como critério de reajustamento das prestações da casa própria, mas, de um lado, o de estabelecer, em cláusula contratual, uma proporcionalidade entre a prestação e o salário mínimo a ser observada, como referência-limite, nos reajustes subsequentes, e de outro lado, fazer de sua decretação um marco temporal para a data do reajustamento da prestação.

"2. O Dec. lei n. 19/66 instituiu novo e completo sistema de reajustamento das prestações: a) tornando-as obrigatórias e mediante o índice de correção com base na variação das obrigações reajustáveis do Tesouro; e b) atribuindo competência ao BNH para baixar instruções sobre a aplicação dos índices referidos.

"3. Não mais prevalecem, a partir do Dec. lei 19/66, e com relação ao SFH, as normas dos §§ do art. 5º da Lei 4.380/64, com ele incompatíveis, mesmo porque o decreto-lei, editado com base no Ato Institucional n. 2/65, tem efeito de lei, inclusive revogando anteriores normas antagônicas, mesmo que tenham o caráter de lei formal" (STF-Pleno: RTJ 119/548, RT 616/199 e RDA 165/109; s/ o tema, v. RDA 165/345, parecer de Caio Tácito).

V. tb. STF-Bol. AASP 1.501/228 e RDA 168/212.

Art. 6º O disposto no artigo anterior somente[1] se aplicará aos contratos de venda, promessa de venda, cessão ou promessa de cessão, ou empréstimo que satisfaçam às seguintes condições:

a) ....[2]

b) ....[2]

c) ao menos parte do financiamento, ou do preço a ser pago, seja amortizado em prestações mensais sucessivas, de igual valor, antes do reajustamento, que incluam amortização e juros;[3-3a]

d) além das prestações mensais referidas na alínea anterior, quando convencionadas prestações intermediárias, fica vedado o reajustamento das mesmas e do saldo devedor a elas correspondente;

e) os juros convencionais não excedam de 10% (dez por cento) ao ano;[4]

f) se assegure ao devedor, comprador, promitente comprador, cessionário ou promitente cessionário o direito a liquidar antecipadamente a dívida em forma obrigatoriamente prevista no contrato, a qual poderá prever a correção monetária do saldo devedor, de acordo com os limites previstos no § 1º do artigo anterior.

Parágrafo único. As restrições dos incisos *a* e *b* não obrigam as entidades integrantes do Sistema Financeiro da Habitação, cujas aplicações, a este respeito, são regidas pelos arts. 11 e 12.

Art. 6º: 1. O Dec. lei 19, de 30.8.66 (em nota 2a ao art. anterior), ampliou as hipóteses de incidência do art. 5º, nas operações do SFH.

Art. 6º: 2. As alíneas *a* e *b* foram revogadas pelo art. 30-*caput* da Lei 4.864, de 29.11.65, na redação que lhe deu o art. 3º da Lei 5.049, de 29.6.66.

Art. 6º: 3. "Da amortização do mútuo no SFH", por Heloísa Veiga de Assis (Ajuris 91/141).

Art. 6º: 3a. **Súmula 450 do STJ:** "Nos contratos vinculados ao SFH, a atualização do saldo devedor antecede sua amortização pelo pagamento da prestação".

Art. 6º: 4. **Súmula 422 do STJ:** "O art. 6º, *e*, da Lei n. 4.380/64 não estabelece limitação aos juros remuneratórios nos contratos vinculados ao SFH".

Tal dispositivo legal "constitui tão somente uma das condições para aplicação da correção monetária prevista no art. 5º do referido diploma legal" (STJ-Corte Especial, ED no REsp 410.197, Min. Arnaldo Esteves, j. 8.9.08, DJ 20.11.08).

Art. 7º Após 180 (cento e oitenta) dias da concessão do "habite-se", caracterizando a conclusão da construção, nenhuma unidade residencial pode ser vendida, ou prometida vender ou ceder com o benefício de pagamentos regidos pelos arts. 5º e 6º desta lei.

§ 1º Para os efeitos desse artigo,[1] equipara-se ao "habite-se" das autoridades municipais a ocupação efetiva da unidade residencial.

§ 2º O disposto neste artigo não se aplica aos imóveis já construídos, cuja alienação seja contratada, nos termos dos arts. 5º e 6º, pelos respectivos titulares, desde que estes incorporem ao capital de sociedade de crédito imobiliário[2] o preço da transação.

§ 3º Aos imóveis de propriedade das pessoas jurídicas de direito público ou de sociedade de economia mista, de que o Poder Público seja majoritário, não se aplica o disposto neste artigo.

§ 4º A restrição deste artigo não se aplicará àquele que, não sendo proprietário, promitente comprador ou promitente cessionário de mais de uma habitação, desejar aliená-la de modo a adquirir outra, na forma dos arts. 5º e 6º desta lei, desde que a aquisição seja de qualquer forma contratada simultaneamente com a alienação.

§ 5º (*redação da Lei 5.455, de 19.6.68*) Não se aplicam as restrições deste artigo aos imóveis ocupados há mais de 2 (dois) anos pelo locatário que pretender adquiri-lo mediante financiamento de qualquer dos agentes financeiros do Sistema Financeiro da Habitação, desde que os recursos obtidos pelo locador sejam utilizados na construção de novas habitações, conforme normas regulamentares a serem baixadas pelo Banco Nacional da Habitação, ou que permaneçam depositados no Sistema Financeiro da Habitação, pelo prazo mínimo de 5 (cinco) anos.

Art. 7º: 1. *sic;* deve ser "deste artigo".

Art. 7º: 2. v. arts. 35 a 43.

Capítulo III DO SISTEMA FINANCEIRO DA HABITAÇÃO DE INTERESSE SOCIAL

Seção I ÓRGÃOS COMPETENTES DO SISTEMA

Art. 8º (*redação da Lei 8.245, de 18.10.91*) O Sistema Financeiro da Habitação, destinado a facilitar e promover a construção e a aquisição da casa própria ou moradia, especialmente pelas classes de menor renda da população, será integrado:[1]

I (*redação da Lei 11.977, de 7.7.09*) — pelos bancos múltiplos;

II (*redação da Lei 11.977, de 7.7.09*) — pelos bancos comerciais;

III (*redação da Lei 11.977, de 7.7.09*) — pelas caixas econômicas;

IV (*redação da Lei 11.977, de 7.7.09*) — pelas sociedades de crédito imobiliário;[2]

V (*acrescido pela Lei 11.977, de 7.7.09*) — pelas associações de poupança e empréstimo;

VI (*acrescido pela Lei 11.977, de 7.7.09*) — pelas companhias hipotecárias;

VII (*acrescido pela Lei 11.977, de 7.7.09*) — pelos órgãos federais, estaduais e municipais, inclusive sociedades de economia mista em que haja participação majoritária do poder público, que operem, de acordo com o disposto nesta Lei, no financiamento de habitações e obras conexas;

VIII (*acrescido pela Lei 11.977, de 7.7.09*) — pelas fundações, cooperativas e outras formas associativas para construção ou aquisição da casa própria sem finalidade de lucro, que se constituirão de acordo com as diretrizes desta Lei;

IX (*acrescido pela Lei 11.977, de 7.7.09*) — pelas caixas militares;

X (*acrescido pela Lei 11.977, de 7.7.09*) — pelas entidades abertas de previdência complementar;

XI (*acrescido pela Lei 11.977, de 7.7.09*) — pelas companhias securitizadoras de crédito imobiliário; e

XII (*acrescido pela Lei 11.977, de 7.7.09*) — por outras instituições que venham a ser consideradas pelo Conselho Monetário Nacional como integrantes do Sistema Financeiro da Habitação.

Parágrafo único. O Conselho da Superintendência da Moeda e do Crédito fixará as normas que regulem as relações entre o Sistema Financeiro da Habitação e o restante do sistema financeiro nacional, especialmente quanto à possibilidade, às condições e aos limites de aplicação de recursos da rede bancária em letras imobiliárias, emitidas, nos termos desta lei, pelo Banco Nacional da Habitação.

Art. 8º: 1. **Lei 9.514, de 20.11.97** — Dispõe sobre o Sistema de Financiamento Imobiliário, institui a alienação fiduciária de coisa imóvel e dá outras providências (no tít. ALIENAÇÃO FIDUCIÁRIA): **"Art. 39.** Às operações de financiamento imobiliário em geral a que se refere esta lei: **I** — não se aplicam as disposições da Lei n. 4.380, de 21 de agosto de 1964, e as demais disposições legais referentes ao Sistema Financeiro da Habitação — SFH".

Art. 8º: 2. v. arts. 35 a 43.

Seção II — DAS APLICAÇÕES DO SISTEMA FINANCEIRO DA HABITAÇÃO

Art. 9º Todas as aplicações do Sistema terão por objeto, fundamentalmente, a aquisição de casa para residência do adquirente, sua família e seus dependentes, vedadas quaisquer aplicações em terrenos não construídos, salvo como parte de operação financeira destinada à construção da mesma.

§ 1º (*revogado expressamente pela Med. Prov. 2.197-43, de 24.8.01*).

§ 2º Após 180 dias da concessão do "habite-se", caracterizando a conclusão da construção, nenhuma unidade residencial pode ser objeto de aplicação pelo Sistema Financeiro da Habitação, equiparando-se ao "habite-se" das autoridades municipais a ocupação efetiva da unidade residencial.

§ 3º O disposto no parágrafo anterior não se aplicará aos imóveis já construídos, que sejam alienados a partir desta lei por seus proprietários ou promitentes compradores, por motivo de aquisição de outro imóvel que satisfaça às condições desta lei para ser objeto de aplicação pelo Sistema Financeiro de Habitação.

Art. 10. Todas as aplicações do Sistema Financeiro da Habitação revestirão a forma de créditos reajustáveis de acordo com os arts. 5º e 6º desta lei.

§ 1º Os financiamentos para aquisição ou construção de habitações e as vendas a prazo de habitações efetuadas pelas Caixas Econômicas ... (VETADO) ... e outras autarquias ... (VETADO) ... ou por sociedade de economia mista ... (VETADO) ... estabelecerão obrigatoriamente o reajustamento do saldo devedor e das prestações de amortização e juros, obedecidas as disposições dos arts. 5º e 6º.

§ 2º As entidades estatais, inclusive as sociedades de economia mista, em que o Poder Público seja majoritário, adotarão, nos seus financiamentos, critérios e classificação dos candidatos aprovados pelo Banco Nacional da Habitação, ouvido o Serviço Federal de Habitação e Urbanismo, e darão, obrigatoriamente, ampla publicidade das inscrições e dos financiamentos concedidos.

§ 3º Os órgãos federais deverão aplicar os recursos por eles arrecadados para o Sistema Financeiro da Habitação, até 50% no Estado de origem dos recursos, redistribuindo o restante pelas unidades federativas compreendidas em regiões de menor desenvolvimento econômico.

Art. 11 (*redação da Lei 4.864, de 29.11.65*). Os recursos destinados ao setor habitacional pelas entidades estatais, inclusive sociedades de economia mista de que o Poder Público seja majoritário, distribuir-se-ão, permanentemente, da seguinte forma:

I (*redação da Lei 4.864, de 29.11.65*) — em habitações de valor unitário inferior a 100 (cem) vezes o maior salário mínimo mensal,[1] vigente no país, uma percentagem mínima dos recursos a ser fixada, bienalmente, pelo Banco Nacional da Habitação, em função das condições do mercado e das regiões, e por instituição ou tipo de instituição;

II (*redação da Lei 4.864, de 29.11.65*) — em habitações de valor unitário compreendido entre 300 (trezentas) e 400 (quatrocentas) vezes o maior salário mínimo, vigente no país, no máximo, 20% (vinte por cento) dos recursos, vedadas as aplicações em habitações de valor unitário superior a 400 (quatrocentas) vezes o maior salário mínimo citado.

§ 1º (*redação da Lei 4.864, de 29.11.65*) Dentro do limite de recursos obrigatoriamente aplicados em habitações de valor unitário inferior a 100 (cem) vezes o maior salário mínimo do país, o Banco Nacional da Habitação fixará, para cada região ou localidade, a percentagem mínima de recursos que devem ser aplicados no financiamento de projetos destinados à eliminação de favelas, mocambos e outras aglomerações em condições subumanas de habitação.

§ 2º (*redação da Lei 4.864, de 29.11.65*) Nas aplicações a que se refere o inciso II, a parcela financiada do valor do imóvel não poderá ultrapassar 80% (oitenta por cento) do mesmo.

§ 3º (*redação da Lei 4.864, de 29.11.65*) Os recursos aplicados ou com aplicação contratada, no setor habitacional, na data da publicação desta lei, pelas entidades estatais, inclusive sociedades de economia mista, não serão computados[2] nas percentagens de aplicação a que se refere este artigo.

§ 4º (*redação da Lei 4.864, de 29.11.65*) O disposto neste artigo não se aplica aos processos das Caixas Econômicas Federais, Caixas Militares e IPASE, já deferidos pelos órgãos e autoridades competentes, na data da publicação desta lei.

§ 5º (*redação da Lei 4.864, de 29.11.65*) Em função das condições de mercado e das regiões, o Banco Nacional da Habitação poderá alterar os critérios de distribuição das aplicações previstas no inciso II deste artigo.

Art. 11: 1. **Lei 5.455, de 19.6.68** (v. ementário), **art. 8º:** "Os limites do valor das habitações, fixados em salário mínimo pela Lei n. 4.380, de 21 de agosto de 1964 e legislação complementar, poderão ser determinados em Unidades-Padrão de Capital do Banco Nacional da Habitação, que regulamentará a matéria".

Art. 11: 2. Conforme retificação em Coleção das Leis da União 1964, vol. 7, p. 541.

Art. 12. Os recursos aplicados pelas entidades privadas integrantes do Sistema Financeiro da Habitação se distribuirão permanentemente da seguinte forma:

I (*redação da Lei 4.864, de 29.11.65*) — no mínimo 60% (sessenta por cento) dos recursos deverão estar aplicados em habitações de valor unitário inferior a 300 (trezentas) vezes o maior salário mínimo[1] mensal vigente no país;

II (*redação da Lei 4.864, de 29.11.65*) — no máximo 20% (vinte por cento) dos recursos poderão estar aplicados em habitações de valor unitário superior a 400 (quatrocentas) vezes o maior salário mínimo mensal vigente no país;

III (*redação da Lei 4.864, de 29.11.65*) — serão vedadas as aplicações em habitações de valor unitário superior a 500 (quinhentas) vezes o maior salário mínimo mensal vigente no país.

Parágrafo único. Nas aplicações a que se refere o inciso II, a parcela financiada do valor do imóvel não poderá ultrapassar de 80% do mesmo.

Art. 12: 1. v. nota 2 ao art. 11.

Art. 13. A partir do 3º ano da aplicação da presente lei, o Banco Nacional da Habitação poderá alterar os critérios de distribuição das aplicações previstas nos artigos anteriores.

Art. 14. (*revogado expressamente pela Med. Prov. 2.197-43, de 24.8.01*).

Seção III DOS RECURSOS DO SISTEMA FINANCEIRO DA HABITAÇÃO

Art. 15. As entidades integrantes do Sistema Financeiro da Habitação poderão assegurar reajustamento monetário, nas condições previstas no art. 5º:

I — aos depósitos no sistema que obedeçam às normas gerais fixadas pelo Banco Nacional da Habitação, cujo prazo não poderá ser inferior a um ano, e que não poderão ser movimentados com cheques;

II — aos financiamentos contraídos no país ou no exterior[1] para a execução de projetos de habitações, desde que observem os limites e as normas gerais estabelecidas pelo Banco Nacional da Habitação;

III — às letras imobiliárias emitidas nos termos desta lei pelo Banco Nacional da Habitação ou pelas sociedades de crédito imobiliário.

§ 1º Em relação às Caixas Econômicas Federais e a outras entidades do sistema, que não operem exclusivamente no setor habitacional, o reajustamento previsto neste artigo somente poderá ser assegurado aos depósitos e empréstimos das suas carteiras especializadas no setor habitacional.

§ 2º O Sistema manterá depósitos especiais de acumulação de poupanças para os pretendentes a financiamento de casa própria, cujos titulares terão preferência na obtenção desses financiamentos, obedecidas as condições gerais estabelecidas pelo Banco Nacional da Habitação.

§ 3º Todos os financiamentos externos e acordos de assistência técnica relacionados com a habitação dependerão da aprovação prévia do Banco Nacional da Habitação e não poderão estar condicionados à utilização de patentes, licenças e materiais de procedência estrangeira.

Art. 15: 1. **Dec. lei 283, de 28.2.67** — Dispõe sobre empréstimos contraídos no exterior destinados à construção e venda de habitações (Lex 1967/662).

Art. 15-A (*acrescido pela Lei 11.977, de 7.7.09*). É permitida a pactuação de capitalização de juros com periodicidade mensal nas operações realizadas pelas entidades integrantes do Sistema Financeiro da Habitação — SFH.

§ 1º No ato da contratação e sempre que solicitado pelo devedor será apresentado pelo credor, por meio de planilha de cálculo que evidencie de modo claro e preciso, e de fácil entendimento e compreensão, o seguinte conjunto de informações:

I — saldo devedor e prazo remanescente do contrato;

II — taxa de juros contratual, nominal e efetiva, nas periodicidades mensal e anual;

III — valores repassados pela instituição credora às seguradoras, a título de pagamento de prêmio de seguro pelo mutuário, por tipo de seguro;

IV — taxas, custas e demais despesas cobradas juntamente com a prestação, discriminadas uma a uma;

V — somatório dos valores já pagos ou repassados relativos a:

a) juros;

b) amortização;

c) prêmio de seguro por tipo de seguro;

d) taxas, custas e demais despesas, discriminando por tipo;

VI — valor mensal projetado das prestações ainda não pagas, pelo prazo remanescente do contrato, e o respectivo somatório, decompostos em juros e amortizações;

VII — valor devido em multas e demais penalidades contratuais quando houver atraso no pagamento da prestação.

§ 2º No cômputo dos valores de que trata o inciso VI do § 1º, a instituição credora deve desconsiderar os efeitos de eventual previsão contratual de atualização monetária do saldo devedor ou das prestações.

Art. 15-B (*acrescido pela Lei 11.977, de 7.7.09*). Nas operações de empréstimo ou financiamento realizadas por instituições integrantes do Sistema Financeiro da Habitação que prevejam pagamentos por meio de prestações periódicas, os sistemas de amortização do saldo devedor poderão ser livremente pactuados entre as partes.

§ 1º O valor presente do fluxo futuro das prestações, compostas de amortização do principal e juros, geradas pelas operações de que trata o *caput*, deve ser calculado com a utilização da taxa de juros pactuada no contrato, não podendo resultar em valor diferente ao do empréstimo ou do financiamento concedido.

§ 2º No caso de empréstimos e financiamentos com previsão de atualização monetária do saldo devedor ou das prestações, para fins de apuração do valor presente de que trata o § 1º, não serão considerados os efeitos da referida atualização monetária.

§ 3º Nas operações de empréstimo ou financiamento de que dispõe o *caput* é obrigatório o oferecimento ao mutuário do Sistema de Amortização Constante — SAC e de, no mínimo, outro sistema de amortização que atenda o disposto nos §§ 1º e 2º, entre eles o Sistema de Amortização Crescente — SACRE e o Sistema Francês de Amortização (Tabela Price).

Capítulo IV | DO BANCO NACIONAL DA HABITAÇÃO

Art. 16. Fica criado, vinculado ao Ministério da Fazenda, o Banco Nacional da Habitação (BNH),[1] que terá personalidade jurídica de direito público, patrimônio próprio e autonomia administrativa, gozando de imunidade tributária.

§ 1º O Banco Nacional da Habitação poderá instalar agências em todo o território nacional, mas operará, de preferência, usando como agentes e representantes as Caixas Econômicas Federais e Estaduais, os bancos oficiais e de economia mista e as demais entidades integrantes do Sistema Financeiro da Habitação.

§ 2º O Banco Nacional da Habitação poderá utilizar-se da rede bancária comercial, nas localidades em que não haja agentes ou representantes das entidades referidas no parágrafo anterior.

Art. 16: 1. O Banco Nacional da Habitação foi extinto e incorporado à Caixa Econômica Federal, pelo Dec. lei 2.291, de 21.11.86 (v. ementário).

Art. 17. O Banco Nacional da Habitação terá por finalidade:

I — orientar, disciplinar e controlar o Sistema Financeiro da Habitação;

II — incentivar a formação de poupanças e sua canalização para o Sistema Financeiro da Habitação;

III — disciplinar o acesso das sociedades de crédito imobiliário ao mercado nacional de capitais;

IV — manter serviços de redesconto e de seguro para garantia das aplicações do Sistema Financeiro da Habitação e dos recursos a ele entregues;

V — manter serviços de seguro de vida de renda temporária para os compradores de imóveis objeto de aplicações do Sistema;

VI — financiar ou refinanciar a elaboração e execução de projetos promovidos por entidades locais ... (VETADO) ... de conjuntos habitacionais, obras e serviços correlatos;

VII — refinanciar as operações das sociedades de crédito imobiliário;

VIII — financiar ou refinanciar projetos relativos a ... (VETADO) ... instalação e desenvolvimento da indústria ... (VETADO) ... de materiais de construção e pesquisas tecnológicas, necessárias a melhoria das condições habitacionais do país ... (VETADO).

Parágrafo único. O Banco Nacional da Habitação operará exclusivamente como órgão orientador, disciplinador e de assistência financeira, sendo-lhe vedado operar diretamente em financiamento, compra e venda ou construção de habitações, salvo para a venda dos terrenos referidos no art. 26 ou para realização de bens recebidos em liquidação de garantias.

Art. 18. Compete ao Banco Nacional da Habitação:

I — autorizar e fiscalizar o funcionamento das sociedades de crédito imobiliário;

II — fixar as condições gerais quanto a limites, prazos, retiradas, juros e seguro obrigatório das contas de depósito no Sistema Financeiro da Habitação;

III (*redação da Med. Prov. 2.197-43, de 24.8.01*) — estabelecer as condições gerais a que deverão satisfazer as aplicações do Sistema Financeiro da Habitação quanto a garantias, juros, prazos, limites de risco e valores máximos de financiamento e de aquisição dos imóveis financiados no âmbito do Sistema Financeiro da Habitação;

IV — fixar os limites, em relação ao capital e reservas, dos depósitos recebidos e dos empréstimos tomados pelas sociedades de crédito imobiliário;

V — fixar os limites mínimos de diversificações de aplicações a serem observados pelas entidades integrantes do Sistema Financeiro da Habitação;

VI — fixar os limites de emissão e as condições de colocação, vencimento e juros das letras imobiliárias, bem como as condições dos seguros de suas emissões;

VII — fixar as condições e os prêmios dos seguros de depósitos e de aplicações a que serão obrigadas as entidades integrantes do Sistema Financeiro da Habitação;

VIII — fixar as condições gerais de operação da sua carteira de redesconto das aplicações do Sistema Financeiro da Habitação;

IX — determinar as condições em que a rede seguradora privada nacional operará nas várias modalidades de seguro previstas na presente lei;

X — (VETADO);

XI — exercer as demais atribuições previstas nesta lei.

Parágrafo único. No exercício de suas atribuições, o Banco Nacional da Habitação obedecerá aos limites globais e às condições gerais fixadas pelo Conselho da Superintendência da Moeda e do Crédito, com o objetivo de subordinar o Sistema Financeiro da Habitação à política financeira, monetária e econômica em execução pelo Governo Federal.

Art. 19. O Banco Nacional da Habitação ... (VETADO) ... poderá receber depósitos:

a) de entidades governamentais, autárquicas, paraestatais e de economia mista;

b) das entidades integrantes do Sistema Financeiro da Habitação;

c) que resultem de operações realizadas pelo Banco ou que a elas estejam diretamente vinculadas.

Art. 20. Mediante autorização do Ministro da Fazenda, o Banco Nacional da Habitação poderá tomar empréstimos, no país ou no exterior, a fim de obter recursos para a realização das suas finalidades.

§ 1º Os empréstimos internos referidos neste artigo poderão ser corrigidos de acordo com o art. 5º ou revestir a forma de letras imobiliárias.

§ 2º O Ministro da Fazenda poderá dar a garantia do Tesouro Nacional aos empréstimos referidos neste artigo, até um saldo devedor total, em cada momento, de um trilhão de cruzeiros para os empréstimos internos e US$ 300 milhões, ou equivalente em outras moedas, para os empréstimos em moeda estrangeira.

§ 3º O limite em cruzeiros constante do parágrafo anterior será anualmente reajustado pelos índices referidos no art. 5º.

Art. 21. .... [1]

§ 1º (VETADO)

§ 2º O Ministro da Fazenda fixará periodicamente a percentagem dos depósitos das Caixas Econômicas Federais, que deverá ser obrigatoriamente aplicada em depósitos do BNH.[2]

Art. 21: 1. O *caput* do art. 21 era do seguinte teor: "O Serviço Social da Indústria (SESI) e o Serviço Social do Comércio (SESC), inclusive os Departamentos Regionais, aplicarão anualmente na aquisição de letras imobiliárias de emissão do Banco Nacional da Habitação, a partir do exercício de 1965, 20% (vinte por cento) das receitas compulsórias a eles vinculadas".

A ***Lei 5.107, de 13.9.66*** (Cria o Fundo de Garantia do Tempo de Serviço; em RT 374/374, Lex 1966/1.257, RF 216/484), dispensou o SESC e o SESI dessa subscrição compulsória (cf. seu art. 23). E o **Dec. lei 1.033, de 21.10.69** (Lex 1969/1.717), ordenou que essas entidades aplicassem no Programa Especial de Bolsas de Estudo — PEBE os depósitos que haviam feito, em decorrência do art. 21 supra, no Banco do Brasil e nas Caixas Econômicas Federais.

Finalmente, a **Lei 8.036, de 11.5.90** (em Lex 1990/682), estabeleceu, em seu **art. 30:** "Fica reduzida para 1,5% (um e meio por cento) a contribuição devida pelas empresas ao Serviço Social do Comércio e ao Serviço Social da Indústria e dispensadas estas entidades da subscrição compulsória a que alude o art. 21 da Lei n. 4.380, de 21 de agosto de 1964".

Art. 21: 2. O primitivo § 2º foi revogado pela Lei 5.455, de 19.6.68, passando o antigo § 3º a ser o atual § 2º.

Art. 22. ....[1]

Art. 22: 1. Este art., com seus diversos §§, estabelecia que as empresas eram obrigadas a contribuir com "a percentagem de 1% mensal sobre o montante de suas folhas de pagamento para a constituição do Banco Nacional da Habitação". Essa percentagem foi aumentada para 1,2% pela **Lei 4.863, de 29.11.65** (Lex 1965/1.671, RDA 83/475), art. 35 § 2º. A **Lei 5.127, de 29.9.66** (RT 374/401, Lex 1966/1.335), acrescentou § 6º ao art. 22 em exame.

A **Lei 5.107, de 13.9.66** (Cria o Fundo de Garantia do Tempo de Serviço — RT 374/374, Lex 1966/1.257, RF 216/484), extinguiu essa contribuição, em seu art. 22-III, a partir do primeiro dia do mês seguinte ao da publicação de seu regulamento (art. 30). O **Dec. 59.820, de 20.12.66** (RT 374/416, Lex 1966/2.005, RF 217/452), que a regulamentou, esclareceu que a cessação da contribuição só se aplicava aos salários devidos a partir do mês de janeiro de 1967 (art. 79 § ún.).

Art. 23 (*redação da Lei 4.864, de 29.11.65*). A construção de prédios residenciais, cujo custo seja superior a 850 vezes o maior salário mínimo[1] vigente no país, considerado este custo para cada unidade residencial, seja em prédio individual, seja em edifícios de apartamentos ou vilas, fica sujeita ao pagamento de uma subscrição pelo proprietário, promitente comprador ou promitente cessionário do respectivo terreno, de letras imobiliárias emitidas pelo Banco Nacional da Habitação, com as características do art. 45 desta lei.

§ 1º (*redação da Lei 4.864, de 29.11.65*) O montante dessa subscrição será de 5% (cinco por cento) sobre o valor da construção, quando esta estiver entre os limites de 850 a 1.150 vezes o maior salário mínimo vigente no país à época da concessão do respectivo "habite-se", e de 10% (dez por cento) sobre o que exceder de tal limite.

§ 2º (*redação da Lei 4.864, de 29.11.65*) As autoridades municipais, antes de concederem o "habite-se" para os prédios residenciais, exigirão do construtor uma declaração do seu custo efetivo e, quando for o caso, do proprietário comprovação do cumprimento do disposto no presente artigo.

§ 3º (*redação da Lei 4.864, de 29.11.65*) Só poderão gozar dos benefícios e vantagens previstos na presente lei os municípios que obedecerem ao disposto neste artigo.

Art. 23: 1. v. nota 2 ao art. 11.

Art. 24. O Banco Nacional da Habitação poderá operar em:

I — prestação de garantia em financiamento obtido, no país ou no exterior, pelas entidades integrantes do Sistema Financeiro da Habitação, destinados[1] a execução de projetos de habitação de interesse social;

II — carteira de seguro dos créditos resultantes da venda ou construção de habitação a prazo, ou de empréstimos para aquisição ou construção de habitações;

III — carteira de seguro dos depósitos nas entidades integrantes do Sistema Financeiro da Habitação;

IV — carteira de redesconto para assegurar a liquidez do Sistema Financeiro da Habitação;

V — carteira de seguro de vida de renda temporária dos adquirentes, financiados pelo Sistema Financeiro da Habitação;

VI — carteira de seguro de resgate e pagamento de juros das letras imobiliárias emitidas pelas sociedades de crédito imobiliário;

VII — financiamento ou refinanciamento da elaboração ou execução de projetos de construção de conjuntos habitacionais ... (VETADO) ... instalação e desenvolvimento da indústria ... (VETADO) ... de materiais de construção e pesquisas tecnológicas;

VIII — refinanciamento parcial dos créditos concedidos pelas sociedades de crédito imobiliário.

§ 1º O Banco Nacional da Habitação somente operará ... (VETADO) ... para aplicação dos recursos disponíveis, depois de asseguradas as reservas técnicas necessárias às operações referidas nos incisos I a VI, inclusive.

§ 2º Os recursos disponíveis do Banco Nacional da Habitação serão mantidos em depósito no Banco do Brasil S.A. ... (VETADO) ...

§ 3º Dos recursos recolhidos ao Banco Nacional da Habitação, serão destinadas anualmente as verbas necessárias ao custeio das atividades do Serviço Federal da Habitação e Urbanismo ... (VETADO) ...

Art. 24: 1. *sic*; deve ser "destinado".

Art. 25. O capital do Banco Nacional da[1] Habitação pertencerá integralmente à União Federal.

Parágrafo único. O capital inicial do Banco Nacional da Habitação será de Cr$ 1 bilhão de cruzeiros.

Art. 25: 1. No texto oficial, está "de Habitação".

Art. 26. O Poder Executivo transferirá, dentro de um ano, para o patrimônio do Banco Nacional da Habitação, terrenos de propriedade da União Federal que não sejam necessários aos serviços públicos federais ou que possam ser vendidos, para realizar recursos líquidos destinados ao aumento do capital do Banco, desde que se prestem à construção de conjuntos residenciais de interesse social.

§ 1º O Banco poderá igualmente receber dos Governos Estaduais, Municipais e particulares ou de entidades de direito privado, estes sob a forma de doações, terras ou terrenos rurais ou urbanos, apropriados para a construção de imóveis.

§ 2º No caso de doações previstas no parágrafo anterior, nenhum ônus recairá sobre o doador de terras ou terrenos recebidos pelo Banco.

Art. 27. O Banco Nacional da Habitação será administrado por um Conselho de Administração e uma diretoria, cujos membros serão nomeados pelo Presidente da República e aprovados pelo Senado Federal.

§ 1º O Conselho de Administração será composto de:

a) o presidente do Banco Nacional da Habitação, como seu presidente, e com voto de qualidade;

b) de seis a nove conselheiros, com mandato de 3 (três) anos cada um;

c) os diretores do Banco.

§ 2º A diretoria será composta de:

a) o presidente do Banco Nacional da Habitação, demissível *ad nutum*;

b) o diretor-superintendente com mandato de 4 (quatro) anos;

c) dois a cinco diretores com mandato de 4 (quatro) anos.

Art. 28. Os membros da diretoria e três dos membros do Conselho de Administração serão escolhidos dentre cidadãos de reconhecida idoneidade moral e comprovada capacidade em assuntos econômico-financeiros, sendo dois outros membros do Conselho de Administração escolhidos dentre os especialistas, respectivamente, em assuntos de saúde pública, de previdência social, e o sexto o Superintendente do Serviço Federal de Habitação e Urbanismo.

§ 1º (VETADO)

§ 2º Os conselheiros serão anualmente renovados pelo terço e, na composição inicial, 1/3 terá mandato de 1 (um) ano, 1/3 mandato de 2 (dois) anos e 1/3 mandato de 3 (três) anos.

§ 3º Na composição inicial da diretoria, metade dos diretores terá mandato de 2 (dois) anos.

Art. 29. Compete ao Conselho de Administração:

I — organizar e modificar o regimento interno do Banco, que será aprovado por ato do Ministro da Fazenda;

II — decidir sobre a orientação geral das operações do Banco;

III — exercer as atribuições normativas do Banco, como órgão de orientação, disciplina e controle do Sistema Financeiro da Habitação;

IV — aprovar os orçamentos de custeio, recursos e aplicação do Banco e as normas gerais a serem observadas nos seus serviços;

V — distribuir os serviços do Banco entre os diretores, observado o disposto nesta lei;

VI — criar ou extinguir cargo e funções, fixando os respectivos vencimentos e vantagens, mediante proposta do diretor-superintendente, bem como dirimir dúvidas quanto aos direitos, vantagens e deveres dos servidores, podendo ainda baixar o regulamento do pessoal do Banco;

VII — examinar e aprovar os balancetes e balanços do Banco, financeiros e patrimoniais;

VIII — escolher substitutos no caso de vaga ou impedimento dos diretores, até que o Presidente da República o faça em caráter efetivo;

IX — examinar e dar parecer sobre a prestação anual das contas do Banco;

X — deliberar sobre os assuntos que lhe forem submetidos pela diretoria.

Art. 30. Compete à diretoria:

I — decidir sobre todos os assuntos da direção executiva do Banco, de acordo com o seu regimento interno;

II — aprovar as operações do Banco, que excedam os limites fixados pelo regimento interno para cada diretor.

Art. 31. Compete ao presidente do Banco:

I — representar o Banco em suas relações com terceiros, em juízo ou fora dele, sem prejuízo do disposto no art. 29;

II — convocar extraordinariamente o Conselho e a diretoria, sempre que necessário;

III — enviar ao Tribunal de Contas, até 31 de janeiro de cada ano, as contas dos administradores do Banco relativas ao exercício anterior, para os fins do art. 77, II, da Constituição;[1]

IV — enviar ao Tribunal de Contas, até 31 de janeiro de cada ano, as contas gerais do Banco relativas ao exercício anterior.

Art. 31: 1. atualmente, CF 71-II.

Art. 32. Compete ao diretor-superintendente:

I — substituir o presidente nos seus impedimentos ocasionais, sem prejuízo do exercício normal de suas funções;

II — administrar e dirigir os negócios ordinários do Banco, decidindo das operações que se contiverem no limite da sua competência, de acordo com o regimento interno;

III — outorgar e aceitar escrituras ou assinar contratos, conjuntamente com o presidente ou outro diretor;

IV — designar, conjuntamente com o presidente, procuradores com poderes especiais, agentes ou representantes do Banco;

V — praticar os atos referentes à administração do pessoal, podendo delegar poderes, salvo quando se tratar de nomeação, promoção ou demissão;

VI — superintender e coordenar os serviços dos diferentes setores do Banco e zelar pelo fiel cumprimento das deliberações do Conselho de Administração e da diretoria;

VII — prover, interinamente, até que o Presidente da República o faça em caráter efetivo, as vagas dos membros do Conselho de Administração, cuja substituição não esteja prevista no regulamento do Banco.

Art. 33. Os diretores referidos no art. 27, § 2º, alínea *c*, terão as atribuições que forem determinadas no regimento interno.

Art. 34. O pessoal contratado pelo Banco será regido pela Consolidação das Leis do Trabalho e legislação complementar e admitido mediante concurso de provas ou de provas e títulos.

§ 1º Poderão ser requisitados pelo Banco servidores dos quadros do serviço público federal, das autarquias federais, ou de sociedades de economia mista controladas pelo Governo Federal.

§ 2º (VETADO)

Capítulo V | DAS SOCIEDADES DE CRÉDITO IMOBILIÁRIO

Art. 35. As sociedades de crédito imobiliário[1] são instituições de crédito especializado, dependem de autorização do Banco Nacional da Habitação para funcionar,[2] e estão sujeitas a permanente fiscalização do Governo Federal, através do referido Banco e da Superintendência da Moeda e do Crédito.

§ 1º As sociedades de crédito imobiliário se organizarão sob a forma anônima de ações nominativas, observando nos atos de sua constituição todos os dispositivos legais aplicáveis, mas só poderão dar início às suas atividades após publicação, no "Diário Oficial" da União, da autorização do Banco Nacional da Habitação.

§ 2º As sociedades de crédito imobiliário serão constituídas com o capital mínimo de 100 milhões de cruzeiros em moeda corrente, na forma da legislação que rege as sociedades anônimas, mas a emissão de autorização para funcionar dependerá da integralização mínima de 50%, mediante depósito do[3] BNH.

§ 3º O limite mínimo referido no parágrafo anterior será anualmente atualizado, com base nos índices de que trata o art. 5º, § 1º.

Art. 35: 1. v., a seguir, Lei 4.864, de 29.11.65, arts. 20 a 24.

Art. 35: 2. "Compete ao Banco Central o registro, a autorização para funcionamento, a fiscalização e todas as demais medidas previstas na Lei n. 4.380, de 21 de agosto de 1964, para o funcionamento das sociedades de crédito imobiliário" (**Lei 4.864, de 29.11.65,** a seguir, **art. 20 § 2º**).

Art. 35: 3. *sic;* deve ser "no".

Art. 36. A autorização para funcionar será concedida por tempo indeterminado, enquanto a sociedade observar as disposições legais e regulamentares em vigor.

§ 1º Somente poderão ser membros dos órgãos da administração e do Conselho Fiscal das sociedades de crédito imobiliário, pessoas de reconhecida idoneidade moral e comercial, sendo que dois diretores deverão comprovar capacidade financeira e técnica.

§ 2º Os diretores somente poderão ser investidos nos seus cargos depois da aprovação pelo Banco Nacional da Habitação,[1] à vista das provas exigidas pela SUMOC para investimento de diretores de estabelecimento bancário em geral.

§ 3º A responsabilidade dos administradores de sociedade de crédito imobiliário é a mesma prevista na lei para os diretores de bancos.

§ 4º A expressão "crédito imobiliário" constará obrigatoriamente da denominação das sociedades referidas neste artigo.

§ 5º As sociedades de crédito imobiliário enviarão para publicação até o 10º dia de cada mês, no *Diário Oficial do Estado* onde funcionarem, os balancetes mensais.

Art. 36: 1. v. nota 2 ao art. anterior.

Art. 37. Ficarão sujeitos[1] à prévia aprovação do Banco Nacional da Habitação:

I — as alterações dos estatutos sociais das sociedades de crédito imobiliário;

II — a abertura de agências ou escritórios das referidas sociedades;

III — a cessação de operações da matriz ou das dependências das referidas sociedades.

Art. 37: 1. *sic;* devia ser "sujeitas".

Art. 38. Os pedidos de autorização para funcionamento, alteração estatutária, abertura ou fechamento de agências ou dependências e aprovação de administradores deverão ser decididos pelo Banco Nacional da Habitação,[1] dentro de 120 dias da sua apresentação e das decisões do Banco caberá recurso voluntário para o Ministro da Fazenda.

Parágrafo único. O regulamento discriminará a documentação a ser apresentada, com os requerimentos referidos neste artigo, podendo o Banco Nacional da Habitação fazer as exigências que considerar de interesse para a apreciação do pedido e fixar prazo razoável para o seu atendimento.

Art. 38: 1. v. nota 2 ao art. 35.

Art. 39. As sociedades de crédito imobiliário somente poderão operar em financiamento para construção, venda ou aquisição de habitações, mediante:

I — abertura de crédito a favor de empresários que promovam projetos de construção de habitações para venda a prazo;

II — abertura de crédito para a compra ou construção de casa própria com liquidação a prazo de crédito utilizado;

III — desconto, mediante cessão de direitos de receber a prazo o preço da construção ou venda de habitações;

IV — outras modalidades de operações autorizadas pelo Banco Nacional da Habitação.

§ 1º Cada sociedade de crédito imobiliário somente poderá operar com imóveis situados na área geográfica para a qual for autorizada a funcionar.

§ 2º As sociedades de crédito imobiliário não poderão operar em compra e venda ou construção de imóveis, salvo para liquidação de bens que tenham recebido em pagamento dos seus créditos ou no caso dos imóveis necessários a instalação de seus serviços.

§ 3º Nas suas operações, as sociedades de crédito imobiliário observarão as normas desta lei e as expedidas pelo Banco Nacional da Habitação, com relação aos limites do valor unitário, prazo, condições de pagamento, juros, garantias, seguro, ágios e deságios na colocação de letras imobiliárias e diversificação de aplicações.

§ 4º As disponibilidades das sociedades de crédito imobiliário serão mantidas em depósito no Banco Nacional de[1] Habitação, no Banco do Brasil, nos demais bancos oficiais da União e dos Estados e nas Caixas Econômicas ... (VETADO).

Art. 39: 1. No texto oficial, está “de”, e não “da”.

Art. 40. As sociedades de crédito imobiliário não poderão:

a) receber depósitos de terceiros que não sejam proprietários de ações nominativas, a não ser nas condições e nos limites autorizados pelo Banco Nacional da Habitação;

b) tomar empréstimos em moeda nacional ou estrangeira, a não ser nas condições mínimas de prazo e nos limites máximos, em relação ao capital e reservas estabelecidos pelo Banco Nacional da Habitação;

c) emitir letras imobiliárias em valor superior aos limites máximos aprovados pelo Banco Nacional da Habitação em relação ao capital e reservas e ao montante dos créditos em carteira;

d) admitir a movimentação de suas contas por meio de cheques contra ela girados ou emitir cheques na forma do Decreto n. 24.777, de 14 de julho de 1934;[1]

e) possuir participação em outras empresas.

§ 1º O Banco Nacional da Habitação fixará o limite de recursos de terceiros que as sociedades poderão receber, até o máximo de 15 vezes os recursos próprios.

§ 2º O Banco Nacional da Habitação fixará também os limites mínimos de prazo dos vencimentos dos recursos de terceiros recebidos pela sociedade em relação aos prazos de suas aplicações.

Art. 40: 1. O **Dec. 24.777, de 14.7.34** (RT 91/501), permite que os bancos emitam cheques contra as próprias caixas, nas sedes ou nas filiais e agências.

Art. 41. O Banco Nacional da Habitação e a SUMOC manterão fiscalização permanente e ampla das sociedades de crédito imobiliário, podendo para isso, a qualquer tempo, examinar livros e registros, papéis e documentação de qualquer natureza, atos e contratos.

§ 1º As sociedades são obrigadas a prestar toda e qualquer informação que lhes for solicitada pelo Banco Nacional da Habitação ou pela SUMOC.

§ 2º A recusa, a criação de embaraços, a divulgação ou fornecimento de informações falsas sobre as operações e as condições financeiras da sociedade serão punidas na forma da lei.

§ 3º O Banco Nacional da Habitação e a SUMOC manterão sigilo com relação a documentos e informações que as sociedades de crédito imobiliário lhe[1] fornecerem.

Art. 41: 1. *sic;* deve ser "lhes".

Art. 42. As sociedades de crédito imobiliário são obrigadas a observar o plano de contas e as normas de contabilização aprovadas pelo Banco Nacional da Habitação, bem como a divulgar, em seus relatórios semestrais, as informações mínimas exigidas pelo Banco Nacional da Habitação, quanto às suas condições financeiras.

§ 1º As sociedades de crédito imobiliário são obrigadas a enviar ao Banco Nacional da Habitação, até o último dia do mês seguinte, cópia do balancete do mês anterior, do balanço semestral e da demonstração de lucros e perdas, bem como prova de envio para publicação das atas de assembleias gerais, dentro de 30 (trinta) dias da realização destas.

§ 2º O BNH poderá exigir quando, a seu critério, considerar necessário, que sociedades de crédito imobiliário se sujeitem à auditoria externa por empresas especializadas por ele aprovadas.

§ 3º As sociedades de crédito imobiliário mencionarão em sua publicidade os respectivos capitais realizados, suas reservas e o total de recursos mutuados aplicados, constantes de seu último balancete mensal.

Art. 43. .... [1]

Art. 43: 1. O art. 43 foi revogado pela Lei 13.506, de 13.11.17.

Capítulo VI | LETRAS IMOBILIÁRIAS

Arts. 44 a 53. .... [1]

Arts. 44 a 53: 1. Os arts. 44 a 53 foram **revogados** pela Lei 13.137, de 19.6.15.

Capítulo VII DO SERVIÇO FEDERAL DE HABITAÇÃO E URBANISMO

Art. 54. A Fundação da Casa Popular, criada pelo Decreto-lei n. 9.218, de 1º de maio de 1946,[1] passa a constituir com o seu patrimônio, revogada a legislação que lhe concerne, o Serviço Federal de Habitação e Urbanismo, entidade autárquica ... (VETADO).

§ 1º O Serviço Federal de Habitação e Urbanismo será dirigido por um superintendente ... (VETADO) ...

§ 2º O superintendente, de notória competência em matéria de habitação e urbanismo, será nomeado ... (VETADO) ... pelo Conselho de Administração do Banco Nacional da Habitação.

§ 3º (VETADO)

§ 4º Ficam extintos o Conselho Central, o Conselho Técnico e a Junta de Controle da Fundação da Casa Popular.

§ 5º Os servidores do Serviço Nacional de Habitação e Urbanismo serão admitidos no regime da legislação trabalhista ... (VETADO).

§ 6º Os servidores da atual Fundação da Casa Popular serão aproveitados no Serviço Nacional de Habitação e Urbanismo ou em outros serviços de igual regime.[2]

Art. 54: 1. **Dec. lei 9.218, de 1.5.46** — Autoriza a instituição da Fundação da Casa Popular (RT 162/834, Lex 1946/355, RF 107/189). Alterado pelo **Dec. lei 9.777, de 6.9.46** (RT 164/832, Lex 1946/753), e pela **Lei 4.235-A, de 21.6.63** (RT 335/495, Lex 1963/645, RDA 74/443).

Pelo **Dec. lei 988, de 21.10.69** (Lex 1969/1.684), as Caixas Econômicas Federais ficaram com a atribuição de arrecadar as prestações mensais ou aluguéis dos imóveis construídos pela extinta Fundação da Casa Popular.

Art. 54: 2. O Congresso Nacional rejeitou o veto ao § 6º.

Art. 55. O Serviço Federal de Habitação e Urbanismo terá as seguintes atribuições:

a) promover pesquisas e estudos relativos ao *deficit* habitacional, aspectos do planejamento físico, técnico e socioeconômico da habitação;

b) promover, coordenar e prestar assistência técnica a programas regionais e municipais de habitação de interesse social, os quais deverão necessariamente ser acompanhados de programas educativos e de desenvolvimento e organização de comunidade;

c) fomentar o desenvolvimento da indústria de construção, através de pesquisas e assistência técnica, estimulando a iniciativa regional e local;

d) incentivar o aproveitamento de mão de obra e dos materiais característicos de cada região;

e) estimular a organização de fundações, cooperativas, mútuas e outras formas associativas em programas habitacionais, propiciando-lhes assistência técnica;

f) incentivar a investigação tecnológica, a formação de técnicos, em qualquer nível, relacionadas[1] com habitação e urbanismo;

g) prestar assistência técnica aos Estados e Municípios na elaboração dos planos diretores, bem como no planejamento da desapropriação por interesse social, de áreas urbanas adequadas a construção de conjuntos habitacionais;

h) promover, em colaboração com o Instituto Brasileiro de Geografia e Estatística, a realização de estatísticas sobre habitação no país;

i) (VETADO)

j) prestar assistência técnica aos Estados, aos Municípios e às empresas do país para constituição, organização e implantação de entidades de caráter público, de economia mista ou privadas, que terão por objetivo promover a execução de planos habitacionais ou financiá-los, inclusive assisti-los para se candidatarem aos empréstimos do Banco Nacional da Habitação ou das sociedades de crédito imobiliário;

l) prestar assistência técnica na elaboração de planos de emergência, intervindo na normalização de situações provocadas por calamidades públicas;

m) estabelecer normas técnicas para a elaboração de Planos Diretores, de acordo com as peculiaridades das diversas regiões do país;

n) assistir aos municípios na elaboração ou adaptação de seus Planos Diretores às normas técnicas a que se refere o item anterior.

§ 1º Os municípios que não tiverem códigos de obras adaptados às normas técnicas do Serviço Federal de Habitação e Urbanismo, ou que aprovarem projetos e planos habitacionais em desacordo com as mesmas normas, não poderão receber recursos provenientes de entidades governamentais, destinados a programas de habitação e urbanismo.

§ 2º (VETADO)

Art. 55: 1. *sic.*

Art. 56. A organização administrativa do Serviço Federal de Habitação e Urbanismo será estabelecida em decreto, devendo ser prevista a sua descentralização regional.

Parágrafo único. (VETADO)

Capítulo VIII | DISPOSIÇÕES GERAIS E TRANSITÓRIAS

Art. 57 (*revogado expressamente pelo Dec. lei 1.338, de 23.7.74*).

Art. 58. ....[1]

Art. 58: 1. Disp. trans., s/ impostos no Distrito Federal.

Art. 59. São isentos de imposto de selo:[1-2]

a) a emissão, colocação, transferência, cessão, endosso, inscrição ou averbação de letras imobiliárias;

b) os atos e contratos, de qualquer natureza, entre as entidades que integram o Sistema Financeiro da Habitação;

c) os contratos de que participem entidades integrantes do Sistema Financeiro da Habitação, e que tenham por objeto habitações de menos de 50 metros quadrados, não incluídas as partes comuns, se for o caso, e de valor inferior a 60 vezes o maior salário mínimo legal vigente no país;

d) os contratos de construção, venda, ou promessa de venda a prazo, promessa de cessão e hipoteca, de habitações que satisfaçam aos requisitos da alínea anterior.

Art. 59: 1. O imposto do selo passou a denominar-se imposto sobre operações financeiras **(Lei 5.143, de 20.10.66,** em RT 375/392, Lex 1966/1.460, RDA 87/520, RF 217/440).

O art. 28-VII da **Lei 4.505, de 30.11.64** (RT 354/677, Lex 1964/1.222, RDA 80/411), repete, quase com as mesmas palavras, o art. 59 supra.

O art. 34 da Lei 4.864, de 29.11.65, a seguir, contém novos casos de não incidência do tributo.

Art. 59: 2. Lei 5.043, de 21.6.66 (RT 371/378, Lex 1966/868), **art. 1º:** "São isentos do imposto do selo os atos jurídicos e seus instrumentos, em que forem partes as entidades a que se refere o art. 8º, n. IV, da Lei n. 4.380, de 21 de agosto de 1964, e as Caixas Econômicas Federais em suas operações imobiliárias".

Art. 60. A aplicação da presente lei, pelo seu sentido social, far-se-á de modo a que sejam simplificados[1-2] todos os processos e métodos pertinentes às respectivas transações, objetivando principalmente:

I — o maior rendimento dos serviços e a segurança e rapidez na tramitação dos processos e papéis;

II — economia de tempo e de emolumentos devidos aos cartórios;

III — simplificação das escrituras e dos critérios para efeito do registro de imóveis.

Art. 60: 1. Lei 5.455, de 19.6.68 (v. ementário):

"Art. 9º Os interessados à aquisição da casa própria, nos termos da Lei n. 4.380, de 21 de agosto de 1964 e da legislação a ela posterior, serão obrigados a apresentar apenas certidões dos cartórios de protesto, do distribuidor e das varas criminais, os quais poderão ser dispensados (*sic;* deve ser: "as quais poderão ser dispensadas") por parte da entidade financiadora.

"§ 1º Às entidades integrantes do Sistema Financeiro da Habitação, se entenderem ser necessários outros documentos do interessado, que não os constantes neste artigo, cabe o ônus da obtenção do que exigirem.

"§ 2º Nenhuma outra certidão será exigida aos interessados além das referidas neste artigo".

Art. 60: 2. Lei 6.748, de 10.12.79 — Reduz a exigência de documentação aos pretendentes à aquisição de unidades habitacionais pelo Sistema Financeiro de Habitação, nos financiamentos de valor igual ou inferior a 1.500 Unidades-Padrão de Capital (UPC):

"Art. 1º Nas operações de financiamento pelo Sistema Financeiro de Habitação, de valor igual ou inferior a 1.500 Unidades-Padrão de Capital (UPC), do Banco Nacional da Habitação, para aquisição de unidade habitacional, exigir-se-ão do pretendente apenas o documento oficial de identidade, a Carteira de Trabalho e Previdência Social ou contracheque, o contrato de trabalho e a assinatura na Ficha Socioeconômica que lhe será apresentada no momento da solicitação do crédito.

"§ 1º Para os casos em que não for possível a imediata comprovação da renda declarada pelo pretendente, ou quando a mesma não provenha de vínculo empregatício ou estatutário ou de fonte fixa, o Banco Nacional da Habitação estabelecerá a forma de verificação da renda familiar, sem ônus para o pretendente.

"§ 2º A Ficha Socioeconômica (FSE) obedecerá ao padrão aprovado pelo Banco Nacional da Habitação e conterá, de forma sintética, as seguintes informações:

"a) qualificação completa, número de dependentes e renda familiar do pretendente;

"b) nome e endereço completos do empregador, se for o caso.

"Art. 2º Além dos referidos no art. 1º, nenhum documento, certidão ou atestado será exigido do pretendente, ou por ele custeado.

"§ 1º Caberá ao alienante da unidade habitacional ou ao pretendente, no caso de financiamento de construção em terreno próprio, o ônus da apresentação dos documentos legalmente exigidos para comprovação da sua situação pessoal, bem como da situação jurídico-fiscal do imóvel.

"§ 2º Caberá à entidade financiadora providenciar, sem repasse de custo ao pretendente, quaisquer documentos adicionais que julgar necessários à aprovação da operação.

"Art. 3º O disposto nos arts. 1º e 2º aplica-se a qualquer modalidade de financiamento para aquisição, inclusive a compra e venda com pacto adjeto de hipoteca.

"**Art. 4º** A falsa declaração sujeitará o declarante às sanções civis e criminais aplicáveis.

"**Art. 5º** Esta lei entrará em vigor na data de sua publicação, revogadas as disposições em contrário".

Cf. CP 299.

Art. 61. Para plena consecução do disposto no artigo anterior, as escrituras deverão consignar exclusivamente as cláusulas, termos ou condições variáveis ou específicas.

§ 1º As cláusulas legais, regulamentares, regimentais ou, ainda, quaisquer normas administrativas ou técnicas e, portanto, comuns a todos os mutuários não figurarão expressamente nas respectivas escrituras.

§ 2º As escrituras, no entanto, consignarão obrigatoriamente que as partes contratantes adotam e se comprometem a cumprir as cláusulas, termos e condições a que se refere o parágrafo anterior, sempre transcritas, *verbo ad verbum*,[1] no respectivo cartório ou ofício, mencionado inclusive o número do livro e das folhas do competente registro.

§ 3º Aos mutuários, ao receberem os respectivos traslados de escritura, será obrigatoriamente entregue cópia, impressa ou mimeografada, autenticada, do contrato-padrão constante das cláusulas, termos e condições referidas no § 1º deste artigo.

§ 4º Os cartórios de registro de imóveis, obrigatoriamente, para os devidos efeitos legais e jurídicos, receberão, autenticadamente, das pessoas jurídicas mencionadas na presente lei, o instrumento a que se refere o parágrafo anterior, tudo de modo a facilitar os competentes registros.

§ 5º (*redação da Lei 5.049, de 29.6.66*) Os contratos de que forem parte o Banco Nacional da Habitação ou entidades que integrem o Sistema Financeiro da Habitação, bem como as operações efetuadas por determinação da presente lei, poderão ser celebrados por instrumento particular, os quais poderão ser impressos, não se aplicando aos mesmos as disposições do art. 134, II, do Código Civil, atribuindo-se o caráter de escritura pública, para todos os fins de direito, aos contratos particulares firmados pelas entidades acima citadas[2] até a data da publicação desta lei.

§ 6º (*redação da Lei 5.049, de 29.6.66*) Os contratos de que trata o parágrafo anterior serão obrigatoriamente rubricados por todas as partes em todas as suas folhas.

§ 7º (*redação da Lei 5.049, de 29.6.66*) Todos os contratos, públicos ou particulares, serão obrigatoriamente transcritos[3] no cartório de registro de imóveis competente, dentro do prazo de 15 (quinze) dias, a contar da data de sua assinatura, devendo tal obrigação figurar como cláusula contratual.

Art. 61: 1. No texto oficial, está: *verbum ad verbum*.

Art. 61: 2. No texto oficial, está "citados".

Art. 61: 3. atualmente, registrados, e não transcritos (LRP 168).

Art. 62. Os oficiais do registro de imóveis inscreverão,[1] obrigatoriamente, os contratos de promessa de venda, promessa de cessão ou de hipoteca celebrados de acordo com a presente lei, declarando expressamente que os valores deles constantes são meramente estimativos, estando sujeitos os saldos devedores, assim como as prestações mensais, às correções do valor, determinadas nesta lei.

§ 1º Mediante simples requerimento, firmado por ambas as partes contratantes, os oficiais do registro de imóveis averbarão, à margem das respectivas inscrições, as correções de valores determinados por esta lei, com indicação do novo valor do preço ou da dívida e do saldo respectivo, bem como da nova prestação contratual.

§ 2º Se o promitente comprador, promitente cessionário ou mutuário se recusar a assinar o requerimento de averbação das correções verificadas, ficará, não obstante, obrigado ao pagamento da nova prestação, podendo a entidade financiadora, se lhe convier, rescindir o contrato, com notificação prévia no prazo de 90 (noventa) dias.

Art. 62: 1. Hoje, os contratos são registrados, e não inscritos (LRP 168).

Art. 63. Os órgãos da administração federal, centralizada ou descentralizada, ficam autorizados a firmar acordos ou convênios com as entidades estaduais e municipais, buscando sempre a plena execução da presente lei e o máximo de cooperação interadministrativa.

Art. 64. O Banco Nacional da Habitação poderá promover desapropriações por utilidade pública ou por interesse social.

Art. 65. A partir da data da vigência desta lei, as Carteiras Imobiliárias dos Institutos de Aposentadoria e Pensões não poderão iniciar novas operações imobiliárias e seus segurados passarão a ser atendidos de conformidade com este diploma legal.

§ 1º (*redação da Lei 5.049, de 29.6.66*) Institutos de Aposentadoria e Pensões, as autarquias em geral, as fundações e as sociedades de economia mista, inclusive a Petrobrás S.A. e o Banco do Brasil S.A.,[1] efetuarão, no prazo máximo de 12 (doze) meses, a venda de seus conjuntos e unidades residenciais, em consonância com o Sistema Financeiro da Habitação, de que trata esta lei, de acordo com as instruções expedidas, no prazo de 90 (noventa) dias, conjuntamente, pelo Banco Nacional da Habitação e Departamento Nacional de Previdência Social.[2]

§ 2º (*redação da Lei 5.455, de 19.6.68*) Os recursos provenientes da alienação de que trata o parágrafo anterior serão aplicados na aquisição ou construção de imóveis destinados a instalação de órgãos do Instituto.

§ 3º (*redação da Lei 5.455, de 19.6.68*) Não sendo oportuna a aplicação prevista no parágrafo anterior, os recursos serão aplicados em letras imobiliárias, cuja liquidação se fará em 24 (vinte e quatro) parcelas mensais consecutivas, para a aquisição ou construção de edifícios-sede.[3]

§ 4º (*redação da Lei 5.049, de 29.6.66*) Os órgãos referidos no § 1º deste artigo que possuam unidades residenciais em Brasília, conjuntamente com a Caixa Econômica Federal de Brasília, submeterão à aprovação do Presidente da República, por intermédio do Ministro do Planejamento e Coordenação Econômica, no prazo de 90 (noventa) dias, sugestões e normas, em consonância com o Sistema Financeiro da Habitação, referentes à sua alienação.[4]

§ 5º Os órgãos de que trata o parágrafo anterior celebrarão convênio com a Caixa Econômica Federal de Brasília, incumbindo-a da alienação, aos respectivos ocupantes, dos imóveis residenciais que possuírem no Distrito Federal, devendo o produto da operação constituir fundo rotativo[5] destinado a novos investimentos em construções residenciais em Brasília, assegurado às entidades convenentes rateio financeiro anual, que lhes permita a retirada de valores correspondentes, no mínimo, a cinquenta por cento (50%) da renda líquida atual, efetivamente realizada, com a locação de tais imóveis.

§ 6º Os imóveis residenciais que deixarem de ser alienados aos ocupantes, por desinteresse ou impossibilidade legal dos mesmos, serão objeto de aquisição pela União que poderá, para resgatá-los, solicitar a abertura de crédito especial, dar em pagamento imóveis não necessários aos seus serviços ou ações de sua propriedade em empresas de economia mista, mantida, nesta hipótese, a situação majoritária da União.

§ 7º A administração dos imóveis adquiridos pela União, na forma do parágrafo anterior, será feita pelo Serviço do Patrimônio da União.

§ 8º Realizadas as operações previstas no § 1º, extinguir-se-ão as Carteiras Imobiliárias dos IAPs.

§ 9º Os atuais inquilinos ou ocupantes de imóveis residenciais dos IAPs e, sucessivamente, os seus contribuintes, estes inscritos e classificados de acordo com a legislação vigente, terão preferência no atendimento pelos órgãos estatais integrantes do Sistema Financeiro da Habitação.

Art. 65: 1. A Res. 6, de 5.5.70, do Senado Federal, suspendeu, **por inconstitucionalidade,** a expressão "e as sociedades de economia mista, inclusive a Petrobrás S.A. e o Banco do Brasil S.A.".

Art. 65: 2. O art. 65, acima, tem a redação que lhe foi atribuída após a rejeição do veto ao texto primitivo.

Art. 65: 3. O § 3º foi introduzido pela Lei 5.455, de 19.6.68, sendo renumerados para §§ 4º a 9º os antigos §§ 3º a 8º.

Art. 65: 4. Redação do § 4º (primitivamente, § 3º) de acordo com a Lei 5.049, de 29.6.66, tendo sido rejeitado, pelo Congresso Nacional, o veto oposto a este parágrafo.

Art. 65: 5. s/ o Fundo Rotativo Habitacional de Brasília, v. **Dec. lei 1.390, de 29.1.75** (Lex 1975/24).

Art. 66. O Ministro do Planejamento adotará as medidas necessárias para a criação de um Fundo de Assistência Habitacional[1] objetivando o financiamento às populações de renda insuficiente, destinando-lhes recursos próprios.

Art. 66: 1. v. **Dec. 89.284, de 10.1.84** (Lex 1984/7, Bol. AASP 1.311/3), que cria o Fundo de Assistência Habitacional — FUNDHAB, e dá outras providências.

A Lei 8.025, de 12.4.90 (Lex 1990/531), em seu art. 18, autorizou o Poder Executivo a extinguir o FRHB.

Art. 67. O Banco Nacional da Habitação e o Serviço Federal de Habitação e Urbanismo deverão publicar mensalmente a relação dos servidores admitidos ao seu serviço, a qualquer título, no mês anterior à publicação.

Art. 68. O Poder Executivo baixará os regulamentos necessários à execução desta lei, inclusive os relativos à extinção dos órgãos federais que vêm exercendo funções e atividades que possam ser por ela reguladas, podendo incorporar serviços, órgãos e departamentos, dispondo sobre a situação dos respectivos servidores e objetivando o enquadramento dos órgãos federais que integram o Sistema Financeiro da Habitação.

Parágrafo único. Dentro do prazo de 90 (noventa) dias, o Poder Executivo baixará os atos necessários à adaptação do funcionamento das Caixas Econômicas Federais, Caixas Militares e IPASE aos dispositivos desta lei.

Art. 69. O contrato de promessa de cessão de direitos relativos a imóveis não loteados, sem cláusula de arrependimento e com imissão de posse, uma vez inscrita[1] no registro geral de imóveis, atribui ao promitente cessionário direito real[2] oponível a terceiro e confere direito a obtenção compulsória da escritura definitiva de cessão, aplicando-se, neste caso, no que couber, o disposto no art. 16 do Decreto-lei n. 58, de 10 de dezembro de 1937, e no art. 346 do Código de Processo Civil.[3]

Parágrafo único. O disposto neste artigo se aplica aos contratos em via de execução compulsória, em qualquer instância.

Art. 69: 1. *sic*; devia ser "inscrito" (hoje, registrado, e não inscrito — v. LRP 168).

Art. 69: 2. v. CC 1.225, LRP 167-I-9.

Art. 69: 3. A referência é ao CPC/39.

Art. 70. Fica assegurada às Caixas Econômicas Federais, na forma em que o Poder Executivo regulamentar, dentro do prazo previsto no parágrafo único do art. 68, a exploração da Loteria Federal.

Parágrafo único (*revogado expressamente pelo Dec. lei 204, de 27.2.67*).

Art. 71. Fica o Poder Executivo autorizado a abrir, pelo Ministério da Fazenda, crédito especial no montante de Cr$ 1 bilhão, com vigência durante 3 (três) anos, destinado à integralização gradativa do capital do Banco Nacional da Habitação.

Art. 72. Esta lei entrará em vigor na data da sua publicação, revogadas as disposições em contrário.

Brasília, 21 de agosto de 1964; 143º da Independência e 76º da República — H. CASTELLO BRANCO — **Milton Campos — Ernesto de Mello Baptista — Arthur da Costa e Silva — Vasco da Cunha — Octavio Gouvêa de Bulhões — Juarez Távora — Hugo de Almeida Leme — Flávio Suplicy de Lacerda — Arnaldo Süssekind — Nelson Lavenère Wanderley — Raymundo de Brito — Mauro Thibau — Daniel Faraco — Roberto Campos — Osvaldo Cordeiro de Farias.**

Lei n. 4.864, de 29 de novembro de 1965

Cria medidas de estímulo à indústria de construção civil.

O Presidente da República,
Faço saber que o Congresso Nacional decreta e eu sanciono a seguinte lei:

Art. 1º Sem prejuízo das disposições da Lei n. 4.591, de 16 de dezembro de 1964,[1] os contratos que tiverem por objeto a venda ou a construção de habitações com pagamento a prazo poderão prever a correção monetária da dívida,[1a] com o consequente reajustamento das prestações mensais de amortização e juros, observadas as seguintes normas:

I — Somente poderão ser corrigidos os contratos de venda, promessa de venda, cessão e promessa de cessão, ou de construção, que tenham por objeto imóveis construídos ou terrenos cuja construção esteja contratada, inclusive unidades autônomas e respectivas cotas ideais de terreno em edificação ou conjunto de edificações incorporadas em condomínio.

II — A parte financiada, sujeita à correção monetária, deverá ser paga em prestações mensais de igual valor, incluindo amortização e juros convencionados à taxa máxima fixada pelo Conselho Monetário Nacional, admitida a fixação em contrato das prestações posteriores à entrega da unidade autônoma em valor diverso do das anteriores à entrega, sendo vedada a correção do valor de prestações intermediárias, se houver, e do saldo devedor a elas correspondente, exceção feita à prestação vinculada à entrega das chaves, desde que não seja superior, inicialmente, a 10% (dez por cento) do valor original da parte financiada.

III — O saldo devedor e as prestações serão corrigidos em períodos não inferiores a 6 (seis) meses com base em índices de preços apurados pelo Conselho Nacional de Economia, ou pela Fundação Getúlio Vargas, e o contrato deverá indicar em detalhe as condições do reajustamento e o índice convencionado.

IV — O reajustamento das prestações não poderá entrar em vigor antes de decorridos 60 (sessenta) dias do término do mês da correção.

V — Nas condições previstas no contrato, o adquirente poderá liquidar antecipadamente a dívida ou parte da mesma.[2]

VI — A rescisão do contrato por inadimplemento do adquirente somente poderá ocorrer após o atraso de, no mínimo, 3 (três) meses do vencimento de qualquer obrigação contratual ou de 3 (três) prestações mensais, assegurado ao devedor o direito de purgar a mora dentro do prazo de 90 (noventa) dias, a contar da data do vencimento da obrigação não cumprida ou da primeira prestação não paga.

VII — Nos casos de rescisão a que se refere o item anterior, o alienante poderá promover a transferência para terceiro dos direitos decorrentes do contrato, observadas, no que forem aplicáveis, as disposições dos §§ 1º a 8º do art. 63 da Lei n. 4.591, de 16 de dezembro de 1964,[3] ficando o alienante, para tal fim, investido dos poderes naqueles dispositivos conferidos à Comissão de Representantes.

VIII — (VETADO)

IX — (VETADO)

§ 1º Os contratos de aquisição de imóveis a que se refere o art. 63 da Lei n. 4.728, de 14 de julho de 1965,[4] poderão prever a correção monetária nos termos do item III deste artigo.

§ 2º As diferenças nominais no principal dos contratos referidos neste artigo e seus parágrafos, resultantes da correção monetária, não constituirão rendimento tributável para efeitos do imposto de renda.

§ 3º Nos casos e nas condições aprovadas pelo Conselho Monetário Nacional, as entidades integrantes do Sistema Financeiro de[5] Habitação poderão operar com as cláusulas de correção previstas neste artigo, quer nas obrigações ativas, quer nas passivas.

Art. 1º: 1. Lei 4.591: no tít. CONDOMÍNIO E INCORPORAÇÃO.

Art. 1º: 1a. "Considerando, de um lado, que o mutuário não pode ser prejudicado por descumprimento contratual imputável exclusivamente à construtora e, de outro, que a correção monetária visa apenas a recompor o valor da moeda, a solução que melhor reequilibra a relação contratual nos casos em que, ausente má-fé da construtora, há atraso na entrega da obra, é a substituição, como indexador do saldo devedor, do Índice Nacional de Custo de Construção (INCC, que afere os custos dos insumos empregados em construções habitacionais, sendo certo que sua variação em geral supera a variação do custo de vida médio da população) pelo Índice Nacional de Preços ao Consumidor Amplo (IPCA, indexador oficial calculado pelo IBGE e que reflete a variação do custo de vida de famílias com renda mensal entre 01 e 40 salários mínimos), salvo se o INCC for menor. Essa substituição se dará com o transcurso da data limite estipulada no contrato para a entrega da obra, incluindo-se eventual prazo de tolerância previsto no instrumento" (STJ-3ª T., REsp 1.454.139, Min. Nancy Andrighi, j. 3.6.14, DJ 17.6.14).

"Programa Minha Casa, Minha Vida. O descumprimento do prazo de entrega do imóvel, computado o período de tolerância, faz cessar a incidência de correção monetária sobre o saldo devedor com base em indexador setorial, que reflete o custo da construção civil, o qual deverá ser substituído pelo IPCA, salvo quando este último for mais gravoso ao consumidor" (STJ-2ª Seção, REsp 1.729.593, Min. Marco Bellizze, j. 25.9.19, DJ 27.9.19).

V. tb. Lei 4.591/64, art. 67-A, nota 1b (no tít. CONDOMÍNIO E INCORPORAÇÃO).

Art. 1º: 2. cf. Dec. 22.626, de 7.4.33, art. 7º, no tít. MÚTUO.

Art. 1º: 3. Lei 4.591: no tít. CONDOMÍNIO E INCORPORAÇÃO.

Art. 1º: 4. O art. 63 da **Lei 4.728, de 14.7.65** (Disciplina o mercado de capitais e estabelece medidas para o seu desenvolvimento — RT 360/480, Lex 1965/954, RDA 82/431), refere-se a alienação, promessa de alienação ou transferência de direito à aquisição de imóveis em que o adquirente seja sociedade imobiliária que tenha por objeto a compra e venda de imóveis, sob a forma de sociedade anônima.

Art. 1º: 5. *sic.*

Art. 2º Quando o valor do imóvel, nos contratos a que se refere o artigo anterior, não exceder a 300 (trezentas) vezes o maior salário mínimo[1] mensal vigente no país, será obrigatória a contratação, nos moldes preconizados pelo Banco Nacional de[1a] Habitação, como parte integrante dos contratos e durante sua vigência, do seguro[2] de vida de renda temporária em nome e benefício do adquirente.

Parágrafo único. Nos contratos com valor superior a 200 (duzentas) e até 300 (trezentas) vezes o maior salário mínimo vigente no país, será facultativo, a critério do adquirente, o cumprimento do disposto neste artigo, quando do contrato constar o compromisso expresso do alienante em oferecer ao espólio do adquirente a opção, por 90 (noventa) dias, entre continuar com a unidade nas condições do contrato ou receber, em prazo igual ao de sua vigência, a devolução de todas as prestações pagas, com a respectiva correção monetária e juros à taxa que for convencionada.

Art. 2º: 1. Lei 5.455, de 19.6.68 (v. ementário), **art. 8º:** "Os limites do valor das habitações, fixados em salário mínimo pela Lei n. 4.380, de 21 de agosto de 1964 e legislação complementar, poderão ser determinados em Unidades-Padrão de Capital do Banco Nacional de Habitação, que regulamentará a matéria".

Art. 2º: 1a. *sic.*

Art. 2º: 2. v. art. 20 do Dec. 61.867, de 7.12.67, no tít. SEGUROS.

Art. 3º Nos casos de rescisão, por culpa do alienante, dos contratos a que se refere o art. 1º, a indenização a que o adquirente tiver direito será corrigida monetariamente até o seu efetivo pagamento, segundo os mesmos índices de correção fixados no contrato rescindido.

Art. 4º ....[1]

Art. 4º: 1. O art. 4º alterou o art. 12-I, II e III da Lei 4.380 (neste tít.).

Arts. 5º a 14. ....[1]

Arts. 5º a 14: 1. Os arts. 5º a 14 são todos relacionados com a Lei 4.591, de 16.12.64 (no tít. CONDOMÍNIO E INCORPORAÇÃO). Quando a alteraram expressamente, foram postos no texto desta; quando apenas a complementaram, constam em nota ao pé da Lei 4.591, nos lugares a que correspondem.

Art. 15 (*revogado expressamente pelo Dec. lei 283, de 28.2.67*).

Art. 16. O art. 13 e seus parágrafos, da Lei n. 4.506, de 30 de novembro de 1964, passa a vigorar com a seguinte redação:

"Art. 13. Estão sujeitas ao desconto do imposto de renda na fonte, à razão de 10% (dez por cento), as importâncias pagas ou creditadas pelas pessoas jurídicas a pessoas físicas, a título de juros, cujo montante exceda, em cada semestre, a Cr$ 15.000 (quinze mil cruzeiros).

"Parágrafo único. As importâncias retidas nos termos deste artigo serão abatidas do imposto apurado na declaração anual da pessoa física".

Art. 17 (*revogado expressamente pela Lei 6.649, de 16.5.79*).

Art. 18 (*revogado expressamente pela Lei 5.143, de 20.10.66*).

Art. 19 (*revogado expressamente pela Lei 5.143, de 20.10.66*).

Art. 20. O Banco Central poderá autorizar as sociedades de crédito e financiamento a se transformarem em sociedades de crédito imobiliário, com as características que lhes atribui a Lei n. 4.380, de 21 de agosto de 1964,[1] ou a manterem carteira especializada nas operações próprias das sociedades de crédito imobiliário.

§ 1º Compete ao Conselho Monetário Nacional disciplinar o acesso das sociedades de crédito imobiliário ao mercado de capitais ou financeiro e fixar as condições que deverão observar nas suas operações ativas e passivas.

§ 2º Compete ao Banco Central o registro, a autorização para funcionamento, a fiscalização e todas as demais medidas previstas na Lei n. 4.380, de 21 de agosto de 1964, para o funcionamento das sociedades de crédito imobiliário.

§ 3º Quando o Conselho Monetário Nacional se reunir para as finalidades a que se refere o § 1º, participará da reunião, com direito a voto, o presidente do BNH.

§ 4º Nas condições fixadas pelo Conselho Monetário Nacional, as entidades financeiras de que trata este artigo poderão operar em um sistema integrado de acumulação de poupanças e empréstimos, aplicando-se o disposto no § 1º do art. 7º da Lei n. 4.728, de 14 de julho de 1965.

Art. 20: 1. Lei 4.380: neste tít. (v., especialmente, seus arts. 35 a 43).

Art. 21. Nas suas operações de crédito imobiliário, as Caixas Econômicas, ouvido o Conselho Superior das Caixas Econômicas Federais, darão preferência ao financiamento de projetos da iniciativa privada para a construção e venda a prazo, em edificações, ou conjunto de edificações, de unidades habitacionais de interesse social, ou destinadas às classes de nível médio de renda.

§ 1º Nas operações previstas neste artigo, as Caixas Econômicas poderão financiar, mediante abertura de crédito a ser utilizado pelo empresário, à medida da entrega das unidades habitacionais, admitido o contrato prévio de promessa de financiamento.[1]

§ 2º Nas condições que o Conselho Superior das Caixas Econômicas Federais fixar, poderá ser permitida a utilização, antes da entrega das unidades e em função da execução da obra, de 60% (sessenta por cento) do financiamento contratado.

§ 3º Nas operações a que se referem os §§ 1º e 2º deste artigo, poderá ser previsto que o valor nominal dos desembolsos ajustados seja atualizado monetariamente à data de sua efetiva entrega ao financiado.

§ 4º Nas operações previstas nos §§ 1º e 2º deste artigo, a correção monetária do débito e os juros cobrados incidirão apenas sobre o saldo devedor da parcela do financiamento que tenha sido efetivamente realizada.

§ 5º O disposto neste artigo e seus parágrafos poderá ser aplicado nas operações contratadas diretamente com pessoas físicas.

Art. 21: 1. *sic*; possivelmente, o legislador quis dizer: "As Caixas Econômicas poderão financiar as operações previstas neste artigo, mediante abertura de crédito", etc.

Art. 22. Os créditos abertos nos termos do artigo anterior pelas Caixas Econômicas, bem como pelas sociedades de crédito imobiliário, poderão ser garantidos[1] pela caução, a cessão parcial ou a cessão fiduciária dos direitos decorrentes dos contratos de alienação das unidades habitacionais integrantes do projeto financiado.[1a]

§ 1º Nas aberturas de crédito garantidas pela caução referida neste artigo, vencido o contrato por inadimplemento da empresa financiada, o credor terá o direito de, independentemente de qualquer procedimento judicial e com preferência sobre todos os demais credores da empresa financiada, haver os créditos caucionados diretamente dos adquirentes das unidades habitacionais, até a final liquidação do crédito garantido.

§ 2º Na cessão parcial referida neste artigo, o credor é titular dos direitos cedidos na percentagem prevista no contrato, podendo, mediante comunicações ao adquirente da unidade habitacional, exigir, diretamente, o pagamento em cada prestação da sua percentagem nos direitos cedidos.

Art. 22: 1. Súmula 308 do STJ: "A hipoteca firmada entre a construtora e o agente financeiro, anterior ou posterior à celebração da promessa de compra e venda, não tem eficácia perante os adquirentes do imóvel" (v. jurisprudência s/ esta Súmula em RSTJ 190/645).

No mesmo sentido, em matéria de alienação fiduciária firmada entre a construtora e o agente financeiro: STJ-3ª T., REsp 1.576.164, Min. Nancy Andrighi, j. 14.5.19, DJ 23.5.19.

"Pacificou-se na Segunda Seção não prevalecer, em relação aos compradores, a hipoteca instituída pela construtora ou incorporadora de imóvel junto ao agente financeiro, no âmbito do Sistema Financeiro da Habitação. Destarte, o adquirente da unidade habitacional responde, tão somente, pelo pagamento do seu débito" (STJ-2ª Seção, ED no REsp 415.667, Min. Castro Filho, j. 26.5.04, DJ 21.6.04). Ainda: "O promissário comprador de unidade habitacional pelo S.F.H. somente é responsável pelo pagamento integral da dívida relativa ao imóvel que adquiriu, não podendo sofrer constrição patrimonial em razão do inadimplemento da empresa construtora perante o financiador do empreendimento" (STJ-2ª Seção, ED no REsp 187.940, rel. Min. Pádua Ribeiro, j. 22.9.04, DJ 29.11.04).

"A mera existência de compensação como forma de pagamento de parcela significativa do preço não é suficiente para afastar a incidência da Súmula 308/STJ" (STJ-3ª T., REsp 1.592.489, Min. Marco Bellizze, j. 18.6.19, DJ 28.6.19).

Todavia: "A Súmula 308/STJ não se aplica aos contratos de aquisição de imóveis comerciais, incidindo apenas nos contratos submetidos ao Sistema Financeira de Habitação — SFH, em que a hipoteca recai sobre imóvel residencial. É válida a hipoteca outorgada pela construtora ao agente financiador quando firmada anteriormente à celebração da promessa de compra e venda de imóvel comercial" (STJ-4ª T., REsp 1.702.163-AgInt, Min. Antonio Ferreira, j. 15.10.19, DJ 6.11.19).

Mas: "Compromisso de compra e venda de imóvel comercial. Hipoteca firmada entre a construtora e o agente financeiro posteriormente à avença. A hipoteca outorgada pela construtora ao agente financiador em data posterior à celebração da promessa de compra e venda não tem eficácia em relação ao promissário-comprador" (STJ-4ª T., REsp 1.702.181-AgInt, Min. Raul Araújo, j. 15.10.19, DJ 6.11.19).

Art. 22: 1a. **Dec. lei 70, de 21.11.66** (no tít. CÉDULA HIPOTECÁRIA):

"**Art. 43.** Os empréstimos destinados ao financiamento da construção ou da venda de unidades imobiliárias poderão ser garantidos pela caução, cessão parcial ou cessão fiduciária dos direitos decorrentes de alienação de imóveis, aplicando-se, no que couber, o disposto nos §§ 1º e 2º do art. 22 da Lei n. 4.864, de 29 de novembro de 1965.

"Parágrafo único. As garantias a que se refere este artigo constituem direitos reais sobre os respectivos imóveis".

Art. 23. Na cessão fiduciária em garantia referida no art. 22, o credor é titular fiduciário dos direitos cedidos até a liquidação da dívida garantida, continuando o devedor a exercer os direitos em nome do credor, segundo as condições do contrato e com as responsabilidades de depositário.

§ 1º No caso de inadimplemento da obrigação garantida, o credor fiduciário poderá, mediante comunicação aos adquirentes das unidades habitacionais, passar a exercer diretamente todos os direitos decorrentes dos créditos cedidos, aplicando as importâncias recebidas no pagamento do seu crédito e nas despesas decorrentes da cobrança, e entregando ao devedor o saldo porventura apurado.

§ 2º Se a importância recebida na realização dos direitos cedidos não bastar para pagar o crédito do credor fiduciário, bem como as despesas referidas no parágrafo anterior, o devedor continuará pessoalmente obrigado a pagar o saldo remanescente.

§ 3º É nula a cláusula que autoriza o cessionário fiduciário a ficar com os direitos cedidos em garantia, se a dívida não for paga no seu vencimento.[1]

§ 4º A cessão fiduciária em garantia somente valerá contra terceiros depois que o seu instrumento, público ou particular, qualquer que seja o seu valor, for arquivado por cópia no registro de títulos e documentos.[2]

Art. 23: 1. cf. CC 1.428 e 1.365.

Art. 23: 2. v. LRP 129-9º.

Art. 24. Nas condições fixadas pelo Conselho Monetário Nacional, as sociedades de crédito imobiliário poderão operar nas modalidades de financiamento referidas nos arts. 21 e 22, mediante aceite de letras de câmbio reajustáveis sacadas pela empresa financiada, cujos valores e vencimentos, correspondentes aos direitos caucionados, tenham sido cedidos parcialmente, ou cedidos fiduciariamente em garantia.

Arts. 25 a 27. ....[1]

Arts. 25 a 27: 1. Estes arts. alteraram, respectivamente, os arts. 11, 23 e 52 §§ 2º a 3º da Lei 4.380, de 21.8.64 (neste tít.), onde podem ser lidos.

Art. 28 (*revogado expressamente pela Lei 6.649, de 16.5.79*).

Art. 29. As modificações, os acréscimos e os melhoramentos de edifício em construção, bem como os acabamentos especiais e partes complementares das respectivas unidades autônomas, inclusive decoração permanente, serão consideradas[1] partes integrantes da obra, para efeito de tributação, quando executados, em cada unidade, antes da respectiva entrega.

Art. 29: 1. *sic*; deve ser "considerados".

Art. 30 (*redação da Lei 5.049, de 29.6.66*). Todas as operações do Sistema Financeiro da Habitação, a serem realizadas por entidades estatais, paraestatais e sociedades de economia mista, em que haja participação majoritária do Poder Público, mesmo quando não integrante[1] do Sistema Financeiro da Habitação, em financiamento de construção ou de aquisição de unidades habitacionais, serão obrigatoriamente corrigidas de acordo com os índices e normas fixados na conformidade desta lei,[2] revogadas as alíneas *a* e *b* do art. 6º da Lei n. 4.380, de 21 de agosto de 1964.[3]

§ 1º (*redação da Lei 5.049, de 29.6.66*) Incorrerá nas penalidades previstas no Estatuto dos Funcionários Públicos Civis da União o funcionário ou autoridade que, por ação ou omissão, no exercício das funções de seu cargo, não cumprir o disposto neste artigo.

§ 2º (*redação da Lei 5.049, de 29.6.66*) Os índices e critérios de correção monetária mencionados neste artigo e fixados pelo Conselho Nacional de Economia, segundo normas estabelecidas pelo Banco Nacional de[4] Habitação, aplicam-se aos §§ 2º e 3º do art. 52 da Lei n. 4.380, de 21 de agosto de 1964.[5]

§ 3º (*redação da Lei 5.049, de 29.6.66*) As unidades habitacionais cujos optantes hajam optado pela sua compra ou venham a fazê-lo até 90 (noventa) dias da data da publicação desta lei, são isentas da correção monetária referida neste artigo, desde que tenham as mesmas sofrido reavaliação no preço do custo da construção.[6-7]

Art. 30: 1. *sic*; devia ser "não integrantes".

Art. 30: 2. v. art. 1º; s/ o entendimento deste art., v. acórdão do STF mencionado na Lei 4.380 (neste tít.), art. 5º, nota 3.

Art. 30: 3. Lei 4.380: neste tít., ínt.

Art. 30: 4. *sic*.

Art. 30: 5. O art. 52 da Lei 4.380, de 21.8.64, foi **revogado** pela Lei 13.137, de 19.6.15.

Art. 30: 6. O § 3º (mantido pelo Congresso Nacional, que rejeitou o veto a ele oposto) foi introduzido pela Lei 5.049, de 29.6.66.

Art. 30: 7. v. art. 5º da **Lei 5.455, de 19.6.68,** e **Dec. lei 713, de 29.7.69.**

Art. 31 (*redação do Dec. lei 1.593, de 21.12.77*). Ficam isentos do imposto sobre produtos industrializados:

I (*redação do Dec. lei 1.593, de 21.12.77*) — as edificações (casas, hangares, torres e pontes) pré-fabricadas;

Contratos Imobiliários

II (*redação do Dec. lei 1.593, de 21.12.77*) — os componentes, relacionados pelo Ministério da Fazenda, dos produtos referidos no inciso anterior, desde que se destinem à montagem desses produtos e sejam fornecidos diretamente pela indústria de edificações pré-fabricadas;

III (*redação do Dec. lei 1.593, de 21.12.77*) — as preparações e os blocos de concreto, bem como as estruturas metálicas, relacionados ou definidos pelo Ministro da Fazenda, destinados à aplicação em obras hidráulicas ou de construção civil.

§ 1º (*redação do Dec. lei 1.593, de 21.12.77*) A isenção dos produtos referidos neste artigo não exclui a tributação das matérias-primas, produtos intermediários e material de embalagem empregados na sua industrialização.

§ 2º (*redação do Dec. lei 1.593, de 21.12.77*) As estruturas metálicas, bem como os componentes dos produtos referidos no inciso I, quando derivados de aço, ficam excluídos do disposto neste artigo se fornecidos diretamente pelos estabelecimentos siderúrgicos de que trata o Decreto-lei n. 1.547, de 18 de abril de 1977.[1]

Art. 31: 1. **Dec. lei 1.547, de 18.4.77** — Institui incentivo fiscal para o setor siderúrgico e dá outras providências (Lex 1977/268 e 319, RDA 129/401, RF 259/366).

Art. 32. (VETADO)

Parágrafo único. (VETADO)

Art. 33. (VETADO)

Art. 34. Não incidirá[1] o imposto do selo[2] sobre as seguintes obrigações relativas a transações imobiliárias:

a) contratos de promessa de financiamento em que uma das partes seja instituição financeira;

b) cartas de intenção de financiamento em que uma das partes seja instituição financeira;

c) cessão de direitos que constitua cumprimento de promessa de cessão de direitos já tributada;

d) opção de compra ou venda de bens imóveis;

e) os adiantamentos ou reembolsos efetuados pelo proprietário ao construtor para pagamento de débitos de sua responsabilidade.

Art. 34: 1. Outros casos de não incidência: art. 59 da Lei 4.380, neste tít., ínt.

Art. 34: 2. atualmente, imposto sobre operações financeiras (v. Lei 5.143, de 20.10.66, em RT 375/392, Lex 1966/1.460, RDA 87/520, RF 217/440).

Art. 35. Esta lei entra em vigor na data de sua publicação.

Art. 36. Revogam-se as disposições em contrário.

Brasília, 29 de novembro de 1965; 144º da Independência e 77º da República — H. CASTELLO BRANCO — **Juracy Magalhães** — **Octavio Bulhões.**

Lei n. 5.741, de 1º de dezembro de 1971

Dispõe sobre a proteção do financiamento de bens imóveis vinculados ao Sistema Financeiro da Habitação.

O Presidente da República,
Faço saber que o Congresso Nacional decreta e eu sanciono a seguinte lei:

Art. 1º Para a cobrança de crédito hipotecário vinculado ao Sistema Financeiro da Habitação criado pela Lei n. 4.380, de 21 de agosto de 1964,[1] é lícito ao credor promover a execução de que tratam os arts. 31 e 32 do Decreto-lei n. 70, de 21 de novembro de 1966,[2] ou ajuizar a ação executiva na forma da presente lei.[3]

Art. 1º: 1. Lei 4.380: neste tít., ínt.

Art. 1º: 2. Dec. lei 70: no tít. CÉDULA HIPOTECÁRIA, ínt.

Art. 1º: 3. Lei 8.004, de 14.3.90 (v. adiante, texto integral): **"Art. 21.** Somente serão objeto de execução na conformidade dos procedimentos do Dec. lei n. 70, de 21 de novembro de 1966, ou da Lei n. 5.741, de 1º de dezembro de 1971, os financiamentos em que se verificar atraso de pagamento de três ou mais prestações".

Art. 2º (*redação da Lei 6.071, de 3.7.74*) A execução terá início por petição escrita, com os requisitos do art. 282 do Código de Processo Civil,[1] apresentada em três vias, servindo a segunda e terceira de mandado e contrafé, e sendo a primeira instruída com:

I — o título da dívida devidamente inscrita;

II — a indicação do valor das prestações e encargos cujo não pagamento deu lugar ao vencimento do contrato;

III — o saldo devedor, discriminadas as parcelas relativas a principal, juros, multa e outros encargos contratuais, fiscais e honorários advocatícios;

IV — cópia dos avisos[2] regulamentares reclamando o pagamento da dívida, expedidos segundo instruções do Banco Nacional da Habitação.

Art. 2º: 1. v. CPC 319.

Art. 2º: 2. Súmula 199 do STJ: "Na execução hipotecária de crédito vinculado ao Sistema Financeiro da Habitação, nos termos da Lei n. 5.741/71, a petição inicial deve ser instruída com, pelo menos, dois avisos de cobrança". V. jurisprudência s/ esta Súmula em RSTJ 101/469 a 495.

Art. 3º O devedor será citado para pagar o valor do crédito reclamado ou depositá-lo em juízo no prazo de vinte e quatro horas, sob pena de lhe ser penhorado o imóvel hipotecado.

§ 1º (*redação da Lei 8.004, de 14.3.90*) A citação far-se-á na pessoa do réu e de seu cônjuge ou de seus representantes legais.

§ 2º Se o executado e seu cônjuge se acharem fora da jurisdição da situação do imóvel, a citação far-se-á por meio de edital, pelo prazo de

10 (dez) dias, publicado, uma vez, no órgão oficial do Estado e, pelo menos, duas vezes, em jornal local de grande circulação, onde houver.

Art. 4º Se o executado não pagar a dívida indicada no inciso II do art. 2º, acrescida das custas e honorários de advogado[1] ou não depositar o saldo devedor, efetuar-se-á a penhora do imóvel hipotecado, sendo nomeado depositário o exequente ou quem este indicar.

§ 1º Se o executado não estiver na posse direta do imóvel, o juiz ordenará a expedição de mandado de desocupação contra a pessoa que o estiver ocupando, para entregá-lo ao exequente no prazo de 10 (dez) dias.

§ 2º Se o executado estiver na posse direta do imóvel, o juiz ordenará que o desocupe no prazo de 30 (trinta) dias, entregando-o ao exequente.

Art. 4º: 1. **Súmula 119 do TFR:** "A partir da vigência do Cód. de Proc. Civil de 1973, é cabível a cumulação da multa contratual com honorários advocatícios, na execução hipotecária, regida pela Lei n. 5.741, de 1971".

Art. 5º (*redação da Lei 6.014, de 27.12.73*) O executado poderá opor embargos no prazo de dez (10) dias contados da penhora e que serão recebidos com efeito suspensivo, desde que alegue e prove:

I — que depositou por inteiro a importância reclamada na inicial;

II — que resgatou a dívida, oferecendo desde logo a prova da quitação.

Parágrafo único (*redação da Lei 6.014, de 27.12.73*). Os demais fundamentos de embargos, previstos no art. 741 do Código de Processo Civil, não suspendem a execução.[1]

Art. 5º: 1. v. CPC 917.

Art. 6º Rejeitados os embargos referidos no *caput* do artigo anterior, o juiz ordenará a venda do imóvel hipotecado, em praça pública, por preço não inferior ao saldo devedor, expedindo-se edital pelo prazo de 10 (dez) dias.

Parágrafo único. O edital será afixado à porta do edifício onde tiver sede o juízo e publicado três vezes, por extrato, em um dos jornais locais de maior circulação, onde houver.

Art. 7º Não havendo licitante na praça pública, o juiz adjudicará, dentro de quarenta e oito horas, ao exequente o imóvel hipotecado, ficando exonerado o executado da obrigação de pagar o restante da dívida.[1]

Art. 7º: 1. "Na execução de dívida decorrente de inadimplemento de contrato de mútuo habitacional, uma vez arrematado/adjudicado o imóvel que serviu de garantia ao financiamento, qualquer que seja o rito processual adotado no feito executivo, deve ser observada, em face do princípio da especialidade, a regra do art. 7º da Lei n. 5.741/71, segundo a qual fica o devedor desobrigado do pagamento do valor remanescente da dívida" (RMDAU 14/138).

Art. 8º É lícito ao executado remir o imóvel penhorado, desde que deposite em juízo, até a assinatura do auto de arrematação, a importância que baste ao pagamento da dívida reclamada mais custas e honorários advocatícios; caso em que convalescerá o contrato hipotecário.

Art. 9º Constitui crime de ação pública, punido com a pena de detenção de 6 (seis) meses a 2 (dois) anos e multa de cinco a vinte salários mínimos, invadir alguém, ou ocupar, com o fim de esbulho possessório, terreno ou unidade residencial, construída ou em construção, objeto de financiamento do Sistema Financeiro da Habitação.

§ 1º Se o agente usa de violência, incorre também nas penas a esta cominada.[1]

§ 2º É isento da pena de esbulho o agente que, espontaneamente, desocupa o imóvel antes de qualquer medida coativa.

§ 3º O salário a que se refere este artigo é o maior mensal vigente no país, à época do fato.

Art. 9º: 1. *sic*; deve ser "cominadas".

Art. 10. A ação executiva, fundada em outra causa que não a falta de pagamento pelo executado das prestações vencidas, será processada na forma do Código de Processo Civil,[1] que se aplicará, subsidiariamente, à ação executiva de que trata esta lei.

Art. 10: 1. v. CPC 771 a 925.

Art. 11. Ficam dispensadas de averbação no Registro de Imóveis as alterações contratuais de qualquer natureza, desde que não importem em novação objetiva da dívida, realizadas em operações do Sistema Financeiro da Habitação, criado pela Lei n. 4.380, de 21 de agosto de 1964, sejam as operações consubstanciadas em instrumentos públicos ou particulares, ou em cédulas hipotecárias.

Parágrafo único. O registro de cédula hipotecária limitar-se-á à averbação de suas características originais, a que se refere o art. 13 do Decreto-lei n. 70, de 21 de novembro de 1966,[1] ficando dispensadas de averbação também as alterações que decorram da circulação do título.

Art. 11: 1. Dec. lei 70: no tít. CÉDULA HIPOTECÁRIA.

Art. 12. As entidades credoras integrantes do Sistema Financeiro da Habitação ficam obrigadas a fornecer, por escrito, no prazo de cinco dias, as informações sobre as alterações de que trata o art. 11, quando requeridas por interessados.

Art. 13. Esta lei entra em vigor na data de sua publicação.

Art. 14. Revogam-se as disposições em contrário.

Brasília, 1º de dezembro de 1971; 150º da Independência e 83º da República — EMÍLIO G. MÉDICI — **Alfredo Buzaid** — **José Costa Cavalcanti.**

Lei n. 8.004, de 14 de março de 1990

Dispõe sobre transferência de financiamento no âmbito do Sistema Financeiro da Habitação, e dá outras providências.

O Presidente da República,

Faço saber que o Congresso Nacional decreta e eu sanciono a seguinte lei:

Art. 1º O mutuário do Sistema Financeiro da Habitação — SFH pode transferir a terceiros os direitos e obrigações decorrentes do respectivo contrato, observado o disposto nesta lei.

Parágrafo único (*redação da Lei 10.150, de 21.12.00*). A formalização de venda, promessa de venda, cessão ou promessa de cessão relativas a imóvel financiado através do SFH dar-se-á em ato concomitante à transferência do financiamento respectivo, com a interveniência obrigatória da instituição financiadora.[1]

Art. 1º: 1. "A cessão do mútuo hipotecário não pode se dar contra a vontade do agente financeiro; a concordância deste depende de requerimento instruído pela prova de que o cessionário atende às exigências do Sistema Financeiro da Habitação" (STJ-Corte Especial, REsp 783.389, Min. Ari Pargendler, j. 21.5.08, DJ 30.10.08).

Art. 2º (*redação da Lei 10.150, de 21.12.00*) Nos contratos que tenham cláusula de cobertura de eventual saldo devedor residual pelo FCVS, a transferência dar-se-á mediante simples substituição do devedor, mantidas para o novo mutuário as mesmas condições e obrigações do contrato original, desde que se trate de financiamento destinado à casa própria, observando-se os requisitos legais e regulamentares, inclusive quanto à demonstração da capacidade de pagamento do cessionário em relação ao valor do novo encargo mensal.

§ 1º (*redação da Lei 10.150, de 21.12.00*) Além do disposto no *caput*, o valor do encargo mensal para o novo mutuário será atualizado *pro rata die*, a contar da data do último reajustamento desse encargo até a data da formalização da transferência, com base no índice de atualização das contas de poupança mantidas no Sistema Brasileiro de Poupança e Empréstimo — SBPE, e acrescido da quinta parte do valor atualizado do encargo, observando que:

a) o acréscimo da quinta parte do valor do encargo atualizado será integralmente direcionado à elevação da parcela correspondente à prestação de amortização e juros e, quando devida, da contribuição mensal ao FCVS;

b) nos contratos enquadrados no Plano de Equivalência Salarial, instituído pelo Decreto-Lei n. 2.164, de 19 de setembro de 1984, o enquadramento na categoria profissional do novo mutuário dar-se-á a partir da data da transferência;

c) na aplicação do primeiro reajuste do encargo mensal, após a transferência, nos contratos não enquadrados na alínea anterior, será compensada a atualização *pro rata die* de que trata o *caput* deste inciso.[1]

§ 2º (*redação da Lei 10.150, de 21.12.00*) Nas transferências dos contratos de financiamento da casa própria que não tenham cobertura de eventual saldo devedor residual pelo FCVS, e daqueles não enquadrados na Lei n. 8.692, de 1993, aplicam-se as condições previstas no *caput* e no parágrafo anterior.

§ 3º (*redação da Lei 10.150, de 21.12.00*) Nas transferências de que trata o *caput* deste artigo, as instituições financiadoras ficam dispensadas da observância das seguintes exigências:

a) limite máximo de financiamento, desde que não haja desembolso adicional de recursos;

b) limite máximo de preço de venda ou de avaliação do imóvel objeto da transferência;

c) localização do imóvel no domicílio do comprador.

Art. 2º: 1. *sic*; o correto é "parágrafo".

Art. 3º (*redação da Lei 10.150, de 21.12.00*) A critério da instituição financiadora, as transferências poderão ser efetuadas mediante assunção, pelo novo mutuário, do saldo devedor contábil da operação, atualizado *pro rata die* da data do último reajuste até a data da transferência, observados os percentuais de pagamento previstos no *caput* e nos incisos I, II e III do artigo 5º desta lei e os requisitos legais e regulamentares da casa própria, vigentes para novas contratações, inclusive quanto à demonstração da capacidade de pagamento do cessionário em relação ao valor do novo encargo mensal.

Art. 4º Para os efeitos desta lei, considera-se o Valor de Referência de Financiamento (VRF), aquele que, à época da contratação original, tenha sido indicado no contrato como referencial para efeito de atualização monetária do financiamento.

Art. 5º (*redação da Lei 10.150, de 21.12.00*) O mutuário do SFH que tenha firmado contrato até 31 de março de 1990 com cláusula de cobertura de eventuais saldos devedores residuais pelo FCVS poderá, no prazo máximo de um ano, liquidar antecipadamente sua dívida, mediante pagamento de valor correspondente a:

I — contratos firmados até 28 de fevereiro de 1986: cinquenta por cento do saldo devedor contábil da operação, atualizado *pro rata die* da data do último reajuste até a data da liquidação;

II — contratos firmados de 1º de março de 1986 até 31 de dezembro de 1988: sessenta por cento do saldo devedor contábil da operação, atualizado *pro rata die* da data do último reajuste até a data da liquidação;

III — contratos firmados de 1º de janeiro de 1989 até 31 de março de 1990: setenta por cento do saldo devedor contábil da operação, atualizado *pro rata die* da data do último reajuste até a data da liquidação.

§ 1º (*redação da Lei 10.150, de 21.12.00*) A critério do mutuário, a liquidação antecipada dos saldos devedores dos contratos firmados até 28 de fevereiro de 1986, que tenham cláusula de cobertura de eventuais saldos devedores residuais pelo FCVS, poderá ser efetivada, alternativamente, mediante o pagamento do montante equivalente ao valor total das mensalidades vincendas, que será integralmente utilizado para amortizar o saldo devedor, inexistindo qualquer repasse para a apólice do seguro do SFH, cuja cobertura se encerra no momento da liquidação do contrato.

§ 2º O valor da mensalidade (§ 1º) corresponde à soma dos encargos devidos mensalmente pelo mutuário, em decorrência do conjunto de obrigações componentes da operação. Esse valor será, para essa finalidade, reajustado *pro rata die*, com base nos índices de atualização dos depósitos de poupança, a contar do dia 1º do mês do último reajustamento até a data de liquidação da dívida.

Art. 6º (*revogado expressamente pela Lei 10.150, de 21.12.00*).

Art. 7º Os abatimentos de que tratam os arts. 3º e 5º serão suportados pelas instituições financiadoras, em valores equivalentes a vinte por cento do saldo devedor contábil, atualizado na forma definida nesta lei, podendo ser diferidos em vinte semestres. As parcelas remanescentes dos abatimentos, de responsabilidade do FCVS, poderão, a critério das instituições financiadoras, ser por estas suportadas.

Art. 8º No caso de descontos em contratos celebrados com recursos de repasse do extinto Banco Nacional de Habitação — BNH, será concedido, pela Caixa Econômica Federal — CEF, desconto proporcional ao montante repassado.

Art. 9º Tratando-se de descontos em contratos caucionados para garantia de refinanciamento e de operações de outros fundos geridos pelo extinto BNH, os vinte por cento do saldo devedor de responsabilidade das instituições financiadoras (art. 7º) serão por estas repassados à CEF nas mesmas condições em que o FCVS vier a ressarci-las (art. 11, III). As instituições financiadoras caucionarão em favor da CEF os respectivos créditos perante o FCVS.

Art. 10. Nas operações de que tratam os arts. 8º e 9º e nas realizadas com recursos do Fundo de Garantia do Tempo de Serviço — FGTS, em que tenha havido operação direta da CEF como instituição financiadora, ficará a cargo do FCVS a responsabilidade sobre o desconto concedido.

Art. 11. O FCVS quitará o saldo de sua responsabilidade junto às instituições financiadoras e, nas hipóteses previstas nos arts. 8º, 9º e 10, junto à CEF, na qualidade de sucessora do BNH, o qual será reajustado mensalmente com base no índice de atualização dos depósitos de poupança e com juros calculados à taxa contratual, observado o seguinte:

I — os saldos decorrentes da aplicação do art. 5º, no prazo de até dez anos, sendo três de carência, com pagamento mensal de juros, e sete de amortização em parcelas mensais consecutivas, vencendo a primeira no 37º mês a contar da liquidação efetivada pelo mutuário;

II — os saldos decorrentes da aplicação do art. 3º, no prazo de até oito anos, em parcelas mensais consecutivas, vencíveis a partir do trigésimo dia após a celebração do contrato de transferência; e

III — a parcela de vinte por cento de que trata o art. 9º, no prazo de cinco anos, em parcelas mensais consecutivas, vencendo-se a primeira no trigésimo dia após a liquidação da dívida pelo mutuário ou após a transferência do financiamento.

Art. 12. Os financiamentos concedidos na forma dos arts. 6º e 13 conservarão a classificação original (novos ou usados).

Art. 13. A instituição financiadora poderá, mediante liquidação do saldo devedor existente e concessão de novo financiamento, ampliar o valor financiado, utilizando como garantia a hipoteca do respectivo imóvel, observado o disposto nos arts. 7º e 11.

Art. 14. Será considerada, para os efeitos dos arts. 3º e 5º, a data do contrato original do financiamento, ainda que tenha ocorrido sub-rogação da dívida, desde que regular.

Art. 15. Para os contratos de financiamento com cronograma de desembolso parcelado, a data a ser considerada para fins do disposto nos arts. 2º, 3º e 5º é a da liberação da última parcela.

Art. 16. Os valores expressos em números de VRF (art. 4º) correspondentes aos descontos absorvidos pelas instituições financiadoras (arts. 3º e 5º) serão considerados como aplicação habitacional pelo prazo de um ano, reduzindo-se em cinquenta por cento após a expiração desse prazo.

Art. 17. O reajustamento das prestações dos mutuários enquadrados no Plano de Equivalência Salarial por Categoria Profissional — PES/CP levará em consideração também o reajuste de salário concedido no próprio mês da celebração do contrato, ainda que a título de antecipação salarial.

Art. 18. O § 1º do art. 3º da Lei n. 5.741, de 1º de dezembro de 1971, passa a vigorar com a seguinte redação:

"§ 1º A citação far-se-á na pessoa do réu e de seu cônjuge ou de seus representantes legais".

Art. 19. O art. 31 do Decreto-lei n. 70, de 21 de novembro de 1966, passa a vigorar com a seguinte redação:

"Art. 31. Vencida e não paga a dívida hipotecária, no todo ou em parte, o credor que houver preferido executá-la de acordo com este decreto-lei formalizará ao agente fiduciário a solicitação de execução da dívida, instruindo-a com os seguintes documentos:

"I — o título da dívida devidamente registrado;

"II — a indicação discriminada do valor das prestações e encargos não pagos;

"III — o demonstrativo do saldo devedor, discriminando as parcelas relativas a principal, juros, multa e outros encargos contratuais e legais; e

"IV — cópia dos avisos reclamando pagamento da dívida, expedidos segundo instruções regulamentares relativas ao SFH.

"§ 1º Recebida a solicitação da execução da dívida, o agente fiduciário, nos dez dias subsequentes, promoverá a notificação do devedor, por intermédio de Cartório de Títulos e Documentos, concedendo-lhe o prazo de vinte dias para a purgação da mora.

"§ 2º Quando o devedor se encontrar em lugar incerto ou não sabido, o oficial certificará o fato, cabendo, então, ao agente fiduciário promover a notificação por edital, publicado por três dias, pelo menos, em um dos jornais de maior circulação local, ou noutro de comarca de fácil acesso, se no local não houver imprensa diária".

Art. 20. (VETADO)

Art. 21. Somente serão objeto de execução na conformidade dos procedimentos do Decreto-lei n. 70, de 21 de novembro de 1966, ou da Lei n. 5.741, de 1º de dezembro de 1971, os financiamentos em que se verificar atraso de pagamento de três ou mais prestações.

Art. 22. O art. 9º do Decreto-lei n. 2.164, de 19 de setembro de 1984, passa a vigorar com a seguinte redação:

"Art. 9º As prestações mensais dos contratos de financiamento firmados no âmbito do SFH, vinculados ao Plano de Equivalência Salarial por Categoria Profissional (PES/CP) serão reajustadas no mês seguinte ao em que ocorrer a data-base da categoria profissional do mutuário, utilizando-se a variação do Índice de Preços ao Consumidor (IPC) apurada nas respectivas datas-base.

"§ 1º Nas datas-base o reajuste das prestações contemplará também o percentual relativo ao ganho real de salário.

"§ 2º As prestações relativas a contratos vinculados ao Plano de Equivalência Salarial Plena serão reajustadas no mês seguinte ao dos reajustes salariais, inclusive os de caráter automático, complementar e compensatórios, e as antecipações a qualquer título.

"§ 3º Fica assegurado ao mutuário o direito de, a qualquer tempo, solicitar alteração da data-base, nos casos de mudança de categoria profissional, sendo que a nova situação prevalecerá a partir do reajuste anual seguinte.

"§ 4º O reajuste da prestação em função da primeira data-base após a assinatura do contrato, após a alteração da data-base ou após a opção pelo PES/CP[1] terá como limite o índice de reajuste aplicado ao saldo devedor relativo ao período decorrido desde a data do evento até o mês do reajuste a ser aplicado à prestação, deduzidas as antecipações já repassadas às prestações.

"§ 5º A prestação mensal não excederá a relação prestação/salário verificada na data da assinatura do contrato, podendo ser solicitada a sua revisão a qualquer tempo.

"§ 6º Não se aplica o disposto no § 5º às hipóteses de redução de renda por mudança de emprego ou por alteração na composição da renda familiar em decorrência da exclusão de um ou mais coadquirentes, assegurado ao mutuário nesses casos o direito à renegociação da dívida junto ao agente financeiro, visando a restabelecer o comprometimento inicial da renda.

"§ 7º Sempre que em virtude da aplicação do PES a prestação for reajustada em percentagem inferior ao[2] da variação integral do IPC acrescida do índice relativo ao ganho real de salário, a diferença será incorporada em futuros reajustes de prestações até o limite de que trata o § 5º.

"§ 8º Os mutuários cujos contratos, firmados até 28 de fevereiro de 1986, ainda não assegurem o direito de reajustamento das prestações pelo PES/CP, poderão optar por este Plano no mês seguinte ao do reajuste contratual da prestação.

"§ 9º No caso de opção (§ 8º), o mutuário não terá direito a cobertura pelo Fundo de Compensação de Variações Salariais (FCVS) de eventual saldo devedor residual ao final do contrato, o qual deverá ser renegociado com o agente financeiro'.

Art. 22: 1. Texto do § 4º de acordo com a publicação no DOU. Na Coleção das Leis da União, há um salto, pois o texto, aí, é do teor seguinte: "em função da primeira data-base ou após o (*sic*) opção pelo PES/CP", etc.

Art. 22: 2. *sic*; deve ser *à*.

Art. 23. As importâncias eventualmente cobradas a mais dos mutuários deverão ser ressarcidas devidamente corrigidas pelos índices de atualização dos depósitos de poupança, em espécie ou através de redução nas prestações vincendas imediatamente subsequentes.

Art. 24. O Banco Central do Brasil baixará as instruções necessárias à aplicação desta lei.

Art. 25. Esta lei entra em vigor na data de sua publicação.

Brasília, em 14 de março de 1990; 169º da Independência e 102º da República — JOSÉ SARNEY — **Mailson Ferreira da Nóbrega.**

Lei n. 8.100, de 5 de dezembro de 1990

Dispõe sobre o reajuste das prestações pactuadas nos contratos de financiamentos firmados no âmbito do Sistema Financeiro da Habitação, vinculados ao Plano de Equivalência Salarial e dá outras providências.

Faço saber que o Presidente da República adotou a Medida Provisória n. 260, de 1990, que o Congresso Nacional aprovou e eu, Nelson Carneiro, Presidente do Senado Federal, para os efeitos do disposto no parágrafo único do art. 62 da Constituição Federal, promulgo a seguinte lei:

Art. 1º As prestações mensais pactuadas nos contratos de financiamento firmados no âmbito do Sistema Financeiro da Habitação — SFH, vinculados ao Plano de Equivalência Salarial por Categoria Profissional — PES/CP, serão reajustadas em função da data-base para a respectiva revisão salarial, mediante a aplicação do percentual que resultar:

I — da variação: até fevereiro de 1990, do Índice de Preços ao Consumidor — IPC e, a partir de março de 1990, o valor nominal do Bônus do Tesouro Nacional — BTN;

II — do acréscimo de percentual relativo ao ganho real de salário.

§ 1º No caso de contratos enquadrados na modalidade plena do PES/CP, far-se-á, a partir do mês de julho de 1990, o reajuste mensal das respectivas prestações, com base no percentual de variação do valor nominal do BTN.

§ 2º Do percentual de reajuste de que trata o *caput* deste artigo será deduzido o percentual de reajuste a que se refere o parágrafo anterior.

§ 3º É facultado ao agente financeiro aplicar, em substituição aos percentuais previstos no *caput* e § 1º deste artigo, o índice de aumento salarial da categoria profissional que for antecipadamente conhecido.

Art. 2º Ao mutuário, cujo aumento salarial for inferior à variação dos percentuais referidos no *caput* e § 1º do artigo anterior, fica assegurado o reajuste das prestações mensais em percentual idêntico ao do respectivo aumento salarial, desde que efetuem[1] a devida comprovação perante o agente financeiro.

Art. 2º: 1. *sic*; devia ser "efetue".

Art. 3º (*redação da Lei 10.150, de 21.12.00*) O Fundo de Compensação de Variações Salariais — FCVS quitará somente um saldo devedor remanescente por mutuário ao final do contrato, exceto aqueles relativos aos contratos firmados até 5 de dezembro de 1990, ao amparo da legislação do SFH, independentemente da data de ocorrência do evento caracterizador da obrigação do FCVS.

§ 1º No caso de mutuários que tenham contribuído para o FCVS em mais de um financiamento, desde que não sejam referentes a imóveis da mesma localidade, fica assegurada a cobertura do Fundo, a qualquer tempo, somente para quitações efetuadas na forma estabelecida no *caput* do art. 5º da Lei n. 8.004,[1] de 14 de março de 1990.

§ 2º Ocorrendo a hipótese de um mutuário figurar como codevedor em contrato celebrado anteriormente, não será considerado como tendo mais de um financiamento.

§ 3º (*redação da Lei 10.150, de 21.12.00*) Para assegurar o cumprimento do disposto neste artigo, fica a CEF, na qualidade de administradora do FCVS, autorizada a desenvolver, implantar e operar cadastro nacional de mutuários do Sistema Financeiro da Habitação — SFH, constituído a partir dos cadastros de operações imobiliárias e de seguro habitacional, ficando sob responsabilidade do FCVS os custos decorrentes do desenvolvimento, implantação, produção e manutenção do referido cadastro.

§ 4º (*redação da Lei 10.150, de 21.12.00*) O Conselho Monetário Nacional — CMN editará os atos normativos necessários à administração e manutenção do cadastro a que se refere o § 3º deste artigo.

§ 5º (*acrescido pela Lei 14.118, de 12.1.21*) O cadastro nacional de mutuários do SFH será atualizado, mensalmente, pelas instituições ou agentes financeiros e pelos Estados, Municípios e Distrito Federal, ou pelos respectivos órgãos de suas administrações diretas e indiretas, com as informações relativas aos contratos de financiamento habitacional que tenham sido efetuados no âmbito do Sistema Nacional de Habitação de Interesse Social (SNHIS), de que trata a Lei n. 11.124, de 16 de junho de 2005, ou de outros programas habitacionais oficiais subsidiados pelo poder público.

Art. 3º: 1. Lei 8.004: neste tít.

Art. 4º O Banco Central do Brasil expedirá as instruções necessárias à aplicação desta lei, inclusive aquelas relativas ao reajuste de prestações de financiamentos firmados no âmbito do SFH.

Art. 5º As relações jurídicas decorrentes das Medidas Provisórias ns. 191, de 6 de junho de 1990, 196, de 30 de junho de 1990, 202, de 1º de agosto de 1990, 217, de 31 de agosto de 1990, e 239, de 2 de outubro de 1990, serão disciplinadas pelo Congresso Nacional, nos termos do disposto no parágrafo único do art. 62 da Constituição.

Art. 6º Esta lei entra em vigor na data de sua publicação.

Art. 7º Revogam-se as disposições em contrário.

Senado Federal, em 5 de dezembro de 1990; 169º da Independência e 102º da República — NELSON CARNEIRO.

Lei n. 8.177, de 1º de março de 1991

Estabelece regras para a desindexação da economia e dá outras providências.

Art. 15. Para os contratos já existentes, contendo cláusula expressa de utilização da Unidade-Padrão de Capital (UPC) como fator de atualização, esta passa a ser atualizada mediante a aplicação do índice de remuneração básica dos depósitos de poupança com data de aniversário no dia primeiro.

Art. 16. O disposto no artigo anterior aplica-se à atualização da UPC a ser realizada em 1º de abril de 1991.

Art. 17. A partir de fevereiro de 1991, os saldos das contas do Fundo de Garantia por Tempo de Serviço (FGTS) passam a ser remunerados pela taxa aplicável à remuneração básica dos depósitos de poupança, com data de aniversário no dia 1º, observada a periodicidade mensal para remuneração.

Parágrafo único. As taxas de juros previstas na legislação em vigor do FGTS são mantidas e consideradas como adicionais à remuneração prevista neste artigo.

Art. 18. Os saldos devedores e as prestações dos contratos celebrados até 24 de novembro de 1986 por entidades integrantes dos Sistemas Financeiros da Habitação e do Saneamento (SFH e SFS), com cláusula de atualização monetária pela variação da UPC, da OTN, do Salário Mínimo ou do Salário Mínimo de Referência, passam, a partir de fevereiro de 1991, a ser atualizados pela taxa aplicável à remuneração básica dos depósitos de poupança com data de aniversário no dia 1º, mantidas a periodicidade e as taxas de juros estabelecidas contratualmente.[1-1a]

§ 1º Os saldos devedores e as prestações dos contratos celebrados no período de 25 de novembro de 1986 a 31 de janeiro de 1991 pelas entidades mencionadas neste artigo, com recursos de depósitos de poupança, passam, a partir de fevereiro de 1991, a ser atualizados mensalmente pela taxa aplicável à remuneração básica dos depósitos de poupança com data de aniversário no dia de assinatura dos respectivos contratos.[2]

§ 2º (*revogado expressamente pela Lei 13.137, de 19.6.15*).

§ 3º O disposto neste artigo aplica-se igualmente às operações ativas e passivas dos fundos vinculados ao SFH, ressalvado o disposto no parágrafo seguinte.

§ 4º O disposto no § 1º deste artigo aplica-se às Letras Hipotecárias emitidas e aos depósitos efetuados a qualquer título, com recursos oriundos dos depósitos de poupança, pelas entidades mencionadas neste artigo, junto ao Banco Central do Brasil; e às obrigações do Fundo de Compensação de Variações Salariais (FCVS).[3]

§ 5º (*incluído pela Med. Prov. 2.181-45, de 24.8.01*) As instituições financeiras detentoras de Carteira de Crédito Imobiliário ficam autorizadas a emitir letras hipotecárias, adotando-se, para efeito de remuneração básica, os índices abaixo relacionados, obedecendo o previsto na Lei n. 7.684, de 2 de dezembro de 1988:

I — Índice de Remuneração da Poupança;

II — Índice Geral de Preços — Mercado (IGP-M), divulgado pela Fundação Getulio Vargas;

III — Índice Nacional de Preços ao Consumidor (INPC), divulgado pela Fundação Instituto Brasileiro de Geografia e Estatística — IBGE;

IV — Índice Geral de Preços — Disponibilidade Interna (IGP-DI), divulgado pela Fundação Getulio Vargas.

§ 6º (*incluído pela Med. Prov. 2.181-45, de 24.8.01*) As letras hipotecárias emitidas com base em índice de preços terão prazo mínimo de sessenta meses.

§ 7º (*incluído pela Med. Prov. 2.181-45, de 24.8.01*) As instituições financeiras a que se refere o § 5º deverão determinar no ato da emissão da letra hipotecária um único índice de atualização, sendo vedada cláusula de opção.

Art. 18: 1. O STF declarou **inconstitucional** o art. 18-*caput* (STF-Pleno, ADI 493, Min. Moreira Alves, j. 25.6.92, maioria, DJ 4.9.92).

Art. 18: 1a. **Lei 13.097, de 19.1.15: "Art. 95.** Compete ao Conselho Monetário Nacional dispor sobre a aplicação dos recursos provenientes da captação em depósitos de poupança pelas entidades integrantes do Sistema Brasileiro de Poupança e Empréstimo. **§ 1º** As normas editadas pelo Conselho Monetário Nacional devem priorizar o financiamento imobiliário, tendo em vista o disposto na Lei n. 4.380, de 21 de agosto de 1964. **§ 2º** As normas editadas pelo Conselho Monetário Nacional poderão: **I** — indicar as instituições autorizadas a captar depósitos de poupança no âmbito do Sistema Brasileiro de Poupança e Empréstimo; **II** — estabelecer outras formas de direcionamento, inclusive, a aplicação dos recursos de que trata o *caput* em operações de empréstimos para pessoas naturais, garantidas por alienação fiduciária de coisa imóvel; e **III** — fixar índices de atualização para as operações com os recursos de que trata o *caput*, diferenciando, caso seja necessário, as condições contratuais de acordo com o indexador adotado. **§ 3º** A aplicação em operações de empréstimos para pessoas naturais, garantidas por alienação fiduciária de coisa imóvel, prevista no inciso II do § 2º, não pode ser superior a três por cento da base de cálculo do direcionamento dos depósitos de poupança de que trata este artigo. **§ 4º** Ficam convalidados todos os atos do Conselho Monetário Nacional que dispuseram sobre a aplicação dos recursos de que trata o *caput*."

Art. 18: 2. O STF declarou **inconstitucional** este § 1º (STF-Pleno, ADI 493, Min. Moreira Alves, j. 25.6.92, maioria, DJ 4.9.92).

Art. 18: 3. O STF declarou **inconstitucional** este § 4º (STF-Pleno, ADI 493, Min. Moreira Alves, j. 25.6.92, maioria, DJ 4.9.92).

Art. 18-A (*revogado expressamente pela Lei 13.137, de 19.6.15*).

Art. 19. Os contratos celebrados a partir de 1º de fevereiro de 1991, relativos a operações realizadas por empresas construtoras e incorporadoras com adquirentes de imóveis residenciais e comerciais, poderão conter cláusula de remuneração pela taxa básica aplicável aos depósitos de poupança, desde que vinculados a financiamento junto a instituições integrantes do Sistema Brasileiro de Poupança e Empréstimo (SBPE).

Art. 20. O resultado apurado pela aplicação do critério de cálculo de atualização das operações de que trata o art. 18, lastreadas com recursos de depósitos de poupança e da atualização desses depósitos, na forma do disposto no parágrafo único do art. 13 desta lei, será incorporado ao Fundo de Compensação de Variações Salariais (FCVS), nos termos das instruções a serem expedidas pelo Banco Central do Brasil.[1]

Art. 20: 1. O STF declarou **inconstitucional** este artigo (STF-Pleno, ADI 493, Min. Moreira Alves, j. 25.6.92, maioria, DJ 4.9.92).

Art. 21. Os saldos dos contratos de financiamento celebrados até o dia 31 de janeiro de 1991, realizados com recursos dos depósitos de poupança rural, serão atualizados, no mês de fevereiro de 1991, por índice composto:[1]

I — da variação do BTN Fiscal observado entre a data de aniversário ou de assinatura do contrato no mês de janeiro de 1991 e o dia 1º de fevereiro de 1991; e

II — da TRD acumulada entre 1º de fevereiro de 1991 e o dia do aniversário do contrato no mês de fevereiro de 1991.

Parágrafo único. A partir do mês de março de 1991, os saldos dos contratos mencionados neste artigo serão atualizados pela remuneração básica aplicada aos depósitos de poupança com data de aniversário no dia da assinatura dos respectivos contratos.

Art. 21: 1. O STF declarou **inconstitucional** o *caput* e o § ún. deste artigo (STF-Pleno, ADI 493, Min. Moreira Alves, j. 25.6.92, maioria, DJ 4.9.92).

Art. 22. Os contratos celebrados a partir de 1º de fevereiro de 1991 com recursos dos depósitos de poupança rural terão cláusulas de atualização pela remuneração básica aplicada aos depósitos de poupança com data de aniversário no dia da assinatura dos respectivos contratos.

Art. 23. A partir de fevereiro de 1991, as prestações mensais dos contratos de financiamento firmados no âmbito do SFH, vinculados ao Plano de Equivalência Salarial por Categoria Profissional (PES/CP), serão reajustadas em função da data-base para a respectiva revisão salarial, mediante a aplicação:[1]

I — do índice derivado da taxa de remuneração básica aplicável aos depósitos de poupança livre no período, observado que:

a) nos contratos firmados até 24 de novembro de 1986, o índice a ser utilizado corresponderá àquele aplicável às contas de poupança com data de aniversário no dia 1º de cada mês;

b) nos contratos firmados a partir de 25 de novembro de 1986, o índice a ser utilizado corresponderá àquele aplicável às contas de depósitos de poupança com data de aniversário no dia da assinatura dos respectivos contratos;

II — do índice correspondente ao percentual relativo ao ganho real de salário.

§ 1º No caso de contratos enquadrados na modalidade plena do PES/CP, far-se-á, a partir do mês de fevereiro de 1991, o reajuste mensal das respectivas prestações, observado o disposto nas alíneas *a* e *b* do item I deste artigo.

§ 2º Do percentual de reajuste de que trata o *caput* deste artigo será deduzido o percentual de reajuste a que se refere o parágrafo anterior.

§ 3º É facultado ao agente financeiro aplicar, em substituição aos percentuais previstos no *caput* e § 1º deste artigo, o índice de aumento salarial da categoria profissional, quando conhecido.

Art. 23: 1. O STF declarou **inconstitucional** o *caput* e os parágrafos deste artigo (STF-Pleno, ADI 493, Min. Moreira Alves, j. 25.6.92, maioria, DJ 4.9.92).

Art. 24. Aos mutuários com contratos vinculados ao PES/CP, firmados a qualquer tempo, é assegurado que, na aplicação de qualquer reajuste, a participação da prestação mensal na renda atual não excederá a relação prestação/renda verificada na data da assinatura do contrato de financiamento ou da opção pelo PES, desde que efetuem a devida comprovação perante o agente financeiro, podendo ser solicitada essa revisão a qualquer tempo.[1]

§ 1º Respeitada a relação de que trata este artigo, o valor de cada prestação mensal deverá corresponder, no mínimo, ao valor da parcela mensal de juros, calculado à taxa convencionada no contrato.

§ 2º Não se aplica o disposto neste artigo às hipóteses de redução de renda por mudança de emprego ou por alteração na composição da renda familiar em decorrência da exclusão de um ou mais coadquirentes, assegurado ao mutuário, nesses casos, o direito à renegociação da dívida junto ao agente financeiro, visando a restabelecer o comprometimento inicial da renda.

§ 3º Sempre que, em virtude da aplicação do PES/CP, a prestação for reajustada em percentagem inferior àquela referida no art. 23 desta lei, a diferença será incorporada em futuros reajustes de prestações, até o limite de que trata o *caput* deste artigo.

Art. 24: 1. O STF declarou **inconstitucional** o *caput* e os parágrafos deste artigo (STF-Pleno, ADI 493, Min. Moreira Alves, j. 25.6.92, maioria, DJ 4.9.92).

Lei n. 8.692, de 28 de julho de 1993[1]

Define planos de reajustamento dos encargos mensais e dos saldos devedores nos contratos de financiamentos habitacionais no âmbito do Sistema Financeiro da Habitação e dá outras providências.

O Presidente da República
Faço saber que o Congresso Nacional decreta e eu sanciono a seguinte lei:

LEI 8.692: 1. **Med. Prov. 2.197-43, de 24.8.01: "Art. 1º** Será admitida, no âmbito do Sistema Financeiro da Habitação — SFH, a celebração de contratos de financiamento com planos de reajustamento do encargo mensal diferentes daqueles previstos na Lei n. 8.692, de 28 de julho de 1993.

"Parágrafo único. Nas operações de financiamento habitacional realizadas com recursos do Fundo de Garantia do Tempo de Serviço — FGTS, o Conselho Curador do FGTS poderá definir os planos de reajustamento do encargo mensal a serem nelas aplicados".

Art. 1º É criado o Plano de Comprometimento da Renda (PCR), como modalidade de reajustamento de contrato de financiamento habitacional, no âmbito do Sistema Financeiro da Habitação.[1]

Art. 1º: 1. O art. 1º foi revogado pela Med. Prov. 2.223, de 4.9.01, por sua vez revogada pela Lei 10.931, de 2.8.04, que acabou restaurando a eficácia do referido dispositivo.

Art. 2º Os contratos de financiamento habitacional celebrados em conformidade com o Plano de Comprometimento da Renda estabelecerão percentual de no máximo trinta por cento da renda bruta do mutuário destinado ao pagamento dos encargos mensais.

Parágrafo único. Define-se como encargo mensal, para efeitos desta lei, o total pago, mensalmente, pelo beneficiário de financiamento habitacional e compreendendo a parcela de amortização e juros, destinada ao resgate do financiamento concedido, acrescida de seguros estipulados em contrato.[1]

Art. 2º: 1. O art. 2º foi revogado pela Med. Prov. 2.223, de 4.9.01, por sua vez revogada pela Lei 10.931, de 2.8.04, que acabou restaurando a eficácia do referido dispositivo.

Art. 3º O percentual máximo referido no *caput* do art. 2º corresponde à relação entre o valor do encargo mensal e a renda bruta do mutuário no mês imediatamente anterior.

Parágrafo único. Durante todo o curso do financiamento será admitido reajustar o valor do encargo mensal até o percentual máximo de comprometimento da renda estabelecido no contrato, independentemente do percentual verificado por ocasião da celebração do mesmo.[1]

Art. 3º: 1. O art. 3º foi revogado pela Med. Prov. 2.223, de 4.9.01, por sua vez revogada pela Lei 10.931, de 2.8.04, que acabou restaurando a eficácia do referido dispositivo.

Art. 4º O reajustamento dos encargos mensais nos contratos regidos pelo Plano de Comprometimento da Renda terá por base o mesmo índice e a mesma periodicidade de atualização do saldo devedor dos contratos, mas a aplicação deste índice não poderá resultar em comprometimento de renda em percentual superior ao máximo estabelecido no contrato.

§ 1º Sempre que o valor do novo encargo resultar em comprometimento da renda do mutuário em percentual superior ao estabelecido em contrato, a instituição financiadora, a pedido do mutuário, procederá à revisão do seu valor, para adequar a relação encargo mensal/renda ao referido percentual máximo.

§ 2º As diferenças apuradas nas revisões dos encargos mensais serão atualizadas com base nos índices contratualmente definidos para reajuste do saldo devedor e compensados nos encargos mensais subsequentes.

§ 3º Não se aplica o disposto no § 1º às situações em que o comprometimento da renda em percentual superior ao máximo estabelecido no contrato tenha-se verificado em razão da redução da renda ou por alteração na composição da renda familiar, inclusive em decorrência da exclusão de um ou mais coadquirentes.

§ 4º Nas situações de que trata o parágrafo anterior, é assegurado ao mutuário o direito de renegociar as condições de amortização, buscando adequar novo comprometimento de renda ao percentual máximo estabelecido no contrato, mediante a dilação do prazo de liquidação do financiamento, observado o prazo máximo estabelecido em contrato e demais condições pactuadas.

§ 5º Nos casos em que for verificada a insuficiência de amortização aplica-se o estabelecido no art. 13 desta Lei.[1]

Art. 4º: 1. O art. 4º foi revogado pela Med. Prov. 2.223, de 4.9.01, por sua vez revogada pela Lei 10.931, de 2.8.04, que acabou restaurando a eficácia do referido dispositivo.

Art. 5º Durante todo o curso do contrato, a instituição credora manterá demonstrativo da evolução do saldo devedor do financiamento, discriminando o valor das quotas mensais de amortização, calculadas em valor suficiente para a extinção da dívida no prazo contratado, bem como as quotas mensais de amortização efetivamente pagas pelo mutuário.[1]

Art. 5º: 1. O art. 5º foi revogado pela Med. Prov. 2.223, de 4.9.01, por sua vez revogada pela Lei 10.931, de 2.8.04, que acabou restaurando a eficácia do referido dispositivo.

Art. 6º Os contratos celebrados após a data de publicação desta lei, em conformidade com o Plano de Equivalência Salarial (PES), serão regidos pelo disposto nesta Lei.[1]

Art. 6º: 1. O art. 6º foi revogado pela Med. Prov. 2.223, de 4.9.01, por sua vez revogada pela Lei 10.931, de 2.8.04, que acabou restaurando a eficácia do referido dispositivo.

Art. 7º Não é permitido às instituições financiadoras aplicarem quaisquer dispositivos de reajuste de encargos mensais do Plano de Equivalência Salarial nos contratos regidos pelo Plano de Comprometimento da Renda, vedada a alteração de Plano no curso do financiamento, salvo por acordo entre as partes.[1]

Art. 7º: 1. O art. 7º foi revogado pela Med. Prov. 2.223, de 4.9.01, por sua vez revogada pela Lei 10.931, de 2.8.04, que acabou restaurando a eficácia do referido dispositivo.

Art. 8º No Plano de Equivalência Salarial o encargo mensal, conforme definido do parágrafo único do art. 2º, desta Lei, acrescido do Coeficiente de Equiparação Salarial (CES), será reajustado no mesmo percentual e na mesma periodicidade dos aumentos salariais da categoria profissional do mutuário, aplicável no mês subsequente ao de competência do aumento salarial.

§ 1º Ocorrendo reajustes salariais, diferenciados para uma mesma categoria profissional, para efeito do disposto no *caput* deste artigo, a instituição credora deverá utilizar o maior dos índices de reajustes informados.

§ 2º Na hipótese de a instituição credora não ser informada dos índices de reajustes salariais aplicados à categoria profissional do mutuário, utilizam-se reajustes em consonância com o mesmo índice e a mesma periodicidade de atualização do saldo devedor dos contratos.

§ 3º É vedada a aplicação de reajustes aos encargos mensais inferiores aos índices de correção aplicados à categoria profissional do mutuário.

§ 4º O reajuste do encargo mensal de contratos de financiamentos firmados no Plano de Equivalência Salarial com mutuários pertencentes à categoria profissional sem data-base determinada ou que exerçam atividade sem vínculo empregatício será efetuado com base no maior índice definido pela Política Salarial para categorias com data-base no mês de maio, ou, quando inexistente, pelo mesmo índice adotado para a correção do saldo devedor.[1]

Art. 8º: 1. O art. 8º foi revogado pela Med. Prov. 2.223, de 4.9.01, por sua vez revogada pela Lei 10.931, de 2.8.04, que acabou restaurando a eficácia do referido dispositivo.

Art. 9º É facultado ao mutuário recorrer da aplicação do disposto no artigo anterior, apresentando documentação comprobatória de variação de rendimentos, para a efetiva correção dos reajustes, devendo ser considerados como variação de rendimentos todos os aumentos que, a qualquer título, impliquem elevação da renda bruta do adquirente, decorrente do vínculo empregatício ou aposentadoria.[1]

Art. 9º: 1. O art. 9º foi revogado pela Med. Prov. 2.223, de 4.9.01, por sua vez revogada pela Lei 10.931, de 2.8.04, que acabou restaurando a eficácia do referido dispositivo.

Art. 10. É autorizado o Poder Executivo a adotar política de subsídio temporário, pessoal e intransferível, destinado a famílias de baixa renda, cujo financiamento não ultrapasse o valor de 2.500 UPF (duas mil e quinhentas Unidades-Padrão de Financiamento) para imóvel cuja avaliação não ultrapasse a 2.800 UPF (duas mil e oitocentas Unidades-Padrão de Financiamento), desde que existam recursos orçamentários específicos.

Art. 11. O percentual máximo de comprometimento de renda do mutuário nos contratos regidos pelo Plano de Equivalência Salarial, correspondente à relação entre o valor do encargo mensal e a renda bruta do mutuário verificada no mês imediatamente anterior, não poderá ser superior a trinta por cento.

§ 1º Não se aplica o disposto no *caput* deste artigo às situações em que o comprometimento de renda em percentual superior ao máximo estabelecido no contrato tenha-se verificado em razão da redução da renda ou por alteração na composição da renda familiar, inclusive em decorrência da exclusão de um ou mais coadquirentes.

§ 2º Nas situações de que trata o parágrafo anterior, é assegurado ao mutuário o direito de renegociar as condições de amortização, buscando adequar novo comprometimento de renda ao percentual máximo estabelecido em contrato, mediante a dilação do prazo de liquidação do financiamento, observado o prazo máximo estabelecido em contrato e demais condições pactuadas.[1]

Art. 11: 1. O art. 11 foi revogado pela Med. Prov. 2.223, de 4.9.01, por sua vez revogada pela Lei 10.931, de 2.8.04, que acabou restaurando a eficácia do referido dispositivo.

Art. 12. Em todo o curso do financiamento contratado sob o Plano de Equivalência Salarial, será admitido reajustar o valor do encargo mensal até o percentual máximo de comprometimento de renda estabelecido no contrato, independentemente do percentual verificado por ocasião de sua assinatura.[1]

Art. 12: 1. O art. 12 foi revogado pela Med. Prov. 2.223, de 4.9.01, por sua vez revogada pela Lei 10.931, de 2.8.04, que acabou restaurando a eficácia do referido dispositivo.

Art. 13. Nos contratos regidos por esta lei, a instituição credora manterá demonstrativo da evolução do saldo devedor do financiamento, discriminando o valor das quotas mensais de amortização, calculadas em valor suficiente à extinção da dívida em prazo originalmente contratado ou no novo prazo contratado, bem como as quotas mensais de amortização efetivamente pagas pelo mutuário.

§ 1º Eventuais diferenças entre o valor das quotas mensais de amortização referidas no *caput* deste artigo serão apuradas a cada doze meses, admitindo-se prazo menor para a primeira apuração, procedendo-se, se necessário, ao recálculo dos encargos mensais, observados os seguintes critérios e procedimentos:

a) verificada a insuficiência de amortização, o encargo mensal será recalculado com base no saldo devedor atualizado, mantida a taxa de juros e demais acessórios contratualmente estabelecidos e dilatando-se o prazo, se necessário, para adequar o encargo mensal ao percentual máximo estipulado no contrato, observado o prazo máximo aplicado ao contrato;

b) se após o recálculo a quota de amortização se mantiver em nível inferior para a necessária extinção da dívida, a diferença entre o montante necessário para a extinção da mesma e o montante efetivamente pago pelo mutuário a partir do primeiro mês do último recálculo, atualizada pelos mesmos índices aplicados ao saldo devedor e acrescida de juros contratuais, será paga, escalonadamente, até o final do contrato, alternativamente:

1. por pagamento efetivado diretamente pelo mutuário;
2. por seguro especialmente contratado pelo mutuário para este fim; ou
3. por reservas constituídas pela contribuição voluntária de mutuários, administradas pela instituição financiadora, e relativas às respectivas operações de financiamento habitacional.

§ 2º O prazo de doze meses referido no parágrafo anterior poderá, no curso do contrato, ser alterado por acordo entre as partes.[1]

Art. 13: 1. O art. 13 foi revogado pela Med. Prov. 2.223, de 4.9.01, por sua vez revogada pela Lei 10.931, de 2.8.04, que acabou restaurando a eficácia do referido dispositivo.

Art. 14. Não será imputada qualquer penalidade ao mutuário que paralisar o pagamento de encargos mensais desde que, tendo requerido à instituição financiadora a revisão dos encargos mensais, com a necessária juntada dos comprovantes das variações da renda, não tenha recebido resposta formal após decorridos sessenta dias da data de protocolização do requerimento.[1]

Art. 14: 1. O art. 14 foi revogado pela Med. Prov. 2.223, de 4.9.01, por sua vez revogada pela Lei 10.931, de 2.8.04, que acabou restaurando a eficácia do referido dispositivo.

Art. 15. Os saldos devedores dos financiamentos de que trata esta lei serão atualizados monetariamente na mesma periodicidade e pelos mesmos índices utilizados para a atualização:

I — das contas vinculadas do Fundo de Garantia do Tempo de Serviço (FGTS), quando a operação for lastreada com recursos do referido Fundo; e

II — dos depósitos em caderneta de poupança correspondentes ao dia da assinatura do contrato, nos demais casos.[1]

Art. 15: 1. O art. 15 foi revogado pela Med. Prov. 2.223, de 4.9.01, por sua vez revogada pela Lei 10.931, de 2.8.04, que acabou restaurando a eficácia do referido dispositivo.

Art. 16. O inciso IV do art. 9º da Lei n. 8.036, de 11 de maio de 1990, passa a ter a seguinte redação:

"Art. 9º ....

I — ....

II — ....

III — ....

IV — prazo máximo de trinta anos.

....".

Art. 17. Nas operações regidas por esta lei não se aplica a contribuição para o Fundo de Assistência Habitacional — FUNDHAB.

Parágrafo único. A Caixa Econômica Federal fica desobrigada a aportar recursos ao Fundo de Assistência Habitacional — FUNDHAB, revogando-se, para este efeito, o disposto no art. 8º do Decreto-lei n. 2.164, de 19 de setembro de 1984.

Art. 18. O percentual máximo referido nos arts. 2º e 11 poderá ser escalonado, em função da renda do adquirente, pelo Conselho Curador do Fundo de Garantia do Tempo de Serviço, nas operações lastreadas com recursos deste fundo.[1]

Art. 18: 1. O art. 18 foi revogado pela Med. Prov. 2.223, de 4.9.01, por sua vez revogada pela Lei 10.931, de 2.8.04, que acabou restaurando a eficácia do referido dispositivo.

Art. 19. O Ministério da Fazenda, através dos órgãos próprios, fará, no prazo de cento e vinte dias, a revisão e atualização do cálculo atuarial do valor dos prêmios do seguro habitacional.

Art. 20. Na transferência a terceiros de direitos e obrigações decorrentes dos contratos de que trata esta lei, será assegurada ao novo mutuário a manutenção das condições de prazo, juros e plano de reajustamento, aproveitando-lhes as prestações anteriormente pagas.

Art. 21. São dispensadas de registro, averbação ou arquivamento no Registro de Imóveis e no Registro de Títulos e Documentos as alterações contratuais decorrentes da aplicação desta lei.

§ 1º Por ocasião da comercialização, ficam dispensadas todas as taxas de serviços cobradas pelas instituições financiadoras em contratos de financiamento de até 2.800 UPF (duas mil e oitocentas Unidades-Padrão de Financiamento).

§ 2º (*redação da Lei 10.150, de 21.12.00*) Para efeito de registro e averbação de contratos de financiamentos para moradia, as taxas e emolumentos serão cobrados de acordo com os seguintes critérios:

a) até zero vírgula um por cento sobre o valor do financiamento, quando os contratos forem celebrados no âmbito de programas custeados com recursos do FGTS, compreendidos ou não no SFH;

b) até um por cento incidente sobre o valor do negócio jurídico, incluindo as parcelas financiadas e não financiadas, nos demais contratos pactuados no âmbito do SFH.

Art. 22. O Poder Executivo e o Conselho Curador do Fundo de Garantia do Tempo de Serviço regulamentarão a aplicação dos dispositivos desta lei, de acordo com as respectivas competências, no prazo máximo de trinta dias a partir da data de sua publicação.

Art. 23 (*revogado expressamente pela Med. Prov. 2.197-43, de 24.8.01*).

Art. 24. (VETADO)

Art. 25 (*redação da Med. Prov. 2.197-43, de 24.8.01*). Nos financiamentos celebrados no âmbito do Sistema Financeiro da Habitação, a taxa efetiva de juros será de, no máximo, doze por cento ao ano.[1-2]

§ 1º (VETADO)

§ 2º Compete ao Banco Central do Brasil estabelecer a taxa de juros, até o limite estabelecido no *caput* deste artigo, em função da renda do mutuário, no caso dos financiamentos realizados com recursos oriundos de caderneta de poupança.

§ 3º Compete ao Conselho Curador do Fundo de Garantia do Tempo de Serviço fixar a taxa de juros, até o limite estabelecido no *caput* deste artigo, em função da renda do mutuário, para operações realizadas com recursos deste Fundo.

Art. 25: 1. v., neste tít., Lei 4.380/64, arts. 15-A e 15-B.

Art. 25: 2. **Med. Prov. 2.170-36, de 23.8.01: "Art. 5º-*caput*.** Nas operações realizadas pelas instituições integrantes do Sistema Financeiro Nacional, é admissível a capitalização de juros com periodicidade inferior a um ano".

Art. 26. O Poder Executivo dará ampla divulgação das características de cada Plano e as diferenças existentes entre eles.[1]

Art. 26: 1. O art. 26 foi revogado pela Med. Prov. 2.223, de 4.9.01, por sua vez revogada pela Lei 10.931, de 2.8.04, que acabou restaurando a eficácia do referido dispositivo.

Art. 27. Não se aplicam os dispositivos desta lei aos contratos em vigor, assinados em data anterior à publicação desta lei, salvo por acordo entre as partes.

Art. 28. A critério dos proponentes, os financiamentos das unidades habitacionais vinculadas a empreendimentos cujos contratos de empréstimo para produção tenham sido firmados com os agentes financeiros do Sistema Financeiro da Habitação até 24 de abril de 1993 poderão ser contratados com os adquirentes finais nas condições vigentes anteriormente à data de publicação desta lei.

Parágrafo único. É assegurado aos promitentes compradores de unidades habitacionais, cujas propostas de financiamento tenham sido formalizadas junto aos agentes financeiros do Sistema Financeiro da Habitação até 24 de abril de 1993, o direito de optar pela aplicação do disposto no *caput* deste artigo.

Art. 29. As operações regidas por esta lei não terão cobertura do Fundo de Compensação das Variações Salariais — FCVS.

Art. 30. O Banco Central do Brasil deverá encaminhar, trimestralmente, à Comissão de Finanças da Câmara dos Deputados, os dados e informações relativos à captação de recursos em caderneta de poupança e à aplicação desses recursos em operações habitacionais.

Parágrafo único. A Comissão de Finanças definirá o detalhamento das informações a serem encaminhadas pelo Banco Central do Brasil, de forma a permitir a verificação do cumprimento da obrigatoriedade de aplicações dos recursos de caderneta de poupanças [1] pelas instituições financiadoras.

Art. 30: 1. *sic*.

Art. 31. É o Poder Executivo autorizado a emitir títulos de longo prazo, sob a forma de colocação direta, por valor não inferior ao par, para pagamento das dívidas da União com a Caixa Econômica Federal, constituídas até a publicação desta lei.

Art. 31-A (*redação da Lei 10.150, de 21.12.00*). Na aquisição de unidades residenciais destinadas ao público de baixa renda e de suas unidades comerciais complementares, a serem construídas em terrenos cujo valor esteja incluído no preço final de cada unidade, na forma das diretrizes fixadas pela entidade pública adquirente, as propostas serão julgadas, observadas [1] a lei geral de licitações [2] em função do preço global final, calculado por metro quadrado construído, considerando todos os insumos que o compõem.

Art. 31-A: 1. *sic*; deve ser "observada".

Art. 31-A: 2. No texto, falta uma vírgula.

Art. 32. Até a publicação da regulamentação prevista nesta lei será admitida a contratação de financiamentos habitacionais em conformidade com a legislação vigente até 24 de abril de 1993.

Art. 33. Admitida a ressalva do art. 27 desta lei, para os contratos realizados a partir de sua publicação não se aplicam os dispositivos legais vigentes que a contrariam, relativos à indexação dos saldos devedores e reajustes de encargos dos financiamentos, especialmente aqueles constantes da Lei n. 4.380, de 21 de agosto de 1964,[1] do Decreto-lei n. 19, de 30 de agosto de 1966,[2] do Decreto-lei n. 2.164, de 19 de setembro de 1984,[3] da Lei n. 8.004, de 14 de março de 1990, e da Lei n. 8.100,[4] de 5 de dezembro de 1990.

Art. 33: 1. Lei 4.380: neste tít., ínt.

Art. 33: 2. Dec. lei 19: neste tít., ementário.

Art. 33: 3. Dec. lei 2.164: neste tít., ementário.

Art. 33: 4. Leis 8.004 e 8.100: neste tít., ínt.

Art. 34. Esta lei entra em vigor na data de sua publicação.

Art. 35. Revogam-se as disposições em contrário.

Brasília, 28 de julho de 1993; 172º da Independência e 105º da República — ITAMAR FRANCO — **Fernando Henrique Cardoso.**

Ementário
Correção Monetária*

— v. CF 100 § 1º; LD 26 § 2º; LDi 22.

Lei 5.670, de 2.7.71 — Dispõe sobre o cálculo da correção monetária (v. adiante, texto integral).

Lei 6.205, de 29.4.75 — Estabelece a descaracterização do salário mínimo como fator de correção monetária e acrescenta parágrafo único ao art. 1º da Lei n. 6.147, de 29 de novembro de 1974 (v. adiante, texto integral). O art. 1º da Lei 6.147 não contém matéria de direito civil. O art. 1º § 3º da Lei 6.205 foi alterado pela **Lei 6.708, de 30.10.79** (Lex 1979/837, RDA 138/384, Bol. AASP 1.091/ap.).

Lei 6.423, de 17.6.77 — Estabelece base para correção monetária e dá outras providências (v. adiante, texto integral).

Lei 6.899, de 8.4.81 — Determina a aplicação da correção monetária nos débitos oriundos de decisão judicial, e dá outras providências (v. adiante, texto integral).

Dec. 86.649, de 25.11.81 — Regulamenta a Lei n. 6.899, de 8 de abril de 1981, que determina a aplicação de correção monetária nos débitos oriundos de decisão judicial (no CPCLPV, tít. CORREÇÃO MONETÁRIA; v. adiante, texto integral).

Dec. lei 2.283, de 27.2.86 — Dispõe sobre a instituição da nova unidade do sistema monetário brasileiro, do seguro-desemprego, e dá outras providências (Lex 1986/197, RF 293/539, RAMPR 42/303, RDA 163/325, Just. 133/111). Revogado pelo Dec. lei 2.284, de 10.3.86, a seguir.

Dec. lei 2.284, de 10.3.86 — Mantém a nova unidade do sistema monetário brasileiro, o seguro-desemprego, amplia e consolida as medidas de combate à inflação (Lex 1986/214, RF 295/341, RDA 163/331, RAMPR 42/316, Bol. AASP 1.422/supl.). Texto aprovado pelo Dec. leg. 7, de 17.4.86.

"Tablita". "Aos contratos livremente pactuados têm as partes o direito de vê-los cumpridos nos termos da lei contemporânea ao seu nascimento, a regular inclusive os seus efeitos. Nos contratos, quando o preço é livremente ajustado na moeda da época da sua celebração, sem cláusula de correção monetária embutida no preço, inaplica-se a 'tablita' criada pelo Dec. lei n. 2.284, de 1986, e suas alterações posteriores" (TJSP-Pleno: RJTJESP 126/428, un. de jur., v.u.).

— "Em 28 de fevereiro de 1986 o crédito devia ser atualizado considerando-se a correção monetária de fevereiro, uma vez que o valor da ORTN já estava modificado e convertido em cruzados pela paridade monetária. Quando foi publicado o Dec. lei 2.284, a vigência do Dec. lei 2.283 já havia tornado o credor titular de crédito atualizado na base de Cz$ 106,40, que não podia ser diminuído, sob pena de violação do direito adquirido" (Bol. AASP 1.477/83). Neste sentido: TJSP-Órgão Especial, ES 1.468/85-AgRg, j. 11.5.88, 13 votos a 9, em Bol. AASP 1.553/225.

* V. tb., s/ reajuste de aluguéis, o tít. LOCAÇÃO; s/ prestações do Sistema Financeiro da Habitação, v. o tít. CONTRATOS IMOBILIÁRIOS. O tít. CORREÇÃO MONETÁRIA não inclui legislação s/ salários, nem s/ vencimentos dos servidores públicos federais ou mensalidades escolares.

V., adiante, tabela de correção monetária, bem como a correlação de valores entre as sucessivas moedas em circulação no país.

— "Em conformidade com o art. 33 do Dec. lei n. 2.284, de 10.3.86, os créditos em cobrança ou resultantes de títulos judiciais, anteriores a 28 de fevereiro de 1986 e calculados na vigência do mesmo, serão atualizados com a aplicação do índice de março de 1986, fixado para a OTN (art. 6º do mesmo Decreto-lei), convertendo-se em cruzados o que for apurado" (TJSP-RJTJESP 108/445, un. de jur., 26 votos a 2, no mérito).

— As obrigações fixadas em ORTNs convertem-se no mesmo número de OTNs (RT 629/136).

— S/ conversão de ORTNs em cruzados, v. Dec. 92.592, de 25.4.86 (em Lex 1986/357, RF 294/555, Bol. AASP 1.430/supl.; no anexo III, o reajuste referente a dezembro de 1985 é de 0,8281, cf. retificação em Lex 1986/506). "A legislação decorrente do 'Plano Cruzado' não autorizou a inclusão, no art. 7º do Dec. 92.592/86, das locações de prédios urbanos não residenciais, apresentando-se inquinado de ilegalidade o regulamento que altera a lei regulamentada" (RSTJ 12/372). Neste sentido: RSTJ 15/373, 20/319. O Dec. 92.592 foi considerado **revogado** por Dec. s/n de 25.4.91.

— "Não é infensa à legislação atinente ao Plano Cruzado a aplicação da correção monetária *pro rata portione temporis*, mediante adoção dos índices previstos no art. 6º, parágrafo único, do Dec. lei n. 2.284, de 10.3.86, com a redação que lhe deu o Dec. lei n. 2.311, de 23.12.86" (STJ-4ª T., REsp 2.684, Min. Barros Monteiro, j. 29.6.90, DJU 20.8.90).

— "Não contraria o Dec. lei 2.284/86 (art. 6º), nem desrespeita o ato jurídico perfeito a incidência da correção monetária *pro rata tempore* com base no índice da variação nominal da OTN fixada para março de 1987, face à previsão contratual, não questionada, de pagamentos em valor indexado" (STJ-3ª T., REsp 7.085, Min. Cláudio Santos, j. 11.3.91, rep. no DJU 10.6.91).

Alterações do Dec. lei 2.284:

— art. 7º: alterado pelo Dec. lei 2.288, de 23.7.86 (em Lex 1986/777, RF 295/531, RDA 165/409, RAMPR 43/311, Bol. AASP 1.442/supl.)

— art. 12: acrescido § ún. pelo Dec. lei 2.288, de 23.7.86

— arts. 6º, 12, 14, 15 e 33: implicitamente alterados pelo Dec. lei 2.290, de 21.11.86

— art. 7º: revogado pelo Dec. lei 2.290, de 21.11.86

— art. 21: implicitamente alterado pelo Dec. lei 2.311, de 23.12.86 (em Lex 1986/1.377, RF 296/526, RDA 166/337, RAMPR 46/281, Bol. AASP 1.465/2)

— arts. 6º § ún. e 12: alterados pelo Dec. lei 2.311, de 23.12.86

— arts. 20 e 21: revogados pelo Dec. lei 2.335, de 12.6.87 (v. abaixo)

Dec. lei 2.290, de 21.11.86 — Estabelece normas sobre a desindexação da economia e dá outras providências (Lex 1986/1.108, RF 296/508, RDA 165/298, Bol. AASP 1.459/3).

"Se o art. 6º do Dec. lei 2.290/86 expressamente determina que 'os débitos resultantes de condenação judicial (...) serão reajustados pelos índices de variação das OTNs na forma estabelecida no art. 6º do Dec. lei 2.284/86, com a redação dada por este Decreto', não há por que não se considerar a inflação ocorrida entre 1.3.86 e a data do pagamento" (STJ-1ª T., REsp 4.963, Min. Geraldo Sobral, j. 3.6.91, DJU 1.7.91).

"Durante o período de congelamento da OTN aplica-se índice de correção monetária, segundo os parâmetros do Dec. lei 2.290/86, mediante rateio em função do tempo de vencimento da obrigação" (STJ-3ª T., REsp 10.557, Min. Dias Trindade, j. 18.6.91, DJU 19.8.91).

Alterações do Dec. lei 2.290:

— art. 5º § 4º: alterado pelo Dec. lei 2.306, de 18.12.86 (em Lex 1986/1.256, RDA 166/335, Bol. AASP 1.464/2)

— art. 2º: alterado pelo Dec. lei 2.322, de 26.2.87 (em Lex 1987/119, RF 297/466, RDA 167/332, RAMPR 47/304, Bol. AASP 1.474/2)

— art. 5º §§: alterados pela Lei 7.786, de 29.6.89 (em Lex 1989/457), que adotou a Med. Prov. 66, de 8.6.89 (em Lex 1989/371, Bol. AASP 1.592/5)

Dec. lei 2.306, de 18.12.86 — Altera a redação do § 4º do art. 5º do Decreto-lei n. 2.290, de 21 de novembro de 1986 (Lex 1986/1.256, RDA 166/335, Bol. AASP 1.464/2).

Dec. lei 2.311, de 23.12.86 — Dá nova redação ao parágrafo único do art. 6º e ao art. 12 do Decreto-lei n. 2.284, de 10 de março de 1986, e ao § 3º, do art. 2º, do Decreto-lei n. 2.290, de 21 de novembro de 1986 (Lex 1986/1.377, RF 296/526, RDA 166/337, RAMPR 46/281).

Dec. lei 2.322, de 26.2.87 — Altera o Decreto-lei n. 2.290, de 21 de novembro de 1986, e dá outras providências (Lex 1987/119, RF 297/466, RDA 167/332, RAMPR 47/304). Alterou o art. 2º do Dec. lei 2.290.

"O Dec. lei 2.322/87 determinou que a correção monetária dos créditos de que trata o Dec. lei 75/66 seria calculada pela variação das OTNs (§ 1º, art. 3º), incidindo juros sobre tais débitos, à taxa de 1% ao mês" (STJ-2ª T., REsp 7.722, Min. Hélio Mosimann, j. 15.4.91, DJU 13.5.91).

Dec. lei 2.323, de 26.2.87 — Dispõe sobre a atualização monetária de débitos fiscais e dá outras providências (Lex 1987/129, RF 297/466, RDA 167/333, RAMPR 46/282, RBDPb 56/215, Bol. AASP 1.474/supl.). O art. 18 do Dec. lei 2.323 foi declarado **inconstitucional** pelo STF (RTJ 127/789).

Alterações do Dec. lei 2.323:

— arts. 15 e 16: alterados pelo Dec. lei 2.331, de 28.5.87

— art. 12-*caput:* alterado pelo Dec. lei 2.354, de 24.8.87

— art. 18: declarado inconstitucional pelo STF (RTJ 127/789)

Dec. lei 2.335, de 12.6.87 — Dispõe sobre o congelamento de preços e aluguéis, reajustes mensais de salários e vencimentos, institui a Unidade de Referência de Preços (URP), e dá outras providências (Lex 1987/335, rep., RF 298/468, Just. 138/211, Bol. AASP 1.488/supl.).

Súmula 30 do 1º TASP: "É inconstitucional o art. 13 do Dec. lei 2.335/87 com a nova redação do art. 1º do Dec. lei 2.336/87" (Bol. AASP 1.639/supl.). O acórdão, em uniformização de jurisprudência, que deu origem à Súmula 30 do 1º TASP está publicado em JTA 120/153 e Bol. AASP 1.631/73; foi tomado por 31 votos a 5. No mesmo sentido: TJRS-Órgão Especial, RJTJERGS 138/43, 8 votos vencidos.

Diversamente, julgando constitucional o art. 13: STJ-4ª T.: RT 661/199, v.u.; STJ-3ª T., REsp 10.345, Min. Waldemar Zveiter, j. 11.6.91, DJU 1.7.91.

No RE 141.190-2-SP, rel. o Min. Ilmar Galvão, o STF está examinando a constitucionalidade do art. 13 deste Dec. lei, na redação que lhe deu o Dec. lei 2.342, de 10.7.87. Há dois votos pela inconstitucionalidade da expressão "ou com cláusula de correção monetária pré-fixada", e cinco não conhecendo do recurso. O julgamento foi adiado, em 12.9.01, por ter pedido vista o Min. Sepúlveda Pertence.

Alterações do Dec. lei 2.335:

— arts. 1º-*caput,* 3º § 1º, 6º-*caput,* 8º § 4º, 13-*caput* e §§ 2º a 4º, 18-II e 19: alterados pelo Dec. lei 2.336, de 15.6.87 (em Lex 1987/333, RF 298/470, Bol. AASP 1.488/supl.)

— art. 14 § 2º: revogado pelo Dec. lei 2.336, de 15.6.87, passando o § 1º a § ún.

— republicado, com as alterações do Dec. lei 2.336, em Lex 1987/335

— arts. 13-*caput* e 14-I: alterados pelo Dec. lei 2.337, de 18.6.87 (Lex 1987/350, RF 298/471, Bol. AASP 1.489/5), passando as obrigações de operações nos mercados a termo, futuro e de opções, em Bolsas de Valores, de mercadorias e de futuros a ser regidas pela nova redação do art. 13-*caput*

— art. 1º § 2º: alterado pelo Dec. lei 2.339, de 26.6.87 (em Lex 1987/368, RF 298/471, Bol. AASP 1.490/5)

— arts. 13 e 14: alterados pelo Dec. lei 2.342, de 10.7.87 (Lex 1987/418, RF 299/457, Bol. AASP 1.492/3)

— art. 8º: acrescido § 5º pelo Dec. lei 2.343, de 10.7.87 (em Lex 1987/420, RF 299/457, Bol. AASP 1.492/4)

— revogado pela Med. Prov. 32, de 15.1.89, e pela Lei 7.730, de 31.1.89, art. 38 (v. abaixo)

Dec. lei 2.336, de 15.6.87 — Altera a redação de dispositivos do Decreto-lei n. 2.335, de 12 de junho de 1987 (Lex 1987/333, RF 298/470, Bol. AASP 1.488/supl.). Alterou os arts. 1º-*caput*, 3º § 1º, 6º-*caput*, 8º § 4º, 13-*caput* e §§ 2º a 4º, 18-II e 19 do Dec. lei 2.335.

Dec. lei 2.337, de 18.6.87 — Altera os arts. 13 e 14 do Decreto-lei n. 2.335, de 12 de junho de 1987, e dá outras providências (Lex 1987/350, RF 298/471, Bol. AASP 1.489/5).

Dec. lei 2.339, de 26.6.87 — Altera o Decreto-lei n. 2.335, de 12 de junho de 1987, e dá outras providências (Lex 1987/368, RF 298/471, Bol. AASP 1.490/5). Texto alterado: art. 1º § 2º do Dec. lei 2.335.

Dec. lei 2.341, de 29.6.87 — Dispõe sobre a correção monetária das demonstrações financeiras, para efeitos de determinar o lucro real, e dá outras providências (Lex 1987/369, RF 298/471, RDA 168/399, Bol. AASP 1.491/supl.).

Alterações do Dec. lei 2.341:

— arts. 4º e 16-VI, VII e VIII: alterados pelo Dec. lei 2.397, de 21.12.87

— arts. 6º e 23: alterados pelo Dec. lei 2.429, de 14.4.88

— art. 14: revogado pela Med. Prov. 21, de 6.12.88, e pela Lei 7.714, de 29.12.88

— normas de correção monetária deste Dec. lei: revogadas pela Med. Prov. 32, de 15.1.89, art. 29, a partir de 1.2.89

— revogadas suas normas de correção de balanço pela Lei 7.730, de 31.1.89, art. 29

— v. Med. Prov. 39, de 15.2.89, art. 15, que restabeleceu dispositivos revogados pela Lei 7.730, de 31.1.89 (arts. 29 e 30)

— restabelecidas, pela Lei 7.739, de 16.3.89, art. 15, as disposições deste Dec. lei s/ realização do lucro inflacionário

Dec. lei 2.342, de 10.7.87 — Altera os arts. 13 e 14 do Decreto-lei n. 2.335, de 12 de junho de 1987 (Lex 1987/418, RF 299/457, Bol. AASP 1.492/3).

Dec. lei 2.343, de 10.7.87 — Acrescenta parágrafo ao art. 8º do Decreto-lei n. 2.335, de 12 de junho de 1987 (Lex 1987/420, RF 299/457, Bol. AASP 1.492/4).

Dec. lei 2.420, de 18.3.88 — Dispõe sobre correção monetária nos casos de liquidação extrajudicial de sociedades seguradoras, de capitalização e de previdência privada e dá outras providências (Lex 1988/189, RDA 171/253, Bol. AASP 1.530/4).

Lei 7.691, de 15.12.88 — Dispõe sobre o pagamento de tributos e contribuições federais, e dá outras providências (Lex 1988/1.047, RDA 174/248). Dispõe s/ correção monetária de tributos e contribuições. Adotou a **Med. Prov. 24, de 7.12.88** (Lex 1988/1.026, Bol. AASP 1.566/supl.).

Alteração da Lei 7.691:

— art. 5º: revogado, sucessivamente, pelas Meds. Provs. 517, de 31.5.94; 543, de 30.6.94; 567, de 29.7.94; 597, de 26.8.94; 636, de 27.9.94; 678, de 27.10.94; 727, de 25.11.94; 781, de 23.12.94

Lei 7.730, de 31.1.89 — Institui o cruzado novo, determina congelamento de preços, estabelece regras de desindexação da economia e dá outras providências (Lex 1989/97, RF 305/399, RDA 175/195). Adotou a **Med. Prov. 32, de 15.1.89** (Lex 1989/33, RDA 175/175, Bol. AASP 1.571/supl.).

Segundo o TRF da 3ª Região, o art. 28 da Lei 7.730 é **inconstitucional** (Bol. AASP 1.734/69, maioria).

Alterações da Lei 7.730:

— art. 16: alterado pela Lei 7.737, de 28.2.89, art. 2º (v. abaixo); este art. 2º foi revogado pela Lei 7.739, de 16.3.89, art. 19 (em Lex 1989/176); não ficou, porém, restabelecida a redação primitiva do art. 16 da Lei 7.330 (cf. LINDB 2º § 3º)

— complementada pelas Leis 7.738, de 9.3.89 (v. abaixo), 7.747, de 4.4.89 (v. abaixo), 7.764, de 2.5.89 (v. abaixo), 7.777, de 19.6.89 (v. abaixo), e 7.801, de 11.7.89 (v. abaixo)

— art. 30 §§ 2º e 3º: revogados pela Lei 7.739, de 16.3.89, art. 15 (em Lex 1989/176), restabelecendo-se "as disposições sobre realização do lucro inflacionário, previstas nos Decretos-leis ns. 2.341, de 29 de junho de 1987, e 2.429, de 14 de abril de 1988"

— art. 18 § 2º: alterado pela Med. Prov. 44, de 30.3.89, art. 2º (em Lex 1989/196, Bol. AASP 1.580/supl.); este art. 2º teve sua execução suspensa pelo STF, em sessão de 14.3.89, até o julgamento final da ADI 37-3-DF (DJU 26.4.89, súmula de julgamento, Min. Francisco Rezek); a Lei 7.764, de 2.5.89 (v. abaixo), em cujo preâmbulo se lê ter adotado a Med. Prov. 44, não reproduziu o texto do art. 2º desta

— art. 15 §§ 1º a 3º: alterados pela Lei 7.747, de 4.4.89

— art. 15 § 1º: v. Med. Prov. 46, de 11.4.89, art. 1º (Lex 1989/220, Bol. AASP 1.583/5); esta medida foi reiterada pela Med. Prov. 55, de 11.5.89 (Lex 1989/303, Bol. AASP 1.588/supl.); o Congresso não adotou nenhuma dessas duas medidas provisórias, mas aprovou, em sua substituição, a Lei 7.772, de 8.6.89 (Lex 1989/360, Bol. AASP 1.592/3), em cujo art. 1º se faz referência ao art. 15 § 1º da Lei 7.330

— art. 30: v. Lei 7.751, de 14.4.89 (Lex 1989/243, Bol. AASP 1.584/supl.), art. 1º § 2º-*c* (alterado pela Lei 7.768, de 16.5.89, em Lex 1989/309, Bol. AASP 1.589/5)

— art. 11: v. Med. Prov. 54, de 11.5.89 (Lex 1989/299, Bol. AASP 1.588/supl.), arts. 1º a 3º; o Congresso não adotou esta medida, tendo-a substituído pela Lei 7.774, de 8.6.89 (v. abaixo)

— art. 15 § 1º: v. Med. Prov. 55, de 11.5.89, art. 1º; o Congresso não adotou esta medida, que foi substituída pela Lei 7.772, de 8.6.89 (v. abaixo); esta só lhe alterou o art. 1º

— Anexo I, alínea *d*: alterada pela Lei 7.777, de 19.6.89, art. 2º § 1º

Lei 7.737, de 28.2.89 — Dispõe sobre o reajuste compensatório dos estipêndios de que trata o art. 5º da Lei n. 7.730, de 31 de janeiro de 1989, e dá outras providências (Lex 1989/143, RF 305/403, RDA 175/204, Bol. AASP 1.584/6). Alterou o art. 16 da Lei 7.730, de 31.1.89 (v. acima). Adotou a **Med. Prov. 37, de 27.1.89** (Lex 1989/95, RDA 175/183), menos o seu art. 2º, provavelmente porque este já havia sido revogado pela **Med. Prov. 39, de 15.2.89,** art. 19 (em Lex 1989/124, RDA 175/188).

Alterações da Lei 7.737:

— art. 2º: revogado pela Lei 7.739, de 16.3.89 (em Lex 1989/176)

Lei 7.738, de 9.3.89 — Baixa normas complementares para execução da Lei n. 7.730, de 31 de janeiro de 1989, e dá outras providências (Lex 1989/160, RDA 175/204). Adotou a **Med. Prov. 38, de 3.2.89** (Lex 1989/110, RDA 175/183, Bol. AASP 1.574/supl.), menos o art. 3º § 4º, que já era objeto da **Med. Prov. 40, de 8.3.89.**

Alterações da Lei 7.738:

— art. 10: alterado pela Lei 7.764, de 2.5.89 (v. abaixo)

— art. 30 § ún.: alterado o valor da multa para NCz$ 540,00, pelo Dec. 97.793, de 30.5.89, art. 1º-II (em Lex 1989/338, Bol. AASP 1.591/3)

— art. 4º: revogado pela Lei 7.774, de 8.6.89

— v. Med. Prov. 67, de 14.6.89 (em Lex 1989/382, Bol. AASP 1.592/5), que não foi adotada pelo Congresso, o qual, todavia, manteve seus efeitos, no art. 9º da Lei 7.801, de 11.7.89 (v. abaixo)

— art. 3º-III: revogado pela Lei 7.799, de 10.7.89 (em Lex 1989/486)

— art. 30 § ún.: alterado pela Lei 7.799, de 10.7.89, art. 46

— arts. 3º e 4º: revogados pela Lei 7.801, de 11.7.89 (v. abaixo)

— art. 30 § ún.: alterado, a partir de 1.1.90, pela Med. Prov. 114, de 28.11.89 (Lex 1989/913)

Lei 7.747, de 4.4.89 — Baixa normas complementares para a execução da Lei n. 7.730, de 31 de janeiro de 1989, e dá outras providências (Lex 1989/211, RDA 176/168, Bol. AASP 1.582/6). Adotou a **Med. Prov. 40, de 8.3.89** (em Lex 1989/157, RDA 175/190, Bol. AASP 1.577/4), sendo o art. 2º aprovado com outra redação.

Alterações da Lei 7.747:

— art. 3º §§: alterados pela Lei 7.764, de 2.5.89 (v. abaixo)

— art. 2º: revogado pela Lei 7.801, de 11.7.89 (v. abaixo)

Lei 7.764, de 2.5.89 — Baixa normas complementares para a execução do Programa de Estabilização Econômica de que trata a Lei n. 7.730, de 31 de janeiro de 1989, e dá outras providências (Lex 1989/279, RDA 176/172, Bol. AASP 1.586/4). Adotou a **Med. Prov. 44, de 30.3.89** (em Lex 1989/196, RDA 175/193, Bol. AASP 1.580/supl.), menos o art. 2º, cuja execução havia sido suspensa pelo STF, por força de medida liminar (ADI 37-3-DF, DJU 26.4.89, p. 6.201, súmula de julgamento, Min. Francisco Rezek).

Lei 7.769, de 26.5.89 — Dispõe sobre a execução do Programa de Estabilização Econômica, de que trata a Lei n. 7.730, de 31 de janeiro de 1989, e dá outras providências (Lex 1989/328, RDA 176/174, Bol. AASP 1.589/6). Autorizou a liberar preços e salários. Adotou a **Med. Prov. 51, de 27.4.89** (Lex 1989/274, Bol. AASP 1.585/4), tendo alterado seu art. 1º.

Menções à Lei 7.769:

— art. 1º: v. Lei 7.774, de 8.6.89, art. 2º (v. abaixo)

— revogada pela Med. Prov. 154, de 15.3.90, e pela Lei 8.030, de 12.4.90

Lei 7.772, de 8.6.89 — Dispõe sobre a compensação, com Imposto de Renda da Pessoa Jurídica, da diferença resultante da correção monetária incidente sobre empréstimos concedidos com recursos da caderneta de poupança, e dá outras providências (Lex 1989/360, RDA 176/175, Bol. AASP 1.592/3). Substituiu a **Med. Prov. 55, de 11.5.89** (Lex 1989/303, Bol. AASP 1.588/supl.), que por sua vez substituíra a **Med. Prov. 46, de 11.4.89** (Lex 1989/220, Bol. AASP 1.583/5).

Lei 7.774, de 8.6.89 — Expede normas de ajustamento do Programa de Estabilização Econômica, de que trata a Lei n. 7.730, de 31 de janeiro de 1989 (Lex 1989/368, RDA 176/180). Substituiu a **Med. Prov. 54, de 11.5.89** (Lex 1989/303, Bol. AASP 1.588/supl.), alterando-lhe os arts. 3º e 8º.

"Art. 1º Nos contratos em execução cujo objeto seja a produção ou o fornecimento de bens para entrega futura, a prestação de serviços contínuos ou futuros, a realização de obras (Lei n. 7.730, de 31 de janeiro de 1989, art. 11), e naqueles relativos a operações de alienação de bens imóveis não abrangidos pelas normas do Sistema Financeiro da Habitação, o índice de reajustamento com base na Obrigação do Tesouro Nacional — OTN será substituído por índices nacionais, regionais ou setoriais de custos ou preços que reflitam a variação do custo de produção ou do preço dos insumos utilizados.

"§ 1º No caso de contratos que prevejam índice alternativo de reajustamento, prevalecerá este.

"§ 2º O Índice de Preços ao Consumidor — IPC somente poderá ser utilizado como índice substitutivo na hipótese prevista no parágrafo anterior".

Alterações da Lei 7.774:

— arts. 4º e 5º: revogados pela Lei 7.801, de 11.7.89 (v. abaixo)

— Anexo I: alterado pela Lei 7.801, de 11.7.89

— art. 1º: complementado pela Med. Prov. 75, de 31.7.89 (v. abaixo)

— Anexo II: alterado pela Lei 7.801, de 11.7.89, pelas Meds. Provs. 75, de 31.7.89, e 83, de 31.8.89, e pela Lei 7.843, de 18.10.89

— art. 8º: retificado em Lex 1989/625

Lei 7.777, de 19.6.89 — Expede normas de ajustamento do Programa de Estabilização Econômica de que trata a Lei n. 7.730, de 31 de janeiro de 1989, e dá outras providências (Lex 1989/414, RDA 176/185, Bol. AASP 1.593/supl.). Adotou a **Med. Prov. 57, de 22.5.89** (em Lex 1989/315, Bol. AASP 1.590/3), que por sua vez substituíra a **Med. Prov. 48, de 19.4.89** (Lex 1989/252, Bol. AASP 1.584/supl.).

Alteração da Lei 7.777:

— art. 6º: revogada a expressão "com prazo superior a 90 dias" pela Lei 7.801, de 11.7.89 (v. abaixo). Por força dessa revogação, o art. 6º passou a ter a seguinte redação: "Os contratos e as obrigações expressas em moeda nacional poderão conter cláusula de referência monetária pactuada com base no valor dos BTN, respeitado o disposto no § 5º, do art. 15, da Lei n. 7.730/89"

Lei 7.786, de 29.6.89 — Altera o art. 5º do Decreto-lei n. 2.290, de 21 de novembro de 1986, modificado pelo Decreto-lei n. 2.306, de 18 de dezembro de 1986 (Lex 1989/457, RDA 176/192). Adotou a **Med. Prov. 66, de 8.6.89** (Lex 1989/371, Bol. AASP 1.592/5).

Lei 7.788, de 3.7.89 — Dispõe sobre a política salarial e dá outras providências (Lex 1989/464, RF 307/226, Just. 147/226, Bol. AASP 1.594/4).

Alterações da Lei 7.788:

— arts. 1º a 7º: revogados pela Med. Prov. 154, de 15.3.90

— revogada pela Lei 8.030, de 12.4.90, que substituiu a Med. Prov. 154, de 15.3.90

Lei 7.799, de 10.7.89 — Altera a legislação tributária federal e dá outras providências (Lex 1989/486, rep. 1989/648, RDA 177/159, RF 307/269, Just. 147/228). O art. 1º instituiu o BTN Fiscal. Substituiu a **Med. Prov. 68, de 14.6.89** (Lex 1989/384, Bol. AASP 1.592/supl.).

"Art. 1º § 3º Além das hipóteses previstas nesta lei, o BTN Fiscal poderá ser utilizado, como referencial, para a atualização monetária de contratos ou obrigações expressos em moeda nacional, efetivados após a data da vigência desta lei.

"§ 4º O disposto no parágrafo anterior não se aplica: **a)** às mensalidades escolares; **b)** aos aluguéis residenciais; **c)** aos salários; **d)** aos contratos sujeitos ao regime do Dec. lei 2.300, de 21 de novembro de 1986; **e)** aos preços e tarifas submetidos a controle oficial; **f)** às demais obrigações, regidas por legislação especial, indicadas pelo Ministro da Fazenda".

"Art. 75. As obrigações que vencerem a partir da data da publicação desta lei, decorrentes de contratos celebrados até 15 de janeiro de 1989, vinculados à variação da OTN aos quais não se aplique o disposto no art. 1º da Lei n. 7.774, de 8 de junho de 1989, serão atualizadas:

"a) até fevereiro de 1989, pela OTN de NCz$ 6,17 multiplicada pelo fator 1,2879;

"b) a partir dessa data, pela variação do BTN.

"Parágrafo único. No caso de o contrato prever índice substitutivo à OTN, prevalecerá este" (cf. correção no DOU 19.9.89 e em Lex 1989/648; o texto primitivo consignava, corretamente, "previr").

Lei 7.801, de 11.7.89 — Expede normas de ajustamento do Programa de Estabilização Econômica, de que trata a Lei n. 7.730, de 31 de janeiro de 1989 (Lex 1989/537, RDA 177/181, Bol. AASP 1.596/supl.). Dispôs s/ reajuste de aluguéis, nos arts. 6º e 7º, que foram revogados pela Lei 8.157, de 3.1.91 (Lex 1991/1, RF 313/319, Bol. AASP 1.673/3). Não adotou a **Med. Prov. 67, de 14.6.89** (em Lex 1989/382, Bol. AASP 1.592/5), mas, no art. 9º, manteve os seus efeitos.

"Art. 4º Ressalvado o disposto no § 4º, do art. 1º, da Lei n. 7.799, de 10 de julho de 1989, os contratos celebrados a partir da data da publicação desta lei poderão conter cláusula de reajuste de preços referenciada em Bônus do Tesouro Nacional — BTN.

"§ 1º No caso dos contratos referidos no art. 11 da Lei n. 7.730, de 31 de janeiro de 1989, a cláusula de reajuste deverá tomar por base, preferencialmente, índices nacionais, setoriais ou regionais de custos ou preços, que melhor reflitam a variação do custo de produção ou do preço dos insumos utilizados.

"§ 2º A cláusula de que trata este artigo não poderá ser vinculada, direta ou indiretamente, a rendimentos produzidos por outros títulos da dívida pública, ao salário mínimo ou à variação cambial, exceto, neste caso, quando se tratar de insumos importados que componham os índices previstos no parágrafo anterior.

"§ 3º As partes poderão, ainda, pactuar a correção monetária de cada prestação, inclusive pelo BTN — Bônus do Tesouro Nacional, no período compreendido entre a data do adimplemento da obrigação que lhe deu origem e o dia de seu efetivo pagamento.

"§ 4º Nos contratos celebrados com órgãos da Administração Pública Direta, Autárquica ou Fundacional, o disposto no parágrafo anterior somente se aplica para o período compreendido entre a data estipulada para o pagamento da obrigação e aquela em que este efetivamente ocorrer, desde que prevista a correção monetária nos atos de convocação ou de dispensa de licitação".

Nota bibliográfica: "A inflação e os contratos administrativos — A Lei 7.801/89 e as normas administrativas — Contratos expressos em moeda nacional — Indexação dos contratos — Índices de reajustamento", por Leon Frejda Szklarowsky (RT 656/40, RDP 95/161); "Art. 6º da Lei 7.801 — Inaplicabilidade aos contratos de locação comercial que previram índice substitutivo", por Fernando Albino (RDP 95/110)

Alteração da Lei 7.801:

— arts. 6º e 7º: revogados pelas Meds. Provs. 227, de 20.9.90, 250, de 19.10.90, e 267, de 21.11.90, bem como pela Lei 8.157, de 3.1.91

Lei 7.843, de 18.10.89 — Dispõe sobre a atualização monetária das obrigações que menciona, e dá outras providências (Lex 1989/742, RDA 178/144, RF 308/304, Bol. AASP 1.610/5). Substituiu a **Med. Prov. 83, de 31.8.89** (Lex 1989/621, RDA 177/188, Bol. AASP 1.603/55), com acréscimo de artigos sobre *leasing* e operações de crédito rural; esta, por sua vez, substituíra a **Med. Prov. 75, de 31.7.89** (Lex 1989/584, RDA 177/188, Bol. AASP 1.599/5).

"**Art. 1º** As obrigações que vencerem a partir da data da publicação desta lei, decorrentes de contratos celebrados até 15 de janeiro de 1989, vinculados à variação da OTN Fiscal, e não regidos pelo art. 1º da Lei n. 7.774, de 8 de junho de 1989, serão atualizadas:

"I — até 31 de janeiro de 1989, pela OTN Fiscal de NCz$ 6,92, multiplicada por 1,1483;

"II — de 1º de fevereiro a 1º de julho de 1989, pela variação do Bônus do Tesouro Nacional — BTN;

"III — a partir de 1º de julho de 1989, pela variação do BTN Fiscal.

"Parágrafo único. Se o contrato previr índice substitutivo à OTN Fiscal, prevalecerá, a partir de 16 de janeiro de 1989, o convencionado".

Lei 7.868, de 7.11.89 — Dispõe sobre a indenização da diferença entre a atualização monetária dos empréstimos concedidos com recursos da Caderneta de Poupança Rural e o valor da correção monetária dos depósitos de poupança, e dá outras providências (Lex 1989/824, Bol. AASP 1.616/3).

Lei 7.918, de 7.12.89 — Dispõe sobre a correção monetária das deduções de imposto de renda e dos saldos credores dos Fundos de Investimentos criados pelo Decreto-lei n. 1.376, de 12 de dezembro de 1974, e dá outras providências (Lex 1989/954, RDA 178/152). Substituiu a **Med. Prov. 102, de 9.11.89** (Lex 1989/837).

Lei 7.968, de 22.12.89 — Fixa o valor do BTN Fiscal no dia 1º de dezembro de 1989 (Lex 1989/1.069). Adotou a **Med. Prov. 117, de 30.11.89** (Lex 1989/918, Bol. AASP 1.616/4), e fixou o BTN Fiscal, para os fins que previu, em NCz$ 7,0860.

Lei 7.989, de 28.12.89 — Dispõe sobre o critério de reajustamento do valor das obrigações relativas aos contratos de alienação de bens imóveis não abrangidos pelas normas do Sistema Financeiro da Habitação, a que se refere a Lei n. 7.774, de 8 de junho de 1989 (Lex 1989/1.106, RDA 178/160, Bol. AASP 1.621/2).

Lei 8.024, de 12.4.90 — Institui o cruzeiro, dispõe sobre a liquidez dos ativos financeiros e dá outras providências (Lex 1990/527, RDA 179/353, RF 310/323). Adotou a **Med. Prov. 168, de 15.3.90** (Lex 1990/355; republicação, com as alterações da Med. Prov. 172, de 17.3.90, em Lex 1990/475, Bol. AASP 1.633/supl.). S/ os arts. 5º a 9º: estas disposições, relativas a bloqueio de cruzados novos, são **inconstitucionais,** segundo o TRF-3ª Reg.-Pleno ("Revista do TRF-3ª Reg." 5/150, Bol. AASP 1.688/103, v.u., confirmando 1.688/106).

Alterações da Lei 8.024:

— arts. 1º § 2º, 4º § ún., 6º-*caput* e § 1º, 7º § 1º, 9º § 2º, 11, 12 e §§, 13 e §§, 17, 18-*caput*, incisos e § ún., 22-*caput* e § ún. e 23 a 25: alterados pela Med. Prov. 180, de 17.4.90 (v. abaixo), que foi revogada antes de ser votada pelo Congresso

— revigorados, a partir de 18.4.90, os seus dispositivos que haviam sido alterados pela Med. Prov. 180, de 17.4.90 (v. Med. Prov. 184, de 4.5.90)

— arts. 5º §§ 1º e 2º, 6º §§ 1º e 2º e 7º §§ 1º e 2º: alterados pela Lei 8.088, de 31.10.90, art. 15

— art. 18: alterado pela Lei 8.088, de 31.10.90, art. 9º

Lei 8.030, de 12.4.90 — Institui nova sistemática para reajuste de preços e salários em geral e dá outras providências (Lex 1990/563, ret. 594, RF 310/324). Substituiu a **Med. Prov. 154, de 15.3.90** (Lex 1990/322, Bol. AASP 1.633/supl.), cujo art. 7º e seu § ún. haviam sido revogados pela Med. Prov. 176, de 29.3.90. O art. 5º da Lei 8.030 dispõe s/ salário mínimo; o art. 7º, s/ reajuste de aluguéis (revogado pela Lei 8.157, de 3.1.91, em Lex 1991/1, RF 313/319, Bol. AASP 1.673/3); o art. 8º, s/ reajuste de mensalidades escolares.

Alterações da Lei 8.030:

— art. 7º: revogado pelas Meds. Provs. 227, de 20.9.90, 250, de 19.10.90, e 267, de 21.11.90, e pela Lei 8.157, de 3.1.91

— art. 8º: revogado pela Lei 8.170, de 17.1.91, art. 9º

— revogada pela Med. Prov. 295, de 31.1.91, art. 19, e pela Lei 8.178, de 1.3.91, art. 30

Lei 8.076, de 23.8.90 — Estabelece hipóteses nas quais fica suspensa a concessão de medidas liminares, e dá outras providências (Lex 1990/993, RDA 181/464, RF 311/372, Bol. AASP 1.654/5). Adotou a **Med. Prov. 198, de 26.7.90** (Lex 1990/944), que substituíra as **Meds. Provs. 173, de 18.3.90** (Lex 1990/466, Bol. AASP 1.633/supl.), **181, de 17.4.90** (Lex 1990/592, Bol. AASP 1.636/4), **182, de 23.4.90** (Lex 1990/596), **186, de 23.5.90** (Lex 1990/722, Bol. AASP 1.642/2), **192, de 22.6.90** (Lex 1990/805, Bol. AASP 1.645/2), e **197, de 24.7.90** (Lex 1990/904).

"**Art. 1º** Nos mandados de segurança e nos procedimentos cautelares de que tratam os arts. 796 e seguintes do Código de Processo Civil, que versem matérias reguladas pelas disposições das Leis ns. 8.012, de 4 de abril de 1990, 8.014, de 6 de abril de 1990, 8.021, 8.023, 8.024, 8.029, 8.030, 8.032, 8.033, 8.034, todas de 12 de abril de 1990, 8.036, de 11 de maio de 1990, e 8.039, de 30 de maio de 1990, fica suspensa, até 15 de setembro de 1992, a concessão de medidas liminares.

"Parágrafo único. Nos feitos referidos neste artigo, a sentença concessiva da segurança, ou aquela que julgue procedente o pedido, sempre estará sujeita ao duplo grau de jurisdição, somente produzindo efeitos após confirmada pelo respectivo tribunal".

Lei 8.088, de 31.10.90 — Dispõe sobre a atualização do Bônus do Tesouro Nacional e dos depósitos de poupança e dá outras providências (Lex 1990/1.194 e 1991/301, p. vets., RDA 181/488, RF 312/349). Substituiu as **Meds. Provs. 189, de 30.5.90** (Lex 1990/747), **195, de 30.6.90** (Lex 1990/822, Bol. AASP 1.646/3), **200, de 27.7.90** (Lex 1990/920), **212, de 29.8.90** (Lex 1990/1.007), **237, de 28.9.80** (Lex 1990/1.104), e **239, de 2.10.90** (Lex 1990/1.111).

Alterações da Lei 8.088:

— arts. 5º e 6º: vetados e publicados, após rejeição do veto, em Lex 1991/301

— art. 18: revogado pelas Meds. Provs. 419, de 28.1.94; 438, de 28.2.94; 462, de 30.3.94; 487, de 29.4.94; 513, de 27.5.94; e pela Lei 8.894, de 21.6.94 (Lex 1994/812), art. 10

Lei 8.100, de 5.12.90 — Dispõe sobre o reajuste das prestações pactuadas nos contratos de financiamento firmados no âmbito do Sistema Financeiro da Habitação, vinculados ao Plano de Equivalência Salarial e dá outras providências (Lex 1990/1.290, RF 312/351; texto integral no tít. CONTRATOS IMOBILIÁRIOS). Substituiu as **Meds. Provs. 191, de 6.6.90** (Lex 1990/781, Bol. AASP 1.643/3), **196, de 30.6.90** (Lex 1990/824), **202, de 1.8.90** (Lex 1990/953), **217, de 31.8.90** (Lex 1990/1.010), **239, de 2.10.90** (Lex 1990/1.111), e **260, de 1.11.90** (Lex 1990/1.205), que a Lei 8.100 adotou.

— revogadas, pelas Meds. Provs. 318, de 24.4.93, art. 8º (Lex 1993/277, Bol. AASP 1.793/4), 323, de 26.5.93, art. 9º (Lex 1993/385), e 328, de 25.6.93, art. 10 (Lex 1993/481), as disposições em contrário da Lei 8.100 relativas à indexação dos saldos devedores e ao reajuste das mensalidades dos financiamentos

Lei 8.177, de 1.3.91 — Estabelece regras para a desindexação da economia e dá outras providências (texto parcial, arts. 15 a 24, no tít. CONTRATOS IMOBILIÁRIOS). Substituiu a **Med. Prov. 294, de 31.1.91**. Cria a Taxa Referencial (TR), no art. 1º, e a Taxa Referencial Diária (TRD), no art. 2º; extingue o BTN Fiscal, o BTN e o MVR (art. 3º); mantém o INPC (art. 4º); dispõe s/ a atualização de obrigações com cláusula de correção monetária pela variação do BTN, do BTN Fiscal e do MVR (art. 6º); proíbe cláusula de correção monetária, com base em índice de preços, nos contratos com prazo ou período de repactuação inferior a um ano (art. 10); dispõe s/ cadernetas de poupança (arts. 12 a 14), contratos regulados pelo SFH (arts. 15 a 24), obrigações e títulos de crédito constituídos de 1.9.90 a 31.1.91 (art. 27), saldos em cruzados novos (art. 35), débitos trabalhistas (art. 39), depósito do art. 899 da CLT (art. 40), etc.

O STJ mandou corrigir os Títulos da Dívida Agrária, para o efeito de considerar que, no mês de fevereiro de 1991, a taxa de inflação correspondeu a **21,87%** (RSTJ 28/266).

O Desembargador Corregedor-Geral da Justiça de SP, no processo 52/91, determinou ao "Sr. Diretor do DEPRI-3 que, na elaboração de cálculos de processos que lhe forem submetidos, do âmbito desta Corregedoria, utilize-se para a conversão dos valores a TR (Taxa Referencial), a partir de 2.2.91, providenciando, antes, a atualização pelos BTNs, até 1.2.91, independentemente de qualquer provocação, assim procedendo de forma rotineira, salvo nos casos em que houver determinação em contrário do juiz do processo ou de Tribunal, expressamente, indicando a fórmula a ser adotada" (Bol. AASP 1.691/3).

Lei 8.178, de 1.3.91 — Estabelece regras sobre preços e salários, e dá outras providências (Lex 1991/156, ret. 194, RDA 183/321, RF 313/323, Bol. AASP 1.682/supl.; texto parcial, arts. 15, 17, 18, 20, 21 e 25, no tít. LOCAÇÃO). Substituiu a **Med. Prov. 295, de 31.1.91** (Lex 1991/86, Bol. AASP 1.677/supl.). Veda, nos contratos celebrados por prazo ou período de repactuação inferior a um ano, a inclusão de cláusula de reajustamento de preços baseada em índices que não reflitam a variação do custo de produção ou do preço dos insumos (art. 5º); fixa o valor do salário mínimo em fevereiro e março de 1991 (art. 10); altera o art. 2º da Lei 8.170, de 17.1.91, s/ mensalidades escolares (art. 14); dispõe s/ reajuste ou revisão de aluguéis de imóveis residenciais (arts. 15 a 17); fixa a taxa de conversão do BTN, do BTN Fiscal e do MVR em cruzeiros (art. 21).

Alterações da Lei 8.178:

— arts. 15 § 1º-*b* e 26-I: retificados no DOU 20.3.91 e em Lex 1991/194

— arts. 4º § 3º-III e 5º §§ 1º e 2º: suprimidos pela Lei 8.218, de 29.8.91, art. 35

— arts. 16 e 18: substituído o Índice de Salários Nominais Médios (v. Med. Prov. 304, de 28.8.92, Med. Prov. 307, de 30.9.92, e Lei 8.494, de 23.11.92, arts. 2º § 2º e 5º)

— art. 16: revogado pelas Meds. Provs. 542, de 30.6.94, art. 57; 566, de 29.7.94, art. 60; 596, de 26.8.94, art. 79; 635, de 27.9.94, art. 78; 681, de 27.10.94, art. 79; 731, de 25.11.94, art. 80; 785, de 23.12.94; 851, de 20.1.95, art. 82; 911, de 21.2.95, art. 82; 953, de 23.3.95, art. 82; 978, de 20.4.95; pela Lei 9.069, de 29.6.95, art. 83

— art. 14: revogado pelas Meds. Provs. 1.156, de 24.10.95; 1.192, de 23.11.95; 1.228, de 14.12.95; 1.265, de 12.1.96; 1.304, de 9.2.96; 1.344, de 12.3.96; 1.386, de 11.4.96; 1.429, de 9.5.96; 1.477, de 5.6.96, a 1.477-49, de 28.5.98 (Lex 1998/1.926)

Lei 8.200, de 28.6.91 — Dispõe sobre a correção monetária das demonstrações financeiras para efeitos fiscais e societários (Lex 1991/343, RF 314/304, Bol. AASP 1.700/supl.).

— regulamentada pelo Dec. 332, de 4.11.91 (em Lex 1991/741)

— revogada, sucessivamente, pelas Meds. Provs. 312, de 11.2.93, art. 7º (Lex 1993/99), 314, de 12.3.93, art. 11 (Lex 1993/178), 316, de 14.4.93, art. 13 (Lex 1993/257), 321, de 14.5.93, art. 13 (Lex 1993/315), e 325, de 14.6.93, art. 13 (Lex 1993/415)

— revigorada, com alteração de seu art. 3º-I, pela Lei 8.682, de 14.7.93 (Lex 1993/563), art. 11

Lei 8.218, de 29.8.91 — Dispõe sobre impostos e contribuições federais, disciplina a utilização de cruzados novos e dá outras providências (Lex 1991/566, RDA 185/399, RF 315/386). Substituiu as **Meds. Provs. 297, de 28.6.91** (Lex 1991/344, Bol. AASP 1.699/supl.), e **298, de 29.7.91** (Lex 1991/514, Bol. AASP 1.706/supl.).

Alterações da Lei 8.218:

— arts. 11 § 2º, 13 e 14: alterados pela Lei 8.383, de 30.12.91, art. 62

— arts. 19 e 27: revogados pela Lei 8.541, de 23.12.92

Lei 8.383, de 30.12.91 — Institui a Unidade Fiscal de Referência, altera a legislação do imposto de renda e dá outras providências (Lex 1991/1.019, RF 326/388, RDA 186/427, Bol. AASP 1.727/supl.).

Alterações da Lei 8.383:

— arts. 20-I, 24, 40-III, 86 §§ 3º e 8º, 87-*caput*-III e § 1º-II, 88 e 94 § ún.: revogados pela Lei 8.541, de 23.12.92, art. 57-IV

— art. 46-*caput*: alterado pela Lei 8.643, de 31.3.93, art. 2º

— Anexo II: alterado pela Med. Prov. 330, de 30.6.93, art. 12

— arts. 52 e 53: alterados pelas Meds. Provs. 368, de 29.10.93, art. 2º; 380, de 1.12.93, art. 2º; 406, de 30.12.93, art. 2º; e pela Lei 8.850, de 28.1.94, art. 2º

— art. 21 § 2º: revogadas determinadas isenções, pelas Meds. Provs. 401, de 29.12.93, art. 7º; 419, de 28.1.94, art. 7º; 438, de 28.2.94, art. 10; 462, de 30.3.94, art. 10; 487, de 29.4.94, art. 10; 513, de 27.5.94, art. 10; e Lei 8.894, de 21.6.94, art. 10

— arts. 29 a 33: alterados pela Med. Prov. 402, de 29.12.93, art. 1º; e pela Lei 8.849, de 28.1.94, art. 1º

— Anexo II: alterado pelas Meds. Provs. 417, de 28.1.94, art. 13; 485, de 29.4.94, art. 13; 511, de 27.5.94, art. 13

— extinta a UFIR diária, a partir de 1.9.94, pelas Meds. Provs. 566, de 29.7.94, art. 44; 596, de 26.8.94, art. 43; 635, de 27.9.94, art. 43; 681, de 27.10.94, art. 43; 731, de 25.11.94, art. 43; 785, de 23.12.94, art. 43; 851, de 20.1.95, art. 43; 911, de 21.2.95; 953, de 23.3.95; 978, de 20.4.95; 1.004, de 19.5.95; 1.027, de 20.6.95; e Lei 9.069, de 29.6.95, art. 43

— s/ correção monetária das UFIRs estaduais e municipais, v. Meds. Provs. 566, de 29.7.94, art. 44; 596, de 26.8.94, art. 44; 635, de 27.9.94 art. 44; 681, de 27.10.94, art. 44; 731, de 25.11.94, art. 44; 785, de 23.12.94, art. 44; 851, de 21.1.95, art. 44; 911, de 21.2.95, art. 44; 953, de 23.3.95, art. 44; 1.004, de 19.5.95; 1.027, de 20.6.95; e Lei 9.069, de 29.6.95, art. 44

— art. 2º § 5º: revogado pelas Meds. Provs. 566, de 29.7.94, art. 60; 596, de 26.8.94, art. 79; 635, de 27.9.94, art. 78; 681, de 27.10.94, art. 79; 731, de 25.11.94, art. 80; 785, de 23.12.94, art. 82; 851, de 20.1.95; 911, de 21.2.95; 953, de 23.3.95; 978, de 20.4.95; 1.004, de 19.5.95; 1.027, de 20.6.95; e pela Lei 9.069, de 29.6.95, art. 83

— art. 10-III: alterado pelas Meds. Provs. 596, de 26.8.94, art. 58; 635, de 27.9.94, art. 58; 681, de 27.10.94, art. 58; 731, de 25.11.94, art. 53; 785, de 23.12.94; 851, de 20.1.95; 911, de 21.2.95; 953, de 23.3.95; 978, de 20.4.95; 1.004, de 19.5.95; 1.027, de 20.6.95; e pela Lei 9.069, de 29.6.95, art. 58

— art. 66-*caput* e §§ 1º, 3º e 4º: alterados pelas Meds. Provs. 681, de 27.10.94, art. 58; 731, de 25.11.94, art. 58; 785, de 23.12.94; 851, de 20.1.95; 911, de 21.2.95; 953, de 23.3.95; 978, de 20.4.95; 1.004, de 19.5.95; 1.027, de 20.6.95; e pela Lei 9.069, de 29.6.95, art. 58

— s/ UFIR trimestral, v. Med. Prov. 812, de 30.12.94, art. 1º § 1º, e Lei 8.981, de 20.1.95, art. 1º § 1º

— arts. 44 § ún. e 47: revogados pela Med. Prov. 812, de 30.12.94, art. 117-II, e pela Lei 8.981, de 20.1.95, art. 117-II

— s/ reajustamento semestral da UFIR, v. Meds. Provs. 1.398, de 11.4.96; 1.440, de 10.5.96; 1.488, de 7.6.96, a 1.488-18, de 29.11.96; 1.540, de 18.12.96, a 1.540-31, de 27.11.97; 1.630-32, de 12.12.97

— s/ reajustamento anual da UFIR, v. Lei 9.430, de 27.12.96, art. 75

— art. 52-I-*c*, itens 1 e 2: revogado pela Med. Prov. 447, de 14.11.08

Lei 8.542, de 23.12.92 — Dispõe sobre a política nacional de salários e dá outras providências (Lex 1992/952, RF 320/311, Bol. AASP 1.779/supl.).

Alterações da Lei 8.542:

— arts. 5º, 7º e 9º: alterados pela Med. Prov. 340, de 31.7.93, art. 1º, e pela Lei 8.700, de 27.8.93

— art. 10: revogado pela Lei 8.700, de 27.8.93, art. 5º

— arts. 2º, 3º, 4º, 5º, 7º e 9º: revogados pelas Meds. Provs. 434, de 27.2.94, art. 39; 457, de 29.3.94, art. 41; 482, de 28.4.94, art. 41; e pela Lei 8.880, de 27.5.94, art. 43

— art. 1º §§ 1º e 2º: revogados pelas Meds. Provs. 1.053, de 30.6.95; 1.079, de 28.7.95; 1.106, de 29.8.95; 1.138, de 28.9.95; 1.171, de 27.10.95; 1.205, de 24.11.95; 1.240, de 14.12.95; 1.277, de 12.1.96; 1.316, de 9.2.96; 1.356, de 12.3.96; 1.398, de 11.4.96; 1.440, de 10.5.96; 1.488, de 7.6.96, a 1.488-14, de 9.8.96, a 1.488-17, de 29.11.96; 1.540, de 18.12.96, a 1.540-31, de 27.11.97; 1.620-32, de 12.12.97, a 1.620-38, de 10.6.98; 1.675-39, de 29.6.98

Lei 8.660, de 28.5.93 — Estabelece novos critérios para a fixação da Taxa Referencial — TR, extingue a Taxa Referencial Diária — TRD e dá outras providências (Lex 1993/393, RF 322/409, RDA 192/363). Substituiu a **Med. Prov. 319, de 30.4.93** (Lex 1993/302, RF 322/453).

Lei 8.681, de 13.7.93 — Dá nova redação ao art. 30 da Lei n. 8.177, de 1º de março de 1991 (Lex 1993/558). Substituiu a Med. Prov. 326, de 14.6.93 (Lex 1993/414). **Revogada** pela Med. Prov. 335, de 27.7.93 (Lex 1993/607), art. 7º, e pela Lei 8.696, de 26.8.93 (Lex 1993/695, RF 323/414), art. 8º.

Lei 8.697, de 27.8.93 — Altera a moeda nacional, estabelecendo a denominação "cruzeiro real" para a unidade do sistema monetário brasileiro (Lex 1993/699, RF 323/414, RDA 193/419). Substituiu a Med. Prov. 336, de 28.7.93 (Lex 1993/622, Bol. AASP 1.806/4).

— arts. 1º e 5º: retificados no DOU 31.8.93

Lei 8.700, de 27.8.93 — Dispõe sobre a política nacional de salários (Lex 1993/704, RF 323/415, Bol. AASP 1.813/supl.).

— revogada pelas Meds. Provs. 434, de 27.2.94, art. 39; 457, de 29.3.94, art. 41; e pela Lei 8.880, de 27.5.94, art. 43

Lei 8.880, de 27.5.94 — Dispõe sobre o Programa de Estabilização Econômica e o Sistema Monetário Nacional, institui a Unidade Real de Valor — URV e dá outras providências (Lex 1994/714 e 1995/852, p. vets., RF 326/356, RT 704/493, RDA 196/326 e 200/363, p. vets., Bol. AASP 1.853/supl.). O veto ao art. 16 § 2º foi rejeitado (Lex 1995/852, RDA 200/363). Substituiu as **Meds. Provs. 434, de 27.2.94** (Lex 1994/458, RT 700/466, RDA 193/367, Bol. AASP 1.837/supl.), **457, de 29.3.94,** e **482, de 28.4.94.**

Alterações da Lei 8.880:

— Anexo: retificado no DOU 1.6.94

— s/ paridade entre real e cruzeiro real, v. Med. Prov. 542, de 30.6.94, art. 1º § 3º; v. Lei 9.069, de 29.6.95, art. 1º § 3º

— art. 2º: a partir de 1.7.94, o real passa a ser a moeda do País (Med. Prov. 542, de 30.6.94, art. 2º; v. Lei 9.069, de 29.6.95, art. 2º)

— art. 11: revogado pela Med. Prov. 542, de 30.6.94, art. 57; v. Lei 9.069, de 29.6.95, art. 83

— art. 17: acrescidos §§ 2º e 3º, renumerando-se os subsequentes, pela Med. Prov. 542, de 30.6.94, art. 54; v. Lei 9.069, de 29.6.95, art. 76

— art. 36 § 2º: alterado pela Med. Prov. 542, de 30.6.94, art. 56; v. Lei 9.069, de 29.6.95, art. 77

— art. 20 § 6º e art. 21 § 1º: o INPC substituiu o INPC-r, para os fins previstos nestes dispositivos, a partir da referência julho de 1995 (Meds. Provs. 1.398, de 11.4.96, art. 8º § 3º; 1.440, de 10.5.96, art. 8º § 3º; 1.488, de 7.6.96, art. 8º § 3º; 1.488-13, de 9.7.96, art. 8º § 3º

— art. 29: revogado pelas Meds. Provs. 1.415, de 29.4.96; 1.463, de 29.5.96, a 1.463-20, de 4.12.97 (Lex 1997/4.352)

Lei 9.032, de 28.4.95 — Dispõe sobre o valor do salário mínimo, altera dispositivos das Leis n. 8.212 e n. 8.213, ambas de 24 de julho de 1991, e dá outras providências (Lex 1995/776, RDA 200/367, RF 330/517). Elevado para R$ 100,00, a partir de 1.5.95, até 30.4.96.

Lei 9.063, de 14.6.95 — Dispõe sobre o valor do salário mínimo, altera disposições das Leis n. 8.212 e n. 8.213, ambas de 24 de julho de 1991, e dá outras providências (Lex 1995/1.134, RT 716/561, RDA 200/371, RF 339/525). Fixado o salário mínimo em R$ 70,00, de 1.9.94 a 30.4.95. A Lei 9.063 adotou as Meds. Provs. 598, de 31.8.94 (Lex 1994/1.127, RT 707/435); 679, de 27.10.94; 728, de 25.11.94; 782, de 23.12.94; 848, de 20.1.95; 908, de 21.2.95; 951, de 23.3.95; 976, de 20.4.95; 1.002, de 19.5.95.

Lei 9.069, de 29.6.95 — Dispõe sobre o Plano Real, o Sistema Monetário Nacional, estabelece as regras e condições de emissão do Real e os critérios para conversão das obrigações para o Real, e dá outras providências (Lex 1995/1.216, RT 716/568, RDA 200/384, RF 330/531, Bol. AASP 1.909, supl., p. 1). **"Art. 24-*caput***. Nas obrigações convertidas em Real, na forma dos arts. 20 e 21, o cálculo da correção monetária, a partir de 1º de julho de 1994, somente é válido quando baseado em índice de preços calculado na forma do art. 38 da Lei n. 8.880, de 27 de maio de 1994". A Lei 9.069 adotou as Meds. Provs. 542, de 30.6.94; 566, de 29.7.94; 596, de 26.8.94; 635, de 27.9.94; 681, de 27.10.94; 731, de 25.11.94; 785, de 23.12.94; 851, de 20.1.95; 911, de 21.2.95; 953, de 23.3.95; 978, de 20.4.95; 1.004, de 19.5.95; 1.027, de 20.6.95.

— convalidou os atos praticados com base nas Meds. Provs. 542, de 30.6.94 (Lex 1994/855, RT 704/485, RDA 196/371, Bol. AASP 1.856/supl.), 566, de 29.7.94 (Lex 1994/1.027, RT 705/508, Bol. AASP 1.859/1, supl.), 596, de 26.8.94 (Lex 1994/1.101, RT 706/446, Bol. AASP 1.863/1, supl.), 635, de 27.9.94 (Lex 1994/1.224, RT 707/404, RDA 197/411), 681, de 27.10.94 (Lex 1994/1.378, RT 708/441), 731, de 25.11.94 (Lex 1994/1.529), 785, de 23.12.94 (Lex 1994/1.701, RT 710/418), 851, de 20.1.95 (Lex 1995/170, RT 411/470), 911, de 21.2.95 (Lex 1995/335, RT 712/529), 953, de 23.3.95 (Lex 1995/495), 978, de 20.4.95 (Lex 1995/680), 1.004, de 19.5.95 (Lex 1995/912, RT 715/590), e 1.027, de 20.6.95 (Lex 1995/1.151, RT 712/584)

Lei 9.365, de 16.12.96 — Institui a Taxa de Juros de Longo Prazo — TJLP, dispõe sobre a remuneração dos recursos do Fundo de Participação PIS-PASEP, do Fundo de Amparo ao Trabalhador, do Fundo da Marinha Mercante, e dá outras providências (Lex 1996/2.970). Substituiu as Meds. Provs. 684, de 31.10.94; 743, de 2.12.94; 802, de 30.12.94; 865, de 27.1.95; 918, de 24.2.95; 956, de 30.3.95; 981, de 28.4.95; 1.007, de 26.5.95; 1.030, de 27.6.95; 1.055, de 27.7.95; 1.082, de 25.8.95; 1.1[illegible]4, de 22.9.95; 1.147, de 24.10.95; 1.183, de 23.11.95; 1.219, de 14.12.95; 1.256, de 12.1.96; 1.295, de 9.2.96; 1.335, de 12.3.96; 1.377, de 11.4.96; 1.423, de 9.5.96; 1.471, de 5.6.96, a 1.471-26, de 22.11.96.

Lei 10.192, de 14.2.01 — Dispõe sobre medidas complementares ao Plano Real e dá outras providências (Lex 2001/742, RF 353/490, RDA 223/395).

— **art. 15:** "permanecem em vigor as disposições legais relativas à correção monetária de débitos trabalhistas, de débitos resultantes de decisão judicial, de débitos relativos a ressarcimento em virtude de inadimplemento de obrigações contratuais e do passivo de empresas e instituições sob os regimes de concordata, falência, intervenção e liquidação extrajudicial".

Lei 12.382, de 25.2.11 — Dispõe sobre a política de valorização de longo prazo do salário mínimo; e dá outras providências.

Lei 12.703, de 7.8.12 — Altera o art. 12 da Lei n. 8.177, de 1º de março de 1991, que estabelece regras para a desindexação da economia e dá outras providências, o art. 25 da Lei n. 9.514, de 20 de novembro de 1997, que dispõe sobre o Sistema de Financiamento Imobiliário, institui a alienação fiduciária de coisa imóvel e dá outras providências, e o inciso II do art. 167 da Lei n. 6.015, de 31 de dezembro de 1973, que dispõe sobre os registros públicos e dá outras providências.

Lei n. 5.670, de 2 de julho de 1971

Dispõe sobre o cálculo da correção monetária.

O Presidente da República,

Faço saber que o Congresso Nacional decreta e eu sanciono a seguinte lei:

Art. 1º O cálculo da correção monetária[1] não recairá, em qualquer caso, sobre período anterior à data em que tenha entrado em vigor a lei que a instituiu.

Art. 1º: 1. LEGISLAÇÃO SOBRE CORREÇÃO MONETÁRIA

A Lei 9.069, de 29.6.95 (Plano Real; v. ementário deste tít.), em seus arts. 27 e 28, dispõe s/ correção monetária em geral, sendo particularmente importantes os seus arts. 24 § 5º, 27 § 2º e 28 § 1º. Além disso, contém disposições especiais:

— s/ débitos fiscais: arts. 36 § 3º e 61 (federais); art. 44 (estaduais e municipais);

— s/ contribuições previdenciárias: art. 36 § 5º;

— s/ Sistema Financeiro da Habitação: art. 28 § 4º-I;

— s/ débitos trabalhistas: art. 27 § 6º da Lei 9.069 c/c art. 39 da Lei 8.177, de 1.3.91 (Lex 1991/147, RF 313/320, RDA 183/311, Bol. AASP 1.682/supl.);

— s/ demonstrações financeiras: art. 47;

— s/ mercado de seguros: art. 27 § 5º.

Outras disposições s/ correção monetária:

— nas desapropriações: LD 26 § 2º;

— nas prestações alimentícias: LDi 22;

— na purgação da mora, em despejo: LI 62-II.

A enumeração desta nota está longe de esgotar todos os casos de correção monetária. Apenas assinala alguns, que nos parecem mais importantes, na legislação em vigor.

Art. 2º Esta lei aplica-se aos processos pendentes, inclusive às liquidações de sentenças, ainda não transitadas em julgado, que fixem o valor do débito ou da indenização.

Parágrafo único. Não se aplica, porém, o preceito deste artigo, quando, na data da entrada em vigor desta lei, sentença transitada em julgado haja expressamente fixado termo inicial diverso para a incidência da correção monetária.

Art. 3º Esta lei entrará em vigor na data de sua publicação.

Art. 4º Revogam-se as disposições em contrário.

Brasília, 2 de julho de 1971; 150º da Independência e 83º da República — EMÍLIO G. MÉDICI — **Alfredo Buzaid** — **Adalberto de Barros Nunes**

— Orlando Geisel — Mário Gibson Barboza — Antônio Delfim Netto — Mário David Andreazza — L. F. Cirne Lima — Jarbas G. Passarinho — Júlio Barata — Márcio de Souza e Mello — F. Rocha Lagôa — Marcus Vinicius Pratini de Moraes — Antônio Dias Leite Júnior — João Paulo dos Reis Velloso — José Costa Cavalcanti — Hygino C. Corsetti.

Lei n. 6.205, de 29 de abril de 1975

Estabelece a descaracterização do salário mínimo[1-2] como fator de correção monetária e acrescenta parágrafo único ao art. 1º da Lei n. 6.147, de 29 de novembro de 1974.

O Presidente da República,

Faço saber que o Congresso Nacional decreta e eu sanciono a seguinte lei:

LEI 6.205: 1. v., no fim deste livro, os níveis de salário mínimo, desde a sua instituição.

LEI 6.205: 2. A Lei 6.205 não tem aplicação aos casos de pena pecuniária criminal (STF-RTJ 82/639, 83/971, 88/972, 91/303), porque "visa a fins econômicos, impedindo que a variação do salário mínimo se constitua, em virtude de vinculação legal, em fator inflacionante, o que não ocorre quando se trata de determinação do valor legal de sanção pecuniária criminal" (Min. Moreira Alves — RE 84.335, *apud* RTJ 91/303).

Art. 1º Os valores monetários fixados com base no salário mínimo não serão considerados para quaisquer fins de direito.

§ 1º Fica excluída da restrição de que trata o *caput* deste artigo a fixação de quaisquer valores salariais, bem como os seguintes valores ligados à legislação da previdência social, que continuam vinculados ao salário mínimo:

I — os benefícios mínimos estabelecidos no art. 3º da Lei n. 5.890, de 8 de junho de 1973;[1]

II — a cota do salário-família a que se refere o art. 2º da Lei n. 4.266, de 3 de outubro de 1963;[2]

III — os benefícios do PRORURAL (Leis Complementares ns. 11, de 26 de maio de 1971, e 16, de 30 de outubro de 1973),[3] pagos pelo FUNRURAL;

IV — o salário-base e os benefícios da Lei n. 5.859, de 11 de dezembro de 1972;[4]

V — o benefício instituído pela Lei n. 6.179, de 11 de dezembro de 1974;[5]

VI — (VETADO)

§ 2º (VETADO)

§ 3º (*redação da Lei 6.708, de 30.10.79*) Para os efeitos do disposto no art. 5º da Lei n. 5.890, de 8 de junho de 1973,[6] os montantes atualmente correspondentes a 10 (dez) e 20 (vinte) vezes o maior salário mínimo vigente serão corrigidos de acordo com o Índice Nacional de Preços ao Consumidor.

§ 4º Aos contratos com prazo determinado, vigentes na data da publicação desta lei, inclusive os de locação,[7] não se aplicarão, até o respectivo término, as disposições deste artigo.

Art. 1º: 1. Lei 5.890, de 8.6.73 — Altera a legislação de previdência social e dá outras providências (Lex 1973/687, RDA 113/458).

Art. 1º: 2. Lei 4.266, de 3.10.63 — Institui o salário-família do trabalhador e dá outras providências (RT 339/565, Lex 1963/1.131, RF 205/439).

Art. 1º: 3. Lei Compl. 11, de 25.5.71 (e não de 26.5.71) — Institui o Programa de Assistência ao Trabalhador Rural, e dá outras providências (RT 430/485, Lex 1971/821, ret. 1.166 e 1.457, RDA 105/428, RF 235/433 e 236/440).

Lei Compl. 16, de 30.10.73 — Altera a redação de dispositivos da Lei Complementar 11, de 25 de maio de 1971, e dá outras providências (RT 456/489, Lex 1973/1.622, ret. 2.071, RDA 115/355, RF 245/469).

Art. 1º: 4. A Lei 5.859, de 11.12.72, foi revogada pela LC 150, de 1.6.15, que dispõe sobre o contrato de trabalho doméstico.

Art. 1º: 5. Lei 6.179, de 11.12.74 — Institui amparo previdenciário para maiores de setenta anos de idade e para inválidos, e dá outras providências (Lex 1974/1.149, RDA 120/520, RF 249/433).

Art. 1º: 6. v. nota 1.

Art. 1º: 7. "Encerrado o contrato de locação, não mais prevalece a estipulação contratual à base do salário mínimo, no período prorrogado, posto que vigente, à data, a Lei 6.205/75, proibitiva da adoção do critério" (RTJ 107/394).

Art. 2º Em substituição à correção pelo salário mínimo, o Poder Executivo estabelecerá sistema especial de atualização monetária.[1]

Parágrafo único. O coeficiente de atualização monetária, segundo o disposto neste artigo, será baseado no fator de reajustamento salarial a que se referem os arts. 1º e 2º da Lei n. 6.147, de 1974,[2] excluído o coeficiente de aumento de produtividade. Poderá estabelecer-se como limite, para a variação do coeficiente, a variação das Obrigações Reajustáveis do Tesouro Nacional (ORTN).

Art. 2º: 1. Com base na autorização do art. 2º, o Poder Executivo instituiu o valor de referência, cujos índices podem ser encontrados neste tít., a seguir.

V. adiante, neste tít., Lei 6.423, de 17.6.77, art. 1º § 3º.

Art. 2º: 2. Lei 6.147, de 29.11.74 — Dispõe sobre o reajustamento coletivo de salário das categorias profissionais e dá outras providências (Lex 1974/1.094, Bol. AASP 834/3).

Art. 3º O art. 1º da Lei n. 6.147, de 1974,[1] fica acrescido de parágrafo único com a seguinte redação:

"Parágrafo único. Todos os salários superiores a 30 (trinta) vezes o maior salário mínimo vigente no País terão, como reajustamento legal, obrigatório, um acréscimo igual à importância resultante da aplicação àquele limite da taxa de reajustamento decorrente do disposto no *caput* deste artigo".

Art. 3º: 1. A Lei 6.147 foi revogada pela Lei 6.708, de 30.10.79.

Art. 4º Esta lei entra em vigor na data de sua publicação, revogadas as disposições em contrário.

Brasília, 29 de abril de 1975; 154º da Independência e 87º da República — ERNESTO GEISEL — **Arnaldo Prieto.**

Lei n. 6.423, de 17 de junho de 1977

Estabelece base para correção monetária e dá outras providências.

O Presidente da República,

Faço saber que o Congresso Nacional decreta e eu sanciono a seguinte lei:

Art. 1º A correção, em virtude de disposição legal ou estipulação de negócio jurídico, da expressão monetária de obrigação pecuniária somente poderá ter por base a variação nominal da Obrigação Reajustável do Tesouro Nacional (ORTN).[1]

§ 1º O disposto neste artigo não se aplica:

a) aos reajustamentos salariais de que trata a Lei n. 6.147, de 29 de novembro de 1974;[1a]

b) ao reajustamento dos benefícios da previdência social, a que se refere o § 1º do art. 1º da Lei n. 6.205, de 29 de abril de 1975;[2] e

c) às correções contratualmente prefixadas nas operações de instituições financeiras.

§ 2º Respeitadas as exceções indicadas no parágrafo anterior, quaisquer outros índices ou critérios de correção monetária previstos nas leis em vigor ficam substituídos pela variação nominal da ORTN.

§ 3º Considerar-se-á de nenhum efeito a estipulação, na vigência desta lei, de correção monetária com base em índice diverso da variação nominal da ORTN.

Art. 1º: 1. A substituição do salário mínimo pela ORTN, como critério de correção monetária, determinada pela Lei 6.423, não se aplica aos contratos celebrados anteriormente a esta (STJ-2ª T., REsp 6.549, Min. Ilmar Galvão, j. 12.12.90, DJU 4.2.91).

Art. 1º: 1a. **Lei 6.147, de 29.11.74** — Dispõe sobre o reajustamento coletivo de salário das categorias profissionais e dá outras providências (Lex 1974/1.094, Bol. AASP 834/3).

Art. 1º: 2. Lei 6.205: neste tít., retro.

Art. 2º O disposto nesta lei não se aplica aos contratos pelos quais a empresa se obrigue a vender bens para entrega futura ou a prestar ou fornecer serviços a serem produzidos, cujo preço poderá reajustar-se em função do custo de produção ou da variação no preço de insumos utilizados.

Art. 3º Esta lei entrará em vigor na data de sua publicação.

Art. 4º Revogam-se as disposições em contrário.

Brasília, 17 de junho de 1977; 156º da Independência e 89º da República — ERNESTO GEISEL — **Mário Henrique Simonsen** — **João Paulo dos Reis Velloso.**

Lei n. 6.899, de 8 de abril de 1981

Determina a aplicação da correção monetária nos débitos oriundos de decisão judicial e dá outras providências.

O Presidente da República,

Faço saber que o Congresso Nacional decreta e eu sanciono a seguinte lei:

Art. 1º A correção monetária[1 a 4] incide sobre qualquer débito resultante de decisão judicial, inclusive sobre custas e honorários advocatícios.[4a]

§ 1º Nas execuções de títulos de dívida líquida e certa, a correção será calculada a contar do respectivo vencimento.[5]

§ 2º Nos demais casos, o cálculo far-se-á a partir do ajuizamento da ação.[6]

Art. 1º: 1. v. legislação s/ correção monetária no ementário deste tít. e em nota 1 ao art. 1º da Lei 5.670, de 2.7.71 (tb. neste tít., ínt.).

Art. 1º: 2. "Quatro décadas da evolução da correção monetária", por Arnoldo Wald (RF 327/ 13); "A noção de *pro rata tempore*", por Eros Roberto Grau (RT 709/262); "A correção monetária e seus indexadores legais", por Antônio F. Álvares da Silva (RJ 203/20); "O real e o plano de estabilização econômica — As Medidas Provisórias ns. 542/94 e 566/94", por Leon Frejda Sklarowsky (RTJE 127/9); "O regime constitucional da correção monetária", por Carlos Ayres Britto (RDA 203/41); "Uma pequena história da desindexação no Brasil", por Letácio Jansen (RF 330/151); "IRPJ — Depósito judicial. Natureza jurídica da correção monetária", por Vittorio Cassone (RTJE 161/35); "Correção monetária de débitos judiciais", por José Luis Wagner e Rudi Meira Cassel (RDA 215/61); "Correção monetária: prescrição, preclusão e coisa julgada", por Lúcia Lea Guimarães Tavares (RF 349/109); "A desindexação das dívidas judiciais", por Letácio Jansen (RF 346/100).

Art. 1º: 3. SÚMULAS SOBRE CORREÇÃO MONETÁRIA:

Súmula Vinculante 42 do STF: "É inconstitucional a vinculação do reajuste de **vencimentos de servidores** estaduais ou municipais a índices federais de correção monetária".

Súmula 490 do STF (Pensão): "A pensão correspondente à indenização oriunda de responsabilidade civil deve ser calculada com base no salário mínimo vigente ao tempo da sentença e ajustar-se-á às variações ulteriores" (a redação está conforme ret. no DJU 11.6.70).

Súmula 562 do STF (Ilícito extracontratual): "Na indenização de danos materiais decorrentes de ato ilícito cabe a atualização de seu valor, utilizando-se, para esse fim, dentre outros critérios, dos índices de correção monetária". V. Súmula 43 do STJ.

Súmula 638 do STF: "A controvérsia sobre a incidência, ou não, de correção monetária em operações de crédito rural é de natureza infraconstitucional, não viabilizando recurso extraordinário".

Súmula 725 do STF: "É constitucional o § 2º do art. 6º da Lei 8.024/90, resultante da conversão da Med. Prov. 168/90, que fixou o BTN fiscal como índice de correção monetária aplicável aos depósitos bloqueados pelo Plano Collor I".

Súmula 8 do STJ (Créditos em concordata preventiva): "Aplica-se a correção monetária aos créditos habilitados em concordata preventiva, salvo durante o período compreendido entre as datas de vigência da Lei 7.274, de 10.12.84, e do Dec. lei 2.283, de 27.2.86" (v. jurisprudência s/ esta Súmula em RSTJ 16/219).

"Inaplicabilidade do entendimento consolidado na Súmula 8/STJ ('aplica-se a correção monetária aos créditos habilitados em concordata preventiva') à recuperação judicial, em face da natureza jurídica absolutamente distinta da concordata (favor legal) em relação ao plano de recuperação judicial (negócio jurídico plurilateral)" (STJ-3ª T., REsp 1.630.932, Min. Paulo Sanseverino, j. 18.6.19, DJ 1.7.19).

Súmula 14 do STJ (Honorários de advogado): "Arbitrados os honorários advocatícios em percentual sobre o valor da causa, a correção monetária incide a partir do respectivo ajuizamento" (v. jurisprudência s/ esta Súmula em RSTJ 16/361).

Se os honorários foram fixados sobre o **montante da condenação,** serão calculados com base nesta, abrangendo principal e juros (RT 601/178, JTA 80/125, Lex-JTA 74/132).

Se foram fixados em **quantia certa,** serão corrigidos monetariamente a partir da sentença ou do acórdão que os concedeu (RTJ 126/431, STF-RT 630/240; STJ-2ª T., REsp 1.155.708, Min. Castro Meira, j. 17.6.10, DJ 29.6.10; STJ-2ª Seção, REsp 1.119.300-EDcl, Min. Luis Felipe, j. 13.10.10, DJ 20.10.10; RSTJ 85/389: 6ª T., REsp 63.661; JTA 73/349, 89/367, 91/270, 92/402, 97/292). **Contra,** mandando, nesse caso, calcular a correção monetária desde o ajuizamento da ação: STJ-3ª T., REsp 11.852, Min. Dias Trindade, j. 20.8.91, DJU 16.9.91; JTA 87/97, maioria.

Súmula 16 do STJ (Crédito rural): "A legislação ordinária sobre crédito rural não veda a incidência da correção monetária" (v. jurisprudência s/ esta Súmula em RSTJ 16/411).

Súmula 29 do STJ (Depósito elisivo da falência): "No pagamento em juízo para elidir falência, são devidos correção monetária, juros e honorários de advogado" (v. jurisprudência s/ esta Súmula em RSTJ 33/217).

Súmula 30 do STJ (Comissão de permanência): "A comissão de permanência e a correção monetária são inacumuláveis" (v. jurisprudência s/ esta Súmula em RSTJ 33/241).

Súmula 35 do STJ (Retirada de consórcio): "Incide correção monetária sobre as prestações pagas, quando de sua restituição, em virtude da retirada ou exclusão do participante de plano de consórcio" (v. jurisprudência s/ esta Súmula em RSTJ 33/417).

Súmula 36 do STJ (Restituição de adiantamento de câmbio): "A correção monetária integra o valor da restituição, em caso de adiantamento de câmbio, requerida em concordata ou falência" (v. jurisprudência s/ esta Súmula em RSTJ 33/477).

Súmula 43 do STJ (Ato ilícito): "Incide correção monetária sobre dívida por ato ilícito a partir da data do efetivo prejuízo" (v. jurisprudência s/ esta Súmula em RSTJ 38/91). V. Súmula 562 do STF.

Em matéria de: dano moral, v. adiante Súmula 362 do STJ; multa civil por improbidade administrativa, v., no nosso CPCLPV, LIA 12, nota 5b.

Súmula 67 do STJ (Desapropriação): "Na desapropriação, cabe a atualização monetária, ainda que por mais de uma vez, independente do decurso de prazo superior a um ano entre o cálculo e o efetivo pagamento da indenização" (v. jurisprudência s/ esta Súmula em RSTJ 44/197).

Súmula 113 do STJ (Juros compensatórios): "Os juros compensatórios, na desapropriação direta, incidem a partir da imissão na posse, calculados sobre o valor da indenização, corrigido monetariamente".

Súmula 114 do STJ (Juros compensatórios): "Os juros compensatórios, na desapropriação indireta, incidem a partir da ocupação, calculados sobre o valor da indenização, corrigido monetariamente".

Súmula 141 do STJ (Honorários em desapropriação): "Os honorários de advogado em desapropriação direta são calculados sobre a diferença entre a indenização e a oferta, corrigidos monetariamente" (v. jurisprudência s/ esta Súmula em RSTJ 80/253).

Súmula 148 do STJ (Benefícios previdenciários): "Os débitos relativos a benefício previdenciário, vencidos e cobrados em juízo após a vigência da Lei n. 6.899/81, devem ser corrigidos monetariamente na forma prevista nesse diploma legal" (v. jurisprudência s/ esta Súmula em RSTJ 80/393).

Súmula 162 do STJ (Repetição de indébito tributário): "Na repetição de indébito tributário, a correção monetária incide a partir do pagamento indevido" (v. jurisprudência s/ esta Súmula em RSTJ 86/281).

Súmula 179 do STJ (Depósito judicial): "O estabelecimento de crédito que recebe dinheiro, em depósito judicial, responde pelo pagamento da correção monetária relativa aos valores recolhidos" (v. jurisprudência s/ esta Súmula em RSTJ 91/329). Nesse sentido: RSTJ 151/580, RT 869/239.

Súmula 252 do STJ (FGTS): "Os saldos das contas do FGTS, pela legislação infraconstitucional, são corrigidos em 42,72% (IPC) quanto às perdas de janeiro de 1989 e 44,80% (IPC) quanto às de abril de 1990, acolhidos pelo STJ os índices de 18,02% (LBC) quanto às perdas de junho de 1987, de 5,38% (BTN) para maio de 1990 e 7% (TR) para fevereiro de 1991, de acordo com o entendimento do STF (RE 226.855-7-RS)".

"A Súmula 252/STJ, por ser específica para a correção de saldos do FGTS, não tem aplicação nas demandas que envolvem previdência privada" (STJ-2ª Seção, REsp 1.177.973, Min. Raul Araújo, j. 14.11.12, DJ 28.11.12).

Súmula 271 do STJ (Depósito judicial): "A correção monetária dos depósitos judiciais independe de ação específica contra o banco depositário".

Súmula 287 do STJ: "A Taxa Básica Financeira (TBF) não pode ser utilizada como indexador de correção monetária nos contratos bancários" (v. jurisprudência s/ esta Súmula em RSTJ 177/223).

Súmula 288 do STJ: "A Taxa de Juros de Longo Prazo (TJLP) pode ser utilizada como indexador de correção monetária nos contratos bancários" (v. jurisprudência s/ esta Súmula em RSTJ 177/269).

Súmula 289 do STJ: "A restituição das parcelas pagas a plano de previdência privada deve ser objeto de correção plena, por índice que recomponha a efetiva desvalorização da moeda" (v. jurisprudência s/ esta Súmula em RSTJ 177/303).

"É devida a restituição da denominada reserva de poupança a ex-participantes de plano de benefícios de previdência privada, devendo ser corrigida monetariamente conforme os índices que reflitam a real inflação ocorrida no período, mesmo que o estatuto da entidade preveja critério de correção diverso, devendo ser incluídos os expurgos inflacionários (Súmula 289/STJ). A atualização monetária das contribuições devolvidas pela entidade de previdência privada ao associado deve ser calculada pelo IPC, por ser o índice que melhor traduz a perda do poder aquisitivo da moeda" (STJ-2ª Seção, REsp 1.177.973, Min. Raul Araújo, j. 14.11.12, DJ 28.11.12).

"Comprovada a migração do plano de benefícios de previdência privada sem que ocorra o rompimento definitivo do vínculo contratual entre o participante e a fundação, não há falar em aplicação do enunciado da Súmula 289/STJ" (STJ-2ª Seção, ED no Ag em REsp 107.469, Min. Marco Buzzi, j. 13.6.18, DJ 26.6.18).

Súmula 295 do STJ: "A Taxa Referencial (TR) é indexador válido para contratos posteriores à Lei n. 8.177/91, desde que pactuada" (v. jurisprudência s/ esta Súmula em RSTJ 185/664).

"O STF, no julgamento das ADIns 493, relator o Sr. Ministro Moreira Alves, 768, relator o Sr. Ministro Marco Aurélio, e 959-DF, relator o Sr. Ministro Sydney Sanches, não excluiu do universo jurídico a Taxa Referencial, TR, vale dizer, não decidiu no sentido de que a TR não pode ser utilizada como índice de indexação. O que o Supremo Tribunal decidiu, nas referidas ADIns, é que a TR não pode ser imposta como índice de indexação em substituição a índices estipulados em contratos firmados anteriormente à Lei n. 8.177, de 1.3.91. Essa imposição violaria os princípios constitucionais do ato jurídico perfeito e do direito adquirido" (RTJ 161/718).

"Com vários dispositivos da Lei n. 8.177/91 declarados inconstitucionais ou suspensos em decisões liminares em ações diretas de inconstitucionalidade pelo Colendo STF (ADIs n. 493, 768 e 959), e sem previsão expressa de sua aplicação sobre os valores decorrentes de títulos judiciais, em liquidação e execução, a atualização de tais valores, a partir da vigência da Med. Prov. n. 294, de 1º de fevereiro de 1991, não deve ser feita pela TR, mas pelos índices do INPC" (RSTJ 76/193).

Aplicando a TR nos débitos do INSS, sob o argumento de que, como o INSS recebe seus créditos atualizados pela TRD, deve, por isonomia, pagar seus débitos na mesma moeda: RSTJ 67/77.

Súmula 362 do STJ: "A correção monetária do **valor da indenização do dano moral** incide desde a data do arbitramento". No mesmo sentido: RP 151/227.

"Tendo o acórdão recorrido majorado o valor dos danos morais, por entender mais condizente com o ilícito produzido e o dano suportado pela parte, o início da correção monetária deve ser contado da data do acórdão" (STJ-3ª T., Ag em REsp 133.471-AgRg, Min. Sidnei Beneti, j. 24.4.12, DJ 11.5.12).

"Tendo o acórdão alterado o valor da compensação por danos morais, para reduzi-lo, de acordo com as particularidades da hipótese, verifica-se que ocorreu um novo arbitramento e, portanto, a correção monetária deveria incidir a partir de então, ou seja, da publicação do acórdão, e não da distribuição da ação" (STJ-3ª T., REsp 1.314.796, Min. Nancy Andrighi, j. 4.6.13, DJ 13.6.13). No mesmo sentido: STJ-4ª T., REsp 1.300.149-AgInt, Min. Raul Araújo, j. 13.12.16, DJ 1.2.17.

Para outros ilícitos, v. acima Súmula 43 do STJ.

Súmula 445 do STJ: "As diferenças de correção monetária resultantes de expurgos inflacionários sobre os **saldos de FGTS** têm como termo inicial a data em que deveriam ter sido creditadas".

Súmula 454 do STJ: "Pactuada a correção monetária nos **contratos do SFH** pelo mesmo índice aplicável à caderneta de poupança, incide a **taxa referencial** (TR) a partir da vigência da Lei n. 8.177/1991".

Súmula 459 do STJ: "A **Taxa Referencial** (TR) é o índice aplicável, a título de correção monetária, aos **débitos com o FGTS** recolhidos pelo empregador mas não repassados ao fundo".

Súmula 632 do STJ: "Nos contratos de seguro regidos pelo Código Civil, a correção monetária sobre a **indenização securitária** incide a partir da contratação até o efetivo pagamento".

Súmula 25 do TFR (Seguro obrigatório): "É aplicável a correção monetária, em razão da mora no pagamento da indenização decorrente de seguro obrigatório" (v. jurisprudência s/ esta Súmula em RTFR 77/144).

Súmula 45 do TFR (Multa fiscal): "As multas fiscais, sejam moratórias ou punitivas, estão sujeitas à correção monetária" (v. jurisprudência s/ esta Súmula em RTFR 78/190).

Súmula 47 do TFR (Restituição de depósito em garantia de instância): "Cancelado o débito fiscal, a correção monetária, relativa à restituição da importância depositada em garantia de instância, incide a partir da data da efetivação do depósito" (v. jurisprudência s/ esta Súmula em RTFR 79/40).

Súmula 68 do TFR (Unidade residencial do INSS): "A correção monetária não incide nas aquisições de unidades residenciais do INPS, quando a opção de compra tiver sido anterior à vigência do Dec. lei n. 19, de 1966, sendo irrelevantes, em face da Lei n. 5.049, de 1966, o valor ou a área do imóvel" (v. jurisprudência s/ esta Súmula em RTFR 80/98).

Súmula 71 do TFR: Esta Súmula está **revogada** pela Súmula 148 do STJ (v. acima). Nesse sentido: RSTJ 79/300, Bol. AASP 1.454/260.

"Cuidando-se de prestações devidas e cobradas, em juízo, já na vigência da Lei 6.899/81, já não cabe aplicar-se o critério da Súmula 71-TFR, senão que os das Súmulas 43 e 148-STJ" (STJ-3ª Seção, ED no REsp 47.447, Min. José Dantas, j. 27.11.96, DJU 3.2.97).

Mas: "Cuidando-se de prestações devidas antes da Lei 6.899/81, ainda que cobradas em juízo na sua vigência, cabe aplicar-se o critério da Súmula 71-TFR, porém somente até o advento da citada lei (Súmula 148-STJ)" (STJ-3ª Seção, ED no REsp 49.024, Min. José Dantas, j. 27.11.96, DJU 3.2.97).

Súmula 75 do TFR (Desapropriação): "Na desapropriação, a correção monetária prevista no § 2º do art. 26 do Dec. lei n. 3.365, de 1941, incide a partir da data do laudo de avaliação, observando-se a Lei n. 5.670, de 1971" (v. jurisprudência s/ esta Súmula em RTFR 80/124).

Art. 1º: 4. REGRAS GERAIS SOBRE CORREÇÃO MONETÁRIA:

— **Autoaplicabilidade da LCM.** A LCM independeu de regulamentação, para sua entrada em vigor (STF-RTJ 102/705 e RT 559/247, Lex-JTA 72/76, 73/338). V. Dec. 86.649, de 25.11.81, a seguir.

— **Contrato omisso quanto à correção monetária.** "Não constituindo a correção monetária um *plus*, mas mero instrumento de atualização da moeda desvalorizada pela inflação, deve ela incidir mesmo nos contratos pactuados sem sua previsão" (STJ-RT 661/181).

"Há necessidade de expressa previsão contratual para a cobrança de correção monetária *pro rata*, ou seja, dia a dia, por constituir sistema excepcional de atualização" (JTJ 141/66).

— **Correção monetária contratual.** "Se a lei alcançar os efeitos futuros de contratos celebrados anteriormente a ela, será essa lei retroativa (retroatividade mínima), porque vai interferir na causa, que é um ato ou fato ocorrido no passado. O disposto no art. 5º, XXXVI, da CF se aplica a toda e qualquer lei infraconstitucional, sem qualquer distinção entre lei de direito público e lei de direito privado, ou entre lei de ordem pública e lei dispositiva. Precedente do STF" (RTJ 143/724).

"A existência de cláusula contratual prevendo a correção monetária de forma tarifada afasta a incidência da Lei n. 6.899/81, no que a disciplina, considerada a perda do poder aquisitivo da moeda. Descabe distinguir os períodos situados antes e depois do vencimento da dívida, sob pena de transgressão ao ato jurídico perfeito e ao direito adquirido" (RTJ 141/289, maioria).

"Se as partes, em contratos anteriores ao advento das novas regras econômicas, estabeleceram índices alternativos no caso de extinção do indexador vigente, tais é que devem prevalecer para as prestações que se vencerem *ad futurum*" (STJ-3ª T., Ag 25.578-0-AgRg-EDcl, Min. Waldemar Zveiter, j. 16.12.92, DJU 1.3.93).

"A previsão da Lei 6.899/81 diz com a hipótese de mora, não interferindo com a pactuada pelas partes" (STJ-3ª T., Ag 34.765-AgRg, Min. Eduardo Ribeiro, j. 26.4.93, DJU 10.5.93).

"A correção monetária sobre o valor consignado na promissória à vista flui, como regra, a partir do ajuizamento da execução. Não assim, porém, quando estipulada expressamente na cártula sua incidência desde a data da emissão" (RSTJ 56/274, 79/229).

— **Correção monetária recíproca.** "Constituindo a correção monetária mera atualização do valor da moeda corroída pelo processo inflacionário, incide a mesma sobre eventuais devoluções de cotas de consórcio" (STJ-4ª T., REsp 7.292, Min. Sálvio de Figueiredo, j. 18.6.91, maioria, DJU 5.8.91).

"A Fazenda do Estado de São Paulo não pode pretender atualizar seus créditos tributários com o índice de 70,28%, quando não concorda que seus débitos sejam com ele corrigidos" (STJ-1ª T., REsp 20.203, Min. Garcia Vieira, j. 13.5.92, DJU 15.6.92). Há um acórdão sustentando que, neste caso, a Fazenda do Estado se sujeita à pena de litigante de má-fé (Bol. AASP 1.759/336).

— **Correções monetárias sucessivas:** v., no CPCLPV, CPC 535, nota 19a e LD 26, nota 9 (inclusive Súmula 67 do STJ).

— **Débito já corrigido:** v. tb. Correções monetárias sucessivas.

Não cabe a correção monetária de débito que já tenha sido corrigido por outro critério que não o das ORTNs (p. ex., UPCs, salário mínimo, etc.).

No mesmo sentido: RT 564/171, citando Lei 5.741, de 1.12.71, art. 8º.

— **Depósito judicial.** "A jurisprudência desta Corte considera indevidos novos juros moratórios e atualização, tendo em vista o depósito judicial já contar com remuneração específica" (STJ-4ª T., REsp 1.120.846-AgRg, Min. Aldir Passarinho Jr., j. 10.8.10, DJ 3.9.10).

— **Desde quando é devida.** V. Termo inicial da correção monetária.

— **Direito de regresso.** "Em caso de ação regressiva, ajuizada pela seguradora contra o causador dos danos, o termo inicial da correção monetária é a data do desembolso da quantia, já que se opera a sub-rogação daquela nos direitos do segurado" (STJ-3ª T., AI 1.344.297-AgRg, Min. Sidnei Beneti, j. 15.5.12, DJ 28.5.12).

— **Dívida de valor.** Os §§ do art. 1º da LCM aplicam-se tão só às dívidas em dinheiro. As dívidas de valor devem ser corrigidas desde o momento em que se tornem exigíveis (v., p. ex., RJTJESP 101/63 e 65, dois acórdãos s/ corretagens).

Essa regra não se aplica na hipótese de cobrança de cheque prescrito através de ação monitória, caso em que se calcula a atualização do débito a partir do ajuizamento da ação. Nesse sentido: STJ-1ª T., REsp 237.626, Min. Milton Luiz Pereira, j. 6.12.01, DJU 15.4.02.

V., abaixo, nesta nota, Incidência da LCM.

— **Enriquecimento sem causa:** v. tb. Repetição de indébito.

"A jurisprudência do STJ pacificou-se no sentido de admitir a correção monetária incidente sobre valores de quaisquer débitos judiciais, ainda que se trate de título executivo que tenha perdido a cambiaridade" (STJ-3ª T., REsp 6.527, Min. Waldemar Zveiter, j. 19.12.90, DJU 11.3.91).

Na ação de enriquecimento injustificado cambiário, a correção monetária se conta do seu ajuizamento, e não do vencimento do título (Bol. AASP 1.592/150).

"Cabimento da ação de cobrança para se exigir dívida de valor, líquida e certa, inclusive, confessada pelo devedor, razão suficiente para que a correção monetária incida a partir do vencimento do título (art. 1º, § 1º)" (STJ-3ª T., REsp 20.188, Min. Waldemar Zveiter, j. 9.6.92, DJU 3.8.92).

Contra: "Sobre dívida decorrente de decisão judicial, em cobrança, por meio de processo de conhecimento, de dívida representada por notas promissórias que perderam sua força cambial, incide correção monetária, mas a partir do ajuizamento da ação, nos termos do § 2º do art. 1º da Lei 6.899/81" (STJ-RT 668/172).

— **Extensão da correção monetária.** "A correção monetária deve incidir sobre a totalidade do débito, abrangendo, englobadamente, todas as parcelas" (STF-RJ 234/52).

— **Ilícito contratual.** A correção monetária, no caso de ilícito contratual, é devida desde o efetivo prejuízo, e não a partir da citação (STJ-RT 669/200). "A jurisprudência do Supremo é pacífica no sentido de que, no ilícito contratual, é devida a correção monetária independentemente da Lei n. 6.899" (RTJ 122/419). Ainda: "O ilícito contratual é fonte direta de correção monetária, ainda que a lei ou o contrato não a tenha previsto" (RTJ 121/761).

Cabe correção monetária nos casos de inadimplemento contratual de dívida de valor, ainda antes da Lei 6.899/81 (RSTJ 25/497, 38/129; RTJ 106/345; Lex-JTA 72/28), mas deve haver pedido expresso na inicial (Lex-JTA 72/75). Faz-se a atualização desde o momento do inadimplemento contratual (STJ-4ª T., REsp 803, Min. Sálvio de Figueiredo, j. 10.10.89, maioria, DJU 20.11.89; RSTJ 38/133; RTJ 117/1.170, RT 560/117), i. e, "desde o evento lesivo" (STJRT 675/237); se a perícia fixou os prejuízos tomando por base determinada data, desta é que se há de partir para o cálculo da correção monetária.

S/ ilícito extracontratual, v., na nota anterior, Súmulas 490 e 562 do STF e Súmula 43 do STJ.

— **Imóvel. Atraso na entrega.** "É devida a incidência de correção monetária sobre o saldo devedor de imóvel comprado na planta durante a mora da construtora, porque apenas recompõe o valor da moeda, sem representar vantagem à parte inadimplente" (STJ-4ª T., Ag em REsp 677.950-AgInt, Min. Isabel Gallotti, j. 14.3.17, DJ 20.3.17).

— **Incidência da LCM.** A Lei 6.899/81 "não veio impedir a fluência da correção monetária nos casos em que, anteriormente, já era admitida, mas, sim, estendê-la a hipóteses a que essa correção não se aplicava" (RTJ 106/860). No mesmo sentido: RSTJ 23/307, 38/125 e STJ-RT 673/178; RTJ 119/300, 119/828; STF-JTA 91/230; JTA 72/252.

Assim, se a dívida é de valor, decorrente de ato ilícito contratual ou extracontratual, incide a correção monetária, mesmo antes da vigência da Lei 6.899/81 (RTJ 106/345, 121/335; STF-Amagis 9/369; RSTJ 23/307, 38/125 e STJ-RT 673/178).

"A partir da vigência da Lei n. 6.899, de 1981, todo débito resultante de decisão judicial deve ser corrigido pelos critérios estabelecidos por esse ordenamento e sua regulamentação" (TFR-2ª T., AC 93.133, Min. William Patterson, DJU 11.10.84).

— **Incidência genérica da correção monetária.** A correção monetária é extensiva a todos os débitos resultantes de decisão judicial (RSTJ 31/318, STJ-RT 738/253).

"É entendimento já consolidado desta Corte de que a evolução dos fatos econômicos tornou insustentável a não incidência da correção monetária, sob pena de prestigiar-se o enriquecimento sem causa do devedor, sendo ela imperativo econômico, jurídico e ético indispensável à plena indenização dos danos e ao fiel e completo adimplemento das obrigações" (RSTJ 84/268).

"Lei nenhuma pode determinar qualquer índice de correção inferior à inflação do período" (RSTJ 71/57).

"A correção monetária não constitui acréscimo, mas simples recomposição da moeda corroída pela espiral inflacionária" (RSTJ 71/367). No mesmo sentido: RSTJ 23/307, 38/125.

"A correção monetária não se constitui em um *plus*, senão em uma mera atualização da moeda, aviltada pela inflação, impondo-se como um imperativo de ordem jurídica, econômica e ética. Jurídica, porque o credor tem o direito tanto de ser integralmente ressarcido dos prejuízos da inadimplência, como o de ter por satisfeito, em toda a sua inteireza, o seu crédito pago com atraso. Econômica, porque a correção nada mais significa senão um mero instrumento de preservação do valor do crédito. Ética, porque o crédito pago sem correção importa em um verdadeiro enriquecimento sem causa do devedor, e a ninguém é lícito tirar proveito de sua própria inadimplência" (RSTJ 74/387).

"Em qualquer débito que for objeto de decisão judicial, deverá incidir a correção monetária, aplicando-se a Lei n. 6.899/81, indistintamente, tanto no processo de conhecimento quanto no de execução forçada" (STJ-3ª T., REsp 20.188, Min. Waldemar Zveiter, j. 9.6.92, DJU 3.8.92).

"Administrativo. Empreiteira. Contrato para realização de obras públicas. Atraso no pagamento das faturas. Correção monetária. Incidência, mesmo nos contratos celebrados sem previsão, em face da desvalorização da moeda pela inflação" (RSTJ 24/473).

— **Incidência imediata.** "Nos contratos de compra e venda ou quaisquer outros negócios jurídicos, as normas de ordem pública (planos econômicos) que estabelecem critérios de correção monetária incidem de imediato e, embora não alcancem o ato jurídico perfeito ou o direito adquirido, atingem até mesmo os contratos em curso" (RSTJ 132/321).

— **Índice. Eleição.** "Esta Corte decidiu que não há ilegalidade ou abusividade na adoção do **IGP-M** para atualização monetária de débitos, quando esse índice foi eleito pelas partes. Na hipótese, a convenção de condomínio não prevê qual índice deverá ser adotado para atualização de debitos. A correção pelo **INPC** é adequada à hipótese, além de estar em consonância com a jurisprudência do STJ, no sentido da utilização do referido índice para correção monetária dos débitos judiciais" (STJ-3ª T., REsp 1.198.479, Min. Nancy Andrighi, j. 6.8.13, DJ 22.8.13).

V. tb. Lei 4.864/65, art. 1º, nota 1a, no tít. CONTRATOS IMOBILIÁRIOS.

— **Índice negativo.** "A correção monetária nada mais é do que um mecanismo de manutenção do poder aquisitivo da moeda, não devendo representar, consequentemente, por si só, nem um *plus* nem um *minus* em sua substância. Corrigir o valor nominal da obrigação representa, portanto, manter, no tempo, o seu poder de compra original, alterado pelas oscilações inflacionárias positivas e negativas ocorridas no período. Atualizar a obrigação levando em conta apenas oscilações positivas importaria distorcer a realidade econômica produzindo um resultado que não representa a simples manutenção do primitivo poder aquisitivo, mas um indevido acréscimo no valor real. Nessa linha, estabelece o Manual de Orientação de Procedimento de Cálculos aprovado pelo Conselho da Justiça Federal que, não havendo decisão judicial em contrário, 'os índices negativos de correção monetária (deflação) serão considerados no cálculo de atualização', com a ressalva de que, se, no cálculo final, 'a atualização implicar redução do principal, deve prevalecer o valor nominal'" (STJ-Corte Especial, REsp 1.265.580, Min. Teori Zavascki, j. 21.3.12, maioria, DJ 18.4.12).

Contra: "Impossibilidade de aplicação de índices negativos nos períodos em que o IGP-M aponta a ocorrência de deflação, sob pena de redução do total do débito, ocasionando enriquecimento ilícito por parte do devedor, devendo ser utilizado o índice zero em tais situações" (STJ-2ª T., REsp 1.240.771, Min. Mauro Campbell, j. 5.4.11, DJ 13.4.11).

— **Multa coercitiva:** v., no nosso CPCLPV, CPC 537, nota 2c.

— **Natureza da correção monetária.** "A correção monetária não constitui parcela que se agrega ao principal, mas simples recomposição do valor e poder aquisitivo do mesmo. Trata-se, apenas, na verdade, de nova expressão numérica do valor monetário aviltado pela inflação. Quem recebe com correção monetária não recebe um *plus*, mas apenas o que lhe é devido, em forma atualizada" (JTA 109/372).

— **Pedido omisso.** A correção monetária é devida *ex vi legis*; independe de pedido expresso STJ-Corte Especial, REsp 1.112.524, Min. Luiz Fux, j. 1.9.10, DJ 30.9.10; RT 560/131, 613/165, JTA 72/93, Lex-JTA 72/249, 73/293, Amagis 6/132). Pode ser concedida na fase executória, embora não reclamada na inicial (STF-2ª T., RE 106.977, Min. Djaci Falcão, j. 12.11.85, DJU 6.12.85; RSTJ 45/129; RJTJESP 78/307 e Bol. AASP 1.228/154, 24 votos a 1), "podendo o juiz, inclusive, até de ofício, fazer incidi-la em processo de liquidação de sentença" (RSTJ 75/347).

Súmula 53 do TRF-4ª Reg.: "A sentença que, independentemente de pedido, determina a correção monetária do débito judicial não é *ultra* ou *extra petita*" (RT 752/391).

— **Repetição de indébito.** "Em caso de restituição de quantia indevidamente paga, a correção monetária do débito deve retroagir à data do recebimento pelo réu do valor, evitando-se o enriquecimento sem causa" (RSTJ 141/415). Assim, a data do pagamento indevido é o termo inicial para a incidência da correção monetária (STJ-2ª T., REsp 883.036, Min. Mauro Campbell, j. 4.11.08, DJ 28.11.08). No mesmo sentido: RJTJESP 101/52. **Contra,** em termos, considerando-a devida a partir do ajuizamento da ação, se tiver havido boa-fé por parte do *accipiens*: RT 592/116. V., no CPCLPV, CPC 292, nota 12c-Súmula 5 do TRF-4ª Reg.

— **Quitação dada por oficial de protesto ou banco.** Se a quitação não abrange a correção monetária, procede ação para cobrá-la, calculada do vencimento do título até o pagamento (RSTJ 31/389, STJ-RT 672/213, 709/201; RT 669/155, JTJ 174/233). Mesmo porque: "O Oficial de Protestos não há de ser considerado um mandatário com poderes para dispensar o pagamento de parte do débito. É isso o que ocorreria caso se admitisse que o pagamento apenas do valor nominal do título envolvesse sua quitação, o mesmo se podendo dizer dos acessórios. Possibilidade da cobrança da correção monetária e juros" (RSTJ 96/279).

S/ pagamento feito através de Tabelionato de Protesto, v. Lei 9.492, de 10.9.97 (no tít. PROTESTO DE TÍTULOS, int.), arts. 19 e 40.

— **Salário mínimo como indexador de prestação alimentícia. Súmula 490 do STF:** "A pensão correspondente à indenização oriunda de responsabilidade civil deve ser calculada com base no salário mínimo vigente ao tempo da sentença e ajustar-se-á às variações ulteriores" (a redação está conforme ret. no DJU 11.6.70).

"O julgador pode fixar o valor da pensão mensal tomando como referência o valor do salário mínimo. Contudo, não é devida a indexação do valor da indenização, arbitrando-a com base no salário mínimo com a incidência concomitante de atualização monetária, sem que haja sua conversão em valores líquidos. As parcelas de pensão fixadas em salário mínimo devem ser convertidas em valores líquidos à data do vencimento e, a partir de então, atualizadas monetariamente" (STJ-2ª Seção, ED no REsp 1.191.598, Min. Marco Bellizze, j. 26.4.17, DJ 3.5.17).

Contra: "A pensão fixada a título de indenização por ato ilícito em número de salários mínimos também deve ser corrigida monetariamente, não sendo lícito afirmar que ela apenas será reajustada com a alteração do valor do próprio salário mínimo" (STJ-3ª T., AI 816.398-AgRg, Min. Sidnei Beneti, j. 7.8.08, DJ 28.8.08; nota: o precedente mencionado nesse acórdão não autorizava essa conclusão, pois fez incidir a correção monetária em caso no qual se considerava o valor do salário mínimo vigente à época dos fatos, e não o atual).

V. LA 11, nota 2a.

— **Salário mínimo como parâmetro para a indenização.** "A indenização correspondente a salários mínimos deve considerar o salário mínimo vigente à época do evento, computando-se daí por diante a correção monetária" (STJ-4ª T., AI 918.956-AgRg, Min. João Otávio, j. 4.11.08, DJ 24.11.08).

Determinando a conversão do montante em salário mínimo para reais pelo valor daquele na data da decisão que quantificou a indenização e fazendo incidir a partir daí a correção monetária pelos índices oficiais: STJ-4ª T., REsp 1.140.213, Min. Aldir Passarinho Jr., j. 24.8.10, DJ 14.9.10; STJ-3ª T., REsp 1.174.486-EDcl-AgRg, Min. Sidnei Beneti, j. 28.9.10, DJ 14.10.10.

— **Seguro de vida.** "A correção monetária incide desde a data da celebração do contrato de seguro de vida até o dia do efetivo pagamento da indenização, pois a apólice deve refletir o valor contratado atualizado" (STJ-4ª T., REsp 1.715.056-AgInt, Min. Luis Felipe, j. 27.8.19, DJ 2.9.19).

— **Sentença expressamente denegatória de correção monetária.** "Se a sentença condenatória transitada em julgado exclui expressamente a incidência de correção monetária, não pode esta, em fase de execução de sentença, ser incluída no cálculo" (STF-RT 658/193). Se isso ocorrer, admite-se que o juiz, de ofício e a todo tempo, determine a exclusão da correção monetária (RSTJ 37/354).

Mas se a sentença negou expressamente a correção monetária, porque não prevista em lei ao tempo em que foi proferida, o valor nela fixado é, não obstante, corrigível a partir da vigência da Lei 6.899/81. Nesse sentido, em rescisória julgada procedente: "Embora negada a correção monetária em decisão liquidanda ou exequenda proferida anteriormente ao advento da Lei 6.899/81, deve ela ser deferida desde a sua vigência na pendência de liquidação ou execução, sem se falar em ofensa à coisa julgada, pois o que se negou na época não foi a correção monetária da Lei 6.899/81, mas a que então fora postulada sem respaldo legal ou pretoriano" (RT 627/117, maioria).

Sobrevindo a LCM, a atualização monetária deve ser feita desde sua vigência, "ainda que indeferida na primeira instância e não interposto recurso" pelo interessado (Lex-JTA 72/24). No mesmo sentido, entendendo que, tendo sido a correção monetária expressamente denegada no processo de conhecimento, poderá ser concedida a partir da vigência da Lei 6.899/81, se esta for posterior à denegação: TFR-2ª T., AC 75.571, Min. Costa Lima, j. 13.8.82, DJU 29.10.82.

— **Sentença omissa ou restritiva quanto à correção monetária.** "Se a sentença for omissa quanto à matéria, é lícito ao Tribunal, mesmo de ofício, disciplinar a incidência dessas verbas, sem que se possa argumentar de extra ou ultrapetição" (STJ-3ª T., REsp 954.353, Min. Nancy Andrighi, j. 17.6.10, DJ 30.6.10).

"Enquanto não homologada a sentença de liquidação, ainda que a decisão final no processo de conhecimento não tenha mencionado a correção monetária, pode o julgador aplicar índices ou alterá-los, no intuito de garantir a exata satisfação do direito tutelado" (STJ-2ª T., REsp 312.285-AgRg, Min. Franciulli Netto, j. 5.11.02, DJU 19.5.03). No mesmo sentido, determinando a correção monetária na fase de liquidação, omissa no processo de conhecimento: RSTJ 96/212, RJTJESP 105/50, Lex-JTA 74/204.

"É legítima a correção monetária dos débitos decorrentes de sentença judicial, nada impedindo que, no silêncio da sentença, os respectivos índices sejam fixados no processo de execução. A ofensa ao princípio da imutabilidade da coisa julgada somente se caracterizaria na hipótese de inclusão, após o trânsito em julgado da sentença homologatória, de índices de correção monetária não considerados na conta de liquidação" (STJ-1ª T., REsp 663.713, Min. Teori Zavascki, j. 23.10.07, DJ 8.11.07).

"A correção é simples instrumento de atualização, em decorrência da desvalorização da moeda. Não ofende os arts. 467 e 468 do CPC acórdão que, em execução, estende a correção monetária, ultrapassando a data prevista na sentença exequenda (02.86)" (STJ-3ª T., REsp 4.147, Min. Nilson Naves, j. 11.9.90, DJU 9.10.90).

V. tb., no CPCLPV, CPC 535, nota 20.

— **Sentença omissa quanto ao índice de correção monetária.** "Inexistindo na sentença transitada em julgado fixação de determinado índice inflacionário, pode ser pleiteado, na liquidação de sentença, a incidência do IPC para corrigir o débito, por ser este indexador que representa a verdadeira inflação do período" (STJ-1ª T., REsp 353.883, Min. Garcia Vieira, j. 12.3.02, DJU 15.4.02).

"Aplicam-se os índices de correção monetária também na fase de execução, quando não definidos critérios próprios pela decisão exequenda" (STJ-2ª T., AI 486.736-AgRg, Min. João Otávio, j. 27.5.03, negaram provimento, DJU 16.6.03). Também autorizando a fixação de índice de correção monetária na fase de execução do julgado: STJ-3ª T., REsp 869.784, Min. Gomes de Barros, j. 6.3.08, DJU 1.4.08.

"Não ofende a coisa julgada incluir, em fase de execução, a Taxa Selic, a título de correção monetária e juros, quando o título executivo judicial determinar sejam os valores devidos corrigidos monetariamente e acrescidos de juros moratórios, sem especificar os índices a ser utilizados" (STJ-2ª T., REsp 1.041.081, Min. Castro Meira, j. 15.4.08, DJU 30.4.08).

Todavia: "A Taxa Selic é composta de taxa de juros e correção monetária, não podendo ser cumulada, a partir de sua incidência, com qualquer outro índice de atualização. Mostra-se inviável a inclusão da Taxa Selic após o trânsito em julgado de sentença que determinou a incidência de juros de mora em 1%, sob pena de violação do princípio da coisa julgada" (STJ-1ª Seção, ED no REsp 779.266, Min. Castro Meira, j. 14.2.07, DJU 5.3.07).

— **Sentença que contém critério de correção monetária.** "Fixado, por decisão cognitiva transitada em julgado, determinado critério de correção monetária, com indicação inclusive dos indexadores aplicáveis, não se mostra possível alterá-la na fase de liquidação" (STJ-4ª T., REsp 19.431, Min. Sálvio de Figueiredo, j. 25.8.92, DJU 21.9.92). No mesmo sentido: RSTJ 145/17, 146/24 e 445.

Igualmente: "Na atualização de cálculos com vista à expedição de precatório suplementar, a inclusão de índices de correção monetária correspondente ao IPC de períodos anteriores ao trânsito em julgado da sentença homologatória dos cálculos da liquidação implica em ofensa à coisa julgada" (RSTJ 132/252).

"A utilização de qualquer outro índice de correção monetária, que não o apontado na sentença da conta de liquidação, transitada em julgado, fere o princípio da imutabilidade da coisa julgada" (RSTJ 136/132).

V. tb., no CPCLPV, CPC 494, nota 15.

— **Taxa referencial (TR):** v., na nota anterior, Súmulas 295 e 454 do STJ.

— **Termo final da correção monetária.** Enquanto não satisfeito integralmente o julgado, é cabível a correção monetária, que incidirá sobre o *quantum* ainda não pago à data de vigência da LCM (RT 559/143, 560/144, 564/170, 565/216, em., RJTJESP 79/87, Lex-JTA 73/78).

Considerando indevida a correção monetária:

— depois de transitada em julgado a sentença homologatória da liquidação dos juros complementares, embora não pagos estes: RT 563/85;

— após a data da liquidação, a menos que o devedor retarde culposamente o adimplemento do débito: RT 563/227, em.

Exaurida a execução, com a integral satisfação do débito, não há falar-se em correção monetária do que não mais existe (RT 560/72, 561/93, 565/84, RJTJESP 76/60, 77/272, 78/88, 79/86, Bol. AASP 1.421/62). Há um acórdão que parece considerar necessária a sentença de extinção da execução (RT 559/141), o que não se afigura razoável.

Se o depósito da condenação estava à disposição do vencedor antes da vigência da LCM, é incabível a correção monetária (Lex-JTA 74/303).

— **Termo inicial da correção monetária.** "A correção monetária deve ser calculada desde a data em que o pagamento deveria ter sido efetuado" (STJ-Corte Especial, ED no REsp 28.819, Min. Hélio Mosimann, j. 19.3.97, DJU 11.5.98).

"Nos termos de jurisprudência assentada da Corte, consolidada nas Súmulas ns. 43 e 54, o termo inicial da correção e dos juros moratórios em caso de responsabilidade extracontratual é a data do **efetivo prejuízo,** no primeiro caso, e a do **evento danoso** no segundo caso" (RSTJ 137/282).

"Por se tratar de ato ilícito a reprodução de obras musicais sem o devido recolhimento dos direitos autorais, o termo inicial para a correção monetária é a data do evento danoso" (STJ-4ª T., REsp 1.393.385-EDcl, Min. Luis Felipe, j. 21.11.17, DJ 23.11.17).

"A jurisprudência do STJ firmou que a correção monetária incide sempre a partir do **vencimento** da dívida, partindo do princípio de que o reajustamento monetário não dá nem tira nada de ninguém, mas apenas corrige o valor aquisitivo da moeda, mormente quando a dívida é de valor" (STJ-3ª T., REsp 7.098, Min. Waldemar Zveiter, j. 12.3.91, maioria, DJU 29.4.91).

"Se a correção monetária tem por objetivo a recomposição, no tempo, do valor da moeda em que se expressa determinada obrigação pecuniária, nada mais lógico que sua incidência ocorra a partir da exigibilidade da referida prestação, máxime quando inexistente disposição contratual em sentido diverso. Consequentemente, não merece reparo o acórdão estadual que considerou, como termo inicial da correção monetária incidente sobre a cláusula penal, a data do inadimplemento da obrigação principal, vale dizer, a data em que o réu procedeu à rescisão unilateral do contrato de prestação de serviços sem observar o prazo de vigência estipulado, hipótese deflagradora da exigibilidade da pena convencional" (STJ-4ª T., REsp 1.340.199, Min. Luis Felipe, j. 10.10.17, DJ 6.11.17).

Se a quantificação dos prejuízos é feita em liquidação de sentença, a correção monetária deve ser efetuada a partir da **data do laudo** (RSTJ 75/272, especialmente p. 278).

"Ação ordinária de execução coativa de contrato de compra e venda. Correção monetária somente devida a partir do **ajuizamento do processo principal ou de conhecimento** e não desde o aforamento de medida cautelar, destinada à produção antecipada de prova" (RTJ 124/333).

"A correção monetária — nada importa a natureza do crédito — deve incidir a partir do **momento em que o devedor incidiu em mora.** De outro modo, o inadimplente será beneficiado por enriquecimento ilícito" (STJ-1ª T., REsp 11.882, Min. Gomes de Barros, j. 8.3.93, DJU 26.4.93).

S/ correção monetária em monitória fundada em cheque prescrito, v., no CPCLPV, CPC 700, nota 12.

— **Título de crédito com indexação.** "A circunstância de o título estar emitido em OTNs, ou conter também a expressão numérica a elas correspondente, não é motivo para invalidá-lo, ou retirar-lhe a executividade. Precedentes do STF: RREE 108.781 e 113.268; do STJ, REsp 607" (STJ-RT 681/232). No mesmo sentido: STF-RT 686/222, maioria, RSTJ 5/526, Lex-JTA 151/82.

"Sendo o valor da ORTN aferível a qualquer momento e em qualquer lugar do País, pode ser expresso, como o *quantum* do débito, em nota promissória, o número dessas obrigações, desde que para pagamento em moeda nacional. Com isso, não deixa de ser líquido e certo o valor da dívida" (RTJ 137/1.310, maioria).

"Nota promissória. Valor expresso em OTN. Admissibilidade" (STJ-3ª T., REsp 31.593, Min. Eduardo Ribeiro, j. 30.3.93, DJU 26.4.93).

Art. 1º: 4a. s/ correção monetária da verba honorária, v. nota 3 **(Súmula 14 do STJ).**

Art. 1º: 5. Os §§ 1º e 2º, combinados com o art. 3º, não revogam o disposto na **Lei 5.670, de 2.7.71** (neste tít., ínt.), deste teor: **"Art. 1º** O cálculo da correção monetária não recairá, em qualquer caso, sobre período anterior à data em que tenha entrado em vigor a lei que a instituiu".

Neste sentido: Dec. 86.649, de 25.11.81, art. 3º, abaixo; RTJ 99/532, 99/539, STF-RT 559/247, STF-RT 560/224, STF-RT 561/226. Note-se, porém, que a Lei 6.899/81 "não veio impedir a fluência da correção monetária nos casos em que, anteriormente, já era admitida, mas, sim, estendê-la a hipóteses a que essa correção não se aplicava" (RTJ 106/860). Neste sentido: STF-JTA 91/230.

Art. 1º: 6. v. nota 5.

Art. 2º O Poder Executivo, no prazo de 60 (sessenta) dias, regulamentará a forma pela qual será efetuado o cálculo da correção monetária.[1]

Art. 2º: 1. v. Dec. 86.649, de 25.11.81, a seguir.

Art. 3º O disposto nesta lei aplica-se a todas as causas pendentes de julgamento.

Art. 4º Esta lei entrará em vigor na data de sua publicação.

Art. 5º Revogam-se as disposições em contrário.

Brasília, em 8 de abril de 1981; 160º da Independência e 93º da República — JOÃO FIGUEIREDO — **Ibrahim Abi-Ackel — Ernane Galvêas — José Flávio Pécora — Hélio Beltrão.**

Decreto n. 86.649, de 25 de novembro de 1981

Regulamenta a Lei n. 6.899, de 8 de abril de 1981, que determina a aplicação de correção monetária nos débitos oriundos de decisão judicial.

O Presidente da República, no uso da atribuição que lhe confere o art. 81, item III, da Constituição, e tendo em vista o disposto no art. 2º da Lei n. 6.899, de 8 de abril de 1981,[1] combinado com o art. 2º da Lei n. 6.423, de 17 de junho de 1977,[2]

DEC. 86.649: 1. neste tít. (LCM), ínt.

DEC. 86.649: 2. neste tít., ínt.

Decreta:

Art. 1º Quando se tratar de dívida líquida e certa, a correção monetária[1] a que se refere o art. 1º da Lei n. 6.899, de 8 de abril de 1981, será calculada multiplicando-se o valor do débito pelo coeficiente obtido mediante a divisão do valor nominal reajustado de uma Obrigação Reajustável do Tesouro Nacional (ORTN) no mês em que se efetivar o pagamento (dividendo) pelo valor da ORTN no mês do vencimento do título (divisor), com abandono dos algarismos a partir da quinta casa decimal, inclusive.

Parágrafo único. Nos demais casos, o divisor será o valor da ORTN no mês do ajuizamento da ação.

Art. 1º: 1. A propósito, dispõe a **Lei 6.423, de 17.6.77** (v. retro, neste tít.): "A correção, em virtude de disposição legal ou estipulação de negócio jurídico, da expressão monetária de obrigação pecuniária somente poderá ter por base a variação nominal da Obrigação Reajustável do Tesouro Nacional (ORTN)" **(art. 1º-*caput*)**.

Art. 2º A correção monetária das custas a serem reembolsadas à parte vencedora será calculada a partir do mês do respectivo pagamento.

Art. 3º Nas causas pendentes de julgamento à data da entrada em vigor da Lei n. 6.899/81 e nas ações de execução de títulos de dívida líquida e certa vencidos antes do advento da mesma lei, mas ajuizadas a partir do início de sua vigência, o cálculo a que se refere o art. 1º se fará a partir de 9 de abril de 1981.[1]

Art. 3º: 1. Neste passo, o dec. supra está de acordo com a Lei 5.670, de 2.7.71, e a jurisprudência do STF (v. LCM 1º, notas 4-Incidência da LCM e Incidência genérica da correção monetária e 5).

Art. 4º Nos débitos para com a Fazenda Pública objeto de cobrança executiva ou decorrentes de decisão judicial, a correção monetária continuará a ser calculada em obediência à legislação especial pertinente.[1]

Art. 4º: 1. v., neste tít., Lei 5.670, de 2.7.71, art. 1º, nota 1, legislação especial s/ correção monetária em diversos temas.

Art. 5º Este decreto entra em vigor na data de sua publicação.

Brasília, 25 de novembro de 1981; 160º da Independência e 93º da República — JOÃO FIGUEIREDO — **Ibrahim Abi-Ackel.**

Correlação de valores entre as sucessivas moedas do país

Paridade das moedas: R$ 1,00 = CR$ 2.750,00 = Cr$ 2.750.000,00 = NCz$ 2.750.000,00 = Cz$ 2.750.000.000,00 (velhos) = NCr$ 2.750.000.000.000,00 = Cr$ 2.750.000.000.000.000,00.

Observações:

1 As moedas em curso no Brasil foram:

— o **"mil-réis"**, até 31.10.42; a partir de 1.11.42, foi substituído pelo "cruzeiro", com o mesmo valor (Dec. lei 4.791, de 5.10.42); a Lei 4.511, de 1.12.64, art. 1º, § 1º, extinguiu o "centavo", fração do cruzeiro;

— o **"cruzeiro"** (símbolo: Cr$), de 1.11.42 a 12.2.67; a partir de 13.2.67, foi substituído pelo "cruzeiro novo" (NCr$ 1,00 = Cr$ 1.000,00), nos termos do Dec. lei 1, de 13.11.65, do Dec. 60.190, de 8.2.67, e da Res. 47, de 8.2.67, do Banco Central da República do Brasil;

— o **"cruzeiro novo"** (símbolo: NCr$), de 13.2.67 a 27.2.86; a partir de 15.5.70, passou a denominar-se simplesmente **"cruzeiro"**, causando confusão com a moeda anterior; a Lei 7.214, de 15.8.84, extinguiu o "centavo"; o "cruzeiro novo", depois de rebatizado simplesmente como "cruzeiro", foi substituído pelo "cruzado" (Cz$ 1,00 = NCr$ 1.000,00, ou melhor, a essa altura, Cr$ 1.000), nos termos do Dec. lei 2.283, de 27.2.86, e da Res. 1.100, de 28.2.86, do Banco Central do Brasil;

— o **"cruzado"** (símbolo: Cz$), de 28.2.86 a 15.1.89; a partir de 16.1.89, foi substituído pelo "cruzado novo" (NCz$ 1,00 = Cz$ 1.000,00), nos termos da Med. Prov. 32, de 15.1.89, adotada pela Lei 7.730, de 31.1.89;

— o **"cruzado novo"** (símbolo: NCz$), de 16.1.89 a 15.3.90;

— novamente o **"cruzeiro"** (símbolo: Cr$), de 16.3.90 a 1.8.93, com o mesmo valor do cruzado novo (Lei 8.024, de 12.4.90, art. 1º, § 2º, que adotou a Med. Prov. 168, de 15.3.90);

— o **"cruzeiro real"** (símbolo: CR$, com *r* maiúsculo), a partir de 2.8.93 (CR$ 1,00 = Cr$ 1.000,00), de acordo com a Med. Prov. 336, de 28.7.93 (Lex 1993/622, Bol. AASP 1.806/4), convertida na Lei 8.697, de 28.8.93 (Lex 1993/699);

— o **"real"** (símbolo: R$), a partir de 1.7.94 (Lei 8.880, de 27.5.94, art. 3º, § 1º, em Lex 1994/714, RF 326/356, RT 704/493, RDA 196/326, Bol. AASP 1.853/supl.); o real foi instituído, com a denominação de Unidade Real de Valor, URV, pela Med. Prov. 482, de 28.4.94 (Lex 1994/644, RT 702/469, Bol. AASP 1.847/supl.), convertida na Lei 8.880.

2 Não existem, legalmente, as denominações "cruzeiro velho" e "cruzado velho". As sucessivas designações de nossa moeda foram "cruzeiro", "cruzeiro novo", novamente "cruzeiro", "cruzado", "cruzado novo", outra vez "cruzeiro", "cruzeiro real" e, por fim, "real". Colocamos acima, em alguns casos, o adjetivo "velho" apenas para distinguir a antiga da nova moeda.

Mesmo assim, a confusão é possível, porque o "cruzeiro novo" teve essa denominação desde 13.2.67, quando entrou em circulação, até 15.5.70; nesta data, por força da Res. 144, de 31.3.70, do Banco Central do Brasil (em Lex-Marg. 1970/515), passou a ser designado simplesmente como "cruzeiro", até 27.2.86, podendo, por isso, confundir-se com o cruzeiro velho ou antigo, mil vezes menos valioso que o novo.

Com o ressurgimento, a partir de 16.3.90, da denominação "cruzeiro", a confusão tornou-se maior ainda.

Tabela de correção monetária

(elaborada de acordo com a jurisprudência predominante do Tribunal de Justiça de São Paulo)

	1964	1965	1966	1967	1968	1969	1970	1971	1972
JAN.		11.300,00	16.600,00	23.230,00	28,48	35,62	42,35	50,51	61,52
FEV.		11.300,00	17.050,00	23,78	28,98	36,27	43,30	51,44	62,26
MAR.		11.300,00	17.300,00	24,28	29,40	36,91	44,17	52,12	63,09
ABR.		13.400,00	17.600,00	24,64	29,83	37,43	44,67	52,64	63,81
MAI.		13.400,00	18.280,00	25,01	30,39	38,01	45,08	53,25	64,66
JUN.		13.400,00	19.090,00	25,46	31,20	38,48	45,50	54,01	65,75
JUL.		15.200,00	19.870,00	26,18	32,09	39,00	46,20	55,08	66,93
AGO.		15.200,00	20.430,00	26,84	32,81	39,27	46,61	56,18	67,89
SET.		15.700,00	21.010,00	27,25	33,41	39,56	47,05	57,36	68,46
OUT.	10.000,00	15.900,00	21.610,00	27,38	33,88	39,92	47,61	58,61	68,95
NOV.	10.000,00	16.050,00	22.180,00	27,57	34,39	40,57	48,51	59,79	69,61
DEZ.	10.000,00	16.300,00	22.690,00	27,96	34,95	41,42	49,54	60,77	70,07

	1973	1974	1975	1976	1977	1978	1979	1980	1981
JAN.	70,87	80,62	106,76	133,34	183,65	238,32	326,82	487,83	738,50
FEV.	71,57	81,47	108,38	135,90	186,83	243,35	334,20	508,33	775,43
MAR.	72,32	82,69	110,18	138,94	190,51	248,99	341,97	527,14	825,83
ABR.	73,19	83,73	112,25	142,24	194,83	255,41	350,51	546,64	877,86
MAI.	74,03	85,10	114,49	145,83	200,45	262,87	363,64	566,86	930,53
JUN.	74,97	86,91	117,13	150,17	206,90	270,88	377,54	586,13	986,36
JUL.	75,80	89,80	119,27	154,60	213,80	279,04	390,10	604,89	1.045,54
AGO.	76,48	93,75	121,31	158,55	219,51	287,58	400,71	624,25	1.108,27
SET.	77,12	98,22	123,20	162,97	224,01	295,57	412,24	644,23	1.172,55
OUT.	77,87	101,90	125,70	168,33	227,15	303,29	428,80	663,56	1.239,39
NOV.	78,40	104,10	128,43	174,40	230,30	310,49	448,47	684,79	1.310,04
DEZ.	79,07	105,41	130,93	179,68	233,74	318,44	468,71	706,70	1.382,09

	1982	1983	1984	1985	1986	1987	1988	1989	1990
JAN.	1.453,96	2.910,93	7.545,98	24.432,06	80.047,66	129,98	596,94	6,170000	102,527306
FEV.	1.526,66	3.085,59	8.285,49	27.510,50	93.039,40	151,85	695,50	8,805824	160,055377
MAR.	1.602,99	3.292,32	9.304,61	30.316,57	106,40	181,61	820,42	9,698734	276,543680
ABR.	1.683,14	3.588,63	10.235,07	34.166,77	106,28	207,97	951,77	10,289386	509,725310
MAI.	1.775,71	3.911,61	11.145,99	38.208,46	107,12	251,56	1.135,27	11,041540	738,082248
JUN.	1.873,37	4.224,54	12.137,98	42.031,56	108,61	310,53	1.337,12	12,139069	796,169320
JUL.	1.976,41	4.554,05	13.254,67	45.901,91	109,99	366,49	1.598,26	15,153199	872,203490
AGO.	2.094,99	4.963,91	14.619,90	49.396,88	111,31	377,67	1.982,48	19,511259	984,892180
SET.	2.241,64	5.385,84	16.169,61	53.437,40	113,18	401,69	2.392,06	25,235862	1.103,374709
OUT.	2.398,55	5.897,49	17.867,42	58.300,20	115,13	424,51	2.966,39	34,308154	1.244,165321
NOV.	2.566,45	6.469,55	20.118,71	63.547,22	117,32	463,48	3.774,73	47,214881	1.420,836796
DEZ.	2.733,27	7.012,99	22.110,46	70.613,67	121,17	522,99	4.790,89	66,771284	1.642,203168

	1991	1992	1993	1994	1995	1996	1997	1998
JAN.	1.942,726347	11.230,659840	140.277,063840	3.631,929071	13,851199	16,819757	18,353215	19,149765
FEV.	2.329,523162	14.141,646870	180.634,775106	5.132,642163	14,082514	17,065325	18,501876	19,312538
MAR.	2.838,989877	17.603,522023	225.414,135854	7.214,955088	14,221930	17,186488	18,585134	19,416825
ABR.	3.173,706783	21.409,403484	287.583,354522	10.523,157739	14,422459	17,236328	18,711512	19,511967
MAI.	3.332,709492	25.871,123170	369.170,752199	14.747,663145	14,699370	17,396625	18,823781	19,599770
JUN.	3.555,334486	32.209,548346	468.034,679637	21.049,339606	15,077143	17,619301	18,844487	19,740888
JUL.	3.940,377210	38.925,239176	610.176,811842	11,346741	15,351547	17,853637	18,910442	19,770499
AGO.	4.418,739003	47.519,931986	799,392641	12,036622	15,729195	18,067880	18,944480	19,715141
SET.	5.108,946035	58.154,892764	1.065,910147	12,693821	15,889632	18,158219	18,938796	19,618536
OUT.	5.906,963405	72.100,436048	1.445,693932	12,885497	16,075540	18,161850	18,957734	19,557718
NOV.	7.152,151290	90.897,019725	1.938,964701	13,125167	16,300597	18,230865	19,012711	19,579231
DEZ.	9.046,040951	111.703,347540	2.636,991993	13,554359	16,546736	18,292849	19,041230	19,543988

	1999	2000	2001	2002	2003	2004	2005	2006	2007
JAN.	19,626072	21,280595	22,402504	24,517630	28,131595	31,052744	32,957268	34,620735	35,594754
FEV.	19,753641	21,410406	22,575003	24,780029	28,826445	31,310481	33,145124	34,752293	35,769168
MAR.	20,008462	21,421111	22,685620	24,856847	29,247311	31,432591	33,290962	34,832223	35,919398
ABR.	20,264570	21,448958	22,794510	25,010959	29,647999	31,611756	33,533986	34,926270	36,077443
MAI.	20,359813	21,468262	22,985983	25,181033	30,057141	31,741364	33,839145	34,968181	36,171244
JUN.	20,369992	21,457527	23,117003	25,203695	30,354706	31,868329	34,076019	35,013639	36,265289
JUL.	20,384250	21,521899	23,255705	25,357437	30,336493	32,027670	34,038535	34,989129	36,377711
AGO.	20,535093	21,821053	23,513843	25,649047	30,348627	32,261471	34,048746	35,027617	36,494119
SET.	20,648036	22,085087	23,699602	25,869628	30,403254	32,422778	34,048746	35,020611	36,709434
OUT.	20,728563	22,180052	23,803880	26,084345	30,652560	32,477896	34,099819	35,076643	36,801207
NOV.	20,927557	22,215540	24,027636	26,493869	30,772104	32,533108	34,297597	35,227472	36,911610
DEZ.	21,124276	22,279965	24,337592	27,392011	30,885960	32,676253	34,482804	35,375427	37,070329

	2008	2009	2010	2011	2012	2013	2014	2015	2016	2017	2018	2019	2020
JAN.	37,429911	39,855905	41,495485	44,178247	46,864232	49,768770	52,537233	55,809388	62,102540	66,188858	67,556931	69,876800	73,008384
FEV.	37,688177	40,110982	41,860645	44,593522	47,103239	50,226642	52,868217	56,635366	63,040288	66,466851	67,712311	70,128356	73,147099
MAR.	37,869080	40,235326	42,153669	44,834327	47,286941	50,487820	53,206573	57,292336	63,639170	66,626371	67,834193	70,507049	73,271449
ABR.	38,062212	40,315796	42,452960	45,130233	47,372057	50,790746	53,642866	58,157450	63,919182	66,839575	67,881676	71,049953	73,403337
MAI.	38,305810	40,537532	42,762866	45,455170	47,675238	51,090411	54,061280	58,570367	64,328264	66,893046	68,024227	71,476252	73,234509
JUN.	38,673545	40,780757	42,946746	45,714264	47,937451	51,263227	54,385647	59,150213	64,958680	67,133860	68,316731	71,583466	73,051422
JUL.	39,025474	40,952036	42,899504	45,814835	48,062088	51,412780	54,527049	59,605669	65,263985	66,932458	69,293660	71,590624	73,270576
AGO.	39,251821	41,046225	42,869474	45,814835	48,268754	51,345943	54,597934	59,951381	65,681674	67,046243	69,466894	71,662214	73,592966
SET.	39,334249	41,079061	42,839465	46,007257	48,485963	51,423096	54,696210	60,101259	65,885287	67,026129	69,466894	71.748.208	73,857900
OUT.	39,393250	41,144787	43,070798	46,214289	48,791424	51,565951	54,964221	60,407775	65,937995	67,012723	69,675294	71,712333	74,500463
NOV.	39,590216	41,243534	43,467049	46,362174	49,137843	51,881509	55,173085	60,872914	66,050089	67,260670	69,953995	71,741017	75,163517
DEZ.	39,740658	41,396135	43,914759	46,626438	49,403187	52,161669	55,465502	61,548603	66,096324	67,381739	69,779110	72,128418	75,877570

Observações:

1 Dividir o valor a atualizar (observar o padrão monetário vigente à época) pelo fator do mês do termo inicial e multiplicar pelo fator do mês do termo final, obtendo-se o resultado na moeda vigente na data do termo final, não sendo necessário efetuar qualquer conversão. Esclarecendo que, nesta tabela, não estão incluídos os juros moratórios, apenas a correção monetária.

Padrões monetários a considerar:

Cr$ (cruzeiro): de out./64 a jan./67

NCr$ (cruzeiro novo): de fev./67 a mai./70

Cr$ (cruzeiro): de jun./70 a fev./86

Cz$ (cruzado): de mar./86 a dez./88

NCz$ (cruzado novo): de jan./89 a fev./90

Cr$ (cruzeiro): de mar./90 a jul./93

CR$ (cruzeiro real): de ago./93 a jun./94

R$ (real): de jul./94 em diante

Exemplo:

Atualização, até dezembro de 2020, do valor de Cz$ 1.000,00 fixado em janeiro de 1988:

— Cz$ 1.000,00: 596,94 (janeiro/1988) x 75,877570 (dezembro/2020) = R$ 127,11.

2 Os fatores de atualização monetária foram compostos pela aplicação dos seguintes índices:

— de out./64 a fev./86: ORTN

— de mar./86 e mar./87 a jan./89: OTN

— de abr./86 a fev./87: OTN *pro rata*

— fev./89: 42,72% (conforme STJ, índice de jan./89)

— mar./89: 10,14% (conforme STJ, índice de fev./89)

— de abr./89 a mar./91: IPC do IBGE (de mar./89 a fev./91)

— de abr./91 a jul./94: INPC do IBGE (de mar./91 a jun./94)

— de ago./94 a jul./95: IPC-r do IBGE (de jul./94 a jun./95)

— de ago./95 em diante: INPC do IBGE (de jul./95 em diante), sendo que, com relação à aplicação da deflação, a matéria ficará *sub judice*.

3 Aplicação do índice de 10,14%, relativo ao mês de fevereiro de 1989, em vez de 23,60%, em cumprimento ao decidido no Processo G-36.676/02.

Observações da AASP (publicadas no Bol. AASP 2.346):

1 Em 15.1.89, a moeda foi alterada de Cruzado (Cz$) para Cruzado Novo (NCz$), com exclusão de três zeros, ficando a OTN fixada em NCz$ 6,17 (seis Cruzados Novos e dezessete centavos).

2 O STJ decidiu que o índice de correção para o mês de janeiro de 1989 deve ser de **42,72%,** conforme REsps n. 45.382-8-SP (Bol. AASP n. 1.895) e n. 43.055-0-SP (disponível, em nossa Biblioteca, para consulta).

3 Em abril de 1990, a tabela utiliza o percentual de 84,32% sobre o valor de março, gerando o índice de 509,725310 (276,543680 × 84,32%), o que está de acordo com a decisão do STJ — REsp n. 40.533-0-SP (Bol. AASP n. 1.896).

4 De acordo com o Parecer do DEPRE, publicado no DJE de 9.2.96, p. 43, os índices a partir de fev./91 foram alterados em face da nova orientação da Jurisprudência do Superior Tribunal de Justiça, que determina a substituição da TR de fev./91 (7%), anteriormente aplicada, pelo IPC de fev./91 (21,87%).

Salário mínimo mensal

PERÍODO	VALOR
3.7.40 a 31.10.42	240$000
1.11.42 a 16.7.43	Cr$ 240,00
17.7.43 a 30.11.43	Cr$ 0,30
1.12.43 a 31.12.51	Cr$ 0,38
1.1.52 a 2.7.54	Cr$ 1,20
3.7.54 a 31.7.56	Cr$ 2,40
1.8.56 a 31.12.58	Cr$ 3,80
1.1.59 a 17.10.60	Cr$ 6,00
18.10.60 a 15.10.61	Cr$ 9,60
16.10.61 a 31.12.62	Cr$ 13,44
1.1.63 a 23.2.64	Cr$ 21,00
24.2.64 a 28.2.65	Cr$ 42,00
1.3.65 a 28.2.66	Cr$ 66,00
1.3.66 a 28.2.67	Cr$ 84,00
1.3.67 a 25.3.68	Cr$ 105,00
26.3.68 a 30.4.69	Cr$ 129,60
1.5.69 a 30.4.70	Cr$ 156,00
1.5.70 a 30.4.71	Cr$ 187,20
1.5.71 a 30.4.72	Cr$ 225,60
1.5.72 a 30.4.73	Cr$ 268,80
1.5.73 a 30.4.74	Cr$ 312,00
1.5.74 a 30.4.75	Cr$ 376,80
1.5.75 a 30.4.76	Cr$ 532,80
1.5.76 a 30.4.77	Cr$ 768,00
1.5.77 a 30.4.78	Cr$ 1.106,40
1.5.78 a 30.4.79	Cr$ 1.560,00
1.5.79 a 31.10.79	Cr$ 2.268,00
1.11.79 a 30.4.80	Cr$ 2.932,80
1.5.80 a 31.10.80	Cr$ 4.149,60
1.11.80 a 30.4.81	Cr$ 5.788,80
1.5.81 a 31.10.81	Cr$ 8.464,80
1.11.81 a 30.4.82	Cr$ 11.928,00

PERÍODO	VALOR
1.5.82 a 31.10.82	Cr$ 16.608,00
1.11.82 a 30.4.83	Cr$ 23.568,00
1.5.83 a 31.10.83	Cr$ 34.776,00
1.11.83 a 30.4.84	Cr$ 57.120,00
1.5.84 a 31.10.84	Cr$ 97.176,00
1.11.84 a 30.4.85	Cr$ 166.560
1.5.85 a 31.10.85	Cr$ 333.120
1.11.85 a 28.2.86	Cr$ 600.000
março a dezembro de 1986	Cz$ 804,00
janeiro a fevereiro de 1987	Cz$ 964,80
março a abril de 1987	Cz$ 1.368,00
maio de 1987	Cz$ 1.641,60
junho a agosto de 1987	Cz$ 1.969,92
setembro de 1987	Cz$ 2.062,31
outubro de 1987	Cz$ 2.159,03
novembro de 1987	Cz$ 2.260,29
dezembro de 1987	Cz$ 2.550,00
janeiro de 1988	Cz$ 3.060,00
fevereiro de 1988	Cz$ 3.600,00
março de 1988	Cz$ 4.248,00
abril de 1988	Cz$ 4.932,00
maio de 1988	Cz$ 5.918,00
junho de 1988	Cz$ 6.984,00
julho de 1988	Cz$ 8.376,00
agosto de 1988	Cz$ 10.464,00
setembro de 1988	Cz$ 12.702,00
outubro de 1988	Cz$ 15.756,00
novembro de 1988	Cz$ 20.476,00
dezembro de 1988	Cz$ 25.595,00
janeiro de 1989	Cz$ 31.866,00
fevereiro a abril de 1989	NCz$ 36,74
maio de 1989	NCz$ 46,80

PERÍODO	VALOR
1.6.89 a 3.7.89	NCz$ 120,00
4.7.89 a 31.7.89	NCz$ 149,80
agosto de 1989	NCz$ 192,88
setembro de 1989	NCz$ 249,48
outubro de 1989	NCz$ 381,73
novembro de 1989	NCz$ 557,33
dezembro de 1989	NCz$ 788,18
janeiro de 1990	NCz$ 1.283,95
fevereiro de 1990	NCz$ 2.004,37
março a maio de 1990	NCz$ 3.674,06
junho de 1990	Cr$ 3.857,76
julho de 1990	Cr$ 4.904,76
agosto de 1990	Cr$ 5.203,46
setembro de 1990	Cr$ 6.056,31
outubro de 1990	Cr$ 6.425,14
novembro de 1990	Cr$ 8.329,55
dezembro de 1990	Cr$ 8.836,82
janeiro de 1991	Cr$ 12.325,60
fevereiro de 1991	Cr$ 15.895,46
março a agosto de 1991	Cr$ 17.000,00
setembro a dezembro de 1991	Cr$ 42.000,00
janeiro a abril de 1992	Cr$ 96.037,33
maio a agosto de 1992	Cr$ 230.000,00
setembro a dezembro de 1992	Cr$ 522.186,94
janeiro a fevereiro de 1993	Cr$ 1.250.700,00
março a abril de 1993	Cr$ 1.709.400,00
maio a junho de 1993	Cr$ 3.303.300,00
julho de 1993	Cr$ 4.639.800,00
agosto de 1993	CR$ 5.534,00
setembro de 1993	CR$ 9.606,00
outubro de 1993	CR$ 12.024,00
novembro de 1993	CR$ 15.021,00
dezembro de 1993	CR$ 18.760,00
janeiro de 1994	CR$ 32.882,00

PERÍODO	VALOR
fevereiro de 1994	CR$ 42.829,00
março a junho de 1994	URV 64,79, com disposição especial para os dias 1º e 2.3.94, e devendo ser levado em conta o valor da URV (v. tabela adiante) em CR$ no dia do pagamento
julho a agosto de 1994	R$ 64,79
setembro de 1994 a abril de 1995	R$ 70,00 (Lei 9.063, de 14.6.95, art. 1º, em Lex 1995/1.134, RT 716/561, RDA 200/371, RF 339/525)
maio de 1995 a abril de 1996	R$ 100,00 (Lei 9.032, de 28.4.95, art. 1º, em Lex 1995/776, RDA 200/367, RF 330/517)
maio de 1996 a abril de 1997	R$ 112,00 (Lei 9.971, de 18.5.00, em Lex 2000/2.449)
maio de 1997 a abril de 1998	R$ 120,00 (Lei 9.971, de 18.5.00, em Lex 2000/2.449)
maio de 1998 a abril de 1999	R$ 130,00 (Lei 9.971, de 18.5.00, em Lex 2000/2.449)
1º de maio de 1999 a 2 de abril de 2000	R$ 136,00 (Lei 9.971, de 18.5.00, art. 4º, em Lex 2000/2.449)
3 de abril de 2000 a 31 de março de 2001	R$ 151,00 (Lei 9.971, de 18.5.00, em Lex 2000/2.449)
1º de abril de 2001 a 31 de março de 2002	R$ 180,00 (Med. Prov. 2.194-6, de 23.8.01, em Lex 2001/3.607)
1º de abril de 2002 a 31 de março de 2003	R$ 200,00 (Lei 10.525, de 6.8.02 — DOU 7.8.02)
1º de abril de 2003 a 1º de maio de 2004	R$ 240,00 (Lei 10.699, de 9.7.03 — DOU 10.7.03)
1º de maio de 2004 a 30 de abril de 2005	R$ 260,00 (Lei 10.888, de 24.6.04 — DOU 25.6.04)
1º de maio de 2005 a 31 de março de 2006	R$ 300,00 (Lei 11.164, de 18.8.05 — DOU 19.8.05)
1º de abril de 2006 a 31 de março de 2007	R$ 350,00 (Lei 11.321, de 7.7.06 — DOU 10.7.06)
1º de abril de 2007 a 29 de fevereiro de 2008	R$ 380,00 (Lei 11.498, de 28.6.07 — DOU 29.6.07)
1º de março de 2008 a 31 de janeiro de 2009	R$ 415,00 (Lei 11.709, de 19.6.08 — DOU 20.6.08)
1º de fevereiro de 2009 a 31 de dezembro de 2009	R$ 465,00 (Lei 11.944, de 28.5.09 — DOU 29.5.09)
de 1º de janeiro de 2010 a 31 de dezembro de 2010	R$ 510,00 (Lei 12.255, de 15.6.10 — DOU 16.6.10)

PERÍODO	VALOR
de 1º de janeiro de 2011 a 28 de fevereiro de 2011	R$ 540,00 (Med. Prov. 516, de 30.12.10)
de 1º de março de 2011 a 31 de dezembro de 2011	R$ 545,00 (Lei 12.382, de 25.2.11 — DOU 28.2.11)
de 1º de janeiro de 2012 a 31 de dezembro de 2012	R$ 622,00 (Dec. 7.655, de 23.12.11 — DOU 26.12.11)
de 1º de janeiro de 2013 a 31 de dezembro de 2013	R$ 678,00 (Dec. 7.872, de 26.12.12 — DOU 26.12.12 — ed. extra)
de 1º de janeiro de 2014 a 31 de dezembro de 2014	R$ 724,00 (Dec. 8.166, de 23.12.13 — DOU 24.12.13)
de 1º de janeiro de 2015 a 31 de dezembro de 2015	R$ 788,00 (Dec. 8.381, de 29.12.14 — DOU 30.12.14)
de 1º de janeiro de 2016 a 31 de dezembro de 2016	R$ 880,00 (Dec. 8.618, de 29.12.15 — DOU 30.12.15)
de 1º de janeiro de 2017 a 31 de dezembro de 2017	R$ 937,00 (Dec. 8.948, de 29.12.16 — DOU 30.12.16)
de 1º de janeiro de 2018 a 31 de dezembro de 2018	R$ 954,00 (Dec. 9.255, de 29.12.17 — DOU 29.12.17)
de 1º de janeiro de 2019 a 31 de dezembro de 2019	R$ 998,00 (Dec. 9.661, de 1.1.19 — DOU 1.1.19)
de 1º de janeiro de 2020 a 31 de janeiro de 2020	R$ 1.039,00 (Lei 14.013, de 10.6.20 — DOU 12.6.20)
de 1º de fevereiro de 2020 a 31 de dezembro de 2020	R$ 1.045,00 (Lei 14.013, de 10.6.20 — DOU 12.6.20)
de 1º de janeiro de 2021 em diante	R$ 1.100,00 (Med. Prov. 1.021, de 30.12.20 — DOU 31.12.20)

Notas:

1 As importâncias acima estão expressas em **cruzeiros novos** até 28.2.86. Daí em diante, são expressas na moeda corrente ao tempo.

2 A expressão "salário mínimo" foi substituída por duas outras: "Piso Nacional de Salários" e "Salário Mínimo de Referência" (cf. Dec. lei 2.351, de 7.8.87, art. 4º, em Lex 1987/545, RF 299/461, Bol. AASP 1.496/3). Ambas deixaram de existir em 4.7.89, data da publicação da Lei 7.789, de 3.7.89 (Lex 1989/465, Just. 147/227, Bol. AASP 1.594/5), cujo art. 5º determinou que passasse a vigorar apenas o salário mínimo. Os valores acima, referentes ao mencionado período, são do Salário Mínimo de Referência, e não do Piso Nacional de Salários.

3 **Súmula Vinculante 4 do STF:** "Salvo nos casos previstos na Constituição, o salário mínimo não pode ser usado como indexador de base de cálculo de vantagem de servidor público ou de empregado, nem ser substituído por decisão judicial".

Ementário

Criança, Adolescente e Jovem

— v. CF 227 a 229; CC 9º, CP 27, CLT 80 e 402 a 441.

Lei 8.069, de 13.7.90 — Dispõe sobre o Estatuto da Criança e do Adolescente, e dá outras providências (v., adiante, texto integral).

Dec. 99.710, de 21.11.90 — Promulga a Convenção sobre os Direitos da Criança (DOU 22.11.90).

Lei 8.242, de 12.10.91 — Cria o Conselho Nacional dos Direitos da Criança e do Adolescente — CONANDA; e dá outras providências.

Lei 12.010, de 3.8.09 — Dispõe sobre adoção; e dá outras providências.

Lei 12.318, de 26.8.10 — Dispõe sobre a alienação parental (v., adiante, texto integral).

Lei 12.852, de 5.8.13 — Institui o Estatuto da Juventude e dispõe sobre os direitos dos jovens, os princípios e diretrizes das políticas públicas de juventude e o Sistema Nacional de Juventude — SINAJUVE (v., adiante, texto integral).

Lei n. 8.069, de 13 de julho de 1990

Dispõe sobre o Estatuto da Criança e do Adolescente, e dá outras providências.[1]

O Presidente da República,

Faço saber que o Congresso Nacional decreta e eu sanciono a seguinte lei:

LEI 8.069: 1. "O décimo quinto aniversário da Convenção sobre os Direitos da Criança. Contributo para o aprofundamento e implementação do direito internacional dos direitos humanos", por Gustavo Ferraz de Campos Mônaco (RT 831/132); "Jurisdição da infância e juventude: o juiz participativo", por Anselmo Laghi Laranja (RF 406/3).

Livro I | PARTE GERAL

Título I | DAS DISPOSIÇÕES PRELIMINARES

Art. 1º Esta lei dispõe sobre a proteção integral à criança e ao adolescente.

Art. 2º Considera-se criança, para os efeitos desta lei, a pessoa até doze anos de idade incompletos, e adolescente aquela entre doze e dezoito anos de idade.

Parágrafo único. Nos casos expressos em lei,[1] aplica-se excepcionalmente este Estatuto às pessoas entre dezoito e vinte e um anos de idade.

Art. 2º: 1. v. art. 36-*caput*.

Art. 3º A criança e o adolescente gozam de todos os direitos fundamentais inerentes à pessoa humana,[1] sem prejuízo da proteção integral de que trata esta lei, assegurando-se-lhes, por lei ou por outros meios, todas as oportunidades e facilidades, a fim de lhes facultar o desenvolvimento físico, mental, moral, espiritual e social, em condições de liberdade e de dignidade.

Parágrafo único (*acrescido pela Lei 13.257, de 8.3.16*). Os direitos enunciados nesta Lei aplicam-se a todas as crianças e adolescentes, sem discriminação de nascimento, situação familiar, idade, sexo, raça, etnia ou cor, religião ou crença, deficiência, condição pessoal de desenvolvimento e aprendizagem, condição econômica, ambiente social, região e local de moradia ou outra condição que diferencie as pessoas, as famílias ou a comunidade em que vivem.

Art. 3º: 1. Alguns direitos mais importantes: v. Tít. II, nota 1, que antecede o art. 7º.

Art. 4º É dever da família, da comunidade, da sociedade em geral e do Poder Público assegurar, com absoluta prioridade, a efetivação dos direitos referentes à vida, à saúde, à alimentação, à educação, ao esporte, ao lazer, à profissionalização, à cultura, à dignidade, ao respeito, à liberdade e à convivência familiar e comunitária.

Parágrafo único. A garantia de prioridade compreende:

a) primazia de receber proteção e socorro em quaisquer circunstâncias;

b) precedência de atendimento nos serviços públicos ou de relevância pública;

c) preferência na formulação e na execução das políticas sociais públicas;

d) destinação privilegiada de recursos públicos nas áreas relacionadas com a proteção à infância e à juventude.

Art. 5º Nenhuma criança ou adolescente será objeto de qualquer forma de negligência, discriminação, exploração, violência, crueldade e opressão, punido na forma da lei qualquer atentado, por ação ou omissão, aos seus direitos fundamentais.[1]

Art. 5º: 1. v. CF 227 § 4º.

Art. 6º Na interpretação desta lei, levar-se-ão em conta os fins sociais a que ela se dirige, as exigências do bem comum, os direitos e deveres individuais e coletivos, e a condição peculiar da criança e do adolescente como pessoas em desenvolvimento.[1-2]

Art. 6º: 1. "A quebra do paradigma da incapacidade e o princípio do superior interesse da criança. O 'cavalo de Troia' do menorismo", por João Batista Costa Saraiva (Ajuris 96/167).

Art. 6º: 2. "O juiz deve observar a prevalência do Direito do Menor, em sua finalidade pedagógica e protecional, sobre as genéricas regras do Direito" (STJ-2ª Seção, CC 33.935, Min. Sálvio de Figueiredo, j. 9.4.03, DJU 5.5.03).

Título II | DOS DIREITOS FUNDAMENTAIS[1-2]

Capítulo I | DO DIREITO À VIDA E À SAÚDE

TÍT. II: 1. Alguns direitos expressamente instituídos pelo ECA em favor das crianças e dos adolescentes:

— direito de acesso à Defensoria Pública, ao Ministério Público e ao juiz (art. 141), bem como ao Conselho Tutelar (art. 136-I);

— direito de ser ouvido pessoalmente no caso de colocação em família substituta (arts. 28 § 1º e 168) e de modificação de guarda (art. 161 § 2º);

— direito de pedir revisão de prova escolar (art. 53-III).

Principais direitos assegurados ao adolescente:

— direito de ser ouvido pessoalmente pela autoridade competente (art. 111-V);

— direito de opor-se à sua adoção (art. 45 § 2º);

— direito de não ser identificado policialmente (art. 109);

— direito de não prestar trabalho forçado (art. 112 § 2º);

— em caso de apreensão: direito de comunicação imediata do fato à sua família e ao juiz (art. 107), bem como à identificação dos responsáveis pela sua apreensão, devendo ser informado de seus direitos (art. 106 § ún.);

— em caso de internação: direito de peticionar diretamente a qualquer autoridade (art. 124-II), de entrevistar-se pessoalmente com o representante do Ministério Público (art. 124-I) e de avistar-se reservadamente com seu defensor (art. 124-III); proibição de ser posto incomunicável (art. 124 § 1º).

TÍT. II: 2. Direitos protegidos por ação civil pública: art. 208.

Art. 7º A criança e o adolescente têm direito a proteção à vida e à saúde, mediante a efetivação de políticas sociais públicas que permitam o nascimento e o desenvolvimento sadio e harmonioso, em condições dignas de existência.

Art. 8º (*redação da Lei 13.257, de 8.3.16*) É assegurado a todas as mulheres o acesso aos programas e às políticas de saúde da mulher e de planejamento reprodutivo e, às gestantes, nutrição adequada, atenção humanizada à gravidez, ao parto e ao puerpério e atendimento pré-natal, perinatal e pós-natal integral no âmbito do Sistema Único de Saúde.[1]

§ 1º (*redação da Lei 13.257, de 8.3.16*) O atendimento pré-natal será realizado por profissionais da atenção primária.

§ 2º (*redação da Lei 13.257, de 8.3.16*) Os profissionais de saúde de referência da gestante garantirão sua vinculação, no último trimestre da gestação, ao estabelecimento em que será realizado o parto, garantido o direito de opção da mulher.

§ 3º (*redação da Lei 13.257, de 8.3.16*) Os serviços de saúde onde o parto for realizado assegurarão às mulheres e aos seus filhos recém-nascidos alta hospitalar responsável e contrarreferência na atenção primária, bem como o acesso a outros serviços e a grupos de apoio à amamentação.

§ 4º (*redação da Lei 12.010, de 3.8.09*) Incumbe ao poder público proporcionar assistência psicológica à gestante e à mãe, no período pré e pós-natal, inclusive como forma de prevenir ou minorar as consequências do estado puerperal.

§ 5º (*redação da Lei 13.257, de 8.3.16*) A assistência referida no § 4º deste artigo deverá ser prestada também a gestantes e mães que manifestem interesse em entregar seus filhos para adoção, bem como a gestantes e mães que se encontrem em situação de privação de liberdade.

§ 6º (*acrescido pela Lei 13.257, de 8.3.16*) A gestante e a parturiente têm direito a 1 (um) acompanhante de sua preferência durante o período do pré-natal, do trabalho de parto e do pós-parto imediato.

§ 7º (*acrescido pela Lei 13.257, de 8.3.16*) A gestante deverá receber orientação sobre aleitamento materno, alimentação complementar saudável e crescimento e desenvolvimento infantil, bem como sobre formas de favorecer a criação de vínculos afetivos e de estimular o desenvolvimento integral da criança.

§ 8º (*acrescido pela Lei 13.257, de 8.3.16*) A gestante tem direito a acompanhamento saudável durante toda a gestação e a parto natural cuidadoso, estabelecendo-se a aplicação de cesariana e outras intervenções cirúrgicas por motivos médicos.

§ 9º (*acrescido pela Lei 13.257, de 8.3.16*) A atenção primária à saúde fará a busca ativa da gestante que não iniciar ou que abandonar as consultas de pré-natal, bem como da puérpera que não comparecer às consultas pós-parto.

§ 10 (*acrescido pela Lei 13.257, de 8.3.16*). Incumbe ao poder público garantir, à gestante e à mulher com filho na primeira infância que se encontrem sob custódia em unidade de privação de liberdade, ambiência que atenda às normas sanitárias e assistenciais do Sistema Único de Saúde para o acolhimento do filho, em articulação com o sistema de ensino competente, visando ao desenvolvimento integral da criança.

Art. 8º: 1. v. CF 201-II.

Art. 8º-A (*redação da Lei 13.798, de 3.1.19*). Fica instituída a Semana Nacional de Prevenção da Gravidez na Adolescência, a ser realizada anualmente na semana que incluir o dia 1º de fevereiro, com o objetivo de disseminar informações sobre medidas preventivas e educativas que contribuam para a redução da incidência da gravidez na adolescência.

Parágrafo único (*redação da Lei 13.798, de 3.1.19*). As ações destinadas a efetivar o disposto no *caput* deste artigo ficarão a cargo do poder público, em conjunto com organizações da sociedade civil, e serão dirigidas prioritariamente ao público adolescente.

Art. 9º O Poder Público, as instituições e os empregadores propiciarão condições adequadas ao aleitamento materno, inclusive aos filhos de mães submetidas a medida privativa de liberdade.

§ 1º (*acrescido pela Lei 13.257, de 8.3.16*) Os profissionais das unidades primárias de saúde desenvolverão ações sistemáticas, individuais ou coletivas, visando ao planejamento, à implementação e à avaliação de ações de promoção, proteção e apoio ao aleitamento materno e à alimentação complementar saudável, de forma contínua.

§ 2º (*acrescido pela Lei 13.257, de 8.3.16*) Os serviços de unidades de terapia intensiva neonatal deverão dispor de banco de leite humano ou unidade de coleta de leite humano.

Art. 10. Os hospitais e demais estabelecimentos de atenção à saúde de gestantes, públicos e particulares,[1] são obrigados a:

I — manter registro das atividades desenvolvidas, através de prontuários individuais, pelo prazo de dezoito anos;

II — identificar o recém-nascido mediante o registro de sua impressão plantar e digital e da impressão digital da mãe, sem prejuízo de outras formas normatizadas pela autoridade administrativa competente;

III — proceder a exames visando ao diagnóstico e terapêutica de anormalidades[2] no metabolismo do recém-nascido, bem como prestar orientação aos pais;

IV — fornecer declaração de nascimento onde constem necessariamente as intercorrências do parto e do desenvolvimento do neonato;

V — manter alojamento conjunto, possibilitando ao neonato a permanência junto à mãe;

VI (*acrescido pela Lei 13.436, de 12.4.17*)[3] — acompanhar a prática do processo de amamentação, prestando orientações quanto à técnica adequada, enquanto a mãe permanecer na unidade hospitalar, utilizando o corpo técnico já existente.

Art. 10: 1. Penas, a encarregados de serviço, dirigentes de estabelecimento, médicos e enfermeiros: arts. 228 e 229.

Art. 10: 2. Conforme publicação no DOU. Na Coleção de Leis da União, está: "normalidades".

Art. 10: 3. Em vigor após decorridos noventa dias de sua publicação oficial (DOU 13.4.17).

Art. 11 (*redação da Lei 13.257, de 8.3.16*). É assegurado acesso integral às linhas de cuidado voltadas à saúde da criança e do adolescente, por intermédio do Sistema Único de Saúde, observado o princípio da equidade no acesso a ações e serviços para promoção, proteção e recuperação da saúde.

§ 1º (*redação da Lei 13.257, de 8.3.16*) A criança e o adolescente com deficiência serão atendidos, sem discriminação ou segregação, em suas necessidades gerais de saúde e específicas de habilitação e reabilitação.

§ 2º (*redação da Lei 13.257, de 8.3.16*) Incumbe ao poder público fornecer gratuitamente, àqueles que necessitarem, medicamentos, órteses, próteses e outras tecnologias assistivas relativas ao tratamento, habilitação ou reabilitação para crianças e adolescentes, de acordo com as linhas de cuidado voltadas às suas necessidades específicas.

§ 3º (*acrescido pela Lei 13.257, de 8.3.16*) Os profissionais que atuam no cuidado diário ou frequente de crianças na primeira infância receberão formação específica e permanente para a detecção de sinais de risco para o desenvolvimento psíquico, bem como para o acompanhamento que se fizer necessário.

Art. 12 (*redação da Lei 13.257, de 8.3.16*). Os estabelecimentos de atendimento à saúde, inclusive as unidades neonatais, de terapia intensiva e de cuidados intermediários, deverão proporcionar condições para a permanência em tempo integral de um dos pais ou responsável, nos casos de internação de criança ou adolescente.

Art. 13 (*redação da Lei 13.010, de 26.6.14*). Os casos de suspeita ou confirmação de castigo físico, de tratamento cruel ou degradante e de maus-tratos contra criança ou adolescente serão obrigatoriamente comunicados ao Conselho Tutelar[1] da respectiva localidade, sem prejuízo de outras providências legais.

§ 1º (*redação da Lei 13.257, de 8.3.16*) As gestantes ou mães que manifestem interesse em entregar seus filhos para adoção serão obrigatoriamente encaminhadas, sem constrangimento, à Justiça da Infância e da Juventude.

§ 2º (*acrescido pela Lei 13.257, de 8.3.16*) Os serviços de saúde em suas diferentes portas de entrada, os serviços de assistência social em seu componente especializado, o Centro de Referência Especializado de Assistência Social (Creas) e os demais órgãos do Sistema de Garantia de Direitos da Criança e do Adolescente deverão conferir máxima prioridade ao atendimento das crianças na faixa etária da primeira infância com suspeita ou confirmação de violência de qualquer natureza, formulando projeto terapêutico singular que inclua intervenção em rede e, se necessário, acompanhamento domiciliar.

Art. 13: 1. v. arts. 131 a 140.

Art. 14. O Sistema Único de Saúde promoverá programas de assistência médica e odontológica para a prevenção das enfermidades que ordinariamente afetam a população infantil, e campanhas de educação sanitária para pais, educadores e alunos.

§ 1º (*renumerado pela Lei 13.257, de 8.3.16*) É obrigatória a vacinação das crianças nos casos recomendados pelas autoridades sanitárias.

§ 2º (*acrescido pela Lei 13.257, de 8.3.16*) O Sistema Único de Saúde promoverá a atenção à saúde bucal das crianças e das gestantes, de forma transversal, integral e intersetorial com as demais linhas de cuidado direcionadas à mulher e à criança.

§ 3º (*acrescido pela Lei 13.257, de 8.3.16*) A atenção odontológica à criança terá função educativa protetiva e será prestada, inicialmente, antes de o bebê nascer, por meio de aconselhamento pré-natal, e, posteriormente, no sexto e no décimo segundo anos de vida, com orientações sobre saúde bucal.

§ 4º (*acrescido pela Lei 13.257, de 8.3.16*) A criança com necessidade de cuidados odontológicos especiais será atendida pelo Sistema Único de Saúde.

§ 5º (*acrescido pela Lei 13.438, de 26.4.17*)[1] É obrigatória a aplicação a todas as crianças, nos seus primeiros dezoito meses de vida, de protocolo ou outro instrumento construído com a finalidade de facilitar a detecção, em consulta pediátrica de acompanhamento da criança, de risco para o seu desenvolvimento psíquico.

Art. 14: 1. Em vigor 180 dias após sua publicação oficial (DOU 27.4.17).

Capítulo II — DO DIREITO À LIBERDADE, AO RESPEITO E À DIGNIDADE

Art. 15. A criança e o adolescente têm direito à liberdade, ao respeito e à dignidade como pessoas humanas em processo de desenvolvimento e como sujeitos de direitos civis, humanos e sociais garantidos na Constituição e nas leis.

Art. 16. O direito à liberdade compreende os seguintes aspectos:

I — ir, vir e estar nos logradouros públicos e espaços comunitários, ressalvadas as restrições legais;

II — opinião e expressão;

III — crença e culto religioso;

IV — brincar, praticar esportes e divertir-se;

V — participar da vida familiar e comunitária, sem discriminação;

VI — participar da vida política, na forma da lei;

VII — buscar refúgio, auxílio e orientação.

Art. 17. O direito ao respeito consiste na inviolabilidade da integridade física, psíquica e moral da criança e do adolescente, abrangendo a preservação da imagem, da identidade, da autonomia, dos valores, ideias e crenças, dos espaços e objetos pessoais.[1]

Art. 17: 1. "Responsabilidade civil. Danos à imagem. Reportagem televisiva que mostra pessoas presas, entre elas um menor. Ofensa à legislação especial. Cabimento de indenização. Responsabilização corretamente reconhecida. Interpretação do art. 17 da Lei 8.069/90" (RT 883/225: TJSP, AP 541.452.4/2-00).

V. tb. art. 143, nota 2a, e CC 20, nota 3.

Art. 18. É dever de todos velar pela dignidade da criança e do adolescente, pondo-os a salvo de qualquer tratamento desumano, violento, aterrorizante, vexatório ou constrangedor.

Art. 18-A (*acrescido pela Lei 13.010, de 26.6.14*). A criança e o adolescente têm o direito de ser educados e cuidados sem o uso de castigo físico ou de tratamento cruel ou degradante, como formas de correção, disciplina, educação ou qualquer outro pretexto, pelos pais, pelos integrantes da família ampliada, pelos responsáveis, pelos agentes públicos executores de medidas socioeducativas ou por qualquer pessoa encarregada de cuidar deles, tratá-los, educá-los ou protegê-los.

Parágrafo único. Para os fins desta Lei, considera-se:

I — castigo físico: ação de natureza disciplinar ou punitiva aplicada com o uso da força física sobre a criança ou o adolescente que resulte em:

a) sofrimento físico; ou

b) lesão;

II — tratamento cruel ou degradante: conduta ou forma cruel de tratamento em relação à criança ou ao adolescente que:

a) humilhe; ou

b) ameace gravemente; ou

c) ridicularize.

Art. 18-B (*acrescido pela Lei 13.010, de 26.6.14*). Os pais, os integrantes da família ampliada, os responsáveis, os agentes públicos executores de medidas socioeducativas ou qualquer pessoa encarregada de cuidar de crianças e de adolescentes, tratá-los, educá-los ou protegê-los que utilizarem castigo físico ou tratamento cruel ou degradante como formas de correção, disciplina, educação ou qualquer outro pretexto estarão sujeitos, sem prejuízo de outras sanções cabíveis, às seguintes medidas, que serão aplicadas de acordo com a gravidade do caso:

I — encaminhamento a programa oficial ou comunitário de proteção à família;

II — encaminhamento a tratamento psicológico ou psiquiátrico;

III — encaminhamento a cursos ou programas de orientação;

IV — obrigação de encaminhar a criança a tratamento especializado;

V — advertência.

Parágrafo único. As medidas previstas neste artigo serão aplicadas pelo Conselho Tutelar, sem prejuízo de outras providências legais.

Capítulo III | DO DIREITO À CONVIVÊNCIA FAMILIAR E COMUNITÁRIA [1]

Seção I | DISPOSIÇÕES GERAIS

✎ CAP. III: 1. "Princípio da paternidade responsável", por Guilherme Calmon Nogueira da Gama (RDPr 18/21).

Art. 19 (*redação da Lei 13.257, de 8.3.16*). É direito da criança e do adolescente ser criado e educado no seio de sua família e, excepcionalmente, [1] em família substituta, [1a] assegurada a convivência familiar e comunitária, em ambiente que garanta seu desenvolvimento integral.

§ 1º (*redação da Lei 12.010, de 3.8.09*) Toda criança ou adolescente que estiver inserido em programa de acolhimento familiar ou institucional terá sua situação reavaliada, no máximo, a cada seis meses, devendo a autoridade judiciária competente, com base em relatório elaborado por equipe interprofissional ou multidisciplinar, decidir de forma fundamentada pela possibilidade de reintegração familiar ou colocação em família substituta, em quaisquer das modalidades previstas no art. 28 desta Lei.

§ 2º (*redação da Lei 13.509, de 22.11.17*) A permanência da criança e do adolescente em programa de acolhimento institucional não se prolongará por mais de 18 (dezoito meses), salvo comprovada necessidade que atenda ao seu superior interesse, devidamente fundamentada pela autoridade judiciária.

§ 3º (*redação da Lei 13.257, de 8.3.16*) A manutenção ou a reintegração de criança ou adolescente à sua família terá preferência em relação a qualquer outra providência, caso em que será esta incluída em serviços e programas de proteção, apoio e promoção, nos termos do § 1º do art. 23, dos incisos I e IV do *caput* do art. 101 e dos incisos I a IV do *caput* do art. 129 desta Lei.

§ 4º (*redação da Lei 12.962, de 8.4.14*) Será garantida a convivência da criança e do adolescente com a mãe ou o pai privado de liberdade, por meio de visitas periódicas promovidas pelo responsável ou, nas hipóteses de acolhimento institucional, pela entidade responsável, independentemente de autorização judicial.

§ 5º (*acrescido pela Lei 13.509, de 22.11.17*) Será garantida a convivência integral da criança com a mãe adolescente que estiver em acolhimento institucional.

§ 6º (*acrescido pela Lei 13.509, de 22.11.17*) A mãe adolescente será assistida por equipe especializada multidisciplinar.

Art. 19: 1. **Lei 12.010, de 3.8.09** — Dispõe sobre adoção e dá outras providências: **"Art. 1º § 1º** A intervenção estatal, em observância ao disposto no *caput* do art. 226 da Constituição Federal, será prioritariamente voltada à orientação, apoio e promoção social da família natural, junto à qual a criança e o adolescente devem permanecer, ressalvada absoluta impossibilidade, demonstrada por decisão judicial fundamentada.

"§ 2º Na impossibilidade de permanência na família natural, a criança e o adolescente serão colocados sob adoção, tutela ou guarda, observadas as regras e princípios contidos na Lei n. 8.069, de 13 de julho de 1990, e na Constituição Federal".

Art. 19: 1a. v. arts. 28 a 32. V. tb. CC 1.638, nota 1a

Art. 19-A (*acrescido pela Lei 13.509, de 22.11.17*). A gestante ou mãe que manifeste interesse em entregar seu filho para adoção, antes ou logo após o nascimento, será encaminhada à Justiça da Infância e da Juventude.

§ 1º A gestante ou mãe será ouvida pela equipe interprofissional da Justiça da Infância e da Juventude, que apresentará relatório à autoridade judiciária, considerando inclusive os eventuais efeitos do estado gestacional e puerperal.

§ 2º De posse do relatório, a autoridade judiciária poderá determinar o encaminhamento da gestante ou mãe, mediante sua expressa concordância, à rede pública de saúde e assistência social para atendimento especializado.

§ 3º A busca à família extensa, conforme definida nos termos do parágrafo único do art. 25 desta Lei, respeitará o prazo máximo de 90 (noventa) dias, prorrogável por igual período.

§ 4º Na hipótese de não haver a indicação do genitor e de não existir outro representante da família extensa apto a receber a guarda, a autoridade judiciária competente deverá decretar a extinção do poder familiar e determinar a colocação da criança sob a guarda provisória de quem estiver habilitado a adotá-la ou de entidade que desenvolva programa de acolhimento familiar ou institucional.

§ 5º Após o nascimento da criança, a vontade da mãe ou de ambos os genitores, se houver pai registral ou pai indicado, deve ser manifestada na audiência a que se refere o § 1º do art. 166 desta Lei, garantido o sigilo sobre a entrega.

§ 6º (VETADO).

§ 7º Os detentores da guarda possuem o prazo de 15 (quinze) dias para propor a ação de adoção, contado do dia seguinte à data do término do estágio de convivência.

§ 8º Na hipótese de desistência pelos genitores — manifestada em audiência ou perante a equipe interprofissional — da entrega da criança após o nascimento, a criança será mantida com os genitores, e será determinado pela Justiça da Infância e da Juventude o acompanhamento familiar pelo prazo de 180 (cento e oitenta) dias.

§ 9º É garantido à mãe o direito ao sigilo sobre o nascimento, respeitado o disposto no art. 48 desta Lei.

§ 10. (VETADO).

Art. 19-B (*acrescido pela Lei 13.509, de 22.11.17*). A criança e o adolescente em programa de acolhimento institucional ou familiar poderão participar de programa de apadrinhamento.

§ 1º O apadrinhamento consiste em estabelecer e proporcionar à criança e ao adolescente vínculos externos à instituição para fins de convivência familiar e comunitária e colaboração com o seu desenvolvimento nos aspectos social, moral, físico, cognitivo, educacional e financeiro.

§ 2º (VETADO).

§ 3º Pessoas jurídicas podem apadrinhar criança ou adolescente a fim de colaborar para o seu desenvolvimento.

§ 4º O perfil da criança ou do adolescente a ser apadrinhado será definido no âmbito de cada programa de apadrinhamento, com prioridade para crianças ou adolescentes com remota possibilidade de reinserção familiar ou colocação em família adotiva.

§ 5º Os programas ou serviços de apadrinhamento apoiados pela Justiça da Infância e da Juventude poderão ser executados por órgãos públicos ou por organizações da sociedade civil.

§ 6º Se ocorrer violação das regras de apadrinhamento, os responsáveis pelo programa e pelos serviços de acolhimento deverão imediatamente notificar a autoridade judiciária competente.

Art. 20. Os filhos, havidos ou não da relação do casamento, ou por adoção, terão os mesmos direitos e qualificações, proibidas quaisquer designações discriminatórias relativas à filiação.[1]

Art. 20: 1. Redação idêntica à da CF 227 § 6º.

Art. 21 (*redação da Lei 12.010, de 3.8.09*). O poder familiar será exercido, em igualdade de condições, pelo pai e pela mãe, na forma do que dispuser a legislação civil,[1] assegurado a qualquer deles o direito de, em caso de discordância, recorrer à autoridade judiciária competente para a solução da divergência.[2]

Art. 21: 1. v. arts. 22 a 24, 33 a 35 (guarda) e 155 a 163 (perda); v. tb. CC 1.630 a 1.638, especialmente 1.631 (CC rev. 379 a 395).

Art. 21: 2. v. art. 148 § ún.-*d*; CC 1.567 § ún.

Art. 22. Aos pais incumbe o dever de sustento, guarda e educação dos filhos menores,[1] cabendo-lhes ainda, no interesse destes, a obrigação de cumprir e fazer cumprir as determinações judiciais.[2]

Parágrafo único (*acrescido pela Lei 13.257, de 8.3.16*). A mãe e o pai, ou os responsáveis, têm direitos iguais e deveres e responsabilidades compartilhados no cuidado e na educação da criança, devendo ser resguardado o direito de transmissão familiar de suas crenças e culturas, assegurados os direitos da criança estabelecidos nesta Lei.

Art. 22: 1. cf. CF 229 e CC 1.566-IV. V. tb. art. 53 e notas.

Art. 22: 2. v. art. 24.

Art. 23 (*redação da Lei 12.010, de 3.8.09*). A falta ou a carência de recursos materiais não constitui motivo suficiente para a perda ou a suspensão do poder familiar.[1]

§ 1º (*redação da Lei 13.257, de 8.3.16*) Não existindo outro motivo que por si só autorize a decretação da medida, a criança ou o adolescente será mantido em sua família de origem, a qual deverá obrigatoriamente ser incluída em serviços e programas oficiais de proteção, apoio e promoção.

§ 2º (*redação da Lei 13.715, de 24.9.18*) A condenação criminal do pai ou da mãe não implicará a destituição do poder familiar, exceto na hipótese de condenação por crime doloso sujeito à pena de reclusão contra outrem igualmente titular do mesmo poder familiar ou contra filho, filha ou outro descendente.

Art. 23: 1. nem para a aplicação de qualquer medida contra o pai ou responsável (art. 129 § ún.).

Art. 24 (*redação da Lei 12.010, de 3.8.09*). A perda e a suspensão do poder familiar serão decretadas judicialmente, em procedimento contraditório,[1-2] nos casos previstos na legislação civil,[3] bem como na hipótese de descumprimento injustificado dos deveres e obrigações a que alude o art. 22.

Art. 24: 1. v. arts. 155 a 163.

Art. 24: 2. Também a destituição da tutela só pode ser decretada por ato judicial, em procedimento contraditório (v. art. 129 § ún.).

Art. 24: 3. v. CC 1.638 e 1.637.

Seção II | DA FAMÍLIA NATURAL

Art. 25. Entende-se por família natural a comunidade formada pelos pais ou qualquer deles e seus descendentes.[1]

Parágrafo único (*redação da Lei 12.010, de 3.8.09*). Entende-se por família extensa ou ampliada aquela que se estende para além da unidade pais e filhos ou da unidade do casal, formada por parentes próximos com os quais a criança ou adolescente convive e mantém vínculos de afinidade e afetividade.

Art. 25: 1. cf. **CF 226:** "**§ 4º** Entende-se, também, como entidade familiar a comunidade formada por qualquer dos pais e seus descendentes".

A expressão "família natural", no art. 25, abrange tanto a legítima como a ilegítima, e é usada por oposição à "família substituta" (arts. 28 a 52).

Art. 26. Os filhos havidos fora do casamento[1] poderão ser reconhecidos[2] pelos pais, conjunta ou separadamente, no próprio termo de nascimento, por testamento, mediante escritura ou outro documento público, qualquer que seja a origem da filiação.[3]

Criança, Adolescente e Jovem

Parágrafo único. O reconhecimento pode preceder o nascimento do filho ou suceder-lhe ao falecimento, se deixar descendentes.

Art. 26: 1. sem qualquer distinção (abrangendo, portanto, os incestuosos).

Art. 26: 2. s/ reconhecimento, v. tb. CC 1.607 a 1.617.

Art. 26: 3. O art. supra está implicitamente **revogado** pelo art. 1º da **Lei 8.560, de 29.12.92** (no tít. INVESTIGAÇÃO DE PATERNIDADE), deste teor:

"Art. 1º O reconhecimento dos filhos havidos fora do casamento é irrevogável e será feito:

"I — no registro de nascimento;

"II — por escritura pública ou escrito particular, a ser arquivado em cartório;

"III — por testamento, ainda que incidentalmente manifestado;

"IV — por manifestação expressa e direta perante o juiz, ainda que o reconhecimento não haja sido o objeto único e principal do ato que o contém".

Art. 27. O reconhecimento do estado de filiação é direito personalíssimo, indisponível e imprescritível,[1 a 3] podendo ser exercitado contra os pais ou seus herdeiros, sem qualquer restrição, observado o segredo de justiça.[4]

Art. 27: 1. s/ ação de investigação de paternidade socioafetiva, v. CC 1.596, nota 2.

Art. 27: 1a. **Lei 8.560, de 29.12.92** (no tít. INVESTIGAÇÃO DE PATERNIDADE): **"Art. 7º** Sempre que na sentença de primeiro grau se reconhecer a paternidade, nela se fixarão os alimentos provisionais ou definitivos do reconhecido que deles necessitar".

Art. 27: 2. **Súmula 149 do STF:** "É imprescritível a ação de investigação de paternidade, mas não o é a de petição de herança".

Art. 27: 3. "Investigação de paternidade. Requerente que, mesmo tendo sido adotado, pretende conhecer o pai biológico. Possibilidade" (JTJ 288/372). No mesmo sentido: "A lei determina o desaparecimento dos vínculos jurídicos com pais e parentes, mas, evidentemente, persistem os naturais, daí a ressalva quanto aos impedimentos matrimoniais. Possibilidade de existir, ainda, respeitável necessidade psicológica de se conhecer os verdadeiros pais" (STJ-3ª T., REsp 127.541, Min. Eduardo Ribeiro, j. 10.4.00, DJU 28.8.00). Ainda: STJ-RDDP 80/152 (4ª T., REsp 220.623).

V. CC 1.604, nota 3 *in fine*. S/ ação de alimentos do filho adotado em face do pai biológico, v. LA 1º, nota 4c.

Art. 27: 4. v. CPC 189.

Seção III | DA FAMÍLIA SUBSTITUTA

Subseção I | DAS DISPOSIÇÕES GERAIS

Art. 28. A colocação em família substituta[1] far-se-á mediante guarda,[2] tutela[3] ou adoção,[4] independentemente da situação jurídica da criança ou adolescente, nos termos desta lei.

§ 1º (*redação da Lei 12.010, de 3.8.09*) Sempre que possível, a criança ou o adolescente será previamente ouvido por equipe interprofissional, respeitado seu estágio de desenvolvimento e grau de compreensão sobre as implicações da medida, e terá sua opinião devidamente considerada.

§ 2º (*redação da Lei 12.010, de 3.8.09*) Tratando-se de maior de doze anos de idade, será necessário seu consentimento, colhido em audiência.

§ 3º (*redação da Lei 12.010, de 3.8.09*) Na apreciação do pedido levar-se-á em conta o grau de parentesco e a relação de afinidade ou de afetividade, a fim de evitar ou minorar as consequências decorrentes da medida.

§ 4º (*redação da Lei 12.010, de 3.8.09*) Os grupos de irmãos serão colocados sob adoção, tutela ou guarda da mesma família substituta, ressalvada a comprovada existência de risco de abuso ou outra situação que justifique plenamente a excepcionalidade de solução diversa, procurando-se, em qualquer caso, evitar o rompimento definitivo dos vínculos fraternais.

§ 5º (*redação da Lei 12.010, de 3.8.09*) A colocação da criança ou adolescente em família substituta será precedida de sua preparação gradativa e acompanhamento posterior, realizados pela equipe interprofissional a serviço da Justiça da Infância e da Juventude, preferencialmente com o apoio dos técnicos responsáveis pela execução da política municipal de garantia do direito à convivência familiar.

§ 6º (*redação da Lei 12.010, de 3.8.09*) Em se tratando de criança ou adolescente indígena ou proveniente de comunidade remanescente de quilombo, é ainda obrigatório:

I — que sejam consideradas e respeitadas sua identidade social e cultural, os seus costumes e tradições, bem como suas instituições, desde que não sejam incompatíveis com os direitos fundamentais reconhecidos por esta Lei e pela Constituição Federal;

II — que a colocação familiar ocorra prioritariamente no seio de sua comunidade ou junto a membros da mesma etnia;

III — a intervenção e oitiva de representantes do órgão federal responsável pela política indigenista, no caso de crianças e adolescentes indígenas, e de antropólogos, perante a equipe interprofissional ou multidisciplinar que irá acompanhar o caso.[5]

Art. 28: 1. s/ colocação em família substituta, v. tb. arts. 165 a 170, que dispõem s/ o procedimento cabível.

Art. 28: 2. v. arts. 33 a 35.

Art. 28: 3. v. arts. 36 a 38.

Art. 28: 4. v. arts. 39 a 52.

Art. 28: 5. "A **ausência de intervenção** obrigatória **da FUNAI** no processo de colocação de menor indígena em família substituta é causa de nulidade. A decretação de tal nulidade, contudo, deve ser avaliada em cada caso concreto, pois se, a despeito da não participação da FUNAI no processo, a adoção, a guarda ou tutela do menor indígena envolver tentativas anteriores de colocação em sua comunidade ou não for comprovado nenhum prejuízo ao menor, mas, ao contrário, forem atendidos seus interesses, não será recomendável decretar-se a nulidade do processo" (STJ-3ª T., REsp 1.566.808, Min. Marco Bellizze, j. 19.9.17, maioria, DJ 2.10.17).

Art. 29. Não se deferirá colocação em família substituta a pessoa que revele, por qualquer modo, incompatibilidade com a natureza da medida ou não ofereça ambiente familiar adequado.[1]

Art. 29: 1. v. art. 50 § 2º.

Art. 30. A colocação em família substituta não admitirá transferência da criança ou adolescente a terceiros ou a entidades governamentais ou não governamentais, sem autorização judicial.

Art. 31. A colocação em família substituta estrangeira constitui medida excepcional, somente admissível na modalidade de adoção.[1]

Art. 31: 1. v. art. 51.

Art. 32. Ao assumir a guarda ou a tutela, o responsável prestará compromisso de bem e fielmente desempenhar o encargo, mediante termo nos autos.

Subseção II | DA GUARDA[1]

SUBSEÇ. II: 1. v. CC 1.583 a 1.590, 1.634-II.

Art. 33. A guarda[1] obriga à prestação de assistência material, moral e educacional à criança ou adolescente, conferindo a seu detentor o direito de opor-se a terceiros, inclusive aos pais.[1a]

§ 1º A guarda destina-se a regularizar a posse de fato,[2 a 2b] podendo ser deferida, liminar[2c] ou incidentalmente, nos procedimentos de tutela e adoção, exceto no de adoção por estrangeiros.

§ 2º Excepcionalmente, deferir-se-á a guarda,[3] fora dos casos de tutela e adoção, para atender a situações peculiares[4] ou suprir a falta eventual dos pais ou responsável, podendo ser deferido o direito de representação para a prática de atos determinados.

§ 3º A guarda confere à criança ou adolescente a condição de dependente, para todos os fins e efeitos de direito, inclusive previdenciários.[5]

§ 4º (*redação da Lei 12.010, de 3.8.09*) Salvo expressa e fundamentada determinação em contrário, da autoridade judiciária competente, ou quando a medida for aplicada em preparação para adoção, o deferimento da guarda de criança ou adolescente a terceiros não impede o exercício do direito de visitas pelos pais, assim como o dever de prestar alimentos, que serão objeto de regulamentação específica, a pedido do interessado ou do Ministério Público.

Art. 33: 1. s/ guarda e ordem na lista de adoção, v. art. 50, nota 2; s/ guarda provisória, v. arts. 157 e 167.

Art. 33: 1a. "O fato de não estar regulamentada a guarda dos menores não impede a mãe, que alega exercer a guarda dos filhos desde a separação do casal, de propor Medida Cautelar de Busca e Apreensão dos infantes em face do pai, que as retirou da residência daquela sem seu consentimento" (Bol. AASP 2.572).

Art. 33: 2. Constitui infração: "Deixar de apresentar à autoridade judiciária de seu domicílio, no prazo de 5 (cinco) dias, com o fim de regularizar a guarda, adolescente trazido de outra comarca para a prestação de serviço doméstico, mesmo que autorizado pelos pais ou responsável" **(art. 248).**

Art. 33: 2a. "A avó busca resguardar situação fática já existente, por exercer a posse de fato da criança desde o nascimento, com o consentimento dos próprios pais, no intuito de preservar o bem-estar da criança, o que se coaduna com o disposto no art. 33, § 1º, do ECA" (STJ-3ª T., REsp 993.458, Min. Nancy Andrighi, j. 7.10.08, DJ 23.10.08). No mesmo sentido: STJ-RBDFS 12/136 (4ª T., REsp 945.283).

Todavia: "Guarda de menor. Pretensão formulada pelos avós paternos. Reconhecimento pela corte de origem do exercício regular da guarda pelo pai, que reside com o seu filho. Atração do enunciado 7/STJ. Finalidade meramente previdenciária. Inadmissibilidade. Tentativa de desvirtuamento do instituto da guarda regulado pelo art. 33, e seus parágrafos, do Estatuto da Criança e do Adolescente" (STJ-3ª T., REsp 1.297.881, Min. Paulo Sanseverino, j. 13.5.14, DJ 19.5.14).

V. tb. CC 1.584, nota 10.

Art. 33: 2b. "É inadmissível a concessão da guarda, ainda que fundada no princípio do melhor interesse do menor e na consolidação de vínculos afetivos por longo lapso temporal, quando a posse do estado de filho, objeto de reiterada oposição pelos genitores, deriva de **atos ilícitos graves** que configurem restrições ou privações da liberdade não apenas do infante, mas também de seus genitores biológicos. Na hipótese, a menor cuja guarda se disputa, logo após o seu nascimento, foi subtraída de um hospital, sem autorização dos pais biológicos, por um tio paterno que, agindo em conluio com o Conselho Tutelar, entregou-a ao casal que pleiteia a guarda e que, desde então, privou sistematicamente o convívio da menor com os seus pais biológicos, inclusive mediante utilização de manobras processuais e de reiterado descumprimento de ordem judicial de busca e apreensão da infante" (STJ-3ª T., REsp 1.773.065, Min. Nancy Andrighi, j. 11.12.18, DJ 13.12.18).

Art. 33: 2c. "ainda que sem a prévia oitiva do Ministério Público ou sem a realização de estudo social do caso" (RT 902/283: TJDFT, AI 20090020125045).

Art. 33: 3. v. art. 32.

Art. 33: 4. v., p. ex., arts. 157 e 164.

Art. 33: 5. "Ao **menor sob guarda** deve ser assegurado o direito ao benefício da pensão por morte mesmo se o falecimento se deu após a modificação legislativa promovida pela Lei 9.528/97 na Lei 8.213/90. O **art. 33 § 3º da Lei 8.069/90 deve prevalecer** sobre a modificação legislativa promovida na Lei Geral da Previdência Social porquanto, nos termos do art. 227 da Constituição, é norma fundamental o princípio da proteção integral e preferência da criança e do adolescente" (STJ-Corte Especial, ED no REsp 1.141.788, Min. João Otávio, j. 7.12.16, DJ 16.12.16).

"Considerados a natureza alimentar do benefício previdenciário e o escopo protetivo do instituto da guarda, infere-se que a omissão constante na nova redação do art. 16, § 2º, da Lei n. 8.213/91 é plenamente suprida pelo disposto no § 3º do art. 33 do ECA, garantindo ao menor sob guarda a qualidade de dependente para fins de percepção de pensão por morte do segurado" (RBDF 32/95).

"A Lei 8.213/1991, que foi alterada pela Lei 9.528/1997, para a exclusão do menor sob guarda do rol dos dependentes, não pode afetar disposições específicas sobre o menor, pois lei geral não derroga lei especial" (RT 904/350: TJPI, AP 2009.0001.002295-3).

Contra: "Tratando-se de ação para fins de inclusão de menor sob guarda como dependente de segurado abrangido pelo Regime Geral da Previdência Social — RGPS, não prevalece o disposto no art. 33, § 3º, do ECA em face da alteração introduzida pela Lei 9.528/97" (STJ-3ª Seção, ED no REsp 602.483, Min. Hamilton Carvalhido, j. 26.3.08, DJU 4.8.08). No mesmo sentido: STJ-2ª T., Ag 1.347.407-AgRg, Min. Herman Benjamin, j. 15.2.11, DJ 16.3.11.

Art. 34 (*redação da Lei 12.010, de 3.8.09*). O poder público estimulará, por meio de assistência jurídica, incentivos fiscais e subsídios, o acolhimento, sob a forma de guarda, de criança ou adolescente afastado do convívio familiar.

§ 1º (*redação da Lei 12.010, de 3.8.09*) A inclusão da criança ou adolescente em programas de acolhimento familiar terá preferência a seu acolhimento institucional, observado, em qualquer caso, o caráter temporário e excepcional da medida, nos termos desta Lei.

§ 2º (*redação da Lei 12.010, de 3.8.09*) Na hipótese do § 1º deste artigo a pessoa ou casal cadastrado no programa de acolhimento familiar poderá receber a criança ou adolescente mediante guarda, observado o disposto nos arts. 28 a 33 desta Lei.

§ 3º (*acrescido pela Lei 13.257, de 8.3.16*) A União apoiará a implementação de serviços de acolhimento em família acolhedora como política pública, os quais deverão dispor de equipe que organize o acolhimento temporário de crianças e de adolescentes em residências de famílias selecionadas, capacitadas e acompanhadas que não estejam no cadastro de adoção.

§ 4º (*acrescido pela Lei 13.257, de 8.3.16*) Poderão ser utilizados recursos federais, estaduais, distritais e municipais para a manutenção dos serviços de acolhimento em família acolhedora, facultando-se o repasse de recursos para a própria família acolhedora.

Art. 35. A guarda poderá ser revogada a qualquer tempo, mediante ato judicial fundamentado, ouvido o Ministério Público.[1-2]

Art. 35: 1. cf. art. 129-VIII e 169 § ún. V. nota 2a ao art. 33. V. tb. nota 4b ao CC 1.583.

Art. 35: 2. Na hipótese de maus-tratos, opressão ou abuso sexual, v. art. 130.

Subseção III | DA TUTELA

Art. 36 (*redação da Lei 12.010, de 3.8.09*). A tutela[1] será deferida, nos termos da lei civil, a pessoa de até dezoito anos incompletos.[2]

Parágrafo único (*redação da Lei 12.010, de 3.8.09*). O deferimento da tutela pressupõe a prévia decretação da perda ou suspensão do poder familiar[3-4] e implica necessariamente o dever de guarda.[5]

Art. 36: 1. v. CC 1.728 a 1.766.

Art. 36: 2. v. art. 33 § 1º.

Art. 36: 3. Nos termos da lei civil, também se defere a tutela no caso de falecimento ou ausência dos pais (CC 1.728-I).

Art. 36: 4. v. arts. 155 a 163 (s/ perda ou suspensão do poder familiar).

Art. 36: 5. v. arts. 33 a 35.

Art. 37 *(redação da Lei 12.010, de 3.8.09)*. O tutor nomeado por testamento ou qualquer documento autêntico, conforme previsto no parágrafo único do art. 1.729 da Lei n. 10.406, de 10 de janeiro de 2002 — Código Civil, deverá, no prazo de trinta dias após a abertura da sucessão, ingressar com pedido destinado ao controle judicial do ato, observando o procedimento previsto nos arts. 165 a 170 desta Lei.

Parágrafo único *(redação da Lei 12.010, de 3.8.09)*. Na apreciação do pedido, serão observados os requisitos previstos nos arts. 28 e 29 desta Lei, somente sendo deferida a tutela à pessoa indicada na disposição de última vontade, se restar comprovado que a medida é vantajosa ao tutelando e que não existe outra pessoa em melhores condições de assumi-la.

Art. 38. Aplica-se à destituição da tutela o disposto no art. 24.[1]

Art. 38: 1. e nos arts. 129-IX e 164.

Subseção IV | DA ADOÇÃO[1-1a]

SUBSEÇ. IV: 1. **Dec. leg. 60, de 19.6.96** — Aprova o texto da Convenção Interamericana sobre Conflitos de Leis em matéria de Adoção de Menores, celebrada em La Paz, em 24 de maio de 1984 (Lex 1996/1.535).

✎ SUBSEÇ. IV: 1a. "A adoção depois do novo Código Civil", por Waldyr Grisard Filho (RT 816/26); "A filiação adotiva dos menores e o novo modelo de família previsto na Constituição Federal de 1988", por Fernanda Stracke Moor (Ajuris 83/135); "A família nos estudos psicossociais de adoção: experiência de uma vara da infância e da juventude", por Niva Maria Vasques Campos e Liana Fortunato Costa (RT 813/114); "Adoção plena: um instituto do amor", por Anabel Vitória Mendonça de Souza (RBDF 28/78); "Inconstitucionalidade do processo de adoção judicial", por Belmiro Pedro Welter (RT 829/36 e RBDF 27/401); "O processo de adoção. Brasil (1988-2006)", por Carla Hecht Domingos (RBDF 38/38).

Art. 39. A adoção de criança e de adolescente reger-se-á segundo o disposto nesta lei.

§ 1º *(redação da Lei 12.010, de 3.8.09)* A adoção é medida excepcional e irrevogável,[1 a 2] à qual se deve recorrer apenas quando esgotados os recursos de manutenção da criança ou adolescente na família natural ou extensa, na forma do parágrafo único do art. 25 desta Lei.

§ 2º *(redação da Lei 12.010, de 3.8.09)* É vedada a adoção por procuração.

§ 3º *(acrescido pela Lei 13.509, de 22.11.17)* Em caso de conflito entre direitos e interesses do adotando e de outras pessoas, inclusive seus pais biológicos, devem prevalecer os direitos e os interesses do adotando.

Art. 39: 1. "Embora ética e moralmente censurável, é juridicamente admissível a **desistência da adoção** conjunta por um dos adotantes no **curso do processo** judicial, eis que a adoção apenas se torna irrevogável com o trânsito em julgado da respectiva sentença constitutiva" (STJ-3ª T., REsp 1.849.530, Min. Nancy Andrighi, j. 3.11.20, DJ 19.11.20).

Art. 39: 1a. "Adoção. Pretendida **revogação** formulada pelo adotado, fundamentada na intenção de contrair matrimônio com a irmã de criação, filha biológica do adotante, o qual anuiu o pedido. Sentença que reconheceu a impossibilidade jurídica do pedido e extinguiu o feito sem resolução do mérito. Inviabilidade de acolhimento da pretensão, que encontra óbice no ordenamento jurídico vigente. Ato irrevogável" (RT 911/709: TJSP, AP 0030949-07.2010.8.26.0309).

Todavia, entendendo que a adoção pode ser excepcionalmente revogada em caso no qual a adotada acabou tendo um filho com o seu irmão, a fim de permitir a realização do casamento destes e, em última instância, proteger a criança, que seria considerada fruto de um relacionamento incestuoso: RBDFS 3/150.

Art. 39: 2. "Embora não se olvide haver inúmeras adoções dessa natureza positivas, mormente quando há ascendente — usualmente o pai — desconhecido, a **adoção unilateral** feita após o óbito de ascendente, com o consequente rompimento formal entre o adotado e parte de seu ramo biológico, por vezes, impõe demasiado sacrifício ao adotado. Diante desse cenário, e sabendo-se que a norma que proíbe a revogação da adoção é, indisfarçavelmente, de proteção ao menor adotado, não pode esse comando legal ser usado em descompasso com seus fins teleológicos, devendo se ponderar sobre o acerto de sua utilização, quando reconhecidamente prejudique o adotado. Na hipótese sob exame, a desvinculação legal entre o adotado e o ramo familiar de seu pai biológico, não teve o condão de romper os laços familiares preexistentes, colocando o adotado em um limbo familiar, no qual convivia intimamente com os parentes de seu pai biológico, mas estava atado, legalmente, ao núcleo familiar de seu pai adotivo. Nessas circunstâncias, e em outras correlatas, deve preponderar o melhor interesse da criança e do adolescente, que tem o peso principiológico necessário para impedir a aplicação de regramento claramente desfavorável ao adotado — *in casu*, a vedação da revogação da adoção — cancelando-se, assim, a adoção unilateral anteriormente estabelecida. Recurso provido para desde já permitir ao recorrente o restabelecimento do seu vínculo paterno-biológico, cancelando-se, para todos os efeitos legais, o deferimento do pedido de adoção feito em relação ao recorrente" (STJ-3ª T., REsp 1.545.959, Min. Nancy Andrigh , j. 6.6.17, maioria, DJ 1.8.17).

Art. 40. O adotando deve contar com, no máximo, dezoito anos à data do pedido, salvo se já estiver sob a guarda ou tutela dos adotantes.

Art. 41. A adoção atribui a condição de filho ao adotado, com os mesmos direitos e deveres, inclusive sucessórios, desligando-o de qualquer vínculo com pais e parentes,[1 a 2] salvo os impedimentos matrimoniais.[3]

§ 1º Se um dos cônjuges ou concubinos adota o filho do outro, mantêm-se os vínculos de filiação entre o adotado e o cônjuge ou concubino do adotante e os respectivos parentes.[3a a 5]

§ 2º É recíproco o direito sucessório entre o adotado, seus descendentes, o adotante, seus ascendentes, descendentes e colaterais até o 4º grau, observada a ordem de vocação hereditária.

Art. 41: 1. consanguíneos.

Art. 41: 1a. "O filho adotivo tem direito à visita de seus pais biológicos?", por Maria Isabel de Matos Rocha (RT 848/89).

Art. 41: 2. **Enunciado 111 do CEJ:** "A adoção e a reprodução assistida heteróloga atribuem a condição de filho ao adotado e à criança resultante de técnica conceptiva heteróloga; porém, enquanto na adoção haverá o desligamento dos vínculos entre o adotado e seus parentes consanguíneos, na reprodução assistida heteróloga sequer será estabelecido o vínculo de parentesco entre a criança e o doador do material fecundante".

V. tb. CC 1.593, nota 2.

Art. 41: 3. v. art. 49 e CF 227 § 6º.

S/ ação de investigação de paternidade ajuizada em face do pai natural, v. art. 27, nota 3; impedimentos matrimoniais, v. CC 1.521-III e V; ação de alimentos do filho adotado em face do pai biológico, v. LA 1º, nota 4c.

Art. 41: 3a. s/ revogação de adoção unilateral, v. art. 39, nota 2; adoção por padrasto e pedido de destituição do poder familiar do pai biológico, v. art. 155, nota 3.

Art. 41: 4. "Filha adotada pela esposa do pai. Substituição do nome dos avós maternos. Medida impositiva. Manutenção do nome dos pais da mãe biológica como avós maternos é inviável" (JTJ 329/239: AP 562.276-4/2-00).

Art. 41: 5. Mantendo o decreto de procedência do "pedido de adoção unilateral de menor, deduzido pela companheira da mãe biológica da adotanda, no qual se afirma que a criança é fruto de planejamento do casal, que já vivia em união estável, e acordaram na inseminação artificial heteróloga, por doador desconhecido": STJ-3ª T., REsp 1.281.093, Min. Nancy Andrighi, j. 18.12.12, RBDFS 32/136 e RT 932/447 (com comentário de José Carlos Teixeira Giorgis).

V. tb. art. 42, nota 1a.

Art. 42. (*redação da Lei 12.010, de 3.8.09*). Podem adotar[1-1a] os maiores de dezoito anos, independentemente do estado civil.[1b]

§ 1º Não podem adotar os ascendentes[1c a 1e] e os irmãos do adotando.

§ 2º (*redação da Lei 12.010, de 3.8.09*) Para adoção conjunta, é indispensável que os adotantes sejam casados civilmente ou mantenham união estável, comprovada a estabilidade da família.[1f]

§ 3º O adotante há de ser, pelo menos, dezesseis anos mais velho do que o adotando.[2-2a]

§ 4º (*redação da Lei 12.010, de 3.8.09*) Os divorciados, os judicialmente separados e os ex-companheiros podem adotar conjuntamente, contanto que acordem sobre a guarda e o regime de visitas e desde que o estágio de convivência tenha sido iniciado na constância do período de convivência e que seja comprovada a existência de vínculos de afinidade e afetividade com aquele não detentor da guarda, que justifiquem a excepcionalidade da concessão.

§ 5º (*redação da Lei 12.010, de 3.8.09*) Nos casos do § 4º deste artigo, desde que demonstrado efetivo benefício ao adotando, será assegurada a guarda compartilhada, conforme previsto no art. 1.584 da Lei n. 10.406, de 10 de janeiro de 2002 — Código Civil.

§ 6º (*redação da Lei 12.010, de 3.8.09*) A adoção poderá ser deferida ao adotante que, após inequívoca manifestação de vontade, vier a falecer no curso do procedimento,[2b] antes de prolatada a sentença.[3]

Art. 42: 1. "Adoção entre pessoas do mesmo sexo e os princípios constitucionais", por Diogo de Calasans Melo Andrade (RBDF 30/99); "Adoção por casais homossexuais", por Enézio de Deus Silva Júnior (RBDF 30/124).

Art. 42: 1a. "Reconhecida como entidade familiar, merecedora da proteção estatal, a união formada por pessoas do mesmo sexo, com características de duração, publicidade, continuidade e intenção de constituir família, decorrência inafastável é a possibilidade de que seus componentes possam adotar. Os estudos especializados não apontam qualquer inconveniente em que crianças sejam adotadas por casais **homossexuais,** mais importando a qualidade do vínculo e do afeto que permeia o meio familiar em que são inseridas e que as liga aos seus cuidadores. É hora de abandonar de vez preconceitos e atitudes hipócritas desprovidas de base científica, adotando-se uma postura de firme defesa da absoluta prioridade que constitucionalmente é assegurada aos direitos das crianças e dos adolescentes (art. 227 da CF)" (RT 849/165 e RTDC 27/147: TJRS, AP 70013801592).

O acórdão referido acima foi mantido em sede de recurso especial: "A questão diz respeito à possibilidade de adoção de crianças por parte de requerente que vive em união homoafetiva com companheira que antes já adotara os mesmos filhos, circunstância a particularizar o caso em julgamento. Mister observar a imprescindibilidade da prevalência dos interesses dos menores sobre quaisquer outros, até porque está em jogo o próprio direito de filiação, do qual decorrem as mais diversas consequências que refletem por toda a vida de qualquer indivíduo. A matéria relativa à possibilidade de adoção de menores por casais homossexuais vincula-se obrigatoriamente à necessidade de verificar qual é a melhor solução a ser dada para a proteção dos direitos das crianças, pois são questões indissociáveis entre si. Os diversos e respeitados estudos especializados sobre o tema, fundados em fortes bases científicas (realizados na Universidade de Virgínia, na Universidade de Valência, na Academia Americana de Pediatria), 'não indicam qualquer inconveniente em que crianças sejam adotadas por casais homossexuais, mais importando a qualidade do vínculo e do afeto que permeia o meio familiar em que serão inseridas e que as liga a seus cuidadores'. Existência de consistente relatório social elaborado por assistente social favorável ao pedido da requerente, ante a constatação da estabilidade da família. Acórdão que se posiciona a favor do pedido, bem como parecer do Ministério Público Federal pelo acolhimento da tese autoral. É incontroverso que existem fortes vínculos afetivos entre a recorrida e os menores — sendo a afetividade o aspecto preponderante a ser sopesado numa situação como a que ora se coloca em julgamento. Se os estudos científicos não sinalizam qualquer prejuízo de qualquer natureza para as crianças, se elas vêm sendo criadas com amor e se cabe ao Estado, ao mesmo tempo, assegurar seus direitos, o deferimento da adoção é medida que se impõe. O Judiciário não pode fechar os olhos para a realidade fenomênica. Vale dizer, no plano da 'realidade', são ambas, a requerente e sua companheira, responsáveis pela criação e educação dos dois infantes, de modo que a elas, solidariamente, compete a responsabilidade. Não se pode olvidar que se trata de situação fática consolidada, pois as crianças já chamam as duas mulheres de mães e são cuidadas por ambas como filhos. Existe dupla maternidade desde o nascimento das crianças, e não houve qualquer prejuízo em suas criações. Com o deferimento da adoção, fica preservado o direito de convivio dos filhos com a requerente no caso de separação ou falecimento de sua companheira. Asseguram-se os direitos relativos a alimentos e sucessão, viabilizando-se, ainda, a inclusão dos adotandos em convênios de saúde da requerente e no ensino básico e superior, por ela ser professora universitária. A adoção, antes de mais nada, representa um ato de amor, desprendimento. Quando efetivada com o objetivo de atender aos interesses do menor, é um gesto de humanidade. Hipótese em que ainda se foi além, pretendendo-se a adoção de dois menores, irmãos biológicos, quando, segundo dados do Conselho Nacional de Justiça, que criou, em 29 de abril de 2008, o Cadastro Nacional de Adoção, 86% das pessoas que desejavam adotar limitavam sua intenção a apenas uma criança. Por qualquer ângulo que se analise a questão, seja em relação à situação fática consolidada, seja no tocante à expressa previsão legal de primazia à proteção integral das crianças, chega-se à conclusão de que, no caso dos autos, há mais do que reais vantagens para os adotandos, conforme preceitua o ECA 43. Na verdade, ocorrerá verdadeiro prejuízo aos menores caso não deferida a medida" (STJ-RT 903/146: 4ª T., REsp 889.852).

"O STF, ao julgar a ADI 4.277 e a ADPF 132, reconheceu a existência de entidade familiar quando duas pessoas do mesmo sexo se unem, para constituição de uma família. A vedação à discriminação impede qualquer interpretação proibitiva de que o casal homoafetivo, que vive em união estável, adote uma criança. Demonstrado nos autos que a genitora, com histórico de conduta agressiva e envolvimento com prostituição, abandonou a menor entregando-a aos cuidados das requerentes, e que a convivência com o casal homoafetivo atende, de forma inequívoca, o melhor interesse da criança, a destituição do poder familiar é medida que se impõe, nos termos do art. 1.638, II e III, do Código Civil. O pedido de adoção deve ser deferido em nome de ambas as autoras, sob pena de prejuízos à menor de ordem material (direito de herança, alimentos, dentre outros)" (RBDFS 26/168: TJMG, AP 0472546-21.2008.8.13.0470).

V. tb. art. 41, nota 5.

S/ união homoafetiva, v. CC 1.723, notas 2 a 2c.

Art. 42: 1b. Negando, a nosso ver sem razão, inscrição no cadastro de pretensos adotantes a homem solteiro, sob o argumento de que "é, antes de tudo, o interesse do adotando que se deve relevar, e não daquele que quer adotar", e não seria vantagem para o adotando ser criado por pessoa solteira: RBDF 31/119.

Art. 42: 1c. quer seja legítimo, quer ilegítimo o parentesco. A solução, no caso, é o reconhecimento do filho, e não a adoção.

Art. 42: 1d. "A vedação legal contida no § 1º do art. 42 do ECA, relativamente à adoção de descendente por ascendente, aplica-se somente em ação de adoção de menor de idade. Tratando-se de pedido de adoção de pessoa maior de idade — que dependerá da efetiva assistência do poder público e de sentença constitutiva (art. 1.619 do CC) —, as únicas vedações legais são aquelas referentes à impossibilidade de adoção por pessoa menor de 18 anos e com diferença de idade em relação ao adotando inferior a 16 anos — regras estas que permanecem exigíveis, a despeito da alteração da redação dos arts. 1.618 e 1.619 do CC pela Lei 12.010/09. A adoção está assentada na ideia de se oportunizar a uma pessoa humana a inserção em núcleo familiar, com a sua integração efetiva e plena, de modo a assegurar a sua dignidade, atendendo às suas necessidades de desenvolvimento da personalidade, inclusive pelo prisma psíquico, educacional e afetivo (Nelson Rosenvald, citado por Milton Paulo de Carvalho Filho). Nessa orientação, restando evidenciado nos autos que a adotanda, malgrado maior de idade, é pessoa absolutamente incapaz, por apresentar deficiência mental, bem como que, há muitos anos, é a sua avó paterna quem lhe propicia toda a assistência afetiva, material e psicológica necessárias ao seu bem-estar e à garantia de uma vida digna, tendo sido, por essa razão, nomeada a sua guardiã, durante a menoridade, e, posteriormente, a sua curadora, no bojo da ação de interdição, viável é o pedido de adoção, ausente qualquer impedimento legal" (RT 926/1.104: TJMG, AP 1.0024.10.270911-0/001).

Art. 42: 1e. "Pais que adotaram uma criança de oito anos de idade, já grávida, em razão de abuso sexual sofrido e, por sua tenríssima idade de mãe, passaram a exercer a paternidade socioafetiva de fato do filho dela, nascido quando contava apenas 9 anos de idade. A vedação da adoção de descendente por ascendente, prevista no art. 42, § 1º, do ECA, visou evitar que o instituto fosse indevidamente utilizado com intuitos meramente patrimoniais ou assistenciais, bem como buscou proteger o adotando em relação a eventual 'confusão mental e patrimonial' decorrente da 'transformação' dos avós em pais. Realidade diversa do quadro dos autos, porque os avós sempre exerceram e ainda exercem a função de pais do menor, caracterizando típica filiação socioafetiva. Observância do art. 6º do ECA" (STJ-3ª T., REsp 1.448.969, Min. Moura Ribeiro, j. 21.10.14, DJ 3.11.14). Em sentido semelhante: "Adoção de menor pleiteada pela avó paterna e seu companheiro (avô por afinidade). Mitigação da vedação prevista no § 1º do artigo 42 do ECA. Possibilidade" (STJ-4ª T., REsp 1.587.477, Min. Luis Felipe, j. 10.3.20, DJ 27.8.20).

Art. 42: 1f. "O art. 42, § 2º do ECA, que trata da adoção conjunta, buscou assegurar ao adotando a inserção em um núcleo familiar no qual pudesse desenvolver relações de afeto, aprender e apreender valores sociais, receber e dar amparo nas horas de dificuldades, entre outras necessidades materiais e imateriais supridas pela família que, nas suas diversas acepções, ainda constitui a base de nossa sociedade. A existência de núcleo familiar estável e a consequente rede de proteção social que podem gerar para o adotando são os fins colimados pela norma e, sob esse prisma, o conceito de núcleo familiar estável não pode ficar restrito às fórmulas clássicas de família, mas pode, e deve, ser ampliado para abarcar uma noção plena de família, apreendida nas suas bases sociológicas. Restringindo a lei, porém, a adoção conjunta aos que, casados civilmente ou que mantenham união estável, comprovem estabilidade na família, incorre em manifesto descompasso com o fim perseguido pela própria norma, ficando, teleologicamente órfã. Fato que ofende o senso comum e reclama atuação do intérprete para flexibilizá-la e adequá-la às transformações sociais que dão vulto ao anacronismo do texto de lei. O primado da família socioafetiva tem que romper os ainda existentes liames que atrelam o grupo familiar a uma diversidade de gênero e fins reprodutivos, não em um processo de extrusão, mas sim de evolução, onde as novas situações se acomodam ao lado de tantas outras, já existentes, como possibilidades de grupos familiares. O fim expressamente assentado pelo texto legal — colocação do adotando em família estável — foi plenamente cumprido, pois os **irmãos,** que viveram sob o mesmo teto, até o óbito de um deles, agiam como família que eram, tanto entre si como para o então infante, e naquele grupo familiar o adotado se deparou com relações de afeto, construiu — nos limites de suas possibilidades — seus valores sociais, teve amparo nas horas de necessidades físicas e emocionais, em suma, encontrou naqueles que o adotaram a referência necessária para crescer, desenvolver-se e inserir-se no grupo social que hoje faz parte. Nessa senda, a chamada família anaparental — sem a presença de um ascendente —, quando constatados os vínculos subjetivos que remetem à família, merece o reconhecimento e igual *status* daqueles grupos familiares descritos no art. 42, § 2º, do ECA" (STJ-3ª T., REsp 1.217.415, Min. Nancy Andrighi, j. 19.6.12, RT 925/731).

Art. 42: 2. "Adoção. Maior. Art. 42, § 3º, do ECA. **Idade. Diferença mínima. Flexibilização.** Possibilidade. Socioafetividade. Instrução probatória. Imprescindibilidade" (STJ-3ª T., REsp 1.785.754, Min. Ricardo Cueva, j. 8.10.19, DJ 11.10.19). No mesmo sentido: STJ-4ª T., REsp 1.717.167, Min. Luis Felipe, j. 11.2.20, DJ 10.9.20.

"Adotante que não é dezesseis anos mais velho do que o adotando. Irrelevância. Interesse do menor que sobreleva na espécie. Circunstâncias fáticas que recomendam a adoção. Falta do lapso que pode ser relevada, em prol de interpretação que melhor resguarda os interesses da criança adotada" (RT 873/202 e JTJ 325/262: AP 522.993-4/1-00). No mesmo sentido: RBDFS 7/153 (TJSE, AP 0068/2007).

Art. 42: 2a. "Tratando-se de pedido de adoção feito por casal, apenas um deles deve respeitar a diferença de idade prevista na lei, ainda mais quando a situação de fato já está consolidada, não se vislumbrando risco à menor" (JTJ 319/37: AP 147.179-0/9-00).

Art. 42: 2b. "Possível a convalidação da adoção após a morte dos adotantes, ainda que não iniciado o processo de adoção, porquanto evidenciado o elemento anímico, consubstanciada na posse do estado de filho amplamente retratada na prova dos autos" (RBDFS 7/147: TJRS, EI 70025810441, maioria).

"Demonstrada a posse de estado de filha relativamente à autora, que foi assim criada pela falecida e seu marido desde a tenra idade, os quais detinham sua guarda judicial onde se comprometeram a lhe dar tratamento de filha, mantém-se a sentença de procedência da ação de adoção póstuma, com todos os efeitos daí decorrentes, inclusive sucessórios, por aplicação do ECA 41, uma vez revogado o CC 1.628 pela Lei 12.010, de 2009" (RJTJERGS 276/281: AP 70033369158). V. nota 3.

"Para as adoções *post mortem*, vigem, como comprovação da inequívoca vontade do *de cujus* em adotar, as mesmas regras que comprovam a filiação socioafetiva: o tratamento do adotando como se filho fosse e o conhecimento público dessa condição. Em situações excepcionais, em que demonstrada a inequívoca vontade em adotar, diante da longa relação de afetividade, pode ser deferida adoção póstuma ainda que o adotante venha a falecer antes de iniciado o processo de adoção" (STJ-3ª T., REsp 1.663.137, Min. Nancy Andrighi, j. 15.8.17, DJ 22.8.17).

"A posse do estado de filho, que consiste no desfrute público e contínuo da condição de filho legítimo, foi atestada pelo Tribunal de origem diante das inúmeras fotos de família e eventos sociais, boletins escolares, convites de formatura e casamento, além da robusta prova testemunhal, cujos relatos foram uníssonos em demonstrar que os adotandos eram reconhecidos como filhos, tanto no tratamento como no sobrenome que ostentavam, e assim eram apresentados ao meio social" (STJ-4ª T., REsp 1.520.454-AgInt, Min. Lázaro Guimarães, j. 22.3.18, DJ 16.4.18).

"O reconhecimento da filiação na certidão de batismo, a que se conjugam outros elementos de prova, demonstra a inequívoca intenção de adotar, o que pode ser declarado ainda que ao tempo da morte não tenha tido início o procedimento para a formalização da adoção. Procedência da ação proposta pela mulher para que fosse decretada em nome dela e do marido premorto a adoção de menino criado pelo casal desde os primeiros dias de vida. Interpretação extensiva do art. 42, § 5º, do ECA" (STJ-RT 815/224: 4ª T., REsp 457.635). No mesmo sentido: Ajuris 87/473 (AP 70.003.643.145).

Deferindo a adoção póstuma em caso no qual o adotante já tinha assinado procuração conferindo a advogado poderes especiais para ser representado no procedimento de adoção: STJ-RBDFS 7/129 (3ª T., REsp 823.384).

Todavia: "Adoção póstuma. Ausência de início de procedimento ou de documento que demonstre, de forma inequívoca, a intenção de adotar. Ordenamento jurídico pátrio que não contempla a adoção implícita ou o instituto da posse do estado de filho. Carência da ação reconhecida" (JTJ 344/634: AP 664.133-4/4-00).

Art. 42: 3. Daí poderão resultar direitos sucessórios (v. art. 47 § 7º).

Art. 43. A adoção será deferida[1] quando apresentar reais vantagens para o adotando e fundar-se em motivos legítimos.

Art. 43: 1. pelo juiz (cf. art. 47-*caput*), devendo o requerimento conter, *mutatis mutandis*, os requisitos do art. 165 (v. § ún. deste).

Art. 44. Enquanto não der conta de sua administração e saldar o seu alcance, não pode o tutor ou o curador adotar o pupilo ou o curatelado.

Art. 45. A adoção depende do consentimento dos pais ou representante legal do adotando.[1 a 3]

§ 1º (*redação da Lei 12.010, de 3.8.09*) O consentimento será dispensado em relação à criança ou adolescente cujos pais sejam desconhecidos ou tenham sido destituídos do poder familiar.

§ 2º Em se tratando de adotando maior de doze anos de idade, será também necessário o seu consentimento.

Art. 45: 1. "O deferimento da adoção plena não implica, automaticamente, na destituição do pátrio poder, que deve ser decretada em procedimento próprio autônomo, com a observância da legalidade estrita e da interpretação normativa restritiva. A cautela é imposta, não só pela gravidade da medida a ser tomada, uma vez que importa na perda do vínculo da criança com sua família natural, como também por força das relevantes repercussões em sua vida socioafetiva" (STJ-3ª T., REsp 476.382, Min. Castro Filho, j. 8.3.07, DJU 26.3.07).

Todavia: "Afigura-se desnecessária a prévia ação objetivando destituição do poder familiar paterno, pois a adoção do menor, que desde a tenra idade tem salutar relação paterna de afeto com o adotante — situação que perdura há mais de dez anos —, privilegiará o seu interesse" (STJ-RT 920/743: 4ª T., REsp 1.207.185).

Art. 45: 2. Flexibilizando a exigência do consentimento dos pais do adotando: "Falta de consentimento da mãe do adolescente para sua adoção. Casal que cria a criança desde seu nascimento e há mais de dezesseis anos. Peculiaridades do caso concreto que tornam imperiosa a procedência do pedido de adoção" (RT 881/328: TJRS, AP 70024389322).

Art. 45: 3. "A criança adotanda é o objeto de proteção legal primário em um processo de adoção, devendo a ela ser assegurada condições básicas para o seu bem-estar e desenvolvimento sociopsicológico. A constatação de **vício no consentimento** da genitora, com relação a entrega de sua filha para a adoção, não nulifica, por si só, a adoção já realizada, na qual é possível se constatar a boa-fé dos adotantes. O alçar do direito materno, em relação à sua prole, à condição de prevalência sobre tudo e todos, dando-se a coacta manifestação da mãe-adolescente a capacidade de apagar anos de convivência familiar, estabelecida sobre os auspícios do Estado, entre o casal adotante, seus filhos naturais e a adotanda, no único lar que essa sempre teve, importa em ignorar o direito primário da infante, vista mais como objeto litigioso e menos, ou quase nada, como indivíduo, detentora, ela própria, de direitos, que, no particular, se sobrepõe aos brandidos pelas partes. Apontando as circunstâncias fáticas para uma melhor qualidade de vida no lar adotivo e associando-se essas circunstâncias à convivência da adotanda, por lapso temporal significativo — 9 anos —, junto à família adotante, deve-se manter íntegro esse núcleo familiar" (STJ-RT 911/518: 3ª T., REsp 1.199.465).

Art. 46 (*redação da Lei 13.509, de 22.11.17*). A adoção será precedida de estágio de convivência[1] com a criança ou adolescente, pelo prazo máximo de 90 (noventa) dias, observadas a idade da criança ou adolescente e as peculiaridades do caso.

§ 1º (*redação da Lei 12.010, de 3.8.09*) O estágio de convivência poderá ser dispensado se o adotando já estiver sob a tutela ou guarda legal do adotante durante tempo suficiente para que seja possível avaliar a conveniência da constituição do vínculo.

§ 2º (*redação da Lei 12.010, de 3.8.09*) A simples guarda de fato não autoriza, por si só, a dispensa da realização do estágio de convivência.

§ 2º-A (*acrescido pela Lei 13.509, de 22.11.17*). O prazo máximo estabelecido no **caput** deste artigo pode ser prorrogado por até igual período, mediante decisão fundamentada da autoridade judiciária.

§ 3º (*redação da Lei 13.509, de 22.11.17*) Em caso de adoção por pessoa ou casal residente ou domiciliado fora do País,[2] o estágio de convivência será de, no mínimo, 30 (trinta) dias e, no máximo, 45 (quarenta e cinco) dias, prorrogável por até igual período, uma única vez, mediante decisão fundamentada da autoridade judiciária.

§ 3º-A (*acrescido pela Lei 13.509, de 22.11.17*). Ao final do prazo previsto no § 3º deste artigo, deverá ser apresentado laudo fundamentado pela equipe mencionada no § 4º deste artigo, que recomendará ou não o deferimento da adoção à autoridade judiciária.

§ 4º (*redação da Lei 12.010, de 3.8.09*) O estágio de convivência será acompanhado pela equipe interprofissional a serviço da Justiça da Infância e da Juventude, preferencialmente com apoio dos técnicos responsáveis pela execução da política de garantia do direito à convivência familiar, que apresentarão relatório minucioso acerca da conveniência do deferimento da medida.

§ 5º (*acrescido pela Lei 13.509, de 22.11.17*) O estágio de convivência será cumprido no território nacional, preferencialmente na comarca de residência da criança ou adolescente, ou, a critério do juiz, em cidade limítrofe, respeitada, em qualquer hipótese, a competência do juízo da comarca de residência da criança.

Art. 46: 1. v. art. 167.

Art. 46: 2. v. art. 52.

Art. 47. O vínculo da adoção constitui-se por sentença judicial,[1 a 2] que será inscrita no registro civil mediante mandado do qual não se fornecerá certidão.

§ 1º A inscrição consignará o nome dos adotantes como pais, bem como o nome de seus ascendentes.

§ 2º O mandado judicial, que será arquivado, cancelará o registro original do adotado.[2a]

§ 3º (*redação da Lei 12.010, de 3.8.09*) A pedido do adotante, o novo registro poderá ser lavrado no Cartório do Registro Civil do Município de sua residência.[2b]

§ 4º (*redação da Lei 12.010, de 3.8.09*) Nenhuma observação sobre a origem do ato poderá constar nas certidões do registro.

§ 5º (*redação da Lei 12.010, de 3.8.09*) A sentença conferirá ao adotado o nome do adotante e, a pedido de qualquer deles, poderá determinar a modificação do prenome.

§ 6º (*redação da Lei 12.010, de 3.8.09*) Caso a modificação de prenome seja requerida pelo adotante, é obrigatória a oitiva do adotando, observado o disposto nos §§ 1º e 2º do art. 28 desta Lei.

§ 7º (*redação da Lei 12.010, de 3.8.09*) A adoção produz seus efeitos a partir do trânsito em julgado da sentença constitutiva, exceto na hipótese prevista no § 6º do art. 42 desta Lei, caso em que terá força retroativa à data do óbito.[3-3a]

§ 8º (*redação da Lei 12.010, de 3.8.09*) O processo relativo à adoção assim como outros a ele relacionados serão mantidos em arquivo, admitindo-se seu armazenamento em microfilme ou por outros meios, garantida a sua conservação para consulta a qualquer tempo.

§ 9º (*redação da Lei 12.955, de 5.2.14*) Terão prioridade de tramitação os processos de adoção em que o adotando for criança ou adolescente com deficiência ou com doença crônica.

§ 10 (*acrescido pela Lei 13.509, de 22.11.17*). O prazo máximo para conclusão da ação de adoção será de 120 (cento e vinte) dias, prorrogável uma única vez por igual período, mediante decisão fundamentada da autoridade judiciária.

Art. 47: 1. v. arts. 39 § 1º e notas e 170.

Art. 47: 1a. ouvido, previamente, o Ministério Público (CF 227 § 5º).

Art. 47: 2. "A sentença que decide o processo de adoção possui natureza jurídica de provimento judicial constitutivo, fazendo coisa julgada material, não sendo a ação anulatória de atos jurídicos em geral, prevista no art. 486 do CPC, meio apto à sua desconstituição, sendo esta obtida somente pela via da **ação rescisória**" (STJ-3ª T., REsp 1.112.265, Min. Massami Uyeda, j. 18.5.10, DJ 2.6.10). No mesmo sentido: STJ-4ª T., REsp 1.423.291-AgRg, Min. Antonio Ferreira, j. 18.2.16, DJ 31.3.16.

Art. 47: 2a. v. art. 41, nota 4.

✎ **Art. 47: 2b.** "Adoção: o novo registro do adotado", por Antonio Borges de Figueiredo (RJ-Lex 59/57, RMDCPC 50/77).

Art. 47: 3. o que proporcionará ao adotado a condição jurídica de herdeiro.

Art. 47: 3a. "Adoção pretendida por viúva que criou a adotanda desde os dez dias de idade, não obstante tenha sido esta adotada unilateralmente pelo falecido esposo daquela durante a vigência do Código Civil revogado. Hipótese na qual as provas demonstram que a adotanda sempre foi considerada filha da autora que lhe propiciou afeto e lhe forneceu todas as condições para o desenvolvimento de sua personalidade e de seu caráter. O falecimento superveniente da adotante, no curso do processo, não afeta a higidez da relação processual, tampouco impede a consumação da adoção, uma vez que a sentença assume caráter retroativo à época do óbito" (RIDF 44/168: TJMG, AP 1.0035.05.050237-2/001).

Art. 48 (*redação da Lei 12.010, de 3.8.09*). O adotado tem direito de conhecer sua origem biológica, bem como de obter acesso irrestrito ao processo no qual a medida foi aplicada e seus eventuais incidentes, após completar dezoito anos.[1]

Parágrafo único (*redação da Lei 12.010, de 3.8.09*). O acesso ao processo de adoção poderá ser também deferido ao adotado menor de dezoito anos, a seu pedido, assegurada orientação e assistência jurídica e psicológica.

Art. 48: 1. s/ ação de investigação de paternidade ajuizada por filho adotado, v. art. 27, nota 3; ação de alimentos do filho adotado em face do pai biológico, v. LA 1º, nota 4c.

Art. 49 (*redação da Lei 12.010, de 3.8.09*). A morte dos adotantes não restabelece o poder familiar dos pais naturais.

Art. 50. A autoridade judiciária manterá, em cada comarca ou foro regional, um registro de crianças e adolescentes em condições de serem adotados e outro de pessoas interessadas na adoção.[1 a 2]

§ 1º O deferimento da inscrição dar-se-á após prévia consulta aos órgãos técnicos do juizado, ouvido o Ministério Público.

§ 2º Não será deferida a inscrição se o interessado não satisfizer os requisitos legais, ou verificada qualquer das hipóteses previstas no art. 29.

§ 3º (*redação da Lei 12.010, de 3.8.09*) A inscrição de postulantes à adoção será precedida de um período de preparação psicossocial e jurídica,[3] orientado pela equipe técnica da Justiça da Infância e da Juventude, preferencialmente com apoio dos técnicos responsáveis pela execução da política municipal de garantia do direito à convivência familiar.

§ 4º (*redação da Lei 12.010, de 3.8.09*) Sempre que possível e recomendável, a preparação referida no § 3º deste artigo incluirá o contato com crianças e adolescentes em acolhimento familiar ou institucional em condições de serem adotados, a ser realizado sob a orientação, supervisão e avaliação da equipe técnica da Justiça da Infância e da Juventude, com apoio dos técnicos responsáveis pelo programa de acolhimento e pela execução da política municipal de garantia do direito à convivência familiar.

§ 5º (*redação da Lei 12.010, de 3.8.09*) Serão criados e implementados cadastros estaduais e nacional de crianças e adolescentes em condições de serem adotados e de pessoas ou casais habilitados à adoção.

§ 6º (*redação da Lei 12.010, de 3.8.09*) Haverá cadastros distintos para pessoas ou casais residentes fora do País, que somente serão consultados na inexistência de postulantes nacionais habilitados nos cadastros mencionados no § 5º deste artigo.

§ 7º (*redação da Lei 12.010, de 3.8.09*) As autoridades estaduais e federais em matéria de adoção terão acesso integral aos cadastros, incumbindo-lhes a troca de informações e a cooperação mútua, para melhoria do sistema.

§ 8º (*redação da Lei 12.010, de 3.8.09*) A autoridade judiciária providenciará, no prazo de quarenta e oito horas, a inscrição das crianças e adolescentes em condições de serem adotados que não tiveram colocação familiar na comarca de origem, e das pessoas ou casais que tiveram deferida sua habilitação à adoção nos cadastros estadual e nacional referidos no § 5º deste artigo, sob pena de responsabilidade.

§ 9º (*redação da Lei 12.010, de 3.8.09*) Compete à Autoridade Central Estadual zelar pela manutenção e correta alimentação dos cadastros, com posterior comunicação à Autoridade Central Federal Brasileira.

§ 10 (*redação da Lei 13.509, de 22.11.17*). Consultados os cadastros e verificada a ausência de pretendentes habilitados residentes no País com perfil compatível e interesse manifesto pela adoção de criança ou adolescente inscrito nos cadastros existentes, será realizado o encaminhamento da criança ou adolescente à adoção internacional.

§ 11 (*redação da Lei 12.010, de 3.8.09*). Enquanto não localizada pessoa ou casal interessado em sua adoção, a criança ou o adolescente, sempre que possível e recomendável, será colocado sob guarda de família cadastrada em programa de acolhimento familiar.

§ 12 (*redação da Lei 12.010, de 3.8.09*). A alimentação do cadastro e a convocação criteriosa dos postulantes à adoção serão fiscalizadas pelo Ministério Público.

§ 13 (*redação da Lei 12.010, de 3.8.09*). Somente poderá ser deferida adoção em favor de candidato domiciliado no Brasil não cadastrado previamente nos termos desta Lei quando:

I — se tratar de pedido de adoção unilateral;

II — for formulada por parente com o qual a criança ou adolescente mantenha vínculos de afinidade e afetividade;

III — oriundo o pedido de quem detém a tutela ou guarda legal de criança maior de três anos ou adolescente, desde que o lapso de tempo de convivência comprove a fixação de laços de afinidade e afetividade, e não seja constatada a ocorrência de má-fé ou qualquer das situações previstas nos arts. 237 ou 238 desta Lei.

§ 14 (*redação da Lei 12.010, de 3.8.09*). Nas hipóteses previstas no § 13 deste artigo, o candidato deverá comprovar, no curso do procedimento, que preenche os requisitos necessários à adoção, conforme previsto nesta Lei.

§ 15 (*acrescido pela Lei 13.509, de 22.11.17*). Será assegurada prioridade no cadastro a pessoas interessadas em adotar criança ou adolescente com deficiência, com doença crônica ou com necessidades específicas de saúde, além de grupo de irmãos.

✎ **Art. 50: 1.** "A possibilidade de escolha das características do adotando no processo de adoção. Análise a partir dos fundamentos constitucionais", por Helena de Azeredo Orselli e Andressa Anastácio (RBDFS 13/30).

Art. 50: 1a. s/ inscrição de pessoa solteira no cadastro, v. art. 42, nota 1b.

Art. 50: 1b. "É de rigor a fiel observância da sistemática imposta pelo art. 50 do ECA, somente se deferindo a adoção a pessoas previamente cadastradas e habilitadas. Não tendo a apelante realizado o cadastro prévio, nem atendido aos procedimentos de adoção na Vara da Infância e Juventude, o processo deve ser extinto sem julgamento do mérito, por falta de interesse de agir. Negado o pedido de adoção, deve a criança retornar à guarda da mãe biológica, enquanto não houver motivos para sua extinção (art. 1.635 do CC) e for isso declarado em decisão fundamentada, proferida sob o crivo do contraditório" (RT 887/312: TJPR, AP 541.417-1). **Todavia,** no sentido de que a inscrição no cadastro de adotantes não é requisito para o ajuizamento do pedido de adoção, podendo ser feita no curso do respectivo procedimento: JTJ 259/2[illegible].

V. tb. nota seguinte.

Art. 50: 2. "Mesmo havendo aparente quebra na lista de adoção, é desaconselhável remover criança que se encontra, desde os primeiros dias de vida e por mais de dois anos, sob a guarda de pais afetivos. A autoridade da lista cede, em tal circunstância, ao superior interesse da criança (ECA, art. 6º)" (STJ-3ª T., REsp 837.324, Min. Gomes de Barros, j. 18.10.07, DJU 31.10.07). No mesmo sentido: STJ-4ª T., HC 279.059, Min. Luis Felipe, j. 10.12.13, DJ 28.2.14; RT 932/861 (TJAL, AP 2012007420-8).

"A observância do cadastro de adotantes, vale dizer, a preferência das pessoas cronologicamente cadastradas para adotar determinada criança não é absoluta. Excepciona-se tal regramento, em observância ao princípio do melhor interesse do menor, basilar e norteador de todo o sistema protecionista do menor, na hipótese de existir vínculo afetivo entre a criança e o pretendente à adoção, ainda que este não se encontre sequer cadastrado no referido registro" (STJ-RMDCPC 36/112: 3ª T., REsp 1.172.067).

"Não é admissível que, após cinco meses de convívio entre a criança a ser adotada e o casal que pleiteia a adoção, seja lícito à autoridade judiciária promover, de ofício, a busca e apreensão para entrega do menor à primeira pessoa que se encontra cadastrada no juízo da infância e juventude. Hipótese em que há elementos probatórios que atestam a inteira adaptação da criança com o casal" (RIDF 46/183).

"Ação de guarda e responsabilidade. Concessão de guarda em favor de casal com 4 (quatro) anos de convivência com o infante. Vínculo afetivo consolidado. Terceiros inscritos anteriormente ao cadastro de adoção. Mitigação da norma ante o bem maior a ser tutelado. Interesse da criança. Exegese do art. 3º do ECA e do art. 227 da CF" (RT 870/386).

Todavia: "Embora esta Câmara já tenha se manifestado no sentido de superar os requisitos formais da adoção, previstos nos arts. 29 e 50 do ECA, isso só se dá em situações especialíssimas, quando se puder verificar o laço de afetividade formado entre a criança e os pais substitutos, o que não ocorre no caso concreto, onde o infante tem apenas 1 ano de idade, e jamais residiu com a autora" (RT 892/287: TJRS, AP 70032207789).

V. tb. nota anterior.

Art. 50: 3. **Lei 12.010, de 3.8.09** — Dispõe sobre adoção, e dá outras providências: **"Art. 6º** As pessoas e casais já inscritos nos cadastros de adoção ficam obrigados a frequentar, no prazo máximo de 1 (um) ano, contado da entrada em vigor desta Lei, a preparação psicossocial e jurídica a que se referem os §§ 3º e 4º do art. 50 da Lei n. 8.069, de 13 de julho de 1990, acrescidos pelo art. 2º desta Lei, sob pena de cassação de sua inscrição no cadastro".
A Lei 12.010, de 3.8.09, entrou em vigor 90 dias após a sua publicação (DOU 4.8.09).

Art. 51 (*redação da Lei 13.509, de 22.11.17*). Considera-se adoção internacional aquela na qual o pretendente possui residência habitual em país-parte da Convenção de Haia, de 29 de maio de 1993, Relativa à Proteção das Crianças e à Cooperação em Matéria de Adoção Internacional, promulgada pelo Decreto n. 3.087, de 21 junho de 1999, e deseja adotar criança em outro país-parte da Convenção.

§ 1º (*redação da Lei 12.010, de 3.8.09*) A adoção internacional de criança ou adolescente brasileiro ou domiciliado no Brasil somente terá lugar quando restar comprovado:[1]

I (*redação da Lei 13.509, de 22.11.17*) — que a colocação em família adotiva é a solução adequada ao caso concreto;

II (*redação da Lei 13.509, de 22.11.17*) — que foram esgotadas todas as possibilidades de colocação da criança ou adolescente em família adotiva brasileira, com a comprovação, certificada nos autos, da inexistência de adotantes habilitados residentes no Brasil com perfil compatível com a criança ou adolescente, após consulta aos cadastros mencionados nesta Lei;

Criança, Adolescente e Jovem

III — que, em se tratando de adoção de adolescente, este foi consultado, por meios adequados ao seu estágio de desenvolvimento, e que se encontra preparado para a medida, mediante parecer elaborado por equipe interprofissional, observado o disposto nos §§ 1º e 2º do art. 28 desta Lei.

§ 2º (*redação da Lei 12.010, de 3.8.09*) Os brasileiros residentes no exterior terão preferência aos estrangeiros, nos casos de adoção internacional de criança ou adolescente brasileiro.

§ 3º (*redação da Lei 12.010, de 3.8.09*) A adoção internacional pressupõe a intervenção das Autoridades Centrais Estaduais e Federal em matéria de adoção internacional.

Art. 51: 1. É crime "promover ou auxiliar a efetivação de ato destinado ao envio de criança ou adolescente para o exterior com inobservância das formalidades legais ou com o fito de obter lucro" (v. **art. 239**).

Art. 52 (*redação da Lei 12.010, de 3.8.09*). A adoção internacional observará o procedimento previsto nos arts. 165 a 170 desta Lei, com as seguintes adaptações:

I — a pessoa ou casal estrangeiro,[1] interessado em adotar criança ou adolescente brasileiro, deverá formular pedido de habilitação à adoção perante a Autoridade Central em matéria de adoção internacional no país de acolhida, assim entendido aquele onde está situada sua residência habitual;

II — se a Autoridade Central do país de acolhida considerar que os solicitantes estão habilitados e aptos para adotar, emitirá um relatório que contenha informações sobre a identidade, a capacidade jurídica e adequação dos solicitantes para adotar, sua situação pessoal, familiar e médica, seu meio social, os motivos que os animam e sua aptidão para assumir uma adoção internacional;

III — a Autoridade Central do país de acolhida enviará o relatório à Autoridade Central Estadual, com cópia para a Autoridade Central Federal Brasileira;

IV — o relatório será instruído com toda a documentação necessária, incluindo estudo psicossocial elaborado por equipe interprofissional habilitada e cópia autenticada da legislação pertinente, acompanhada da respectiva prova de vigência;[2]

V — os documentos em língua estrangeira serão devidamente autenticados pela autoridade consular, observados os tratados e convenções internacionais, e acompanhados da respectiva tradução, por tradutor público juramentado;[3]

VI — a Autoridade Central Estadual poderá fazer exigências e solicitar complementação sobre o estudo psicossocial do postulante estrangeiro à adoção, já realizado no país de acolhida;

VII — verificada, após estudo realizado pela Autoridade Central Estadual, a compatibilidade da legislação estrangeira com a nacional, além do preenchimento por parte dos postulantes à medida dos requisitos objetivos e subjetivos necessários ao seu deferimento, tanto à luz do que dispõe esta Lei como da legislação do país de acolhida, será expedido laudo de habilitação à adoção internacional, que terá validade por, no máximo, um ano;

VIII — de posse do laudo de habilitação, o interessado será autorizado a formalizar pedido de adoção perante o Juízo da Infância e da Juventude do local em que se encontra a criança ou adolescente, conforme indicação efetuada pela Autoridade Central Estadual.

§ 1º Se a legislação do país de acolhida assim o autorizar, admite-se que os pedidos de habilitação à adoção internacional sejam intermediados por organismos credenciados.

§ 2º Incumbe à Autoridade Central Federal Brasileira o credenciamento de organismos nacionais e estrangeiros encarregados de intermediar pedidos de habilitação à adoção internacional, com posterior comunicação às Autoridades Centrais Estaduais e publicação nos órgãos oficiais de imprensa e em sítio próprio da internet.

§ 3º Somente será admissível o credenciamento de organismos que:

I — sejam oriundos de países que ratificaram a Convenção de Haia e estejam devidamente credenciados pela Autoridade Central do país onde estiverem sediados e no país de acolhida do adotando para atuar em adoção internacional no Brasil;

II — satisfizerem as condições de integridade moral, competência profissional, experiência e responsabilidade exigidas pelos países respectivos e pela Autoridade Central Federal Brasileira;

III — forem qualificados por seus padrões éticos e sua formação e experiência para atuar na área de adoção internacional;

IV — cumprirem os requisitos exigidos pelo ordenamento jurídico brasileiro e pelas normas estabelecidas pela Autoridade Central Federal Brasileira.

§ 4º Os organismos credenciados deverão ainda:

I — perseguir unicamente fins não lucrativos, nas condições e dentro dos limites fixados pelas autoridades competentes do país onde estiverem sediados, do país de acolhida e pela Autoridade Central Federal Brasileira;

II — ser dirigidos e administrados por pessoas qualificadas e de reconhecida idoneidade moral, com comprovada formação ou experiência para atuar na área de adoção internacional, cadastradas pelo Departamento de Polícia Federal e aprovadas pela Autoridade Central Federal Brasileira, mediante publicação de portaria do órgão federal competente;

III — estar submetidos à supervisão das autoridades competentes do país onde estiverem sediados e no país de acolhida, inclusive quanto à sua composição, funcionamento e situação financeira;.

IV — apresentar à Autoridade Central Federal Brasileira, a cada ano, relatório geral das atividades desenvolvidas, bem como relatório de acompanhamento das adoções internacionais efetuadas no período, cuja cópia será encaminhada ao Departamento de Polícia Federal;

V — enviar relatório pós-adotivo semestral para a Autoridade Central Estadual, com cópia para a Autoridade Central Federal Brasileira, pelo período mínimo de dois anos. O envio do relatório será mantido até a juntada de cópia autenticada do registro civil, estabelecendo a cidadania do país de acolhida para o adotado;

VI — tomar as medidas necessárias para garantir que os adotantes encaminhem à Autoridade Central Federal Brasileira cópia da certidão de registro de nascimento estrangeira e do certificado de nacionalidade tão logo lhes sejam concedidos.

§ 5º A não apresentação dos relatórios referidos no § 4º deste artigo pelo organismo credenciado poderá acarretar a suspensão de seu credenciamento.

§ 6º O credenciamento de organismo nacional ou estrangeiro encarregado de intermediar pedidos de adoção internacional terá validade de dois anos.

§ 7º A renovação do credenciamento poderá ser concedida mediante requerimento protocolado na Autoridade Central Federal Brasileira nos sessenta dias anteriores ao término do respectivo prazo de validade.

§ 8º Antes de transitada em julgado a decisão que concedeu a adoção internacional, não será permitida a saída do adotando do território nacional.

§ 9º Transitada em julgado a decisão, a autoridade judiciária determinará a expedição de alvará com autorização de viagem, bem como para obtenção de passaporte, constando, obrigatoriamente, as características da criança ou adolescente adotado, como idade, cor, sexo, eventuais sinais ou traços peculiares, assim como foto recente e a aposição da impressão digital do seu polegar direito, instruindo o documento com cópia autenticada da decisão e certidão de trânsito em julgado.

§ 10. A Autoridade Central Federal Brasileira poderá, a qualquer momento, solicitar informações sobre a situação das crianças e adolescentes adotados.

§ 11. A cobrança de valores por parte dos organismos credenciados, que sejam considerados abusivos pela Autoridade Central Federal Brasileira e que não estejam devidamente comprovados, é causa de seu descredenciamento.

§ 12. Uma mesma pessoa ou seu cônjuge não podem ser representados por mais de uma entidade credenciada para atuar na cooperação em adoção internacional.

§ 13. A habilitação de postulante estrangeiro ou domiciliado fora do Brasil terá validade máxima de um ano, podendo ser renovada.

§ 14. É vedado o contato direto de representantes de organismos de adoção, nacionais ou estrangeiros, com dirigentes de programas de acolhimento institucional ou familiar, assim como com crianças e adolescentes em condições de serem adotados, sem a devida autorização judicial.

§ 15. A Autoridade Central Federal Brasileira poderá limitar ou suspender a concessão de novos credenciamentos sempre que julgar necessário, mediante ato administrativo fundamentado.

Art. 52: 1. v. arts. 31, 33 § 1º, 46 § 3º e 51 § 2º. V. tb. CF 227 § 5º.

Art. 52: 2. cf. CPC 376.

Art. 52: 3. cf. CPC 192 § ún.

Art. 52-A (*redação da Lei 12.010, de 3.8.09*). É vedado, sob pena de responsabilidade e descredenciamento, o repasse de recursos provenientes de organismos estrangeiros encarregados de intermediar pedidos de adoção internacional a organismos nacionais ou a pessoas físicas.

Parágrafo único. Eventuais repasses somente poderão ser efetuados via Fundo dos Direitos da Criança e do Adolescente e estarão sujeitos às deliberações do respectivo Conselho de Direitos da Criança e do Adolescente.

Art. 52-B (*redação da Lei 12.010, de 3.8.09*). A adoção por brasileiro residente no exterior em país ratificante da Convenção de Haia, cujo processo de adoção tenha sido processado em conformidade com a legislação vigente no país de residência e atendido o disposto na alínea *c* do art. 17 da referida Convenção, será automaticamente recepcionada com o reingresso no Brasil.

§ 1º Caso não tenha sido atendido o disposto na alínea *c* do art. 17 da Convenção de Haia, deverá a sentença ser homologada pelo Superior Tribunal de Justiça.

§ 2º O pretendente brasileiro residente no exterior em país não ratificante da Convenção de Haia, uma vez reingressado no Brasil, deverá requerer a homologação da sentença estrangeira pelo Superior Tribunal de Justiça.

Art. 52-C (*redação da Lei 12.010, de 3.8.09*). Nas adoções internacionais, quando o Brasil for o país de acolhida, a decisão da autoridade competente do país de origem da criança ou do adolescente será conhecida pela Autoridade Central Estadual que tiver processado o pedido de habilitação dos pais adotivos, que comunicará o fato à Autoridade Central Federal e determinará as providências necessárias à expedição do Certificado de Naturalização Provisório.

§ 1º A Autoridade Central Estadual, ouvido o Ministério Público, somente deixará de reconhecer os efeitos daquela decisão se restar demonstrado que a adoção é manifestamente contrária à ordem pública ou não atende ao interesse superior da criança ou do adolescente.

§ 2º Na hipótese de não reconhecimento da adoção, prevista no § 1º deste artigo, o Ministério Público deverá imediatamente requerer o que for de direito para resguardar os interesses da criança ou do adolescente, comunicando-se as providências à Autoridade Central Estadual, que fará a comunicação à Autoridade Central Federal Brasileira e à Autoridade Central do país de origem.

Art. 52-D (*redação da Lei 12.010, de 3.8.09*). Nas adoções internacionais, quando o Brasil for o país de acolhida e a adoção não tenha sido deferida no país de origem porque a sua legislação a delega ao país de acolhida, ou, ainda, na hipótese de, mesmo com decisão, a criança ou o adolescente ser oriundo de país que não tenha aderido à Convenção referida, o processo de adoção seguirá as regras da adoção nacional.

Capítulo IV | DO DIREITO À EDUCAÇÃO, À CULTURA, AO ESPORTE E AO LAZER

Art. 53. A criança e o adolescente têm direito à educação,[1 a 1b] visando ao pleno desenvolvimento de sua pessoa, preparo para o exercício da cidadania e qualificação para o trabalho, assegurando-se-lhes:

I — igualdade de condições para o acesso e permanência na escola;

II — direito de ser respeitado por seus educadores;[2]

III — direito de contestar critérios avaliativos, podendo recorrer às instâncias escolares superiores;

IV — direito de organização e participação em entidades estudantis;

V (*redação da Lei 13.845, de 18.6.19*) — acesso à escola pública e gratuita, próxima de sua residência,[3] garantindo-se vagas no mesmo estabelecimento a irmãos que frequentem a mesma etapa ou ciclo de ensino da educação básica.

Parágrafo único. É direito dos pais ou responsáveis ter ciência do processo pedagógico, bem como participar da definição das propostas educacionais.

Art. 53: 1. v. art. 22.

Art. 53: 1a. **Lei 9.394, de 20.12.96: "Art. 6º** (*redação da Lei 12.796, de 4.4.13*) É dever dos pais ou responsáveis efetuar a matrícula das crianças na educação básica a partir dos 4 (quatro) anos de idade".

"Art. 29 (*redação da Lei 12.796, de 4.4.13*). A educação infantil, primeira etapa da educação básica, tem como finalidade o desenvolvimento integral da criança de até 5 (cinco) anos, em seus aspectos físico, psicológico, intelectual e social, complementando a ação da família e da comunidade.

"Art. 30. A educação infantil será oferecida em: **I** — creches, ou entidades equivalentes, para crianças de até três anos de idade; **II** (*redação da Lei 12.796, de 4.4.13*) — pré-escolas, para as crianças de 4 (quatro) a 5 (cinco) anos de idade".

Art. 53: 1b. "Configura-se inadmissível a recusa da matrícula de criança, de cinco anos de idade, para o ensino fundamental, em razão de não estar previsto constitucionalmente o limite de idade" (RIDA 54/178: TJMS, REO 123093/2009).

Art. 53: 2. Pena: art. 232.

Art. 53: 3. "O inciso V do art. 53 da Lei 8.069/90 visa garantir a alunos (crianças e adolescentes) estudar em escola próxima de sua residência, evitando deslocamento de longas distâncias para acesso à educação pública e gratuita. A regra não constitui uma imposição e sim uma possibilidade, com opção em benefício do aluno. A manutenção do aluno na escola já frequentada em anos anteriores mostra-se mais benéfica do que a transferência para atender à regra da aproximação" (STJ-2ª T., REsp 1.175.445, Min. Eliana Calmon, j. 4.3.10, DJ 18.3.10).

Art. 53-A (*acrescido pela Lei 13.840, de 5.6.19*). É dever da instituição de ensino, clubes e agremiações recreativas e de estabelecimentos congêneres assegurar medidas de conscientização, prevenção e enfrentamento ao uso ou dependência de drogas ilícitas.

Art. 54. É dever do Estado assegurar à criança e ao adolescente:

I — ensino fundamental, obrigatório e gratuito, inclusive para os que a ele não tiveram acesso na idade própria;

II — progressiva extensão da obrigatoriedade e gratuidade ao ensino médio;

III — atendimento educacional especializado aos portadores de deficiência, preferencialmente na rede regular de ensino;

IV (*redação da Lei 13.306, de 4.7.16*) — atendimento em creche e pré-escola às crianças de zero a cinco anos de idade;[1]

V — acesso aos níveis mais elevados do ensino, da pesquisa e da criação artística, segundo a capacidade de cada um;

VI — oferta de ensino noturno regular, adequado às condições do adolescente trabalhador;

VII — atendimento no ensino fundamental, através de programas suplementares de material didático-escolar, transporte, alimentação e assistência à saúde.

§ 1º O acesso ao ensino obrigatório e gratuito é direito público subjetivo.[2]

§ 2º O não oferecimento do ensino obrigatório pelo Poder Público ou sua oferta irregular importa responsabilidade da autoridade competente.

§ 3º Compete ao Poder Público recensear os educandos no ensino fundamental, fazer-lhes a chamada e zelar, junto aos pais ou responsável, pela frequência à escola.

Art. 54: 1. "Nos termos do inciso IV do art. 54 do ECA, bem como do inciso IV do art. 208 da CF, é dever do Poder Público assegurar atendimento em creche ou pré-escola, porquanto se trata de direito fundamental social inerente a qualquer criança" (Bol. AASP 2.679: TJRS, REO 70029306834).

"A insuficiência de vagas para atendimento da demanda relativamente a creches municipais, em princípio, fere lesão a direito líquido e certo à educação. Todavia, comprovado nos autos o empenho do Município em aumentar o número de vagas, resta afastada a desídia da Administração Pública e, consequentemente, a lesão alegada" (RJM 184/117: AP 1.0702.07.365694-5/001).

Art. 54: 2. v. art. 208-I.

Art. 55. Os pais ou responsável têm a obrigação de matricular seus filhos ou pupilos na rede regular de ensino.

Art. 56. Os dirigentes de estabelecimentos de ensino[1] fundamental comunicarão ao Conselho Tutelar[1a] os casos de:

I — maus-tratos envolvendo seus alunos;[2]

II — reiteração de faltas injustificadas e de evasão escolar, esgotados os recursos escolares;

III — elevados níveis de repetência.

Art. 56: 1. Lei 9.394, de 20.12.96: "Art. 12. Os estabelecimentos de ensino, respeitadas as normas comuns e as do seu sistema de ensino, terão a incumbência de: ... **VII** — informar pai e mãe, conviventes ou não com seus filhos, e, se for o caso, os responsáveis legais, sobre a frequência e rendimento dos alunos, bem como sobre a execução da proposta pedagógica da escola".

Art. 56: 1a. v. art. 131.

Art. 56: 2. Pena, pela falta de comunicação: art. 245

Art. 57. O Poder Público estimulará pesquisas, experiências e novas propostas relativas a calendário, seriação, currículo, metodologia, didática e avaliação, com vistas à inserção de crianças e adolescentes excluídos do ensino fundamental obrigatório.

Art. 58. No processo educacional respeitar-se-ão os valores culturais, artísticos e históricos próprios do contexto social da criança e do adolescente, garantindo-se a estes a liberdade de criação e o acesso às fontes de cultura.

Art. 59. Os Municípios, com apoio dos Estados e da União, estimularão e facilitarão a destinação de recursos e espaços para programações culturais, esportivas e de lazer voltadas para a infância e a juventude.

Capítulo V — DO DIREITO À PROFISSIONALIZAÇÃO E À PROTEÇÃO NO TRABALHO

Art. 60. É proibido qualquer trabalho a menores de quatorze anos de idade, salvo na condição de aprendiz.

Art. 61. A proteção ao trabalho dos adolescentes é regulada por legislação especial, sem prejuízo do disposto nesta lei.

Art. 62. Considera-se aprendizagem a formação técnico-profissional ministrada segundo as diretrizes e bases da legislação de educação em vigor.

Art. 63. A formação técnico-profissional obedecerá aos seguintes princípios:

I — garantia de acesso e frequência obrigatória ao ensino regular;

II — atividade compatível com o desenvolvimento do adolescente;

III — horário especial para o exercício das atividades.

Art. 64. Ao adolescente até quatorze anos de idade é assegurada bolsa de aprendizagem.

Art. 65. Ao adolescente aprendiz, maior de quatorze anos, são assegurados os direitos trabalhistas e previdenciários.

Art. 66. Ao adolescente portador de deficiência é assegurado trabalho protegido.

Art. 67. Ao adolescente empregado, aprendiz, em regime familiar de trabalho, aluno de escola técnica, assistido em entidade governamental ou não governamental, é vedado trabalho:

I — noturno, realizado entre as vinte e duas horas de um dia e as cinco horas do dia seguinte;

II — perigoso, insalubre ou penoso;

III — realizado em locais prejudiciais à sua formação e ao seu desenvolvimento físico, psíquico, moral e social;

IV — realizado em horários e locais que não permitam a frequência à escola.

Art. 68. O programa social que tenha por base o trabalho educativo, sob responsabilidade de entidade governamental ou não governamental sem fins lucrativos, deverá assegurar ao adolescente que dele participe condições de capacitação para o exercício de atividade regular remunerada.

§ 1º Entende-se por trabalho educativo a atividade laboral em que as exigências pedagógicas relativas ao desenvolvimento pessoal e social do educando prevalecem sobre o aspecto produtivo.

§ 2º A remuneração que o adolescente recebe pelo trabalho efetuado ou a participação na venda dos produtos de seu trabalho não desfigura o caráter educativo.

Art. 69. O adolescente tem direito à profissionalização e à proteção no trabalho, observados os seguintes aspectos, entre outros:

I — respeito à condição peculiar de pessoa em desenvolvimento;

II — capacitação profissional adequada ao mercado de trabalho.

Título III | DA PREVENÇÃO

Capítulo I | DISPOSIÇÕES GERAIS

Art. 70. É dever de todos prevenir a ocorrência de ameaça ou violação dos direitos da criança e do adolescente.

Art. 70-A (*acrescido pela Lei 13.010, de 26.6.14*). A União, os Estados, o Distrito Federal e os Municípios deverão atuar de forma articulada na elaboração de políticas públicas e na execução de ações destinadas a coibir o uso de castigo físico ou de tratamento cruel ou degradante e difundir formas não violentas de educação de crianças e de adolescentes, tendo como principais ações:

I — a promoção de campanhas educativas permanentes para a divulgação do direito da criança e do adolescente de serem educados e cuidados sem o uso de castigo físico ou de tratamento cruel ou degradante e dos instrumentos de proteção aos direitos humanos;

II — a integração com os órgãos do Poder Judiciário, do Ministério Público e da Defensoria Pública, com o Conselho Tutelar, com os Conselhos de Direitos da Criança e do Adolescente e com as entidades não governamentais que atuam na promoção, proteção e defesa dos direitos da criança e do adolescente;

III — a formação continuada e a capacitação dos profissionais de saúde, educação e assistência social e dos demais agentes que atuam na promoção, proteção e defesa dos direitos da criança e do adolescente para o desenvolvimento das competências necessárias à prevenção, à identificação de evidências, ao diagnóstico e ao enfrentamento de todas as formas de violência contra a criança e o adolescente;

IV — o apoio e o incentivo às práticas de resolução pacífica de conflitos que envolvam violência contra a criança e o adolescente;

V — a inclusão, nas políticas públicas, de ações que visem a garantir os direitos da criança e do adolescente, desde a atenção pré-natal, e de atividades junto aos pais e responsáveis com o objetivo de promover a informação, a reflexão, o debate e a orientação sobre alternativas ao uso de castigo físico ou de tratamento cruel ou degradante no processo educativo;

VI — a promoção de espaços intersetoriais locais para a articulação de ações e a elaboração de planos de atuação conjunta focados nas famílias em situação de violência, com participação de profissionais de saúde, de assistência social e de educação e de órgãos de promoção, proteção e defesa dos direitos da criança e do adolescente.

Parágrafo único. As famílias com crianças e adolescentes com deficiência terão prioridade de atendimento nas ações e políticas públicas de prevenção e proteção.

Art. 70-B (*acrescido pela Lei 13.046, de 1.12.14*). As entidades, públicas e privadas, que atuem nas áreas a que se refere o art. 71, dentre outras, devem contar, em seus quadros, com pessoas capacitadas a reconhecer e comunicar ao Conselho Tutelar suspeitas ou casos de maus-tratos praticados contra crianças e adolescentes.

Parágrafo único. São igualmente responsáveis pela comunicação de que trata este artigo, as pessoas encarregadas, por razão de cargo, função, ofício, ministério, profissão ou ocupação, do cuidado, assistência ou guarda de crianças e adolescentes, punível, na forma deste Estatuto, o injustificado retardamento ou omissão, culposos ou dolosos.

Art. 71. A criança e o adolescente têm direito a informação, cultura, lazer, esportes, diversões, espetáculos e produtos e serviços que respeitem sua condição peculiar de pessoa em desenvolvimento.

Art. 72. As obrigações previstas nesta lei não excluem da prevenção especial outras decorrentes dos princípios por ela adotados.

Art. 73. A inobservância das normas de prevenção importará em responsabilidade da pessoa física ou jurídica, nos termos desta lei.

Capítulo II | DA PREVENÇÃO ESPECIAL

Seção I | DA INFORMAÇÃO, CULTURA, LAZER, ESPORTES, DIVERSÕES E ESPETÁCULOS

Art. 74. O Poder Público, através do órgão competente, regulará as diversões e espetáculos públicos, informando sobre a natureza deles, as faixas etárias a que não se recomendem, locais e horários em que sua apresentação se mostre inadequada.[1]

Parágrafo único. Os responsáveis pelas diversões e espetáculos públicos deverão afixar, em lugar visível e de fácil acesso, à entrada do local de exibição, informação destacada sobre a natureza do espetáculo e a faixa etária especificada no certificado de classificação.[2]

Art. 74: 1. Pena: art. 252.

Art. 74: 2. Pena: art. 253.

Art. 75. Toda criança ou adolescente terá acesso às diversões e espetáculos públicos classificados como adequados à sua faixa etária.

Parágrafo único. As crianças menores de dez anos somente poderão ingressar e permanecer nos locais de apresentação ou exibição quando acompanhadas dos pais ou responsável.

Art. 76. As emissoras de rádio e televisão somente exibirão, no horário recomendado para o público infantojuvenil, programas com finalidades educativas, artísticas, culturais e informativas.

Parágrafo único. Nenhum espetáculo será apresentado ou anunciado sem aviso de sua classificação, antes de sua transmissão, apresentação ou exibição.[1]

Art. 76: 1. Pena: art. 254.

Art. 77. Os proprietários, diretores, gerentes e funcionários de empresas que explorem a venda ou aluguel de fitas de programação em vídeo cuidarão para que não haja venda ou locação em desacordo com a classificação atribuída pelo órgão competente.[1-2]

Parágrafo único. As fitas a que alude este artigo deverão exibir, no invólucro, informação sobre a natureza da obra e a faixa etária a que se destinam.

Art. 77: 1. Pena: art. 256.

Art. 77: 2. v. art. 81-V.

Art. 78. As revistas e publicações contendo material impróprio ou inadequado a crianças e adolescentes deverão ser comercializadas em embalagem lacrada, com a advertência de seu conteúdo.[1-2]

Parágrafo único. As editoras cuidarão para que as capas que contenham mensagens pornográficas ou obscenas sejam protegidas com embalagem opaca.

Art. 78: 1. v. art. 81-V. Pena: art. 257.

Art. 78: 2. "O ordenamento jurídico brasileiro, no tocante ao consumidor e aos deveres estatuídos no Estatuto da Criança e do Adolescente, preconiza a **responsabilidade solidária** entre todos os sujeitos participantes da cadeia de consumo, o que abrange, além do fabricante e do comerciante diretamente envolvidos, aqueles que, de alguma forma — inclusive o distribuidor, o transportador, o anunciante e o veículo de comunicação —, concorrem para a disponibilização do produto ou serviço no mercado" (STJ-2ª T., REsp 1.569.814, Min. Herman Benjamin, j. 2.2.16, DJ 30.10.19). No mesmo sentido, para o distribuidor: STJ-1ª T., REsp 1.584.134, Min. Napoleão Maia Filho, j. 20.2.20, DJ 5.3.20. Ainda, para o comerciante: RJM 176-177/85.

Art. 79. As revistas e publicações destinadas ao público infantojuvenil não poderão conter ilustrações, fotografias, legendas, crônicas ou anúncios de bebidas alcoólicas, tabaco, armas e munições, e deverão respeitar os valores éticos e sociais da pessoa e da família.[1]

Art. 79: 1. Pena: art. 257.

Art. 80. Os responsáveis por estabelecimentos que explorem comercialmente bilhar, sinuca ou congênere ou por casas de jogos, assim entendidas as que realizem apostas, ainda que eventualmente, cuidarão para que não seja permitida a entrada e a permanência de crianças e adolescentes no local, afixando aviso para orientação do público.[1-2]

Art. 80: 1. v. art. 258.

Art. 80: 2. "A atribuição da responsabilidade a terceiro — que teria acompanhado e comprado a bebida para os menores — não elide a responsabilidade do proprietário do estabelecimento pela venda de substância que possa causar dependência, bem como pela permanência em ambiente insalubre, não havendo exceções no ECA nesse sentido. O mesmo se diz da existência de placa com aviso" (RJM 176-177/155).

Seção II | DOS PRODUTOS E SERVIÇOS

Art. 81. É proibida a venda à criança ou ao adolescente de:

I — armas, munições e explosivos;[1]

II — bebidas alcoólicas;[1a]

III — produtos cujos componentes possam causar dependência física ou psíquica ainda que por utilização indevida;[2]

IV — fogos de estampido e de artifício, exceto aqueles que pelo seu reduzido potencial sejam incapazes de provocar[3] qualquer dano físico em caso de utilização indevida;

V — revistas e publicações a que alude o art. 78;[4]

VI — bilhetes lotéricos e equivalentes.

Art. 81: 1. Pena: art. 242.

Art. 81: 1a. v. arts. 243 e 258-C.

Art. 81: 2. v. art. 243.

Art. 81: 3. v. art. 244.

Art. 81: 4. Pena: art. 256.

Art. 82. É proibida a hospedagem de criança ou adolescente em hotel, motel, pensão ou estabelecimento congênere, salvo se autorizado ou acompanhado pelos pais ou responsável.[1]

Art. 82: 1. Pena: art. 250.

Seção III | DA AUTORIZAÇÃO PARA VIAJAR

Art. 83 (*redação da Lei 13.812, de 16.3.19*). Nenhuma criança ou adolescente menor de 16 (dezesseis) anos poderá viajar para fora da comarca onde reside desacompanhado dos pais ou dos responsáveis sem expressa autorização judicial.[1]

§ 1º A autorização não será exigida quando:

a) (*redação da Lei 13.812, de 16.3.19*) tratar-se de comarca contígua à da residência da criança ou do adolescente menor de 16 (dezesseis) anos, se na mesma unidade da Federação, ou incluída na mesma região metropolitana;

b) (*redação da Lei 13.812, de 16.3.19*) a criança ou o adolescente menor de 16 (dezesseis) anos estiver acompanhado:

1) de ascendente ou colateral maior, até o terceiro grau, comprovado documentalmente o parentesco;

2) de pessoa maior, expressamente autorizada pelo pai, mãe ou responsável.

§ 2º A autoridade judiciária poderá, a pedido dos pais ou responsável, conceder autorização válida por dois anos.

Art. 83: 1. Pena: art. 251.

Art. 84. Quando se tratar de viagem ao exterior, a autorização é dispensável, se a criança ou adolescente:[1]

I — estiver acompanhado de ambos os pais ou responsável;

II — viajar na companhia de um dos pais, autorizado expressamente pelo outro através de documento com firma reconhecida.[2]

Art. 84: 1. **Res. 131 do CNJ, de 26.5.11** — Dispõe sobre a concessão de autorização de viagem para o exterior de crianças e adolescentes brasileiros: **"Art. 1º** É dispensável autorização judicial para que crianças ou adolescentes brasileiros residentes no Brasil viajem ao exterior, nas seguintes situações: **I** — em companhia de ambos os genitores; **II** — em companhia de um dos genitores, desde que haja autorização do outro, com firma reconhecida; **III** — desacompanhado ou em companhia de terceiros maiores e capazes, designados pelos genitores, desde que haja autorização de ambos os pais, com firma reconhecida".

S/ exigência de firma reconhecida, v. nota seguinte.

Art. 84: 2. **Lei 13.726, de 8.10.18** — Racionaliza atos e procedimentos administrativos dos Poderes da União, dos Estados, do Distrito Federal e dos Municípios e institui o Selo de Desburocratização e Simplificação: **"Art. 3º** Na relação dos órgãos e entidades dos Poderes da União, dos Estados, do Distrito Federal e dos Municípios com o cidadão, é dispensada a exigência de: (...) **VI** — apresentação de autorização com firma reconhecida para viagem de menor se os pais estiverem presentes no embarque".

Art. 85. Sem prévia e expressa autorização judicial, nenhuma criança ou adolescente nascido em território nacional poderá sair do País em companhia de estrangeiro residente ou domiciliado no exterior.[1]

Art. 85: 1. Pena: art. 251.

Livro II | PARTE ESPECIAL

Título I | DA POLÍTICA DE ATENDIMENTO

Capítulo I | DISPOSIÇÕES GERAIS

Art. 86. A política de atendimento dos direitos da criança e do adolescente far-se-á através de um conjunto articulado de ações governamentais e não governamentais, da União, dos Estados, do Distrito Federal e dos Municípios.

Art. 87. São linhas de ação da política de atendimento:[1]

I — políticas sociais básicas;

II (*redação da Lei 13.257, de 8.3.16*) — serviços, programas, projetos e benefícios de assistência social de garantia de proteção social e de prevenção e redução de violações de direitos, seus agravamentos ou reincidências;

III — serviços especiais de prevenção e atendimento médico e psicossocial às vítimas de negligência, maus-tratos, exploração, abuso, crueldade e opressão;

IV — serviço de identificação e localização de pais, responsável, crianças e adolescentes desaparecidos;[2]

V — proteção jurídico-social por entidades de defesa dos direitos da criança e do adolescente;

VI (*redação da Lei 12.010, de 3.8.09*) — políticas e programas destinados a prevenir ou abreviar o período de afastamento do convívio familiar e a garantir o efetivo exercício do direito à convivência familiar de crianças e adolescentes;

VII (*redação da Lei 12.010, de 3.8.09*) — campanhas de estímulo ao acolhimento sob forma de guarda de crianças e adolescentes afastados do convívio familiar e à adoção, especificamente inter-racial, de crianças maiores ou de adolescentes, com necessidades específicas de saúde ou com deficiências e de grupos de irmãos.

Art. 87: 1. s/ CONANDA, v. Lei 8.242, de 12.10.91.

Art. 87: 2. **Lei 12.127, de 17.12.09** — Cria o Cadastro Nacional de Crianças e Adolescentes Desaparecidos.

Art. 88. São diretrizes da política de atendimento:[1]

I — municipalização do atendimento;

II — criação de conselhos municipais,[1a] estaduais[2] e nacional dos direitos da criança e do adolescente, órgãos deliberativos e controladores das ações em todos os níveis, assegurada a participação popular paritária por meio de organizações representativas, segundo leis federal, estaduais e municipais;

III — criação e manutenção de programas específicos, observada a descentralização político-administrativa;

IV — manutenção de fundos nacional, estaduais e municipais vinculados aos respectivos conselhos dos direitos da criança e do adolescente;

V — integração operacional de órgãos do Judiciário, Ministério Público, Defensoria, Segurança Pública e Assistência Social, preferencialmente em um mesmo local, para efeito de agilização do atendimento inicial a adolescente a quem se atribua autoria de ato infracional;[3]

VI (*redação da Lei 12.010, de 3.8.09*) — integração operacional de órgãos do Judiciário, Ministério Público, Defensoria, Conselho Tutelar e encarregados da execução das políticas sociais básicas e de assistência social, para efeito de agilização do atendimento de crianças e de adolescentes inseridos em programas de acolhimento familiar ou institucional, com vista na sua rápida reintegração à família de origem ou, se tal solução se mostrar comprovadamente inviável, sua colocação em família substituta, em quaisquer das modalidades previstas no art. 28 desta Lei;

VII (*redação da Lei 12.010, de 3.8.09*) — mobilização da opinião pública para a indispensável participação dos diversos segmentos da sociedade.

VIII (*acrescido pela Lei 13.257, de 8.3.16*) — especialização e formação continuada dos profissionais que trabalham nas diferentes áreas da atenção à primeira infância, incluindo os conhecimentos sobre direitos da criança e sobre desenvolvimento infantil;

IX (*acrescido pela Lei 13.257, de 8.3.16*) — formação profissional com abrangência dos diversos direitos da criança e do adolescente que favoreça a intersetorialidade no atendimento da criança e do adolescente e seu desenvolvimento integral;

X (*acrescido pela Lei 13.257, de 8.3.16*) — realização e divulgação de pesquisas sobre desenvolvimento infantil e sobre prevenção da violência.

Art. 88: 1. v. art. 259 (disp. trans.).

Art. 88: 1a. s/ competência dos conselhos municipais, v. Lei 12.594, de 18.1.12, art. 5º § 2º.

Art. 88: 2. s/ competência dos conselhos estaduais, v. Lei 12.594, de 18.1.12, art. 4º § 1º.

Art. 88: 3. v. Lei 12.594, de 18.1.12, art. 4º-VII.

Art. 89. A função de membro do Conselho Nacional e dos conselhos estaduais e municipais dos direitos da criança[1] e do adolescente é considerada de interesse público relevante e não será remunerada.

Art. 89: 1. v. arts. 90 § ún., 91-*caput*, 260 e 261.

Capítulo II | DAS ENTIDADES DE ATENDIMENTO

Seção I | DISPOSIÇÕES GERAIS

Art. 90. As entidades de atendimento[1] são responsáveis pela manutenção das próprias unidades, assim como pelo planejamento e execução de programas de proteção e socioeducativos destinados a crianças e adolescentes, em regime de:

I — orientação e apoio sociofamiliar;

II — apoio socioeducativo em meio aberto;

III — colocação familiar;

IV (*redação da Lei 12.010, de 3.8.09*) — acolhimento institucional;[2]

V (*redação da Lei 12.594, de 18.1.12*) — prestação de serviços à comunidade;

VI (*renumerado pela Lei 12.594, de 18.1.12*) — liberdade assistida;[3]

VII (*renumerado pela Lei 12.594, de 18.1.12*) — semiliberdade;[4] e

VIII (*renumerado pela Lei 12.594, de 18.1.12*) — internação.[5]

§ 1º (*redação da Lei 12.010, de 3.8.09*) As entidades governamentais e não governamentais deverão proceder à inscrição de seus programas, especificando os regimes de atendimento, na forma definida neste artigo, no Conselho Municipal dos Direitos da Criança e do Adolescente,[6] o qual manterá registro das inscrições e de suas alterações, do que fará comunicação ao Conselho Tutelar e à autoridade judiciária.

§ 2º (*redação da Lei 12.010, de 3.8.09*) Os recursos destinados à implementação e manutenção dos programas relacionados neste artigo serão previstos nas dotações orçamentárias dos órgãos públicos encarregados das áreas de Educação, Saúde e Assistência Social, dentre outros, observando-se o princípio da prioridade absoluta à criança e ao adolescente preconizado pelo *caput* do art. 227 da Constituição Federal e pelo *caput* e parágrafo único do art. 4º desta Lei.

§ 3º (*redação da Lei 12.010, de 3.8.09*) Os programas em execução serão reavaliados pelo Conselho Municipal dos Direitos da Criança e do Adolescente, no máximo, a cada dois anos, constituindo-se critérios para renovação da autorização de funcionamento:

I — o efetivo respeito às regras e princípios desta Lei, bem como às resoluções relativas à modalidade de atendimento prestado expedidas pelos Conselhos de Direitos da Criança e do Adolescente, em todos os níveis;

II — a qualidade e eficiência do trabalho desenvolvido, atestadas pelo Conselho Tutelar, pelo Ministério Público e pela Justiça da Infância e da Juventude;

III — em se tratando de programas de acolhimento institucional ou familiar, serão considerados os índices de sucesso na reintegração familiar ou de adaptação à família substituta, conforme o caso.

Art. 90: 1. s/ fiscalização, v. arts. 95 a 97.

Art. 90: 2. v. art. 101-VII.

Art. 90: 3. v. arts. 118 a 119; v. tb. art. 94 § 1º.

Art. 90: 4. v. art. 120.

Art. 90: 5. v. arts. 121 a 125.

Art. 90: 6. v. arts. 89, 91-*caput*, 260 e 261 (disp. trans.).

Art. 91. As entidades não governamentais somente poderão funcionar depois de registradas no Conselho Municipal dos Direitos da Criança e do Adolescente,[1] o qual comunicará o registro ao Conselho Tutelar e à autoridade judiciária da respectiva localidade.

§ 1º (*redação da Lei 12.010, de 3.8.09*) Será negado o registro à entidade que:

a) não ofereça instalações físicas em condições adequadas de habitabilidade, higiene, salubridade e segurança;

b) não apresente plano de trabalho compatível com os princípios desta lei;

c) esteja irregularmente constituída;

d) tenha em seus quadros pessoas inidôneas;

e) (*redação da Lei 12.010, de 3.8.09*) não se adequar ou deixar de cumprir as resoluções e deliberações relativas à modalidade de atendimento prestado expedidas pelos Conselhos de Direitos da Criança e do Adolescente, em todos os níveis.

§ 2º (*redação da Lei 12.010, de 3.8.09*) O registro terá validade máxima de quatro anos, cabendo ao Conselho Municipal dos Direitos da Criança e do Adolescente, periodicamente, reavaliar o cabimento de sua renovação, observado o disposto no § 1º deste artigo.

Art. 91: 1. v. arts. 89, 90 § ún., 260 e 261 (disp. trans.).

Art. 92 (*redação da Lei 12.010, de 3.8.09*). As entidades que desenvolvam programas de acolhimento familiar ou institucional deverão adotar os seguintes princípios:[1]

I — preservação dos vínculos familiares e promoção da reintegração familiar;

II — integração em família substituta,[2] quando esgotados os recursos de manutenção na família natural ou extensa;

III — atendimento personalizado e em pequenos grupos;

IV — desenvolvimento de atividades em regime de coeducação;

V — não desmembramento de grupos de irmãos;

VI — evitar, sempre que possível, a transferência para outras entidades de crianças e adolescentes abrigados;

VII — participação na vida da comunidade local;

VIII — preparação gradativa para o desligamento;

IX — participação de pessoas da comunidade no processo educativo.

§ 1º (*redação da Lei 12.010, de 3.8.09*) O dirigente de entidade que desenvolve programa de acolhimento institucional é equiparado ao guardião, para todos os efeitos de direito.[3]

§ 2º (*redação da Lei 12.010, de 3.8.09*) Os dirigentes de entidades que desenvolvem programas de acolhimento familiar ou institucional remeterão à autoridade judiciária, no máximo a cada seis meses, relatório circunstanciado acerca da situação de cada criança ou adolescente acolhido e sua família, para fins da reavaliação prevista no § 1º do art. 19 desta Lei.

§ 3º (*redação da Lei 12.010, de 3.8.09*) Os entes federados, por intermédio dos Poderes Executivo e Judiciário, promoverão conjuntamente a permanente qualificação dos profissionais que atuam direta ou indiretamente em programas de acolhimento institucional e destinados à colocação familiar de crianças e adolescentes, incluindo membros do Poder Judiciário, Ministério Público e Conselho Tutelar.

§ 4º (*redação da Lei 12.010, de 3.8.09*) Salvo determinação em contrário da autoridade judiciária competente, as entidades que desenvolvem programas de acolhimento familiar ou institucional, se necessário com o auxílio do Conselho Tutelar e dos órgãos de assistência social, estimularão o contato da criança ou adolescente com seus pais e parentes, em cumprimento ao disposto nos incisos I e VIII do *caput* deste artigo.

§ 5º (*redação da Lei 12.010, de 3.8.09*) As entidades que desenvolvem programas de acolhimento familiar ou institucional somente poderão receber recursos públicos se comprovado o atendimento dos princípios, exigências e finalidades desta Lei.

§ 6º (*redação da Lei 12.010, de 3.8.09*) O descumprimento das disposições desta Lei pelo dirigente de entidade que desenvolva programas de acolhimento familiar ou institucional é causa de sua destituição, sem prejuízo da apuração de sua responsabilidade administrativa, civil e criminal.

§ 7º (*acrescido pela Lei 13.257, de 8.3.16*) Quando se tratar de criança de 0 (zero) a 3 (três) anos em acolhimento institucional, dar-se-á especial atenção à atuação de educadores de referência estáveis e qualitativamente significativos, às rotinas específicas e ao atendimento das necessidades básicas, incluindo as de afeto como prioritárias.

Art. 92: 1. v. tb. art. 94 § 1º.

Art. 92: 2. v. arts. 28 a 52 e 165 a 170.

Art. 92: 3. v. arts. 33 a 35.

Art. 93 (*redação da Lei 12.010, de 3.8.09*). As entidades que mantenham programa de acolhimento institucional poderão, em caráter excepcional e de urgência, acolher crianças e adolescentes sem prévia determinação da autoridade competente, fazendo comunicação do fato em até 24 (vinte e quatro) horas ao Juiz da Infância e da Juventude, sob pena de responsabilidade.

Parágrafo único (*redação da Lei 12 010, de 3.8.09*). Recebida a comunicação, a autoridade judiciária, ouvido o Ministério Público e se necessário com o apoio do Conselho Tutelar local, tomará as medidas necessárias para promover a imediata reintegração familiar da criança ou do adolescente ou, se por qualquer razão não for isso possível ou recomendável, para seu encaminhamento a programa de acolhimento familiar, institucional ou a família substituta, observado o disposto no § 2º do art. 101 desta Lei.

Art. 94. As entidades que desenvolvem programas de internação têm as seguintes obrigações, entre outras:[1]

I — observar os direitos[2] e garantias[3] de que são titulares os adolescentes;

II — não restringir nenhum direito que não tenha sido objeto de restrição na decisão de internação;

III — oferecer atendimento personalizado, em pequenas unidades e grupos reduzidos;

IV — preservar a identidade e oferecer ambiente de respeito e dignidade ao adolescente;

V — diligenciar no sentido do restabelecimento e da preservação dos vínculos familiares;

VI — comunicar à autoridade judiciária, periodicamente, os casos em que se mostre inviável ou impossível o reatamento dos vínculos familiares;

VII — oferecer instalações físicas em condições adequadas de habitabilidade, higiene, salubridade e segurança e os objetos necessários à higiene pessoal;

VIII — oferecer vestuário e alimentação suficientes e adequados à faixa etária dos adolescentes atendidos;

IX — oferecer cuidados médicos, psicológicos, odontológicos e farmacêuticos;

X — propiciar escolarização e profissionalização;

XI — propiciar atividades culturais, esportivas e de lazer;

XII — propiciar assistência religiosa àqueles que desejarem, de acordo com suas crenças;

XIII — proceder a estudo social e pessoal de cada caso;

XIV — reavaliar periodicamente cada caso, com intervalo máximo de seis meses, dando ciência dos resultados à autoridade competente;

XV — informar, periodicamente, o adolescente internado sobre sua situação processual;

XVI — comunicar às autoridades competentes todos os casos de adolescentes[4] portadores de moléstias infectocontagiosas;

XVII — fornecer comprovante de depósito dos pertences dos adolescentes;

XVIII — manter programas destinados ao apoio e acompanhamento de egressos;

XIX — providenciar os documentos necessários ao exercício da cidadania àqueles que não os tiverem;

XX — manter arquivo de anotações onde constem data e circunstâncias do atendimento, nome do adolescente, seus pais ou responsável, parentes, endereços, sexo, idade, acompanhamento da sua formação, relação de seus pertences e demais dados que possibilitem sua identificação e a individualização do atendimento.

§ 1º (*redação da Lei 12.010, de 3.8.09*) Aplicam-se, no que couber, as obrigações constantes deste artigo às entidades que mantêm programas de acolhimento institucional e familiar.

§ 2º No cumprimento das obrigações a que alude este artigo as entidades utilizarão preferencialmente os recursos da comunidade.

Art. 94: 1. Penalidades: art. 97.

Art. 94: 2. v. art. 124.

Art. 94: 3. v., p. ex., art. 123.

Art. 94: 4. No texto oficial, está "adolescente".

Art. 94-A (*acrescido pela Lei 13.046, de 1.12.14*). As entidades, públicas ou privadas, que abriguem ou recepcionem crianças e adolescentes, ainda que em caráter temporário, devem ter, em seus quadros, profissionais capacitados a reconhecer e reportar ao Conselho Tutelar suspeitas ou ocorrências de maus-tratos.

Seção II | DA FISCALIZAÇÃO DAS ENTIDADES[1]

SEÇ. II: 1. v. Lei 12.594, de 18.1.12, especialmente Cap. V.

Art. 95. As entidades governamentais e não governamentais, referidas no art. 90, serão fiscalizadas pelo Judiciário, pelo Ministério Público[1] e pelos Conselhos Tutelares.[2]

Art. 95: 1. v. arts. 200 a 205.

Art. 95: 2. v. art. 131.

Art. 96. Os planos de aplicação e as prestações de contas serão apresentados ao Estado ou ao Município, conforme a origem das dotações orçamentárias.

Art. 97. São medidas aplicáveis às entidades de atendimento[1] que descumprirem obrigação constante do art. 94, sem prejuízo da responsabilidade civil e criminal de seus dirigentes ou prepostos:[2]

I — às entidades governamentais:

a) advertência;

b) afastamento provisório de seus dirigentes;

c) afastamento definitivo de seus dirigentes;
d) fechamento de unidade ou interdição de programa;
II — às entidades não governamentais:
a) advertência;
b) suspensão total ou parcial do repasse de verbas públicas;
c) interdição de unidades ou suspensão de programa;
d) cassação do registro.

§ 1º (*redação da Lei 12.010, de 3.8.09*) Em caso de reiteradas infrações cometidas por entidades de atendimento, que coloquem em risco os direitos assegurados nesta Lei, deverá ser o fato comunicado ao Ministério Público ou representado perante autoridade judiciária competente para as providências cabíveis, inclusive suspensão das atividades ou dissolução da entidade.

§ 2º (*redação da Lei 12.010, de 3.8.09*) As pessoas jurídicas de direito público e as organizações não governamentais responderão pelos danos que seus agentes causarem às crianças e aos adolescentes, caracterizado o descumprimento dos princípios norteadores das atividades de proteção específica.

Art. 97: 1. s/ apuração de irregularidades, v. arts. 191 a 193.

Art. 97: 2. v. Lei 12.594, de 18.1.12, arts. 11 § ún., 12 § 3º e 28.

S/ multa e advertência, v. art. 193 § 4º.

Título II | DAS MEDIDAS DE PROTEÇÃO

Capítulo I | DISPOSIÇÕES GERAIS

Art. 98. As medidas de proteção à criança e ao adolescente[1-2] são aplicáveis sempre que os direitos reconhecidos nesta lei forem ameaçados ou violados:
I — por ação ou omissão da sociedade ou do Estado;
II — por falta, omissão ou abuso dos pais ou responsável;
III — em razão de sua conduta.

Art. 98: 1. v. arts. 101, 136-I (competência do Conselho Tutelar), 148 § ún. e 201-IV.

Art. 98: 2. "Investigações judiciais no direito da infância e da juventude: da exceção ao desastre", por Cleber Augusto Tonial (Ajuris 88/123).

Capítulo II | DAS MEDIDAS ESPECÍFICAS DE PROTEÇÃO

Art. 99. As medidas previstas neste Capítulo poderão ser aplicadas isolada ou cumulativamente, bem como substituídas a qualquer tempo.[1]

Art. 99: 1. v. art. 113.

Art. 100. Na aplicação das medidas levar-se-ão em conta as necessidades pedagógicas, preferindo-se aquelas que visem ao fortalecimento dos vínculos familiares e comunitários.[1]

Parágrafo único. (*redação da Lei 12.010, de 3.8.09*). São também princípios que regem a aplicação das medidas:

I — condição da criança e do adolescente como sujeitos de direitos: crianças e adolescentes são os titulares dos direitos previstos nesta e em outras Leis, bem como na Constituição Federal;

II — proteção integral e prioritária: a interpretação e aplicação de toda e qualquer norma contida nesta Lei deve ser voltada à proteção integral e prioritária dos direitos de que crianças e adolescentes são titulares;

III — responsabilidade primária e solidária do poder público: a plena efetivação dos direitos assegurados a crianças e a adolescentes por esta Lei e pela Constituição Federal, salvo nos casos por esta expressamente ressalvados, é de responsabilidade primária e solidária das três esferas de governo, sem prejuízo da municipalização do atendimento e da possibilidade da execução de programas por entidades não governamentais;

IV — interesse superior da criança e do adolescente: a intervenção deve atender prioritariamente aos interesses e direitos da criança e do adolescente, sem prejuízo da consideração que for devida a outros interesses legítimos no âmbito da pluralidade dos interesses presentes no caso concreto;[2]

V — privacidade: a promoção dos direitos e proteção da criança e do adolescente deve ser efetuada no respeito pela intimidade, direito à imagem e reserva da sua vida privada;

VI — intervenção precoce: a intervenção das autoridades competentes deve ser efetuada logo que a situação de perigo seja conhecida;

VII — intervenção mínima: a intervenção deve ser exercida exclusivamente pelas autoridades e instituições cuja ação seja indispensável à efetiva promoção dos direitos e à proteção da criança e do adolescente;

VIII — proporcionalidade e atualidade: a intervenção deve ser a necessária e adequada à situação de perigo em que a criança ou o adolescente se encontram no momento em que a decisão é tomada;

IX — responsabilidade parental: a intervenção deve ser efetuada de modo que os pais assumam os seus deveres para com a criança e o adolescente;

X (*redação da Lei 13.509, de 22.11.17*) — prevalência da família: na promoção de direitos e na proteção da criança e do adolescente deve ser dada prevalência às medidas que os mantenham ou reintegrem na sua família natural ou extensa ou, se isso não for possível, que promovam a sua integração em família adotiva;

XI — obrigatoriedade da informação: a criança e o adolescente, respeitado seu estágio de desenvolvimento e capacidade de compreensão, seus pais ou responsável devem ser informados dos seus direitos, dos motivos que determinaram a intervenção e da forma como esta se processa;

XII — oitiva obrigatória e participação: a criança e o adolescente, em separado ou na companhia dos pais, de responsável ou de pessoa por si indicada, bem como os seus pais ou responsável, têm direito a ser ouvidos e a participar nos atos e na definição da medida de promoção dos direitos e de proteção, sendo sua opinião devidamente considerada pela autoridade judiciária competente, observado o disposto nos §§ 1º e 2º do art. 28 desta Lei.

Art. 100: 1. v. art. 113.

Art. 100: 2. "Breves considerações sobre o princípio do melhor interesse da criança e do adolescente", por Camila de Jesus Mello Gonçalves (RJ-Lex 56/11).

Art. 101: 1. v. arts. 105, 112-VII e 136-I e VI (competência do Conselho Tutelar).

Art. 101: 2. v. art. 90-IV.

Art. 101: 3. v. arts. 28 a 52 e 165 a 170.

Art. 102. As medidas de proteção de que trata este Capítulo serão acompanhadas da regularização do registro civil.

§ 1º Verificada a inexistência de registro anterior, o assento de nascimento da criança ou adolescente será feito à vista dos elementos disponíveis, mediante requisição da autoridade judiciária.

§ 2º Os registros e certidões necessárias à regularização de que trata este artigo são isentos de multas, custas e emolumentos,[1] gozando de absoluta prioridade.

§ 3º Caso ainda não definida a paternidade, será deflagrado procedimento específico destinado à sua averiguação, conforme previsto pela Lei n. 8.560, de 29 de dezembro de 1992.[2]

§ 4º Nas hipóteses previstas no § 3º deste artigo, é dispensável o ajuizamento de ação de investigação de paternidade pelo Ministério Público se, após o não comparecimento ou a recusa do suposto pai em assumir a paternidade a ele atribuída, a criança for encaminhada para adoção.

§ 5º (*acrescido pela Lei 13.257, de 8.3.16*) Os registros e certidões necessários à inclusão, a qualquer tempo, do nome do pai no assento de nascimento são isentos de multas, custas e emolumentos, gozando de absoluta prioridade.

§ 6º (*acrescido pela Lei 13.257, de 8.3.16*) São gratuitas, a qualquer tempo, a averbação requerida do reconhecimento de paternidade no assento de nascimento e a certidão correspondente.

Art. 102: 1. v. CF 5º-LXXVI-*a*.

Art. 102: 2. v. Lei 8.560, de 29.12.92, no tít. INVESTIGAÇÃO DE PATERNIDADE, ínt.

Título III | DA PRÁTICA DE ATO INFRACIONAL

Capítulo I | DISPOSIÇÕES GERAIS

Art. 103. Considera-se ato infracional a conduta descrita como crime ou contravenção penal.[1-2]

Art. 103: 1. v. arts. 171 a 190.

Art. 103: 2. "É possível o reconhecimento do princípio da insignificância nas condutas regidas pelo Estatuto da Criança e do Adolescente. O princípio da insignificância surge como instrumento de interpretação restritiva do tipo penal que, de acordo com a dogmática moderna, não deve ser considerado apenas em seu aspecto formal, de subsunção do fato à norma, mas, primordialmente, em seu conteúdo material, de cunho valorativo, no sentido da sua efetiva lesividade ao bem jurídico tutelado pela norma penal, consagrando os postulados da fragmentariedade e da intervenção mínima" (STJ-5ª T., REsp 1.113.155, Min. Arnaldo Esteves, j. 18.8.09, DJ 14.9.09). No caso, o adolescente havia subtraído três barras de chocolate de um supermercado, avaliadas em R$ 12,30. Em sentido semelhante: STF-2ª T., HC 102.655, Min. Celso de Mello, j. 22.6.10, DJ 1.2.13 (caso envolvendo furto de *memory card* com valor equivalente a R$ 15,00, ulteriormente restituído à vítima).

Art. 104. São penalmente inimputáveis os menores de dezoito anos, sujeitos às medidas previstas nesta lei.[1]

Parágrafo único. Para os efeitos desta lei, deve ser considerada a idade do adolescente à data do fato.[2]

Art. 104: 1. v. CF 228.

Art. 104: 2. **Súmula 605 do STJ:** "A **superveniência da maioridade penal** não interfere na apuração de ato infracional nem na aplicabilidade de medida socioeducativa em curso, inclusive na liberdade assistida, enquanto não atingida a idade de 21 anos".

"Para a aplicação das medidas socioeducativas previstas no Estatuto da Criança e do Adolescente — ECA, leva-se em consideração apenas a idade do menor ao tempo do fato (ECA, art. 104, parágrafo único), sendo irrelevante a circunstância de atingir o adolescente a maioridade civil ou penal durante seu cumprimento, tendo em vista que a execução da respectiva medida pode ocorrer até que o autor do ato infracional complete 21 (vinte e um) anos de idade (ECA, art. 2º, § ún., c/c arts. 120, § 2º, e 121, § 5º)" (STJ-5ª T., HC 83.163, Min. Arnaldo Esteves, j. 18.10.07, DJU 5.11.07).

Art. 105. Ao ato infracional praticado por criança corresponderão as medidas previstas no art. 101.[1]

Art. 105: 1. s/ competência, v. art. 136-I.

Capítulo II | DOS DIREITOS INDIVIDUAIS

Art. 106. Nenhum adolescente será privado de sua liberdade senão em flagrante de ato infracional ou por ordem escrita e fundamentada da autoridade judiciária competente.[1]

Parágrafo único. O adolescente tem direito à identificação dos responsáveis pela sua apreensão, devendo ser informado acerca de seus direitos.[2]

Art. 106: 1. Pena: art. 230.

Art. 106: 2. v. art. 173.

Art. 107. A apreensão de qualquer adolescente[1] e o local onde se encontra recolhido serão "incontinenti" comunicados[2] à autoridade judiciária competente[3] e à família do apreendido ou à pessoa por ele indicada.[4]

Parágrafo único. Examinar-se-á, desde logo e sob pena de responsabilidade, a possibilidade de liberação imediata.[5]

Art. 107: 1. v. art. 173-*caput*.

Art. 107: 2. A falta de comunicação imediata é crime (art. 231).

Art. 107: 3. que, sob as penas do art. 234, deverá ordenar a imediata liberação da criança ou do adolescente, se a apreensão for ilegal.

Art. 107: 4. v. nota 2.

Art. 107: 5. O § ún. do art. 107 não consta do DOU, nem de qualquer retificação deste; mas pode ser lido na Coleção de Leis da União.

Art. 108. A internação, antes da sentença, pode ser determinada pelo prazo máximo de quarenta e cinco dias.[1-2]

Parágrafo único. A decisão deverá ser fundamentada e basear-se em indícios suficientes de autoria e materialidade, demonstrada a necessidade imperiosa da medida.

Art. 108: 1. v. art. 183.

Art. 108: 2. "Configura excesso de prazo manter a internação provisória de adolescente por prazo superior a quarenta e cinco dias, sob pena de violar expressa determinação legal (arts. 108 e 183 da Lei 8.069/90). Não se aplica ao ECA o enunciado sumular 52/STJ, segundo o qual, 'encerrada a instrução criminal, fica superada a alegação de constrangimento ilegal', tendo em vista a incompatibilidade com os princípios fundamentais do referido diploma legal, quais sejam, excepcionalidade, brevidade e observância da condição peculiar do menor, que é pessoa em desenvolvimento" (STJ-5ª T., RHC 22.634, Min. Arnaldo Esteves, j. 11.3.08, DJU 2.6.08).

Art. 109. O adolescente civilmente identificado não será submetido a identificação compulsória pelos órgãos policiais, de proteção e judiciais, salvo para efeito de confrontação, havendo dúvida fundada.

Capítulo III | DAS GARANTIAS PROCESSUAIS

Art. 110. Nenhum adolescente será privado de sua liberdade sem o devido processo legal.[1]

Art. 110: 1. v. CF 5º-LIV.

Art. 111. São asseguradas ao adolescente, entre outras, as seguintes garantias:[1]

I — pleno e formal conhecimento da atribuição de ato infracional,[1a] mediante citação ou meio equivalente;

II — igualdade na relação processual,[2] podendo confrontar-se com vítimas e testemunhas e produzir todas as provas necessárias à sua defesa;[2a]

III — defesa técnica por advogado;[3]

IV — assistência judiciária gratuita e integral aos necessitados, na forma da lei;[4]

V — direito de ser ouvido pessoalmente pela autoridade competente;[5-6]

VI — direito de solicitar a presença de seus pais ou responsável em qualquer fase do procedimento.

Art. 111: 1. v. art. 186, especialmente nota 1 (Súmula 342 do STJ).

Art. 111: 1a. v. art. 124-IV.

Art. 111: 2. v. CPC 139-I.

Art. 111: 2a. "A homologação da desistência das partes da produção de outras provas, diante da confissão do adolescente da prática do ato infracional, viola as garantias constitucionais da ampla defesa, do devido processo legal e do contraditório, assegurados aos menores infratores nos arts. 110, 111, II, e 114 do ECA. A simples confissão, por si só, não pode sustentar decisão de internação, devendo o juiz confrontar o seu teor com as demais provas do processo, verificando se existe compatibilidade entre elas, conforme dispõe o art. 197 do CPP, não se podendo abrir mão da produção da prova judicial quando se cuidar de interesse de menor infrator, notadamente por se tratar de direito indisponível" (STJ-6ª T., HC 50.714, Min. Paulo Gallotti, j. 26.9.06, DJ 29.6.09).

Art. 111: 3. v. arts. 126, nota 2b, 184, nota 2, 206 e 207; v. tb. CF 227 § 3º-IV.

Art. 111: 4. v. art. 141 § 1º; v. tb. Lei 1.060, de 5.2.50 (no CPCLPV, tít. ASSISTÊNCIA JUDICIÁRIA).

Art. 111: 5. v. arts. 28 § 1º e 45 § 2º.

Art. 111: 6. Súmula 265 do STJ (Oitiva do menor): "É necessária a oitiva do menor infrator antes de decretar-se a regressão da medida socioeducativa".

Capítulo IV | DAS MEDIDAS SOCIOEDUCATIVAS[1]

CAP. IV: 1. Lei 12.594, de 18.1.12 — Institui o Sistema Nacional de Atendimento Socioeducativo (Sinase), regulamenta a execução das medidas socioeducativas destinadas a adolescente que pratique ato infracional; e altera as Leis 8.069, de 13 de julho de 1990 (Estatuto da Criança e do Adolescente); 7.560, de 19 de dezembro de 1986, 7.998, de 11 de janeiro de 1990, 5.537, de 21 de novembro de 1968, 8.315, de 23 de dezembro de 1991, 8.706, de 14 de setembro de 1993, os Dec. leis 4.048, de 22 de janeiro de 1942, 8.621, de 10 de janeiro de 1946, e a Consolidação das Leis do Trabalho (CLT), aprovada pelo Dec. lei 5.452, de 1º de maio de 1943 (v. texto parcial, adiante, neste tít.).

Seção I | DISPOSIÇÕES GERAIS

Art. 112. Verificada a prática de ato infracional,[1] a autoridade competente poderá aplicar ao adolescente as seguintes medidas:[1a a 2]

I — advertência;[3]

II — obrigação de reparar o dano;[4]

III — prestação de serviços à comunidade;[5]

IV — liberdade assistida;[6]

V — inserção em regime de semiliberdade;[7]

VI — internação em estabelecimento educacional;[8]

VII — qualquer uma das previstas no art. 101, I a VI.

§ 1º A medida aplicada ao adolescente levará em conta a sua capacidade de cumpri-la, as circunstâncias e a gravidade da infração.

§ 2º Em hipótese alguma e sob pretexto algum, será admitida a prestação de trabalho forçado.

§ 3º Os adolescentes portadores de doença ou deficiência mental receberão tratamento individual e especializado, em local adequado às suas condições.

Art. 112: 1. v. art. 103.

Art. 112: 1a. v. Lei 12.594, de 18.1.12, art. 1º § 2º.

Art. 112: 1b. Súmula 338 do STJ: "A prescrição penal é aplicável nas medidas socioeducativas".

"Aplica-se ao menor infrator o instituto da prescrição penal, ainda que não disciplinado na legislação especial a que se submetem os atos infracionais praticados por adolescente (Lei 8.069/90), regendo-se tais hipóteses pelo regime jurídico previsto no Código Penal (art. 115), pois, por ser mais favorável, nesse aspecto, deve ser estendido aos procedimentos de apuração dos atos infracionais, reconhecendo-se a aplicabilidade do benefício que reduz à metade o prazo prescricional em relação ao menor de vinte e um (21) anos" (STF-RT 919/686: 2ª T., HC 107.200-MC).

"O prazo prescricional deve ter por parâmetro, tratando-se de medida socioeducativa aplicada sem termo, a duração máxima da medida de internação (três anos), ou, havendo termo, a duração da medida socioeducativa estabelecida pela sentença. Fixado o prazo, deve ser este reduzido à metade, em decorrência do disposto no art. 115 do Código Penal" (STJ-5ª T., HC 51.931, Min. Arnaldo Esteves, j. 25.9.07, DJU 29.10.07).

"O critério fixado pela jurisprudência desta Corte relativamente à prescrição das medidas socioeducativas consiste na consideração do prazo máximo de três anos, aplicável à internação. Assim, de acordo com as regras do Código Penal, tendo em conta tal indicativo, a prescrição seria de oito anos, mas, como todos os agentes de atos infracionais são menores, tem-se a diminuição pela metade, ou seja, passando, então, a quatro anos. Contudo, ancorando-se em diretriz político-sancionatória mais benéfica, tem-se considerado prazo inferior, nas hipóteses em que a situação do adulto revele lapso menor" (STJ-6ª T., HC 57.825, Min. Maria Thereza, j. 18.6.09, DJ 3.8.09).

"Sendo o ato infracional praticado equiparado a delito que prevê como preceito secundário sanção inferior a 3 anos, o cálculo da prescrição deve ser aferido pela pena máxima em abstrato prevista ao delito praticado. Se a legislação penal estabelece pena inferior ao prazo máximo estipulado para a aplicação da medida socioeducativa de internação

(3 anos), não se pode admitir que se utilize tal parâmetro para o cálculo da prescrição, uma vez que levaria a situações de flagrante desproporcionalidade e injustiça, porquanto se daria tratamento mais rigoroso a adolescente do que a um adulto, em situações análogas" (STJ-5ª T., HC 149.771, Min. Arnaldo Esteves, j. 9.2.10, DJ 15.3.10).

Art. 112: 1c. "Não existe vedação à cumulação de medidas socioeducativas, aplicadas autonomamente por atos infracionais diversos, desde que respeitado, em cada uma delas, o limite do art. 121, § 3º, da Lei 8.069/90" (STJ-5ª T., REsp 828.055, Min. Laurita Vaz, j. 7.11.06, DJU 18.12.06).

Art. 112: 1d. "A existência de relatório recomendando a substituição da medida socioeducativa não vincula o magistrado, que pode, em face do princípio do livre convencimento fundamentado, justificar a manutenção da internação do menor com base em outras provas. *In casu*, existindo dois relatórios com conclusões antagônicas entre si, entendeu por bem o Juízo de primeiro grau adotar as razões de um deles, de forma motivada, para manter a medida de internação, tendo em vista a necessidade de ressocialização, o descumprimento de medida de liberdade assistida anteriormente deferido e a fragilidade do ambiente familiar do menor, atendendo, assim, às circunstâncias concretas do caso e ao princípio da proteção integral consagrado no ECA" (STJ-5ª T., HC 88.033, Min. Felix Fischer, j. 1.4.08, DJU 23.6.08).

Art. 112: 1e. "A aplicação da circunstância atenuante de confissão, prevista no art. 65, III, *d*, do Código Penal, é impossível em sede de procedimento relativo a ato infracional submetido ao Estatuto da Criança e do Adolescente" (STJ-5ª T., HC 101.739, Min. Arnaldo Esteves, j. 4.2.10, DJ 8.3.10).

Art. 112: 2. Quanto às medidas dos incisos II a VI, v. art. 114-*caput*.

Art. 112: 3. v. arts. 114 § ún. e 115.

Art. 112: 4. v. art. 116.

Art. 112: 5. v. art. 117.

Art. 112: 6. v. arts. 118 a 119.

Art. 112: 7. v. art. 120.

Art. 112: 8. v. arts. 121 a 125.

Art. 113. Aplica-se a este Capítulo o disposto nos arts. 99 e 100.[1-2]

Art. 113: 1. "À luz dos arts. 99, 100 e 113 do ECA, é cabível a substituição de medida anteriormente imposta em sentença transitada em julgado, quando verificada sua insuficiência à ressocialização do adolescente, tendo em vista que o Magistrado deve estar atento às condutas supervenientes dos menores, respeitando-se, à toda evidência, os postulados da ampla defesa e do contraditório" (STJ-5ª T., HC 92.157, Min. Napoleão Maia Filho, j. 27.3.08, DJU 28.4.08).

"Cabe ao Juízo das Execuções, a teor dos arts. 99, 100 e 113 do ECA, determinar a substituição da medida socioeducativa imposta ao adolescente, quando esta se mostrar inadequada à sua ressocialização. *In casu*, aplicadas as medidas de liberdade assistida e prestação de serviços à comunidade, e constatado seu descumprimento injustificado, revelando-se inadequadas à proteção e interesse do adolescente, mostra-se escorreito o *decisum* que as substituiu pela medida socioeducativa de semiliberdade, com suporte em parecer técnico e em consonância com a finalidade da Lei 8.069/90" (STJ-5ª T., HC 125.760, Min. Felix Fischer, j. 21.5.09, DJ 3.8.09).

V. tb. art. 122, nota 1c.

Art. 113: 2. "A pretensão de unificação das medidas socioeducativas impostas, como decorrência da prática de diversos atos infracionais, é contrária aos arts. 99 e 113 do ECA, que autorizam a aplicação de medidas cumulativamente" (STJ-5ª T., RHC 26.922, Min. Napoleão Maia Filho j. 13.4.10, DJ 10.5.10).

Art. 114. A imposição das medidas previstas nos incisos II a VI do art. 112 pressupõe a existência de provas suficientes da autoria e da materialidade da infração, ressalvada a hipótese de remissão, nos termos do art. 127.

Parágrafo único. A advertência poderá ser aplicada sempre que houver prova da materialidade e indícios suficientes da autoria.

Seção II | DA ADVERTÊNCIA

Art. 115. A advertência consistirá em admoestação verbal, que será reduzida a termo e assinada.[1]

Art. 115: 1. v. art. 114 § ún.

Seção III | DA OBRIGAÇÃO DE REPARAR O DANO

Art. 116. Em se tratando de ato infracional com reflexos patrimoniais, a autoridade poderá determinar, se for o caso, que o adolescente restitua a coisa, promova o ressarcimento do dano,[1] ou, por outra forma, compense o prejuízo da vítima.

Parágrafo único. Havendo manifesta impossibilidade, a medida poderá ser substituída por outra adequada.

Art. 116: 1. cf. CC 928, 932-I e 933.

Seção IV | DA PRESTAÇÃO DE SERVIÇOS À COMUNIDADE

Art. 117. A prestação de serviços comunitários consiste na realização de tarefas gratuitas de interesse geral, por período não excedente a seis meses, junto a entidades assistenciais, hospitais, escolas e outros estabelecimentos congêneres, bem como em programas comunitários ou governamentais.

Parágrafo único. As tarefas serão atribuídas conforme as aptidões do adolescente, devendo ser cumpridas durante jornada máxima de oito horas semanais, aos sábados, domingos e feriados ou em dias úteis, de modo a não prejudicar a frequência à escola ou à jornada normal de trabalho.

Seção V | DA LIBERDADE ASSISTIDA

Art. 118. A liberdade assistida será adotada sempre que se afigurar a medida mais adequada para o fim de acompanhar, auxiliar e orientar o adolescente.

§ 1º A autoridade designará pessoa capacitada para acompanhar o caso, a qual poderá ser recomendada por entidade ou programa de atendimento.

§ 2º A liberdade assistida será fixada pelo prazo mínimo de seis meses, podendo a qualquer tempo ser prorrogada, revogada ou substituída por outra medida, ouvido o orientador, o Ministério Público e o defensor.

Art. 119. Incumbe ao orientador, com o apoio e a supervisão da autoridade competente, a realização dos seguintes encargos, entre outros:

I — promover socialmente o adolescente e sua família, fornecendo-lhes orientação e inserindo-os, se necessário, em programa oficial ou comunitário de auxílio e assistência social;

II — supervisionar a frequência e o aproveitamento escolar do adolescente, promovendo, inclusive, sua matrícula;

III — diligenciar no sentido da profissionalização do adolescente e de sua inserção no mercado de trabalho;

IV — apresentar relatório do caso.

Seção VI | DO REGIME DE SEMILIBERDADE

Art. 120. O regime de semiliberdade pode ser determinado desde o início, ou como forma de transição para o meio aberto, possibilitada a realização de atividades externas, independentemente de autorização judicial.[1-1a]

§ 1º É obrigatória a escolarização e a profissionalização, devendo, sempre que possível, ser utilizados os recursos existentes na comunidade.

§ 2º A medida não comporta prazo determinado, aplicando-se, no que couber, as disposições relativas à internação.[2]

Art. 120: 1. "A medida de semiliberdade é cabível desde o início, quando há fundamentação idônea a demonstrar a sua necessidade à ressocialização do menor, considerando-se, para tanto, as suas condições pessoais e as circunstâncias do caso concreto. A existência de laudo psicossocial desfavorável, bem como a apreensão do menor em flagrante portando considerável quantidade de entorpecente — 6 (seis) trouxas de maconha, 9 (nove) pedras de crack e 10 (dez) microtubos de cocaína, demonstram a potencialidade lesiva da infração praticada e a necessidade da medida adotada" (STJ-5ª T., HC 120.085, Min. Jorge Mussi, j. 14.4.09, DJ 25.5.09).

Art. 120: 1a. "O art. 120 da Lei n. 8.069/90 garante a realização de atividades externas independentemente de autorização judicial. O Estado tem o dever de assegurar à criança e ao adolescente o direito à convivência familiar [art. 227, *caput*, da Constituição do Brasil]. O objetivo maior da Lei n. 8.069/90 é a proteção integral à criança e ao adolescente, aí compreendida a participação na vida familiar e comunitária. Restrições a essas garantias somente são possíveis em situações extremas, decretadas com cautela em decisões fundamentadas, o que no caso não se dá. Ordem parcialmente concedida para permitir ao paciente a realização de atividades externas e visitas à família sem a imposição de qualquer condição pelo Juízo da Vara da Infância e Juventude" (STF-2ª T. HC 98.518, Min. Eros Grau, j. 25.5.10, DJ 18.6.10).

Art. 120: 2. O advento da maioridade não faz cessar o regime de semiliberdade, que pode se estender até os 21 anos, nos termos do art. 121 § 5º (STF-2ª T., HC 90.248, Min. Eros Grau, j. 13.3.07, DJU 27.4.07).

Seção VII | DA INTERNAÇÃO

Art. 121. A internação constitui medida privativa da liberdade, sujeita aos princípios de brevidade, excepcionalidade e respeito à condição peculiar de pessoa em desenvolvimento.

§ 1º Será permitida a realização de atividades externas, a critério da equipe técnica da entidade, salvo expressa determinação judicial em contrário.[1]

§ 2º A medida não comporta prazo determinado, devendo sua manutenção ser reavaliada, mediante decisão fundamentada, no máximo a cada seis meses.

§ 3º Em nenhuma hipótese o período máximo de internação excederá a três anos.[1a]

§ 4º Atingido o limite estabelecido no parágrafo anterior, o adolescente deverá ser liberado, colocado em regime de semiliberdade[1b] ou de liberdade assistida.[2]

§ 5º A liberação será compulsória aos vinte e um anos de idade.[3]

§ 6º Em qualquer hipótese a desinternação será precedida de autorização judicial, ouvido o Ministério Público.

§ 7º (*redação da Lei 12.594, de 18.1.12*) A determinação judicial mencionada no § 1º poderá ser revista a qualquer tempo pela autoridade judiciária.

Art. 121: 1. v. Lei 12.594, de 18.1.12, art. 50.

Art. 121: 1a. "O prazo de 3 anos previsto no art. 121, § 3º, da Lei 8.069/90 é contado separadamente em cada medida socioeducativa de internação aplicada por fatos distintos" (STJ-5ª T., RHC 12.187, Min. Felix Fischer, j. 5.2.02, DJU 4.3.02).

Art. 121: 1b. v. art. 120.

Art. 121: 2. v. arts. 118 a 119.

Art. 121: 3. "Não houve qualquer modificação na interpretação do art. 121, § 5º, da Lei 8.069/90, frente à nova maioridade civil tratada no art. 5º da Lei 10.406/02. Assim, deve permanecer a idade de 21 anos como limite para a concessão da liberdade compulsória àqueles que estejam cumprindo as medidas socioeducativas aplicadas com base no ECA" (STJ-5ª T., HC 83.161, Min. Felix Fischer, j. 29.8.07, DJU 5.11.07). No mesmo sentido: STF-1ª T., HC 96.745, Min. Carlos Britto, j. 28.4.09, um voto vencido, DJ 29.5.09; STJ-6ª T., HC 38.019, Min. Quaglia Barbosa, j. 19.5.05, DJU 27.6.05.

Art. 122. A medida de internação só poderá ser aplicada quando:[1 a 1c]

I — tratar-se de ato infracional cometido mediante grave ameaça ou violência a pessoa;[2]

II — por reiteração no cometimento de outras infrações graves;[3-4]

III — por descumprimento reiterado e injustificável da medida anteriormente imposta.[4a a 6]

§ 1º (*redação da Lei 12.594, de 18.1.12*) O prazo de internação na hipótese do inciso III deste artigo não poderá ser superior a 3 (três) meses, devendo ser decretada judicialmente após o devido processo legal.

§ 2º Em nenhuma hipótese será aplicada a internação, havendo outra medida adequada.

Art. 122: 1. v. Lei 12.594, de 18.1.12, art. 35-V.

Art. 122: 1a. **Súmula 492 do STJ:** "O ato infracional análogo ao tráfico de drogas, por si só, não conduz obrigatoriamente à imposição de medida socioeducativa de internação do adolescente".

"A internação medida socioeducativa extrema, está autorizada nas hipóteses taxativamente elencadas no art. 122 do ECA, o que denota a ilegalidade da constrição determinada em desfavor do ora paciente, cujo ato infracional — tráfico ilícito de entorpecentes — deu-se sem uso de violência ou grave ameaça à pessoa" (STJ-5ª T., HC 80.750, Min. Laurita Vaz, j. 25.10.07, DJU 19.11.07). No mesmo sentido: STJ-6ª T., HC 36.886, Min. Paulo Gallotti, j. 16.11.04, DJ 25.5.09.

"O cometimento do ato equiparado ao crime de tráfico de entorpecentes e porte de arma não autoriza o internamento do menor infrator" (STJ-6ª T., HC 29.568, Min. Paulo Gallotti, j. 4.5.04, DJ 29.6.09).

"A prática de atos infracionais análogos aos delitos de tráfico de entorpecentes, porte ilegal de arma e direção sem habilitação, em razão da sua gravidade abstrata, por si só, não autorizam a segregação do menor" (STJ-5ª T., HC 132.563, Min. Jorge Mussi, j. 16.6.09, DJ 3.8.09).

"A gravidade do ato infracional equivalente ao delito de receptação não enseja, por si só, a aplicação da medida socioeducativa de internação, se a infração não foi praticada mediante grave ameaça ou violência à pessoa" (STJ-5ª T., REsp 1.000.478, Min. Felix Fischer, j. 16.9.08, DJ 10.11.08).

Todavia: "O ato infracional em tela — equiparado ao crime de tráfico de drogas — não justifica, por si só, a aplicação da medida socioeducativa de internação, pois não envolveu grave ameaça ou violência a pessoa. Contudo, a medida de internação se justifica, diante da reiteração no cometimento de infrações graves, como verificado no caso. Mostrando-se insuficiente a medida socioeducativa aplicada anteriormente, mostra-se recomendável a medida de internação" (STF-1ª T., HC 84.218, Min. Joaquim Barbosa, j. 24.11.04, DJU 18.4.08).

Art. 122: 1b. "Os arts. 121 e 122 do Estatuto da Criança e do Adolescente impõem que a internação seja aplicada somente em casos excepcionais, não sendo suficiente que a infração seja cometida mediante grave ameaça ou violência à pessoa, devendo ser demonstrado, com elementos concretos nos autos, que não existe outra medida mais adequada. Na situação sob exame, trata-se de um roubo tentado, em que as vítimas conseguiram fugir do local, não havendo, nos autos, outras circunstâncias que evidenciem a necessidade da medida excepcional. Ordem concedida para anular a imposição da medida socioeducativa de internação, mantendo, no mais, a sentença condenatória, bem como para determinar ao juízo de primeiro grau que aplique outra medida que entender adequada" (STF-RT 913/471: 2ª T., HC 109.395).

"Conquanto seja firme o magistério jurisprudencial do STJ no sentido de que o ato infracional cometido com violência ou grave ameaça a pessoa é passível de aplicação da medida socioeducativa de internação (art. 122, inc. I, da Lei 8.069/90), tal orientação não afasta a necessidade de que sejam observados os princípios adotados pelo ECA na aferição da medida mais adequada à recuperação, formação e reeducação do adolescente infrator. Tratando-se de menor inimputável, não existe pretensão punitiva estatal propriamente, mas apenas pretensão educativa, que, na verdade, é dever não só do Estado, mas da família, da comunidade e da sociedade em geral, conforme disposto expressamente na legislação de regência (Lei 8.069/90, art. 4º). Para a aferição da medida socioeducativa mais adequada às finalidades do ECA, devem ser consideradas as condições pessoais e as circunstâncias do caso concreto, não sendo automática a aplicação da internação a adolescente representado pela prática de ato infracional cometido mediante violência ou grave ameaça a pessoa, tendo em vista a própria excepcionalidade da medida mais severa (art. 122, § 2º, do ECA). No caso, evidencia-se a existência de constrangimento ilegal na decisão que determinou a aplicação de medida socioeducativa de internação ao paciente baseada na gravidade abstrata do ato, sem apontar relevante motivo concreto que justificasse a imposição de medida mais gravosa. Ordem concedida para anular a sentença e o acórdão recorrido no tocante à medida imposta, determinando-se ao juiz sentenciante que profira nova decisão, devidamente fundamentada, aguardando o paciente em liberdade assistida" (STJ-5ª T., HC 83.315, Min. Arnaldo Esteves, j. 21.2.08, DJU 26.5.08).

"Apesar de o ECA permitir a internação de jovem que comete ato infracional com violência à pessoa, suas condições pessoais e as circunstâncias do caso concreto devem ser considerados para fins de se concluir pela necessidade de imposição da medida mais gravosa, visando ao atendimento dos objetivos do sistema. Tratando-se de adolescente primário, com bons antecedentes, além do ato infracional por ele praticado ter sido cometido mediante simulação de emprego de arma de fogo, a qual não representa potencialidade lesiva à vítima, resta evidenciado o apontado constrangimento ilegal" (STJ-5ª T., HC 49.165, Min. Gilson Dipp, j. 29.6.06, DJU 21.8.06).

Art. 122: 1c. "Se o adolescente, injustificadamente, deixa de cumprir a medida socioeducativa imposta para a sua ressocialização, é possível que o juiz da execução substitua a medida prevista em sentença transitada em julgado. Quando houver enquadramento à hipótese do inciso II do artigo 122 do ECA, é permitida a substituição da medida socioeducativa anteriormente imposta pela de internação por prazo determinado" (STJ-6ª T., HC 57.154, Min. Paulo Gallotti, j. 26.9.06, DJ 29.6.09).

"Sem ofensa à coisa julgada e ao devido processo legal, nos termos dos arts. 90 e 113 do ECA, pode o juiz da execução substituir medida socioeducativa imposta em sentença já passada em julgado se o menor infrator deixar de cumpri-la injustificadamente, além de se envolver na prática de novo ato típico. Quando houver enquadramento à hipótese do inciso I do artigo 122 do ECA, é permitida a substituição da medida socioeducativa anteriormente imposta pela de internação por prazo indeterminado" (STJ-6ª T., HC 58.418, Min. Paulo Gallotti, j. 21.9.06, DJ 29.6.09).

Art. 122: 2. "A prática de ato infracional análogo ao crime de homicídio duplamente qualificado autoriza a manutenção da segregação do paciente, por enquadrar-se no art. 122, I, do diploma pertinente" (STJ-5ª T., HC 92.152, Min. Jorge Mussi, j. 18.12.08, DJ 22.6.09).

"Demonstrado pelo Juízo singular a necessidade concreta da medida socioeducativa de internação e tendo o paciente praticado ato infracional equiparado ao delito de homicídio qualificado, não se configura constrangimento ilegal a aplicação de tal medida" (STJ-5ª T., HC 81.337, Min. Arnaldo Esteves, j. 26.5.09, DJ 29.6.09).

"A prática de ato infracional análogo ao crime de latrocínio tentado autoriza a segregação do paciente, por enquadrar-se no art. 122, I, do ECA" (STJ-5ª T., HC 152.000, Min. Jorge Mussi, j. 11.5.10, DJ 28.6.10).

"Demonstrado pelo Juízo singular a necessidade concreta da medida socioeducativa de internação e tendo o paciente praticado ato infracional equiparado ao delito de roubo circunstanciado, não se configura constrangimento ilegal a aplicação de tal medida" (STJ-5ª T., HC 91.580, Min. Arnaldo Esteves, j. 26.5.09, DJ 29.6.09). No mesmo sentido: STJ-6ª T., HC 133.085, Min. Og Fernandes, j. 23.2.10, DJ 22.3.10.

Art. 122: 3. "A reiteração é caracterizada quando cometidos, ao menos, três atos infracionais. A prática de duas infrações gera reincidência, não prevista como fundamento a ensejar aplicação da medida socioeducativa de internação" (STJ-5ª T., HC 62.294, Min. Arnaldo Esteves, j. 13.2.07, DJU 12.3.07). No mesmo sentido: STJ-6ª T., HC 160.224, Min. Maria Thereza, j. 20.4.10, DJ 10.5.10. **Contra,** aplicando a pena de internação mesmo quando praticados dois atos infracionais: "Não existe fundamento legal para o argumento de que é necessário o número mínimo de três atos infracionais graves para a incidência do inciso II do art. 122 do Estatuto da Criança e do Adolescente" (STJ-5ª T., HC 280.478, Min. Marco Bellizze, j. 18.2.14, DJ 26.2.14).

No sentido de que a caracterização da reiteração não depende do trânsito em julgado das decisões condenatórias anteriores: STJ-5ª T., HC 262.387, Min. Laurita Vaz, j. 12.3.13, DJ 19.3.13.

"Apesar de o adolescente ter respondido a outros procedimentos, nos quais foi beneficiado com a remissão, em obediência ao art. 127 do ECA, o qual dispõe que 'a remissão não implica necessariamente o reconhecimento ou comprovação da responsabilidade, nem prevalece para efeito de antecedentes', não se pode considerar tais práticas infracionais para justificar a imposição da medida socioeducativa mais gravosa" (STJ-5ª T., HC 198.447, Min. Gilson Dipp, j. 4.8.11, DJ 17.8.11).

Art. 122: 4. "O delito de porte de drogas, descrito no artigo 16 da Lei 6.368/76, sancionado com pena de detenção, não caracteriza ato infracional de natureza grave, que a doutrina e a jurisprudência apontam como sendo aqueles punidos com reclusão" (STJ-6ª T., HC 25.752, Min. Paulo Gallotti, j. 9.3.04, DJ 29.6.09).

Art. 122: 4a. v. Lei 12.594, de 18.1.12, art. 43 § 4º.

Art. 122: 5. "A decretação de internação pelo descumprimento reiterado e injustificado de medida anteriormente imposta, hipótese prevista no inciso III do art. 122 do Estatuto da Criança e do Adolescente (ECA — Lei 8.069/90), deve, necessariamente, ser precedida da oitiva do adolescente infrator (art. 111, V, do ECA), sob pena de ofensa aos princípios constitucionais do contraditório e da ampla defesa (Súmula 265/STJ)" (STJ-5ª T., HC 88.053, Min. Arnaldo Esteves, j. 6.3.08, DJU 2.6.08).

Autorizando a internação nas seguintes condições: "Não há que se falar em constrangimento ilegal, eis que ao adolescente foi garantido o direito de ser ouvido, nos termos do art. 111, inciso V, do Estatuto da Criança e do Adolescente e da Súmula 265 desta Corte, não sendo possível o cumprimento da oitiva prévia pelo fato de o menor estar foragido" (STJ-6ª T., HC 183.490, Min. Og Fernandes, j. 22.3.12, maioria, DJ 18.6.12).

Art. 122: 6. "Apesar de o menor ter cometido ato infracional mediante grave ameaça e violência à pessoa, o que autorizaria, em tese, a aplicação imediata da medida socioeducativa de internação, a teor do disposto no art. 122, inciso I, do ECA, o magistrado de primeiro grau, em respeito ao princípio da excepcionalidade, previsto no art. 121 do aludido diploma, decidiu aplicar inicialmente a medida socioeducativa de semiliberdade. A internação, de fato, parece ser a medida socioeducativa mais adequada ao processo de ressocialização do adolescente, que, como restou evidenciado nos autos, descumpriu a medida de semiliberdade, por duas vezes, ao evadir-se da unidade educacional, encontrando-se, neste momento, em lugar desconhecido. Como a internação foi imposta com base no inciso III do artigo 122 do ECA, a substituição da medida socioeducativa anteriormente aplicada pela de internação deve ter prazo determinado, observando-se o limite de três meses previsto no seu parágrafo primeiro" (STJ-6ª T., HC 42.755, Min. Paulo Gallotti, j. 20.9.05, DJ 22.6.09).

Art. 123. A internação deverá ser cumprida em entidade exclusiva para adolescentes, em local distinto daquele destinado ao abrigo, obedecida rigorosa separação por critérios de idade, compleição física e gravidade da infração.

Parágrafo único. Durante o período de internação, inclusive provisória, serão obrigatórias atividades pedagógicas.

Art. 124. São direitos do adolescente privado de liberdade, entre outros, os seguintes:

I — entrevistar-se pessoalmente com o representante do Ministério Público;

II — peticionar diretamente a qualquer autoridade;[1-2]

III — avistar-se reservadamente com seu defensor;[3]

IV — ser informado de sua situação processual, sempre que solicitada;

V — ser tratado com respeito e dignidade;

VI — permanecer internado na mesma localidade ou naquela mais próxima ao domicílio de seus pais ou responsável; [3a]

VII — receber visitas, ao menos semanalmente;[4]

VIII — corresponder-se com seus familiares e amigos;[5]

IX — ter acesso aos objetos necessários à higiene e asseio pessoal;

X — habitar alojamento em condições adequadas de higiene e salubridade;

XI — receber escolarização e profissionalização;[6]

XII — realizar atividades culturais, esportivas e de lazer;

XIII — ter acesso aos meios de comunicação social;

XIV — receber assistência religiosa, segundo a sua crença, e desde que assim o deseje;

XV — manter a posse de seus objetos pessoais e dispor de local seguro para guardá-los, recebendo comprovante daqueles porventura depositados em poder da entidade;

XVI — receber, quando de sua desinternação, os documentos pessoais indispensáveis à vida em sociedade.

§ 1º Em nenhum caso haverá incomunicabilidade.

§ 2º A autoridade judiciária poderá suspender temporariamente a visita, inclusive de pais ou responsável, se existirem motivos sérios e fundados de sua prejudicialidade aos interesses do adolescente.

Art. 124: 1. Pena: art. 246.

Art. 124: 2. v., p. ex., art. 128.

Art. 124: 3. v. § 2º. Pena: art. 246.

Art. 124: 3a. "Nos termos do art. 124, VI, do Estatuto da Criança e do Adolescente, tem o menor infrator sob o regime de internação direito de ser custodiado no local ou na localidade mais próxima ao domicílio de seus pais. Entretanto, tal direito não é absoluto, podendo ser afastado em casos excepcionais. *In casu*, não se mostra razoável a manutenção de adolescente em unidade de internação com superlotação, pois ela se mostra incapaz de manter e educar os jovens submetidos à medida socioeducativa de maneira adequada, ficando demonstrada a necessidade de transferência de alguns adolescentes para outras unidades, a fim de resguardar os seus direitos individuais e de respeitar o princípio constitucional da dignidade da pessoa humana. Apresenta-se coerente o critério adotado pela Administração para a transferência do adolescente, uma vez que, não sendo residente em Belo Horizonte, foi transferido para outra comarca para que os menores que morassem na capital pudessem continuar ali internados. Porém, tão logo seja possível fazê-lo, deve o menor ser colocado em uma unidade de internação sem superlotação próxima à residência de sua família, para facilitar o convívio e a ressocialização do adolescente" (STJ-6ª T., HC 287.618, Min. Sebastião Reis Jr., j. 13.5.14, DJ 2.6.14).

Art. 124: 4. Pena: art. 246.

Art. 124: 5. Pena: art. 246.

Art. 124: 6. Pena: art. 246.

Art. 125. É dever do Estado zelar pela integridade física e mental dos internos, cabendo-lhe adotar as medidas adequadas de contenção e segurança.

Capítulo V | DA REMISSÃO

Art. 126. Antes de iniciado o procedimento judicial para apuração de ato infracional,[1] o representante do Ministério Público poderá conceder a remissão,[2 a 2b] como forma de exclusão do processo, atendendo às circunstâncias e consequências do fato, ao contexto social, bem como à personalidade do adolescente e sua maior ou menor participação no ato infracional.

Parágrafo único. Iniciado o procedimento, a concessão da remissão pela autoridade judiciária[3-4] importará na suspensão ou extinção do processo.[5-6]

Art. 126: 1. v. art. 180-II.

Art. 126: 2. "O MP pode conceder a remissão com força de exclusão do processo. Urge, porém, homologação judicial, quando implicar aplicação de medida socioeducativa" (RSTJ 56/239).

V. art. 181-*caput*.

Art. 126: 2a. Súmula 23 do TJRS: "O Ministério Público pode conceder remissão cumulativamente com medida socioeducativa não privativa da liberdade, como forma de exclusão do processo. Não concordando a autoridade judicial com os termos da remissão remeterá ao Procurador-Geral de Justiça".

Art. 126: 2b. "A remissão, nos moldes dos arts. 126 e ss. do ECA, implica a submissão a medida socioeducativa sem processo. Tal providência, com significativos efeitos na esfera pessoal do adolescente, deve ser imantada pelo devido processo legal. Dada a carga sancionatória da medida possivelmente assumida, é imperioso que o adolescente se faça acompanhar por advogado, visto que a defesa técnica, apanágio da ampla defesa, é irrenunciável" (STJ-6ª T., HC 67.826, Min. Maria Thereza, j. 9.6.09, DJ 1.7.09).

Art. 126: 3. v. art. 186 § 1º.

Art. 126: 4. Diferem os dois tipos de remissão:

— a concedida pelo Ministério Público (*caput* do art. 126) e homologada pelo juiz (art. 181-*caput*) acarreta a impossibilidade de início de processo para apuração de qualquer ato infracional praticado pelo adolescente;

— a concedida pelo juiz (parágrafo único do art. 126) pressupõe um processo iniciado e acarreta a sua suspensão ou extinção.

Art. 126: 5. v. art. 188.

Art. 126: 6. "Reiteração de atos infracionais da mesma natureza. Possibilidade da revogação da remissão com a consequente retomada da ação socioeducativa e imposição de medida de liberdade assistida" (STJ-5ª T., REsp 1.368.208, Min. Moura Ribeiro, j. 5.11.13, DJ 11.11.13).

Art. 127. A remissão não implica necessariamente o reconhecimento ou comprovação da responsabilidade,[1] nem prevalece para efeito de antecedentes, podendo incluir eventualmente a aplicação de qualquer das medidas previstas em lei, exceto a colocação em regime de semiliberdade e a internação.[2 a 4]

Art. 127: 1. cf. art. 114-*caput*.

Art. 127: 2. v. art. 126 e notas.

Art. 127: 3. Afirmando incidentalmente a constitucionalidade do art. 127, "porquanto, em face das características especiais do sistema de proteção ao adolescente implantado pela Lei 8.069/90, que mesmo no procedimento judicial para a apuração do ato infracional, como o próprio aresto recorrido reconhece, não se tem em vista a imposição de pena criminal ao adolescente infrator, mas a aplicação de medida de caráter sociopedagógico para fins de orientação e de reeducação, sendo que, em se tratando de remissão com aplicação de uma dessas medidas, ela se despe de qualquer característica de pena, porque não exige o reconhecimento ou a comprovação da responsabilidade, não prevalece para efeito de antecedentes, e não se admite a de medida dessa natureza que implique privação parcial ou total da liberdade, razão por que pode o Juiz, no curso do procedimento judicial, aplicá-la, para suspendê-lo ou extingui-lo (art. 188 do ECA), em qualquer momento antes da sentença, e, portanto, antes de ter necessariamente por comprovadas a apuração da autoria e a materialidade do ato infracional": STF-Pleno, RE 229.382, Min. Moreira Alves, j. 26.6.02, um voto vencido, DJU 31.10.02.

Art. 127: 4. "A remissão pré-processual concedida pelo Ministério Público, antes mesmo de se iniciar o procedimento no qual seria apurada a responsabilidade, não é incompatível com a imposição de medida socioeducativa de advertência, porquanto não possui esta caráter de penalidade. Ademais, a imposição de tal medida não prevalece para fins de antecedentes e não pressupõe a apuração de responsabilidade" (STF-2ª T., RE 248.018, Min. Joaquim Barbosa, j. 6.5.08, DJU 20.6.08).

"Não há constrangimento ilegal quando a remissão é cumulada com medida de liberdade assistida, pois esse instituto pode ser aplicado juntamente com outras medidas que não impliquem restrição da liberdade do menor, nos exatos termos do art. 127 do Estatuto da Criança e do Adolescente" (STJ-6ª T., HC 177.611, Min. Og Fernandes, j. 1.3.12, DJ 21.5.12).

Art. 128. A medida aplicada por força da remissão poderá ser revista judicialmente,[1] a qualquer tempo, mediante pedido expresso do adolescente ou de seu representante legal, ou do Ministério Público.

Art. 128: 1. s/ competência para revisão da remissão, v. art. 147, nota 2a.

Título IV | DAS MEDIDAS PERTINENTES AOS PAIS OU RESPONSÁVEL

Art. 129. São medidas aplicáveis aos pais ou responsável:[1]

I (*redação da Lei 13.257, de 8.3.16*) — encaminhamento a serviços e programas oficiais ou comunitários de proteção, apoio e promoção da família;

II — inclusão em programa oficial ou comunitário de auxílio, orientação e tratamento a alcoólatras e toxicômanos;

III — encaminhamento a tratamento psicológico ou psiquiátrico;

IV — encaminhamento a cursos ou programas de orientação;

V — obrigação de matricular o filho ou pupilo e acompanhar sua frequência e aproveitamento escolar;

VI — obrigação de encaminhar a criança ou adolescente a tratamento especializado;

VII — advertência;[2]

VIII — perda da guarda;[3]

IX — destituição da tutela;[4]

X (*redação da Lei 12.010, de 3.8.09*) — suspensão ou destituição do poder familiar.[5]

Parágrafo único. Na aplicação das medidas previstas nos incisos IX e X deste artigo, observar-se-á o disposto nos arts. 23 e 24.

Art. 129: 1. É da competência do Conselho Tutelar (v. art. 136-II) a aplicação das medidas previstas nos incisos I a VII.

Art. 129: 2. v. arts. 114 § ún. e 115.

Art. 129: 3. v. arts. 33 a 35.

Art. 129: 4. v. art. 164.

Art. 129: 5. v. arts. 155 a 163.

Art. 130. Verificada a hipótese de maus-tratos,[1] opressão ou abuso sexual impostos pelos pais ou responsável, a autoridade judiciária poderá determinar, como medida cautelar, o afastamento do agressor da moradia comum.

Parágrafo único (*redação da Lei 12.415, de 9.6.11*). Da medida cautelar constará, ainda, a fixação provisória dos alimentos de que necessitem a criança ou o adolescente dependentes do agressor.

Art. 130: 1. No caso de tortura, v. art. 233.

Título V | DO CONSELHO TUTELAR

Capítulo I | DISPOSIÇÕES GERAIS

Art. 131. O Conselho Tutelar é órgão permanente e autônomo, não jurisdicional, encarregado pela sociedade de zelar pelo cumprimento dos direitos da criança e do adolescente, definidos nesta lei.

Art. 132 (*redação da Lei 13.824, de 9.5.19*). Em cada Município e em cada Região Administrativa do Distrito Federal haverá, no mínimo, 1 (um) Conselho Tutelar como órgão integrante da administração pública local, composto de 5 (cinco) membros, escolhidos pela população local para mandato de 4 (quatro) anos, permitida recondução por novos processos de escolha.

Art. 133. Para a candidatura a membro do Conselho Tutelar, serão exigidos os seguintes requisitos:[1]

I — reconhecida idoneidade moral;

II — idade superior a vinte e um anos;

III — residir no município.

Art. 133: 1. "O art. 133 do ECA não é taxativo, vez que apenas estabeleceu requisitos mínimos para os candidatos a integrante do Conselho Tutelar, que é serviço público relevante, podendo, inclusive, ser remunerado" (RSTJ 179/112).

Art. 134 (*redação da Lei 12.696, de 25.7.12*). Lei municipal ou distrital disporá sobre o local, dia e horário de funcionamento do Conselho Tutelar, inclusive quanto à remuneração dos respectivos membros, aos quais é assegurado o direito a:

I — cobertura previdenciária;

II — gozo de férias anuais remuneradas, acrescidas de 1/3 (um terço) do valor da remuneração mensal;

III — licença-maternidade;

IV — licença-paternidade;

V — gratificação natalina.

Parágrafo único (*redação da Lei 12.696, de 25.7.12*). Constará da lei orçamentária municipal e da do Distrito Federal previsão dos recursos necessários ao funcionamento do Conselho Tutelar e à remuneração e formação continuada dos conselheiros tutelares.

Art. 135 (*redação da Lei 12.696, de 25.7.12*). O exercício efetivo da função de conselheiro constituirá serviço público relevante e estabelecerá presunção de idoneidade moral.

Capítulo II | DAS ATRIBUIÇÕES DO CONSELHO[1]

CAP. II: 1. É crime embaraçar a ação de membro do Conselho Tutelar (art. 236).

Art. 136. São atribuições do Conselho Tutelar:[1]

I — atender as crianças e adolescentes nas hipóteses previstas nos arts. 98 e 105, aplicando as medidas previstas no art. 101, I a VII;

II — atender e aconselhar os pais ou responsável, aplicando as medidas previstas no art. 129, I a VII;

III — promover a execução de suas decisões, podendo para tanto:

a) requisitar serviços públicos nas áreas de saúde, educação, serviço social, previdência, trabalho e segurança;

b) representar junto à autoridade judiciária nos casos de descumprimento injustificado de suas deliberações;

IV — encaminhar ao Ministério Público notícia de fato que constitua infração administrativa ou penal contra os direitos da criança ou adolescente;

V — encaminhar à autoridade judiciária os casos de sua competência;[2]

VI — providenciar a medida estabelecida pela autoridade judiciária, dentre as previstas no art. 101, de I a VI, para o adolescente autor de ato infracional;

VII — expedir notificações;

VIII — requisitar certidões de nascimento e de óbito de criança ou adolescente quando necessário;

IX — assessorar o Poder Executivo local na elaboração da proposta orçamentária para planos e programas de atendimento dos direitos da criança e do adolescente;

X — representar, em nome da pessoa e da família, contra a violação dos direitos previstos no art. 220, § 3º, inciso II da Constituição Federal;[3]

XI (*redação da Lei 12.010, de 3.8.09*) — representar ao Ministério Público para efeito das ações de perda ou suspensão do poder familiar, após esgotadas as possibilidades de manutenção da criança ou do adolescente junto à família natural.[4]

XII (*incluído pela Lei 13.046, de 1.12.14*) — promover e incentivar, na comunidade e nos grupos profissionais, ações de divulgação e treinamento para o reconhecimento de sintomas de maus-tratos em crianças e adolescentes.

Parágrafo único (*incluído pela Lei 12.010, de 3.8.09*). Se, no exercício de suas atribuições, o Conselho Tutelar entender necessário o afastamento do convívio familiar, comunicará incontinenti o fato ao Ministério Público, prestando-lhe informações sobre os motivos de tal entendimento e as providências tomadas para a orientação, o apoio e a promoção social da família.

Art. 136: 1. Outros casos de atribuições do Conselho: arts. 13, 95, 194.

Art. 136: 2. v. art. 148.

Art. 136: 3. **CF 220: "§ 3º** Compete à lei federal: .. **II** — estabelecer os meios legais que garantam à pessoa e à família a possibilidade de se defenderem de programas ou programações de rádio e televisão que contrariem o disposto no art. 221, bem como da propaganda de produtos, práticas e serviços que possam ser nocivos à saúde e ao meio ambiente".

Art. 136: 4. v. arts. 200-III e 155 a 163.

Art. 137. As decisões do Conselho Tutelar[1] somente poderão ser revistas[2] pela autoridade judiciária a pedido de quem tenha legítimo interesse.

Art. 137: 1. É crime descumprir dolosa ou culposamente determinação do Conselho Tutelar (art. 249).

Art. 137: 2. Em que prazo deve ser pedida a revisão? Aplica-se o art. 198-II?

Capítulo III | DA COMPETÊNCIA

Art. 138. Aplica-se ao Conselho Tutelar a regra de competência constante do art. 147.

Capítulo IV | DA ESCOLHA DOS CONSELHEIROS

Art. 139 (*redação da Lei 8.242, de 12.10.91*). O processo para a escolha dos membros do Conselho Tutelar será estabelecido em lei municipal e realizado sob a responsabilidade do Conselho Municipal dos Direitos da Criança e do Adolescente, e a fiscalização do Ministério Público.

§ 1º (*redação da Lei 12.696, de 25.7.12*) O processo de escolha dos membros do Conselho Tutelar ocorrerá em data unificada em todo o território nacional a cada 4 (quatro) anos, no primeiro domingo do mês de outubro do ano subsequente ao da eleição presidencial.

§ 2º (*redação da Lei 12.696, de 25.7.12*) A posse dos conselheiros tutelares ocorrerá no dia 10 de janeiro do ano subsequente ao processo de escolha.

§ 3º (*redação da Lei 12.696, de 25.7.12*) No processo de escolha dos membros do Conselho Tutelar, é vedado ao candidato doar, oferecer, prometer ou entregar ao eleitor bem ou vantagem pessoal de qualquer natureza, inclusive brindes de pequeno valor.

Capítulo V | DOS IMPEDIMENTOS

Art. 140. São impedidos de servir no mesmo Conselho marido e mulher, ascendentes e descendentes, sogro e genro ou nora, irmãos, cunhados, durante o cunhadio, tio e sobrinho, padrasto ou madrasta e enteado.

Parágrafo único. Estende-se o impedimento do conselheiro, na forma deste artigo, em relação à autoridade judiciária e ao representante do Ministério Público com atuação na Justiça da Infância e da Juventude, em exercício na comarca, foro regional ou distrital.

Título VI | DO ACESSO À JUSTIÇA

Capítulo I | DISPOSIÇÕES GERAIS

Art. 141. É garantido o acesso de toda criança ou adolescente à Defensoria Pública, ao Ministério Público e ao Poder Judiciário, por qualquer de seus órgãos.

§ 1º A assistência judiciária gratuita será prestada aos que dela necessitarem,[1-1a] através de defensor público ou advogado nomeado.

§ 2º As ações judiciais da competência da Justiça da Infância e da Juventude[2] são isentas de custas e emolumentos,[3] ressalvada a hipótese de litigância de má-fé.

Art. 141: 1. v. art. 111-IV; v. tb. Lei 1.060, de 5.2.50, no CPCLPV, tít. ASSISTÊNCIA JUDICIÁRIA.

Art. 141: 1a. "Para que menores gozem dos benefícios da assistência judiciária gratuita prevista no Estatuto da Criança e do Adolescente, além do requisito da menoridade, exige-se também outro requisito, que é o da necessidade, condição claramente não preenchida pelos menores em causa. A Lei de Custas do Estado de São Paulo (Lei Estadual 11.608, de 29.12.2003, art. 7º) determina a isenção somente no caso de 'jurisdição de menores', que, na Capital do Estado de São Paulo, é exclusivamente a exercida pelas Varas da Infância e Adolescência, o que não é o caso dos autos" (STJ-3ª T., REsp 945.086, Min. Sidnei Beneti, j. 25.3.08, um voto vencido, DJ 31.3.09).

Art. 141: 2. v. art. 148-IV e V.

Art. 141: 3. "A regra de isenção de custas e emolumentos prevista no § 2º do seu art. 141 se destina às crianças e aos adolescentes quando partes autoras ou rés em demandas movidas perante a Justiça da Infância e da Juventude, não sendo extensíveis a outras pessoas que porventura venham a participar dessas ações. Incabível a concessão da isenção em procedimento de jurisdição voluntária a empresa de fins lucrativos que promove espetáculo musical destinado ao público infantil mediante o pagamento de ingressos, no qual pede, em nome próprio e em seu interesse direto, autorização judicial para que os menores possam comparecer desacompanhados dos pais" (STJ-2ª T., REsp 701.969, Min. Eliana Calmon, j. 21.2.06, DJU 22.3.06). No mesmo sentido: STJ-1ª T., REsp 830.533, Min. Francisco Falcão, j. 20.6.06, DJU 24.8.06.

V. tb. art. 198, nota 2.

Art. 142. Os menores de dezesseis anos serão representados e os maiores de dezesseis e menores de vinte e um anos assistidos por seus pais, tutores ou curadores, na forma da legislação civil[1] ou processual.[2]

Parágrafo único. A autoridade judiciária dará curador especial à criança ou adolescente, sempre que os interesses destes colidirem com os de seus pais ou responsável,[3-4] ou quando carecer de representação ou assistência legal ainda que eventual.

Art. 142: 1. v. CC 1.634-V e 1.690, 1.774, 1.781 c/c 1.747-I.

Art. 142: 2. v. CPC 72-I.

Art. 142: 3. cf. CC 1.692.

Art. 142: 4. "Verificado o conflito de interesses entre a criança acolhida e seus genitores, impõe-se a nomeação da Defensoria Pública como curadora especial, nos termos do art. 9º, I, CPC e art. 142, § ún., ECA. A Defensoria Pública, no exercício da curadoria especial, desempenha apenas e tão somente uma função processual de representação do menor em juízo, sem qualquer obstrução às atividades institucionais do Ministério Público, o qual exerce seu mister de representação não apenas em caráter endoprocessual mas sim no interesse de toda sociedade" (STJ-3ª T., REsp 1.378.080, Min. Nancy Andrighi, j. 22.10.13, DJ 28.10.13).

Todavia: "Não se justifica a nomeação de curador especial ao menor, no caso em exame, tendo em vista a inexistência de conflitos de interesses do menor e da sua mãe no procedimento de reavaliação da medida de acolhimento institucional. O Ministério Público é o órgão que se incumbe da defesa dos menores, atuando em caráter protetivo, tornando despicienda a participação de outro órgão, no caso a Defensoria Pública" (STJ-4ª T., AI 1.415.049-AgRg, Min. Isabel Gallotti, j. 8.5.12, DJ 17.5.12).

Art. 143. É vedada a divulgação de atos judiciais, policiais e administrativos que digam respeito a crianças e adolescentes a que se atribua autoria de ato infracional.[1 a 2a]

Parágrafo único. Qualquer notícia a respeito do fato não poderá identificar a criança ou adolescente, vedando-se fotografia, referência a nome, apelido, filiação, parentesco, residência e, inclusive, iniciais do nome e sobrenome.[3]

Art. 143: 1. v. art. 206-*caput*, e Lei 12.594, de 18.1.12, arts. 38, 39 e 57 § 1º. V. tb. CF 5º-LX e CPC 189.

Art. 143: 2. Pena: art. 247.

Art. 143: 2a. "Responsabilidade civil. Imprensa. Notícia publicada em jornal e programa de televisão apresentando o nome e a imagem de menor morto com atribuição da autoria de ato infracional. Fato vedado e tipificado como crime pelo Estatuto da Criança e do Adolescente (ECA). Princípio da proteção integral como exceção ao princípio da liberdade de informação. Obrigação de indenizar" (STJ-3ª T., REsp 1.354.696-AgRg, Min. Paulo Sanseverino, j. 23.10.14, DJ 31.10.14).

"Divulgação de imagem de adolescente em reportagem jornalística. Prática de ato infracional. Dano moral. Configurado. ECA e Convenção sobre Direitos da Criança. Princípio da proteção integral dos menores. Prioridade absoluta. Independente do grau da reprovabilidade da conduta do menor, o ordenamento jurídico veda a divulgação de imagem de adolescentes a quem se atribua a autoria de ato infracional, de modo a preservar a sensível e peculiar condição de pessoa em desenvolvimento" (STJ-3ª T., REsp 1.442.083, Min. Nancy Andrighi, j. 21.9.17, DJ 2.10.17)".

V. tb. art. 17, nota 1, e CC 20, nota 3.

Art. 143: 3. Redação de acordo com a Lei 10.764, de 12.11.03 (DOU 13.11.03).

Art. 144. A expedição de cópia ou certidão de atos a que se refere o artigo anterior somente será deferida pela autoridade judiciária competente, se demonstrado o interesse e justificada a finalidade.[1]

Art. 144: 1. v. Lei 12.594, de 18.1.12, arts. 38, 39 e 57 § 1º.

Criança, Adolescente e Jovem

Capítulo II | DA JUSTIÇA DA INFÂNCIA E DA JUVENTUDE

Seção I | DISPOSIÇÕES GERAIS

Art. 145. Os Estados e o Distrito Federal poderão criar varas especializadas e exclusivas da infância e da juventude,[1] cabendo ao Poder Judiciário estabelecer sua proporcionalidade por número de habitantes, dotá-las de infraestrutura e dispor sobre o atendimento, inclusive em plantões.

Art. 145: 1. v. art. 148, nota 2.

Seção II | DO JUIZ

Art. 146. A autoridade a que se refere esta lei é o Juiz da Infância e da Juventude, ou o juiz que exerce essa função, na forma da Lei de Organização Judiciária local.[1]

Art. 146: 1. v. Lei 12.594, de 18.1.12, art. 36.

Art. 147. A competência[1-1a] será determinada:

I — pelo domicílio dos pais ou responsável;

II — pelo lugar onde se encontre a criança ou adolescente, à falta dos pais ou responsável.

§ 1º Nos casos de ato infracional,[2] será competente a autoridade do lugar da ação ou omissão, observadas as regras de conexão, continência e prevenção.

§ 2º A execução das medidas poderá ser delegada à autoridade competente da residência dos pais ou responsável, ou do local onde sediar-se a entidade que abrigar a criança ou adolescente.[2a]

§ 3º Em caso de infração cometida através de transmissão simultânea de rádio ou televisão, que atinja mais de uma comarca, será competente, para aplicação da penalidade, a autoridade judiciária do local da sede estadual da emissora ou rede, tendo a sentença eficácia para todas as transmissoras ou retransmissoras do respectivo Estado.[3]

Art. 147: 1. também do Conselho Tutelar (v. art. 138).

Art. 147: 1a. **"Guarda de menor.** A competência para dirimir as questões referentes ao menor é a do foro do domicílio de quem já exerce a guarda, na linha do que dispõe o art. 147, I, do ECA" (STJ-2ª Seção, CC 43.322, rel. Min. Barros Monteiro, j. 9.3.05, v.u., DJU 9.5.05, p. 291).

Guarda exercida pelos pais. "Disputa pelo pai e mãe. Em caso de disputa do menor por seus pais, não sendo possível definir-se a competência de juízo em face do pátrio poder, já que exercido por ambos, cabe lançar-se mão do domicílio daquele que lhe tem a guarda, para fins de determinação dessa competência" (RSTJ 114/187, STJ-RJ 251/71, STJ-RT 758/151).

Guarda exercida por terceiro. "Prevalece o foro do domicílio de quem já exerce a guarda do menor, tratando-se de pretensão de alterá-la. Prevalece esse foro ainda que se trate de responsável, e não de guarda exercida pelos pais (pela mãe, que pretende exercê-la)" (RSTJ 117/311).

Prevalência dos interesses do menor. "A fixação da competência, nas ações que versem sobre guarda de menor, deve atender de maneira ótima aos interesses deste" (STJ-2ª Seção, CC 36.933, Min. Nancy Andrighi, j. 26.2.03, DJU 19.5.03).

V. tb., no CPCLPV, CPC 53, nota 7.

Art. 147: 2. v. art. 103.

Art. 147: 2a. "Ao contrário do que ocorre com a execução de medidas socioeducativas definitivas, relativamente às quais o juízo competente para a execução, mesmo que no exercício de competência delegada (art. 147, § 2º, do ECA), pode, preenchidos os requisitos, determinar a regressão do adolescente para medida mais gravosa, o descumprimento de eventual condição de **remissão** imprópria implica a necessidade de se avaliar a conveniência, ou não, de dar prosseguimento à apuração do ato infracional. Sendo assim, em caso de remissão imprópria, ainda que o único endereço presente nos autos indique que o infrator reside em outra Comarca, a delegação a que se refere o art. 147, § 2º, do ECA não prevalece sobre a competência do juízo do local dos fatos quando o adolescente nem sequer é localizado para dar início à execução da medida, revelando estar em local incerto e não sabido. Realizada a delegação de que trata o art. 147, § 2º, do ECA, caso o reeducando não seja localizado para o cumprimento de medida socioeducativa de liberdade assistida aplicada cumulativamente à remissão, cabe ao juízo delegatário, frustradas as diligências de praxe no intuito de localizar o infrator, devolver os autos ao **juízo do local da prática do ato infracional,** para que este, único competente para processar e julgar o ato infracional (art. 147, § 1º, do ECA), delibere sobre eventual **revogação do benefício,** com subsequente prosseguimento da ação infracional" (STJ-3ª Seção, CC 160.215, Min. Laurita Vaz, j. 26.9.13, DJ 9.10.18).

Art. 147: 3. "A regra contida no art. 147, § 3º, expressamente delimita sua aplicação para as hipóteses de 'infração cometida através de transmissão simultânea de rádio ou televisão', **não abrangendo** os casos de infração em **periódico de circulação nacional.** A interpretação das regras de competência para apreciar a imposição de penalidade administrativa por infração ao ECA deve se orientar pela ampla proteção dos direitos do menor, e não em benefício da empresa infratora" (STJ-2ª T., REsp 1.171.367, Min. Herman Benjamin, j. 16.11.10, DJ 4.2.11).

Art. 148. A Justiça da Infância e da Juventude é competente para:[1 a 2a]

I — conhecer de representações promovidas pelo Ministério Público, para apuração de ato infracional atribuído a adolescente, aplicando as medidas cabíveis;

II — conceder a remissão,[3] como forma de suspensão ou extinção do processo;

III — conhecer de pedidos de adoção[4] e seus incidentes;

IV — conhecer de ações civis fundadas em interesses individuais, difusos ou coletivos, afetos à criança e ao adolescente, observado o disposto no art. 209;[5-5a]

V — conhecer de ações decorrentes de irregularidades em entidades de atendimento,[6] aplicando as medidas cabíveis;

VI — aplicar penalidades administrativas nos casos de infrações contra norma de proteção[7] a crianças ou adolescentes;

VII — conhecer de casos encaminhados pelo Conselho Tutelar,[8] aplicando as medidas cabíveis.

Parágrafo único. Quando se tratar de criança ou adolescente nas hipóteses do art. 98, é também competente a Justiça da Infância e da Juventude para o fim de:

a) conhecer de pedidos de guarda[9] e tutela;[10]

b) (*redação da Lei 12.010, de 3.8.09*) conhecer de ações de destituição do poder familiar,[11] perda ou modificação da tutela[12] ou guarda;[13]

c) suprir a capacidade ou o consentimento para o casamento;[14]

d) (*redação da Lei 12.010, de 3.8.09*) conhecer de pedidos baseados em discordância paterna ou materna, em relação ao exercício do poder familiar;[15]

e) conceder a emancipação, nos termos da lei civil,[16] quando faltarem os pais;

f) designar curador especial em casos de apresentação de queixa ou representação, ou de outros procedimentos judiciais ou extrajudiciais em que haja interesses de criança ou adolescente;[16a]

g) conhecer de ações de alimentos;[17]

h) determinar o cancelamento, a retificação e o suprimento dos registros de nascimento e óbito.[18]

Art. 148: 1. v. tb. arts. 149 (competência em matéria administrativa), 198 e 199 (recursos), 141 § 2º (custas), 141 § 1º (assistência judiciária).

Art. 148: 2. "Hipótese que a lei estadual ampliou o rol de competência do Juizado da Infância e da Juventude, previsto, *numerus clausus*, no art. 148 do ECA, para incluir o processamento e julgamento de feitos criminais praticados por réu maior de idade contra vítimas crianças ou adolescentes. Ainda que o Tribunal possa criar Vara da Infância e da Juventude, como prevê o art. 145 do ECA, não pode lhe atribuir competência fora das hipóteses definidas na referida legislação. Ordem concedida para que sejam reformadas as decisões ordinárias, anulando-se os processos-crimes originários desde o recebimento da denúncia, e como consequência, que seja determinado o encaminhamento dos autos a um dos juízos criminais competentes" (STJ-5ª T., HC 216.112, Min. Gilson Dipp, j. 28.8.12, DJ 5.9.12).

Art. 148: 2a. v. art. 201-X.

Art. 148: 3. v. art. 126 § ún.

Art. 148: 4. v. arts. 39 a 52.

Art. 148: 5. v. arts. 208 a 224.

Art. 148: 5a. "Os arts. 148 e 209 do ECA não excepcionam a competência da Justiça da Infância e do Adolescente, ressalvadas aquelas estabelecidas constitucionalmente, quais sejam, da Justiça Federal e de competência originária. Trata-se, *in casu*, indubitavelmente, de interesse de cunho individual, contudo, de expressão para a coletividade, pois vinculado ao direito fundamental à educação (art. 227, *caput*, da CF), que materializa, consequentemente, a dignidade da pessoa humana. A disponibilidade (relativa) do interesse a que se visa tutelar por meio do mandado de segurança não é capaz de afastar, por si só, a competência da Vara da Infância e da Juventude, destinada a assegurar a integral proteção a especiais sujeitos de direito, sendo, portanto, de natureza absoluta para processar e julgar feitos que versam acerca de direitos e interesses concernentes às crianças e aos adolescentes" (STJ-1ª T., REsp 1.233.422, Min. Arnaldo Esteves, j. 18.8.11, DJ 24.8.11). Em sentido semelhante: STJ-2ª T., REsp 1.251.578, Min. Herman Benjamin, j. 20.9.12, DJ 10.10.12.

"O Estatuto da Criança e Adolescente é *lex specialis* e prevalece sobre a regra geral de competência das Varas de Fazenda Pública, quando o feito envolver ação civil pública em favor da criança ou adolescente, na qual se pleiteia acesso às ações ou serviços de saúde, independentemente de a criança ou o adolescente estar em situação de abandono ou risco" (STJ-2ª T., REsp 1.486.219, Min. Herman Benjamin, j. 25.11.14, DJ 4.12.14).

Art. 148: 6. v. art. 97.

Art. 148: 7. v. arts. 98 a 102.

Art. 148: 8. v. art. 136-V.

Art. 148: 9. v. arts. 33 a 35.

Art. 148: 10. v. arts. 36 a 38.

Art. 148: 11. v. arts. 155 a 163.

Art. 148: 12. v. arts. 164 e 38.

Art. 148: 13. v. art. 35.

Art. 148: 14. v. CC 1.553 c/c CPC 719.

Art. 148: 15. v. art. 21.

Art. 148: 16. v. CC 5º § ún.-I, LRP 29-IV, 89 a 91, 13 § 2º.

Art. 148: 16a. "Já atuando o Ministério Público no processo como *custos legis* não ocorre necessidade da intervenção obrigatória do defensor público para a mesma função. O art. 9º, I, do CPC, dirige-se especificamente à capacidade processual das partes e dos procuradores. Dessa forma, a nomeação de curador especial ao incapaz só ocorre, de forma obrigatória, quando este figurar como parte, não na generalidade de casos que lidem com crianças ou adolescentes, sem ser na posição processual de partes, ainda que se aleguem fatos graves relativamente a eles" (STJ-3ª T., REsp 1.177.636, Min. Sidnei Beneti, j. 18.10.11, um voto vencido, DJ 27.9.12).

"Não há previsão legal para intervenção obrigatória da Defensoria Pública, como curadora especial, sob a invocação do disposto nos arts. 9º, I, do CPC, e 148, parágrafo único, letra f, do ECA. Embora a Lei Complementar n. 80/1994 estipule ser função institucional da Defensoria Pública exercer a curadoria especial nos casos previstos em lei, não é possível à instituição ser nomeada como curadora especial em processo instaurado de ofício por ela, em que não é parte criança ou adolescente" (STJ-2ª Seção, REsp 1.296.155, Min. Luis Felipe, j. 26.6.13, maioria, DJ 20.3.14).

Art. 148: 17. v. Lei 5.478, de 25.7.68, no tít. ALIMENTOS; CC 1.694 a 1.710.

Art. 148: 18. v. LRP 109 a 113.

Art. 149. Compete à autoridade judiciária disciplinar, através de portaria, ou autorizar, mediante alvará:[1 a 2a]

I — a entrada e permanência de criança ou adolescente, desacompanhado dos pais ou responsável em:

a) estádio, ginásio e campo desportivo;

b) bailes ou promoções dançantes;

c) boate ou congêneres;

d) casa que explore comercialmente diversões eletrônicas;

e) estúdios cinematográficos, de teatro, rádio e televisão;

II — a participação de criança e adolescente em:

a) espetáculos públicos e seus ensaios;

b) certames de beleza.

§ 1º Para os fins do disposto neste artigo, a autoridade judiciária levará em conta, dentre outros fatores:

a) os princípios desta lei;

b) as peculiaridades locais;

c) a existência de instalações adequadas;

d) o tipo de frequência habitual ao local;

e) a adequação do ambiente a eventual participação ou frequência de crianças e adolescentes;

f) a natureza do espetáculo.

§ 2º As medidas adotadas na conformidade deste artigo deverão ser fundamentadas, caso a caso, vedadas as determinações de caráter geral.

Art. 149: 1. s/ recurso, v. art. 199.

Art. 149: 1a. Pena pela infração do art. 149: art. 258.

Art. 149: 2. "Ao contrário do regime estabelecido pelo revogado Código de Menores (Lei 6.697/79), que atribuía à autoridade judiciária competência para, mediante portaria ou provimento, editar normas 'de ordem geral, que, ao seu prudente arbítrio, se demonstrarem necessárias à assistência, proteção e vigilância ao menor' (art. 8º), atualmente é bem mais restrito esse domínio normativo. Nos termos do art. 149 do Estatuto da Criança e do Adolescente (Lei 8.069/90), a autoridade judiciária pode disciplinar, por portaria, 'a entrada e permanência de criança ou adolescente, desacompanhada dos pais ou responsável' nos locais e eventos discriminados no inciso I, devendo essas medidas 'ser fundamentadas, caso a caso, vedadas as determinações de caráter geral' (§ 2º). É evidente, portanto, o propósito do legislador de, por um lado, enfatizar a responsabilidade dos pais de, no exercício do seu poder familiar, zelar pela guarda e proteção dos menores em suas atividades do dia a dia, e, por outro, preservar a competência do Poder Legislativo na edição de normas de conduta de caráter geral e abstrato" (STJ-1ª T., REsp 1.292.143, Min. Teori Zavascki, j. 21.6.12, um voto vencido, RT 926/665, com comentário de Richard Pae Kim).

Art. 149: 2a. "A simples autorização ou presença dos pais, prevista no art. 149, I, do ECA, é suficiente apenas nos casos em que a criança ou o adolescente são espectadores. Quando existe a participação como atores ou figurantes, aplica-se o inciso II do citado dispositivo legal" (STJ-2ª T., AI 486.062-AgRg, Min. Herman Benjamin, j. 19.3.09, DJ 20.4.09).

Seção III | DOS SERVIÇOS AUXILIARES[1]

SEÇ. III: 1. Conforme retificação no DOU 27.9.90.

Art. 150. Cabe ao Poder Judiciário, na elaboração de sua proposta orçamentária, prever recursos para manutenção de equipe interprofissional, destinada a assessorar a Justiça da Infância e da Juventude.

Art. 151. Compete à equipe interprofissional, dentre outras atribuições que lhe forem reservadas pela legislação local, fornecer subsídios por escrito, mediante laudos, ou verbalmente, na audiência, e bem assim desenvolver trabalhos de aconselhamento, orientação, encaminhamento, prevenção e outros, tudo sob a imediata subordinação à autoridade judiciária,[1] assegurada a livre manifestação do ponto de vista técnico.

Parágrafo único (*acrescido pela Lei 13.509, de 22.11.17*). Na ausência ou insuficiência de servidores públicos integrantes do Poder Judiciário responsáveis pela realização dos estudos psicossociais ou de quaisquer outras espécies de avaliações técnicas exigidas por esta Lei ou por determinação judicial, a autoridade judiciária poderá proceder à nomeação de perito, nos termos do art. 156 da Lei n. 13.105, de 16 de março de 2015 (Código de Processo Civil).

Art. 151: 1. "O Núcleo de Perícias é serviço auxiliar do Poder Judiciário, e, como tal, deve atuar, sempre, 'sob a imediata subordinação à autoridade judiciária', como exige o art. 151 do ECA, prestando-lhe apoio, quando e como determinado pelo juiz, nos processos em trâmite. Tratando-se de órgão de assessoramento técnico, instituído e organizado pelo Tribunal de Justiça, não é razoável permitir que dele se valha o Ministério Público, em procedimento de caráter meramente administrativo e preparatório, especialmente quando, de outro lado, tal providência acarreta evidente assoberbamento do serviço de apoio e, em consequência, o atraso irremediável na entrega da prestação jurisdicional nos processos em que dele se necessita. No particular, inclusive, os elementos trazidos pelo órgão ministerial para justificar o requerimento são, por si sós, suficientes para revelar uma situação de perigo, consubstanciada em suposto abuso sexual de menor, a exigir a intervenção precoce e imediata da autoridade competente, a teor do que dispõe o art. 100, VI, do ECA, propondo-se, desde logo, a ação pertinente. Ademais, a preocupação de evitar que o menor, em juízo, seja outra vez provocado a falar sobre acontecimentos que lhe causam constrangimento e dor, ou submetido, novamente, à exposição da situação traumatizante, impõe que a realização de tais perícias, em regra, se dê sob o crivo do contraditório, poupando-o da revitimização e oportunizando-lhe o difícil esquecimento dos fatos" (STJ-3ª T., REsp 1.295.020, Min. Nancy Andrighi, j. 20.5.14, DJ 2.6.14).

Capítulo III | DOS PROCEDIMENTOS

Seção I | DISPOSIÇÕES GERAIS

Art. 152. Aos procedimentos regulados nesta lei aplicam-se subsidiariamente as normas gerais previstas na legislação processual pertinente.[1-2]

§ 1º (*renumerado pela Lei 13.509, de 22.11.17*) É assegurada, sob pena de responsabilidade, prioridade absoluta na tramitação dos processos e procedimentos previstos nesta Lei, assim como na execução dos atos e diligências judiciais a eles referentes.

§ 2º (*acrescido pela Lei 13.509, de 22.11.17*) Os prazos estabelecidos nesta Lei e aplicáveis aos seus procedimentos são contados em dias corridos, excluído o dia do começo e incluído o dia do vencimento, vedado o prazo em dobro para a Fazenda Pública e o Ministério Público.

Art. 152: 1. s/ garantias processuais do adolescente, v. arts. 110 e 111.

Art. 152: 2. "No que concerne aos procedimentos afetos ao ECA, os formalismos processuais são relativizados, eis que o escopo principal, tutelado por esse diploma legal, é o interesse do menor" (RJM 166/168; ementa da redação).

Art. 153. Se a medida judicial a ser adotada não corresponder a procedimento previsto nesta ou em outra lei, a autoridade judiciária poderá investigar os fatos e ordenar de ofício as providências necessárias, ouvido o Ministério Público.

Parágrafo único (*redação da Lei 12.010, de 3.8.09*). O disposto neste artigo não se aplica para o fim de afastamento da criança ou do adolescente de sua família de origem e em outros procedimentos necessariamente contenciosos.

Art. 154. Aplica-se às multas o disposto no art. 214.

Seção II | DA PERDA E DA SUSPENSÃO DO PODER FAMILIAR[1-2]

SEÇ. II: 1. Redação da Seç. II de acordo com a Lei 12.010, de 3.8.09.

SEÇ. II: 2. v. CC 1.637 e 1.638.

Art. 155 (*redação da Lei 12.010, de 3.8.09*). O procedimento para a perda ou a suspensão do poder familiar terá início por provocação do Ministério Público ou de quem tenha legítimo interesse.[1 a 3]

Art. 155: 1. v. arts. 23 e 24, 136-XI e 141.

Art. 155: 2. "A ação de destituição do poder familiar, movida pelo Ministério Público, prescinde da obrigatória e automática intervenção da Defensoria Pública como curadora especial. 'Somente se justifica a nomeação de **curador especial** quando colidentes os interesses dos incapazes e os de seu representante legal' (REsp 114.310). 'Suficiente a rede protetiva dos interesses da criança e do adolescente em Juízo, não há razão para que se acrescente a obrigatória atuação da Defensoria Pública' (REsp 1.177.636)" (STJ-3ª T., AI 1.369.745-AgRg, Min. Paulo Sanseverino, j. 10.4.12, DJ 16.4.12). No mesmo sentido: STJ-4ª T., REsp 1.176.512, Min. Isabel Gallotti, j. 28.8.12, DJ 5.9.12.

Súmula 22 do TJRS: "Nas ações de destituição/suspensão do pátrio poder, promovidas pelo Ministério Público, não é necessária a nomeação de curador especial ao menor".

Art. 155: 3. "O legislador não definiu quem teria, em tese, o 'legítimo interesse' para pleitear a medida, tampouco fixou requisitos estanques para a legitimação ativa, tratando-se de efetivo conceito jurídico indeterminado. A omissão, longe de ser considerada um esquecimento ou displicência, constitui uma consciente opção legislativa derivada do sistema normativo protetivo estatuído pelo Estatuto da Criança e do Adolescente, que tem como baliza central os princípios do melhor interesse da criança e da proteção integral. Eventuais limitações e recrudescimento aos procedimentos de proteção e garantia de direitos previstos no ECA são evitados para abarcar, na prática, um maior número de hipóteses benéficas aos seus destinatários. A **existência de vínculo familiar ou de parentesco** não constitui requisito para a legitimidade ativa do interessado na requisição da medida de perda ou suspensão do poder familiar, devendo a aferição do legítimo interesse ocorrer na análise do caso concreto, a fim de se perquirir acerca do vínculo pessoal do sujeito ativo com o menor em estado de vulnerabilidade" (STJ-4ª T., REsp 1.203.968, Min. Marco Buzzi, j. 10.10.19, DJ 23.10.19).

"Deve ser concedido ao **padrasto** — legitimado ativamente e detentor de interesse de agir — o direito de postular em juízo a destituição do poder familiar — pressuposto lógico da medida principal de adoção por ele requerida — em face do pai biológico, em procedimento contraditório, consonante o que prevê o art. 169 do ECA" (STJ-RBDFS 19/100: 3ª T., REsp 1.106.637, com comentário de Tânia da Silva Pereira).

Art. 156. A petição inicial indicará:

I — a autoridade judiciária a que for dirigida;

II — o nome, o estado civil, a profissão e a residência do requerente e do requerido, dispensada a qualificação em se tratando de pedido formulado por representante do Ministério Público;

III — a exposição sumária do fato e o pedido;

IV — as provas que serão produzidas, oferecendo, desde logo, o rol de testemunhas e documentos.

Art. 157 (*redação da Lei 12.010, de 3.8.09*). Havendo motivo grave, poderá a autoridade judiciária, ouvido o Ministério Público, decretar a suspensão do poder familiar, liminar ou incidentalmente, até o julgamento definitivo da causa, ficando a criança ou adolescente confiado a pessoa idônea, mediante termo de responsabilidade.[1]

§ 1º (*acrescido pela Lei 13.509, de 22.11.17*) Recebida a petição inicial, a autoridade judiciária determinará, concomitantemente ao despacho de citação e independentemente de requerimento do interessado, a realização de estudo social ou perícia por equipe interprofissional ou multidisciplinar para comprovar a presença de uma das causas de suspensão ou destituição do poder familiar, ressalvado o disposto no § 10 do art. 101 desta Lei, e observada a Lei n. 13.431, de 4 de abril de 2017.

§ 2º (*acrescido pela Lei 13.509, de 22.11.17*) Em sendo os pais oriundos de comunidades indígenas, é ainda obrigatória a intervenção, junto à equipe interprofissional ou multidisciplinar referida no § 1º deste artigo, de representantes do órgão federal responsável pela política indigenista, observado o disposto no § 6º do art. 28 desta Lei.

Art. 157: 1. v. arts. 33 § 2º, 167 e 32.

Art. 158. O requerido[1] será citado para, no prazo de dez dias, oferecer resposta escrita, indicando as provas a serem produzidas e oferecendo desde logo o rol de testemunhas e documentos.

§ 1º (*redação da Lei 12.962, de 8.4.14*) A citação será pessoal, salvo se esgotados todos os meios para sua realização.

§ 2º (*redação da Lei 12.962, de 8.4.14*) O requerido privado de liberdade deverá ser citado pessoalmente.

§ 3º (*acrescido pela Lei 13.509, de 22.11.17*) Quando, por 2 (duas) vezes, o oficial de justiça houver procurado o citando em seu domicílio ou residência sem o encontrar, deverá, havendo suspeita de ocultação, informar qualquer pessoa da família ou, em sua falta, qualquer vizinho do dia útil em que voltará a fim de efetuar a citação, na hora que designar, nos termos do art. 252 e seguintes da Lei n. 13.105, de 16 de março de 2015 (Código de Processo Civil).

§ 4º (*acrescido pela Lei 13.509, de 22.11.17*) Na hipótese de os genitores encontrarem-se em local incerto ou não sabido, serão citados por edital no prazo de 10 (dez) dias, em publicação única, dispensado o envio de ofícios para a localização.

Art. 158: 1. "O **pretenso genitor biológico** que não foi indicado como tal no registro civil do menor, porque era absolutamente desconhecido ao tempo de seu nascimento, não poderia ser réu de ação de destituição de poder familiar, pois não mantinha, ao tempo do ajuizamento da referida ação, nenhuma relação jurídica de poder familiar em relação ao menor" (STJ-3ª T., REsp 1.819.860, Min. Nancy Andrighi, j. 1.9.20, DJ 9.9.20).

Art. 159. Se o requerido não tiver possibilidade de constituir advogado, sem prejuízo do próprio sustento e de sua família, poderá requerer, em cartório, que lhe seja nomeado dativo, ao qual incumbirá a apresentação de resposta, contando-se o prazo a partir da intimação do despacho de nomeação.

Parágrafo único. (*redação da Lei 12.962, de 8.4.14*) Na hipótese de requerido privado de liberdade, o oficial de justiça deverá perguntar, no momento da citação pessoal, se deseja que lhe seja nomeado defensor.

Art. 160. Sendo necessário, a autoridade judiciária requisitará de qualquer repartição ou órgão público a apresentação de documento que interesse à causa, de ofício ou a requerimento das partes ou do Ministério Público.

Art. 161 (*redação da Lei 13.509, de 22.11.17*). Se não for contestado o pedido e tiver sido concluído o estudo social ou a perícia realizada por equipe interprofissional[1] ou multidisciplinar, a autoridade judiciária dará vista dos autos ao Ministério Público, por 5 (cinco) dias, salvo quando este for o requerente, e decidirá em igual prazo.

§ 1º *(redação da Lei 13.509, de 22.11.17)* A autoridade judiciária, de ofício ou a requerimento das partes ou do Ministério Público, determinará a oitiva de testemunhas que comprovem a presença de uma das causas de suspensão ou destituição do poder familiar previstas nos arts. 1.637 e 1.638 da Lei n. 10.406, de 10 de janeiro de 2002 (Código Civil), ou no art. 24 desta Lei.

§ 2º *(revogado pela Lei 13.509, de 22.11.17)*.

§ 3º *(redação da Lei 12.010, de 3.8.09)* Se o pedido importar em modificação de guarda, será obrigatória, desde que possível e razoável, a oitiva da criança ou adolescente, respeitado seu estágio de desenvolvimento e grau de compreensão sobre as implicações da medida.

§ 4º *(redação da Lei 13.509, de 22.11.17)* É obrigatória a oitiva dos pais sempre que eles forem identificados e estiverem em local conhecido, ressalvados os casos de não comparecimento perante a Justiça quando devidamente citados.

§ 5º *(redação da Lei 12.962, de 8.4.14)* Se o pai ou a mãe estiverem privados de liberdade, a autoridade judicial requisitará sua apresentação para a oitiva.

Art. 161: 1. v. art. 151.

Art. 162. Apresentada a resposta, a autoridade judiciária dará vista dos autos ao Ministério Público, por cinco dias, salvo quando este for o requerente, designando, desde logo, audiência de instrução e julgamento.

§ 1º *(revogado pela Lei 13.509, de 22.11.17)*.

§ 2º *(redação da Lei 13.509, de 22.11.17)* Na audiência, presentes as partes e o Ministério Público, serão ouvidas as testemunhas, colhendo-se oralmente o parecer técnico, salvo quando apresentado por escrito, manifestando-se sucessivamente o requerente, o requerido e o Ministério Público, pelo tempo de 20 (vinte) minutos cada um, prorrogável por mais 10 (dez) minutos.

§ 3º *(acrescido pela Lei 13.509, de 22.11.17)* A decisão será proferida na audiência,[1] podendo a autoridade judiciária, excepcionalmente, designar data para sua leitura no prazo máximo de 5 (cinco) dias.

§ 4º *(acrescido pela Lei 13.509, de 22.11.17)* Quando o procedimento de destituição de poder familiar for iniciado pelo Ministério Público, não haverá necessidade de nomeação de curador especial em favor da criança ou adolescente.

Art. 162: 1. s/ recurso, v. art. 198.

Art. 163 *(redação da Lei 13.509, de 22.11.17)*. O prazo máximo para conclusão do procedimento será de 120 (cento e vinte) dias, e caberá ao juiz, no caso de notória inviabilidade de manutenção do poder familiar, dirigir esforços para preparar a criança ou o adolescente com vistas à colocação em família substituta.

Parágrafo único *(redação da Lei 12.010, de 3.8.09)*. A sentença que decretar a perda ou a suspensão do poder familiar será averbada à margem do registro de nascimento da criança ou do adolescente.

Seção III | DA DESTITUIÇÃO DA TUTELA[1]

SEÇ. III: 1. v. CC 1.764-III, 1.766.

Art. 164. Na destituição da tutela,[1] observar-se-á o procedimento para a remoção de tutor previsto na lei processual civil[2] e, no que couber, o disposto na seção anterior.

Art. 164: 1. v. art. 38.

Art. 164: 2. v. CPC 761 a 763.

Seção IV | DA COLOCAÇÃO EM FAMÍLIA SUBSTITUTA

Art. 165. São requisitos para a concessão de pedidos de colocação em família substituta:[1]

I — qualificação completa do requerente e de seu eventual cônjuge, ou companheiro, com expressa anuência deste;

II — indicação de eventual parentesco do requerente e de seu cônjuge, ou companheiro, com a criança ou adolescente, especificando se tem ou não parente vivo;

III — qualificação completa da criança ou adolescente e de seus pais, se conhecidos;

IV — indicação do cartório onde foi inscrito o nascimento,[2] anexando, se possível, uma cópia da respectiva certidão;

V — declaração sobre a existência de bens, direitos ou rendimentos relativos à criança ou ao adolescente.

Parágrafo único. Em se tratando de adoção,[3] observar-se-ão também os requisitos específicos.

Art. 165: 1. v. arts. 28 a 52.

Art. 165: 2. No texto oficial, está "inscrito nascimento".

Art. 165: 3. v. arts. 39 a 52.

Art. 166 (*redação da Lei 12.010, de 3.8.09*). Se os pais forem falecidos, tiverem sido destituídos ou suspensos do poder familiar, ou houverem aderido expressamente ao pedido de colocação em família substituta, este poderá ser formulado diretamente em cartório, em petição assinada pelos próprios requerentes, dispensada a assistência de advogado.

§ 1º (*redação da Lei 13.509, de 22.11.17*) Na hipótese de concordância dos pais, o juiz:

I (*acrescido pela Lei 13.509, de 22.11.17*) — na presença do Ministério Público, ouvirá as partes, devidamente assistidas por advogado ou por defensor público, para verificar sua concordância com a adoção, no prazo máximo de 10 (dez) dias, contado da data do protocolo da petição ou da entrega da criança em juízo, tomando por termo as declarações; e

II (*acrescido pela Lei 13.509, de 22.11.17*) — declarará a extinção do poder familiar.

§ 2º (*redação da Lei 12.010, de 3.8.09*) O consentimento dos titulares do poder familiar será precedido de orientações e esclarecimentos prestados pela equipe interprofissional da Justiça da Infância e da Juventude, em especial, no caso de adoção, sobre a irrevogabilidade da medida.

§ 3º (*redação da Lei 13.509, de 22.11.17*) São garantidos a livre manifestação de vontade dos detentores do poder familiar e o direito ao sigilo das informações.

§ 4º (*redação da Lei 13.509, de 22.11.17*) O consentimento prestado por escrito não terá validade se não for ratificado na audiência a que se refere o § 1º deste artigo.

§ 5º (*redação da Lei 13.509, de 22.11.17*) O consentimento é retratável até a data da realização da audiência especificada no § 1º deste artigo, e os pais podem exercer o arrependimento no prazo de 10 (dez) dias, contado da data de prolação da sentença de extinção do poder familiar.

§ 6º (*redação da Lei 12.010, de 3.8.09*) O consentimento somente terá valor se for dado após o nascimento da criança.

§ 7º (*redação da Lei 13.509, de 22.11.17*) A família natural e a família substituta receberão a devida orientação por intermédio de equipe técnica interprofissional a serviço da Justiça da Infância e da Juventude, preferencialmente com apoio dos técnicos responsáveis pela execução da política municipal de garantia do direito à convivência familiar.

Art. 167. A autoridade judiciária, de ofício ou a requerimento das partes ou do Ministério Público, determinará a realização de estudo social ou, se possível, perícia por equipe interprofissional,[1] decidindo sobre a concessão de guarda provisória,[2] bem como, no caso de adoção, sobre o estágio de convivência.[3]

Parágrafo único (*redação da Lei 12.010, de 3.8.09*). Deferida a concessão da guarda provisória ou do estágio de convivência, a criança ou o adolescente será entregue ao interessado, mediante termo de responsabilidade.

Art. 167: 1. v. art. 151.

Art. 167: 2. v. arts. 33 a 35.

Art. 167: 3. v. art. 46.

Art. 168. Apresentado o relatório social ou o laudo pericial, e ouvida, sempre que possível, a criança ou o adolescente, dar-se-á vista dos autos ao Ministério Público, pelo prazo de cinco dias, decidindo a autoridade judiciária em igual prazo.[1]

Art. 168: 1. s/ recurso, v. art. 198.

Art. 169 (*redação da Lei 12.010, de 3.8.09*). Nas hipóteses em que a destituição da tutela, a perda ou a suspensão do poder familiar constituir pressuposto lógico da medida principal de colocação em família substituta, será observado o procedimento contraditório previsto nas Seções II e III deste Capítulo.[1]

Parágrafo único. A perda ou a modificação da guarda poderá ser decretada nos mesmos autos do procedimento, observado o disposto no art. 35.

Art. 169: 1. v. arts. 155 a 164.

Art. 170. Concedida a guarda ou a tutela, observar-se-á o disposto no art. 32, e, quanto à adoção, o contido no art. 47.

Parágrafo único (*redação da Lei 12.010, de 3.8.09*). A colocação de criança ou adolescente sob a guarda de pessoa inscrita em programa de acolhimento familiar será comunicada pela autoridade judiciária à entidade por este responsável no prazo máximo de cinco dias.

Seção V DA APURAÇÃO DE ATO INFRACIONAL ATRIBUÍDO A ADOLESCENTE[1]

SEÇ. V: 1. v. arts. 103 a 105.

Art. 171. O adolescente apreendido por força de ordem judicial será, desde logo, encaminhado à autoridade judiciária.

Art. 172. O adolescente apreendido em flagrante de ato infracional será, desde logo, encaminhado à autoridade policial competente.[1]

Parágrafo único. Havendo repartição policial especializada para atendimento de adolescente e em se tratando de ato infracional praticado em coautoria com maior, prevalecerá a atribuição da repartição especializada, que, após as providências necessárias e conforme o caso, encaminhará o adulto à repartição policial própria.

Art. 172: 1. cf. art. 177.

Art. 173. Em caso de flagrante de ato infracional cometido mediante violência ou grave ameaça a pessoa, a autoridade policial, sem prejuízo do disposto nos arts. 106, parágrafo único, e 107, deverá:

I — lavrar auto de apreensão, ouvidos as testemunhas e o adolescente;

II — apreender o produto e os instrumentos da infração;

III — requisitar os exames ou perícias necessários à comprovação da materialidade e autoria da infração.

Parágrafo único. Nas demais hipóteses de flagrante, a lavratura do auto poderá ser substituída por boletim de ocorrência circunstanciada.

Art. 174. Comparecendo qualquer dos pais ou responsável, o adolescente será prontamente liberado pela autoridade policial, sob termo de compromisso e responsabilidade de sua apresentação ao representante do Ministério Público, no mesmo dia ou, sendo impossível, no primeiro dia útil imediato, exceto quando, pela gravidade do ato infracional e sua repercussão social, deva o adolescente permanecer sob internação para garantia de sua segurança pessoal ou manutenção da ordem pública.

Art. 175. Em caso de não liberação, a autoridade policial encaminhará, desde logo, o adolescente ao representante do Ministério Público, juntamente com cópia do auto de apreensão ou boletim de ocorrência.

§ 1º Sendo impossível a apresentação imediata, a autoridade policial encaminhará o adolescente a entidade de atendimento, que fará a apresentação ao representante do Ministério Público no prazo de vinte e quatro horas.

§ 2º Nas localidades onde não houver entidade de atendimento, a apresentação far-se-á pela autoridade policial. À falta de repartição policial especializada, o adolescente aguardará a apresentação em dependência separada da destinada a maiores, não podendo, em qualquer hipótese, exceder o prazo referido no parágrafo anterior.

Art. 176. Sendo o adolescente liberado, a autoridade policial encaminhará imediatamente ao representante do Ministério Público cópia do auto de apreensão ou boletim de ocorrência.

Art. 177. Se, afastada a hipótese de flagrante, houver indícios de participação de adolescente na prática de ato infracional, a autoridade policial encaminhará ao representante do Ministério Público relatório das investigações e demais documentos.

Art. 178. O adolescente a quem se atribua autoria de ato infracional não poderá ser conduzido ou transportado em compartimento fechado de veículo policial, em condições atentatórias à sua dignidade, ou que impliquem risco à sua integridade física ou mental, sob pena de responsabilidade.

Art. 179. Apresentado o adolescente, o representante do Ministério Público, no mesmo dia e à vista do auto de apreensão, boletim de ocorrência ou relatório policial, devidamente autuados pelo cartório judicial e com informação sobre os antecedentes do adolescente, procederá imediata e informalmente à sua oitiva e, em sendo possível, de seus pais ou responsável, vítima e testemunhas.[1]

Parágrafo único. Em caso de não apresentação, o representante do Ministério Público notificará os pais ou responsável para apresentação do adolescente, podendo requisitar o concurso das Polícias Civil e Militar.

Art. 179: 1. "Não se vislumbra a ocorrência de nulidade de todo o procedimento judicial em razão da ausência do defensor público no momento da oitiva informal (art. 179 do ECA) da paciente se não houve demonstração do efetivo prejuízo. Na hipótese, a confissão foi ratificada em juízo, está em consonância com as demais provas colhidas sob o crivo do contraditório e, por fim, não foi o único fundamento utilizado como razões de decidir pelo Juízo especializado" (STJ-5ª T., HC 128.183, Min. Felix Fischer, j. 19.8.09, DJ 13.10.09).

Art. 180. Adotadas as providências a que alude o artigo anterior, o representante do Ministério Público poderá:

I — promover o arquivamento dos autos;

II — conceder a remissão;[1]

III — representar à autoridade judiciária para aplicação de medida socioeducativa.[2]

Art. 180: 1. v. art. 126-*caput*.

Art. 180: 2. v. arts. 112 a 125.

Art. 181. Promovido o arquivamento dos autos ou concedida a remissão pelo representante do Ministério Público, mediante termo fundamentado, que conterá o resumo dos fatos, os autos serão conclusos à autoridade judiciária para homologação.

§ 1º Homologado o arquivamento ou a remissão, a autoridade judiciária determinará, conforme o caso, o cumprimento da medida.

§ 2º Discordando, a autoridade judiciária fará remessa dos autos ao Procurador-Geral de Justiça, mediante despacho fundamentado, e este oferecerá representação, designará outro membro do Ministério Público para apresentá-la, ou ratificará o arquivamento ou a remissão, que só então estará a autoridade judiciária obrigada a homologar.

Art. 182. Se, por qualquer razão, o representante do Ministério Público não promover o arquivamento ou conceder a remissão, oferecerá representação à autoridade judiciária, propondo a instauração de procedimento para aplicação da medida socioeducativa que se afigurar a mais adequada.

§ 1º A representação será oferecida por petição, que conterá o breve resumo dos fatos e a classificação do ato infracional e, quando necessário, o rol de testemunhas, podendo ser deduzida oralmente, em sessão diária instalada pela autoridade judiciária.

§ 2º A representação independe de prova pré-constituída da autoria e materialidade.

Art. 183. O prazo máximo e improrrogável para a conclusão do procedimento, estando o adolescente internado provisoriamente, será de quarenta e cinco dias.[1-2]

Art. 183: 1. v. art. 108.

Art. 183: 2. "O prazo de 45 dias, previsto no art. 183 do ECA, diz respeito à conclusão do procedimento de apuração do ato infracional e para prolação da sentença de mérito, quando o adolescente está internado provisoriamente. Proferida a sentença de mérito, resta prejudicada a alegação de excesso de prazo da internação provisória" (STF-1ª T., HC 102.057, Min. Ricardo Lewandowski, j. 1.6.10, DJ 18.6.10).

Art. 184. Oferecida a representação, a autoridade judiciária designará audiência de apresentação do adolescente,[1] decidindo, desde logo, sobre a decretação ou manutenção da internação, observado o disposto no art. 108 e parágrafo.

§ 1º O adolescente e seus pais ou responsável serão cientificados do teor da representação, e notificados a comparecer à audiência, acompanhados de advogado.[2]

§ 2º Se os pais ou responsável não forem localizados, a autoridade judiciária dará curador especial ao adolescente.

§ 3º Não sendo localizado o adolescente, a autoridade judiciária expedirá mandado de busca e apreensão, determinando o sobrestamento do feito, até a efetiva apresentação.

§ 4º Estando o adolescente internado, será requisitada a sua apresentação, sem prejuízo da notificação dos pais ou responsável.

Art. 184: 1. "Remissão concedida como extintiva do processo sem a realização de audiência de apresentação. Ilegalidade. Realização da audiência e intervenção ministerial que se fazem necessárias" (JTJ 318/244: AP 143.007-0/6-00).

Art. 184: 2. A falta de defesa técnica invalida a audiência: "É vedado ao Poder Judiciário negar ao acusado o direito de ser assistido por defensor, porquanto as garantias constitucionais e processuais visam ao interesse público na condução do processo segundo as regras do devido processo legal. Violados os princípios constitucionais relativos ao devido processo legal e à ampla defesa, não há como negar o constrangimento ilegal imposto ao adolescente, decorrente da aplicação da medida socioeducativa de prestação de serviços à comunidade, deixando-se de se observar o disposto nos arts. 111, III e IV, e 184, § 1º, da Lei 8.069/90. Ordem concedida para anular a audiência de apresentação e todos os atos subsequentes, para que sejam renovados com a presença de defesa técnica" (STJ-5ª T., HC 121.892, Min. Arnaldo Esteves, j. 4.6.09, DJ 3.8.09).

Todavia: "Não há nulidade a ser declarada com base na ausência de notificação do responsável pelo adolescente para comparecer à audiência de apresentação, pois houve a nomeação de curador especial na referida audiência, de acordo com o art. 184, § 2º, do Estatuto da Criança e do Adolescente, que prevê a possibilidade de nomeação de curador especial ao adolescente infrator, caso os pais não sejam localizados" (STJ-6ª T., HC 260.463, Min. Sebastião Reis Júnior, j. 22.10.13, DJ 14.11.13).

Art. 185. A internação, decretada ou mantida pela autoridade judiciária, não poderá ser cumprida em estabelecimento prisional.

§ 1º Inexistindo na comarca entidade com as características definidas no art. 123, o adolescente deverá ser imediatamente transferido para a localidade mais próxima.

§ 2º Sendo impossível a pronta transferência, o adolescente aguardará sua remoção em repartição policial, desde que em seção isolada dos adultos e com instalações apropriadas, não podendo ultrapassar o prazo máximo de cinco dias, sob pena de responsabilidade.

Art. 186. Comparecendo o adolescente, seus pais ou responsável, a autoridade judiciária procederá à oitiva dos mesmos, podendo solicitar opinião de profissional qualificado.[1]

§ 1º Se a autoridade judiciária entender adequada a remissão,[1a] ouvirá o representante do Ministério Público,[1b] proferindo decisão.

§ 2º Sendo o fato grave, passível de aplicação de medida de internação ou colocação em regime de semiliberdade, a autoridade judiciária, verificando que o adolescente não possui advogado constituído, nomeará defensor, designando, desde logo, audiência em continuação, podendo determinar a realização de diligências e estudo do caso.[1c]

§ 3º O advogado constituído ou o defensor nomeado, no prazo de três dias contado da audiência de apresentação, oferecerá defesa prévia e rol de testemunhas.

§ 4º Na audiência em continuação, ouvidas as testemunhas arroladas na representação e na defesa prévia, cumpridas as diligências e juntado o relatório da equipe interprofissional,[2] será dada a palavra ao representante do Ministério Público e ao defensor, sucessivamente, pelo tempo de vinte minutos para cada um, prorrogável por mais dez, a critério da autoridade judiciária, que em seguida proferirá decisão.[3]

Art. 186: 1. **Súmula 342 do STJ:** "No procedimento para aplicação de medida socioeducativa, é nula a desistência de outras provas em face da confissão do adolescente".

Art. 186: 1a. v. art. 126 § ún.

Art. 186: 1b. "Concessão de remissão pelo magistrado, sem oitiva do Ministério Público. Nulidade. Inteligência dos arts. 186, § 1º, e 204, ambos da Lei 8.069/90" (STF-2ª T., HC 96.659, Min. Gilmar Mendes, j. 28.9.10, DJ 15.10.10).

Art. 186: 1c. "A realização do estudo técnico interdisciplinar previsto no art. 186, § 2º, da Lei 8.069/90 constitui faculdade do juiz do processo por ato infracional e não medida obrigatória. Embora seja preferível a sua realização, dificuldades de ordem prática ou o entendimento do magistrado acerca de sua prescindibilidade podem autorizar a sua dispensa" (STF-1ª T., HC 107.473, Min. Rosa Weber, j. 11.12.12, maioria, DJ 14.3.13).

Art. 186: 2. v. art. 151.

Art. 186: 3. s/ recurso, v. art. 198.

Art. 187. Se o adolescente, devidamente notificado, não comparecer, injustificadamente, à audiência de apresentação, a autoridade judiciária designará nova data, determinando sua condução coercitiva.

Art. 188. A remissão,[1] como forma de extinção ou suspensão do processo, poderá ser aplicada em qualquer fase do procedimento, antes da sentença.[2]

Art. 188: 1. v. arts. 126 a 128.

Art. 188: 2. s/ remissão e audiência de apresentação, v. art. 184, nota 1.

Art. 189. A autoridade judiciária não aplicará qualquer medida, desde que reconheça na sentença:

I — estar provada a inexistência do fato;

II — não haver prova da existência do fato;

III — não constituir o fato ato infracional;

IV — não existir prova de ter o adolescente concorrido para o ato infracional.

Parágrafo único. Na hipótese deste artigo, estando o adolescente internado, será imediatamente colocado em liberdade.

Art. 190. A intimação da sentença que aplicar medida de internação ou regime de semiliberdade será feita:

I — ao adolescente e ao seu defensor;

II — quando não for encontrado o adolescente, a seus pais ou responsável, sem prejuízo do defensor.

§ 1º Sendo outra a medida aplicada, a intimação far-se-á unicamente na pessoa do defensor.

§ 2º Recaindo a intimação na pessoa do adolescente, deverá este manifestar se deseja ou não recorrer da sentença.

Seção V-A — DA INFILTRAÇÃO DE AGENTES DE POLÍCIA PARA A INVESTIGAÇÃO DE CRIMES CONTRA A DIGNIDADE SEXUAL DE CRIANÇA E DE ADOLESCENTE[1]

SEÇ.V-A: 1. A Seç V-A foi acrescida pela Lei 13.441, de 8.5.17.

Art. 190-A (*redação da Lei 13.441, de 8.5.17*). A infiltração de agentes de polícia na internet com o fim de investigar os crimes previstos nos arts. 240, 241, 241-A, 241-B, 241-C e 241-D desta Lei e nos arts. 154-A, 217-A, 218, 218-A e 218-B do Decreto-Lei n. 2.848, de 7 de dezembro de 1940 (Código Penal), obedecerá às seguintes regras:

I — será precedida de autorização judicial devidamente circunstanciada e fundamentada, que estabelecerá os limites da infiltração para obtenção de prova, ouvido o Ministério Público;

II — dar-se-á mediante requerimento do Ministério Público ou representação de delegado de polícia e conterá a demonstração de sua necessidade, o alcance das tarefas dos policiais, os nomes ou apelidos das pessoas investigadas e, quando possível, os dados de conexão ou cadastrais que permitam a identificação dessas pessoas;

III — não poderá exceder o prazo de 90 (noventa) dias, sem prejuízo de eventuais renovações, desde que o total não exceda a 720 (setecentos e vinte) dias e seja demonstrada sua efetiva necessidade, a critério da autoridade judicial.

§ 1º A autoridade judicial e o Ministério Público poderão requisitar relatórios parciais da operação de infiltração antes do término do prazo de que trata o inciso II do § 1º deste artigo.

§ 2º Para efeitos do disposto no inciso I do § 1º deste artigo, consideram-se:

I — dados de conexão: informações referentes a hora, data, início, término, duração, endereço de Protocolo de Internet (IP) utilizado e terminal de origem da conexão;

II — dados cadastrais: informações referentes a nome e endereço de assinante ou de usuário registrado ou autenticado para a conexão a quem endereço de IP, identificação de usuário ou código de acesso tenha sido atribuído no momento da conexão.

§ 3º A infiltração de agentes de polícia na internet não será admitida se a prova puder ser obtida por outros meios.

Art. 190-B. (*redação da Lei 13.441, de 8.5.17*). As informações da operação de infiltração serão encaminhadas diretamente ao juiz responsável pela autorização da medida, que zelará por seu sigilo.

Parágrafo único. Antes da conclusão da operação, o acesso aos autos será reservado ao juiz, ao Ministério Público e ao delegado de polícia responsável pela operação, com o objetivo de garantir o sigilo das investigações.

Art. 190-C (*redação da Lei 13.441, de 8.5.17*). Não comete crime o policial que oculta a sua identidade para, por meio da internet, colher indícios de autoria e materialidade dos crimes previstos nos arts. 240, 241, 241-A, 241-B, 241-C e 241-D desta Lei e nos arts. 154-A, 217-A, 218, 218-A e 218-B do Decreto-Lei n. 2.848, de 7 de dezembro de 1940 (Código Penal).

Parágrafo único. O agente policial infiltrado que deixar de observar a estrita finalidade da investigação responderá pelos excessos praticados.

Art. 190-D (*redação da Lei 13.441, de 8.5.17*). Os órgãos de registro e cadastro público poderão incluir nos bancos de dados próprios, mediante procedimento sigiloso e requisição da autoridade judicial, as informações necessárias à efetividade da identidade fictícia criada.

Parágrafo único. O procedimento sigiloso de que trata esta Seção será numerado e tombado em livro específico.

Art. 190-E (*redação da Lei 13.441, de 8.5.17*). Concluída a investigação, todos os atos eletrônicos praticados durante a operação deverão ser registrados, gravados, armazenados e encaminhados ao juiz e ao Ministério Público, juntamente com relatório circunstanciado.

Parágrafo único. Os atos eletrônicos registrados citados no *caput* deste artigo serão reunidos em autos apartados e apensados ao processo criminal juntamente com o inquérito policial, assegurando-se a preservação da identidade do agente policial infiltrado e a intimidade das crianças e dos adolescentes envolvidos.

Seção VI | DA APURAÇÃO DE IRREGULARIDADES EM ENTIDADE DE ATENDIMENTO

Art. 191. O procedimento de apuração de irregularidades em entidade governamental e não governamental[1] terá início mediante portaria da autoridade judiciária ou representação do Ministério Público ou do Conselho Tutelar,[2] onde conste, necessariamente, resumo dos fatos.

Parágrafo único. Havendo motivo grave, poderá a autoridade judiciária, ouvido o Ministério Público, decretar liminarmente o afastamento provisório do dirigente da entidade, mediante decisão fundamentada.

Art. 191: 1. v. arts. 90 a 97.

Art. 191: 2. v. art. 131.

Art. 192. O dirigente da entidade será citado para, no prazo de dez dias, oferecer resposta escrita, podendo juntar documentos e indicar as provas a produzir.

Art. 193. Apresentada ou não a resposta, e sendo necessário, a autoridade judiciária designará audiência de instrução e julgamento, intimando as partes.

§ 1º Salvo manifestação em audiência, as partes e o Ministério Público terão cinco dias para oferecer alegações finais, decidindo a autoridade judiciária[1] em igual prazo.

§ 2º Em se tratando de afastamento provisório ou definitivo de dirigente de entidade governamental, a autoridade judiciária oficiará à autoridade administrativa imediatamente superior ao afastado, marcando prazo para a substituição.

§ 3º Antes de aplicar qualquer das medidas, a autoridade judiciária poderá fixar prazo para a remoção das irregularidades verificadas. Satisfeitas as exigências, o processo será extinto, sem julgamento de mérito.

§ 4º A multa[2] e a advertência serão impostas ao dirigente da entidade ou programa de atendimento.

Art. 193: 1. s/ recurso, v. art. 198.

Art. 193: 2. v. art. 246.

Seção VII — DA APURAÇÃO DE INFRAÇÃO ADMINISTRATIVA ÀS NORMAS DE PROTEÇÃO À CRIANÇA E AO ADOLESCENTE

Art. 194. O procedimento para imposição de penalidade administrativa por infração às normas de proteção à criança e ao adolescente terá início por representação do Ministério Público, ou do Conselho Tutelar,[1] ou auto de infração elaborado por servidor efetivo ou voluntário credenciado, e assinado por duas testemunhas, se possível.

§ 1º No procedimento iniciado com o auto de infração, poderão ser usadas fórmulas impressas, especificando-se a natureza e as circunstâncias da infração.

§ 2º Sempre que possível, à verificação da infração seguir-se-á a lavratura do auto, certificando-se, em caso contrário, dos motivos do retardamento.[2]

Art. 194: 1. v. art. 131.

✎ Art. 194: 2. "Reflexões sobre o artigo 194 do Estatuto da Criança e do Adolescente", por Jefferson Barbin Torelli (JTJ 292/22).

Art. 195. O requerido terá prazo de dez dias para apresentação de defesa, contado da data da intimação, que será feita:

I — pelo autuante, no próprio auto, quando este for lavrado na presença do requerido;

II — por oficial de justiça ou funcionário legalmente habilitado, que entregará cópia do auto ou da representação ao requerido, ou a seu representante legal, lavrando certidão;

III — por via postal, com aviso de recebimento, se não for encontrado o requerido ou seu representante legal;

IV — por edital, com prazo de trinta dias, se incerto ou não sabido o paradeiro do requerido ou de seu representante legal.

Art. 196. Não sendo apresentada a defesa no prazo legal, a autoridade judiciária dará vista dos autos ao Ministério Público, por cinco dias, decidindo em igual prazo.

Art. 197. Apresentada a defesa, a autoridade judiciária procederá na conformidade do artigo anterior, ou, sendo necessário, designará audiência de instrução e julgamento.

Parágrafo único. Colhida a prova oral, manifestar-se-ão sucessivamente o Ministério Público e o procurador do requerido, pelo tempo de vinte minutos para cada um, prorrogável por mais dez, a critério da autoridade judiciária, que em seguida proferirá sentença.[1]

Art. 197: 1. s/ recurso, v. art. 198.

Seção VIII | DA HABILITAÇÃO DE PRETENDENTES À ADOÇÃO[1]

SEÇ. VIII: 1. A Seç. VIII foi introduzida pela Lei 12.010, de 3.8.09.

Art. 197-A (*redação da Lei 12.010, de 3.8.09*). Os postulantes à adoção, domiciliados no Brasil, apresentarão petição inicial na qual conste:

I — qualificação completa;

II — dados familiares;

III — cópias autenticadas de certidão de nascimento ou casamento, ou declaração relativa ao período de união estável;

IV — cópias da cédula de identidade e inscrição no Cadastro de Pessoas Físicas;

V — comprovante de renda e domicílio;

VI — atestados de sanidade física e mental;

VII — certidão de antecedentes criminais;

VIII — certidão negativa de distribuição cível.

Art. 197-B (*redação da Lei 12.010, de 3.8.09*). A autoridade judiciária, no prazo de quarenta e oito horas, dará vista dos autos ao Ministério Público, que no prazo de cinco dias poderá:

I — apresentar quesitos a serem respondidos pela equipe interprofissional encarregada de elaborar o estudo técnico a que se refere o art. 197-C desta Lei;

II — requerer a designação de audiência para oitiva dos postulantes em juízo e testemunhas;

III — requerer a juntada de documentos complementares e a realização de outras diligências que entender necessárias.

Art. 197-C (*redação da Lei 12.010, de 3.8.09*). Intervirá no feito, obrigatoriamente, equipe interprofissional a serviço da Justiça da Infância e da Juventude, que deverá elaborar estudo psicossocial, que conterá subsídios que permitam aferir a capacidade e o preparo dos postulantes para o exercício de uma paternidade ou maternidade responsável, à luz dos requisitos e princípios desta Lei.

§ 1º (*redação da Lei 13.509, de 22.11.17*) É obrigatória a participação dos postulantes em programa oferecido pela Justiça da Infância e da Juventude, preferencialmente com apoio dos técnicos responsáveis pela execução da política municipal de garantia do direito à convivência familiar e dos grupos de apoio à adoção devidamente habilitados perante a Justiça da Infância e da Juventude, que inclua preparação psicológica, orientação e estímulo à adoção inter-racial, de crianças ou de adolescentes com deficiência, com doenças crônicas ou com necessidades específicas de saúde, e de grupos de irmãos.

§ 2º (*redação da Lei 13.509, de 22.11.17*) Sempre que possível e recomendável, a etapa obrigatória da preparação referida no § 1º deste artigo incluirá o contato com crianças e adolescentes em regime de acolhimento familiar ou institucional, a ser realizado sob orientação, supervisão e avaliação da equipe técnica da Justiça da Infância e da Juventude e dos grupos de apoio à adoção, com apoio dos técnicos responsáveis pelo programa de acolhimento familiar e institucional e pela execução da política municipal de garantia do direito à convivência familiar.

§ 3º (*acrescido pela Lei 13.509, de 22.11.17*) É recomendável que as crianças e os adolescentes acolhidos institucionalmente ou por família acolhedora sejam preparados por equipe interprofissional antes da inclusão em família adotiva.

Art. 197-D (*redação da Lei 12.010, de 3.8.09*). Certificada nos autos a conclusão da participação no programa referido no art. 197-C desta Lei, a autoridade judiciária, no prazo de quarenta e oito horas, decidirá acerca das diligências requeridas pelo Ministério Público e determinará a juntada do estudo psicossocial, designando, conforme o caso, audiência de instrução e julgamento.

Parágrafo único. Caso não sejam requeridas diligências, ou sendo essas indeferidas, a autoridade judiciária determinará a juntada do estudo psicossocial, abrindo a seguir vista dos autos ao Ministério Público, por cinco dias, decidindo em igual prazo.

Art. 197-E (*redação da Lei 12.010, de 3.8.09*). Deferida a habilitação, o postulante será inscrito nos cadastros referidos no art. 50 desta Lei, sendo a sua convocação para a adoção feita de acordo com ordem cronológica de habilitação e conforme a disponibilidade de crianças ou adolescentes adotáveis.

§ 1º A ordem cronológica das habilitações somente poderá deixar de ser observada pela autoridade judiciária nas hipóteses previstas no § 13 do art. 50 desta Lei, quando comprovado ser essa a melhor solução no interesse do adotando.

§ 2º (*redação da Lei 13.509, de 22.11.17*) A habilitação à adoção deverá ser renovada no mínimo trienalmente mediante avaliação por equipe interprofissional.

§ 3º (*acrescido pela Lei 13.509, de 22.11.17*) Quando o adotante candidatar-se a uma nova adoção, será dispensável a renovação da habilitação, bastando a avaliação por equipe interprofissional.

§ 4º (*acrescido pela Lei 13.509, de 22.11.17*) Após 3 (três) recusas injustificadas, pelo habilitado, à adoção de crianças ou adolescentes indicados dentro do perfil escolhido, haverá reavaliação da habilitação concedida.

§ 5º *(acrescido pela Lei 13.509, de 22.11.17)* A desistência do pretendente em relação à guarda para fins de adoção ou a devolução da criança ou do adolescente depois do trânsito em julgado da sentença de adoção importará na sua exclusão dos cadastros de adoção e na vedação de renovação da habilitação, salvo decisão judicial fundamentada, sem prejuízo das demais sanções previstas na legislação vigente.

Art. 197-F *(acrescido pela Lei 13.509, de 22.11.17)*. O prazo máximo para conclusão da habilitação à adoção será de 120 (cento e vinte) dias, prorrogável por igual período, mediante decisão fundamentada da autoridade judiciária.

Capítulo IV | DOS RECURSOS[1]

CAP. IV: 1. "Dos recursos no Estatuto da Criança e do Adolescente", por Antonio Cezar Lima da Fonseca (RP 186/241).

Art. 198 *(redação da Lei 12.594, de 18.1.12)*. Nos procedimentos afetos à Justiça da Infância e da Juventude,[1] inclusive os relativos à execução das medidas socioeducativas, adotar-se-á o sistema recursal da Lei n. 5.869, de 11 de janeiro de 1973 (Código de Processo Civil),[1a-1b] com as seguintes adaptações:[1c]

I — os recursos serão interpostos independentemente de preparo;[2]

II *(redação da Lei 12.594, de 18.1.12)* — em todos os recursos, salvo nos embargos de declaração, o prazo para o Ministério Público e para a defesa será sempre de 10 (dez) dias;[3 a 6]

III — os recursos terão preferência de julgamento e dispensarão revisor;

IV — *(revogado expressamente pela Lei 12.010, de 3.8.09)*;

V — *(revogado expressamente pela Lei 12.010, de 3.8.09)*;

VI — *(revogado expressamente pela Lei 12.010, de 3.8.09)*;

VII — antes de determinar a remessa dos autos à superior instância, no caso de apelação, ou do instrumento, no caso de agravo, a autoridade judiciária proferirá despacho fundamentado, mantendo ou reformando a decisão, no prazo de cinco dias;

VIII — mantida a decisão apelada ou agravada, o escrivão remeterá os autos ou o instrumento à superior instância dentro de vinte e quatro horas, independentemente de novo pedido do recorrente; se a reformar, a remessa dos autos dependerá de pedido expresso da parte interessada ou do Ministério Público, no prazo de cinco dias, contados da intimação.

Art. 198: 1. v. arts. 148 e 149. Quanto à revisão de decisões do Conselho Tutelar, v. art. 137.

Art. 198: 1a. "Revogado o art. 198, inciso VI, do ECA, pela 'Lei da Adoção', é de se impor a aplicação conjunta do *caput* daquele dispositivo com o art. 520, VII, do Código de Processo Civil, pela sistemática recursal adotada pelo primeiro. Se o adolescente foi mantido em internação provisória, nos casos de alteração do quadro fático que autorizava o adolescente responder a apuração solto ou ainda quando a sentença fundamentar a necessidade da imposição de medida socioeducativa, lastreando o julgador em elementos concretos constantes nos autos, o imediato cumprimento do *decisum* traduz imprescindível instrumento de tutela cautelar. Na hipótese, o ordenamento jurídico prevê ainda a existência de outros instrumentos processuais para a Defesa lograr êxito em alcançar o resultado que aqui se almeja — **efeito suspensivo do recurso de apelação** — como o mandado de segurança ou as medidas cautelares inominadas" (STJ-5ª T., HC 220.960, Min. Gilson Dipp, j. 22.11.11, DJ 1.12.11). No mesmo sentido: STJ-6ª T., RHC 31.377, Min. Og Fernandes, j. 4.6.13, DJ 7.11.13.

Art. 198: 1b. "Segundo o art. 198 do ECA, nos procedimentos afetos à Justiça da Infância e da Juventude, inclusive os relativos à execução das medidas socioeducativas, deve ser adotado o sistema do Código de Processo Civil, que prevê, atualmente, em caso de decisão por maioria, nova **técnica de complementação de julgamento,** com a tomada de outros votos em sessão subsequente ou na mesma sessão. Admite-se, assim, a incidência do **art. 942 do novo Código de Processo Civil** para complementar o julgamento da apelação julgada por maioria nos procedimentos relativos ao estatuto do menor" (STJ-5ª T., REsp 1.673.215-AgRg, Min. Reynaldo da Fonseca, j. 17.5.18, DJ 30.5.18).

Art. 198: 1c. "Falta legitimidade recursal ao **assistente de acusação** para a interposição de apelo em procedimento regido pelo Estatuto da Criança e do Adolescente" (STJ-6ª T., REsp 1.089.564, Min. Sebastião Reis Jr., j. 15.3.12, DJ 7.5.12). No mesmo sentido: STJ-5ª T., REsp 1.044.203, Min. Arnaldo Esteves, j. 19.2.09, DJ 16.3.09.

Art. 198: 2. No sentido de que a isenção de preparo beneficia apenas crianças e adolescentes e não pode ser estendida a **pessoa jurídica** de direito privado: STJ-1ª T., AI 955.493-AgRg, Min. José Delgado, j. 6.5.08, DJU 5.6.08.

V. tb. art. 141, nota 3.

Art. 198: 3. "A interposição da apelação e o oferecimento das razões são **simultâneos",** não comportando o desdobramento do prazo de recurso (JTJ 158/142).

Todavia: "Dada a simetria entre a aplicação de medidas socioeducativas e a restrição da liberdade decorrente da imposição de pena, possível é que os feitos destinados à apuração e punição de atos infracionais de adolescentes sejam regidos por princípios do processo penal. A melhor das interpretações dos arts. 198, *caput*, e 190, I e § 2º, do Estatuto da Criança e do Adolescente conjugados é a de considerar que, manifestada pelo adolescente a intenção de recorrer da sentença que lhe aplicou medida de internação, o oferecimento das razões do recurso a destempo constitui mera irregularidade, incapaz, portanto, de determinar a sua intempestividade" (STJ-6ª T., HC 43.193, Min. Nilson Naves, j. 20.9.05, DJU 13.3.06).

Art. 198: 4. Esse prazo só se aplica aos procedimentos especiais previstos entre os arts. 152 e 197 do ECA. Assim, mesmo tratando-se de controvérsia referente ao ECA, o prazo recursal rege-se pelo CPC nos casos de:

— ação civil pública (STJ-1ª T., REsp 440.453, Min. Luiz Fux, j. 18.3.03, DJU 7.4.03; STJ-2ª T., REsp 851.947, Min. Eliana Calmon, j. 6.5.08, DJU 19.5.08);

— mandado de segurança (STJ-2ª T., REsp 345.875, Min. Paulo Medina, j. 21.2.02, DJU 8.4.02);

— "'ação de medida de proteção' de menor que não estaria frequentando a rede regular de ensino, em virtude de omissão de seus genitores" (STJ-4ª T., REsp 1.697.508, Min. Luis Felipe, j. 10.4.18, DJ 4.6.18).

Art. 198: 5. Há notícia de acórdãos anteriores à Lei 12.594, de 18.1.12, entendendo que o privilégio do prazo em dobro conferido ao MP aplica-se aos recursos do ECA (STJ-4ª T., REsp 281.359, Min. Sálvio de Figueiredo, j. 20.2.03, DJU 17.3.03; STJ-5ª T., REsp 706.661, Min. Laurita Vaz, j. 7.11.06, DJU 18.12.06). V. CPC 180.

Art. 198: 6. "O prazo de dez dias previsto no inciso II do art. 198 do Estatuto da Criança e do Adolescente **não se aplica ao recurso especial"** (STJ-4ª T., REsp 625.653, Min. Cesar Rocha, j. 7.3.06, DJU 19.6.06). No mesmo sentido: STJ-5ª T., REsp 948.199, Min. Jorge Mussi, j. 28.8.08, DJ 6.10.08. **Contra:** "A presente ação de apuração de infração administrativa está prevista nos arts. 191 e seguintes da Lei 8.069/90, estando, portanto, enquadrada entre os procedimentos especiais previstos no Estatuto da Criança e do Adolescente, de modo que, em atenção ao princípio da especialidade, o prazo recursal a ser observado, no caso, era o decenal, consoante previsto no art. 198, II, do Estatuto da Criança e do Adolescente (Lei 8.069/90), razão pela qual se afigura impositivo reconhecer a intempestividade do recurso especial" (STJ-2ª T., Ag em REsp 1.400.530-AgInt, Min. Assusete Magalhães, j. 3.3.20, DJ 10.3.20).

Art. 199. Contra as decisões proferidas com base no art. 149 caberá recurso de apelação.

Art. 199-A (*redação da Lei 12.010, de 3.8.09*). A sentença que deferir a adoção produz efeito desde logo, embora sujeita a apelação, que será recebida exclusivamente no efeito devolutivo, salvo se se tratar de adoção internacional ou se houver perigo de dano irreparável ou de difícil reparação ao adotando.

Art. 199-B (*redação da Lei 12.010, de 3.8.09*). A sentença que destituir ambos ou qualquer dos genitores do poder familiar fica sujeita a apelação, que deverá ser recebida apenas no efeito devolutivo.

Art. 199-C.(*redação da Lei 12.010, de 3.8.09*). Os recursos nos procedimentos de adoção e de destituição de poder familiar, em face da relevância das questões, serão processados com prioridade absoluta, devendo ser imediatamente distribuídos, ficando vedado que aguardem, em qualquer situação, oportuna distribuição, e serão colocados em mesa para julgamento sem revisão e com parecer urgente do Ministério Público.

Art. 199-D (*redação da Lei 12.010, de 3.8.09*). O relator deverá colocar o processo em mesa para julgamento no prazo máximo de sessenta dias, contado da sua conclusão.

Parágrafo único. O Ministério Público será intimado da data do julgamento e poderá na sessão, se entender necessário, apresentar oralmente seu parecer.

Art. 199-E (*redação da Lei 12.010, de 3.8.09*). O Ministério Público poderá requerer a instauração de procedimento para apuração de responsabilidades se constatar o descumprimento das providências e do prazo previstos nos artigos anteriores.

Capítulo V | DO MINISTÉRIO PÚBLICO[1]

CAP. V: 1. O adolescente privado de liberdade tem direito a entrevistar-se pessoalmente com o representante do Ministério Público (art. 124-I).

O Conselho Tutelar deve encaminhar ao Ministério Público notícia de fato que constitua infração administrativa ou penal contra os direitos da criança ou do adolescente (art. 136-IV).

Art. 200. As funções do Ministério Público, previstas nesta lei, serão exercidas nos termos da respectiva Lei Orgânica.[1]

Art. 200: 1. **Lei 8.625, de 12.2.93** (Lei Orgânica Nacional do Ministério Público, em Lex 1993/100, RF 321/429, RDA 191/351, Just. 161/158).

Art. 201. Compete ao Ministério Público:[1]

I — conceder a remissão como forma de exclusão do processo;[1a]

II — promover e acompanhar os procedimentos relativos às infrações atribuídas a adolescentes;[2]

III (*redação da Lei 12.010, de 3.8.09*) — promover e acompanhar as ações de alimentos[3] e os procedimentos de suspensão e destituição do poder familiar,[4] nomeação e remoção de tutores,[5] curadores[6] e guardiães,[7] bem como oficiar em todos os demais procedimentos da competência da Justiça da Infância e da Juventude;[8]

IV — promover, de ofício ou por solicitação dos interessados, a especialização e a inscrição de hipoteca legal[9] e a prestação de contas dos tutores, curadores e quaisquer administradores de bens de crianças e adolescentes nas hipóteses[10] do art. 98;

V — promover o inquérito civil[11] e a ação civil pública para a proteção dos interesses individuais, difusos ou coletivos[12] relativos à infância e à adolescência, inclusive os definidos no art. 220, § 3º, inciso II, da Constituição Federal;[13]

VI — instaurar procedimentos administrativos e, para instruí-los:

a) expedir notificações para colher depoimentos ou esclarecimentos e, em caso de não comparecimento injustificado, requisitar condução coercitiva, inclusive pela Polícia Civil ou Militar;

b) requisitar informações, exames, perícias e documentos de autoridades municipais, estaduais e federais, da administração direta ou indireta, bem como promover inspeções e diligências investigatórias;

c) requisitar informações e documentos a particulares e instituições privadas;

VII — instaurar sindicâncias, requisitar diligências investigatórias e determinar a instauração de inquérito policial, para apuração de ilícitos ou infrações às normas de proteção à infância e à juventude;

VIII — zelar pelo efetivo respeito aos direitos e garantias legais assegurados às crianças e adolescentes, promovendo as medidas judiciais e extrajudiciais cabíveis;[14]

IX — impetrar mandado de segurança, de injunção e *habeas corpus*, em qualquer juízo, instância ou tribunal, na defesa dos interesses sociais e individuais indisponíveis afetos à criança e ao adolescente;

X — representar ao juízo visando à aplicação de penalidade por infrações cometidas contra as normas de proteção à infância e à juventude, sem prejuízo da promoção da responsabilidade civil e penal do infrator, quando cabível;

XI — inspecionar as entidades públicas e particulares de atendimento[15] e os programas de que trata esta lei, adotando de pronto as medidas administrativas ou judiciais necessárias à remoção de irregularidades porventura verificadas;

XII — requisitar força policial, bem como a colaboração dos serviços médicos, hospitalares, educacionais e de assistência social, públicos ou privados, para o desempenho de suas atribuições.

§ 1º A legitimação do Ministério Público para as ações cíveis previstas neste artigo não impede a de terceiros, nas mesmas hipóteses, segundo dispuserem a Constituição e esta lei.

§ 2º As atribuições constantes deste artigo não excluem outras, desde que compatíveis com a finalidade do Ministério Público.[16]

§ 3º O representante do Ministério Público, no exercício de suas funções, terá livre acesso a todo local onde se encontre criança ou adolescente.

§ 4º O representante do Ministério Público será responsável pelo uso indevido das informações e documentos que requisitar, nas hipóteses legais de sigilo.

§ 5º Para o exercício da atribuição de que trata o inciso VIII deste artigo, poderá o representante do Ministério Público:

a) reduzir a termo as declarações do reclamante, instaurando o competente procedimento, sob sua presidência;

b) entender-se diretamente com a pessoa ou autoridade reclamada, em dia, local e horário previamente notificados ou acertados;

c) efetuar recomendações visando à melhoria dos serviços públicos e de relevância pública afetos à criança e ao adolescente, fixando prazo razoável para sua perfeita adequação.

Art. 201: 1. **LC 80, de 12.1.94** — Organiza a Defensoria Pública da União, do Distrito Federal e dos Territórios e prescreve normas gerais para sua organização nos Estados, e dá outras providências: **"Art. 4º** São funções institucionais da Defensoria Pública, dentre outras: ... **XI** (*redação da LC 132, de 7.10.09*) — exercer a defesa dos interesses individuais e coletivos da criança e do adolescente, do idoso, da pessoa portadora de necessidades especiais, da mulher vítima de violência doméstica e familiar e de outros grupos sociais vulneráveis que mereçam proteção especial do Estado".

Art. 201: 1a. v. art. 126; a remissão deve ser homologada pela autoridade judiciária (art. 181-*caput*).

Art. 201: 2. v. arts. 171 a 190.

Art. 201: 3. v. LA 2º, nota 2a.

Art. 201: 4. v. arts. 155 a 163.

Art. 201: 5. v. arts. 36 a 38.

Art. 201: 6. v. arts. 142 § ún. e 184 § 2º.

Art. 201: 7. v. arts. 33 a 35.

Art. 201: 8. v. art. 148.

Art. 201: 9. v. art. 37; v. tb. CC 1.489 a 1.491 e 1.745 § ún.

Art. 201: 10. Texto conforme retificação no DOU 27.9.90, não reproduzida na Coleção das Leis da União.

Art. 201: 11. v. art. 223.

Art. 201: 12. v. arts. 208 e 224.

Art. 201: 13. **CF 220: "§ 3º** Compete à lei federal: .. **II** — estabelecer os meios legais que garantam à pessoa e à família a possibilidade de se defenderem de programas ou programações de rádio e televisão que contrariem o disposto no art. 221, bem como da propaganda de produtos, práticas e serviços que possam ser nocivos à saúde e ao meio ambiente".

Art. 201: 14. v. § 5º.

Art. 201: 15. v. arts. 90 a 97.

Art. 201: 16. Outras funções: art. 139 (fiscalização da eleição de membro do Conselho Tutelar).

Art. 202. Nos processos e procedimentos em que não for parte, atuará obrigatoriamente o Ministério Público na defesa dos direitos e interesses de que cuida esta lei, hipótese em que terá vista dos autos depois das partes, podendo juntar documentos e requerer diligências, usando os recursos cabíveis.

Art. 203. A intimação do Ministério Público, em qualquer caso, será feita pessoalmente.

Art. 204. A falta de intervenção do Ministério Público acarreta a nulidade do feito, que será declarada de ofício pelo juiz ou a requerimento de qualquer interessado.

Art. 205. As manifestações processuais do representante do Ministério Público deverão ser fundamentadas.

Capítulo VI | DO ADVOGADO

Art. 206. A criança ou o adolescente, seus pais ou responsável, e qualquer pessoa que tenha legítimo interesse na solução da lide poderão intervir nos procedimentos de que trata esta lei, através de advogado, o qual será intimado para todos os atos, pessoalmente ou por publicação oficial, respeitado o segredo de justiça.[1]

Parágrafo único. Será prestada assistência judiciária integral e gratuita àqueles que dela necessitarem.[2]

Art. 206: 1. v. art. 143.

Art. 206: 2. v. art. 141 § 1º.

Art. 207. Nenhum adolescente a quem se atribua a prática de ato infracional, ainda que ausente ou foragido, será processado sem defensor.

§ 1º Se o adolescente não tiver defensor, ser-lhe-á nomeado pelo juiz, ressalvado o direito de, a todo tempo, constituir outro de sua preferência.

§ 2º A ausência do defensor não determinará o adiamento de nenhum ato do processo, devendo o juiz nomear substituto, ainda que provisoriamente, ou para o só efeito do ato.

§ 3º Será dispensada a outorga de mandato, quando se tratar de defensor nomeado ou, se[1] constituído, tiver sido indicado por ocasião de ato formal com a presença da autoridade judiciária.

Art. 207: 1. No texto oficial, está "sido" e não "se".

Capítulo VII | DA PROTEÇÃO JUDICIAL DOS INTERESSES INDIVIDUAIS, DIFUSOS E COLETIVOS

Art. 208. Regem-se pelas disposições desta lei as ações de responsabilidade por ofensa aos direitos assegurados à criança e ao adolescente, referentes ao não oferecimento ou oferta irregular:

I — do ensino obrigatório;[1]

II — de atendimento educacional especializado aos portadores de deficiência;

III (*redação da Lei 13.306, de 4.7.16*) — de atendimento em creche e pré-escola às crianças de zero a cinco anos de idade;

IV — de ensino noturno regular, adequado às condições do educando;

V — de programas suplementares de oferta de material didático-escolar, transporte e assistência à saúde do educando do ensino fundamental;

VI — de serviço de assistência social visando à proteção à família, à maternidade, à infância e à adolescência, bem como ao amparo às crianças e adolescentes que dele necessitem;

VII — de acesso às ações e serviços de saúde;

VIII — de escolarização e profissionalização dos adolescentes privados de liberdade;

IX (*redação da Lei 12.010, de 3.8.09*) — de ações, serviços e programas de orientação, apoio e promoção social de famílias e destinados ao pleno exercício do direito à convivência familiar por crianças e adolescentes;

X (*acrescido pela Lei 12.594, de 18.1.12*) — de programas de atendimento para a execução das medidas socioeducativas e aplicação de medidas de proteção;

XI (*acrescido pela Lei 13.431, de 4.4.17*)[1a] — de políticas e programas integrados de atendimento à criança e ao adolescente vítima ou testemunha de violência.

§ 1º As hipóteses previstas neste artigo não excluem da proteção judicial outros interesses individuais, difusos ou coletivos, próprios da infância e da adolescência, protegidos pela Constituição e pela Lei.

§ 2º A investigação do desaparecimento de crianças ou adolescentes será realizada imediatamente após notificação aos órgãos competentes, que deverão comunicar o fato aos portos, aeroportos, Polícia Rodoviária e companhias de transporte interestaduais e internacionais, fornecendo-lhes todos os dados necessários à identificação do desaparecido.[2]

Art. 208: 1. v. art. 54.

Art. 208: 1a. Em vigor após decorrido 1 (um) ano de sua publicação (DOU 5.4.17).

Art. 208: 2. O § 1º foi renumerado e o § 2º foi acrescido pela Lei 11.259, de 30.12.05.

Art. 209. As ações previstas neste Capítulo serão propostas no foro do local onde ocorreu ou deva ocorrer a ação ou omissão, cujo juízo terá competência absoluta para processar a causa, ressalvadas a competência da Justiça Federal e a competência originária dos Tribunais Superiores.[1]

Art. 209: 1. v. art. 148-IV.

Art. 210. Para as ações cíveis fundadas em interesses coletivos ou difusos, consideram-se legitimados concorrentemente:

I — o Ministério Público;

II — a União, os Estados, os Municípios, o Distrito Federal e os Territórios;

III — as associações legalmente constituídas há pelo menos um ano e que incluam entre seus fins institucionais a defesa dos interesses e direitos protegidos por esta lei, dispensada a autorização da assembleia, se houver prévia autorização estatutária.

§ 1º Admitir-se-á litisconsórcio facultativo[1] entre os Ministérios Públicos da União e dos Estados na defesa dos interesses e direitos de que cuida esta lei.

§ 2º Em caso de desistência ou abandono da ação por associação legitimada, o Ministério Público ou outro legitimado poderá assumir a titularidade ativa.

Art. 210: 1. v. CPC 113.

Art. 211. Os órgãos públicos legitimados poderão tomar dos interessados compromisso de ajustamento de sua conduta às exigências legais, o qual terá eficácia de título executivo extrajudicial.[1]

Art. 211: 1. v. CPC 784.

Art. 212. Para defesa dos direitos e interesses protegidos por esta lei, são admissíveis todas as espécies de ações pertinentes.

§ 1º Aplicam-se às ações previstas neste Capítulo as normas do Código de Processo Civil.

§ 2º Contra atos ilegais ou abusivos de autoridade pública ou agente de pessoa jurídica no exercício de atribuições do Poder Público, que lesem direito líquido e certo previsto nesta lei, caberá ação mandamental, que se regerá pelas normas da lei do mandado de segurança.[1]

Art. 212: 1. v. Lei 12.016, de 7.8.09 (no CPCLPV, tít. MANDADO DE SEGURANÇA).

Art. 213. Na ação que tenha por objeto o cumprimento de obrigação de fazer ou não fazer, o juiz concederá a tutela específica da obrigação ou determinará providências que assegurem o resultado prático equivalente ao do adimplemento.

§ 1º Sendo relevante o fundamento da demanda e havendo justificado receio de ineficácia do provimento final, é lícito ao juiz conceder a tutela liminarmente ou após justificação prévia, citando o réu.

§ 2º O juiz poderá, na hipótese do parágrafo anterior ou na sentença, impor multa diária ao réu, independentemente de pedido do autor, se for suficiente ou compatível com a obrigação, fixando prazo razoável para o cumprimento do preceito.

§ 3º A multa só será exigível do réu após o trânsito em julgado da sentença favorável ao autor, mas será devida desde o dia em que se houver configurado o descumprimento.

Art. 214. Os valores das multas[1] reverterão ao fundo gerido pelo Conselho dos Direitos da Criança e do Adolescente do respectivo município.

§ 1º As multas não recolhidas até trinta dias após o trânsito em julgado da decisão serão exigidas através de execução promovida pelo Ministério Público, nos mesmos autos, facultada igual iniciativa aos demais legitimados.[2]

§ 2º Enquanto o fundo não for regulamentado, o dinheiro ficará depositado em estabelecimento oficial de crédito, em conta com correção monetária.

Art. 214: 1. "sejam elas oriundas de infração administrativa ou de sanções penais" (STJ-4ª T., REsp 547.674, Min. Laurita Vaz, j. 17.8.04, DJU 13.9.04).

Art. 214: 2. "O art. 214, § 1º, da Lei 8.069/90 impõe como necessário o trânsito em julgado da decisão condenatória para que comece a correr o prazo para o pagamento espontâneo da multa, por infração administrativa. Não sendo paga, só então pode o Ministério Público executá-la. Sem o trânsito em julgado da decisão condenatória, não corre prazo para o pagamento espontâneo e não se pode falar em prescrição da execução" (STJ-2ª T., REsp 1.079.589, Min. Eliana Calmon, j. 18.12.08, DJ 18.2.09).

Art. 215. O juiz poderá conferir efeito suspensivo aos recursos, para evitar dano irreparável à parte.

Art. 216. Transitada em julgado a sentença que impuser condenação ao Poder Público, o juiz determinará a remessa de peças à autoridade competente, para apuração da responsabilidade civil e administrativa do agente a que se atribua a ação ou omissão.

Art. 217. Decorridos sessenta dias do trânsito em julgado da sentença condenatória sem que a associação autora lhe promova a execução, deverá fazê-lo o Ministério Público, facultada igual iniciativa aos demais legitimados.

Art. 218. O juiz condenará a associação autora a pagar ao réu os honorários advocatícios arbitrados na conformidade do § 4º do art. 20 da Lei n. 5.869, de 11 de janeiro de 1973 — Código de Processo Civil,[1] quando reconhecer que a pretensão é manifestamente infundada.

Parágrafo único. Em caso de litigância de má-fé, a associação autora e os diretores responsáveis pela propositura da ação serão solidariamente condenados ao décuplo das custas, sem prejuízo de responsabilidade por perdas e danos.

Art. 218: 1. v. CPC 85 § 8º.

Art. 219. Nas ações de que trata este Capítulo, não haverá adiantamento de custas, emolumentos, honorários periciais e quaisquer outras despesas.

Art. 220. Qualquer pessoa poderá e o servidor público deverá provocar a iniciativa do Ministério Público, prestando-lhe informações sobre fatos que constituam objeto de ação civil, e indicando-lhe os elementos de convicção.

Art. 221. Se, no exercício de suas funções, os juízes e tribunais tiverem conhecimento de fatos que possam ensejar a propositura de ação civil, remeterão peças ao Ministério Público para as providências cabíveis.

Art. 222. Para instruir a petição inicial, o interessado poderá requerer às autoridades competentes as certidões e informações que julgar necessárias, que serão fornecidas no prazo de quinze dias.

Art. 223. O Ministério Público poderá instaurar, sob sua presidência, inquérito civil, ou requisitar, de qualquer pessoa, organismo público ou particular, certidões, informações, exames ou perícias, no prazo que assinalar, o qual não poderá ser inferior a dez dias úteis.

§ 1º Se o órgão do Ministério Público, esgotadas todas as diligências, se convencer da inexistência de fundamento para a propositura da ação cível, promoverá o arquivamento dos autos do inquérito civil ou das peças informativas, fazendo-o fundamentadamente.

§ 2º Os autos do inquérito civil ou as peças de informação arquivados serão remetidos, sob pena de se incorrer em falta grave, no prazo de três dias, ao Conselho Superior do Ministério Público.

§ 3º Até que seja homologada ou rejeitada a promoção de arquivamento, em sessão do Conselho Superior do Ministério Público, poderão as associações legitimadas apresentar razões escritas ou documentos, que serão juntados aos autos do inquérito ou anexados às peças de informação.

§ 4º A promoção de arquivamento será submetida a exame e deliberação do Conselho Superior do Ministério Público, conforme dispuser o seu Regimento.

§ 5º Deixando o Conselho Superior de homologar a promoção de arquivamento, designará, desde logo, outro órgão do Ministério Público para o ajuizamento da ação.

Art. 224. Aplicam-se subsidiariamente, no que couber, as disposições da Lei n. 7.347, de 24 de julho de 1985.[1]

Art. 224: 1. v. Lei 7.347, de 24.7.85 (no CPCLPV, tít. AÇÃO CIVIL PÚBLICA).

Título VII | DOS CRIMES E DAS INFRAÇÕES ADMINISTRATIVAS

Capítulo I | DOS CRIMES

Seção I | DISPOSIÇÕES GERAIS[1]

SEÇ. I: 1. s/ multas, v. art. 154 c/c 214.

Art. 225. Este Capítulo dispõe sobre crimes praticados contra a criança e o adolescente, por ação ou omissão, sem prejuízo do disposto na legislação penal.

Art. 226. Aplicam-se aos crimes definidos nesta lei as normas da Parte Geral do Código Penal[1] e, quanto ao processo, as pertinentes ao Código de Processo Penal.

Art. 226: 1. **CP: "Art. 111.** A prescrição, antes de transitar em julgado a sentença final, começa a correr: (...) **V** (*redação da Lei 12.650, de 17.5.12*) — nos crimes contra a dignidade sexual de crianças e adolescentes, previstos neste Código ou em legislação especial, da data em que a vítima completar 18 (dezoito) anos, salvo se a esse tempo já houver sido proposta a ação penal".

Art. 227. Os crimes definidos nesta lei são de ação pública incondicionada.

Art. 227-A. Os efeitos da condenação prevista no inciso I do *caput* do art. 92 do Decreto-Lei n. 2.848, de 7 de dezembro de 1940 (Código Penal), para os crimes previstos nesta Lei, praticados por servidores públicos com abuso de autoridade, são condicionados à ocorrência de reincidência.[1]

Parágrafo único. A perda do cargo, do mandato ou da função, nesse caso, independerá da pena aplicada na reincidência.

Art. 227-A: 1. O art. 227-A foi acrescido pela Lei 13.869, de 5.9.19, em vigor 120 dias após a sua publicação (DOU 5.9.19 — ed. extra).

Seção II | DOS CRIMES EM ESPÉCIE

Art. 228. Deixar o encarregado de serviço ou o dirigente de estabelecimento de atenção à saúde de gestante de manter registro das atividades desenvolvidas, na forma e prazo referidos no art. 10 desta lei, bem como de fornecer à parturiente ou a seu responsável, por ocasião da alta médica, declaração de nascimento, onde constem as intercorrências do parto e do desenvolvimento do neonato:

Pena — detenção de seis meses a dois anos.

Parágrafo único. Se o crime é culposo:

Pena — detenção de dois a seis meses, ou multa.

Art. 229. Deixar o médico, enfermeiro ou dirigente de estabelecimento de atenção à saúde de gestante de identificar corretamente o neonato e a parturiente, por ocasião do parto, bem como deixar de proceder aos exames referidos no art. 10 desta lei:

Pena — detenção de seis meses a dois anos.

Parágrafo único. Se o crime é culposo:

Pena — detenção de dois a seis meses, ou multa.

Art. 230. Privar a criança ou o adolescente de sua liberdade, procedendo à sua apreensão sem estar em flagrante de ato infracional ou inexistindo ordem escrita da autoridade judiciária competente:[1]

Pena — detenção de seis meses a dois anos.

Parágrafo único. Incide na mesma pena aquele que procede à apreensão sem observância das formalidades legais.

Art. 230: 1. v. art. 106.

Art. 231. Deixar a autoridade policial responsável pela apreensão de criança ou adolescente de fazer imediata comunicação à autoridade judiciária competente e à família do apreendido ou à pessoa por ele indicada:[1]

Pena — detenção de seis meses a dois anos.

Art. 231: 1. v. art. 107.

Art. 232. Submeter criança ou adolescente sob sua autoridade, guarda ou vigilância a vexame ou a constrangimento:[1]

Pena — detenção de seis meses a dois anos.

Art. 232: 1. v. art. 53-II.

Art. 233 (*revogado expressamente pela Lei 9.455, de 7.4.97*).

Art. 234. Deixar a autoridade competente, sem justa causa, de ordenar a imediata liberação de criança ou adolescente, tão logo tenha conhecimento da ilegalidade da apreensão [1]

Pena — detenção de seis meses a dois anos.

Art. 234: 1. v. art. 107.

Art. 235. Descumprir, injustificadamente, prazo fixado nesta lei em benefício de adolescente privado de liberdade:

Pena — detenção de seis meses a dois anos.

Art. 236. Impedir ou embaraçar a ação de autoridade judiciária, membro do Conselho Tutelar[1] ou representante do Ministério Público no exercício de função prevista nesta lei:

Pena — detenção de seis meses a dois anos.

Art. 236: 1. v. arts. 136 e 137.

Art. 237. Subtrair criança ou adolescente ao poder de quem o tem sob sua guarda em virtude de lei ou ordem judicial, com o fim de colocação em lar substituto:[1]

Pena — reclusão de dois a seis anos, e multa.

Art. 237: 1. "O tipo previsto no art. 237 do ECA exige um especial fim de agir, consistente na subtração de criança ou de adolescente para colocação em família substituta, bem assim a ausência de autorização ou de ciência dos genitores. Inconcebível manter a condenação nas sanções do referido art. 237 de pessoa que tem, junto de si, criança voluntariamente entregue pela própria mãe, por faltar a esta condições de sustento relativamente à prole" (RT 924/642: TJPR, AP 831.497-2).

Art. 238. Prometer ou efetivar a entrega de filho ou pupilo a terceiro, mediante paga ou recompensa:

Pena — reclusão de um a quatro anos, e multa.

Parágrafo único. Incide nas mesmas penas quem oferece ou efetiva a paga ou recompensa.

Art. 239. Promover ou auxiliar a efetivação de ato destinado ao envio de criança ou adolescente para o exterior com inobservância das formalidades legais ou com o fito de obter lucro:[1-1a]

Pena — reclusão de quatro a seis anos, e multa.

Parágrafo único. Se há emprego de violência, grave ameaça ou fraude:

Pena — reclusão, de seis a oito anos, além da pena correspondente à violência.[2]

Art. 239: 1. v. art. 51.

Art. 239: 1a. "O delito tipificado no art. 239 do Estatuto da Criança e do Adolescente é formal, porque consuma-se com a simples conduta de auxiliar na efetivação de atos destinados ao envio de criança ao exterior, sem a observância das formalidades legais ou com a finalidade de obter lucro, não sendo exigido o efetivo envio do menor ao exterior" (STJ-6ª T., REsp 1.023.002, Min. Alderita de Oliveira, j. 9.8.12, DJ 27.8.12). No mesmo sentido: STJ-5ª T., Ag em REsp 160.951-AgRg, Min. Regina Costa, j. 17.9.13, DJ 23.9.13.

Art. 239: 2. O § ún. foi acrescido pela Lei 10.764, de 12.11.03 (DOU 13.11.03).

Art. 240. Produzir, reproduzir, dirigir, fotografar, filmar ou registrar, por qualquer meio, cena de sexo explícito ou pornográfica, envolvendo criança ou adolescente:

Pena — reclusão, de quatro a oito anos, e multa.[1]

§ 1º Incorre nas mesmas penas quem agencia, facilita, recruta, coage, ou de qualquer modo intermedeia a participação de criança ou adolescente nas cenas referidas no *caput* deste artigo, ou ainda quem com esses contracena.[2]

§ 2º Aumenta-se a pena de um terço se o agente comete o crime:[3]

I — no exercício de cargo ou função pública ou a pretexto de exercê-la;

II — prevalecendo-se de relações domésticas, de coabitação ou de hospitalidade; ou

III — prevalecendo-se de relações de parentesco consanguíneo ou afim até o terceiro grau, ou por adoção, de tutor, curador, preceptor, empregador da vítima ou de quem, a qualquer outro título, tenha autoridade sobre ela, ou com seu consentimento.

Art. 240: 1. Redação do *caput* de acordo com a Lei 11.829, de 25.11.08.

Art. 240: 2. Redação do § 1º de acordo com a Lei 11.829, de 25.11.08.

Art. 240: 3. Redação do § 2º de acordo com a Lei 11.829, de 25.11.08.

Art. 241. Vender ou expor à venda fotografia, vídeo ou outro registro que contenha cena de sexo explícito ou pornográfica envolvendo criança ou adolescente:

Pena — reclusão, de quatro a oito anos, e multa.[1]

Art. 241: 1. Redação do *caput* de acordo com a Lei 11.829, de 25.11.08.

Art. 241-A. Oferecer, trocar, disponibilizar, transmitir, distribuir, publicar ou divulgar por qualquer meio, inclusive por meio de sistema de informática ou telemático, fotografia, vídeo ou outro registro que contenha cena de sexo explícito ou pornográfica envolvendo criança ou adolescente:

Pena — reclusão, de três a seis anos, e multa.[1]

§ 1º Nas mesmas penas incorre quem:

I — assegura os meios ou serviços para o armazenamento das fotografias, cenas ou imagens de que trata o *caput* deste artigo;

II — assegura, por qualquer meio, o acesso por rede de computadores às fotografias, cenas ou imagens de que trata o *caput* deste artigo.

§ 2º As condutas tipificadas nos incisos I e II do § 1º deste artigo são puníveis quando o responsável legal pela prestação do serviço, oficialmente notificado, deixa de desabilitar o acesso ao conteúdo ilícito de que trata o *caput* deste artigo.

Art. 241-A: 1. O art. 241-A, *caput* e parágrafos, foi acrescido pela Lei 11.829, de 25.11.08.

Art. 241-B. Adquirir, possuir ou armazenar, por qualquer meio, fotografia, vídeo ou outra forma de registro que contenha cena de sexo explícito ou pornográfica envolvendo criança ou adolescente:

Pena — reclusão, de um a quatro anos, e multa.[1-2]

§ 1º A pena é diminuída de um a dois terços se de pequena quantidade o material a que se refere o *caput* deste artigo.

§ 2º Não há crime se a posse ou o armazenamento tem a finalidade de comunicar às autoridades competentes a ocorrência das condutas descritas nos arts. 240, 241, 241-A e 241-C desta Lei, quando a comunicação for feita por:

I — agente público no exercício de suas funções;

II — membro de entidade, legalmente constituída, que inclua, entre suas finalidades institucionais, o recebimento, o processamento e o encaminhamento de notícia dos crimes referidos neste parágrafo;

III — representante legal e funcionários responsáveis de provedor de acesso ou serviço prestado por meio de rede de computadores, até o recebimento do material relativo à notícia feita à autoridade policial, ao Ministério Público ou ao Poder Judiciário.

§ 3º As pessoas referidas no § 2º deste artigo deverão manter sob sigilo o material ilícito referido.

Art. 241-B: 1. O art. 241-B, *caput* e parágrafos, foi acrescido pela Lei 11.829, de 25.11.08.

Art. 241-B: 2. "Em relação à conduta de armazenamento de material pornográfico infantojuvenil, a despeito das frequentes visualizações do conteúdo na máquina apreendida, não houve qualquer comando voluntário para o armazenamento das fotos ou vídeos pelo então usuário. De acordo com a perícia da Polícia Federal, os arquivos encontrados no computador apreendido foram ali armazenados de forma automática pelo *software* de acesso à internet (*Internet Explorer* 5), através de arquivos temporários (*temp*), em pastas criadas aleatoriamente, e que são substituídas também automaticamente à medida que outros arquivos são visualizados. Para este crime, não se admite a modalidade culposa" (RT 934/603: TRF-5ª Reg., AP 0011617-42.2011.4.05.8100).

Art. 241-C. Simular a participação de criança ou adolescente em cena de sexo explícito ou pornográfica por meio de adulteração, montagem ou modificação de fotografia, vídeo ou qualquer outra forma de representação visual:

Pena — reclusão, de um a três anos, e multa.[1]

Parágrafo único. Incorre nas mesmas penas quem vende, expõe à venda, disponibiliza, distribui, publica ou divulga por qualquer meio, adquire, possui ou armazena o material produzido na forma do *caput* deste artigo.

Art. 241-C: 1. O art. 241-C, *caput* e parágrafo, foi acrescido pela Lei 11.829, de 25.11.08.

Art. 241-D. Aliciar, assediar, instigar ou constranger, por qualquer meio de comunicação, criança, com o fim de com ela praticar ato libidinoso:

Pena — reclusão, de um a três anos, e multa.[1]

Parágrafo único. Nas mesmas penas incorre quem:

I — facilita ou induz o acesso à criança de material contendo cena de sexo explícito ou pornográfica com o fim de com ela praticar ato libidinoso;

II — pratica as condutas descritas no *caput* deste artigo com o fim de induzir criança a se exibir de forma pornográfica ou sexualmente explícita.

Art. 241-D: 1. O art. 241-D, *caput* e parágrafo, foi acrescido pela Lei 11.829, de 25.11.08.

Art. 241-E. Para efeito dos crimes previstos nesta Lei, a expressão "cena de sexo explícito ou pornográfica" compreende qualquer situação que envolva criança ou adolescente em atividades sexuais explícitas, reais ou simuladas, ou exibição dos órgãos genitais de uma criança ou adolescente para fins primordialmente sexuais.[1]

Art. 241-E: 1. O art. 241-E foi acrescido pela Lei 11.829, de 25.11.08.

Art. 242. Vender, fornecer ainda que gratuitamente ou entregar, de qualquer forma, a criança ou adolescente arma, munição ou explosivo:[1]

Pena — reclusão, de três a seis anos.[2]

Art. 242: 1. v. art. 81-I.

Art. 242: 2. A pena estabelecida no art. 242 foi alterada pela Lei 10.764, de 12.11.03 (DOU 13.11.03).

Art. 243 (*redação da Lei 13.106, de 17.3.15*). Vender, fornecer, servir, ministrar ou entregar, ainda que gratuitamente, de qualquer forma, a criança ou a adolescente, bebida alcoólica[1] ou, sem justa causa, outros produtos cujos componentes possam causar dependência física ou psíquica:[2]

Pena — detenção, de 2 (dois) a 4 (quatro) anos, e multa, se o fato não constitui crime mais grave.

Art. 243: 1. v. art. 81-II.

Art. 243: 2. v. art. 81-III.

Art. 244. Vender, fornecer ainda que gratuitamente ou entregar, de qualquer forma, a criança ou adolescente fogos de estampido ou de artifício, exceto aqueles que, pelo seu reduzido potencial, sejam incapazes de provocar qualquer dano físico em caso de utilização indevida:[1]

Pena — detenção de seis meses a dois anos, e multa.

Art. 244: 1. v. art. 81-IV.

Art. 244-A (*redação da Lei 9.975, de 23.6.00*). Submeter criança ou adolescente, como tais definidos no *caput* do art. 2º desta Lei, à prostituição ou à exploração sexual:[1-2]

Pena (*redação da Lei 13.440, de 8.5.17*) — reclusão de quatro a dez anos e multa, além da perda de bens e valores utilizados na prática criminosa em favor do Fundo dos Direitos da Criança e do Adolescente da unidade da Federação (Estado ou Distrito Federal) em que foi cometido o crime, ressalvado o direito de terceiro de boa-fé.

§ 1º Incorrem nas mesmas penas o proprietário, o gerente ou o responsável pelo local em que se verifique a submissão de criança ou adolescente às práticas referidas no *caput* deste artigo.

§ 2º Constitui efeito obrigatório da condenação a cassação da licença de localização e de funcionamento do estabelecimento.

Art. 244-A: 1. "O crime previsto no art. 244-A do ECA não abrange a figura do cliente ocasional, diante da ausência de exploração sexual nos termos da definição legal. Exige-se a submissão do infante à prostituição ou à exploração sexual, o que não ocorreu no presente feito" (STJ-5ª T., REsp 820.018, Min. Arnaldo Esteves, j. 5.5.09, DJ 15.6.09). No mesmo sentido: RT 930/625 (TJBA, AP 0002486-40.2009.8.05.0191).

Art. 244-A: 2. "Para a configuração do delito de exploração sexual de criança e adolescente, previsto no art. 244-A do ECA, basta a submissão da vítima à prostituição ou exploração sexual, sendo irrelevante o seu consentimento" (STJ-5ª T., REsp 1.104.802, Min. Arnaldo Esteves, j. 16.6.09, DJ 3.8.09).

Art. 244-B (*redação da Lei 12.015, de 7.8.09*). Corromper ou facilitar a corrupção de menor de 18 (dezoito) anos, com ele praticando infração penal ou induzindo-o a praticá-la:[1-1a]

Pena — reclusão, de 1 (um) a 4 (quatro) anos.

§ 1º Incorre nas penas previstas no *caput* deste artigo quem pratica as condutas ali tipificadas utilizando-se de quaisquer meios eletrônicos, inclusive salas de bate-papo da internet.

§ 2º As penas previstas no *caput* deste artigo são aumentadas de um terço no caso de a infração cometida ou induzida estar incluída no rol do art. 1º da Lei n. 8.072, de 25 de julho de 1990.[2]

✎ Art. 244-B: 1. "A corrupção de menores no Estatuto da Criança e do Adolescente: uma releitura crítica de acordo com o princípio da proteção integral", por Pedro Scalco (RBDFS 18/29).

Art. 244-B: 1a. **Súmula 500 do STJ:** "A configuração do crime do art. 244-B do ECA independe da prova da efetiva corrupção do menor, por se tratar de delito formal".

"Para a configuração do crime de corrupção de menores, atual art. 244-B do Estatuto da Criança e do Adolescente, não se faz necessária a prova da efetiva corrupção do menor, uma vez que se trata de delito formal, cujo bem jurídico tutelado pela norma visa, sobretudo, a impedir que o maior imputável induza ou facilite a inserção ou a manutenção do menor na esfera criminal" (STJ-3ª Seção, REsp 1.127.954, Min. Marco Bellizze, j. 14.12.11, RT 922/810).

Contra, no sentido de ser material o delito: RT 931/736 (TJMG, AP 1.0024.10.179290-1/001).

Art. 244-B: 2. **Lei 8.072, de 25.7.90** — Dispõe sobre os crimes hediondos, nos termos do art. 5º, inciso XLIII, da Constituição Federal, e determina outras providências.

Capítulo II | DAS INFRAÇÕES ADMINISTRATIVAS[1-2]

CAP. II: 1. s/ multas, v. art. 154 c/c art. 214.

CAP. II: 2. O prazo prescricional para a cobrança das multas previstas nos dispositivos deste Capítulo é de cinco anos. V. arts. 250, nota 2, e 258, nota 2.

Art. 245. Deixar o médico, professor ou responsável por estabelecimento de atenção à saúde e de ensino fundamental, pré-escola ou creche, de comunicar à autoridade competente os casos de que tenha conhecimento, envolvendo suspeita ou confirmação de maus-tratos contra criança ou adolescente:[1]

Pena — multa de três a vinte salários de referência, aplicando-se o dobro em caso de reincidência.

Art. 245: 1. v. art. 130.

Art. 246. Impedir o responsável ou funcionário de entidade de atendimento o exercício dos direitos constantes nos incisos II, III, VII, VIII e XI do art. 124 desta lei:

Pena — multa de três a vinte salários de referência, aplicando-se o dobro em caso de reincidência.

Art. 247. Divulgar, total ou parcialmente, sem autorização devida, por qualquer meio de comunicação, nome, ato ou documento de procedimento policial, administrativo ou judicial relativo a criança ou adolescente a que se atribua ato infracional:[1]

Pena — multa de três a vinte salários de referência, aplicando-se o dobro em caso de reincidência.

§ 1º Incorre na mesma pena quem exibe, total ou parcialmente, fotografia de criança ou adolescente envolvido em ato infracional, ou qualquer ilustração que lhe diga respeito ou se refira a atos que lhe sejam atribuídos, de forma a permitir sua identificação, direta ou indiretamente.[1a]

§ 2º Se o fato for praticado por órgão de imprensa ou emissora de rádio ou televisão, além da pena prevista neste artigo, a autoridade judiciária poderá determinar a apreensão da publicação ou a suspensão da programação da emissora até por dois dias, bem como da publicação do periódico até por dois números.[2]

Art. 247: 1. v. art. 143.

Art. 247: 1a. "A prática vedada pelo ECA é, em essência, a divulgação, total ou parcial, de qualquer elemento, textual ou visual, que permita a **identificação, direta ou indireta,** da criança ou do adolescente a que se relacione ato infracional, sem a autorização, inequívoca e anterior, da autoridade judicial competente para a veiculação das informações. Incide na prática interdita a veiculação de nome — inclusive iniciais —, apelido, filiação, parentesco ou residência do menor infrator, assim como fotografias ou qualquer outra ilustração referente a si que permita sua identificação associada a ato infracional. A norma impede o recurso a qualquer subterfúgio que possa resultar na identificação do menor. Para configurar-se a conduta vedada, é desnecessário verificar a ocorrência concreta de identificação, sendo bastante que a notícia veiculada forneça elementos suficientes para tanto. Dispensa-se, também, que a identificação seja possibilitada ao público em geral, bastando que se permita particularizar o menor por sua comunidade ou família. A transgressão ocorre ainda na hipótese em que, apesar de isoladamente incólumes, os elementos divulgados permitam, se conjugados, a identificação indireta do menor. Para a ocorrência da infração é despicienda a análise da intenção dos jornalistas ou o enfoque da notícia. A prática é vedada de forma objetiva e ocorre com a divulgação dos elementos identificadores. Hipótese em que a reportagem: a) obteve autorização para realizar entrevistas com menores, não para divulgar suas identidades; b) publicou fotografias com tatuagens e partes dos corpos dos menores; c) veiculou fotografias e nomes completos das genitoras, associando-as aos menores. Recurso especial provido, para reconhecer a ilicitude da conduta" (STJ-2ª T., REsp 1.636.815, Min. Og Fernandes, j. 5.12.17, DJ 18.12.17).

Art. 247: 2. A expressão "ou a suspensão da programação da emissora até por dois dias, bem como da publicação do periódico até por dois números" foi declarada inconstitucional pelo STF, por afronta ao art. 220 da CF (STF-RT 827/147).

Art. 248. ....[1]

Art. 248: 1. O art. 248 foi revogado pela Lei 13.431, de 4.4.17, em vigor após decorrido 1 (um) ano de sua publicação oficial (DOU 5.4.17).

Art. 249 (*redação da Lei 12.010, de 3.8.09*). Descumprir, dolosa ou culposamente, os deveres inerentes ao poder familiar ou decorrente[1] de tutela ou guarda, bem assim determinação da autoridade judiciária ou Conselho Tutelar:[2]

Pena — multa de três a vinte salários de referência,[3] aplicando-se o dobro em caso de reincidência.

Art. 249: 1. *sic*; deve ser "decorrentes".

Art. 249: 2. v. art. 137. V. Lei 12.594, de 18.1.12, art. 52 § ún.

Art. 249: 3. "Necessidade, na hipótese ora sob julgamento, do **afastamento da multa** imposta no art. 249 do ECA, porquanto no caso, conforme reconhecido pelo Tribunal de origem, devido as **condições econômicas dos pais,** a cominação pecuniária apenas agravaria ainda mais a situação material dos interessados, sendo suficiente as demais medidas concomitantemente aplicadas em primeiro grau, e assim, entende-se ser mais eficaz, para o fim que se espera, a aplicação de medida de advertência e de encaminhamento dos pais para tratamento psicológico e programas de orientação, com uma efetiva supervisão, voltada a conscientização de suas responsabilidades inerentes ao poder familiar, sendo inócua a aplicação de qualquer outra penalidade, mormente a financeira, que prejudicará indiretamente a família como um todo. Destacadamente na hipótese de célula que, segundo os autos, detém parcos recursos materiais. A sanção, no caso concreto, não surtirá o efeito pretendido, tornando-se apenas uma penalidade gravosa, uma vez improvável a família lograr êxito em realizar o pagamento da multa convencionada sem comprometer o próprio sustento e, se cumprida, provavelmente acarretará o agravamento do seu estado de pobreza" (STJ-4ª T., REsp 1.584.840, Min. Marco Buzzi, j. 23.8.16, DJ 28.9.16).

Todavia, negando o afastamento da multa em razão da gravidade dos atos de descumprimento, mas autorizando a sua fixação em patamar inferior ao mínimo legal: "A sanção prevista no art. 249 do ECA, segundo a qual quem descumprir os deveres inerentes ao poder familiar está sujeito a multa, guarda indissociável relação com o rol de medidas preventivas, pedagógicas, educativas e sancionadoras previsto no art. 129 do mesmo Estatuto, de modo que o julgador está autorizado a sopesá-las no momento em que impõe sanções aos pais, sempre em busca daquela que se revele potencialmente mais adequada e eficaz na hipótese concreta. A sanção pecuniária prevista no art. 249 do ECA é medida que, a despeito de seu cunho essencialmente sancionatório, também possui caráter preventivo, coercitivo e disciplinador, a fim de que as condutas censuradas não mais se repitam a bem dos filhos. Hipótese em que a multa, reduzida para aquém do patamar legal, é medida que se impõe em razão da gravidade dos atos praticados pela genitora em desfavor da filha, de modo que a hipossuficiência financeira ou a vulnerabilidade da família, nessas circunstâncias, deve ser levada em consideração somente na fixação do *quantum*, mas não na exclusão absoluta da medida sancionatória, inclusive em virtude de seu caráter preventivo e inibidor de repetição da conduta censurada" (STJ-3ª T., REsp 1.658.508, Min. Nancy Andrighi, j. 23.10.18, DJ 26.10.18).

Art. 250 (*redação da Lei 12.038, de 1.10.09*). Hospedar criança ou adolescente desacompanhado dos pais ou responsável, ou sem autorização escrita desses ou da autoridade judiciária, em hotel, pensão, motel ou congênere:[1-1a]

Pena — multa.[2]

§ 1º (*redação da Lei 12.038, de 1.10.09*) Em caso de reincidência, sem prejuízo da pena de multa, a autoridade judiciária poderá determinar o fechamento do estabelecimento por até quinze dias.

§ 2º (*redação da Lei 12.038, de 1.10.09*) Se comprovada a reincidência em período inferior a trinta dias, o estabelecimento será definitivamente fechado e terá sua licença cassada.

Art. 250: 1. v. art. 82.

Art. 250: 1a. "Infração tipificada no art. 250 do ECA, com lavratura de auto contra a **pessoa jurídica** (hotel que recebeu uma adolescente desacompanhada dos pais e sem autorização). A responsabilização das pessoas jurídicas, tanto na esfera penal como administrativa, é perfeitamente compatível com o ordenamento jurídico vigente. A redação dada ao art. 250 do ECA demonstra ter o legislador colocado pessoa jurídica no polo passivo da infração administrativa, ao prever como pena acessória à multa, no caso de reincidência na prática de infração, o 'fechamento do estabelecimento'. É fundamental que os estabelecimentos negligentes — que fazem pouco caso das leis que amparam o menor — também sejam responsabilizados, sem prejuízo da responsabilização direta das pessoas físicas envolvidas em cada caso, com o intuito de dar efetividade à norma de proteção integral à criança e ao adolescente" (STJ-2ª T., REsp 622.707, Min. Eliana Calmon, j. 2.2.10, DJ 10.2.10).

Art. 250: 2. O prazo prescricional para a cobrança desta multa é de cinco anos (RT 862/351).

Art. 251. Transportar criança ou adolescente, por qualquer meio, com inobservância do disposto nos arts. 83, 84 e 85 desta lei:

Pena — multa de três a vinte salários de referência, aplicando-se o dobro em caso de reincidência.

Art. 252. Deixar o responsável por diversão ou espetáculo público de afixar, em lugar visível e de fácil acesso, à entrada do local de exibição, informação destacada sobre a natureza da diversão ou espetáculo e a faixa etária especificada no certificado de classificação:[1-2]

Pena — multa de três a vinte salários de referência, aplicando-se o dobro em caso de reincidência.

Art. 252: 1. v. art. 74 § ún.

Art. 252: 2. "A norma prevista no art. 252 do ECA alcança tanto o organizador do evento quanto o responsável pelo estabelecimento, para efeito de responsabilização pela infração consistente na ausência de indicação da faixa etária permitida no local" (STJ-2ª T., Ag em REsp 305.822-AgRg, Min. Humberto Martins, j. 11.6.13, DJ 19.6.13).

Art. 253. Anunciar peças teatrais, filmes ou quaisquer representações ou espetáculos, sem indicar os limites de idade a que não se recomendem:[1-2]

Pena — multa de três a vinte salários de referência, duplicada em caso de reincidência, aplicável, separadamente, à casa de espetáculo e aos órgãos de divulgação ou publicidade.

Art. 253: 1. v. art. 74-*caput*.

Art. 253: 2. "A infração administrativa prevista no art. 253 do ECA é destinada aos responsáveis pela apresentação de quaisquer espetáculos, assim como aos órgãos responsáveis pela divulgação e publicidade, sem a expressa indicação dos limites de idade recomendáveis" (STJ-2ª T., REsp 1.252.869, Min. Herman Benjamin, j. 15.8.13, DJ 16.9.13).

Art. 254. Transmitir, através de rádio ou televisão, espetáculo em horário diverso do autorizado[1] ou sem aviso de sua classificação:[1a]

Pena — multa de vinte a cem salários de referência; duplicada em caso de reincidência a autoridade judiciária poderá determinar a suspensão da programação da emissora por até dois dias.[2]

Art. 254: 1. O STF declarou **inconstitucional** a expressão "em horário diverso do autorizado" (STF-Pleno, ADI 2.404, Min. Dias Toffoli, j. 31.8.16, maioria, DJ 1.8.17).

Art. 254: 1a. v. art. 76 § ún.

Art. 254: 2. A parte final deste artigo é de difícil entendimento, talvez por falta de uma vírgula, podendo ser lida assim: "duplicada em caso de reincidência, a autoridade judiciária poderá determinar a suspensão da programação da emissora por até dois dias".

Art. 255. Exibir filme, *trailer*, peça, amostra ou congênere classificado pelo órgão competente como inadequado às crianças ou adolescentes admitidos ao espetáculo:

Pena — multa de vinte a cem salários de referência; na reincidência, a autoridade poderá determinar a suspensão do espetáculo ou o fechamento do estabelecimento por até quinze dias.

Art. 256. Vender ou locar a criança ou adolescente fita de programação em vídeo, em desacordo com a classificação atribuída[1] pelo órgão competente:[2]

Pena — multa de três a vinte salários de referência; em caso de reincidência, a autoridade judiciária poderá determinar o fechamento do estabelecimento por até quinze dias.

Art. 256: 1. Na publicação oficial, está "atribuído".

Art. 256: 2. v. art. 77.

Art. 257. Descumprir obrigação constante dos arts. 78 e 79 desta lei:

Pena — multa de três a vinte salários de referência, duplicando-se a pena em caso de reincidência, sem prejuízo de apreensão da revista ou publicação.

Art. 258. Deixar o responsável pelo estabelecimento[1] ou o empresário de observar o que dispõe esta lei sobre o acesso de criança ou adolescente aos locais de diversão, ou sobre sua participação no espetáculo:[1a-1b]

Pena — multa de três a vinte salários de referência;[2] em caso de reincidência, a autoridade judiciária poderá determinar o fechamento do estabelecimento por até quinze dias.

Art. 258: 1. "Repousa sobre o art. 258 do ECA uma regra de solidariedade, de modo que não pode o proprietário do imóvel locado ('responsável pelo estabelecimento') eximir-se dos deveres que lhe são impostos por lei, sob a alegação de ter a organização do evento recaído unicamente sobre a figura do locatário ('empresário')" (STJ-2ª T., REsp 1.384.707-AgRg, Min. Mauro Campbell, j. 26.11.13, DJ 4.12.13).

Art. 258: 1a. v. arts. 149 e 80.

Art. 258: 1b. "O auto de infração lavrado por Comissário da Infância, em decorrência do descumprimento do artigo 258 da Lei 8.069/90, constitui-se em documento público, merecendo fé pública até prova em contrário. O ato administrativo goza de presunção *iuris tantum*, cabendo ao administrado o ônus de provar a maioridade da pessoa que se encontrava no estabelecimento comercial recorrido, haja vista a legitimidade do auto infracional" (STJ-RT 879/228: 1ª T., REsp 1.059.007).

Art. 258: 2. "A multa imposta com supedâneo no art. 258 da Lei 8.069/90 denota sanção de feição administrativa e, *a fortiori*, subsume-se às regras de Direito Administrativo, cujo prazo prescricional para a cobrança é quinquenal" (STJ-1ª T., REsp 850.227, Min. Luiz Fux, j. 27.11.07, DJU 27.2.08). Daí afirmar-se a "inaplicabilidade do prazo de dois anos previsto no art. 114, I, do Cód go Penal. O art. 226, *caput*, do ECA somente faculta a aplicação das normas da parte geral do Código Penal aos crimes nele definidos" (STJ-1ª T., REsp 737.054-AgRg-EDcl, Min. José Delgado, j. 7.2.06, DJU 20.2.06). No mesmo sentido: STJ-2ª T., REsp 849.184, Min. Eliana Calmon, j. 28.8.07, DJU 11.9.07; RT 899/255 (TJMT, AP 141263/2009).

Art. 258-A (*redação da Lei 12.010, de 3.8.09*). Deixar a autoridade competente de providenciar a instalação e operacionalização dos cadastros previstos no art. 50 e no § 11 do art. 101 desta Lei:

Pena — multa de R$ 1.000,00 (mil reais) a R$ 3.000,00 (três mil reais).

Parágrafo único. Incorre nas mesmas penas a autoridade que deixa de efetuar o cadastramento de crianças e de adolescentes em condições de serem adotadas, de pessoas ou casais habilitados à adoção e de crianças e adolescentes em regime de acolhimento institucional ou familiar.

Art. 258-B (*redação da Lei 12.010, de 3.8.09*). Deixar o médico, enfermeiro ou dirigente de estabelecimento de atenção à saúde de gestante de efetuar imediato encaminhamento à autoridade judiciária de caso de que tenha conhecimento de mãe ou gestante interessada em entregar seu filho para adoção:

Pena — multa de R$ 1.000,00 (mil reais) a R$ 3.000,00 (três mil reais).

Parágrafo único. Incorre na mesma pena o funcionário de programa oficial ou comunitário destinado à garantia do direito à convivência familiar que deixa de efetuar a comunicação referida no *caput* deste artigo.

Art. 258-C (*redação da Lei 13.106, de 17.3.15*). Descumprir a proibição estabelecida no inciso II do art. 81:

Pena — multa de R$ 3.000,00 (três mil reais) a R$ 10.000,00 (dez mil reais);

Medida Administrativa — interdição do estabelecimento comercial até o recolhimento da multa aplicada.

Disposições Finais e Transitórias

Art. 259. A União, no prazo de noventa dias contados da publicação deste Estatuto, elaborará projeto de lei dispondo sobre a criação ou adaptação de seus órgãos às diretrizes da política de atendimento fixadas no art. 88 e ao que estabelece o Título V do Livro II.[1]

Parágrafo único. Compete aos Estados e Municípios promoverem a adaptação de seus órgãos e programas às diretrizes e princípios estabelecidos nesta lei.

Art. 259: 1. O Tít. V cuida do Conselho Tutelar (arts. 131 a 140).

Art. 260 (*redação da Lei 12.594, de 18.1.12*). Os contribuintes poderão efetuar doações[1] aos Fundos dos Direitos da Criança e do Adolescente nacional,[2] distrital, estaduais ou municipais, devidamente comprovadas, sendo essas integralmente deduzidas do imposto de renda, obedecidos os seguintes limites:

I — 1% (um por cento) do imposto sobre a renda devido apurado pelas pessoas jurídicas tributadas com base no lucro real; e

II — 6% (seis por cento) do imposto sobre a renda apurado pelas pessoas físicas na Declaração de Ajuste Anual, observado o disposto no art. 22 da Lei n. 9.532, de 10 de dezembro de 1997.

§ 1º (*revogado expressamente pela Lei 9.532, de 10.12.97*).

§ 1º-A (*redação da Lei 13.257, de 8.3.16*). Na definição das prioridades a serem atendidas com os recursos captados pelos fundos nacional, estaduais e municipais dos direitos da criança e do adolescente, serão consideradas as disposições do Plano Nacional de Promoção, Proteção e Defesa do Direito de Crianças e Adolescentes à Convivência Familiar e Comunitária e as do Plano Nacional pela Primeira Infância.

§ 2º (*redação da Lei 13.257, de 8.3.16*) Os conselhos nacional, estaduais e municipais dos direitos da criança e do adolescente fixarão critérios de utilização, por meio de planos de aplicação, das dotações subsidiadas e demais receitas, aplicando necessariamente percentual para incentivo ao acolhimento, sob a forma de guarda, de crianças e adolescentes e para programas de atenção integral à primeira infância em áreas de maior carência socioeconômica e em situações de calamidade.

§ 3º (*redação da Lei 8.242, de 12.10.91*) O Departamento da Receita Federal, do Ministério da Economia, Fazenda e Planejamento, regulamentará a comprovação das doações feitas aos Fundos, nos termos deste artigo.

§ 4º (*redação da Lei 8.242, de 12.10.91*) O Ministério Público determinará em cada comarca a forma de fiscalização da aplicação, pelo Fundo Municipal dos Direitos da Criança e do Adolescente, dos incentivos fiscais referidos neste artigo.

§ 5º (*redação da Lei 12.594, de 18.1.12*) Observado o disposto no § 4º do art. 3º da Lei n. 9.249, de 26 de dezembro de 1995, a dedução de que trata o inciso I do *caput*:

I — será considerada isoladamente, não se submetendo a limite em conjunto com outras deduções do imposto; e

II — não poderá ser computada como despesa operacional na apuração do lucro real.

Art. 260: 1. em espécie ou em bens (v. art. 260-C).

Art. 260: 2. Cabe ao CONANDA gerir o Fundo dos Direitos da Criança e do Adolescente nacional (Lei 8.242, de 12.10.91, art. 2º-X).

Art. 260-A (*acrescido pela Lei 12.594, de 18.1.12*). A partir do exercício de 2010, ano-calendário de 2009, a pessoa física poderá optar pela doação de que trata o inciso II do *caput* do art. 260 diretamente em sua Declaração de Ajuste Anual.

§ 1º A doação de que trata o *caput* poderá ser deduzida até os seguintes percentuais aplicados sobre o imposto apurado na declaração:

I — (VETADO)

II — (VETADO)

III — 3% (três por cento) a partir do exercício de 2012.

§ 2º A dedução de que trata o *caput*:

I — está sujeita ao limite de 6% (seis por cento) do imposto sobre a renda apurado na declaração de que trata o inciso II do *caput* do art. 260;

II — não se aplica à pessoa física que:

a) utilizar o desconto simplificado;

b) apresentar declaração em formulário; ou

c) entregar a declaração fora do prazo;

III — só se aplica às doações em espécie; e

IV — não exclui ou reduz outros benefícios ou deduções em vigor.

§ 3º O pagamento da doação deve ser efetuado até a data de vencimento da primeira quota ou quota única do imposto, observadas instruções específicas da Secretaria da Receita Federal do Brasil.

§ 4º O não pagamento da doação no prazo estabelecido no § 3º implica a glosa definitiva desta parcela de dedução, ficando a pessoa física obrigada ao recolhimento da diferença de imposto devido apurado na Declaração de Ajuste Anual com os acréscimos legais previstos na legislação.

§ 5º A pessoa física poderá deduzir do imposto apurado na Declaração de Ajuste Anual as doações feitas, no respectivo ano-calendário, aos fundos controlados pelos Conselhos dos Direitos da Criança e do Adolescente municipais, distrital, estaduais e nacional concomitantemente com a opção de que trata o *caput*, respeitado o limite previsto no inciso II do art. 260.

Art. 260-B (*acrescido pela Lei 12.594, de 18.1.12*). A doação de que trata o inciso I do art. 260 poderá ser deduzida:

I — do imposto devido no trimestre, para as pessoas jurídicas que apuram o imposto trimestralmente; e

II — do imposto devido mensalmente e no ajuste anual, para as pessoas jurídicas que apuram o imposto anualmente.

Parágrafo único. A doação deverá ser efetuada dentro do período a que se refere a apuração do imposto.

Art. 260-C (*acrescido pela Lei 12.594, de 18.1.12*). As doações de que trata o art. 260 desta Lei podem ser efetuadas em espécie ou em bens.

Parágrafo único. As doações efetuadas em espécie devem ser depositadas em conta específica, em instituição financeira pública, vinculadas aos respectivos fundos de que trata o art. 260.

Art. 260-D (*acrescido pela Lei 12.594, de 18.1.12*). Os órgãos responsáveis pela administração das contas dos Fundos dos Direitos da Criança e do Adolescente nacional, estaduais, distrital e municipais devem emitir recibo em favor do doador, assinado por pessoa competente e pelo presidente do Conselho correspondente, especificando:

I — número de ordem;

II — nome, Cadastro Nacional da Pessoa Jurídica (CNPJ) e endereço do emitente;

III — nome, CNPJ ou Cadastro de Pessoas Físicas (CPF) do doador;

IV — data da doação e valor efetivamente recebido; e

V — ano-calendário a que se refere a doação.

§ 1º O comprovante de que trata o *caput* deste artigo pode ser emitido anualmente, desde que discrimine os valores doados mês a mês.

§ 2º No caso de doação em bens, o comprovante deve conter a identificação dos bens, mediante descrição em campo próprio ou em relação anexa ao comprovante, informando também se houve avaliação, o nome, CPF ou CNPJ e endereço dos avaliadores.

Art. 260-E (*acrescido pela Lei 12.594, de 18.1.12*). Na hipótese da doação em bens, o doador deverá:

I — comprovar a propriedade dos bens, mediante documentação hábil;

II — baixar os bens doados na declaração de bens e direitos, quando se tratar de pessoa física, e na escrituração, no caso de pessoa jurídica; e

III — considerar como valor dos bens doados:

a) para as pessoas físicas, o valor constante da última declaração do imposto de renda, desde que não exceda o valor de mercado;

b) para as pessoas jurídicas, o valor contábil dos bens.

Parágrafo único. O preço obtido em caso de leilão não será considerado na determinação do valor dos bens doados, exceto se o leilão for determinado por autoridade judiciária.

Art. 260-F (*acrescido pela Lei 12.594, de 18.1.12*). Os documentos a que se referem os arts. 260-D e 260-E devem ser mantidos pelo contribuinte por um prazo de 5 (cinco) anos para fins de comprovação da dedução perante a Receita Federal do Brasil.

Art. 260-G (*acrescido pela Lei 12.594, de 18.1.12*). Os órgãos responsáveis pela administração das contas dos Fundos dos Direitos da Criança e do Adolescente nacional, estaduais, distrital e municipais devem:

I — manter conta bancária específica destinada exclusivamente a gerir os recursos do Fundo;

II — manter controle das doações recebidas; e

III — informar anualmente à Secretaria da Receita Federal do Brasil as doações recebidas mês a mês, identificando os seguintes dados por doador:

a) nome, CNPJ ou CPF;

b) valor doado, especificando se a doação foi em espécie ou em bens.

Art. 260-H (*acrescido pela Lei 12.594, de 18.1.12*). Em caso de descumprimento das obrigações previstas no art. 260-G, a Secretaria da Receita Federal do Brasil dará conhecimento do fato ao Ministério Público.

Art. 260-I (*acrescido pela Lei 12.594, de 18.1.12*). Os Conselhos dos Direitos da Criança e do Adolescente nacional, estaduais, distrital e municipais divulgarão amplamente à comunidade:

I — o calendário de suas reuniões;

II — as ações prioritárias para aplicação das políticas de atendimento à criança e ao adolescente;

III — os requisitos para a apresentação de projetos a serem beneficiados com recursos dos Fundos dos Direitos da Criança e do Adolescente nacional, estaduais, distrital ou municipais;

IV — a relação dos projetos aprovados em cada ano-calendário e o valor dos recursos previstos para implementação das ações, por projeto;

V — o total dos recursos recebidos e a respectiva destinação, por projeto atendido, inclusive com cadastramento na base de dados do Sistema de Informações sobre a Infância e a Adolescência; e

VI — a avaliação dos resultados dos projetos beneficiados com recursos dos Fundos dos Direitos da Criança e do Adolescente nacional, estaduais, distrital e municipais.

Art. 260-J (*acrescido pela Lei 12.594, de 18.1.12*). O Ministério Público determinará, em cada Comarca, a forma de fiscalização da aplicação dos incentivos fiscais referidos no art. 260 desta Lei.

Parágrafo único. O descumprimento do disposto nos arts. 260-G e 260-I sujeitará os infratores a responder por ação judicial proposta pelo Ministério Público, que poderá atuar de ofício, a requerimento ou representação de qualquer cidadão.

Art. 260-K (*acrescido pela Lei 12.594, de 18.1.12*). A Secretaria de Direitos Humanos da Presidência da República (SDH/PR) encaminhará à Secretaria da Receita Federal do Brasil, até 31 de outubro de cada ano, arquivo eletrônico contendo a relação atualizada dos Fundos dos Direitos da Criança e do Adolescente nacional, distrital, estaduais e municipais, com a indicação dos respectivos números de inscrição no CNPJ e das contas bancárias específicas mantidas em instituições financeiras públicas, destinadas exclusivamente a gerir os recursos dos Fundos.

Art. 260-L (*acrescido pela Lei 12.594, de 18.1.12*). A Secretaria da Receita Federal do Brasil expedirá as instruções necessárias à aplicação do disposto nos arts. 260 a 260-K.

Art. 261. À falta dos Conselhos Municipais dos Direitos da Criança e do Adolescente,[1] os registros, inscrições e alterações a que se referem os arts. 90, parágrafo único, e 91 desta lei serão efetuados perante a autoridade judiciária da comarca a que pertencer a entidade.

Parágrafo único. A União fica autorizada a repassar aos Estados e Municípios, e os Estados aos Municípios, os recursos referentes aos programas e atividades previstos nesta lei, tão logo estejam criados os Conselhos dos Direitos da Criança e do Adolescente nos seus respectivos níveis.

Art. 261: 1. v. arts. 89, 90 § ún., 91-*caput* e 260.

Art. 262. Enquanto não instalados os Conselhos Tutelares, as atribuições a eles conferidas serão exercidas pela autoridade judiciária.

Art. 263. O Decreto-lei n. 2.848, de 7 de dezembro de 1940, Código Penal, passa a vigorar com as seguintes alterações:[1]

....

Art. 263: 1. Os dispositivos do Código Penal alterados pelo ECA foram: arts. 121 § 4º, 129 §§ 7º e 8º, 136 § 3º, 213 § ún. e 214 § ún.

Art. 264. O art. 102 da Lei n. 6.015, de 31 de dezembro de 1973,[1] fica acrescido do seguinte item:

"Art. 102 — ....

"6º) a perda e a suspensão do pátrio poder."[2]

Art. 264: 1. Trata-se da Lei dos Registros Públicos (LRP).

Art. 264: 2. Conforme retificação no DOU 27.9.90.

Art. 265. A Imprensa Nacional e demais gráficas da União, da Administração direta ou indireta, inclusive fundações instituídas e mantidas pelo Poder Público Federal, promoverão edição popular do texto integral deste Estatuto, que será posto à disposição das escolas e das entidades de atendimento e de defesa dos direitos da criança e do adolescente.

Art. 265-A (*acrescido pela Lei 13.257, de 8.3.16*). O poder público fará periodicamente ampla divulgação dos direitos da criança e do adolescente nos meios de comunicação social.

Parágrafo único. A divulgação a que se refere o *caput* será veiculada em linguagem clara, compreensível e adequada a crianças e adolescentes, especialmente às crianças com idade inferior a 6 (seis) anos.

Art. 266. Esta lei entra em vigor noventa dias após sua publicação.[1]

Parágrafo único. Durante o período de vacância deverão ser promovidas atividades e campanhas de divulgação e esclarecimentos acerca do disposto nesta lei.

Art. 266: 1. O ECA foi publicado no DOU 16.7.90.

Art. 267. Revogam-se as Leis ns. 4.513, de 1964, e 6.697, de 10 de outubro de 1979 (Código de Menores),[1] e as demais disposições em contrário.

Art. 267: 1. **Lei 4.513, de 1.12.64** — Autoriza o Poder Executivo a criar a Fundação Nacional do Bem-Estar do Menor, a ela incorporando o patrimônio e as atribuições do Serviço de Assistência a Menores, e dá outras providências (Lex 1964/1.283, RT 353/518, RF 209/459, RDA 81/500).

Lei 6.697, de 10.10.79 — Institui o Código de Menores (Lex 1979/786, RF 268/464, Bol. AASP 1.088/supl.; CCLCV, 9ª ed., p. 486).

Brasília, em 13 de julho de 1990; 169º da Independência e 102º da República — FERNANDO COLLOR — **Bernardo Cabral — Carlos Chiarelli — Antonio Magri — Margarida Procópio.**

Lei n. 12.318, de 26 de agosto de 2010

Dispõe sobre a alienação parental e altera o art. 236[1] da Lei n. 8.069, de 13 de julho de 1990.

O Presidente da República

Faço saber que o Congresso Nacional decreta e eu sanciono a seguinte lei:

LEI 12.318: 1. Ao contrário do que se sugere, por conta do veto ao art. 10 desta lei, o ECA 236 não foi alterado.

Art. 1º Esta lei dispõe sobre a alienação parental.[1]

Art. 1º: 1. "Comentários à Lei da alienação parental — Lei n. 12.318, de 26 de agosto de 2010", por Jesualdo Eduardo de Almeida Jr. (RMDCPC 38/60, RJ 396/55); "Alienação parental: identificação, tratamento e prevenção", por Beatrice Marinho Paulo (RBDFS 19/5); "Parentes: guardar ou alienar — a síndrome da alienação parental", por Caetano Lagrasta (RBDFS 25/33); "A síndrome da alienação parental (SAP) sob a perspectiva dos regimes de guarda de menores", por Cristiana Sanchez Gomes Ferreira (RJ 417/9); "O dano moral na alienação parental", por Patrício Jorge Lobo Vieira (RBDFS 31/92); "Os entrelugares do sujeito no discurso: conjugalidade e parentalidade na alienação parental", por Mônica da Silva Cruz e Bruna Barbieri Waquim (RDPr 57/215).

Art. 2º Considera-se ato de alienação parental a interferência na formação psicológica da criança ou do adolescente promovida ou induzida por um dos genitores, pelos avós ou pelos que tenham a criança ou adolescente sob a sua autoridade, guarda ou vigilância para que repudie genitor ou que cause prejuízo ao estabelecimento ou à manutenção de vínculos com este.

Parágrafo único. São formas exemplificativas de alienação parental, além dos atos assim declarados pelo juiz ou constatados por perícia, praticados diretamente ou com auxílio de terceiros:

I — realizar campanha de desqualificação da conduta do genitor no exercício da paternidade ou maternidade;

II — dificultar o exercício da autoridade parental;

III — dificultar contato de criança ou adolescente com genitor;

IV — dificultar o exercício do direito regulamentado de convivência familiar;

V — omitir deliberadamente a genitor informações pessoais relevantes sobre a criança ou adolescente, inclusive escolares, médicas e alterações de endereço;

VI — apresentar falsa denúncia contra genitor, contra familiares deste ou contra avós, para obstar ou dificultar a convivência deles com a criança ou adolescente;

VII — mudar o domicílio para local distante, sem justificativa, visando a dificultar a convivência da criança ou adolescente com o outro genitor, com familiares deste ou com avós.

Art. 3º A prática de ato de alienação parental fere direito fundamental da criança ou do adolescente de convivência familiar saudável, prejudica a realização de afeto nas relações com genitor e com o grupo familiar, constitui abuso moral contra a criança ou o adolescente e descumprimento dos deveres inerentes à autoridade parental ou decorrentes de tutela ou guarda.

Art. 4º Declarado indício de ato de alienação parental, a requerimento ou de ofício, em qualquer momento processual, em ação autônoma ou incidentalmente, o processo terá tramitação prioritária, e o juiz determinará, com urgência, ouvido o Ministério Público, as medidas provisórias necessárias para preservação da integridade psicológica da criança ou do adolescente, inclusive para assegurar sua convivência com genitor ou viabilizar a efetiva reaproximação entre ambos, se for o caso.

Parágrafo único. Assegurar-se-á à criança ou adolescente e ao genitor garantia mínima de visitação assistida, ressalvados os casos em que há iminente risco de prejuízo à integridade física ou psicológica da criança ou do adolescente, atestado por profissional eventualmente designado pelo juiz para acompanhamento das visitas.

Art. 5º Havendo indício da prática de ato de alienação parental, em ação autônoma ou incidental, o juiz, se necessário, determinará perícia psicológica ou biopsicossocial.

§ 1º O laudo pericial terá base em ampla avaliação psicológica ou biopsicossocial, conforme o caso, compreendendo, inclusive, entrevista pessoal com as partes, exame de documentos dos autos, histórico do relacionamento do casal e da separação, cronologia de incidentes, avaliação da personalidade dos envolvidos e exame da forma como a criança ou adolescente se manifesta acerca de eventual acusação contra genitor.

§ 2º A perícia será realizada por profissional ou equipe multidisciplinar habilitados, exigido, em qualquer caso, aptidão comprovada por histórico profissional ou acadêmico para diagnosticar atos de alienação parental.

§ 3º O perito ou equipe multidisciplinar designada para verificar a ocorrência de alienação parental terá prazo de 90 (noventa) dias para apresentação do laudo, prorrogável exclusivamente por autorização judicial baseada em justificativa circunstanciada.

Art. 6º Caracterizados atos típicos de alienação parental ou qualquer conduta que dificulte a convivência de criança ou adolescente com genitor, em ação autônoma ou incidental, o juiz poderá, cumulativamente ou não, sem prejuízo da decorrente responsabilidade civil ou criminal e da ampla utilização de instrumentos processuais aptos a inibir ou atenuar seus efeitos, segundo a gravidade do caso:

I — declarar a ocorrência de alienação parental e advertir o alienador;[1]

II — ampliar o regime de convivência familiar em favor do genitor alienado;

III — estipular multa ao alienador;

IV — determinar acompanhamento psicológico e/ou biopsicossocial;

V — determinar a alteração da guarda para guarda compartilhada ou sua inversão;

VI — determinar a fixação cautelar do domicílio da criança ou adolescente;

VII — declarar a suspensão da autoridade parental.

Parágrafo único. Caracterizado mudança abusiva de endereço, inviabilização ou obstrução à convivência familiar, o juiz também poderá inverter a obrigação de levar para ou retirar a criança ou adolescente da residência do genitor, por ocasião das alternâncias dos períodos de convivência familiar.

Art. 6º: 1. "A Lei 12.318/2010 prevê que o reconhecimento da alienação parental pode se dar em ação autônoma ou incidentalmente, sem especificar, no entanto, o recurso cabível, impondo, neste aspecto, a aplicação das regras do CPC. O ato judicial que resolve, incidentalmente, a questão da alienação parental tem natureza de decisão interlocutória (§ 2º do art. 162 do CPC); em consequência, o recurso cabível para impugná-lo é o agravo (art. 522 do CPC). Se a questão, todavia, for resolvida na própria sentença, ou se for objeto de ação autônoma, o meio de impugnação idôneo será a apelação, porque, nesses casos, a decisão encerrará a etapa cognitiva do processo na primeira instância" (STJ-3ª T., REsp 1.330.172, Min. Nancy Andrighi, j. 11.3.14, DJ 17.3.14).

Art. 7º A atribuição ou alteração da guarda dar-se-á por preferência ao genitor que viabiliza a efetiva convivência da criança ou adolescente com o outro genitor nas hipóteses em que seja inviável a guarda compartilhada.

Art. 8º A alteração de domicílio da criança ou adolescente é irrelevante para a determinação da competência relacionada às ações fundadas em direito de convivência familiar, salvo se decorrente de consenso entre os genitores ou de decisão judicial.

Art. 9º (VETADO)

Art. 10. (VETADO)

Art. 11. Esta lei entra em vigor na data de sua publicação.

Brasília, 26 de agosto de 2010; 189º da Independência e 122º da República — LUIZ INÁCIO LULA DA SILVA — **Luiz Paulo Teles Ferreira Barreto — Paulo de Tarso Vannuchi.**

Lei n. 12.852, de 5 de agosto de 2013

Institui o Estatuto da Juventude e dispõe sobre os direitos dos jovens, os princípios e diretrizes das políticas públicas de juventude e o Sistema Nacional de Juventude — SINAJUVE.[1]

A Presidenta da República

Faço saber que o Congresso Nacional decreta e eu sanciono a seguinte Lei:

LEI 12.852: 1. **Decreto 9.306, de 15.3.18** — Dispõe sobre o Sistema Nacional de Juventude, instituído pela Lei n. 12.852, de 5 de agosto de 2013.

Título I | DOS DIREITOS E DAS POLÍTICAS PÚBLICAS DE JUVENTUDE

Capítulo I | DOS PRINCÍPIOS E DIRETRIZES DAS POLÍTICAS PÚBLICAS DE JUVENTUDE

Art. 1º Esta Lei institui o Estatuto da Juventude e dispõe sobre os direitos dos jovens, os princípios e diretrizes das políticas públicas de juventude e o Sistema Nacional de Juventude — SINAJUVE.

§ 1º Para os efeitos desta Lei, são consideradas jovens as pessoas com idade entre 15 (quinze) e 29 (vinte e nove) anos de idade.

§ 2º Aos adolescentes com idade entre 15 (quinze) e 18 (dezoito) anos aplica-se a Lei n. 8.069, de 13 de julho de 1990 — Estatuto da Criança e do Adolescente, e, excepcionalmente, este Estatuto, quando não conflitar com as normas de proteção integral do adolescente.

Seção I | DOS PRINCÍPIOS

Art. 2º O disposto nesta Lei e as políticas públicas de juventude são regidos pelos seguintes princípios:

I — promoção da autonomia e emancipação dos jovens;

II — valorização e promoção da participação social e política, de forma direta e por meio de suas representações;

III — promoção da criatividade e da participação no desenvolvimento do País;

IV — reconhecimento do jovem como sujeito de direitos universais, geracionais e singulares;

V — promoção do bem-estar, da experimentação e do desenvolvimento integral do jovem;

VI — respeito à identidade e à diversidade individual e coletiva da juventude;

VII — promoção da vida segura, da cultura da paz, da solidariedade e da não discriminação; e

VIII — valorização do diálogo e convívio do jovem com as demais gerações.

Parágrafo único. A emancipação dos jovens a que se refere o inciso I do *caput* refere-se à trajetória de inclusão, liberdade e participação do jovem na vida em sociedade, e não ao instituto da emancipação disciplinado pela Lei n. 10.406, de 10 de janeiro de 2002 — Código Civil.

Seção II | DIRETRIZES GERAIS

Art. 3º Os agentes públicos ou privados envolvidos com políticas públicas de juventude devem observar as seguintes diretrizes:

I — desenvolver a intersetorialidade das políticas estruturais, programas e ações;

II — incentivar a ampla participação juvenil em sua formulação, implementação e avaliação;

III — ampliar as alternativas de inserção social do jovem, promovendo programas que priorizem o seu desenvolvimento integral e participação ativa nos espaços decisórios;

IV — proporcionar atendimento de acordo com suas especificidades perante os órgãos públicos e privados prestadores de serviços à população, visando ao gozo de direitos simultaneamente nos campos da saúde, educacional, político, econômico, social, cultural e ambiental;

V — garantir meios e equipamentos públicos que promovam o acesso à produção cultural, à prática esportiva, à mobilidade territorial e à fruição do tempo livre;

VI — promover o território como espaço de integração;

VII — fortalecer as relações institucionais com os entes federados e as redes de órgãos, gestores e conselhos de juventude;

VIII — estabelecer mecanismos que ampliem a gestão de informação e produção de conhecimento sobre juventude;

IX — promover a integração internacional entre os jovens, preferencialmente no âmbito da América Latina e da África, e a cooperação internacional;

X — garantir a integração das políticas de juventude com os Poderes Legislativo e Judiciário, com o Ministério Público e com a Defensoria Pública; e

XI — zelar pelos direitos dos jovens com idade entre 18 (dezoito) e 29 (vinte e nove) anos privados de liberdade e egressos do sistema prisional, formulando políticas de educação e trabalho, incluindo estímulos à sua reinserção social e laboral, bem como criando e estimulando oportunidades de estudo e trabalho que favoreçam o cumprimento do regime semiaberto.

Capítulo II | DOS DIREITOS DOS JOVENS

Seção I | DO DIREITO À CIDADANIA, À PARTICIPAÇÃO SOCIAL E POLÍTICA E À REPRESENTAÇÃO JUVENIL

Art. 4º O jovem tem direito à participação social e política e na formulação, execução e avaliação das políticas públicas de juventude.

Parágrafo único. Entende-se por participação juvenil:

I — a inclusão do jovem nos espaços públicos e comunitários a partir da sua concepção como pessoa ativa, livre, responsável e digna de ocupar uma posição central nos processos políticos e sociais;

II — o envolvimento ativo dos jovens em ações de políticas públicas que tenham por objetivo o próprio benefício, o de suas comunidades, cidades e regiões e o do País;

III — a participação individual e coletiva do jovem em ações que contemplem a defesa dos direitos da juventude ou de temas afetos aos jovens; e

IV — a efetiva inclusão dos jovens nos espaços públicos de decisão com direito a voz e voto.

Art. 5º A interlocução da juventude com o poder público pode realizar-se por intermédio de associações, redes, movimentos e organizações juvenis.

Parágrafo único. É dever do poder público incentivar a livre associação dos jovens.

Art. 6º São diretrizes da interlocução institucional juvenil:

I — a definição de órgão governamental específico para a gestão das políticas públicas de juventude;

II — o incentivo à criação de conselhos de juventude em todos os entes da Federação.

Parágrafo único. Sem prejuízo das atribuições do órgão governamental específico para a gestão das políticas públicas de juventude e dos conselhos de juventude com relação aos direitos previstos neste Estatuto, cabe ao órgão governamental de gestão e aos conselhos dos direitos da criança e do adolescente a interlocução institucional com adolescentes de idade entre 15 (quinze) e 18 (dezoito) anos.

Seção II | DO DIREITO À EDUCAÇÃO

Art. 7º O jovem tem direito à educação de qualidade, com a garantia de educação básica, obrigatória e gratuita, inclusive para os que a ela não tiveram acesso na idade adequada.

§ 1º A educação básica será ministrada em língua portuguesa, assegurada aos jovens indígenas e de povos e comunidades tradicionais a utilização de suas línguas maternas e de processos próprios de aprendizagem.

§ 2º É dever do Estado oferecer aos jovens que não concluíram a educação básica programas na modalidade da educação de jovens e adultos, adaptados às necessidades e especificidades da juventude, inclusive no período noturno, ressalvada a legislação educacional específica.

§ 3º São assegurados aos jovens com surdez o uso e o ensino da Língua Brasileira de Sinais — LIBRAS, em todas as etapas e modalidades educacionais.

§ 4º É assegurada aos jovens com deficiência a inclusão no ensino regular em todos os níveis e modalidades educacionais, incluindo o atendimento educacional especializado, observada a acessibilidade a edificações, transportes, espaços, mobiliários, equipamentos, sistemas e meios de comunicação e assegurados os recursos de tecnologia assistiva e adaptações necessárias a cada pessoa.

§ 5º A Política Nacional de Educação no Campo contemplará a ampliação da oferta de educação para os jovens do campo, em todos os níveis e modalidades educacionais.

Art. 8º O jovem tem direito à educação superior, em instituições públicas ou privadas, com variados graus de abrangência do saber ou especialização do conhecimento, observadas as regras de acesso de cada instituição.

§ 1º É assegurado aos jovens negros, indígenas e alunos oriundos da escola pública o acesso ao ensino superior nas instituições públicas por meio de políticas afirmativas, nos termos da lei.

§ 2º O poder público promoverá programas de expansão da oferta de educação superior nas instituições públicas, de financiamento estudantil e de bolsas de estudos nas instituições privadas, em especial para jovens com deficiência, negros, indígenas e alunos oriundos da escola pública.

Art. 9º O jovem tem direito à educação profissional e tecnológica, articulada com os diferentes níveis e modalidades de educação, ao trabalho, à ciência e à tecnologia, observada a legislação vigente.

Art. 10. É dever do Estado assegurar ao jovem com deficiência o atendimento educacional especializado gratuito, preferencialmente, na rede regular de ensino.

Art. 11. O direito ao programa suplementar de transporte escolar de que trata o art. 4º da Lei n. 9.394, de 20 de dezembro de 1996, será progressivamente estendido ao jovem estudante do ensino fundamental, do ensino médio e da educação superior, no campo e na cidade.

§ 1º (VETADO)

§ 2º (VETADO)

Art. 12. É garantida a participação efetiva do segmento juvenil, respeitada sua liberdade de organização, nos conselhos e instâncias deliberativas de gestão democrática das escolas e universidades.

Art. 13. As escolas e as universidades deverão formular e implantar medidas de democratização do acesso e permanência, inclusive programas de assistência estudantil, ação afirmativa e inclusão social para os jovens estudantes.

Seção III — DO DIREITO À PROFISSIONALIZAÇÃO, AO TRABALHO E À RENDA

Art. 14. O jovem tem direito à profissionalização, ao trabalho e à renda, exercido em condições de liberdade, equidade e segurança, adequadamente remunerado e com proteção social.

Art. 15. A ação do poder público na efetivação do direito do jovem à profissionalização, ao trabalho e à renda contempla a adoção das seguintes medidas:

I — promoção de formas coletivas de organização para o trabalho, de redes de economia solidária e da livre associação;

II — oferta de condições especiais de jornada de trabalho por meio de:

a) compatibilização entre os horários de trabalho e de estudo;

b) oferta dos níveis, formas e modalidades de ensino em horários que permitam a compatibilização da frequência escolar com o trabalho regular;

III — criação de linha de crédito especial destinada aos jovens empreendedores;

IV — atuação estatal preventiva e repressiva quanto à exploração e precarização do trabalho juvenil;

V — adoção de políticas públicas voltadas para a promoção do estágio, aprendizagem e trabalho para a juventude;

VI — apoio ao jovem trabalhador rural na organização da produção da agricultura familiar e dos empreendimentos familiares rurais, por meio das seguintes ações:

a) estímulo à produção e à diversificação de produtos;

b) fomento à produção sustentável baseada na agroecologia, nas agroindústrias familiares, na integração entre lavoura, pecuária e floresta e no extrativismo sustentável;

c) investimento em pesquisa de tecnologias apropriadas à agricultura familiar e aos empreendimentos familiares rurais;

d) estímulo à comercialização direta da produção da agricultura familiar, aos empreendimentos familiares rurais e à formação de cooperativas;

e) garantia de projetos de infraestrutura básica de acesso e escoamento de produção, priorizando a melhoria das estradas e do transporte;

f) promoção de programas que favoreçam o acesso ao crédito, à terra e à assistência técnica rural;

VII — apoio ao jovem trabalhador com deficiência, por meio das seguintes ações:

a) estímulo à formação e à qualificação profissional em ambiente inclusivo;

b) oferta de condições especiais de jornada de trabalho;

c) estímulo à inserção no mercado de trabalho por meio da condição de aprendiz.

Art. 16. O direito à profissionalização e à proteção no trabalho dos adolescentes com idade entre 15 (quinze) e 18 (dezoito) anos de idade será regido pelo disposto na Lei n. 8.069, de 13 de julho de 1990 — Estatuto da Criança e do Adolescente, e em leis específicas, não se aplicando o previsto nesta Seção.

Seção IV | DO DIREITO À DIVERSIDADE E À IGUALDADE

Art. 17. O jovem tem direito à diversidade e à igualdade de direitos e de oportunidades e não será discriminado por motivo de:

I — etnia, raça, cor da pele, cultura, origem, idade e sexo;

II — orientação sexual, idioma ou religião;

III — opinião, deficiência e condição social ou econômica.

Art. 18. A ação do poder público na efetivação do direito do jovem à diversidade e à igualdade contempla a adoção das seguintes medidas:

I — adoção, nos âmbitos federal, estadual, municipal e do Distrito Federal, de programas governamentais destinados a assegurar a igualdade de direitos aos jovens de todas as raças e etnias, independentemente de sua origem, relativamente à educação, à profissionalização, ao trabalho e renda, à cultura, à saúde, à segurança, à cidadania e ao acesso à justiça;

II — capacitação dos professores dos ensinos fundamental e médio para a aplicação das diretrizes curriculares nacionais no que se refere ao enfrentamento de todas as formas de discriminação;

III — inclusão de temas sobre questões étnicas, raciais, de deficiência, de orientação sexual, de gênero e de violência doméstica e sexual praticada contra a mulher na formação dos profissionais de educação, de saúde e de segurança pública e dos operadores do direito;

IV — observância das diretrizes curriculares para a educação indígena como forma de preservação dessa cultura;

V — inclusão, nos conteúdos curriculares, de informações sobre a discriminação na sociedade brasileira e sobre o direito de todos os grupos e indivíduos a tratamento igualitário perante a lei; e

VI — inclusão, nos conteúdos curriculares, de temas relacionados à sexualidade, respeitando a diversidade de valores e crenças.

Seção V | DO DIREITO À SAÚDE

Art. 19. O jovem tem direito à saúde e à qualidade de vida, considerando suas especificidades na dimensão da prevenção, promoção, proteção e recuperação da saúde de forma integral.

Art. 20. A política pública de atenção à saúde do jovem será desenvolvida em consonância com as seguintes diretrizes:

I — acesso universal e gratuito ao Sistema Único de Saúde — SUS e a serviços de saúde humanizados e de qualidade, que respeitem as especificidades do jovem;

II — atenção integral à saúde, com especial ênfase ao atendimento e à prevenção dos agravos mais prevalentes nos jovens;

III — desenvolvimento de ações articuladas entre os serviços de saúde e os estabelecimentos de ensino, a sociedade e a família, com vistas à prevenção de agravos;

IV — garantia da inclusão de temas relativos ao consumo de álcool, tabaco e outras drogas, à saúde sexual e reprodutiva, com enfoque de gênero e dos direitos sexuais e reprodutivos nos projetos pedagógicos dos diversos níveis de ensino;

V — reconhecimento do impacto da gravidez planejada ou não, sob os aspectos médico, psicológico, social e econômico;

VI — capacitação dos profissionais de saúde, em uma perspectiva multiprofissional, para lidar com temas relativos à saúde sexual e reprodutiva dos jovens, inclusive com deficiência, e ao abuso de álcool, tabaco e outras drogas pelos jovens;

VII — habilitação dos professores e profissionais de saúde e de assistência social para a identificação dos problemas relacionados ao uso abusivo e à dependência de álcool, tabaco e outras drogas e o devido encaminhamento aos serviços assistenciais e de saúde;

VIII — valorização das parcerias com instituições da sociedade civil na abordagem das questões de prevenção, tratamento e reinserção social dos usuários e dependentes de álcool, tabaco e outras drogas;

IX — proibição de propagandas de bebidas contendo qualquer teor alcoólico com a participação de pessoa com menos de 18 (dezoito) anos de idade;

X — veiculação de campanhas educativas relativas ao álcool, ao tabaco e a outras drogas como causadores de dependência; e

XI — articulação das instâncias de saúde e justiça na prevenção do uso e abuso de álcool, tabaco e outras drogas, inclusive esteroides anabolizantes e, especialmente, *crack*.

Seção VI | DO DIREITO À CULTURA

Art. 21. O jovem tem direito à cultura, incluindo a livre criação, o acesso aos bens e serviços culturais e a participação nas decisões de política cultural, à identidade e diversidade cultural e à memória social.

Art. 22. Na consecução dos direitos culturais da juventude, compete ao poder público:

I — garantir ao jovem a participação no processo de produção, reelaboração e fruição dos bens culturais;

II — propiciar ao jovem o acesso aos locais e eventos culturais, mediante preços reduzidos, em âmbito nacional;

III — incentivar os movimentos de jovens a desenvolver atividades artístico-culturais e ações voltadas à preservação do patrimônio histórico;

IV — valorizar a capacidade criativa do jovem, mediante o desenvolvimento de programas e projetos culturais;

V — propiciar ao jovem o conhecimento da diversidade cultural, regional e étnica do País;

VI — promover programas educativos e culturais voltados para a problemática do jovem nas emissoras de rádio e televisão e nos demais meios de comunicação de massa;

VII — promover a inclusão digital dos jovens, por meio do acesso às novas tecnologias da informação e comunicação;

VIII — assegurar ao jovem do campo o direito à produção e à fruição cultural e aos equipamentos públicos que valorizem a cultura camponesa; e

IX — garantir ao jovem com deficiência acessibilidade e adaptações razoáveis.

Parágrafo único. A aplicação dos incisos I, III e VIII do *caput* deve observar a legislação específica sobre o direito à profissionalização e à proteção no trabalho dos adolescentes.

Art. 23. É assegurado aos jovens de até 29 (vinte e nove) anos pertencentes a famílias de baixa renda e aos estudantes, na forma do regulamento, o acesso a salas de cinema, cineclubes, teatros, espetáculos musicais e circenses, eventos educativos, esportivos, de lazer e entretenimento, em todo o território nacional, promovidos por quaisquer entidades e realizados em estabelecimentos públicos ou particulares, mediante pagamento da metade do preço do ingresso cobrado do público em geral.[1-2]

§ 1º Terão direito ao benefício previsto no *caput* os estudantes regularmente matriculados nos níveis e modalidades de educação e ensino previstos no Título V da Lei n. 9.394, de 20 de dezembro de 1996 — Lei de Diretrizes e Bases da Educação Nacional, que comprovem sua condição de discente, mediante apresentação, no momento da aquisição do ingresso e na portaria do local de realização do evento, da Carteira de Identificação Estudantil — CIE.

§ 2º A CIE será expedida preferencialmente pela Associação Nacional de Pós-Graduandos, pela União Nacional dos Estudantes, pela União Brasileira dos Estudantes Secundaristas e por entidades estudantis estaduais e municipais a elas filiadas.

§ 3º É garantida a gratuidade na expedição da CIE para estudantes pertencentes a famílias de baixa renda, nos termos do regulamento.

§ 4º As entidades mencionadas no § 2º deste artigo deverão tornar disponível, para eventuais consultas pelo poder público e pelos estabelecimentos referidos no *caput*, banco de dados com o nome e o número de registro dos estudantes portadores da Carteira de Identificação Estudantil, expedida nos termos do § 3º deste artigo.

§ 5º A CIE terá validade até o dia 31 de março do ano subsequente à data de sua expedição.

§ 6º As entidades mencionadas no § 2º deste artigo são obrigadas a manter o documento comprobatório do vínculo do aluno com o estabelecimento escolar, pelo mesmo prazo de validade da respectiva Carteira de Identificação Estudantil.

§ 7º Caberá aos órgãos públicos competentes federais, estaduais, municipais e do Distrito Federal a fiscalização do cumprimento do disposto neste artigo e a aplicação das sanções cabíveis, nos termos do regulamento.

§ 8º Os benefícios previstos neste artigo não incidirão sobre os eventos esportivos de que tratam as Leis ns. 12.663, de 5 de junho de 2012, e 12.780, de 9 de janeiro de 2013.

§ 9º Considera-se de baixa renda, para os fins do disposto no *caput*, a família inscrita no Cadastro Único para Programas Sociais do Governo Federal — CadÚnico cuja renda mensal seja de até 2 (dois) salários mínimos.

§ 10. A concessão do benefício da meia-entrada de que trata o *caput* é limitada a 40% (quarenta por cento) do total de ingressos disponíveis para cada evento.

Art. 23: 1. s/ meia-entrada para idoso, v. EId 23.

Art. 23: 2. **Lei 12.933, de 26.12.13** — Dispõe sobre o benefício do pagamento de meia-entrada para estudantes, idosos, pessoas com deficiência e jovens de 15 a 29 anos comprovadamente carentes em espetáculos artístico-culturais e esportivos.

Art. 24. O poder público destinará, no âmbito dos respectivos orçamentos, recursos financeiros para o fomento dos projetos culturais destinados aos jovens e por eles produzidos.

Art. 25. Na destinação dos recursos do Fundo Nacional da Cultura — FNC, de que trata a Lei n. 8.313, de 23 de dezembro de 1991, serão consideradas as necessidades específicas dos jovens em relação à ampliação do acesso à cultura e à melhoria das condições para o exercício do protagonismo no campo da produção cultural.

Parágrafo único. As pessoas físicas ou jurídicas poderão optar pela aplicação de parcelas do imposto sobre a renda a título de doações ou patrocínios, de que trata a Lei n. 8.313, de 23 de dezembro de 1991, no apoio a projetos culturais apresentados por entidades juvenis legalmente constituídas há, pelo menos, 1 (um) ano.

Seção VII — DO DIREITO À COMUNICAÇÃO E À LIBERDADE DE EXPRESSÃO

Art. 26. O jovem tem direito à comunicação e à livre expressão, à produção de conteúdo, individual e colaborativo, e ao acesso às tecnologias de informação e comunicação.

Art. 27. A ação do poder público na efetivação do direito do jovem à comunicação e à liberdade de expressão contempla a adoção das seguintes medidas:

I — incentivar programas educativos e culturais voltados para os jovens nas emissoras de rádio e televisão e nos demais meios de comunicação de massa;

II — promover a inclusão digital dos jovens, por meio do acesso às novas tecnologias de informação e comunicação;

III — promover as redes e plataformas de comunicação dos jovens, considerando a acessibilidade para os jovens com deficiência;

IV — incentivar a criação e manutenção de equipamentos públicos voltados para a promoção do direito do jovem à comunicação; e

V — garantir a acessibilidade à comunicação por meio de tecnologias assistivas e adaptações razoáveis para os jovens com deficiência.

Seção VIII — DO DIREITO AO DESPORTO E AO LAZER

Art. 28. O jovem tem direito à prática desportiva destinada a seu pleno desenvolvimento, com prioridade para o desporto de participação.

Parágrafo único. O direito à prática desportiva dos adolescentes deverá considerar sua condição peculiar de pessoa em desenvolvimento.

Art. 29. A política pública de desporto e lazer destinada ao jovem deverá considerar:

I — a realização de diagnóstico e estudos estatísticos oficiais acerca da educação física e dos desportos e dos equipamentos de lazer no Brasil;

II — a adoção de lei de incentivo fiscal para o esporte, com critérios que priorizem a juventude e promovam a equidade;

III — a valorização do desporto e do paradesporto educacional;

IV — a oferta de equipamentos comunitários que permitam a prática desportiva, cultural e de lazer.

Art. 30. Todas as escolas deverão buscar pelo menos um local apropriado para a prática de atividades poliesportivas.

Seção IX | DO DIREITO AO TERRITÓRIO E À MOBILIDADE

Art. 31. O jovem tem direito ao território e à mobilidade, incluindo a promoção de políticas públicas de moradia, circulação e equipamentos públicos, no campo e na cidade.

Parágrafo único. Ao jovem com deficiência devem ser garantidas a acessibilidade e as adaptações necessárias.

Art. 32. No sistema de transporte coletivo interestadual, observar-se-á, nos termos da legislação específica:

I — a reserva de 2 (duas) vagas gratuitas por veículo para jovens de baixa renda;

II — a reserva de 2 (duas) vagas por veículo com desconto de 50% (cinquenta por cento), no mínimo, no valor das passagens, para os jovens de baixa renda, a serem utilizadas após esgotadas as vagas previstas no inciso I.

Parágrafo único. Os procedimentos e os critérios para o exercício dos direitos previstos nos incisos I e II serão definidos em regulamento.

Art. 33. A União envidará esforços, em articulação com os Estados, o Distrito Federal e os Municípios, para promover a oferta de transporte público subsidiado para os jovens, com prioridade para os jovens em situação de pobreza e vulnerabilidade, na forma do regulamento.

Seção X | DO DIREITO À SUSTENTABILIDADE E AO MEIO AMBIENTE

Art. 34. O jovem tem direito à sustentabilidade e ao meio ambiente ecologicamente equilibrado, bem de uso comum do povo, essencial à sadia qualidade de vida, e o dever de defendê-lo e preservá-lo para a presente e as futuras gerações.

Art. 35. O Estado promoverá, em todos os níveis de ensino, a educação ambiental voltada para a preservação do meio ambiente e a sustentabilidade, de acordo com a Política Nacional do Meio Ambiente.

Art. 36. Na elaboração, na execução e na avaliação de políticas públicas que incorporem a dimensão ambiental, o poder público deverá considerar:

I — o estímulo e o fortalecimento de organizações, movimentos, redes e outros coletivos de juventude que atuem no âmbito das questões ambientais e em prol do desenvolvimento sustentável;

II — o incentivo à participação dos jovens na elaboração das políticas públicas de meio ambiente;

III — a criação de programas de educação ambiental destinados aos jovens; e

IV — o incentivo à participação dos jovens em projetos de geração de trabalho e renda que visem ao desenvolvimento sustentável nos âmbitos rural e urbano.

Parágrafo único. A aplicação do disposto no inciso IV do *caput* deve observar a legislação específica sobre o direito à profissionalização e à proteção no trabalho dos adolescentes.

Seção XI | DO DIREITO À SEGURANÇA PÚBLICA E AO ACESSO À JUSTIÇA

Art. 37. Todos os jovens têm direito de viver em um ambiente seguro, sem violência, com garantia da sua incolumidade física e mental, sendo-lhes asseguradas a igualdade de oportunidades e facilidades para seu aperfeiçoamento intelectual, cultural e social.

Art. 38. As políticas de segurança pública voltadas para os jovens deverão articular ações da União, dos Estados, do Distrito Federal e dos Municípios e ações não governamentais, tendo por diretrizes:

I — a integração com as demais políticas voltadas à juventude;

II — a prevenção e enfrentamento da violência;

III — a promoção de estudos e pesquisas e a obtenção de estatísticas e informações relevantes para subsidiar as ações de segurança pública e permitir a avaliação periódica dos impactos das políticas públicas quanto às causas, às consequências e à frequência da violência contra os jovens;

IV — a priorização de ações voltadas para os jovens em situação de risco, vulnerabilidade social e egressos do sistema penitenciário nacional;

V — a promoção do acesso efetivo dos jovens à Defensoria Pública, considerando as especificidades da condição juvenil; e

VI — a promoção do efetivo acesso dos jovens com deficiência à justiça em igualdade de condições com as demais pessoas, inclusive mediante a provisão de adaptações processuais adequadas a sua idade.

Título II | DO SISTEMA NACIONAL DE JUVENTUDE

Capítulo I | DO SISTEMA NACIONAL DE JUVENTUDE – SINAJUVE

Art. 39. É instituído o Sistema Nacional de Juventude — SINAJUVE, cujos composição, organização, competência e funcionamento serão definidos em regulamento.

Art. 40. O financiamento das ações e atividades realizadas no âmbito do Sinajuve será definido em regulamento.

Capítulo II | DAS COMPETÊNCIAS

Art. 41. Compete à União:

I — formular e coordenar a execução da Política Nacional de Juventude;

II — coordenar e manter o Sinajuve;

III — estabelecer diretrizes sobre a organização e o funcionamento do Sinajuve;

IV — elaborar o Plano Nacional de Políticas de Juventude, em parceria com os Estados, o Distrito Federal, os Municípios e a sociedade, em especial a juventude;

V — convocar e realizar, em conjunto com o Conselho Nacional de Juventude, as Conferências Nacionais de Juventude, com intervalo máximo de 4 (quatro) anos;

VI — prestar assistência técnica e suplementação financeira aos Estados, ao Distrito Federal e aos Municípios para o desenvolvimento de seus sistemas de juventude;

VII — contribuir para a qualificação e ação em rede do Sinajuve em todos os entes da Federação;

VIII — financiar, com os demais entes federados, a execução das políticas públicas de juventude;

IX — estabelecer formas de colaboração com os Estados, o Distrito Federal e os Municípios para a execução das políticas públicas de juventude; e

X — garantir a publicidade de informações sobre repasses de recursos para financiamento das políticas públicas de juventude aos conselhos e gestores estaduais, do Distrito Federal e municipais.

Art. 42. Compete aos Estados:

I — coordenar, em âmbito estadual, o Sinajuve;

II — elaborar os respectivos planos estaduais de juventude, em conformidade com o Plano Nacional, com a participação da sociedade, em especial da juventude;

III — criar, desenvolver e manter programas, ações e projetos para a execução das políticas públicas de juventude;

IV — convocar e realizar, em conjunto com o Conselho Estadual de Juventude, as Conferências Estaduais de Juventude, com intervalo máximo de 4 (quatro) anos;

V — editar normas complementares para a organização e o funcionamento do Sinajuve, em âmbito estadual e municipal;

VI — estabelecer com a União e os Municípios formas de colaboração para a execução das políticas públicas de juventude; e

VII — cofinanciar, com os demais entes federados, a execução de programas, ações e projetos das políticas públicas de juventude.

Parágrafo único. Serão incluídos nos censos demográficos dados relativos à população jovem do País.

Art. 43. Compete aos Municípios:

I — coordenar, em âmbito municipal, o Sinajuve;

II — elaborar os respectivos planos municipais de juventude, em conformidade com os respectivos Planos Nacional e Estadual, com a participação da sociedade, em especial da juventude;

III — criar, desenvolver e manter programas, ações e projetos para a execução das políticas públicas de juventude;

IV — convocar e realizar, em conjunto com o Conselho Municipal de Juventude, as Conferências Municipais de Juventude, com intervalo máximo de 4 (quatro) anos;

V — editar normas complementares para a organização e funcionamento do Sinajuve, em âmbito municipal;

VI — cofinanciar, com os demais entes federados, a execução de programas, ações e projetos das políticas públicas de juventude; e

VII — estabelecer mecanismos de cooperação com os Estados e a União para a execução das políticas públicas de juventude.

Parágrafo único. Para garantir a articulação federativa com vistas ao efetivo cumprimento das políticas públicas de juventude, os Municípios podem instituir os consórcios de que trata a Lei n. 11.107, de 6 de abril de 2005, ou qualquer outro instrumento jurídico adequado, como forma de compartilhar responsabilidades.

Art. 44. As competências dos Estados e Municípios são atribuídas, cumulativamente, ao Distrito Federal.

Capítulo III | DOS CONSELHOS DE JUVENTUDE

Art. 45. Os conselhos de juventude são órgãos permanentes e autônomos, não jurisdicionais, encarregados de tratar das políticas públicas de juventude e da garantia do exercício dos direitos do jovem, com os seguintes objetivos:

I — auxiliar na elaboração de políticas públicas de juventude que promovam o amplo exercício dos direitos dos jovens estabelecidos nesta Lei;

II — utilizar instrumentos de forma a buscar que o Estado garanta aos jovens o exercício dos seus direitos;

III — colaborar com os órgãos da administração no planejamento e na implementação das políticas de juventude;

IV — estudar, analisar, elaborar, discutir e propor a celebração de instrumentos de cooperação, visando à elaboração de programas, projetos e ações voltados para a juventude;

V — promover a realização de estudos relativos à juventude, objetivando subsidiar o planejamento das políticas públicas de juventude;

VI — estudar, analisar, elaborar, discutir e propor políticas públicas que permitam e garantam a integração e a participação do jovem nos processos social, econômico, político e cultural no respectivo ente federado;

VII — propor a criação de formas de participação da juventude nos órgãos da administração pública;

VIII — promover e participar de seminários, cursos, congressos e eventos correlatos para o debate de temas relativos à juventude;

IX — desenvolver outras atividades relacionadas às políticas públicas de juventude.

§ 1º A lei, em âmbito federal, estadual, do Distrito Federal e municipal, disporá sobre a organização, o funcionamento e a composição dos conselhos de juventude, observada a participação da sociedade civil mediante critério, no mínimo, paritário com os representantes do poder público.

§ 2º (VETADO)

Art. 46. São atribuições dos conselhos de juventude:

I — encaminhar ao Ministério Público notícia de fato que constitua infração administrativa ou penal contra os direitos do jovem garantidos na legislação;

II — encaminhar à autoridade judiciária os casos de sua competência;

III — expedir notificações;

IV — solicitar informações das autoridades públicas;

V — assessorar o Poder Executivo local na elaboração dos planos, programas, projetos, ações e proposta orçamentária das políticas públicas de juventude.

Art. 47. Sem prejuízo das atribuições dos conselhos de juventude com relação aos direitos previstos neste Estatuto, cabe aos conselhos de direitos da criança e do adolescente deliberar e controlar as ações em todos os níveis relativas aos adolescentes com idade entre 15 (quinze) e 18 (dezoito) anos.

Art. 48. Esta Lei entra em vigor após decorridos 180 (cento e oitenta) dias de sua publicação oficial.

Brasília, 5 de agosto de 2013; 192º da Independência e 125º da República — DILMA ROUSSEFF — **José Eduardo Cardozo — Antonio de Aguiar Patriota — Guido Mantega — César Borges — Aloizio Mercadante — Manoel Dias — Alexandre Rocha Santos Padilha — Miriam Belchior — Paulo Bernardo Silva — Tereza Campello — Marta Suplicy — Izabella Mônica Vieira Teixeira — Aldo Rebelo — Gilberto José Spier Vargas — Aguinaldo Ribeiro — Gilberto Carvalho — Luís Inácio Lucena Adams — Luiza Helena de Bairros — Eleonora Menicucci de Oliveira — Maria do Rosário Nunes.**

Ementário

Depositário Infiel

Lei 8.866, de 11.4.94 — Dispõe sobre o depositário infiel de valor pertencente à Fazenda Pública e dá outras providências (Lex 1994/600, RF 326/352, RT 702/451, RDA 196/323). Por maioria, o STF suspendeu, até a decisão final da ação, os efeitos: dos §§ 2º e 3º do art. 4º; da expressão "referida no § 2º do art. 4º", contida no *caput* do art. 7º; e das expressões "ou empregados" e "empregados" inseridas no *caput* do art. 7º e no seu § ún. Assentou, ainda, o Tribunal que da convalidação prevista no art. 10 ficam suspensos, a partir desta data, até o julgamento final da ação, os decretos de prisão fundados, exclusivamente, no § 2º do art. 4º e os decretos de revelia fundados em seu § 3º (ADI 892-7-Medida Liminar, DJU 24.6.94, seç. I, p. 16.605, notícia de julgamento).

Lei n. 8.866, de 11 de abril de 1994

Dispõe sobre o depositário infiel de valor pertencente à Fazenda Pública e dá outras providências.

Faço saber que o Presidente da República adotou a Medida Provisória n. 449, de 1994, que o Congresso Nacional aprovou, e eu, Humberto Lucena, Presidente do Senado Federal, para os efeitos do disposto no parágrafo único do art. 62 da Constituição Federal, promulgo a seguinte lei:

Art. 1º É depositário da Fazenda Pública, observado o disposto nos arts. 1.282, I, e 1.283 do Código Civil, a pessoa a que a legislação tributária ou previdenciária imponha a obrigação de reter ou receber de terceiro, e recolher aos cofres públicos, impostos, taxas e contribuições, inclusive à Seguridade Social.

§ 1º Aperfeiçoa-se o depósito na data da retenção ou recebimento do valor a que esteja obrigada a pessoa física ou jurídica.

§ 2º É depositário infiel aquele que não entrega à Fazenda Pública o valor referido neste artigo, no termo e forma fixados na legislação tributária ou previdenciária.

Art. 2º Constituem prova literal para se caracterizar a situação de depositário infiel, dentre outras:

I — a declaração feita pela pessoa física ou jurídica, do valor descontado ou recebido de terceiro, constante em folha de pagamento ou em qualquer outro documento fixado na legislação tributária ou previdenciária, e não recolhido aos cofres públicos;

II — o processo administrativo findo mediante o qual se tenha constituído crédito tributário ou previdenciário, decorrente de valor descontado ou recebido de terceiro e não recolhido aos cofres públicos;

III — a certidão do crédito tributário ou previdenciário decorrente dos valores descontados ou recebidos, inscritos na dívida ativa.

Art. 3º Caracterizada a situação de depositário infiel, o Secretário da Receita Federal comunicará ao representante judicial da Fazenda Nacional para que ajuíze ação civil a fim de exigir o recolhimento do valor do imposto, taxa ou contribuição descontado, com os correspondentes acréscimos legais.

Parágrafo único. A comunicação de que trata este artigo, no âmbito dos Estados e do Distrito Federal, caberá às autoridades definidas na legislação específica dessas unidades federadas, feita aos respectivos representantes judiciais competentes; no caso do Instituto Nacional de Seguridade Social — INSS, a iniciativa caberá ao seu presidente, competindo ao representante judicial da autarquia a providência processual de que trata este artigo.

Art. 4º Na petição inicial, instruída com a cópia autenticada, pela repartição, da prova literal do depósito de que trata o art. 2º, o representante judicial da Fazenda Nacional ou, conforme o caso, o representante judicial dos Estados, Distrito Federal ou do INSS requererá ao juízo a citação do depositário para, em dez dias:

I — recolher ou depositar a importância correspondente ao valor do imposto, taxa ou contribuição descontado ou recebido de terceiro, com os respectivos acréscimos legais;

II — contestar a ação.

§ 1º Do pedido constará, ainda, a cominação da pena de prisão.

§ 2º .... [1]

§ 3º .... [2]

§ 4º Contestada a ação, observar-se-á o procedimento ordinário.

Art. 4º: 1. O § 2º do art. 4º teve seus efeitos suspensos em virtude de **medida liminar concedida** na ADI 892-7 pelo STF (v. ementário). Era do seguinte teor: "§ 2º Não recolhida nem depositada a importância, nos termos deste artigo, o juiz, nos quinze dias seguintes à citação, decretará a prisão do depositário infiel, por período não superior a noventa dias".

Art. 4º: 2. O § 3º do art. 4º teve seus efeitos suspensos em virtude de **medida liminar concedida** na ADI 892-7 pelo STF (v. ementário). Era do seguinte teor: "§ 3º A contestação deverá ser acompanhada do comprovante de depósito judicial do valor integral devido à Fazenda Pública, sob pena de o réu sofrer os efeitos da revelia".

Art. 5º O juiz poderá julgar antecipadamente a ação, se verificados os efeitos da revelia.

Art. 6º Julgada procedente a ação, ordenará o juiz a conversão do depósito judicial em renda ou, na sua falta, a expedição de mandado para entrega, em 24 horas, do valor exigido.

Art. 7º Quando o depositário infiel for pessoa jurídica, a prisão referida no § 2º do art. 4º[1] será decretada contra seus diretores, administradores, gerentes ou empregados[2] que movimentem recursos financeiros isolada ou conjuntamente.

Parágrafo único. Tratando-se de empresa estrangeira, a prisão recairá sobre seus representantes, dirigentes e empregados[3] no Brasil que revistam a condição mencionada neste artigo.

Art. 7º: 1. A expressão "referida no § 2º do art. 4º" teve seus efeitos suspensos em virtude de **medida liminar concedida** pelo STF na ADI 892-7 (v. ementário).

Art. 7º: 2. A expressão "ou empregados", no *caput* do art. 7º, teve seus efeitos suspensos em virtude de **medida liminar concedida** na ADI 892-7 pelo STF (v. ementário).

Art. 7º: 3. A expressão "empregados", no § ún. do art. 7º, teve seus efeitos suspensos em virtude de **medida liminar concedida** na ADI 892-7 pelo STF (v. ementário).

Art. 8º Cessará a prisão com o recolhimento do valor exigido.

Art. 9º Não se aplica ao depósito referido nesta lei o art. 1.280 do Código Civil.[1]

Art. 9º: 1. O art. 1.280 do Código Civil de 1916 corresponde ao art. 645 do Código Civil de 2002.

Art. 10. Ficam convalidados os atos praticados com base na Medida Provisória n. 427, de 11 de fevereiro de 1994.

Art. 11. Esta lei entra em vigor na data de sua publicação.

Art. 12. Revogam-se as disposições em contrário.

Senado Federal, em 11 de abril de 1994; 173º da Independência e 106º da República — Senador HUMBERTO LUCENA, Presidente.

Ementário

Desapropriação

— v. CF 5º-XXIV, 22-II, 182 §§ 3º e 4º-III, 184, 185, 243; CC 590, 708, 738, 762-V e § 2º, 808 § 2º, 1.150, 1.558-II, 1.559; ET 18 a 23; Lei 4.947/66, art. 2º.

Dec. lei 3.365, de 21.6.41 — Dispõe sobre desapropriação por utilidade pública (v. adiante, texto integral, com todas as alterações).

Lei 4.132, de 10.9.62 — Define os casos de desapropriação por interesse social e dispõe sobre sua aplicação (v. adiante, texto integral).

Lei 4.504, de 30.11.64 — Dispõe sobre o Estatuto da Terra, e dá outras providências (RT 352/632, Lex 1964/1.188 e 1965/626, ret., RF 209/444; no tít. TERRA, transcrição parcial). Os arts. 18 a 23 dispõem s/ desapropriação por interesse social.

Lei 4.947, de 6.4.66 — Fixa normas de direito agrário, dispõe sobre o sistema de organização e funcionamento do Instituto Brasileiro de Reforma Agrária, e dá outras providências (RT 369/363, Lex 1966/478, RF 215/388). O art. 2º (em nota 1 ao art. 22 da Lei 4.504, de 30.11.64, no tít. TERRA) dispõe s/ desapropriação por interesse social.

Dec. lei 512, de 21.3.69 — Regula a Política Nacional de Viação Rodoviária, fixa diretrizes para a reorganização do Departamento Nacional de Estradas de Rodagem e dá outras providências. **Nota 1: Súmula 109 do TFR (Procedimento nas desapropriações movidas pelo DNER):** "A desapropriação iniciada segundo o procedimento previsto no Dec. lei n. 512, de 1969, prosseguirá na forma da Lei das Desapropriações por Utilidade Pública, no caso de manifesta discordância do expropriado com o preço oferecido". **Nota 2:** A Lei 10.233, de 5 de junho de 2001, extinguiu o DNER e criou o Departamento Nacional de Infraestrutura de Transportes (DNIT). **Nota 3:** Os arts. 14 a 19 contêm normas especiais, inclusive de processo, sobre desapropriação.

Dec. lei 1.075, de 22.1.70 — Regula a imissão de posse, *initio litis*, em imóveis residenciais urbanos (v. adiante, texto integral).

Lei 8.629, de 25.2.93 — Dispõe sobre a regulamentação dos dispositivos constitucionais relativos à reforma agrária, previstos no Cap. III, Tít. VII, da Constituição Federal (v. adiante, texto integral). O Dec. 2.250, de 11.6.97 regulamentou a vistoria em imóvel rural destinado a reforma agrária.

Lei Complementar 76, de 6.7.93 — Dispõe sobre o procedimento contraditório especial, de rito sumário, para o processo de desapropriação de imóvel rural, por interesse social, para fins de reforma agrária (v. adiante, texto integral).

Decreto-lei n. 3.365, de 21 de junho de 1941

Dispõe sobre desapropriação por utilidade pública.

O Presidente da República, usando da atribuição que lhe confere o art. 180 da Constituição, decreta:

Disposições Preliminares

Art. 1º A desapropriação[1 a 9] por utilidade pública regular-se-á por esta lei, em todo o território nacional.

Art. 1º: 1. "Desapropriação — Perfil atual", por Francisco Geraldo Apoliano Dias (RTJE 150/25); "Observações sobre a desapropriação no direito brasileiro", por Cármen Lúcia Antunes Rocha (RDA 204/33); "Princípios retores da desapropriação", por Edilson Pereira Nobre Jr. (RF 341/39, RTJE 160/95, RDA 209/121, Ajuris 77/219); "O tombamento e o devido processo legal", por Sergio de Andréa Ferreira (RF 339/143); "A indenização por danos morais na desapropriação, após a Constituição Federal de 1988", por Paulo Cesar de Souza (RT 759/47); "Desapropriação urbanística", por Guilherme Calmon Nogueira da Gama (RDA 219/153); "A desapropriação e o princípio da proporcionalidade", por José dos Santos Carvalho Filho (IP 53/69).

Art. 1º: 1a. v. ementário de jurisprudência s/ desapropriação, por Arruda Alvim e outro (RP 34/246).

Art. 1º: 2. v. CF 5º-XXIV, 182 §§ 3º e 4º-III, 184 a 186 e 243; ET 18-*a*, *b* e *d*; v. tb., no ementário, leis que estabelecem processos especiais de desapropriação e, em notas ao art. 5º, outros casos.

Art. 1º: 3. s/ fundo de comércio: sendo o expropriado titular, também, de fundo de comércio, a indenização deve abranger o valor deste (RSTJ 56/306 e STJ-Bol. AASP 1.851/185j). No mesmo sentido, acrescentando: "A empresa que esteja temporariamente paralisada ou com problemas fiscais, tal como intervenção estatal, não está despida do seu patrimônio incorpóreo, o qual oscila de valor, a depender do estágio de sua credibilidade no mercado. Situação devidamente sopesada pelo Tribunal de origem que adotou o arbitramento feito pelo perito, estimando o fundo de comércio em 1/3 do patrimônio líquido" (STJ-2ª T. REsp 704.726, Min. Eliana Calmon, j. 15.12.05, DJU 6.3.06).

Art. 1º: 4. Indenização a locatário: é admissível, quando a desapropriação incide sobre "imóvel locado por tempo determinado, ainda que não regido o contrato pela Lei de Luvas. Porém, no caso de locação por tempo indeterminado, ainda que comercial a locação, não subsiste o direito à indenização em razão do ato expropriatório" (RTJ 110/1.292).

"Desapropriação. Imóvel comercial locado por prazo indeterminado. Contrato não regido pela Lei de Luvas. Hipótese em que não é devida indenização ao locatário" (STJ-2ª T., REsp 9.318, Min. Ilmar Galvão, j. 20.5.91, DJU 10.6.91).

"Comprovados os prejuízos sofridos pelo locatário comerciante por força de desapropriação do imóvel em que tinha seu ponto comercial, devem eles ser indenizados, independentemente de estar ou não a locação ao abrigo da Lei de Luvas e de ser determinado ou indeterminado o prazo do contrato" (RJTJERGS 150/498).

"Se o expropriante conhecia a locação, não lhe é lícito alegar a falta de registro, para se esquivar do dever de ressarcir o dano que causou, inviabilizando a locação" (STJ-1ª T., REsp 87.739, Min. Gomes de Barros, j. 5.9.96, DJU 21.10.96).

Art. 1º: 5. "Desapropriação da posse no direito brasileiro", por Jefferson Carús Guedes (RJ 266/24).

Art. 1º: 5a. A desapropriação pode recair apenas sobre a **posse,** cabendo neste caso ao titular de compromisso de compra e venda incidente sobre o imóvel o direito de receber a indenização pela perda de sua posse (RSTJ 58/327, maioria). Neste caso, evidentemente, o expropriado pode levantar o preço da indenização sem ter de fazer prova de domínio (RTJE 157/134).

"Se o expropriante propõe ação contra o possuidor, é porque não queria desapropriar o domínio, mas, simplesmente, a posse" (RSTJ 58/327, 2 votos vencidos).

"A posse de imóvel, como os demais bens, é indenizável, desde que é historicamente negociável e suscetível de valorização e avaliação. É injurídico, todavia, indenizar-se a posse mediante a quantificação integral do imóvel, como se o ressarcimento (ao mesmo possuidor) recaísse sobre a posse e o domínio" (RSTJ 90/83).

Fixando a indenização nesses casos em 60% do valor do terreno, mais o valor total das benfeitorias úteis e necessárias: RSTJ 53/75. Em sentido semelhante, estabelecendo para a indenização montante equivalente a 60% do valor do imóvel: JTJ 318/88 (AP 398.906-5/2-00).

Art. 1º: 6. s/ **desapropriação indireta** e: competência, v., no nosso CPCLPV, CF 109, nota 3-Desapropriação e CPC 47, nota 4, outorga conjugal, CPC 73, nota 2a, valor da causa, CPC 292, nota 23, cabimento, ou não, de interdito possessório, v. CPC 554, nota 2a; alienação do imóvel pelo proprietário, v. LD 1º, nota 7b; ação movida por compromissário comprador, v. LD 1º, nota 7c; juros compensatórios, v. LD 15-A e notas; juros de mora, v. LD 15-B e notas; intervenção do MP, v. LD 19, nota 5; adiantamento de honorários periciais, v. LD 23, nota 3b; prescrição, v. LD 24, nota 2a (Súmula 119 do STJ); imóvel foreiro, v. LD 24, nota 8; correção monetária, v. LD 26, nota 15; honorários de advogado, v. LD 27 § 3º-II (especialmente, nota 11); retenção para pagamento de imposto de renda, v. LD 27, nota 9; registro do imóvel em nome do expropriante, v. LD 29, nota 1; citação da Fazenda Pública, para opor embargos à execução, v. LD 29, nota 1a; desistência, v. LD 29, nota 3; laudo com descrição do imóvel, v. LD 29, nota 4a; prova de propriedade, v. LD 34, nota 5.

Art. 1º: 6a. Não há litispendência entre a ação de desapropriação direta e a ação de desapropriação indireta porque "a causa de pedir da ação de indenização por desapropriação indireta é o desapossamento ilegal, sem pagamento, enquanto a ação de desapropriação direta fundamenta-se na utilidade pública" (RT 807/436).

Art. 1º: 7. "A expropriação indireta configura esbulho da propriedade particular, de modo que todos os que contribuíram para o ato ilícito respondem solidariamente pela indenização, *ex vi* do art. 1.518 do CC" (RDA 170/170). O art. 1.518 do CC rev. corresponde ao CC 942. V. tb. CC 932.

Mas, no caso de desapropriação indireta, não cabe reivindicação nem possessória ao particular, restando-lhe apenas pleitear indenização por perdas e danos (Bol. AASP 1.586/111).

Art. 1º: 7a. "Na desapropriação indireta, destaca-se a dimensão individual do prejuízo sofrido com o tombamento. Demonstração, no acórdão recorrido, do dano especial sofrido pelo proprietário, o qual resultou no esvaziamento do direito de propriedade" (STF-2ª T., RE 361.127-AgRg, Min. Joaquim Barbosa, j. 15.5.12, DJ 1.8.12).

"O proprietário de imóvel gravado com cláusulas de inalienabilidade, incomunicabilidade, impenhorabilidade, usufruto e fideicomisso tem interesse processual para ingressar com ação de desapropriação indireta quando o referido bem é tombado" (RSTJ 140/97).

Art. 1º: 7b. "Na desapropriação indireta, quem adquire a propriedade imóvel, já ocupada pelo expropriante, mas antes de efetuado o pagamento justo, sub-roga-se no direito à indenização, inclusive no tocante à percepção dos juros compensatórios, devidos desde a ocupação do imóvel" (STJ-1ª T., REsp 9.127, Min. Garcia Vieira, j. 24.4.91, DJU 20.5.91). No mesmo sentido: STJ-2ª T., REsp 35.693-8, Min. Hélio Mosimann, j. 16.8.93, DJU 8.11.93; RTFR 135/139, RT 627/112, RJTJESP 110/155, Bol. AASP 1.503/240, 1.588/124.

Súmula 3 do TJPR: "Os adquirentes de imóvel indiretamente expropriado, mesmo que a aquisição ocorra posteriormente ao apossamento administrativo, têm direito de pleitear indenização contra o expropriante".

Todavia: "Não cabe indenização por desapropriação indireta quando ela ocorreu antes da aquisição do imóvel pelo postulante do direito. Assim, mostra-se ilegítimo o interesse dos recorridos na obtenção da indenização, porquanto adquiriram o imóvel após a intervenção da Administração na propriedade" (STJ-2ª T., REsp 1.681.261, Min. Herman Benjamin, j. 3.10.17, DJ 11.10.17).

V. tb. nota 8.

Art. 1º: 7c. O compromissário comprador de compromisso quitado pode mover ação de desapropriação indireta (JTJ 207/91). **Contra,** porque o compromisso não estava registrado: JTJ 207/92.

Art. 1º: 7d. "Só tem direito a indenização por apossamento administrativo quem prove ter o domínio do bem questionado" (RTJ 123/368). No mesmo sentido: RT 719/139.

Contra: "Não é vedado a quem tenha a posse não derivada do domínio pleitear, em caso de irregular desapossamento por ato ilícito da autoridade administrativa, indenização por via da ação de desapropriação indireta" (RTFR 161/159, maioria).

Ainda contra: o titular de promessa de compra e venda quitada tem, contra o Poder Público, ação de desapropriação indireta do referido bem (RT 685/90, RJTJERGS 173/239, JTJ 174/90).

"Desapropriação indireta. Ajuizamento por compromissário-comprador. Citação do compromitente-vendedor, para integrar a lide, na qualidade de assistente litisconsorcial ativo. O promissário-comprador, na ação de indenização por apossamento administrativo, deve vir acompanhado do promitente-vendedor, ou fazê-lo trazer ao processo, para que a indenização corresponda à integralidade da coisa" (JTJ 177/74).

Art. 1º: 8. "O Dec. 750/93 estabeleceu limitação administrativa para proteger o bioma Mata Atlântica e não retirou do proprietário os poderes inerentes ao domínio, o que inviabiliza a pretendida indenização" (STJ-2ª T., REsp 752.232, Min. Castro Meira, j. 12.6.12, DJ 19.6.12).

"Não há desapropriação indireta sem que haja o efetivo apossamento da propriedade pelo Poder Público. Desse modo, as restrições ao direito de propriedade, impostas por normas ambientais, ainda que esvaziem o conteúdo econômico, não se constituem desapropriação indireta. O que ocorre com a edição de leis ambientais que restringem o uso da propriedade é a limitação administrativa, cujos prejuízos causados devem ser indenizados por meio de uma ação de direito pessoal, e não de direito real, como é o caso da ação em face de desapropriação indireta" (STJ-2ª T., REsp 1.317.806-AgRg, Min. Humberto Martins, j. 6.11.12, DJ 14.11.12).

"A criação de áreas de preservação permanente em decorrência da formação de lagos artificiais sobre imóvel objeto de desapropriação não configura apossamento administrativo dos terrenos marginais. Existe, na hipótese, mera limitação administrativa. Prescreve em cinco anos a pretensão indenizatória decorrente de limitação administrativa" (STJ-2ª T., REsp 1.355.167, Min. Og Fernandes, j. 19.4.18, DJ 25.4.18).

"Se, quando da realização do negócio jurídico relativo a compra e venda de imóvel, já incidiam restrições administrativas, subentende-se que, na fixação do respectivo preço, foi considerada a incidência do referido gravame. Não há de se permitir a utilização do remédio jurídico da ação desapropriatória como forma de ressarcir prejuízo que a parte, conquanto alegue, à toda evidência, não sofreu, visto ter adquirido imóvel que sabidamente deveria ser utilizado com respeito às restrições anteriormente impostas pela legislação estadual" (STJ-1ª Seção, ED no REsp 254.246, Min. João Otávio, j. 12.12.06, dois votos vencidos, DJU 12.3.07).

Todavia: "A criação da Estação Ecológica da Jureia-Itatins, impedindo a exploração de recursos naturais existentes nas áreas por ela abrangida (Lei 6.902, de 1981, art. 7º, § 1º, *b*), implica a indenização das respectivas propriedades, tenha ou não o Estado de São Paulo se apossado fisicamente dos imóveis; situação jurídica que, por si só, mutila a propriedade" (STJ-RT 759/165: 2ª T., REsp 70.412, maioria).

V. tb. nota 7b e art. 2º, nota 4a. Em matéria de prescrição, v. Dec. 20.910/32, art. 1º, nota 3c, no tít. PRESCRIÇÃO E DECADÊNCIA.

Art. 1º: 8a. "Para que se tenha por caracterizada situação que imponha ao particular a substituição da prestação específica (restituir a coisa vindicada) por prestação alternativa (indenizá-la em dinheiro), com a consequente transferência compulsória do domínio ao Estado, é preciso que se verifiquem, cumulativamente, as seguintes circunstâncias: (a) o apossamento do bem pelo Estado, sem prévia observância do devido processo de desapropriação; (b) a afetação do bem, isto é, sua destinação à utilização pública; e (c) a impossibilidade material da outorga da tutela específica ao proprietário, isto é, a irreversibilidade da situação fática resultante do indevido apossamento e da afetação" (STJ-RF 390/365: 1ª T., REsp 628.588, um voto vencido). Esse acórdão foi confirmado no julgamento dos subsequentes embargos de divergência (STJ-1ª Seção, ED no REsp 628.588, Min. Eliana Calmon, j. 10.12.08, DJ 9.2.09).

V. tb. art. 29, notas 2 e 2a.

Art. 1º: 9. O **condomínio por unidades autônomas,** instituído conforme a Lei 4.591, de 16.12.64, tem legitimidade, através do síndico, para propor a ação de desapropriação indireta, em razão de esbulho possessório cometido pela administração pública sobre parte da área comum (STJ-2ª T., REsp 412.774, Min. Eliana Calmon, j. 4.6.02, DJU 19.8.02).

Tratando-se de **condomínio comum,** "o condômino pode pedir, independentemente da anuência dos demais coproprietários, a indenização do imóvel expropriado irregularmente pelo Poder Público". Nesse caso, "não obstante o poder público seja condenado a indenizar todos os condôminos, inclusive os que não participaram do processo, cada qual só pode receber o valor correspondente à sua parte ideal no condomínio", ou seja, "o condômino tem legitimidade para pedir a indenização integral do imóvel, mas só recebe a quota relativa aos seus haveres" (RSTJ 104/219: 2ª T., REsp 114.579; a citação é do voto do relator).

Não se exige dos coproprietários de bem objeto de desapropriação indireta a formação de litisconsórcio necessário para a respectiva ação de indenização contra o poder desapropriante. "A ação de indenização por desapropriação indireta decorre de verdadeiro esbulho possessório, posto não precedida do decreto expropriatório regular, revestindo-se, assim, de caráter nitidamente indenizatório, reclamando a aplicação das regras da solidariedade, que ensejam o **litisconsórcio facultativo"** (STJ-1ª T., REsp 300.196, Min. Luiz Fux, j. 12.8.03, um voto vencido, DJU 15.12.03). No mesmo sentido: JTJ 147/204, 161/103.

Art. 2º Mediante declaração de utilidade pública,[1] todos os bens[2] poderão ser desapropriados,[3 a 5] pela União,[6] pelos Estados, Municípios, Distrito Federal e Territórios.

§ 1º A desapropriação do espaço aéreo ou do subsolo só se tornará necessária, quando de sua utilização resultar prejuízo patrimonial do proprietário do solo.

§ 2º Os bens do domínio dos Estados, Municípios, Distrito Federal e Territórios poderão ser desapropriados pela União, e os dos Municípios pelos Estados, mas, em qualquer caso, ao ato deverá preceder autorização legislativa.[7 a 8a]

§ 3º É vedada a desapropriação, pelos Estados, Distrito Federal, Territórios e Municípios de ações, cotas e direitos representativos do capital de instituições e empresas cujo funcionamento dependa de autorização do Governo Federal e se subordine à sua fiscalização, salvo mediante prévia autorização,[9] por decreto do Presidente da República.[10]

Art. 2º: 1. "É nulo decreto declaratório de utilidade ou necessidade pública, onde não se especifica a finalidade da desapropriação" (STJ-RDA 200/190). No mesmo sentido: JTJ 206/44, JTA 61/219.

Art. 2º: 2. s/ desapropriação de imóvel enfitêutico, v. art. 24, nota 8.

Art. 2º: 3. **Súmula 479 do STF:** "As **margens dos rios navegáveis** são de domínio público, insuscetíveis de expropriação e, por isso mesmo, excluídas de indenização" (aplicando esta Súmula: RTJ 133/348).

Não se aplica a Súmula 479 às terras marginais "que estão efetivamente no domínio particular por título legítimo convalidado, reconhecido ou concedido em face da Lei Imperial de n. 601, de 1850" (RSTJ 105/128).

"Os terrenos marginais aos rios navegáveis e situados entre Estados, por constituírem bens do domínio público, estão forros à indenização, em caso de desapropriação, salvo se pertencerem ao particular por título legítimo. As terras marginais, em face de preceito constitucional, só são indenizáveis acaso se reconhecesse, nas instâncias ordinárias, que os expropriados usavam e dispunham das terras reservadas como se proprietários fossem, a título legítimo, delas retirando rendimentos, mediante a ocupação e o cultivo" (RSTJ 99/80).

"Segundo o art. 11 do Código de Águas (Decreto n. 24.643/34), os terrenos que margeiam os rios navegáveis são bens públicos dominicais, salvo se por algum título legítimo não pertencerem ao domínio particular. Até prova em contrário, presume-se que os 'terrenos reservados' pertencem ao domínio público, presunção que pode ser ilidida por documento idôneo, comprobatório da propriedade particular. A questão relativa à indenizabilidade dos 'terrenos reservados' passa pela definição do domínio. Se a titularidade é do Poder Público, estas áreas devem ser excluídas do valor da indenização, tal como preconizado na Súmula 479 da Suprema Corte. Se o particular comprova a concessão por título legítimo, nos termos do § 1º do art. 11 do Código de Águas, o valor dos terrenos reservados deve ser incluído na indenização, à semelhança do que ocorre com os terrenos de marinha" (STJ-1ª Seção, ED no REsp 617.822, Min. Castro Meira, j. 9.11.05, DJU 21.11.05).

O expropriante não pode, por ato unilateral, fixar o ponto médio das enchentes ordinárias (RTFR 102/71).

Art. 2º: 4. **Súmula 142 do TFR:** "A **limitação** administrativa ***non aedificandi*** imposta aos terrenos marginais das estradas de rodagem, em zona rural, não afeta o domínio do proprietário, nem obriga a qualquer indenização" (v. jurisprudência s/ esta Súmula em RTFR 109/147 a 188).

A simples limitação administrativa não se equipara ao apossamento administrativo, nem à desapropriação (RTJ 157/674).

Art. 2º: 4a. "A circunstância de o Estado dispor de competência para criar reservas florestais não lhe confere a prerrogativa de subtrair-se ao pagamento de indenização compensatória ao particular, quando a atividade pública, decorrente do exercício de atribuições em tema de direito florestal, impedir ou afetar a válida exploração econômica do imóvel por seu proprietário" (RTJ 158/205: 1ª T., RE 134.297).

"No ressarcimento por desapropriação, a floresta de preservação permanente que recobre o terreno deve ser indenizada pelo valor econômico que sua exploração poderia gerar, não fosse a vedação administrativa que a impede. Deixar de indenizar as florestas seria punir quem as preservou, homenageando aqueles que as destruíram" (RSTJ 85/118: 1ª T., REsp 77.359).

Todavia: "A indenização da cobertura vegetal, em separado da terra nua, é inviável quando for insusceptível de exploração econômica, como na hipótese dos autos, uma vez que a área já havia sido declarada como de preservação permanente em data anterior ao decreto expropriatório que fundamentou o pedido indenizatório" (STJ-1ª T., REsp 779.310, Min. Luiz Fux, j. 23.9.08, DJ 16.10.08). No mesmo sentido: STJ-2ª T., REsp 403.571, Min. João Otávio, j. 4.8.05, DJ 29.8.05.

V. tb. art. 1º, nota 8.

Art. 2º: 5. A desapropriação pode incidir em área inferior ao módulo da propriedade rural **(Dec. 62.504, de 8.4.68,** art. 2º-I, em Lex 1968/466).

Art. 2º: 6. "A expropriação de bens dominicais de outras unidades federadas pela União Federal", por Fábio Konder Comparato (RT 723/111).

Art. 2º: 7. Não é admissível que Estado-membro desaproprie qualquer bem de outro Estado-membro (RTJ 77/48, RDA 128/330).

Município não pode desapropriar bem de outro Município (RTJ 87/542; v. tb. RT 482/160).

"É vedado ao Município desapropriar bens de propriedade da União ou de suas autarquias e fundações, sem prévia autorização, por decreto, do Presidente da República" (STJ-2ª T., REsp 1.188.700, Min. Eliana Calmon, j. 18.5.10, DJ 25.5.10).

"Por lei, tendo a União Federal participação majoritária na sociedade de economia mista, patenteado está o seu interesse. Não pode, por consequência, o Município desapropriar área da sociedade, sob pena de desrespeito ao estruturamento hierárquico do Estado" (STJ-RDA 187/249: 1ª T., RMS 1.167, maioria). Esse acórdão foi confirmado pelo STF: "A Cia. Docas do Rio de Janeiro, sociedade de economia mista federal, incumbida de explorar o serviço portuário em regime de exclusividade, não pode ter bem desapropriado pelo Estado" (STF-RTJ 153/337 e RT 707/221: Pleno, RE 172.816, um voto vencido).

"Desapropriação, por município, de imóvel pertencente a Rede Ferroviária Federal. Não havendo dúvida de que o imóvel integra o patrimônio da União Federal, e como tal está abrangido pela norma do § 3º do art. 2º do Dec. lei 3.365/41, com a redação dada pelo Dec. lei 856/69, a sua desapropriação só é possível após a autorização do Presidente da República" (STF-2ª T., RE 115.665, Min. Carlos Madeira, j. 18.3.88, DJ 15.4.88). No mesmo sentido: STJ-RT 727/148 (2ª T., REsp 71.266).

Todavia, afirmando possível a desapropriação, pelo Estado-membro, "de bens de autarquia federal não afetados a uma atividade administrativa": TFR-RDA 173/132 e RDP 87/258.

"É admissível a expropriação, por parte do município, de bens de concessionários de serviços públicos em que figura como concedente a União, ou o Estado" (RT 541/176).

Art. 2º: 8. Havendo desapropriação concomitante decretada pelo Estado e pelo Município, prevalece aquela (RTJ 125/330 e STF-RDA 168/258), especialmente se "voltada para o mesmo objetivo e editada com o propósito de obviar embaraços opostos à Municipalidade" quanto à legitimidade para propor a ação (STJ-2ª T., REsp 8.709, Min. Ilmar Galvão, j. 17.4.91, DJU 13.5.91).

Art. 2º: 8a. "A desapropriação, pelo Estado-membro, de bem público de uso comum do município garante a este o direito à indenização" (STF-RDA 138/127).

Art. 2º: 9. Súmula 157 do STF: "É necessária prévia autorização do Presidente da República para desapropriação, pelos Estados, de **empresa de energia elétrica".**

Súmula 62 do TFR (Empresa de energia elétrica): "Compete à Justiça Federal processar e julgar ação de desapropriação promovida por concessionária de energia elétrica, se a União intervém como assistente" (v. jurisprudência s/ esta Súmula em RTFR 80/10). **Todavia,** se a União não intervém no feito, a competência é da Justiça Estadual (STF-1ª T., RE 210.148-6, Min. Octavio Gallotti, j. 5.5.98, DJU 18.9.98).

Art. 2º: 10. O § 3º foi acrescentado pelo Dec. lei 856, de 11.9.69.

Art. 3º Os concessionários de serviços públicos e os estabelecimentos de caráter público ou que exerçam funções delegadas de poder público poderão promover desapropriações mediante autorização expressa, constante de lei ou contrato.

Art. 4º A desapropriação poderá abranger a área contígua necessária ao desenvolvimento da obra a que se destina, e as zonas que se valorizarem extraordinariamente, em consequência da realização do serviço. Em qualquer caso, a declaração de utilidade pública deverá compreendê-las,

Desapropriação

mencionando-se quais as indispensáveis à continuação da obra e as que se destinam à revenda.

Parágrafo único (*acrescido pela Lei 12.873, de 24.10.13*). Quando a desapropriação destinar-se à urbanização ou à reurbanização realizada mediante concessão ou parceria público-privada, o edital de licitação poderá prever que a receita decorrente da revenda ou utilização imobiliária integre projeto associado por conta e risco do concessionário, garantido ao poder concedente no mínimo o ressarcimento dos desembolsos com indenizações, quando estas ficarem sob sua responsabilidade.

Art. 5º Consideram-se casos de utilidade pública:[1 a 4]

a) a segurança nacional;

b) a defesa do Estado;

c) o socorro público em caso de calamidade;

d) a salubridade pública;

e) a criação e melhoramento de centros de população, seu abastecimento regular de meios de subsistência;

f) o aproveitamento industrial das minas e das jazidas minerais, das águas[5] e da energia hidráulica;

g) a assistência pública, as obras de higiene e decoração, casas de saúde, clínicas, estações de clima e fontes medicinais;

h) a exploração ou a conservação dos serviços públicos;

i) a abertura, conservação e melhoramento de vias ou logradouros públicos; a execução de planos de urbanização;[5a-6] o parcelamento do solo, com ou sem edificação, para sua melhor utilização econômica, higiênica ou estética;[7] a construção ou ampliação de distritos industriais;[8 a 10]

j) o funcionamento dos meios de transporte coletivo;

k) a preservação e conservação dos monumentos históricos e artísticos, isolados ou integrados em conjuntos urbanos ou rurais, bem como as medidas necessárias a manter-lhes e realçar-lhes os aspectos mais valiosos ou característicos e, ainda, a proteção de paisagens e locais particularmente dotados pela natureza;

l) a preservação e a conservação adequada de arquivos, documentos e outros bens móveis de valor histórico ou artístico;

m) a construção de edifícios públicos, monumentos comemorativos e cemitérios;

n) a criação de estádios, aeródromos ou campos de pouso para aeronaves;

o) a reedição ou divulgação de obra ou invento de natureza científica, artística ou literária;

p) os demais casos previstos por leis especiais.

§ 1º A construção ou ampliação de distritos industriais, de que trata a alínea *i* do *caput* deste artigo, inclui o loteamento das áreas necessárias à instalação de indústrias e atividades correlatas, bem como a revenda ou locação dos respectivos lotes a empresas previamente qualificadas.[11]

§ 2º A efetivação da desapropriação para fins de criação ou ampliação de distritos industriais depende de aprovação, prévia e expressa, pelo Poder Público competente, do respectivo projeto de implantação.[12]

§ 3º Ao imóvel desapropriado para implantação de parcelamento popular, destinado às classes de menor renda, não se dará outra utilização nem haverá retrocessão.[13-14]

Art. 5º: 1. Outros casos de desapropriação:

Dec. 24.643, de 10.7.34 — Decreta o Código de Águas (v. tít. ÁGUAS, texto parcial). V. arts. 33 e 151-*b*.

Lei 10.257, de 10.7.01 — Regulamenta os arts. 182 e 183 da Constituição Federal, estabelece diretrizes gerais da política urbana e dá outras providências (Lex 2001/3.153). O art. 8º estabelece, em favor do Município, a possibilidade de desapropriar, em caso de não cumprimento, pelo proprietário, da obrigação de parcelamento, edificação ou utilização do imóvel.

Art. 5º: 1a. "Ao Poder Executivo interdita-se considerar de utilidade pública, para fins de desapropriação, situações não definidas em formas legais ou que, nestas, não sejam de manifesta compreensão" (RTJ 161/582).

Art. 5º: 2. "Têm o Município e o Estado competência para desapropriar imóvel rural por utilidade pública" (STF-RT 595/266).

Art. 5º: 3. "A expropriação de imóvel a favor de pessoa jurídica de direito privado somente se legitima se se tratar de concessionário de serviços públicos ou de delegado de função pública, ou afetado, o bem expropriado, ao serviço público" (RTJ 72/479).

Art. 5º: 4. v. nota 2 ao art. 2º da Lei 4.132, de 10.9.62.

Art. 5º: 5. v. Código de Águas, Dec. 24.643, de 10.7.34 (v. tít. ÁGUAS, texto parcial), arts. 33 e 151-*b*.

✎ **Art. 5º: 5a.** "Desapropriação para fins de reforma urbana", por Edilson Pereira Nobre Jr. (RT 799/52).

Art. 5º: 6. É constitucional a desapropriação para execução de plano de reurbanização (RTJ 86/155). No mesmo sentido: RTJ 90/217, STF-RDA 132/175.

Art. 5º: 7. Lei 6.766, de 19.12.79 — Dispõe sobre o parcelamento do solo urbano e dá outras providências (v. tít. PROMESSA DE COMPRA E VENDA E LOTEAMENTO, ínt.): **"Art. 44.** O Município, o Distrito Federal e o Estado poderão expropriar áreas urbanas ou de expansão urbana para reloteamento, demolição, reconstrução e incorporação, ressalvada a preferência dos expropriados para a aquisição de novas unidades".

Art. 5º: 8. Redação da alínea *i* de acordo com a Lei 9.785, de 29.1.99.

Art. 5º: 9. v. §§ 1º e 2º.

Art. 5º: 10. s/ desapropriação para implantação de distrito industrial, v. STF-RTJ 90/265, 92/422, 92/746, 94/798, 95/407; STF-RDA 137/158, 138/137, 138/154.

"Ação de desapropriação. Imóvel rural, destinado à instalação de distrito industrial. A nova Carta de 1988 não revogou os diplomas legais disciplinadores das expropriações da espécie destes autos, havendo-os, ao revés, adotado, no que com ela não colidirem" (STJ-2ª T., REsp 8.709, Min. Ilmar Galvão, j. 17.4.91, DJU 13.5.91).

"O decreto expropriatório editado com fundamento no art. 5º, *i*, do Decreto-Lei 3.365/41, beneficiando uma única empresa privada, contém vício de finalidade que o torna nulo, na medida em que se desvia do interesse público, contrariando, ainda, os princípios da impessoalidade e da moralidade administrativa" (STJ-1ª T., RMS 18.703, Min. Denise Arruda, j. 28.11.06, dois votos vencidos, DJU 29.3.07).

Art. 5º: 11. O § 1º foi acrescentado pela Lei 6.602, de 7.12.78.

Art. 5º: 12. O § 2º foi acrescentado pela Lei 6.602, de 7.12.78.

Art. 5º: 13. O § 3º foi acrescentado pela Lei 9.785, de 29.1.99.

Art. 5º: 14. v. LRP 167-I-36.

Art. 6º A declaração de utilidade pública[1 a 2a] far-se-á por decreto do Presidente da República, Governador, Interventor ou Prefeito.[3-4]

Art. 6º: 1. Súmula 23 do STF: "Verificados os pressupostos legais para o **licenciamento da obra,** não o impede a declaração de utilidade pública para desapropriação do imóvel, mas o valor da obra não se incluirá na indenização, quando a desapropriação for efetivada". Neste sentido: RT 669/89.

Art. 6º: 1a. "A declaração de utilidade pública que exonera a Fazenda Pública de indenizar as benfeitorias úteis é a que identifica o imóvel e o respectivo proprietário; não tem esse efeito aquela que descreve mal o imóvel e deixa de nominar quem no Ofício Imobiliário aparece como proprietário" (STJ-2ª T., REsp 79.401, Min. Ari Pargendler, j. 25.9.97, DJU 13.10.97).

Art. 6º: 2. "No ato de declaração, o órgão expropriante tem de mencionar o caso de necessidade ou utilidade em que o ato de expropriação se enquadra, e individuar a obra que motivou a desapropriação", sob pena de extinção do processo (RJTJESP 133/61).

"É lícito ao Poder Judiciário declarar nulo decreto expropriatório onde se verifica desvio de poder. É nulo decreto declaratório de utilidade ou necessidade pública, onde não se especifica a finalidade da desapropriação" (STJ-RDA 200/190).

Art. 6º: 2a. "A simples declaração de utilidade pública, para fins de desapropriação, não retira do proprietário do imóvel o direito de usar, gozar e dispor do seu bem, podendo até aliená-lo" (RSTJ 134/155).

Art. 6º: 3. "Não havendo no Município imprensa oficial ou diário oficial, a publicação de suas leis e atos administrativos pode ser feita por afixação na Prefeitura e na Câmara Municipal" (RSTJ 100/83). No mesmo sentido: RJTJERGS 150/396.

Art. 6º: 4. O prazo para impetração de mandado de segurança contra decreto expropriatório conta-se de sua publicação no *Diário Oficial* (v., no nosso CPCLPV, LMS 23, nota 4).

Art. 7º Declarada a utilidade pública, ficam as autoridades administrativas autorizadas a penetrar nos prédios[1] compreendidos na declaração, podendo recorrer, em caso de oposição, ao auxílio de força policial. Àquele que for molestado por excesso ou abuso de poder, cabe indenização por perdas e danos, sem prejuízo da ação penal.

Art. 7º: 1. "O art. 7º do Dec. lei n. 3.365/41 e a inviolabilidade do domicílio", por José Sérgio Monte Alegre (RDA 203/71).

Art. 8º O Poder Legislativo poderá tomar a iniciativa da desapropriação, cumprindo, neste caso, ao Executivo, praticar os atos necessários à sua efetivação.

Art. 9º Ao Poder Judiciário é vedado, no processo de desapropriação, decidir se se verificam ou não os casos de utilidade pública.[1 a 3]

Art. 9º: 1. "Cabe ao Poder Judiciário decidir se a desapropriação corresponde à finalidade constitucionalmente prevista de destinar-se o bem expropriado a fins de necessidade ou utilidade pública, ou de interesse social" (RTJ 72/479).

"Conquanto ao Judiciário seja defeso incursionar sobre a oportunidade e conveniência de desapropriação, pode e deve ele escandir os elementos que indicam a legitimidade do ato, bem como a finalidade, pois aí reside o freio à discricionariedade, por isso que a declaração de utilidade pública terá de indicar, precisamente, o fim a que se destina a expropriação. Tendo em conta o interesse público, é vedado à administração desapropriar 'para construção de imóveis' sem especificar a perseguição do interesse público, é dizer, a finalidade. Se a finalidade referida no decreto expropriatório é fraudada, desmerece-se, por si própria, a desapropriação" (RSTJ 13/272 e STJ-RDA 179/181, maioria).

"Merece temperamentos a interpretação do art. 9º da Lei de Desapropriação, segundo o qual fica excluída da apreciação judicial, no processo expropriatório, a verificação dos casos de utilidade pública. Como é cediço, por força de tal disposição legal, é vedado ao Poder Judiciário, na ação de desapropriação, decidir sobre a ocorrência do caso de utilidade pública, mas não está impedido de apreciar o fundamento desta. Na estrita via do *writ of mandamus*, se é impossível a prova da situação fática à época da declaração de utilidade pública, inadmissível perquirir-se a razão de tal declaração. Na espécie, indicada a finalidade do ato declaratório de utilidade pública (instalação de edifício público para servir de centro cultural), não há falar em desvio de poder" (RSTJ 73/243).

Art. 9º: 2. Cabe mandado de segurança para impedir desapropriação decretada com manifesto desvio de poder (RJTJESP 131/105).

Art. 9º: 3. "O decreto que declara um imóvel de utilidade pública, para fins de desapropriação, é ato administrativo e não ato normativo, cabendo contra ele a propositura de ação ordinária visando à sua anulação, e não ação direta de inconstitucionalidade" (RTJ 161/582).

Art. 10. A desapropriação deverá efetivar-se mediante acordo[1] ou intentar-se judicialmente dentro de cinco anos,[1a] contados da data da expedição do respectivo decreto e findos os quais este caducará.

Neste caso, somente decorrido um ano, poderá ser o mesmo bem objeto de nova declaração.

Parágrafo único (*redação da Med. Prov. 2.183-56, de 24.8.01*). Extingue--se em cinco anos o direito de propor ação que vise a indenização por restrições decorrentes de atos do Poder Público.

Art. 10: 1. Não vale o simples acordo administrativo, não seguido de escritura pública, podendo, portanto, o expropriado contestar a ação e aduzir que o acordo lhe era prejudicial (RJTJESP 103/96, 109/246).

V. tb. art. 22, nota 2.

Art. 10: 1a. "A lei não fixa o prazo dentro do qual o bem deve ser utilizado pela entidade expropriante. Por isso, antes do quinquênio, pode manifestar-se a violação do destino e após ele pode ainda não se ter produzido" (RSTJ 81/193).

Art. 10-A. O poder público deverá notificar o proprietário e apresentar--lhe oferta de indenização.[1]

§ 1º A notificação de que trata o *caput* deste artigo conterá:

I — cópia do ato de declaração de utilidade pública;

II — planta ou descrição dos bens e suas confrontações;

III — valor da oferta;

IV — informação de que o prazo para aceitar ou rejeitar a oferta é de 15 (quinze) dias e de que o silêncio será considerado rejeição;

V — (VETADO).

§ 2º Aceita a oferta e realizado o pagamento, será lavrado acordo, o qual será título hábil para a transcrição no registro de imóveis.

§ 3º Rejeitada a oferta, ou transcorrido o prazo sem manifestação, o poder público procederá na forma dos arts. 11 e seguintes deste Decreto-Lei.

Art. 10-A: 1. O art. 10-A foi acrescido pela Lei 13.867, de 26.8.19.

Art. 10-B. Feita a opção pela mediação ou pela via arbitral, o particular indicará um dos órgãos ou instituições especializados em mediação ou arbitragem previamente cadastrados pelo órgão responsável pela desapropriação.[1]

§ 1º A mediação seguirá as normas da Lei n. 13.140, de 26 de junho de 2015, e, subsidiariamente, os regulamentos do órgão ou instituição responsável.

§ 2º Poderá ser eleita câmara de mediação criada pelo poder público, nos termos do art. 32 da Lei n. 13.140, de 26 de junho de 2015.

§ 3º (VETADO).

§ 4º A arbitragem seguirá as normas da Lei n. 9.307, de 23 de setembro de 1996, e, subsidiariamente, os regulamentos do órgão ou instituição responsável.

§ 5º (VETADO).

Art. 10-B: 1. O art. 10-B foi acrescido pela Lei 13.867, de 26.8.19.

Do Processo Judicial

Art. 11. A ação, quando a União for autora, será proposta no Distrito Federal ou no foro da capital do Estado onde for domiciliado o réu,[1] perante o juízo privativo, se houver; sendo outro o autor, no foro da situação dos bens.[2-3]

Art. 11: 1. "Se o imóvel expropriado possui áreas comuns de uso do povo, que são do domínio da Municipalidade, tem esta interesse em participar no polo passivo da desapropriação" (JTJ 159/205).

Art. 11: 2. s/ desapropriação de bem de espólio, v., no nosso CPCLPV, CPC 48, nota 5.

Art. 11: 3. Afirmando que, mesmo no caso de a União figurar como autora no processo, é competente para a ação de desapropriação o foro da situação do imóvel desapropriando: STJ-1ª Seção, CC 111.116, Min. Herman Benjamin, j. 24.11.10, DJ 1.2.11.

Art. 12. Somente os juízes que tiverem garantia de vitaliciedade,[1] inamovibilidade e irredutibilidade de vencimentos poderão conhecer dos processos de desapropriação.

Art. 12: 1. v. CF 95-I.

Art. 13. A petição inicial, além dos requisitos previstos no Código de Processo Civil,[1 a 2a] conterá a oferta do preço e será instruída com um exemplar do contrato, ou do jornal oficial que houver publicado o decreto de desapropriação,[3] ou cópia autenticada dos mesmos, e a planta ou descrição dos bens e suas confrontações.

Parágrafo único. Sendo o valor da causa igual ou inferior a dois contos de réis, dispensam-se os autos suplementares.

Art. 13: 1. v. CPC 319 (s/ petição inicial).

Art. 13: 1a. "Para propor e processar desapropriação de imóvel, **não se exige** como prova o **registro imobiliário**" (RSTJ 142/172).

Art. 13: 2. Admite-se a inicial **sem individuação dos expropriados,** quando desconhecidos (RJTJESP 103/181).

Art. 13: 2a. "O **depósito prévio** da quantia arbitrada a título de indenização é obrigatório apenas para o deferimento do pedido de imissão provisória na posse do bem desapropriado. Sua ausência justifica somente o indeferimento de tal pleito, nos termos do art. 15 do citado decreto, e **não** a **extinção do feito** sem resolução de mérito" (STJ-2ª T., REsp 1.835.339, Min. Herman Benjamin, j. 21.11.19, DJ 19.12.19).

Art. 13: 3. A exigência de juntada, à petição inicial, de exemplar do jornal oficial que houver publicado o decreto deve ser relevada nas desapropriações promovidas por Municípios que não disponham de imprensa oficial (RTJ 90/1.100, 94/1.275). No mesmo sentido, acrescentando que não equivale a jornal oficial o que destina apenas uma parte à divulgação de atos oficiais: STJ-2ª T., REsp 43.864-0, Min. Pádua Ribeiro, j. 17.10.96, DJU 11.11.96.

Art. 14. Ao despachar a inicial,[1] o juiz designará um perito[2-3] de sua livre escolha, sempre que possível técnico, para proceder à avaliação dos bens.

Parágrafo único. O autor e o réu poderão indicar assistente técnico[4-5] do perito.

Art. 14: 1. s/ desnecessidade de intervenção do MP, v. art. 19, nota 5.

Art. 14: 2. s/ perícia e laudo, v. art. 23 e notas e CPC 464 a 480.

Art. 14: 3. "Ao conferir à Comissão de Peritos constituída pelos juízes competência sobre desapropriações de terreno de imóveis situados em uma mesma zona, abrangendo diversidade de áreas, padronizam-se os critérios e valores indenizatórios, possibilitando-se decisões harmônicas e não discrepantes" (RT 721/125).

Art. 14: 4. v. CPC 465 § 1º-II, 84 e 95.

Art. 14: 5. Súmula 34 do TRF-1ª Região (Parecer do assistente técnico): "Na ação de desapropriação o parecer do assistente técnico pode ser juntado aos autos a qualquer tempo, antes de proferida a sentença" (RT 732/425).

Art. 15. Se o expropriante alegar urgência[1] e depositar[1a a 1c] quantia arbitrada de conformidade com o art. 685 do Código de Processo Civil,[2] o juiz mandará imiti-lo[2a-2b] provisoriamente[3 a 7] na posse dos bens.[7a]

§ 1º A imissão provisória poderá ser feita, independente da citação do réu, mediante o depósito:[8 a 10]

a) do preço oferecido, se este for superior a 20 (vinte) vezes o valor locativo, caso o imóvel esteja sujeito ao imposto predial;

b) da quantia correspondente a 20 (vinte) vezes o valor locativo, estando o imóvel sujeito ao imposto predial e sendo menor o preço oferecido;

c) do valor cadastral[10a] do imóvel, para fins de lançamento do imposto territorial, urbano ou rural, caso o referido valor tenha sido atualizado no ano fiscal imediatamente anterior;[10b]

d) não tendo havido a atualização a que se refere o inciso *c*, o juiz fixará, independente de avaliação, a importância do depósito, tendo em vista a época em que houver sido fixado originariamente o valor cadastral e a valorização ou desvalorização posterior do imóvel.[10c]

§ 2º A alegação de urgência, que não poderá ser renovada, obrigará o expropriante a requerer a imissão provisória dentro do prazo[11] improrrogável de 120 (cento e vinte) dias.[12]

§ 3º Excedido o prazo fixado no parágrafo anterior não será concedida a imissão provisória.[13-14]

§ 4º A imissão provisória na posse será registrada no registro de imóveis competente.[15]

Art. 15: 1. "A urgência exigida para os efeitos da imissão de posse pode ser alegada pelo expropriante em juízo, ainda que não conste do decreto de declaração de utilidade pública" (STJ-2ª T., REsp 80.002, Min. Ari Pargendler, j. 16.10.97, DJU 10.11.97).

Todavia: "Mesmo que se entenda, em interpretação literal, que ao Poder Público basta alegar a urgência, tal requisito deve ser compreendido de forma sistemática. Tutela com base em juízo de verossimilhança que não dispensa a razoabilidade da alegação. Impossibilidade de afirmação genérica de urgência. Ausência de informações nos autos que permitam presumir urgência tamanha que impossibilite sequer aguardar a realização de perícia. Ponderação entre o interesse público e o direito fundamental à justa e prévia indenização. Posse que possui conteúdo econômico. Impossibilidade do exercício de tal direito que, na prática, constitui a indisponibilidade do bem pelo proprietário, devendo ser abrangida pela norma contida no art. 5º, XXIV da CRFB" (RT 921/1.088: TJRJ, AI 0058573-46.2011.8.19.0000).

Art. 15: 1a. v. art. 13, nota 2a.

Art. 15: 1b. "Subsiste, no regime da Constituição Federal de 1988 (art. 5º, XXIV) a jurisprudência firmada pelo Supremo Tribunal sob a égide das Cartas anteriores, ao assentar que só a perda da propriedade, no final da ação de desapropriação — e não a imissão provisória na posse do imóvel — está compreendida na garantia da justa e prévia indenização" (RTJ 159/1.054, 165/313). No mesmo sentido: STF-RT 788/188, 802/143, STF-RF 350/203, STF-RDA 216/250, RTJ 164/387. Ainda: RT 874/343 (TJRS, AI 70018661157).

"É constitucional o disposto no art. 15 do Dec. lei 3.365/41, que admite, em casos de urgência, a imissão provisória na posse pelo poder público no imóvel expropriado, sem a necessidade do pagamento prévio e integral da indenização, eis que tal providência só se aplica no caso de indenização final que precede à transferência definitiva do domínio" (STF-RT 747/191).

"O art. 15 do Dec. lei 3.365/41, em seu parágrafo primeiro, deixa claro que a imissão provisória na posse pode ocorrer antes mesmo da citação do expropriado, o que torna evidente que a avaliação do imóvel não deve ser prévia, mas de realização diferida à instrução do processo" (STJ-2ª T., REsp 692.519, Min. Castro Meira, j. 15.8.06, DJU 25.8.06). No caso, o valor cadastral fiscal atualizado foi o parâmetro utilizado para o depósito inicial.

Todavia: "O *caput* do art. 15 do Dec. lei n. 3.365/41 está em vigor, estando os seus parágrafos derrogados pelo texto constitucional superveniente. Não nega vigência ao art. 15 do Dec. lei n. 3.365, de 21.6.41, nem ao art. 3º do Dec. lei n. 1.075, de 22.1.70, o acórdão que condiciona a imissão provisória na posse do imóvel expropriado ao prévio depósito do seu valor, fixado em **avaliação prévia**" (RSTJ 51/117). No mesmo sentido: RSTJ 63/393, 66/293.

"Na desapropriação, a imissão provisória na posse há de ser concedida, em face da alegação de urgência, na forma do art. 15, *caput*, da Lei das Desapropriações, recepcionado pela nova Constituição Federal, mediante depósito do valor apurado em avaliação prévia" (STJ-1ª Seção, ED no REsp 38.289-9, Min. Hélio Mosimann, j. 19.4.94, maioria, DJU 23.5.94).

"Para fins de imissão antecipada na posse, não atende o mandamento constitucional de justa indenização o depósito de 50% do valor apurado na avaliação, ou o do simbólico valor venal. Apenas o *caput* do art. 15 do Dec. lei

3.365/41 está em vigor, porquanto recepcionado pela nova Carta, o que não acontece com os demais parágrafos do citado artigo" (RSTJ 52/120). O voto do relator acrescenta: "Indiferente seja o imóvel urbano ou rural".

"A liminar de imissão na posse de imóvel objeto de desapropriação, inclusive para efeito de constituição de servidão administrativa, não pode tomar por base apenas o laudo de avaliação apresentado unilateralmente pela parte expropriante, impondo-se, no caso, a avaliação judicial provisória, sob pena de contrariedade ao princípio da prévia e justa indenização em dinheiro, estabelecido como garantia individual da propriedade (CF, art. 5º, XXIV)" (RT 844/351).

V. tb., no nosso CPCLPV, Dec. lei 1.075/70 (neste tít.), art. 3º, nota 1.

Art. 15: 1c. "Tendo-se consumado a imissão provisória na posse, sem o cumprimento do pressuposto da avaliação judicial prévia, corrige-se a falha mediante laudo elaborado por perito judicial do juízo, não importando que se realize em época posterior à imissão na posse, já realizada" (STJ-1ª T., REsp 330.179, Min. Gomes de Barros, j. 18.11.03, DJU 9.12.03).

Art. 15: 2. A referência é ao CPC/39.

No caso, pode-se aplicar por analogia o procedimento estabelecido nos arts. 1º e 2º do Dec. lei 1.075, de 22.1.70, para imissão de posse *initio litis* em matéria de desapropriação de imóvel residencial urbano.

Art. 15: 2a. "Imissão na posse na ação de desapropriação — Tendências jurisprudenciais", por José Carlos de Moraes Salles (JTJ 234/9); "A imissão provisória do expropriante diante do direito condominial", por Nelson Kojranski (RIASP ano 5, n. 10, p. 144).

Art. 15: 2b. s/ correção monetária do depósito liminar, v. art. 26, nota 16; s/ imissão liminar na posse, v. tb. Dec. lei 1.075, de 22.1.70, adiante.

Art. 15: 3. "A imissão provisória na posse é legal e constitucional" (RTJ 101/717, 126/854), mesmo em face da CF de 1988 (RTJ 159/1.054).

Art. 15: 3a. Pode a imissão provisória na posse ser condicionada ao depósito prévio dos salários do perito?

Sim: RJTJESP 120/323.

Não: RJTJESP 120/324.

Art. 15: 3b. "Não é viável se estabelecer, para fins de imissão provisória decorrente de desapropriação, se o imóvel é urbano ou rural. Os princípios que regem a justa indenização devem ser aplicados, de modo uniforme, à desapropriação dos imóveis em questão, sem qualquer diferenciação" (STJ-1ª T., REsp 58.992-EDcl, Min. José Delgado, j. 4.11.96, dois votos vencidos, DJU 2.6.97).

Art. 15: 4. Comporta agravo a decisão que concede imissão provisória na posse (RJTJESP 95/279), ou a que determina a complementação do depósito, por entendê-lo insuficiente. Forma-se, portanto, preclusão, se contra ela não foi interposto tempestivamente esse recurso (TFR-5ª T., Ag 43.130, Min. Geraldo Sobral, j. 10.10.83, DJU 3.11.83; TFR-5ª T., Ag 55.191, Min. Geraldo Sobral, j. 9.11.88, *apud* Bol. do TFR 160/20).

Art. 15: 5. Súmula 476 do STF: "Desapropriadas as **ações de** uma **sociedade,** o Poder desapropriante, imitido na posse, pode exercer, desde logo, todos os direitos inerentes aos respectivos títulos".

Art. 15: 6. Se o expropriante não se valeu, oportunamente, do direito de se imitir na posse do imóvel, não pode fazê-lo em execução de sentença, quando já fixada definitivamente a indenização, o que torna incabível a imissão de posse sem pagamento do preço (RT 593/105 e RJTJESP 91/225).

Art. 15: 7. "A entidade expropriante é responsável pelo pagamento dos tributos após ter sido imitida na posse do bem objeto da expropriação" (STJ-RT 842/135: 2ª T., REsp 195.672). No mesmo sentido: RTFR 123/30, RJTJESP 99/262. Em consequência: "Enquanto não deferida e efetivada a imissão de posse provisória, o proprietário do imóvel continua responsável pelos impostos a ele relativos" (RSTJ 134/155).

Contra, entendendo que essa responsabilidade é do expropriado, até que receba o pagamento da indenização: RJTJESP 97/296, maioria.

Art. 15: 7a. "Desapropriação. Imissão provisória na posse. Medida que não importa em alteração no registro imobiliário. A alteração no registro de imóveis e a fixação do valor da indenização só devem ocorrer com a decisão final, não logo após a imissão provisória na posse" (RSTJ 71/204).

Art. 15: 8. O § 1º e suas alíneas estão de acordo com a redação dada pela Lei 2.786, de 21.5.56.

Art. 15: 8a. Súmula 652 do STF: "Não contraria a Constituição o art. 15, § 1º, do DL 3.365/41 (Lei da Desapropriação por utilidade pública)".

Art. 15: 8b. "Diante do que dispõe o art. 15, § 1º, alíneas *a, b, c* e *d*, do Dec. lei 3.365/41, o depósito judicial do valor simplesmente apurado pelo corpo técnico do ente público, sendo inferior ao valor arbitrado por perito judicial e ao valor cadastral do imóvel, não viabiliza a imissão provisória na posse" (STJ-1ª Seção, REsp 1.185.583, Min. Cesar Rocha, j. 27.6.12, maioria, DJ 23.8.12).

Art. 15: 9. "Não pondo fim ao processo, é agravável a decisão a respeito de depósito prévio da avaliação" (JTJ 167/196), bem como a que aprecia pedido de complementação de depósito inicial (RTFR 94/6).

Art. 15: 9a. Não comete atentado, mas sujeita-se à composição de perdas e danos em processo independente, o expropriante que se imite na posse do imóvel expropriando, com desrespeito à decisão judicial que condicionara essa imissão à realização do depósito prévio (JTJ 163/48).

Art. 15: 10. A quem pertence a correção monetária da importância depositada? v. art. 26, nota 16.

Art. 15: 10a. "A Constituição Federal só autoriza a desapropriação mediante pagamento prévio e justo. Não pode o magistrado deferir a imissão provisória da posse se a importância depositada e oferecida, mesmo que com base em valor cadastral do imóvel, for irrisória" (STJ-RT 750/220).

Art. 15: 10b. "O valor cadastral do imóvel, vinculado ao imposto territorial rural ou urbano, somente pode ser adotado para satisfazer o requisito do depósito judicial se tiver 'sido atualizado no ano fiscal imediatamente anterior' (art. 15, § 1º, alínea *c*, do Dec. lei 3.365/41). Ausente a efetiva atualização ou a demonstração de que o valor cadastral do imóvel foi atualizado no ano fiscal imediatamente anterior à imissão provisória na posse, 'o juiz fixará, independente de avaliação, a importância do depósito, tendo em vista a época em que houver sido fixado originalmente o valor cadastral e a valorização ou desvalorização posterior do imóvel' (art. 15, § 1º, alínea *d*, do Dec. lei 3.365/41). Revela-se necessário, no caso em debate, para efeito de viabilizar a imissão provisória na posse, que a municipalidade deposite o valor já obtido na perícia judicial provisória, na qual se buscou alcançar o valor mais atual do imóvel objeto da apropriação" (STJ-1ª Seção, REsp 1.185.583, Min. Cesar Rocha, j. 27.6.12, maioria, DJ 23.8.12).

Art. 15: 10c. v. nota anterior.

Art. 15: 11. Em se tratando de imóvel residencial urbano e impugnando o expropriado o *quantum* oferecido, o prazo de 120 dias somente começa a correr após a avaliação provisória prevista do Dec. lei 1.075, de 22.1.70 (RTFR 131/307).

O prazo de 120 dias principia a correr da data do ajuizamento da ação, e não do decreto de declaração de utilidade pública (RTFR 159/29); ou "da data do pedido de imissão de posse e não do decreto de declaração de utilidade pública" (TFR-5ª T., Ag 47.566, Min. Sebastião Reis, j. 25.3.87, DJU 28.5.87).

"O termo inicial do prazo de caducidade de 120 dias, para requerer imissão na posse provisória, é a alegação de urgência, feita pelo expropriante, não o decreto declarativo de utilidade pública" (RSTJ 7/421).

"A urgência para efeitos de desapropriação deve ser considerada a partir do instante em que foi pedida a imissão provisória" (2º TASP-Pleno, 7 votos vencidos: RT 483/147 e JTA 39/341; j. 22.5.75).

Entendendo que o prazo se conta da propositura da ação: JTJ 165/180.

Art. 15: 12. O § 2º foi acrescentado pela Lei 2.786, de 21.5.56.

Art. 15: 13. O § 3º foi acrescentado pela Lei 2.786, de 21.5.56.

Art. 15: 14. mas a ação prosseguirá (JTJ 163/46).

Art. 15: 15. O § 4º foi acrescentado pela Lei 11.977, de 7.7.09.

Art. 15-A (*acrescido pela Med. Prov. 2.183-56, de 24.8.01*). No caso de imissão prévia na posse, na desapropriação por necessidade ou utilidade pública e interesse social, inclusive para fins de reforma agrária, havendo divergência entre o preço ofertado em juízo e o valor do bem, fixado na sentença, expressos em termos reais, incidirão juros compensatórios[1 a 7] de até[7a] seis por cento ao ano[8] sobre o valor da diferença eventualmente apurada,[9] a contar da imissão na posse, vedado o cálculo de juros compostos.

§ 1º (*acrescido pela Med. Prov. 2.183-56, de 24.8.01*) Os juros compensatórios destinam-se, apenas, a compensar a perda de renda comprovadamente sofrida pelo proprietário.

§ 2º (*acrescido pela Med. Prov. 2.183-56, de 24.8.01*) Não serão devidos juros compensatórios quando o imóvel possuir graus de utilização da terra e de eficiência na exploração iguais a zero.[10]

Desapropriação

§ 3º (*acrescido pela Med. Prov. 2.183-56, de 24.8.01*) O disposto no *caput* deste artigo aplica-se também às ações ordinárias de indenização por apossamento administrativo ou desapropriação indireta, bem assim às ações que visem a indenização por restrições decorrentes de atos do Poder Público, em especial aqueles destinados à proteção ambiental, incidindo os juros sobre o valor fixado na sentença.

§ 4º (*acrescido pela Med. Prov. 2.183-56, de 24.8.01*) Nas ações referidas no § 3º, não será o Poder Público onerado por juros compensatórios relativos a período anterior à aquisição da propriedade ou posse titulada pelo autor da ação.

Art. 15-A: 1. s/ imposto de renda calculado sobre principal e juros, tanto moratórios como compensatórios, v. art. 27, notas 9 e 10.

Art. 15-A: 2. **Súmula 12 do STJ:** "Em desapropriação, são **cumuláveis juros compensatórios e moratórios**" (v. jurisprudência s/ esta Súmula em RSTJ 16/303).

Todavia: "Não ocorre, no atual quadro normativo, hipótese de cumulação de juros moratórios e juros compensatórios, eis que se tratam de encargos que incidem em períodos diferentes: os juros compensatórios têm incidência até a data da expedição de precatório, enquanto que os moratórios somente incidirão se o precatório expedido não for pago no prazo constitucional" (STJ-1ª Seção, REsp 1.118.103, Min. Teori Zavascki, j. 24.2.10, DJ 8.3.10).

Art. 15-A: 2a. **Súmula 164 do STF:** "No processo de desapropriação, são devidos **juros compensatórios** desde a antecipada imissão de posse, ordenada pelo juiz, por motivo de urgência".

Súmula 69 do STJ: "Na **desapropriação direta,** os juros compensatórios são devidos desde a antecipada imissão na posse e, na **desapropriação indireta,** a partir da efetiva ocupação do imóvel".

Tendo havido ocupação efetiva do imóvel, conquanto sem regular imissão de posse ordenada pelo juiz, os juros compensatórios devem ser contados desde tal ocupação (RTJ 86/356; STF-Bol. AASP 1.487/141; STF-1ª T., RE 104.247-8, Min. Oscar Corrêa, j. 15.2.85, DJU 15.3.85; STF-1ª T., RE 106.656-3, Min. Néri da Silveira, j. 17.12.85, DJU 22.5.87).

Não há dissídio com a Súmula 164 do TFR (e, portanto, com a Súmula 69 do STJ) se não foram concedidos juros compensatórios por esbulho praticado pelo Poder Público, uma vez que esta Súmula se refere especificamente a desapropriações (RSTJ 13/299).

Os juros compensatórios não se contam pelo período em que os autos estiveram irregularmente em poder do advogado do expropriado (RAMPR 46/125).

Art. 15-A: 2b. **Súmula 114 do STJ:** "Os **juros compensatórios, na desapropriação indireta,** incidem a partir da ocupação, calculados sobre o valor da indenização, corrigido monetariamente" (v. jurisprudência s/ esta Súmula em RSTJ 70/317).

A Súmula 114 do STJ **revoga a de n. 345 do STF e a de n. 74 do TFR.**

Todavia, na impossibilidade de constatar-se a data da ocupação, o termo *a quo* dos juros compensatórios será:

— a data da citação do expropriado (STF-RT 663/237);

— a data do decreto expropriatório (STJ-1ª T., REsp 632.994, Min. Luiz Fux, j. 18.11.04, DJU 17.12.04; STJ-2ª T., REsp 380.272, Min. Eliana Calmon, j. 23.4.02, DJU 27.5.02);

— a data em que o proprietário foi impedido de usar e gozar do direito inerente à propriedade imobiliária (RSTJ 180/259: 2ª T.).

Art. 15-A: 2c. **Súmula 113 do STJ:** "Os **juros compensatórios,** na desapropriação direta, incidem a partir da imissão na posse, calculados sobre o valor da indenização, corrigido monetariamente".

Art. 15-A: 3. **Súmula 56 do STJ:** "Na desapropriação para instituir **servidão administrativa** são devidos os **juros compensatórios** pela limitação de uso da propriedade" (v. jurisprudência s/ esta Súmula em RSTJ 38/431).

Art. 15-A: 3a. Não são devidos juros compensatórios se o **desapropriado continua na posse** do imóvel (RTFR 153/93).

Art. 15-A: 4. "Os juros compensatórios, em desapropriação, somente incidem **até a data da expedição do precatório original.** Tal entendimento está agora também confirmado pelo § 12 do art. 100 da CF, com a redação dada pela EC 62/09" (STJ-1ª Seção, REsp 1.118.103, Min. Teori Zavascki, j. 24.2.10, DJ 8.3.10).

Art. 15-A: 5. "No cálculo dos juros compensatórios, tanto a oferta como a importância principal fixada judicialmente devem ser **atualizadas monetariamente"** (STF-2ª T., RE 110.818-5, Min. Francisco Rezek, j. 2.6.87, DJU 7.8.87). No mesmo sentido: STJ-2ª T., REsp 870.831-AgRg-EDcl, Min. Mauro Campbell, j. 26.10.10, DJ 10.11.10.

Art. 15-A: 5a. "Não são cabíveis juros compensatórios no cálculo de atualização de **precatório complementar**" (STJ-1ª T., REsp 949.657, Min. Teori Zavascki, j. 16.10.08, DJ 29.10.08). No mesmo sentido: STJ-2ª T., REsp 802.248, Min. Castro Meira, j. 12.2.08, DJ 25.2.08.

S/ juros em precatório complementar, v. tb. art. 15-E, nota 5, e, no nosso CPCLPV, CPC 910, nota 12.

Art. 15-A: 5b. "Os juros compensatórios encontram previsão legal para ressarcir o que o desapropriado deixou de ganhar com a perda antecipada do imóvel e o impedimento do uso e gozo econômico do bem, ou o que deixou de lucrar, independentemente da produtividade do imóvel. Dessa forma, não devem incidir sobre o montante destinado a indenizar a **depreciação de imóvel** afetado pela desapropriação, pois tal situação não encontra previsão legal" (STJ-2ª T., REsp 1.692.016, Min. Herman Benjamin, j. 16.11.17, DJ 19.12.17).

S/ a produtividade do imóvel, v. o § 2º.

Art. 15-A: 6. Afirmando que os juros compensatórios podem ser concedidos **independentemente de pedido** do expropriado: RSTJ 5/361, 62/370, RTFR 120/185, 123/213; TFR-6ª T., AC 82.820, Min. Torreão Braz, j. 1.6.83, DJU 23.6.83; JTA 60/203.

Todavia, se não concedidos na sentença, os juros compensatórios não podem ser acrescidos na execução (RTJ 96/231, 99/1.350; TFR-6ª T., AC 77.164, Min. Miguel Ferrante, j. 17.10.83, DJU 1.12.83; TFR-Bol. AASP 1.276/128).

Art. 15-A: 7. **"Impossível cumular** em ação desapropriatória a condenação de **juros compensatórios com lucros cessantes,** sob pena de *bis in idem*, visto que aqueles se destinam a compor o patrimônio do desapropriado, indenizando-o dos lucros que deixou de auferir em razão da expropriação" (STJ-1ª T., REsp 35.258-4, Min. Cesar Rocha, j. 23.6.93, DJU 16.8.93). No mesmo sentido: STJ-1ª Seção, ED no REsp 1.190.684, Min. Teori Zavascki, j. 9.5.12, maioria, DJ 2.8.12.

Art. 15-A: 7a. O STF declarou **inconstitucional** o termo "até" (STF-Pleno, ADI 2.332, Min. Roberto Barroso, j. 17.5.18, maioria, DJ 16.4.19).

Art. 15-A: 8. "É constitucional o percentual de juros compensatórios de 6% ao ano para a remuneração do proprietário pela imissão provisória do ente público na posse do seu bem, na medida em que consiste em ponderação legislativa proporcional entre o direito constitucional do proprietário à justa indenização (art. 5º, XXIV, CF/88) e os princípios constitucionais da eficiência e da economicidade (art. 37, *caput*, CF/88)" (STF-Pleno, ADI 2.332, Min. Roberto Barroso, j. 17.5.18, maioria, DJ 16.4.19). Reduzindo os juros compensatórios de 12% ao ano para 6% ao ano: STJ-2ª T., REsp 1.793.757, Min. Herman Benjamin, j. 28.3.19, DJ 22.4.19.

Está, portanto, **superada a Súmula 618 do STF,** que tem o seguinte teor: "Na desapropriação, direta ou indireta, a taxa de juros compensatórios é de 12% (doze por cento) ao ano". Ainda, foi **cancelada a Súmula 408 do STJ,** segundo a qual: "Nas ações de desapropriação, os juros compensatórios incidentes após a Med. Prov. n. 1.577, de 11.6.97, devem ser fixados em 6% ao ano até 13.9.01 e, a partir de então, em 12% ao ano, na forma da Súmula n. 618 do Supremo Tribunal Federal".

Mas: "O índice de juros compensatórios na desapropriação direta ou indireta é de 12% até 11.6.97, data anterior à publicação da MP 1577/97" (STJ-1ª Seção, Pet 12.344, Min. Og Fernandes, j. 28.10.20, DJ 12.11.20).

Art. 15-A: 9. "A **base de cálculo** dos juros compensatórios em desapropriações corresponde à diferença entre 80% do preço ofertado pelo ente público e o valor fixado na sentença" (STF-Pleno, ADI 2.332, Min. Roberto Barroso, j. 17.5.18, maioria, DJ 16.4.19).

"A causa determinante dos juros compensatórios é a perda da posse, e, por conseguinte, da fruição do bem, antes do pagamento da prévia e justa indenização em dinheiro. É por isso que o termo inicial de sua incidência é a imissão do expropriante na posse do imóvel. Ocorre que, com relação à parcela ofertada pelo expropriante e passível de levantamento imediato pelo expropriado (Dec. lei 3.365/41, art. 33), não se configura o pressuposto da privação do uso da propriedade (substituída, nesse caso, pela indenização imediata), não havendo, com relação a essa parcela, justificativa para a incidência dos juros compensatórios" (STJ-1ª T., REsp 922.998, Min. Teori Zavascki, j. 4.9.08, DJ 11.9.08).

"Havendo depósito complementar como condição ao deferimento do pedido de imissão provisória na posse, sobre tal parcela não incidem juros compensatórios, pois já se permite à parte expropriada dispor desse numerário anteriormente à perda da posse" (STJ-2ª T., REsp 1.300.574, Min. Eliana Calmon, j. 24.9.13, DJ 1.10.13).

Mesmo nos casos em que o valor da oferta inicial coincide com o valor judicialmente estipulado para o imóvel, os juros compensatórios incidem sobre os 20% que o particular não pode desde logo levantar — art. 33 § 2º e LC 76, de 6.7.93, art. 6º § 1º (STJ-1ª Seção, ED no REsp 967.611, Min. Denise Arruda, j. 11.11.09, DJ 27.11.09).

S/ juros moratórios, v. art. 15-B, nota 7.

Art. 15-A: 10. "O acórdão embargado deixou assentado que parte do imóvel expropriado, além de nunca ter sido explorada economicamente, é insuscetível de exploração no futuro, seja em razão de anteriores limitações impostas por lei, seja em decorrência de suas características geográficas e topográficas. Sendo assim, não há como justificar a incidência de juros compensatórios. Admitir o contrário seria permitir a ocorrência de locupletamento ilícito pelo desapropriado, que, com a expropriação, além de ser indenizado pela limitação administrativa, também receberia pela atividade produtiva que jamais poderia ser exercida" (STJ-1ª Seção, ED no REsp 519.365, Min. Teori Zavascki, j. 11.10.06, DJ 27.11.06). Assim: "Tratando-se de **Área de Preservação Permanente,** as restrições legais e administrativas impostas impedem o exercício de atividade produtiva. Inserir, no cálculo da indenização, os referidos juros seria atentar contra o art. 5º, XXIV, da CF/88, que prescreve a justa indenização" (STJ-1ª Seção, ED no REsp 1.350.914, Min. Og Fernandes, j. 11.11.15, DJ 15.2.16).

Art. 15-B (*redação da Med. Prov. 2.183-56, de 24.8.01*). Nas ações a que se refere o art. 15-A, os juros moratórios[1 a 7] destinam-se a recompor a perda decorrente do atraso no efetivo pagamento da indenização fixada na decisão final de mérito, e somente serão devidos à razão de até seis por cento ao ano, a partir de 1º de janeiro do exercício seguinte àquele em que o pagamento deveria ser feito, nos termos do art. 100 da Constituição.

Art. 15-B: 1. "Juros de mora na desapropriação indireta", pelo Min. Cesar Rocha (RF 327/274, RDA 196/32).

Art. 15-B: 2. **Súmula 102 do STJ (Juros de mora):** "A incidência dos juros moratórios sobre os compensatórios, nas ações expropriatórias, não constitui anatocismo vedado em lei" (v. jurisprudência s/ esta Súmula em RSTJ 61/419). No mesmo sentido: RSTJ 44/276, 44/282, 58/379, 61/424, 65/396, 71/269, 152/157.

Art. 15-B: 3. **Súmula 70 do STJ (Juros de mora):** "Os juros moratórios, na desapropriação direta ou indireta, contam-se desde o trânsito em julgado da sentença" (v. jurisprudência s/ esta Súmula em RSTJ 44/289).

Essa Súmula, a nosso ver, está **superada** para a Fazenda Pública: "A determinação trazida pela Med. Prov. 1.997-34, de 13.1.00, ao introduzir no Dec. lei 3.365/41 o art. 15-B, para que o termo inicial dos juros moratórios seja '1º de janeiro do exercício seguinte àquele em que o pagamento deveria ser feito', é regra que se coaduna com orientação mais ampla do Supremo, segundo a qual não há caracterização de mora do ente público, a justificar a incidência dos correspondentes juros, sempre que o pagamento se faça na forma e no prazo constitucionalmente estabelecidos (arts. 33 do ADCT e 100 da CF)" (STJ-1ª T., REsp 922.998, Min. Teori Zavascki, j. 4.9.08, DJ 11.9.08). No mesmo sentido: STJ-1ª Seção, REsp 1.118.103, Min. Teori Zavascki, j. 24.2.10, DJ 8.3.10; JTJ 352/1.208 (AI 994.09.222918-5).

Art. 15-B: 3a. "O debate acerca da aplicação do art. 15-B do Decreto-Lei n. 3.365/41 às **pessoas jurídicas de direito privado** habilitadas a propor a ação de desapropriação deve ser resolvido com aplicação parcial do dispositivo. Em relação à alíquota aplicável (6%), como a legislação não fez distinção quanto à pessoa jurídica expropriante, não cabe ao intérprete da lei definir o que o legislador não definiu se pretendesse reduzir o alcance da norma, sob pena de ofensa aos princípios da separação dos poderes e legalidade. Por outro lado, o termo *a quo* para incidência dos juros moratórios deve permanecer como decidido no aresto recorrido. Da menção 'nos termos do art. 100 da Constituição', contida na parte final do dispositivo, facilmente se percebe que, nesse específico ponto, houve expressa intenção do legislador de não estender às pessoas jurídicas de direito privado, cujas condenações em quantia certa não estão sujeitas ao regime de precatório disciplinado no art. 100 da Constituição Federal" (STJ-1ª Seção, ED no REsp 1.350.914, Min. Og Fernandes, j. 11.11.15, DJ 15.2.16; no caso, fixou-se a data do trânsito em julgado da sentença como termo *a quo* para incidência dos juros moratórios).

Art. 15-B: 4. A **Súmula 254 do STF,** que manda incluir juros de mora na liquidação, ainda que não pedidos na inicial nem concedidos na sentença, aplica-se também às desapropriações (RTJ 105/861, 115/784, 121/235).

Art. 15-B: 5. "A não incidência de juros de mora na conta de liquidação em precatório complementar de desapropriação divorcia-se da disposição cogente da Constituição Federal, que assegura completo ressarcimento ao proprietário pela perda do domínio do imóvel" (RSTJ 90/86).

S/ juros em precatório complementar, v. art. 15-A, nota 5a, e, no CPCLPV, CPC 910, nota 12.

Art. 15-B: 6. Nas desapropriações indiretas, contam-se os juros de mora, tal como nas desapropriações diretas, a partir do trânsito em julgado da sentença proferida no processo de conhecimento (v. Súmula 70 do STJ, em nota 3), e não da citação inicial.

Contando os juros a partir da citação, por se tratar de ilícito administrativo: RSTJ 87/76, Bol. AASP 1.650/186.

"Enquanto não solvida totalmente a obrigação, tornando justa a indenização, são cabíveis novos juros moratórios para cobrir o atraso havido entre a expedição do precatório e o pagamento" (STJ-1ª Seção, ED no REsp 1.681-ED, Min. Hélio Mosimann, j. 30.4.91, maioria, DJU 25.11.91).

Art. 15-B: 7. "Assim como os juros compensatórios, os juros moratórios somente incidem sobre o capital que deixou de ser pago no momento da imissão provisória na posse, ou seja, sobre a diferença eventualmente apurada entre 80% do preço ofertado em juízo — percentual máximo passível de levantamento, nos termos do art. 33, § 2º, do Dec. lei 3.365/41 — e o valor do bem fixado na sentença (aí incluídos os juros compensatórios), pois é essa a quantia que fica efetivamente indisponível para o expropriado" (STJ-1ª T., REsp 936.028, Min. Denise Arruda, j. 23.10.07, DJU 29.11.07).

S/ juros compensatórios, v. art. 15-A, nota 9.

Art. 16. A citação far-se-á por mandado na pessoa do proprietário dos bens;[1 a 1c] a do marido dispensa a da mulher;[2] a de um sócio, ou administrador, a dos demais, quando o bem pertencer a sociedade; a do administrador da coisa no caso de condomínio, exceto o de edifício de apartamentos constituindo cada um propriedade autônoma, a dos demais condôminos, e a do inventariante, e, se não houver, a do cônjuge, herdeiro, ou legatário, detentor da herança, a dos demais interessados, quando o bem pertencer a espólio.

Parágrafo único. Quando não encontrar o citando, mas ciente de que se encontra no território da jurisdição do juiz, o oficial portador do mandado marcará desde logo hora certa para a citação, ao fim de 48 horas, independentemente de nova diligência ou despacho.

Art. 16: 1. Se a desapropriação foi proposta contra quem não era proprietário do imóvel, v. art. 19, nota 13.

Art. 16: 1a. "O promitente comprador, mediante contrato irretratável, que se encontra devidamente registrado no Cartório de Registro Imobiliário, é titular de direito real oponível contra terceiros e legitimado para contestar ação expropriatória e impugnar o valor da indenização" (RTRF-3ª Reg. 21/37).

Art. 16: 1b. "Somente os proprietários ou possuidores do bem expropriado, com justo título, têm legitimidade passiva *ad causam*" (JTJ 310/317, a citação é do voto do relator; no caso, os locatários foram excluídos do polo passivo da ação expropriatória).

Art. 16: 1c. "Desapropriação. Ação proposta contra acionado falecido. Validade, em se tratando de processo expropriatório. Legitimidade verificada no momento do levantamento do preço" (JTJ 311/72).

Art. 16: 2. O STF entende que continua em vigor a dispensa da citação da mulher (RTJ 92/769, RT 526/247, RF 274/149). No mesmo sentido: STJ-2ª T., REsp 1.404.085, Min. Herman Benjamin, j. 5.8.14, DJ 18.8.14; TFR-5ª T., Ag 41.470, Min. Sebastião Reis, j. 18.2.81, DJU 19.3.81; RT 594/91.

Contra, exigindo a citação da mulher: STJ-1ª T., REsp 111.449, Min. Garcia Vieira, j. 7.11.97, DJU 19.12.97; 2º TASP-RT 493/145 e JTA 48/227, quatro votos a um.

Na desapropriação para reforma agrária: "É eficaz a notificação prévia da realização da vistoria do imóvel rural feita apenas ao marido, e não também à mulher, sobretudo se o varão é o administrador da propriedade" (RTJ 172/501).

Na desapropriação indireta, v., no nosso CPCLPV, CPC 73, nota 2a.

Há um acórdão entendendo que, na ação de constituição de servidão administrativa, é indispensável a citação do cônjuge (JTJ 141/174).

Art. 17. Quando a ação não for proposta no foro do domicílio ou da residência do réu, a citação far-se-á por precatória,[1] se o mesmo estiver em lugar certo, fora do território da jurisdição do juiz.

Art. 17: 1. v. CPC 260 a 268.

Art. 18. A citação far-se-á por edital[1] se o citando não for conhecido, ou estiver em lugar ignorado, incerto ou inacessível ou, ainda, no estrangeiro, o que dois oficiais do juízo certificarão.[2]

Art. 18: 1. v. CPC 256 a 259.

Art. 18: 2. A certidão passada por dois oficiais de justiça, nas desapropriações, é condição essencial para validade da citação por edital; além disso, "é de se atentar que apenas a citação por mandado de marido dispensa a da mulher, não a citação por edital" (RTJE 122/90).

Art. 19. Feita a citação, a causa seguirá com o rito ordinário.[1 a 13]

Art. 19: 1. v. CPC 318 e segs. (procedimento comum).

Art. 19: 2. O CPC é lei supletiva da LD (v. art. 42).

Art. 19: 3. "Nas ações expropriatórias, é dever da entidade autora descrever, na inicial, não só os imóveis, mas também as benfeitorias alcançadas pelo ato expropriatório" (TFR-6ª T., Ag 56.844, Min. Euclydes Aguiar, j. 13.3.89, DJU 13.6.89).

Art. 19: 3a. A Justiça Estadual é competente para a ação de desapropriação intentada por concessionária de serviço público federal (STJ-1ª Seção, CC 8.737-6, Min. Américo Luz, j. 7.6.94, DJU 1.8.94).

Art. 19: 4. "Em desapropriação, o valor da causa deve ser o equivalente à oferta inicial, isto é, o montante ofertado para fins de imissão provisória na posse" (TFR-5ª T., Ag 47.169, Min. Geraldo Sobral, j. 11.3.87, DJU 23.4.87).

Art. 19: 5. Ressalvados os casos de desapropriação de imóvel rural, por interesse social, para fins de reforma agrária (v., neste tít., LC 76, de 6.7.93, art. 18 § 2º), não é obrigatória **a intervenção do MP** nas desapropriações, inclusive indiretas (STJ-1ª T., AI 493.584-AgRg, Min. Luiz Fux, j. 2.12.03, DJU 19.12.03; STJ-2ª T., REsp 652.621, Min. Eliana Calmon, j. 7.6.05, DJU 19.9.05; STJ-RT 735/247), porque o interesse público não se identifica com o interesse da Fazenda Pública (RSTJ 28/546; RJTJESP 80/182, acórdão extensamente fundamentado, 126/323, 129/320, JTJ 202/223, JTA 44/205, RF 256/282, RP 4/399, em. 152).

Também dispensando a participação do MP: "Não se discute nos autos a causa ambiental, mas simplesmente o montante da indenização cabível. Não há, portanto, que se falar em tutela de interesse público primário, referente ao interesse social ou interesse de toda a sociedade, mas sim interesse público secundário, ou seja, interesse da Administração, cuja proteção está confiada ao órgão constitucionalmente concebido para tal encargo: a Procuradoria-Geral do Estado" (STJ-RT 889/205: 1ª Seção, ED no REsp 486.645). Ainda: RTJE 162/140.

Todavia: "Se a ação de desapropriação envolver, frontal ou reflexamente, a proteção do meio ambiente, patrimônio histórico-cultural, improbidade administrativa ou outro interesse público para o qual o legislador tenha afirmado a legitimação do Ministério Público na sua defesa, a intervenção do *Parquet* é de rigor, inclusive com base no art. 82, III, do Código de Processo Civil. A intervenção obrigatória, como *custos legis*, do Ministério Público, nesses casos de desapropriação direta ou indireta, não se dá por conta da discussão isolada da indenização pelo bem expropriado, mas em virtude dos valores jurídicos maiores envolvidos na demanda, de índole coletiva e, por vezes, até intergeracional, que vão muito além do simples interesse econômico-financeiro específico do Estado. Há 'interesse público evidenciado pela natureza da lide' (art. 82, III, do CPC) na criação de Unidade de Conservação, sobretudo em Unidade de Uso Sustentável, como é o caso da Reserva Extrativista (art. 14, IV, da Lei 9.985/00). Isso decorre, sobretudo, do fato de que tal área é de domínio público e de que seu uso é 'concedido às populações extrativistas tradicionais' (art. 18, § 1º, da mesma Lei). Como se não bastasse, a área em questão está localizada em faixa de fronteira, que, nos termos do art. 20, § 2º, da CF, 'é considerada fundamental para a defesa do território nacional'. Evidente, pela mesma razão, o interesse público na demanda, a atrair a participação obrigatória do *Parquet*" (STJ-2ª T., REsp 1.182.808, Min. Herman Benjamin, j. 7.12.10, DJ 4.5.11).

Há um acórdão em que se reconheceu, "em face do alto valor da condenação, ser imprescindível, por configuração de interesse público, a intervenção do MP" (STJ-1ª T., REsp 506.226, Min. José Delgado, j. 4.9.03, DJU 13.10.03). Porém, esse acórdão foi cassado no julgamento dos subsequentes embargos de divergência (STJ-1ª Seção, ED no REsp 506.226, Min. Humberto Martins, j. 24.4.13, DJ 5.6.13).

S/ o tema, v., no nosso CPCLPV, CPC 178 § ún. e notas.

Art. 19: 5a. "As ações acessórias ou complementares de ação de desapropriação, qualquer que seja o momento de sua propositura, têm como prevento o juiz da ação principal, a teor do art. 108 do Código de Processo Civil" (TFR-4ª T., Ag 44.971, Min. José de Jesus Filho, j. 8.3.89, DJU 23.5.89, *apud* Bol. AASP 1.598/189, em. 4).

Art. 19: 6. **Súmula 118 do TFR (Revelia do expropriado):** "Na ação expropriatória, a revelia do expropriado não implica em aceitação do valor da oferta e, por isso, não autoriza a dispensa da avaliação" (v. jurisprudência s/ esta Súmula em RTFR 95/92 a 111).

No mesmo sentido: RTFR 123/213, RT 479/159, 491/163, 754/428, JTA 39/306, RTRF-1ª Reg. 10/95.

Art. 19: 7. Nas desapropriações, a citação por edital faz-se de acordo com o CPC (RJTJESP 89/71).

Art. 19: 8. A ação de desapropriação não admite oposição (RT 505/153, 505/171, RJTJESP 127/123; JTJ 323/521: AP 662.320-5/7), salvo de pessoa jurídica de direito público. **Contra,** no sentido de admitir a oposição: RMDCPC 17/122.

Mas a competência só se desloca da Justiça Estadual para a Federal se a União intervém na condição de opoente, e não se apenas manifesta interesse na ação (RTJ 97/460). No mesmo sentido: STF-1ª T., RE 82.563-1-AgRg, j. 19.5.81, DJU 12.6.81 e 19.6.81.

Art. 19: 8a. O adquirente do imóvel ou de parte do imóvel expropriado tem o direito de ingressar na desapropriação como **assistente litisconsorcial** (CPC 109 § 2º c/c 124), devendo, na oportunidade do levantamento do preço, ser resolvido a quem deve ser pago, no todo ou em parte (art. 34 da LD). No mesmo sentido: RJTJESP 127/226.

Art. 19: 9. Assistência simples na ação de desapropriação. "O interesse jurídico a ser demonstrado na assistência simples, disciplinada pelo art. 50 do CPC, nesse tipo de acão, deve corresponder a algum direito real sobre o imóvel. Se os recorrentes detêm apenas direito obrigacional oponível contra a pessoa do expropriado, descabe admiti-los na condição de assistentes" (STJ-2ª T., REsp 404.093, Min. Eliana Calmon, j. 27.4.04, DJU 21.6.04).

"Desapropriação. Intervenção do **locatário** na qualidade de assistente simples. Inadmissibilidade. Locatário que não possui interesse jurídico na lide e que só poderá reclamar eventuais prejuízos em ação própria, não lhe sendo dado opor-se à imissão na posse e nem discutir o valor da indenização" (JTJ 293/319).

Art. 19: 10. "Na desapropriação, a extinção do processo fundada no art. 267, III, do CPC só tem cabimento quando o expropriante não cumpre a tempo diligência a seu cargo, relacionada com o objeto da lide e indispensável à marcha do processo" (RTFR 116/108).

Art. 19: 11. Nas desapropriações, é dominante a jurisprudência no sentido de não se admitir o julgamento antecipado da lide (RT 479/159, RJTJESP 100/180, JTA 46/151, 61/279), especialmente se houver necessidade de produção de provas (RTFR 133/69).

Contra, admitindo esse julgamento, por não ter o expropriado falado sobre os laudos, no prazo que lhe foi marcado: TFR-6ª T., AC 107.002, Min. Américo Luz, j. 7.5.86, DJU 21.8.86.

V., todavia, nota 1 ao art. 24.

Art. 19: 12. Na ação de desapropriação, não cabem embargos de terceiro, nem de retenção por benfeitorias (RTJ 124/278).

Art. 19: 13. A coisa julgada, na desapropriação, se restringe às partes. Assim, se a administração pagou a quem não era dono, nada impede que o proprietário mova ação de perdas e danos contra ela (RTJ 90/910). Poderá também mover ação de expropriação indireta.

Não admitindo a intervenção de terceiro no feito, a pretexto de ser o verdadeiro proprietário do imóvel expropriado: RJTJESP 110/278.

S/ ação declaratória de nulidade, por vício ou falta de citação, v., no nosso CPCLPV, CPC 239, nota 3b; s/ relativização da coisa julgada por afronta aos princípios da moralidade e da justa indenização, v., no nosso CPCLPV, CPC 502, nota 3b; s/ ação anulatória de desapropriação e extensão da coisa julgada, v., no nosso CPCLPV, CPC 506, nota 1b.

Art. 20. A contestação só poderá versar sobre vício do processo judicial ou impugnação do preço; qualquer outra questão deverá ser decidida por ação direta.[1 a 3]

Art. 20: 1. "O desvio de finalidade na ação expropriatória: interpretação sistemática do Decreto-Lei n. 3.365/41", por Rita Tourinho (RDA 238/363).

Art. 20: 1a. v. tb. art. 35.

Art. 20: 1b. "Considerando o fato de ser a desapropriação de interesse exclusivo do ente público e de serem limitadas as matérias passíveis de discussão, nos moldes do art. 20 do Decreto-Lei 3.365/41, **não se admite** pedido de **reconvenção** nos feitos expropriatórios" (STJ-2ª T., Ag em REsp 94.329-AgRg, Min. Eliana Calmon, j. 8.10.13, DJ 18.10.13).

Art. 20: 2. É admissível mandado de segurança para declarar a incompetência constitucional do expropriante (STF-Pleno: RTJ 81/502; RDA 131/174). No mesmo sentido: RT 479/159, 491/163, JTA 39/306.

Art. 20: 3. A lei não impede "a discussão judiciária em torno do fundamento da desapropriação, no caso de eventual abuso por parte do Poder Público; também não impede que qualquer alegação de violação de direito individual seja examinada pelo Poder Judiciário. Só que tais discussões deverão ocorrer em ação própria" (RTFR 102/94, maioria de votos).

Art. 21. A instância não se interrompe.[1-2] No caso de falecimento do réu, ou perda de sua capacidade civil, o juiz, logo que disso tenha conhecimento, nomeará curador à lide, até que se habilite o interessado.

Parágrafo único. Os atos praticados da data do falecimento ou perda da capacidade à investidura do curador à lide poderão ser ratificados ou impugnados por ele, ou pelo representante do espólio ou do incapaz.

Art. 21: 1. nem se suspende o processo (RTFR 111/5, RT 541/243).

V. **Súmula 42 do TFR,** em nota 4 ao art. 34.

Art. 21: 2. Havendo interesse público, pode ser suspenso o andamento da ação de desapropriação (RT 636/102).

Art. 22. Havendo concordância sobre o preço, o juiz o homologará por sentença no despacho saneador.[1 a 3]

Art. 22: 1. v. CPC 355 (julgamento antecipado da lide).

Art. 22: 2. Nada obsta a que a transação seja extrajudicial (v., no nosso CPCLPV, CPC 200, nota 3). **Contra,** entendendo que o acordo administrativo, antes da propositura da desapropriação, não pode ser homologado pelo juiz: RJTJESP 102/66.

V. tb. art. 10, nota 1.

Art. 22: 3. s/ a possibilidade de o juiz levar o processo adiante e designar a realização de perícia, mesmo quando as partes estejam de acordo com relação ao preço, v., no nosso CPCLPV, LC 76, de 6.7.93, art. 10, nota 1.

Art. 23. Findo o prazo para a contestação[1] e não havendo concordância expressa quanto ao preço, o perito apresentará o laudo[1a a 3b] em cartório, até cinco dias,[4] pelo menos, antes da audiência de instrução e julgamento.

§ 1º O perito poderá requisitar das autoridades públicas os esclarecimentos ou documentos que se tornarem necessários à elaboração do laudo,[5] e deverá indicar nele, entre outras circunstâncias atendíveis para a fixação da indenização, as enumeradas no art. 27.

Ser-lhe-ão abonadas, como custas, as despesas com certidões, e, a arbítrio do juiz, as de outros documentos que juntar ao laudo.

§ 2º Antes de proferido o despacho saneador, poderá o perito solicitar prazo especial para apresentação do laudo.

Art. 23: 1. "Para que haja a justa indenização, mostra-se imperiosa a realização da perícia, mesmo que revel o expropriado. Não deve ser aplicada a regra geral do processo civil, com a decretação da revelia e confissão sobre a matéria fática, mas a regra especial encartada na Lei Geral das Desapropriações (art. 23 do Dec. lei 3.365/41) que preconiza a realização do exame pericial" (STJ-2ª T., REsp 686.901, Min. Castro Meira, j. 18.5.06, DJU 30.5.06).

Art. 23: 1a. "Desapropriação. Perícia. Inválida é quando não facultada às partes não só a indicação de assistente técnico, mas também a formulação de quesitos" (STJ-2ª T., REsp 10.139, Min. Américo Luz, j. 23.11.94, DJU 6.2.95).

Art. 23: 2. "No processo expropriatório, a perícia constitui requisito necessário à fixação da indenização, devendo o juiz ordenar a sua realização, posto que revel o expropriado. Cabe ao expropriante, em consequência, adiantar o salário do perito (CPC, art. 33)" (RTFR 117/8).

V. tb. nota 3b.

Art. 23: 2a. **Nova perícia.** "Em ações de desapropriação, a perícia é realizada logo após encerrado o prazo para contestação (art. 23 do Dec. lei n. 3.365/41) e uma segunda perícia só se justifica se for para corrigir falhas, suprir omissões e enganos" (STJ-1ª T., REsp 3.210, Min. Garcia Vieira, j. 17.12.90, DJU 4.3.91).

"Não é admissível nova perícia, quando o laudo acolhido pela sentença é recente e fundamentado" (RTJ 91/1.155, deram provimento, v.u.).

No sentido de que a nova perícia é admissível "só em casos excepcionais", "para atender ao princípio constitucional da justa indenização": RTJ 126/391.

Em sentido mais liberal: "Desapropriação. Pode o juiz, **de ofício ou a requerimento da parte,** determinar a realização de nova perícia quando a matéria não lhe parecer suficientemente esclarecida" (STJ-1ª T., REsp 182.105, Min. Garcia Vieira, j. 5.11.98, DJU 14.12.98).

Art. 23: 2b. "O Tribunal *a quo*, ao afastar a prova pericial por considerá-la de baixa qualidade, avançou para fazer a sua própria avaliação. O Juiz não pode substituir critérios técnicos por sua própria análise. Assim, ao afastar a perícia, deve ordenar o magistrado o refazimento da prova pericial" (STJ-2ª T., REsp 815.191, Min. Eliana Calmon, j. 12.12.06, um voto vencido, DJU 5.2.07).

Art. 23: 3. **Nova perícia na fase de execução.** "Não ofende a coisa julgada a decisão que, na execução, determina nova avaliação para atualizar o valor do imóvel, constante do laudo antigo, tendo em vista atender à garantia constitucional da justa indenização, procrastinada por culpa da expropriante" (RTJ 102/276, maioria de votos). No mesmo sentido: STF-RDA 173/135.

V. tb. art. 26, nota 1.

Art. 23: 3a. "À luz do art. 15 da Lei n. 6.032/74, os honorários periciais sob responsabilidade do expropriante não estão sujeitos a regime de precatório, podendo, até, ser quitados com a verba depositada para fins de imissão provisória na posse" (RSTJ 103/140). Em caso de desistência da ação de desapropriação, procede-se à sua cobrança antes da liberação do depósito inicial (STJ-2ª T., REsp 107.861, Min. Eliana Calmon, j. 8.8.00, DJU 9.10.00).

Art. 23: 3b. "Conforme preveem os artigos 19 e 33 do CPC, cabe à parte que requereu a prova pericial o ônus de **adiantar os honorários periciais.** Esses dispositivos são aplicáveis à ação de indenização por **desapropriação indireta,** regida pelo procedimento comum" (STJ-2ª T., REsp 1.174.071, Min. Eliana Calmon, j. 16.3.10, DJ 24.3.10). No mesmo sentido: STJ-1ª T., REsp 948.351, Min. Teori Zavascki, j. 19.5.09, dois votos vencidos, DJ 29.6.09. **Contra:** "O adiantamento dos honorários periciais, em se tratando de ação de indenização por desapropriação indireta, incumbe ao Poder Público. Imputar ao expropriado o adiantamento dos honorários é premiar o ilícito e, *a fortiori*, agravar o ônus da indenização expropriatória" (STJ-RDDP 57/142: 1ª T., REsp 788.817, dois votos vencidos).

Art. 23: 4. **Súmula 34 do TRF-1ª Reg. (Parecer do Assistente Técnico):** "Na ação de desapropriação, o parecer do assistente técnico pode ser juntado aos autos a qualquer tempo, antes de proferida a sentença" (RT 732/425).

Art. 23: 5. O laudo deve conter todos os dados necessários à fixação do justo preço (RSTJ 88/37).

Art. 24. Na audiência de instrução e julgamento[1] proceder-se-á na conformidade do Código de Processo Civil.[1a] Encerrado o debate, o juiz proferirá sentença[2 a 4] fixando o preço da indenização.[4a a 12]

Parágrafo único. Se não se julgar habilitado a decidir, o juiz designará desde logo outra audiência que se realizará dentro de dez dias a fim de publicar a sentença.

Art. 24: 1. "Antes de pretender tornar obrigatória a audiência de instrução e julgamento nas expropriatórias, o art. 24 do Dec. lei 3.365/41 procura definir o procedimento a ser adotado nas audiências, quando estas tiverem que ser realizadas" (STJ-2ª T., REsp 7.779, Min. José de Jesus Filho, j. 28.8.91, DJU 23.9.91).

Têm sido anuladas sentenças, em ação de desapropriação, por não haverem sido proferidas em audiência (RT 497/149, RJTJESP 98/82, JTA 37/272, 61/219). S/ a necessidade ou não dessa audiência, v. RJTJESP 97/311.

Mais razoável se nos afigura, porém, a jurisprudência de que inexiste razão para essa anulação se não houver provas a produzir em audiência (RJTJESP 98/275) ou se as partes não demonstraram prejuízo por não ter sido esta realizada (TFR-4ª T., AC 51.320, Min. Bueno de Souza, j. 15.12.80, DJU 20.4.81; RJTJESP 124/277, JTA 61/209). Anulando a sentença, por ter havido prejuízo decorrente da não realização da audiência: RJTJESP 100/265.

"Dispensável é a realização da audiência de instrução e julgamento, nas ações de desapropriação, quando não há necessidade de serem produzidas novas provas ou não se demonstra prejuízo às partes" (STJ-2ª T., REsp 31.104-8, Min. Hélio Mosimann, j. 16.8.93, DJU 27.9.93).

V. tb. art. 19, nota 11 (julgamento antecipado da lide).

Art. 24: 1a. v. CPC 358 a 368.

Art. 24: 2. s/ principal e acessórios, v. arts. 25 a 27; s/ margens de rios navegáveis e terrenos marginais, v. art. 2º, nota 3 (com Súmula 479 do STF); s/ florestas de preservação permanente, v. art. 2º, nota 4a; s/ juros compensatórios, v. art. 15-A; s/ juros de mora, v. art. 15-B; s/ correção monetária, v. art. 26 § 2º; s/ honorários de advogado, v. art. 27 § 1º; s/ custas, v. art. 30.

Art. 24: 2a. **Súmula 119 do STJ: "A ação de desapropriação indireta prescreve em vinte anos"** (v. jurisprudência s/ esta Súmula em RSTJ 72/19). Atualmente, esse **prazo é menor** (v. Dec. 20.910/32, art. 1º, nota 3c, no tít. PRESCRIÇÃO E DECADÊNCIA).

Art. 24: 2b. "Em nosso sistema, o prazo prescricional está submetido ao princípio da *actio nata*, segundo o qual a prescrição se inicia com o nascimento da pretensão ou da ação. No caso concreto, a ciência inequívoca da violação do direito se deu com a homologação da desistência pelo Poder Público, vez que, neste momento, o demandante constatou que a desapropriação não se concretizaria e não viria a receber a indenização devida, mesmo já tendo sofrido prejuízos" (STJ-1ª T., REsp 816.131, Min. Teori Zavascki, j. 27.3.07, DJU 7.5.07). No mesmo sentido: STJ-2ª T., REsp 1.089.390, Min. Castro Meira, j. 24.3.09, DJ 23.4.09.

Art. 24: 3. "Quando o Estado propõe ação de desapropriação, pede ao juiz que arbitre não um preço, mas uma indenização correta e justa. Dentro desse pedido estarão contidos todos os itens necessários ao cálculo dessa indenização correta", inclusive lucros cessantes, embora não pedidos na contestação (RSTJ 78/92, maioria de votos; a citação é do voto do Min. Gomes de Barros, p. 104).

Art. 24: 4. É nula a sentença que, na desapropriação, não fixa desde logo o valor da indenização (RJTJESP 128/133, JTA 37/349).

Art. 24: 4a. "Indenização no processo expropriatório", por Fernando Tourinho Neto (RT 838/75).

Art. 24: 4b. s/ valorização de área remanescente e abatimento no preço da indenização, v. arts. 26, nota 3, e 27, nota 1; s/ valor da indenização, v. tb. LC 76, de 6.7.93, art. 12 § 1º e notas, neste tít., a seguir.

Art. 24: 5. O valor da indenização deve ser contemporâneo da avaliação (v. art. 26).

Art. 24: 6. O juiz pode fixar para a indenização preço inferior ao da oferta inicial, tendo em vista que a garantia constitucional da justa indenização (CF 5º-XXIV) é dúplice: visa a proteger tanto o particular, fazendo com que ele seja efetivamente compensado pela perda da propriedade, quanto o Estado, assegurando que este não pague pelo bem desapropriado mais do que ele realmente vale (v., no nosso CPCLPV, LC 76, de 6.7.93, art. 12, notas 1a e 1b). Nesse sentido: STJ-1ª T., REsp 875.256, Min. Luiz Fux, j. 16.10.08, DJ 3.11.08.

Se a indenização fixada for inferior ao depósito feito liminarmente, o excesso deve ser restituído à Fazenda Pública, arcando o expropriado com os ônus da sucumbência (RJTJESP 102/99).

V. art. 27, nota 7.

Art. 24: 7. Desatende ao postulado constitucional da justa indenização a sentença que fixa a indenização por aplicação da média aritmética de laudos díspares (RTJ 79/347, 89/1.004).

Art. 24: 7a. "A **enfiteuse** desmembra o domínio pleno da propriedade imóvel em duas partes: o domínio direto e o domínio útil. Estando a propriedade bipartida, também desmembrado deverá ser o valor da indenização expropriatória" (STJ-1ª T., REsp 829.976, Min. José Delgado, j. 13.3.07, DJU 2.4.07).

Art. 24: 8. "Enfiteuse. Confusão entre quem desapropria e quem mantém o bem sob o regime de enfiteuse. Indenização. Dedução de dez foros e um laudêmio. Na enfiteuse há um direito de propriedade e um direito real limitado; se o imóvel foreiro for desapropriado, a indenização é devida a ambos os titulares. Havendo confusão entre quem desapropria e quem mantém o bem sob o regime de enfiteuse, a indenização do enfiteuta corresponde ao valor do imóvel menos o equivalente a dez foros e um laudêmio" (STJ-RT 734/274, maioria).

"Na desapropriação de imóvel foreiro é devida a dedução da importância equivalente a dez foros e um laudêmio, correspondente ao domínio direto" (RSTJ 81/53, maioria).

Art. 24: 9. "É lícito ao Estado, quando desapropriar domínio útil sobre terreno de sua propriedade, descontar da indenização valor correspondente ao laudêmio" (STJ-RT 732/170).

Art. 24: 10. "A fixação do preço justo não pode embasar-se em mera hipótese de aproveitamento do imóvel, jamais cogitada pelos expropriados antes do procedimento expropriatório. Vale dizer, não se pode levar em conta a possibilidade de implantação de loteamento em um imóvel que, antes da intervenção do Poder Público, sempre foi utilizado para a atividade agropecuária. O interesse auferido pelo proprietário do imóvel expropriado, mencionado no art. 27 do Dec. lei 3.365/41, refere-se às eventuais atividades praticadas no momento da declaração de utilidade pública" (STJ-1ª T., REsp 986.470, Min. Denise Arruda, j. 13.5.08, DJU 30.6.08).

Art. 24: 11. A divergência entre a área real e a área registrada do imóvel não interfere no valor da indenização, que se pauta por aquela e não por esta (STJ-2ª T., REsp 596.300, Min. Castro Meira, j. 8.4.08, DJU 22.4.08). A área registrada tem relevância apenas para o levantamento do preço (v. art. 34, nota 1a).

Art. 24: 12. "Área remanescente inaproveitável é de ser toda indenizada" (RT 723/352).

Art. 25. O principal e os acessórios serão computados em parcelas autônomas.[1-2]

Parágrafo único. O juiz poderá arbitrar quantia módica para desmonte e transporte de maquinismos instalados e em funcionamento.

Art. 25: 1. **Lei 6.766, de 19.12.79** — Dispõe sobre o parcelamento do solo urbano e dá outras providências (no tít. PROMESSA DE COMPRA E VENDA E LOTEAMENTO, ínt.): **"Art. 42.** Nas desapropriações não serão considerados como loteados ou loteáveis, para fins de indenização, os terrenos ainda não vendidos ou compromissados, objeto de loteamento ou desmembramento não registrado". Esta disposição revoga, implicitamente, o art. 5º do Dec. lei 271, de 28.2.67 (no tít. PROMESSA DE COMPRA E VENDA E LOTEAMENTO, ínt.).

Ao interpretar esse dispositivo, é preciso ter em conta as circunstâncias de cada caso, sob pena de frustrar-se o princípio da justa indenização. O que ele veda, sem ludibriar o princípio, é a indenizabilidade do loteamento teórico ou inexistente, e não a composição do efetivo desfalque patrimonial (RTJ 105/1.298). No mesmo sentido: RSTJ 87/147.

Art. 25: 2. O art. 18 da Lei 4.591, de 16.12.64 (no tít. CONDOMÍNIO E INCORPORAÇÃO, ínt.), na redação dada pelo art. 8º da Lei 4.864, de 29.11.65 (no tít. CONTRATOS IMOBILIÁRIOS, ínt.), também dispunha sobre sentença em desapropriação. A nova redação dada a esse art. 18 pelo Dec. lei 981, de 21.10.69 (RT 408/113, Lex 1969/1.662), já não contém nada sobre o assunto.

Art. 26. No valor da indenização, que será contemporâneo da avaliação,[1-1a] não se incluirão os direitos de terceiros contra o expropriado.[2 a 3]

§ 1º Serão atendidas as benfeitorias necessárias feitas após a desapropriação; as úteis, quando feitas com autorização do expropriante.[4 a 5a]

§ 2º Decorrido prazo superior a um ano,[6] a partir da avaliação, o juiz ou Tribunal, antes da decisão final, determinará a correção monetária[7 a 17] do valor apurado, conforme índice que será fixado, trimestralmente, pela Secretaria de Planejamento da Presidência da República.[18]

Art. 26: 1. A demora no julgamento da causa não autoriza nova avaliação; a lei concede correção monetária, e essa é a única atualização permitida (RTJ 94/270, 94/1.280, 95/895, 103/1.183, 108/713, 153/660). No mesmo sentido: STJ-1ª T., REsp 75.803, Min. Milton Luiz Pereira, j. 18.3.96, DJU 22.4.96; STJ-2ª T., REsp 821-0, Min. Hélio Mosimann, j. 31.3.93, DJU 26.4.93.

Todavia: "Demora no pagamento do preço fixado. Afastada a coisa julgada, legitima-se o socorro da lei ordinária objetivando o ressarcimento dos prejuízos causados pelo retardamento no pagamento de valor decorrente do título sentencial transitado em julgado na desapropriatória" (RSTJ 98/84). No caso, decorridos quase 11 anos da perícia, os expropriados nada haviam recebido; daí, moverem ação de indenização para "ressarcimento dos prejuízos causados pelo abusivo retardamento". O STJ julgou a ação procedente, mandando pagar não apenas a correção monetária do valor encontrado na desapropriação, mas a diferença entre o valor do imóvel fixado nesta e o valor atualizado encontrado na ação de indenização.

V. tb. art. 23, nota 3.

Art. 26: 1a. "Desapropriação por utilidade pública. Arbitramento da indenização. **Consideração do laudo pericial provisório.** Possibilidade. O art. 26 do Decreto-Lei 3.365/1941 atribui à justa indenização o predicado da contemporaneidade à avaliação judicial, sendo desimportante, em princípio, o laudo elaborado pelo ente expropriante para a aferição desse requisito ou a data da imissão na posse. Admite-se, no entanto, que a instância ordinária, senhora da instrução processual, mediante persuasão racional devidamente motivada, estabeleça outro referencial probatório para a definição da indenização justa" (STJ-2ª T., Ag em REsp 1.244.034, Min. Mauro Campbell, j. 10.4.18, DJ 16.4.18).

Art. 26: 2. A redação do *caput* está de acordo com a Lei 2.786, de 21.5.56.

Art. 26: 2a. "Na chamada **desapropriação 'indireta',** a regra do art. 26 do Dec. lei 3.365/41 não pode ser aplicada cega e impositivamente, sob pena de se comprometer o preceito constitucional da justa indenização. No interregno, geralmente longo, entre a data da ocupação do bem pelo Estado e a sua avaliação no âmbito da ação de desapropriação indireta, é possível que ocorram mudanças substantivas no bem, que podem levar ou à sua valorização ou, ao contrário, à sua depreciação. Não será justo, em nome do art. 26, reconhecer ao proprietário o direito de ser indenizado pela valorização decorrente de ato estatal superveniente à perda da posse" (RSTJ 180/160: 1ª T., REsp 502.519). No mesmo sentido: STJ-2ª T., REsp 864 422, Min. Eliana Calmon, j. 13.3.07, DJU 22.3.07.

Art. 26: 3. Área remanescente e valorização: "Os efeitos patrimoniais decorrentes de valorização de imóvel por obra pública merecem solução pela via fiscal adequada — contribuição de melhoria —, sendo ilegal, de outro vértice, a dedução do valor indenizatório da quantia que se entenda proveniente e relativa à referida valorização" (STJ-1ª T., REsp 827.613, Min. José Delgado, j. 2.10.07, DJU 20.2.08).

"Na desapropriação, direta ou indireta, quando há valorização da área remanescente não desapropriada em decorrência de obra ou serviço público, dispõe o Estado de três instrumentos legais para evitar que a mais-valia, decorrente da iniciativa estatal, locuplete sem justa causa o patrimônio de um ou de poucos: a desapropriação por zona ou extensiva, a cobrança de contribuição de melhoria e o abatimento proporcional, na indenização a ser paga, da valorização trazida ao imóvel. Na hipótese de valorização geral ordinária, dispõe o Poder Público da contribuição de melhoria. No caso de valorização geral extraordinária, pode o Estado valer-se da desapropriação por zona ou extensiva, prevista no art. 4º do Dec. lei 3.365/41. Por fim, tratando-se de valorização específica, e somente nessa hipótese, poderá o Estado abater, do valor a ser indenizado, a valorização experimentada pela área remanescente, não desapropriada, nos termos do art. 27 do Dec. lei 3.365/41. No caso, a área remanescente não desapropriada valorizou em decorrência da construção de rodovia estadual. A valorização experimentada pelo imóvel não é especial, mas genérica. Assim, a mais-valia deve ser cobrada por meio do instrumento legal próprio, que é a contribuição de melhoria" (STJ-2ª T., REsp 795.580, Min. Castro Meira, j. 12.12.06, DJU 1.2.07).

V. tb. art. 27, nota 1.

Art. 26: 4. A redação do primitivo parágrafo único (renumerado para § 1º pela Lei 4.686, de 21.6.65) está de acordo com a Lei 2.786, de 21.5.56.

Art. 26: 5. v. Súmula 23 do STF, em nota 1 ao art. 6º.

Art. 26: 5a. "Do valor da indenização, aferido na época da avaliação judicial, deve-se excluir as **benfeitorias úteis** realizadas após o laudo administrativo e sem a anuência do Poder Público. A parte expropriante não pode ser obrigada a indenizar a garagem construída após a edição do decreto expropriatório, **sem** a **autorização** exigida no § 1º do art. 26 do Decreto-Lei 3.365/41. Salienta-se, por oportuno, que é indiferente se a benfeitoria erigida após a edição do decreto expropriatório ocorreu de boa ou má-fé, pois a norma em comento não faz essa distinção" (STJ-2ª T., REsp 1.820.311, Min. Herman Benjamin, j. 12.11.19, DJ 19.12.19).

Art. 26: 6. Desde a vigência da Lei 6.899/81, a correção monetária é calculada a partir do laudo de avaliação, e não um ano depois (RTJ 121/366, STF-RT 608/260, 794/189, RSTJ 4/1.607, voto dos Mins. Carlos Velloso e Américo Luz, 10/349, 54/315, STJ-RDP 96/230; RT 106/395, rescisória). No mesmo sentido, v. Súmula 67 do STJ, em nota 9.

Art. 26: 7. v. tít. CORREÇÃO MONETÁRIA.

Art. 26: 8. **Lei 6.423, de 17.6.77** — Estabelece base para correção monetária, e dá outras providências: **"Art. 1º-*caput*.** A correção, em virtude de disposição legal ou estipulação de negócio jurídico, da expressão monetária de obrigação pecuniária somente poderá ter por base a variação nominal da Obrigação Reajustável do Tesouro Nacional (ORTN)".

Esta disposição não é inconstitucional (RTJ 117/127).

A ORTN foi substituída pela OTN e esta, pelo BTN, e assim por diante.

Súmula 136 do TFR: "A **correção monetária,** na desapropriação, deve ser calculada com base na variação nominal das Obrigações Reajustáveis do Tesouro Nacional (ORTN)" (v. jurisprudência s/ esta Súmula em RTFR 109/7 a 65). No mesmo sentido: RTJ 111/321, STF-Bol. AASP 1.347/97, RTFR 88/127, 111/196, RT 561/183, JTA 60/206, Bol. AASP 1.376/129, com citação de 38 julgados.

Art. 26: 9. **Súmula 67 do STJ:** "Na desapropriação, cabe a **atualização monetária, ainda que por mais de uma vez,** independente do decurso de prazo superior a um ano entre o cálculo e o efetivo pagamento da indenização" (v. jurisprudência s/ esta Súmula em RSTJ 44/199). A Súmula 67 substitui a **Súmula 561 do STF.**

Art. 26: 10. Para o cálculo da correção monetária, o que importa não é o depósito da quantia devida, mas a efetiva disponibilidade desta (STJ-RT 775/197).

Art. 26: 11. A atualização da conta se faz nos próprios autos da desapropriação. Nada impede, porém, que seja cobrada mediante ação ordinária de indenização (RTJ 87/616).

"Se houver retardamento no pagamento do ofício requisitório, devem os cálculos ser atualizados, ainda que por mais de uma vez, sem que isso signifique a incidência de correção monetária sobre correção monetária, porque se tem, em tal caso, mera atualização desta" (RTFR 162/187).

Art. 26: 12. A correção monetária pode ser determinada em execução, mesmo que a sentença exequenda seja omissa, sem que isso importe ofensa à coisa julgada (RTJ 83/87; STF-RT 494/228, 565/253; RJTJESP 105/346, maioria, RDA 128/316, 133/188).

Art. 26: 13. "Todas as verbas correspondentes ao valor da desapropriação estão sujeitas à correção monetária" (STF-1ª T., RE 88.612-5, Min. Cunha Peixoto, j. 7.3.78, DJU 5.5.78). No mesmo sentido: STF-RT 495/257; RDA 128/388.

"A correção monetária deve incidir sobre a totalidade do débito, abrangendo englobadamente todas as parcelas, sem discriminação" (STF-1ª T., RE 102.605-7, Min. Rafael Mayer, j. 17.12.84, DJU 8.3.85).

Art. 26: 14. A data a ser levada em consideração, para início da correção monetária, é a da avaliação (RTJ 82/992, 92/452) "que servia de referência para a fixação do valor da indenização" (STF-2ª T., RE 88.760-1, Min. Cordeiro Guerra, j. 13.6.78, DJU 1.9.78).

Para efeito de correção monetária, leva-se em conta a data de elaboração do laudo, e não a de sua apresentação em juízo (RTFR 150/147).

Art. 26: 15. Nas desapropriações indiretas, conta-se a correção monetária a partir da data da avaliação, seja anterior ou posterior à Lei 6.899/81 (RTJ 116/232).

A correção monetária se conta até a data do depósito feito pelo expropriante (RTJ 113/136, 124/735), a menos que só posteriormente a importância da condenação tenha sido efetivamente posta à disposição do expropriado (RJTJESP 107/79).

Art. 26: 16. "Para efeito de apuração da diferença devida a título de indenização pelo imóvel desapropriado, o depósito inicial feito pelo expropriante deve ser considerado, não pelo seu valor nominal, mas pelo valor corrigido monetariamente" (STJ-1ª Seção, ED no REsp 683.257, Min. Teori Zavascki, j. 12.12.07, DJU 7.2.08). No mesmo sentido: RTJ 117/391, 117/410, 118/754, 118/769, 119/900, 119/1.230, 119/1.278, 120/1.327, 121/1.259, 122/342. E isso porque:

— se o expropriado levantou os 80% que a lei permite (art. 33 § 2º), é justo que incida correção monetária sobre o que embolsou antecipadamente (RTJ 124/777);

— se não levantou, o depósito feito pelo expropriante em estabelecimento bancário está sujeito a correção monetária, "que é, afinal, levantada pelo expropriado" (RTJ 122/435; cf. RTJ 117/839, p. 841, 120/424). Neste sentido, aliás, era a Súmula 202 do TFR, que este cancelou.

"Conflita com o princípio constitucional da justa indenização concluir que o produto da correção monetária alusiva à oferta reverta em favor do proprietário, deixando de ser abatido do cálculo da indenização final" (STF-2ª T., RE 137.453-5, rel. Min. Marco Aurélio, j. 31.10.94, DJU 30.6.95).

O cálculo da correção monetária da indenização e da oferta, todavia, tem termos iniciais distintos: a correção monetária da oferta se faz com o índice da data do laudo acolhido pela sentença (v. nota 15); a do depósito, com base no índice de correção monetária da data em que foi feito (RTJ 117/391, especialmente p. 395).

Súmula 75 do TFR (Desapropriação): "Na desapropriação, a correção monetária prevista no § 2º do art. 26 do Dec. lei n. 3.365, de 1941, incide a partir da data do laudo de avaliação, observando-se a Lei n. 5.670, de 1971" (v. jurisprudência s/ esta Súmula em RTFR 80/124).

Art. 26: 17. "Corrige-se monetariamente a oferta inicial depositada pelo órgão expropriante, ainda que tal correção não tenha sido objeto de pedido explícito ao ser proposta a ação" (RSTJ 79/62).

Art. 26: 18. Redação do § 2º de acordo com a Lei 6.306, de 15.12.75, que modificou esse parágrafo, o qual havia sido acrescido pela Lei 4.686, de 21.6.65.

Este parágrafo revoga a **Súmula 416 do STF,** pois é posterior a ela. V. tb. **Súmula 67 do STJ,** em nota 9 a este artigo.

Art. 27. O juiz indicará na sentença os fatos que motivaram o seu convencimento e deverá atender, especialmente, à estimação dos bens para efeitos fiscais; ao preço de aquisição e interesse que deles aufere o proprietário; à sua situação, estado de conservação e segurança; ao valor venal dos da mesma espécie, nos últimos cinco anos, e à valorização[1-2] ou depreciação de área remanescente, pertencente ao réu.[2a a 3a]

§ 1º (*redação da Med. Prov. 2.183-56, de 24.8.01*) A sentença que fixar o valor da indenização quando este for superior ao preço oferecido condenará o desapropriante a pagar honorários do advogado, que serão fixados entre meio e cinco por cento do valor da diferença, observado o disposto no § 4º do art. 20 do Código de Processo Civil,[3b] não podendo os honorários ultrapassar R$ 151.000,00 (cento e cinquenta e um mil reais).[3c a 8]

§ 2º (*redação da Lei 2.786, de 21.5.56*) A transmissão da propriedade, decorrente de desapropriação amigável ou judicial, não ficará sujeita ao imposto de lucro imobiliário.[9-10]

§ 3º (*redação da Med. Prov. 2.183-56, de 24.8.01*) O disposto no § 1º deste artigo se aplica:

I — ao procedimento contraditório especial, de rito sumário, para o processo de desapropriação de imóvel rural, por interesse social, para fins de reforma agrária;

II — às ações de indenização por apossamento administrativo ou desapropriação indireta.[11]

§ 4º (*redação da Med. Prov. 2.183-56, de 24.8.01*) O valor a que se refere o § 1º será atualizado, a partir de maio de 2000, no dia 1º de janeiro de cada ano, com base na variação acumulada do Índice de Preços ao Consumidor Amplo — IPCA do respectivo período.[12]

Art. 27: 1. Tendo as Constituições posteriores estabelecido a contribuição de melhoria, pela qual o Poder Público se ressarce do custo de obras que valorizem especialmente determinados imóveis, não mais vigora o texto supra, na parte em que autoriza o juiz a compensar a indenização da desapropriação com a mais-valia que o melhoramento público acarreta ao expropriado (RTJ 80/271).

Todavia: "Tratando-se de valorização específica, e somente nessa hipótese, poderá o Estado abater, do valor a ser indenizado, a valorização experimentada pela área remanescente, não desapropriada, nos termos do art. 27" (STJ-RDDP 49/146: 2ª T., REsp 795.446).

V. tb. art. 26, nota 3.

Art. 27: 2. **Dec. lei 512, de 21.3.69** (Regula a Política Nacional de Viação Rodoviária, fixa diretrizes para a reorganização do Departamento Nacional de Estradas de Rodagem e dá outras providências): **"Art. 15 § ún.** Quando, na execução judicial, houver incidência de correção monetária, será deduzido do valor final da condenação o valor da contribuição de melhoria devido pelo expropriado".

Art. 27: 2a. O § ún. do art. 27 foi revogado pela Lei 2.786, de 21.5.56, que acrescentou §§ 1º e 2º ao mesmo artigo.

A jurisprudência anterior já mandava pagar honorários, embora não explicando a maneira pela qual seriam calculados (cf. **Súmula 378 do STF).**

Art. 27: 3. s/ fixação da indenização, inclusive à luz das diretrizes postas pelo art. 27, v. art. 24, notas 4a e segs.

Art. 27: 3a. A desobediência a essas diretrizes e, em última análise, ao valor constitucional da justa indenização (CF 182 § 3º e 184-*caput*) já levou à relativização da coisa julgada material e à autorização para realização de novas perícias para a fixação do valor do imóvel desapropriado (v., no nosso CPCLPV, CPC 502, nota 3b).

Art. 27: 3b. v. CPC 85 §§ 3º e 8º.

Art. 27: 3c. O § 1º foi acrescentado pela Lei 2.786, de 21.5.56. Antes desta, a Súmula 378 do STF já considerava devidos os honorários de advogado, nas desapropriações.

Art. 27: 4. s/ levantamento de honorários, v. art. 34, nota 1c.

Art. 27: 5. O STF declarou **inconstitucional** a expressão "não podendo os honorários ultrapassar R$ 151.000,00 (cento e cinquenta e um mil reais)". No mesmo julgamento, decidiu que "é constitucional a estipulação de parâmetros mínimo e máximo para a concessão de honorários advocatícios em desapropriações, sendo, contudo, vedada a fixação de um valor nominal máximo de honorários" (STF-Pleno, ADI 2.332, Min. Roberto Barroso, j. 17.5.18, DJ 16.4.19).

Art. 27: 6. **Súmula 131 do STJ:** "Nas ações de desapropriação **incluem-se no cálculo** da verba advocatícia as parcelas relativas aos **juros compensatórios e moratórios, devidamente corrigidas"** (v. jurisprudência s/ esta Súmula em RSTJ 72/389).

Súmula 141 do STJ: "Os honorários de advogado em desapropriação direta são calculados sobre a **diferença entre a indenização e a oferta, corrigidas monetariamente"** (v. jurisprudência s/ esta Súmula em RSTJ 80/253).

As Súmulas 131 e 141 acima substituem as **Súmulas 617 do STF e 141 do TFR.**

O depósito complementar a que se refere o Dec. lei 1.075/70 (v. adiante, ínt.) não se leva em conta para o cálculo dos honorários de advogado sobre "o valor da diferença", porque não integra o "preço oferecido" (RTJ 72/85, 73/224, 73/845, 75/290, 80/264, 91/858; RT 479/236, 481/230; JTJ 140/185).

"Os honorários advocatícios, na desapropriação, devem ser percentualizados sobre a diferença entre a oferta inicial e o *quantum* fixado, a final, como indenização, desconsiderada a complementação do depósito oferecido, de início, ainda que por determinação judicial" (RSTJ 99/80).

"Oferta, para fins de honorários, é a oferta mesma, feita inicialmente pelo desapropriante, e não o preço provisório do imóvel, fixado pelo juiz, para fim de imissão de posse" (STJ-1ª T., REsp 4.037-0, Min. Cesar Rocha, j. 29.11.93, DJU 21.3.94).

Aplicam-se as Súmulas 131 e 141 do STJ ainda que não tenha havido depósito judicial da quantia oferecida (RTJ 124/821, RJTJESP 90/167).

Todavia: "Se a avaliação provisória foi determinada *ex officio* pelo juiz, e realizada antes de qualquer participação do expropriado no processo, a complementação da oferta daí resultante não integra a base de cálculo dos honorários de advogado" (STJ-2ª T., REsp 94.323-EDcl, Min. Ari Pargendler, j. 4.8.97, DJU 25.8.97).

No caso de expropriado revel, não são devidos os honorários advocatícios (RTFR 89/94), a menos que lhe tenha sido nomeado curador à lide, ao qual deve ser atribuída razoável honorária advocatícia (TFR-6ª T., AC 106.754, Min. Carlos Velloso, j. 11.12.85, DJU 6.2.86).

V. tb., no nosso CPCLPV, LC 76, de 6.7.93, art. 19, nota 2.

Art. 27: 7. "Na expropriação, se a indenização, de acordo com a perícia, é fixada em quantia correspondente à ofertada, monetariamente corrigida, deve o expropriado responder pelas custas e despesas do processo, não fazendo jus a honorários advocatícios, nem a juros compensatórios e moratórios" (RTFR 162/269).

Art. 27: 8. "Na hipótese de desistência da ação expropriatória, os honorários devem ser fixados com base nos parâmetros do CPC e não do Decreto-Lei 3.365/1941" (STJ-2ª T., REsp 1.327.789, Min. Og Fernandes, j. 3.5.18, DJ 9.5.18). No mesmo sentido: STJ-1ª T., Ag em REsp 157.203-AgRg, Min. Ari Pargendler, j. 4.9.14, DJ 11.9.14.

Art. 27: 9. **Súmula 39 do TFR (Imposto de Renda):** "Não está sujeita ao imposto de renda a indenização recebida por pessoa jurídica, em decorrência de desapropriação amigável ou judicial" (v. jurisprudência s/ esta Súmula em RTFR 78/96).

Isso porque "a indenização decorrente de desapropriação não encerra ganho de capital, porquanto a propriedade é transferida ao poder público por valor justo e determinado pela justiça a título de indenização, não ensejando lucro, mas mera reposição do valor do bem expropriado" (STJ-1ª Seção, REsp 1.116.460, Min. Luiz Fux, j. 9.12.09, DJ 1.2.10).

Sobre os juros compensatórios e moratórios, tanto na desapropriação direta como na indireta, não incide imposto de renda, que não deve, portanto, ser descontado na fonte (RSTJ 90/141, TFR-Bol. AASP 1.546/183; RT 724/321, 726/260, RJTJESP 108/320, maioria, 110/287, 110/288, 111/327, JTJ 162/190, maioria, 168/223, 168/723, RTJE 147/194, Bol. AASP 1.478/90, 1.549/201, 1.565/298). **Contra,** entendendo que "sobre os juros moratórios incide a retenção do imposto de renda na fonte": RT 716/174.

"Os honorários advocatícios fixados em ação de desapropriação sofrem retenção do imposto de renda na fonte, pois tal verba se destina ao causídico, não integrando a indenização recebida pelo expropriado — esta, sim, não tributada" (RT 630/106). No mesmo sentido: RJTJESP 114/311.

É inconstitucional o Dec. lei 1.641, de 7.12.78, art. 1º § 2º-II, na parte em que sujeita a imposto de renda o lucro que o expropriado obtém, na desapropriação, sobre o imóvel por ela objetivado (STF-Pleno: Bol. AASP 1.595/107, v.u.).

Art. 27: 10. Na desapropriação indireta, não cabe retenção de imposto de renda (JTJ 162/190, maioria).

Art. 27: 11. "Por não haver, nas ações de **desapropriação indireta,** oferta inicial, a base de cálculo dos honorários não poderá ser a 'diferença' (entre esse valor e o fixado a final pela sentença), devendo o percentual incidir sobre o valor total da indenização" (STJ-1ª T., REsp 731.737, Min. Teori Zavascki, j. 19.4.05, DJU 2.5.05; a citação é do voto do relator).

"Tendo em vista que nas desapropriações indiretas não há oferta inicial, devem os honorários advocatícios incidir sobre o valor total da condenação, respeitado o limite de 5% estabelecido no art. 27, § 1º, do Dec. lei 3.365/41" (STJ-1ª Seção, ED no REsp 680.923, Min. Eliana Calmon, j. 28.11.07, DJU 10.12.07; a citação é do voto da relatora).

Art. 27: 12. v. nota 5, acima. 618 do STF.

Art. 28. Da sentença que fixar o preço da indenização caberá apelação[1-2] com efeito simplesmente devolutivo, quando interposta pelo expropriado, e com ambos os efeitos, quando o for pelo expropriante.

§ 1º A sentença que condenar a Fazenda Pública[3] em quantia superior ao dobro da oferecida fica sujeita ao duplo grau de jurisdição.[4]

§ 2º ....[5]

Art. 28: 1. "Não impugnado pelo expropriado, na fase recursal, o valor da indenização, este não poderá ser majorado em segunda instância, ressalvada exclusivamente a incidência da correção monetária, que admite a concessão de ofício, nos termos do art. 26, § 2º, do Dec. lei n. 3.365, de 1941. Poderá o interessado propor ação para obter complementação do preço, com fundamento no art. 20 do citado diploma legal" (RT 499/159), ou mesmo ação rescisória, uma vez que a Constituição lhe assegura o direito de ser pago pelo justo valor do bem expropriado (RF 303/194, maioria, 13 votos a 4).

Art. 28: 2. É vedada, em grau de recurso, a *reformatio in pejus* (RTJ 95/775). Todavia, no sentido de que, em primeira instância, a sentença pode conceder ao expropriado mais do que este pediu (RTJ 97/924).

Art. 28: 3. ou autarquia (TFR-4ª T., Ag 39.272, Min. José Dantas, j. 28.4.78, DJU 11.9.78; RJTJESP 38/102, 38/119, 84/175, Bol. AASP 1.209/35); não, porém, sociedade de economia mista (RTJ 110/692, JTA 39/291).

Contra, não admitindo remessa necessária em favor de autarquia: Bol. AASP 1.308/9, RP 17/321, em. 26, com citação de doutrina e jurisprudência num e noutro sentido.

Art. 28: 4. Redação do § 1º de acordo com a Lei 6.071, de 3.7.74.

Art. 28: 5. O § 2º foi implicitamente **revogado** pelo art. 10 da Lei 6.071, de 3.7.74.

Art. 29. Efetuado o pagamento[1 a 3] ou a consignação, expedir-se-á, em favor do expropriante, mandado de imissão de posse, valendo a sentença como título hábil para a transcrição[4 a 4b] no registro de imóveis.

Art. 29: 1. Só o pagamento do preço é que autoriza a expedição de mandado ao registro de imóveis para que transfira ao expropriante a propriedade do bem expropriado; antes disso, não (RSTJ 133/146, RJTJESP 125/316). Esta regra também se aplica aos casos de desapropriação indireta (RTJE 151/210).

Art. 29: 1a. "As execuções de sentença propostas contra a Fazenda Pública, inclusive em se tratando de **desapropriação,** estão sujeitas ao rito previsto no **artigo 730** do Código de Processo Civil; o juiz não pode, antes de observar esse procedimento, determinar o pagamento da condenação judicial mediante simples ofício ou intimação" (STJ-1ª Seção, ED no REsp 160.573, Min. Ari Pargendler, j. 7.8.00, dois votos vencidos, DJU 25.6.01). No mesmo sentido: STJ-RT 836/125 (2ª T.), JTJ 159/214 (desapropriação indireta), 204/25. **Contra:** RT 568/51, RJTJESP 81/110, 93/111, 98/90, 122/287, JTJ 177/50, Bol. AASP 1.314/43.

Art. 29: 1b. "A execução de sentença na ação expropriatória", por Marcelo José Forin (RP 123/44).

Art. 29: 2. **Desistência da desapropriação.** "A jurisprudência do STF e desta Corte é no sentido de aceitar a desistência da ação expropriatória, formulada pelo órgão expropriante, se ainda não ocorreu o pagamento do preço. A sentença, mesmo transitada em julgado, não impede a desistência" (STJ-2ª T., REsp 402.482, Min. Eliana Calmon, j. 26.3.02, DJU 12.8.02). No mesmo sentido: STJ-1ª T., REsp 187.825, Min. Milton Luiz Pereira, j. 15.2.01, DJU 28.5.01. Afirmando que a desistência, no caso, independe de consentimento do expropriado: RT 609/83.

"Não se pode, salvo em caso de fato consumado e irreversível, compelir o Estado a efetivar a desapropriação, se ele não a quer, pois se trata de ato informado pelos princípios da conveniência e da oportunidade" (STJ-RF 390/365: 1ª T., REsp 628.588, um voto vencido).

"A jurisprudência da Corte admite a desistência da ação expropriatória, antes da realização do pagamento do preço justo, desde que seja possível devolver ao expropriado o imóvel no estado em que se encontrava antes do ajuizamento da ação. A declaração de desistência de uma ação de desapropriação pode ser efetivada por diversos meios, não se restringindo à edição de lei ou decreto revogando expressamente o decreto expropriatório" (STJ-2ª T., REsp 1.397.844, Min. Eliana Calmon, j. 17.9.13, DJ 24.9.13).

"A regra é a possibilidade de desistência da desapropriação. Contra essa, pode ser alegado fato impeditivo do direito de desistência, consistente na impossibilidade de o imóvel ser devolvido como recebido ou com danos de pouca monta. Por ser fato impeditivo do direito de o expropriante desistir da desapropriação, é ônus do expropriado provar sua existência, por aplicação da regra que vinha consagrada no art. 333, II, do CPC/1973, hoje repetida no art. 373 do CPC/2015" (STJ-2ª T., REsp 1.368.773, Min. Herman Benjamin, j. 6.12.16, maioria, DJ 2.2.17).

A desistência pode ser parcial (STF-RTJ 84/294; RSTJ 92/133; RDA 134/203).

A homologação da desistência condiciona-se à devolução da área ocupada, reembolsadas as custas e despesas periciais e pagos os honorários de advogado arbitrados (Bol. AASP 1.291/220).

Em caso de desistência: "O expropriante é responsável pelos tributos que incidirem sobre o imóvel a partir da imissão provisória na posse. Tal responsabilidade se estende até a efetiva desocupação e restituição do imóvel" (RSTJ 103/140).

V. tb. art. 1º, nota 8a.

Art. 29: 2a. **Não se admite desistência de desapropriação:**

— depois que o Poder Público, imitido provisoriamente na posse, "não tem condições de devolver o bem no estado em que o recebeu ou com danos de pouca monta, que em outra ação pudessem ser avaliados" (RSTJ 73/282). No mesmo sentido: RSTJ 107/75, 138/91, RT 588/59 (adotando decisão do juiz Antônio de Pádua Ferraz Nogueira), 629/128, maioria, 733/197, RJTJESP 89/285, 96/273, 99/258, JTJ 159/200, 163/43;

— se já foi efetuado o seu pagamento, restando apenas a complementação relativa à correção monetária, não pode ser homologado o pedido de desistência do expropriante, na fase de liquidação, sob o fundamento de que o preço não se integralizara (RSTJ 90/112, maioria);

— se o imóvel expropriado já foi afetado ao serviço público (RJTJESP 93/250);

— se a devolução do bem ao expropriado mostra-se inviável, por motivo de "profundas alterações efetuadas pelo poder público no imóvel" (STJ-RT 753/202);

— se, por culpa do expropriante, foi invadido por terceiros (STJ-2ª T., REsp 87.440, Min. Pádua Ribeiro, j. 24.4.97, DJU 26.5.97; RJTJESP 129/107);

— se não foi revogado o decreto expropriatório em que se baseia a ação, não pode haver desistência da desapropriação (RJTJESP 119/332). Admitindo a desistência sem a revogação do decreto, desde que concorde o réu (que, aliás, no caso, não concordou): RJTJESP 88/83;

— na desapropriação indireta, a administração não pode, após a sentença condenatória transitada em julgado, desistir do apossamento administrativo que realizou (RJTJESP 94/276).

Art. 29: 2b. **No caso de desistência, quanto aos juros:**

— os juros moratórios devem ser contados, desde a citação, sobre o valor total liquidado (RSTJ 98/135, STJ-Bol. AASP 1.884/37j, maioria);

— os juros compensatórios, desde a data da imissão de posse até a efetiva desocupação do imóvel pela expropriante (STJ-Bol. AASP 1.884/37j, maioria), devem ser pagos, sem maiores formalidades, no próprio processo expropriatório (STJ-RJTJERGS 171/21, RT 586/77, RJTJESP 103/155), desde, porém, que este já se encontre em fase de liquidação (RTJ 109/840; TFR-4ª T., AC 133.091, Min. Pádua Ribeiro, j. 14.3.88, DJU 14.4.88);

— os juros compensatórios devem ser apurados "na própria sentença homologatória da desistência, pelo período compreendido entre a imissão na posse e a efetiva desocupação do imóvel" (STJ-1ª Seção, REsp 93.416, Min. Castro Filho, j. 18.6.01, maioria, DJU 22.4.02); no mesmo sentido, quanto à apuração nos próprios autos da desapropriação: Bol. AASP 1.542/159, citando RJTJESP 99/160, 101/275, 103/155 e 105/146.

Art. 29: 2c. **Honorários de advogado por desistência da desapropriação.** "Os honorários advocatícios, nos casos de desistência por parte do poder público nas ações de desapropriação, devem ser determinados por equidade pelo juiz, conforme artigo 20, § 4º, do CPC" (STJ-2ª T, REsp 166.334, Min. Castro Meira, j. 28.9.04, DJU 16.11.04). No mesmo sentido: RTJ 89/374. Mas: "No caso de desistência da ação desapropriatória pelo expropriante, não podem ser fixados os honorários consoante a apreciação equitativa do juiz, se estes já foram anteriormente arbitrados em sentença já transitada em julgado" (RT 607/74); no mesmo sentido: RJTJESP 99/103.

Art. 29: 2d. **Perdas e danos sofridos pelo expropriado.** Ao desistir da desapropriação, a administração pública sujeita-se a indenizar as perdas e danos sofridas pelo desapropriado (RTJ 77/569, 91/512; STF-RDA 128/313; STJ-1ª T., REsp 34.256-2, Min. Garcia Vieira, j. 16.6.93, maioria, DJU 6.9.93; RTFR 144/145, RT 592/77). Essa indenização deve ser buscada em ação própria (RTJ 63/510, RDA 128/313; STJ-1ª T., REsp 19.945-5, Min. Demócrito Reinaldo, j. 10.2.93, DJU 15.3.93).

Também no sentido de que eventuais prejuízos causados pela ocupação temporária e pela eventual alteração física da área desapropriada devem, no caso de desistência da ação, ser pleiteados em ação própria: Bol. AASP 1.291/220.

Art. 29: 3. **Devolução do depósito liminar em razão da desistência.** Na hipótese de desistência, cabe ao expropriado restituir o depósito liminar, devidamente atualizado, se efetuou o seu levantamento (RJTJESP 88/279). Mas o expropriante somente poderá receber de volta o depósito liminar após o pagamento dos honorários da sucumbência e das outras verbas devidas em razão da desistência (Bol. TRF-3ª Reg. 10/19: TRF-3ª Reg., AC 42.635, Juiz Silveira Bueno, j. 16.2.93; **contra:** Bol. TRF-3ª Reg. 10/20: AC 42.648, Juiz Silveira Bueno, j. 1.12.92).

Art. 29: 4. "Para o imóvel declarado de utilidade pública para fim de desapropriação e permutado mediante escritura pública, com outros do domínio público, se não registrado o título no Registro Geral de Imóveis, o Estado não chega a adquirir-lhe o domínio. A desapropriação, portanto, não pode ser invocada como obstáculo ao prosseguimento de ação de usucapião relativa ao imóvel" (RF 307/112).

Art. 29: 4a. "Na desapropriação indireta, é tarefa do perito a descrição do imóvel expropriado, em condição que, integrada à sentença, permita a transcrição desta no Ofício Imobiliário, nos termos do art. 29 do Dec. lei 3.365, de 1941" (STJ-RT 755/228).

Art. 29: 4b. Pode ser feito o registro, em nome do expropriante, em seguida à imissão de posse provisória? v. art. 15, nota 7a.

Art. 30. As custas serão pagas pelo autor, se o réu aceitar o preço oferecido; em caso contrário, pelo vencido, ou em proporção, na forma da lei.[1 a 3]

Desapropriação

Art. 30: 1. "Nas desapropriações, as custas serão pagas pelo autor, se o réu aceitar o preço oferecido; em caso contrário, pelo vencido, ou em proporção, na forma da lei. Se o expropriado insiste em pleitear indenização superior à justa e sucumbe, deve pagar custas proporcionais" (RTJ 77/545).

"No caso dos autos, o tribunal estadual consignou que a indenização arbitrada em juízo foi inferior ao valor inicialmente ofertado pela Administração. Portanto, os expropriados, ora recorridos, é que devem suportar o ônus da demanda: despesas processuais, honorários periciais e do assistente técnico" (STJ-2ª T., REsp 1.750.357, Min. Herman Benjamin, j. 11.9.18, DJ 16.11.18).

Art. 30: 2. Súmula 2 do TJPR (Custas): "Nas desapropriações, aplica-se o art. 30 da Lei n. 3.365, de 21.6.41, com a seguinte interpretação:

"As custas serão pagas:

"1º — pelo autor, se o réu aceitar o preço oferecido;

"2º — pelo autor, se o réu recusar o preço oferecido, prevalecendo essa oposição;

"3º — em proporção, quando o preço oferecido for recusado, apresentando o réu outro, igualmente, não fixado pela decisão".

Art. 30: 3. Súmula 69 do TFR: "Incumbe ao expropriante pagar o salário do assistente técnico do expropriado" (v. jurisprudência s/ esta Súmula em RTFR 80/122).

Não é bem assim: "Nas ações de desapropriação por utilidade pública, o **ônus da sucumbência é definido pela aceitação ou não do preço ofertado,** de maneira que a condenação em valor superior à oferta enseja a sucumbência do ente desapropriante e, portanto, a sua responsabilidade pelo pagamento das custas e despesas processuais, no que inclui o ressarcimento dos **honorários do assistente da perícia do desapropriado.** Inteligência do art. 30 do Decreto-Lei 3.365/1941" (STJ-2ª T., Ag em REsp 1.244.030, Min. Mauro Campbell, j. 10.4.18, DJ 16.4.18).

V. tb., no nosso CPCLPV, CPC 84, nota 6.

Disposições Finais

Art. 31. Ficam sub-rogados no preço quaisquer ônus ou direitos que recaiam sobre o bem expropriado.[1 a 3]

Art. 31: 1. v., no nosso CPCLPV, CPC 908, nota 9.

Art. 31: 1a. "Se houver hipoteca sobre o bem desapropriado, o crédito garantido fica sub-rogado no valor da indenização. No caso de desapropriação do imóvel hipotecado para fins de constituição de servidão, assiste ao credor hipotecário o direito de habilitar o seu crédito, devendo ser retido o depósito do valor da indenização até a decisão da habilitação, se possível nos próprios autos da expropriatória" (STJ-2ª T., REsp 37.128-7, Min. Pádua Ribeiro, j. 20.2.95, DJU 13.3.95).

"Se o imóvel expropriado está gravado por hipoteca, a indenização — no todo ou em parte — não pode ser recebida pelo expropriado antes da quitação do crédito hipotecário" (STJ-2ª T., REsp 37.224, Min. Ari Pargendler, j. 19.9.96, DJU 14.10.96).

Art. 31: 2. Na desapropriação de bem inalienável, o vínculo de inalienabilidade fica sub-rogado na indenização (RSTJ 78/132).

Art. 31: 3. "Compete exclusivamente à União promover a desapropriação rural por interesse social, para fins de reforma agrária (arts. 184 da CF/88 e 2º, § 1º, da Lei 8.629/93), resultando daí sua legitimidade para figurar no polo passivo de ação almejando a recomposição de prejuízos suportados por arrendatário de imóvel rural objeto de desapropriação. Tratando-se de direito pessoal ou obrigacional, tem-se por inaplicável o art. 31 do Decreto-lei 3.365/41, pois a sub-rogação no preço se dá apenas quanto aos direitos reais constituídos sobre o bem expropriado" (STJ-2ª T., REsp 1.130.124, Min. Eliana Calmon, j. 4.4.13, DJ 10.4.13).

Art. 32. O pagamento do preço será prévio e em dinheiro.[1-2]

§ 1º As dívidas fiscais serão deduzidas dos valores depositados, quando inscritas e ajuizadas.[3]

§ 2º Incluem-se na disposição prevista no § 1º as multas decorrentes de inadimplemento e de obrigações fiscais.[4]

§ 3º A discussão acerca dos valores inscritos ou executados será realizada em ação própria.[5]

Art. 32: 1. Redação dada pela Lei 2.786, de 21.5.56.

Art. 32: 2. s/ pagamento do preço, v. CF 5º-XXIV e 100, ADCT 33 e Dec. lei 1.075, de 22.1.70, art. 5º § ún. (neste tít., a seguir).

Art. 32: 3. O § 1º foi acrescentado pela Lei 11.977, de 7.7.09.

Art. 32: 4. O § 2º foi acrescentado pela Lei 11.977, de 7.7.09.

Art. 32: 5. O § 3º foi acrescentado pela Lei 11.977, de 7.7.09.

Art. 33. O depósito do preço fixado por sentença, à disposição do juiz da causa, é considerado pagamento prévio da indenização.

§ 1º O depósito far-se-á no Banco do Brasil ou, onde este não tiver agência, em estabelecimento bancário acreditado, a critério do juiz.[1]

§ 2º O desapropriado, ainda que discorde do preço oferecido, do arbitrado ou do fixado pela sentença, poderá levantar até 80% (oitenta por cento) do depósito feito para o fim previsto neste e no art. 15,[1a] observado o processo estabelecido no art. 34.[2]

Art. 33: 1. O primitivo § ún. passou a § 1º pela Lei 2.786, de 21.5.56.

Art. 33: 1a. "É facultado ao desapropriado o levantamento de até 80% do valor depositado para fins de imissão na posse, **incluindo** aí **o complementar**" (STJ-2ª T., Ag em REsp 880.942-AgInt, Min. Francisco Falcão, j. 7.12.17, DJ 14.12.17).

Art. 33: 2. O § 2º foi acrescido pela Lei 2.786, de 21.5.56.

Art. 34. O levantamento do preço[1 a 1b] será deferido mediante prova de propriedade,[1c a 2a] de quitação de dívidas fiscais[2b-2c] que recaiam sobre o bem expropriado, e publicação de editais,[3 a 3b] com o prazo de dez dias, para conhecimento de terceiros.

Parágrafo único. Se o juiz verificar que há dúvida fundada sobre o domínio,[4 a 8] o preço ficará em depósito, ressalvada aos interessados a ação própria para disputá-lo.

Art. 34: 1. s/ retenção de parte do preço, para pagamento do imposto de renda, v. art. 27, notas 9 e 10; s/ prova da propriedade e de quitação de dívidas fiscais e publicação de editais, para levantamento do valor da indenização, na ação de constituição de servidão, v. art. 40, nota 1.

Art. 34: 1a. "O valor da indenização fixada na ação expropriatória não se confunde, necessariamente, com o montante a ser levantado pela parte expropriada. O primeiro deve abranger a totalidade da área incorporada ao patrimônio público, sob pena de enriquecimento sem causa do expropriante. O segundo deve limitar-se à área efetivamente registrada, sob risco de autorizar-se o pagamento de indenização a *non domino*. Havendo divergência entre a área efetivamente medida e a área registrada, o expropriado somente poderá levantar o valor da área registrada. O valor remanescente ficará depositado em juízo até que o expropriado promova a retificação do registro ou se decida, em ação própria, a titularidade do domínio, como reza o parágrafo único do art. 34 do Dec. lei 3.365/41" (STJ-2ª T., REsp 596.300, Min. Castro Meira, j. 8.4.08, DJU 22.4.08). No mesmo sentido: STJ-1ª T., REsp 935.333, Min. Luiz Fux, j. 2.9.08, DJ 22.9.08.

Art. 34: 1b. "Admite-se a oposição do levantamento apenas por terceiros possuidores de outro título suficiente para demonstrar que há incerteza quanto ao domínio do bem desapropriado pelo expropriado. Ao efetuar o depósito da indenização devida, não permanece o interesse da expropriante no levantamento do preço" (STJ-2ª T., REsp 84.417, Min. Castro Meira, j. 3.8.04, DJU 6.9.04).

Art. 34: 1c. Não se aplica esse dispositivo ao levantamento da **verba honorária.** Assim: "A exigência de que o expropriado demonstre a propriedade do bem objeto da desapropriação, para o fim de levantar a **verba indenizatória,** não obsta que se levante do montante do valor devido, em atendimento ao disposto no art. 23 da Lei n. 8.906/94 (EA), a quantia destinada ao pagamento dos honorários advocatícios" (STJ-2ª T., REsp 124.715, Min. João Otávio, j. 4.12.03, DJU 9.2.04). No mesmo sentido: STJ-1ª T., REsp 295.987, Min. José Delgado, j. 1.3.01, DJU 2.4.01; RJTJESP 120/339, JTJ 173/190, 259/298.

S/ honorários advocatícios, v. tb. nota 7.

Art. 34: 1d. "Milita em favor do espólio que ostenta título registrado no cartório imobiliário competente a presunção de que tem o domínio do bem desapropriado. O levantamento do *quantum* apurado na desapropriação deve ser feito pelo espólio, devendo o herdeiro disputar o seu quinhão na ação de inventário" (STJ-1ª T., REsp 7.886-0, Min. Cesar Rocha, j. 25.10.93, DJU 13.12.93).

Art. 34: 1e. "Ainda que o contrato não esteja inscrito no Ofício Imobiliário, o promitente comprador tem o direito de receber o preço do imóvel expropriado, nos próprios autos da ação de desapropriação, sempre que não houver oposição" (STJ-2ª T., REsp 12.416, Min. Ari Pargendler, j. 29.11.95, DJU 18.12.95).

"Desapropriação por utilidade pública. Cumprimento de sentença. Levantamento do depósito da indenização pelo promitente comprador. Inexistência de fundada dúvida ou controvérsia quanto ao direito à sub-rogação de que trata o art. 31 do Dec. lei 3.365/41" (STJ-1ª T., REsp 1.198.137, Min. Teori Zavascki, j. 2.2.12, DJ 9.2.12).

Art. 34: 2. Na desapropriação de posse (v. art. 1º, nota 5a), cumpre ao expropriado provar sua condição de possuidor, antes do levantamento do preço (RTJE 159/124).

Art. 34: 2a. "Quem adquire uma propriedade imóvel, já ocupada pela parte expropriante, mas antes de efetivado o pagamento justo, torna-se sucessor dos direitos de que era titular o expropriado, inclusive quanto aos juros compensatórios" (STJ-1ª T., AI 163.021-AgRg, Min. José Delgado, j. 10.3.98, DJU 4.5.98).

Art. 34: 2b. i. e., federais, estaduais e municipais (JTJ 159/202).

Art. 34: 2c. A entidade expropriante é responsável pelos tributos incidentes sobre o imóvel a partir da imissão na posse (v. art. 15, nota 7). Por isso, "o expropriado poderá levantar o preço, se comprovar a quitação dos tributos fiscais incidentes sobre o imóvel desapropriado até a data em que a autoridade expropriante tiver sido imitida na posse" (STJ-RT 842/135: 2ª T., REsp 195.672).

✎ **Art. 34: 3.** "Do art. 34 do Estatuto das Expropriações e a quem compete promover as antecipações de pagamento das despesas editalícias", por Joaquim de Almeida Baptista (RT 738/138).

Art. 34: 3a. Responsabilidade pelo pagamento dos editais. Compete ao expropriante o pagamento das despesas de publicação dos editais. Assim: "Se a publicação do edital aproveita ao poder expropriante, não faz sentido carrear-se a antecipação de despesas com editais ao expropriado para que, a final, seja obrigado a requerer a devolução do montante que desembolsou, sob pena de a indenização ser diminuída, em verdadeiro descompasso com a garantia constitucional da prévia e justa indenização" (STJ-2ª T., REsp 162.522, Min. Franciulli Netto, j. 5.3.02, DJU 3.6.02). No mesmo sentido: RSTJ 95/173; STJ-1ª T., REsp 121.487, rel. Min. Demócrito Reinaldo, j. 7.8.97, maioria, DJU 17.11.97.

Contra: RT 506/188, 660/109, RJTJESP 124/305, JTJ 162/180, Bol. AASP 994/1.

Art. 34: 3b. Dispensa-se a renovação das formalidades do art. 34 se o expropriado, anteriormente, já recebeu parte do depósito, mediante autorização judicial (RTJE 157/136).

Art. 34: 4. Súmula 42 do TFR (Dúvida sobre domínio): "Salvo convenção das partes, o processo expropriatório não se suspende por motivo de dúvida fundada sobre o domínio" (cf. republicação no DJU 13.6.80, p. 4.467: v. jurisprudência s/ esta Súmula em RTFR 78/143).

Art. 34: 4a. A dúvida fundada, a que se refere este artigo, é "a dúvida objetiva, inequívoca, sobre o domínio, com base em documento de propriedade. Se o expropriado tem título de domínio devidamente transcrito, não impede o levantamento do preço o simples ajuizamento de ação anulatória deste, por isso que, enquanto não anulado o título, regularmente, o seu titular é legítimo proprietário" (RTFR 69/7). No mesmo sentido: RDA 158/214, RT 591/103.

Todavia: "Sentença fincando a procedência em ação discriminatória semeia objetiva e inequívoca dúvida sobre o domínio da área imóvel desapropriada, justificando o Juiz a impedir o levantamento do valor depositado" (RSTJ 175/111).

Art. 34: 5. "Nas ações de indenização por desapropriação indireta, a questão de domínio se resolve no processo de conhecimento, sendo inaplicáveis as disposições do art. 34 do Dec. lei 3.365/41" (STJ-RT 811/181). No mesmo sentido: STF-RDA 174/176, RSTJ 107/97, RT 593/91, RJTJESP 94/275, 98/284, 98/285, 99/263, 100/294, 102/229, 110/276, JTJ 179/156, 186/218, Bol. AASP 1.382/143, 1.559/264.

Também não se aplica aos casos de indenização por servidão administrativa: "Não merece subir recurso especial contra acórdão que, em indenização por servidão administrativa, admite o levantamento do valor depositado, sem as exigências do art. 34 do Dec. lei 3.365/41" (STJ-1ª T., REsp 126.480-AgRg, Min. José Delgado, j. 3.2.98, DJU 4.5.98). No mesmo sentido: JTJ 212/234.

Art. 34: 6. "A regra do art. 34, § ún., do Dec. lei 3.365, de 1941, se aplica também às hipóteses em que, embora não havendo dúvida fundada sobre o domínio, há disputa entre o proprietário e aqueles cujos direitos, na forma do art. 31, ficam sub-rogados na indenização" (RSTJ 100/119).

Art. 34: 7. "Os valores referentes ao pagamento da indenização, embora depositados, estão impedidos de liberação por tramitar ação civil pública onde se discute o domínio do imóvel. Pagamento dos honorários que também deve ficar suspenso enquanto existir dúvida sobre o domínio" (STJ-1ª T., REsp 654.517, Min. Francisco Falcão, j. 18.11.08, DJ 2.3.09). No mesmo sentido: STJ-1ª Seção, ED no REsp 650.246, Min. Cesar Rocha, j. 9.11.11, DJ 2.12.11.

Art. 34: 8. "Não se pode confundir 'dúvida fundada sobre o domínio' com concurso de credores. É apenas àquela que se refere o § ún. do art. 34 do Dec. lei 3.365/41 (Lei de Desapropriações)" (STJ-1ª T., REsp 1.182.246, Min. Teori Zavascki, j. 24.5.11, maioria, DJ 1.6.11).

Art. 34-A (*incluído pela Lei 13.465, de 11.7.17*). Se houver concordância, reduzida a termo, do expropriado, a decisão concessiva da imissão provisória na posse implicará a aquisição da propriedade pelo expropriante com o consequente registro da propriedade na matrícula do imóvel.

§ 1º A concordância escrita do expropriado não implica renúncia ao seu direito de questionar o preço ofertado em juízo.

§ 2º Na hipótese deste artigo, o expropriado poderá levantar 100% (cem por cento) do depósito de que trata o art. 33 deste Decreto-Lei.

§ 3º Do valor a ser levantado pelo expropriado devem ser deduzidos os valores dispostos nos §§ 1º e 2º do art. 32 deste Decreto-Lei, bem como, a critério do juiz, aqueles tidos como necessários para o custeio das despesas processuais.

Art. 35. Os bens expropriados, uma vez incorporados à Fazenda Pública, não podem ser objeto de reivindicação, ainda que fundada em nulidade do processo de desapropriação. Qualquer ação, julgada procedente, resolver-se-á em perdas e danos.[1 a 6]

Art. 35: 1. "Retrocessão. Natureza jurídica e outras controvérsias", por Edilson Pereira Nobre Júnior (RF 327/25).

Art. 35: 1a. v., porém, CC 519.

Art. 35: 2. "A ação de retrocessão é de natureza real e, portanto, aplica-se o art. 177 do CC/16 e não o prazo quinquenal de que trata o Decreto 20.910/32" (STJ-2ª T., REsp 868.655, Min. Eliana Calmon, j. 6.3.07, DJU 14.3.07). No mesmo sentido: RSTJ 79/103. Começa a correr a prescrição com a transferência, ao domínio particular, do bem expropriado (STF-Pleno, ERE 104.591-4-AgRg, Min. Djaci Falcão, j. 11.3.87, DJU 10.4.87).

"Configurada a questão como reparação por perdas e danos, de rigor a incidência da prescrição vintenária, de acordo com o artigo 177, do Código Civil" (STJ-1ª T., REsp 412 634-EDcl, Min. Francisco Falcão, j. 20.3.03, maioria, DJU 9.6.03).

Balizando a prescrição nessas circunstâncias pelo prazo de 3 anos do CC 206 § 3º-V: STJ-2ª T., REsp 1.236.049-AgRg, Min. Mauro Campbell, j. 5.11.13, DJ 12.11.13.

Art. 35: 3. "Efetivada a desapropriação, com a imissão liminar na posse (Decreto-lei n. 3.365/41, art. 15), a partir daí já podem ocorrer as causas da retrocessão: a) desvio de finalidade, quando ao bem expropriado é dado destino de interesse privado e não público; b) abandono, quando ao bem expropriado a expropriante não dá qualquer destinação; c) afetação parcial, quando, implantadas as obras públicas, sobram áreas remanescentes, a que não se deu a destinação prevista. Não há, no direito positivo brasileiro, lei que fixe prazo dentro do qual o bem expropriado deve ser utilizado pela entidade expropriante. A ação de retrocessão, ação real, não está sujeita à prescrição quinquenal do Decreto n. 20.910, de 1932, mas à da reivindicatória, observado o prazo do usucapião extraordinário (Código Civil, art. 177, c/c o art. 550). A prescrição da ação de retrocessão, nas hipóteses de abandono e de afetação parcial, começa a correr a partir do momento em que o expropriante abandona, inequivocadamente, o propósito de dar ao imóvel a destinação de utilidade pública. Tratando-se de desapropriação do remanescente em decorrência do direito de extensão, não tem o expropriado direito de retrocessão, no caso de ficar o mesmo remanescente em disponibilidade após a execução da obra. A retrocessão, nessa hipótese, só tem lugar se o imóvel, na sua integralidade, não for aproveitado" (RTFR 123/83).

Art. 35: 4. Há desvio de finalidade:

— "Se o expropriante aliena o bem, ou cede o uso, por qualquer título, a instituição particular, ainda que esta pessoa jurídica de direito privado tenha fins sociais" (STF-2ª T., RE 88.699, Min. Cordeiro Guerra, j. 12.9.78, DJU 20.11.78).

— "A utilização de parte do imóvel desapropriado como sede da associação dos servidores do ente expropriante, reservada à recreação e lazer de seus associados, constitui tredestinação ilícita que torna cabível a retrocessão diante da ausência de utilidade pública da desapropriação" (STJ-2ª T., REsp 647.340, Min. João Otávio, j. 6.4.06, DJU 29.5.06).

Não há desvio de finalidade:

— "Não se caracteriza a ilegalidade do ato expropriatório perpetrado pela Administração se o bem desapropriado vem a cumprir a finalidade pública a que se destina, embora com a instalação de outras atividades que não as pretendidas originariamente" (STJ-1ª T., REsp 800.108, Min. Teori Zavascki, j. 7.3.06, DJU 20.3.06). No mesmo sentido: STF-1ª T., RDA 133/184; STJ-2ª T., REsp 7.683-0, Min. Américo Luz, j. 20.4.94, DJU 30.5.94; RSTJ 4/1.573 (embora, na hipótese, tivesse sido admitida a retrocessão parcial), JTJ 172/75, TFR-RDA 160/189, RJTJESP 101/72.

Art. 35: 4a. "Acerca da polêmica existente na caracterização da **natureza jurídica** da retrocessão, há três correntes principais existentes: a que entende que retrocessão é uma obrigação pessoal de devolver o bem ao expropriado; a que caracteriza a retrocessão como direito real, direito à reivindicação do imóvel expropriado; e a que considera existente um direito de natureza mista (pessoal e real), cabendo ao expropriado a ação de preempção ou preferência (de natureza real) ou, se preferir, perdas e danos" (STJ-2ª T., REsp 570.483, Min. Franciulli Netto, j. 9.3.04, DJU 30.6.04). No caso, ponderou-se: "Este signatário filia-se à corrente segundo a qual a retrocessão é um direito real. Na espécie, contudo, determinar a retrocessão da parte da propriedade não destinada à finalidade pública, nesta via extraordinária, em que não se sabe seu atual estado, seria por demais temerário. Dessa forma, o município recorrido deve arcar com perdas e danos".

No STF, há acórdão no sentido de que ainda persiste, em nosso ordenamento jurídico, o direito à reversão do bem expropriado, no caso de desvio de finalidade (RTJ 104/468).

No STJ, tem prevalecido a corrente que limita o direito do desapropriado à **indenização:** "Independentemente de configuração de desvio de finalidade no uso do imóvel desapropriado, havendo sua afetação ao interesse público, não cabe pleitear a retrocessão, mas a indenização, se for o caso, por perdas e danos, se configurado o desvirtuamento do decreto expropriatório" (STJ-1ª Seção, ED no REsp 623.511, Min. Castro Meira, j. 22.2.06, DJU 13.3.06). No mesmo sentido, considerando que viola o art. 35 da LD o acórdão que, em ação de retrocessão, determina o retorno dos bens expropriados ao patrimônio do antigo proprietário: STJ-RF 375/321 (1ª Seção, AR 769).

Ainda no STJ, há acórdão que entende possível a **restituição do bem,** embora, no caso, tenha prevalecido a concessão de indenização: "Conquanto seja a retrocessão um direito real, havendo pedido alternativo de restituição do imóvel ou de indenização por perdas e danos, esta é a melhor solução nesta fase recursal, em que é inviável o conhecimento da atual situação do bem" (STJ-2ª T., REsp 647.340, Min. João Otávio, j. 6.4.06, DJU 29.5.06).

Art. 35: 4b. "É certo que a irreversibilidade da incorporação do imóvel ao patrimônio público — no caso, consolidada pelo decurso de vários anos desde a instalação da unidade de ensino, que se encontra em pleno funcionamento — enseja, sem dúvida, a transferência compulsória do domínio do bem ao poder público, não podendo mais ele ser objeto de reivindicação, 'ainda que fundada em nulidade do processo de desapropriação' (*ex vi* do art. 35 do DL 3.365/1941). Tal situação, contudo, não exime o ente público de pagar ao expropriado a **indenização** por perdas e danos, mas o *quantum debeatur* deve ser aferido **nos autos do processo expropriatório,** mediante o devido contraditório, no qual será expedida a carta de sentença para a averbação do imóvel em nome do expropriante. A ação declaratória de nulidade, por certo, não se mostra adequada para a apuração do valor devido a título de indenização, visto que a legislação de regência estabelece rito procedimental específico para tal finalidade, disciplinado no Decreto-Lei 3.365/1941" (STJ-1ª T., REsp 1.234.476, Min. Gurgel de Faria, j. 25.6.19, DJ 6.8.19).

Art. 35: 5. "Promulgado o decreto expropriatório, o acordo subsequente, tornando a desapropriação em amigável, não impede que o expropriado postule a retrocessão" (STJ-1ª T., Ag 12.955-0-AgRg, Min. Demócrito Reinaldo, j. 25.10.93, maioria, DJU 6.12.93).

Art. 35: 6. "A legitimidade para a ação de retrocessão é da entidade que, mercê de não ter sido a expropriante originária, incorporou o bem expropriado ao seu patrimônio, incumbindo-se do pagamento da indenização. É que raciocínio inverso imporia *legitimatio per saltum* desconhecendo a transferência originária do domínio, sem verificar a propriedade devida" (STJ-1ª T., REsp 983.390, Min. Luiz Fux, j. 24.6.08, DJ 4.9.08).

Art. 36. É permitida a ocupação temporária,[1] que será indenizada, afinal, por ação própria, de terrenos não edificados, vizinhos às obras e necessários à sua realização.

O expropriante prestará caução, quando exigida.

Art. 36: 1. Lei 3.924, de 26.7.61 (Dispõe sobre os monumentos arqueológicos e pré-históricos — RT 312/77, Lex 1961/750, RDA 65/420): **"Art. 13.** A União, bem como os Estados e Municípios mediante autorização federal, poderão proceder a escavações e pesquisas, no interesse da arqueologia e da pré-história, em terrenos de propriedade particular, com exceção das áreas muradas que envolvem construções domiciliares.

"Parágrafo único. À falta de acordo amigável com o proprietário da área onde situar-se a jazida, será esta declarada de utilidade pública e autorizada a sua ocupação pelo período necessário à execução dos estudos, nos termos do art. 36 do Dec. lei n. 3.365, de 21 de junho de 1941".

O Instituto Brasileiro do Patrimônio Cultural — IBPC sucedeu à SEPLAN na competência prevista pela Lei 3.924 (v. Lei 8.029, de 12.4.90, art. 2º § 1º, em Lex 1990/556).

Art. 37. Aquele cujo bem for prejudicado extraordinariamente em sua destinação econômica pela desapropriação de áreas contíguas terá direito a reclamar perdas e danos do expropriante.

Art. 38. O réu responderá perante terceiros, e por ação própria, pela omissão ou sonegação de quaisquer informações que possam interessar à marcha do processo ou ao recebimento da indenização.

Art. 39. A ação de desapropriação pode ser proposta durante as férias forenses,[1] e não se interrompe pela superveniência destas.

Art. 39: 1. s/ férias forenses, v. CF 93-XII e CPC 212 a 215. V. tb. CPC 220.

Art. 40. O expropriante poderá constituir servidões,[1] mediante indenização[2] na forma desta lei.

Art. 40: 1. "Ação de instituição de servidão de passagem. Considerando que na presente ação o direito à indenização não se figura como matéria controversa e sendo aquela baseada no referido Decreto-Lei, deve-se concluir pela aplicação também do art. 34 do mesmo diploma legal, no sentido de ser imprescindível para a liberação da indenização, a **prova da propriedade e de quitação de dívidas fiscais** que incidam sobre o bem, assim como a **publicação de editais** visando ao conhecimento por terceiros" (STJ-1ª T., REsp 693.643, Min. Francisco Falcão, j. 7.4.05, DJU 16.5.05, p. 260).

Art. 40: 2. correspondente não ao valor do imóvel, mas "a um percentual a ser calculado sobre o seu valor, levando-se em conta a sua desvalorização em face da instituição do ônus de que se trata" (JTJ 141/176).

Art. 41. As disposições desta lei aplicam-se aos processos de desapropriação em curso, não se permitindo depois de sua vigência outros termos e atos além dos por ela admitidos, nem o seu processamento por forma diversa da que por ela é regulada.

Art. 42. No que esta lei for omissa aplica-se o Código de Processo Civil.[1]

Art. 42: 1. v. art. 19 e notas.

Art. 43. Esta lei entrará em vigor dez dias depois de publicada, no Distrito Federal, e trinta dias nos Estados e Território do Acre; revogadas as disposições em contrário.

Rio de Janeiro, em 21 de junho de 1941; 120º da Independência e 53º da República — GETULIO VARGAS — **Francisco Campos.**

Lei n. 4.132, de 10 de setembro de 1962

Define os casos de desapropriação por interesse social e dispõe sobre sua aplicação.

O Presidente da República,

Faço saber que o Congresso Nacional decreta e eu sanciono a seguinte lei:

Art. 1º A desapropriação por interesse social será decretada para promover a justa distribuição da propriedade ou condicionar o seu uso ao bem-estar social, na forma do art. 147 da Constituição Federal.[1]

Art. 1º: 1. v. CF 184 e 185.

Art. 2º Considera-se de interesse social:[1-2]

I — o aproveitamento de todo bem improdutivo ou explorado sem correspondência com as necessidades de habitação, trabalho e consumo dos centros de população a que deve ou possa suprir por seu destino econômico;

II — a instalação ou a intensificação das culturas nas áreas em cuja exploração não se obedeça a plano de zoneamento agrícola (VETADO);

III — o estabelecimento e a manutenção de colônias ou cooperativas de povoamento e trabalho agrícola;

IV — a manutenção de posseiros em terrenos urbanos onde, com a tolerância expressa ou tácita do proprietário, tenham construído sua habitação, formando núcleos residenciais de mais de 10 (dez) famílias;

V — a construção de casas populares;

VI — as terras e águas suscetíveis de valorização extraordinária, pela conclusão de obras e serviços públicos, notadamente de saneamento, portos, transporte, eletrificação, armazenamento de água e irrigação, no caso em que não sejam ditas áreas socialmente aproveitadas;

VII — a proteção do solo e a preservação de cursos e mananciais de água e de reservas florestais;[3]

VIII (*redação da Lei 6.513, de 20.12.77*) — a utilização de áreas, locais ou bens que, por suas características, sejam apropriados ao desenvolvimento de atividades turísticas.

§ 1º O disposto no item I deste artigo só se aplicará nos casos de bens retirados de produção ou tratando-se de imóveis rurais cuja produção, por ineficientemente explorados, seja inferior à média da região, atendidas as condições naturais do seu solo e sua situação em relação aos mercados.

§ 2º As necessidades de habitação, trabalho e consumo serão apuradas anualmente segundo a conjuntura e condições econômicas locais, cabendo o seu estudo e verificação às autoridades encarregadas de velar pelo bem-estar e pelo abastecimento das respectivas populações.

Art. 2º: 1. Outros casos de desapropriação por interesse social: Dec. lei 554, de 25.4.69; ET 18 a 23 e Lei 4.947, de 6.4.66, art. 2º, no tít. TERRA.

Art. 2º: 2. É inconstitucional a Lei 4.106, de 26.7.62, que autorizou desapropriação para o fim de revenda a particulares pelo preço correspondente à indenização, porque inexistem fins de interesse social, utilidade ou necessidade públicas que justifiquem a expropriação (STF-Pleno: RTJ 123/181, RT 622/306, RDA 170/139 e RDP 95/213, três votos vencidos; com parecer de Gilmar Ferreira Mendes, à p. 12).

Art. 2º: 3. "A desapropriação como instrumento de proteção ao meio ambiente segundo a Constituição Federal de 1988", por Guadalupe M. J. Abib de Almeida (RMDAU 22/5); "Desapropriação de áreas de interesse ambiental", por Emílio Haddad e Cacilda Lopes dos Santos (RMDAU 25/31).

Art. 3º O expropriante tem o prazo de 2 (dois) anos, a partir da decretação da desapropriação por interesse social, para efetivar a aludida desapropriação e iniciar as providências de aproveitamento do bem expropriado.

Parágrafo único. (VETADO)

Art. 4º Os bens desapropriados serão objeto de venda ou locação, a quem estiver em condições de dar-lhes a destinação social prevista.

Art. 5º No que esta lei for omissa aplicam-se as normas legais que regulam a desapropriação por utilidade[1] pública,[2] inclusive no tocante ao processo e à justa indenização devida ao proprietário.

Art. 5º: 1. No texto oficial, está "unidade", e não "utilidade".

Art. 5º: 2. v. Dec. lei 3.365, de 21.6.41, neste tít.

Art. 6º Revogam-se as disposições em contrário.

Brasília, em 10 de setembro de 1962; 141º da Independência e 74º da República — JOÃO GOULART — **Francisco Brochado da Rocha — Hermes Lima — Renato Costa Lima.**

Desapropriação

Decreto-lei n. 1.075, de 22 de janeiro de 1970

Regula a imissão de posse, initio litis, *em imóveis residenciais urbanos.*

O Presidente da República, usando da atribuição que lhe confere o art. 55, I, da Constituição, e

Considerando que, na cidade de São Paulo, o grande número de desapropriações em zona residencial ameaça desalojar milhares de famílias;

Considerando que os proprietários de prédios residenciais encontram dificuldade, no sistema jurídico vigente, de obter, *initio litis*, uma indenização suficiente para a aquisição de nova casa própria;

Considerando que a oferta do poder expropriante, baseada em valor cadastral do imóvel, é inferior ao valor real apurado em avaliação no processo de desapropriação;

Considerando, finalmente, que o desabrigo dos expropriados causa grave risco à segurança nacional, por ser fermento de agitação social, decreta:

Art. 1º Na desapropriação por utilidade pública de prédio urbano residencial, o expropriante, alegando urgência, poderá imitir-se provisoriamente[1] na posse do bem, mediante o depósito do preço oferecido,[2] se este não for impugnado pelo expropriado em cinco dias da intimação da oferta.

Art. 1º: 1. v. LD 15.

Art. 1º: 2. cf. LD 15 § 1º.

Art. 2º Impugnada a oferta pelo expropriado, o juiz, servindo-se, caso necessário, de perito avaliador, fixará em quarenta e oito horas o valor provisório do imóvel.

Parágrafo único. O perito, quando designado, deverá apresentar o laudo no prazo máximo de cinco dias.

Art. 3º Quando o valor arbitrado for superior à oferta, o juiz só autorizará a imissão provisória na posse do imóvel, se o expropriante complementar o depósito para que este atinja a metade do valor arbitrado.

Art. 4º No caso do artigo anterior, fica, porém, fixado em 2.300 (dois mil e trezentos) salários mínimos vigentes na região, o máximo do depósito a que será obrigado o expropriante.

Art. 5º O expropriado, observadas as cautelas previstas no art. 34 do Decreto-lei n. 3.365, de 21 de junho de 1941,[1] poderá levantar toda a importância depositada e complementada nos termos do art. 3º.

Parágrafo único. Quando o valor arbitrado for inferior ou igual ao dobro do preço oferecido, é lícito ao expropriado optar entre o levantamento de 80% (oitenta por cento) do preço oferecido ou da metade do valor arbitrado.

Art. 5º: 1. Dec. lei 3.365: neste tít.

Art. 6º O disposto neste decreto-lei só se aplica à desapropriação de prédio residencial urbano, habitado pelo proprietário ou compromissário comprador, cuja promessa de compra esteja devidamente inscrita[1] no registro de imóveis.

Art. 6º: 1. atualmente, registrada, e não inscrita (LRP 167-I-9 e 20).

Art. 7º Este decreto-lei entra em vigor na data de sua publicação, aplicando-se às ações já ajuizadas.

Art. 8º Revogam-se as disposições em contrário.

Brasília, 22 de janeiro de 1970; 149º da Independência e 82º da República — EMÍLIO G. MÉDICI — **Alfredo Buzaid.**

Lei n. 8.629, de 25 de fevereiro de 1993[1]

Dispõe sobre a regulamentação dos dispositivos constitucionais relativos à reforma agrária, previstos no Capítulo III, Título VII, da Constituição Federal.

O Presidente da República

Faço saber que o Congresso Nacional decreta e eu sanciono a seguinte lei:

LEI 8.629: 1. A Lei 8.629 não se aplica retroativamente (RTJ 149/103).

Art. 1º Esta lei regulamenta e disciplina disposições relativas à reforma agrária, previstas no Capítulo III, Título VII, da Constituição Federal.

Art. 2º A propriedade rural[1-1a] que não cumprir a função social prevista no art. 9º é passível de desapropriação, nos termos desta lei, respeitados os dispositivos constitucionais.

§ 1º Compete à União desapropriar por interesse social, para fins de reforma agrária, o imóvel rural que não esteja cumprindo sua função social.

§ 2º (*redação da Med. Prov. 2.183-56, de 24.8.01*) Para os fins deste artigo, fica a União, através do órgão federal competente, autorizada a ingressar no imóvel de propriedade particular para levantamento de dados e informações, mediante prévia comunicação escrita ao proprietário, preposto ou seu representante.[1b]

§ 3º (*redação da Med. Prov. 2.183-56, de 24.8.01*) Na ausência do proprietário, do preposto ou do representante, a comunicação será feita mediante edital, a ser publicado, por três vezes consecutivas, em jornal de grande circulação na capital do Estado de localização do imóvel.

§ 4º (*redação da Med. Prov. 2.183-56, de 24.8.01*) Não será considerada, para os fins desta lei, qualquer modificação, quanto ao domínio, à dimensão e às condições de uso do imóvel, introduzida ou ocorrida até seis meses após a data da comunicação para levantamento de dados e informações de que tratam os §§ 2º e 3º.[1c]

§ 5º (*redação da Med. Prov. 2.183-56, de 24.8.01*) No caso de fiscalização decorrente do exercício de poder de polícia, será dispensada a comunicação de que tratam os §§ 2º e 3º.

§ 6º (*redação da Med. Prov. 2.183-56, de 24.8.01*) O imóvel rural de domínio público ou particular objeto de esbulho possessório ou invasão motivada por conflito agrário ou fundiário de caráter coletivo não será vistoriado, avaliado ou desapropriado nos dois anos seguintes à sua desocupação, ou no dobro desse prazo, em caso de reincidência; e deverá ser apurada a responsabilidade civil e administrativa de quem concorra com qualquer ato omissivo ou comissivo que propicie o descumprimento dessas vedações.[2 a 3b]

§ 7º (*redação da Med. Prov. 2.183-56, de 24.8.01*) Será excluído do Programa de Reforma Agrária do Governo Federal quem, já estando beneficiado com lote em Projeto de Assentamento, ou sendo pretendente desse benefício na condição de inscrito em processo de cadastramento e seleção de canditados ao acesso à terra, for efetivamente identificado como participante direto ou indireto em conflito fundiário que se caracterize por invasão ou esbulho de imóvel rural de domínio público ou privado em fase de processo administrativo de vistoria ou avaliação para fins de reforma agrária, ou que esteja sendo objeto de processo judicial de desapropriação em vias de imissão de posse ao ente expropriante; e bem assim quem for efetivamente identificado como participante de invasão de prédio público, de atos de ameaça, sequestro ou manutenção de servidores públicos e outros cidadãos em cárcere privado, ou de quaisquer outros atos de violência real ou pessoal praticados em tais situações.

§ 8º (*redação da Med. Prov. 2.183-56, de 24.8.01*) A entidade, a organização, a pessoa jurídica, o movimento ou a sociedade de fato que, de qualquer forma, direta ou indiretamente, auxiliar, colaborar, incentivar, incitar, induzir ou participar de invasão de imóveis rurais ou de bens públicos, ou em conflito agrário ou fundiário de caráter coletivo, não receberá, a qualquer título, recursos públicos.[4]

§ 9º (*redação da Med. Prov. 2.183-56, de 24.8.01*) Se, na hipótese do § 8º, a transferência ou repasse dos recursos públicos já tiverem sido autorizados, assistirá ao Poder Público o direito de retenção, bem assim o de rescisão do contrato, convênio ou instrumento similar.[5]

Art. 2º: 1. v. art. 4º e notas.

Art. 2º: 1a. Imóvel objeto de desapropriação para reforma agrária e falecimento do titular. "O imóvel rural objeto da futura partilha entre herdeiros continua sendo único até o fim do inventário, embora com mais de um proprietário, formando um condomínio" (STF-Pleno, MS 24.924, Min. Joaquim Barbosa, j. 24.2.11, maioria, DJ 7.11.11). No mesmo sentido: STJ-RT 916/735 (2ª T., REsp 1.204.905).

Art. 2º: 1b. "A notificação a que se refere o art. 2º § 2º da Lei 8.629/93, para que se repute válida e possa, consequentemente, legitimar eventual declaração expropriatória para fins de reforma agrária, há de ser efetivada em momento anterior ao da realização da vistoria. Essa notificação prévia somente considerar-se-á regular, quando comprovadamente realizada na pessoa do proprietário do imóvel rural, ou quando efetivada mediante carta com aviso de recepção firmado por seu destinatário ou por aquele que disponha de poderes para receber a comunicação postal em nome do proprietário rural, ou, ainda, quando procedida na pessoa de representante legal ou de procurador regularmente constituído pelo *dominus*. A jurisprudência do STF tem reputado inadmissível a notificação, quando efetivada no próprio dia em que teve início a vistoria administrativa promovida pelo INCRA. O descumprimento dessa formalidade essencial — ditada pela necessidade de garantir, ao proprietário, a observância da cláusula constitucional do devido processo legal — importa em vício radical que configura defeito insuperável, apto a projetar-se sobre todas as fases subsequentes do procedimento de expropriação, contaminando-as, de maneira irremissível, por efeito de repercussão causal, e gerando, em consequência, por ausência de base jurídica idônea, a própria invalidação do decreto presidencial consubstanciador de declaração expropriatória" (STF-RP 172/307: Pleno, MS 23.949).

Art. 2º: 1c. "A divisão de imóvel rural, em frações que configurem médias propriedades rurais, decorridos mais de seis meses da data da comunicação para levantamento de dados e informações, mas antes da edição do Decreto Presidencial, impede a desapropriação para fins de reforma agrária. Não incidência, na espécie, do que dispõe o § 4º do art. 2º da Lei 8.629/93" (STF-IP 54/181 e RMDAU 22/137: Pleno, MS 24.890, um voto vencido).

Art. 2º: 2. v. Súmula 354 do STJ em LC 76/93, art. 5º, nota 4.

Art. 2º: 3. O STF, em sessão plenária, com três votos vencidos, indeferiu a liminar de suspensão da eficácia do § 6º do art. 2º da Lei 8.629/93, na redação que lhe deu o art. 4º da Med. Prov. 2.183-56 (ADI 2.213-0-Liminar, Min. Celso de Mello, j. 4.4.02, DJU 23.4.04).

Art. 2º: 3a. "A vedação de vistoria em imóvel esbulhado, conforme preceitua o art. 2º, § 6º, da Lei 8.629/93, não é absoluta e deve ser analisada em cada caso, a fim de se perquirir o alcance da invasão e seu impacto na aferição da produtividade do imóvel submetido à inspeção do Poder Público" (STJ-2ª T., REsp 1.100.046, Min. Eliana Calmon, j. 16.6.09, DJ 4.8.09).

Art. 2º: 3b. "A jurisprudência do STF é firme em considerar que as invasões hábeis a ensejar a aplicação do § 6º do art. 2º da Lei n. 8.629/93 são aquelas ocorridas durante a vistoria, ou antes dela (MS 26.136). No caso, as invasões ocorreram vários meses depois da medida administrativa" (STF-RF 394/322: Pleno, MS 25.186).

Contra: "Diante da clareza da aludida norma, proibindo a vistoria, a avaliação ou a desapropriação nos dois anos seguintes à sua desocupação, ou no dobro desse prazo em caso de reincidência, não se pode interpretá-la de outra forma senão aquela que constitui a verdadeira vontade da lei, destinada a coibir as reiteradas invasões da propriedade alheia. Eventuais invasões motivadas por conflito agrário ou fundiário de caráter coletivo podem, sim, alterar o resultado das demandas dessa natureza, mesmo após concluída a vistoria administrativa, em prejuízo do direito que tem a parte expropriada de comprovar que a sua propriedade é produtiva, insuscetível, portanto, de desapropriação para fins de reforma agrária" (STJ-1ª T., REsp 819.426, Min. Denise Arruda, j. 15.5.07, DJU 11.6.07). No mesmo sentido: STJ-2ª T., Ag em REsp 67.328-AgRg, Min. Eliana Calmon, j. 5.11.13, DJ 13.11.13.

Art. 2º: 4. O STF, em sessão plenária, com dois votos vencidos, indeferiu a liminar de suspensão de eficácia dos §§ 8º e 9º do art. 2º da Lei 8.629/93, na redação que lhe deu o art. 4º da Med. Prov. 2.183-56 (ADI 2.213-0-Liminar, Min. Celso de Mello, j. 4.4.02, DJU 23.4.04).

Art. 2º: 5. v. nota 4.

Art. 2º-A (*redação da Med. Prov. 2.183-56, de 24.8.01*). Na hipótese de fraude ou simulação de esbulho ou invasão, por parte do proprietário ou legítimo possuidor do imóvel, para os fins dos §§ 6º e 7º do art. 2º, o órgão executor do Programa Nacional de Reforma Agrária aplicará pena administrativa de R$ 55.000,00 (cinquenta e cinco mil reais) a R$ 535.000,00 (quinhentos e trinta e cinco mil reais) e o cancelamento do cadastro do imóvel no Sistema Nacional de Cadastro Rural, sem prejuízo das demais sanções penais e civis cabíveis.

Parágrafo único (*redação da Med. Prov. 2.183-56, de 24.8.01*). Os valores a que se refere este artigo serão atualizados, a partir de maio de 2000, no dia 1º de janeiro de cada ano, com base na variação acumulada do Índice Geral de Preços — Disponibilidade Interna — IGP-DI, da Fundação Getúlio Vargas, no respectivo período.

Art. 3º (VETADO)

§ 1º (VETADO)

§ 2º (VETADO)

Art. 4º Para os efeitos desta lei, conceituam-se:

I — Imóvel Rural — o prédio rústico de área contínua, qualquer que seja a sua localização, que se destine ou possa se destinar à exploração agrícola, pecuária, extrativa vegetal, florestal ou agroindustrial;

II — Pequena Propriedade — o imóvel rural:

a) (*redação da Lei 13.465, de 11.7.17*) de área até quatro módulos fiscais, respeitada a fração mínima de parcelamento;

b) (VETADO)

c) (VETADO)

III — Média Propriedade — o imóvel rural:

a) de área superior a 4 (quatro) e até 15 (quinze) módulos fiscais;

b) (VETADO)

§ 1º (*renumerado pela Lei 13.465, de 11.7.17*) São insuscetíveis de desapropriação para fins de reforma agrária a pequena e a média propriedade rural, desde que o seu proprietário não possua outra propriedade rural.[1-2]

§ 2º (*acrescido pela Lei 13.465, de 11.7.17*) É obrigatória a manutenção no Sistema Nacional de Cadastro Rural (SNCR) de informações específicas sobre imóveis rurais com área de até um módulo fiscal.

Art. 4º: 1. v. art. 2º, nota 1a.

Art. 4º: 2. "A exclusão da área inaproveitável economicamente restringe-se ao cálculo do imposto sobre a propriedade (art. 50, §§ 3º e 4º, da Lei 4.504). A propriedade rural no que concerne à sua dimensão territorial, com o objetivo de viabilizar a desapropriação para fins de reforma agrária, reclama devam ser computadas as áreas insuscetíveis de aproveitamento econômico. O dimensionamento do imóvel para os fins da Lei 8.629/93 deve considerar a sua área global" (STF-Pleno, MS 25.066, Min. Luiz Fux, j. 14.12.11, maioria, RT 924/690).

Art. 5º A desapropriação por interesse social, aplicável ao imóvel rural que não cumpra sua função social, importa prévia e justa indenização em títulos da dívida agrária.

§ 1º As benfeitorias úteis e necessárias serão indenizadas em dinheiro.

§ 2º O decreto que declarar o imóvel como de interesse social, para fins de reforma agrária, autoriza a União a propor ação de desapropriação.

§ 3º Os títulos da dívida agrária, que conterão cláusula assecuratória de preservação de seu valor real, serão resgatáveis a partir do segundo ano de sua emissão, em percentual proporcional ao prazo, observados os seguintes critérios:

I (*redação da Med. Prov. 2.183-56, de 24.8.01*) — do segundo ao décimo quinto ano, quando emitidos para indenização de imóvel com área de até setenta módulos fiscais;

II (*redação da Med. Prov. 2.183-56, de 24.8.01*) — do segundo ao décimo oitavo ano, quando emitidos para indenização de imóvel com área acima de setenta e até cento e cinquenta módulos fiscais; e

III (*redação da Med. Prov. 2.183-56, de 24.8.01*) — do segundo ao vigésimo ano, quando emitidos para indenização de imóvel com área superior a cento e cinquenta módulos fiscais.

§ 4º (*redação da Lei 13.465, de 11.7.17*) Na hipótese de acordo administrativo ou acordo realizado no âmbito do procedimento previsto na Lei Complementar n. 76, de 6 de julho de 1993, o pagamento será efetuado de forma escalonada em Títulos da Dívida Agrária (TDA), resgatáveis em parcelas anuais, iguais e sucessivas, a partir do segundo ano de sua emissão, observadas as seguintes condições:

I — imóveis com área de até três mil hectares, no prazo de cinco anos;

II — imóveis com área superior a três mil hectares:

a) o valor relativo aos primeiros três mil hectares, no prazo de cinco anos;

b) o valor relativo à área superior a três mil e até dez mil hectares, em dez anos;

c) o valor relativo à área superior a dez mil hectares até quinze mil hectares, em quinze anos; e

d) o valor da área que exceder quinze mil hectares, em vinte anos.

§ 5º (*redação da Med. Prov. 2.183-56, de 24.8.01*) Os prazos previstos no § 4º, quando iguais ou superiores a dez anos, poderão ser reduzidos em cinco anos, desde que o proprietário concorde em receber o pagamento do valor das benfeitorias úteis e necessárias integralmente em TDA.

§ 6º (*redação da Med. Prov. 2.183-56, de 24.8.01*) Aceito pelo proprietário o pagamento das benfeitorias úteis e necessárias em TDA, os prazos de resgates dos respectivos títulos serão fixados mantendo-se a mesma proporcionalidade estabelecida para aqueles relativos ao valor da terra e suas acessões naturais.

§ 7º (*redação da Lei 13.465, de 11.7.17*) Na aquisição por compra e venda ou na arrematação judicial de imóveis rurais destinados à implementação de projetos integrantes do Programa Nacional de Reforma Agrária, o pagamento poderá ser feito em dinheiro, na forma estabelecida em regulamento.

§ 8º (*redação da Lei 13.465, de 11.7.17*) Na hipótese de decisão judicial transitada em julgado fixar a indenização da terra nua ou das benfeitorias indenizáveis em valor superior ao ofertado pelo expropriante, corrigido monetariamente, a diferença será paga na forma do art. 100 da Constituição Federal.

§ 9º (*acrescido pela Lei 13.465, de 11.7.17*) Se houver imissão prévia na posse e, posteriormente, for verificada divergência entre o preço ofertado em juízo e o valor do bem fixado na sentença definitiva, expressos em termos reais, sobre a diferença eventualmente apurada incidirão juros compensatórios a contar da imissão de posse, em percentual correspondente ao fixado para os títulos da dívida agrária depositados como oferta inicial para a terra nua, vedado o cálculo de juros compostos.

Art. 6º Considera-se propriedade produtiva aquela que, explorada econômica e racionalmente, atinge, simultaneamente, graus de utilização da terra e de eficiência na exploração, segundo índices fixados pelo órgão federal competente.

§ 1º O grau de utilização da terra, para efeito do *caput* deste artigo, deverá ser igual ou superior a 80% (oitenta por cento), calculado pela relação percentual entre a área efetivamente utilizada e a área aproveitável total do imóvel.

§ 2º O grau de eficiência[1-1a] na exploração da terra deverá ser igual ou superior a 100% (cem por cento), e será obtido de acordo com a seguinte sistemática:

I — para os produtos vegetais, divide-se a quantidade colhida de cada produto pelos respectivos índices de rendimento estabelecidos pelo órgão competente do Poder Executivo, para cada Microrregião Homogênea;

II — para a exploração pecuária, divide-se o número total de Unidades Animais (UA) do rebanho, pelo índice de lotação estabelecido pelo órgão competente do Poder Executivo, para cada Microrregião Homogênea;

III — a soma dos resultados obtidos na forma dos incisos I e II deste artigo, dividida pela área efetivamente utilizada e multiplicada por 100 (cem), determina o grau de eficiência na exploração.

§ 3º Consideram-se efetivamente utilizadas:

I — as áreas plantadas com produtos vegetais;

II — as áreas de pastagens nativas e plantadas, observado o índice de lotação por zona de pecuária, fixado pelo Poder Executivo;

III — as áreas de exploração extrativa vegetal ou florestal, observados os índices de rendimento estabelecidos pelo órgão competente do Poder Executivo, para cada Microrregião Homogênea, e a legislação ambiental;

IV — as áreas de exploração de florestas nativas, de acordo com o plano de exploração e nas condições estabelecidas pelo órgão federal competente;

V (*redação da Med. Prov. 2.183-56, de 24.8.01*) — as áreas sob processos técnicos de formação ou recuperação de pastagens ou de culturas permanentes, tecnicamente conduzidas e devidamente comprovadas, mediante documentação e Anotação de Responsabilidade Técnica.

§ 4º No caso de consórcio ou intercalação de culturas, considera-se efetivamente utilizada a área total do consórcio ou intercalação.

§ 5º No caso de mais de um cultivo no ano, com um ou mais produtos, no mesmo espaço, considera-se efetivamente utilizada a maior área usada no ano considerado.

§ 6º Para os produtos que não tenham índices de rendimentos fixados, adotar-se-á a área utilizada com esses produtos, com resultado do cálculo previsto no inciso I do § 2º deste artigo.

§ 7º Não perderá a qualificação de propriedade produtiva o imóvel que, por razões de força maior, caso fortuito ou de renovação de pastagens tecnicamente conduzida, devidamente comprovados pelo órgão competente, deixar de apresentar, no ano respectivo, os graus de eficiência na exploração, exigidos para a espécie.[2-2a]

§ 8º São garantidos os incentivos fiscais referentes ao Imposto Territorial Rural relacionados com os graus de utilização e de eficiência na exploração, conforme o disposto no art. 49 da Lei n. 4.504, de 30 de novembro de 1964.[3]

Art. 6º: 1. "Inconstitucionalidade do art. 6º, § 2º, incisos I e II, da Lei n. 8.629/93. Inexistência" (STF-Pleno, MS 22.478-9, Min. Maurício Corrêa, j. 30.6.97, DJU 26.9.97).

Art. 6º: 1a. "Desapropriação para fins de reforma agrária. **Grau de eficiência na exploração** (GEE). Não há motivo para desconsiderar os **equinos** encontrados na fazenda, ainda que **pertencentes a terceiro,** no cálculo do GEE, porquanto a propriedade estava sendo objeto de exploração, mediante contrato de parceria firmado com os titulares do domínio e terceiros, que certamente faziam uso dos recursos naturais ali existentes, a exemplo do capim e da água, para alimentar os animais" (STJ-1ª T., Ag em REsp 1.391.146, Min. Gurgel de Faria, j. 25.6.19, DJ 9.8.19).

Art. 6º: 2. "O processo de **renovação de pastagens** que impede a classificação do imóvel rural como propriedade improdutiva — art. 6º, §§ 3º e 7º, da Lei n. 8.629/93 — reclama a existência de projeto técnico, que deve atender aos requisitos previstos no art. 7º daquele texto normativo" (STF-RF 393/275: Pleno, MS 25.534).

Art. 6º: 2a. "Não há dúvida que a **crise hídrica prolongada,** no caso, enquadra-se perfeitamente na hipótese prevista no art. 6º, § 7º, da Lei 8.629/1993, de modo a não permitir que, por essa razão, o imóvel seja considerado improdutivo, pois os proprietários não podem ser penalizados por fatos ocasionados por força maior, notadamente quando eles refletem diretamente na vegetação da pastagem" (STJ-1ª T., Ag em REsp 1.391.146, Min. Gurgel de Faria, j. 25.6.19, DJ 9.8.19).

Art. 6º: 3. Trata-se do Estatuto da Terra.

Art. 7º Não será passível de desapropriação, para fins de reforma agrária, o imóvel que comprove estar sendo objeto de implantação de projeto técnico que atenda aos seguintes requisitos:

I — seja elaborado por profissional legalmente habilitado e identificado;

II — esteja cumprindo o cronograma físico-financeiro originalmente previsto, não admitidas prorrogações dos prazos;

III — preveja que, no mínimo, 80% (oitenta por cento) da área total aproveitável do imóvel esteja efetivamente utilizada em, no máximo, 3 (três) anos para as culturas anuais e 5 (cinco) anos para as culturas permanentes;

IV (*redação da Med. Prov. 2.183-56, de 24.8.01*) — haja sido aprovado pelo órgão federal competente, na forma estabelecida em regulamento, no mínimo seis meses antes da comunicação de que tratam os §§ 2º e 3º do art. 2º.

Parágrafo único. Os prazos previstos no inciso III deste artigo poderão ser prorrogados em até 50% (cinquenta por cento), desde que o projeto receba, anualmente, a aprovação do órgão competente para fiscalização e tenha sua implantação iniciada no prazo de 6 (seis) meses, contado de sua aprovação.

Art. 8º Ter-se-á como racional e adequado o aproveitamento de imóvel rural, quando esteja oficialmente destinado à execução de atividades de pesquisa e experimentação que objetivem o avanço tecnológico da agricultura.

Parágrafo único. Para os fins deste artigo só serão consideradas as propriedades que tenham destinados às atividades de pesquisa, no mínimo, 80% (oitenta por cento) da área total aproveitável do imóvel, sendo consubstanciadas tais atividades em projeto:

I — adotado pelo Poder Público se pertencente a entidade de administração direta ou indireta, ou a empresa sob seu controle;

II — aprovado pelo Poder Público, se particular o imóvel.

Art. 9º A função social é cumprida quando a propriedade rural atende, simultaneamente, segundo graus e critérios estabelecidos nesta lei, os seguintes requisitos:

I — aproveitamento racional e adequado;

II — utilização adequada dos recursos naturais disponíveis e preservação do meio ambiente;

III — observância das disposições que regulam as relações de trabalho;

IV — exploração que favoreça o bem-estar dos proprietários e dos trabalhadores.

§ 1º Considera-se racional e adequado o aproveitamento que atinja os graus de utilização da terra e de eficiência na exploração especificados nos §§ 1º e 7º do art. 6º desta lei.

§ 2º Considera-se adequada a utilização dos recursos naturais disponíveis quando a exploração se faz respeitando a vocação natural da terra, de modo a manter o potencial produtivo da propriedade.

§ 3º Considera-se preservação do meio ambiente a manutenção das características próprias do meio natural e da qualidade dos recursos ambientais, na medida adequada à manutenção do equilíbrio ecológico da propriedade e da saúde e qualidade de vida das comunidades vizinhas.

§ 4º A observância das disposições que regulam as relações de trabalho implica tanto o respeito às leis trabalhistas e aos contratos coletivos de trabalho, como às disposições que disciplinam os contratos de arrendamento e parceria rurais.

§ 5º A exploração que favorece o bem-estar dos proprietários e trabalhadores rurais é a que objetiva o atendimento das necessidades básicas dos que trabalham a terra, observa as normas de segurança do trabalho e não provoca conflitos e tensões sociais no imóvel.

§ 6º (VETADO)

Art. 10. Para efeito do que dispõe esta lei, consideram-se não aproveitáveis:

I — as áreas ocupadas por construções e instalações, excetuadas aquelas destinadas a fins produtivos, como estufas, viveiros, sementeiros, tanques de reprodução e criação de peixes e outros semelhantes;

II — as áreas comprovadamente imprestáveis para qualquer tipo de exploração agrícola, pecuária, florestal ou extrativa vegetal;

III — as áreas sob efetiva exploração mineral;

IV — as áreas de efetiva preservação permanente e demais áreas protegidas por legislação relativa à conservação dos recursos naturais e à preservação do meio ambiente;[1]

V (*acrescido pela Lei 14.119, de 13.1.21*) — as áreas com remanescentes de vegetação nativa efetivamente conservada não protegidas pela legislação ambiental e não submetidas a exploração nos termos do inciso IV do § 3º do art. 6º desta Lei.

Art. 10: 1. "A averbação da reserva legal no Ofício Imobiliário é indispensável à subtração da respectiva área no cálculo de produtividade do imóvel, nada importando exista ela de fato" (STJ-1ª T., REsp 1.376.203, Min. Ari Pargendler, j. 1.10.13, maioria, DJ 8.5.14). Em sentido semelhante: STJ-2ª T., REsp 1.301.751-AgRg, Min. Herman Benjamin, j. 8.4.14, DJ 25.9.14.

Art. 11 (*redação da Med. Prov. 2.183-56, de 24.8.01*). Os parâmetros, índices e indicadores que informam o conceito de produtividade serão ajustados, periodicamente, de modo a levar em conta o progresso científico e tecnológico da agricultura e o desenvolvimento regional, pelos Ministros de Estado do Desenvolvimento Agrário e da Agricultura e do Abastecimento, ouvido o Conselho Nacional de Política Agrícola.

Art. 12 (*redação da Med. Prov. 2.183-56, de 24.8.01*). Considera-se justa a indenização[1-1a] que reflita o preço atual de mercado do imóvel em sua totalidade, aí incluídas as terras e acessões naturais, matas e florestas e as benfeitorias indenizáveis, observados os seguintes aspectos:

I — localização do imóvel;

II — aptidão agrícola;

III — dimensão do imóvel;[1b]

IV — área ocupada e ancianidade das posses;[1c-1d]

V — funcionalidade, tempo de uso e estado de conservação das benfeitorias.

§ 1º (*redação da Med. Prov. 2.183-56, de 24.8.01*) Verificado o preço atual de mercado da totalidade do imóvel, proceder-se-á à dedução do valor das benfeitorias indenizáveis a serem pagas em dinheiro, obtendo-se o preço da terra a ser indenizado em TDA.

§ 2º (*redação da Med. Prov. 2.183-56, de 24.8.01*) Integram o preço da terra as florestas naturais, matas nativas e qualquer outro tipo de vegetação natural, não podendo o preço apurado superar, em qualquer hipótese, o preço de mercado do imóvel.[2]

§ 3º (*redação da Med. Prov. 2.183-56, de 24.8.01*) O laudo de avaliação será subscrito por engenheiro agrônomo com registro de Anotação de Responsabilidade Técnica — ART, respondendo o subscritor, civil, penal e administrativamente, pela superavaliação comprovada ou fraude na identificação das informações.[3]

Art. 12: 1. "Indenização no processo expropriatório", por Fernando Tourinho Neto (RT 838/75).

Art. 12: 1a. "Relativamente ao **passivo ambiental,** com base na premissa de que a **indenização 'justa'** deve expressar não um sentimento de 'justiça' mas o de 'justeza', isto é, o de conformidade exata para que o ente desapropriador não pague mais do que vale o imóvel e que o desapropriado não receba menos do que aquilo a que tem direito, é razoável afirmar que a desapropriação de bem imóvel com esse tipo de ônus importará a sua transferência ao Poder Público, motivo por que o custo dele não pode deixar de ser abatido no preço pago, pena de ocorrer um enriquecimento ilegal do particular-desapropriado" (STJ-2ª T., Ag em REsp 1.273.135, Min. Mauro Campbell, j. 15.5.18, DJ 18.5.18).

Art. 12: 1b. "Havendo divergência entre a área decorrente de medição por GPS e/ou imagens de satélites e aquela constante do registro imobiliário, deve prevalecer a primeira, visto que aferida por meios técnicos modernos, apresentando grau de precisão confiável, de sorte que, ao desprezá-la por opção à do registro constante do cartório de imóveis, estar-se-ia a premiar o expropriante, que pagaria indenização por área menor que a do imóvel, ocorrendo, destarte, enriquecimento sem causa" (IP 78/287: TRF-1ª Reg., AP 0003298-95.1997.4.01.3700).

Art. 12: 1c. "A presença de posseiros no imóvel expropriado, por influir no preço de mercado, deve ser levada em conta no momento de se fixar o valor da indenização, conforme determina o art. 12, IV, da Lei 8.629/93 (ancianidade das posses)" (STJ-2ª T., REsp 1.176.636, Min. Eliana Calmon, j. 5.8.10, DJ 17.8.10).

Art. 12: 1d. "O que se pretende discutir no recurso especial não é a inclusão ou exclusão de um dos aspectos contidos no incisos do art. 12 da Lei 8.629/93 para o cálculo da quantia indenizatória, mas a fórmula utilizada para alcançar um valor justo de depreciação do imóvel. O art. 12, IV, da Lei 8.629/93 incluiu a área ocupada e a ancianidade da posse como fatores que devem ser levados em consideração quando se busca aferir o valor de mercado do imóvel e, por consequência, aquilo que se entende por justa indenização. Contudo, a norma federal não previu de maneira precisa como os peritos devem calcular o fator de depreciação, nem obrigou o magistrado a escolher esta ou aquela fórmula de cálculo, principalmente porque deve ser avaliada a situação concreta do imóvel desapropriado. A instância ordinária considerou desproporcional o fator depreciativo utilizado pelo perito, com base em tabela prevista no Manual de Obtenção de Terras e Perícia Judicial, aprovado pela Norma de Execução INCRA-DT 52/2006, pois, no caso, o *quantum* depreciado ficou muito maior do que o próprio valor das áreas invadidas. Entendeu-se, por conseguinte, que a ocupação das áreas por terceiros não poderia depreciar mais o imóvel do que se tais áreas sequer existissem. O livre convencimento motivado dos juízes direciona a fixação do valor indenizatório justo e permite que cada elemento componente seja valorado com prudência para atingir aquele objetivo. O cálculo, portanto, não fica integralmente atrelado à existência de norma administrativa interna ou outras normas de padronização, embora seja importante sua análise como norte para estabelecer cada valor" (STJ-2ª T., REsp 1.205.983-AgRg, Min. Castro Meira, j. 25.9.12, DJ 4.10.12).

Art. 12: 2. "A indenização de cobertura florística em separado depende da efetiva comprovação de que o expropriado esteja explorando economicamente os recursos vegetais nos termos de autorização expedida" (STJ-2ª T., REsp 608.324, Min. João Otávio, j. 12.6.07, DJU 3.8.07). No mesmo sentido: STJ-1ª T., REsp 717.356, Min. Denise Arruda, j. 15.3.07, DJU 4.6.07; IP 78/287 (TRF-1ª Reg., AP 0003298-95.1997.4.01.3700).

Art. 12: 3. "O § 3º do art. 12 da Lei 8.629/93, inserido pela Med. Prov. 1.577/97, ao impor que o laudo de avaliação seja subscrito por Engenheiro Agrônomo com registro de Anotação de Responsabilidade Técnica — ART, o faz em relação à própria Administração e não em relação ao auxiliar do Juiz, que deve ser um perito de sua confiança" (STJ-1ª T., REsp 866.053, Min. Denise Arruda, j. 10.10.06, DJU 7.11.06). No mesmo sentido: STJ-2ª T., REsp 555.080, Min. Castro Meira, j. 1.6.06, DJU 16.6.06.

"A nomeação de engenheiro civil para auxiliar engenheiro agrônomo na avaliação do imóvel rural desapropriado não tem o condão de anular a perícia técnica" (STJ-1ª T., REsp 924.105, Min. Luiz Fux, j. 16.12.08, DJ 19.2.09).

Todavia: "Ilegalidade *prima facie* da designação de corretor de imóveis para proceder a perícia judicial em ação de desapropriação, na forma do art. 145, §§ 1º a 3º, do CPC, e do art. 12, § 3º, da Lei 8.629/93, à míngua de qualificação em ensino superior" (STJ-1ª Seção, Rcl 7.277, Min. Mauro Campbell, j. 27.11.13, DJ 5.12.13).

Art. 13. As terras rurais de domínio da União, dos Estados e dos Municípios ficam destinadas, preferencialmente, à execução de planos de reforma agrária.

Parágrafo único. Excetuando-se as reservas indígenas e os parques, somente se admitirá a existência de imóveis rurais de propriedade pública, com objetivos diversos dos previstos neste artigo, se o Poder Público os explorar direta ou indiretamente para pesquisa, experimentação, demonstração e fomento de atividades relativas ao desenvolvimento da agricultura, pecuária, preservação ecológica, áreas de segurança, treinamento militar, educação de todo tipo, readequação social e defesa nacional.

Art. 14. (VETADO)

Art. 15. (VETADO)

Art. 16. Efetuada a desapropriação, o órgão expropriante, dentro do prazo de 3 (três) anos, contados da data de registro do título translativo de domínio, destinará a respectiva área aos beneficiários da reforma agrária, admitindo-se, para tanto, formas de exploração individual, condominial, cooperativa, associativa ou mista.

Art. 17 (*redação da Med. Prov. 2.183-56, de 24.8.01*). O assentamento de trabalhadores rurais deverá ser realizado em terras economicamente úteis, de preferência na região por eles habitada, observado o seguinte:

I — a obtenção de terras rurais destinadas à implantação de projetos de assentamento integrantes do programa de reforma agrária será precedida de estudo sobre a viabilidade econômica e a potencialidade de uso dos recursos naturais;

II — os beneficiários dos projetos de que trata o inciso I manifestarão sua concordância com as condições de obtenção das terras destinadas à implantação dos projetos de assentamento, inclusive quanto ao preço a ser pago pelo órgão federal executor do programa de reforma agrária e com relação aos recursos naturais;

III — nos projetos criados será elaborado Plano de Desenvolvimento de Assentamento — PDA, que orientará a fixação de normas técnicas para a sua implantação e os respectivos investimentos;

IV (*redação da Lei 13.465, de 11.7.17*) — integrarão a clientela de trabalhadores rurais, para fins de assentamento em projetos de reforma agrária, somente aqueles que satisfizerem os requisitos fixados para seleção e classificação previstos nesta Lei; e

V — a consolidação dos projetos de assentamento integrantes dos programas de reforma agrária dar-se-á com a concessão de créditos de instalação e a conclusão dos investimentos, bem como com a outorga do instrumento definitivo de titulação. [1]

§ 1º [2]

§ 2º (*redação da Lei 13.001, de 20.6.14*) Para a consolidação dos projetos de que trata o inciso V do *caput*, fica o Poder Executivo autorizado a conceder créditos de instalação aos assentados, nos termos do regulamento.

§ 3º (*redação da Lei 13.001, de 20.6.14*) Poderá ser contratada instituição financeira federal para a operacionalização da concessão referida no inciso V do *caput*, dispensada a licitação.

§ 4º (*redação da Lei 13.001, de 20.6.14*) As despesas relativas à concessão de crédito de que trata o inciso V do *caput* adequar-se-ão às disponibilidades orçamentárias e financeiras do órgão responsável pela execução do referido programa.

§ 5º (*redação da Lei 13.001, de 20.6.14*) O regulamento a que se refere o § 2º estabelecerá prazos, carências, termos, condições, rebates para liquidação e procedimentos simplificados para o cumprimento do disposto neste artigo.

§ 6º (*acrescido pela Lei 13.465, de 11.7.17*) Independentemente da implementação dos requisitos exigidos no inciso V do *caput* deste artigo, considera-se consolidado o projeto de assentamento que atingir o prazo de quinze anos de sua implantação, salvo por decisão fundamentada do Incra.

§ 7º (*acrescido pela Lei 13.465, de 11.7.17*) Os assentamentos que, em 1º de junho de 2017, contarem com quinze anos ou mais de criação, deverão ser consolidados em até três anos.

§ 8º (*acrescido pela Lei 13.465, de 11.7.17*) A quitação dos créditos de que trata o § 2º deste artigo não é requisito para a liberação das condições resolutivas do título de domínio ou da Concessão de Direito Real de Uso (CDRU), autorizada a cobrança da dívida na forma legal.

Art. 17: 1. **Dec. 9.424, de 26.6.18** — Regulamenta o inciso V do *caput* do art. 17 da Lei n. 8.629, de 25 de fevereiro de 1993, que dispõe sobre a concessão de créditos de instalação de projetos de assentamento aos beneficiários do Programa Nacional de Reforma Agrária.

Art. 17: 2. O § 1º havia sido incluído pela Med. Prov. 636, de 26.12.13, que foi convertida na Lei 13.001, de 20.6.14. No ato de conversão, por um descuido do legislador, o texto do antigo § 1º foi deslocado para o § 2º, o deste passou para o § 3º, e assim sucessivamente.

Art. 18 (*redação da Lei 13.001, de 20.6.14*). A distribuição de imóveis rurais pela reforma agrária far-se-á por meio de títulos de domínio, concessão de uso ou concessão de direito real de uso — CDRU instituído pelo art. 7º do Decreto-Lei n. 271, de 28 de fevereiro de 1967.

Desapropriação

§ 1º (*redação da Lei 13.465, de 11.7.17*) Os títulos de domínio e a CDRU são inegociáveis pelo prazo de dez anos, contado da data de celebração do contrato de concessão de uso ou de outro instrumento equivalente, observado o disposto nesta Lei.

§ 2º (*redação da Lei 13.001, de 20.6.14*) Na implantação do projeto de assentamento, será celebrado com o beneficiário do programa de reforma agrária contrato de concessão de uso, gratuito, inegociável, de forma individual ou coletiva, que conterá cláusulas resolutivas, estipulando-se os direitos e as obrigações da entidade concedente e dos concessionários, assegurando-se a estes o direito de adquirir título de domínio ou a CDRU nos termos desta Lei.

§ 3º (*redação da Lei 13.001, de 20.6.14*) O título de domínio e a CDRU conterão cláusulas resolutivas e será outorgado ao beneficiário do programa de reforma agrária, de forma individual ou coletiva, após a realização dos serviços de medição e demarcação topográfica do imóvel a ser alienado.

§ 4º (*redação da Lei 13.465, de 11.7.17*) Regulamento disporá sobre as condições e a forma de outorga dos títulos de domínio e da CDRU aos beneficiários dos projetos de assentamento do Programa Nacional de Reforma Agrária.

§ 5º (*redação da Lei 13.465, de 11.7.17*) O valor da alienação, na hipótese de outorga de título de domínio, considerará o tamanho da área e será estabelecido entre 10% (dez por cento) e 50% (cinquenta por cento) do valor mínimo da pauta de valores da terra nua para fins de titulação e regularização fundiária elaborada pelo Incra, com base nos valores de imóveis avaliados para a reforma agrária, conforme regulamento.

§ 6º (*redação da Lei 13.001, de 20.6.14*) As condições de pagamento, carência e encargos financeiros serão definidas em regulamento, não podendo ser superiores às condições estabelecidas para os financiamentos concedidos ao amparo da Lei Complementar n. 93, de 4 de fevereiro de 1998, e alcançarão os títulos de domínio cujos prazos de carência ainda não expiraram.

§ 7º (*redação da Lei 13.001, de 20.6.14*) A alienação de lotes de até 1 (um) módulo fiscal, em projetos de assentamento criados em terras devolutas discriminadas e registradas em nome do Incra ou da União, ocorrerá de forma gratuita.

§ 8º (redação da Lei 13.001, de 20.6.14) São considerados não reembolsáveis:

I (*redação da Lei 13.001, de 20.6.14*) — os valores relativos às obras de infraestrutura de interesse coletivo;

II (*redação da Lei 13.001, de 20.6.14*) — aos custos despendidos com o plano de desenvolvimento do assentamento; e

III (redação da Lei 13.001, de 20.6.14) — aos serviços de medição e demarcação topográficos.

§ 9º (*redação da Lei 13.001, de 20.6.14*) O título de domínio ou a CDRU de que trata o *caput* poderão ser concedidos aos beneficiários com o cumprimento das obrigações estabelecidas com fundamento no inciso V do art. 17 desta Lei e no regulamento.

§ 10 (*redação da Lei 13.001, de 20.6.14*) Falecendo qualquer dos concessionários do contrato de concessão de uso ou de CDRU, seus herdeiros ou legatários receberão o imóvel, cuja transferência será processada administrativamente, não podendo fracioná-lo.

§ 11 (*redação da Lei 13.001, de 20.6.14*) Os herdeiros ou legatários que adquirirem, por sucessão, a posse do imóvel não poderão fracioná-lo.

§ 12 (*redação da Lei 13.001, de 20.6.14*) O órgão federal executor do programa de reforma agrária manterá atualizado o cadastro de áreas desapropriadas e das adquiridas por outros meios e de beneficiários da reforma agrária e disponibilizará os dados na rede mundial de computadores.

§ 13 (*acrescido pela Lei 13.465, de 11.7.17*) Os títulos de domínio, a concessão de uso ou a CDRU a que se refere o *caput* deste artigo serão conferidos ao homem, na ausência de cônjuge ou companheira, à mulher, na ausência de cônjuge ou companheiro, ou ao homem e à mulher, obrigatoriamente, nos casos de casamento ou união estável.

§ 14 (*acrescido pela Lei 13.465, de 11.7.17*) Para fins de interpretação, a outorga coletiva a que se refere o § 3º deste artigo não permite a titulação, provisória ou definitiva, a pessoa jurídica.

§ 15 (*acrescido pela Lei 13.465, de 11.7.17*) Os títulos emitidos sob a vigência de norma anterior poderão ter seus valores reenquadrados, de acordo com o previsto no § 5º deste artigo, mediante requerimento do interessado, observados os termos estabelecidos em regulamento e vedada a restituição de valores já pagos que eventualmente excedam o valor devido após o reenquadramento.

Art. 18-A (*redação da Lei 13.001, de 20.6.14*). Os lotes a serem distribuídos pelo Programa Nacional de Reforma Agrária não poderão ter área superior a 2 (dois) módulos fiscais ou inferior à fração mínima de parcelamento.

§ 1º (*redação da Lei 13.465, de 11.7.17*) Fica o Incra autorizado, nos assentamentos com data de criação anterior ao período de dois anos, contado retroativamente a partir de 22 de dezembro de 2016, a conferir o título de domínio ou a CDRU relativos às áreas em que ocorreram desmembramentos ou remembramentos após a concessão de uso, desde que observados os seguintes requisitos:

I (*redação da Lei 13.465, de 11.7.17*) — observância da fração mínima de parcelamento e do limite de área de até quatro módulos fiscais por beneficiário, observado o disposto no art. 8º da Lei n. 5.868, de 12 de dezembro de 1972;

II (*redação da Lei 13.001, de 20.6.14*) — o beneficiário não possua outro imóvel a qualquer título;

III (*redação da Lei 13.001, de 20.6.14*) — o beneficiário preencha os requisitos exigidos no art. 3º da Lei n. 11.326, de 24 de julho de 2006; e

IV (*redação da Lei 13.465, de 11.7.17*) — o desmembramento ou o remembramento seja anterior ao período de dois anos, contado retroativamente a partir de 22 de dezembro de 2016.

§ 2º (*redação da Lei 13.001, de 20.6.14*) O beneficiário titulado nos termos do § 1º não fará jus aos créditos de instalação de que trata o art. 17 desta Lei.

§ 3º (*redação da Lei 13.465, de 11.7.17*) Os títulos concedidos nos termos do § 1º deste artigo são inegociáveis pelo prazo de dez anos, contado da data de sua expedição.

Art. 18-B (*redação da Lei 13.465, de 11.7.17*). Identificada a ocupação ou a exploração de área objeto de projeto de assentamento por indivíduo que não se enquadre como beneficiário do Programa Nacional de Reforma Agrária, o ocupante será notificado para desocupação da área, nos termos estabelecidos em regulamento, sem prejuízo de eventual responsabilização nas esferas cível e penal.

Art. 19 (*redação da Lei 13.465, de 11.7.17*). O processo de seleção de indivíduos e famílias candidatos a beneficiários do Programa Nacional de Reforma Agrária será realizado por projeto de assentamento, observada a seguinte ordem de preferência na distribuição de lotes:

I (*redação da Lei 13.465, de 11.7.17*) — ao desapropriado, ficando-lhe assegurada a preferência para a parcela na qual se situe a sede do imóvel, hipótese em que esta será excluída da indenização devida pela desapropriação;

II (*redação da Lei 13.465, de 11.7.17*) — aos que trabalham no imóvel desapropriado como posseiros, assalariados, parceiros ou arrendatários, identificados na vistoria;

III (*redação da Lei 13.465, de 11.7.17*) — aos trabalhadores rurais desintrusados de outras áreas, em virtude de demarcação de terra indígena, criação de unidades de conservação, titulação de comunidade quilombola ou de outras ações de interesse público;

IV (*redação da Lei 13.465, de 11.7.17*) — ao trabalhador rural em situação de vulnerabilidade social que não se enquadre nas hipóteses previstas nos incisos I, II e III deste artigo;

V (*redação da Lei 13.465, de 11.7.17*) — ao trabalhador rural vítima de trabalho em condição análoga à de escravo;

VI (*redação da Lei 13.465, de 11.7.17*) — aos que trabalham como posseiros, assalariados, parceiros ou arrendatários em outros imóveis rurais;

VII (*acrescido pela Lei 13.465, de 11.7.17*) — aos ocupantes de áreas inferiores à fração mínima de parcelamento.

§ 1º (*redação da Lei 13.465, de 11.7.17*) O processo de seleção de que trata o *caput* deste artigo será realizado pelo Incra com ampla divulgação do edital de convocação na internet e no Município em que será instalado o projeto de assentamento, bem como nos Municípios limítrofes, na forma do regulamento.

§ 2º (*redação da Lei 13.465, de 11.7.17*) Nos projetos de assentamentos ambientalmente diferenciados, definidos em regulamento, o processo de seleção será restrito às famílias que já residam na área, observadas as vedações constantes do art. 20 desta Lei.

§ 3º (*redação da Lei 13.465, de 11.7.17*) Caso a capacidade do projeto de assentamento não atenda todos os candidatos selecionados, será elaborada lista dos candidatos excedentes, com prazo de validade de dois anos, a qual será observada de forma prioritária quando houver substituição dos beneficiários originários dos lotes, nas hipóteses de desistência, abandono ou reintegração de posse.

§ 4º (*redação da Lei 13.465, de 11.7.17*) Esgotada a lista dos candidatos excedentes de que trata o § 3º deste artigo ou expirada sua validade, será instaurado novo processo de seleção específico para os lotes vagos no projeto de assentamento em decorrência de desistência, abandono ou reintegração de posse.

§ 5º (*acrescido pela Lei 13.465, de 11.7.17*) A situação de vulnerabilidade social do candidato a que se refere o inciso IV do *caput* deste artigo será comprovada por meio da respectiva inscrição no Cadastro Único para Programas Sociais do Governo Federal (CadÚnico), ou em outro cadastro equivalente definido em regulamento.

Art. 19-A (*redação da Lei 13.465, de 11.7.17*). Caberá ao Incra, observada a ordem de preferência a que se refere o art. 19, classificar os candidatos a beneficiários do Programa Nacional de Reforma Agrária, segundo os seguintes critérios:

I (*redação da Lei 13.465, de 11.7.17*) — família mais numerosa cujos membros se proponham a exercer a atividade agrícola na área objeto do projeto de assentamento;

II (*redação da Lei 13.465, de 11.7.17*) — família ou indivíduo que resida há mais tempo no Município em que se localize a área objeto do projeto de assentamento para o qual se destine a seleção, ou nos Municípios limítrofes;

III (*redação da Lei 13.465, de 11.7.17*) — família chefiada por mulher;

IV (*redação da Lei 13.465, de 11.7.17*) — família ou indivíduo integrante de acampamento situado no Município em que se localize a área objeto do projeto de assentamento cu nos Municípios limítrofes;

V (*redação da Lei 13.465, de 11.7.17*) — filhos que tenham entre dezoito e vinte e nove anos idade de pais assentados que residam na área objeto do mesmo projeto de assentamento;

VI (*redação da Lei 13.465, de 11.7.17*) — famílias de trabalhadores rurais que residam em área objeto de projeto de assentamento na condição de agregados; e

VII (*redação da Lei 13.465, de 11.7.17*) — outros critérios sociais, econômicos e ambientais estabelecidos por regulamento, de acordo com as áreas de reforma agrária para as quais a seleção é realizada.

§ 1º (*redação da Lei 13.465, de 11.7.17*) Regulamento estabelecerá a pontuação a ser conferida aos candidatos de acordo com os critérios definidos por este artigo.

§ 2º (*redação da Lei 13.465, de 11.7.17*) Considera-se família chefiada por mulher aquela em que a mulher, independentemente do estado civil, seja responsável pela maior parte do sustento material de seus dependentes.

§ 3º (*redação da Lei 13.465, de 11.7.17*) Em caso de empate, terá preferência o candidato de maior idade.

Art. 20 (*redação da Lei 13.465, de 11.7.17*). Não poderá ser selecionado como beneficiário dos projetos de assentamento a que se refere esta Lei quem:

I (*redação da Lei 13.465, de 11.7.17*) — for ocupante de cargo, emprego ou função pública remunerada;

II (*redação da Lei 13.465, de 11.7.17*) — tiver sido excluído ou se afastado do programa de reforma agrária, de regularização fundiária ou de crédito fundiário sem consentimento de seu órgão executor;

III (*redação da Lei 13.465, de 11.7.17*) — for proprietário rural, exceto o desapropriado do imóvel e o agricultor cuja propriedade seja insuficiente para o sustento próprio e o de sua família;

IV (*redação da Lei 13.465, de 11.7.17*) — for proprietário, cotista ou acionista de sociedade empresária em atividade;

V (*redação da Lei 13.465, de 11.7.17*) — for menor de dezoito anos não emancipado na forma da lei civil; ou

VI (*redação da Lei 13.465, de 11.7.17*) — auferir renda familiar proveniente de atividade não agrária superior a três salários mínimos mensais ou superior a um salário mínimo per capita.

§ 1º (*redação da Lei 13.465, de 11.7.17*) As disposições constantes dos incisos I, II, III, IV e VI do *caput* deste artigo aplicam-se aos cônjuges e conviventes, inclusive em regime de união estável, exceto em relação ao cônjuge que, em caso de separação judicial ou de fato, não tenha sido beneficiado pelos programas de que trata o inciso II do *caput* deste artigo.

§ 2º (*redação da Lei 13.465, de 11.7.17*) A vedação de que trata o inciso I do *caput* deste artigo não se aplica ao candidato que preste serviços de interesse comunitário à comunidade rural ou à vizinhança da área objeto do projeto de assentamento, desde que o exercício do cargo, do emprego ou da função pública seja compatível com a exploração da parcela pelo indivíduo ou pelo núcleo familiar beneficiado.

§ 3º (*redação da Lei 13.465, de 11.7.17*) São considerados serviços de interesse comunitário, para os fins desta Lei, as atividades prestadas nas áreas de saúde, educação, transporte, assistência social e agrária.

§ 4º (*redação da Lei 13.465, de 11.7.17*) Não perderá a condição de beneficiário aquele que passe a se enquadrar nos incisos I, III, IV e VI do *caput* deste artigo, desde que a atividade assumida seja compatível com a exploração da parcela pelo indivíduo ou pelo núcleo familiar beneficiado.

Art. 21 (*redação da Lei 13.001, de 20.6.14*). Nos instrumentos que conferem o título de domínio, concessão de uso ou CDRU, os beneficiários da reforma agrária assumirão, obrigatoriamente, o compromisso de cultivar o imóvel direta e pessoalmente, ou por meio de seu núcleo familiar, mesmo que por intermédio de cooperativas, e o de não ceder o seu uso a terceiros, a qualquer título, pelo prazo de 10 (dez) anos.[1]

Parágrafo único (*acrescido pela Lei 13.465, de 11.7.17*). A família beneficiária poderá celebrar o contrato de integração de que trata a Lei n. 13.288, de 16 de maio de 2016.

Art. 21: 1. "A permuta de lotes não frustrou os objetivos do projeto de reforma agrária e tampouco implicou a alienação, a hipoteca ou o arrendamento vedados pelo art. 72 do Dec. n. 59.428/66" (IP 38/171).

Art. 22 (*redação da Lei 13.001, de 20.6.14*). Constará, obrigatoriamente, dos instrumentos translativos de domínio, de concessão de uso ou de CDRU, cláusula resolutória que preveja a rescisão do contrato e o retorno do imóvel ao órgão alienante ou concedente, no caso de descumprimento de quaisquer das obrigações assumidas pelo adquirente ou concessionário.

§ 1º (*redação da Lei 13.465, de 11.7.17*) Após transcorrido o prazo de inegociabilidade de dez anos, o imóvel objeto de título translativo de domínio somente poderá ser alienado se a nova área titulada não vier a integrar imóvel rural com área superior a quatro módulos fiscais.

§ 2º (*redação da Lei 13.465, de 11.7.17*) Na hipótese de a parcela titulada passar a integrar zona urbana ou de expansão urbana, o Incra deverá priorizar a análise do requerimento de liberação das condições resolutivas.

Art. 22-A (*redação da Lei 13.465, de 11.7.17*). As benfeitorias, reprodutivas ou não, existentes no imóvel destinado para reforma agrária poderão ser cedidas aos beneficiários para exploração individual ou coletiva ou doadas em benefício da comunidade de assentados, na forma estabelecida em regulamento.

Art. 23. O estrangeiro residente no País e a pessoa jurídica autorizada a funcionar no Brasil só poderão arrendar imóvel rural na forma da Lei n. 5.709, de 7 de outubro de 1971.[1]

§ 1º Aplicam-se ao arrendamento todos os limites, restrições e condições aplicáveis à aquisição de imóveis rurais por estrangeiro, constantes da lei referida no *caput* deste artigo.

§ 2º Compete ao Congresso Nacional autorizar tanto a aquisição ou o arrendamento além dos limites de área e percentual fixados na Lei n. 5.709, de 7 de outubro de 1971, como a aquisição ou arrendamento, por pessoa jurídica estrangeira, de área superior a 100 (cem) módulos de exploração indefinida.

Art. 23: 1. Lei 5.709: no tít. PROPRIEDADE RURAL ADQUIRIDA POR ESTRANGEIRO.

Art. 24 (*redação da Lei 13.001, de 20.6.14*). As ações de reforma agrária devem ser compatíveis com as ações da política agrícola, das políticas sociais e das constantes no Plano Plurianual da União.

Art. 25. O orçamento da União fixará, anualmente, o volume de títulos da dívida agrária e dos recursos destinados, no exercício, ao atendimento do Programa de Reforma Agrária.

§ 1º Os recursos destinados à execução do Plano Nacional de Reforma Agrária deverão constar do orçamento do ministério responsável por sua implementação e do órgão executor da política de colonização e reforma agrária, salvo aqueles que, por sua natureza, exijam instituições especializadas para a sua aplicação.

§ 2º Objetivando a compatibilização dos programas de trabalho e propostas orçamentárias, o órgão executor da reforma agrária encaminhará, anualmente e em tempo hábil, aos órgãos de administração pública responsáveis por ações complementares, o programa a ser implantado no ano subsequente.

Art. 26. São isentas de impostos federais, estaduais e municipais, inclusive do Distrito Federal, as operações de transferência de imóveis desapropriados para fins de reforma agrária, bem como a transferência ao beneficiário do programa.

Art. 26-A (*redação da Med. Prov. 2.183-56, de 24.8.01*). Não serão cobradas custas ou emolumentos para registro de títulos translativos de domínio de imóveis rurais desapropriados para fins de reforma agrária.

Art. 26-B (*redação da Lei 13.465, de 11.7.17*). A ocupação de lote sem autorização do Incra em área objeto de projeto de assentamento criado há, no mínimo, dois anos, contados a partir de 22 de dezembro de 2016, poderá ser regularizada pelo Incra, observadas as vedações constantes do art. 20 desta Lei.

§ 1º (*redação da Lei 13.465, de 11.7.17*) A regularização poderá ser processada a pedido do interessado ou mediante atuação, de ofício, do Incra, desde que atendidas, cumulativamente, as seguintes condições:

I (*redação da Lei 13.465, de 11.7.17*) — ocupação e exploração da parcela pelo interessado há, no mínimo, um ano, contado a partir de 22 de dezembro de 2016;

II (*redação da Lei 13.465, de 11.7.17*) — inexistência de candidatos excedentes interessados na parcela elencados na lista de selecionados de que trata o § 3º do art. 19 desta Lei para o projeto de assentamento;

III (*redação da Lei 13.465, de 11.7.17*) — observância pelo interessado dos requisitos de elegibilidade para ser beneficiário da reforma agrária; e

IV (*redação da Lei 13.465, de 11.7.17*) — quitação ou assunção pelo interessado, até a data de assinatura de novo contrato de concessão de uso, dos débitos relativos ao crédito de instalação reembolsável concedido ao beneficiário original.

§ 2º (*redação da Lei 13.465, de 11.7.17*) Atendidos os requisitos de que trata o § 1º deste artigo, o Incra celebrará contrato de concessão de uso nos termos do § 2º do art. 18 desta Lei.

Art. 27. Esta lei entra em vigor na data de sua publicação.

Art. 28. Revogam-se as disposições em contrário.

Brasília, 25 de fevereiro de 1993; 172º da Independência e 105º da República — ITAMAR FRANCO — **Lázaro Ferreira Barboza.**

Lei Complementar n. 76, de 6 de julho de 1993

Dispõe sobre o procedimento contraditório especial, de rito sumário, para o processo de desapropriação de imóvel rural, por interesse social, para fins de reforma agrária.

O Presidente da República

Faço saber que o Congresso Nacional decreta e eu sanciono a seguinte lei complementar:

Art. 1º O procedimento judicial da desapropriação de imóvel rural, por interesse social, para fins de reforma agrária,[1] obedecerá ao contraditório especial, de rito sumário, previsto nesta lei complementar.

Art. 1º: 1. "Inexistente à época da edição a lei complementar prevista nos arts. 184 e 185 da Constituição Federal, não subsiste o decreto desapropriatório" (RTJ 153/136). No mesmo sentido: RTJ 149/103, 151/91, 152/817, 154/822, 156/55, 158/803, maioria, STF-RDA 197/155.

Art. 2º A desapropriação de que trata esta lei complementar é de competência privativa da União e será precedida de decreto declarando o imóvel de interesse social, para fins de reforma agrária.

§ 1º A ação de desapropriação, proposta pelo órgão federal executor da reforma agrária, será processada e julgada pelo juiz federal competente, inclusive durante as férias forenses.

§ 2º Declarado o interesse social, para fins de reforma agrária, fica o expropriante legitimado a promover a vistoria e a avaliação do imóvel, inclusive com o auxílio de força policial, mediante prévia autorização do juiz, responsabilizando-se por eventuais perdas e danos que seus agentes vierem a causar, sem prejuízo das sanções penais cabíveis.

Art. 3º A ação de desapropriação deverá ser proposta dentro do prazo de dois anos, contado da publicação do decreto declaratório.

Art. 4º Intentada a desapropriação parcial, o proprietário poderá requerer, na contestação, a desapropriação de todo o imóvel, quando a área remanescente ficar:

I — reduzida a superfície inferior à da pequena propriedade rural; ou

II — prejudicada substancialmente em suas condições de exploração econômica, caso seja o seu valor inferior ao da parte desapropriada.

Art. 5º A petição inicial, além dos requisitos previstos no Código de Processo Civil,[1] conterá a oferta do preço e será instruída com os seguintes documentos:

I — texto do decreto declaratório de interesse social para fins de reforma agrária, publicado no Diário Oficial da União;

II — certidões atualizadas de domínio e de ônus real do imóvel;

III — documento cadastral do imóvel;

IV — laudo de vistoria e avaliação administrativa, que conterá, necessariamente:

a) descrição do imóvel, por meio de suas plantas geral e de situação, e memorial descritivo da área objeto da ação;

b) relação das benfeitorias úteis, necessárias e voluptuárias, das culturas e pastos naturais e artificiais, da cobertura florestal, seja natural ou decorrente de florestamento ou reflorestamento, e dos semoventes;

c) discriminadamente, os valores de avaliação da terra nua e das benfeitorias indenizáveis;

V (*redação da LC 88, de 23.12.96*) — comprovante de lançamento dos Títulos da Dívida Agrária correspondente ao valor ofertado para pagamento de terra nua;

VI (*redação da LC 88, de 23.12.96*) — comprovante de depósito em banco oficial, ou outro estabelecimento no caso de inexistência de agência na localidade, à disposição do juízo, correspondente ao valor ofertado para pagamento das benfeitorias úteis e necessárias.

Art. 5º: 1. v. CPC 319 a 321.

Art. 6º O juiz, ao despachar a petição inicial, de plano ou no prazo máximo de quarenta e oito horas:

I (*redação da LC 88, de 23.12.96*) — mandará imitir o autor na posse do imóvel;[1]

II (*redação da LC 88, de 23.12.96*) — determinará a citação do expropriando para contestar o pedido e indicar assistente técnico, se quiser;

III — expedirá mandado ordenando a averbação do ajuizamento da ação no registro do imóvel expropriando, para conhecimento de terceiros.

§ 1º Inexistindo dúvida acerca do domínio, ou de algum direito real sobre o bem, ou sobre os direitos dos titulares do domínio útil, e do domínio direto, em caso de enfiteuse ou aforamento, ou, ainda, inexistindo divisão, hipótese em que o valor da indenização ficará depositado à disposição do juízo enquanto os interessados não resolverem seus conflitos em ações próprias, poderá o expropriando requerer o levantamento de oitenta por cento da indenização depositada, quitado os tributos e publicados os editais, para conhecimento de terceiros, a expensas do expropriante, duas vezes na imprensa local e uma na oficial, decorrido o prazo de trinta dias.[2]

§ 2º O juiz poderá, para a efetivação da imissão na posse, requisitar força policial.[3]

§ 3º (*redação da LC 88, de 23.12.96*) No curso da ação poderá o juiz designar, com o objetivo de fixar a prévia e justa indenização, audiência de conciliação, que será realizada nos dez primeiros dias a contar da citação, e na qual deverão estar presentes o autor, o réu e o Ministério Público. As partes ou seus representantes legais serão intimadas via postal.

§ 4º (*redação da LC 88, de 23.12.96*) Aberta a audiência, o Juiz ouvirá as partes e o Ministério Público, propondo a conciliação.

§ 5º (*redação da LC 88, de 23.12.96*) Se houver acordo, lavrar-se-á o respectivo termo, que será assinado pelas partes e pelo Ministério Público ou seus representantes legais.

§ 6º (*redação da LC 88, de 23.12.96*) Integralizado o valor acordado, nos dez dias úteis subsequentes ao pactuado, o juiz expedirá mandado ao registro imobiliário, determinando a matrícula do bem expropriado em nome do expropriante.

§ 7º (*redação da LC 88, de 23.12.96*) A audiência de conciliação não suspende[4] o curso da ação

Art. 6º: 1. Lei 9.393, de 19.12.96 (Lex 1996/3.660, RT 734/803): **"Art. 22.** O valor da terra nua para fins do depósito judicial a que se refere o inciso I do art. 6º da Lei Complementar n. 76, de 6 de julho de 1993, na hipótese de desapropriação do imóvel rural de que trata o art. 184 da Constituição não poderá ser superior ao VTN declarado, observado o disposto no art. 14".

Observe-se que o texto primitivo do inciso I do art. 6º falava em "depósito", palavra que não foi reproduzida na alteração trazida pela LC 88, de 23.12.96, mas constava do texto primitivo e se acha agora no atual § 1º, *in fine*.

Art. 6º: 2. O § 2º do art. 6º passou a § 1º, por determinação da LC 88, de 23.12.96.

Art. 6º: 3. O antigo § 3º do art. 6º foi renumerado, passando a § 2º, pela LC 88, de 23.12.96.

Art. 6º: 4. Súmula 354 do STJ: "A invasão do imóvel é causa de suspensão do processo expropriatório para fins de reforma agrária".

Art. 7º A citação do expropriando será feita na pessoa do proprietário do bem, ou de seu representante legal, obedecido o disposto no art. 12 do Código de Processo Civil.[1]

§ 1º Em se tratando de enfiteuse ou aforamento, serão citados os titulares do domínio útil e do domínio direto, exceto quando for contratante a União.

§ 2º No caso de espólio, inexistindo inventariante, a citação será feita na pessoa do cônjuge sobrevivente ou na de qualquer herdeiro ou legatário que esteja na posse do imóvel.

§ 3º Serão intimados da ação os titulares de direitos reais sobre o imóvel desapropriando.

§ 4º Serão ainda citados os confrontantes que, na fase administrativa do procedimento expropriatório, tenham, fundamentadamente, contestado as divisas do imóvel expropriando.

Art. 7º: 1. v. CPC 75.

Art. 8º O autor, além de outras formas previstas na legislação processual civil, poderá requerer que a citação do expropriando seja feita pelo correio, através de carta com aviso de recepção, firmado pelo destinatário ou por seu representante legal.

Art. 9º A contestação deve ser oferecida no prazo de quinze dias e versar matéria de interesse da defesa, excluída a apreciação quanto ao interesse social declarado.

§ 1º Recebida a contestação, o juiz, se for o caso, determinará a realização de prova pericial, adstrita a pontos impugnados do laudo de vistoria administrativa, a que se refere o art. 5º, inciso IV, e, simultaneamente:

I — designará o perito do juízo;

II — formulará os quesitos que julgar necessários;

III — intimará o perito e os assistentes para prestar compromisso, no prazo de cinco dias;

IV — intimará as partes para apresentar quesitos, no prazo de dez dias.

§ 2º A prova pericial será concluída no prazo fixado pelo juiz, não excedente a sessenta dias, contado da data do compromisso do perito.

Art. 10. Havendo acordo sobre o preço, este será homologado por sentença.

Parágrafo único (*redação da LC 88, de 23.12.96*). Não havendo acordo, o valor que vier a ser acrescido ao depósito inicial por força de laudo pericial acolhido pelo juiz será depositado em espécie para as benfeitorias, juntado aos autos o comprovante de lançamento de Títulos da Dívida Agrária para terra nua, como integralização dos valores ofertados.

Art. 11. A audiência de instrução e julgamento será realizada em prazo não superior a quinze dias, a contar da conclusão da perícia.

Art. 12. O juiz proferirá sentença na audiência de instrução e julgamento ou nos trinta dias subsequentes, indicando os fatos que motivaram o seu convencimento.

§ 1º Ao fixar o valor da indenização, o juiz considerará, além dos laudos periciais, outros meios objetivos de convencimento, inclusive a pesquisa de mercado.

§ 2º O valor da indenização[1 a 3] corresponderá ao valor apurado na data da perícia, ou ao consignado pelo juiz, corrigido monetariamente até a data de seu efetivo pagamento.

§ 3º Na sentença, o juiz individualizará o valor do imóvel, de suas benfeitorias e dos demais componentes do valor da indenização.

§ 4º Tratando-se de enfiteuse ou aforamento, o valor da indenização será depositado em nome dos titulares do domínio útil e do domínio direto e disputado por via de ação própria.

Art. 12: 1. s/ valor da indenização, v. tb. LD 24 e notas.

Art. 12: 1a. "O conceito de justa indenização, na desapropriação, aplica-se para ambas as partes do processo, porquanto não se revela justo ao expropriado receber valor inferior ao que lhe é devido, tampouco ao Estado pagar mais do que o valor de mercado" (STJ-1ª T., REsp 867.010, Min. Luiz Fux, j. 11.3.08, DJ 3.4.08).

Art. 12: 1b. Conforme os termos desse § 2º, a indenização deve se pautar pelo valor do imóvel na **data da perícia** (STJ-2ª T., REsp 1.186.689-AgRg, Min. Herman Benjamin, j. 7.12.10, DJ 4.2.11), "não sendo relevante a data em que ocorreu a imissão na posse, tampouco a data em que se deu a vistoria do expropriante, nos termos do art. 26 do Dec. lei 3.365/41 e do art. 12, § 2º, da Lei Complementar 76/93" (STJ-2ª T., REsp 1.274.005, Min. Castro Meira, j. 27.3.12, um voto vencido, DJ 12.9.12).

Todavia: "O justo preço, em se tratando de desapropriação para fins de reforma agrária, deve ser apurado levando em consideração o valor do imóvel à data em que se concretizou a imissão na posse, descabendo considerar as circunstâncias ou fatos supervenientes que tenham alterado, para mais ou para menos, a situação do mercado" (STJ-1ª T., REsp 922.998, Min. Teori Zavascki, j. 4.9.08, DJ 11.9.08).

Art. 12: 2. "No cálculo da indenização, decorrente de desapropriação por interesse social para fins de reforma agrária, não se inclui o deságio dos Títulos de Dívida Agrária" (RSTJ 62/231 e STJ-RT 707/170, maioria).

Art. 12: 3. "As jazidas minerais, em lavra ou não, e demais recursos minerais, constituem propriedade distinta da do solo, pertencendo à União e, para efeito de exploração ou aproveitamento, restou garantida ao concessionário a propriedade do produto da lavra (arts. 20 c/c 176 da CF/88). Hipótese dos autos em que o licenciamento para exploração da jazida mineral havia sido renovado dois meses antes da imissão na posse. Ainda que a jazida mineral não esteja sendo efetivamente explorada na data da imissão na posse, havendo legal autorização para fazê-lo, deve o titular do licenciamento ser devidamente indenizado por lucros cessantes porque impedida a exploração pelo poder público. Indenização que se limita, na hipótese dos autos, da data da imissão na posse até o termo *ad quem* da autorização" (STJ-2ª T., REsp 654.321, Min. Eliana Calmon, j. 27.10.09, maioria, DJ 17.12.09).

Art. 13. Da sentença que fixar o preço da indenização caberá apelação com efeito simplesmente devolutivo, quando interposta pelo expropriado e, em ambos os efeitos, quando interposta pelo expropriante.

§ 1º A sentença que condenar o expropriante, em quantia superior a cinquenta por cento sobre o valor oferecido na inicial, fica sujeita a duplo grau de jurisdição.

§ 2º No julgamento dos recursos decorrentes da ação desapropriatória não haverá revisor.

Art. 14 (*revogado pela Lei 13.465, de 11.7.17*).

Art. 15 (*revogado pela Lei 13.465, de 11.7.17*).

Art. 16. A pedido do expropriado, após o trânsito em julgado da sentença, será levantada a indenização ou o depósito judicial, deduzidos o valor de tributos e multas incidentes sobre o imóvel, exigíveis até a data da imissão na posse pelo expropriante.

Art. 17 (*redação da LC 88, de 23.12.96*). Efetuado ou não o levantamento, ainda que parcial, da indenização ou do depósito judicial, será expedido em favor do expropriante, no prazo de quarenta e oito horas, mandado translativo do domínio para o Cartório do Registro de Imóveis competente, sob a forma e para os efeitos da Lei de Registros Públicos.[1-2]

Parágrafo único (*redação da LC 88, de 23.12.96*). O registro da propriedade nos cartórios competentes far-se-á no prazo improrrogável de três dias, contado da data da apresentação do mandado.

Art. 17: 1. v. Lei 6.015, de 31.12.73, no tít. REGISTROS PÚBLICOS.

Art. 17: 2. "A expedição, em favor do expropriante, do mandado translativo de domínio do imóvel expropriado, por consistir na efetiva transmissão da propriedade, só é possível após o trânsito em julgado do feito expropriatório, consoante interpretação sistemática do art. 17 da LC 76/93, conjugado às normas contidas nos dispositivos legais que o precedem" (STJ-1ª T., AI 920.258-AgRg, Min. Denise Arruda, j. 2.10.07, DJU 5.11.07). "Se o expropriado não pode levantar o valor da indenização antes do trânsito em julgado, não se pode conceber que perca ele, definitivamente, a titularidade do domínio antes" (STJ-2ª T., REsp 726.891, Min. Eliana Calmon, j. 18.10.05, DJU 7.11.05).

Art. 18. As ações concernentes à desapropriação de imóvel rural, por interesse social, para fins de reforma agrária, têm caráter preferencial e prejudicial em relação a outras ações referentes ao imóvel expropriando, e independem do pagamento de preparo ou de emolumentos.

§ 1º Qualquer ação que tenha por objeto o bem expropriando será distribuída, por dependência, à Vara Federal onde tiver curso a ação de desapropriação, determinando-se a pronta intervenção da União.

§ 2º O Ministério Público Federal intervirá, obrigatoriamente, após a manifestação das partes, antes de cada decisão manifestada no processo, em qualquer instância.

Art. 19. As despesas judiciais e os honorários do advogado e do perito constituem encargos do sucumbente, assim entendido o expropriado, se o valor da indenização for igual ou inferior ao preço oferecido, ou o expropriante, na hipótese de valor superior ao preço oferecido.

§ 1º Os honorários do advogado do expropriado serão fixados em até vinte por cento sobre a diferença entre o preço oferecido e o valor da indenização.

§ 2º Os honorários periciais serão pagos em valor fixo, estabelecido pelo juiz, atendida à complexidade do trabalho desenvolvido.

Art. 20. Em qualquer fase processual, mesmo após proferida a sentença, compete ao juiz, a requerimento de qualquer das partes, arbitrar valor para desmonte e transporte de móveis e semoventes, a ser suportado, ao final, pelo expropriante, e cominar prazo para que o promova o expropriado.

Art. 21. Os imóveis rurais desapropriados, uma vez registrados em nome do expropriante, não poderão ser objeto de ação reivindicatória.

Art. 22. Aplica-se subsidiariamente ao procedimento de que trata esta lei complementar, no que for compatível, o Código de Processo Civil.

Art. 23. As disposições desta lei complementar aplicam-se aos processos em curso, convalidados os atos já realizados.

Art. 24. Esta lei complementar entra em vigor na data de sua publicação.

Art. 25. Revogam-se as disposições em contrário e, em especial, o Decreto-lei n. 554, de 25 de abril de 1969.[1]

Art. 25: 1. v. CCLCV, 12ª ed., p. 507.

Brasília, 6 de julho de 1993; 172º da Independência e 105º da República — ITAMAR FRANCO — **José Antonio Barros Munhoz.**

Ementário

Direito Autoral

— v. CF 5º-XXVII e XXVIII, CP 184 a 186 (os arts. 184 e 186 foram alterados pela Lei 6.895, de 17.12.80) (em Lex 1980/1.032, Ajuris 21/253, Bol. AASP 1.151/4), CPP 524 a 530, Súmula 386 do STF.

Dec. 16.452, de 9.4.24 — Promulga a Convenção especial sobre propriedade literária e artística, de 1922, com Portugal (RF 42/595).

Dec. leg. 12, de 22.7.48 (Lex 1948/235), Dec. 26.673, de 18.5.49 (DOU 20.5.49), e Dec. 26.675, de 18.5.49 (RT 181/953) — O primeiro ratifica, o segundo torna público que entrou em vigor, e o terceiro promulga a Convenção Interamericana sobre os direitos de autor em obras literárias, científicas e artísticas, firmada em Washington, a 22 de junho de 1946.

Dec. leg. 59, de 19.11.51 (Lex 1951/455), e Dec. 34.954, de 18.1.54 (RT 222/626) — O primeiro aprova o texto da Convenção de Berna para proteção das obras literárias e artísticas, revista em Bruxelas a 26 de junho de 1948; o segundo promulga esse texto.

Dec. leg. 39, de 15.12.57 (DOU 18.12.57), e Dec. 43.956, de 3.7.58 (Lex 1958/296) — O primeiro aprova o texto do Acordo entre os Estados Unidos do Brasil e a República Federal da Alemanha, sobre restauração dos direitos de propriedade industrial e de direitos autorais atingidos pela 2ª Guerra Mundial, firmado no Rio de Janeiro, a 4 de setembro de 1953; o segundo promulga esse Acordo.

Dec. leg. 12, de 30.9.59 (Lex 1959/377), e Dec. 48.458, de 4.7.60 (RT 301/768, Lex 1960/701) — O primeiro aprova o texto da "Convenção Universal sobre o Direito do Autor", firmada em Genebra a 6 de setembro de 1952; o segundo promulga essa Convenção. O **Dec. 51.691, de 1.2.63** (DOU 4.2.63), tornou públicas diversas ratificações e adesões a essa Convenção.

Dec. leg. 26, de 5.8.64 (DOU 7.8.64), e Dec. 57.125, de 19.10.65 (Lex 1965/1.531 e 1.883, ret.) — O primeiro aprova o texto da Convenção Internacional para proteção aos artistas intérpretes ou executantes, aos produtores de fonogramas e aos organismos de radiodifusão, realizada em Roma, em 26 de outubro de 1961. O segundo promulga essa Convenção.

Dec. lei 824, de 5.9.69 — Dispõe sobre a remessa de obras impressas ao Instituto Nacional do Livro (Lex 1969/1.245).

Lei 5.648, de 11.12.70 — Cria o Instituto Nacional da Propriedade Industrial e dá outras providências.

Lei 5.805, de 3.10.72 — Estabelece normas destinadas a preservar a autenticidade das obras literárias caídas em domínio público (RT 444/487, Lex 1972/1.275, RDA 111/532, RF 241/435).

Dec. leg. 78, de 31.10.74 — Aprova os textos da Convenção que institui a Organização Mundial da Propriedade Intelectual, assinada em Estocolmo, a 14.7.67, e da Convenção de Paris para a proteção da propriedade industrial, revista em Estocolmo a 14.7.67 (Lex 1974/1.003). O **Dec. 75.541, de 31.3.75** (Lex 1975/135), promulgou a Convenção que instituiu a Organização Mundial da Propriedade Intelectual.

Dec. leg. 94, de 4.12.74 (Lex 1974/1.209), e Dec. 75.699, de 6.5.75 (Lex 1975/250, ret. 307) — O primeiro aprova o texto da Convenção de Berna para a proteção das obras literárias e artísticas, tal como revista em Paris a 24 de julho de 1971. O segundo promulga essa Convenção.

Dec. leg. 55, de 28.6.75 (Lex 1975/372), e Dec. 76.905, de 24.12.75 (Lex 1975/829) — O primeiro aprova o texto da Convenção universal sobre o direito do autor, revista em Paris, em julho de 1971; o segundo Dec. promulga essa Convenção.

Dec. leg. 59, de 30.6.75 (Lex 1975/423), e Dec. 76.906, de 24.12.75 (Lex 1975/849, ret. 1976/60) — O primeiro aprova o texto da Convenção para a proteção dos produtores de fonogramas contra a reprodução não autorizada de seus fonogramas, aprovada em 29.10.71; o segundo Dec. promulga a referida Convenção.

Lei 6.533, de 24.5.78 — Dispõe sobre a regulamentação das profissões de artista e de técnico em espetáculos de diversões, e dá outras providências. Regulamentada pelo **Dec. 82.385, de 5.10.78** (Lex 1978/875), cujos arts. 34 e 35 foram alterados pelo **Dec. 95.971, de 27.4.88** (Lex 1988/257).

Lei 6.615, de 16.12.78 — Dispõe sobre a regulamentação da profissão de radialista e dá outras providências. Regulamentada pelo **Dec. 84.134, de 30.10.79** (Lex 1979/843), cujo art. 8º e §§, bem como o Quadro Anexo, foram alterados pelo **Dec. 94.447, de 16.6.87** (Lex 1987/343), que também revogou o art. 9º § ún. do Dec. 84.134; o art. 8º foi novamente alterado pelo **Dec. 95.684, de 28.1.88** (Lex 1988/83).

Lei 8.401, de 8.1.92 — Dispõe sobre o controle de autenticidade de cópias de obras audiovisuais em videograma postas em comércio (Lex 1992/17, RDA 187/373). Regulamentada pelo **Dec. 567, de 11.6.92** (Lex 1992/342). O art. 4º §§ 1º e 2º e o art. 30-*caput* da Lei 8.401 foram alterados pela **Lei 8.685, de 20.7.93,** art. 7º (v. abaixo); essa mesma Lei 8.685, em seu art. 11, dispõe sobre a multa cabível por descumprimento dos arts. 4º e 30 da Lei 8.401. A Lei 8.401 foi *revogada* pela **Med. Prov. 2.228-1, de 6.9.01** (Lex 2001/3.815).

Lei 8.685, de 20.7.93 — Cria mecanismos de fomento à atividade audiovisual, e dá outras providências.

Dec. 972, de 4.11.93 — Promulga o Tratado sobre o Registro Internacional de Obras Audiovisuais, concluído em Genebra, em 18 de abril de 1989 (DOU 5.11.93).

Lei 9.456, de 25.4.97 — Institui a Lei de Proteção de Cultivares e dá outras providências (Lex 1997/1.172, RT 739/766). Regulamentada pelo **Dec. 2.366, de 5.11.97** (Lex 1997/3.357).

Lei 9.609, de 19.2.98 — Dispõe sobre a proteção da propriedade intelectual de programa de computador, sua comercialização no País, e dá outras providências (v. adiante, texto integral). O art. 3º foi regulamentado pelo **Dec. 2.556, de 20.4.98** (Lex 1998/1.444, RT 750/784).

Lei 9.610, de 19.2.98 — Altera, atualiza e consolida a legislação sobre direitos autorais e dá outras providências (v. adiante, texto integral — os arts. 60, 61 e 62 foram retificados em Bol. AASP 2.053/2).

Dec. 2.894, de 22.12.98 — Regulamenta a emissão e o fornecimento de selo ou sinal de identificação dos fonogramas e das obras audiovisuais, previstos no artigo 113 da Lei n. 9.610, de 19 de fevereiro de 1998, que altera, atualiza e consolida a legislação de direitos autorais, e dá outras providências (Lex 1998/5.289, RT 758/799, RF 344/564). O Dec. 2.894 foi *revogado* pelo **Dec. 4.533, de 19.12.02.**

Lei 10.944, de 14.12.04 — Dispõe sobre o depósito legal de publicações, na Biblioteca Nacional, e dá outras providências (DOU 15.12.04).

Lei 12.091, de 11.11.09 — Acrescenta inciso VII ao § 2º do art. 81 da Lei n. 9.610, de 19 de fevereiro de 1998, para incluir o nome dos dubladores nos créditos das obras audiovisuais.

Lei 12.853, 14.8.13 — Altera os arts. 5º, 68, 97, 98, 99 e 100, acrescenta arts. 98-A, 98-B, 98-C, 99-A, 99-B, 100-A, 100-B e 109-A e revoga o art. 94 da Lei n. 9.610, de 19 de fevereiro de 1998, para dispor sobre a gestão coletiva de direitos autorais, e dá outras providências.

Dec. 8.469, de 22.6.15 — Regulamenta a Lei n. 9.610, de 19 de fevereiro de 1998, e a Lei n. 12.853, de 14 de agosto de 2013, para dispor sobre a gestão coletiva de direitos autorais.

Lei n. 9.609, de 19 de fevereiro de 1998

Dispõe sobre a proteção da propriedade intelectual[1] de programa de computador, sua comercialização no País, e dá outras providências.

O Presidente da República

Faço saber que o Congresso Nacional decreta e eu sanciono a seguinte lei:

Capítulo I | DISPOSIÇÕES PRELIMINARES

LEI 9.609: 1. "Noções gerais sobre as novas normas que disciplinam a propriedade intelectual no Brasil", por Patrícia Aurélia Del Nero (RT 827/49); "Marcas e nomes de domínio no direito português", por Luciana Batista Esteves (RT 834/99); "Nota panorâmica sobre a propriedade intelectual", por Luciano Marinho Filho (RJ 334/83); "As importações paralelas à luz do princípio de exaustão do direito de marca e seus reflexos nos direitos contratual e concorrencial", por Cláudia Marins Adiers (RF 378/135); "A decisão contra o *Pirate Bay* e sua repercussão sobre o futuro do direito autoral na Internet", por Demócrito Reinaldo Filho (RMDECC 26/5).

Art. 1º Programa de computador é a expressão de um conjunto organizado de instruções em linguagem natural ou codificada, contida em suporte físico de qualquer natureza, de emprego necessário em máquinas automáticas de tratamento da informação, dispositivos, instrumentos ou equipamentos periféricos, baseados em técnica digital ou análoga, para fazê-los funcionar de modo e para fins determinados.[1]

Art. 1º: 1. "A existência apenas da linguagem algorítmica, por si só, não se constitui em programa por não se concretizar ainda em um plano de resolução para computador" (RDPr 30/365).

Capítulo II | DA PROTEÇÃO AOS DIREITOS DE AUTOR E DO REGISTRO

Art. 2º O regime de proteção à propriedade intelectual de programa de computador é o conferido às obras literárias pela legislação de direitos autorais[1-1a] e conexos vigentes no País, observado o disposto nesta lei.

§ 1º Não se aplicam ao programa de computador as disposições relativas aos direitos morais, ressalvado, a qualquer tempo, o direito do autor de reivindicar a paternidade do programa de computador e o direito do autor de opor-se a alterações não autorizadas, quando estas impliquem deformação, mutilação ou outra modificação do programa de computador, que prejudiquem a sua honra ou a sua reputação.

§ 2º Fica assegurada a tutela dos direitos relativos a programa de computador pelo prazo de 50 (cinquenta) anos, contados a partir de 1º de janeiro do ano subsequente ao da sua publicação ou, na ausência desta, da sua criação.

§ 3º A proteção aos direitos de que trata esta lei independe de registro.

§ 4º Os direitos atribuídos por esta lei ficam assegurados aos estrangeiros domiciliados no exterior, desde que o país de origem do programa conceda, aos brasileiros e estrangeiros domiciliados no Brasil, direitos equivalentes.

§ 5º Inclui-se dentre os direitos assegurados por esta lei e pela legislação de direitos autorais e conexos vigentes no País aquele direito exclusivo de autorizar ou proibir o aluguel comercial, não sendo esse direito exaurível pela venda, licença ou outra forma de transferência da cópia do programa.

§ 6º O disposto no parágrafo anterior não se aplica aos casos em que o programa em si não seja objeto essencial do aluguel.

Art. 2º: 1. "O programa de computador (software) possui natureza jurídica de direito autoral (obra intelectual), e não de propriedade industrial, sendo-lhe aplicável o regime jurídico atinente às obras literárias" (RSTJ 180/386). V. LDA (a seguir).

Art. 2º: 1a. "Direito de autor e desenvolvimento tecnológico: controvérsias e estratégias", por José de Oliveira Ascensão (RF 374/151); "Software e direito de autor. Breves considerações de base", por Carlos Ignacio Schmitt Sant'Anna (RJ 319/46).

Art. 3º Os programas de computador poderão, a critério do titular, ser registrados[1] em órgão ou entidade a ser designado por ato do Poder Executivo, por iniciativa do Ministério responsável pela política de ciência e tecnologia.

§ 1º O pedido de registro estabelecido neste artigo deverá conter, pelo menos, as seguintes informações:

I — os dados referentes ao autor do programa de computador e ao titular, se distinto do autor, sejam pessoas físicas ou jurídicas;

II — a identificação e descrição funcional do programa de computador; e

III — os trechos do programa e outros dados que se considerar suficientes para identificá-lo e caracterizar sua originalidade, ressalvando-se os direitos de terceiros e a responsabilidade do Governo.

§ 2º As informações referidas no inciso III do parágrafo anterior são de caráter sigiloso, não podendo ser reveladas, salvo por ordem judicial ou a requerimento do próprio titular.

Art. 3º: 1. O registro foi regulamentado pelo Dec. 2.556, de 20.4.98 (Lex 1998/1.444).

Art. 4º Salvo estipulação em contrário, pertencerão exclusivamente ao empregador, contratante de serviços ou órgão público, os direitos relativos ao programa de computador, desenvolvido e elaborado durante a vigência de contrato ou de vínculo estatutário, expressamente destinado à pesquisa e desenvolvimento, ou em que a atividade do empregado, contratado de serviço ou servidor seja prevista, ou ainda, que decorra da própria natureza dos encargos concernentes a esses vínculos.

§ 1º Ressalvado ajuste em contrário, a compensação do trabalho ou serviço prestado limitar-se-á à remuneração ou ao salário convencionado.

§ 2º Pertencerão, com exclusividade, ao empregado, contratado de serviço ou servidor os direitos concernentes a programa de computador gerado sem relação com o contrato de trabalho, prestação de serviços ou vínculo estatutário, e sem a utilização de recursos, informações tecnológicas, segredos industriais e de negócios, materiais, instalações ou equipamentos do empregador, da empresa ou entidade com a qual o empregador mantenha contrato de prestação de serviços ou assemelhados, do contratante de serviços ou órgão público.

§ 3º O tratamento previsto neste artigo será aplicado nos casos em que o programa de computador for desenvolvido por bolsistas, estagiários e assemelhados.

Art. 5º Os direitos sobre as derivações autorizadas pelo titular dos direitos de programa de computador, inclusive sua exploração econômica, pertencerão à pessoa autorizada que as fizer, salvo estipulação contratual em contrário.

Art. 6º Não constituem ofensa aos direitos do titular de programa de computador:

I — a reprodução, em um só exemplar, de cópia legitimamente adquirida, desde que se destine à cópia de salvaguarda ou armazenamento eletrônico, hipótese em que o exemplar original servirá de salvaguarda;

II — a citação parcial do programa para fins didáticos, desde que identificados o programa e o titular dos direitos respectivos;

III — a ocorrência de semelhança de programa a outro, preexistente, quando se der por força das características funcionais de sua aplicação, da observância de preceitos normativos e técnicos, ou de limitação de forma alternativa para a sua expressão;

IV — a integração de um programa, mantendo-se suas características essenciais, a um sistema aplicativo ou operacional, tecnicamente indispensável às necessidades do usuário, desde que para o uso exclusivo de quem a promoveu.

Capítulo III DAS GARANTIAS AOS USUÁRIOS DE PROGRAMA DE COMPUTADOR

Art. 7º O contrato de licença de uso de programa de computador, o documento fiscal correspondente, os suportes físicos do programa ou as respectivas embalagens deverão consignar, de forma facilmente legível pelo usuário, o prazo de validade técnica da versão comercializada.

Art. 8º Aquele que comercializar programa de computador, quer seja titular dos direitos do programa, quer seja titular dos direitos de comercialização, fica obrigado, no território nacional, durante o prazo de validade técnica da respectiva versão, a assegurar aos respectivos usuários a prestação de serviços técnicos complementares relativos ao adequado funcionamento do programa, consideradas as suas especificações.

Parágrafo único. A obrigação persistirá no caso de retirada de circulação comercial do programa de computador durante o prazo de validade, salvo justa indenização de eventuais prejuízos causados a terceiros.

Capítulo IV DOS CONTRATOS DE LICENÇA DE USO, DE COMERCIALIZAÇÃO E DE TRANSFERÊNCIA DE TECNOLOGIA

Art. 9º O uso de programa de computador no País será objeto de contrato de licença.

Parágrafo único. Na hipótese de eventual inexistência do contrato referido no *caput* deste artigo, o documento fiscal relativo à aquisição ou licenciamento de cópia servirá para comprovação da regularidade do seu uso.[1]

Art. 9º: 1. "Conquanto o art. 9º da Lei 9.609/98 faça remissão expressa ao contrato de licença e ao documento fiscal, como meios hábeis de provar a regularidade do programa de computador, o dispositivo não excluiu expressamente outros elementos de prova, devendo ser interpretado em conformidade com o ordenamento jurídico brasileiro, o qual admite, nos termos dos arts. 332, CPC, e 212, CC, a comprovação dos fatos alegados pelas partes por qualquer meio idôneo, ainda que não especificado em lei. O art. 9º da Lei 9.609/98 confere apenas caráter de prova pré-constituída, figura estabelecida pelo legislador para servir de comprovação futura de determinada relação jurídica, ao contrato de licença e ao documento fiscal, não limitando a comprovação do negócio jurídico mediante provas casuais, sem forma específica, apresentadas pelas partes no curso da lide. Na hipótese ora em análise, a perícia que atesta a originalidade da mídia e dos programas utilizados pela empresa é meio capaz de comprovar a regularidade da utilização do programa de computador, suprindo a necessidade de exibição do contrato de licença ou documento fiscal" (STJ-4ª T., REsp 913.008, Min. Luis Felipe, j. 25.8.09, maioria, DJ 19.10.09).

Art. 10. Os atos e contratos de licença de direitos de comercialização referentes a programas de computador de origem externa deverão fixar, quanto aos tributos e encargos exigíveis, a responsabilidade pelos respectivos pagamentos e estabelecerão a remuneração do titular dos direitos de programa de computador residente ou domiciliado no exterior.

§ 1º Serão nulas as cláusulas que:

I — limitem a produção, a distribuição ou a comercialização, em violação às disposições normativas em vigor;

II — eximam qualquer dos contratantes das responsabilidades por eventuais ações de terceiros, decorrentes de vícios, defeitos ou violação de direitos de autor.

§ 2º O remetente do correspondente valor em moeda estrangeira, em pagamento da remuneração de que se trata, conservará em seu poder, pelo prazo de 5 (cinco) anos, todos os documentos necessários à comprovação da licitude das remessas e da sua conformidade ao *caput* deste artigo.

Art. 11. Nos casos de transferência de tecnologia de programa de computador, o Instituto Nacional da Propriedade Industrial fará o registro dos respectivos contratos, para que produzam efeitos em relação a terceiros.

Parágrafo único. Para o registro de que trata este artigo, é obrigatória a entrega, por parte do fornecedor ao receptor de tecnologia, da documentação completa, em especial do código-fonte comentado, memorial descritivo, especificações funcionais internas, diagramas, fluxogramas e outros dados técnicos necessários à absorção da tecnologia.

Capítulo V | DAS INFRAÇÕES E DAS PENALIDADES

Art. 12. Violar direitos de autor de programa de computador:

Pena — Detenção de 6 (seis) meses a 2 (dois) anos ou multa.

§ 1º Se a violação consistir na reprodução, por qualquer meio, de programa de computador, no todo ou em parte, para fins de comércio, sem autorização expressa do autor ou de quem o represente:

Pena — Reclusão de 1 (um) a 4 (quatro) anos e multa.

§ 2º Na mesma pena do parágrafo anterior[1] incorre quem vende, expõe à venda, introduz no País, adquire, oculta ou tem em depósito, para fins de comércio, original ou cópia de programa de computador, produzido com violação de direito autoral.

§ 3º Nos crimes previstos neste artigo, somente se procede mediante queixa, salvo:

I — quando praticados em prejuízo de entidade de direito público, autarquia, empresa pública, sociedade de economia mista ou fundação instituída pelo poder público;

II — quando, em decorrência de ato delituoso, resultar sonegação fiscal, perda de arrecadação tributária ou prática de quaisquer dos crimes contra a ordem tributária ou contra as relações de consumo.

§ 4º No caso do inciso II do parágrafo anterior, a exigibilidade do tributo, ou contribuição social e qualquer acessório, processar-se-á independentemente de representação.

Art. 12: 1. Conforme publicação no DOU. A Coleção das Leis da União não consigna o adjetivo "anterior".

Art. 13. A ação penal e as diligências preliminares de busca e apreensão, nos casos de violação de direito de autor de programa de computador, serão precedidas de vistoria,[1-2] podendo o juiz ordenar a apreensão das cópias produzidas ou comercializadas com violação de direito de autor, suas versões e derivações, em poder do infrator ou de quem as esteja expondo, mantendo em depósito, reproduzindo ou comercializando.

Art. 13: 1. "Para que seja razoável o deferimento do pedido de repetição da prova pericial realizada no âmbito de medida cautelar de vistoria que aponta para a existência de contrafação, cabe ao usuário trazer indícios físicos de compra dos programas, ou seja, prova documental de que os *softwares* foram regularmente adquiridos, como contratos de licença ou notas fiscais. Ausente qualquer indício de irregularidade na vistoria realizada na medida cautelar de vistoria — que apontou para a existência de contrafação — e não tendo a parte trazido nenhuma evidência documental de suas alegações quanto à licitude dos programas instalados em seus computadores, correta a decisão que indeferiu a repetição dessa prova. O indeferimento situou-se na esfera de discricionariedade e convencimento do julgador enquanto destinatário da prova, não podendo ser reputado de cerceamento de defesa, nem de violação do contraditório ou da ampla defesa" (STJ-3ª T., REsp 1.278.940, Min. Nancy Andrighi, j. 4.9.12, DJ 13.9.12).

Art. 13: 2. "O pleno exercício da faculdade contida no art. 13 da Lei 9.609/98 pressupõe a existência de um meio efetivo e eficaz de fiscalização, tendo a norma eleito como medida adequada para esse fim a vistoria prévia, cuja natureza é claramente preparatória e preventiva, de modo a viabilizar a confirmação de suspeitas de violação de direito autoral. Não se pode impor como requisito para utilização dessa medida a prova pré-constituída do dano, ou seja, certeza quanto à contrafação, sob pena de subverter o escopo fiscalizador da regra, tornando-a absolutamente inócua. Em contrapartida, deve-se deferir ao usuário ampla oportunidade de prova, para que possa se defender dessas vistorias fiscalizatórias e demonstrar que os programas por ele utilizados são originais e registrados. Assim como o vistoriando, o vistoriado deve exercer essa prerrogativa com boa-fé, sempre amparado na existência de indícios do bom direito e abstendo-se de pleitear a produção de provas inúteis, que possuam nítido caráter protelatório" (STJ-3ª T., REsp 1.278.940, Min. Nancy Andrighi, j. 4.9.12, DJ 13.9.12).

Art. 14. Independentemente da ação penal, o prejudicado poderá intentar ação para proibir ao infrator a prática do ato incriminado, com cominação de pena pecuniária para o caso de transgressão do preceito.

§ 1º A ação de abstenção de prática de ato poderá ser cumulada com a de perdas e danos pelos prejuízos decorrentes da infração.

§ 2º Independentemente de ação cautelar preparatória, o juiz poderá conceder medida liminar proibindo ao infrator a prática do ato incriminado, nos termos deste artigo.

§ 3º Nos procedimentos cíveis, as medidas cautelares de busca e apreensão observarão o disposto no artigo anterior.

§ 4º Na hipótese de serem apresentadas, em juízo, para a defesa dos interesses de qualquer das partes, informações que se caracterizem como confidenciais, deverá o juiz determinar que o processo prossiga em segredo de justiça,[1] vedado o uso de tais informações também a outra parte para outras finalidades.

§ 5º Será responsabilizado por perdas e danos aquele que requerer e promover as medidas previstas neste e nos arts. 12 e 13, agindo de má-fé ou por espírito de emulação, capricho ou erro grosseiro, nos termos dos arts. 16, 17 e 18 do Código de Processo Civil.[2]

Art. 14: 1. v. CPC 189.

Art. 14: 2. v. CPC 79 a 81.

Capítulo VI | DISPOSIÇÕES FINAIS

Art. 15. Esta lei entra em vigor na data de sua publicação.

Art. 16. Fica revogada a Lei n. 7.646,[1] de 18 de dezembro de 1987.

Art. 16: 1. Lei 7.646: em Lex 1987/904, RF 300/467, Just. 140/209.

Brasília, 19 de fevereiro de 1998; 177º da Independência e 110º da República — FERNANDO HENRIQUE CARDOSO — **José Israel Vargas.**

Lei n. 9.610, de 19 de fevereiro de 1998

Altera, atualiza e consolida a legislação sobre direitos autorais e dá outras providências.[1]

O Presidente da República

Faço saber que o Congresso Nacional decreta e eu sanciono a seguinte lei:

Título I | DISPOSIÇÕES PRELIMINARES

LEI 9.610: 1. "Noções gerais sobre as novas normas que disciplinam a propriedade intelectual no Brasil", por Patrícia Aurélia Del Nero (RT 827/49); "Direito de autor ou de empresário? Indústrias culturais e direito autoral na contemporaneidade", por Márcio Ferreira Rodrigues Pereira (RIDCPC 54/214); "A proteção internacional do direito de autor e o embate entre os sistemas do *copyright* e do *droit d'auteur*", por Leonardo Estevam de Assis Zanini (RJ 399/49).

Art. 1º Esta lei regula os direitos autorais,[1 a 2] entendendo-se sob esta denominação os direitos de autor[3] e os que lhes são conexos.[4]

Art. 1º: 1. "Conteúdo dos direitos do autor", por Artur Marques da Silva Filho (RT 806/11).

Art. 1º: 1a. **CF 5º: "XXVII** — aos autores pertence o direito exclusivo de utilização, publicação ou reprodução de suas obras, transmissível aos herdeiros pelo tempo que a lei fixar;

"XXVIII — são assegurados, nos termos da lei:

"a) a proteção às participações individuais em obras coletivas e à reprodução da imagem e voz humanas, inclusive nas atividades desportivas;

"b) o direito de fiscalização do aproveitamento econômico das obras que criarem ou de que participarem aos criadores, aos intérpretes e às respectivas representações sindicais e associativas".

S/ incomunicabilidade dos direitos patrimoniais do autor, v. art. 39 da LDA.

Art. 1º: 2. v. CP 184 a 186 (alterados pela Lei 6.895, de 17.12.80, em Lex 1980/1.032, Ajuris 21/253, Bol. AASP 1.151/4); CPP 524 a 530; Súmula 386 do STF.

Art. 1º: 3. v. arts. 22 a 52.

Art. 1º: 4. v. arts. 89 a 96.

Art. 2º Os estrangeiros domiciliados no exterior gozarão da proteção assegurada nos acordos, convenções e tratados em vigor no Brasil.[1]

Parágrafo único. Aplica-se o disposto nesta lei aos nacionais ou pessoas domiciliadas em país que assegure aos brasileiros ou pessoas domiciliadas no Brasil a reciprocidade na proteção aos direitos autorais ou equivalentes.

Art. 2º: 1. v., no ementário, os tratados em vigor.

Art. 3º Os direitos autorais reputam-se, para os efeitos legais, bens móveis.[1]

Art. 3º: 1. v. CC 83-III.

Art. 4º Interpretam-se restritivamente os negócios jurídicos sobre os direitos autorais.[1]

Art. 4º: 1. cf. art. 49-VI.

Art. 5º Para os efeitos desta lei, considera-se:

I — publicação — o oferecimento de obra literária, artística ou científica ao conhecimento do público, com o consentimento do autor, ou de qualquer outro titular de direito de autor, por qualquer forma ou processo;

II — transmissão ou emissão — a difusão de sons ou de sons e imagens, por meio de ondas radioelétricas; sinais de satélite; fio, cabo ou outro condutor; meios óticos ou qualquer outro processo eletromagnético;

III — retransmissão — a emissão simultânea da transmissão de uma empresa por outra;

IV — distribuição — a colocação à disposição do público do original ou cópia de obras literárias, artísticas ou científicas, interpretações ou execuções fixadas e fonogramas, mediante a venda, locação ou qualquer outra forma de transferência de propriedade ou posse;

V — comunicação ao público — ato mediante o qual a obra é colocada ao alcance do público, por qualquer meio ou procedimento e que não consista na distribuição de exemplares;

VI — reprodução[1] — a cópia de um ou vários exemplares de uma obra literária, artística ou científica ou de um fonograma, de qualquer forma tangível, incluindo qualquer armazenamento permanente ou temporário por meios eletrônicos ou qualquer outro meio de fixação que venha a ser desenvolvido;

VII — contrafação — a reprodução não autorizada;

VIII — obra:

a) em coautoria[2] — quando é criada em comum, por dois ou mais autores;

b) anônima[3] — quando não se indica o nome do autor, por sua vontade ou por ser desconhecido;

c) pseudônima[4] — quando o autor se oculta sob nome suposto;

d) inédita[5] — a que não haja sido objeto de publicação;

e) póstuma[6] — a que se publique após a morte do autor;

f) originária — a criação primígena;

g) derivada — a que, constituindo criação intelectual nova, resulta da transformação de obra originária;

h) coletiva[7] — a criada por iniciativa, organização e responsabilidade de uma pessoa física ou jurídica, que a publica sob seu nome ou marca e que é constituída pela participação de diferentes autores, cujas contribuições se fundem numa criação autônoma;

i) audiovisual — a que resulta da fixação de imagens com ou sem som, que tenha a finalidade de criar, por meio de sua reprodução, a impressão de movimento, independentemente dos processos de sua captação, do suporte usado inicial ou posteriormente para fixá-lo, bem como dos meios utilizados para sua veiculação;

IX — fonograma[8] — toda fixação de sons de uma execução ou interpretação ou de outros sons, ou de uma representação de sons que não seja uma fixação incluída em uma obra audiovisual;

X — editor[9] — a pessoa física ou jurídica à qual se atribui o direito exclusivo de reprodução da obra e o dever de divulgá-la, nos limites previstos no contrato de edição;

XI — produtor — a pessoa física ou jurídica que toma a iniciativa e tem a responsabilidade econômica da primeira fixação do fonograma ou da obra audiovisual, qualquer que seja a natureza do suporte utilizado;

XII — radiodifusão[10] — a transmissão sem fio, inclusive por satélites, de sons ou imagens e sons ou das representações desses, para recepção ao público e a transmissão de sinais codificados, quando os meios de decodificação sejam oferecidos ao público pelo organismo de radiodifusão ou com seu consentimento;

XIII — artistas intérpretes ou executantes[11] — todos os atores, cantores, músicos, bailarinos ou outras pessoas que representem um papel, cantem, recitem, declamem, interpretem ou executem em qualquer forma obras literárias ou artísticas ou expressões do folclore;

XIV — titular originário — o autor de obra intelectual, o intérprete, o executante, o produtor fonográfico e as empresas de radiodifusão.[12]

Art. 5º: 1. s/ reprodução e compilação, v. RTJ 81/685 e 83/100.

Art. 5º: 2. v. arts. 15, 16, 23, 32 e 42.

Art. 5º: 3. v. arts. 40, 43 e 52.

Art. 5º: 4. v. arts. 40 e 43.

Art. 5º: 5. v. art. 24-III.

Art. 5º: 6. v. art. 41 § ún.

Art. 5º: 7. v. arts. 17 e 88.

Art. 5º: 8. s/ fonogramas, v. arts. 93 e 94.

Art. 5º: 9. v. arts. 53 a 67 (contrato de edição).

Art. 5º: 10. v. art. 91.

Art. 5º: 11. v. arts. 90 a 92.

Art. 5º: 12. O inc. XIV foi acrescentado pela Lei 12.853, de 14.8.13, em vigor 120 dias após a sua publicação (DOU 15.8.13).

Art. 6º Não serão de domínio da União, dos Estados, do Distrito Federal ou dos Municípios as obras por eles simplesmente subvencionadas.

Título II | DAS OBRAS INTELECTUAIS

Capítulo I | DAS OBRAS PROTEGIDAS

Art. 7º São obras intelectuais protegidas[1] as criações do espírito, expressas por qualquer meio ou fixadas em qualquer suporte, tangível ou intangível, conhecido ou que se invente no futuro, tais como:

I — os textos de obras literárias,[2] artísticas ou científicas;[3]

II — as conferências, alocuções, sermões e outras obras da mesma natureza;

III — as obras dramáticas e dramático-musicais;

IV — as obras coreográficas e pantomímicas, cuja execução cênica se fixe por escrito ou por outra qualquer forma;

V — as composições musicais,[4-5] tenham ou não letra;

VI — as obras audiovisuais, sonorizadas ou não, inclusive as cinematográficas;

VII — as obras fotográficas e as produzidas por qualquer processo análogo ao da fotografia;[5a-6]

VIII — as obras de desenho, pintura, gravura, escultura, litografia e arte cinética;[7]

IX — as ilustrações, cartas geográficas e outras obras da mesma natureza;

X — os projetos, esboços e obras plásticas concernentes à geografia, engenharia, topografia, arquitetura,[7a-7b] paisagismo, cenografia e ciência;

XI — as adaptações,[8] traduções[9] e outras transformações de obras originais, apresentadas como criação intelectual nova;

XII — os programas de computador;[10]

XIII — as coletâneas ou compilações, antologias, enciclopédias, dicionários, bases de dados e outras obras, que, por sua seleção, organização ou disposição de seu conteúdo, constituam uma criação intelectual.[11]

§ 1º Os programas de computador são objeto de legislação específica, observadas as disposições desta lei que lhes sejam aplicáveis.[12]

§ 2º A proteção concedida no inciso XIII não abarca os dados ou materiais em si mesmos e se entende sem prejuízo de quaisquer direitos autorais que subsistam a respeito dos dados ou materiais contidos nas obras.

§ 3º No domínio das ciências, a proteção recairá sobre a forma literária ou artística, não abrangendo o seu conteúdo científico ou técnico, sem prejuízo dos direitos que protegem os demais campos da propriedade imaterial.

Art. 7º: 1. Limitações ao direito do autor: arts. 46 a 48.

Art. 7º: 2. v. § 3º.

Art. 7º: 3. v. § 3º.

Art. 7º: 4. v. art. 14.

Art. 7º: 5. Súmula 386 do STF (Obra musical): "Pela execução de obra musical por artistas remunerados é devido direito autoral, não exigível quando a orquestra for de amadores".

Súmula 63 do STJ: "São devidos direitos autorais pela **retransmissão radiofônica de músicas** em estabelecimentos comerciais" (v. jurisprudência s/ esta Súmula em RSTJ 44/115 a 136).

✎ **Art. 7º: 5a.** "Direito autoral e direito de imagem", por Cláudia Rodrigues (RT 827/59); "O direito de arena e o contrato de liçença de uso de imagem", por Joseph Robert Terrell (RDPr 20/184); "O direito de imagem e a pesquisa museal: construindo uma chave de acesso ao direito de personalidade", por Marcelo do Espírito Santo (RDPr 21/165); "Direito de arena", por Mariana Ribeiro Santiago e Marcos Dolgi Maia Porto (RDPr 22/224).

Art. 7º: 6. v. art. 79. V. tb. art. 22, nota 3.

Art. 7º: 7. s/ obra de arte plástica, v. arts. 9º, 77 e 78.

Art. 7º: 7a. "O fato de necessitar o projeto arquitetônico elaborado e não contratado de adaptação à legislação local de zoneamento para aprovação pela Municipalidade não desmerece a originalidade do trabalho intelectual prestado por seu autor, assim também como o de ter recebido, para a elaboração do projeto, diretrizes enunciadas pelo proprietário da obra — isto, aliás, é até mesmo necessário, porquanto o projeto não representa produto de mera abstração, mas visa à sua aproveitabilidade como base da obra projetada; é o projeto sob encomenda com vistas à sua implantação" (RT 656/85).

Art. 7º: 7b. "A proteção conferida aos projetos de arquitetura, enquanto obras de criação intelectual, decorre da expressa disposição do art. 7º, inciso X, da Lei 9.610/1998. O estudo preliminar é parte integrante do projeto arquitetônico, razão pela qual integra o patrimônio intelectual de seu autor e se faz, por isso, merecedor da proteção legal a que se refere o art. 7º, X, da Lei 9.610/1998. A configuração do plágio, como ofensa ao patrimônio intelectual do autor de criações do espírito, depende tanto da constatação de similaridade objetiva entre a obra originalmente concebida e a posteriormente replicada quanto, e principalmente, do intuito consciente do plagiador de se fazer passar, de modo explícito ou dissimulado, pelo real autor da criação intelectual e, com isso, usufruir das vantagens advindas da concepção da obra de outrem. A mera existência de semelhanças entre duas obras não constitui plágio quando restar comprovado, como ocorre no caso, que as criações tidas por semelhantes resultaram de motivações outras, estranhas ao alegado desejo do suposto plagiador de usurpar as ideias formadoras da obra de autoria de terceiro. Hipótese em que as poucas semelhanças constatadas na comparação entre as obras de autor e réu resultaram da observância, pelos referidos arquitetos, do conteúdo do programa prévio elaborado por suas potenciais clientes bem como das especificidades do próprio terreno em que construída a edificação" (STJ-3ª T., REsp 1.423.288, Min. Ricardo Cueva, j. 10.6.14, DJ 20.6.14).

Art. 7º: 8. v. art. 29-III.

Art. 7º: 9. v. art. 29-IV.

Art. 7º: 10. v., neste Tít., Lei 9.609, de 19.2.98.

Art. 7º: 11. v. § 2º.

Art. 7º: 12. v., neste Tít., Lei 9.609, de 19.2.98.

Art. 8º Não são objeto de proteção como direitos autorais de que trata esta lei:[1]

I — as ideias, procedimentos normativos, sistemas, métodos, projetos ou conceitos matemáticos como tais;

II — os esquemas, planos ou regras para realizar atos mentais, jogos ou negócios;

III — os formulários em branco para serem preenchidos por qualquer tipo de informação, científica ou não, e suas instruções;

IV — os textos de tratados ou convenções, leis, decretos, regulamentos, decisões judiciais e demais atos oficiais;

V — as informações de uso comum tais como calendários, agendas, cadastros ou legendas;

VI — os nomes e títulos isolados;

VII — o aproveitamento industrial ou comercial das ideias contidas nas obras.

Art. 8º: 1. "Estilos, métodos ou técnicas não são objetos de proteção intelectual (art. 8º, I e II, da Lei 9.610/98). O que se tem sob guarida legal são as obras resultantes da utilização de estilos, métodos ou técnicas" (STJ-RF 395/428: 3ª T., REsp 906.269).

"O art. 8º da Lei 9.610/1998 veda, de forma taxativa, a proteção como direitos autorais de ideias, métodos, planos ou regras para realizar negócios. Nessa linha, o fato de uma ideia ser materializada não a torna automaticamente passível de proteção autoral. Um plano, estratégia, método de negócio, ainda que posto em prática, não é o que o direito do autor visa proteger. Assim, não merece proteção autoral ideias/métodos/planos para otimização de comercialização de títulos de capitalização destinados à aquisição de motos" (STJ-4ª T., REsp 1.338.743, Min. Luis Felipe, j. 19.9.13, DJ 17.10.13). No mesmo sentido: STJ-3ª T., REsp 1.418.524, Min. Nancy Andrighi, j. 8.5.14, DJ 15.5.14.

"O direito autoral não pode proteger as ideias em si, visto que constituem patrimônio comum da humanidade, mas apenas as formas de expressá-las. Incidência do princípio da liberdade das ideias, a proibir a propriedade ou o direito de exclusividade sobre elas. Não há proteção autoral ao contrato por mais inovador e original que seja; no máximo, ao texto das cláusulas contido em determinada avença (isto é, à expressão das ideias, sua forma literária ou artística), nunca aos conceitos, dispositivos, dados ou materiais em si mesmos (que são o conteúdo científico ou técnico do Direito). A Lei de Direitos Autorais não pode tolher a criatividade e a livre iniciativa, nem o avanço das relações comerciais e da ciência jurídica, a qual ficaria estagnada com o direito de exclusividade de certos tipos contratuais. É possível a coexistência de contratos de seguro com a mesma temática (seguro de responsabilidade civil com cobertura para danos ambientais em transporte de cargas), comercializados por corretoras e seguradoras distintas sem haver violação do direito de autor. Licitude do aproveitamento industrial ou comercial das ideias contidas nas obras sem ocorrer infração à legislação autoral, sendo livre o uso, por terceiros, de ideias, métodos operacionais, temas, projetos, esquemas e planos de negócio, ainda que postos em prática, para compor novo produto individualizado, não podendo ser exceção a exploração de determinado nicho no mercado securitário, que ficaria refém de eventual monopólio" (STJ-3ª T., REsp 1.627.606, Min. Ricardo Cueva, j. 2.5.17, DJ 5.5.17).

"Pretensão da autora de condenar a Universidade Federal de Santa Catarina a retirar do programa de pós-graduação da Faculdade de Letras disciplina relativa à história literária dos vampiros, que teria sido criada com base em sua dissertação de mestrado. Pretensão, também, de recebimento de indenização por danos extrapatrimoniais. Embora o texto de sua dissertação e das suas conferências realizadas em eventos acadêmicos esteja protegido pela Lei de

Direitos Autorais, as ideias que lhe serviram de base, bem como a bibliografia de que se valeu para a realização da pesquisa, não estão abarcadas pela proteção aos direitos de autor. Inteligência dos arts. 7º, parágrafos 2º e 3º, e 8º da Lei n. 9.610/98" (STJ-3ª T., REsp 1.528.627, Min. Paulo Sanseverino, j. 7.3.17, DJ 14.3.17).

"Ação de cobrança. Comercialização de impressos contendo normas técnicas da ABNT. Inaplicabilidade da Lei 9.610/98. Cobrança indevida. A Lei 9.610/98 excluiu expressamente os procedimentos normativos da proteção dos direitos autorais (artigo 8º). No procedimento de elaboração de normas técnicas não existe criação artística e manifestação da individualidade intelectual, pois os especialistas participantes se restringem a captar informações técnicas já propagadas ao longo dos anos, com estabilidade suficiente para consubstanciar uma padronização. (STJ-4ª T., REsp 1.621.370-AgInt, Min. Lázaro Guimarães, j. 21.6.18, DJ 29.6.18).

"É pacífico que o direito autoral protege a criação de uma obra, caracterizada como sua exteriorização sob determinada forma, não a ideia em si nem um tema determinado. É plenamente possível a coexistência, sem violação de direitos autorais, de obras com temáticas semelhantes (art. 8º, I, da Lei 9.610/98). O fato de ambas as obras em cotejo retratarem história de moça humilde que ganha concurso e ascende ao estrelato, envolvendo-se em triângulo amoroso, tendo como cenário o ambiente artístico brasileiro da década de 40, configura identidade de temas. O caso dos autos, pois, enquadra-se na norma permissiva estabelecida pela Lei 9.610/98, inexistindo violação ao direito autoral. 'Por mais extraordinário, um tema pode ser milhares de vezes retomado. Uma Inês de Castro não preclude todas as outras glosas do tema. Um filme sobre um extraterrestre, por mais invectivo, não impede uma erupção de uma torrente de obras centradas no mesmo tema' (ASCENSÃO, José de Oliveira. *Direito autoral*. 2. ed., ref. e ampl. Rio de Janeiro: Renovar, 1997. p. 28)" (STJ-4ª T., REsp 1.189.692, Min. Luis Felipe, j. 21.5.13, DJ 1.7.13).

"Considerando que não restou demonstrado que a fabricante de cerveja e a empresa de publicidade tiveram ciência da sugestão do autor, considerando que a mera ideia não se enquadra no conceito de obra intelectual, a ponto de merecer proteção pelo direito autoral, *ex vi* dos arts. 7º e 8º, I e VII, da Lei 9.610/98 e, considerando que a materialização das ideias seguiu roteiros totalmente distintos, sendo possível identificar claras distinções entre eles, é evidente que não tem o suplicante direito a indenização pelos danos materiais e morais alegados" (RT 921/1.066: TJPR, AP 834.058-7).

Art. 9º À cópia de obra de arte plástica[1] feita pelo próprio autor é assegurada a mesma proteção de que goza o original.

Art. 9º: 1. v. arts. 77 e 78.

Art. 10. A proteção à obra intelectual abrange o seu título, se original e inconfundível com o de obra do mesmo gênero, divulgada anteriormente por outro autor.[1]

Parágrafo único. O título de publicações periódicas, inclusive jornais, é protegido até um ano após a saída do seu último número, salvo se forem anuais, caso em que esse prazo se elevará a dois anos.

Art. 10: 1. "Em que pese seja cediço que a proteção à obra intelectual se estende também ao seu título, nos moldes do referido dispositivo, a tutela legal exige, além da identidade entre os títulos, a **originalidade e** a **inconfundibilidade** com o de obra do mesmo gênero, requisitos estes que não se acham presentes na hipótese dos autos. *In casu*, não há originalidade no título 'As Filhas da Mãe', tratando-se de mera expressão popular utilizada pela sociedade no cotidiano; e as obras intelectuais em questão — peça de teatro e telenovela — não se confundem, possuindo gêneros diversos. Inexistentes os requisitos insertos na Lei dos Direitos Autorais para a proteção legal ao título de obra intelectual, merece ser afastada a indenização perseguida nos autos" (STJ-4ª T., REsp 1.311.629, Min. Marco Buzzi, j. 25.4.17, maioria, DJ 31.5.17).

Capítulo II | DA AUTORIA DAS OBRAS INTELECTUAIS

Art. 11. Autor é a pessoa física criadora de obra literária, artística ou científica.

Parágrafo único. A proteção concedida ao autor poderá aplicar-se às pessoas jurídicas nos casos previstos nesta lei.

Art. 12. Para se identificar como autor, poderá o criador da obra literária, artística ou científica usar de seu nome civil, completo ou abreviado até por suas iniciais, de pseudônimo[1] ou qualquer outro sinal convencional.[2]

Art. 12: 1. s/ obra pseudônima, v. arts. 5º-VIII-*c*, 40 e 43.

Art. 12: 2. Proteção do nome do autor: civil, art. 108; penal: CP 185 (usurpação de nome ou pseudônimo alheio), na redação da Lei 6.895, de 17.12.80 (em Lex 1980/1.032, Ajuris 21/253, Bol. AASP 1.151/4).

Art. 13. Considera-se autor da obra intelectual, não havendo prova em contrário, aquele que, por uma das modalidades de identificação referidas no artigo anterior, tiver, em conformidade com o uso, indicada ou anunciada essa qualidade na sua utilização.

Art. 14. É titular de direitos de autor quem adapta, traduz, arranja ou orquestra obra caída no domínio público, não podendo opor-se a outra adaptação, arranjo, orquestração ou tradução, salvo se for cópia da sua.[1]

Art. 14: 1. "Incidência do direito autoral sobre a regência orquestral", por Patrícia Luciane de Carvalho (RF 418/215).

Art. 15. A coautoria[1] da obra é atribuída àqueles em cujo nome, pseudônimo ou sinal convencional for utilizada.

§ 1º Não se considera coautor quem simplesmente auxiliou o autor na produção da obra literária, artística ou científica, revendo-a, atualizando-a, bem como fiscalizando ou dirigindo sua edição ou apresentação por qualquer meio.

§ 2º Ao coautor, cuja contribuição possa ser utilizada separadamente, são asseguradas todas as faculdades inerentes à sua criação como obra individual, vedada, porém, a utilização que possa acarretar prejuízo à exploração da obra comum.

Art. 15: 1. v. arts. 16, 23, 32 e 42.

Art. 16. São coautores da obra audiovisual o autor do assunto ou argumento literário, musical ou lítero-musical e o diretor.

Parágrafo único. Consideram-se coautores de desenhos animados os que criam os desenhos utilizados na obra audiovisual.

Art. 17. É assegurada a proteção às participações individuais em obras coletivas.

§ 1º Qualquer dos participantes, no exercício de seus direitos morais, poderá proibir que se indique ou anuncie seu nome na obra coletiva, sem prejuízo do direito de haver a remuneração contratada.[1]

§ 2º Cabe ao organizador a titularidade dos direitos patrimoniais sobre o conjunto da obra coletiva.

§ 3º O contrato com o organizador especificará a contribuição do participante, o prazo para entrega ou realização, a remuneração e demais condições para sua execução.

Art. 17: 1. v. art. 88 § ún.

Capítulo III | DO REGISTRO DAS OBRAS INTELECTUAIS

Art. 18. A proteção aos direitos de que trata esta lei independe de registro.

Art. 19. É facultado ao autor registrar a sua obra[1] no órgão público definido no *caput* e no § 1º do art. 17 da Lei n. 5.988, de 14 de dezembro de 1973.[2]

Direito Autoral

Art. 19: 1. Não para efeito de registro, as editoras e gráficas "são obrigadas a remeter ao Instituto Nacional do Livro um exemplar de cada obra que editarem, no prazo de 10 (dez) dias após o seu lançamento público" (Dec. lei 824, de 5.9.69, art. 1º-*caput*, em Lex 1969/1.245).

Art. 19: 2. **Lei 5.988, de 14.12.73** — Regula os direitos autorais e dá outras providências (em CCLCV, 17ª ed., p. 581): **"Art. 17.** Para segurança de seus direitos, o autor da obra intelectual poderá registrá-la, conforme sua natureza, na Biblioteca Nacional, na Escola de Música, na Escola de Belas Artes da Universidade Federal do Rio de Janeiro, no Instituto Nacional do Cinema, ou no Conselho Federal de Engenharia, Arquitetura e Agronomia.

"§ 1º Se a obra for de natureza que comporte registro em mais de um desses órgãos, deverá ser registrada naquele com que tiver maior afinidade.

"§ 2º O Poder Executivo, mediante decreto, poderá, a qualquer tempo, reorganizar os serviços de registro, conferindo a outros órgãos as atribuições a que se refere este artigo".

Estes dispositivos continuam em vigor, por força do disposto no art. 115 da LDA.

Art. 20. Para os serviços de registro previstos nesta lei será cobrada retribuição, cujo valor e processo de recolhimento serão estabelecidos por ato do titular do órgão da administração pública federal a que estiver vinculado o registro das obras intelectuais.

Art. 21. Os serviços de registro[1] de que trata esta lei serão organizados conforme preceitua o § 2º do art. 17[2] da Lei n. 5.988, de 14 de dezembro de 1973.

Art. 21: 1. O **Dec. 78.965, de 16.12.76,** criou o registro de obras musicais gravadas ou fixadas em qualquer tipo de suporte musical (Lex 1976/896, RT 494/437).

Art. 21: 2. v. art. 17 § 2º, em nota 2 ao art. 19.

Título III | DOS DIREITOS DO AUTOR

Capítulo I | DISPOSIÇÕES PRELIMINARES

Art. 22. Pertencem ao autor os direitos morais[1] e patrimoniais[2] sobre a obra que criou.[3]

Art. 22: 1. v. arts. 24 a 27.

Art. 22: 2. v. arts. 28 a 45.

Art. 22: 3. "A fotografia é obra protegida por direito do autor, e, ainda que produzida na constância de relação de trabalho, integra a propriedade imaterial do fotógrafo, não importando se valorada como obra de especial caráter artístico ou não. O empregador cessionário do direito patrimonial sobre a obra não pode transferi-lo a terceiro, mormente se o faz onerosamente, sem anuência do autor. Pode, no entanto, utilizar a obra que integrou determinada matéria jornalística, para cuja ilustração incumbido o profissional fotógrafo, em outros produtos congêneres da mesma empresa" (STJ-RT 904/239: 3ª T., REsp 1.034.103, maioria).

"Em se tratando de fotografia, para efeitos de proteção do direito autoral das obras artísticas, é autor o fotógrafo e não o fotografado, este último titular de outros direitos da personalidade, como a imagem, a honra e a intimidade. É o fotógrafo o detentor da técnica e da inspiração, quem coordena os demais elementos complementares ao retrato do objeto — como iluminação —, é quem capta a oportunidade do momento e o transforma em criação intelectual, digna, portanto, de tutela como manifestação de cunho artístico. A modelo fotografada não goza de proteção do direito autoral, porque nada cria, dela não emana nenhuma criação do espírito exteriorizada como obra artística. Sua imagem compõe obra artística de terceiros. Portanto, descabe analisar a apontada ofensa ao art. 4º da Lei de Direitos Autorais, uma vez que tal dispositivo não socorre à modelo fotografada, a qual não é titular de direitos autorais oponíveis contra a editora da revista na qual as fotos foram divulgadas" (STJ-4ª T., REsp 1.322.704, Min. Luis Felipe, j. 23.10.14, DJ 19.12.14).

Art. 23. Os coautores da obra intelectual exercerão, de comum acordo, os seus direitos, salvo convenção em contrário.

Capítulo II | DOS DIREITOS MORAIS DO AUTOR

Art. 24. São direitos morais do autor:[1-1a]

I — o de reivindicar, a qualquer tempo, a autoria da obra;

II — o de ter seu nome, pseudônimo ou sinal convencional indicado ou anunciado, como sendo o do autor, na utilização de sua obra;[1b]

III — o de conservar a obra inédita;[2-2a]

IV — o de assegurar a integridade da obra, opondo-se a quaisquer modificações ou à prática de atos que, de qualquer forma, possam prejudicá-la ou atingi-lo, como autor, em sua reputação ou honra;[2b-2c]

V — o de modificar a obra,[3] antes ou depois de utilizada;

VI — o de retirar de circulação a obra ou de suspender qualquer forma de utilização já autorizada, quando a circulação ou utilização implicarem afronta à sua reputação e imagem;[4]

VII — o de ter acesso a exemplar único e raro da obra, quando se encontre legitimamente em poder de outrem, para o fim de, por meio de processo fotográfico ou assemelhado, ou audiovisual, preservar sua memória, de forma que cause o menor inconveniente possível a seu detentor, que, em todo caso, será indenizado de qualquer dano ou prejuízo que lhe seja causado.

§ 1º Por morte do autor, transmitem-se a seus sucessores[5] os direitos a que se referem os incisos I a IV.

§ 2º Compete ao Estado a defesa da integridade e autoria[6] da obra caída em domínio público.[7]

§ 3º Nos casos dos incisos V e VI, ressalvam-se as prévias indenizações a terceiros, quando couberem.

Art. 24: 1. "O autor da obra detém direitos de natureza pessoal e patrimonial. Os primeiros são direitos personalíssimos, por isso inalienáveis e irrenunciáveis, além de imprescritíveis, estando previstos no art. 24 da Lei 9.610/98. Os segundos, regulados pelo art. 28 da referida Lei, são passíveis de alienação" (STJ-4ª T., REsp 1.131.498, Min. Raul Araújo, j. 17.5.11, DJ 8.6.11).

Art. 24: 1a. "O **dano moral** configura-se com a mera violação dos direitos assegurados pelo art. 24 da LDA, de modo que o prejuízo prescinde de comprovação, pois decorre como consequência lógica dos atos praticados" (STJ-3ª T., REsp 1.716.465, Min. Nancy Andrighi, j. 22.3.18, DJ 26.3.18).

Art. 24: 1b. v. art. 108.

Art. 24: 2. v. art. 72.

Art. 24: 2a. "A ofensa a esse direito leva à indenização do dano moral sofrido" (STJ-4ª T., REsp 327.000, Min. Ruy Rosado, j. 26.2.03, DJU 4.8.03).

Art. 24: 2b. "Nada há a reparar na decisão guerreada quando afirma ser o segundo recorrido ainda titular de direitos morais que podem ser vindicados em juízo, tendo direito à reparação por danos morais em face das modificações perpetradas em sua obra sem autorização, pois apenas alienou seus direitos autorais de ordem patrimonial" (STJ-4ª T., REsp 1.131.498, Min. Raul Araújo, j. 17.5.11, DJ 8.6.11).

Art. 24: 2c. "É direito moral do autor, inalienável, portanto, recusar modificações não autorizadas de sua obra, constatadas por perícia e firmadas como matéria fática pelo acórdão recorrido, modificações essas realizadas por ocasião de processo de 'remasterização', independentemente de a obra indevidamente modificada vir a receber láureas nacionais e internacionais respeitáveis, quando resta patente e durável o constrangimento do artista pela ofensa à identidade da obra. Violação de direito autoral moral determinadora da vedação de reprodução sem o consentimento do autor, mas inviável o recolhimento de exemplares já objeto de ampla circulação nacional e internacional, de modo que a consequência é a indenização por dano ao direito autoral moral, sem prejuízo do recebimento de *royalties* pelos exemplares já vendidos, em valor a ser apurado em liquidação por arbitramento" (STJ-RT 919/443 e RDPr 50/449: 3ª T., REsp 1.098.626, maioria).

Art. 24: 3. v. § 3º e art. 66.

Art. 24: 4. v. § 3º.

Art. 24: 5. Sucessão legítima: CC 1.829 a 1.856. Sucessão testamentária: CC 1.857 a 1.990.

Art. 24: 6. **Lei 5.805, de 3.10.72** — Estabelece normas destinadas a preservar a autenticidade das obras literárias caídas em domínio público (Lex 1972/1.275, RT 444/487, RDA 111/532, RF 241/435).

Art. 24: 7. s/ domínio público, v. art. 45.

Art. 25. Cabe exclusivamente ao diretor o exercício dos direitos morais sobre a obra audiovisual.

Art. 26. O autor poderá repudiar a autoria de projeto arquitetônico alterado sem o seu consentimento durante a execução ou após a conclusão da construção.

Parágrafo único. O proprietário da construção responde pelos danos que causar ao autor sempre que, após o repúdio, der como sendo daquele a autoria do projeto repudiado.

Art. 27. Os direitos morais do autor são inalienáveis e irrenunciáveis.

Capítulo III — DOS DIREITOS PATRIMONIAIS DO AUTOR E DE SUA DURAÇÃO

Art. 28. Cabe ao autor o direito exclusivo de utilizar, fruir e dispor da obra literária, artística ou científica.[1]

Art. 28: 1. v. CF 5º-XXVII e XXVIII (em nota 1a ao art. 1º).

Sanções civis e administrativas a quem violar direito autoral: arts. 102 a 110. Sanções penais: art. 101 c/c CP 184 a 186, na redação da Lei 6.895, de 17.12.80.

Art. 29. Depende de autorização prévia e expressa do autor a utilização da obra, por quaisquer modalidades, tais como:

I — a reprodução parcial ou integral;

II — a edição;[1]

III — a adaptação, o arranjo musical e quaisquer outras transformações;

IV — a tradução para qualquer idioma;

V — a inclusão em fonograma ou produção audiovisual;

VI — a distribuição, quando não intrínseca ao contrato firmado pelo autor com terceiros para uso ou exploração da obra;

VII — a distribuição para oferta de obras ou produções mediante cabo, fibra ótica, satélite, ondas ou qualquer outro sistema que permita ao usuário realizar a seleção da obra ou produção para percebê-la em um tempo e lugar previamente determinados por quem formula a demanda, e nos casos em que o acesso às obras ou produções se faça por qualquer sistema que importe em pagamento pelo usuário;[2]

VIII — a utilização, direta ou indireta, da obra literária, artística ou científica, mediante:

a) representação, recitação ou declamação;

b) execução musical;

c) emprego de alto-falante ou de sistemas análogos;

d) radiodifusão sonora ou televisiva;

e) captação de transmissão de radiodifusão em locais de frequência coletiva;

f) sonorização ambiental;

g) a exibição audiovisual, cinematográfica ou por processo assemelhado;

h) emprego de satélites artificiais;

i) emprego de sistemas óticos, fios telefônicos ou não, cabos de qualquer tipo e meios de comunicação similares que venham a ser adotados;

j) exposição de obras de artes plásticas e figurativas;

IX — a inclusão em base de dados, o armazenamento em computador, a microfilmagem e as demais formas de arquivamento do gênero;

X — quaisquer outras modalidades de utilização existentes ou que venham a ser inventadas.

Art. 29: 1. v. arts. 53 a 67.

Art. 29: 2. "À luz do art. 29, incisos VII, VIII, 'i', IX e X, da Lei 9.610/1998, verifica-se que a tecnologia ***streaming*** enquadra-se nos requisitos de incidência normativa, configurando-se, portanto, modalidade de exploração econômica das obras musicais a demandar autorização prévia e expressa pelos titulares de direito" (STJ-2ª Seção, REsp 1.559.264, Min. Ricardo Cueva, j. 8.2.17, maioria, DJ 15.2.17).

V. tb. art. 68, nota 3.

Art. 30. No exercício do direito de reprodução, o titular dos direitos autorais poderá colocar à disposição do público a obra, na forma, local e pelo tempo que desejar, a título oneroso ou gratuito.

§ 1º O direito de exclusividade de reprodução não será aplicável quando ela for temporária e apenas tiver o propósito de tornar a obra, fonograma ou interpretação perceptível em meio eletrônico ou quando for de natureza transitória e incidental, desde que ocorra no curso do uso devidamente autorizado da obra, pelo titular.

§ 2º Em qualquer modalidade de reprodução, a quantidade de exemplares será informada e controlada, cabendo a quem reproduzir a obra a responsabilidade de manter os registros que permitam, ao autor, a fiscalização do aproveitamento econômico da exploração.

Direito Autoral

Art. 31. As diversas modalidades de utilização de obras literárias, artísticas ou científicas ou de fonogramas são independentes entre si, e a autorização concedida pelo autor, ou pelo produtor, respectivamente, não se estende a quaisquer das demais.

Art. 32. Quando uma obra feita em regime de coautoria não for divisível, nenhum dos coautores, sob pena de responder por perdas e danos, poderá, sem consentimento dos demais, publicá-la ou autorizar-lhe a publicação, salvo na coleção de suas obras completas.

§ 1º Havendo divergência, os coautores decidirão por maioria.

§ 2º Ao coautor dissidente é assegurado o direito de não contribuir para as despesas de publicação, renunciando a sua parte nos lucros, e o de vedar que se inscreva seu nome na obra.

§ 3º Cada coautor pode, individualmente, sem aquiescência dos outros, registrar a obra[1] e defender os próprios direitos contra terceiros.

Art. 32: 1. v. arts. 18 a 21.

Art. 33. Ninguém pode reproduzir obra que não pertença ao domínio público,[1] a pretexto de anotá-la, comentá-la ou melhorá-la, sem permissão do autor.

Parágrafo único. Os comentários ou anotações poderão ser publicados separadamente.

Art. 33: 1. v. art. 45.

Art. 34. As cartas missivas, cuja publicação está condicionada à permissão do autor, poderão ser juntadas como documento de prova em processos administrativos e judiciais.

Art. 35. Quando o autor, em virtude de revisão, tiver dado à obra versão definitiva, não poderão seus sucessores reproduzir versões anteriores.

Art. 36. O direito de utilização econômica dos escritos publicados pela imprensa, diária ou periódica, com exceção dos assinados ou que apresentem sinal de reserva, pertence ao editor, salvo convenção em contrário.

Parágrafo único. A autorização para utilização econômica de artigos assinados, para publicação em diários e periódicos, não produz efeito além do prazo da periodicidade acrescido de vinte dias, a contar de sua publicação, findo o qual recobra o autor o seu direito.

Art. 37. A aquisição do original de uma obra, ou de exemplar, não confere ao adquirente qualquer dos direitos patrimoniais do autor, salvo convenção em contrário entre as partes e os casos previstos nesta lei.

Art. 38. O autor tem o direito, irrenunciável e inalienável, de perceber, no mínimo, cinco por cento sobre o aumento do preço eventualmente verificável em cada revenda de obra de arte ou manuscrito, sendo originais, que houver alienado.[1]

Parágrafo único. Caso o autor não perceba o seu direito de sequência no ato da revenda, o vendedor é considerado depositário da quantia a ele devida, salvo se a operação for realizada por leiloeiro, quando será este o depositário.

Art. 38: 1. Reconhecendo esse direito também aos **herdeiros** do autor: "O direito de sequência, ou *droit de suite*, consiste no direito do autor da obra original, ou seus herdeiros, em caráter irrenunciável e inalienável, de participação na 'mais valia' que advier das vendas subsequentes dos objetos que decorrem de sua criação. Objetiva a proteção do criador intelectual e sua família em relação à exploração econômica da obra. O direito de sequência tem natureza jurídica patrimonial, e como tal passível de transmissão *causa mortis* aos herdeiros" (STJ-RT 884/190: 4ª T., REsp 594.526).

Art. 39. Os direitos patrimoniais do autor, excetuados os rendimentos resultantes de sua exploração, não se comunicam,[1] salvo pacto antenupcial em contrário.

Art. 39: 1. v. CF 5º-XXVII (em nota 1a ao art. 1º).

Art. 40. Tratando-se de obra anônima ou pseudônima, caberá a quem publicá-la o exercício dos direitos patrimoniais do autor.

Parágrafo único. O autor que se der a conhecer assumirá o exercício dos direitos patrimoniais, ressalvados os direitos adquiridos por terceiros.

Art. 41. Os direitos patrimoniais do autor perduram por setenta anos[1 a 3] contados de 1º de janeiro do ano subsequente ao de seu falecimento, obedecida a ordem sucessória da lei civil.[4]

Parágrafo único. Aplica-se às obras póstumas o prazo de proteção a que alude o *caput* deste artigo.

Art. 41: 1. v. art. 112 (disposição transitória).

Art. 41: 2. Quanto aos direitos morais, v. art. 27.

Art. 41: 3. Prazo de proteção aos direitos conexos: art. 96.

Art. 41: 4. v. art. 24, nota 5.

Art. 42. Quando a obra literária, artística ou científica realizada em coautoria for indivisível, o prazo previsto no artigo anterior será contado da morte do último dos coautores sobreviventes.

Parágrafo único. Acrescer-se-ão aos dos sobreviventes os direitos do coautor que falecer sem sucessores.

Art. 43. Será de setenta anos o prazo de proteção aos direitos patrimoniais sobre as obras anônimas ou pseudônimas, contado de 1º de janeiro do ano imediatamente posterior ao da primeira publicação.

Parágrafo único. Aplicar-se-á o disposto no art. 41 e seu parágrafo único, sempre que o autor se der a conhecer antes do termo do prazo previsto no *caput* deste artigo.

Art. 44. O prazo de proteção aos direitos patrimoniais sobre obras audiovisuais e fotográficas será de setenta anos, a contar de 1º de janeiro do ano subsequente ao de sua divulgação.

Art. 45. Além das obras em relação às quais decorreu o prazo de proteção aos direitos patrimoniais,[1] pertencem ao domínio público:[2]

I — as de autores falecidos que não tenham deixado sucessores;

II — as de autor desconhecido, ressalvada a proteção legal aos conhecimentos étnicos e tradicionais.

Art. 45: 1. v. arts. 41 a 44.

Art. 45: 2. Lei 5.805, de 3.10.72 — Estabelece normas destinadas a preservar a autenticidade das obras literárias caídas em domínio público.

Direito Autoral

Capítulo IV[1] | DAS LIMITAÇÕES AOS DIREITOS AUTORAIS

✎ **CAP. IV: 1.** "O *fair use* no direito autoral", por José de Oliveira Ascensão (RF 365/73); "Implicações jurídicas das limitações dos direitos autorais frente à coexistência dos sistemas de proteção", por Helenara Braga Avancini (RJ 336/43).

Art. 46. Não constitui ofensa aos direitos autorais:

I — a reprodução:[1]

a) na imprensa diária ou periódica, de notícia ou de artigo informativo, publicado em diários ou periódicos, com a menção do nome do autor, se assinados, e da publicação de onde foram transcritos;

b) em diários ou periódicos, de discursos pronunciados em reuniões públicas de qualquer natureza;

c) de retratos, ou de outra forma de representação da imagem, feitos sob encomenda, quando realizada pelo proprietário do objeto encomendado, não havendo a oposição da pessoa neles representada ou de seus herdeiros;

d) de obras literárias, artísticas ou científicas, para uso exclusivo de deficientes visuais, sempre que a reprodução, sem fins comerciais, seja feita mediante o sistema Braille ou outro procedimento em qualquer suporte para esses destinatários;

II — a reprodução, em um só exemplar, de pequenos trechos, para uso privado do copista, desde que feita por este, sem intuito de lucro;[1a]

III — a citação em livros, jornais, revistas ou qualquer outro meio de comunicação, de passagens de qualquer obra, para fins de estudo, crítica ou polêmica, na medida justificada para o fim a atingir, indicando-se o nome do autor e a origem da obra;

IV — o apanhado de lições em estabelecimentos de ensino por aqueles a quem elas se dirigem, vedada sua publicação, integral ou parcial, sem autorização prévia e expressa de quem as ministrou;

V — a utilização de obras literárias, artísticas ou científicas, fonogramas e transmissão de rádio e televisão em estabelecimentos comerciais, exclusivamente para demonstração à clientela, desde que esses estabelecimentos comercializem os suportes ou equipamentos que permitam a sua utilização;

VI — a representação teatral e a execução musical,[2 a 3a] quando realizadas no recesso familiar[3b-3c] ou, para fins exclusivamente didáticos, nos estabelecimentos de ensino,[3d] não havendo em qualquer caso intuito de lucro;

VII — a utilização de obras literárias, artísticas ou científicas para produzir prova judiciária ou administrativa;

VIII — a reprodução, em quaisquer obras, de pequenos trechos de obras preexistentes, de qualquer natureza, ou de obra integral, quando de artes plásticas, sempre que a reprodução em si não seja o objetivo principal da obra nova e que não prejudique a exploração normal da obra reproduzida nem cause um prejuízo injustificado aos legítimos interesses dos autores.[4-5]

Art. 46: 1. v. art. 5º-VI.

✎ Art. 46: 1a. "O instituto da cópia privada no direito autoral brasileiro. Análise dogmática e crítica", por Felipe Barreto Frias (RT 846/66).

Art. 46: 2. v. art. 68 e notas.

Art. 46: 3. **Súmula 386 do STF (Obra musical):** "Pela execução de obra musical por artistas remunerados é devido direito autoral, não exigível quando a orquestra for de amadores".

Art. 46: 3a. "Controvérsia em torno da possibilidade de cobrança de direitos autorais de entidade religiosa pela realização de execuções musicais e sonorizações ambientais em escola, abrindo o Ano Vocacional, evento religioso, sem fins lucrativos e com entrada gratuita. Necessidade de interpretação sistemática e teleológica do enunciado normativo do art. 46 da Lei n. 9.610/98 à luz das limitações estabelecidas pela própria lei especial, assegurando a tutela de direitos fundamentais e princípios constitucionais em colisão com os direitos do autor, como a intimidade, a vida privada, a cultura, a educação e a religião. O âmbito efetivo de proteção do direito à propriedade autoral (art. 5º, XXVII, da CF) surge somente após a consideração das restrições e limitações a ele opostas, devendo ser consideradas, como tais, as resultantes do rol exemplificativo extraído dos enunciados dos artigos 46, 47 e 48 da Lei 9.610/98, interpretadas e aplicadas de acordo com os direitos fundamentais. Utilização, como critério para a identificação das restrições e limitações, da regra do teste dos três passos ('three step test'), disciplinada pela Convenção de Berna e pelo Acordo OMC/TRIPS. Reconhecimento, no caso dos autos, nos termos das convenções internacionais, que a limitação da incidência dos direitos autorais 'não conflita com a utilização comercial normal de obra' e 'não prejudica injustificadamente os interesses do autor'" (STJ-3ª T., REsp 964.404, Min. Paulo Sanseverino, j. 15.3.11, DJ 23.5.11).

Todavia: "Execução de obras musicais. Evento religioso realizado em centro de convenções. Necessidade de autorização do autor ou titular da obra para representações e execuções públicas. Inexistência de comunicação prévia, por parte dos artistas, de que houve cessão gratuita dos direitos. Obrigatoriedade do pagamento dos direitos autorais, ainda que não haja o intuito de lucro e que a entidade não tenha fins lucrativos" (RT 919/1.191: TJSE, AP 4.579/2010).

Art. 46: 3b. "Entende-se por 'recesso familiar' **não apenas o recinto do lar,** em sentido estritamente físico. A atuação que se permite é aquela realizada nos limites do círculo familiar e com ***intuito familiae***. Dessa forma, a execução que se der num local onde não seja a residência da família, mas se encontra, momentaneamente, a intenção de gerar um ambiente familiar, não deve sofrer a incidência de encargos autorais. De acordo com a Regra dos 3 Passos, será admissível limitar o direito exclusivo do autor quando: (i) se estiver diante de certos casos especiais; (ii) a utilização não prejudicar a exploração normal da obra e (iii) a utilização não causar prejuízo injustificado aos legítimos interesses do autor" (STJ-3ª T., REsp 1.320.007, Min. Nancy Andrighi, j. 4.6.13, um voto vencido, DJ 9.9.13).

Art. 46: 3c. "É devida a cobrança de direitos autorais pela execução de música em **festa de casamento** realizada em clube, mesmo sem a existência de proveito econômico. É usuário de direito autoral, e consequentemente responsável pelo pagamento da taxa cobrada pelo ECAD, quem promove a execução pública das obras musicais protegidas. Na hipótese de casamento, forçoso concluir, portanto, ser responsabilidade dos nubentes, usuários interessados na organização do evento, o pagamento dos direitos autorais, sem prejuízo da solidariedade instituída pela lei" (STJ-4ª T., REsp 1.306.907, Min. Luis Felipe, j. 6.6.13, DJ 18.6.13). No mesmo sentido: STJ-3ª T., REsp 1.188.501-AgRg, Min. Paulo Sanseverino, j. 12.11.13, DJ 21.11.13.

"A **festa de debutante** realizada pela autora não pode ser considerada uma festa estritamente familiar, pois ocorreu em local público, embora de acesso restrito, e abrangia fornecimento de bebidas, estacionamento para os convidados durante o período e grande número de convidados (300 participantes), situação que impõe o pagamento de direitos autorais" (STJ-4ª T., Ag em REsp 972.870-AgInt, Min. Raul Araújo, j. 13.12.16, DJ 1.2.17).

Contra: "Direitos autorais. Festa de casamento realizada em salão alugado no clube local, com música operada por DJ. Aplicação da LDA 46-VI. Hipótese de isenção. Recesso familiar, independentemente da grandiosidade da festa ou do local do evento. Restrição à participação. Ausência de finalidade lucrativa, ainda que indireta" (JTJ 340/216: AP 542.012.4/2, maioria).

Art. 46: 3d. "Execução de músicas culturais e folclóricas em **festa junina promovida por escola.** Tratando-se de festa de confraternização, pedagógica, didática, de fins culturais, que congrega a escola e a família, é fácil constatar que a admissão da cobrança de direitos autorais representaria um desestímulo a essa união. Esse desagregamento não deve ser a tônica, levando-se em consideração a sociedade brasileira, tão marcada pela violência e carente de valores sociais e culturais mais sólidos. É indevida a cobrança de direitos autorais em hipótese restrita de evento promovido com fins didáticos, pedagógicos e de integração entre família e escola, sem intuito de lucro. Inteligência do art. 46, VI, da Lei 9.610 de 1998" (STJ-2ª Seção, REsp 1.575.225, Min. Raul Araújo, j. 22.6.16, maioria, DJ 3.8.16).

Art. 46: 4. "A transcrição de trecho musical em periódico de forma não autorizada não caracteriza permissivo legal (*fair use*) que excepcione o direito de exploração exclusiva pelo seu titular. O caso dos autos não se enquadra nas normas permissivas estabelecidas pela Lei 9.610/98, tendo em vista que o refrão musical inserido no **ensaio fotográfico** e de cunho erótico — de forma indevida — tem caráter de completude e não de acessoriedade; e os titulares dos direitos patrimoniais da obra vinham explorando-a comercialmente em segmento mercadológico diverso" (STJ-4ª T., REsp 1.217.567, Min. Luis Felipe, j. 7.5.13, RT 936/434).

Art. 46: 5. "A citação de pequenos trechos de obras preexistentes não constituirá ofensa aos direitos autorais desde que não tenha caráter de completude nem prejudique a sua exploração, pelo titular do direito, da obra reproduzida (art. 46, VIII, da LDA). No caso, a escolha do trecho de maior sucesso da obra musical como título de **programa televisivo** e seu uso em conjunto com o fonograma, gerou uma associação inadequada do autor da obra musical com a emissora, que utilizou o sucesso da música como título em sua programação semanal também como forma de atrair audiência" (STJ-3ª T., REsp 1.704.189, Min. Ricardo Cueva, j. 13.10.20, DJ 19.10.20).

"A alegação da ré-apelante de que apenas um pequeno trecho da obra musical foi utilizado no programa, o que, na conformidade do art. 46, VIII, não constitui ofensa aos direitos autorais, não lhe socorre. A reprodução de duas estrofes da música se insere no contexto de obra nova, na qual o quadro humorístico ganha relevo justamente pela utilização maliciosa dos trechos reproduzidos da obra musical, hipótese que se contém na ressalva do próprio dispositivo legal invocado" (RT 870/351; a citação é do voto do relator).

Art. 47. São livres as paráfrases e paródias que não forem verdadeiras reproduções da obra originária nem lhe implicarem descrédito.[1-2]

Art. 47: 1. "Na hipótese dos autos, a letra original da canção foi alterada de modo a atrair consumidores ao estabelecimento da sociedade empresária ré, não havendo falar em paráfrase, pois a canção original não foi usada como mote para desenvolvimento de outro pensamento, ou mesmo em paródia, isto é, em imitação cômica, ou em tratamento antitético do tema. Foi deturpada para melhor atender aos interesses comerciais do promovido na propaganda" (STJ-4ª T., REsp 1.131.498, Min. Raul Araújo, j. 17.5.11, DJ 8.6.11).

Art. 47: 2. "A paródia é lícita e consiste em livre manifestação do pensamento, desde que não constitua verdadeira reprodução da obra originária, ou seja, que haja uma efetiva atividade criativa por parte do parodiador, e que não tenha conotação depreciativa ou ofensiva, implicando descrédito à criação primeva ou ao seu autor. O art. 47 da Lei 9.610/1998 **não exige** que a criação possua **finalidade não lucrativa ou não comercial"** (STJ-3ª T., REsp 1.597.678, Min. Ricardo Cueva, j. 21.8.18, DJ 24.8.18).

"A falta de conotação comercial é requisito dispensável à licitude e conformidade da manifestação do pensamento pela paródia, nos termos da legislação de regência (art. 47 da Lei 9.610/1998)" (STJ-4ª T., REsp 1.548.849, Min. Luis Felipe, j. 20.6.17, maioria, DJ 4.9.17).

Mais amplamente: "A finalidade da paródia, se comercial, eleitoral, educativa, puramente artística ou qualquer outra, é indiferente para a caracterização de sua licitude e liberdade assegurada pela Lei n. 9.610/1998" (STJ-3ª T., REsp 1.810.440, Min. Marco Bellizze, j. 12.11.19, DJ 21.11.19).

Art. 48. As obras situadas permanentemente em logradouros públicos podem ser representadas livremente, por meio de pinturas, desenhos, fotografias e procedimentos audiovisuais.[1]

Art. 48: 1. "Ação de indenização por danos materiais e morais ajuizada por artista plástico. Escultura edificada em logradouro público. Representação da obra, sem autorização do autor, em ingressos de partida de futebol entre a seleção brasileira e a seleção venezuelana (eliminatórias da Copa do Mundo FIFA 2010). Não se verifica a contrafação alegada na inicial, uma vez que a conduta das rés encontra subsunção na norma disposta no artigo 48 da Lei 9.610/98" (STJ-4ª T., REsp 1.438.343, Min. Luis Felipe, j. 1.12.16, DJ 22.2.17).

Todavia: "Em razão de as obras situadas permanentemente em logradouros públicos integrarem de modo indissociável o meio ambiente, a compor a paisagem como um todo, sua representação (por meio de pinturas, desenhos, fotografias e procedimentos audiovisuais), por qualquer observador, não configura, em princípio, violação ao direito autoral. A obra arquitetônica, ainda que situada permanentemente em propriedade privada, sendo possível visualizá-la a partir de um local público, integra, de igual modo, o meio ambiente e a paisagem como um todo, a viabilizar, nesse contexto (paisagístico) a sua representação, o que, também, não conduziria à violação do direito do autor. A hipótese, todavia, não é de mera representação da paisagem, em que inserida a obra arquitetônica, mas sim de representação unicamente da obra arquitetônica, com a finalidade lucrativa. Refoge, em absoluto, do âmbito de aplicação do art. 48 da Lei n. 9.610/1998, a representação por terceiro de obra arquitetônica com finalidade comercial, que, como detidamente demonstrado, consubstancia direito exclusivo de seu autor" (STJ-3ª T., REsp 1.562.617, Min. Marco Bellizze, j. 22.11.16, DJ 30.11.16).

"A obra de arte colocada em logradouro da cidade, que integra o patrimônio público, gera direitos morais e materiais para o seu autor quando utilizada indevidamente foto sua para ilustrar produto comercializado por terceiro, que sequer possui vinculação com área turística ou cultural" (STJ-4ª T., REsp 951.521, Min. Aldir Passarinho Jr., j. 22.3.11, DJ 11.5.11).

Capítulo V | DA TRANSFERÊNCIA DOS DIREITOS DE AUTOR

Art. 49. Os direitos de autor poderão ser total ou parcialmente transferidos a terceiros, por ele ou por seus sucessores, a título universal ou singular, pessoalmente ou por meio de representantes com poderes especiais, por meio de licenciamento, concessão, cessão ou por outros meios admitidos em direito, obedecidas as seguintes limitações:

I — a transmissão total compreende todos os direitos de autor, salvo os de natureza moral[1] e os expressamente excluídos por lei;

II — somente se admitirá transmissão total e definitiva dos direitos mediante estipulação contratual escrita;

III — na hipótese de não haver estipulação contratual escrita, o prazo máximo será de cinco anos;

IV — a cessão será válida unicamente para o país em que se firmou o contrato, salvo estipulação em contrário;

V — a cessão só se operará para modalidades de utilização já existentes à data do contrato;

VI — não havendo especificações quanto à modalidade de utilização, o contrato será interpretado restritivamente,[2] entendendo-se como limitada apenas a uma que seja aquela indispensável ao cumprimento da finalidade do contrato.

Art. 49: 1. v. arts. 24 a 27.

Art. 49: 2. cf. art. 4º.

Art. 50. A cessão total ou parcial dos direitos de autor, que se fará sempre por escrito, presume-se onerosa.[1]

§ 1º Poderá a cessão ser averbada à margem do registro a que se refere o art. 19 desta lei, ou, não estando a obra registrada, poderá o instrumento ser registrado em Cartório de Títulos e Documentos.

§ 2º Constarão do instrumento de cessão como elementos essenciais seu objeto e as condições de exercício do direito quanto a tempo, lugar e preço.

Art. 50: 1. "**Não se pode confundir a cessão de direitos autorais** de obras fotográficas, que tem regramento próprio, **com a doação civil** (verbal e incondicionada, no caso) de exemplares dessas mesmas fotografias. A cessão de direitos autorais, a teor do que expressamente dispõe o art. 50 da Lei 9.610/1998, deve se dar sempre pela forma escrita e, além disso, ser interpretada restritivamente. A simples doação de cópias de fotografias não confere ao donatário o direito de explorá-las economicamente e sem a autorização expressa de seu autor, assim como não permite que se suprima o nome deste de eventuais publicações de suas obras, sejam elas totais ou parciais" (STJ-3ª T., REsp 1.520.978, Min. Ricardo Cueva, j. 18.8.16, maioria, DJ 29.8.16).

Art. 51. A cessão dos direitos de autor sobre obras futuras abrangerá, no máximo, o período de cinco anos.

Parágrafo único. O prazo será reduzido a cinco anos sempre que indeterminado ou superior, diminuindo-se, na devida proporção, o preço estipulado.

Art. 52. A omissão do nome do autor, ou de coautor, na divulgação da obra não presume o anonimato ou a cessão de seus direitos.

Título IV | DA UTILIZAÇÃO DE OBRAS INTELECTUAIS E DOS FONOGRAMAS[1]

Capítulo I | DA EDIÇÃO[1]

TÍT. IV: 1. "A reprodução de obras de artes visuais em outras obras", por Eliane Y. Abrão (RT 821/75).

CAP. I: 1. O autor tem privilégio especial na massa do editor (CC 964-VII).

Art. 53. Mediante contrato de edição, o editor,[1] obrigando-se a reproduzir e a divulgar a obra literária, artística ou científica, fica autorizado, em caráter de exclusividade, a publicá-la e a explorá-la pelo prazo e nas condições pactuadas com o autor.

Parágrafo único. Em cada exemplar da obra[2] o editor mencionará:

I — o título da obra e seu autor;

II — no caso de tradução, o título original e o nome do tradutor;

III — o ano de publicação;

IV — o seu nome ou marca que o identifique.

Art. 53: 1. v. art. 4º-X.

Art. 53: 2. Lei 9.532, de 10.12.97 — Altera a legislação tributária federal e dá outras providências (Lex 1997/4.482, RT 746/739, RF 340/494): **"Art. 78.** As obras fonográficas sujeitar-se-ão a selos e sinais de controle, sem ônus para o consumidor, com o fim de identificar a legítima origem e reprimir a produção e importação ilegais e a comercialização de contrafações, sob qualquer pretexto, observado para esse efeito o disposto em regulamento".

Art. 54. Pelo mesmo contrato pode o autor obrigar-se à feitura de obra literária, artística ou científica em cuja publicação e divulgação se empenhe o editor.

Art. 55. Em caso de falecimento ou de impedimento do autor para concluir a obra, o editor poderá:

I — considerar resolvido o contrato, mesmo que tenha sido entregue parte considerável da obra;

II — editar a obra, sendo autônoma, mediante pagamento proporcional do preço;

III — mandar que outro a termine, desde que consintam os sucessores e seja o fato indicado na edição.

Parágrafo único. É vedada a publicação parcial, se o autor manifestou a vontade de só publicá-la por inteiro ou se assim o decidirem seus sucessores.

Art. 56. Entende-se que o contrato versa apenas sobre uma edição, se não houver cláusula expressa em contrário.

Parágrafo único. No silêncio do contrato, considera-se que cada edição se constitui de três mil exemplares.

Art. 57. O preço da retribuição será arbitrado, com base nos usos e costumes, sempre que no contrato não a tiver estipulado expressamente o autor.

Art. 58. Se os originais forem entregues em desacordo com o ajustado e o editor não os recusar nos trinta dias seguintes ao do recebimento, ter-se-ão por aceitas as alterações introduzidas pelo autor.

Art. 59. Quaisquer que sejam as condições do contrato, o editor é obrigado a facultar ao autor o exame da escrituração na parte que lhe corresponde, bem como a informá-lo sobre o estado da edição.

Art. 60. Ao editor compete fixar o preço da venda, sem, todavia, poder elevá-lo a ponto de embaraçar a circulação da obra.

Art. 61. O editor será obrigado a prestar contas mensais ao autor sempre que a retribuição deste estiver condicionada à venda da obra, salvo se prazo diferente houver sido convencionado.

Art. 62. A obra deverá ser editada em dois anos da celebração do contrato, salvo prazo diverso estipulado em convenção.

Parágrafo único. Não havendo edição da obra no prazo legal ou contratual, poderá ser rescindido o contrato, respondendo o editor por danos[1] causados.

Art. 62: 1. v. CC 402 a 405.

Art. 63. Enquanto não se esgotarem as edições a que tiver direito o editor, não poderá o autor dispor de sua obra, cabendo ao editor o ônus da prova.

§ 1º Na vigência do contrato de edição, assiste ao editor o direito de exigir que se retire de circulação edição da mesma obra feita por outrem.

§ 2º Considera-se esgotada a edição quando restarem em estoque, em poder do editor, exemplares em número inferior a 10% (dez por cento) do total da edição.

Art. 64. Somente decorrido um ano de lançamento da edição, o editor poderá vender, como saldo, os exemplares restantes, desde que o autor seja notificado de que, no prazo de trinta dias, terá prioridade na aquisição dos referidos exemplares pelo preço de saldo.

Art. 65. Esgotada a edição, e[1] o editor, com direito a outra, não a publicar, poderá o autor notificá-lo a que o faça em certo prazo, sob pena de perder aquele direito, além de responder por danos.[2]

Art. 65: 1. *sic*; deve ser "se".

Art. 65: 2. v. CC 402 a 405.

Art. 66. O autor tem o direito de fazer, nas edições sucessivas de suas obras, as emendas e alterações que bem lhe aprouver.[1]

Parágrafo único. O editor poderá opor-se às alterações que lhe prejudiquem os interesses, ofendam sua reputação ou aumentem sua responsabilidade.

Art. 66: 1. v. art. 24-V e § 3º.

Art. 67. Se, em virtude de sua natureza, for imprescindível a atualização da obra em novas edições, o editor, negando-se o autor a fazê-la, dela poderá encarregar outrem, mencionando o fato na edição.

Capítulo II | DA COMUNICAÇÃO AO PÚBLICO

Art. 68. Sem prévia e expressa autorização do autor ou titular, não poderão ser utilizadas obras teatrais, composições musicais ou lítero-musicais e fonogramas, em representações e execuções públicas.[1 a 3]

§ 1º Considera-se representação pública a utilização de obras teatrais no gênero drama, tragédia, comédia, ópera, opereta, balé, pantomimas e assemelhadas, musicadas ou não, mediante a participação de artistas, remunerados ou não, em locais de frequência coletiva ou pela radiodifusão, transmissão e exibição cinematográfica.

§ 2º Considera-se execução pública a utilização de composições musicais ou lítero-musicais, mediante a participação de artistas, remunerados ou não, ou a utilização de fonogramas e obras audiovisuais, em locais de frequência coletiva, por quaisquer processos, inclusive a radiodifusão ou transmissão por qualquer modalidade, e a exibição cinematográfica.

§ 3º Consideram-se locais de frequência coletiva os teatros, cinemas, salões de baile ou concertos, boates, bares, clubes ou associações de qualquer natureza, lojas, estabelecimentos comerciais[3a] e industriais, estádios, circos, feiras, restaurantes, hotéis, motéis,[4] clínicas,[5] hospitais,[6] órgãos públicos da administração direta ou indireta, fundacionais e estatais, meios de transporte de passageiros terrestre, marítimo,[6a] fluvial ou aéreo, ou onde quer que se representem, executem ou transmitam obras literárias, artísticas ou científicas.

§ 4º Previamente à realização da execução pública, o empresário[6b] deverá apresentar ao escritório central, previsto no art. 99, a comprovação dos recolhimentos relativos aos direitos autorais.[7]

§ 5º Quando a remuneração depender da frequência do público, poderá o empresário, por convênio com o escritório central, pagar o preço após a realização da execução pública.

§ 6º O usuário entregará à entidade responsável pela arrecadação dos direitos relativos à execução ou exibição pública, imediatamente após o ato de comunicação ao público, relação completa das obras e fonogramas utilizados, e a tornará pública e de livre acesso, juntamente com os valores pagos, em seu sítio eletrônico ou, em não havendo este, no local da comunicação e em sua sede.[8]

§ 7º As empresas cinematográficas e de radiodifusão manterão à imediata disposição dos interessados, cópia autêntica dos contratos, ajustes ou acordos, individuais ou coletivos, autorizando e disciplinando a remuneração por execução pública das obras musicais e fonogramas contidas em seus programas ou obras audiovisuais.

§ 8º Para as empresas mencionadas no § 7º, o prazo para cumprimento do disposto no § 6º será até o décimo dia útil de cada mês, relativamente à relação completa das obras e fonogramas utilizados no mês anterior.[9]

Art. 68: 1. v. arts. 105 e 109.

Art. 68: 2. **Súmula 386 do STF:** "Pela **execução de obra musical** por artistas remunerados é devido direito autoral, não exigível quando a orquestra for de amadores".

Art. 68: 2a. independentemente da auferição de lucro direto ou indireto pelo promotor do evento, mesmo tratando-se de pessoa jurídica de direito público (STJ-2ª Seção, REsp 524.873, Min. Aldir Passarinho Jr., j. 22.10.03, DJU 17.11.03). No mesmo sentido: JTJ 318/97 (AP 278.704-4/1-00, maioria).

V. tb. art. 46-VI e notas.

Art. 68: 2b. "Cabível o pagamento de direitos autorais em espetáculos realizados ao vivo, independentemente do cachê recebido pelos artistas, ainda que os intérpretes sejam os próprios autores da obra" (STJ-3ª T., REsp 1.207.447, Min. Paulo Sanseverino, j. 12.6.12, maioria, DJ 29.6.12). No mesmo sentido: "O fato gerador da ação de cobrança proposta pelo ECAD teve como conteúdo patrimonial os direitos de autor — proteção da relação jurídica pelo trabalho intelectual na composição da obra musical — e não arrecadar a prestação pecuniária decorrente de sua execução musical, que é fato gerador advindo da interpretação do artista no espetáculo. Assim, independentemente do cachê recebido pelos artistas em contraprestação ao espetáculo realizado (direito conexo), é devido parcela pecuniária pela composição da obra musical (direito de autor). O autor pode cobrar *sponte sua* os seus direitos autorais, bem como doar ou autorizar o uso gratuito, dispondo de sua obra da forma como lhe aprouver, desde que, antes, comunique à associação de sua decisão, sob pena de não afastar a atribuição da gestão coletiva do órgão arrecadador" (STJ-4ª T., REsp 1.114.817, Min. Luis Felipe, j. 3.12.13, DJ 17.12.13).

Art. 68: 3. "De acordo com os arts. 5º, inciso II, e 68, §§ 2º e 3º, da Lei Autoral, é possível afirmar que o ***streaming*** é uma das modalidades previstas em lei, pela qual as obras musicais e fonogramas são transmitidos e que a internet é local de frequência coletiva, caracterizando-se, desse modo, a execução como pública. Depreende-se da Lei 9.610/1998 que é irrelevante a quantidade de pessoas que se encontram no ambiente de execução musical para a configuração de um local como de frequência coletiva. Relevante, assim, é a colocação das obras ao alcance de uma coletividade frequentadora do ambiente digital, que poderá, a qualquer momento, acessar o acervo ali disponibilizado. Logo, o que caracteriza a execução pública de obra musical pela internet é a sua disponibilização decorrente da transmissão em si considerada, tendo em vista o potencial alcance de número indeterminado de pessoas. O ordenamento jurídico pátrio consagrou o reconhecimento de um amplo direito de comunicação ao público, no qual a simples disponibilização da obra já qualifica o seu uso como uma execução pública, abrangendo, portanto, a transmissão digital interativa (art. 29, VII, da Lei 9.610/1998) ou qualquer outra forma de transmissão imaterial a ensejar a cobrança de direitos autorais pelo ECAD" (STJ-2ª Seção, REsp 1.559.264, Min. Ricardo Cueva, j. 8.2.17, maioria, DJ 15.2.17).

V. tb. art. 29, nota 2.

Art. 68: 3a. **Súmula 63 do STJ:** "São devidos direitos autorais pela **retransmissão radiofônica de músicas** em estabelecimentos comerciais".

"A hipótese em julgamento — transmissão radiofônica de músicas em supermercado —, sem autorização dos autores e pagamento da taxa devida ao Ecad, claramente deve receber o mesmo tratamento" (STJ-4ª T., REsp 1.152.820, Min. Luis Felipe, j. 5.6.14, DJ 25.6.14).

Art. 68: 4. **Súmula 261 do STJ:** "A cobrança de direitos autorais pela retransmissão radiofônica de músicas, em estabelecimentos hoteleiros, deve ser feita conforme a **taxa média de utilização do equipamento,** apurada em liquidação".

"A Lei n. 9.610/98 não autoriza que a disponibilidade de aparelhos de rádio ou de televisão nos quartos de motéis e hotéis, lugares de frequência coletiva, escape da incidência da Súmula n. 63 da Corte" (STJ-2ª Seção, REsp 556.340,

Min. Menezes Direito, j. 9.6.04, DJU 11.10.04). Mais recentemente: "São devidos os pagamentos referentes aos direitos autorais em razão da disponibilização de televisores e rádios dentro dos quartos de hotéis, por configurarem exploração de obras artísticas para incremento dos serviços prestados pelo meios de hospedagem" (STJ-2ª Seção, REsp 1.117.391, Min. Sidnei Beneti, j. 27.4.11, um voto vencido, DJ 30.8.11). No mesmo sentido: JTJ 341/383 (AP 347.760-4/3-00). "É irrelevante que a execução não autorizada de obras musicais e audiovisuais em locais de frequência coletiva tenha ocorrido a partir da disponibilização de aparelho televisor com equipamento receptor do sinal de TV a cabo ou TV por assinatura" (STJ-3ª T., REsp 1.655.485, Min. Nancy Andrighi, j. 13.3.18, DJ 19.3.18). No mesmo sentido: STJ-4ª T., Ag em REsp 732.366-AgInt, Min. Antonio Ferreira, j. 24.9.19, DJ 30.9.19. **Contra:** "As áreas comuns (corredores, *halls* e saguões), de livre acesso, franqueado a todos, são realmente espaços públicos por natureza. Entretanto, pretender-se a extensão da natureza de espaço público a quartos individualizados, sejam tanto de hotéis quanto de motéis, tal entendimento extrapola os limites da razoabilidade. Na desarmonia entre as previsões do *caput* e do parágrafo do mesmo artigo de lei, deverá prevalecer o primeiro, por questão de hermenêutica jurídica. Um quarto, como espaço em que se busca a privacidade, não pode ser compreendido como local de frequência coletiva. Apesar da transitoriedade da posse do quarto (de hotel ou de motel), somente poderá ingressar no espaço delimitado pelo quarto se o possuidor assim o permitir. Nesses termos, ocorre a proteção dos aposentos de modo individualizado, como se fosse uma residência particular" (STJ-3ª T., REsp 1.025.554-AgRg, Min. Massami Uyeda, j. 10.3.09, DJ 4.8.09; nota: esse acórdão foi cassado no julgamento dos subsequentes embargos de divergência). **Ainda contra:** RT 910/870 (TJSP, AP 9185564-89.2006.8.26.0000).

Art. 68: 5. "Instalação de televisores dentro de apartamentos privativos em clínicas de saúde. Necessidade de remuneração pelos direitos autorais" (STJ-3ª T., REsp 791.630, Min. Nancy Andrighi, j. 15.8.06, DJU 4.9.06).

"A cobrança da retribuição autoral, no caso sob análise, mostra-se legítima, uma vez que é fato incontroverso nos autos que a recorrida — clínica médica de ortopedia e fisioterapia — disponibiliza, em sua sala de espera, aparelhos de televisão como forma de entretenimento dos clientes" (STJ-4ª T., REsp 1.067.706, Min. Luis Felipe, j. 8.5.12, DJ 19.6.12).

Art. 68: 6. "Deve ser estendido para os quartos de clínicas de saúde ou hospitais o mesmo raciocínio desenvolvido para a cobrança de direitos autorais de transmissões em quartos de hotéis ou motéis" (STJ-4ª T., Ag 1.061.962-AgRg-AgRg, Min. Isabel Gallotti, j. 23.8.11, DJ 31.8.11).

Art. 68: 6a. **"Cruzeiro marítimo.** Apresentação musical. Limites territoriais. A pretensão de recebimento dos direitos autorais exige a comprovação de que o fato gerador ocorreu dentro dos **limites territoriais marítimos brasileiros.** Enquanto transitem no mar territorial, os navios estão sujeitos, em principio, à jurisdição do Estado costeiro, por força das normas de Direito Internacional, notadamente a Convenção das Nações Unidas sobre Direito do Mar — CNUDM III ou UNCLOS —, ratificada pelo Brasil e regulamentada pela Lei 8.617/1993. Em alto-mar, a regra é a subordinação dos navios à jurisdição do Estado de sua bandeira. A realização do show dentro do território nacional é circunstância fática que configura atributo constitutivo do próprio direito pleiteado, além de condição para pleno exercício da jurisdição brasileira, motivo pelo qual o ônus da prova incumbe ao autor, nos termos do art. 333, I, do CPC/1973" (STJ-3ª T., REsp 1.561.671, Min. Ricardo Cueva, j. 2.10.18, DJ 8.10.18).

Art. 68: 6b. "A expressão 'empresário', adotada pelo art. 68, § 4º, da Lei de Direitos Autorais para indicar o sujeito responsável pelo pagamento ao ECAD, deve ser interpretada no contexto do sistema protetivo da propriedade intelectual, cujas diretrizes, assentadas constitucionalmente, garantem aos autores de obras artísticas, com exclusividade, o direito fundamental de uso, reprodução e publicação. A interpretação que assegura maior espectro de proteção aos titulares de direitos autorais é aquela que reconhece como 'empresário' toda pessoa, física ou jurídica, cuja atividade esteja indissociavelmente ligada à execução, em locais de frequência coletiva, de obras musicais, literomusicais ou fonogramas, circunstância a que se amolda aquele que possui como objetivo social a locação de espaços para realização de eventos. Ademais, na esteira do que dispõe o art. 110 da LDA, o Regulamento de Arrecadação do ECAD estabelece expressamente que o proprietário de local ou estabelecimento em que ocorre execução pública de composições musicais ou literomusicais é considerado usuário das obras executadas" (STJ-3ª T., REsp 1.661.838, Min. Nancy Andrighi, j. 15.5.18, DJ 18.5.18).

V. tb. art. 110, nota 2.

Art. 68: 7. v. art. 105, nota 1.

Art. 68: 8. O § 6º foi alterado pela Lei 12.853, de 14.8.13, em vigor 120 dias após a sua publicação (DOU 15.8.13).

Art. 68: 9. O § 8º foi acrescentado pela Lei 12.853, de 14.8.13, em vigor 120 dias após a sua publicação (DOU 15.8.13).

Art. 69. O autor, observados os usos locais, notificará o empresário do prazo para a representação ou execução, salvo prévia estipulação convencional.

Art. 70. Ao autor assiste o direito de opor-se à representação ou execução que não seja suficientemente ensaiada, bem como fiscalizá-la, tendo, para isso, livre acesso durante as representações ou execuções, no local onde se realizam.

Art. 71. O autor da obra não pode alterar-lhe a substância,[1] sem acordo com o empresário que a faz representar.

Art. 71: 1. A alteração não pode ser feita durante o período da representação; mas pode ser realizada antes ou depois deste (v. art. 24-V).

Art. 72. O empresário, sem licença do autor, não pode entregar a obra a pessoa estranha à representação ou à execução.[1]

Art. 72: 1. v. art. 24-III.

Art. 73. Os principais intérpretes e os diretores de orquestras ou coro, escolhidos de comum acordo pelo autor e pelo produtor, não podem ser substituídos por ordem deste, sem que aquele consinta.

Art. 74. O autor de obra teatral, ao autorizar a sua tradução ou adaptação, poderá fixar prazo para utilização dela em representações públicas.

Parágrafo único. Após o decurso do prazo a que se refere este artigo, não poderá opor-se o tradutor ou adaptador à utilização de outra tradução ou adaptação autorizada, salvo se for cópia da sua.

Art. 75. Autorizada a representação de obra teatral feita em coautoria, não poderá qualquer dos coautores revogar a autorização dada, provocando a suspensão da temporada contratualmente ajustada.

Art. 76. É impenhorável a parte do produto dos espetáculos reservada ao autor e aos artistas.

Capítulo III | DA UTILIZAÇÃO DA OBRA DE ARTE PLÁSTICA

Art. 77. Salvo convenção em contrário, o autor de obra de arte plástica, ao alienar o objeto em que ela se materializa, transmite o direito de expô-la, mas não transmite ao adquirente o direito de reproduzi-la.[1]

Art. 77: 1. v. art. 48, nota 1.

Art. 78. A autorização para reproduzir obra de arte plástica, por qualquer processo, deve se fazer por escrito e se presume onerosa.

Capítulo IV | DA UTILIZAÇÃO DA OBRA FOTOGRÁFICA

Art. 79. O autor de obra fotográfica tem direito a reproduzi-la e colocá-la à venda, observadas as restrições à exposição, reprodução e venda de retratos, e sem prejuízo dos direitos de autor sobre a obra fotografada, se de artes plásticas protegidas.[1]

§ 1º A fotografia, quando utilizada por terceiros, indicará de forma legível o nome do seu autor.

§ 2º É vedada a reprodução de obra fotográfica que não esteja em absoluta consonância com o original, salvo prévia autorização do autor.

Art. 79: 1. v. art. 7º-VII e CC 20.

Capítulo V | DA UTILIZAÇÃO DE FONOGRAMA

Art. 80. Ao publicar o fonograma, o produtor mencionará em cada exemplar:

I — o título da obra incluída e seu autor;

II — o nome ou pseudônimo do intérprete;

III — o ano de publicação;

IV — o seu nome ou marca que o identifique.

Capítulo VI | DA UTILIZAÇÃO DA OBRA AUDIOVISUAL

Art. 81. A autorização do autor e do intérprete de obra literária, artística ou científica para produção audiovisual implica, salvo disposição em contrário, consentimento para sua utilização econômica.

§ 1º A exclusividade da autorização depende de cláusula expressa e cessa dez anos após a celebração do contrato.

§ 2º Em cada cópia da obra audiovisual, mencionará o produtor:

I — o título da obra audiovisual;

II — os nomes ou pseudônimos do diretor e dos demais coautores;

III — o título da obra adaptada e seu autor, se for o caso;

IV — os artistas intérpretes;

V — o ano de publicação;

VI — o seu nome ou marca que o identifique;

VII (*redação da Lei 12.091, de 11.11.09*) — o nome dos dubladores.

Art. 82. O contrato de produção audiovisual deve estabelecer:

I — a remuneração devida pelo produtor aos coautores da obra e aos artistas intérpretes e executantes, bem como o tempo, lugar e forma de pagamento;

II — o prazo de conclusão da obra;

III — a responsabilidade do produtor para com os coautores, artistas intérpretes ou executantes, no caso de coprodução.

Art. 83. O participante da produção da obra audiovisual que interromper, temporária ou definitivamente, sua atuação, não poderá opor-se a que esta seja utilizada na obra nem a que terceiro o substitua, resguardados os direitos que adquiriu quanto à parte já executada.

Art. 84. Caso a remuneração dos coautores da obra audiovisual dependa dos rendimentos de sua utilização econômica, o produtor lhes prestará contas semestralmente, se outro prazo não houver sido pactuado.

Art. 85. Não havendo disposição em contrário, poderão os coautores da obra audiovisual utilizar-se, em gênero diverso, da parte que constitua sua contribuição pessoal.

Parágrafo único. Se o produtor não concluir a obra audiovisual no prazo ajustado ou não iniciar sua exploração dentro de dois anos, a contar de sua conclusão, a utilização a que se refere este artigo será livre.

Art. 86. Os direitos autorais de execução musical relativos a obras musicais, lítero-musicais e fonogramas incluídos em obras audiovisuais serão devidos aos seus titulares pelos responsáveis dos locais ou estabelecimentos a que alude o § 3º do art. 68 desta lei, que as exibirem, ou pelas emissoras de televisão que as transmitirem.

Capítulo VII | DA UTILIZAÇÃO DE BASES DE DADOS

Art. 87. O titular do direito patrimonial sobre uma base de dados terá o direito exclusivo, a respeito da forma de expressão da estrutura da referida base, de autorizar ou proibir:

I — sua reprodução total ou parcial, por qualquer meio ou processo;

II — sua tradução, adaptação, reordenação ou qualquer outra modificação;

III — a distribuição do original ou cópias da base de dados ou a sua comunicação ao público;

IV — a reprodução, distribuição ou comunicação ao público dos resultados das operações mencionadas no inciso II deste artigo.

Capítulo VIII | DA UTILIZAÇÃO DA OBRA COLETIVA

Art. 88. Ao publicar a obra coletiva, o organizador mencionará em cada exemplar:

I — o título da obra;

II — a relação de todos os participantes, em ordem alfabética, se outra não houver sido convencionada;

III — o ano de publicação;

IV — o seu nome ou marca que o identifique.

Parágrafo único. Para valer-se do disposto no § 1º do art. 17, deverá o participante notificar o organizador, por escrito, até a entrega de sua participação.

Título V | DOS DIREITOS CONEXOS

Capítulo I | DISPOSIÇÕES PRELIMINARES

Art. 89. As normas relativas aos direitos de autor aplicam-se, no que couber, aos direitos dos artistas intérpretes ou executantes, dos produtores fonográficos e das empresas de radiodifusão.

Parágrafo único. A proteção desta lei aos direitos previstos neste artigo deixa intactas e não afeta as garantias asseguradas aos autores das obras literárias, artísticas ou científicas.

Capítulo II | DOS DIREITOS DOS ARTISTAS INTÉRPRETES OU EXECUTANTES

Art. 90. Tem o artista[1] intérprete[2] ou executante o direito exclusivo de, a título oneroso ou gratuito, autorizar ou proibir:

I — a fixação de suas interpretações ou execuções;

II — a reprodução, a execução pública e a locação das suas interpretações ou execuções fixadas;

III — a radiodifusão das suas interpretações ou execuções, fixadas ou não;

IV — a colocação à disposição do público de suas interpretações ou execuções, de maneira que qualquer pessoa a elas possa ter acesso, no tempo e no lugar que individualmente escolherem;

V — qualquer outra modalidade de utilização de suas interpretações ou execuções.

§ 1º Quando na interpretação ou na execução participarem vários artistas, seus direitos serão exercidos pelo diretor do conjunto.

§ 2º A proteção aos artistas intérpretes ou executantes estende-se à reprodução da voz e imagem, quando associadas às suas atuações.

Art. 90: 1. v., Lei 6.533, de 24.5.78.

Art. 90: 2. "Relação entre direitos de artista **intérprete** e de produtor de fonograma. Direitos conexos autônomos cuja exclusividade é atribuída a cada um de seus titulares. Observância ao direito da produtora não afasta o direito exclusivo do intérprete. **Necessidade de autorização específica** para utilização de obra protegida. A fixação de uma interpretação em fonograma não é suficiente para absorver o direito prévio do intérprete, tampouco deriva em anuência para sua reprodução sucessiva ou em cessão definitiva de todos os direitos titularizados pelo intérprete e demais titulares de direitos de autor ou conexos. Os direitos do artista intérprete estão elencados nos incisos do art. 90 da Lei n. 9.610/1998, e a disposição de cada um deles não presume a cessão dos demais, devendo-se interpretar restritivamente os contratos de cessão de direitos autorais" (STJ-3ª T., REsp 1.400.463, Min. Marco Bellizze, j. 12.11.19, DJ 21.11.19).

Art. 91. As empresas de radiodifusão poderão realizar fixações de interpretação ou execução de artistas que as tenham permitido para utilização em determinado número de emissões, facultada sua conservação em arquivo público.

Parágrafo único. A reutilização subsequente da fixação, no País ou no exterior, somente será lícita mediante autorização escrita dos titulares de bens intelectuais incluídos no programa, devida uma remuneração adicional aos titulares para cada nova utilização.

Art. 92. Aos intérpretes cabem os direitos morais de integridade e paternidade de suas interpretações, inclusive depois da cessão dos direitos patrimoniais, sem prejuízo da redução, compactação, edição ou dublagem da obra de que tenham participado, sob a responsabilidade do produtor, que não poderá desfigurar a interpretação do artista.

Parágrafo único. O falecimento de qualquer participante de obra audiovisual, concluída ou não, não obsta sua exibição e aproveitamento econômico, nem exige autorização adicional, sendo a remuneração prevista para o falecido, nos termos do contrato e da lei, efetuada a favor do espólio ou dos sucessores.

Capítulo III | DOS DIREITOS DOS PRODUTORES FONOGRÁFICOS

Art. 93. O produtor de fonogramas tem o direito exclusivo de, a título oneroso ou gratuito, autorizar-lhes ou proibir-lhes:

I — a reprodução direta ou indireta, total ou parcial;

II — a distribuição por meio da venda ou locação de exemplares da reprodução;

III — a comunicação ao público por meio da execução pública, inclusive pela radiodifusão;

IV — (VETADO);

V — quaisquer outras modalidades de utilização, existentes ou que venham a ser inventadas.

Art. 94. .... [1]

Art. 94: 1. O art. 94 foi expressamente revogado pela Lei 12.853, de 14.8.13, em vigor 120 dias após sua publicação (DOU 15.8.13).

Capítulo IV | DOS DIREITOS DAS EMPRESAS DE RADIODIFUSÃO

Art. 95. Cabe às empresas de radiodifusão o direito exclusivo de autorizar ou proibir a retransmissão, fixação e reprodução de suas emissões, bem como a comunicação ao público, pela televisão, em locais de frequência coletiva, sem prejuízo dos direitos dos titulares de bens intelectuais incluídos na programação.[1]

Art. 95: 1. **Súmula 63 do STJ:** "São devidos direitos autorais pela **retransmissão radiofônica de músicas** em estabelecimentos comerciais" (v. jurisprudência s/ esta Súmula em RSTJ 44/115 a 136).

Capítulo V | DA DURAÇÃO DOS DIREITOS CONEXOS

Art. 96. É de setenta anos o prazo de proteção aos direitos conexos, contados a partir de 1º de janeiro do ano subsequente à fixação, para os fonogramas; à transmissão, para as emissões das empresas de radiodifusão; e à execução e representação pública, para os demais casos.

Título VI DAS ASSOCIAÇÕES DE TITULARES DE DIREITOS DE AUTOR E DOS QUE LHES SÃO CONEXOS[1]

Tít. VI: 1. **Lei 12.853, de 14.8.13: "Art. 7º** O Ministério da Cultura constituirá, no prazo e nos termos dispostos em regulamento, comissão permanente para aperfeiçoamento da gestão coletiva, que promoverá o aprimoramento contínuo da gestão coletiva de direitos autorais no Brasil por meio da análise da atuação e dos resultados obtidos pelas entidades brasileiras, bem como do exame das melhores práticas internacionais.

"Art. 8º Admite-se a delegação, pelo Ministério da Cultura, das competências a ele atribuídas por esta Lei a outro órgão".

Dec. 8.469, de 22.6.15 — Regulamenta a Lei n. 9.610, de 19 de fevereiro de 1998, e a Lei n. 12.853, de 14 de agosto de 2013, para dispor sobre a gestão coletiva de direitos autorais.

Art. 97. Para o exercício e defesa de seus direitos, podem os autores e os titulares de direitos conexos associar-se sem intuito de lucro.

§ 1º As associações reguladas por este artigo exercem atividade de interesse público, por determinação desta Lei, devendo atender a sua função social.[1]

§ 2º É vedado pertencer, simultaneamente, a mais de uma associação para a gestão coletiva de direitos da mesma natureza.[2]

§ 3º Pode o titular transferir-se, a qualquer momento, para outra associação, devendo comunicar o fato, por escrito, à associação de origem.[3]

§ 4º As associações com sede no exterior far-se-ão representar, no País, por associações nacionais constituídas na forma prevista nesta Lei.[4]

§ 5º Apenas os titulares originários de direitos de autor ou de direitos conexos filiados diretamente às associações nacionais poderão votar ou ser votados nas associações reguladas por este artigo.[5]

§ 6º Apenas os titulares originários de direitos de autor ou de direitos conexos, nacionais ou estrangeiros domiciliados no Brasil, filiados diretamente às associações nacionais poderão assumir cargos de direção nas associações reguladas por este artigo.[6]

Art. 97: 1. O § 1º foi alterado pela Lei 12.853, de 14.8.13, em vigor 120 dias após sua publicação (DOU 15.8.13).

Art. 97: 2. O § 2º foi alterado pela Lei 12.853, de 14.8.13, em vigor 120 dias após sua publicação (DOU 15.8.13).

Art. 97: 3. O § 3º foi alterado pela Lei 12.853, de 14.8.13, em vigor 120 dias após sua publicação (DOU 15.8.13).

Art. 97: 4. O § 4º foi acrescentado pela Lei 12.853, de 14.8.13, em vigor 120 dias após sua publicação (DOU 15.8.13).

Art. 97: 5. O § 5º foi acrescentado pela Lei 12.853, de 14.8.13, em vigor 120 dias após sua publicação (DOU 15.8.13).

Art. 97: 6. O § 6º foi acrescentado pela Lei 12.853, de 14.8.13, em vigor 120 dias após sua publicação (DOU 15.8.13).

Art. 98. Com o ato de filiação, as associações de que trata o art. 97 tornam-se mandatárias[1] de seus associados para a prática de todos os atos necessários à defesa judicial ou extrajudicial de seus direitos autorais, bem como para o exercício da atividade de cobrança desses direitos.[2]

§ 1º O exercício da atividade de cobrança citada no *caput* somente será lícito para as associações que obtiverem habilitação em órgão da Administração Pública Federal, nos termos do art. 98-A.

§ 2º As associações deverão adotar os princípios da isonomia, eficiência e transparência na cobrança pela utilização de qualquer obra ou fonograma.

§ 3º Caberá às associações, no interesse dos seus associados, estabelecer os preços pela utilização de seus repertórios, considerando a razoabilidade, a boa-fé e os usos do local de utilização das obras.

§ 4º A cobrança será sempre proporcional ao grau de utilização das obras e fonogramas pelos usuários, considerando a importância da execução pública no exercício de suas atividades, e as particularidades de cada segmento, conforme disposto no regulamento desta Lei.

§ 5º As associações deverão tratar seus associados de forma equitativa, sendo vedado o tratamento desigual.

§ 6º As associações deverão manter um cadastro centralizado de todos os contratos, declarações ou documentos de qualquer natureza que comprovem a autoria e a titularidade das obras e dos fonogramas, bem como as participações individuais em cada obra e em cada fonograma, prevenindo o falseamento de dados e fraudes e promovendo a desambiguação de títulos similares de obras.

§ 7º As informações mencionadas no § 6º são de interesse público e o acesso a elas deverá ser disponibilizado por meio eletrônico a qualquer interessado, de forma gratuita, permitindo-se ainda ao Ministério da Cultura o acesso contínuo e integral a tais informações.

§ 8º Mediante comunicação do interessado e preservada a ampla defesa e o direito ao contraditório, o Ministério da Cultura poderá, no caso de inconsistência nas informações mencionadas no § 6º deste artigo, determinar sua retificação e demais medidas necessárias à sua regularização, conforme disposto em regulamento.

§ 9º As associações deverão disponibilizar sistema de informação para comunicação periódica, pelo usuário, da totalidade das obras e fonogramas utilizados, bem como para acompanhamento, pelos titulares de direitos, dos valores arrecadados e distribuídos.

§ 10. Os créditos e valores não identificados deverão permanecer retidos e à disposição dos titulares pelo período de 5 (cinco) anos, devendo ser distribuídos à medida da sua identificação.

§ 11. Findo o período de 5 (cinco) anos previsto no § 10 sem que tenha ocorrido a identificação dos créditos e valores retidos, estes serão distribuídos aos titulares de direitos de autor e de direitos conexos dentro da mesma rubrica em que foram arrecadados e na proporção de suas respectivas arrecadações durante o período da retenção daqueles créditos e valores, sendo vedada a sua destinação para outro fim.

§ 12. A taxa de administração praticada pelas associações no exercício da cobrança e distribuição de direitos autorais deverá ser proporcional ao custo efetivo de suas operações, considerando as peculiaridades de cada uma delas.

§ 13. Os dirigentes das associações serão eleitos para mandato de 3 (três) anos, permitida uma única recondução precedida de nova eleição.[3]

§ 14. Os dirigentes das associações atuarão diretamente em sua gestão, por meio de voto pessoal, sendo vedado que atuem representados por terceiros.

§ 15. Os titulares de direitos autorais poderão praticar pessoalmente os atos referidos no *caput* e no § 3º deste artigo, mediante comunicação à associação a que estiverem filiados, com até 48 (quarenta e oito) horas de antecedência da sua prática.

§ 16. As associações, por decisão do seu órgão máximo de deliberação e conforme previsto em seus estatutos, poderão destinar até 20% (vinte por cento) da totalidade ou de parte dos recursos oriundos de suas atividades para ações de natureza cultural e social que beneficiem seus associados de forma coletiva.

Art. 98: 1. v. art. 99 § 2º e CC 653 a 692.

Art. 98: 2. Redação do art. 98, *caput* e parágrafos, de acordo com a Lei 12.853, de 14.8.13, em vigor 120 dias após sua publicação (DOU 15.8.13).

Art. 98: 3. **Lei 12.853, de 14.8.13: "Art. 5º** As associações a que se refere o art. 4º desta Lei terão 60 (sessenta) dias para adaptar seus estatutos ao § 13 do art. 98 da Lei n. 9.610, de 1998, permitindo-se que seus dirigentes concluam os mandatos em curso quando do início da vigência desta Lei até o prazo originalmente previsto, após o qual poderão candidatar-se para mandato de 3 (três) anos, com possibilidade de 1 (uma) recondução, nos termos desta Lei". V. o art. 4º da Lei 12.853, de 14.8.13, na nota 2 ao art. 98-A.

Art. 98-A. O exercício da atividade de cobrança de que trata o art. 98 dependerá de habilitação prévia em órgão da Administração Pública Federal, conforme disposto em regulamento, cujo processo administrativo observará: [1-2]

I — o cumprimento, pelos estatutos da entidade solicitante, dos requisitos estabelecidos na legislação para sua constituição;

II — a demonstração de que a entidade solicitante reúne as condições necessárias para assegurar uma administração eficaz e transparente dos direitos a ela confiados e significativa representatividade de obras e titulares cadastrados, mediante comprovação dos seguintes documentos e informações:

a) cadastros das obras e titulares que representam;

b) contratos e convênios mantidos com usuários de obras de seus repertórios, quando aplicável;

c) estatutos e respectivas alterações;

d) atas das assembleias ordinárias ou extraordinárias;

e) acordos de representação recíproca com entidades congêneres estrangeiras, quando existentes;

f) relatório anual de suas atividades, quando aplicável;

g) demonstrações contábeis anuais, quando aplicável;

h) demonstração de que as taxas de administração são proporcionais aos custos de cobrança e distribuição para cada tipo de utilização, quando aplicável;

i) relatório anual de auditoria externa de suas contas, desde que a entidade funcione há mais de 1 (um) ano e que a auditoria seja demandada pela maioria de seus associados ou por sindicato ou associação profissional, nos termos do art. 100;

j) detalhamento do modelo de governança da associação, incluindo estrutura de representação isonômica dos associados;

k) plano de cargos e salários, incluindo valor das remunerações dos dirigentes, gratificações, bonificações e outras modalidades de remuneração e premiação, com valores atualizados;

III — outras informações estipuladas em regulamento por órgão da Administração Pública Federal, como as que demonstrem o cumprimento das obrigações internacionais contratuais da entidade solicitante que possam ensejar questionamento ao Estado Brasileiro no âmbito dos acordos internacionais dos quais é parte.

§ 1º Os documentos e informações a que se referem os incisos II e III do *caput* deste artigo deverão ser apresentados anualmente ao Ministério da Cultura.

§ 2º A habilitação de que trata o § 1º do art. 98 é um ato de qualificação vinculado ao cumprimento dos requisitos instituídos por esta Lei e por seu regulamento e não precisará ser renovada periodicamente, mas poderá ser anulada mediante decisão proferida em processo administrativo ou judicial, quando verificado que a associação não atende ao disposto nesta Lei, assegurados sempre o contraditório e ampla defesa, bem como a comunicação do fato ao Ministério Público.

§ 3º A anulação da habilitação a que se refere o § 1º do art. 98 levará em consideração a gravidade e a relevância das irregularidades identificadas, a boa-fé do infrator e a reincidência nas irregularidades, conforme disposto em regulamento, e somente se efetivará após a aplicação de advertência, quando se concederá prazo razoável para atendimento das exigências apontadas pela autoridade competente.

§ 4º A ausência de uma associação que seja mandatária de determinada categoria de titulares em função da aplicação do § 2º deste artigo não isenta os usuários das obrigações previstas no art. 68, que deverão ser quitadas em relação ao período compreendido entre o indeferimento do pedido de habilitação, a anulação ou o cancelamento da habilitação e a obtenção de nova habilitação ou constituição de entidade sucessora nos termos deste artigo, ficando a entidade sucessora responsável pela fixação dos valores dos direitos autorais ou conexos em relação ao período compreendido entre o indeferimento do pedido de habilitação ou sua anulação e a obtenção de nova habilitação pela entidade sucessora.

§ 5º A associação cuja habilitação, nos termos deste artigo, seja anulada, inexistente ou pendente de apreciação pela autoridade competente, ou apresente qualquer outra forma de irregularidade, não poderá utilizar tais fatos como impedimento para distribuição de eventuais valores já arrecadados, sob pena de responsabilização direta de seus dirigentes nos termos do art. 100-A, sem prejuízo das sanções penais cabíveis.

§ 6º As associações de gestão coletiva de direitos autorais deverão manter atualizados e disponíveis aos associados os documentos e as informações previstos nos incisos II e III deste artigo.

Art. 98-A: 1. O art. 98-A, *caput* e parágrafos, foi acrescido pela Lei 12.853, de 14.8.13, em vigor 120 dias após sua publicação (DOU 15.8.13).

Art. 98-A: 2. Lei 12.853, de 14.8.13: "Art. 4º As associações de gestão coletiva de direitos autorais que, antes da vigência da presente Lei, estejam legalmente constituídas e arrecadando e distribuindo os direitos autorais de obras e fonogramas considerar-se-ão habilitadas para exercerem a atividade econômica de cobrança pelo prazo definido em regulamento, devendo obedecer às disposições constantes do art. 98-A da Lei n. 9.610, de 1998".

Art. 98-B. As associações de gestão coletiva de direitos autorais, no desempenho de suas funções, deverão:[1]

I — dar publicidade e transparência, por meio de sítios eletrônicos próprios, às formas de cálculo e critérios de cobrança, discriminando, dentre outras informações, o tipo de usuário, tempo e lugar de utilização, bem como os critérios de distribuição dos valores dos direitos autorais arrecadados, incluídas as planilhas e demais registros de utilização das obras e fonogramas fornecidas pelos usuários, excetuando os valores distribuídos aos titulares individualmente;

II — dar publicidade e transparência, por meio de sítios eletrônicos próprios, aos estatutos, aos regulamentos de arrecadação e distribuição, às atas de suas reuniões deliberativas e aos cadastros das obras e titulares que representam, bem como ao montante arrecadado e distribuído e aos créditos eventualmente arrecadados e não distribuídos, sua origem e o motivo da sua retenção;

III — buscar eficiência operacional, dentre outros meios, pela redução de seus custos administrativos e dos prazos de distribuição dos valores aos titulares de direitos;

IV — oferecer aos titulares de direitos os meios técnicos para que possam acessar o balanço dos seus créditos da forma mais eficiente dentro do estado da técnica;

V — aperfeiçoar seus sistemas para apuração cada vez mais acurada das execuções públicas realizadas e publicar anualmente seus métodos de verificação, amostragem e aferição;

VI — garantir aos associados o acesso às informações referentes às obras sobre as quais sejam titulares de direitos e às execuções aferidas para cada uma delas, abstendo-se de firmar contratos, convênios ou pactos com cláusula de confidencialidade;

VII — garantir ao usuário o acesso às informações referentes às utilizações por ele realizadas.

Parágrafo único. As informações contidas nos incisos I e II devem ser atualizadas periodicamente, em intervalo nunca superior a 6 (seis) meses.

Art. 98-B: 1. O art. 98-B, *caput* e parágrafos, foi acrescido pela Lei 12.853, de 14.8.13, em vigor 120 dias após sua publicação (DOU 15.8.13).

Art. 98-C. As associações de gestão coletiva de direitos autorais deverão prestar contas dos valores devidos, em caráter regular e de modo direto, aos seus associados.[1]

§ 1º O direito à prestação de contas poderá ser exercido diretamente pelo associado.

§ 2º Se as contas não forem prestadas na forma do § 1º, o pedido do associado poderá ser encaminhado ao Ministério da Cultura que, após sua apreciação, poderá determinar a prestação de contas pela associação, na forma do regulamento.

Art. 98-C: 1. O art. 98-C, *caput* e parágrafos, foi acrescido pela Lei 12.853, de 14.8.13, em vigor 120 dias após sua publicação (DOU 15.8.13).

Art. 99. A arrecadação e distribuição dos direitos relativos à execução pública de obras musicais e literomusicais e de fonogramas será feita por meio das associações de gestão coletiva criadas para este fim por seus titulares, as quais deverão unificar a cobrança em um único escritório central para arrecadação e distribuição, que funcionará como ente arrecadador com personalidade jurídica própria e observará os §§ 1º a 12 do art. 98 e os arts. 98-A, 98-B, 98-C, 99-B, 100, 100-A e 100-B.[1 a 4]

§ 1º O ente arrecadador organizado na forma prevista no *caput* não terá finalidade de lucro e será dirigido e administrado por meio do voto unitário de cada associação que o integra.

Direito Autoral

§ 2º O ente arrecadador e as associações a que se refere este Título atuarão em juízo e fora dele em seus próprios nomes como substitutos processuais dos titulares a eles vinculados.

§ 3º O recolhimento de quaisquer valores pelo ente arrecadador somente se fará por depósito bancário.

§ 4º A parcela destinada à distribuição aos autores e demais titulares de direitos não poderá, em um ano da data de publicação desta Lei, ser inferior a 77,5% (setenta e sete inteiros e cinco décimos por cento) dos valores arrecadados, aumentando-se tal parcela à razão de 2,5% a.a. (dois inteiros e cinco décimos por cento ao ano), até que, em 4 (quatro) anos da data de publicação desta Lei, ela não seja inferior a 85% (oitenta e cinco por cento) dos valores arrecadados.

§ 5º O ente arrecadador poderá manter fiscais, aos quais é vedado receber do usuário numerário a qualquer título.

§ 6º A inobservância da norma do § 5º tornará o faltoso inabilitado à função de fiscal, sem prejuízo da comunicação do fato ao Ministério Público e da aplicação das sanções civis e penais cabíveis.

§ 7º Cabe ao ente arrecadador e às associações de gestão coletiva zelar pela continuidade da arrecadação e, no caso de perda da habilitação por alguma associação, cabe a ela cooperar para que a transição entre associações seja realizada sem qualquer prejuízo aos titulares, transferindo-se todas as informações necessárias ao processo de arrecadação e distribuição de direitos.

§ 8º Sem prejuízo do disposto no § 3º do art. 98, as associações devem estabelecer e unificar o preço de seus repertórios junto ao ente arrecadador para a sua cobrança, atuando este como mandatário das associações que o integram.

§ 9º O ente arrecadador cobrará do usuário de forma unificada, e se encarregará da devida distribuição da arrecadação às associações, observado o disposto nesta Lei, especialmente os critérios estabelecidos nos §§ 3º e 4º do art. 98.

Art. 99: 1. Redação do art. 99, *caput* e parágrafos, de acordo com a Lei 12.853, de 14.8.13, em vigor 120 dias após sua publicação (DOU 15.8.13).

Art. 99: 1a. **Lei 12.853, de 14.8.13: "Art. 6º** Desde que se comprove a observância de todas as exigências para a constituição do novo ente arrecadador unificado, constantes do *caput* do art. 99 da Lei n. 9.610, de 1998, as associações referidas no art. 4º desta Lei poderão requerer ao Ministério da Cultura, no prazo estabelecido em regulamento, que reconheça a pessoa jurídica já constituída como ente arrecadador". V. o art. 4º da Lei 12.853, de 14.8.13, na nota 2 ao art. 98-A.

Art. 99: 2. "Em se tratando de direito de autor, compete a ele a fixação do seu valor, que pode se dar, contudo, diretamente ou por intermédio das associações e do próprio ECAD. Com o ato de filiação as associações atuam como mandatárias de seus filiados, na defesa dos seus interesses (art. 98 da Lei 9.610/98), inclusive e principalmente, junto ao ECAD. O ECAD tem competência para fixar preços, efetuar a cobrança e a distribuição dos direitos autorais, e as associações que o integram legitimamente representam os interesses dos seus filiados, autores das obras protegidas. Não se vislumbra abusividade nas deliberações tomadas, que, inclusive, levaram em conta a proporcionalidade da distribuição dos valores, e, assim, não cabe ao Poder Judiciário se imiscuir nas decisões do ECAD, que administra interesses eminentemente privados, para definir qual o critério mais adequado para a arrecadação e distribuição dos valores referentes aos direitos dos autores das músicas de fundo (*background*)" (STJ-3ª T., REsp 1.331.103, Min. Nancy Andrighi, j. 23.4.13, DJ 16.5.13). No mesmo sentido: STJ-4ª T., REsp 1.552.227, Min. Isabel Gallotti, j. 27.11.18, DJ 6.12.18. V. arts. 98 § 3º e 99 § 8º.

Art. 99: 3. "Não é cabível a mera indicação de um valor, sem permitir ao Judiciário a revisão dos cálculos. O fato de o ECAD ter legitimidade para estabelecer métodos de cobrança não o exime de divulgá-los, possibilitando a fixação do *quantum* de forma aleatória, sem nenhum controle" (STJ-4ª T., REsp 714.265-AgRg, Min. Antonio Ferreira, j. 18.12.12, DJ 4.2.13). V. arts. 98 § 3º e 99 § 8º.

Art. 99: 4. "Por ausência de previsão legal e ante a inexistência de relação contratual, é descabida a cobrança de **multa moratória** estabelecida unilateralmente em Regulamento de Arrecadação do ECAD" (STJ-3ª T., REsp 1.589.598, Min. Ricardo Cueva, j. 13.6.17, DJ 22.6.17). No mesmo sentido: STJ-4ª T., REsp 1.502.992-EDcl-AgInt-EDcl, Min. Isabel Gallotti, j. 17.4.18, DJ 20.4.18.

Art. 99-A. O ente arrecadador de que trata o *caput* do art. 99 deverá admitir em seus quadros, além das associações que o constituíram, as associações de titulares de direitos autorais que tenham pertinência com sua área de atuação e estejam habilitadas em órgão da Administração Pública Federal na forma do art. 98-A.[1]

Parágrafo único. As deliberações quanto aos critérios de distribuição dos recursos arrecadados serão tomadas por meio do voto unitário de cada associação que integre o ente arrecadador.

Art. 99-A: 1. O art. 99-A, *caput* e parágrafo, foi acrescido pela Lei 12.853, de 14.8.13, em vigor 120 dias após sua publicação (DOU 15.8.13).

Art. 99-B. As associações referidas neste Título estão sujeitas às regras concorrenciais definidas em legislação específica que trate da prevenção e repressão às infrações contra a ordem econômica.[1]

Art. 99-B: 1. O art. 99-B foi acrescido pela Lei 12.853, de 14.8.13, em vigor 120 dias após sua publicação (DOU 15.8.13).

Art. 100. O sindicato ou associação profissional que congregue filiados de uma associação de gestão coletiva de direitos autorais poderá, 1 (uma) vez por ano, às suas expensas, após notificação, com 8 (oito) dias de antecedência, fiscalizar, por intermédio de auditor independente, a exatidão das contas prestadas por essa associação autoral a seus representados.[1]

Art. 100: 1. O art. 100 foi alterado pela Lei 12.853, de 14.8.13, em vigor 120 dias após sua publicação (DOU 15.8.13).

Art. 100-A. Os dirigentes das associações de gestão coletiva de direitos autorais respondem solidariamente, com seus bens particulares, por desvio de finalidade ou quanto ao inadimplemento das obrigações para com os associados, por dolo ou culpa.[1]

Art. 100-A: 1. O art. 100-A foi acrescido pela Lei 12.853, de 14.8.13 em vigor 120 dias após sua publicação (DOU 15.8.13).

Art. 100-B. Os litígios entre usuários e titulares de direitos autorais ou seus mandatários, em relação à falta de pagamento, aos critérios de cobrança, às formas de oferecimento de repertório e aos valores de arrecadação, e entre titulares e suas associações, em relação aos valores e critérios de distribuição, poderão ser objeto da atuação de órgão da Administração Pública Federal para a resolução de conflitos por meio de mediação ou arbitragem, na forma do regulamento, sem prejuízo da apreciação pelo Poder Judiciário e pelos órgãos do Sistema Brasileiro de Defesa da Concorrência, quando cabível.[1]

Art. 100-B: 1. O art. 100-B foi acrescido pela Lei 12.853, de 14.8.13, em vigor 120 dias após sua publicação (DOU 15.8.13).

Título VII | DAS SANÇÕES ÀS VIOLAÇÕES DOS DIREITOS AUTORAIS

Capítulo I | DISPOSIÇÃO PRELIMINAR

Art. 101. As sanções civis de que trata este Capítulo aplicam-se sem prejuízo das penas[1] cabíveis.

Art. 101: 1. v. CP 164 a 186, na redação da Lei 6.895, de 17.12.80; CPP 524 a 530.

Capítulo II | DAS SANÇÕES CIVIS

Art. 102. O titular cuja obra seja fraudulentamente reproduzida, divulgada ou de qualquer forma utilizada, poderá requerer a apreensão[1] dos exemplares reproduzidos ou a suspensão da divulgação, sem prejuízo da indenização cabível.[2]

Art. 102: 1. Súmula 228 do STJ: "É inadmissível o interdito proibitório para a proteção do direito autoral" (v. jurisprudência s/ esta Súmula em RSTJ 131/49 a 76).

Art. 102: 2. "A pena pecuniária imposta ao infrator não se encontra restrita ao valor de mercado dos programas apreendidos. Inteligência do art. 102 da Lei 9.610/98 — 'sem prejuízo da indenização cabível'. Na fixação do valor da indenização pela prática da contrafação, observada a razoabilidade, devem ser considerados os seguintes itens balizadores: (i) o fato de que desestimule a prática ofensiva e obste o enriquecimento sem causa do titular dos direitos autorais violados; (ii) o fato de inocorrência de comercialização dos produtos contrafaceados" (STJ-RJ 390/157 e RDDP 88/130: 3ª T., REsp 1.016.087).

"O simples pagamento, pelo contrafator, do valor de mercado por cada exemplar apreendido, não corresponde à indenização pelo dano causado decorrente do uso indevido, e muito menos inibe a sua prática" (STJ-RDDP 98/123: 4ª T., REsp 1.185.943).

"A mera compensação financeira mostra-se não apenas conivente com a conduta ilícita, mas estimula sua prática, tornando preferível assumir o risco de utilizar ilegalmente os programas, pois, se flagrado e processado, o infrator se verá obrigado, quanto muito, a pagar ao titular valor correspondente às licenças respectivas. A quantificação da sanção a ser fixada para as hipóteses de uso indevido (ausente a comercialização) de obra protegida por direitos autorais não se encontra disciplinada pela Lei 9.610/98, de modo que deve o julgador, diante do caso concreto, utilizar os critérios que melhor representem os princípios de equidade e justiça, igualmente considerando a potencialidade da ofensa e seus reflexos. É razoável a majoração da indenização ao equivalente a 10 vezes o valor dos programas apreendidos" (STJ-3ª T., REsp 1.403.865, Min. Nancy Andrighi, j. 7.11.13, DJ 18.11.13). Em sentido semelhante: STJ-4ª T., REsp 1.300.021-AgInt, Min. Lázaro Guimarães, j. 17.10.17, DJ 26.10.17.

"O art. 102 da Lei 9.610/98 fixa sanções cíveis decorrentes da violação de direitos autorais. A exegese desse dispositivo legal evidencia o seu caráter punitivo, ou seja, a intenção do legislador de que seja primordialmente aplicado com o escopo de inibir novas práticas semelhantes. Tanto é assim que a sua parte final ressalva que as penas serão impostas, 'sem prejuízo da indenização cabível'. O art. 103 da Lei 9.610/98, por sua vez, assume também um caráter indenizatório, na medida em que prevê que a perda dos exemplares e o pagamento daqueles que tiverem sido vendidos se dê em favor da vítima. Realizando-se uma análise sistemática dessas normas, conclui-se que elas criam uma via de mão dupla: assim como poderá haver situações em que as sanções não compensarão de forma plena e satisfatória os prejuízos suportados pela vítima — exigindo complementação a título de indenização pelos danos sofridos — haverá casos em que a própria indenização já cumprirá a contento não apenas a função de ressarcir a vítima pelas suas perdas, como também de desencorajar a conduta ilícita. Cabe ao julgador, fazendo uso de seu prudente arbítrio, interpretar casuisticamente os comandos dos arts. 102 e 103 da Lei 9.610/98, definindo a composição e os limites da condenação, utilizando os critérios que melhor representem os princípios de equidade e justiça, alerta para o fato de que os valores arbitrados não deverão conduzir ao enriquecimento indevido da vítima. Tendo em vista as peculiaridades presentes na espécie, de que: (i) as fotografias do recorrente compõem pequena parte do todo da obra; (ii) os novos exemplares serão acompanhados de errata, atribuindo a correta autoria para as fotos; e (iii) não se identifica na conduta das recorridas a tentativa de utilização do trabalho do recorrente para incrementar

— pelo menos não de forma substancial — a vendagem da obra; a condenação imposta pelas instâncias ordinárias se mostra satisfatória, isto é, apta a desempenhar o duplo papel de indenizar a vítima pelos prejuízos suportados, bem como de desestimular a prática ilícita" (STJ-3ª T., REsp 1.367.021, Min. Nancy Andrighi, j. 3.9.13, DJ 12.9.13).

Art. 103. Quem editar[1-1a] obra literária, artística ou científica, sem autorização do titular, perderá para este os exemplares que se apreenderem e pagar-lhe-á o preço dos que tiver vendido.[2-2a]

Parágrafo único. Não se conhecendo o número de exemplares que constituem a edição fraudulenta, pagará o transgressor o valor de três mil exemplares, além dos apreendidos.[3]

Art. 103: 1. "Os arts. 103 e 107 da Lei 9.610/98 incidem apenas nas situações de edição fraudulenta da obra. Na hipótese de simples uso de programa sem a respectiva licença, aplica-se a regra do art. 102 da Lei 9.610/98" (STJ-3ª T., REsp 1.136.676, Min. Nancy Andrighi, j. 17.6.10, DJ 29.6.10).

"Não comprovadas a reprodução e a divulgação dos programas de computador, mas a mera utilização desprovida de licença, não resta configurada a figura da edição fraudulenta" (RJM 174/125).

Todavia, condenando o usuário de produto sem a devida licença, com base nos princípios que informam este art. 103: RT 867/168.

V. tb. art. 102, nota 2.

Art. 103: 1a. "Nas ações que têm por objeto a vulneração de direitos autorais, a **titularidade passiva *ad causam* é da editora** que publicou obra não autorizada pelo autor. Portanto, não cabe denunciar à lide terceiro que eventualmente tenha fornecido material a ser divulgado, pois os cuidados com os direitos autorais é de quem publica" (STJ-3ª T., REsp 1.317.861, Min. João Otávio, j. 5.5.16, DJ 11.5.16).

"A empresa apontada na exordial como responsável pela concepção, editoração e fabricação do material parcialmente contrafeito, é, sim, parte legítima para figurar no polo passivo de ação indenizatória promovida pelo titular dos direitos autorais ali eventualmente violados" (STJ-3ª T., REsp 1.520.978, Min. Ricardo Cueva, j. 18.8.16, maioria, DJ 29.8.16).

Art. 103: 2. "O ressarcimento pela utilização indevida de obra artística deve ser apurado na proporção da efetiva contribuição do autor na totalidade do fonograma produzido, sob pena de enriquecimento sem causa. Destarte, se a música de que participou o recorrido, integrava, juntamente com outras onze, o **fonograma** produzido pela ré, o pagamento dos direitos autorais deve levar em conta tal circunstância, improcedendo o critério fixado no acórdão *a quo*, que determinou o cálculo do ressarcimento pe a totalidade do valor de capa dos discos, CD e K-7 vendidos no mercado" (STJ-4ª T., REsp 46.688, Min. Aldir Passarinho Jr., j. 25.10.99, DJU 3.4.00). No mesmo sentido: RF 398/419 (TJRJ, AP 2008.001.05256).

"Os parâmetros fixados pelo art. 122 da Lei 5.988/73 (art. 103 da Lei 9.610/98) referem-se a indenização por edição e publicação de obras literárias, artísticas ou científicas, diante de violação dos direitos autorais. Nessa hipótese, a edição e publicação, em face da sua forma, confundem-se com o próprio meio empregado para a sua circulação, como nos casos de contrafação. Todavia, na hipótese em julgamento, as charges publicadas indevidamente são pequenas partes do meio de publicação, o **jornal**, composto por matérias de imprensa, artigos, fotografias e demais obras de autoria de inúmeras pessoas, motivo pelo qual não é razoável e, tampouco, proporcional, se admitir que a indenização de parte seja feita pelo valor do todo, o que implicaria enriquecimento ilícito do autor. A indenização com base no valor dos exemplares vendidos somente poderia ser utilizada, no caso concreto, se fosse possível aferir um percentual representativo do valor econômico do direito autoral violado em cada exemplar do jornal onde foi publicado" (STJ-RT 892/142: 4ª T., REsp 735.019).

Art. 103: 2a. "A exegese do art. 103 da Lei 9.610/98 é clara no sentido de que o eventual ressarcimento pela publicação indevida deve ocorrer tendo como parâmetro o número de exemplares efetivamente vendidos. Ausência, na hipótese, em que a divulgação ocorreu de forma graciosa. Nesses casos, a indenização pelos danos materiais orienta-se pela regra concernente ao art. 944 do Código Civil, bem como o valor usualmente recebido, pelo autor da obra artística, pela comercialização de suas fotografias" (STJ-3ª T., REsp 1.158.390, Min. Massami Uyeda, j. 15.12.11, DJ 7.2.12).

Art. 103: 3. "A sanção do § ún. do art. 103 da Lei 9.610/98 tem sua aplicação condicionada à impossibilidade de identificação numérica da contrafação" (STJ-RJ 390/157 e RDDP 88/130: 3ª T., REsp 1.016.087). No mesmo sentido: STJ-RDDP 98/123 (4ª T., REsp 1.185.943).

Art. 104. Quem vender, expuser a venda, ocultar, adquirir, distribuir, tiver em depósito ou utilizar obra ou fonograma reproduzidos com frau-

Direito Autoral

de, com a finalidade de vender, obter ganho, vantagem, proveito, lucro direto ou indireto, para si ou para outrem, será solidariamente responsável com o contrafator, nos termos dos artigos precedentes, respondendo como contrafatores o importador e o distribuidor em caso de reprodução no exterior.[1 a 4]

Art. 104: 1. "O mero fabricante de CDs, sob encomenda de um produtor musical, não pode ser obrigado a conferir, música por música, o conteúdo da mídia que lhe foi encomendada, para verificar se há, efetivamente, a autorização de cada compositor para as gravações. Ele apenas recebe a encomenda de um produto, que fabrica e entrega. Controlar o conteúdo não está entre suas atribuições, de modo que, não sendo ele o distribuidor, não pode responder pela hipótese de reprodução não autorizada de obra musical nos CDs que meramente fabricou a rogo de terceiro" (STJ-3ª T., REsp 979.379, Min. Nancy Andrighi, j. 21.8.08, DJ 5.9.08).

Art. 104: 2. "É objetiva a responsabilidade do agente que reproduz obra de arte sem a prévia e expressa autorização do seu autor. Reconhecida a responsabilidade do contrafator, aquele que adquiriu a obra fraudulenta e obteve alguma vantagem com ela, material ou imaterial, também responde pela violação do direito do autor, sem espaço para discussão acerca da sua culpa pelo evento danoso" (STJ-3ª T., REsp 1.123.456, Min. Massami Uyeda, j. 19.10.10, DJ 3.12.10).

Art. 104: 3. "Em se tratando de **provedor de internet** comum, como os administradores de rede social, não é óbvia a inserção de sua conduta regular em algum dos verbos constantes nos arts. 102 a 104 da Lei de Direitos Autorais. Há que investigar como e em que medida a estrutura do provedor de internet ou sua conduta culposa ou dolosamente omissiva contribuíram para a violação de direitos autorais. No direito comparado, a responsabilidade civil de provedores de internet por violações de direitos autorais praticadas por terceiros tem sido reconhecida a partir da ideia de *responsabilidade contributiva* e de *responsabilidade vicária*, somada à constatação de que a utilização de obra protegida não consubstanciou o chamado *fair use*. Reconhece-se a responsabilidade contributiva do provedor de internet, no cenário de violação de propriedade intelectual, nas hipóteses em que há intencional induzimento ou encorajamento para que terceiros cometam diretamente ato ilícito. A responsabilidade vicária tem lugar nos casos em que há lucratividade com ilícitos praticados por outrem e o beneficiado se nega a exercer o poder de controle ou de limitação dos danos, quando poderia fazê-lo. No caso em exame, a rede social em questão não tinha como traço fundamental o compartilhamento de obras, prática que poderia ensejar a distribuição ilegal de criações protegidas. Conforme constatado por prova pericial, a arquitetura do Orkut não provia materialmente os usuários com os meios necessários à violação de direitos autorais. O ambiente virtual não constituía suporte essencial à pratica de atos ilícitos, como ocorreu nos casos julgados no direito comparado, em que provedores tinham estrutura substancialmente direcionada à violação da propriedade intelectual. Descabe, portanto, a incidência da chamada *responsabilidade contributiva*. Igualmente, não há nos autos comprovação de ter havido lucratividade com ilícitos praticados por usuários em razão da negativa de o provedor exercer o poder de controle ou de limitação dos danos, quando poderia fazê-lo, do que resulta a impossibilidade de aplicação da chamada *teoria da responsabilidade vicária*. Ademais, não há danos materiais que possam ser imputados à inércia do provedor de internet, nos termos da causa de pedir. Ato ilícito futuro não pode acarretar ou justificar dano pretérito. Se houve omissão culposa, são os danos resultantes dessa omissão que devem ser recompostos, descabendo o ressarcimento, pela Google, de eventuais prejuízos que a autora já vinha experimentando antes mesmo de proceder à notificação" (STJ-2ª Seção, REsp 1.512.647, Min. Luis Felipe, j. 13.5.15, DJ 5.8.15).

Art. 104: 4. "A **editora,** nos termos do art. 104 da Lei n. 9.610/1998, pode ser considerada solidariamente responsável pela prática de plágio, sendo desinfluente, pelo menos para aferição de sua legitimidade passiva, o exame da real extensão de sua contribuição para a prática ofensiva aos direitos autorais" (STJ-3ª T., REsp 1.645.746, Min. Ricardo Cueva, j. 6.6.17, DJ 10.8.17).

Art. 105. A transmissão e a retransmissão, por qualquer meio ou processo, e a comunicação ao público de obras artísticas, literárias e científicas, de interpretações e de fonogramas, realizadas mediante violação aos direitos de seus titulares, deverão ser imediatamente suspensas ou interrompidas[1] pela autoridade judicial competente, sem prejuízo da multa diária pelo descumprimento e das demais indenizações cabíveis, independentemente das sanções penais aplicáveis; caso se comprove que o infrator é reincidente na violação aos direitos dos titulares de direitos de autor e conexos, o valor da multa poderá ser aumentado até o dobro.

Art. 105: 1. "A autorização para exibição ou execução das obras compreende o prévio pagamento dos direitos autorais. A possibilidade de concessão da tutela inibitória, para impedir a violação aos direitos autorais de seus titulares (art. 105 da Lei 9.610/98), está prevista de forma ampla na norma, não havendo distinção entre os direitos morais e patrimoniais de autor. Não se deve confundir a pretensão de recebimento dos valores devidos, a ser obtida por meio da tutela condenatória e executiva, com a pretensão inibitória, que visa cessar ou impedir novas violações aos direitos autorais. Ao mesmo tempo, há que se frisar que uma não exclui a outra. Admitir que a execução das obras possa continuar normalmente, mesmo sem o recolhimento dos valores devidos ao ECAD — porque essa cobrança será objeto de tutela jurisdicional própria —, seria o mesmo que permitir a violação aos direitos patrimoniais de autor, relativizando a norma que prevê que o pagamento dos respectivos valores deve ser prévio (art. 68, *caput* e § 4º, da Lei 9.610/98)" (STJ-3ª T., REsp 1.190.841, Min. Nancy Andrighi, j. 11.6.13, DJ 21.6.13).

Art. 106. A sentença condenatória poderá determinar a destruição de todos os exemplares ilícitos, bem como as matrizes, moldes, negativos e demais elementos utilizados para praticar o ilícito civil, assim como a perda de máquinas, equipamentos e insumos destinados a tal fim ou, servindo eles unicamente para o fim ilícito, sua destruição.

Art. 107. Independentemente da perda dos equipamentos utilizados, responderá por perdas e danos, nunca inferiores ao valor que resultaria da aplicação do disposto no art. 103 e seu parágrafo único, quem:

I — alterar, suprimir, modificar ou inutilizar, de qualquer maneira, dispositivos técnicos introduzidos nos exemplares das obras e produções protegidas para evitar ou restringir sua cópia;

II — alterar, suprimir ou inutilizar, de qualquer maneira, os sinais codificados destinados a restringir a comunicação ao público de obras, produções ou emissões protegidas ou a evitar a sua cópia;

III — suprimir ou alterar, sem autorização, qualquer informação sobre a gestão de direitos;

IV — distribuir, importar para distribuição, emitir, comunicar ou puser à disposição do público, sem autorização, obras, interpretações ou execuções, exemplares de interpretações fixadas em fonogramas e emissões, sabendo que a informação sobre a gestão de direitos, sinais codificados e dispositivos técnicos foram suprimidos ou alterados sem autorização.

Art. 108. Quem, na utilização, por qualquer modalidade, de obra intelectual, deixar de indicar ou de anunciar, como tal, o nome, pseudônimo ou sinal convencional do autor e do intérprete, além de responder por danos morais, está obrigado a divulgar-lhes a identidade[1] da seguinte forma:

I — tratando-se de empresa de radiodifusão, no mesmo horário em que tiver ocorrido a infração, por três dias consecutivos;

II — tratando-se de publicação gráfica ou fonográfica, mediante inclusão de errata nos exemplares ainda não distribuídos, sem prejuízo de comunicação, com destaque, por três vezes consecutivas em jornal de grande circulação, dos domicílios do autor, do intérprete e do editor ou produtor;

III — tratando-se de outra forma de utilização, por intermédio da imprensa, na forma a que se refere o inciso anterior.

Art. 108: 1. v. art. 24-II.

Art. 109. A execução pública feita em desacordo com os arts. 68, 97, 98 e 99 desta lei sujeitará os responsáveis a multa de vinte vezes o valor que deveria ser originariamente pago.[1 a 2]

Direito Autoral

Art. 109: 1. "Direitos autorais. Multa de 20 vezes o valor do débito. Art. 109 da Lei Federal 9.610/98. Ilegalidade e inconstitucionalidade", por Luiz Manoel Gomes Júnior e Emerson Cortezia de Souza (RT 812/115).

Art. 109: 1a. "A elevada multa prevista no art. 109 da novel Lei n. 9.610, equivalente a vinte vezes o valor devido originariamente, não é de ser aplicada a qualquer situação indistintamente, porquanto objetiva, por seu caráter punitivo e severa consequência, não propriamente penalizar atraso ou omissão do usuário, mas, sim, a ação de má-fé, ilícita, de usurpação do direito autoral, o que não se revela na hipótese, em que o estabelecimento comercial, modesto, utilizava a sonorização mecânica apenas como elemento coadjuvante da atividade fim, sem intenção fraudulenta direta, como se dá em casos de contrafação mediante produção de cópias desautorizadas de fitas e CD. Temperamento que se põe na aplicação da lei, sob pena de se inviabilizar a própria atividade econômica desenvolvida pelo usuário, com prejuízo geral, em contrário ao princípio insculpido no art. 5º da LICC" (STJ-RDPr 16/273: 4ª T., REsp 439.441, com comentário de Luiz Manoel Gomes Junior e Emerson Cortezia de Souza). No mesmo sentido: STJ-3ª T., Ag em REsp 233.232-EDcl, Min. Sidnei Beneti, j. 5.3.13, DJ 15.3.13; JTJ 313/106, RJTJERGS 273/100 (AP 70021094123).

Art. 109: 2. "Por **valor originário** entenda-se o montante dos direitos autorais sem a incidência de juros moratórios e correção monetária. Destarte, na aplicação da penalidade civil, não há falar em correção monetária e juros para remunerar a mora, que serão considerados em momento posterior, quando do pagamento devido" (STJ-4ª T., REsp 1.473.384, Min. Luis Felipe, j. 6.12.16, DJ 22.2.17).

Art. 109-A. A falta de prestação ou a prestação de informações falsas no cumprimento do disposto no § 6º do art. 68 e no § 9º do art. 98 sujeitará os responsáveis, por determinação da autoridade competente e nos termos do regulamento desta Lei, a multa de 10 (dez) a 30% (trinta por cento) do valor que deveria ser originariamente pago, sem prejuízo das perdas e danos.[1]

Parágrafo único. Aplicam-se as regras da legislação civil quanto ao inadimplemento das obrigações no caso de descumprimento, pelos usuários, dos seus deveres legais e contratuais junto às associações referidas neste Título.

Art. 109-A: 1. O art. 109-A, *caput* e parágrafo, foi acrescido pela Lei 12.853, de 14.8.13, em vigor 120 dias após sua publicação (DOU 15.8.13).

Art. 110. Pela violação de direitos autorais nos espetáculos e audições públicas, realizados nos locais ou estabelecimentos a que alude o art. 68, seus proprietários, diretores, gerentes, empresários e arrendatários respondem solidariamente[1-2] com os organizadores dos espetáculos.

Art. 110: 1. v. CC 275 a 285.

Art. 110: 2. "O município que cede local a terceiros, para realização de espetáculo musical, responde solidariamente com os organizadores do espetáculo pelo pagamento dos direitos autorais" (RJM 165/240).

V. tb. art. 68, nota 6a.

Capítulo III | DA PRESCRIÇÃO DA AÇÃO

Art. 111. (VETADO)[1]

Art. 111: 1. v. CC 206, nota 3g.

Título VIII | DISPOSIÇÕES FINAIS E TRANSITÓRIAS

Art. 112. Se uma obra, em consequência de ter expirado o prazo de proteção que lhe era anteriormente reconhecido pelo § 2º do art. 42 da Lei

n. 5.988, de 14 de dezembro de 1973,[1] caiu no domínio público, não terá o prazo de proteção dos direitos patrimoniais ampliado por força do art. 41 desta lei.

Art. 112: 1. Este prazo, na Lei 5.988, era de sessenta anos (e não de setenta, como na lei atual), contados a partir de 1º de janeiro do ano subsequente ao do falecimento do autor.

Art. 113. Os fonogramas, os livros e as obras audiovisuais sujeitar-se-ão a selos ou sinais de identificação sob a responsabilidade do produtor, distribuidor ou importador, sem ônus para o consumidor, com o fim de atestar o cumprimento das normas legais vigentes, conforme dispuser o regulamento.[1]

Art. 113: 1. Este artigo foi regulamentado pelo Dec. 4.533, de 19.12.02.

Art. 114. Esta lei entra em vigor cento e vinte dias após sua publicação.

Art. 115. Ficam revogados os arts. 649 a 673[1] e 1.346 a 1.362[2] do Código Civil e as Leis ns. 4.944, de 6 de abril de 1966;[3] 5.988, de 14 de dezembro de 1973,[4] excetuando-se o art. 17 e seus §§ 1º e 2º; 6.800, de 25 de junho de 1980;[5] 7.123, de 12 de setembro de 1983;[6] 9.045, de 18 de maio de 1995,[7] e demais disposições em contrário, mantidos[8] em vigor as Leis ns. 6.533,[9] de 24 de maio de 1978 e 6.615,[10] de 16 de dezembro de 1978.

Art. 115: 1. Continham disposições gerais s/ propriedade literária, científica e artística.

Art. 115: 2. Continham disposições s/ o contrato de edição e a representação dramática.

Art. 115: 3. Lei 4.944 — Dispõe sobre a proteção a artistas, produtores de fonogramas e organismos de radiodifusão, e dá outras providências.

Art. 115: 4. Lei 5.988 — Regula os direitos autorais e dá outras providências. O art. 17 da Lei 5.988 pode ser lido em nota 2 ao art. 19 da lei acima.

Art. 115: 5. Lei 6.800: alterou os arts. 83 e 117 da Lei 5.988.

Art. 115: 6. Lei 7.123: revogou os arts. 93 e 120-I da Lei 5.988.

Art. 115: 7. Lei 9.045 — s/ reprodução de obras em caracteres Braille.

Art. 115: 8. *sic.*

Art. 115: 9. Lei 6.533 — Dispõe sobre a regulamentação das profissões de artista e de técnico em espetáculos de diversões, e dá outras providências.

Art. 115: 10. Lei 6.615 — Dispõe sobre a regulamentação da profissão de radialista e dá outras providências.

Brasília, 19 de fevereiro de 1998; 177º da Independência e 110º da República — FERNANDO HENRIQUE CARDOSO — **Francisco Weffort.**

Ementário
Direito de Resposta

Lei 13.188, de 11.11.15 — Dispõe sobre o direito de resposta ou retificação do ofendido em matéria divulgada, publicada ou transmitida por veículo de comunicação social (v. adiante, texto integral).

Lei n. 13.188, de 11 de novembro de 2015

Dispõe sobre o direito de resposta ou retificação do ofendido em matéria divulgada, publicada ou transmitida por veículo de comunicação social.

A Presidenta da República

Faço saber que o Congresso Nacional decreta e eu sanciono a seguinte Lei:

Art. 1º Esta Lei disciplina o exercício do direito de resposta ou retificação do ofendido em matéria divulgada, publicada ou transmitida por veículo de comunicação social.

Art. 2º Ao ofendido em matéria divulgada, publicada ou transmitida por veículo de comunicação social é assegurado o direito de resposta ou retificação, gratuito e proporcional ao agravo.

§ 1º Para os efeitos desta Lei, considera-se matéria qualquer reportagem, nota ou notícia divulgada por veículo de comunicação social, independentemente do meio ou da plataforma de distribuição, publicação ou transmissão que utilize, cujo conteúdo atente, ainda que por equívoco de informação, contra a honra, a intimidade, a reputação, o conceito, o nome, a marca ou a imagem de pessoa física ou jurídica identificada ou passível de identificação.

§ 2º São excluídos da definição de matéria estabelecida no § 1º deste artigo os comentários realizados por usuários da internet nas páginas eletrônicas dos veículos de comunicação social.[1]

§ 3º A retratação ou retificação espontânea, ainda que a elas sejam conferidos os mesmos destaque, publicidade, periodicidade e dimensão do agravo, não impedem o exercício do direito de resposta pelo ofendido[2] nem prejudicam a ação de reparação por dano moral.[3]

Art. 2º: 1. v. MCI 18 e segs.

Art. 2º: 2. v. art. 3º.

Art. 2º: 3. v. art. 12, especialmente § 1º.

Art. 3º O direito de resposta ou retificação deve ser exercido no prazo decadencial de 60 (sessenta) dias, contado da data de cada divulgação, publicação ou transmissão da matéria ofensiva, mediante correspondência com aviso de recebimento encaminhada diretamente ao veículo de comunicação social ou, inexistindo pessoa jurídica constituída, a quem por ele responda, independentemente de quem seja o responsável intelectual pelo agravo.

§ 1º O direito de resposta ou retificação poderá ser exercido, de forma individualizada, em face de todos os veículos de comunicação social que tenham divulgado, publicado, republicado, transmitido ou retransmitido o agravo original.

§ 2º O direito de resposta ou retificação poderá ser exercido, também, conforme o caso:

I — pelo representante legal do ofendido incapaz ou da pessoa jurídica;

II — pelo cônjuge, descendente, ascendente ou irmão do ofendido que esteja ausente do País ou tenha falecido depois do agravo, mas antes de decorrido o prazo de decadência do direito de resposta ou retificação.

§ 3º No caso de divulgação, publicação ou transmissão continuada e ininterrupta da mesma matéria ofensiva, o prazo será contado da data em que se iniciou o agravo.

Art. 4º A resposta ou retificação atenderá, quanto à forma e à duração, ao seguinte:

I — praticado o agravo em mídia escrita ou na internet, terá a resposta ou retificação o destaque, a publicidade, a periodicidade e a dimensão da matéria que a ensejou;

II — praticado o agravo em mídia televisiva, terá a resposta ou retificação o destaque, a publicidade, a periodicidade e a duração da matéria que a ensejou;

III — praticado o agravo em mídia radiofônica, terá a resposta ou retificação o destaque, a publicidade, a periodicidade e a duração da matéria que a ensejou.

§ 1º Se o agravo tiver sido divulgado, publicado, republicado, transmitido ou retransmitido em mídia escrita ou em cadeia de rádio ou televisão para mais de um Município ou Estado, será conferido proporcional alcance à divulgação da resposta ou retificação.

§ 2º O ofendido poderá requerer que a resposta ou retificação seja divulgada, publicada ou transmitida nos mesmos espaço, dia da semana e horário do agravo.

§ 3º A resposta ou retificação cuja divulgação, publicação ou transmissão não obedeça ao disposto nesta Lei é considerada inexistente.

§ 4º Na delimitação do agravo, deverá ser considerado o contexto da informação ou matéria que gerou a ofensa.

Art. 5º Se o veículo de comunicação social ou quem por ele responda não divulgar, publicar ou transmitir a resposta ou retificação no prazo de 7 (sete) dias, contado do recebimento do respectivo pedido, na forma do art. 3º, restará caracterizado o interesse jurídico para a propositura de ação judicial.

§ 1º É competente para conhecer do feito o juízo do domicílio do ofendido ou, se este assim o preferir, aquele do lugar onde o agravo tenha apresentado maior repercussão.

§ 2º A ação de rito especial de que trata esta Lei será instruída com as provas do agravo e do pedido de resposta ou retificação não atendido, bem como com o texto da resposta ou retificação a ser divulgado, publicado ou transmitido, sob pena de inépcia da inicial,[1] e processada no prazo máximo de 30 (trinta) dias, vedados:

I — a cumulação de pedidos;[1a]

II — a reconvenção;[2]

III — o litisconsórcio,[3] a assistência[4] e a intervenção de terceiros.[5]

§ 3º (VETADO).

Art. 5º: 1. Antes do decreto de inépcia, deve o juiz conceder ao autor oportunidade para a emenda ou complemento da petição inicial (v. CPC 321).

Art. 5º: 1a. s/ cumulação de pedidos, v. CPC 327.

Art. 5º: 2. s/ reconvenção, v. CPC 343.

Art. 5º: 3. s/ litisconsórcio, v. CPC 113 a 118.

Art. 5º: 4. s/ assistência, v. CPC 119 a 124.

Art. 5º: 5. s/ intervenção de terceiros, v. CPC 119 a 138.

Art. 6º Recebido o pedido de resposta ou retificação, o juiz, dentro de 24 (vinte e quatro) horas, mandará citar o responsável pelo veículo de comunicação social para que:

I — em igual prazo, apresente as razões pelas quais não o divulgou, publicou ou transmitiu;

II — no prazo de 3 (três) dias, ofereça contestação.

Parágrafo único. O agravo consistente em injúria não admitirá a prova da verdade.

Art. 7º O juiz, nas 24 (vinte e quatro) horas seguintes à citação, tenha ou não se manifestado o responsável pelo veículo de comunicação, conhecerá do pedido e, havendo prova capaz de convencer sobre a verossimilhança da alegação ou justificado receio de ineficácia do provimento final, fixará desde logo as condições e a data para a veiculação, em prazo não superior a 10 (dez) dias, da resposta ou retificação.

§ 1º Se o agravo tiver sido divulgado ou publicado por veículo de mídia impressa cuja circulação seja periódica, a resposta ou retificação será divulgada na edição seguinte à da ofensa ou, ainda, excepcionalmente, em edição extraordinária, apenas nos casos em que o prazo entre a ofensa e a próxima edição indique desproporcionalidade entre a ofensa e a resposta ou retificação.

§ 2º A medida antecipatória a que se refere o *caput* deste artigo poderá ser reconsiderada ou modificada a qualquer momento, em decisão fundamentada.[1]

§ 3º O juiz poderá, a qualquer tempo, impor multa diária ao réu, independentemente de pedido do autor, bem como modificar-lhe o valor ou a periodicidade, caso verifique que se tornou insuficiente ou excessiva.[1a]

§ 4º Para a efetivação da tutela específica de que trata esta Lei, poderá o juiz, de ofício ou mediante requerimento, adotar as medidas cabíveis para o cumprimento da decisão.[2]

Art. 7º: 1. v. CPC 296 e 298.

Art. 7º: 1a. v. art. 12 § 2º. V. tb. CPC 537.

Art. 7º: 2. v. CPC 536.

Art. 8º Não será admitida a divulgação, publicação ou transmissão de resposta ou retificação que não tenha relação com as informações contidas na matéria a que pretende responder nem se enquadre no § 1º do art. 2º desta Lei.

Art. 9º O juiz prolatará a sentença no prazo máximo de 30 (trinta) dias, contado do ajuizamento da ação, salvo na hipótese de conversão do pedido em reparação por perdas e danos.

Parágrafo único. As ações judiciais destinadas a garantir a efetividade do direito de resposta ou retificação previsto nesta Lei processam-se durante as férias forenses[1] e não se suspendem pela superveniência delas.

Art. 9º: 1. v. CPC 215-III.

Art. 10. Das decisões proferidas nos processos submetidos ao rito especial estabelecido nesta Lei, poderá ser concedido efeito suspensivo pelo tribunal competente, desde que constatadas, em juízo colegiado prévio,[1] a plausibilidade do direito invocado e a urgência na concessão da medida.

Art. 10: 1. A eficácia da expressão "em juízo colegiado prévio" está **suspensa,** de modo que basta decisão monocrática no âmbito do tribunal para deliberar a respeito (STF-Pleno, ADI 5.415, Min. Dias Toffoli, dec. mon., DJ 20.11.15).

Art. 11. A gratuidade da resposta ou retificação divulgada pelo veículo de comunicação, em caso de ação temerária, não abrange as custas processuais nem exime o autor do ônus da sucumbência.[1]

Parágrafo único. Incluem-se entre os ônus da sucumbência os custos com a divulgação, publicação ou transmissão da resposta ou retificação, caso a decisão judicial favorável ao autor seja reformada em definitivo.

Art. 11: 1. s/ ônus da sucumbência, v. CPC 82 § 2º, 84 e 85.

Art. 12. Os pedidos de reparação ou indenização por danos morais, materiais ou à imagem serão deduzidos em ação própria, salvo se o autor, desistindo expressamente da tutela específica de que trata esta Lei, os requerer, caso em que o processo seguirá pelo rito ordinário.[1]

§ 1º O ajuizamento de ação cível ou penal contra o veículo de comunicação ou seu responsável com fundamento na divulgação, publicação ou transmissão ofensiva não prejudica o exercício administrativo ou judicial do direito de resposta ou retificação previsto nesta Lei.[2]

§ 2º A reparação ou indenização dar-se-á sem prejuízo da multa a que se refere o § 3º do art. 7º.

Art. 12: 1. i.e., pelo **procedimento comum** (CPC 318 e segs.).

Art. 12: 2. v. art. 2º § 3º.

Art. 13. O art. 143 do Decreto-Lei n. 2.848, de 7 de dezembro de 1940 (Código Penal), passa a vigorar acrescido do seguinte parágrafo único:

"Art. 143. ....

Parágrafo único. Nos casos em que o querelado tenha praticado a calúnia ou a difamação utilizando-se de meios de comunicação, a retratação dar-se-á, se assim desejar o ofendido, pelos mesmos meios em que se praticou a ofensa".

Art. 14. Esta Lei entra em vigor na data de sua publicação.

Brasília, 11 de novembro de 2015; 194º da Independência e 127º da República — DILMA ROUSSEF — José Eduardo Cardozo

Ementário

Divórcio e Separação Judicial

— v. CF 226 § 6º.

Lei 6.515, de 26.12.77 — Regula os casos de dissolução da sociedade conjugal e do casamento, seus efeitos e respectivos processos, e dá outras providências (v. adiante, texto integral).

Lei 7.841, de 17.10.89 — Revoga o art. 358 da Lei n. 3.071, de 1º de janeiro de 1916 — Código Civil e altera dispositivos da Lei n. 6.515, de 26 de dezembro de 1977.

Lei 8.408, de 13.2.92 — Dá nova redação aos dispositivos da Lei n. 6.515, de 26 de dezembro de 1977.

Lei n. 6.515, de 26 de dezembro de 1977

Regula os casos de dissolução da sociedade conjugal e do casamento, seus efeitos e respectivos processos, e dá outras providências.

O Presidente da República,
Faço saber que o Congresso Nacional decreta e eu sanciono a seguinte lei:

Art. 1º A separação judicial,[1] a dissolução do casamento, ou a cessação de seus efeitos civis, de que trata a Emenda Constitucional n. 9, de 28 de junho de 1977,[2] ocorrerão nos casos e segundo a forma que esta lei regula.

Art. 1º: 1. v. CC 1.571, nota 2b **(Em. Const. 66, de 13.7.10).**

Art. 1º: 2. Em. Const. 9, de 28.6.77, à Constituição revogada. Atualmente, v. CF 226 § 6º.

Capítulo I | DA DISSOLUÇÃO DA SOCIEDADE CONJUGAL

Art. 2º A sociedade conjugal termina:[1]

I — pela morte de um dos cônjuges;

II — pela nulidade ou anulação do casamento;[2]

III — pela separação judicial;[3-3a]

IV — pelo divórcio.[4-5]

Parágrafo único. O casamento válido somente se dissolve pela morte de um dos cônjuges ou pelo divórcio.[6]

Art. 2º: 1. No mesmo sentido: CC 1.571.

Art. 2º: 2. s/ situação dos filhos, v. art. 14.

Art. 2º: 3. s/ separação judicial, v. arts. 3º a 13, 15 a 23, 34, 39, 41, 42, 46.

V. CC 1.571, nota 2b (Em. Const. 66, de 13.7.10).

Art. 2º: 3a. ou extrajudicial (CPC 733).

Art. 2º: 4. **CF 226: "§ 6º** (*redação da Em. Const. 66, de 13.7.10*) O casamento civil pode ser dissolvido pelo divórcio".

Art. 2º: 5. s/ divórcio, v. arts. 13, 15, 16, 21 a 33, 35 a 37, 40, 43 a 48. S/ divórcio extrajudicial, v. CPC 733.

Art. 2º: 6. No mesmo sentido: CC 1.571 § ún.

Seção I | DOS CASOS E EFEITOS DA SEPARAÇÃO JUDICIAL[1]

SEÇ. I: 1. **v. CC 1.571, nota 2b (Em. Const. 66, de 13.7.10).**

Art. 3º A separação judicial[1 a 2] põe termo aos deveres de coabitação, fidelidade recíproca[3] e ao regime matrimonial de bens,[4-4a] como se o casamento fosse dissolvido.[4b]

§ 1º O procedimento judicial da separação caberá somente aos cônjuges, e, no caso de incapacidade, serão representados por curador, ascendente ou irmão.[5]

§ 2º O juiz deverá promover todos os meios para que as partes se reconciliem ou transijam, ouvindo pessoal e separadamente cada uma delas e, a seguir, reunindo-as em sua presença, se assim considerar necessário.

§ 3º Após a fase prevista no parágrafo anterior, se os cônjuges pedirem, os advogados deverão ser chamados a assistir aos entendimentos e deles participar.

Art. 3º: 1. tanto litigiosa, como consensual.

Art. 3º: 1a. e também a extrajudicial (CPC 733).

Art. 3º: 2. Disposições pertinentes tanto à separação litigiosa como à consensual: arts. 3º, 7º, 8º, 13, 15, 16, 21 a 23, 41, 42, 46.

Disposições relativas à separação litigiosa: arts. 5º, 6º, 10 a 12, 17 a 20.

Disposições referentes à separação consensual: arts. 4º, 9º, 34, 39.

Art. 3º: 3. v. CC 1.566-I e 1.576.

Nos casos do art. 5º §§ 1º e 2º, nem o divórcio extingue o dever de assistência (CC 1.566-III) ao antigo cônjuge (v. art. 26 desta lei).

Art. 3º: 4. v. CC 1.639 a 1.688.

Art. 3º: 4a. "A separação de fato que se prolonga no tempo é fator jurídico suficiente para que não mais se comuniquem os bens, mesmo em regime de comunhão universal" (RJTJERGS 176/727).

Art. 3º: 4b. A separação põe fim à sociedade conjulgal, mas mantém intacto o vínculo matrimonial, o que impede os cônjuges de contraírem novas núpcias.

Art. 3º: 5. cf. art. 24 § ún.; tb. CC 1.576 § ún., CPC 245 § 4º.

Art. 4º Dar-se-á a separação judicial por mútuo consentimento dos cônjuges,[1-1a] se forem casados há mais de 2 (dois) anos,[2] manifestado perante o juiz e devidamente homologado.

Art. 4º: 1. tb. denominada separação consensual (v. art. 39).

Art. 4º: 1a. O mútuo consentimento também autoriza a separação extrajudicial, uma vez atendidos os demais requisitos do CPC 733.

Art. 4º: 2. CC 1.574: "Dar-se-á a separação judicial por mútuo consentimento dos cônjuges se forem casados por **mais de um ano** e o manifestarem perante o juiz, sendo por ele devidamente homologada a convenção.

"Parágrafo único. O juiz pode recusar a homologação e não decretar a separação judicial se apurar que a convenção não preserva suficientemente os interesses dos filhos ou de um dos cônjuges".

CC 1.575: "Parágrafo único. A partilha de bens poderá ser feita mediante proposta dos cônjuges e homologada pelo juiz ou por este decidida".

Art. 5º A separação judicial[1-2] pode ser pedida por um só dos cônjuges quando imputar ao outro conduta desonrosa ou qualquer ato que importe em grave violação dos deveres do casamento e tornem[3] insuportável a vida em comum.[4 a 5]

§ 1º (*redação da Lei 8.408, de 13.2.92*) A separação judicial pode, também, ser pedida se um dos cônjuges provar a ruptura da vida em comum há mais de um ano consecutivo, e a impossibilidade de sua reconstituição.[6]

§ 2º O cônjuge pode ainda pedir a separação judicial quando o outro estiver acometido de grave doença mental, manifestada após o casamento, que torne impossível a continuação da vida em comum, desde que, após

Divórcio

uma duração de 5 (cinco) anos, a enfermidade tenha sido reconhecida como de cura improvável.

§ 3º Nos casos dos parágrafos anteriores, reverterão, ao cônjuge que não houver pedido a separação judicial, os remanescentes dos bens que levou para o casamento, e, se o regime de bens adotado o permitir, também a meação nos adquiridos na constância da sociedade conjugal.[7]

Art. 5º: 1. litigiosa, cujo procedimento é o comum (art. 34-*caput*), com uma fase preliminar de reconciliação ou conciliação (art. 3º §§ 2º e 3º).

Art. 5º: 2. No mesmo sentido: CC 1.572-*caput* e § 1º.

Art. 5º: 3. O verbo no plural ("tornem") tanto se refere à "conduta desonrosa" como à "grave violação dos deveres do casamento".

Art. 5º: 4. s/ impossibilidade de vida em comum, v. CC 1.573.

Art. 5º: 4a. "A proclamação da liberdade de não permanecer casado (ou: um réquiem para a culpa na dissolução das relações afetivas)", por Cristiano Chaves de Farias (RDPr 16/46); "Danos morais em família? Conjugalidade, parentalidade e responsabilidade civil", por Maria Celina Bodin de Moraes (RF 386/183).

Art. 5º: 5. cf. CC 1.572 e 1.573. S/ situação dos filhos, v. art. 10.

Art. 5º: 6. v. nota 4.

Art. 5º: 7. Essa regra incide somente no caso do § 2º deste dispositivo legal, por força do que dispõe o CC 1.572 § 3º.

Art. 6º Nos casos dos §§ 1º e 2º do artigo anterior, a separação judicial poderá ser negada, se constituir, respectivamente, causa de agravamento das condições pessoais ou da doença do outro cônjuge, ou determinar, em qualquer caso, consequências morais de excepcional gravidade para os filhos menores.[1]

Art. 6º: 1. Esta disposição não foi reproduzida pelo CC atual.

Art. 7º A separação judicial[1] importará na separação de corpos e na partilha de bens.[2]

§ 1º A separação de corpos[3-3a] poderá ser determinada como medida cautelar (art. 796 do CPC).[4]

§ 2º A partilha de bens poderá ser feita mediante proposta dos cônjuges e homologada pelo juiz ou por este decidida.[5]

Art. 7º: 1. tanto litigiosa como consensual.

Art. 7º: 2. v. CC 1.575-*caput*, especialmente nota 2.

Art. 7º: 3. s/ separação de corpos e guarda de filhos, v. CC 1.585.

Art. 7º: 3a. A separação de corpos corre em **segredo de justiça** (CPC 189-II).

Art. 7º: 4. A referência é ao CPC rev.
S/ tutela provisória, v. CPC 294 e segs.

Art. 7º: 5. v. CC 1.575 § ún.

Art. 8º A sentença que julgar a separação judicial[1] produz seus efeitos à data de seu trânsito em julgado, ou à da decisão que tiver concedido separação cautelar.

Art. 8º: 1. tanto litigiosa, como consensual.

Seção II | DA PROTEÇÃO DA PESSOA DOS FILHOS[1-2]

SEÇ. II: 1. s/ dissolução da sociedade conjugal, v. CC 1.571, nota 2b **(Em. Const. 66, de 13.7.10).**

SEÇ. II: 2. Entendemos que esta Seção foi **implicitamente revogada** pelo Código Civil (Lei 10.406, de 10.1.02), diploma legal superveniente cujos arts. 1.583 a 1.590 passaram a regular a matéria relativa à "proteção da pessoa dos filhos".

Art. 9º No caso de dissolução da sociedade conjugal pela separação judicial consensual (art. 4º), observar-se-á o que os cônjuges acordarem sobre a guarda dos filhos.[1]

Art. 9º: 1. v., porém, art. 34 § 2º. V. tb. CC 1.574 § ún.

Art. 10. Na separação judicial fundada no *caput* do art. 5º, os filhos menores ficarão com o cônjuge que a ela não houver dado causa.

§ 1º Se pela separação judicial forem responsáveis ambos os cônjuges, os filhos menores ficarão em poder da mãe, salvo se o juiz verificar que de tal solução possa advir prejuízo de ordem moral para eles.

§ 2º Verificado que não devem os filhos permanecer em poder da mãe nem do pai, deferirá o juiz a sua guarda a pessoa notoriamente idônea da família de qualquer dos cônjuges.

Art. 11. Quando a separação judicial ocorrer com fundamento no § 1º do art. 5º, os filhos ficarão em poder do cônjuge em cuja companhia estavam durante o tempo de ruptura da vida em comum.

Art. 12. Na separação judicial fundada no § 2º do art. 5º, o juiz deferirá a entrega dos filhos ao cônjuge que estiver em condição de assumir, normalmente, a responsabilidade de sua guarda e educação.

Art. 13. Se houver motivos graves, poderá o juiz, em qualquer caso, a bem dos filhos, regular por maneira diferente da estabelecida nos artigos anteriores a situação deles com os pais.[1]

Art. 13: 1. v. CC 1.586.

Art. 14. No caso de anulação do casamento, havendo filhos comuns, observar-se-á o disposto nos arts. 10 e 13.[1]

Parágrafo único. Ainda que nenhum dos cônjuges esteja de boa-fé ao contrair o casamento, seus efeitos civis aproveitarão aos filhos comuns.

Art. 14: 1. v. CC 1.561 e notas.

Art. 15. Os pais, em cuja guarda não estejam os filhos, poderão visitá-los e tê-los em sua companhia, segundo fixar o juiz, bem como fiscalizar sua manutenção e educação.[1]

Art. 15: 1. v. CC 1.589 e notas.

Art. 16. As disposições relativas à guarda e à prestação de alimentos aos filhos menores estendem-se aos filhos maiores inválidos.[1]

Art. 16: 1. v. CC 1.590.

Seção III | DO USO DO NOME[1 a 2]

SEÇ. III: 1. s/ dissolução da sociedade conjugal, v. CC 1.571, nota 2b **(Em. Const. 66, de 13.7.10).**

SEÇ. III: 1a. v. art. 25 § ún., que dispõe s/ nome da mulher, no caso de conversão da separação judicial em divórcio.

Os arts. 17 e 18, abaixo, somente se referem à ação de separação judicial.

SEÇ. III: 2. Entendemos que esta Seção foi **implicitamente revogada** pelo Código Civil (Lei 10.406, de 10.1.02), diploma legal superveniente cujo art. 1.578 passou a regular a matéria relativa ao "uso do nome" pelos cônjuges separados.

Art. 17. Vencida na ação de separação judicial (art. 5º, *caput*), voltará a mulher a usar o nome de solteira.[1]

§ 1º Aplica-se, ainda, o disposto neste artigo, quando é da mulher a iniciativa da separação judicial com fundamento nos §§ 1º e 2º do art. 5º.

§ 2º Nos demais casos, caberá à mulher a opção pela conservação do nome de casada.

Art. 17: 1. se for o caso, porque pode não ter adotado o nome do marido (CC 1.565 § 1º).

Art. 18. Vencedora na ação de separação judicial (art. 5º, *caput*), poderá a mulher renunciar, a qualquer momento, ao direito de usar o nome do marido.

Seção IV | DOS ALIMENTOS[1]

SEÇ. IV: 1. s/ alimentos, v. tb. arts. 16 e 28 a 30, bem como Lei 5.478, de 25.7.68, no tít. ALIMENTOS. V. ainda CC 1.694 a 1.710.

S/ dissolução da sociedade conjugal, v. CC 1.571, nota 2b **(Em. Const. 66, de 13.7.10).**

Art. 19. O cônjuge responsável pela separação judicial[1] prestará ao outro, se dela necessitar, a pensão que o juiz fixar.[2]

Art. 19: 1. litigiosa. Na separação consensual, v. CPC 731-II.

Art. 19: 2. v. CC 1.702 e 1.704.

S/ revisão da pensão, v. art. 28; s/ extinção da pensão, v. arts. 29 e 30.

Art. 20. Para manutenção dos filhos, os cônjuges, separados judicialmente, contribuirão na proporção de seus recursos.

Art. 21. Para assegurar o pagamento da pensão alimentícia, o juiz poderá determinar a constituição de garantia real ou fidejussória.

§ 1º Se o cônjuge credor preferir, o juiz poderá determinar que a pensão consista no usufruto[1] de determinados bens do cônjuge devedor.

§ 2º Aplica-se, também, o disposto no parágrafo anterior, se o cônjuge credor justificar a possibilidade do não recebimento regular da pensão.

Art. 21: 1. v. CC 1.390 a 1.411. A sentença deve ser levada a registro (LRP 167-I-7).

Art. 22. Salvo decisão judicial, as prestações alimentícias, de qualquer natureza, serão corrigidas monetariamente na forma dos índices de atualização das Obrigações Reajustáveis do Tesouro Nacional — ORTN.

Parágrafo único. No caso do não pagamento das referidas prestações no vencimento, o devedor responderá, ainda, por custas e honorários de advogado apurados simultaneamente.

Art. 23. A obrigação de prestar alimentos transmite-se aos herdeiros do devedor, na forma do art. 1.796 do Código Civil.[1]

Art. 23: 1. v. CC 1.700.

Capítulo II DO DIVÓRCIO[1]

CAP. II: 1. v. CC 1.571, nota 2b **(Em. Const. 66, de 13.7.10)**.

Art. 24. O divórcio[1 a 2] põe termo ao casamento e aos efeitos civis do matrimônio religioso.[3]

Parágrafo único. O pedido somente competirá aos cônjuges, podendo, contudo, ser exercido, em caso de incapacidade, por curador, ascendente ou irmão.[4]

Art. 24: 1. Outras disposições s/ divórcio, fora deste capítulo: arts. 13, 15, 16, 21, 22 e 23 (também aplicáveis aos casos de separação), 35 a 37 (disp. processuais), 40 (divórcio precedido de separação de fato), 43 (partilha, na sentença de divórcio), 44 (contagem do prazo de separação), 45 (disp. trans. sobre regime de bens), 46 (reconciliação), 47 e 48 (s/ documento que supra a falta de autos extraviados cu arquivados em outra circunscrição judiciária).

Art. 24: 1a. que também pode ser realizado extrajudicialmente, nos termos do CPC 733.

Art. 24: 2. s/ sentença estrangeira de divórcio de brasileiro ou brasileira, v. LINDB 7º § 6º (nova redação, em LDi 49) e RISTF 367.

Art. 24: 3. v. CC 1.515 a 1.516, LRP 71 a 75.

Art. 24: 4. cf. art. 3º § 1º.

Art. 25 (*redação da Lei 8.408, de 13.2.92*). A conversão em divórcio da separação judicial[1] dos cônjuges existente há mais de um ano, contada da data da decisão ou da que concedeu a medida cautelar correspondente (art. 8º),[2] será decretada por sentença, da qual não constará referência à causa que a determinou.

Parágrafo único (*redação da Lei 8.408, de 13.2.92*). A sentença de conversão determinará que a mulher volte a usar o nome que tinha antes de contrair matrimônio,[3] só conservando o nome de família do ex-marido se a alteração prevista neste artigo acarretar:

I — evidente prejuízo para a sua identificação;

II — manifesta distinção entre o seu nome de família e o dos filhos havidos da união dissolvida;

III — dano grave reconhecido em decisão judicial.

Art. 25: 1. tanto litigiosa, como consensual.

Art. 25: 2. v. art. 44, que dispõe diversamente, e de maneira mais clara, s/ o mesmo assunto.

Art. 25: 3. v. CC 1.571 e 1.578; s/ o nome da mulher, na separação judicial, v. art. 17 § 2º.

Art. 26. No caso de divórcio resultante da separação prevista nos §§ 1º e 2º do art. 5º,[1] o cônjuge que teve a iniciativa da separação continuará com o dever de assistência ao outro (Código Civil — art. 231, n. III).[2-3]

Art. 26: 1. v. notas ao art. 5º.

Art. 26: 2. O art. 231-III do CC rev. corresponde ao CC 1.566-III.

Art. 26: 3. "Sendo de iniciativa do ex-marido a ação direta de divórcio intentada com fundamento na ruptura da vida em comum, subsiste a sua obrigação de prestar alimentos ao ex-cônjuge, independentemente da cogitação de culpa pela separação do casal" (RSTJ 31/341).

Art. 27. O divórcio não modificará os direitos e deveres dos pais em relação aos filhos.[1]

Parágrafo único. O novo casamento de qualquer dos pais ou de ambos também não importará restrição a esses direitos e deveres.[2]

Art. 27: 1. v. CC 1.579 e 1.632.

Art. 27: 2. v. CC 1.636-*caput*.

Art. 28. Os alimentos devidos pelos pais e fixados na sentença de separação poderão ser alterados a qualquer tempo.[1]

Art. 28: 1. mediante ação revisional (cf. LA 15).

Art. 29. O novo casamento do cônjuge credor da pensão extinguirá a obrigação do cônjuge devedor.[1-2]

Art. 29: 1. Do mesmo modo, cessa a obrigação do devedor dos alimentos no caso de o credor passar a viver em união estável (RT 698/84, 862/238, JTJ 167/15, 260/38).

Art. 29: 2. No sentido de que a ocultação dolosa do novo casamento do alimentado torna restituíveis as prestações pagas indevidamente: JTJ 143/133.

Art. 30. Se o cônjuge devedor da pensão vier a casar-se, o novo casamento não alterará sua obrigação.[1]

Art. 30: 1. v. CC 1.699, nota 1a e 1.708.

Art. 31. Não se decretará o divórcio se ainda não houver sentença definitiva[1] de separação judicial, ou se esta não tiver decidido sobre a partilha dos bens.[2-3]

Art. 31: 1. i. e., transitada em julgado.

Art. 31: 2. v. CC 1.580, nota 2.

Art. 31: 3. **CC 1.581:** "O divórcio pode ser concedido sem que haja prévia partilha de bens".

Art. 32. A sentença definitiva do divórcio produzirá efeitos depois de registrada[1] no registro público competente.[2]

Art. 32: 1. ou melhor: averbada (cf. CC 10-I e LRP 100 § 1º).

Art. 32: 2. v. CC 10-I, LRP 29 § 1º-*a* c/c art. 97.

Art. 33. Se os cônjuges divorciados quiserem restabelecer a união conjugal só poderão fazê-lo mediante novo casamento.[1]

Art. 33: 1. ao contrário do que ocorre na separação judicial de qualquer tipo (v. art. 46).

Capítulo III | DO PROCESSO[1]

CAP. III: 1. v. CC 1.571, nota 2b **(Em. Const. 66, de 13.7.10).**

Art. 34. A separação judicial consensual[1] se fará pelo procedimento previsto nos arts. 1.120 e 1.124 do Código de Processo Civil,[1a] e as demais[2] pelo procedimento ordinário.[3]

§ 1º A petição será também assinada pelos advogados das partes ou pelo advogado escolhido de comum acordo.

§ 2º O juiz pode recusar a homologação e não decretar a separação judicial, se comprovar que a convenção não preserva suficientemente os interesses dos filhos ou de um dos cônjuges.[4]

§ 3º Se os cônjuges não puderem ou não souberem assinar, é lícito que outrem o faça a rogo deles.

§ 4º As assinaturas, quando não lançadas na presença do juiz, serão, obrigatoriamente, reconhecidas por tabelião.

Art. 34: 1. CC 1.580: "Decorrido **um ano** do trânsito em julgado da sentença que houver decretado a separação judicial, ou da decisão concessiva da medida cautelar de separação de corpos, qualquer das partes poderá requerer sua conversão em divórcio".

Art. 34: 1a. v. CPC 731 e segs.

Art. 34: 2. A expressão "as demais", no texto, refere-se às três espécies de separação litigiosa: a comum (art. 5º-*caput*) e as especiais (§§ 1º e 2º do art. 5º).

Art. 34: 3. v. CPC 318 e segs. (procedimento comum).

S/ ações de família, v. CPC 693 a 699.

Art. 34: 4. v. CC 1.574 § ún.

Art. 35. A conversão da separação judicial em divórcio será feita mediante pedido de qualquer dos cônjuges.[1]

Parágrafo único. O pedido será apensado aos autos da separação judicial (art. 48).[2-3]

Art. 35: 1. ou de ambos (CC 1.580 § 2º), hipótese em que, obviamente, não se aplica o art. 36, e o juiz, ouvido o Ministério Público, profere desde logo sentença.

Art. 35: 2. salvo o disposto nos arts. 47 e 48.

Art. 35: 3. O § ún. se refere à conversão amigável de separação em divórcio; para a ação de divórcio, a competência está prevista no CPC 53-I.

Art. 36. Do pedido referido no artigo anterior, será citado o outro cônjuge, em cuja resposta não caberá reconvenção.[1]

Parágrafo único. A contestação[2-3] só pode fundar-se em:

I (*redação da Lei 7.841, de 17.10.89*) — falta do decurso de 1 (um) ano da separação judicial;

II — descumprimento das obrigações assumidas pelo requerente na separação.[4-5]

Divórcio

Art. 36: 1. v. CPC 343.

Art. 36: 2. O prazo para contestação é de 15 dias (CPC 335).

Art. 36: 3. No que couber, o réu pode aduzir, em preliminar, a matéria constante do CPC 337.

✎ **Art. 36: 4.** "O descumprimento de obrigações impostas quando da separação como causa de obstacularização do divórcio", por João Francisco Moreira Viegas (Just. 171/134); "Conversão de separação em divórcio, pendente obrigação alimentar. Possibilidade à luz da doutrina moderna", por Accácio Cambi (RDPr 19/7 e RBDF 25/5).

Art. 36: 5. O inciso II do § ún. do art. 36 **não foi recepcionado** pela Constituição Federal (CF 226 § 6º); logo, "o inadimplemento de obrigação alimentícia assumida quando da separação judicial não impede a transformação em divórcio" (STF-Pleno, RE 387.271, Min. Marco Aurélio, j. 8.8.07, DJU 1.2.08).

"Não mais persiste, face a vigência do Código Civil *(de 2002)*, o impedimento à concessão da separação em divórcio, por inadimplemento de obrigação alimentar" (JTJ 289/92).

Também afirmando a insubsistência desse inciso II: RT 697/69, maioria, 718/114, 733/221, 740/275, 761/311, JTJ 148/44, 171/64, 176/51, 188/38, 197/48, 203/44, 234/270, maioria, 259/89, RTJE 137/199, 144/197, RJ 201/69.

Assim, tende a ficar superado o entendimento no sentido da subsistência desse inciso II no ordenamento jurídico nacional (p/ esse entendimento, v. STJ-3ª T., REsp 343.635-AgRg; JTJ 162/53, 191/61, maioria, RJTJERGS 176/720).

Art. 37. O juiz conhecerá diretamente do pedido, quando não houver contestação ou necessidade de produzir prova em audiência,[1] e proferirá sentença dentro em 10 (dez) dias.

§ 1º A sentença limitar-se-á à conversão da separação em divórcio, que não poderá ser negada, salvo se provada qualquer das hipóteses previstas no parágrafo único do artigo anterior.

§ 2º A improcedência do pedido de conversão não impede que o mesmo cônjuge o renove, desde que satisfeita a condição anteriormente descumprida.

Art. 37: 1. cf. CPC 355-I.

Art. 38 *(revogado expressamente pela Lei 7.841, de 17.10.89)*.

Art. 39. No capítulo III do Título II do Livro IV do Código de Processo Civil,[1] as expressões "desquite por mútuo consentimento", "desquite" e "desquite litigioso" são substituídas por "separação consensual" e "separação judicial".

Art. 39: 1. As referências são ao CPC rev.

Capítulo IV | DAS DISPOSIÇÕES FINAIS E TRANSITÓRIAS[1]

CAP. IV: 1. v. CC 1.571, nota 2b (Em. Const. 66, de 13.7.10).

Art. 40 *(redação da Lei 7.841, de 17.10.89)*. No caso de separação de fato, e desde que completados 2 (dois) anos consecutivos, poderá ser promovida ação de divórcio,[1] na qual deverá ser comprovado decurso do tempo da separação.[2-3]

§ 1º *(revogado expressamente pela Lei 7.841, de 17.10.89)*.

§ 2º No divórcio consensual, o procedimento adotado será o previsto nos arts. 1.120 a 1.124 do Código de Processo Civil,[3a] observadas, ainda, as seguintes normas:

I — a petição conterá a indicação dos meios probatórios da separação de fato, e será instruída com a prova documental já existente;

II — a petição fixará o valor da pensão do cônjuge que dela necessitar para sua manutenção, e indicará as garantias para o cumprimento da obrigação assumida;

III — se houver prova testemunhal, ela será produzida na audiência de ratificação do pedido de divórcio, a qual será obrigatoriamente realizada;[4]

IV — a partilha dos bens[5-6] deverá ser homologada pela sentença do divórcio.

§ 3º Nos demais casos,[7] adotar-se-á o procedimento ordinário.[8]

Art. 40: 1. O art. 40 disciplina o chamado "divórcio direto".

Art. 40: 2. O exame do novo texto do *caput* do art. 40 mostra que ele:

— deixou de ser disposição transitória e passou a definitiva;

— reduziu o prazo da separação de cinco para dois anos;

— excluiu a necessidade de prova da causa da separação (que a jurisprudência também já vinha excluindo).

Assim: "Após a alteração introduzida pela Lei 7.841/89, modificando a redação do *caput* do art. 40 da Lei n. 6.515/77 e revogando seu § 1º, não há mais que se cogitar, pelo menos não necessariamente, da análise da causa da separação ('culpa') para efeito de decretação do divórcio direto, sendo bastante o requisito da separação de fato por dois anos consecutivos" (STJ-RT 727/111).

Art. 40: 3. "Não impede a lei que o separado judicialmente opte por ajuizar o divórcio direto, ocorrendo os pressupostos deste, até porque não é razoável que o separado de fato lhe tenha direito maior" (RSTJ 28/538 e Bol. AASP 1.727/27).

Art. 40: 3a. v. CPC 731 e segs.

Art. 40: 4. Este inciso está de acordo com a retificação publicada no DOU 11.4.78.

Art. 40: 5. **CC 1.581:** "O divórcio pode ser concedido sem que haja prévia partilha de bens".

Art. 40: 6. **Súmula 197 do STJ:** "O divórcio direto pode ser concedido sem que haja prévia partilha dos bens" (v. jurisprudência s/ esta Súmula em RSTJ 101/421).

Art. 40: 7. i. e., se o divórcio for contencioso, com prévia separação de fato por mais de 2 anos.

Art. 40: 8. cf. art. 34-*caput, in fine*.

Art. 41. As causas de desquite em curso na data da vigência desta lei, tanto as que se processam pelo procedimento especial[1-2] quanto as de procedimento ordinário, passam automaticamente a visar à separação judicial.

Art. 41: 1. i. e., os desquites por mútuo consentimento.

Art. 41: 2. i. e., as ações de desquite.

Art. 42. As sentenças já proferidas em causas de desquite são equiparadas, para os efeitos desta lei, às de separação judicial.

Art. 43. Se, na sentença do desquite [1] não tiver sido homologada ou decidida a partilha dos bens, ou quando esta não tenha sido feita posteriormente, a decisão de conversão[2] disporá sobre ela.[3]

Art. 43: 1. i. e., da separação judicial.

Art. 43: 2. da separação judicial ("desquite") em divórcio.

Art. 43: 3. Não necessariamente. A partilha de bens não é requisito para a conversão da separação em divórcio (v. CC 1.580, nota 2).

Art. 44. Contar-se-á o prazo de separação judicial a partir da data em que, por decisão judicial proferida em qualquer processo, mesmo nos de jurisdição voluntária, for determinada ou presumida a separação dos cônjuges.[1]

Art. 44: 1. v. art. 25, que dispõe diversamente.

Art. 45. Quando o casamento se seguir a uma comunhão de vida entre os nubentes, existentes[1] antes de 28 de junho de 1977, que haja perdurado por 10 (dez) anos consecutivos ou da qual tenha resultado filhos, o regime matrimonial de bens será estabelecido livremente, não se lhe aplicando o disposto no art. 258, parágrafo único, n. II, do Código Civil.[2-3]

Art. 45: 1. *sic*; deve ser "existente".

Art. 45: 2. v. CC 1.641, especialmente nota 4.

Art. 45: 3. O CC rev. 258 § ún.-II tornava obrigatório o regime da separação de bens no casamento "do maior de sessenta e da maior de cinquenta anos". O novo CC 1.641-II se refere à "pessoa maior de setenta anos".

Art. 46. Seja qual for a causa da separação judicial, e o modo como esta se faça, é permitido aos cônjuges restabelecer a todo o tempo a sociedade conjugal,[1] nos termos em que fora constituída, contanto que o façam mediante requerimento nos autos da ação de separação.[2]

Parágrafo único. A reconciliação[3-4] em nada prejudicará os direitos de terceiros,[5] adquiridos antes e durante a separação, seja qual for o regime de bens.

Art. 46: 1. No mesmo sentido: CC 1.577.

Art. 46: 2. ou nos autos do pedido de separação consensual.

Art. 46: 3. que deve ser averbada no registro civil (LRP 29 § 1º-*a* c/c 101).

Art. 46: 4. A reconciliação de divorciados só pode ser feita mediante novo casamento (v. art. 33).

Art. 46: 5. No mesmo sentido: CC 1.577 § ún.

Art. 47. Se os autos do desquite ou os da separação judicial tiverem sido extraviados, ou se encontrarem em outra circunscrição judiciária, o pedido de conversão em divórcio será instruído com a certidão da sentença, ou da sua averbação no assento de casamento.[1]

Art. 47: 1. v. LRP 29 § 1º-*a* c/c 97.

Art. 48. Aplica-se o disposto no artigo anterior, quando a mulher desquitada tiver domicílio diverso daquele em que se julgou o desquite.

Art. 49. Os §§ 5º e 6º do art. 7º da Lei de Introdução ao Código Civil[1] passam a vigorar com a seguinte redação:[2]

....

Art. 49: 1. Trata-se do Dec. lei 4.657, de 4.9.42, agora denominado "Lei de Introdução às normas do Direito Brasileiro".

Art. 49: 2. As alterações trazidas pela LDi à LINDB já foram incorporadas ao texto desta (art. 7º §§ 5º e 6º), e não serão repetidas nesta oportunidade.

Art. 50. São introduzidas no Código Civil as alterações seguintes:[1]

....

Art. 50: 1. As alterações em questão dizem respeito ao CC rev., razão pela qual as alterações em questão não serão repetidas nesta oportunidade.

Art. 51. A Lei n. 883, de 21 de outubro de 1949, passa a vigorar com as seguintes alterações:[1]

....

Art. 51: 1. A Lei 883, de 21.10.49, foi expressamente revogada pela Lei 12.004, de 29.7.09, razão pela qual as alterações em questão não serão repetidas nesta oportunidade.

Art. 52. O n. I do art. 100, o n. II do art. 155 e o § 2º do art. 733 do Código de Processo Civil passam a vigorar com a seguinte redação:[1]

....

Art. 52: 1. Este dispositivo se refere ao CPC rev.

Art. 53. A presente lei entrará em vigor na data de sua publicação.

Art. 54. Revogam-se os arts. 315 a 328 e o § 1º do art. 1.605 do Código Civil[1] e as demais disposições em contrário.

Art. 54: 1. Essas revogações referem-se ao CC rev.

Brasília, em 26 de dezembro de 1977; 156º da Independência e 89º da República — ERNESTO GEISEL — **Armando Falcão.**

Ementário

Duplicata

Lei 5.474, de 18.7.68 — Dispõe sobre as duplicatas, e dá outras providências (v., adiante, texto integral).

Dec. lei 436, de 27.1.69 — Revoga o § 2º do art. 1º da Lei n. 5.474, de 18 de julho de 1968, modifica a redação dos seus arts. 13, 14, 16, 17 e 20 e dá outras providências (Lex 1969/68, RT 399/449, RF 26/446). Também modificou o art. 15 da Lei 5.474/68.

Lei 6.268, de 24.11.75 — Dispõe sobre a averbação do pagamento de títulos protestados, a identificação do devedor em títulos cambiais e duplicatas de fatura e dá outras providências (Lex 1975/721, RT 481/448, RF 253/508, Bol. AASP 885/3 e 907/1). Os arts. 1º e 2º foram revogados pela **Lei 6.690, de 25.9.79** (v. abaixo).

Lei 6.304, de 15.12.75 — Estende às duplicatas o processo de autenticação mediante chancela mecânica, nos termos do art. 1º da Lei n. 5.589, de 3 de julho de 1970 (Lex 1975/791, RF 253/511, Bol. AASP 889/3).

Lei 6.458, de 1.11.77 — Adapta ao Código de Processo Civil a Lei n. 5.474, de 18 de julho de 1968, e dá outras providências (RT 505/440, Lex 1977/828, RDA 131/358, RF 260/448, Bol. AASP 987/supl.). Textos alterados da Lei 5.474: arts. 7º § 2º, 15 a 18 e 22 § 4º; v. art. 2º da Lei 6.458, em nota ao Cap. V, a seguir.

Lei 6.690, de 25.9.79 — Disciplina o cancelamento de protesto de títulos cambiais, e dá outras providências (Lex 1979/760, RF 267/451, Ajuris 17/195, Bol. AASP 1.086/3). A **Lei 7.401, de 5.11.85** (Lex 1985/910, RF 292/562, RBDPb 49/218, RAMPR 41/355, Just. 132/225, Bol. AASP 1.405/4), alterou os arts. 2º (§ 2º), 3º e 4º da Lei 6.690.

Lei 13.775, de 20.12.18 — Dispõe sobre a emissão de duplicata sob a forma escritural; altera a Lei n. 9.492, de 10 de setembro de 1997; e dá outras providências (v., adiante, texto integral).

Lei n. 5.474, de 18 de julho de 1968

Dispõe sobre as duplicatas, e dá outras providências.

O Presidente da República

Faço saber que o Congresso Nacional decreta e eu sanciono a seguinte lei:

Capítulo I | DA FATURA E DA DUPLICATA[1]

CAP. I: 1. Não são títulos executivos extrajudiciais:

— a duplicata emitida para a cobrança de juros e correção monetária de outra duplicata paga com atraso (Lex-JTA 147/55);

— a duplicata emitida "com base em contrato de locação de bens móveis, uma vez que a relação jurídica que antecede à sua formação não se enquadra nas hipóteses legais de compra e venda mercantil ou de prestação de serviços" (STJ-3ª T., REsp 397.637, Min. Nancy Andrighi, j. 22.5.03, DJU 23.6.03; STJ-4ª T., AI 660.274-AgRg, Min. Fernando Gonçalves, j. 21.6.05, DJU 1.7.05);

— os "borderôs de desconto de duplicatas (relação de títulos que a emitente-cedente leva ao banco para desconto), ainda que acompanhados dos protocolos de remessa dos documentos para aceite" (RSTJ 116/255).

Art. 1º Em todo o contrato de compra e venda mercantil entre partes domiciliadas no território brasileiro, com prazo não inferior a 30 (trinta) dias, contado da data da entrega ou despacho das mercadorias, o vendedor extrairá a respectiva fatura para apresentação ao comprador.

§ 1º A fatura discriminará as mercadorias vendidas ou, quando convier ao vendedor, indicará somente os números e valores das notas parciais expedidas por ocasião das vendas, despachos ou entregas das mercadorias.

§ 2º (*revogado expressamente pelo Dec. lei 436, de 27.1.69*).

Art. 2º No ato da emissão da fatura, dela poderá ser extraída uma duplicata para circulação como efeito comercial, não sendo admitida qualquer outra espécie de título de crédito para documentar o saque do vendedor pela importância faturada ao comprador.[1]

§ 1º A duplicata conterá:

I — a denominação "duplicata", a data de sua emissão e o número de ordem;

II — o número da fatura;

III — a data certa do vencimento ou a declaração de ser a duplicata à vista;

IV — o nome e domicílio do vendedor e do comprador;[1a]

V — a importância a pagar, em algarismos e por extenso;

VI — a praça de pagamento;

VII — a cláusula à ordem;

VIII — a declaração do reconhecimento de sua exatidão e da obrigação de pagá-la, a ser assinada pelo comprador, como aceite cambial;

IX — a assinatura do emitente.[2-2a]

§ 2º Uma só duplicata não pode corresponder a mais de uma fatura.[3-4]

§ 3º Nos casos de venda para pagamento em parcelas, poderá ser emitida duplicata única, em que se discriminarão todas as prestações e seus vencimentos, ou série de duplicatas, uma para cada prestação, distinguindo-se a numeração a que se refere o item I do § 1º deste artigo, pelo acréscimo de letra do alfabeto, em sequência.

Art. 2º: 1. "A Lei das Duplicatas, em seu art. 2º, determina que a emissão de uma duplicata dá-se com base em uma nota-fatura, ou, ainda, com base no Convênio de Criação do Sistema Nacional Integrado de Informações Econômico-Fiscais, em seu art. 19, § 7º, permite-se que a nota fiscal possa servir como fatura, desde que contenha todos os elementos necessários, passando a ser denominada nota fiscal-fatura. A cobrança de taxa de *demurrage* não constitui lastro causal legalmente previsto para emissão de duplicatas. É defeso, pela Lei das Duplicatas, a emissão de duplicata, com base em qualquer outro documento que não seja uma Nota-Fatura ou uma Nota Fiscal-Fatura" (STJ-4ª T., Ag em REsp 568.983-AgRg, Min. Raul Araújo, j. 16.12.14, DJ 19.12.14).

Art. 2º: 1a. **Lei 6.268, de 24.11.75** (v. ementário): **"Art. 3º** Os títulos cambiais e as duplicatas de fatura conterão, obrigatoriamente, a identificação do devedor pelo número de sua cédula de identidade, de inscrição no cadastro de pessoa física, do título eleitoral ou da carteira profissional.

"Parágrafo único. Nos instrumentos de protesto, serão descritos os elementos de que trata este artigo".

Art. 2º: 2. s/ utilização de chancela mecânica para autenticação de duplicata, v. Lei 6.304, de 15.12.75 (no ementário).

Art. 2º: 2a. **"Assinatura do emitente. Ausência. Irregularidade sanável.** A assinatura do emitente na cártula cumpre as funções de representar a declaração de vontade unilateral que dá origem ao título de crédito e a de vincular o sacador, na hipótese de circulação do documento, como um dos devedores do direito nele inscrito. Na hipótese específica dos autos, não há dúvidas de que houve vontade expressa da recorrida em sacar as duplicatas, tendo em vista a comprovação da realização dos negócios jurídicos causais que autorizam a criação desse título de crédito e, ademais, como as duplicatas não circularam, existe apenas um devedor principal da ordem de pagamento nelas inscrita, qual seja, a recorrente, adquirente das mercadorias vendidas pelo emitente sacador. Nessas circunstâncias, as duplicatas devem ser consideradas perfeitas e, assim, aptas ao ajuizamento da ação de execução" (STJ-3ª T., REsp 1.790.004, Min. Nancy Andrighi, j. 13.10.20, DJ 19.10.20).

Art. 2º: 3. "A vinculação da duplicata a mais de uma fatura retira-lhe requisito essencial sendo inerente à condição da respectiva execução" (STJ-3ª T., REsp 577.785, Min. Menezes Direito, j. 28.9.04, DJU 17.12.04). No mesmo sentido: JTJ 348/204 (AP 7.392.206-0).

Art. 2º: 4. "Apesar de a duplicata só poder espelhar uma fatura, esta pode corresponder à soma de **diversas notas parciais.** De fato, a nota parcial é o documento representativo de uma venda parcial ou de venda realizada dentro do lapso de um mês, que poderá ser agrupada a outras vendas efetivadas nesse período pelo mesmo comprador. Não há proibição legal para que se somem vendas parceladas procedidas no curso de um mês, e do montante se formule uma fatura única ao seu final, sobretudo diante da natureza do serviço contratado, como o de concretagem, a exigir a realização de diversas entregas de material ao dia" (STJ-3ª T., REsp 1.356.541, Min. Ricardo Cueva, j. 5.4.16, DJ 13.4.16).

Art. 3º A duplicata indicará sempre o valor total da fatura, ainda que o comprador tenha direito a qualquer rebate, mencionando o vendedor o valor líquido que o comprador deverá reconhecer como obrigação de pagar.

§ 1º Não se incluirão no valor total da duplicata os abatimentos de preços das mercadorias feitas[1] pelo vendedor até o ato do faturamento, desde que constem da fatura.

§ 2º A venda mercantil para pagamento contra a entrega da mercadoria ou do conhecimento de transporte, sejam ou não da mesma praça vendedor e comprador, ou para pagamento em prazo inferior a 30 (trinta) dias, contado da entrega ou despacho das mercadorias, poderá representar-se, também, por duplicata, em que se declarará que o pagamento será feito nessas condições.

Art. 3º: 1. *sic*.

Art. 4º Nas vendas realizadas por consignatários ou comissários e faturadas em nome e por conta do consignante ou comitente, caberá àqueles cumprir os dispositivos desta lei.

Art. 5º Quando a mercadoria for vendida por conta do consignatário, este é obrigado, na ocasião de expedir a fatura e a duplicata, a comunicar a venda ao consignante.

§ 1º Por sua vez, o consignante expedirá fatura e duplicata correspondente à mesma venda, a fim de ser esta assinada pelo consignatário, mencionando-se o prazo estipulado para a liquidação do saldo da conta.

§ 2º Fica o consignatário dispensado de emitir duplicata quando na comunicação a que se refere o § 1º declarar que o produto líquido apurado está à disposição do consignante.

Capítulo II — DA REMESSA E DA DEVOLUÇÃO DA DUPLICATA

Art. 6º A remessa de duplicata poderá ser feita diretamente pelo vendedor ou por seus representantes, por intermédio de instituições financeiras, procuradores ou correspondentes que se incumbam de apresentá-la ao comprador na praça ou no lugar de seu estabelecimento, podendo os intermediários devolvê-la, depois de assinada, ou conservá-la em seu poder até o momento do resgate, segundo as instruções de quem lhes cometeu o encargo.

§ 1º O prazo para remessa da duplicata será de 30 (trinta) dias, contado da data de sua emissão.

§ 2º Se a remessa for feita por intermédio de representantes, instituições financeiras, procuradores ou correspondentes, estes deverão apresentar o título ao comprador dentro de 10 (dez) dias, contados da data de seu recebimento na praça de pagamento.

Art. 7º A duplicata, quando não for à vista, deverá ser devolvida pelo comprador ao apresentante dentro do prazo de 10 (dez) dias, contado da data de sua apresentação, devidamente assinada ou acompanhada de declaração, por escrito, contendo as razões da falta do aceite.

§ 1º Havendo expressa concordância da instituição financeira cobradora, o sacado poderá reter a duplicata em seu poder até a data do vencimento, desde que comunique, por escrito, à apresentante o aceite e a retenção.

§ 2º (*redação da Lei 6.458, de 1.11.77*) A comunicação de que trata o parágrafo anterior substituirá, quando necessário, no ato do protesto ou na execução judicial, a duplicata a que se refere.

Art. 8º O comprador só poderá deixar de aceitar a duplicata por motivo de:[1]

I — avaria ou não recebimento das mercadorias, quando não expedidas ou não entregues por sua conta e risco;

II — vícios, defeitos e diferenças na qualidade ou na quantidade das mercadorias, devidamente comprovados;

III — divergência nos prazos ou nos preços ajustados.

Art. 8º: 1. "O **desfazimento do negócio,** por acordo com o vendedor, não livra o comprador de honrar a letra, em mãos de terceiro endossatário. Tampouco, retira do título protestado a força executiva que lhe outorga o art. 15 da Lei 5.474/68. Para livrar-se da ação executiva, o sacado deve invocar um dos fundamentos relacionados pelo art. 8º dessa Lei. O protesto do título endossado é necessário, porque 'o portador que não tira, em tempo útil e de forma regular, o instrumento do protesto da letra, perde o direito de regresso contra o sacador, endossadores e avalistas' (art. 32 do Dec. 2.044/1908). Não é lícita a sustação do protesto necessário. Mesmo após desfeita a venda, a compradora continua responsável, perante o endossatário da respectiva duplicata. Terá, contudo, direito de regresso contra o vendedor emitente do título" (STJ-3ª T., REsp 245.460, Min. Gomes de Barros, j. 15.2.05, DJU 9.5.05). **Contra**: "Tratando-se de título causal, a duplicata deve corresponder sempre a uma efetiva compra e venda mercantil ou à prestação de serviços, e demonstrado que não se concretizaram a compra e a venda da mercadoria pela nota fiscal de devolução, deverá ser declarada a inexigibilidade do débito, ainda que tenha sido endossada à empresa de *factoring*" (Bol. AASP 2.610: TJMG, AP 1.0024.05.645915-9/001; no caso, a duplicata não foi aceita porque a mercadoria estava danificada).

V. tb. CC 294, nota 2.

Capítulo III | DO PAGAMENTO DAS DUPLICATAS

Art. 9º É lícito ao comprador resgatar a duplicata antes de aceitá-la ou antes da data do vencimento.

§ 1º A prova do pagamento é o recibo, passado pelo legítimo portador ou por seu representante com poderes especiais, no verso do próprio título ou em documento, em separado, com referência expressa à duplicata.[1]

§ 2º Constituirá, igualmente, prova de pagamento, total ou parcial, da duplicata, a liquidação de cheque, a favor do estabelecimento endossatário, no qual conste, no verso, que seu valor se destina a amortização ou liquidação da duplicata nele caracterizada.

Art. 9º: 1. "A jurisprudência desta Corte, centrada na exegese da art. 9º, § 1º, da Lei 5.474/68, entende que a circulação da duplicata impõe ao sacado o dever de pagar ao endossatário o valor representado no título de crédito, descabendo falar-se em recibo em separado ao endossante, quando presentes a anterioridade do endosso e a inexistência de má-fé na circulação cambial" (STJ-4ª T., REsp 556.002-AgRg, Min. Aldir Passarinho Jr., j. 23.3.10, DJ 26.4.10).

Art. 10. No pagamento da duplicata poderão ser deduzidos quaisquer créditos a favor do devedor resultantes de devolução de mercadorias, diferenças de preço, enganos verificados, pagamentos por conta e outros motivos assemelhados, desde que devidamente autorizados.

Art. 11. A duplicata admite reforma ou prorrogação do prazo de vencimento, mediante declaração em separado ou nela escrita, assinada pelo vendedor ou endossatário, ou por representante com poderes especiais.

Parágrafo único. A reforma ou prorrogação de que trata este artigo, para manter a coobrigação dos demais intervenientes por endosso ou aval, requer a anuência expressa destes.

Art. 12. O pagamento da duplicata poderá ser assegurado por aval, sendo o avalista equiparado àquele cujo nome indicar; na falta da indicação, àquele abaixo de cuja firma lançar a sua; fora desses casos, ao comprador.

Parágrafo único. O aval dado posteriormente ao vencimento do título produzirá os mesmos efeitos que o prestado anteriormente àquela ocorrência.

Capítulo IV | DO PROTESTO[1-1a]

CAP. IV: 1. v., em PROTESTO DE TÍTULOS, Lei 9.492, de 10.9.97, art. 28.

CAP. IV: 1a. "Protesto de duplicata simulada e procedimentos judiciais do sacado", por Celso Barbi Filho (RF 346/31).

Art. 13 (*redação do Dec. lei 436, de 27.1.69*). A duplicata[1] é protestável por falta de aceite de devolução ou pagamento.[1a]

§ 1º (*redação do Dec. lei 436, de 27.1.69*) Por falta de aceite, de devolução ou de pagamento, o protesto será tirado, conforme o caso, mediante apresentação da duplicata, da triplicata, ou, ainda, por simples indicações do portador, na falta de devolução do título.[1b]

§ 2º (*redação do Dec. lei 436, de 27.1.69*) O fato de não ter sido exercida a faculdade de protestar o título, por falta de aceite ou de devolução, não elide a possibilidade de protesto por falta de pagamento.

§ 3º (*redação do Dec. lei 436, de 27.1.69*) O protesto será tirado na praça de pagamento constante do título.[1c]

§ 4º (*redação do Dec. lei 436, de 27.1.69*) O portador que não tirar o protesto[2] da duplicata, em forma regular e dentro do prazo de 30 (trinta) dias, contado da data de seu vencimento, perderá o direito de regresso contra os endossantes e respectivos avalistas.

Art. 13: 1. Boleto bancário não se presta a essa finalidade (STJ-3ª T., REsp 369.808, Min. Castro Filho, j. 21.5.02, DJU 24.6.02; STJ-4ª T., REsp 827.856, Min. Pádua Ribeiro, j. 28.8.07, DJU 17.9.07; RMDECC 15/113).

Art. 13: 1a. A redação primitiva era mais correta: "A duplicata é protestável por falta de aceite, de devolução ou de pagamento".

Art. 13: 1b. "A **comprovação** de que a duplicata foi **remetida para aceite e injustificadamente retida** pelo sacado é pressuposto necessário à extração do protesto por indicação. Nesses termos não é de se admitir o protesto por indicação dos boletos bancários relativos à venda mercantil quando não haja prova de que as duplicatas correspondentes tenham sido injustificadamente retidas" (STJ-3ª T., REsp 953.192, Min. Sidnei Beneti, j. 7.12.10, DJ 17.12.10).

Art. 13: 1c. "Não é no domicílio do devedor que deve ser tirado o protesto, mas sim na praça de pagamento constante do título" (STJ-4ª T., REsp 1.015.152, Min. Luis Felipe, j. 9.10.12, RT 929/739; a citação é do voto do relator).

Art. 13: 2. **Súmula 475 do STJ: "Responde** pelos danos decorrentes de protesto indevido **o endossatário** que recebe por endosso translativo título de crédito contendo vício formal extrínseco ou intrínseco, ficando ressalvado seu direito de regresso contra os endossantes e avalistas".

"O banco endossatário responde pelo encaminhamento a protesto de duplicata sem causa, ressalvado seu direito de regresso contra a endossante" (STJ-4ª T., REsp 193.635, Min. Ruy Rosado, j. 2.2.99, DJU 29.3.99). No mesmo sentido: RJM 178/112.

"A instituição financeira que desconta duplicata mercantil assume risco próprio do negócio. Se a leva a protesto por falta de aceite ou de pagamento, ainda que para o só efeito de garantir o direito de regresso, está legitimada passivamente à ação do sacado" (STJ-3ª T., REsp 846.536, Min. Ari Pargendler, j. 23.8.07, um voto vencido, DJ 28.10.08).

"Embora seja assegurado ao endossatário de boa-fé levar o título a protesto para preservar seu direito de regresso contra o emitente endossante, tendo ele conhecimento prévio e inequívoco de que a duplicata não tem causa ou que o negócio jurídico foi desfeito, deverá responder, juntamente com o endossante, por eventuais danos que tenha causado ao sacado, em virtude desse protesto" (STJ-3ª T., REsp 188.996, Min. Castro Filho, j. 23.8.07, DJU 10.9.07).

"Procedendo o banco réu a protesto de duplicata, recebida mediante endosso translativo, torna-se ele responsável pelo ato ilícito causador da lesão, se verificado que a cártula não dispunha de causa à sua emissão, assumindo, pois, o recorrente, o risco negocial" (STJ-4ª T., AI 833.814-AgRg, Min. Aldir Passarinho Jr., j. 7.2.08, DJU 10.3.08).

"No caso em apreço, a instituição financeira levou a protesto duplicata recebida via endosso mandato desprovida de aceite e desacompanhada de documentos comprobatórios da prestação do serviço ou entrega da mercadoria, o que a torna legítima para a ação indenizatória e de sustação de protesto face à sua atuação negligente" (STJ-4ª T., REsp 999.092-AgRg, Min. Isabel Gallotti, j. 15.5.12, DJ 23.5.12).

"A instituição financeira que recebe a duplicata mediante endosso-caução responde pelos danos decorrentes do protesto, já que caberia àquela verificar a causa do título" (STJ-3ª T., REsp 397.771, Min. Menezes Direito, j. 2.6.05, um voto vencido, DJU 29.8.05).

Todavia: Súmula 476 do STJ: "O endossatário de título de crédito por endosso-mandato só responde por danos decorrentes de protesto indevido **se extrapolar os poderes** de mandatário".

"A ação do sacado, prejudicado pelo protesto de duplicata sem causa de emissão, deve ser proposta contra o sacador/endossante, não contra o endossatário, que tinha o dever de protestar o título. O endossatário/mandatário que protesta a duplicata, sem exceder os poderes que recebeu do mandante, não tem responsabilidade pelos danos

Duplicata

decorrentes do protesto. É, portanto, parte ilegítima na ação de indenização movida pelo sacado" (STJ-3ª T., REsp 778.409, Min. Gomes de Barros, j. 19.10.06, DJU 6.11.06). No mesmo sentido: STJ-4ª T., AI 1.057.035-AgRg, Min. Fernando Gonçalves, j. 6.11.08, DJ 24.11.08; RT 870/293, JTJ 327/417 (AP 1.337.181-4).

"O banco que recebe por endosso-mandato duplicatas representadas por boletos bancários somente é parte legítima para responder pelos danos causados pelo indevido protesto do título se houver sido advertido previamente sobre a falta de higidez da cobrança e, ainda assim, nela prosseguir, hipótese não caracterizada nos autos" (STJ-3ª T., REsp 902.622-AgRg, Min. Sidnei Beneti, j. 4.11.08, DJ 26.11.08).

"Aquele que recebe os títulos por endosso-mandato não tem legitimidade para figurar no polo passivo da ação em que se discute, essencialmente, a validade dos títulos. Assim, a instituição financeira que recebe título de crédito por endosso-mandato não possui legitimidade passiva para responder à ação de sustação ou cancelamento de protesto fundada na nulidade do título" (STJ-3ª T., REsp 953.192, Min. Sidnei Beneti, j. 7.12.10, DJ 17.12.10).

Em síntese: "O endossatário que recebe, por **endosso translativo**, título de crédito contendo vício formal, sendo inexistente a causa para conferir lastro a emissão de duplicata, responde pelos danos causados diante de protesto indevido, ressalvado seu direito de regresso contra os endossantes e avalistas" (STJ-2ª Seção, REsp 1.213.256, Min. Luis Felipe, j. 28.9.11, DJ 14.11.11).

"Só responde por danos materiais e morais o endossatário que recebe título de crédito por **endosso-mandato** e o leva a protesto se extrapola os poderes de mandatário ou em razão de ato culposo próprio, como no caso de apontamento depois da ciência acerca do pagamento anterior ou da falta de higidez da cártula" (STJ-2ª Seção, REsp 1.063.474, Min. Luis Felipe, j. 28.9.11, DJ 17.11.11).

Art. 14 *(redação do Dec. lei 436, de 27.1.69)*. Nos casos de protesto, por falta de aceite, de devolução ou de pagamento, ou feitos por indicações do portador, o instrumento de protesto deverá conter os requisitos enumerados no art. 29 do Decreto n. 2.044, de 31 de dezembro de 1908,[1] exceto a transcrição mencionada no inciso II, que será substituída pela reprodução das indicações feitas pelo portador do título.

Art. 14: 1. **Dec. 2.044, de 31.12.1908** (no tít. LETRA DE CÂMBIO E NOTA PROMISSÓRIA):

"**Art. 29.** O instrumento de protesto deve conter:

"I — a data;

"II — a transcrição literal da letra e das declarações nela inseridas pela ordem respectiva;

"III — a certidão da intimação ao sacado ou ao aceitante ou aos outros sacados, nomeados na letra para aceitar ou pagar, a resposta dada ou a declaração da falta da resposta.

"A intimação é dispensada no caso do sacado ou aceitante firmar na letra a declaração da recusa do aceite ou do pagamento e na hipótese de protesto por causa de falência do aceitante;

"IV — a certidão de não haver sido encontrada ou de ser desconhecida a pessoa indicada para aceitar ou para pagar. Nesta hipótese, o oficial afixará a intimação nos lugares de estilo e, se possível, a publicará pela imprensa;

"V — a indicação dos intervenientes voluntários e das firmas por eles honradas;

"VI — a aquiescência do portador ao aceite por honra;

"VII — a assinatura, com o sinal público, do oficial do protesto.

"Parágrafo único. Este instrumento, depois de registrado no livro de protestos, deverá ser entregue ao detentor ou ao portador da letra ou àquele que houver efetuado o pagamento".

Capítulo V | DO PROCESSO PARA COBRANÇA DA DUPLICATA[1-2]

CAP. V: 1. A redação do título está de acordo com a Lei 6.458, de 1.11.77.

CAP. V: 2. **Lei 6.458, de 1.11.77: "Art. 2º** Para os efeitos do art. 586 do Código de Processo Civil, considera-se título líquido, certo e exigível a duplicata ou a triplicata que, nos termos da Lei n. 5.474, de 18 de julho de 1968, com as alterações introduzidas por esta lei, legitimar o processo de execução".

As alterações feitas pela Lei 6.458 à Lei 5.474 encontram-se incorporadas ao texto desta, acima.

Art. 15 *(redação da Lei 6.458, de 1.11.77)*. A cobrança judicial de duplicata ou triplicata será efetuada de conformidade com o processo aplicável aos títulos executivos extrajudiciais, de que cogita o Livro II do Código de Processo Civil,[1-1a] quando se tratar:

I — de duplicata ou triplicata aceita, protestada ou não;[1b-1c]

II — de duplicata ou triplicata não aceita,[2-2a] contanto que, cumulativamente:

a) haja sido protestada;[3]

b) esteja acompanhada de documento hábil comprobatório da entrega e recebimento da mercadoria;[4] e

c) o sacado não tenha, comprovadamente, recusado o aceite, no prazo, nas condições e pelos motivos previstos nos arts. 7º e 8º desta lei.

§ 1º *(redação da Lei 6.458, de 1.11.77)* Contra o sacador, os endossantes e respectivos avalistas caberá o processo de execução referido neste artigo, quaisquer que sejam a forma e as condições do protesto.[5]

§ 2º *(redação da Lei 6.458, de 1.11.77)* Processar-se-á também da mesma maneira a execução de duplicata ou triplicata não aceita e não devolvida, desde que haja sido protestada mediante indicações do credor ou do apresentante do título, nos termos do art. 14, preenchidas as condições do inciso II deste artigo.

Art. 15: 1. v. CPC 771 e segs.

Art. 15: 1a. "Em observância ao princípio da literalidade, a aposição de **número incorreto da fatura** na duplicata invalida o título de crédito, retirando-lhe a exigibilidade executiva extrajudicial" (STJ-3ª T., REsp 1.601.552, Min. Ricardo Cueva, j. 5.11.19, maioria, DJ 8.11.19). V. art. 2º § 1º-II.

Art. 15: 1b. "Nos termos do art. 15 da Lei 5.474/68, para execução judicial da duplicata basta o próprio título, desde que aceito. Assim, **não se exige que o endossatário confira a regularidade do aceite,** pois se trata de ato pelo qual o título transmuda de causal para abstrato, desvencilhando-se do negócio originário. Ausente qualquer indício de má-fé por parte do endossatário, exigir que ele responda por fatos alheios ao negócio jurídico que o vinculam à duplicata contraria a própria essência do direito cambiário, aniquilando sua principal virtude, que é permitir a fácil e rápida circulação do crédito" (STJ-RF 401/495: 3ª T., REsp 1.102.227).

Art. 15: 1c. "O aceite é ato formal e deve se aperfeiçoar na própria cártula (assinatura do sacado no próprio título), incidindo o princípio da literalidade (art. 25 da LUG). Não pode, portanto, ser dado verbalmente ou em documento em separado. De fato, os títulos de crédito possuem algumas exigências que são indispensáveis à boa manutenção das relações comerciais. A experiência já provou que não podem ser afastadas certas características, como o formalismo, a cartularidade e a literalidade, representando o aceite em separado perigo real às práticas cambiárias, ainda mais quando os papéis são postos em circulação. **O aceite lançado em separado à duplicata não possui nenhuma eficácia cambiária,** mas o documento que o contém poderá servir como prova da existência do vínculo contratual subjacente ao título, amparando eventual ação monitória ou ordinária (art. 16 da Lei 5.474/1968)" (STJ-3ª T., REsp 1.334.464, Min. Ricardo Cueva, j. 15.3.16, DJ 28.3.16).

✎ Art. 15: 2. "Duplicata sem aceite: título de crédito que está perdendo seu valor", por Eduardo Dorfmann Aranovich (Ajuris 99/83).

Art. 15: 2a. "As **duplicatas virtuais** — emitidas e recebidas por meio magnético ou de gravação eletrônica — podem ser protestadas por mera indicação, de modo que a exibição do título não é imprescindível para o ajuizamento da execução judicial. Lei 9.492/97. Os **boletos de cobrança bancária** vinculados ao título virtual, devidamente acompanhados dos instrumentos de protesto por indicação e dos comprovantes de entrega da mercadoria ou da prestação dos serviços, suprem a ausência física do título cambiário eletrônico e constituem, em princípio, títulos executivos extrajudiciais" (STJ-3ª T., REsp 1.024.691, Min. Nancy Andrighi, j. 22.3.11, DJ 13.4.11). Esse acórdão foi mantido no julgamento dos subsequentes embargos de divergência (STJ-2ª Seção, ED no REsp 1.024.691, Min. Raul Araújo, j. 22.8.12, DJ 29.10.12).

V. tb. Lei 9.492, de 10.9.97, art. 8º, nota 1a.

✎ "A duplicata virtual em perspectiva", por Leonardo Netto Parentoni (RMDECC 56/5).

Art. 15: 3. "A duplicata sem aceite só se constitui em título executivo após seu devido protesto, quando se torna exigível e possibilita ao credor manejar as ações cambiárias. Assim, antes da formação do título, não há que se falar em prescrição da pretensão executiva" (STJ-4ª T., REsp 257.595, Min. Luis Felipe, j. 5.3.09, DJ 30.3.09).

S/ prescrição e duplicata, v. tb. CC 202, nota 4a.

Art. 15: 4. "Perde a força executiva as triplicatas desacompanhadas de documento hábil a comprovar a entrega e recebimento de mercadorias, pelo que devem ser descontados seus respectivos valores, da cobrança" (STJ-4ª T., REsp 801.477, Min. Aldir Passarinho Jr., j. 15.10.09, DJ 30.11.09).

Art. 15: 5. "A ausência de aceite pela sacada e de comprovante de entrega de mercadorias não obstam a execução promovida pelo banco endossatário contra a empresa sacadora da duplicata protestada e seu avalista" (STJ-RMDECC 36/106: 4ª T., REsp 598.215).

Art. 16 (*redação da Lei 6.458, de 1.11.77*). Aplica-se o procedimento ordinário[1] previsto no Código de Processo Civil à ação do credor contra o devedor, por duplicata ou triplicata que não preencha os requisitos do art. 15, incisos I e II, e §§ 1º e 2º, bem como a ação para ilidir as razões invocadas pelo devedor para o não aceite do título, nos casos previstos no art. 8º.

Art. 16: 1. v. CPC 318 a 538 (procedimento comum) e 771 a 925 (processo de execução).

Art. 17 (*redação da Lei 6.458, de 1.11.77*). O foro competente para a cobrança judicial da duplicata ou da triplicata é o da praça de pagamento constante do título, ou outra de domicílio do comprador e, no caso de ação regressiva, a dos sacadores, dos endossantes e respectivos avalistas.[1-2]

Art. 17: 1. "Na ação que busca o adimplemento de uma obrigação de natureza cambiária, fundada em duplicatas, para a fixação do foro competente, não se aplicam as regras do Código do Consumidor, nem as do Código de Processo Civil, de caráter geral, mas sim as da lei especial que rege a matéria, qual seja, a Lei n. 5.474/68" (RJM 183/174: AI 1.0702.07.344045-6/001).

Art. 17: 2. "Ante seu caráter territorial, é de natureza relativa a norma de competência do art. 17 da Lei 5.474/68, não afastando a cláusula contratual de eleição de foro" (STJ-3ª T., Ag 1.365.905-AgRg, Min. Paulo Sanseverino, j. 28.6.11, DJ 1.8.11). No mesmo sentido: STJ-4ª T., REsp 1.168.712-AgRg, Min. Luis Felipe, j. 28.5.13, DJ 3.6.13.

Art. 18 (*redação da Lei 6.458, de 1.11.77*). A pretensão à execução da duplicata prescreve:

I — contra o sacado e respectivos avalistas, em 3 (três) anos, contados da data do vencimento do título;

II — contra endossante e seus avalistas, em 1 (um) ano, contado da data do protesto;

III — de qualquer dos coobrigados contra os demais, em 1 (um) ano, contado da data em que haja sido efetuado o pagamento do título.

§ 1º (*redação da Lei 6.458, de 1.11.77*) A cobrança judicial poderá ser proposta contra um ou contra todos os coobrigados, sem observância da ordem em que figurem no título.

§ 2º (*redação da Lei 6.458, de 1.11.77*) Os coobrigados da duplicata respondem solidariamente pelo aceite e pelo pagamento.

Capítulo VI | DA ESCRITA ESPECIAL

Art. 19. A adoção do regime de vendas de que trata o art. 2º desta lei obriga o vendedor a ter e a escriturar o Livro de Registro de Duplicatas.[1]

§ 1º No Registro de Duplicatas serão escrituradas, cronologicamente, todas as duplicatas emitidas, com o número de ordem, data e valor das faturas originárias e data de sua expedição; nome e domicílio do comprador; anotações das reformas, prorrogações e outras circunstâncias necessárias.

§ 2º Os Registros de Duplicatas, que não poderão conter emendas, borrões, rasuras ou entrelinhas, deverão ser conservados nos próprios estabelecimentos.

§ 3º O Registro de Duplicatas poderá ser substituído por qualquer sistema mecanizado, desde que os requisitos deste artigo sejam observados.

Art. 19: 1. v. art. 9º da Lei 13.775, de 20.12.18, neste tít., adiante.

Capítulo VII | DAS DUPLICATAS DE PRESTAÇÃO DE SERVIÇOS

Art. 20. As empresas, individuais ou coletivas, fundações ou sociedades civis, que se dediquem à prestação de serviços, poderão, também, na forma desta lei, emitir fatura e duplicata.

§ 1º A fatura deverá discriminar a natureza dos serviços prestados.

§ 2º A soma a pagar em dinheiro corresponderá ao preço dos serviços prestados.

§ 3º (*redação do Dec. lei 436, de 27.1.69*) Aplicam-se à fatura e à duplicata ou triplicata de prestação de serviços, com as adaptações cabíveis, as disposições referentes à fatura e à duplicata ou triplicata de venda mercantil, constituindo documento hábil, para transcrição do instrumento de protesto, qualquer documento que comprove a efetiva prestação dos serviços e o vínculo contratual que a autorizou.

Art. 21. O sacado poderá deixar de aceitar a duplicata de prestação de serviços por motivo de:

I — não correspondência com os serviços efetivamente contratados;

II — vícios ou defeitos na qualidade dos serviços prestados, devidamente comprovados;

III — divergência nos prazos ou nos preços ajustados.

Art. 22. Equiparam-se às entidades constantes do art. 20, para os efeitos da presente lei, ressalvado o disposto no Capítulo VI, os profissionais liberais e os que prestam serviço de natureza eventual desde que o valor do serviço ultrapasse a NCr$ 100,00 (cem cruzeiros novos).

§ 1º Nos casos deste artigo, o credor enviará ao devedor fatura ou conta que mencione a natureza e valor dos serviços prestados, data e local do pagamento e o vínculo contratual que deu origem aos serviços executados.

§ 2º Registrada a fatura ou conta no Cartório de Títulos e Documentos, será ela remetida ao devedor com as cautelas constantes do art. 6º.

§ 3º O não pagamento da fatura ou conta no prazo nela fixado autorizará o credor a levá-la a protesto, valendo, na ausência do original, certidão do cartório competente.

§ 4º (*redação da Lei 6.458, de 1.11.77*) O instrumento do protesto, elaborado com as cautelas do art. 14, discriminando a fatura ou conta original ou a certidão do Cartório de Títulos e Documentos, autorizará o ajuizamento do competente processo de execução na forma prescrita nesta lei.

Capítulo VIII | DAS DISPOSIÇÕES GERAIS

Art. 23. A perda ou extravio da duplicata obrigará o vendedor a extrair triplicata, que terá os mesmos efeitos e requisitos e obedecerá às mesmas formalidades daquela.

Art. 24. Da duplicata poderão constar outras indicações, desde que não alterem sua feição característica.

Art. 25. Aplicam-se à duplicata e à triplicata, no que couber, os dispositivos da legislação sobre emissão, circulação e pagamento das letras de câmbio.[1]

Art. 25: 1. **Dec. 2.044, de 31.12.1908** — Define a letra de câmbio e a nota promissória e regula as operações cambiais (no tít. LETRA DE CÂMBIO E NOTA PROMISSÓRIA, ínt.).

Dec. leg. 54, de 8.9.64 — Aprova Convenções para adoção de uma lei uniforme sobre letras de câmbio, notas promissórias e cheques e respectivos Protocolos (RT 350/621, Lex 1964/753). Estas Convenções, quanto às letras de câmbio e promissórias, foram promulgadas pelo **Dec. 57.663, de 24.1.66** (RT 366/427, Lex 1966/160) e estão incorporadas ao direito interno brasileiro (RTJ 58/744), exceto as reservas apostas às mesmas pelo Brasil (RTJ 60/217).

Art. 26. O art. 172 do Código Penal (Decreto-lei n. 2.848, de 7 de dezembro de 1940) passa a vigorar com a seguinte redação:

"Art. 172. Expedir ou aceitar duplicata que não corresponda, juntamente com a fatura respectiva, a uma venda efetiva de bens ou a uma real prestação de serviço.

Pena — Detenção, de um a cinco anos, e multa.[1-2]

Parágrafo único. Nas mesmas penas incorrerá aquele que falsificar ou adulterar a escrituração do Livro de Registro de Duplicatas".

Art. 26: 1. A redação do art. 172 do CP, quanto à pena, está de acordo com o disposto na Lei 7.209, de 11.7.84 (Lex 1984/350), art. 2º.

Art. 26: 2. **Lei 8.137, de 27.12.90: "Art. 19.** O **'caput'** do **art. 172** do **Dec. lei n. 2.848, de 7 de dezembro de 1940** — Código Penal, passa a ter a seguinte redação:

'Art. 172. Emitir fatura, duplicata ou nota de venda que não corresponda à mercadoria vendida, em quantidade ou qualidade, ou ao serviço prestado.

Pena — detenção, de 2 (dois) a 4 (quatro) anos, e multa'".

Art. 27. O Conselho Monetário Nacional, por proposta do Ministério da Indústria e do Comércio, baixará, dentro de 120 (cento e vinte) dias da data da publicação desta lei, normas para padronização formal dos títulos e documentos nela referidos, fixando prazo para sua adoção obrigatória.

Art. 28. Esta lei entrará em vigor 30 (trinta) dias após a data de sua publicação, revogando-se a Lei n. 187, de 15 de janeiro de 1936, a Lei n. 4.068, de 9 de junho de 1962, os Decretos-leis ns. 265, de 28 de fevereiro de 1967, 320, de 29 de março de 1967, 331, de 21 de setembro de 1967, e 345, de 28 de dezembro de 1967, na parte referente às duplicatas, e todas as demais disposições em contrário.

Brasília, 18 de julho de 1968; 147º da Independência e 80º da República — A. COSTA E SILVA — **Luís Antônio da Gama e Silva — Antônio Delfim Netto — Edmundo de Macedo Soares.**

Lei n. 13.775, de 20 de dezembro de 2018

Dispõe sobre a emissão de duplicata sob a forma escritural; altera a Lei n. 9.492, de 10 de setembro de 1997; e dá outras providências.

O Presidente da República

Faço saber que o Congresso Nacional decreta e eu sanciono a seguinte Lei:

Art. 1º Esta Lei dispõe sobre a emissão de duplicata sob a forma escritural.

Art. 2º A duplicata de que trata a Lei n. 5.474, de 18 de julho de 1968, pode ser emitida sob a forma escritural, para circulação como efeito comercial, observadas as disposições desta Lei.

Art. 3º A emissão de duplicata sob a forma escritural far-se-á mediante lançamento em sistema eletrônico de escrituração gerido por quaisquer das entidades que exerçam a atividade de escrituração de duplicatas escriturais.

§ 1º As entidades de que trata o *caput* deste artigo deverão ser autorizadas por órgão ou entidade da administração federal direta ou indireta a exercer a atividade de escrituração de duplicatas.

§ 2º No caso da escrituração de que trata o *caput* deste artigo, feita por Central Nacional de Registro de Títulos e Documentos, após autorizada a exercer a atividade prevista no *caput* deste artigo, nos termos do § 1º deste artigo, a referida escrituração caberá ao oficial de registro do domicílio do emissor da duplicata.

§ 3º Se o oficial de registro não estiver integrado ao sistema central, a competência de que trata o § 2º deste artigo será transferida para a Capital da respectiva entidade federativa.

§ 4º O valor total dos emolumentos cobrados pela central nacional de que trata o § 2º deste artigo para a prática dos atos descritos nesta Lei será fixado pelos Estados e pelo Distrito Federal, observado o valor máximo de R$ 1,00 (um real) por duplicata.

Art. 4º Deverá ocorrer no sistema eletrônico de que trata o art. 3º desta Lei, relativamente à duplicata emitida sob a forma escritural, a escrituração, no mínimo, dos seguintes aspectos:

I — apresentação, aceite, devolução e formalização da prova do pagamento;

II — controle e transferência da titularidade;

III — prática de atos cambiais sob a forma escritural, tais como endosso e aval;

IV — inclusão de indicações, informações ou de declarações referentes à operação com base na qual a duplicata foi emitida ou ao próprio título; e

V — inclusão de informações a respeito de ônus e gravames constituídos sobre as duplicatas.

§ 1º O gestor do sistema eletrônico de escrituração deverá realizar as comunicações dos atos de que trata o *caput* deste artigo ao devedor e aos demais interessados.

§ 2º O órgão ou entidade da administração federal de que trata o § 1º do art. 3º desta Lei poderá definir a forma e os procedimentos que deverão ser observados para a realização das comunicações previstas no § 1º deste artigo.

§ 3º O sistema eletrônico de escrituração de que trata o *caput* deste artigo disporá de mecanismos que permitam ao sacador e ao sacado comprovarem, por quaisquer meios de prova admitidos em direito, a entrega e o recebimento das mercadorias ou a prestação do serviço, devendo a apresentação das provas ser efetuada em meio eletrônico.

§ 4º Os endossantes e avalistas indicados pelo apresentante ou credor como garantidores do cumprimento da obrigação constarão como tal dos extratos de que trata o art. 6º desta Lei.

Art. 5º Constituirá prova de pagamento, total ou parcial, da duplicata emitida sob a forma escritural a liquidação do pagamento em favor do legítimo credor, utilizando-se qualquer meio de pagamento existente no âmbito do Sistema de Pagamentos Brasileiro.

Parágrafo único. A prova de pagamento de que trata o *caput* deste artigo deverá ser informada no sistema eletrônico de escrituração previsto no art. 3º desta Lei, com referência expressa à duplicata amortizada ou liquidada.

Art. 6º Os gestores dos sistemas eletrônicos de escrituração de que trata o art. 3º desta Lei ou os depositários centrais, na hipótese de a duplicata emitida sob a forma escritural ter sido depositada de acordo com a Lei n. 12.810, de 15 de maio de 2013, expedirão, a pedido de qualquer solicitante, extrato do registro eletrônico da duplicata.

§ 1º Deverão constar do extrato expedido, no mínimo:

I — a data da emissão e as informações referentes ao sistema eletrônico de escrituração no âmbito do qual a duplicata foi emitida;

II — os elementos necessários à identificação da duplicata, nos termos do art. 2º da Lei n. 5.474, de 18 de julho de 1968;

III — a cláusula de inegociabilidade; e

IV — as informações acerca dos ônus e gravames.

§ 2º O extrato de que trata o *caput* deste artigo pode ser emitido em forma eletrônica, observados requisitos de segurança que garantam a autenticidade do documento.

§ 3º O sistema eletrônico de escrituração de que trata o art. 3º desta Lei deverá manter em seus arquivos cópia eletrônica dos extratos emitidos.

§ 4º Será gratuita a qualquer solicitante a informação, prestada por meio da rede mundial de computadores, de inadimplementos registrados em relação a determinado devedor.

Art. 7º A duplicata emitida sob a forma escritural e o extrato de que trata o art. 6º desta Lei são títulos executivos extrajudiciais, devendo-se observar, para sua cobrança judicial, o disposto no art. 15 da Lei n. 5.474, de 18 de julho de 1968.

Art. 8º A Lei n. 9.492, de 10 de setembro de 1997, passa a vigorar com as seguintes alterações:

"Art. 8º ....

§ 1º ....

§ 2º Os títulos e documentos de dívida mantidos sob a forma escritural nos sistemas eletrônicos de escrituração ou nos depósitos centralizados de que trata a Lei n. 12.810, de 15 de maio de 2013, poderão ser recepcionados para protesto por extrato, desde que atestado por seu emitente, sob as penas da lei, que as informações conferem com o que consta na origem." (NR)

"Art. 41-A. Os tabeliães de protesto manterão, em âmbito nacional, uma central nacional de serviços eletrônicos compartilhados que prestará, ao menos, os seguintes serviços:

I — escrituração e emissão de duplicata sob a forma escritural, observado o disposto na legislação específica, inclusive quanto ao requisito de autorização prévia para o exercício da atividade de escrituração pelo órgão supervisor e aos demais requisitos previstos na regulamentação por ele editada;

II — recepção e distribuição de títulos e documentos de dívida para protesto, desde que escriturais;

III — consulta gratuita quanto a devedores inadimplentes e aos protestos realizados, aos dados desses protestos e dos tabelionatos aos quais foram distribuídos, ainda que os respectivos títulos e documentos de dívida não sejam escriturais;

IV — confirmação da autenticidade dos instrumentos de protesto em meio eletrônico; e

V — anuência eletrônica para o cancelamento de protestos.

§ 1º A partir da implementação da central de que trata o *caput* deste artigo, os tabelionatos de protesto disponibilizarão ao poder público, por meio eletrônico e sem ônus, o acesso às informações constantes dos seus bancos de dados.

§ 2º É obrigatória a adesão imediata de todos os tabeliães de protesto do País ou responsáveis pelo expediente à central nacional de serviços eletrônicos compartilhados de que trata o *caput* deste artigo, sob pena de responsabilização disciplinar nos termos do inciso I do *caput* do art. 31 da Lei n. 8.935, de 18 de novembro de 1994."

Art. 9º Os lançamentos no sistema eletrônico de que trata o art. 3º desta Lei substituem o Livro de Registro de Duplicatas, previsto no art. 19 da Lei n. 5.474, de 18 de julho de 1968.

Art. 10. São nulas de pleno direito as cláusulas contratuais que vedam, limitam ou oneram, de forma direta ou indireta, a emissão ou a circulação de duplicatas emitidas sob a forma cartular ou escritural.

Art. 11. O órgão ou entidade da administração federal de que trata o § 1º do art. 3º desta Lei poderá regulamentar o disposto nesta Lei, inclusive quanto à forma e periodicidade do compartilhamento de registros, à fiscalização da atividade de escrituração de duplicatas escriturais, aos requisitos de funcionamento do sistema eletrônico de escrituração e às condições de emissão, de negociação, de liquidação e de escrituração da duplicata emitida sob a forma escritural.

Parágrafo único. Em caso de descumprimento desta Lei ou da regulamentação de que trata o *caput* deste artigo, serão aplicáveis as disposições da Lei n. 13.506, de 13 de novembro de 2017, pelo órgão ou entidade da administração federal de que trata o § 1º do art. 3º desta Lei.

Art. 12. Às duplicatas escriturais são aplicáveis, de forma subsidiária, as disposições da Lei n. 5.474, de 18 de julho de 1968.

§ 1º A apresentação da duplicata escritural será efetuada por meio eletrônico, observados os prazos determinados pelo órgão ou entidade da administração federal de que trata o § 1º do art. 3º desta Lei ou, na ausência dessa determinação, o prazo de 2 (dois) dias úteis contados de sua emissão.

§ 2º O devedor poderá, por meio eletrônico, recusar, no prazo, nas condições e pelos motivos previstos nos arts. 7º e 8º da Lei n. 5.474, de 18 de julho de 1968, a duplicata escritural apresentada ou, no mesmo prazo acrescido de sua metade, aceitá-la.

§ 3º Para fins de protesto, a praça de pagamento das duplicatas escriturais de que trata o inciso VI do § 1º do art. 2º da Lei n. 5.474, de 18 de julho de 1968, deverá coincidir com o domicílio do devedor, segundo a regra geral do § 1º do art. 75 e do art. 327 da Lei n. 10.406, de 10 de janeiro de 2002 (Código Civil), salvo convenção expressa entre as partes que demonstre a concordância inequívoca do devedor.

Art. 13. Esta Lei entra em vigor após decorridos 120 (cento e vinte) dias de sua publicação oficial.[1]

Art. 13: 1. Publicada no DOU 21.12.18.

Brasília, 20 de dezembro de 2018; 197º da Independência e 130º da República — MICHEL TEMER — **Eduardo Refinetti Guardia — Marcos Jorge — Esteves Pedro Colnago Junior — Ilan Goldfajn — Grace Maria Fernandes Mendonça.**

Ementário

Escritura Pública

— v. tb. tít. REGISTROS PÚBLICOS.

Lei 7.433, de 18.12.85 — Dispõe sobre os requisitos para a lavratura de escrituras públicas, e dá outras providências (v. adiante, texto integral).

Dec. 93.240, de 9.9.85 — Regulamenta a Lei n. 7.433, de 18 de dezembro de 1985, que "dispõe sobre os requisitos para a lavratura de escrituras públicas, e dá outras providências" (v. adiante, texto integral).

Lei 10.406, de 10.1.02 — Institui o Código Civil. Os arts. 215 a 218 dispõem sobre a escritura pública.

Lei 13.097, de 19.1.15 — Na Lei 7.433: alterou o § 2º do art. 1º.

Lei n. 7.433, de 18 de dezembro de 1985

Dispõe sobre os requisitos para a lavratura de escrituras públicas, e dá outras providências.

O Presidente da República

Faço saber que o Congresso Nacional decreta e eu sanciono a seguinte lei:

Art. 1º Na lavratura de atos notariais, inclusive os relativos a imóveis, além dos documentos de identificação das partes, somente serão apresentados os documentos expressamente determinados nesta lei.[1]

§ 1º O disposto nesta lei se estende, onde couber, ao instrumento particular a que se refere o art. 61, da Lei n. 4.380, de 21 de agosto de 1964,[2] modificada pela Lei n. 5.049, de 29 de junho de 1966.

§ 2º (*redação da Lei 13.097, de 19.1.15*) O Tabelião consignará no ato notarial a apresentação do documento comprobatório do pagamento do Imposto de Transmissão *inter vivos*, as certidões fiscais[3] e as certidões de propriedade e de ônus reais, ficando dispensada sua transcrição.

§ 3º Obriga-se o tabelião a manter, em cartório, os documentos e certidões de que trata o parágrafo anterior, no original ou em cópias autenticadas.

Art. 1º: 1. s/ entendimento da Lei 7.433, v. parecer normativo da Corregedoria-Geral de Justiça de São Paulo, em 16.1.86 (Bol. AASP 1.415/supl.).

Art. 1º: 2. v. Lei 4.380 no tít. CONTRATOS IMOBILIÁRIOS, ínt.

Art. 1º: 3. Dispensa-se a apresentação de certidões fiscais se as partes declararem que se responsabilizam, expressa e solidariamente, por eventuais débitos fiscais (v. parecer normativo da Corregedoria-Geral de Justiça de São Paulo de 16.1.86, em Bol. AASP 1.415/supl.).

Art. 2º Ficam dispensados,[1] na escritura pública de imóveis urbanos, sua descrição e caracterização, desde que constem, estes elementos, da certidão do cartório do registro de imóveis.

§ 1º Na hipótese prevista neste artigo, o instrumento consignará exclusivamente o número do registro ou matrícula no registro de imóveis, sua completa localização, logradouro, número, bairro, cidade, Estado e os documentos e certidões constantes do § 2º do art. 1º desta mesma lei.

§ 2º Para os fins do disposto no parágrafo único do art. 4º da Lei n. 4.591, de 16 de dezembro de 1964,[2] modificada pela Lei n. 7.182, de 27 de março de 1984, considerar-se-á prova de quitação a declaração feita pelo alienante ou seu procurador, sob as penas da lei, a ser expressamente consignada nos instrumentos de alienação ou de transferência de direitos.

Art. 2º: 1. *Conforme publicação oficial; o correto seria "dispensadas".*

Art. 2º: 2. v. Lei 4.591 no tít. CONDOMÍNIO E INCORPORAÇÃO, ínt.

Art. 3º Esta lei será aplicada, no que couber, aos casos em que o instrumento público recair sobre coisas ou bens cuja aquisição haja sido feita através de documento não sujeito a matrícula no registro de imóveis.

Art. 4º Esta lei entra em vigor na data de sua publicação.

Art. 5º Revogam-se as disposições em contrário.

Brasília, 18 de dezembro de 1985; 164º da Independência e 97º da República — JOSÉ SARNEY — **Fernando Lyra** — **Paulo Lustosa.**

Decreto n. 93.240, de 9 de setembro de 1986

Regulamenta a Lei n. 7.433, de 18 de dezembro de 1985, que "dispõe sobre os requisitos para a lavratura de escrituras públicas, e dá outras providências".

O Presidente da República, no uso das atribuições que lhe confere o art. 81, item III, da Constituição, decreta:

Art. 1º Para a lavratura de atos notariais, relativos a imóveis, serão apresentados os seguintes documentos e certidões.

I — os documentos de identificação das partes e das demais pessoas que comparecerem na escritura pública, quando julgados necessários pelo tabelião;

II — o comprovante do pagamento do imposto sobre a transmissão de bens imóveis e de direitos a eles relativos, quando incidente sobre o ato, ressalvadas as hipóteses em que a lei autorize a efetivação do pagamento após a sua lavratura;

III — as certidões fiscais, assim entendidas:

a) em relação aos imóveis urbanos, as certidões referentes aos tributos que incidam sobre o imóvel, observado o disposto no § 2º, deste artigo;

b) em relação aos imóveis rurais, o Certificado de Cadastro emitido pelo Instituto Nacional de Colonização e Reforma Agrária — INCRA, com a prova de quitação do último imposto territorial rural lançado ou, quando o prazo para o seu pagamento ainda não tenha vencido, do imposto territorial rural correspondente ao exercício imediatamente anterior;

IV — a certidão de ações reais e pessoais reipersecutórias, relativas ao imóvel, e a de ônus reais, expedidas pelo registro de imóveis competente, cujo prazo de validade, para este fim, será de 30 (trinta) dias;

V — os demais documentos e certidões, cuja apresentação seja exigida por lei.

§ 1º O tabelião consignará na escritura pública a apresentação dos documentos e das certidões mencionadas nos incisos II, III, IV e V, deste artigo.

§ 2º As certidões referidas na letra *a*, do inciso III, deste artigo, somente serão exigidas para a lavratura das escrituras públicas que impliquem a transferência de domínio e a sua apresentação poderá ser dispensada pelo adquirente que, neste caso, responderá, nos termos da lei, pelo pagamento dos débitos fiscais existentes.

§ 3º A apresentação das certidões previstas no inciso IV, deste artigo, não eximirá o outorgante da obrigação de declarar na escritura pública, sob pena de responsabilidade civil e penal, a existência de outras ações reais e pessoais reipersecutórias, relativas ao imóvel, e de outros ônus reais incidentes sobre o mesmo.

Art. 2º O tabelião fica desobrigado de manter, em cartório, o original ou cópias autenticadas das certidões mencionadas nos incisos III e IV, do art. 1º, desde que transcreva na escritura pública os elementos necessários à sua identificação, devendo, neste caso, as certidões acompanharem[1] o traslado da escritura.

Art. 2º: 1. *sic.*

Art. 3º Na escritura pública relativa a imóvel urbano cuja descrição e caracterização conste da certidão do registro de imóveis, o instrumento poderá consignar, a critério do tabelião, exclusivamente o número do registro ou matrícula no registro de imóveis, sua completa localização, logradouro, número, bairro, cidade, Estado e os documentos e certidões mencionados nos incisos II, III, IV e V, do art. 1º.

Art. 4º As disposições deste decreto aplicam-se, no que couberem, ao instrumento particular previsto no art. 61, da Lei n. 4.380, de 21 de agosto de 1964,[1] modificada pela Lei n. 5.049, de 29 de junho de 1966, ao qual se anexarão os documentos e as certidões apresentadas.

Art. 4º: 1. v. Lei 4.380 no tít. CONTRATOS IMOBILIÁRIOS, int.

Art. 5º Este decreto entrará em vigor na data da sua publicação.

Art. 6º Revogam-se as disposições em contrário.

Brasília, 9 de setembro de 1986; 165º da Independência e 98º da República — JOSÉ SARNEY — **Paulo Brossard.**

Ementário

Idoso

Lei 10.741, de 1.10.03 — Dispõe sobre o Estatuto do Idoso e dá outras providências (v. adiante, texto integral).

Lei 11.737, de 14.7.08 — Altera o art. 13 do EId, para atribuir aos Defensores Públicos o poder de referendar transações relativas a alimentos.

Lei 11.765, de 5.8.08 — Acrescenta inciso ao parágrafo único do art. 3º do EId, para dar prioridade ao idoso no recebimento da restituição do Imposto de Renda.

Lei 12.418, de 9.6.11 — Altera o inciso I do *caput* do art. 38 do EId, para reservar aos idosos pelo menos 3% das unidades residenciais em programas habitacionais públicos ou subsidiados com recursos públicos.

Lei 12.419, de 9.6.11 — Altera o art. 38 do EId, para garantir a prioridade dos idosos na aquisição de unidades residenciais térreas, nos programas nele mencionados.

Lei 12.461, de 26.7.2011 — Altera o EId para estabelecer a notificação compulsória dos atos de violência praticados contra o idoso atendido em serviço de saúde.

Lei 12.896, de 18.12.13 — Acrescenta os §§ 5º e 6º ao art. 15 da Lei n. 10.741, de 1º de outubro de 2003, vedando a exigência de comparecimento do idoso enfermo aos órgãos públicos e assegurando-lhe o atendimento domiciliar para obtenção de laudo de saúde.

Lei 12.899, de 18.12.13 — Altera o art. 42 da Lei n. 10.741, de 1º de outubro de 2003, que institui o Estatuto do Idoso, para dispor sobre a prioridade e a segurança do idoso nos procedimentos de embarque e desembarque nos veículos de transporte coletivo.

Lei 13.466, de 12.7.17 — Altera os arts. 3º, 15 e 71 da Lei n. 10.741, de 1º de outubro de 2003, que dispõe sobre o Estatuto do Idoso e dá outras providências.

Lei 13.535, de 15.12.17 — Altera o art. 25 da Lei n. 10.741, de 1º de outubro de 2003 (Estatuto do Idoso), para garantir aos idosos a oferta de cursos e programas de extensão pelas instituições de educação superior.

Lei n. 10.741, de 1º de outubro de 2003

Dispõe sobre o Estatuto do Idoso e dá outras providências.

O Presidente da República

Faço saber que o Congresso Nacional decreta e eu sanciono a seguinte lei:

Título I | DISPOSIÇÕES PRELIMINARES

Art. 1º É instituído o Estatuto do Idoso,[1-2] destinado a regular os direitos assegurados às pessoas com idade igual ou superior a 60 (sessenta) anos.

Art. 1º: 1. **Lei 8.842, de 4.1.94** — Dispõe sobre a política nacional do idoso, cria o Conselho Nacional do Idoso e dá outras providências.

Decreto 9.921, de 18.7.19 — Consolida atos normativos editados pelo Poder Executivo federal que dispõem sobre a temática da pessoa idosa.

✎ Art. 1º: 2. "Os direitos fundamentais dos idosos", por Clodoaldo de Oliveira Queiroz (RDPr 25/89).

Art. 2º O idoso goza de todos os direitos fundamentais inerentes à pessoa humana,[1] sem prejuízo da proteção integral de que trata esta lei, assegurando-se-lhe, por lei ou por outros meios, todas as oportunidades e facilidades, para preservação de sua saúde física e mental e seu aperfeiçoamento moral, intelectual, espiritual e social, em condições de liberdade e dignidade.

Art. 2º: 1. "Afigura-se ilegítima a imposição de limite de idade para o ingresso de idosos em Programa de Arrendamento Residencial — PAR, eis que em afronta aos princípios constitucionais de proteção ao idoso, à dignidade da pessoa humana, à igualdade e ao direito fundamental à moradia" (Bol. AASP 2.584).

Art. 3º É obrigação da família,[1] da comunidade, da sociedade e do Poder Público assegurar ao idoso, com absoluta prioridade, a efetivação do direito à vida, à saúde, à alimentação, à educação, à cultura, ao esporte, ao lazer, ao trabalho, à cidadania, à liberdade, à dignidade, ao respeito e à convivência familiar e comunitária.

§ 1º A garantia de prioridade compreende:[1a]

I — atendimento preferencial imediato e individualizado junto aos órgãos públicos e privados prestadores de serviços à população;

II — preferência na formulação e na execução de políticas sociais públicas específicas;

III — destinação privilegiada de recursos públicos nas áreas relacionadas com a proteção ao idoso;

IV — viabilização de formas alternativas de participação, ocupação e convívio do idoso com as demais gerações;

V — priorização do atendimento do idoso por sua própria família, em detrimento do atendimento asilar, exceto dos que não a possuam ou careçam de condições de manutenção da própria sobrevivência;

VI — capacitação e reciclagem dos recursos humanos nas áreas de geriatria e gerontologia e na prestação de serviços aos idosos;

VII — estabelecimento de mecanismos que favoreçam a divulgação de informações de caráter educativo sobre os aspectos biopsicossociais de envelhecimento;

VIII — garantia de acesso à rede de serviços de saúde e de assistência social locais;

IX — prioridade no recebimento da restituição do Imposto de Renda.[2]

§ 2º Dentre os idosos, é assegurada prioridade especial aos maiores de oitenta anos, atendendo-se suas necessidades sempre preferencialmente em relação aos demais idosos.[3]

Art. 3º: 1. **CF: "Art. 229.** Os pais têm o dever de assistir, criar e educar os filhos menores, e os filhos maiores têm o dever de ajudar e amparar os pais na velhice, carência ou enfermidade.

"Art. 230. A família, a sociedade e o Estado têm o dever de amparar as pessoas idosas, assegurando sua participação na comunidade, defendendo sua dignidade e bem-estar e garantindo-lhes o direito à vida.

"§ 1º Os programas de amparo aos idosos serão executados preferencialmente em seus lares.

"§ 2º Aos maiores de sessenta e cinco anos é garantida a gratuidade dos transportes coletivos urbanos".

Art. 3º: 1a. O § ún. foi renumerado pela Lei 13.466, de 12.7.17.

Art. 3º: 2. O inc. IX foi acrescido pela Lei 11.765, de 5.8.08.

Art. 3º: 3. O § 2º foi acrescido pela Lei 13.466, de 12.7.17.

Art. 4º Nenhum idoso será objeto de qualquer tipo de negligência, discriminação, violência, crueldade ou opressão, e todo atentado aos seus direitos, por ação ou omissão, será punido na forma da lei.

§ 1º É dever de todos prevenir a ameaça ou violação aos direitos do idoso.

§ 2º As obrigações previstas nesta lei não excluem da prevenção outras decorrentes dos princípios por ela adotados.

Art. 5º A inobservância das normas de prevenção importará em responsabilidade à pessoa física ou jurídica nos termos da lei.

Art. 6º Todo cidadão tem o dever de comunicar à autoridade competente qualquer forma de violação a esta lei que tenha testemunhado ou de que tenha conhecimento.

Art. 7º Os Conselhos Nacional,[1] Estaduais, do Distrito Federal e Municipais do Idoso, previstos na Lei n. 8.842, de 4 de janeiro de 1994, zelarão pelo cumprimento dos direitos do idoso, definidos nesta Lei.

Art. 7º: 1. **Lei 8.842, de 4.1.94** — Dispõe sobre a política nacional do idoso, cria o Conselho Nacional do Idoso e dá outras providências.

"Art. 5º Competirá ao órgão ministerial responsável pela assistência e promoção social a coordenação geral da política nacional do idoso, com a participação dos conselhos nacionais, estaduais, do Distrito Federal e municipais do idoso.

"Art. 6º Os conselhos nacional, estaduais, do Distrito Federal e municipais do idoso serão órgãos permanentes, paritários e deliberativos, compostos por igual número de representantes dos órgãos e entidades públicas e de organizações representativas da sociedade civil ligadas à área".

V. tb. art. 53.

Título II | DOS DIREITOS FUNDAMENTAIS

Capítulo I | DO DIREITO À VIDA

Art. 8º O envelhecimento é um direito personalíssimo e a sua proteção um direito social, nos termos desta lei e da legislação vigente.

Art. 9º É obrigação do Estado, garantir à pessoa idosa a proteção à vida e à saúde, mediante efetivação de políticas sociais públicas que permitam um envelhecimento saudável e em condições de dignidade.

Capítulo II | DO DIREITO À LIBERDADE, AO RESPEITO E À DIGNIDADE

Art. 10. É obrigação do Estado e da sociedade, assegurar à pessoa idosa a liberdade, o respeito e a dignidade, como pessoa humana e sujeito de direitos civis, políticos, individuais e sociais, garantidos na Constituição e nas leis.

§ 1º O direito à liberdade compreende, entre outros, os seguintes aspectos:

I — faculdade de ir, vir e estar nos logradouros públicos e espaços comunitários, ressalvadas as restrições legais;

II — opinião e expressão;

III — crença e culto religioso;

IV — prática de esportes e de diversões;

V — participação na vida familiar e comunitária;

VI — participação na vida política, na forma da lei;

VII — faculdade de buscar refúgio, auxílio e orientação.

§ 2º O direito ao respeito consiste na inviolabilidade da integridade física, psíquica e moral, abrangendo a preservação da imagem, da identidade, da autonomia, de valores, ideias e crenças, dos espaços e dos objetos pessoais.

§ 3º É dever de todos zelar pela dignidade do idoso, colocando-o a salvo de qualquer tratamento desumano, violento, aterrorizante, vexatório ou constrangedor.

Capítulo III | DOS ALIMENTOS[1]

CAP. III: 1. "Aspectos civis (alimentos) da Lei n. 10.741/03. Estatuto do Idoso", por Vitor F. Kumpel (RSDCPC 27/30).

Art. 11. Os alimentos serão prestados ao idoso na forma da lei civil.[1-2]

Art. 11: 1. CF: "Art. 229. Os pais têm o dever de assistir, criar e educar os filhos menores, e os filhos maiores têm o dever de ajudar e amparar os pais na velhice, carência ou enfermidade".

Art. 11. 2. v. CC 1.694 a 1.710, CPC 528 a 533 e 911 a 913, e Lei 5.478, de 25.7.68, no tít. ALIMENTOS.

Art. 12. A obrigação alimentar é solidária,[1-1a] podendo o idoso optar entre os prestadores.

Idoso

Art. 12: 1. "A intervenção de terceiros sob a luz do art. 1.698 do novo CC e o Estatuto do Idoso", por Nelson Finotti Silva (RP 119/285); "Da solidariedade da obrigação alimentar em favor do idoso", por Pedro Lino de Carvalho Júnior (RBDF 25/42).

Art. 12: 1a. s/ solidariedade passiva, v. CC 275 a 285.

Art. 13. As transações relativas a alimentos poderão ser celebradas perante o Promotor de Justiça ou Defensor Público, que as referendará, e passarão a ter efeito de título executivo extrajudicial nos termos da lei processual civil.[1-2]

Art. 13: 1. Redação de acordo com a Lei 11.737, de 14.7.08.

Art. 13: 2. v. CPC 784-XII.

Art. 14. Se o idoso ou seus familiares não possuírem condições econômicas de prover o seu sustento, impõe-se ao Poder Público esse provimento, no âmbito da assistência social.

Capítulo IV | DO DIREITO À SAÚDE

Art. 15. É assegurada a atenção integral à saúde do idoso, por intermédio do Sistema Único de Saúde — SUS, garantindo-lhe o acesso universal e igualitário, em conjunto articulado e contínuo das ações e serviços, para a prevenção, promoção, proteção e recuperação da saúde, incluindo a atenção especial às doenças que afetam preferencialmente os idosos.

§ 1º A prevenção e a manutenção da saúde do idoso serão efetivadas por meio de:

I — cadastramento da população idosa em base territorial;

II — atendimento geriátrico e gerontológico em ambulatórios;

III — unidades geriátricas de referência, com pessoal especializado nas áreas de geriatria e gerontologia social;

IV — atendimento domiciliar, incluindo a internação, para a população que dele necessitar e esteja impossibilitada de se locomover, inclusive para idosos abrigados e acolhidos por instituições públicas, filantrópicas ou sem fins lucrativos e eventualmente conveniadas com o Poder Público, nos meios urbano e rural;

V — reabilitação orientada pela geriatria e gerontologia, para redução das sequelas decorrentes do agravo da saúde.

§ 2º Incumbe ao Poder Público fornecer aos idosos, gratuitamente, medicamentos, especialmente os de uso continuado, assim como próteses, órteses e outros recursos relativos ao tratamento, habilitação ou reabilitação.

§ 3º É vedada a discriminação do idoso nos planos de saúde pela cobrança de valores diferenciados em razão da idade.[1]

§ 4º Os idosos portadores de deficiência ou com limitação incapacitante terão atendimento especializado, nos termos da lei.

§ 5º É vedado exigir o comparecimento do idoso enfermo perante os órgãos públicos, hipótese na qual será admitido o seguinte procedimento:[2]

I — quando de interesse do poder público, o agente promoverá o contato necessário com o idoso em sua residência; ou

II — quando de interesse do próprio idoso, este se fará representar por procurador legalmente constituído.

§ 6º É assegurado ao idoso enfermo o atendimento domiciliar pela perícia médica do Instituto Nacional do Seguro Social — INSS, pelo serviço público de saúde ou pelo serviço privado de saúde, contratado ou conveniado, que integre o Sistema Único de Saúde — SUS, para expedição do laudo de saúde necessário ao exercício de seus direitos sociais e de isenção tributária.[3]

§ 7º Em todo atendimento de saúde, os maiores de oitenta anos terão preferência especial sobre os demais idosos, exceto em caso de emergência.[4]

Art. 15: 1. v. CDC 51, nota 7.

Art. 15: 2. O § 5º foi acrescido pela Lei 12.896, de 18.12.13.

Art. 15: 3. O § 6º foi acrescido pela Lei 12.896, de 18.12.13.

Art. 15: 4. O § 7º foi acrescido pela Lei 13.466, de 12.7.17.

Art. 16. Ao idoso internado ou em observação é assegurado o direito a acompanhante,[1] devendo o órgão de saúde proporcionar as condições adequadas para a sua permanência em tempo integral, segundo o critério médico.

Parágrafo único. Caberá ao profissional de saúde responsável pelo tratamento conceder autorização para o acompanhamento do idoso ou, no caso de impossibilidade, justificá-la por escrito.

Art. 16: 1. "Diante da obrigação criada pelo Estatuto do Idoso e da inexistência de regra acerca do **custeio das despesas** de acompanhante de paciente idoso usuário de plano de saúde, a Agência Nacional de Saúde Suplementar definiu, por meio de resoluções normativas, que cabe aos **planos de saúde** o custeio das despesas referentes ao acompanhante do paciente idoso. O Estatuto do Idoso é norma de ordem pública e de aplicação imediata, devendo incidir inclusive sobre contratos firmados antes de sua vigência" (STJ-3ª T., REsp 1.793.840, Min. Ricardo Cueva, j. 5.11.19, DJ 8.11.19).

Art. 17. Ao idoso que esteja no domínio de suas faculdades mentais é assegurado o direito de optar pelo tratamento de saúde que lhe for reputado mais favorável.

Parágrafo único. Não estando o idoso em condições de proceder à opção, esta será feita:

I — pelo curador, quando o idoso for interditado;[1]

II — pelos familiares,[2] quando o idoso não tiver curador ou este não puder ser contactado em tempo hábil;

III — pelo médico, quando ocorrer iminente risco de vida e não houver tempo hábil para consulta a curador ou familiar;

IV — pelo próprio médico, quando não houver curador ou familiar conhecido, caso em que deverá comunicar o fato ao Ministério Público.

Art. 17: 1. s/ curatela, v. CC 1.767 e segs., CPC 747 e segs.

Art. 17: 2. v. CC 1.591 a 1.595.

Art. 18. As instituições de saúde devem atender aos critérios mínimos para o atendimento às necessidades do idoso, promovendo o treinamento e a capacitação dos profissionais, assim como orientação a cuidadores familiares e grupos de autoajuda.

Art. 19. Os casos de suspeita ou confirmação de violência praticada contra idosos serão objeto de notificação compulsória pelos serviços de saúde públicos e privados à autoridade sanitária, bem como serão obrigatoriamente comunicados por eles a quaisquer dos seguintes órgãos:[1]

I — autoridade policial;
II — Ministério Público;
III — Conselho Municipal do Idoso;
IV — Conselho Estadual do Idoso;
V — Conselho Nacional do Idoso.

§ 1º Para os efeitos desta Lei, considera-se violência contra o idoso qualquer ação ou omissão praticada em local público ou privado que lhe cause morte, dano ou sofrimento físico ou psicológico.[2]

§ 2º Aplica-se, no que couber, à notificação compulsória prevista no *caput* deste artigo, o disposto na Lei n. 6.259, de 30 de outubro de 1975.[3]

Art. 19: 1. Redação do *caput* de acordo com a Lei 12.461, de 26.7.11, em vigor 90 dias após a sua publicação (DOU 27.7.11).

Art. 19: 2. O § 1º foi acrescido pela Lei 12.461, de 26.7.11, em vigor 90 dias após a sua publicação (DOU 27.7.11).

Art. 19: 3. O § 2º foi acrescido pela Lei 12.461, de 26.7.11, em vigor 90 dias após a sua publicação (DOU 27.7.11).

Capítulo V | DA EDUCAÇÃO, CULTURA, ESPORTE E LAZER

Art. 20. O idoso tem direito a educação, cultura, esporte, lazer, diversões, espetáculos, produtos e serviços que respeitem sua peculiar condição de idade.

Art. 21. O Poder Público criará oportunidades de acesso do idoso à educação, adequando currículos, metodologias e material didático aos programas educacionais a ele destinados.

§ 1º Os cursos especiais para idosos incluirão conteúdo relativo às técnicas de comunicação, computação e demais avanços tecnológicos, para sua integração à vida moderna.

§ 2º Os idosos participarão das comemorações de caráter cívico ou cultural, para transmissão de conhecimentos e vivências às demais gerações, no sentido da preservação da memória e da identidade culturais.

Art. 22. Nos currículos mínimos dos diversos níveis de ensino formal serão inseridos conteúdos voltados ao processo de envelhecimento, ao respeito e à valorização do idoso, de forma a eliminar o preconceito e a produzir conhecimentos sobre a matéria.

Art. 23. A participação dos idosos em atividades culturais e de lazer será proporcionada mediante descontos de pelo menos 50% (cinquenta por cento) nos ingressos para eventos artísticos, culturais, esportivos e de lazer, bem como o acesso preferencial aos respectivos locais.[1 a 2]

Art. 23: 1. s/ meia-entrada para estudantes, pessoas com deficiência e jovens carentes, v. Lei 12.852, de 5.8.13, art. 23 (no tít. CRIANÇA, ADOLESCENTE E JOVEM).

Art. 23: 1a. **Lei 12.933, de 26.12.13** — Dispõe sobre o benefício do pagamento de meia-entrada para estudantes, idosos, pessoas com deficiência e jovens de 15 a 29 anos comprovadamente carentes em espetáculos artístico-culturais e esportivos.

Art. 23: 2. "Diárias de *camping club*. Pleito de desconto de 50% em face do Estatuto do Idoso. Inaplicabilidade. Fato que não é considerado evento artístico, cultural, esportivo ou de lazer. Benefício que não deve ser banalizado. Dever de pagamento da integralidade da diária" (JTJ 353/319: AP 990.10.171262-8; ementa da redação).

Art. 24. Os meios de comunicação manterão espaços ou horários especiais voltados aos idosos, com finalidade informativa, educativa, artística e cultural, e ao público sobre o processo de envelhecimento.

Art. 25. As instituições de educação superior ofertarão às pessoas idosas, na perspectiva da educação ao longo da vida, cursos e programas de extensão, presenciais ou a distância, constituídos por atividades formais e não formais.[1]

Parágrafo único. O poder público apoiará a criação de universidade aberta para as pessoas idosas e incentivará a publicação de livros e periódicos, de conteúdo e padrão editorial adequados ao idoso, que facilitem a leitura, considerada a natural redução da capacidade visual.[2]

Art. 25: 1. Redação do *caput* de acordo com a Lei 13.535, de 15.12.17.

Art. 25: 2. O § ún. foi acrescido pela Lei 13.535, de 15.12.17.

Capítulo VI | DA PROFISSIONALIZAÇÃO E DO TRABALHO

Art. 26. O idoso tem direito ao exercício de atividade profissional, respeitadas suas condições físicas, intelectuais e psíquicas.

Art. 27. Na admissão do idoso em qualquer trabalho ou emprego, é vedada a discriminação e a fixação de limite máximo de idade, inclusive para concursos, ressalvados os casos em que a natureza do cargo o exigir.

Parágrafo único. O primeiro critério de desempate em concurso público será a idade, dando-se preferência ao de idade mais elevada.[1]

Art. 27: 1. "A Lei n. 10.741/03 (Estatuto do Idoso) cuida apenas da admissão em concurso público em termos gerais, de modo que, quando em referência **concurso de remoção,** não deve ser seguida, ante a **existência de lei especial** (*lex specialis derogat legi generali*)" (STF-1ª T., MS 33.046, Min. Luiz Fux, j. 10.3.15, DJ 18.5.15).

Art. 28. O Poder Público criará e estimulará programas de:

I — profissionalização especializada para os idosos, aproveitando seus potenciais e habilidades para atividades regulares e remuneradas;

II — preparação dos trabalhadores para a aposentadoria, com antecedência mínima de 1 (um) ano, por meio de estímulo a novos projetos sociais, conforme seus interesses, e de esclarecimento sobre os direitos sociais e de cidadania;

III — estímulo às empresas privadas para admissão de idosos ao trabalho.

Capítulo VII | DA PREVIDÊNCIA SOCIAL

Art. 29. Os benefícios de aposentadoria e pensão do Regime Geral da Previdência Social observarão, na sua concessão, critérios de cálculo que preservem o valor real dos salários sobre os quais incidiram contribuição, nos termos da legislação vigente.

Parágrafo único. Os valores dos benefícios em manutenção serão reajustados na mesma data de reajuste do salário mínimo, *pro rata*, de acordo com suas respectivas datas de início ou do seu último reajustamento, com base em percentual definido em regulamento, observados os critérios estabelecidos pela Lei n. 8.213, de 24 de julho de 1991.

Idoso

Art. 30. A perda da condição de segurado não será considerada para a concessão da aposentadoria por idade, desde que a pessoa conte com, no mínimo, o tempo de contribuição correspondente ao exigido para efeito de carência na data de requerimento do benefício.

Parágrafo único. O cálculo do valor do benefício previsto no *caput* observará o disposto no *caput* e § 2º do art. 3º da Lei n. 9.876, de 26 de novembro de 1999, ou, não havendo salários de contribuição recolhidos a partir da competência de julho de 1994, o disposto no art. 35 da Lei n. 8.213, de 1991.

Art. 31. O pagamento de parcelas relativas a benefícios, efetuado com atraso por responsabilidade da Previdência Social, será atualizado pelo mesmo índice utilizado para os reajustamentos dos benefícios do Regime Geral de Previdência Social, verificado no período compreendido entre o mês que deveria ter sido pago e o mês do efetivo pagamento.

Art. 32. O Dia Mundial do Trabalho, 1º de Maio, é a data-base dos aposentados e pensionistas.

Capítulo VIII | DA ASSISTÊNCIA SOCIAL

Art. 33. A assistência social aos idosos será prestada, de forma articulada, conforme os princípios e diretrizes previstos na Lei Orgânica da Assistência Social, na Política Nacional do Idoso, no Sistema Único de Saúde e demais normas pertinentes.

Art. 34. Aos idosos, a partir de 65 (sessenta e cinco) anos, que não possuam meios para prover sua subsistência, nem de tê-la provida por sua família, é assegurado o benefício mensal de 1 (um) salário mínimo,[1] nos termos da Lei Orgânica da Assistência Social — Loas.

Parágrafo único. O benefício já concedido a qualquer membro da família nos termos do *caput* não será computado para os fins do cálculo da renda familiar *per capita* a que se refere a Loas.[2]

Art. 34: 1. **CF: "Art. 203.** A assistência social será prestada a quem dela necessitar, independentemente de contribuição à seguridade social, e tem por objetivos: ... **V** — a garantia de um salário mínimo de benefício mensal à pessoa portadora de deficiência e ao idoso que comprovem não possuir meios de prover à própria manutenção ou de tê-la provida por sua família, conforme dispuser a lei".

Art. 34: 2. "O Estatuto do Idoso dispõe, no art. 34, parágrafo único, que o benefício assistencial já concedido a qualquer membro da família não será computado para fins do cálculo da renda familiar *per capita* a que se refere a LOAS. Não exclusão dos benefícios assistenciais recebidos por deficientes e de previdenciários, no valor de até um salário mínimo, percebido por idosos. Inexistência de justificativa plausível para discriminação dos portadores de deficiência em relação aos idosos, bem como dos idosos beneficiários da assistência social em relação aos idosos titulares de benefícios previdenciários no valor de até um salário mínimo. Omissão parcial inconstitucional. Declaração de inconstitucionalidade parcial, sem pronúncia de nulidade, do art. 34, parágrafo único, da Lei 10.741/2003" (STF-Pleno, RE 580.963, Min. Gilmar Mendes, j. 18.4.13, maioria, DJ 14.11.13).

Todavia: "O art. 34, § ún., da Lei 10.741/03 deve ser interpretado restritivamente, ou seja, somente o benefício assistencial porventura recebido por qualquer membro da família pode ser desconsiderado para fins de averiguação da renda *per capita* familiar, quando da concessão do benefício assistencial a outro ente familiar" (STJ-5ª T., REsp 926.203-AgRg, Min. Laurita Vaz, j. 3.3.09, DJ 6.4.09).

Art. 35. Todas as entidades de longa permanência, ou casa-lar, são obrigadas a firmar contrato de prestação de serviços[1] com a pessoa idosa abrigada.

§ 1º No caso de entidades filantrópicas, ou casa-lar, é facultada a cobrança de participação do idoso no custeio da entidade.

§ 2º O Conselho Municipal do Idoso ou o Conselho Municipal da Assistência Social estabelecerá a forma de participação prevista no § 1º, que não poderá exceder a 70% (setenta por cento) de qualquer benefício previdenciário ou de assistência social percebido pelo idoso.

§ 3º Se a pessoa idosa for incapaz, caberá a seu representante legal firmar o contrato a que se refere o *caput* deste artigo.

Art. 35: 1. v. art. 50-I.

Art. 36. O acolhimento de idosos em situação de risco social, por adulto ou núcleo familiar, caracteriza a dependência econômica, para os efeitos legais.

Capítulo IX | DA HABITAÇÃO

Art. 37. O idoso tem direito a moradia digna, no seio da família natural ou substituta, ou desacompanhado de seus familiares, quando assim o desejar, ou, ainda, em instituição pública ou privada.

§ 1º A assistência integral na modalidade de entidade de longa permanência será prestada quando verificada inexistência de grupo familiar, casa-lar, abandono ou carência de recursos financeiros próprios ou da família.

§ 2º Toda instituição dedicada ao atendimento ao idoso fica obrigada a manter identificação externa visível, sob pena de interdição, além de atender toda a legislação pertinente.

§ 3º As instituições que abrigarem idosos são obrigadas a manter padrões de habitação compatíveis com as necessidades deles, bem como provê-los com alimentação regular e higiene indispensáveis às normas sanitárias e com estas condizentes, sob as penas da lei.

Art. 38. Nos programas habitacionais, públicos ou subsidiados com recursos públicos, o idoso goza de prioridade na aquisição de imóvel para moradia própria, observado o seguinte:

I — reserva de pelo menos 3% (três por cento) das unidades habitacionais residenciais para atendimento aos idosos;[1]

II — implantação de equipamentos urbanos comunitários voltados ao idoso;

III — eliminação de barreiras arquitetônicas e urbanísticas, para garantia de acessibilidade ao idoso;

IV — critérios de financiamento compatíveis com os rendimentos de aposentadoria e pensão.

Parágrafo único. As unidades residenciais reservadas para atendimento a idosos devem situar-se, preferencialmente, no pavimento térreo.[2]

Art. 38: 1. Redação da Lei 12.418, de 9.6.11.

Art. 38: 2. O § ún. foi acrescido pela Lei 12.419, de 9.6.11.

Capítulo X | DO TRANSPORTE[1]

✎ CAP. X: 1. "Dimensões eficaciais do direito ao transporte gratuito do idoso no Brasil: estudo de um caso", por Rogério Gesta Leal (IP 32/267).

Art. 39. Aos maiores de 65 (sessenta e cinco) anos fica assegurada a gratuidade dos transportes coletivos públicos urbanos[1] e semiurbanos, exceto nos serviços seletivos e especiais, quando prestados paralelamente aos serviços regulares.[2]

§ 1º Para ter acesso à gratuidade, basta que o idoso apresente qualquer documento pessoal que faça prova de sua idade.

§ 2º Nos veículos de transporte coletivo de que trata este artigo, serão reservados 10% (dez por cento) dos assentos para os idosos, devidamente identificados com a placa de reservado preferencialmente para idosos.

§ 3º No caso das pessoas compreendidas na faixa etária entre 60 (sessenta) e 65 (sessenta e cinco) anos, ficará a critério da legislação local dispor sobre as condições para exercício da gratuidade nos meios de transporte previstos no *caput* deste artigo.

Art. 39: 1. **CF 230: "§ 2º** Aos maiores de sessenta e cinco anos é garantida a gratuidade dos transportes coletivos urbanos".

Art. 39: 2. O art. 39 foi declarado **constitucional** pelo STF (STF-Pleno, ADI 3.768, Min. Cármen Lúcia, j. 19.9.07, um voto vencido, DJU 26.10.07).

Art. 40. No sistema de transporte coletivo interestadual observar-se-á, nos termos da legislação específica:[1]

I — a reserva de 2 (duas) vagas gratuitas por veículo para idosos com renda igual ou inferior a 2 (dois) salários mínimos;

II — desconto de 50% (cinquenta por cento), no mínimo, no valor das passagens, para os idosos que excederem as vagas gratuitas, com renda igual ou inferior a 2 (dois) salários mínimos.

Parágrafo único. Caberá aos órgãos competentes definir os mecanismos e os critérios para o exercício dos direitos previstos nos incisos I e II.

Art. 40: 1. "O benefício em favor dos idosos que se utilizam do transporte interestadual previsto no art. 40-I e II da Lei 10.741/03 não depende da edição de lei que preveja fonte de custeio, porque não se trata de benefício da seguridade social (CF 195 § 5º), mas de questão relacionada à execução de contrato de concessão de serviço público (CF 175 e Lei 9.074/95, art. 35)" (RF 396/412: TRF-1ª Reg., AI 2007.01.00.003048-6).

Art. 41. É assegurada a reserva, para os idosos, nos termos da lei local, de 5% (cinco por cento) das vagas nos estacionamentos públicos e privados, as quais deverão ser posicionadas de forma a garantir a melhor comodidade ao idoso.[1]

Art. 41: 1. "Conquanto o estacionamento do fórum esteja localizado em área pública, deve-se atentar para o fato de essa área estar restrita ao uso especial daqueles que receberem autorização estatal para o seu uso, nos termos do art. 99, II, do Código Civil. Nesse contexto, a previsão legal de reserva de 5% das vagas nos estacionamentos públicos estabelecida pelo art. 41 da Lei n. 10.741/2003 não impede que a administração do fórum restrinja o uso de determinada área de estacionamento somente às pessoas idosas que, de alguma forma, estão vinculadas às atividades desenvolvidas pelo órgão público" (STJ-1ª T., RMS 32.340, Min. Benedito Gonçalves, j. 26.10.10, DJ 4.11.10).

Art. 42. São asseguradas a prioridade e a segurança do idoso nos procedimentos de embarque e desembarque nos veículos do sistema de transporte coletivo.[1]

Art. 42: 1. Redação de acordo com a Lei 12.899, de 18.12.13.

Título III | DAS MEDIDAS DE PROTEÇÃO

Capítulo I | DAS DISPOSIÇÕES GERAIS

Art. 43. As medidas de proteção ao idoso são aplicáveis sempre que os direitos reconhecidos nesta Lei forem ameaçados ou violados:

I — por ação ou omissão da sociedade ou do Estado;

II — por falta, omissão ou abuso da família, curador ou entidade de atendimento;

III — em razão de sua condição pessoal.

Capítulo II | DAS MEDIDAS ESPECÍFICAS DE PROTEÇÃO

Art. 44. As medidas de proteção ao idoso previstas nesta lei poderão ser aplicadas, isolada ou cumulativamente, e levarão em conta os fins sociais a que se destinam e o fortalecimento dos vínculos familiares e comunitários.

Art. 45. Verificada qualquer das hipóteses previstas no art. 43, o Ministério Público ou o Poder Judiciário, a requerimento daquele, poderá determinar, dentre outras, as seguintes medidas:

I — encaminhamento à família ou curador, mediante termo de responsabilidade;

II — orientação, apoio e acompanhamento temporários;

III — requisição para tratamento de sua saúde, em regime ambulatorial, hospitalar ou domiciliar;

IV — inclusão em programa oficial ou comunitário de auxílio, orientação e tratamento a usuários dependentes de drogas lícitas ou ilícitas, ao próprio idoso ou à pessoa de sua convivência que lhe cause perturbação;

V — abrigo em entidade;

VI — abrigo temporário.

Título IV | DA POLÍTICA DE ATENDIMENTO AO IDOSO

Capítulo I | DISPOSIÇÕES GERAIS

Art. 46. A política de atendimento ao idoso far-se-á por meio do conjunto articulado de ações governamentais e não governamentais da União, dos Estados, do Distrito Federal e dos Municípios.

Art. 47. São linhas de ação da política de atendimento:

I — políticas sociais básicas, previstas na Lei n. 8.842, de 4 de janeiro de 1994;[1]

II — políticas e programas de assistência social, em caráter supletivo, para aqueles que necessitarem;

III — serviços especiais de prevenção e atendimento às vítimas de negligência, maus-tratos, exploração, abuso, crueldade e opressão;

IV — serviço de identificação e localização de parentes ou responsáveis por idosos abandonados em hospitais e instituições de longa permanência;

V — proteção jurídico-social por entidades de defesa dos direitos dos idosos;

VI — mobilização da opinião pública no sentido da participação dos diversos segmentos da sociedade no atendimento do idoso.

Art. 47: 1. v. art. 1º, nota 1.

Capítulo II | DAS ENTIDADES DE ATENDIMENTO AO IDOSO

Art. 48. As entidades de atendimento são responsáveis pela manutenção das próprias unidades, observadas as normas de planejamento e execução emanadas do órgão competente da Política Nacional do Idoso, conforme a Lei n. 8.842, de 1994.[1]

Parágrafo único. As entidades governamentais e não governamentais de assistência ao idoso ficam sujeitas à inscrição de seus programas, junto ao órgão competente da Vigilância Sanitária e Conselho Municipal da Pessoa Idosa, e em sua falta, junto ao Conselho Estadual ou Nacional da Pessoa Idosa, especificando os regimes de atendimento, observados os seguintes requisitos:

I — oferecer instalações físicas em condições adequadas de habitabilidade, higiene, salubridade e segurança;

II — apresentar objetivos estatutários e plano de trabalho compatíveis com os princípios desta lei;

III — estar regularmente constituída;

IV — demonstrar a idoneidade de seus dirigentes.

Art. 48: 1. v. art. 1º, nota 1.

Art. 49. As entidades que desenvolvam programas de institucionalização de longa permanência adotarão os seguintes princípios:

I — preservação dos vínculos familiares;

II — atendimento personalizado e em pequenos grupos;

III — manutenção do idoso na mesma instituição, salvo em caso de força maior;

IV — participação do idoso nas atividades comunitárias, de caráter interno e externo;

V — observância dos direitos e garantias dos idosos;

VI — preservação da identidade do idoso e oferecimento de ambiente de respeito e dignidade.

Parágrafo único. O dirigente de instituição prestadora de atendimento ao idoso responderá civil e criminalmente pelos atos que praticar em detrimento do idoso, sem prejuízo das sanções administrativas.

Art. 50. Constituem obrigações das entidades de atendimento:

I — celebrar contrato escrito de prestação de serviço com o idoso,[1] especificando o tipo de atendimento, as obrigações da entidade e prestações decorrentes do contrato, com os respectivos preços, se for o caso;

II — observar os direitos e as garantias de que são titulares os idosos;

III — fornecer vestuário adequado, se for pública, e alimentação suficiente;

IV — oferecer instalações físicas em condições adequadas de habitabilidade;

V — oferecer atendimento personalizado;

VI — diligenciar no sentido da preservação dos vínculos familiares;

VII — oferecer acomodações apropriadas para recebimento de visitas;

VIII — proporcionar cuidados à saúde, conforme a necessidade do idoso;

IX — promover atividades educacionais, esportivas, culturais e de lazer;

X — propiciar assistência religiosa àqueles que desejarem, de acordo com suas crenças;

XI — proceder a estudo social e pessoal de cada caso;

XII — comunicar à autoridade competente de saúde toda ocorrência de idoso portador de doenças infecto-contagiosas;

XIII — providenciar ou solicitar que o Ministério Público requisite os documentos necessários ao exercício da cidadania àqueles que não os tiverem, na forma da lei;

XIV — fornecer comprovante de depósito dos bens móveis que receberem dos idosos;

XV — manter arquivo de anotações onde constem data e circunstâncias do atendimento, nome do idoso, responsável, parentes, endereços, cidade, relação de seus pertences, bem como o valor de contribuições, e suas alterações, se houver, e demais dados que possibilitem sua identificação e a individualização do atendimento;

XVI — comunicar ao Ministério Público, para as providências cabíveis, a situação de abandono moral ou material por parte dos familiares;

XVII — manter no quadro de pessoal profissionais com formação específica.

Art. 50: 1. s/ prestação de serviço, v. CC 593 a 609.

Art. 51. As instituições filantrópicas ou sem fins lucrativos prestadoras de serviço ao idoso terão direito à assistência judiciária gratuita.[1]

Art. 51: 1. **Lei 1.060, de 5.2.50** — Estabelece normas para a concessão de assistência judiciária aos necessitados (v. texto integral no CPCLPV).

Capítulo III | DA FISCALIZAÇÃO DAS ENTIDADES DE ATENDIMENTO

Art. 52. As entidades governamentais e não governamentais de atendimento ao idoso serão fiscalizadas pelos Conselhos do Idoso,[1] Ministério Público, Vigilância Sanitária e outros previstos em lei.

Art. 52: 1. v. art. 7º, nota 1.

Art. 53. O art. 7º da Lei n. 8.842, de 1994, passa a vigorar com a seguinte redação:

"Art. 7º Compete aos Conselhos de que trata o art. 6º desta lei a supervisão, o acompanhamento, a fiscalização e a avaliação da política nacional do idoso, no âmbito das respectivas instâncias político-administrativas".

Art. 54. Será dada publicidade das prestações de contas dos recursos públicos e privados recebidos pelas entidades de atendimento.

Art. 55. As entidades de atendimento que descumprirem as determinações desta lei ficarão sujeitas, sem prejuízo da responsabilidade civil e criminal de seus dirigentes ou prepostos, às seguintes penalidades, observado o devido processo legal:

I — as entidades governamentais:

a) advertência;

b) afastamento provisório de seus dirigentes;

c) afastamento definitivo de seus dirigentes;

d) fechamento de unidade ou interdição de programa;

II — as entidades não governamentais:

a) advertência;

b) multa;

c) suspensão parcial ou total do repasse de verbas públicas;

d) interdição de unidade ou suspensão de programa;

e) proibição de atendimento a idosos a bem do interesse público.

§ 1º Havendo danos aos idosos abrigados ou qualquer tipo de fraude em relação ao programa, caberá o afastamento provisório dos dirigentes ou a interdição da unidade e a suspensão do programa.

§ 2º A suspensão parcial ou total do repasse de verbas públicas ocorrerá quando verificada a má aplicação ou desvio de finalidade dos recursos.

§ 3º Na ocorrência de infração por entidade de atendimento, que coloque em risco os direitos assegurados nesta lei, será o fato comunicado ao Ministério Público, para as providências cabíveis, inclusive para promover a suspensão das atividades ou dissolução da entidade, com a proibição de atendimento a idosos a bem do interesse público, sem prejuízo das providências a serem tomadas pela Vigilância Sanitária.

§ 4º Na aplicação das penalidades, serão consideradas a natureza e a gravidade da infração cometida, os danos que dela provierem para o idoso, as circunstâncias agravantes ou atenuantes e os antecedentes da entidade.

Capítulo IV | DAS INFRAÇÕES ADMINISTRATIVAS

Art. 56. Deixar a entidade de atendimento de cumprir as determinações do art. 50 desta lei:

Pena — multa de R$ 500,00 (quinhentos reais) a R$ 3.000,00 (três mil reais), se o fato não for caracterizado como crime, podendo haver a interdição do estabelecimento até que sejam cumpridas as exigências legais.

Parágrafo único. No caso de interdição do estabelecimento de longa permanência, os idosos abrigados serão transferidos para outra instituição, a expensas do estabelecimento interditado, enquanto durar a interdição.

Art. 57. Deixar o profissional de saúde ou o responsável por estabelecimento de saúde ou instituição de longa permanência de comunicar à autoridade competente os casos de crimes contra idoso de que tiver conhecimento:

Pena — multa de R$ 500,00 (quinhentos reais) a R$ 3.000,00 (três mil reais), aplicada em dobro no caso de reincidência.

Art. 58. Deixar de cumprir as determinações desta lei sobre a prioridade no atendimento ao idoso:

Pena — multa de R$ 500,00 (quinhentos reais) a R$ 1.000,00 (um mil reais) e multa civil a ser estipulada pelo juiz, conforme o dano sofrido pelo idoso.

Capítulo V — DA APURAÇÃO ADMINISTRATIVA DE INFRAÇÃO ÀS NORMAS DE PROTEÇÃO AO IDOSO

Art. 59. Os valores monetários expressos no Capítulo IV serão atualizados anualmente, na forma da lei.

Art. 60. O procedimento para a imposição de penalidade administrativa por infração às normas de proteção ao idoso terá início com requisição do Ministério Público ou auto de infração elaborado por servidor efetivo e assinado, se possível, por duas testemunhas.

§ 1º No procedimento iniciado com o auto de infração poderão ser usadas fórmulas impressas, especificando-se a natureza e as circunstâncias da infração.

§ 2º Sempre que possível, à verificação da infração seguir-se-á a lavratura do auto, ou este será lavrado dentro de 24 (vinte e quatro) horas, por motivo justificado.

Art. 61. O autuado terá prazo de 10 (dez) dias para a apresentação da defesa, contado da data da intimação, que será feita:

I — pelo autuante, no instrumento de autuação, quando for lavrado na presença do infrator;

II — por via postal, com aviso de recebimento.

Art. 62. Havendo risco para a vida ou à saúde do idoso, a autoridade competente aplicará à entidade de atendimento as sanções regulamentares, sem prejuízo da iniciativa e das providências que vierem a ser adotadas pelo Ministério Público ou pelas demais instituições legitimadas para a fiscalização.

Art. 63. Nos casos em que não houver risco para a vida ou a saúde da pessoa idosa abrigada, a autoridade competente aplicará à entidade de atendimento as sanções regulamentares, sem prejuízo da iniciativa e das providências que vierem a ser adotadas pelo Ministério Público ou pelas demais instituições legitimadas para a fiscalização.

Capítulo VI — DA APURAÇÃO JUDICIAL DE IRREGULARIDADES EM ENTIDADE DE ATENDIMENTO

Art. 64. Aplicam-se, subsidiariamente, ao procedimento administrativo de que trata este Capítulo as disposições das Leis n. 6.437, de 20 de agosto de 1977,[1] e 9.784, de 29 de janeiro de 1999.[2]

Art. 64: 1. Lei 6.437, de 20.8.77 — Configura infrações à legislação sanitária federal, estabelece as sanções respectivas, e dá outras providências.

Art. 64: 2. Lei 9.784, de 29.1.99 — Regula o processo administrativo no âmbito da Administração Pública Federal.

Art. 65. O procedimento de apuração de irregularidade em entidade governamental e não governamental de atendimento ao idoso terá início mediante petição fundamentada de pessoa interessada ou iniciativa do Ministério Público.

Art. 66. Havendo motivo grave, poderá a autoridade judiciária, ouvido o Ministério Público, decretar liminarmente o afastamento provisório do dirigente da entidade ou outras medidas que julgar adequadas, para evitar lesão aos direitos do idoso, mediante decisão fundamentada.

Art. 67. O dirigente da entidade será citado[1] para, no prazo de 10 (dez) dias, oferecer resposta escrita, podendo juntar documentos e indicar as provas a produzir.

Art. 67: 1. s/ citação, v. CPC 238 e segs.

Art. 68. Apresentada a defesa, o juiz procederá na conformidade do art. 69 ou, se necessário, designará audiência de instrução e julgamento, deliberando sobre a necessidade de produção de outras provas.

§ 1º Salvo manifestação em audiência, as partes e o Ministério Público terão 5 (cinco) dias para oferecer alegações finais, decidindo a autoridade judiciária em igual prazo.

§ 2º Em se tratando de afastamento provisório ou definitivo de dirigente de entidade governamental, a autoridade judiciária oficiará a autoridade administrativa imediatamente superior ao afastado, fixando-lhe prazo de 24 (vinte e quatro) horas para proceder à substituição.

§ 3º Antes de aplicar qualquer das medidas, a autoridade judiciária poderá fixar prazo para a remoção das irregularidades verificadas. Satisfeitas as exigências, o processo será extinto, sem julgamento do mérito.

§ 4º A multa e a advertência serão impostas ao dirigente da entidade ou ao responsável pelo programa de atendimento.

Título V | DO ACESSO À JUSTIÇA

Capítulo I | DISPOSIÇÕES GERAIS

Art. 69. Aplica-se, subsidiariamente, às disposições deste Capítulo, o procedimento sumário previsto no Código de Processo Civil,[1] naquilo que não contrarie os prazos previstos nesta lei.

Art. 69: 1. Não há mais procedimento sumário no CPC; agora há um único procedimento para o processo de conhecimento ordinário, qual seja, o **procedimento comum** (v. CPC 318 e segs. e 1.049 § ún.).

Art. 70. O Poder Público poderá criar varas especializadas e exclusivas do idoso.

Art. 71. É assegurada prioridade na tramitação dos processos e procedimentos e na execução dos atos e diligências judiciais em que figure como parte ou interveniente pessoa com idade igual ou superior a 60 (sessenta) anos, em qualquer instância.[1]

§ 1º O interessado na obtenção da prioridade a que alude este artigo, fazendo prova de sua idade, requererá o benefício à autoridade judiciária competente para decidir o feito, que determinará as providências a serem cumpridas, anotando-se essa circunstância em local visível nos autos do processo.

§ 2º A prioridade não cessará com a morte do beneficiado, estendendo-se em favor do cônjuge supérstite, companheiro ou companheira, com união estável, maior de 60 (sessenta) anos.

§ 3º A prioridade se estende aos processos e procedimentos na Administração Pública, empresas prestadoras de serviços públicos e instituições financeiras, ao atendimento preferencial junto à Defensoria Pública da União, dos Estados e do Distrito Federal em relação aos Serviços de Assistência Judiciária.

§ 4º Para o atendimento prioritário será garantido ao idoso o fácil acesso aos assentos e caixas, identificados com a destinação a idosos em local visível e caracteres legíveis.

§ 5º Dentre os processos de idosos, dar-se-á prioridade especial aos maiores de oitenta anos.[2]

Art. 71: 1. v. CPC 1.048-I.

Art. 71: 2. O § 5º foi acrescido pela Lei 13.466, de 12.7.17.

Capítulo II | DO MINISTÉRIO PÚBLICO

Art. 72. (VETADO)

Art. 73. As funções do Ministério Público, previstas nesta lei, serão exercidas nos termos da respectiva Lei Orgânica.[1]

Art. 73: 1. v., no CPCLPV, CPC 177 e notas.

Art. 74. Compete ao Ministério Público:

I — instaurar o inquérito civil[1] e a ação civil pública[1a] para a proteção dos direitos e interesses difusos ou coletivos, individuais indisponíveis e individuais homogêneos do idoso;

II — promover e acompanhar as ações de alimentos,[2] de interdição total ou parcial, de designação de curador especial,[3] em circunstâncias que justifiquem a medida e oficiar em todos os feitos em que se discutam os direitos de idosos em condições de risco;

III — atuar como substituto processual do idoso em situação de risco, conforme o disposto no art. 43 desta lei;

IV — promover a revogação de instrumento procuratório do idoso, nas hipóteses previstas no art. 43 desta lei, quando necessário ou o interesse público justificar;

V — instaurar procedimento administrativo e, para instruí-lo:

a) expedir notificações, colher depoimentos ou esclarecimentos e, em caso de não comparecimento injustificado da pessoa notificada, requisitar condução coercitiva, inclusive pela Polícia Civil ou Militar;

b) requisitar informações, exames, perícias e documentos de autoridades municipais, estaduais e federais, da administração direta e indireta, bem como promover inspeções e diligências investigatórias;

c) requisitar informações e documentos particulares de instituições privadas;

VI — instaurar sindicâncias, requisitar diligências investigatórias e a instauração de inquérito policial, para a apuração de ilícitos ou infrações às normas de proteção ao idoso;

VII — zelar pelo efetivo respeito aos direitos e garantias legais assegurados ao idoso, promovendo as medidas judiciais e extrajudiciais cabíveis;

VIII — inspecionar as entidades públicas e particulares de atendimento e os programas de que trata esta lei, adotando de pronto as medidas administrativas ou judiciais necessárias à remoção de irregularidades porventura verificadas;

IX — requisitar força policial, bem como a colaboração dos serviços de saúde, educacionais e de assistência social, públicos, para o desempenho de suas atribuições;

X — referendar transações envolvendo interesses e direitos dos idosos previstos nesta lei.

§ 1º A legitimação do Ministério Público para as ações cíveis previstas neste artigo não impede a de terceiros, nas mesmas hipóteses, segundo dispuser a lei.[4]

§ 2º As atribuições constantes deste artigo não excluem outras, desde que compatíveis com a finalidade e atribuições do Ministério Público.

§ 3º O representante do Ministério Público, no exercício de suas funções, terá livre acesso a toda entidade de atendimento ao idoso.

Art. 74: 1. v. LACP 8º a 10.

Art. 74: 1a. **Lei 7.347, de 24.7.85** — Disciplina a ação civil pública de responsabilidade por danos causados ao meio ambiente, ao consumidor, a bens e direitos de valor artístico, estético, histórico, turístico e paisagístico, e dá outras providências (v. texto integral, no CPCLPV, tít. AÇÃO CIVIL PÚBLICA).

Art. 74: 2. v. CPC 528 a 533 e 911 a 913 e Lei 5.478, de 25.7.68, no tít. ALIMENTOS.

Art. 74: 3. s/ curador especial, v., no CPCLPV, CPC 72 e notas.

Art. 74: 4. **LC 80, de 12.1.94** — Organiza a Defensoria Pública da União, do Distrito Federal e dos Territórios e prescreve normas gerais para sua organização nos Estados, e dá outras providências: **"Art. 4º** São funções institucionais da Defensoria Pública, dentre outras: ... **XI** (*redação da LC 132, de 7.10.09*) — exercer a defesa dos interesses individuais e coletivos da criança e do adolescente, do idoso, da pessoa portadora de necessidades especiais, da mulher vítima de violência doméstica e familiar e de outros grupos sociais vulneráveis que mereçam proteção especial do Estado".

Art. 75. Nos processos e procedimentos em que não for parte, atuará obrigatoriamente o Ministério Público na defesa dos direitos e interesses de que cuida esta lei, hipóteses em que terá vista dos autos depois das partes, podendo juntar documentos, requerer diligências e produção de outras provas, usando os recursos cabíveis.

Art. 76. A intimação do Ministério Público, em qualquer caso, será feita pessoalmente.

Art. 77. A falta de intervenção do Ministério Público acarreta a nulidade do feito,[1] que será declarada de ofício pelo juiz ou a requerimento de qualquer interessado.

Art. 77: 1. cf. CPC 279.

Capítulo III | DA PROTEÇÃO JUDICIAL DOS INTERESSES DIFUSOS, COLETIVOS E INDIVIDUAIS INDISPONÍVEIS OU HOMOGÊNEOS

Art. 78. As manifestações processuais do representante do Ministério Público deverão ser fundamentadas.[1]

Art. 78: 1. v. **Lei 8.625, de 12.2.93** (Lei Orgânica Nacional do Ministério Público), art. 43-III.

Art. 79. Regem-se pelas disposições desta lei as ações de responsabilidade por ofensa aos direitos assegurados ao idoso, referentes à omissão ou ao oferecimento insatisfatório de:

I — acesso às ações e serviços de saúde;

II — atendimento especializado ao idoso portador de deficiência ou com limitação incapacitante;

III — atendimento especializado ao idoso portador de doença infecto-contagiosa;

IV — serviço de assistência social visando ao amparo do idoso.

Parágrafo único. As hipóteses previstas neste artigo não excluem da proteção judicial outros interesses difusos, coletivos, individuais indisponíveis ou homogêneos, próprios do idoso, protegidos em lei.

Art. 80. As ações previstas neste Capítulo serão propostas no foro do domicílio do idoso, cujo juízo terá competência absoluta[1] para processar a causa, ressalvadas as competências da Justiça Federal e a competência originária dos Tribunais Superiores.

Art. 80: 1. v. CPC 62 e 64 § 1º.

Art. 81. Para as ações cíveis fundadas em interesses difusos, coletivos, individuais indisponíveis ou homogêneos, consideram-se legitimados, concorrentemente:

I — o Ministério Público;

II — a União, os Estados, o Distrito Federal e os Municípios;

III — a Ordem dos Advogados do Brasil;[1]

IV — as associações legalmente constituídas há pelo menos 1 (um) ano e que incluam entre os fins institucionais a defesa dos interesses e direitos da pessoa idosa, dispensada a autorização da assembleia, se houver prévia autorização estatutária.

§ 1º Admitir-se-á litisconsórcio facultativo entre os Ministérios Públicos da União e dos Estados na defesa dos interesses e direitos de que cuida esta lei.

§ 2º Em caso de desistência[1a] ou abandono[2] da ação por associação legitimada, o Ministério Público ou outro legitimado deverá assumir a titularidade ativa.

Art. 81: 1. v. EA 44 a 61.

Art. 81: 1a. v. CPC 485-VIII e § 4º.

Art. 81: 2. v. CPC 485-III e § 1º e 486 § 3º.

Art. 82. Para defesa dos interesses e direitos protegidos por esta lei, são admissíveis todas as espécies de ação pertinentes.

Parágrafo único. Contra atos ilegais ou abusivos de autoridade pública ou agente de pessoa jurídica no exercício de atribuições de Poder Público, que lesem direito líquido e certo previsto nesta lei, caberá ação mandamental, que se regerá pelas normas da lei do mandado de segurança.[1]

Art. 82: 1. v. **Lei 12.016, de 7.8.09,** no CPCLPV, tít. MANDADO DE SEGURANÇA (texto integral).

Art. 83. Na ação que tenha por objeto o cumprimento de obrigação de fazer ou não fazer,[1] o juiz concederá a tutela específica da obrigação ou determinará providências que assegurem o resultado prático equivalente ao adimplemento.

§ 1º Sendo relevante o fundamento da demanda e havendo justificado receio de ineficácia do provimento final, é lícito ao juiz conceder a tutela liminarmente ou após justificação prévia, na forma do art. 273 do Código de Processo Civil.[2]

§ 2º O juiz poderá, na hipótese do § 1º ou na sentença, impor multa diária ao réu, independentemente do pedido do autor, se for suficiente ou compatível com a obrigação, fixando prazo razoável para o cumprimento do preceito.

§ 3º A multa só será exigível do réu após o trânsito em julgado da sentença favorável ao autor, mas será devida desde o dia em que se houver configurado.

Art. 83: 1. v. CPC 497, 536, 537 e 815 e segs.

Art. 83: 2. v. CPC 294 e segs.

Art. 84. Os valores das multas previstas nesta lei reverterão ao Fundo do Idoso, onde houver, ou na falta deste, ao Fundo Municipal de Assistência Social, ficando vinculados ao atendimento ao idoso.

Parágrafo único. As multas não recolhidas até 30 (trinta) dias após o trânsito em julgado da decisão serão exigidas por meio de execução promovida pelo Ministério Público, nos mesmos autos, facultada igual iniciativa aos demais legitimados em caso de inércia daquele.

Art. 85. O juiz poderá conferir efeito suspensivo aos recursos, para evitar dano irreparável à parte.[1]

Art. 85: 1. v. LACP 14.

Art. 86. Transitada em julgado a sentença que impuser condenação ao Poder Público, o juiz determinará a remessa de peças à autoridade competente, para apuração da responsabilidade civil e administrativa do agente a que se atribua a ação ou omissão.

Art. 87. Decorridos 60 (sessenta) dias do trânsito em julgado da sentença condenatória favorável ao idoso sem que o autor lhe promova a execução, deverá fazê-lo o Ministério Público, facultada, igual iniciativa aos demais legitimados, como assistentes ou assumindo o polo ativo, em caso de inércia desse órgão.

Art. 88. Nas ações de que trata este Capítulo, não haverá adiantamento de custas, emolumentos, honorários periciais e quaisquer outras despesas.

Parágrafo único. Não se imporá sucumbência ao Ministério Público.

Art. 89. Qualquer pessoa poderá, e o servidor deverá, provocar a iniciativa do Ministério Público, prestando-lhe informações sobre os fatos que constituam objeto de ação civil e indicando-lhe os elementos de convicção.

Art. 90. Os agentes públicos em geral, os juízes e tribunais, no exercício de suas funções, quando tiverem conhecimento de fatos que possam configurar crime de ação pública contra idoso ou ensejar a propositura de ação para sua defesa, devem encaminhar as peças pertinentes ao Ministério Público, para as providências cabíveis.

Art. 91. Para instruir a petição inicial, o interessado poderá requerer às autoridades competentes as certidões e informações que julgar necessárias, que serão fornecidas no prazo de 10 (dez) dias.

Art. 92. O Ministério Público poderá instaurar sob sua presidência, inquérito civil, ou requisitar, de qualquer pessoa, organismo público ou particular, certidões, informações, exames ou perícias, no prazo que assinalar, o qual não poderá ser inferior a 10 (dez) dias.

§ 1º Se o órgão do Ministério Público, esgotadas todas as diligências, se convencer da inexistência de fundamento para a propositura da ação civil ou de peças informativas, determinará o seu arquivamento, fazendo-o fundamentadamente.

§ 2º Os autos do inquérito civil ou as peças de informação arquivados serão remetidos, sob pena de se incorrer em falta grave, no prazo de 3 (três) dias, ao Conselho Superior do Ministério Público ou à Câmara de Coordenação e Revisão do Ministério Público.

§ 3º Até que seja homologado ou rejeitado o arquivamento, pelo Conselho Superior do Ministério Público ou por Câmara de Coordenação e Revisão do Ministério Público, as associações legitimadas poderão apresentar razões escritas ou documentos, que serão juntados ou anexados às peças de informação.

§ 4º Deixando o Conselho Superior ou a Câmara de Coordenação e Revisão do Ministério Público de homologar a promoção de arquivamento, será designado outro membro do Ministério Público para o ajuizamento da ação.

Idoso

Título VI | DOS CRIMES

Capítulo I | DISPOSIÇÕES GERAIS

....

Capítulo II | DOS CRIMES EM ESPÉCIE

....

Título VII | DISPOSIÇÕES FINAIS E TRANSITÓRIAS

Art. 109. Impedir ou embaraçar ato do representante do Ministério Público ou de qualquer outro agente fiscalizador:
Pena — reclusão de 6 (seis) meses a 1 (um) ano e multa.

....

Art. 114. O art. 1º da Lei n. 10.048, de 8 de novembro de 2000, passa a vigorar com a seguinte redação:
"Art. 1º As pessoas portadoras de deficiência, os idosos com idade igual ou superior a 60 (sessenta) anos, as gestantes, as lactantes e as pessoas acompanhadas por crianças de colo terão atendimento prioritário, nos termos desta lei".[1]

Art. 114: 1. O art. 1º da **Lei 10.048, de 8.11.00,** teve sua redação alterada pela Lei 13.146, de 6.7.15, em vigor 180 dias após a sua publicação (DOU 7.7.15), nos seguintes termos: **"Art. 1º** As pessoas com deficiência, os idosos com idade igual ou superior a 60 (sessenta) anos, as gestantes, as lactantes, as pessoas com crianças de colo e os obesos terão atendimento prioritário, nos termos desta Lei".

Art. 115. O Orçamento da Seguridade Social destinará ao Fundo Nacional de Assistência Social, até que o Fundo Nacional do Idoso seja criado, os recursos necessários, em cada exercício financeiro, para aplicação em programas e ações relativos ao idoso.

Art. 116. Serão incluídos nos censos demográficos dados relativos à população idosa do País.

Art. 117. O Poder Executivo encaminhará ao Congresso Nacional projeto de lei revendo os critérios de concessão do Benefício de Prestação Continuada previsto na Lei Orgânica da Assistência Social, de forma a garantir que o acesso ao direito seja condizente com o estágio de desenvolvimento socioeconômico alcançado pelo País.

Art. 118. Esta lei entra em vigor decorridos 90 (noventa) dias da sua publicação, ressalvado o disposto no *caput* do art. 36, que vigorará a partir de 1º de janeiro de 2004.

Brasília, 1º de outubro de 2003; 182º da Independência e 115º da República — LUIZ INÁCIO LULA DA SILVA — **Márcio Thomaz Bastos.**

Ementário

Internet

Lei 12.965, de 23.4.14 — Estabelece princípios, garantias, direitos e deveres para o uso da Internet no Brasil (v., adiante, texto integral).

Dec. 8.771, de 11.5.16 — Regulamenta a Lei n. 12.965, de 23 de abril de 2014, para tratar das hipóteses admitidas de discriminação de pacotes de dados na internet e de degradação de tráfego, indicar procedimentos para guarda e proteção de dados por provedores de conexão e de aplicações, apontar medidas de transparência na requisição de dados cadastrais pe a administração pública e estabelecer parâmetros para fiscalização e apuração de infrações.

Lei n. 12.965, de 23 de abril de 2014[1]

Estabelece princípios, garantias, direitos e deveres para o uso da Internet no Brasil.

A Presidenta da República
Faço saber que o Congresso Nacional decreta e eu sanciono a seguinte Lei:

Lei 12.965: 1. Dec. 8.771, de 11.5.16 — Regulamenta a Lei n. 12.965, de 23 de abril de 2014, para tratar das hipóteses admitidas de discriminação de pacotes de dados na internet e de degradação de tráfego, indicar procedimentos para guarda e proteção de dados por provedores de conexão e de aplicações, apontar medidas de transparência na requisição de dados cadastrais pela administração pública e estabelecer parâmetros para fiscalização e apuração de infrações.

Capítulo I | DISPOSIÇÕES PRELIMINARES

Art. 1º Esta Lei estabelece princípios, garantias, direitos e deveres para o uso da internet no Brasil e determina as diretrizes para atuação da União, dos Estados, do Distrito Federal e dos Municípios em relação à matéria.

Art. 2º A disciplina do uso da internet no Brasil tem como fundamento o respeito à liberdade de expressão, bem como:

I — o reconhecimento da escala mundial da rede;

II — os direitos humanos, o desenvolvimento da personalidade e o exercício da cidadania em meios digitais;

III — a pluralidade e a diversidade;

IV — a abertura e a colaboração;

V — a livre iniciativa, a livre-concorrência e a defesa do consumidor; e

VI — a finalidade social da rede.

Art. 3º A disciplina do uso da internet no Brasil tem os seguintes princípios:

I — garantia da liberdade de expressão, comunicação e manifestação de pensamento, nos termos da Constituição Federal;[1]

II — proteção da privacidade;[1a-2]

III — proteção dos dados pessoais, na forma da lei;[2a]

IV — preservação e garantia da neutralidade de rede;[3]

V — preservação da estabilidade, segurança e funcionalidade da rede, por meio de medidas técnicas compatíveis com os padrões internacionais e pelo estímulo ao uso de boas práticas;

VI — responsabilização dos agentes de acordo com suas atividades, nos termos da lei;

VII — preservação da natureza participativa da rede;

VIII — liberdade dos modelos de negócios promovidos na internet, desde que não conflitem com os demais princípios estabelecidos nesta Lei.

Parágrafo único. Os princípios expressos nesta Lei não excluem outros previstos no ordenamento jurídico pátrio relacionados à matéria ou nos tratados internacionais em que a República Federativa do Brasil seja parte.

Art. 3º: 1. **CF 5º: "IV** — é livre a manifestação do pensamento, sendo vedado o anonimato; (...) **IX** — é livre a expressão da atividade intelectual, artística, científica e de comunicação, independentemente de censura ou licença". V. tb. CF 220.

✎ **Art. 3º: 1a.** "Privacidade e internet", por Carlos Roberto Fornes Mateucci (RDPr 19/46).

Art. 3º: 2. **CF 5º: "X** — são invioláveis a intimidade, a vida privada, a honra e a imagem das pessoas, assegurado o direito a indenização pelo dano material ou moral decorrente de sua violação".

Art. 3º: 2a. v. arts. 7º-VII, VIII, IX e X, 10 e 16.

Art. 3º: 3. v. art. 9º.

Art. 4º A disciplina do uso da internet no Brasil tem por objetivo a promoção:

I — do direito de acesso à internet a todos;

II — do acesso à informação, ao conhecimento e à participação na vida cultural e na condução dos assuntos públicos;

III — da inovação e do fomento à ampla difusão de novas tecnologias e modelos de uso e acesso; e

IV — da adesão a padrões tecnológicos abertos que permitam a comunicação, a acessibilidade e a interoperabilidade entre aplicações e bases de dados.

Art. 5º Para os efeitos desta Lei, considera-se:

I — internet: o sistema constituído do conjunto de protocolos lógicos, estruturado em escala mundial para uso público e irrestrito, com a finalidade de possibilitar a comunicação de dados entre terminais por meio de diferentes redes;

II — terminal: o computador ou qualquer dispositivo que se conecte à internet;

III — endereço de protocolo de internet (endereço IP): o código atribuído a um terminal de uma rede para permitir sua identificação, definido segundo parâmetros internacionais;

IV — administrador de sistema autônomo: a pessoa física ou jurídica que administra blocos de endereço IP específicos e o respectivo sistema autônomo de roteamento, devidamente cadastrada no ente nacional responsável pelo registro e distribuição de endereços IP geograficamente referentes ao País;

V — conexão à internet: a habilitação de um terminal para envio e recebimento de pacotes de dados pela internet, mediante a atribuição ou autenticação de um endereço IP;

VI — registro de conexão: o conjunto de informações referentes à data e hora de início e término de uma conexão à internet, sua duração e o endereço IP utilizado pelo terminal para o envio e recebimento de pacotes de dados;

VII — aplicações de internet: o conjunto de funcionalidades que podem ser acessadas por meio de um terminal conectado à internet; e

VIII — registros de acesso a aplicações de internet: o conjunto de informações referentes à data e hora de uso de uma determinada aplicação de internet a partir de um determinado endereço IP.

Art. 6º Na interpretação desta Lei serão levados em conta, além dos fundamentos, princípios e objetivos previstos, a natureza da internet, seus usos e costumes particulares e sua importância para a promoção do desenvolvimento humano, econômico, social e cultural.

Capítulo II | DOS DIREITOS E GARANTIAS DOS USUÁRIOS

Art. 7º O acesso à internet é essencial ao exercício da cidadania, e ao usuário são assegurados os seguintes direitos:

I — inviolabilidade da intimidade e da vida privada, sua proteção e indenização pelo dano material ou moral decorrente de sua violação;

II — inviolabilidade e sigilo do fluxo de suas comunicações pela internet, salvo por ordem judicial, na forma da lei;

III — inviolabilidade e sigilo de suas comunicações privadas armazenadas, salvo por ordem judicial;

IV — não suspensão da conexão à internet, salvo por débito diretamente decorrente de sua utilização;

V — manutenção da qualidade contratada da conexão à internet;

VI — informações claras e completas constantes dos contratos de prestação de serviços, com detalhamento sobre o regime de proteção aos registros de conexão e aos registros de acesso a aplicações de internet, bem como sobre práticas de gerenciamento da rede que possam afetar sua qualidade;

VII — não fornecimento a terceiros de seus dados pessoais, inclusive registros de conexão, e de acesso a aplicações de internet, salvo mediante consentimento livre, expresso e informado ou nas hipóteses previstas em lei;

VIII — informações claras e completas sobre coleta, uso, armazenamento, tratamento e proteção de seus dados pessoais, que somente poderão ser utilizados para finalidades que:

a) justifiquem sua coleta;

b) não sejam vedadas pela legislação; e

c) estejam especificadas nos contratos de prestação de serviços ou em termos de uso de aplicações de internet;

IX — consentimento expresso sobre coleta, uso, armazenamento e tratamento de dados pessoais, que deverá ocorrer de forma destacada das demais cláusulas contratuais;

X — exclusão definitiva dos dados pessoais que tiver fornecido a determinada aplicação de internet, a seu requerimento, ao término da relação entre as partes,[1] ressalvadas as hipóteses de guarda obrigatória de registros previstas nesta Lei e na que dispõe sobre a proteção de dados pessoais;[1a-2]

XI — publicidade e clareza de eventuais políticas de uso dos provedores de conexão à internet e de aplicações de internet;

XII — acessibilidade, consideradas as características físico-motoras, perceptivas, sensoriais, intelectuais e mentais do usuário, nos termos da lei; e

XIII — aplicação das normas de proteção e defesa do consumidor nas relações de consumo realizadas na internet.

Art. 7º: 1. "Direito ao esquecimento e Internet: o fundamento legal no Direito Comunitário europeu, no Direito italiano e no Direito brasileiro", por Cíntia Rosa Pereira de Lima (RT 946/77).

Art. 7º: 1a. Redação de acordo com a Lei 13.709, de 14.8.18, em vigor após decorridos 24 (vinte e quatro) meses de sua publicação oficial (DOU 15.8.18).

Art. 7º: 2. v., no tít. PROTEÇÃO DE DADOS, Lei 13.709, de 14.8.18 (LGPD).

Art. 8º A garantia do direito à privacidade e à liberdade de expressão nas comunicações é condição para o pleno exercício do direito de acesso à internet.

Parágrafo único. São nulas de pleno direito as cláusulas contratuais que violem o disposto no *caput*, tais como aquelas que:

I — impliquem ofensa à inviolabilidade e ao sigilo das comunicações privadas, pela internet; ou

II — em contrato de adesão,[1] não ofereçam como alternativa ao contratante a adoção do foro brasileiro para solução de controvérsias decorrentes de serviços prestados no Brasil.

Art. 8º: 1. v. CDC 54.

Capítulo III — DA PROVISÃO DE CONEXÃO E DE APLICAÇÕES DE INTERNET

Seção I — DA NEUTRALIDADE DE REDE

Art. 9º O responsável pela transmissão, comutação ou roteamento tem o dever de tratar de forma isonômica quaisquer pacotes de dados, sem distinção por conteúdo, origem e destino, serviço, terminal ou aplicação.

§ 1º A discriminação ou degradação do tráfego será regulamentada nos termos das atribuições privativas do Presidente da República previstas no inciso IV do art. 84 da Constituição Federal, para a fiel execução desta Lei, ouvidos o Comitê Gestor da Internet e a Agência Nacional de Telecomunicações, e somente poderá decorrer de:

I — requisitos técnicos indispensáveis à prestação adequada dos serviços e aplicações; e

II — priorização de serviços de emergência.

§ 2º Na hipótese de discriminação ou degradação do tráfego prevista no § 1º, o responsável mencionado no *caput* deve:

I — abster-se de causar dano aos usuários, na forma do art. 927 da Lei n. 10.406, de 10 de janeiro de 2002 — Código Civil;

II — agir com proporcionalidade, transparência e isonomia;

III — informar previamente de modo transparente, claro e suficientemente descritivo aos seus usuários sobre as práticas de gerenciamento e mitigação de tráfego adotadas, inclusive as relacionadas à segurança da rede; e

IV — oferecer serviços em condições comerciais não discriminatórias e abster-se de praticar condutas anticoncorrenciais.

§ 3º Na provisão de conexão à internet, onerosa ou gratuita, bem como na transmissão, comutação ou roteamento, é vedado bloquear, monitorar, filtrar ou analisar o conteúdo dos pacotes de dados, respeitado o disposto neste artigo.

Seção II | DA PROTEÇÃO AOS REGISTROS, AOS DADOS PESSOAIS E ÀS COMUNICAÇÕES PRIVADAS

Art. 10. A guarda e a disponibilização dos registros de conexão e de acesso a aplicações de internet de que trata esta Lei, bem como de dados pessoais e do conteúdo de comunicações privadas, devem atender à preservação da intimidade, da vida privada, da honra e da imagem das partes direta ou indiretamente envolvidas.[1-2]

§ 1º O provedor responsável pela guarda somente será obrigado a disponibilizar os registros mencionados no *caput*, de forma autônoma ou associados a dados pessoais ou a outras informações que possam contribuir para a identificação do usuário ou do terminal, mediante ordem judicial, na forma do disposto na Seção IV deste Capítulo, respeitado o disposto no art. 7º.

§ 2º O conteúdo das comunicações privadas somente poderá ser disponibilizado mediante ordem judicial, nas hipóteses e na forma que a lei estabelecer, respeitado o disposto nos incisos II e III do art. 7º.

§ 3º O disposto no *caput* não impede o acesso aos dados cadastrais que informem qualificação pessoal, filiação e endereço, na forma da lei, pelas autoridades administrativas que detenham competência legal para a sua requisição.

§ 4º As medidas e os procedimentos de segurança e de sigilo devem ser informados pelo responsável pela provisão de serviços de forma clara e atender a padrões definidos em regulamento, respeitado seu direito de confidencialidade quanto a segredos empresariais.

Art. 10: 1. v. art. 22, nota 2. V. ainda CC 21 e notas.

Art. 10: 2. **CF 5º:** "**X** — são invioláveis a intimidade, a vida privada, a honra e a imagem das pessoas, assegurado o direito a indenização pelo dano material ou moral decorrente de sua violação".

Art. 11. Em qualquer operação de coleta, armazenamento, guarda e tratamento de registros, de dados pessoais ou de comunicações por provedores de conexão e de aplicações de internet em que pelo menos um desses atos ocorra em território nacional, deverão ser obrigatoriamente respeitados a legislação brasileira e os direitos à privacidade, à proteção dos dados pessoais e ao sigilo das comunicações privadas e dos registros.

§ 1º O disposto no *caput* aplica-se aos dados coletados em território nacional e ao conteúdo das comunicações, desde que pelo menos um dos terminais esteja localizado no Brasil.

§ 2º O disposto no *caput* aplica-se mesmo que as atividades sejam realizadas por pessoa jurídica sediada no exterior, desde que oferte serviço ao público brasileiro ou pelo menos uma integrante do mesmo grupo econômico possua estabelecimento no Brasil.

§ 3º Os provedores de conexão e de aplicações de internet deverão prestar, na forma da regulamentação, informações que permitam a verificação quanto ao cumprimento da legislação brasileira referente à coleta, à guarda, ao armazenamento ou ao tratamento de dados, bem como quanto ao respeito à privacidade e ao sigilo de comunicações.

§ 4º Decreto regulamentará o procedimento para apuração de infrações ao disposto neste artigo.

Art. 12. Sem prejuízo das demais sanções cíveis, criminais ou administrativas, as infrações às normas previstas nos arts. 10 e 11 ficam sujeitas, conforme o caso, às seguintes sanções, aplicadas de forma isolada ou cumulativa:

I — advertência, com indicação de prazo para adoção de medidas corretivas;

II — multa de até 10% (dez por cento) do faturamento do grupo econômico no Brasil no seu último exercício, excluídos os tributos, considerados a condição econômica do infrator e o princípio da proporcionalidade entre a gravidade da falta e a intensidade da sanção;

III — suspensão temporária das atividades que envolvam os atos previstos no art. 11; ou

IV — proibição de exercício das atividades que envolvam os atos previstos no art. 11.

Parágrafo único. Tratando-se de empresa estrangeira, responde solidariamente pelo pagamento da multa de que trata o *caput* sua filial, sucursal, escritório ou estabelecimento situado no País.

Subseção I | DA GUARDA DE REGISTROS DE CONEXÃO

Art. 13. Na provisão de conexão à internet, cabe ao administrador de sistema autônomo respectivo o dever de manter os registros de conexão, sob sigilo, em ambiente controlado e de segurança, pelo prazo de 1 (um) ano, nos termos do regulamento.

§ 1º A responsabilidade pela manutenção dos registros de conexão não poderá ser transferida a terceiros.

§ 2º A autoridade policial ou administrativa ou o Ministério Público poderá requerer cautelarmente que os registros de conexão sejam guardados por prazo superior ao previsto no *caput*.

§ 3º Na hipótese do § 2º, a autoridade requerente terá o prazo de 60 (sessenta) dias, contados a partir do requerimento, para ingressar com o pedido de autorização judicial de acesso aos registros previstos no *caput*.

§ 4º O provedor responsável pela guarda dos registros deverá manter sigilo em relação ao requerimento previsto no § 2º, que perderá sua eficácia caso o pedido de autorização judicial seja indeferido ou não tenha sido protocolado no prazo previsto no § 3º.

§ 5º Em qualquer hipótese, a disponibilização ao requerente dos registros de que trata este artigo deverá ser precedida de autorização judicial, conforme disposto na Seção IV deste Capítulo.

§ 6º Na aplicação de sanções pelo descumprimento ao disposto neste artigo, serão considerados a natureza e a gravidade da infração, os danos dela resultantes, eventual vantagem auferida pelo infrator, as circunstâncias agravantes, os antecedentes do infrator e a reincidência.

Subseção II | DA GUARDA DE REGISTROS DE ACESSO A APLICAÇÕES DE INTERNET NA PROVISÃO DE CONEXÃO

Art. 14. Na provisão de conexão, onerosa ou gratuita, é vedado guardar os registros de acesso a aplicações de internet.

Subseção III — DA GUARDA DE REGISTROS DE ACESSO A APLICAÇÕES DE INTERNET NA PROVISÃO DE APLICAÇÕES

Art. 15. O provedor de aplicações de internet constituído na forma de pessoa jurídica e que exerça essa atividade de forma organizada, profissionalmente e com fins econômicos deverá manter os respectivos registros de acesso a aplicações de internet, sob sigilo, em ambiente controlado e de segurança, pelo prazo de 6 (seis) meses, nos termos do regulamento.[1]

§ 1º Ordem judicial poderá obrigar, por tempo certo, os provedores de aplicações de internet que não estão sujeitos ao disposto no *caput* a guardarem registros de acesso a aplicações de internet, desde que se trate de registros relativos a fatos específicos em período determinado.

§ 2º A autoridade policial ou administrativa ou o Ministério Público poderão requerer cautelarmente a qualquer provedor de aplicações de internet que os registros de acesso a aplicações de internet sejam guardados, inclusive por prazo superior ao previsto no *caput*, observado o disposto nos §§ 3º e 4º do art. 13.

§ 3º Em qualquer hipótese, a disponibilização ao requerente dos registros de que trata este artigo deverá ser precedida de autorização judicial, conforme disposto na Seção IV deste Capítulo.

§ 4º Na aplicação de sanções pelo descumprimento ao disposto neste artigo, serão considerados a natureza e a gravidade da infração, os danos dela resultantes, eventual vantagem auferida pelo infrator, as circunstâncias agravantes, os antecedentes do infrator e a reincidência.

Art. 15: 1. v. art. 22, nota 1.

Art. 16. Na provisão de aplicações de internet, onerosa ou gratuita, é vedada a guarda:

I — dos registros de acesso a outras aplicações de internet sem que o titular dos dados tenha consentido previamente, respeitado o disposto no art. 7º; ou

II — de dados pessoais que sejam excessivos em relação à finalidade para a qual foi dado consentimento pelo seu titular, exceto nas hipóteses previstas na Lei que dispõe sobre a proteção de dados pessoais.[1-1a]

Art. 16: 1. Redação de acordo com a Lei 13.709, de 14.8.18, em vigor após decorridos 24 (vinte e quatro) meses de sua publicação oficial (DOU 15.8.18).

Art. 16: 1a. v., no tít. PROTEÇÃO DE DADOS, Lei 13.709, de 14.8.18 (LGPD).

Art. 17. Ressalvadas as hipóteses previstas nesta Lei, a opção por não guardar os registros de acesso a aplicações de internet não implica responsabilidade sobre danos decorrentes do uso desses serviços por terceiros.

Seção III — DA RESPONSABILIDADE POR DANOS DECORRENTES DE CONTEÚDO GERADO POR TERCEIROS

Art. 18. O provedor de conexão à internet não será responsabilizado civilmente por danos decorrentes de conteúdo gerado por terceiros.

Art. 19. Com o intuito de assegurar a liberdade de expressão e impedir a censura, o provedor de aplicações de internet somente poderá ser responsabilizado civilmente por danos decorrentes de conteúdo gerado por terceiros se, após ordem judicial específica, não tomar as providências para, no âmbito e nos limites técnicos do seu serviço e dentro do prazo assinalado, tornar indisponível o conteúdo apontado como infringente, ressalvadas as disposições legais em contrário.[1 a 3]

§ 1º A ordem judicial de que trata o *caput* deverá conter, sob pena de nulidade, identificação clara e específica do conteúdo apontado como infringente, que permita a localização inequívoca do material.[3a]

§ 2º A aplicação do disposto neste artigo para infrações a direitos de autor ou a direitos conexos depende de previsão legal específica,[3b] que deverá respeitar a liberdade de expressão e demais garantias previstas no art. 5º da Constituição Federal.

§ 3º As causas que versem sobre ressarcimento por danos decorrentes de conteúdos disponibilizados na internet relacionados à honra, à reputação ou a direitos de personalidade, bem como sobre a indisponibilização desses conteúdos por provedores de aplicações de internet, poderão ser apresentadas perante os juizados especiais.[4]

§ 4º O juiz, inclusive no procedimento previsto no § 3º, poderá antecipar, total ou parcialmente, os efeitos da tutela pretendida no pedido inicial, existindo prova inequívoca do fato e considerado o interesse da coletividade na disponibilização do conteúdo na internet, desde que presentes os requisitos de verossimilhança da alegação do autor e de fundado receio de dano irreparável ou de difícil reparação.[5]

Art. 19: 1. v. CC 927, nota 4 e CDC 14, nota 6b. V. tb. CC 12, 20 e 21. S/ legitimidade nesses casos, v., no CPCLPV, CPC 17, nota 10.

S/ desnecessidade de ordem judicial para casos envolvendo cenas de nudez ou de atos sexuais de caráter privado, v. art. 21.

Art. 19: 2. "*Orkut.* 'Comunidade' criada com intenção pejorativa e difamatória. A criação e a divulgação de 'espaço virtual' em site de relacionamentos, com conteúdo atentatório ao nome e à reputação do agravante, devem ser excluídas da internet, além de informados os dados que possam identificar o seu criador, evitando maiores dissabores e danos ao recorrente" (RJM 182/194: AP 1.0024.07.448859-4/001). No mesmo sentido: RMDECC 28/135 (TJSP, AP 591.312.4/5-00), JTJ 335/50 (AI 584.783-4/7-00). V. art. 10 § 1º.

"*Blog.* Veiculação virtual de conteúdo ofensivo por parte do responsável pelo *blog* e por terceiros. Pretensão de remoção dos comentários de cunho ofensivo, com abstenção de novas inserções. Possibilidade. Presentes os requisitos legais, tecnicamente viável a remoção dos comentários potencialmente ofensivos à honra subjetiva e à imagem do agravante. Tutela de urgência que se mostra necessária para resguardar a utilidade do provimento final em razão das características do grande número de acessos permitidos e inerentes aos diários virtuais na Internet. Conteúdo com potencial ofensivo que ultrapassa os limites do razoável a exigir a compatibilização, pelo princípio da proporcionalidade, do direito fundamental de liberdade de expressão com o direito à imagem da pessoa humana" (JTJ 331/137: AI 583.663-4/2-00).

"Divulgação de dados do consumidor contra seu interesse pelo *Google Maps.* Alegação de risco para sua segurança pessoal que não se pode desconsiderar. Tutela antecipada apenas para excluir os dados, nome, endereços e telefones residenciais. Plausibilidade do direito reclamado e verossimilhança de suas alegações. Impossibilidade de controle de acesso de dados, afirmada pela prestadora do serviço, que deverá ser alvo de debates na origem e especialmente em relação ao segundo pedido, de indenização. Cumprimento imediato da ordem de retirada que não se pode condicionar a outras providências, atinentes a outros sites, dos quais migraram os dados do agravado" (RT 908/837: TJSP, AI 0546964-48.2010.8.26.0000).

Todavia: "Preenchidos os requisitos indispensáveis à exclusão, da web, de uma determinada página virtual, sob a alegação de veicular conteúdo ilícito ou ofensivo — notadamente a identificação do URL dessa página —, a vítima carecerá de interesse de agir contra o provedor de pesquisa, por absoluta falta de utilidade da jurisdição. Se a vítima identificou, via URL, o autor do ato ilícito, não tem motivo para demandar contra aquele que apenas facilita o acesso a esse ato que, até então, se encontra publicamente disponível na rede para divulgação. Excepciona o entendimento contido nos itens anteriores o armazenamento de dados em *cache*. Estando uma cópia do texto ou imagem ofensivos ou ilícitos registrados na memória *cache* do provedor de pesquisa virtual, deve esse, uma vez ciente do fato, providenciar a exclusão preventiva, desde que seja fornecido o URL da página original, bem como comprovado que esta já foi removida da Internet. Como se trata de providência específica, a ser adotada por pessoa distinta daquela que posta o conteúdo ofensivo e envolvendo arquivo (cópia) que não se confunde com o texto ou imagem original, deve haver não apenas um pedido individualizado da parte, mas um comando judicial determinado e expresso no sentido de que a cópia em *cache* seja removida" (STJ-2ª Seção, Rcl 5.072, Min. Nancy Andrighi, j. 11.12.13, maioria, DJ 4.6.14).

Indeferindo tutela antecipada para que fossem excluídas do Google menções aos processos criminais envolvendo determinada pessoa: "O agravante não nega o seu indiciamento em inquérito policial nem a existência de processos criminais em que consta como acusado, alegando tão somente que a divulgação causar-lhe-á dano à intimidade e à imagem. Ora, no conflito entre seu direito à intimidade e o direito à informação da população em geral deve, salvo abuso não encontrado no caso, prevalecer o último" (JTJ 345/51: AI 673.593-4/3; a citação é do voto do relator).

"Agravo de instrumento. Liminar deferida para que a ré providencie os meios necessários para atualização de notícias referentes ao autor. Inadmissibilidade. Informações lançadas na Internet por terceiros. Empresa-ré que apenas administra site que contém ferramenta de busca, sem qualquer ingerência no conteúdo dos sites pesquisados" (JTJ 347/46: AI 675.306-4/0-00).

"Obrigação de fazer. Tutela antecipada deferida. Informações sobre o cadastro de usuário hospedado em seu endereço e retirada do material ofensivo. Possibilidade. Inviáveis, contudo, as determinações para instalação de filtros e monitoramento para que o material não seja mais incluído na rede. Determinação genérica que implica exame prévio de todo o conteúdo do material que transita pelo site de relacionamento e, até mesmo, em toda a Internet, não podendo ser exigido de um provedor de serviço de hospedagem" (RT 899/201: TJSP, AI 990.10.044341-0; no caso o provedor-réu era o YouTube).

Art. 19: 3. "No caso de mensagens moralmente ofensivas, inseridas no site de provedor de conteúdo por usuário, não incide a regra de responsabilidade objetiva, prevista no art. 927, § ún., do Cód. Civil/02, pois não se configura risco inerente à atividade do provedor" (STJ-3ª T., REsp 1.306.066, Min. Sidnei Beneti, j. 17.4.12, RT 922/802). Em sentido semelhante: RT 904/259 (TJSP, AP 990.10.011800-5).

"Afirmações de natureza ofensiva divulgadas em página pessoal de sítio eletrônico de relacionamento (*Orkut*). Ausência, contudo, de responsabilidade do provedor de serviços de Internet (*Google*) pelas informações veiculadas. Inexistência de dever legal ou convencional de controle ou fiscalização prévia de conteúdo. Dados que foram publicados exclusivamente por terceiros. Nexo de causalidade inexistente entre a conduta lícita da requerida e os danos" (RT 886/208: TJSP, AP 629.576-4/9-00). No mesmo sentido: JTJ 341/478 (AP 644.393-4/3-00). V. tb. CDC 14, nota 6b.

"Mensagens depreciativas inseridas em site de relacionamento (*Orkut*), com o nítido propósito de denegrir a imagem objetiva de marca notória que se expande no mercado mediante franquias. Provedor de hospedagem que cumpre o dever de, ao ser cientificado do ilícito, bloquear o conteúdo e despaginar a comunidade que fez uso ilegal da comunicação na rede, excluindo a obrigação de pagar danos morais que somente é possível em caso de negligente controle" (RMDECC 28/135: TJSP, AP 591.312.4/5-00). Em sentido semelhante: STJ-3ª T., REsp 1.193.764, Min. Nancy Andrighi, j. 14.12.10, DJ 8.8.11.

"O provedor de pesquisa é uma espécie do gênero provedor de conteúdo, pois não inclui, hospeda, organiza ou de qualquer outra forma gerencia as páginas virtuais indicadas nos resultados disponibilizados, se limitando a indicar *links* onde podem ser encontrados os termos ou expressões de busca fornecidos pelo próprio usuário. Os provedores de pesquisa realizam suas buscas dentro de um universo virtual, cujo acesso é público e irrestrito, ou seja, seu papel se restringe à identificação de páginas na web onde determinado dado ou informação, ainda que ilícito, estão sendo livremente veiculados. Dessa forma, ainda que seus mecanismos de busca facilitem o acesso e a consequente divulgação de páginas cujo conteúdo seja potencialmente ilegal, fato é que essas páginas são públicas e compõem a rede mundial de computadores e, por isso, aparecem no resultado dos sites de pesquisa. Os provedores de pesquisa não podem ser obrigados a eliminar do seu sistema os resultados derivados da busca de determinado termo ou expressão, tampouco os resultados que apontem para uma foto ou texto específico, independentemente da indicação do URL da página onde este estiver inserido. Não se pode, sob o pretexto de dificultar a propagação de conteúdo ilícito ou ofensivo na web, reprimir o direito da coletividade à informação. Sopesados os direitos envolvidos e o risco potencial de violação de cada um deles, o fiel da balança deve pender para a garantia da liberdade de informação assegurada pelo art. 220, § 1º, da CF/88, sobretudo considerando que a Internet representa, hoje, importante veículo de comunicação social de massa" (STJ-3ª T., REsp 1.316.921, Min. Nancy Andrighi, j. 26.6.12, RT 924/535; com comentário de Fernanda Nunes Barbosa). No mesmo sentido: "Ausência de fundamento normativo para imputar aos provedores de aplicação de buscas na internet a obrigação de implementar o direito ao esquecimento e, assim, exercer função de censor digital" (STJ-3ª T., REsp 1.593.873, Min. Nancy Andrighi, j. 10.11.16, DJ 17.11.16). **Todavia:** "Os provedores de pesquisa podem ser excepcionalmente obrigados a eliminar de seu banco de dados resultados incorretos ou inadequados, especialmente quando inexistente relação de pertinência entre o conteúdo do resultado e o critério pesquisado. A ausência de congruência entre o resultado atual e os termos pesquisados, ainda que decorrentes da posterior alteração do conteúdo original publicado pela página, configuram falha na prestação do serviço de busca, que deve ser corrigida nos termos do art. 20 do CDC, por frustrarem as legítimas expectativas dos consumidores" (STJ-3ª T., REsp 1.582.981, Min. Marco Bellizze, j. 10.5.16, DJ 19.5.16). Afirmando "a possibilidade de se determinar o rompimento do vínculo estabelecido por provedores de aplicação de busca na internet entre o nome do prejudicado, utilizado como critério exclusivo de busca, e a notícia apontada nos resultados": STJ-3ª T., REsp 1.660.168, Min. Marco Bellizze, j. 8.5.18, maioria, DJ 5.6.18. S/ direito ao esquecimento, v. tb. CC 927, nota 3a.

"O provedor de compartilhamento de vídeos é uma espécie do gênero provedor de conteúdo, pois se limita a disponibilizar as imagens postadas pelos usuários, sem nenhuma participação na criação ou na edição dos arquivos digitais. Não se pode exigir do provedor de compartilhamento de vídeos a fiscalização antecipada de cada novo arquivo postado no *site*. Ao oferecer um serviço por meio do qual se possibilita que os usuários divulguem livremente vídeos, deve o provedor de compartilhamento ter o cuidado de propiciar meios para que se possa identificar cada um desses usuários, coibindo o anonimato e atribuindo a cada imagem uma autoria certa e determinada" (STJ-3ª T., REsp 1.403.749, Min. Nancy Andrighi, j. 22.10.13, DJ 25.3.14).

"O provedor de correio eletrônico (e-mail) é uma espécie do gênero provedor de conteúdo, pois propicia o envio de mensagens aos destinatários indicados pelos usuários, incluindo a possibilidade de anexar arquivos de texto, som e imagem. O dano moral decorrente de mensagens com conteúdo ofensivo enviadas pelo usuário via e-mail não constitui risco inerente à atividade dos provedores de correio eletrônico, de modo que não se lhes aplica a responsabilidade objetiva prevista no art. 927, § ún., do CC/02. Ao ser comunicado de que determinada mensagem possui conteúdo ilícito, deve o provedor de correio eletrônico agir de forma enérgica, suspendendo a respectiva conta de e-mail, sob pena de responder solidariamente com o autor direto do dano, em virtude da omissão praticada. Por mais que se intitule um site seguro, a Internet sempre estará sujeita à ação de *hackers*, que invariavelmente conseguem contornar as barreiras que gerenciam o acesso a dados e informações. Assim, a impossibilidade de identificação da pessoa responsável pelo envio de mensagem ofensiva não caracteriza, necessariamente, defeito na prestação do serviço de provedoria de e-mail, não se podendo tomar por legítima a expectativa da vítima, enquanto consumidora, de que a segurança imputada a esse serviço implicaria a existência de meios de individualizar todos os usuários que diariamente encaminham milhões de e-mails. Mesmo não exigindo ou registrando os dados pessoais dos usuários do Hotmail, a Microsoft mantém um meio suficientemente eficaz de rastreamento desses usuários, que permite localizar o seu provedor de acesso (esse sim com recursos para, em tese, identificar o IP do usuário), medida de segurança que corresponde à diligência média esperada de um provedor de correio eletrônico" (STJ-3ª T., REsp 1.300.161, Min. Nancy Andrighi, j. 19.6.12, DJ 26.6.12).

"O gerenciador de fóruns de discussão virtual constitui uma espécie do gênero provedor de conteúdo, pois esses sites se limitam a abrigar e oferecer ferramentas para edição dos fóruns criados e mantidos por terceiros, sem exercer nenhum controle editorial sobre as mensagens postadas pelos usuários. Ao oferecer um serviço por meio do qual se possibilita que os usuários divulguem livremente suas opiniões, deve o provedor de conteúdo ter o cuidado de propiciar meios para que se possa identificar cada um desses usuários, coibindo o anonimato e atribuindo a cada imagem uma autoria certa e determinada. Sob a ótica da diligência média que se espera do provedor, do dever de informação e do princípio da transparência, deve este adotar as providências que, conforme as circunstâncias específicas de cada caso, estiverem ao seu alcance para a individualização dos usuários do *site*, sob pena de responsabilização subjetiva por culpa *in omittendo*" (STJ-3ª T., REsp 1.398.985, Min. Nancy Andrighi, j. 19.11.13, RT 941/289).

"No que se refere à entrevista, tratando-se de um evento ao vivo, por meio de *chat*, no qual o veículo de comunicação, o 'portal' de *Internet*, opera tão somente como transmissor e mediador entre os participantes, 'internautas' e entrevistados, e em ocorrendo ofensa por parte desse em relação a terceiro, não se pode responsabilizar aquele que promoveu, que possibilitou o evento" (RJTJERGS 252/217).

"O provedor de hospedagem de *blogs* é uma espécie do gênero provedor de conteúdo, pois se limita a abrigar e oferecer ferramentas para edição de *blogs* criados e mantidos por terceiros, sem exercer nenhum controle editorial sobre as mensagens postadas pelos usuários. Não se pode exigir do provedor de hospedagem de *blogs* a fiscalização antecipada de cada nova mensagem postada, não apenas pela impossibilidade técnica e prática de assim proceder, mas sobretudo pelo risco de tolhimento da liberdade de pensamento" (STJ-3ª T., REsp 1.328.706, Min. Nancy Andrighi, j. 15.10.13, DJ 13.12.13).

Art. 19: 3a. "Necessidade de indicação clara e específica do localizador URL do conteúdo infringente para a validade de comando judicial que ordene sua remoção da internet. O fornecimento do URL é obrigação do requerente. A necessidade de **indicação do localizador URL** não é apenas uma garantia aos provedores de aplicação, como forma de reduzir eventuais questões relacionadas à liberdade de expressão, mas também é um critério seguro para verificar o cumprimento das decisões judiciais que determinarem a remoção de conteúdo na internet. Em hipóteses com ordens vagas e imprecisas, as discussões sobre o cumprimento de decisão judicial e quanto à aplicação de multa diária serão arrastadas sem necessidade até os Tribunais superiores. O Marco Civil da Internet elenca, entre os requisitos de validade da ordem judicial para a retirada de conteúdo infringente, a 'identificação clara e específica do conteúdo', sob pena de nulidade, sendo necessária a indicação do localizador URL" (STJ-3ª T., REsp 1.629.255, Min. Nancy Andrighi, j. 22.8.17, DJ 25.8.17). No mesmo sentido: STJ-4ª T., REsp 1.471.164-EDcl-AgInt, Min. Lázaro Guimarães, j. 14.8.18, DJ 22.8.18.

Art. 19: 3b. v. art. 31.

Art. 19: 4. Desde que o valor da causa não exceda a quarenta salários mínimos (LJE, art. 3º-I) ou a sessenta salários mínimos (LJEF 3º-*caput*), conforme o caso.

Art. 19: 5. v. CPC 300.

Art. 20. Sempre que tiver informações de contato do usuário diretamente responsável pelo conteúdo a que se refere o art. 19, caberá ao provedor de aplicações de internet comunicar-lhe os motivos e informações relativos à indisponibilização de conteúdo, com informações que permitam o contraditório e a ampla defesa em juízo, salvo expressa previsão legal ou expressa determinação judicial fundamentada em contrário.

Parágrafo único. Quando solicitado pelo usuário que disponibilizou o conteúdo tornado indisponível, o provedor de aplicações de internet que exerce essa atividade de forma organizada, profissionalmente e com fins econômicos substituirá o conteúdo tornado indisponível pela motivação ou pela ordem judicial que deu fundamento à indisponibilização.

Art. 21. O provedor de aplicações de internet que disponibilize conteúdo gerado por terceiros será responsabilizado subsidiariamente pela violação da intimidade decorrente da divulgação, sem autorização de seus participantes, de imagens, de vídeos ou de outros materiais contendo cenas de nudez ou de atos sexuais de caráter privado quando, após o recebimento de notificação pelo participante ou seu representante legal, deixar de promover, de forma diligente, no âmbito e nos limites técnicos do seu serviço, a indisponibilização desse conteúdo.

Parágrafo único. A notificação prevista no *caput* deverá conter, sob pena de nulidade, elementos que permitam a identificação específica do material apontado como violador da intimidade do participante e a verificação da legitimidade para apresentação do pedido.

Seção IV | DA REQUISIÇÃO JUDICIAL DE REGISTROS

Art. 22. A parte interessada poderá, com o propósito de formar conjunto probatório em processo judicial cível ou penal, em caráter incidental ou autônomo, requerer ao juiz que ordene ao responsável pela guarda o fornecimento de registros de conexão ou de registros de acesso a aplicações de internet.[1-2]

Parágrafo único. Sem prejuízo dos demais requisitos legais, o requerimento deverá conter, sob pena de inadmissibilidade:

I — fundados indícios da ocorrência do ilícito;

II — justificativa motivada da utilidade dos registros solicitados para fins de investigação ou instrução probatória; e

III — período ao qual se referem os registros.

Art. 22: 1. "Fornecimento de **dados pessoais.** Qualificação e endereço. **Impossibilidade.** Para adimplir sua obrigação de identificar usuários que eventualmente publiquem conteúdos considerados ofensivos por terceiros é suficiente o fornecimento do número IP correspondente à publicação ofensiva indicada pela parte" (STJ-3ª T., REsp 1.820.626, Min. Nancy Andrighi, j. 25.8.20, DJ 28.8.20).

Art. 22: 2. "Os arts. 22 e 23 do Marco Civil da Internet, em complemento ao art. 10, parágrafo único, que tratam especificamente do procedimento de que cuidam os autos, **não exigem** a indicação ou qualquer elemento de **individualização pessoal** na decisão judicial. Assim, para que o magistrado possa requisitar dados pessoais armazenados por provedor de serviços de internet, mostra-se satisfatória a indicação dos seguintes elementos previstos na lei: a) indícios da ocorrência do ilícito; b) justificativa da utilidade da requisição; e c) período ao qual se referem os registros. Não é necessário, portanto, que o magistrado fundamente a requisição com indicação da pessoa alvo da investigação, tampouco que justifique a indispensabilidade da medida, ou seja, que a prova da infração não pode ser realizada por outros meios, o que, aliás, seria até, na espécie — se houvesse tal obrigatoriedade legal — plenamente dedutível da complexidade e da dificuldade de identificação da autoria mediata dos crimes investigados. Logo, a quebra do sigilo de dados armazenados, assim entendida a requisição mediante ordem judicial de registros de conexão e acesso à internet, de forma autônoma ou associada a outros dados pessoais e informações, não obriga a autoridade judiciária a indicar previamente as pessoas que estão sendo investigadas, até porque o objetivo precípuo dessa medida, na expressiva maioria dos casos, é justamente de proporcionar a identificação do usuário do serviço ou do terminal utilizado" (STJ-3ª Seção, RMS 60.698, Min. Schietti Cruz, j. 26.8.20, maioria, DJ 4.9.20).

Art. 23. Cabe ao juiz tomar as providências necessárias à garantia do sigilo das informações recebidas e à preservação da intimidade, da vida privada, da honra e da imagem do usuário, podendo determinar segredo de justiça, inclusive quanto aos pedidos de guarda de registro.[1]

Art. 23: 1. v. CPC 189.

Capítulo IV | DA ATUAÇÃO DO PODER PÚBLICO

Art. 24. Constituem diretrizes para a atuação da União, dos Estados, do Distrito Federal e dos Municípios no desenvolvimento da internet no Brasil:

I — estabelecimento de mecanismos de governança multiparticipativa, transparente, colaborativa e democrática, com a participação do governo, do setor empresarial, da sociedade civil e da comunidade acadêmica;

II — promoção da racionalização da gestão, expansão e uso da internet, com participação do Comitê Gestor da internet no Brasil;

III — promoção da racionalização e da interoperabilidade tecnológica dos serviços de governo eletrônico, entre os diferentes Poderes e âmbitos da Federação, para permitir o intercâmbio de informações e a celeridade de procedimentos;

IV — promoção da interoperabilidade entre sistemas e terminais diversos, inclusive entre os diferentes âmbitos federativos e diversos setores da sociedade;

V — adoção preferencial de tecnologias, padrões e formatos abertos e livres;

VI — publicidade e disseminação de dados e informações públicos, de forma aberta e estruturada;

VII — otimização da infraestrutura das redes e estímulo à implantação de centros de armazenamento, gerenciamento e disseminação de dados no País, promovendo a qualidade técnica, a inovação e a difusão das aplicações de internet, sem prejuízo à abertura, à neutralidade e à natureza participativa;

VIII — desenvolvimento de ações e programas de capacitação para uso da internet;

IX — promoção da cultura e da cidadania; e

X — prestação de serviços públicos de atendimento ao cidadão de forma integrada, eficiente, simplificada e por múltiplos canais de acesso, inclusive remotos.

Art. 25. As aplicações de internet de entes do poder público devem buscar:

I — compatibilidade dos serviços de governo eletrônico com diversos terminais, sistemas operacionais e aplicativos para seu acesso;

II — acessibilidade a todos os interessados, independentemente de suas capacidades físico-motoras, perceptivas, sensoriais, intelectuais, mentais, culturais e sociais, resguardados os aspectos de sigilo e restrições administrativas e legais;

III — compatibilidade tanto com a leitura humana quanto com o tratamento automatizado das informações;

IV — facilidade de uso dos serviços de governo eletrônico; e

V — fortalecimento da participação social nas políticas públicas.

Art. 26. O cumprimento do dever constitucional do Estado na prestação da educação, em todos os níveis de ensino, inclui a capacitação, integrada a outras práticas educacionais, para o uso seguro, consciente e responsável da internet como ferramenta para o exercício da cidadania, a promoção da cultura e o desenvolvimento tecnológico.

Art. 27. As iniciativas públicas de fomento à cultura digital e de promoção da internet como ferramenta social devem:

I — promover a inclusão digital;

II — buscar reduzir as desigualdades, sobretudo entre as diferentes regiões do País, no acesso às tecnologias da informação e comunicação e no seu uso; e

III — fomentar a produção e circulação de conteúdo nacional.

Art. 28. O Estado deve, periodicamente, formular e fomentar estudos, bem como fixar metas, estratégias, planos e cronogramas, referentes ao uso e desenvolvimento da internet no País.

Capítulo V | DISPOSIÇÕES FINAIS

Art. 29. O usuário terá a opção de livre escolha na utilização de programa de computador em seu terminal para exercício do controle parental de conteúdo entendido por ele como impróprio a seus filhos menores, desde que respeitados os princípios desta Lei e da Lei n. 8.069, de 13 de julho de 1990 — Estatuto da Criança e do Adolescente.[1]

Parágrafo único. Cabe ao poder público, em conjunto com os provedores de conexão e de aplicações de internet e a sociedade civil, promover a educação e fornecer informações sobre o uso dos programas de computador previstos no *caput*, bem como para a definição de boas práticas para a inclusão digital de crianças e adolescentes.

Art. 29: 1. v. tít. CRIANÇA, ADOLESCENTE E JOVEM.

Art. 30. A defesa dos interesses e dos direitos estabelecidos nesta Lei poderá ser exercida em juízo, individual ou coletivamente, na forma da lei.

Art. 31. Até a entrada em vigor da lei específica prevista no § 2º do art. 19, a responsabilidade do provedor de aplicações de internet por danos decorrentes de conteúdo gerado por terceiros, quando se tratar de infração a direitos de autor ou a direitos conexos, continuará a ser disciplinada pela legislação autoral vigente aplicável na data da entrada em vigor desta Lei.[1]

Art. 31: 1. v. tít. DIREITO AUTORAL.

Art. 32. Esta Lei entra em vigor após decorridos 60 (sessenta) dias de sua publicação oficial.

Brasília, 23 de abril de 2014; 193º da Independência e 126º da República. — DILMA ROUSSEFF — **José Eduardo Cardozo — Miriam Belchior — Paulo Bernardo Silva — Clélio Campolina Diniz.**

Ementário

Investigação de Paternidade

— v. CC 1.596 a 1.617, ECA 27, Súmula 149 do STF.

Lei 8.560, de 29.12.92 — Regula a investigação de paternidade dos filhos havidos fora do casamento e dá outras providências (v. adiante, texto integral).

Lei 12.004, de 29.7.09 — Acrescenta o art. 2º-A à Lei 8.560, de 29.12.92.

Lei 12.010, de 3.8.09 — Na LIP: acrescenta o § 5º ao art. 2º e renumera o antigo § 5º para § 6º.

Lei n. 8.560, de 29 de dezembro de 1992

Regula a investigação de paternidade dos filhos havidos fora do casamento e dá outras providências.

O Presidente da República

Faço saber que o Congresso Nacional decreta e eu sanciono a seguinte lei:

Art. 1º O reconhecimento dos filhos havidos fora do casamento[1] é irrevogável e será feito:

I — no registro de nascimento;

II — por escritura pública ou escrito particular, a ser arquivado em cartório;

III — por testamento, ainda que incidentalmente manifestado;

IV — por manifestação expressa e direta perante o juiz, ainda que o reconhecimento não haja sido o objeto único e principal do ato que o contém.

Art. 1º: 1. v. CC 1.596 a 1.617.

Art. 2º Em registro de nascimento de menor apenas com a maternidade estabelecida, o oficial remeterá ao juiz[1] certidão integral do registro e o nome e prenome, profissão, identidade e residência do suposto pai,[1a] a fim de ser averiguada oficiosamente a procedência da alegação.

§ 1º O juiz, sempre que possível, ouvirá a mãe sobre a paternidade alegada e mandará, em qualquer caso, notificar o suposto pai, independente de seu estado civil, para que se manifeste sobre a paternidade que lhe é atribuída.

§ 2º O juiz, quando entender necessário, determinará que a diligência seja realizada em segredo de justiça.

§ 3º No caso do suposto pai confirmar expressamente a paternidade, será lavrado termo de reconhecimento e remetida certidão ao oficial do registro, para a devida averbação.

§ 4º Se o suposto pai não atender no prazo de trinta dias, a notificação judicial, ou negar a alegada paternidade, o juiz remeterá os autos ao representante do Ministério Público para que intente, havendo elementos suficientes, a ação de investigação de paternidade.[1b a 2a]

§ 5º Nas hipóteses previstas no § 4º deste artigo, é dispensável o ajuizamento de ação de investigação de paternidade pelo Ministério Público se, após o não comparecimento ou a recusa do suposto pai em assumir a paternidade a ele atribuída, a criança for encaminhada para adoção.[2b]

§ 6º A iniciativa conferida ao Ministério Público não impede a quem tenha legítimo interesse de intentar investigação, visando a obter o pretendido reconhecimento da paternidade.[2c a 4]

Art. 2º: 1. "O oficial de registro deve iniciar o procedimento oficioso perante o juízo da comarca que engloba o território atendido pelo cartório de registro de pessoas naturais, conforme as normas locais de organização. Iniciado o procedimento, seguirá no juízo em que se iniciou, sendo irrelevante a mudança de domicílio do menor ou de sua mãe" (STJ-2ª Seção, CC 80.813, Min. Gomes de Barros, j. 27.6.07, DJU 1.8.07).

Art. 2º: 1a. A menção do nome do suposto pai deve ser feita em apartado, nesse caso. Não pode constar do assento de nascimento, a menos que, posteriormente, ocorra a confirmação expressa da paternidade pelo indigitado pai (§ 3º) ou que sobrevenha ação de investigação de paternidade julgada procedente.

✎ **Art. 2º: 1b.** "Ações de investigação de paternidade ilegítima e petição de herança — Estudo de direito comparado", por Mário Moacyr Porto (Ajuris 46/236).

Art. 2º: 1c. s/ ação de investigação de paternidade e relativização da coisa julgada, v., no CPCLPV, CPC 502, nota 3b.

Art. 2º: 2. Súmula 149 do STF: "É imprescritível a ação de **investigação de paternidade,** mas não o é a de **petição de herança".**

No sentido de que é imprescritível a ação de investigação de paternidade: STJ 3ª T., AI 378.216-AgRg, Min. Menezes Direito, j. 10.9.02, DJU 9.12.02; STJ-4ª T., REsp 162.028, Min. Cesar Rocha, j. 20.11.01, DJU 18.3.02.

Art. 2º: 2a. Reconhecendo legitimidade ao MP, "ainda que o registro de nascimento tenha sido lavrado anteriormente à edição da lei": STJ-4ª T., REsp 169.728, Min. Sálvio de Figueiredo, j. 9.6.98, DJU 21.9.98. No mesmo sentido: STJ-RT 764/173 (3ª T., REsp 91.855). **Contra:** RT 732/239.

Art. 2º: 2b. O § 5º foi incluído pela Lei 12.010, de 3.8.09.

Art. 2º: 2c. O § 6º corresponde ao antigo § 5º, renumerado pela Lei 12.010, de 3.8.09.

Art. 2º: 2d. "Investigação de paternidade. Parte legítima para figurar no polo ativo do processo será o pretenso filho, e não sua mãe" (STJ-3ª T., REsp 81.254, Min. Waldemar Zveiter, j. 26.8.96, DJU 3.3.97). "Entretanto, se a inicial refere que a mãe está em juízo como representante da filha, há de entender-se que aquela (representa) a autora, não se justificando a extinção do processo" (STJ-Bol. AASP 1.927/381j).

Autorizando que a mãe represente em juízo o menor impúbere nessas circunstâncias: RTJ 95/1.218, RT 628/198, RF 292/298. No mesmo sentido, em caso de nascituro: RT 625/172, JTJ 150/90.

A ação de investigação de paternidade, sendo falecido o indigitado pai, deve ser proposta contra todos os herdeiros (STJ-RDDP 94/128: 3ª T., REsp 1.028.503; STJ-RT 753/200, RT 541/99, 616/52, RJTJESP 62/106).

Admitindo ação declaratória de parentesco entre **avô e neto,** cumulada com petição de herança, ainda quando o pai do neto não tenha reivindicado em vida o reconhecimento da paternidade do avô para consigo: STJ-RDDP 91/127 e RDPr 44/329 (2ª Seção, REsp 807.849, dois votos vencidos). No mesmo sentido: "Em que pese a aparente limitação oferecida pelo Código Civil Brasileiro, em seu art. 1.606, à propositura, pelos netos, de ação declaratória de relação de parentesco em face do avô, mesmo quando já falecido o seu genitor, a interpretação mais adequada e atenta ao fenômeno da constitucionalização do Direito Civil é no sentido de que a investigação da ancestralidade é direito da personalidade, decorrente da cláusula maior da dignidade da pessoa humana, não podendo seu exercício ser restrito apenas às relações de filiação, daí por que não se pode negar aos netos — não tendo o seu pai, em vida, vindicado a sua paternidade — o direito próprio e personalíssimo de pleitear o reconhecimento da relação avoenga, em face do avô (ou de seus herdeiros, quando já falecido)" (RJM 195/197: AP 1.0024.09.744299-0/001). Ainda no mesmo sentido: JTJ 296/161, maioria. **Todavia**, indeferindo demanda ajuizada por neta com o objetivo de investigar relação de parentesco com o avô, em situação na qual o pai daquela ainda vive: "No âmbito das relações de parentesco não decorrentes da adoção, o exercício do direito de investigação da identidade genética, para fins de constituição de parentesco é limitado, sim, pelo disposto no art. 1.606 do Código Civil, o qual restringiu o universo de quem (a geração mais próxima viva) e quando pode ser postulada declaração judicial de filiação (não haver anterior deliberação a respeito)" (STJ-4ª T., REsp 876.434, Min. Marco Buzzi, j. 1.2.11, maioria, DJ 1.2.12).

"A ação de investigação de paternidade *post mortem*, em regra, é ajuizada em face dos herdeiros do suposto pai falecido. Hipótese em que a **viúva** do suposto pai não ostenta a condição de herdeira, não sendo litisconsorte passiva necessária. Assiste-lhe, todavia, o direito de contestar a ação, uma vez que tem justo interesse moral, albergado pelo art. 365 do Código Civil de 1916 e 1.615 do Código Civil de 2002, recebendo o processo no estado em que se encontrava quando requereu a intervenção" (STJ-4ª T., REsp 1.466.423, Min. Isabel Gallotti, j. 23.2.16, DJ 2.3.16). "Ação de investigação de paternidade endereçada contra o herdeiro, nos termos do artigo 363 do Código Civil; hipótese em que, pelas peculiaridades do caso concreto, se impunha a citação da viúva na condição de litisconsorte necessária" (STJ-3ª T., REsp 125.250, Min. Ari Pargendler, j. 2.5.00, DJ 29.5.00).

O **espólio** do suposto pai não tem legitimidade passiva para a ação investigatória (RTJ 108/393, RSTJ 26/406, RF 288/289, JTJ 294/206).

Art. 2º: 3. "Em se tratando de ação de investigação de paternidade proposta pelo Ministério Público em favor de incapazes, não se justifica a imposição da honorária advocatícia ao vencido, em face da finalidade e da destinação da referida verba" (STJ 4ª T., REsp 275.980, Min. Barros Monteiro, j. 28.8.01, DJU 19.11.01).

Art. 2º: 4. "Diz-se personalíssima a investigação da paternidade em relação à legitimação ativa; não, quanto à legitimação passiva" (JTJ 173/279). Assim: "O falecimento da ré, no curso da ação de investigação de paternidade, conduz à habilitação dos herdeiros sucessivos, conforme o art. 43 do CPC" (STJ-3ª T., REsp 521.106-AgRg, Min. Gomes de Barros, j. 18.5.04, DJU 7.6.04).

Art. 2º-A. Na ação de investigação de paternidade, todos os meios legais, bem como os moralmente legítimos, serão hábeis para provar a verdade dos fatos.[1]

Parágrafo único. A recusa do réu em se submeter ao exame de código genético — DNA gerará a presunção da paternidade, a ser apreciada em conjunto com o contexto probatório.[2]

Art. 2º-A: 1. Artigo e § ún. incluídos pela Lei 12.004, de 29.7.09.

Art. 2º-A: 2. v. CC 232 e notas.

Art. 3º É vedado legitimar e reconhecer filho na ata do casamento.

Parágrafo único. É ressalvado o direito de averbar alteração do patronímico materno, em decorrência do casamento, no termo de nascimento do filho.

Art. 4º O filho maior não pode ser reconhecido sem o seu consentimento.[1]

Art. 4º: 1. Neste sentido: CC 1.614.

Art. 5º No registro de nascimento não se fará qualquer referência à natureza da filiação, à sua ordem em relação a outros irmãos do mesmo prenome, exceto gêmeos, ao lugar e cartório do casamento dos pais e ao estado civil destes.[1]

Art. 5º: 1. A parte final, "ao lugar e cartório do casamento dos pais e ao estado civil destes", revoga o disposto na LRP 54, item 7º: "o lugar e cartório onde se casaram".

Art. 6º Das certidões de nascimento não constarão indícios de a concepção haver sido decorrente de relação extraconjugal.[1]

§ 1º Não deverá constar, em qualquer caso, o estado civil dos pais e a natureza da filiação, bem como o lugar e cartório do casamento, proibida referência à presente lei.

§ 2º São ressalvadas autorizações ou requisições judiciais de certidões de inteiro teor, mediante decisão fundamentada, assegurados os direitos, as garantias e interesses relevantes do registrado.

Art. 6º: 1. cf. LRP 19 § 3º.

Art. 7º Sempre[1] que na sentença de primeiro grau se reconhecer a paternidade, nela se fixarão os alimentos provisionais ou definitivos do reconhecido que deles necessite.[2 a 4]

Art. 7º: 1. O advérbio "sempre" significa que, **mesmo quando não pedidos** os alimentos, o juiz deverá fixá-los na sentença, se o autor deles necessitar. Nesse sentido: RSTJ 143/410.

Assim: "O fato de inexistir pedido expresso de alimentos não impede o magistrado de fixá-los, não sendo *extra petita* a sentença" (RBDF 33/58).

Ainda: "O pedido de pensionamento formulado nessa espécie de demanda é meramente estimativo, não se configurando decisão *ultra* ou *extra petita* a concessão de **valor maior que o postulado** na exordial" (STJ-4ª T., REsp 595.746, Min. Aldir Passarinho Jr., j. 2.12.10, DJ 15.12.10).

Art. 7º: 2. **Súmula 277 do STJ:** "Julgada procedente a investigação de paternidade, os alimentos são **devidos a partir da citação**".

Todavia: "O termo inicial da obrigação alimentar deve ser o da data da concepção, quando o genitor tinha ciência da gravidez e recusou-se a reconhecer o filho" (RBDF 33/58: acórdão relatado pela Des. Maria Berenice Dias).

Art. 7º: 2a. "Julgada procedente a ação investigatória de paternidade, **mesmo antes do trânsito em julgado** da decisão, é lícito ao filho exigir do réu a prestação dos alimentos provisionais" (RSTJ 141/436).

"A condenação aos alimentos fixados em sentença de ação de investigação de paternidade pode ser executada de imediato, pois a apelação que contra ela se insurge é de ser recebida no efeito meramente devolutivo" (STJ-4ª T., REsp 595.746, Min. Aldir Passarinho Jr., j. 2.12.10, DJ 15.12.10).

Art. 7º: 3. Excepcionalmente, é possível a fixação de alimentos **antes da prolação da sentença,** desde que existam fortes indícios da paternidade e o autor necessite urgentemente dos alimentos (RT 615/50, JTJ 158/16, RJTJERGS 162/217 e 218).

Assim: "Alimentos requeridos no curso da ação de investigação de paternidade. O despacho que defere alimentos provisórios, diante da presença de fortes indícios da paternidade, no curso de ação principal de investigação de paternidade, não desafia o art. 2º da Lei 5.478/68" (STJ-3ª T., REsp 105.194, Min. Menezes Direito, j. 13.10.97, DJU 15.12.97).

Contra: RJTJERGS 146/157.

Art. 7º: 3a. "Os alimentos provisionais arbitrados em cautelar incidental à ação de investigação de paternidade têm amparo legal não apenas se forem decorrentes do vínculo paterno-filial surgido do reconhecimento, como também dos laços de parentesco dele derivados. O parentesco surgido entre as partes, na hipótese, **irmãos** unilaterais, em razão da sentença de reconhecimento da paternidade, declarada e confirmada, respectivamente, em 1º e em 2º graus de jurisdição, é suficiente para autorizar o arbitramento dos alimentos na forma em que se deu" (STJ-3ª T., REsp 1.120.922, Min. Nancy Andrighi, j. 23.11.10, DJ 7.12.10).

Art. 7º: 4. O **Ministério Público** tem legitimidade para a execução de alimentos fixados em ação de investigação de paternidade por ele proposta (STJ-3ª T., REsp 208.429, Min. Menezes Direito, j. 4.9.01, DJU 1.10.01).

Art. 8º Os registros de nascimento, anteriores à data da presente lei, poderão ser retificados por decisão judicial, ouvido o Ministério Público.

Art. 9º Esta lei entra em vigor na data de sua publicação.

Art. 10. São revogados os arts. 332, 337 e 347 do Código Civil e demais disposições em contrário.

Brasília, 29 de dezembro de 1992; 171º da Independência e 104º da República — ITAMAR FRANCO — **Maurício Corrêa.**

Ementário
Letra de Câmbio e Nota Promissória

Dec. (legislativo) 2.044, de 31.12.1908 — Define a letra de câmbio e a nota promissória e regula as operações cambiais (RF 11/122; v. adiante, texto integral).

Dec. 57.663, de 24.1.66 — Promulga as Convenções para adoção de uma lei uniforme em matéria de letras de câmbio e notas promissórias (Lex 1966/160, RT 366/427; v. adiante, texto do Anexo I, que adotou uma lei uniforme, e do Anexo II, que especificou as reservas feitas pelos signatários do Anexo I ao texto aprovado). O **Dec. leg. 54, de 8.9.64** (Lex 1964/160, RT 359/621), aprovou Convenção internacional para adoção de uma lei uniforme sobre letras de câmbio e notas promissórias, tendo essa Convenção sido promulgada pelo **Dec. 57.663, de 24.1.66** (Lex 1966/160, RT 366/427), com o que ficou incorporada ao direito interno brasileiro (RTJ 58/744), menos quanto às reservas apostas às mesmas pela delegação nacional (RTJ 60/217).

Decreto n. 2.044, de 31 de dezembro de 1908[1]

Define a letra de câmbio e a nota promissória e regula as operações cambiais

O Presidente da República dos Estados Unidos do Brasil:
Faço saber que o Congresso Nacional decretou e eu sanciono a seguinte resolução:

DEC. 2.044: 1. Geralmente citado como Dec. **legislativo** 2.044.

Título I | DA LETRA DE CÂMBIO

Capítulo I | DO SAQUE

Art. 1º A letra de câmbio é uma ordem de pagamento e deve conter estes requisitos, lançados, por extenso, no contexto:[1]

I — a denominação "letra de câmbio" ou a denominação equivalente na língua em que for emitida;

II — a soma de dinheiro a pagar e a espécie de moeda;

III — o nome da pessoa que deve pagá-la. Esta indicação pode ser inserida abaixo do contexto;

IV — o nome da pessoa a quem deve ser paga. A letra pode ser ao portador e também emitida por ordem e conta de terceiro. O sacador pode designar-se como tomador;

V — a assinatura do próprio punho do sacador ou do mandatário especial. A assinatura deve ser firmada abaixo do contexto.

Art. 1º: 1. **Súmula 387 do STF (Letra de câmbio incompleta):** "A cambial emitida ou aceita com omissões, ou em branco, pode ser completada pelo credor de boa-fé antes da cobrança ou do protesto".

Art. 2º Não será letra de câmbio o escrito a que faltar qualquer dos requisitos acima enumerados.

Art. 3º Esses requisitos são considerados lançados ao tempo da emissão da letra. A prova em contrário será admitida no caso de má-fé do portador.

Art. 4º Presume-se mandato ao portador para inserir a data e o lugar do saque, na letra que não os contiver.

Art. 5º Havendo diferença entre o valor lançado por algarismo e o que se achar por extenso no corpo da letra, este último será sempre considerado verdadeiro e a diferença não prejudicará a letra. Diversificando as indicações da soma de dinheiro no contexto, o título não será letra de câmbio.

Art. 6º A letra pode ser passada:[1]

I — à vista;

II — a dia certo;

III — a tempo certo da data;

IV — a tempo certo da vista.

Art. 6º: 1. v. art. 17.

Art. 7º A época do pagamento deve ser precisa, uma e única para a totalidade da soma cambial.

Capítulo II | DO ENDOSSO

Art. 8º O endosso transmite a propriedade da letra de câmbio.

Para a validade do endosso, é suficiente a assinatura do próprio punho do endossador ou do mandatário especial, no verso da letra. O endossatário pode completar este endosso.

§ 1º A cláusula "por procuração", lançada no endosso, indica o mandato com todos os poderes, salvo o caso de restrição, que deve ser expressa no mesmo endosso.

§ 2º O endosso posterior ao vencimento da letra tem o efeito de cessão civil.[1]

§ 3º É vedado o endosso parcial.

Art. 8º: 1. v. CC 286 a 298.

Capítulo III | DO ACEITE

Art. 9º A apresentação da letra ao aceite é facultativa, quando certa a data do vencimento. A letra a tempo certo de vista deve ser apresentada ao aceite do sacado, dentro do prazo nela marcado; na falta de designação, dentro de seis meses contados da data da emissão do título, sob pena de perder o portador o direito regressivo contra o sacador, endossadores e avalistas.

Parágrafo único. O aceite da letra, a tempo certo de vista, deve ser datado, presumindo-se, na falta de data, o mandato ao portador para inseri-la.

Art. 10. Sendo dois ou mais os sacados, o portador deve apresentar a letra ao primeiro nomeado; na falta ou recusa do aceite, ao segundo, se estiver domiciliado na mesma praça; assim sucessivamente, sem embargo da forma da indicação na letra dos nomes dos sacados.

Art. 11. Para a validade do aceite, é suficiente a simples assinatura do próprio punho do sacado ou do mandatário especial, no anverso da letra. Vale, como aceite puro, a declaração que não traduzir inequivocamente a recusa, limitação ou modificação.

Parágrafo único. Para os efeitos cambiais, a limitação ou modificação do aceite equivale à recusa, ficando, porém, o aceitante cambialmente vinculado, nos termos da limitação ou modificação.

Art. 12. O aceite, uma vez firmado, não pode ser cancelado nem retirado.

Art. 13. A falta ou recusa do aceite prova-se pelo protesto.[1]

Art. 13: 1. v. arts. 28 a 33.

Capítulo IV | DO AVAL

Art. 14. O pagamento de uma letra de câmbio, independente do aceite e do endosso, pode ser garantido por aval. Para a validade do aval, é suficiente a assinatura do próprio punho do avalista ou do mandatário especial, no verso ou no anverso da letra.

Art. 15. O avalista é equiparado àquele cujo nome indicar; na falta de indicação, àquele abaixo de cuja assinatura lançar a sua; fora destes casos, ao aceitante, e, não estando aceita a letra, ao sacador.[1]

Art. 15: 1. **Súmula 189 do STF (Aval em branco):** "Avais em branco e superpostos consideram-se simultâneos e não sucessivos".

Capítulo V | DA MULTIPLICAÇÃO DA LETRA DE CÂMBIO

Art. 16. O sacador, sob pena de responder por perdas e interesses, é obrigado a dar, ao portador, as vias de letra que este reclamar antes do vencimento, diferenciadas, no contexto, por números de ordem ou pela ressalva das que se extraviarem. Na falta de diferenciação ou da ressalva, que torne inequívoca a unicidade da obrigação, cada exemplar valerá como letra distinta.

§ 1º O endossador e o avalista, sob pena de responderem por perdas e interesses, são obrigados a repetir, na duplicata, o endosso e o aval firmados no original.

§ 2º O sacado fica cambialmente obrigado por cada um dos exemplares em que firmar o seu aceite.

§ 3º O endossador de dois ou mais exemplares da mesma letra a pessoas diferentes, e os sucessivos endossadores e avalistas, ficam cambialmente obrigados.

§ 4º O detentor da letra expedida para o aceite é obrigado a entregá-la ao legítimo portador da duplicata, sob pena de responder por perdas e interesses.

Capítulo VI | DO VENCIMENTO

Art. 17. A letra à vista vence-se no ato da apresentação ao sacado. A letra, a dia certo, vence-se nesse dia. A letra, a dias de data ou de vista, vence-se no último dia do prazo; não se conta, para a primeira, o dia do saque, e, para a segunda, o dia do aceite.

A letra a semanas, meses ou anos da data ou da vista vence-se no dia da semana, mês ou ano do pagamento, correspondente ao dia do saque ou ao dia do aceite. Na falta do dia correspondente, vence-se no último dia do mês do pagamento.

Art. 18. Sacada a letra em país, onde vigorar outro calendário, sem a declaração do adotado, verifica-se o termo do vencimento contando-se do dia do calendário gregoriano, correspondente ao da emissão da letra pelo outro calendário.

Art. 19. A letra é considerada vencida, quando protestada:

I — pela falta ou recusa do aceite;

II — pela falência do aceitante.

O pagamento, nestes casos, continua diferido até ao dia do vencimento ordinário da letra, ocorrendo o aceite de outro sacado nomeado, ou, na falta, a aquiescência do portador, expressa no ato do protesto, ao aceite na letra, pelo interveniente voluntário.

Capítulo VII | DO PAGAMENTO

Art. 20. A letra deve ser apresentada ao sacado ou ao aceitante para o pagamento,[1] no lugar designado e no dia do vencimento, ou, sendo este dia feriado por lei, no primeiro dia útil imediato, sob pena de perder o portador o direito de regresso contra o sacador, endossadores e avalistas.

§ 1º Será pagável à vista a letra que não indicar a época do vencimento. Será pagável, no lugar mencionado ao pé do nome do sacado, a letra que não indicar o lugar do pagamento.

É facultada a indicação alternativa de lugares de pagamento, tendo o portador direito de opção. A letra pode ser sacada sobre uma pessoa, para ser paga no domicílio de outra, indicada pelo sacador ou pelo aceitante.

§ 2º No caso de recusa ou falta de pagamento pelo aceitante, sendo dois ou mais os sacados, o portador deve apresentar a letra ao primeiro nomeado, se estiver domiciliado na mesma praça; assim sucessivamente, sem embargo da forma da indicação na letra dos nomes dos sacados.

§ 3º Sobrevindo caso fortuito ou força maior, a apresentação deve ser feita, logo que cessar o impedimento.

Art. 20: 1. v. CC 304 a 359.

Art. 21. A letra à vista deve ser apresentada ao pagamento dentro do prazo nela marcado; na falta desta designação, dentro de doze meses, contados da data da emissão do título, sob pena de perder o portador o direito de regresso contra o sacador, endossadores e avalistas.

Art. 22. O portador não é obrigado a receber o pagamento antes do vencimento da letra. Aquele que paga uma letra, antes do respectivo vencimento, fica responsável pela validade desse pagamento.

§ 1º O portador é obrigado a receber o pagamento parcial, ao tempo do vencimento.

§ 2º O portador é obrigado a entregar a letra com a quitação àquele que efetua o pagamento; no caso de pagamento parcial, em que se não opera a tradição do título, além da quitação em separado, outra deve ser firmada na própria letra.

Art. 23. Presume-se validamente desonerado aquele que paga a letra no vencimento, sem oposição.

Parágrafo único. A oposição ao pagamento é somente admissível no caso de extravio da letra, de falência ou incapacidade do portador para recebê-lo.

Art. 24. O pagamento feito pelo aceitante ou pelos respectivos avalistas desonera da responsabilidade cambial todos os coobrigados.

O pagamento feito pelo sacador, pelos endossadores ou respectivos avalistas, desonera da responsabilidade cambial os coobrigados posteriores.[1]

Parágrafo único. O endossador ou o avalista, que paga ao endossatário ou ao avalista posterior, pode riscar o próprio endosso ou aval e os dos endossadores ou avalistas posteriores.

Art. 24: 1. v. Súmula 189 do STF, em nota 1 ao art. 15.

Art. 25. A letra de câmbio deve ser paga na moeda indicada. Designada moeda estrangeira, o pagamento, salvo determinação em contrário expressa na letra, deve ser efetuado em moeda nacional, ao câmbio à vista do dia do vencimento e do lugar do pagamento; não havendo no lugar curso de câmbio, pelo da praça mais próxima.

Art. 26. Se o pagamento de uma letra de câmbio não for exigido no vencimento, o aceitante pode, depois de expirado o prazo para o protesto por falta de pagamento, depositar o valor da mesma, por conta e risco do portador, independente de qualquer citação.

Art. 27. A falta ou recusa, total ou parcial, de pagamento, prova-se pelo protesto.

Capítulo VIII | DO PROTESTO[1]

CAP. VIII: 1. v., em PROTESTO DE TÍTULOS, Lei 9.492, de 10.9.97, art. 28.

Art. 28. A letra que houver de ser protestada por falta de aceite ou de pagamento, deve ser entregue ao oficial competente, no primeiro dia útil que se seguir ao da recusa do aceite ou ao do vencimento, e o respectivo protesto[1-2] tirado dentro de três dias úteis.

Parágrafo único. O protesto deve ser tirado no lugar indicado na letra para o aceite ou para o pagamento. Sacada ou aceita a letra para ser paga em outro domicílio que não o do sacado, naquele domicílio deve ser tirado o protesto.

Art. 28: 1. O protesto cambiário interrompe a prescrição (CC 202-III). Está **superada** a **Súmula 153 do STF**, no sentido de que "simples protesto cambiário não interrompe a prescrição".

Art. 28: 2. **"Protesto de nota promissória prescrita.** Irregularidade. Dívida que não é passível de cobrança nas vias ordinária e monitória. Abuso de direito. Abalo de crédito. Dano moral caracterizado. De acordo com o disposto no art. 1º da Lei 9.492/97 ('Lei do Protesto Notarial'), são habilitados ao protesto extrajudicial os títulos de crédito e 'outros documentos de dívida', entendidos estes como instrumentos que caracterizem prova escrita de obrigação pecuniária líquida, certa e exigível, ou seja, documentos que propiciem o manejo da ação de execução. Especificamente quanto à nota promissória, o apontamento a protesto por falta de pagamento mostra-se viável dentro do prazo da execução cambial — que é de 3 anos a contar do vencimento —, desde que indicados os devedores principais (subscritor e seus avalistas). Na hipótese dos autos, o protesto da nota promissória revela-se irregular, pois efetivado quase 9 anos após a data de vencimento do título" (STJ-3ª T., REsp 1.639.470, Min. Nancy Andrighi, j. 14.11.17, DJ 20.11.17).

V. tb. LCh 48, nota 2, e Lei 9.492/97, art. 9º (no tít. PROTESTO DE TÍTULOS). S/ dano moral, v. CC 186, nota 3b.

Art. 29. O instrumento de protesto deve conter:

I — a data;

II — a transcrição literal da letra e das declarações nela inseridas pela ordem respectiva;

III — a certidão da intimação ao sacado ou ao aceitante, ou aos outros sacados, nomeados na letra para aceitar ou pagar, a resposta dada ou a declaração da falta de resposta.

A intimação é dispensada no caso do sacado ou aceitante firmar na letra a declaração da recusa do aceite ou do pagamento, e na hipótese de protesto por causa de falência do aceitante;

IV — a certidão de não haver sido encontrada ou de ser desconhecida a pessoa indicada para aceitar ou para pagar. Nesta hipótese, o oficial afixará a intimação nos lugares de estilo e, se possível, a publicará pela imprensa;

V — a indicação dos intervenientes voluntários e das firmas por eles honradas;

VI — a aquiescência do portador ao aceite por honra;

VII — a assinatura, com o sinal público, do oficial do protesto.

Parágrafo único. Este instrumento, depois de registrado no livro de protestos, deverá ser entregue ao detentor ou portador da letra ou àquele que houver efetuado o pagamento.

Art. 30. O portador é obrigado a dar aviso do protesto ao último endossador, dentro de dois dias, contados da data do instrumento do protesto, e cada endossatário, dentro de dois dias, contados do recebimento do aviso, deve transmiti-lo ao seu endossador, sob pena de responder por perdas e interesses.

Não constando do endosso o domicílio ou a residência do endossador, o aviso deve ser transmitido ao endossador anterior, que houver satisfeito aquela formalidade.

Parágrafo único. O aviso pode ser dado em carta registrada. Para esse fim, a carta será levada aberta ao correio, onde, verificada a existência do aviso, se declarará o conteúdo da carta registrada no conhecimento e talão respectivo.

Art. 31. Recusada a entrega da letra por aquele que a recebeu para firmar o aceite ou para efetuar o pagamento, o protesto pode ser tirado por outro exemplar, ou, na falta, pelas indicações do protestante.

Parágrafo único. Pela prova do fato pode ser decretada a prisão do detentor da letra, salvo depositando este a soma cambial e a importância das despesas feitas.

Art. 32. O portador, que não tira, em tempo útil e forma regular, o instrumento do protesto da letra, perde o direito de regresso contra o sacador, endossadores e avalistas.[1]

Art. 32: 1. "Não é necessário o protesto para se promover a execução contra o aceitante da letra de câmbio ou contra o emitente da nota promissória, bem como contra seus respectivos avalistas. Isso porque, nesses casos, tem-se uma ação direta, e não de regresso" (STJ-3ª T., REsp 740.356, Min. Sidnei Beneti, j. 4.8.09, DJ 18.8.09).

Art. 33. O oficial que não lavrar, em tempo útil e forma regular, o instrumento do protesto, além da pena em que incorrer, segundo o Código Penal, responde por perdas e interesses.

Capítulo IX | DA INTERVENÇÃO

Art. 34. No ato do protesto pela falta ou recusa do aceite, a letra pode ser aceita por terceiro, mediante aquiescência do detentor ou portador.

A responsabilidade cambial deste interveniente é equiparada à do sacado que aceita.

Art. 35. No ato do protesto, excetuada apenas a hipótese do artigo anterior, qualquer pessoa tem o direito de intervir para efetuar o pagamento da letra, por honra de qualquer das firmas.

§ 1º O pagamento, por honra da firma do aceitante ou dos respectivos avalistas, desonera da responsabilidade cambial todos os coobrigados.

O pagamento, por honra da firma do sacador, do endossador ou dos respectivos avalistas, desonera da responsabilidade cambial todos os coobrigados posteriores.

§ 2º Não indicada a firma, entende-se ter sido honrada a do sacador; quando aceita a letra, a do aceitante.

§ 3º Sendo múltiplas as intervenções, concorram ou não coobrigados, deve ser preferido o interveniente que desonera maior número de firmas.

Múltiplas as intervenções pela mesma firma, deve ser preferido o interveniente coobrigado; na falta deste, o sacado; na falta de ambos, o detentor ou portador tem a opção. É vedada a intervenção ao aceitante ou ao respectivo avalista.

Capítulo X | DA ANULAÇÃO DA LETRA

Art. 36. Justificando a propriedade e o extravio ou a destruição total ou parcial da letra, descrita com clareza e precisão, o proprietário pode requerer ao juiz competente do lugar do pagamento, na hipótese de extravio, a intimação do sacado ou do aceitante e dos coobrigados, para não pagarem a aludida letra, e a citação do detentor para apresentá-la em juízo, dentro do prazo de três meses, e, nos casos de extravio e de destruição, a citação dos coobrigados para, dentro do referido prazo, oporem contestação, firmada em defeito de forma do título, ou na falta de requisito essencial ao exercício da ação cambial.

Estas citações e intimações devem ser feitas pela imprensa, publicadas no jornal oficial do Estado e no "Diário Oficial" para o Distrito Federal, e nos periódicos indicados pelo juiz, além de afixados[1] nos lugares de estilo, e na bolsa da praça do pagamento.

§ 1º O prazo de três meses corre da data do vencimento; estando vencida a letra, da data da publicação no jornal oficial.

§ 2º Durante o curso desse prazo, munido da certidão do requerimento e do despacho favorável do juiz, fica o proprietário autorizado a praticar todos os atos necessários à garantia do direito creditório, podendo, vencida a letra, reclamar do aceitante o depósito judicial da soma devida.

§ 3º Decorrido o prazo, sem se apresentar o portador legitimado (art. 39) da letra, ou sem a contestação do coobrigado (art. 36), o juiz decretará a nulidade do título extraviado ou destruído e ordenará, em benefício do proprietário, o levantamento do depósito da soma, caso tenha sido feito.

§ 4º Por esta sentença fica o proprietário habilitado para o exercício da ação executiva contra o aceitante e os outros coobrigados.

§ 5º Apresentada a letra pelo portador legitimado (art. 39) ou oferecida a contestação (art. 36) pelo coobrigado, o juiz julgará prejudicado o pedido de anulação da letra, deixando salvo à parte o recurso aos meios ordinários.

§ 6º Da sentença proferida no processo cabe o recurso de agravo com efeito suspensivo.[2]

§ 7º Este processo não impede o recurso à duplicata, e nem, para os efeitos da responsabilidade civil do coobrigado, dispensa o aviso imediato do extravio, por cartas registradas, endereçadas ao sacado, ao aceitante e aos outros coobrigados, pela forma indicada no parágrafo único do art. 30.

Art. 36: 1. *sic*; deve ser "afixadas".

Art. 36: 2. Cabe apelação (CPC 1.009).

Capítulo XI | DO RESSAQUE

Art. 37. O portador da letra protestada pode haver o embolso da soma devida, pelo ressaque de nova letra de câmbio, à vista, sobre qualquer dos obrigados.

O ressacado, que paga, pode, por seu turno, ressacar sobre qualquer dos coobrigados a ele anteriores.

Parágrafo único. O ressaque deve ser acompanhado da letra protestada, do instrumento do protesto e da conta de retorno.

Art. 38. A conta de retorno deve indicar:

I — a soma cambial e a dos juros legais, desde o dia do vencimento;

II — a soma das despesas legais: protesto, comissão, porte de cartas, selos, e os juros legais, desde o dia em que foram feitas;

III — o nome do ressacado;

IV — o preço do câmbio, certificado por corretor, ou, na falta, por dois comerciantes.

§ 1º O recâmbio é regulado pelo curso do câmbio da praça do pagamento, sobre a praça do domicílio ou da residência do ressacado; o recâmbio, devido ao endossador ou ao avalista que ressaca, é regulado pelo curso do câmbio da praça do ressaque, sobre a praça da residência ou do domicílio do ressacado.

Não havendo curso de câmbio na praça do ressaque, o recâmbio é regulado pelo curso do câmbio da praça mais próxima.

§ 2º É facultado o cúmulo dos recâmbios, nos sucessivos ressaques.

Capítulo XII | DOS DIREITOS E DAS OBRIGAÇÕES CAMBIAIS

Seção I | DOS DIREITOS

Art. 39. O possuidor é considerado legítimo proprietário da letra ao portador e da letra endossada em branco.

O último endossatário é considerado legítimo proprietário da letra endossada em preto, se o primeiro endosso estiver assinado pelo tomador e cada um dos outros pelo endossatário do endosso imediatamente anterior.

Seguindo-se ao endosso em branco outro endosso, presume-se haver o endossador deste adquirido por aquele a propriedade da letra.

§ 1º No caso de pluralidade de tomadores ou de endossatários, conjuntos ou disjuntos, o tomador ou o endossatário possuidor da letra é considerado, para os efeitos cambiais, o credor único da obrigação.

§ 2º O possuidor, legitimado de acordo com este artigo, somente no caso de má-fé na aquisição, pode ser obrigado a abrir mão da letra de câmbio.

Art. 40. Quem paga não está obrigado a verificar a autenticidade dos endossos.

Parágrafo único. O interveniente voluntário que paga fica sub-rogado em todos os direitos daquele cuja firma foi por ele honrada.

Art. 41. O detentor, embora sem título algum, está autorizado a praticar as diligências necessárias à garantia do crédito, a reclamar o aceite, a tirar os protestos, a exigir, ao tempo do vencimento, o depósito da soma cambial.

Seção II | DAS OBRIGAÇÕES

Art. 42. Pode obrigar-se, por letra de câmbio, quem tem a capacidade civil ou comercial.

Parágrafo único. Tendo a capacidade pela lei brasileira, o estrangeiro fica obrigado pela declaração, que firmar, sem embargo da sua incapacidade, pela lei do Estado a que pertencer.

Art. 43. As obrigações cambiais são autônomas e independentes umas das outras. O signatário da declaração cambial fica, por ela, vinculado e solidariamente responsável pelo aceite e pelo pagamento da letra, sem embargo da falsidade, da falsificação ou da nulidade de qualquer outra assinatura.

Art. 44. Para os efeitos cambiais, são consideradas não escritas:

I — a cláusula de juros;[1]

II — a cláusula proibitiva do endosso ou do protesto, a excludente da responsabilidade pelas despesas e qualquer outra dispensando a observância dos termos ou das formalidades prescritas por esta lei;

III — a cláusula proibitiva da apresentação da letra ao aceite do sacado;

IV — a cláusula excludente ou restritiva da responsabilidade e qualquer outra beneficiando o devedor ou o credor, além dos limites fixados por esta lei.

§ 1º Para os efeitos cambiais, o endosso ou aval cancelado é considerado não escrito.

§ 2º Não é letra de câmbio o título em que o emitente exclui ou restringe a sua responsabilidade cambial.

Art. 44: 1. A Lei da Usura (Dec. 22.626, de 7.4.33, no tít. MÚTUO), em seu art. 16, declarou expressamente que o inciso I acima continuava em vigor.

Art. 45. Pelo aceite, o sacado fica cambialmente obrigado para com o sacador e respectivos avalistas.

§ 1º A letra endossada ao aceitante pode ser por este reendossada, antes do vencimento.

§ 2º Pelo reendosso da letra, endossada ao sacador, ao endossado[1] ou ao avalista, continuam cambialmente obrigados os codevedores intermédios.

Art. 45: 1. Conforme publicação oficial. Todos os textos consultados consignam, porém, "ao endossador".

Art. 46. Aquele que assina a declaração cambial, como mandatário ou representante legal de outrem, sem estar devidamente autorizado, fica, por ela, pessoalmente obrigado.

Art. 47. A substância, os efeitos, a forma extrínseca e os meios de prova da obrigação cambial são regulados pela lei do lugar onde a obrigação foi firmada.

Art. 48. Sem embargo da desoneração da responsabilidade cambial, o sacador ou o aceitante fica obrigado a restituir ao portador, com os juros legais, a soma com a qual se locupletou à custa deste.

A ação do portador para este fim é a ordinária.[1-2]

Art. 48: 1. "Ação de locupletamento. O trânsito em julgado de acórdão que desconstituiu título executivo cambial, por defeito formal, não tira ao portador a ação a que se refere o art. 48 da Lei Cambial, para a cobrança do débito" (RSTJ 54/345).

Art. 48: 2. "A ação de locupletamento prevista no art. 48 do Decreto n. 2.044/1908 não exclui a possibilidade de ajuizamento de ação de cobrança, ficando ao alvedrio do credor a opção por aquela que melhor lhe aprouver, sendo certo, apenas, que deverá observar a *causa petendi*, o ônus probatório e o prazo prescricional próprio de uma ou outra" (STJ-3ª T., REsp 1.189.028, Min. João Otávio, j. 20.2.14, DJ 7.3.14).

"Na ação de locupletamento prevista na legislação de regência dos títulos de crédito, a só apresentação da cártula prescrita já é suficiente para embasar a ação, visto que a posse do título não pago pelo portador gera a presunção *juris tantum* de locupletamento do emitente, nada obstante assegurada a amplitude de defesa ao réu" (STJ-3ª T., REsp 1.323.468, Min. João Otávio, j. 17.3.16, DJ 28.3.16).

Capítulo XIII | DA AÇÃO CAMBIAL

Art. 49. A ação cambial é a executiva.[1] Por ela, tem também o credor o direito de reclamar a importância que receberia pelo ressaque (art. 38).

Art. 49: 1. substituída, no CPC atual, pela execução por quantia certa (art. 824 e segs.).

Art. 50. A ação cambial pode ser proposta contra um, alguns ou todos os coobrigados, sem estar o credor adstrito à observância da ordem dos endossos.

Art. 51. Na ação cambial, somente é admissível defesa fundada no direito pessoal do réu contra o autor, em defeito de forma do título e na falta de requisito necessário ao exercício da ação.

Capítulo XIV | DA PRESCRIÇÃO DA AÇÃO CAMBIAL

Art. 52. A ação cambial contra o sacador, aceitante e respectivos avalistas, prescreve[1] em cinco anos.

A ação cambial, contra o endossador e respectivo avalista, prescreve em doze meses.

Art. 52: 1. O protesto cambiário interrompe a prescrição (CC 202-III). Está **superada a Súmula 153 do STF**, no sentido de que "simples protesto cambiário não interrompe a prescrição".

Art. 53. O prazo da prescrição é contado do dia em que a ação pode ser proposta; para o endossador ou respectivo avalista, que paga, do dia desse pagamento.

Título II | DA NOTA PROMISSÓRIA

Capítulo I | DA EMISSÃO

Art. 54. A nota promissória[1 a 1d] é uma promessa de pagamento e deve conter estes requisitos essenciais, lançados por extenso, no contexto:

I — a denominação de "nota promissória" ou termo correspondente, na língua em que for emitida;

II — a soma de dinheiro a pagar;[1e-1f]

III — o nome da pessoa a quem deve ser paga;[2]

IV — a assinatura[2a] do próprio punho do emitente, ou do mandatário especial.[2b]

§ 1º Presume-se ter o portador o mandato para inserir a data e lugar de emissão[2c] da nota promissória, que não contiver estes requisitos.

§ 2º Será pagável à vista a nota promissória que não indicar a época do vencimento.[2d] Será pagável no domicílio do emitente, a nota promissória que não indicar o lugar do pagamento.[3]

É facultada a indicação alternativa de lugar de pagamento, tendo o portador direito de opção.

§ 3º Diversificando as indicações da soma de dinheiro, será considerada verdadeira a que se achar lançada por extenso no contexto.

Diversificando no contexto as indicações da soma de dinheiro, o título não será nota promissória.

§ 4º Não será nota promissória o escrito ao qual faltar qualquer dos requisitos acima enumerados. Os requisitos essenciais são considerados lançados ao tempo da emissão da nota promissória. No caso de má-fé do portador, será admitida prova em contrário.

Art. 54: 1. v. tb. art. 56.

Art. 54: 1a. **Súmula 387 do STF:** "A **cambial** emitida ou aceita com omissões, ou em branco, **pode ser completada pelo credor** de boa-fé antes da cobrança ou do protesto".

Art. 54: 1b. **Súmula 258 do STJ:** "A nota promissória vinculada a **contrato de abertura de crédito** não goza de autonomia em razão da iliquidez do título que a originou".

"A instituição financeira não pode exigir do correntista a emissão de nota promissória em branco para garantia de contrato de abertura de crédito" (STJ-3ª T., REsp 511.450, Min. Ari Pargendler, j. 15.5.03, DJU 29.3.04).

Todavia, é título executivo a nota promissória vinculada a **contrato de mútuo com valor certo** (STJ-3ª T., REsp 439.845, Min. Menezes Direito, j. 22.5.03, DJU 4.8.03). "A nota promissória, ainda que vinculada a contrato de mútuo bancário, não perde a sua executoriedade. Situação diversa em relação à nota promissória ligada a contrato de abertura de crédito. Súmula n. 258-STJ inaplicável à espécie" (STJ-4ª T., REsp 536.776-EDcl, Min. Barros Monteiro, j. 1.6.04, DJU 13.9.04).

"A nota promissória é título executivo extrajudicial, mesmo que vinculada a **renegociação de dívida** oriunda de contrato de abertura de crédito em conta corrente" (STJ-4ª T., REsp 786.523-AgRg, Min. Isabel Gallotti, j. 2.12.10, DJ 1.2.11).

Art. 54: 1c. "A relação jurídica existente entre o devedor de nota promissória e seu credor contratual direto é regida pelo direito comum, não se lhes aplicando os princípios cambiários que impedem a oposição de **exceções pessoais,** mostrando-se, por isso mesmo, cabível a alegação de pagamento extracartular" (STJ-4ª T., REsp 1.078.399, Min. Luis Felipe, j. 2.4.13, DJ 9.4.13).

"A **autonomia e abstração** dos títulos de crédito manifestam-se nas relações cambiais com terceiros de boa-fé, portadores dos títulos. Perante o credor originário da nota promissória, o devedor se obriga por meio de uma relação estritamente contratual, a qual se aplica à integralidade o Código Civil" (STJ-3ª T., REsp 1.361.937, Min. Nancy Andrighi, j. 15.10.13, DJ 18.10.13).

"O reconhecimento da nulidade do contrato original torna inexigíveis as notas promissórias *pro solvendo* emitidas em garantia do negócio ali avançado, especialmente quando, por não terem circulado, apresentam-se desprovidas da abstração" (STJ-3ª T., REsp 1.608.424, Min. Ricardo Cueva, j. 28.3.17, DJ 4.4.17).

Art. 54: 1d. "Não perde a liquidez a nota promissória executada pelo valor inferior, correspondente ao efetivo saldo devedor apurado na conta de financiamento para capital de giro, em razão do qual foi o título emitido" (STJ-4ª T., REsp 32.176-5, Min. Ruy Rosado, j. 27.6.94, DJU 15.8.94).

Art. 54: 1e. "É lícito emitir nota promissória em branco, para que o valor seja posteriormente preenchido pelo credor. O preenchimento, entretanto, pode acarretar a nulidade do título se o credor agir de má-fé, impondo ao devedor obrigação cambial sabidamente superior à prometida" (STJ-3ª T., REsp 598.891, Min. Gomes de Barros, j. 18.4.06, maioria, DJU 12.6.06). No mesmo sentido: RIDCPC 60/176 (TRF 4ª Reg., AP 2003.71.07.011067-5).

Art. 54: 1f. "A ausência de pactuação, em nota promissória, do índice de correção monetária atrai o INPC" (STJ-4ª T., REsp 1.003.371, Min. Aldir Passarinho Jr., j. 19.8.10, DJ 10.9.10).

Art. 54: 2. **Falta do nome do beneficiário no título.** Não é título executivo a nota promissória sem designação da pessoa a quem deve ser paga (RSTJ 155/163, RT 782/383). Todavia, nessa hipótese, presume-se a concessão de poderes pelo emitente ao portador para apor o nome do beneficiário do título (RT 815/262). "Declarada a falta de requisito do título de crédito com a ausência do nome do beneficiário, não ofende a coisa julgada a nova execução do título, suprida a omissão" (RSTJ 79/188).

Art. 54: 2a. "É nota promissória a declaração que contém todos os requisitos da lei, embora a assinatura do emitente tenha sido lançada no **verso do documento,** desde que disso não surja dúvida alguma sobre a natureza da obrigação assumida pelo subscritor" (STJ-4ª T., REsp 474.304, Min. Ruy Rosado, j. 26.5.03, DJU 4.8.03).

"O art. 54, IV, do Decreto 2.044/1908 não impõe que a assinatura do emitente seja lançada no fim da nota promissória. A circunstância de a firma do emitente ser lançada na **lateral da cártula** não desnatura a nota promissória, nem lhe retira a força de título executivo" (STJ-3ª T., REsp 250.544, Min. Gomes de Barros, j. 15.2.05, DJU 14.3.05).

Afirmando a validade da nota promissória em caso de **assinatura escaneada:** "A assinatura irregular escaneada foi aposta pelo próprio emitente. Vício que não pode ser invocado por quem lhe deu causa. Aplicação da 'teoria dos atos próprios', como concreção do princípio da boa-fé objetiva, sintetizada nos brocardos latinos *tu quoque* e *venire contra factum proprium*, segundo a qual a ninguém é lícito fazer valer um direito em contradição com a sua conduta anterior ou posterior interpretada objetivamente, segundo a lei, os bons costumes e a boa-fé" (STJ-3ª T., REsp 1.192.678, Min. Paulo Sanseverino, j. 13.11.12, um voto vencido, DJ 26.11.12).

Art. 54: 2b. **Súmula 60 do STJ:** "É nula a obrigação cambial assumida por procurador do mutuário vinculado ao mutuante, no exclusivo interesse deste" (v. jurisprudência s/ esta Súmula em RSTJ 44/17 a 79). No mesmo sentido: RSTJ 97/299. "Carece de validade a nota promissória emitida mediante procuração outorgada pelo devedor, ao contrair o empréstimo, a integrante do mesmo grupo econômico a que pertence o credor" (STJ-RT 693/260, maioria).

✎ "A cláusula mandato, o ato cooperativo e a Súmula 60 do STJ", por Helder Martinez Dal Col (RT 761/135).

Art. 54: 2c. "Nota promissória. Execução. **Falta da data e do lugar da emissão.** Perda da eficácia executiva" (RSTJ 170/416: 4ª T., REsp 448.568). No mesmo sentido: RT 830/253. Também, no que diz respeito à data: STJ-4ª T., AI 647.992-AgRg, Min. Isabel Gallotti, j. 7.8.12, DJ 21.8.12; RT 711/183. Ainda: "A ausência da indicação da data de emissão da nota promissória torna-a inexigível como título executivo extrajudicial por se tratar de requisito formal essencial. A circunstância de ser incontroversa a data de emissão pelas partes não supre a exigência legal do seu preenchimento para viabilidade da ação de execução, mantendo-se abertas as vias ordinárias" (STJ-3ª T., REsp 1.229.253-AgRg, Min. Paulo Sanseverino, j. 21.2.13, DJ 26.2.13). **Todavia:** "Descabe extinguir execução pelo só fato de inexistir data de emissão da nota promissória, quando possível tal aferição no contrato a ela vinculado" (STJ-4ª T., REsp 968.320, Min. Luis Felipe, j. 19.8.10, DJ 3.9.10). **Contra:** "A ausência do local da emissão da nota promissória não constitui requisito essencial do título, considerando-se o lugar do pagamento ou do domicílio do emitente" (STJ-3ª T., AI 1.286.221-AgRg, Min. Massami Uyeda, j. 23.11.10, DJ 7.12.10; a citação é do voto do relator). Em sentido semelhante: STJ-4ª T., REsp 1.352.704, Min. Luis Felipe, j. 11.2.14, DJ 19.2.14. "Nota promissória. Ausência de data de emissão. Interpretação da legislação. Boa-fé comprovada. Possibilidade de preenchimento superveniente. Lacuna que não prejudica a exigibilidade do crédito" (RT 916/900: TJSP, AP 0025859-46.2009.8.26.0602, maioria).

"A decretação de nulidade do processo executivo, por faltar ao título cambial a data de emissão, não obsta ao ajuizamento de nova execução após o preenchimento da cártula, não restando caracterizada a revogação do mandato a que se refere o art. 54, § 1º, do Dec. 2.044/1908" (RJTAMG 51/145, maioria). **Todavia:** "Se o Tribunal, mediante decisão com trânsito em julgado, extinguiu a execução por defeito formal na nota promissória, ressalvando a via ordinária, deve esta ser trilhada sem que se admita o suprimento daquele defeito para fins de ajuizamento de outra execução" (STJ-RSDCPC 36/82: 3ª T., REsp 573.650, dois votos vencidos). "A execução anteriormente proposta com base em promissória contendo omissões nos campos relativos à data da emissão, nome da emitente e do beneficiário, além da cidade onde foi sacada, foi extinta por desistência. Descabe agora ao credor, após o preenchimento dos claros, ajuizar novo processo executório, remanescendo-lhe apenas a via ordinária" (STJ-4ª T., REsp 870.704, Min. Luis Felipe, j. 14.6.11, DJ 1.8.11).

V. tb. art. 55, nota 1.

Art. 54: 2d. v. art. 55, inclusive nota 1.

Art. 54: 3. "A falta de indicação expressa do local para o pagamento da nota promissória pode ser suprida pelo lugar de emissão do título ou do domicílio do emitente. Constitui-se, portanto, em um requisito incidental da cambial" (STJ-RSDCPC 29/92 e RSTJ 198/325: 3ª T., REsp 596.077).

"O art. 76 da LUG ressalva que permanece tendo o efeito de nota promissória a cártula em que não se indiquem a época de pagamento, lugar de pagamento e onde foi emitida, obtendo-se neste mesmo dispositivo as soluções a serem conferidas a cada uma dessas hipóteses, não havendo, pois, falar em perda da eficácia executiva do título" (STJ-4ª T., REsp 1.352.704, Min. Luis Felipe, j. 11.2.14, DJ 19.2.14).

Art. 55. A nota promissória pode ser passada:

I — à vista;

II — a dia certo;

III — a tempo certo de data.

Parágrafo único. A época do pagamento deve ser precisa e única para toda a soma devida.[1]

Letra de Câmbio e Nota Promissória

Art. 55: 1. "Existindo dispositivo legal que prevê expressamente a nulidade da nota promissória que apresenta divergência de data de vencimento, incabível torna-se a aplicação da analogia para suprir lacuna que não existe. Aplicação do art. 55 § ún. da Lei 2.044/1908" (STJ-4ª T., REsp 751.878, Min. Aldir Passarinho Jr., j. 20.4.10, DJ 17.5.10).

Todavia: "Se, entre duas datas de vencimento, uma coincide com a data de emissão do título — não existindo, assim, como se entrever, nessa hipótese, uma operação de crédito —, deve prevalecer a data mais posterior, ainda que eventualmente expressa numericamente, já que, por ser futura, admite ser presumida como a efetiva manifestação de vontade do emitente. Na hipótese concreta, as notas promissórias contêm duas datas de vencimento igualmente expressas por extenso quanto ao mês ('fevereiro' e 'julho'), sendo a primeira delas coincidente com a data de emissão da cártula, aposta numericamente (05.02.08). Não havendo como se considerar essas datas como vencimentos sucessivos, as notas promissórias são eficazes. Por envolver operação de crédito, deve-se presumir que a efetiva vontade do emitente das notas era a de que o vencimento se desse após a emissão, prevalecendo, assim, a segunda e mais futura data de vencimento" (STJ-3ª T., REsp 1.730.682, Min. Nancy Andrighi, j. 5.5.20, DJ 11.5.20).

V. tb. art. 54, nota 2c.

Capítulo II | DISPOSIÇÕES GERAIS

Art. 56. São aplicáveis à nota promissória, com as modificações necessárias, todos os dispositivos do Título I desta lei,[1] exceto os que se referem ao aceite e às duplicatas.

Para o efeito da aplicação de tais dispositivos, o emitente da nota promissória é equiparado ao aceitante da letra de câmbio.

Art. 56: 1. v. arts. 1 a 53.

Art. 57. Ficam revogados todos os artigos do Título XVI do Código Comercial e mais disposições em contrário.

Rio de Janeiro, 31 de dezembro de 1908, 20º da República — AFFONSO AUGUSTO MOREIRA PENNA — **David Campista.**

Decreto n. 57.663, de 24 de janeiro de 1966[1]

Promulga as Convenções para adoção de uma lei uniforme em matéria de letras de câmbio e notas promissórias.

DEC. 57.663: 1. v. anotações s/ o Dec. 57.663 e s/ o Dec. leg. 54, de 8.9.64, no ementário.

O Presidente da República,

Havendo o Governo brasileiro, por nota da Legação em Berna, datada de 26 de agosto de 1942, ao Secretário-Geral da Liga das Nações, aderido às seguintes Convenções assinadas em Genebra, a 7 de junho de 1930:

1ª) Convenção para adoção de uma lei uniforme sobre letras de câmbio e notas promissórias, anexos e protocolo, com reservas aos arts. 2 — 3 — 5 — 6 — 7 — 9 — 10 — 13 — 15 — 16 — 17 — 19 e 20 do Anexo II;

2ª) Convenção destinada a regular conflitos de leis em matéria de letras de câmbio e notas promissórias, com Protocolo;

3ª) Convenção relativa ao imposto de selo em matéria de letras de câmbio e de notas promissórias, com Protocolo;

Havendo as referidas Convenções entrado em vigor para o Brasil noventa dias após a data do registro pela Secretaria-Geral da Liga das Nações, isto é, a 26 de novembro de 1942;

E havendo o Congresso Nacional aprovado pelo Decreto Legislativo n. 54, de 1964, as referidas Convenções:

Decreta que as mesmas, apensas por cópia ao presente decreto, sejam executadas e cumpridas tão inteiramente como nelas se contém, observadas as reservas feitas à Convenção relativa à lei uniforme sobre letras de câmbio e notas promissórias.

Brasília, 24 de janeiro de 1966; 145º da Independência e 78º da República. — H. CASTELLO BRANCO — **Juracy Magalhães.**

Convenção para a Adoção de uma Lei Uniforme sobre Letras de Câmbio e Notas Promissórias

O Presidente do Reich Alemão; o Presidente Federal da República Austríaca; Sua Majestade o Rei dos Belgas; o Presidente da República dos Estados Unidos do Brasil; o Presidente da República da Colômbia; Sua Majestade o Rei da Dinamarca; o Presidente da República da Polônia pela Cidade Livre de Dantzig; o Presidente da República do Equador; Sua Majestade o Rei de Espanha; o Presidente da República da Finlândia; o Presidente da República Francesa; o Presidente da República Helênica; Sua Alteza Sereníssima o Regente do Reino da Hungria; Sua Majestade o Rei da Itália; Sua Majestade o Imperador do Japão; Sua Alteza Real a Grã-Duquesa do Luxemburgo; Sua Majestade o Rei da Noruega; Sua Majestade a Rainha da Holanda; o Presidente da República da Polônia; o Presidente da República Portuguesa; Sua Majestade o

Rei da Suécia; o Conselho Federal Suíço; o Presidente da República da Tchecoslováquia; o Presidente da República da Turquia; Sua Majestade o Rei da Iugoslávia:

Desejando evitar as dificuldades originadas pela diversidade de legislação nos vários países em que as letras circulam e aumentar assim a segurança e rapidez das relações do comércio internacional;

Designaram como seus Plenipotenciários:

o Presidente do Reich Alemão: o Sr. Leo Quassowski, Conselheiro Ministerial no Ministério da Justiça do Reich, o Dr. Erich Albrecht, Conselheiro de Legação no Ministério dos Negócios Estrangeiros do Reich, e o Dr. Fritz Ullmann, Juiz no Tribunal de Berlim; o Presidente Federal da República da Áustria: o Dr. Guido Strobele, Conselheiro Ministerial no Ministério Federal da Justiça; Sua Majestade o Rei dos Belgas: o Visconde Poullet, Ministro de Estado, Membro da Câmara dos Representantes, e o Sr. J. de La Vallée-Poussin, Secretário-Geral do Ministério das Ciências e das Artes; o Presidente da República dos Estados Unidos do Brasil: o Sr. Deoclécio de Campos, Adido Comercial em Roma, antigo Professor na Faculdade de Direito do Pará; o Presidente da República da Colômbia: o Sr. A. José Restrepo, Enviado Extraordinário e Ministro Plenipotenciário, Delegado Permanente junto da Sociedade das Nações; Sua Majestade o Rei da Dinamarca: o Sr. Axel Helper, Conselheiro Ministerial no Ministério do Comércio e da Indústria, e o Sr. Valdemar Eigtved, Diretor da "Privatbanken", em Copenhague; o Presidente da República da Polônia pela Cidade Livre de Dantzig: o Sr. Józef Sulkowski, Professor da Universidade de Poznan, Membro da Comissão de Codificação da Polônia; o Presidente da República do Equador: o Dr. Alejandro Gastelú, Vice-Cônsul em Genebra; Sua Majestade o Rei da Espanha: o Dr. Juan Gómez Montejo, Chefe de Seção do Corpo de Juristas do Ministério da Justiça; o Presidente da República da Finlândia: o Sr. Filip Grönvall, Conselheiro de Estado, Membro do Supremo Tribunal Administrativo de Helsinki; o Presidente da República Francesa: o Sr. L. J. Percerou, Professor da Faculdade de Direito de Paris; o Presidente da República Helênica: o Sr. R. Raphaël, Delegado Permanente junto da Sociedade das Nações, Encarregado de Negócios em Berna; Sua Alteza Sereníssima o Regente do Reino da Hungria: o Sr. Zoltán Baranyai, Encarregado de Negócios A. I. da Delegação Húngara junto da Sociedade das Nações; Sua Majestade o Rei da Itália: o Sr. Amedeo Giannini, Conselheiro de Estado, Ministro Plenipotenciário; Sua Majestade o Imperador do Japão: o Sr. Morie Ohno, Enviado Extraordinário e Ministro Plenipotenciário junto do Presidente Federal da República da Áustria, e o Sr. Tetsukichi Shimada, Juiz do Supremo Tribunal de Tóquio; Sua Alteza Real a Grã-Duquesa do Luxemburgo: o Sr. Ch. G. Vermaire, Cônsul em Genebra; Sua Majestade o Rei da Noruega: o Sr. C. Stub Holmboe, Advogado; Sua Majestade a Rainha da Holanda: o Dr. W. L. P. A. Molengraaff, Professor emérito da Universidade de Utrecht; o Presidente da República do Peru: o Sr. José Maria Barreto, Chefe do Bureau Permanente do Peru junto da Sociedade das Nações; o Presidente da República da Polônia: o Sr. Józef Sulkowski, Professor da Universidade de Poznan, Membro da Comissão de Codificação da Polônia; o Presidente da República Portuguesa: o Dr. José Caeiro da Mata, Reitor da Universidade de Lisboa, Professor da Faculdade de Direito, Diretor do Banco de Portugal; Sua Majestade o Rei da Suécia: o Barão E. Marks von Wurtemberg, Presidente do Tribunal da Relação de Estocolmo, antigo Ministro dos Negócios Estrangeiros, o Sr. Birger Ekeberg, Presidente da Comissão de Legislação Civil, antigo Ministro da Justiça, antigo membro do Supremo Tribunal; o Conselho Federal Suíço: o Dr. Max Vischer, advogado e notário, primeiro Secretário da Associação Suíça dos Banqueiros; o Presidente da República Tchecoslovaca: o Dr. Karel Hermann-Otavsky, Professor da Universidade de Praga, Presidente da Comissão de Codificação do Direito Comercial no Ministério da Justiça; o Presidente da República Turca: Mehmed Munir Bey, Enviado Extraordinário e Ministro Plenipotenciário junto do Conselho Federal Suíço; Sua Majestade o Rei da Iugoslávia: o Sr. Ilia Choumenkovitch, Delegado Permanente junto da Sociedade das Nações, Enviado Extraordinário e Ministro Plenipotenciário junto do Conselho Federal Suíço; os quais, depois de terem apresentado os seus plenos poderes, achados em boa e devida forma, acordaram nas disposições seguintes:

Art. 1º As Altas Partes Contratantes obrigam-se a adotar nos territórios respectivos, quer num dos textos originais, quer nas suas línguas nacionais, a lei uniforme que constitui o Anexo I da presente Convenção.

Esta obrigação poderá ficar subordinada a certas reservas que deverão eventualmente ser formuladas por cada uma das Altas Partes Contratantes no momento da sua ratificação ou adesão. Estas reservas deverão ser escolhidas entre as mencionadas no Anexo II da presente Convenção.

Todavia, as reservas a que se referem os artigos 8º, 12 e 18 do citado Anexo II poderão ser feitas posteriormente à ratificação ou adesão, desde que sejam notificadas ao Secretário-Geral da Sociedade das Nações, o qual imediatamente comunicará o seu texto aos Membros da Sociedade das Nações e aos Estados não membros em cujo nome tenha sido ratificada a presente Convenção ou que a ela tenham aderido. Essas reservas só produzirão efeitos noventa dias depois de o Secretário-Geral ter recebido a referida notificação.

Qualquer das Altas Partes Contratantes poderá, em caso de urgência, fazer uso, depois da ratificação ou da adesão, das reservas indicadas nos artigos 7º e 22 do referido Anexo II. Neste caso deverá comunicar essas reservas direta e imediatamente a todas as outras Altas Partes Contratantes e ao Secretário-Geral da Sociedade das Nações. Esta notificação produzirá os seus efeitos dois dias depois de recebida a dita comunicação pelas Altas Partes Contratantes.

Art. 2º A lei uniforme não será aplicável no território de cada uma das Altas Partes Contratantes às letras e notas promissórias já passadas à data da entrada em vigor da presente Convenção.

Art. 3º A presente Convenção, cujos textos em francês e inglês farão, ambos, igualmente fé, terá a data de hoje.

Poderá ser ulteriormente assinada, até 6 de setembro de 1930, em nome de qualquer membro da Sociedade das Nações e de qualquer Estado não membro.

Art. 4º A presente Convenção será ratificada.

Os instrumentos de ratificação serão transmitidos, antes de 1º de setembro de 1932, ao Secretário-Geral da Sociedade das Nações, que notificará imediatamente do seu depósito todos os membros da Sociedade das Nações e os Estados não membros que sejam partes na presente Convenção.

Art. 5º A partir de 6 de setembro de 1930, qualquer membro da Sociedade das Nações e qualquer Estado não membro poderá aderir à presente Convenção. Esta adesão efetuar-se-á por meio de notificação ao Secretário-Geral da Sociedade das Nações, que será depositada nos arquivos do Secretariado.

O Secretário-Geral notificará imediatamente desse depósito todos os Estados que tenham assinado ou aderido à presente Convenção.

Art. 6º A presente Convenção somente entrará em vigor depois de ter sido ratificada ou de a ela terem aderido sete membros da Sociedade das Nações ou Estados não membros, entre os quais deverão figurar três dos membros da Sociedade das Nações com representação permanente no Conselho.

Começará a vigorar noventa dias depois de recebida pelo Secretário-Geral da Sociedade das Nações a sétima ratificação ou adesão, em conformidade com o disposto na alínea primeira do presente artigo.

O Secretário-Geral da Sociedade das Nações, nas notificações previstas nos arts. 4º e 5º, fará menção especial de terem sido recebidas as ratificações ou adesões a que se refere a alínea primeira do presente artigo.

Art. 7º As ratificações ou adesões após a entrada em vigor da presente Convenção em conformidade com o disposto no art. 6º produzirão os seus efeitos noventa dias depois da data da sua recepção pelo Secretário-Geral da Sociedade das Nações.

Art. 8º Exceto nos casos de urgência, a presente Convenção não poderá ser denunciada antes de decorrido um prazo de dois anos a contar da data em que tiver começado a vigorar para o membro da Sociedade das Nações ou para o Estado não membro que a denuncia; esta denúncia produzirá os seus efeitos noventa dias depois de recebida pelo Secretário-Geral a respectiva notificação.

Qualquer denúncia será imediatamente comunicada pelo Secretário-Geral da Sociedade das Nações a todas as outras Altas Partes Contratantes.

Nos casos de urgência, a Alta Parte Contratante que efetuar a denúncia comunicará esse fato direta e imediatamente a todas as outras Altas Partes Contratantes, e a denúncia produzirá os seus efeitos dois dias depois de recebida a dita comunicação pelas respectivas Altas Partes Contratantes. A Alta Parte Contratante que fizer a denúncia nestas condições dará igualmente conhecimento da sua decisão ao Secretário-Geral da Sociedade das Nações.

Qualquer denúncia só produzirá efeitos em relação à Alta Parte Contratante em nome da qual ela tenha sido feita.

Art. 9º Decorrido um prazo de quatro anos da entrada em vigor da presente Convenção, qualquer membro da Sociedade das Nações ou Estado não membro ligado à Convenção poderá formular ao Secretário-Geral da Sociedade das Nações um pedido de revisão de algumas ou de todas as suas disposições.

Se este pedido, comunicado aos outros membros ou Estados não membros para os quais a Convenção estiver em vigor, for apoiado dentro do prazo de um ano por seis, pelo menos, dentre eles, o Conselho da Sociedade das Nações decidirá se deve ser convocada uma Conferência para aquele fim.

Art. 10. As Altas Partes Contratantes poderão declarar no momento da assinatura da Ratificação ou da adesão que, aceitando a presente Convenção, não assumem nenhuma obrigação pelo que respeita a todas ou parte das suas colônias, protetorados ou territórios sob a sua soberania ou mandato, caso em que a presente Convenção se não aplicará aos territórios mencionados nessa declaração.

As Altas Partes Contratantes poderão a todo o tempo mais tarde notificar o Secretário-Geral da Sociedade das Nações de que desejam que a presente Convenção se aplique a todos ou parte dos territórios que tenham sido objeto da declaração prevista na alínea precedente, e nesse caso a Convenção aplicar-se-á aos territórios mencionados na comunicação noventa dias depois de esta ter sido recebida pelo Secretário-Geral da Sociedade das Nações.

Da mesma forma, as Altas Partes Contratantes podem, nos termos do art. 8º, denunciar a presente Convenção para todas ou parte das suas colônias, protetorados ou territórios sob a sua soberania ou mandato.

Art. 11. A presente Convenção será registrada pelo Secretário-Geral da Sociedade das Nações desde que entre em vigor. Será publicada, logo que for possível, na "Coleção de Tratados" da Sociedade das Nações.

Em fé do que os Plenipotenciários acima designados assinaram a presente Convenção.

Feito em Genebra, aos sete de junho de mil novecentos e trinta, num só exemplar, que será depositado nos arquivos do Secretariado da Sociedade das Nações. Será transmitida cópia autêntica a todos os Membros da Sociedade das Nações e a todos os Estados não membros representados na Conferência — Alemanha: Leo Quassowski, Dr. Albrecht, Dr. Ullmann — Áustria: Dr. Strobele — Bélgica: Vte. P. Poullet de La Vallée-Poussin — Brasil: Deoclécio de Campos — Colômbia: A. J. Restrepo — Dinamarca: A. Helper, V. Eigtved — Cidade Livre de Dantzig: Sulkowski — Equador: Alej. Gastelú — Espanha: Juan Gómez Montejo — Finlândia: F. Gronvall — França: J. Percerou — Grécia: R. Raphäel — Hungria: Dr. Baranyai, Zoltán — Itália: Amedeo Giannini — Japão: M. Ohno, T. Shimada — Luxemburgo: Ch. G. Vermaire — Noruega: Stub Holmboe — Holanda: Molengraaff — Peru: J. M. Barreto — Polônia: Sulkowski — Portugal: José Caeiro da Mata — Suécia: E. Marks von Wurtemberg, Birger Ekeberg — Suíça: Vischer — Tchecoslováquia: Prof. Dr. Karel Hermann-Otavsky — Turquia: *ad referendum*, Mehmed Munir — Iugoslávia: I. Choumenkovitch.

Anexo I | LEI UNIFORME RELATIVA ÀS LETRAS DE CÂMBIO E NOTAS PROMISSÓRIAS

Título I | DAS LETRAS

Capítulo I | DA EMISSÃO E FORMA DA LETRA

Art. 1º A letra contém:

1. A palavra "letra" inserta no próprio texto do título e expressa na língua empregada para a redação desse título;
2. O mandato puro e simples de pagar uma quantia determinada;
3. O nome daquele que deve pagar (sacado);
4. A época do pagamento;
5. A indicação do lugar em que se deve efetuar o pagamento;
6. O nome da pessoa a quem ou à ordem de quem deve ser paga;
7. A indicação da data em que, e do lugar onde a letra é passada;
8. A assinatura de quem passa a letra (sacador).

Art. 2º O escrito em que faltar algum dos requisitos indicados no artigo anterior não produzirá efeito como letra, salvo nos casos determinados nas alíneas seguintes:

A letra em que se não indique a época do pagamento entende-se pagável à vista.

Na falta de indicação especial, o lugar designado ao lado do nome do sacado considera-se como sendo o lugar do pagamento, e, ao mesmo tempo, o lugar do domicílio do sacado.

A letra sem indicação do lugar onde foi passada considera-se como tendo-o sido no lugar designado ao lado do nome do sacador.

Art. 3º A letra pode ser à ordem do próprio sacador.

Pode ser sacada sobre o próprio sacador.

Pode ser sacada por ordem e conta de terceiro.

Art. 4º A letra pode ser pagável no domicílio de terceiro, quer na localidade onde o sacado tem o seu domicílio, quer noutra localidade.

Art. 5º Numa letra pagável à vista ou a um certo termo de vista, pode o sacador estipular que a sua importância vencerá juros.[1] Em qualquer outra espécie de letra a estipulação de juros será considerada como não escrita.

A taxa de juro deve ser indicada na letra; na falta de indicação, a cláusula de juros é considerada como não escrita.

Os juros contam-se da data da letra, se outra data não for indicada.

Art. 5º: 1. v. disposição em contrário no CC 890.

Art. 6º Se na letra a indicação da quantia a satisfazer se achar feita por extenso e em algarismos, e houver divergência entre uma e outra, prevalece a que estiver feita por extenso.

Se na letra a indicação da quantia a satisfazer se achar feita por mais de uma vez, quer por extenso, quer em algarismos, e houver divergências entre as diversas indicações, prevalecerá a que se achar feita pela quantia inferior.

Art. 7º. Se a letra contém assinaturas de pessoas incapazes de se obrigarem por letras, assinaturas falsas, assinaturas de pessoas fictícias, ou assinaturas que por qualquer outra razão não poderiam obrigar as pessoas que assinaram a letra, ou em nome das quais ela foi assinada, as obrigações dos outros signatários nem por isso deixam de ser válidas.

Art. 8º Todo aquele que apuser a sua assinatura numa letra, como representante duma pessoa, para representar a qual não tinha de fato poderes, fica obrigado em virtude da letra e, se a pagar, tem os mesmos direitos que o pretendido representado. A mesma regra se aplica ao representante que tenha excedido os seus poderes.

Art. 9º O sacador é garante tanto da aceitação como do pagamento de letra.

O sacador pode exonerar-se da garantia da aceitação; toda e qualquer cláusula pela qual ele se exonere da garantia do pagamento considera-se como não escrita.

Art. 10. Se uma letra incompleta no momento de ser passada tiver sido completada contrariamente aos acordos realizados não pode a inobservância desses acordos ser motivo de oposição ao portador, salvo se este tiver adquirido a letra de má-fé ou, adquirindo-a, tenha cometido uma falta grave.

Capítulo II | DO ENDOSSO

Art. 11. Toda a letra de câmbio, mesmo que não envolva expressamente a cláusula à ordem, é transmissível por via de endosso.

Quando o sacador tiver inserido na letra as palavras "não à ordem", ou uma expressão equivalente, a letra só é transmissível pela forma e com os efeitos de uma cessão[1] ordinária de créditos.

O endosso pode ser feito mesmo a favor do sacado, aceitando ou não, do sacador, ou de qualquer outro coobrigado. Estas pessoas podem endossar novamente a letra.

Art. 11: 1. v. CC 286 a 298.

Art. 12. O endosso deve ser puro e simples. Qualquer condição a que ele seja subordinado considera-se como não escrita.

O endosso parcial é nulo.

O endosso ao portador vale como endosso em branco.

Art. 13. O endosso deve ser escrito na letra ou numa folha ligada a esta (anexo). Deve ser assinado pelo endossante.

O endosso pode não designar o beneficiário, ou consistir simplesmente na assinatura do endossante (endosso em branco).[1] Neste último caso, o endosso para ser válido deve ser escrito no verso da letra ou na folha anexa.

Art. 13: 1. "Tratando-se de endosso em branco, prescindível é que o endossatário, portador do título, aponha o seu nome no verso da cártula antes de ajuizar a execução" (RSTJ 63/385). No mesmo sentido: RT 789/279.

Art. 14. O endosso transmite todos os direitos emergentes da letra.

Se o endosso for em branco, o portador pode:

1º) Preencher o espaço em branco, quer com o seu nome, quer com o nome de outra pessoa;

2º) Endossar de novo a letra em branco ou a favor de outra pessoa;

3º) Remeter a letra a um terceiro, sem preencher o espaço em branco e sem a endossar.

Art. 15. O endossante, salvo cláusula em contrário, é garante tanto da aceitação como do pagamento da letra.

O endossante pode proibir um novo endosso, e, neste caso, não garante o pagamento às pessoas a quem a letra for posteriormente endossada.

Art. 16. O detentor de uma letra é considerado portador legítimo se justifica o seu direito por uma série ininterrupta de endossos, mesmo se o último for em branco. Os endossos riscados consideram-se, para este efeito, como não escritos. Quando um endosso em branco é seguido de um outro endosso, presume-se que o signatário deste adquiriu a letra pelo endosso em branco.

Se uma pessoa foi por qualquer maneira desapossada de uma letra, o portador dela, desde que justifique o seu direito pela maneira indicada na alínea precedente, não é obrigado a restituí-la, salvo se a adquiriu de má-fé ou se, adquirindo-a, cometeu uma falta grave.

Art. 17. As pessoas acionadas em virtude de uma letra não podem opor ao portador as exceções fundadas sobre as relações pessoais delas com o sacador ou com os portadores anteriores, a menos que o portador ao adquirir a letra tenha procedido conscientemente em detrimento do devedor.

Art. 18. Quando o endosso contém a menção "valor a cobrar" (*valeur en recouvrement*), "para cobrança" (*pour encaissement*), "Por procuração" (*par procuration*), ou qualquer outra menção que implique um simples mandato, o portador pode exercer todos os direitos emergentes da letra, mas só pode endossá-la na qualidade de procurador.

Os coobrigados, neste caso, só podem invocar contra o portador as exceções que eram oponíveis ao endossante.

O mandato que resulta de um endosso por procuração não se extingue por morte ou sobrevinda incapacidade legal do mandatário.

Art. 19. Quando o endosso contém a menção "valor em garantia", "valor em penhor" ou qualquer outra menção que implique uma caução, o portador pode exercer todos os direitos emergentes da letra, mas um endosso feito por ele só vale como endosso a título de procuração.

Os coobrigados não podem invocar contra o portador as exceções fundadas sobre as relações pessoais deles com o endossante, a menos que o portador, ao receber a letra, tenha procedido conscientemente em detrimento do devedor.

Art. 20. O endosso posterior ao vencimento tem os mesmos efeitos que o endosso anterior. Todavia, o endosso posterior ao protesto por falta de pagamento, ou feito depois de expirado o prazo fixado para se fazer o protesto, produz apenas os efeitos de uma cessão[1-2] ordinária de créditos.

Salvo prova em contrário, presume-se que um endosso sem data foi feito antes de expirado o prazo fixado para se fazer o protesto.

Art. 20: 1. v. CC 286 a 298.

Art. 20: 2. "O art. 20 da LUG estabelece que o endosso póstumo produz os efeitos de uma cessão ordinária de créditos e não que deva ter a forma de uma cessão de créditos. Como o endosso póstumo tem a forma de endosso, prescinde da notificação do devedor para ter validade em relação a ele, não se aplicando a norma do art. 290 do Código Civil" (STJ-3ª T., REsp 1.189.028, Min. João Otávio, j. 20.2.14, DJ 7.3.14).

Capítulo III | DO ACEITE

Art. 21. A letra pode ser apresentada, até ao vencimento, ao aceite do sacado, no seu domicílio, pelo portador ou até por um simples detentor.

Art. 22. O sacador pode, em qualquer letra, estipular que ela será apresentada ao aceite, com ou sem fixação de prazo.

Pode proibir na própria letra a sua apresentação ao aceite, salvo se se tratar de uma letra pagável em domicílio de terceiro, ou de uma letra pagável em localidade diferente da do domicílio do sacado, ou de uma letra sacada a certo termo de vista.

O sacador pode também estipular que a apresentação ao aceite não poderá efetuar-se antes de determinada data.

Todo endossante pode estipular que a letra deve ser apresentada ao aceite, com ou sem fixação de prazo, salvo se ela tiver sido declarada não aceitável pelo sacador.

Art. 23. As letras a certo termo de vista devem ser apresentadas ao aceite dentro do prazo de um ano das suas datas.

O sacador pode reduzir este prazo ou estipular um prazo maior.

Esses prazos podem ser reduzidos pelos endossantes.

Art. 24. O sacado pode pedir que a letra lhe seja apresentada uma segunda vez no dia seguinte ao da primeira apresentação. Os interessados somente podem ser admitidos a pretender que não foi dada satisfação a este pedido no caso de ele figurar no protesto.

O portador não é obrigado a deixar nas mãos do aceitante a letra apresentada ao aceite.

Art. 25. O aceite é escrito na própria letra. Exprime-se pela palavra "aceite" ou qualquer outra palavra equivalente; o aceite é assinado pelo sacado. Vale como aceite a simples assinatura do sacado aposta na parte anterior da letra.

Quando se trate de uma letra pagável a certo termo de vista, ou que deva ser apresentada ao aceite dentro de um prazo determinado por estipulação especial, o aceite deve ser datado do dia em que foi dado, salvo se o portador exigir que a data seja a da apresentação. À falta de data, o portador, para conservar os seus direitos de recurso contra os endossantes e contra o sacador, deve fazer constatar essa omissão por um protesto, feito em tempo útil.

Art. 26. O aceite é puro e simples, mas o sacado pode limitá-lo a uma parte da importância sacada.

Qualquer outra modificação introduzida pelo aceite no enunciado da letra equivale a uma recusa de aceite. O aceitante fica, todavia, obrigado nos termos do seu aceite.

Art. 27. Quando o sacador tiver indicado na letra um lugar de pagamento diverso do domicílio do sacado, sem designar um terceiro em cujo domicílio o pagamento se deva efetuar, o sacado pode designar no ato do aceite a pessoa que deve pagar a letra. Na falta desta indicação, considera-se que o aceitante se obriga, ele próprio, a efetuar o pagamento no lugar indicado na letra.

Se a letra é pagável no domicílio do sacado, este pode, no ato do aceite, indicar, para ser efetuado o pagamento, um outro domicílio no mesmo lugar.

Art. 28. O sacado obriga-se pelo aceite pagar[1] a letra à data do vencimento.

Na falta de pagamento, o portador, mesmo no caso de ser ele o sacador, tem contra o aceitante um direito de ação resultante da letra, em relação a tudo que pode ser exigido nos termos dos arts. 48 e 49.

Art. 28: 1. *sic*; deve ser "a pagar".

Art. 29. Se o sacado, antes da restituição da letra, riscar o aceite que tiver dado, tal aceite é considerado como recusado. Salvo prova em contrário, a anulação do aceite considera-se feita antes da restituição da letra.

Se, porém, o sacado tiver informado por escrito o portador ou qualquer outro signatário da letra de que a aceita, fica obrigado para com estes, nos termos do seu aceite.

Capítulo IV | DO AVAL

Art. 30. O pagamento de uma letra pode ser no todo ou em parte garantido por aval.[1]

Esta garantia é dada por um terceiro ou mesmo por um signatário da letra.

Art. 30: 1. s/ necessidade de autorização do cônjuge do avalista, v. CC 1.647-III.

Art. 31. O aval é escrito na própria letra ou numa folha anexa.

Exprime-se pelas palavras "bom para aval" ou por qualquer fórmula equivalente; e assinado pelo dador do aval.

O aval considera-se como resultante da simples assinatura do dador aposta na face anterior da letra, salvo se se trata das assinaturas do sacado ou do sacador.

O aval deve indicar a pessoa por quem se dá. Na falta de indicação, entender-se-á ser pelo sacador.

Art. 32. O dador de aval é responsável da mesma maneira que a pessoa por ele afiançada.

A sua obrigação mantém-se, mesmo no caso de a obrigação que ele garantiu ser nula por qualquer razão que não seja um vício de forma.

Se o dador de aval paga a letra, fica sub-rogado nos direitos emergentes da letra contra a pessoa a favor de quem foi dado o aval e contra os obrigados para com esta em virtude da letra.

Capítulo V | DO VENCIMENTO

Art. 33. Uma letra pode ser sacada:

À vista;

A um certo termo de vista;

A um certo termo de data;

Pagável num dia fixado.

As letras, quer com vencimentos diferentes, quer com vencimentos sucessivos, são nulas.

Art. 34. A letra à vista é pagável à apresentação. Deve ser apresentada a pagamento dentro do prazo de um ano, a contar da sua data. O sacador pode reduzir este prazo ou estipular um outro mais longo. Estes prazos podem ser encurtados pelos endossantes.

O sacador pode estipular que uma letra pagável à vista não deverá ser apresentada a pagamento antes de uma certa data. Nesse caso, o prazo para a apresentação conta-se dessa data.

Art. 35. O vencimento de uma letra a certo termo de vista determina-se, quer pela data do aceite, quer pela do protesto. Na falta de protesto, o aceite não datado entende-se, no que respeita ao aceitante, como tendo sido dado no último dia do prazo para a apresentação ao aceite.

Art. 36. O vencimento de uma letra sacada a um ou mais meses de data ou de vista será na data correspondente do mês em que o pagamento se deve efetuar. Na falta de data correspondente, o vencimento será no último dia desse mês.

Quando a letra é sacada a um ou mais meses e meio de data ou de vista, contam-se primeiro os meses inteiros.

Se o vencimento for fixado para o princípio, meado ou fim do mês, entende-se que a letra será vencível no primeiro, no dia quinze, ou no último dia desse mês.

As expressões "oito dias" ou "quinze dias" entendem-se não como uma ou duas semanas, mas como um prazo de oito ou quinze dias efetivos.

A expressão "meio mês" indica um prazo de quinze dias.

Art. 37. Quando uma letra é pagável num dia fixo num lugar em que o calendário é diferente do do lugar de emissão, a data do vencimento é considerada como fixada segundo o calendário do lugar de pagamento.

Quando uma letra[1] sacada entre duas praças que em calendários diferentes é pagável a certo termo de vista, o dia da emissão é referido ao dia correspondentemente[2] do calendário do lugar de pagamento, para o efeito da determinação da data do vencimento.

Os prazos de apresentação das letras são calculados segundo as regras da alínea precedente.

Estas regras não se aplicam se uma cláusula da letra, ou até o simples enunciado do título, indicar que houve intenção de adotar regras diferentes.

Art. 37: 1. *sic*; deve ser "uma letra é".

Art. 37: 2. *sic*; deve ser "correspondente".

Capítulo VI | DO PAGAMENTO

Art. 38. O portador de uma letra pagável em dia fixo ou a certo termo de data ou de vista deve apresentá-la a pagamento no dia em que ela é pagável ou num dos dois dias úteis seguintes.

A apresentação da letra a uma câmara de compensação equivale a apresentação a pagamento.

Art. 39. O sacado que paga uma letra pode exigir que ela lhe seja entregue com a respectiva quitação.

O portador não pode recusar qualquer pagamento parcial.

No caso de pagamento parcial, o sacado pode exigir que desse pagamento se faça menção na letra e que dele lhe seja dada quitação.

Art. 40. O portador de uma letra não pode ser obrigado a receber o pagamento dela antes do vencimento.

O sacado que paga uma letra antes do vencimento fá-lo sob sua responsabilidade.

Aquele que paga uma letra no vencimento fica validamente desobrigado, salvo se da sua parte tiver havido fraude ou falta grave. É obrigado a verificar a regularidade da sucessão dos endossos mas não a assinatura dos endossantes.

Art. 41. Se numa letra se estipular o pagamento em moeda que não tenha curso legal no lugar do pagamento, pode a sua importância ser paga na moeda do país, segundo o seu valor no dia do vencimento. Se o devedor está em atraso, o portador pode, à sua escolha, pedir que o pagamento da importância da letra seja feito na moeda do país ao câmbio do dia do vencimento ou ao câmbio do dia do pagamento.

A determinação do valor da moeda estrangeira será feita segundo os usos do lugar de pagamento. O sacador pode, todavia, estipular que a soma a pagar seja calculada segundo um câmbio fixado na letra.

As regras acima indicadas não se aplicam ao caso em que o sacador tenha estipulado que o pagamento deverá ser efetuado numa certa moeda especificada (cláusula de pagamento efetivo numa moeda estrangeira).

Se a importância da letra for indicada numa moeda que tenha a mesma denominação mas valor diferente no país de emissão e no de pagamento, presume-se que se fez referência à moeda do lugar de pagamento.

Art. 42. Se a letra não for apresentada a pagamento dentro do prazo fixado no art. 38, qualquer devedor tem a faculdade de depositar a sua importância junto da autoridade competente, à custa do portador e sob a responsabilidade deste.

Capítulo VII | DA AÇÃO POR FALTA DE ACEITE E FALTA DE PAGAMENTO

Art. 43. O portador de uma letra pode exercer os seus direitos de ação contra os endossantes, sacador e outros coobrigados:[1]

No vencimento:

Se o pagamento não foi efetuado.

Mesmo antes do vencimento:

1º Se houve recusa total ou parcial de aceite;

2º Nos casos de falência do sacado, quer ele tenha aceite, quer não, de suspensão de pagamentos do mesmo, ainda que não constatada por sentença, ou de ter sido promovida, sem resultado, execução dos seus bens;

3º Nos casos de falência do sacador de uma letra não aceitável.

Art. 43: 1. "Não é necessário o protesto para se promover a execução contra o aceitante da letra de câmbio ou contra o emitente da nota promissória, bem como contra seus respectivos avalistas. Isso porque, nesses casos, tem-se uma ação direta, e não de regresso" (STJ-3ª T., AI 1.214.858-AgRg, Min. Sidnei Beneti, j. 27.4.10, DJ 12.5.10).

Art. 44. A recusa de aceite ou de pagamento deve ser comprovada por um ato formal (protesto por falta de aceite ou falta de pagamento).

O protesto por falta de aceite deve ser feito nos prazos fixados para a apresentação ao aceite. Se, no caso previsto na alínea 1ª do art. 24, a primeira apresentação da letra tiver sido feita no último dia do prazo, pode fazer-se ainda o protesto no dia seguinte.

O protesto por falta de pagamento[1] de uma letra pagável em dia fixo ou a certo termo de data ou de vista deve ser feito num dos dois dias úteis seguintes àquele em que a letra é pagável. Se se trata de uma letra pagável à vista, o protesto deve ser feito nas condições indicadas na alínea precedente para o protesto por falta de aceite.

O protesto por falta de aceite dispensa a apresentação a pagamento e o protesto por falta de pagamento.

No caso de suspensão de pagamentos do sacado, quer seja aceitante, quer não, ou no caso de lhe ter sido promovida, sem resultado, execução dos bens, o portador da letra só pode exercer o seu direito de ação após apresentação da mesma ao sacado para pagamento e depois de feito o protesto.

No caso de falência declarada do sacado, quer seja aceitante, quer não, bem como no caso de falência declarada do sacador de uma letra não aceitável, a apresentação da sentença de declaração de falência é suficiente para que o portador da letra possa exercer o seu direito de ação.

Art. 44: 1. v. Lei 9.492, de 10.9.97, art. 21 § 5º.

Art. 45. O portador deve avisar da falta de aceite ou de pagamento o seu endossante e o sacador dentro dos quatro dias úteis que se seguirem ao dia do protesto ou da apresentação, no caso de a letra conter a cláusula "sem despesas". Cada um dos endossantes deve, por sua vez, dentro dos dois dias úteis que se seguirem ao da recepção do aviso, informar o seu endossante do aviso que recebeu, indicando os nomes e endereços dos que enviaram os avisos precedentes, e assim sucessivamente até se chegar ao sacador. Os prazos acima indicados contam-se a partir da recepção do aviso precedente.

Quando, em conformidade com o disposto na alínea anterior, se avisou um signatário da letra, deve avisar-se também o seu avalista dentro do mesmo prazo de tempo.

No caso de um endossante não ter indicado o seu endereço, ou de o ter feito de maneira ilegível, basta que o aviso seja enviado ao endossante que o precede.

A pessoa que tenha de enviar um aviso pode fazê-lo por qualquer forma, mesmo pela simples devolução da letra.

Essa pessoa deverá provar que o aviso foi enviado dentro do prazo prescrito. O prazo considerar-se-á como tendo sido observado desde que a carta contendo o aviso tenha sido posta no correio dentro dele.

A pessoa que não der o aviso dentro do prazo acima indicado não perde os seus direitos; será responsável pelo prejuízo, se o houver, motivado pela sua negligência, sem que a responsabilidade possa exceder a importância da letra.

Art. 46. O sacador, um endossante ou um avalista pode, pela cláusula "sem despesas", "sem protesto", ou outra cláusula equivalente, dispensar o portador de fazer um protesto por falta de aceite ou falta de pagamento, para poder exercer os seus direitos de ação.

Essa cláusula não dispensa o portador da apresentação da letra dentro do prazo prescrito nem tampouco dos avisos a dar. A prova da inobservância do prazo incumbe àquele que dela se prevaleça contra o portador.

Se a cláusula foi escrita pelo sacador, produz os seus efeitos em relação a todos os signatários da letra; se for inserida por um endossante ou por avalista, só produz efeito em relação a esse endossante ou avalista. Se, apesar da cláusula escrita pelo sacador, o portador faz o protesto, as respectivas despesas serão de conta dele. Quando a cláusula emanar de um endossante ou de um avalista, as despesas do protesto, se for feito, podem ser cobradas de todos os signatários da letra.

Art. 47. Os sacadores, aceitantes, endossantes ou avalistas de uma letra são todos solidariamente responsáveis para com o portador.

O portador tem o direito de acionar todas estas pessoas individualmente, sem estar adstrito a observar a ordem por que elas se obrigaram.

O mesmo direito possui qualquer dos signatários de uma letra quando a tenha pago.

A ação intentada contra um dos coobrigados não impede acionar os outros, mesmo os posteriores àquele que foi acionado em primeiro lugar.

Art. 48. O portador pode reclamar daquele contra quem exerce o seu direito de ação:

1º O pagamento da letra não aceite não paga, com juros se assim foi estipulado;

2º Os juros à taxa de 6% desde a data do vencimento;

3º As despesas do protesto, as dos avisos dados e as outras despesas.

Se a ação for interposta antes do vencimento da letra, a sua importância será reduzida de um desconto. Esse desconto será calculado de acordo com a taxa oficial de desconto (taxa de Banco) em vigor no lugar do domicílio do portador à data da ação.

Art. 49. A pessoa que pagou uma letra pode reclamar dos seus garantes:

1º A soma integral que pagou;

2º Os juros da dita soma, calculados à taxa de 6% desde a data em que a pagou;

3º As despesas que tiver feito.

Art. 50. Qualquer dos coobrigados, contra o qual se intentou ou pode ser intentada uma ação, pode exigir, desde que pague a letra, que ela lhe seja entregue com o protesto e um recibo.

Qualquer dos endossantes que tenha pago uma letra pode riscar o seu endosso e os dos endossantes subsequentes.

Art. 51. No caso de ação intentada depois de um aceite parcial, a pessoa que pagar a importância pela qual a letra não foi aceite pode exigir que esse pagamento seja mencionado na letra e que dele lhe seja dada quitação. O portador deve, além disso, entregar a essa pessoa uma cópia autêntica da letra e o protesto, de maneira a permitir o exercício de ulteriores direitos de ação.

Art. 52. Qualquer pessoa que goze do direito de ação pode, salvo estipulação em contrário, embolsar-se por meio de uma nova letra (ressaque) à vista, sacada sobre um dos coobrigados e pagável no domicílio deste.

O ressaque inclui, além das importâncias indicadas nos arts. 48 e 49, um direito de corretagem e a importância do selo do ressaque.

Se o ressaque é sacado pelo portador, a sua importância é fixada segundo a taxa para uma letra à vista, sacada do lugar onde a primitiva letra era pagável sobre o lugar do domicílio do coobrigado. Se o ressaque é sacado por um endossante, a sua importância é fixada segundo a taxa para uma letra à vista, sacada do lugar onde o sacador do ressaque tem o seu domicílio sobre o lugar do domicílio do coobrigado.

Art. 53. Depois de expirados os prazos fixados:

— para a apresentação de uma letra à vista ou a certo termo de vista;

— para se fazer o protesto por falta de aceite ou por falta de pagamento;

— para a apresentação a pagamento no caso da cláusula "sem despesas".

O portador perdeu os seus direitos de ação contra os endossantes, contra o sacador e contra os outros coobrigados, à exceção do aceitante.

Na falta de apresentação ao aceite no prazo estipulado pelo sacador, o portador perdeu os seus direitos de ação, tanto por falta de pagamento como por falta de aceite, a não ser que dos termos da estipulação se conclua que o sacador apenas teve em vista exonerar-se da garantia do aceite.

Se a estipulação de um prazo para a apresentação constar de um endosso, somente aproveita ao respectivo endossante.

Art. 54. Quando a apresentação da letra ou o seu protesto não puder fazer-se dentro dos prazos indicados por motivo insuperável (prescrição legal declarada por um Estado qualquer ou outro caso de força maior), esses prazos serão prorrogados.

O portador deverá avisar imediatamente o seu endossante do caso de força maior e fazer menção desse aviso, datada e assinada, na letra ou numa folha anexa; para os demais são aplicáveis as disposições do art. 45.

Desde que tenha cessado o caso de força maior, o portador deve apresentar sem demora a letra ao aceite ou a pagamento, e, caso haja motivo para tal, fazer o protesto.

Se o caso de força maior se prolongar além de trinta dias a contar da data do vencimento, podem promover-se ações sem que haja necessidade de apresentação ou protesto.

Para as letras à vista ou a certo termo de vista, o prazo de trinta dias conta-se da data em que o portador, mesmo antes de expirado o prazo para a apresentação, deu o aviso do caso de força maior ao seu endossante; para as letras a certo termo de vista, o prazo de trinta dias fica acrescido do prazo de vista indicado na letra.

Não são considerados casos de força maior os fatos que sejam de interesse puramente pessoal do portador ou da pessoa por ele encarregada da apresentação da letra ou de fazer o protesto.

Capítulo VIII | DA INTERVENÇÃO

1. Disposições gerais

Art. 55. O sacador, um endossante ou um avalista, podem indicar uma pessoa para em caso de necessidade aceitar ou pagar.

A letra pode, nas condições a seguir indicadas, ser aceita ou paga por uma pessoa que intervenha por um devedor qualquer contra quem existe direito de ação:

O interveniente pode ser um terceiro, ou mesmo o sacado, ou uma pessoa já obrigada em virtude da letra, exceto o aceitante.

O interveniente é obrigado a participar, no prazo de dois dias úteis, a sua intervenção à pessoa por quem interveio. Em caso de inobservância deste prazo, o interveniente é responsável pelo prejuízo, se o houver, resultante da sua negligência, sem que as perdas e danos possam exceder a importância da letra.

2. Aceite por intervenção

Art. 56. O aceite por intervenção pode realizar-se em todos os casos em que portador de uma letra aceitável tem direito de ação antes do vencimento.

Quando na letra se indica uma pessoa para em caso de necessidade a aceitar ou a pagar no lugar do pagamento, o portador não pode exercer o seu direito de ação antes do vencimento contra aquele que indicou essa pessoa e contra os signatários subsequentes a não ser que tenha apresentado a letra à pessoa designada e que, tendo esta recusado o aceite, se tenha feito o protesto.

Nos outros casos de intervenção, o portador pode recusar o aceite por intervenção. Se, porém, o admitir, perde o direito de ação antes do vencimento contra aquele por quem a aceitação foi dada e contra os signatários subsequentes.

Art. 57. O aceite por intervenção será mencionado na letra e assinado pelo interveniente. Deverá indicar por honra de quem se fez a intervenção; na falta desta indicação, presume-se que interveio pelo sacador.

Art. 58. O aceitante por intervenção fica obrigado para com o portador e para com os endossantes posteriores àquele por honra de quem interveio da mesma forma que este.

Não obstante o aceite por intervenção, aquele por honra de quem ele foi feito e os seus garantes podem exigir do portador, contra o pagamento da importância indicada no art. 48, a entrega da letra, do instrumento do protesto e, havendo lugar, de uma conta com a respectiva quitação.

3. Pagamento por intervenção

Art. 59. O pagamento por intervenção pode realizar-se em todos os casos em que o portador de uma letra tem direito de ação à data do vencimento ou antes dessa data.

O pagamento deve abranger a totalidade da importância que teria a pagar aquele por honra de quem a intervenção se realizou.

O pagamento deve ser feito o mais tardar no dia seguinte ao último em que é permitido fazer o protesto por falta de pagamento.

Art. 60. Se a letra foi aceita por intervenientes tendo o seu domicílio no lugar do pagamento, ou se foram indicadas pessoas tendo o seu domicílio no mesmo lugar para, em caso de necessidade, pagarem a letra, o portador deve apresentá-la a todas essas pessoas e, se houver lugar, fazer o protesto por falta de pagamento o mais tardar no dia seguinte e ao último[1] em que era permitido fazer o protesto.

Na falta de protesto dentro deste prazo, aquele que tiver indicado pessoas para pagarem em caso de necessidade, ou por conta de quem a letra tiver sido aceita, bem como os endossantes posteriores, ficam desonerados.

Art. 60: 1. *sic*; deve ser "no dia seguinte ao último", etc.

Art. 61. O portador que recusar o pagamento por intervenção perde o seu direito de ação contra aqueles que teriam ficado desonerados.

Art. 62. O pagamento por intervenção deve ficar constatado por um recibo passado na letra, contendo a indicação da pessoa por honra de quem foi feito. Na falta desta indicação presume-se que o pagamento foi feito por honra do sacador.

A letra e o instrumento do protesto, se o houve, devem ser entregues à pessoa que pagou por intervenção.

Art. 63. O que paga por intervenção fica sub-rogado nos direitos emergentes da letra contra aquele por honra de quem pagou e contra os que são obrigados para com este em virtude da letra. Não pode, todavia, endossar de novo a letra.

Os endossantes posteriores ao signatário por honra de quem foi feito o pagamento ficam desonerados.

Quando se apresentarem várias pessoas para pagar uma letra por intervenção, será preferida aquela que desonerar maior número de obrigados. Aquele que, com conhecimento de causa, intervir contrariamente a esta regra, perde os seus direitos de ação contra os que teriam sido desonerados.

Capítulo IX | DA PLURALIDADE DE EXEMPLARES E DAS CÓPIAS

1. Pluralidade de exemplares

Art. 64. A letra pode ser sacada por várias vias.

Essas vias devem ser numeradas no próprio texto, na falta do que, cada via será considerada como uma letra distinta.

O portador de uma letra que não contenha a indicação de ter sido sacada numa única via pode exigir à sua custa a entrega de várias vias. Para este efeito o portador deve dirigir-se ao seu endossante imediato, para que este o auxilie a proceder contra o seu próprio endossante e assim sucessivamente até se chegar ao sacador. Os endossantes são obrigados a reproduzir os endossos nas novas vias.

Art. 65. O pagamento de uma das vias é liberatório, mesmo que não esteja estipulado que esse pagamento anula o efeito das outras. O sacado fica, porém, responsável por cada uma das vias que tenham o seu aceite e lhe não hajam sido restituídas.

O endossante que transferiu vias da mesma letra a várias pessoas e os endossantes subsequentes são responsáveis por todas as vias que contenham as suas assinaturas e que não hajam sido restituídas.

Art. 66. Aquele que enviar ao aceite uma das vias da letra deve indicar nas outras o nome da pessoa em cujas mãos aquela se encontra. Esta pessoa é obrigada a entregar essa via ao portador legítimo doutro exemplar.

Se se recusar a fazê-lo, o portador só pode exercer seu direito de ação depois de ter feito constatar por um protesto:

1º Que a via enviada ao aceite lhe não foi restituída a seu pedido;

2º Que não foi possível conseguir o aceite ou o pagamento de uma outra via.

2. Cópias

Art. 67. O portador de uma letra tem o direito de tirar cópias dela.

A cópia deve reproduzir exatamente o original, com os endossos e todas as outras menções que nela figurem. Deve mencionar onde acaba a cópia.

A cópia pode ser endossada e avalizada da mesma maneira e produzindo os mesmos efeitos que o original.

Art. 68. A cópia deve indicar a pessoa em cuja posse se encontra o título original. Esta é obrigada a remeter o dito título ao portador legítimo da cópia.

Se se recusar a fazê-lo, o portador só pode exercer o seu direito de ação contra as pessoas que tenham endossado ou avalizado a cópia, depois de ter feito constatar por um protesto que o original lhe não foi entregue a seu pedido.

Se o título original, em seguida ao último endosso feito antes de tirada a cópia, contiver a cláusula: "daqui em diante só é válido o endosso na cópia" ou qualquer outra fórmula equivalente, é nulo qualquer endosso assinado ulteriormente no original.

Capítulo X | DAS ALTERAÇÕES

Art. 69. No caso de alteração do texto de uma letra, os signatários posteriores a essa alteração ficam obrigados nos termos do texto alterado; os signatários anteriores são obrigados nos termos do texto original.

Capítulo XI | DA PRESCRIÇÃO

Art. 70. Todas as ações contra o aceitante relativas a letras prescrevem em três anos a contar do seu vencimento.[1]

As ações do portador contra os endossantes e contra o sacador prescrevem num ano, a contar da data do protesto feito em tempo útil, ou da data do vencimento, se se trata de letra que contenha cláusula "sem despesas".

As ações dos endossantes uns contra os outros e contra o sacador prescrevem em seis meses a contar do dia em que o endossante pagou a letra ou em que ele próprio foi acionado.

Art. 70: 1. s/ aplicação desse prazo prescricional em matéria de: execução fundada em cédula de crédito bancário, v. Lei 10.931, de 2.8.04, art. 44, nota 2 (no tít. CONDOMÍNIO E INCORPORAÇÃO); ação de busca e apreensão fundada no contrato de alienação fiduciária em garantia adjeto à cédula de crédito industrial, v. TCI 52, nota 2.

Art. 71. A interrupção da prescrição só produz efeito em relação à pessoa para quem a interrupção foi feita.[1]

Art. 71: 1. "Execução de título executivo extrajudicial. Cédula de crédito rural. Exceção de pré-executividade. Citação da **avalista. Interrupção da prescrição** em relação ao devedor principal. Não ocorrência. À luz do art. 60 do Decreto-Lei 167/67, aplica-se às cédulas de crédito rural, no que couber, a legislação cambial. Assim, à pretensão de execução de cédula de crédito rural aplicam-se às disposições da Lei Uniforme de Genebra. Ao contrário do que ocorre no regime geral do Código Civil, a interrupção da prescrição cambial só produz efeitos personalíssimos, isto é, não atinge os demais devedores solidários da relação jurídica (art. 71 da Lei Uniforme de Genebra)" (STJ-3ª T., REsp 1.835.278, Min. Nancy Andrighi, j. 6.10.20, DJ 15.10.20).

Capítulo XII | DISPOSIÇÕES GERAIS

Art. 72. O pagamento de uma letra cujo vencimento recai em dia feriado legal só pode ser exigido no primeiro dia útil seguinte. Da mesma maneira, todos os atos relativos a letras, especialmente a apresentação ao aceite e o protesto, somente podem ser feitos em dia útil.

Quando um desses atos tem de ser realizado num determinado prazo, e o último dia desse prazo é feriado legal, fica o dito prazo prorrogado até ao primeiro dia útil que se seguir ao seu termo.

Art. 73. Os prazos legais ou convencionais não compreendem o dia que marca o seu início.

Art. 74. Não são admitidos dias de perdão quer legal, quer judicial.

Título II | DA NOTA PROMISSÓRIA

Art. 75. A nota promissória contém:[1]

1. Denominação "Nota Promissória" inserta no próprio texto do título e expressa na língua empregada para a redação desse título;
2. A promessa pura e simples de pagar uma quantia determinada;
3. A época do pagamento;[1a]
4. A indicação do lugar em que se deve efetuar o pagamento;
5. O nome da pessoa a quem ou à ordem de quem deve ser paga;[1b]
6. A indicação da data em que e do lugar onde a nota promissória é passada;[2]
7. A assinatura de quem passa a nota promissória (subscritor).[3]

Art. 75: 1. v. art. 76.

Art. 75: 1a. s/ defeito na indicação da data de pagamento, v. LCa 55, nota 1.

Art. 75: 1b. s/ falta do nome do beneficiário no título, v. LCa 54, nota 2.

Art. 75: 2. s/ falta do local ou data de emissão no título, v. LCa 54, nota 2c.

Art. 75: 3. s/ assinatura do emitente no título, v. LCa 54, nota 2a.

Art. 76. O título em que faltar algum dos requisitos indicados no artigo anterior não produzirá efeito como nota promissória, salvo nos casos determinados das alíneas seguintes.

A nota promissória em que se não indique a época do pagamento será considerada pagável à vista.

Na falta de indicação especial, o lugar onde o título foi passado considera-se como sendo o lugar do pagamento e, ao mesmo tempo, o lugar do domicílio do subscritor da nota promissória.

A nota promissória que não contenha indicação do lugar onde foi passada considera-se como tendo-o sido no lugar designado ao lado do nome do subscritor.

Art. 77. São aplicáveis às notas promissórias na parte em que não sejam contrárias à natureza deste título, as disposições relativas às letras e concernentes:

Endosso (arts. 11 a 20);

Vencimento (arts. 33 a 37);

Pagamento (arts. 38 a 42);
Direito de ação por falta de pagamento (arts. 43 a 50 e 52 a 54);
Pagamento por intervenção (arts. 55 e 59 a 63);
Cópias (arts. 67 e 68);
Alterações (art. 69);
Prescrição (arts. 70 e 71);
Dias feriados, contagem de prazos e interdição de dias de perdão (arts. 72 a 74).

São igualmente aplicáveis às notas promissórias as disposições relativas às letras pagáveis no domicílio de terceiro ou numa localidade diversa da do domicílio do sacado (arts. 4º e 27), a estipulação de juros (art. 5º), as divergências das indicações da quantia a pagar (art. 6º), as consequências da aposição de uma assinatura nas condições indicadas no art. 7º, as da assinatura de uma pessoa que age sem poderes ou excedendo os seus poderes (art. 8º) e a letra em branco (art. 10).

São também aplicáveis às notas promissórias as disposições relativas ao aval (arts. 30 a 32); no caso previsto na última alínea do art. 31, se o aval não indicar a pessoa por quem é dado, entender-se-á ser pelo subscritor da nota promissória.

Art. 78. O subscritor de uma nota promissória é responsável da mesma forma que o aceitante de uma letra.

As notas promissórias pagáveis a certo termo de vista devem ser presentes ao visto dos subscritores nos prazos fixados no art. 23. O termo de vista conta-se da data do visto dado pelo subscritor. A recusa do subscritor a dar o seu visto é comprovada por um protesto (art. 25), cuja data serve de início ao termo de vista.

Anexo II[1]

ANEXO II: 1. Reservas feitas pelos signatários da Convenção à lei cambial uniforme. O Brasil somente fez as reservas constantes dos arts. 2, 3, 5, 6, 7, 9, 10, 13, 15, 16, 17, 19 e 20, como se pode ver da introdução ao Dec. 57.663.

Art. 1º Qualquer das Altas Partes Contratantes pode prescrever que a obrigação de inserir nas letras passadas no seu território a palavra "Letra", prevista no art. 1º, n. 1, da Lei Uniforme, só se aplicará seis meses após a entrada em vigor da presente Convenção.

Art. 2º Qualquer das Altas Partes Contratantes tem, pelo que respeita às obrigações contraídas em matéria de letras no seu território, a faculdade de determinar de que maneira pode ser suprida a falta de assinatura desde que por uma declaração autêntica escrita na letra se possa constatar a vontade daquele que deveria ter assinado.

Art. 3º Qualquer das Altas Partes Contratantes reserva-se a faculdade de não inserir o art. 10 da Lei Uniforme na sua lei nacional.

Art. 4º Por derrogação da alínea primeira do art. 31 da Lei Uniforme, qualquer das Altas Partes Contratantes tem a faculdade de admitir a possibilidade de ser dado um aval no seu território por ato separado em que se indique o lugar onde foi feito.

Art. 5º Qualquer das Altas Partes Contratantes pode completar o art. 38 da Lei Uniforme dispondo que, em relação às letras pagáveis no seu território, o portador deverá fazer a apresentação no próprio dia do vencimento; a inobservância desta obrigação só acarreta responsabilidade por perdas e danos.

As outras Altas Partes Contratantes terão a faculdade de fixar as condições em que reconhecerão uma tal obrigação.

Art. 6º A cada uma das Altas Partes Contratantes incumbe determinar, para os efeitos da aplicação da última alínea do art. 38, quais as instituições que, segundo a lei nacional, devam ser consideradas câmaras de compensação.

Art. 7º Pelo que se refere às letras pagáveis no seu território, qualquer das Altas Partes Contratantes tem a faculdade de sustar se o julgar necessário, em circunstâncias excepcionais relacionadas com a taxa de câmbio da moeda nacional, os efeitos da cláusula prevista no art. 41 relativa ao pagamento efetivo em moeda estrangeira. A mesma regra se aplica no que respeita à emissão no território nacional de letras em moedas estrangeiras.

Art. 8º Qualquer das Altas Partes Contratantes tem a faculdade de determinar que os protestos a fazer no seu território possam ser substituídos por uma declaração datada, escrita na própria letra e assinada pelo sacado, exceto no caso de o sacador exigir no texto da letra que se faça um protesto com as formalidades devidas.

Qualquer das Altas Partes Contratantes tem igualmente a faculdade de determinar que a dita declaração seja transcrita num registro público no prazo fixado para os protestos.

No caso previsto nas alíneas precedentes o endosso sem data presume-se ter sido feito anteriormente ao protesto.

Art. 9º Por derrogação da alínea terceira do art. 44 da Lei Uniforme, qualquer das Altas Partes Contratantes tem a faculdade de determinar que o protesto por falta de pagamento deve ser feito no dia em que a letra é pagável ou num dos dois dias úteis seguintes.

Art. 10. Fica reservada para a legislação de cada uma das Altas Partes Contratantes a determinação precisa das situações jurídicas a que se referem os ns. 2 e 3 do art. 43 e os ns. 5 e 6 do art. 44 da Lei Uniforme.

Art. 11. Por derrogação dos ns. 2 e 3 do art. 43 e do art. 74 da Lei Uniforme, qualquer das Altas Partes Contratantes reserva-se a faculdade de admitir na sua legislação a possibilidade, para os garantes de uma letra que tenham sido acionados, de ser concedido um alongamento de prazos, os quais não poderão em caso algum ir além da data do vencimento da letra.

Art. 12. Por derrogação do art. 45 da Lei Uniforme, qualquer das Altas Partes Contratantes tem a faculdade de manter ou de introduzir o sistema de aviso por intermédio de um agente público, que consiste no seguinte: ao fazer o protesto por falta de aceite ou por falta de pagamento, o notário ou o funcionário público incumbido desse serviço, segundo a lei nacional, é obrigado a dar comunicação por escrito desse protesto às pessoas obrigadas pela letra, cujos endereços figuram nela, ou que sejam conhecidos do agente que faz o protesto, ou sejam indicados pelas pessoas que exigiram o protesto. As despesas originadas por esses avisos serão adicionadas às despesas do protesto.

Art. 13. Qualquer das Altas Partes Contratantes tem a faculdade de determinar, no que respeita às letras passadas e pagáveis no seu território, que a taxa de juro a que se referem os ns. 2 dos arts. 48 e 49 da Lei Uniforme poderá ser substituída pela taxa legal em vigor no território da respectiva Alta Parte Contratante.

Art. 14. Por derrogação do art. 48 da Lei Uniforme, qualquer das Altas Partes Contratantes reserva-se a faculdade de inserir na lei nacional uma disposição pela qual o portador pode reclamar daquele contra quem exerce o seu direito de ação uma comissão cujo quantitativo será fixado pela mesma lei nacional.

A mesma doutrina se aplica, por derrogação do art. 49 da Lei Uniforme, no que se refere à pessoa que, tendo pago uma letra, reclama a sua importância aos seus garantes.

Art. 15. Qualquer das Altas Partes Contratantes tem a liberdade de decidir que, no caso de perda de direitos ou de prescrição, no seu território subsistirá o direito de proceder contra o sacador que não constituir provisão ou contra um sacador ou endossante que tenha feito lucros ilegítimos. A mesma faculdade existe, em caso de prescrição, pelo que respeita ao aceitante que recebeu provisão ou tenha realizado lucros ilegítimos.

Art. 16. A questão de saber se o sacador é obrigado a constituir provisão à data do vencimento e se o portador tem direitos especiais sobre essa provisão está fora do âmbito da Lei Uniforme.

O mesmo sucede relativamente a qualquer outra questão respeitante às relações jurídicas que serviram de base à emissão da letra.

Art. 17. A cada uma das Altas Partes Contratantes compete determinar na sua legislação nacional as causas de interrupção e de suspensão da prescrição das ações relativas a letras que os seus tribunais são chamados a conhecer.

As outras Altas Partes Contratantes têm a faculdade de determinar as condições a que subordinarão o conhecimento de tais causas. O mesmo sucede quanto ao efeito de uma ação como meio de indicação do início do prazo de prescrição, a que se refere a alínea 3ª do art. 70 da Lei Uniforme.

Art. 18. Qualquer das Altas Partes Contratantes tem a faculdade de determinar que certos dias úteis sejam assimilados aos dias feriados legais, pelo que respeita à apresentação ao aceite ou ao pagamento e demais atos relativos às letras.

Art. 19. Qualquer das Altas Partes Contratantes pode determinar o nome a dar nas leis nacionais aos títulos a que se refere o art. 75 da Lei Uniforme ou dispensar esses títulos de qualquer denominação especial, uma vez que contenham a indicação expressa de que são à ordem.

Art. 20. As disposições dos arts. 1º a 18 do presente Anexo, relativas às letras, aplicam-se igualmente às notas promissórias.

Art. 21. Qualquer das Altas Partes Contratantes reserva-se a faculdade de limitar à[1] obrigação assumida, em virtude do art. 1º da Convenção, exclusivamente às disposições relativas às letras, não introduzindo no seu território as disposições sobre notas promissórias constantes do Título II da Lei Uniforme. Neste caso, a Alta Parte Contratante que fizer uso desta reserva será considerada Parte Contratante apenas pelo que respeita às letras.

Qualquer das Altas Partes Contratantes reserva-se igualmente a faculdade de compilar num regulamento especial as disposições relativas às notas promissórias, regulamento que será inteiramente conforme com as estipulações do Título II da Lei Uniforme e que deverá reproduzir as disposições sobre letras referidas no mesmo título, sujeitas apenas às modificações resultantes dos arts. 75, 76, 77 e 78 da Lei Uniforme e dos arts. 19 e 20 do presente Anexo.

Art. 21: 1. *sic*; deve ser "a" (sem crase).

Art. 22. Qualquer das Altas Partes Contratantes tem a faculdade de tomar medidas excepcionais de ordem geral relativas à prorrogação dos prazos relativos a atos tendentes à conservação de direitos e à prorrogação do vencimento das letras.

Art. 23. Cada uma das Altas Partes Contratantes obriga-se a reconhecer as disposições adotadas por qualquer das outras Altas Partes Contratantes em virtude dos arts. 1 a 4, 6, 8 a 16 e 18 a 21 do presente Anexo.

PROTOCOLO

Ao assinar a Convenção datada de hoje, estabelecendo uma lei uniforme em matéria de letras e notas promissórias, os abaixo-assinados, devidamente autorizados, acordaram nas disposições seguintes:

A. Os membros da Sociedade das Nações e os Estados não membros que não tenham podido efetuar antes de 1º de setembro de 1932 o depósito da ratificação da referida Convenção obrigam-se a enviar, dentro de quinze dias, a contar daquela data, uma comunicação ao Secretariado-Geral da Sociedade das Nações, dando-lhe a conhecer a situação em que se encontram no que diz respeito à ratificação.

B. Se, em 1º de novembro de 1932, não se tiverem verificado as condições previstas na alínea primeira do art. 6º para a entrada em vigor da Convenção, o Secretário-Geral da Sociedade das Nações convocará uma reunião dos membros da Sociedade das Nações e dos Estados não membros que tenham assinado a Convenção ou a ela tenham aderido, a fim de serem examinadas a situação e as medidas que porventura devam ser tomadas para a resolver.

C. As Altas Partes Contratantes comunicar-se-ão reciprocamente, a partir da sua entrada em vigor, as disposições legislativas promulgadas nos respectivos territórios para tornar efetiva a Convenção.

Em fé do que os Plenipotenciários acima mencionados assinaram o presente Protocolo.

Feito em Genebra, aos sete de junho de mil novecentos e trinta, num só exemplar, que será depositado nos arquivos do Secretariado da Sociedade das Nações; será transmitida cópia autêntica a todos os membros da Sociedade das Nações e a todos os Estados não membros representados na Conferência.

— Alemanha: Leo Quassowski, Dr. Albrecht, Dr. Ullmann — Áustria: Dr. Strobele — Bélgica: Vte. P. Poullet de La Vallée-Poussin — Brasil: Deoclécio de Campos — Colômbia: A. J. Restrepo — Dinamarca: A. Helper, V. Eigtved — Cidade Livre de Dantzig: Sulkowski — Equador: Alej. Gastelú — Espanha: Juan Gómez Montejo — Finlândia: F. Grönvall — França: J. Percerou — Grécia: R. Raphaël — Hungria: Dr. Baranyai, Zoltán — Itália: Amedeo Giannini — Japão: M. Ohno, T. Shimada — Luxemburgo: Ch. G. Vermaire — Noruega: Stub Holmboe — Holanda: Molengraaff — Peru: J. M. Barreto — Polônia: Sulkowski — Portugal: José Caeiro da Mata — Suécia: E. Marks von Wurtembert, Birger Ekeberg — Suíça: Vischer — Tchecoslováquia: Prof. Dr. Karel Hermann-Otavsky — Turquia: *ad referendum* Mehmed Munir — Iugoslávia: I. Choumenkovitch.

Ementário
Locação

— v. CC 565 a 578.

Dec. 59.566, de 14.11.66 — Regulamenta as Seções I, II e III do Capítulo IV do Título III da Lei n. 4.504, de 30 de novembro de 1964, Estatuto da Terra, o Capítulo III da Lei n. 4.947, de 6 de abril de 1966, e dá outras providências (Lex 1966/1.587; v. adiante, texto parcial). O art. 32 contém disposições sobre despejo de arrendatário e de parceiro.

Lei 8.178, de 1.3.91 — Estabelece regras sobre preços e salários, e dá outras providências (Lex 1991/156, ret. 194, RDA 183/221, RF 313/323, Bol. AASP 1.682/supl.; v. texto parcial adiante, neste tít.). Os arts. 15 a 21 dispõem s/ locação de imóvel residencial, especialmente s/ renovação de contratos; e o art. 16 foi revogado pela Lei 9.069, de 29.6.95, art. 83 (Lex 1995/1.216, RT 716/568, RF 330/531, RDA 200/384, Bol. AASP 1.909/supl., p. 1).

Lei 8.245, de 18.10.91 — Dispõe sobre as locações dos imóveis urbanos e os procedimentos a elas pertinentes (v. adiante, texto integral). Revoga o Dec. 24.150, de 20.4.34, e as Leis 6.239, de 19.9.75, 6.649, de 16.5.79, 6.698, de 15.10.79, 7.355, de 31.8.85, 7.538, de 24.9.86, 7.612, de 9.7.87, e 8.157, de 3.1.91.

Lei 8.494, de 23.11.92 — Dispõe sobre a extinção do Índice de Salários Nominais Médios e o reajuste dos contratos de locação residencial, e dá outras providências (Lex 1992/854, RF 320/309; v. adiante, texto integral).

Lei 9.256, de 9.1.96 — Altera o *caput* do art. 53 e o § 3º do art. 63 da Lei n. 8.245, de 18 de outubro de 1991, que dispõe sobre as locações dos imóveis urbanos e os procedimentos a elas pertinentes (Lex 1956/57, RT 723/723, RF 333/478, Bol. AASP 1.943/4).

Lei 9.267, de 25.3.96 — Altera a redação do § 4º do art. 24 da Lei n. 4.591, de 16 de dezembro de 1964, que dispõe sobre o condomínio em edificações e as incorporações imobiliárias (Lex 1996/836, RT 725/756, Bol. AASP 1.946/2). V. LI 83, alterado por esta lei.

Lei 10.188, de 12.2.01 — Cria o Programa de Arrendamento Residencial, institui o arrendamento residencial com opção de compra, e dá outras providências. Alterada pelas **Leis 10.859, de 14.4.04, 11.474, de 15.5.07, 12.424, de 16.6.11,** e **12.693, de 24.7.12.**

Lei 10.192, de 14.2.01 — Dispõe sobre medidas complementares ao Plano Real e dá outras providências (Lex 2001/742, RF 353/490, RDA 223/395). V. art. 1º § ún.-II e art. 2º § 1º em LI 17, nota lb, e art. 2º § 2º em LI 19, nota 1a.

Lei 10.931, de 2.8.04 — Alterou o § ún. do art. 32 da LI (DOU 3.8.04).

Decreto 5.435, de 26.4.05 — Define os limites de que tratam o inc. II e o § 5º do art. 3º da Lei 10.188, de 12.2.01, e dá outras providências (DOU 27.4.05).

Lei 11.196, de 21.11.05 — Alterou os arts. 37 e 40 da LI (DOU 22.11.05).

Lei 12.112, de 9.12.09 — Altera a Lei n. 8.245, de 18 de outubro de 1991, para aperfeiçoar as regras e procedimentos sobre locação de imóvel urbano (DOU 10.12.09).

Lei 12.744, de 19.12.12 — Altera o art. 4º e acrescenta art. 54-A à Lei n. 8.245, de 18 de outubro de 1991, que "dispõe sobre as locações dos imóveis urbanos e os procedimentos a elas pertinentes", para dispor sobre a locação nos contratos de construção ajustada.

Decreto n. 59.566, de 14 de novembro de 1966

Regulamenta as Seções I, II e III do Capítulo IV, do Título III, da Lei n. 4.504, de 30 de novembro de 1964, Estatuto da Terra, o Capítulo III da Lei n. 4.947, de 6 de abril de 1966, e dá outras providências.

Art. 32. Só será concedido o despejo nos seguintes casos:[1]

I — término do prazo contratual ou de sua renovação;

II — se o arrendatário subarrendar, ceder ou emprestar o imóvel rural, no todo ou em parte, sem o prévio e expresso consentimento do arrendador;

III — se o arrendatário não pagar o aluguel ou renda no prazo convencionado;

IV — dano causado à gleba arrendada ou às colheitas, provado o dolo ou culpa do arrendatário;

V — se o arrendatário mudar a destinação do imóvel rural;

VI — abandono total ou parcial do cultivo;

VII — inobservância das normas obrigatórias fixadas no art. 13 deste Regulamento;

VIII — nos casos de pedido de retomada, permitidos e previstos em lei e neste regulamento, comprovada em juízo a sinceridade do pedido;

IX — se o arrendatário infringir obrigação legal, ou cometer infração grave de obrigação contratual.

Parágrafo único. No caso do inciso III, poderá o arrendatário devedor evitar a rescisão do contrato e o consequente despejo, requerendo, no prazo da contestação da ação de despejo, seja-lhe admitido o pagamento do aluguel ou renda e encargos devidos, as custas do processo e os honorários do advogado do arrendador, fixados de plano pelo juiz. O pagamento deverá ser realizado no prazo que o juiz determinar, não excedente de 30 (trinta) dias, contados da data da entrega em cartório do mandado de citação devidamente cumprido, procedendo-se a depósito, em caso de recusa.

Art. 32: 1. O art. 32 supra concede ação de despejo contra o arrendatário rural e o parceiro.

Lei n. 8.178, de 1º de março de 1991

Estabelece regras sobre preços e salários e dá outras providências.

Art. 15. Nos contratos de locação residencial em geral, será observado o disposto neste artigo.

§ 1º O valor do aluguel referente ao mês de fevereiro de 1991 será calculado:

a) multiplicando-se o valor do aluguel desde o último reajuste[1] pelo índice de remuneração constante do Anexo desta lei,[2] correspondente ao dia em que o pagamento era devido; e

b) somando-se os valores obtidos na forma da alínea anterior e dividindo-se o resultado pelo número de meses considerado na referida alínea.[3]

§ 2º No mês de setembro de 1991, os contratos de aluguel serão reajustados pela variação do índice de salários nominais[4] médios,[5] verificada entre os meses de fevereiro e agosto de 1991.

§ 3º A partir de outubro de 1991, inclusive, os contratos de que trata este artigo serão reajustados nos meses estipulados contratualmente, pelo índice de reajuste pactuado, tomando-se por base o mês de agosto de 1991.

§ 4º Os contratos que tenham sido pactuados com índice de preços extinto deverão, no que se refere ao cumprimento do disposto no parágrafo anterior, utilizar o índice de salário nominal médio.

Art. 15: 1. s/ reajuste de aluguéis, v., sucessivamente:

— Lei 7.801, de 11.7.89 (Lex 1989/537, RDA 177/181, Bol. AASP 1.596/supl.), arts. 6º e 7º (revogados pela Lei 8.157, de 3.1.91, art. 8º);

— Lei 8.030, de 12.4.90 (Lex 1990/563, ret. 594, RF 310/324), art. 7º (revogado pela Lei 8.157, de 3.1.91, art. 8º);

— Lei 8.157, de 3.1.91 (Lex 1991/1, RF 313/319, Bol. AASP 1.673/3): revogada pela LI 90-VIII, adiante, ínt.;

— Lei 8.178, de 1.3.91, arts. 15 a 21 (acima).

S/ revisional de aluguel, v. LI 19 (inclusive, em nota 10, Lei 9.069, de 29.6.95, art. 21 §§ 4º e 5º) e 68 a 70.

Art. 15: 2. v. Tabela em anexo.

Art. 15: 3. A alínea *b* está de acordo com a retificação no DOU 20.3.91 (cf. Lex 1991/194).

Art. 15: 4. A Coleção de Leis da União omite, erradamente, a expressão "nominais", que consta da publicação no DOU.

Art. 15: 5. s/ a extinção deste índice, v. art. 18, nota 1.

Art. 16 (*revogado expressamente pela Lei 9.069, de 29.6.95*).

Art. 17. Na locação de imóveis residenciais, é lícito às partes fixar, de comum acordo, novo valor para o aluguel, bem como inserir ou modificar cláusula de reajuste, desde que respeitadas as condições previstas no artigo anterior.

§ 1º Não tendo havido acordo, nos termos deste artigo, o locador ou o locatário, após três anos de vigência do contrato, poderá pedir a revisão judicial do aluguel, a fim de reajustá-lo ao preço de mercado.

§ 2º A revisão judicial poderá ser requerida de três em três anos, contados do último acordo e, na falta deste, do início do contrato.

Art. 18. O Índice de Salários Nominais Médios deverá ser calculado pela Fundação Instituto Brasileiro de Geografia e Estatística, com metodologia amplamente divulgada.[1]

Art. 18: 1. O Índice de Salários Nominais Médios foi extinto pela Lei 8.494, de 23.11.92 (neste tít., ínt.).

....

Art. 20. A inobservância dos preceitos contidos nesta lei sujeitará o infrator à aplicação das sanções previstas na legislação relativa à defesa econômica,[1] no que couber, em particular na Lei Delegada n. 4, de 26 de setembro de 1962,[2] na Lei n. 8.137, de 27 de dezembro de 1990 e na Lei n. 8.158, de 8 de janeiro de 1991, sem prejuízo das demais cominações legais.

Art. 20: 1. **Lei 12.529, de 30.11.11** — Estrutura o Sistema Brasileiro de Defesa da Concorrência; dispõe sobre a prevenção e repressão às infrações contra a ordem econômica; altera a Lei n. 8.137, de 27 de dezembro de 1990, o Decreto-Lei n. 3.689, de 3 de outubro de 1941 — Código de Processo Penal, e a Lei n. 7.347, de 24 de julho de 1985; revoga dispositivos da Lei n. 8.884, de 11 de junho de 1994, e a Lei n. 9.781, de 19 de janeiro de 1999; e dá outras providências.

Art. 20: 2. A Lei Delegada 4, de 26.9.62, foi **revogada** pela Lei 13.874, de 20.9.19.

Art. 21. Os valores constantes na legislação em vigor expressos ou referenciados:

I — ao BTN ou BTN fiscal, são convertidos pelo valor de Cr$ 126,8621;

II — ao MVR, são convertidos pelos valores fixados na tabela abaixo:

Valores (Cr$)	Regiões e Sub-Regiões (tais como definidas pelo Decreto n. 75.679, de 29 de abril de 1975)
1.599,75	4ª, 5ª, 6ª, 7ª, 8ª, 9ª-2ª sub-região, 10ª, 11ª, 12ª-2ª sub-região
1.772,35	1ª, 2ª, 3ª, 9ª-1ª sub-região, 12ª-1ª sub-região, 20ª, 21ª
1.930,76	14ª, 17ª-2ª sub-região, 18ª-2ª sub-região
2.107,02	17ª-1ª sub-região, 18ª-1ª sub-região, 19ª
2.266,17	13ª, 15ª, 16ª, 22ª

III — aos índices de que trata o art. 4º da Lei n. 8.178, de 1º de março de 1991, são atualizados, de acordo com a variação correspondente ao mês de janeiro de 1991.

....

Art. 25. São convalidados os atos praticados com base nas Medidas Provisórias ns. 193, de 25 de junho de 1990; 199, de 26 de julho de 1990; 211, de 24 de agosto de 1990, alterada pela Medida Provisória n. 219, de 4 de setembro de 1990; 234, de 26 de setembro de 1990; 256, de 26 de outubro de 1990; 273, de 28 de novembro de 1990, e 292, de 3 de janeiro de 1991.

ANEXO À LEI N. 8.178, DE 1º DE MARÇO DE 1991

	1990										1991	
Dia	Fev.	Mar.	Abr.	Mai.	Jun.	Jul.	Ago.	Set.	Out.	Nov.	Dez.	Jan.	Fev.
1	10.1927	5.5299	3.8190	3.5404	3.2317	2.8629	2.5546	2.2656	1.9838	1.7164	1.4509	1.2100	1.0000
2	9.9725	5.4642	3.8094	3.5300	3.2187	2.8515	2.5448	2.2555	1.9746	1.7068	1.4424	1.2026	1.0000
3	9.7571	5.3994	3.7997	3.5196	3.2057	2.8411	2.5349	2.2456	1.9654	1.6973	1.4340	1.1952	1.0000
4	9.5463	5.3353	3.7902	3.5092	3.1927	2.8307	2.5251	2.2357	1.9562	1.6878	1.4256	1.1879	1.0000
5	9.3401	5.2720	3.7806	3.4989	3.1798	2.8203	2.5154	2.2258	1.9471	1.6784	1.4173	1.1806	1.0000
6	9.1383	5.2094	3.7711	3.4887	3.1669	2.8100	2.5056	2.2160	1.9301	1.6690	1.4090	1.1734	1.0000
7	8.9409	5.1475	3.7616	3.4784	3.1541	2.7997	2.4959	2.2062	1.9290	1.6597	1.4008	1.1662	1.0000
8	8.7477	5.0864	3.7521	3.4682	3.1414	2.7895	2.4863	2.1964	1.9200	1.6504	1.3926	1.1590	1.0000
9	8.5588	5.0261	3.7426	3.4580	3.1287	2.7793	2.4767	2.1867	1.9111	1.6412	1.3845	1.1519	1.0000
10	8.3739	4.9664	3.7332	3.4478	3.1160	2.7691	2.4671	2.1771	1.9022	1.6320	1.3764	1.1449	1.0000
11	8.1930	4.9074	3.7238	3.4377	3.1034	2.7590	2.4576	2.1675	1.8933	1.6229	1.3684	1.1378	1.0000
12	8.0160	4.8492	3.7144	3.4276	3.0909	2.7489	2.4481	2.1579	1.8845	1.6139	1.3604	1.1309	1.0000
13	7.8428	4.7916	3.7050	3.4175	3.0784	2.7388	2.4386	2.1484	1.8757	1.6048	1.3524	1.1239	1.0000
14	7.6734	4.7348	3.6956	3.4075	3.0660	2.7288	2.4292	2.1389	1.8670	1.5959	1.3445	1.1170	1.0000
15	7.5076	4.6785	3.6863	3.3975	3.0536	2.7188	2.4198	2.1294	1.8583	1.5870	1.3367	1.1102	1.0000
16	7.3454	4.6230	3.6770	3.3875	3.0412	2.7089	2.4104	2.1200	1.8496	1.5781	1.3289	1.1034	1.0000
17	7.1868	4.5681	3.6678	3.3776	3.0289	2.6990	2.4011	2.1107	1.8410	1.5693	1.3211	1.0966	1.0000
18	7.0315	4.5139	3.6585	3.3676	3.0167	2.6891	2.3918	2.1013	1.8324	1.5605	1.3134	1.0899	1.0000
19	6.8796	4.4603	3.6493	3.3577	3.0045	2.6793	2.3826	2.0921	1.8239	1.5518	1.3057	1.0832	1.0000
20	6.7310	4.4074	3.6401	3.3479	2.9924	2.6695	2.3734	2.0828	1.8154	1.5431	1.2981	1.0766	1.0000
21	6.5856	4.3551	3.6309	3.3380	2.9803	2.6597	2.3642	2.0736	1.8069	1.5345	1.2905	1.0700	1.0000
22	6.4433	4.3034	3.6217	3.3282	2.9682	2.6500	2.3550	2.0645	1.7985	1.5259	1.2830	1.0634	1.0000
23	6.3041	4.2523	3.6126	3.3184	2.9562	2.6403	2.3459	2.0554	1.7901	1.5174	1.2755	1.0569	1.0000
24	6.1679	4.2018	3.6035	3.3087	2.9443	2.6306	2.3369	2.0463	1.7818	1.5089	1.2680	1.0504	1.0000
25	6.0347	4.1519	3.5944	3.2990	2.9324	2.6210	2.3278	2.0372	1.7735	1.5005	1.2606	1.0440	1.0000
26	5.9043	4.1026	3.5853	3.2893	2.9205	2.6114	2.3188	2.0282	1.7652	1.4921	1.2533	1.0376	1.0000
27	5.7768	4.0539	3.5763	3.2796	2.9087	2.6019	2.3099	2.0193	1.7570	1.4838	1.2460	1.0312	1.0000
28	5.6520	4.0058	3.5673	3.2700	2.8969	2.5924	2.3009	2.0104	1.7488	1.4755	1.2387	1.0249	1.0000
29		3.9583	3.5583	3.2604	2.8852	2.5829	2.2920	2.0015	1.7406	1.4673	1.2314	1.0186	
30		3.9113	3.5493	3.2508	2.8736	2.5734	2.2832	1.9926	1.7325	1.4591	1.2243	1.0124	
31		3.8649		3.2412		2.5640	2.2743		1.7245		1.2171	1.0062	

NOTA:

Na **Med. Prov. 295, de 31.1.91** (Lex 1991/86, Bol. AASP 1.677/supl.), que foi substituída pela Lei 8.178, acima, os índices da tabela nem sempre coincidem com os desta lei: o de 1º de julho é igual a 2.8620 (e não 2.8629); o de 6 de outubro é igual a 1.9381 (e não 1.9301); o índice de 5 de julho está correto na Med. Prov. (2.8203), e evidentemente errado na Lei 8.178 (3.8203).

Lei n. 8.245, de 18 de outubro de 1991[1-2]

Dispõe sobre as locações dos imóveis urbanos e os procedimentos a elas pertinentes.

O Presidente da República

Faço saber que o Congresso Nacional decreta e eu sanciono a seguinte lei:

LEI 8.245: 1. "A nova Lei do Inquilinato", por Mantovani Colares Cavalcanti (RT 675/56, RTJE 137/57); "A administração pública como locatária", por Alice Gonzalez Borges (RDA 201/71); "Breves comentários sobre a reforma da Lei de locações de imóveis urbanos", por Nelson Rodrigues Netto (RDDP 89/64); "Algumas questões polêmicas enfrentadas pela Reforma da Lei do Inquilinato operada pela Lei n. 12.112, de 09.12.2009", por Humberto Theodoro Júnior (RMDCPC 42/32, RMDECC 38/5, RJ-Lex 50/11).

LEI 8.245: 2. v. Enunciados 1 a 39 do Centro de Estudos e Debates do 2º TASP s/ a Lei 8.245 (Bol. AASP 1.910/supl., p. 1).

Título I | DA LOCAÇÃO

Capítulo I | DISPOSIÇÕES GERAIS

Seção I | DA LOCAÇÃO EM GERAL

Art. 1º A locação de imóvel urbano[1] regula-se pelo disposto nesta lei.[1a-1b]

Parágrafo único. Continuam regulados pelo Código Civil e pelas leis especiais:[1c]

a) as locações:[2]

1. de imóveis de propriedade da União,[3] dos Estados e dos Municípios,[3a] de suas autarquias e fundações públicas;[3b]
2. de vagas autônomas de garagem ou de espaços para estacionamento de veículos;[3c]
3. de espaços destinados à publicidade;
4. em "apart-hotéis",[3d-3e] hotéis-residência ou equiparados, assim considerados aqueles que prestam serviços regulares a seus usuários e como tais sejam autorizados a funcionar;

b) o arrendamento mercantil, em qualquer de suas modalidades.

Art. 1º: 1. "Não é a situação do imóvel que qualifica o prédio em rústico ou urbano, mas a finalidade natural que decorre de seu aproveitamento, dando-se a distinção mais pelo uso, a qualidade do sujeito, a comodidade e destinação, do que pela matéria e forma de qualquer edificação" (Lex-JTA 145/341).

Art. 1º: 1a. **CC 2.036:** "A locação do prédio urbano, que esteja sujeita à lei especial, por esta continua a ser regida".

Art. 1º: 1b. "Consoante iterativos julgados deste Tribunal, as disposições contidas no Código de Defesa do Consumidor não são aplicáveis ao contrato de locação predial urbana, que se regula por legislação própria — Lei 8.245/91" (RSTJ 182/518: 6ª T., REsp 329.067). No mesmo sentido: STJ-5ª T., REsp 303.072, Min. José Arnaldo, j. 3.12.02, DJU 19.12.02; RT 782/302, 808/297, Lex-JTA 162/343, 162/401 (*shopping center*), RJ 273/109.

Art. 1º: 1c. **Lei 9.514, de 20.11.97** (no tít. ALIENAÇÃO FIDUCIÁRIA): **"Art. 37.** Às operações de arrendamento mercantil de imóveis não se aplica a legislação pertinente à locação de imóveis residenciais, não residenciais ou comerciais".

Art. 1º: 2. s/ *shopping-center*, v. arts. 52 § 2º e 54.

Art. 1º: 3. v. Dec. lei 9.760, de 5.9.46, arts. 86 a 98, e Lei 9.636, de 15.5.98, arts. 12 a 16-I (s/ aforamento); Lei 5.285, de 5.5.67, s/ ocupação de próprio da União, por 30 a 90 dias, pelo servidor federal ou por sua família, em caso de aposentadoria, disponibilidade ou morte.

Art. 1º: 3a. As locações de imóveis de propriedade da União são regidas pela Lei 8.666, de 21.6.93, que regulamentou o art. 37-XXI da CF, instituindo normas para licitações e contratos da administração pública. Desse modo, tais contratos administrativos regulam-se pelos preceitos de direito público, aplicando-se-lhes, supletivamente, as disposições do CC sobre locação.

Essas locações cessam com o simples implemento de seu termo final, quando o inquilino é obrigado a devolver o imóvel, para não se tornar esbulhador. Verificado o esbulho, pode a locadora valer-se das ações possessórias. No mesmo sentido: RSTJ 57/315.

Art. 1º: 3b. A locação de imóvel pertencente a empresa pública é regulada pela LI (STJ-4ª T., REsp 1.224.007, Min. Luis Felipe, j. 24.4.14, DJ 8.5.14).

Art. 1º: 3c. Essas locações estão sujeitas, portanto, à denúncia vazia (RT 696/161).

Art. 1º: 3d. No caso de hospedagem em *flat*, uma vez demonstrado o esbulho, pela inércia do ocupante em deixar o local, mesmo depois de notificado, é cabível ação de reintegração de posse (RT 721/197).

Art. 1º: 3e. "A locação de salão comercial em andar de imóvel pertencente ao condomínio de *apart-hotel* jamais pode equiparar-se às locações de unidades habitacionais, aplicando-se, por isto, a Lei n. 8.245, de 1991, afastado o seu art. 1º, § único" (Lex-JTA 155/373).

Art. 2º Havendo mais de um locador ou mais de um locatário, entende-se que são solidários[1-1a] se o contrário não se estipulou.

Parágrafo único. Os ocupantes de habitações coletivas multifamiliares[2 a 3] presumem-se locatários ou sublocatários.

✎ **Art. 2º: 1.** "A solidariedade nos contratos de locação", por Gilberto Koenig (Ajuris 63/274).

Art. 2º: 1a. v. CC 264.

Art. 2º: 2. v. CC 264 a 285.

Daí resulta que qualquer dos locadores, individualmente, pode mover ação de despejo contra o único locatário (STJ-3ª T., Ag em REsp 51.655-AgRg, Min. Sidnei Beneti, j. 17.11.11, DJ 7.12.11; STJ-4ª T., Ag em REsp 1.024.338-EDcl-AgInt, Min. Antonio Ferreira, j. 7.11.17, DJ 13.11.17; JTA 78/177, 86/432, 88/448, 100/340). Ainda, o locatário pode mover ação de consignação em pagamento contra qualquer dos condôminos, se for locador o condomínio (JTA 117/449).

Todavia, no polo passivo da ação de despejo, devem sempre estar presentes todos os colocatários, como litisconsortes passivos necessários, pois não é possível tirar um bem da vida de alguém sem a sua participação no respectivo processo (Bol. AASP 1.839/89j, com excelente fundamentação). Nesse sentido, afirmando a "necessidade da citação de todos os locatários na condição de litisconsortes necessários em ação de despejo, a fim de que os efeitos da sentença alcancem a todos os coobrigados": STJ-6ª T., REsp 84.843, Min. Hamilton Carvalhido, j. 3.12.01, DJU 6.5.02. Ainda: STJ-5ª T., REsp 65.772, Min. José Arnaldo, j. 22.10.96, DJU 2.12.96; RT 705/162, Lex-JTA 151/282, 161/418, RJTAMG 34/303.

"Se a ação de despejo é por falta de pagamento ou por infração contratual, ou por denúncia vazia, deve ser proposta contra todos os locatários, pois a eficácia da sentença atingirá a todos os corréus. A obrigação de direito material deve obedecer aos princípios inseridos no art. 47 do CPC" (RSTJ 54/303). No mesmo sentido: RT 714/181.

Em síntese: "A solidariedade prevista no art. 2º da Lei 8.245/91 diz respeito às obrigações patrimoniais decorrentes do contrato de locação, estabelecendo que qualquer dos locatários é responsável pela satisfação dos alugueres e demais encargos locatícios. Do mesmo modo, em se cuidando de mais de um locador, poderá o locatário efetuar o pagamento dos alugueres a qualquer dos locadores. Entretanto, no que tange ao pedido de despejo, há que prevalecer as regras de direito processual, impondo-se a necessária participação de todos os locatários, a fim de que a sentença que decrete a rescisão contratual possa prevalecer contra todos" (Lex-JTA 151/282).

Indo além, *no que diz respeito ao* ***litisconsórcio necessário em ação de despejo:*** "Cuidando-se de despejo por falta de pagamento, mister se faz a presença nos polos ativo e passivo de todos os que participam do contrato de locação, já que na espécie não se há de falar em solidariedade" (Lex-JTA 161/480, bem fundamentado).

Contra, sustentando que, na hipótese de contrato com dois ou mais locatários, o locador pode mover ação de despejo em face de um único deles: RT 725/287, JTA 86/436, Lex-JTA 161/371.

"Havendo uma só locação, com um único instrumento, no qual figurem como locatários solidários marido e mulher, pode a ação de despejo ser movida contra ambos ou um deles" (RT 744/276).

Art. 2º: 2a. "Litisconsórcio necessário. Citação do corréu em caso de locação quando o contrato tenha sido celebrado com mais de um locatário. Todos aqueles que participaram da formação do instrumento devem estar presentes na sua extinção" (Bol. AASP 1.839/95j).

Art. 2º: 3. s/ habitações coletivas multifamiliares, v. arts. 21, 24 e 44-I.

Art. 3º O contrato de locação pode ser ajustado por qualquer prazo, dependendo de vênia conjugal, se igual ou superior a dez anos.[1]

Parágrafo único. Ausente a vênia conjugal, o cônjuge não estará obrigado a observar o prazo excedente.

Art. 3º: 1. "Anulável, e não nula, é a locação ajustada por mais de dez anos, sem a concordância de ambos os cônjuges locadores (art. 2º da Lei n. 6.649/79). Interessados na anulação serão o cônjuge não aquiescente ou seus herdeiros" (RSTJ 40/379).

Art. 4º Durante o prazo estipulado para a duração do contrato, não poderá o locador[1] reaver o imóvel alugado.[1a] Com exceção ao que estipula o § 2º do art. 54-A, o locatário, todavia, poderá devolvê-lo,[2-3] pagando a multa pactuada, proporcional ao período de cumprimento do contrato, ou, na sua falta, a que for judicialmente estipulada.[3a-4]

Parágrafo único. O locatário ficará dispensado da multa se a devolução do imóvel decorrer de transferência, pelo seu empregador, privado ou público, para prestar serviços em localidades diversas daquela do início do contrato, e se notificar, por escrito, o locador com prazo de, no mínimo, trinta dias de antecedência.

Art. 4º: 1. Quanto ao adquirente, v. art. 8º.

Art. 4º: 1a. **LRF 119-VII:** "a falência do locador não resolve o contrato de locação e, na falência do locatário, o administrador judicial pode, a qualquer tempo, denunciar o contrato".

Art. 4º: 2. independentemente de qualquer notificação ou aviso prévio, bastando que pague a multa. Na locação por prazo indeterminado, o locatário pode até se livrar do pagamento da multa, bastando que notifique o locador com 30 dias de antecedência (art. 6º).

Art. 4º: 3. Outra hipótese em que o locatário pode rescindir o contrato: art. 26 § ún.-*in fine*.

Art. 4º: 3a. Redação do *caput* de acordo com a Lei 12.744, de 19.12.12.

Art. 4º: 4. Não vale a estipulação contratual de que a multa será sempre paga integralmente, qualquer que seja o tempo decorrido (JTA 129/352, Lex-JTA 148/213).

Art. 5º Seja qual for o fundamento do término da locação,[1] a ação do locador[2] para reaver o imóvel é a de despejo.[3-4]

Parágrafo único. O disposto neste artigo não se aplica se a locação termina em decorrência de desapropriação, com a imissão do expropriante na posse do imóvel.

Art. 5º: 1. i. e., vencimento do prazo contratual, alienação do imóvel, infração da lei ou do contrato; qualquer motivo, enfim. Em todos estes casos, o locador ou seu sucessor, se o imóvel não for restituído pelo locatário, somente poderá recuperar o prédio locado mediante ação de despejo, e não através de possessória (neste sentido: RT 598/154, 631/165-abandono do imóvel, RF 295/262).

Art. 5º: 2. e de seus sucessores (arts. 10-morte do locador, 7º-extinção do usufruto ou do fideicomisso e 8º-alienação do imóvel).

Art. 5º: 3. Casos de despejo: art. 59, nota 1.

Art. 5º: 4. s/ rescisão de contrato de trabalho entre locador e locatário, v. art. 59 § 1º-II.

Art. 6º O locatário poderá denunciar[1-1a] a locação por prazo indeterminado[2] mediante aviso por escrito[3-3a] ao locador, com antecedência mínima de trinta dias.

Parágrafo único. Na ausência do aviso, o locador poderá exigir quantia correspondente a um mês de aluguel e encargos, vigentes quando da resilição.

Art. 6º: 1. Casos de denúncia: pelo locador, art. 46, nota 3; pelo adquirente, art. 8º-*caput* e § 2º; pelo nu-proprietário ou fideicomissário, art. 7º § ún.

S/ denúncia da locação, no caso de falência do locatário, pelo administrador judicial, v. art. 4º, nota 1a.

Art. 6º: 1a. "O poder de denúncia do contrato de locação por prazo indeterminado é de natureza potestativa, estando o seu exercício condicionado à prévia comunicação no prazo assinado pela lei e à transmissão da posse do imóvel ao locador, pela entrega de suas chaves. A transmissão da posse do imóvel ao locador, contudo, somente se opera com o restabelecimento do seu poder de uso e gozo do bem restituído, induvidosamente inocorrente quando se tem a embaraçá-lo a existência de bens do locatário no seu interior" (STJ-6ª T., REsp 254.949, Min. Hamilton Carvalhido, j. 17.9.02, DJ 24.2.03). Esse acórdão foi mantido no julgamento da subsequente ação rescisória (STJ-3ª Seção, AR 3.720, Min. Arnaldo Esteves, j. 15.12.08, DJ 9.2.09).

Art. 6º: 2. **Súmula 20 do 2º TASP:** "A locação verbal presume-se por tempo indeterminado".

Art. 6º: 3. Basta o aviso "por escrito", desde que feita a prova de que dele tomou ciência inequívoca o locador (aplicação analógica do art. 27-*caput*).

V. tb. arts. 46, notas 4 e segs., e 58-IV.

Art. 6º: 3a. "É irrelevante o fato de a notificação do locador ter sido realizada antes do final do prazo originalmente pactuado, tendo em vista que o locatário buscava devolver o imóvel após o fim do contrato de locação" (STJ-5ª T., AI 853.350-AgRg, Min. Arnaldo Esteves, j. 18.12.07, DJU 17.3.08).

Art. 7º Nos casos de extinção de usufruto ou de fideicomisso,[1] a locação celebrada pelo usufrutuário ou fiduciário poderá ser denunciada,[2 a 4] com o prazo de trinta dias para a desocupação, salvo se tiver havido aquiescência escrita do nu-proprietário ou do fideicomissário, ou se a propriedade estiver consolidada em mãos do usufrutuário ou do fiduciário.

Parágrafo único. A denúncia deverá ser exercitada no prazo de noventa dias contados da extinção do fideicomisso ou da averbação da extinção do usufruto, presumindo-se, após esse prazo, a concordância na manutenção da locação.[5]

Art. 7º: 1. v. CC 1.410, 1.411 e 1.958.

Art. 7º: 2. Como se faz a denúncia? v. art. 46, notas 4 e segs.; cf. art. 6º, nota 3.

Art. 7º: 3. Pode ser movida revisional do aluguel, concomitantemente com a denúncia da locação? v. art. 68, nota 5.

Art. 7º: 3a. Não tem aplicação o art. 7º "quando o usufruto é instituído, a favor do locador, após a vigência do contrato de locação. Daí por que não pode pretender, o nu-proprietário, retomar o imóvel locado, com base na referida norma legal, quando da morte do usufrutuário locador" (JTAERGS 71/184). V. art. 8º, nota 3.

Art. 7º: 4. "A omissão, no contrato locatício, da condição de usufrutuário do locador não obsta ao proprietário do imóvel denunciar a locação uma vez extinto o usufruto devidamente transcrito no registro imobiliário" (RJTAMG 62/104).

Art. 7º: 5. nos mesmos termos em que foi contratada.

Art. 8º Se o imóvel[1] for alienado durante a locação, o adquirente[2 a 4] poderá denunciar[5 a 7] o contrato,[8] com o prazo de noventa dias[8a] para a desocupação, salvo se a locação for por tempo determinado e o contrato contiver cláusula de vigência em caso de alienação e estiver averbado[8b a 10] junto à matrícula do imóvel.

§ 1º Idêntico direito terá o promissário comprador e o promissário cessionário,[11] em caráter irrevogável, com imissão na posse do imóvel e título registrado junto à matrícula do mesmo.[12]

§ 2º A denúncia deverá ser exercitada no prazo de noventa dias contados do registro da venda ou do compromisso, presumindo-se, após esse prazo, a concordância na manutenção da locação.[13]

Art. 8º: 1. O art. 8º aplica-se também aos imóveis residenciais (STJ-5ª T., REsp 38.753-1, Min. Edson Vidigal, j. 23.3.94, DJU 9.5.94).

Art. 8º: 2. O art. 8º aproveita ao **donatário** (JTA 116/280), mas **não ao sucessor *mortis causa*** do locador (RT 603/154, JTA 100/220).

"**Inadmissível** a denúncia da locação, nos termos do art. 14 da Lei 6.649/79, por aquele que, **já condômino** do imóvel ao tempo do contrato, torna-se único proprietário" (JTA 104/331). O art. 14 da Lei 6.649 corresponde ao art. 8º-*caput* da LI. No mesmo sentido: RT 633/142, maioria.

Art. 8º: 3. Súmula 23 do 2º TASP: "O **usufrutuário** não se equipara ao adquirente para o fim de aplicação do art. 8º da Lei n. 8.245/91" (nova redação dada pelo plenário do tribunal em 13.4.99). V. JTA 119/307, acórdão de uniformização da jurisprudência.

Também no sentido de que, constituído usufruto sobre o imóvel pelo locador e proprietário, no curso da locação, o usufrutuário não pode invocar o disposto no art. 8º para denunciar a locação: RT 626/126, maioria, 636/153, JTA 111/248, 114/210.

Contra, na mesma hipótese: "O dispositivo que faculta ao adquirente denunciar o contrato com o prazo de 90 dias quando a locação for por prazo indeterminado (art. 8º da Lei n. 8.245/91) não exige que o mesmo tenha adquirido a propriedade plena do imóvel, não cabendo ao intérprete criar tal exigência" (STJ-6ª T., REsp 37.220-8, Min. Anselmo Santiago, j. 15.10.98, DJU 12.4.99).

V. tb. art. 7º, nota 3.

Art. 8º: 4. "O adquirente do prédio alugado assume, por sub-rogação, a posição de locador, substituindo o alienante na relação jurídica locacional, passando, daí, a novo titular, inclusive dos créditos vencidos e não satisfeitos" (Lex-JTA 148/215).

Art. 8º: 5. Como se faz a denúncia? v. art. 46, notas 4 e segs.

Art. 8º: 6. "Para que o adquirente possa denunciar a locação com base no art. 8º da Lei do Inquilinato não é necessária a transcrição do título de aquisição no Registro de Imóveis" (STJ-5ª T., REsp 605.521, Min. Felix Fischer, j. 28.4.04, DJU 14.6.04).

Contra, entendendo que não vale a denúncia feita antes do registro da aquisição: RT 660/177, JTAERGS 83/358, Lex-JTA 142/278, 161/450, RJTAMG 34/404.

Posição intermediária, no sentido de que o adquirente pode denunciar o contrato antes do registro da aquisição, se o seu título já estava prenotado no Registro de Imóveis: RT 697/113, Lex-JTA 141/370, maioria, 143/318.

Art. 8º: 7. Pode o adquirente denunciar a locação e, ao mesmo tempo, mover ação revisional do aluguel? v. art. 68, nota 5.

Art. 8º: 8. mas continua obrigado a receber os aluguéis devidos, podendo o locatário consigná-los, em caso de recusa (RSTJ 20/390, 25/422, 83/309; STJ-3ª T., REsp 6.005, Min. Dias Trindade, j. 7.5.91, DJU 3.6.91; STJ-4ª T., REsp 6.836, Min. Sálvio de Figueiredo, j. 4.3.91, DJU 25.3.91; STJ-3ª T., REsp 8.218, Min. Fontes de Alencar, j. 30.4.91, DJU 10.6.91).

V. tb. art. 33, nota 7.

Art. 8º: 8a. Há um acórdão entendendo que, na ação de despejo movida pelo adquirente, se o locatário, no prazo da contestação, concordar com a desocupação, esta deverá ser feita em seis meses, por aplicação do art. 61 (JTAERGS 90/138).

Art. 8º: 8b. Súmula 442 do STF (Vigência, contra terceiros, da locação): "A inscrição do contrato de locação no Registro de Imóveis, para a validade da cláusula de vigência contra o adquirente do imóvel, ou perante terceiros, dispensa a transcrição no Registro de Títulos e Documentos".

Súmula 158 do STF (Benfeitorias do locatário): "Salvo estipulação averbada no registro imobiliário, não responde o adquirente pelas benfeitorias do locatário".

Art. 8º: 9. O inciso III acrescentado ao art. 169 da LRP pelo art. 81 da LI torna bem claro que, no registro de imóveis, podem ser feitos:

— a **averbação** do contrato de locação, "para os fins do exercício do direito de preferência" assegurado ao locatário para a aquisição do imóvel locado (cf. tb. LRP 167-II-16, item acrescentado pela LI; e, nesta última lei, art. 33-*caput, in fine*);

— o **registro** do contrato de locação, para que este seja respeitado pelo adquirente, nos casos em que existe essa obrigação (registro esse que já era estabelecido pela LRP 167-I-3, em dispositivo não alterado pela LI).

De agora em diante, portanto, registro e averbação poderão coexistir simultaneamente. E, como visam a efeitos diferentes, a existência de um não supre a falta do outro.

Lamentavelmente, o texto do art. 8º confunde as coisas, quando fala em contrato **averbado** no registro de imóveis, para assegurar "a cláusula **de vigência** em caso de alienação". Esta hipótese, que já era de registro, continuou sendo de **registro,** e não de **averbação.**

Aliás, defeito de técnica semelhante é encontrado na Lei 6.766, de 19.12.79, que nos arts. 26-II e 39 fala em "inscrição", denominação suprimida desde 1973, e no art. 32 § 3º refere-se ao "cancelamento da averbação" das promessas de compra e venda, quando o caso é de cancelamento do registro, e não da averbação (cf. LRP 167-I-20).

V. art. 84, disposição transitória.

Art. 8º: 10. "Para que o pacto locatício com cláusula de vigência impeça a denúncia do contrato pelo adquirente faz-se mister que o contrato esteja averbado no registro de imóveis **antes da alienação**" (STJ-5ª T., REsp 605.521, Min. Felix Fischer, j. 28.4.04, DJU 14.6.04). No mesmo sentido: STJ-3ª T., REsp 1.669.612, Min. Ricardo Cueva, j. 7.8.18, DJ 14.8.18. **Todavia,** afirmando a "desnecessidade de registro do contrato", em situação na qual "o terceiro (comprador) tinha ciência do contrato de locação": STJ-3ª T., REsp 1.780.197-AgInt, Min. Moura Ribeiro, j. 19.8.19, DJ 21.8.19.

Art. 8º: 11. O disposto no art. 8º não aproveita ao cessionário de direitos possessórios (JTA 116/214).

Art. 8º: 12. As expressões "em caráter irrevogável, com imissão na posse do imóvel e título registrado junto à matrícula do mesmo" referem-se tanto ao compromissário comprador como ao compromissário cessionário.

Cf. art. 53, nota 3.

Art. 8º: 13. nos mesmos termos em que fora contratada. Logo, permanece eficaz a fiança prestada (RT 828/264).

"A alienação do imóvel locado, *per si*, não extingue o contrato de locação, nem afeta a garantia prestada pelo fiador" (STJ-RT 845/204: 5ª T., REsp 620.072).

Art. 9º A locação[1] também poderá ser desfeita:[2-2a]

I — por mútuo acordo;[3-3a]

II — em decorrência da prática de infração[4] legal ou contratual;[5]

III — em decorrência da falta de pagamento[6 a 7a] do aluguel e demais encargos;[8]

IV — para a realização de reparações urgentes[9] determinadas pelo Poder Público, que não possam ser normalmente executadas com a permanência do locatário no imóvel ou, podendo, ele se recuse a consenti-las.

Art. 9º: 1. i. e., **qualquer** locação.

Com fundamento no art. 9º, pode ser movida ação de despejo, qualquer que seja o tipo de locação: de imóvel residencial ou não; por escrito ou verbal; por tempo determinado ou indeterminado; anterior a esta lei ou posterior.

Art. 9º: 2. v. enumeração sistemática dos casos de despejo no art. 59, nota 1.

Casos especiais de despejo, além dos previstos no art. 9º: arts. 47 (locações novas por prazo indeterminado), 77 e 78 (locações anteriores à vigência desta lei), 48 a 50 (locação para temporada) e 53 (hospitais, repartições e escolas).

Art. 9º: 2a. LRF 119: "VII — a falência do locador não resolve o contrato de locação e, na falência do locatário, o administrador judicial pode, a qualquer tempo, denunciar o contrato".

Art. 9º: 3. v. arts. 59 § 1º-I (medida liminar para desocupação), 53-I (despejo de escola, hospital ou repartição pública), 61 (acordo para desocupação), 64-*caput* (dispensa de caução para execução do despejo) e 70 (acordo na revisional).

Art. 9º: 3a. Não vale, por fraudatório à lei, o acordo para desocupação feito simultaneamente com a assinatura do contrato de locação (Lex-JTA 159/437).

Art. 9º: 4. A infração deve ser grave.

Art. 9º: 5. v. arts. 63 § 1º-*b* (prazo para desocupação) e 64-*caput* (dispensa de caução para execução do despejo).

Art. 9º: 6. v. art. 62 (despejo por falta de pagamento); v. tb. art. 53-I (despejo de hospital, escola ou repartição pública).

Art. 9º: 7. A falta de pagamento do aluguel e encargos constitui infração de obrigação legal e, portanto, já estaria incluída no inciso II; mas a ação de despejo, neste caso especial, admite, liminarmente, a purgação da mora (v. art. 62).

Art. 9º: 7a. "Restando incontroverso que os recorridos encontram-se na posse do imóvel por força de contrato de locação celebrado com o falecido proprietário, sucedido pelo autor na condição de herdeiro, o fato de terem permanecido inadimplentes por período superior a 12 anos não descaracteriza a relação locatícia" (STJ-5ª T., REsp 1.007.373, Min. Arnaldo Esteves, j. 16.4.09, DJ 18.5.09).

S/ posse e locação, v. CC 1.203, nota 3.

Art. 9º: 8. Encargos de responsabilidade do locatário, no silêncio do contrato: art. 23-XII e § 1º. Forma de pagamento: art. 25.

Art. 9º: 9. v. art. 26; s/ retomada para obras, em renovatória, v. arts. 52 § 3º e 72 § 3º; s/ locação a hospital, escola ou repartição pública, v. arts. 53-I e 63 § 3º.

Quanto à ação de despejo para a realização de reparações urgentes: art. 59 § 1º-VI (medida liminar para desocupação); art. 60 (prova de propriedade, a ser juntada com a inicial); art. 63-*caput* (prazo de 30 dias para desocupação, salvo as hipóteses dos arts. 61 e 63 §§ 1º e 3º); art. 64-*caput* (dispensa de caução, para a execução).

Pena: art. 44-III. Indenização ao locatário, pela não realização das obras: arts. 44-III c/c § ún. e 52 § 3º (em renovatória de locação).

Art. 10. Morrendo o locador,[1] a locação transmite-se aos herdeiros.

Art. 10: 1. No caso de locador usufrutuário, v. art. 7º.

Art. 11. Morrendo o locatário, ficarão sub-rogados[1] nos seus direitos e obrigações:

I — nas locações com finalidade residencial, o cônjuge sobrevivente ou o companheiro e, sucessivamente, os herdeiros necessários e as pessoas que viviam na dependência econômica do *de cujus*, desde que residentes no imóvel;[2]

II — nas locações com finalidade não residencial, o espólio e, se for o caso, seu sucessor no negócio.[3]

Art. 11: 1. Essa sub-rogação deve ser comunicada por escrito ao locador e, quando houver, ao fiador (v. art. 12 § 1º).

Art. 11: 2. Cabe ação de despejo, com medida liminar, se não permanecer no imóvel nenhuma das pessoas designadas no inciso I *supra* (v. art. 59 § 1º-IV).

Art. 11: 3. v. tb. art. 51 § 3º.

Art. 12. Em casos de separação de fato, separação judicial,[1] divórcio ou dissolução da união estável, a locação residencial prosseguirá automaticamente com o cônjuge ou companheiro[1a] que permanecer no imóvel.[1b]

§ 1º Nas hipóteses previstas neste artigo e no art. 11, a sub-rogação[2] será comunicada[2a] por escrito ao locador e ao fiador, se esta for a modalidade de garantia locatícia.[2b-2c]

§ 2º O fiador poderá exonerar-se[3] das suas responsabilidades no prazo de trinta dias contado do recebimento da comunicação oferecida pelo sub-rogado,[3a-3b] ficando responsável pelos efeitos da fiança durante cento e vinte dias após a notificação ao locador.[4]

Art. 12: 1. v. CC 1.571, nota 2b **(Em. Const. 66, de 13.7.10).**

Locação

Art. 12: 1a. "É parte legítima para propor ação de consignação em pagamento o cônjuge que, após a separação judicial, permanece residindo no imóvel" (STJ-Bol. AASP 2.087/825j).

Art. 12: 1b. Redação do *caput* de acordo com a Lei 12.112, de 9.12.09, em vigor 45 dias após a sua publicação (DOU 10.12.09).

Art. 12: 2. "Como a lei fala que a locação prosseguirá automaticamente, é forçoso reconhecer que a sub-rogação opera-se de pleno direito, ou seja, independentemente de qualquer providência, dispensando a prática de qualquer ato jurídico. A data da saída do cônjuge fixa o momento da sub-rogação. Portanto, ocorrendo a separação, ao companheiro ou cônjuge que permanecer no imóvel são transferidos os direitos e deveres relativos ao contrato de aluguel, incluindo-se, por óbvio, a obrigação de pagar o aluguel e figurar como parte nas ações de despejo" (STJ-RT 759/186: 5ª T.). "Na hipótese de separação de fato, separação judicial, divórcio ou dissolução da sociedade concubinária, o contrato de locação prorroga-se automaticamente, transferindo-se ao cônjuge que permanecer no imóvel todos os deveres e direitos relativos ao contrato" (STJ-RT 794/220: 6ª T.). **Todavia:** "Não ocorrendo tal comunicação ou prova, por outro meio idôneo — de inequívoco conhecimento por parte do locador —, de um dos supostos fáticos previstos no *caput* de tal dispositivo, o vínculo locatício persistirá entre as partes originárias, tendo em vista os princípios que regem os contratos em geral" (STJ-5ª T., REsp 540.669, Min. Arnaldo Lima, j. 19.4.05, DJU 6.6.05). Conforme o voto do relator, "o não cumprimento da exigência contida no parágrafo único, seja pelo locatário que saiu do imóvel ou pelo que ali permaneceu, não exonera o primeiro das obrigações contratuais assumidas com o locador, sobretudo de sua responsabilidade pelo adimplemento dos aluguéis, mesmo tendo direito, em tese, de cobrá-los, regressivamente, daquele que ali permaneceu, o que, no entanto, é outra matéria". Nota: o antigo § ún. guarda semelhança com o atual § 1º.

Art. 12: 2a. "A omissão em comunicar ao locador a sub-rogação prevista no art. 12 da Lei 8.245/91 não caracteriza infração de obrigação legal capaz de ensejar a rescisão do contrato locatício, atingindo tão somente a eficácia da sub-rogação, e não a validade do negócio jurídico" (STJ-5ª T., REsp 67.436, Min. Edson Vidigal, j. 23.9.97, DJU 27.10.97).

Art. 12: 2b. O § 1º foi introduzido pela Lei 12.112, de 9.12.09, em vigor 45 dias após a sua publicação (DOU 10.12.09).

Art. 12: 2c. v. art. 37, nota 2a, *in fine*.

Art. 12: 3. Com a exoneração do fiador, o locador poderá exigir novo fiador ou a substituição da modalidade de garantia (art. 40-IV), sob pena de desfazimento da locação (art. 40 § ún.).

Art. 12: 3a. Mesmo **comunicação** feita **por pessoa diversa** do sub-rogado (p. ex., pelo locador) é apta para a deflagração do prazo de exoneração: "É possível manter a validade do ato realizado de forma diversa do previsto na lei, quando for alcançada sua finalidade, em razão da aplicação do princípio da instrumentalidade das formas, consoante o 244 do CPC/73 (277 do CPC/15)" (STJ-3ª T., REsp 1.510.503, Min. Nancy Andrighi, j. 5.11.19, maioria, DJ 19.11.19).

Art. 12: 3b. Uma vez esgotado o trintídio, fica o direito de exoneração do fiador em razão da sub-rogação legal fulminado pela **decadência** (STJ-3ª T., REsp 1.510.503, Min. Nancy Andrighi, j. 5.11.19, maioria, DJ 19.11.19).

Caso o fiador não peça sua exoneração, o contrato segue adiante com a mesma garantia existente. Nessas condições, não pode o locador exigir nenhuma outra garantia adicional (art. 37 § ún.).

Art. 12: 4. O § 2º foi introduzido pela Lei 12.112, de 9.12.09, em vigor 45 dias após a sua publicação (DOU 10.12.09).

Art. 13. A cessão da locação, a sublocação e o empréstimo do imóvel, total ou parcialmente, dependem do consentimento[1 a 2b] prévio e escrito[2c] do locador.

§ 1º Não se presume o consentimento pela simples demora do locador em manifestar formalmente a sua oposição.[3]

§ 2º Desde que notificado por escrito pelo locatário, de ocorrência de uma das hipóteses deste artigo, o locador terá o prazo de trinta dias para manifestar formalmente a sua oposição.[4]

§ 3º (VETADO)

Art. 13: 1. Havendo consentimento escrito, o sublocatário é legítimo; não havendo, é mero intruso, não gozando de qualquer dos direitos que a LI assegura ao sublocatário (JTA 76/236). A sublocação não consentida constitui infração, que enseja o despejo do locatário (art. 9º-II).

A ausência de consentimento do locador "deixa na clandestinidade a sublocação, que não gera efeitos jurídicos para o locador" (STJ-4ª T., Ag 12.220-AgRg, Min. Sálvio de Figueiredo, j. 10.9.91, DJU 7.10.91).

Art. 13: 2. Vale a cláusula contratual que exige consentimento do locador para que possa haver substituição de sócio da pessoa jurídica locatária? v. art. 45, nota 1a.

Art. 13: 2a. Quando não autorizada pelo locador, a cessão da locação a pessoa jurídica de que o locatário seja sócio caracteriza infração contratual (Bol. AASP 1.806/supl., p. 2, em.).

Art. 13: 2b. "Transferência do fundo de comércio. Trespasse. Contrato de locação. Art. 13 da Lei n. 8.245/91. Aplicação à locação comercial. Consentimento do locador. Requisito essencial" (STJ-3ª T., REsp 1.202.077, Min. Vasco Della Giustina, j. 1.3.11, DJ 10.3.11).

Art. 13: 2c. "Não se pode atribuir ao fato da expedição de recibo de aluguel em favor da ex-nora do locatário a caracterização de tácita concordância quanto à cessão da locação" (RT 716/219).

Art. 13: 3. a menos que ocorra notificação por escrito, hipótese em que o locador tem o prazo de 30 dias para manifestar sua oposição (v. § 2º).

Art. 13: 4. Decorrido esse prazo, sem oposição formal do locador, entender-se-á que anuiu.

Seção II | DAS SUBLOCAÇÕES

Art. 14. Aplicam-se às sublocações,[1-2] no que couber, as disposições relativas às locações.

Art. 14: 1. s/ sublocação, v. tb. arts. 13 e 21.

Art. 14: 2. Direitos do sublocatário: de indenização contra o locatário (art. 15); de pagar aluguel não maior que o da locação (arts. 21 e 43-I); de obter recibo discriminado do aluguel pago (art. 44-I); de preferência na aquisição do imóvel sublocado (art. 30); de intervir como assistente na ação de despejo contra o locatário (art. 59 § 2º); à renovação do contrato, na locação não residencial (arts. 51 § 1º e 71 § ún.).

Responsabilidade do sublocatário: art. 16.

Art. 15. Rescindida ou finda a locação, qualquer que seja sua causa, resolvem-se as sublocações,[1] assegurado o direito de indenização do sublocatário contra o sublocador.

Art. 15: 1. Se, rescindida a locação, o sublocatário permanecer no prédio, o locador poderá obter liminar, para sua desocupação (art. 59 § 1º-V).

Art. 16. O sublocatário responde subsidiariamente ao locador pela importância que dever ao sublocador, quando este for demandado e, ainda, pelos aluguéis que se vencerem durante a lide.[1]

Art. 16: 1. "Ao se estabelecer a responsabilidade do sublocatário por dívidas do sublocador ao locador, ainda que de forma subsidiária e limitada (art. 16 da Lei n. 8.245/1991), é possível sua inclusão no polo passivo de execução de aluguel, a despeito da inexistência de relação jurídica direta entre locador e sublocatário. A responsabilização patrimonial do sublocatário é aplicável tanto à sublocação legítima quanto à ilegítima" (STJ-3ª T., REsp 1.384.647, Min. Marco Bellizze, j. 19.2.19, DJ 22.2.19).

Seção III | DO ALUGUEL

Art. 17. É livre a convenção do aluguel,[1 a 1d] vedada a sua estipulação em moeda estrangeira e a sua vinculação à variação cambial ou ao salário mínimo.

Parágrafo único. Nas locações residenciais serão observados os critérios de reajustes previstos na legislação específica.[2-3]

Art. 17: 1. v. art. 85, disp. trans. s/ locação residencial, que estabelece forte restrição ao texto supra.

Art. 17: 1a. É nula a cláusula de correção monetária "cuja periodicidade seja inferior a um ano" (art. 28 § 1º da Lei 9.069, de 29.6.95-Plano Real, no tít. CORREÇÃO MONETÁRIA, ementário).

Art. 17: 1b. **Lei 10.192, de 14.2.01** — Dispõe sobre medidas complementares ao Plano Real e dá outras providências (em Lex 2001/742, RF 353/490, RDA 223/395): **"Art. 1º § ún.** São vedadas, sob pena de nulidade, quaisquer estipulações de: ... **II** — reajuste ou correção monetária expressas em, ou vinculadas a unidade monetária de conta de qualquer natureza".

"Art. 2º É admitida estipulação de correção monetária ou de reajuste por índices de preços gerais, setoriais ou que reflitam a variação dos custos de produção ou dos insumos utilizados nos contratos de prazo de duração igual ou superior a um ano".

"§ 1º É nula de pleno direito qualquer estipulação de reajuste ou correção monetária de periodicidade inferior a um ano".

"§ 4º Nos contratos de prazo de duração igual ou superior a três anos, cujo objeto seja a produção de bens para entrega futura ou a aquisição de bens ou direitos a eles relativos, as partes poderão pactuar a atualização das obrigações, a cada período de um ano, contado a partir da contratação, e no seu vencimento final, considerada a periodicidade de pagamento das prestações, e abatidos os pagamentos, atualizados da mesma forma, efetuados no período".

Art. 17: 1c. "O fato de o contrato estatuir participação do locador em lucros do inquilino não descaracteriza a locação" (RT 695/125).

Art. 17: 1d. s/ validade de cláusula de renúncia ao direito de propor ação revisional de aluguel, v. art. 45, nota 3a.

Art. 17: 2. Continuam, portanto, em vigor os arts. 15 e 17 da Lei 8.178, de 1.3.91 (neste tít., retro), com as alterações trazidas pela Lei 8.494, de 23.11.92 (v. adiante, ínt.); s/ ação revisional, v. arts. 68 a 70.

Art. 17: 3. As normas limitativas de reajustamento de aluguéis, editadas na vigência de contrato escrito, a este não se aplicam (Bol. AASP 1.362/19).

Art. 18. É lícito às partes fixar, de comum acordo, novo valor para o aluguel, bem como inserir ou modificar cláusula de reajuste.

Art. 19. Não havendo acordo, o locador ou o locatário, após três anos[1 a 5] de vigência do contrato ou do acordo anteriormente realizado,[6] poderão pedir revisão judicial do aluguel,[7 a 11] a fim de ajustá-lo ao preço de mercado.[12]

Art. 19: 1. "Revisional de aluguéis. A eficácia do art. 19 da Lei 8.245/91 frente ao § 4º do art. 21 da Med. Prov. 681", por Henrique Furquim Paiva (RJ 212/36); "A Lei n. 9.069/95, as medidas provisórias que a antecederam, as locações em curso e o direito intertemporal", por Mílton Sanseverino (RF 336/145); "Locação: reajuste de aluguel em face da Lei 9.069/95", por Geraldo Gonçalves da Costa (RJ 222/27); "O Plano Real e a ação revisional especial dos alugueres", por Louri Geraldo Barbiero (Lex-JTA 154/6).

Art. 19: 1a. **Lei 10.192, de 14.2.01** — Dispõe sobre medidas complementares ao Plano Real e dá outras providências: **"Art. 2º § 2º** Em caso de revisão contratual, o termo inicial do período de correção monetária ou reajuste, ou de nova revisão, será a data em que a anterior revisão tiver ocorrido".

Art. 19: 2. Antes de três anos do último **acordo** ou do último reajuste de aluguel, não é cabível a ação revisional para qualquer das partes: "O reajuste dos aluguéis realizado por acordo entre as partes tem o condão de interromper o prazo para a propositura da revisional, independentemente do valor fixado estar abaixo ou acima do preço de mercado" (STJ-3ª Seção, ED no REsp 37.447, Min. Felix Fischer, j. 14.10.98, DJU 23.11.98). Mais recentemente: STJ-6ª T., REsp 264.556, Min. Maria Thereza, j. 22.4.08, DJU 19.5.08. No mesmo sentido: RSTJ 19/253, 46/324, 48/228, STJ-RT 758/173, 779/188, RT 825/292, JTAERGS 83/174, 83/371, 88/231, 89/151, maioria, Bol. AASP 1.794/188, 1.806/supl., p. 3, em.

"Havendo acordo entre locador e locatário, reajustando ou atualizando o valor do aluguel, recomeça, a partir daí, o prazo para a ação revisional" (RSTJ 74/323).

"O acordo das partes que, no contrato de locação, inserir ou modificar a periodicidade dos reajustes interrompe o prazo para o ajuizamento da ação revisional" (CED do 2º TASP, enunciado 16, maioria).

Contra: "A lei de locação fixou o prazo para a revisão do valor do aluguel. Todavia, se o período, mercê da instabilidade econômica, provocar dano a uma das partes, deve ser desconsiderado" (STJ-Bol. AASP 1.873/361j, acórdão da 6ª Turma do STJ, anterior ao ED no REsp 37.447 acima).

Art. 19: 3. É nula a cláusula prevendo a revisão em prazo inferior a três anos (RT 732/294).

Art. 19: 4. "A cláusula 'de três em três anos, contados do último acordo', do § 2º do art. 17 da Lei n. 8.178/91, tem que ser inteligentemente entendida. Não pode ser interpretada *ad litteram*. No caso concreto, na primeira revisão, o perito, em laudo datado de 6.6.89, fixou o preço correspondente a fevereiro de 1988. Assim, não se pode contar o triênio revisional a partir da homologação judicial, que se deu em 9.1.90" (STJ-6ª T., REsp 39.033-8, Min. Adhemar Maciel, j. 15.12.93, DJU 21.2.94).

Art. 19: 5. "Ação revisional de aluguel. Fundando-se a defesa na carência de ação, por não decorrido o triênio desde a última revisão, implementada a condição antes da sentença, deve o juiz tomá-la em consideração, conforme o art. 462 do CPC" (JTAERGS 89/167). O acórdão, muito acertadamente, determinou que o novo aluguel entrasse em vigor a partir do decurso do triênio e condenou o autor em honorários de advogado, por ser justificada a resistência do locatário, no momento da contestação.

Art. 19: 6. ou da vigência do aluguel fixado em ação revisional (Lex-JTA 157/440).

Art. 19: 7. s/ revisional de aluguel, v. arts. 68 a 70; s/ cláusula contratual de renúncia ao direito de propor ação revisional, v. art. 45, nota 3a.

Art. 19: 8. "A intervenção do Poder Judiciário na relação locatícia, à luz da teoria da imprevisão, exige a **demonstração da alteração das bases econômicas** iniciais do contrato, de modo a não se prestar ao mero propósito de redução do valor locativo, livremente ajustado ao tempo da celebração, solapando os alicerces do pactuado, pois significaria ingerência indevida na autonomia das partes que, ao considerarem as circunstâncias vigentes à época da realização do negócio — as quais permaneceram inalteradas —, elegeram o valor do aluguel e seu fator de atualização, notadamente quando a locatária, na inicial, não faz alusão a qualquer aumento excessivo e imprevisto do aluguel em virtude da correção monetária, aplicada conforme o indexador estabelecido no contrato, e não vislumbrada sua vulnerabilidade. Hipótese em que sobressai o propósito meramente econômico da locatária de obter a redução do valor locativo originariamente pactuado para R$ 3.000,00 (três mil reais), sem qualquer respaldo em imprevista mudança da base negocial, o que refoge da finalidade da ação de revisão do aluguel prevista no artigo 19 da Lei 8.245/91" (STJ-4ª T., REsp 1.300.831, Min. Marco Buzzi, j. 27.3.14, DJ 30.4.14).

Art. 19: 8a. "Em sede de ação revisional de locação comercial, o novo aluguel deve refletir o valor patrimonial do imóvel locado, inclusive decorrente de benfeitorias e **acessões** nele realizadas pelo locatário, pois estas incorporam-se ao domínio do locador, proprietário do bem" (STJ-Corte Especial, ED no REsp 1.411.420, Min. Nancy Andrighi, j. 3.6.20, maioria, DJ 27.8.20). **Contra:** "A ação revisional não se confunde com a renovatória de locação. Na revisional, as **acessões** realizadas pelo locatário não devem ser consideradas no cálculo do novo valor do aluguel, para um mesmo contrato. Tais acessões, porém, poderão ser levadas em conta na fixação do aluguel por ocasião da renovatória, no novo contrato" (STJ-4ª T., REsp 1.411.420, Min. Antonio Ferreira, j. 19.5.15, maioria, DJ 1.2.16; nota: esse acórdão foi cassado nos subsequentes embargos de divergência).

Art. 19: 9. "É possível a revisão do aluguel durante o prazo previsto no contrato de locação, ainda que para fins **não residenciais,** após três anos de sua vigência" (CED do 2º TASP, enunciado 10, v.u.). No mesmo sentido: RT 695/140, Lex-JTA 141/245.

"Ação revisional em locação não residencial. Contrato vencido prorrogado por prazo indeterminado. Possibilidade da revisional de aluguéis por aplicação analógica do art. 49, § 4º, da Lei 6.649/79, substituído pelos arts. 17, § 1º, da Lei 8.178/91 e 19 da Lei 8.245/91. Ilógico seria estimular o locador a retomar o imóvel, por denúncia vazia, e procurar novo inquilino para obter, em seguida, aluguel reajustado ao valor de mercado. Tal interpretação choca-se contra a sábia disposição do art. 5º da Lei de Introdução ao Código Civil" (RSTJ 58/369).

Art. 19: 9a. "O novo proprietário do imóvel locado, conquanto tenha promovido a notificação do inquilino com vistas à sua retomada, não está impedido de postular a revisão dos alugueres" (STJ-RT 692/166).

Art. 19: 9b. "Sendo o ajuste locatício contrato de locação continuada ou de trato sucessivo, seus efeitos futuros são alcançados por lei nova, principalmente em casos de contratos prorrogados por prazo indeterminado; logo, é perfeitamente possível a propositura de ação revisional com fundamento no art. 19 da Lei n. 8.245, de 1991" (Lex-JTA 147/394).

Art. 19: 10. Lei 9.069, de 29.6.95 — Dispõe sobre o Plano Real, o Sistema Monetário Nacional, estabelece as regras e condições de emissão do Real e os critérios para conversão das obrigações para o Real, e dá outras providências: **"Art. 21 § 4º** Em caso de desequilíbrio econômico-financeiro, os contratos de locação residencial, inclusive os convertidos anteriormente, poderão ser revistos, a partir de 1º de janeiro de 1995, através de livre negociação entre as partes, ou judicialmente, a fim de adequá-los aos preços de mercado, sem prejuízo do direito à ação revisional prevista na Lei n. 8.245, de 1991.

"§ 5º Efetivada a revisão, o novo valor do aluguel residencial vigorará pelo prazo mínimo de um ano".

Art. 19: 11. "A revisão especial prevista no art. 21, § 4º, da Med. Prov. 542/94, de 30.6.94, aplica-se, uma só vez, aos contratos de locação residencial ajustados até 14.3.94, vigentes por prazo determinado ou indeterminado, desde que da conversão de valores regulada naquele dispositivo tenha resultado desequilíbrio econômico-financeiro, adotando-se o procedimento da Lei n. 8.245/91" (CED do 2º TASP, enunciado 35, v.u.).

"Entende-se por desequilíbrio econômico-financeiro a defasagem que tenha ocorrido entre o aluguel convertido e o preço de mercado na data da conversão" (CED do 2º TASP, enunciado 36, v.u.).

"Não ofende o direito adquirido ou o ato jurídico perfeito a aplicação de lei nova autorizando ação revisional de aluguel antes do término do prazo contratado, para estabelecer equilíbrio econômico-financeiro na relação jurídica" (RSTJ 87/409).

"À ação revisional especial da Med. Prov. 542/94 aplicam-se, por analogia, os preceitos da ação revisional da Lei 8.245/91, incluindo o arbitramento provisório" (RT 724/390). A Med. Prov. 542 se converteu na Lei 9.069, de 29.6.95.

Afirmando que essa ação revisional especial pode ser proposta mesmo em meio ao prazo para desocupação do imóvel, com sacrifício do disposto no art. 68 § 1º da LI: Lex-JTA 157/443.

A Med. Prov. 542/94, de 30.6.94, foi sucessivamente reeditada, até se converter na Lei 9.069, de 29.6.95 (v. nota anterior).

Art. 19: 12. v. tb. CC 317, nota 2a.

Art. 20. Salvo as hipóteses do art. 42 e da locação para temporada, o locador não poderá exigir o pagamento antecipado do aluguel.[1]

Art. 20: 1. v. art. 43-III.

Art. 21. O aluguel da sublocação não poderá exceder o da locação; nas habitações coletivas multifamiliares, a soma dos aluguéis não poderá ser superior ao dobro do valor da locação.

Parágrafo único. O descumprimento deste artigo autoriza o sublocatário a reduzir o aluguel até os limites nele estabelecidos.[1]

Art. 21: 1. sem prejuízo da pena consignada no art. 43-I.

Seção IV | DOS DEVERES DO LOCADOR E DO LOCATÁRIO

Art. 22. O locador é obrigado a:[1]

I — entregar ao locatário o imóvel alugado em estado de servir ao uso a que se destina;[1a-1b]

II — garantir, durante o tempo da locação, o uso pacífico do imóvel locado;[1c]

III — manter, durante a locação, a forma e o destino do imóvel;

IV — responder pelos vícios ou defeitos anteriores à locação;

V — fornecer ao locatário, caso este solicite, descrição minuciosa do estado do imóvel, quando de sua entrega, com expressa referência aos eventuais defeitos existentes;

VI — fornecer ao locatário recibo[1d] discriminado das importâncias por este pagas, vedada a quitação genérica;

VII — pagar as taxas de administração imobiliária, se houver, e de intermediações,[2] nestas compreendidas as despesas necessárias à aferição da idoneidade do pretendente ou de seu fiador;[2a]

VIII — pagar os impostos e taxas,[2b-2c] e ainda o prêmio de seguro complementar contra fogo, que incidam ou venham a incidir sobre o imóvel, salvo disposição expressa em contrário no contrato;

IX — exibir ao locatário, quando solicitado, os comprovantes[3] relativos às parcelas que estejam sendo exigidas;

X — pagar as despesas extraordinárias[4] de condomínio.

Parágrafo único. Por despesas extraordinárias de condomínio se entendem aquelas que não se refiram aos gastos rotineiros de manutenção do edifício, especialmente:

a) obras de reformas ou acréscimos que interessem à estrutura integral do imóvel;[5]

b) pintura[6] das fachadas, empenas, poços de aeração e iluminação, bem como das esquadrias externas;[7]

c) obras destinadas a repor as condições de habitabilidade do edifício;

d) indenizações trabalhistas e previdenciárias[8] pela dispensa de empregados, ocorridas[9] em data anterior ao início da locação;[10]

e) instalação de equipamentos de segurança[11] e de incêndio, de telefonia, de intercomunicação, de esporte e de lazer;

f) despesas de decoração e paisagismo nas partes de uso comum;

g) constituição de fundo de reserva.

Art. 22: 1. "O locador mantém a posse indireta do imóvel, entendida como o poder residual concernente à vigilância, à conservação ou mesmo o aproveitamento de certas vantagens da coisa, mesmo depois de transferi-la a outrem o direito de usar o bem objeto da locação. Na condição de proprietário, ao locador cumpre zelar pelo uso adequado de sua propriedade, assegurando-se da correta destinação dada pelo inquilino mormente no que se refere à questão concernente à higiene e limpeza da unidade objeto da locação que possui grave repercussão social, podendo, assim, interferir na esfera de saúde dos demais condôminos. Ao proprietário é conferido instrumento coercitivo apto a compelir o locatário a cumprir as determinações condominiais, inclusive com a possibilidade de ajuizamento de ação de despejo, nos termos da Lei 8.245/91. Assim, tratando-se de direito de vizinhança, a obrigação é *propter rem*, ou seja, decorre da propriedade da coisa. Por isso, o proprietário, com posse indireta, não pode se eximir de responder pelos danos causados pelo uso indevido de sua propriedade" (STJ-3ª T., REsp 1.125.153, Min. Massami Uyeda, j. 4.10.12, DJ 15.10.12).

Art. 22: 1a. "A determinação legal de que é dever do locador entregar ao locatário o **imóvel** alugado **em estado de servir ao uso** a que se destina (art. 22, I, da Lei 8.245/1991) está ligada à modalidade de locação em si mesma considerada, se residencial, comercial ou para temporada. Na hipótese de locação comercial, a obrigação do locador restringe-se tão somente à higidez e à compatibilidade do imóvel ao uso comercial. Salvo disposição contratual em sentido contrário, o comando legal não impõe ao locador o encargo de adaptar o bem às peculiaridades da atividade a ser explorada, ou mesmo diligenciar junto aos órgãos públicos para obter alvará de funcionamento ou qualquer outra licença necessária ao desenvolvimento do negócio. Os deveres anexos à boa-fé, especialmente os deveres de informação, cooperação, lealdade e probidade, exigíveis das partes na execução dos contratos, contudo, impõem ao locador uma conduta colaborativa, no sentido de fornecer ao locatário os documentos e informações necessárias à implementação da atividade no imóvel objeto da locação" (STJ-3ª T., REsp 1.317.731, Min. Ricardo Cueva, j. 26.4.16, DJ 11.5.16).

"É dever de quem oferece imóvel à locação alertar o interessado, antes da celebração do contrato, a respeito da existência de circunstância que dificulte a posse livre e desembaraçada, sob pena de responder pelos prejuízos advindos da impossibilidade de uso regular do imóvel ao fim a que se destina" (RJTAMG 54/291).

"Compete ao locatário comerciante, todavia, cercar-se de cautelas, verificando antecipadamente se o imóvel escolhido encontra-se em condições de ser utilizado, para a finalidade pretendida, bem como sua regularização perante os órgãos públicos, e se a atividade comercial que pretende instalar no local é viável. Não responde o locador por eventual indeferimento, pela Administração Pública, de pedido de regularização de obras visando a adequação do imóvel ao tipo de comércio nele instalado, e recusa do alvará de funcionamento, se o contrato de locação comercial não contém qualquer especificação quanto ao uso e/ou atividade a ser nele desenvolvida, ausente assunção, pelo locador, de obrigação de garantir a instalação do negócio" (JTJ 347/381: AP 992.07.031624-3).

Art. 22: 1b. "Negando-se a entregar o bem na data prevista para o início da locação, sujeita-se o locador à rescisão do contrato, ao pagamento da multa prevista e à devolução dos aluguéis pagos a título de garantia" (RT 723/419).

Art. 22: 1c. O locatário a que o locador tiver violado "seu direito de livre acesso ao bem locado deve se valer das ações possessórias adequadas, caso ocorra turbação ou esbulho" (Lex-JTA 166/238).

Art. 22: 1d. v. art. 44-I.

Art. 22: 2. "Incide a norma de ordem pública do art. 22, VII, da Lei 8.245/91, que imputa ao locador a responsabilidade pelo pagamento das taxas de intermediação, não se admitindo qualquer artifício que transfira a obrigação ao inquilino" (RT 708/140).

Art. 22: 2a. "As despesas com elaboração do contrato de locação, conhecidas como 'taxa de contrato', não podem ser exigidas do locatário" (CED do 2º TASP, enunciado 4, v.u.).

Art. 22: 2b. cf. art. 23-VII-1ª parte.

Art. 22: 2c. **Súmula 614 do STJ:** "O locatário não possui legitimidade ativa para discutir a relação jurídico-tributária de IPTU e de taxas referentes ao imóvel alugado nem para repetir indébito desses tributos".

Art. 22: 3. cf. art. 23 § 2º-*in fine*.

Art. 22: 4. v. § ún.; s/ despesas ordinárias, cf. art. 23 § 1º.

Art. 22: 5. Nos *shopping centers*, v. art. 54 § 1º-*a*.

Art. 22: 6. cf. art. 23 § 1º-*c*.

Art. 22: 7. Nos *shopping centers*, v. art. 54 § 1º-*a*.

Art. 22: 8. cf. art. 23 § 1º-*a*.

Art. 22: 9. *sic*; deve ser "ocorrida".

Art. 22: 10. Nos *shopping centers*, v. art. 54 § 1º-*a*.

Art. 22: 11. cf. art. 23 § 1º-*d*.

Art. 23. O locatário é obrigado[1] a:

I — pagar[2-2a] pontualmente o aluguel e os encargos da locação, legal ou contratualmente exigíveis, no prazo estipulado ou, em sua falta, até o sexto dia útil do mês seguinte ao vencido, no imóvel locado, quando outro local não tiver sido indicado no contrato;

II — servir-se do imóvel para o uso convencionado ou presumido, compatível com a natureza deste e com o fim a que se destina, devendo tratá-lo com o mesmo cuidado como se fosse seu;

III — restituir o imóvel, finda a locação,[2b-2c] no estado em que o recebeu, salvo as deteriorações decorrentes do seu uso normal;

IV — levar imediatamente ao conhecimento do locador o surgimento de qualquer dano ou defeito cuja reparação a este incumba, bem como as eventuais turbações de terceiros;

V — realizar a imediata reparação dos danos verificados no imóvel, ou nas suas instalações, provocados por si, seus dependentes, familiares, visitantes ou prepostos;

VI — não modificar a forma interna ou externa do imóvel sem o consentimento prévio e por escrito do locador;[3]

VII — entregar imediatamente ao locador os documentos de cobrança de tributos[3a] e encargos condominiais,[4] bem como qualquer intimação, multa ou exigência de autoridade pública, ainda que dirigida a ele, locatário;

VIII — pagar as despesas de telefone e de consumo de força, luz e gás, água e esgoto;

IX — permitir a vistoria do imóvel pelo locador ou por seu mandatário, mediante combinação prévia de dia e hora, bem como admitir que seja o mesmo visitado e examinado por terceiros, na hipótese prevista no art. 27;[5]

X — cumprir integralmente a convenção de condomínio e os regulamentos internos;[5a]

XI — pagar o prêmio do seguro de fiança;[6-6a]

XII — pagar as despesas ordinárias de condomínio.[7]

§ 1º Por despesas ordinárias de condomínio se entendem as necessárias à administração respectiva, especialmente:

a) salários, encargos trabalhistas, contribuições previdenciárias e sociais dos empregados do condomínio;[8]

b) consumo de água e esgoto, gás, luz e força das áreas de uso comum;

c) limpeza, conservação e pintura das instalações e dependências de uso comum;[9]

d) manutenção e conservação das instalações e equipamentos hidráulicos, elétricos, mecânicos e de segurança, de uso comum;[10]

e) manutenção e conservação das instalações e equipamentos de uso comum destinados à prática de esportes e lazer;

f) manutenção e conservação de elevadores, porteiro eletrônico e antenas coletivas;

g) pequenos reparos nas dependências e instalações elétricas e hidráulicas de uso comum;

h) rateios de saldo devedor, salvo se referentes a período anterior ao início da locação;

i) reposição do fundo de reserva, total ou parcialmente utilizado no custeio ou complementação das despesas referidas nas alíneas anteriores, salvo se referentes a período anterior ao início da locação. [11]

§ 2º O locatário fica obrigado ao pagamento das despesas referidas no parágrafo anterior, desde que comprovadas a previsão orçamentária e o rateio mensal, podendo exigir a qualquer tempo a comprovação das mesmas. [12]

§ 3º No edifício constituído por unidades imobiliárias autônomas, de propriedade da mesma pessoa, os locatários ficam obrigados ao pagamento das despesas referidas no § 1º deste artigo, desde que comprovadas.

Art. 23: 1. A infração grave de obrigação legal, pelo locatário, autoriza o despejo (art. 9º-II e III).

Art. 23: 2. s/ despejo por falta de pagamento, v. arts. 59 §§ 1º-IX e 3º e 62.

Art. 23: 2a. Os bens próprios da mulher respondem pelas dívidas do marido relativas ao imóvel em que residem, pois há presunção de que estas foram contraídas em benefício da família (Lex-JTA 147/300).

Art. 23: 2b. "Inquilino que não restitui o imóvel, apesar de validamente notificado para fazê-lo, responde por perdas e danos" (Lex-JTA 159/343).

Art. 23: 2c. "O locatário tem direito a devolver o imóvel findo o prazo da locação. A exigência do locador em receber o imóvel somente após a realização de reforma caracteriza condição potestativa. Eventual prejuízo deverá ser discutido em ação própria" (STJ-RT 748/209).

"A continuidade do contrato inviabiliza a antecipação indenizatória, que só é exigível se, à época da restituição do prédio, o locatário não o devolver de acordo com o estado originário" (Bol. AASP 1.806/supl., p. 2).

Art. 23: 3. "Não constitui infração contratual a ser punida com o despejo a modificação no imóvel sem o consentimento do locador, se as benfeitorias realizadas são removíveis e não trazem prejuízo à segurança e funcionalidade, podendo o mesmo ser devolvido no seu estado original" (Lex-JTA 145/303).

Art. 23: 3a. cf. art. 22-VIII.

Art. 23: 4. i. e. só os documentos daqueles encargos condominiais que, pelo contrato ou por lei (art. 22 § ún.), tocam ao locador.

Art. 23: 5. i. e, no caso de oferecimento à venda do imóvel locado.

Art. 23: 5a. "A infração contratual locatícia por desobediência às regras condominiais deve ser de tal maneira grave que provoque a justificada reação do condomínio quanto à presença do locatário no seio da coletividade" (Lex-JTA 145/302).

Art. 23: 6. se for o caso (v. art. 37-III).

Art. 23: 6a. "O locador que paga o prêmio do seguro-fiança contratado pelo locatário, em face da inadimplência deste último, não tem o direito de cobrá-lo do fiador, uma vez que a dívida com aluguéis e encargos da locação não se confunde com o prêmio do seguro, tratando-se de obrigações distintas: a primeira em favor do locador e a segunda em favor da seguradora" (STJ-5ª T., REsp 998.359, Min. Arnaldo Esteves, j. 4.12.08, DJ 2.2.09).

Art. 23: 7. v. § 1º; s/ despesas extraordinárias, v. art. 22 § ún.

As despesas ordinárias podem ser cobradas pelo locador ao locatário juntamente com o aluguel do mês a que se refiram (art. 25).

Art. 23: 8. cf. art. 22 § ún.-*d*.

Art. 23: 9. cf. art. 22 § ún.-*b*.

Art. 23: 10. cf. art. 22 § ún.-*e*.

Art. 23: 11. cf. art. 22 § ún.-*g*.

Art. 23: 12. cf. art. 22-IX.

Art. 24. Nos imóveis utilizados como habitação coletiva multifamiliar, os locatários ou sublocatários poderão depositar judicialmente o aluguel e encargos se a construção for considerada em condições precárias pelo Poder Público.

§ 1º O levantamento dos depósitos somente será deferido com a comunicação, pela autoridade pública, da regularização do imóvel.

§ 2º Os locatários ou sublocatários que deixarem o imóvel estarão desobrigados do aluguel durante a execução das obras necessárias à regularização.

§ 3º Os depósitos efetuados em juízo pelos locatários e sublocatários poderão ser levantados, mediante ordem judicial, para realização das obras ou serviços necessários à regularização do imóvel.

Art. 25. Atribuída ao locatário a responsabilidade pelo pagamento dos tributos, encargos e despesas ordinárias de condomínio,[1] o locador poderá cobrar tais verbas juntamente com o aluguel do mês a que se refiram.

Parágrafo único. Se o locador antecipar os pagamentos, a ele pertencerão as vantagens daí advindas, salvo se o locatário reembolsá-lo integralmente.

Art. 25: 1. v. art. 23-*caput*-XII e § 1º.

Art. 26. Necessitando o imóvel de reparos urgentes, cuja realização incumba ao locador, o locatário é obrigado a consenti-los.[1]

Parágrafo único. Se os reparos durarem mais de dez dias, o locatário terá direito ao abatimento do aluguel, proporcional ao período excedente; se mais de trinta dias, poderá resilir o contrato.

Art. 26: 1. sob pena de despejo (art. 9º-IV).

Seção V | DO DIREITO DE PREFERÊNCIA[1]

SEÇ. V: 1. "Direito de preferência na Lei do Inquilinato", por Geraldo Gonçalves da Costa (RJ 252/147); "Breves notas sobre o direito de preferência na locação de imóveis urbanos (Lei 8.245/1991)", por Augusto Passamani Bufulin (RDPr 53/101).

Art. 27. No caso de venda, promessa de venda, cessão ou promessa de cessão de direitos ou dação em pagamento,[1-2] o locatário tem preferência para adquirir o imóvel locado, em igualdade de condições com terceiros, devendo o locador dar-lhe conhecimento do negócio mediante notificação judicial,[2a-2b] extrajudicial ou outro meio[3] de ciência inequívoca.

Parágrafo único. A comunicação deverá conter todas as condições do negócio e, em especial, o preço, a forma de pagamento, a existência de ônus reais, bem como o local e horário em que pode ser examinada a documentação pertinente.

Art. 27: 1. Casos em que não ocorre a preferência: art. 32.

Art. 27: 2. Para que haja o direito de preferência, a lei não exige expressamente que a promessa de compra e venda, a cessão ou a promessa de cessão de direitos sobre o imóvel locado sejam irrevogáveis e irretratáveis, ao contrário do que ocorre nas hipóteses dos arts. 8º § 1º e 47 § 2º. Mas *ubi eadem ratio, ibi eadem legis dispositio* (ou seja: existente a mesma razão, aplica-se a mesma regra).

Art. 27: 2a. "Mesmo depois de notificado o locatário para o exercício do direito de preferência, ao locador reserva-se o direito de alterar as condições do negócio ou, mesmo, não realizar a alienação, dado o caráter provisório com que se revestem tais negociações prévias" (RF 303/184). Depois da aceitação da proposta, porém, o locador que a retirar sujeita-se a perdas e danos (v. art. 29).

Além disso: "A eficácia da afronta ao inquilino, para exercer o seu direito de preferência na aquisição do imóvel locado, está limitada às condições indicadas na notificação, de sorte que, modificadas essas condições, com redução do preço, nova oportunidade deve ser dada ao inquilino para exercitar o seu direito" (STJ-3ª T., REsp 8.008, Min. Dias Trindade, j. 25.3.91, DJU 29.4.91).

Art. 27: 2b. "Pedido de indenização formulado por locatário contra os locadores em face dos prejuízos sofridos em decorrência da forma como efetivado o direito de preferência à aquisição do imóvel em condições superiores às oferecidas a terceiro, com violação ao disposto no artigo 27 da Lei 8.245/91. Jurisprudência consolidada desta Corte Superior no sentido do dever de o locador dar ciência inequívoca ao locatário acerca do valor oferecido por terceiro interessado na aquisição do imóvel locado, sendo a sua falta sancionada com o dever de reparação dos prejuízos causados. Peculiaridade do caso em que foi oportunizado ao locatário o exercício do direito de preferência, mas em condições desiguais às oferecidas pelo locador a terceiro. Violação pelos locadores ao dever de lealdade imposto pelo princípio da boa-fé objetiva (art. 422 do CC) ao **omitirem o preço real oferecido por terceiro"** (STJ-3ª T., REsp 1.613.668, Min. Paulo Sanseverino, j. 6.11.18, DJ 27.11.18).

Art. 27: 3. s/ notificação por telex ou fac-símile, v. art. 58-V.

Art. 28. O direito de preferência do locatário caducará se não manifestada, de maneira inequívoca, sua aceitação integral à proposta,[1] no prazo de trinta dias.[2]

Art. 28: 1. A contraproposta formulada pelo locatário equivale a recusa (STJ-6ª T., Ag 54.180-0-AgRg, Min. Vicente Cernicchiaro, j. 27.9.94, DJU 28.11.94).

"O exercício do direito de preferência pelo locatário pressupõe a aceitação integral da proposta formulada por terceiro (não há sentido em falar em preferência se as condições negociais são distintas), por isso que o oferecimento de contraproposta, ainda que mais vantajosa, descaracteriza o instituto" (STJ-3ª T., REsp 1.463.482, Min. João Otávio, j. 26.4.16, DJ 29.4.16).

"A aceitação deve corresponder a uma adesão igual à proposta" (RT 722/230).

Art. 28: 2. contados do recebimento documentado da comunicação feita pelo locador.

"A contagem do prazo decadencial para o exercício do direito de preferência somente tem início com a ciência inequívoca de todas as condições definitivas do negócio a ser realizado com terceiro" (STJ-3ª T., REsp 1.374.643, Min. João Otávio, j. 6.5.14, DJ 2.6.14).

Art. 29. Ocorrendo aceitação da proposta[1] pelo locatário, a posterior desistência do negócio pelo locador acarreta, a este, responsabilidade pelos prejuízos ocasionados, inclusive lucros cessantes.[2]

Art. 29: 1. v. CC 427 a 435.

Art. 29: 2. "Aceita a proposta pelo inquilino, o locador não está obrigado a vender a coisa ao locatário, mas a desistência do negócio o sujeita a reparar os danos sofridos, consoante a diretriz do art. 29 da Lei 8.245/91. A discussão acerca da má-fé do locador — que desistiu de celebrar o negócio — não inviabiliza a tutela do direito buscado pelo locador por meio da ação de despejo, porque a Lei 8.245/91 não conferiu ao locatário o poder de compelir o locador a realizar a venda do imóvel, cabendo-lhe somente o ressarcimento das perdas e danos resultantes da conduta do locador" (STJ-3ª T., REsp 1.193.992, Min. Nancy Andrighi, j. 2.6.11, DJ 13.6.11).

Art. 30. Estando o imóvel sublocado em sua totalidade, caberá a preferência ao sublocatário[1] e, em seguida, ao locatário. Se forem vários os sublocatários, a preferência caberá a todos, em comum, ou a qualquer deles, se um só for o interessado.

Parágrafo único. Havendo pluralidade de pretendentes, caberá a preferência ao locatário mais antigo[2] e, se da mesma data, ao mais idoso.

Art. 30: 1. O condômino prefere ao sublocatário (art. 34) e este, ao locatário.

Art. 30: 2. se não houver sublocatário com preferência.

Art. 31. Em se tratando de alienação de mais de uma unidade imobiliária, o direito de preferência incidirá sobre a totalidade dos bens objeto da alienação.

Locação

Art. 32. O direito de preferência não alcança os casos de perda da propriedade ou venda por decisão judicial, permuta, doação, integralização de capital, cisão, fusão e incorporação.[1 a 3]

Parágrafo único (*redação da Lei 10.931, de 2.8.04*). Nos contratos firmados a partir de 1º de outubro de 2001, o direito de preferência de que trata este artigo não alcançará também os casos de constituição da propriedade fiduciária e de perda da propriedade ou venda por quaisquer formas de realização de garantia, inclusive mediante leilão extrajudicial, devendo essa condição constar expressamente em cláusula contratual específica, destacando-se das demais por sua apresentação gráfica.

Art. 32: 1. Casos em que existe o direito de preferência: art. 27.

Art. 32: 2. Também não se aplica à hipótese em que o locador é mero possuidor e cede seus direitos (Lex-JTA 139/380).

Art. 32: 3. "A venda direta de imóvel decorrente do plano de recuperação judicial do locador, aprovado pelos credores e homologado pelo juiz, não caracteriza venda por decisão judicial, a que alude o art. 32 da Lei 8.245/1991. Assim, deve ser respeitado o direito de preferência do locatário, previsto no art. 27 do mesmo diploma legal" (STJ-3ª T., REsp 1.374.643, Min. João Otávio, j. 6.5.14, DJ 2.6.14).

Art. 33. O locatário[1] preterido no seu direito de preferência[2-3] poderá reclamar do alienante[4] as perdas e danos[5-6] ou, depositando o preço e demais despesas do ato de transferência, haver para si o imóvel locado,[7] se o requerer no prazo de seis meses, a contar do registro do ato no Cartório de Imóveis,[8] desde que o contrato de locação esteja averbado[9-10] pelo menos trinta dias antes da alienação[11 a 12a] junto à matrícula do imóvel.

Parágrafo único. A averbação far-se-á à vista de qualquer das vias do contrato de locação, desde que subscrito também por duas testemunhas.[13]

Art. 33: 1. Igual direito assiste ao sublocatário, no caso do art. 30-*caput*.

Art. 33: 2. "Locação. Direito de preferência. O direito de o locatário preterido reclamar perdas e danos do locador independe do registro do contrato de locação" (STJ-5ª T., REsp 68.686, Min. Assis Toledo, j. 27.2.96, DJU 1.4.96). No mesmo sentido: STJ-3ª T., REsp 1.216.009, Min. Nancy Andrighi, j. 14.6.11, DJ 27.6.11; STJ-4ª T., REsp 912.223, Min. Marco Buzzi, j. 6.9.12, DJ 17.9.12; RF 336/339, maioria, Bol. AASP 1.955/186j, maioria.

Contra: "Se o locatário não tem direito de preferência na aquisição do imóvel locado, por não estar o contrato registrado, não há que se falar em indenização por perdas e danos por não ter sido comunicado da intenção de alienação, pois só o locatário preterido em sua preferência pode reclamar tal composição, devendo, porém, demonstrar os prejuízos que efetivamente sofreu" (RT 635/252).

Art. 33: 3. Ação anulatória da alienação. "O inquilino pode promover ação para anular atos jurídicos que poderiam prejudicar o seu direito de preferência à aquisição do imóvel" (STJ-4ª T., REsp 475.132, Min. Ruy Rosado, j. 15.5.03, DJU 15.12.03). No caso, decidiu-se que o locatário tem legitimidade para propor ação com o objetivo de anular, sob o fundamento de ter havido simulação, a alienação do imóvel por permuta, feita para preterir o seu direito de preferência.

Art. 33: 4. As perdas e danos somente podem ser reclamadas do alienante (JTA 104/273, maioria, 119/321, maioria), segundo dispõe expressamente a lei. **Contra,** admitindo a ação contra o comprador: STJ-6ª T., REsp 93.121, Min. Vicente Cernicchiaro, j. 17.6.96, DJU 31.3.97.

Mas a ação de preferência deve ser proposta contra o locador e o adquirente, pois não é cabível que este seja privado de um direito sem que tenha oportunidade de se defender. No mesmo sentido: Bol. AASP 1.806/supl., p. 3, em.

Art. 33: 5. Para a ação de perdas e danos, não prevalece o prazo de decadência de seis meses, restrito à ação de preferência. E isto porque a primeira é de caráter pessoal, e a segunda é reipersecutória. No mesmo sentido: STJ-RT 785/199; STJ-5ª T., REsp 247.245, Min. Gilson Dipp, j. 8.8.00, DJU 11.9.00.

Contra: "Não exercendo o locatário, no prazo decadencial do § 6º do art. 24 da Lei 6.649/79, o seu direito de preferência, não pode mais obter a sequela adjudicatória, nem o ressarcimento por perdas e danos" (JTA 106/282, maioria).

Art. 33: 6. "Para que o locatário faça valer o direito à indenização a que se refere o § 2º, art. 25, da Lei 6.649/79, é necessária a prova de sua capacidade econômica para aquisição do imóvel cuja preferência lhe foi negada, bem como das perdas e danos decorrentes do comportamento do locador" (RJTAMG 24/266).

Também exigindo que o locatário "comprove que detinha condições de adquirir o imóvel, nas mesmas condições com que o adquirente o fez": STJ-4ª T., REsp 1.299.010-AgRg, Min. Marco Buzzi, j. 6.10.15, DJ 14.10.15.

Igualmente exigindo que o locatário demonstre a existência de prejuízos: RT 635/252, Lex-JTA 146/301.

Art. 33: 7. mas é obrigado a pagar aluguel ao adquirente, enquanto discute judicialmente a alegada preterição. V. art. 8º, nota 8.

Art. 33: 8. Nada impede que a ação seja proposta antes do registro pois, do contrário, o adquirente de má-fé poderia, não efetivando o registro, retardar indefinidamente a possibilidade de propositura da ação pelo locatário. O prazo de seis meses é o termo final para a propositura da ação, mas o registro não é o termo inicial do prazo.

Art. 33: 9. v. art. 8º, notas 8b e 9.

Art. 33: 10. Por identidade de razões, o sublocatário só pode ter preferência se averbar seu contrato no registro de imóveis. É necessário também que o contrato de sublocação indique o nome do locador, em atenção ao princípio da continuidade dos registros.

Art. 33: 11. Conta-se o prazo de 30 dias, regressivamente, da alienação, e não do registro.

Art. 33: 12. "O direito de adjudicar o imóvel, alienado com preterição da preferência assegurada em lei, depende de registro do contrato na serventia de imóveis, com a antecedência prevista em lei. Isso não se modifica em virtude de o locador haver notificado o locatário para que exercesse o direito de preferência. O registro é formalidade que interessa ao adquirente, terceiro relativamente à doação" (STJ-3ª T., REsp 16.872, Min. Eduardo Ribeiro, j. 24.2.92, DJU 13.4.92).

Art. 33: 12a. "Impõe-se a obrigação legal de **averbar o contrato de locação** para possibilitar a geração de efeito *erga omnes* no tocante à intenção do locatário de fazer valer seu direito de preferência e tutelar os interesse de terceiros na aquisição do bem imóvel. Ainda que obstada a averbação do contrato de locação por falha imputável ao locador, não estaria assegurado o direito à adjudicação compulsória do bem se o terceiro adquirente de boa-fé não foi cientificado da existência de referida avença quando da lavratura da escritura de compra e venda do imóvel no cartório de registro de imóveis" (STJ-3ª T., REsp 1.554.437, Min. João Otávio, j. 2.6.16, DJ 7.6.16).

Art. 33: 13. cf. LRP 169-III, no art. 81.

Art. 34. Havendo condomínio no imóvel, a preferência do condômino terá prioridade sobre a do locatário.

Seção VI | DAS BENFEITORIAS

Art. 35. Salvo expressa disposição contratual em contrário,[1 a 1b] as benfeitorias[2-2a] necessárias[3] introduzidas pelo locatário, ainda que não autorizadas pelo locador, bem como as úteis,[4] desde que autorizadas,[4a] serão indenizáveis, e permitem o exercício do direito de retenção.

Art. 35: 1. **Súmula 335 do STJ:** "Nos contratos de locação, é válida a cláusula de renúncia à indenização das benfeitorias e ao direito de retenção".

Súmula 15 do 2º TASP: "É dispensável prova sobre benfeitorias se há cláusula contratual em que o locatário renunciou ao respectivo direito de retenção ou de indenização". Este é o texto correto (cf. JTA 111/234).

"A existência de cláusula contratual em que o locatário renuncia ao direito de retenção ou indenização" é válida e "torna desnecessária a realização de prova pericial das benfeitorias realizadas no imóvel locado" (STJ-6ª T., REsp 265.136, Min. Vicente Leal, j. 14.12.00, DJU 19.2.01).

Art. 35: 1a. "Não é nula cláusula contratual de renúncia ao direito de retenção ou indenização por benfeitorias" (STJ-5ª T., REsp 38.274-2, Min. Edson Vidigal, j. 9.11.94, DJU 22.5.95).

Art. 35: 1b. v., no caso de alienação, Súmula 158 do STF, no art. 8º, nota 8b.

Art. 35: 2. "É possível a retenção do imóvel, pelo possuidor de boa-fé, até que seja indenizado pelas acessões nele realizadas" (STJ-5ª T., REsp 805.522, Min. Arnaldo Esteves, j. 7.12.06, DJU 5.2.07).

Contra: "A construção realizada no imóvel pelo locatário caracteriza acessão, e não benfeitoria, e descabe direito de retenção, na medida em que o locador não autorizou a construção" (RT 838/234).

"A acessão, ao contrário da benfeitoria, não gera obrigação de o senhorio indenizar o locatário; salvo se desejar incorporá-la ao seu patrimônio" (STJ-6ª T., REsp 174.134, Min. Vicente Cernicchiaro, j. 25.8.98, DJU 28.9.98).

"A exceção de retenção, quando se trata de matéria de locação, só tem aplicação quando se trata de benfeitorias. É o que diz o CC (art. 1.199), o CPC (art. 744), Lei n. 6.649/79 (art. 26) e a atual Lei n. 8.245/91 (art. 35), ou, até mesmo, o art. 516 do Código Civil" (Bol. AASP 1.778/supl., em. 16; os arts. 1.199 e 516 do CC rev., citados no texto, correspondem ao CC 578 e 1.219; v. tb. CC 1.214). Ainda: RT 698/131.

Ainda contra, no sentido de que, diversamente das benfeitorias, a indenização por acessões não pode ser pedida na ação de despejo, nem possibilita a retenção do imóvel pelo locatário; devendo ser pleiteada pela via processual própria: Lex-JTA 141/324, RT 693/172, 756/262.

V. tb., no CPCLPV, CPC 917, nota 13.

Art. 35: 2a. "Ainda que a construção de prédio em terreno locado possa ser tecnicamente considerada acessão, e não benfeitoria, válida é a cláusula contratual que exclui o respectivo direito de indenização porque cuida-se, em última análise, de estipulação envolvendo direito disponível" (Bol. AASP 2.069/686j).

Art. 35: 3. v. CC 96 § 3º (CC rev. 63 § 3º).

Art. 35: 4. v. CC 96 § 2º (CC rev. 63 § 2º).

Art. 35: 4a. "As benfeitorias úteis, quando realizadas sem a concordância, por escrito, do locador, não geram direito de retenção, e, apenas, direito de indenização, a ser exercido em processo autônomo" (JTA 97/240).

Art. 36. As benfeitorias voluptuárias[1] não serão indenizáveis, podendo ser levantadas pelo locatário, finda a locação, desde que sua retirada não afete a estrutura e a substância do imóvel.[2-3]

Art. 36: 1. v. CC 96 § 1º.

Art. 36: 2. v. CC 1.219.

Art. 36: 3. v. CC 578.

Seção VII | DAS GARANTIAS LOCATÍCIAS

Art. 37. No contrato de locação, pode o locador exigir do locatário as seguintes modalidades de garantia:[1]

I — caução;[1a]

II — fiança;[1b a 5e]

III — seguro de fiança locatícia;[6]

IV — cessão fiduciária de quotas de fundo de investimento.[6a]

Parágrafo único. É vedada, sob pena de nulidade, mais de uma das modalidades de garantia num mesmo contrato de locação.[7-7a]

✎ **Art. 37: 1.** "Garantias locatícias de imóveis urbanos", por Nadir Silveira Dias (Ajuris 76/189); "Garantias locatícias", por Sílvio de Salvo Venosa (RMDCPC 36/84).

Art. 37: 1a. v. art. 38; CC 1.458 a 1.460.

✎ **Art. 37: 1b.** "A fiança locatícia e o novo Código Civil", por Maria Cristina Zainagh (RDPr 15/38); "A fiança e a prorrogação do contrato de locação", por Humberto Theodoro Jr. (RDPr 18/66); "A fiança à locação e a súmula 214 do STJ", por Alessandro Schirrmeister Segalla (RJ 335/41 e RT 849/57); "Fiança na locação de imóveis", por Geraldo Gonçalves da Costa (RJ 346/27).

Art. 37: 2. v. arts. 8º (nota 13), 22-VII, 23-XI, 40, 62-I e 73; CPC 794; CC 818 a 839. V. ainda CC 204, nota 4 (interrupção da prescrição).

Art. 37: 2a. **Súmula 214 do STJ (Responsabilidade do fiador):** "O fiador na locação não responde por obrigações *resultantes de aditamento ao qual não anuiu*". V. tb. CC 366.

Todavia: "A 3ª Seção do STJ, no julgamento do EREsp 566.633/CE, firmou o entendimento de que, havendo, como no caso vertente, cláusula expressa no contrato de aluguel de que a responsabilidade dos fiadores perdurará até a efetiva entrega das chaves do imóvel objeto da locação, não há falar em desobrigação destes, ainda que o contrato tenha se prorrogado por prazo indeterminado" (STJ-Bol. AASP 2.559/4.606: 3ª Seção, ED no REsp 569.025, um voto vencido). No mesmo sentido: STJ-Corte Especial, ED no REsp 845.951-AgRg, Min. Teori Zavascki, j. 4.6.08, DJU 1.7.08; RT 829/269, 839/371, RJTJERGS 253/285.

V. tb. art. 39, com a redação dada pela Lei 12.112, de 9.12.09.

Assim, tende a ficar superado o entendimento no sentido de que o fiador responsável até a entrega das chaves não responderia pelas obrigações surgidas após a prorrogação do contrato sem a sua anuência (p/ esse entendimento, v. STJ-6ª T., REsp 502.836-AgRg; STJ-5ª T., REsp 678.737; STJ-4ª T., AI 819.912-AgRg; RT 736/276, 757/232, 833/254, RF 386/374).

Ainda: "Não há aditamento em contrato de locação sub-rogado por lei, nos termos do art. 12, *caput*, §§ 1º e 2º, da Lei 8.245/91, sendo — portanto — inaplicável a Súmula 214/STJ nessas situações" (STJ-3ª T., REsp 1.510.503, Min. Nancy Andrighi, j. 5.11.19, maioria, DJ 19.11.19).

Art. 37: 2b. "Tendo a locadora e o locatário do imóvel majorado o valor do aluguel sem a anuência dos fiadores, não respondem estes pelos acréscimos verificados, mas apenas pelo valor originalmente pactuado, devidamente reajustado na forma prevista no contrato de locação" (STJ-RT 862/170: 5ª T., REsp 437.040).

Art. 37: 3. "O simples parcelamento do débito entre locador e locatário não constitui novação contratual, capaz de exonerar os fiadores da garantia prestada" (STJ-5ª T., REsp 966.339-AgRg-AgRg, Min. Napoleão Maia Filho, j. 23.3.10, DJ 3.5.10). No mesmo sentido: RT 851/239, JTJ 302/217, 347/356 (AP 992.01.041703-5, maioria).

"A celebração de acordo entre o locador e os locatários em outra demanda, estipulando forma de pagamento da dívida, não configura novação, em nenhuma de suas modalidades, pois não se trata de uma nova relação locatícia, mas tão somente de tolerância do credor no recebimento do seu crédito, persistindo, pois, em consequência, as cláusulas anteriormente convencionadas" (JTJ 294/214).

"O fiador que subscreveu o acordo moratório, ainda que na condição de representante legal da pessoa jurídica locatária, tem ciência inequívoca do ato, o que afasta a pretensão de ser exonerado da garantia com base no art. 1.503, inciso I, do Código Civil de 1916" (STJ-5ª T., REsp 865.743, Min. Laurita Vaz, j. 4.5.10, DJ 31.5.10).

Todavia, no sentido de que, para a caracterização da novação que exonera o fiador, basta o reiterado comportamento das partes em determinado sentido, ainda que para a redução dos valores devidos pelo afiançado: RT 828/264.

"A moratória concedida ao locatário, pelo parcelamento da dívida oriunda do contrato locatício, constitui o aditamento das obrigações assumidas pelos garantes do contrato de locação. Nos termos da jurisprudência deste STJ, os fiadores exoneram-se da garantia prestada no contrato de locação, bem como da solidariedade em relação ao locatário, se não anuíram com o pacto moratório. Art. 838, I, do CC" (STJ-RIDCPC 65/180: 6ª T., REsp 990.073).

"Havendo transação e moratória, sem a anuência dos fiadores, não respondem esses por obrigações resultantes de pacto adicional firmado entre locador e locatário, ainda que exista cláusula estendendo suas obrigações até a entrega das chaves. Havendo dois fiadores e sendo a moratória assinada apenas por um deles, o cogarante que não participou do mencionado acordo resta exonerado" (STJ-5ª T., REsp 865.743, Min. Laurita Vaz, j. 4.5.10, DJ 31.5.10).

"O fiador que não anui com moratória de débitos da locação concedida pelo locador ao locatário fica desobrigado da fiança" (STJ-4ª T., Ag em REsp 131.459-AgRg, Min. Raul Araújo, j. 18.12.12, DJ 7.2.13).

S/ a caracterização da novação, v. tb. CC 361, especialmente nota 1.

Art. 37: 3a. A sublocação do imóvel sem a anuência do fiador desonera este da fiança (RT 860/367).

Art. 37: 4. Extinção da fiança por morte do afiançado. "A fiança, em face de seu caráter pessoal, extingue-se a partir da data da morte do locatário afiançado, respondendo o fiador apenas por alugueres já vencidos em vida do afiançado, mas não por aqueles que se vencerem depois de sua morte, por se tratar de dívida dos seus sucessores e a estes não se estende a garantia" (Lex-JTA 151/306).

"Por ser contrato de natureza *intuitu personae*, porque importa a confiança que inspire o fiador ao credor, a morte do locatário importa em extinção da fiança e exoneração da obrigação do fiador" (STJ-5ª T., AI 803.977-AgRg, Min. Arnaldo Esteves, j. 1.3.07, DJU 19.3.07).

Art. 37: 4a. "A decretação de **falência do locatário,** sem a denúncia da locação, nos termos do art. 119, VII, da Lei 11.101/2005, não altera a responsabilidade dos fiadores junto ao locador" (STJ-3ª T., REsp 1.634.048, Min. Nancy Andrighi, j. 28.3.17, DJ 4.4.17).

Art. 37: 4b. Morte de um dos cônjuges fiadores. "A fiança assumida pelo marido e mulher não é apenas simples outorga uxória mas responsabilidade solidária. A mulher que assinou o contrato de fiança com o marido, por não ser mera figurante e sim fiadora, responde pela dívida, no caso de falecimento dele" (JTJ 293/182).

Art. 37: 5. Exoneração da fiança prestada por sócio, em favor da sociedade. O sócio que se obriga como fiador da sociedade pode se exonerar da garantia após a sua retirada do quadro societário, "sendo irrelevante que o contrato locatício tenha sido estipulado por prazo determinado e esteja em vigor" (RSTJ 171/541, RDPr 17/307 e RF 372/262: 6ª T.; três publicações do mesmo acórdão).

Para a exoneração nessas condições, basta notificação extrajudicial (STJ-5ª T., AI 788.469-AgRg, Min. Laurita Vaz, j. 28.2.08, DJU 7.4.08).

S/ notificação do credor, v. CC 835, nota 1b.

Art. 37: 5a. "A retirada do sócio fiador da sociedade afiançada não importa exoneração automática da fiança" (STJ-6ª T., REsp 970.226-AgRg, Min. Paulo Gallotti, j. 2.10.08, DJ 20.10.08). Assim: "O mero registro da alteração do contrato social, perante o órgão competente, não tem o condão de exonerar o fiador de suas obrigações" (STJ-5ª T., REsp 898.051, Min. Laurita Vaz, j. 24.4.07, DJU 28.5.07). No mesmo sentido: JTJ 309/218.

V. tb. CC 835, nota 2.

Art. 37: 5b. "A sublocação, realizada sem o consentimento e o conhecimento do locador, em descumprimento de obrigação expressamente assumida no contrato de locação, não implica a exoneração automática da fiança" (STJ-5ª T., REsp 1.098.238, Min. Arnaldo Esteves, j. 18.2.10, DJ 15.3.10).

Art. 37: 5c. "É nula a cláusula contratual mediante a qual o fiador renuncia ao direito de exonerar-se da obrigação, nas hipóteses em que a locação vige por prazo indeterminado" (STJ-5ª T., REsp 884.917, Min. Arnaldo Esteves, j. 17.4.07, DJU 14.5.07).

Art. 37: 5d. "'Havendo **mais de um locatário,** é válida a fiança prestada por um deles em relação aos demais'. Nesse caso, tem-se uma **fiança recíproca,** o que afasta a invalidade do contrato" (STJ-5ª T., REsp 911.993, Min. Laurita Vaz, j. 2.9.10, DJ 13.12.10).

Art. 37: 5e. A imobiliária responde pelos danos morais e materiais causados pela falta de cautela na escolha de fiador para contrato de locação envolvendo imóvel confiado à sua administração (RF 380/361).

Art. 37: 6. v. arts. 23-XI e 41.

Art. 37: 6a. O inc. IV foi acrescido pela Lei 11.196, de 21.11.05.

Art. 37: 7. Os arts. 39 e 42 deveriam vir como §§ do art. 37.

Art. 37: 7a. A consequência, segundo alguns julgados, vem a ser a invalidade da segunda garantia (RT 601/161, 657/135), continuando válida a primeira (RT 709/110, 833/251).

Parece mais razoável, porém, dar a escolha ao locatário, que é o devedor (CC 252-*caput* — CC rev. 884-*caput*) e que, assim, poderá optar pela solução menos gravosa para ele (CPC 805).

"Ao verificar a existência de dupla garantia no contrato locatício, compete ao julgador aferir, no caso concreto, baseado em critérios objetivos, qual garantia deve subsistir. Não há como, a partir da interpretação do referido artigo de lei, concluir pela existência de hierarquia ou prevalência de uma determinada garantia sobre a outra" (STJ-5ª T., REsp 94.815, Min. Felix Fischer, j. 20.8.98, DJU 28.9.98).

"A exigência de dupla garantia em contrato de locação não implica a nulidade de ambas, mas tão somente daquela que houver excedido a disposição legal" (STJ-5ª T., REsp 868.220, Min. Arnaldo Esteves, j. 27.9.07, DJU 22.10.07).

Art. 38. A caução poderá ser em bens móveis ou imóveis.

§ 1º A caução em bens móveis deverá ser registrada em Cartório de Títulos e Documentos;[1] a em bens imóveis deverá ser averbada à margem da respectiva matrícula.[2]

§ 2º A caução em dinheiro, que não poderá exceder o equivalente a três meses de aluguel, será depositada em caderneta de poupança, autorizada pelo Poder Público e por ele regulamentada, revertendo em benefício do locatário todas as vantagens dela decorrentes por ocasião do levantamento da soma respectiva.

§ 3º A caução em títulos e ações deverá ser substituída, no prazo de trinta dias, em caso de concordata,[3] falência ou liquidação das sociedades emissoras.

Art. 38: 1. cf. LRP 127-III, 144 e 145.

Art. 38: 2. v. LRP 167-II-8.

Art. 38: 3. A concordata deu lugar à recuperação judicial ou extrajudicial.

Art. 39. Salvo disposição contratual em contrário, qualquer das garantias da locação se estende até a efetiva devolução do imóvel, ainda que prorrogada a locação por prazo indeterminado, por força desta Lei.[1 a 3]

Art. 39: 1. Redação de acordo com a Lei 12.112, de 9.12.09, em vigor 45 dias após a sua publicação (DOU 10.12.09).

Art. 39: 1a. v. art. 37, notas 2a e segs., inclusive a Súmula 214 do STJ. V. ainda art. 40-V e CC 819.

Art. 39: 2. "A cláusula de renúncia ao direito de exoneração da fiança é válida durante o prazo determinado inicialmente no contrato; uma vez prorrogado por prazo indeterminado, nasce para o fiador a faculdade de se exonerar da obrigação, desde que observado o disposto no art. 1.500 do CC/16 ou no art. 835 do CC/02" (STJ-3ª T., REsp 1.656.633, Min. Nancy Andrighi, j. 15.8.17, DJ 22.8.17).

"Na vigência do contrato de locação por prazo determinado, responde a fiadora pela garantia dada. A notificação extrajudicial feita à locadora não exonera a fiadora do compromisso, que se estende até o fim do contrato de locação (art. 39 da Lei 8.245/91, combinado com o art. 835 do CC/2002)" (STJ-4ª T., Ag em REsp 627.755-AgInt, Min. Raul Araújo, j. 13.11.18, DJ 21.11.18).

"A cláusula contratual de renúncia do direito de exoneração não tem eficácia após a prorrogação do contrato de fiança, sendo inadmissível a pretensão de vinculação dos fiadores por prazo indeterminado. A desobrigação nascida do pedido de exoneração, todavia, não decorre da mera indeterminação do contrato de fiança, como sugerido pelo autor, mas tem eficácia a partir do término do prazo de 60 dias contado da notificação ou da citação do réu na ação de exoneração" (STJ-3ª T., REsp 1.673.383, Min. Paulo Sanseverino, j. 11.6.19, DJ 19.6.19).

Art. 39: 3. "As fianças subsequentes, dadas em substituição, a cada alteração de contrato, tornam liberados os fiadores anteriores, subsistindo a que for dada por último" (Lex-JTA 151/300).

Art. 40. O locador poderá exigir novo fiador ou a substituição da modalidade de garantia,[1] nos seguintes casos:

I — morte do fiador;[2 a 4]

II — ausência, interdição, recuperação judicial, falência ou insolvência do fiador, declaradas judicialmente;[4a]

III — alienação ou gravação de todos os bens imóveis do fiador ou sua mudança de residência sem comunicação ao locador;

IV — exoneração do fiador;[5-5a]

V — prorrogação da locação por prazo indeterminado, sendo a fiança ajustada por prazo certo;

VI — desaparecimento dos bens móveis;

VII — desapropriação ou alienação do imóvel;

VIII — exoneração de garantia constituída por quotas de fundo de investimento;[6]

IX — liquidação ou encerramento do fundo de investimento de que trata o inciso IV do art. 37 desta Lei;[7]

X — prorrogação da locação por prazo indeterminado uma vez notificado o locador pelo fiador de sua intenção de desoneração, ficando obrigado por todos os efeitos da fiança, durante cento e vinte dias após a notificação ao locador.[8-8a]

Parágrafo único. O locador poderá notificar o locatário para apresentar nova garantia locatícia no prazo de trinta dias, sob pena de desfazimento da locação.[9-10]

Art. 40: 1. Havendo sucessão na locação (art. 11), o locador tem direito de exigir nova garantia, se a existente se extinguiu com a morte do primitivo locatário (JTA 97/300).

Art. 40: 2. "Só nos casos de morte, falência ou insolvência dos dois fiadores, não de um só, é que está o locatário, não o locador, obrigado a substituir a garantia" (RT 720/181).

Art. 40: 3. "Vigorando a fiança com prazo certo, não se admite a mera conveniência do fiador em exonerar-se da garantia prestada" (Lex-JTA 151/303).

Art. 40: 4. "Entendendo-se que fiador é o casal, por força do art. 235, III, do Código Civil, e não o marido ou a mulher individualmente considerados, há de se reconhecer que o falecimento de um deles acarreta a extinção do contrato acessório de fiança a partir da data do passamento. Em consequência, não poderá ser cobrada ao sobrevivente a dívida do afiançado posterior a esse termo" (RT 721/185). O art. 235-III do CC rev. corresponde ao CC 1.647-III.

Locação

Art. 40: 4a. Redação do inciso II de acordo com a Lei 12.112, de 9.12.09, em vigor 45 dias após a sua publicação (DOU 10.12.09).

Art. 40: 5. "O instituto da fiança gera vínculo obrigacional tão somente entre o locador e o fiador. A fiança como objeto de exoneração não comporta o locatário como sujeito interessado, além do que é o locador a quem é dada a faculdade de exigir novo fiador ou a substituição da modalidade de garantia, nos termos do art. 40, inc. IV, da Lei 8.245/91. No caso dos autos, não se verifica a indispensabilidade da formação de litisconsórcio, sendo despicienda a citação do locatário para atuar no polo passivo do feito" (STJ-5ª T., REsp 400.931, Min. Gilson Dipp, j. 15.4.04, DJU 24.5.04).

Art. 40: 5a. Caso de exoneração do fiador: art. 12 § 2º.

Art. 40: 6. O inc. VIII foi acrescido pela Lei 11.196, de 21.11.05.

Art. 40: 7. O inc. IX foi acrescido pela Lei 11.196, de 21.11.05.

Art. 40: 8. O inciso X foi acrescido pela Lei 12.112, de 9.12.09, em vigor 45 dias após a sua publicação (DOU 10.12.09).

Art. 40: 8a. "Fiança na locação não residencial. Notificação exoneratória. Correta interpretação do art. 40, inciso X, da Lei 8.245/91. Desnecessidade de que a notificação seja realizada apenas no período da indeterminação do contrato de locação, podendo, assim, os fiadores, no curso da locação com prazo determinado, notificarem o locador de sua intenção exoneratória, mas os seus efeitos somente poderão se projetar para o período de indeterminação do contrato. **Notificado o locador ainda no período determinado** da locação acerca da pretensão de exoneração dos fiadores, os efeitos desta exoneração somente serão produzidos após o prazo de **120 dias da data em que se tornou indeterminado** o contrato de locação, e não da notificação" (STJ-3ª T., REsp 1.798.924, Min. Paulo Sanseverino, j. 14.5.19, DJ 21.5.19).

Art. 40: 9. O § ún. foi acrescido pela Lei 12.112, de 9.12.09, em vigor 45 dias após a sua publicação (DOU 10.12.09).

Art. 40: 10. s/ medida liminar para desocupação do imóvel no caso de desfazimento da locação, v. art. 59 § 1º-VII.

Art. 41. O seguro de fiança locatícia abrangerá a totalidade das obrigações do locatário.

Art. 42. Não estando a locação garantida por qualquer das modalidades, o locador poderá exigir do locatário o pagamento do aluguel e encargos até o sexto dia útil do mês vincendo.[1]

Art. 42: 1. v. art. 37, nota 7.

Seção VIII | DAS PENALIDADES CRIMINAIS E CIVIS

Art. 43. Constitui contravenção penal, punível com prisão simples de cinco dias a seis meses ou multa de três a doze meses do valor do último aluguel atualizado, revertida em favor do locatário:

I — exigir, por motivo de locação ou sublocação,[1] quantia ou valor além do aluguel e encargos permitidos;

II — exigir, por motivo de locação ou sublocação, mais de uma modalidade de garantia num mesmo contrato de locação;[2-2a]

III — cobrar antecipadamente o aluguel, salvo a hipótese do art. 42 e da locação para temporada.[3]

Art. 43: 1. v. art. 21 § ún.

Art. 43: 2. v. art. 37 § ún.

Art. 43: 2a. "O locatário não desfruta de ação para o recebimento da multa do art. 43, II, da Lei n. 8.245, de 1991. A apuração da prática violadora é atividade privativa do órgão judicante criminal e excluidora da iniciativa do ofendido, que, em última análise, poderá valer-se do pedido de reversão ou da execução da sentença penal", já que o seu montante "é pago ao locatário, em vez de ser recolhido ao fundo penitenciário" (Lex-JTA 159/435).

Art. 43: 3. v. art. 49.

Art. 44. Constitui crime de ação pública, punível com detenção de três meses a um ano, que poderá ser substituída pela prestação de serviços à comunidade:

I — recusar-se o locador ou sublocador, nas habitações coletivas multifamiliares, a fornecer recibo discriminado do aluguel e encargos;[1]

II — deixar o retomante, dentro de cento e oitenta dias após a entrega do imóvel, no caso do inciso III do art. 47, de usá-lo para o fim declarado[2] ou, usando-o, não o fizer pelo prazo mínimo de um ano;

III — não iniciar o proprietário, promissário comprador ou promissário cessionário, nos casos do inciso IV do art. 9º, inciso IV do art. 47, inciso I do art. 52 e inciso II do art. 53, a demolição ou a reparação do imóvel, dentro de sessenta dias contados de sua entrega;

IV — executar o despejo com inobservância do disposto no § 2º do art. 65.

Parágrafo único. Ocorrendo qualquer das hipóteses previstas neste artigo,[2a] poderá o prejudicado reclamar, em processo próprio,[3] multa[4] equivalente a um mínimo de doze e um máximo de vinte e quatro meses do valor do último aluguel atualizado ou do que esteja sendo cobrado do novo locatário, se realugado o imóvel.

Art. 44: 1. cf. art. 21.

Art. 44: 2. Se a retomada é para residência, o locador se sujeita à multa do art. 44 § ún. se utiliza o imóvel para ponto de descanso ou de trabalho esporádico (RT 711/161).

Art. 44: 2a. Não importa se a desocupação resultou de ação de despejo ou de mera notificação do locador (STJ-5ª T., REsp 61.948, Min. Assis Toledo, j. 7.8.95, DJU 4.9.95).

Art. 44: 3. i. e, em processo de conhecimento.

"Nada impede, porém, que a constatação, como medida preparatória, possa se verificar nos mesmos autos do despejo, evitando-se, caso resulte negativa, a instauração desnecessária de um novo processo, com todos os riscos e dispêndio de energia jurisdicional decorrentes" (Lex-JTA 152/266).

Art. 44: 4. Descabe a multa se a não destinação do imóvel para o fim justificador da retomada ocorre sem que o retomante tenha contribuído para isso (RT 722/217).

No mesmo sentido, considerando que a multa somente pode ser aplicada "quando restar demonstrado ter o retomante agido maliciosamente ao formular o pedido de despejo motivado": Lex-JTA 167/357.

Seção IX | DAS NULIDADES

Art. 45. São nulas[1-1a] de pleno direito as cláusulas do contrato de locação que visem a elidir os objetivos da presente lei,[1b-1c] notadamente as que proíbam a prorrogação prevista no art. 47, ou que afastem o direito à renovação,[2 a 3a] na hipótese do art. 51, ou que imponham obrigações pecuniárias para tanto.

✎ **Art. 45: 1.** "Nulidade de cláusula em contrato de locação", por Jaques Bushatsky (RT 736/117, RTJE 165/63 e 168/91).

Art. 45: 1a. "É nula a cláusula que, em contrato de locação, equipara à sublocação ou à cessão do prédio, para o fim de sujeitá-la a prévio consentimento escrito do locador, toda alteração em contrato social de locatário pessoa jurídica" (JTA 87/332).

Art. 45: 1b. "A Lei 8.245/91 não proíbe a cobrança de luvas no contrato inicial da locação comercial" (CED do 2º TASP, enunciado 9, v.u.). "A Lei n. 8.245/91, em seu art. 45, veda, expressamente, a cobrança de 'luvas' — obrigações pecuniárias — quando da renovação do contrato. Contudo silencia, ao contrário da legislação anterior (Dec. 24.150/34), no que se refere ao contrato inicial. Não há, pois, qualquer proibição, sequer implícita, quanto à sua cobrança. Não afasta esse entendimento o disposto no art. 43 da Lei 8.245/91, pois o dispositivo veda a cobrança

Locação

de valores além dos encargos permitidos e não dos expressamente elencados" (STJ-5ª T., REsp 406.934, Min. Felix Fischer, j. 26.3.02, DJU 22.4.02). No mesmo sentido: Lex-JTA 157/359.

Art. 45: 1c. Há acórdão entendendo ser nula a cláusula que impõe multa se o locatário não devolver o imóvel findo o prazo contratual (RT 715/221 e 725/275, o mesmo acórdão).

Art. 45: 2. "A cláusula proibitiva da renovação do contrato de locação, dispondo de modo manifestamente contrário aos objetivos da Lei do Inquilinato e da própria Lei de Luvas, é nula de pleno direito e não pode prevalecer" (RT 600/134). No mesmo sentido: RSTJ 18/493, STJ-RT 673/179, RT 705/151.

"Locação comercial. Nulidade de cláusula. Inexistência de presunção. O art. 30 da Lei de Luvas comina nulidade da cláusula contrária aos objetivos daquela lei, mas não contempla presunção de fraude de contratos com prazo inferior a cinco anos" (RSTJ 47/206, maioria).

Contra: "A simples circunstância de o contrato ter o prazo de 4 anos não poderá conduzir à conclusão de que visou a fraudar a lei, impedindo a renovação. A ser de modo diverso, terminar-se-ia por admitir que, na prática, o prazo para ter aquele direito seria de 4 e não de 5 anos" (STJ-3ª T., REsp 15.358-0, Min. Nilson Naves, j. 16.6.92, maioria, DJU 24.8.92).

"Ação renovatória. Contratos celebrados pelo prazo de seis meses. Exclusão do regime do Decreto n. 24.150/34. Ato lícito. Consoante a melhor doutrina, constitui ato perfeitamente lícito, no âmbito da autonomia da vontade individual, (o de) quem, deliberadamente, contrata por prazo de seis meses, para excluir o pacto locatício do regime da Lei de Luvas. Aceitando, plenamente, o locatário os termos do acordo, não pode alegar a existência de fraude ou intenção, por parte do locador, de fraudar, só por esse fato" (RSTJ 28/583).

"A intenção do locador de escapar do regime da renovação compulsória, com a estipulação de pactos locativos com prazos inferiores a cinco anos, não constitui fraude à lei" (Lex-JTA 148/222). Na hipótese, o prazo dos contratos, somados, atingia 59 meses.

"Se o contrato anterior, estabelecendo locação por cinquenta e quatro meses, não conferia direito à renovatória, lícita é a inserção, em contrato posterior, por igual período, de cláusula que afaste a incidência do Dec. n. 24.150/34 no tocante ao direito renovatório, não se configurando, destarte, a *accessio temporis* por disposição de vontade das partes, em prestígio à boa-fé dos contratantes" (RJTAMG 22/136, maioria).

Art. 45: 3. "Nas locações sob o regime da Lei de Luvas é válida a cláusula prorrogatória da locação, previamente ajustada pelos contratantes. A cláusula prorrogatória, por sua vez, não se prorroga, pois isso corresponderia à perpetuidade da locação e à expropriação do imóvel, operando, assim, uma só vez, atribuindo-se-lhe o caráter de proposta que vincula as partes às condições já previamente avençadas" (RSTJ 8/364). No mesmo sentido: RT 722/200.

"Nas locações sob o regime da Lei de Luvas, Dec. 24.150/34, é válida em princípio a cláusula de renovação automática, salvante a faculdade de o locador denunciá-la, em tempo oportuno, caso em que ficará ressalvada ao arrendatário a propositura da ação renovatória" (STJ-4ª T., REsp 7.224, Min. Athos Carneiro, j. 9.4.91, DJU 27.5.91). No mesmo sentido: RT 718/174.

A cláusula de prorrogação automática do contrato de locação, mediante prévia manifestação de uma das partes, dispensa o locatário de mover ação renovatória (Bol. AASP 1.703/206).

Art. 45: 3a. "Locação. Imóvel não residencial. Aluguel. **Revisão do valor. Cláusula de renúncia.** Validade" (STJ-3ª T., REsp 1.650.333-AgInt, Min. Ricardo Cueva, j. 28.8.18, DJ 5.9.18).

"Admite-se a cláusula de renúncia à ação revisional de aluguel do contrato em vigor, mas não assim a sua extensão para os contratos futuros, em prorrogação" (RT 722/200, maioria).

É lícita a renúncia, durante a vigência do contrato, ao direito de propor ação revisional de aluguel (STJ-RT 750/235), máxime se essa renúncia constitui compensação pelo fato de ter-se obrigado o locatário à realização de benfeitorias, sem direito a retenção ou indenização (RT 750/313).

"Não viola o art. 19 e nem o art. 45, ambos da Lei 8.245/91, e muito menos conflita com a Súmula 357-STF, a disposição contratual, livremente pactuada pelas partes, na qual o locador renuncia ao direito de propor ação revisional de aluguel, considerando-se ratificada se, após renovação da avença, continua a integrar os seus termos sem nenhuma objeção da parte interessada" (STJ-6ª T., REsp 243.283, Min. Fernando Gonçalves, j. 16.3.00, DJU 10.4.00).

"É lícita a convenção de renúncia, durante a vigência do contrato, à ação revisional da Lei n. 8.245, de 1991" (Lex-JTA 161/532).

Contra, não admitindo a renúncia: RT 714/230.

Capítulo II | DAS DISPOSIÇÕES ESPECIAIS

Seção I | DA LOCAÇÃO RESIDENCIAL

Art. 46. Nas locações[1-1a] ajustadas por escrito e por prazo igual ou superior a trinta meses,[1b-1c] a resolução do contrato ocorrerá findo o prazo estipulado,[2] independentemente de notificação ou aviso.

§ 1º Findo o prazo ajustado, se o locatário continuar na posse do imóvel alugado[2a] por mais de trinta dias sem oposição do locador, presumir-se-á prorrogada a locação por prazo indeterminado,[2b] mantidas as demais cláusulas e condições do contrato.

§ 2º Ocorrendo a prorrogação, o locador poderá denunciar[3 a 10a] o contrato a qualquer tempo, concedido o prazo de trinta dias[11] para desocupação.[12]

Art. 46: 1. s/ locações celebradas antes da vigência desta lei, v. arts. 77 e 78, bem como notas respectivas.

Art. 46: 1a. "Aplicam-se à locação mista as normas relativas à locação não residencial, se restar evidenciada a preponderância da atividade comercial" (RT 721/181).

Art. 46: 1b. "Para os fins do art. 46 da Lei n. 8.245, de 1991, não se somam os prazos dos vários contratos" (Lex-JTA 161/435).

"O art. 46 da Lei 8.245/1991 somente admite a denúncia vazia se um único instrumento escrito de locação estipular o prazo igual ou superior a 30 meses, não sendo possível contar as sucessivas prorrogações dos períodos locatícios (*accessio temporis*). Para contrato de locação inicial com duração inferior a 30 meses, o art. 47, V, da Lei 8.245/1991 somente autoriza a denúncia pelo locador se a soma dos períodos de prorrogações ininterruptas ultrapassar o lapso de 5 anos" (STJ-3ª T., REsp 1.364.668, Min. Ricardo Cueva, j. 7.11.17, DJ 17.11.17).

Art. 46: 1c. **Súmula 20 do 2º TASP:** "A locação verbal presume-se por tempo indeterminado".

Art. 46: 2. podendo, em seguida, ser proposta ação de despejo, sem necessidade de motivação (denúncia vazia).

A lei não diz, em lugar algum, que cabe, nesta hipótese, ação de despejo, mas é óbvio, porque, se a locação termina (ou se resolve, como diz o texto em exame), o imóvel somente poderá ser retomado mediante ação de despejo (art. 5º-*caput*). Nesse sentido: JTJ 344/227 (AI 992.09.080982-2).

Art. 46: 2a. "Permanecendo o locatário no imóvel, ainda que findo o contrato, subsiste a obrigação de pagar aluguéis. Injusta, pois, a recusa em receber, não importando haja sido ajuizada ação de despejo, cujo desate em nada será afetado pelo recebimento daqueles" (STJ-3ª T., REsp 20.559-5, Min. Eduardo Ribeiro, j. 27.4.92, DJU 18.5.92).

Art. 46: 2b. "Em se tratando de imóvel residencial, findo o prazo determinado no contrato, a ação de despejo deve ser ajuizada dentro dos trinta dias imediatamente subsequentes, sendo desnecessária a prévia notificação. Tal prazo é peremptório, sendo inadmissível qualquer prorrogação" (Lex-JTA 156/384).

Art. 46: 3. Casos de denúncia da locação:

— pelo locador: na locação residencial por prazo indeterminado, art. 46 § 2º (se anterior à vigência da lei atual: art. 78 e § ún.); não residencial por prazo indeterminado, art. 57; por temporada, prorrogada, art. 50 § ún.;

— pelo locatário: art. 6º;

— pelo adquirente: art. 8º-*caput* e § 2º;

— pelo nu-proprietário ou fideicomissário: art. 7º § ún.

S/ notificação, v. tb. art. 58-IV.

Art. 46: 3a. s/ denúncia vazia, v. art. 78, nota 4 (Súmulas 13 e 21 do 2º TASP).

Art. 46: 3b. "A denúncia vazia é admitida nas locações residenciais, desde que o contrato tenha prazo igual ou superior a 30 meses e, prorrogado por tempo indeterminado, exista a notificação prévia com prazo de trinta dias" (Lex-JTA 161/446).

Art. 46: 4. Como se faz a denúncia?

Pensamos que a fórmula do "aviso por escrito" expressa no art. 6º comporta aplicação não só para a denúncia ali regulada, mas também para as denúncias em geral, conjugada com a ideia de ciência inequívoca (aplicação analógica do art. 27-*caput*), sem a exigência de outras formalidades. Nesse sentido: STJ-6ª T., REsp 64.461-1, Min. Adhemar Maciel, j. 4.12.95, DJU 4.3.96; Lex-JTA 157/410.

"A notificação do locador ao inquilino (contrato por prazo indeterminado) não reclama forma especial", desde que feita por escrito (STJ-6ª T., REsp 35.249-5, Min. Vicente Cernicchiaro, j. 30.6.93, DJU 27.9.93). No mesmo sentido: JTAERGS 90/198.

Além disso, uma vez autorizada no contrato de locação, admite-se a notificação mediante correspondência com aviso de recebimento ou, tratando-se de pessoa jurídica ou firma individual, por "telex ou fac-símile" (art. 58-IV). No mesmo sentido: "A notificação a que se refere o art. 58, IV, da lei inquilinária não requer forma solene, havendo que se privilegiar, ao revés, o atingimento de sua finalidade, qual seja, a inequívoca ciência ao locatário da denúncia do contrato, desiderato que, na hipótese, restou sobejamente atendido" (STJ-5ª T., REsp 230.257, Min. Gilson Dipp, j. 8.2.00, DJU 13.3.00, p. 192). Também: JTAERGS 90/198.

Art. 46: 5. Não vale a notificação comprovada somente por testemunhas (RT 612/139).

Art. 46: 6. Vale a denúncia (ou notificação) feita por telegrama, se comprovada a entrega deste (RT 625/147). **Contra,** não admitindo a denúncia realizada através de carta com AR: JTA 107/393 (por não haver prova inequívoca do recebimento pessoal pelo locatário), RJTAMG 23/230.

Art. 46: 7. É válida a notificação dirigida a quem não era locatário, se este último tomou inequívoca ciência dela (JTA 130/342), tanto que contranotificou (JTA 104/221).

Art. 46: 8. Súmula 16 do 2º TASP: "Em caso de notificação premonitória desacompanhada de procuração, consideram-se ratificados os poderes para a prática do ato com a juntada do competente instrumento de mandato ao ensejo da propositura da ação".

"Com a propositura da ação, a autora inequivocamente ratificou os poderes conferidos à sua procuradora para promover a notificação prévia" (RSTJ 26/441).

Diversas hipóteses, todas no mesmo sentido da ratificação: RT 609/140, RJTJESP 109/55, JTA 90/270, 102/232, 104/299, Bol. AASP 1.518/16. **Contra,** entendendo que a procuração deve preexistir à notificação: JTA 119/348.

V. tb., no CPCLPV, CPC 104, nota 9.

Art. 46: 9. Súmula 18 do 2º TASP (Notificação premonitória): "A notificação premonitória não perde a eficácia pelo fato de a ação de despejo não ser proposta no prazo do art. 806 do CPC". No mesmo sentido: RSTJ 11/351; STJ-5ª T., REsp 40.984-5, Min. Jesus Costa Lima, j. 24.8.94, DJU 12.9.94; RT 624/149, 722/208, JTA 41/195, 47/177, 67/228, 78/158, 96/335, 104/288, 108/264, Lex-JTA 161/479.

"A ação de despejo, nos termos da Lei 8.245/91, depois de decorrido o lapso temporal previsto na notificação, não está subordinada a prazo algum, podendo ser ajuizada a qualquer tempo" (STJ-5ª T., REsp 295.145, Min. Felix Fischer, j. 15.2.01, DJU 12.3.01).

"Não perde eficácia a notificação se entre a sua efetivação e o aforamento da demanda decorrerem alguns meses"; no caso, oito meses (STJ-5ª T., REsp 39.447, Min. José Arnaldo, j. 23.9.96, DJU 18.11.96).

Contra, em termos: "Deixando o locador fluir prazo considerável, após notificar o locatário, visando a dar fim à locação, daí poderá resultar ajuste tácito no sentido de prorrogar-se a locação. Isto ocorrendo, o que é circunstância de fato, soberanamente apreciada pelas instâncias ordinárias, será necessária outra notificação" (STJ-3ª T., REsp 6.507, Min. Nilson Naves, j. 9.4.91, maioria, DJU 6.5.91). No mesmo sentido: STJ-6ª T., REsp 52.959-0, Min. Adhemar Maciel, j. 30.11.94, DJU 19.12.94.

"Com a notificação, o locador manifesta o interesse no rompimento do contrato. A demora na propositura da ação pode significar ter anuído com a prorrogação, matéria de fato que deve ser examinada, soberanamente, pelas instâncias ordinárias" (STJ-5ª T., REsp 32.621-0, Min. Costa Lima, j. 12.5.93, DJU 31.5.93).

Art. 46: 9a. Vale a notificação feita pelo adquirente após a aquisição, porém antes do registro do título? v. art. 8º, nota 6.

Art. 46: 9b. "Não implica nulidade do processo a notificação premonitória de retomada efetuada antes de ultimado o prazo previsto para o contrato locatício" (RJTAMG 34/266).

Art. 46: 10. s/ direito intertemporal, v. art. 76.

Art. 46: 10a. "Caso a ação de despejo seja ajuizada sem a prévia notificação, deverá ser extinto o processo, sem a resolução do mérito, por falta de condição essencial ao seu normal desenvolvimento" (STJ-3ª T., Resp 1.812.465, Min. Nancy Andrighi, j. 12.5.20, DJ 18.5.20).

Art. 46: 11. findo o qual poderá ser proposta ação de despejo, sem necessidade de motivação (denúncia vazia).

Art. 46: 12. Julgada procedente a ação de despejo, o prazo para a desocupação, **"contado da data da notificação"** (art. 65-*caput*), é, em geral, de 30 dias (art. 63-*caput*). Hipóteses especiais: 15 dias (art. 63 § 1º); 6 meses a 1 ano (art. 63 §§ 2º e 3º); ou, se houver reconhecimento da procedência do pedido, 6 meses, "contados da citação" (art. 61).

Em qualquer caso, a apelação, nas ações de despejo, não tem efeito suspensivo (art. 58-V), devendo a caução para a execução provisória ser fixada na própria sentença (arts. 63 § 4º e 64).

Competência, valor da causa e formas de citação: art. 58-II a IV.

Art. 47. Quando ajustada verbalmente ou por escrito e com prazo inferior a trinta meses, findo o prazo estabelecido, a locação prorroga-se automaticamente, por prazo indeterminado,[1-2] somente podendo ser retomado o imóvel:[3-3a]

I — nos casos do art. 9º;[3b]

II — em decorrência de extinção do contrato de trabalho, se a ocupação do imóvel pelo locatário estiver relacionada com o seu emprego;[3c-4]

III — se for pedido[4a] para uso próprio,[5 a 6] de seu cônjuge ou companheiro, ou para uso residencial de ascendente[6a] ou descendente[6b-7] que não disponha, assim como seu cônjuge ou companheiro, de imóvel residencial próprio;[7a a 7c]

IV — se for pedido para demolição[8] e edificação licenciada ou para a realização de obras aprovadas pelo Poder Público, que aumentem a área construída em, no mínimo, vinte por cento ou, se o imóvel for destinado a exploração de hotel ou pensão, em cinquenta por cento;[8a]

V — se a vigência ininterrupta da locação ultrapassar cinco anos.[8b-9]

§ 1º Na hipótese do inciso III, a necessidade deverá ser judicialmente demonstrada, se:

a) o retomante, alegando necessidade de usar o imóvel, estiver ocupando, com a mesma finalidade, outro de sua propriedade situado na mesma localidade ou, residindo ou utilizando imóvel alheio, já tiver retomado o imóvel anteriormente;[9a]

b) o ascendente ou descendente, beneficiário da retomada, residir em imóvel próprio.

§ 2º Nas hipóteses dos incisos III e IV, o retomante deverá comprovar ser proprietário,[10] promissário comprador ou promissário cessionário, em caráter irrevogável, com imissão na posse do imóvel e título registrado[10a] junto à matrícula do mesmo.[11]

Art. 47: 1. Outro caso de locação residencial prorrogada automaticamente, por tempo indeterminado: art. 77 (disposições transitórias de longa duração).

Art. 47: 2. É nula a cláusula que proibir a prorrogação automática aqui prevista (v. art. 45).

Art. 47: 3. A ação própria para a retomada do imóvel é a ação de despejo (v. art. 5º-*caput*).

Art. 47: 3a. "Tratando-se da hipótese prevista no art. 47, II, da Lei 8.245, de 1991 (denúncia motivada) descabe a exigência da **notificação prévia**" (STJ-6ª T., REsp 47.220, Min. William Patterson, j. 25.9.95, DJU 4.12.95).

"O pedido de retomada motivada, com base no art. 47, inciso III, da Lei 8.245/91, dispensa a notificação prévia" (STJ-5ª T., REsp 40.637, Min. Flaquer Scartezzini, j. 17.6.97, DJU 4.8.97). No mesmo sentido: CED do 2º TASP, enunciado 19, v.u. Ainda, mesmo em caso de contrato firmado anteriormente à LI: RJTAMG 53/113.

"Às locações residenciais celebradas sob a égide da Lei 6.649/79 e que vigorem por prazo indeterminado aplicam-se as disposições do art. 47, I a IV, da Lei 8.245/91, dispensando-se a notificação premonitória exigida pelo art. 78 do citado texto legal, se preenchidos os requisitos da denúncia motivada" (RJTAMG 54/203, maioria).

Exigindo notificação premonitória em matéria de ação de despejo fundada no art. 47, V: RT 757/238. Do voto do relator: "A locação residencial contratada por prazo inferior a trinta meses na vigência da Lei do Inquilinato, que vigorou ininterruptamente por mais de cinco anos, admite a denúncia vazia. Nesse passo, poderá o locador denunciá-la, sem alegar motivo, porém, diferentemente dos demais incisos autorizadores da retomada (art. 47), necessária a notificação do locatário para a desocupação do imóvel, por qualquer forma, desde que inequívoca".

Art. 47: 3b. Os casos do art. 9º, na realidade, aplicam-se a toda e qualquer locação (v. art. 9º, nota 1).

Art. 47: 3c. v. nota 3a (notificação prévia) e arts. 58-III (valor da causa) e 59 § 1º-II (despejo liminar).

Art. 47: 4. "Desaparecendo o motivo ensejador da necessidade de residência do empregado nas proximidades do local do seu trabalho, por ter sido promovido a outra função, claro está que ao empregador é dado o direito de promover a retomada do imóvel, por rescisão automática do contrato locatício" (RT 712/209).

Todavia, no sentido de que a alteração de funções do empregado locatário não autoriza o seu despejo, mesmo quando haja previsão contratual a respeito: Lex-JTA 148/194.

Art. 47: 4a. A morte do beneficiário é fato superveniente extintivo do direito de retomada (RT 697/111).

Mas: "Em sede de ação de despejo proposta com o intuito de obter a retomada para uso de descendente, falecendo o locador, a viúva, na condição de meeira, tem legitimidade para figurar no polo ativo da demanda" (STJ-6ª T., REsp 57.711-0, Min. Vicente Leal, j. 30.4.96, DJU 17.6.96, onde não há referência ao resultado do julgamento, quanto ao mérito).

Art. 47: 5. O condômino não precisa de autorização dos demais locadores conjuntos para propor ação de despejo para uso próprio (RT 730/266).

Art. 47: 5a. "Sendo o imóvel locado objeto de usufruto, o pedido de retomada cabe ao usufrutuário; daí a impossibilidade do nu-proprietário propor ação de despejo contra o locatário, ainda que o seja para uso próprio" (STJ-6ª T., REsp 40.288-3, Min. Anselmo Santiago, j. 2.6.98, DJU 3.8.98).

Todavia: "Retomada para uso próprio. Pedido formulado por nu-proprietário. Admissibilidade. Comprovação da qualidade de locador" (RT 719/188). Do voto do relator: "A apelante é nua-proprietária do imóvel, mas figurou como locadora no contrato escrito de locação, celebrado pelo prazo de 12 meses. A sua condição de locadora não foi contestada pela inquilina-ré. Assim, tudo leva a crer que a autora tinha mesmo a administração e a posse do imóvel. Tanto que o alugou por duas vezes, não constando tenha havido qualquer oposição por parte da usufrutuária, que, aliás, é sua mãe".

Art. 47: 6. O locador que reside em prédio próprio pode pedir a retomada de imóvel para passar a utilizá-lo com finalidade comercial (Lex-JTA 142/282).

Art. 47: 6a. inclusive sogra, na vigência da Lei 6.649/79 (STJ-5ª T., REsp 36.365-9, Min. Edson Vidigal, j. 18.8.93, DJU 20.9.93), e relativamente a imóvel abrangido pela comunhão de bens do casamento (STJ-5ª T., REsp 36.967-3, Min. José Dantas, j. 15.9.93, DJU 4.10.93).

Art. 47: 6b. Por aplicação da Lei 6.649/79, art. 52-X, o STJ decidiu que "o espólio, representado pelo inventariante, tem legitimidade para propor ação de despejo, a fim de que o imóvel seja destinado para uso de herdeiro" (RSTJ 104/445 e STJ-RT 752/144).

Art. 47: 7. ou, por extensão, enteado (RT 693/171).

Art. 47: 7a. s/ notificação prévia, v. nota 3a. V. tb. §§ 1º (prova de necessidade) e 2º (prova de propriedade) e arts. 44-II e § ún. (disposições penais), 58-III (valor da causa) e 61 (acordo para desocupação).

Art. 47: 7b. "A inicial de retomada para beneficiar ascendente ou descendente há de esclarecer o local de residência destes e em que condição a ocupam" (RT 697/107).

Todavia: "Locação. Retomada para uso de descendente. Expedição de ofício à Receita Federal, a fim de obter cópia da declaração de bens pertinente à beneficiária. Se o réu sabe que o favorecido pela retomada possui imóvel residencial próprio, deve apresentar a prova. Sem a existência de qualquer indício, não é cabível devassar a privacidade do beneficiário" (STJ-4ª T., REsp 6.810, Min. Barros Monteiro, j. 18.6.91, DJU 5.8.91).

Art. 47: 7c. "A circunstância de ser o locador proprietário de outro imóvel não lhe retira o direito de pedir o imóvel locado para seu cônjuge, descendente ou ascendente, pois a única condição exigida na lei é que o beneficiário não seja proprietário de imóvel residencial" (STJ-6ª T., REsp 35.137-0, Min. Vicente Leal, j. 29.4.96, maioria, DJU 3.2.97).

Art. 47: 8. O locador não pode pedir a retomada apenas para demolição; exige-se edificação (Lex-JTA 146/280).

Art. 47: 8a. v. § 2º c/c art. 60 (prova de propriedade). V. ainda arts. 44-III e § ún. (disposições penais) e 61 (acordo para desocupação).

Art. 47: 8b. v. art. 46, nota 1b. S/ notificação prévia, v. nota 3a.

Art. 47: 9. "O disposto no inciso V do art. 47 da Lei 8.245/91 aplica-se somente às locações contratadas na vigência desse diploma" (CED do 2º TASP, enunciado 30, v.u., em Bol. AASP 1.854/supl.). No mesmo sentido: RT 712/207.

Art. 47: 9a. "A necessidade de retomar o bem alugado tem que ser demonstrada quando o retomante já possui um imóvel e deseja ocupar outro com idêntica finalidade futura; nada obsta que o faça, contanto, porém, que prove, razoavelmente, a necessidade, aqui não presumida, por força do preceito de exceção" (Bol. AASP 1.778/supl., em. 14).

Art. 47: 10. No mesmo sentido: art. 60.

Art. 47: 10a. "O instrumento público de mandato com poderes ilimitados sobre o imóvel não é suficiente para conferir ao promissário comprador legitimidade para ajuizar, em nome próprio, ação de retomada, sendo indispensável que a promessa de compra e venda se ache transcrita no registro imobiliário, *ex vi* do art. 47, § 2º, da Lei 8.245/91" (RJTAMG 54/312).

Art. 47: 11. cf. art. 8º, nota 12, e art. 53, nota 3.

Seção II | DA LOCAÇÃO PARA TEMPORADA

Art. 48. Considera-se locação para temporada[1] aquela destinada à residência temporária do locatário, para prática de lazer, realização de cursos, tratamento de saúde, feitura de obras em seu imóvel, e outros fatos que decorram tão somente de determinado tempo, e contratada por prazo não superior a noventa dias, esteja ou não mobiliado o imóvel.

Parágrafo único. No caso de a locação envolver imóvel mobiliado, constará do contrato, obrigatoriamente, a descrição dos móveis e utensílios que o guarnecem, bem como o estado em que se encontram.

Art. 48: 1. "Inexistente no contrato locativo a indicação de sua natureza para temporada, considera-se tenha sido celebrado para finalidade residencial e com prazo inferior a trinta meses, salvo prova em contrário" (CED do 2º TASP, enunciado 1, v.u.).

Art. 49. O locador poderá receber de uma só vez e antecipadamente os aluguéis e encargos, bem como exigir qualquer das modalidades de garantia previstas no art. 37[1] para atender as demais obrigações do contrato.

Art. 49: 1. com a restrição do § ún. do art. 37.

Art. 50. Findo o prazo ajustado,[1-1a] se o locatário permanecer no imóvel sem oposição do locador por mais de trinta dias, presumir-se-á prorrogada a locação por tempo indeterminado, não sendo mais exigível o pagamento antecipado do aluguel e dos encargos.

Parágrafo único. Ocorrendo a prorrogação, o locador somente poderá denunciar[2] o contrato após trinta meses de seu início ou nas hipóteses do art. 47.

Art. 50: 1. cabe despejo, com medida liminar (art. 59 § 1º-III).

Art. 50: 1a. Findo o prazo da locação para temporada, se o imóvel não for desocupado não pode o locador arbitrar aluguel com fundamento no art. 575-*caput* do CC — CC rev. 1.196 (RT 731/347).

Art. 50: 2. Como se faz a denúncia? v. art. 46, notas 4 e segs.

Seção III | DA LOCAÇÃO NÃO RESIDENCIAL[1]

SEÇ. III: 1. v. arts. 71 a 75 (ação renovatória) e 68 a 70 (ação revisional).

Art. 51. Nas locações de imóveis destinados ao comércio,[1-1a] o locatário[1b-2] terá direito a renovação do contrato,[2a-2b] por igual prazo,[3-4] desde que, cumulativamente:

I — o contrato a renovar tenha sido celebrado por escrito e com prazo determinado;

Locação

II — o prazo mínimo do contrato a renovar[5] ou a soma dos prazos ininterruptos[5a a 5c] dos contratos escritos seja de cinco anos;[5d]

III — o locatário esteja explorando seu comércio,[6-6a] no mesmo ramo, pelo prazo mínimo e ininterrupto de três anos.

§ 1º O direito assegurado neste artigo poderá ser exercido pelos cessionários ou sucessores da locação;[6b] no caso de sublocação[6c] total do imóvel, o direito a renovação somente poderá ser exercido pelo sublocatário.[6d]

§ 2º Quando o contrato autorizar que o locatário utilize o imóvel para as atividades de sociedade de que faça parte e que a esta passe a pertencer o fundo de comércio, o direito a renovação poderá ser exercido pelo locatário ou pela sociedade.

§ 3º Dissolvida a sociedade comercial por morte de um dos sócios, o sócio sobrevivente fica sub-rogado no direito a renovação, desde que continue no mesmo ramo.[7]

§ 4º O direito a renovação do contrato estende-se às locações celebradas por indústrias e sociedades civis com fim lucrativo,[7a-7b] regularmente constituídas, desde que ocorrentes os pressupostos previstos neste artigo.

§ 5º Do direito a renovação decai aquele que não propuser[8 a 8c] a ação no interregno de um ano,[9 a 11] no máximo, até seis meses, no mínimo, anteriores à data da finalização do prazo do contrato em vigor.

Art. 51: 1. s/ locação mista, v. art. 46, nota 1a.

Art. 51: 1a. Há acórdão entendendo que a locação à "república" de estudantes é não residencial (Lex-JTA 161/423).

Art. 51: 1b. "Tem legitimidade ativa para propor a ação renovatória de locação aquele que é locatário do imóvel, formaliza contrato de locação para fins comerciais e, no imóvel, instala uma empresa do grupo familiar, integrado por esposa e filhos, tem procuração com poderes ilimitados e absolutos, inclusive para excluir e admitir sócios e até decidir sobre a existência da firma por ele organizada. Tal legitimidade decorre da condição de locatário (art. 51, § 2º, da Lei n. 8.245/91), mas também como resultado de uma moderna visão em torno da desconsideração da personalidade jurídica (*disregard doctrine*), assim como da aparência indiscutível de ser o próprio dono do comércio ali localizado" (JTAERGS 100/207).

Art. 51: 2. O locador já não tem, como antigamente, ação negatória de renovação de locação contra o locatário (RT 725/297, Lex-JTA 161/380, 161/398).

Art. 51: 2a. É nula a cláusula que proíbe a renovação do contrato (art. 45, especialmente nota 2).

Art. 51: 2b. A propositura de ação revisional de aluguel não impede o ajuizamento de renovatória de locação (Lex-JTA 162/346).

V. art. 68 § 1º.

Art. 51: 3. Continua em vigor a **Súmula 178 do STF?** Eis o seu teor: "Não excederá de cinco anos a renovação judicial de contrato de locação, fundada no Dec. 24.150, de 20.4.34".

"A renovação do contrato de locação não residencial, nas hipóteses de *accessio temporis*, dar-se-á pelo prazo de 5 anos, independentemente do prazo do último contrato que completou o quinquênio necessário ao ajuizamento da ação. O prazo máximo da renovação também será de 5 anos, mesmo que a vigência da avença locatícia, considerada em sua totalidade, supere esse período" (STJ-3ª T., REsp 1.323.410, Min. Nancy Andrighi, j. 7.11.13, DJ 20.11.13).

Todavia, limitando a renovação do contrato ao prazo de duração da última avença: "A prorrogação judicial, admitida a *accessio temporis*, deve ser concedida pelo mesmo prazo do contrato anterior, desde que não superior a cinco anos, respeitado o princípio da autonomia da vontade das partes, basilar no direito privado" (STJ-RT 680/209, maioria). No caso, havia dois contratos sucessivos, por três anos cada um; a renovação, por três votos a dois, foi concedida apenas por três anos. No mesmo sentido: "O prazo do novo contrato, prorrogado por conta de ação renovatória, deve ser fixado na mesma base da avença anterior. A soma dos prazos dos diversos contratos sucessivos, *accessio temporis*, é admitida apenas para facultar ao locatário o uso da renovatória" (STJ-5ª T., REsp 547.369, Min. Felix Fischer, j. 23.3.04, DJU 10.5.04). Ainda: STJ-6ª T., REsp 693.729, Min. Nilson Naves, j. 22.8.06, DJU 23.10.06.

Contra: "Na renovação judicial do contrato de locação, o **prazo mínimo** do novo contrato é de cinco anos" (CED do 2º TASP, enunciado 6, v.u.).

Art. 51: 4. Nada impede que o locatário pleiteie a renovação da locação por prazo inferior ao do contrato em curso (RT 722/212).

Art. 51: 5. Não é necessário que o contrato a renovar esteja registrado (JTA 94/328), nem que esteja registrada a prorrogação do contrato anterior, determinada em ação renovatória (RT 657/132).

Art. 51: 5a. O adjetivo "ininterruptos", que não existia no texto correspondente do Dec. 24.150/34 (cf. seu art. 2º-*b*), teve por finalidade vedar a *accessio temporis* quando haja solução de continuidade entre um contrato e outro de locação. No mesmo sentido: RT 712/211 (não admitindo a *accessio temporis*), 731/344, Lex-JTA 147/329.

Todavia: "É pacífico o entendimento desta Corte no sentido de que se breve o interregno entre os contratos escritos, é permitida a *accessio temporis* para viabilizar o perfazimento do prazo mínimo legal, exigido na Lei de Luvas para a renovação da locação" (STJ-4ª T., REsp 14.540, Min. Cesar Rocha, j. 20.2.97, DJU 14.4.97). Neste caso, o lapso entre os dois contratos foi, ao todo, de quatro meses.

Posteriormente, a 5ª Turma do STJ decidiu, em caso onde havia um intervalo de quatorze meses sem contrato escrito: "É admissível a soma dos prazos de contratos escritos para o efeito da *accessio temporis*, ainda que com pequeno interregno não coberto por contrato escrito, desde que comprovada a continuidade do vínculo locatício entre as partes" (STJ-5ª T., REsp 44.668, Min. José Arnaldo, j. 24.9.96, DJU 18.11.96).

Caso em que o lapso era de um ano: "Em sede de ação renovatória de locação comercial, se o período de interrupção entre a celebração dos contratos escritos não é significativo, é de se admitir a *accessio temporis* pela soma de seus prazos, a fim de viabilizar a pretensão renovatória pelo perfazimento do quinquídio legal exigido" (STJ-6ª T., REsp 104.483, Min. Vicente Leal, j. 20.3.01, DJU 9.4.01).

"O interregno de seis meses entre o vencimento de um contrato de locação e a pactuação de outro não impede a *accessio temporis* se destinado a tratativas, mantidas, no período, as regras do contrato vencido" (STJ-6ª T., REsp 120.207, Min. Anselmo Santiago, j. 14.4.98, DJU 18.5.98).

"É admissível a *accessio temporis* quando houver pequeno período de tempo que entremeia os contratos, lapso considerado razoável e proporcional à duração do vínculo *ex locato*" (RT 715/191; no caso, o lapso era de dois meses).

"A interrupção de um mês, entre dois contratos escritos, não obsta o direito de renovação, pois o inciso II do art. 51 deve ser interpretado em consonância com o art. 45 da Lei 8.245, de 1991, sob pena de legitimar-se a exigência do locador visando frustrar o objetivo da lei" (Lex-JTA 148/164).

Admitindo a *accessio temporis*, embora tenha havido um pequeno lapso temporal entre os dois contratos escritos de locação: RT 710/110.

Há um acórdão aceitando, na contagem do prazo de cinco anos, um período intermediário de dois anos sem contrato escrito (RT 722/279).

Porém, não admitindo a *accessio temporis* em casos de tratativas para renovação do contrato que se estenderam por onze meses: STJ-4ª T., REsp 11.630, Min. Cesar Rocha, j. 25.6.97, DJU 27.10.97; um ano: STJ-5ª T., REsp 59.261-5, Min. Jesus Costa Lima, j. 10.5.95, DJU 29.5.95; ou dezesseis meses: STJ-6ª T., REsp 61.436-AgRg, Min. Hamilton Carvalhido, j. 16.3.06, DJU 17.4.06.

Art. 51: 5b. "Impõe-se o reconhecimento da carência de ação por incabível a *accessio temporis*, quando a locação, embora de longo prazo, apresentou somente os últimos doze meses sob contrato escrito" (STJ-4ª T., REsp 13.397, Min. Athos Carneiro, j. 4.8.92, DJU 24.8.92).

Art. 51: 5c. "Renovatória. Soma de prazos. A avaliação de uma maior ou menor tolerância da interrupção dos contratos escritos, segundo a motivação, constitui matéria factual insuscetível de reexame na via especial" (STJ-5ª T., REsp 41.754-6, Min. José Dantas, j. 18.4.94, DJU 2.5.94).

"Admite-se, para completar o prazo mínimo exigível na renovatória, a soma de contratos escritos descontínuos, desde que o interregno entre eles, não muito expressivo, possa ser considerado destinado às tratativas entre as partes. Essa, entretanto, é uma questão de fato que, salvo casos extremados, afirmada ou não admitida pelas instâncias ordinárias, torna-se irrevisível na via do recurso especial" (STJ-5ª T., REsp 41.971-9, Min. Assis Toledo, j. 16.3.94, DJU 4.4.94). Em sentido semelhante: STJ-6ª T., AI 100.017-AgRg, Min. Anselmo Santiago, j. 8.9.97, DJU 13.10.97.

Art. 51: 5d. "A recorrida especial, empresa comercial, já vinha alugando e renovando, nos termos da Lei de Luvas, contrato de uma determinada área, onde se situava um complexo de armazéns. Mais tarde, celebrou um novo contrato, onde englobou o restante da área. Bem antes de completar os cinco anos da incorporação, aforou ação renovatória de toda a área. O fundo do comércio, objeto da proteção da Lei de Luvas, é um só. Dessarte, a segunda área, ao se incorporar contratualmente à primeira, absorveu suas características, até para fins renovatórios" (STJ-6ª T., REsp 46.052-2, Min. Adhemar Maciel, j. 4.10.94, DJU 6.3.95).

Art. 51: 6. "Modernamente, a expressão fundo de comércio apresentou expansão do seu conceito, abrangendo as atividades civis ou industriais que objetivam lucro", invocando o acórdão, para exemplo, a empresa de transportes (STJ-6ª T., REsp 27.912-8, Min. Vicente Leal, j. 27.3.95, DJU 24.4.95).

Art. 51: 6a. "Ação renovatória. Imóvel locado para instalação de **estação de rádio base. Concessionária de serviço de telefonia** celular. Estrutura essencial ao exercício da atividade. Fundo de comércio. Caracterização. O cabimento da ação renovatória não está adstrito ao imóvel para onde converge a clientela, mas se irradia para todos os imóveis locados com o fim de promover o pleno desenvolvimento da atividade empresarial, porque, ao fim e ao cabo, contribuem para a manutenção ou crescimento da clientela. A locação de imóvel por empresa prestadora de serviço de telefonia celular para a instalação das ERBs está sujeita à ação renovatória" (STJ-3ª T., REsp 1.790.074, Min. Nancy Andrighi, j. 25.6.19, DJ 28.6.19). No mesmo sentido: STJ-4ª T., Ag em REsp 1.577.914-EDcl-AgInt, Min. Raul Araújo, j. 21.9.20, DJ 8.10.20.

Art. 51: 6b. v. art. 71-VII.

Súmula 482 do STF (Soma de prazos): "O locatário, que não for sucessor ou cessionário do que o precedeu na locação, não pode somar os prazos concedidos a este, para pedir a renovação do contrato, nos termos do Dec. n. 24.150".

Art. 51: 6c. v. art. 71 § ún.

Art. 51: 6d. "A distribuidora de petróleo, legalmente impedida de comercializar diretamente seus produtos, que subloca totalmente o imóvel ao revendedor varejista, não possui legitimidade para propor ação renovatória da locação" (STJ-3ª T., Ag em REsp 40.840-AgRg, Min. Ricardo Cueva, j. 21.8.12, DJ 28.8.12). No mesmo sentido: STJ-4ª T., Ag em REsp 540.563-AgRg, Min. Antonio Ferreira, j. 2.10.14, DJ 8.10.14; Lex-JTA 161/319, maioria.

Art. 51: 7. cf. art. 11-II.

Art. 51: 7a. "Locação contratada por advogado, sem constituição de sociedade civil com fins lucrativos, não se enquadra no art. 51, § 4º, da Lei n. 8.245, de 1991, para fins do direito à ação renovatória" (Lex-JTA 160/294).

Art. 51: 7b. "A empresa prestadora de serviços de ginástica e dança, tendo uma atividade produtiva, cria um fundo de natureza econômica equiparável ao próprio fundo de comércio, sendo, por isso, titular da ação renovatória do contrato de locação" (RTJE 135/158).

Art. 51: 8. Como, de acordo com o CPC 312, a ação se considera proposta "quando a petição inicial for protocolada", a referência à propositura da ação, no § 5º do art. 51, significa que "a Lei 8.245/91 põe o locatário a salvo dos efeitos da decadência se, no prazo, apresentar a petição inicial ao juiz ou ao serviço de distribuição, onde houver, independentemente do momento em que se der o despacho ordenatório da citação" (RT 710/110). No mesmo sentido: STJ-5ª T., REsp 299.683, Min. José Arnaldo, j. 21.6.01, DJU 3.9.01; RT 703/126, Lex-JTA 147/241, 149/310.

Art. 51: 8a. "Proposta a ação renovatória no prazo legal, a demora na efetivação da citação não acarreta a decadência do direito" (CED do 2º TASP, enunciado 22, v.u.).

Art. 51: 8b. Se o autor ajuizou a demanda no último dia do prazo de decadência, deixando de satisfazer os requisitos do art. 51, "somente atendendo a determinação judicial depois de vencido aquele prazo, a partir de quando foi determinada a citação, evidentemente não se pode considerar validamente proposta a ação, tendo sido fulminada pela decadência. Aqui não se há de invocar demora do aparelho judiciário, porém desatenção da parte" (STJ-5ª T., REsp 29.281-9, Min. Jesus Costa Lima, j. 29.3.95, DJU 24.4.95).

Art. 51: 8c. Não se considera proposta a ação se o autor a move contra parte ilegítima para responder a ela (Lex-JTA 148/217). V. tb., no CPCLPV, CPC 240, nota 14.

Art. 51: 9. Para a contagem do prazo, v. CC 132. V. tb. **Lei 810, de 6.9.49** (Lex 1949/221, RT 182/482, RF 127/624 e 128/324, RDA 19/446):

"**Art. 1º** Considera-se ano o período de doze meses contados do dia do início ao dia e mês correspondentes do ano seguinte.

"**Art. 2º** Considera-se mês o período de tempo contado do dia do início ao dia correspondente do mês seguinte.

"**Art. 3º** Quando no ano ou mês do vencimento não houver o dia correspondente ao do início do prazo, este findará no primeiro dia subsequente".

O STF julgou que, se o contrato de locação vencia em 28.2.72, a ação renovatória devia ingressar em juízo até 28.8.71 (RTJ 74/826, RT 478/236, RF 255/223). No mesmo sentido: 2º TASP-Bol. AASP 1.114/71. Diversamente: 1º TASP-RT 511/172 (mais liberal).

Se o contrato vence em 31.12, a ação deve ser ajuizada até 30.6 (JTA 110/419).

"Na contagem do prazo de meses, o termo *ad quem* corresponde exatamente ao dia do mês inicial, aplicando-se, na contagem regressiva, a mesma sistemática" (STJ-4ª T., REsp 6.934, Min. Sálvio de Figueiredo, j. 4.3.91, DJU 22.4.91, rep.).

S/ eventual prorrogação do prazo de decadência vencido em feriado forense, v., no CPCLPV, CPC 224, nota 5.

Art. 51: 10. A nota anterior refere-se ao prazo para a propositura da ação. Para fixá-lo, é preciso saber, antes de mais nada, quando termina o contrato. E, aí, surgem duas hipoteses: se ele declara que seu prazo de vigência é de tantos anos ou de tantos meses, sem outro esclarecimento, aplica-se a Lei 810 (assim, um contrato de cinco anos, iniciado a 1.3.87, vence-se a 1.3.92); se, além disso, ainda consigna que, embora o prazo seja de cinco anos, começa a 1.3.87 e vence a 29.2.92, a situação é diferente. No primeiro caso, a renovatória poderia ser proposta até 1.9.91; no segundo, teria de ser ajuizada até 29.8.91 (JTA 78/226).

Pode haver divergência, no contrato, entre o prazo da locação e a data de seu início e término (ex.: prazo de 40 meses, com início a 1.1.87 e término a 30.4.91, isto é, na realidade 52 meses). Prevalece, em regra, a cláusula que estabeleceu o prazo da locação (JTA 100/305, 102/298). Assim: "Se as partes expressamente celebraram o prazo locacional de cinco anos, torna-se irrelevante que tenham posto como termo final data que não corresponda ao sistema legal de contagem dos prazos de meses e anos (Lei 810/49), tendo pertinência a regra do art. 85 do CC" (STJ-4ª T., REsp 6.934, Min. Sálvio de Figueiredo, j. 4.3.91, DJU 22.4.91). O art. 85 do CC rev. corresponde ao CC 112.

Art. 51: 11. "A demora no processamento da ação renovatória não impede a propositura de nova ação, no prazo legal, pelo autor, já que lhe compete a vigilância de seu direito" (RTJ 74/230).

"Locação. Faz-se necessário propor a segunda ação renovatória porque a primeira, apesar de passados cinco anos, ainda não findara" (STJ-6ª T., AI 122.092-AgRg, Min. Vicente Cernicchiaro, j. 1.4.97, DJU 12.5.97). No mesmo sentido: STJ-3ª T., REsp 1.323.410, Min. Nancy Andrighi, j. 7.11.13, DJ 20.11.13; STJ-4ª T., MC 21.209-AgRg, Min. Antonio Ferreira, j. 23.10.14, DJ 5.11.14; JTJ 342/569 (AP 1.244736-0/4).

Art. 52. O locador não estará obrigado a renovar o contrato se:

I — por determinação do Poder Público, tiver que realizar no imóvel obras[1] que importarem na sua radical transformação; ou para fazer modificação[1a-1b] de tal natureza que aumente o valor do negócio ou da propriedade;

II — o imóvel vier a ser utilizado por ele próprio[2 a 5] ou para transferência de fundo de comércio existente há mais de um ano, sendo detentor da maioria do capital o locador, seu cônjuge,[6] ascendente ou descendente.[7]

§ 1º Na hipótese do inciso II, o imóvel não poderá ser destinado ao uso do mesmo ramo do locatário,[8] salvo se a locação também envolvia o fundo de comércio, com as instalações e pertences.[9]

§ 2º Nas locações de espaço em *shopping-centers*,[10] o locador não poderá recusar a renovação do contrato com fundamento no inciso II deste artigo.

§ 3º O locatário[11] terá direito a indenização para ressarcimento dos prejuízos e dos lucros cessantes que tiver que arcar com a mudança, perda do lugar e desvalorização do fundo de comércio, se a renovação não ocorrer[11a] em razão de proposta de terceiro,[12] em melhores condições, ou se o locador, no prazo de três meses da entrega do imóvel, não der o destino alegado ou não iniciar as obras determinadas pelo Poder Público ou que declarou pretender realizar.

Art. 52: 1. v. art. 72 § 3º.

Penalidades a que está sujeito o locador, se não realizar as obras: indenização (§ 3º c/c art. 44 § ún.) e detenção de três meses a um ano (art. 44-III).

Art. 52: 1a. Conforme publicação no DOU. Na Coleção das Leis da União, está: "modificações".

Art. 52: 1b. O projeto de modificação é documento indispensável ao pedido de retomada e deve ser produzido pelo locador com a contestação da renovatória (Lex-JTA 139/412).

Art. 52: 2. Súmula 485 do STF (Presunção de sinceridade do locador): "Nas locações regidas pelo Dec. n. 24.150, de 20.4.34, a presunção de sinceridade do retomante é relativa, podendo ser ilidida pelo locatário". No mesmo sentido: RTJ 112/940, 113/373, 121/292, RSTJ 76/254.

"Na ação renovatória, para o exercício da retomada para uso próprio, deve o locador indicar, ao menos, o ramo de atividade que será explorado no imóvel. Trata-se de providência indispensável, pois, de outra forma, não seria possibilitado ao locatário, sequer, ilidir a presunção de sinceridade existente em prol do senhorio" (STJ-5ª T., REsp 260.485, Min. Felix Fischer, j. 8.8.00, DJU 4.9.00). No mesmo sentido: RSTJ 22/367, maioria.

"Ao formular o pedido de retomada, o locador não deduz fato que precise ser provado. A alegação de insinceridade desse pedido é que o haverá de ser. CPC, art. 333" (STJ-3ª T., REsp 5.787, Min. Eduardo Ribeiro, j. 20.3.91, DJU 15.4.91).

O exame da sinceridade ou insinceridade do locador, quanto ao pedido de retomada, constitui matéria de fato, que não dá lugar ao recurso especial, nos termos da Súmula 7 do STJ (STJ-3ª T., REsp 5.814, Min. Dias Trindade, j. 25.2.91, DJU 25.3.91).

Art. 52: 2a. "É necessária a anuência de todos os locadores do imóvel para o pedido de retomada feito em ação renovatória de locação" (Lex-JTA 166/233).

Art. 52: 3. O condômino locador pode opor-se à renovatória, desde que pretenda estabelecer-se com ramo comercial diferente no prédio. Tem direito de exercitar a preferência assegurada pelo art. 1.323 do CC (CC rev. 636), se outro condômino também se manifestou pela locação (STF-Pleno: RTJ 81/101 e RT 490/236).

Art. 52: 3a. "Até que sobrevenha a partilha, os herdeiros e o cônjuge sobrevivente devem ser tratados como verdadeiros condôminos do imóvel locado, podendo qualquer um deles, pelo menos em tese, pleitear, através do espólio réu, a retomada para uso próprio, sem sujeitar-se à exigência de demonstração de fundo de comércio existente há mais de um ano" (Lex-JTA 146/320).

Art. 52: 3b. "Exclui-se da retomada para 'utilização pelo próprio' o pedido para fins de exploração indireta através de comissão mercantil" (RSTJ 96/381).

Art. 52: 4. Também o sublocador tem o direito de retomar, para uso próprio, o imóvel sublocado (STF-ERE 75.053, em RTJ 95/654; RT 537/197, JTA 59/224, 4 votos vencidos).

Art. 52: 5. "A retomada do imóvel para uso próprio do locador — ou para um dos condôminos — prescinde de comprovação de fundo de comércio de no mínimo um ano e da detenção da maioria do capital social, dado que fulcrada na primeira parte do inc. II, art. 52, da Lei 8.245/91" (STJ-5ª T., REsp 250.324, Min. Gilson Dipp, j. 26.9.00, DJU 16.10.00).

Art. 52: 6. Também o companheiro (cf. art. 11-I).

Art. 52: 7. "Concede-se a retomada para uso comercial de filho do locador, sócio majoritário de sociedade com ramo de negócio diverso do explorado pela locatária e estabelecido há mais de dois anos" (STJ-RT 666/193).

Art. 52: 8. "Para efeito da vedação contida no art. 8º, § ún., *a*, do Dec. 24.150, importa verificar o comércio que o retomante irá de fato instalar no prédio retomado, não tanto as expressões genéricas dos objetivos sociais da empresa de que faça parte" (RSTJ 71/250).

Art. 52: 9. Neste sentido, **Súmula 481 do STF (Teatros, cinemas, hotéis):** "Se a locação compreende, além do imóvel, fundo de comércio, com instalações e pertences, como no caso de teatros, cinemas e hotéis, não se aplicam ao retomante as restrições do art. 8º, e, § ún., do Dec. n. 24.150, de 20.4.34". Aplicando a Súmula 481: RSTJ 96/435.

"É cabível, nos termos do art. 52, § 1º, da Lei 8.245/91, a retomada de imóvel para exploração da mesma atividade do inquilino se esse imóvel, por suas características físicas, só se possa destinar a um certo ramo de atividade e desse modo seja dado em locação. Sejam exemplos: postos de gasolina, teatros, cinemas, hotéis e outros, em que se revela a impossibilidade de modificar a sua finalidade ou é muito onerosa essa alteração" (STJ-5ª T., REsp 418.464, Min. José Arnaldo, j. 25.6.02, DJU 26.8.02).

Art. 52: 10. s/ shopping centers, v. art. 54.

Art. 52: 11. Não somente o locatário, mas qualquer pessoa com direito à renovação (v. art. 51 §§ 1º a 3º).

Art. 52: 11a. Se o locatário não tem direito à renovação do contrato (art. 51) ou deixou de propor, no prazo, a ação renovatória, não é devida, pelo locador que rescinde unilateralmente a locação, a indenização pela perda do fundo de comércio (STJ-RT 700/197; STJ-6ª T., REsp 282.473, Min. Vicente Leal, j. 27.8.02, DJU 16.9.02).

"O ressarcimento do fundo de comércio é obrigatório apenas na hipótese de a locação não residencial, por prazo determinado, deixar de ser renovada por qualquer das razões previstas no § 3º do art. 52 da Lei 8.245/91; impõe-se o dever indenizatório tão somente ao locador que age com má-fé ou desídia. No caso dos autos, não se tratando de locação passível de renovação compulsória, uma vez que o contrato de locação comercial foi firmado com prazo indeterminado, e não havendo nos autos sequer notícia de pleito renovatório, incabível a indenização do fundo de comércio, consoante os rígidos contornos traçados na Lei 8.245/91. O dever jurídico de indenizar o locatário pelo fundo de comércio decorre de norma especial integrante do sub-sistema jus-locatício, e não de previsão do Direito Civil comum (enriquecimento sem causa às expensas de outrem)" (STJ-5ª T., REsp 1.060.300, Min. Gilson Dipp, j. 2.8.11, maioria, DJ 20.9.11).

Art. 52: 12. s/ responsabilidade do terceiro, v. art. 75.

Art. 53 (*redação da Lei 9.256, de 9.1.96*). Nas locações de imóveis utilizados por hospitais, unidades sanitárias oficiais, asilos, estabelecimentos de saúde e de ensino autorizados e fiscalizados pelo Poder Público, bem como por entidades religiosas devidamente registradas, o contrato somente poderá ser rescindido:[1 a 2]

I — nas hipóteses do art. 9º;

II — se o proprietário, promissário comprador ou promissário cessionário, em caráter irrevogável e imitido na posse, com título registrado, que haja quitado o preço da promessa[3] ou que, não o tendo feito, seja autorizado pelo proprietário, pedir o imóvel para demolição, edificação licenciada ou reforma que venha a resultar em aumento mínimo de cinquenta por cento da área útil.[4-5]

Art. 53: 1. Redação do *caput* do art. 53 de acordo com a Lei 9.256, de 9.1.96.

Art. 53: 1a. São protegidos por esse dispositivo:

— casa de saúde e ambulatório (STJ-6ª T., REsp 156.966, Min. Vicente Cernicchiaro, j. 19.3.98, DJU 11.5.98);

— pré-escola (maternal, jardins de infância e pré-primário) (RSTJ 95/431, RT 716/225, 731/343). **Contra:** RT 693/170;

— escola infantil de iniciação artística (analogia com pré-escola) (STJ-6ª T., REsp 147.816, Min. Fernando Gonçalves, j. 2.12.97, DJU 2.2.98);

— escola infantil de recreação e berçário (Lex-JTA 162/315);

— creche (STJ-6ª T., REsp 187.812, Min. Fernando Gonçalves, j. 29.3.00, maioria, DJU 2.5.00; JTAERGS 97/233);

— instituto de assistência a crianças excepcionais (JTAERGS 97/338).

Art. 53: 2. Não são protegidos por esse dispositivo:

— escritório de administração de hospitais ou unidades sanitárias oficiais, na medida em que o dispositivo protege estabelecimentos voltados à atividade própria da prestação de serviço de saúde à população (RSTJ 96/443);

— "local em que desempenhadas atividades administrativas de estabelecimentos de saúde. O espaço locado em estação metroviária para a marcação de consultas e captação de clientes não se amolda ao benefício legal" (STJ-3ª T., REsp 1.310.960, Min. Paulo Sanseverino, j. 4.9.14, DJ 16.9.14);

— consultório odontológico (RT 726/349, 757/223, Lex-JTA 157/415);

— escola de idiomas (RT 756/370);

— escola de datilografia (RJTAMG 50/142);

— casa de repouso (RT 724/387);

— asilo explorado por empresa privada (STJ-6ª T., REsp 406.553, Min. Fernando Gonçalves, j. 16.4.02, DJU 6.5.02).

Art. 53: 3. As expressões "em caráter irrevogável e imitido na posse, com título registrado, que haja quitado o preço da promessa" referem-se tanto ao compromissário comprador como ao compromissário cessionário.

Cf. art. 8º, nota 12.

Art. 53: 4. Necessidade de prova de propriedade ou de registro do compromisso, para mover a ação de despejo: art. 60.

Prazo para a desocupação de hospital, escola ou repartição pública: art. 63 § 3º; de escola, ainda: art. 63 § 2º.

Pena, se o proprietário não der ao imóvel o destino mencionado na ação de despejo: art. 44-III e § ún.

Art. 53: 5. Ao ajuizar a ação de despejo tendo como fundamento a reforma do imóvel, "deve o locatário, como prova pré-constituída, instruir a inicial com o projeto aprovado pela Municipalidade local" (RT 808/299).

Art. 54. Nas relações entre lojistas e empreendedores de *shopping-center*,[1-1a] prevalecerão as condições livremente pactuadas nos contratos de locação respectivos e as disposições procedimentais previstas nesta lei.[2 a 8]

§ 1º O empreendedor não poderá cobrar do locatário em *shopping-center*:

a) as despesas referidas nas alíneas *a*, *b* e *d* do parágrafo único do art. 22; e

b) as despesas com obras ou substituições de equipamentos, que impliquem modificar o projeto ou o memorial descritivo da data do habite-se e obras de paisagismo nas partes de uso comum.

§ 2º As despesas cobradas do locatário devem ser previstas em orçamento, salvo casos de urgência ou força maior, devidamente demonstradas, podendo o locatário, a cada sessenta dias, por si ou entidade de classe exigir a comprovação das mesmas.

Art. 54: 1. "Atipicidade mista do contrato de utilização de unidade em centros comerciais e seus aspectos fundamentais", por Álvaro Villaça Azevedo (RT 716/112-parecer).

Art. 54: 1a. s/ *shopping center*, v. art. 52 § 2º.

Art. 54: 2. s/ responsabilidade por despesas ordinárias e extraordinárias, nos *shopping centers*, aplicam-se, no silêncio do contrato ou se este for obscuro, as disposições dos arts. 18 § 1º e 19 § 1º da Lei 6.649/79 (RT 708/125), atualmente art. 22-*caput* e § ún. da LI.

Art. 54: 3. "A Lei do Inquilinato aplica-se aos contratos de locação de espaço em *shopping center* (inteligência dos arts. 1º, 52 § 2º e 54 da Lei 8.245/91)" (STJ-3ª Seção, ED no REsp 331.365, Min. Hamilton Carvalhido, j. 26.3.08, DJ 6.8.08). No mesmo sentido: STJ-4ª T., Ag em REsp 12.044-AgRg, Min. Marco Buzzi, j. 21.8.12, DJ 27.8.12.

Art. 54: 4. "A promessa, feita durante a construção do shopping center a potenciais lojistas, de que algumas lojas-âncoras de grande renome seriam instaladas no estabelecimento para incrementar a frequência de público, consubstancia promessa de fato de terceiro cujo inadimplemento pode justificar a rescisão do contrato de locação, notadamente se tal promessa assumir a condição de causa determinante do contrato e se não estiver comprovada a plena comunicação aos lojistas sobre a desistência de referidas lojas, durante a construção do estabelecimento" (STJ-3ª T., REsp 1.259.210, Min. Nancy Andrighi, j. 26.6.12, um voto vencido, DJ 7.8.12).

Art. 54: 5. "O lojista que se estabelece em um *shopping center* integra a sua empresa com o empreendimento para usufruir do planejamento, organização e clientela que o frequenta. Portanto, mais que um simples contrato de locação, há uma relação associativa na qual a colaboração entre os lojistas e o empreendimento é necessária para concretizar-se esse modelo de exploração comercial. Nos contratos de locação de loja em *shopping center*, é fixada a cobrança de aluguel percentual, proporcional ao faturamento bruto mensal da atividade comercial, e que se justifica devido à infraestrutura do empreendimento, que colabora para o sucesso do lojista locatário. O aluguel percentual representa um rateio do sucesso, que em parte é possibilitado pela estrutura e planejamento oferecidos pelo *shopping center*. Representa violação contratual a conduta do locatário que, a despeito de ter assumido a obrigação de efetuar o pagamento do aluguel com base no faturamento, instala ponto de vendas de produtos pela *internet*, que são faturados em nome de empresa diversa. Os ganhos com o comércio eletrônico não ingressam no faturamento da loja situada no *shopping center* locador e, por isso, não integram a base para o cálculo do aluguel. A violação contratual acerca da contraprestação devida pelo uso do espaço locado autoriza o desfazimento da locação, nos termos do art. 9º, II, da Lei 8.245/1991. Não se pode presumir a aquiescência do locador apenas em razão das renovações contratuais, uma vez que ele ainda não tinha ciência da sonegação de parte do aluguel" (STJ-3ª T., REsp 1.295.808, Min. João Otávio, j. 24.4.14, DJ 21.5.14).

Art. 54: 6. "A cláusula que institui parâmetros para a revisão judicial do aluguel mínimo visa a estabelecer o equilíbrio econômico do contrato e viabilizar a continuidade da relação negocial firmada, além de derivar da forma organizacional dos *shoppings centers*, que têm como uma de suas características a intensa cooperação entre os empreendedores e os lojistas. A renúncia parcial ao direito de revisão é compatível com a legislação pertinente, os princípios e as particularidades aplicáveis à complexa modalidade de locação de espaço em *shopping center*" (STJ-3ª T., REsp 1.413.818, Min. Ricardo Cueva, j. 14.10.14, DJ 21.10.14).

Art. 54: 6a. "Cobrança em **dobro do aluguel no mês de dezembro.** Concreção do princípio da autonomia privada. Necessidade de respeito aos princípios da obrigatoriedade ('pacta sunt servanda') e da relatividade dos contratos ('inter alios acta'). Manutenção das cláusulas contratuais livremente pactuadas" (STJ-3ª T., REsp 1.409.849, Min. Paulo Sanseverino, j. 26.4.16, DJ 5.5.16).

Art. 54: 7. "A **'cláusula de raio'** inserta em contratos de locação de espaço em *shopping center* ou normas gerais do empreendimento não é abusiva, pois o *shopping center* constitui uma estrutura comercial híbrida e peculiar e as diversas cláusulas extravagantes insertas nos ajustes locatícios servem para justificar e garantir o fim econômico do empreendimento. O controle judicial sobre eventuais cláusulas abusivas em contratos de cunho empresarial é restrito, face a concretude do princípio da autonomia privada e, ainda, em decorrência de prevalência da livre iniciativa, do *pacta sunt servanda*, da função social da empresa e da livre concorrência de mercado. Inaplicabilidade do diploma consumerista à espécie, pois não se vislumbra o alegado prejuízo genérico aos consumidores delineado pelo Tribunal *a quo*, uma vez que, o simples fato de não encontrar em todos os *shopping centers* que frequenta determinadas lojas não implica em efetivo prejuízo, pois a instalação dos lojistas em tais ou quais empreendimentos depende, categoricamente, de inúmeros fatores sociais, econômicos" (STJ-4ª T., REsp 1.535.727, Min. Marco Buzzi, j. 10.5.16, DJ 20.6.16).

Art. 54: 8. "*Shopping center*. Locação de espaço. Execução. **Honorários contratuais. Repasse.** O contrato firmado entre as partes prevê que o locatário deverá pagar os honorários contratuais de seu advogado, assim como os do advogado do locador, o que não configura *bis in idem*, pois não se trata do pagamento da mesma verba, mas do repasse de custo do locador para o locatário" (STJ-3ª T., REsp 1.644.890, Min. Ricardo Cueva, j. 18.8.20, DJ 26.8.20).

Art. 54-A. Na locação não residencial de imóvel urbano na qual o locador procede à prévia aquisição, construção ou substancial reforma, por si mesmo ou por terceiros, do imóvel então especificado pelo pretendente à locação, a fim de que seja a este locado por prazo determinado, prevalecerão as condições livremente pactuadas no contrato respectivo e as disposições procedimentais previstas nesta Lei.[1]

§ 1º Poderá ser convencionada a renúncia ao direito de revisão do valor dos aluguéis durante o prazo de vigência do contrato de locação.

§ 2º Em caso de denúncia antecipada do vínculo locatício pelo locatário, compromete-se este a cumprir a multa convencionada, que não excederá, porém, a soma dos valores dos aluguéis a receber até o termo final da locação.[2]

§ 3º (VETADO)

Art. 54-A: 1. O art. 54-A, *caput* e parágrafos, foi incluído pela Lei 12.744, de 19.12.12.

Art. 54-A: 2. v. tb. art. 4º-*caput*.

Art. 55. Considera-se locação não residencial quando o locatário for pessoa jurídica e o imóvel destinar-se ao uso de seus titulares, diretores, sócios, gerentes, executivos ou empregados.[1 a 3]

Art. 55: 1. "As locações residenciais, quando contratadas por empresa para uso de seus agentes, são reguladas como não residenciais, sendo possível despejo imotivado" se ajustadas por prazo indeterminado (STJ-6ª T., REsp 29.283-2, Min. Pedro Acioli, j. 21.2.95, DJU 27.3.95). No mesmo sentido: RT 725/292.

Art. 55: 2. "A locação não residencial, a que se refere o art. 55 da Lei n. 8.245/91, quando passa a vigorar por prazo indeterminado, pode ser rescindida por vontade unilateral do locador" (RJTAMG 50/122). No mesmo sentido: RT 723/420, maioria.

Art. 55: 3. Para rescisão do contrato e consequente despejo, não há necessidade de notificação do ocupante, porque não é ele o locatário do prédio (RJTAMG 50/122).

Locação

Art. 56. Nos demais casos[1] de locação não residencial, o contrato por prazo determinado cessa, de pleno direito, findo o prazo estipulado, independentemente de notificação ou aviso.[1a]

Parágrafo único. Findo o prazo estipulado, se o locatário permanecer no imóvel por mais de trinta dias[1b a 1d] sem oposição do locador, presumir-se-á prorrogada a locação nas condições ajustadas, mas sem prazo determinado.[2]

Art. 56: 1. ou seja, excetuados os casos previstos nos arts. 53, 54 e 55.

Art. 56: 1a. s/ medida liminar para desocupação do imóvel no caso de cessação do contrato, v. art. 59 § 1º-VIII.

Art. 56: 1b. Vale a cláusula que impõe multa ao locatário se não devolver o imóvel findo o prazo contratual? v. art. 45, nota 1c.

Art. 56: 1c. "O prazo de 50 dias entre o vencimento do contrato e o ajuizamento da ação de despejo não admite supor a ocorrência de prorrogação do contrato, se à permanência do locatário se opôs expressa e formalmente o locador" (Bol. AASP 1.778/supl., em. 1).

Art. 56: 1d. Logo, a ação de despejo deve ser proposta em trinta dias após o vencimento do prazo contratual; caso contrário, terá o locador, para mover a ação, de notificar previamente o locatário (RT 751/356).

Art. 56: 2. Se ocorrer a prorrogação por prazo indeterminado, a locação de imóvel não residencial passará a ser regida pelo art. 57.

Art. 57. O contrato de locação por prazo indeterminado pode ser denunciado[1] por escrito, pelo locador, concedidos ao locatário trinta dias para a desocupação.[1a a 2a]

Art. 57: 1. Como se faz a denúncia? v. art. 46, notas 4 e segs.

Art. 57: 1a. Não havendo notificação premonitória, o locador é carecedor da ação (RT 695/138, Bol. AASP 1.773/supl., em. 3).

Art. 57: 1b. No caso de locação mista, residencial e não residencial, é incabível a denúncia vazia (Lex-JTA 142/268).

Art. 57: 2. "A notificação cuja necessidade o contrato prevê para que não se prorrogue automaticamente por prazo determinado, não dispensa a outra, prevista no art. 57 da Lei n. 8.245, para denunciar o contrato que tenha sido prorrogado por prazo indeterminado" (Lex-JTA 161/444).

Art. 57: 2a. s/ ação revisional de aluguel na pendência de prazo para desocupação do imóvel, v. art. 68 § 1º e notas.

Título II | DOS PROCEDIMENTOS

Capítulo I | DAS DISPOSIÇÕES GERAIS[1]

CAP. I: 1. Contém disposições transitórias s/ férias forenses, competência, valor da causa, citação, intimação e recursos (art. 58).

Art. 58. Ressalvados os casos previstos no parágrafo único do art. 1º, nas ações de despejo, consignação em pagamento de aluguel e acessório[1] da locação, revisionais de aluguel e renovatórias de locação,[2] observar-se-á o seguinte:

I — os processos tramitam durante as férias forenses e não se suspendem pela superveniência delas;

II — é competente para conhecer e julgar tais ações o foro do lugar da situação do imóvel, salvo se outro houver sido eleito no contrato;

III — o valor da causa corresponderá a doze meses de aluguel, ou, na hipótese do inciso II do art. 47, a três salários vigentes por ocasião do ajuizamento;

IV — desde que autorizado no contrato, a citação, intimação ou notificação far-se-á mediante correspondência com aviso de recebimento, ou, tratando-se de pessoa jurídica ou firma individual, também mediante telex ou fac-símile, ou, ainda, sendo necessário, pelas demais formas previstas no Código de Processo Civil;[3]

V — os recursos interpostos contra as sentenças terão efeito somente devolutivo.[4-5]

Art. 58: 1. Deve ser "acessórios" (v. art. 67-*caput*).

Art. 58: 2. A ação de despejo (art. 59-*caput*) e a revisional (art. 68, nota 2c) seguem o procedimento comum (v. CPC 318 e segs.). Já a de consignação e a renovatória seguem o procedimento especial (v., respectivamente, art. 67 e §§ e arts. 71 a 75).

Art. 58: 3. v. CPC 238 a 259 (citação) e 269 a 275 (intimação).

Art. 58: 4. s/ execução provisória da sentença de despejo: art. 63 § 4º, art. 64 (caução) e art. 65-*caput* (o prazo para desocupar se conta da notificação).

Art. 58: 5. v., todavia, art. 69, nota 2 (ação revisional).

Capítulo II | DAS AÇÕES DE DESPEJO[1]

CAP. II: 1. v. tb. art. 58 (disposições gerais).

Art. 59. Com as modificações constantes deste Capítulo, as ações de despejo[1] terão o rito ordinário.[2 a 4]

§ 1º Conceder-se-á liminar para desocupação em quinze dias, independentemente da audiência da parte contrária e desde que prestada a caução no valor equivalente a três meses de aluguel, nas ações que tiverem por fundamento exclusivo:

I — o descumprimento do mútuo acordo (art. 9º, inciso I), celebrado por escrito e assinado pelas partes e por duas testemunhas, no qual tenha sido ajustado o prazo mínimo de seis meses para desocupação, contado da assinatura do instrumento;

II — o disposto no inciso II do art. 47, havendo prova escrita da rescisão do contrato de trabalho[5] ou sendo ela demonstrada em audiência prévia;

III — o término do prazo da locação para temporada,[6] tendo sido proposta a ação de despejo em até trinta dias após o vencimento do contrato;

IV — a morte do locatário sem deixar sucessor legítimo na locação, de acordo com o referido no inciso I do art. 11, permanecendo no imóvel pessoas não autorizadas por lei;

V — a permanência do sublocatário no imóvel,[7] extinta a locação,[8] celebrada com o locatário;

VI — o disposto no inciso IV do art. 9º, havendo a necessidade de se produzir reparações urgentes no imóvel, determinadas pelo poder público, que não possam ser normalmente executadas com a permanência do locatário, ou, podendo, ele se recuse a consenti-las;[8a]

VII — o término do prazo notificatório previsto no parágrafo único do art. 40, sem apresentação de nova garantia apta a manter a segurança inaugural do contrato;[8b]

VIII — o término do prazo da locação não residencial,[8c] tendo sido proposta a ação em até trinta dias do termo ou do cumprimento de notificação comunicando o intento de retomada;[8d]

IX — a falta de pagamento de aluguel e acessórios da locação no vencimento, estando o contrato desprovido de qualquer das garantias previstas no art. 37, por não ter sido contratada ou em caso de extinção ou pedido de exoneração dela, independentemente de motivo.[8e-8f]

§ 2º Qualquer que seja o fundamento da ação dar-se-á ciência do pedido aos sublocatários,[9-10] que poderão intervir no processo como assistentes.[11]

§ 3º No caso do inciso IX do § 1º deste artigo, poderá o locatário evitar a rescisão da locação e elidir a liminar de desocupação se, dentro dos quinze dias concedidos para a desocupação do imóvel e independentemente de cálculo, efetuar depósito judicial que contemple a totalidade dos valores devidos, na forma prevista no inciso II do art. 62.[12]

Art. 59: 1. Casos de despejo:

— em qualquer tipo de locação: art. 9º;

— por falta de pagamento: art. 62;

— na locação residencial nova, por prazo igual ou superior a 30 meses: art. 46;

— na locação residencial nova, por prazo inferior a 30 meses: art. 47;

— na locação residencial velha: art. 78 e § ún.;

— na locação não residencial por prazo determinado: art. 56-*caput*;

— na locação não residencial por prazo indeterminado: art. 57;

— na locação para temporada: art. 59 § 1º-III;

— na locação para escola, hospital ou repartição pública: art. 53;

— quando alienado o imóvel locado: art. 8º;

— quando extinto o usufruto ou o fideicomisso: art. 7º.

Na especificação acima, locação nova é a contratada posteriormente à vigência desta lei; velha, a celebrada antes.

Em todos os casos, o texto que concede a ação de despejo é o art. 5º-*caput*.

Art. 59: 2. v. CPC 318 e segs. (procedimento comum).

Art. 59: 3. Cumulação de pedidos: art. 62-I e VI (despejo por falta de pagamento e, simultaneamente, cobrança de aluguéis).

Art. 59: 4. s/ aquisição de imóvel locado, v. art. 8º.

Art. 59: 5. v. art. 47-II.

Art. 59: 6. v. arts. 48 a 50.

Art. 59: 7. Embora a medida liminar objetive o sublocatário, a ação de despejo deve ser movida contra o locatário (com ciência do sublocatário, se legítimo — v. nota 9), porque, além de não ter o locador qualquer relação jurídica direta com o sublocatário, é do locatário a obrigação de restituir o imóvel (art. 23-III).

Art. 59: 8. v. art. 15.

Art. 59: 8a. O inciso VI foi acrescido pela Lei 12.112, de 9.12.09, em vigor 45 dias após a sua publicação (DOU 10.12.09).

Art. 59: 8b. O inciso VII foi acrescido pela Lei 12.112, de 9.12.09, em vigor 45 dias após a sua publicação (DOU 10.12.09).

Art. 59: 8c. v. art. 56-*caput*.

Art. 59: 8d. O inciso VIII foi acrescido pela Lei 12.112, de 9.12.09, em vigor 45 dias após a sua publicação (DOU 10.12.09).

Art. 59: 8e. O inciso IX foi acrescido pela Lei 12.112, de 9.12.09, em vigor 45 dias após a sua publicação (DOU 10.12.09).

Art. 59: 8f. v. § 3º.

Art. 59: 9. A ciência é obrigatória somente ao sublocatário legítimo, isto é, aquele que está no imóvel com o consentimento prévio e escrito do locador (v. art. 13).

Art. 59: 10. Igualmente, deve ser dada ciência da ação ao cessionário da locação e ao comodatário do imóvel, em ambos os casos se tiverem sido autorizados previamente e por escrito a ocupá-lo (art. 13).

Art. 59: 11. v. CPC 119 e segs.

Art. 59: 12. O § 3º foi acrescido pela Lei 12.112, de 9.12.09, em vigor 45 dias após a sua publicação (DOU 10.12.09).

Art. 60. Nas ações de despejo fundadas no inciso IV do art. 9º, inciso IV do art. 47 e inciso II do art. 53, a petição inicial deverá ser instruída com prova da propriedade do imóvel ou do compromisso registrado.[1-2]

Art. 60: 1. No mesmo sentido, inclusive para a ação de despejo fundada no inciso III do art. 47: art. 47 § 2º.

Art. 60: 2. "Tendo em vista a natureza pessoal da relação de locação, o sujeito ativo da ação de despejo identifica-se com o locador, assim definido no respectivo contrato de locação, podendo ou não coincidir com a figura do proprietário. A Lei 8.245/91 (Lei de Locações) especifica as hipóteses nas quais é exigida a prova da propriedade para a propositura da ação de despejo. Nos demais casos, é desnecessária a condição de proprietário para o seu ajuizamento" (STJ-3ª T., REsp 1.196.824, Min. Ricardo Cueva, j. 19.2.13, DJ 26.2.13).

Art. 61. Nas ações fundadas no § 2º do art. 46 e nos incisos III e IV do art. 47, se o locatário, no prazo da contestação, manifestar sua concordância com a desocupação do imóvel, o juiz acolherá o pedido fixando prazo de seis meses para a desocupação, contados da citação, impondo ao vencido a responsabilidade pelas custas e honorários advocatícios de vinte por cento sobre o valor dado à causa. Se a desocupação ocorrer dentro do prazo fixado, o réu ficará isento dessa responsabilidade; caso contrário, será expedido mandado de despejo.[1]

Art. 61: 1. para desocupação imediata.

Art. 62. Nas ações de despejo fundadas na falta de pagamento[1 a 3] de aluguel e acessórios da locação, de aluguel provisório,[3a] de diferenças de aluguéis, ou somente de quaisquer dos acessórios da locação,[4-4a] observar-se-á o seguinte:[4b]

I — o pedido de rescisão da locação[5] poderá[5a a 7a] ser cumulado com o pedido de cobrança dos aluguéis[8] e acessórios da locação;[8a] nesta hipótese, citar-se-á o locatário para responder ao pedido de rescisão e o locatário e os fiadores[8b a 8d] para responderem ao pedido de cobrança, devendo ser apresentado, com a inicial, cálculo discriminado do valor do débito;[8e a 10]

II — o locatário e o fiador[11-11a] poderão evitar a rescisão da locação[11b-11c] efetuando,[12] no prazo de quinze dias,[12a a 12d] contado da citação,[12e] o pagamento do débito atualizado,[13 a 17] independentemente de cálculo[17a] e mediante depósito judicial, incluídos:[17b]

a) os aluguéis e acessórios da locação[17c] que vencerem até a sua efetivação;

b) as multas[18 a 18c] ou penalidades contratuais, quando exigíveis;

c) os juros de mora;

d) as custas[19] e os honorários do advogado[19a a 21] do locador, fixados em dez por cento sobre o montante devido,[22] se do contrato não constar disposição diversa;

III — efetuada a purga da mora, se o locador alegar[23] que a oferta não é integral, justificando a diferença, o locatário poderá complementar o depósito[24-25] no prazo de dez dias, contado da intimação, que poderá ser dirigida ao locatário ou diretamente ao patrono deste, por carta ou publicação no órgão oficial, a requerimento do locador;[26]

IV — não sendo integralmente complementado o depósito, o pedido de rescisão prosseguirá pela diferença, podendo o locador levantar a quantia depositada;[27]

V — os aluguéis que forem vencendo até a sentença deverão ser depositados à disposição do juízo, nos respectivos vencimentos, podendo o locador levantá-los desde que incontroversos;[27a]

VI — havendo cumulação dos pedidos de rescisão da locação e cobrança dos aluguéis,[28-28a] a execução desta pode ter início antes da desocupação do imóvel, caso ambos tenham sido acolhidos.[29-30]

Parágrafo único. Não se admitirá a emenda da mora se o locatário já houver utilizado essa faculdade nos vinte e quatro meses imediatamente anteriores à propositura da ação.[31]

Art. 62: 1. s/ medida liminar para desocupação em caso de contrato desprovido de garantia, v. art. 59 §§ 1º-IX e 3º.

Art. 62: 1a. "O contrato particular de promessa de compra e venda do imóvel sem o registro no Cartório de Imóveis competente não confere legitimidade para a propositura da ação de despejo, ainda que seja por falta de pagamento" (STJ-5ª T., REsp 26.946-9, Min. Jesus Costa Lima, j. 1.9.93, DJU 4.10.93).

Art. 62: 2. Nada impede que, na pendência de ação renovatória, o locador mova contra o locatário ação de despejo por falta de pagamento de aluguéis (JTA 116/321, maioria).

Art. 62: 3. Na pendência de ação de despejo por falta de pagamento, é possível mover outra, relativa a aluguéis diferentes (Lex-JTA 157/417).

Art. 62: 3a. Não há razão para a suspensão da ação de despejo por falta de pagamento dos aluguéis provisórios fixados em ação revisional, até o julgamento final desta (Lex-JTA 141/273). Mas, julgado o autor carecedor da ação revisional, extingue-se, em consequência, a ação de despejo por falta de pagamento dos aluguéis provisórios (Lex-JTA 148/192).

Art. 62: 4. v. art. 9º-III.

Art. 62: 4a. Se o contrato permitir a cobrança dos tributos, encargos e despesas ordinárias de condomínio juntamente com os aluguéis (cf. art. 25), estes poderão ser incluídos no pedido. Todavia, no caso de estar o locatário obrigado a pagar tais acessórios diretamente, se o locador quiser incluí-los na ação de despejo deverá, antes da propositura da ação, notificar o locatário, para constituí-lo em mora (RT 754/324).

Locação

Art. 62: 4b. Redação do *caput* de acordo com a Lei 12.112, de 9.12.09, em vigor 45 dias após a sua publicação (DOU 10.12.09).

Art. 62: 5. Na ação de despejo, o pedido não é de rescisão da locação, mas de despejo, isto é, de desocupação do imóvel. A rescisão não implica, necessariamente, o despejo, embora seja pressuposto deste.

Art. 62: 5a. s/ a possibilidade de ser movida ação de despejo por falta de pagamento e também por outro fundamento (p. ex., infração de obrigação legal), v. notas 29 e 30.

Art. 62: 6. "Poderá"; logo, o locador não é obrigado a cumular a ação de despejo por falta de pagamento com a de cobrança dos aluguéis, facultada por este inciso I.

Art. 62: 6a. No sentido de que esta cumulação somente é possível na ação de despejo por falta de pagamento, não na denúncia vazia: RT 728/280.

Art. 62: 6b. Não há litispendência entre ações de despejo, sendo uma fundada em falta de pagamento de aluguéis e outra em falta de pagamento de encargos (RT 724/432).

Art. 62: 7. Os incisos I (em parte) e VI (totalmente) deveriam constituir artigo independente, para maior clareza dessas disposições, que significam o seguinte:

A ação de despejo por falta de pagamento pode ser cumulada com a de cobrança dos aluguéis (Lex-JTA 152/267). Se ambas forem julgadas procedentes, ficará facultado ao autor executar os aluguéis antes da desocupação do imóvel.

Em consequência: a execução da sentença, na parte em que julgou procedente a cobrança dos aluguéis, pode ser feita provisoriamente (art. 58-V). Tal execução observa as regras do CPC 520 a 522.

Art. 62: 7a. Cumulada a ação de despejo com a de cobrança dos aluguéis vencidos, se os inquilinos entregarem a chave do prédio deve a ação de cobrança prosseguir, com a citação do réu (Lex-JTA 143/252). No mesmo sentido, ponderando caber ao locador optar pela execução por quantia certa ou pelo processo de conhecimento: RT 826/278.

Art. 62: 8. devidos até a propositura da ação (Lex-JTA 145/336). **Contra,** admitindo a inclusão, na condenação, dos aluguéis e acessórios vencidos no curso da ação: Bol. AASP 1.876/374j.

Art. 62: 8a. "Desnecessário o pagamento pelo locador das despesas condominiais, taxas e imposto não pagos pelo locatário, como requisito de admissibilidade para a exigência delas, em ação de cobrança proposta contra o inquilino. Exegese do art. 62, I, da Lei 8.245/91" (RT 719/189, maioria).

Art. 62: 8b. "Em caso de cumulação da ação de despejo com cobrança dos aluguéis, a autora/locadora deverá promover a citação do locatário e do fiador, sob pena de extinção do processo, porque a Lei do Inquilinato, com a nova redação dada pela Lei n. 12.112/09, estabeleceu, nessa hipótese, em seu inciso I, do art. 62, o litisconsórcio necessário" (RJM 201/167: AI 1.0024.10.157747-6/001).

Art. 62: 8c. Súmula 268 do STJ: "O fiador que não integrou a relação processual na ação de despejo não responde pela execução do julgado" (v. jurisprudência s/ esta Súmula em RSTJ 155/541 a 556).

Assim, se o fiador não figurou no polo passivo, a sentença somente poderá ser executada contra o locatário (Lex-JTA 157/259, 157/263).

Art. 62: 8d. O fiador que não participou da ação de despejo cumulada com cobrança de aluguéis tem legitimidade para recorrer, como terceiro, da sentença nela proferida (STJ-6ª T., REsp 361.738, Min. Fernando Gonçalves, j. 18.4.02, DJU 6.5.02).

Art. 62: 8e. Redação do inciso I de acordo com a Lei 12.112, de 9.12.09, em vigor 45 dias após a sua publicação (DOU 10.12.09).

Art. 62: 9. "A regra imposta pelo art. 62, I, da Lei 8.245/91, ao determinar que deverá o autor, na inicial, apresentar memória discriminada do valor do débito, não se aplica em caso de ação de despejo por falta de pagamento não cumulada com o pedido de cobrança dos encargos locatícios atrasados" (STJ-RT 794/217).

Contra: RT 749/312.

Art. 62: 9a. "A exigência de discriminação dos valores em débito na petição inicial há de ser interpretada sem excesso de formalismo, aceitando-se o pedido sempre que possa o réu, sem maiores dificuldades, apreender o objeto da cobrança" (Lex-JTA 154/205).

Assim, admite-se a "possibilidade de apuração do valor do aluguel, por arbitramento, em liquidação de sentença, à vista da complexidade dos cálculos" (STJ-5ª T., REsp 594.598, Min. José Arnaldo, j. 28.9.04, DJU 25.10.04).

Art. 62: 10. No sentido de que a menção, na inicial, de quantia superior à devida acarreta a improcedência da ação de despejo: RT 712/191, 714/169, JTAERGS 91/331.

Art. 62: 11. Só o locatário e o fiador? Por que não também o cônjuge, o companheiro, o sublocatário legítimo? v. CC 304.

No regime anterior, entendia-se que também podiam purgar a mora:

— o sublocatário legítimo (cf. art. 38 da Lei 6.649/79);

— a esposa (JTA 116/247);

— a ex-esposa, no caso de continuar, após separação judicial, residindo no prédio locado (JTA 104/295);

— a companheira residente no imóvel (JTA 106/365) ou que nele permaneceu, depois de abandonada pelo locatário (JTA 105/291);

— o filho do locatário (JTA 108/315).

Art. 62: 11a. Existe acórdão entendendo dispensável a intervenção de advogado para requerer a purgação da mora (Lex-JTA 147/290).

Art. 62: 11b. No sentido de que não cabe reconvenção pelo locatário, visando a consignar aluguéis em ação de despejo por falta de pagamento: Lex-JTA 149/284.

Art. 62: 11c. "A propositura de ação revisional de aluguel após o ajuizamento da ação de despejo não afasta a inadimplência devidamente comprovada pelo locador" (RJTJERGS 257/267).

Art. 62: 12. No sentido de que o pedido de purgação da mora deve ser apresentado no protocolo competente para recebê-lo, considerando-se intempestivo se a ele chegar fora de prazo: RT 617/147. Ainda, especialmente se para isso houver concorrido a omissão ou a negligência do interessado: JTA 116/375.

✎ **Art. 62: 12a.** "Da ilegitimidade do deferimento antecipado de eventual pedido de emenda da mora segundo o regime da Lei 8.245, de 1991", por Marcelo Rodrigues Santini (Lex-JTA 165/10).

Art. 62: 12b. Súmula 173 do STF: "Em caso de obstáculo judicial, admite-se a purga da mora, pelo locatário, além do prazo legal".

Não havendo, porém, obstáculo judicial ou fato não imputável ao inquilino, o prazo para a purgação da mora não pode ser prorrogado pelo juiz (RT 624/148, JTA 89/297, 100/254, 108/334, Bol. AASP 1.410/313).

Art. 62: 12c. Este prazo é decadencial (RJTAMG 60/243).

Art. 62: 12d. O prazo para purgar a mora é um só, ainda que haja mais de uma pessoa com direito de purgá-la: JTA 105/305.

O prazo para purgar a mora não se dobra no caso de litisconsortes com procuradores diferentes (art. 191).

Art. 62: 12e. e não da juntada aos autos do mandado de citação.

Art. 62: 13. Caso em que não é permitida a purgação da mora: § ún.

Art. 62: 14. "A opção pela **purgação da mora,** na ação de despejo por falta de pagamento, **é incompatível com a contestação** do débito ou a revisão de cláusulas contratuais, nos moldes do artigo 62 da Lei 8.245/1991, em relação às parcelas tidas como indevidas" (STJ-4ª T., Ag em REsp 425.767-AgInt-AgInt, Min. Isabel Gallotti, j. 11.9.18, DJ 18.9.18). Em sentido semelhante: STJ-5ª T., REsp 655.286, Min. Felix Fischer, j. 4.8.05, DJU 26.9.05; RSTJ 149/529 (6ª T.), STJ-Bol. AASP 2.256/2.177 (6ª T.).

Todavia: "A contestação e o pedido de purgação de mora, em princípio, se repelem, persistindo no novo sistema o princípio geral da incompatibilidade de purgação de mora com contestação. Por outro lado, reconhece-se que a incompatibilidade se dá 'em princípio', porque admitir-se-ia a possibilidade de haver verbas incontroversas sobre as quais se permite seja efetuado o depósito e outras, sobre as quais se litiga, mediante contestação" (STJ-6ª T., REsp 292.973, Min. Hamilton Carvalhido, j. 18.12.02, DJU 4.8.03). No mesmo sentido: Lex-JTA 150/241.

"À luz do que dispõe o art. 62 da Lei n. 8.245/91, na ação de despejo por falta de pagamento pode o inquilino cumular pedido de purgação parcial de mora, de quantia que ache certa, com contestação relativa às verbas que, no seu entender, estão sendo cobradas indevidamente pelo senhorio" (Bol. AASP 1.778/supl., em. 9).

Exigindo o depósito da parte incontroversa como condição para a discussão da parte controvertida: "A contestação à ação de despejo por falta de pagamento apenas surtirá efeito desconstitutivo do direito do locador se acompanhada do depósito da importância acaso tida como incontroversa" (CED do 2º TASP, enunciado 28, v.u., em Bol. AASP 1.854/supl.). "Se o réu alega que seu débito é menor que o afirmado pelo autor, tem de depositar a parte incontroversa, para poder discutir a outra" (RT 730/272). No mesmo sentido: RT 696/160, 716/218, RF 330/327, Lex-JTA 140/243.

Art. 62: 15. Pedido de purgação da mora e contestação para arguir preliminares de mérito. "Na ação de despejo por falta de pagamento não se há vislumbrar qualquer incompatibilidade se, em contestação, o inquilino

Locação

suscita preliminares de mérito e, após, pede a purgação da mora, haja vista que na primeira hipótese a ideia é obstar o conhecimento, pelo juízo, do mérito, e quanto a segunda, caso admitido o direito de ação, de reconhecer o fato constitutivo do direito do autor" (RT 789/302).

Todavia, no sentido de que "são incompatíveis a alegação de incompetência do juízo e concomitante pedido de purga da mora", devendo ser rejeitada a exceção oferecida: RT 596/162. Ainda: JTA 98/246.

Art. 62: 16. "Atualizado"; quer dizer: com correção monetária. Diária, mensal, pelos índices oficiais ou por outros? Não custava a lei ter dito que, no silêncio do contrato de locação, a correção seria feita pelo índice "tal", dentre os muitos atualmente possíveis.

Art. 62: 17. "Na purgação da mora, o débito deve ser corrigido monetariamente" (CED do 2º TASP, enunciado 18, v.u., em Bol. AASP 1.854/supl.), ainda que a correção monetária não tenha sido prevista contratualmente (Lex-JTA 147/290).

Art. 62: 17a. Apesar de dispensado o cálculo pela lei, há acórdão exigindo-o: "Em despejo por falta de pagamento, não somente é necessária a remessa dos autos ao contador, mas que também, se este não apura o montante do débito com tempo, deve ser redesignada nova data para a purgação da mora" (Lex-JTA 150/241; também: Lex-JTA 108/251).

Art. 62: 17b. Redação do inciso II de acordo com a Lei 12.112, de 9.12.09, em vigor 45 dias após a sua publicação (DOU 10.12.09).

Art. 62: 17c. "Impostos. Não integrarão o valor a ser pago, uma vez não mencionado na inicial" (STJ-3ª T., REsp 17.065-0, Min. Eduardo Ribeiro, j. 14.4.92, DJU 18.5.92).

Art. 62: 18. só as moratórias, não as compensatórias (RT 545/151, 547/148, 605/137, 749/313, 767/242, JTA 94/309, 107/405, 108/291, Lex-JTA 147/287, 155/314, 160/281).

Art. 62: 18a. "Se a multa compensatória é pedida na inicial de ação de despejo por falta de pagamento e o locatário não a contesta, limitando-se a pedir a purga da mora, deve depositá-la, sob pena de despejo" (Lex-JTA 155/253).

Art. 62: 18b. O magistrado não pode, de ofício, declarar nula cláusula contratual que prevê a multa moratória de 20% sobre o aluguel, em caso de inadimplemento (RT 736/298).

Art. 62: 18c. "Equivoca-se aquele que imagina que a limitação do valor da cláusula penal a 10% do valor da dívida, estabelecida na Lei de Usura e no Código do Consumidor, vigore para o contrato de locação. Aquele diploma disciplina apenas o contrato de mútuo, e o outro não se aplica à locação de imóveis, campo em que incide a regra do art. 920 do CC, inexistindo ilegalidade na fixação da multa moratória em 20%" (RJ 214/80). No mesmo sentido: STJ-RT 793/217. O art. 920 do CC rev. corresponde ao CC 412.

Art. 62: 19. As custas "limitam-se ao valor despendido pelo locador" (Lex-JTA 161/299).

Art. 62: 19a. "Ao deferir a purga da mora na ação de despejo por falta de pagamento, o magistrado arbitrará os honorários advocatícios de acordo com o estipulado no contrato de locação, salvo abuso de direito" (CED do 2º TASP, enunciado 17, maioria).

Ainda: "Estabelecendo o contrato de locação, para o caso de emenda da mora, a percentagem da verba honorária sobre o montante do débito, e pedida esta na inicial, não é facultado ao magistrado fixá-la em percentagem inferior" (Lex-JTA 145/245). No mesmo sentido: Lex-JTA 146/226.

"Silenciando o despacho inicial, os honorários advocatícios para a purgação da mora são devidos segundo a previsão do contrato" (Lex-JTA 161/467).

Todavia, a disposição contratual sobre honorários, para o caso de emenda da mora, só vale até o limite estabelecido no CPC, que é de 20% (Lex-JTA 152/324).

✎ **Art. 62: 19b.** "A purgação da mora nas ações de despejo e o benefício da assistência judiciária", por Milton Sanseverino (Lex-JTA 169/6).

Art. 62: 20. "Se a parte goza dos benefícios da assistência judiciária, no valor da purgação da mora não se incluem as despesas alusivas a custas e honorários de advogado, isenção que perdurará pelo prazo e forma previstos no art. 12 da Lei n. 1.060/50" (STJ-Bol. AASP 1.803/283). No mesmo sentido: RSTJ 64/160, STJ-Bol. AASP 1.812/382; STJ-5ª T., REsp 241.611, Min. Felix Fischer, j. 8.2.00, deram provimento, DJU 28.2.00; RT 738/342, JTA 106/361, Lex-JTA 144/301, 147/214, 150/202.

Contra: "Na ação de despejo por falta de pagamento, exercendo a escusa potestativa da mora o locatário estará obrigado ao pagamento ao locador dos honorários do advogado por ele constituído e das custas processuais que antecipou, mesmo sendo ele beneficiário da assistência judiciária, por se tratar de ressarcimento legal-contratual, de natureza civil, dos prejuízos resultantes da inexecução da obrigação" (RSTJ 141/607, STJ-RT 790/214: 6ª T., RT 522/168, 523/184, 613/200, 713/179, 715/220, 720/185, maioria, JTA 60/255, 102/338, RJTAMG 24/323, 33/173, Bol. AASP 1.090/226).

Art. 62: 21. É irrecorrível o despacho que liminarmente fixa os honorários de advogado, para purgação da mora (JTA 60/241, 96/364). Da sentença que julgar extinto o processo, poderá apelar o interessado, insurgindo-se, nessa oportunidade, contra tal fixação (cit. JTA 60/241).

Todavia, se o juiz decidir sobre incidente suscitado a respeito, provocado pelo interessado, caberá agravo, pois então haverá prejuízo, em tese, e tratar-se-á de decisão interlocutória. Neste sentido: 2º TASP-5ª Câm., Ag 178.023-0, Juiz Teixeira Mendes, j. 6.3.85.

Art. 62: 22. i. e., sobre o total do débito até o dia do pagamento (RF 293/241).

Art. 62: 23. no prazo de cinco dias (CPC 218 § 3º), ou no que o juiz fixar.

Art. 62: 24. "Pode o locatário complementar o depósito feito para purgação da mora quando, justificadamente, o locador denuncia que a oferta não foi integral. Deve, todavia, cumprir a exigência da letra *a* do inciso II, de incluir no depósito os aluguéis e acessórios da locação que vencerem até a sua efetivação" (Lex-JTA 150/437).

Art. 62: 25. "Permitido ao locatário a complementação do depósito, este também revelando-se insuficiente, fica, em consequência, incontornável o despejo" (Lex-JTA 152/315).

Art. 62: 26. Redação do inciso III de acordo com a Lei 12.112, de 9.12.09, em vigor 45 dias após a sua publicação (DOU 10.12.09).

Art. 62: 27. Redação do inciso IV de acordo com a Lei 12.112, de 9.12.09, em vigor 45 dias após a sua publicação (DOU 10.12.09).

Art. 62: 27a. "Nos termos do art. 62, V, da Lei n. 8.245, de 1991, o locatário pode contestar a ação de despejo por falta de pagamento de alugueres, ficando, entretanto, obrigado a depositar o valor incontroverso dos aluguéis vencidos até a sentença" (Lex-JTA 148/190), sob pena de despejo (Lex-JTA 161/458).

Art. 62: 28. v., a propósito, nota 7, que esclarece o entendimento deste inciso VI.

Art. 62: 28a. "As prestações de aluguel e acessórios da locação que forem vencendo no curso da lide podem ser objeto de condenação: *contrario sensu*, resultaria inócuo o dispositivo legal, eis que mesmo assim obrigaria o senhorio a ingressar com ação de execução por tais parcelas" (JTAERGS 91/314).

Art. 62: 29. Como a anterior, a lei atual também não esclarece se é permitida a cumulação do pedido de despejo por falta de pagamento com o de despejo por qualquer outro motivo previsto em lei (p. ex., por infração de obrigação legal).

Na vigência da Lei 6.649/79, tal cumulação era admitida, conforme se vê de nosso comentário a respeito:

"Desde que a ação siga o rito ordinário, podem ser cumulados os pedidos de despejo por falta de pagamento e por outro motivo admitido em lei. O réu será citado para purgar a mora e, ainda que a purgue, para que conteste a ação. Se a mora não for purgada e se considerar procedente a ação por esse fundamento, o juiz decretará desde logo o despejo; se for purgada, a ação prosseguirá e, a final, o juiz proferirá sentença, em que apreciará ambos os pedidos" (cf. JTA 100/278). No mesmo sentido: JTA 106/344, 110/406, Bol. AASP 1.412/9. V. tb. JTA 106/330.

Não vemos inconveniente em que igual solução seja adotada agora, principalmente porque todas as ações de despejo seguem, na nova lei, o rito ordinário (art. 59-*caput*) e em todas a apelação é recebida apenas no efeito devolutivo (arts. 59-*caput* e 58-V).

Admitindo a cumulação da falta de pagamento e da retomada para uso de descendente na causa de pedir da ação de despejo, à luz da Lei 8.245/91: JTJ 297/483.

V. nota seguinte.

Art. 62: 30. Cabe agravo do pronunciamento que, julgando extinta ação de despejo, pelo pagamento, determina que esta prossiga, para apreciação de outro pedido, por fundamento diverso, cumulado pelo autor (v. nota anterior). O pronunciamento, no caso, não põe termo ao processo nem a qualquer de suas fases, mas apenas elimina parte de seu objeto.

Contra, admitindo apelação e não conhecendo do agravo: RT 482/180 e RF 256/247.

Art. 62: 31. Redação do § ún. de acordo com a Lei 12.112, de 9.12.09, em vigor 45 dias após a sua publicação (DOU 10.12.09).

Art. 63. Julgada procedente a ação de despejo,[1] o juiz determinará a expedição de mandado de despejo, que conterá o prazo[2-3] de trinta dias para a desocupação voluntária, ressalvado o disposto nos parágrafos seguintes.[3a]

§ 1º O prazo será de quinze dias se:

a) entre a citação e a sentença de primeira instância houverem decorrido mais de quatro meses; ou

b) o despejo houver sido decretado com fundamento no art. 9º ou no § 2º do art. 46.[3b]

§ 2º Tratando-se de estabelecimento de ensino autorizado e fiscalizado pelo Poder Público, respeitado o prazo mínimo de seis meses e o máximo de um ano, o juiz disporá de modo a que a desocupação coincida com o período de férias escolares.

§ 3º (*redação da Lei 9.256, de 9.1.96*) Tratando-se de hospitais, repartições públicas, unidades sanitárias oficiais, asilos, estabelecimentos de saúde e de ensino autorizados e fiscalizados pelo Poder Público, bem como por entidades religiosas devidamente registradas, e o despejo for decretado com fundamento no inciso IV do art. 9º[4] ou no inciso II do art. 53, o prazo será de um ano, exceto no caso em que entre a citação e a sentença de primeira instância houver decorrido mais de um ano, hipótese em que o prazo será de seis meses.

§ 4º A sentença que decretar o despejo fixará o valor da caução[5] para o caso de ser executada provisoriamente.

Art. 63: 1. a sentença poderá ser executada provisoriamente (v. art. 64).

Art. 63: 2. s/ prazo para desocupação, v. tb. §§ 1º a 3º e art. 61.

Art. 63: 3. Conta-se o prazo **"da data da notificação"** (art. 65-*caput*), salvo na hipótese do art. 61, em que o termo *a quo* é o dia da citação.

Art. 63: 3a. Redação do *caput* de acordo com a Lei 12.112, de 9.12.09, em vigor 45 dias após a sua publicação (DOU 10.12.09).

Art. 63: 3b. Redação da alínea *b* de acordo com a Lei 12.112, de 9.12.09, em vigor 45 dias após a sua publicação (DOU 10.12.09).

Art. 63: 4. Significa que, concedido o despejo para reparações "urgentes" (cf. art. 9º-IV), o prazo de desocupação da escola, hospital ou repartição pública pode ser de um ano, ainda assim contado da intimação da sentença (art. 65-*caput*)!...

Art. 63: 5. se já não tiver sido fixada com base no art. 59 § 1º.

Art. 64. Salvo nas hipóteses das ações fundadas no art. 9º,[1] a execução provisória do despejo dependerá de caução não inferior a seis meses nem superior a doze meses do aluguel, atualizado até a data da prestação da caução.[1a]

§ 1º A caução poderá ser real[1b-2] ou fidejussória[2a] e será prestada nos autos da execução provisória.[3-3a]

§ 2º Ocorrendo a reforma da sentença ou da decisão que concedeu liminarmente o despejo, o valor da caução reverterá em favor do réu,[4-5] como indenização mínima das perdas e danos, podendo este reclamar, em ação própria, a diferença pelo que a exceder.

Art. 64: 1. ou seja, a caução não é exigida nos casos de despejo decretado:

— por descumprimento de acordo (art. 9º-I), salvo a hipótese de ter sido concedida medida liminar (art. 59 § 1º-I);

— por infração de obrigação legal ou contratual (art. 9º-II);

— por falta de pagamento do aluguel e demais encargos (art. 9º-III), salvo a hipótese de ter sido concedida medida liminar (art. 59 § 1º-IX);

— para reparos urgentes (art. 9º-IV), salvo a hipótese de ter sido concedida medida liminar (art. 59 § 1º-VI).

Art. 64: 1a. Redação do *caput* de acordo com a Lei 12.112, de 9.12.09, em vigor 45 dias após a sua publicação (DOU 10.12.09).

Art. 64: 1b. Esta caução pode ser averbada no Registro de Imóveis (RT 721/196), "sendo desnecessária a constituição de hipoteca" para garantir a caução (RT 738/354).

Art. 64: 2. Pode o locador dar em caução o próprio prédio retomado? Sim (STJ-RT 794/217, 6ª T.; Lex-JTA 155/451, Bol. AASP 1.851/189j, 1.973/333j), desde que faça prova de propriedade (RT 731/357).

Art. 64: 2a. à escolha do locador (Lex-JTA 149/244).

"O juiz não pode determinar como deverá ser prestada a caução, se real ou fidejussória, uma vez que cabe ao locador optar por uma das modalidades de garantia" (Lex-JTA 146/401).

Art. 64: 3. s/ execução provisória, v. CPC 520 e segs.

Art. 64: 3a. "Não se exige a instauração de processo cautelar específico para a caução, bastando seja ela prestada, na dicção da lei, nos autos da execução provisória" (Lex-JTA 149/244).

Art. 64: 4. "Só o inquilino ou, se se cuidar de sublocação, o subinquilino é que têm o direito de, em caso de execução provisória de sentença, levantar a caução". Assim, se em segunda instância foi reformada a sentença que decretou o despejo e foi julgado o autor carecedor da ação, por tê-la proposto contra quem não era inquilino, o valor da caução deve ser devolvido ao locador (Bol. AASP 1.997/109j).

Art. 64: 5. "A teor do art. 64, § 2º, da Lei 8.245/91, reformada a sentença que decreta o despejo, aproveita ao locatário o direito de levantar a caução, a título de indenização pela indevida desocupação do imóvel" (STJ-RT 775/203).

Art. 65. Findo o prazo assinado para a desocupação, contado da data da notificação, será efetuado o despejo, se necessário com emprego de força, inclusive arrombamento.[1]

§ 1º Os móveis e utensílios serão entregues à guarda de depositário, se não os quiser retirar o despejado.

§ 2º O despejo não poderá ser executado até o trigésimo dia seguinte ao do falecimento do cônjuge, ascendente, descendente ou irmão de qualquer das pessoas que habitem o imóvel.[2]

Art. 65: 1. procedido por dois oficiais de justiça (CPC 846 § 1º).

Art. 65: 2. Pena: art. 44-IV.

Art. 66. Quando o imóvel for abandonado após ajuizada a ação, o locador poderá imitir-se na posse do imóvel.

Capítulo III | DA AÇÃO DE CONSIGNAÇÃO DE ALUGUEL E ACESSÓRIOS DA LOCAÇÃO[1]

CAP. III: 1. v. tb. art. 58 (disposições gerais); outro caso de consignação: art. 24.

Art. 67. Na ação que objetivar o pagamento dos aluguéis e acessórios da locação mediante consignação,[1] será observado o seguinte:

I — a petição inicial, além dos requisitos exigidos pelo art. 282 do Código de Processo Civil, deverá especificar os aluguéis e acessórios da locação com indicação dos respectivos valores;

II — determinada a citação[2] do réu, o autor será intimado[3] a, no prazo de vinte e quatro horas, efetuar o depósito judicial da importância indicada na petição inicial, sob pena de ser extinto o processo;

Locação

III — o pedido envolverá a quitação das obrigações que vencerem durante a tramitação do feito e até ser prolatada a sentença de primeira instância, devendo o autor promover os depósitos nos respectivos vencimentos;

IV — não sendo oferecida a contestação, ou se o locador receber os valores depositados, o juiz acolherá o pedido, declarando quitadas as obrigações, condenando o réu ao pagamento das custas e honorários de vinte por cento do valor dos depósitos;

V — a contestação[4] do locador, além da defesa de direito que possa caber, ficará adstrita, quanto à matéria de fato, a:

a) não ter havido recusa ou mora em receber a quantia devida;

b) ter sido justa a recusa;

c) não ter sido efetuado o depósito no prazo ou no lugar do pagamento;

d) não ter sido o depósito integral;

VI — além de contestar, o réu poderá, em reconvenção, pedir o despejo e a cobrança dos valores objeto da consignatória ou da diferença do depósito inicial,[5] na hipótese de ter sido alegado não ser o mesmo integral;

VII — o autor poderá complementar o depósito inicial, no prazo de cinco dias contados da ciência do oferecimento da resposta, com acréscimo de dez por cento sobre o valor da diferença. Se tal ocorrer, o juiz declarará quitadas as obrigações, elidindo a rescisão da locação, mas imporá ao autor-reconvindo a responsabilidade pelas custas e honorários advocatícios de vinte por cento sobre o valor dos depósitos;

VIII — havendo, na reconvenção, cumulação dos pedidos de rescisão da locação e cobrança dos valores objeto da consignatória, a execução desta[6] somente poderá ter início após obtida a desocupação do imóvel, caso ambos tenham sido acolhidos.

Parágrafo único. O réu poderá levantar a qualquer momento as importâncias depositadas sobre as quais não pende controvérsia.

Art. 67: 1. v. art. 58-II (competência) e III (valor da causa).

Art. 67: 2. s/ citação, v. art. 58-IV.

Art. 67: 3. Mais razoável será que, ao despachar a inicial, o juiz determine que, primeiro, o autor faça o depósito, para, em seguida, efetivar-se a citação. Será mais rápido, e o réu não poderá alegar prejuízo.

Art. 67: 4. "Na ação de consignação de aluguel e acessórios da locação, o prazo de resposta é de quinze dias (ref. arts. 67, V, e 79 da Lei 8.245/91 c/c arts. 297 e 896 do CPC)" (CED do 2º TASP, enunciado 5, v.u., conforme retificação no DJE 9.8.95).

Art. 67: 5. cf. art. 62, nota 7.

A apelação da sentença que julgar ação e reconvenção, neste caso, terá efeito apenas devolutivo (art. 58-V).

Art. 67: 6. cf. art. 62-VI.

Capítulo IV | DA AÇÃO REVISIONAL DE ALUGUEL[1]

CAP. IV: 1. s/ condições da ação, v. art. 19; v. tb. art. 58 (disposições genéricas s/ processo).

Art. 68. Na ação revisional de aluguel,[1 a 2b] que terá o rito sumário,[2c] observar-se-á o seguinte:[3]

I — além dos requisitos exigidos pelos arts. 276 e 282 do Código de Processo Civil, a petição inicial deverá indicar o valor do aluguel cuja fixação é pretendida;

II — ao designar a audiência de conciliação, o juiz, se houver pedido e com base nos elementos fornecidos tanto pelo locador como pelo locatário, ou nos que indicar, fixará aluguel provisório,[3a a 3c] que será devido desde a citação, nos seguintes moldes:[3d]

a) em ação proposta pelo locador, o aluguel provisório não poderá ser excedente a 80% (oitenta por cento) do pedido;

b) em ação proposta pelo locatário, o aluguel provisório não poderá ser inferior a 80% (oitenta por cento) do aluguel vigente;

III — sem prejuízo da contestação e até a audiência,[3e] o réu poderá pedir seja revisto o aluguel provisório, fornecendo os elementos para tanto; [4-4a]

IV — na audiência de conciliação, apresentada a contestação, que deverá conter contraproposta se houver discordância quanto ao valor pretendido,[4b] o juiz tentará a conciliação e, não sendo esta possível, determinará a realização de perícia, se necessária, designando, desde logo, audiência de instrução e julgamento;[4c-4d]

V — o pedido de revisão previsto no inciso III deste artigo interrompe o prazo para interposição de recurso contra a decisão que fixar o aluguel provisório.[4e]

§ 1º Não caberá ação revisional na pendência de prazo para desocupação do imóvel (arts. 46, § 2º, e 57),[5-5a] ou quando tenha sido este estipulado amigável ou judicialmente.

§ 2º No curso da ação de revisão, o aluguel provisório será reajustado na periodicidade[6] pactuada ou na fixada em lei.

Art. 68: 1. "Ação revisional de aluguel. Desequilíbrio do contrato e preço de mercado", por Eduardo de Assis Brasil Rocha (Ajuris 64/321); "Ações revisionais de aluguel e o CDC", por Liz Palazzo Rodrigues (RJ 219/31); "Algumas considerações sobre a ação revisional de aluguel", por Eduardo de Assis Brasil Rocha (Ajuris 66/336); "O contrato de *leasing* financeiro e as ações revisionais", pelo Min. Athos Gusmão Carneiro (RT 743/11, RF 340/75); "Consideração sobre a ação revisional", por Joaquim de Almeida Baptista (RT 776/128).

Art. 68: 1a. "Vendido o imóvel no curso do contrato, o adquirente se sub-roga nos direitos e obrigações do locador, entre os quais o de rever o aluguel" (RT 708/135).

Art. 68: 1b. "Existindo pluralidade de locadores, pode um deles ajuizar a ação revisional objetivando o aumento do valor do aluguel, sem necessidade de litisconsórcio ativo" (Bol. AASP 1.972/326j).

Art. 68: 2. A revisão abrange tanto as locações residenciais como as não residenciais. Por isso, o art. 19, que dispõe sobre ela, está no Capítulo I — **Disposições gerais.**

A ação revisional pode ser proposta "após três anos de vigência do contrato ou do acordo anteriormente realizado" (cit. art. 19).

Art. 68: 2a. "É possível a revisão do aluguel durante o prazo previsto no contrato de locação, ainda que para fins não residenciais, após três anos de sua vigência" (CED do 2º TASP, enunciado 10, v.u.). Neste sentido: RSTJ 58/369, 68/248.

Art. 68: 2b. "Inadmissível a interposição de ação revisional objetivando a inserção de cláusula de reajuste" (Lex-JTA 161/515).

Art. 68: 2c. Não há mais procedimento sumário no CPC; agora há um único procedimento para o processo de conhecimento ordinário, qual seja, o **procedimento comum** (v. CPC 318 e segs. e 1.049 § ún.).

Art. 68: 3. Redação do *caput* de acordo com a Lei 12.112, de 9.12.09, em vigor 45 dias após a sua publicação (DOU 10.12.09).

Art. 68: 3a. O não pagamento do aluguel provisório dá ensejo a pedido de despejo (v. art. 62-*caput*, especialmente nota 3a).

Art. 68: 3b. "O aluguel provisório, segundo resulta da lei e de seu caráter cautelar, deve ser fixado quando despachada a petição inicial e sem audiência da outra parte, se o autor o requerer, fornecendo os elementos indispensáveis, tais como pesquisas de mercado, estimativas de corretores imobiliários credenciados, enfim, elementos idôneos que viabilizem o deferimento do pedido. Não cabe fazê-lo depender de perícia determinada de ofício pelo magistrado, por lhe ser defeso suprir omissão do interessado no cumprimento de ônus imposto por lei" (STJ-5ª T., REsp 29.063, Min. Jesus Costa Lima, j. 8.2.95, DJU 6.3.95).

Art. 68: 3c. Arbitrado o valor dos alugueres provisórios na revisional, cabe ao réu, querendo, discuti-lo nos próprios autos, utilizando-se dos recursos cabíveis (Lex-JTA 147/321).

O réu pode, antes de recorrer e até a audiência de conciliação, requerer a revisão do valor do aluguel provisório ao próprio juiz (v. inciso III).

Art. 68: 3d. Redação do inciso II de acordo com a Lei 12.112, de 9.12.09, em vigor 45 dias após a sua publicação (DOU 10.12.09).

Art. 68: 3e. de conciliação.

Art. 68: 4. O pedido de revisão não é obrigatório. Trata-se de uma faculdade do réu, que pode optar pela direta interposição de agravo de instrumento contra a decisão que fixou o aluguel provisório.

Contra: "Fixado o aluguel provisório na ação revisional, o interesse recursal do réu somente surgirá se não for atendido o seu pedido de revisão daquela fixação" (CED do 2º TASP, enunciado 7, maioria).

Art. 68: 4a. O pedido de revisão interrompe o prazo para a interposição de recurso contra a decisão que fixou o aluguel provisório (v. inciso V).

Art. 68: 4b. Há um acórdão entendendo que, se o locatário discorda do aluguel pleiteado pelo autor, mas deixa de formular contraproposta, deve o juiz acolher o valor indicado na inicial (RT 717/206, maioria).

Art. 68: 4c. Redação do inciso IV de acordo com a Lei 12.112, de 9.12.09, em vigor 45 dias após a sua publicação (DOU 10.12.09).

Art. 68: 4d. "Em tema de ação revisional, eventual ausência da parte à audiência onde deveria prestar depoimento pessoal não faz presumir verdadeiro o valor sugerido na réplica, desobrigado o julgador de aceitar a proposta serôdia do autor, senão depois de cotejada com a prova pericial" (Lex-JTA 139/425).

Todavia: "Se revel o réu e se não se entremostra exagerado o aluguel pleiteado na inicial, não se deve perder tempo com perícias" (Lex-JTA 145/342).

Art. 68: 4e. O inciso V foi acrescido pela Lei 12.112, de 9.12.09, em vigor 45 dias após a sua publicação (DOU 10.12.09).

Art. 68: 5. "O que o § 1º do art. 68 da Lei n. 8.245/91 veda é a propositura de revisional, pendendo prazo para a desocupação do imóvel" (RSTJ 97/416). Mas nada impede que a proponha enquanto tal prazo não está correndo na ação de despejo (RSTJ 104/452).

A menção da lei aos prazos dos arts. 46, § 2º, e 57 (que se referem a notificações premonitórias, embora haja outros na lei: os dos arts. 7º-*caput*, 8º-*caput*, 78-*caput* e § ún.) dá a impressão de que, a partir da denúncia da locação, o locador já não pode mais mover ação revisional.

Não é assim. "Claro e evidente que o prazo que obsta a propositura da ação revisional é o que está em curso, quer seja ele resultante da denúncia unilateral do contrato com a notificação (arts. 46, § 2º, e 57) ou quando tenha sido estipulado amigável ou judicialmente (§ 1º do art. 68)" (RT 690/128). Por isso, "desatendendo o locatário à denúncia feita através de notificação, e tendo o locador que ajuizar ação de despejo, é lícita a propositura de ação revisional" (RT 690/127). No mesmo sentido: Lex-JTA 144/321, 148/162, Bol. AASP 1.792/168.

Em suma: "A restrição para o ajuizamento da ação revisional prevista no art. 68, § 1º, da Lei 8.245, de 1991, só incide quando em curso o prazo de desocupação do imóvel" (Lex-JTA 149/260).

"Assentada orientação do STJ, sobre que o adquirente do imóvel locado não está impedido de postular a revisão dos alugueres, ainda que tenha promovido a retomada" (RSTJ 68/297).

Se o pedido de retomada fundamenta-se no art. 78, o locador pode mover a ação revisional durante o curso do prazo para a retomada (RSTJ 105/458; STJ-5ª T., REsp 111.176, Min. José Arnaldo, j. 10.3.97, DJU 5.5.97; STJ-6ª T., REsp 141.209, Min. William Patterson, j. 2.9.97, DJU 29.9.97).

Por isso, "pode o locador ajuizar, primeiro, ação revisional, para, só depois, comunicar ao locatário a denúncia da locação, concedendo prazo para a desocupação do imóvel" (RSTJ 97/416).

Art. 68: 5a. "A vedação contida no art. 68, § 1º, da Lei 8.245/91 não se estende às hipóteses em que a mesma lei estipulou prazo superior a trinta dias para a desocupação" (JTAERGS 96/386). No mesmo sentido: 99/338.

Art. 68: 6. É nula a cláusula de correção monetária "cuja periodicidade seja superior a um ano" (art. 28 § 1º da Lei 9.069, de 29.6.95-Plano Real, no tít. CORREÇÃO MONETÁRIA, ementário), ou seja "inferior a um ano" (**Lei 10.192, de 14.2.01,** art. 2º § 1º, em LI 17, nota 1b).

Art. 69. O aluguel fixado na sentença retroage à citação, e as diferenças devidas durante a ação de revisão, descontados os alugueres provisórios satisfeitos, serão pagas corrigidas,[1] exigíveis a partir do trânsito em julgado da decisão que fixar o novo aluguel.[1a-2]

§ 1º Se pedido pelo locador, ou sublocador, a sentença poderá estabelecer periodicidade de reajustamento do aluguel diversa daquela prevista no contrato revisando, bem como adotar outro indexador para reajustamento do aluguel.

§ 2º A execução das diferenças será feita nos autos da ação de revisão.[3-4]

Art. 69: 1. A disposição aproveita a ambas as partes, porque a sentença tanto pode conceder aumento inferior, como superior ao fixado *initio litis*.

Art. 69: 1a. "A ação revisional não se confunde com a renovatória de locação. Na revisional, as **benfeitorias e as acessões** realizadas pelo locatário, em regra, **não devem ser consideradas** no cálculo do novo valor do aluguel, para um mesmo contrato. Tais melhoramentos e edificações, no entanto, poderão ser levadas em conta na fixação do aluguel por ocasião da renovatória, no novo contrato" (STJ-4ª T., REsp 1.193.926, Min. Antonio Ferreira, j. 3.5.16, DJ 11.5.16).

Em matéria de ação renovatória, v. tb. art. 72, nota 8.

Art. 69: 2. Neste caso, não cabe execução provisória (ao contrário do que permite a norma genérica do art. 58-V), porque a execução somente é admissível "a partir do trânsito em julgado da decisão que fixar o novo aluguel".

Por isso mesmo, a execução se faz "nos autos da ação de revisão" (§ 2º), e não em autos suplementares.

Art. 69: 3. Transitada em julgado a sentença e apurado o cálculo das diferenças devidas, o cumprimento da decisão observará as disposições do CPC 523 e segs.

Cf. art. 73, nota 1.

Art. 69: 4. Admite-se a execução provisória das diferenças? v. nota 2.

Nada impede, porém, que seja feita, em autos suplementares, a liquidação (não a execução) provisória do *quantum* devido, enquanto pende de apelação a sentença que o fixou.

Art. 70. Na ação de revisão do aluguel, o juiz poderá homologar acordo de desocupação, que será executado mediante expedição de mandado de despejo.[1]

Art. 70: 1. nos próprios autos da ação de revisão. A hipótese é diferente da prevista no art. 59 § 1º-I.

Capítulo V | DA AÇÃO RENOVATÓRIA[1]

CAP. V: 1. s/ renovatória, v. arts. 51 (condições da ação), 52 (contestação do réu) e 58 (disposições processuais genéricas).

Art. 71. Além dos demais requisitos exigidos no art. 282 do Código de Processo Civil, a petição inicial[1] da ação renovatória deverá ser instruída com:

I — prova do preenchimento dos requisitos dos incisos I, II e III[2] do art. 51;

II — prova do exato cumprimento do contrato em curso;

III — prova da quitação dos impostos e taxas que incidiram sobre o imóvel e cujo pagamento lhe[3] incumbia;

IV — indicação clara e precisa das condições oferecidas para a renovação da locação;

V — indicação do fiador quando houver no contrato a renovar e, quando não for o mesmo, com indicação do nome ou denominação completa, número de sua inscrição no Ministério da Fazenda, endereço e, tratando-se de pessoa natural, a nacionalidade, o estado civil, a profissão e o número da carteira de identidade, comprovando, desde logo, mesmo que não haja alteração do fiador, a atual idoneidade financeira;[3a]

VI — prova de que o fiador do contrato ou o que o substituir na renovação aceita os encargos da fiança, autorizado por seu cônjuge, se casado for;

VII — prova, quando for o caso, de ser cessionário ou sucessor, em virtude de título oponível ao proprietário.[4]

Parágrafo único. Proposta a ação pelo sublocatário do imóvel ou de parte dele, serão citados o sublocador e o locador, como litisconsortes,[5] salvo se, em virtude de locação originária ou renovada, o sublocador dispuser de prazo que admita renovar a sublocação; na primeira hipótese, procedente a ação, o proprietário ficará diretamente obrigado à renovação.

Art. 71: 1. A renovatória deve ser proposta entre **um ano, no máximo, e seis meses, no mínimo,** do término do prazo do contrato a renovar (art. 51 § 5º).

Art. 71: 2. e §§.

Art. 71: 3. "lhe": i. e., ao locatário.

Art. 71: 3a. Redação do inciso V de acordo com a Lei 12.112, de 9.12.09, em vigor 45 dias após a sua publicação (DOU 10.12.09).

Art. 71: 4. v. art. 51 § 1º.

Art. 71: 5. v. CPC 113 a 118, 229 e 1.005.

Art. 72. A contestação do locador, além da defesa de direito que possa caber,[1] ficará adstrita, quanto à matéria de fato, ao seguinte:

I — não preencher o autor os requisitos estabelecidos nesta lei;[2]

II — não atender, a proposta do locatário, o valor locativo real do imóvel na época da renovação, excluída a valorização trazida por aquele ao ponto ou lugar;[3]

III — ter proposta de terceiro para a locação, em condições melhores;[4]

IV — não estar obrigado a renovar a locação (incisos I e II[5] do art. 52).

§ 1º No caso do inciso II, o locador deverá apresentar, em contraproposta, as condições de locação que repute compatíveis com o valor locativo real e atual do imóvel.

§ 2º No caso do inciso III, o locador deverá juntar prova documental da proposta do terceiro, subscrita por este e por duas testemunhas, com clara indicação do ramo a ser explorado, que não poderá ser o mesmo do locatário.[6] Nessa hipótese, o locatário poderá, em réplica, aceitar tais condições para obter a renovação pretendida.

§ 3º No caso do inciso I do art. 52, a contestação deverá trazer prova da determinação do Poder Público ou relatório pormenorizado das obras a serem realizadas e da estimativa de valorização que sofrerá o imóvel, assinado por engenheiro devidamente habilitado.

§ 4º Na contestação, o locador, ou sublocador, poderá pedir,[7] ainda, a fixação de aluguel provisório, para vigorar a partir do primeiro mês do prazo do contrato a ser renovado, não excedente a oitenta por cento do pedido, desde que apresentados elementos hábeis para aferição do justo valor do aluguel.

§ 5º Se pedido pelo locador, ou sublocador, a sentença[8] poderá estabelecer periodicidade de reajustamento do aluguel diversa daquela prevista no contrato renovando, bem como adotar outro indexador para reajustamento do aluguel.

Art. 72: 1. v. art. 52 e notas.

Art. 72: 2. v., especialmente, art. 51.

Art. 72: 3. v. § 1º.

Art. 72: 4. v. § 2º e art. 75.

Art. 72: 5. e §§.

Art. 72: 6. No mesmo sentido: art. 52 § 1º.

Art. 72: 7. Segue-se que, sem pedido do locador na contestação, o juiz não pode determinar, de ofício (nem liminarmente, nem na sentença, se a locação não for renovada), que o aluguel seja atualizado.

Todavia: "É admissível o pedido de fixação de aluguel provisório na ação renovatória de locação, formulado após a contestação pelo réu, desde que não obste o normal andamento do feito" (RT 751/338). No mesmo sentido, afirmando não haver no caso preclusão: Lex-JTA 165/320, 165/324.

De qualquer modo, nada impede que o locador mova ação autônoma, pleiteando essa atualização, se não a pediu na renovatória (Lex-JTA 155/262). De acordo com o CC (art. 206 § 3º-I), essa pretensão prescreve em três anos.

Art. 72: 8. "Eventuais benfeitorias realizadas pelo locatário devem ser levadas em conta na fixação do valor do aluguel, por ocasião da ação renovatória, porquanto esses acessórios se incorporam ao domínio do locador, proprietário do bem, não havendo, pois, se falar em enriquecimento ilícito" (STJ-RT 786/235, um voto vencido, em embargos de divergência).

V. tb. art. 69, nota 1a.

Art. 73. Renovada a locação, as diferenças dos aluguéis vencidos[1-2] serão executadas[3] nos próprios autos da ação e pagas de uma só vez.

Art. 73: 1. O texto se refere às diferenças de **aluguéis vencidos** até a data de trânsito em julgado da sentença na renovatória. Apurado o *quantum*, o cumprimento da decisão observará as disposições do CPC 523 e segs.

Cf. art. 69, nota 3.

Art. 73: 2. A nota anterior se refere às diferenças dos aluguéis vencidos até a data do trânsito em julgado da renovatória.

Quanto aos aluguéis posteriores, serão exigíveis, por inteiro, após notificação ao locatário neste sentido, devendo ser pagos onde determinar o contrato ou a lei (art. 23-I). Seu não pagamento, no prazo contratual, autoriza ação de despejo (art. 9º-III).

Art. 73: 3. Uma vez apurado o cálculo das diferenças devidas, o cumprimento da decisão observará as disposições do CPC 523 e segs. (v. nota 1).

Art. 74. Não sendo renovada a locação,[1-1a] o juiz determinará a expedição de mandado de despejo, que conterá o prazo de trinta dias para a desocupação voluntária,[2-2a] se houver pedido na contestação.[3 a 3b]

§ 1º (VETADO)

§ 2º (VETADO)

§ 3º (VETADO)

Art. 74: 1. Tanto nos casos de extinção do processo sem julgamento do mérito quanto nos casos de improcedência da ação renovatória, a renovação não acontece (Lex-JTA 148/217) e, havendo pedido de desocupação na resposta do réu, o juiz deve expedir o mandado de despejo para desocupação em 30 dias.

Art. 74: 1a. Afirmando que, não renovada a locação, a sentença deverá fixar o novo aluguel, desde o término do contrato renovando até final desocupação do imóvel: RSTJ 69/410, RT 741/308.

Locação

"Desistindo o autor da ação renovatória em curso, deve o juiz fixar prazo para a desocupação do prédio, condenando o locatário ao pagamento do aluguel arbitrado, a partir do término da locação até o dia da efetiva entrega do imóvel, pois constituiria enriquecimento ilícito injustificável permitir-se o pagamento de aluguéis defasados, com base em contrato vencido" (RT 689/176). No mesmo sentido: Lex-JTA 147/327.

"Não configura julgamento *extra petita* a fixação *ex officio* de novos aluguéis para o período que vai da data do julgamento até a data de desocupação do imóvel" (STJ-5ª T., REsp 64.861, Min. Edson Vidigal, j. 18.11.97, DJU 15.12.97; note-se que este acórdão mandou fazer a atualização a partir da sentença, e não do término do contrato renovando).

Com relação ao valor do aluguel devido após o término do contrato, há decisões em diferentes sentidos, ponderando que ele deve ser

— "o aluguel fixado pela perícia para o caso de renovação" (STJ-Corte Especial, ED no REsp 34.240, Min. Pádua Ribeiro, j. 23.5.95, DJU 21.8.95);

— atualizado "por cálculo do perito, a fim de evitar prejuízo ao locador" (STJ-6ª T., REsp 55.290, Min. Anselmo Santiago, j. 26.5.97, DJU 4.8.97). No mesmo sentido: STJ-5ª T., REsp 315.721, Min. Gilson Dipp, j. 28.6.01, DJU 27.8.01;

— igual ao "valor proposto na renovatória" (STJ-5ª T., REsp 61.876, Min. José Dantas, j. 10.3.97, DJU 14.4.97);

— corrigido monetariamente: "Diante do insucesso da ação renovatória, cabe o pagamento dos aluguéis vigentes à época do contrato, aplicada a devida correção monetária. Se os índices de correção não refletem a real inflação ou são considerados injustos pelos recorridos, deve-se buscar a via adequada para pleitear-se tal direito e que, com certeza, não é esta do especial" (RSTJ 151/549). O acórdão recorrido havia determinado que os aluguéis deviam ser iguais aos provisórios, fixados nos termos do art. 72 § 4º.

Art. 74: 2. Esse prazo não comporta variações: será sempre de 30 dias.

O termo *a quo* desse prazo, por analogia com o art. 65-*caput*, conta-se a partir da própria notificação.

Art. 74: 2a. "Ação renovatória. Direito intertemporal. Lei processual posterior. Aplicação imediata. Prazo para desocupação do imóvel. A lei que altera o prazo de desocupação do imóvel, isto é, de cumprimento de sentença de processo judicial, não rege relações de direito material entre as partes, mas de direito processual. Necessária a intimação pessoal da locatária, por meio de mandado de despejo, com o prazo de 30 dias (Lei 8.245/91, art. 74, com a redação da Lei 12.112/09) para a desocupação do imóvel na execução provisória" (STJ-3ª T., REsp 1.307.530, Min. Sidnei Beneti, j. 11.12.12, maioria, DJ 11.3.13).

"É indispensável a notificação pessoal da locatária por meio de mandado de despejo, no qual conste o prazo de 30 dias disposto no art. 74 da Lei 8.245/91, para que proceda à desocupação do imóvel em execução provisória de sentença que julgou improcedente ação renovatória" (STJ-4ª T., Ag em REsp 389.671-EDcl-AgRg, Min. Luis Felipe, j. 27.5.14, DJ 3.6.14).

Art. 74: 3. Redação de acordo com a Lei 12.112, de 9.12.09, em vigor 45 dias após a sua publicação (DOU 10.12.09).

Art. 74: 3a. A desocupação do imóvel não é efeito automático da extinção do processo sem julgamento do mérito nem da improcedência da ação renovatória. Assim, tal desocupação depende de pedido expresso do réu (a nosso ver, esse pedido tem natureza claramente reconvencional) e não pode ser determinada de ofício.

Art. 74: 3b. A sentença que julga a ação renovatória comporta execução provisória?

A anterior redação do art. 74 previa que "o juiz fixará o prazo de até seis meses após o trânsito em julgado da sentença para desocupação, se houver pedido na contestação". Assim, entendia-se que a execução do despejo não podia ser feita de forma provisória, por depender do trânsito em julgado (Lex-JTA 153/234, 157/484, RJTAMG 54/320). Todavia, já se admitia, desde então, a "execução provisória de diferenças de aluguéis" (STJ-5ª T., REsp 329.035, Min. Edson Vidigal, j. 21.8.01, DJU 1.10.01), cujo recebimento não estava condicionado ao trânsito em julgado.

Agora, não mais há no texto da lei qualquer relação entre a expedição do mandado de despejo e o trânsito em julgado da sentença que julga a ação renovatória. Isso, aliado ao efeito meramente devolutivo da apelação (art. 58-V), leva à conclusão de que a sentença que julga a ação renovatória agora **comporta ampla execução provisória,** tanto no que diz respeito à desocupação do imóvel quanto no que diz respeito à cobrança de eventuais diferenças de aluguel. Endossando essas ideias e autorizando a execução provisória da sentença que determina a desocupação do imóvel: STJ-3ª T., REsp 1.307.530, Min. Sidnei Beneti, j. 11.12.12, maioria, DJ 11.3.13. No mesmo sentido: STJ-4ª T., Ag em REsp 796.307-AgRg-AgInt, Min. Isabel Gallotti, j. 17.8.17, DJ 22.8.17.

O veto do Presidente da República ao § 3º do art. 74 não altera essa realidade. Tal § 3º era no seguinte sentido: "A execução provisória da retomada fica condicionada à prestação de caução em valor não inferior a 6 (seis) meses nem superior a 12 (doze) meses do aluguel, atualizado até a data da prestação da caução". Ocorre que o atual texto do art. 74 não depende da inserção de qualquer parágrafo para a autorização de ampla execução provisória da sentença, inclusive no que diz respeito ao despejo. Basta a sua conjugação com o art. 58-V.

Assim, o único resultado prático do veto ao § 3º do art. 74 foi o de liberar o locador da prestação de caução para a execução provisória do despejo, a exemplo do que acontece nos casos de ação de despejo fundada no art. 9º (v. art. 64-*caput*).

Art. 75. Na hipótese do inciso III do art. 72, a sentença fixará desde logo a indenização devida ao locatário em consequência da não prorrogação da locação, solidariamente devida pelo locador e o proponente.

Título III DAS DISPOSIÇÕES FINAIS E TRANSITÓRIAS

Art. 76. Não se aplicam as disposições desta lei aos processos em curso.

Art. 77. Todas as locações residenciais que tenham sido celebradas anteriormente à vigência desta lei serão automaticamente prorrogadas por tempo indeterminado, ao término do prazo ajustado no contrato.[1]

Art. 77: 1. "mantidas as demais cláusulas e condições do contrato" (art. 46 § 1º).

Art. 78. As locações residenciais que tenham sido celebradas anteriormente à vigência desta lei e que já vigorem ou venham a vigorar por prazo indeterminado, poderão ser denunciadas[1 a 4] pelo locador, concedido o prazo de doze meses para a desocupação.[5]

Parágrafo único. Na hipótese de ter havido revisão judicial ou amigável do aluguel, atingindo o preço do mercado, a denúncia somente poderá ser exercitada após vinte e quatro meses da data da revisão, se esta ocorreu nos doze meses anteriores à data da vigência desta lei.

Art. 78: 1. Como se faz a denúncia? v. art. 46, notas 4 e segs.

Art. 78: 2. O art. 78 disciplina, neste caso, a hipótese de denúncia vazia ou imotivada. Convém lembrar que o despejo, nas locações a que ele se refere, também pode ser proposto com fundamento no art. 47 (menos o inciso V).

Art. 78: 3. Pode ser movida ação revisional, após a denúncia da locação? v. art. 68, nota 5.

Art. 78: 4. Súmula 13 do 2º TASP: "Na chamada denúncia vazia, a retomada é deferida pela só conveniência do locador, sendo dispensável, a propósito, audiência de instrução e julgamento".

Súmula 21 do 2º TASP: "Na ação de despejo por denúncia vazia, é inadmissível discussão sobre a sinceridade do pedido".

Art. 78: 5. findo o qual pode ser proposta a ação de despejo.

O "prazo para a desocupação", a que se refere o art. 78, está sempre de permeio entre a denúncia e a propositura da ação de despejo (cf. arts. 7º, 8º, 46 § 2º e 57). Não se conta da sentença, mas sim da denúncia; mesmo porque, se fosse contado da sentença, a ação de despejo poderia ser ajuizada desde logo, valendo a citação como denúncia da locação.

Art. 79. No que for omissa esta lei aplicam-se as normas do Código Civil e do Código de Processo Civil.

Art. 80. Para os fins do inciso I do art. 98 da Constituição Federal,[1] as ações de despejo poderão ser consideradas como causas cíveis de menor complexidade.

Art. 80: 1. O preceito constitucional citado no texto autoriza a criação de juizados especiais, nas causas cíveis de menor complexidade, com julgamento dos recursos por turmas de juízes de primeiro grau.

Art. 81. O inciso II do art. 167 e o art. 169 da Lei n. 6.015, de 31 de dezembro de 1973,[1] passam a vigorar com as seguintes alterações:[2]

"Art. 167...

"II...

"16) do contrato de locação, para os fins de exercício de direito de preferência".

"Art. 169...

"III — o registro[3] previsto no n. 3 do inciso I do art. 167, e a averbação prevista no n. 16 do inciso II do art. 167 serão efetuados no Cartório onde o imóvel esteja matriculado mediante apresentação de qualquer das vias do contrato, assinado pelas partes e subscrito por duas testemunhas, bastando a coincidência entre o nome de um dos proprietários e o locador".

Art. 81: 1. Lei 6.015: Lei dos Registros Públicos (no título REGISTROS PÚBLICOS).

Art. 81: 2. s/ o alcance destas alterações, v. art. 8º, nota 9.

Art. 81: 3. Esta hipótese é mesmo de **registro**, e não de **averbação** (v. art. 8º, nota 9).

Art. 82. O art. 3º da Lei n. 8.009, de 29 de março de 1990,[1] passa a vigorar acrescido do seguinte inciso VII:

"Art. 3º...[2]

"VII — por obrigação decorrente de fiança concedida em contrato de locação".

Art. 82: 1. Lei 8.009, de 29.3.90 — Dispõe sobre a impenhorabilidade do bem de família (no tít. BEM DE FAMÍLIA, ínt.).

Art. 82: 2. O *caput* do **art. 3º da Lei 8.009** é do seguinte teor:

"A impenhorabilidade é oponível em qualquer processo de execução civil, fiscal, previdenciária, trabalhista ou de outra natureza, salvo se movido:" (seguem-se os incisos).

Art. 83. Ao art. 24 da Lei n. 4.591, de 16 de dezembro de 1964,[1] fica acrescido o seguinte § 4º:

"Art. 24...

"§ 4º (*redação da Lei 9.267, de 25.3.96*) Nas decisões da assembleia que não envolvam despesas extraordinárias do condomínio, o locatário poderá votar, caso o condômino-locador a ela não compareça".

Art. 83: 1. Lei 4.591, de 16.12.64 — Dispõe sobre o condomínio em edificações e as incorporações imobiliárias (no tít. CONDOMÍNIO E INCORPORAÇÃO).

Art. 84. Reputam-se válidos os registros dos contratos de locação de imóveis, realizados até a data da vigência desta lei.

Art. 85. Nas locações residenciais, é livre a convenção do aluguel[1] quanto a preço, periodicidade e indexador de reajustamento, vedada a vinculação à variação do salário mínimo, variação cambial e moeda estrangeira:

I — dos imóveis novos, com habite-se concedido a partir da entrada em vigor desta lei;

II — dos demais imóveis não enquadrados no inciso anterior, em relação aos contratos celebrados, após cinco anos de entrada em vigor desta lei.

Art. 85: 1. v. art. 17, cujas disposições genéricas são alteradas pelo art. supra.

Art. 86. O art. 8º da Lei n. 4.380, de 21 de agosto de 1964,[1] passa a vigorar com a seguinte redação:

"Art. 8º O Sistema Financeiro da Habitação, destinado a facilitar e promover a construção e a aquisição da casa própria ou moradia, especialmente pelas classes de menor renda da população, será integrado:"

Art. 86: 1. **Lei 4.380, de 21.8.64** — Institui a correção monetária nos contratos imobiliários de interesse social, o sistema financeiro para aquisição da casa própria, cria o Banco Nacional da Habitação (BNH), e sociedades de crédito imobiliário, as letras imobiliárias, o Serviço Federal de Habitação e Urbanismo, e dá outras providências (no tít. CONTRATOS IMOBILIÁRIOS, ínt.).

Art. 87. (VETADO)

Art. 88. (VETADO)

Art. 89. Esta lei entrará em vigor sessenta dias após a sua publicação.[1]

Art. 89: 1. Publicada no DOU 21.10.91.

Art. 90. Revogam-se as disposições em contrário, especialmente:

I — o Decreto n. 24.150, de 20 de abril de 1934;

II — a Lei n. 6.239, de 19 de setembro de 1975;

III — a Lei n. 6.649, de 16 de maio de 1979;

IV — a Lei n. 6.698, de 15 de outubro de 1979;

V — a Lei n. 7.355, de 31 de agosto de 1985;

VI — a Lei n. 7.538, de 24 de setembro de 1986;[1]

VII — a Lei n. 7.612, de 9 de julho de 1987;[2] e

VIII — a Lei n. 8.157, de 3 de janeiro de 1991.[3]

Art. 90: 1. A Lei 7.538, de 24.9.86, tinha vigência limitada no tempo; exauriu seus efeitos a 1.3.87. Não se vê como possa ser revogada uma lei que já cessou de viger há mais de três anos.

Art. 90: 2. A Lei 7.612, de 9.7.87, já não estava em vigor. Suspendeu os processos de despejo pelo prazo de 90 dias, findo o qual cessaram os efeitos desse diploma legislativo.

Art. 90: 3. Os arts. 15 e 17 da Lei 8.178, de 1.3.91, continuam em vigor (v. art. 17, nota 2).

Brasília, em 18 de outubro de 1991; 170º da Independência e 103º da República — FERNANDO COLLOR — **Jarbas Passarinho.**

Lei n. 8.494, de 23 de novembro de 1992

Dispõe sobre a extinção do Índice de Salários Nominais Médios e o reajuste dos contratos de locação residencial, e dá outras providências.

O Vice-Presidente da República no exercício do cargo de Presidente da República

Faço saber que o Congresso Nacional decreta e eu sanciono a seguinte lei:

Art. 1º É extinto, a partir de 1º de agosto de 1992, o Índice de Salários Nominais Médios — ISN, de que trata o art. 18 da Lei n. 8.178, de 1º de março de 1991.

Art. 2º Nos contratos de locação residencial vinculados ao ISN, vigentes na data de publicação da medida provisória que deu origem a esta lei, o primeiro reajuste que ocorrer será calculado por um índice composto pelas variações acumuladas:

I — do ISN entre o mês do reajuste imediatamente anterior à publicação da medida provisória que deu origem a esta lei e o mês de julho de 1992, inclusive;

II — do Índice de Preços ao Consumidor Amplo — IPCA, calculado pela Fundação Instituto Brasileiro de Geografia e Estatística — IBGE entre o mês de agosto de 1992, inclusive, e o mês imediatamente anterior ao reajuste de que trata este artigo.

§ 1º Nas hipóteses de impossibilidade técnica de divulgação do IPCA até o décimo sétimo dia do mês seguinte ao de referência, caberá ao Ministério da Economia, Fazenda e Planejamento fixá-lo com base nos índices divulgados por entidades idôneas.

§ 2º O índice composto de que trata o *caput* deste artigo substitui o ISN para os fins do disposto no art. 16 da Lei n. 8.178, de 1991.[1]

• Art. 2º: 1. O art. 16 da Lei 8.178, de 1.3.91, foi revogado pelo art. 83 da Lei 9.069, de 29.6.95, que instituiu o Plano Real (no tít. CORREÇÃO MONETÁRIA, ementário).

Art. 3º A partir do reajuste de que trata o artigo anterior, as partes deverão convencionar um novo índice para os reajustes futuros, vedada a vinculação:

I — ao Salário Mínimo;

II — a Taxa de Câmbio;

III — a Taxa Referencial de Juros — TR;

IV — a Unidade Fiscal de Referência — UFIR.

Art. 4º Na ausência de acordo, poderão as partes propor arbitragem a cargo de árbitro por ambas eleito, a quem incumbirá decidir sobre o índice que regerá o reajuste.

Art. 5º O índice convencionado pelas partes nos termos desta lei não estará sujeito à limitação de que trata o art. 16 da Lei n. 8.178, de 1991.

Parágrafo único. Fica mantida a vedação ao estabelecimento de cláusula de reajuste com periodicidade inferior à semestral.

Art. 6º As relações jurídicas decorrentes da Medida Provisória n. 304, de 28 de agosto de 1992, serão disciplinadas pelo Congresso Nacional, nos termos do disposto no parágrafo único do art. 62 da Constituição.

Art. 7º Esta lei entra em vigor na data de sua publicação.

Brasília, 23 de novembro de 1992; 171º da Independência e 104º da República — ITAMAR FRANCO — **Gustavo Krause Gonçalves Sobrinho.**

Ementário

Mútuo

— v. CF 192 § 3º, CC 586 a 593.

Dec. 22.626, de 7.4.33 — Dispõe sobre os juros nos contratos e dá outras providências (v. adiante, texto integral). Alterado pelo **Dec. lei 182, de 5.1.38** (v. abaixo), e pela **Lei 3.942, de 21.8.61** (v. abaixo). Este diploma legislativo é conhecido sob a denominação de "Lei da Usura". O prazo para pagamento da primeira prestação, previsto no seu art. 10, foi prorrogado sucessivamente, até vencer-se no dia 31.12.35; e o das demais foi prorrogado para os dias 31.12, vencendo-se a começar de 1936 (Dec. 24.056, de 28.3.34; Dec. 24.203, de 7.5.34, em RT 90/367, RF 62/576; Dec. leg. 10, de 14.12.34; Lei 49, de 9.5.35, em RT 96/565, RF 64/389; Lei 98, de 30.9.35, em RT 98/502, RF 65/632).

Dec. lei 182, de 5.1.38 — Revoga disposições contidas no Dec. n. 22.626, de 1933, e nas Leis ns. 454 e 492, de 1937 (RT 112/781, Lex 1938/16). Revogou os §§ 1º e 2º do art. 1º do Dec. 22.626.

Lei 3.942, de 21.8.61 — Facilita as hipotecas até Cr$ 100.000,00 (RT 313/738, Lex 1961/859, RF 196/400). Acrescentou § ún. ao art. 8º do Dec. 22.626.

Med. Prov. 2.170-36, de 23.8.01 — Dispõe sobre a administração dos recursos de caixa do Tesouro Nacional, consolida e atualiza a legislação pertinente ao assunto e dá outras providências (v. nota 1b ao art. 4º do Dec. 22.626).

Med. Prov. 2.172-32, de 23.8.01 — Estabelece a nulidade das disposições contratuais que menciona e inverte, nas hipóteses que prevê, o ônus da prova nas ações intentadas para sua declaração (v. adiante, texto integral).

Decreto n. 22.626, de 7 de abril de 1933[1]

Dispõe sobre os juros nos contratos e dá outras providências.

O Chefe do Governo Provisório da República dos Estados Unidos do Brasil:

Considerando que todas as legislações modernas adotam normas severas para regular, impedir e reprimir os excessos praticados pela usura;

Considerando que é de interesse superior da economia do país não tenha o capital remuneração exagerada impedindo o desenvolvimento das classes produtoras;

Decreta:

DEC. 22.626: 1. Este Dec. foi considerado revogado pelo Dec. s/n de 25.4.91. É claro que não podia ser revogado por simples decreto do Executivo, porque se trata de decreto com força de lei. Aliás, o Dec. s/n de 29.11.91 tornou sem efeito a revogação do Dec. 22.626.

Art. 1º É vedado, e será punido nos termos desta lei, estipular em quaisquer contratos taxas de juros superiores ao dobro da taxa legal (Código Civil, art. 1.062).[1 a 2]

§ 1º (*revogado pelo Dec. lei 182, de 5.1.38*).

§ 2º (*revogado pelo Dec. lei 182, de 5.1.38*).

§ 3º A taxa de juros deve ser estipulada em escritura pública ou escrito particular, e não o sendo, entender-se-á que as partes acordaram nos juros de 6% ao ano,[3] a contar da data da propositura da respectiva ação ou do protesto cambial.

Art. 1º: 1. "O regime dos juros no novo direito privado brasileiro", por Judith Martins-Costa (Ajuris 105/237).

Art. 1º: 1a. Súmula 596 do STF: "As disposições do Decreto 22.626/33 não se aplicam às taxas de juros e aos outros encargos cobrados nas operações realizadas por instituições públicas ou privadas, que integram o sistema financeiro nacional".

"As instituições financeiras não se sujeitam à limitação dos juros remuneratórios estipulada na Lei de Usura (Decreto 22.626/33). Súmula 596/STF" (STJ-2ª Seção, REsp 1.061.530, Min. Nancy Andrighi, j. 22.10.08, DJ 10.3.09).

S/ juros remuneratórios em contrato bancário, v. tb. CC 591 e notas; CDC 51, nota 7a.

Art. 1º: 2. Súmula 176 do STJ (Taxa de juros ANBID-CETIP): "É nula a cláusula contratual que sujeita o devedor à taxa de juros divulgada pela ANBID-CETIP".

Funda-se esta Súmula na **Lei 4.595, de 31.12.64** (RT 353/541, Lex 1964/1.499, RDA 80/467), podendo ser invocados, a respeito, o art. 4º-VI, IX e XXII c/c arts. 17 e 18 desse diploma legislativo.

Observe-se que a Súmula 596 deve ser harmonizada com a de n. 121 (em nota ao art. 4º).

Art. 1º: 3. O art. 1.062 do CC rev. estabelecia em 6% ao ano a taxa de juros moratórios, quando não convencionada. Atualmente, dispõe o **CC 406:** "Quando os juros moratórios não forem convencionados, ou o forem sem taxa estipulada, ou quando provierem de determinação da lei, serão fixados segundo a taxa que estiver em vigor para a mora do pagamento de impostos devidos à Fazenda Nacional".

Art. 2º É vedado, a pretexto de comissão, receber taxas maiores do que as permitidas por esta lei.[1]

Art. 2º: 1. **Súmula 294 do STJ:** "Não é potestativa a cláusula contratual que prevê a comissão de permanência, calculada pela taxa média de mercado apurada pelo Banco Central do Brasil, limitada à taxa do contrato".

"A prática bancária denominou de comissão de permanência as obrigações exigíveis do mutuário após o vencimento do empréstimo, mas, dependendo do contrato, a expressão pode designar ora os juros remuneratórios simplesmente, ora os juros remuneratórios + os juros moratórios, ora, finalmente, os juros remuneratórios + os juros moratórios + a multa contratual; para efeitos práticos, seja qual for o rótulo que se lhes dê, após o vencimento do débito são exigíveis, cumulativamente, os juros remuneratórios (para manter a base econômica do negócio), os juros de mora (para desestimular a demora no cumprimento da obrigação) e a multa contratual (para punir o inadimplemento)" (STJ-3ª T., REsp 866.690-AgRg, Min. Ari Pargendler, j. 9.10.07, DJU 31.10.07). No mesmo sentido: STJ-2ª Seção, REsp 834.968, Min. Ari Pargendler, j. 14.3.07, DJU 7.5.07.

"É admitida a cobrança da comissão de permanência no período da inadimplência, à taxa de mercado, desde que (i) pactuada, (ii) cobrada de forma exclusiva — ou seja, não cumulada com outros encargos moratórios, remuneratórios ou correção monetária — e (iii) que não supere a soma dos seguintes encargos: taxa de juros remuneratórios pactuada para a vigência do contrato; juros de mora; e multa contratual" (STJ-3ª T., REsp 1.068.241-AgRg, Min. Sidnei Beneti, j. 7.10.08, DJ 23.10.08).

"A comissão de permanência, para o período de inadimplência, é cabível, não cumulada com a correção monetária, nos termos da Súmula n. 30 da Corte, nem com juros remuneratórios, calculada pela taxa média dos juros de mercado, apurada pelo Banco Central do Brasil, não podendo ultrapassar a taxa do contrato" (STJ-2ª Seção, REsp 271.214, Min. Menezes Direito, j. 12.3.03, maioria, DJU 4.8.03).

"A importância cobrada a título de comissão de permanência não poderá ultrapassar a soma dos encargos remuneratórios e moratórios previstos no contrato, ou seja: a) juros remuneratórios à taxa média de mercado, não podendo ultrapassar o percentual contratado para o período de normalidade da operação; b) juros moratórios até o limite de 12% ao ano; e c) multa contratual limitada a 2% do valor da prestação, nos termos do art. 52, § 1º, do CDC. Constatada abusividade dos encargos pactuados na cláusula de comissão de permanência, deverá o juiz decotá-los, preservando, tanto quanto possível, a vontade das partes manifestada na celebração do contrato, em homenagem ao princípio da conservação dos negócios jurídicos consagrado nos arts. 139 e 140 do Código Civil alemão e reproduzido no art. 170 do Código Civil brasileiro" (STJ-2ª Seção, REsp 1.058.114, Min. João Otávio, j. 12.8.09, maioria, DJ 16.11.10).

"É manifestamente abusiva a cláusula que estipula a comissão de permanência (= juros remuneratórios + juros de mora + multa) em 14,90% ao mês, quando no período contratual os juros remuneratórios eram de 3,774% ao mês" (STJ-3ª T., REsp 999.717-AgRg, Min. Ari Pargendler, j. 6.3.08, DJU 16.5.08).

V. tb. CC 406, nota 5 (Súmula 472 do STJ), e 591, nota 1 (Súmula 296 do STJ); LCM 1º, nota 3 (Súmula 30 do STJ).

Art. 3º As taxas de juros estabelecidas nesta lei entrarão em vigor com a sua publicação e a partir desta data serão aplicáveis aos contratos existentes ou já ajuizados.

Art. 4º É proibido contar juros dos juros;[1 a 2] esta proibição não compreende a acumulação de juros vencidos aos saldos líquidos em conta-corrente de ano a ano.

Art. 4º: 1. **Súmula 121 do STF (Capitalização de juros):** "É vedada a capitalização de juros, ainda que expressamente convencionada". Esta Súmula deve ser harmonizada com as notas seguintes.

Art. 4º: 1a. **Súmula 93 do STJ (Crédito rural):** "A legislação sobre cédulas de crédito rural, comercial e industrial admite o pacto de capitalização de juros" (v. jurisprudência s/ esta Súmula em RSTJ 61/167 a 199).

Art. 4º: 1b. **O CC 591 permite a capitalização anual de juros no mútuo para fins econômicos** (v. notas a esse artigo).

Med. Prov. 2.170-36, de 23.8.01: "Art. 5º-*caput*. Nas operações realizadas pelas instituições integrantes do Sistema Financeiro Nacional, é admissível a capitalização de juros com periodicidade inferior a um ano".

Em matéria de Sistema Financeiro de Habitação, v. **Lei 4.380, de 21.8.64, art. 15-A-*caput***, no tít. CONTRATOS IMOBILIÁRIOS.

Art. 4º: 1c. "A cobrança de juros capitalizados nos contratos de mútuo é permitida quando houver **expressa pactuação"** (STJ-2ª Seção, REsp 1.388.972, Min. Marco Buzzi, j. 8.2.17, DJ 13.3.17).

Art. 4º: 2. "Pelo fato de inchar o valor da dívida, uma vez que há cobrança mensal de juros compostos, o uso da Tabela Price deve ser considerado ilegal, nos termos do art. 4º do Dec. 22.626/33 e da Súmula 121 do STF, a qual não foi afastada pelo Enunciado 596 do referido Tribunal" (JT 314/65: AP 441.170-4/6-00; a citação é do voto do relator).

Todavia: "Não é ilegal a utilização da tabela Price para o cálculo das prestações da casa própria, pois, por meio desse sistema, o mutuário sabe o número e os valores das parcelas de seu financiamento. Todavia, tal método de cálculo não pode ser utilizado com o fim de burlar o ajuste contratual, utilizando-se de índice de juros efetivamente maiores do que os ajustados" (STJ-2ª T., REsp 755.340, Min. João Otávio, j. 11.10.05, DJU 20.2.06).

V. tb. CDC 51, nota 7b.

Art. 5º Admite-se que pela mora dos juros contratados estes sejam elevados de 1% e não mais.

Art. 6º Tratando-se de operações a prazo superior a seis (6) meses, quando os juros ajustados forem pagos por antecipação, o cálculo deve ser feito de modo que a importância desses juros não exceda à que produziria a importância líquida da operação no prazo convencionado, às taxas máximas que esta lei permite.

Art. 7º O devedor poderá sempre liquidar ou amortizar a dívida quando hipotecária ou pignoratícia antes do vencimento, sem sofrer imposição de multa, gravame ou encargo de qualquer natureza por motivo dessa antecipação.

§ 1º O credor poderá exigir que a amortização não seja inferior a 25% do valor inicial da dívida.[1]

§ 2º Em caso de amortização, os juros só serão devidos sobre o saldo devedor.

Art. 7º: 1. s/ amortização parcial, v. tb. Lei 4.864, de 29.11.65, art. 1º-V, no tít. CONTRATOS IMOBILIÁRIOS.

Art. 8º As multas ou cláusulas penais, quando convencionadas, reputam-se estabelecidas para atender a despesas judiciais e honorários de advogados,[1] e não poderão ser exigidas quando não for intentada ação judicial para cobrança da respectiva obrigação.

Parágrafo único (*redação da Lei 3.942, de 21.8.61*). Quando se tratar de empréstimo até Cr$ 100.000,00 (cem mil cruzeiros) e com garantia hipotecária, as multas ou cláusulas penais convencionadas reputam-se estabelecidas para atender, apenas, a honorários de advogados, sendo as despesas judiciais pagas de acordo com a conta feita nos autos da ação judicial para cobrança da respectiva obrigação.

Art. 8º: 1. Súmula 616 do STF: "É permitida a cumulação da multa contratual com os honorários de advogado, após o advento do Código de Processo Civil vigente".

Súmula 119 do TFR: "A partir da vigência do Cód. de Proc. Civil de 1973, é cabível a cumulação da multa contratual com honorários advocatícios, na execução hipotecária, regida pela Lei n. 5.741, de 1971". Lei 5.741: no tít. CONTRATOS IMOBILIÁRIOS.

Art. 9º Não é válida a cláusula penal superior à importância de 10% do valor da dívida.

Art. 10. As dívidas a que se refere o art. 1º, §§ 1º, *in fine*, e 2º, se existentes ao tempo da publicação desta lei, quando efetivamente cobertas, poderão ser pagas em dez (10) prestações anuais iguais e continuadas, se assim entender o devedor.[1]

Parágrafo único. A falta de pagamento de uma prestação, decorrido um ano da publicação desta lei,[2] determina o vencimento da dívida e dá ao credor o direito de excussão.

Art. 10: 1. Disposição transitória, relativa a débitos existentes ao tempo de publicação da lei. O prazo para pagamento desses débitos foi prorrogado (v. ementário).

Art. 10: 2. v. nota 1 a este artigo.

Art. 11. O contrato celebrado com infração desta lei é nulo de pleno direito, ficando assegurado ao devedor a repetição do que houver pago a mais.[1]

Art. 11: 1. Logo, não é nulo (cf. CC 184).

Art. 12. Os corretores e intermediários, que aceitarem negócios contrários ao texto da presente lei, incorrerão em multa de cinco a vinte contos de réis, aplicada pelo Ministro da Fazenda e, em caso de reincidência, serão demitidos, sem prejuízo de outras penalidades aplicáveis.

Arts. 13 a 15. .... [1-2]

Arts. 13 a 15: 1. O art. 4º da Lei 1.521, de 26.12.51 (Altera dispositivos da legislação vigente sobre crimes contra a economia popular, em RT 197/530, Lex 1951/521, RF 139/563), substituiu inteiramente o disposto nos arts. 13 a 15 do decreto supra, que eram do teor seguinte:

"Art. 13. É considerada delito de usura toda a simulação ou prática tendente a ocultar a verdadeira taxa do juro ou a fraudar os dispositivos desta lei, para o fim de sujeitar o devedor a maiores prestações ou encargos, além dos estabelecidos no respectivo título ou instrumento.

"Penas — Prisão por seis (6) meses a um (1) ano e multas de cinco contos a cinquenta contos de réis.

"No caso de reincidência, tais penas serão elevadas ao dobro.

"Parágrafo único. Serão responsáveis como coautores o agente e o intermediário, e, em se tratando de pessoa jurídica, os que tiverem qualidade para representá-la.

"Art. 14. A tentativa deste crime é punível nos termos da lei penal vigente.

"Art. 15. São consideradas circunstâncias agravantes o fato de, para conseguir aceitação de exigências contrárias a esta lei, valer-se o credor da inexperiência ou das paixões do menor, ou da deficiência ou doença mental de alguém, ainda que não esteja interdito, ou de circunstâncias aflitivas em que se encontre o devedor".

Arts. 13 a 15: 2. O art. 4º § 3º da Lei 1.521/51 foi **revogado** pela **Med. Prov. 2.172-38, de 23.8.01** (v. seu teor na nota 1 do art. 7º da Med. Prov. 2.172-32, de 23.8.01, a seguir).

Art. 16. Continuam em vigor os arts. 24, parágrafo único, n. 4, e 27 do Decreto n. 5.746, de 9 de dezembro de 1929, e art. 44, n. 1, do Decreto n. 2.044, de 17 de dezembro de 1908[1] e as disposições do Código Comercial, no que não contravierem com esta lei.

Art. 16: 1. O Dec. leg. 2.044 (antiga lei cambial) foi parcialmente revogado pelas Leis Uniformes de Genebra. A questão dos juros está regulada, quanto às letras de câmbio e notas promissórias, pelos arts. 5º, 48-2º e 49-2º do Anexo I do **Dec. 57.663, de 24.1.66** (RT 366/427, Lex 1966/160), e art. 13 de seu Anexo II; e, quanto aos cheques, pelos arts. 10, 52-II e 53-II da **Lei 7.357, de 2.9.85** (Lex 1985/682, RBDPb 49/203, RF 291/526, RAMPR 40/301, Just. 130/281, Bol. AASP 1.395/supl.).

Art. 17. O governo federal baixará uma lei especial, dispondo sobre as casas de empréstimos sobre penhores e congêneres.[1]

Art. 17: 1. v. **Dec. lei 1.113, de 22.2.39** — Dispõe sobre taxas de juros nos empréstimos sob penhor (RT 119/436, Lex 1939/72, RF 77/415). Este diploma legislativo também está implicitamente **revogado** pela Lei 4.595 (v. acima, Súmula 596 do STF, em nota 1 ao art. 1º) e pelo **Dec. lei 759, de 12.8.69** (Lex 1969/1.190, RDA 98/384), que, em seu **art. 2º,** alínea *e*, conserva às Caixas Econômicas Federais a incumbência de "exercer o monopólio das operações sobre penhores civis, com caráter permanente e de continuidade".

Art. 18. O teor desta lei será transmitido por telegrama a todos os interventores federais, para que o façam publicar incontinenti.

Art. 19. Revogam-se as disposições em contrário.

Rio de Janeiro, 7 de abril de 1933; 112º da Independência e 45º da República — GETULIO VARGAS — **Francisco Antunes Maciel — Joaquim Pedro Salgado Filho — Juarez do Nascimento Fernandes Távora — Oswaldo Aranha.**

Medida Provisória n. 2.172-32, de 23 de agosto de 2001

Estabelece a nulidade das disposições contratuais que menciona e inverte, nas hipóteses que prevê, o ônus da prova nas ações intentadas para sua declaração.

O Presidente da República, no uso da atribuição que lhe confere o art. 62 da Constituição, adota a seguinte Medida Provisória, com força de lei:

Art. 1º São nulas de pleno direito as estipulações usurárias, assim consideradas as que estabeleçam:

I — nos contratos civis de mútuo, taxas de juros superiores às legalmente permitidas, caso em que deverá o juiz, se requerido, ajustá-las à medida legal ou, na hipótese de já terem sido cumpridas, ordenar a restituição, em dobro, da quantia paga em excesso, com juros legais a contar da data do pagamento indevido;

II — nos negócios jurídicos não disciplinados pelas legislações comercial e de defesa do consumidor, lucros ou vantagens patrimoniais excessivos, estipulados em situação de vulnerabilidade da parte, caso em que deverá o juiz, se requerido, restabelecer o equilíbrio da relação contratual, ajustando-os ao valor corrente, ou, na hipótese de cumprimento da obrigação, ordenar a restituição, em dobro, da quantia recebida em excesso, com juros legais a contar da data do pagamento indevido.

Parágrafo único. Para a configuração do lucro ou vantagem excessivos, considerar-se-ão a vontade das partes, as circunstâncias da celebração do contrato, o seu conteúdo e natureza, a origem das correspondentes obrigações, as práticas de mercado e as taxas de juros legalmente permitidas.

Art. 2º São igualmente nulas de pleno direito as disposições contratuais que, com o pretexto de conferir ou transmitir direitos, são celebradas para garantir, direta ou indiretamente, contratos civis de mútuo com estipulações usurárias.

Art. 3º Nas ações que visem à declaração de nulidade de estipulações com amparo no disposto nesta Medida Provisória, incumbirá ao credor ou beneficiário do negócio o ônus de provar a regularidade jurídica das correspondentes obrigações, sempre que demonstrada pelo prejudicado, ou pelas circunstâncias do caso, a verossimilhança da alegação.

Art. 4º As disposições desta Medida Provisória não se aplicam:

I — às instituições financeiras e demais instituições autorizadas a funcionar pelo Banco Central do Brasil, bem como às operações realizadas nos mercados financeiro, de capitais e de valores mobiliários, que continuam regidas pelas normas legais e regulamentares que lhes são aplicáveis;

II — às sociedades de crédito que tenham por objeto social exclusivo a concessão de financiamentos ao microempreendedor;

III — às organizações da sociedade civil de interesse público de que trata a Lei n. 9.790, de 23 de março de 1999,[1] devidamente registradas no Ministério da Justiça, que se dedicam a sistemas alternativos de crédito e não têm qualquer tipo de vinculação com o Sistema Financeiro Nacional.

Parágrafo único. Poderão também ser excluídas das disposições desta Medida Provisória, mediante deliberação do Conselho Monetário Nacional, outras modalidades de operações e negócios de natureza subsidiária, complementar ou acessória das atividades exercidas no âmbito dos mercados financeiro, de capitais e de valores mobiliários.

Art. 4º: 1. **Lei 9.790, de 23.3.99** — Dispõe sobre a qualificação de pessoas jurídicas de direito privado, sem fins lucrativos, como Organizações da Sociedade Civil de Interesse Público, institui e disciplina o Termo de Parceria, e dá outras providências.

Art. 5º Ficam convalidados os atos praticados com base na Medida Provisória n. 2.172-31, de 26 de julho de 2001.

Art. 6º Esta Medida Provisória entra em vigor na data de sua publicação.

Art. 7º Fica revogado o § 3º do art. 4º da Lei n. 1.521, de 26 de dezembro de 1951.[1]

Art. 7º: 1. O art. 4º § 3º da Lei 1.521 era do teor seguinte: "A estipulação de juros ou lucros usurários será nula, devendo o juiz ajustá-los à medida legal, ou, caso já tenha sido cumprida, ordenar a restituição da quantia paga em excesso, com os juros legais a contar da data do pagamento indevido".

Brasília, 23 de agosto de 2001; 180º da Independência e 113º da República — FERNANDO HENRIQUE CARDOSO — **José Gregori** — **Pedro Malan.**

Ementário

Pagamento em Moeda Estrangeira

Dec. 24.038, de 26.3.34 — Exige, nos vencimentos dos títulos a prazo ou à vista, em moeda estrangeira, provenientes de importação de mercadorias, sacados sobre qualquer praça deste país, o depósito do seu equivalente em moeda nacional ao câmbio do dia, feito no banco portador do mesmo, e dá outras providências (v. adiante, texto integral).

Dec. lei 857, de 11.9.69 — Consolida e altera a legislação sobre moeda de pagamento de obrigações exequíveis no Brasil (v. adiante, texto integral).

Lei 10.192, de 14.2.01 — Dispõe sobre medidas complementares ao Plano Real e dá outras providências (Lex 2001/742, RF 353/490, RDA 223/395). V., adiante, Dec. lei 857, de 11.9.69, art. 1º, nota 1.

Decreto n. 24.038, de 26 de março de 1934[1]

Exige, nos vencimentos dos títulos a prazo ou à vista, em moeda estrangeira, provenientes de importação de mercadorias, sacados sobre qualquer praça deste país, o depósito do seu equivalente em moeda nacional ao câmbio do dia, feito no banco portador do mesmo, e dá outras providências.

DEC. 24.038: 1. O Dec. s/n de 25.4.91 considerou revogado o Dec. 24.038. É claro que tal ab-rogação não podia ser feita por simples decreto do Executivo, pois o Dec. 24.038 tem força de lei.

O Chefe do Governo Provisório da República dos Estados Unidos do Brasil, usando das atribuições que lhe confere o art. 1º do Decreto n. 19.398, de 11 de novembro de 1930, decreta:

Art. 1º É exigível nos vencimentos dos títulos a prazo ou à vista, em moeda estrangeira, provenientes de importação de mercadorias, sacados sobre qualquer praça deste país, o depósito do seu equivalente em moeda nacional ao câmbio do dia, feito no banco portador do mesmo.

Art. 2º A falta de depósito, de que trata o artigo anterior, equivale à de pagamento, para efeito de protesto do título.

Art. 3º Correrão por conta dos sacados, as diferenças que se verificarem entre as taxas de depósito e de fechamento de câmbio.

Parágrafo único. Para a cobrança de diferença de taxa, tem o portador do título a mesma ação[1] e direitos, inerentes à cambial (Decreto n. 2.044, de 1908), sendo necessário o protesto.

Art. 3º: 1. v. CPC 784-I.

Art. 4º As importâncias recebidas em depósito serão creditadas em nome do sacador ou endossatário do título e serão convertidas em moeda estrangeira, logo que seja possível a respectiva cobertura.

Parágrafo único. Fica reservado ao banco depositário o direito de só fazer a conversão de que trata este artigo, depois de comprovada a importação das respectivas mercadorias e paga a diferença de câmbio de que trata o art. 3º.

Art. 5º Equiparam-se aos títulos de que trata o art. 1º deste decreto todas as obrigações contratuais em moeda estrangeira, provenientes da compra de mercadorias importadas.

Art. 6º Não é exigível depósito para os títulos vencidos ou aceitos anteriormente a esta data ou dentro de dez dias.

Art. 7º Este decreto entrará em vigor na data da sua publicação, revogadas as disposições em contrário.

Rio de Janeiro, 26 de março de 1934; 113º da Independência e 46º da República — GETULIO VARGAS — **Oswaldo Aranha.**

Decreto-lei n. 857, de 11 de setembro de 1969

Consolida e altera a legislação sobre moeda de pagamento de obrigações exequíveis no Brasil.

Os Ministros da Marinha de Guerra, do Exército e da Aeronáutica Militar, usando das atribuições que lhes confere o art. 1º do Ato Institucional n. 12, de 31 de agosto de 1969, combinado com o § 1º do art. 2º do Ato Institucional n. 5, de 13 de dezembro de 1968, decretam:

Art. 1º São nulos de pleno direito os contratos, títulos e quaisquer documentos, bem como as obrigações que, exequíveis no Brasil, estipulem pagamento em ouro, em moeda estrangeira,[1 a 3] ou, por alguma forma, restrinjam ou recusem, nos seus efeitos, o curso legal do cruzeiro.

Art. 1º: 1. **Lei 10.192, de 14.2.01** — Dispõe sobre medidas complementares ao Plano Real e dá outras providências (em Lex 2001/742, RF 353/490, RDA 223/395): **"Art. 1º § ún.** São vedadas, sob pena de nulidade, quaisquer estipulações de:

"I — pagamento expressas em, ou vinculadas a ouro ou moeda estrangeira, ressalvado o disposto nos arts. 2º e 3º do Dec. lei n. 857, de 11 de setembro de 1969, e na parte final do art. 6º da Lei n. 8.880, de 27 de maio de 1994".

Art. 1º: 2. A correção monetária estabelecida na Lei 9.069, de 29.6.95, que instituiu o Plano Real (no tít. CORREÇÃO MONETÁRIA), não se aplica às obrigações regidas pelo Dec. lei 857 (v. arts. 27 § 1º-I e 28 § 4º-II da Lei 9.069).

Art. 1º: 2a. "Se há previsão no sentido de que o pagamento será feito em moeda nacional, é válida a contratação em moeda estrangeira" (STJ-4ª T., REsp 900.680, Min. Fernando Gonçalves, j. 1.4.08, DJU 14.4.08). "A legislação visa coibir não a celebração do contrato em moeda estrangeira, mas que se estipule o pagamento em valor diverso daquele com curso forçado no território nacional" (STJ-4ª T., REsp 848.424, Min. Fernando Gonçalves, j. 7.8.08, DJ 18.8.08). No mesmo sentido: STJ-3ª T., Ag em REsp 17.099-AgRg, Min. Paulo Sanseverino, j. 17.9.13, DJ 24.9.13.

Art. 1º: 3. "A obediência ao curso forçado da moeda nacional implica na proibição do credor de se recusar a receber o pagamento da dívida em reais e faz surgir a conclusão de que o momento da conversão em moeda nacional é o do pagamento da dívida e não o do ajuizamento da execução" (STJ-2ª Seção, REsp 647.672, Min. Nancy Andrighi, j. 14.2.07, DJU 20.8.07). No mesmo sentido: JTJ 341/335 (AP 7.334.375-0).

"Quando não enquadradas nas exceções legais, as dívidas fixadas em moeda estrangeira deverão, no ato de quitação, ser convertidas para a moeda nacional, com base na cotação da data da contratação, e, a partir daí, atualizadas com base em índice oficial de correção monetária" (STJ-3ª T., REsp 1.323.219, Min. Nancy Andrighi, j. 27.8.13, DJ 26.9.13).

Art. 2º Não se aplicam as disposições do artigo anterior:

I — aos contratos e títulos referentes a importação ou exportação de mercadorias;[1-1a]

II — aos contratos de financiamento ou de prestação de garantias relativos às operações de exportação de bens e serviços vendidos a crédito para o exterior;[1b]

III — aos contratos de compra e venda de câmbio em geral;

IV — aos empréstimos e quaisquer outras obrigações cujo credor ou devedor seja pessoa residente e domiciliada no exterior, excetuados os contratos de locação de imóveis situados no território nacional;[2]

V — aos contratos que tenham por objeto a cessão, transferência, delegação, assunção ou modificação das obrigações referidas no item anterior, ainda que ambas as partes contratantes sejam pessoas residentes ou domiciliadas no país;

VI — (VETADO);[3]

VII — (VETADO).[4]

Parágrafo único. Os contratos de locação de bens móveis que estipulem pagamento em moeda estrangeira ficam sujeitos, para sua validade, a registro prévio no Banco Central do Brasil.

Art. 2º: 1. v., neste tít., Dec. 24.038, de 26.3.34.

Art. 2º: 1a. "O contrato de transporte internacional de mercadorias entre o porto argentino de Zarate e o brasileiro do Rio de Janeiro caracteriza-se como contrato e título 'referentes a importação ou exportação de mercadorias' haja vista tratar-se de 'frete internacional para importação de mercadoria estrangeira'. O serviço contratado em âmbito internacional tem seus custos vinculados à moeda estrangeira, com prevalência do dólar estadunidense. Não há, assim, como pretender-se que o preço de tais operações seja fixado em moeda nacional" (STJ-4ª T., REsp 417.502-AgRg, Min. Raul Araújo, j. 19.3.13, DJ 3.4.13).

Art. 2º: 1b. Redação de acordo com a Lei 13.292, de 31.5.16.

Art. 2º: 2. O inciso IV está de acordo com a retificação feita no DOU 30.9.69 (cf. Lex 1969/1.422).

Art. 2º: 3. Inc. VI incluído pela Lei 13.292, de 31.5.16.

Art. 2º: 4. Inc. VII incluído pela Lei 13.292, de 31.5.16.

Art. 3º No caso de rescisão judicial ou extrajudicial de contratos a que se refere o item I do art. 2º deste decreto-lei, os pagamentos decorrentes do acerto entre as partes, ou de execução de sentença judicial, subordinam-se aos postulados da legislação de câmbio vigente.[1]

Art. 3º: 1. v. neste tít., Dec. 24.038, de 26.3.34.

Art. 4º O presente decreto-lei entrará em vigor na data de sua publicação, revogados o Decreto n. 23.501, de 27 de novembro de 1933,[1] a Lei n. 28, de 15 de fevereiro de 1935,[2] o Decreto-lei n. 236, de 2 de fevereiro de 1938,[3] o Decreto-lei n. 1.079, de 27 de janeiro de 1939,[4] o Decreto-lei n. 6.650, de 29 de junho de 1944,[5] o Decreto-lei n. 316, de 13 de março de 1967,[6] e demais disposições em contrário, mantida a suspensão do § 1º do art. 947 do Código Civil.

Art. 4º: 1. Dec. 23.501: RT 88/473, RF 61/474 e 62/99. O Dec. 23.501 já havia sido revogado pelo **Dec. lei 238, de 28.2.67** (Lex 1967/564).

Art. 4º: 2. Lei 28: RT 95/218.

Art. 4º: 3. Dec. lei 236: RT 113/210, Lex 1938/35, RF 73/459.

Art. 4º: 4. Dec. lei 1.079: RT 118/818, Lex 1939/42, RF 78/606.

Art. 4º: 5. Dec. lei 6.650: RT 151/412, Lex 1944/229, RF 99/845.

Art. 4º: 6. Dec. lei 316: RT 380/451, Lex 1967/758.

Brasília, 11 de setembro de 1969; 148º da Independência e 81º da República — AUGUSTO HAMANN RADEMAKER GRÜNEWALD — AURÉLIO DE LYRA TAVARES — MÁRCIO DE SOUZA E MELLO — **Antônio Delfim Netto.**

Ementário

Pessoa com Deficiência

— v. CC 4º e 5º, 12-III, 446 a 458; CPC 178 e 747 a 758.

Lei 10.216, de 6.4.01 — Dispõe sobre a proteção e os direitos das pessoas portadoras de transtornos mentais e redireciona o modelo assistencial em saúde mental (v. adiante, texto integral).

Lei 13.146, de 6.7.15 — Institui a Lei Brasileira de Inclusão da Pessoa com Deficiência (Estatuto da Pessoa com Deficiência) (v. adiante, texto integral).

Lei n. 10.216, de 6 de abril de 2001

Dispõe sobre a proteção e os direitos das pessoas portadoras de transtornos mentais e redireciona o modelo assistencial em saúde mental.[1]

O Presidente da República

Faço saber que o Congresso Nacional decreta e eu sanciono a seguinte lei:

✎ **LEI 10.216: 1.** "Capacidade civil, discernimento e dignidade do portador de transtorno mental", por Célia Barbosa Abreu (RBDFS 8/5).

Art. 1º Os direitos e a proteção das pessoas acometidas de transtorno mental, de que trata esta lei, são assegurados sem qualquer forma de discriminação quanto à raça, cor, sexo, orientação sexual, religião, opção política, nacionalidade, idade, família, recursos econômicos e ao grau de gravidade ou tempo de evolução de seu transtorno, ou qualquer outra.

Art. 2º Nos atendimentos em saúde mental, de qualquer natureza, a pessoa e seus familiares ou responsáveis serão formalmente cientificados dos direitos enumerados no parágrafo único deste artigo.

Parágrafo único. São direitos da pessoa portadora de transtorno mental:

I — ter acesso ao melhor tratamento do sistema de saúde, consentâneo às suas necessidades;

II — ser tratada com humanidade e respeito e no interesse exclusivo de beneficiar sua saúde, visando alcançar sua recuperação pela inserção na família, no trabalho e na comunidade;

III — ser protegida contra qualquer forma de abuso e exploração;

IV — ter garantia de sigilo nas informações prestadas;

V — ter direito à presença médica, em qualquer tempo, para esclarecer a necessidade ou não de sua hospitalização involuntária;

VI — ter livre acesso aos meios de comunicação disponíveis;

VII — receber o maior número de informações a respeito de sua doença e de seu tratamento;

VIII — ser tratada em ambiente terapêutico pelos meios menos invasivos possíveis;

IX — ser tratada, preferencialmente, em serviços comunitários de saúde mental.

Art. 3º É responsabilidade do Estado o desenvolvimento da política de saúde mental, a assistência e a promoção de ações de saúde aos portadores de transtornos mentais, com a devida participação da sociedade e da família, a qual será prestada em estabelecimento de saúde mental, assim entendidas as instituições ou unidades que ofereçam assistência em saúde aos portadores de transtornos mentais.

Art. 4º A internação, em qualquer de suas modalidades, só será indicada quando os recursos extra-hospitalares se mostrarem insuficientes.[1]

§ 1º O tratamento visará, como finalidade permanente, a reinserção social do paciente em seu meio.

§ 2º O tratamento em regime de internação será estruturado de forma a oferecer assistência integral à pessoa portadora de transtornos mentais, incluindo serviços médicos, de assistência social, psicológicos, ocupacionais, de lazer, e outros.

§ 3º É vedada a internação de pacientes portadores de transtornos mentais em instituições com características asilares, ou seja, aquelas desprovidas dos recursos mencionados no § 2º e que não assegurem aos pacientes os direitos enumerados no parágrafo único do art. 2º.

Art. 4º: 1. "A internação compulsória deve ser evitada, quando possível, e somente adotada como última opção, em defesa do internado e, secundariamente, da própria sociedade. É claro, portanto, o seu caráter excepcional, exigindo-se, para sua imposição, laudo médico circunstanciado que comprove a necessidade de tal medida. A interdição civil com internação compulsória, tal como determinada pelas instâncias inferiores, encontra fundamento jurídico tanto na Lei n. 10.216/2001 quanto no artigo 1.777 do Código Civil. No caso, foi cumprido o requisito legal para a imposição da medida de internação compulsória, tendo em vista que a internação do paciente está lastreada em laudos médicos. A internação compulsória em sede de ação de interdição, como é o caso dos autos, não tem caráter penal, não devendo ser comparada à medida de segurança ou à medida socioeducativa à que esteve submetido no passado o paciente em face do cometimento de atos infracionais análogos a homicídio e estupro. Não se ambiciona nos presentes autos aplicar sanção ao ora paciente, seja na espécie de pena, seja na forma de medida de segurança" (STJ-4ª T., HC 169.172, Min. Luis Felipe, j. 10.12.13, DJ 5.2.14). Em sentido semelhante: STJ-3ª T., HC 135.271, Min. Sidnei Beneti, j. 17.12.13, DJ 4.2.14.

Art. 5º O paciente há longo tempo hospitalizado ou para o qual se caracterize situação de grave dependência institucional, decorrente de seu quadro clínico ou de ausência de suporte social, será objeto de política específica de alta planejada e reabilitação psicossocial assistida, sob responsabilidade da autoridade sanitária competente e supervisão de instância a ser definida pelo Poder Executivo, assegurada a continuidade do tratamento, quando necessário.

Art. 6º A internação psiquiátrica somente será realizada mediante laudo médico circunstanciado que caracterize os seus motivos.

Parágrafo único. São considerados os seguintes tipos de internação psiquiátrica:

I — internação voluntária: aquela que se dá com o consentimento do usuário;

II — internação involuntária: aquela que se dá sem o consentimento do usuário e a pedido de terceiro; e

III — internação compulsória: aquela determinada pela Justiça.

Art. 7º A pessoa que solicita voluntariamente sua internação, ou que a consente, deve assinar, no momento da admissão, uma declaração de que optou por esse regime de tratamento.

Parágrafo único. O término da internação voluntária dar-se-á por solicitação escrita do paciente ou por determinação do médico assistente.

Art. 8º A internação voluntária ou involuntária somente será autorizada por médico devidamente registrado no Conselho Regional de Medicina — CRM do Estado onde se localize o estabelecimento.

§ 1º A internação psiquiátrica involuntária deverá, no prazo de setenta e duas horas, ser comunicada ao Ministério Público Estadual pelo responsável técnico do estabelecimento no qual tenha ocorrido, devendo esse mesmo procedimento ser adotado quando da respectiva alta.

§ 2º O término da internação involuntária dar-se-á por solicitação escrita do familiar, ou responsável legal, ou quando estabelecido pelo especialista responsável pelo tratamento.

Art. 9º A internação compulsória é determinada, de acordo com a legislação vigente, pelo juiz competente, que levará em conta as condições de segurança do estabelecimento, quanto à salvaguarda do paciente, dos demais internados e funcionários.

Art. 10. Evasão, transferência, acidente, intercorrência clínica grave e falecimento serão comunicados pela direção do estabelecimento de saúde mental aos familiares, ou ao representante legal do paciente, bem como à autoridade sanitária responsável, no prazo máximo de vinte e quatro horas da data da ocorrência.

Art. 11. Pesquisas científicas para fins diagnósticos ou terapêuticos não poderão ser realizadas sem o consentimento expresso do paciente, ou de seu representante legal, e sem a devida comunicação aos conselhos profissionais competentes e ao Conselho Nacional de Saúde.

Art. 12. O Conselho Nacional de Saúde, no âmbito de sua atuação, criará comissão nacional para acompanhar a implementação desta lei.

Art. 13. Esta lei entra em vigor na data de sua publicação.

Brasília, 6 de abril de 2001; 180º da Independência e 113º da República — FERNANDO HENRIQUE CARDOSO — **José Gregori** — **José Serra** — **Roberto Brant.**

Lei n. 13.146, de 6 de julho de 2015

Institui a Lei Brasileira de Inclusão da Pessoa com Deficiência (Estatuto da Pessoa com Deficiência).

A Presidenta da República

Faço saber que o Congresso Nacional decreta e eu sanciono a seguinte Lei:

Livro I | PARTE GERAL

Título I | DISPOSIÇÕES PRELIMINARES

Capítulo I | DISPOSIÇÕES GERAIS

Art. 1º É instituída a Lei Brasileira de Inclusão da Pessoa com Deficiência (Estatuto da Pessoa com Deficiência), destinada a assegurar e a promover, em condições de igualdade, o exercício dos direitos e das liberdades fundamentais por pessoa com deficiência, visando à sua inclusão social e cidadania.

Parágrafo único. Esta Lei tem como base a Convenção sobre os Direitos das Pessoas com Deficiência e seu Protocolo Facultativo, ratificados pelo Congresso Nacional por meio do Decreto Legislativo n. 186, de 9 de julho de 2008, em conformidade com o procedimento previsto no § 3º do art. 5º da Constituição da República Federativa do Brasil, em vigor para o Brasil, no plano jurídico externo, desde 31 de agosto de 2008, e promulgados pelo Decreto n. 6.949, de 25 de agosto de 2009, data de início de sua vigência no plano interno.

Art. 2º Considera-se pessoa com deficiência aquela que tem impedimento de longo prazo de natureza física, mental, intelectual ou sensorial, o qual, em interação com uma ou mais barreiras, pode obstruir sua participação plena e efetiva na sociedade em igualdade de condições com as demais pessoas.[1]

§ 1º A avaliação da deficiência, quando necessária, será biopsicossocial, realizada por equipe multiprofissional e interdisciplinar e considerará:[2]

I — os impedimentos nas funções e nas estruturas do corpo;

II — os fatores socioambientais, psicológicos e pessoais;

III — a limitação no desempenho de atividades; e

IV — a restrição de participação.

§ 2º O Poder Executivo criará instrumentos para avaliação da deficiência.

Art. 2º: 1. v. CC 4º-III (incapaz) e 1.767-I (curatela).

Art. 2º: 2. v. arts. 36 § 1º e 124 e CC 1.771 e 1.772.

Art. 3º Para fins de aplicação desta Lei, consideram-se:

I — acessibilidade: possibilidade e condição de alcance para utilização, com segurança e autonomia, de espaços, mobiliários, equipamentos urbanos, edificações, transportes, informação e comunicação, inclusive seus sistemas e tecnologias, bem como de outros serviços e instalações abertos ao público, de uso público ou privados de uso coletivo, tanto na zona urbana como na rural, por pessoa com deficiência ou com mobilidade reduzida;

II — desenho universal: concepção de produtos, ambientes, programas e serviços a serem usados por todas as pessoas, sem necessidade de adaptação ou de projeto específico, incluindo os recursos de tecnologia assistiva;

III — tecnologia assistiva ou ajuda técnica: produtos, equipamentos, dispositivos, recursos, metodologias, estratégias, práticas e serviços que objetivem promover a funcionalidade, relacionada à atividade e à participação da pessoa com deficiência ou com mobilidade reduzida, visando à sua autonomia, independência, qualidade de vida e inclusão social;

IV — barreiras: qualquer entrave, obstáculo, atitude ou comportamento que limite ou impeça a participação social da pessoa, bem como o gozo, a fruição e o exercício de seus direitos à acessibilidade, à liberdade de movimento e de expressão, à comunicação, ao acesso à informação, à compreensão, à circulação com segurança, entre outros, classificadas em:

a) barreiras urbanísticas: as existentes nas vias e nos espaços públicos e privados abertos ao público ou de uso coletivo;

b) barreiras arquitetônicas: as existentes nos edifícios públicos e privados;

c) barreiras nos transportes: as existentes nos sistemas e meios de transportes;

d) barreiras nas comunicações e na informação: qualquer entrave, obstáculo, atitude ou comportamento que dificulte ou impossibilite a expressão ou o recebimento de mensagens e de informações por intermédio de sistemas de comunicação e de tecnologia da informação;

e) barreiras atitudinais: atitudes ou comportamentos que impeçam ou prejudiquem a participação social da pessoa com deficiência em igualdade de condições e oportunidades com as demais pessoas;

f) barreiras tecnológicas: as que dificultam ou impedem o acesso da pessoa com deficiência às tecnologias;

V — comunicação: forma de interação dos cidadãos que abrange, entre outras opções, as línguas, inclusive a Língua Brasileira de Sinais (Libras), a visualização de textos, o Braille, o sistema de sinalização ou de comunicação tátil, os caracteres ampliados, os dispositivos multimídia, assim como a linguagem simples, escrita e oral, os sistemas auditivos e os meios de voz digitalizados e os modos, meios e formatos aumentativos e alternativos de comunicação, incluindo as tecnologias da informação e das comunicações;

VI — adaptações razoáveis: adaptações, modificações e ajustes necessários e adequados que não acarretem ônus desproporcional e indevido, quando requeridos em cada caso, a fim de assegurar que a pessoa com deficiência possa gozar ou exercer, em igualdade de condições e oportunidades com as demais pessoas, todos os direitos e liberdades fundamentais;

VII — elemento de urbanização: quaisquer componentes de obras de urbanização, tais como os referentes a pavimentação, saneamento, encanamento para esgotos, distribuição de energia elétrica e de gás, iluminação pública, serviços de comunicação, abastecimento e distribuição de água, paisagismo e os que materializam as indicações do planejamento urbanístico;

VIII — mobiliário urbano: conjunto de objetos existentes nas vias e nos espaços públicos, superpostos ou adicionados aos elementos de urbanização ou de edificação, de forma que sua modificação ou seu traslado não provoque alterações substanciais nesses elementos, tais como semáforos, postes de sinalização e similares, terminais e pontos de acesso coletivo às telecomunicações, fontes de água, lixeiras, toldos, marquises, bancos, quiosques e quaisquer outros de natureza análoga;

IX — pessoa com mobilidade reduzida: aquela que tenha, por qualquer motivo, dificuldade de movimentação, permanente ou temporária, gerando redução efetiva da mobilidade, da flexibilidade, da coordenação motora ou da percepção, incluindo idoso, gestante, lactante, pessoa com criança de colo e obeso;

X — residências inclusivas: unidades de oferta do Serviço de Acolhimento do Sistema Único de Assistência Social (Suas) localizadas em áreas residenciais da comunidade, com estruturas adequadas, que possam contar com apoio psicossocial para o atendimento das necessidades da pessoa acolhida, destinadas a jovens e adultos com deficiência, em situação de dependência, que não dispõem de condições de autossustentabilidade e com vínculos familiares fragilizados ou rompidos;

XI — moradia para a vida independente da pessoa com deficiência: moradia com estruturas adequadas capazes de proporcionar serviços de apoio coletivos e individualizados que respeitem e ampliem o grau de autonomia de jovens e adultos com deficiência;

XII — atendente pessoal: pessoa, membro ou não da família, que, com ou sem remuneração, assiste ou presta cuidados básicos e essenciais à pessoa com deficiência no exercício de suas atividades diárias, excluídas as técnicas ou os procedimentos identificados com profissões legalmente estabelecidas;

XIII — profissional de apoio escolar: pessoa que exerce atividades de alimentação, higiene e locomoção do estudante com deficiência e atua em todas as atividades escolares nas quais se fizer necessária, em todos os níveis e modalidades de ensino, em instituições públicas e privadas, excluídas as técnicas ou os procedimentos identificados com profissões legalmente estabelecidas;

XIV — acompanhante: aquele que acompanha a pessoa com deficiência, podendo ou não desempenhar as funções de atendente pessoal.

Capítulo II | DA IGUALDADE E DA NÃO DISCRIMINAÇÃO

Art. 4º Toda pessoa com deficiência tem direito à igualdade de oportunidades com as demais pessoas e não sofrerá nenhuma espécie de discriminação.

§ 1º Considera-se discriminação em razão da deficiência toda forma de distinção, restrição ou exclusão, por ação ou omissão, que tenha o propósito ou o efeito de prejudicar, impedir ou anular o reconhecimento ou o exercício dos direitos e das liberdades fundamentais de pessoa com deficiência, incluindo a recusa de adaptações razoáveis[1] e de fornecimento de tecnologias assistivas.[2]

§ 2º A pessoa com deficiência não está obrigada à fruição de benefícios decorrentes de ação afirmativa.

Art. 4º: 1. v. art. 3º-VI.

Art. 4º: 2. v. art. 3º-III.

Art. 5º A pessoa com deficiência será protegida de toda forma de negligência, discriminação, exploração, violência, tortura, crueldade, opressão e tratamento desumano ou degradante.

Parágrafo único. Para os fins da proteção mencionada no *caput* deste artigo, são considerados especialmente vulneráveis a criança, o adolescente, a mulher e o idoso, com deficiência.

Art. 6º A deficiência não afeta a plena capacidade civil da pessoa, inclusive para:

I — casar-se e constituir união estável;[1]

II — exercer direitos sexuais e reprodutivos;

III — exercer o direito de decidir sobre o número de filhos e de ter acesso a informações adequadas sobre reprodução e planejamento familiar;

IV — conservar sua fertilidade, sendo vedada a esterilização compulsória;

V — exercer o direito à família e à convivência familiar e comunitária;[2] e

VI — exercer o direito à guarda, à tutela, à curatela e à adoção, como adotante ou adotando, em igualdade de oportunidades com as demais pessoas.

Art. 6º: 1. v. CC 1.550 § 2º.

Art. 6º: 2. v. CC 1.777.

Art. 7º É dever de todos comunicar à autoridade competente qualquer forma de ameaça ou de violação aos direitos da pessoa com deficiência.

Parágrafo único. Se, no exercício de suas funções, os juízes e os tribunais tiverem conhecimento de fatos que caracterizem as violações previstas nesta Lei, devem remeter peças ao Ministério Público para as providências cabíveis.

Art. 8º É dever do Estado, da sociedade e da família assegurar à pessoa com deficiência, com prioridade, a efetivação dos direitos referentes à vida, à saúde, à sexualidade, à paternidade e à maternidade, à alimentação, à habitação, à educação, à profissionalização, ao trabalho, à previdência social, à habilitação e à reabilitação, ao transporte, à acessibilidade, à cultura, ao desporto, ao turismo, ao lazer, à informação, à comunicação, aos avanços científicos e tecnológicos, à dignidade, ao respeito, à liberdade, à convivência familiar e comunitária, entre outros decorrentes da Constituição Federal, da Convenção sobre os Direitos das Pessoas com Deficiência e seu Protocolo Facultativo e das leis e de outras normas que garantam seu bem-estar pessoal, social e econômico.

Seção Única | DO ATENDIMENTO PRIORITÁRIO

Art. 9º A pessoa com deficiência tem direito a receber atendimento prioritário, sobretudo com a finalidade de:

I — proteção e socorro em quaisquer circunstâncias;

II — atendimento em todas as instituições e serviços de atendimento ao público;

III — disponibilização de recursos, tanto humanos quanto tecnológicos, que garantam atendimento em igualdade de condições com as demais pessoas;

IV — disponibilização de pontos de parada, estações e terminais acessíveis de transporte coletivo de passageiros e garantia de segurança no embarque e no desembarque;

V — acesso a informações e disponibilização de recursos de comunicação acessíveis;

VI — recebimento de restituição de imposto de renda;

VII — tramitação processual e procedimentos judiciais e administrativos em que for parte ou interessada, em todos os atos e diligências.[1]

§ 1º Os direitos previstos neste artigo são extensivos ao acompanhante[1a] da pessoa com deficiência ou ao seu atendente pessoal,[2] exceto quanto ao disposto nos incisos VI e VII deste artigo.

§ 2º Nos serviços de emergência públicos e privados, a prioridade conferida por esta Lei é condicionada aos protocolos de atendimento médico.

Art. 9º: 1. v. CPC 1.048-I.

Art. 9º: 1a. v. art. 3º-XIV.

Art. 9º: 2. v. art. 3º-XII.

Título II | DOS DIREITOS FUNDAMENTAIS

Capítulo I | DO DIREITO À VIDA

Art. 10. Compete ao poder público garantir a dignidade da pessoa com deficiência ao longo de toda a vida.

Parágrafo único. Em situações de risco, emergência ou estado de calamidade pública, a pessoa com deficiência será considerada vulnerável, devendo o poder público adotar medidas para sua proteção e segurança.

Art. 11. A pessoa com deficiência não poderá ser obrigada a se submeter a intervenção clínica ou cirúrgica, a tratamento ou a institucionalização forçada.

Parágrafo único. O consentimento da pessoa com deficiência em situação de curatela poderá ser suprido, na forma da lei.

Art. 12. O consentimento prévio, livre e esclarecido da pessoa com deficiência é indispensável para a realização de tratamento, procedimento, hospitalização e pesquisa científica.

§ 1º Em caso de pessoa com deficiência em situação de curatela, deve ser assegurada sua participação, no maior grau possível, para a obtenção de consentimento.

§ 2º A pesquisa científica envolvendo pessoa com deficiência em situação de tutela ou de curatela deve ser realizada, em caráter excepcional, apenas quando houver indícios de benefício direto para sua saúde ou para a saúde de outras pessoas com deficiência e desde que não haja outra opção de pesquisa de eficácia comparável com participantes não tutelados ou curatelados.

Art. 13. A pessoa com deficiência somente será atendida sem seu consentimento prévio, livre e esclarecido em casos de risco de morte e de emergência em saúde, resguardado seu superior interesse e adotadas as salvaguardas legais cabíveis.

Capítulo II | DO DIREITO À HABILITAÇÃO E À REABILITAÇÃO

Art. 14. O processo de habilitação e de reabilitação é um direito da pessoa com deficiência.

Parágrafo único. O processo de habilitação e de reabilitação tem por objetivo o desenvolvimento de potencialidades, talentos, habilidades e aptidões físicas, cognitivas, sensoriais, psicossociais, atitudinais, profissionais e artísticas que contribuam para a conquista da autonomia da pessoa com deficiência e de sua participação social em igualdade de condições e oportunidades com as demais pessoas.

Art. 15. O processo mencionado no art. 14 desta Lei baseia-se em avaliação multidisciplinar das necessidades, habilidades e potencialidades de cada pessoa, observadas as seguintes diretrizes:

I — diagnóstico e intervenção precoces;

II — adoção de medidas para compensar perda ou limitação funcional, buscando o desenvolvimento de aptidões;

III — atuação permanente, integrada e articulada de políticas públicas que possibilitem a plena participação social da pessoa com deficiência;

IV — oferta de rede de serviços articulados, com atuação intersetorial, nos diferentes níveis de complexidade, para atender às necessidades específicas da pessoa com deficiência;

V — prestação de serviços próximo ao domicílio da pessoa com deficiência, inclusive na zona rural, respeitadas a organização das Redes de Atenção à Saúde (RAS) nos territórios locais e as normas do Sistema Único de Saúde (SUS).

Art. 16. Nos programas e serviços de habilitação e de reabilitação para a pessoa com deficiência, são garantidos:

I — organização, serviços, métodos, técnicas e recursos para atender às características de cada pessoa com deficiência;

II — acessibilidade em todos os ambientes e serviços;

III — tecnologia assistiva,[1] tecnologia de reabilitação, materiais e equipamentos adequados e apoio técnico profissional, de acordo com as especificidades de cada pessoa com deficiência;

IV — capacitação continuada de todos os profissionais que participem dos programas e serviços.

Art. 16: 1. v. art. 3º-III.

Art. 17. Os serviços do SUS e do Suas deverão promover ações articuladas para garantir à pessoa com deficiência e sua família a aquisição de informações, orientações e formas de acesso às políticas públicas disponíveis, com a finalidade de propiciar sua plena participação social.

Parágrafo único. Os serviços de que trata o *caput* deste artigo podem fornecer informações e orientações nas áreas de saúde, de educação, de cultura, de esporte, de lazer, de transporte, de previdência social, de assistência social, de habitação, de trabalho, de empreendedorismo, de acesso ao crédito, de promoção, proteção e defesa de direitos e nas demais áreas que possibilitem à pessoa com deficiência exercer sua cidadania.

Capítulo III | DO DIREITO À SAÚDE

Art. 18. É assegurada atenção integral à saúde da pessoa com deficiência em todos os níveis de complexidade, por intermédio do SUS, garantido acesso universal e igualitário.

§ 1º É assegurada a participação da pessoa com deficiência na elaboração das políticas de saúde a ela destinadas.

§ 2º É assegurado atendimento segundo normas éticas e técnicas, que regulamentarão a atuação dos profissionais de saúde e contemplarão aspectos relacionados aos direitos e às especificidades da pessoa com deficiência, incluindo temas como sua dignidade e autonomia.

§ 3º Aos profissionais que prestam assistência à pessoa com deficiência, especialmente em serviços de habilitação e de reabilitação, deve ser garantida capacitação inicial e continuada.

§ 4º As ações e os serviços de saúde pública destinados à pessoa com deficiência devem assegurar:

I — diagnóstico e intervenção precoces, realizados por equipe multidisciplinar;

II — serviços de habilitação e de reabilitação sempre que necessários, para qualquer tipo de deficiência, inclusive para a manutenção da melhor condição de saúde e qualidade de vida;

III — atendimento domiciliar multidisciplinar, tratamento ambulatorial e internação;

IV — campanhas de vacinação;

V — atendimento psicológico, inclusive para seus familiares e atendentes pessoais;

VI — respeito à especificidade, à identidade de gênero e à orientação sexual da pessoa com deficiência;

VII — atenção sexual e reprodutiva, incluindo o direito à fertilização assistida;

VIII — informação adequada e acessível à pessoa com deficiência e a seus familiares sobre sua condição de saúde;

IX — serviços projetados para prevenir a ocorrência e o desenvolvimento de deficiências e agravos adicionais;

X — promoção de estratégias de capacitação permanente das equipes que atuam no SUS, em todos os níveis de atenção, no atendimento à pessoa com deficiência, bem como orientação a seus atendentes pessoais;

XI — oferta de órteses, próteses, meios auxiliares de locomoção, medicamentos, insumos e fórmulas nutricionais, conforme as normas vigentes do Ministério da Saúde.

§ 5º As diretrizes deste artigo aplicam-se também às instituições privadas que participem de forma complementar do SUS ou que recebam recursos públicos para sua manutenção.

Art. 19. Compete ao SUS desenvolver ações destinadas à prevenção de deficiências por causas evitáveis, inclusive por meio de:

I — acompanhamento da gravidez, do parto e do puerpério, com garantia de parto humanizado e seguro;

II — promoção de práticas alimentares adequadas e saudáveis, vigilância alimentar e nutricional, prevenção e cuidado integral dos agravos relacionados à alimentação e nutrição da mulher e da criança;

III — aprimoramento e expansão dos programas de imunização e de triagem neonatal;

IV — identificação e controle da gestante de alto risco.

Art. 20. As operadoras de planos e seguros privados de saúde são obrigadas a garantir à pessoa com deficiência, no mínimo, todos os serviços e produtos ofertados aos demais clientes.

Art. 21. Quando esgotados os meios de atenção à saúde da pessoa com deficiência no local de residência, será prestado atendimento fora de domicílio, para fins de diagnóstico e de tratamento, garantidos o transporte e a acomodação da pessoa com deficiência e de seu acompanhante.[1]

Art. 21: 1. v. art. 3º-XIV.

Art. 22. À pessoa com deficiência internada ou em observação é assegurado o direito a acompanhante[1] ou a atendente pessoal,[2] devendo o órgão ou a instituição de saúde proporcionar condições adequadas para sua permanência em tempo integral.

§ 1º Na impossibilidade de permanência do acompanhante ou do atendente pessoal junto à pessoa com deficiência, cabe ao profissional de saúde responsável pelo tratamento justificá-la por escrito.

§ 2º Na ocorrência da impossibilidade prevista no § 1º deste artigo, o órgão ou a instituição de saúde deve adotar as providências cabíveis para suprir a ausência do acompanhante ou do atendente pessoal.

Art. 22: 1. v. art. 3º-XIV.

Art. 22: 2. v. art. 3º-XII.

Art. 23. São vedadas todas as formas de discriminação contra a pessoa com deficiência, inclusive por meio de cobrança de valores diferenciados por planos e seguros privados de saúde, em razão de sua condição.

Art. 24. É assegurado à pessoa com deficiência o acesso aos serviços de saúde, tanto públicos como privados, e às informações prestadas e recebidas, por meio de recursos de tecnologia assistiva e de todas as formas de comunicação previstas no inciso V do art. 3º desta Lei.

Art. 25. Os espaços dos serviços de saúde, tanto públicos quanto privados, devem assegurar o acesso da pessoa com deficiência, em conformidade com a legislação em vigor, mediante a remoção de barreiras, por meio de projetos arquitetônico, de ambientação de interior e de comunicação que atendam às especificidades das pessoas com deficiência física, sensorial, intelectual e mental.

Art. 26. Os casos de suspeita ou de confirmação de violência praticada contra a pessoa com deficiência serão objeto de notificação compulsória pelos serviços de saúde públicos e privados à autoridade policial e ao Ministério Público, além dos Conselhos dos Direitos da Pessoa com Deficiência.

Parágrafo único. Para os efeitos desta Lei, considera-se violência contra a pessoa com deficiência qualquer ação ou omissão, praticada em local público ou privado, que lhe cause morte ou dano ou sofrimento físico ou psicológico.

Capítulo IV | DO DIREITO À EDUCAÇÃO

Art. 27. A educação constitui direito da pessoa com deficiência, assegurados sistema educacional inclusivo em todos os níveis e aprendizado ao longo de toda a vida, de forma a alcançar o máximo desenvolvimento possível de seus talentos e habilidades físicas, sensoriais, intelectuais e sociais, segundo suas características, interesses e necessidades de aprendizagem.

Parágrafo único. É dever do Estado, da família, da comunidade escolar e da sociedade assegurar educação de qualidade à pessoa com deficiência, colocando-a a salvo de toda forma de violência, negligência e discriminação.

Art. 28. Incumbe ao poder público assegurar, criar, desenvolver, implementar, incentivar, acompanhar e avaliar:

I — sistema educacional inclusivo em todos os níveis e modalidades, bem como o aprendizado ao longo de toda a vida;

II — aprimoramento dos sistemas educacionais, visando a garantir condições de acesso, permanência, participação e aprendizagem, por meio da oferta de serviços e de recursos de acessibilidade que eliminem as barreiras e promovam a inclusão plena;

III — projeto pedagógico que institucionalize o atendimento educacional especializado, assim como os demais serviços e adaptações razoáveis,[1] para atender às características dos estudantes com deficiência e garantir o seu pleno acesso ao currículo em condições de igualdade, promovendo a conquista e o exercício de sua autonomia;

IV — oferta de educação bilíngue, em Libras[1a] como primeira língua e na modalidade escrita da língua portuguesa como segunda língua, em escolas e classes bilíngues e em escolas inclusivas;

V — adoção de medidas individualizadas e coletivas em ambientes que maximizem o desenvolvimento acadêmico e social dos estudantes com deficiência, favorecendo o acesso, a permanência, a participação e a aprendizagem em instituições de ensino;

VI — pesquisas voltadas para o desenvolvimento de novos métodos e técnicas pedagógicas, de materiais didáticos, de equipamentos e de recursos de tecnologia assistiva;[1b]

VII — planejamento de estudo de caso, de elaboração de plano de atendimento educacional especializado, de organização de recursos e serviços de acessibilidade e de disponibilização e usabilidade pedagógica de recursos de tecnologia assistiva;

VIII — participação dos estudantes com deficiência e de suas famílias nas diversas instâncias de atuação da comunidade escolar;

IX — adoção de medidas de apoio que favoreçam o desenvolvimento dos aspectos linguísticos, culturais, vocacionais e profissionais, levando-se em conta o talento, a criatividade, as habilidades e os interesses do estudante com deficiência;

X — adoção de práticas pedagógicas inclusivas pelos programas de formação inicial e continuada de professores e oferta de formação continuada para o atendimento educacional especializado;

XI — formação e disponibilização de professores para o atendimento educacional especializado, de tradutores e intérpretes da Libras, de guias intérpretes e de profissionais de apoio;[1c]

XII — oferta de ensino da Libras, do Sistema Braille e de uso de recursos de tecnologia assistiva, de forma a ampliar habilidades funcionais dos estudantes, promovendo sua autonomia e participação;

XIII — acesso à educação superior e à educação profissional e tecnológica em igualdade de oportunidades e condições com as demais pessoas;

XIV — inclusão em conteúdos curriculares, em cursos de nível superior e de educação profissional técnica e tecnológica, de temas relacionados à pessoa com deficiência nos respectivos campos de conhecimento;

XV — acesso da pessoa com deficiência, em igualdade de condições, a jogos e a atividades recreativas, esportivas e de lazer, no sistema escolar;

XVI — acessibilidade para todos os estudantes, trabalhadores da educação e demais integrantes da comunidade escolar às edificações, aos ambientes e às atividades concernentes a todas as modalidades, etapas e níveis de ensino;

XVII — oferta de profissionais de apoio escolar;

XVIII — articulação intersetorial na implementação de políticas públicas.

§ 1º Às instituições privadas, de qualquer nível e modalidade de ensino, aplica-se obrigatoriamente o disposto nos incisos I, II, III, V, VII, VIII, IX, X, XI, XII, XIII, XIV, XV, XVI, XVII e XVIII do *caput* deste artigo, sendo vedada a cobrança de valores adicionais de qualquer natureza em suas mensalidades, anuidades e matrículas no cumprimento dessas determinações.

§ 2º Na disponibilização de tradutores e intérpretes da Libras a que se refere o inciso XI do *caput* deste artigo, deve-se observar o seguinte:[2]

I — os tradutores e intérpretes da Libras atuantes na educação básica devem, no mínimo, possuir ensino médio completo e certificado de proficiência na Libras;

II — os tradutores e intérpretes da Libras, quando direcionados à tarefa de interpretar nas salas de aula dos cursos de graduação e pós-graduação, devem possuir nível superior, com habilitação, prioritariamente, em Tradução e Interpretação em Libras.

Art. 28: 1. v. art. 3º-VI.

Art. 28: 1a. v. art. 3º-V.

Art. 28: 1b. v. art. 3º-III.

Art. 28: 1c. v. § 2º.

Art. 28: 2. v. art. 125.

Art. 29. (VETADO).

Art. 30. Nos processos seletivos para ingresso e permanência nos cursos oferecidos pelas instituições de ensino superior e de educação profissional e tecnológica, públicas e privadas, devem ser adotadas as seguintes medidas:

I — atendimento preferencial à pessoa com deficiência nas dependências das Instituições de Ensino Superior (IES) e nos serviços;

II — disponibilização de formulário de inscrição de exames com campos específicos para que o candidato com deficiência informe os recursos de acessibilidade e de tecnologia assistiva[1] necessários para sua participação;

III — disponibilização de provas em formatos acessíveis para atendimento às necessidades específicas do candidato com deficiência;

IV — disponibilização de recursos de acessibilidade e de tecnologia assistiva adequados, previamente solicitados e escolhidos pelo candidato com deficiência;

V — dilação de tempo, conforme demanda apresentada pelo candidato com deficiência, tanto na realização de exame para seleção quanto nas atividades acadêmicas, mediante prévia solicitação e comprovação da necessidade;

VI — adoção de critérios de avaliação das provas escritas, discursivas ou de redação que considerem a singularidade linguística da pessoa com deficiência, no domínio da modalidade escrita da língua portuguesa;

VII — tradução completa do edital e de suas retificações em Libras.[2]

Art. 30: 1. v. art. 3º-III.

Art. 30: 2. v. art. 3º-V.

Capítulo V | DO DIREITO À MORADIA

Art. 31. A pessoa com deficiência tem direito à moradia digna, no seio da família natural ou substituta, com seu cônjuge ou companheiro ou desacompanhada, ou em moradia para a vida independente da pessoa com deficiência,[1] ou, ainda, em residência inclusiva.[2]

§ 1º O poder público adotará programas e ações estratégicas para apoiar a criação e a manutenção de moradia para a vida independente da pessoa com deficiência.

§ 2º A proteção integral na modalidade de residência inclusiva será prestada no âmbito do Suas à pessoa com deficiência em situação de dependência que não disponha de condições de autossustentabilidade, com vínculos familiares fragilizados ou rompidos.

Art. 31: 1. v. art. 3º-XI.

Art. 31: 2. v. art. 3º-X.

Art. 32. Nos programas habitacionais, públicos ou subsidiados com recursos públicos, a pessoa com deficiência ou o seu responsável goza de prioridade na aquisição de imóvel para moradia própria, observado o seguinte:

I — reserva de, no mínimo, 3% (três por cento) das unidades habitacionais para pessoa com deficiência;

II — (VETADO);

III — em caso de edificação multifamiliar, garantia de acessibilidade nas áreas de uso comum e nas unidades habitacionais no piso térreo e de acessibilidade ou de adaptação razoável[1] nos demais pisos;

IV — disponibilização de equipamentos urbanos comunitários acessíveis;

V — elaboração de especificações técnicas no projeto que permitam a instalação de elevadores.

§ 1º O direito à prioridade, previsto no *caput* deste artigo, será reconhecido à pessoa com deficiência beneficiária apenas uma vez.

§ 2º Nos programas habitacionais públicos, os critérios de financiamento devem ser compatíveis com os rendimentos da pessoa com deficiência ou de sua família.

§ 3º Caso não haja pessoa com deficiência interessada nas unidades habitacionais reservadas por força do disposto no inciso I do *caput* deste artigo, as unidades não utilizadas serão disponibilizadas às demais pessoas.

Art. 32: 1. v. art. 3º-VI.

Art. 33. Ao poder público compete:

I — adotar as providências necessárias para o cumprimento do disposto nos arts. 31 e 32 desta Lei; e

II — divulgar, para os agentes interessados e beneficiários, a política habitacional prevista nas legislações federal, estaduais, distrital e municipais, com ênfase nos dispositivos sobre acessibilidade.

Capítulo VI | DO DIREITO AO TRABALHO

Seção I | DISPOSIÇÕES GERAIS

Art. 34. A pessoa com deficiência tem direito ao trabalho de sua livre escolha e aceitação, em ambiente acessível e inclusivo, em igualdade de oportunidades com as demais pessoas.

§ 1º As pessoas jurídicas de direito público, privado ou de qualquer natureza são obrigadas a garantir ambientes de trabalho acessíveis e inclusivos.

§ 2º A pessoa com deficiência tem direito, em igualdade de oportunidades com as demais pessoas, a condições justas e favoráveis de trabalho, incluindo igual remuneração por trabalho de igual valor.

§ 3º É vedada restrição ao trabalho da pessoa com deficiência e qualquer discriminação em razão de sua condição, inclusive nas etapas de recrutamento, seleção, contratação, admissão, exames admissional e periódico, permanência no emprego, ascensão profissional e reabilitação profissional, bem como exigência de aptidão plena.

§ 4º A pessoa com deficiência tem direito à participação e ao acesso a cursos, treinamentos, educação continuada, planos de carreira, promoções, bonificações e incentivos profissionais oferecidos pelo empregador, em igualdade de oportunidades com os demais empregados.

§ 5º É garantida aos trabalhadores com deficiência acessibilidade em cursos de formação e de capacitação.

Art. 35. É finalidade primordial das políticas públicas de trabalho e emprego promover e garantir condições de acesso e de permanência da pessoa com deficiência no campo de trabalho.

Parágrafo único. Os programas de estímulo ao empreendedorismo e ao trabalho autônomo, incluídos o cooperativismo e o associativismo, devem prever a participação da pessoa com deficiência e a disponibilização de linhas de crédito, quando necessárias.

Seção II | DA HABILITAÇÃO PROFISSIONAL E REABILITAÇÃO PROFISSIONAL

Art. 36. O poder público deve implementar serviços e programas completos de habilitação profissional e de reabilitação profissional para que a pessoa com deficiência possa ingressar, continuar ou retornar ao campo do trabalho, respeitados sua livre escolha, sua vocação e seu interesse.

§ 1º Equipe multidisciplinar indicará, com base em critérios previstos no § 1º do art. 2º desta Lei, programa de habilitação ou de reabilitação que possibilite à pessoa com deficiência restaurar sua capacidade e habilidade profissional ou adquirir novas capacidades e habilidades de trabalho.

§ 2º A habilitação profissional corresponde ao processo destinado a propiciar à pessoa com deficiência aquisição de conhecimentos, habilidades e aptidões para exercício de profissão ou de ocupação, permitindo nível suficiente de desenvolvimento profissional para ingresso no campo de trabalho.

§ 3º Os serviços de habilitação profissional, de reabilitação profissional e de educação profissional devem ser dotados de recursos necessários para atender a toda pessoa com deficiência, independentemente de sua característica específica, a fim de que ela possa ser capacitada para trabalho que lhe seja adequado e ter perspectivas de obtê-lo, de conservá-lo e de nele progredir.

§ 4º Os serviços de habilitação profissional, de reabilitação profissional e de educação profissional deverão ser oferecidos em ambientes acessíveis e inclusivos.

§ 5º A habilitação profissional e a reabilitação profissional devem ocorrer articuladas com as redes públicas e privadas, especialmente de saúde, de ensino e de assistência social, em todos os níveis e modalidades, em entidades de formação profissional ou diretamente com o empregador.

§ 6º A habilitação profissional pode ocorrer em empresas por meio de prévia formalização do contrato de emprego da pessoa com deficiência, que será considerada para o cumprimento da reserva de vagas prevista em lei, desde que por tempo determinado e concomitante com a inclusão profissional na empresa, observado o disposto em regulamento.

§ 7º A habilitação profissional e a reabilitação profissional atenderão à pessoa com deficiência.

Seção III | DA INCLUSÃO DA PESSOA COM DEFICIÊNCIA NO TRABALHO

Art. 37. Constitui modo de inclusão da pessoa com deficiência no trabalho a colocação competitiva, em igualdade de oportunidades com as demais pessoas, nos termos da legislação trabalhista e previdenciária, na qual devem ser atendidas as regras de acessibilidade, o fornecimento de recursos de tecnologia assistiva[1] e a adaptação razoável[2] no ambiente de trabalho.

Parágrafo único. A colocação competitiva da pessoa com deficiência pode ocorrer por meio de trabalho com apoio, observadas as seguintes diretrizes:

I — prioridade no atendimento à pessoa com deficiência com maior dificuldade de inserção no campo de trabalho;

II — provisão de suportes individualizados que atendam a necessidades específicas da pessoa com deficiência, inclusive a disponibilização de recursos de tecnologia assistiva, de agente facilitador e de apoio no ambiente de trabalho;

III — respeito ao perfil vocacional e ao interesse da pessoa com deficiência apoiada;

IV — oferta de aconselhamento e de apoio aos empregadores, com vistas à definição de estratégias de inclusão e de superação de barreiras, inclusive atitudinais;

V — realização de avaliações periódicas;

VI — articulação intersetorial das políticas públicas;

VII — possibilidade de participação de organizações da sociedade civil.

Art. 37: 1. v. art. 3º-III.

Art. 37: 2. v. art. 3º-VI.

Art. 38. A entidade contratada para a realização de processo seletivo público ou privado para cargo, função ou emprego está obrigada à observância do disposto nesta Lei e em outras normas de acessibilidade vigentes.

Capítulo VII | DO DIREITO À ASSISTÊNCIA SOCIAL

Art. 39. Os serviços, os programas, os projetos e os benefícios no âmbito da política pública de assistência social à pessoa com deficiência e sua família têm como objetivo a garantia da segurança de renda, da acolhida, da habilitação e da reabilitação, do desenvolvimento da autonomia e da convivência familiar e comunitária, para a promoção do acesso a direitos e da plena participação social.

§ 1º A assistência social à pessoa com deficiência, nos termos do *caput* deste artigo, deve envolver conjunto articulado de serviços do âmbito da Proteção Social Básica e da Proteção Social Especial, ofertados pelo

Suas, para a garantia de seguranças fundamentais no enfrentamento de situações de vulnerabilidade e de risco, por fragilização de vínculos e ameaça ou violação de direitos.

§ 2º Os serviços socioassistenciais destinados à pessoa com deficiência em situação de dependência deverão contar com cuidadores sociais para prestar-lhe cuidados básicos e instrumentais.

Art. 40. É assegurado à pessoa com deficiência que não possua meios para prover sua subsistência nem de tê-la provida por sua família o benefício mensal de 1 (um) salário-mínimo, nos termos da Lei n. 8.742, de 7 de dezembro de 1993.

Capítulo VIII | DO DIREITO À PREVIDÊNCIA SOCIAL

Art. 41. A pessoa com deficiência segurada do Regime Geral de Previdência Social (RGPS) tem direito à aposentadoria nos termos da Lei Complementar n. 142, de 8 de maio de 2013.

Capítulo IX | DO DIREITO À CULTURA, AO ESPORTE, AO TURISMO E AO LAZER

Art. 42. A pessoa com deficiência tem direito à cultura, ao esporte, ao turismo e ao lazer em igualdade de oportunidades com as demais pessoas, sendo-lhe garantido o acesso:

I — a bens culturais em formato acessível;

II — a programas de televisão, cinema, teatro e outras atividades culturais e desportivas em formato acessível; e

III — a monumentos e locais de importância cultural e a espaços que ofereçam serviços ou eventos culturais e esportivos.

§ 1º É vedada a recusa de oferta de obra intelectual em formato acessível à pessoa com deficiência, sob qualquer argumento, inclusive sob a alegação de proteção dos direitos de propriedade intelectual.

§ 2º O poder público deve adotar soluções destinadas à eliminação, à redução ou à superação de barreiras para a promoção do acesso a todo patrimônio cultural, observadas as normas de acessibilidade, ambientais e de proteção do patrimônio histórico e artístico nacional.

Art. 43. O poder público deve promover a participação da pessoa com deficiência em atividades artísticas, intelectuais, culturais, esportivas e recreativas, com vistas ao seu protagonismo, devendo:

I — incentivar a provisão de instrução, de treinamento e de recursos adequados, em igualdade de oportunidades com as demais pessoas;

II — assegurar acessibilidade nos locais de eventos e nos serviços prestados por pessoa ou entidade envolvida na organização das atividades de que trata este artigo; e

III — assegurar a participação da pessoa com deficiência em jogos e atividades recreativas, esportivas, de lazer, culturais e artísticas, inclusive no sistema escolar, em igualdade de condições com as demais pessoas.

Art. 44. Nos teatros, cinemas, auditórios, estádios, ginásios de esporte, locais de espetáculos e de conferências e similares, serão reservados espaços livres e assentos para a pessoa com deficiência, de acordo com a capacidade de lotação da edificação, observado o disposto em regulamento.

§ 1º Os espaços e assentos a que se refere este artigo devem ser distribuídos pelo recinto em locais diversos, de boa visibilidade, em todos os setores, próximos aos corredores, devidamente sinalizados, evitando-se áreas segregadas de público e obstrução das saídas, em conformidade com as normas de acessibilidade.

§ 2º No caso de não haver comprovada procura pelos assentos reservados, esses podem, excepcionalmente, ser ocupados por pessoas sem deficiência ou que não tenham mobilidade reduzida, observado o disposto em regulamento.

§ 3º Os espaços e assentos a que se refere este artigo devem situar-se em locais que garantam a acomodação de, no mínimo, 1 (um) acompanhante[1] da pessoa com deficiência ou com mobilidade reduzida, resguardado o direito de se acomodar proximamente a grupo familiar e comunitário.

§ 4º Nos locais referidos no *caput* deste artigo, deve haver, obrigatoriamente, rotas de fuga e saídas de emergência acessíveis, conforme padrões das normas de acessibilidade, a fim de permitir a saída segura da pessoa com deficiência ou com mobilidade reduzida, em caso de emergência.

§ 5º Todos os espaços das edificações previstas no *caput* deste artigo devem atender às normas de acessibilidade em vigor.

§ 6º As salas de cinema devem oferecer, em todas as sessões, recursos de acessibilidade para a pessoa com deficiência.[2]

§ 7º O valor do ingresso da pessoa com deficiência não poderá ser superior ao valor cobrado das demais pessoas.

Art. 44: 1. v. art. 3º-XIV.

Art. 44: 2. v. art. 125.

Art. 45. Os hotéis, pousadas e similares devem ser construídos observando-se os princípios do desenho universal,[1] além de adotar todos os meios de acessibilidade, conforme legislação em vigor.[2-3]

§ 1º Os estabelecimentos já existentes deverão disponibilizar, pelo menos, 10% (dez por cento) de seus dormitórios acessíveis, garantida, no mínimo, 1 (uma) unidade acessível.

§ 2º Os dormitórios mencionados no § 1º deste artigo deverão ser localizados em rotas acessíveis.

Art. 45: 1. v. art. 3º-II.

Art. 45: 2. v. art. 125.

Art. 45: 3. **Dec. 9.296, de 1.3.18** — Regulamenta o art. 45 da Lei n. 13.146, de 6 de julho de 2015, que institui a Lei Brasileira de Inclusão da Pessoa com Deficiência — Estatuto da Pessoa com Deficiência.

Capítulo X | DO DIREITO AO TRANSPORTE E À MOBILIDADE

Art. 46. O direito ao transporte e à mobilidade da pessoa com deficiência ou com mobilidade reduzida será assegurado em igualdade de oportunidades com as demais pessoas, por meio de identificação e de eliminação de todos os obstáculos e barreiras ao seu acesso.

§ 1º Para fins de acessibilidade aos serviços de transporte coletivo terrestre, aquaviário e aéreo, em todas as jurisdições, consideram-se como integrantes desses serviços os veículos, os terminais, as estações, os pontos de parada, o sistema viário e a prestação do serviço.

§ 2º São sujeitas ao cumprimento das disposições desta Lei, sempre que houver interação com a matéria nela regulada, a outorga, a concessão, a permissão, a autorização, a renovação ou a habilitação de linhas e de serviços de transporte coletivo.

§ 3º Para colocação do símbolo internacional de acesso nos veículos, as empresas de transporte coletivo de passageiros dependem da certificação de acessibilidade emitida pelo gestor público responsável pela prestação do serviço.

Art. 47. Em todas as áreas de estacionamento aberto ao público, de uso público ou privado de uso coletivo e em vias públicas, devem ser reservadas vagas próximas aos acessos de circulação de pedestres, devidamente sinalizadas, para veículos que transportem pessoa com deficiência com comprometimento de mobilidade, desde que devidamente identificados.

§ 1º As vagas a que se refere o *caput* deste artigo devem equivaler a 2% (dois por cento) do total, garantida, no mínimo, 1 (uma) vaga devidamente sinalizada e com as especificações de desenho e traçado de acordo com as normas técnicas vigentes de acessibilidade.

§ 2º Os veículos estacionados nas vagas reservadas devem exibir, em local de ampla visibilidade, a credencial de beneficiário, a ser confeccionada e fornecida pelos órgãos de trânsito, que disciplinarão suas características e condições de uso.

§ 3º A utilização indevida das vagas de que trata este artigo sujeita os infratores às sanções previstas no inciso XX do art. 181 da Lei n. 9.503, de 23 de setembro de 1997 (Código de Trânsito Brasileiro).[1]

§ 4º A credencial a que se refere o § 2º deste artigo é vinculada à pessoa com deficiência que possui comprometimento de mobilidade e é válida em todo o território nacional.

Art. 47: 1. Redação do § 3º de acordo com a Lei 13.281, de 4.5.16, em vigor 180 dias após sua publicação (DOU 5.5.16).

Art. 48. Os veículos de transporte coletivo terrestre, aquaviário e aéreo, as instalações, as estações, os portos e os terminais em operação no País devem ser acessíveis, de forma a garantir o seu uso por todas as pessoas.

§ 1º Os veículos e as estruturas de que trata o *caput* deste artigo devem dispor de sistema de comunicação acessível que disponibilize informações sobre todos os pontos do itinerário.

§ 2º São asseguradas à pessoa com deficiência prioridade e segurança nos procedimentos de embarque e de desembarque nos veículos de transporte coletivo, de acordo com as normas técnicas.

§ 3º Para colocação do símbolo internacional de acesso nos veículos, as empresas de transporte coletivo de passageiros dependem da certificação de acessibilidade emitida pelo gestor público responsável pela prestação do serviço.

Art. 49. As empresas de transporte de fretamento e de turismo, na renovação de suas frotas, são obrigadas ao cumprimento do disposto nos arts. 46 e 48 desta Lei.[1]

Art. 49: 1. v. art. 125.

Art. 50. O poder público incentivará a fabricação de veículos acessíveis e a sua utilização como táxis e *vans*, de forma a garantir o seu uso por todas as pessoas.

Art. 51. As frotas de empresas de táxi devem reservar 10% (dez por cento) de seus veículos acessíveis à pessoa com deficiência.

§ 1º É proibida a cobrança diferenciada de tarifas ou de valores adicionais pelo serviço de táxi prestado à pessoa com deficiência.

§ 2º O poder público é autorizado a instituir incentivos fiscais com vistas a possibilitar a acessibilidade dos veículos a que se refere o *caput* deste artigo.

Art. 52. As locadoras de veículos são obrigadas a oferecer 1 (um) veículo adaptado para uso de pessoa com deficiência, a cada conjunto de 20 (vinte) veículos de sua frota.

Parágrafo único. O veículo adaptado deverá ter, no mínimo, câmbio automático, direção hidráulica, vidros elétricos e comandos manuais de freio e de embreagem.

Título III | DA ACESSIBILIDADE

Capítulo I | DISPOSIÇÕES GERAIS

Art. 53. A acessibilidade é direito que garante à pessoa com deficiência ou com mobilidade reduzida viver de forma independente e exercer seus direitos de cidadania e de participação social.

Art. 54. São sujeitas ao cumprimento das disposições desta Lei e de outras normas relativas à acessibilidade, sempre que houver interação com a matéria nela regulada:

I — a aprovação de projeto arquitetônico e urbanístico ou de comunicação e informação, a fabricação de veículos de transporte coletivo, a prestação do respectivo serviço e a execução de qualquer tipo de obra, quando tenham destinação pública ou coletiva;

II — a outorga ou a renovação de concessão, permissão, autorização ou habilitação de qualquer natureza;

III — a aprovação de financiamento de projeto com utilização de recursos públicos, por meio de renúncia ou de incentivo fiscal, contrato, convênio ou instrumento congênere;[1] e

IV — a concessão de aval da União para obtenção de empréstimo e de financiamento internacionais por entes públicos ou privados.

Art. 54: 1. v. art. 64.

Art. 55. A concepção e a implantação de projetos que tratem do meio físico, de transporte, de informação e comunicação, inclusive de sistemas e tecnologias da informação e comunicação, e de outros serviços, equipamentos e instalações abertos ao público, de uso público ou privado de uso coletivo, tanto na zona urbana como na rural, devem atender aos princípios do desenho universal,[1] tendo como referência as normas de acessibilidade.

§ 1º O desenho universal será sempre tomado como regra de caráter geral.

§ 2º Nas hipóteses em que comprovadamente o desenho universal não possa ser empreendido, deve ser adotada adaptação razoável.[2]

§ 3º Caberá ao poder público promover a inclusão de conteúdos temáticos referentes ao desenho universal nas diretrizes curriculares da educação profissional e tecnológica e do ensino superior e na formação das carreiras de Estado.

§ 4º Os programas, os projetos e as linhas de pesquisa a serem desenvolvidos com o apoio de organismos públicos de auxílio à pesquisa e de agências de fomento deverão incluir temas voltados para o desenho universal.

§ 5º Desde a etapa de concepção, as políticas públicas deverão considerar a adoção do desenho universal.

Art. 55: 1. v. art. 3º-II.

Art. 55: 2. v. art. 3º-VI.

Art. 56. A construção, a reforma, a ampliação ou a mudança de uso de edificações abertas ao público, de uso público ou privadas de uso coletivo deverão ser executadas de modo a serem acessíveis.

§ 1º As entidades de fiscalização profissional das atividades de Engenharia, de Arquitetura e correlatas, ao anotarem a responsabilidade técnica de projetos, devem exigir a responsabilidade profissional declarada de atendimento às regras de acessibilidade previstas em legislação e em normas técnicas pertinentes.

§ 2º Para a aprovação, o licenciamento ou a emissão de certificado de projeto executivo arquitetônico, urbanístico e de instalações e equipamentos temporários ou permanentes e para o licenciamento ou a emissão de certificado de conclusão de obra ou de serviço, deve ser atestado o atendimento às regras de acessibilidade.

§ 3º O poder público, após certificar a acessibilidade de edificação ou de serviço, determinará a colocação, em espaços ou em locais de ampla visibilidade, do símbolo internacional de acesso, na forma prevista em legislação e em normas técnicas correlatas.

Art. 57. As edificações públicas e privadas de uso coletivo já existentes devem garantir acessibilidade à pessoa com deficiência em todas as suas dependências e serviços, tendo como referência as normas de acessibilidade vigentes.

Art. 58. O projeto e a construção de edificação de uso privado multifamiliar devem atender aos preceitos de acessibilidade, na forma regulamentar.[1]

§ 1º As construtoras e incorporadoras responsáveis pelo projeto e pela construção das edificações a que se refere o *caput* deste artigo devem assegurar percentual mínimo de suas unidades internamente acessíveis, na forma regulamentar.

§ 2º É vedada a cobrança de valores adicionais para a aquisição de unidades internamente acessíveis a que se refere o § 1º deste artigo.

Art. 58: 1. **Dec. 9.451, de 26.7.18** — Regulamenta o art. 58 da Lei n. 13.146, de 6 de julho de 2015, que institui a Lei Brasileira de Inclusão da Pessoa com Deficiência — Estatuto da Pessoa com Deficiência.

Art. 59. Em qualquer intervenção nas vias e nos espaços públicos, o poder público e as empresas concessionárias responsáveis pela execução das obras e dos serviços devem garantir, de forma segura, a fluidez do trânsito e a livre circulação e acessibilidade das pessoas, durante e após sua execução.

Art. 60. Orientam-se, no que couber, pelas regras de acessibilidade previstas em legislação e em normas técnicas, observado o disposto na Lei n. 10.098, de 19 de dezembro de 2000, n. 10.257, de 10 de julho de 2001, e n. 12.587, de 3 de janeiro de 2012:

I — os planos diretores municipais, os planos diretores de transporte e trânsito, os planos de mobilidade urbana e os planos de preservação de sítios históricos elaborados ou atualizados a partir da publicação desta Lei;

II — os códigos de obras, os códigos de postura, as leis de uso e ocupação do solo e as leis do sistema viário;

III — os estudos prévios de impacto de vizinhança;

IV — as atividades de fiscalização e a imposição de sanções; e

V — a legislação referente à prevenção contra incêndio e pânico.

§ 1º A concessão e a renovação de alvará de funcionamento para qualquer atividade são condicionadas à observação e à certificação das regras de acessibilidade.

§ 2º A emissão de carta de habite-se ou de habilitação equivalente e sua renovação, quando esta tiver sido emitida anteriormente às exigências de acessibilidade, é condicionada à observação e à certificação das regras de acessibilidade.

Art. 61. A formulação, a implementação e a manutenção das ações de acessibilidade atenderão às seguintes premissas básicas:

I — eleição de prioridades, elaboração de cronograma e reserva de recursos para implementação das ações; e

II — planejamento contínuo e articulado entre os setores envolvidos.

Art. 62. É assegurado à pessoa com deficiência, mediante solicitação, o recebimento de contas, boletos, recibos, extratos e cobranças de tributos em formato acessível.

Capítulo II | DO ACESSO À INFORMAÇÃO E À COMUNICAÇÃO

Art. 63. É obrigatória a acessibilidade nos sítios da internet mantidos por empresas com sede ou representação comercial no País ou por órgãos de governo, para uso da pessoa com deficiência, garantindo-lhe acesso às informações disponíveis, conforme as melhores práticas e diretrizes de acessibilidade adotadas internacionalmente.

§ 1º Os sítios devem conter símbolo de acessibilidade em destaque.

§ 2º Telecentros comunitários que receberem recursos públicos federais para seu custeio ou sua instalação e *lan houses* devem possuir equipamentos e instalações acessíveis.

§ 3º Os telecentros e as *lan houses* de que trata o § 2º deste artigo devem garantir, no mínimo, 10% (dez por cento) de seus computadores com recursos de acessibilidade para pessoa com deficiência visual, sendo assegurado pelo menos 1 (um) equipamento, quando o resultado percentual for inferior a 1 (um).

Art. 64. A acessibilidade nos sítios da internet de que trata o art. 63 desta Lei deve ser observada para obtenção do financiamento de que trata o inciso III do art. 54 desta Lei.

Art. 65. As empresas prestadoras de serviços de telecomunicações deverão garantir pleno acesso à pessoa com deficiência, conforme regulamentação específica.

Art. 66. Cabe ao poder público incentivar a oferta de aparelhos de telefonia fixa e móvel celular com acessibilidade que, entre outras tecnologias assistivas, possuam possibilidade de indicação e de ampliação sonoras de todas as operações e funções disponíveis.

Art. 67. Os serviços de radiodifusão de sons e imagens devem permitir o uso dos seguintes recursos, entre outros:

I — subtitulação por meio de legenda oculta;

II — janela com intérprete da Libras;[1]

III — audiodescrição.

Art. 67: 1. v. art. 3º-V.

Art. 68. O poder público deve adotar mecanismos de incentivo à produção, à edição, à difusão, à distribuição e à comercialização de livros em formatos acessíveis, inclusive em publicações da administração pública ou financiadas com recursos públicos, com vistas a garantir à pessoa com deficiência o direito de acesso à leitura, à informação e à comunicação.

§ 1º Nos editais de compras de livros, inclusive para o abastecimento ou a atualização de acervos de bibliotecas em todos os níveis e modalidades de educação e de bibliotecas públicas, o poder público deverá adotar cláusulas de impedimento à participação de editoras que não ofertem sua produção também em formatos acessíveis.

§ 2º Consideram-se formatos acessíveis os arquivos digitais que possam ser reconhecidos e acessados por *softwares* leitores de telas ou outras tecnologias assistivas que vierem a substituí-los, permitindo leitura com voz sintetizada, ampliação de caracteres, diferentes contrastes e impressão em Braille.

§ 3º O poder público deve estimular e apoiar a adaptação e a produção de artigos científicos em formato acessível, inclusive em Libras.[1]

Art. 68: 1. v. art. 3º-V.

Art. 69. O poder público deve assegurar a disponibilidade de informações corretas e claras sobre os diferentes produtos e serviços ofertados, por quaisquer meios de comunicação empregados, inclusive em ambiente virtual, contendo a especificação correta de quantidade, qualidade, características, composição e preço, bem como sobre os eventuais riscos à saúde e à segurança do consumidor com deficiência, em caso de sua utilização, aplicando-se, no que couber, os arts. 30 a 41 da Lei n. 8.078, de 11 de setembro de 1990.[1]

§ 1º Os canais de comercialização virtual e os anúncios publicitários veiculados na imprensa escrita, na internet, no rádio, na televisão e nos demais veículos de comunicação abertos ou por assinatura devem disponibilizar, conforme a compatibilidade do meio, os recursos de acessibilidade de que trata o art. 67 desta Lei, a expensas do fornecedor do produto ou do serviço, sem prejuízo da observância do disposto nos arts. 36 a 38 da Lei n. 8.078, de 11 de setembro de 1990.

§ 2º Os fornecedores devem disponibilizar, mediante solicitação, exemplares de bulas, prospectos, textos ou qualquer outro tipo de material de divulgação em formato acessível.

Art. 69: 1. v. CDC 6º § ún. e 43 § 6º.

Art. 70. As instituições promotoras de congressos, seminários, oficinas e demais eventos de natureza científico-cultural devem oferecer à pessoa com deficiência, no mínimo, os recursos de tecnologia assistiva previstos no art. 67 desta Lei.

Art. 71. Os congressos, os seminários, as oficinas e os demais eventos de natureza científico-cultural promovidos ou financiados pelo poder público devem garantir as condições de acessibilidade e os recursos de tecnologia assistiva.[1]

Art. 71: 1. v. art. 3º-III.

Art. 72. Os programas, as linhas de pesquisa e os projetos a serem desenvolvidos com o apoio de agências de financiamento e de órgãos e entidades integrantes da administração pública que atuem no auxílio à pesquisa devem contemplar temas voltados à tecnologia assistiva.[1]

Art. 72: 1. v. art. 3º-III.

Art. 73. Caberá ao poder público, diretamente ou em parceria com organizações da sociedade civil, promover a capacitação de tradutores e intérpretes da Libras,[1] de guias intérpretes e de profissionais habilitados em Braille, audiodescrição, estenotipia e legendagem.

Art. 73: 1. v. art. 3º-V.

Capítulo III | DA TECNOLOGIA ASSISTIVA[1]

CAP. III: 1. v. art. 3º-III.

Art. 74. É garantido à pessoa com deficiência acesso a produtos, recursos, estratégias, práticas, processos, métodos e serviços de tecnologia assistiva que maximizem sua autonomia, mobilidade pessoal e qualidade de vida.

Art. 75. O poder público desenvolverá plano específico de medidas, a ser renovado em cada período de 4 (quatro) anos, com a finalidade de:

I — facilitar o acesso a crédito especializado, inclusive com oferta de linhas de crédito subsidiadas, específicas para aquisição de tecnologia assistiva;

II — agilizar, simplificar e priorizar procedimentos de importação de tecnologia assistiva, especialmente as questões atinentes a procedimentos alfandegários e sanitários;

III — criar mecanismos de fomento à pesquisa e à produção nacional de tecnologia assistiva, inclusive por meio de concessão de linhas de crédito subsidiado e de parcerias com institutos de pesquisa oficiais;

IV — eliminar ou reduzir a tributação da cadeia produtiva e de importação de tecnologia assistiva;

V — facilitar e agilizar o processo de inclusão de novos recursos de tecnologia assistiva no rol de produtos distribuídos no âmbito do SUS e por outros órgãos governamentais.

Parágrafo único. Para fazer cumprir o disposto neste artigo, os procedimentos constantes do plano específico de medidas deverão ser avaliados, pelo menos, a cada 2 (dois) anos.

Capítulo IV | DO DIREITO À PARTICIPAÇÃO NA VIDA PÚBLICA E POLÍTICA

Art. 76. O poder público deve garantir à pessoa com deficiência todos os direitos políticos e a oportunidade de exercê-los em igualdade de condições com as demais pessoas.

§ 1º À pessoa com deficiência será assegurado o direito de votar e de ser votada, inclusive por meio das seguintes ações:

I — garantia de que os procedimentos, as instalações, os materiais e os equipamentos para votação sejam apropriados, acessíveis a todas as pessoas e de fácil compreensão e uso, sendo vedada a instalação de seções eleitorais exclusivas para a pessoa com deficiência;

II — incentivo à pessoa com deficiência a candidatar-se e a desempenhar quaisquer funções públicas em todos os níveis de governo, inclusive por meio do uso de novas tecnologias assistivas, quando apropriado;

III — garantia de que os pronunciamentos oficiais, a propaganda eleitoral obrigatória e os debates transmitidos pelas emissoras de televisão possuam, pelo menos, os recursos elencados no art. 67 desta Lei;

IV — garantia do livre exercício do direito ao voto e, para tanto, sempre que necessário e a seu pedido, permissão para que a pessoa com deficiência seja auxiliada na votação por pessoa de sua escolha.

§ 2º O poder público promoverá a participação da pessoa com deficiência, inclusive quando institucionalizada, na condução das questões públicas, sem discriminação e em igualdade de oportunidades, observado o seguinte:

I — participação em organizações não governamentais relacionadas à vida pública e à política do País e em atividades e administração de partidos políticos;

II — formação de organizações para representar a pessoa com deficiência em todos os níveis;

III — participação da pessoa com deficiência em organizações que a representem.

Título IV | DA CIÊNCIA E TECNOLOGIA

Art. 77. O poder público deve fomentar o desenvolvimento científico, a pesquisa e a inovação e a capacitação tecnológicas, voltados à melhoria da qualidade de vida e ao trabalho da pessoa com deficiência e sua inclusão social.

§ 1º O fomento pelo poder público deve priorizar a geração de conhecimentos e técnicas que visem à prevenção e ao tratamento de deficiências e ao desenvolvimento de tecnologias assistiva e social.

§ 2º A acessibilidade e as tecnologias assistiva e social devem ser fomentadas mediante a criação de cursos de pós-graduação, a formação de recursos humanos e a inclusão do tema nas diretrizes de áreas do conhecimento.

§ 3º Deve ser fomentada a capacitação tecnológica de instituições públicas e privadas para o desenvolvimento de tecnologias assistiva e social que sejam voltadas para melhoria da funcionalidade e da participação social da pessoa com deficiência.

§ 4º As medidas previstas neste artigo devem ser reavaliadas periodicamente pelo poder público, com vistas ao seu aperfeiçoamento.

Art. 78. Devem ser estimulados a pesquisa, o desenvolvimento, a inovação e a difusão de tecnologias voltadas para ampliar o acesso da pessoa com deficiência às tecnologias da informação e comunicação e às tecnologias sociais.

Parágrafo único. Serão estimulados, em especial:

I — o emprego de tecnologias da informação e comunicação como instrumento de superação de limitações funcionais e de barreiras à comunicação, à informação, à educação e ao entretenimento da pessoa com deficiência;

II — a adoção de soluções e a difusão de normas que visem a ampliar a acessibilidade da pessoa com deficiência à computação e aos sítios da internet, em especial aos serviços de governo eletrônico.

Livro II | PARTE ESPECIAL

Título I | DO ACESSO À JUSTIÇA

Capítulo I | DISPOSIÇÕES GERAIS

Art. 79. O poder público deve assegurar o acesso da pessoa com deficiência à justiça, em igualdade de oportunidades com as demais pessoas, garantindo, sempre que requeridos, adaptações e recursos de tecnologia assistiva.[1]

§ 1º A fim de garantir a atuação da pessoa com deficiência em todo o processo judicial, o poder público deve capacitar os membros e os servidores que atuam no Poder Judiciário, no Ministério Público, na Defensoria Pública, nos órgãos de segurança pública e no sistema penitenciário quanto aos direitos da pessoa com deficiência.

§ 2º Devem ser assegurados à pessoa com deficiência submetida a medida restritiva de liberdade todos os direitos e garantias a que fazem jus os apenados sem deficiência, garantida a acessibilidade.

§ 3º A Defensoria Pública e o Ministério Público tomarão as medidas necessárias à garantia dos direitos previstos nesta Lei.

Art. 79: 1. v. art. 3º-III.

Art. 80. Devem ser oferecidos todos os recursos de tecnologia assistiva[1] disponíveis para que a pessoa com deficiência tenha garantido o acesso à justiça, sempre que figure em um dos polos da ação ou atue como testemunha,[2] partícipe da lide posta em juízo, advogado, defensor público, magistrado ou membro do Ministério Público.

Parágrafo único. A pessoa com deficiência tem garantido o acesso ao conteúdo de todos os atos processuais de seu interesse, inclusive no exercício da advocacia.

Art. 80: 1. v. art. 3º-III.

Art. 80: 2. v. CC 228 § 2º.

Art. 81. Os direitos da pessoa com deficiência serão garantidos por ocasião da aplicação de sanções penais.

Art. 82. (VETADO).

Art. 83. Os serviços notariais e de registro não podem negar ou criar óbices ou condições diferenciadas à prestação de seus serviços em razão de deficiência do solicitante, devendo reconhecer sua capacidade legal plena, garantida a acessibilidade.

Parágrafo único. O descumprimento do disposto no *caput* deste artigo constitui discriminação em razão de deficiência.

Capítulo II | DO RECONHECIMENTO IGUAL PERANTE A LEI

Art. 84. A pessoa com deficiência tem assegurado o direito ao exercício de sua capacidade legal em igualdade de condições com as demais pessoas.

§ 1º Quando necessário, a pessoa com deficiência será submetida à curatela, conforme a lei.[1]

§ 2º É facultado à pessoa com deficiência a adoção de processo de tomada de decisão apoiada.[2]

§ 3º A definição de curatela de pessoa com deficiência constitui medida protetiva extraordinária, proporcional às necessidades e às circunstâncias de cada caso, e durará o menor tempo possível.

§ 4º Os curadores são obrigados a prestar, anualmente, contas de sua administração ao juiz, apresentando o balanço do respectivo ano.

Art. 84: 1. v. CC 1.767 e segs.

Art. 84: 2. v. CC 1.783-A.

Art. 85. A curatela afetará tão somente os atos relacionados aos direitos de natureza patrimonial e negocial.

§ 1º A definição da curatela não alcança o direito ao próprio corpo, à sexualidade, ao matrimônio, à privacidade, à educação, à saúde, ao trabalho e ao voto.

§ 2º A curatela constitui medida extraordinária, devendo constar da sentença as razões e motivações de sua definição, preservados os interesses do curatelado.

§ 3º No caso de pessoa em situação de institucionalização, ao nomear curador, o juiz deve dar preferência a pessoa que tenha vínculo de natureza familiar, afetiva ou comunitária com o curatelado.

Art. 86. Para emissão de documentos oficiais, não será exigida a situação de curatela da pessoa com deficiência.

Art. 87. Em casos de relevância e urgência e a fim de proteger os interesses da pessoa com deficiência em situação de curatela, será lícito ao juiz, ouvido o Ministério Público, de ofício ou a requerimento do interessado, nomear, desde logo, curador provisório, o qual estará sujeito, no que couber, às disposições do Código de Processo Civil.[1]

Art. 87: 1. v., no nosso CPCLPV, CPC 749 § ún. e notas.

Título II | DOS CRIMES E DAS INFRAÇÕES ADMINISTRATIVAS

....

Título III | DISPOSIÇÕES FINAIS E TRANSITÓRIAS

Art. 92. É criado o Cadastro Nacional de Inclusão da Pessoa com Deficiência (Cadastro-Inclusão), registro público eletrônico com a finalidade de coletar, processar, sistematizar e disseminar informações georreferenciadas que permitam a identificação e a caracterização socioeconômica da pessoa com deficiência, bem como das barreiras que impedem a realização de seus direitos.

§ 1º O Cadastro-Inclusão será administrado pelo Poder Executivo federal e constituído por base de dados, instrumentos, procedimentos e sistemas eletrônicos.

§ 2º Os dados constituintes do Cadastro-Inclusão serão obtidos pela integração dos sistemas de informação e da base de dados de todas as políticas públicas relacionadas aos direitos da pessoa com deficiência, bem como por informações coletadas, inclusive em censos nacionais e nas demais pesquisas realizadas no País, de acordo com os parâmetros estabelecidos pela Convenção sobre os Direitos das Pessoas com Deficiência e seu Protocolo Facultativo.

§ 3º Para coleta, transmissão e sistematização de dados, é facultada a celebração de convênios, acordos, termos de parceria ou contratos com instituições públicas e privadas, observados os requisitos e procedimentos previstos em legislação específica.

§ 4º Para assegurar a confidencialidade, a privacidade e as liberdades fundamentais da pessoa com deficiência e os princípios éticos que regem a utilização de informações, devem ser observadas as salvaguardas estabelecidas em lei.

§ 5º Os dados do Cadastro-Inclusão somente poderão ser utilizados para as seguintes finalidades:

I — formulação, gestão, monitoramento e avaliação das políticas públicas para a pessoa com deficiência e para identificar as barreiras que impedem a realização de seus direitos;

II — realização de estudos e pesquisas.

§ 6º As informações a que se refere este artigo devem ser disseminadas em formatos acessíveis.

Art. 93. Na realização de inspeções e de auditorias pelos órgãos de controle interno e externo, deve ser observado o cumprimento da legislação relativa à pessoa com deficiência e das normas de acessibilidade vigentes.

Art. 94. Terá direito a auxílio-inclusão, nos termos da lei, a pessoa com deficiência moderada ou grave que:

I — receba o benefício de prestação continuada previsto no art. 20 da Lei n. 8.742, de 7 de dezembro de 1993, e que passe a exercer atividade remunerada que a enquadre como segurado obrigatório do RGPS;

II — tenha recebido, nos últimos 5 (cinco) anos, o benefício de prestação continuada previsto no art. 20 da Lei n. 8.742, de 7 de dezembro de 1993, e que exerça atividade remunerada que a enquadre como segurado obrigatório do RGPS.

Art. 95. É vedado exigir o comparecimento de pessoa com deficiência perante os órgãos públicos quando seu deslocamento, em razão de sua limitação funcional e de condições de acessibilidade, imponha-lhe ônus desproporcional e indevido, hipótese na qual serão observados os seguintes procedimentos:

I — quando for de interesse do poder público, o agente promoverá o contato necessário com a pessoa com deficiência em sua residência;

II — quando for de interesse da pessoa com deficiência, ela apresentará solicitação de atendimento domiciliar ou fará representar-se por procurador constituído para essa finalidade.

Parágrafo único. É assegurado à pessoa com deficiência atendimento domiciliar pela perícia médica e social do Instituto Nacional do Seguro Social (INSS), pelo serviço público de saúde ou pelo serviço privado de saúde, contratado ou conveniado, que integre o SUS e pelas entidades da rede socioassistencial integrantes do Suas, quando seu deslocamento, em razão de sua limitação funcional e de condições de acessibilidade, imponha-lhe ônus desproporcional e indevido.

Arts. 96 a 119. ....[1]

Arts. 96 a 119: 1. Os arts. 96 a 119 incluem, alteram ou revogam dispositivos de distintos diplomas legais, sendo que os contemplados por este CCLCV foram devidamente adaptados a essas inclusões, alterações ou revogações.

Art. 120. Cabe aos órgãos competentes, em cada esfera de governo, a elaboração de relatórios circunstanciados sobre o cumprimento dos prazos estabelecidos por força das Leis n. 10.048, de 8 de novembro de 2000, e n. 10.098, de 19 de dezembro de 2000, bem como o seu encaminhamento ao Ministério Público e aos órgãos de regulação para adoção das providências cabíveis.

Parágrafo único. Os relatórios a que se refere o *caput* deste artigo deverão ser apresentados no prazo de 1 (um) ano a contar da entrada em vigor desta Lei.

Art. 121. Os direitos, os prazos e as obrigações previstos nesta Lei não excluem os já estabelecidos em outras legislações, inclusive em pactos, tratados, convenções e declarações internacionais aprovados e promulgados pelo Congresso Nacional, e devem ser aplicados em conformidade com as demais normas internas e acordos internacionais vinculantes sobre a matéria.

Parágrafo único. Prevalecerá a norma mais benéfica à pessoa com deficiência.

Art. 122. Regulamento disporá sobre a adequação do disposto nesta Lei ao tratamento diferenciado, simplificado e favorecido a ser dispensado às microempresas e às empresas de pequeno porte, previsto no § 3º do art. 1º da Lei Complementar n. 123, de 14 de dezembro de 2006.

Art. 123. Revogam-se os seguintes dispositivos:

I — o inciso II do § 2º do art. 1º da Lei n. 9.008, de 21 de março de 1995;

II — os incisos I, II e III do art. 3º da Lei n. 10.406, de 10 de janeiro de 2002 (Código Civil);

III — os incisos II e III do art. 228 da Lei n. 10.406, de 10 de janeiro de 2002 (Código Civil);

IV — o inciso I do art. 1.548 da Lei n. 10.406, de 10 de janeiro de 2002 (Código Civil);

V — o inciso IV do art. 1.557 da Lei n. 10.406, de 10 de janeiro de 2002 (Código Civil);

VI — os incisos II e IV do art. 1.767 da Lei n. 10.406, de 10 de janeiro de 2002 (Código Civil);

VII — os arts. 1.776 e 1.780 da Lei n. 10.406, de 10 de janeiro de 2002 (Código Civil).

Art. 124. O § 1º do art. 2º desta Lei deverá entrar em vigor em até 2 (dois) anos, contados da entrada em vigor desta Lei.

Art. 125. Devem ser observados os prazos a seguir discriminados, a partir da entrada em vigor desta Lei, para o cumprimento dos seguintes dispositivos:

I — incisos I e II do § 2º do art. 28, 48 (quarenta e oito) meses;

II (*redação da Med. Prov. 1.025, de 31.12.20*) — § 6º do art. 44, 84 (oitenta e quatro) meses;

III — art. 45, 24 (vinte e quatro) meses;

IV — art. 49, 48 (quarenta e oito) meses.

Art. 126. Prorroga-se até 31 de dezembro de 2021 a vigência da Lei n. 8.989, de 24 de fevereiro de 1995.

Art. 127. Esta Lei entra em vigor após decorridos 180 (cento e oitenta) dias de sua publicação oficial.

Brasília, 6 de julho de 2015; 194º da Independência e 127º da República. — DILMA ROUSSEFF — **Marivaldo de Castro Pereira — Joaquim Vieira Ferreira Levy — Renato Janine Ribeiro — Armando Monteiro — Nelson Barbosa — Gilberto Kassab — Luis Inácio Lucena Adams — Gilberto José Spier Vargas — Guilherme Afif Domingos.**

Ementário
Prescrição e Decadência

— v. CF 37 § 5º; CC 189 a 206 (com Súmulas, no art. 177, do STF, do STJ e do TFR s/ a matéria); CPC 240 §§ 1º e 4º, 302-IV, 310, 332 § 1º, 487-II, 535-VI, 657 § ún., 975 e CPC/73 art. 756-I; LSA 285 a 288; s/ usucapião, v. tít. USUCAPIÃO ESPECIAL, CC 550 a 553, 618 a 619, 698 e ET 98.

Dec. 1.102, de 21.11.1903 (Armazéns gerais) — Institui regras para o estabelecimento de empresas de armazéns gerais, determinando os direitos e obrigações dessas empresas. O art. 11, § 1º, dispõe que o direito à indenização devida pelas empresas de armazéns gerais prescreve em três meses, contados do dia em que a mercadoria foi ou devia ser entregue. Esse dispositivo está em vigor (STJ-3ª T., REsp 476.458, Min. Nancy Andrighi, j. 4.8.05, não conheceram, v.u., DJU 29.8.05, p. 329).

Dec. 20.910, de 6.1.32 (Fazenda Pública) — Regula a prescrição quinquenal (v. adiante, texto integral). Alterado pelo **Dec. lei 4.597, de 19.8.42** (v. abaixo), e pela **Lei 2.211, de 31.5.54** (v. abaixo).

Dec. lei 3.365, de 21.6.41 (Indenização por desapropriação indireta): **"Art. 10 § ún.** (*redação da Med. Prov. 2.183-56, de 24.8.01*). Extingue-se em cinco anos o direito de propor ação que vise a indenização por restrições decorrentes de atos do Poder Público".

Dec. lei 4.597, de 19.8.42 (Fazenda Pública) — Dispõe sobre a prescrição das ações contra a Fazenda Pública e dá outras providências (v. adiante, texto integral). O Dec. lei 4.597 aplica-se ao FUNRURAL (v. **Dec. 73.617, de 12.2.74,** art. 143, em Lex 1974/525).

Dec. lei 7.961, de 18.9.45 (Honorários médicos) — Dispõe sobre a remuneração mínima dos que, com o caráter de emprego, trabalham em atividades médicas de natureza privada e dá outras providências (RT 158/938, Lex 1945/474, RF 127/627). **Art. 15:** "A ação de cobrança de honorários médicos prescreverá no prazo de cinco (5) anos, contados da data da prestação do último serviço". O art. 15 foi revogado pela **Lei 536, de 14.12.48** (v. abaixo).

Lei 19, de 10.2.47 (2ª Guerra Mundial) — Releva de prescrição as ações que deveriam ter sido propostas durante a guerra por brasileiros nela empenhados (RT 167/393, Lex 1947/55, RDA 8/444, RF 111/307). V. **Lei 1.025, de 30.12.49,** abaixo.

Lei 536, de 14.12.48 (Honorários médicos) — Revoga dispositivos do Dec. lei n. 7.961, de 18 de setembro de 1945 (RT 179/425, Lex 1948/560, RF 127/627). Revogou o art. 15 do Dec. lei 7.961, de 18.9.45 (v. acima), porém não o substituiu por outro, nem revigorou o preceito anterior (v., a propósito, **Lei 2.923, de 21.10.56,** abaixo).

Lei 1.025, de 30.12.49 (2ª Guerra Mundial) — Dispõe sobre a contagem da suspensão da prescrição, para os militares e civis que serviram na FEB ou forças das Nações Unidas (RT 184/949, Lex 1950/2, RDA 20/433, RF 130/329).

Lei 2.211, de 31.5.54 (Fazenda Pública) — Releva de prescrição o direito dos herdeiros de Manuel Pio Corrêa à percepção do respectivo montepio (RT 227/652, Lex 1954/312). **Art. 1º:** "É revogado o disposto no art. 5º do Dec. n. 20.910, de 6 de janeiro de 1932, e revigorado o art. 43 do Dec. n. 942-A, de 30 de outubro de 1890". O art. 43 do Dec. 942-A se refere a montepio.

Lei 2.923, de 21.10.56 (Honorários médicos) — Revigora o inciso IX, do § 6º, do art. 178, da Lei n. 3.071, de 1º de janeiro de 1916 — Código Civil Brasileiro (RT 255/620, Lex 1956/499, RF 168/524). V. acima, Lei 536, de 14.12.48.

Lei 4.069, de 11.6.62 (Títulos da dívida pública) — Fixa novos valores para os vencimentos dos servidores da União, institui empréstimo compulsório e altera legislação do imposto de renda, autoriza emissão de títulos de recuperação financeira, modifica legislação sobre emissão de letras e obrigações do Tesouro Nacional e dá outras providências (RT 323/652, sem p. vets., Lex 1962/70, sem p. vets., e 1962/108, só p. vets., RDA 70/516, sem p. vets., e 71/499, só p. vets.). **Art. 60:** "Incidem em prescrição legal as dívidas correspondentes ao resgate de títulos federais, estaduais e municipais, cujo pagamento não for reclamado decorrido o prazo de 5 (cinco) anos a partir da data em que se torna público o resgate das respectivas dívidas. Parágrafo único: Consideram-se igualmente prescritos os juros dos títulos referidos neste artigo, cujo pagamento não for reclamado no prazo de 5 (cinco) anos, a partir da data em que se tornarem devidos".

Lei 4.717, de 29.6.65 (Ação popular) — Regula a ação popular (no CPCLPV, tít. AÇÃO POPULAR). **Art. 21:** "A ação prevista nesta lei prescreve em 5 (cinco) anos".

Lei 4.886, de 9.12.65 (Representante comercial autônomo) — **Art. 44 § ún.** (acrescido pela Lei 8.420, de 8.5.92, em Lex 1992/182): "Prescreve em cinco anos a ação do representante comercial para pleitear a retribuição que lhe é devida e os demais direitos que lhe são garantidos por esta lei". **Nota:** Esse prazo prescricional "refere-se ao exercício do direito de ação, e não ao próprio direito indenizatório vindicado" (STJ-3ª T., REsp 434.885, Min. Castro Filho, j. 16.9.04, DJ 4.4.05). No mesmo sentido: Bol. AASP 2.644 (TJMG, AP 1.0024.04.496609-1/001).

Lei 5.172, de 25.10.66 (Restituição de tributos) — Código Tributário Nacional (RT 375/397, Lex 1966/1.476, RDA 87/524). A denominação Código Tributário Nacional foi atribuída a esta lei pelo art. 7º do **Ato Compl. 36, de 13.3.67** (RT 380/372, Lex 1967/803, RDA 88/290). Quanto à restituição de tributos, dispõe o **CTN: "Art. 168.** O direito de pleitear a restituição extingue-se com o decurso do prazo de 5 (cinco) anos, contados: I — nas hipóteses dos incisos I e II do art. 165, da data da extinção do crédito tributário; II — na hipótese do inciso III do art. 165, da data em que se tornar definitiva a decisão administrativa ou passar em julgado a decisão judicial que tenha reformado, anulado, revogado ou rescindido a decisão condenatória". **"Art. 169.** Prescreve em dois anos a ação anulatória da decisão administrativa que denegar a restituição. Parágrafo único: O prazo de prescrição é interrompido pelo início da ação judicial, recomeçando o seu curso, por metade, a partir da data da intimação validamente feita ao representante judicial da Fazenda Pública interessada".

Dec. lei 204, de 27.2.67 (Loterias) — Dispõe sobre a exploração de loterias e dá outras providências (Lex 1967/452, RDA 88/421, RF 219/427). **Art. 17:** "Os prêmios prescrevem em 90 dias a contar da data da respectiva extração. Parágrafo único: Interrompem a prescrição: I — citação válida, no caso do procedimento judicial em se tratando de furto, roubo ou extravio; II — a entrega do bilhete para o recebimento de prêmio dentro do prazo de 90 dias da data da extração na sede da Administração do Serviço de Loteria Federal ou nas Agências das Caixas Econômicas Federais". Na Loteria Esportiva Federal: "O direito ao recebimento dos prêmios prescreve em 90 dias, a contar da data da proclamação do resultado" (**Dec. 66.118, de 26.1.70, art. 12-*caput*,** em Lex 1970/42). A "Loto" é regida pelo Dec. lei 204 (v. art. 1º da **Lei 6.717, de 12.11.79,** em Lex 1979/880). No "sweepstake": "Decai em 90 dias, a contar do dia seguinte ao da extração, o direito ao recebimento do prêmio, cuja importância reverterá à entidade promotora do sorteio" (**Dec. 96.993, de 17.10.88, art. 67,** em Lex 1988/898).

Lei 5.764, de 16.12.71 (Sociedades cooperativas) — Define a Política Nacional de Cooperativismo, institui o regime jurídico das sociedades cooperativas e dá outras providências (no tít. SOCIEDADES CIVIS, int.). **Art. 36 § ún.:** "As obrigações dos associados falecidos, contraídas com a sociedade, e as oriundas de sua responsabilidade como associado em face de terceiros, passam aos herdeiros, prescrevendo, porém, após um ano contado do dia da abertura da sucessão, ressalvados os aspectos peculiares das cooperativas de eletrificação rural e habitacionais". **Art. 43:** "Prescreve em 4 (quatro) anos a ação para anular as deliberações da assembleia geral viciadas de erro, dolo, fraude ou simulação, ou tomadas com violação da lei ou do estatuto, contado o prazo da data em que a assembleia foi realizada".

Lei 5.768, de 20.12.71 (Sorteio de mercadorias) — Altera a legislação sobre distribuição gratuita de prêmios, mediante sorteio, vale-brinde ou concurso, a título de propaganda, estabelece normas de proteção à poupança popular, e dá outras providências (Lex 1971/1.665, RDA 108/512, RF 237/409). **Art. 6º:** "Quando o prêmio sorteado, ou ganho em concurso, não for reclamado no prazo de 180 dias, caducará o direito do respectivo titular e o valor correspondente será recolhido ao Tesouro Nacional no prazo de 10 dias pelo distribuidor autorizado".

Lei 6.453, de 17.10.77 (Danos nucleares) — Dispõe sobre a responsabilidade civil por danos nucleares e a responsabilidade criminal por atos relacionados com atividades nucleares e dá outras providências (Lex 1977/786, RDA 131/353, RF 260/477). **Art. 12:** "O direito de pleitear indenização com fundamento nesta lei prescreve em 10 (dez) anos, contados da data do acidente nuclear. Parágrafo único: Se o acidente for causado por material subtraído, perdido ou abandonado, o prazo prescricional contar-se-á do acidente, mas não excederá a 20 (vinte) anos contados da data da subtração, perda ou abandono".

Dec. lei 1.793, de 23.6.80 (Fazenda Nacional) — Autoriza o Poder Executivo a não ajuizar as ações que menciona e dá outras providências (Lex 1980/269, RF 270/399, Bol. AASP 1.124/3). **Art. 3º:** "A inscrição do débito como dívida ativa, pela Procuradoria da Fazenda Nacional ou pelo órgão competente da autarquia, suspende o curso da prescrição, para todos os efeitos de direito". A suspensão é por 180 dias, no máximo (LEF 2º § 3º, no CPCLPV, tít. EXECUÇÃO FISCAL, ínt.). V. tb. LEF 8º § 2º e 40-*caput*.

Lei 6.838, de 29.10.80 (Punição disciplinar de profissional liberal) — Dispõe sobre o prazo prescricional para a punibilidade de profissional liberal, por falta sujeita a processo disciplinar, a ser aplicada por órgão competente (Lex 1980/582, RDA 143/200, RF 272/437, Bol. AASP 1.143/3). A prescrição é de cinco anos.

Lei 7.144, de 23.11.83 (Concurso para provimento de cargo público) — Estabelece prazo para prescrição do direito de ação contra atos relativos a concursos para provimento de cargos e empregos na administração federal direta e nas autarquias federais (Lex 1983/474, RDA 155/370). **Art. 1º:** "Prescreve em 1 (um) ano, a contar da data em que for publicada a homologação do resultado final, o direito de ação contra quaisquer atos relativos a concursos para provimento de cargos e empregos na administração federal direta e nas autarquias federais".

Lei 7.203, de 3.7.84 (Direito marítimo) — Dispõe sobre a assistência e salvamento de embarcação, coisa ou bem em perigo no mar, nos portos e nas vias navegáveis interiores (Lex 1984/334, RDA 157/381). **Art. 12-*caput*:** "Prescreve em 2 (dois) anos a ação de qualquer salvador para exigir a remuneração pelos serviços prestados, contados do dia em que terminarem as operações de assistência e salvamento"; os §§ 1º e 2º desse art. dispõem s/ interrupção de prescrição.

Lei 7.357, de 2.9.85 (Cheque) — Dispõe sobre o cheque e dá outras providências (no tít. CHEQUE). Os arts. 59 a 61 dispõem s/ prescrição.

Lei 7.542, de 26.9.86 (Direito de pesquisa) — Dispõe sobre a pesquisa, exploração, remoção e demolição de coisas ou bens afundados, submersos, encalhados e perdidos em águas sob jurisdição nacional, em terreno de marinha e seus acrescidos e em terrenos marginais, em decorrência de sinistro, alijamento ou fortuna do mar, e dá outras providências (Lex 1986/939, RF 295/526, RDA 165/396). Prescreve em cinco anos o direito de pesquisa, exploração, remoção ou demolição, fundado nesta lei (art. 6º).

Lei 7.565, de 19.12.86 (Direito aéreo) — Dispõe sobre o Código Brasileiro de Aeronáutica (Lex 1986/1.285, RF 296/483). As ações fundadas neste diploma legislativo prescrevem, ordinariamente, em dois anos (art. 317) e, excepcionalmente, em três, se o interessado provar que não teve conhecimento do dano ou da identidade do responsável (art. 318); as providências administrativas previstas neste Código prescrevem em dois anos (art. 319).

Lei 8.112, de 11.12.90 (Funcionário público) — Dispõe sobre o regime jurídico dos Servidores Públicos Civis da União, das autarquias e das fundações públicas federais: **"Art. 142.** A ação disciplinar prescreverá: **I** — em 5 (cinco) anos, quanto às infrações puníveis com demissão, cassação de aposentadoria ou disponibilidade e destituição de cargo em comissão; **II** — em 2 (dois) anos, quanto à suspensão; **III** — em 180 (cento e oitenta) dias, quanto à advertência. **§ 1º** O prazo de prescrição começa a correr da data em que o fato se tornou conhecido. **§ 2º** Os prazos de prescrição previstos na lei penal aplicam-se às infrações disciplinares capituladas também como crime. **§ 3º** A abertura de sindicância ou a instauração de processo disciplinar interrompe a prescrição, até a decisão final proferida por autoridade competente. **§ 4º** Interrompido o curso da prescrição, o prazo começará a correr a partir do dia em que cessar a interrupção". **Nota: Súmula 635 do STJ:** "Os prazos prescricionais previstos no art. 142 da Lei n. 8.112/1990 iniciam-se na data em que a autoridade competente para a abertura do procedimento administrativo toma conhecimento do fato, interrompem-se com o primeiro ato de instauração válido — sindicância de caráter punitivo ou processo disciplinar — e voltam a fluir por inteiro, após decorridos 140 dias desde a interrupção".

Lei 8.213, de 24.7.91 (Prestações previdenciárias e acidentárias) — Dispõe sobre os Planos de Benefícios da Previdência Social e dá outras providências: **"Art. 103** (*redação da Lei 13.846, de 18.6.19*). O prazo de decadência do direito ou da ação do segurado ou beneficiário para a revisão do ato de concessão, indeferimento, cancelamento ou cessação de benefício e do ato de deferimento, indeferimento ou não concessão de revisão de benefício é de 10 (dez) anos, contado: **I** — do dia primeiro do mês subsequente ao do recebimento da primeira prestação ou da data em que a prestação deveria ter sido paga com o valor revisto; ou **II** — do dia em que o segurado tomar conhecimento da decisão de indeferimento, cancelamento ou cessação do seu pedido de benefício ou da decisão de deferimento ou indeferimento de revisão de benefício, no âmbito administrativo. **Parágrafo único** (*acrescentado pela Lei 9.528, de 10.12.97*). Prescreve em cinco anos, a contar da data em que deveriam ter sido pagas, toda e qualquer ação para haver prestações vencidas ou quaisquer restituições ou diferenças devidas pela Previdência Social, salvo o direito dos menores, incapazes e ausentes, na forma do Código Civil".

"Art. 103-A (acrescentado pela Lei 10.839, de 5.2.04). O direito da Previdência Social de anular os atos administrativos de que decorram efeitos favoráveis para os seus beneficiários decai em dez anos, contados da data em que foram praticados, salvo comprovada má-fé. § 1º (acrescentado pela Lei 10.839, de 5.2.04) No caso de efeitos patrimoniais contínuos, o prazo decadencial contar-se-á da percepção do primeiro pagamento. § 2º (acrescentado pela Lei 10.839, de 5.2.04) Considera-se exercício do direito de anular qualquer medida de autoridade administrativa que importe impugnação à validade do ato (o *caput* e o § 2º foram alterados pela Med. Prov. 242, de 24.3.05, rejeitada pelo Congresso Nacional cf. DOU de 21.7.05).

V. tb. Dec. 3.048, de 6.5.99, arts. 347 e 347-A (redação de acordo com o Dec. 5.545, de 22.9.05, DOU 23.9.05, p. 321).

"Art. 104. As ações referentes a prestações por acidente do trabalho prescrevem em 5 (cinco) anos, observado o disposto no art. 103 desta lei, contados da data: I — do acidente, quando dele resultar a morte ou a incapacidade temporária, verificada esta em perícia médica a cargo da Previdência Social; ou II — em que for reconhecida pela Previdência Social a incapacidade permanente ou o agravamento das sequelas do acidente".

V. tb. CF 7º-XXIX.

Lei 8.245, de 18.10.91 (Renovatória de locação) — Dispõe sobre as locações dos imóveis urbanos e os procedimentos a elas pertinentes (no tít. LOCAÇÃO). **Art. 51 § 5º:** "Do direito a renovação decai aquele que não propuser a ação no interregno de um ano, no máximo, até seis meses, no mínimo, anteriores à data da finalização do prazo do contrato em vigor".

Lei 8.429, de 2.6.92 (Enriquecimento ilícito de agente público) — Dispõe sobre as sanções aplicáveis aos agentes públicos nos casos de enriquecimento ilícito no exercício de mandato, cargo, emprego ou função na administração pública direta, indireta ou fundacional e dá outras providências (Lex 1992/249, RDA 188/396, Just. 158/163, Bol. AASP 1.825/supl.): **"Art. 23.** As ações destinadas a levar a efeito as sanções previstas nesta lei podem ser propostas: I — até cinco anos após o término do exercício de mandato, de cargo em comissão ou de função de confiança; II — dentro do prazo prescricional previsto em lei específica para faltas disciplinares puníveis com demissão a bem do serviço público, nos casos de exercício de cargo efetivo ou emprego".

Lei 8.906, de 4.7.94 (Estatuto da Advocacia) — Dispõe sobre o Estatuto da Advocacia e a Ordem dos Advogados do Brasil — OAB (no CPCLPV, tít. ADVOGADO, ínt.): **"Art. 25.** Prescreve em cinco anos a ação de cobrança de honorários de advogado, contado o prazo:

"I — do vencimento do contrato, se houver;

"II — do trânsito em julgado da decisão que os fixar;

"III — da ultimação do serviço extrajudicial;

"IV — da desistência ou transação;

"V — da renúncia ou revogação do mandato".

"Art. 43. A pretensão à punibilidade das infrações disciplinares prescreve em cinco anos, contados da data da constatação oficial do fato.

"§ 1º Aplica-se a prescrição a todo processo disciplinar paralisado por mais de três anos, pendente de despacho ou julgamento, devendo ser arquivado de ofício, ou a requerimento da parte interessada, sem prejuízo de serem apuradas as responsabilidades pela paralisação.

"§ 2º A prescrição interrompe-se:

"I — pela instauração de processo disciplinar ou pela notificação válida feita diretamente ao representado;

"II — pela decisão condenatória recorrível de qualquer órgão julgador da OAB".

Lei 9.279, de 14.5.96 (Propriedade industrial) — Regula direitos e obrigações relativos à propriedade industrial (Lex 1996/1.269, RT 727/661, RF 334/545): **"Art. 225.** Prescreve em 5 (cinco) anos a ação para a reparação de dano causado ao direito de propriedade industrial".

Lei 9.494, de 10.9.97 (Dano causado por prestador de serviço público): **"Art. 1º-C** (*redação da Med. Prov. 2.180-35, de 24.8.01*). Prescreverá em cinco anos o direito de obter indenização dos danos causados por agentes de pessoas jurídicas de direito público e de pessoas jurídicas de direito privado prestadoras de serviços públicos".

Lei 9.873, de 23.11.99 — Estabelece prazo de prescrição para o exercício de ação punitiva pela Administração Pública Federal, direta e indireta, e dá outras providências (Lex 1999/6.412, RDA 218/381): **"Art. 1º** Prescreve em cinco anos a ação punitiva da Administração Pública Federal, direta e indireta, no exercício do poder de polícia, objetivando apurar infração à legislação em vigor, contados da data da prática do ato ou, no caso de infração permanente ou continuada, do dia em que tiver cessado.

"§ 1º Incide a prescrição no procedimento administrativo paralisado por mais de três anos, pendente de julgamento ou despacho, cujos autos serão arquivados de ofício ou mediante requerimento da parte interessada, sem prejuízo da apuração da responsabilidade funcional decorrente da paralisação, se for o caso.

"§ 2º Quando o fato objeto da ação punitiva da Administração também constituir crime, a prescrição reger-se-á pelo prazo previsto na lei penal".

Lei 11.101, de 9.2.05 (LRF) — Regula a recuperação judicial, a extrajudicial e a falência do empresário e da sociedade empresária: **"Art. 82.** A responsabilidade pessoal dos sócios de responsabilidade limitada, dos controladores e dos administradores da sociedade falida, estabelecida nas respectivas leis, será apurada no próprio juízo da falência, independentemente da realização do ativo e da prova da sua insuficiência para cobrir o passivo, observado o procedimento ordinário previsto no Código de Processo Civil. **§ 1º** Prescreverá em 2 (dois) anos, contados do trânsito em julgado da sentença de encerramento da falência, a ação de responsabilização prevista no *caput* deste artigo".

Lei 11.442, de 5.1.07 — Dispõe sobre o transporte rodoviário de cargas por conta de terceiros e mediante remuneração e revoga a Lei 6.813, de 10.7.80: **"Art. 18.** Prescreve em 1 (um) ano a pretensão à reparação pelos danos relativos aos contratos de transporte, iniciando-se a contagem do prazo a partir do conhecimento do dano pela parte interessada".

Lei 12.016, de 7.8.09 — Disciplina o mandado de segurança individual e coletivo e dá outras providências (no CPCLPV, tít. MANDADO DE SEGURANÇA). **Art. 23:** "O direito de requerer mandado de segurança extinguir-se-á decorridos cento e vinte dias, contados da ciência, pelo interessado, do ato impugnado".

Decreto n. 20.910, de 6 de janeiro de 1932

Regula a prescrição quinquenal.

O Chefe do Governo Provisório da República dos Estados Unidos do Brasil, usando das atribuições contidas no art. 1º do Decreto n. 19.398, de 11 de novembro de 1930, decreta:

Art. 1º As dívidas passivas da União, dos Estados e dos Municípios, bem assim todo e qualquer direito ou ação contra a Fazenda federal, estadual ou municipal, seja qual for a sua natureza, prescrevem em cinco anos contados da data do ato ou fato do qual se originaram.[1 a 5]

Art. 1º: 1. v. Dec. lei 4.597, de 19.8.42, art. 2º. V., ainda, Lei 5.172, de 25.10.66 (CTN), arts. 168 e 169, no ementário deste tít.

S/ pretensão: fundada em direito real, v. CC 205, nota 3b; de perito ao recebimento de honorários em processo em que é parte beneficiário da justiça gratuita, v. CC 206, nota 2f.

Art. 1º: 2. **CF 37: "§ 5º** A lei estabelecerá os prazos de prescrição para ilícitos praticados por qualquer agente, servidor ou não, que causem prejuízos ao erário, ressalvadas as respectivas ações de ressarcimento".

"A pretensão de ressarcimento ao erário em face de agentes públicos reconhecida em acórdão de Tribunal de Contas prescreve na forma da Lei 6.830/1980" (STF-Pleno, RE 636.886, Min. Alexandre de Moraes, j. 20.4.20, DJ 24.6.20).

Art. 1º: 2a. **Súmula 107 do TFR:** "A ação de cobrança do crédito previdenciário contra a Fazenda Pública está sujeita à prescrição quinquenal estabelecida no Dec. n. 20.910, de 1932".

Súmula 108 do TFR: "A constituição do crédito previdenciário está sujeita ao prazo de decadência de cinco anos".

Súmula 39 do STJ: "Prescreve em vinte anos a ação para haver indenização, por responsabilidade civil, de sociedade de economia mista". Isso porque "a prescrição quinquenal não atinge as sociedades de economia mista concessionárias de serviço público" (STJ-4ª T., AI 578.536-AgRg, Min. Barros Monteiro, j. 23.8.05, DJU 10.10.05). No mesmo sentido: STJ-3ª T., AI 781.771-AgRg, Min. Sidnei Beneti, j. 26.8.08, DJ 11.9.08; STJ-2ª T., AI 467.886-AgRg, Min. Franciulli Netto, j. 8.4.03, DJ 4.8.03; STJ-1ª T., AI 501.573-AgRg, Min. José Delgado, j. 2.9.03, DJ 13.10.03.

Súmula 85 do STJ: "Nas relações jurídicas de trato sucessivo em que a Fazenda Pública figure como devedora, quando não tiver sido negado o próprio direito reclamado, a prescrição atinge apenas as prestações vencidas antes do quinquênio anterior à propositura da ação" (v. jurisprudência s/ esta Súmula em RSTJ 49/393 a 422).

Súmula 119 do STJ: "A ação de desapropriação indireta prescreve em vinte anos" (v. jurisprudência s/ esta Súmula em RSTJ 72/19). Atualmente, esse prazo é menor (v. nota 3c)

Súmula 467 do STJ: "Prescreve em cinco anos, contados do término do processo administrativo, a pretensão da Administração Pública de promover a execução da multa por infração ambiental". Mas: "É imprescritível a pretensão de reparação civil de dano ambiental" (STF-Pleno, RE 654.833, Min. Alexandre de Moraes, j. 20.4.20, maioria, DJ 24.6.20). V. tb. nota 3.

Súmula 22 do 1º TASP: "Prescrevem em vinte anos as ações de indenização decorrentes de acidente ferroviário propostas contra a Ferrovia Paulista S.A.". O acórdão que deu origem a esta Súmula está publicado em RT 649/89 e em JTA 115/77.

Art. 1º: 2b. "À **empresa pública** integrante da administração indireta, prestadora de serviços públicos, que não explora atividade econômica, aplica-se a prescrição quinquenal prevista no Dec. 20.910/32" (STJ-1ª Seção, REsp 863.380, Min. Herman Benjamin, j. 29.2.12, DJ 13.4.12).

V. tb. Dec. lei 4.597, de 19.8.42, art. 2º.

Art. 1º: 2c. É de cinco anos o prazo para ajuizar demanda de **reparação civil** contra a Fazenda Pública (STJ-1ª Seção, ED no REsp 1.081.885, Min. Hamilton Carvalhido, j. 13.12.10, DJ 1.2.11). Ratificando esse entendimento: STJ-1ª Seção, REsp 1.251.993, Min. Mauro Campbell, j. 12.12.12, DJ 19.12.12. No mesmo sentido: RT 907/950 (TJES, AI 27109000086).

Contra: "O legislador estatuiu a prescrição de cinco anos em benefício do Fisco e, com o manifesto objetivo de favorecer ainda mais os entes públicos, estipulou que, no caso da eventual existência de prazo prescricional menor a incidir em situações específicas, o prazo quinquenal seria afastado nesse particular. Inteligência do art. 10 do Dec. 20.910/32. O prazo prescricional de três anos relativo à pretensão de reparação civil — art. 206, § 3º, V, do CC de 2002 — prevalece sobre o quinquênio previsto no art. 1º do Dec. 20.910/32" (STJ-2ª T., REsp 1.137.354, Min. Castro Meira, j. 8.9.09, DJ 18.9.09; nota: esse acórdão foi cassado nos subsequentes embargos de divergência). No mesmo sentido: JTJ 342/287 (AP 924.002-5-5).

"Novamente o prazo prescricional das pretensões indenizatórias exercitadas contra a Fazenda Pública no Estado Democrático de Direito brasileiro", por Leonardo Oliveira Soares (RP 228/51).

Art. 1º: 2d. "Tratando-se de **ação de ressarcimento promovida pela Administração Pública** em desfavor de particular, que não agente público, bem como não se tratando de ressarcimento ao erário em decorrência de improbidade administrativa, aplica-se o prazo de prescrição quinquenal previsto no art. 1º do Decreto 20.910/1932" (RSDA 95/86: TJDFT, AP 20110111861965). No mesmo sentido: STF-Pleno, RE 669.069, Min. Teori Zavascki, j. 3.2.16, maioria, DJ 28.4.16; STJ-2ª T., REsp 1.318.938, j. 26.11.19, DJ 29.11.19.

Art. 1º: 2e. "Execução fiscal. Ressarcimento devido ao Sistema Único de Saúde — SUS pela operadora de plano de saúde. Pagamento administrativo não realizado. Inscrição em dívida ativa. Pretensão executória que observa o prazo quinquenal do decreto 20.910/1932. Parcelamento administrativo da dívida: fato interruptivo" (STJ-2ª T., REsp 1.435.077, Min. Humberto Martins, j. 19.8.14, DJ 26.8.14).

"Ressarcimento ao SUS. Crédito apurado em processo administrativo. Prescrição. Enquanto pendente a conclusão do processo administrativo, não há falar em transcurso de prazo prescricional, nos termos do art. 4º do Decreto 20.910/1932 ('não corre a prescrição durante a demora que, no estudo, ao reconhecimento ou no pagamento da dívida, considerada líquida, tiverem as repartições ou funcionários encarregados de estudar e apurá-la'). Com efeito, enquanto se analisa o *quantum* a ser ressarcido, não há, ainda, pretensão. Só se pode falar em pretensão ao ressarcimento de valores após a notificação do devedor a respeito da decisão proferida no processo administrativo, uma vez que o montante do crédito a ser ressarcido só será passível de quantificação após a conclusão do respectivo processo administrativo. Deste modo, como a parte ora agravada foi notificada da decisão do processo administrativo em 14.8.2006 e a inscrição em dívida ativa somente foi efetivada em 9.1.2012, constata-se a ocorrência da prescrição quinquenal no presente caso" (STJ-2ª T., REsp 1.439.604-AgRg, Min. Herman Benjamin, j. 2.10.14, DJ 9.10.14).

Art. 1º: 3. "Em se tratando da prescrição do direito de a Fazenda Pública executar valor de multa referente a crédito não tributário, ante a inexistência de regra própria e específica, deve-se aplicar o prazo quinquenal estabelecido no art. 1º do Dec. 20.910/32" (STJ-1ª T., REsp 905.932, Min. José Delgado, j. 22.5.07, um voto vencido, DJU 28.6.07). No mesmo sentido: RT 873/308 (TJRN, AI 2007.007483-1).

"Se a relação que deu origem ao crédito em cobrança tem assento no Direito Público, não tem aplicação a prescrição constante do Código Civil. Uma vez que a exigência dos valores cobrados a título de multa tem nascedouro num vínculo de natureza administrativa, não representando, por isso, a exigência de crédito tributário, afasta-se do tratamento da matéria a disciplina jurídica do CTN. Incidência, na espécie, do Decreto 20.910/32, porque à Administração Pública, na cobrança de seus créditos, deve-se impor a mesma restrição aplicada ao administrado no que se refere às dívidas passivas daquela" (STJ-2ª T., AI 1.031.969-AgRg, Min. Eliana Calmon, j. 24.6.08, DJ 14.8.08).

"É de cinco anos o prazo prescricional para o ajuizamento da execução fiscal de cobrança de multa de natureza administrativa, contado do momento em que se torna exigível o crédito (artigo 1º do Decreto n. 20.910/32)" (STJ-1ª Seção, REsp 1.105.442, Min. Hamilton Carvalhido, j. 9.12.10, maioria, DJ 22.2.11).

V. tb. Súmula 467 do STJ em nota 2a. V. ainda Súmula 412 do STJ e seus desdobramentos em CC 205, nota 2.

Art. 1º: 3a. "O art. 70 da Lei Uniforme de Genebra, aprovada pelo Dec. 57.663/66, fixa em três anos a prescrição do título cambial. A prescrição da ação cambiariforme, no entanto, não fulmina o próprio crédito, que poderá ser perseguido por outros meios. A União, cessionária do crédito rural, não está a executar a cédula de crédito rural (de natureza cambiária), mas, sim, a dívida oriunda de contrato, razão pela qual pode se valer do disposto no art. 39, § 2º, da Lei 4.320/64 e, após efetuar a inscrição na sua dívida ativa, buscar sua satisfação por meio da Execução Fiscal, nos termos da Lei 6.830/80. Por não se tratar de execução de título cambial, mas, sim, de dívida ativa da Fazenda Pública, de natureza não tributária, deve incidir, na forma dos precedentes do STJ, o prazo prescricional previsto no art. 1º do Dec. 20.910/32" (STJ-2ª T., REsp 1.169.666, Min. Herman Benjamin, j. 18.2.10, DJ 4.3.10).

Art. 1º: 3b. "Servidor público. **Aposentadoria. Revisão.** Prescrição. Decreto 20.910/1932. Natureza. Fundo de direito" (STJ-Corte Especial, ED no REsp 1.172.833, Min. Herman Benjamin, j. 18.12.18, maioria, DJ 11.6.19).

"Nos casos em que o servidor busca a revisão do ato de aposentadoria, ocorre a prescrição do próprio fundo de direito após o transcurso de mais de cinco anos entre o ato de concessão e o ajuizamento da ação" (STJ-5ª T., REsp 851.560, Min. Arnaldo Esteves, j. 8.4.08, um voto vencido, DJ 4.8.08). No mesmo sentido: STJ-6ª T., REsp 746.253-AgRg, Min. Hamilton Carvalhido, j. 9.8.05, DJU 12.9.05.

"Segundo o princípio da *actio nata*, em se tratando de ação proposta contra ato único de efeitos concretos que importou na **supressão de** determinada **vantagem,** não há falar em relação de trato sucessivo que se renova mês a mês, de forma que, ultrapassados mais de 5 anos do ato impugnado, ocorre a prescrição do próprio fundo de direito" (STJ-5ª T., REsp 940.791, Min. Arnaldo Esteves, j. 5.8.08, DJ 20.10.08).

"O **ato de enquadramento** é único de efeito concreto, não caracterizando relação de trato sucessivo. Decorridos mais de 5 anos entre o ato questionado e o ajuizamento da ação, prescreve o próprio fundo de direito" (STJ-2ª T., REsp 1.293.145-EDcl-EDcl-AgRg, Min. Castro Meira, j. 20.11.12, DJ 29.11.12).

Art. 1º: 3c. A Súmula 119 do STJ (v. nota 2a) deve ser relida, a fim de que se **reduza o prazo prescricional** nela previsto em matéria de ação de **desapropriação indireta.**

"Desapropriação indireta. Natureza. Ação indenizatória de direito real. Prescrição. Aplicação analógica do prazo de usucapião. **Regra. Prazo decenal.** Construção de obras ou implantação de serviços de utilidade pública ou interesse social. Presunção relativa. Possibilidade de prova em sentido contrário. **Prazo de quinze anos. Exceção.** O conceito de desapropriação indireta retrata situação fática em que a Administração, sem qualquer título legítimo, ocupa indevidamente a propriedade privada. Incorporado de forma irreversível e plena o bem particular ao patrimônio público, resta ao esbulhado apenas a ação indenizatória por desapropriação indireta. A jurisprudência conferiu a essa ação indenizatória caráter de direito real, equiparando seu prazo prescricional ao da ocorrência de usucapião em favor do ente público. A adoção das regras de Direito Privado decorre unicamente de construção jurisprudencial. Para aplicação ao Direito Administrativo de normas do Código Civil de 2002 destinadas a regular relações estritamente particulares, é preciso interpretá-las de forma temperada. No caso da desapropriação indireta, inexiste sequer norma positiva no Direito Administrativo, não podendo se exigir da lei civil essa disposição. Todo o sentido do Código Civil é pela ponderação entre os direitos de propriedade do particular e o interesse coletivo. No equilíbrio entre eles, está a função social da propriedade. Assim, plenamente aplicável o parágrafo único às hipóteses de desapropriação indireta, por presunção de haver o Estado implantado obras ou serviços de caráter social ou utilidade pública. A presunção é relativa, podendo ser afastada pela demonstração efetiva de inexistência de referidas obras ou serviços. Em regra, portanto, o prazo prescricional das ações indenizatórias por desapropriação indireta é decenal. Admite-se, excepcionalmente, o prazo prescricional de 15 anos, caso concreta e devidamente afastada a presunção legal. No caso dos autos, o acórdão da origem demonstra tratar-se de desapropriação indireta pela construção de rodovia, hipótese de incidência da regra geral. A obra foi realizada em 1976. O decreto de utilidade pública editado em 1994 interrompeu a prescrição. Aplicando-se a regra de transição do Código Civil de 2002, o prazo prescricional de 10 anos teve início em 11/1/2003. Tendo a presente ação sido ajuizada em agosto de 2013, é forçoso o reconhecimento da prescrição" (STJ-1ª Seção, ED no REsp 1.575.846, Min. Og Fernandes, j. 26.6.19, maioria, DJ 30.9.19).

"A ação de desapropriação indireta possui natureza real e, enquanto não transcorrido o prazo para aquisição da propriedade por usucapião, ante a impossibilidade de reivindicar a coisa, subsiste a pretensão indenizatória em relação ao preço correspondente ao bem objeto do apossamento administrativo. Com fundamento no art. 550 do Código Civil de 1916, o STJ firmou a orientação de que 'a ação de desapropriação indireta prescreve em 20 anos' (Súmula 119/STJ). O Código Civil de 2002 reduziu o prazo do usucapião extraordinário para 10 anos (art. 1.238, § ún.), na hipótese de realização de obras ou serviços de caráter produtivo no imóvel, devendo-se, a partir de então, observadas as regras de transição previstas no Codex (art. 2.028), adotá-lo nas expropriatórias indiretas" (STJ-2ª T., REsp 1.300.442, Min. Herman Benjamin, j. 18.6.13, DJ 26.6.13). No mesmo sentido: STJ-Corte Especial, ED no Ag em REsp 815.431, Min. Felix Fischer, j. 18.10.17, DJ 27.10.17; RT 937/855 (TJPR, AP 886294-6).

"Consoante o princípio da *actio nata*, o direito de ação de indenização por desapropriação indireta nasce no momento em que a área é esbulhada pelo poder público" (STJ-1ª T., REsp 659.220, Min. Luiz Fux, j. 3.10.06, DJU 16.11.06).

"O prazo prescricional da ação de desapropriação indireta se inicia com o ilegítimo apossamento administrativo, mas se interrompe com a publicação do decreto declaratório da utilidade pública do imóvel" (RSTJ 45/240).

Na mesma ordem de ideias, a prescrição da ação de desapropriação indireta se interrompe se a expropriante cobra, do particular, tributo devido em razão da propriedade do imóvel, com o que reconhece estar a ocupá-lo sem *animus domini* (JTJ 163/80).

"Existindo, por parte da Administração, ato de reconhecimento de domínio do autor sobre bem em que versa ação de desapropriação indireta, interrompida há de ser considerada a prescrição" (RSTJ 87/76).

"A edição de decreto expropriatório da área apossada administrativamente interrompe a fluência da prescrição, por importar em ato inequívoco de reconhecimento de domínio alheio" (JTJ 187/73).

Aplicando o prazo prescricional geral na seguinte situação: "As **restrições de uso** de propriedade particular impostas pela Administração, para fins de **proteção ambiental,** constituem desapropriação indireta, devendo a indenização ser buscada mediante ação de natureza real, cujo prazo prescricional é vintenário" (STJ-1ª T., REsp 307.535, Min. Francisco Falcão, j. 12.3.02, DJU 13.5.02).

Todavia: "Para que fique caracterizada a desapropriação indireta, exige-se que o Estado assuma a posse efetiva de determinando bem, destinando-o à utilização pública, o que não ocorreu na hipótese dos autos, visto que a posse dos autores permaneceu íntegra, mesmo após a edição do Dec. 750/93, que apenas proibiu o corte, a exploração e a supressão de vegetação primária ou nos estágios avançado e médio de regeneração da Mata Atlântica. Trata-se, como se vê, de **simples limitação administrativa,** que, segundo a definição de Hely Lopes Meirelles, 'é toda imposição geral, gratuita, unilateral e de ordem pública condicionadora do exercício de direitos ou de atividades particulares às exigências do bem-estar social' (*Direito Administrativo Brasileiro,* 32ª edição, atualizada por Eurico de Andrade Azevedo, Délcio Balestero Aleixo e José Emmanuel Burle Filho, São Paulo: Malheiros, 2006, pág. 630). É possível, contudo, que o tombamento de determinados bens, ou mesmo a imposição de limitações administrativas, traga prejuízos aos seus proprietários, gerando, a partir de então, a obrigação de indenizar. Não se tratando, todavia, de ação real, incide, na hipótese, a norma contida no art. 1º do Dec. 20.910/32, o qual dispõe que 'todo e qualquer direito ou ação contra a Fazenda Federal, Estadual ou Municipal, seja qual for a sua natureza, **prescreve em cinco anos** contados da data do ato ou fato do qual se originarem'" (STJ-1ª T., REsp 1.105.661, Min. Denise Arruda, j. 14.4.09, DJ 11.5.09).

"Legislação ambiental. Restrição de uso. Limitação administrativa. Pleito indenizatório. Prazo de prescrição quinquenal. A restrição de uso decorrente da legislação ambiental é simples limitação administrativa, e não se confunde com o desapossamento típico da desapropriação indireta. Isso fica evidente nos casos de imóveis à beira de lagos, em que o proprietário particular continua na posse do bem, incluindo a área de preservação permanente, e usufrui dos benefícios decorrentes da proximidade das águas. Aplica-se, *in casu*, o prazo de prescrição quinquenal do art. 10 do Dec. lei 3.365/41" (STJ-2ª T., Ag em REsp 177.692-AgRg, Min. Herman Benjamin, j. 18.9.12, DJ 24.9.12).

"Doação com encargo de particular para o município. **Inexecução pelo ente público.** Ação indenizatória. Desapropriação indireta não caracterizada. Prazo prescricional. Art. 1º do Decreto 20.910/1932. No caso dos autos, a ação não é de desapropriação indireta, apesar de ter havido anteriormente a declaração expropriatória. Isso porque nenhuma coerção foi imposta ao proprietário, já que a citada declaração não o obrigou a celebrar ajuste com o Poder Público. O acordo feito entre as partes trata-se de negócio jurídico bilateral resultante de consenso entre a Administração e o particular que manifestou livremente sua vontade de alienar seu bem. Assim, o direito subjetivo da autora da demanda surgiu, não a partir do ato administrativo de desapropriação, mas sim do descumprimento do negócio jurídico firmado entre as partes. Na hipótese em tela, trata-se, dessa forma, de ação de indenização por descumprimento de encargo, que, por ser movida contra o Poder Público, tem seu prazo regulado pelo art. 1º do Decreto 20.910/32" (STJ-2ª T., REsp 1.797.882, Min. Herman Benjamin, j. 27.8.19, DJ 11.10.19).

V. tb. CC 205, nota 3b, e LD 1º, nota 8.

Art. 1º: 3d. Termo *a quo* da prescrição e direitos potestativos. "Relativamente aos direitos potestativos (ou formativos), em face dos quais não corresponde um dever de imediata prestação e sim de sujeição, a lesão não se configura antes do exercício do direito. Não se pode dizer que a lesão ao direito de obter a expedição do diploma de curso universitário ocorreu na data da conclusão do curso. A lesão ocorreu quando, requerida a expedição, houve a negativa de prestação" (STJ-1ª T., REsp 1.100.761, Min. Teori Zavascki, j. 3.3.09, DJ 23.3.09).

V. tb. CC 189, nota 2a.

Art. 1º: 3e. "O termo inicial da prescrição da **nulidade do ato administrativo** de prorrogação ilegal do contrato de concessão se constitui no encerramento do tempo contratual" (STJ-1ª Seção, ED no REsp 1.079.126, Min. Hamilton Carvalhido, j. 13.12.10, DJ 6.5.11).

"O art. 1º do Dec. 20.910/32 não alcança apenas a pretensão de cobrança das dívidas passivas da Fazenda Pública, mas é aplicável, por disposição expressa, a todo e qualquer direito ou ação contra ela movida, ressalvada disciplina especial. A jurisprudência do STJ tem afirmado que o prazo prescricional para a ação anulatória é de cinco anos, nos termos do art. 1º do Dec. 20.910/32, contados da notificação do lançamento" (STJ-2ª T., REsp 1.307.209-AgRg, Min. Herman Benjamin, j. 17.5.12, DJ 23.5.12).

Art. 1º: 3f. "O prazo para propositura de ação de reintegração de policial militar é de cinco anos, a contar do ato de exclusão ou licenciamento, nos termos do Dec. 20.910/32" (STJ-2ª T., Ag em REsp 127.858-AgRg, Min. Herman Benjamin, j. 5.6.12, DJ 15.6.12).

Art. 1º: 3g. "Concurso público. Visão monocular comprovada. Aprovação nas vagas reservadas aos portadores de deficiência. Exclusão indevida do certame pela junta médica. Inaplicabilidade do prazo prescricional previsto na Lei 7.144/83. Não se insurgindo o autor contra o processo seletivo em si, mas contra a negativa da Administração em lhe reconhecer o direito à nomeação, uma vez aprovados em concurso público, há de se aplicar, na hipótese dos autos, a regra da prescrição quinquenal, prevista no art. 1º do Decreto n. 20.910/32" (STJ-1ª T., Ag em REsp 546.939-EDcl-AgInt, Min. Benedito Gonçalves, j. 14.3.17, DJ 23.3.17).

Art. 1º: 3h. "As parcelas em que se decompõe o precatório em razão da moratória constitucional não são prestações autônomas, mas formam um todo único, de modo que o prazo prescricional para pleitear diferenças pagas a menor somente começa a correr a partir do pagamento da última parcela" (STJ-2ª T., REsp 797.071, Min. Castro Meira, j. 12.12.06, DJU 1.2.07). No mesmo sentido: STJ-1ª T., REsp 889.003, Min. Teori Zavascki, j. 13.3.07, DJU 26.3.07.

Art. 1º: 3i. "É de cinco anos o prazo prescricional da ação promovida contra a União Federal por titulares de contas vinculadas ao PIS/PASEP visando à cobrança de diferenças de correção monetária incidente sobre o saldo das referidas contas, nos termos do art. 1º do Dec. 20.910/32" (STJ-1ª Seção, REsp 1.205.277, Min. Teori Zavascki, j. 27.6.12, DJ 1.8.12).

Art. 1º: 4. "A prescrição contra a Fazenda Pública, mesmo em ações indenizatórias, rege-se pelo Dec. 20.910/32, o qual disciplina que o direito à reparação econômica prescreve em cinco anos da data da lesão ao patrimônio material ou imaterial. O Código Civil de 2002, em seu art. 206, § 2º, trata das prestações alimentares de natureza civil e privada, incompatíveis com as percebidas em relação de direito público" (STJ-2ª T., AI 1.397.139-AgRg, Min. Castro Meira, j. 1.3.12, DJ 12.3.12).

"É de 5 anos o prazo prescricional para o servidor postular a complementação do valor das parcelas remuneratórias que lhe são devidas pelo ente público" (STJ-2ª T., REsp 1.320.959, Min. Mauro Campbell, j. 22.5.12, DJ 29.5.12).

Art. 1º: 4a. "Em se tratando de ação indenizatória em que se postula o pagamento de **pensão mensal,** em razão de dano causado pelo Estado, ocorre a prescrição do fundo do direito, nos termos do art. 1º do Decreto 20.910/32, porquanto não há relação jurídica de trato sucessivo, a ensejar a aplicação da Súmula 85/STJ" (STJ-1ª T., REsp 860.162, Min. Denise Arruda, j. 16.12.08, DJ 12.2.09).

Contra, no sentido de que o pedido de indenização por danos materiais, sob forma de pensão alimentar, remete a lesão de trato sucessivo, em que não se atinge o fundo de direito, razão pela qual a prescrição fica circunscrita ao quinquênio anterior ao ajuizamento da ação: STJ-2ª T., REsp 602.237, Min. Franciulli Netto, j. 5.8.04, dois votos vencidos, DJU 28.3.05.

Art. 1º: 4b. "A partir do ato da Administração que pretensamente repercute na esfera jurídica do administrado é que surge para o interessado o direito de buscar em juízo tanto a declaração de ilicitude do ato quanto a reparação de eventual dano dele decorrente" (STJ-Corte Especial, ED no REsp 1.176.344, Min. Laurita Vaz, j. 7.11.12, DJ 28.11.12).

Todavia: "O termo *a quo* do prazo prescricional para o ajuizamento de **ação de indenização** contra ato do Estado, por dano moral e material, conta-se da **ciência inequívoca** dos efeitos decorrentes do ato lesivo" (STJ-1ª T., REsp 1.116.842, Min. Luiz Fux, j. 3.9.09, DJ 14.10.09).

"O termo *a quo* para auferir o lapso prescricional para ajuizamento de ação de indenização contra o Estado não é a data do acidente, mas aquela em que a vítima teve ciência inequívoca de sua invalidez e da extensão da incapacidade de que restou acometida" (STJ-1ª T., REsp 673.576, Min. José Delgado, j. 2.12.04, DJU 21.3.05). No mesmo sentido: RSTJ 102/127, STJ-RT 749/246.

"Deve ser considerado como termo inicial do prazo prescricional a data em que o recorrido teve ciência inequívoca de sua enfermidade e isso pode ocorrer através de laudo pericial ou em outra oportunidade, como no caso dos autos que se deu durante o exame médico em concurso público" (STJ-2ª T., REsp 633.815, Min. Eliana Calmon, j. 19.3.09, DJ 16.4.09).

"O prazo prescricional para a propositura de ação de indenização por danos morais contra o Estado, em virtude da instauração de inquérito judicial alegadamente temerário, deve ser contado da data do trânsito em julgado desse processo" (STJ-2ª T., REsp 699.257, Min. Castro Meira, j. 3.5.07, DJU 23.5.07).

"Concurso público. Servidor público impedido de tomar posse por ato da Administração. Responsabilidade civil do Estado. Ação de indenização por danos morais e materiais. Prescrição quinquenal. Dec. 20.910/32. Termo inicial. Trânsito em julgado da sentença que reconheceu a existência de ato administrativo ilegal" (STJ-1ª T., REsp 909.990, Min. Arnaldo Esteves, j. 5.6.12, DJ 15.6.12).

"A prescrição da ação indenizatória começa a correr no momento em que surge, para a parte, a certeza da lesão do seu direito, o que lhe abre o prazo para o pleito indenizatório. No presente caso, quando da inscrição em dívida ativa, não havia a certeza jurídica de que o direito fora violado, ante a existência de discussão judicial acerca da regularidade de tal inscrição. Assim, é de se concluir que tal certeza somente nasceu com o trânsito em julgado da ação na qual fora desconstituída a multa questionada, e não na data da inscrição em dívida ativa, dado que, no momento de tal inscrição, ainda prevalecia a presunção de certeza e liquidez da certidão de dívida ativa" (STJ-1ª T., Ag em REsp 220.416-AgRg, Min. Benedito Gonçalves, j. 11.2.14, DJ 18.2.14).

Ação indenizatória movida em face do Estado: "Comprovado erro da administração em encarcerar equivocadamente irmão do verdadeiro criminoso, equívoco só desfeito após prova técnica. Termo *a quo* do lapso prescricional iniciado quando certificado o equívoco e liberada a vítima" (STJ-2ª T., REsp 882.097, Min. Eliana Calmon, j. 28.10.08, DJ 21.11.08).

Art. 1º: 4c. "O termo inicial do quinquênio, na hipótese de ajuizamento de **ação penal,** será o trânsito em julgado da sentença nesta ação, e não a data do evento danoso, já que seu resultado poderá interferir na reparação civil do dano, caso constatada a inexistência do fato ou a negativa de sua autoria. É curial observar que se mostra indiferente a circunstância de que a sentença criminal transitada em julgado seja condenatória ou absolutória, para fins de contagem do prazo" (STJ-2ª T., REsp 442.285, Min. Franciulli Netto, j. 13.5.03, DJU 4.8.03).

"O termo inicial da prescrição, em ação de indenização por ilícito penal praticado por agente do Estado, é o trânsito em julgado da ação penal condenatória" (STJ-1ª T., REsp 1.325.252-AgRg, Min. Benedito Gonçalves, j. 16.4.13, DJ 19.4.13).

"O termo inicial para a propositura da ação indenizatória, em face de ilícito penal que está sendo objeto de processo criminal, é do trânsito em julgado da sentença condenatória, ou, no caso, se, reconhecidos a autoria e o fato no juízo criminal, da suspensão do processo (trânsito em julgado da decisão concessiva de *habeas corpus*)" (STJ-RDDP 60/126: 1ª T., REsp 996.722).

Todavia, não se tratando de ação civil *ex delicto*, mas de ação fundada na responsabilidade civil do Estado, mais especificamente na sua omissão em não haver contido os bandidos que assaltaram a vítima, o prazo prescricional se conta a partir do próprio fato danoso (STJ-1ª T., REsp 1.014.307, Min. Teori Zavascki, j. 26.5.09, maioria, DJ 24.6.09).

V. tb. CC 200 e notas.

Art. 1º: 4d. **Responsabilidade subsidiária do Estado por ato praticado por concessionária de serviço público.** "Em apreço ao princípio da *actio nata* que informa o regime jurídico da prescrição (art. 189, do CC), há de se reconhecer que o termo *a quo* do lapso prescricional somente teve início no momento em que se configurou o fato gerador da responsabilidade subsidiária do poder concedente, *in casu*, a falência da empresa concessionária, sob pena de esvaziamento da garantia de responsabilidade civil do Estado nos casos de incapacidade econômica das empresas delegatárias de serviço público" (STJ-2ª T., REsp 1.135.927, Min. Castro Meira, j. 10.8.10, DJ 19.8.10).

Art. 1º: 5. "Em casos em que se postula a **defesa de direitos fundamentais,** indenização por danos morais decorrentes de atos de **tortura** por motivo político ou de qualquer outra espécie, não há que prevalecer a imposição quinquenal prescritiva" (RSTJ 170/120: 1ª T., um voto vencido). No mesmo sentido: STJ-2ª T., REsp 970.697-AgRg, Min. Mauro Campbell, j. 7.10.08, DJ 5.11.08; RT 922/942 (TJSP, AP 0003871-93.2011.8.26.0053).

"Danos morais. Tortura por policial militar. Imprescritibilidade das pretensões associadas à dignidade da pessoa humana. Por caracterizar inaceitável atentado aos fundamentos mais elementares do Estado de Direito, a tortura por agente estatal é imprescritível. Pouco importando tenha sido praticada em período ditatorial ou na plenitude do regime democrático. Naquele caso, por constituir ofensa que, normalmente, se devia suportar calado. Neste, por desmoralizar a legitimidade e corroer a justificativa ético-política da própria ordem democrática" (STJ-2ª T., REsp 1.454.807, Min. Herman Benjamin, j. 5.3.15, DJ 19.4.17).

Art. 2º Prescrevem igualmente no mesmo prazo todo o direito e as prestações correspondentes a pensões vencidas ou por vencerem, ao meio soldo e ao montepio civil e militar ou a quaisquer restituições ou diferenças.

Art. 3º Quando o pagamento se dividir por dias, meses ou anos, a prescrição atingirá progressivamente as prestações, à medida que completarem os prazos estabelecidos pelo presente decreto.[1]

Art. 3º: 1. **Súmula 443 do STF (Interrupção da prescrição):** "A prescrição das prestações anteriores ao período previsto em lei não ocorre, quando não tiver sido negado, antes daquele prazo, o próprio direito reclamado, ou a situação jurídica de que ele resulta".

Súmula 398 do STJ: "A prescrição da ação para pleitear os juros progressivos sobre os saldos de conta vinculada do FGTS não atinge o fundo de direito, limitando-se às parcelas vencidas".

Súmula 163 do TFR: substituída pela Súmula 85 do STJ, acima.

Art. 4º Não corre a prescrição[1] durante a demora que, no estudo, no reconhecimento ou no pagamento da dívida, considerada líquida, tiverem as repartições ou funcionários encarregados de estudar e apurá-la.

Parágrafo único. A suspensão da prescrição, neste caso, verificar-se-á pela entrada do requerimento do titular do direito ou do credor nos livros ou protocolos das repartições públicas, com designação do dia, mês e ano.

Art. 4º: 1. v. CC 197.

Art. 5º (*revogado pela Lei 2.211, de 31.5.54*).

Art. 6º O direito à reclamação administrativa, que não tiver prazo fixado em disposição de lei para ser formulada, prescreve em um ano a contar da data do ato ou fato do qual a mesma se originar.

Art. 7º A citação inicial não interrompe a prescrição quando, por qualquer motivo, o processo tenha sido anulado.

Art. 8º A prescrição somente poderá ser interrompida uma vez.[1]

Art. 8º: 1. v., adiante neste tít., Dec. lei 4.597/1942, art. 3º e notas.

Art. 9º A prescrição interrompida recomeça a correr, pela metade do prazo, da data do ato que a interrompeu ou do último ato ou termo do respectivo processo.[1]

Art. 9º: 1. v., adiante neste tít., Dec. lei 4.597/1942, art. 3º e notas.

Art. 10. O disposto nos artigos anteriores não altera as prescrições de menor prazo, constantes das leis e regulamentos, as quais ficam subordinadas às mesmas regras.

Art. 11. Revogam-se as disposições em contrário.

Rio de Janeiro, 6 de janeiro de 1932; 111º da Independência e 44º da República — GETULIO VARGAS — **Oswaldo Aranha.**

Decreto-lei n. 4.597, de 19 de agosto de 1942

Dispõe sobre a prescrição das ações contra a Fazenda Pública e dá outras providências.

O Presidente da República, usando da atribuição que lhe confere o art. 180 da Constituição, decreta:

Art. 1º .... [1]

Art. 1º: 1. O art. 1º não mais vigora (v. CF 109 §§ 1º a 3º, CPC 51). Seu teor era este:

"Salvo o caso do foro do contrato, compete à Justiça de cada Estado e à do Distrito Federal processar e julgar as causas em que for interessado, como autor, réu, assistente ou opoente, respectivamente, o mesmo Estado, ou seus Municípios, e o Distrito Federal.

"Parágrafo único. O disposto neste artigo não se aplica às causas já ajuizadas".

Art. 2º O Decreto n. 20.910, de 6 de janeiro de 1932, que regula a prescrição quinquenal, abrange as dívidas passivas das autarquias, ou entidades e órgãos paraestatais, criados por lei e mantidos mediante impostos, taxas ou quaisquer contribuições, exigidas em virtude de lei federal, estadual ou municipal, bem como a todo e qualquer direito e ação contra os mesmos.[1]

Art. 2º: 1. v. Dec. 20.910, de 6.1.32, art. 1º, nota 2b.

Art. 3º A prescrição das dívidas, direitos e ações a que se refere o Decreto n. 20.910, de 6 de janeiro de 1932, somente pode ser interrompida por uma vez, e recomeça a correr, pela metade do prazo, da data do ato que a interrompeu, ou do último do processo para a interromper; consumar-se-á a prescrição no curso da lide sempre que a partir do último ato ou termo da mesma, inclusive da sentença nela proferida, embora passada em julgado, decorrer o prazo de dois anos e meio.[1 a 3]

Art. 3º: 1. Súmula 383 do STF: "A prescrição em favor da Fazenda Pública recomeça a correr, por dois anos e meio, a partir do ato interruptivo, mas não fica reduzida aquém de cinco anos, embora o titular do direito a interrompa durante a primeira metade do prazo".

Art. 3º: 2. "Só há se falar em renúncia, expressa ou tácita, à prescrição por manifestação da Administração que expresse reconhecimento de dívida postulada posteriormente ao decurso do respectivo prazo prescricional. É a lógica de que somente é possível renunciar àquilo que já se aperfeiçoou sob o domínio do renunciante. Por tal razão, a renúncia ao prazo prescricional não produz efeito idêntico àquele decorrente da interrupção do prazo prescricional, que ocorre durante o lapso em curso. Isto porque não se interrompe o prazo quando ele já se extinguiu. Em consequência, não pode ser aplicada a regra que beneficia a recorrida pelo reinício do prazo pela metade" (STJ-2ª T., REsp 1.314.964, Min. Mauro Campbell, j. 18.9.12, DJ 4.10.12).

S/ renúncia à prescrição e Administração Pública, v. CC 191, nota 3.

Art. 3º: 3. "Interrompido o prazo, a prescrição volta a correr pela metade (dois anos e meio) a contar da data do ato que a interrompeu ou do último ato ou termo do respectivo processo, nos termos do que dispõe o art. 9º do

Dec. 20.910/32. Assim, tendo sido a prescrição interrompida no curso de um processo administrativo, o prazo prescricional não volta a fluir de imediato, mas apenas 'do último ato ou termo do processo', consoante dicção do art. 9º, *in fine*, do Dec. 20.910/32. O art. 4º do Dec. 20.910/32, secundando a regra do art. 9º, fixa que a prescrição não corre durante o tempo necessário para a Administração apurar a dívida e individualizá-la a cada um dos beneficiados pelo direito. O prazo prescricional suspenso somente volta a fluir, pela metade, quando a Administração pratica algum ato incompatível com o interesse de saldar a dívida, quando se torna inequívoca a sua mora. No caso, o direito à incorporação dos quintos surgiu com a edição da Med. Prov. 2.225-45/01. Portanto, em 4 de setembro de 2001, quando publicada a Med. Prov., teve início o prazo prescricional quinquenal do art. 1º do Dec. 20.910/32. A prescrição foi interrompida em 17 de dezembro de 2004 com a decisão do Ministro Presidente do CJF exarada nos autos do Processo Administrativo 2004.164940, reconhecendo o direito de incorporação dos quintos aos servidores da Justiça Federal. Ocorre que este processo administrativo ainda não foi concluído. Assim, como ainda não encerrado o processo no bojo do qual foi interrompida a prescrição e tendo sido pagas duas parcelas de retroativos, em dezembro de 2004 e dezembro de 2006, está suspenso o prazo prescricional, que não voltou a correr pela metade, nos termos do art. 9º c/c art. 4º, ambos do Dec. 20.910/32. Prescrição não configurada" (STJ-1ª Seção, REsp 1.270.439, Min. Castro Meira, j. 26.6.13, DJ 2.8.13).

Art. 4º As disposições do artigo anterior aplicam-se desde logo a todas as dívidas, direitos e ações a que se referem, ainda não extintos por qualquer causa, ajuizados ou não, devendo a prescrição ser alegada e decretada em qualquer tempo e instância, inclusive nas execuções de sentença.

Art. 5º Este decreto-lei entrará em vigor na data de sua publicação, revogadas as disposições em contrário.

Rio de Janeiro, 19 de agosto de 1942; 121º da Independência e 54º da República — GETULIO VARGAS — **Alexandre Marcondes Filho — A. de Souza Costa.**

Ementário
Promessa de Compra e Venda e Loteamento

— v. tb. CC 1.417 e 1.418; CONDOMÍNIO E INCORPORAÇÃO, CONTRATOS IMOBILIÁRIOS, PROPRIEDADE RURAL ADQUIRIDA POR ESTRANGEIRO.

Dec. lei 58, de 10.12.37 — Dispõe sobre o loteamento e a venda de terrenos para pagamento em prestações (v. adiante, texto integral, com todas as alterações posteriores, conferido com a republicação no DOU 8.4.74, supl., determinada pelo art. 20 da Lei 6.014, de 27.12.73). O prazo do art. 1º das Disposições Transitórias foi prorrogado pelo **Dec. lei 371, de 13.4.38** (RT 114/405), e, até 30.9.38, pelo **Dec. lei 508, de 21.6.38** (RT 115/438, Lex 1938/258, RF 75/442).

Dec. 3.079, de 15.9.38 — Regulamenta o Dec. lei n. 58, de 10 de dezembro de 1937, que dispõe sobre o loteamento e a venda de terrenos para pagamento em prestações.

Lei 649, de 11.3.49 — Autoriza o Poder Executivo a dar nova redação ao art. 22 do Dec. lei n. 58, de 10 de dezembro de 1937, que dispõe sobre as escrituras de compromisso de compra e venda de imóveis loteados (RT 179/439, Lex 1949/58).

Lei 4.504, de 30.11.64 — Dispõe sobre o Estatuto da Terra, e dá outras providências (no tít. TERRA). O art. 61 § 2º contém disposição s/ loteamento rural; a **Lei 5.709, de 7.10.71** (no tít. PROPRIEDADE RURAL ADQUIRIDA POR ESTRANGEIRO), consigna, em seu art. 17, disp. trans. s/ esse art. 61.

Lei 4.778, de 22.9.65 — Dispõe sobre a obrigatoriedade de serem ouvidas as autoridades florestais na aprovação de plantas e planos de loteamento para venda de terrenos em prestações (RT 362/557). Alterou o art. 1º § 1º do Dec. lei 58/37.

Lei 4.947, de 6.4.66 — Fixa normas de direito agrário, dispõe sobre o sistema de organização e funcionamento do Instituto Brasileiro de Reforma Agrária, e dá outras providências (RT 369/363, Lex 1966/478, RF 215/388). O art. 10 dispõe s/ loteamento rural.

Dec. lei 271, de 28.2.67 — Dispõe sobre loteamento urbano, responsabilidade do loteador, concessão de uso e espaço aéreo e dá outras providências (v. abaixo, texto integral).

Lei 5.532, de 14.11.68 — Acrescenta parágrafo ao art. 1º do Decreto-lei n. 58, de 10 de dezembro de 1937, que dispõe sobre o loteamento de terrenos para pagamento em prestações (RT 397/415, RF 225/439).

Dec. lei 745, de 7.8.69 — Dispõe sobre os contratos a que se refere o art. 22 do Dec. lei n. 58, de 10 de dezembro de 1937, e dá outras providências (v. texto do art. 1º, em nota 8 ao art. 22 do Dec. lei 58/37).

Lei 6.014, de 27.12.73 — Adapta ao novo Código de Processo Civil as leis que menciona (RT 458/496, Lex 1973/1.992, RF 245/465, Bol. AASP 787/supl.). O art. 1º altera o art. 2º §§ 1º e 2º, o art. 16 e §§ e o art. 22 do Dec. lei 58/37.

Lei 6.530, de 12.5.78 — Dá nova regulamentação à profissão de corretor de imóveis, disciplina o funcionamento de seus órgãos de fiscalização, e dá outras providências (Lex 1978/373 e 1979/283, ret., RDA 133/414). **"Art. 20.** Ao corretor de imóveis e à pessoa jurídica inscritos nos órgãos de que trata a presente lei é vedado: ... **V** — anunciar imóvel loteado ou em condomínio sem mencionar o número de registro do loteamento ou da incorporação no registro de imóveis". Esta lei foi regulamentada pelo **Dec. 81.871, de 29.6.78** (Lex 1978/568).

Lei 6.766, de 19.12.79 — Dispõe sobre o parcelamento do solo urbano e dá outras providências (v. adiante, texto integral).

Lei 9.785, de 29.1.99 — Altera o Dec. lei n. 3.365, de 21 de junho de 1941 (desapropriação por utilidade pública) e as Leis ns. 6.015, de 31 de dezembro de 1973 (registros públicos) e 6.766, de 19 de dezembro de 1979 (parcelamento do solo urbano) (Lex 1999/490, RT 760/808, RF 345/522). Alterou os arts. 2º §§ 4º a 6º (o § 3º foi vetado); 3º-*caput*; 4º-I e § 1º; 7º § ún.; 8º; 9º-*caput* e § 3º (acrescido); 10-*caput*; 11-*caput*; 12 § ún. (acrescido); 13-*caput*; 16 (alterado o *caput* e acrescidos §§ 1º e 2º); 18-I, V e §§ 4º e 5º (os §§ acrescidos); 26 §§ 3º a 6º (acrescidos); 40 § 5º (acrescido); 43 § ún. (acrescido); 50 § ún.-II e 53-A (acrescido); vetadas as alterações do art. 2º §§ 2º e 3º e do art. 51 § ún., todos da Lei 6.766, de 19.12.79.

Lei 10.932, de 3.8.04 — Altera o art. 4º da Lei 6.766, de 19.12.79 (DOU 4.8.04).

Lei 12.608, de 10.4.12 — Institui a Política Nacional de Proteção e Defesa Civil — PNPDEC; dispõe sobre o Sistema Nacional de Proteção e Defesa Civil — SINPDEC e o Conselho Nacional de Proteção e Defesa Civil — CONPDEC; autoriza a criação de sistema de informações e monitoramento de desastres; altera as Leis n. 12.340, de 1º de dezembro de 2010, 10.257, de 10 de julho de 2001, 6.766, de 19 de dezembro de 1979, 8.239, de 4 de outubro de 1991, e 9.394, de 20 de dezembro de 1996; e dá outras providências. Na Lei n. 6.766: incluiu §§ 1º a 3º ao art. 12.

Lei 13.786, de 27.12.18 — Altera as Leis n. 4.591, de 16 de dezembro de 1964, e 6.766, de 19 de dezembro de 1979, para disciplinar a resolução do contrato por inadimplemento do adquirente de unidade imobiliária em incorporação imobiliária e em parcelamento de solo urbano.

Lei 13.913, de 25.11.19 — Altera a Lei n. 6.766, de 19 de dezembro de 1979, para assegurar o direito de permanência de edificações na faixa não edificável contígua às faixas de domínio público de rodovias e para possibilitar a redução da extensão dessa faixa não edificável por lei municipal ou distrital.

Decreto-lei n. 58, de 10 de dezembro de 1937

Dispõe sobre o loteamento e a venda de terrenos para pagamento em prestações.

O Presidente da República dos Estados Unidos do Brasil, usando da atribuição que lhe confere o art. 180 da Constituição:

Considerando o crescente desenvolvimento da loteação de terrenos para venda mediante o pagamento do preço em prestações;

Considerando que as transações assim realizadas não transferem o domínio ao comprador, uma vez que o art. 1.088 do Código Civil permite a qualquer das partes arrepender-se, antes de assinada a escritura de compra e venda;

Considerando que esse dispositivo deixa praticamente sem amparo numerosos compradores de lotes, que têm assim por exclusiva garantia a seriedade, a boa-fé e a solvabilidade das empresas vendedoras;

Considerando que, para segurança das transações realizadas mediante contrato de compromisso de compra e venda de lotes, cumpre acautelar o compromissário contra futuras alienações ou onerações dos lotes comprometidos;

Considerando ainda que a loteação e venda de terrenos urbanos e rurais se opera frequentemente sem que aos compradores seja possível a verificação dos títulos de propriedade dos vendedores,

Decreta:

Art. 1º Os proprietários ou coproprietários de terras rurais[1 a 5a] ou terrenos urbanos,[6] que pretendam vendê-los, divididos em lotes e por oferta pública, mediante pagamento do preço a prazo em prestações sucessivas e periódicas, são obrigados, antes de anunciar a venda, a depositar no cartório do registro de imóveis[7] da circunscrição respectiva:

I — Um memorial, por eles assinado ou por procuradores com poderes especiais, contendo:

a) denominação, área, limites, situação e outros característicos do imóvel;

b) relação cronológica dos títulos de domínio, desde 30 anos,[8] com indicação da natureza e data de cada um, e do número e data das transcrições,[9] ou cópia autêntica dos títulos e prova de que se acham devidamente transcritos;

c) plano de loteamento de que conste o programa de desenvolvimento urbano, ou de aproveitamento industrial ou agrícola; nesta última hipótese, informações sobre a qualidade das terras, águas, servidões ativas e passivas, estradas e caminhos, distância da sede do município e das estações de transporte de acesso mais fácil.

II — Planta do imóvel, assinada também pelo engenheiro que haja efetuado a medição e o loteamento e com todos os requisitos técnicos e legais; indicadas a situação, as dimensões e a numeração dos lotes, as dimensões e a nomenclatura das vias de comunicação e espaços livres, as construções e benfeitorias, e as vias públicas de comunicação.

III — Exemplar de caderneta ou do contrato-tipo de compromisso de venda dos lotes.

IV — Certidão negativa de impostos e de ônus reais.

V — Certidão dos documentos referidos na letra *b* do n. I.

§ 1º (*redação da Lei 4.778, de 22.9.65*) Tratando-se de propriedade urbana, o plano e a planta de loteamento devem ser previamente aprovados pela Prefeitura Municipal, ouvidas, quanto ao que lhes disser respeito, as autoridades sanitárias, militares e, desde que se trate de área total ou parcialmente florestada, as autoridades florestais.

§ 2º As certidões positivas da existência de ônus reais, de impostos e de qualquer ação real ou pessoal, bem como qualquer protesto de título de dívida civil ou comercial não impedem [10] o registro.

§ 3º Se a propriedade estiver gravada de ônus real, o memorial será acompanhado da escritura pública em que o respectivo titular estipule as condições em que se obriga a liberar os lotes no ato do instrumento definitivo de compra e venda.

§ 4º O plano de loteamento poderá ser modificado quanto aos lotes não comprometidos e o de arruamento [11] desde que a modificação não prejudique os lotes comprometidos ou definitivamente adquiridos, se a Prefeitura Municipal aprovar a modificação. A planta e o memorial assim aprovados serão depositados no cartório do registro para nova inscrição, observando [12] o disposto no art. 2º e parágrafos.

§ 5º O memorial, o plano de loteamento e os documentos depositados serão franqueados, pelo oficial do registro, ao exame de qualquer interessado, independentemente do pagamento de emolumentos, ainda que a título de busca.

O oficial, neste caso, receberá apenas as custas regimentais das certidões que fornecer.

§ 6º (*redação da Lei 5.532, de 14.11.68*) Sob pena de incorrerem em crime de fraude, os vendedores, se quiserem invocar, como argumento de propaganda, a proximidade do terreno com algum acidente geográfico, cidade, fonte hidromineral ou termal ou qualquer outro motivo de atração ou valorização, serão obrigados a declarar no memorial descritivo e a mencionar nas divulgações, anúncios [13] e prospectos de propaganda, a distância métrica a que [14] se situa o imóvel do ponto invocado ou tomado como referência.

Art. 1º: 1. **ET: "Art. 61.** Os projetos de colonização particular, quanto à metodologia, deverão ser previamente examinados pelo Instituto Brasileiro de Reforma Agrária, que inscreverá a entidade e o respectivo projeto em registro próprio. Tais projetos serão aprovados pelo Ministério da Agricultura, cujo órgão próprio coordenará a respectiva execução.

"§ 1º Sem prévio registro da entidade colonizadora e do projeto e sem a aprovação deste, nenhuma parcela poderá ser vendida em programas particulares de colonização.

"§ 2º O proprietário de terras próprias para a lavoura ou pecuária, interessado em loteá-las para fins de urbanização ou formação de sítios de recreio, deverá submeter o respectivo projeto à prévia aprovação e fiscalização do órgão competente do Ministério da Agricultura ou do Instituto Brasileiro de Reforma Agrária, conforme o caso.

"§ 3º A fim de possibilitar o cadastro, o controle e a fiscalização dos loteamentos rurais, os cartórios de registro de imóveis são obrigados a comunicar aos órgãos competentes, referidos no parágrafo anterior, os registros efetuados nas respectivas circunscrições, nos termos da legislação em vigor, informando o nome do proprietário, a denominação do imóvel e sua localização, bem como a área, o número de lotes e a data do registro nos citados órgãos.

"§ 4º Nenhum projeto de colonização particular será aprovado para gozar das vantagens desta lei, se não consignar para a empresa colonizadora as seguintes obrigações mínimas:

"a) abertura de estradas de acesso e de penetração à área a ser colonizada;

"b) divisão dos lotes e respectivo piqueteamento, obedecendo a divisão, tanto quanto possível, ao critério de acompanhar as vertentes, partindo a sua orientação no sentido do espigão para as águas, de modo a todos os lotes possuírem água própria ou comum;

"c) manutenção de uma reserva florestal nos vértices dos espigões e nas nascentes;

"d) prestação de assistência médica e técnica aos adquirentes de lotes e aos membros de suas famílias;

"e) fomento da produção de uma determinada cultura agrícola já predominante na região ou ecologicamente aconselhada pelos técnicos do Instituto Brasileiro de Reforma Agrária ou do Ministério da Agricultura;

"f) entrega de documentação legalizada em ordem aos adquirentes de lotes.

"§§ 5º — 6º — 7º — 8º — VETADO".

A **Lei 5.709, de 7.10.71** (no tít. PROPRIEDADE RURAL ADQUIRIDA POR ESTRANGEIRO), art. 17, contém disp. trans. s/ o assunto.

O **Dec. 59.428, de 27.10.66** (Lex 1966/1.529), em seus arts. 93 a 98, consigna disposições s/ desmembramento de imóveis rurais.

Art. 1º: 2. Lei 4.947, de 6.4.66 (v. ementário), **art. 10:**

"Fica vedada a inscrição de loteamentos rurais no registro de imóveis, sem prova de prévia aprovação pela autoridade pública competente a que se refere o art. 61 da Lei n. 4.504, de 30 de novembro de 1964.

"§ 1º São nulos de pleno direito a inscrição e todos os atos dela decorrentes, quando praticados com infração do disposto neste artigo.

"§ 2º Nos loteamentos já inscritos até a publicação da Lei n. 4.947, de 6 de abril de 1966, é permitida a venda dos lotes rurais remanescentes, com área inferior à do módulo fixado para a respectiva região.

"§ 3º Ao fim de cada exercício, para fins estatísticos, o IBRA enviará ao Tribunal de Contas relação pormenorizada das alienações efetuadas".

O § 2º, supra, tem a redação que lhe deu a **Lei 5.672, de 2.7.71** (RT 429/493, Lex 1971/926, RDA 106/494, RF 236/424).

Art. 1º: 3. Dec. lei 57, de 18.11.66 — Altera dispositivos sobre lançamento e cobrança do imposto sobre a propriedade territorial rural, institui normas sobre arrecadação da dívida ativa correspondente, e dá outras providências (RT 376/464, Lex 1966/1.690, RDA 87/464), **art. 16:** "Os loteamentos das áreas situadas fora da zona urbana, referidos no § 2º do art. 32 da Lei n. 5.172, de 25 de outubro de 1966, só serão permitidos quando atendido o disposto no art. 61 da Lei 4.504, de 30 de novembro de 1964".

Lei 5.172, de 25.10.66 (CTN), art. 32 § 2º: "A lei municipal pode considerar urbanas as áreas urbanizáveis, ou de expansão urbana, constantes de loteamentos aprovados pelos órgãos competentes, destinados à habitação, à indústria ou ao comércio, mesmo que localizados fora das zonas definidas nos termos do parágrafo anterior". O § anterior define zona urbana.

Art. 1º: 4. s/ loteamento rural promovido por pessoa jurídica estrangeira, v. Lei 5.709/71, arts. 3º e 5º, e Dec. 74.965/74, arts. 11 e 12.

Art. 1º: 5. Lei 6.634, de 2.5.79 — Dispõe sobre a Faixa de Fronteira, altera o Dec. lei n. 1.135, de 3 de dezembro de 1970, e dá outras providências:

"Art. 2º Salvo com o assentimento prévio do Conselho de Segurança Nacional, será vedada, na Faixa de Fronteira, a prática dos atos referentes a: ...

"IV — instalação de empresas que se dedicarem às seguintes atividades: ...

"b) colonização e loteamentos rurais;

"V — transações com imóvel rural, que impliquem a obtenção, por estrangeiro, do domínio, da posse ou de qualquer direito real sobre o imóvel";

(...)

"§ 4º (*redação da Lei 13.986, de 7.4.20*) Excetuam-se do disposto nos incisos V e VI do *caput* deste artigo a hipótese de constituição de garantia real, inclusive a transmissão da propriedade fiduciária, em favor de pessoa jurídica nacional ou estrangeira, ou de pessoa jurídica nacional da qual participem, a qualquer título, pessoas estrangeiras físicas ou jurídicas que tenham a maioria do seu capital social e que residam ou tenham sede no exterior, bem como o recebimento de imóvel rural em liquidação de transação com pessoa jurídica nacional ou estrangeira por meio de realização de garantia real, de dação em pagamento ou de outra forma."

"Art. 5º As Juntas Comerciais não poderão arquivar ou registrar contrato social, estatuto ou ato constitutivo de sociedade, bem como suas eventuais alterações, quando contrariarem o disposto nesta lei".

"Art. 6º Os atos previstos no art. 2º, quando praticados sem o prévio assentimento do Conselho de Segurança Nacional, serão nulos de pleno direito e sujeitarão os responsáveis à multa de até 20% (vinte por cento) do valor declarado do negócio irregularmente realizado".

Art. 1º: 5a. **Lei 12.651, de 25.5.12** — Dispõe sobre a proteção da vegetação nativa e dá outras providências (Código Florestal): **"Art. 12** (*redação do* caput *dada pela Lei 12.727, de 17.10.12*). Todo imóvel rural deve manter área com cobertura de vegetação nativa, a título de **Reserva Legal,** sem prejuízo da aplicação das normas sobre as Áreas de Preservação Permanente, observados os seguintes percentuais mínimos em relação à área do imóvel, excetuados os casos previstos no art. 68 desta Lei: **I** — localizado na Amazônia Legal: **a)** 80% (oitenta por cento), no imóvel situado em área de florestas; **b)** 35% (trinta e cinco por cento), no imóvel situado em área de cerrado; **c)** 20% (vinte por cento), no imóvel situado em área de campos gerais; **II** — localizado nas demais regiões do País: 20% (vinte por cento). **§ 1º** Em caso de fracionamento do imóvel rural, a qualquer título, inclusive para assentamentos pelo Programa de Reforma Agrária, será considerada, para fins do disposto do *caput*, a área do imóvel antes do fracionamento. **§ 2º** O percentual de Reserva Legal em imóvel situado em área de formações florestais, de cerrado ou de campos gerais na Amazônia Legal será definido considerando separadamente os índices contidos nas alíneas *a*, *b* e *c* do inciso I do *caput*. **§ 3º** Após a implantação do CAR, a supressão de novas áreas de floresta ou outras formas de vegetação nativa apenas será autorizada pelo órgão ambiental estadual integrante do Sisnama se o imóvel estiver inserido no mencionado cadastro, ressalvado o previsto no art. 30. **§ 4º** Nos casos da alínea *a* do inciso I, o Poder Público poderá reduzir a Reserva Legal para até 50% (cinquenta por cento), para fins de recomposição, quando o Município tiver mais de 50% (cinquenta por cento) da área ocupada por unidades de conservação da natureza de domínio público e por terras indígenas homologadas. **§ 5º** Nos casos da alínea *a* do inciso I, o Poder Público estadual, ouvido o Conselho Estadual de Meio Ambiente, poderá reduzir a Reserva Legal para até 50% (cinquenta por cento), quando o Estado tiver Zoneamento Ecológico-Econômico aprovado e mais de 65% (sessenta e cinco por cento) do seu território ocupado por unidades de conservação da natureza de domínio público, devidamente regularizadas, e por terras indígenas homologadas. **§ 6º** Os empreendimentos de abastecimento público de água e tratamento de esgoto não estão sujeitos à constituição de Reserva Legal. **§ 7º** Não será exigido Reserva Legal relativa às áreas adquiridas ou desapropriadas por detentor de concessão, permissão ou autorização para exploração de potencial de energia hidráulica, nas quais funcionem empreendimentos de geração de energia elétrica, subestações ou sejam instaladas linhas de transmissão e de distribuição de energia elétrica. **§ 8º** Não será exigido Reserva Legal relativa às áreas adquiridas ou desapropriadas com o objetivo de implantação e ampliação de capacidade de rodovias e ferrovias".

S/ reserva legal, v. ainda **Lei 12.651, de 25.5.12, especialmente arts. 3º-III e 13 a 24.**

Art. 1º: 6. s/ loteamentos urbanos, v., neste tít., Lei 6.766, de 19.12.79, e tb. Dec. lei 271, de 28.2.67.

Art. 1º: 7. v. LRP 167-I-19.

Art. 1º: 8. 20 anos, de acordo com o Dec. 3.079, art. 1º-I-*b*.

Art. 1º: 9. atualmente, registros (v. LRP 168).

Art. 1º: 10. Na publicação oficial, está "impedir".

Art. 1º: 11. v. art. 3º e nota 1.

Art. 1º: 12. *sic*.

Art. 1º: 13. v. art. 10.

Art. 1º: 14. Na republicação pelo DOU 8.4.74, supl., lê-se "em que", o que não confere com o texto da Lei 5.532.

Art. 2º Recebidos o memorial e os documentos mencionados no art. 1º, o oficial do registro dará recibo ao depositante e, depois de autuá-los e verificar a sua conformidade com a lei, tornará público o depósito por edital afixado no lugar do costume e publicado três vezes, durante 10 dias, no jornal oficial do Estado e em jornal da sede da comarca, ou que nesta circule.

§ 1º (*redação da Lei 6.014, de 27.12.73*) Decorridos 30 dias da última publicação, e não havendo impugnação de terceiros, o oficial procederá ao registro,[1] se os documentos estiverem em ordem. Caso contrário, os autos serão desde logo conclusos ao juiz competente para conhecer da dúvida[2] ou impugnação, publicada a sentença em cartório pelo oficial, que dela dará ciência aos interessados.

§ 2º (*redação da Lei 6.014, de 27.12.73*) Da sentença que negar ou conceder o registro caberá apelação.

Art. 2º: 1. v. LRP 167-I-19.

Art. 2º: 2. v. LRP 198 e segs.

Art. 3º A inscrição torna inalienáveis, por qualquer título, as vias de comunicação e os espaços livres constantes do memorial e da planta.[1]

Art. 3º: 1. Este art. foi complementado pelo art. 4º do Dec. lei 271, de 28.2.67 (v. adiante), e pelo art. 22 da Lei 6.766, de 19.12.79 (v. adiante).

Art. 4º Nos cartórios do registro imobiliário haverá um livro auxiliar na forma da lei respectiva e de acordo com o modelo anexo. Nele se registrarão, resumidamente:

a) por inscrição,[1] o memorial de propriedade loteada;

b) por averbação,[2] os contratos de compromisso de venda[3-3a] e de financiamento, suas transferências e rescisões.

Parágrafo único. No livro de transcrição, e à margem do registro da propriedade loteada, averbar-se-á a inscrição assim que efetuada.

Art. 4º: 1. atualmente, registro (v. LRP 167-I-19 e 168), no Livro n. 2 (v. LRP 176).

Art. 4º: 2. A averbação é só para os contratos antigos (LRP 167-II-3); os atuais estão sujeitos a registro (LRP 167-I-20).

Art. 4º: 3. s/ contrato preliminar, v. CC 462 a 466.

✎ **Art. 4º: 3a.** "Compromisso de compra e venda. Constitui-se, ou não, em contrato preliminar?", por Leonardo Ferres da Silva Ribeiro (RT 814/44).

Art. 5º A averbação[1] atribui ao compromissário direito real[2] oponível a terceiros, quanto à alienação ou oneração posterior e far-se-á à vista do instrumento de compromisso de venda, em que o oficial lançará a nota indicativa do livro, página e data do assentamento.

Art. 5º: 1. v. nota 2 ao art. 4º.

Art. 5º: 2. v. CC 1.225.

Art. 6º A inscrição[1] não pode ser cancelada senão:

a) em cumprimento de sentença;

b) a requerimento do proprietário, enquanto nenhum lote for objeto de compromisso devidamente inscrito, ou mediante o consentimento de todos os compromissários ou seus cessionários, expresso em documento por eles assinado ou por procuradores com poderes especiais.

Art. 6º: 1. v. art. 4º-*a*.

Art. 7º Cancela-se a averbação:[1]

a) a requerimento das partes contratantes do compromisso de venda;

b) pela resolução do contrato;[2]

c) pela transcrição do contrato definitivo de compra e venda;
d) por mandado judicial.

Art. 7º: 1. v. art. 4º-*b*.

Art. 7º: 2. v. art. 14 § 3º.

Art. 8º O registro instituído por esta lei, tanto por inscrição quanto por averbação, não dispensa nem substitui o dos atos constitutivos ou translativos de direitos reais, na forma e para os efeitos das leis e regulamentos dos registros públicos.

Art. 9º O adquirente por ato *inter vivos*, ainda que em hasta pública, ou por sucessão legítima ou testamentária, da propriedade loteada e inscrita, sub-roga-se nos direitos e obrigações dos alienantes, autores da herança ou testadores, sendo nula qualquer disposição em contrário.

Art. 10. Nos anúncios[1] e outras publicações de propaganda de venda de lotes a prestações, sempre se mencionará o número e data da inscrição do memorial e dos documentos no registro imobiliário.

Art. 10: 1. O corretor de imóveis não pode "anunciar imóvel loteado ou em condomínio sem mencionar o número de registro do loteamento ou da incorporação no registro de imóveis" (Lei 6.530, de 12.5.78, art. 20-V, no ementário).

Art. 11. Do compromisso de compra e venda a que se refere esta lei, contratado por instrumento público ou particular,[1 a 3] constarão sempre as seguintes especificações:

a) nome, nacionalidade, estado e domicílio dos contratantes;

b) denominação e situação da propriedade, número e data da inscrição;

c) descrição do lote ou dos lotes que forem objeto do compromisso, confrontações, áreas e outros característicos, bem como os números correspondentes na planta arquivada;

d) prazo, preço e forma de pagamento, e importância do sinal;

e) juros devidos sobre o débito em aberto e sobre as prestações vencidas e não pagas;

f) cláusula penal não superior a 10% do débito, só exigível no caso de intervenção judicial;

g) declaração da existência ou inexistência de servidão ativa ou passiva e outros ônus reais ou quaisquer outras restrições ao direito de propriedade;

h) indicação do contratante a quem incumbe o pagamento das taxas e impostos.

§ 1º O contrato, que será manuscrito, datilografado ou impresso, com espaços em branco preenchíveis em cada caso, lavrar-se-á em duas vias, assinadas pelas partes e por duas testemunhas, devidamente reconhecidas as firmas por tabelião.

Ambas as vias serão entregues dentro em 10 dias ao oficial do registro, para averbá-las e restituí-las devidamente anotadas a cada uma das partes.

§ 2º É indispensável outorga uxória[4] quando seja casado o vendedor.

§ 3º As procurações dos contratantes, que não tiverem sido arquivadas anteriormente, sê-lo-ão no cartório do registro, junto aos respectivos autos.

Art. 11: 1. v. LRP 194.

Para os loteamentos urbanos, v. art. 26 da Lei 6.766, de 19.12.79 (adiante, ínt.).

Art. 11: 2. Principais restrições à liberdade contratual, instituídas pelo CDC, nos contratos de compromisso de compra e venda em que o compromitente vendedor possa ser definido como fornecedor (CDC 3º):

— quanto à perda das prestações pagas: art. 53-*caput* (v. nota seguinte);

— quanto à correção monetária das prestações: art. 39-XIII;

— quanto à perda das benfeitorias necessárias: art. 51-XVI;

— quanto à multa moratória: art. 52 § 1º;

— quanto ao pagamento antecipado do preço, no todo ou em parte: art. 52 § 2º.

Art. 11: 3. CDC 53-*caput*: "Nos contratos de compra e venda de móveis ou imóveis mediante pagamento em prestações, bem como nas alienações fiduciárias em garantia, consideram-se nulas de pleno direito as cláusulas que estabeleçam a perda total das prestações pagas em benefício do credor que, em razão do inadimplemento, pleitear a resolução do contrato e a retomada do produto alienado".

Art. 11: 4. cf. CC 1.647-I.

Art. 12. Subentende-se no contrato a condição resolutiva[1] da legitimidade e validade do título de domínio.

§ 1º Em caso de resolução, além de se devolverem as prestações recebidas, com juros convencionados, ou os da lei desde a data do pagamento, haverá, quando provada a má-fé, direito a indenização de perdas e danos.

§ 2º O falecimento dos contratantes não resolve o contrato, que se transmitirá aos herdeiros.

Também não o resolve a sentença declaratória de falência;[2] na dos proprietários, dar-lhe-ão cumprimento o síndico e o liquidatário; na dos compromissários, será ele arrecadado pelo síndico e vendido, em hasta pública, pelo liquidatário.

Art. 12: 1. v. CC 127.

Art. 12: 2. v. art. 21.

LRF 119: "Nas relações contratuais a seguir mencionadas prevalecerão as seguintes regras: ... **VI** — na promessa de compra e venda de imóveis, aplicar-se-á a legislação respectiva".

Art. 13. O contrato transfere-se[1] por simples trespasse lançado no verso das duas vias, ou por instrumento separado, sempre com as formalidades dos parágrafos do art. 11.

§ 1º No primeiro caso, presume-se a anuência do proprietário. A falta do consentimento não impede a transferência, mas torna os adquirentes e os alienantes solidários nos direitos e obrigações contratuais.

§ 2º Averbando a transferência para a qual não conste o assentimento do proprietário, o oficial dela lhe dará ciência por escrito.

Art. 13: 1. A transferência de direitos sobre lote urbano se faz de acordo com a Lei 6.766, de 19.12.79, art. 31 (neste tít., adiante).

Art. 14. Vencida e não paga a prestação, considera-se o contrato rescindido 30 dias depois de constituído em mora o devedor.[1-1a]

§ 1º Para este efeito será ele intimado, a requerimento do compromitente, pelo oficial do registro a satisfazer as prestações vencidas e as que se vencerem até a data do pagamento, juros convencionados e custas da intimação.

§ 2º Purgada a mora, convalescerá o compromisso.

§ 3º Com a certidão de não haver sido feito pagamento em cartório, os compromitentes requererão ao oficial do registro o cancelamento da averbação.

Art. 14: 1. Para imóvel não loteado, v. Dec. lei 745, de 7.8.69, em nota 8 ao art. 22.

Para imóvel urbano loteado, v. Lei 6.766, de 19.12.79, arts. 32 a 35, 49 e 19 § 3º (neste tít., adiante).

Art. 14: 1a. "Compra e venda: o compromisso de compra e venda e a desnecessidade de interpelação em sua resolução", por Renato Maso Previde (RSDCPC 23/57).

Art. 15. Os compromissários têm o direito de, antecipando ou ultimando o pagamento integral do preço, e estando quites com os impostos e taxas, exigir a outorga da escritura de compra e venda.[1]

Art. 15: 1. O pagamento dos impostos e taxas incidentes sobre o imóvel não é requisito para a adjudicação compulsória, quando disposto no contrato serem tais encargos de responsabilidade do vendedor (STJ-4ª T., REsp 240.608, Min. Aldir Passarinho Jr., j. 21.3.06, DJU 24.4.06).

Art. 16 (*redação da Lei 6.014, de 27.12.73*). Recusando-se os compromitentes a outorgar a escritura definitiva no caso do art. 15, o compromissário[1] poderá propor, para o cumprimento da obrigação, ação de adjudicação compulsória,[1a a 1c] que tomará o rito sumaríssimo.[2-3]

§ 1º (*redação da Lei 6.014, de 27.12.73*) A ação não será acolhida se a parte, que a intentou, não cumprir a sua prestação nem a oferecer nos casos e formas legais.

§ 2º (*redação da Lei 6.014, de 27.12.73*) Julgada procedente a ação, a sentença, uma vez transitada em julgado, adjudicará o imóvel ao compromissário, valendo como título para a transcrição.[4]

§ 3º (*redação da Lei 6.014, de 27.12.73*) Das sentenças proferidas nos casos deste artigo, caberá apelação.[5]

Art. 16: 1. Também o cessionário de compromisso de compra e venda (v. art. 22).

Art. 16: 1a. "Da ação de adjudicação compulsória resultante do contrato preliminar e do contrato de compromisso de venda e compra", por Luiz Tadeu Barbosa Silva (RT 845/50).

Art. 16: 1b. "O direito de o promissário comprador obter a escritura definitiva do imóvel através da adjudicação compulsória é de propriedade, sendo imprescritível" (RT 932/931: TJMT, AP 87844/2012). No mesmo sentido: STJ-3ª T., REsp 1.489.565, Min. Ricardo Cueva, j. 5.12.17, DJ 18.12.17; STJ-4ª T., REsp 1.216.568, Min. Luis Felipe, j. 3.9.15, DJ 29.9.15.

Art. 16: 1c. "Na ação de adjudicação compulsória, o ato jurisdicional, para ser exequível, deve reunir todas as exigências previstas na Lei de Registros Públicos, e nas demais ordenadoras do parcelamento do solo, a fim de facultar o registro do título no cartório respectivo. Detectada, no caso concreto, a impossibilidade jurídica do pedido de registro, haja vista a falta de prévia averbação do desmembramento de gleba rural originária, e posteriores aberturas de matrículas individualizadas das glebas desvinculadas e prometidas à venda pelo réu. Ausente, portanto, uma das condições específicas da ação de adjudicação compulsória, na dicção do art. 16, § 2º, do Decreto-lei 58/1937 — existência de imóvel registrável" (STJ-4ª T., REsp 1.297.784, Min. Isabel Gallotti, j. 16.9.14, DJ 24.9.14).

Art. 16: 2. Não há mais procedimento sumaríssimo ou sumário no CPC; agora há um único procedimento para o processo de conhecimento ordinário, qual seja, o **procedimento comum** (v. CPC 318 e segs. e 1.049 § ún.).

Art. 16: 3. SÚMULAS SOBRE PROMESSA DE COMPRA E VENDA:

Súmula 166 do STF (Arrependimento): "É inadmissível o arrependimento no compromisso de compra e venda sujeito ao regime do Dec. lei 58, de 10.12.37". No mesmo sentido, quanto aos loteamentos urbanos, art. 25 da Lei 6.766, de 19.12.79 (adiante, ínt.).

Súmula 168 do STF (Registro da promessa de compra e venda): "Para os efeitos do Dec. lei 58, de 10.12.37, admite-se a inscrição imobiliária do compromisso de compra e venda no curso da ação". Atualmente, "registro", e não "inscrição".

Súmula 412 do STF (Devolução do sinal): "No compromisso de compra e venda com cláusula de arrependimento, a devolução do sinal, por quem o deu, ou a sua restituição em dobro, por quem o recebeu, exclui indenização maior, a título de perdas e danos, salvo os juros moratórios e os encargos do processo".

Súmula 413 do STF (Imóvel não loteado): "O compromisso de compra e venda de imóveis, ainda que não loteados, dá direito à execução compulsória, quando reunidos os requisitos legais".

Súmula 76 do STJ (Mora na promessa de compra e venda): "A falta de registro do compromisso de compra e venda de imóvel não dispensa a prévia interpelação para constituir em mora o devedor".

Art. 16: 4. atualmente, para o registro (v. LRP 168).

Art. 16: 5. O prazo de apelação é de 15 dias (Lei 6.014, de 27.12.73, art. 19; CPC 1.003 § 5º).

Art. 17. Pagas todas as prestações do preço, é lícito ao compromitente requerer a intimação judicial do compromissário para, no prazo de trinta dias, que correrá em cartório, receber a escritura de compra e venda.

Parágrafo único. Não sendo assinada a escritura nesse prazo, depositar-se-á[1] o lote comprometido por conta e risco do compromissário, respondendo este pelas despesas judiciais e custas do depósito.

Art. 17: 1. v. CPC 539.

Art. 18. Os proprietários ou coproprietários dos terrenos urbanos loteados a prestação, na forma desta lei, que se dispuserem a fornecer aos compromissários, por empréstimo, recursos para a construção do prédio, nos lotes comprometidos, ou tomá-la por empreitada, por conta dos compromissários, depositarão no cartório do Registro Imobiliário um memorial indicando as condições gerais do empréstimo ou da empreitada e da amortização da dívida em prestações.

§ 1º O contrato, denominado de financiamento, será feito por instrumento público ou particular, com as especificações do art. 11, que lhe forem aplicáveis. Esse contrato será registrado, por averbação, no livro a que alude o art. 4º, fazendo-se-lhe resumida referência na coluna apropriada.

§ 2º Com o memorial também se depositará o contrato-tipo de financiamento, contendo as cláusulas gerais para todos os casos, com os claros a serem preenchidos em cada caso.

Art. 19. O contrato de compromisso não poderá ser transferido sem o de financiamento, nem este sem aquele. A rescisão do compromisso de venda acarretará a do contrato de financiamento e vice-versa, na forma do art. 14.

Art. 20. O adquirente, por qualquer título, do lote, fica solidariamente[1] responsável, com o compromissário, pelas obrigações constantes e decorrentes do contrato de financiamento, se devidamente averbado.

Art. 20: 1. v. CC 275 a 285.

Art. 21. Em caso de falência, os contratos de compromisso de venda e de financiamento serão vendidos conjuntamente em hasta pública, anunciada dentro de quinze dias depois da primeira assembleia de credores, sob pena de destituição do liquidatário.[1] Essa pena será aplicada pelo juiz a requerimento dos interessados, que poderão pedir designação de dia e hora para a hasta pública.

Art. 21: 1. v. art. 12 § 2º.

DISPOSIÇÕES GERAIS

Art. 22 (*redação da Lei 6.014, de 27.12.73*). Os contratos, sem cláusula de arrependimento,[1] de compromisso de compra e venda e cessão de direito de imóveis não loteados, cujo preço tenha sido pago no ato de sua constituição ou deva sê-lo em uma ou mais prestações, desde que inscritos[2] a qualquer tempo,[3] atribuem aos compromissários direito real[4] oponível a terceiros, e lhes conferem o direito de adjudicação compulsória nos termos dos arts. 16 desta lei, 640 e 641 do Código de Processo Civil.[5 a 9]

Art. 22: 1. São desta natureza os contratos registrados, relativos a lotes urbanos (v. Lei 6.766, de 19.12.79, art. 25, neste tít., adiante).

Art. 22: 2. registrados, e não inscritos, atualmente (LRP 167-I-9 e 168).

Art. 22: 3. Neste sentido, v. Súmula 168 do STF, em nota 3 ao art. 16.

Art. 22: 4. v. CC 1.225.

Art. 22: 5. Também a promessa de cessão de direitos relativos a imóveis não loteados autoriza o pedido de adjudicação compulsória, nos termos do art. 69 da Lei 4.380, de 21.8.64 (no tít. CONTRATOS IMOBILIÁRIOS).

Art. 22: 6. v. acima, art. 16, inclusive, em nota 3, Súmulas 412 e 413 do STF.

Art. 22: 7. O pré-contrato relativo a lote urbano não confere ação de adjudicação compulsória, mas sim ação pelo procedimento comum (CPC 318 e segs.). V. Lei 6.766, de 19.12.79, art. 27 § 3º, neste tít., adiante.

Art. 22: 8. Dec. lei 745, de 7.8.69 — Dispõe sobre os contratos a que se refere o art. 22 do Dec. lei n. 58, de 10 de dezembro de 1937, e dá outras providências:

"**Art. 1º** Nos contratos a que se refere o art. 22 do Decreto-Lei n. 58, de 10 de dezembro de 1937, ainda que não tenham sido registrados junto ao Cartório de Registro de Imóveis competente, o inadimplemento absoluto do promissário comprador só se caracterizará se, interpelado por via judicial ou por intermédio de cartório de Registro de Títulos e Documentos, deixar de purgar a mora, no prazo de 15 (quinze) dias contados do recebimento da interpelação.

Parágrafo único. Nos contratos nos quais conste cláusula resolutiva expressa, a resolução por inadimplemento do promissário comprador se operará de pleno direito (art. 474 do Código Civil), desde que decorrido o prazo previsto na interpelação referida no *caput*, sem purga da mora". V. tb. CC 397, nota 4a, e 474, nota 2a.

Para constituição em mora, nos casos de loteamento urbano, v., neste tít., Lei 6.766, de 19.12.79, art. 32.

Para os contratos imobiliários com cláusula de correção monetária, v. art. 1º-VI da Lei 4.864, de 29.11.65 (no tít. CONTRATOS IMOBILIÁRIOS).

Art. 22: 8a. "O Dec. lei 745/69 dispõe ser necessária a prévia interpelação judicial ou por intermédio do Cartório de Registro de Títulos e Documentos, para constituição em mora do promissário comprador e não do promitente vendedor. Se o promissário comprador é o autor da demanda, não há necessidade daquela exigência" (STJ-3ª T., REsp 206.767, Min. Pádua Ribeiro, j. 3.10.00, DJ 6.11.00).

V. tb. CC 397, nota 4.

Art. 22: 9. v. CPC 501.

Art. 23. Nenhuma ação ou defesa se admitirá, fundada nos dispositivos desta lei, sem apresentação de documento comprobatório do registro por ela instituído.[1]

Art. 23: 1. v. Súmulas 166 e 168 do STF, em nota 3 ao art. 16.

Art. 24. Em todos os casos de procedimento judicial, o foro competente será o da situação do lote comprometido ou o a que se referir o contrato de financiamento, quando as partes não hajam contratado outro foro.

Art. 25. O oficial do registro perceberá:[1]

a) pelo depósito e inscrição, a taxa fixa de 100$000, além das custas que forem devidas pelos demais atos;

b) pela averbação, a de 5$000 por via de compromisso de venda ou de financiamento;

c) pelo cancelamento de averbação, a de 5$000.

Art. 25: 1. As quantias a seguir são expressas em mil-réis.

Art. 26. Todos os requerimentos e documentos atinentes ao registro se juntarão aos atos respectivos, independentemente de despacho judicial.

DISPOSIÇÕES TRANSITÓRIAS

Art. 1º Os proprietários de terras e terrenos loteados em curso de venda deverão, dentro de três meses,[1] proceder ao depósito e registro nos termos desta lei, indicando no memorial os lotes já comprometidos cujas prestações estejam em dia. Se até 30 dias depois de esgotado esse prazo não houverem cumprido o disposto na lei, incorrerão os vendedores em multas de 10 a 20 contos de réis, aplicadas no dobro, quando decorridos mais três meses.

Parágrafo único. Efetuada a inscrição da propriedade loteada, os compromissários apresentarão as suas cadernetas ou contratos para serem averbados, ainda que não tenham todos os requisitos do art. 11, contanto que sejam anteriores a esta lei.

Art. 1º: 1. O prazo foi sucessivamente prorrogado pelo Dec. lei 371, de 13.4.38 (RT 114/405), e pelo Dec. lei 508, de 21.6.38 (RT 115/438, Lex 1938/258, RF 75/442).

Art. 2º As penhoras, arrestos e sequestros de imóveis, para os efeitos da apreciação de fraude[1] de alienações posteriores, serão inscritos[2] obrigatoriamente, dependendo da prova desse procedimento o curso da ação.

Art. 2º: 1. v. CPC 792 (fraude de execução) e CC 158 a 165 (fraude contra credores); v. tb. LRP 240 (quanto aos efeitos da penhora registrada).

Art. 2º: 2. atualmente, "registrados" (LRP 167-I-5).

Art. 3º A mudança de numeração, a construção, a reconstrução, a demolição, a adjudicação, o desmembramento, a alteração do nome por casamento ou desquite[1] serão obrigatoriamente averbados[2] nas transcrições dos imóveis a que se referirem, mediante prova, a critério do oficial do registro de imóveis.

Art. 3º: 1. hoje, separação judicial.

V. CC 1.571, nota 2b **(Em. Const. 66, de 13.7.10).**

Art. 3º: 2. v. LRP 167-II-1, 4 e 5 c/c 246.

Art. 4º Esta lei entrará em vigor na data da sua publicação, revogadas as disposições em contrário.

Rio de Janeiro, 10 de dezembro de 1937, 116º da Independência e 49º da República — GETULIO VARGAS — **Francisco Campos.**

Decreto-lei n. 271, de 28 de fevereiro de 1967

Dispõe sobre loteamento urbano, responsabilidade do loteador, concessão de uso e espaço aéreo e dá outras providências.

O Presidente da República, usando da atribuição que lhe confere o art. 9º, § 2º, do Ato Institucional n. 4, de 7 de dezembro de 1966, decreta:

Art. 1º .... [1]

Art. 1º: 1. A Lei 6.766, de 19.12.79 (adiante, neste tít.), regulou inteiramente a matéria relativa a loteamento urbano, revogando implicitamente as disposições do Dec. lei 271 que disciplinavam o assunto.

O § 1º do art. 1º deste Dec. lei está implicitamente revogado pelo art. 2º § 1º da Lei 6.766; o § 2º do art. 1º, pelo art. 2º § 2º da mesma lei; quanto ao § 3º, v. art. 3º-*caput* da Lei 6.766.

O art. 1º do Dec. lei 271 era do teor seguinte:

"Art. 1º O loteamento urbano rege-se por este decreto-lei.

"§ 1º Considera-se loteamento urbano a subdivisão de área em lotes destinados à edificação de qualquer natureza que não se enquadre no disposto no § 2º deste artigo.

"§ 2º Considera-se desmembramento a subdivisão de área urbana em lotes para edificação na qual seja aproveitado o sistema viário oficial da cidade ou vila sem que se abram novas vias ou logradouros públicos e sem que se prolonguem ou se modifiquem os existentes.

"§ 3º Considera-se zona urbana, para os fins deste decreto-lei, a da edificação contínua das povoações, as partes adjacentes e as áreas que, a critério dos municípios, possivelmente venham a ser ocupadas por edificações contínuas dentro dos seguintes 10 (dez) anos".

Art. 2º .... [1]

Art. 2º: 1. O art. 2º (implicitamente revogado pelo art. 1º § ún. da Lei 6.766, de 19.12.79) era do teor seguinte:

"Art. 2º Obedecidas as normas gerais de diretrizes, apresentação de projeto, especificações técnicas e dimensionais e aprovação, a serem baixadas pelo Banco Nacional de Habitação dentro do prazo de 90 (noventa) dias, os municípios poderão, quanto aos loteamentos:

"I — obrigar a sua subordinação às necessidades locais, inclusive quanto à destinação e utilização das áreas, de modo a permitir o desenvolvimento local adequado;

"II — recusar a sua aprovação ainda que seja apenas para evitar excessivo número de lotes com o consequente aumento de investimento subutilizado em obras de infraestrutura e custeio de serviços".

Art. 2º-A (*acrescido pela Lei 14.118, de 12.1.21*). Considera-se empreendedor, para fins de parcelamento do solo urbano, o responsável pela implantação do parcelamento, o qual, além daqueles indicados em regulamento, poderá ser:

a) o proprietário do imóvel a ser parcelado;

b) o compromissário comprador, cessionário ou promitente cessionário, ou o foreiro, desde que o proprietário expresse sua anuência em relação ao empreendimento e sub-rogue-se nas obrigações do compromissário comprador, cessionário ou promitente cessionário, ou do foreiro, em caso de extinção do contrato;

c) o ente da administração pública direta ou indireta habilitado a promover a desapropriação com a finalidade de implantação de parcelamento habitacional ou de realização de regularização fundiária de interesse social, desde que tenha ocorrido a regular imissão na posse;

d) a pessoa física ou jurídica contratada pelo proprietário do imóvel a ser parcelado ou pelo poder público para executar o parcelamento ou a regularização fundiária, em forma de parceria, sob regime de obrigação solidária, devendo o contrato ser averbado na matrícula do imóvel no competente registro de imóveis;

e) a cooperativa habitacional ou associação de moradores, quando autorizada pelo titular do domínio, ou associação de proprietários ou compradores que assuma a responsabilidade pela implantação do parcelamento.

Art. 3º Aplica-se aos loteamentos a Lei n. 4.591, de 16 de dezembro de 1964,[1] equiparando-se o loteador ao incorporador,[2] os compradores de lote aos condôminos[2a a 3a] e as obras de infraestrutura à construção da edificação.[4]

§ 1º O Poder Executivo, dentro de 180 dias, regulamentará este decreto-lei,[5] especialmente quanto à aplicação da Lei n. 4.591, de 16 de dezembro de 1964, aos loteamentos, fazendo inclusive as necessárias adaptações.

§ 2º O loteamento poderá ser dividido em etapas discriminadas, a critério do loteador, cada uma das quais constituirá um condomínio que poderá ser dissolvido quando da aceitação do loteamento pela Prefeitura.

Art. 3º: 1. v. Lei 6.766, de 19.12.79, adiante; v. tb. Lei 4.591, no tít. CONDOMÍNIO E INCORPORAÇÃO, ínt.

Art. 3º: 2. v. Lei 4.591, arts. 32 a 47.

Art. 3º: 2a. "Associação de moradores, condomínio de fato e cobrança de contribuições", por Leonardo Mattietto (RJ 334/73).

Art. 3º: 3. v. Lei 4.591, arts. 9º a 11.

Art. 3º: 3a. "As **taxas de manutenção** criadas por associações de moradores não obrigam os não associados ou que a elas não anuíram" (STJ-2ª Seção, REsp 1.439.163, Min. Marco Buzzi, j. 11.3.15, maioria, DJ 22.5.15).

"Por não se confundir a associação de moradores com o condomínio disciplinado pela Lei 4.591/64, descabe, a pretexto de evitar vantagem sem causa, impor mensalidade a morador ou a proprietário de imóvel que a ela não tenha aderido. Considerações sobre o princípio da legalidade e da autonomia da manifestação de vontade — art. 5º, incisos II e XX, da Constituição Federal" (STF-RMDCPC 45/103: 1ª T., RE 432.106).

"Ninguém é obrigado a fazer ou deixar de fazer alguma coisa senão em virtude da lei, não podendo ser compelido a se associar a entidade privada. Associação de moradores não tem nenhum direito de crédito em face de morador que não se associou. Serviços de segurança, limpeza e conservação que cabem ao Poder Público prestar como obrigação constitucional de sua razão de ser. Privatização dos espaços públicos por entidade privada. Imposição de obrigação ao particular de pagar duplamente pelos mesmos serviços, para os quais já contribui através de impostos e taxas. Livre associação e livre desvinculação associativa" (RT 927/1.019: TJRJ, AP 0039912-26.2010.8.19.0203, maioria).

"O dever de pagar ou não contribuições a associação que administra e mantém determinado loteamento, sem a efetiva constituição de condomínio nos termos da Lei n. 4.591/64, constitui obrigação autônoma, que não acompanha a transferência da propriedade sobre terreno participante de tal loteamento, tornando inaplicável o art. 42, § 3º, do CPC" (STJ-3ª T., REsp 636.358, Min. Nancy Andrighi, j. 25.3.08, DJU 11.4.08).

Mas: "É viável a cobrança de taxas de manutenção ou de qualquer outra espécie pela administradora de loteamento a proprietário de imóvel nele localizado, se esse vínculo foi estabelecido pelo loteador em contrato-padrão levado a registro no respectivo cartório ao qual aderiu o adquirente" (STJ-3ª T., REsp 1.696.347-AgInt, Min. Nancy Andrighi, j. 5.6.18, DJ 12.6.18). No mesmo sentido: STJ-4ª T., Ag em REsp 244.204-AgInt, Min. Lázaro Guimarães, j. 5.6.18, DJ 12.6.18.

V. tb. CC 476, nota 4.

Art. 3º: 4. v. Lei 4.591, arts. 48 a 62.

Art. 3º: 5. Esta regulamentação nunca foi publicada.

Art. 4º .... [1]

Art. 4º: 1. O art. 4º (implicitamente **revogado** pelo art. 22 da Lei 6.766) era do teor seguinte:

"Art. 4º Desde a data da inscrição do loteamento passam a integrar o domínio público de município as vias e praças e as áreas destinadas a edifícios públicos e outros equipamentos urbanos, constantes do projeto e do memorial descritivo.

"Parágrafo único. O proprietário ou loteador poderá requerer ao juiz competente a reintegração em seu domínio das partes mencionados (*sic*) no corpo deste artigo, quando não se efetuarem vendas de lotes".

Art. 5º .... [1]

Art. 5º: 1. O art. 5º (implicitamente **revogado** pelo art. 42 da Lei 6.766) era do teor seguinte: "Art. 5º Nas desapropriações, não se indenizarão as benfeitorias ou construções realizadas em lotes ou loteamentos irregulares, nem se considerarão como terrenos loteados ou loteáveis, para fins de indenização, as glebas não inscritas ou irregularmente inscritas como loteamentos urbanos ou para fins urbanos".

Art. 6º .... [1]

Art. 6º: 1. O art. 6º (**substituído** pelo art. 45 da Lei 6.766) era do teor seguinte: "Art. 6º O loteador, ainda que já tenha vendido todos os lotes, ou os vizinhos são partes legítimas para promover ação destinada a impedir construção em desacordo com as restrições urbanísticas do loteamento ou contrárias a quaisquer outras normas de edificação ou de urbanização referentes aos lotes".

Art. 7º É instituída a concessão de uso de terrenos públicos ou particulares remunerada ou gratuita, por tempo certo ou indeterminado, como direito real resolúvel, para fins específicos de regularização fundiária de interesse social, urbanização, industrialização, edificação, cultivo da terra, aproveitamento sustentável das várzeas, preservação das comunidades tradicionais e seus meios de subsistência ou outras modalidades de interesse social em áreas urbanas.[1]

§ 1º A concessão de uso poderá ser contratada por instrumento público ou particular, ou por simples termo administrativo, e será inscrita e cancelada em livro especial.

§ 2º Desde a inscrição da concessão de uso, o concessionário fruirá plenamente do terreno para os fins estabelecidos no contrato e responderá por todos os encargos civis, administrativos e tributários que venham a incidir sobre o imóvel e suas rendas.

§ 3º Resolve-se a concessão antes de seu termo, desde que o concessionário dê ao imóvel destinação diversa da estabelecida no contrato ou termo, ou descumpra cláusula resolutória do ajuste, perdendo, neste caso, as benfeitorias de qualquer natureza.

§ 4º A concessão de uso, salvo disposição contratual em contrário, transfere-se por ato *inter vivos*, ou por sucessão legítima ou testamentária, como os demais direitos reais sobre coisas alheias, registrando-se a transferência.

§ 5º Para efeito de aplicação do disposto no *caput* deste artigo, deverá ser observada a anuência prévia:[2]

I — do Ministério da Defesa e dos Comandos da Marinha, do Exército ou da Aeronáutica, quando se tratar de imóveis que estejam sob sua administração; e

II — do Gabinete de Segurança Institucional da Presidência de República, observados os termos do inciso III do § 1º do art. 91 da Constituição Federal.

Art. 7º: 1. Redação do *caput* de acordo com a Lei 11.481, de 31.5.07.

Art. 7º: 2. Redação do § 5º de acordo com a Lei 11.481, de 31.5.07.

Art. 8º É permitida a concessão de uso do espaço aéreo sobre a superfície de terrenos públicos ou particulares, tomada em projeção vertical, nos termos e para os fins do artigo anterior e na forma que for regulamentada.

Art. 9º Este decreto-lei não se aplica aos loteamentos que na data da publicação deste decreto-lei já estiverem protocolados ou aprovados nas prefeituras municipais, para os quais continua prevalecendo a legislação em vigor até essa data.

Parágrafo único. As alterações de loteamentos enquadráveis no *caput* deste artigo estão, porém, sujeitas ao disposto neste decreto-lei.

Art. 10. Este decreto-lei entrará em vigor na data de sua publicação, mantidos o Decreto-lei n. 58, de 10 de dezembro de 1937,[1] e o Decreto n. 3.079, de 15 de setembro de 1938,[2] no que couber e não for revogado por dispositivo expresso deste decreto-lei, da Lei n. 4.591, de 16 de dezembro de 1964,[3] e dos atos normativos mencionados no art. 2º deste decreto-lei.[4]

Art. 10: 1. v. Dec. lei 58, neste tít., ínt.

Art. 10: 2. v. Dec. 3.079, no ementário.

Art. 10: 3. v. Lei 4.591, no tít. CONDOMÍNIO E INCORPORAÇÃO.

Art. 10: 4. Nem o Dec. lei 271, supra, nem a Lei 4.591 (no tít. CONDOMÍNIO E INCORPORAÇÃO) fizeram qualquer alteração importante no Dec. lei 58 e no Dec. 3.079, de sorte a justificar a cautela do legislador em mantê-los expressamente. Quanto aos "atos normativos" a que se refere o art. 10, uma lei só se revoga por outra, e não por atos normativos (v. LINDB 2º-*caput*).

Brasília, 28 de fevereiro de 1967; 146º da Independência e 79º da República — H. CASTELLO BRANCO — **João Gonçalves de Souza.**

Lei n. 6.766, de 19 de dezembro de 1979

Dispõe sobre o parcelamento do solo urbano e dá outras providências.

O Presidente da República,
Faço saber que o Congresso Nacional decreta e eu sanciono a seguinte lei:

Art. 1º O parcelamento do solo para fins urbanos será regido por esta lei.[1 a 3]

Parágrafo único. Os Estados, o Distrito Federal e os Municípios poderão estabelecer normas complementares relativas ao parcelamento do solo municipal para adequar o previsto nesta lei às peculiaridades regionais e locais.

Art. 1º: 1. e tb. pelo Dec. lei 271, de 28.2.67 (retro), ainda em vigor, parcialmente.

Art. 1º: 2. s/ algumas questões relativas a esta lei, v. Bol. AASP 1.105/2 (despacho de caráter normativo do Corregedor-Geral da Justiça do TJSP).

Art. 1º: 3. "A Lei 6.766/79, disciplinadora dos parcelamentos do solo, não distingue aqueles destinados à indústria, ao comércio, às residências de luxo ou às casas populares, homenageando sempre os valores urbanísticos e ecológicos" (STJ-2ª T., REsp 247.261, Min. Peçanha Martins, j. 13.5.03, DJU 16.6.03).

Capítulo I | DISPOSIÇÕES PRELIMINARES

Art. 2º O parcelamento do solo urbano poderá ser feito mediante loteamento ou desmembramento, observadas as disposições desta lei e as das legislações estaduais e municipais pertinentes.

§ 1º Considera-se loteamento[1] a subdivisão de gleba em lotes destinados a edificação, com abertura de novas vias de circulação, de logradouros públicos ou prolongamento, modificação ou ampliação das vias existentes.

§ 2º Considera-se desmembramento[2] a subdivisão de gleba em lotes destinados a edificação, com aproveitamento do sistema viário existente, desde que não implique na abertura de novas vias e logradouros públicos, nem no prolongamento, modificação ou ampliação dos já existentes.[2a]

§ 3º ....[3]

§ 4º (*redação da Lei 9.785, de 29.1.99*) Considera-se lote o terreno servido de infraestrutura básica cujas dimensões atendam aos índices urbanísticos definidos pelo plano diretor ou lei municipal para a zona em que se situe.

§ 5º (*redação da Lei 11.445, de 5.1.07*) A infraestrutura básica dos parcelamentos é constituída pelos equipamentos urbanos de escoamento das águas pluviais, iluminação pública, esgotamento sanitário, abastecimento de água potável, energia elétrica pública e domiciliar e vias de circulação.

§ 6º (*redação da Lei 9.785, de 29.1.99*) A infraestrutura básica[4] dos parcelamentos situados nas zonas habitacionais declaradas por lei como de interesse social (ZHIS) consistirá, no mínimo, de:

I — vias de circulação;

II — escoamento das águas pluviais;

III — rede para o abastecimento de água potável; e

IV — soluções para o esgotamento sanitário e para a energia elétrica domiciliar.

§ 7º (*acrescido pela Lei 13.465, de 11.7.17*) O lote poderá ser constituído sob a forma de imóvel autônomo ou de unidade imobiliária integrante de condomínio de lotes.

§ 8º (*acrescido pela Lei 13.465, de 11.7.17*) Constitui loteamento de acesso controlado a modalidade de loteamento, definida nos termos do § 1º deste artigo, cujo controle de acesso será regulamentado por ato do poder público Municipal, sendo vedado o impedimento de acesso a pedestres ou a condutores de veículos, não residentes, devidamente identificados ou cadastrados.

Art. 2º: 1. v. arts. 4º a 9º e 12 a 24.

Art. 2º: 2. v. arts. 10 a 24.

Art. 2º: 2a. A alteração do § 2º, feita pela Lei 9.785, de 29.1.99, foi **vetada.**

Art. 2º: 3. O acréscimo do § 3º, feito pela Lei 9.785, de 29.1.99, foi **vetado.**

Art. 2º: 4. A obrigação de realizar as obras de infraestrutura do parcelamento — tanto do loteamento como do desmembramento — é exclusivamente do parcelador até a sua aprovação pela Prefeitura; depois, ambos serão solidariamente responsáveis por elas. Nesse sentido: "Embora conceitualmente distintas as modalidades de parcelamento do solo, desmembramento e loteamento, com a Lei 9.785/99, que alterou a Lei de Parcelamento do Solo — Lei 6.766/79, não mais se questiona as obrigações do desmembrador ou do loteador. Ambos são obrigados a cumprir as regras do plano diretor. As obras de infraestrutura de um loteamento são debitadas ao loteador, e quando ele é oficialmente aprovado, solidariza-se o Município" (STJ-2ª T., REsp 263.603, Min. Eliana Calmon, j. 12.11.02, DJU 24.5.04). No mesmo sentido: STJ-4ª T., REsp 229.770, Min. Ruy Rosado, j. 6.12.99, DJU 21.2.00.

Art. 3º (*redação da Lei 9.785, de 29.1.99*) Somente será admitido o parcelamento do solo para fins urbanos em zonas urbanas, de expansão urbana[1] ou de urbanização específica, assim definidas pelo plano diretor ou aprovadas por lei municipal.

Parágrafo único. Não será permitido o parcelamento do solo:

I — em terrenos alagadiços e sujeitos a inundações, antes de tomadas as providências para assegurar o escoamento das águas;

II — em terrenos que tenham sido aterrados com material nocivo à saúde pública, sem que sejam previamente saneados;

III — em terrenos com declividade igual ou superior a 30% (trinta por cento), salvo se atendidas exigências específicas das autoridades competentes;

IV — em terrenos onde as condições geológicas não aconselham a edificação;

V — em áreas de preservação ecológica ou naquelas onde a poluição impeça condições sanitárias suportáveis, até a sua correção.

Art. 3º: 1. v. art. 53.

Capítulo II — DOS REQUISITOS URBANÍSTICOS PARA LOTEAMENTO

Art. 4º Os loteamentos deverão atender, pelo menos, aos seguintes requisitos:[1]

I — as áreas destinadas a sistemas de circulação, a implantação de equipamento urbano e comunitário, bem como a espaços livres de uso público,[1a] serão proporcionais à densidade de ocupação prevista pelo plano diretor ou aprovada por lei municipal para a zona em que se situem;[2]

II — os lotes terão área mínima de 125 m² (cento e vinte e cinco metros quadrados) e frente mínima de 5 (cinco) metros, salvo quando a legislação estadual ou municipal determinar maiores exigências, ou quando o loteamento se destinar a urbanização específica ou edificação de conjuntos habitacionais de interesse social, previamente aprovados pelos órgãos públicos competentes;[3]

III — ao longo das faixas de domínio público das rodovias, a reserva de faixa não edificável de, no mínimo, 15 (quinze) metros de cada lado poderá ser reduzida por lei municipal ou distrital que aprovar o instrumento do planejamento territorial, até o limite mínimo de 5 (cinco) metros de cada lado;[4]

III-A — ao longo das águas correntes e dormentes e da faixa de domínio das ferrovias, será obrigatória a reserva de uma faixa não edificável de, no mínimo, 15 (quinze) metros de cada lado;[4a]

IV — as vias de loteamento deverão articular-se com as vias adjacentes oficiais, existentes ou projetadas, e harmonizar-se com a topografia local.

§ 1º A legislação municipal definirá, para cada zona em que se divida o território do Município, os usos permitidos e os índices urbanísticos de parcelamento e ocupação do solo, que incluirão, obrigatoriamente, as áreas mínimas e máximas de lotes e os coeficientes máximos de aproveitamento.[5]

§ 2º Consideram-se comunitários os equipamentos públicos de educação, cultura, saúde, lazer e similares.[5a]

§ 3º Se necessária, a reserva de faixa não edificável vinculada a dutovias será exigida no âmbito do respectivo licenciamento ambiental, observados critérios e parâmetros que garantam a segurança da população e a proteção do meio ambiente, conforme estabelecido nas normas técnicas pertinentes.[6]

§ 4º No caso de lotes integrantes de condomínio de lotes, poderão ser instituídas limitações administrativas e direitos reais sobre coisa alheia em benefício do poder público, da população em geral e da proteção da paisagem urbana, tais como servidões de passagem, usufrutos e restrições à construção de muros.[7]

§ 5º As edificações localizadas nas áreas contíguas às faixas de domínio público dos trechos de rodovia que atravessem perímetros urbanos ou áreas urbanizadas passíveis de serem incluídas em perímetro urbano, desde que construídas até a data de promulgação deste parágrafo, ficam dispensadas da observância da exigência prevista no inciso III do *caput* deste artigo, salvo por ato devidamente fundamentado do poder público municipal ou distrital.[8]

Art. 4º: 1. "Ação civil pública. Loteamento. Portaria que impede o ingresso a não moradores. Concessão de direito real de uso. Possibilidade, com restrições. Controle de portaria que deve se limitar à identificação" (JTJ 342/461: AP 744.689-5/7-00). Em sentido semelhante: JTJ 345/462 (AP 518.758-4/5-00).

Art. 4º: 1a. v. art. 43.

Art. 4º: 2. Redação do inciso I conforme a Lei 9.785, de 29.1.99.

Art. 4º: 3. Redação do inciso II conforme publicação em Coleção das Leis da União de 1979, errata, p. XIX.

Art. 4º: 4 e 4a. Redação dos incisos III e III-A de acordo com a Lei 13.913, 25.11.19.

Art. 4º: 5. Redação do § 1º conforme a Lei 9.785, de 29.1.99.

✎ **Art. 4º: 5a.** "Desafetação de área institucional", por Renato de Lima Castro (IP 43/375).

Art. 4º: 6. O § 3º foi introduzido pela Lei 10.932, de 3.8.04.

Art. 4º: 7. Redação do § 4º de acordo com a Lei 13.465, de 11.7.17.

Art. 4º: 8. Redação do § 5º de acordo com a Lei 13.913, 25.11.19.

Art. 5º O Poder Público competente poderá complementarmente exigir, em cada loteamento, a reserva de faixa *non aedificandi* destinada a equipamentos urbanos.

Parágrafo único. Consideram-se urbanos os equipamentos públicos de abastecimento de água, serviços de esgotos, energia elétrica, coletas de águas pluviais,[1] rede telefônica e gás canalizado.

Art. 5º: 1. "A Lei 6.766/79 não proíbe o repasse dos custos de construção das galerias de águas pluviais aos adquirentes, como previsto contratualmente" (STJ-3ª T., REsp 209.819, Min. Menezes Direito, j. 11.4.03, dois votos vencidos, DJU 15.3.04).

"Não constando dos preceitos da Lei n. 6.766/79 vedação a que as despesas de implantação de rede de água potável em loteamento sejam custeadas pelos adquirentes dos lotes, em havendo previsão contratual originária e vinculante nesse sentido, aqui existente, é procedente a ação de cobrança intentada pela empresa empreendedora contra os compradores inadimplentes com tal obrigação" (STJ-4ª T., REsp 191.907, Min. Aldir Passarinho Jr., j. 6.4.04, DJU 24.5.04).

Capítulo III | DO PROJETO DE LOTEAMENTO

Art. 6º Antes da elaboração do projeto de loteamento, o interessado deverá solicitar à Prefeitura Municipal, ou ao Distrito Federal quando for o caso,[1] que defina as diretrizes para o uso do solo, traçados dos lotes, do sistema viário, dos espaços livres e das áreas reservadas para equipamento urbano e comunitário, apresentando,[2] para este fim, requerimento e planta do imóvel contendo, pelo menos:

I — as divisas da gleba a ser loteada;

II — as curvas de nível à distância adequada, quando exigidas por lei estadual ou municipal;

III — a localização dos cursos d'água, bosques e construções existentes;

IV — a indicação dos arruamentos contíguos a todo o perímetro, a localização das vias de comunicação, das áreas livres, dos equipamentos urbanos e comunitários existentes no local ou em suas adjacências, com as respectivas distâncias da área a ser loteada;

V — o tipo de uso predominante a que o loteamento se destina;

VI — as características, dimensões e localização das zonas de uso contíguas.

Art. 6º: 1. s/ atuação do Estado na execução desta lei, v. arts. 13 a 15.

Art. 6º: 2. v. arts. 8º e 12.

Art. 7º A Prefeitura Municipal, ou o Distrito Federal quando for o caso, indicará[1] nas plantas apresentadas junto com o requerimento de acordo com as diretrizes de planejamento estadual e municipal:

I — as ruas ou estradas existentes ou projetadas, que compõem o sistema viário da cidade e do município, relacionadas com o loteamento pretendido e a serem respeitadas;

II — o traçado básico do sistema viário principal;

III — a localização aproximada dos terrenos destinados a equipamento urbano e comunitário e das áreas livres de uso público;

IV — as faixas sanitárias do terreno necessárias ao escoamento das águas pluviais e as faixas não edificáveis;

V — a zona ou zonas de uso predominante da área, com indicação dos usos compatíveis.

Parágrafo único (*redação da Lei 9.785, de 29.1.99*). As diretrizes expedidas vigorarão pelo prazo máximo de quatro anos.

Art. 7º: 1. v. arts. 8º e 12.

Art. 8º (*redação da Lei 9.785, de 29.1.99*) Os Municípios com menos de cinquenta mil habitantes e aqueles cujo plano diretor contiver diretrizes de urbanização para a zona em que se situe o parcelamento poderão dispensar, por lei, a fase de fixação de diretrizes previstas nos arts. 6º e 7º desta lei.

Art. 9º (*redação da Lei 9.785, de 29.1.99*) Orientado pelo traçado e diretrizes oficiais, quando houver, o projeto, contendo desenhos, memorial descritivo e cronograma de execução das obras com duração máxima de quatro anos, será apresentado à Prefeitura Municipal, ou ao Distrito Federal, quando for o caso, acompanhado de certidão atualizada da matrícula da gleba, expedida pelo Cartório de Registro de Imóveis competente, de certidão negativa de tributos municipais e do competente instrumento de garantia, ressalvado o disposto no § 4º do art. 18.

§ 1º Os desenhos conterão pelo menos:

I — a subdivisão das quadras em lotes, com as respectivas dimensões e numeração;

II — o sistema de vias com a respectiva hierarquia;

III — as dimensões lineares e angulares do projeto, com raios, cordas, arcos, pontos de tangência e ângulos centrais das vias;

IV — os perfis longitudinais e transversais de todas as vias de circulação e praças;

V — a indicação dos marcos de alinhamento e nivelamento localizados nos ângulos de curvas e vias projetadas;

VI — a indicação em planta e perfis de todas as linhas de escoamento das águas pluviais.

§ 2º O memorial descritivo deverá conter, obrigatoriamente, pelo menos:

I — a descrição sucinta do loteamento, com as suas características e a fixação da zona ou zonas de uso predominante;

II — as condições urbanísticas do loteamento e as limitações que incidem sobre os lotes e suas construções, além daquelas constantes das diretrizes fixadas;

III — a indicação das áreas públicas que passarão ao domínio do Município no ato de registro do loteamento;[1]

IV — a enumeração dos equipamentos urbanos, comunitários e dos serviços públicos ou de utilidade pública, já existentes no loteamento e adjacências.

§ 3º (*redação da Lei 9.785, de 29.1.99*) Caso se constate, a qualquer tempo, que a certidão da matrícula apresentada como atual não tem mais a correspondência com os registros e averbações cartorárias do tempo da sua apresentação, além das consequências penais cabíveis, serão consideradas insubsistentes tanto as diretrizes expedidas anteriormente, quanto as aprovações consequentes.

Art. 9º: 1. Durante a vigência da Med. Prov. 514, de 1.12.10, este inciso III teve a seguinte redação: "a indicação das áreas públicas que passarão ao domínio do Município". Essa Medida Provisória foi convertida na Lei 12.424, de 16.6.11, a qual entretanto nada dispôs a respeito do dispositivo em comento. Assim, a redação original do inciso III, que estava com a eficácia suspensa durante a vigência da referida Medida Provisória, foi restaurada com a conversão desta em lei.

Capítulo IV | DO PROJETO DE DESMEMBRAMENTO

Art. 10 (*redação da Lei 9.785, de 29.1.99*). Para a aprovação de projeto de desmembramento, o interessado apresentará requerimento à Prefeitura Municipal, ou ao Distrito Federal quando for o caso, acompanhado de certidão atualizada da matrícula da gleba, expedida pelo Cartório de Registro de Imóveis competente, ressalvado o disposto no § 4º do art. 18, e de planta do imóvel a ser desmembrado contendo:

I — a indicação das vias existentes e dos loteamentos próximos;

II — a indicação do tipo de uso predominante no local;

III — a indicação da divisão de lotes pretendida na área.

Art. 11 (*redação da Lei 9.785, de 29.1.99*). Aplicam-se ao desmembramento, no que couber, as disposições urbanísticas vigentes para as regiões em que se situem ou, na ausência destas, as disposições urbanísticas para os loteamentos.

Parágrafo único. O Município, ou o Distrito Federal quando for o caso, fixará os requisitos exigíveis para a aprovação de desmembramento de lotes decorrentes de loteamento cuja destinação da área pública tenha sido inferior à mínima prevista no § 1º do art. 4º desta lei.

Capítulo V | DA APROVAÇÃO DO PROJETO DE LOTEAMENTO E DESMEMBRAMENTO

Art. 12. O projeto de loteamento e desmembramento deverá ser aprovado pela Prefeitura Municipal, ou pelo Distrito Federal quando for o caso, a quem compete também a fixação das diretrizes a que aludem os arts. 6º e 7º desta lei, salvo a exceção prevista no artigo seguinte.

§ 1º (*redação da Lei 12.608, de 10.4.12*) O projeto aprovado deverá ser executado no prazo constante do cronograma de execução, sob pena de caducidade da aprovação.

§ 2º (*redação da Lei 12.608, de 10.4.12*)[1] Nos Municípios inseridos no cadastro nacional de municípios com áreas suscetíveis à ocorrência de deslizamentos de grande impacto, inundações bruscas ou processos geológicos ou hidrológicos correlatos, a aprovação do projeto de que trata o *caput* ficará vinculada ao atendimento dos requisitos constantes da carta geotécnica de aptidão à urbanização.

§ 3º (*redação da Lei 12.608, de 10.4.12*) É vedada a aprovação de projeto de loteamento e desmembramento em áreas de risco definidas como não edificáveis, no plano diretor ou em legislação dele derivada.

Art. 12: 1. Dispositivo em vigor dois anos após a data de publicação da Lei 12.608, de 10.4.12 (DOU 11.4.12), cf. dispõe o art. 31 da referida Lei.

Art. 13 (*redação da Lei 9.785, de 29.1.99*). Aos Estados caberá disciplinar a aprovação pelos Municípios de loteamentos e desmembramentos nas seguintes condições:

I — quando localizados em áreas de interesse especial, tais como as de proteção aos mananciais ou ao patrimônio cultural, histórico, paisagístico e arqueológico, assim definidas por legislação estadual[1] ou federal;

II — quando o loteamento ou desmembramento localizar-se em área limítrofe do município, ou que pertença a mais de um município, nas regiões metropolitanas ou em aglomerações urbanas, definidas em lei estadual ou federal;

III — quando o loteamento abranger área superior a 1.000.000 m² (um milhão de metros quadrados).

Parágrafo único. No caso de loteamento ou desmembramento localizado em área de município integrante de região metropolitana, o exame e a anuência prévia à aprovação do projeto caberão à autoridade metropolitana.

Art. 13: 1. v. arts. 14 e 15.

Art. 14. Os Estados definirão, por decreto, as áreas de proteção especial, previstas no inciso I do artigo anterior.

Art. 15. Os Estados estabelecerão, por decreto, as normas a que deverão submeter-se os projetos de loteamento e desmembramento nas áreas previstas no art. 13, observadas as disposições desta lei.

Parágrafo único. Na regulamentação das normas previstas neste artigo, o Estado procurará atender às exigências urbanísticas do planejamento municipal.

Art. 16 (*redação da Lei 9.785, de 29.1.99*). A lei municipal definirá os prazos para que um projeto de parcelamento apresentado seja aprovado ou rejeitado e para que as obras executadas sejam aceitas ou recusadas.

§ 1º (*redação da Lei 9.785, de 29.1.99*) Transcorridos os prazos sem a manifestação do Poder Público, o projeto será considerado rejeitado ou as obras recusadas, assegurada a indenização por eventuais danos derivados da omissão.

§ 2º (*redação da Lei 9.785, de 29.1.99*) Nos Municípios cuja legislação for omissa, os prazos serão de noventa dias para a aprovação ou rejeição e de sessenta dias para a aceitação ou recusa fundamentada das obras de urbanização.

Art. 17. Os espaços livres de uso comum, as vias e praças, as áreas destinadas a edifícios públicos e outros equipamentos urbanos, constantes do projeto e do memorial descritivo, não poderão ter sua destinação alterada pelo loteador, desde a aprovação do loteamento, salvo as hipóteses de caducidade da licença ou desistência do loteador, sendo, neste caso, observadas as exigências do art. 23 desta lei.

Capítulo VI | DO REGISTRO DO LOTEAMENTO E DESMEMBRAMENTO

Art. 18. Aprovado o projeto de loteamento ou de desmembramento, o loteador deverá submetê-lo ao registro imobiliário dentro de 180 (cento e oitenta) dias, sob pena de caducidade da aprovação, acompanhado dos seguintes documentos:

I (*redação da Lei 9.785, de 29.1.99*) — título de propriedade do imóvel ou certidão da matrícula, ressalvado o disposto nos §§ 4º e 5º;

II — histórico dos títulos de propriedade do imóvel, abrangendo os últimos 20 (vinte) anos, acompanhados dos respectivos comprovantes;

III — certidões negativas:

a) de tributos federais, estaduais e municipais incidentes sobre o imóvel;

b) de ações reais referentes ao imóvel, pelo período de 10 (dez) anos;

c) de ações penais com respeito ao crime contra o patrimônio e contra a administração pública;

IV — certidões:

a) dos cartórios de protestos de títulos, em nome do loteador, pelo período de 10 (dez) anos;

b) de ações pessoais relativas ao loteador, pelo período de 10 (dez) anos;

c) de ônus reais relativos ao imóvel;

d) de ações penais contra o loteador, pelo período de 10 (dez) anos;

V (*redação da Lei 14.118, de 12.1.21*) — cópia do ato de aprovação do loteamento e comprovante do termo de verificação, pelo Município ou pelo Distrito Federal, da execução das obras exigidas pela legislação municipal, que incluirão, no mínimo, a execução das vias de circulação do loteamento, demarcação dos lotes, quadras e logradouros e das obras de escoamento das águas pluviais ou da aprovação de um cronograma, com a duração máxima de 4 (quatro) anos, prorrogáveis por mais 4 (quatro) anos, acompanhado de competente instrumento de garantia para a execução das obras;[1]

VI — exemplar do contrato-padrão de promessa de venda, ou de cessão ou de promessa de cessão[1a] do qual constarão obrigatoriamente as indicações previstas no art. 26 desta lei;

VII — declaração do cônjuge do requerente de que consente no registro do loteamento.[2]

§ 1º Os períodos referidos nos incisos III, alínea *b*, e IV, alíneas *a*, *b* e *d*, tomarão por base a data do pedido de registro do loteamento, devendo todas elas[3] ser extraídas em nome daqueles que, nos mencionados períodos, tenham sido titulares de direitos reais sobre o imóvel.

§ 2º A existência de protestos, de ações pessoais ou de ações penais, exceto as referentes a crime contra o patrimônio e contra a administração, não impedirá o registro do loteamento se o requerente comprovar que esses protestos ou ações não poderão prejudicar os adquirentes dos lotes. Se o oficial do registro de imóveis julgar insuficiente a comprovação feita, suscitará a dúvida[4] perante o juiz competente.

§ 3º A declaração a que se refere o inciso VII deste artigo não dispensará o consentimento do declarante para os atos de alienação ou promessa de alienação de lotes, ou de direitos a eles relativos, que venham a ser praticados pelo seu cônjuge.

§ 4º (*redação da Lei 9.785, de 29.1.99*) O título de propriedade será dispensado quando se tratar de parcelamento popular, destinado às classes de menor renda, em imóvel declarado de utilidade pública, com processo de desapropriação judicial em curso e imissão provisória na posse, desde que promovido pela União, Estados, Distrito Federal, Municípios ou suas entidades delegadas, autorizadas por lei a implantar projetos de habitação.

§ 5º (*redação da Lei 9.785, de 29.1.99*) No caso de que trata o § 4º, o pedido de registro do parcelamento, além dos documentos mencionados nos incisos V e VI deste artigo, será instruído com cópias autênticas da decisão que tenha concedido a imissão provisória na posse, do decreto de desapropriação, do comprovante de sua publicação na imprensa oficial e, quando formulado por entidades delegadas, da lei de criação e de seus atos constitutivos.

Art. 18: 1. "A única obrigação imposta ao loteador é a realização das aludidas obras, nada além, de sorte que nada impede o repasse dos custos aos adquirentes, se assim estabelecido for nos contratos de venda dos lotes do empreendimento" (STJ-4ª T., REsp 176.013, Min. Aldir Passarinho Jr., j. 13.12.05, DJU 6.3.06).

Art. 18: 1a. v. art. 25.

Art. 18: 2. v. § 3º.

Art. 18: 3. Refere-se a "certidões".

Art. 18: 4. v. LRP 198 e segs.

Art. 19. Examinada a documentação e encontrada em ordem, o oficial do registro de imóveis encaminhará comunicação à Prefeitura e fará publicar, em resumo e com pequeno desenho de localização da área, edital[1] do pedido de registro em 3 (três) dias consecutivos, podendo este ser impugnado no prazo de 15 (quinze) dias contados da data da última publicação.

§ 1º Findo o prazo sem impugnação, será feito imediatamente o registro. Se houver impugnação de terceiros, o oficial do registro de imóveis intimará o requerente e a Prefeitura Municipal, ou o Distrito Federal quando for o caso, para que sobre ela se manifestem no prazo de 5 (cinco) dias, sob pena de arquivamento do processo. Com tais manifestações o processo será enviado ao juiz competente para decisão.[2]

§ 2º Ouvido o Ministério Público no prazo de 5 (cinco) dias, o juiz decidirá de plano ou após instrução sumária, devendo remeter ao interessado as vias ordinárias[3-4] caso a matéria exija maior indagação.

§ 3º Nas capitais, a publicação do edital se fará no Diário Oficial do Estado e num dos jornais de circulação diária. Nos demais municípios, a publicação se fará apenas num dos jornais locais, se houver, ou, não havendo, em jornal da região.

§ 4º O oficial do registro de imóveis que efetuar o registro em desacordo com as exigências desta lei ficará sujeito a multa equivalente a 10 (dez) vezes os emolumentos regimentais fixados para o registro, na época em que for aplicada a penalidade pelo juiz corregedor do cartório, sem prejuízo das sanções penais e administrativas cabíveis.

§ 5º Registrado o loteamento, o oficial de registro comunicará, por certidão, o seu registro à Prefeitura.

Art. 19: 1. v. § 3º.

Art. 19: 2. Da sentença proferida, cabe apelação (CPC 1.009; LRP 202). O processo corre nas férias forenses (CPC 215-I).

Art. 19: 3. *sic*; deve ser "devendo remeter o interessado às vias ordinárias".

Art. 19: 4. v. CPC 318 e segs.

Art. 20. O registro do loteamento será feito, por extrato, no livro próprio.[1]

Parágrafo único. No registro de imóveis far-se-ão o registro do loteamento, com uma indicação para cada lote,[2] a averbação das alterações, a abertura de ruas e praças[3] e as áreas destinadas a espaços livres ou a equipamentos urbanos.

Art. 20: 1. v. LRP 176 c/c 167-I-19.

Art. 20: 2. v. LRP 167-I-20.

Art. 20: 3. v. LRP 167-II-13.

Art. 21. Quando a área loteada estiver situada em mais de uma circunscrição imobiliária, o registro será requerido primeiramente perante aquela em que estiver localizada a maior parte da área loteada. Procedido o registro nessa circunscrição, o interessado requererá, sucessivamente, o registro do loteamento em cada uma das demais,[1] comprovando perante cada qual o registro efetuado na anterior, até que o loteamento seja registrado em todas. Denegado o registro em qualquer das circunscrições, essa decisão será comunicada, pelo oficial do registro de imóveis, às demais para efeito de cancelamento dos registros feitos, salvo se ocorrer a hipótese prevista no § 4º deste artigo.

§ 1º Nenhum lote poderá situar-se em mais de uma circunscrição.[2]

§ 2º É defeso ao interessado processar simultaneamente, perante diferentes circunscrições, pedidos de registro do mesmo loteamento, sendo nulos os atos praticados com infração a esta norma.

§ 3º Enquanto não procedidos todos os registros de que trata este artigo, considerar-se-á o loteamento como não registrado para os efeitos desta lei.[3]

§ 4º O indeferimento do registro do loteamento em uma circunscrição não determinará o cancelamento do registro procedido em outra, se o motivo do indeferimento naquela não se estender à área situada sob a competência desta, e desde que o interessado requeira a manutenção do registro obtido, submetido o remanescente do loteamento a uma aprovação prévia perante a Prefeitura Municipal, ou o Distrito Federal quando for o caso.

Art. 21: 1. v. § 4º; cf. LRP 169-II.

Art. 21: 2. O § 1º, que não constava da publicação na Coleção das Leis da União, foi acrescentado pela errata que antecede o vol. I de 1980, p. XIX.

Art. 21: 3. v. arts. 37, 39, 46, 50 § ún.-I.

Art. 22. Desde a data do registro[1] do loteamento, passam a integrar o domínio do Município as vias e praças, os espaços livres e as áreas destinadas a edifícios públicos e outros equipamentos urbanos, constantes do projeto e do memorial descritivo.[2]

Parágrafo único (*redação da Lei 12.424, de 16.6.11*). Na hipótese de parcelamento do solo implantado e não registrado, o Município poderá requerer, por meio da apresentação de planta de parcelamento elaborada pelo loteador ou aprovada pelo Município e de declaração de que o parcelamento se encontra implantado, o registro das áreas destinadas a uso público, que passarão dessa forma a integrar o seu domínio.

Art. 22: 1. "É suficiente a **aprovação do loteamento,** independentemente do registro em cartório imobiliário, para incorporar ao domínio do Município áreas destinadas ao uso comum" (STJ-1ª T., REsp 475.084, Min. Gomes de Barros, j. 21.10.03, DJU 17.11.03). No mesmo sentido: RSTJ 85/179, STJ-RT 731/107.

Art. 22: 2. cf., neste tít., Dec. lei 58, de 10.12.37, art. 3º, e Dec. lei 271, de 28.2.67, art. 4º.

Art. 23. O registro do loteamento só[1] poderá ser cancelado:[2]

I — por decisão judicial;

II — a requerimento do loteador, com anuência da Prefeitura, ou do Distrito Federal quando for o caso, enquanto nenhum lote houver sido objeto de contrato;

III — a requerimento conjunto do loteador e de todos os adquirentes de lotes, com anuência da Prefeitura, ou do Distrito Federal quando for o caso, e do Estado.

§ 1º A Prefeitura e o Estado só poderão se opor ao cancelamento se disto resultar inconveniente comprovado para o desenvolvimento urbano ou se já se tiver realizado qualquer melhoramento na área loteada ou adjacências.

§ 2º Nas hipóteses dos incisos II e III, o oficial do registro de imóveis fará publicar, em resumo, edital[3] do pedido de cancelamento, podendo este ser impugnado no prazo de 30 (trinta) dias contados da data da última publicação. Findo esse prazo, com ou sem impugnação, o processo será remetido ao juiz competente para homologação do pedido de cancelamento, ouvido o Ministério Público.[4]

§ 3º A homologação de que trata o parágrafo anterior será precedida de vistoria destinada a comprovar a inexistência de adquirentes instalados na área loteada.

Art. 23: 1. Outros casos de cancelamento: arts. 17-*in fine*, 21-*caput, in fine* (com a exceção do § 4º), e 28.

Art. 23: 2. cf. LRP 250.

Art. 23: 3. v. art. 49 § 2º c/c art. 19 § 3º.

Art. 23: 4. Cabe apelação (CPC 1.009) da sentença que homologa ou deixa de homologar o pedido de cancelamento.

Art. 24. O processo do loteamento e os contratos depositados em cartório poderão ser examinados por qualquer pessoa, a qualquer tempo, independentemente do pagamento de custas ou emolumentos, ainda que a título de busca.

Capítulo VII | DOS CONTRATOS

Art. 25. São irretratáveis[1-1a] os compromissos de compra e venda, cessões e promessas de cessão, os que atribuam direito a adjudicação compulsória e, estando registrados, confiram direito real oponível a terceiros.[2]

Art. 25: 1. v. arts. 29 e 30.

Art. 25: 1a. O compromisso pode ser rescindido por iniciativa do compromissário comprador, por não mais suportar o pagamento das prestações. V. CDC 53 e notas.

Art. 25: 2. Todos estes contratos dão lugar à ação de adjudicação compulsória, prevista no Dec. lei 58, de 10.12.37, arts. 16 e 22 (neste tít.).

Art. 26. Os compromissos de compra e venda, as cessões ou promessas de cessão poderão ser feitos por escritura pública ou por instrumento particular,[1] de acordo com o modelo depositado na forma do inciso VI do art. 18 e conterão, pelo menos, as seguintes indicações:[1a]

I — nome, registro civil, cadastro fiscal no Ministério da Fazenda, nacionalidade, estado civil e residência dos contratantes;

II — denominação e situação do loteamento, número e data da inscrição;[2]

III — descrição do lote ou dos lotes que forem objeto de compromissos, confrontações, áreas e outras características;

IV — preço,[2a] prazo, forma e local de pagamento bem como a importância do sinal;

V — taxa de juros incidentes sobre débito em aberto e sobre as prestações vencidas e não pagas, bem como a cláusula penal, nunca excedente a 10% (dez por cento) do débito e só exigível nos casos de intervenção judicial ou de mora[3] superior a 3 (três) meses;

VI — indicação sobre a quem incumbe o pagamento dos impostos e taxas incidentes sobre o lote compromissado;

VII — declaração das restrições urbanísticas convencionais do loteamento, supletivas da legislação pertinente.[3a]

§ 1º O contrato deverá ser firmado em 3 (três) vias ou extraídas[4] em 3 (três) traslados, sendo um para cada parte e terceiro para arquivo no registro imobiliário,[5] após o registro e anotações devidas.

§ 2º Quando o contrato houver sido firmado por procurador de qualquer das partes, será obrigatório o arquivamento da procuração no registro imobiliário.[6]

§ 3º (*redação da Lei 9.785, de 29.1.99*) Admite-se, nos parcelamentos populares, a cessão da posse em que estiverem provisoriamente imitidas a União, Estados, Distrito Federal, Municípios e suas entidades delegadas, o que poderá ocorrer por instrumento particular, ao qual se atribui, para todos os fins de direito, caráter de escritura pública, não se aplicando a disposição do inciso II do art. 134 do Código Civil.[7]

§ 4º (*redação da Lei 9.785, de 29.1.99*) A cessão da posse referida no § 3º, cumpridas as obrigações do cessionário, constitui crédito contra o expropriante, de aceitação obrigatória em garantia de contratos de financiamentos habitacionais.

§ 5º (*redação da Lei 9.785, de 29.1.99*) Com o registro da sentença que, em processo de desapropriação, fixar o valor da indenização, a posse referida no § 3º converter-se-á em propriedade e a sua cessão, em compromisso de compra e venda ou venda e compra, conforme haja obrigações a cumprir ou estejam elas cumpridas, circunstância que, demonstradas ao Registro de Imóveis, serão averbadas na matrícula relativa ao lote.

§ 6º (*redação da Lei 9.785, de 29.1.99*) Os compromissos de compra e venda, as cessões e as promessas de cessão valerão como título para o registro da propriedade do lote adquirido, quando acompanhados da respectiva prova de quitação.

Art. 26: 1. v. LRP 221-II, 223 e 225 § 1º.

Art. 26: 1a. "O que a Lei 6.766/79 contempla, no seu art. 26, são disposições que devem obrigatoriamente estar contidas nos compromissos de compra e venda de lotes, requisitos mínimos para a validade desses contratos, o que não significa que outras cláusulas não possam ser pactuadas. Em outras palavras, além das indicações que a lei prescreve como referências obrigatórias nos contratos, podem as partes, dentro das possibilidades outorgadas pela lei de pactuar o lícito, razoável e possível, convencionar outras regras que as obriguem" (STJ-4ª T., REsp 43.735, Min. Sálvio de Figueiredo, j. 12.11.96, um voto vencido, DJU 14.4.97). No mesmo sentido, mais recentemente: STJ-4ª T., REsp 205.901, Min. Luis Felipe, j. 26.8.08, DJ 8.9.08.

Art. 26: 2. *sic*; deve ser "do registro", e não "da inscrição" (v. LRP 168 e 167-I-19).

Art. 26: 2a. s/ repasse dos custos: de construção das galerias de águas aos adquirentes, v. art. 5º, nota 1; de obras de infraestrutura de forma geral, v. art. 18, nota 1.

Art. 26: 3. s/ constituição em mora, v. art. 32.

Art. 26: 3a. "As restrições urbanístico-ambientais convencionais, historicamente de pouco uso ou respeito no caos das cidades brasileiras, estão em ascensão, entre nós e no Direito Comparado, como veículo de estímulo a um novo consensualismo solidarista, coletivo e intergeracional, tendo por objetivo primário garantir às gerações presentes e futuras espaços de convivência urbana marcados pela qualidade de vida, valor estético, áreas verdes e proteção contra desastres naturais. As restrições urbanístico-ambientais, ao denotarem, a um só tempo, interesse público e interesse privado, atrelados simbioticamente, incorporam uma natureza *propter rem* no que se refere à sua relação com o imóvel e aos seus efeitos sobre os não contratantes, uma verdadeira estipulação em favor de terceiros (individual e coletivamente falando), sem que os proprietários-sucessores e o próprio empreendedor imobiliário original percam o poder e a legitimidade de fazer respeitá-las. Nelas, a sábia e prudente voz contratual do passado é preservada, em genuíno consenso intergeracional que antecipa os valores urbanístico-ambientais do presente e veicula as expectativas imaginadas das gerações vindouras. A *Lei Lehmann* (Lei 6.766/79) contempla, de maneira expressa, as 'restrições urbanísticas convencionais do loteamento, supletivas da legislação pertinente' (art. 26, VII). Do dispositivo legal resulta, assim, que as restrições urbanístico-ambientais legais apresentam-se como **normas-piso,** sobre as quais e a partir das quais operam e se legitimam as condicionantes contratuais, valendo, em cada área, por isso mesmo, a que for mais restritiva **(= regra da maior restrição).** Em decorrência do princípio da prevalência da lei sobre o negócio jurídico privado, as restrições urbanístico-ambientais convencionais devem estar em harmonia e ser compatíveis com os valores e exigências da Constituição Federal, da Constituição Estadual e das normas infraconstitucionais que regem o uso e a ocupação do solo urbano. Negar a legalidade ou legitimidade de restrições urbanístico-ambientais convencionais, mais rígidas que as legais, implicaria recusar cumprimento ao art. 26, VII, da *Lei Lehmann*, o que abriria à especulação imobiliária ilhas verdes solitárias de São Paulo (e de outras cidades brasileiras). As cláusulas urbanístico-ambientais convencionais, mais rígidas que as restrições legais, correspondem a inequívoco direito dos moradores de um bairro ou região de optarem por espaços verdes, controle do adensamento e da verticalização, melhoria da estética urbana e sossego. A Administração não fica refém dos acordos 'egoísticos' firmados pelos loteadores, pois reserva para si um *ius variandi*, sob cuja égide as restrições urbanístico-ambientais podem ser ampliadas ou, excepcionalmente, afrouxadas. O relaxamento, pela via legislativa, das restrições urbanístico-ambientais convencionais, permitido na esteira do *ius variandi* de que é titular o Poder Público, demanda, por ser absolutamente fora do comum, ampla e forte motivação lastreada em clamoroso interesse público, postura incompatível com a submissão do Administrador a necessidades casuísticas de momento, interesses especulativos ou vantagens comerciais dos agentes econômicos. O exercício do *ius variandi*, para flexibilizar restrições urbanístico-ambientais contratuais, haverá de respeitar o ato jurídico perfeito e o licenciamento do empreendimento, pressuposto geral que, no Direito Urbanístico, como no Direito Ambiental, é decorrência da crescente escassez de espaços verdes e dilapidação da qualidade de vida nas cidades. Por isso mesmo, submete-se ao princípio da não regressão (ou, por outra terminologia, princípio da proibição de retrocesso), garantia de que os avanços urbanístico-ambientais conquistados no passado não serão diluídos, destruídos ou negados pela geração atual ou pelas seguintes. Além do abuso de direito, de ofensa ao interesse público ou inconciliabilidade com a função social da propriedade, outros motivos determinantes, sindicáveis judicialmente, para o afastamento, pela via legislativa, das restrições urbanístico-ambientais podem ser enumerados: *a*) a transformação do próprio caráter do direito de propriedade em questão (quando o legislador, p. ex., por razões de ordem pública, proíbe certos tipos de restrições), *b*) a modificação irrefutável, profunda e irreversível do aspecto ou destinação do bairro ou região; *c*) o obsoletismo valorativo ou técnico (surgimento de novos valores sociais ou de capacidade tecnológica que desconstitui a necessidade e a legitimidade do ônus), e *d*) a perda do benefício prático ou substantivo da restrição. O ato do servidor responsável pela concessão de licenças de construção não pode, a toda evidência, suplantar a legislação urbanística que prestigia a regra da maior restrição. À luz dos princípios e rédeas prevalentes no Estado Democrático de Direito, impossível admitir que funcionário, ao arrepio da legislação federal (*Lei Lehmann*), possa revogar, pela porta dos fundos e casuisticamente, conforme a cara do freguês, as convenções particulares firmadas nos registros imobiliários" (STJ-2ª T., REsp 302.906, Min. Herman Benjamin, j. 26.8.10, maioria, DJ 1.12.10).

Art. 26: 4. *sic*; deve ser "extraído".

Art. 26: 5. cf. LRP 194.

Art. 26: 6. cf. Dec. lei 58, de 10.12.37, art. 11 § 3º, neste tít.

Art. 26: 7. i. e., qualquer que seja o valor, a cessão de posse pode ser feita por instrumento particular.

Art. 26-A (*redação da Lei 13.786, de 27.12.18*). Os contratos de compra e venda, cessão ou promessa de cessão de loteamento devem ser iniciados por quadro-resumo, que deverá conter, além das indicações constantes do art. 26 desta Lei:

I (*redação da Lei 13.786, de 27.12.18*) — o preço total a ser pago pelo imóvel;

II (*redação da Lei 13.786, de 27.12.18*) — o valor referente à corretagem, suas condições de pagamento e a identificação precisa de seu beneficiário;

III (*redação da Lei 13.786, de 27.12.18*) — a forma de pagamento do preço, com indicação clara dos valores e vencimentos das parcelas;

IV (*redação da Lei 13.786, de 27.12.18*) — os índices de correção monetária aplicáveis ao contrato e, quando houver pluralidade de índices, o período de aplicação de cada um;

V (*redação da Lei 13.786, de 27.12.18*) — as consequências do desfazimento do contrato, seja mediante distrato, seja por meio de resolução contratual motivada por inadimplemento de obrigação do adquirente ou do loteador, com destaque negritado para as penalidades aplicáveis e para os prazos para devolução de valores ao adquirente;

VI (*redação da Lei 13.786, de 27.12.18*) — as taxas de juros eventualmente aplicadas, se mensais ou anuais, se nominais ou efetivas, o seu período de incidência e o sistema de amortização;

VII (*redação da Lei 13.786, de 27.12.18*) — as informações acerca da possibilidade do exercício, por parte do adquirente do imóvel, do direito de arrependimento previsto no art. 49 da Lei n. 8.078, de 11 de setembro de 1990 (Código de Defesa do Consumidor), em todos os contratos firmados em estandes de vendas e fora da sede do loteador ou do estabelecimento comercial;

VIII (*redação da Lei 13.786, de 27.12.18*) — o prazo para quitação das obrigações pelo adquirente após a obtenção do termo de vistoria de obras;

IX (*redação da Lei 13.786, de 27.12.18*) — informações acerca dos ônus que recaiam sobre o imóvel;

X (*redação da Lei 13.786, de 27.12.18*) — o número do registro do loteamento ou do desmembramento, a matrícula do imóvel e a identificação do cartório de registro de imóveis competente;

XI (*redação da Lei 13.786, de 27.12.18*) — o termo final para a execução do projeto referido no § 1º do art. 12 desta Lei e a data do protocolo do pedido de emissão do termo de vistoria de obras.

§ 1º (*redação da Lei 13.786, de 27.12.18*) Identificada a ausência de quaisquer das informações previstas no *caput* deste artigo, será concedido prazo de 30 (trinta) dias para aditamento do contrato e saneamento da omissão, findo o qual, essa omissão, se não sanada, caracterizará justa causa para rescisão contratual por parte do adquirente.

§ 2º (*redação da Lei 13.786, de 27.12.18*) A efetivação das consequências do desfazimento do contrato, mencionadas no inciso V do *caput* deste artigo, dependerá de anuência prévia e específica do adquirente a seu respeito, mediante assinatura junto a essas cláusulas, que deverão ser redigidas conforme o disposto no § 4º do art. 54 da Lei n. 8.078, de 11 de setembro de 1990 (Código de Defesa do Consumidor).

Art. 27. Se aquele que se obrigou a concluir contrato de promessa de venda ou de cessão não cumprir a obrigação, o credor poderá notificar o devedor para outorga do contrato ou oferecimento de impugnação no prazo de 15 (quinze) dias, sob pena de proceder-se ao registro do pré-contrato, passando as relações entre as partes a serem regidas pelo contrato-padrão.[1]

§ 1º Para fins deste artigo, terão o mesmo valor de pré-contrato a promessa de cessão, a proposta de compra, a reserva de lote ou qualquer outro instrumento, do qual conste a manifestação da vontade das partes, a indicação do lote, o preço e modo de pagamento, e a promessa de contratar.

§ 2º O registro de que trata este artigo não será procedido se a parte que o requereu não comprovar haver cumprido a sua prestação, nem a oferecer na forma devida, salvo se ainda não exigível.

§ 3º Havendo impugnação daquele que se comprometeu a concluir o contrato, observar-se-á o disposto nos arts. 639 e 640 do Código de Processo Civil.[2-3]

Art. 27: 1. v. art. 18-VI.

Art. 27: 2. A ação, no caso, é de procedimento comum (CPC 318 e segs.), e não se confunde com a ação de adjudicação compulsória, cabível para o caso de contrato registrado no registro de imóveis. Aqui se cuida de pré-contrato ou de contrato que não tem condições de ser registrado.

Art. 27: 3. A referência é ao CPC rev.

Art. 28. Qualquer alteração ou cancelamento parcial do loteamento registrado dependerá de acordo entre o loteador e os adquirentes de lotes atingidos pela alteração, bem como da aprovação pela Prefeitura Municipal, ou do Distrito Federal quando for o caso, devendo ser depositada no registro de imóveis, em complemento ao projeto original, com a devida averbação.[1]

Art. 28: 1. v. LRP 246-*caput*.

Art. 29. Aquele que adquirir a propriedade loteada mediante ato *inter vivos*, ou por sucessão *causa mortis*, sucederá o transmitente em todos os seus direitos e obrigações, ficando obrigado a respeitar os compromissos de compra e venda ou as promessas de cessão, em todas as suas cláusulas, sendo nula qualquer disposição em contrário, ressalvado o direito do herdeiro ou legatário de renunciar à herança ou ao legado.

Art. 30. A sentença declaratória de falência[1] ou da insolvência[2] de qualquer das partes não rescindirá os contratos de compromisso de compra e venda ou de promessa de cessão que tenham por objeto a área loteada ou lotes da mesma. Se a falência ou insolvência for do proprietário da área loteada ou do titular de direito sobre ela, incumbirá ao síndico ou ao administrador dar cumprimento aos referidos contratos; se do adquirente do lote, seus direitos serão levados à praça.

Art. 30: 1. **LRF 119:** "Nas relações contratuais a seguir mencionadas prevalecerão as seguintes regras: ... **VI** — na promessa de compra e venda de imóveis, aplicar-se-á a legislação respectiva".

Art. 30: 2. cf. CPC/73 art. 751.

Art. 31. O contrato particular pode ser transferido por simples trespasse,[1] lançado no verso das vias em poder das partes, ou por instrumento em separado, declarando-se o número do registro do loteamento, o valor da cessão e a qualificação do cessionário, para o devido registro.

§ 1º A cessão independe da anuência do loteador mas, em relação a este, seus efeitos só se produzem depois de cientificado, por escrito, pelas partes ou quando registrada a cessão.

§ 2º Uma vez registrada a cessão, feita sem anuência do loteador, o oficial do registro dar-lhe-á ciência, por escrito, dentro de 10 (dez) dias.

Art. 31: 1. cf. Dec. lei 58, de 10.12.37, art. 13, neste tít.

Art. 32. Vencida e não paga a prestação, o contrato será considerado rescindido 30 (trinta) dias depois de constituído em mora o devedor.[1 a 1b]

§ 1º Para os fins deste artigo o devedor-adquirente será intimado, a requerimento do credor, pelo oficial do registro de imóveis,[2] a satisfazer as prestações vencidas e as que se vencerem até a data do pagamento, os juros convencionados e as custas de intimação.

§ 2º Purgada a mora, convalescerá o contrato.

§ 3º Com a certidão de não haver sido feito o pagamento em cartório, o vendedor requererá ao oficial do registro o cancelamento da averbação.[3]

Art. 32: 1. cf., s/ imóvel não loteado, Dec. lei 745, de 7.8.69, neste tít., em nota 8 ao art. 22 do Dec. lei 58, de 10.12.37.

✎ **Art. 32: 1a.** "Compra e venda: o compromisso de compra e venda e a desnecessidade de interpelação em sua resolução", por Renato Maso Previde (RSDCPC 23/57).

Art. 32: 1b. "Na hipótese em que não se pretende a rescisão contratual, mas apenas a cobrança ou execução de prestações em atraso, é dispensável a notificação prévia para a constituição do devedor em mora (Lei 6.766/79, art. 32). Incide a regra *dies interpellat pro homine*" (STJ-4ª T., REsp 648.780, Min. Raul Araújo, j. 20.3.14, DJ 7.5.14).

Art. 32: 2. v. art. 49-*caput*.

Art. 32: 3. v. art. 36-III, pelo qual se verifica que não se cancela a averbação, porém o registro, uma vez que tais contratos são registrados, e não averbados (LRP 167-I-20).

Art. 32-A (*redação da Lei 13.786, de 27.12.18*). Em caso de resolução contratual por fato imputado ao adquirente, respeitado o disposto no § 2º deste artigo, deverão ser restituídos os valores pagos por ele, atualizados com base no índice contratualmente estabelecido para a correção monetária das parcelas do preço do imóvel,[1] podendo ser descontados dos valores pagos os seguintes itens:

I (*redação da Lei 13.786, de 27.12.18*) — os valores correspondentes à eventual fruição do imóvel, até o equivalente a 0,75% (setenta e cinco centésimos por cento) sobre o valor atualizado do contrato, cujo prazo

Promessa de Compra e Venda e Loteamento

será contado a partir da data da transmissão da posse do imóvel ao adquirente até sua restituição ao loteador;[2]

II (*redação da Lei 13.786, de 27.12.18*) — o montante devido por cláusula penal e despesas administrativas, inclusive arras ou sinal, limitado a um desconto de 10% (dez por cento) do valor atualizado do contrato;

III (*redação da Lei 13.786, de 27.12.18*) — os encargos moratórios relativos às prestações pagas em atraso pelo adquirente;

IV (*redação da Lei 13.786, de 27.12.18*) — os débitos de impostos sobre a propriedade predial e territorial urbana, contribuições condominiais, associativas ou outras de igual natureza que sejam a estas equiparadas e tarifas vinculadas ao lote, bem como tributos, custas e emolumentos incidentes sobre a restituição e/ou rescisão;

V (*redação da Lei 13.786, de 27.12.18*) — a comissão de corretagem, desde que integrada ao preço do lote.

§ 1º (*redação da Lei 13.786, de 27.12.18*) O pagamento da restituição ocorrerá em até 12 (doze) parcelas mensais, com início após o seguinte prazo de carência:

I (*redação da Lei 13.786, de 27.12.18*) — em loteamentos com obras em andamento: no prazo máximo de 180 (cento e oitenta) dias após o prazo previsto em contrato para conclusão das obras;

II (*redação da Lei 13.786, de 27.12.18*) — em loteamentos com obras concluídas: no prazo máximo de 12 (doze) meses após a formalização da rescisão contratual.

§ 2º (*redação da Lei 13.786, de 27.12.18*) Somente será efetuado registro do contrato de nova venda se for comprovado o início da restituição do valor pago pelo vendedor ao titular do registro cancelado na forma e condições pactuadas no distrato, dispensada essa comprovação nos casos em que o adquirente não for localizado ou não tiver se manifestado, nos termos do art. 32 desta Lei.

§ 3º (*redação da Lei 13.786, de 27.12.18*) O procedimento previsto neste artigo não se aplica aos contratos e escrituras de compra e venda de lote sob a modalidade de alienação fiduciária nos termos da Lei n. 9.514, de 20 de novembro de 1997.

Art. 32-A: 1. Está **superada** a **Súmula 543 do STJ:** "Na hipótese de resolução de contrato de promessa de compra e venda de imóvel submetido ao Código de Defesa do Consumidor, deve ocorrer a imediata restituição das parcelas pagas pelo promitente comprador — integralmente, em caso de culpa exclusiva do promitente vendedor/construtor, ou parcialmente, caso tenha sido o comprador quem deu causa ao desfazimento". V. o § 1º.

V. tb. Lei 4.591/64, art. 67-A, notas 1b a 3.

Art. 32-A: 2. v. Lei 4.591/64, art. 67-A, nota 3a.

Art. 33. Se o credor das prestações se recusar a recebê-las ou furtar-se ao seu recebimento, será constituído em mora mediante notificação do oficial do registro de imóveis[1] para vir receber as importâncias depositadas pelo devedor no próprio registro de imóveis. Decorridos 15 (quinze) dias após o recebimento da intimação, considerar-se-á efetuado o pagamento,[2] a menos que o credor impugne o depósito e, alegando inadimplemento do devedor, requeira a intimação deste para os fins do disposto no art. 32 desta lei.

Art. 33: 1. v. art. 49-*caput*.

Art. 33: 2. O oficial do registro deve proceder na forma do art. 35 § 2º, se o credor não receber a quantia depositada.

Art. 34. Em qualquer caso de rescisão por inadimplemento do adquirente, as benfeitorias necessárias[1] ou úteis[2] por ele levadas a efeito no imóvel deverão ser indenizadas, sendo de nenhum efeito qualquer disposição contratual em contrário.[3]

§ 1º (*renumerado pela Lei 13.786, de 27.12.18*) Não serão indenizadas as benfeitorias feitas em desconformidade com o contrato ou com a lei.

§ 2º (*redação da Lei 13.786, de 27.12.18*) No prazo de 60 (sessenta) dias, contado da constituição em mora, fica o loteador, na hipótese do *caput* deste artigo, obrigado a alienar o imóvel mediante leilão judicial ou extrajudicial, nos termos da Lei n. 9.514, de 20 de novembro de 1997.

Art. 34: 1. v. CC 96 § 3º.

Art. 34: 2. v. CC 96 § 2º.

Art. 34: 3. "O âmago do art. 34 da Lei Lehmann é evitar o enriquecimento ilícito de quaisquer das partes, promovendo a restituição à situação originária. Assim, embora o dispositivo faça menção apenas a benfeitorias, parece claro que abarca também acessões. A ausência de alvará/licença para construir emitido pela prefeitura municipal é irregularidade que pode ser ou não sanável, a depender do caso concreto. É temerário reconhecer — de forma categórica — que a ausência de licença para construir, a ser emitida pela municipalidade, não constitui irregularidade apta a obstar eventual condenação à indenização por benfeitorias/acessões realizadas. A licença para construir é requisito imprescindível a qualquer obra realizada em terreno urbano. Conforme a mais abalizada doutrina, construções realizadas sem licença da municipalidade estão em desacordo com a lei e, assim, sujeitas a sanções administrativas, as quais não podem ser imputadas ao promitente vendedor, porquanto a posse e o direito de construir haviam sido transmitidos ao promitente comprador. No caso concreto, é imprescindível a verificação quanto à possibilidade de ser sanada ou não a irregularidade — consistente na ausência de alvará/licença da prefeitura para construir —, de modo a realizar a restituição das partes à situação anterior e evitar enriquecimento ilícito de quaisquer dos litigantes" (STJ-4ª T., REsp 1.191.862, Min. Luis Felipe, j. 8.5.14, DJ 22.5.14).

Art. 35 (*redação da Lei 13.786, de 27.12.18*). Se ocorrer o cancelamento do registro por inadimplemento do contrato, e tiver sido realizado o pagamento de mais de 1/3 (um terço) do preço ajustado, o oficial do registro de imóveis mencionará esse fato e a quantia paga no ato do cancelamento, e somente será efetuado novo registro relativo ao mesmo lote, mediante apresentação do distrato assinado pelas partes e a comprovação do pagamento da parcela única ou da primeira parcela do montante a ser restituído ao adquirente, na forma do art. 32-A desta Lei, ao titular do registro cancelado, ou mediante depósito em dinheiro à sua disposição no registro de imóveis.

§ 1º Ocorrendo o depósito a que se refere este artigo, o oficial do registro de imóveis intimará o interessado para vir recebê-lo no prazo de 10 (dez) dias, sob pena de ser devolvido ao depositante.

§ 2º No caso de não ser encontrado o interessado, o oficial do registro de imóveis depositará a quantia em estabelecimento de crédito, segundo a ordem prevista no inciso I do art. 666 do Código de Processo Civil, em conta com incidência de juros e correção monetária.[1-2]

§ 3º (*redação da Lei 13.786, de 27.12.18*) A obrigação de comprovação prévia de pagamento da parcela única ou da primeira parcela como condição para efetivação de novo registro, prevista no *caput* deste artigo, poderá ser dispensada se as partes convencionarem de modo diverso e de forma expressa no documento de distrato por elas assinado.

Art. 35: 1. v. CPC 840-I.

Art. 35: 2. "cuja movimentação dependerá de prévia autorização judicial" (cf. art. 38 § 1º).

Art. 36. O registro do compromisso, cessão ou promessa de cessão só poderá ser cancelado:

I — por decisão judicial;

II — a requerimento conjunto das partes contratantes;

III — quando houver rescisão comprovada do contrato.[1]

Art. 36: 1. v. art. 32 § 3º.

Art. 36-A (*acrescido pela Lei 13.465, de 11.7.17*). As atividades desenvolvidas pelas associações de proprietários de imóveis, titulares de direitos ou moradores em loteamentos ou empreendimentos assemelhados, desde que não tenham fins lucrativos, bem como pelas entidades civis organizadas em função da solidariedade de interesses coletivos desse público com o objetivo de administração, conservação, manutenção, disciplina de utilização e convivência, visando à valorização dos imóveis que compõem o empreendimento, tendo em vista a sua natureza jurídica, vinculam-se, por critérios de afinidade, similitude e conexão, à atividade de administração de imóveis.

Parágrafo único (*acrescido pela Lei 13.465, de 11.7.17*). A administração de imóveis na forma do *caput* deste artigo sujeita seus titulares à normatização e à disciplina constantes de seus atos constitutivos, cotizando-se na forma desses atos para suportar a consecução dos seus objetivos.

Capítulo VIII | DISPOSIÇÕES GERAIS

Art. 37. É vedado vender ou prometer vender parcela de loteamento ou desmembramento não registrado.[1-2]

Art. 37: 1. v. arts. 21 § 3º, 39, 46, 50 § ún.

Art. 37: 2. "Ação de resolução de contrato de compromisso de compra e venda de imóvel loteado sem o devido registro do loteamento. Ilicitude do objeto do contrato de promessa de compra e venda por disposições legais expressas da Lei 6.766/79 (arts. 37 e 46) diante da ausência de regularização do loteamento sem registro ou aprovação pelo Poder Público. A nulidade do contrato acarreta o retorno dos litigantes ao 'status quo ante', devendo ser reconhecida de ofício pelo juiz e gerando efeitos 'ex tunc'" (STJ-3ª T., REsp 1.304.370, Min. Paulo Sanseverino, j. 24.4.14, DJ 5.5.14).

Art. 38. Verificado que o loteamento ou desmembramento não se acha registrado ou regularmente executado ou notificado pela Prefeitura Municipal, ou pelo Distrito Federal quando for o caso, deverá[1] o adquirente do lote suspender o pagamento das prestações restantes e notificar o loteador para suprir a falta.

§ 1º Ocorrendo a suspensão do pagamento das prestações restantes, na forma do *caput* deste artigo, o adquirente efetuará o depósito das prestações devidas junto ao registro de imóveis competente, que as depositará em estabelecimento de crédito, segundo a ordem prevista no inciso I do art. 666 do Código de Processo Civil, em conta com incidência de juros e correção monetária, cuja movimentação dependerá de prévia autorização judicial.

§ 2º A Prefeitura Municipal, ou o Distrito Federal quando for o caso, ou o Ministério Público, poderá promover a notificação do loteador prevista no *caput* deste artigo.

§ 3º Regularizado o loteamento pelo loteador, este promoverá judicialmente a autorização para levantar as prestações depositadas,[2] com os acréscimos de correção monetária e juros, sendo necessária a citação da Prefeitura, ou do Distrito Federal quando for o caso, para integrar o processo judicial aqui previsto, bem como audiência do Ministério Público.

§ 4º Após o reconhecimento judicial de regularidade do loteamento, o loteador notificará os adquirentes dos lotes, por intermédio do registro de imóveis competente, para que passem a pagar diretamente as prestações restantes, a contar da data da notificação.

§ 5º No caso de o loteador deixar de atender à notificação[3] até o vencimento do prazo contratual, ou quando o loteamento ou desmembramento for regularizado pela Prefeitura Municipal, ou pelo Distrito Federal quando for o caso, nos termos do art. 40 desta lei, o loteador não poderá, a qualquer título, exigir o recebimento das prestações depositadas.

Art. 38: 1. "Deverá" ou "poderá"?

Art. 38: 2. O procedimento, no caso, é o comum (CPC 318 e segs.). José Ignácio Botelho de Mesquita entende que se trata, no caso, de procedimento de jurisdição voluntária ("Revista do Advogado", da AASP, n. 4, p. 66).

Art. 38: 3. v. *caput* deste art.

Art. 39. Será nula de pleno direito a cláusula de rescisão de contrato por inadimplemento do adquirente, quando o loteamento não estiver regularmente inscrito.[1]

Art. 39: 1. aliás, registrado (LRP 167-I-19).

Art. 40. A Prefeitura Municipal, ou o Distrito Federal quando for o caso, se desatendida pelo loteador a notificação, poderá regularizar loteamento ou desmembramento não autorizado ou executado sem observância das determinações do ato administrativo de licença, para evitar lesão aos seus padrões de desenvolvimento urbano e na defesa dos direitos dos adquirentes de lotes.[1]

§ 1º A Prefeitura Municipal, ou o Distrito Federal quando for o caso, que promover a regularização, na forma deste artigo, obterá judicialmente o levantamento das prestações depositadas, com os respectivos acréscimos de correção monetária e juros, nos termos do § 1º do art. 38 desta lei, a título de ressarcimento das importâncias despendidas com equipamentos urbanos ou expropriações necessárias para regularizar o loteamento ou desmembramento.

§ 2º As importâncias despendidas pela Prefeitura Municipal, ou pelo Distrito Federal quando for o caso, para regularizar o loteamento ou desmembramento, caso não sejam integralmente ressarcidas conforme o disposto no parágrafo anterior, serão exigidas, na parte faltante, do loteador, aplicando-se o disposto no art. 47 desta lei.

§ 3º No caso de o loteador não cumprir o estabelecido no parágrafo anterior, a Prefeitura Municipal, ou o Distrito Federal quando for o caso, poderá receber as prestações dos adquirentes, até o valor devido.

§ 4º A Prefeitura Municipal, ou o Distrito Federal quando for o caso, para assegurar a regularização do loteamento ou desmembramento, bem como o ressarcimento integral de importâncias despendidas, ou a despender, poderá promover judicialmente os procedimentos cautelares necessários aos fins colimados.

§ 5º (*redação da Lei 9.785, de 29.1.99*) A regularização de um parcelamento pela Prefeitura Municipal, ou Distrito Federal, quando for o caso, não poderá contrariar o disposto nos arts. 3º e 4º desta lei, ressalvado o disposto no § 1º desse último.

Art. 40: 1. "Existe o poder-dever do Município de regularizar loteamentos clandestinos ou irregulares, mas a sua atuação deve se restringir às obras essenciais a serem implantadas em conformidade com a legislação urbanística local (art. 40, § 5º, da Lei 6.799/79), em especial à infraestrutura essencial para inserção na malha urbana, como ruas, esgoto, energia e iluminação pública, de modo a atender aos moradores já instalados, sem prejuízo do também dever-poder da Administração de cobrar dos responsáveis os custos em que incorrer a sua atuação saneadora. Recurso Especial parcialmente provido para restringir a obrigação do Município de executar as obras de infraestrutura somente àquelas essenciais nos termos da legislação urbanística local, compreendendo, no mínimo, ruas, esgoto e iluminação pública, de forma a atender somente os moradores já instalados, não havendo esse dever em relação a parcelas do loteamento irregular eventualmente ainda não ocupadas" (STJ-1ª Seção, REsp 1.164.893, Min. Herman Benjamin, j. 23.11.16, DJ 1.7.19).

"Para evitar lesão aos padrões de desenvolvimento urbano, o Município não pode eximir-se do dever de regularizar loteamentos irregulares, se os loteadores e responsáveis, devidamente notificados, deixam de proceder com as obras e melhoramentos indicados pelo ente público. O fato de o município ter multado os loteadores e embargado as obras realizadas no loteamento em nada muda o panorama, devendo proceder, ele próprio e às expensas do loteador, nos termos da responsabilidade que lhe é atribuída pelo art. 40 da Lei 6.766/79, à regularização do loteamento executado sem observância das determinações do ato administrativo de licença. No caso, se o município de São Paulo, mesmo após a aplicação da multa e o embargo da obra, não avocou para si a responsabilidade pela regularização do loteamento às expensas do loteador, e dessa omissão resultou um dano ambiental, deve ser responsabilizado, conjuntamente com o loteador, pelos prejuízos daí advindos, podendo acioná-lo regressivamente" (STJ-2ª T., REsp 1.113.789, Min. Castro Meira, j. 16.6.09, DJ 29.6.09).

Assim, o Município é parte legítima para figurar no polo passivo de demanda ajuizada para a regularização de loteamento clandestino e a recuperação da área de preservação permanente degradada (JTJ 333/691: AI 801.760-5/6-00).

Art. 41. Regularizado o loteamento ou desmembramento pela Prefeitura Municipal, ou pelo Distrito Federal quando for o caso, o adquirente do lote, comprovando o depósito de todas as prestações do preço avençado, poderá obter o registro de propriedade do lote adquirido, valendo para tanto o compromisso de venda e compra devidamente firmado.

Art. 42. Nas desapropriações não serão considerados como loteados ou loteáveis, para fins de indenização, os terrenos ainda não vendidos ou compromissados, objeto de loteamento ou desmembramento não registrado.

Art. 43. Ocorrendo a execução de loteamento não aprovado, a destinação de áreas públicas exigidas no inciso I do art. 4º desta lei não se poderá alterar, sem prejuízo da aplicação das sanções administrativas, civis e criminais[1] previstas.

Parágrafo único (*redação da Lei 9.785, de 29.1.99*). Neste caso, o loteador ressarcirá a Prefeitura Municipal ou o Distrito Federal quando for o caso, em pecúnia ou em área equivalente, no dobro da diferença entre o total das áreas públicas exigidas e as efetivamente destinadas.

Art. 43: 1. v. art. 50-I e II.

Art. 44. O Município, o Distrito Federal e o Estado poderão expropriar áreas urbanas ou de expansão urbana para reloteamento, demolição, reconstrução e incorporação, ressalvada a preferência dos expropriados para a aquisição de novas unidades.

Art. 45. O loteador, ainda que já tenha vendido todos os lotes, ou os vizinhos, são partes legítimas para promover ação destinada a impedir construção em desacordo com restrições legais ou contratuais.

Art. 46. O loteador não poderá fundamentar qualquer ação ou defesa na presente lei sem apresentação dos registros e contratos a que ela se refere.[1]

Art. 46: 1. "Comprovada a regularidade do loteamento, com o competente registro imobiliário, desnecessária a apresentação, pelo loteador, do contrato de compromisso de compra e venda devidamente registrado, providência a cargo do promitente comprador e a seu benefício, para o aparelhamento da execução das prestações devidas pelo adquirente (Lei 6.766/79, de Parcelamento do Solo Urbano, arts. 26, § 1º, e 46)" (STJ-4ª T., REsp 648.780, Min. Raul Araújo, j. 20.3.14, DJ 7.5.14).

Art. 47. Se o loteador integrar grupo econômico ou financeiro, qualquer pessoa física ou jurídica desse grupo, beneficiária de qualquer forma do loteamento ou desmembramento irregular, será solidariamente[1] responsável pelos prejuízos por ele causados aos compradores de lotes e ao Poder Público.[2]

Art. 47: 1. v. CC 275 a 285.

Art. 47: 2. v. art. 40 §§ 2º e 3º.

Art. 48. O foro competente para os procedimentos judiciais previstos nesta lei será sempre o da comarca da situação do lote.[1]

Art. 48: 1. Neste sentido: CPC 47.

Art. 49. As intimações e notificações previstas nesta lei deverão ser feitas pessoalmente ao intimado ou notificado, que assinará o comprovante do recebimento, e poderão igualmente ser promovidas por meio dos cartórios de registro de títulos e documentos[1] da comarca da situação do imóvel ou do domicílio de quem deva recebê-las.

§ 1º Se o destinatário se recusar a dar recibo ou se furtar ao recebimento, ou se for desconhecido o seu paradeiro, o funcionário incumbido da diligência informará esta circunstância ao oficial competente que a certificará, sob sua responsabilidade.

§ 2º Certificada a ocorrência dos fatos mencionados no parágrafo anterior, a intimação ou notificação será feita por edital na forma desta lei,[2] começando o prazo a correr 10 (dez) dias após a última publicação.

Art. 49: 1. v. arts. 32 § 1º e 33, aparentemente em sentido contrário. Observe-se que, se o notificado ou intimado tiver domicílio em comarca diferente do foro da situação do imóvel, o oficial do registro não terá competência territorial para efetivar a diligência.

Art. 49: 2. v. art. 19 § 3º.

Capítulo IX | DISPOSIÇÕES PENAIS

Art. 50. Constitui crime contra a administração pública:

I — dar início, de qualquer modo, ou efetuar loteamento ou desmembramento do solo para fins urbanos, sem autorização do órgão público competente,[1] ou em desacordo com as disposições desta lei ou das normas pertinentes do Distrito Federal, Estados e Municípios;

II — dar início, de qualquer modo, ou efetuar loteamento ou desmembramento do solo para fins urbanos sem observância das determinações constantes do ato administrativo de licença;

III — fazer, ou veicular em proposta, contrato, prospecto ou comunicação ao público ou a interessados, afirmação falsa sobre a legalidade de loteamento ou desmembramento do solo para fins urbanos, ou ocultar fraudulentamente fato a ele relativo.

Pena: reclusão, de 1 (um) a 4 (quatro) anos, e multa de 5 (cinco) a 50 (cinquenta) vezes o maior salário mínimo[2] vigente no país.

Parágrafo único. O crime definido neste artigo é qualificado, se cometido:

I — por meio de venda, promessa de venda, reserva de lote ou quaisquer outros instrumentos que manifestem a intenção de vender lote em loteamento ou desmembramento não registrado no registro de imóveis competente;

II (*redação da Lei 9.785, de 29.1.99*) — com inexistência de título legítimo de propriedade do imóvel loteado ou desmembrado, ressalvado o disposto no art. 18, §§ 4º e 5º, desta lei, ou com omissão fraudulenta de fato a ele relativo, se o fato não constituir crime mais grave.

Pena: reclusão, de 1 (um) a 5 (cinco) anos, e multa de 10 (dez) a 100 (cem) vezes o maior salário mínimo[3] vigente no país.

Art. 50: 1. v. art. 6º, inclusive nota 1 a este art.

Art. 50: 2. e não o maior valor de referência, instituído pela Lei 6.205, de 29.4.75, art. 2º (no tít. CORREÇÃO MONETÁRIA).

Art. 50: 3. v. nota 2.

Art. 51. Quem, de qualquer modo, concorra para a prática dos crimes previstos no artigo anterior desta lei[1] incide nas penas a estes cominadas, considerados em especial os atos praticados na qualidade de mandatário de loteador, diretor ou gerente de sociedade.

Parágrafo único. ....[2]

Art. 51: 1. **Lei 6.530, de 12.5.78** (Lex 1978/373 e 1979/283, ret.): "**Art. 20.** Ao corretor de imóveis e à pessoa jurídica inscritos nos órgãos de que trata a presente lei é vedado: ... **V** — anunciar imóvel loteado ou em condomínio sem mencionar o número de registro do loteamento ou da incorporação no registro de imóveis".

Esta lei foi regulamentada pelo **Dec. 81.871, de 29.6.78** (Lex 1978/568).

Art. 51: 2. O acréscimo do parágrafo único, feito pela Lei 9.785, de 29.1.99, foi **vetado.**

Art. 52. Registrar loteamento ou desmembramento não aprovado pelos órgãos competentes, registrar o compromisso de compra e venda, a cessão ou promessa de cessão de direitos, ou efetuar registro de contrato de venda de loteamento ou desmembramento não registrado.

Pena: detenção, de 1 (um) a 2 (dois) anos, e multa de 5 (cinco) a 50 (cinquenta) vezes o maior salário mínimo[1] vigente no país, sem prejuízo das sanções administrativas cabíveis.

Art. 52: 1. v. art. 50, nota 2.

Capítulo X | DISPOSIÇÕES FINAIS

Art. 53. Todas as alterações de uso do solo rural para fins urbanos dependerão de prévia audiência do Instituto Nacional de Colonização e Reforma Agrária — INCRA, do órgão metropolitano, se houver, onde se localiza o Município, e da aprovação da Prefeitura Municipal, ou do Distrito Federal quando for o caso, segundo as exigências da legislação pertinente.

Art. 53-A (*redação da Lei 9.785, de 29.1.99*). São considerados de interesse público os parcelamentos vinculados a planos ou programas habitacionais de iniciativa das Prefeituras Municipais e do Distrito Federal, ou entidades autorizadas por lei, em especial as regularizações de parcelamentos e de assentamentos.

Parágrafo único (*redação da Lei 9.785, de 29.1.99*). Às ações e intervenções de que trata este artigo não será exigível documentação que não seja a mínima necessária e indispensável aos registros no cartório competente, inclusive sob a forma de certidões, vedadas as exigências e as sanções pertinentes aos particulares, especialmente aquelas que visem garantir a realização de obras e serviços, ou que visem prevenir questões de domínio de glebas, que se presumirão asseguradas pelo Poder Público respectivo.

Art. 54. Esta lei entrará em vigor na data de sua publicação.

Art. 55. Revogam-se as disposições em contrário.

Brasília, em 19 de dezembro de 1979; 158º da Independência e 91º da República — JOÃO FIGUEIREDO — **Petrônio Portella** — **Ângelo Amaury Stábile** — **Mário David Andreazza.**

Ementário

Propriedade Rural Adquirida por Estrangeiro

— v. CF 190.

Ato Complementar 45, de 30.1.69 — Dispõe sobre aquisição de propriedade rural por estrangeiro (v. adiante, texto integral).

Lei 5.709, de 7.10.71 — Regula a aquisição de imóvel rural por estrangeiro residente no País ou pessoa jurídica estrangeira autorizada a funcionar no Brasil e dá outras providências (v. adiante, texto integral, com todas as modificações supervenientes).

Dec. 74.965, de 26.11.74 — Regulamenta a Lei n. 5.709, de 7 de outubro de 1971, que dispõe sobre a aquisição de imóvel rural por estrangeiro residente no País ou pessoa jurídica estrangeira autorizada a funcionar no Brasil.

Ato Complementar n. 45, de 30 de janeiro de 1969

O Presidente da República, usando das atribuições que lhe conferem o § 1º do art. 2º e o art. 9º do Ato Institucional n. 5, de 13 de dezembro de 1968, resolve baixar o seguinte ato complementar:

Art. 1º A aquisição de propriedade rural no território nacional somente poderá ser feita por brasileiro ou por estrangeiro residente no país.[1]

Parágrafo único. O disposto neste artigo não se aplica aos casos de transmissão *causa mortis*.[2]

Art. 1º: 1. **CF 190:** "A lei regulará e limitará a aquisição ou o arrendamento de propriedade rural por pessoa física ou jurídica estrangeira e estabelecerá os casos que dependerão de autorização do Congresso Nacional".

Art. 1º: 2. cf. art. 1º § 1º da Lei 5.709 (na redação da Lei 6.572), em termos mais explícitos, referindo-se unicamente à sucessão legítima (CC 1.829 a 1.856) e excluindo a testamentária (CC 1.857 a 1.990).

Art. 2º Para os efeitos deste ato, considera-se residente no país o estrangeiro que nele possua permanência definitiva.

Art. 3º Lei especial determinará as condições, restrições, limitações e demais exigências a que ficará sujeita a aquisição de imóvel rural por pessoa estrangeira natural ou jurídica, tendo em vista a defesa da integridade do território nacional, a segurança do Estado e a justa distribuição da propriedade.[1]

Art. 3º: 1. v. Lei 5.709, de 7.10.71, a seguir.

Art. 4º Este ato complementar entrará em vigor na data de sua publicação, revogadas as disposições em contrário.

Brasília, 30 de janeiro de 1969; 148º da Independência e 81º da República — A. COSTA E SILVA — **Luís Antonio da Gama e Silva — Augusto Hamann Rademaker Grünewald — Aurélio de Lyra Tavares — José de Magalhães Pinto — Antônio Delfim Netto — Mário David Andreazza — Ivo Arzua Pereira — Tarso Dutra — Jarbas G. Passarinho — Márcio de Souza e Mello — Leonel Miranda — Antônio Dias Leite Júnior — Edmundo de Macedo Soares — Hélio Beltrão — José Costa Cavalcanti — Carlos F. de Simas.**

Lei n. 5.709, de 7 de outubro de 1971

Regula a aquisição de imóvel rural por estrangeiro residente no país ou pessoa jurídica estrangeira autorizada a funcionar no Brasil e dá outras providências.[1-2]

O Presidente da República,

Faço saber que o Congresso Nacional decreta e eu sanciono a seguinte lei:

✎ LEI 5.709: 1. "A aquisição de imóveis rurais por estrangeiros no Brasil", por Michel François Drizul Havrenne (RT 919/85).

LEI 5.709: 2. **Dec. 74.965, de 26.11.74** — Regulamenta a Lei n. 5.709, de 7 de outubro de 1971, que dispõe sobre a aquisição de imóvel rural por estrangeiro residente no País ou pessoa jurídica estrangeira autorizada a funcionar no Brasil.

Art. 1º O estrangeiro residente no país e a pessoa jurídica estrangeira autorizada a funcionar no Brasil só poderão adquirir imóvel rural[1 a 3] na forma prevista nesta lei.

§ 1º Fica, todavia, sujeita ao regime estabelecido por esta lei a pessoa jurídica brasileira da qual participem, a qualquer título, pessoas estrangeiras físicas ou jurídicas que tenham a maioria do seu capital social e residam ou tenham sede no exterior.[3a]

§ 2º (*redação da Lei 13.986, de 7.4.20*) As restrições estabelecidas nesta Lei não se aplicam:

I (*redação da Lei 13.986, de 7.4.20*) — aos casos de sucessão legítima,[4] ressalvado o disposto no art. 7º desta Lei;

II (*redação da Lei 13.986, de 7.4.20*) — às hipóteses de constituição de garantia real, inclusive a transmissão da propriedade fiduciária em favor de pessoa jurídica, nacional ou estrangeira;

III (*redação da Lei 13.986, de 7.4.20*) — aos casos de recebimento de imóvel em liquidação de transação com pessoa jurídica, nacional ou estrangeira, ou pessoa jurídica nacional da qual participem, a qualquer título, pessoas estrangeiras físicas ou jurídicas que tenham a maioria do seu capital social e que residam ou tenham sede no exterior, por meio de realização de garantia real, de dação em pagamento ou de qualquer outra forma.

Art. 1º: 1. v., neste título, AC 45 de 30.1.69.

Art. 1º: 2. s/ restrições à aquisição de imóvel rural por estrangeiro, na Faixa de Fronteira, v. Lei 6.634, de 2.5.79, arts. 2º, 5º e 6º (em nota 5 ao art. 1º do Dec. lei 58, de 10.12.37, no tít. PROMESSA DE COMPRA E VENDA E LOTEAMENTO).

Art. 1º: 3. A aquisição de imóvel rural por estrangeiro, em terras devolutas, junto a rodovias, na Amazônia Legal, também obedecia ao disposto na Lei 5.709, supra (cf. **Dec. 71.615, de 22.12.72,** art. 3º, em Lex 1972/1.652, que, porém, foi **revogado** por Dec. s/n de 5.9.91).

Art. 1º: 3a. Afirmando, em tese, a viabilidade jurídica da **ação de usucapião** proposta por pessoa jurídica brasileira controlada por pessoas estrangeiras: STJ-3ª T., REsp 1.641.038, Min. Nancy Andrighi, j. 6.11.18, DJ 12.11.18.

Art. 1º: 4. v. CC 1.829 a 1.856.

Art. 2º (*revogado expressamente pela Lei 6.815, de 19.8.80*).

Art. 3º A aquisição de imóvel rural por pessoa física estrangeira não poderá exceder a 50 (cinquenta) módulos[1] de exploração indefinida, em área contínua ou descontínua.

§ 1º Quando se tratar de imóvel com área não superior a 3 (três) módulos, a aquisição será livre, independente de qualquer autorização ou licença, ressalvadas as exigências gerais determinadas em lei.

§ 2º O Poder Executivo baixará normas para a aquisição de área compreendida entre 3 (três) e 50 (cinquenta) módulos de exploração indefinida.[2]

§ 3º O Presidente da República, ouvido o Conselho de Segurança Nacional, poderá aumentar o limite fixado neste artigo.

Art. 3º: 1. s/ conceito de módulo, v. ET 4º-II e III.

Art. 3º: 2. v. Dec. 74.965, de 26.11.74, art. 7º.

Art. 4º Nos loteamentos rurais efetuados por empresas particulares de colonização, a aquisição e ocupação de, no mínimo, 30% (trinta por cento) da área total serão feitas obrigatoriamente por brasileiros.

Art. 5º As pessoas jurídicas estrangeiras referidas no art. 1º desta lei só poderão adquirir imóveis rurais destinados à implantação de projetos agrícolas, pecuários, industriais, ou de colonização, vinculados aos seus objetivos estatutários.

§ 1º Os projetos de que trata este artigo deverão ser aprovados pelo Ministério da Agricultura, ouvido o órgão federal competente de desenvolvimento regional na respectiva área.

§ 2º Sobre os projetos de caráter industrial será ouvido o Ministério da Indústria e Comércio.

Propriedade Rural

Art. 6º Adotarão obrigatoriamente a forma nominativa as ações de sociedades anônimas:[1]

I — que se dediquem a loteamento rural;

II — que explorem diretamente áreas rurais; e

III — que sejam proprietárias de imóveis rurais não vinculados a suas atividades estatutárias.

Parágrafo único. A norma deste artigo não se aplica às entidades mencionadas no art. 4º do Decreto-lei n. 200, de 25 de fevereiro de 1967, com a redação que lhe foi dada pelo Decreto-lei n. 900, de 29 de setembro de 1969.[2]

Art. 6º: 1. v. art. 16 (disp. trans.).

Art. 6º: 2. A remissão ao Dec. lei 200 (RT 380/384, Lex 1967/864 e 1.511, ret. 1975/705, RDA 88/381) e ao Dec. lei 900 (Lex 1969/1.382 e 1.421, RDA 99/511) diz respeito às autarquias, empresas públicas e sociedades de economia mista.

Art. 7º A aquisição de imóvel situado em área considerada indispensável à segurança nacional por pessoa estrangeira, física ou jurídica, depende do assentimento prévio da Secretaria-Geral do Conselho de Segurança Nacional.

Art. 8º Na aquisição de imóvel rural por pessoa estrangeira, física ou jurídica, é da essência do ato a escritura pública.[1-1a]

Art. 8º: 1. "Implicações do direito notarial na aquisição de imóvel rural por estrangeiro", por Heron Vargas da Costa (RSDCPC 32/63).

Art. 8º: 1a. v. art. 15.

Art. 9º Da escritura relativa à aquisição de área rural por pessoas físicas estrangeiras constará, obrigatoriamente:

I — menção de documento de identidade do adquirente;

II — prova de residência no território nacional; e

III — quando for o caso, autorização do órgão competente ou assentimento prévio da Secretaria-Geral do Conselho de Segurança Nacional.

Parágrafo único. Tratando-se de pessoa jurídica estrangeira, constará da escritura a transcrição do ato que concedeu autorização para a aquisição da área rural, bem como dos documentos comprobatórios de sua constituição e de licença para seu funcionamento no Brasil.

Art. 10. Os cartórios de registro de imóveis manterão cadastro especial, em livro auxiliar, das aquisições de terras rurais por pessoas estrangeiras, físicas e jurídicas, no qual deverá constar:

I — menção do documento de identidade das partes contratantes ou dos respectivos atos de constituição, se pessoas jurídicas;

II — memorial descritivo do imóvel, com área, características, limites e confrontações; e

III — transcrição da autorização do órgão competente, quando for o caso.

Art. 11. Trimestralmente, os cartórios de registro de imóveis remeterão, sob pena de perda do cargo, à Corregedoria da Justiça dos Estados a que estiverem subordinados e ao Ministério da Agricultura relação das aquisições de áreas rurais por pessoas estrangeiras, da qual constem os dados enumerados no artigo anterior.

Parágrafo único. Quando se tratar de imóvel situado em área indispensável à segurança nacional, a relação mencionada neste artigo deverá ser remetida também à Secretaria-Geral do Conselho de Segurança Nacional.

Art. 12. A soma das áreas rurais pertencentes a pessoas estrangeiras, físicas ou jurídicas, não poderá ultrapassar a 1/4 (um quarto) da superfície dos municípios onde se situem, comprovada por certidão do registro de imóveis, com base no livro auxiliar de que trata o art. 10.

§ 1º As pessoas da mesma nacionalidade não poderão ser proprietárias, em cada município, de mais de 40% (quarenta por cento) do limite fixado neste artigo.

§ 2º Ficam excluídas das restrições deste artigo as aquisições de áreas rurais:

I — inferiores a 3 (três) módulos;

II — que tiverem sido objeto de compra e venda, de promessa de compra e venda, de cessão ou de promessa de cessão, mediante escritura pública ou instrumento particular devidamente protocolado no registro competente e que tiverem sido cadastradas no INCRA em nome do promitente comprador, antes de 10 de março de 1969;

III — quando o adquirente tiver filho brasileiro ou for casado com pessoa brasileira sob o regime de comunhão de bens.

§ 3º O Presidente da República poderá, mediante decreto, autorizar a aquisição além dos limites fixados neste artigo, quando se tratar de imóvel rural vinculado a projetos julgados prioritários em face dos planos de desenvolvimento do país.

Art. 13. O art. 60 da Lei n. 4.504, de 30 de novembro de 1964,[1] passa a vigorar com a seguinte redação:

"Art. 60. Para os efeitos desta lei, consideram-se empresas particulares de colonização as pessoas físicas, nacionais ou estrangeiras, residentes ou domiciliadas no Brasil, ou jurídicas, constituídas e sediadas no país, que tiverem por finalidade executar programa de valorização de área ou distribuição de terras".

Art. 13: 1. A Lei 4.504 é o Estatuto da Terra.

Art. 14. Salvo nos casos previstos em legislação de núcleos coloniais, onde se estabeleçam em lotes rurais, como agricultores, estrangeiros imigrantes, é vedada, a qualquer título, a doação de terras da União ou dos Estados a pessoas estrangeiras físicas ou jurídicas.

Art. 15. A aquisição de imóvel rural, que viole as prescrições desta lei, é nula de pleno direito. O tabelião que lavrar a escritura e o oficial de registro que a transcrever responderão civilmente pelos danos que causarem aos contratantes, sem prejuízo da responsabilidade criminal por prevaricação ou falsidade ideológica. O alienante está obrigado a restituir ao adquirente o preço do imóvel.

Art. 16. As sociedades anônimas compreendidas em quaisquer dos incisos do *caput* do art. 6º, que já estiverem constituídas à data do início da vigência desta lei, comunicarão, no prazo de 6 (seis) meses, ao Ministério da Agricultura a relação das áreas rurais de sua propriedade ou exploração.

§ 1º As sociedades anônimas, indicadas neste artigo, que não converterem em nominativas suas ações ao portador, no prazo de 1 (um) ano do início da vigência desta lei, reputar-se-ão irregulares, ficando sujeitas à dissolução, na forma da lei, por iniciativa do Ministério Público.

§ 2º No caso de empresas concessionárias de serviço público, que possuam imóveis rurais não vinculados aos fins da concessão, o prazo de conversão das ações será de 3 (três) anos.

§ 3º As empresas concessionárias de serviço público não estão obrigadas a converter em nominativas as ações ao portador, se dentro do prazo de 3 (três) anos, contados da vigência desta lei, alienarem os imóveis rurais não vinculados aos fins da concessão.

Art. 17. As pessoas jurídicas brasileiras que, até 30 de janeiro de 1969, tiverem projetos de colonização aprovados nos termos do art. 61 da Lei n. 4.504, de 30 de novembro de 1964,[1] poderão, mediante autorização do Presidente da República, ouvido o Ministério da Agricultura, concluí-los e outorgar escrituras definitivas, desde que o façam dentro de 3 (três) anos e que a área não exceda, para cada adquirente, 3 (três) módulos de exploração indefinida.

Art. 17: 1. A Lei 4.504 é o Estatuto da Terra.

Art. 18. São mantidas em vigor as autorizações concedidas, com base nos Decretos-leis ns. 494, de 10 de março de 1969, e 924, de 10 de outubro de 1969,[1] em estudos e processos já concluídos, cujos projetos tenham sido aprovados pelos órgãos competentes.

Art. 18: 1. Leis revogadas (v. art. 21).

Art. 19. O Poder Executivo baixará, dentro de 90 (noventa) dias, o regulamento para execução desta lei.[1]

Art. 19: 1. v. Dec. 74.965, de 26.11.74.

Art. 20. Esta lei entrará em vigor na data de sua publicação.

Art. 21. Revogam-se os Decretos-leis ns. 494, de 10 de março de 1969,[1] e 924, de 10 de outubro de 1969,[2] e demais disposições em contrário.

Art. 21: 1. **Dec. lei 494, de 10.3.69** — Regulamenta o Ato Complementar n. 45, de 30 de janeiro de 1969, que dispõe sobre a aquisição de propriedade rural por estrangeiro (Lex 1969/259, RDA 97/394, RF 226/453).

Art. 21: 2. **Dec. lei 924, de 10.10.69** — Exclui das disposições do Dec. lei n. 494, de 10 de março de 1969, as aquisições de áreas rurais necessárias aos empreendimentos industriais que menciona (Lex 1969/1.431).

Brasília, 7 de outubro de 1971; 150º da Independência e 83º da República — EMÍLIO G. MÉDICI — **Alfredo Buzaid — L. F. Cirne Lima — Marcus Vinicius Pratini de Moraes.**

Ementário

Proteção de Dados

Lei n. 13.709, de 14.8.18 — Lei Geral de Proteção de Dados Pessoais (LGPD). V., adiante, texto integral.

Lei 13.853, de 8.7.19 — Altera a Lei n. 13.709, de 14 de agosto de 2018, para dispor sobre a proteção de dados pessoais e para criar a Autoridade Nacional de Proteção de Dados; e dá outras providências.

Lei 14.010, de 10.6.20 — Dispõe sobre o Regime Jurídico Emergencial e Transitório das relações jurídicas de Direito Privado (RJET) no período da pandemia do coronavírus (Covid-19).

Decreto 10.474, de 26.8.20 — Aprova a Estrutura Regimental e o Quadro Demonstrativo dos Cargos em Comissão e das Funções de Confiança da Autoridade Nacional de Proteção de Dados e remaneja e transforma cargos em comissão e funções de confiança.

Lei n. 13.709, de 14 de agosto de 2018

Lei Geral de Proteção de Dados Pessoais (LGPD).[1]

LEI 13.709: 1. Redação dada pela Lei 13.853, de 8.7.19.

O PRESIDENTE DA REPÚBLICA
Faço saber que o Congresso Nacional decreta e eu sanciono a seguinte Lei:

Capítulo I | DISPOSIÇÕES PRELIMINARES

Art. 1º Esta Lei dispõe sobre o tratamento de dados pessoais,[1] inclusive nos meios digitais, por pessoa natural ou por pessoa jurídica de direito público ou privado, com o objetivo de proteger os direitos fundamentais de liberdade e de privacidade e o livre desenvolvimento da personalidade da pessoa natural.

Parágrafo único (*acrescido pela Lei 13.853, de 8.7.19*). As normas gerais contidas nesta Lei são de interesse nacional e devem ser observadas pela União, Estados, Distrito Federal e Municípios.

Art. 1º: 1. v. art. 5º-X.

Art. 2º A disciplina da proteção de dados pessoais tem como fundamentos:

I — o respeito à privacidade;

II — a autodeterminação informativa;

III — a liberdade de expressão, de informação, de comunicação e de opinião;

IV — a inviolabilidade da intimidade, da honra e da imagem;

V — o desenvolvimento econômico e tecnológico e a inovação;

VI — a livre iniciativa, a livre concorrência e a defesa do consumidor; e

VII — os direitos humanos, o livre desenvolvimento da personalidade, a dignidade e o exercício da cidadania pelas pessoas naturais.

Art. 3º Esta Lei aplica-se a qualquer operação de tratamento realizada por pessoa natural ou por pessoa jurídica de direito público ou privado, independentemente do meio, do país de sua sede ou do país onde estejam localizados os dados, desde que:

I — a operação de tratamento seja realizada no território nacional;

II (*redação da Lei 13.853, de 8.7.19*) — a atividade de tratamento tenha por objetivo a oferta ou o fornecimento de bens ou serviços ou o tratamento de dados de indivíduos localizados no território nacional; ou

III — os dados pessoais objeto do tratamento tenham sido coletados no território nacional.

§ 1º Consideram-se coletados no território nacional os dados pessoais cujo titular nele se encontre no momento da coleta.

§ 2º Excetua-se do disposto no inciso I deste artigo o tratamento de dados previsto no inciso IV do *caput* do art. 4º desta Lei.

Art. 4º Esta Lei não se aplica ao tratamento de dados pessoais:

I — realizado por pessoa natural para fins exclusivamente particulares e não econômicos;

II — realizado para fins exclusivamente:

a) jornalístico e artísticos; ou

b) acadêmicos, aplicando-se a esta hipótese os arts. 7º e 11 desta Lei;

III — realizado para fins exclusivos de:

a) segurança pública;

b) defesa nacional;

c) segurança do Estado; ou

d) atividades de investigação e repressão de infrações penais; ou

IV — provenientes de fora do território nacional e que não sejam objeto de comunicação, uso compartilhado de dados com agentes de tratamento brasileiros ou objeto de transferência internacional de dados com outro país que não o de proveniência, desde que o país de proveniência proporcione grau de proteção de dados pessoais adequado ao previsto nesta Lei.

§ 1º O tratamento de dados pessoais previsto no inciso III será regido por legislação específica, que deverá prever medidas proporcionais e estritamente necessárias ao atendimento do interesse público, observados o devido processo legal, os princípios gerais de proteção e os direitos do titular previstos nesta Lei.

§ 2º É vedado o tratamento dos dados a que se refere o inciso III do *caput* deste artigo por pessoa de direito privado, exceto em procedimentos sob tutela de pessoa jurídica de direito público, que serão objeto de informe específico à autoridade nacional e que deverão observar a limitação imposta no § 4º deste artigo.

§ 3º A autoridade nacional emitirá opiniões técnicas ou recomendações referentes às exceções previstas no inciso III do *caput* deste artigo e deverá solicitar aos responsáveis relatórios de impacto à proteção de dados pessoais.

§ 4º (*redação da Lei 13.853, de 8.7.19*) Em nenhum caso a totalidade dos dados pessoais de banco de dados de que trata o inciso III do *caput* deste artigo poderá ser tratada por pessoa de direito privado, salvo por aquela que possua capital integralmente constituído pelo poder público.

Art. 5º Para os fins desta Lei, considera-se:

I — dado pessoal: informação relacionada a pessoa natural identificada ou identificável;

II — dado pessoal sensível: dado pessoal sobre origem racial ou étnica, convicção religiosa, opinião política, filiação a sindicato ou a organização de caráter religioso, filosófico ou político, dado referente à saúde ou à vida sexual, dado genético ou biométrico, quando vinculado a uma pessoa natural;

III — dado anonimizado: dado relativo a titular que não possa ser identificado, considerando a utilização de meios técnicos razoáveis e disponíveis na ocasião de seu tratamento;

IV — banco de dados: conjunto estruturado de dados pessoais, estabelecido em um ou em vários locais, em suporte eletrônico ou físico;

V — titular: pessoa natural a quem se referem os dados pessoais que são objeto de tratamento;

VI — controlador: pessoa natural ou jurídica, de direito público ou privado, a quem competem as decisões referentes ao tratamento de dados pessoais;

VII — operador: pessoa natural ou jurídica, de direito público ou privado, que realiza o tratamento de dados pessoais em nome do controlador;

VIII (*redação da Lei 13.853, de 8.7.19*) — encarregado: pessoa indicada pelo controlador e operador para atuar como canal de comunicação entre o controlador, os titulares dos dados e a Autoridade Nacional de Proteção de Dados (ANPD);

IX — agentes de tratamento: o controlador e o operador;

X — tratamento: toda operação realizada com dados pessoais, como as que se referem a coleta, produção, recepção, classificação, utilização, acesso, reprodução, transmissão, distribuição, processamento, arquivamento, armazenamento, eliminação, avaliação ou controle da informação, modificação, comunicação, transferência, difusão ou extração;

XI — anonimização: utilização de meios técnicos razoáveis e disponíveis no momento do tratamento, por meio dos quais um dado perde a possibilidade de associação, direta ou indireta, a um indivíduo;

XII — consentimento: manifestação livre, informada e inequívoca pela qual o titular concorda com o tratamento de seus dados pessoais para uma finalidade determinada;

XIII — bloqueio: suspensão temporária de qualquer operação de tratamento, mediante guarda do dado pessoal ou do banco de dados;

XIV — eliminação: exclusão de dado ou de conjunto de dados armazenados em banco de dados, independentemente do procedimento empregado;

XV — transferência internacional de dados: transferência de dados pessoais para país estrangeiro ou organismo internacional do qual o país seja membro;

XVI — uso compartilhado de dados: comunicação, difusão, transferência internacional, interconexão de dados pessoais ou tratamento compartilhado de bancos de dados pessoais por órgãos e entidades públicos no cumprimento de suas competências legais, ou entre esses e entes privados, reciprocamente, com autorização específica, para uma ou mais modalidades de tratamento permitidas por esses entes públicos, ou entre entes privados;

XVII — relatório de impacto à proteção de dados pessoais: documentação do controlador que contém a descrição dos processos de tratamento de dados pessoais que podem gerar riscos às liberdades civis e aos direitos fundamentais, bem como medidas, salvaguardas e mecanismos de mitigação de risco;

XVIII (*redação da Lei 13.853, de 8.7.19*) — órgão de pesquisa: órgão ou entidade da administração pública direta ou indireta ou pessoa jurídica de direito privado sem fins lucrativos legalmente constituída sob as leis brasileiras, com sede e foro no País, que inclua em sua missão institucional ou em seu objetivo social ou estatutário a pesquisa básica ou aplicada de caráter histórico, científico, tecnológico ou estatístico; e

XIX (*redação da Lei 13.853, de 8.7.19*) — autoridade nacional: órgão da administração pública responsável por zelar, implementar e fiscalizar o cumprimento desta Lei em todo o território nacional.[1]

Art. 5º: 1. v. arts. 55-A a 55-L.

Art. 6º As atividades de tratamento de dados pessoais deverão observar a boa-fé e os seguintes princípios:

I — finalidade: realização do tratamento para propósitos legítimos, específicos, explícitos e informados ao titular, sem possibilidade de tratamento posterior de forma incompatível com essas finalidades;

II — adequação: compatibilidade do tratamento com as finalidades informadas ao titular, de acordo com o contexto do tratamento;

III — necessidade: limitação do tratamento ao mínimo necessário para a realização de suas finalidades, com abrangência dos dados pertinentes, proporcionais e não excessivos em relação às finalidades do tratamento de dados;

IV — livre acesso: garantia, aos titulares, de consulta facilitada e gratuita sobre a forma e a duração do tratamento, bem como sobre a integralidade de seus dados pessoais;

V — qualidade dos dados: garantia, aos titulares, de exatidão, clareza, relevância e atualização dos dados, de acordo com a necessidade e para o cumprimento da finalidade de seu tratamento;

VI — transparência: garantia, aos titulares, de informações claras, precisas e facilmente acessíveis sobre a realização do tratamento e os respectivos agentes de tratamento, observados os segredos comercial e industrial;

VII — segurança: utilização de medidas técnicas e administrativas aptas a proteger os dados pessoais de acessos não autorizados e de situações acidentais ou ilícitas de destruição, perda, alteração, comunicação ou difusão;

VIII — prevenção: adoção de medidas para prevenir a ocorrência de danos em virtude do tratamento de dados pessoais;

IX — não discriminação: impossibilidade de realização do tratamento para fins discriminatórios ilícitos ou abusivos;

X — responsabilização e prestação de contas: demonstração, pelo agente, da adoção de medidas eficazes e capazes de comprovar a observância e o cumprimento das normas de proteção de dados pessoais e, inclusive, da eficácia dessas medidas.

Capítulo II | DO TRATAMENTO DE DADOS PESSOAIS

Seção I | DOS REQUISITOS PARA O TRATAMENTO DE DADOS PESSOAIS

Art. 7º O tratamento de dados pessoais somente poderá ser realizado nas seguintes hipóteses:

I — mediante o fornecimento de consentimento pelo titular;[1]

II — para o cumprimento de obrigação legal ou regulatória pelo controlador;

III — pela administração pública, para o tratamento e uso compartilhado de dados necessários à execução de políticas públicas previstas em leis e regulamentos ou respaldadas em contratos, convênios ou instrumentos congêneres, observadas as disposições do Capítulo IV desta Lei;

IV — para a realização de estudos por órgão de pesquisa, garantida, sempre que possível, a anonimização dos dados pessoais;

V — quando necessário para a execução de contrato ou de procedimentos preliminares relacionados a contrato do qual seja parte o titular, a pedido do titular dos dados;

VI — para o exercício regular de direitos em processo judicial, administrativo ou arbitral, esse último nos termos da Lei n. 9.307, de 23 de setembro de 1996 (Lei de Arbitragem);

VII — para a proteção da vida ou da incolumidade física do titular ou de terceiro;

VIII (*redação da Lei 13.853, de 8.7.19*) — para a tutela da saúde, exclusivamente, em procedimento realizado por profissionais de saúde, serviços de saúde ou autoridade sanitária;

IX — quando necessário para atender aos interesses legítimos do controlador ou de terceiro, exceto no caso de prevalecerem direitos e liberdades fundamentais do titular que exijam a proteção dos dados pessoais; ou

X — para a proteção do crédito, inclusive quanto ao disposto na legislação pertinente.

§ 1º (*revogado*) [1a]

§ 2º (*revogado*) [2]

§ 3º O tratamento de dados pessoais cujo acesso é público deve considerar a finalidade, a boa-fé e o interesse público que justificaram sua disponibilização.

§ 4º É dispensada a exigência do consentimento previsto no *caput* deste artigo para os dados tornados manifestamente públicos pelo titular, resguardados os direitos do titular e os princípios previstos nesta Lei.

§ 5º O controlador que obteve o consentimento referido no inciso I do *caput* deste artigo que necessitar comunicar ou compartilhar dados pessoais com outros controladores deverá obter consentimento específico do titular para esse fim, ressalvadas as hipóteses de dispensa do consentimento previstas nesta Lei.

§ 6º A eventual dispensa da exigência do consentimento não desobriga os agentes de tratamento das demais obrigações previstas nesta Lei, especialmente da observância dos princípios gerais e da garantia dos direitos do titular.

§ 7º (*acrescido pela Lei 13.853, de 8.7.19*) O tratamento posterior dos dados pessoais a que se referem os §§ 3º e 4º deste artigo poderá ser realizado para novas finalidades, desde que observados os propósitos legítimos e específicos para o novo tratamento e a preservação dos direitos do titular, assim como os fundamentos e os princípios previstos nesta Lei.

Art. 7º: 1. v. art. 8º.

Art. 7º: 1a e 2. Os §§ 1º e 2º foram revogados pela Lei 13.853, de 8.7.19.

Art. 8º O consentimento previsto no inciso I do art. 7º desta Lei deverá ser fornecido por escrito ou por outro meio que demonstre a manifestação de vontade do titular.

§ 1º Caso o consentimento seja fornecido por escrito, esse deverá constar de cláusula destacada das demais cláusulas contratuais.

§ 2º Cabe ao controlador o ônus da prova de que o consentimento foi obtido em conformidade com o disposto nesta Lei.

§ 3º É vedado o tratamento de dados pessoais mediante vício de consentimento.

§ 4º O consentimento deverá referir-se a finalidades determinadas, e as autorizações genéricas para o tratamento de dados pessoais serão nulas.

§ 5º O consentimento pode ser revogado a qualquer momento mediante manifestação expressa do titular, por procedimento gratuito e facilitado, ratificados os tratamentos realizados sob amparo do consentimento anteriormente manifestado enquanto não houver requerimento de eliminação, nos termos do inciso VI do *caput* do art. 18 desta Lei.

§ 6º Em caso de alteração de informação referida nos incisos I, II, III ou V do art. 9º desta Lei, o controlador deverá informar ao titular, com destaque de forma específica do teor das alterações, podendo o titular, nos casos em que o seu consentimento é exigido, revogá-lo caso discorde da alteração.

Art. 9º O titular tem direito ao acesso facilitado às informações sobre o tratamento de seus dados, que deverão ser disponibilizadas de forma clara, adequada e ostensiva acerca de, entre outras características previstas em regulamentação para o atendimento do princípio do livre acesso:

I — finalidade específica do tratamento;

II — forma e duração do tratamento, observados os segredos comercial e industrial;

III — identificação do controlador;

IV — informações de contato do controlador;

V — informações acerca do uso compartilhado de dados pelo controlador e a finalidade;

VI — responsabilidades dos agentes que realizarão o tratamento; e

VII — direitos do titular, com menção explícita aos direitos contidos no art. 18 desta Lei.

§ 1º Na hipótese em que o consentimento é requerido, esse será considerado nulo caso as informações fornecidas ao titular tenham conteúdo enganoso ou abusivo ou não tenham sido apresentadas previamente com transparência, de forma clara e inequívoca.

§ 2º Na hipótese em que o consentimento é requerido, se houver mudanças da finalidade para o tratamento de dados pessoais não compatíveis com o consentimento original, o controlador deverá informar previamente o titular sobre as mudanças de finalidade, podendo o titular revogar o consentimento, caso discorde das alterações.

§ 3º Quando o tratamento de dados pessoais for condição para o fornecimento de produto ou de serviço ou para o exercício de direito, o titular será informado com destaque sobre esse fato e sobre os meios pelos quais poderá exercer os direitos do titular elencados no art. 18 desta Lei.

Art. 10. O legítimo interesse do controlador somente poderá fundamentar tratamento de dados pessoais para finalidades legítimas, consideradas a partir de situações concretas, que incluem, mas não se limitam a:

I — apoio e promoção de atividades do controlador; e

II — proteção, em relação ao titular, do exercício regular de seus direitos ou prestação de serviços que o beneficiem, respeitadas as legítimas expectativas dele e os direitos e liberdades fundamentais, nos termos desta Lei.

§ 1º Quando o tratamento for baseado no legítimo interesse do controlador, somente os dados pessoais estritamente necessários para a finalidade pretendida poderão ser tratados.

§ 2º O controlador deverá adotar medidas para garantir a transparência do tratamento de dados baseado em seu legítimo interesse.

§ 3º A autoridade nacional poderá solicitar ao controlador relatório de impacto à proteção de dados pessoais, quando o tratamento tiver como fundamento seu interesse legítimo, observados os segredos comercial e industrial.

Seção II | DO TRATAMENTO DE DADOS PESSOAIS SENSÍVEIS

Art. 11. O tratamento de dados pessoais sensíveis somente poderá ocorrer nas seguintes hipóteses:

I — quando o titular ou seu responsável legal consentir, de forma específica e destacada, para finalidades específicas;

II — sem fornecimento de consentimento do titular, nas hipóteses em que for indispensável para:

a) cumprimento de obrigação legal ou regulatória pelo controlador;

b) tratamento compartilhado de dados necessários à execução, pela administração pública, de políticas públicas previstas em leis ou regulamentos;

c) realização de estudos por órgão de pesquisa, garantida, sempre que possível, a anonimização dos dados pessoais sensíveis;

d) exercício regular de direitos, inclusive em contrato e em processo judicial, administrativo e arbitral, este último nos termos da Lei n. 9.307, de 23 de setembro de 1996 (Lei de Arbitragem);

e) proteção da vida ou da incolumidade física do titular ou de terceiro;

f) (*redação da Lei 13.853, de 8.7.19*) tutela da saúde, exclusivamente, em procedimento realizado por profissionais de saúde, serviços de saúde ou autoridade sanitária; ou

g) garantia da prevenção à fraude e à segurança do titular, nos processos de identificação e autenticação de cadastro em sistemas eletrônicos, resguardados os direitos mencionados no art. 9º desta Lei e exceto no caso de prevalecerem direitos e liberdades fundamentais do titular que exijam a proteção dos dados pessoais.

§ 1º Aplica-se o disposto neste artigo a qualquer tratamento de dados pessoais que revele dados pessoais sensíveis e que possa causar dano ao titular, ressalvado o disposto em legislação específica.

§ 2º Nos casos de aplicação do disposto nas alíneas "a" e "b" do inciso II do *caput* deste artigo pelos órgãos e pelas entidades públicas, será dada publicidade à referida dispensa de consentimento, nos termos do inciso I do *caput* do art. 23 desta Lei.

§ 3º A comunicação ou o uso compartilhado de dados pessoais sensíveis entre controladores com objetivo de obter vantagem econômica poderá ser objeto de vedação ou de regulamentação por parte da autoridade nacional, ouvidos os órgãos setoriais do Poder Público, no âmbito de suas competências.

§ 4º (*redação da Lei 13.853, de 8.7.19*) É vedada a comunicação ou o uso compartilhado entre controladores de dados pessoais sensíveis referentes à saúde com objetivo de obter vantagem econômica, exceto nas hipóteses relativas a prestação de serviços de saúde, de assistência farmacêutica e de assistência à saúde, desde que observado o § 5º deste artigo, incluídos os serviços auxiliares de diagnose e terapia, em benefício dos interesses dos titulares de dados, e para permitir:

I (*acrescido pela Lei 13.853, de 8.7.19*) — a portabilidade de dados quando solicitada pelo titular; ou

II (*acrescido pela Lei 13.853, de 8.7.19*) — as transações financeiras e administrativas resultantes do uso e da prestação dos serviços de que trata este parágrafo.

§ 5º (*acrescido pela Lei 13.853, de 8.7.19*) É vedado às operadoras de planos privados de assistência à saúde o tratamento de dados de saúde para a prática de seleção de riscos na contratação de qualquer modalidade, assim como na contratação e exclusão de beneficiários.

Art. 12. Os dados anonimizados não serão considerados dados pessoais para os fins desta Lei, salvo quando o processo de anonimização ao qual foram submetidos for revertido, utilizando exclusivamente meios próprios, ou quando, com esforços razoáveis, puder ser revertido.

§ 1º A determinação do que seja razoável deve levar em consideração fatores objetivos, tais como custo e tempo necessários para reverter o processo de anonimização, de acordo com as tecnologias disponíveis, e a utilização exclusiva de meios próprios.

§ 2º Poderão ser igualmente considerados como dados pessoais, para os fins desta Lei, aqueles utilizados para formação do perfil comportamental de determinada pessoa natural, se identificada.

§ 3º A autoridade nacional poderá dispor sobre padrões e técnicas utilizados em processos de anonimização e realizar verificações acerca de sua segurança, ouvido o Conselho Nacional de Proteção de Dados Pessoais.

Art. 13. Na realização de estudos em saúde pública, os órgãos de pesquisa poderão ter acesso a bases de dados pessoais, que serão tratados exclusivamente dentro do órgão e estritamente para a finalidade de realização de estudos e pesquisas e mantidos em ambiente controlado e seguro, conforme práticas de segurança previstas em regulamento específico e que incluam, sempre que possível, a anonimização ou pseudonimização dos dados, bem como considerem os devidos padrões éticos relacionados a estudos e pesquisas.

§ 1º A divulgação dos resultados ou de qualquer excerto do estudo ou da pesquisa de que trata o *caput* deste artigo em nenhuma hipótese poderá revelar dados pessoais.

§ 2º O órgão de pesquisa será o responsável pela segurança da informação prevista no *caput* deste artigo, não permitida, em circunstância alguma, a transferência dos dados a terceiro.

§ 3º O acesso aos dados de que trata este artigo será objeto de regulamentação por parte da autoridade nacional e das autoridades da área de saúde e sanitárias, no âmbito de suas competências.

§ 4º Para os efeitos deste artigo, a pseudonimização é o tratamento por meio do qual um dado perde a possibilidade de associação, direta ou indireta, a um indivíduo, senão pelo uso de informação adicional mantida separadamente pelo controlador em ambiente controlado e seguro.

Seção III | DO TRATAMENTO DE DADOS PESSOAIS DE CRIANÇAS E DE ADOLESCENTES

Art. 14. O tratamento de dados pessoais de crianças e de adolescentes deverá ser realizado em seu melhor interesse, nos termos deste artigo e da legislação pertinente.

§ 1º O tratamento de dados pessoais de crianças deverá ser realizado com o consentimento específico e em destaque dado por pelo menos um dos pais ou pelo responsável legal.

§ 2º No tratamento de dados de que trata o § 1º deste artigo, os controladores deverão manter pública a informação sobre os tipos de dados coletados, a forma de sua utilização e os procedimentos para o exercício dos direitos a que se refere o art. 18 desta Lei.

§ 3º Poderão ser coletados dados pessoais de crianças sem o consentimento a que se refere o § 1º deste artigo quando a coleta for necessária para contatar os pais ou o responsável legal, utilizados uma única vez e sem armazenamento, ou para sua proteção, e em nenhum caso poderão ser repassados a terceiro sem o consentimento de que trata o § 1º deste artigo.

§ 4º Os controladores não deverão condicionar a participação dos titulares de que trata o § 1º deste artigo em jogos, aplicações de internet ou outras atividades ao fornecimento de informações pessoais além das estritamente necessárias à atividade.

§ 5º O controlador deve realizar todos os esforços razoáveis para verificar que o consentimento a que se refere o § 1º deste artigo foi dado pelo responsável pela criança, consideradas as tecnologias disponíveis.

§ 6º As informações sobre o tratamento de dados referidas neste artigo deverão ser fornecidas de maneira simples, clara e acessível, consideradas as características físico-motoras, perceptivas, sensoriais, intelectuais e mentais do usuário, com uso de recursos audiovisuais quando adequado, de forma a proporcionar a informação necessária aos pais ou ao responsável legal e adequada ao entendimento da criança.

Seção IV | DO TÉRMINO DO TRATAMENTO DE DADOS

Art. 15. O término do tratamento de dados pessoais ocorrerá nas seguintes hipóteses:

I — verificação de que a finalidade foi alcançada ou de que os dados deixaram de ser necessários ou pertinentes ao alcance da finalidade específica almejada;

II — fim do período de tratamento;

III — comunicação do titular, inclusive no exercício de seu direito de revogação do consentimento conforme disposto no § 5º do art. 8º desta Lei, resguardado o interesse público; ou

IV — determinação da autoridade nacional, quando houver violação ao disposto nesta Lei.

Art. 16. Os dados pessoais serão eliminados após o término de seu tratamento, no âmbito e nos limites técnicos das atividades, autorizada a conservação para as seguintes finalidades:

I — cumprimento de obrigação legal ou regulatória pelo controlador;

II — estudo por órgão de pesquisa, garantida, sempre que possível, a anonimização dos dados pessoais;

III — transferência a terceiro, desde que respeitados os requisitos de tratamento de dados dispostos nesta Lei; ou

IV — uso exclusivo do controlador, vedado seu acesso por terceiro, e desde que anonimizados os dados.

Capítulo III | DOS DIREITOS DO TITULAR

Art. 17. Toda pessoa natural tem assegurada a titularidade de seus dados pessoais e garantidos os direitos fundamentais de liberdade, de intimidade e de privacidade, nos termos desta Lei.

Art. 18. O titular dos dados pessoais tem direito a obter do controlador, em relação aos dados do titular por ele tratados, a qualquer momento e mediante requisição:

I — confirmação da existência de tratamento;

II — acesso aos dados;

III — correção de dados incompletos, inexatos ou desatualizados;

IV — anonimização, bloqueio ou eliminação de dados desnecessários, excessivos ou tratados em desconformidade com o disposto nesta Lei;

V (*redação da Lei 13.853, de 8.7.19*) — portabilidade dos dados a outro fornecedor de serviço ou produto, mediante requisição expressa, de acordo com a regulamentação da autoridade nacional, observados os segredos comercial e industrial;

VI — eliminação dos dados pessoais tratados com o consentimento do titular, exceto nas hipóteses previstas no art. 16 desta Lei;

VII — informação das entidades públicas e privadas com as quais o controlador realizou uso compartilhado de dados;

VIII — informação sobre a possibilidade de não fornecer consentimento e sobre as consequências da negativa;

IX — revogação do consentimento, nos termos do § 5º do art. 8º desta Lei.

§ 1º O titular dos dados pessoais tem o direito de peticionar em relação aos seus dados contra o controlador perante a autoridade nacional.[1]

§ 2º O titular pode opor-se a tratamento realizado com fundamento em uma das hipóteses de dispensa de consentimento, em caso de descumprimento ao disposto nesta Lei.

§ 3º Os direitos previstos neste artigo serão exercidos mediante requerimento expresso do titular ou de representante legalmente constituído, a agente de tratamento.

§ 4º Em caso de impossibilidade de adoção imediata da providência de que trata o § 3º deste artigo, o controlador enviará ao titular resposta em que poderá:

I — comunicar que não é agente de tratamento dos dados e indicar, sempre que possível, o agente; ou

II — indicar as razões de fato ou de direito que impedem a adoção imediata da providência.

§ 5º O requerimento referido no § 3º deste artigo será atendido sem custos para o titular, nos prazos e nos termos previstos em regulamento.

§ 6º (*redação da Lei 13.853, de 8.7.19*) O responsável deverá informar, de maneira imediata, aos agentes de tratamento com os quais tenha realizado uso compartilhado de dados a correção, a eliminação, a anonimização ou o bloqueio dos dados, para que repitam idêntico procedimento, exceto nos casos em que esta comunicação seja comprovadamente impossível ou implique esforço desproporcional.

§ 7º A portabilidade dos dados pessoais a que se refere o inciso V do *caput* deste artigo não inclui dados que já tenham sido anonimizados pelo controlador.

§ 8º O direito a que se refere o § 1º deste artigo também poderá ser exercido perante os organismos de defesa do consumidor.

Art. 18: 1. v. § 8º.

Art. 19. A confirmação de existência ou o acesso a dados pessoais serão providenciados, mediante requisição do titular:

I — em formato simplificado, imediatamente; ou

II — por meio de declaração clara e completa, que indique a origem dos dados, a inexistência de registro, os critérios utilizados e a finalidade do tratamento, observados os segredos comercial e industrial, fornecida no prazo de até 15 (quinze) dias, contado da data do requerimento do titular.

§ 1º Os dados pessoais serão armazenados em formato que favoreça o exercício do direito de acesso.

§ 2º As informações e os dados poderão ser fornecidos, a critério do titular:

I — por meio eletrônico, seguro e idôneo para esse fim; ou

II — sob forma impressa.

§ 3º Quando o tratamento tiver origem no consentimento do titular ou em contrato, o titular poderá solicitar cópia eletrônica integral de seus dados pessoais, observados os segredos comercial e industrial, nos termos de regulamentação da autoridade nacional, em formato que permita a sua utilização subsequente, inclusive em outras operações de tratamento.

§ 4º A autoridade nacional poderá dispor de forma diferenciada acerca dos prazos previstos nos incisos I e II do *caput* deste artigo para os setores específicos.

Art. 20 (*redação da Lei 13.853, de 8.7.19*). O titular dos dados tem direito a solicitar a revisão de decisões tomadas unicamente com base em tratamento automatizado de dados pessoais que afetem seus interesses, incluídas as decisões destinadas a definir o seu perfil pessoal, profissional, de consumo e de crédito ou os aspectos de sua personalidade.

§ 1º O controlador deverá fornecer, sempre que solicitadas, informações claras e adequadas a respeito dos critérios e dos procedimentos utilizados para a decisão automatizada, observados os segredos comercial e industrial.

§ 2º Em caso de não oferecimento de informações de que trata o § 1º deste artigo baseado na observância de segredo comercial e industrial, a autoridade nacional poderá realizar auditoria para verificação de aspectos discriminatórios em tratamento automatizado de dados pessoais.

§ 3º (VETADO).[1]

Art. 20: 1. O § 3º foi acrescido pela Lei 13.853, de 8.7.19.

Art. 21. Os dados pessoais referentes ao exercício regular de direitos pelo titular não podem ser utilizados em seu prejuízo.

Art. 22. A defesa dos interesses e dos direitos dos titulares de dados poderá ser exercida em juízo, individual ou coletivamente, na forma do disposto na legislação pertinente, acerca dos instrumentos de tutela individual e coletiva.

Capítulo IV | DO TRATAMENTO DE DADOS PESSOAIS PELO PODER PÚBLICO

Seção I | DAS REGRAS

Art. 23. O tratamento de dados pessoais pelas pessoas jurídicas de direito público referidas no parágrafo único do art. 1º da Lei n. 12.527, de 18 de novembro de 2011 (Lei de Acesso à Informação), deverá ser realizado para o atendimento de sua finalidade pública, na persecução do interesse público, com o objetivo de executar as competências legais ou cumprir as atribuições legais do serviço público, desde que:

I — sejam informadas as hipóteses em que, no exercício de suas competências, realizam o tratamento de dados pessoais, fornecendo informações claras e atualizadas sobre a previsão legal, a finalidade, os procedimentos e as práticas utilizadas para a execução dessas atividades, em veículos de fácil acesso, preferencialmente em seus sítios eletrônicos;

II — (VETADO); e

III (*redação da Lei 13.853, de 8.7.19*) — seja indicado um encarregado quando realizarem operações de tratamento de dados pessoais, nos termos do art. 39 desta Lei; e

IV — (VETADO).[1]

§ 1º A autoridade nacional poderá dispor sobre as formas de publicidade das operações de tratamento.

§ 2º O disposto nesta Lei não dispensa as pessoas jurídicas mencionadas no *caput* deste artigo de instituir as autoridades de que trata a Lei n. 12.527, de 18 de novembro de 2011 (Lei de Acesso à Informação).

§ 3º Os prazos e procedimentos para exercício dos direitos do titular perante o Poder Público observarão o disposto em legislação específica, em especial as disposições constantes da Lei n. 9.507, de 12 de novembro de 1997 (Lei do Habeas Data), da Lei n. 9.784, de 29 de janeiro de

1999 (Lei Geral do Processo Administrativo), e da Lei n. 12.527, de 18 de novembro de 2011 (Lei de Acesso à Informação).

§ 4º Os serviços notariais e de registro exercidos em caráter privado, por delegação do Poder Público, terão o mesmo tratamento dispensado às pessoas jurídicas referidas no *caput* deste artigo, nos termos desta Lei.

§ 5º Os órgãos notariais e de registro devem fornecer acesso aos dados por meio eletrônico para a administração pública, tendo em vista as finalidades de que trata o *caput* deste artigo.

Art. 23: 1. O inciso IV foi acrescido pela Lei 13.853, de 8.7.19.

Art. 24. As empresas públicas e as sociedades de economia mista que atuam em regime de concorrência, sujeitas ao disposto no art. 173 da Constituição Federal, terão o mesmo tratamento dispensado às pessoas jurídicas de direito privado particulares, nos termos desta Lei.

Parágrafo único. As empresas públicas e as sociedades de economia mista, quando estiverem operacionalizando políticas públicas e no âmbito da execução delas, terão o mesmo tratamento dispensado aos órgãos e às entidades do Poder Público, nos termos deste Capítulo.

Art. 25. Os dados deverão ser mantidos em formato interoperável e estruturado para o uso compartilhado, com vistas à execução de políticas públicas, à prestação de serviços públicos, à descentralização da atividade pública e à disseminação e ao acesso das informações pelo público em geral.

Art. 26. O uso compartilhado de dados pessoais pelo Poder Público deve atender a finalidades específicas de execução de políticas públicas e atribuição legal pelos órgãos e pelas entidades públicas, respeitados os princípios de proteção de dados pessoais elencados no art. 6º desta Lei.

§ 1º É vedado ao Poder Público transferir a entidades privadas dados pessoais constantes de bases de dados a que tenha acesso, exceto:

I — em casos de execução descentralizada de atividade pública que exija a transferência, exclusivamente para esse fim específico e determinado, observado o disposto na Lei n. 12.527, de 18 de novembro de 2011 (Lei de Acesso à Informação);

II — (VETADO);

III — nos casos em que os dados forem acessíveis publicamente, observadas as disposições desta Lei;

IV (*acrescido pela Lei 13.853, de 8.7.19*) — quando houver previsão legal ou a transferência for respaldada em contratos, convênios ou instrumentos congêneres; ou

V (*acrescido pela Lei 13.853, de 8.7.19*) — na hipótese de a transferência dos dados objetivar exclusivamente a prevenção de fraudes e irregularidades, ou proteger e resguardar a segurança e a integridade do titular dos dados, desde que vedado o tratamento para outras finalidades.

§ 2º Os contratos e convênios de que trata o § 1º deste artigo deverão ser comunicados à autoridade nacional.

Art. 27. A comunicação ou o uso compartilhado de dados pessoais de pessoa jurídica de direito público a pessoa de direito privado será informado à autoridade nacional e dependerá de consentimento do titular, exceto:

I — nas hipóteses de dispensa de consentimento previstas nesta Lei;

II — nos casos de uso compartilhado de dados, em que será dada publicidade nos termos do inciso I do *caput* do art. 23 desta Lei; ou

III — nas exceções constantes do § 1º do art. 26 desta Lei.

Parágrafo único (*acrescido pela Lei 13.853, de 8.7.19*). A informação à autoridade nacional de que trata o *caput* deste artigo será objeto de regulamentação.

Art. 28. (VETADO).

Art. 29 (*redação da Lei 13.853, de 8.7.19*). A autoridade nacional poderá solicitar, a qualquer momento, aos órgãos e às entidades do poder público a realização de operações de tratamento de dados pessoais, informações específicas sobre o âmbito e a natureza dos dados e outros detalhes do tratamento realizado e poderá emitir parecer técnico complementar para garantir o cumprimento desta Lei.

Art. 30. A autoridade nacional poderá estabelecer normas complementares para as atividades de comunicação e de uso compartilhado de dados pessoais.

Seção II | DA RESPONSABILIDADE

Art. 31. Quando houver infração a esta Lei em decorrência do tratamento de dados pessoais por órgãos públicos, a autoridade nacional poderá enviar informe com medidas cabíveis para fazer cessar a violação.

Art. 32. A autoridade nacional poderá solicitar a agentes do Poder Público a publicação de relatórios de impacto à proteção de dados pessoais e sugerir a adoção de padrões e de boas práticas para os tratamentos de dados pessoais pelo Poder Público.

Capítulo V | DA TRANSFERÊNCIA INTERNACIONAL DE DADOS

Art. 33. A transferência internacional de dados pessoais somente é permitida nos seguintes casos:

I — para países ou organismos internacionais que proporcionem grau de proteção de dados pessoais adequado ao previsto nesta Lei;

II — quando o controlador oferecer e comprovar garantias de cumprimento dos princípios, dos direitos do titular e do regime de proteção de dados previstos nesta Lei, na forma de:

a) cláusulas contratuais específicas para determinada transferência;

b) cláusulas-padrão contratuais;

c) normas corporativas globais;

d) selos, certificados e códigos de conduta regularmente emitidos;

III — quando a transferência for necessária para a cooperação jurídica internacional entre órgãos públicos de inteligência, de investigação e de persecução, de acordo com os instrumentos de direito internacional;

IV — quando a transferência for necessária para a proteção da vida ou da incolumidade física do titular ou de terceiro;

V — quando a autoridade nacional autorizar a transferência;

VI — quando a transferência resultar em compromisso assumido em acordo de cooperação internacional;

VII — quando a transferência for necessária para a execução de política pública ou atribuição legal do serviço público, sendo dada publicidade nos termos do inciso I do *caput* do art. 23 desta Lei;

VIII — quando o titular tiver fornecido o seu consentimento específico e em destaque para a transferência, com informação prévia sobre o caráter internacional da operação, distinguindo claramente esta de outras finalidades; ou

IX — quando necessário para atender as hipóteses previstas nos incisos II, V e VI do art. 7º desta Lei.

Parágrafo único. Para os fins do inciso I deste artigo, as pessoas jurídicas de direito público referidas no parágrafo único do art. 1º da Lei n. 12.527, de 18 de novembro de 2011 (Lei de Acesso à Informação), no âmbito de suas competências legais, e responsáveis, no âmbito de suas atividades, poderão requerer à autoridade nacional a avaliação do nível de proteção a dados pessoais conferido por país ou organismo internacional.

Art. 34. O nível de proteção de dados do país estrangeiro ou do organismo internacional mencionado no inciso I do *caput* do art. 33 desta Lei será avaliado pela autoridade nacional, que levará em consideração:

I — as normas gerais e setoriais da legislação em vigor no país de destino ou no organismo internacional;

II — a natureza dos dados;

III — a observância dos princípios gerais de proteção de dados pessoais e direitos dos titulares previstos nesta Lei;

IV — a adoção de medidas de segurança previstas em regulamento;

V — a existência de garantias judiciais e institucionais para o respeito aos direitos de proteção de dados pessoais; e

VI — outras circunstâncias específicas relativas à transferência.

Art. 35. A definição do conteúdo de cláusulas-padrão contratuais, bem como a verificação de cláusulas contratuais específicas para uma determinada transferência, normas corporativas globais ou selos, certificados e códigos de conduta, a que se refere o inciso II do *caput* do art. 33 desta Lei, será realizada pela autoridade nacional.

§ 1º Para a verificação do disposto no *caput* deste artigo, deverão ser considerados os requisitos, as condições e as garantias mínimas para a transferência que observem os direitos, as garantias e os princípios desta Lei.

§ 2º Na análise de cláusulas contratuais, de documentos ou de normas corporativas globais submetidas à aprovação da autoridade nacional, poderão ser requeridas informações suplementares ou realizadas diligências de verificação quanto às operações de tratamento, quando necessário.

§ 3º A autoridade nacional poderá designar organismos de certificação para a realização do previsto no *caput* deste artigo, que permanecerão sob sua fiscalização nos termos definidos em regulamento.

§ 4º Os atos realizados por organismo de certificação poderão ser revistos pela autoridade nacional e, caso em desconformidade com esta Lei, submetidos a revisão ou anulados.

§ 5º As garantias suficientes de observância dos princípios gerais de proteção e dos direitos do titular referidas no *caput* deste artigo serão também analisadas de acordo com as medidas técnicas e organizacionais adotadas pelo operador, de acordo com o previsto nos §§ 1º e 2º do art. 46 desta Lei.

Art. 36. As alterações nas garantias apresentadas como suficientes de observância dos princípios gerais de proteção e dos direitos do titular referidas no inciso II do art. 33 desta Lei deverão ser comunicadas à autoridade nacional.

Capítulo VI | DOS AGENTES DE TRATAMENTO DE DADOS PESSOAIS

Seção I | DO CONTROLADOR E DO OPERADOR

Art. 37. O controlador e o operador devem manter registro das operações de tratamento de dados pessoais que realizarem, especialmente quando baseado no legítimo interesse.

Art. 38. A autoridade nacional poderá determinar ao controlador que elabore relatório de impacto à proteção de dados pessoais, inclusive de dados sensíveis, referente a suas operações de tratamento de dados, nos termos de regulamento, observados os segredos comercial e industrial.

Parágrafo único. Observado o disposto no *caput* deste artigo, o relatório deverá conter, no mínimo, a descrição dos tipos de dados coletados, a metodologia utilizada para a coleta e para a garantia da segurança das informações e a análise do controlador com relação a medidas, salvaguardas e mecanismos de mitigação de risco adotados.

Art. 39. O operador deverá realizar o tratamento segundo as instruções fornecidas pelo controlador, que verificará a observância das próprias instruções e das normas sobre a matéria.

Art. 40. A autoridade nacional poderá dispor sobre padrões de interoperabilidade para fins de portabilidade, livre acesso aos dados e segurança, assim como sobre o tempo de guarda dos registros, tendo em vista especialmente a necessidade e a transparência.

Seção II | DO ENCARREGADO PELO TRATAMENTO DE DADOS PESSOAIS

Art. 41. O controlador deverá indicar encarregado pelo tratamento de dados pessoais.

§ 1º A identidade e as informações de contato do encarregado deverão ser divulgadas publicamente, de forma clara e objetiva, preferencialmente no sítio eletrônico do controlador.

§ 2º As atividades do encarregado consistem em:

I — aceitar reclamações e comunicações dos titulares, prestar esclarecimentos e adotar providências;

II — receber comunicações da autoridade nacional e adotar providências;

III — orientar os funcionários e os contratados da entidade a respeito das práticas a serem tomadas em relação à proteção de dados pessoais; e

IV — executar as demais atribuições determinadas pelo controlador ou estabelecidas em normas complementares.

§ 3º A autoridade nacional poderá estabelecer normas complementares sobre a definição e as atribuições do encarregado, inclusive hipóteses de dispensa da necessidade de sua indicação, conforme a natureza e o porte da entidade ou o volume de operações de tratamento de dados.

§ 4º (VETADO).[1]

Art. 41: 1. O § 4º foi acrescido pela Lei 13.853, de 8.7.19.

Seção III | DA RESPONSABILIDADE E DO RESSARCIMENTO DE DANOS

Art. 42. O controlador ou o operador que, em razão do exercício de atividade de tratamento de dados pessoais, causar a outrem dano patrimonial, moral, individual ou coletivo, em violação à legislação de proteção de dados pessoais, é obrigado a repará-lo.

§ 1º A fim de assegurar a efetiva indenização ao titular dos dados:

I — o operador responde solidariamente pelos danos causados pelo tratamento quando descumprir as obrigações da legislação de proteção de dados ou quando não tiver seguido as instruções lícitas do controlador, hipótese em que o operador equipara-se ao controlador, salvo nos casos de exclusão previstos no art. 43 desta Lei;

II — os controladores que estiverem diretamente envolvidos no tratamento do qual decorreram danos ao titular dos dados respondem solidariamente, salvo nos casos de exclusão previstos no art. 43 desta Lei.

§ 2º O juiz, no processo civil, poderá inverter o ônus da prova a favor do titular dos dados quando, a seu juízo, for verossímil a alegação, houver hipossuficiência para fins de produção de prova ou quando a produção de prova pelo titular resultar-lhe excessivamente onerosa.[1]

§ 3º As ações de reparação por danos coletivos que tenham por objeto a responsabilização nos termos do *caput* deste artigo podem ser exercidas coletivamente em juízo, observado o disposto na legislação pertinente.

§ 4º Aquele que reparar o dano ao titular tem direito de regresso contra os demais responsáveis, na medida de sua participação no evento danoso.

Art. 42: 1. v. CDC 6º, nota 8.

Art. 43. Os agentes de tratamento só não serão responsabilizados quando provarem:

I — que não realizaram o tratamento de dados pessoais que lhes é atribuído;

II — que, embora tenham realizado o tratamento de dados pessoais que lhes é atribuído, não houve violação à legislação de proteção de dados; ou

III — que o dano é decorrente de culpa exclusiva do titular dos dados ou de terceiro.

Art. 44. O tratamento de dados pessoais será irregular quando deixar de observar a legislação ou quando não fornecer a segurança que o titular dele pode esperar, consideradas as circunstâncias relevantes, entre as quais:

I — o modo pelo qual é realizado;

II — o resultado e os riscos que razoavelmente dele se esperam;

III — as técnicas de tratamento de dados pessoais disponíveis à época em que foi realizado.

Parágrafo único. Responde pelos danos decorrentes da violação da segurança dos dados o controlador ou o operador que, ao deixar de adotar as medidas de segurança previstas no art. 46 desta Lei, der causa ao dano.

Art. 45. As hipóteses de violação do direito do titular no âmbito das relações de consumo permanecem sujeitas às regras de responsabilidade previstas na legislação pertinente.

Capítulo VII | DA SEGURANÇA E DAS BOAS PRÁTICAS

Seção I | DA SEGURANÇA E DO SIGILO DE DADOS

Art. 46. Os agentes de tratamento devem adotar medidas de segurança, técnicas e administrativas aptas a proteger os dados pessoais de acessos não autorizados e de situações acidentais ou ilícitas de destruição, perda, alteração, comunicação ou qualquer forma de tratamento inadequado ou ilícito.

§ 1º A autoridade nacional poderá dispor sobre padrões técnicos mínimos para tornar aplicável o disposto no *caput* deste artigo, considerados a natureza das informações tratadas, as características específicas do tratamento e o estado atual da tecnologia, especialmente no caso de dados pessoais sensíveis, assim como os princípios previstos no *caput* do art. 6º desta Lei.

§ 2º As medidas de que trata o *caput* deste artigo deverão ser observadas desde a fase de concepção do produto ou do serviço até a sua execução.

Art. 47. Os agentes de tratamento ou qualquer outra pessoa que intervenha em uma das fases do tratamento obriga-se a garantir a segurança da informação prevista nesta Lei em relação aos dados pessoais, mesmo após o seu término.

Art. 48. O controlador deverá comunicar à autoridade nacional e ao titular a ocorrência de incidente de segurança que possa acarretar risco ou dano relevante aos titulares.

§ 1º A comunicação será feita em prazo razoável, conforme definido pela autoridade nacional, e deverá mencionar, no mínimo:

I — a descrição da natureza dos dados pessoais afetados;

II — as informações sobre os titulares envolvidos;

III — a indicação das medidas técnicas e de segurança utilizadas para a proteção dos dados, observados os segredos comercial e industrial;

IV — os riscos relacionados ao incidente;

V — os motivos da demora, no caso de a comunicação não ter sido imediata; e

VI — as medidas que foram ou que serão adotadas para reverter ou mitigar os efeitos do prejuízo.

§ 2º A autoridade nacional verificará a gravidade do incidente e poderá, caso necessário para a salvaguarda dos direitos dos titulares, determinar ao controlador a adoção de providências, tais como:

I — ampla divulgação do fato em meios de comunicação; e

II — medidas para reverter ou mitigar os efeitos do incidente.

§ 3º No juízo de gravidade do incidente, será avaliada eventual comprovação de que foram adotadas medidas técnicas adequadas que tornem os dados pessoais afetados ininteligíveis, no âmbito e nos limites técnicos de seus serviços, para terceiros não autorizados a acessá-los.

Art. 49. Os sistemas utilizados para o tratamento de dados pessoais devem ser estruturados de forma a atender aos requisitos de segurança, aos padrões de boas práticas e de governança e aos princípios gerais previstos nesta Lei e às demais normas regulamentares.

Seção II | DAS BOAS PRÁTICAS E DA GOVERNANÇA

Art. 50. Os controladores e operadores, no âmbito de suas competências, pelo tratamento de dados pessoais, individualmente ou por meio de associações, poderão formular regras de boas práticas e de governança que estabeleçam as condições de organização, o regime de funcionamento, os procedimentos, incluindo reclamações e petições de titulares, as normas de segurança, os padrões técnicos, as obrigações específicas para os diversos envolvidos no tratamento, as ações educativas, os mecanismos internos de supervisão e de mitigação de riscos e outros aspectos relacionados ao tratamento de dados pessoais.

§ 1º Ao estabelecer regras de boas práticas, o controlador e o operador levarão em consideração, em relação ao tratamento e aos dados, a natureza, o escopo, a finalidade e a probabilidade e a gravidade dos riscos e dos benefícios decorrentes de tratamento de dados do titular.

§ 2º Na aplicação dos princípios indicados nos incisos VII e VIII do *caput* do art. 6º desta Lei, o controlador, observados a estrutura, a escala e o volume de suas operações, bem como a sensibilidade dos dados tratados e a probabilidade e a gravidade dos danos para os titulares dos dados, poderá:

I — implementar programa de governança em privacidade que, no mínimo:

a) demonstre o comprometimento do controlador em adotar processos e políticas internas que assegurem o cumprimento, de forma abrangente, de normas e boas práticas relativas à proteção de dados pessoais;

b) seja aplicável a todo o conjunto de dados pessoais que estejam sob seu controle, independentemente do modo como se realizou sua coleta;

c) seja adaptado à estrutura, à escala e ao volume de suas operações, bem como à sensibilidade dos dados tratados;

d) estabeleça políticas e salvaguardas adequadas com base em processo de avaliação sistemática de impactos e riscos à privacidade;

e) tenha o objetivo de estabelecer relação de confiança com o titular, por meio de atuação transparente e que assegure mecanismos de participação do titular;

f) esteja integrado a sua estrutura geral de governança e estabeleça e aplique mecanismos de supervisão internos e externos;

g) conte com planos de resposta a incidentes e remediação; e

h) seja atualizado constantemente com base em informações obtidas a partir de monitoramento contínuo e avaliações periódicas;

II — demonstrar a efetividade de seu programa de governança em privacidade quando apropriado e, em especial, a pedido da autoridade nacional ou de outra entidade responsável por promover o cumprimento de boas práticas ou códigos de conduta, os quais, de forma independente, promovam o cumprimento desta Lei.

§ 3º As regras de boas práticas e de governança deverão ser publicadas e atualizadas periodicamente e poderão ser reconhecidas e divulgadas pela autoridade nacional.

Art. 51. A autoridade nacional estimulará a adoção de padrões técnicos que facilitem o controle pelos titulares dos seus dados pessoais.

Capítulo VIII | DA FISCALIZAÇÃO

Seção I | DAS SANÇÕES ADMINISTRATIVAS

Art. 52. Os agentes de tratamento de dados, em razão das infrações cometidas às normas previstas nesta Lei, ficam sujeitos às seguintes sanções administrativas aplicáveis pela autoridade nacional:

I — advertência, com indicação de prazo para adoção de medidas corretivas;

II — multa simples, de até 2% (dois por cento) do faturamento da pessoa jurídica de direito privado, grupo ou conglomerado no Brasil no seu último exercício, excluídos os tributos, limitada, no total, a R$ 50.000.000,00 (cinquenta milhões de reais) por infração;

III — multa diária, observado o limite total a que se refere o inciso II;

IV — publicização da infração após devidamente apurada e confirmada a sua ocorrência;

V — bloqueio dos dados pessoais a que se refere a infração até a sua regularização;

VI — eliminação dos dados pessoais a que se refere a infração;

VII — (VETADO);

VIII — (VETADO);

IX — (VETADO).

X (*acrescido pela Lei 13.853, de 8.7.19*) — suspensão parcial do funcionamento do banco de dados a que se refere a infração pelo período máximo de 6 (seis) meses, prorrogável por igual período, até a regularização da atividade de tratamento pelo controlador;

XI (*acrescido pela Lei 13.853, de 8.7.19*) — suspensão do exercício da atividade de tratamento dos dados pessoais a que se refere a infração pelo período máximo de 6 (seis) meses, prorrogável por igual período;

XII (*acrescido pela Lei 13.853, de 8.7.19*) — proibição parcial ou total do exercício de atividades relacionadas a tratamento de dados.

§ 1º As sanções serão aplicadas após procedimento administrativo que possibilite a oportunidade da ampla defesa, de forma gradativa, isolada ou cumulativa, de acordo com as peculiaridades do caso concreto e considerados os seguintes parâmetros e critérios:

I — a gravidade e a natureza das infrações e dos direitos pessoais afetados;

II — a boa-fé do infrator;

III — a vantagem auferida ou pretendida pelo infrator;

IV — a condição econômica do infrator;

V — a reincidência;

VI — o grau do dano;

VII — a cooperação do infrator;

VIII — a adoção reiterada e demonstrada de mecanismos e procedimentos internos capazes de minimizar o dano, voltados ao tratamento seguro e adequado de dados, em consonância com o disposto no inciso II do § 2º do art. 48 desta Lei;

IX — a adoção de política de boas práticas e governança;

X — a pronta adoção de medidas corretivas; e

XI — a proporcionalidade entre a gravidade da falta e a intensidade da sanção.

§ 2º (*redação da Lei 13.853, de 8.7.19*) O disposto neste artigo não substitui a aplicação de sanções administrativas, civis ou penais definidas na Lei n. 8.078, de 11 de setembro de 1990,[1] e em legislação específica.

§ 3º (*redação da Lei 13.853, de 8.7.19*) O disposto nos incisos I, IV, V, VI, X, XI e XII do *caput* deste artigo poderá ser aplicado às entidades e aos órgãos públicos, sem prejuízo do disposto na Lei n. 8.112, de 11 de dezembro de 1990, na Lei n. 8.429, de 2 de junho de 1992, e na Lei n. 12.527, de 18 de novembro de 2011.

§ 4º No cálculo do valor da multa de que trata o inciso II do *caput* deste artigo, a autoridade nacional poderá considerar o faturamento total da empresa ou grupo de empresas, quando não dispuser do valor do faturamento no ramo de atividade empresarial em que ocorreu a infração, definido pela autoridade nacional, ou quando o valor for apresentado de forma incompleta ou não for demonstrado de forma inequívoca e idônea.

§ 5º (*acrescido pela Lei 13.853, de 8.7.19*) O produto da arrecadação das multas aplicadas pela ANPD, inscritas ou não em dívida ativa, será destinado ao Fundo de Defesa de Direitos Difusos de que tratam o art. 13 da Lei n. 7.347, de 24 de julho de 1985, e a Lei n. 9.008, de 21 de março de 1995.

§ 6º (*acrescido pela Lei 13.853, de 8.7.19*) As sanções previstas nos incisos X, XI e XII do *caput* deste artigo serão aplicadas:

I (*acrescido pela Lei 13.853, de 8.7.19*) — somente após já ter sido imposta ao menos 1 (uma) das sanções de que tratam os incisos II, III, IV, V e VI do *caput* deste artigo para o mesmo caso concreto; e

II (*acrescido pela Lei 13.853, de 8.7.19*) — em caso de controladores submetidos a outros órgãos e entidades com competências sancionatórias, ouvidos esses órgãos.

§ 7º (*acrescido pela Lei 13.853, de 8.7.19*) Os vazamentos individuais ou os acessos não autorizados de que trata o *caput* do art. 46 desta Lei poderão ser objeto de conciliação direta entre controlador e titular e, caso não haja acordo, o controlador estará sujeito à aplicação das penalidades de que trata este artigo.

Art. 52: 1. v. CDC (Código de Defesa do Consumidor).

Art. 53. A autoridade nacional definirá, por meio de regulamento próprio sobre sanções administrativas a infrações a esta Lei, que deverá ser objeto de consulta pública, as metodologias que orientarão o cálculo do valor-base das sanções de multa.

§ 1º As metodologias a que se refere o *caput* deste artigo devem ser previamente publicadas, para ciência dos agentes de tratamento, e devem apresentar objetivamente as formas e dosimetrias para o cálculo do valor-base das sanções de multa, que deverão conter fundamentação detalhada de todos os seus elementos, demonstrando a observância dos critérios previstos nesta Lei.

§ 2º O regulamento de sanções e metodologias correspondentes deve estabelecer as circunstâncias e as condições para a adoção de multa simples ou diária.

Art. 54. O valor da sanção de multa diária aplicável às infrações a esta Lei deve observar a gravidade da falta e a extensão do dano ou prejuízo causado e ser fundamentado pela autoridade nacional.

Parágrafo único. A intimação da sanção de multa diária deverá conter, no mínimo, a descrição da obrigação imposta, o prazo razoável e estipulado pelo órgão para o seu cumprimento e o valor da multa diária a ser aplicada pelo seu descumprimento.[1]

Art. 54: 1. Súmula 410 do STJ: "A **prévia intimação pessoal** do devedor constitui condição necessária para a cobrança de multa pelo descumprimento de obrigação de fazer ou não fazer". V., no nosso CPCLPV, CPC 537, nota 13.

Capítulo IX | DA AUTORIDADE NACIONAL DE PROTEÇÃO DE DADOS (ANPD) E DO CONSELHO NACIONAL DE PROTEÇÃO DE DADOS PESSOAIS E DA PRIVACIDADE

Seção I | DA AUTORIDADE NACIONAL DE PROTEÇÃO DE DADOS (ANPD)

Art. 55. (VETADO).

Art. 55-A (*acrescido pela Lei 13.853, de 8.7.19*). Fica criada, sem aumento de despesa, a Autoridade Nacional de Proteção de Dados (ANPD), órgão da administração pública federal, integrante da Presidência da República.

§ 1º (*acrescido pela Lei 13.853, de 8.7.19*) A natureza jurídica da ANPD é transitória e poderá ser transformada pelo Poder Executivo em entidade da administração pública federal indireta, submetida a regime autárquico especial e vinculada à Presidência da República.

§ 2º (*acrescido pela Lei 13.853, de 8.7.19*) A avaliação quanto à transformação de que dispõe o § 1º deste artigo deverá ocorrer em até 2 (dois) anos da data da entrada em vigor da estrutura regimental da ANPD.

§ 3º (*acrescido pela Lei 13.853, de 8.7.19*) O provimento dos cargos e das funções necessários à criação e à atuação da ANPD está condicionado à expressa autorização física e financeira na lei orçamentária anual e à permissão na lei de diretrizes orçamentárias.

Art. 55-B (*acrescido pela Lei 13.853, de 8.7.19*). É assegurada autonomia técnica e decisória à ANPD.

Art. 55-C (*acrescido pela Lei 13.853, de 8.7.19*). A ANPD é composta de:

I (*acrescido pela Lei 13.853, de 8.7.19*) — Conselho Diretor, órgão máximo de direção;

II (*acrescido pela Lei 13.853, de 8.7.19*) — Conselho Nacional de Proteção de Dados Pessoais e da Privacidade;

III (*acrescido pela Lei 13.853, de 8.7.19*) — Corregedoria;

IV (*acrescido pela Lei 13.853, de 8.7.19*) — Ouvidoria;

V (*acrescido pela Lei 13.853, de 8.7.19*) — órgão de assessoramento jurídico próprio; e

VI — (*acrescido pela Lei 13.853, de 8.7.19*) — unidades administrativas e unidades especializadas necessárias à aplicação do disposto nesta Lei.

Art. 55-D (*acrescido pela Lei 13.853, de 8.7.19*). O Conselho Diretor da ANPD será composto de 5 (cinco) diretores, incluído o Diretor-Presidente.

§ 1º (*acrescido pela Lei 13.853, de 8.7.19*) Os membros do Conselho Diretor da ANPD serão escolhidos pelo Presidente da República e por ele nomeados, após aprovação pelo Senado Federal, nos termos da alínea 'f' do inciso III do art. 52 da Constituição Federal, e ocuparão cargo em comissão do Grupo-Direção e Assessoramento Superiores — DAS, no mínimo, de nível 5.

§ 2º (*acrescido pela Lei 13.853, de 8.7.19*) Os membros do Conselho Diretor serão escolhidos dentre brasileiros que tenham reputação ilibada, nível superior de educação e elevado conceito no campo de especialidade dos cargos para os quais serão nomeados.

§ 3º (*acrescido pela Lei 13.853, de 8.7.19*) O mandato dos membros do Conselho Diretor será de 4 (quatro) anos.

§ 4º (*acrescido pela Lei 13.853, de 8.7.19*) Os mandatos dos primeiros membros do Conselho Diretor nomeados serão de 2 (dois), de 3 (três), de 4 (quatro), de 5 (cinco) e de 6 (seis) anos, conforme estabelecido no ato de nomeação.

§ 5º *(acrescido pela Lei 13.853, de 8.7.19)* Na hipótese de vacância do cargo no curso do mandato de membro do Conselho Diretor, o prazo remanescente será completado pelo sucessor.

Art. 55-E *(acrescido pela Lei 13.853, de 8.7.19)*. Os membros do Conselho Diretor somente perderão seus cargos em virtude de renúncia, condenação judicial transitada em julgado ou pena de demissão decorrente de processo administrativo disciplinar.

§ 1º *(acrescido pela Lei 13.853, de 8.7.19)* Nos termos do *caput* deste artigo, cabe ao Ministro de Estado Chefe da Casa Civil da Presidência da República instaurar o processo administrativo disciplinar, que será conduzido por comissão especial constituída por servidores públicos federais estáveis.

§ 2º *(acrescido pela Lei 13.853, de 8.7.19)* Compete ao Presidente da República determinar o afastamento preventivo, somente quando assim recomendado pela comissão especial de que trata o § 1º deste artigo, e proferir o julgamento.

Art. 55-F *(acrescido pela Lei 13.853, de 8.7.19)*. Aplica-se aos membros do Conselho Diretor, após o exercício do cargo, o disposto no art. 6º da Lei n. 12.813, de 16 de maio de 2013.

Parágrafo único *(acrescido pela Lei 13.853, de 8.7.19)*. A infração ao disposto no *caput* deste artigo caracteriza ato de improbidade administrativa.

Art. 55-G *(acrescido pela Lei 13.853, de 8.7.19)*. Ato do Presidente da República disporá sobre a estrutura regimental da ANPD.

§ 1º *(acrescido pela Lei 13.853, de 8.7.19)* Até a data de entrada em vigor de sua estrutura regimental, a ANPD receberá o apoio técnico e administrativo da Casa Civil da Presidência da República para o exercício de suas atividades.

§ 2º *(acrescido pela Lei 13.853, de 8.7.19)* O Conselho Diretor disporá sobre o regimento interno da ANPD.

Art. 55-H *(acrescido pela Lei 13.853, de 8.7.19)*. Os cargos em comissão e as funções de confiança da ANPD serão remanejados de outros órgãos e entidades do Poder Executivo federal.

Art. 55-I *(acrescido pela Lei 13.853, de 8.7.19)*. Os ocupantes dos cargos em comissão e das funções de confiança da ANPD serão indicados pelo Conselho Diretor e nomeados ou designados pelo Diretor-Presidente.

Art. 55-J *(acrescido pela Lei 13.853, de 8.7.19)*. Compete à ANPD:

I *(acrescido pela Lei 13.853, de 8.7.19)* — zelar pela proteção dos dados pessoais;

II *(acrescido pela Lei 13.853, de 8.7.19)* — zelar pela observância dos segredos comercial e industrial, observada a proteção de dados pessoais e do sigilo das informações quando protegido por lei ou quando a quebra do sigilo violar os fundamentos do art. 2º desta Lei;

III *(acrescido pela Lei 13.853, de 8.7.19)* — elaborar diretrizes para a Política Nacional de Proteção de Dados Pessoais e da Privacidade;

IV (*acrescido pela Lei 13.853, de 8.7.19*) — fiscalizar e aplicar sanções em caso de tratamento de dados realizado em descumprimento à legislação, mediante processo administrativo que assegure o contraditório, a ampla defesa e o direito de recurso;

V (*acrescido pela Lei 13.853, de 8.7.19*) — apreciar petições de titular contra controlador após comprovada pelo titular a apresentação de reclamação ao controlador não solucionada no prazo estabelecido em regulamentação;

VI (*acrescido pela Lei 13.853, de 8.7.19*) — promover na população o conhecimento das normas e das políticas públicas sobre proteção de dados pessoais e das medidas de segurança;

VII (*acrescido pela Lei 13.853, de 8.7.19*) — promover e elaborar estudos sobre as práticas nacionais e internacionais de proteção de dados pessoais e privacidade;

VIII (*acrescido pela Lei 13.853, de 8.7.19*) — estimular a adoção de padrões para serviços e produtos que facilitem o exercício de controle dos titulares sobre seus dados pessoais, os quais deverão levar em consideração as especificidades das atividades e o porte dos responsáveis;

IX (*acrescido pela Lei 13.853, de 8.7.19*) — promover ações de cooperação com autoridades de proteção de dados pessoais de outros países, de natureza internacional ou transnacional;

X (*acrescido pela Lei 13.853, de 8.7.19*) — dispor sobre as formas de publicidade das operações de tratamento de dados pessoais, respeitados os segredos comercial e industrial;

XI (*acrescido pela Lei 13.853, de 8.7.19*) — solicitar, a qualquer momento, às entidades do poder público que realizem operações de tratamento de dados pessoais informe específico sobre o âmbito, a natureza dos dados e os demais detalhes do tratamento realizado, com a possibilidade de emitir parecer técnico complementar para garantir o cumprimento desta Lei;

XII (*acrescido pela Lei 13.853, de 8.7.19*) — elaborar relatórios de gestão anuais acerca de suas atividades;

XIII (*acrescido pela Lei 13.853, de 8.7.19*) — editar regulamentos e procedimentos sobre proteção de dados pessoais e privacidade, bem como sobre relatórios de impacto à proteção de dados pessoais para os casos em que o tratamento representar alto risco à garantia dos princípios gerais de proteção de dados pessoais previstos nesta Lei;

XIV (*acrescido pela Lei 13.853, de 8.7.19*) — ouvir os agentes de tratamento e a sociedade em matérias de interesse relevante e prestar contas sobre suas atividades e planejamento;

XV (*acrescido pela Lei 13.853, de 8.7.19*) — arrecadar e aplicar suas receitas e publicar, no relatório de gestão a que se refere o inciso XII do *caput* deste artigo, o detalhamento de suas receitas e despesas;

XVI (*acrescido pela Lei 13.853, de 8.7.19*) — realizar auditorias, ou determinar sua realização, no âmbito da atividade de fiscalização de que trata o inciso IV e com a devida observância do disposto no inciso II do *caput* deste artigo, sobre o tratamento de dados pessoais efetuado pelos agentes de tratamento, incluído o poder público;

XVII (*acrescido pela Lei 13.853, de 8.7.19*) — celebrar, a qualquer momento, compromisso com agentes de tratamento para eliminar irregularidade, incerteza jurídica ou situação contenciosa no âmbito de processos administrativos, de acordo com o previsto no Decreto-Lei n. 4.657, de 4 de setembro de 1942;[1]

XVIII (*acrescido pela Lei 13.853, de 8.7.19*) — editar normas, orientações e procedimentos simplificados e diferenciados, inclusive quanto aos prazos, para que microempresas e empresas de pequeno porte, bem como iniciativas empresariais de caráter incremental ou disruptivo que se autodeclarem *startups* ou empresas de inovação, possam adequar-se a esta Lei;

XIX (*acrescido pela Lei 13.853, de 8.7.19*) — garantir que o tratamento de dados de idosos seja efetuado de maneira simples, clara, acessível e adequada ao seu entendimento, nos termos desta Lei e da Lei n. 10.741, de 1º de outubro de 2003 (Estatuto do Idoso);

XX (*acrescido pela Lei 13.853, de 8.7.19*) — deliberar, na esfera administrativa, em caráter terminativo, sobre a interpretação desta Lei, as suas competências e os casos omissos;

XXI (*acrescido pela Lei 13.853, de 8.7.19*) — comunicar às autoridades competentes as infrações penais das quais tiver conhecimento;

XXII (*acrescido pela Lei 13.853, de 8.7.19*) — comunicar aos órgãos de controle interno o descumprimento do disposto nesta Lei por órgãos e entidades da administração pública federal;

XXIII (*acrescido pela Lei 13.853, de 8.7.19*) — articular-se com as autoridades reguladoras públicas para exercer suas competências em setores específicos de atividades econômicas e governamentais sujeitas à regulação; e

XXIV (*acrescido pela Lei 13.853, de 8.7.19*) — implementar mecanismos simplificados, inclusive por meio eletrônico, para o registro de reclamações sobre o tratamento de dados pessoais em desconformidade com esta Lei.

§ 1º (*acrescido pela Lei 13.853, de 8.7.19*) Ao impor condicionantes administrativas ao tratamento de dados pessoais por agente de tratamento privado, sejam eles limites, encargos ou sujeições, a ANPD deve observar a exigência de mínima intervenção, assegurados os fundamentos, os princípios e os direitos dos titulares previstos no art. 170 da Constituição Federal e nesta Lei.

§ 2º (*acrescido pela Lei 13.853, de 8.7.19*) Os regulamentos e as normas editados pela ANPD devem ser precedidos de consulta e audiência públicas, bem como de análises de impacto regulatório.

§ 3º (*acrescido pela Lei 13.853, de 8.7.19*) A ANPD e os órgãos e entidades públicos responsáveis pela regulação de setores específicos da atividade econômica e governamental devem coordenar suas atividades, nas correspondentes esferas de atuação, com vistas a assegurar o cumprimento de suas atribuições com a maior eficiência e promover o adequado funcionamento dos setores regulados, conforme legislação específica, e o tratamento de dados pessoais, na forma desta Lei.

§ 4º (*acrescido pela Lei 13.853, de 8.7.19*) A ANPD manterá fórum permanente de comunicação, inclusive por meio de cooperação técnica, com órgãos e entidades da administração pública responsáveis pela regulação de setores específicos da atividade econômica e governamental, a fim de facilitar as competências regulatória, fiscalizatória e punitiva da ANPD.

§ 5º (*acrescido pela Lei 13.853, de 8.7.19*) No exercício das competências de que trata o *caput* deste artigo, a autoridade competente deverá zelar pela preservação do segredo empresarial e do sigilo das informações, nos termos da lei.

§ 6º (*acrescido pela Lei 13.853, de 8.7.19*) As reclamações colhidas conforme o disposto no inciso V do *caput* deste artigo poderão ser analisadas de forma agregada, e as eventuais providências delas decorrentes poderão ser adotadas de forma padronizada.

Art. 55-J: 1. v. Lei de Introdução às normas do Direito Brasileiro (LINDB).

Art. 55-K (*acrescido pela Lei 13.853, de 8.7.19*). A aplicação das sanções previstas nesta Lei compete exclusivamente à ANPD, e suas competências prevalecerão, no que se refere à proteção de dados pessoais, sobre as competências correlatas de outras entidades ou órgãos da administração pública.

Parágrafo único (*acrescido pela Lei 13.853, de 8.7.19*). A ANPD articulará sua atuação com outros órgãos e entidades com competências sancionatórias e normativas afetas ao tema de proteção de dados pessoais e será o órgão central de interpretação desta Lei e do estabelecimento de normas e diretrizes para a sua implementação.

Art. 55-L (*acrescido pela Lei 13.853, de 8.7.19*). Constituem receitas da ANPD:

I (*acrescido pela Lei 13.853, de 8.7.19*) — as dotações, consignadas no orçamento geral da União, os créditos especiais, os créditos adicionais, as transferências e os repasses que lhe forem conferidos;

II (*acrescido pela Lei 13.853, de 8.7.19*) — as doações, os legados, as subvenções e outros recursos que lhe forem destinados;

III (*acrescido pela Lei 13.853, de 8.7.19*) — os valores apurados na venda ou aluguel de bens móveis e imóveis de sua propriedade;

IV (*acrescido pela Lei 13.853, de 8.7.19*) — os valores apurados em aplicações no mercado financeiro das receitas previstas neste artigo;

V (*acrescido pela Lei 13.853, de 8.7.19*) — (VETADO);

VI (*acrescido pela Lei 13.853, de 8.7.19*) — os recursos provenientes de acordos, convênios ou contratos celebrados com entidades, organismos ou empresas, públicos ou privados, nacionais ou internacionais;

VII (*acrescido pela Lei 13.853, de 8.7.19*) — o produto da venda de publicações, material técnico, dados e informações, inclusive para fins de licitação pública.

Art. 56. (VETADO).

Art. 57. (VETADO).

Seção II | DO CONSELHO NACIONAL DE PROTEÇÃO DE DADOS PESSOAIS E DA PRIVACIDADE

Art. 58. (VETADO).

Art. 58-A (*acrescido pela Lei 13.853, de 8.7.19*). O Conselho Nacional de Proteção de Dados Pessoais e da Privacidade será composto de 23 (vinte e três) representantes, titulares e suplentes, dos seguintes órgãos:

I (*acrescido pela Lei 13.853, de 8.7.19*) — 5 (cinco) do Poder Executivo federal;

II (*acrescido pela Lei 13.853, de 8.7.19*) — 1 (um) do Senado Federal;

III (*acrescido pela Lei 13.853, de 8.7.19*) — 1 (um) da Câmara dos Deputados;

IV (*acrescido pela Lei 13.853, de 8.7.19*) — 1 (um) do Conselho Nacional de Justiça;

V (*acrescido pela Lei 13.853, de 8.7.19*) — 1 (um) do Conselho Nacional do Ministério Público;

VI (*acrescido pela Lei 13.853, de 8.7.19*) — 1 (um) do Comitê Gestor da Internet no Brasil;

VII (*acrescido pela Lei 13.853, de 8.7.19*) — 3 (três) de entidades da sociedade civil com atuação relacionada a proteção de dados pessoais;

VIII (*acrescido pela Lei 13.853, de 8.7.19*) — 3 (três) de instituições científicas, tecnológicas e de inovação;

IX (*acrescido pela Lei 13.853, de 8.7.19*) — 3 (três) de confederações sindicais representativas das categorias econômicas do setor produtivo;

X (*acrescido pela Lei 13.853, de 8.7.19*) — 2 (dois) de entidades representativas do setor empresarial relacionado à área de tratamento de dados pessoais; e

XI (*acrescido pela Lei 13.853, de 8.7.19*) — 2 (dois) de entidades representativas do setor laboral.

§ 1º (*acrescido pela Lei 13.853, de 8.7.19*) Os representantes serão designados por ato do Presidente da República, permitida a delegação.

§ 2º (*acrescido pela Lei 13.853, de 8.7.19*) Os representantes de que tratam os incisos I, II, III, IV, V e VI do *caput* deste artigo e seus suplentes serão indicados pelos titulares dos respectivos órgãos e entidades da administração pública.

§ 3º (*acrescido pela Lei 13.853, de 8.7.19*) Os representantes de que tratam os incisos VII, VIII, IX, X e XI do *caput* deste artigo e seus suplentes:

I (*acrescido pela Lei 13.853, de 8.7.19*) — serão indicados na forma de regulamento;

II (*acrescido pela Lei 13.853, de 8.7.19*) — não poderão ser membros do Comitê Gestor da Internet no Brasil;

III (*acrescido pela Lei 13.853, de 8.7.19*) — terão mandato de 2 (dois) anos, permitida 1 (uma) recondução.

§ 4º (*acrescido pela Lei 13.853, de 8.7.19*) A participação no Conselho Nacional de Proteção de Dados Pessoais e da Privacidade será considerada prestação de serviço público relevante, não remunerada.

Art. 58-B (*acrescido pela Lei 13.853, de 8.7.19*). Compete ao Conselho Nacional de Proteção de Dados Pessoais e da Privacidade:

I (*acrescido pela Lei 13.853, de 8.7.19*) — propor diretrizes estratégicas e fornecer subsídios para a elaboração da Política Nacional de Proteção de Dados Pessoais e da Privacidade e para a atuação da ANPD;

II (*acrescido pela Lei 13.853, de 8.7.19*) — elaborar relatórios anuais de avaliação da execução das ações da Política Nacional de Proteção de Dados Pessoais e da Privacidade;

III (*acrescido pela Lei 13.853, de 8.7.19*) — sugerir ações a serem realizadas pela ANPD;

IV (*acrescido pela Lei 13.853, de 8.7.19*) — elaborar estudos e realizar debates e audiências públicas sobre a proteção de dados pessoais e da privacidade; e

V (*acrescido pela Lei 13.853, de 8.7.19*) — disseminar o conhecimento sobre a proteção de dados pessoais e da privacidade à população.

Art. 59. (VETADO).

Capítulo X | DISPOSIÇÕES FINAIS E TRANSITÓRIAS

Art. 60. A Lei n. 12.965, de 23 de abril de 2014 (Marco Civil da Internet), passa a vigorar com as seguintes alterações:

"Art. 7º..

X — exclusão definitiva dos dados pessoais que tiver fornecido a determinada aplicação de internet, a seu requerimento, ao término da relação entre as partes, ressalvadas as hipóteses de guarda obrigatória de registros previstas nesta Lei e na que dispõe sobre a proteção de dados pessoais;

...." (NR)

"Art. 16. ....

....

II — de dados pessoais que sejam excessivos em relação à finalidade para a qual foi dado consentimento pelo seu titular, exceto nas hipóteses previstas na Lei que dispõe sobre a proteção de dados pessoais." (NR)

Art. 61. A empresa estrangeira será notificada e intimada de todos os atos processuais previstos nesta Lei, independentemente de procuração ou de disposição contratual ou estatutária, na pessoa do agente ou representante ou pessoa responsável por sua filial, agência, sucursal, estabelecimento ou escritório instalado no Brasil.

Art. 62. A autoridade nacional e o Instituto Nacional de Estudos e Pesquisas Educacionais Anísio Teixeira (Inep), no âmbito de suas competências, editarão regulamentos específicos para o acesso a dados tratados pela União para o cumprimento do disposto no § 2º do art. 9º da Lei n. 9.394, de 20 de dezembro de 1996 (Lei de Diretrizes e Bases da Educação Nacional), e aos referentes ao Sistema Nacional de Avaliação da Educação Superior (Sinaes), de que trata a Lei n. 10.861, de 14 de abril de 2004.

Art. 63. A autoridade nacional estabelecerá normas sobre a adequação progressiva de bancos de dados constituídos até a data de entrada em vigor desta Lei, consideradas a complexidade das operações de tratamento e a natureza dos dados.

Art. 64. Os direitos e princípios expressos nesta Lei não excluem outros previstos no ordenamento jurídico pátrio relacionados à matéria ou nos tratados internacionais em que a República Federativa do Brasil seja parte.

Art. 65 (*redação da Lei 13.853, de 8.7.19*). Esta Lei entra em vigor:

I (*redação da Lei 13.853, de 8.7.19*) — dia 28 de dezembro de 2018, quanto aos arts. 55-A, 55-B, 55-C, 55-D, 55-E, 55-F, 55-G, 55-H, 55-I, 55-J, 55-K, 55-L, 58-A e 58-B; e

I-A (*redação da Lei 14.010, de 10.6.20*) — dia 1º de agosto de 2021, quanto aos arts. 52, 53 e 54;

II (*redação da Lei 13.853, de 8.7.19*) — 24 (vinte e quatro) meses após a data de sua publicação, quanto aos demais artigos.[1]

Art. 65: 1. A Lei 13.709, de 14.8.18, foi publicada no DOU de 15.8.18.

Brasília, 14 de agosto de 2018; 197º da Independência e 130º da República. — MICHEL TEMER — **Torquato Jardim — Aloysio Nunes Ferreira Filho — Eduardo Refinetti Guardia — Esteves Pedro Colnago Junior — Gilberto Magalhães Occhi — Gilberto Kassab — Wagner de Campos Rosário — Gustavo do Vale Rocha — Ilan Goldfajn — Raul Jungmann — Eliseu Padilha**

Ementário
Protesto de Títulos

— v. tb. REGISTROS PÚBLICOS; Dec. 2.044, de 31.12.1908 (no tít. LETRA DE CÂMBIO), arts. 13, 19, 26 a 35 e 44-II; Lei 5.474, de 18.7.68 (no tít. DUPLICATA), arts. 13 a 14; Lei 6.268, de 24.11.75, art. 3º (em nota 1a ao art. 2º da Lei 5.474).

Lei 9.492, de 10.9.97 — Define competência, regulamenta os serviços concernentes ao protesto de títulos e outros documentos de dívida e dá outras providências (v. adiante, texto integral).

Lei Complementar 123, de 14.12.06 — Institui o Estatuto Nacional da Microempresa e da Empresa de Pequeno Porte, e dá outras providências. O art. 73 dispõe sobre protesto de títulos.

Lei 12.767, de 27.12.12 — Na Lei 9.492, de 10.9.97: incluiu § ún. no art. 1º e § 5º no art. 21.

Lei 13.775, de 20.12.18 — Dispõe sobre a emissão de duplicata sob a forma escritural; altera a Lei n. 9.492, de 10 de setembro de 1997; e dá outras providências.

Lei n. 9.492, de 10 de setembro de 1997[1]

Define competência, regulamenta os serviços concernentes ao protesto de títulos e outros documentos de dívida e dá outras providências.

O Presidente da República

Faço saber que o Congresso Nacional decreta e eu sanciono a seguinte lei:

LEI 9.492: 1. "Observações sobre o protesto de títulos e documentos", por Theophilo de Azeredo Santos (RF 346/162).

Capítulo I | DA COMPETÊNCIA E DAS ATRIBUIÇÕES

Art. 1º Protesto é o ato formal e solene pelo qual se prova a inadimplência e o descumprimento de obrigação originada em títulos e outros documentos de dívida.[1 a 3]

Parágrafo único (*incluído pela Lei 12.767, de 27.12.12*). Incluem-se entre os títulos sujeitos a protesto as certidões de dívida ativa da União, dos Estados, do Distrito Federal, dos Municípios e das respectivas autarquias e fundações públicas.[4]

Art. 1º: 1. s/ protesto de: sentença judicial, v., no CPCLPV, CPC 517 e notas; cheque, v. Lei 7.357, de 2.9.85 (no tít. CHEQUE), art. 48; duplicata, v. Lei 5.474, de 18.7.68 (no tít. DUPLICATA), arts. 13 e 14; letra de câmbio ou promissória, v. Dec. 2.044, de 31.12.1908 (no tít. LETRA DE CÂMBIO), arts. 28 a 33.

Art. 1º: 1a. Lei 8.212, de 24.7.91 — Dispõe sobre a organizacão da Seguridade Social, institui Plano de Custeio, e dá outras providências: **"Art. 39.** O débito original e seus acréscimos legais, bem como outras multas previstas em lei, constituem dívida ativa da União, promovendo-se a inscrição em livro próprio daquela resultante das contribuições de que tratam as alíneas *a*, *b* e *c* do parágrafo único do art. 11 desta Lei.

(...)

"**§ 2º** É facultado aos órgãos competentes, antes de ajuizar a cobrança da dívida ativa de que trata o *caput* deste artigo, promover o protesto de título dado em garantia, que será recebido *pro solvendo*" (redação do *caput* e do § 2º de acordo com a Lei 11.457, de 16.3.07).

LC 123, de 14.12.06 — Institui o Estatuto Nacional da Microempresa e da Empresa de Pequeno Porte, e dá outras providências: **"Art. 73.** O protesto de título, quando o devedor for microempresário ou empresa de pequeno porte, é sujeito às seguintes condições:

"I — sobre os emolumentos do tabelião não incidirão quaisquer acréscimos a título de taxas, custas e contribuições para o Estado ou Distrito Federal, carteira de previdência, fundo de custeio de atos gratuitos, fundos especiais do Tribunal de Justiça, bem como de associação de classe, criados ou que venham a ser criados sob qualquer título ou denominação, ressalvada a cobrança do devedor das despesas de correio, condução e publicação de edital para realização da intimação;

"II — para o pagamento do título em cartório, não poderá ser exigido cheque de emissão de estabelecimento bancário, mas, feito o pagamento por meio de cheque, de emissão de estabelecimento bancário ou não, a quitação dada pelo tabelionato de protesto será condicionada à efetiva liquidação do cheque;

"III — o cancelamento do registro de protesto, fundado no pagamento do título, será feito independentemente de declaração de anuência do credor, salvo no caso de impossibilidade de apresentação do original protestado;

"IV — para os fins do disposto no *caput* e nos incisos I, II e III do *caput* deste artigo, o devedor deverá provar sua qualidade de microempresa ou de empresa de pequeno porte perante o tabelionato de protestos de títulos, mediante documento expedido pela Junta Comercial ou pelo Registro Civil das Pessoas Jurídicas, conforme o caso;

"V — quando o pagamento do título ocorrer com cheque sem a devida provisão de fundos, serão automaticamente suspensos pelos cartórios de protesto, pelo prazo de 1 (um) ano, todos os benefícios previstos para o devedor neste artigo, independentemente da lavratura e registro do respectivo protesto".

Art. 1º: 2. "De acordo com o disposto no art. 1º da Lei 9.492/97 ('Lei do Protesto Notarial'), são habilitados ao protesto extrajudicial os títulos de crédito e 'outros documentos de dívida', entendidos estes como instrumentos que caracterizem prova escrita de obrigação pecuniária líquida, certa e exigível, ou seja, documentos que propiciem o manejo da ação de execução" (STJ-3ª T., REsp 1.639.470, Min. Nancy Andrighi, j. 14.11.17, DJ 20.11.17).

S/ protesto de título coberto pela prescrição, v. LCh 48, nota 2, e LCa 28, nota 2.

Art. 1º: 3. "O **contrato de locação de imóvel** apresentado evidencia ser título com o atributo da certeza, em decorrência da determinação cogente da norma legal, bem como também demonstra possuir exigibilidade, por presunção de que houve o vencimento da dívida, sem revestir-se, no entanto, do atributo da liquidez, fato que inviabiliza o protesto do referido título" (STJ-5ª T., RMS 17.400, Min. Adilson Macabu, j. 21.6.11, maioria, DJ 3.11.11).

Art. 1º: 4. "O protesto das Certidões de Dívida Ativa constitui mecanismo **constitucional** e legítimo, por não restringir de forma desproporcional quaisquer direitos fundamentais garantidos aos contribuintes e, assim, não constituir sanção política" (STF-Pleno, ADI 5.135, Min. Roberto Barroso, j. 9.11.16, maioria, DJ 7.2.18).

Art. 2º Os serviços concernentes ao protesto, garantidores da autenticidade, publicidade,[1] segurança e eficácia dos atos jurídicos, ficam sujeitos ao regime estabelecido nesta lei.

Art. 2º: 1. "A publicidade do ato é da essência do serviço notarial e de protesto; é para tornar público e registrado o estado de mora do devedor que o credor remete o título ao Cartório de Protestos. Assim, é ilegítima a pretensão do devedor no sentido de exigir do oficial ou de seu agente que, ao efetuar a intimação acerca da anotação do título encaminhado ao cartório, proceda de modo discreto, sigiloso ou confidencial" (RJM 168/190).

Art. 3º Compete privativamente ao Tabelião de Protesto de Títulos, na tutela dos interesses públicos e privados, a protocolização, a intimação, o acolhimento da devolução ou do aceite, o recebimento do pagamento, do título e de outros documentos de dívida, bem como lavrar e registrar o protesto ou acatar a desistência do credor em relação ao mesmo, proceder às averbações, prestar informações e fornecer certidões relativas a todos os atos praticados, na forma desta lei.

Capítulo II | DA ORDEM DOS SERVIÇOS

Art. 4º O atendimento ao público será, no mínimo, de seis horas diárias.

Art. 5º Todos os documentos apresentados ou distribuídos no horário regulamentar serão protocolizados dentro de vinte e quatro horas, obedecendo à ordem cronológica de entrega.

Parágrafo único. Ao apresentante será entregue recibo com as características essenciais do título ou documento de dívida, sendo de sua responsabilidade os dados fornecidos.

Art. 6º Tratando-se de cheque,[1] poderá o protesto ser lavrado no lugar do pagamento ou do domicílio do emitente, devendo do referido cheque constar a prova de apresentação ao Banco sacado, salvo se o protesto tenha por fim instruir medidas pleiteadas contra o estabelecimento de crédito.

Art. 6º: 1. s/ protesto de cheque sem eficácia executiva, v. LCh 48, nota 2.

Capítulo III | DA DISTRIBUIÇÃO

Art. 7º Os títulos e documentos de dívida destinados a protesto somente estarão sujeitos a prévia distribuição obrigatória nas localidades onde houver mais de um Tabelionato de Protesto de Títulos.

Parágrafo único. Onde houver mais de um Tabelionato de Protesto de Títulos, a distribuição será feita por um Serviço instalado e mantido pelos próprios Tabelionatos, salvo se já existir Ofício Distribuidor organizado antes da promulgação desta lei.

Art. 8º Os títulos e documentos de dívida serão recepcionados, distribuídos e entregues na mesma data aos Tabelionatos de Protesto, obedecidos os critérios de quantidade e qualidade.

§ 1º Poderão ser recepcionadas as indicações a protestos das Duplicatas Mercantis e de Prestação de Serviços, por meio magnético ou de gravação eletrônica de dados, sendo de inteira responsabilidade do apresentante os dados fornecidos, ficando a cargo dos Tabelionatos a mera instrumentalização das mesmas.[1-1a]

§ 2º Os títulos e documentos de dívida mantidos sob a forma escritural nos sistemas eletrônicos de escrituração ou nos depósitos centralizados de que trata a Lei n. 12.810, de 15 de maio de 2013, poderão ser recepcionados para protesto por extrato, desde que atestado por seu emitente, sob as penas da lei, que as informações conferem com o que consta na origem.[2]

Art. 8º: 1. O § ún. foi renumerado pela Lei 13.775, de 20.12.18, em vigor 120 dias após a sua publicação (DOU 21.12.18).

Art. 8º: 1a. "Seja para o fim de estofar o pedido de quebra (art. 15-II-*c*, da Lei 5.474/68, com redação dada pela Lei 6.458/77) ou para concretizar o protesto por indicação por meio magnético (§ ún. do art. 8º da Lei n. 9.492/97 cumulado com o art. 13, § 1º, parte final, da Lei 5.474/68), há a imprescindível necessidade de comprovação do envio da duplicata, para aceite, ao comprador (*ex vi* dos arts. 6º e 8º da Lei das Duplicatas)" (Bol. AASP 2.628: TJDFT, AP 2005.01.1.072461-5).

V. tb. LDu 15, nota 2a.

Art. 8º: 2. O § 2º foi acrescido pela Lei 13.775, de 20.12.18, em vigor 120 dias após a sua publicação (DOU 21.12.18).

Capítulo IV | DA APRESENTAÇÃO E PROTOCOLIZAÇÃO

Art. 9º Todos os títulos e documentos de dívida protocolizados serão examinados em seus caracteres formais e terão curso se não apresentarem vícios, não cabendo ao Tabelião de Protesto investigar a ocorrência de prescrição[1] ou caducidade.

Parágrafo único. Qualquer irregularidade formal observada pelo Tabelião obstará o registro do protesto.

Art. 9º: 1. s/ protesto de título coberto pela prescrição, v. LCh 48, nota 2, e LCa 28, nota 2.

Art. 10. Poderão ser protestados títulos e outros documentos de dívida em moeda estrangeira, emitidos fora do Brasil, desde que acompanhados de tradução efetuada por tradutor público juramentado.

§ 1º Constarão obrigatoriamente do registro do protesto a descrição do documento e sua tradução.

§ 2º Em caso de pagamento, este será efetuado em moeda corrente nacional, cumprindo ao apresentante a conversão na data de apresentação do documento para protesto.

§ 3º Tratando-se de títulos ou documentos de dívidas emitidos no Brasil, em moeda estrangeira, cuidará o Tabelião de observar as disposições do Dec.-lei n. 857, de 11 de setembro de 1969,[1] e legislação complementar ou superveniente.

Art. 10: 1. Dec. lei 857: no tít. PAGAMENTO EM MOEDA ESTRANGEIRA.

Art. 11. Tratando-se de títulos ou documentos de dívida sujeitos a qualquer tipo de correção, o pagamento será feito pela conversão vigorante no dia da apresentação, no valor indicado pelo apresentante.

Capítulo V | DO PRAZO

Art. 12. O protesto será registrado dentro de três dias úteis contados da protocolização do título ou documento de dívida.

§ 1º Na contagem do prazo a que se refere o *caput* exclui-se o dia da protocolização e inclui-se o do vencimento.

§ 2º Considera-se não útil o dia em que não houver expediente bancário para o público ou aquele em que este não obedecer ao horário normal.

Art. 13. Quando a intimação for efetivada excepcionalmente no último dia do prazo ou além dele, por motivo de força maior, o protesto será tirado no primeiro dia útil subsequente.

Capítulo VI | DA INTIMAÇÃO

Art. 14. Protocolizado o título ou documento de dívida, o Tabelião de Protesto expedirá a intimação ao devedor,[1-1a] no endereço fornecido pelo apresentante do título ou documento, considerando-se cumprida quando comprovada a sua entrega no mesmo endereço.[2]

§ 1º A remessa da intimação poderá ser feita por portador do próprio Tabelião, ou por qualquer outro meio, desde que o recebimento fique assegurado e comprovado através de protocolo, aviso de recepção (AR) ou documento equivalente.

§ 2º A intimação deverá conter nome e endereço do devedor, elementos de identificação do título ou documento de dívida, e prazo limite para cumprimento da obrigação no Tabelionato, bem como número do protocolo e valor a ser pago.

Art. 14: 1. Súmula 361 do STJ: "A notificação do protesto, para requerimento de falência da empresa devedora, exige a identificação da pessoa que a recebeu".

Art. 14: 1a. "Nem sempre o termo protesto se faz acompanhar da expressão contra. Há protestos em favor de alguém ou de alguma causa. É que, tanto na linguagem corrente, quanto na terminologia jurídica, protesto é manifestação de um propósito ou de um estado de espírito. É muito comum, na correspondência formal, o 'protesto de estima e consideração'. No relacionamento entre governantes e oposicionistas ocorrem constantes 'protestos de repúdio à violência ou à corrupção'. Entre correligionários verificam-se 'protestos de solidariedade'. Já os amantes protestam amor eterno. O protesto cambial não é dirigido contra qualquer pessoa. Seu objetivo é informar ao devedor, que a cártula encontra-se em mãos do oficial de registro, à espera de resgate. Seu único efeito é a constituição do devedor em mora, caso ele se mantenha inadimplente" (STJ-3ª T., REsp 400.401, Min. Gomes de Barros, j. 17.5.05, DJU 6.6.05).

Art. 14: 2. "Para a validade da intimação do protesto é suficiente a comprovação de que a correspondência foi enviada ao endereço do devedor fornecido pelo apresentante (art. 14 da Lei 9.492/97). A fé pública de que goza o Tabelião faz presumir a veracidade de suas certidões, que não cede perante simples alegações desacompanhadas de robustas provas" (STJ-3ª T., REsp 784.448, Min. Gomes de Barros, j. 14.2.08, DJU 5.3.08).

Art. 15. A intimação será feita por edital se a pessoa indicada para aceitar ou pagar for desconhecida, sua localização incerta ou ignorada, for residente ou domiciliada fora da competência territorial do Tabelionato, ou, ainda, ninguém se dispuser a receber a intimação no endereço fornecido pelo apresentante.[1]

§ 1º O edital será afixado no Tabelionato de Protesto e publicado pela imprensa local onde houver jornal de circulação diária.

§ 2º Aquele que fornecer endereço incorreto, agindo de má-fé, responderá por perdas e danos, sem prejuízo de outras sanções civis, administrativas ou penais.

Art. 15: 1. "É incabível intimação do protesto por edital, sem prova de que o devedor foi procurado e não encontrado em seu endereço, bem como de que foram esgotadas todas as diligências para sua localização" (RMDECC 49/141: TJRS, AP 580977-92.2012.8.21.7000).

Capítulo VII | DA DESISTÊNCIA E SUSTAÇÃO DO PROTESTO

Art. 16. Antes da lavratura do protesto, poderá o apresentante retirar o título ou documento de dívida, pagos os emolumentos e demais despesas.

Art. 17. Permanecerão no Tabelionato, à disposição do juízo respectivo, os títulos ou documentos de dívida cujo protesto for judicialmente sustado.

§ 1º O título do documento de dívida cujo protesto tiver sido sustado judicialmente só poderá ser pago, protestado ou retirado com autorização judicial.

§ 2º Revogada a ordem de sustação, não há necessidade de se proceder a nova intimação do devedor, sendo a lavratura e o registro do protesto efetivados até o primeiro dia útil subsequente ao do recebimento da revogação, salvo se a materialização do ato depender de consulta a ser formulada ao apresentante, caso em que o mesmo prazo será contado da data da resposta dada.

§ 3º Tornada definitiva a ordem de sustação, o título ou o documento de dívida será encaminhado ao juízo respectivo, quando não constar determinação expressa a qual das partes o mesmo deverá ser entregue, ou se decorridos trinta dias sem que a parte autorizada tenha comparecido no Tabelionato para retirá-lo.

Art. 18. As dúvidas do Tabelião de Protesto serão resolvidas pelo juízo competente.

Capítulo VIII | DO PAGAMENTO

Art. 19. O pagamento do título[1] ou do documento de dívida apresentado para protesto será feito diretamente no Tabelionato competente, no valor igual ao declarado pelo apresentante, acrescido dos emolumentos e demais despesas.

§ 1º Não poderá ser recusado pagamento oferecido dentro do prazo legal, desde que feito no Tabelionato de Protesto competente e no horário de funcionamento dos serviços.

§ 2º No ato do pagamento, o Tabelionato de Protesto dará a respectiva quitação,[2] e o valor devido será colocado à disposição do apresentante no primeiro dia útil subsequente ao do recebimento.

§ 3º Quando for adotado sistema de recebimento do pagamento por meio de cheque, ainda que de emissão de estabelecimento bancário, a quitação dada pelo Tabelionato fica condicionada à efetiva liquidação.

§ 4º Quando do pagamento no Tabelionato ainda subsistirem parcelas vincendas, será dada quitação da parcela paga em apartado, devolvendo-se o original ao apresentante.

Art. 19: 1. O Estatuto da Microempresa e da Empresa de Pequeno Porte (LC 123, de 14.12.06), em seu art. 73, estabelece regime especial para o pagamento de título protestado, "quando o devedor for microempresário ou empresa de pequeno porte".

Art. 19: 2. "Tendo os devedores efetuado o pagamento dos títulos em cartório, a quitação dada pelo oficial de protestos não impede a cobrança pelo credor das parcelas correspondentes à correção monetária e juros, devidos desde os vencimentos respectivos" (STJ-4ª T., REsp 204.253, Min. Luis Felipe, j. 21.8.08, DJ 1.9.08).

V. tb. LCM 1º, nota 4-Quitação dada por oficial de protesto ou banco.

Capítulo IX | DO REGISTRO DO PROTESTO

Art. 20. Esgotado o prazo previsto no art. 12, sem que tenham ocorrido as hipóteses dos Capítulos VII e VIII, o Tabelião lavrará e registrará o protesto, sendo o respectivo instrumento entregue ao apresentante.

Art. 21. O protesto será tirado por falta de pagamento, de aceite ou de devolução.

§ 1º O protesto por falta de aceite somente poderá ser efetuado antes do vencimento da obrigação e após o decurso do prazo legal para o aceite ou a devolução.

§ 2º Após o vencimento, o protesto sempre será efetuado por falta de pagamento, vedada a recusa da lavratura e registro do protesto por motivo não previsto na lei cambial.

§ 3º Quando o sacado retiver a letra de câmbio ou a duplicata enviada para aceite e não proceder à devolução dentro do prazo legal, o protesto poderá ser baseado na segunda via da letra de câmbio ou nas indicações da duplicata, que se limitarão a conter os mesmos requisitos lançados pelo sacador ao tempo da emissão da duplicata, vedada a exigência de qualquer formalidade não prevista na lei que regula a emissão e circulação das duplicatas.[1]

§ 4º Os devedores, assim compreendidos os emitentes de notas promissórias e cheques, os sacados nas letras de câmbio e duplicatas, bem como os indicados pelo apresentante ou credor como responsáveis pelo cumprimento da obrigação, não poderão deixar de figurar no termo de lavratura e registro de protesto.[2]

§ 5º (*incluído pela Lei 12.767, de 27.12.12*) Não se poderá tirar protesto por falta de pagamento de letra de câmbio contra o sacado não aceitante.

Art. 21: 1. s/ protesto de duplicata por indicação, v. LDu 13 § 1º e notas.

Art. 21: 2. Diversamente, no protesto para efeitos falimentares: art. 23 § ún.

Art. 22. O registro do protesto e seu instrumento deverão conter:

I — data e número de protocolização;

II — nome do apresentante e endereço;

III — reprodução ou transcrição do documento ou das indicações feitas pelo apresentante e declarações nele inseridas;

IV — certidão das intimações feitas e das respostas eventualmente oferecidas;

V — indicação dos intervenientes voluntários e das firmas por eles honradas;

VI — a aquiescência do portador ao aceite por honra;

VII — nome, número do documento de identificação do devedor e endereço;

VIII — data e assinatura do Tabelião de Protesto, de seus substitutos ou de escrevente autorizado.

Parágrafo único. Quando o Tabelião de Protesto conservar em seus arquivos gravação eletrônica da imagem, cópia reprográfica ou micrográfica do título ou documento de dívida, dispensa-se, no registro e no instrumento, a sua transcrição literal, bem como das demais declarações nele inseridas.

Art. 23. Os termos dos protestos lavrados, inclusive para fins especiais, por falta de pagamento, de aceite ou de devolução serão registrados em um único livro e conterão as anotações do tipo e do motivo do protesto, além dos requisitos previstos no artigo anterior.

Parágrafo único. Somente poderão ser protestados, para fins falimentares, os títulos ou documentos de dívida de responsabilidade das pessoas sujeitas às consequências da legislação falimentar.

Art. 24. O deferimento do processamento de concordata não impede o protesto.[1]

Art. 24: 1. A concordata deu lugar à recuperação judicial ou extrajudicial.

Assim: "O deferimento do processamento do pedido de recuperação judicial não impede o protesto dos títulos a ela sujeitos" (JTJ 333/670: AI 547.904-4/0-00).

Capítulo X | DAS AVERBAÇÕES E DO CANCELAMENTO

Art. 25. A averbação de retificação de erros materiais pelo serviço poderá ser efetuada de ofício ou a requerimento do interessado, sob responsabilidade do Tabelião de Protesto de Títulos.

§ 1º Para a averbação da retificação será indispensável a apresentação do instrumento eventualmente expedido e de documentos que comprovem o erro.

§ 2º Não são devidos emolumentos pela averbação prevista neste artigo.

Art. 26. O cancelamento do registro do protesto será solicitado diretamente no Tabelionato de Protesto de Títulos, por qualquer interessado,[1] mediante apresentação do documento protestado, cuja cópia ficará arquivada.

§ 1º Na impossibilidade de apresentação do original do título ou documento de dívida protestado, será exigida a declaração de anuência, com identificação e firma reconhecida, daquele que figurou no registro de protesto como credor, originário ou por endosso translativo.

§ 2º Na hipótese de protesto em que tenha figurado apresentante por endosso-mandato, será suficiente a declaração de anuência passada pelo credor endossante.

§ 3º O cancelamento do registro do protesto, se fundado em outro motivo que não no pagamento do título ou documento de dívida,[1a-2] será efetivado por determinação judicial, pagos os emolumentos devidos ao Tabelião.[3]

§ 4º Quando a extinção da obrigação decorrer de processo judicial, o cancelamento do registro do protesto poderá ser solicitado com a apresentação da certidão expedida pelo juízo processante, com menção do trânsito em julgado, que substituirá o título ou o documento de dívida protestado.

§ 5º O cancelamento do registro do protesto será feito pelo Tabelião titular, por seus substitutos ou por escrevente autorizado.

§ 6º Quando o protesto lavrado for registrado sob forma de microfilme ou gravação eletrônica, o termo do cancelamento será lançado em documento apartado, que será arquivado juntamente com os documentos que instruíram o pedido, e anotado no índice respectivo.

Art. 26: 1. "Conforme dispõe o art. 2º da Lei 9.492/1997, os serviços concernentes ao protesto ficam sujeitos ao regime estabelecido nesta lei. Alegação de o débito ter sido contraído em relação de consumo. Irrelevância, por se tratar de procedimento submetido a regramento específico. No regime próprio da Lei 9.492/1997, legitimamente protestado o título de crédito ou outro documento de dívida, salvo inequívoca pactuação em sentido contrário, incumbe ao devedor, após a quitação da dívida, providenciar o cancelamento do protesto" (STJ-2ª Seção, REsp 1.339.436, Min. Luis Felipe, j. 10.9.14, DJ 24.9.14).

"Constitui ônus do próprio devedor a baixa do protesto de título representativo de dívida legítima. Dever do credor, porém, após receber diretamente o valor da dívida, de fornecer ao devedor os documentos necessários para a baixa do protesto. Desnecessidade de requerimento formal do devedor. Concreção do princípio da boa-fé objetiva. Inércia do credor que configurou, no caso, ato ilícito, reconhecido pelas instâncias ordinárias, gerando obrigação de indenizar" (STJ-3ª T., REsp 1.346.428, Min. Paulo Sanseverino, j. 9.4.13, DJ 16.4.13). Em sentido semelhante: STJ-4ª T., Ag em REsp 1.231.989-AgInt, Min. Isabel Gallotti, j. 14.8.18, DJ 21.8.18.

Art. 26: 1a. "Uma vez homologado o plano de **recuperação judicial,** os órgãos competentes devem ser oficiados a providenciar a baixa dos protestos e a retirada, dos cadastros de inadimplentes, do nome da recuperanda e dos seus sócios, por débitos sujeitos ao referido plano, com a ressalva expressa de que essa providência será adotada sob a condição resolutiva de a devedora cumprir todas as obrigações previstas no acordo de recuperação" (STJ-3ª T., REsp 1.260.301, Min. Nancy Andrighi, j. 14.8.12, DJ 21.8.12). **Todavia:** "Pedido de cancelamento dos protestos dos títulos sujeitos à recuperação judicial em face da novação operada. Indeferimento. Recurso. Novação que somente se tornará definitiva após o prazo de 2 (dois) anos, desde que cumpridas as obrigações do plano. Recurso não provido" (JTJ 318/487: AI 480.487-4/8-00).

Art. 26: 2. "Não tem agasalho na Lei n. 9.492/97 a interpretação que autoriza o cancelamento do protesto simplesmente porque prescrito o título executivo. Hígido o débito, sem vício o título, permanece o protesto, disponível ao credor a cobrança por outros meios" (STJ-3ª T., REsp 671.486, Min. Menezes Direito, j. 8.3.05, DJU 25.4.05). No mesmo sentido: JTJ 369/218 (AP 9062858-41-2005.8.26.0000).

Art. 26: 3. "Emanada ordem judicial impositiva para que o oficial do cartório efetuasse o cancelamento do protesto existente em nome da recorrida, cabia-lhe o cumprimento da medida, e não estabelecer condição ao seu implemento inexistente no ofício judicial, qual seja, o pagamento prévio dos emolumentos cartorários" (STJ-RP 203/391: 3ª T., REsp 1.100.521).

Capítulo XI | DAS CERTIDÕES E INFORMAÇÕES DO PROTESTO

Art. 27. O Tabelião de Protesto expedirá as certidões solicitadas dentro de cinco dias úteis, no máximo, que abrangerão o período mínimo dos cinco anos anteriores, contados da data do pedido, salvo quando se referir a protesto específico.

§ 1º As certidões expedidas pelos serviços de protesto de títulos, inclusive as relativas à prévia distribuição, deverão obrigatoriamente indicar, além do nome do devedor, seu número no Registro Geral (R.G.), constante da Cédula de Identidade, ou seu número no Cadastro de Pessoas Físicas (C.P.F.), se pessoa física, e o número de inscrição no Cadastro Geral de Contribuintes (C.G.C.), se pessoa jurídica, cabendo ao apresentante do título para protesto fornecer esses dados, sob pena de recusa.

§ 2º Das certidões não constarão os registros cujos cancelamentos tiverem sido averbados, salvo por requerimento escrito do próprio devedor ou por ordem judicial.

Art. 28. Sempre que a homonímia puder ser verificada simplesmente pelo confronto do número de documento de identificação, o Tabelião de Protesto dará certidão negativa.

Art. 29 (*redação da Lei 9.841, de 5.10.99*). Os cartórios fornecerão às entidades representativas da indústria e do comércio ou àquelas vinculadas à proteção do crédito, quando solicitada, certidão diária, em forma de relação, dos protestos tirados e dos cancelamentos efetuados, com a nota de se cuidar de informação reservada, da qual não se poderá dar publicidade pela imprensa, nem mesmo parcialmente.

§ 1º (*redação da Lei 9.841, de 5.10.99*) O fornecimento da certidão será suspenso caso se desatenda ao disposto no *caput* ou se forneçam informações de protestos cancelados.

§ 2º (*redação da Lei 9.841, de 5.10.99*) Dos cadastros ou bancos de dados das entidades referidas no *caput* somente serão prestadas informações restritivas de crédito oriundas de títulos ou documentos de dívidas regularmente protestados cujos registros não foram cancelados.[1]

§ 3º (REVOGADO)

Art. 29: 1. A exigência de prévio protesto não se aplica aos órgãos de proteção ao crédito (v. CDC 43, nota 1h).

Art. 30. As certidões, informações e relações serão elaboradas pelo nome dos devedores, conforme previstos[1] no § 4º do art. 21 desta lei, devidamente identificados, e abrangerão os protestos lavrados e registrados por falta de pagamento, de aceite ou de devolução, vedada a exclusão ou omissão de nomes e de protestos, ainda que provisória ou parcial.

Art. 30: 1. *sic.*

Art. 31 (*redação da Lei 9.841, de 5.10.99*). Poderão ser fornecidas certidões de protestos, não cancelados, a quaisquer interessados, desde que requeridas por escrito.

Capítulo XII | DOS LIVROS E ARQUIVOS

Art. 32. O livro de Protocolo poderá ser escriturado mediante processo manual, mecânico, eletrônico ou informatizado, em folhas soltas e com colunas destinadas às seguintes anotações: número de ordem, natureza do título ou documento de dívida, valor, apresentante, devedor e ocorrências.

Parágrafo único. A escrituração será diária, constando do termo de encerramento o número de documentos apresentados no dia, sendo a data da protocolização a mesma do termo diário do encerramento.

Art. 33. Os livros de Registros de Protesto serão abertos e encerrados pelo Tabelião de Protestos ou seus substitutos, ou ainda por escrevente autorizado, com suas folhas numeradas e rubricadas.

Art. 34. Os índices serão de localização dos protestos registrados e conterão os nomes dos devedores, na forma do § 4º do art. 21, vedada a exclusão ou omissão de nomes e de protestos, ainda que em caráter provisório ou parcial, não decorrente do cancelamento definitivo do protesto.

§ 1º Os índices conterão referência ao livro e à folha, ao microfilme ou ao arquivo eletrônico onde estiver registrado o protesto, ou ao número do registro, e aos cancelamentos de protestos efetuados.

§ 2º Os índices poderão ser elaborados pelo sistema de fichas, microfichas ou banco eletrônico de dados.

Art. 35. O Tabelião de Protestos arquivará ainda:

I — intimações;

II — editais;

III — documentos apresentados para a averbação no registro de protestos e ordens de cancelamentos;

IV — mandados e ofícios judiciais;

V — solicitações de retirada de documentos pelo apresentante;

VI — comprovantes de entrega de pagamentos aos credores;

VII — comprovantes de devolução de documentos de dívida irregulares.

§ 1º Os arquivos deverão ser conservados, pelo menos, durante os seguintes prazos:

I — um ano, para as intimações e editais correspondentes a documentos protestados e ordens de cancelamento;

II — seis meses, para as intimações e editais correspondentes a documentos pagos ou retirados além do tríduo legal;

III — trinta dias, para os comprovantes de entrega de pagamento aos credores, para as solicitações de retirada dos apresentantes e para os comprovantes de devolução, por irregularidade, aos mesmos, dos títulos e documentos de dívidas.

§ 2º Para os livros e documentos microfilmados ou gravados por processo eletrônico de imagens não subsiste a obrigatoriedade de sua conservação.

§ 3º Os mandados judiciais de sustação de protesto deverão ser conservados, juntamente com os respectivos documentos, até solução definitiva por parte do juízo.

Art. 36. O prazo de arquivamento é de três anos para livros de protocolo e de dez anos para os livros de registros de protesto e respectivos títulos.

Capítulo XIII | DOS EMOLUMENTOS[1]

CAP. XIII: 1. s/ emolumentos no protesto de título quando o devedor for microempresário ou empresa de pequeno porte, v. art. 73-I da LC 123, de 14.12.06 (Estatuto da Microempresa), na nota 1a ao art. 1º.

Art. 37. Pelos atos que praticarem em decorrência desta lei, os Tabeliães de Protesto perceberão, diretamente das partes, a título de remuneração, os emolumentos[1] fixados na forma da lei estadual e de seus decretos regulamentadores, salvo quando o serviço for estatizado.

§ 1º Poderá ser exigido depósito prévio dos emolumentos e demais despesas devidas, caso em que, igual importância deverá ser reembolsada ao apresentante por ocasião da prestação de contas, quando ressarcidas pelo devedor no Tabelionato.

§ 2º Todo e qualquer ato praticado pelo Tabelião de Protesto será cotado, identificando-se as parcelas componentes do seu total.

§ 3º Pelo ato de digitalização e gravação eletrônica dos títulos e outros documentos, serão cobrados os mesmos valores previstos na tabela de emolumentos para o ato de microfilmagem.

Art. 37: 1. "A cobrança excessiva de emolumentos e encargos financeiros pelo oficial de cartório de registro de protesto não gera dano moral passível de indenização. Nos termos da lei civil, a consequência de tal conduta é a restituição do excesso pago" (RJM 168/190).

Capítulo XIV | DISPOSIÇÕES FINAIS

Art. 38. Os Tabeliães de Protesto de Títulos são civilmente responsáveis por todos os prejuízos que causarem, por culpa ou dolo, pessoalmente, pelos substitutos que designarem ou escreventes que autorizarem, assegurado o direito de regresso.

Art. 39. A reprodução de microfilme ou do processamento eletrônico da imagem, do título ou de qualquer documento arquivado no Tabelionato, quando autenticado pelo Tabelião de Protesto, por seu substituto ou escrevente autorizado, guarda o mesmo valor do original, independentemente de restauração judicial.

Art. 40. Não havendo prazo assinado, a data do registro do protesto é o termo inicial da incidência de juros, taxas e atualizações monetárias sobre o valor da obrigação contida no título ou documento de dívida.

Art. 41. Para os serviços previstos nesta lei os Tabeliães poderão adotar, independentemente de autorização, sistemas de computação, microfilmagem, gravação eletrônica de imagem e quaisquer outros meios de reprodução.

Art. 41-A. Os tabeliães de protesto manterão, em âmbito nacional, uma central nacional de serviços eletrônicos compartilhados que prestará, ao menos, os seguintes serviços:[1]

I — escrituração e emissão de duplicata sob a forma escritural, observado o disposto na legislação específica, inclusive quanto ao requisito de autorização prévia para o exercício da atividade de escrituração pelo órgão supervisor e aos demais requisitos previstos na regulamentação por ele editada;

II — recepção e distribuição de títulos e documentos de dívida para protesto, desde que escriturais;

III — consulta gratuita quanto a devedores inadimplentes e aos protestos realizados, aos dados desses protestos e dos tabelionatos aos quais foram distribuídos, ainda que os respectivos títulos e documentos de dívida não sejam escriturais;

IV — confirmação da autenticidade dos instrumentos de protesto em meio eletrônico; e

V — anuência eletrônica para o cancelamento de protestos.

§ 1º A partir da implementação da central de que trata o *caput* deste artigo, os tabelionatos de protesto disponibilizarão ao poder público, por meio eletrônico e sem ônus, o acesso às informações constantes dos seus bancos de dados.

§ 2º É obrigatória a adesão imediata de todos os tabeliães de protesto do País ou responsáveis pelo expediente à central nacional de serviços eletrônicos compartilhados de que trata o *caput* deste artigo, sob pena de responsabilização disciplinar nos termos do inciso I do *caput* do art. 31 da Lei n. 8.935, de 18 de novembro de 1994.

Art. 41-A: 1. O art. 41-A foi acrescido pela Lei 13.775, de 20.12.18, em vigor 120 dias após a sua publicação (DOU 21.12.18).

Art. 42. Esta lei entra em vigor na data de sua publicação.

Art. 43. Revogam-se as disposições em contrário.

Brasília, 10 de setembro de 1997; 176º da Independência e 109º da República — FERNANDO HENRIQUE CARDOSO — **Iris Rezende.**

Ementário

Registros Públicos

— v. tb. tít. PROTESTO DE TÍTULOS; CF 22-XXV e § ún., 236; CC 9º, 10, 45, 46, 1.245 a 1.247.

Dec. lei 9.085, de 25.3.46 — Dispõe sobre o registro civil das pessoas jurídicas (v. adiante, texto integral). Alterado pelo **Dec. lei 8, de 16.6.66**, que acrescentou § 2º ao art. 6º.

Lei 6.001, de 19.12.73 — Dispõe sobre o Estatuto do Índio. Os arts. 12 e 13 dispõem s/ registro civil do índio.

Lei 6.015, de 31.12.73 — Dispõe sobre os registros públicos e dá outras providências (v. adiante, texto integral).

Lei 6.739, de 5.12.79 — Dispõe sobre a matrícula e o registro de imóveis rurais e dá outras providências (v. adiante, texto integral).

Lei 7.433, de 18.12.85 — Dispõe sobre os requisitos para a lavratura de escrituras públicas e dá outras providências.

Dec. 92.588, de 25.4.86 — Obriga os serventuários da Justiça a comunicarem mensalmente ao INPS a lavratura de óbitos nos registros civis, e dá outras providências. V. LRP 80, nota 2.

Lei 8.004, de 14.3.90 — Dispõe sobre transferência de financiamento no âmbito do Sistema Financeiro da Habitação, e dá outras providências (texto integral no tít. CONTRATOS IMOBILIÁRIOS). Os arts. 1º e 2º alteraram implicitamente o art. 292 da LRP e estão transcritos na nota 1 a este.

Lei 8.935, de 18.11.94 — Regulamenta o art. 236 da Constituição Federal, dispondo sobre serviços notariais e de registro. Art. 39-VI: alterado pela Lei 9.812, de 10.8.99. V., em notas ao art. 30 da LRP, o texto dos arts. 32, 33, 39 e 45 da Lei 8.935.

Lei 9.492, de 10.9.97 — Define competência, regulamenta os serviços concernentes ao protesto de títulos e outros documentos de dívida e dá outras providências (no tít. PROTESTO DE TÍTULOS).

Lei 9.514, de 20.11.97 — Dispõe sobre o Sistema de Financiamento Imobiliário, institui a alienação fiduciária de coisa imóvel e dá outras providências (no tít. ALIENAÇÃO FIDUCIÁRIA). Modificou o art. 167-I-35 e II-17 da LRP.

Lei 11.977, de 7.7.09 — Dispõe sobre o Programa Minha Casa, Minha Vida — PMCMV e a regularização fundiária de assentamentos localizados em áreas urbanas; altera o Dec. lei n. 3.365, de 21 de junho de 1941, as Leis ns. 4.380, de 21 de agosto de 1964, 6.015, de 31 de dezembro de 1973, 8.036, de 11 de maio de 1990, e 10.257, de 10 de julho de 2001, e a Med. Prov. n. 2.197-43, de 24 de agosto de 2001; e dá outras providências. V., adiante, texto parcial contendo os artigos que dispõem sobre o registro eletrônico, custas e emolumentos.

Lei 13.097, de 19.1.15 — Esta lei trata de assuntos diversos. V., adiante, texto parcial contendo os artigos que dispõem sobre anotações na matrícula do imóvel. Na Lei 11.977: alterou o art. 41.

Decreto-lei n. 9.085, de 25 de março de 1946

Dispõe sobre o registro civil das pessoas jurídicas.

O Presidente da República, usando da atribuição que lhe confere o art. 180 da Constituição, decreta:

Art. 1º No registro civil das pessoas jurídicas serão inscritos:[1]

I — os contratos, os atos constitutivos, os estatutos ou compromissos, das sociedades civis, religiosas, pias, morais, científicas ou literárias, e os das associações de utilidade pública e das fundações;

II — as sociedades civis que revestirem as formas estabelecidas nas leis comerciais.

Art. 1º: 1. v. LRP 114, no mesmo sentido; v. tb. CF 5º-XVII e XVIII.

Art. 2º Não poderão ser registrados os atos constitutivos de pessoas jurídicas, quando seu objeto ou circunstância relevante indique destino ou atividade ilícitos ou contrários, nocivos ou perigosos ao bem público, à segurança do Estado e da coletividade, à ordem pública ou social, à moral e aos bons costumes (Constituição, art. 122, IX).[1]

Art. 2º: 1. v. LRP 115, no mesmo sentido.

Art. 3º Ocorrendo qualquer dos motivos previstos no artigo anterior, o oficial do registro, *ex officio*, ou por provocação de qualquer autoridade, sobrestará no processo de inscrição e suscitará dúvida, na forma dos arts. 215 a 219 do Decreto n. 4.857, de 9 de novembro de 1939,[1] no que forem aplicáveis, competindo ao juiz, sob cuja jurisdição estiver o oficial, decidir a dúvida, concedendo ou negando o registro.[2]

Art. 3º: 1. v. LRP 198 a 204.

Art. 3º: 2. v. LRP 115 § ún., no mesmo sentido.

Art. 4º Também não poderão ser registrados os atos constitutivos de sociedades ou associações que, antes do pedido de inscrição ou concomitantemente com este, tenham exercido atividades ou praticado atos contrários, nocivos ou perigosos ao bem público, à segurança do Estado ou da coletividade, à ordem pública ou social, à moral e aos bons costumes.

No caso deste artigo, o oficial, *ex officio*, ou por provocação de qualquer autoridade, deverá sobrestar no registro, observando o disposto no art. 3º.

Art. 5º A concessão do registro não obsta a propositura de ação de dissolução, fundada nos fatos referidos nos arts. 2º e 4º, ou o procedimento referido no artigo seguinte.

Art. 6º As sociedades ou associações que houverem adquirido personalidade jurídica, mediante falsa declaração de seus fins, ou que, depois de registradas, passarem a exercer atividades das previstas no art. 2º, serão suspensas pelo Governo,[1] por prazo não excedente de seis meses.

§ 1º No caso deste artigo, os representantes judiciais da União deverão propor, no juízo competente para as causas em que esta for parte, a ação judicial de dissolução[2] (Lei n. 4.269, de 17.1.21, art. 12; Lei n. 38, de 4.4.35, art. 29; Cód. Proc. Civ., art. 670).[3-4]

§ 2º (*redação do Dec. lei 8, de 16.6.66*) Quando for decretada por exercer a pessoa jurídica atividade contrária à ordem pública ou à segurança nacional e a ação se propuser no prazo fixado neste artigo, a suspensão do funcionamento perdurará até que a sentença transite em julgado.

Art. 6º: 1. Pelo **Dec. 87.056, de 23.3.82** (Lex 1982/108), foi delegada competência ao Ministro da Justiça para suspender, por prazo não excedente de seis meses, o funcionamento das sociedades ou associações de que trata o art. 6º.

Art. 6º: 2. **CF 5º: "XIX** — as associações só poderão ser compulsoriamente dissolvidas ou ter suas atividades suspensas por decisão judicial, exigindo-se, no primeiro caso, o trânsito em julgado".

Art. 6º: 3. Este § passou a 1º, pela inclusão de § 2º, a seguir.

Art. 6º: 4. O art. 670 refere-se ao CPC/39.

Art. 7º Esta lei entra em vigor na data de sua publicação, revogadas as disposições em contrário.

Rio de Janeiro, 25 de março de 1946; 125º da Independência e 58º da República — EURICO G. DUTRA — **Carlos Coimbra da Luz.**

Lei n. 6.015, de 31 de dezembro de 1973[1]

Dispõe sobre os registros públicos e dá outras providências.

O Presidente da República,

Faço saber que o Congresso Nacional decreta e eu sanciono a seguinte lei:

LEI 6.015: 1. Texto conforme republicação na Coleção de Leis da União de 1975, vol. V, p. 61, que já inclui as alterações trazidas pelas Leis 6.140, de 28.11.74, e 6.216, de 30.6.75.

Título I | DAS DISPOSIÇÕES GERAIS

Capítulo I | DAS ATRIBUIÇÕES

Art. 1º Os serviços concernentes aos registros públicos, estabelecidos pela legislação civil para autenticidade, segurança e eficácia dos atos jurídicos, ficam sujeitos ao regime estabelecido nesta lei.

§ 1º Os registros referidos neste artigo são os seguintes:

I — o registro civil de pessoas naturais;[1]

II — o registro civil de pessoas jurídicas;[2]

III — o registro de títulos e documentos;[3]

IV — o registro de imóveis.[4]

§ 2º Os demais registros reger-se-ão por leis próprias.[5]

§ 3º (*acrescido pela Lei 13.874, de 20.9.19*) Os registros poderão ser escriturados, publicitados e conservados em meio eletrônico, obedecidos os padrões tecnológicos estabelecidos em regulamento.

Art. 1º: 1. v. arts. 29 a 113.

Art. 1º: 2. v. arts. 114 a 126.

Art. 1º: 3. v. arts. 127 a 166.

Art. 1º: 4. v. arts. 167 a 288.

Art. 1º: 5. s/ registro da propriedade literária, científica e artística, v. Dec. 4.857, de 9.11.39, arts. 297 a 311, no tít. DIREITO AUTORAL.

Art. 2º Os registros indicados no § 1º do artigo anterior ficam a cargo dos serventuários privativos nomeados de acordo com o estabelecido na Lei de Organização Administrativa e Judiciária do Distrito Federal e dos Territórios e nas Resoluções sobre a Divisão e Organização Judiciária dos Estados, e serão feitos:

I — o do item I, nos ofícios privativos, ou nos cartórios de registro de nascimentos, casamentos e óbitos;

II — os dos itens II e III, nos ofícios privativos, ou nos cartórios de registro de títulos e documentos;[1]

III — os do item IV, nos ofícios privativos, ou nos cartórios de registro de imóveis.

Art. 2º: 1. Ao registro de títulos e documentos cabe a realização de quaisquer registros não atribuídos expressamente a outro ofício (art. 127 § ún.).

Capítulo II | DA ESCRITURAÇÃO[1]

CAP. II: 1. Escrituração do registro de pessoas naturais: arts. 33 a 45; do registro de pessoas jurídicas: arts. 114 a 119; do registro de títulos e documentos: arts. 132 a 141; do registro de imóveis: arts. 172 a 181.

Art. 3º A escrituração será feita em livros encadernados, que obedecerão aos modelos anexos a esta lei, sujeitos à correição da autoridade judiciária competente.

§ 1º Os livros podem ter 0,22 m até 0,40 m de largura e de 0,33 m até 0,55 m de altura, cabendo ao oficial a escolha, dentro dessas dimensões, de acordo com a conveniência do serviço.

§ 2º Para facilidade do serviço podem os livros ser escriturados mecanicamente, em folhas soltas, obedecidos os modelos aprovados pela autoridade judiciária competente.

Art. 4º Os livros de escrituração serão abertos, numerados, autenticados e encerrados pelo oficial do registro, podendo ser utilizado, para tal fim, processo mecânico de autenticação previamente aprovado pela autoridade judiciária competente.

Parágrafo único (*redação da Lei 9.955, de 6.1.00*). Os livros notariais, nos modelos existentes, em folhas fixas ou soltas, serão também abertos, numerados, autenticados e encerrados pelo tabelião, que determinará a respectiva quantidade a ser utilizada, de acordo com a necessidade do serviço.

Art. 5º Considerando a quantidade dos registros o juiz poderá autorizar a diminuição do número de páginas dos livros respectivos, até à terça parte do consignado nesta lei.

Art. 6º Findando-se um livro, o imediato tomará o número seguinte, acrescido à respectiva letra, salvo no registro de imóveis, em que o número será conservado, com a adição sucessiva de letras, na ordem alfabética simples, e, depois, repetidas em combinações com a primeira, com a segunda, e assim indefinidamente. Exemplos: 2-A a 2-Z; 2-AA a 2-AZ; 2-BA a 2-BZ, etc.

Art. 7º Os números de ordem dos registros não serão interrompidos no fim de cada livro, mas continuarão, indefinidamente, nos seguintes da mesma espécie.

Capítulo III | DA ORDEM DO SERVIÇO[1]

CAP. III: 1. Ordem do serviço: do registro das pessoas naturais, arts. 33 a 45; do registro de títulos e documentos: arts. 146 a 163; do registro de imóveis: arts. 182 a 216.

Art. 8º O serviço começará e terminará às mesmas horas em todos os dias úteis.

Parágrafo único. O registro civil de pessoas naturais funcionará todos os dias, sem exceção.

Art. 9º Será nulo o registro lavrado fora das horas regulamentares ou em dias em que não houver expediente, sendo civil e criminalmente responsável o oficial que der causa à nulidade.

Art. 10. Todos os títulos, apresentados no horário regulamentar e que não forem registrados até a hora do encerramento do serviço, aguardarão o dia seguinte, no qual serão registrados, preferencialmente, aos apresentados nesse dia.

Parágrafo único. O registro civil de pessoas naturais não poderá, entretanto, ser adiado.

Art. 11. Os oficiais adotarão o melhor regime interno de modo a assegurar às partes a ordem de precedência na apresentação dos seus títulos, estabelecendo-se, sempre, o número de ordem geral.

Art. 12. Nenhuma exigência fiscal, ou dúvida, obstará a apresentação de um título e o seu lançamento do[1] Protocolo com o respectivo número de ordem, nos casos em que da precedência decorra prioridade de direitos para o apresentante.[2]

Parágrafo único. Independem de apontamento no Protocolo os títulos apresentados apenas para exame e cálculo dos respectivos emolumentos.

Art. 12: 1. *sic*; deve ser "no".

Art. 12: 2. v. art. 186, nota 1.

Art. 13. Salvo as anotações e as averbações obrigatórias, os atos do registro serão praticados:

I — por ordem judicial;

II — a requerimento verbal ou escrito dos interessados;

III — a requerimento do Ministério Público, quando a lei autorizar.

§ 1º O reconhecimento de firma nas comunicações ao registro civil pode ser exigido pelo respectivo oficial.

§ 2º A emancipação[1] concedida por sentença judicial será anotada às expensas do interessado.

Art. 13: 1. v. arts. 89 a 91.

Art. 14. Pelos atos que praticarem, em decorrência desta lei, os oficiais do registro terão direito, a título de remuneração, aos emolumentos fixados nos Regimentos de Custas[1] do Distrito Federal, dos Estados e dos Territórios, os quais serão pagos, pelo interessado que os requerer, no ato de requerimento ou no da apresentação do título.[1a-2]

Parágrafo único (*redação da Lei 6.724, de 19.11.79*). O valor correspondente às custas de escrituras, certidões, buscas, averbações, registros de qualquer natureza, emolumentos e despesas legais constará, obrigatoriamente, do próprio documento, independentemente da expedição do recibo, quando solicitado.

Art. 14: 1. **Lei 10.150, de 21.12.00: "Art. 35.** Os emolumentos devidos em todos os atos de que trata a Lei n. 6.015, de 31 de dezembro de 1973, relacionados com o Programa instituído pela Medida Provisória n. 1.944-19, de 21 de setembro de 2000, serão reduzidos em cinquenta por cento".

A Med. Prov. 1.944-19, convertida na Lei 10.188, de 12.2.01, refere-se ao Programa de Arrendamento Residencial.

Art. 14: 1a. "Emolumentos nos serviços de notas e de registro: incidência, imunidade, isenções e assistência judiciária gratuita", por Tiago Machado Burtet (RIDCPC 64/110).

Art. 14: 2. **Lei 6.941, de 14.9.81: "Art. 3º** É vedado incluir ou acrescer, às custas dos registros públicos, quaisquer taxas ou contribuições".

Esta disposição está em vigor ou foi superada pela Lei 10.169, de 29.12.00, que dispõe sobre os emolumentos dos serviços notariais?

Art. 15. Quando o interessado no registro for o oficial encarregado de fazê-lo, ou algum parente seu, em grau que determine impedimento, o ato incumbe ao substituto legal do oficial.

Capítulo IV | DA PUBLICIDADE[1]

CAP. IV: 1. s/ microfilmagem, v. Lei 5.433, de 8.5.68, e Dec. 1.799, de 30.1.96, que a regulamentou.

Art. 16. Os oficiais e os encarregados das repartições em que se façam os registros são obrigados:

1º) a lavrar certidão do que lhes for requerido;

2º) a fornecer às partes as informações solicitadas.

Art. 17. Qualquer pessoa pode requerer certidão do registro sem informar ao oficial ou ao funcionário o motivo ou interesse do pedido.[1]

Parágrafo único (*acrescido pela Lei 11.977, de 7.7.09*). O acesso ou envio de informações aos registros públicos, quando forem realizados por meio da rede mundial de computadores (internet) deverão ser assinados com uso de certificado digital, que atenderá os requisitos da Infraestrutura de Chaves Públicas Brasileira — ICP.[2]

Art. 17: 1. v. art. 47.

Art. 17: 2. v., adiante neste título, Lei 11.977, de 7.7.09, art. 38.

Art. 18 (*redação da Lei 9.807, de 13.7.99*). Ressalvado o disposto nos arts. 45, 57, § 7º, e 95,[1] parágrafo único, a certidão será lavrada independentemente de despacho judicial, devendo mencionar o livro de registro ou o documento arquivado no cartório.

Art. 18: 1. v. tb. art. 19 § 3º-*in fine*.

Art. 19. A certidão será lavrada em inteiro teor, em resumo,[1] ou em relatório, conforme quesitos, e devidamente autenticada pelo oficial ou seus substitutos legais, não podendo ser retardada por mais de cinco dias.

§ 1º A certidão, de inteiro teor, poderá ser extraída por meio datilográfico ou reprográfico.[2]

§ 2º As certidões no Registro Civil de Pessoas Naturais mencionarão, sempre, a data em que foi lavrado o assento e serão manuscritas ou datilografadas e, no caso de adoção de papéis impressos, os claros serão preenchidos também em manuscrito ou datilografados.

§ 3º Nas certidões de registro civil, não se mencionará a circunstância de ser legítima, ou não, a filiação, salvo a requerimento do próprio interessado, ou em virtude de determinação judicial.[3]

§ 4º (*redação da Lei 13.484, de 26.9.17*) As certidões de nascimento mencionarão a data em que foi feito o assento, a data, por extenso, do nascimento e, ainda, expressamente, a naturalidade.

§ 5º As certidões extraídas dos registros públicos deverão ser fornecidas em papel e mediante escrita que permitam a sua reprodução por fotocópia, ou outro processo equivalente.

Art. 19: 1. v. tb. art. 21-*caput*.

Art. 19: 2. v. CC 216, CPC 425-III.

Art. 19: 3. v. art. 54, nota 2; cf. CF 227 § 6º.

Art. 20. No caso de recusa ou retardamento na expedição da certidão, o interessado poderá reclamar à autoridade competente, que aplicará, se for o caso, a pena disciplinar cabível.

Parágrafo único. Para a verificação do retardamento, o oficial, logo que receber alguma petição, fornecerá à parte uma nota de entrega devidamente autenticada.

Art. 21. Sempre que houver qualquer alteração posterior ao ato cuja certidão é pedida, deve o oficial mencioná-la, obrigatoriamente, não obstante as especificações do pedido, sob pena de responsabilidade civil e penal, ressalvado o disposto nos arts. 45 e 95.[1]

Parágrafo único. A alteração a que se refere este artigo deverá ser anotada na própria certidão, contendo a inscrição de que "a presente certidão envolve elementos de averbação à margem do termo".

Art. 21: 1. Texto conforme retificação no DOU 31.10.75.

Capítulo V | DA CONSERVAÇÃO

Art. 22. Os livros de registro, bem como as fichas que os substituam, somente sairão do respectivo cartório mediante autorização judicial.

Art. 23. Todas as diligências judiciais e extrajudiciais que exigirem a apresentação de qualquer livro, ficha substitutiva de livro ou documento, efetuar-se-ão no próprio cartório.

Art. 24. Os oficiais devem manter, em segurança, permanentemente, os livros e documentos e respondem pela sua ordem e conservação.

Art. 25. Os papéis referentes ao serviço do registro serão arquivados em cartório mediante a utilização de processos racionais que facilitem as buscas, facultada a utilização de microfilmagem[1] e de outros meios de reprodução autorizados em lei.

Art. 25: 1. s/ microfilmagem, v. Lei 5.433, de 8.5.68, e Dec. 1.799, de 30.1.96, que a regulamentou.

Art. 26. Os livros e papéis pertencentes ao arquivo do cartório ali permanecerão indefinidamente.

Art. 27. Quando a lei criar novo cartório, e enquanto este não for instalado, os registros continuarão a ser feitos no cartório que sofreu o desmembramento, não sendo necessário repeti-los no novo ofício.

Parágrafo único. O arquivo do antigo cartório continuará a pertencer-lhe.

Capítulo VI | DA RESPONSABILIDADE[1-2]

CAP. VI: 1. "Responsabilidade civil dos delegados das serventias extrajudiciais", por Assuero Rodrigues Neto (RJ 414/65).

CAP. VI: 2. Responsabilidade disciplinar do oficial: arts. 47, 100 § 5º, 108.

Art. 28. Além dos casos expressamente consignados,[1] os oficiais são civilmente responsáveis por todos os prejuízos que, pessoalmente, ou pelos prepostos ou substitutos que indicarem, causarem, por culpa ou dolo, aos interessados no registro.[2 a 4]

Parágrafo único. A responsabilidade civil independe da criminal pelos delitos que cometerem.

Art. 28: 1. v. arts. 9º e 21.

Art. 28: 2. CF 236: "Os serviços notariais e de registro são exercidos em caráter privado, por delegação do Poder Público. **§ 1º** Lei regulará as atividades, disciplinará a responsabilidade civil e criminal dos notários, dos oficiais de registro e de seus prepostos, e definirá a fiscalização de seus atos pelo Poder Judiciário".

Lei 8.935, de 18.11.94 — Regulamenta o art. 236 da Constituição Federal, dispondo sobre serviços notariais e de registro: **"Art. 22** (*redação da Lei 13.286, de 10.5.16*). Os notários e oficiais de registro são civilmente responsáveis por todos os prejuízos que causarem a terceiros, por culpa ou dolo, pessoalmente, pelos substitutos que designarem ou escreventes que autorizarem, assegurado o direito de regresso. **Parágrafo único.** Prescreve em três anos a pretensão de reparação civil, contado o prazo da data de lavratura do ato registral ou notarial.

"Art. 23. A responsabilidade civil independe da criminal.

"Art. 24. A responsabilidade criminal será individualizada, aplicando-se, no que couber, a legislação relativa aos crimes contra a administração pública. **Parágrafo único.** A individualização prevista no *caput* não exime os notários e os oficiais de registro de sua responsabilidade civil".

Art. 28: 2a. "Os tabelionatos são serventias judiciais e estão imbricadas na máquina estatal, mesmo quando os servidores têm remuneração pelos rendimentos do próprio cartório e não dos cofres públicos. Embora seja o **preposto estatal** também legitimado para responder pelo dano, sendo diferentes as suas responsabilidades, a do **Estado** objetiva e a do preposto subjetiva, caminhou a jurisprudência por resolver em primeiro lugar a relação jurídica mais facilmente comprovável, ressalvando-se a ação de regresso para apurar-se a responsabilidade subjetiva do preposto estatal" (STJ-RDPr 22/318: 2ª T., REsp 489.511). No mesmo sentido, mais recentemente: STJ-RT 882/149 (2ª T., REsp 797.463). Ainda: RT 829/173.

"O Estado responde, objetivamente, pelos atos dos tabeliães e registradores oficiais que, no exercício de suas funções, causem dano a terceiros, assentado o dever de regresso contra o responsável, nos casos de dolo ou culpa, sob pena de improbidade administrativa" (STF-Pleno, RE 842.846, Min. Luiz Fux, j. 27.2.19, maioria, DJ 13.8.19).

Todavia: "No caso de delegação da atividade estatal (art. 236, § 1º, da Constituição), seu desenvolvimento deve se dar por conta e risco do delegatário, nos moldes do regime das concessões e permissões de serviço público. O art. 22 da Lei 8.935/94 é claro ao estabelecer a responsabilidade dos notários e oficiais de registro por danos causados a terceiros, não permitindo a interpretação de que deve responder solidariamente o ente estatal. Tanto por se tratar de serviço delegado como pela norma legal em comento, não há como imputar eventual responsabilidade pelos serviços notariais e registrais diretamente ao Estado. Ainda que objetiva a responsabilidade da Administração, esta somente responde de forma subsidiária ao delegatário, sendo evidente a carência de ação por ilegitimidade passiva *ad causam*. Em caso de atividade notarial e de registro exercida por delegação, tal como na hipótese, a responsabilidade objetiva por danos é do notário, diferentemente do que ocorre quando se tratar de cartório ainda oficializado" (STJ-2ª T., REsp 1.087.862, Min. Herman Benjamin, j. 2.2.10, DJ 19.5.10).

V. tb. art. 252, nota 2.

Art. 28: 3. "A **responsabilidade civil dos notários, tabeliães e registradores é pessoal** no âmbito civil e penal; os cartórios extrajudiciais — incluindo o de Protesto de Títulos — são instituições administrativas, ou seja, entes sem personalidade, desprovidos de patrimônio próprio, razão pela qual, bem de ver, não possuem personalidade jurídica e não se caracterizam como empresa ou entidade, afastando-se, dessa forma, sua legitimidade passiva *ad causam* para responder pela ação de obrigação de fazer" (STJ-3ª T., REsp 1.097.995, Min. Massami Uyeda, j. 21.9.10, DJ 6.10.10; a citação é do voto do relator). No mesmo sentido: STJ-1ª T., REsp 1.592.513-AgInt, Min. Benedito Gonçalves, j. 20.3.18, DJ 9.4.18. Ainda, no sentido de que os cartórios extrajudiciais não têm legitimidade para figurar no polo passivo de execuções fiscais: STJ-2ª T., REsp 1.793.464, Min. Herman Benjamin, j. 26.3.19, DJ 22.4.19.

"Consoante as regras do art. 22 da Lei 8.935/94 e do art. 38 da Lei 9.492/97, a responsabilidade civil por dano decorrente da má prestação de serviço cartorário é pessoal do titular da serventia à época do fato, em razão da delegação do serviço que lhe é conferida pelo Poder Público em seu nome. Os cartórios ou serventias não possuem legitimidade para figurar no polo passivo de demanda indenizatória, pois são desprovidos de personalidade jurídica e judiciária, representando, apenas, o espaço físico onde é exercida a função pública delegada consistente na atividade notarial ou registral" (STJ-3ª T., REsp 1.177.372, Min. Paulo Sanseverino, j. 28.6.11, maioria, DJ 1.2.12).

Todavia: "Ainda que não dotados de personalidade jurídica, **possuem os Cartórios capacidade processual** e, portanto, legitimidade para responder por danos causados em decorrência de suas atividades, bem como por falhas na prestação de seus serviços" (STJ-3ª T., REsp 1.249.451-AgRg, Min. Sidnei Beneti, j. 25.10.11, DJ 8.11.11).

"O cartório de notas pode figurar na relação processual instaurada para a indenização pelo dano decorrente da alegada má prestação dos serviços notariais" (STJ-4ª T., REsp 476.532, Min. Ruy Rosado, j. 20.5.03, DJ 4.8.03; a citação é do voto do relator).

Art. 28: 3a. "A responsabilidade civil por dano causado a particular por ato de oficial do Registro de Imóveis é pessoal, não podendo o seu **sucessor**, atual titular da serventia, responder pelo ato ilícito praticado pelo sucedido, antigo titular" (STJ-3ª T., REsp 443.467, Min. Castro Filho, j. 5.5.05, DJU 1.7.05). No mesmo sentido: "No caso de dano decorrente de má prestação de serviços notariais, somente o tabelião à época dos fatos e o Estado possuem legitimidade passiva" (STJ-4ª T., REsp 545.613, Min. Cesar Rocha, j. 8.5.07, maioria, DJ 29.6.07). Ainda no mesmo sentido: JTJ 336/290 (AP 7.203.925-5).

"**Contudo,** o art. 22 da Lei 8.935/94 assegura o exercício, por estes, do direito de regresso em face de seus prepostos nas hipóteses de dolo ou culpa. Se um preposto do Cartório, na qualidade de Oficial Substituto, atesta a regularidade de uma matrícula e, posteriormente, ao assumir a titularidade do Cartório, cancela a mesma matrícula cuja legitimidade atestara, é possível que o prejudicado ajuíze diretamente em face dele uma ação para apurar sua responsabilidade civil. Isso porque, nas hipóteses em que haja dolo ou culpa, seria dele, de todo modo, a responsabilidade final pelo incidente" (STJ-3ª T., REsp 1.270.018, Min. Nancy Andrighi, j. 19.6.12, maioria, DJ 28.6.12).

Art. 28: 3b. "Os serviços notariais são exercidos em caráter privado, por delegação do Poder Público. Assim sendo, a sua **responsabilidade,** que é **objetiva** (art. 22 da Lei 8.935/94), independe de comprovação de culpa ou dolo do servidor que deu causa ao dano" (RJM 178/182). **Contra,** entendendo que a responsabilidade do tabelião é subjetiva: RP 124/261.

Art. 28: 4. "A negligência de Cartório de Registro de Imóveis consistente na omissão acerca da existência de servidão implica responsabilidade da titular do respectivo cartório extrajudicial, de onde exsurge que se reputa devida a condenação desta ao pagamento de indenização pelos danos materiais suportados pelo alienante em virtude do desfazimento do negócio jurídico celebrado com os adquirentes do terreno alienado" (RJM 181/327).

Título II | DO REGISTRO CIVIL DE PESSOAS NATURAIS[1]

Capítulo I | DISPOSIÇÕES GERAIS[1]

TÍT. II: 1. **v. Dec. 8.742, de 4.5.16** — Dispõe sobre os atos notariais e de registro civil do serviço consular brasileiro e da dispensa de legalização no Brasil das assinaturas e atos emanados das autoridades consulares brasileiras.

CAP. I: 1. s/ certidões, v. arts. 19 §§ 2º a 4º, 45 e 47 (demora no seu fornecimento); s/ anexação de preceitos de puericultura à certidão do registro civil, v. Dec. lei 9.017, de 23.2.46.

Art. 29: 13. v. art. 101. Só abrange a hipótese da LDi 46, não a do seu art. 33.

Art. 29: 14. Também são averbadas as sentenças que decretam o divórcio (LDi 32 e CC 10-I).

Art. 29: 15. v. art. 102-1º e 2º e art. 113; cf. CF 227 § 6º.

Art. 29: 16. v. art. 103. Esta averbação se tornou inútil, em face do disposto na CF 227 § 6º. V., porém, art. 70, nota 6.

Art. 29: 17. v. CC 1.607 a 1.617; ECA 26 e 27. Em face da CF 227 § 6º, deve ser cancelada a expressão "ilegítimos".

Art. 29: 18. v. arts. 102 § 3º e 105, CC 1.623.

A adoção de criança ou adolescente prescinde de escritura pública, mas depende de sentença judicial (ECA 47-*caput*) e é irrevogável (ECA 39 § 1º).

Art. 29: 19. v. arts. 56 a 58.

Art. 29: 20 e 21. "É válida a atribuição aos Ofícios de Registro Civil das Pessoas Naturais de prestação de outros serviços remunerados, conexos aos seus serviços típicos, mediante convênio devidamente homologado pelo Poder Judiciário local, em credenciamento ou em matrícula com órgãos públicos e entidades interessadas, podendo o referido convênio ser firmado pela entidade de classe dos Registradores Civis das Pessoas Naturais de mesma abrangência territorial do órgão da entidade interessada. O exercício de serviços remunerados pelos Ofícios de Registro Civil das Pessoas Naturais, mediante celebração de convênios, **depende de prévia homologação pelo Poder Judiciário,** conforme o art. 96, II, alínea 'b', e art. 236, § 1º, da CF. Medida cautelar parcialmente confirmada e Ação Direta julgada parcialmente procedente para conferir interpretação conforme ao § 3º do art. 29, declarar nulidade parcial com redução de texto da expressão 'independe de homologação', constante do § 4º do referido art. 29 da Lei 6.015/1973, na redação dada pela Lei 13.484/2017, e declarar a constitucionalidade do Provimento 66/2018 da Corregedoria Nacional do Conselho Nacional de Justiça" (STF-Pleno, ADI 5.855, Min. Alexandre de Moraes, j. 10.4.19, maioria, DJ 25.9.19).

Art. 30 (*redação da Lei 9.534, de 10.12.97*). Não serão cobrados emolumentos pelo registro civil de nascimento e pelo assento de óbito, bem como pela primeira certidão respectiva.[1-1a]

§ 1º (*redação da Lei 9.534, de 10.12.97*) Os reconhecidamente pobres estão isentos de pagamento de emolumentos pelas demais certidões extraídas pelo cartório de registro civil.

§ 2º (*redação da Lei 9.534, de 10.12.97*) O estado de pobreza será comprovado por declaração do próprio interessado ou a rogo, tratando-se de analfabeto, neste caso, acompanhada da assinatura de duas testemunhas.

§ 3º (*redação da Lei 9.534, de 10.12.97*) A falsidade da declaração ensejará a responsabilidade civil e criminal do interessado.

§ 3º-A (*redação da Lei 9.812, de 10.8.99*). Comprovado o descumprimento, pelos oficiais de Cartórios de Registro Civil, do disposto no *caput* deste artigo, aplicar-se-ão as penalidades previstas nos arts. 32 e 33 da Lei 8.935, de 18 de novembro de 1994.[2]

§ 3º-B (*redação da Lei 9.812, de 10.8.99*). Esgotadas as penalidades a que se refere o parágrafo anterior e verificando-se novo descumprimento, aplicar-se-á o disposto no art. 39 da Lei 8.935, de 18 de novembro de 1994.[3]

§ 3º-C (*redação da Lei 11.802, de 4.11.08*). Os cartórios de registros públicos deverão afixar, em local de grande visibilidade, que permita fácil leitura e acesso ao público, quadros contendo tabelas atualizadas das custas e emolumentos, além de informações claras sobre a gratuidade prevista no *caput* deste artigo.

§ 4º (*redação da Lei 11.789, de 2.10.08*) É proibida a inserção nas certidões de que trata o § 1º deste artigo de expressões que indiquem condição de pobreza ou semelhantes.

§ 5º (VETADO)

§ 6º (VETADO)

Art. 30: 1. v. CF 5º-LXXVI.

Lei 8.935, de 18.11.94: "Art. 45 (*redação da Lei 9.514, de 10.12.97*). São gratuitos os assentos do registro civil de nascimento e o de óbito, bem como a primeira certidão respectiva.

Art. 29. Serão registrados no Registro Civil de Pessoas Naturais:[1]

I — os nascimentos;[2]

II — os casamentos;[3]

III — os óbitos;[4]

IV — as emancipações;[5]

V — as interdições;[6]

VI — as sentenças declaratórias de ausência;[7]

VII — as opções de nacionalidade;[8]

VIII — as sentenças que deferirem a legitimação adotiva.[9]

§ 1º Serão averbados:[10]

a) as sentenças que decidirem a nulidade ou anulação do casamento,[11] o desquite[12] e o restabelecimento da sociedade conjugal;[13-14]

b) as sentenças que julgarem ilegítimos os filhos concebidos na constância do casamento e as que declararem a filiação legítima;[15]

c) os casamentos de que resultar a legitimação de filhos havidos ou concebidos anteriormente;[16]

d) os atos judiciais ou extrajudiciais de reconhecimento de filhos ilegítimos;[17]

e) as escrituras de adoção e os atos que a dissolverem;[18]

f) as alterações ou abreviaturas de nomes.[19]

§ 2º É competente para a inscrição da opção de nacionalidade o cartório da residência do optante, ou de seus pais. Se forem residentes no estrangeiro, far-se-á o registro no Distrito Federal.

§ 3º (*acrescido pela Lei 13.484, de 26.9.17*) Os ofícios do registro civil das pessoas naturais são considerados ofícios da cidadania e estão autorizados a prestar outros serviços remunerados, na forma prevista em convênio, em credenciamento ou em matrícula com órgãos públicos e entidades interessadas.[20]

§ 4º (*acrescido pela Lei 13.484, de 26.9.17*) O convênio referido no § 3º deste artigo independe de homologação e será firmado pela entidade de classe dos registradores civis de pessoas naturais de mesma abrangência territorial do órgão ou da entidade interessada.[21]

Art. 29: 1. Registro civil do índio: v. Lei 6.001, de 19.12.73 (Estatuto do Índio), arts. 12 e 13.

Art. 29: 2. v. arts. 50 a 66 e 105 (registro de pessoa nascida fora do país, para efeito de averbação de adoção); CC 9º-I.

Art. 29: 3. v. arts. 67 a 76; CC 9º-I, 180 a 228.

Art. 29: 4. v. arts. 77 a 88; CC 9º-I.

Art. 29: 5. v. arts. 89 a 91; CC 9º-II.

Art. 29: 6. v. arts. 92 a 93 e 104; CC 9º-III; CPC 747 a 758.

Art. 29: 7. v. arts. 94 e 104; CC 9º-IV.

Art. 29: 8. v. arts. 29 § 2º, 32 §§ 4º e 5º e 102-5º (s/ perda de nacionalidade); Lei 13.445, de 24.5.17 (Lei de Migração), art. 63.

Art. 29: 9. A Lei 4.655, de 2.6.55, que dispunha s/ legitimação adotiva, foi revogada pelo Código de Menores, art. 123 (Lei 6.697, de 10.10.79, em CCLCV, 9ª ed., p. 486, Lex 1979/786, RF 268/464, Bol. AASP 1.088/supl.), por sua vez já revogado e substituído pelo ECA.

Art. 29: 10. s/ averbação, v. arts. 97 a 105 (especialmente 102 e 104), que contêm outros casos além dos enumerados acima. Também as retificações se fazem por averbação (art. 110 § 3º).

Art. 29: 11. v. art. 100, CC 10-I.

Art. 29: 12. hoje, separação judicial (v. LDi 39).

V. CC 1.571, nota 2b **(Em. Const. 66, de 13.7.10).**

"§ 1º (*redação da Lei 11.789, de 2.10.08*) Para os reconhecidamente pobres não serão cobrados emolumentos pelas certidões a que se refere este artigo".

"§ 2º (*redação da Lei 11.789, de 2.10.08*) É proibida a inserção nas certidões de que trata o § 1º deste artigo de expressões que indiquem condição de pobreza ou semelhantes".

De acordo com a **Lei 9.265, de 12.2.96** (em Lex 1996/689, RT 724/764), **art. 1º:** "São gratuitos os atos necessários ao exercício da cidadania, assim considerados: ... **VI** — O registro civil de nascimento e o assento de óbito, bem como a primeira certidão respectiva" (inciso acrescido pela Lei 9.534, de 10.12.97, em DOU 11.12.97).

Lei 9.534, de 10.12.97: "Art. 7º Os Tribunais de Justiça dos Estados poderão instituir, junto aos Ofícios de Registro Civil, serviços itinerantes de registros, apoiados pelo poder público estadual e municipal, para provimento da gratuidade prevista nesta lei" (DOU 11.12.97).

Lei 9.465, de 7.7.97 — Dispõe sobre fornecimento gratuito de registro extemporâneo de nascimento (Lex 1997/1.907, RT 741/753).

Art. 30: 1a. Este dispositivo legal foi declarado constitucional (STF-RT 868/125 e RF 397/393: Pleno, ADC 5, um voto vencido).

Art. 30: 2. Lei 8.935, de 18.11.94: "Art. 32. Os notários e os oficiais de registro estão sujeitos, pelas infrações que praticarem, assegurado amplo direito de defesa, às seguintes penas: I — repreensão; II — multa; III — suspensão por noventa dias, prorrogável por mais trinta; IV — perda da delegação.

"Art. 33. As penas serão aplicadas: I — a de repreensão, no caso de falta leve; II — a de multa, em caso de reincidência ou de infração que não configure falta mais grave; III — a de suspensão, em caso de reiterado descumprimento dos deveres ou de falta grave".

Art. 30: 3. Lei 8.935, de 18.11.94: "Art. 39. Extinguir-se-á a delegação a notário ou a oficial de registro por: I — morte; II — aposentadoria facultativa; III — invalidez; IV — renúncia; V — perda, nos termos do art. 35; VI — descumprimento, comprovado, da gratuidade estabelecida na Lei n. 9.534, de 10 de dezembro de 1997. § 1º Dar-se-á aposentadoria facultativa ou por invalidez nos termos da legislação previdenciária federal. § 2º Extinta a delegação a notário ou a oficial de registro, a autoridade competente declarará vago o respectivo serviço, designará o substituto mais antigo para responder pelo expediente e abrirá concurso".

Art. 31. Os fatos concernentes ao registro civil, que se derem a bordo dos navios de guerra e mercantes, em viagem, e no Exército, em campanha, serão imediatamente registrados e comunicados em tempo oportuno, por cópia autêntica, aos respectivos Ministérios, a fim de que, através do Ministério da Justiça, sejam ordenados os assentamentos, notas ou averbações nos livros competentes das circunscrições a que se referirem.

Art. 32. Os assentos de nascimento, óbito e de casamento de brasileiros em país estrangeiro serão considerados autênticos, nos termos da lei do lugar em que forem feitos,[1] legalizadas[1a-2] as certidões pelos cônsules ou, quando por estes tomados, nos termos do regulamento consular.[2a]

§ 1º Os assentos de que trata este artigo serão, porém, trasladados nos cartórios do 1º Ofício do domicílio do registrado[3] ou no 1º Ofício do Distrito Federal, em falta de domicílio conhecido, quando tiverem de produzir efeito no país, ou, antes, por meio de segunda via que os cônsules serão obrigados a remeter por intermédio do Ministério das Relações Exteriores.

§ 2º O filho de brasileiro ou brasileira, nascido no estrangeiro, e cujos pais não estejam ali a serviço do Brasil, desde que registrado em consulado brasileiro ou, não registrado, venha a residir no território nacional antes de atingir a maioridade, poderá requerer, no juízo de seu domicílio, se registre, no livro "E" do 1º Ofício do Registro Civil, o termo de nascimento.[3a]

§ 3º Do termo e das respectivas certidões do nascimento registrado na forma do parágrafo antecedente constará que só valerão como prova de nacionalidade brasileira, até quatro anos depois de atingida a maioridade.

§ 4º Dentro do prazo de quatro anos, depois de atingida a maioridade pelo interessado referido no § 2º, deverá ele manifestar a sua opção[4 a 6] pela nacionalidade brasileira perante o juízo federal. Deferido o pedido,

Registros Públicos

proceder-se-á ao registro no livro "E" do cartório do 1º Ofício do domicílio do optante.

§ 5º Não se verificando a hipótese prevista no parágrafo anterior, o oficial cancelará, de ofício, o registro provisório efetuado na forma do § 2º.

Art. 32: 1. "O casamento realizado no exterior produz efeitos no Brasil, ainda que não tenha sido aqui registrado" (STJ-3ª T., REsp 440.443, Min. Ari Pargendler, j. 26.11.02, DJU 26.5.03).

Art. 32: 1a. s/ dispensa de legalização, v. Dec. 8.742, de 4.5.16, arts. 4º e 5º.

Art. 32: 2. v. LINDB 13.

Art. 32: 2a. v. CC 1.544.

Art. 32: 3. "Casamento. Realização no exterior. Averbação do ato na certidão de nascimento da cônjuge. Fato suficiente para tornar válido o matrimônio no Brasil. Desnecessidade de se fazer o registro em cartório de seu atual domicílio. Intenção do legislador que é dar publicidade e formalidade ao ato. Inteligência do art. 32, § 1º, da LRP" (RT 846/258: TJSP, AP 245.121-4/4-00, maioria).

Art. 32: 3a. s/ competência da Justiça Federal para apreciar pedido de transcrição do termo de nascimento feito no exterior, referente a filho de pai brasileiro ou de mãe brasileira, v., no CPCLPV, CF 109, nota 23d.

Art. 32: 4. s/ opção de nacionalidade, v. CF 12-I-*c*; s/ competência da Justiça Federal para apreciá-la, v., no nosso CPCLPV, CF 109-X e notas.

V. tb. Lei 13.445, de 24.5.17 (Lei de Migração), art. 63.

Art. 32: 5. Em razão da Em. Const. de Revisão n. 3, de 7.6.94, a aquisição da nacionalidade brasileira da pessoa nascida no estrangeiro, filha de pai ou mãe brasileiros, que não estivesse a serviço do Brasil, passou a ter **eficácia suspensiva.** O interessado somente será considerado brasileiro nato após a decisão que deferir a sua opção de nacionalidade, a qual, entretanto, produzirá efeitos *ex tunc* (STF-Pleno, AC 70-0-QO, Min. Sepúlveda Pertence, j. 25.9.03, DJU 12.3.04). "A aludida condição suspensiva só vigora a partir da maioridade, haja vista que, antes, o menor, por intermédio do **registro provisório,** desde que residente no país, é considerado brasileiro nato para todos os efeitos" (STF-1ª T., RE 415.957, Min. Sepúlveda Pertence, j. 23.8.05, DJU 16.9.05).

Art. 32: 6. A opção de nacionalidade exige **capacidade plena,** não suprida pela representação dos pais. "Essa opção somente pode ser manifestada depois de alcançada a maioridade. É que a opção, por decorrer da vontade, tem caráter personalíssimo" (STF-RT 838/176: 2ª T., RE 418.096).

Capítulo II | DA ESCRITURAÇÃO[1] E ORDEM DE SERVIÇO[2]

CAP. II: 1. v. arts. 3º a 7º (normas gerais).

CAP. II: 2. v. arts. 8º a 15 (normas gerais), especialmente arts. 8º § ún., 10 § ún. e 13 § 2º.

Art. 33. Haverá, em cada cartório, os seguintes livros, todos com 300 (trezentas) folhas cada um:

I — "A" — de registro de nascimento;

II — "B" — de registro de casamento;

III — "B Auxiliar" — de registro de casamento religioso para efeitos civis;

IV — "C" — de registro de óbitos;

V — "C Auxiliar" — de registro de natimortos;

VI — "D" — de registro de proclama.[1]

Parágrafo único. No cartório do 1º Ofício ou da 1ª subdivisão judiciária, em cada comarca, haverá outro livro para inscrição dos demais atos relativos ao estado civil, designado sob a letra "E", com cento e cinquenta folhas, podendo o juiz competente, nas comarcas de grande movimento, autorizar o seu desdobramento, pela natureza dos atos que nele devam ser registrados, em livros especiais.

Art. 33: 1. *sic*; deveria ser "proclamas" (cf. arts. 43, 67 § 1º, 69-*caput* e § 1º; cf. tb. CC 1.536-IV).

Art. 34. O oficial juntará, a cada um dos livros, índice alfabético dos assentos lavrados pelos nomes das pessoas a quem se referirem.

Parágrafo único. O índice alfabético poderá, a critério do oficial, ser organizado pelo sistema de fichas, desde que preencham estas os requisitos de segurança, comodidade e pronta busca.

Art. 35. A escrituração será feita seguidamente, em ordem cronológica de declarações, sem abreviaturas, nem algarismos; no fim de cada assento e antes da subscrição e das assinaturas, serão ressalvadas as emendas, entrelinhas ou outras circunstâncias que puderem ocasionar dúvidas. Entre um assento e outro, será traçada uma linha de intervalo, tendo cada um o seu número de ordem.

Art. 36. Os livros de registro serão divididos em três partes, sendo na da esquerda lançado o número de ordem e na central o assento, ficando na da direita espaço para as notas, averbações e retificações.

Art. 37. As partes, ou seus procuradores, bem como as testemunhas, assinarão os assentos, inserindo-se neles as declarações feitas de acordo com a lei ou ordenadas por sentença. As procurações serão arquivadas, declarando-se no termo a data, o livro, a folha e o ofício em que foram lavradas, quando constarem de instrumento público.

§ 1º Se os declarantes, ou as testemunhas não puderem, por qualquer circunstância, assinar, far-se-á declaração no assento, assinando a rogo outra pessoa e tomando-se a impressão dactiloscópica da que não assinar, à margem do assento.

§ 2º As custas com o arquivamento das procurações ficarão a cargo dos interessados.

Art. 38. Antes da assinatura dos assentos, serão estes lidos às partes e às testemunhas, do que se fará menção.

Art. 39. Tendo havido omissão ou erro, de modo que seja necessário fazer adição ou emenda, estas serão feitas antes da assinatura ou ainda em seguida, mas antes de outro assento, sendo a ressalva novamente por todos assinada.

Art. 40 (*redação da Lei 12.100, de 27.11.09*). Fora da retificação feita no ato, qualquer outra só poderá ser efetuada nos termos dos arts. 109 a 112 desta Lei.

Art. 41. Reputam-se inexistentes e sem efeitos jurídicos quaisquer emendas ou alterações posteriores, não ressalvadas ou não lançadas na forma indicada nos arts. 39 e 40.

Art. 42. A testemunha para os assentos de registro deve satisfazer às condições exigidas pela lei civil,[1] sendo admitido o parente, em qualquer grau, do registrando.

Parágrafo único. Quando a testemunha não for conhecida do oficial do registro, deverá apresentar documento hábil da sua identidade, do qual se fará, no assento, expressa menção.

Art. 42: 1. v. CC 228.

Art. 43. Os livros de proclamas serão escriturados cronologicamente com o resumo do que constar dos editais expedidos pelo próprio cartório, ou recebidos de outros, todos assinados pelo oficial.

Parágrafo único. As despesas de publicação do edital serão pagas pelo interessado.

Art. 44. O registro do edital de casamento conterá todas as indicações quanto à época de publicação e aos documentos apresentados, abrangendo também o edital remetido por outro oficial processante.[1]

Art. 44: 1. v. CC 1.527.

Art. 45. A certidão relativa ao nascimento de filho legitimado[1] por subsequente matrimônio deverá ser fornecida sem o teor da declaração ou averbação a esse respeito, como se fosse legítimo; na certidão de casamento também será omitida a referência àquele filho, salvo havendo, em qualquer dos casos, determinação judicial, deferida em favor de quem demonstre legítimo interesse em obtê-la.

Art. 45: 1. v. CF 227 § 6º-2ª parte.

Capítulo III | DAS PENALIDADES

Art. 46 (*redação da Lei 11.790, de 2.10.08*). As declarações de nascimento feitas após o decurso do prazo legal[1] serão registradas no lugar de residência do interessado.

§ 1º (*redação da Lei 11.790, de 2.10.08*) O requerimento de registro será assinado por duas testemunhas, sob as penas da lei.

§ 2º (*revogado expressamente pela Lei 10.215, de 6.4.01*).

§ 3º (*redação da Lei 11.790, de 2.10.08*) O oficial do Registro Civil, se suspeitar da falsidade da declaração, poderá exigir prova suficiente.[2]

§ 4º (*redação da Lei 11.790, de 2.10.08*) Persistindo a suspeita, o oficial encaminhará os autos ao juízo competente.

§ 5º Se o juiz não fixar prazo menor, o oficial deverá lavrar o assento dentro em cinco dias, sob pena de pagar multa correspondente a um salário mínimo da região.

Art. 46: 1. v. art. 50.

Art. 46: 2. v. art. 52 § 2º.

Art. 47. Se o oficial do registro civil recusar fazer ou retardar qualquer registro, averbação ou anotação, bem como o fornecimento de certidão, as partes prejudicadas poderão queixar-se à autoridade judiciária, a qual, ouvindo o acusado, decidirá dentro de cinco dias.[1]

§ 1º Se for injusta a recusa ou injustificada a demora, o juiz que tomar conhecimento do fato poderá impor ao oficial multa de um a dez salários mínimos da região, ordenando que, no prazo improrrogável de vinte e quatro horas, seja feito o registro, a averbação, a anotação ou fornecida certidão, sob pena de prisão de cinco a vinte dias.

§ 2º Os pedidos de certidão feitos por via postal, telegráfica ou bancária serão obrigatoriamente atendidos pelo oficial do registro civil, satisfeitos os emolumentos devidos, sob as penas previstas no parágrafo anterior.

Art. 47: 1. v. art. 28.

Art. 48. Os juízes farão correição e fiscalização nos livros de registro, conforme as normas da organização judiciária.

Art. 49. Os oficiais do registro civil remeterão à Fundação Instituto Brasileiro de Geografia e Estatística, dentro dos primeiros oito dias dos meses de janeiro, abril, junho e outubro de cada ano, um mapa dos nascimentos, casamentos e óbitos ocorridos no trimestre anterior.

§ 1º A Fundação Instituto Brasileiro de Geografia e Estatística fornecerá mapas para a execução do disposto neste artigo, podendo requisitar aos oficiais do registro que façam as correções que forem necessárias.

§ 2º Os oficiais que, no prazo legal, não remeterem os mapas, incorrerão na multa de um a cinco salários mínimos da região, que será cobrada como dívida ativa da União, sem prejuízo da ação penal que no caso couber.

§ 3º (*redação da Lei 12.662, de 5.6.12*) No mapa de que trata o *caput* deverá ser informado o número da identificação da Declaração de Nascido Vivo.[1-2]

§ 4º (*redação da Lei 12.662, de 5.6.12*) Os mapas dos nascimentos deverão ser remetidos aos órgãos públicos interessados no cruzamento das informações do registro civil e da Declaração de Nascido Vivo conforme o regulamento, com o objetivo de integrar a informação e promover a busca ativa de nascimentos.

§ 5º (*redação da Lei 12.662, de 5.6.12*) Os mapas previstos no *caput* e no § 4º deverão ser remetidos por meio digital quando o registrador detenha capacidade de transmissão de dados.

Art. 49: 1. v. art. 54, n. 10 e §§ 1º a 3º.

Art. 49: 2. Lei 12.662, de 5.6.12 — Assegura validade nacional à Declaração de Nascido Vivo — DNV, regula sua expedição, e dá outras providências: **"Art. 3º** A Declaração de Nascido Vivo será emitida para todos os nascimentos com vida ocorridos no País e será válida exclusivamente para fins de elaboração de políticas públicas e lavratura do assento de nascimento.

"§ 1º A Declaração de Nascido Vivo deverá ser emitida por profissional de saúde responsável pelo acompanhamento da gestação, do parto ou do recém-nascido, inscrito no Cadastro Nacional de Estabelecimentos de Saúde — CNES ou no respectivo Conselho profissional.

"§ 2º A Declaração de Nascido Vivo não substitui ou dispensa, em qualquer hipótese, o registro civil de nascimento, obrigatório e gratuito, nos termos da Lei".

Registros Públicos

Capítulo IV | DO NASCIMENTO[1]

CAP. IV: 1. O registro civil de nascimento é gratuito (CF 5º-LXXVI-*a*; v. art. 32 §§ 2º a 5º).

A aplicação de medida de proteção a criança ou adolescente deve ser precedida da regularização do seu registro civil (ECA 102).

Art. 50 (*redação da Lei 9.053, de 25.5.95*). Todo nascimento[1-2] que ocorrer no território nacional[2a] deverá ser dado a registro, no lugar em que tiver ocorrido o parto ou no lugar da residência dos pais, dentro do prazo de quinze dias,[3 a 3b] que será ampliado em até três meses para os lugares distantes mais de trinta quilômetros da sede do cartório.

§ 1º (*redação da Lei 9.053, de 25.5.95*) Quando for diverso o lugar da residência dos pais, observar-se-á a ordem contida nos itens 1º e 2º do art. 52.

§ 2º Os índios, enquanto não integrados, não estão obrigados a inscrição do nascimento. Este poderá ser feito[4] em livro próprio do órgão federal de assistência aos índios.[5-6]

§ 3º Os menores de vinte e um anos e maiores de dezoito anos poderão, pessoalmente e isentos de multa, requerer o registro de seu nascimento.[6a]

§ 4º É facultado aos nascidos anteriormente à obrigatoriedade do registro civil requerer, isentos de multa, a inscrição de seu nascimento.[7]

§ 5º Aos brasileiros nascidos no estrangeiro se aplicará o disposto neste artigo, ressalvadas as prescrições legais relativas aos consulados.[8]

Art. 50: 1. v. CC 9º-I.

Art. 50: 2. s/ registro de nascimento de filho havido fora do matrimônio, v. Lei 8.560, de 29.12.92, arts. 5º e 6º (no tít. INVESTIGAÇÃO DE PATERNIDADE).

Art. 50: 2a. "Registro civil. Nascimentos ocorridos no território nacional. **Criança refugiada. Impossibilidade.** Convenção de refugiados 1951. Lei 9.474/1997. Lei 6.815/1980. Recurso especial parcialmente provido, para determinar o cancelamento do registro civil de nascimento" (STJ-4ª T., REsp 1.475.580, Min. Luis Felipe, j. 4.5.17, maioria, DJ 19.5.17).

Art. 50: 3. Registro fora de prazo: art. 46.

Art. 50: 3a. **Lei 9.465, de 7.7.97, art. 1º** (Lex 1997/1.907): "Não haverá incidência de emolumentos ou multas no registro de nascimento efetuado fora de prazo, quando destinado à obtenção de Carteira do Trabalho e Previdência Social".

Art. 50: 3b. "O pedido de registro civil tardio de nascimento de avô materno, pessoa já falecida, atestado por declaração de batismo, certidão de óbito, como também por certidões de inexistência do registro emitidas por cartórios, revela-se juridicamente possível por ostentar a evidente necessidade de plena regularização de tal assento público e buscar a superação do sub-registro, prática usual em décadas passadas e que, atualmente, está a merecer a repulsa de toda a sociedade. Mesmo envolvendo o objetivo mediato de confirmar a descendência de cidadãos originários da Itália, denota-se que a pretensão tem como principal escopo a emissão do registro público de nascimento de ascendente, por se tratar de documento unicamente capaz de atender as exigências das autoridades daquele país, para permitir a parte autora dar início ao processo de reconhecimento de sua nacionalidade, cidadania italiana. O registro civil de nascimento após o decurso do prazo legal, ainda que de pessoa falecida, com base em dados comprobatórios hábeis a tal mister, não encontra vedação na Lei de Registros Públicos nem fere o ordenamento jurídico pátrio, pois, além de não acarretar nenhum prejuízo a terceiros, encontra abrigo na obrigatoriedade do registro prevista no art. 9º, I, do atual Código Civil c/c arts. 50 e 53 da Lei n. 6.015/73" (STJ-4ª T., REsp 715.989, Min. João Otávio, j. 3.11.09, DJ 16.11.09).

Art. 50: 4. *sic*; leia-se "Esta poderá ser feita".

Art. 50: 5. Parágrafo renumerado por determinação da Lei 9.053, de 25.5.95.

Art. 50: 6. v. Estatuto do Índio (Lei 6.001, de 19.12.73, em Lex 1973/1.957, RDA 116/575), arts. 12 e 13.

Art. 50: 6a. Parágrafo renumerado por determinação da Lei 9.053, de 25.5.95.

Art. 50: 7. Parágrafo renumerado por determinação da Lei 9.053, de 25.5.95.

Art. 50: 8. Parágrafo renumerado por determinação da Lei 9.053, de 25.5.95.

Art. 51. Os nascimentos ocorridos a bordo, quando não registrados nos termos do art. 64, deverão ser declarados dentro de cinco dias, a contar da chegada do navio ou aeronave ao local do destino, no respectivo cartório ou consulado.

Art. 52. São obrigados a fazer a declaração de nascimento:

1º) (*redação da Lei 13.112, de 30.3.15*) o pai ou a mãe, isoladamente ou em conjunto, observado o disposto no § 2º do art. 54;

2º) (*redação da Lei 13.112, de 30.3.15*) no caso de falta ou de impedimento de um dos indicados no item 1º, outro indicado, que terá o prazo para declaração prorrogado por 45 (quarenta e cinco) dias;

3º) no impedimento de ambos, o parente mais próximo, sendo maior e achando-se presente;

4º) em falta ou impedimento do parente referido no número anterior, os administradores de hospitais ou os médicos e parteiras, que tiverem assistido o parto;

5º) pessoa idônea da casa em que ocorrer, sendo fora da residência da mãe;

6º) finalmente, as pessoas (VETADO) encarregadas da guarda do menor.

§ 1º Quando o oficial tiver motivo para duvidar da declaração, poderá ir à casa do recém-nascido verificar a sua existência, ou exigir atestação do médico ou parteira que tiver assistido o parto, ou testemunho de duas pessoas que não forem os pais e tiverem visto o recém-nascido.

§ 2º Tratando-se de registro fora do prazo legal o oficial, em caso de dúvida, poderá requerer ao juiz as providências que forem cabíveis para esclarecimento do fato.

§ 3º (*acrescido pela Lei 13.846, de 18.6.19*) O oficial de registro civil comunicará o registro de nascimento ao Ministério da Economia e ao INSS pelo Sistema Nacional de Informações de Registro Civil (Sirc) ou por outro meio que venha a substituí-lo.

Art. 53. No caso de ter a criança nascido morta ou no de ter morrido na ocasião do parto, será, não obstante, feito o assento com os elementos que couberem e com remissão ao do óbito.

§ 1º No caso de ter a criança nascido morta, será o registro feito no livro "C Auxiliar", com os elementos que couberem.

§ 2º No caso de a criança morrer na ocasião do parto, tendo, entretanto, respirado, serão feitos os dois assentos, o de nascimento e o de óbito, com os elementos cabíveis e com remissões recíprocas.

Art. 54. O assento do nascimento deverá conter:[1 a 4]

1º) o dia, mês, ano e lugar do nascimento e a hora certa, sendo possível determiná-la, ou aproximada;

2º) o sexo do registrando;

3º) o fato de ser gêmeo, quando assim tiver acontecido;[4a]

4º) o nome[4b-5] e o prenome, que forem postos à criança;

5º) a declaração de que nasceu morta, ou morreu no ato ou logo depois do parto;

6º) a ordem de filiação de outros irmãos do mesmo prenome que existirem ou tiverem existido;

7º) os nomes e prenomes,[5a-5b] a naturalidade, a profissão dos pais, o lugar e cartório onde se casaram,[6] a idade da genitora,[7] do registrando em anos completos, na ocasião do parto, e o domicílio ou a residência do casal;

8º) os nomes e prenomes dos avós paternos e maternos;

9º) (*redação da Lei 13.484, de 26.9.17*) os nomes e prenomes, a profissão e a residência das duas testemunhas do assento, quando se tratar de parto ocorrido sem assistência médica em residência ou fora de unidade hospitalar ou casa de saúde;

10) (*redação da Lei 13.484, de 26.9.17*) o número de identificação da Declaração de Nascido Vivo,[8] com controle do dígito verificador, exceto na hipótese de registro tardio previsto no art. 46 desta Lei; e

11) (*acrescido pela Lei 13.484, de 26.9.17*) a naturalidade do registrando.

§ 1º Não constituem motivo para recusa, devolução ou solicitação de retificação da Declaração de Nascido Vivo por parte do Registrador Civil das Pessoas Naturais:

I — equívocos ou divergências que não comprometam a identificação da mãe;

II — omissão do nome do recém-nascido ou do nome do pai;

III — divergência parcial ou total entre o nome do recém-nascido constante da declaração e o escolhido em manifestação perante o registrador no momento do registro de nascimento, prevalecendo este último;

IV — divergência parcial ou total entre o nome do pai constante da declaração e o verificado pelo registrador nos termos da legislação civil, prevalecendo este último;

V — demais equívocos, omissões ou divergências que não comprometam informações relevantes para o registro de nascimento.

§ 2º O nome do pai constante da Declaração de Nascido Vivo não constitui prova ou presunção da paternidade, somente podendo ser lançado no registro de nascimento quando verificado nos termos da legislação civil vigente.

§ 3º Nos nascimentos frutos de partos sem assistência de profissionais da saúde ou parteiras tradicionais, a Declaração de Nascido Vivo será emitida pelos Oficiais de Registro Civil que lavrarem o registro de nascimento, sempre que haja demanda das Secretarias Estaduais ou Municipais de Saúde para que realizem tais emissões.

§ 4º (*acrescido pela Lei 13.484, de 26.9.17*) A naturalidade poderá ser do Município em que ocorreu o nascimento ou do Município de residência da mãe do registrando na data do nascimento, desde que localizado em território nacional, e a opção caberá ao declarante no ato de registro do nascimento.

Art. 54: 1. s/ certidões, v. art. 19.

Art. 54: 2. v. CF 227 § 6º, parte final.

Lei 8.560, de 29.12.92 (no tít. INVESTIGAÇÃO DE PATERNIDADE): **"Art. 5º** No registro de nascimento não se fará qualquer referência à natureza da filiação, à sua ordem em relação a outros irmãos do mesmo prenome, exceto gêmeos, ao lugar e cartório do casamento dos pais e ao estado civil destes.

"Art. 6º Das certidões de nascimento não constarão indícios de a concepção haver sido decorrente de relação extraconjugal.

"§ 1º Não deverá constar, em qualquer caso, o estado civil dos pais e a natureza da filiação, bem como o lugar e cartório do casamento, proibida referência à presente lei.

"§ 2º São ressalvadas autorizações ou requisições judiciais de certidões de inteiro teor, mediante decisão fundamentada, assegurados os direitos, as garantias e interesses relevantes do registrado".

Art. 54: 3. Abertura de novo assento: art. 109 § 4º; retificação ou restauração do assento: arts. 109 a 113; assento de nascimento de adotado: ECA 47.

Art. 54: 4. No assento de nascimento devem ser anotados: o casamento e o óbito (art. 107-*caput*); a mudança do nome da mulher, pelo casamento ou pela separação judicial (art. 107 § 1º); a emancipação, a interdição e a declaração de ausência (art. 107 § 1º).

Todavia: "A Lei 6.015/73, que dispõe sobre os registros públicos, prevê, expressamente, em seu art. 54, os dados que devem constar no registro de nascimento, não fazendo qualquer referência à profissão do registrando. Em sendo assim, torna-se juridicamente impossível o acatamento do pleito de retificação" (RT 867/306). V. tb. art. 109, nota 1d.

Art. 54: 4a. "Exclusão de observação quanto a ser o autor gêmeo. Alegação de constrangimento que não se verifica. Registro que seguiu à regra legal. Inteligência do art. 54 da Lei 6.015/73" (RT 889/261: TJSP, AP 438.120-4/1-00).

Art. 54: 4b. A lei do país do domicílio regula o nome da pessoa física (LINDB 7º-*caput*; v. tb. § 5º do art. 7º).

Art. 54: 5. "A lei não faz nenhuma exigência de observância de uma determinada ordem no que tange aos apelidos de família, seja no momento do registro do nome do indivíduo, seja por ocasião da sua posterior retificação. Também não proíbe que a ordem do sobrenome dos filhos seja distinta daquela presente no sobrenome dos pais" (STJ-3ª T., REsp 1.323.677, Min. Nancy Andrighi, j. 5.2.13, RJ 424/137).

Art. 54: 5a. "É admissível a alteração no registro de nascimento do filho para a averbação do nome de sua mãe que, após a separação judicial, voltou a usar o nome de solteira; para tanto, devem ser preenchidos dois requisitos:

(i) justo motivo; (ii) inexistência de prejuízos para terceiros" (STJ-3ª T., REsp 1.069.864, Min. Nancy Andrighi, j. 18.12.08, DJ 3.2.09). No mesmo sentido: STJ-RBDFS 19/131 e RJ 396/135 (4ª T., REsp 1.123.141), RT 896/214 (TJSP, AP 994.09.287574-5).

Também é possível a alteração do nome da mãe no registro de nascimento do filho no caso de ulterior casamento daquela (STJ-3ª T., REsp 1.328.754, Min. Ricardo Cueva, j. 16 2.16, DJ 23.2.16; RT 900/308: TJMG, AP 1.0058.09.036288-8/001).

Contra: "Os dados constantes no registro civil devem sempre exprimir a verdade real, principalmente aquela existente no momento da lavratura do respectivo assento de nascimento, não sendo possível a retificação do nome da genitora pelo simples fato de esta passar a usar o nome de solteira por ocasião do divórcio, sob pena de afronta aos princípios da contemporaneidade e da verdade real" (RJM 179/67).

Art. 54: 5b. A pendência de processos judiciais não impede a retificação do nome da genitora (RT 901/200: TJSP, AP 990.10.049936-0).

Art. 54: 6. **Lei 8.560, de 29.12.92** (no tít. INVESTIGAÇÃO DE PATERNIDADE): **"Art. 5º** No registro de nascimento não se fará qualquer referência (...) ao lugar e cartório do casamento dos pais e ao estado civil destes".

Art. 54: 7. A vírgula não é cabível, no caso. Consta, porém, da Lei 6.140, de 28.11.74, e foi reproduzida na retificação da LRP.

Art. 54: 8. v. art. 49, nota 2.

Art. 55. Quando o declarante não indicar o nome completo, o oficial lançará adiante do prenome escolhido o nome do pai, e na falta, o da mãe, se forem conhecidos e não o impedir a condição de ilegitimidade,[1] salvo reconhecimento no ato.[2]

Parágrafo único. Os oficiais do registro civil não registrarão prenomes suscetíveis de expor ao ridículo os seus portadores.[3] Quando os pais não se conformarem com a recusa do oficial, este submeterá por escrito o caso,[4] independente da cobrança de quaisquer emolumentos, à decisão do juiz competente.

Art. 55: 1. O filho, mesmo havido fora do casamento, tem direito ao uso do sobrenome paterno (CF 227 § 6º).

Art. 55: 2. Disposições sobre reconhecimento: art. 50, nota 3.

Art. 55: 3. v. art. 56.

Art. 55: 4. sob a forma de dúvida (v. arts. 198 a 204 e 207 c/c 293).

Art. 56. O interessado, no primeiro ano após ter atingido a maioridade civil, poderá, pessoalmente ou por procurador bastante, alterar o nome, desde que não prejudique os apelidos de família, averbando-se a alteração que será publicada pela imprensa.[1-2]

Art. 56: 1. "A jurisprudência tem flexibilizado a regra temporal prevista no art. 56 da Lei 6.015/73, admitindo que menores, devidamente assistidos por seus pais, possam postular retificação no registro civil, desde que se verifique o justo motivo" (STJ-3ª T., REsp 777.088, Min. Sidnei Beneti, j. 21.2.08, DJU 10.3.08). No mesmo sentido: STJ-4ª T., REsp 345.456, Min. Aldir Passarinho Jr., j. 27.11.01, DJU 22.4.02.

Art. 56: 2. "O nome pode ser alterado mesmo depois de esgotado o prazo de um ano, contado da maioridade, desde que presente razão suficiente para excepcionar a regra temporal prevista no art. 56 da Lei 6.015/73, assim reconhecido em sentença (art. 57)" (STJ-2ª Seção, REsp 220.059, Min. Ruy Rosado, j. 22.11.00, DJU 12.2.01).

Art. 57 (*redação da Lei 12.100, de 27.11.09*). A alteração posterior de nome, somente por exceção e motivadamente,[1] após audiência do Ministério Público, será permitida por sentença do juiz a que estiver sujeito o registro, arquivando-se o mandado e publicando-se a alteração pela imprensa, ressalvada a hipótese do art. 110 desta Lei.[1a-1b]

§ 1º Poderá, também, ser averbado nos mesmos termos, o nome abreviado, usado como firma comercial registrada ou em qualquer atividade profissional.

Registros Públicos

§ 2º A mulher solteira, desquitada[2] ou viúva, que viva com homem, solteiro, desquitado[3] ou viúvo, excepcionalmente e havendo motivo ponderável, poderá requerer ao juiz competente que, no registro de nascimento, seja averbado o patronímico de seu companheiro, sem prejuízo dos apelidos próprios, de família, desde que haja impedimento legal para o casamento, decorrente do estado civil de qualquer das partes ou de ambas.[4-4a]

§ 3º O juiz competente somente processará o pedido, se tiver expressa concordância do companheiro, e se da vida em comum houverem decorrido, no mínimo,[5] cinco anos[5a] ou existirem filhos da união.

§ 4º O pedido de averbação só terá curso, quando desquitado o companheiro, se a ex-esposa houver sido condenada ou tiver renunciado ao uso dos apelidos do marido, ainda que dele receba pensão alimentícia.[6]

§ 5º O aditamento regulado nesta lei será cancelado a requerimento de uma das partes, ouvida a outra.

§ 6º Tanto o aditamento quanto o cancelamento da averbação previstos neste artigo serão processados em segredo de justiça.[7]

§ 7º (*acrescido pela Lei 9.807, de 13.7.99*) Quando a alteração de nome for concedida em razão de fundada coação ou ameaça decorrente de colaboração com a apuração de crime, o juiz competente determinará que haja a averbação no registro de origem de menção da existência de sentença concessiva da alteração, sem a averbação do nome alterado, que somente poderá ser procedida mediante determinação posterior, que levará em consideração a cessação da coação ou ameaça que deu causa à alteração.

§ 8º (*acrescido pela Lei 11.924, de 17.4.09*) O enteado ou a enteada, havendo motivo ponderável e na forma dos §§ 2º e 7º deste artigo, poderá requerer ao juiz competente que, no registro de nascimento, seja averbado o nome de família de seu padrasto ou de sua madrasta, desde que haja expressa concordância destes, sem prejuízo de seus apelidos de família.[8]

Art. 57: 1. "A homenagem aos ascendentes como motivo justo ao acréscimo de sobrenome: uma interpretação da expressão 'motivadamente', constante do art. 57 da Lei de Registros Públicos, à luz da hermenêutica pós-positivista", por Rodolfo Pamplona Filho e Hermano Fabrício Oliveira Guanais e Queiroz (RMDCPC 36/34).

Art. 57: 1a. s/ direito ao nome, v. CC 16 a 19; acréscimo de sobrenome do marido ou da mulher, v. CC 1.565 § 1º.

Art. 57: 1b. A jurisprudência tem **autorizado alterações no nome** para:

— exclusão do sobrenome paterno, pois, "além do abandono pelo pai, o autor sempre foi conhecido por outro patronímico" (STJ-4ª T., REsp 66.643, Min. Sálvio de Figueiredo, j. 21.10.97, DJU 9.12.97). No mesmo sentido: RJTJERGS 252/236, RBDFS 5/145 (TJPR, AP 400.884-4); RT 918/1.187 e RJ-Lex 54/304 (TJSC, AP 2008.010577-5). Autorizando a exclusão de um dos sobrenomes paternos: RT 873/292 (TJPR, AP 447.779-8);

— "excluir patronímicos que não fazem parte do grupo familiar, para manter apenas os apelidos obrigatórios concernentes à sua família" (RT 887/287: TJGO, AP 137482-4/188). "A supressão de dois termos que não se confundem com os apelidos de família, e tampouco com o prenome (*stricto sensu*), não tem o condão de vulnerar a segurança e estabilidade das relações cíveis, mormente quando o autor é menor impúbere" (STJ-3ª T., REsp 1.673.048, Min. Nancy Andrighi, j. 8.8.17, DJ 25.8.17);

— "a exclusão do sobrenome marital, em atenção ao exercício socioprofissional do recorrente" (RT 868/374);

— a inclusão do sobrenome materno (STJ-3ª T., REsp 1.069.864, Min. Nancy Andrighi, j. 18.12.08, DJ 3.2.09). "A retificação do registro civil para inclusão do patronímico materno é admitida pela lei, uma vez que não configura mudança de nome. A exclusão do agnome que se reporta ao nome do avô paterno é consectário natural da inclusão do sobrenome da mãe" (RJTJERGS 248/173);

— a inclusão do sobrenome paterno e a exclusão do agnome *bisneto* (STJ-3ª T., REsp 1.104.743, Min. Ricardo Cueva, j. 22.5.14, DJ 5.6.14);

— acréscimos e inversão no sobrenome, em razão da inclusão de sobrenome paterno (STJ-3ª T., REsp 1.323.677, Min. Nancy Andrighi, j. 5.2.13, RJ 424/137) ou do ulterior reconhecimento da paternidade (RT 864/333, maioria);

— exclusão de parcela do prenome (STJ-3ª T., REsp 213.682, Min. Ari Pargendler, j. 5.9.02, DJU 2.12.02). No caso, Francisca Fátima passou a se chamar simplesmente Fátima. V. abaixo caso em que não se permitiu a exclusão do prenome Francisca;

— acréscimos ao prenome (RT 824/326). No caso, Francisca Nonata passou a se chamar Francisca Nonata Renata;

— alterações no prenome (STJ-RT 836/147: 3ª T.). No caso, Maria Raimunda passou a se chamar Maria Isabela. Em sentido semelhante, autorizando que Raimunda passe a se chamar Danielle: STJ-4ª T., REsp 1.217.166, Min. Marco Buzzi, j. 14.2.17, maioria, DJ 24.3.17;

— retificações no prenome, ante "erro gráfico que transparece evidente" (RT 883/221 e JTJ 335/381: TJSP, AP 526.157-4/6-00). No caso, Hamorah passou a ser grafado Hamurab;

— retificações na grafia do nome dos ascendentes, para viabilizar a obtenção de cidadania estrangeira (RT 840/248). "Nome civil. Retificação do patronímico. Erro de grafia. Pretensão de obtenção de dupla cidadania. Possibilidade. Desnecessidade da presença em juízo de todos os integrantes da família" (STJ-4ª T., REsp 1.138.103, Min. Luis Felipe, j. 6.9.11, DJ 29.9.11). V. tb. art. 109, nota 1a;

— "Nome civil. Retificação. Dupla cidadania. Adequação do nome brasileiro ao italiano. Alteração do sobrenome intermediário. Justa causa. Princípio da simetria. Razoabilidade do requerimento" (STJ-3ª T., REsp 1.310.088, Min. Paulo Sanseverino, j. 17.5.16, maioria, DJ 19.8.16). Do voto do relator: "Se para postular o requerimento à dupla cidadania, esta Corte Superior flexibiliza a regra de imutabilidade, com mais razão deve-se admitir a possibilidade dessa flexibilização para aquele que já a obteve e, agora, pretende a uniformização e simetria de seus assentos".

Todavia, há notícia de acórdãos que **não permitiram alterações** no nome para:

— modificar o prenome de Tatiane para Tatiana: "Argumento de que a autora é assim reconhecida na sociedade, bem como de que houve erro na grafia do nome pelo oficial do cartório. Ausência de previsão legal, bem como de fundamento razoável para se afastar o princípio da imutabilidade do prenome, previsto no art. 58 da lei de registros públicos" (STJ-3ª T., REsp 1.728.039, Min. Marco Bellizze, j. 12.6.18, DJ 19.6.18).

— exclusão do sobrenome Pinto (RT 866/194, maioria). No caso, tratava-se de criança que dizia ser alvo de chacota na escola e que se propunha a manter a outra parcela do sobrenome paterno. Consta do acórdão que o sobrenome não exporia a pessoa ao ridículo, em razão de sua origem, tradição e respeito, e que sua exclusão traria prejuízo à ancestralidade. Já para o voto vencido, o pedido de exclusão era acolhido, em razão da sua razoabilidade e da pouca maturidade dos colegas da criança. Em sentido semelhante: RT 939/545 (TJSP, AP 0028966-35.2012.8.26.0007). **Porém,** autorizando a exclusão do sobrenome Pinto: RJ-Lex 56/338 (TJSP, AP 9170085-22.2007.8.26.0000);

— "exclusão do patronímico paterno por razões de ordem religiosa — especialmente se a supressão pretendida prejudica o apelido familiar, tornando impossível a identificação do indivíduo com seus ascendentes paternos" (STJ-3ª T., REsp 1.189.158, Min. Nancy Andrighi, j. 14.12.10, DJ 11.2.11);

— exclusão de parcela do prenome, por se entender ausente erro de grafia ou exposição ao ridículo (JTJ 310/247). No caso, Francisca Cláudia permaneceu com esse nome, sem a exclusão do prenome Francisca. V. acima caso em que se permitiu a exclusão do prenome Francisca;

— modificação de prenome, por se considerar ausente situação vexatória (RT 870/273). No caso, Deleuza não pôde ter seu nome alterado para Sharon Carol;

— inclusões no prenome (RT 881/225: TJSP, AP 568.835-4/8-00). No caso, Nívea não pôde acrescer Marina ao seu nome.

— novo pedido de retificação, em contraposição ao primeiro: "Uma vez que foram os próprios recorrentes, na ação anterior, que pediram a alteração de seus nomes, com o objetivo de obter a nacionalidade portuguesa e tiveram seu pedido atendido na integralidade, não podem, agora, simplesmente pretender o restabelecimento do *statu quo ante*, alegando que houve equívoco no pedido e que os custos de alteração de todos os seus documentos são muito elevados. Ainda que a ação de retificação de registro civil se trate de um procedimento de jurisdição voluntária, em que não há lide, partes e formação da coisa julgada material, permitir sucessivas alterações nos registros públicos, de acordo com a conveniência das partes, implica grave insegurança. Se naquele primeiro momento, a alteração do nome dos recorrentes — leia-se: a supressão da partícula 'DE' e inclusão da partícula 'DOS' — não representou qualquer ameaça ou mácula aos seus direitos de personalidade, ou prejuízo à sua individualidade e autodeterminação, tanto que o requereram expressamente, agora, também não se vislumbra esse risco" (STJ-3ª T., REsp 1.412.260, Min. Nancy Andrighi, j. 15.5.14, DJ 22.5.14).

S/ homologação de sentença estrangeira que dispõe sobre alteração no nome, v., no nosso CPCLPV, CPC 963, nota 9.

Art. 57: 2. hoje, separada judicialmente (LDi 39).

Art. 57: 3. hoje, separado judicialmente (LDi 39).

Art. 57: 4. Este § não está revogado pela LDi (cf. RT 575/92).

Art. 57: 4a. "União estável. Uso do nome pela companheira. Ausência de impedimento para o casamento. Inteligência do art. 57, § 2º, da Lei n. 6.015/73. Possibilidade. Pretensão condizente com a condição de entidade familiar" (JTJ 294/492).

V. tb. CC 1.565, nota 1a.

Art. 57: 5. Com vírgula, no texto da Lei 6.216; sem vírgula, na republicação da LRP.

Art. 57: 5a. "A norma do art. 57, § 3º, da LRP deve ser interpretada em consonância com o art. 1.723 do CC, prescindindo-se de transcurso temporal para a inclusão de sobrenome do companheiro, quando comprovada a união estável e a anuência deste" (RBDFS 18/148: TJMG, AP 1.0024.09.728447-5/001).

Art. 57: 6. v. LDi 17 a 18.

Art. 57: 7. v. CPC 189.

Art. 57: 8. Autorizando a inclusão do sobrenome do padrasto no nome da requerente, pelo "fato de a pessoa ter sido criada desde tenra idade pelo padrasto, querendo por isso se apresentar com o mesmo nome usado pela mãe e pelo marido dela": STJ-2ª Seção, REsp 220.059, Min. Ruy Rosado, j. 22.11.00, um voto vencido, DJU 12.2.01. Mais recentemente, autorizando a inclusão do sobrenome das pessoas que criaram a requerente, considerados por esta como seus verdadeiros pais: STJ-3ª T., REsp 605.708, Min. Castro Filho, j. 16.8.07, DJ 5.8.08. No mesmo sentido: RBDF 28/118.

Art. 58 (*redação da Lei 9.708, de 18.11.98*). O prenome será definitivo, admitindo-se, todavia, a sua substituição por apelidos públicos notórios.[1 a 2]

Parágrafo único (*redação da Lei 9.807, de 13.7.99*). A substituição do prenome será ainda admitida em razão de fundada coação ou ameaça decorrente da colaboração com a apuração de crime, por determinação, em sentença, de juiz competente, ouvido o Ministério Público.

Art. 58: 1. Redação do art. 58 de acordo com a Lei 9.708, de 18.11.98.

O texto primitivo era do teor seguinte:

"Art. 58. O prenome será imutável.

"Parágrafo único. Quando, entretanto, for evidente o erro gráfico do prenome, admite-se a retificação, bem como sua mudança mediante sentença do juiz, a requerimento do interessado, no caso do parágrafo único do art. 55, se o oficial não o houver impugnado".

Art. 58: 1a. Há exceções à **regra da imutabilidade do prenome,** além da mencionada no art. 58:

— a dos arts. 56 e 57;

— em caso de adoção, a pedido do adotante (ECA 47 § 5º);

— no processo de naturalização, no qual "o naturalizando poderá requerer a tradução ou a adaptação de seu nome à língua portuguesa" **(Lei 13.445, de 24.5.17, art. 71 § 1º).** Mas: "Será mantido cadastro com o nome traduzido ou adaptado associado ao nome anterior" (cit. **art. 71 § 2º**);

— em caso de transgenitalização (v. art. 109, nota 1b).

"O princípio da imutabilidade do prenome, estabelecido no art. 58 da LRP, comporta exceções, que devem ser analisadas atentamente pelo julgador" (STJ-3ª T., REsp 729.429, Min. Nancy Andrighi, j. 10.11.05, DJU 28.11.05).

S/ casos de alteração no prenome, v. art. 57, nota 1b.

Art. 58: 1b. "A utilização de pseudônimo artístico não induz a notoriedade exigida pelo art. 58 da Lei 6.015/73 para viabilizar a alteração do prenome da requerente, quando inexistir provas de que é publicamente conhecida pelo nome utilizado no exercício da profissão, mormente se seu nome não revela qualquer conteúdo vexatório de forma a permitir o abrandamento do princípio da imutabilidade do nome. Ademais, a requerente possui protestos lavrados contra a sua pessoa, e o deferimento de seu pedido poderia causar prejuízos aos seus credores" (RT 846/286; ementa da redação).

Art. 58: 2. Dec. 85.708, de 10.2.81 — Simplifica, no âmbito da administração federal, a comprovação de homonímia (Lex 1981/46, RF 273/368, Bol. AASP 1.157/3).

Art. 59. Quando se tratar de filho ilegítimo, não será declarado o nome do pai sem que este expressamente o autorize e compareça, por si ou por procurador especial, para, reconhecendo-o, assinar, ou não sabendo ou não podendo, mandar assinar a seu rogo o respectivo assento com duas testemunhas.

Art. 60. O registro conterá o nome do pai ou da mãe, ainda que ilegítimos, quando qualquer deles for o declarante.

Art. 61. Tratando-se de exposto, o registro será feito de acordo com as declarações que os estabelecimentos de caridade, as autoridades ou os particulares comunicarem ao oficial competente, nos prazos mencionados no art. 50, a partir do achado ou entrega, sob a pena do art. 46, apresentando ao oficial, salvo motivo de força maior comprovada, o exposto e os objetos a que se refere o parágrafo único deste artigo.

Parágrafo único. Declarar-se-á o dia, mês e ano, lugar em que foi exposto, a hora em que foi encontrado e a sua idade aparente. Nesse caso, o envoltório, roupas e quaisquer outros objetos e sinais que trouxer a criança e que possam a todo o tempo fazê-la reconhecer, serão numerados, alistados e fechados em caixa lacrada e selada, com o seguinte rótulo: "Pertence ao exposto tal, assento de fls. ... do livro ..." e remetidos imediatamente, com uma guia em duplicata, ao juiz, para serem recolhidos a lugar seguro. Recebida e arquivada a duplicata com o competente recibo do depósito, far-se-á à margem do assento a correspondente anotação.

Art. 62. O registro do nascimento do menor abandonado, sob jurisdição do Juiz de Menores, poderá fazer-se por iniciativa deste, à vista dos elementos de que dispuser e com observância, no que for aplicável, do que preceitua o artigo anterior.[1-2]

Art. 62: 1. v. ECA 102.

Art. 62: 2. A disposição supra substitui o art. 1º do **Dec. 7.270, de 29.5.41** (RT 132/829, Lex 1941/278, RF 87/557).

Art. 63. No caso de gêmeos, será declarada no assento especial de cada um a ordem de nascimento. Os gêmeos que tiverem o prenome igual deverão ser inscritos com duplo prenome ou nome completo diverso, de modo que possam distinguir-se.

Parágrafo único. Também serão obrigados a duplo prenome, ou a nome completo diverso, os irmãos a que se pretender dar o mesmo prenome.

Art. 64. Os assentos de nascimentos em navio brasileiro mercante ou de guerra serão lavrados, logo que o fato se verificar, pelo modo estabelecido na legislação da marinha, devendo, porém, observar-se as disposições da presente lei.[1]

Art. 64: 1. v. art. 51.

Art. 65. No primeiro porto a que se chegar, o comandante depositará imediatamente, na capitania do porto, ou em sua falta, na estação fiscal, ou ainda, no consulado, em se tratando de porto estrangeiro, duas cópias autenticadas dos assentos, referidos no artigo anterior, uma das quais será remetida, por intermédio do Ministério da Justiça, ao oficial do registro,[1] para o registro no lugar de residência dos pais ou, se não for possível descobri-lo, no 1º Ofício do Distrito Federal. Uma terceira cópia será entregue pelo comandante ao interessado que, após conferência na capitania do porto, por ela poderá, também, promover o registro no cartório competente.

Parágrafo único. Os nascimentos ocorridos a bordo de quaisquer aeronaves, ou de navio estrangeiro, poderão ser dados a registro pelos pais brasileiros no cartório ou consulado do local de desembarque.

Art. 65: 1. Com vírgula, no texto primitivo da Lei 6.015; a republicação corrigida omitiu a vírgula.

Art. 66. Pode ser tomado assento de nascimento do filho de militar ou assemelhado em livro criado pela administração militar mediante declaração feita pelo interessado ou remetida pelo comandante da unidade, quando em campanha. Esse assento será publicado em boletim da unidade e, logo que possível, trasladado por cópia autenticada, *ex officio* ou a requerimento do interessado, para o cartório de registro civil a que competir ou para o do 1º Ofício do Distrito Federal, quando não puder ser conhecida a residência do pai.

Parágrafo único. A providência de que trata este artigo será extensiva ao assento de nascimento de filho de civil, quando, em consequência de operações de guerra, não funcionarem os cartórios locais.

Capítulo V | DA HABILITAÇÃO PARA O CASAMENTO

Art. 67. Na habilitação para o casamento, os interessados, apresentando os documentos exigidos pela lei civil,[1] requererão ao oficial do registro do distrito de residência de um dos nubentes, que lhes expeça certidão de que se acham habilitados para se casarem.

§ 1º Autuada a petição com os documentos, o oficial mandará afixar proclamas de casamento em lugar ostensivo de seu cartório e fará publicá-los na imprensa local, se houver. Em seguida, abrirá vista dos autos ao órgão do Ministério Público, para manifestar-se sobre o pedido e requerer o que for necessário à sua regularidade, podendo exigir a apresentação de atestado de residência, firmado por autoridade policial, ou qualquer outro elemento de convicção admitido em direito.

§ 2º Se o órgão do Ministério Público impugnar[1a] o pedido ou a documentação, os autos serão encaminhados ao juiz, que decidirá sem recurso.[2]

§ 3º Decorrido o prazo de quinze dias a contar da afixação do edital em cartório, se não aparecer quem oponha impedimento nem constar algum dos que de ofício deva declarar,[3] ou se tiver sido rejeitada a impugnação do órgão do Ministério Público, o oficial do registro certificará a circunstância nos autos e entregará aos nubentes certidão de que estão habilitados para se casar dentro do prazo previsto em lei.

§ 4º Se os nubentes residirem em diferentes distritos do registro civil, em um e em outro se publicará e se registrará o edital.[4]

§ 5º Se houver apresentação de impedimento, o oficial dará ciência do fato aos nubentes, para que indiquem em três dias prova que pretendam produzir, e remeterá os autos a juízo; produzidas as provas pelo oponente e pelos nubentes, no prazo de dez dias, com ciência do Ministério Público, e ouvidos os interessados e o órgão do Ministério Público em cinco dias, decidirá o juiz em igual prazo.

§ 6º Quando o casamento se der em circunscrição diferente daquela da habilitação, o oficial do registro comunicará ao da habilitação esse fato, com os elementos necessários às anotações nos respectivos autos.

Art. 67: 1. v. CC 1.525 a 1.532.

Art. 67: 1a. Também é cabível impugnação de terceiro ou do próprio oficial (cf. CC 1.526 § ún.).

Art. 67: 2. Sem recurso para o Ministério Público. Aos interessados cabe apelação (CPC 1.009 e segs.). **Súmula 27 do TJRS:** "É cabível o recurso de apelação em procedimento de habilitação de casamento, salvo quando se tratar de decisão que tenha acolhido impugnação baseada em mera irregularidade formal".

Contra, entendendo, incidentemente, que também a parte não tem recurso: RT 587/103. V. tb. RT 580/76 (recurso do Ministério Público).

De qualquer modo, se não é admissível recurso, poderá caber mandado de segurança.

Art. 67: 3. v. CC 1.522 § ún.

Art. 67: 4. v. CC 1.527.

Art. 68. Se o interessado quiser justificar fato necessário à habilitação para o casamento, deduzirá sua intenção perante o juiz competente, em petição circunstanciada, indicando testemunhas e apresentando documentos que comprovem as alegações.

§ 1º Ouvidas as testemunhas, se houver, dentro do prazo de cinco dias, com a ciência do órgão do Ministério Público, este terá o prazo de vinte e quatro horas para manifestar-se, decidindo o juiz em igual prazo, sem recurso.[1]

§ 2º Os autos da justificação serão encaminhados ao oficial do registro para serem anexados ao processo da habilitação matrimonial.

Art. 68: 1. v. nota 2 ao art. 67.

Art. 69. Para a dispensa de proclamas, nos casos previstos em lei,[1] os contraentes, em petição dirigida ao juiz, deduzirão os motivos de urgência do casamento, provando-a, desde logo, com documentos ou indicando outras provas para demonstração do alegado.

§ 1º Quando o pedido se fundar em crime contra os costumes, a dispensa de proclamas será precedida da audiência dos contraentes, separadamente e em segredo de justiça.

§ 2º Produzidas as provas dentro de cinco dias, com a ciência do órgão do Ministério Público, que poderá manifestar-se, a seguir, em vinte e quatro horas, o juiz decidirá, em igual prazo, sem recurso,[2] remetendo os autos para serem anexados ao processo de habilitação matrimonial.

Art. 69: 1. v. CC 1.527 § ún.

Art. 69: 2. v. nota 2 ao art. 67.

Capítulo VI | DO CASAMENTO[1]

CAP. VI: 1. CF 226: "§ 1º O casamento é civil e gratuita a celebração".

Art. 70. Do matrimônio, logo depois de celebrado, será lavrado assento,[1] assinado pelo presidente do ato, os cônjuges, as testemunhas e o oficial, sendo exarados:[2]

1º) (*redação da Lei 13.484, de 26.9.17*) os nomes, prenomes, nacionalidade, naturalidade, data de nascimento, profissão, domicílio e residência atual dos cônjuges;

2º) os nomes, prenomes, nacionalidade, data de nascimento ou de morte, domicílio e residência atual dos pais;

3º) nomes e prenomes do cônjuge precedente e a data da dissolução do casamento anterior, quando for o caso;

4º) a data da publicação dos proclamas e da celebração do casamento;

5º) a relação dos documentos apresentados ao oficial do registro;[3]

6º) os nomes, prenomes, nacionalidade, profissão, domicílio e residência atual das testemunhas;

7º) o regime de casamento, com declaração da data e do cartório em cujas notas foi tomada a escritura antenupcial, quando o regime não for o da comunhão[4] ou o legal que, sendo conhecido, será declarado expressamente;

8º) o nome que passa a ter a mulher,[5] em virtude do casamento;

9º) os nomes e as idades dos filhos havidos de matrimônio anterior ou legitimados pelo casamento;[6]

10) à margem do termo, a impressão digital do contraente que não souber assinar o nome.

Parágrafo único. As testemunhas serão pelo menos, duas, não dispondo a lei de modo diverso.[7]

Art. 70: 1. v. **Dec. lei 659, de 30.6.69** — Aprova a Convenção das Nações Unidas sobre consentimento para casamento, idade mínima para casamento e registro de casamento (Lex 1969/925).

Anotações no assento de casamento: de óbito, mudança de nome da mulher casada, emancipação, interdição, ausência (art. 107-*caput* e § 1º).

Novo assento: art. 109 § 4º.

Retificação, restauração ou suprimento de assento: arts. 109 a 113.

Art. 70: 2. v. CC 1.536.

Art. 70: 3. v. CC 1.536-V.

Art. 70: 4. Deve ser lido: "quando o regime não for o da comunhão parcial", em face do CC 1.536-VII.

Art. 70: 5. ou o marido (v. CC 1.565 § 1º).

Art. 70: 6. Esta disposição se tornou inútil, à vista do disposto no art. 227 § 6º da CF. Nada impede, porém, que os nubentes declarem, no assento de casamento, a existência de filhos comuns.

Art. 70: 7. v. art. 76-*caput*.

Capítulo VII — DO REGISTRO DO CASAMENTO RELIGIOSO PARA EFEITOS CIVIS

Art. 71. Os nubentes habilitados para o casamento poderão pedir ao oficial que lhes forneça a respectiva certidão, para se casarem perante autoridade ou ministro religioso, nela mencionando o prazo legal de validade da habilitação.

Art. 72. O termo ou assento do casamento religioso,[1] subscrito pela autoridade ou ministro que o celebrar, pelos nubentes e por duas testemunhas, conterá os requisitos do art. 70, exceto o 5º.

Art. 72: 1. v. CC 1.515 e 1.516.

Art. 73. No prazo de trinta dias a contar da realização, o celebrante ou qualquer interessado poderá, apresentando o assento ou termo de casamento religioso, requerer-lhe o registro[1] ao oficial do cartório que expediu a certidão.

§ 1º O assento ou termo conterá a data da celebração, o lugar, o culto religioso, o nome do celebrante, sua qualidade, o cartório que expediu a habilitação, sua data, os nomes, profissões, residências, nacionalidades das testemunhas que o assinarem e os nomes dos contraentes.

§ 2º Anotada a entrada do requerimento, o oficial fará o registro no prazo de 24 (vinte e quatro) horas.

§ 3º A autoridade ou ministro celebrante arquivará a certidão de habilitação que lhe foi apresentada, devendo, nela, anotar a data da celebração do casamento.

Art. 73: 1. em livro especial (v. art. 33-III).

Art. 74. O casamento religioso, celebrado sem a prévia habilitação perante o oficial de registro público, poderá ser registrado desde que apresentados pelos nubentes, com o requerimento de registro, a prova do ato religioso e os documentos exigidos pelo Código Civil, suprindo eles eventual falta de requisitos no termo da celebração.

Parágrafo único. Processada a habilitação com a publicação dos editais e certificada a inexistência de impedimentos, o oficial fará o registro do casamento religioso, de acordo com a prova do ato e os dados constantes do processo, observado o disposto no art. 70.

Art. 75. O registro produzirá efeitos jurídicos a contar da celebração do casamento.[1]

Parágrafo único (*acrescido pela Lei 13.846, de 18.6.19*). O oficial de registro civil comunicará o registro ao Ministério da Economia e ao INSS pelo Sistema Nacional de Informações de Registro Civil (Sirc) ou por outro meio que venha a substituí-lo.

Art. 75: 1. **CF 226: "§ 2º** O casamento religioso tem efeito civil, nos termos da lei".

Capítulo VIII | DO CASAMENTO EM IMINENTE RISCO DE VIDA[1]

CAP. VIII: 1. v. CC 1.540 e 1.541.

Art. 76. Ocorrendo iminente risco de vida de algum dos contraentes, e não sendo possível a presença da autoridade competente para presidir o ato, o casamento poderá realizar-se na presença de seis testemunhas, que comparecerão, dentro de cinco dias, perante a autoridade judiciária mais próxima, a fim de que sejam reduzidas a termo suas declarações.

§ 1º Não comparecendo as testemunhas, espontaneamente, poderá qualquer interessado requerer a sua intimação.

§ 2º Autuadas as declarações e encaminhadas à autoridade judiciária competente, se outra for a que as tomou por termo, será ouvido o órgão do Ministério Público e se realizarão as diligências necessárias para verificar a inexistência de impedimento para o casamento.

§ 3º Ouvidos dentro em[1] 5 (cinco) dias[1a] os interessados que o requererem e o órgão do Ministério Público, o juiz decidirá em igual prazo.

§ 4º Da decisão caberá apelação com ambos os efeitos.[2]

§ 5º Transitada em julgado a sentença, o juiz mandará registrá-la no Livro de Casamento.[3]

Art. 76: 1. "Dentro em", no texto da Lei 6.015; "dentro de", na republicação desta, já com as modificações posteriores, no DOU 16.9.75, supl.

Art. 76: 1a. v., porém, CC 1.541 § 1º, que determina prazo de **quinze** dias.

Art. 76: 2. v. CPC 1.009 e segs.

Art. 76: 3. v. art. 33-II.

Capítulo IX | DO ÓBITO[1]

CAP. IX: 1. v. CC 9º-I.

A certidão de óbito é gratuita (CF 5º-LXXVI-*b*).

O óbito deve ser anotado nos assentos de nascimento e casamento (art. 107-*caput*).

Art. 77 (*redação da Lei 13.484, de 26.9.17*). Nenhum sepultamento será feito sem certidão do oficial de registro do lugar do falecimento ou do lugar de residência do *de cujus*, quando o falecimento ocorrer em local diverso do seu domicílio, extraída após a lavratura do assento de óbito, em vista do atestado de médico, se houver no lugar, ou em caso contrário, de duas pessoas qualificadas que tiverem presenciado ou verificado a morte.[1]

§ 1º Antes de proceder ao assento de óbito de criança de menos de 1 (um) ano, o oficial verificará se houve registro de nascimento, que, em caso de falta, será previamente feito.

§ 2º A cremação de cadáver somente será feita daquele que houver manifestado a vontade de ser incinerado ou no interesse da saúde pública e se o atestado de óbito houver sido firmado por 2 (dois) médicos ou por 1 (um) médico-legista e, no caso de morte violenta, depois de autorizada pela autoridade judiciária.

Art. 77: 1. v. art. 83, que abre exceção à regra do art. 77-*caput*.

Art. 78. Na impossibilidade de ser feito o registro dentro de 24 (vinte e quatro) horas do falecimento, pela distância ou qualquer outro motivo relevante, o assento será lavrado depois, com a maior urgência, e dentro dos prazos fixados no art. 50.

Art. 79. São obrigados a fazer declaração de óbitos:

1º) o chefe de família, a respeito de sua mulher, filhos, hóspedes, agregados e fâmulos;

2º) a viúva, a respeito de seu marido, e de cada uma das pessoas indicadas no número antecedente;

3º) o filho, a respeito do pai ou da mãe; o irmão, a respeito dos irmãos, e demais pessoas de casa, indicadas no n. 1; o parente mais próximo maior e presente;

4º) o administrador, diretor ou gerente de qualquer estabelecimento público ou particular, a respeito dos que nele faleceram, salvo se estiver presente algum parente em grau acima indicado;

5º) na falta de pessoa competente, nos termos dos números anteriores, a que tiver assistido aos últimos momentos do finado, o médico, o sacerdote ou vizinho que do falecimento tiver notícia;

6º) a autoridade policial, a respeito de pessoas encontradas mortas.

Parágrafo único. A declaração poderá ser feita por meio de preposto, autorizando-o o declarante em escrito de que constem os elementos necessários ao assento de óbito.

Art. 80. O assento de óbito[1-2] deverá conter:

1º) a hora, se possível, dia, mês e ano do falecimento;

2º) o lugar do falecimento, com indicação precisa;

3º) o prenome, nome, sexo, idade, cor, estado civil, profissão, naturalidade, domicílio e residência do morto;

4º) se era casado, o nome do cônjuge sobrevivente, mesmo quando desquitado;[3 a 5] se viúvo, o do cônjuge pré-defunto; e o cartório de casamento em ambos os casos;

5º) os nomes, prenomes, profissão, naturalidade e residência dos pais;

6º) se faleceu com testamento conhecido;

7º) se deixou filhos, nome e idade de cada um;

8º) se a morte foi natural ou violenta e a causa conhecida, com o nome dos atestantes;

9º) o lugar do sepultamento;

10) se deixou bens e herdeiros menores ou interditos;

11) se era eleitor;

12) (*redação da Med. Prov. 2.187-13, de 24.8.01*) pelo menos uma das informações a seguir arroladas: número de inscrição do PIS/PASEP; número de inscrição no Instituto Nacional do Seguro Social — INSS, se contribuinte individual; número de benefício previdenciário — NB, se a pessoa falecida for titular de qualquer benefício pago pelo INSS; número do CPF; número de registro da Carteira de Identidade e respectivo órgão emissor; número do título de eleitor; número do registro de nascimento, com informação do livro, da folha e do termo; número e série da Carteira de Trabalho.

Parágrafo único (*redação da Lei 13.114, de 16.4.15*). O oficial de registro civil comunicará o óbito à Receita Federal e à Secretaria de Segurança Pública da unidade da Federação que tenha emitido a cédula de identidade, exceto se, em razão da idade do falecido, essa informação for manifestamente desnecessária.

Art. 80: 1. Novo assento: art. 109 § 4º; retificação, restauração ou suprimento de assento: arts. 109 a 113.

Art. 80: 2. De acordo com o **Dec. 92.588, de 25.4.86,** os oficiais do registro civil são obrigados a enviar mensalmente ao INSS uma relação contendo os nomes das pessoas cujos assentos de óbito foram lavrados em seu cartório.

Igual determinação foi feita pela LPB 68 (atualmente, com redação alterada pela Lei 8.870, de 15.4.94, em Lex 1994/618, RF 326/353, RT 702/452, Bol. AASP 1.848/supl.) e pelo regulamento da Lei 8.870, o **Dec. 1.197, de 14.7.94** (Lex 1994/979), que em seu art. 7º comina multa de 10.000 UFIRs, ou outra unidade de referência oficial que venha a substituí-la, ao oficial do registro civil que deixar de cumprir essa determinação.

Art. 80: 3. Adotamos, acima, a pontuação da redação primitiva da Lei 6.015.

Art. 80: 4. hoje, separado judicialmente (LDi 39).

V. CC 1.571, nota 2b **(Em. Const. 66, de 13.7.10).**

Art. 80: 5. "Ação de retificação de registro. Certidão de óbito. **União estável.** Reconhecimento. Uma vez declarada a união estável, por meio de sentença judicial transitada em julgado, como na hipótese, há de ser acolhida a pretensão de inscrição deste fato jurídico no Registro Civil de Pessoas Naturais, com as devidas remissões recíprocas aos atos notariais anteriores relacionados aos companheiros. Recurso especial desprovido, ressalvando a necessidade de se acrescentar no campo 'observações/averbações' o período de duração da união estável" (STJ-3ª T., REsp 1.516.599, Min. Nancy Andrighi, j. 21.9.17, DJ 2.10.17).

Art. 81. Sendo o finado desconhecido, o assento deverá conter declaração de estatura ou medida, se for possível, cor, sinais aparentes, idade presumida, vestuário e qualquer outra indicação que possa auxiliar de futuro o seu reconhecimento; e, no caso de ter sido encontrado morto, serão mencionados esta circunstância e o lugar em que se achava e o da necropsia, se tiver havido.

Parágrafo único. Neste caso, será extraída a individual dactiloscópica, se no local existir esse serviço.

Art. 82. O assento deverá ser assinado pela pessoa que fizer a comunicação ou por alguém a seu rogo, se não souber ou não puder assinar.

Art. 83. Quando o assento for posterior ao enterro, faltando atestado de médico ou de duas pessoas qualificadas, assinarão, com a que fizer a declaração, duas testemunhas que tiverem assistido ao falecimento ou ao funeral e puderem atestar, por conhecimento próprio ou por informação que tiverem colhido, a identidade do cadáver.

Art. 84. Os assentos de óbitos de pessoas falecidas a bordo de navio brasileiro serão lavrados de acordo com as regras estabelecidas para os nascimentos,[1] no que lhes for aplicável, com as referências constantes do art. 80, salvo se o enterro for no porto, onde será tomado o assento.

Art. 84: 1. v. arts. 64 a 65.

Art. 85. Os óbitos, verificados em campanha, serão registrados em livro próprio, para esse fim designado, nas formações sanitárias e corpos de tropas, pelos oficiais da corporação militar correspondente, autenticado cada assento com a rubrica do respectivo médico chefe, ficando a cargo da unidade que proceder ao sepultamento o registro, nas condições especificadas, dos óbitos que se derem no próprio local de combate.[1]

Art. 85: 1. v. art. 88 § ún.

Art. 86. Os óbitos, a que se refere o artigo anterior, serão publicados em boletim da corporação e registrados no registro civil, mediante relações autenticadas, remetidas ao Ministério da Justiça, contendo os nomes dos mortos, idade, naturalidade, estado civil, designação dos corpos a que pertenciam, lugar da residência ou de mobilização, dia, mês, ano e lugar do falecimento e do sepultamento para, à vista dessas relações, se fazerem os assentamentos de conformidade com o que a respeito está disposto no art. 66.

Art. 87. O assentamento de óbito ocorrido em hospital, prisão ou outro qualquer estabelecimento público será feito, em falta de declaração de parentes, segundo a da respectiva administração, observadas as disposições dos arts. 80 a 83 e o relativo a pessoa encontrada acidental ou violentamente morta, segundo a comunicação, *ex officio*, das autoridades policiais, às quais incumbe fazê-la logo que tenham conhecimento do fato.

Art. 88. Poderão os juízes togados admitir justificação para o assento de óbito de pessoas desaparecidas em naufrágio, inundação, incêndio, terremoto ou qualquer outra catástrofe, quando estiver provada a sua presença no local do desastre e não for possível encontrar-se o cadáver para exame.[1]

Parágrafo único. Será também admitida a justificação no caso de desaparecimento em campanha, provados a impossibilidade de ter sido feito o registro nos termos do art. 85 e os fatos que convençam da ocorrência do óbito.

Art. 88: 1. *Confirmando sentença que*, "com base na prova oral produzida de pessoas que diretamente testemunharam o fato, reconheceu presumida a morte do filho dos requerentes, desaparecido, sem encontro do cadáver, há mais de dois anos, certamente em afogamento, quando se banhava em uma represa, durante pescaria em companhia de amigos": RT 781/228.

V. CC 7º, nota 1a.

Capítulo X | DA EMANCIPAÇÃO, INTERDIÇÃO E AUSÊNCIA

Art. 89. No cartório do 1º Ofício ou da 1ª subdivisão judiciária de cada comarca serão registrados, em livro especial, as sentenças de emancipação,[1] bem como os atos dos pais[2] que a concederem, em relação aos menores nela domiciliados.

Art. 89: 1. v. CC 9º-II; CPC 725-I.

Art. 89: 2. "dos pais", i. e., do pai e da mãe (CC 5º § ún.-I).

Art. 90. O registro será feito mediante trasladação da sentença oferecida em certidão ou do instrumento, limitando-se, se for de escritura pública, às referências da data, livro, folha e ofício em que for lavrada sem dependência, em qualquer dos casos, da presença de testemunhas, mas com a assinatura do apresentante. Dele sempre constarão:

1º) data do registro e da emancipação;

2º) nome, prenome, idade, filiação, profissão, naturalidade e residência do emancipado; data e cartório em que foi registrado o seu nascimento;

3º) nome, profissão, naturalidade e residência dos pais ou do tutor.

Art. 91. Quando o juiz conceder emancipação,[1] deverá comunicá-la, de ofício, ao oficial de registro, se não constar dos autos haver sido efetuado este dentro de oito dias.

Parágrafo único. Antes do registro, a emancipação, em qualquer caso, não produzirá efeito.

Art. 91: 1. v. ECA 148 § ún.-*e*.

Art. 92. As interdições[1] serão registradas no mesmo cartório e no mesmo livro de que trata o art. 89, salvo a hipótese prevista na parte final do parágrafo único do art. 33, declarando-se:

1º) data do registro;

2º) nome, prenome, idade, estado civil, profissão, naturalidade, domicílio e residência do interdito, data e cartório em que forem registrados o nascimento e o casamento, bem como o nome do cônjuge, se for casado;

3º) data da sentença, nome e vara do juiz que a proferiu;

4º) nome, profissão, estado civil, domicílio e residência do curador;

5º) nome do requerente da interdição e causa desta;

6º) limites da curadoria,[2] quando for parcial a interdição;

7º) lugar onde está internado o interdito.

Art. 92: 1. v. CC 9º-III e 1.767 e segs., CPC 747 e segs.

Art. 92: 2. v. CC 1.772 e CPC 755.

Art. 93. A comunicação, com os dados necessários, acompanhados de certidão de sentença, será remetida pelo juiz ao cartório, para registro de ofício, se o curador ou promovente não o tiver feito dentro de oito dias.

Parágrafo único. Antes de registrada a sentença, não poderá o curador assinar o respectivo termo.

Art. 94. O registro das sentenças declaratórias de ausência,[1] que nomearem curador, será feito no cartório do domicílio anterior do ausente, com as mesmas cautelas e efeitos do registro de interdição,[2] declarando-se:

1º) data do registro;

2º) nome, idade, estado civil, profissão e domicílio anterior do ausente, data e cartório em que foram registrados o nascimento e o casamento, bem como o nome do cônjuge, se for casado;

3º) tempo de ausência até a data da sentença;

4º) nome do promotor do processo;

5º) data da sentença e nome e vara do juiz que a proferiu;

6º) nome, estado, profissão, domicílio e residência do curador e os limites da curatela.

Art. 94: 1. v. CC 9º-IV e 22 a 25.

Art. 94: 2. v. arts. 92 a 93.

Capítulo XI | DA LEGITIMAÇÃO ADOTIVA[1]

CAP. XI: 1. O ECA extinguiu o instituto da legitimação adotiva, que já havia sido transformado em adoção plena pelo Código de Menores, Lei 6.697, de 10.10.79 (em CCLCV, 9ª ed., p. 486, Lex 1979/786, RF 268/464, Bol. AASP 1.088/supl.), arts. 29 a 37.

Capítulo XII | DA AVERBAÇÃO

Art. 97 (*redação da Lei 13.484, de 26.9.17*). A averbação será feita pelo oficial do cartório em que constar o assento à vista da carta de sentença, de mandado ou de petição acompanhada de certidão ou documento legal e autêntico.

Parágrafo único (*acrescido pela Lei 13.484, de 26.9.17*). Nas hipóteses em que o oficial suspeitar de fraude, falsidade ou má-fé nas declarações ou na documentação apresentada para fins de averbação, não praticará o ato pretendido e submeterá o caso ao representante do Ministério Público para manifestação, com a indicação, por escrito, dos motivos da suspeita.

Art. 98. A averbação será feita à margem do assento e, quando não houver espaço, no livro corrente, com as notas e remissões recíprocas, que facilitem a busca.

Art. 99. A averbação será feita mediante a indicação minuciosa da sentença ou ato que a determinar.

Art. 100. No livro de casamento, será feita averbação da sentença de nulidade e anulação de casamento, bem como de desquite, declarando-se a data em que o juiz a proferiu, a sua conclusão, os nomes das partes e o trânsito em julgado.

§ 1º Antes de averbadas,[1] as sentenças não produzirão efeito contra terceiros.

§ 2º As sentenças de nulidade ou anulação de casamento não serão averbadas enquanto sujeitas a recurso, qualquer que seja o seu efeito.

§ 3º A averbação a que se refere o parágrafo anterior será feita à vista da carta de sentença, subscrita pelo presidente ou outro juiz do Tribunal que julgar a ação em grau de recurso, da qual constem os requisitos mencionados neste artigo e, ainda, certidão de trânsito em julgado do acórdão.

§ 4º O oficial do registro comunicará, dentro de quarenta e oito horas, o lançamento da averbação respectiva ao juiz que houver subscrito a carta de sentença mediante ofício sob registro postal.

§ 5º Ao oficial, que deixar de cumprir as obrigações consignadas nos parágrafos anteriores, será imposta a multa de cinco salários mínimos[2] da região e a suspensão do cargo até seis meses; em caso de reincidência, ser-lhe-á aplicada, em dobro, a pena pecuniária, ficando sujeito à perda do cargo.

Art. 100: 1. De acordo com o texto original da Lei 6.015; na republicação corrigida, está: "Antes de averbação", etc.

Art. 100: 2. A remissão ao salário mínimo não foi substituída pelo valor de referência (cf. Lei 6.205, de 29.4.75, nota 2, no tít. CORREÇÃO MONETÁRIA).

Art. 101. Será também averbado, com as mesmas indicações e efeitos, o ato de restabelecimento de sociedade conjugal.[1]

Art. 101: 1. v. art. 29 § 1º-*a* e nota 13; LDi 46.

Art. 102. No livro de nascimento, serão averbados:

1º) as sentenças que julgarem ilegítimos os filhos concebidos na constância do casamento;[1]

2º) as sentenças que declararem legítima a filiação;[2]

3º) as escrituras de adoção e os atos que a dissolverem;[3]

4º) o reconhecimento judicial ou voluntário dos filhos ilegítimos;[4]

5º) a perda de nacionalidade brasileira, quando comunicada pelo Ministério da Justiça;[5]

6º) (*redação da Lei 8.069, de 13.7.90*) a perda e a suspensão do pátrio poder.

Art. 102: 1. v. art. 29 § 1º-*b*; cf. CC 1.601.

Art. 102: 2. v. art. 29 § 1º-*c*.

Art. 102: 3. No caso de adoção de criança ou adolescente, v. ECA 47 § 2º.

Art. 102: 4. v. art. 29 § 1º-*d*.

Art. 102: 5. v. Lei 13.445, de 24.5.17 (Lei de Migração), art. 75.

Art. 103. ....[1]

Art. 103: 1. A CF 227 § 6º-2ª parte tornou inútil a disposição do art. 103 supra, que era deste teor: "Será feita, ainda de ofício, diretamente quando no mesmo cartório, ou por comunicação do oficial que registrar o casamento, a averbação da legitimação dos filhos por subsequente matrimônio dos pais, quando tal circunstância constar do assento de casamento".

V., porém, nota 6 ao art. 70.

Art. 104. No livro de emancipação, interdições e ausências, será feita a averbação das sentenças que puserem termo à interdição, das substituições dos curadores de interditos ou ausentes, das alterações dos limites de curatela, da cessação ou mudança de internação, bem como da cessação de ausência pelo aparecimento do ausente, de acordo com o disposto nos artigos anteriores.

Parágrafo único. Averbar-se-á, também, no assento de ausência, a sentença de abertura de sucessão provisória, após o trânsito em julgado, com referência especial ao testamento do ausente se houver e indicação de seus herdeiros habilitados.

Art. 105. Para a averbação de escritura de adoção de pessoa cujo registro de nascimento haja sido feito fora do país, será trasladado, sem ônus para os interessados, no livro "A" do cartório do 1º Ofício ou da 1ª subdivisão judiciária da comarca em que for domiciliado o adotante, aquele registro, legalmente traduzido, se for o caso, para que se faça à margem dele a competente averbação.

Capítulo XIII | DAS ANOTAÇÕES

Art. 106. Sempre que o oficial fizer algum registro ou averbação, deverá, no prazo de cinco dias, anotá-lo nos atos anteriores, com remissões recíprocas, se lançados em seu cartório, ou fará comunicação, com resumo do assento, ao oficial em cujo cartório estiverem os registros primitivos, obedecendo-se sempre à forma prescrita no art. 98.

Parágrafo único. As comunicações serão feitas mediante cartas relacionadas em protocolo, anotando-se à margem ou sob o ato comunicado o número do protocolo e ficarão arquivadas no cartório que as receber.

Art. 107. O óbito deverá ser anotado, com as remissões recíprocas, nos assentos de casamento[1] e nascimento,[2] e o casamento no deste.

§ 1º A emancipação, a interdição e a ausência serão anotadas pela mesma forma, nos assentos de nascimento e casamento, bem como a mudança do nome da mulher, em virtude de casamento, ou sua dissolução, anulação ou desquite.

§ 2º A dissolução e a anulação do casamento e o restabelecimento da sociedade conjugal serão, também, anotadas nos assentos de nascimento dos cônjuges.

Art. 107: 1. v. art. 70.

Art. 107: 2. v. art. 54.

Art. 108. Os oficiais, além das penas disciplinares em que incorrerem, são responsáveis civil e criminalmente pela omissão ou atraso na remessa de comunicações a outros cartórios.

Capítulo XIV | DAS RETIFICAÇÕES, RESTAURAÇÕES E SUPRIMENTOS

Art. 109. Quem pretender que se restaure, supra ou retifique assentamento no registro civil,[1 a 1d] requererá,[2] em petição fundamentada e instruída com documentos[3] ou com indicação de testemunhas, que o juiz[3a] o ordene, ouvido o órgão do Ministério Público e os interessados, no prazo de cinco dias, que correrá em cartório.[3b]

§ 1º Se qualquer interessado ou o órgão do Ministério Público impugnar o pedido,[3c] o juiz determinará a produção da prova, dentro do prazo de dez dias e ouvidos, sucessivamente, em três dias, os interessados e o órgão do Ministério Público, decidirá em cinco dias.

§ 2º Se não houver impugnação ou necessidade de mais provas, o juiz decidirá no prazo de cinco dias.

§ 3º Da decisão[4] do juiz, caberá o recurso de apelação[5] com ambos os efeitos.

§ 4º Julgado procedente o pedido, o juiz ordenará que se expeça mandado para que seja lavrado, restaurado ou retificado o assentamento, indicando, com precisão, os fatos ou circunstâncias que devam ser retificados, e em que sentido, ou os que devam ser objeto do novo assentamento.

§ 5º Se houver de ser cumprido em jurisdição diversa, o mandado será remetido, por ofício, ao juiz sob cuja jurisdição estiver o cartório do registro civil e, com o seu "cumpra-se", executar-se-á.

§ 6º As retificações serão feitas à margem do registro,[6] com as indicações necessárias, ou, quando for o caso, com a trasladação do mandado, que ficará arquivado. Se não houver espaço, far-se-á o transporte do assento, com as remissões à margem do registro original.

Art. 109: 1. s/ hipóteses de alteração de nome, v. art. 57, nota 1b; s/ acréscimo de sobrenome do cônjuge depois do casamento, v. CC 1.565, nota 2b; s/ medidas de proteção à criança e regularização do registro civil, v. ECA 102; s/ averbação de reconhecimento da paternidade, v. LIP 2º § 3º.

Art. 109: 1a. Demonstrado o interesse do requerente, admite-se sua legitimidade para pedir a retificação de registros de seus **ascendentes** (JTJ 200/231).

Todavia: "Ação de retificação de registro civil destinada a modificar o assento de nascimento do bisavô do demandante, a viabilizar a obtenção de cidadania italiana. Extinção do processo sem julgamento de mérito pelas instâncias ordinárias, ante a impropriedade da via eleita. A pretensão encerrada na presente ação de retificação destina-se, na verdade, a desconstituir a filiação de seu ascendente, desiderato que somente pode ser viabilizado por meio da competente ação de estado" (STJ-4ª T., REsp 1.168.757, Min. Marco Buzzi, j. 25.2.14, maioria, RT 946/361).

V. tb. art. 57, nota 1b.

Art. 109: 1b. "A **pessoa transgênero** que comprove sua identidade de gênero dissonante daquela que lhe foi designada ao nascer por autoidentificação firmada em declaração escrita desta sua vontade dispõe do direito fundamental subjetivo à alteração do prenome e da classificação de gênero no registro civil pela via administrativa ou judicial, independentemente de procedimento cirúrgico e laudos de terceiros, por se tratar de tema relativo ao direito fundamental ao livre desenvolvimento da personalidade" (STF-Pleno, ADI 4.275, Min. Edson Fachin, j. 1.3.18, maioria, DJ 7.3.19). Em sentido semelhante: STJ-4ª T., REsp 1.626.739, Min. Luis Felipe, j. 9.5.17, maioria, DJ 1.8.17; STJ-3ª T., REsp 1.561.933, Min. Paulo Sanseverino, j. 20.3.18, DJ 23.4.18; RT 940/690 (TJSP, AP 0082646-81.2011.8.26.0002).

"Impossibilidade de se conceber mudança para nome feminino, sem a consequente alteração do sexo. Princípio constitucional da dignidade da pessoa humana. Adequação das regras jurídicas às necessidades humanas de convivência e coerência. Evitada a exposição ao ridículo e contradição em documento revestido de fé pública" (JTJ 314/318: AP 437.843-4/3-00, maioria, acórdão relatado pelo Des. Caetano Lagrasta). No mesmo sentido: STJ-3ª T., REsp 1.008.398, Min. Nancy Andrighi, j. 15.10.09, DJ 18.11.09 (bem fundamentado); RT 874/111 (TJSP, AP 354.845-4/8-00), 884/283 (TJPA, AP 2007.3.004934-0), JTJ 320/603 (AP 447.868-4/5-00, maioria), 328/544 (AP 354.845-4/8-00), RTDC 34/125 (TJRS, AP 70022952261).

"Direito subjetivo à alteração do nome e da classificação de gênero no assento de nascimento. Essa alteração deve ser averbada à margem no assento de nascimento, sendo vedada a inclusão do termo 'transexual'. Nas certidões do registro não constará nenhuma observação sobre a origem do ato, sendo vedada a expedição de certidão de inteiro teor, salvo a requerimento do próprio interessado ou por determinação judicial. Efetuando-se o procedimento pela via judicial, caberá ao magistrado determinar, de ofício ou a requerimento do interessado, a expedição de mandados específicos para a alteração dos demais registros nos órgãos públicos ou privados pertinentes, os quais deverão preservar o sigilo sobre a origem dos atos" (STF-Pleno, RE 670.422, Min. Dias Toffoli, j. 15.8.18, maioria, DJ 10.3.20). No mesmo sentido, para determinar que a alteração do nome e do sexo seja feita sem menção à correlata decisão judicial e à causa dessa alteração (redesignação sexual de transexual): STJ-3ª T., REsp 1.008.398, Min. Nancy Andrighi, j. 15.10.09, DJ 18.11.09. Ponderando que, "em vistas da dignidade e da privacidade do apelante, não se deve fazer averbação da alteração": RT 884/283 (TJPA, AP 2007.3.004934-0). **Contra,** no sentido de que a retificação do registro deve vir acompanhada de averbação informando que "a modificação do nome e do sexo do recorrido decorreu de decisão judicial": STJ-RJTJERGS 265/37 (3ª T., REsp 678.933). Em sentido semelhante, afirmando que a modificação de nome e sexo "devem ser averbadas em cartório para que se preserve a continuidade do registro civil e os direitos de terceiro": RT 885/249 (TJSP, AP 619.672-4/9). Ainda: STJ-RBDFS 14/116 (4ª T., REsp 737.993; do voto do relator: "tal averbação deve constar apenas do livro de registros, não devendo constar nas certidões do registro público competente nenhuma referência de que a aludida alteração é oriunda de decisão judicial, tampouco que ocorreu por motivo de cirurgia de mudança de sexo, sob pena de manter a exposição do indivíduo a situações constrangedoras e discriminatórias"), JTJ 348/604 (AP 994.09.320417-4, maioria).

S/ transgenitalização, v. CC 13, nota 3.

Art. 109: 1c. "Pedido de retificação de assento de óbito para exclusão dos nomes das requeridas como filhas do falecido. Impossibilidade enquanto não se anular por ação própria os respectivos registros de nascimento, que continuam produzindo os seus efeitos, inclusive para fins sucessórios" (JTJ 316/278: AP 372.072-4/1-00).

Art. 109: 1d. "Demonstrado, através de provas testemunhal e documental, que a **profissão** da apelada, a partir de seu matrimônio, passou a ser a de lavradora e não de estudante, justifica-se a **retificação do registro de casamento"** (RT 868/390).

Contra, negando a retificação nessas condições: "Impossível a alteração para a condição de agricultora, já que não consta dos autos prova de que, à época do matrimônio, a apelada exercia essa profissão" (RT 882/258: TJPE, AP 175300-8).

"Não é possível que se permita desnaturar o instituto da retificação do registro civil que, como é notório, serve para corrigir erros quanto a dados essenciais dos interessados, a saber, filiação, data de nascimento e naturalidade, e não quanto a circunstâncias absolutamente transitórias como domicílio e profissão" (STJ-3ª T., REsp 1.194.378, Min. Massami Uyeda, j. 15.2.11, DJ 24.2.11). No mesmo sentido: RT 929/1.055 (TJMA, AP 25629/2012).

V. tb. art. 54, nota 4.

Art. 109: 2. "O que se extrai dos preceitos legais que tratam das retificações, restaurações e suprimentos do assento de registro civil das pessoas naturais é que a atuação do juiz se fará sempre por provocação da parte interessada, **vedando-se,** portanto, **a atividade de ofício"** (RT 796/243, a citação é do voto do relator, Des. J. Roberto Bedran).

S/ pedido implícito de retificação de assento de nascimento, na ação de investigação de paternidade, v., no CPCLPV, CPC 322, nota 16.

Art. 109: 3. "Para a retificação de nome, além da plena justificação do pleito, deve o requerente juntar **certidões de protestos e dos distribuidores da Justiça local,** a fim de demonstrar a inexistência de expediente escuso para fugir de credores" (JTJ 141/168).

Art. 109: 3a. "A ação de retificação de registro civil pode ser proposta tanto no juízo da comarca em que situado o cartório no qual foi lavrado o assento, quanto no da residência do autor" (STJ-2ª Seção, CC 33.172, Min. Nancy Andrighi, j. 28.11.01, DJU 18.2.02). No mesmo sentido: STJ-RT 800/215.

Considerando competente o juízo do domicílio do requerente: RJTJESP 60/154.

O juiz estadual é competente para o pedido de retificação de registro civil, "ainda que o alegado propósito da requerente seja o de fazer prova perante o INSS" (STJ-2ª Seção, CC 11.603-1, Min. Nilson Naves, j. 14.12.94, DJU 13.2.95).

"Compete à Justiça Estadual a apreciação de pedido de modificação de registro de brasileiro naturalizado para inclusão de alcunha, pretensão que não diz com a questão da nacionalidade" (STJ-2ª Seção, CC 18.251, Min. Cesar Rocha, j. 22.10.97, DJU 16.3.98).

Art. 109: 3b. v. arts. 39 a 41 (retificação no ato).

Art. 109: 3c. Havendo impugnação do MP, o juiz não pode decidir de plano, "mesmo que convencido da simplicidade do processo" (JTJ 191/184). Em sentido semelhante: RT 926/1.083 (TJGO, AP 376065-07.2009.8.09.0006).

Art. 109: 4. Súmula 120 do TFR: "A decisão proferida em processo de retificação do registro civil, a fim de fazer prova junto à administração militar, não faz coisa julgada relativamente à União Federal, se esta não houver sido citada para o feito".

Art. 109: 5. v. CPC 1.009 a 1.014.

Art. 109: 6. mediante averbação (art. 110 § 3º).

Art. 110 *(redação da Lei 13.484, de 26.9.17)*. **O oficial retificará o registro, a averbação ou a anotação, de ofício ou a requerimento do interessado, mediante petição assinada pelo interessado, representante legal ou procurador, independentemente de prévia autorização judicial ou manifestação do Ministério Público, nos casos de:**

I (*acrescido pela Lei 13.484, de 26.9.17*) — erros que não exijam qualquer indagação para a constatação imediata de necessidade de sua correção;

II (*acrescido pela Lei 13.484, de 26.9.17*) — erro na transposição dos elementos constantes em ordens e mandados judiciais, termos ou requerimentos, bem como outros títulos a serem registrados, averbados ou anotados, e o documento utilizado para a referida averbação e/ou retificação ficará arquivado no registro no cartório;

III (*acrescido pela Lei 13.484, de 26.9.17*) — inexatidão da ordem cronológica e sucessiva referente à numeração do livro, da folha, da página, do termo, bem como da data do registro;

IV (*acrescido pela Lei 13.484, de 26.9.17*) — ausência de indicação do Município relativo ao nascimento ou naturalidade do registrado, nas hipóteses em que existir descrição precisa do endereço do local do nascimento;

V (*acrescido pela Lei 13.484, de 26.9.17*) — elevação de Distrito a Município ou alteração de suas nomenclaturas por força de lei.

§ 1º (*revogado pela Lei 13.484, de 26.9.17*).

§ 2º (*revogado pela Lei 13.484, de 26.9.17*).

§ 3º (*revogado pela Lei 13.484, de 26.9.17*).

§ 4º (*revogado pela Lei 13.484, de 26.9.17*).

§ 5º (*acrescido pela Lei 13.484, de 26.9.17*) Nos casos em que a retificação decorra de erro imputável ao oficial, por si ou por seus prepostos, não será devido pelos interessados o pagamento de selos e taxas.

Art. 111. Nenhuma justificação em matéria de registro civil, para retificação, restauração ou abertura de assento, será entregue à parte.[1]

Art. 111: 1. A norma geral é em sentido contrário (CPC 383 § ún.).

Art. 112. Em qualquer tempo poderá ser apreciado o valor probante da justificação, em original ou por traslado, pela autoridade judiciária competente ao conhecer de ações que se relacionem com os fatos justificados.

Art. 113. As questões de filiação legítima ou ilegítima serão decididas em processo contencioso para anulação ou reforma de assento.

Título III | DO REGISTRO CIVIL DE PESSOAS JURÍDICAS

Capítulo I | DA ESCRITURAÇÃO[1]

CAP. I: 1. v. arts. 3º a 7º (normas gerais).

Art. 114. No Registro Civil de Pessoas Jurídicas serão inscritos:[1]

I — os contratos, os atos constitutivos, o estatuto ou compromissos das sociedades civis,[2-2a] religiosas, pias, morais, científicas ou literárias, bem como o das fundações[3] e das associações de utilidade pública;

II — as sociedades civis que revestirem as formas estabelecidas nas leis comerciais, salvo as anônimas;[4]

III (*redação da Lei 9.096, de 19.9.95*) — os atos constitutivos e os estatutos dos partidos políticos.[4a]

Parágrafo único. No mesmo cartório será feito o registro dos jornais, periódicos, oficinas impressoras, empresas de radiodifusão e agências de notícias a que se refere o art. 8º da Lei 5.250, de 9.2.1967.[5-6]

Art. 114: 1. No mesmo sentido do *caput* deste art., **Dec. lei 9.085, de 25.3.46,** art. 1º, neste tít.

Art. 114: 2. As sociedades simples (CC 982) devem ser registradas no Registro Civil das Pessoas Jurídicas; as sociedades empresárias, no Registro Público de Empresas Mercantis (CC 1.150).

Art. 114: 2a. **Súmula 15 do TJRS:** "O registro do ato constitutivo de entidades sindicais faz-se no ofício do Registro Civil das Pessoas Jurídicas".

S/ a natureza jurídica do registro de sindicato, v. CC 45, nota 2.

Art. 114: 3. v. CC 62 a 69.

Art. 114: 4. v. nota 2.

Art. 114: 4a. s/ partidos políticos, v. art. 120, CF 17 e CC 44-V e § 3º.

Art. 114: 5. v. arts. 122 a 126.

Art. 114: 6. **Lei 5.250, de 9.2.67** — Regula a liberdade de manifestação do pensamento e de informação. **Nota:** Esta Lei foi declarada inconstitucional (STF-RT 895/119: Pleno, ADPF 130, maioria).

Art. 115. Não poderão ser registrados os atos constitutivos de pessoas jurídicas, quando o seu objeto ou circunstâncias relevantes indiquem destino ou atividades ilícitos, ou contrários, nocivos ou perigosos ao bem público, à segurança do Estado e da coletividade, à ordem pública ou social, à moral e aos bons costumes.[1]

Parágrafo único. Ocorrendo qualquer dos motivos previstos neste artigo, o oficial do registro, de ofício ou por provocação de qualquer autoridade, sobrestará no processo de registro e suscitará dúvida[2] para o juiz, que a decidirá.[3]

Art. 115: 1. cf. Dec. lei 9.085/46, art. 2º, no mesmo sentido.

Art. 115: 2. v. arts. 198 a 204 e 207 c/c 293.

Art. 115: 3. cf. Dec. lei 9.085/46, art. 3º, no mesmo sentido.

Art. 116. Haverá, para o fim previsto nos artigos anteriores, os seguintes livros:

I — Livro A, para os fins indicados nos números I e II, do art. 114, com 300 folhas;

II — Livro B, para matrícula das oficinas impressoras, jornais, periódicos, empresas de radiodifusão e agências de notícias, com 150 folhas.

Art. 117. Todos os exemplares de contratos, de atos, de estatuto e de publicações, registrados e arquivados, serão encadernados por períodos certos, acompanhados de índice que facilite a busca e o exame.

Art. 118. Os oficiais farão índices, pela ordem cronológica e alfabética, de todos os registros e arquivamentos, podendo adotar o sistema de fichas, mas ficando sempre responsáveis por qualquer erro ou omissão.

Art. 119. A existência legal das pessoas jurídicas só começa com o registro de seus atos constitutivos.[1]

Parágrafo único. Quando o funcionamento da sociedade depender de aprovação da autoridade, sem esta não poderá ser feito o registro.

Art. 119: 1. cf. CC 45, CPC 75-IX e § 2º.

Capítulo II | DA PESSOA JURÍDICA

Art. 120 (*redação da Lei 9.096, de 19.9.95*). O registro das sociedades, fundações[1-2] e partidos políticos consistirá na declaração, feita em livro, pelo oficial, do número de ordem, da data da apresentação e da espécie do ato constitutivo, com as seguintes indicações:

I — a denominação, o fundo social, quando houver, os fins e a sede da associação ou fundação, bem como o tempo de sua duração;

II — o modo por que se administra e representa a sociedade, ativa e passivamente, judicial e extrajudicialmente;

III — se o estatuto, o contrato ou o compromisso é reformável, no tocante à administração, e de que modo;

IV — se os membros respondem ou não, subsidiariamente, pelas obrigações sociais;

V — as condições de extinção da pessoa jurídica e nesse caso o destino do seu patrimônio;

VI — os nomes dos fundadores ou instituidores e dos membros da diretoria, provisória ou definitiva, com indicação da nacionalidade, estado civil e profissão de cada um, bem como o nome e residência do apresentante dos exemplares.

Parágrafo único (*redação da Lei 9.096, de 19.9.95*). Para o registro dos partidos políticos, serão obedecidos, além dos requisitos deste artigo, os estabelecidos em lei específica.[3]

Art. 120: 1. Cancelamento do registro: Dec. lei 9.085, de 25.3.46 (no tít. REGISTROS PÚBLICOS).

Art. 120: 2. s/ dissolução parcial de sociedade, v. CPC 599 e segs.

Art. 120: 3. v. art. 114-III, CF 17 e CC 44-V e § 3º.

Art. 121 (*redação da Lei 9.042, de 9.5.95*). Para o registro serão apresentadas duas vias do estatuto, compromisso ou contrato, pelas quais far-se-á o registro mediante petição do representante legal da sociedade, lançando o oficial, nas duas vias, a competente certidão do registro, com o respectivo número de ordem, livro e folha. Uma das vias será entregue ao representante e a outra arquivada em cartório, rubricando o oficial as folhas em que estiver impresso o contrato, compromisso ou estatuto.

Capítulo III | DO REGISTRO DE JORNAIS, OFICINAS IMPRESSORAS, EMPRESAS DE RADIODIFUSÃO E AGÊNCIAS DE NOTÍCIAS

Art. 122. No Registro Civil das Pessoas Jurídicas serão matriculados:

I — os jornais e demais publicações periódicas;

II — as oficinas impressoras de qualquer natureza pertencentes a pessoas naturais ou jurídicas;

III — as empresas de radiodifusão que mantenham serviços de notícias, reportagens, comentários, debates e entrevistas;

IV — as empresas que tenham por objeto o agenciamento de notícias.

Art. 123. O pedido de matrícula conterá as informações e será instruído com os documentos seguintes:

I — no caso de jornais ou outras publicações periódicas:

a) título do jornal ou periódico, sede da redação, administração e oficinas impressoras, esclarecendo, quanto a estas, se são próprias ou de terceiros, e indicando, neste caso, os respectivos proprietários;

b) nome, idade, residência e prova da nacionalidade do diretor ou redator-chefe;

c) nome, idade, residência e prova da nacionalidade do proprietário;

d) se propriedade de pessoa jurídica, exemplar do respectivo estatuto ou contrato social e nome, idade, residência e prova de nacionalidade dos diretores, gerentes e sócios da pessoa jurídica proprietária;

II — nos casos de oficinas impressoras:

a) nome, nacionalidade, idade e residência do gerente e do proprietário,[1] se pessoa natural;

b) sede da administração, lugar, rua e número onde funcionam as oficinas e denominação destas;

c) exemplar do contrato ou estatuto social, se pertencentes à pessoa jurídica;

III — no caso de empresas de radiodifusão:

a) designação da emissora, sede de sua administração e local das instalações do estúdio;

b) nome, idade, residência e prova de nacionalidade do diretor ou redator-chefe responsável pelos serviços de notícias, reportagens, comentários, debates e entrevistas;

IV — no caso de empresas noticiosas:

a) nome, nacionalidade, idade e residência do gerente e do proprietário, se pessoa natural;

b) sede da administração;

c) exemplar do contrato ou estatuto social, se pessoa jurídica.

§ 1º As alterações em qualquer dessas declarações ou documentos deverão ser averbadas na matrícula no prazo de oito dias.

§ 2º A cada declaração a ser averbada deverá corresponder um requerimento.

Art. 123: 1. Com vírgula, no texto primitivo da Lei 6.015; sem vírgula, na republicação.

Art. 124. A falta de matrícula das declarações, exigidas no artigo anterior, ou da averbação da alteração, será punida com multa que terá o valor de meio a dois salários mínimos da região.

§ 1º A sentença que impuser a multa fixará prazo, não inferior a vinte dias, para matrícula ou alteração das declarações.

§ 2º A multa será aplicada pela autoridade judiciária em representação feita pelo oficial, e cobrada por processo executivo,[1] mediante ação do órgão competente.

§ 3º Se a matrícula ou alteração não for efetivada no prazo referido no § 1º deste artigo, o juiz poderá impor nova multa, agravando-a de 50% (cinquenta por cento) toda vez que seja ultrapassado de dez dias o prazo assinalado na sentença.

Art. 124: 1. v. CPC 771 e segs.

Art. 125. Considera-se clandestino o jornal, ou outra publicação periódica, não matriculado nos termos do art. 122 ou de cuja matrícula não constem os nomes e as qualificações do diretor ou redator e do proprietário.

Art. 126. O processo de matrícula será o mesmo do registro prescrito no art. 121.

Título IV | DO REGISTRO DE TÍTULOS E DOCUMENTOS

Capítulo I | DAS ATRIBUIÇÕES

Art. 127. No Registro de Títulos e Documentos será feita a transcrição:[1]

I — dos instrumentos particulares,[1a] para a prova das obrigações convencionais de qualquer valor;

II — do penhor comum sobre coisas móveis;[2]

III — da caução de títulos de crédito[3] pessoal e da dívida pública federal, estadual ou municipal, ou de Bolsa ao portador;

IV — do contrato de penhor de animais,[4] não compreendido nas disposições do art. 10 da Lei n. 492, de 30.8.1934;[5]

V — do contrato de parceria agrícola ou pecuária;

VI — do mandado[6] judicial de renovação do contrato de arrendamento[7] para sua vigência, quer entre as partes contratantes, quer em face de terceiros (art. 19, § 2º, do Decreto n. 24.150, de 20.4.1934);[8]

VII — facultativo, de quaisquer documentos, para sua conservação.

Parágrafo único. Caberá ao Registro de Títulos e Documentos a realização de quaisquer registros não atribuídos expressamente a outro ofício.[9]

Art. 127: 1. v. art. 130.

Art. 127: 1a. v. CC 221.

Art. 127: 2. v. arts. 144 a 145, CC 1.432.

Art. 127: 3. v. arts. 144 a 145, CC 1.458 a 1.460, LI 38 § 1º.

Art. 127: 4. v. arts. 144 a 145 e CC 1.444; cf. LRP 167-I-15.

Art. 127: 5. Na verdade, a Lei 492 é de 1937, e não de 1934.

Art. 127: 6. De acordo com a redação primitiva da Lei 6.015; na republicação, está "mandato".

Art. 127: 7. cf. arts. 129-1º e 167-I-3.

Art. 127: 8. v. Dec. 24.150 (LL), em CCLCV, 11ª ed., p. 525.

Art. 127: 9. s/ cancelamento de protesto de títulos, v. Lei 6.690, de 25.9.79, adiante.

Art. 128. À margem dos respectivos registros, serão averbadas quaisquer ocorrências que os alterem,[1] quer em relação às obrigações, quer em atinência às pessoas que nos atos figurem, inclusive quanto à prorrogação dos prazos.

Art. 128: 1. inclusive os cancelamentos (v. art. 164).

Art. 129. Estão sujeitos a registro, no Registro de Títulos e Documentos, para surtir efeitos em relação a terceiros:[1]

1º) os contratos de locação de prédios, sem prejuízo do disposto no art. 167, I, n. 3;[1a]

2º) os documentos decorrentes de depósitos,[2] ou de cauções[3] feitos em garantia de cumprimento de obrigações contratuais, ainda que em separado dos respectivos instrumentos;

3º) as cartas de fiança,[4] em geral, feitas por instrumento particular, seja qual for a natureza do compromisso por elas abonado;

4º) os contratos de locação de serviços[5] não atribuídos a outras repartições;

5º) os contratos de compra e venda em prestações, com reserva de domínio[6-6a] ou não, qualquer que seja a forma de que se revistam, os de alienação ou de promessas[7] de venda referentes a bens móveis[8] e os de alienação fiduciária;[9-9a]

6º) todos os documentos de procedência estrangeira, acompanhados das respectivas traduções, para produzirem efeitos em repartições da União, dos Estados, do Distrito Federal, dos Territórios e dos Municípios ou em qualquer instância, juízo ou tribunal;[9b-10]

7º) as quitações, recibos e contratos de compra e venda de automóveis,[10a-10b] bem como o penhor destes, qualquer que seja a forma que revistam;

8º) os atos administrativos expedidos para cumprimento de decisões judiciais, sem trânsito em julgado, pelas quais for determinada a entrega, pelas alfândegas e mesas de renda, de bens e mercadorias procedentes do exterior;

9º) os instrumentos de cessão de direito e de créditos,[11] de sub-rogação[12] e de dação em pagamento.[13]

Art. 129: 1. v. art. 130.

Art. 129: 1a. cf. tb. art. 127-VI.

Art. 129: 2. v. CC 627 a 652.

Art. 129: 3. v. CC 1.458 a 1.460.

Art. 129: 4. v. CC 818 a 839.

Art. 129: 5. v. CC 593 a 609.

Art. 129: 6. A disposição supra exaure o conteúdo do **Dec. lei 1.027, de 2.1.39** — Dispõe sobre o registro de contratos de compra e venda com reserva de domínio (RT 118/812, Lex 1939/8, RF 78/605).

Art. 129: 6a. v. CC 521 a 528.

Art. 129: 7. *sic; deve ser "promessa", e é assim que está,* embora defeituosamente, no texto original da Lei 6.015.

Art. 129: 8. Quanto a imóveis, cf. art. 167-I-9, 18 e 20.

Art. 129: 9. No mesmo sentido, art. 66 § 1º da Lei 4.728, de 14.7.65, na redação dada pelo Dec. lei 911, de 1.10.69 (no tít. ALIENAÇÃO FIDUCIÁRIA).

Art. 129: 9a. No caso de veículo, o registro deve ter lugar no órgão responsável pelo seu licenciamento. V. CC 1.361 § 1º e notas.

Art. 129: 9b. v. CPC 192 § ún.

Art. 129: 10. "A exigência de registro de que trata os arts. 129, § 6º, e 148 da Lei 6.015/73, constitui condição para a eficácia das obrigações objeto do documento estrangeiro, e não para a sua utilização como meio de prova" (STJ-RJ 404/147: 3ª T., REsp 924.992).

Art. 129: 10a. **Súmula 132 do STJ:** "A ausência de registro da transferência não implica a responsabilidade do antigo proprietário por dano resultante de acidente que envolva o veículo alienado" (v. jurisprudência s/ esta Súmula em RSTJ 72/419 a 437). V. CC 927, nota 1 (Súmula 132 do STJ).

Art. 129: 10b. s/ eficácia do registro do penhor de veículo automotor, na repartição competente para expedir a licença, v. Dec. lei 413, de 9.1.69, art. 48, no tít. TÍTULOS DE CRÉDITO INDUSTRIAL.

Art. 129: 11. v. CC 286 a 298.

Art. 129: 12. v. CC 346 a 351.

Art. 129: 13. de móveis (v. tb. CC 356 a 359). Quanto a imóveis, cf. art. 167-I-31.

Art. 130. Dentro do prazo de vinte dias da data da sua assinatura pelas partes, todos os atos enumerados nos arts. 127 e 129 serão registrados no domicílio das partes contratantes e, quando residam estas em circunscrições territoriais diversas, far-se-á o registro em todas elas.[1]

Parágrafo único. Os registros de documentos apresentados, depois de findo o prazo, produzirão efeitos a partir da data da apresentação.

Art. 130: 1. "A mera lavratura de escritura de cessão de direitos hereditários, em comarca diversa da do domicílio das partes ou do processamento do inventário, não supre o requisito de publicidade do ato" (STJ-3ª T., REsp 1.102.437, Min. Nancy Andrighi, j. 7.10.10, DJ 15.2.11).

Art. 131. Os registros referidos nos artigos anteriores serão feitos independentemente de prévia distribuição.

Capítulo II | DA ESCRITURAÇÃO[1]

CAP. II: 1. v. arts. 3º a 7º (normas gerais).

Art. 132. No Registro de Títulos e Documentos haverá os seguintes livros, todos com 300 folhas:

I — Livro A — protocolo para apontamentos de todos os títulos, documentos e papéis apresentados, diariamente, para serem registrados, ou averbados;

II — Livro B — para trasladação integral de títulos e documentos, sua conservação e validade contra terceiros, ainda que registrados por extratos em outros livros;

III — Livro C — para inscrição, por extração,[1] de títulos e documentos, a fim de surtirem efeitos em relação a terceiros e autenticação de data;

IV — Livro D — indicador pessoal, substituível pelo sistema de fichas, a critério e sob a responsabilidade do oficial, o qual é obrigado a fornecer, com presteza, as certidões[2] pedidas pelos nomes das partes que figurarem, por qualquer modo, nos livros de registros.

Art. 132: 1. *sic*; deve ser "por extrato" (cf. art. 137).

Art. 132: 2. v. art. 20.

Art. 133. Na parte superior de cada página do livro se escreverá o título, a letra com o número e o ano em que começar.

Art. 134. O juiz, em caso de afluência de serviço, poderá autorizar o desdobramento dos livros de registro para escrituração das várias espécies de atos, sem prejuízo da unidade do protocolo e de sua numeração em ordem rigorosa.

Parágrafo único. Esses livros desdobrados terão as indicações de E, F, G, H, etc.

Art. 135. O protocolo deverá conter colunas para as seguintes anotações:

1º) número de ordem, continuando, indefinidamente, nos seguintes;

2º) dia e mês;

3º) natureza do título e qualidade do lançamento (integral, resumido, penhor etc.);

4º) o nome do apresentante;

5º) anotações e averbações.

Parágrafo único. Em seguida ao registro, far-se-á, no protocolo, remissão ao número da página do livro em que foi ele lançado, mencionando-se, também, o número e a página de outros livros em que houver qualquer nota ou declaração concernente ao mesmo ato.

Art. 136. O livro de registro integral de títulos será escriturado nos termos do art. 142, lançando-se, antes de cada registro, o número de ordem, a data do protocolo e o nome do apresentante, e conterá colunas para as seguintes declarações:

1º) número de ordem;

2º) dia e mês;

3º) transcrição;

4º) anotações e averbações.

Art. 137. O livro de registro, por extrato, conterá colunas para as seguintes declarações:

1º) número de ordem;

2º) dia e mês;

3º) espécie e resumo do título;

4º) anotações e averbações.

Art. 138. O indicador pessoal será dividido alfabeticamente para a indicação do nome de todas as pessoas que, ativa ou passivamente, individual ou coletivamente, figurarem nos livros de registro e deverá conter, além dos nomes das pessoas, referências aos números de ordem e páginas dos outros livros e anotações.

Art. 139. Se a mesma pessoa já estiver mencionada no indicador, somente se fará, na coluna das anotações, uma referência ao número de ordem, página e número do livro em que estiver lançado o novo registro ou averbação.

Art. 140. Se no mesmo registro, ou averbação, figurar mais de uma pessoa, ativa ou passivamente, o nome de cada uma será lançado distintamente, no indicador, com referência recíproca na coluna das anotações.

Art. 141. Sem prejuízo do disposto no art. 161, ao oficial é facultado efetuar o registro por meio de microfilmagem,[1] desde que, por lançamentos remissivos, com menção ao protocolo, ao nome dos contratantes, à data e à natureza dos documentos apresentados, sejam os microfilmes havidos como partes integrantes dos livros de registro, nos seus termos de abertura e encerramento.

Art. 141: 1. s/ microfilmagem, v. **Lei 5.433, de 8.5.68** (RT 391/441, Lex 1968/542, RF 223/450), regulamentada pelo **Dec. 1.799, de 30.1.96** (Lex 1996/175).

Capítulo III | DA TRANSCRIÇÃO E DA AVERBAÇÃO[1]

CAP. III: 1. s/ averbação, v. arts. 128 e 164.

Art. 142. O registro integral dos documentos consistirá na trasladação dos mesmos, com a mesma ortografia e pontuação, com referências às entrelinhas ou quaisquer acréscimos, alterações, defeitos ou vícios que tiver o original apresentado, e, bem assim, com menção precisa aos seus característicos exteriores e às formalidades legais, podendo a transcrição dos documentos mercantis, quando levados a registro, ser feita na mesma disposição gráfica em que estiverem escritos, se o interessado assim o desejar.

§ 1º Feita a trasladação, na última linha, de maneira a não ficar espaço em branco, será conferida e realizado o seu encerramento, depois do que o oficial, seu substituto legal ou escrevente designado pelo oficial e autorizado pelo juiz competente, ainda que o primeiro não esteja afastado, assinará o seu nome por inteiro.

§ 2º Tratando-se de documento impresso, idêntico a outro já anteriormente registrado na íntegra, no mesmo livro, poderá o registro limitar-se a consignar o nome das partes contratantes, as características do objeto e demais dados constantes dos claros preenchidos, fazendo-se remissão, quanto ao mais, àquele já registrado.

Art. 143. O registro resumido consistirá na declaração da natureza do título, do documento ou papel, valor, prazo, lugar em que tenha sido feito, nome e condição jurídica das partes, nomes das testemunhas, data da assinatura e do reconhecimento de firma por tabelião, se houver, o nome deste, o do apresentante, o número de ordem e a data do protocolo, e da averbação, a importância e a qualidade do imposto pago, depois do que será datado e rubricado pelo oficial ou servidores referidos no art. 142, § 1º.

Art. 144. O registro de contratos de penhor, caução e parceria será feito com declaração do nome, profissão e domicílio do credor e do devedor, valor da dívida, juros, penas, vencimento e especificações dos objetos apenhados, pessoa em poder de quem ficam, espécie do título, condições do contrato, data e número de ordem.

Parágrafo único. Nos contratos de parceria, serão considerados credor o parceiro proprietário e devedor, o parceiro cultivador ou criador.

Art. 145. Qualquer dos interessados poderá levar a registro os contratos de penhor ou caução.

Capítulo IV | DA ORDEM DO SERVIÇO[1]

CAP. IV: 1. v. arts. 8º a 15 (normas gerais).

Art. 146. Apresentado o título ou documento para registro ou averbação, serão anotados, no protocolo, a data de sua apresentação, sob o número de ordem que se seguir imediatamente, a natureza do instrumento, a espécie de lançamento a fazer (registro integral ou resumido, ou averbação), o nome do apresentante, reproduzindo-se as declarações relativas ao número de ordem, à data, e à espécie de lançamento a fazer no corpo do título, do documento ou do papel.

Art. 147. Protocolado[1] o título ou documento, far-se-á, em seguida, no livro respectivo, o lançamento (registro integral ou resumido, ou averbação) e, concluído este, declarar-se-á no corpo do título, documento ou papel, o número de ordem e a data do procedimento no livro competente, rubricando o oficial ou os servidores referidos no art. 142, § 1º, esta declaração e as demais folhas do título, do documento ou do papel.

Art. 147: 1. De acordo com a redação primitiva da Lei 6.015 (v. tb. art. 156 § ún.); na republicação, está "protocolizado".

Art. 148. Os títulos, documentos e papéis escritos em língua estrangeira, uma vez adotados os caracteres comuns, poderão ser registrados no original, para o efeito da sua conservação ou perpetuidade. Para produzirem efeitos legais no país e para valerem contra terceiros, deverão, entretanto, ser vertidos em vernáculo e registrada a tradução, o que, também, se observará em relação às procurações lavradas em língua estrangeira.[1]

Parágrafo único. Para o registro resumido, os títulos, documentos ou papéis em língua estrangeira, deverão ser sempre traduzidos.

Art. 148: 1. v. CC 224.

Art. 149. Depois de concluídos os lançamentos nos livros respectivos, será feita, nas anotações do protocolo, referência ao número de ordem sob o qual tiver sido feito o registro, ou a averbação, no livro respectivo, datando e rubricando, em seguida, o oficial ou os servidores referidos no art. 142, § 1º.

Art. 150. O apontamento do título, documento ou papel no protocolo será feito, seguida e imediatamente um depois do outro. Sem prejuízo da numeração individual de cada documento, se a mesma pessoa apresentar simultaneamente diversos documentos de idêntica natureza, para lançamento da mesma espécie, serão eles lançados no protocolo englobadamente.

Parágrafo único. Onde terminar cada apontamento, será traçada uma linha horizontal, separando-o do seguinte, sendo lavrado, no fim do expediente diário, o termo de encerramento do próprio punho do oficial, por ele datado e assinado.

Art. 151. O lançamento dos registros e das averbações nos livros respectivos será feito, também seguidamente, na ordem de prioridade do seu apontamento no protocolo, quando não for obstado por ordem de autoridade judiciária competente, ou por dúvida[1] superveniente; neste caso, seguir-se-ão os registros ou averbações dos imediatos, sem prejuízo da data autenticada pelo competente apontamento.

Art. 151: 1. v. arts. 198 a 204 e 207 c/c 293.

Art. 152. Cada registro ou averbação será datado e assinado por inteiro, pelo oficial ou pelos servidores referidos no art. 142, § 1º, separados, um do outro, por uma linha horizontal.

Art. 153. Os títulos terão sempre um número diferente,[1] segundo a ordem de apresentação, ainda que se refiram à mesma pessoa. O registro e a averbação deverão ser imediatos, e, quando não o puderem ser, por acúmulo de serviço, o lançamento será feito no prazo estritamente necessário, e sem prejuízo da ordem da prenotação. Em qualquer desses casos, o oficial, depois de haver dado entrada no protocolo e lançado no corpo do título as declarações prescritas, fornecerá um recibo contendo a declaração da data da apresentação, o número de ordem desta no protocolo e a indicação do dia em que deverá ser entregue, devidamente legalizado; o recibo será restituído pelo apresentante contra a devolução do documento.

Art. 153: 1. Com vírgula, no texto primitivo da Lei 6.015; sem vírgula, na republicação.

Art. 154. Nos termos de encerramento diário do protocolo, lavrados ao findar a hora regulamentar, deverão ser mencionados, pelos respectivos números, os títulos apresentados cujos registros ficarem adiados, com a declaração dos motivos do adiamento.

Parágrafo único. Ainda que o expediente continue para ultimação do serviço, nenhuma nova apresentação será admitida depois da hora regulamentar.

Art. 155. Quando o título, já registrado por extrato, for levado a registro integral, ou for exigido simultaneamente pelo apresentante o duplo registro, mencionar-se-á essa circunstância no lançamento posterior e, nas anotações do protocolo, far-se-ão referências recíprocas para verificação das diversas espécies de lançamento do mesmo título.

Art. 156. O oficial deverá recusar registro a título e a documento que não se revistam das formalidades legais.

Parágrafo único. Se tiver suspeita de falsificação, poderá o oficial sobrestar no registro, depois de protocolado o documento, até notificar o apresentante dessa circunstância; se este insistir, o registro será feito com essa nota, podendo o oficial, entretanto, submeter a dúvida[1] ao juiz competente, ou notificar o signatário para assistir ao registro, mencionando também as alegações pelo último aduzidas.

Art. 156: 1. v. arts. 198 a 204.

Art. 157. O oficial, salvo quando agir de má-fé, devidamente comprovada, não será responsável pelos danos[1] decorrentes da anulação do registro, ou da averbação, por vício intrínseco ou extrínseco do documento, título ou papel, mas, tão somente, pelos erros ou vícios no processo do registro.

Art. 157: 1. Texto conforme retificação no DOU 31.10.75.

Art. 158. As procurações deverão trazer reconhecidas as firmas dos outorgantes.

Art. 159. As folhas do título, documento ou papel que tiver sido registrado e as das certidões serão rubricadas pelo oficial, antes de entregues aos apresentantes. As declarações no protocolo, bem como as dos registros e das averbações lançadas no título, documento ou papel e as respectivas datas poderão ser apostas por carimbo, sendo, porém, para autenticação, de próprio punho do oficial, ou de quem suas vezes fizer, a assinatura ou a rubrica.

Art. 160. O oficial será obrigado, quando o apresentante o requerer, a notificar do registro ou da averbação os demais interessados que figurarem no título, documento, ou papel apresentado, e a quaisquer terceiros que lhe sejam indicados, podendo requisitar dos oficiais do registro, em outros municípios, as notificações necessárias. Por esse processo, também, poderão ser feitos avisos, denúncias e notificações, quando não for exigida a intervenção judicial.

§ 1º Os certificados de notificação ou da entrega de registros serão lavrados nas colunas das anotações, no livro competente, à margem dos respectivos registros.

§ 2º O serviço das notificações e demais diligências poderá ser realizado por escreventes designados pelo oficial e autorizados pelo juiz competente.

Art. 161. As certidões do registro integral de títulos terão o mesmo valor probante dos originais,[1] ressalvado o incidente de falsidade[2] destes, oportunamente levantado em juízo.

§ 1º O apresentante do título para registro integral poderá também deixá-lo arquivado em cartório ou a sua fotocópia, autenticada pelo oficial, circunstâncias que serão declaradas no registro e nas certidões.

§ 2º Quando houver acúmulo de trabalho, um dos suboficiais poderá ser autorizado pelo juiz, a pedido do oficial e sob sua responsabilidade, a lavrar e subscrever certidão.

Art. 161: 1. v. CPC 425-III.

Art. 161: 2. v. CPC 430 a 433.

Art. 162. O fato da apresentação de um título, documento ou papel, para registro ou averbação, não constituirá, para o apresentante, direito sobre o mesmo, desde que não seja o próprio interessado.

Art. 163. Os tabeliães e escrivães, nos atos que praticarem, farão sempre referência ao livro e à folha do Registro de Títulos e Documentos em que tenham sido trasladados os mandatos de origem estrangeira, a que tenham de reportar-se.

Capítulo V | DO CANCELAMENTO

Art. 164. O cancelamento poderá ser feito em virtude de sentença ou de documento autêntico de quitação ou de exoneração do título registrado.

Art. 165. Apresentado qualquer dos documentos referidos no artigo anterior, o oficial certificará, na coluna das averbações do livro respectivo, o cancelamento e a razão dele, mencionando-se o documento que o autorizou, datando e assinando a certidão, de tudo fazendo referência nas anotações do protocolo.

Parágrafo único. Quando não for suficiente o espaço da coluna das averbações, será feito novo registro, com referência recíproca, na coluna própria.

Art. 166. Os requerimentos de cancelamento serão arquivados com os documentos que os instruírem.

Título V | DO REGISTRO DE IMÓVEIS

Capítulo I | DAS ATRIBUIÇÕES

Art. 167. No Registro de Imóveis, além da matrícula, serão feitos:[1 a 1b]

I — o registro:[2]

1) da instituição de bem de família;[3]

2) das hipotecas[4] legais,[5] judiciais[6] e convencionais;[7]

3) dos contratos de locação de prédios, nos quais tenha sido consignada cláusula de vigência no caso de alienação da coisa locada;[8]

4) do penhor de máquinas e de aparelhos utilizados na indústria, instalados e em funcionamento, com os respectivos pertences ou sem eles;[9]

5) das penhoras, arrestos e sequestros de imóveis;[10]

6) das servidões em geral;[11]

7) do usufruto[12] e do uso sobre imóveis[13] e da habitação,[14] quando não resultarem do direito de família;

8) das rendas constituídas sobre imóveis[15] ou a eles vinculadas por disposição de última vontade;

9) dos contratos de compromisso de compra e venda, de cessão deste e de promessa de cessão, com ou sem cláusula de arrependimento,[16] que tenham por objeto imóveis não loteados e cujo preço tenha sido pago no ato de sua celebração, ou deva sê-lo a prazo, de uma só vez ou em prestações;[17]

10) da enfiteuse;[18]

Registros Públicos

11) da anticrese;[19]

12) das convenções antenupciais;[20]

13) (*revogado pela Lei 13.986, de 7.4.20*);

14) das cédulas de crédito industrial;[21]

15) dos contratos de penhor rural;[22]

16) dos empréstimos por obrigações ao portador ou debêntures, inclusive as conversíveis em ações;[23]

17) das incorporações, instituições e convenções de condomínio;[24]

18) dos contratos de promessa de venda, cessão ou promessa de cessão de unidades autônomas condominiais a que alude a Lei n. 4.591, de 16 de dezembro de 1964, quando a incorporação ou a instituição de condomínio se formalizar na vigência desta lei;[25]

19) dos loteamentos urbanos e rurais;[26]

20) dos contratos de promessa de compra e venda de terrenos loteados em conformidade com o Decreto-lei n. 58, de 10 de dezembro de 1937, e respectiva cessão e promessa de cessão, quando o loteamento se formalizar na vigência desta lei;[27]

21) das citações de ações reais ou pessoais reipersecutórias, relativas a imóveis;[28 a 28c]

22) (*revogado expressamente pela Lei 6.850, de 12.11.80*);

23) dos julgados e atos jurídicos entre vivos que dividirem imóveis ou os demarcarem[29] inclusive nos casos de incorporação que resultarem em constituição de condomínio e atribuírem uma ou mais unidades aos incorporadores;[30]

24) das sentenças que nos inventários,[31] arrolamentos[32] e partilhas adjudicarem bens de raiz em pagamento das dívidas da herança;[33]

25) dos atos de entrega de legados de imóveis,[34] dos formais de partilha[35] e das sentenças de adjudicação em inventário ou arrolamento quando não houver partilha;

26) da arrematação[36] e da adjudicação em hasta pública;

27) do dote;[37]

28) (*redação da Med. Prov. 2.220, de 4.9.01*) das sentenças declaratórias de usucapião;[38]

29) da compra e venda[39] pura e da condicional;

30) da permuta;[40]

31) da dação em pagamento;[41]

32) da transferência de imóvel a sociedade, quando integrar cota social;[42]

33) da doação entre vivos;[43]

34) da desapropriação amigável e das sentenças[44] que, em processo de desapropriação, fixarem o valor da indenização;

35) (*redação da Lei 9.514, de 20.11.97*) da alienação fiduciária em garantia de coisa imóvel;

36) (*redação da Lei 12.424, de 16.6.11*) da imissão provisória na posse, quando concedida à União, aos Estados, ao Distrito Federal, aos Municípios ou às suas entidades delegadas, e respectiva cessão e promessa de cessão;[44a]

37) (*redação da Med. Prov. 2.220, de 4.9.01*) dos termos administrativos ou das sentenças declaratórias da concessão de uso especial para fins de moradia;

38) (VETADO)[45]

39) (*redação da Lei 10.257, de 10.7.01*) da constituição do direito de superfície de imóvel urbano;

40) (*redação da Med. Prov. 2.220, de 4.9.01*) do contrato de concessão de direito real de uso de imóvel público;

41) (*redação da Lei 11.977, de 7.7.09*) da legitimação de posse;

42) (*redação da Lei 12.424, de 16.6.11*) da conversão da legitimação de posse em propriedade, prevista no art. 60 da Lei n. 11.977, de 7 de julho de 2009;

43) (*acrescido pela Lei 13.465, de 11.7.17*) da Certidão de Regularização Fundiária (CRF);

44) (*acrescido pela Lei 13.465, de 11.7.17*) da legitimação fundiária.

45) (*acrescido pela Lei 14.119, de 13.1.21*) do contrato de pagamento por serviços ambientais, quando este estipular obrigações de natureza *propter rem*;

II — a averbação:[46 a 46b]

1) das convenções antenupciais[47] e do regime de bens diverso[48] do legal,[49] nos registros referentes a imóveis ou a direitos reais pertencentes a qualquer dos cônjuges, inclusive os adquiridos posteriormente ao casamento;

2) por cancelamento,[50] da extinção dos ônus e direitos reais;

3) dos contratos de promessa de compra e venda, das cessões e das promessas de cessão a que alude o Decreto-lei n. 58, de 10 de dezembro de 1937, quando o loteamento se tiver formalizado anteriormente à vigência desta lei;[51]

4) da mudança de denominação e de numeração dos prédios, da edificação, da reconstrução, da demolição, do desmembramento e do loteamento de imóveis;[52]

5) da alteração do nome por casamento ou por desquite,[53-54] ou, ainda, de outras circunstâncias que, de qualquer modo, tenham influência no registro ou nas pessoas nele interessadas;

6) dos atos pertinentes a unidades autônomas condominiais a que alude a Lei n. 4.591, de 16 de dezembro de 1964,[55] quando a incorporação tiver sido formalizada anteriormente à vigência desta lei;

7) das cédulas hipotecárias;[56]

8) da caução e da cessão fiduciária de direitos relativos a imóveis;[56a]

9) das sentenças de separação de dote;[57]

10) do restabelecimento da sociedade conjugal;[58]

11) das cláusulas de inalienabilidade, impenhorabilidade e incomunicabilidade impostas a imóveis,[59] bem como da constituição de fideicomisso;[60]

12) das decisões, recursos e seus efeitos, que tenham por objeto atos ou títulos registrados ou averbados;

13) *ex officio*, dos nomes dos logradouros, decretados pelo Poder Público;[61]

14) (*redação da Lei 6.850, de 12.11.80*) das sentenças de separação judicial,[61a] de divórcio e de nulidade ou anulação de casamento, quando nas respectivas partilhas existirem imóveis ou direitos reais sujeitos a registro;

15) (*redação da Lei 6.941, de 14.9.81*) da rerratificação do contrato de mútuo com pacto adjeto de hipoteca em favor de entidade integrante do Sistema Financeiro da Habitação, ainda que importando elevação da

dívida, desde que mantidas as mesmas partes e que inexista outra hipoteca registrada em favor de terceiros;

16) (*redação da Lei 8.245, de 18.10.91*) do contrato de locação, para os fins de exercício do direito de preferência;

17) (*redação da Lei 9.514, de 20.11.97*) do termo de securitização de créditos imobiliários, quando submetidos a regime fiduciário;

18) (*redação da Lei 10.257, de 10.7.01*) da notificação para parcelamento, edificação ou utilização compulsórios de imóvel urbano;

19) (*redação da Lei 10.257, de 10.7.01*) da extinção da concessão de uso especial para fins de moradia;

20) (*redação da Lei 10.257, de 10.7.01*) da extinção do direito de superfície do imóvel urbano;

21) (*redação da Lei 10.931, de 2.8.04*) da cessão de crédito imobiliário;

22) (*redação da Lei 11.284, de 2.3.06*) da reserva legal;

23) (*redação da Lei 11.284, de 2.3.06*) da servidão ambiental;[62]

24) (*redação da Lei 11.952, de 25.6.09*) do destaque de imóvel de gleba pública originária;

25)[63]

26) (*redação da Lei 11.977, de 7.7.09*) do auto de demarcação urbanística;

27) (*redação da Lei 12.424, de 16.6.11*) da extinção da legitimação de posse;

28) (*redação da Lei 12.424, de 16.6.11*) da extinção da concessão de uso especial para fins de moradia;

29) (*redação da Lei 12.424, de 16.6.11*) da extinção da concessão de direito real de uso;

30) (*redação da Lei 12.810, de 15.5.13*) da sub-rogação de dívida, da respectiva garantia fiduciária ou hipotecária e da alteração das condições contratuais, em nome do credor que venha a assumir tal condição na forma do disposto pelo art. 31 da Lei n. 9.514, de 20 de novembro de 1997, ou do art. 347 da Lei n. 10.406, de 10 de janeiro de 2002 — Código Civil, realizada em ato único, a requerimento do interessado instruído com documento comprobatório firmado pelo credor original e pelo mutuário;

31) (*redação da Lei 13.465, de 11.7.17*) da certidão de liberação de condições resolutivas dos títulos de domínio resolúvel emitidos pelos órgãos fundiários;

32) (*acrescido pela Lei 13.465, de 11.7.17*) do termo de quitação de contrato de compromisso de compra e venda registrado e do termo de quitação dos instrumentos públicos ou privados oriundos da implantação de empreendimentos ou de processo de regularização fundiária, firmado pelo empreendedor proprietário de imóvel ou pelo promotor do empreendimento ou da regularização fundiária objeto de loteamento, desmembramento, condomínio de qualquer modalidade ou de regularização fundiária, exclusivamente para fins de exoneração da sua responsabilidade sobre tributos municipais incidentes sobre o imóvel perante o Município, não implicando transferência de domínio ao compromissário comprador ou ao beneficiário da regularização.

Art. 167: 1. v. art. 172 (regra geral s/ registro de imóveis); v. tb. CC 1.245 a 1.247; s/ matrícula, v. arts. 176 § 1º-I e II e § 2º, 195, 196 e 227 a 237.

Art. 167: 1a. Lei 9.393, de 19.12.96 — Dispõe sobre o Imposto sobre a Propriedade Territorial Rural — ITR, sobre pagamento da dívida representada por Títulos da Dívida Agrária e dá outras providências (Lex 1996/3.660, RT 734/803): **"Art. 21.** É obrigatória a comprovação do pagamento do ITR, referente aos cinco últimos exercícios, para serem praticados quaisquer dos atos previstos nos arts. 167 e 168 da Lei n. 6.015, de 31 de dezembro de 1973 (Lei dos Registros Públicos), observada a ressalva prevista no *caput* do artigo anterior, *in fine*.

"Parágrafo único. São solidariamente responsáveis pelo imposto e pelos acréscimos legais, nos termos do art. 134 da Lei n. 5.172, de 25 de outubro de 1966 — Sistema Tributário Nacional, os serventuários do registro de imóveis que descumprirem o disposto neste artigo, sem prejuízo de outras sanções legais".

Ressalva (referida no *caput, in fine*) do artigo anterior: "ressalvados os casos em que a exigibilidade do imposto esteja suspensa, ou em curso de cobrança executiva em que tenha sido efetivada a penhora".

Art. 167: 1b. Dec. lei 2.398, de 21.12.87, art. 3º § 2º (na redação da Lei 9.636, de 15.5.98, em Lex 1998/1.760, RT 751/749, RF 342/589, RDA 212/365): "Os Cartórios de Notas e Registro de Imóveis, sob pena de responsabilidade dos seus respectivos titulares, não lavrarão nem registrarão escrituras relativas a bens imóveis de propriedade da União, ou que contenham, ainda que parcialmente, área de seu domínio:

"I — sem certidão da Secretaria do Patrimônio da União — SPU que declare:

"a) ter o interessado recolhido o laudêmio devido, nas transferências onerosas entre vivos;

"b) (*redação da Lei 13.139, de 26.6.15*) estar o transmitente em dia, perante o Patrimônio da União, com as obrigações relativas ao imóvel objeto da transferência; e

"c) estar autorizada a transferência do imóvel, em virtude de não se encontrar em área de interesse do serviço público;

"II — sem a observância das normas estabelecidas em regulamento".

O art. 3º do Dec. lei 2.398/87 foi regulamentado pelo Decreto 95.760, de 1.3.88 (Lex 1988/158).

Dec. lei 2.398, de 21.12.87, art. 3º-A-*caput* (*redação da Lei 13.465, de 11.7.17*): "Os oficiais deverão informar as operações imobiliárias anotadas, averbadas, lavradas, matriculadas ou registradas nos cartórios de notas ou de registro de imóveis, títulos e documentos que envolvam terrenos da União sob sua responsabilidade, mediante a apresentação de Declaração sobre Operações Imobiliárias em Terrenos da União (Doitu) em meio magnético, nos termos que serão estabelecidos, até 31 de dezembro de 2020, pela Secretaria do Patrimônio da União (SPU)".

Art. 167: 2. v. art. 168 (que fundiu as antigas denominações de transcrição e inscrição numa só: registro); v. tb. art. 217 (quem pode promover o registro e a averbação).

Estão sujeitos a registro todos os títulos de transmissão da propriedade imóvel (v. CC 1.245 § 1º; cf. LRP 172), inclusive sentenças que transfiram domínio (v., p. ex., Lei 4.591, de 16.12.64, art. 15 § 7º, no tít. CONDOMÍNIO E INCORPORAÇÃO).

Art. 167: 3. v. arts. 260 a 265; CC 1.711 a 1.722; v., no tít. BEM DE FAMÍLIA, Lei 8.009, de 29.3.90.

Art. 167: 4. cf. art. 167-II-7; v. arts. 189 e 251; CC 1.473 a 1.505; v. tb. arts. 266 a 276 da LRP (remição do imóvel hipotecado).

Art. 167: 5. v. CC 1.489 a 1.491.

Art. 167: 6. ou judiciárias (CPC 495 § 1º).

Art. 167: 7. v. art. 238; v. tb. ET 111.

Art. 167: 8. cf. arts. 127-VI, 129 § 1º e 169-III; v. art. 242, CC 576, LI 8º.

Art. 167: 9. v. CC 1.447 a 1.450. V. tb. art. 178-IV. Outros penhores: arts. 167-I-15, 127-II e IV.

Art. 167: 10. v. arts. 239 e 240; v. CPC 831 e segs. (s/ penhora).

Art. 167: 11. v. arts. 256 e 257, CC 1.378 a 1.389.

Art. 167: 12. v. CC 1.390 a 1.411.

Art. 167: 13. v. CC 1.412 e 1.413.

Art. 167: 14. s/ direito real de habitação, decorrente de direito real de uso, v. CC 1.414 a 1.416; s/ desnecessidade de registro imobiliário do direito real de habitação conferido ao cônjuge sobrevivente, v. CC 1.831, nota 2b.

Art. 167: 15. v. CC 804.

Art. 167: 16. v. CC 1.417.

Art. 167: 17. cf. art. 167-I-18 (quanto a imóveis loteados) e 129-5º-*in fine* (quanto a móveis); v. tb. Dec. lei 58, de 10.12.37, art. 22 (no tít. PROMESSA DE COMPRA E VENDA E LOTEAMENTO), e ET 111.

Art. 167: 18. v. art. 243.

Art. 167: 19. v. art. 241, CC 1.506 a 1.510.

Art. 167: 20. cf. art. 167-II-1; v. arts. 178-V e 244, CC 1.653 a 1.657.

Art. 167: 21. v. art. 178-II; v. Dec. lei 413, de 9.1.69 (RT 400/482, Lex 1969/21, RF 226/439), arts. 29 a 40.

Art. 167: 22. v. arts. 178-VI e 219. Outros penhores: arts. 127-II e IV, 167-I-4.

Art. 167: 23. A LSA previa, no art. 62-II, a inscrição da escritura da emissão de debêntures "no registro de imóveis do lugar da sede da companhia". Esse dispositivo foi alterado pela Lei 10.303, de 31.10.01, pelo qual o referido registro passou à atribuição do Registro do Comércio. Atualmente, faz-se no Registro de Imóveis (Livro 2 — Registro Geral), se for o caso, apenas o registro da hipoteca, anticrese ou penhor que abonarem a emissão de debêntures (v. art. 178-I).

Art. 167: 24. v. arts. 255 e 178-III.

Art. 167: 25. cf. art. 167-I-9 e II-6; v. Lei 4.591, no tít. CONDOMÍNIO E INCORPORAÇÃO.

Art. 167: 26. v. art. 255; no tít. PROMESSA DE COMPRA E VENDA E LOTEAMENTO, v. Dec. lei 58, de 10.12.37, arts. 1º a 4º e 10, Dec. lei 271, de 28.2.67, e Lei 6.766, de 19.12.79, ínt.

Art. 167: 27. cf. art. 167-II-3; v. tít. PROMESSA DE COMPRA E VENDA E LOTEAMENTO.

✎ **Art. 167: 28.** "A importância da classificação tradicional das ações e o Registro de Imóveis", por Eduardo Sócrates Castanheira Sarmento (RF 369/89).

Art. 167: 28a. v. art. 3º da Lei 6.739, de 5.12.79, neste tít., ínt.

Art. 167: 28b. Deferindo o registro de ação civil pública que tem por objeto a preservação de imóvel, tendo em vista a natureza *propter rem* das obrigações relativas à conservação do patrimônio cultural: RMDAU 44/123 (TJMG, AI 0522582-80.2012.8.13.0000).

Art. 167: 28c. Deferindo o registro de ação rescisória contra o julgamento de embargos de terceiro que tinha por objeto o correlato imóvel: STJ-2ª Seção, AR 4.878-AgRg, Min. Paulo Sanseverino, j. 24.4.13, maioria, DJ 30.4.13.

Art. 167: 29. s/ divisão: CC 1.320 e 1.321, bem como CPC 569-II a 573 e 588 a 598; s/ demarcação: CPC 574 a 587.

Art. 167: 30. v. art. 167-I-17.

Art. 167: 31. v. CPC 610 a 658 e 668 a 673.

Art. 167: 32. v. CPC 659 a 667.

Art. 167: 33. v. CPC 642 a 646.

Art. 167: 34. v. CC 1.937.

Art. 167: 35. v. CPC 655.

Art. 167: 36. v. CPC 876 e segs.

Art. 167: 37. O instituto do dote foi extinto pelo CC atual.

Art. 167: 38. v. art. 226, CC 1.238 a 1.244.

Art. 167: 39. v. CC 481 a 532.

Art. 167: 40. v. art. 187, CC 533.

Art. 167: 41. v. art. 129-9º (quanto a móveis); CC 356 a 359.

Art. 167: 42. v. art. 1.005.

Art. 167: 43. v. art. 218, CC 538 a 564.

Art. 167: 44. v. LD 24.

Art. 167: 44a. v. LCE 32 § 13.

Art. 167: 45. O item 38, introduzido pela Lei 10.257, de 10.7.01, foi **vetado.**

Art. 167: 46. v. arts. 169-I, 217 e 246 a 247.

São dispensadas de averbação algumas alterações contratuais realizadas em operações do Sistema Financeiro da Habitação (v. Lei 5.741, de 1.12.71, art. 11, no tít. CONTRATOS IMOBILIÁRIOS).

Art. 167: 46a. s/ averbação referente ao ajuizamento de execução, v. CPC 799-IX e 828; s/ averbação de cédula de produto rural, v. Lei 8.929, de 22.8.94, art. 12 § 1º (no tít. CÉDULA DE PRODUTO RURAL); s/ averbação do "bloqueio administrativo" da matrícula, v. art. 246, nota 3; s/ averbação referente a imóvel objeto de arrendamento residencial, v. **Lei 10.188, de 12.2.01,** art. 2º § 5º.

Art. 167: 46b. Lei 12.651, de 25.5.12 — Dispõe sobre a proteção da vegetação nativa e dá outras providências (Código Florestal): **"Art. 18.** A área de Reserva Legal deverá ser registrada no órgão ambiental competente por meio de inscrição no CAR de que trata o art. 29, sendo vedada a alteração de sua destinação, nos casos de transmissão, a qualquer título, ou de desmembramento, com as exceções previstas nesta Lei.

(...)

"§ 4º *(redação da Lei 12.727, de 17.10.12)* O registro da Reserva Legal no CAR desobriga a averbação no Cartório de Registro de Imóveis, sendo que, no período entre a data da publicação desta Lei e o registro no CAR, o proprietário ou possuidor rural que desejar fazer a averbação terá direito à gratuidade deste ato.

(...)

"Art. 29. É criado o Cadastro Ambiental Rural — CAR, no âmbito do Sistema Nacional de Informação sobre Meio Ambiente — SINIMA, registro público eletrônico de âmbito nacional, obrigatório para todos os imóveis rurais, com a finalidade de integrar as informações ambientais das propriedades e posses rurais, compondo base de dados para controle, monitoramento, planejamento ambiental e econômico e combate ao desmatamento.

"§ 1º *(redação da Lei 12.727, de 17.10.12)* A inscrição do imóvel rural no CAR deverá ser feita, preferencialmente, no órgão ambiental municipal ou estadual, que, nos termos do regulamento, exigirá do proprietário ou possuidor rural:

"I — identificação do proprietário ou possuidor rural;

"II — comprovação da propriedade ou posse;

"III — identificação do imóvel por meio de planta e memorial descritivo, contendo a indicação das coordenadas geográficas com pelo menos um ponto de amarração do perímetro do imóvel, informando a localização dos remanescentes de vegetação nativa, das Áreas de Preservação Permanente, das Áreas de Uso Restrito, das áreas consolidadas e, caso existente, também da localização da Reserva Legal.

"§ 2º O cadastramento não será considerado título para fins de reconhecimento do direito de propriedade ou posse, tampouco elimina a necessidade de cumprimento do disposto no art. 2º da Lei n. 10.267, de 28 de agosto de 2001.

"§ 3º *(redação da Lei 13.887, de 17.10.19)* A inscrição no CAR é obrigatória e por prazo indeterminado para todas as propriedades e posses rurais.

"§ 4º *(redação da Lei 13.887, de 17.10.19)* Os proprietários e possuidores dos imóveis rurais que os inscreverem no CAR até o dia 31 de dezembro de 2020 terão direito à adesão ao Programa de Regularização Ambiental (PRA), de que trata o art. 59 desta Lei.

"Art. 30. Nos casos em que a Reserva Legal já tenha sido averbada na matrícula do imóvel e em que essa averbação identifique o perímetro e a localização da reserva, o proprietário não será obrigado a fornecer ao órgão ambiental as informações relativas à Reserva Legal previstas no inciso III do § 1º do art. 29.

"Parágrafo único. Para que o proprietário se desobrigue nos termos do *caput*, deverá apresentar ao órgão ambiental competente a certidão de registro de imóveis onde conste a averbação da Reserva Legal ou termo de compromisso já firmado nos casos de posse".

"Art. 78-A *(redação da Lei 13.295, de 14.6.16)*. Após 31 de dezembro de 2017, as instituições financeiras só concederão crédito agrícola, em qualquer de suas modalidades, para proprietários de imóveis rurais que estejam inscritos no CAR. **Parágrafo único.** O prazo de que trata este artigo será prorrogado em observância aos novos prazos de que trata o § 3º do art. 29".

Dec. 7.830, de 17.10.12 — Dispõe sobre o Sistema de Cadastro Ambiental Rural, o Cadastro Ambiental Rural, estabelece normas de caráter geral aos Programas de Regularização Ambiental, de que trata a Lei n. 12.651, de 25 de maio de 2012, e dá outras providências.

Art. 167: 47. v. arts. 167-I-12 e 244, CC 1.653 a 1.657

Art. 167: 48. Na publicação oficial, está "diversos".

Art. 167: 49. v. art. 245, CC 1.536-VII.

Art. 167: 50. v. arts. 248 a 259.

Art. 167: 51. cf. art. 167-I-20.

Art. 167: 52. v. art. 246 § ún.; cf. art. 167-II-13.

Art. 167: 53. v. art. 246 § ún.-parte final, CC 1.565 § 1º, LDi 17 a 18.

Art. 167: 54. hoje, separação judicial.

V. CC 1.571, nota 2b **(Em. Const. 66, de 13.7.10).**

Art. 167: 55. cf. art. 167-I-18; v. Lei 4.591, no tít. CONDOMÍNIO E INCORPORAÇÃO.

Art. 167: 56. cf. art. 167-I-2; v. Dec. lei 70, de 21.11.66, no tít. CÉDULA HIPOTECÁRIA.

Art. 167: 56a. v. Lei 9.514/97, art. 17-II e III.

Art. 167: 57. O CC atual extinguiu o regime dotal.

Art. 167: 58. v. LDi 46.

Art. 167: 59. v. art. 246; CC 1.911.

Art. 167: 60. v. CC 1.951 a 1.960.

Art. 167: 61. cf. art. 167-II-4.

Art. 167: 61a. v. CC 1.571, nota 2b **(Em. Const. 66, de 13.7.10).**

Art. 167: 62. v. Tít. V, nota 2, que antecede o CC 1.378.

Art. 167: 63. O item 25 havia sido incluído pela Med. Prov. 458, de 10.2.09, que foi convertida na Lei 11.952, de 25.6.09. Entretanto, esta Lei nada dispôs sobre o item em comento, razão pela qual ele não vigora.

Art. 168. Na designação genérica de registro, consideram-se englobadas a inscrição e a transcrição a que se referem as leis civis.

Art. 169. Todos os atos enumerados no art. 167 são obrigatórios e efetuar-se-ão no cartório da situação do imóvel,[1] salvo:

I — as averbações, que serão efetuadas na matrícula ou à margem do registro a que se referirem, ainda que o imóvel tenha passado a pertencer a outra circunscrição;

II (*redação da Lei 10.267, de 28.8.01*) — os registros relativos a imóveis situados em comarcas ou circunscrições limítrofes, que serão feitos em todas elas, devendo os Registros de Imóveis fazer constar dos registros tal ocorrência;

III (*redação da Lei 8.245, de 18.10.91*) — o registro previsto no n. 3 do inciso I do art. 167, e a averbação prevista no n. 16 do inciso II do art. 167 serão efetuados no cartório onde o imóvel esteja matriculado mediante apresentação de qualquer das vias do contrato, assinado pelas partes e subscrito por duas testemunhas, bastando a coincidência entre o nome de um dos proprietários e o locador.

Art. 169: 1. s/ cédulas de crédito rural, v. Dec. lei 167, de 14.2.67, art. 30 (no tít. TÍTULOS DE CRÉDITO RURAL).

Art. 170. O desmembramento territorial posterior ao registro não exige sua repetição no novo cartório.

Art. 171 (*redação da Lei 13.465, de 11.7.17*). Os atos relativos a vias férreas serão registrados na circunscrição imobiliária onde se situe o imóvel.

Parágrafo único (*acrescido pela Lei 13.465, de 11.7.17*). A requerimento do interessado, o oficial do cartório do registro de imóveis da circunscrição a que se refere o *caput* deste artigo abrirá a matrícula da área correspondente, com base em planta, memorial descritivo e certidão atualizada da matrícula ou da transcrição do imóvel, caso exista, podendo a apuração do remanescente ocorrer em momento posterior.

Art. 171-A (*acrescido pela Med. Prov. 759, de 22.12.16*). Os atos relativos a vias férreas serão registrados na circunscrição imobiliária onde se situe o imóvel.

§ 1º (*acrescido pela Med. Prov. 759, de 22.12.16*) A requerimento do interessado, o oficial do cartório do registro de imóveis da circunscrição a que se refere o *caput* abrirá a matrícula da área correspondente, com base em planta, memorial descritivo e certidão atualizada da matrícula ou da transcrição do imóvel, caso exista.

§ 2º (*acrescido pela Med. Prov. 759, de 22.12.16*) Após a abertura de matrícula de que trata o § 1º, o oficial do cartório do registro de imóveis deverá comunicar o oficial de registro de imóveis da circunscrição de origem da via férrea para averbação do destaque e controle de disponibilidade, podendo a apuração do remanescente ocorrer em momento posterior.

Capítulo II | DA ESCRITURAÇÃO[1]

CAP. II: 1. v. arts. 3º a 7º (normas gerais).

Art. 172. No Registro de Imóveis serão feitos, nos termos desta lei,[1] o registro[2] e a averbação[3] dos títulos ou atos constitutivos, declaratórios, translativos e extintivos[4] de direitos reais sobre imóveis reconhecidos em lei, *inter vivos* ou *mortis causa*, quer para sua constituição, transferência e extinção, quer para sua validade em relação a terceiros, quer para a sua disponibilidade.

Art. 172: 1. além da matrícula (arts. 176 § 1º-I, II e § 2º, 227 a 237, 195 e 196; cf. art. 167-*caput*).

Art. 172: 2. v. arts. 167-I, 208 a 216 e 236 a 245.

Art. 172: 3. v. arts. 167-II e 246 a 259.

Art. 172: 4. Na publicação oficial, está "extintos".

Art. 173. Haverá, no Registro de Imóveis, os seguintes livros:[1-1a]

I — Livro n. 1 — Protocolo;[2]

II — Livro n. 2 — Registro Geral;[3]

III — Livro n. 3 — Registro Auxiliar;[4]

IV — Livro n. 4 — Indicador Real;[5]

V — Livro n. 5 — Indicador Pessoal.[6-7]

Parágrafo único. Observado o disposto no § 2º do art. 3º desta lei, os Livros ns. 2, 3, 4 e 5 poderão ser substituídos por fichas.

Art. 173: 1. Os livros "Registro de Cédulas de Crédito Rural" (art. 31 § 3º do Dec. lei 167, de 14.2.67) e "Registro de Cédula de Crédito Industrial" (art. 31 § 3º do Dec. lei 413, de 9.1.69) foram suprimidos (LRP 167-I-13 e 14 c/c 178-II e VI). Não foi suprimido, porém, o livro auxiliar de cadastro das aquisições de terras rurais por estrangeiros, criado pelo art. 10 da Lei 5.709, de 7.10.71, e regulamentado pelo art. 15 do Dec. 74.965, de 26.11.74 (no tít. PROPRIEDADE RURAL ADQUIRIDA POR ESTRANGEIRO).

Art. 173: 1a. v., adiante neste título, Lei 11.977, de 7.7.09, art. 40.

Art. 173: 2. v. arts. 174 a 175.

Art. 173: 3. v. art. 176.

Art. 173: 4. v. arts. 177 e 178.

Art. 173: 5. v. art. 179.

Art. 173: 6. v. art. 180.

Art. 173: 7. A Lei 5.709, de 7.10.71 (no tít. PROPRIEDADE RURAL ADQUIRIDA POR ESTRANGEIRO), criou, em seu art. 10, o cadastro especial de terras rurais adquiridas por estrangeiro.

Art. 174. O Livro n. 1 — Protocolo — servirá para apontamento de todos os títulos apresentados diariamente, ressalvado o disposto no parágrafo único do art. 12 desta lei.

Art. 175. São requisitos da escrituração do Livro n. 1 — Protocolo:

I — o número de ordem, que seguirá indefinidamente nos livros da mesma espécie;

II — a data da apresentação;

III — o nome do apresentante;

IV — a natureza formal do título;

V — os atos que formalizar, resumidamente mencionados.

Art. 176. O Livro n. 2 — Registro Geral — será destinado à matrícula dos imóveis e ao registro ou averbação dos atos relacionados no art. 167 e não atribuídos ao Livro n. 3.

§ 1º A escrituração do Livro n. 2 obedecerá às seguintes normas:

I — cada imóvel terá matrícula[1] própria, que será aberta por ocasião do primeiro registro a ser feito na vigência desta lei;

II — são requisitos da matrícula:[1a-1b]

1) o número de ordem, que seguirá ao infinito;

2) a data;

3) (*redação da Lei 10.267, de 28.8.01*) a identificação do imóvel, que será feita com indicação:

a) se rural, do código do imóvel, dos dados constantes da CCIR, da denominação e de suas características, confrontações,[2] localização e área;

b) se urbano, de suas características e confrontações, localização, área, logradouro, número e de sua designação cadastral, se houver;

4) o nome, domicílio e nacionalidade do proprietário, bem como:

a) tratando-se de pessoa física, o estado civil, a profissão, o número de inscrição no Cadastro de Pessoas Físicas do Ministério da Fazenda ou do Registro Geral da cédula de identidade, ou, à falta deste, sua filiação;

b) tratando-se de pessoa jurídica, a sede social e o número de inscrição no Cadastro Geral de Contribuintes do Ministério da Fazenda;

5) o número do registro anterior;

6) (*acrescido pela Lei 13.777, de 20.12.18*) tratando-se de imóvel em regime de multipropriedade, a indicação da existência de matrículas, nos termos do § 10 deste artigo;

III — são requisitos do registro no Livro n. 2:

1) a data;

2) o nome, domicílio e nacionalidade do transmitente, ou do devedor, e do adquirente, ou credor, bem como:

a) tratando-se de pessoa física, o estado civil, a profissão e o número de inscrição no Cadastro de Pessoas Físicas do Ministério da Fazenda ou do Registro Geral da cédula de identidade, ou à falta deste, sua filiação;

b) tratando-se de pessoa jurídica, a sede social e o número de inscrição no Cadastro Geral de Contribuintes do Ministério da Fazenda;

3) o título da transmissão ou do ônus;

4) a forma do título, sua procedência e caracterização;

5) o valor do contrato, da coisa ou da dívida, prazo desta, condições e mais especificações, inclusive os juros, se houver.

§ 2º (*redação da Lei 6.688, de 17.9.79*) Para a matrícula e registro das escrituras e partilhas, lavradas ou homologadas na vigência do Decreto n. 4.857, de 9 de novembro de 1939, não serão observadas as exigências deste artigo, devendo tais atos obedecer ao disposto na legislação anterior.

§ 3º (*redação da Lei 10.267, de 28.8.01*) Nos casos de desmembramento, parcelamento ou remembramento de imóveis rurais, a identificação prevista na alínea *a* do item 3 do item II do § 1º será obtida a partir de memorial descritivo, assinado por profissional habilitado e com a devida Anotação de Responsabilidade Técnica — ART, contendo as coordenadas dos vértices definidores dos limites dos imóveis rurais, georreferenciadas ao Sistema Geodésico Brasileiro e com precisão posicional a ser fixada pelo INCRA, garantida a isenção de custos financeiros aos proprietários de imóveis rurais cuja somatória da área não exceda a quatro módulos fiscais.

§ 4º (*redação da Lei 10.267, de 28.8.01*) A identificação de que trata o § 3º tornar-se-á obrigatória para efetivação de registro, em qualquer situação de transferência de imóvel rural, nos prazos fixados por ato do Poder Executivo.

§ 5º (*redação da Lei 11.952, de 25.6.09*) Nas hipóteses do § 3º, caberá ao INCRA certificar que a poligonal objeto do memorial descritivo não se sobrepõe a nenhuma outra constante de seu cadastro georreferenciado e que o memorial atende às exigências técnicas, conforme ato normativo próprio.

§ 6º (*redação da Lei 11.952, de 25.6.09*) A certificação do memorial descritivo de glebas públicas será referente apenas ao seu perímetro originário.

§ 7º (*redação da Lei 11.952, de 25.6.09*) Não se exigirá, por ocasião da efetivação do registro do imóvel destacado de glebas públicas, a retificação do memorial descritivo da área remanescente, que somente ocorrerá a cada três anos, contados a partir do primeiro destaque, englobando todos os destaques realizados no período.

§ 8º (*redação da Lei 12.424, de 16.6.11*) O ente público proprietário ou imitido na posse a partir de decisão proferida em processo judicial de desapropriação em curso poderá requerer a abertura de matrícula de parte de imóvel situado em área urbana ou de expansão urbana, previamente matriculado ou não, com base em planta e memorial descritivo, podendo a apuração de remanescente ocorrer em momento posterior.

§ 9º (*acrescido pela Lei 13.465, de 11.7.17*) A instituição do direito real de laje ocorrerá por meio da abertura de uma matrícula própria no registro de imóveis e por meio da averbação desse fato na matrícula da construção-base e nas matrículas de lajes anteriores, com remissão recíproca.

§ 10 (*redação da Lei 13.777, de 20.12.18*). Quando o imóvel se destinar ao regime da multipropriedade, além da matrícula do imóvel, haverá uma matrícula para cada fração de tempo, na qual se registrarão e averbarão os atos referentes à respectiva fração de tempo, ressalvado o disposto no § 11 deste artigo.

§ 11 (*redação da Lei 13.777, de 20.12.18*). Na hipótese prevista no § 10 deste artigo, cada fração de tempo poderá, em função de legislação tributária municipal, ser objeto de inscrição imobiliária individualizada.

§ 12 (*redação da Lei 13.777, de 20.12.18*). Na hipótese prevista no inciso II do § 1º do art. 1.358-N da Lei n. 10.406, de 10 de janeiro de 2002 (Código Civil), a fração de tempo adicional, destinada à realização de reparos, constará da matrícula referente à fração de tempo principal de cada multiproprietário e não será objeto de matrícula específica.

§ 13 (*acrescido pela Lei 13.838, de 4.6.19*). Para a identificação de que tratam os §§ 3º e 4º deste artigo, é dispensada a anuência dos confrontantes, bastando para tanto a declaração do requerente de que respeitou os limites e as confrontações.

Art. 176: 1. v. arts. 167-*caput*, 227 a 237, 195 e 196.

Art. 176: 1a. v. art. 196.

Art. 176: 1b. "Não é nula a matrícula que adotou a descrição do imóvel de matrícula anterior, realizada nos termos da lei então vigente" (STJ-4ª T., REsp 60.751, Min. Sálvio de Figueiredo, j. 27.5.03, DJU 23.6.03).

Art. 176: 2. v. art. 225 § 2º.

Art. 177. O Livro n. 3 — Registro Auxiliar — será destinado ao registro dos atos que, sendo atribuídos ao Registro de Imóveis por disposição legal, não digam respeito diretamente a imóvel matriculado.

Art. 178. Registrar-se-ão no Livro n. 3 — Registro Auxiliar:

I — a emissão de debêntures,[1] sem prejuízo do registro eventual e definitivo, na matrícula do imóvel, da hipoteca, anticrese ou penhor que abonarem especialmente tais emissões, firmando-se pela ordem do registro a prioridade entre as séries de obrigações emitidas pela sociedade;

II (*redação da Lei 13.986, de 7.4.20*) — as cédulas de crédito industrial,[2] sem prejuízo do registro da hipoteca cedular;[3]

III (*redação da Lei 13.777, de 20.12.18*) — as convenções de condomínio edilício, condomínio geral voluntário e condomínio em multipropriedade;[4]

IV — o penhor de máquinas e de aparelhos utilizados na indústria, instalados e em funcionamento, com os respectivos pertences ou sem eles;[5]

V — as convenções antenupciais;[6]

VI — os contratos de penhor rural;[7]

VII — os títulos que, a requerimento do interessado, forem registrados no seu inteiro teor, sem prejuízo do ato praticado no Livro n. 2.

Art. 178: 1. cf. a Lei 10.303, de 31.10.01, que alterou o art. 62-II da LSA, o registro da emissão de debêntures passou à atribuição do Registro do Comércio. Atualmente, faz-se no Registro de Imóveis (Livro 2 — Registro Geral), se for o caso, apenas o registro da hipoteca, anticrese ou penhor que abonarem a emissão de debêntures. V. art. 167, nota 17.

Art. 178: 2. v. art. 167-I-14.

Art. 178: 3. v. art. 167-I-2.

Art. 178: 4. v. art. 167-I-17 e 23.

Art. 178: 5. v. art. 167-I-4.

Art. 178: 6. v. art. 167-I-12.

Art. 178: 7. v. art. 167-I-15.

Art. 179. O Livro n. 4 — Indicador Real — será o repositório de todos os imóveis que figurarem nos demais livros, devendo conter sua identificação, referência aos números de ordem dos outros livros e anotações necessárias.

§ 1º Se não for utilizado o sistema de fichas, o Livro n. 4 conterá, ainda, o número de ordem, que seguirá indefinidamente, nos livros da mesma espécie.

§ 2º Adotado o sistema previsto no parágrafo precedente, os oficiais deverão ter, para auxiliar a consulta, um livro-índice ou fichas pelas ruas, quando se tratar de imóveis urbanos, e pelos nomes e situações, quando rurais.

Art. 180. O Livro n. 5 — Indicador Pessoal — dividido alfabeticamente, será repositório dos nomes de todas as pessoas que, individual ou coletivamente, ativa ou passivamente, direta ou indiretamente, figurarem nos demais livros, fazendo-se referência aos respectivos números de ordem.

Parágrafo único. Se não for utilizado o sistema de fichas, o Livro n. 5 conterá, ainda, o número de ordem de cada letra do alfabeto, que seguirá indefinidamente, nos livros da mesma espécie. Os oficiais poderão adotar, para auxiliar as buscas, um livro-índice ou fichas em ordem alfabética.

Art. 181. Poderão ser abertos e escriturados, concomitantemente, até dez livros de "Registro Geral", obedecendo, neste caso, a sua escrituração ao algarismo final da matrícula, sendo as matrículas de número final um feitas no Livro 2-1, as de final dois no Livro 2-2 e as de final três no Livro 2-3, e assim, sucessivamente.

Parágrafo único. Também poderão ser desdobrados, a critério do oficial, os Livros ns. 3 "Registro Auxiliar", 4 "Indicador Real" e 5 "Indicador Pessoal".

Capítulo III | DO PROCESSO DE REGISTRO[1]

CAP. III: 1. v. arts. 3º a 15 (normas gerais).

Art. 182. Todos os títulos tomarão, no Protocolo, o número de ordem que lhes competir em razão da sequência rigorosa de sua apresentação.

Art. 183. Reproduzir-se-á, em cada título, o número de ordem respectivo e a data de sua prenotação.

Art. 184. O Protocolo será encerrado diariamente.

Art. 185. A escrituração do Protocolo incumbirá tanto ao oficial titular como ao seu substituto legal, podendo ser feita, ainda, por escrevente auxiliar expressamente designado pelo oficial titular ou pelo seu substituto legal mediante autorização do juiz competente, ainda que os primeiros não estejam nem afastados nem impedidos.

Art. 186. O número de ordem determinará a prioridade do título, e esta a preferência dos direitos reais, ainda que apresentados pela mesma pessoa mais de um título simultaneamente.[1]

Art. 186: 1. "A data da transcrição é a mesma da prenotação (arts. 182, 183 e 186 da Lei 6.015/1973). Esta define a prioridade dos direitos que lhe são afetos. Seus efeitos só cessarão se o interessado deixar de atender as exigências legais no prazo de trinta dias (art. 205 da Lei 6.015/1973). A falta de cumprimento da **obrigação tributária,** questão de ordem formal, **não constitui óbice à prenotação"** (STJ-3ª T., REsp 1.339.876, Min. Moura Ribeiro, j. 26.4.16, DJ 3.5.16).

Art. 187. Em caso de permuta,[1] e pertencendo os imóveis à mesma circunscrição, serão feitos os registros nas matrículas correspondentes, sob um único número de ordem no Protocolo.

Art. 187: 1. v. art. 167-I-30.

Art. 188. Protocolizado o título, proceder-se-á ao registro, dentro do prazo de trinta dias,[1] salvo nos casos previstos nos artigos seguintes.

Art. 188: 1. ou de 15 dias, se se tratar de contrato em que sejam partes o Banco Nacional da Habitação ou entidades que integrem o Sistema Financeiro da Habitação (v. Lei 4.380, de 21.8.64, art. 61 § 7º, no tít. CONTRATOS IMOBILIÁRIOS).

Art. 189. Apresentado título de segunda hipoteca,[1] com referência expressa à existência de outra anterior, o oficial, depois de prenotá-lo, aguardará durante trinta dias que os interessados na primeira promovam a inscrição.[2] Esgotado esse prazo, que correrá da data da prenotação, sem que seja apresentado o título anterior, o segundo será inscrito[3] e obterá preferência sobre aquele.

Art. 189: 1. v. art. 167-I-2.

Art. 189: 2. aliás, "registro" (v. art. 168).

Art. 189: 3. aliás, "registrado" (v. art. 168).

Art. 190. Não serão registrados, no mesmo dia, títulos pelos quais se constituam direitos reais contraditórios sobre o mesmo imóvel.

Art. 191. Prevalecerão, para efeito de prioridade de registro, quando apresentados no mesmo dia, os títulos prenotados no Protocolo sob número de ordem mais baixo, protelando-se o registro dos apresentados posteriormente, pelo prazo correspondente a, pelo menos, um dia útil.

Art. 192. O disposto nos arts. 190 e 191 não se aplica às escrituras públicas, da mesma data e apresentadas no mesmo dia, que determinem, taxativamente, a hora da sua lavratura, prevalecendo, para efeito de prioridade, a que foi lavrada em primeiro lugar.

Art. 193. O registro será feito pela simples exibição do título, sem dependência de extratos.

Art. 194. O título de natureza particular[1] apresentado em uma só via será arquivado em cartório,[2] fornecendo o oficial, a pedido, certidão do mesmo.

Art. 194: 1. v. art. 221-II.

Art. 194: 2. Também as procurações dos contratantes, que não tiverem sido arquivadas anteriormente (v. Dec. lei 58, de 10.12.37, art. 11 § 3º, no tít. PROMESSA DE COMPRA E VENDA E LOTEAMENTO).

Art. 195. Se o imóvel não estiver matriculado ou registrado em nome do outorgante, o oficial exigirá a prévia matrícula[1] e o registro do título anterior, qualquer que seja a sua natureza, para manter a continuidade do registro.

Art. 195: 1. v. arts. 167-*caput*, 176 § 1º-I e II e § 2º, 196 e 227 a 237.

Art. 195-A (*redação da Lei 13.465, de 11.7.17*). O Município poderá solicitar ao cartório de registro de imóveis competente a abertura de matrícula de parte ou da totalidade de imóveis públicos oriundos de parcelamento do solo urbano implantado, ainda que não inscrito ou registrado, por meio de requerimento acompanhado dos seguintes documentos:

I (*redação da Lei 12.424, de 16.6.11*) — planta e memorial descritivo do imóvel público a ser matriculado, dos quais constem a sua descrição, com medidas perimetrais, área total, localização, confrontantes e coordenadas preferencialmente georreferenciadas dos vértices definidores de seus limites;

II (*redação da Lei 12.424, de 16.6.11*) — comprovação de intimação dos confrontantes para que informem, no prazo de 15 (quinze) dias, se os limites definidos na planta e no memorial descritivo do imóvel público a ser matriculado se sobrepõem às suas respectivas áreas, se for o caso;

III (*redação da Lei 12.424, de 16.6.11*) — as respostas à intimação prevista no inciso II, quando houver; e

IV (*redação da Lei 13.465, de 11.7.17*) — planta de parcelamento ou do imóvel público a ser registrado, assinada pelo loteador ou elaborada e assinada por agente público da prefeitura, acompanhada de declaração de que o parcelamento encontra-se implantado, na hipótese de este não ter sido inscrito ou registrado.

§ 1º (*redação da Lei 12.424, de 16.6.11*) Apresentados pelo Município os documentos relacionados no *caput*, o registro de imóveis deverá proceder ao registro dos imóveis públicos decorrentes do parcelamento do solo urbano na matrícula ou transcrição da gleba objeto de parcelamento.

§ 2º (*redação da Lei 12.424, de 16.6.11*) Na abertura de matrícula de imóvel público oriundo de parcelamento do solo urbano, havendo divergência nas medidas perimetrais de que resulte, ou não, alteração de área, a situação de fato implantada do bem deverá prevalecer sobre a situação constante do registro ou da planta de parcelamento, respeitados os limites dos particulares lindeiros.

§ 3º (*redação da Lei 12.424, de 16.6.11*) Não será exigido, para transferência de domínio, formalização da doação de áreas públicas pelo loteador nos casos de parcelamentos urbanos realizados na vigência do Decreto-Lei n. 58, de 10 de dezembro de 1937.

§ 4º (*redação da Lei 12.424, de 16.6.11*) Recebido o requerimento e verificado o atendimento aos requisitos previstos neste artigo, o oficial do registro de imóveis abrirá a matrícula em nome do Município.

§ 5º (*redação da Lei 12.424, de 16.6.11*) A abertura de matrícula de que trata o *caput* independe do regime jurídico do bem público.

§ 6º (*redação da Lei 13.465, de 11.7.17*) Na hipótese de haver área remanescente, a sua apuração poderá ocorrer em momento posterior.

§ 7º (*redação da Lei 13.465, de 11.7.17*) O procedimento definido neste artigo poderá ser adotado para abertura de matrícula de glebas municipais adquiridas por lei ou por outros meios legalmente admitidos, inclusive para as terras devolutas transferidas ao Município em razão de legislação estadual ou federal, dispensado o procedimento discriminatório administrativo ou judicial.

§ 8º (*redação da Lei 13.465, de 11.7.17*) O disposto neste artigo aplica-se, em especial, às áreas de uso público utilizadas pelo sistema viário do parcelamento urbano irregular.

Art. 195-B (*redação da Lei 13.465, de 11.7.17*). A União, os Estados e o Distrito Federal poderão solicitar ao registro de imóveis competente a abertura de matrícula de parte ou da totalidade de imóveis urbanos sem registro anterior, cujo domínio lhes tenha sido assegurado pela legislação, por meio de requerimento acompanhado dos documentos previstos nos incisos I, II e III do *caput* do art. 195-A, inclusive para as terras devolutas, dispensado o procedimento discriminatório administrativo ou judicial.

§ 1º (*redação da Lei 13.465, de 11.7.17*) Recebido o requerimento na forma prevista no *caput* deste artigo, o oficial do registro de imóveis abrirá a matrícula em nome do requerente, observado o disposto nos §§ 5º e 6º do art. 195-A.

§ 2º (*redação da Lei 12.424, de 16.6.11*) O Município poderá realizar, em acordo com o Estado, o procedimento de que trata este artigo e requerer, em nome deste, no registro de imóveis competente a abertura de matrícula de imóveis urbanos situados nos limites do respectivo território municipal.

§ 3º (*redação da Lei 13.465, de 11.7.17*) O procedimento de que trata este artigo poderá ser adotado pela União para o registro de imóveis rurais de sua propriedade, observado o disposto nos §§ 3º, 4º, 5º, 6º e 7º do art. 176 desta Lei.

§ 4º (*redação da Lei 13.465, de 11.7.17*) Para a abertura de matrícula em nome da União com base neste artigo, a comprovação de que trata o inciso II do *caput* do art. 195-A será realizada, no que couber, mediante o procedimento de notificação previsto nos arts. 12-A e 12-B do Decreto-Lei n. 9.760, de 5 de setembro de 1946, com ressalva quanto ao prazo para apresentação de eventuais impugnações, que será de quinze dias, na hipótese de notificação pessoal, e de trinta dias, na hipótese de notificação por edital.

Art. 196. A matrícula[1] será feita à vista dos elementos constantes do título apresentado e do registro anterior que constar do próprio cartório.

Art. 196: 1. v. arts. 167-*caput*, 176 § 1º-I e II e § 2º, 195 e 227 a 237.

Art. 197. Quando o título anterior estiver registrado em outro cartório, o novo título será apresentado juntamente com certidão atualizada, comprobatória do registro anterior, e da existência ou inexistência de ônus.

Art. 198. Havendo exigência a ser satisfeita, o oficial indicá-la-á por escrito. Não se conformando o apresentante com a exigência do oficial, ou não a podendo satisfazer, será o título, a seu requerimento e com a declaração de dúvida, remetido ao juízo competente para dirimi-la, obedecendo-se ao seguinte:[1 a 5]

I — no Protocolo, anotará o oficial, à margem da prenotação, a ocorrência da dúvida;

II — após certificar, no título, a prenotação e a suscitação da dúvida, rubricará o oficial todas as suas folhas;

III — em seguida, o oficial dará ciência dos termos da dúvida ao apresentante, fornecendo-lhe cópia da suscitação e notificando-o para impugná-la, perante o juízo competente, no prazo de quinze dias;

IV — certificado o cumprimento do disposto no item anterior, remeter-se-ão ao juízo competente, mediante carga, as razões da dúvida, acompanhadas do título.

Art. 198: 1. s/ aplicação do procedimento de dúvida aos demais registros previstos na LRP, v. art. 296.

Art. 198: 2. "Havendo exigências a serem satisfeitas quanto ao registro pretendido, o titular do respectivo Cartório de Imóveis deve suscitar dúvida ao juízo, conforme preconiza o art. 198 da Lei 6.015/73; e, caso assim não proceder, compete à parte formular reclamação perante o juízo competente acerca do retardamento do seu registro" (RJM 195/86: AP 1.0534.09.018492-8/001).

Art. 198: 3. Na vigência da atual LRP, não se admite a chamada "dúvida inversa", que era aquela dirigida diretamente ao juiz pela parte, e não pelo oficial do registro (RTJ 107/628). **Contra,** admitindo-a: RT 500/102, 515/109. Não a admitindo, porém julgando-a, por economia processual: RJTJESP 134/550.

Art. 198: 4. "Tendo em vista os princípios da disponibilidade, especialidade e continuidade que norteiam os registros públicos, assegurando-lhes a confiabilidade dos mesmos, pode o Oficial do Registro suscitar dúvida, independentemente de ser título judicial ou extrajudicial" (STJ-3ª T., RMS 9.372, Min. Pádua Ribeiro, j. 19.5.05, DJU 13.6.05).

Art. 198: 5. "Em processo de dúvida não é possível a invalidação de registro imobiliário anterior" (STJ-3ª T., REsp 27.157-9, Min. Cláudio Santos, j. 20.6.95, DJU 11.9.95).

"A simples determinação administrativa do juiz de registros públicos, ao dirimir procedimento de dúvida suscitado pelo notário, de registrar carta de arrematação formalmente perfeita, com o consequente cancelamento do registro de compromisso de compra e venda anteriormente avençado com terceiro pelo devedor hipotecário, não viola direito líquido e certo do promissário comprador, que adquirira do devedor hipotecário o imóvel gravado de ônus real" (STJ-4ª T., RMS 9.728, Min. Sálvio de Figueiredo, j. 20.4.99, DJU 21.6.99).

Art. 199. Se o interessado não impugnar a dúvida no prazo referido no item III do artigo anterior, será ela, ainda assim, julgada por sentença.

Art. 200. Impugnada a dúvida com os documentos que o interessado apresentar, será ouvido o Ministério Público, no prazo de dez dias.

Art. 201. Se não forem requeridas diligências, o juiz proferirá decisão no prazo de quinze dias, com base nos elementos constantes dos autos.

Art. 202. Da sentença, poderão interpor apelação,[1] com os efeitos devolutivo e suspensivo, o interessado, o Ministério Público e o terceiro prejudicado.

Art. 202: 1. v. CPC 1.009 e segs.

Art. 203. Transitada em julgado a decisão da dúvida, proceder-se-á do seguinte modo:

I — se for julgada procedente, os documentos serão restituídos à parte independentemente de traslado, dando-se ciência da decisão ao oficial, para que a consigne no Protocolo e cancele a prenotação;

II — se for julgada improcedente, o interessado apresentará, de novo, os seus documentos, com o respectivo mandado, ou certidão da sentença, que ficarão arquivados, para que, desde logo, se proceda ao registro, declarando o oficial o fato na coluna de anotações do Protocolo.

Art. 204. A decisão da dúvida tem natureza administrativa e não impede o uso do processo contencioso competente.

Art. 205. Cessarão automaticamente os efeitos da prenotação se, decorridos trinta dias do seu lançamento no Protocolo, o título não tiver sido registrado por omissão do interessado em atender às exigências legais.

Parágrafo único (*redação da Lei 12.424, de 16.6.11*). Nos procedimentos de regularização fundiária de interesse social, os efeitos da prenotação cessarão decorridos 60 (sessenta) dias de seu lançamento no protocolo.

Art. 206. Se o documento, uma vez prenotado, não puder ser registrado, ou o apresentante desistir de seu registro, a importância relativa às despesas previstas no art. 14 será restituída, deduzida a quantia correspondente às buscas e à prenotação.

Art. 207. No processo de dúvida, somente serão devidas custas, a serem pagas pelo interessado, quando a dúvida for julgada procedente.

Art. 208. O registro começado dentro das horas fixadas não será interrompido, salvo motivo de força maior declarado, prorrogando-se o expediente até ser concluído.

Art. 209 (*redação da Lei 6.216, de 30.6.75*). Durante a prorrogação nenhuma nova apresentação será admitida, lavrando o termo de encerramento no Protocolo.[1]

Art. 209: 1. O texto primitivo da Lei 6.015, art. 210, rezava: "lavrando-se termo de encerramento no protocolo".

Art. 210. Todos os atos serão assinados e encerrados pelo oficial, por seu substituto legal, ou por escrevente expressamente designado pelo oficial ou por seu substituto legal e autorizado pelo juiz competente ainda que os primeiros não estejam nem afastados nem impedidos.

Art. 211. Nas vias dos títulos restituídas aos apresentantes, serão declarados resumidamente, por carimbo, os atos praticados.

Art. 212. Se o registro ou a averbação for omissa, imprecisa ou não exprimir a verdade, a retificação será feita pelo Oficial do Registro de Imóveis competente, a requerimento do interessado, por meio do procedimento administrativo previsto no art. 213, facultado ao interessado requerer a retificação por meio de procedimento judicial.[1 a 2a]

Parágrafo único. A opção pelo procedimento administrativo previsto no art. 213 não exclui a prestação jurisdicional, a requerimento da parte prejudicada.[3]

Art. 212: 1. Redação do *caput* alterada pela Lei 10.931, de 2.8.04.

Art. 212: 2. v. CC 1.247.

Art. 212: 2a. "A retificação só é possível para corrigir erro formal na escritura. Na medida em que se pretendeu alterar a própria essência do negócio, com alteração do polo contratante, não seria possível fazê-lo por mera escritura de retificação" (JTJ 317/79, AP 471.079-4/5-00).

Art. 212: 3. O § ún. foi introduzido pela Lei 10.931, de 2.8.04.

Art. 213 (*redação da Lei 10.931, de 2.8.04*). O oficial retificará o registro ou a averbação:[1]

I (*redação da Lei 10.931, de 2.8.04*) — de ofício ou a requerimento do interessado nos casos de:

a) omissão ou erro cometido na transposição de qualquer elemento do título;

b) indicação ou atualização de confrontação;

c) alteração de denominação de logradouro público, comprovada por documento oficial;

d) retificação que vise a indicação de rumos, ângulos de deflexão ou inserção de coordenadas georreferenciadas, em que não haja alteração das medidas perimetrais;

e) alteração ou inserção que resulte de mero cálculo matemático feito a partir das medidas perimetrais constantes do registro;

f) reprodução de descrição de linha divisória de imóvel confrontante que já tenha sido objeto de retificação;

g) inserção ou modificação dos dados de qualificação pessoal das partes, comprovada por documentos oficiais, ou mediante despacho judicial quando houver necessidade de produção de outras provas;

II (*redação da Lei 10.931, de 2.8.04*) — a requerimento do interessado, no caso de inserção ou alteração de medida perimetral de que resulte, ou não, alteração de área, instruído com planta e memorial descritivo assinado por profissional legalmente habilitado, com prova de anotação de responsabilidade técnica no competente Conselho Regional de Engenharia e Arquitetura — CREA, bem assim pelos confrontantes.

§ 1º (*redação da Lei 10.931, de 2.8.04*) Uma vez atendidos os requisitos de que trata o *caput* do art. 225, o oficial averbará a retificação.

§ 2º (*redação da Lei 10.931, de 2.8.04*) Se a planta não contiver a assinatura de algum confrontante, este será notificado pelo Oficial de Registro de Imóveis competente, a requerimento do interessado, para se manifestar em quinze dias, promovendo-se a notificação pessoalmente ou pelo correio, com aviso de recebimento, ou, ainda, por solicitação do Oficial de Registro de Imóveis, pelo Oficial de Registro de Títulos e Documentos da comarca da situação do imóvel ou do domicílio de quem deva recebê-la.

§ 3º (*redação da Lei 10.931, de 2.8.04*) A notificação será dirigida ao endereço do confrontante constante do Registro de Imóveis, podendo ser dirigida ao próprio imóvel contíguo ou àquele fornecido pelo requerente; não sendo encontrado o confrontante ou estando em lugar incerto e não sabido, tal fato será certificado pelo oficial encarregado da diligência, promovendo-se a notificação do confrontante mediante edital, com o mesmo prazo fixado no § 2º, publicado por duas vezes em jornal local de grande circulação.

§ 4º (*redação da Lei 10.931, de 2.8.04*) Presumir-se-á a anuência do confrontante que deixar de apresentar impugnação no prazo da notificação.

§ 5º (*redação da Lei 10.931, de 2.8.04*) Findo o prazo sem impugnação, o oficial averbará a retificação requerida; se houver impugnação fundamentada por parte de algum confrontante, o oficial intimará o requerente e o profissional que houver assinado a planta e o memorial a fim de que, no prazo de cinco dias, se manifestem sobre a impugnação.

§ 6º (*redação da Lei 10.931, de 2.8.04*) Havendo impugnação e se as partes não tiverem formalizado transação amigável para solucioná-la, o oficial remeterá o processo ao juiz competente, que decidirá de plano ou após instrução sumária, salvo se a controvérsia versar sobre o direito de propriedade de alguma das partes, hipótese em que remeterá o interessado para as vias ordinárias.

§ 7º (*redação da Lei 10.931, de 2.8.04*) Pelo mesmo procedimento previsto neste artigo poderão ser apurados os remanescentes de áreas parcialmente alienadas, caso em que serão considerados como confrontantes tão somente os confinantes das áreas remanescentes.

§ 8º (*redação da Lei 10.931, de 2.8.04*) As áreas públicas poderão ser demarcadas ou ter seus registros retificados pelo mesmo procedimento previsto neste artigo, desde que constem do registro ou sejam logradouros devidamente averbados.

§ 9º (*redação da Lei 10.931, de 2.8.04*) Independentemente de retificação, dois ou mais confrontantes poderão, por meio de escritura pública, alterar ou estabelecer as divisas entre si e, se houver transferência de área, com o recolhimento do devido imposto de transmissão e desde que preservadas, se rural o imóvel, a fração mínima de parcelamento e, quando urbano, a legislação urbanística.

§ 10 (*redação da Lei 10.931, de 2.8.04*). Entendem-se como confrontantes não só os proprietários dos imóveis contíguos, mas, também, seus eventuais ocupantes;[2] o condomínio geral, de que tratam os arts. 1.314 e seguintes do Código Civil, será representado por qualquer dos condôminos e o condomínio edilício, de que tratam os arts. 1.331 e seguintes do Código Civil, será representado, conforme o caso, pelo síndico ou pela Comissão de Representantes.

§ 11 (*redação da Lei 10.931, de 2.8.04*). Independe de retificação:

I (*redação da Lei 12.424, de 16.6.11*) — a regularização fundiária de interesse social realizada em Zonas Especiais de Interesse Social, promovida por Município ou pelo Distrito Federal, quando os lotes já estiverem cadastrados individualmente ou com lançamento fiscal há mais de 10 (dez) anos;

II (*redação da Lei 10.931, de 2.8.04*) — a adequação da descrição de imóvel rural às exigências dos arts. 176, §§ 3º e 4º, e 225, § 3º, desta Lei;

III (*redação da Lei 12.424, de 16.6.11*) — a adequação da descrição de imóvel urbano decorrente de transformação de coordenadas geodésicas entre os sistemas de georreferenciamento oficiais;

IV (*redação da Lei 12.424, de 16.6.11*) — a averbação do auto de demarcação urbanística e o registro do parcelamento decorrente de projeto de regularização fundiária de interesse social de que trata a Lei n. 11.977, de 7 de julho de 2009; e

V (*redação da Lei 12.424, de 16.6.11*) — o registro do parcelamento de glebas para fins urbanos anterior a 19 de dezembro de 1979, que esteja implantado e integrado à cidade, nos termos do art. 71 da Lei n. 11.977, de 7 de julho de 2009.

§ 12 (*redação da Lei 10.931, de 2.8.04*). Poderá o oficial realizar diligências no imóvel para a constatação de sua situação em face dos confrontantes e localização na quadra.

§ 13 (*redação da Lei 10.931, de 2.8.04*). Não havendo dúvida quanto à identificação do imóvel, o título anterior à retificação poderá ser levado a registro desde que requerido pelo adquirente, promovendo-se o registro em conformidade com a nova descrição.

§ 14 (*redação da Lei 10.931, de 2.8.04*). Verificado a qualquer tempo não serem verdadeiros os fatos constantes do memorial descritivo, responderão os requerentes e o profissional que o elaborou pelos prejuízos causados, independentemente das sanções disciplinares e penais.

§ 15 (*redação da Lei 10.931, de 2.8.04*). Não são devidos custas ou emolumentos notariais ou de registro decorrentes de regularização fundiária de interesse social a cargo da administração pública.

§ 16 (*redação da Lei 12.424, de 16.6.11*). Na retificação de que trata o inciso II do *caput*, serão considerados confrontantes somente os confinantes de divisas que forem alcançadas pela inserção ou alteração de medidas perimetrais.

✎ **Art. 213: 1.** "A retificação no registro de imóveis", por Cláudia Fonseca Tutikian (RSDCPC 36/44).

✎ **Art. 213: 2.** "Quem são os 'ocupantes' referidos no artigo 213 da Lei de Registros Públicos?", por Luciano Lopes Passarelli (RIDCPC 61/103).

Art. 214. As nulidades de pleno direito[1] do registro, uma vez provadas, invalidam-no independentemente de ação direta.[2]

§ 1º (*acrescido pela Lei 10.931, de 2.8.04*) A nulidade será decretada depois de ouvidos os atingidos.

§ 2º (*acrescido pela Lei 10.931, de 2.8.04*) Da decisão tomada no caso do § 1º caberá apelação ou agravo conforme o caso.

§ 3º (*acrescido pela Lei 10.931, de 2.8.04*) Se o juiz entender que a superveniência de novos registros poderá causar danos de difícil reparação poderá determinar de ofício, a qualquer momento, ainda que sem oitiva das partes, o bloqueio da matrícula do imóvel.

§ 4º (*acrescido pela Lei 10.931, de 2.8.04*) Bloqueada a matrícula, o oficial não poderá mais nela praticar qualquer ato, salvo com autorização judicial, permitindo-se, todavia, aos interessados a prenotação de seus títulos, que ficarão com o prazo prorrogado até a solução do bloqueio.

§ 5º (*acrescido pela Lei 10.931, de 2.8.04*) A nulidade não será decretada se atingir terceiro de boa-fé que já tiver preenchido as condições de usucapião do imóvel.

Art. 214: 1. v. CC 166.

Art. 214: 2. v. CC 168 § ún. e 169.

Art. 215. São nulos os registros efetuados após sentença de abertura de falência, ou do termo legal nele fixado,[1] salvo se a apresentação tiver sido feita anteriormente.

Art. 215: 1. *sic*; deve ser "nela".

Art. 216. O registro poderá também ser retificado ou anulado[1] por sentença em processo contencioso, ou por efeito do julgado em ação de anulação[2] ou de declaração de nulidade de ato jurídico,[3] ou de julgado sobre fraude à execução.[4]

Art. 216: 1. cf. art. 252.

Art. 216: 2. v. CC 171.

Art. 216: 3. s/ desnecessidade de ação direta de nulidade, v. art. 214.

Art. 216: 4. v. CPC 792.

Art. 216-A (*incluído pela Lei 13.105, de 16.3.15*). Sem prejuízo da via jurisdicional,[1] é admitido o pedido de reconhecimento extrajudicial de usucapião, que será processado diretamente perante o cartório do registro de imóveis da comarca em que estiver situado o imóvel usucapiendo, a requerimento do interessado, representado por advogado, instruído com:[1a]

I (*redação da Lei 13.465, de 11.7.17*) — ata notarial lavrada pelo tabelião, atestando o tempo de posse do requerente e de seus antecessores, conforme o caso e suas circunstâncias, aplicando-se o disposto no art. 384 da Lei n. 13.105, de 16 de março de 2015 (Código de Processo Civil);

II (*redação da Lei 13.465, de 11.7.17*) — planta e memorial descritivo assinado por profissional legalmente habilitado, com prova de anotação de responsabilidade técnica no respectivo conselho de fiscalização profissional, e pelos titulares de direitos registrados ou averbados na matrícula do imóvel usucapiendo ou na matrícula dos imóveis confinantes;

III — certidões negativas dos distribuidores da comarca da situação do imóvel e do domicílio do requerente;

IV — justo título ou quaisquer outros documentos que demonstrem a origem, a continuidade, a natureza e o tempo da posse, tais como o pagamento dos impostos e das taxas que incidirem sobre o imóvel.

§ 1º O pedido será autuado pelo registrador, prorrogando-se o prazo da prenotação até o acolhimento ou a rejeição do pedido.

§ 2º (*redação da Lei 13.465, de 11.7.17*) Se a planta não contiver a assinatura de qualquer um dos titulares de direitos registrados ou averbados na matrícula do imóvel usucapiendo ou na matrícula dos imóveis confinantes, o titular será notificado pelo registrador competente, pessoalmente ou pelo correio com aviso de recebimento, para manifestar consentimento expresso em quinze dias, interpretado o silêncio como concordância.

§ 3º O oficial de registro de imóveis dará ciência à União, ao Estado, ao Distrito Federal e ao Município, pessoalmente, por intermédio do oficial de registro de títulos e documentos, ou pelo correio com aviso de recebimento, para que se manifestem, em 15 (quinze) dias, sobre o pedido.

§ 4º O oficial de registro de imóveis promoverá a publicação de edital em jornal de grande circulação, onde houver, para a ciência de terceiros eventualmente interessados, que poderão se manifestar em 15 (quinze) dias.

§ 5º Para a elucidação de qualquer ponto de dúvida, poderão ser solicitadas ou realizadas diligências pelo oficial de registro de imóveis.

§ 6º (*redação da Lei 13.465, de 11.7.17*) Transcorrido o prazo de que trata o § 4º deste artigo, sem pendência de diligências na forma do § 5º deste artigo e achando-se em ordem a documentação, o oficial de registro de imóveis registrará a aquisição do imóvel com as descrições apresentadas, sendo permitida a abertura de matrícula, se for o caso.

§ 7º Em qualquer caso, é lícito ao interessado suscitar o procedimento de dúvida, nos termos desta Lei.

§ 8º Ao final das diligências, se a documentação não estiver em ordem, o oficial de registro de imóveis rejeitará o pedido.

§ 9º A rejeição do pedido extrajudicial não impede o ajuizamento de ação de usucapião.

§ 10. Em caso de impugnação do pedido de reconhecimento extrajudicial de usucapião, apresentada por qualquer um dos titulares de direito reais e de outros direitos registrados ou averbados na matrícula do imóvel usucapiendo e na matrícula dos imóveis confinantes, por algum dos entes públicos ou por algum terceiro interessado, o oficial de registro de imóveis remeterá os autos ao juízo competente da comarca da situação do imóvel, cabendo ao requerente emendar a petição inicial para adequá-la ao procedimento comum.[2]

§ 11 (*acrescido pela Lei 13.465, de 11.7.17*). No caso de o imóvel usucapiendo ser unidade autônoma de condomínio edilício, fica dispensado consentimento dos titulares de direitos reais e outros direitos registrados ou averbados na matrícula dos imóveis confinantes e bastará a notificação do síndico para se manifestar na forma do § 2º deste artigo.

§ 12 (*acrescido pela Lei 13.465, de 11.7.17*). Se o imóvel confinante contiver um condomínio edilício, bastará a notificação do síndico para o efeito do § 2º deste artigo, dispensada a notificação de todos os condôminos.

§ 13 (*acrescido pela Lei 13.465, de 11.7.17*). Para efeito do § 2º deste artigo, caso não seja encontrado o notificando ou caso ele esteja em lugar incerto ou não sabido, tal fato será certificado pelo registrador, que deverá promover a sua notificação por edital mediante publicação, por duas vezes, em jornal local de grande circulação, pelo prazo de quinze dias cada um, interpretado o silêncio do notificando como concordância.

§ 14 (*acrescido pela Lei 13.465, de 11.7.17*). Regulamento do órgão jurisdicional competente para a correição das serventias poderá autorizar a publicação do edital em meio eletrônico, caso em que ficará dispensada a publicação em jornais de grande circulação.

§ 15 (*acrescido pela Lei 13.465, de 11.7.17*). No caso de ausência ou insuficiência dos documentos de que trata o inciso IV do *caput* deste artigo, a posse e os demais dados necessários poderão ser comprovados em procedimento de justificação administrativa perante a serventia extrajudicial, que obedecerá, no que couber, ao disposto no § 5º do art. 381 e ao rito previsto nos arts. 382 e 383 da Lei n. 13.105, de 16 março de 2015 (Código de Processo Civil).

Art. 216-A: 1. "Existência de interesse jurídico no ajuizamento direto de ação de usucapião, independentemente de prévio pedido na via extrajudicial" (STJ-3ª T., REsp 1.824.133, Min. Paulo Sanseverino, j. 11.2.20, DJ 14.2.20).

Art. 216-A: 1a. v. CPC 1.071.

Art. 216-A: 2. v. CPC 318 e segs.

Capítulo IV | DAS PESSOAS

Art. 217. O registro[1] e a averbação[2] poderão ser provocados por qualquer pessoa,[3] incumbindo-lhe as despesas respectivas.[4]

Art. 217: 1. v. art. 167-I.

Art. 217: 2. v. art. 167-II.

Art. 217: 3. O juiz deve determinar, de ofício, o registro de penhora, arresto ou sequestro de imóvel loteado (Dec. lei 58, de 10.12.37, art. 2º das Disp. Trans., no tít. PROMESSA DE COMPRA E VENDA E LOTEAMENTO).

Art. 217: 4. cf. CC 490.

Art. 218. Nos atos a título gratuito,[1] o registro pode também ser promovido pelo transferente, acompanhado da prova de aceitação do beneficiado.

Art. 218: 1. v. art. 167-I-33.

Art. 219. O registro do penhor rural[1] independe do consentimento do credor hipotecário.

Art. 219: 1. v. art. 167-I-15.

Art. 220. São considerados, para fins de escrituração, credores e devedores, respectivamente:

I — nas servidões, o dono do prédio dominante e dono[1] do prédio serviente;

II — no uso, o usuário e o proprietário;

III — na habitação, o habitante e o proprietário;

IV — na anticrese, o mutuante e o mutuário;

V — no usufruto, o usufrutuário e o nu-proprietário;

VI — na enfiteuse, o senhorio e o enfiteuta;

VII — na constituição de renda, o beneficiário e o rendeiro censuário;

VIII — na locação, o locatário e o locador;

IX — nas promessas de compra e venda, o promitente comprador e o promitente vendedor;

X — nas penhoras e ações, o autor e o réu;

XI — nas cessões de direitos, o cessionário e o cedente;

XII — nas promessas de cessão de direitos, o promitente cessionário e o promitente cedente.

Art. 220: 1. *sic;* deve ser "o dono".

Capítulo V | DOS TÍTULOS[1-2]

CAP. V: 1. Podem ser cancelados sumariamente, nos casos previstos pela Lei 6.739, de 5.12.79 (v. adiante), os registros feitos com base em títulos nulos de pleno direito.

CAP. V: 2. Lei 6.739, de 5.12.79 — Dispõe sobre a Matrícula e o Registro de Imóveis Rurais, e dá outras providências: **"Art. 1º** A requerimento de pessoa jurídica de direito público ao corregedor-geral da justiça, são declarados inexistentes e cancelados a matrícula e o registro de imóvel rural vinculado a título nulo de pleno direito, ou feitos em desacordo com os artigos 221 e segs. da Lei n. 6.015, de 31 de dezembro de 1973, alterada pela Lei n. 6.216, de 30 de junho de 1975".

Art. 221. Somente são admitidos a registro:

I — escrituras públicas, inclusive as lavradas em consulados brasileiros;

II — escritos particulares[1] autorizados em lei,[2] assinados pelas partes e testemunhas, com as firmas reconhecidas, dispensado o reconhecimento quando se tratar de atos praticados por entidades vinculadas ao Sistema Financeiro da Habitação;[3]

III — atos autênticos de países estrangeiros, com força de instrumento público, legalizados e traduzidos na forma da lei, e registrados no cartório do Registro de Títulos e Documentos,[4] assim como sentenças proferidas por tribunais estrangeiros após homologação pelo Supremo Tribunal Federal;[4a-5]

IV — cartas de sentença,[6] formais de partilha,[7] certidões e mandados extraídos de autos de processo;[7a-8]

V (*redação da Lei 12.424, de 16.6.11*) — contratos ou termos administrativos, assinados com a União, Estados, Municípios ou o Distrito Federal, no âmbito de programas de regularização fundiária e de programas habitacionais de interesse social, dispensado o reconhecimento de firma.

§ 1º (*redação da Lei 12.424, de 16.6.11*) Serão registrados os contratos e termos mencionados no inciso V do *caput* assinados a rogo com a impressão dactiloscópica do beneficiário, quando este for analfabeto ou não puder assinar, acompanhados da assinatura de 2 (duas) testemunhas.

§ 2º (*redação da Lei 12.424, de 16.6.11*) Os contratos ou termos administrativos mencionados no inciso V do *caput* poderão ser celebrados constando apenas o nome e o número de documento oficial do beneficiário, podendo sua qualificação completa ser efetuada posteriormente, no momento do registro do termo ou contrato, mediante simples requerimento do interessado dirigido ao registro de imóveis.

§ 3º (*redação da Lei 13.465, de 11.7.17*) Fica dispensada a apresentação dos títulos previstos nos incisos I a V do *caput* deste artigo quando se tratar de registro do projeto de regularização fundiária e da constituição de direito real, sendo o ente público promotor da regularização fundiária urbana responsável pelo fornecimento das informações necessárias ao registro, ficando dispensada a apresentação de título individualizado, nos termos da legislação específica.

Art. 221: 1. v. arts. 194, 223 e 225 § 1º.

Art. 221: 2. s/ hipóteses em que não se exige escritura pública, v. CC 108, nota 2.

Art. 221: 3. s/ emolumentos, v. art. 290.

Art. 221: 4. v. art. 129-6º.

Art. 221: 4a. A competência para a homologação de sentença estrangeira passou ao Superior Tribunal de Justiça (CF 105-I-*i*).

Art. 221: 5. v. CPC 960 a 965.

Art. 221: 6. v. art. 222.

Art. 221: 7. v. art. 222; CPC 655.

Art. 221: 7a. s/ registro de transmissão de bens alienados para a realização do ativo, na falência, através de mandado judicial, v. LRF 140 § 4º.

Art. 221: 8. Mesmo os títulos judiciais estão sujeitos ao exame do Oficial "para a verificação do atendimento dos requisitos e princípios registrários" (RF 364/379).

Art. 222. Em todas as escrituras e em todos os atos relativos a imóveis, bem como nas cartas de sentença e formais de partilha, o tabelião ou escrivão deve fazer referência à matrícula ou ao registro anterior, seu número e cartório.

Art. 223. Ficam sujeitas à obrigação, a que alude o artigo anterior, as partes que, por instrumento particular, celebrarem atos relativos a imóveis.

Art. 224. Nas escrituras, lavradas em decorrência de autorização judicial, serão mencionados,[1] por certidão, em breve relatório, com todas as minúcias que permitam identificá-los, os respectivos alvarás.

Art. 224: 1. Na publicação oficial, está "mencionadas".

Art. 225. Os tabeliães, escrivães e juízes farão com que, nas escrituras e nos autos judiciais, as partes indiquem, com precisão, os característicos, as confrontações e as localizações dos imóveis, mencionando os nomes dos confrontantes e, ainda, quando se tratar só de terreno, se esse fica do lado par ou ímpar do logradouro, em que quadra e a que distância métrica da edificação ou da esquina mais próxima, exigindo dos interessados certidão do registro imobiliário.

§ 1º As mesmas minúcias, com relação à caracterização do imóvel, devem constar dos instrumentos particulares apresentados em cartório para registro.

§ 2º Consideram-se irregulares, para efeito de matrícula, os títulos nos quais a caracterização do imóvel não coincida com a que consta do registro anterior.

§ 3º (*redação da Lei 10.267, de 28.8.01*) Nos autos judiciais que versem sobre imóveis rurais, a localização, os limites e as confrontações serão obtidos a partir de memorial descritivo assinado por profissional habilitado e com a devida Anotação de Responsabilidade Técnica — ART, contendo as coordenadas dos vértices definidores dos limites dos imóveis rurais, georreferenciadas ao Sistema Geodésico Brasileiro e com precisão posicional a ser fixada pelo INCRA, garantida a isenção de custos financeiros aos proprietários de imóveis rurais cuja somatória da área não exceda a quatro módulos fiscais.[1]

Art. 225: 1. "A identificação da área rural do imóvel por meio de **georreferenciamento** será exigida nas hipóteses de desmembramento, parcelamento, remembramento e transferência da titularidade do bem. É **dispensável** o georreferencimento do imóvel rural **em ações possessórias** nas quais a procedência dos pedidos formulados na inicial não enseja a modificação no registro do imóvel" (STJ-3ª T., REsp 1.646.179, Min. Ricardo Cueva, j. 4.12.18, DJ 7.12.18).

Art. 226. Tratando-se de usucapião, os requisitos da matrícula devem constar do mandado judicial.

Capítulo VI | DA MATRÍCULA[1-2]

✎ **CAP. VI: 1.** "Fragmentos teóricos da base matricial do imóvel no Registro de Imóveis", por Luiz Egon Richter (Ajuris 93/177).

CAP. VI: 2. v. arts. 167-*caput*, 176 § 1º-I, II e § 2º, 195, 196 e 227 a 237.

Art. 227. Todo imóvel objeto de título a ser registrado deve estar matriculado no Livro n. 2 — Registro Geral — obedecido o disposto no art. 176.

Art. 228. A matrícula será efetuada por ocasião do primeiro registro a ser lançado na vigência desta lei, mediante os elementos constantes do título apresentado e do registro anterior nele mencionado.[1]

Art. 228: 1. v. art. 195.

Art. 229. Se o registro anterior foi efetuado em outra circunscrição,[1] a matrícula será aberta com os elementos constantes do título apresentado e da certidão atualizada daquele registro, a qual ficará arquivada em cartório.[2]

Art. 229: 1. v. art. 170.

Art. 229: 2. v. art. 196.

Art. 230. Se na certidão constar ônus, o oficial fará a matrícula, e, logo em seguida ao registro, averbará a existência do ônus, sua natureza e valor, certificando o fato no título que devolver à parte, o que ocorrerá, também, quando o ônus estiver lançado no próprio cartório.[1]

Art. 230: 1. v. arts. 195 e 197.

Art. 231. No preenchimento dos livros, observar-se-ão as seguintes normas:

I — no alto da face de cada folha, será lançada a matrícula do imóvel, com os requisitos constantes do art. 176, e no espaço restante e no verso, serão lançados, por ordem cronológica e em forma narrativa, os registros e averbações dos atos pertinentes ao imóvel matriculado;

II — preenchida uma folha, será feito o transporte para a primeira folha em branco do mesmo livro ou do livro da mesma série que estiver em uso, onde continuarão os lançamentos, com remissões recíprocas.

Art. 232. Cada lançamento de registro será precedido pela letra "R" e o da averbação pelas letras "AV", seguindo-se o número de ordem do lançamento e o da matrícula (ex.: R-1-1, R-2-1, AV-3-1, R-4-1, AV-5-1,[1] etc.).

Art. 232: 1. Com vírgula, no texto da Lei 6.216; sem vírgula, na republicação da Lei 6.015.

Art. 233. A matrícula será cancelada:

I — por decisão judicial;

II — quando, em virtude de alienações parciais, o imóvel for inteiramente transferido a outros proprietários;

III — pela fusão, nos termos do artigo seguinte.

Art. 234. Quando dois ou mais imóveis contíguos, pertencentes ao mesmo proprietário, constarem de matrículas autônomas, pode ele requerer a fusão destas em uma só, de novo número, encerrando-se as primitivas.

Art. 235. Podem, ainda, ser unificados, com abertura de matrícula única:

I — dois ou mais imóveis constantes de transcrições anteriores a esta lei, à margem das quais será averbada a abertura da matrícula que os unificar;

II — dois ou mais imóveis, registrados por ambos os sistemas, caso em que, nas transcrições, será feita a averbação prevista no item anterior, e as matrículas serão encerradas na forma do artigo anterior;

III (*redação da Lei 12.424, de 16.6.11*) — 2 (dois) ou mais imóveis contíguos objeto de imissão provisória na posse registrada em nome da União, Estado, Município ou Distrito Federal.

§ 1º (*redação da Lei 12.424, de 16.6.11*) Os imóveis de que trata este artigo, bem como os oriundos de desmembramentos, partilha e glebas destacadas de maior porção, serão desdobrados em novas matrículas, juntamente com os ônus que sobre eles existirem, sempre que ocorrer a transferência de 1 (uma) ou mais unidades, procedendo-se, em seguida, ao que estipula o inciso II do art. 233.

§ 2º (*redação da Lei 12.424, de 16.6.11*) A hipótese de que trata o inciso III somente poderá ser utilizada nos casos de imóveis inseridos em área urbana ou de expansão urbana e com a finalidade de implementar programas habitacionais ou de regularização fundiária, o que deverá ser informado no requerimento de unificação.

§ 3º (*redação da Lei 12.424, de 16.6.11*) Na hipótese de que trata o inciso III, a unificação das matrículas poderá abranger um ou mais imóveis de domínio público que sejam contíguos à área objeto da imissão provisória na posse.

Art. 235-A (*acrescido pela Lei 13.465, de 11.7.17*). Fica instituído o Código Nacional de Matrícula (CNM) que corresponde à numeração única de matrículas imobiliárias em âmbito nacional.

§ 1º O CNM referente a matrícula encerrada ou cancelada não poderá ser reutilizado.

§ 2º Ato da Corregedoria Nacional de Justiça do Conselho Nacional de Justiça regulamentará as características e a forma de implementação do CNM.

Capítulo VII | DO REGISTRO[1]

CAP. VII: 1. v. tb. arts. 188 a 197 e 208 a 216.

Art. 236. Nenhum registro poderá ser feito sem que o imóvel a que se referir esteja matriculado.[1]

Art. 236: 1. v. art. 227.

Art. 237. Ainda que o imóvel esteja matriculado, não se fará registro que dependa da apresentação de título anterior, a fim de que se preserve a continuidade do registro.[1]

Art. 237: 1. v. art. 195.

Art. 237-A (*acrescido pela Lei 11.977, de 7.7.09*). Após o registro do parcelamento do solo ou da incorporação imobiliária, até a emissão da carta de habite-se, as averbações e registros relativos à pessoa do incorporador ou referentes a direitos reais de garantias, cessões ou demais negócios jurídicos que envolvam o empreendimento serão realizados na matrícula de origem do imóvel e em cada uma das matrículas das unidades autônomas eventualmente abertas.

§ 1º (*redação da Lei 12.424, de 16.6.11*) Para efeito de cobrança de custas e emolumentos, as averbações e os registros relativos ao mesmo ato jurídico ou negócio jurídico e realizados com base no *caput* serão considerados como ato de registro único, não importando a quantidade de unidades autônomas envolvidas ou de atos intermediários existentes.

§ 2º Nos registros decorrentes de processo de parcelamento do solo ou de incorporação imobiliária, o registrador deverá observar o prazo máximo de quinze dias para o fornecimento do número do registro ao interessado ou a indicação das pendências a serem satisfeitas para sua efetivação.

§ 3º (*redação da Lei 12.424, de 16.6.11*) O registro da instituição de condomínio ou da especificação do empreendimento constituirá ato único para fins de cobrança de custas e emolumentos.

Art. 238. O registro de hipoteca convencional[1] valerá pelo prazo de trinta anos, findo o qual só será mantido o número anterior se reconstituída por novo título e novo registro.[2]

Art. 238: 1. v. art. 167-I-2.

Art. 238: 2. v. CC 1.485.

Art. 239. As penhoras, arrestos e sequestros de imóveis[1] serão registrados depois de pagas as custas do registro pela parte interessada, em cumprimento de mandado ou à vista de certidão do escrivão, de que constem, além dos requisitos exigidos para o registro, os nomes do juiz, do depositário, das partes e a natureza do processo.

Parágrafo único. A certidão será lavrada pelo escrivão do feito, com a declaração do fim especial a que se destina, após a entrega, em cartório, do mandado devidamente cumprido.

Art. 239: 1. v. art. 167-I-5.

Art. 240. O registro da penhora faz prova quanto à fraude de qualquer transação posterior.[1]

Art. 240: 1. v. CPC 792 e 844 e LRP 167-I-5.

Art. 241. O registro da anticrese[1] no Livro n. 2 declarará, também, o prazo, a época do pagamento e a forma de administração.

Art. 241: 1. v. art. 167-I-11.

Art. 242. O contrato de locação, com cláusula expressa de vigência no caso de alienação do imóvel,[1] registrada no Livro n. 2, consignará, também, o seu valor, a renda, o prazo, o tempo e o lugar do pagamento, bem como a pena convencional.[2]

Art. 242: 1. v. art. 167-I-3.

Art. 242: 2. O texto da Lei 6.216, de 30.6.75, que deu nova redação a este art., está meio apagado, na publicação oficial, mas deve ler-se "bem como a pena convencional"; a republicação da LRP omitiu o artigo "a".

Art. 243. A matrícula do imóvel promovida pelo titular do domínio direto aproveita ao titular do domínio útil, e vice-versa.

Art. 244. As escrituras antenupciais[1] serão registradas no Livro n. 3 do cartório do domicílio conjugal, sem prejuízo de sua averbação obrigatória no lugar da situação dos imóveis de propriedade do casal, ou dos que forem sendo adquiridos e sujeitos a regime de bens diverso do comum, com a declaração das respectivas cláusulas, para ciência de terceiros.

Art. 244: 1. v. arts. 167-I-12, 168-II-1, 178-V.

Art. 245. Quando o regime de separação de bens for determinado por lei,[1] far-se-á a respectiva averbação[2] nos termos do artigo anterior, incumbindo ao Ministério Público zelar pela fiscalização e observância dessa providência.

Art. 245: 1. v. CC 1.641.

Art. 245: 2. v. art. 167-II-1.

Capítulo VIII | DA AVERBAÇÃO[1] E DO CANCELAMENTO[2]

CAP. VIII: 1. v. arts. 167-II e 246 a 247.

CAP. VIII: 2. v. arts. 167-II-2 e 248 a 259.

Art. 246. Além dos casos expressamente indicados no item II do art. 167, serão averbadas na matrícula as sub-rogações[1] e outras ocorrências que, por qualquer modo, alterem o registro.[2 a 4]

§ 1º (*redação da Lei 10.267, de 28.8.01*) As averbações a que se referem os itens 4 e 5 do inciso II do art. 167 serão as feitas a requerimento dos interessados, com firma reconhecida, instruído com documento dos interessados, com firma reconhecida, instruído com documento comprobatório fornecido pela autoridade competente. A alteração do nome só poderá ser averbada quando devidamente comprovada por certidão do Registro Civil.

§ 2º (*redação da Lei 10.267, de 28.8.01*) Tratando-se de terra indígena com demarcação homologada, a União promoverá o registro da área em seu nome.

§ 3º (*redação da Lei 10.267, de 28.8.01*) Constatada, durante o processo demarcatório, a existência de domínio privado nos limites da terra indígena, a União requererá ao Oficial de Registro a averbação, na respectiva matrícula, dessa circunstância.

§ 4º (*redação da Lei 10.267, de 28.8.01*) As providências a que se referem os §§ 2º e 3º deste artigo deverão ser efetivadas pelo cartório, no prazo de trinta dias, contado a partir do recebimento da solicitação de registro e averbação, sob pena de aplicação de multa diária no valor de R$ 1.000,00 (mil reais), sem prejuízo da responsabilidade civil e penal do Oficial de Registro.

Art. 246: 1. v. art. 167-II-11, CC 346 a 351, 1.911 § ún.

Art. 246: 2. v., no índice, Averbação.

Art. 246: 3. "Em razão da presumida boa-fé dos adquirentes, é admissível, quando preterida alguma formalidade no registro imobiliário, a adoção provisória da providência que se convencionou chamar de **'bloqueio administrativo'**, criação pretoriana tendente a amenizar os drásticos efeitos do cancelamento, inspirada no poder geral de cautela do juiz" (RSTJ 196/250: 3ª T., RMS 15.315).

Art. 246: 4. "Ação civil pública. Averbação da demanda na matrícula do imóvel. Legalidade. Direito dos consumidores à informação e à transparência. Poder geral de cautela" (STJ-2ª T., REsp 1.161.300, Min. Herman Benjamin, j. 22.2.11, DJ 11.5.11).

Art. 247. Averbar-se-á, também, na matrícula, a declaração de indisponibilidade de bens,[1] na forma prevista na lei.

Art. 247: 1. v. CC 1.911.

Art. 247-A (*acrescido pela Lei 13.865, de 8.8.19*). É dispensado o habite-se expedido pela prefeitura municipal para a averbação de construção residencial urbana unifamiliar de um só pavimento finalizada há mais de 5 (cinco) anos em área ocupada predominantemente por população de baixa renda, inclusive para o fim de registro ou averbação decorrente de financiamento à moradia.

Art. 248. O cancelamento[1] efetuar-se-á mediante averbação, assinada pelo oficial, seu substituto legal ou escrevente autorizado, e declarará o motivo que o determinou, bem como o título[2] em virtude do qual foi feito.

Art. 248: 1. v., no índice, Cancelamento (vários casos).

Art. 248: 2. v. art. 250.

Art. 249. O cancelamento poderá ser total ou parcial e referir-se a qualquer dos atos do registro.

Art. 250. Far-se-á o cancelamento:[1]

I — em cumprimento de decisão judicial transitada em julgado;[2]

II — a requerimento unânime das partes que tenham participado do ato registrado, se capazes, com as firmas reconhecidas por tabelião;

III — a requerimento do interessado, instruído com documento hábil;

IV (*acrescido pela Lei 11.952, de 25.6.09*) — a requerimento da Fazenda Pública, instruído com certidão de conclusão de processo administrativo que declarou, na forma da lei, a rescisão do título de domínio ou de concessão de direito real de uso de imóvel rural, expedido para fins de regularização fundiária, e a reversão do imóvel ao patrimônio público.

Art. 250: 1. v. art. 259.

Art. 250: 2. v. art. 259.

Art. 251. O cancelamento da hipoteca só pode ser feito:

I — à vista de autorização expressa ou quitação outorgada pelo credor ou seu sucessor, em instrumento público ou particular;

II — em razão de procedimento administrativo ou contencioso, no qual o credor tenha sido intimado (art. 698 do Código de Processo Civil);

III — na conformidade da legislação referente às cédulas hipotecárias.[1]

Art. 251: 1. v., no tít. CÉDULA HIPOTECÁRIA, Dec. lei 70, de 21.11.66.

Art. 252. O registro, enquanto não cancelado, produz todos os seus efeitos legais ainda que, por outra maneira, se prove que o título está desfeito, anulado, extinto ou rescindido.[1-2]

Art. 252: 1. v. arts. 214 a 216; cf. CC 1.245 § 2º.

Art. 252: 2. "Por força do art. 252 da Lei de Registros Públicos, enquanto não declarada a nulidade do registro imobiliário, o Estado não pode ser responsabilizado, civilmente, por eventual fraude ocorrida no Cartório de Registro de Imóveis" (STJ-1ª T,. REsp 1.366.587, Min. Benedito Gonçalves, j. 18.4.13, DJ 24.4.13).

Art. 253. Ao terceiro prejudicado é lícito, em juízo, fazer prova da extinção dos ônus reais, e promover o cancelamento do seu registro.

Art. 254. Se, cancelado o registro, subsistirem o título e os direitos dele decorrentes, poderá o credor promover novo registro, o qual só produzirá efeitos a partir da nova data.

Art. 255. Além dos casos previstos nesta lei, a inscrição[1] de incorporação ou loteamento[2] só será cancelada a requerimento do incorporador ou loteador, enquanto nenhuma unidade ou lote for objeto de transação averbada, ou mediante o consentimento de todos os compromissários ou cessionários.

Art. 255: 1. i. e., "o registro" (v. art. 168).

Art. 255: 2. v. art. 167-I-17 e 19.

Art. 256. O cancelamento da servidão,[1] quando o prédio dominante estiver hipotecado, só poderá ser feito com aquiescência do credor, expressamente manifestada.

Art. 256: 1. v. art. 167-I-6, CC 1.387 a 1.389.

Art. 257. O dono do prédio serviente terá, nos termos da lei, direito a cancelar a servidão.

Art. 258. O foreiro poderá, nos termos da lei, averbar a renúncia de seu direito, sem dependência do consentimento do senhorio direto.[1]

Art. 258: 1. v. art. 167-I-10.

Art. 259. O cancelamento não pode ser feito em virtude de sentença sujeita, ainda, a recurso.[1-2]

Art. 259: 1. "Somente após o trânsito em julgado da decisão judicial que julga improcedente ação discriminatória de terras devolutas, poderá ser realizado o cancelamento parcial ou total de ato constante do registro público de imóveis" (RJM 181/89).

Art. 259: 2. v. art. 250-I.

Capítulo IX | DO BEM DE FAMÍLIA[1]

CAP. IX: 1. v. art. 167-I-1, CC 1.711 a 1.712; v., no tít. BEM DE FAMÍLIA, Lei 8.009, de 29.3.90.

Art. 260. A instituição do bem de família far-se-á por escritura pública, declarando o instituidor que determinado prédio se destina a domicílio de sua família e ficará isento de execução por dívida.

Art. 261. Para a inscrição[1] do bem de família, o instituidor apresentará ao oficial do registro a escritura pública de instituição, para que mande publicá-la na imprensa local e, à falta, na da Capital do Estado ou do Território.

Art. 261: 1. aliás, "o registro" (v. art. 168).

Art. 262. Se não ocorrer razão para dúvida,[1] o oficial fará a publicação, em forma de edital, do qual constará:

I — o resumo da escritura, nome, naturalidade e profissão do instituidor, data do instrumento e nome do tabelião que o fez, situação e característicos do prédio;

II — o aviso de que, se alguém se julgar prejudicado, deverá, dentro em trinta (30) dias, contados da data da publicação, reclamar contra a instituição, por escrito e perante o oficial.

Art. 262: 1. v. arts. 198 a 204.

Art. 263. Findo o prazo do n. II do artigo anterior sem que tenha havido reclamação, o oficial transcreverá a escritura integralmente no Livro n. 3[1] e fará a inscrição[2] na competente matrícula, arquivando um exemplar do jornal em que a publicação houver sido feita e restituindo o instrumento ao apresentante, com a nota da inscrição.[3]

Art. 263: 1. Conforme redação primitiva da Lei 6.015; na republicação, está "ao Livro n. 3".

Art. 263: 2. i. e., "o registro" (v. art. 168).

Art. 263: 3. v. nota 2.

Art. 264. Se for apresentada reclamação, dela fornecerá o oficial ao instituidor, cópia autêntica e lhe restituirá a escritura, com a declaração de haver sido suspenso o registro, cancelando a prenotação.

§ 1º O instituidor poderá requerer ao juiz que ordene o registro, sem embargo da reclamação.

§ 2º Se o juiz determinar que se proceda ao registro, ressalvará ao reclamante o direito de recorrer à ação competente para anular a instituição ou de fazer execução sobre o prédio instituído, na hipótese de tratar-se de dívida anterior e cuja solução se tornou inexequível em virtude do ato da instituição.

§ 3º O despacho do juiz será irrecorrível e, se deferir o pedido será transcrito integralmente, juntamente com o instrumento.

Art. 265. Quando o bem de família for instituído juntamente com a transmissão da propriedade (Decreto-lei n. 3.200, de 14 de abril de 1941, art. 8º, § 5º),[1] a inscrição far-se-á imediatamente após o registro da transmissão ou, se for o caso, com a matrícula.

Art. 265: 1. Dec. lei 3.200, de 19.4.41 — Dispõe sobre a organização e proteção da família (CCLCV, 8ª ed., p. 459, RT 132/390, Lex 1941/228, RF 86/735 e 88/318).

Capítulo X | DA REMIÇÃO DO IMÓVEL HIPOTECADO

Art. 266. Para remir[1] o imóvel hipotecado, o adquirente requererá, no prazo legal, a citação dos credores hipotecários propondo, para a remição, no mínimo, o preço por que adquiriu o imóvel.

Art. 266: 1. O CC 1.481 a 1.484 regula inteiramente a remição de imóvel hipotecado.

Art. 267. Se o credor, citado, não se opuser à remição, ou não comparecer, lavrar-se-á termo de pagamento e quitação e o juiz ordenará, por sentença, o cancelamento da hipoteca.

Parágrafo único. No caso de revelia, consignar-se-á o preço à custa do credor.

Art. 268. Se o credor, citado, comparecer e impugnar o preço oferecido, o juiz mandará promover a licitação entre os credores hipotecários, os fiadores e o próprio adquirente, autorizando a venda judicial a quem oferecer maior preço.

§ 1º Na licitação, será preferido, em igualdade de condições, o lanço do adquirente.

§ 2º Na falta de arrematante, o valor será o proposto pelo adquirente.

Art. 269. Arrematado o imóvel e depositado, dentro de quarenta e oito (48) horas, o respectivo preço, o juiz mandará cancelar a hipoteca, sub-rogando-se no produto da venda os direitos do credor hipotecário.

Art. 270. Se o credor de segunda hipoteca, embora não vencida a dívida,[1] requerer a remição, juntará o título e certidão da inscrição da anterior e depositará a importância devida ao primeiro credor, pedindo a citação deste para levantar o depósito e a do devedor para dentro do prazo de cinco dias remir a hipoteca, sob pena de ficar o requerente sub-rogado nos direitos creditórios, sem prejuízo dos que lhe couberem em virtude da segunda hipoteca.

Art. 270: 1. v., todavia, CC 1.478, que inadmite a remição antes do vencimento da dívida garantida pela primeira hipoteca.

Art. 271. Se o devedor não comparecer ou não remir a hipoteca, os autos serão conclusos ao juiz para julgar por sentença a remição pedida pelo segundo credor.

Art. 272. Se o devedor comparecer e quiser efetuar a remição, notificar-se-á o credor para receber o preço, ficando sem efeito o depósito realizado pelo autor.

Art. 273. Se o primeiro credor estiver promovendo a execução da hipoteca, a remição, que abrangerá a importância das custas e despesas realizadas, não se efetuará antes da primeira praça, nem depois de assinado o auto de arrematação.

Art. 274. Na remição de hipoteca legal em que haja interesse de incapaz intervirá o Ministério Público.

Art. 275. Das sentenças que julgarem o pedido de remição caberá o recurso de apelação com ambos os efeitos.

Art. 276. Não é necessária a remição quando o credor assinar, com o vendedor, escritura de venda do imóvel gravado.

Capítulo XI | DO REGISTRO TORRENS

Art. 277. Requerida a inscrição de imóvel rural no registro Torrens, o oficial protocolará[1] e autuará o requerimento e documentos que o instruírem e verificará se o pedido se acha em termos de ser despachado.

Art. 277: 1. De acordo com a primeira redação da Lei 6.015; na republicação, consta "protocolizará".

Art. 278. O requerimento será instruído com:

I — os documentos comprobatórios do domínio do requerente;

II — a prova de quaisquer atos que modifiquem ou limitem a sua propriedade;

III — o memorial de que constem os encargos do imóvel, os nomes dos ocupantes, confrontantes, quaisquer interessados, e a indicação das respectivas residências;

IV — a planta do imóvel, cuja escala poderá variar entre os limites: 1:500 m (1/500) e 1:5.000 m (1/5.000).

§ 1º O levantamento da planta obedecerá às seguintes regras:

a) empregar-se-ão goniômetros ou outros instrumentos de maior precisão;

b) a planta será orientada segundo o mediano do lugar, determinada a declinação magnética;

c) fixação dos pontos de referência necessários a verificações ulteriores e de marcos especiais, ligados a pontos certos e estáveis nas sedes das propriedades, de maneira que a planta possa incorporar-se à carta geral cadastral.

§ 2º Às plantas serão anexadas[1] o memorial e as cadernetas das operações de campo, autenticadas pelo agrimensor.

Art. 278: 1. *sic*; deve ser "anexados".

Art. 279. O imóvel sujeito a hipoteca ou ônus real não será admitido a registro sem consentimento expresso do credor hipotecário ou da pessoa em favor de quem se tenha instituído o ônus.

Art. 280. Se o oficial considerar irregular o pedido ou a documentação, poderá conceder o prazo de trinta dias para que o interessado os regularize. Se o requerente não estiver de acordo com a exigência do oficial, este suscitará dúvida.[1]

Art. 280: 1. v. arts. 198 a 204 e 207.

Art. 281. Se o oficial considerar em termos o pedido, remetê-lo-á a juízo para ser despachado.

Art. 282. O juiz, distribuído o pedido a um dos cartórios judiciais, se entender que os documentos justificam a propriedade do requerente, mandará expedir edital que será afixado no lugar de costume e publicado uma vez no órgão oficial do Estado e três vezes na imprensa local, se houver, marcando prazo não menor de dois meses, nem maior de quatro meses para que se ofereça oposição.

Art. 283. O juiz ordenará, de ofício ou a requerimento da parte, que, à custa do peticionário, se notifiquem do requerimento as pessoas nele indicadas.

Art. 284. Em qualquer hipótese, será ouvido o órgão do Ministério Público, que poderá impugnar o registro por falta de prova completa do domínio ou preterição de outra formalidade legal.

Art. 285. Feita a publicação do edital, a pessoa que se julgar com direito sobre o imóvel, no todo ou em parte, poderá contestar o pedido no prazo de quinze dias.

§ 1º A contestação mencionará o nome e a residência do réu, fará a descrição exata do imóvel e indicará os direitos reclamados e os títulos em que se fundarem.

§ 2º Se não houver contestação, e se o Ministério Público não impugnar o pedido, o juiz ordenará que se inscreva o imóvel, que ficará, assim, submetido aos efeitos do registro Torrens.

Art. 286. Se houver contestação ou impugnação, o procedimento será ordinário,[1] cancelando-se, mediante mandado, a prenotação.

Art. 286: 1. v. CPC 318 e segs. (procedimento comum).

Art. 287. Da sentença que deferir, ou não, o pedido, cabe o recurso de apelação,[1] com ambos os efeitos.

Art. 287: 1. v. CPC 1.009 e segs.

Art. 288. Transitada em julgado a sentença que deferir o pedido, o oficial inscreverá, na matrícula, o julgado que determinou a submissão do imóvel aos efeitos do registro Torrens, arquivando em cartório a documentação autuada.

Capítulo XII | DO REGISTRO DA REGULARIZAÇÃO FUNDIÁRIA URBANA[1]

CAP. XII: 1. O capítulo XII foi introduzido pela Lei 12.424, de 16.6.11.

Art. 288-A (*redação da Lei 13.465, de 11.7.17*). O procedimento de registro da regularização fundiária urbana observará o disposto em legislação específica.

I — (*revogado pela Lei 13.465, de 11.7.17*);

II — (*revogado pela Lei 13.465, de 11.7.17*);

III — (*revogado pela Lei 13.465, de 11.7.17*).

§ 1º (*revogado pela Lei 13.465, de 11.7.17*).

§ 2º (*revogado pela Lei 13.465, de 11.7.17*).

§ 3º (*revogado pela Lei 13.465, de 11.7.17*).

§ 4º (*revogado pela Lei 13.465, de 11.7.17*).

I — (*revogado pela Lei 13.465, de 11.7.17*);

II — (*revogado pela Lei 13.465, de 11.7.17*).

Art. 288-B (*revogado pela Lei 13.465, de 11.7.17*).

Art. 288-C (*revogado pela Lei 13.465, de 11.7.17*).

Art. 288-D (*revogado pela Lei 13.465, de 11.7.17*).

Art. 288-E (*revogado pela Lei 13.465, de 11.7.17*).

Art. 288-F (*revogado pela Lei 13.465, de 11.7.17*).

Art. 288-G (*revogado pela Lei 13.465, de 11.7.17*).

Título VI | DAS DISPOSIÇÕES FINAIS E TRANSITÓRIAS

Art. 289. No exercício de suas funções, cumpre aos oficiais de registro fazer rigorosa fiscalização do pagamento dos impostos devidos por força dos atos que lhes forem apresentados em razão do ofício.

Art. 290 (*redação da Lei 6.941, de 14.9.81*). Os emolumentos[1] devidos pelos atos relacionados com a primeira aquisição imobiliária para fins residenciais, financiada pelo Sistema Financeiro da Habitação, serão reduzidos em 50% (cinquenta por cento).

§ 1º (*redação da Lei 6.941, de 14.9.81*) O registro e a averbação referentes à aquisição da casa própria, em que seja parte cooperativa habitacional ou entidade assemelhada, serão considerados, para efeito de cálculo de custas e emolumentos, como um ato apenas, não podendo a sua cobrança exceder o limite correspondente a 40% (quarenta por cento) do maior valor de referência.

§ 2º (*redação da Lei 6.941, de 14.9.81*) Nos demais programas de interesse social, executados pelas Companhias de Habitação Popular — COHABs ou entidades assemelhadas, os emolumentos e as custas devidos pelos atos de aquisição de imóveis e pelos de averbação de construção estarão sujeitos às seguintes limitações:

a) imóvel de até 60 m² (sessenta metros quadrados) de área construída: 10% (dez por cento) do maior valor de referência;

b) de mais de 60 m² (sessenta metros quadrados) até 70 m² (setenta metros quadrados) de área construída: 15% (quinze por cento) do maior valor de referência;

c) de mais de 70 m² (setenta metros quadrados) e até 80 m² (oitenta metros quadrados) de área construída: 20% (vinte por cento) do maior valor de referência.

§ 3º (*redação da Lei 6.941, de 14.9.81*) Os emolumentos[2] devidos pelos atos relativos a financiamento rural serão cobrados de acordo com a legislação federal.

§ 4º (*redação da Lei 9.934, de 20.12.99*) As custas e emolumentos devidos aos Cartórios de Notas e de Registro de Imóveis, nos atos relacionados com a aquisição imobiliária para fins residenciais,[3] oriundas de programas e convênios com a União, Estados, Distrito Federal e Municípios, para a construção de habitações populares destinadas a famílias de baixa renda, pelo sistema de mutirão e autoconstrução orientada, serão reduzidos para 20% (vinte por cento) da tabela cartorária normal, considerando-se que o imóvel será limitado a até 69 m² (sessenta e nove metros quadrados) de área construída, em terreno de até 250 m² (duzentos e cinquenta metros quadrados).

§ 5º (*redação da Lei 9.934, de 20.12.99*) Os cartórios que não cumprirem o disposto no § 4º ficarão sujeitos a multa de até R$ 1.120,00 (um mil, cento e vinte reais) a ser aplicada pelo juiz, com a atualização que se fizer necessária, em caso de desvalorização da moeda.

Art. 290: 1. A **Lei 10.169, de 29.12.00,** dispõe sobre emolumentos dos atos praticados pelos serviços notariais e de registro.

Art. 290: 2. A **Lei 10.169, de 29.12.00,** dispõe sobre emolumentos dos atos praticados pelos serviços notariais e de registro.

Art. 290: 3. Lei 10.150, de 21.12.00: "Art. 35. Os emolumentos devidos em todos os atos de que trata a Lei n. 6.015, de 31 de dezembro de 1973, relacionados com o Programa instituído pela Medida Provisória n. 1.944-19, de 21 de setembro de 2000, serão reduzidos em cinquenta por cento".

A Med. Prov. 1.944-19, convertida na **Lei 10.188, de 12.2.01,** refere-se ao Programa de Arrendamento Residencial.

Art. 290-A (*acrescido pela Lei 11.481, de 31.5.07*). Devem ser realizados independentemente do recolhimento de custas e emolumentos:

I — o primeiro registro de direito real constituído em favor de beneficiário de regularização fundiária de interesse social em áreas urbanas e em áreas rurais de agricultura familiar;

II — a primeira averbação de construção residencial de até 70 m² (setenta metros quadrados) de edificação em áreas urbanas objeto de regularização fundiária de interesse social;

III (*redação da Lei 12.424, de 16.6.11*) — o registro de título de legitimação de posse, concedido pelo poder público, de que trata o art. 59 da Lei n. 11.977, de 7 de julho de 2009, e de sua conversão em propriedade.

§ 1º (*redação da Lei 12.424, de 16.6.11*) O registro e a averbação de que tratam os incisos I, II e III do *caput* deste artigo independem da comprovação do pagamento de quaisquer tributos, inclusive previdenciários.

§ 2º (*Revogado*).

Art. 291 (*redação da Lei 6.941, de 14.9.81*). A emissão ou averbação da cédula hipotecária, consolidando créditos hipotecários de um só credor, não implica modificação da ordem preferencial dessas hipotecas em relação a outras que lhes sejam posteriores e que garantam créditos não incluídos na consolidação.

Art. 292 (*redação da Lei 6.941, de 14.9.81*). É vedado aos tabeliães e aos oficiais de registro de imóveis, sob pena de responsabilidade, lavrar ou registrar escritura ou escritos particulares autorizados por lei, que tenham por objeto imóvel hipotecado a entidade do Sistema Financeiro da Habitação, ou direitos a eles relativos, sem que conste dos mesmos, expressamente, a menção ao ônus real e ao credor, bem como a comunicação ao credor necessariamente feita pelo alienante, com antecedência de, no mínimo, 30 (trinta) dias.[1]

Art. 292: 1. Este art. está alterado pela **Lei 8.004, de 14.3.90,** que dispõe s/ transferência de financiamento no âmbito do Sistema Financeiro da Habitação e dá outras providências (Lex 1990/307, Bol. AASP 1.631/supl.):

"Art. 1º O mutuário do Sistema Financeiro da Habitação — SFH pode transferir a terceiros os direitos e obrigações decorrentes do respectivo contrato, observado o disposto nesta lei.

"Parágrafo único. A formalização de venda, promessa de venda, cessão ou promessa de cessão relativa a imóvel gravado em favor de instituição financiadora do SFH dar-se-á em ato concomitante à transferência do financiamento respectivo, com a interveniência obrigatória da instituição financiadora, mediante a assunção, pelo novo mutuário, do saldo devedor contábil da operação, observados os requisitos legais e regulamentares para o financiamento da casa própria, vigentes no momento da transferência, ressalvadas as situações especiais previstas nos arts. 2º e 3º desta lei.

"Art. 2º A transferência dar-se-á mediante simples substituição do devedor, mantidas para o novo mutuário as mesmas condições e encargos do contrato original, desde que se trate de financiamento destinado à casa própria, cujo valor original não ultrapasse os seguintes limites:

"I — contratos firmados até 31 de dezembro de 1979: 750 Valores de Referência de Financiamento — VRF (art. 4º);

"II — contratos firmados de 1º de janeiro de 1980 a 31 de dezembro de 1984: 1.100 VRF;

"III — contratos firmados de 1º de janeiro de 1985 até a data da vigência desta lei: 1.500 VRF".

O art. 3º dispõe s/ financiamentos contratados até 28.2.86.

Os textos do art. 1º § ún. e dos arts. 2º, 3º e 5º da Lei 8.004, de 14.3.90, foram alterados pela **Lei 10.150, de 21.12.00** (v. o novo texto em CONTRATOS IMOBILIÁRIOS, Lei 8.004).

Art. 293 (*redação da Lei 6.941, de 14.9.81*). Se a escritura deixar de ser lavrada no prazo de 60 (sessenta) dias a contar da data da comunicação do alienante, esta perderá a validade.

Parágrafo único (*redação da Lei 6.941, de 14.9.81*). A ciência da comunicação não importará consentimento tácito do credor hipotecário.

Art. 294. Nos casos de incorporação de bens imóveis do patrimônio público, para a formação ou integralização do capital de sociedade por ações da administração indireta ou para a formação do patrimônio de empresa pública,[1] o oficial do respectivo Registro de Imóveis fará o novo registro em nome da entidade a que os mesmos forem incorporados ou transferidos, valendo-se, para tanto, dos dados, característicos e confrontações constantes do anterior.[2-3]

§ 1º Servirá como título hábil para o novo registro o instrumento pelo qual a incorporação ou transferência se verificou, em cópia autêntica, ou exemplar do órgão oficial no qual foi aquele publicado.

§ 2º Na hipótese de não coincidência das características do imóvel com as constantes do registro existente, deverá a entidade, ao qual foi o mesmo incorporado ou transferido, promover a respectiva correção mediante termo aditivo ao instrumento de incorporação ou transferência e do qual deverão constar, entre outros elementos, seus limites ou confrontações, sua descrição e caracterização.

§ 3º Para fins do registro de que trata o presente artigo, considerar-se-á, como valor de transferência dos bens, o constante do instrumento a que alude o § 1º.

Art. 294: 1. v. art. 167-I-32.

Art. 294: 2. O art. 294 era, primitivamente, o art. 291, e foi renumerado pela Lei 6.941, de 14.9.81.

Art. 294: 3. O art. 294 e seus §§ reproduzem, com pequenas alterações de redação, e substituem inteiramente o **Dec. lei 807, de 4.9.69** — Dispõe sobre a transcrição de imóveis incorporados às sociedades por ações da administração indireta da União (Lex 1969/1.241, RT 407/443, RDA 40/499).

Art. 295. O encerramento dos livros em uso, antes da vigência da presente lei, não exclui a validade dos atos neles registrados, nem impede que, neles, se façam as averbações e anotações posteriores.[1]

Parágrafo único. Se a averbação ou anotação dever ser feita no Livro n. 2 do Registro de Imóvel,[2] pela presente lei, e não houver espaço nos anteriores Livros de Transcrição das Transmissões, será aberta a matrícula do imóvel.

Art. 295: 1. O art. 295 era primitivamente o art. 292, mas foi renumerado pela Lei 6.941, de 14.9.81.

Art. 295: 2. *sic*; deve ser "de Imóveis".

Art. 296. Aplicam-se aos registros referidos no art. 1º, § 1º, incisos I, II e III, desta lei, as disposições relativas ao processo de dúvida[1] no registro de imóveis.[2]

Art. 296: 1. v. arts. 198 a 204 e 207.

Art. 296: 2. O primitivo art. 293 foi renumerado para 296 pela Lei 6.941, de 14.9.81.

Art. 297. Os oficiais, na data de vigência desta lei, lavrarão termo de encerramento nos livros, e dele remeterão cópia ao juiz a que estiverem subordinados.[1]

Parágrafo único. Sem prejuízo do cumprimento integral das disposições desta lei, os livros antigos poderão ser aproveitados, até o seu esgotamento, mediante autorização judicial e adaptação aos novos modelos, iniciando-se nova numeração.

Art. 297: 1. Era, a princípio, art. 294; mas passou, de acordo com a Lei 6.941, de 14.9.81, a ser art. 297.

Art. 298. Esta lei entrará em vigor no dia 1º de janeiro de 1976.[1]

Art. 298: 1. O art. 295 da LRP passou, na conformidade da Lei 6.941, de 14.9.81, a ser o art. 298.

Art. 299. Revogam-se a Lei n. 4.827, de 7 de março de 1924, os Decretos ns. 4.857, de 9 de novembro de 1939,[1-2] 5.318, de 29 de fevereiro de 1940, 5.553, de 6 de maio de 1940, e as demais disposições em contrário.[3]

Art. 299: 1. Embora o art. supra revogue inteiramente o Dec. 4.857, os arts. 297 a 311 deste devem considerar-se ainda em vigor, porque a LRP não cuida do registro da propriedade literária, científica e artística; v. art. 1º § 2º. O texto desses arts. pode ser lido no tít. DIREITO AUTORAL.

Art. 299: 2. O Dec. 4.857, de 9.11.39 (RT 123/786, Lex 1939/572, RF 82/493, DLF 1.225), havia sido alterado pelos seguintes diplomas legislativos:

— Dec. 5.318, de 29.2.40 (RT 125/322, Lex 1940/95);

— Dec. 5.553, de 6.5.40 (RT 126/786, RF 82/501);

— Dec. 7.270, de 29.5.41 (RT 132/829, Lex 1941/278, RF 87/557);

— Dec. 13.556, de 30.9.43 (RT 146/916, Lex 1943/374);

— Dec. 16.146, de 20.7.44 (RT 151/875, Lex 1944/271);

— Lei 2.375, de 21.12.54 (RT 233/594, Lex 1954/678, RF 157/559), art. 2º;

— Dec. 38.489, de 31.12.55 (Lex 1955/458);

— Dec. 61.132, de 3.8.67 (Lex 1967/1.719, RF 220/454);

— Dec. 63.997, de 16.1.69 (Lex 1969/56, RF 226/456);

— Dec. 64.608, de 29.5.69 (RT 404/478, Lex 1969/760).

Art. 299: 3. Renumerado, de 296 para 299, pela Lei 6.941, de 14.9.81.

Brasília, 31 de dezembro de 1973; 152º da Independência e 85º da República — EMÍLIO G. MÉDICI — **Alfredo Buzaid.**

Registros Públicos

Modelos

REGISTRO DE IMÓVEIS — Modelo do Livro nº 1 — Protocolo

REGISTRO DE IMÓVEIS PROTOCOLO Livro nº 1				ANO:
Nº de ordem	Data	Nome do apresentante	Natureza formal do Título	Anotações

Dimensões máximas de acordo com o art. 3º, § 1º.

Altura: 0,55 m

Largura: 0,40 m

REGISTRO DE IMÓVEIS — Modelo do Livro nº 2 — Registro Geral

REGISTRO DE IMÓVEIS REGISTRO GERAL Livro nº 2	Fl. ....
MATRÍCULA Nº .... IDENTIFICAÇÃO NOMINAL NOME, DOMICÍLIO E NACIONALIDADE DO PROPRIETÁRIO NÚMERO DO REGISTRO ANTERIOR	Data ....

Dimensões máximas de acordo com o art. 3º, § 1º.

Altura: 0,55 m

Largura: 0,40 m

REGISTRO DE IMÓVEIS — Modelo do Livro nº 3 — Registro Auxiliar

REGISTRO DE IMÓVEIS REGISTRO AUXILIAR Livro nº 3				ANO:
Nº de ordem	Data	Registro	Ref. aos demais livros	Averbações

Dimensões máximas de acordo com o art. 3º, § 1º.

Altura: 0,55 m

Largura 0,40 m

REGISTRO DE IMÓVEIS — Modelo do Livro nº 4 — Indicador Real

REGISTRO DE IMÓVEIS INDICADOR REAL Livro nº 4			ANO:
Nº de ordem	Identificação do Imóvel	Ref. aos demais livros	Anotações

Dimensões máximas de acordo com o art. 3º, § 1º.

Altura: 0,55 m

Largura: 0,40 m

REGISTRO DE IMÓVEIS — Modelo do Livro nº 5 — Indicador Pessoal

REGISTRO DE IMÓVEIS INDICADOR PESSOAL Livro nº 5			ANO:
Nº de ordem	Pessoas	Ref. aos demais livros	Anotações

Dimensões máximas de acordo com o art. 3º, § 1º.

Altura: 0,55 m

Largura: 0,40 m

Lei n. 6.739, de 5 de dezembro de 1979[1]

Dispõe sobre a matrícula e o registro de imóveis rurais e dá outras providências.

O Presidente da República,

Faço saber que o Congresso Nacional decreta e eu sanciono a seguinte lei:

LEI 6.739: 1. A Lei 6.739 não é inconstitucional (STF-Pleno: RTJ 107/28, v.u.).

Art. 1º A requerimento de pessoa jurídica de direito público ao Corregedor-Geral da Justiça, são declarados inexistentes e cancelados a matrícula e o registro de imóvel rural vinculado a título nulo de pleno direito, ou feitos em desacordo com o art. 221 e seguintes da Lei n. 6.015, de 31 de dezembro de 1973, alterada pela Lei n. 6.216, de 30 de junho de 1975.

§ 1º Editado e cumprido o ato, que deve ser fundamentado em provas irrefutáveis, proceder-se-á, no quinquídio subsequente, à notificação pessoal:

a) da pessoa cujo nome constava na matrícula ou no registro cancelados;

b) do titular do direito real, inscrito ou registrado, do imóvel vinculado ao registro cancelado.

§ 2º Havendo outros registros, em cadeia com o registro cancelado, os titulares de domínio do imóvel e quem tenha sobre o bem direitos reais inscritos ou registrados serão também notificados, na forma prevista neste artigo.

§ 3º Inviável a notificação prevista neste artigo ou porque o destinatário não tenha sido encontrado, far-se-á por edital:

a) afixado na sede da comarca ou do Tribunal de Justiça respectivos; e

b) publicado uma vez na imprensa oficial e três vezes, e com destaque, em jornal de grande circulação da sede da comarca, ou, se não houver, da Capital do Estado ou do Território.

§ 4º O edital será afixado e publicado no prazo de 30 (trinta) dias, contados da data em que for cumprido o ato do Corregedor-Geral.

Art. 2º A retificação de registro sempre será feita por serventuário competente, mediante despacho judicial, como dispõe o art. 213 da Lei n. 6.015, de 31 de dezembro de 1973, alterada pela Lei n. 6.216, de 30 de junho de 1975, e, quando feito em livro impróprio, será procedida por determinação do Corregedor-Geral, na forma do art. 1º.

Art. 3º A parte interessada, se inconformada com o provimento, poderá ingressar com ação anulatória, perante o juiz competente, contra a pessoa jurídica de direito público que requereu o cancelamento, ação que não sustará os efeitos deste, admitido o registro da citação, nos termos do art. 167, I, 21, da Lei n. 6.015, de 31 de dezembro de 1973, alterada pela Lei n. 6.216, de 30 de junho de 1975.

Parágrafo único. Da decisão proferida, caberá apelação e, quando contrária ao requerente do cancelamento, ficará sujeita ao duplo grau de jurisdição.

Art. 4º Nas ações anulatórias de registro ou de matrícula de imóvel rural, a citação será pessoal aos réus residentes na comarca e por edital aos demais.

§ 1º Aplicam-se, quando editalícia a citação, os arts. 232 e 233 do Código de Processo Civil.

§ 2º O edital será, ainda, publicado, por 2 (duas) vezes, no espaço de 15 (quinze) dias, em jornal de grande circulação da Capital do Estado ou do Território.

Art. 5º O Corregedor-Geral, quando em inspeção ou correição verificar a ocorrência de graves irregularidades, determinará exames ou vistorias nos respectivos livros de registros, no prazo máximo de 30 (trinta) dias.

§ 1º Na impossibilidade material da realização, em cartório, das diligências previstas neste artigo, o Corregedor-Geral requisitará o livro, pelo prazo máximo de 30 (trinta) dias.

§ 2º Apurada a existência de matrícula ou registro de imóveis rurais, ou retificações abrangidas pelos arts. 1º e 2º desta lei, e nos quais esteja envolvido interesse de pessoa jurídica de direito público, será esta cientificada de todo o teor das irregularidades, no prazo de 30 (trinta) dias, contados do término da inspeção ou correição.

§ 3º Cancelados o registro e a matrícula ou procedida a retificação, o Corregedor-Geral enviará, no prazo de 15 (quinze) dias, ao representante do Ministério Público, cópia do ato, para as providências cabíveis.

Art. 6º Sem prejuízo das sanções previstas na lei de organização judiciária da unidade federativa respectiva, considera-se incurso nas penas previstas no art. 319 e conexos do Código Penal Brasileiro[1] quem levar a termo matrícula e registro ou retificação sem exigir a apresentação de título formalmente válido segundo o art. 221 da Lei n. 6.015, de 31 de dezembro de 1973, alterada pela Lei n. 6.216, de 30 de junho de 1975.

Parágrafo único. O disposto neste artigo não será aplicável quando a matrícula ou o registro houverem sido objeto de dúvida[2] decidida pelo juiz ou se a retificação decorreu de ordem judicial.

Art. 6º: 1. **CP: "Art. 319.** Retardar ou deixar de praticar, indevidamente, ato de ofício, ou praticá-lo contra disposição expressa de lei, para satisfazer interesse ou sentimento pessoal:

"Pena — detenção, de três meses a um ano, e multa" (redação de acordo com a Lei 7.209, de 11.7.84, art. 2º).

Art. 6º: 2. v. arts. 198 a 204.

Art. 7º Os títulos de posse ou quaisquer documentos de ocupação, legitimamente outorgados por órgão do Poder Público Estadual, continuarão a produzir os efeitos atribuídos pela legislação vigente à época de suas expedições e configuram situação jurídica constituída, nos termos do art. 5º, alínea *b*, do Decreto-lei n. 1.164, de 1º de abril de 1971.[1]

Art. 7º: 1. **Dec. lei 1.164, de 1.4.71** — Declara indispensáveis à segurança e ao desenvolvimento nacionais terras devolutas situadas na faixa de cem quilômetros de largura em cada lado do eixo de rodovias na Amazônia Legal, e dá outras providências (Lex 1971/557, RF 235/435): **"Art. 5º** São ressalvados, nas áreas abrangidas pelo art. 1º: a) ...; **b)** as situações jurídicas constituídas, até a vigência deste Decreto-lei, de conformidade com a legislação estadual respectiva".

O Dec. lei 1.164 foi revogado pelo Dec. lei 2.375, de 24.11.87 (Lex 1987/779, RDA 170/242); a revogação, todavia, pelos termos do art. 1º § ún., não foi total.

Art. 8º Os Corregedores-Gerais deverão providenciar para que, no prazo de 60 (sessenta) dias após a publicação desta lei, todos os oficiais de registro de imóveis recebam seu texto integral.

Art. 8º-A (*redação da Lei 10.267, de 28.8.01*). A União, o Estado, o Distrito Federal ou o Município prejudicado poderá promover, via administrativa, a retificação da matrícula, do registro ou da averbação feita em desacordo com o art. 225 da Lei n. 6.015, de 31 de dezembro de 1973, quando a alteração da área ou dos limites do imóvel importar em transferência de terras públicas.

§ 1º (*redação da Lei 10.267, de 28.8.01*) O Oficial do Registro de Imóveis, no prazo de cinco dias úteis, contado da prenotação do requerimento, procederá à retificação requerida e dela dará ciência ao proprietário, nos cinco dias seguintes à retificação.

§ 2º (*redação da Lei 10.267, de 28.8.01*) Recusando-se a efetuar a retificação requerida, o Oficial Registrador suscitará dúvida, obedecidos os procedimentos estabelecidos em lei.

§ 3º (*redação da Lei 10.267, de 28.8.01*) Nos processos de interesse da União e de suas autarquias e fundações, a apelação de que trata o art. 202 da Lei n. 6.015, de 31 de dezembro de 1973, será julgada pelo Tribunal Regional Federal respectivo.

§ 4º (*redação da Lei 10.267, de 28.8.01*) A apelação referida no § 3º poderá ser interposta, também, pelo Ministério Público da União.

Art. 8º-B (*redação da Lei 10.267, de 28.8.01*). Verificado que terras públicas foram objeto de apropriação indevida por quaisquer meios, inclusive decisões judiciais, a União, o Estado, o Distrito Federal ou o Município prejudicado, bem como seus respectivos órgãos ou entidades competentes, poderão, à vista de prova da nulidade identificada, requerer o cancelamento da matrícula e do registro na forma prevista nesta Lei, caso não aplicável o procedimento estabelecido no art. 8º-A.

§ 1º (*redação da Lei 10.267, de 28.8.01*) Nos casos de interesse da União e de suas autarquias e fundações, o requerimento será dirigido ao Juiz Federal da Seção Judiciária competente, ao qual incumbirão os atos e procedimentos cometidos ao Corregedor-Geral de Justiça.

§ 2º (*redação da Lei 10.267, de 28.8.01*) Caso o Corregedor-Geral de Justiça ou o Juiz Federal não considere suficientes os elementos apresentados com o requerimento, poderá, antes de exarar a decisão, promover as notificações previstas nos parágrafos do art. 1º desta Lei, observados os procedimentos neles estabelecidos, dos quais dará ciência ao requerente e ao Ministério Público competente.

§ 3º (*redação da Lei 10.267, de 28.8.01*) Caberá apelação da decisão proferida:

I — pelo Corregedor-Geral, ao Tribunal de Justiça;

II — pelo Juiz Federal, ao respectivo Tribunal Regional Federal.

§ 4º (*redação da Lei 10.267, de 28.8.01*) Não se aplica o disposto no art. 254 da Lei n. 6.015, de 31 de dezembro de 1973, a títulos que tiverem matrícula ou registro cancelados na forma deste artigo.

Art. 8º-C (*redação da Lei 10.267, de 28.8.01*). É de oito anos, contados do trânsito em julgado da decisão, o prazo para ajuizamento de ação rescisória relativa a processos que digam respeito a transferência de terras públicas rurais.

Art. 9º Esta lei entrará em vigor 60 (sessenta) dias após a sua publicação, revogadas as disposições em contrário.

Brasília, em 5 de dezembro de 1979; 158º da Independência e 91º da República — JOÃO FIGUEIREDO — **Petrônio Portella.**

Lei n. 11.977, de 7 de julho de 2009

Dispõe sobre o Programa Minha Casa, Minha Vida — PMCMV e a regularização fundiária de assentamentos localizados em áreas urbanas; altera o Decreto-lei n. 3.365, de 21 de junho de 1941, as Leis ns. 4.380, de 21 de agosto de 1964, 6.015, de 31 de dezembro de 1973, 8.036, de 11 de maio de 1990, e 10.257, de 10 de julho de 2001, e a Medida Provisória n. 2.197-43, de 24 de agosto de 2001; e dá outras providências.

....

Capítulo II — DO REGISTRO ELETRÔNICO E DAS CUSTAS E EMOLUMENTOS[1]

CAP. II: 1. **Dec. n. 7.499, de 16.6.11** — Regulamenta dispositivos da Lei n. 11.977, de 7 de julho de 2009, que dispõe sobre o Programa Minha Casa, Minha Vida, e dá outras providências (v. especialmente o Cap. IV, que trata de custas e emolumentos).

Dec. 9.929, de 22.7.19 — Dispõe sobre o Sistema Nacional de Informações de Registro Civil — Sirc e sobre o seu comitê gestor. **"Art. 8º** Os dados atualizados relativos aos registros de nascimento, de casamento, de óbito e de natimorto serão disponibilizados no Sirc eletronicamente na forma disposta no art. 39 e no art. 41 da Lei n. 11.977, de 7 de julho de 2009, e no art. 68 da Lei n. 8.212, de 24 de julho de 1991. **§ 1º** O titular do cartório de registro civil de pessoas naturais deverá inserir no Sirc, de preferência diariamente, os dados de nascimento, de casamento, de óbito e de natimorto registrados, observado como prazo máximo o dia 10 do mês subsequente, na forma definida pelo CGSirc. **§ 2º** Na hipótese de não haver sido registrado nenhum nascimento, casamento, óbito ou natimorto, deverá o titular do cartório de registro civil de pessoas naturais comunicar o fato por meio do Sirc, no prazo previsto no § 1º. **§ 3º** Os atos registrais referentes a nascimentos, casamentos, óbitos e natimortos praticados a partir da vigência da Lei n. 6.015, de 31 de dezembro de 1973, ainda não constantes Sirc, serão inseridos no Sistema na forma disposta pelo CGSirc, observado o disposto no art. 39 da Lei n. 11.977, de 2009.

Art. 37. Os serviços de registros públicos de que trata a Lei n. 6.015, de 31 de dezembro de 1973, observados os prazos e condições previstas em regulamento, instituirão sistema de registro eletrônico.

Art. 38. Os documentos eletrônicos apresentados aos serviços de registros públicos ou por eles expedidos deverão atender aos requisitos da Infraestrutura de Chaves Públicas Brasileira — ICP[1] e à arquitetura e-PING (Padrões de Interoperabilidade de Governo Eletrônico), conforme regulamento.

Parágrafo único. Os serviços de registros públicos disponibilizarão serviços de recepção de títulos e de fornecimento de informações e certidões em meio eletrônico.

Art. 38: 1. v. LRP 17 § ún.

Art. 39. Os atos registrais praticados a partir da vigência da Lei n. 6.015, de 31 de dezembro de 1973, serão inseridos no sistema de registro eletrônico, no prazo de até 5 (cinco) anos a contar da publicação desta Lei.

Parágrafo único. Os atos praticados e os documentos arquivados anteriormente à vigência da Lei n. 6.015, de 31 de dezembro de 1973, deverão ser inseridos no sistema eletrônico.

Art. 40. Serão definidos em regulamento os requisitos quanto a cópias de segurança de documentos e de livros escriturados de forma eletrônica.

Art. 41 (*redação da Lei 13.097, de 19.1.15*). A partir da implementação do sistema de registro eletrônico de que trata o art. 37, os serviços de registros públicos disponibilizarão ao Poder Judiciário e ao Poder Executivo federal, por meio eletrônico e sem ônus, o acesso às informações constantes de seus bancos de dados, conforme regulamento.

Parágrafo único (*incluído pela Lei 13.097, de 19.1.15*). O descumprimento do disposto no *caput* ensejará a aplicação das penas previstas nos incisos II a IV do *caput* do art. 32 da Lei n. 8.935, de 18 de novembro de 1994.

Art. 42 (*redação da Lei 12.424, de 16.6.11*). Os emolumentos devidos pelos atos de abertura de matrícula, registro de incorporação, parcelamento do solo, averbação de construção, instituição de condomínio, averbação da carta de "habite-se" e demais atos referentes à construção de empreendimentos no âmbito do PMCMV serão reduzidos em:

I (*redação da Lei 12.424, de 16.6.11*) — 75% (setenta e cinco por cento) para os empreendimentos do FAR e do FDS;[1]

II (*redação da Lei 12.424, de 16.6.11*) — 50% (cinquenta por cento) para os atos relacionados aos demais empreendimentos do PMCMV;

III — (*revogado*).

§ 1º A redução prevista no inciso I será também aplicada aos emolumentos devidos pelo registro da transferência de propriedade do imóvel para o FAR e o FDS.

§ 2º No ato do registro de incorporação, o interessado deve declarar que o seu empreendimento está enquadrado no PMCMV para obter a redução dos emolumentos previstos no *caput*.

§ 3º O desenquadramento do PMCMV de uma ou mais unidades habitacionais de empreendimento que tenha obtido a redução das custas na forma do § 2º implica a complementação do pagamento dos emolumentos relativos a essas unidades.

Art. 42: 1. **Lei 11.977, de 7.7.09 — "Art. 2º** (*redação da Lei 12.424, de 16.6.11*) Para a implementação do PMCMV, a União, observada a disponibilidade orçamentária e financeira: (...) **II** (*redação da Lei 12.693, de 24.7.12*) — participará do Fundo de Arrendamento Residencial (FAR), mediante integralização de cotas e transferirá recursos ao Fundo de Desenvolvimento Social (FDS) de que tratam, respectivamente, a Lei n. 10.188, de 12 de fevereiro de 2001, e a Lei n. 8.677, de 13 de julho de 1993".

Art. 43 (*redação da Lei 12.424, de 16.6.11*). Os emolumentos referentes a escritura pública, quando esta for exigida, ao registro da alienação de imóvel e de correspondentes garantias reais e aos demais atos relativos ao imóvel residencial adquirido ou financiado no âmbito do PMCMV serão reduzidos em:

I (*redação da Lei 12.424, de 16.6.11*) — 75% (setenta e cinco por cento) para os imóveis residenciais adquiridos do FAR e do FDS;[1]

II (*redação da Lei 12.424, de 16.6.11*) — 50% (cinquenta por cento) para os imóveis residenciais dos demais empreendimentos do PMCMV.

Parágrafo único. (*Revogado*).
I — (*revogado*);
II — (*revogado*).

Art. 43: 1. v. art. 42, nota 1.

Art. 43-A. (VETADO)

Art. 44. Os cartórios que não cumprirem o disposto nos arts. 42 e 43 ficarão sujeitos à multa no valor de até R$ 100.000,00 (cem mil reais), bem como a outras sanções previstas na Lei n. 8.935, de 18 de novembro de 1994.

Art. 44-A (*redação da Lei 12.424, de 16.6.11*). Nos atos registrais relativos ao PMCMV, o prazo para qualificação do título e respectivo registro, averbação ou devolução com indicação das pendências a serem satisfeitas para sua efetivação não poderá ultrapassar a 15 (quinze) dias, contados da data em que ingressar na serventia.

§ 1º (*redação da Lei 12.424, de 16.6.11*) Havendo exigências de qualquer ordem, elas deverão ser formuladas de uma só vez, por escrito, articuladamente, de forma clara e objetiva, em papel timbrado do cartório, com data, identificação e assinatura do servidor responsável, para que o interessado possa satisfazê-las, ou, não se conformando, requerer a suscitação de dúvida.

§ 2º (*redação da Lei 12.424, de 16.6.11*) Reingressando o título dentro da vigência da prenotação, e estando em ordem, o registro ou averbação será feito no prazo de 10 (dez) dias.

§ 3º (*redação da Lei 12.424, de 16.6.11*) Em caso de inobservância do disposto neste artigo, será aplicada multa, na forma do inciso II do *caput* do art. 32 da Lei n. 8.935, de 18 de novembro de 1994, com valor mínimo de 20% (vinte por cento) dos respectivos emolumentos, sem prejuízo de outras sanções cabíveis.

Art. 45. Regulamento disporá sobre as condições e as etapas mínimas, bem como sobre os prazos máximos, a serem cumpridos pelos serviços de registros públicos, com vistas na efetiva implementação do sistema de registro eletrônico de que trata o art. 37.

....

Art. 83. Esta Lei entra em vigor na data de sua publicação.

JOSÉ ALENCAR GOMES DA SILVA — **Luiz Paulo Teles Ferreira Barreto — Guido Mantega — Paulo Bernardo Silva — Carlos Minc — Marcio Fortes de Almeida.**

Lei n. 13.097, de 19 de janeiro de 2015[1]

Lei 13.097: 1. Esta lei trata de assuntos diversos.

....

Capítulo III | DOS REGISTROS PÚBLICOS

....

Seção II | DOS REGISTROS NA MATRÍCULA DO IMÓVEL

Art. 54. Os negócios jurídicos que tenham por fim constituir, transferir ou modificar direitos reais sobre imóveis são eficazes em relação a atos jurídicos precedentes, nas hipóteses em que não tenham sido registradas ou averbadas na matrícula do imóvel as seguintes informações:

I — registro de citação de ações reais ou pessoais reipersecutórias;

II — averbação, por solicitação do interessado, de constrição judicial, do ajuizamento de ação de execução ou de fase de cumprimento de sentença, procedendo-se nos termos previstos do art. 615-A da Lei n. 5.869, de 11 de janeiro de 1973 — Código de Processo Civil;

III — averbação de restrição administrativa ou convencional ao gozo de direitos registrados, de indisponibilidade ou de outros ônus quando previstos em lei; e

IV — averbação, mediante decisão judicial, da existência de outro tipo de ação cujos resultados ou responsabilidade patrimonial possam reduzir seu proprietário à insolvência, nos termos do inciso II do art. 593 da Lei n. 5.869, de 11 de janeiro de 1973 — Código de Processo Civil.

Parágrafo único. Não poderão ser opostas situações jurídicas não constantes da matrícula no Registro de Imóveis, inclusive para fins de evicção,[1] ao terceiro de boa-fé que adquirir ou receber em garantia direitos reais sobre o imóvel, ressalvado o disposto nos arts. 129 e 130 da Lei n. 11.101, de 9 de fevereiro de 2005, e as hipóteses de aquisição e extinção da propriedade que independam de registro de título de imóvel.

Art. 54: 1. v. CC 447 a 457.

Art. 55. A alienação ou oneração de unidades autônomas integrantes de incorporação imobiliária, parcelamento do solo ou condomínio edilício, devidamente registrada, não poderá ser objeto de evicção ou de decretação de ineficácia, mas eventuais credores do alienante ficam sub-rogados no preço ou no eventual crédito imobiliário, sem prejuízo das perdas e danos imputáveis ao incorporador ou empreendedor, decorrentes de seu dolo ou culpa, bem como da aplicação das disposições constantes da Lei n. 8.078, de 11 de setembro de 1990.

Art. 56. A averbação na matrícula do imóvel prevista no inciso IV do art. 54 será realizada por determinação judicial e conterá a identificação das partes, o valor da causa e o juízo para o qual a petição inicial foi distribuída.

§ 1º Para efeito de inscrição, a averbação de que trata o *caput* é considerada sem valor declarado.

§ 2º A averbação de que trata o *caput* será gratuita àqueles que se declararem pobres sob as penas da lei.

§ 3º O Oficial do Registro Imobiliário deverá comunicar ao juízo a averbação efetivada na forma do *caput*, no prazo de até dez dias contado da sua concretização.

§ 4º A averbação recairá preferencialmente sobre imóveis indicados pelo proprietário e se restringirá a quantos sejam suficientes para garantir a satisfação do direito objeto da ação.

Art. 57. Recebida a comunicação da determinação de que trata o *caput* do art. 56, será feita a averbação ou serão indicadas as pendências a serem satisfeitas para sua efetivação no prazo de 5 (cinco) dias.

Art. 58. O disposto nesta Lei não se aplica a imóveis que façam parte do patrimônio da União, dos Estados, do Distrito Federal, dos Municípios e de suas fundações e autarquias.

....

Art. 61. Os registros e averbações relativos a atos jurídicos anteriores a esta Lei, devem ser ajustados aos seus termos em até 2 (dois) anos, contados do início de sua vigência.

....

Art. 168. Esta Lei entra em vigor:

I — a partir de 1º de janeiro de 2015, em relação ao art. 1º;

II — 30 (trinta) dias após a sua publicação, em relação aos arts. 54 a 62;

III — no 1º (primeiro) dia do 4º (quarto) mês subsequente ao de sua publicação, em relação aos arts. 14 a 39;

IV — 180 (cento e oitenta) dias após a sua publicação, em relação aos arts. 99 a 105; e

V — a partir da data de sua publicação, em relação aos demais artigos.

....

Brasília, 19 de janeiro de 2015; 194º da Independência e 127º da República — DILMA ROUSSEFF — **Marivaldo de Castro Pereira — Tarcísio José Massote de Godoy — Antônio Carlos Rodrigues — Manoel Dias — Arthur Chioro — Armando Monteiro — Eduardo Braga — Nelson Barbosa — Ricardo Berzoini — Gilberto Kassab — Alexandre Antonio Tombini — Luís Inácio Lucena Adams — Eliseu Padilha — Guilherme Afif Domingos.**

Ementário

Seguros

— v. CF 21-VIII, 22-VII, CC 757 a 802. V. tb. CCo 666 a 730 (seguros marítimos).

Dec. lei 5.384, de 8.4.43 — Dispõe sobre os beneficiários do seguro de vida (v. CC 792).

Dec. lei 6.319, de 6.3.44 — Dispõe sobre o prazo de depósito e seguro contra riscos de incêndio de mercadorias depositadas em armazéns gerais, e dá outras providências (RT 149/789, Lex 1944/67).

Lei 4.678, de 16.6.65 — Dispõe sobre o seguro de crédito à exportação e dá outras providências (Lex 1965/859). Regulamentada pelo **Dec. 57.286, de 18.11.65** (Lex 1965/1.621 e 1.884, ret.), que foi havido como **revogado** por Dec. s/n de 25.4.91. A Lei 4.678 ficou **revogada,** por determinação do art. 10 da Lei 6.704, de 26.10.79 (v. abaixo), quando esta foi regulamentada, o que ocorreu com a publicação do **Dec. 2.049, de 21.10.96.**

Dec. 59.195, de 8.9.66 — Dispõe sobre a cobrança de prêmios de seguros privados e dá outras providências (Lex 1966/1.253, RF 216/483).

Dec. lei 73, de 21.11.66 — Dispõe sobre o Sistema Nacional de Seguros Privados, regula as operações de seguros e resseguros e dá outras providências (RT 378/421, Lex 1966/1.753). Este diploma legislativo foi alterado pelos seguintes textos:

— arts. 37, 38, 136, 137, 138, 139 e 149: alterados pelo Dec. le 168, de 14.2.67 (Lex 1967/387);

— arts. 147 e 150: revogados pelo Dec. lei 261, de 28 2.67 (Lex 1967/639, RF 219/451);

— arts. 5º-III, 7º-II, 11 § 3º, 17-*b* e *c*, 22, 23, 31, 32, 33-X e § 1º, 34 § 2º, 36-*e*, 44-*caput*, *j* e II, 52-*a*, 55 § 3º, 60 § 1º, 71-*b*, 85, 92, 97, 111-*e*, 116-*e*, *f*, *h* e *i*, 128 § ún., 132, 134, 137, 142, 143 § 2º e 144 (retificados); art. 98 §§ 2º a 4º (acrescentados) e o § ún. passou a § 1º: pelo Dec. lei 296, de 28.2.67 (Lex 1967/696);

— art. 20-*j*: alterado pelo Dec. lei 826, de 5.9.69 (Lex 1969/1.248);

— art. 89 § 2º (acrescentado) e o § ún. passou a § 1º pelo Dec. lei 1.115, de 24.7.70 (Lex 1970/663);

— art. 21 § 4º: acrescentado pela Lei 5.627, de 1.12.70 (Lex 1970/1.145);

— art. 72 § ún.: acrescentado pela Lei 5.710, de 7.10.71 (RT 432/450, Lex 1971/1.304, RF 237/402);

— art. 20-*b* (alterado) e *l* (acrescentada): pela Lei 6.194, de 19.12.74 (RT 470/472, Lex 1974/1.179, RF 249/434);

— art. 33: alterado pela Lei 8.127, de 20.12.90 (Lex 1990/1.408);

— art. 20-*b* e *l* (alterados) e alínea *m* (acrescentada): pela Lei 8.374, de 30.12.91 (v. adiante);

— arts. 43 e 46 a 48 (alterados) e arts. 49 a 54 (revogados): pela Lei 9.482, de 13.8.97 (Lex 1997/2.485);

— art. 33: alterado pela Lei 9.646, de 3.6.68 (v. adiante, art. 4º)

— arts. 4º § ún. e 6º (alterados); arts. 15, 45 e 56 a 71, e, a partir da transferência do controle acionário do IRB-Brasil Re, art. 81-*caput*, art. 89 § 2º, art. 100 § ún., art. 111-*f* e art. 116 (revogados expressamente): pela Lei 9.932, de 20.12.99 (Lex 1997/7.220);

— art. 20 § ún. (acrescentado); arts. 26, 84 §§ 1º a 3º e 90 § ún. (alterados); art. 33 (restabelecido): pela Lei 10.190, de 14.2.01;

— arts. 8º, 16, 32, 86, 88, 96, 100, 108, 111 e 112 (alterados); arts. 6º, 15, 18, 20-*i*, 23, 42, 44, 45, 55 § 4º, 56 a 71, 79-*c* e § 1º, 81, 82, 89 § 2º, 114 e 116 (revogados): pela LC 126, de 15.1.07.

Dec. 60.459, de 13.3.67 — Regulamenta o Decreto-lei n. 73, de 21 de novembro de 1966, com as modificações introduzidas pelos Decretos-leis n. 168, de 14 de fevereiro de 1967, e n. 296, de 28 de fevereiro de

1967 (Lex 1967/958 e 1968/543, ret.). Alterado pelo **Dec. 61.589, de 23.10.67** (Lex 1967/1.919, RF 221/453: fez retificações no texto e deu outras providências); pelo **Dec. 61.867, de 7.12.67** (RT 387/378, Lex 1967/2.334, RF 221/459: revogou o art. 116 e o Cap. III, exceto art. 16 e §§; v. abaixo, **Dec. 85.266, de 20.10.80**); pelo **Dec. 66.656, de 3.6.70** (Lex 1970/390: alterou o art. 120); pelo **Dec. 74.062, de 14.5.74** (revogou o art. 36-VII); pelo **Dec. 75.072, de 9.12.74** (Lex 1974/1.134, ret. 1.168: alterou os arts. 36-XVI e 64; acresceu alíneas *j* a *o* ao art. 65); pelo **Dec. 93.871, de 23.12.86** (Lex 1986/1.390: alterou os arts. 7º e 16); pelo **Dec. 605, de 17.7.92** (Lex 1992/451: alterou os arts. 8º e 58); pelo **Dec. 6.643,** de 18.11.08 (alterou o art. 59).

Dec. 61.589, de 23.10.67 — Retifica disposições do Decreto n. 60.459, de 13 de março de 1967, no que tange a capitais, do início da cobertura do risco e emissão da apólice, a obrigação do pagamento do prêmio e da indenização e a cobrança bancária (Lex 1967/1.919, RF 221/453). Os arts. 8º e 11 foram revogados pelo **Dec. 65.268, de 3.10.69** (Lex 1969/1.412), que por sua vez foi revogado por Dec. s/n de 25.4.91, tendo sido declarada sem efeito essa revogação por Dec. s/n de 2.12.91. Foi incluído § ún. no art. 7º do Dec. 61.589 pelo **Dec. 605, de 17.7.92** (Lex 1992/451).

Dec. 61.867, de 7.12.67 — Regulamenta os seguros obrigatórios previstos no art. 20 do Decreto-lei n. 73, de 21 de novembro de 1966, e dá outras providências (v. adiante, texto integral).

Lei 5.488, de 27.8.68 — Institui a correção monetária nos casos de liquidação de sinistros cobertos por contratos de seguros (v. adiante, texto integral).

Lei 6.194, de 19.12.74 — Dispõe sobre seguro obrigatório de danos pessoais causados por veículos automotores de via terrestre, ou por sua carga, a pessoas transportadas ou não (v. adiante, texto integral). Revogou o **Dec. lei 814, de 4.9.69** (RT 407/443, Lex 1969/1.242). Alterada pela **Lei 8.441, de 13.7.92**, pela **Lei 11.482, de 31.5.07** (v. adiante), e pela **Lei 11.945, de 4.6.09** (v. adiante).

Lei 6.704, de 26.10.79 — Dispõe sobre o seguro de crédito à exportação e dá outras providências.

Dec. 85.266, de 20.10.80 — Dispõe sobre a atualização dos valores monetários dos seguros obrigatórios a que se refere o Dec. n. 61.867, de 7.12.67 (Lex 1980/564).

Dec. lei 2.420, de 18.3.88 — Dispõe sobre correção monetária nos casos de liquidação extrajudicial de sociedades seguradoras, de capitalização e de previdência privada e dá outras providências (Lex 1988/189, RDA 171/253, Bol. AASP 1.530/4).

Lei 8.374, de 30.12.91 — Dispõe sobre o seguro obrigatório de danos pessoais causados por embarcações ou por sua carga e dá outras providências (Lex 1991/1.017). Alterou o art. 20 do Dec. lei 73, de 21.11.66 (v. acima), modificando suas alíneas *b* e *l* e acrescentando alínea *m*.

Lei 8.441, de 13.7.92 — Altera dispositivos da Lei n. 6.194, de 19 de dezembro de 1974, que trata do seguro obrigatório de danos pessoais causados por veículos automotores de vias terrestres — DPVAT (Lex 1992/425, RF 319/329, Just. 159/231). Alterou os arts. 4º §§ 1º e 2º (o § 2º foi acrescido), 5º §§ 1º e 3º a 5º (acrescidos), 7º-*caput* e § 1º, 12 §§ 1º e 2º (acrescidos).

Lei 9.482, de 13.8.97 — Dispõe sobre a administração do Instituto de Resseguros do Brasil — IRB, sobre a transferência e a transformação de suas ações, e dá outras providências (Lex 1997/2.485, RF 339/508, RDA 209/471).

Lei 9.656, de 3.6.98 — Dispõe sobre os planos e seguros privados de assistência à saúde (v. adiante, texto integral). Entrou em vigor 90 dias após a data de sua publicação.

Lei 9.932, de 20.12.99 — Dispõe sobre a transferência de atribuições do IRB-Brasil Resseguros S.A. — IRB-Brasil Re para a Superintendência de Seguros Privados — SUSEP, e dá outras providências (Lex 1999/7.220). A Lei 9.932 foi **revogada** pela **LC 126, de 15.1.07.**

Lei 10.190, de 14.2.01 — Altera dispositivos do Dec. lei 73, de 21 de novembro de 1966, da Lei 6.435, de 15 de julho de 1977 (revogada pela LC 109, de 29.5.01), da Lei 5.627, de 1º de dezembro de 1970, e dá outras providências (Lex 2001/739, RF 353/490, RDA 223/393). Alterou os arts. 20 § ún., 26, 84 §§ 1º a 3º e 90 § ún.; restabeleceu o art. 33 do Dec. lei 73, com nova redação.

Lei 10.223, de 15.5.01 — Altera a Lei 9.656, de 3 de junho de 1998, para dispor sobre a obrigatoriedade de cirurgia plástica reparadora de mama por planos e seguros privados de assistência à saúde nos casos de mutilação decorrente de tratamento de câncer (Lex 2001/2.026, RF 355/379). Acresceu o art. 10-A à Lei 9.656.

Med. Prov. 2.177-44, de 24.8.01 — Alterou inúmeras disposições da Lei 9.656/98 (v. a seguir).

LC 126, de 15.1.07 — Dispõe sobre a política de resseguro, retrocessão e sua intermediação, as operações de cosseguro, as contratações de seguro no exterior e as operações em moeda estrangeira do setor securitário; altera o Dec. lei 73, de 21.11.66, e a Lei 8.031, de 12.4.90; e dá outras providências.

Lei 11.482, de 31.5.07 — Efetua alterações na tabela do imposto de renda da pessoa física; dispõe sobre a redução a 0 (zero) da alíquota da CPMF nas hipóteses que menciona; altera as Leis 7.713, de 22 de dezembro de 1988, 9.250, de 26 de dezembro de 1995, 11.128, de 28 de junho de 2005, 9.311, de 24 de outubro de 1996, 10.260, de 12 de julho de 2001, 6.194, de 19 de dezembro de 1974, 8.387, de 30 de dezembro de 1991, 9.432, de 8 de janeiro de 1997, 5.917, de 10 de setembro de 1973, 8.402, de 8 de janeiro de 1992, 6.094, de 30 de agosto de 1974, 8.884, de 11 de junho de 1994, 10.865, de 30 de abril de 2004, 8.706, de 14 de setembro de 1993; revoga dispositivos das Leis 11.119, de 25 de maio de 2005, 11.311, de 13 de junho de 2006, 11.196, de 21 de novembro de 2005, e do Dec. lei 2.433, de 19 de maio de 1988; e dá outras providências.

Lei 11.935, de 11.5.09 — Altera o art. 35-C da Lei 9.656/98.

Lei 11.945, de 4.6.09 — Altera os arts. 3º, 5º e 12 da Lei 6.194/74.

Lei 12.469, de 26.8.11 — Na Lei 9.656, de 3.6.98: alterou os §§ 1º, 3º e 7º do art. 32 e acrescentou § 9º a esse artigo.

Lei 12.738, de 30.11.12 — Altera a Lei 9.656, de 3 de junho de 1998, para tornar obrigatório o fornecimento de bolsas de colostomia, ileostomia e urostomia, de coletor de urina e de sonda vesical pelos planos privados de assistência à saúde. **Nota:** em vigor 180 dias após a sua publicação (DOU 3.12.12).

Lei 12.880, de 12.11.13 — Altera a Lei 9.656, de 3 de junho de 1998, que "dispõe sobre os planos e seguros privados de assistência à saúde", para incluir tratamentos entre as coberturas obrigatórias. **Nota:** em vigor 180 dias após a sua publicação (DOU 13.11.13).

Lei 13.003, de 24.6.14 — Altera a Lei n. 9.656, de 3 de junho de 1998, que dispõe sobre os planos e seguros privados de assistência à saúde, com a redação dada pela Medida Provisória n. 2.177-44, de 24 de agosto de 2001, para tornar obrigatória a existência de contratos escritos entre as operadoras e seus prestadores de serviços. **Nota:** em vigor 180 dias após a sua publicação (DOU 25.6.14).

Lei 13.127, de 26.5.15 — Altera a Lei n. 9.656, de 3 de junho de 1998, que dispõe sobre os planos e seguros privados de assistência à saúde, para eximir as entidades de autogestão constituídas sob a forma de fundação, de sindicato ou de associação da obrigação de constituir pessoa jurídica independente, especificamente para operar planos privados de assistência à saúde.

Lei 13.770, de 19.12.18 — Altera as Leis n. 9.656, de 3 de junho de 1998, e 9.797, de 6 de maio de 1999, para dispor sobre a cirurgia plástica reconstrutiva da mama em casos de mutilação decorrente de tratamento de câncer.

Decreto n. 61.867, de 7 de dezembro de 1967

Regulamenta os seguros obrigatórios previstos no art. 20 do Decreto-lei n. 73, de 21 de novembro de 1966, e dá outras providências.

O Presidente da República, usando da atribuição que lhe confere o art. 83, item II, da Constituição e cumprindo o disposto no art. 144 do Decreto-lei n. 73, de 21 de novembro de 1966, sobre a regulamentação dos seguros obrigatórios, decreta:

Capítulo I | DISPOSIÇÕES PRELIMINARES

Art. 1º Os seguros obrigatórios[1] previstos no art. 20, do Decreto-lei n. 73, de 21 de novembro de 1966,[2] serão realizados com observância do disposto neste decreto.

Art. 1º: 1. **Súmula 124 do TFR:** "Prescreve em 20 anos a ação do beneficiário, ou do terceiro sub-rogado nos direitos deste, fundada no seguro obrigatório de responsabilidade civil" (v. jurisprudência s/ esta Súmula em RTFR 98/1 a 25).

Art. 1º: 2. **Dec. lei 73, de 21.11.66** — Dispõe sobre o Sistema Nacional de Seguros Privados, regula as operações de seguros e resseguros e dá outras providências:

"**Art. 20.** Sem prejuízo do disposto em leis especiais, são obrigatórios os seguros de:

"a) danos pessoais a passageiros de aeronaves comerciais;

"b) responsabilidade civil do proprietário de aeronaves e do transportador aéreo;

"c) responsabilidade civil do construtor de imóveis em zonas urbanas por danos a pessoas ou coisas;

"d) (*revogado pela Lei 13.986, de 7.4.20*);

"e) garantia do cumprimento das obrigações do incorporador e construtor de imóveis;

"f) garantia do pagamento a cargo de mutuário da construção civil, inclusive obrigação imobiliária;

"g) edifícios divididos em unidades autônomas;

"h) incêndio e transporte de bens pertencentes a pessoas jurídicas, situados no país ou nele transportados;

"i) ...;

"j) crédito à exportação, quando julgado conveniente pelo CNSP, ouvido o Conselho Nacional do Comércio Exterior (CONCEX);

"l) danos pessoais causados por veículos automotores de vias terrestres e por embarcações, ou por sua carga, a pessoas transportadas ou não;

"m) responsabilidade civil dos transportadores terrestres, marítimos, fluviais e lacustres, por danos à carga transportada".

As alíneas *b*, *l* e *m* têm a redação que lhes deu a Lei 8.374, de 30.12.91; a alínea *j* consigna a alteração que lhe trouxe o Dec. lei 826, de 5.9.69. A alínea *e*, que determinava a obrigatoriedade de seguro de "garantia do cumprimento das obrigações do incorporador e construtor de imóveis", foi revogada pelo art. 4º da Med. Prov. 2.221, de 4.9.01, por sua vez revogada pela Lei 10.931, de 2.8.04. A alínea *i* foi revogada pela LC 126, de 15.1.07.

A **Lei 10.190, de 14.2.01,** acrescentou § ún. ao art. 20 do Dec. lei 73/66, com a seguinte redação: "Parágrafo único. Não se aplica à União a obrigatoriedade estatuída na alínea *h* deste artigo".

De acordo com o **Dec. lei 802, de 28.8.69** (Lex 1969/1.227), as ferrovias são isentas das obrigações previstas nas alíneas *b* e *h* supra.

Art. 2º Não poderá ser concedida autorização, licença ou respectiva renovação ou transferência, a qualquer título, para o exercício de atividades que estejam sujeitas a seguro obrigatório, sem prova da existência desse seguro.

Art. 3º O Banco Nacional de Habitação (BNH) poderá assumir os riscos decorrentes das operações do Sistema Financeiro de Habitação, que não encontrem cobertura no mercado nacional, a taxas e condições compatíveis com as necessidades desse sistema.

§ 1º Para esse fim, o BNH submeterá à aprovação da Superintendência de Seguros Privados (SUSEP) o plano da cobertura pretendida, compreendendo as condições de taxas do seguro e respectiva nota técnica, sob fiscalização daquela Superintendência.

§ 2º A falta da cobertura prevista neste artigo deverá ser declarada pelo Instituto de Resseguros do Brasil (IRB), e a incompatibilidade das taxas e condições pelo BNH.

Art. 4º O Conselho Nacional de Seguros Privados (CNSP) expedirá recomendações especiais sobre a liquidação de sinistros relativos aos seguros obrigatórios.

Capítulo II DOS SEGUROS OBRIGATÓRIOS DE RESPONSABILIDADE CIVIL DOS PROPRIETÁRIOS DE VEÍCULOS AUTOMOTORES DE VIA TERRESTRE[1]

CAP. II: 1. **Súmula 257 do STJ (seguro obrigatório):** "A falta de pagamento do prêmio do seguro obrigatório de Danos Pessoais Causados por Veículos Automotores de Vias Terrestres (DPVAT) não é motivo para a recusa do pagamento da indenização".

Art. 5º As pessoas físicas ou jurídicas, de direito público ou privado, proprietárias de quaisquer veículos relacionados nos arts. 52 e 63, da Lei n. 5.108, de 21 de setembro de 1966,[1] referente ao Código Nacional de Trânsito, ficam obrigadas a segurá-los, quanto à responsabilidade civil, decorrente de sua existência ou utilização.

Art. 5º: 1. **Lei 5.108, de 21.9.66** — Institui o Código Nacional de Trânsito (RT 374/378, Lex 1966/1.285 e 1967/805, p. vets. RDA 86/400, RF 216/487):

"**Art. 52.** Nenhum veículo automotor poderá circular nas vias terrestres do país, sem o respectivo Certificado de Registro, expedido de acordo com este Código e seu regulamento.

"§ 1º O Certificado de Registro será expedido pelas repartições de trânsito, mediante documentação inicial de propriedade e de acordo com o regulamento deste Código.

"§ 2º O Certificado de Registro deverá conter características e condições de invulnerabilidade à falsificação e à adulteração.

"§ 3º Os atuais documentos de registro ou propriedade, adotados no país, deverão ser substituídos por Certificado de Registro, no prazo de três anos, a contar da data da publicação desta lei.

"§ 4º O disposto neste artigo e nos parágrafos anteriores aplica-se aos reboques, carretas e similares.

"§ 5º O disposto neste artigo não se aplica às viaturas militares".

"Art. 63. Os aparelhos automotores destinados a puxar ou arrastar maquinaria de qualquer natureza ou a executar trabalhos agrícolas e de construção ou de pavimentação ficam sujeitos, desde que lhe (*sic*) seja facultado transitar em vias terrestres, ao licenciamento na repartição competente, devendo receber, nesse caso, numeração especial".

A Lei 5.108, de 21.9.66, foi expressamente revogada pela **Lei 9.503, de 23.9.97** (Lex 1997/2.804), cujos arts. 120 a 129 e 115 § 4º correspondem aos arts. 52 e 63 da lei antiga.

Art. 6º O seguro obrigatório de responsabilidade civil a que se refere o artigo anterior garantirá os danos causados pelo veículo e pela carga transportada a pessoas transportadas ou não, e a bens não transportados.

Art. 7º O seguro de que trata este capítulo garantirá, no mínimo:

I — por pessoa vitimada, indenização de seis mil cruzeiros novos, no caso de morte; de até seis mil cruzeiros novos, no caso de invalidez permanente, e de até seiscentos cruzeiros novos, no caso de incapacidade temporária;

II — por danos materiais, indenização de até cinco mil cruzeiros novos, acima de cem cruzeiros novos, parcela essa que sempre correrá por conta do proprietário do veículo.

Capítulo III — DO SEGURO OBRIGATÓRIO DE RESPONSABILIDADE CIVIL DOS PROPRIETÁRIOS DE VEÍCULOS AUTOMOTORES HIDROVIÁRIOS

Art. 8º A responsabilidade civil do proprietário ou explorador de veículos automotores hidroviários terá condições e limites fixados pelo CNSP.

Art. 9º A responsabilidade civil do proprietário ou explorador de embarcações de turismo ou recreio será segurada, no mínimo, em importância igual ao valor da embarcação.

Capítulo IV — DO SEGURO OBRIGATÓRIO DE RESPONSABILIDADE CIVIL DOS TRANSPORTADORES EM GERAL

Art. 10. As pessoas físicas ou jurídicas, de direito público ou privado, que se incumbirem do transporte de carga, são obrigadas a contratar seguro de responsabilidade civil em garantia das perdas e danos sobrevindos à carga que lhes tenha sido confiada para transporte, contra conhecimento ou nota de embarque.[1]

§ 1º A obrigatoriedade a que se refere este artigo se restringirá aos casos em que os embarques sejam suscetíveis de um mesmo evento, e tenham valor igual ou superior a dez mil cruzeiros novos.[1a]

§ 2º Para apuração dessa importância, serão considerados os valores constantes das notas fiscais, faturas, conhecimentos de embarque ou outros documentos hábeis, para aquele fim, que acompanhem as mercadorias ou bens.

§ 3º Os transportadores aéreos obedecerão, no que tange aos valores segurados, ao que estabelece o Código Brasileiro do Ar.[2]

Art. 10: 1. "O seguro a que está obrigado o transportador, constante do art. 10 do Dec. 61.867/67, é de responsabilidade civil e garante o reembolso dos valores que a empresa for obrigada a desembolsar, quando descumprir o contratado, por sua culpa. Não engloba, portanto, a obrigação de o transportador contratar seguro para cobrir caso fortuito ou força maior" (STJ-4ª T., REsp 663.356, Min. Luis Felipe, j. 19.8.10, DJ 14.10.10).

Art. 10: 1a. Alterado para 100 vezes o maior valor de referência, pelo Dec. 85.266, de 20.10.80.

Art. 10: 2. O Código Brasileiro do Ar (Dec. lei 32, de 18.11.66) foi revogado e substituído pelo Código Brasileiro de Aeronáutica (Lei 7.565, de 19.12.86, em Lex 1986/1.285, RF 296/483), que nos arts. 256 a 267 dispõe s/ a responsabilidade do transportador por dano a passageiro, à bagagem e à carga.

Capítulo V — DO SEGURO OBRIGATÓRIO DE RESPONSABILIDADE CIVIL DO CONSTRUTOR DE IMÓVEIS EM ZONAS URBANAS POR DANOS A PESSOAS OU COISAS

Art. 11. Os construtores de imóveis, em zonas urbanas, são obrigados a contratar seguro de sua responsabilidade civil que garanta indenização mínima de vinte mil cruzeiros novos,[1] por evento.

§ 1º O seguro de que trata este artigo não abrange a responsabilidade a que se refere o art. 1.245 do Código Civil.

§ 2º Os órgãos do poder público federal, estadual e municipal de administração direta ou indireta estão sujeitos às disposições deste artigo.

Art. 11: 1. Alterado para 200 vezes o maior valor de referência, pelo Dec. 85.266, de 20.10.80.

Capítulo VI — DO SEGURO OBRIGATÓRIO DE TRANSPORTE DE BENS PERTENCENTES A PESSOAS JURÍDICAS

Art. 12. As pessoas jurídicas, de direito público ou privado, são obrigadas a segurar os bens ou mercadorias de sua propriedade, contra riscos de força maior e caso fortuito, inerentes aos transportes ferroviários, rodoviários, aéreos e hidroviários, quando objeto de transporte no território nacional, e de valor igual ou superior a cinco mil cruzeiros novos.[1]

Parágrafo único. Para verificação da importância fixada neste artigo, serão considerados, conforme o caso:

a) os valores escriturais dos bens e mercadorias, limitados ao custo de aquisição, admitindo-se depreciação anual de dez por cento, quando os bens forem representados por móveis, utensílios ou maquinaria, e não tenham sido objeto de transação de compra e venda;

b) os valores constantes de notas fiscais, faturas, conhecimentos de embarque ou outro documento hábil que acompanha as mercadorias ou bens.

Art. 12: 1. Alterado para 100 vezes o maior valor de referência, pelo Dec. 85.266, de 20.10.80.

Art. 13. São excluídas[1] da obrigatoriedade prevista no artigo anterior os bens e mercadorias objeto de viagem internacional.

Art. 13: 1. *sic*; devia ser "excluídos".

Art. 14. A cobertura mínima para os seguros de transportes hidroviários é a Livre de Avaria Particular (LAP).

Capítulo VII — DO SEGURO OBRIGATÓRIO DE DANOS PESSOAIS A PASSAGEIROS DE AERONAVES COMERCIAIS E DE RESPONSABILIDADE CIVIL DO TRANSPORTADOR AERONÁUTICO

Art. 15. O seguro obrigatório do transportador, proprietário ou explorador de aeronaves, garantirá, no mínimo:

I — danos pessoais a passageiros de aeronaves comerciais, suas bagagens, acompanhadas ou não — nos limites estabelecidos pelo Código Brasileiro do Ar;[1]

II — responsabilidade civil extracontratual do proprietário ou explorador de aeronaves — oitocentos mil cruzeiros novos, por acidente-aeronave, em se tratando de aeronaves pertencentes a linhas regulares de navegação aérea, e quatrocentos mil cruzeiros novos, por acidente-aeronave, nos demais casos.[2]

Art. 15: 1. O Código Brasileiro do Ar (Dec. lei 32, de 18.11.66) foi revogado e substituído pela **Lei 7.565, de 19.12.86,** que dispõe sobre o Código Brasileiro de Aeronáutica (Lex 1986/1.285). Os arts. 257, 260, 262 e 277 estabelecem limites de indenização devida a passageiros.

Art. 15: 2. Alterado para 8.000 vezes o maior valor de referência, no caso de linhas regulares de navegação aérea, e 4.000 vezes o maior valor de referência, nos demais casos, pelo Dec. 85.266, de 20.10.80.

Capítulo VIII — DO SEGURO RURAL OBRIGATÓRIO[1]

CAP. VIII: 1. "A política agrícola brasileira. O seguro de crédito rural", por Fernando Sá (RJ 332/17).

Art. 16. O seguro rural obrigatório destina-se a ressarcir os danos causados por acidentes, fenômenos da natureza, pragas ou doenças, a rebanhos, plantações e outros bens ligados à atividade ruralista.

Parágrafo único. São segurados as cooperativas rurais e as pessoas físicas ou jurídicas, de direito público ou privado, que explorem atividades agrícolas ou pecuárias.

Art. 17. O seguro de crédito rural será disciplinado pelo CNSP, nos termos da disposição do art. 10 do Decreto n. 60.459, de 13 de março de 1967.

Capítulo IX — DO SEGURO OBRIGATÓRIO CONTRA RISCOS DE INCÊNDIO DE BENS PERTENCENTES A PESSOAS JURÍDICAS

Art. 18. As pessoas jurídicas, de direito público ou privado, são obrigadas a segurar, contra os riscos de incêndio, seus bens móveis e imóveis, situados no país, desde que, localizados em um mesmo terreno ou em terrenos contíguos, tenham, isoladamente ou em conjunto, valor igual ou superior a vinte mil cruzeiros novos.[1]

Parágrafo único. Para determinação da importância pela qual deverá ser realizado o seguro, serão adotados os valores de reposição dos bens.

Art. 18: 1. Alterado para 200 vezes o maior valor de referência, pelo Dec. 85.266, de 20.10.80.

Capítulo X DO SEGURO OBRIGATÓRIO DE GARANTIA DO CUMPRIMENTO DAS OBRIGAÇÕES DO INCORPORADOR E CONSTRUTOR DE IMÓVEIS E DE GARANTIA DO PAGAMENTO A[1] CARGO DO MUTUÁRIO[2]

CAP. X: 1. No original está com crase: "à cargo"...

CAP. X: 2. "O seguro de crédito obrigatório, o financiamento a empresas incorporadoras/construtoras, efetuado por agentes financeiros do Sistema Financeiro da Habitação e a declaração de crédito em processos falimentares", por Fernando Sá (RT 841/11).

Art. 19. O seguro obrigatório de garantia do cumprimento das obrigações do incorporador e construtor de imóveis, quando responsáveis pela entrega das unidades, será efetuado pelo valor fixado contratualmente para a construção.

Art. 20. O seguro para garantia da obrigação contratual dos adquirentes de imóveis em construção, previsto no art. 20, alínea *f*, do Decreto-lei n. 73, de 21 de novembro de 1966,[1] será contratado por valor igual ao dessa obrigação.

Art. 20: 1. v. texto do art. 20 do Dec. lei 73, em nota 2 ao art. 1º.

Art. 21. O disposto neste capítulo só se aplica a incorporações ou construções de valor não inferior a vinte e um mil cruzeiros novos.[1]

Art. 21: 1. Alterado para 200 vezes o maior valor de referência, pelo Dec. 85.266, de 20.10.80.

Capítulo XI DO SEGURO OBRIGATÓRIO DE BENS DADOS EM GARANTIA DE EMPRÉSTIMOS OU FINANCIAMENTOS DE INSTITUIÇÕES FINANCEIRAS PÚBLICAS

Art. 22. O seguro obrigatório de bens dados em garantia de empréstimos ou financiamentos de instituições financeiras públicas deve ser contratado em montante correspondente ao respectivo valor de reposição.

Capítulo XII DO SEGURO OBRIGATÓRIO DE EDIFÍCIOS DIVIDIDOS EM UNIDADES AUTÔNOMAS

Art. 23. O seguro obrigatório garantindo riscos provenientes de danos físicos de causa externa, de acordo com o art. 13, do Decreto n. 4.591, de 16 de dezembro de 1964,[1] relativos a edifícios divididos em unidades autônomas, será contratado pelo valor de reposição.

Art. 23: 1. Trata-se da Lei 4.591 (no tít. CONDOMÍNIO E INCORPORAÇÃO).

Capítulo XIII | DO SEGURO OBRIGATÓRIO DE CRÉDITO À EXPORTAÇÃO

Art. 24. As firmas exportadoras estão obrigadas a efetuar o seguro de crédito à exportação instituído pela Lei n. 4.678, de 16 de junho de 1965,[1] e regulamentado pelo Decreto n. 57.286, de 18 de novembro de 1965,[2] sempre que o crédito for concedido por instituições financeiras públicas, e desde que as condições gerais das operações de seguros admitam cobertura para o risco.

Parágrafo único. O seguro deverá cobrir os "riscos comerciais" e os "riscos políticos e extraordinários", como definidos em lei, regulamento e normas aprovadas pelo CNSP.

Art. 24: 1. v. ementário.

Art. 24: 2. O Dec. 57.286 foi considerado **revogado** por Dec. s/n de 25.4.91.

Art. 25. As instituições financeiras públicas e o IRB deverão estabelecer reciprocidade no fornecimento de informações cadastrais que tiverem, relativamente aos importadores e exportadores.

Art. 26. Ficam excluídas da obrigatoriedade do seguro, para os "riscos comerciais", as operações efetuadas:

I — com órgãos de administração pública estrangeira ou entidade a eles vinculada, ou quando a operação for realizada com particular que a tiver garantida por um daqueles órgãos ou entidades;

II — com sucursais, filiais ou agências do exportador, ou com devedores em cujos negócios seja aquele interessado como sócio ou credor.

Parágrafo único. Para as operações referidas no inciso I deste artigo, poderá ser concedida cobertura conjuntamente com a de "riscos políticos e extraordinários".

Art. 27. O recebimento dos prêmios de seguro e o pagamento de sinistros e despesas, quando em moeda estrangeira, far-se-ão segundo as diretrizes fixadas pelo Conselho Monetário Nacional.

Capítulo XIV | DAS DISPOSIÇÕES GERAIS E TRANSITÓRIAS

Art. 28. Nenhum veículo a que se refere o art. 5º deste decreto poderá ser licenciado, a partir de 1º de janeiro de 1968, sem que fique comprovada a efetivação do seguro ali previsto.

Art. 29. As autoridades policiais prestarão à SUSEP, ao IRB e às sociedades seguradoras, toda colaboração necessária ao levantamento da estatística, registro e apuração de responsabilidade dos acidentes que envolvam qualquer veículo a que se refere este decreto.

Art. 30. Para a verificação do cumprimento da obrigatoriedade a que se refere o art. 23 deste decreto, as autoridades municipais ou estaduais exigirão que, ao efetuar-se o pagamento do imposto predial, seja feita, pelo síndico ou pelo próprio condômino, a prova da realização do seguro.

Parágrafo único. Dita comprovação poderá ser feita:

a) pela exibição da respectiva apólice, ou sua cópia devidamente autenticada;

b) pela entrega de declaração assinada pelo síndico, e da qual constem: número da apólice; nome da companhia seguradora; datas de início e término do seguro; número e rua em que se situa o edifício; valor total do seguro.

Art. 31. Nenhum veículo de transportador, pessoa física ou jurídica, de direito público ou privado, poderá, a partir da data fixada pelo CNSP, trafegar com bens ou mercadorias, sem que fique comprovada a efetiva realização dos seguros obrigatórios de responsabilidade civil do transportador.

Art. 32. Nenhum veículo, ou qualquer equipamento de transporte, a partir de 1º de janeiro de 1968, poderá transportar pessoas, bens e mercadorias, sem que fique comprovada a efetiva realização dos seguros obrigatórios a que se referem os capítulos III, IV, VI e VII deste decreto.

Art. 33. Nenhuma operação de crédito rural poderá ser realizada, a partir de 1º de março de 1968, sem que fique comprovada a efetiva realização do seguro rural.

Art. 34. As escrituras públicas que versarem sobre incorporação ou construção de imóveis a que se refere o art. 20, alínea *e*, do Decreto-lei n. 73, de 21 de novembro de 1966[1] não poderão, a partir de data fixada pelo CNSP, ser inscritas no Registro Geral de Imóveis, sem que delas conste expressa referência à comprovação do respectivo seguro, ou à isenção certificada pela SUSEP, na hipótese de inexistência de cobertura, no mercado segurador, declarada pelo IRB.

Art. 34: 1. v. nota 2 ao art. 1º.

Art. 35. Nenhum contrato de venda, promessa de venda, cessão ou promessa de cessão de direito[1] relativos a imóveis, cujo preço for ajustado para pagamento a prazo, mediante financiamento concedido por instituições financeiras públicas ou sociedades de crédito imobiliário, poderá, a partir da data fixada pelo CNSP, ser registrado no Registro Geral de Imóveis, sem a prova da contratação dos seguros previstos no art. 20, alíneas *d* e *f* do Decreto-lei n. 73, de 21 de novembro de 1966.[2]

Art. 35: 1. *sic*; deve ser "direitos".

Art. 35: 2. v. art. 20 do Dec. lei 73, em nota 2 ao art. 1º.

Art. 36. Caberá à instituição financeira pública exigir do exportador a comprovação do seguro referido no art. 24, e seu parágrafo único, deste decreto.

Art. 37. A obrigatoriedade do seguro estabelecida no capítulo XIII deste decreto se iniciará noventa dias da data de sua publicação, a partir de quando nenhum contrato de financiamento poderá ser assinado pelas entidades financeiras públicas, sem a comprovação da cobertura do seguro ali referido.

Art. 38. O CNSP expedirá normas disciplinadoras, condições e tarifas dos seguros de que tratam o presente decreto e quaisquer disposições legais sobre seguros obrigatórios.

Art. 39 (*revogado expressamente pelo Dec. 85.266, de 20.10.80*).

Art. 40. Este decreto entrará em vigor na data de sua publicação, revogados o art. 116 e o capítulo III, exceto o art. 16 e parágrafos, do Decreto n. 60.459, de 13 de março de 1967,[1] e quaisquer disposições em contrário.

Art. 40: 1. v. ementário.

Brasília, 7 de dezembro de 1967; 146º da Independência e 79º da República — A. COSTA E SILVA — **José Fernandes de Luna.**

Lei n. 5.488, de 27 de agosto de 1968

Institui a correção monetária nos casos de liquidação de sinistros cobertos por contratos de seguros.

O Presidente da República,

Faço saber que o Congresso Nacional decreta e eu sanciono a seguinte lei:

Art. 1º A indenização de sinistros cobertos por contratos de seguros de pessoas, bens e responsabilidades, quando não efetuada nos prazos estabelecidos na forma do § 2º deste artigo, ficará sujeita à correção monetária, no todo ou na parte não paga. [1]

§ 1º A correção monetária será devida a partir do término dos referidos prazos e calculada na base dos coeficientes fixados para a correção das Obrigações Reajustáveis do Tesouro Nacional.

§ 2º O Conselho Nacional de Seguros Privados fixará os prazos a que se refere este artigo e estabelecerá as condições que se fizerem necessárias à sua aplicação e à execução desta lei.

§ 3º A incidência da correção monetária sobre o valor da indenização não exonera as entidades seguradoras, cosseguradoras e resseguradoras de outras sanções que, na espécie, lhes forem aplicáveis.

Art. 1º: 1. **Súmula 25 do TFR:** "É aplicável a correção monetária em razão da mora no pagamento de indenização decorrente de seguro obrigatório".

Art. 2º A presente lei entrará em vigor na data de sua publicação.

Art. 3º Revogam-se as disposições em contrário.

Brasília, 27 de agosto de 1968; 147º da Independência e 80º da República — A. COSTA E SILVA — **Edmundo de Macedo Soares.**

Lei n. 6.194, de 19 de dezembro de 1974

Dispõe sobre seguro obrigatório de danos pessoais causados por veículos automotores de via terrestre, ou por sua carga, a pessoas transportadas ou não.[1]

O Presidente da República,

Faço saber que o Congresso Nacional decreta e eu sanciono a seguinte lei:

LEI 6.194: 1. "DPVAT: reflexões sobre prescrição e decadência e os interesses das vítimas de acidentes de trânsito", por Marco Antonio Scarpassa (RDPr 29/238).

Arts. 1º e 2º .... [1]

Arts. 1º e 2º: 1. Alteraram o art. 20 do Dec. lei 73, de 21.11.66, que pode ser lido, já com essas modificações, em nota ao art. 1º do Dec. 61.867, de 7.12.67, neste tít.

Art. 3º (*redação da Lei 11.945, de 4.6.09*) Os danos pessoais cobertos pelo seguro estabelecido no art. 2º desta Lei[1-1a] compreendem as indenizações por morte,[2] por invalidez permanente,[3] total ou parcial,[4] e por despesas de assistência médica e suplementares,[4a] nos valores e conforme as regras que se seguem, por pessoa vitimada:[5-6]

I (*redação da Lei 11.482, de 31.5.07*) — R$ 13.500,00 (treze mil e quinhentos reais) — no caso de morte;

II (*redação da Lei 11.482, de 31.5.07*) — até R$ 13.500,00 (treze mil e quinhentos reais) — no caso de invalidez permanente; e

III (*redação da Lei 11.482, de 31.5.07*) — até R$ 2.700,00 (dois mil e setecentos reais) — como reembolso à vítima — no caso de despesas de assistência médica e suplementares devidamente comprovadas.

§ 1º (*redação da Lei 11.945, de 4.6.09*) No caso da cobertura de que trata o inciso II do *caput* deste artigo, deverão ser enquadradas na tabela anexa a esta Lei as lesões diretamente decorrentes de acidente e que não sejam suscetíveis de amenização proporcionada por qualquer medida terapêutica, classificando-se a invalidez permanente como total ou parcial, subdividindo-se a invalidez permanente parcial em completa e incompleta, conforme a extensão das perdas anatômicas ou funcionais, observado o disposto abaixo:

I (*redação da Lei 11.945, de 4.6.09*) — quando se tratar de invalidez permanente parcial completa, a perda anatômica ou funcional será diretamente enquadrada em um dos segmentos orgânicos ou corporais previstos na tabela anexa, correspondendo a indenização ao valor resultante da aplicação do percentual ali estabelecido ao valor máximo da cobertura; e

II (*redação da Lei 11.945, de 4.6.09*) — quando se tratar de invalidez permanente parcial incompleta, será efetuado o enquadramento da perda anatômica ou funcional na forma prevista no inciso I deste parágrafo, procedendo-se, em seguida, à redução proporcional da indenização que corresponderá a 75% (setenta e cinco por cento) para as perdas de repercussão intensa, 50% (cinquenta por cento) para as de média repercussão, 25% (vinte e cinco por cento) para as de leve repercussão, adotando-se ainda o percentual de 10% (dez por cento), nos casos de sequelas residuais.

§ 2º (*redação da Lei 11.945, de 4.6.09*) Assegura-se à vítima o reembolso, no valor de até R$ 2.700,00 (dois mil e setecentos reais), previsto no inciso III do *caput* deste artigo, de despesas médico-hospitalares, desde que devidamente comprovadas, efetuadas pela rede credenciada junto ao Sistema Único de Saúde, quando em caráter privado, vedada a cessão de direitos.[7]

§ 3º (*redação da Lei 11.945, de 4.6.09*) As despesas de que trata o § 2º deste artigo em nenhuma hipótese poderão ser reembolsadas quando o atendimento for realizado pelo SUS, sob pena de descredenciamento do estabelecimento de saúde do SUS, sem prejuízo das demais penalidades previstas em lei.

Art. 3º: 1. i. e., seguro contra "danos pessoais causados por veículos automotores de via terrestre, ou por sua carga, a pessoas transportadas ou não".

Art. 3º: 1a. "Os danos pessoais sofridos por quem reclama indenização do seguro DPVAT devem ser efetivamente 'causados por veículos automotores de via terrestre, ou por sua carga', nos termos do art. 2º da Lei 6.194/74. Ou seja, o veículo há de ser o causador do dano e não mera concausa passiva do acidente. No caso concreto, tem-se que o veículo automotor, de onde caíra o autor, estava parado e somente fez parte do cenário do infortúnio, não sendo possível apontá-lo como causa adequada (possível e provável) do acidente" (STJ-4ª T., REsp 1.185.100, Min. Luis Felipe, j. 15.2.11, DJ 18.2.11). Em sentido semelhante: STJ-3ª T., REsp 1.187.311, Min. Massami Uyeda, j. 20.9.11, DJ 28.9.11.

Situação em que o veículo foi considerado o causador do dano: "Limpeza do trator. Amputação de membro. Acidente de trabalho. Hipótese de incidência da norma. Lei 6.194/74" (STJ-3ª T., REsp 1.245.817, Min. Nancy Andrighi, j. 6.3.12, DJ 14.3.12). Do voto da relatora: "Embora o trator não estivesse em movimento ou transportando pessoas na via pública, como aponta o acórdão recorrido, o fato é que ele estava em funcionamento durante a sua limpeza, possibilitando que a referida esteira do vibroacabador puxasse e decepasse uma das pernas do recorrente, gerando-lhe danos permanentes. Em outras palavras, o veículo automotor (trator pavimentador) foi a causa determinante do dano sofrido pelo recorrente, sendo, portanto, cabível a indenização securitária".

Também considerando o veículo o causador do dano, em caso de pessoa que caiu do ônibus ao dele descer: "Na hipótese dos autos, foi a movimentação brusca do veículo automotor, no qual se encontrava a autora, que efetivamente causou-lhe o dano. Ainda que o ônibus estivesse parado, se, ao iniciar o movimento, provocasse a queda da autora, dentro ou para fora do veículo, seria devida a indenização" (STJ-3ª T., REsp 1.241.305, Min. Nancy Andrighi, j. 4.12.12, DJ 11.12.12).

Art. 3º: 2. "Reconhecimento do direito dos pais de receberem a indenização por danos pessoais, prevista na legislação regulamentadora do seguro DPVAT, em face da **morte do feto.** Proteção conferida pelo sistema jurídico à vida intrauterina, desde a concepção, com fundamento no princípio da dignidade da pessoa humana" (STJ-RT 907/537: 3ª T., REsp 1.120.676, um voto vencido). No mesmo sentido: STJ-4ª T., REsp 1.415.727, Min. Luis Felipe, j. 4.9.14, DJ 29.9.14.

Art. 3º: 3. "Em interpretação sistemática da legislação securitária (Lei 6.194/74), a 'incapacidade permanente' é a deformidade física decorrente de lesões corporais graves, que não desaparecem nem se modificam para melhor com as medidas terapêuticas comuns, habituais e aceitas pela ciência da época. A 'incapacidade' pressupõe qualquer atividade desempenhada pela vítima — a prática de atos do cotidiano, o trabalho ou o esporte, indistintamente — e, por óbvio, implica mudança compulsória e indesejada de vida do indivíduo, ocasionando-lhe dissabor, dor e sofrimento" (STJ-4ª T., REsp 876.102, Min. Luis Felipe, j. 22.11.11, DJ 1.2.12).

Art. 3º: 4. Súmula 474 do STJ: "A indenização do seguro DPVAT, em caso de invalidez parcial do beneficiário, será paga de forma **proporcional ao grau da invalidez**".

Súmula 544 do STJ: "É válida a utilização de tabela do Conselho Nacional de Seguros Privados para estabelecer a proporcionalidade da indenização do seguro DPVAT ao grau de invalidez também na hipótese de sinistro anterior a 16/12/2008, data da entrada em vigor da Medida Provisória n. 451/2008".

Art. 3º: 4a. "Seguro obrigatório (DPVAT). Indenização. Expressão despesas médicas. Interpretação do art. 3º da Lei 6.194/74. Inclusão de despesas com honorários médicos. Possibilidade" (STJ-3ª T., REsp 1.320.851, Min. Paulo Sanseverino, j. 21.8.14, DJ 4.9.14).

Art. 3º: 5. s/ correção monetária, v. art. 5º, nota 2.

Art. 3º: 6. "O art. 3º da Lei n. 6.194/74 não limita a cobertura do seguro obrigatório apenas aos danos de natureza material. Embora especifique quais os danos indenizáveis — morte, invalidez permanente e despesas de assistência médica e suplementares —, não há nenhuma ressalva quanto ao fato de não estarem cobertos os **prejuízos morais** derivados desses eventos" (STJ-2ª Seção, REsp 1.365.540, Min. Nancy Andrighi, j. 23.4.14, DJ 5.5.14). Do voto da relatora: "Tudo leva a crer que, além da fratura no dedo não ter acarretado nenhum tipo de invalidez permanente ao recorrido, a indenização por danos morais a ele deferida não foi arbitrada em função de um eventual abalo psicológico decorrente dessa lesão. Portanto, embora mantenha a convicção de que o seguro obrigatório possa, conforme o caso, indenizar danos morais, na hipótese específica dos autos os danos psicológicos suportados pelo recorrido não estão cobertos pelo DPVAT". Do voto do Min. Ricardo Cueva: "Os danos pessoais cobertos pelo seguro obrigatório compreendem tão somente indenizações por morte, invalidez permanente e ressarcimento de despesas de assistência médica e suplementares, ou seja, situações que não guardam nenhuma relação com as que serviram para embasar o reconhecimento do direito do autor de ser reparado pelos danos morais que suportou. Reitere-se que, no caso dos autos, entendeu-se devida a verba indenizatória em decorrência da dor psicológica a que submetido o autor por presenciar, como passageiro, acidente automobilístico de grandes proporções".

V. tb. Súmula 246 do STJ, em nota 3 ao CC 944.

Art. 3º: 7. Todavia, s/ cessão do direito à indenização por morte, v. CC 286, nota 3a.

Art. 4º *(redação da Lei 11.482, de 31.5.07)* A indenização no caso de morte será paga de acordo com o disposto no art. 792 da Lei n. 10.406, de 10 de janeiro de 2002 — Código Civil.[1 a 3]

§ 1º *(revogado pela Lei 11.482, de 31.5.07).*

§ 2º *(revogado pela Lei 11.482, de 31.5.07).*

§ 3º *(redação da Lei 11.482, de 31.5.07)* Nos demais casos, o pagamento será feito diretamente à vítima na forma que dispuser o Conselho Nacional de Seguros Privados — CNSP.

Art. 4º: 1. "Embora a Lei n. 6.194/74 garanta a indenização por morte decorrente de acidente de trânsito ao cônjuge sobrevivente e aos herdeiros legais, a análise teleológica do instituto permite, por questão de justiça, estender o direito aos detentores da guarda que, apesar de não haverem formalizado a adoção, renderam cuidados ao falecido por mais de vinte anos, tendo sido as pessoas diretamente afetadas pela perda do convívio" (RBDFS 0/109).

Art. 4º: 2. "O art. 4º da Lei 6.194/1974, que indica os herdeiros como legítimos beneficiários da vítima fatal de acidente automobilístico acobertado pelo DPVAT, não institui solidariedade entre aqueles credores. Os beneficiários do seguro instituído pela Lei 6.194/1974, no caso de morte da vítima, são os previstos no art. 4º, herdeiros, respeitando-se a ordem da vocação hereditária, locução expressamente prevista com a redação dada pela Lei 11.482/2007. Coexistindo mais de um herdeiro, igualmente beneficiário, cada um terá **direito ao recebimento de sua quota parte, individualmente"** (STJ-4ª T., REsp 1.366.592, Min. Luis Felipe, j. 9.5.17, DJ 26.5.17).

Art. 4º: 3. "É válido o pagamento de indenização do DPVAT aos pais de falecido quando se apresentam como únicos herdeiros mediante a entrega dos documentos exigidos pela lei, mesmo quando houver filhos que não foram incluídos no pagamento. Na hipótese dos autos, o pagamento aos **credores putativos** ocorreu de boa-fé e a exclusão da herdeira não decorreu de negligência ou imprudência da recorrida" (STJ-3ª T., REsp 1.443.349, Min. Nancy Andrighi, j. 22.11.16, DJ 1.12.16).

Art. 5º O pagamento da indenização será efetuado mediante simples prova do acidente e do dano decorrente, independentemente da existência de culpa, haja ou não resseguro, abolida qualquer franquia de responsabilidade do segurado.

§ 1º *(redação da Lei 11.482, de 31.5.07)* A indenização referida neste artigo será paga com base no valor vigente na época da ocorrência do sinistro, em cheque nominal aos beneficiários, descontável no dia e na praça da sucursal que fizer a liquidação, no prazo de trinta dias da entrega dos seguintes documentos:

a) (*redação da Lei 8.441, de 13.7.92*) certidão de óbito, registro da ocorrência no órgão policial competente e a prova de qualidade de beneficiários — no caso de morte;[1]

b)[1a] prova das despesas efetuadas pela vítima com o seu atendimento por hospital, ambulatório ou médico assistente e registro da ocorrência no órgão policial competente — no caso de danos pessoais.

§ 2º Os documentos referidos no § 1º serão entregues à sociedade seguradora, mediante recibo, que os especificará.

§ 3º (*redação da Lei 8.441, de 13.7.92*) Não se concluindo na certidão de óbito o nexo de causa e efeito entre a morte e o acidente, será acrescentada a certidão de auto de necropsia, fornecida diretamente pelo Instituto Médico Legal, independentemente de requisição ou autorização da autoridade policial ou da jurisdição do acidente.

§ 4º (*redação da Lei 8.441, de 13.7.92*) Havendo dúvida quanto ao nexo de causa e efeito entre o acidente e as lesões, em caso de despesas médicas suplementares e invalidez permanente, poderá ser acrescentado ao boletim de atendimento hospitalar relatório de internamento ou tratamento, se houver, fornecido pela rede hospitalar e previdenciária, mediante pedido verbal ou escrito, pelos interessados, em formulário próprio da entidade fornecedora.

§ 5º (*redação da Lei 11.945, de 4.6.09*) O Instituto Médico Legal da jurisdição do acidente ou da residência da vítima deverá fornecer, no prazo de até 90 (noventa) dias, laudo à vítima com a verificação da existência e quantificação das lesões permanentes, totais ou parciais.

§ 6º (*redação da Lei 11.482, de 31.5.07*) O pagamento da indenização também poderá ser realizado por intermédio de depósito ou Transferência Eletrônica de Dados — TED para a conta corrente ou conta de poupança do beneficiário, observada a legislação do Sistema de Pagamentos Brasileiro.

§ 7º (*redação da Lei 11.482, de 31.5.07*) Os valores correspondentes às indenizações, na hipótese de não cumprimento do prazo para o pagamento da respectiva obrigação pecuniária, sujeitam-se à correção monetária segundo índice oficial regularmente estabelecido[2] e juros moratórios com base em critérios fixados na regulamentação específica de seguro privado.

Art. 5º: 1. s/ pagamento a credor putativo, v. CC 309, nota 2.

Art. 5º: 1a. O art. 5º § 1º-*b* foi mantido, sem alteração, pela Lei 8.441, de 13.7.92.

Art. 5º: 2. **Súmula 580 do STJ:** "A correção monetária nas indenizações do seguro DPVAT por morte ou invalidez, prevista no § 7º do art. 5º da Lei n. 6.194/1974, redação dada pela Lei n. 11.482/2007, incide **desde a data do evento danoso**".

Art. 6º No caso de ocorrência do[1] sinistro do qual participem dois ou mais veículos, a indenização será paga pela sociedade seguradora do respectivo veículo em que cada pessoa vitimada era transportada.

§ 1º Resultando do acidente vítimas não transportadas, as indenizações a elas correspondentes serão pagas, em partes iguais, pelas sociedades seguradoras dos veículos envolvidos.

§ 2º Havendo veículos não identificados e identificados, a indenização será paga pelas sociedades seguradoras destes últimos.

Art. 6º: 1. *sic*; deve ser "de".

Art. 7º (*redação da Lei 8.441, de 13.7.92*) A indenização por pessoa vitimada por veículo não identificado, com seguradora não identificada, seguro não realizado ou vencido, será paga nos mesmos valores, condições e prazos dos demais casos por um consórcio constituído, obrigatoriamente, por todas as sociedades seguradoras que operem no seguro objeto desta lei.

§ 1º (*redação da Lei 8.441, de 13.7.92*) O consórcio de que trata este artigo poderá haver regressivamente do proprietário do veículo os valores que desembolsar, ficando o veículo, desde logo, como garantia da obrigação, ainda que vinculada a contrato de alienação fiduciária, reserva de domínio, *leasing* ou qualquer outro.

§ 2º O Conselho Nacional de Seguros Privados (CNSP) estabelecerá normas para atender ao pagamento das indenizações previstas neste artigo, bem como a forma de sua distribuição pelas seguradoras participantes do consórcio.

Art. 8º Comprovado o pagamento, a sociedade seguradora que houver pago a indenização poderá, mediante ação própria, haver do responsável a importância efetivamente indenizada.

Art. 9º Nos seguros facultativos de responsabilidade civil dos proprietários de veículos automotores de via terrestre, as indenizações por danos materiais causados a terceiros serão pagas independentemente da responsabilidade que for apurada em ação judicial contra o causador do dano, cabendo à seguradora o direito de regresso contra o responsável.

Art. 10. Observar-se-á o procedimento sumaríssimo[1] do Código de Processo Civil nas causas relativas aos danos pessoais mencionados na presente lei.

Art. 10: 1. Não há mais procedimento sumaríssimo ou sumário no CPC; agora há um único procedimento para o processo de conhecimento ordinário, qual seja, o **procedimento comum** (v. CPC 318 e segs. e 1.049 § ún.). V. tb. CPC 1.063 e CPC rev. art. 275-II-*e*.

Art. 11 (*redação da Lei 11.482, de 31.5.07*). A sociedade seguradora que infringir as disposições desta Lei estará sujeita às penalidades previstas no art. 108 do Decreto-Lei n. 73, de 21 de novembro de 1966, de acordo com a gravidade da irregularidade, observado o disposto no art. 118 do referido Decreto-Lei.

Art. 12. O Conselho Nacional de Seguros Privados expedirá normas disciplinadoras e tarifas que atendam ao disposto nesta lei.

§ 1º (*redação da Lei 8.441, de 13.7.92*) O Conselho Nacional de Trânsito implantará e fiscalizará as medidas de sua competência, garantidoras do não licenciamento e não circulação de veículos automotores de vias terrestres, em via pública ou fora dela, a descoberto do seguro previsto nesta lei.

§ 2º (*redação da Lei 8.441, de 13.7.92*) Para efeito do parágrafo anterior, o Conselho Nacional de Trânsito expedirá normas para o vencimento do seguro coincidir com o do IFVA, arquivando-se cópia do bilhete ou apólice no prontuário respectivo, bem como fazer[1] constar no registro de ocorrências nome, qualificação, endereço residencial e profissional completos do proprietário do veículo, além do nome da seguradora, número e vencimento do bilhete ou apólice de seguro.

§ 3º (*redação da Lei 11.945, de 4.6.09*) O CNSP estabelecerá anualmente o valor correspondente ao custo da emissão e da cobrança da apólice ou do bilhete do Seguro Obrigatório de Danos Pessoais causados por veículos automotores de vias terrestres.

§ 4º (*redação da Lei 11.945, de 4.6.09*) O disposto no parágrafo único do art. 27 da Lei n. 8.212, de 24 de julho de 1991, não se aplica ao produto da arrecadação do ressarcimento do custo descrito no § 3º deste artigo.

Art. 12: 1. *sic*; será "bem como para fazer"?

Art. 13. Esta lei entrará em vigor na data de sua publicação, revogados o Decreto-lei n. 814, de 4 de setembro de 1969,[1] e demais disposições em contrário.

Art. 13: 1. v. ementário.

Brasília, 19 de dezembro de 1974; 153º da Independência e 86º da República — ERNESTO GEISEL — **Severo Fagundes Gomes.**

Anexo

(art. 3º da Lei n. 6.194, de 19 de dezembro de 1974)

Danos Corporais Totais **Repercussão na Íntegra do Patrimônio Físico**	**Percentual da Perda**
Perda anatômica e/ou funcional completa de ambos os membros superiores ou inferiores	100
Perda anatômica e/ou funcional completa de ambas as mãos ou de ambos os pés	
Perda anatômica e/ou funcional completa de um membro superior e de um membro inferior	
Perda completa da visão em ambos os olhos (cegueira bilateral) ou cegueira legal bilateral	
Lesões neurológicas que cursem com: (a) dano cognitivo-comportamental alienante; (b) impedimento do senso de orientação espacial e/ou do livre deslocamento corporal; (c) perda completa do controle esfincteriano; (d) comprometimento de função vital ou autonômica	
Lesões de órgãos e estruturas craniofaciais, cervicais, torácicos, abdominais, pélvicos ou retroperitoneais cursando com prejuízos funcionais não compensáveis, de ordem autonômica, respiratória, cardiovascular, digestiva, excretora ou de qualquer outra espécie, desde que haja comprometimento de função vital	
Danos Corporais Segmentares (Parciais) **Repercussões em Partes de Membros Superiores e Inferiores**	**Percentuais das Perdas**
Perda anatômica e/ou funcional completa de um dos membros superiores e/ou de uma das mãos	70
Perda anatômica e/ou funcional completa de um dos membros inferiores	70
Perda anatômica e/ou funcional completa de um dos pés	50
Perda completa da mobilidade de um dos ombros, cotovelos, punhos ou dedo polegar	25
Perda completa da mobilidade de um quadril, joelho ou tornozelo	25
Perda anatômica e/ou funcional completa de qualquer um dentre os outros dedos da mão	10
Perda anatômica e/ou funcional completa de qualquer um dos dedos do pé	10
Danos Corporais Segmentares (Parciais) **Outras Repercussões em Órgãos e Estruturas Corporais**	**Percentuais das Perdas**
Perda auditiva total bilateral (surdez completa) ou da fonação (mudez completa) ou da visão de um olho	50
Perda completa da mobilidade de um segmento da coluna vertebral exceto o sacral	25
Perda integral (retirada cirúrgica) do baço	10

Lei n. 9.656, de 3 de junho de 1998

Dispõe sobre os planos e seguros privados de assistência à saúde. [1-2]

O Presidente da República

Faço saber que o Congresso Nacional decreta e eu sanciono a seguinte lei:

LEI 9.656: 1. "O futuro que queremos para a regulação da saúde suplementar", por Maria Stella Gregori (RT 925/147).

Lei 9.656: 2. **s/ planos e seguros privados de assistência à saúde à luz do CDC, v. CDC 51, nota 7.**

Art. 1º (*redação da Med. Prov. 2.177-44, de 24.8.01*) Submetem-se às disposições desta lei as pessoas jurídicas de direito privado que operam planos de assistência à saúde, sem prejuízo do cumprimento da legislação específica que rege a sua atividade, adotando-se, para fins de aplicação das normas aqui estabelecidas, as seguintes definições:

I — Plano Privado de Assistência à Saúde: prestação continuada de serviços ou cobertura de custos assistenciais a preço pré ou pós estabelecido, por prazo indeterminado, com a finalidade de garantir, sem limite financeiro, a assistência à saúde, pela faculdade de acesso e atendimento por profissionais ou serviços de saúde, livremente escolhidos, integrantes ou não de rede credenciada contratada ou referenciada, visando a assistência médica, hospitalar e odontológica, a ser paga integral ou parcialmente às expensas da operadora contratada, mediante reembolso ou pagamento direto ao prestador, por conta e ordem do consumidor;

II — Operadora de Plano de Assistência à Saúde: pessoa jurídica constituída sob a modalidade de sociedade civil ou comercial, cooperativa, ou entidade de autogestão, que opere produto, serviço ou contrato de que trata o inciso I deste artigo;

III — Carteira: o conjunto de contratos de cobertura de custos assistenciais ou de serviços de assistência à saúde em qualquer das modalidades de que tratam o inciso I e o § 1º deste artigo, com todos os direitos e obrigações nele contidos.

§ 1º (*redação da Med. Prov. 2.177-44, de 24.8.01*) Está subordinada às normas e à fiscalização da Agência Nacional de Saúde Suplementar — ANS qualquer modalidade de produto, serviço e contrato que apresente, além da garantia de cobertura financeira de riscos de assistência médica, hospitalar e odontológica, outras características que o diferencie de atividade exclusivamente financeira, tais como:

a) custeio de despesas;

b) oferecimento de rede credenciada ou referenciada;

c) reembolso de despesas;

d) mecanismos de regulação;

e) qualquer restrição contratual, técnica ou operacional para a cobertura de procedimentos solicitados por prestador escolhido pelo consumidor; e

f) vinculação de cobertura financeira à aplicação de conceitos ou critérios médico-assistenciais.

§ 2º (*redação da Med. Prov. 2.177-44, de 24.8.01*) Incluem-se na abrangência desta lei as cooperativas que operem os produtos de que tratam o inciso I e o § 1º deste artigo, bem assim as entidades[1] ou empresas que mantêm sistemas de assistência à saúde, pela modalidade de autogestão ou de administração.

§ 3º (*redação da Med. Prov. 2.177-44, de 24.8.01*) As pessoas físicas ou jurídicas residentes ou domiciliadas no exterior podem constituir ou participar do capital, ou do aumento do capital, de pessoas jurídicas de direito privado constituídas sob as leis brasileiras para operar planos privados de assistência à saúde.

§ 4º (*redação da Med. Prov. 2.177-44, de 24.8.01*) É vedada às pessoas físicas a operação dos produtos de que tratam o inciso I e o § 1º deste artigo.

Art. 1º: 1. "Considerando que as pessoas jurídicas de direito privado são mencionadas expressamente no *caput* do art. 1º da Lei 9.656/1998, a utilização do termo 'entidade' no § 2º denota a intenção do legislador de ampliar o alcance da lei às **pessoas jurídicas de direito público** que prestam serviço de assistência à saúde suplementar" (STJ-3ª T., REsp 1.766.181, Min. Ricardo Cueva, j. 3.12.19, maioria, DJ 13.12.19).

Arts. 2º a 7º (*revogados expressamente pela Med. Prov. 2.177-44, de 24.8.01*).

Art. 8º (*redação da Med. Prov. 2.177-44, de 24.8.01*) Para obter a autorização de funcionamento, as operadoras de planos privados de assistência à saúde devem satisfazer os seguintes requisitos, independentemente de outros que venham a ser determinados pela ANS:

I — registro nos Conselhos Regionais de Medicina e Odontologia, conforme o caso, em cumprimento ao disposto no art. 1º da Lei n. 6.839, de 30 de outubro de 1980;

II — descrição pormenorizada dos serviços de saúde próprios oferecidos e daqueles a serem prestados por terceiros;

III — descrição de suas instalações e equipamentos destinados a prestação de serviços;

IV — especificação dos recursos humanos qualificados e habilitados, com responsabilidade técnica de acordo com as leis que regem a matéria;

V — demonstração da capacidade de atendimento em razão dos serviços a serem prestados;

VI — demonstração da viabilidade econômico-financeira dos planos privados de assistência à saúde oferecidos, respeitadas as peculiaridades operacionais de cada uma das respectivas operadoras;

VII — especificação da área geográfica coberta pelo plano privado de assistência à saúde.

§ 1º (*redação da Med. Prov. 2.177-44, de 24.8.01*) São dispensadas do cumprimento das condições estabelecidas nos incisos VI e VII deste artigo as entidades ou empresas que mantêm sistemas de assistência privada à saúde na modalidade de autogestão, citadas no § 2º do art. 1º.

§ 2º (*redação da Med. Prov. 2.177-44, de 24.8.01*) A autorização de funcionamento será cancelada caso a operadora não comercialize os produtos de que tratam o inciso I e o § 1º do art. 1º desta lei, no prazo máximo de cento e oitenta dias a contar do seu registro na ANS.

§ 3º (*redação da Med. Prov. 2.177-44, de 24.8.01*) As operadoras privadas de assistência à saúde poderão voluntariamente requerer autorização para encerramento de suas atividades, observando os seguintes requisitos, independentemente de outros que venham a ser determinados pela ANS:

a) comprovação da transferência da carteira sem prejuízo para o consumidor, ou a inexistência de beneficiários sob sua responsabilidade;

b) garantia da continuidade da prestação de serviços dos beneficiários internados ou em tratamento;

c) comprovação da quitação de suas obrigações com os prestadores de serviço no âmbito da operação de planos privados de assistência à saúde;

d) informação prévia à ANS, aos beneficiários e aos prestadores de serviço contratados, credenciados ou referenciados, na forma e nos prazos a serem definidos pela ANS.

Art. 9º (*redação da Med. Prov. 2.177-44, de 24.8.01*) Após decorridos cento e vinte dias de vigência desta lei, para as operadoras, e duzentos e quarenta dias, para as administradoras de planos de assistência à saúde, e até que sejam definidas pela ANS, as normas gerais de registro, as pessoas jurídicas que operam os produtos de que tratam o inciso I e o § 1º do art. 1º desta lei, e observado o que dispõe o art. 19, só poderão comercializar estes produtos se:

I — as operadoras e administradoras estiverem provisoriamente cadastradas na ANS; e

II — os produtos a serem comercializados estiverem registrados na ANS.

§ 1º (*redação da Med. Prov. 2.177-44, de 24.8.01*) O descumprimento das formalidades previstas neste artigo, além de configurar infração, constitui agravante na aplicação de penalidades por infração das demais normas previstas nesta lei.

§ 2º (*redação da Med. Prov. 2.177-44, de 24.8.01*) A ANS poderá solicitar informações, determinar alterações e promover a suspensão do todo ou de parte das condições dos planos apresentados.

§ 3º (*redação da Med. Prov. 2.177-44, de 24.8.01*) A autorização de comercialização será cancelada caso a operadora não comercialize os planos ou os produtos de que tratam o inciso I e o § 1º do art. 1º desta lei, no prazo máximo de cento e oitenta dias a contar do seu registro na ANS.

§ 4º (*redação da Med. Prov. 2.177-44, de 24.8.01*) A ANS poderá determinar a suspensão temporária da comercialização de plano ou produto caso identifique qualquer irregularidade contratual, econômico-financeira ou assistencial.

Art. 10 (*redação da Med. Prov. 2.177-44, de 24.8.01*). É instituído o plano-referência de assistência à saúde, com cobertura assistencial médico-ambulatorial e hospitalar, compreendendo partos e tratamentos, realizados exclusivamente no Brasil, com padrão de enfermaria, centro de terapia intensiva, ou similar, quando necessária a internação hospitalar, das doenças listadas na Classificação Estatística Internacional de Doenças e Problemas Relacionados com a Saúde, da Organização Mundial de Saúde, respeitadas as exigências mínimas estabelecidas no art. 12 desta lei, exceto:

I (*redação da Med. Prov. 2.177-44, de 24.8.01*) — tratamento clínico ou cirúrgico experimental;[1]

II — procedimentos clínicos ou cirúrgicos para fins estéticos, bem como órteses e próteses para o mesmo fim;
III — inseminação artificial; [1a]
IV — tratamento de rejuvenescimento ou de emagrecimento com finalidade estética; [1b]
V — fornecimento de medicamentos importados não nacionalizados;
VI (*redação da Lei 12.880, de 12.11.13*) [2] — fornecimento de medicamentos para tratamento domiciliar, ressalvado o disposto nas alíneas *c* do inciso I e *g* do inciso II do art. 12;
VII (*redação da Med. Prov. 2.177-44, de 24.8.01*) — fornecimento de próteses, órteses e seus acessórios não ligados ao ato cirúrgico;
VIII — (*revogado expressamente pela Med. Prov. 2.177-44, de 24.8.01*);
IX — tratamentos ilícitos ou antiéticos, assim definidos sob o aspecto médico, ou não reconhecidos pelas autoridades competentes;
X — casos de cataclismos, guerras e comoções internas, quando declarados pela autoridade competente.
§ 1º (*redação da Med. Prov. 2.177-44, de 24.8.01*) As exceções constantes dos incisos deste artigo serão objeto de regulamentação pela ANS.
§ 2º (*redação da Med. Prov. 2.177-44, de 24.8.01*) As pessoas jurídicas que comercializam produtos de que tratam o inciso I e o § 1º do art. 1º desta lei oferecerão, obrigatoriamente, a partir de 3 de dezembro de 1999, o plano-referência de que trata este artigo a todos os seus atuais e futuros consumidores. [3]
§ 3º (*redação da Med. Prov. 2.177-44, de 24.8.01*) Excluem-se da obrigatoriedade a que se refere o § 2º deste artigo as pessoas jurídicas que mantêm sistemas de assistência à saúde pela modalidade de autogestão e as pessoas jurídicas que operem exclusivamente planos odontológicos.
§ 4º (*redação da Med. Prov. 2.177-44, de 24.8.01*) A amplitude das coberturas, inclusive de transplantes e de procedimentos de alta complexidade, será definida por normas editadas pela ANS.

Art. 10: 1. "A interpretação conjunta dos arts. 10 e 12 da Lei 9.656/98 conduz à compreensão de que, na hipótese de existir tratamento convencional, com perspectiva de resposta satisfatória, não pode o paciente, às custas da seguradora ou operadora de plano de saúde, optar por tratamento experimental. Por outro lado, nas situações em que os tratamentos convencionais não forem suficientes ou eficientes, fato atestado pelos médicos que acompanham o caso, existindo, no País, tratamento experimental, em instituição de reputação científica reconhecida, com indicação para a doença, a seguradora ou operadora deve arcar com os custos do tratamento, na medida em que este passa a ser o único de real interesse para o contratante, configurando o tratamento mínimo garantido pelo art. 12 da Lei. Assim, a restrição contida no art. 10, I, da Lei 9.656/98 somente deve ter aplicação quando houver tratamento convencional eficaz para o segurado" (STJ-4ª T., REsp 1.279.241, Min. Raul Araújo, j. 2.10.14, maioria, DJ 7.11.14). No mesmo sentido: STJ-2ª T., Ag em REsp 963.896-AgInt, Min. Herman Benjamin, j. 21.2.17, DJ 18.4.17.

Art. 10: 1a. v. CDC 51, nota 7.

Art. 10: 1b. "A restrição ao custeio pelo plano de saúde de tratamento de emagrecimento circunscreve-se somente aos de cunho estético ou rejuvenescedor, sobretudo os realizados em SPA, clínica de repouso ou estância hidromineral (arts. 10, IV, da Lei 9.656/1998 e 20, § 1º, IV, da RN ANS 387/2015), não se confundindo com a terapêutica da obesidade mórbida (como a internação em clínica médica especializada), que está ligada à saúde vital do paciente e não à pura redução de peso almejada para se obter beleza física. Havendo indicação médica para **tratamento de obesidade mórbida** ou severa por meio de internação em clínica de emagrecimento, não cabe à operadora negar a cobertura sob o argumento de que o tratamento não seria adequado ao paciente, ou que não teria previsão contratual, visto que tal terapêutica, como último recurso, é fundamental à sobrevida do usuário, inclusive com a diminuição das complicações e doenças dela decorrentes, não se configurando simples procedimento estético ou emagrecedor" (STJ-3ª T., REsp 1.645.762, Min. Ricardo Cueva, j. 12.12.17, DJ 18.12.17).

V. tb. CDC 51, nota 7.

Art. 10: 2. Dispositivo em vigor 180 dias após a data de publicação da Lei 12.880, de 12.11.13 (DOU 13.11.13), cf. dispõe o art. 3º da referida Lei.

Art. 10: 3. O STF declarou **inconstitucional** este § 2º (STF-Pleno, ADI 1.931, Min. Marco Aurélio, j. 7.2.18, DJ 8.6.18).

Art. 10-A (*redação da Lei 10.223, de 15.5.01*). Cabe às operadoras definidas nos incisos I e II do § 1º do art. 1º desta lei, por meio de sua rede de unidades conveniadas, prestar serviço de cirurgia plástica reconstrutiva de mama, utilizando-se de todos os meios e técnicas necessárias, para o tratamento de mutilação decorrente de utilização de técnica de tratamento de câncer.

§ 1º Quando existirem condições técnicas, a reconstrução da mama será efetuada no tempo cirúrgico da mutilação referida no *caput* deste artigo. [1]

§ 2º No caso de impossibilidade de reconstrução imediata, a paciente será encaminhada para acompanhamento e terá garantida a realização da cirurgia imediatamente após alcançar as condições clínicas requeridas. [2]

§ 3º Os procedimentos de simetrização da mama contralateral e de reconstrução do complexo aréolo-mamilar integram a cirurgia plástica reconstrutiva prevista no *caput* e no § 1º deste artigo. [3]

Art. 10-A: 1. O § 1º foi acrescido pela Lei 13.770, de 19.12.18, em vigor 180 dias após a sua publicação (DOU 20.12.18).

Art. 10-A: 2. O § 2º foi acrescido pela Lei 13.770, de 19.12.18, em vigor 180 dias após a sua publicação (DOU 20.12.18).

Art. 10-A: 3. O § 3º foi acrescido pela Lei 13.770, de 19.12.18, em vigor 180 dias após a sua publicação (DOU 20.12.18).

Art. 10-B. Cabe às operadoras dos produtos de que tratam o inciso I e o § 1º do art. 1º, por meio de rede própria, credenciada, contratada ou referenciada, ou mediante reembolso, fornecer bolsas de colostomia, ileostomia e urostomia, sonda vesical de demora e coletor de urina com conector, para uso hospitalar, ambulatorial ou domiciliar, vedada a limitação de prazo, valor máximo e quantidade. [1]

Art. 10-B: 1. O art. 10-B foi acrescido pela Lei 12.738 de 30.11.12, em vigor 180 dias após a sua publicação (DOU 3.12.12).

Art. 10-C. Os produtos de que tratam o inciso I do *caput* e o § 1º do art. 1º desta Lei deverão incluir cobertura de atendimento à violência autoprovocada e às tentativas de suicídio. [1]

Art. 10-C: 1. O art. 10-C foi acrescido pela Lei 13.819, de 26.4.19, em vigor 90 dias após a sua publicação (DOU 29.4.19).

Art. 11 (*redação da Med. Prov. 2.177-44, de 24.8.01*). É vedada a exclusão de cobertura às doenças e lesões preexistentes à data de contratação dos produtos de que tratam o inciso I e o § 1º do art. 1º desta lei após vinte e quatro meses de vigência do aludido instrumento contratual, cabendo à respectiva operadora o ônus da prova e da demonstração do conhecimento prévio do consumidor ou beneficiário.

Parágrafo único (*redação da Med. Prov. 2.177-44, de 24.8.01*). É vedada a suspensão da assistência à saúde do consumidor ou beneficiário, titular ou dependente, até a prova de que trata o *caput*, na forma da regulamentação a ser editada pela ANS.

Art. 12 (*redação da Med. Prov. 2.177-44, de 24.8.01*). São facultadas a oferta, a contratação e a vigência dos produtos de que tratam o inciso I e o § 1º do art. 1º desta lei, nas segmentações previstas nos incisos I a IV deste artigo, respeitadas as respectivas amplitudes de cobertura definidas no plano-referência de que trata o art. 10, segundo as seguintes exigências mínimas:

I — quando incluir atendimento ambulatorial:

a) cobertura de consultas médicas, em número ilimitado, em clínicas básicas e especializadas, reconhecidas pelo Conselho Federal de Medicina;

b) (*redação da Med. Prov. 2.177-44, de 24.8.01*) cobertura de serviços de apoio diagnóstico, tratamentos e demais procedimentos ambulatoriais, solicitados pelo médico assistente;

c) (*redação da Lei 12.880, de 12.11.13*)[1] cobertura de tratamentos antineoplásicos domiciliares de uso oral, incluindo medicamentos para o controle de efeitos adversos relacionados ao tratamento e adjuvantes;

II — quando incluir internação hospitalar:

a) (*redação da Med. Prov. 2.177-44, de 24.8.01*) cobertura de internações hospitalares, vedada a limitação de prazo, valor máximo e quantidade, em clínicas básicas e especializadas, reconhecidas pelo Conselho Federal de Medicina, admitindo-se a exclusão dos procedimentos obstétricos;

b) (*redação da Med. Prov. 2.177-44, de 24.8.01*) cobertura de internações hospitalares em centro de terapia intensiva, ou similar, vedada a limitação de prazo, valor máximo e quantidade, a critério do médico assistente;

c) cobertura de despesas referentes a honorários médicos, serviços gerais de enfermagem e alimentação;[1a]

d) (*redação da Med. Prov. 2.177-44, de 24.8.01*) cobertura de exames complementares indispensáveis para o controle da evolução da doença e elucidação diagnóstica, fornecimento de medicamentos, anestésicos, gases medicinais, transfusões e sessões de quimioterapia e radioterapia, conforme prescrição do médico assistente, realizados ou ministrados durante o período de internação hospitalar;

e) (*redação da Med. Prov. 2.177-44, de 24.8.01*) cobertura de toda e qualquer taxa, incluindo materiais utilizados, assim como da remoção do paciente, comprovadamente necessária, para outro estabelecimento hospitalar, dentro dos limites de abrangência geográfica previstos no contrato, em território brasileiro;

f) cobertura de despesas de acompanhante,[1b] no caso de pacientes menores de dezoito anos;

g) (*redação da Lei 12.880, de 12.11.13*)[2] cobertura para tratamentos antineoplásicos ambulatoriais e domiciliares de uso oral, procedimentos radioterápicos para tratamento de câncer e hemoterapia, na qualidade de procedimentos cuja necessidade esteja relacionada à continuidade da assistência prestada em âmbito de internação hospitalar;

III — quando incluir atendimento obstétrico:

a) cobertura assistencial ao recém-nascido, filho natural ou adotivo do consumidor, ou de seu dependente, durante os primeiros trinta dias após o parto;

b) (*redação da Med. Prov. 2.177-44, de 24.8.01*) inscrição assegurada ao recém-nascido, filho natural ou adotivo do consumidor, como dependente, isento do cumprimento dos períodos de carência, desde que a inscrição ocorra no prazo máximo de trinta dias do nascimento ou da adoção;

IV — quando incluir atendimento odontológico:

a) cobertura de consultas e exames auxiliares ou complementares, solicitados pelo odontólogo assistente;

b) cobertura de procedimentos preventivos, de dentística e endodontia;

c) cobertura de cirurgias orais menores, assim consideradas as realizadas em ambiente ambulatorial e sem anestesia geral;

V — quando fixar períodos de carência:

a) prazo máximo de trezentos dias para partos a termo;
b) prazo máximo de cento e oitenta dias para os demais casos;
c) (*redação da Med. Prov. 2.177-44, de 24.8.01*) prazo máximo de vinte e quatro horas para a cobertura dos casos de urgência e emergência;
VI (*redação da Med. Prov. 2.177-44, de 24.8.01*) — reembolso, em todos os tipos de produtos de que tratam o inciso I e o § 1º do art. 1º desta lei, nos limites das obrigações contratuais, das despesas efetuadas pelo beneficiário com assistência à saúde, em casos de urgência ou emergência,[2a] quando não for possível a utilização dos serviços próprios, contratados, credenciados ou referenciados pelas operadoras, de acordo com a relação de preços de serviços médicos e hospitalares praticados pelo respectivo produto, pagáveis no prazo máximo de trinta dias após a entrega da documentação adequada;
VII — inscrição de filho adotivo, menor de doze anos de idade, aproveitando os períodos de carência já cumpridos pelo consumidor adotante.
§ 1º (*redação da Med. Prov. 2.177-44, de 24.8.01*) Após cento e vinte dias da vigência desta lei, fica proibido o oferecimento de produtos de que tratam o inciso I e o § 1º do art. 1º desta lei fora das segmentações de que trata este artigo, observadas suas respectivas condições de abrangência e contratação.
§ 2º (*redação da Med. Prov. 2.177-44, de 24.8.01*) A partir de 3 de dezembro de 1999, da documentação relativa à contratação de produtos de que tratam o inciso I e o § 1º do art. 1º desta lei, nas segmentações de que trata este artigo, deverá constar declaração em separado do consumidor, de que tem conhecimento da existência e disponibilidade do plano-referência, e de que este lhe foi oferecido.
§ 3º (*revogado expressamente pela Med. Prov. 2.177-44, de 24.8.01*).
§ 4º (*redação da Lei 12.880, de 12.11.13*)[3] As coberturas a que se referem as alíneas *c* do inciso I e *g* do inciso II deste artigo serão objeto de protocolos clínicos e diretrizes terapêuticas, revisados periodicamente, ouvidas as sociedades médicas de especialistas da área, publicados pela ANS.
§ 5º (*redação da Lei 12.880, de 12.11.13*)[4] O fornecimento previsto nas alíneas *c* do inciso I e *g* do inciso II deste artigo dar-se-á, por meio de rede própria, credenciada, contratada ou referenciada, diretamente ao paciente ou ao seu representante legal, podendo ser realizado de maneira fracionada por ciclo, observadas as normas estabelecidas pelos órgãos reguladores e de acordo com prescrição médica.

Art. 12: 1. Dispositivo em vigor 180 dias após a data de publicação da Lei 12.880, de 12.11.13 (DOU 13.11.13), cf. dispõe o art. 3º da referida Lei.

Art. 12: 1a. "Nos termos do art. 12, II, *c*, da Lei 9.656/98, em caso de internação hospitalar, cabe ao plano de saúde cobrir as despesas referentes a alimentação, honorários médicos e serviços gerais de enfermagem, aí abrangidos os indissociáveis custos da respectiva instrumentação cirúrgica, independentemente de a atividade do instrumentador ainda não contar com regulamentação legal própria, cuja lacuna, por certo, não pode operar em desfavor ou em prejuízo dos contratantes/usuários dos planos de saúde" (STJ-1ª T., REsp 1.821.860, Min. Sérgio Kukina, j. 27.8.19, DJ 30.8.19). No mesmo sentido: STJ-2ª T., REsp 1.822.372, Min. Herman Benjamin, j. 21.11.19, DJ 19.12.19.

Art. 12: 1b. Em matéria de idoso, v. EId 16, nota 1.

Art. 12: 2. Dispositivo em vigor 180 dias após a data de publicação da Lei 12.880, de 12.11.13 (DOU 13.11.13), cf. dispõe o art. 3º da referida Lei.

Art. 12: 2a. "O reembolso das despesas efetuadas pelo beneficiário com assistência à saúde deve ser permitido quando não for possível a utilização dos serviços próprios, contratados, credenciados ou referenciados pelas operadoras, sendo as hipóteses de urgência e emergência apenas exemplos (e não requisitos) dessa segurança contratual dada aos consumidores" (STJ-3ª T., REsp 1.575.764, Min. Nancy Andrighi, j. 7.5.19, maioria, DJ 30.5.19; no caso, foi determinado o reembolso do valor que teria sido gasto em hospital da rede conveniada).

Art. 12: 3. Dispositivo em vigor 180 dias após a data de publicação da Lei 12.880, de 12.11.13 (DOU 13.11.13), cf. dispõe o art. 3º da referida Lei.

Art. 12: 4. Dispositivo em vigor 180 dias após a data de publicação da Lei 12.880, de 12.11.13 (DOU 13.11.13), cf. dispõe o art. 3º da referida Lei.

Art. 13 (*redação da Med. Prov. 2.177-44, de 24.8.01*). Os contratos de produtos de que tratam o inciso I e o § 1º do art. 1º desta lei têm renovação automática a partir do vencimento do prazo inicial de vigência, não cabendo a cobrança de taxas ou qualquer outro valor no ato da renovação.

Parágrafo único (*redação da Med. Prov. 2.177-44, de 24.8.01*). Os produtos de que trata o *caput*, contratados individualmente, terão vigência mínima de um ano, sendo vedadas:

I — a recontagem de carências;

II — a suspensão ou a rescisão unilateral do contrato, salvo por fraude ou não pagamento da mensalidade por período superior a sessenta dias, consecutivos ou não, nos últimos doze meses de vigência do contrato, desde que o consumidor seja comprovadamente notificado até o quinquagésimo dia de inadimplência;[1-2] e

III — a suspensão ou a rescisão unilateral do contrato, em qualquer hipótese, durante a ocorrência de internação do titular.

Art. 13: 1. "A rescisão unilateral do contrato de plano de saúde individual, nos termos do art. 13, § ún., II, da Lei 9.656/98 **independe** da propositura **de ação judicial**" (STJ-4ª T., REsp 957.900, Min. Antonio Ferreira, j. 17.11.11, DJ 25.11.11).

Art. 13: 2. "Excetuados os casos de fraude ou não pagamento de mensalidade, a suspensão do contrato de plano de saúde não pode ser efetuada sem a **prévia notificação** do segurado" (STJ-3ª T., Ag em REsp 141.866-AgRg, Min. João Otávio, j. 6.8.13, DJ 22.8.13).

Assim: "Se, de um lado, é exigido da operadora a notificação prévia do usuário inadimplente, também deve ser exigido do usuário que não tem mais interesse na prestação do serviço que manifeste de forma inequívoca sua vontade de rescindir o contrato. A rescisão contratual não pode ser presumida e a exigência de que a manifestação da vontade seja expressa é uma decorrência direta dos princípios da boa-fé, da equidade e do equilíbrio da relação contratual, sobretudo no contrato de plano de saúde. A comunicação de mudança de endereço, ainda que seja para cidade não coberta pelo plano de saúde contratado, não tem o condão de gerar a rescisão contratual, pois não induz, obrigatoriamente, à conclusão de que os serviços não seriam mais necessários para o contratante. A contratação de novo plano de saúde pelo consumidor também não enseja a rescisão contratual, visto tratar-se de negócio jurídico autônomo, que apenas gera direitos e obrigações entre as partes que com ele anuíram. Não se admite a rescisão contratual pelo mero decurso do prazo previsto no art. 13, parágrafo único, II, da Lei 9.656/1998, sem o pagamento das mensalidades, se inexistente a prévia comunicação entre os contratantes" (STJ-3ª T., REsp 1.595.897, Min. Ricardo Cueva, j. 9.6.20, DJ 16.6.20).

Art. 14 (*redação da Med. Prov. 2.177-44, de 24.8.01*). Em razão da idade do consumidor, ou da condição de pessoa portadora de deficiência, ninguém pode ser impedido de participar de planos privados de assistência à saúde.

Art. 15 (*redação da Med. Prov. 2.177-44, de 24.8.01*). A variação das contraprestações pecuniárias estabelecidas nos contratos de produtos de que tratam o inciso I e o § 1º do art. 1º desta lei, em razão da idade do consumidor, somente poderá ocorrer caso estejam previstas no contrato inicial as faixas etárias e os percentuais de reajustes incidentes em cada uma delas, conforme normas expedidas pela ANS, ressalvado o disposto no art. 35-E.

Parágrafo único (*redação da Med. Prov. 2.177-44, de 24.8.01*). É vedada a variação a que alude o *caput* para consumidores com mais de sessenta anos de idade, que participarem dos produtos de que tratam o inciso I e o § 1º do art. 1º, ou sucessores, há mais de dez anos.

Art. 16 (*redação da Med. Prov. 2.177-44, de 24.8.01*). Dos contratos, regulamentos ou condições gerais dos produtos de que tratam o inciso I e o § 1º do art. 1º desta lei devem constar dispositivos que indiquem com clareza:

I — as condições de admissão;

II — o início da vigência;

III — os períodos de carência para consultas, internações, procedimentos e exames;

IV — as faixas etárias e os percentuais a que alude o *caput* do art. 15;

V (*redação da Med. Prov. 2.177-44, de 24.8.01*) — as condições de perda da qualidade de beneficiário;

VI — os eventos cobertos e excluídos;

VII (*redação da Med. Prov. 2.177-44, de 24.8.01*) — o regime, ou tipo de contratação:

a) individual ou familiar;

b) coletivo empresarial; ou

c) coletivo por adesão;

VIII (*redação da Med. Prov. 2.177-44, de 24.8.01*) — a franquia, os limites financeiros ou o percentual de coparticipação do consumidor ou beneficiário, contratualmente previstos nas despesas com assistência médica, hospitalar e odontológica;

IX — os bônus, os descontos ou os agravamentos da contraprestação pecuniária;

X (*redação da Med. Prov. 2.177-44, de 24.8.01*) — a área geográfica de abrangência;

XI — os critérios de reajuste e revisão das contraprestações pecuniárias;

XII (*redação da Med. Prov. 2.177-44, de 24.8.01*) — número de registro na ANS.

Parágrafo único (*redação da Med. Prov. 2.177-44, de 24.8.01*). A todo consumidor titular de plano individual ou familiar será obrigatoriamente entregue, quando de sua inscrição, cópia do contrato, do regulamento ou das condições gerais dos produtos de que tratam o inciso I e o § 1º do art. 1º, além de material explicativo que descreva, em linguagem simples e precisa, todas as suas características, direitos e obrigações.

Art. 17. A inclusão de qualquer prestador de serviço de saúde como contratado, referenciado ou credenciado dos produtos de que tratam o inciso I e o § 1º do art. 1º desta Lei implica compromisso com os consumidores quanto à sua manutenção ao longo da vigência dos contratos, permitindo-se sua substituição, desde que seja por outro prestador equivalente e mediante comunicação aos consumidores com 30 (trinta) dias de antecedência.[1-1a]

§ 1º (*redação da Med. Prov. 2.177-44, de 24.8.01*) É facultada a substituição de entidade hospitalar[2] a que se refere o *caput* deste artigo, desde que por outro equivalente e mediante comunicação aos consumidores e à ANS com trinta dias de antecedência, ressalvados desse prazo mínimo os casos decorrentes de rescisão por fraude ou infração das normas sanitárias e fiscais em vigor.

§ 2º (*redação da Med. Prov. 2.177-44, de 24.8.01*) Na hipótese de a substituição do estabelecimento hospitalar a que se refere o § 1º ocorrer por vontade da operadora durante período de internação do consumidor, o estabelecimento obriga-se a manter a internação e a operadora, a pagar as despesas até a alta hospitalar, a critério médico, na forma do contrato.

§ 3º (*redação da Med. Prov. 2.177-44, de 24.8.01*) Excetuam-se do previsto no § 2º os casos de substituição do estabelecimento hospitalar por infração às normas sanitárias em vigor, durante período de internação, quando a operadora arcará com a responsabilidade pela transferência imediata para outro estabelecimento equivalente, garantindo a continuação da assistência, sem ônus adicional para o consumidor.

§ 4º (*redação da Med. Prov. 2.177-44, de 24.8.01*) Em caso de redimensionamento da rede hospitalar por redução, as empresas deverão solicitar à ANS autorização expressa para tanto, informando:

I — nome da entidade a ser excluída;

II — capacidade operacional a ser reduzida com a exclusão;

III — impacto sobre a massa assistida, a partir de parâmetros definidos pela ANS, correlacionando a necessidade de leitos e a capacidade operacional restante; e

IV — justificativa para a decisão, observando a obrigatoriedade de manter cobertura com padrões de qualidade equivalente e sem ônus adicional para o consumidor.

Art. 17: 1. Redação do *caput* de acordo com a Lei 13.003, de 24.6.14, em vigor 180 dias após sua publicação (DOU 25.6.14).

Art. 17: 1a. "Plano de saúde. Tratamento quimioterápico. **Descredenciamento de hospital. Limitação de cobertura. Impossibilidade.** A substituição de entidade hospitalar da rede credenciada de plano de saúde deve observar: i) a notificação dos consumidores com antecedência mínima de trinta dias; ii) a contratação de novo prestador de serviço de saúde equivalente ao descredenciado; e iii) a comunicação à Agência Nacional de Saúde (art. 17, § 1º, da Lei 9.656/98). O fato de haver descredenciamento não informado ao consumidor constitui embaraço administrativo imputável exclusivamente à operadora e não pode servir como barreira ou limitação ao tratamento já iniciado pelo paciente, sobretudo quando se considera a situação de fragilidade decorrente da quimioterapia" (STJ-3ª T., REsp 1.677.743, Min. Nancy Andrighi, j. 8.10.19, DJ 11.10.19).

Art. 17: 2. "O termo 'entidade hospitalar' inscrito no art. 17, § 1º, da Lei 9.656/1998, à luz dos princípios consumeristas, deve ser entendido como gênero, a englobar também **clínicas médicas, laboratórios, médicos e demais serviços conveniados.** De fato, o usuário de plano de saúde tem o direito de ser informado acerca da modificação da rede conveniada (rol de credenciados), pois somente com a transparência poderá buscar o atendimento e o tratamento que melhor lhe satisfaz, segundo as possibilidades oferecidas" (STJ-3ª T., REsp 1.349.385, Min. Ricardo Cueva, j. 16.12.14, DJ 2.2.15). No mesmo sentido: STJ-4ª T., Ag em REsp 1.290.856-EDcl-AgInt, Min. Lázaro Guimarães, j. 23.8.18, DJ 29.8.18.

V. tb. CDC 6º, nota 3b.

Art. 17-A. As condições de prestação de serviços de atenção à saúde no âmbito dos planos privados de assistência à saúde por pessoas físicas ou jurídicas, independentemente de sua qualificação como contratadas, referenciadas ou credenciadas, serão reguladas por contrato escrito, estipulado entre a operadora do plano e o prestador de serviço.[1]

§ 1º São alcançados pelas disposições do *caput* os profissionais de saúde em prática liberal privada, na qualidade de pessoa física, e os estabelecimentos de saúde, na qualidade de pessoa jurídica, que prestem ou venham a prestar os serviços de assistência à saúde a que aludem os arts. 1º e 35-F desta Lei, no âmbito de planos privados de assistência à saúde.

§ 2º O contrato de que trata o *caput* deve estabelecer com clareza as condições para a sua execução, expressas em cláusulas que definam direitos, obrigações e responsabilidades das partes, incluídas, obrigatoriamente, as que determinem:

I — o objeto e a natureza do contrato, com descrição de todos os serviços contratados;

II — a definição dos valores dos serviços contratados, dos critérios, da forma e da periodicidade do seu reajuste e dos prazos e procedimentos para faturamento e pagamento dos serviços prestados;

III — a identificação dos atos, eventos e procedimentos médico-assistenciais que necessitem de autorização administrativa da operadora;

IV — a vigência do contrato e os critérios e procedimentos para prorrogação, renovação e rescisão;

V — as penalidades pelo não cumprimento das obrigações estabelecidas.

§ 3º A periodicidade do reajuste de que trata o inciso II do § 2º deste artigo será anual e realizada no prazo improrrogável de 90 (noventa) dias, contado do início de cada ano-calendário.

§ 4º Na hipótese de vencido o prazo previsto no § 3º deste artigo, a Agência Nacional de Saúde Suplementar — ANS, quando for o caso, definirá o índice de reajuste.

§ 5º A ANS poderá constituir, na forma da legislação vigente, câmara técnica com representação proporcional das partes envolvidas para o adequado cumprimento desta Lei.

§ 6º A ANS publicará normas regulamentares sobre o disposto neste artigo.

Art. 17-A: 1. O art. 17-A, *caput* e parágrafos, foi acrescido pela Lei 13.003, de 24.6.14, em vigor 180 dias após sua publicação (DOU 25.6.14).

Art. 18. A aceitação, por parte de qualquer prestador de serviço ou profissional de saúde, da condição de contratado, referenciado, credenciado ou cooperado de uma operadora de produtos de que tratam o inciso I e o § 1º do art. 1º desta Lei implica as seguintes obrigações e direitos:[1]

I — o consumidor de determinada operadora, em nenhuma hipótese e sob nenhum pretexto ou alegação, pode ser discriminado ou atendido de forma distinta daquela dispensada aos clientes vinculados a outra operadora ou plano;

II — a marcação de consultas, exames e quaisquer outros procedimentos deve ser feita de forma a atender às necessidades dos consumidores, privilegiando os casos de emergência ou urgência, assim como as pessoas com mais de sessenta e cinco anos de idade, as gestantes, lactantes, lactentes e crianças até cinco anos;

III (*redação da Med. Prov. 2.177-44, de 24.8.01*) — a manutenção de relacionamento de contratação, credenciamento ou referenciamento com número ilimitado de operadoras, sendo expressamente vedado às operadoras, independente de sua natureza jurídica constitutiva, impor contratos de exclusividade ou de restrição à atividade profissional.[2]

Parágrafo único (*redação da Med. Prov. 2.177-44, de 24.8.01*). A partir de 3 de dezembro de 1999, os prestadores de serviço ou profissionais de saúde não poderão manter contrato, credenciamento ou referenciamento com operadoras que não tiverem registros para funcionamento e comercialização conforme previsto nesta lei, sob pena de responsabilidade por atividade irregular.

Art. 18: 1. Redação do *caput* de acordo com a Lei 13.003, de 24.6.14, em vigor 180 dias após sua publicação (DOU 25.6.14).

Art. 18: 2. Em matéria de cooperativa, v. Lei 5.764/71, art. 29, nota 1.

Art. 19 (*redação da Med. Prov. 2.177-44, de 24.8.01*). Para requerer a autorização definitiva de funcionamento, as pessoas jurídicas que já

Seguros

atuavam como operadoras ou administradoras dos produtos de que tratam o inciso I e o § 1º do art. 1º desta lei, terão prazo de cento e oitenta dias, a partir da publicação da regulamentação específica pela ANS.

§ 1º (*redação da Med. Prov. 2.177-44, de 24.8.01*) Até que sejam expedidas as normas de registro, serão mantidos registros provisórios das pessoas jurídicas e dos produtos na ANS, com a finalidade de autorizar a comercialização ou operação dos produtos a que alude o *caput*, a partir de 2 de janeiro de 1999.

§ 2º (*redação da Med. Prov. 2.177-44, de 24.8.01*) Para o registro provisório, as operadoras ou administradoras dos produtos a que alude o *caput* deverão apresentar à ANS as informações requeridas e os seguintes documentos, independentemente de outros que venham a ser exigidos:

I — registro do documento de constituição da pessoa jurídica;

II — nome fantasia;

III — CNPJ;

IV — endereço;

V — telefone, fax e *e-mail*; e

VI — principais dirigentes da pessoa jurídica e nome dos cargos que ocupam.

§ 3º (*redação da Med. Prov. 2.177-44, de 24.8.01*) Para registro provisório dos produtos a serem comercializados, deverão ser apresentados à ANS os seguintes dados:

I — razão social da operadora ou da administradora;

II — CNPJ da operadora ou da administradora;

III — nome do produto;

IV — segmentação da assistência (ambulatorial, hospitalar com obstetrícia, hospitalar sem obstetrícia, odontológica e referência);

V — tipo de contratação (individual/familiar, coletivo empresarial e coletivo por adesão);

VI — âmbito geográfico de cobertura;

VII — faixas etárias e respectivos preços;

VIII — rede hospitalar própria por Município (para segmentações hospitalar e referência);

IX — rede hospitalar contratada ou referenciada por Município (para segmentações hospitalar e referência);

X — outros documentos e informações que venham a ser solicitados pela ANS.

§ 4º (*redação da Med. Prov. 2.177-44, de 24.8.01*) Os procedimentos administrativos para registro provisório dos produtos serão tratados em norma específica da ANS.

§ 5º (*redação da Med. Prov. 2.177-44, de 24.8.01*) Independentemente do cumprimento, por parte da operadora, das formalidades do registro provisório, ou da conformidade dos textos das condições gerais ou dos instrumentos contratuais, ficam garantidos, a todos os usuários de produtos a que alude o *caput*, contratados a partir de 2 de janeiro de 1999, todos os benefícios de acesso e cobertura previstos nesta lei e em seus regulamentos, para cada segmentação definida no art. 12.

§ 6º (*redação da Med. Prov. 2.177-44, de 24.8.01*) O não cumprimento do disposto neste artigo implica o pagamento de multa diária no valor de R$ 10.000,00 (dez mil reais) aplicada às operadoras dos produtos de que tratam o inciso I e o § 1º do art. 1º.

§ 7º (*redação da Med. Prov. 2.177-44, de 24.8.01*) As pessoas jurídicas que forem iniciar operação de comercialização de planos privados de assistência à saúde, a partir de 8 de dezembro de 1998, estão sujeitas aos registros de que trata o § 1º deste artigo.

Art. 20 (*redação da Med. Prov. 2.177-44, de 24.8.01*). As operadoras de produtos de que tratam o inciso I e o § 1º do art. 1º desta lei são obrigadas a fornecer, periodicamente, à ANS todas as informações e estatísticas relativas a suas atividades, incluídas as de natureza cadastral, especialmente aquelas que permitam a identificação dos consumidores e de seus dependentes, incluindo seus nomes, inscrições no Cadastro de Pessoas Físicas dos titulares e Municípios onde residem, para fins do disposto no art. 32.

§ 1º (*redação da Med. Prov. 2.177-44, de 24.8.01*) Os agentes, especialmente designados pela ANS, para o exercício das atividades de fiscalização e nos limites por ela estabelecidos, têm livre acesso às operadoras, podendo requisitar e apreender processos, contratos, manuais de rotina operacional e demais documentos, relativos aos produtos de que tratam o inciso I e o § 1º do art. 1º desta lei.

§ 2º (*redação da Med. Prov. 2.177-44, de 24.8.01*) Caracteriza-se como embaraço à fiscalização, sujeito às penas previstas na lei, a imposição de qualquer dificuldade à consecução dos objetivos da fiscalização, de que trata o § 1º deste artigo.

Art. 21. É vedado às operadoras de planos privados de assistência à saúde realizar quaisquer operações financeiras:

I — com seus diretores e membros dos conselhos administrativos, consultivos, fiscais ou assemelhados, bem como com os respectivos cônjuges e parentes até o segundo grau, inclusive;

II (*redação da Med. Prov. 2.177-44, de 24.8.01*) — com empresa de que participem as pessoas a que se refere o inciso anterior, desde que estas sejam, em conjunto ou isoladamente, consideradas como controladoras da empresa.

Art. 22. As operadoras de planos privados de assistência à saúde submeterão suas contas a auditores independentes, registrados no respectivo Conselho Regional de Contabilidade e na Comissão de Valores Mobiliários — CVM, publicando, anualmente, o parecer respectivo, juntamente com as demonstrações financeiras determinadas pela Lei n. 6.404, de 15 de dezembro de 1976.[1]

§ 1º (*redação da Med. Prov. 2.177-44, de 24.8.01*) A auditoria independente também poderá ser exigida quanto aos cálculos atuariais, elaborados segundo diretrizes gerais definidas pelo CONSU.

§ 2º (*redação da Med. Prov. 2.177-44, de 24.8.01*) As operadoras com número de beneficiários inferior a vinte mil usuários ficam dispensadas da publicação do parecer do auditor e das demonstrações financeiras, devendo, a ANS, dar-lhes publicidade.

Art. 22: 1. **Lei 6.404, de 15.12.76** — Dispõe sobre as sociedades por ações (Lex 1976/899). Os arts. 176 e 177 regulamentam as demonstrações financeiras dessas sociedades. O art. 176 § 6º foi alterado pela **Lei 9.457, de 5.5.97** (em Lex 1997/1.258, RT 739/775, RF 338/446, Bol. AASP 2.012/supl., p. 1).

Art. 23 (*redação da Med. Prov. 2.177-44, de 24.8.01*). As operadoras de planos privados de assistência à saúde não podem requerer concordata[1] e não estão sujeitas a falência ou insolvência civil, mas tão somente ao regime de liquidação extrajudicial.

§ 1º (*redação da Med. Prov. 2.177-44, de 24.8.01*) As operadoras sujeitar-se-ão ao regime de falência ou insolvência civil quando, no curso da liquidação extrajudicial, forem verificadas uma das seguintes hipóteses:

I — o ativo da massa liquidanda não for suficiente para o pagamento de pelo menos a metade dos créditos quirografários;

II — o ativo realizável da massa liquidanda não for suficiente, sequer, para o pagamento das despesas administrativas e operacionais inerentes ao regular processamento da liquidação extrajudicial; ou

III — nas hipóteses de fundados indícios de condutas previstas nos arts. 186 a 189 do Dec. lei n. 7.661, de 21 de junho de 1945.

§ 2º (*redação da Med. Prov. 2.177-44, de 24.8.01*) Para efeito desta lei, define-se ativo realizável como sendo todo ativo que possa ser convertido em moeda corrente em prazo compatível para o pagamento das despesas administrativas e operacionais da massa liquidanda.

§ 3º (*redação da Med. Prov. 2.177-44, de 24.8.01*) À vista do relatório do liquidante extrajudicial, e em se verificando qualquer uma das hipóteses previstas nos incisos I, II ou III do § 1º deste artigo, a ANS poderá autorizá-lo a requerer a falência ou insolvência civil da operadora.

§ 4º (*redação da Med. Prov. 2.177-44, de 24.8.01*) A distribuição do requerimento produzirá imediatamente os seguintes efeitos:

I — a manutenção da suspensão dos prazos judiciais em relação à massa liquidanda;

II — a suspensão dos procedimentos administrativos de liquidação extrajudicial, salvo os relativos à guarda e à proteção dos bens e imóveis da massa;

III — a manutenção da indisponibilidade dos bens dos administradores, gerentes, conselheiros e assemelhados, até posterior determinação judicial; e

IV — prevenção do juízo que emitir o primeiro despacho em relação ao pedido de conversão do regime.

§ 5º (*redação da Med. Prov. 2.177-44, de 24.8.01*) A ANS, no caso previsto no inciso II do § 1º deste artigo, poderá, no período compreendido entre a distribuição do requerimento e a decretação da falência ou insolvência civil, apoiar a proteção dos bens móveis e imóveis da massa liquidanda.

§ 6º (*redação da Med. Prov. 2.177-44, de 24.8.01*) O liquidante enviará ao juízo prevento o rol das ações judiciais em curso cujo andamento ficará suspenso até que o juiz competente nomeie o síndico da massa falida ou o liquidante da massa insolvente.

Art. 23: 1. A concordata deu lugar à recuperação judicial ou extrajudicial.

Art. 24 (*redação da Med. Prov. 2.177-44, de 24.8.01*). Sempre que detectadas nas operadoras sujeitas à disciplina desta lei insuficiência das garantias do equilíbrio financeiro, anormalidades econômico-financeiras ou administrativas graves que coloquem em risco a continuidade ou a qualidade do atendimento à saúde, a ANS poderá determinar a alienação da carteira, o regime de direção fiscal ou técnica, por prazo não superior a trezentos e sessenta e cinco dias, ou a liquidação extrajudicial, conforme a gravidade do caso.

§ 1º (*redação da Med. Prov. 2.177-44, de 24.8.01*) O descumprimento das determinações do diretor-fiscal ou técnico, e do liquidante, por dirigentes, administradores, conselheiros ou empregados da operadora de planos privados de assistência à saúde acarretará o imediato afastamento do infrator, por decisão da ANS, sem prejuízo das sanções penais cabíveis, assegurado o direito ao contraditório, sem que isto implique efeito suspensivo da decisão administrativa que determinou o afastamento.

§ 2º (*redação da Med. Prov. 2.177-44, de 24.8.01*) A ANS, *ex officio* ou por recomendação do diretor técnico ou fiscal ou do liquidante, poderá, em ato administrativo devidamente motivado, determinar o afastamento dos diretores, administradores, gerentes e membros do conselho fiscal da operadora sob regime de direção ou em liquidação.

§ 3º (*redação da Med. Prov. 2.177-44, de 24.8.01*) No prazo que lhe for designado, o diretor-fiscal ou técnico procederá à análise da organização administrativa e da situação econômico-financeira da operadora, bem assim da qualidade do atendimento aos consumidores, e proporá à ANS as medidas cabíveis.[1]

§ 4º (*redação da Med. Prov. 2.177-44, de 24.8.01*) O diretor-fiscal ou técnico poderá propor a transformação do regime de direção em liquidação extrajudicial.

§ 5º (*redação da Med. Prov. 2.177-44, de 24.8.01*) A ANS promoverá, no prazo máximo de noventa dias, a alienação da carteira das operadoras de planos privados de assistência à saúde, no caso de não surtirem efeito as medidas por ela determinadas para sanar as irregularidades ou nas situações que impliquem risco para os consumidores participantes da carteira.

Art. 24: 1. v. arts. 25 a 29.

Art. 24-A (*redação da Med. Prov. 2.177-44, de 24.8.01*). Os administradores das operadoras de planos privados de assistência à saúde em regime de direção fiscal ou liquidação extrajudicial, independentemente da natureza jurídica da operadora, ficarão com todos os seus bens indisponíveis, não podendo, por qualquer forma, direta ou indireta, aliená-los ou onerá-los, até apuração e liquidação final de suas responsabilidades.

§ 1º (*redação da Med. Prov. 2.177-44, de 24.8.01*) A indisponibilidade prevista neste artigo decorre do ato que decretar a direção fiscal ou a liquidação extrajudicial e atinge a todos aqueles que tenham estado no exercício das funções nos doze meses anteriores ao mesmo ato.[1]

§ 2º (*redação da Med. Prov. 2.177-44, de 24.8.01*) Na hipótese de regime de direção fiscal, a indisponibilidade de bens a que se refere o *caput* deste artigo poderá não alcançar os bens dos administradores, por deliberação expressa da Diretoria Colegiada da ANS.

§ 3º (*redação da Med. Prov. 2.177-44, de 24.8.01*) A ANS, *ex officio* ou por recomendação do diretor-fiscal ou do liquidante, poderá estender a indisponibilidade prevista neste artigo:

I — aos bens de gerentes, conselheiros e aos de todos aqueles que tenham concorrido, no período previsto no § 1º, para a decretação da direção fiscal ou da liquidação extrajudicial;

II — aos bens adquiridos, a qualquer título, por terceiros, no período previsto no § 1º, das pessoas referidas no inciso I, desde que configurada a fraude na transferência.

§ 4º (*redação da Med. Prov. 2.177-44, de 24.8.01*) Não se incluem nas disposições deste artigo os bens considerados inalienáveis ou impenhoráveis pela legislação em vigor.

§ 5º (*redação da Med. Prov. 2.177-44, de 24.8.01*) A indisponibilidade também não alcança os bens objeto de contrato de alienação, de promessa de compra e venda, de cessão ou promessa de cessão de direitos, desde que os respectivos instrumentos tenham sido levados ao competente registro público, anteriormente à data da decretação da direção fiscal ou da liquidação extrajudicial.

§ 6º (*redação da Med. Prov. 2.177-44, de 24.8.01*) Os administradores das operadoras de planos privados de assistência à saúde respondem solidariamente pelas obrigações por eles assumidas durante sua gestão até o montante dos prejuízos causados, independentemente do nexo de causalidade.

Art. 24-A: 1. "**Prazo** do § 1º do art. 24-A da Lei 9.656/1998. **Ampliação.** Possibilidade. Desde que observados os requisitos legais, pode o juízo, com base no poder geral de cautela, ampliar o alcance da norma que prevê a decretação da indisponibilidade de bens quando verificar a existência de fundados indícios de responsabilidade de determinado agente, a fim de assegurar, concretamente, a eficácia e a utilidade do provimento jurisdicional de caráter satisfativo" (STJ-3ª T., REsp 1.845.214, Min. Nancy Andrighi, j. 20.10.20, DJ 26.10.20).

Art. 24-B (*redação da Med. Prov. 2.177-44, de 24.8.01*). A Diretoria Colegiada definirá as atribuições e competências do diretor-técnico, diretor-fiscal e do responsável pela alienação de carteira, podendo ampliá-las, se necessário.

Art. 24-C (*redação da Med. Prov. 2.177-44, de 24.8.01*). Os créditos decorrentes da prestação de serviços de assistência privada à saúde preferem a todos os demais, exceto os de natureza trabalhista e tributários.

Art. 24-D (*redação da Med. Prov. 2.177-44, de 24.8.01*). Aplica-se à liquidação extrajudicial das operadoras de planos privados de assistência à saúde e ao disposto nos arts. 24-A e 35-I, no que couber com os preceitos desta lei, o disposto na Lei n. 6.024, de 13 de março de 1974, no Dec. lei n. 7.661, de 21 de junho de 1945, no Dec. lei n. 41, de 18 de novembro de 1966, e no Dec. lei n. 73, de 21 de novembro de 1966, conforme o que dispuser a ANS.

Art. 25 (*redação da Med. Prov. 2.177-44, de 24.8.01*). As infrações dos dispositivos desta lei e de seus regulamentos, bem como aos dispositivos dos contratos firmados, a qualquer tempo, entre operadoras e usuários de planos privados de assistência à saúde, sujeitam a operadora dos produtos de que tratam o inciso I e o § 1º do art. 1º desta lei, seus administradores, membros de conselhos administrativos, deliberativos, consultivos, fiscais e assemelhados às seguintes penalidades,[1] sem prejuízo de outras estabelecidas na legislação vigente:

I — advertência;

II — multa pecuniária;

III — suspensão do exercício do cargo;

IV (*redação da Med. Prov. 2.177-44, de 24.8.01*) — inabilitação temporária para exercício de cargos em operadoras de planos de assistência à saúde;

V — inabilitação permanente para exercício de cargos de direção ou em conselhos das operadoras a que se refere esta lei, bem como em entidades de previdência privada, sociedades seguradoras, corretoras de seguros e instituições financeiras;

VI (*redação da Med. Prov. 2.177-44, de 24.8.01*) — cancelamento da autorização de funcionamento e alienação da carteira da operadora.

✎ Art. 25: 1. "Planos privados de saúde e penalidade para as infrações das operadoras", por Luís Rodolfo Cruz e Creuz e Pedro Felício André Filho (RIDA 8/37).

Art. 26 (*redação da Med. Prov. 2.177-44, de 24.8.01*). Os administradores e membros dos conselhos administrativos, deliberativos, consultivos, fiscais e assemelhados das operadoras de que trata esta lei respondem solidariamente pelos prejuízos causados a terceiros, inclusive aos acionistas, cotistas, cooperados e consumidores de planos privados de assistência à saúde, conforme o caso, em consequência do descumprimento de leis, normas e instruções referentes às operações previstas na legislação e, em especial, pela falta de constituição e cobertura das garantias obrigatórias.

Art. 27 (*redação da Med. Prov. 2.177-44, de 24.8.01*). A multa de que trata o art. 25 será fixada e aplicada pela ANS no âmbito de suas atribuições, com valor não inferior a R$ 5.000,00 (cinco mil reais) e não superior a R$ 1.000.000,00 (um milhão de reais) de acordo com o porte econômico da operadora ou prestadora de serviço e a gravidade da infração, ressalvado o disposto no § 6º do art. 19.

Parágrafo único (*revogado expressamente pela Med. Prov. 2.177-44, de 24.8.01*).

Art. 28 (*revogado expressamente pela Med. Prov. 2.177-44, de 24.8.01*).

Art. 29 (*redação da Med. Prov. 2.177-44, de 24.8.01*). As infrações serão apuradas mediante processo administrativo que tenha por base o auto de infração, a representação ou a denúncia positiva dos fatos irregulares, cabendo à ANS dispor sobre normas para instauração, recursos e seus efeitos, instâncias e prazos.

§ 1º (*redação da Med. Prov. 2.177-44, de 24.8.01*) O processo administrativo, antes de aplicada a penalidade, poderá, a título excepcional, ser suspenso, pela ANS, se a operadora ou prestadora de serviço assinar termo de compromisso de ajuste de conduta, perante a diretoria colegiada, que terá eficácia de título executivo extrajudicial, obrigando-se a:

I — cessar a prática de atividades ou atos objetos da apuração; e

II — corrigir as irregularidades, inclusive indenizando os prejuízos delas decorrentes.

§ 2º (*redação da Med. Prov. 2.177-44, de 24.8.01*) O termo de compromisso de ajuste de conduta conterá, necessariamente, as seguintes cláusulas:

I — obrigações do compromissário de fazer cessar a prática objeto da apuração, no prazo estabelecido;

II — valor da multa a ser imposta no caso de descumprimento, não inferior a R$ 5.000,00 (cinco mil reais) e não superior a R$ 1.000.000,00 (um milhão de reais) de acordo com o porte econômico da operadora ou da prestadora de serviço.

§ 3º (*redação da Med. Prov. 2.177-44, de 24.8.01*) A assinatura do termo de compromisso de ajuste de conduta não importa confissão do compromissário quanto à matéria de fato, nem reconhecimento de ilicitude da conduta em apuração.

§ 4º (*redação da Med. Prov. 2.177-44, de 24.8.01*) O descumprimento do termo de compromisso de ajuste de conduta, sem prejuízo da aplicação da multa a que se refere o inciso II do § 2º, acarreta a revogação da suspensão do processo.

§ 5º (*redação da Med. Prov. 2.177-44, de 24.8.01*) Cumpridas as obrigações assumidas no termo de compromisso de ajuste de conduta, será extinto o processo.

§ 6º (*redação da Med. Prov. 2.177-44, de 24.8.01*) Suspende-se a prescrição durante a vigência do termo de compromisso de ajuste de conduta.

§ 7º (*redação da Med. Prov. 2.177-44, de 24.8.01*) Não poderá ser firmado termo de compromisso de ajuste de conduta quando tiver havido descumprimento de outro termo de compromisso de ajuste de conduta nos termos desta lei, dentro do prazo de dois anos.

§ 8º (*redação da Med. Prov. 2.177-44, de 24.8.01*) O termo de compromisso de ajuste de conduta deverá ser publicado no Diário Oficial da União.

§ 9º (*redação da Med. Prov. 2.177-44, de 24.8.01*) A ANS regulamentará a aplicação do disposto nos §§ 1º a 7º deste artigo.

Art. 29-A (*redação da Med. Prov. 2.177-44, de 24.8.01*). A ANS poderá celebrar com as operadoras termo de compromisso, quando houver interesse na implementação de práticas que consistam em vantagens para os consumidores, com vistas a assegurar a manutenção da qualidade dos serviços de assistência à saúde.

§ 1º (*redação da Med. Prov. 2.177-44, de 24.8.01*) O termo de compromisso referido no *caput* não poderá implicar restrição de direitos do usuário.

§ 2º (*redação da Med. Prov. 2.177-44, de 24.8.01*) Na definição do termo de que trata este artigo serão considerados os critérios de aferição e controle da qualidade dos serviços a serem oferecidos pelas operadoras.

§ 3º (*redação da Med. Prov. 2.177-44, de 24.8.01*) O descumprimento injustificado do termo de compromisso poderá importar na aplicação da penalidade de multa a que se refere o inciso II, § 2º, do art. 29 desta lei.

Art. 30 (*redação da Med. Prov. 2.177-44, de 24.8.01*). Ao consumidor que contribuir para produtos de que tratam o inciso I e o § 1º do art. 1º desta lei, em decorrência de vínculo empregatício, no caso de rescisão ou exoneração do contrato de trabalho sem justa causa, é assegurado o direito de manter sua condição de beneficiário, nas mesmas condições de cobertura assistencial de que gozava quando da vigência do contrato de trabalho, desde que assuma o seu pagamento integral.[1 a 2b]

§ 1º (*redação da Med. Prov. 2.177-44, de 24.8.01*) O período de manutenção da condição de beneficiário a que se refere o *caput* será de um terço do tempo de permanência nos produtos de que tratam o inciso I e o § 1º do art. 1º, ou sucessores, com um mínimo assegurado de seis meses e um máximo de vinte e quatro meses.[2c-3]

§ 2º A manutenção de que trata este artigo é extensiva, obrigatoriamente, a todo o grupo familiar inscrito quando da vigência do contrato de trabalho.

§ 3º Em caso de morte do titular, o direito de permanência é assegurado aos dependentes cobertos pelo plano ou seguro privado coletivo de assistência à saúde, nos termos do disposto neste artigo.[4]

§ 4º O direito assegurado neste artigo não exclui vantagens obtidas pelos empregados decorrentes de negociações coletivas de trabalho.

§ 5º (*redação da Med. Prov. 2.177-44, de 24.8.01*) A condição prevista no *caput* deste artigo deixará de existir quando da admissão do consumidor titular em novo emprego.

§ 6º (*redação da Med. Prov. 2.177-44, de 24.8.01*) Nos planos coletivos custeados integralmente pela empresa, não é considerada contribuição a coparticipação do consumidor, única e exclusivamente, em procedimentos, como fator de moderação, na utilização dos serviços de assistência médica ou hospitalar.

Art. 30: 1. "Nos planos de saúde coletivos **custeados exclusivamente pelo empregador não há direito de permanência** do ex-empregado aposentado ou demitido sem justa causa como beneficiário, salvo disposição contrária expressa prevista em contrato ou em acordo/convenção coletiva de trabalho, não caracterizando contribuição o pagamento apenas de coparticipação, tampouco se enquadrando como salário indireto" (STJ-2ª Seção, REsp 1.680.318, Min. Ricardo Cueva, j. 22.8.18, DJ 24.8.18).

V. § 6º. V. tb. art. 31, nota 1b.

Art. 30: 1a. "A norma inserta no artigo 30, *caput*, da Lei n. 9.656/98 é autoaplicável, bastando, pois, que o ex-empregado postule o exercício do direito de permanecer vinculado ao plano ou seguro privado coletivo de assistência à saúde. O direito de manter a condição como beneficiário, nas mesmas condições que gozava quando da vigência do contrato de trabalho, somente está previsto para os casos em que o empregado é demitido/exonerado sem justa causa. No caso em questão, o empregado pediu demissão" (STJ-3ª T., REsp 1.078.991, Min. Massami Uyeda, j. 2.6.09, 16.6.09).

Art. 30: 1b. "Decorre do princípio da boa-fé objetiva o dever de comunicação expressa ao ex-empregado do seu direito de optar pela manutenção da condição de beneficiário do plano de saúde, no prazo razoável de 30 dias a partir do seu desligamento da empresa. A contagem desse prazo somente inicia-se a partir da 'comunicação inequívoca ao ex-empregado sobre a opção de manutenção da condição de beneficiário de que gozava quando da vigência do contrato de trabalho' (parágrafo único do art. 10 da RN 275/2011 da ANS). Não comprovação da efetiva comunicação à autora" (STJ-3ª T., REsp 1.237.054, Min. Paulo Sanseverino, j. 22.4.14, DJ 19.5.14).

Art. 30: 1c. "A **empresa estipulante,** em princípio, não possui legitimidade para figurar no polo passivo de demanda proposta por ex-empregado que busca, nos termos dos arts. 30 e 31 da Lei 9.656/1998, a permanência de determinadas condições contratuais em plano de saúde coletivo após a ocorrência da aposentadoria ou da demissão sem justa causa, visto que atua apenas como interveniente, na condição de mandatária do grupo de usuários e não da operadora" (STJ-3ª T., REsp 1.575.435, Min. Ricardo Cueva, j. 24.5.16, DJ 3.6.16). No mesmo sentido: STJ-4ª T., REsp 1.692.905-AgInt, Min. Isabel Gallotti, j. 15.5.18, DJ 22.5.18.

"Plano de saúde coletivo. Emenda da petição inicial determinada pelo juízo. Inclusão da pessoa jurídica contratante no polo passivo da demanda. Inadmissibilidade. Litisconsórcio ativo facultativo entre beneficiários e estipulante do contrato. Eventual procedência do pedido deve ser suportada pela operadora do plano de saúde" (STJ-3ª T., REsp 1.730.180, Min. Nancy Andrighi, j. 21.8.18, DJ 24.8.18).

Art. 30: 2. "O art. 30 da Lei 9.656/98 confere o direito, após a cessação do vínculo laboral do autor, de ser mantido nas mesmas condições de cobertura assistencial de que gozava durante a vigência de seu contrato de trabalho, desde que assuma o pagamento integral da contribuição. O autor despendia R$ 110,75 pela assistência médico-hospitalar, e o empregador arcava com R$ 166,13, totalizando R$ 276,88. Com a mudança para outro plano, com pior cobertura, dentro do período em que o consumidor tinha direito a ser mantido no plano primevo, passou a pagar R$ 592,92, não se podendo admitir que o tenha feito espontaneamente. Os denominados deveres anexos, instrumentais, secundários ou acessórios revelam-se como uma das faces de atuação ou operatividade do princípio da boa-fé objetiva, sendo nítido que a recorrente faltou com aqueles deveres, notadamente os de lealdade; de não agravar, sem razoabilidade, a situação do parceiro contratual; e os de esclarecimento, informação e consideração para com os legítimos interesses do parceiro contratual. Os arts. 6º, incisos III, IV, V, 46, 51, incisos I, IV, XV, §§ 1º e 2º, do Código de Defesa do Consumidor e 16, inciso IX, da Lei 9.656/98 impõem seja reconhecido o direito de o autor permanecer no Plano em que se enquadrava, com as mesmas condições e cobertura assistencial, no período subsequente ao rompimento de seu vínculo empregatício com o Banco. Todavia, como o art. 30, § 1º, da Lei 9.656/98 impõe a manutenção do ex-empregado como beneficiário do plano de saúde, contanto que assuma o pagamento integral, pelo período máximo de 24 meses e, no caso, por força de antecipação dos efeitos da tutela, o autor permanece no denominado 'Plano Associado' desde o ano de 2003, não pode ser mais imposta à ré a manutenção do recorrido naquele Plano" (STJ-4ª T., REsp 925.313, Min. Luis Felipe, j. 6.3.12, DJ 26.3.12).

Art. 30: 2a. "Rescisão de **contrato de parceria** avícola. **Inexistência de vínculo empregatício.** Impossibilidade de equiparação para fins de concessão do benefício do art. 30 da Lei 9.656/98. Na hipótese, não se está diante de vínculo empregatício, e sim de contrato de parceria rural, cuja rescisão não pode ser equiparada à dispensa do trabalhador, submetido ao regime trabalhista, sem justa causa (art. 30 da Lei 9.656/98), tampouco se enquadra como aposentadoria (art. 31 da Lei 9.656/98), logo, não há falar em ilegalidade decorrente da exclusão do ex-parceiro agrícola do plano de saúde coletivo" (STJ-4ª T., REsp 1.711.506-AgInt, Min. Raul Araújo, j. 5.2.19, DJ 12.2.19).

Todavia, v. nota 4.

Art. 30: 2b. "Hipótese em que a pessoa jurídica **estipulante rescinde o contrato com a operadora,** afetando não apenas um beneficiário, senão toda a população do plano de saúde coletivo. Na espécie, **inviável** a **manutenção** do ex-empregado, considerando o cancelamento do plano de saúde coletivo pelo empregador que concedia este benefício a seus empregados ativos e ex-empregados" (STJ-3ª T., REsp 1.736.898, Min. Nancy Andrighi, j. 17.9.19, DJ 20.9.19).

Art. 30: 2c. s/ extensão desse prazo, v. CC 422, nota 3b.

Art. 30: 3. "A operadora de plano de saúde **pode encerrar o contrato** de assistência à saúde do trabalhador demitido sem justa causa **após o exaurimento do prazo legal** de permanência temporária no plano coletivo, não havendo nenhuma abusividade em tal ato ou ataque aos direitos do consumidor, sobretudo em razão da extinção do próprio direito assegurado pelo art. 30 da Lei 9.656/1998. Aplicação do art. 26, I, da RN 279/2011 da ANS. A operadora de plano de saúde não pode ser obrigada a oferecer plano individual a ex-empregado demitido ou exonerado sem justa causa após o direito de permanência temporária no plano coletivo esgotar-se (art. 30 da Lei 9.656/1998), sobretudo se ela não disponibilizar no mercado esse tipo de plano. Além disso, tal hipótese não pode ser equiparada ao cancelamento do plano privado de assistência à saúde feito pelo próprio empregador, ocasião em que podem incidir os institutos da migração ou da portabilidade de carências. Não é ilegal a recusa de operadoras de planos de saúde de comercializarem planos individuais por atuarem apenas no segmento de planos coletivos. Não há norma legal alguma obrigando-as a atuar em determinado ramo de plano de saúde. O que é vedada é a discriminação de consumidores em relação a produtos e serviços que já são oferecidos no mercado de consumo por determinado fornecedor, como costuma ocorrer em recusas arbitrárias na contratação de planos individuais quando tal tipo estiver previsto na carteira da empresa. A portabilidade especial de carências do art. 7º-C da RN 186/2009 da ANS pode se dar quando o ex-empregado demitido ou exonerado sem justa causa ou aposentado solicitar a transferência para outra operadora durante o período de manutenção da condição de beneficiário garantida pelos arts. 30 e 31 da Lei 9.656/1998. Logo, tal instituto não incide na hipótese em que o interessado pretende a migração de plano após exaurido o prazo de permanência temporária no plano coletivo e, sobretudo, para a mesma operadora" (STJ-3ª T., REsp 1.592.278, Min. Ricardo Cueva, j. 7.6.16, DJ 20.6.16).

"Plano de saúde. Pretensão à permanência como beneficiário, independentemente de plano coletivo, após dispensa da empresa. Inadmissibilidade. Seguradora desobrigada de manter o contrato após o período legal (Lei 9.656/98, art. 30, § 1º). Pedido não garantido pelo Código de Defesa do Consumidor. Admissibilidade da cobrança do mesmo preço dos demais contratantes, para permanência no plano de saúde, após o prazo legal. Coação ou discriminação inocorrentes. Exigência de carência, por parte de outras empresas de seguro-saúde, que não obriga a manutenção do contrato pela contratante anterior" (RT 869/225).

Art. 30: 4. "Em se tratando de **contratos coletivos por adesão,** não há qualquer norma — legal ou administrativa — que regulamente a situação dos dependentes na hipótese de falecimento do titular; no entanto, seguindo as regras de hermenêutica jurídica, aplicam-se-lhes as regras dos arts. 30 e 31 da Lei 9.656/1998, relativos aos contratos coletivos empresariais. Na trilha dessa interpretação extensiva dos preceitos legais, conclui-se que, falecendo o titular do plano de saúde coletivo, seja este empresarial ou por adesão, nasce para os dependentes já inscritos o direito de pleitear a sucessão da titularidade, nos termos dos arts. 30 ou 31 da Lei 9.656/1998, a depender da hipótese, desde que assumam o seu pagamento integral" (STJ-3ª T., REsp 1.871.326, Min. Nancy Andrighi, j. 1.9.20, DJ 9.9.20).

Todavia, v. nota 2a.

Art. 31 (*redação da Med. Prov. 2.177-44, de 24.8.01*). Ao aposentado que contribuir para produtos de que tratam o inciso I e o § 1º do art. 1º desta lei, em decorrência de vínculo empregatício, pelo prazo mínimo de dez anos, é assegurado o direito de manutenção como beneficiário, nas mesmas condições de cobertura assistencial de que gozava quando da vigência do contrato de trabalho, desde que assuma o seu pagamento integral.[1 a 2]

§ 1º (*redação da Med. Prov. 2.177-44, de 24.8.01*) Ao aposentado que contribuir para planos coletivos de assistência à saúde por período inferior ao estabelecido no *caput* é assegurado o direito de manutenção como beneficiário, à razão de um ano para cada ano de contribuição, desde que assuma o pagamento integral do mesmo.

§ 2º (*redação da Med. Prov. 2.177-44, de 24.8.01*) Para gozo do direito assegurado neste artigo, observar-se-ão as mesmas condições estabelecidas nos §§ 2º, 3º, 4º, 5º e 6º do art. 30.

Art. 31: 1. s/ legitimidade da empresa estipulante, v. art. 30, nota 1c.

Art. 31: 1a. "É garantido ao trabalhador demitido sem justa causa ou ao aposentado que contribuiu para o plano de saúde em decorrência do vínculo empregatício o direito de manutenção como beneficiário nas mesmas condições de cobertura assistencial de que gozava quando da vigência do contrato de trabalho, desde que assuma o seu pagamento integral (arts. 30 e 31 da Lei 9.656/1998). Os valores de contribuição, todavia, poderão variar conforme as alterações promovidas no plano paradigma, sempre em paridade com os que a ex-empregadora tiver que custear. Mantidos a qualidade e o conteúdo de cobertura assistencial do plano de saúde, **não há direito adquirido a modelo de custeio,** podendo o estipulante e a operadora redesenharem o sistema para evitar o seu colapso (exceção da ruína), desde que não haja onerosidade excessiva ao consumidor ou a discriminação ao idoso" (STJ-3ª T., Ag em REsp 558.918-AgRg, Min. Ricardo Cueva, j. 15.10.15, DJ 22.10.15). No mesmo sentido: STJ-4ª T., REsp 1.674.640-AgInt, Min. Isabel Gallotti, j. 7.12.17, DJ 14.12.17.

"É possível ao ex-empregador (i) manter os seus ex-empregados — demitidos sem justa causa ou aposentados — no mesmo plano de saúde em que se encontravam antes do encerramento do contrato de trabalho ou (ii) contratar um **plano de saúde exclusivo** para eles (art. 13 da RN 279/2011 da ANS). A opção da operadora por separar as categorias entre ativos e inativos também se mostra adequada para dar cumprimento às disposições legais, visto que há garantia ao empregado aposentado ou demitido de manutenção das mesmas condições de assistência à saúde, e, por princípio, em valores de mensalidade abaixo dos praticados no mercado, não havendo obrigatoriedade de que o plano de saúde coletivo seja uno, sobretudo com relação ao regime de custeio" (STJ-3ª T., REsp 1.656.827, Min. Ricardo Cueva, j. 2.5.17, DJ 5.5.17).

Todavia: "O 'pagamento integral' da atual redação do art. 31 da Lei 9.656/98, com efeito, deve corresponder ao valor da contribuição do ex-empregado, enquanto vigente seu contrato de trabalho, e da parte antes subsidiada por sua ex-empregadora, pelos preços praticados aos funcionários em atividade e eventuais reajustes legais para manutenção do equilíbrio do contrato de plano de saúde cativo e de longa duração. Impor ao aposentado ou ao demitido sem justa causa preços diferenciados dos funcionários ativos, esvaziaria, por completo, o sentido protetivo do usuário do plano de saúde coletivo que extingue seu contrato de trabalho" (STJ-3ª T., REsp 1.713.619, Min. Nancy Andrighi, j. 16.10.18, maioria, DJ 12.11.18; a citação é do voto da relatora).

"Plano de saúde coletivo empresarial para inativos. Necessidade de se assegurar paridade entre os preços e critérios de reajuste dos planos para ativos e inativos, tendo em vista o elevado índice de sinistralidade da classe dos inativos. Preservação da solidariedade entre gerações que emana da Lei 9.656/1998, segundo a qual mais jovens contribuem com um valor maior, proporcionalmente à sinistralidade, a fim de custear parte da elevada contribuição devida pelos assistidos idosos" (STJ-3ª T., REsp 1.820.403-AgInt, Min. Paulo Sanseverino, j. 20.4.20, DJ 24.4.20).

Art. 31: 1b. "Nos planos de saúde coletivos **custeados exclusivamente pelo empregador não há direito de permanência** do ex-empregado aposentado ou demitido sem justa causa como beneficiário, salvo disposição contrária expressa, prevista em contrato ou em convenção coletiva de trabalho, sendo irrelevante a tão só existência de coparticipação, pois esta não se confunde com contribuição" (STJ-3ª T., REsp 1.594.346, Min. Ricardo Cueva, j. 9.8.16, DJ 16.8.16). No mesmo sentido: STJ-4ª T., REsp 1.614.423-AgInt, Min. Raul Araújo, j. 20.4.17, DJ 10.5.17.

V. art. 30, nota 1.

Art. 31: 2. "Plano de saúde coletivo. Prescrição. Não ocorrência. Prosseguimento do contrato. Condições vigentes à época do vínculo empregatício. **Prescrição decenal**. Cobertura assistencial preservada. O prazo prescricional aplicável em hipóteses em que se discute a manutenção das mesmas condições da época do vínculo de trabalho é de 10 anos" (STJ-3ª T., REsp 1.585.584-AgInt, Min. Ricardo Cueva, j. 9.8.16, DJ 16.8.16). No mesmo sentido: STJ-4ª T., REsp 1.595.758-AgInt, Min. Luis Felipe, j. 1.9.16, DJ 6.9.16.

Art. 32 (*redação da Med. Prov. 2.177-44, de 24.8.01*). Serão ressarcidos pelas operadoras dos produtos de que tratam o inciso I e o § 1º do art. 1º desta lei, de acordo com normas a serem definidas pela ANS, os serviços de atendimento à saúde previstos nos respectivos contratos,[1] prestados a seus consumidores e respectivos dependentes, em instituições públicas ou privadas, conveniadas ou contratadas, integrantes do Sistema Único de Saúde — SUS.[2]

§ 1º (*redação da Lei 12.469, de 26.8.11*) O ressarcimento será efetuado pelas operadoras ao SUS com base em regra de valoração aprovada e divulgada pela ANS, mediante crédito ao Fundo Nacional de Saúde — FNS.

§ 2º (*redação da Med. Prov. 2.177-44, de 24.8.01*) Para a efetivação do ressarcimento, a ANS disponibilizará às operadoras a discriminação dos procedimentos realizados para cada consumidor.

§ 3º (*redação da Lei 12.469, de 26.8.11*) A operadora efetuará o ressarcimento até o 15º (décimo quinto) dia da data de recebimento da notificação de cobrança feita pela ANS.

§ 4º (*redação da Med. Prov. 2.177-44, de 24.8.01*) O ressarcimento não efetuado no prazo previsto no § 3º será cobrado com os seguintes acréscimos:

I — juros de mora contados do mês seguinte ao do vencimento, à razão de um por cento ao mês ou fração;

II — multa de mora de dez por cento.

§ 5º (*redação da Med. Prov. 2.177-44, de 24.8.01*) Os valores não recolhidos no prazo previsto no § 3º serão inscritos em dívida ativa da ANS, a qual compete a cobrança judicial dos respectivos créditos.

§ 6º (*redação da Med. Prov. 2.177-44, de 24.8.01*) O produto da arrecadação dos juros e da multa de mora serão revertidos ao Fundo Nacional de Saúde.

§ 7º (*redação da Lei 12.469, de 26.8.11*) A ANS disciplinará o processo de glosa ou impugnação dos procedimentos encaminhados, conforme previsto no § 2º deste artigo, cabendo-lhe, inclusive, estabelecer procedimentos para cobrança dos valores a serem ressarcidos.

§ 8º (*redação da Med. Prov. 2.177-44, de 24.8.01*) Os valores a serem ressarcidos não serão inferiores aos praticados pelo SUS e nem superiores aos praticados pelas operadoras de produtos de que tratam o inciso I e o § 1º do art. 1º desta lei.

§ 9º (*redação da Lei 12.469, de 26.8.11*) Os valores a que se referem os §§ 3º e 6º deste artigo não serão computados para fins de aplicação dos recursos mínimos nas ações e serviços públicos de saúde nos termos da Constituição Federal.

Art. 32: 1. v. art. 20-*caput*.

Art. 32: 2. "A cobrança disciplinada no art. 32 da Lei 9.656/98 ostenta natureza jurídica indenizatória *ex lege* (receita originária), sendo inaplicáveis as disposições constitucionais concernentes às limitações estatais ao poder de tributar, entre elas a necessidade de edição de lei complementar. Observada a cobertura contratual entre os cidadãos-usuários e as operadoras de planos de saúde, além dos limites mínimo (praticado pelo SUS) e máximo (valores de mercado pagos pelas operadoras de planos de saúde), tal ressarcimento é compatível com a permissão constitucional contida no art. 199 da Carta Maior. A possibilidade de as operadoras de planos de saúde ofertarem impugnação (e recurso, atualmente), em prazo razoável e antes da cobrança administrativa e da inscrição em dívida ativa, sendo-lhes permitido suscitar matérias administrativas ou técnicas de defesa, cumpre o mandamento constitucional do inciso LV do art. 5º da Constituição Federal. O ressarcimento previsto na norma do art. 32 da Lei 9.656/98 é aplicável aos procedimentos médicos, hospitalares ou ambulatoriais custeados pelo SUS posteriores a 4.6.1998, desde que assegurado o exercício do contraditório e da ampla defesa, no âmbito administrativo, em todos os interstícios amparados por sucessivas reedições de medidas provisórias" (STF-Pleno, RE 597.064, Min. Gilmar Mendes, j. 7.2.18, DJ 16.5.18). Em subsequentes embargos de declaração, o marco temporal "posteriores a 4.6.1998" foi alterado para "posteriores a 1.9.1998" (STF-Pleno, RE 597.064-EDcl-EDcl-EDcl, Min. Gilmar Mendes, j. 24.8.20, maioria, DJ 17.9.20).

Art. 33. Havendo indisponibilidade de leito hospitalar nos estabelecimentos próprios ou credenciados pelo plano, é garantido ao consumidor o acesso à acomodação, em nível superior, sem ônus adicional.

Art. 34 (*redação da Med. Prov. 2.177-44, de 24.8.01*). As pessoas jurídicas que executam outras atividades além das abrangidas por esta lei deverão, na forma e no prazo definidos pela ANS, constituir pessoas jurídicas independentes, com ou sem fins lucrativos, especificamente para operar planos privados de assistência à saúde, na forma da legislação em vigor e em especial desta lei e de seus regulamentos.

§ 1º (*redação da Lei 13.127, de 26.5.15*) O disposto no *caput* não se aplica às entidades de autogestão constituídas sob a forma de fundação, de sindicato ou de associação que, na data da publicação desta Lei, já exerciam outras atividades em conjunto com as relacionadas à assistência à saúde, nos termos dos pertinentes estatutos sociais.

§ 2º (*redação da Lei 13.127, de 26.5.15*) As entidades de que trata o § 1º poderão, desde que a hipótese de segregação da finalidade estatutária esteja prevista ou seja assegurada pelo órgão interno competente, constituir filial ou departamento com número do Cadastro Nacional da Pessoa Jurídica sequencial ao da pessoa jurídica principal.

§ 3º (*redação da Lei 13.127, de 26.5.15*) As entidades de que trata o § 1º que optarem por proceder de acordo com o previsto no § 2º assegurarão condições para sua adequada segregação patrimonial, administrativa, financeira e contábil.

Art. 35 (*redação da Med. Prov. 2.177-44, de 24.8.01*). Aplicam-se as disposições desta lei a todos os contratos celebrados a partir de sua vigência, assegurada aos consumidores com contratos anteriores, bem como àqueles com contratos celebrados entre 2 de setembro de 1998 e 1º de janeiro de 1999, a possibilidade de optar pela adaptação ao sistema previsto nesta lei.

§ 1º (*redação da Med. Prov. 2.177-44, de 24.8.01*) Sem prejuízo do disposto no art. 35-E, a adaptação dos contratos de que trata este artigo deverá ser formalizada em termo próprio, assinado pelos contratantes, de acordo com as normas a serem definidas pela ANS.

§ 2º (*redação da Med. Prov. 2.177-44, de 24.8.01*) Quando a adaptação dos contratos incluir aumento de contraprestação pecuniária, a composição da base de cálculo deverá ficar restrita aos itens correspondentes ao aumento de cobertura, e ficará disponível para verificação pela ANS, que poderá determinar sua alteração quando o novo valor não estiver devidamente justificado.

§ 3º (*redação da Med. Prov. 2.177-44, de 24.8.01*) A adaptação dos contratos não implica nova contagem dos períodos de carência e dos prazos de aquisição dos benefícios previstos nos arts. 30 e 31 desta lei, observados, quanto aos últimos, os limites de cobertura previstos no contrato original.

§ 4º (*redação da Med. Prov. 2.177-44, de 24.8.01*) Nenhum contrato poderá ser adaptado por decisão unilateral da empresa operadora.

§ 5º (*redação da Med. Prov. 2.177-44, de 24.8.01*) A manutenção dos contratos originais pelos consumidores não optantes tem caráter personalíssimo, devendo ser garantida somente ao titular e a seus dependentes já inscritos, permitida inclusão apenas de novo cônjuge e filhos, e vedada a transferência da sua titularidade, sob qualquer pretexto, a terceiros.[1]

§ 6º (*redação da Med. Prov. 2.177-44, de 24.8.01*) Os produtos de que tratam o inciso I e o § 1º do art. 1º desta lei, contratados até 1º de janeiro de 1999, deverão permanecer em operação, por tempo indeterminado, apenas para os consumidores que não optarem pela adaptação às novas regras, sendo considerados extintos para fim de comercialização.

§ 7º (*redação da Med. Prov. 2.177-44, de 24.8.01*) Às pessoas jurídicas contratantes de planos coletivos, não optantes pela adaptação prevista neste artigo, fica assegurada a manutenção dos contratos originais nas coberturas assistenciais neles pactuadas.

§ 8º (*redação da Med. Prov. 2.177-44, de 24.8.01*) A ANS definirá em norma própria os procedimentos formais que deverão ser adotados pelas empresas para a adaptação dos contratos de que trata este artigo.

Art. 35: 1. "Inaplicabilidade da regra do § 5º do art. 35 da Lei n. 9.656/98 quando ao consumidor não foi dada a oportunidade de optar pela adaptação de seu contrato de seguro de saúde ao novo sistema. Afastada a restrição legal à inclusão de dependentes, permanece em plena vigência a cláusula contratual que prevê a possibilidade de inclusão de qualquer pessoa como dependente em seguro de saúde" (STJ-3ª T., REsp 1.133.338, Min. Paulo Sanseverino, j. 2.4.13, DJ 9.4.13).

Art. 35-A (*redação da Med. Prov. 2.177-44, de 24.8.01*). Fica criado o Conselho de Saúde Suplementar — CONSU, órgão colegiado integrante da estrutura regimental do Ministério da Saúde, com competência para:

I — estabelecer e supervisionar a execução de políticas e diretrizes gerais do setor de saúde suplementar;

II — aprovar o contrato de gestão da ANS;

III — supervisionar e acompanhar as ações e o funcionamento da ANS;

IV — fixar diretrizes gerais para implementação no setor de saúde suplementar sobre:

a) aspectos econômico-financeiros;

b) normas de contabilidade, atuariais e estatísticas;

c) parâmetros quanto ao capital e ao patrimônio líquido mínimos, bem assim quanto às formas de sua subscrição e realização quando se tratar de sociedade anônima;

d) critérios de constituição de garantias de manutenção do equilíbrio econômico-financeiro, consistentes em bens, móveis ou imóveis, ou fundos especiais ou seguros garantidores;

e) criação de fundo, contratação de seguro garantidor ou outros instrumentos que julgar adequados, com o objetivo de proteger o consumidor de planos privados de assistência à saúde em caso de insolvência de empresas operadoras;

V — deliberar sobre a criação de câmaras técnicas, de caráter consultivo, de forma a subsidiar suas decisões.

Parágrafo único (*redação da Med. Prov. 2.177-44, de 24.8.01*). A ANS fixará as normas sobre as matérias previstas no inciso IV deste artigo, devendo adequá-las, se necessário, quando houver diretrizes gerais estabelecidas pelo CONSU.

Art. 35-B (*redação da Med. Prov. 2.177-44, de 24.8.01*). O CONSU será integrado pelos seguintes Ministros de Estado:

I — Chefe da Casa Civil da Presidência da República, na qualidade de Presidente;

II — da Saúde;

III — da Fazenda;

IV — da Justiça; e

V — do Planejamento, Orçamento e Gestão.

§ 1º (*redação da Med. Prov. 2.177-44, de 24.8.01*) O Conselho deliberará mediante resoluções, por maioria de votos, cabendo ao Presidente a prerrogativa de deliberar nos casos de urgência e relevante interesse, *ad referendum* dos demais membros.

§ 2º (*redação da Med. Prov. 2.177-44, de 24.8.01*) Quando deliberar *ad referendum* do Conselho, o Presidente submeterá a decisão ao Colegiado na primeira reunião que se seguir àquela deliberação.

§ 3º (*redação da Med. Prov. 2.177-44, de 24.8.01*) O Presidente do Conselho poderá convidar Ministros de Estado, bem assim outros representantes de órgãos públicos, para participar das reuniões, não lhes sendo permitido o direito de voto.

§ 4º (*redação da Med. Prov. 2.177-44, de 24.8.01*) O Conselho reunir-se-á sempre que for convocado por seu Presidente.

§ 5º (*redação da Med. Prov. 2.177-44, de 24.8.01*) O regimento interno do CONSU será aprovado por decreto do Presidente da República.

§ 6º (*redação da Med. Prov. 2.177-44, de 24.8.01*) As atividades de apoio administrativo ao CONSU serão prestadas pela ANS.

§ 7º (*redação da Med. Prov. 2.177-44, de 24.8.01*) O Presidente da ANS participará, na qualidade de Secretário, das reuniões do CONSU.

Art. 35-C (*redação da Lei 11.935, de 11.5.09*). É obrigatória a cobertura do atendimento nos casos:

I (*redação da Lei 11.935, de 11.5.09*) — de emergência, como tal definidos os que implicarem risco imediato de vida ou de lesões irreparáveis para o paciente, caracterizado em declaração do médico assistente;

II (*redação da Lei 11.935, de 11.5.09*) — de urgência, assim entendidos os resultantes de acidentes pessoais ou de complicações no processo gestacional;

III (*redação da Lei 11.935, de 11.5.09*) — de planejamento familiar.

Parágrafo único (*redação da Med. Prov. 2.177-44, de 24.8.01*). A ANS fará publicar normas regulamentares para o disposto neste artigo, observados os termos de adaptação previstos no art. 35.

Art. 35-D (*redação da Med. Prov. 2.177-44, de 24.8.01*). As multas a serem aplicadas pela ANS em decorrência da competência fiscalizadora e normativa estabelecida nesta lei e em seus regulamentos serão recolhidas à conta daquela Agência, até o limite de R$ 1.000.000,00 (um milhão de reais) por infração, ressalvado o disposto no § 6º do art. 19 desta lei.

Art. 35-E (*redação da Med. Prov. 2.177-44, de 24.8.01*). A partir de 5 de junho de 1998, fica estabelecido para os contratos celebrados anteriormente à data de vigência desta lei que:[1]

I — qualquer variação na contraprestação pecuniária para consumidores com mais de sessenta anos de idade estará sujeita à autorização prévia da ANS;

II — a alegação de doença ou lesão preexistente estará sujeita à prévia regulamentação da matéria pela ANS;

III — é vedada a suspensão ou a rescisão unilateral do contrato individual ou familiar de produtos de que tratam o inciso I e o § 1º do art. 1º desta lei por parte da operadora, salvo o disposto no inciso II do parágrafo único do art. 13 desta lei;

IV — é vedada a interrupção de internação hospitalar em leito clínico, cirúrgico ou em centro de terapia intensiva ou similar, salvo a critério do médico assistente.

§ 1º (*redação da Med. Prov. 2.177-44, de 24.8.01*) Os contratos anteriores à vigência desta lei, que estabeleçam reajuste por mudança de faixa etária com idade inicial em sessenta anos ou mais, deverão ser adaptados, até 31 de outubro de 1999, para repactuação da cláusula de reajuste, observadas as seguintes disposições:

I — a repactuação será garantida aos consumidores de que trata o parágrafo único do art. 15, para as mudanças de faixa etária ocorridas após a vigência desta lei, e limitar-se-á à diluição da aplicação do reajuste anteriormente previsto, em reajustes parciais anuais, com adoção de percentual fixo que, aplicado a cada ano, permita atingir o reajuste integral no início do último ano da faixa etária considerada;

II — para aplicação da fórmula de diluição, consideram-se de dez anos as faixas etárias que tenham sido estipuladas sem limite superior;

III — a nova cláusula, contendo a fórmula de aplicação do reajuste, deverá ser encaminhada aos consumidores, juntamente com o boleto ou título de cobrança, com a demonstração do valor originalmente contratado, do valor repactuado e do percentual de reajuste anual fixo, esclarecendo, ainda, que o seu pagamento formalizará esta repactuação;

IV — a cláusula original de reajuste deverá ter sido previamente submetida à ANS;

V — na falta de aprovação prévia, a operadora, para que possa aplicar reajuste por faixa etária a consumidores com sessenta anos ou mais de idade e dez anos ou mais de contrato, deverá submeter à ANS as condições contratuais acompanhadas de nota técnica, para, uma vez aprovada a cláusula e o percentual de reajuste, adotar a diluição prevista neste parágrafo.

§ 2º (*redação da Med. Prov. 2.177-44, de 24.8.01*) Nos contratos individuais de produtos de que tratam o inciso I e o § 1º do art. 1º desta lei, independentemente da data de sua celebração, a aplicação de cláusula de reajuste das contraprestações pecuniárias dependerá de prévia aprovação da ANS.

§ 3º (*redação da Med. Prov. 2.177-44, de 24.8.01*) O disposto no art. 35 desta lei aplica-se sem prejuízo do estabelecido neste artigo.

Art. 35-E: 1. O STF declarou **inconstitucional** o art. 35-E (STF-Pleno, ADI 1.931, Min. Marco Aurélio, j. 7.2.18, DJ 8.6.18).

Art. 35-F (*redação da Med. Prov. 2.177-44, de 24.8.01*). A assistência a que alude o art. 1º desta lei compreende todas as ações necessárias à prevenção da doença e à recuperação, manutenção e reabilitação da saúde, observados os termos desta lei e do contrato firmado entre as partes.

Art. 35-G (*redação da Med. Prov. 2.177-44, de 24.8.01*). Aplicam-se subsidiariamente aos contratos entre usuários e operadoras de produtos de que tratam o inciso I e o § 1º do art. 1º desta lei as disposições da Lei n. 8.078, de 1990.

Art. 35-H (*redação da Med. Prov. 2.177-44, de 24.8.01*). Os expedientes que até esta data foram protocolizados na SUSEP pelas operadoras de produtos de que tratam o inciso I e o § 1º do art. 1º desta lei e que forem encaminhados à ANS em consequência desta lei, deverão estar acompanhados de parecer conclusivo daquela Autarquia.

Art. 35-I. (*redação da Med. Prov. 2.177-44, de 24.8.01*). Responderão subsidiariamente pelos direitos contratuais e legais dos consumidores, prestadores de serviço e fornecedores, além dos débitos fiscais e trabalhistas, os bens pessoais dos diretores, administradores, gerentes e membros de conselhos da operadora de plano privado de assistência à saúde, independentemente da sua natureza jurídica.

Art. 35-J (*redação da Med. Prov. 2.177-44, de 24.8.01*). O diretor técnico ou fiscal ou o liquidante são obrigados a manter sigilo relativo às informações da operadora às quais tiverem acesso em razão do exercício do encargo, sob pena de incorrer em improbidade administrativa, sem prejuízo das responsabilidades civis e penais.

Art. 35-L (*redação da Med. Prov. 2.177-44, de 24.8.01*). Os bens garantidores das provisões técnicas, fundos e provisões deverão ser registrados na ANS e não poderão ser alienados, prometidos a alienar ou, de qualquer forma, gravados sem prévia e expressa autorização, sendo nulas, de pleno direito, as alienações realizadas ou os gravames constituídos com violação deste artigo.

Parágrafo único (*redação da Med. Prov. 2.177-44, de 24.8.01*). Quando a garantia recair em bem imóvel, será obrigatoriamente inscrita no competente Cartório do Registro Geral de Imóveis, mediante requerimento firmado pela operadora de plano de assistência à saúde e pela ANS.

Art. 35-M (*redação da Med. Prov. 2.177-44, de 24.8.01*). As operadoras de produtos de que tratam o inciso I e o § 1º do art. 1º desta lei poderão celebrar contratos de resseguro junto às empresas devidamente autorizadas a operar em tal atividade, conforme estabelecido na Lei n. 9.932, de 20 de dezembro de 1999,[1] e regulamentações posteriores.

Art. 35-M: 1. A Lei 9.932, de 20.12.99, foi **revogada** pela **LC 126, de 15.1.07,** que dispõe sobre a política de resseguro, retrocessão e sua intermediação, as operações de cosseguro, as contratações de seguro no exterior e as operações em moeda estrangeira do setor securitário, e dá outras providências.

Art. 36. Esta lei entra em vigor noventa dias após a data de sua publicação.

Brasília, 3 de junho de 1998; 177º da Independência e 110º da República — FERNANDO HENRIQUE CARDOSO — **Renan Calheiros — Pedro Malan — Waldeck Ornélas — José Serra.**

Ementário
Sociedades Cooperativas

— v. CC 981 a 1.141; 599 a 609; v. tb., s/ fundações, CC 62 a 69.

Dec. lei 9.085, de 25.3.46 — Dispõe sobre o registro civil das pessoas jurídicas (no tít. REGISTROS PÚBLICOS).

Dec. 35.702, de 23.6.54 — Institui o Conselho Nacional da Administração dos Empréstimos Rurais, dispõe sobre a aplicação das sobretaxas a que se refere a Lei n. 2.145, de 29 de dezembro de 1953, e dá outras providências (RT 227/633, Lex 1954/333, RDA 38/528). Os arts. 12 a 16 dispõem s/ cooperativas de crédito rural.

Dec. 58.377, de 9.5.66 — Cria o plano de financiamento de cooperativas operárias e fixa as normas gerais de sua constituição e funcionamento (Lex 1966/692). **Revogado** por Dec. s/n de 5.9.91.

Dec. 59.428, de 27.10.66 — Regulamenta os Capítulos I e II do Título II, o Capítulo II do Título III, e os arts. 81, 82, 83, 91, 109, 111, 114, 115 e 126 da Lei n. 4.504, de 30 de novembro de 1964; o art. 22 do Dec. n. 22.239, de 19 de dezembro de 1932, e os arts. 9º, 10, 11, 12, 22 e 23 da Lei n. 4.947, de 6 de abril de 1966 (Lex 1966/1.529). Os arts. 30 a 38 dispõem s/ cooperativas em programas de colonização.

Dec. lei 41, de 18.11.66 — Dispõe sobre a dissolução de sociedades civis de fins assistenciais.

Dec. lei 70, de 21.11.66 — Autoriza o funcionamento de associações de poupança e empréstimo, institui a cédula hipotecária e dá outras providências (v. tít. CÉDULA HIPOTECÁRIA). O art. 42 foi revogado pelo **Dec. lei 1.494, de 7.12.76** (Lex 1976/862, RDA 127/661, Bol. AASP 940/3, supl.). A **Lei 8.004, de 14.3.90** (Lex 1990/307, Bol. AASP 1.631/supl.), alterou o art. 31 do Dec. lei 70 e, no seu art. 21, restringiu os casos de execução pelo rito estabelecido nesse dec. lei.

Lei 5.764, de 16.12.71 — Define a Política Nacional de Cooperativismo, institui o regime jurídico das sociedades cooperativas e dá outras providências (v. adiante, texto integral). O art. 42 foi alterado pela **Lei 6.981, de 30.3.82** (Lex 1982/111).

Lei 6.839, de 30.10.80 — Dispõe sobre o registro de empresas nas entidades fiscalizadoras do exercício de profissões (Lex 1980/648, RDA 143/200, RF 272/438).

Lei 8.200, de 28.6.91 — Dispõe sobre a correção monetária das demonstrações financeiras para efeitos fiscais e societários (Lex 1991/343, RF 314/304, Bol. AASP 1.700/supl.). Regulamentada pelo **Dec. 332, de 4.11.91** (Lex 1991/741).

Lei 8.906, de 4.7.94 — Dispõe sobre o Estatuto da Advocacia e a Ordem dos Advogados do Brasil — OAB (no CPCLPV, tít. ADVOGADO, ínt.). Os arts. 15 a 17 dispõem sobre sociedades de advogados. Esses artigos foram alterados pela **Lei 13.247, de 12.01.16.**

Lei 8.934, de 18.11.94 — Dispõe sobre o Registro Público de Empresas Mercantis e Atividades Afins, e dá outras providências (Lex 1994/1.471).

Lei 9.790, de 23.3.99 — Dispõe sobre a qualificação de pessoas jurídicas de direito privado, sem fins lucrativos, como Organizações da Sociedade Civil de Interesse Público, institui e disciplina o Termo de Parceria, e dá outras providências.

Dec. 3.100, de 30.6.99 — Regulamenta a **Lei 9.790, de 23.3.99,** que dispõe sobre a qualificação de pessoas jurídicas de direito privado, sem fins lucrativos, como Organizações da Sociedade Civil de Interesse Público, institui e disciplina o Termo de Parceria, e dá outras providências.

Lei 9.867, de 10.11.99 — Dispõe sobre a criação e o funcionamento de Cooperativas Sociais, visando à integração social dos cidadãos, conforme especifica (Lex 1999/6.287).

Med. Prov. 2.168-40, de 24.8.01 — Alterou o art. 88 da Lei 5.764/71 (sociedades cooperativas).

Lei 11.076, de 30.12.04 — Alterou o art. 82 da Lei 5.764/71 (sociedades cooperativas).

LC 130, de 17.4.09 — Dispõe sobre o Sistema Nacional de Crédito Cooperativo e revoga dispositivos das Leis n. 4.595, de 31 de dezembro de 1964, e 5.764, de 16 de dezembro de 1971.

Lei 13.019, de 31.7.14 — "Estabelece o regime jurídico das parcerias entre a administração pública e as organizações da sociedade civil, em regime de mútua cooperação, para a consecução de finalidades de interesse público e recíproco, mediante a execução de atividades ou de projetos previamente estabelecidos em planos de trabalho inseridos em termos de colaboração, em termos de fomento ou em acordos de cooperação; define diretrizes para a política de fomento, de colaboração e de cooperação com organizações da sociedade civil; e altera as Leis ns. 8.429, de 2 de junho de 1992, e 9.790, de 23 de março de 1999". **Nota:** em vigor 540 dias após sua publicação (DOU 1.8.14), cf. dispõe o art. 88.

Lei 13.097, de 19.1.15 — Na Lei 5.764: acresceu § 4º ao art. 24.

Dec. 8.726, de 27.4.16 — Regulamenta a Lei n. 13.019, de 31 de julho de 2014, para dispor sobre regras e procedimentos do regime jurídico das parcerias celebradas entre a administração pública federal e as organizações da sociedade civil.

Lei 13.806, de 10.1.19 — Altera a Lei n. 5.764, de 16 de dezembro de 1971, que define a Política Nacional de Cooperativismo e institui o regime jurídico das sociedades cooperativas, para atribuir às cooperativas a possibilidade de agirem como substitutas processuais de seus associados.

Lei n. 5.764, de 16 de dezembro de 1971

Define a Política Nacional de Cooperativismo, institui o regime jurídico das sociedades cooperativas[1] *e dá outras providências.*

O Presidente da República,
Faço saber que o Congresso Nacional decreta e eu sanciono a seguinte lei:

LEI 5.764: 1. **v. Lei 12.690, de 19.7.12, art. 1º, adiante neste tít.**

V. tb. CC 1.093 a 1.096.

Capítulo I | DA POLÍTICA NACIONAL DE COOPERATIVISMO

Art. 1º Compreende-se como Política Nacional de Cooperativismo a atividade decorrente das iniciativas ligadas ao sistema cooperativo, originárias de setor público ou privado, isoladas ou coordenadas entre si, desde que reconhecido seu interesse público.

Art. 2º As atribuições do Governo Federal na coordenação e no estímulo às atividades de cooperativismo no território nacional serão exercidas na forma desta lei e das normas que surgirem em sua decorrência.

Parágrafo único. A ação do Poder Público se exercerá, principalmente, mediante prestação de assistência técnica e de incentivos financeiros e creditórios especiais, necessários à criação, desenvolvimento e integração das entidades cooperativas.

Capítulo II | DAS SOCIEDADES COOPERATIVAS[1]

CAP. II: 1. **CF 5º: "XVIII** — a criação de associações e, na forma da lei, a de cooperativas independem de autorização, sendo vedada a interferência estatal em seu funcionamento".

Art. 3º Celebram contrato de sociedade cooperativa[1] as pessoas que reciprocamente se obrigam a contribuir com bens ou serviços para o exercício de uma atividade econômica, de proveito comum, sem objetivo de lucro.

Art. 3º: 1. **CC 1.093:** "A sociedade cooperativa reger-se-á pelo disposto no presente Capítulo, ressalvada a legislação especial".

Seguem-se os arts. 1.094 a 1.096, s/ o assunto.

Art. 4º As cooperativas são sociedades de pessoas, com forma e natureza jurídicas próprias, de natureza civil, não sujeitas a falência, constituídas para prestar serviços aos associados, distinguindo-se das demais sociedades pelas seguintes características:[1]

I — adesão voluntária, com número ilimitado de associados, salvo impossibilidade técnica de prestação de serviços;[2]

II — variabilidade do capital social representado por cotas-partes;

III — limitação do número de cotas-partes do capital para cada associado, facultado, porém, o estabelecimento de critérios de proporcionalidade, se assim for mais adequado para o cumprimento dos objetivos sociais;

IV — incessibilidade das cotas-partes do capital a terceiros, estranhos à sociedade;

V — singularidade de voto, podendo as cooperativas centrais, federações e confederações de cooperativas, com exceção das que exerçam atividade de crédito, optar pelo critério da proporcionalidade;

VI — *quorum* para o funcionamento e deliberação da assembleia geral baseado no número de associados e não no capital;

VII — retorno das sobras líquidas do exercício, proporcionalmente às operações realizadas pelo associado, salvo deliberação em contrário da assembleia geral;

VIII — indivisibilidade dos fundos de reserva e de assistência técnica, educacional e social;[2a-2b]

IX — neutralidade política e indiscriminação religiosa, racial e social;

X — prestação de assistência aos associados, e, quando previsto nos estatutos, aos empregados da cooperativa;[3]

XI — área de admissão de associados limitada às possibilidades de reunião, controle, operações e prestação de serviços.

Art. 4º: 1. Características: CC 1.094.

Art. 4º: 2. v. art. 29 e notas.

Art. 4º: 2a. v. arts. 28 e 68-VI.

Art. 4º: 2b. **"Não é plausível** que, na apuração de haveres por **retirada** de cooperado, este perceba **cota-parte** que compõe o **FATES** (Fundo de Reserva e Assistência Técnica Educacional e Social), já que a natureza do fundo não se transmuda ou se transforma pela retirada ou exclusão de associado, que é um direito potestativo e irrestrito, porém, submetido às regras do sistema cooperativista" (STJ-3ª T., REsp 1.562.184, Min. Ricardo Cueva, j. 12.11.19, DJ 22.11.19; a citação é do voto do relator).

Art. 4º: 3. "O artigo 4º, X, da Lei 5.764/71 dispõe que as cooperativas são sociedades de pessoas, tendo por característica a prestação de assistência aos associados. Nessa linha, é possível que a cooperativa propicie a prestação de assistência jurídica aos seus cooperados, providência que em nada extrapola os objetivos das sociedades cooperativas. Contudo, à míngua de expressa previsão legal, a cooperativa não pode litigar em juízo, em nome próprio, defendendo alegado direito dos cooperativados. O artigo 83 da Lei 5.764/71, mesmo em interpretação sistemática com os demais dispositivos do referido diploma legal, não permite inferir que a Lei tenha previsto a substituição processual para esse fim" (STJ-4ª T., REsp 901.782, Min Luis Felipe, j. 14.6.11, DJ 1.7.11).

Capítulo III | DO OBJETIVO E CLASSIFICAÇÃO DAS SOCIEDADES COOPERATIVAS

Art. 5º As sociedades cooperativas poderão adotar por objeto qualquer gênero de serviço, operação ou atividade, assegurando-se-lhes o direito exclusivo e exigindo-se-lhes a obrigação do uso da expressão "cooperativa" em sua denominação.

Parágrafo único. É vedado às cooperativas o uso da expressão "Banco".

Art. 6º As sociedades cooperativas são consideradas:

I — singulares, as constituídas pelo número mínimo de 20 (vinte) pessoas físicas, sendo excepcionalmente permitida a admissão de pessoas jurídicas que tenham por objeto as mesmas ou correlatas atividades econômicas das pessoas físicas ou, ainda, aquelas sem fins lucrativos;

II — cooperativas centrais ou federações de cooperativas, as constituídas de, no mínimo, 3 (três) singulares, podendo, excepcionalmente, admitir associados individuais;

III — confederações de cooperativas, as constituídas, pelo menos, de 3 (três) federações de cooperativas ou cooperativas centrais, da mesma ou de diferentes modalidades.

§ 1º Os associados individuais das cooperativas centrais e federações de cooperativas serão inscritos no Livro de Matrícula da sociedade e classificados em grupos visando à transformação, no futuro, em cooperativas singulares que a elas se filiarão.

§ 2º A exceção estabelecida no item II, *in fine*, do *caput* deste artigo não se aplica às centrais e federações que exerçam atividades de crédito.

Art. 7º As cooperativas singulares se caracterizam pela prestação direta de serviços aos associados.

Art. 8º As cooperativas centrais e federações de cooperativas objetivam organizar, em comum e em maior escala, os serviços econômicos e assistenciais de interesse das filiadas, integrando e orientando suas atividades, bem como facilitando a utilização recíproca dos serviços.

Parágrafo único. Para a prestação de serviços de interesse comum, é permitida a constituição de cooperativas centrais, às quais se associem outras cooperativas de objetivo e finalidades diversas.

Art. 9º As confederações de cooperativas têm por objetivo orientar e coordenar as atividades das filiadas, nos casos em que o vulto dos empreendimentos transcender o âmbito de capacidade ou conveniência de atuação das centrais e federações.

Art. 10. As cooperativas se classificam também de acordo com o objeto ou pela natureza das atividades desenvolvidas por elas ou por seus associados.

§ 1º Além das modalidades de cooperativas já consagradas, caberá ao respectivo órgão controlador apreciar e caracterizar outras que se apresentem.

§ 2º Serão consideradas mistas as cooperativas que apresentarem mais de um objeto de atividades.

§ 3º (*revogado expressamente pela LC 130, de 17.4.09*).

Art. 11. As sociedades cooperativas serão de responsabilidade limitada,[1] quando a responsabilidade do associado pelos compromissos da sociedade se limitar ao valor do capital por ele subscrito.

Art. 11: 1. Responsabilidade dos sócios: CC 1.095.

Art. 12. As sociedades cooperativas serão de responsabilidade ilimitada,[1] quando a responsabilidade do associado pelos compromissos da sociedade for pessoal, solidária e não tiver limite.

Art. 12: 1. v. art. 11, nota 1.

Art. 13. A responsabilidade do associado para com terceiros, como membro da sociedade, somente poderá ser invocada depois de judicialmente exigida da cooperativa.

Capítulo IV | DA CONSTITUIÇÃO DAS SOCIEDADES COOPERATIVAS

Art. 14. A sociedade cooperativa constitui-se por deliberação da assembleia geral dos fundadores, constantes da respectiva ata ou por instrumento público.

Art. 15. O ato constitutivo, sob pena de nulidade, deverá declarar:

I — a denominação da entidade, sede e objeto de funcionamento;

II — o nome, nacionalidade, idade, estado civil, profissão e residência dos associados fundadores que o assinaram, bem como o valor e número da cota-parte de cada um;

III — aprovação do estatuto da sociedade;

IV — o nome, nacionalidade, estado civil, profissão e residência dos associados eleitos para os órgãos de administração, fiscalização e outros.

Art. 16. O ato constitutivo da sociedade e os estatutos, quando não transcritos naquele, serão assinados pelos fundadores.

Seção I | DA AUTORIZAÇÃO DE FUNCIONAMENTO

Art. 17. A cooperativa constituída na forma da legislação vigente apresentará ao respectivo órgão executivo federal de controle, no Distrito Federal, Estados ou Territórios, ou ao órgão local para isso credenciado, dentro de 30 (trinta) dias da data da constituição, para fins de autorização,[1] requerimento acompanhado de 4 (quatro) vias do ato constitutivo, estatuto e lista nominativa, além de outros documentos considerados necessários.

Art. 17: 1. **CF 5º: "XVIII** — a criação de associações e, na forma da lei, a de cooperativas independem de autorização, sendo vedada a interferência estatal em seu funcionamento".

Art. 18. Verificada, no prazo máximo de 60 (sessenta) dias, a contar da data de entrada em seu protocolo, pelo respectivo órgão executivo federal de controle ou órgão local para isso credenciado, a existência de condições de funcionamento da cooperativa em constituição, bem como a regularidade da documentação apresentada, o órgão controlador devolverá, devidamente autenticadas, 2 (duas) vias à cooperativa, acompanhadas de documento dirigido à Junta Comercial do Estado, onde a entidade estiver sediada, comunicando a aprovação do ato constitutivo da requerente.

§ 1º Dentro desse prazo, o órgão controlador, quando julgar conveniente, no interesse do fortalecimento do sistema poderá ouvir o Conselho Nacional de Cooperativismo, caso em que não se verificará a aprovação automática prevista no parágrafo seguinte.

§ 2º A falta de manifestação do órgão controlador no prazo a que se refere este artigo implicará a aprovação do ato constitutivo e o seu subsequente arquivamento na Junta Comercial respectiva.

§ 3º Se qualquer das condições citadas neste artigo não for atendida satisfatoriamente, o órgão ao qual compete conceder a autorização dará ciência ao requerente, indicando as exigências a serem cumpridas no prazo de 60 (sessenta) dias, findos os quais, se não atendidas, o pedido será automaticamente arquivado.

§ 4º À parte é facultado interpor da decisão proferida pelo órgão controlador, nos Estados, Distrito Federal ou Territórios, recurso para a respectiva administração central, dentro do prazo de 30 (trinta) dias contado da data do recebimento da comunicação e, em segunda e última instância, ao Conselho Nacional de Cooperativismo, também no prazo de 30 (trinta) dias, exceção feita às cooperativas de crédito, às seções de crédito das cooperativas agrícolas mistas e às cooperativas habitacionais, hipótese em que o recurso será apreciado pelo Conselho Monetário Nacional, no tocante às duas primeiras, e pelo Banco Nacional de Habitação, em relação às últimas.

§ 5º Cumpridas as exigências, deverá o despacho do deferimento ou indeferimento da autorização ser exarado dentro de 60 (sessenta) dias, findos os quais, na ausência de decisão, o requerimento será considerado deferido. Quando a autorização depender de dois ou mais órgãos do poder público, cada um deles terá o prazo de 60 (sessenta) dias para se manifestar.

§ 6º Arquivados os documentos na Junta Comercial e feita a respectiva publicação, a cooperativa adquire personalidade jurídica,[1] tornando-se apta a funcionar.

§ 7º A autorização caducará, independentemente de qualquer despacho, se a cooperativa não entrar em atividade dentro do prazo de 90 (noventa) dias contados da data em que foram arquivados os documentos na Junta Comercial.

§ 8º Cancelada a autorização, o órgão de controle expedirá comunicação à respectiva Junta Comercial, que dará baixa nos documentos arquivados.

§ 9º A autorização para funcionamento das cooperativas de habitação, das de crédito e das seções de crédito das cooperativas agrícolas mistas subordina-se, ainda, à política dos respectivos órgãos normativos.

§ 10 (*revogado expressamente pela LC 130, de 17.4.09*).

Art. 18: 1. cf. CC 45.

Art. 19. A cooperativa escolar não estará sujeita ao arquivamento dos documentos de constituição, bastando remetê-los ao Instituto Nacional de Colonização e Reforma Agrária, ou respectivo órgão local de controle, devidamente autenticados pelo diretor do estabelecimento de ensino ou a maior autoridade escolar do município, quando a cooperativa congregar associados de mais de um estabelecimento de ensino.

Art. 20. A reforma de estatutos obedecerá, no que couber, ao disposto nos artigos anteriores, observadas as prescrições dos órgãos normativos.

Seção II | DO ESTATUTO SOCIAL

Art. 21. O estatuto da cooperativa, além de atender ao disposto no art. 4º, deverá indicar:

I — a denominação, sede, prazo de duração, área de ação, objeto da sociedade, fixação do exercício social e da data do levantamento do balanço geral;

II — os direitos e deveres dos associados, natureza de suas responsabilidades e as condições de admissão, demissão, eliminação e exclusão e as normas para sua representação nas assembleias gerais;

III — o capital mínimo, o valor da cota-parte, o mínimo de cotas-partes a ser subscrito pelo associado, o modo de integralização das cotas-partes, bem como as condições de sua retirada nos casos de demissão, eliminação ou de exclusão do associado;

IV — a forma da devolução das sobras registradas aos associados, ou do rateio das perdas apuradas por insuficiência de contribuição para cobertura das despesas da sociedade;

V — o modo de administração e fiscalização, estabelecendo os respectivos órgãos, com definição de suas atribuições, poderes e funcionamento, a representação ativa e passiva da sociedade em juízo ou fora dele, o prazo do mandato, bem como o processo de substituição dos administradores e conselheiros fiscais;

VI — as formalidades de convocação das assembleias gerais e a maioria requerida para a sua instalação e validade de suas deliberações, vedado o direito de voto aos que nelas tiverem interesse particular, sem privá-los da participação nos debates;

VII — os casos de dissolução voluntária da sociedade;

VIII — o modo e o processo de alienação ou oneração de bens imóveis da sociedade;

IX — o modo de reformar o estatuto;

X — o número mínimo de associados;

XI (*acrescido pela Lei 13.806, de 10.1.19*) — se a cooperativa tem poder para agir como substituta processual de seus associados, na forma do art. 88-A desta Lei.

Capítulo V | DOS LIVROS

Art. 22. A sociedade cooperativa deverá possuir os seguintes livros:

I — de Matrícula;

II — de Atas das Assembleias Gerais;

III — de Atas dos Órgãos de Administração;

IV — de Atas do Conselho Fiscal;

V — de Presença dos Associados nas Assembleias Gerais;

VI — outros, fiscais e contábeis, obrigatórios.

Parágrafo único. É facultada a adoção de livros de folhas soltas ou fichas.

Art. 23. No Livro de Matrícula, os associados serão inscritos por ordem cronológica de admissão, dele constando:

I — o nome, idade, estado civil, nacionalidade, profissão e residência do associado;

II — a data de sua admissão e, quando for o caso, de sua demissão a pedido, eliminação ou exclusão;

III — a conta corrente das respectivas cotas-partes do capital social.

Capítulo VI | DO CAPITAL SOCIAL

Art. 24. O capital social será subdividido em cotas-partes, cujo valor unitário não poderá ser superior ao maior salário mínimo[1] vigente no país.

§ 1º Nenhum associado poderá subscrever mais de 1/3 (um terço) do total das cotas-partes, salvo nas sociedades em que a subscrição deva ser diretamente proporcional ao movimento financeiro do cooperado ou ao quantitativo dos produtos a serem comercializados, beneficiados ou transformados, ou ainda, em relação à área cultivada ou ao número de plantas e animais em exploração.

§ 2º Não estão sujeitas ao limite estabelecido no parágrafo anterior as pessoas jurídicas de direito público que participem de cooperativas de eletrificação, irrigação e telecomunicações.

§ 3º É vedado às cooperativas distribuírem qualquer espécie de benefício às cotas-partes do capital ou estabelecer outras vantagens ou privilégios, financeiros ou não, em favor de quaisquer associados ou terceiros, excetuando-se os juros até o máximo de 12% (doze por cento) ao ano, que incidirão sobre a parte integralizada.

§ 4º (*acrescido pela Lei 13.097, de 19.1.15*) As quotas de que trata o *caput* deixam de integrar o patrimônio líquido da cooperativa quando se tornar exigível, na forma prevista no estatuto social e na legislação vigente, a restituição do capital integralizado pelo associado, em razão do seu desligamento, por demissão, exclusão ou eliminação.

Art. 24: 1. Não foi substituído pelo valor de referência (v. Lei 6.205, de 29.4.75, no tít. CORREÇÃO MONETÁRIA).

Art. 25. Para a formação do capital social poder-se-á estipular que o pagamento das cotas-partes seja realizado mediante prestações periódicas, independentemente de chamada, por meio de contribuições ou outra forma estabelecida a critério dos respectivos órgãos executivos federais.

Art. 26. A transferência de cotas-partes será averbada no Livro de Matrícula, mediante termo que conterá as assinaturas do cedente, do cessionário e do diretor que o estatuto designar.

Art. 27. A integralização das cotas-partes e o aumento do capital social poderão ser feitos com bens avaliados previamente e após homologação em assembleia geral ou mediante retenção de determinada percentagem[1] do valor do movimento financeiro de cada associado.

§ 1º O disposto neste artigo não se aplica às cooperativas de crédito, às agrícolas mistas com seção de crédito e às habitacionais.

§ 2º Nas sociedades cooperativas em que a subscrição de capital for diretamente proporcional ao movimento ou à expressão econômica de cada associado, o estatuto deverá prever sua revisão periódica para ajustamento às condições vigentes.

Art. 27: 1. No texto oficial, está "porcentagem".

Capítulo VII | DOS FUNDOS

Art. 28. As cooperativas são obrigadas a constituir:[1]

I — fundo de reserva, destinado a reparar perdas e atender ao desenvolvimento de suas atividades, constituído com 10% (dez por cento), pelo menos, das sobras líquidas do exercício;

II — fundo de assistência técnica, educacional e social, destinado à prestação de assistência aos associados, seus familiares e, quando previsto nos estatutos, aos empregados da cooperativa, constituído de 5% (cinco por cento), pelo menos, das sobras líquidas apuradas no exercício.

§ 1º Além dos previstos neste artigo, a assembleia geral poderá criar outros fundos, inclusive rotativos, com recursos destinados a fins específicos, fixando o modo de formação, aplicação e liquidação.

§ 2º Os serviços a serem atendidos pelo fundo de assistência técnica, educacional e social poderão ser executados mediante convênio com entidades públicas e privadas.

Art. 28: 1. v. arts. 4º-VIII e 68-VI.

Capítulo VIII | DOS ASSOCIADOS

Art. 29. O ingresso nas cooperativas é livre a todos que desejarem utilizar os serviços prestados pela sociedade, desde que adiram aos propósitos sociais e preencham as condições estabelecidas no estatuto, ressalvado o disposto no art. 4º, item I, desta lei.[1 a 3]

§ 1º A admissão dos associados poderá ser restrita, a critério do órgão normativo respectivo, às pessoas que exerçam determinada atividade ou profissão, ou estejam vinculadas a determinada entidade.

§ 2º Poderão ingressar nas cooperativas de pesca e nas constituídas por produtores rurais ou extrativistas, as pessoas jurídicas que pratiquem as mesmas atividades econômicas das pessoas físicas associadas.

§ 3º Nas cooperativas de eletrificação, irrigação e telecomunicações, poderão ingressar as pessoas jurídicas que se localizem na respectiva área de operações.

§ 4º Não poderão ingressar no quadro das cooperativas os agentes de comércio e empresários que operem no mesmo campo econômico da sociedade.

Art. 29: 1. "É **inválida** a **cláusula** inserta em estatuto de cooperativa de trabalho médico **que impõe exclusividade** aos médicos cooperados (interpretação sistemática do art. 29, § 4º, da Lei 5.764/71)" (STJ-Corte Especial, ED no REsp 191.080, Min. Hamilton Carvalhido, j. 16.12.09, DJ 8.4.10).

"Na dicção atual do art. 18, III, da Lei 9.656/98, assegura-se ao cooperado o direito de manter relacionamento não exclusivo com operadoras de planos de saúde. A existência de norma legal expressa a vedar pactos de exclusividade em determinado segmento econômico afasta a atuação jurisdicional para avaliar, segundo a 'regra da razão', a pertinência e legalidade da convenção. Ao proibir as cláusulas de exclusividade, o art. 18, III, Lei 9.656/98, estabelece regras para a ampla concorrência no segmento específico dos planos de saúde. Tal norma integra o estatuto jurídico da concorrência. Não se pode, assim, reconhecer que a cooperativa tenha direito adquirido a uma concorrência limitada. Em outras palavras, o art. 18, III, Lei 9.656/98, tem aplicação imediata para regular os efeitos presentes e futuros do negócio jurídico pretérito, celebrado entre as partes" (STJ-3ª T., REsp 883.639, Min. Nancy Andrighi, j. 14.10.08, DJ 10.12.08). Em sentido semelhante: STJ-RT 898/209 (2ª T., REsp 1.172.603).

Contra: "O cooperado que adere a uma cooperativa médica submete-se ao seu estatuto, podendo atuar livremente no atendimento de pacientes que o procurem, mas vedada a vinculação a outra congênere, conforme disposição estatutária" (STJ-2ª Seção, REsp 261.155, Min. Menezes Direito, j. 10.3.04, maioria, DJU 3.5.04).

Art. 29: 2. "Salvo impossibilidade técnica do profissional para exercer os serviços propostos pela cooperativa, conforme art. 4º, I, da Lei 5.764/71, deve-se considerar **ilimitado o número de associados** que podem juntar-se ao quadro associativo, face a aplicação do princípio da adesão livre e voluntária que rege o sistema cooperativista" (STJ-4ª T., REsp 1.124.273, Min. Luis Felipe, j. 4.3.10, DJ 19.3.10). No mesmo sentido: STJ-3ª T., REsp 1.479.561, Min. Ricardo Cueva, j. 18.11.14, DJ 28.11.14; JTJ 343/658 (EI 238.521.4/5-00).

Art. 29: 3. "Cooperativa médica. Ação de obrigação de fazer. Previsão estatutária que **exige processo seletivo** para ingresso de médico na cooperativa. Inexistência de violação do princípio da livre adesão" (STJ-4ª T., REsp 1.561.337-AgInt, Min. Raul Araújo, j. 19.11.19, DJ 13.12.19).

Art. 30. À exceção das cooperativas de crédito e das agrícolas mistas com seção de crédito, a admissão de associados, que se efetive mediante aprovação de seu pedido de ingresso pelo órgão de administração, complementa-se com a subscrição das cotas-partes de capital social e a sua assinatura no Livro de Matrícula.

Art. 31. O associado que aceitar e estabelecer relação empregatícia com a cooperativa perde o direito de votar e ser votado, até que sejam aprovadas as contas do exercício em que ele deixou o emprego.

Art. 32. A demissão do associado será unicamente a seu pedido.

Art. 33. A eliminação do associado é aplicada em virtude de infração legal ou estatutária, ou por fato especial previsto no estatuto, mediante termo firmado por quem de direito no Livro de Matrícula, com os motivos que a determinaram.

Art. 34. A diretoria da cooperativa tem o prazo de 30 (trinta) dias para comunicar ao interessado a sua eliminação.

Parágrafo único. Da eliminação cabe recurso, com efeito suspensivo, à primeira assembleia geral.

Art. 35. A exclusão do associado será feita:

I — por dissolução da pessoa jurídica;

II — por morte da pessoa física;

III — por incapacidade civil não suprida;

IV — por deixar de atender aos requisitos estatutários de ingresso ou permanência na cooperativa.

Art. 36. A responsabilidade do associado perante terceiros, por compromissos da sociedade, perdura para os demitidos, eliminados ou excluídos até quando aprovadas as contas do exercício em que se deu o desligamento.

Parágrafo único. As obrigações dos associados falecidos, contraídas com a sociedade, e as oriundas de sua responsabilidade como associado em face de terceiros, passam aos herdeiros, prescrevendo, porém, após um ano contado do dia da abertura da sucessão, ressalvados os aspectos peculiares das cooperativas de eletrificação rural e habitacionais.

Art. 37. A cooperativa assegurará a igualdade de direito dos associados, sendo-lhe defeso:

I — remunerar a quem agencie novos associados;

II — cobrar prêmios ou ágio pela entrada de novos associados, ainda a título de compensação das reservas;

III — estabelecer restrições de qualquer espécie ao livre exercício dos direitos sociais.

Capítulo IX | DOS ÓRGÃOS SOCIAIS

Seção I | DAS ASSEMBLEIAS GERAIS

Art. 38. A assembleia geral dos associados é o órgão supremo da sociedade, dentro dos limites legais e estatutários, tendo poderes para decidir os negócios relativos ao objeto da sociedade e tomar as resoluções convenientes ao desenvolvimento e defesa desta, e suas deliberações vinculam a todos, ainda que ausentes ou discordantes.

§ 1º As assembleias gerais serão convocadas com antecedência mínima de 10 (dez) dias, em primeira convocação, mediante editais afixados em locais apropriados das dependências comumente mais frequentadas pelos associados, publicação em jornal e comunicação aos associados por intermédio de circulares. Não havendo, no horário estabelecido, *quorum* de instalação, as assembleias poderão ser realizadas em segunda ou terceira convocações, desde que assim permitam os estatutos e conste do respectivo edital, quando então será observado o intervalo mínimo de 1 (uma) hora entre a realização por uma ou outra convocação.

§ 2º A convocação será feita pelo presidente, ou por qualquer dos órgãos de administração, pelo Conselho Fiscal, ou após solicitação não atendida, por 1/5 (um quinto) dos associados em pleno gozo dos seus direitos.

§ 3º As deliberações nas assembleias gerais serão tomadas por maioria de voto dos associados presentes com direito de votar.

Art. 39. É da competência das assembleias gerais, ordinárias ou extraordinárias, a destituição dos membros dos órgãos de administração ou fiscalização.

Parágrafo único. Ocorrendo destituição que possa afetar a regularidade da administração ou fiscalização da entidade, poderá a assembleia designar administradores e conselheiros provisórios, até a posse dos novos, cuja eleição se efetuará no prazo máximo de 30 (trinta) dias.

Art. 40. Nas assembleias gerais o *quorum* de instalação será o seguinte:

I — 2/3 (dois terços) do número de associados, em primeira convocação;

II — metade mais 1 (um) dos associados em segunda convocação;

III — mínimo de 10 (dez) associados na terceira convocação, ressalvado o caso de cooperativas centrais e federações e confederações de cooperativas, que se instalarão com qualquer número.

Art. 41. Nas assembleias gerais das cooperativas centrais, federações e confederações de cooperativas, a representação será feita por delegados indicados na forma dos seus estatutos e credenciados pela diretoria das respectivas filiadas.

Parágrafo único. Os grupos de associados individuais das cooperativas centrais e federações de cooperativas serão representados por 1 (um) delegado, escolhido entre seus membros e credenciado pela respectiva administração.

Art. 42 (*redação da Lei 6.981, de 30.3.82*). Nas cooperativas singulares, cada associado presente não terá direito a mais de um voto, qualquer que seja o número de suas cotas-partes.

§ 1º (*redação da Lei 6.981, de 30.3.82*) Não será permitida a representação por meio de mandatário.

§ 2º (*redação da Lei 6.981, de 30.3.82*) Quando o número de associados, nas cooperativas singulares, exceder a 3.000 (três mil), pode o estatuto estabelecer que os mesmos sejam representados, nas assembleias gerais, por delegados que tenham a qualidade de associados no gozo de seus direitos sociais e não exerçam cargos eletivos na sociedade.

§ 3º (*redação da Lei 6.981, de 30.3.82*) O estatuto determinará o número de delegados, a época e forma de sua escolha por grupos seccionais de associados de igual número e o tempo de duração da delegação.

§ 4º (*redação da Lei 6.981, de 30.3.82*) Admitir-se-á, também, a delegação definida no parágrafo anterior nas cooperativas singulares cujo número de associados seja inferior a 3.000 (três mil), desde que haja filiados residindo a mais de 50 km (cinquenta quilômetros) da sede.

§ 5º (*redação da Lei 6.981, de 30.3.82*) Os associados, integrantes de grupos seccionais, que não sejam delegados, poderão comparecer às assembleias gerais, privados, contudo, de voz e voto.

§ 6º (*redação da Lei 6.981, de 30.3.82*) As assembleias gerais compostas por delegados decidem sobre todas as matérias que, nos termos da lei ou dos estatutos, constituem objeto de decisão da assembleia geral dos associados.

Art. 43. Prescreve em 4 (quatro) anos a ação para anular as deliberações da assembleia geral viciadas de erro, dolo, fraude ou simulação,[1] ou tomadas com violação da lei ou do estatuto, contado o prazo da data em que a assembleia foi realizada.

Art. 43: 1. v. CC 138 a 165.

Art. 43-A (*acrescido pela Lei 14.030, de 28.7.20*). O associado poderá participar e votar a distância em reunião ou em assembleia, que poderão ser realizadas em meio digital, nos termos do regulamento do órgão competente do Poder Executivo federal.

Parágrafo único (*acrescido pela Lei 14.030, de 28.7.20*). A assembleia geral poderá ser realizada de forma digital, respeitados os direitos legalmente previstos de participação e de manifestação dos associados e os demais requisitos regulamentares.

Seção II | DAS ASSEMBLEIAS GERAIS ORDINÁRIAS

Art. 44. A assembleia geral ordinária, que se realizará anualmente nos 3 (três) primeiros meses após o término do exercício social, deliberará sobre os seguintes assuntos, que deverão constar da ordem do dia:

I — prestação de contas dos órgãos de administração, acompanhada de parecer do Conselho Fiscal, compreendendo:

a) relatório da gestão;

b) balanço;

c) demonstrativo das sobras apuradas ou das perdas decorrentes da insuficiência das contribuições para cobertura das despesas da sociedade e o parecer do Conselho Fiscal;

II — destinação das sobras apuradas ou rateio das perdas decorrentes da insuficiência das contribuições para cobertura das despesas da sociedade, deduzindo-se, no primeiro caso, as parcelas para os fundos obrigatórios;

III — eleição dos componentes dos órgãos de administração, do Conselho Fiscal e de outros, quando for o caso;

IV — quando previsto, a fixação do valor dos honorários, gratificações e cédula de presença dos membros do Conselho de Administração ou da Diretoria e do Conselho Fiscal;

V — quaisquer assuntos de interesse social, excluídos os enumerados no art. 46.

§ 1º Os membros dos órgãos de administração e fiscalização não poderão participar da votação das matérias referidas nos itens I e IV deste artigo.

§ 2º À exceção das cooperativas de crédito e das agrícolas mistas com seção de crédito, a aprovação do relatório, balanço e contas dos órgãos de administração, desonera seus componentes de responsabilidade, ressalvados os casos de erro, dolo, fraude ou simulação,[1] bem como a infração da lei ou do estatuto.

Art. 44: 1. cf. art. 43; v. CC 138 a 165.

Seção III | DAS ASSEMBLEIAS GERAIS EXTRAORDINÁRIAS

Art. 45. A assembleia geral extraordinária realizar-se-á sempre que necessário e poderá deliberar sobre qualquer assunto de interesse da sociedade, desde que mencionado no edital de convocação.

Art. 46. É da competência exclusiva da assembleia geral extraordinária deliberar sobre os seguintes assuntos:

I — reforma do estatuto;

II — fusão, incorporação ou desmembramento;

III — mudança do objeto da sociedade;

IV — dissolução voluntária da sociedade e nomeação de liquidantes;

V — contas do liquidante.

Parágrafo único. São necessários os votos de 2/3 (dois terços) dos associados presentes, para tornar válidas as deliberações de que trata este artigo.

Seção IV | DOS ÓRGÃOS DE ADMINISTRAÇÃO

Art. 47. A sociedade será administrada por uma Diretoria ou Conselho de Administração, composto exclusivamente de associados eleitos pela assembleia geral, com mandato nunca superior a 4 (quatro) anos, sendo obrigatória a renovação de, no mínimo, 1/3 (um terço) do Conselho de Administração.

§ 1º O estatuto poderá criar outros órgãos necessários à administração.

§ 2º A posse dos administradores e conselheiros fiscais das cooperativas de crédito e das agrícolas mistas com seção de crédito e habitacionais fica sujeita à prévia homologação dos respectivos órgãos normativos.

Art. 48. Os órgãos de administração podem contratar gerentes técnicos ou comerciais, que não pertençam ao quadro de associados, fixando-lhes as atribuições e salários.

Art. 49. Ressalvada a legislação específica que rege as cooperativas de crédito, as seções de crédito das cooperativas agrícolas mistas e as de habitação, os administradores eleitos ou contratados não serão pessoalmente responsáveis pelas obrigações que contraírem em nome da sociedade, mas responderão solidariamente pelos prejuízos resultantes de seus atos, se procederem com culpa ou dolo.[1]

Parágrafo único. A sociedade responderá pelos atos a que se refere a última parte deste artigo se os houver ratificado ou deles logrado proveito.

Art. 49: 1. v. art. 36-*caput* e § ún.

Art. 50. Os participantes de ato ou operação social em que se oculte a natureza da sociedade podem ser declarados pessoalmente responsáveis pelas obrigações em nome dela contraídas, sem prejuízo das sanções penais cabíveis.

Art. 51. São inelegíveis, além das pessoas impedidas por lei, os condenados a pena que vede, ainda que temporariamente, o acesso a cargos públicos; ou por crime falimentar, de prevaricação, peita ou suborno, concussão, peculato, ou contra a economia popular, a fé pública ou a propriedade.

Parágrafo único. Não podem compor uma mesma Diretoria ou Conselho de Administração, os parentes entre si até 2º (segundo) grau, em linha reta ou colateral.[1]

Art. 51: 1. cf. art. 56 § 1º.

Art. 52. O diretor ou associado que, em qualquer operação, tenha interesse oposto ao da sociedade, não pode participar das deliberações referentes a essa operação, cumprindo-lhe acusar o seu impedimento.

Art. 53. Os componentes da Administração e do Conselho Fiscal, bem como os liquidantes, equiparam-se aos administradores das sociedades anônimas, para efeito de responsabilidade criminal.

Art. 54. Sem prejuízo da ação que couber ao associado, a sociedade, por seus diretores, ou representada pelo associado escolhido em assembleia geral, terá direito de ação contra os administradores, para promover sua responsabilidade.

Art. 55. Os empregados de empresas que sejam eleitos diretores de sociedades cooperativas pelos mesmos criadas gozarão das garantias asseguradas aos dirigentes sindicais pelo art. 543 da Consolidação das Leis do Trabalho (Decreto-lei n. 5.452, de 1º de maio de 1943).

Seção V | DO CONSELHO FISCAL

Art. 56. A administração da sociedade será fiscalizada, assídua e minuciosamente, por um Conselho Fiscal, constituído de 3 (três) membros efetivos e 3 (três) suplentes, todos associados, eleitos anualmente pela assembleia geral, sendo permitida apenas a reeleição de 1/3 (um terço) dos seus componentes.[1]

§ 1º Não podem fazer parte do Conselho Fiscal, além dos inelegíveis enumerados no art. 51, os parentes dos diretores até o 2º (segundo) grau, em linha reta ou colateral, bem como os parentes entre si até esse grau.[1a]

§ 2º O associado não pode exercer cumulativamente cargos nos órgãos de administração e de fiscalização.[2]

Art. 56: 1. **v. Lei 12.690, de 19.7.12, art. 16, adiante neste tít.**

Art. 56: 1a. cf. art. 51 § ún.

Art. 56: 2. v. art. 93-IV.

Capítulo X | FUSÃO, INCORPORAÇÃO E DESMEMBRAMENTO

Art. 57. Pela fusão, duas ou mais cooperativas formam nova sociedade.

§ 1º Deliberada a fusão, cada cooperativa interessada indicará nomes para comporem comissão mista, que procederá aos estudos necessários à constituição da nova sociedade, tais como o levantamento patrimonial, balanço geral, plano de distribuição de cotas-partes, destino dos fundos de reserva e outros, e o projeto de estatuto.

§ 2º Aprovado o relatório da comissão mista e constituída a nova sociedade em assembleia geral conjunta, os respectivos documentos serão arquivados, para aquisição de personalidade jurídica, na Junta Comercial competente, e duas vias dos mesmos, com a publicação do arquivamento, serão encaminhadas ao órgão executivo de controle ou ao órgão local credenciado.

§ 3º Exclui-se do disposto no parágrafo anterior a fusão que envolver cooperativas que exerçam atividades de crédito. Nesse caso, aprovado o relatório da comissão mista e constituída a nova sociedade em assembleia geral conjunta, a autorização para funcionar e o registro dependerão de prévia anuência do Banco Central do Brasil.

Art. 58. A fusão determina a extinção das sociedades que se unem para formar a nova sociedade, que lhes sucederá nos direitos e obrigações.

Art. 59. Pela incorporação, uma sociedade cooperativa absorve o patrimônio, recebe os associados, assume as obrigações e se investe nos direitos de outra ou outras cooperativas.

Parágrafo único. Na hipótese prevista neste artigo, serão obedecidas as mesmas formalidades estabelecidas para a fusão, limitadas as avaliações ao patrimônio da ou das sociedades incorporandas.

Art. 60. As sociedades cooperativas poderão desmembrar-se em tantas quantas forem necessárias para atender aos interesses dos seus associados, podendo uma das novas entidades ser constituída como cooperativa central ou federação de cooperativas, cujas autorizações de funcionamento e os arquivamentos serão requeridos conforme o disposto nos arts. 17 e seguintes.

Art. 61. Deliberado o desmembramento, a assembleia designará uma comissão para estudar as providências necessárias à efetivação da medida.

§ 1º O relatório apresentado pela comissão, acompanhado dos projetos de estatutos das novas cooperativas, será apreciado em nova assembleia especialmente convocada para este fim.

§ 2º O plano de desmembramento preverá o rateio, entre as novas cooperativas, do ativo e passivo da sociedade desmembrada.

§ 3º No rateio previsto no parágrafo anterior, atribuir-se-á a cada nova cooperativa parte do capital social da sociedade desmembrada em cota correspondente à participação dos associados que passam a integrá-la.

§ 4º Quando uma das cooperativas for constituída como cooperativa central ou federação de cooperativas, prever-se-á o montante das cotas-partes que as associadas terão no capital social.

Art. 62. Constituídas as sociedades e observado o disposto nos arts. 17 e seguintes, proceder-se-á às transferências contábeis e patrimoniais necessárias à concretização das medidas adotadas.

Capítulo XI | DA DISSOLUÇÃO E LIQUIDAÇÃO

Art. 63. As sociedades cooperativas se dissolvem de pleno direito:

I — quando assim deliberar a assembleia geral, desde que os associados, totalizando o número mínimo exigido por esta lei, não se disponham a assegurar a sua continuidade;

II — pelo decurso do prazo de duração;

III — pela consecução dos objetivos predeterminados;

IV — devido à alteração de sua forma jurídica;

V — pela redução do número mínimo de associados ou do capital social mínimo se, até a assembleia geral subsequente, realizada em prazo não inferior a 6 (seis) meses, eles não forem restabelecidos;

VI — pelo cancelamento da autorização para funcionar;

VII — pela paralisação de suas atividades por mais de 120 (cento e vinte) dias.[1]

Parágrafo único. A dissolução da sociedade importará no cancelamento da autorização para funcionar e do registro.

Art. 63: 1. cf. art. 93-III.

Art. 64. Quando a dissolução da sociedade não for promovida voluntariamente, nas hipóteses previstas no artigo anterior, a medida poderá ser tomada judicialmente, a pedido de qualquer associado ou por iniciativa do órgão executivo federal.

Art. 65. Quando a dissolução for deliberada pela assembleia geral, esta nomeará um liquidante ou mais, e um Conselho Fiscal de 3 (três) membros para proceder à sua liquidação.

§ 1º O processo de liquidação só poderá ser iniciado após a audiência do respectivo órgão executivo federal.

§ 2º A assembleia geral, nos limites de suas atribuições, poderá, em qualquer época, destituir os liquidantes e os membros do Conselho Fiscal, designando os seus substitutos.

Art. 66. Em todos os atos e operações os liquidantes deverão usar a denominação da cooperativa, seguida da expressão: "em liquidação".

Art. 67. Os liquidantes terão todos os poderes normais de administração, podendo praticar atos e operações necessários à realização do ativo e pagamento do passivo.

Art. 68. São obrigações dos liquidantes:

I — providenciar o arquivamento, na Junta Comercial, da ata da assembleia geral em que foi deliberada a liquidação;

II — comunicar à administração central do respectivo órgão executivo federal e ao Banco Nacional de Crédito Cooperativo S.A. a sua nomeação, fornecendo cópia da ata da assembleia geral que decidiu a matéria;

III — arrecadar os bens, livros e documentos da sociedade, onde quer que estejam;

IV — convocar os credores e devedores e promover o levantamento dos créditos e débitos da sociedade;

V — proceder nos 15 (quinze) dias seguintes ao de sua investidura e com a assistência, sempre que possível, dos administradores, ao levantamento do inventário e balanço geral do ativo e passivo;

VI — realizar o ativo social para saldar o passivo e reembolsar os associados de suas cotas-partes, destinando o remanescente, inclusive o dos fundos indivisíveis,[1] ao Banco Nacional de Crédito Cooperativo S.A.;

VII — exigir dos associados a integralização das respectivas cotas-partes do capital social não realizadas, quando o ativo não bastar para a solução do passivo;

VIII — fornecer aos credores a relação dos associados, se a sociedade for de responsabilidade ilimitada e os recursos apurados forem insuficientes para o pagamento das dívidas;

IX — convocar a assembleia geral, cada 6 (seis) meses ou sempre que necessário, para apresentar relatório e balanço do estado da liquidação e prestar contas dos atos praticados durante o período anterior;

X — apresentar à assembleia geral, finda a liquidação, o respectivo relatório e as contas finais;

XI — averbar, no órgão competente, a ata da assembleia geral que considerar encerrada a liquidação.

Art. 68: 1. v. arts. 4º-VIII e 28.

Art. 69. As obrigações e as responsabilidades dos liquidantes regem-se pelos preceitos peculiares aos dos administradores da sociedade liquidanda.

Art. 70. Sem autorização da assembleia não poderá o liquidante gravar de ônus os móveis e imóveis, contrair empréstimos, salvo quando indispensáveis para o pagamento de obrigações inadiáveis, nem prosseguir, embora para facilitar a liquidação, na atividade social.

Art. 71. Respeitados os direitos dos credores preferenciais, pagará o liquidante as dívidas sociais proporcionalmente e sem distinção entre vencidas ou não.

Art. 72. A assembleia geral poderá resolver, antes de ultimada a liquidação, mas depois de pagos os credores, que o liquidante faça rateios por antecipação da partilha, à medida em que[1] se apurem os haveres sociais.

Art. 72: 1. *sic*; deve ser "à medida que".

Art. 73. Solucionado o passivo, reembolsados os cooperados até o valor de suas cotas-partes e encaminhado o remanescente conforme o estatuído, convocará o liquidante assembleia geral para a prestação final de contas.

Art. 74. Aprovadas as contas, encerra-se a liquidação e a sociedade se extingue, devendo a ata da assembleia ser arquivada na Junta Comercial e publicada.

Parágrafo único. O associado discordante terá o prazo de 30 (trinta) dias, a contar da publicação da ata, para promover a ação que couber.

Art. 75. A liquidação extrajudicial das cooperativas poderá ser promovida por iniciativa do respectivo órgão executivo federal, que designará o liquidante, e será processada de acordo com a legislação específica e demais disposições regulamentares, desde que a sociedade deixe de oferecer condições operacionais, principalmente por constatada insolvência.

§ 1º A liquidação extrajudicial, tanto quanto possível, deverá ser precedida de intervenção na sociedade.

§ 2º Ao interventor, além dos poderes expressamente concedidos no ato de intervenção, são atribuídas funções, prerrogativas e obrigações dos órgãos de administração.

Art. 76. A publicação no *Diário Oficial*, da ata da assembleia geral da sociedade, que deliberou sua liquidação, ou da decisão do órgão executivo federal quando a medida for de sua iniciativa, implicará a sustação de qualquer ação judicial contra a cooperativa, pelo prazo de 1 (um) ano, sem prejuízo, entretanto, da fluência dos juros legais ou pactuados e seus acessórios.[1 a 3]

Parágrafo único. Decorrido o prazo previsto neste artigo, sem que, por motivo relevante, esteja encerrada a liquidação, poderá ser o mesmo prorrogado, no máximo por mais 1 (um) ano, mediante decisão do órgão citado no artigo, publicada, com os mesmos efeitos, no *Diário Oficial*.[4]

Art. 76: 1. "O objetivo da norma inserta no art. 76 da Lei 5.764/71 diz, em última instância, com a necessidade de se preservar a integridade do sistema cooperativo, conferindo às sociedades cooperativas em situação de dificuldade uma moratória que, não obstante curta, possa contribuir para sua eventual recuperação econômica, a bem do interesse público. Não há nenhum sentido prático e jurídico em excluir do rol das ações judiciais a que se refere o art. 76 da Lei 5.764/71 aquelas de **cunho executivo,** imbuídas que são, mais do que quaisquer outras, de potencial invasivo, apto a embaraçar a recuperação que a norma almeja garantir" (STJ-4ª T., REsp 815.099, Min. João Otávio, j. 16.3.10, DJ 29.3.10).

Art. 76: 2. "A prerrogativa da suspensão das ações judiciais previstas pelo art. 76 da Lei 5.764/71 é destinada exclusivamente às cooperativas em liquidação, não podendo ser estendida aos demais **litisconsortes"** (STJ-3ª T., REsp 1.025.358, Min. Nancy Andrighi, j. 13.4.10, DJ 14.5.10).

Art. 76: 3. "Assim como ocorre na falência, é cabível o pedido de restituição de adiantamento de contrato de câmbio formulado por instituição financeira contra sociedade cooperativa em regime de liquidação judicial. A presença, nos dois institutos, da mesma identidade estrutural e teleológica, aliada às características da operação de crédito contratada, torna possível o uso da analogia para o deslinde da controvérsia" (STJ-3ª T., REsp 1.317.749, Min. João Otávio, j. 19.11.13, maioria, DJ 28.11.13).

Art. 76: 4. "Liquidação extrajudicial de sociedade cooperativa. Suspensão das ações em andamento. Prazo de um ano do art. 76 da Lei 5.764/1971. **Prorrogações sucessivas. Descabimento.** Caráter excepcional da regra em comento. Inviabilidade de interpretação analógica com o 'stay period' da recuperação judicial" (STJ-3ª T., REsp 1.833.613, Min. Paulo Sanseverino, j. 17.11.20, DJ 20.11.20).

Art. 77. Na realização do ativo da sociedade, o liquidante deverá:

I — mandar avaliar, por avaliadores judiciais ou de instituições financeiras públicas, os bens de[1] sociedade;

II — proceder à venda dos bens necessários ao pagamento do passivo da sociedade, observadas, no que couber, as normas constantes dos arts. 117 e 118 do Decreto-lei n. 7.661, de 21 de junho de 1945.[2]

Art. 77: 1. *sic*; deve ser "da".

Art. 77: 2. Dec. lei 7.661: antiga Lei de Falências.

Art. 78. A liquidação das cooperativas de crédito e da seção de crédito das cooperativas agrícolas mistas reger-se-á pelas normas próprias legais e regulamentares.

Capítulo XII | DO SISTEMA OPERACIONAL DAS COOPERATIVAS

Seção I | DO ATO COOPERATIVO

Art. 79. Denominam-se atos cooperativos os praticados entre as cooperativas e seus associados, entre estes e aquelas e pelas cooperativas entre si quando associados, para a consecução dos objetivos sociais.

Parágrafo único. O ato cooperativo não implica operação de mercado, nem contrato de compra e venda de produto ou mercadoria.

Seção II | DAS DISTRIBUIÇÕES DE DESPESAS

Art. 80. As despesas da sociedade serão cobertas pelos associados mediante rateio, na proporção direta da fruição de serviços.

Parágrafo único. A cooperativa poderá, para melhor atender à equanimidade de cobertura das despesas da sociedade, estabelecer:

I — rateio, em partes iguais, das despesas gerais da sociedade entre todos os associados, quer tenham ou não, no ano, usufruído dos serviços por ela prestados, conforme definidas no estatuto;

II — rateio, em razão diretamente proporcional, entre os associados que tenham usufruído dos serviços durante o ano, das sobras líquidas ou dos prejuízos verificados no balanço do exercício, excluídas as despesas gerais já atendidas na forma do item anterior.

Art. 81. A cooperativa que tiver adotado o critério de separar as despesas da sociedade e estabelecido o seu rateio na forma indicada no parágrafo único do artigo anterior deverá levantar separadamente as despesas gerais.

Seção III | DAS OPERAÇÕES DA COOPERATIVA

Art. 82 (*redação da Lei 11.076, de 30.12.04*). A cooperativa que se dedicar a vendas em comum poderá registrar-se como armazém geral, podendo também desenvolver as atividades previstas na Lei n. 9.973, de 29 de maio de 2000, e nessa condição expedir Conhecimento de Depósito, *Warrant*, Certificado de Depósito Agropecuário — CDA e *Warrant* Agropecuário — WA para os produtos de seus associados conservados em seus armazéns, próprios ou arrendados, sem prejuízo da emissão de outros títulos decorrentes de suas atividades normais, aplicando-se, no que couber, a legislação específica.[1]

§ 1º Para efeito deste artigo, os armazéns da cooperativa se equiparam aos armazéns gerais, com as prerrogativas e obrigações destes, ficando os componentes do Conselho de Administração ou Diretoria Executiva, emitente do título, responsáveis, pessoal e solidariamente, pela boa guarda e conservação dos produtos vinculados, respondendo criminal e civilmente pelas declarações constantes do título, como também por qualquer ação ou omissão que acarrete o desvio, deterioração ou perda dos produtos.

§ 2º Observado o disposto no § 1º, as cooperativas poderão operar unidades de armazenagem, embalagem e frigorificação, bem como armazéns gerais alfandegários, nos termos do disposto no Capítulo IV da Lei n. 5.025, de 10 de junho de 1966.[2]

Art. 82: 1. v. **Dec. (legislativo) 1.102, de 21.11.1903** — Institui regras para o estabelecimento de empresas de armazéns gerais, determinando os direitos e obrigações dessas empresas. O art. 15 § 1º, itens 3º e 4º, foi alterado pela **Lei Delegada 3, de 26.9.62** (Lex 1962/234). S/ prazo do depósito e seguros contra riscos de incêndio, v. **Dec. lei 6.319, de 6.3.44** (RT 149/789, Lex 1944/67); s/ serviço de armazenagem nos portos organizados, v. **Dec. 8.439, de 24.12.45** (RT 150/375, Lex 1946/1).

Art. 82: 2. **Lei 5.025, de 10.6.66** — Dispõe sobre o intercâmbio comercial com o exterior, cria o Conselho Nacional do Comércio Exterior, e dá outras providências (Lex 1966/846 e 1.215).

Art. 83. A entrega da produção do associado a sua cooperativa significa a outorga a esta de plenos poderes para a sua livre disposição, inclusive para gravá-la e dá-la em garantia de operações de crédito realizadas pela sociedade, salvo se, tendo em vista os usos e costumes relativos à comercialização de determinados produtos, sendo de interesse do produtor, os estatutos dispuserem de outro modo.[1]

Art. 83: 1. v. art. 4º, nota 3.

Art. 84 (*revogado expressamente pela LC 130, de 17.4.09*).

Art. 85. As cooperativas agropecuárias e de pesca poderão adquirir produtos de não associados, agricultores, pecuaristas ou pescadores, para completar lotes destinados ao cumprimento de contratos ou suprir capacidade ociosa de instalações industriais das cooperativas que as possuem.

Art. 86. As cooperativas poderão fornecer bens e serviços a não associados, desde que tal faculdade atenda aos objetivos sociais e estejam de conformidade com a presente lei.

Parágrafo único (*revogado expressamente pela LC 130, de 17.4.09*).

Art. 87. Os resultados das operações das cooperativas com não associados, mencionados nos arts. 85 e 86, serão levados à conta do fundo de assistência técnica, educacional e social e serão contabilizados em separado, de molde a permitir cálculo para incidência de tributos.

Art. 88 (*redação da Med. Prov. 2.168-40, de 24.8.01*). Poderão as cooperativas participar de sociedades não cooperativas para melhor atendimento dos próprios objetivos e de outros de caráter acessório ou complementar.

Parágrafo único. As inversões decorrentes dessa participação serão contabilizadas em títulos específicos e seus eventuais resultados positivos levados ao fundo de assistência técnica, educacional e social.

Art. 88-A (*acrescido pela Lei 13.806, de 10.1.19*). A cooperativa poderá ser dotada de legitimidade extraordinária autônoma concorrente para agir como substituta processual em defesa dos direitos coletivos de seus associados quando a causa de pedir versar sobre atos de interesse direto dos associados que tenham relação com as operações de mercado da cooperativa, desde que isso seja previsto em seu estatuto[1] e haja, de forma expressa, autorização manifestada individualmente pelo associado ou por meio de assembleia geral que delibere sobre a propositura da medida judicial.

Art. 88-A: 1. v. art. 21-XI.

Seção IV | DOS PREJUÍZOS

Art. 89. Os prejuízos verificados no decorrer do exercício serão cobertos com recursos provenientes do fundo de reserva e, se insuficiente este, mediante rateio, entre os associados, na razão direta dos serviços usufruídos, ressalvada a opção prevista no parágrafo único do art. 80.[1]

Art. 89: 1. "Ainda que se admita, no art. 80 § ún. da Lei 5.764/71, o rateio igualitário das despesas gerais, a depender de previsão no estatuto social da cooperativa, em relação aos prejuízos, sempre deverá ser observada a *proporcionalidade*, nos termos do art. 89 da mesma norma. As deliberações das assembleias gerais, relativas à distribuição igualitária dos prejuízos não devem prevalecer porque contrárias às disposições estatutárias então vigentes e/ou às disposições da Lei 5.764/71, que prevê, no seu art. 89, o rateio proporcional à fruição dos serviços pelos cooperados" (STJ-3ª T., REsp 1.303.150, Min. Nancy Andrighi, j. 5.3.13, DJ 8.3.13).

Seção V | DO SISTEMA TRABALHISTA

Art. 90. Qualquer que seja o tipo de cooperativa, não existe vínculo empregatício entre ela e seus associados.

Art. 91. As cooperativas igualam-se às demais empresas em relação aos seus empregados para os fins da legislação trabalhista e previdenciária.

Capítulo XIII | DA FISCALIZAÇÃO E CONTROLE

Art. 92. A fiscalização e o controle das sociedades cooperativas, nos termos desta lei e dispositivos legais específicos, serão exercidos, de acordo com o objeto de funcionamento, da seguinte forma:

I — as de crédito e as seções de crédito das agrícolas mistas pelo Banco Central do Brasil;

II — as de habitação pelo Banco Nacional de Habitação;

III — as demais pelo Instituto Nacional de Colonização e Reforma Agrária.

§ 1º Mediante autorização do Conselho Nacional de Cooperativismo, os órgãos controladores federais poderão solicitar, quando julgarem necessária, a colaboração de outros órgãos administrativos, na execução das atribuições previstas neste artigo.

§ 2º As sociedades cooperativas permitirão quaisquer verificações determinadas pelos respectivos órgãos de controle, prestando os esclarecimentos que lhes forem solicitados, além de serem obrigadas a remeter-lhes anualmente a relação dos associados admitidos, demitidos, eliminados e excluídos no período, cópias de atas, de balanços e dos relatórios do exercício social e parecer do Conselho Fiscal.

Art. 93. O Poder Público, por intermédio da administração central dos órgãos executivos federais competentes, por iniciativa própria ou solicitação da assembleia geral ou do Conselho Fiscal, intervirá nas cooperativas quando ocorrer um dos seguintes casos:

I — violação contumaz das disposições legais;

II — ameaça de insolvência em virtude de má administração da sociedade;

III — paralisação das atividades sociais por mais de 120 (cento e vinte) dias consecutivos;[1]

IV — inobservância do art. 56, § 2º.

Parágrafo único. Aplica-se, no que couber, às cooperativas habitacionais, o disposto neste artigo.

Art. 93: 1. cf. art. 63-VII.

Art. 94. Observar-se-á, no processo de intervenção, a disposição constante do § 2º do art. 75.

Capítulo XIV | DO CONSELHO NACIONAL DE COOPERATIVISMO

Art. 95. A orientação geral da política cooperativista nacional caberá ao Conselho Nacional de Cooperativismo — CNC, que passará a funcionar junto ao Instituto Nacional de Colonização e Reforma Agrária — INCRA, com plena autonomia administrativa e financeira, na forma do art. 172 do Decreto-lei n. 200, de 25 de fevereiro de 1967,[1] sob a presidência do Ministro da Agricultura e composto de 8 (oito) membros indicados pelos seguintes órgãos representados:

I — Ministério do Planejamento e Coordenação Geral;

II — Ministério da Fazenda, por intermédio do Banco Central do Brasil;

III — Ministério do Interior, por intermédio do Banco Nacional da Habitação;

IV — Ministério da Agricultura, por intermédio do Instituto Nacional de Colonização e Reforma Agrária — INCRA, e do Banco Nacional de Crédito Cooperativo S.A.;

V — Organização das Cooperativas Brasileiras.

Parágrafo único. A entidade referida no inciso V deste artigo contará com 3 (três) elementos para fazer-se representar no Conselho.

Art. 95: 1. **Dec. lei 200, de 25.2.67** — Dispõe sobre a organização da Administração Federal, estabelece diretrizes para a Reforma Administrativa e dá outras providências (RT 380/384, Lex 1967/864 e 1.511, ret. 1975/705, RDA 88/381). O art. 172 foi alterado pelo **Dec. lei 900, de 29.9.69** (Lex 1969/1.382 e 1.421, RDA 99/511).

Art. 96. O Conselho, que deverá reunir-se ordinariamente uma vez por mês, será presidido pelo Ministro da Agricultura, a quem caberá o voto de qualidade, sendo suas resoluções votadas por maioria simples, com a presença, no mínimo, de 3 (três) representantes dos órgãos oficiais mencionados nos itens I a IV do artigo anterior.

Parágrafo único. Nos seus impedimentos eventuais, o substituto do Presidente será o Presidente do Instituto Nacional de Colonização e Reforma Agrária.

Art. 97. Ao Conselho Nacional de Cooperativismo compete:

I — editar atos normativos para a atividade cooperativista nacional;

II — baixar normas regulamentadoras, complementares e interpretativas, da legislação cooperativista;

III — organizar e manter atualizado o cadastro geral das cooperativas nacionais;

IV — decidir, em última instância, os recursos originários de decisões do respectivo órgão executivo federal;

V — apreciar os anteprojetos que objetivam a revisão da legislação cooperativista;

VI — estabelecer condições para o exercício de quaisquer cargos eletivos de administração ou fiscalização de cooperativas;

VII — definir as condições de funcionamento do empreendimento cooperativo, a que se refere o art. 18;

VIII — votar o seu próprio regimento;

IX — autorizar, onde houver condições, a criação de Conselhos Regionais de Cooperativismo, definindo-lhes as atribuições;

X — decidir sobre a aplicação do Fundo Nacional de Cooperativismo, nos termos do art. 102 desta lei;

XI — estabelecer em ato normativo ou de caso a caso, conforme julgar necessário, o limite a ser observado nas operações com não associados a que se referem os arts. 85 e 86.

Parágrafo único. As atribuições do Conselho Nacional de Cooperativismo não se estendem às cooperativas de habitação, às de crédito e às seções de crédito das cooperativas agrícolas mistas, no que forem regidas por legislação própria.

Art. 98. O Conselho Nacional de Cooperativismo — CNC contará com uma Secretaria Executiva que se incumbirá de seus encargos administrativos, podendo seu Secretário Executivo requisitar funcionários de qualquer órgão da Administração Pública.

§ 1º O Secretário Executivo do Conselho Nacional de Cooperativismo será o Diretor do Departamento de Desenvolvimento Rural do Instituto Nacional de Colonização e Reforma Agrária — INCRA, devendo o Departamento referido incumbir-se dos encargos administrativos do Conselho Nacional de Cooperativismo.

§ 2º Para os impedimentos eventuais do Secretário Executivo, este indicará à apreciação do Conselho seu substituto.

Art. 99. Compete ao Presidente do Conselho Nacional de Cooperativismo:

I — presidir as reuniões;

II — convocar as reuniões extraordinárias;

III — proferir o voto de qualidade.

Art. 100. Compete à Secretaria Executiva do Conselho Nacional de Cooperativismo:

I — dar execução às resoluções do Conselho;

II — comunicar as decisões do Conselho ao respectivo órgão executivo federal;

III — manter relações com os órgãos executivos federais, bem assim com quaisquer outros órgãos públicos ou privados, nacionais ou estrangeiros, que possam influir no aperfeiçoamento do cooperativismo;

IV — transmitir aos órgãos executivos federais e entidade superior do movimento cooperativista nacional todas as informações relacionadas com a doutrina e práticas cooperativistas de seu interesse;

V — organizar e manter atualizado o cadastro geral das cooperativas nacionais e expedir as respectivas certidões;

VI — apresentar ao Conselho, em tempo hábil, a proposta orçamentária do órgão, bem como o relatório anual de suas atividades;

VII — providenciar todos os meios que assegurem o regular funcionamento do Conselho;

VIII — executar quaisquer outras atividades necessárias ao pleno exercício das atribuições do Conselho.

Art. 101. O Ministério da Agricultura incluirá, em sua proposta orçamentária anual, os recursos financeiros solicitados pelo Conselho Nacional de Cooperativismo — CNC, para custear seu funcionamento.

Parágrafo único. As contas do Conselho Nacional de Cooperativismo — CNC, serão prestadas por intermédio do Ministério da Agricultura, observada a legislação específica que regula a matéria.

Art. 102. Fica mantido, junto ao Banco Nacional de Crédito Cooperativo S.A., o Fundo Nacional de Cooperativismo, criado pelo Decreto-lei n. 59, de 21 de novembro de 1966,[1] destinado a prover recursos de apoio ao movimento cooperativista nacional.

§ 1º O Fundo de que trata este artigo será suprido por:

I — dotação incluída no orçamento do Ministério da Agricultura para o fim específico de incentivo às atividades cooperativas;

II — juros e amortizações dos financiamentos realizados com seus recursos;

III — doações, legados e outras rendas eventuais;[2]

IV — dotações consignadas pelo Fundo Federal Agropecuário e pelo Instituto Nacional de Colonização e Reforma Agrária — INCRA.

§ 2º Os recursos do Fundo, deduzido o necessário ao custeio de sua administração, serão aplicados pelo Banco Nacional de Crédito Cooperativo, obrigatoriamente, em financiamento de atividades que interessem de maneira relevante o abastecimento das populações, a critério do Conselho Nacional de Cooperativismo.

§ 3º O Conselho Nacional de Cooperativismo poderá, por conta do Fundo, autorizar a concessão de estímulos ou auxílios para execução de atividades que, pela sua relevância socioeconômica, concorram para o desenvolvimento do sistema cooperativista nacional.

Art. 102: 1. Dec. lei 59: revogado (v. art. 117).

Art. 102: 2. Na publicação oficial, este inciso consta, por engano, como sendo um segundo inciso II.

Capítulo XV | DOS ÓRGÃOS GOVERNAMENTAIS

Art. 103. As cooperativas permanecerão subordinadas, na parte normativa, ao Conselho Nacional de Cooperativismo, com exceção das de crédito, das seções de crédito das agrícolas mistas e das de habitação, cujas normas continuarão a ser baixadas pelo Conselho Monetário Nacional, relativamente às duas primeiras, e Banco Nacional de Habitação, com relação à última, observado o disposto no art. 92 desta lei.

Parágrafo único. Os órgãos executivos federais, visando à execução descentralizada de seus serviços, poderão delegar sua competência, total ou parcialmente, a órgãos e entidades da administração estadual e municipal, bem como, excepcionalmente, a outros órgãos e entidades da administração federal.

Art. 104. Os órgãos executivos federais comunicarão todas as alterações havidas nas cooperativas sob a sua jurisdição ao Conselho Nacional de Cooperativismo, para fins de atualização do cadastro geral das cooperativas nacionais.

Capítulo XVI | DA REPRESENTAÇÃO DO SISTEMA COOPERATIVISTA

Art. 105. A representação do sistema cooperativista nacional cabe à Organização das Cooperativas Brasileiras — OCB, sociedade civil, com sede na Capital Federal, órgão técnico-consultivo do governo, estruturada nos termos desta lei, sem finalidade lucrativa, competindo-lhe precipuamente:

a) manter neutralidade política e indiscriminação racial, religiosa e social;

b) integrar todos os ramos das atividades cooperativistas;

c) manter registro de todas as sociedades cooperativas que, para todos os efeitos, integram a Organização das Cooperativas Brasileiras — OCB;

d) manter serviços de assistência geral ao sistema cooperativista, seja quanto à estrutura social, seja quanto aos métodos operacionais e orientação jurídica, mediante pareceres e recomendações, sujeitas, quando for o caso, à aprovação do Conselho Nacional de Cooperativismo — CNC;

e) denunciar ao Conselho Nacional de Cooperativismo práticas nocivas ao desenvolvimento cooperativista;

f) opinar nos processos que lhe sejam encaminhados pelo Conselho Nacional de Cooperativismo;

g) dispor de setores consultivos especializados, de acordo com os ramos de cooperativismo;

h) fixar a política da organização com base nas proposições emanadas de seus órgãos técnicos;

i) exercer outras atividades inerentes à sua condição de órgão de representação e defesa do sistema cooperativista;

j) manter relações de integração com as entidades congêneres do exterior e suas cooperativas.

§ 1º A Organização das Cooperativas Brasileiras — OCB será constituída de entidades, uma para cada Estado, Território e Distrito Federal, criadas com as mesmas características da organização nacional.

§ 2º As assembleias gerais do órgão central serão formadas pelos representantes credenciados das filiadas, 1 (um) por entidade, admitindo-se proporcionalidade de voto.

§ 3º A proporcionalidade de voto, estabelecida no parágrafo anterior, ficará a critério da OCB, baseando-se no número de associados — pessoas físicas e as exceções previstas nesta lei — que compõem o quadro das cooperativas filiadas.

§ 4º A composição da diretoria da Organização das Cooperativas Brasileiras — OCB será estabelecida em seus estatutos sociais.

§ 5º Para o exercício de cargos de diretoria e Conselho Fiscal, as eleições se processarão por escrutínio secreto, permitida a reeleição para mais um mandato consecutivo.

Art. 106. A atual Organização das Cooperativas Brasileiras e as suas filiadas ficam investidas das atribuições e prerrogativas conferidas nesta lei, devendo, no prazo de 1 (um) ano, promover a adaptação de seus estatutos e a transferência da sede nacional.

Art. 107. As cooperativas são obrigadas, para seu funcionamento, a registrar-se na Organização das Cooperativas Brasileiras ou na entidade estadual, se houver, mediante apresentação dos estatutos sociais e suas alterações posteriores.

Parágrafo único. Por ocasião do registro, a cooperativa pagará 10% (dez por cento) do maior salário mínimo vigente,[1] se a soma do respectivo capital integralizado e fundos não exceder de 250 (duzentos e cinquenta) salários mínimos, e 50% (cinquenta por cento) se aquele montante for superior.

Art. 107: 1. Não foi substituído pelo valor de referência (v. Lei 6.205, de 29.4.75, no tít. CORREÇÃO MONETÁRIA).

Art. 108. Fica instituída, além do pagamento previsto no parágrafo único do artigo anterior, a contribuição cooperativista, que será recolhida anualmente pela cooperativa após o encerramento de seu exercício social, a favor da Organização das Cooperativas Brasileiras de que trata o art. 105 desta lei.

§ 1º A contribuição cooperativista constituir-se-á de importância correspondente a 0,2% (dois décimos por cento) do valor do capital integralizado e fundos da sociedade cooperativa, no exercício social do ano anterior, sendo o respectivo montante distribuído, por metade, a suas filiadas, quando constituídas.

§ 2º No caso das cooperativas centrais ou federações, a contribuição de que trata o parágrafo anterior será calculada sobre os fundos e reservas existentes.

§ 3º A Organização das Cooperativas Brasileiras poderá estabelecer um teto à contribuição cooperativista, com base em estudos elaborados pelo seu corpo técnico.

Capítulo XVII | DOS ESTÍMULOS CREDITÍCIOS

Art. 109. Caberá ao Banco Nacional de Crédito Cooperativo S.A. estimular e apoiar as cooperativas, mediante concessão de financiamentos necessários ao seu desenvolvimento.

§ 1º Poderá o Banco Nacional de Crédito Cooperativo S.A. receber depósitos das cooperativas de crédito e das seções de crédito das cooperativas agrícolas mistas.

§ 2º Poderá o Banco Nacional de Crédito Cooperativo S.A. operar com pessoas físicas ou jurídicas, estranhas ao quadro social cooperativo, desde que haja benefício para as cooperativas e estas figurem na operação bancária.

§ 3º O Banco Nacional de Crédito Cooperativo S.A. manterá linhas de crédito específicas para as cooperativas, de acordo com o objeto e a natureza de suas atividades, a juros módicos e prazos adequados, inclusive com sistema de garantias ajustado às peculiaridades das cooperativas a que se destinam.

§ 4º O Banco Nacional de Crédito Cooperativo S.A. manterá linha especial de crédito para financiamento de cotas-partes de capital.

Art. 110. Fica extinta a contribuição de que trata o art. 13 do Decreto-lei n. 60, de 21 de novembro de 1966, com a redação dada pelo Decreto-lei n. 668, de 3 de julho de 1969. [1]

Art. 110: 1. **Dec. lei 60, de 21.11.66** — Dispõe sobre a reorganização do Banco Nacional de Crédito Cooperativo e dá outras providências (Lex 1966/1.702).

Dec. lei 668, de 3.7.69 — Altera disposições do Dec. lei n. 60, de 21 de novembro de 1966, e dá outras providências (Lex 1969/940).

Capítulo XVIII | DAS DISPOSIÇÕES GERAIS E TRANSITÓRIAS

Art. 111. Serão considerados como renda tributável os resultados positivos obtidos pelas cooperativas nas operações de que tratam os arts. 85, 86 e 88 desta lei.

Art. 112. O balanço geral e o relatório do exercício social que as cooperativas deverão encaminhar anualmente aos órgãos de controle serão acompanhados, a juízo destes, de parecer emitido por um serviço independente de auditoria credenciado pela Organização das Cooperativas Brasileiras.

Parágrafo único. Em casos especiais, tendo em vista a sede da cooperativa, o volume de suas operações e outras circunstâncias dignas de consideração, a exigência da apresentação do parecer pode ser dispensada.

Art. 113. Atendidas as deduções determinadas pela legislação específica, às sociedades cooperativas ficará assegurada primeira prioridade para o recebimento de seus créditos de pessoas jurídicas que efetuem descontos na folha de pagamento de seus empregados, associados de cooperativas.

Art. 114. Fica estabelecido o prazo de 36 (trinta e seis) meses para que as cooperativas atualmente registradas nos órgãos competentes reformulem os seus estatutos, no que for cabível, adaptando-os ao disposto na presente lei.

Art. 115. As cooperativas dos Estados, Territórios ou do Distrito Federal, enquanto não constituírem seus órgãos de representação, serão convocadas às assembleias da OCB, como vogais, com 60 (sessenta) dias de antecedência, mediante editais publicados 3 (três) vezes em jornal de grande circulação local.

Art. 116. A presente lei não altera o disposto nos sistemas próprios instituídos para as cooperativas de habitação e cooperativas de crédito, aplicando-se ainda, no que couber, o regime instituído para essas últimas às seções de crédito das agrícolas mistas.

Art. 117. Esta lei entrará em vigor na data de sua publicação, revogadas as disposições em contrário e especificamente o Decreto-lei n. 59, de 21 de novembro de 1966,[1] bem como o Decreto n. 60.597, de 19 de abril de 1967.[2]

Art. 117: 1. **Dec. lei 59, de 21.11.66** — Define a política nacional de cooperativismo, cria o Conselho Nacional de Cooperativismo e dá outras providências (Lex 1966/1.698 e 1967/258).

Art. 117: 2. **Dec. 60.597, de 19.4.67** — Regulamenta o Dec. lei n. 59, de 21 de novembro de 1966 (Lex 1967/1.206). O prazo do art. 115 deste Dec. foi sucessivamente prorrogado pelo **Dec. 62.505, de 8.4.68** (Lex 1968/469), e pelo **Dec. 63.269, de 23.9.68** (Lex 1968/1.155).

Brasília, 16 de dezembro de 1971; 150º da Independência e 83º da República — EMÍLIO G. MÉDICI — **Antônio Delfim Netto — L. F. Cirne Lima — João Paulo dos Reis Velloso — José Costa Cavalcanti.**

Lei n. 12.690, de 19 de julho de 2012

Dispõe sobre a organização e o funcionamento das Cooperativas de Trabalho; institui o Programa Nacional de Fomento às Cooperativas de Trabalho — PRONACOOP; e revoga o parágrafo único do art. 442 da Consolidação das Leis do Trabalho — CLT, aprovada pelo Decreto-Lei n. 5.452, de 1º de maio de 1943.[1]

A Presidenta da República,

Faço saber que o Congresso Nacional decreta e eu sanciono a seguinte Lei:

LEI 12.690: 1. "Cooperativas de trabalho: considerações sobre a Lei 12.690/2012", por Gustavo Filipe Barbosa Garcia (RT 922/433).

Capítulo I | DAS COOPERATIVAS DE TRABALHO

Art. 1º A Cooperativa de Trabalho é regulada por esta Lei e, no que com ela não colidir, pelas Leis n. 5.764, de 16 de dezembro de 1971,[1] e 10.406, de 10 de janeiro de 2002 — Código Civil.[2]

Parágrafo único. Estão excluídas do âmbito desta Lei:

I — as cooperativas de assistência à saúde na forma da legislação de saúde suplementar;

II — as cooperativas que atuam no setor de transporte regulamentado pelo Poder Público e que detenham, por si ou por seus sócios, a qualquer título, os meios de trabalho;

III — as cooperativas de profissionais liberais cujos sócios exerçam as atividades em seus próprios estabelecimentos; e

IV — as cooperativas de médicos cujos honorários sejam pagos por procedimento.

Art. 1º: 1. v., neste tít., Lei 5.764, de 16.12.71.

Art. 1º: 2. v. CC 1.093 a 1.096.

Art. 2º Considera-se Cooperativa de Trabalho a sociedade constituída por trabalhadores para o exercício de suas atividades laborativas ou profissionais com proveito comum, autonomia e autogestão para obterem melhor qualificação, renda, situação socioeconômica e condições gerais de trabalho.

§ 1º A autonomia de que trata o *caput* deste artigo deve ser exercida de forma coletiva e coordenada, mediante a fixação, em Assembleia Geral, das regras de funcionamento da cooperativa e da forma de execução dos trabalhos, nos termos desta Lei.

§ 2º Considera-se autogestão o processo democrático no qual a Assembleia Geral define as diretrizes para o funcionamento e as operações da cooperativa, e os sócios decidem sobre a forma de execução dos trabalhos, nos termos da lei.

Art. 3º A Cooperativa de Trabalho rege-se pelos seguintes princípios e valores:

I — adesão voluntária e livre;

II — gestão democrática;

III — participação econômica dos membros;

IV — autonomia e independência;

V — educação, formação e informação;

VI — intercooperação;

VII — interesse pela comunidade;

VIII — preservação dos direitos sociais, do valor social do trabalho e da livre iniciativa;

IX — não precarização do trabalho;

X — respeito às decisões de assembleia, observado o disposto nesta Lei;

XI — participação na gestão em todos os níveis de decisão de acordo com o previsto em lei e no Estatuto Social.

Art. 4º A Cooperativa de Trabalho pode ser:

I — de produção, quando constituída por sócios que contribuem com trabalho para a produção em comum de bens e a cooperativa detém, a qualquer título, os meios de produção; e

II — de serviço, quando constituída por sócios para a prestação de serviços especializados a terceiros, sem a presença dos pressupostos da relação de emprego.

Parágrafo único. (VETADO).

Art. 5º A Cooperativa de Trabalho não pode ser utilizada para intermediação de mão de obra subordinada.

Parágrafo único. (VETADO).

Art. 6º A Cooperativa de Trabalho poderá ser constituída com número mínimo de 7 (sete) sócios.

Art. 7º A Cooperativa de Trabalho deve garantir aos sócios os seguintes direitos, além de outros que a Assembleia Geral venha a instituir:

I — retiradas não inferiores ao piso da categoria profissional e, na ausência deste, não inferiores ao salário mínimo, calculadas de forma proporcional às horas trabalhadas ou às atividades desenvolvidas;

II — duração do trabalho normal não superior a 8 (oito) horas diárias e 44 (quarenta e quatro) horas semanais, exceto quando a atividade, por sua natureza, demandar a prestação de trabalho por meio de plantões ou escalas, facultada a compensação de horários;

III — repouso semanal remunerado, preferencialmente aos domingos;

IV — repouso anual remunerado;

V — retirada para o trabalho noturno superior à do diurno;

VI — adicional sobre a retirada para as atividades insalubres ou perigosas;

VII — seguro de acidente de trabalho.

§ 1º Não se aplica o disposto nos incisos III e IV do *caput* deste artigo nos casos em que as operações entre o sócio e a cooperativa sejam eventuais, salvo decisão assemblear em contrário.

§ 2º A Cooperativa de Trabalho buscará meios, inclusive mediante provisionamento de recursos, com base em critérios que devem ser aprovados em Assembleia Geral, para assegurar os direitos previstos nos incisos I, III, IV, V, VI e VII do *caput* deste artigo e outros que a Assembleia Geral venha a instituir.

§ 3º A Cooperativa de Trabalho, além dos fundos obrigatórios previstos em lei, poderá criar, em Assembleia Geral, outros fundos, inclusive rotativos, com recursos destinados a fins específicos, fixando o modo de formação, custeio, aplicação e liquidação.

§ 4º (VETADO).

§ 5º A Cooperativa de Trabalho constituída nos termos do inciso I do *caput* do art. 4º desta Lei poderá, em Assembleia Geral Extraordinária, estabelecer carência na fruição dos direitos previstos nos incisos I e VII do *caput* deste artigo.

§ 6º As atividades identificadas com o objeto social da Cooperativa de Trabalho prevista no inciso II do *caput* do art. 4º desta Lei, quando prestadas fora do estabelecimento da cooperativa, deverão ser submetidas a uma coordenação com mandato nunca superior a 1 (um) ano ou ao prazo estipulado para a realização dessas atividades, eleita em reunião específica pelos sócios que se disponham a realizá-las, em que serão expostos os requisitos para sua consecução, os valores contratados e a retribuição pecuniária de cada sócio partícipe.

Art. 8º As Cooperativas de Trabalho devem observar as normas de saúde e segurança do trabalho previstas na legislação em vigor e em atos normativos expedidos pelas autoridades competentes.

Art. 9º O contratante da Cooperativa de Trabalho prevista no inciso II do *caput* do art. 4º desta Lei responde solidariamente pelo cumprimento das normas de saúde e segurança do trabalho quando os serviços forem prestados no seu estabelecimento ou em local por ele determinado.

Capítulo II | DO FUNCIONAMENTO DAS COOPERATIVAS DE TRABALHO

Art. 10. A Cooperativa de Trabalho poderá adotar por objeto social qualquer gênero de serviço, operação ou atividade, desde que previsto no seu Estatuto Social.

§ 1º É obrigatório o uso da expressão "Cooperativa de Trabalho" na denominação social da cooperativa.

§ 2º A Cooperativa de Trabalho não poderá ser impedida de participar de procedimentos de licitação pública que tenham por escopo os mesmos serviços, operações e atividades previstas em seu objeto social.

§ 3º A admissão de sócios na cooperativa estará limitada consoante as possibilidades de reunião, abrangência das operações, controle e prestação de serviços e congruente com o objeto estatuído.

§ 4º Para o cumprimento dos seus objetivos sociais, o sócio poderá exercer qualquer atividade da cooperativa, conforme deliberado em Assembleia Geral.

Art. 11. Além da realização da Assembleia Geral Ordinária e Extraordinária para deliberar nos termos dos e sobre os assuntos previstos na Lei n. 5.764, de 16 de dezembro de 1971,[1] e no Estatuto Social, a Cooperativa de Trabalho deverá realizar anualmente, no mínimo, mais uma Assembleia Geral Especial para deliberar, entre outros assuntos especificados no edital de convocação, sobre gestão da cooperativa, disciplina, direitos e deveres dos sócios, planejamento e resultado econômico dos projetos e contratos firmados e organização do trabalho.

§ 1º O destino das sobras líquidas ou o rateio dos prejuízos será decidido em Assembleia Geral Ordinária.

§ 2º As Cooperativas de Trabalho deverão estabelecer, em Estatuto Social ou Regimento Interno, incentivos à participação efetiva dos sócios na Assembleia Geral e eventuais sanções em caso de ausências injustificadas.

§ 3º O *quorum* mínimo de instalação das Assembleias Gerais será de:

I — 2/3 (dois terços) do número de sócios, em primeira convocação;

II — metade mais 1 (um) dos sócios, em segunda convocação;

III — 50 (cinquenta) sócios ou, no mínimo, 20% (vinte por cento) do total de sócios, prevalecendo o menor número, em terceira convocação, exigida a presença de, no mínimo, 4 (quatro) sócios para as cooperativas que possuam até 19 (dezenove) sócios matriculados.

§ 4º As decisões das assembleias serão consideradas válidas quando contarem com a aprovação da maioria absoluta dos sócios presentes.

§ 5º Comprovada fraude ou vício nas decisões das assembleias, serão elas nulas de pleno direito, aplicando-se, conforme o caso, a legislação civil e penal.

§ 6º A Assembleia Geral Especial de que trata este artigo deverá ser realizada no segundo semestre do ano.

Art. 11: 1. v., neste tít., Lei 5.764, de 16.12.71.

Art. 12. A notificação dos sócios para participação das assembleias será pessoal e ocorrerá com antecedência mínima de 10 (dez) dias de sua realização.

§ 1º Na impossibilidade de notificação pessoal, a notificação dar-se-á por via postal, respeitada a antecedência prevista no *caput* deste artigo.

§ 2º Na impossibilidade de realização das notificações pessoal e postal, os sócios serão notificados mediante edital afixado na sede e em outros locais previstos nos estatutos e publicado em jornal de grande circulação na região da sede da cooperativa ou na região onde ela exerça suas atividades, respeitada a antecedência prevista no *caput* deste artigo.

Art. 13. É vedado à Cooperativa de Trabalho distribuir verbas de qualquer natureza entre os sócios, exceto a retirada devida em razão do exercício de sua atividade como sócio ou retribuição por conta de reembolso de despesas comprovadamente realizadas em proveito da Cooperativa.

Art. 14. A Cooperativa de Trabalho deverá deliberar, anualmente, na Assembleia Geral Ordinária, sobre a adoção ou não de diferentes faixas de retirada dos sócios.

Parágrafo único. No caso de fixação de faixas de retirada, a diferença entre as de maior e as de menor valor deverá ser fixada na Assembleia.

Art. 15. O Conselho de Administração será composto por, no mínimo, 3 (três) sócios, eleitos pela Assembleia Geral, para um prazo de gestão não superior a 4 (quatro) anos, sendo obrigatória a renovação de, no mínimo, 1/3 (um terço) do colegiado, ressalvada a hipótese do art. 16 desta Lei.

Art. 16. A Cooperativa de Trabalho constituída por até 19 (dezenove) sócios poderá estabelecer, em Estatuto Social, composição para o Conselho de Administração e para o Conselho Fiscal distinta da prevista nesta Lei e no art. 56 da Lei n. 5.764, de 16 de dezembro de 1971,[1] assegurados, no mínimo, 3 (três) conselheiros fiscais.

Art. 16: 1. v., neste tít., Lei 5.764, de 16.12.71.

Capítulo III | DA FISCALIZAÇÃO E DAS PENALIDADES

Art. 17. Cabe ao Ministério do Trabalho e Emprego, no âmbito de sua competência, a fiscalização do cumprimento do disposto nesta Lei.

§ 1º A Cooperativa de Trabalho que intermediar mão de obra subordinada e os contratantes de seus serviços estarão sujeitos à multa de R$ 500,00 (quinhentos reais) por trabalhador prejudicado, dobrada na reincidência, a ser revertida em favor do Fundo de Amparo ao Trabalhador — FAT.

§ 2º Presumir-se-á intermediação de mão de obra subordinada a relação contratual estabelecida entre a empresa contratante e as Cooperativas de Trabalho que não cumprirem o disposto no § 6º do art. 7º desta Lei.

§ 3º As penalidades serão aplicadas pela autoridade competente do Ministério do Trabalho e Emprego, de acordo com o estabelecido no Título VII da Consolidação das Leis do Trabalho — CLT, aprovada pelo Decreto-lei n. 5.452, de 1º de maio de 1943.

Art. 18. A constituição ou utilização de Cooperativa de Trabalho para fraudar deliberadamente a legislação trabalhista, previdenciária e o disposto nesta Lei acarretará aos responsáveis as sanções penais, cíveis e administrativas cabíveis, sem prejuízo da ação judicial visando à dissolução da Cooperativa.

§ 1º (VETADO).

§ 2º Fica inelegível para qualquer cargo em Cooperativa de Trabalho, pelo período de até 5 (cinco) anos, contado a partir da sentença transitada em julgado, o sócio, dirigente ou o administrador condenado pela prática das fraudes elencadas no *caput* deste artigo.

Capítulo IV | DO PROGRAMA NACIONAL DE FOMENTO ÀS COOPERATIVAS DE TRABALHO — PRONACOOP

Art. 19. É instituído, no âmbito do Ministério do Trabalho e Emprego, o Programa Nacional de Fomento às Cooperativas de Trabalho — PRONACOOP, com a finalidade de promover o desenvolvimento e a melhoria do desempenho econômico e social da Cooperativa de Trabalho.

Parágrafo único. O Pronacoop tem como finalidade apoiar:

I — a produção de diagnóstico e plano de desenvolvimento institucional para as Cooperativas de Trabalho dele participantes;

II — a realização de acompanhamento técnico visando ao fortalecimento financeiro, de gestão, de organização do processo produtivo ou de trabalho, bem como à qualificação dos recursos humanos;

III — a viabilização de linhas de crédito;

IV — o acesso a mercados e à comercialização da produção;

V — o fortalecimento institucional, a educação cooperativista e a constituição de cooperativas centrais, federações e confederações de cooperativas;

VI — outras ações que venham a ser definidas por seu Comitê Gestor no cumprimento da finalidade estabelecida no *caput* deste artigo.

Art. 20. É criado o Comitê Gestor do Pronacoop, com as seguintes atribuições:

I — acompanhar a implementação das ações previstas nesta Lei;

II — estabelecer as diretrizes e metas para o Pronacoop;

III — definir as normas operacionais para o Pronacoop;

IV — propor o orçamento anual do Pronacoop;

V — (VETADO);

VI — (VETADO).

§ 1º O Comitê Gestor terá composição paritária entre o governo e entidades representativas do cooperativismo de trabalho.

§ 2º O número de membros, a organização e o funcionamento do Comitê Gestor serão estabelecidos em regulamento.

Art. 21. O Ministério do Trabalho e Emprego poderá celebrar convênios, acordos, ajustes e outros instrumentos que objetivem a cooperação técnico-científica com órgãos do setor público e entidades privadas sem fins lucrativos, no âmbito do Pronacoop.

Art. 22. As despesas decorrentes da implementação do Pronacoop correrão à conta das dotações orçamentárias consignadas anualmente ao Ministério do Trabalho e Emprego.

Art. 23. Os recursos destinados às linhas de crédito do Pronacoop serão provenientes:

I — do Fundo de Amparo ao Trabalhador — FAT;

II — de recursos orçamentários da União; e

III — de outros recursos que venham a ser alocados pelo Poder Público.

Parágrafo único. O Conselho Deliberativo do Fundo de Amparo ao Trabalhador — CODEFAT definirá as diretrizes para a aplicação, no âmbito do Pronacoop, dos recursos oriundos do Fundo de Amparo ao Trabalhador — FAT.

Art. 24. As instituições financeiras autorizadas a operar com os recursos do Pronacoop poderão realizar operações de crédito destinadas a empreendimentos inscritos no Programa sem a exigência de garantias reais, que poderão ser substituídas por garantias alternativas, observadas as condições estabelecidas em regulamento.

Parágrafo único. (VETADO)

Art. 25. (VETADO)

Capítulo V | DISPOSIÇÕES FINAIS

Art. 26. É instituída a Relação Anual de Informações das Cooperativas de Trabalho — RAICT, a ser preenchida pelas Cooperativas de Trabalho, anualmente, com informações relativas ao ano-base anterior.

Parágrafo único. O Poder Executivo regulamentará o modelo de formulário da RAICT, os critérios para entrega das informações e as responsabilidades institucionais sobre a coleta, processamento, acesso e divulgação das informações.

Art. 27. A Cooperativa de Trabalho constituída antes da vigência desta Lei terá prazo de 12 (doze) meses, contado de sua publicação, para adequar seus estatutos às disposições nela previstas.

Art. 28. A Cooperativa de Trabalho prevista no inciso II do *caput* do art. 4º desta Lei constituída antes da vigência desta Lei terá prazo de 12 (doze) meses, contado de sua publicação, para assegurar aos sócios as garantias previstas nos incisos I, IV, V, VI e VII do *caput* do art. 7º desta Lei, conforme deliberado em Assembleia Geral.

Art. 29. Esta Lei entra em vigor na data de sua publicação.

Art. 30. (VETADO)

Brasília, 19 de julho de 2012; 191º da Independência e 124º da República — DILMA ROUSSEFF — **José Eduardo Cardozo — Nelson Henrique Barbosa Filho — Carlos Daudt Brizola — Miriam Belchior — Luís Inácio Lucena Adams.**

Ementário

Terra

Lei 4.504, de 30.11.64 — Dispõe sobre o Estatuto da Terra, e dá outras providências (RT 352/632, Lex 1964/1.188 e 1965/626, ret., RF 209/444; v. adiante, texto dos arts. 17 a 23 e 92 a 102 e, no ementário a seguir, a legislação pertinente a essas disposições).

Lei 4.947, de 6.4.66 — Fixa normas de direito agrário, dispõe sobre o sistema de organização e funcionamento do Instituto Brasileiro de Reforma Agrária, e dá outras providências (RT 369/363, Lex 1966/478, RF 215/388). O art. 2º está em nota 1 ao art. 22 do ET; o art. 13, em nota 2 ao art. 92 do ET; o art. 10, em nota 2 ao art. 1º do Dec. lei 58, de 10.12.37, no tít. PROMESSA DE COMPRA E VENDA E LOTEAMENTO. O art. 15 deu nova redação ao art. 95-III do ET. O art. 10 § 2º foi alterado pela **Lei 5.672, de 2.7.71** (RT 429/493, Lex 1971/926, RDA 106/496, RF 236/424); o art. 5º § 3º foi derrogado, no que se refere a terrenos de marinha, pelo **Dec. lei 1.561, de 13.7.77,** art. 5º (Lex 1977/470, RDA 129/404, RF 259/401); ao art. 6º foi acrescido § ún. pelo **Dec. lei 1.640, de 20.11.78** (Lex 1978/1.059). Os arts. 9º a 12 e 22 a 23 da Lei 4.947 foram regulamentados pelo **Dec. 59.428, de 27.10.66** (Lex 1966/1.529), e os arts. 13 a 15 pelo **Dec. 59.566, de 14.11.66** (a seguir).

Dec. 59.566, de 14.11.66 — Regulamenta as Seções I, II e III do Capítulo IV do Título III da Lei n. 4.504, de 30 de novembro de 1964, Estatuto da Terra, o Capítulo III da Lei n. 4.947, de 6 de abril de 1966, e dá outras providências (Lex 1966/1.587). Regulamenta os arts. 92 a 96 do ET e os arts. 13 a 14 da Lei 4.947.

Lei 5.868, de 12.12.72 — Cria o Sistema Nacional de Cadastro Rural, e dá outras providências (DOU 14.12.72). Regulamentada pelo **Dec. 72.106, de 18.4.73.**

Lei 6.739, de 5.12.79 — Dispõe sobre a Matrícula e o Registro de Imóveis Rurais, e dá outras providências (DOU 6.12.79).

Lei 8.171, de 17.1.91 — Dispõe sobre a política agrícola (DOU 18.1.91).

Lei 8.174, de 30.1.91 — Dispõe sobre princípios de Política Agrícola, estabelecendo atribuições ao Conselho Nacional de Política Agrícola (CNPA), tributação compensatória de produtos agrícolas, amparo ao pequeno produtor e regras de fixação e liberação dos estoques públicos (DOU 31.1.91). Regulamentada pelo **Dec. 235, de 23.10.91.**

Med. Prov. 2.183-56, de 24.8.01 — Na Lei 4.504: alterou o art. 6º e acrescentou o art. 95-A.

Lei 11.443, de 5.1.07 — Dá nova redação aos arts. 95 e 96 da Lei 4.504, de 30.11.64, que dispõe sobre o Estatuto da Terra.

Lei 11.446, de 5.1.07 — Altera a Lei 4.504, de 30.11.64, dispondo sobre parcelamentos de imóveis rurais, destinados à agricultura familiar, promovidos pelo Poder Público.

Lei n. 4.504, de 30 de novembro de 1964

Dispõe sobre o Estatuto da Terra, e dá outras providências.[1]

Título II | DA REFORMA AGRÁRIA

Capítulo I | DOS OBJETIVOS E DOS MEIOS DE ACESSO À PROPRIEDADE RURAL

LEI 4.504: 1. "Escorço histórico das terras particulares", por Marcos Afonso Borges (RDPr 19/176 e RJ 329/57).

....

Art. 17. O acesso à propriedade rural será promovido mediante a distribuição ou a redistribuição de terras, pela execução de qualquer das seguintes medidas:

a) desapropriação por interesse social;[1]

b) doação;

c) compra e venda;

d) arrecadação dos bens vagos;[2]

e) reversão à posse (VETADO) do Poder Público de terras de sua propriedade, indevidamente ocupadas e exploradas, a qualquer título, por terceiros;

f) herança ou legado.

Art. 17: 1. v. arts. 19 a 23.

Art. 17: 2. v. CPC 746.

Art. 18. A desapropriação por interesse social[1] tem por fim:

a) condicionar o uso da terra a sua função social;

b) promover a justa e adequada distribuição da propriedade;

c) obrigar a exploração racional da terra;

d) permitir a recuperação social e econômica de regiões;

e) estimular pesquisas pioneiras, experimentação, demonstração e assistência técnica;

f) efetuar obras de renovação, melhoria e valorização dos recursos naturais;

g) incrementar a eletrificação e a industrialização no meio rural;

h) facultar a criação de áreas de proteção à fauna, à flora ou a outros recursos naturais, a fim de preservá-los de atividades predatórias.

Art. 18: 1. v., no tít. DESAPROPRIAÇÃO, Lei 4.132, de 10.9.62.

Art. 19. A desapropriação far-se-á na forma prevista na Constituição Federal,[1] obedecidas as normas constantes da presente lei.

§ 1º Se for intentada desapropriação parcial, o proprietário poderá optar pela desapropriação de todo o imóvel que lhe pertence, quando a área agricultável remanescente, inferior a cinquenta por cento da área original, ficar:

a) reduzida a superfície inferior a três vezes a dimensão do módulo[2] de propriedade; ou

b) prejudicada substancialmente em suas condições de exploração econômica, caso seja o seu valor inferior ao da parte desapropriada.

§ 2º Para efeito de desapropriação observar-se-ão os seguintes princípios:

a) para a fixação da justa indenização na forma do art. 147, § 1º, da Constituição Federal,[3] levar-se-ão em conta o valor declarado do imóvel para efeito do imposto territorial rural, o valor constante do cadastro acrescido das benfeitorias com a correção monetária porventura cabível, apurada na forma da legislação específica, e o valor venal do mesmo;

b) o poder expropriante não será obrigado a consignar, para fins de imissão de posse dos bens,[4] quantia superior à que lhes tiver sido atribuída pelo proprietário na sua última declaração, exigida pela lei do imposto de renda, a partir de 1965, se se tratar de pessoa física, ou o valor constante do ativo, se se tratar de pessoa jurídica, num e noutro casos, com a correção monetária cabível;

c) efetuada a imissão de posse, fica assegurado ao expropriado o levantamento de oitenta por cento da quantia depositada[5] para obtenção da medida possessória.

§ 3º Salvo por motivo de necessidade ou utilidade pública, estão isentos de desapropriação:

a) os imóveis rurais que, em cada zona, não excederem de três vezes o módulo de propriedade, fixado nos termos do art. 5º, inciso III;

b) os imóveis que satisfizerem os requisitos pertinentes à empresa rural, enunciados no art. 4º, inciso VI;

c) os imóveis que, embora não classificados como empresas rurais, situados fora da área prioritária de Reforma Agrária, tiverem aprovados pelo Instituto Brasileiro de Reforma Agrária, e em execução, projetos que, em prazo determinado, os elevem àquela categoria.

§ 4º O foro competente para desapropriação é o da situação do imóvel.

§ 5º De toda decisão que fixar o preço em quantia superior à oferta formulada pelo órgão expropriante, haverá, obrigatoriamente, recurso de ofício[6] para o Tribunal Federal de Recursos.[7] Verificado, em ação expropriatória, ter o imóvel valor superior ao declarado pelo expropriado, e apurada a má-fé ou o dolo deste, poderá a sentença condená-lo à penalidade prevista no art. 49, § 3º, desta lei,[8] deduzindo-se do valor da indenização o montante da penalidade.

Art. 19: 1. v. CF 184 e 185.

Art. 19: 2. v. ET 4º-III (definição de módulo) c/c art. 5º.

Art. 19: 3. atualmente, CF 184-*caput*.

Art. 19: 4. v. LD 15.

Art. 19: 5. cf. LD 33 § 2º.

Art. 19: 6. v. CPC 496-II.

Art. 19: 7. hoje, para o Tribunal Regional Federal competente.

Art. 19: 8. i. e., "pagamento em dobro dos tributos realmente devidos, além das multas decorrentes das despesas com as verificações necessárias" (ET 49 § 3º).

Art. 20. As desapropriações a serem realizadas pelo Poder Público, nas áreas prioritárias, recairão sobre:

I — os minifúndios e latifúndios;

II — as áreas já beneficiadas ou a serem por obras públicas de vulto;

III — as áreas cujos proprietários desenvolverem atividades predatórias, recusando-se a pôr em prática normas de conservação dos recursos naturais;

IV — as áreas destinadas a empreendimentos de colonização, quando estes não tiverem logrado atingir seus objetivos;

V — as áreas que apresentem elevada incidência de arrendatários, parceiros e posseiros;

VI — as terras cujo uso atual estudos levados a efeito pelo Instituto Brasileiro de Reforma Agrária comprovem não ser o adequado à sua vocação de uso econômico.

Art. 21. Em áreas de minifúndio,[1] o Poder Público tomará as medidas necessárias à organização de unidades econômicas adequadas, desapropriando, aglutinando e redistribuindo as áreas.

Art. 21: 1. v. ET 4º-IV (definição de minifúndio).

Art. 22. É o Instituto Brasileiro de Reforma Agrária[1] autorizado, para todos os efeitos legais, a promover as desapropriações necessárias ao cumprimento da presente lei.

Parágrafo único. A União poderá desapropriar, por interesse social, bens de domínio dos Estados, Municípios, Distrito Federal e Territórios, precedido o ato, em qualquer caso, de autorização legislativa.[2]

Art. 22: 1. Lei 4.947, de 6.4.66 (v. ementário): **"Art. 2º** Compete privativamente ao IBRA, nos termos do art. 147 da Constituição Federal, com a redação que lhe deu a Emenda Constitucional n. 10, e dos arts. 16, parágrafo único, e 22 da Lei n. 4.504, de 30 de novembro de 1964, selecionar, para fins de Reforma Agrária, os imóveis rurais a serem desapropriados nas áreas prioritárias fixadas em decreto do Poder Executivo.

"Parágrafo único. As desapropriações recairão sobre imóveis rurais selecionados como necessários à integração de projetos e à garantia de continuidade de suas áreas, de acesso ao sistema de transportes e, ainda, de conservação de recursos naturais indispensáveis à sua execução".

Art. 22: 2. cf. LD 2º § 2º.

Art. 23. Os bens desapropriados por sentença definitiva, uma vez incorporados ao patrimônio público, não podem ser objeto de reivindicação, ainda que fundada em nulidade do processo de desapropriação. Qualquer ação julgada procedente resolver-se-á em perdas e danos.[1]

Parágrafo único. A regra deste artigo aplica-se aos imóveis rurais incorporados ao domínio da União, em consequência de ações por motivo de enriquecimento ilícito em prejuízo do Patrimônio Federal, os quais, transferidos ao Instituto Brasileiro de Reforma Agrária, serão aplicados aos objetivos desta lei.

Art. 23: 1. v. CC 402 a 405.

....

Título III | DA POLÍTICA DE DESENVOLVIMENTO RURAL

Capítulo IV | DO USO OU DA POSSE TEMPORÁRIA DA TERRA

Seção I | DAS NORMAS GERAIS

Art. 92. A posse ou uso temporário da terra serão exercidos em virtude de contrato expresso ou tácito, estabelecido entre o proprietário e os que nela exercem atividade agrícola ou pecuária, sob forma de arrendamento rural, de parceria agrícola, pecuária, agroindustrial e extrativa,[1 a 2] nos termos desta lei.

§ 1º O proprietário garantirá ao arrendatário ou parceiro o uso e gozo do imóvel arrendado ou cedido em parceria.

§ 2º Os preços de arrendamento e de parceria fixados em contrato ... VETADO ... serão reajustados periodicamente, de acordo com os índices aprovados pelo Conselho Nacional de Economia.[2a] Nos casos em que ocorra exploração de produtos com preço oficialmente fixado, a relação entre os preços reajustados e os iniciais não pode ultrapassar a relação entre o novo preço fixado para os produtos e o respectivo preço na época do contrato, obedecidas as normas do regulamento desta lei.

§ 3º No caso de alienação do imóvel arrendado,[2b-2c] o arrendatário[2d] terá preferência[3] para adquiri-lo em igualdade de condições, devendo o proprietário dar-lhe conhecimento da venda, a fim de que possa exercitar o direito de preempção dentro de trinta dias, a contar da notificação judicial ou comprovadamente efetuada, mediante recibo.

§ 4º O arrendatário a quem não se notificar a venda poderá, depositando o preço,[3a] haver para si o imóvel arrendado, se o requerer no prazo de seis meses, a contar da transcrição do ato de alienação no registro de imóveis.

§ 5º A alienação ou a imposição de ônus real ao imóvel não interrompe a vigência dos contratos de arrendamento ou de parceria, ficando o adquirente sub-rogado nos direitos e obrigações do alienante.[4]

§ 6º O inadimplemento das obrigações assumidas por qualquer das partes dará lugar, facultativamente, à rescisão do contrato de arrendamento ou de parceria, observado o disposto em lei.

§ 7º Qualquer simulação ou fraude do proprietário nos contratos de arrendamento ou de parceria, em que o preço seja satisfeito em produtos agrícolas, dará ao arrendatário ou ao parceiro o direito de pagar pelas taxas mínimas vigorantes na região para cada tipo de contrato.

§ 8º Para prova dos contratos previstos neste artigo, será permitida a produção de testemunhas. A ausência de contrato não poderá elidir a aplicação dos princípios estabelecidos neste capítulo e nas normas regulamentares.

§ 9º Para solução dos casos omissos na presente lei, prevalecerá o disposto no Código Civil.

Art. 92: 1. "Contratos agrários: perspectivas — contratos agrários à luz do *agribusiness*, da unificação típica e da uniformização legislativa e enquanto instrumento de reforma agrária e de justiça social", por Roberto Grassi Neto (RF 399/145); "O direito agrário perante a agroindústria e o agronegócio", por Gustavo Elias Kallás Rezek (RF 404/189).

Art. 92: 1a. v., no ementário, Dec. 59.566, de 14.11.66, que regulamentou os arts. 92 a 96 do ET.

Art. 92: 2. Lei 4.947, de 6.4.66 (v. ementário):

"**Art. 13.** Os contratos agrários regulam-se pelos princípios gerais que regem os contratos de direito comum, no que concerne ao acordo de vontades e ao objeto, observados os seguintes preceitos de direito agrário:

"I — arts. 92, 93 e 94 da Lei n. 4.504, de 30 de novembro de 1964, quanto ao uso ou posse temporária da terra;

"II — arts. 95 e 96 da mesma lei, no tocante ao arrendamento rural e à parceria agrícola, pecuária, agroindustrial e extrativa;

"III — obrigatoriedade de cláusulas irrevogáveis, estabelecidas pelo IBRA, que visem à conservação de recursos naturais;

"IV — proibição de renúncia, por parte do arrendatário ou do parceiro não proprietário, de direitos ou vantagens estabelecidas em leis ou regulamentos;

"V — proteção social e econômica aos arrendatários cultivadores diretos e pessoais.

"§ 1º O disposto neste artigo aplicar-se-á a todos os contratos pertinentes ao direito agrário e informará a regulamentação do Capítulo IV do Título III da Lei n. 4.504, de 30 de novembro de 1964.

"§ 2º Os órgãos oficiais de assistência técnica e creditícia darão prioridade aos contratos agrários que obedecerem ao disposto neste artigo".

Art. 92: 2a. Quanto ao preço do arrendamento rural, v. art. 95-XII.

Art. 92: 2b. "O direito de preferência que se confere ao arrendatário rural não alcança o contrato de parceria" (STJ-4ª T., REsp 264.805, Min. Cesar Rocha, j. 21.3.02, DJU 17.6.02). No mesmo sentido: "O ordenamento jurídico em vigor restringe o direito de preferência à hipótese de arrendamento, não havendo qualquer previsão legislativa no sentido de que tal figura poderia estender-se aos contratos de parceria agrícola. Inteligência do ET 92 § 3º" (RJM 190/85: AP 1.0558.06.001419-5/001).

Art. 92: 2c. "Sem ter o legislador restringido as formas de alienação das quais exsurgiria o direito de preferência, inviável excluir do seu alcance a alienação coativa ou judicial. Reconhecimento da incidência da regra do art. 92 da Lei 4.505/64 a qualquer das espécies de alienação, desde que onerosa, tendo em vista inserir-se, dentre os seus requisitos, o adimplemento do preço pago pelos terceiros" (STJ-3ª T., REsp 1.148.153, Min. Paulo Sanseverino, j. 20.3.12, DJ 12.4.12).

Art. 92: 2d. "Alienação do imóvel a terceiros. Direito de preferência. Aplicação do Estatuto da Terra em favor de empresa rural de grande porte. Descabimento. Limitação prevista no art. 38 do Decreto 59.566/66. Harmonização dos princípios da função social da propriedade e da justiça social. Sobrelevo do princípio da justiça social no microssistema normativo do Estatuto da Terra. Aplicabilidade das normas protetivas exclusivamente ao homem do campo. **Inaplicabilidade a grandes empresas rurais.** Inexistência de pacto de preferência. Direito de preferência inexistente" (STJ-3ª T., REsp 1.447.082, Min. Paulo Sanseverino, j. 10.5.16, DJ 13.5.16).

Art. 92: 3. O direito de preferência existe tanto nos casos de contrato escrito quanto nos casos de contrato verbal, e independe do registro do contrato no cartório de registro de imóveis (STJ-3ª T., REsp 1.148.153, Min. Paulo Sanseverino, j. 20.3.12, DJ 12.4.12; STJ-RT 878/152 e RMDAU 19/141: 4ª T., REsp 164.442).

Art. 92: 3a. "Na venda de imóvel vinculado ao instituto jurídico da preempção, o preço a ser depositado pelo comprador, quando afrontado, corresponderá ao valor do bem conforme a oferta. Para efeito de conceituação, distingue-se *depósito do preço*, como manifestação da preferência na pré-compra, e *pagamento do preço* na compra e venda definitiva, nesta incluindo-se os acessórios ao preço e a correção monetária do valor do depósito" (RSTJ 13/343: 3ª T., REsp 2.223, maioria).

"A interpretação sistemática e teleológica do comando legal permite concluir que o melhor norte para definição do preço a ser depositado pelo arrendatário é aquele consignado na escritura pública de compra e venda registrada no cartório de registro de imóveis. Não se pode olvidar que a escritura pública é ato realizado perante o notário e que revela a vontade das partes na realização de negócio jurídico, revestida de todas as solenidades prescritas em lei, isto é, demonstra de forma pública e solene a substância do ato, gozando seu conteúdo de presunção de veracidade, trazendo maior segurança jurídica e garantia para a regularidade da compra. Outrossim, não podem os réus, ora recorridos, se valerem da própria torpeza para impedir a adjudicação compulsória, haja vista que simularam determinado valor no negócio jurídico publicamente escriturado, mediante declaração de preço que não refletia a realidade, com o fito de burlar a lei, pagando menos tributo, conforme salientado pelo acórdão recorrido.

Na hipótese, os valores constantes na escritura pública foram inseridos livremente pelas partes e registrados em cartório imobiliário, dando-se publicidade ao ato, operando efeitos *erga omnes*, devendo-se preservar a legítima expectativa e confiança geradas, bem como o dever de lealdade, todos decorrentes da boa-fé objetiva" (STJ-4ª T., REsp 1.175.438, Min. Luis Felipe, j. 25.3.14, DJ 5.5.14).

Art. 92: 4. "A teor da regra prescrita no § 5º do art. 92 do Estatuto da Terra, mesmo após a alienação de imóvel rural objeto de parceria agrícola, permanecerá esta subsistente, independentemente de contrato expresso e de correspondente registro, sub-rogando o adquirente nos direitos e obrigações do alienante. A parceria agrícola, passível de ajuste nas formas escrita e verbal, não se inclui entre os documentos e contratos sujeitos a registro para produzir efeitos perante terceiros, diante do disposto nos arts. 127, inciso V, e 129 da Lei n. 6.015/73" (STJ-4ª T., REsp 721.231, Min. João Otávio, j. 8.4.08, DJU 28.4.08).

"A venda do imóvel sobre o qual foi instituída a parceria agrícola não pode ser considerada como causa justificadora da rescisão contratual, pois a alienação não interrompe a vigência daquele contrato, ficando o adquirente sub-rogado nos direitos e obrigações do alienante" (RJM 190/85: AP 1.0558.06.001419-5/001).

"Se o adquirente impede o prosseguimento da parceria, ele é o responsável pelo ressarcimento do dano que disso advier" (STJ-3ª T., REsp 144.326, Min. Eduardo Ribeiro, j. 1.6.00, DJU 21.8.00).

Todavia, no sentido de que, "diante da venda do imóvel em hasta pública, não há como assegurar a vigência do arrendamento do bem após sua alienação judicial, se do contrato não constar cláusula de vigência após a sua alienação e estiver inscrito no Registro de Imóveis da circunscrição respectiva": RDPr 48/281 (TJMG, AI 1.0016.99.006846-8/002).

Art. 93. Ao proprietário é vedado exigir do arrendatário ou do parceiro:

I — prestação de serviço gratuito;

II — exclusividade da venda da colheita;

III — obrigatoriedade do beneficiamento da produção em seu estabelecimento;

IV — obrigatoriedade da aquisição de gêneros e utilidades em seus armazéns ou barracões;

V — aceitação de pagamento em "ordens", "vales", "borós" ou outras formas regionais substitutivas da moeda.

Parágrafo único. Ao proprietário que houver financiado o arrendatário ou parceiro, por inexistência de financiamento direto, será facultado exigir a venda da colheita até o limite do financiamento concedido, observados os níveis de preços do mercado local.

Art. 94. É vedado contrato de arrendamento ou parceria na exploração de terras de propriedade pública, ressalvado o disposto no parágrafo único deste artigo.

Parágrafo único. Excepcionalmente, poderão ser arrendadas ou dadas em parceria terras de propriedade pública, quando:

a) razões de segurança nacional o determinarem;

b) áreas de núcleos de colonização pioneira, na sua fase de implantação, forem organizadas para fins de demonstração;

c) forem motivo de posse pacífica e a justo título, reconhecida pelo Poder Público, antes da vigência desta lei.

Seção II | DO ARRENDAMENTO RURAL

Art. 95. Quanto ao arrendamento rural, observar-se-ão os seguintes princípios:[1-1a]

I — os prazos de arrendamento terminarão sempre depois de ultimada a colheita, inclusive a de plantas forrageiras temporárias cultiváveis. No caso de retardamento da colheita por motivo de força maior, considerar-se-ão esses prazos prorrogados nas mesmas condições, até sua ultimação;

II — presume-se feito, no prazo mínimo de três anos, o arrendamento por tempo indeterminado, observada a regra do item anterior;

III (*redação da Lei 11.443, de 5.1.07*) — o arrendatário, para iniciar qualquer cultura cujos frutos não possam ser recolhidos antes de terminado o prazo de arrendamento, deverá ajustar, previamente, com o arrendador a forma de pagamento do uso da terra por esse prazo excedente;

IV (*redação da Lei 11.443, de 5.1.07*) — em igualdade de condições com estranhos, o arrendatário terá preferência à renovação do arrendamento, devendo o proprietário, até seis meses antes do vencimento do contrato, fazer-lhe a competente notificação extrajudicial das propostas existentes. Não se verificando a notificação extrajudicial, o contrato considera-se automaticamente renovado, [1b] desde que o arrendador, [1c] nos trinta dias seguintes, não manifeste sua desistência ou formule nova proposta, tudo mediante simples registro de suas declarações no competente registro de títulos e documentos;

V (*redação da Lei 11.443, de 5.1.07*) — os direitos assegurados no inciso IV do *caput* deste artigo não prevalecerão se, no prazo de seis meses antes do vencimento do contrato, o proprietário, por via de notificação extrajudicial, declarar sua intenção de retomar o imóvel para explorá-lo diretamente ou por intermédio de descendente seu;

VI — sem expresso consentimento do proprietário é vedado o subarrendamento;

VII — poderá ser acertada, entre o proprietário e arrendatário, cláusula que permita a substituição de área arrendada por outra equivalente no mesmo imóvel rural, desde que respeitadas as condições de arrendamento e os direitos do arrendatário;

VIII (*redação da Lei 11.443, de 5.1.07*) — o arrendatário, ao termo do contrato, tem direito à indenização das benfeitorias necessárias e úteis; [1d] será indenizado das benfeitorias voluptuárias quando autorizadas pelo proprietário do solo; e, enquanto o arrendatário não for indenizado das benfeitorias necessárias e úteis, poderá permanecer no imóvel, no uso e gozo das vantagens por ele oferecidas, nos termos do contrato de arrendamento e das disposições do inciso I deste artigo;

IX — constando do contrato de arrendamento animais de cria, de corte ou de trabalho, cuja forma de restituição não tenha sido expressamente regulada, o arrendatário é obrigado, findo ou rescindido o contrato, a restituí-los em igual número, espécie e valor;

X — o arrendatário não responderá por qualquer deterioração ou prejuízo a que não tiver dado causa;

XI — na regulamentação desta lei, [2] serão complementadas as seguintes condições que, obrigatoriamente, constarão dos contratos de arrendamento:

a) limites da remuneração e formas de pagamento em dinheiro ou no seu equivalente em produtos (*redação da Lei 11.443, de 5.1.07*);

b) prazos mínimos de arrendamento e limites de vigência para os vários tipos de atividades agrícolas [2a] (*redação da Lei 11.443, de 5.1.07*);

c) bases para as renovações convencionadas;

d) formas de extinção ou rescisão;

e) direito e formas de indenização ajustadas quanto às benfeitorias realizadas;

XII (*redação da Lei 11.443, de 5.1.07*) — a remuneração do arrendamento, sob qualquer forma de pagamento, não poderá ser superior a quinze por cento [3] do valor cadastral do imóvel, incluídas as benfeitorias que entrarem na composição do contrato, salvo se o arrendamento for par-

Terra

cial e recair apenas em glebas selecionadas para fins de exploração intensiva de alta rentabilidade, caso em que a remuneração poderá ir até o limite de trinta por cento;

XIII — (VETADO).

Art. 95: 1. "Nos termos do Decreto 59.566/66, o arrendamento rural é, por definição legal, o contrato mediante o qual uma pessoa se obriga a ceder a outra, por tempo determinado ou não, o uso e gozo de imóvel rural, mediante retribuição. **Não há exigência legal de forma especial** para a sua plena validade e eficácia, sendo o arrendamento rural um contrato não solene. Apesar da forte intervenção estatal (dirigismo contratual) a limitar o poder negocial das partes nos negócios jurídicos agrários, como as disposições do art. 95 do Estatuto da Terra, não se estabeleceu a exigência de forma especial mesmo nos contratos celebrados com prazo igual ou superior a dez anos. Enquadramento entre os atos de administração que podem ser **praticados por um dos cônjuges sem autorização do outro.** Inteligência do art. 1.642, II e VI, do CC/02. Inaplicabilidade da regra do art. 3º, parágrafo único, da Lei 8.245/1991 (Lei de Locações), aplicável especificamente para as locações de imóveis urbanos com prazo igual ou superior a dez anos, cuja incidência, por se tratar de regra de exceção, é restrita às hipóteses expressamente contempladas no texto legal, não se estendendo aos contratos agrários" (STJ-3ª T., REsp 1.764.873, Min. Paulo Sanseverino, j. 14.5.19, DJ 21.5.19).

Art. 95: 1a. "O **falecimento** do parceiro outorgante não extingue o contrato de parceria rural. Os herdeiros poderão exercer o direito de retomada ao término do contrato, obedecendo o regramento legal quanto ao prazo para notificação e às causas para retomada" (STJ-3ª T., REsp 1.459.668, Min. Ricardo Cueva, j. 5.12.17, DJ 18.12.17).

Art. 95: 1b. "As partes não podem estabelecer **forma alternativa de renovação do contrato,** diversa daquela prevista no Estatuto da Terra, pois trata-se de condição obrigatória nos contratos de arrendamento rural. Em se tratando de contrato agrário, o imperativo de ordem pública determina sua interpretação de acordo com o regramento específico, visando obter uma tutela jurisdicional que se mostre adequada à função social da propriedade. As normas de regência do tema disciplinam interesse de ordem pública, consubstanciado na proteção, em especial, do arrendatário rural, o qual, pelo desenvolvimento do seu trabalho, exerce a relevante função de fornecer alimentos à população. Não realizada a notificação no prazo legal, tem-se o contrato como renovado" (STJ-3ª T., REsp 1.277.085, Min. Ricardo Cueva, j. 27.9.16, DJ 7.10.16; no caso, desconsiderou-se previsão contratual que exigia para a renovação do arrendamento a manifestação por escrito dos arrendatários até um ano antes do término do contrato).

Art. 95: 1c. *sic*; deve ser "arrendatário".

Art. 95: 1d. v. inciso XI-*e*.

Art. 95: 2. v. Dec. 59.566, de 14.11.66, no ementário.

Art. 95: 2a. "Os **prazos mínimos** de vigência para os contratos agrários constituem **norma cogente** e de observância obrigatória, não podendo ser derrogado por convenção das partes contratantes. O contrato de arrendamento rural destinado à pecuária de grande porte deve ter duração mínima de 5 anos. Inteligência dos arts. 95, inciso XI, alínea 'b', da Lei 4.504/1964; 13, incisos II e V, da Lei 4.947/1966 e 13, inciso II, alínea 'a', do Decreto 59.566/1966" (STJ-3ª T., REsp 1.455.709, Min. Ricardo Cueva, j. 5.5.16, DJ 13.5.16).

Art. 95: 3. "O limite percentual previsto no art. 95, XII, do Estatuto da Terra (Lei 4.504/64), deve ser aplicado sobre o valor cadastral do imóvel, devidamente atualizado, com incorporação de benfeitorias e acessões" (STJ-RDPr 24/364: 3ª T., REsp 641.222).

Art. 95-A (*redação da Med. Prov. 2.183-56, de 24.8.01*).[1] Fica instituído o Programa de Arrendamento Rural, destinado ao atendimento complementar de acesso à terra por parte dos trabalhadores rurais qualificados para participar do Programa Nacional de Reforma Agrária, na forma estabelecida em regulamento.

Parágrafo único (*redação da Med. Prov. 2.183-56, de 24.8.01*).[2] Os imóveis que integrarem o Programa de Arrendamento Rural não serão objeto de desapropriação para fins de reforma agrária enquanto se mantiverem arrendados, desde que atendam aos requisitos estabelecidos em regulamento.

Art. 95-A: 1. O plenário do STF, por votação unânime, "não conheceu da ação direta de inconstitucionalidade ajuizada quanto à cabeça do art. 95-A da Lei n. 4.504, de 30.11.64, com a redação imprimida pelo art. 2º da Med. Prov. 2.183-56, de 24.8.01" (ADI 2.213-0-Liminar, Min. Celso de Mello, j. 4.4.02, DJU 23.4.04).

Art. 95-A: 2. O plenário do STF, por maioria, indeferiu o pedido de suspensão de eficácia deste parágrafo, na redação que lhe deu a Med. Prov. 2.183-56, de 24.8.01 (ADI 2.213-0-Liminar, Min. Celso de Mello, j. 4.4.02, DJU 23.4.04).

Seção III DA PARCERIA AGRÍCOLA, PECUÁRIA, AGROINDUSTRIAL E EXTRATIVA

Art. 96. Na parceria[1] agrícola, pecuária, agroindustrial e extrativa, observar-se-ão os seguintes princípios:

I — o prazo dos contratos de parceria, desde que não convencionados[1a] pelas partes, será no mínimo de três anos, assegurado ao parceiro o direito à conclusão da colheita pendente, observada a norma constante do inciso I, do art. 95;

II — expirado o prazo, se o proprietário não quiser explorar diretamente a terra por conta própria, o parceiro, em igualdade de condições com estranhos, terá preferência para firmar novo contrato de parceria;

III — as despesas com o tratamento e criação dos animais, não havendo acordo em contrário, correrão por conta do parceiro tratador e criador;

IV — o proprietário assegurará ao parceiro que residir no imóvel rural, e para atender ao uso exclusivo da família deste, casa de moradia higiênica e área suficiente para horta e criação de animais de pequeno porte;

V — no regulamento desta lei,[2] serão complementadas, conforme o caso, as seguintes condições, que constarão, obrigatoriamente, dos contratos de parceria agrícola, pecuária, agroindustrial ou extrativa:

a) cota-limite do proprietário na participação dos frutos, segundo a natureza de atividade agropecuária e facilidades oferecidas ao parceiro;

b) prazos mínimos de duração e os limites de vigência segundo os vários tipos de atividade agrícola;

c) bases para as renovações convencionadas;

d) formas de extinção ou rescisão;

e) direitos e obrigações quanto às indenizações por benfeitorias levantadas com consentimento do proprietário e aos danos substanciais causados pelo parceiro, por práticas predatórias na área de exploração ou nas benfeitorias, nos equipamentos, ferramentas e implementos agrícolas a ele cedidos;

f) direito e oportunidade de dispor sobre os frutos repartidos;

VI — na participação dos frutos da parceria, a cota do proprietário não poderá ser superior a:

a) vinte por cento, quando concorrer apenas com a terra nua (*redação da Lei 11.443, de 5.1.07*);

b) vinte e cinco por cento, quando concorrer com a terra preparada (*redação da Lei 11.443, de 5.1.07*);

c) trinta por cento, quando concorrer com a terra preparada e moradia (*redação da Lei 11.443, de 5.1.07*);

d) quarenta por cento, caso concorra com o conjunto básico de benfeitorias, constituído especialmente de casa de moradia, galpões, banheiro para gado, cercas, valas ou currais, conforme o caso (*redação da Lei 11.443, de 5.1.07*);

e) cinquenta por cento, caso concorra com a terra preparada e o conjunto básico de benfeitorias enumeradas na alínea *d* deste inciso e mais o fornecimento de máquinas e implementos agrícolas, para atender aos tratos culturais, bem como as sementes e animais de tração, e, no caso de parceria pecuária, com animais de cria em proporção superior a 50%

(cinquenta por cento) do número total de cabeças objeto de parceria (*redação da Lei 11.443, de 5.1.07*);

f) setenta e cinco por cento, nas zonas de pecuária ultraextensiva em que forem os animais de cria em proporção superior a 25% (vinte e cinco por cento) do rebanho e onde se adotarem a meação do leite e a comissão mínima de 5% (cinco por cento) por animal vendido (*redação da Lei 11.443, de 5.1.07*);

g) nos casos não previstos nas alíneas anteriores, a cota adicional do proprietário será fixada com base em percentagem máxima de dez por cento do valor das benfeitorias ou dos bens postos à disposição do parceiro;

VII — aplicam-se à parceria agrícola, pecuária, agropecuária, agroindustrial ou extrativa as normas pertinentes ao arrendamento rural, no que couber, bem como as regras do contrato de sociedade,[3] no que não estiver regulado pela presente lei;

VIII (*acrescido pela Lei 11.443, de 5.1.07*) — o proprietário poderá sempre cobrar do parceiro, pelo seu preço de custo, o valor de fertilizantes e inseticidas fornecidos no percentual que corresponder à participação deste, em qualquer das modalidades previstas nas alíneas do inciso VI do *caput* deste artigo;

IX (*acrescido pela Lei 11.443, de 5.1.07*) — nos casos não previstos nas alíneas do inciso VI do *caput* deste artigo, a quota adicional do proprietário será fixada com base em percentagem máxima de 10% (dez por cento) do valor das benfeitorias ou dos bens postos à disposição do parceiro.

§ 1º (*acrescido pela Lei 11.443, de 5.1.07*) Parceria rural é o contrato agrário pelo qual uma pessoa se obriga a ceder à outra, por tempo determinado ou não, o uso específico de imóvel rural, de parte ou partes dele, incluindo, ou não, benfeitorias, outros bens e/ou facilidades, com o objetivo de nele ser exercida atividade de exploração agrícola, pecuária, agroindustrial, extrativa vegetal ou mista; e/ou lhe entrega animais para cria, recria, invernagem, engorda ou extração de matérias-primas de origem animal, mediante partilha, isolada ou cumulativamente, dos seguintes riscos:

I (*acrescido pela Lei 11.443, de 5.1.07*) — caso fortuito e de força maior do empreendimento rural;

II (*acrescido pela Lei 11.443, de 5.1.07*) — dos frutos, produtos ou lucros havidos nas proporções que estipularem, observados os limites percentuais estabelecidos no inciso VI do *caput* deste artigo;

III (*acrescido pela Lei 11.443, de 5.1.07*) — variações de preço dos frutos obtidos na exploração do empreendimento rural.

§ 2º (*acrescido pela Lei 11.443, de 5.1.07*) As partes contratantes poderão estabelecer a prefixação, em quantidade ou volume, do montante da participação do proprietário, desde que, ao final do contrato, seja realizado o ajustamento do percentual pertencente ao proprietário, de acordo com a produção.

§ 3º (*acrescido pela Lei 11.443, de 5.1.07*) Eventual adiantamento do montante prefixado não descaracteriza o contrato de parceria.

§ 4º (*acrescido pela Lei 11.443, de 5.1.07*) Os contratos que prevejam o pagamento do trabalhador, parte em dinheiro e parte em percentual na lavoura cultivada ou em gado tratado, são considerados simples locação de serviço, regulada pela legislação trabalhista, sempre que a direção dos trabalhos seja de inteira e exclusiva responsabilidade do proprietário, locatário do serviço a quem cabe todo o risco, assegurando-se ao locador, pelo menos, a percepção do salário mínimo no cômputo das 2 (duas) parcelas.

§ 5º (*acrescido pela Lei 11.443, de 5.1.07*) O disposto neste artigo não se aplica aos contratos de parceria agroindustrial, de aves e suínos, que serão regulados por lei específica.

Art. 96: 1. v. LRP 127-V.

Art. 96: 1a. *sic*; deve ser "convencionado".

Art. 96: 2. v. Dec. 59.566, de 14.11.66, no ementário.

Art. 96: 3. v. CC 981 a 1.141.

Seção IV | DOS OCUPANTES DE TERRAS PÚBLICAS FEDERAIS

Art. 97. Quanto aos legítimos possuidores de terras devolutas federais, observar-se-á o seguinte:

I — o Instituto Brasileiro de Reforma Agrária[1] promoverá a discriminação[2] das áreas ocupadas por posseiros, para a progressiva regularização de suas condições de uso e posse da terra, providenciando, nos casos e condições previstos nesta lei, a emissão dos títulos de domínio;

II — todo o trabalhador agrícola que, à data da presente lei, tiver ocupado, por um ano, terras devolutas, terá preferência para adquirir um lote da dimensão do módulo de propriedade rural, que for estabelecido para a região, obedecidas as prescrições da lei.

Art. 97: 1. O Instituto Brasileiro de Reforma Agrária — IBRA e o Instituto Nacional de Desenvolvimento Agrário — INDA foram extintos, surgindo, em seu lugar, o Instituto Nacional de Colonização e Reforma Agrária (INCRA), de acordo com o art. 2º do **Dec. lei 1.110, de 9.7.70** (Lex 1970/611, RDA 102/512, RF 232/482).

Art. 97: 2. Lei 6.383, de 7.12.76 — Dispõe sobre o processo discriminatório de terras devolutas da União, e dá outras providências (Lex 1976/846, ret. 1.021; RDA 127/643).

Art. 98. .... [1]

Art. 98: 1. v. CF 183 e 191.

O art. 98 foi substituído pelo disposto no art. 1º da Lei 6.969, de 10.12.81 (no tít. USUCAPIÃO ESPECIAL). Era do teor seguinte: "Art. 98. Todo aquele que, não sendo proprietário rural nem urbano, ocupar por dez anos ininterruptos, sem oposição nem reconhecimento de domínio alheio, tornando-o produtivo por seu trabalho, e tendo nele sua morada, trecho de terra com área caracterizada como suficiente para, por seu cultivo direto pelo lavrador e sua família, garantir-lhes a subsistência, o progresso social e econômico, nas dimensões fixadas por esta lei, para o módulo de propriedade, adquirir-lhe-á o domínio, mediante sentença declaratória devidamente transcrita".

Art. 99. .... [1]

Art. 99: 1. Este art. está superado pelo disposto na Lei 6.969, de 10.12.81, art. 4º §§ 2º e 3º (no tít. USUCAPIÃO ESPECIAL). Era este o seu teor: "Art. 99. A transferência do domínio ao posseiro de terras devolutas federais efetivar-se-á no competente processo administrativo de legitimação de posse, cujos atos e termos obedecerão às normas do regulamento da presente lei".

Terra

Art. 100. O título de domínio expedido pelo Instituto Brasileiro de Reforma Agrária será, dentro do prazo que o regulamento estabelecer, transcrito[1] no competente registro geral de imóveis.

Art. 100: 1. atualmente, "registrado" (LRP 168).

Art. 101. As taxas devidas pelo legitimante de posse em terras devolutas federais, constarão de tabela a ser periodicamente expedida pelo Instituto Brasileiro de Reforma Agrária, atendendo-se à ancianidade da posse, bem como às diversificações das regiões em que se verificar a respectiva discriminação.

Art. 102. .... [1]

Art. 102: 1. Este art. era do teor seguinte: "Art. 102. Os direitos dos legítimos possuidores de terras devolutas federais estão condicionados ao implemento dos requisitos absolutamente indispensáveis da cultura efetiva e da morada habitual".

A disposição está superada pelo art. 1º da Lei 6.969, de 10.12.81 (no tít. USUCAPIÃO ESPECIAL).

Ementário

Títulos de Crédito Comercial

Lei 6.840, de 3.11.80 — Dispõe sobre títulos de crédito comercial, e dá outras providências (v. adiante, texto integral).

Lei n. 6.840, de 3 de novembro de 1980

Dispõe sobre títulos de crédito comercial e dá outras providências.

O Presidente da República, faço saber que o Congresso Nacional decreta e eu sanciono a seguinte lei:

Art. 1º As operações de empréstimo concedidas por instituições financeiras a pessoa física ou jurídica que se dedique a atividade comercial ou de prestação de serviços poderão ser representadas por Cédula de Crédito Comercial e por Nota de Crédito Comercial.[1 a 4]

Art. 1º: 1. "O título de crédito rural, comercial ou industrial, ainda que utilizado para renegociação de débito de origem diversa, guarda **natureza executiva**" (STJ-4ª T., REsp 746.987, Min. Aldir Passarinho Jr., j. 24.8.10, DJ 14.9.10).

Art. 1º: 2. "Somente quando comprovada, pela instituição financeira, a autorização do CMN é que poderá ser superado o limite previsto na Lei de Usura. No caso dos autos, o recorrente não logrou demonstrar que houve fixação da **taxa de juros** em patamar acima do previsto, de maneira que não se concretiza a hipótese prevista no art. 5º do Dec. lei 413/69, aplicando-se, consequentemente, o art. 1º, *caput*, do Dec. 22.626/33, devendo ser mantidos em 12% ao ano" (STJ-4ª T., REsp 1.352.265-AgRg, Min. Isabel Gallotti, j. 3.10.13, DJ 11.11.13; a citação é do voto da relatora).

Art. 1º: 3. "Permite-se a **capitalização mensal dos juros** nas cédulas de crédito rural, comercial e industrial (Dec. lei 167/67 e Dec. lei 413/69), bem como nas demais operações realizadas pelas instituições financeiras integrantes do Sistema Financeiro Nacional, desde que celebradas a partir da publicação da Medida Provisória n. 1.963-17 (31.3.00) e que pactuada" (STJ-3ª T., REsp 1.159.158-AgRg, Min. Sidnei Beneti, j. 14.6.11, DJ 22.6.11). Em sentido semelhante: STJ-4ª T., REsp 1.086.969, Min. Marco Buzzi, j. 6.5.14, DJ 21.5.14.

V. tb. TCI 5º, nota 2, e Dec. lei 167, de 14.2.67, art. 5º, nota 2a (este, no tít. TÍTULOS DE CRÉDITO RURAL).

Art. 1º: 4. "A legislação especial que rege as cédulas de crédito comercial **não admite** a cobrança da **comissão de permanência,** qualquer que seja o percentual, pois a norma, em seu art. 5º, § ún., do Dec. lei 413/69, aplicável por força da Lei 6.840/80, prevê apenas a cobrança de juros remuneratórios, moratórios e multa para o inadimplemento" (STJ-4ª T., REsp 1.352.265-AgRg, Min. Isabel Gallotti, j. 3.10.13, DJ 11.11.13).

V. tb. TCI 5º, nota 3, e Dec. lei 167, de 14.2.67, art. 5º, nota 3 (este, no tít. TÍTULOS DE CRÉDITO RURAL).

Art. 2º A aplicação de crédito decorrente da operação de que trata o artigo anterior poderá ser ajustada em orçamento assinado pelo financiado e autenticado pela instituição financeira, dele devendo constar expressamente qualquer alteração que convencionarem.

Parágrafo único. Na hipótese deste artigo, far-se-á, na cédula, menção do orçamento, que a ela ficará vinculado.

Art. 3º Para os efeitos desta lei, será dispensada a descrição a que se refere o inciso V do art. 14 do Dec. lei n. 413, de 9 de janeiro de 1969,[1] quando a garantia se constituir através de penhor de títulos de crédito, hipótese em que se estabelecerá apenas o valor global.

Art. 3º: 1. v. Dec. lei 413, no tít. TÍTULOS DE CRÉDITO INDUSTRIAL.

Art. 4º A não identificação dos bens objeto da alienação fiduciária cedular não retira a eficácia da garantia, que incidirá sobre outros de mesmo gênero, quantidade e qualidade.

Art. 5º Aplicam-se à Cédula de Crédito Comercial e à Nota de Crédito Comercial as normas do Dec. lei n. 413,[1] de 9 de janeiro de 1969, inclusive quanto aos modelos anexos àquele diploma, respeitadas, em cada caso, a respectiva denominação e as disposições desta lei.

Art. 5º: 1. v. Dec. lei 413, no tít. TÍTULOS DE CRÉDITO INDUSTRIAL.

Art. 6º Esta lei entrará em vigor na data de sua publicação, revogadas as disposições em contrário.

Brasília, em 3 de novembro de 1980; 159º da Independência e 92º da República — JOÃO FIGUEIREDO — **Ernane Galvêas** — **João Camilo Penna.**

Ementário
Títulos de Crédito Industrial

Dec. lei 413, de 9.1.69 — Dispõe sobre títulos de crédito industrial e dá outras providências (v. adiante, texto integral).

Decreto-lei n. 413, de 9 de janeiro de 1969

Dispõe sobre títulos de crédito industrial e dá outras providências.

O Presidente da República, no uso das atribuições que lhe confere o § 1º do art. 2º do Ato Institucional n. 5, de 13 de dezembro de 1968, decreta:

Capítulo I | DO FINANCIAMENTO INDUSTRIAL

Art. 1º O financiamento concedido por instituições financeiras a pessoa física ou jurídica que se dedique à atividade industrial poderá efetuar-se por meio da cédula de crédito industrial prevista neste decreto-lei.[1]

Art. 1º: 1. s/ a aplicabilidade do CDC a essa operação, v. nota 1 à Lei 8.078 (CDC).

Art. 2º O emitente da cédula fica obrigado a aplicar o financiamento nos fins ajustados, devendo comprovar essa aplicação no prazo e na forma exigidos pela instituição financiadora.

Art. 3º A aplicação do financiamento ajustar-se-á em orçamento, assinado, em duas vias, pelo emitente e pelo credor, dele devendo constar expressamente qualquer alteração que convencionarem.

Parágrafo único. Far-se-á, na cédula, menção do orçamento que a ela ficará vinculado.

Art. 4º O financiador abrirá, com o valor do financiamento[1] conta vinculada à operação, que o financiado movimentará por meio de cheques, saques, recibos, ordens, cartas ou quaisquer outros documentos, na forma e no tempo previstos na cédula ou no orçamento.

Art. 4º: 1. Sem vírgula, no texto oficial.

Art. 5º As importâncias fornecidas pelo financiador vencerão juros[1-2] e poderão sofrer correção monetária às taxas e aos índices que o Conselho Monetário Nacional fixar, calculados sobre os saldos devedores da conta vinculada à operação, e serão exigíveis em 30 de junho, 31 de dezembro, no vencimento, na liquidação da cédula ou, também, em outras datas convencionadas no título, ou admitidas pelo referido Conselho.

Parágrafo único. Em caso de mora, a taxa de juros constante da cédula será elevável de 1% (um por cento) ao ano.[3]

Art. 5º: 1. Súmula 93 do STJ (Capitalização de juros): "A legislação sobre cédulas de crédito rural, comercial e industrial admite o pacto de capitalização de juros" (v. jurisprudência s/ esta Súmula em RSTJ 61/165 a 200).

Cf. CC 591.

Art. 5º: 2. "Nas cédulas de crédito rural, industrial e comercial é permitida a **capitalização mensal** dos juros, desde que pactuada, independentemente da data de emissão do título" (STJ-2ª Seção, ED no REsp 1.134.955, Min. Raul Araújo, j. 24.10.12, DJ 29.10.12).

Todavia: "Cédula de Crédito Industrial. **Capitalização diária.** Impossibilidade" (STJ-Bol. AASP 2.623: 4ª T., AI 966.398-AgRg).

V. tb. Lei 6.840, de 3.11.80, art. 1º, nota 3 (no tít. TÍTULOS DE CRÉDITO COMERCIAL), e Dec. lei 167, de 14.2.67, art. 5º, nota 2a (no tít. TÍTULOS DE CRÉDITO RURAL).

Art. 5º: 3. "Nos casos de cédulas de crédito rural, industrial e comercial, **não se admite a incidência de comissão de permanência,** após a inadimplência, sendo permitida, tão somente, em consonância com o que dispõem os arts. 5º, parágrafo único, e 58 do Dec. lei 413/69, a elevação dos juros remuneratórios em 1% ao ano, correção monetária e multa contratual" (STJ-3ª T., REsp 1.093.019, Min. Sidnei Beneti, j. 28.9.10, DJ 13.10.10).

V. tb. Lei 6.840, de 3.11.80, art. 1º, nota 4 (no tít. TÍTULOS DE CRÉDITO COMERCIAL), e Dec. lei 167, de 14.2.67, art. 5º, nota 3 (no tít. TÍTULOS DE CRÉDITO RURAL).

Art. 6º O devedor facultará ao credor a mais ampla fiscalização do emprego da quantia financiada, exibindo, inclusive[1] os elementos que lhe forem exigidos.

Art. 6º: 1. Sem vírgula, no texto original.

Art. 7º O financiador poderá, sempre que julgar conveniente e por pessoas de sua indicação, não só percorrer todas e quaisquer dependências dos estabelecimentos industriais referidos no título, como verificar o andamento dos serviços neles existentes.

Art. 8º Para ocorrer às despesas com a fiscalização, poderá ser ajustada, na cédula, comissão fixada e exigível na forma do art. 5º deste decreto-lei, calculada sobre os saldos devedores da conta vinculada à operação, respondendo ainda o financiado pelo pagamento de quaisquer despesas que se verificarem com vistorias frustradas, ou que forem efetuadas em consequência de procedimento seu que possa prejudicar as condições legais e cedulares.

Capítulo II | DA CÉDULA DE CRÉDITO INDUSTRIAL

Art. 9º A cédula de crédito industrial é promessa de pagamento em dinheiro, com garantia real, cedularmente constituída.

Art. 10. A cédula de crédito industrial é título líquido e certo, exigível, pela soma dela constante ou do endosso, além dos juros, da comissão de fiscalização, se houver, e demais despesas que o credor fizer para segurança, regularidade e realização de seu direito creditório.

§ 1º Se o emitente houver deixado de levantar qualquer parcela do crédito deferido, ou tiver feito pagamentos parciais, o credor descontá-los-á da soma declarada na cédula, tornando-se exigível apenas o saldo.

§ 2º Não constando do endosso o valor pelo qual se transfere a cédula, prevalecerá o da soma declarada no título, acrescido dos acessórios, na forma deste artigo, deduzido o valor das quitações parciais passadas no próprio título.

Art. 11. Importa em vencimento antecipado da dívida resultante da cédula, independentemente de aviso ou de interpelação judicial, a inadimplência de qualquer obrigação do emitente[1] do título ou, sendo o caso, do terceiro prestante da garantia real.

§ 1º Verificado o inadimplemento, poderá, ainda, o financiador considerar vencidos antecipadamente todos os financiamentos concedidos ao emitente e dos quais seja credor.

§ 2º A inadimplência, além de acarretar o vencimento antecipado da dívida resultante da cédula e permitir igual procedimento em relação a todos os financiamentos concedidos pelo financiador ao emitente e dos quais seja credor, facultará ao financiador a capitalização dos juros[2-3] e da comissão de fiscalização, ainda que se trate de crédito fixo.

Art. 11: 1. no texto oficial, está "eminente".

Art. 11: 2. v. Súmula 93 do STJ, em nota 1 ao art. 5º.

Art. 11: 3. v. art. 14-VI.

Art. 12. A cédula de crédito industrial poderá ser aditada, ratificada e retificada, por meio de menções adicionais e de aditivos, datados e assinados pelo emitente e pelo credor, lavrados em folha à parte do mesmo formato e que passarão a fazer parte integrante do documento cedular.

Art. 13. A cédula de crédito industrial admite amortizações periódicas que serão ajustadas mediante a inclusão de cláusula, na forma prevista neste decreto-lei.

Art. 14. A cédula de crédito industrial conterá os seguintes requisitos, lançados no contexto:

I — Denominação "Cédula de Crédito Industrial".

II — Data do pagamento; se a cédula for emitida para pagamento parcelado, acrescentar-se-á cláusula discriminando valor e data de pagamento das prestações.

III — Nome do credor e cláusula à ordem.

IV — Valor do crédito deferido, lançado em algarismos e por extenso, e a forma de sua utilização.

V — Descrição dos bens objeto do penhor, ou da alienação fiduciária, que se indicarão pela espécie, qualidade, quantidade e marca, se houver, além do local ou do depósito de sua situação, indicando-se, no caso de hipoteca, situação, dimensões, confrontações, benfeitorias, título e data de aquisição do imóvel e anotações (número, livro e folha) do registro imobiliário.

VI — Taxa de juros a pagar e comissão de fiscalização, se houver, e épocas em que serão exigíveis, podendo ser capitalizadas.

VII — Obrigatoriedade de seguro dos bens objeto da garantia.

VIII — Praça do pagamento.

IX — Data e lugar da emissão.

X — Assinatura do próprio punho do emitente ou de representante com poderes especiais.

§ 1º A cláusula discriminando os pagamentos parcelados, quando cabível, será incluída logo após a descrição das garantias.

§ 2º A descrição dos bens vinculados poderá ser feita em documento à parte, em duas vias, assinado pelo emitente e pelo credor, fazendo-se, na cédula, menção a essa circunstância, logo após a indicação do grau do penhor ou da hipoteca, da alienação fiduciária e de seu valor global.

§ 3º Da descrição a que se refere o inciso V deste artigo, dispensa-se qualquer alusão à data, forma e condições de aquisição dos bens apenhados. Dispensar-se-ão, também, para a caracterização do local ou do depósito dos bens apenhados ou alienados fiduciariamente, quaisquer referências a dimensões, confrontações, benfeitorias e a títulos de posse ou de domínio.

§ 4º Se a descrição do imóvel hipotecado se processar em documento à parte, deverão constar também da cédula todas as indicações mencionadas no item V deste artigo, exceto confrontações e benfeitorias.

§ 5º A especificação dos imóveis hipotecados, pela descrição pormenorizada, poderá ser substituída pela anexação à cédula de seus respectivos títulos de propriedade.[1]

§ 6º Nos casos do parágrafo anterior, deverão constar da cédula, além das indicações referidas no § 4º deste artigo, menção expressa à anexação dos títulos de propriedade e a declaração de que eles farão parte integrante da cédula até sua final liquidação.

Art. 14: 1. v. art. 32 § 4º.

Capítulo III | DA NOTA DE CRÉDITO INDUSTRIAL

Art. 15. A nota de crédito industrial é promessa de pagamento em dinheiro, sem garantia real.

Art. 16. A nota de crédito industrial conterá os seguintes requisitos, lançados no contexto:

I — Denominação "Nota de Crédito Industrial".

II — Data do pagamento; se a nota for emitida para pagamento parcelado, acrescentar-se-á cláusula discriminando[1] valor e data de pagamento das prestações.

III — Nome do credor e cláusula à ordem.

IV — Valor do crédito deferido, lançado em algarismos e por extenso, e a forma de sua utilização.

V — Taxa de juros a pagar e comissão de fiscalização, se houver, e épocas em que serão exigíveis, podendo ser capitalizadas.

VI — Praça de pagamento.

VII — Data e lugar da emissão.

VIII — Assinatura do próprio punho do emitente ou de representante com poderes especiais.

Art. 16: 1. no texto oficial, está "descriminando".

Art. 17. O crédito pela nota de crédito industrial tem privilégio especial sobre os bens discriminados no art. 1.563 do Código Civil.[1]

Art. 17: 1. v. art. 41, item 2º.

Art. 18. Exceto no que se refere a garantias e a inscrição, aplicam-se à nota de crédito industrial as disposições deste decreto-lei sobre cédula de crédito industrial.[1]

Art. 18: 1. v. arts. 12 a 14 e 19 a 41.

Capítulo IV | DAS GARANTIAS DA CÉDULA DE CRÉDITO INDUSTRIAL

Art. 19. A cédula de crédito industrial pode ser garantida por:

I — Penhor cedular.

II — Alienação fiduciária.

III — Hipoteca cedular.

Art. 20. Podem ser objeto de penhor cedular nas condições deste decreto-lei:

I — Máquinas e aparelhos utilizados na indústria, com ou sem os respectivos pertences;

II — Matérias-primas,[1] produtos industrializados e materiais empregados no processo produtivo, inclusive embalagens;

III — Animais destinados à industrialização de carnes, pescados, seus produtos e subprodutos, assim como os materiais empregados no processo produtivo, inclusive embalagens;

IV — Sal que ainda esteja na salina, bem assim as instalações, máquinas, instrumentos, utensílios, animais de trabalho, veículos terrestres e embarcações, quando servirem à exploração salineira;

V — Veículos automotores e equipamentos para execução de terraplenagem, pavimentação, extração de minério e construção civil, bem como quaisquer viaturas de tração mecânica, usadas nos transportes de passageiros e cargas e, ainda, nos serviços dos estabelecimentos industriais;

VI — Dragas e implementos destinados à limpeza e à desobstrução de rios, portos e canais, ou à construção dos dois últimos, ou utilizados nos serviços dos estabelecimentos industriais;

VII — Toda construção utilizada como meio de transporte por água, e destinada à indústria da navegação ou da pesca, quaisquer que sejam as suas características e lugar de tráfego;

VIII — Todo aparelho manobrável em voo apto a se sustentar a[2] circular no espaço aéreo mediante reações aerodinâmicas, e capaz de transportar pessoas ou coisas;

IX — Letras de câmbio, promissórias, duplicatas, conhecimentos de embarques, ou conhecimentos de depósitos, unidos aos respectivos *warrants*;

X — Outros bens que o Conselho Monetário Nacional venha a admitir como lastro dos financiamentos industriais.

Art. 20: 1. v. art. 44.

Art. 20: 2. *sic*; deve ser "e".

Art. 21. Podem-se incluir na garantia os bens adquiridos ou pagos com o financiamento, feita a respectiva averbação nos termos deste decreto-lei.

Art. 22. Antes da liquidação da cédula, não poderão os bens apenhados ser removidos das propriedades nela mencionadas, sob qualquer pretexto e para onde quer que seja, sem prévio consentimento escrito do credor.

Parágrafo único. O disposto neste artigo não se aplica aos veículos referidos nos itens IV, V, VI, VII e VIII do art. 20 deste decreto-lei, que poderão ser retirados temporariamente de seu local de situação, se assim o exigir a atividade financiada.

Art. 23. Aplicam-se ao penhor cedular os preceitos legais vigentes sobre penhor,[1] no que não colidirem com o presente decreto-lei.

Art. 23: 1. v. CC 1.431 a 1.472.

Art. 24. São abrangidos pela hipoteca constituída as construções, respectivos terrenos, instalações e benfeitorias.

Art. 25. Incorporam-se na hipoteca constituída as instalações e construções, adquiridas ou executadas com o crédito, assim como quaisquer outras benfeitorias acrescidas aos imóveis na vigência da cédula, as quais, uma vez realizadas, não poderão ser retiradas ou destruídas sem o consentimento do credor, por escrito.

Parágrafo único. Faculta-se ao credor exigir que o emitente faça averbar, à margem da inscrição principal, a constituição de direito real sobre os bens e benfeitorias referidos neste artigo.

Art. 26. Aplicam-se à hipoteca cedular os princípios da legislação ordinária sobre hipoteca,[1] no que não colidirem com o presente decreto-lei.

Art. 26: 1. v. CC 1.473 a 1.505, 1.419 a 1.430.

Art. 27. Quando da garantia da cédula de crédito industrial fizer parte a alienação fiduciária, observar-se-ão as disposições constantes da Seção XIV da Lei n. 4.728, de 14 de julho de 1965,[1] no que não colidirem com este decreto-lei.

Art. 27: 1. v. tít. ALIENAÇÃO FIDUCIÁRIA.

Art. 28. Os bens vinculados à cédula de crédito industrial continuam na posse imediata do emitente, ou do terceiro prestante da garantia real, que responderá por sua guarda e conservação como fiel depositário, seja pessoa física ou jurídica. Cuidando-se de garantia constituída por terceiro, este e o emitente da cédula responderão solidariamente pela guarda e conservação dos bens gravados.

Parágrafo único. O disposto neste artigo não se aplica aos papéis mencionados no item IX, art. 20, deste decreto-lei, inclusive em consequência do endosso.

Capítulo V[1]

Seção I — DA INSCRIÇÃO E AVERBAÇÃO DA CÉDULA DE CRÉDITO INDUSTRIAL

CAP. V: 1. Este capítulo não tem epígrafe.

Art. 29. A cédula de crédito industrial somente vale contra terceiros desde a data da inscrição. Antes da inscrição, a cédula obriga apenas seus signatários.[1-2]

Art. 29: 1. v. art. 36.

Art. 29: 2. "Aquele que subscreve a cédula de crédito industrial na condição de **terceiro interveniente prestador de garantia real** também é responsável pela satisfação da dívida ali expressa, apresentando-se desnecessário o registro do título para tal finalidade" (STJ-3ª T., REsp 1.336.059, Min. Ricardo Cueva, j. 18.8.16, DJ 5.9.16).

Art. 30. De acordo com a natureza da garantia constituída, a cédula de crédito industrial inscreve-se no Cartório de Registro de Imóveis da circunscrição do local de situação dos bens objeto do penhor cedular, da alienação fiduciária, ou em que esteja localizado o imóvel hipotecado.

Art. 31. A inscrição far-se-á na ordem de apresentação da cédula, em livro próprio denominado "Registro de Cédula de Crédito Industrial", observado o disposto nos arts. 183, 188, 190 e 202, do Decreto 4.857, de 9 de novembro de 1939.[1]

§ 1º Os livros destinados à inscrição da cédula de crédito industrial serão numerados em série crescente a começar de 1 (um), e cada livro conterá termos de abertura e de encerramento, assinados pelo Juiz de Direito da Comarca, que rubricará todas as folhas.

§ 2º As formalidades a que se refere o parágrafo anterior precederão a utilização do livro.

§ 3º Em cada Cartório haverá, em uso, apenas um livro "Registro de Cédula de Crédito Industrial", utilizando-se o de número subsequente depois de findo o anterior.

Art. 31: 1. v. LRP 178-II, que **revogou** o dispositivo supra.

Art. 32. A inscrição consistirá na anotação dos seguintes requisitos cedulares:

a) Data e forma do pagamento.

b) Nome do emitente, do financiador e, quando houver, do terceiro prestante da garantia real e do endossatário.

c) Valor do crédito deferido e forma de sua utilização.

d) Praça do pagamento.

e) Data e lugar da emissão.

§ 1º Para a inscrição, o apresentante do título oferecerá, com o original da cédula, cópia em impresso idêntico, com a declaração "Via não negociável", em linhas paralelas transversais.

§ 2º O Cartório conferirá a exatidão da cópia, autenticando-a.

§ 3º Cada grupo de 200 (duzentas) cópias será encadernado na ordem cronológica de seu arquivamento, em livro que o Cartório apresentará no prazo de quinze dias depois de completado o grupo, ao Juiz de Direito da Comarca, para abri-lo e encerrá-lo, rubricando as respectivas folhas numeradas em série crescente a começar de 1 (um).

§ 4º Nos casos do § 5º do art. 14 deste decreto-lei, à via da cédula destinada ao Cartório será anexada cópia dos títulos de domínio, salvo se os imóveis hipotecados se acharem registrados no mesmo Cartório.

Art. 33. Ao efetuar a inscrição ou qualquer averbação, o Oficial do Registro de Imóveis mencionará, no respectivo ato, a existência de qualquer documento anexo à cédula e nele aporá sua rubrica, independentemente de qualquer formalidade.

Art. 34. O Cartório anotará a inscrição, com indicação do número de ordem, livro e folhas, bem como o valor dos emolumentos cobrados no verso da cédula, além de mencionar, se for o caso, os anexos apresentados.

§ 1º Pela inscrição da cédula, serão cobrados do interessado, em todo o território nacional, os seguintes emolumentos, calculados sobre o valor do crédito deferido:[1]

a) até NCr$ 200,00 — 0,1%

b) de NCr$ 200,01 a NCr$ 500,00 — 0,2%

c) de NCr$ 500,01 a NCr$ 1.000,00 — 0,3%

d) de NCr$ 1.000,01 a NCr$ 1.500,00 — 0,4%

e) acima de NCr$ 1.500,00 — 0,5%, até o máximo de 1/4 (um quarto) do salário mínimo da região.

§ 2º Cinquenta por cento (50%) dos emolumentos referidos no parágrafo anterior caberão ao oficial do Registro de Imóveis e os restantes cinquenta por cento (50%) serão recolhidos ao Banco do Brasil S. A., a crédito do Tesouro Nacional.[2]

Art. 34: 1. **Lei 8.522, de 11.12.92** — Extingue taxas, emolumentos, contribuições, parcela da União das custas e emolumentos da Justiça do Distrito Federal, e dá outras providências (Lex 1992/887): **"Art. 2º** Ficam extintas as parcelas devidas à União, do produto da arrecadação:

a) (Vetado);

b) dos Emolumentos sobre a Inscrição e Averbação das Cédulas de Crédito Industrial, criados pelos arts. 34, §§ 1º e 2º, e 36, § 2º, do Dec. lei n. 413, de 9 de janeiro de 1969;

c) dos Emolumentos sobre a Inscrição e Averbação das Cédulas de Crédito à Exportação criados pelo art. 3º da Lei n. 6.313, de 16 de dezembro de 1975, combinado com o disposto nos arts. 34, §§ 1º e 2º, do Dec. lei n. 413, de 9 de janeiro de 1969;

d) (Vetado)".

Art. 34: 2. v. nota 1.

Art. 35. O oficial recusará efetuar a inscrição, se já houver registro anterior no grau de prioridade declarado no texto da cédula, ou se os bens já houverem sido objeto de alienação fiduciária, considerando-se nulo o ato que infringir este dispositivo.

Art. 36. Para os fins previstos no art. 29 deste decreto-lei averbar-se-ão, à margem da inscrição da cédula, os endossos posteriores à inscrição, as menções adicionais, aditivos e qualquer outro ato que promova alteração na garantia ou nas condições pactuadas.

§ 1º Dispensa-se a averbação dos pagamentos parciais e do endosso das instituições financiadoras em operações de redesconto ou caução.

§ 2º Os emolumentos[1] devidos pelos atos referidos neste artigo serão calculados na base de 10% (dez por cento) sobre os valores da tabela constante do parágrafo único do art. 34 deste decreto-lei, cabendo ao oficial do Registro de Imóveis e ao Juiz de Direito da Comarca[2] as mesmas percentagens estabelecidas naquele dispositivo.

Art. 36: 1. v. art. 34, nota 1.

Art. 36: 2. v. CF 95 § ún.-II.

Art. 37. Os emolumentos devidos pela inscrição da cédula ou pela averbação de atos posteriores poderão ser pagos pelo credor, a débito da conta a que se refere o art. 4º deste decreto-lei.

Art. 38. As inscrições das cédulas e as averbações posteriores serão efetuadas no prazo de 3 (três) dias úteis a contar da apresentação do título sob pena de responsabilidade funcional do oficial encarregado de promover os atos necessários.

§ 1º A transgressão do disposto neste artigo poderá ser comunicada ao Juiz de Direito da Comarca pelos interessados ou por qualquer pessoa que tenha conhecimento do fato.

§ 2º Recebida a comunicação, o juiz instaurará imediatamente inquérito administrativo.

§ 3º Apurada a irregularidade, o oficial pagará multa de valor correspondente aos emolumentos que seriam cobrados, por dia de atraso, aplicada pelo Juiz de Direito da Comarca, devendo a respectiva importância ser recolhida, dentro de 15 (quinze) dias, a estabelecimento bancário, que a transferirá ao Banco Central do Brasil, para crédito do Fundo Geral para Agricultura e Indústria — FUNAGRI, criado pelo Decreto n. 56.835, de 3 de setembro de 1965.[1]

Art. 38: 1. Dec. s/n, de 5.9.91, declarou **revogado** o Dec. 56.835.

Seção II | DO CANCELAMENTO DA INSCRIÇÃO DA CÉDULA DE CRÉDITO INDUSTRIAL

Art. 39. Cancela-se a inscrição mediante a averbação, no livro próprio:

I — da prova da quitação da cédula, lançada no próprio título ou passada em documento em separado com força probante;

II — da ordem judicial competente.

§ 1º No ato da averbação do cancelamento, o serventuário mencionará o nome daquele que pagou, o daquele que recebeu, a data do pagamento e, em se tratando de quitação em separado, as características desse instrumento; no caso de cancelamento por ordem judicial, esta também será mencionada na averbação, pela indicação da data do mandado, juízo de que procede, nome do juiz que o subscreveu e demais características ocorrentes.

§ 2º Arquivar-se-ão no Cartório a ordem judicial de cancelamento da inscrição ou uma das vias do documento da quitação da cédula, procedendo-se como se dispõe no § 3º do art. 32 deste decreto-lei.

Seção III | DA CORREIÇÃO DOS LIVROS DE INSCRIÇÃO DA CÉDULA DE CRÉDITO INDUSTRIAL

Art. 40. O Juiz de Direito da Comarca procederá à correição no livro "Registro de Cédula de Crédito Industrial" uma vez por semestre, no mínimo.

Capítulo VI | DA AÇÃO PARA COBRANÇA DA CÉDULA DE CRÉDITO INDUSTRIAL

Art. 41. Independentemente da inscrição de que trata o art. 30 deste decreto-lei, o processo judicial para cobrança da cédula de crédito industrial seguirá o procedimento seguinte:

1º) despachada a petição,[1] serão os réus, sem que haja preparo ou expedição de mandado, citados pela simples entrega de outra via do requerimento, para, dentro de 24 (vinte e quatro) horas, pagar a dívida;

2º) não depositado, naquele prazo, o montante do débito, proceder-se-á à penhora ou ao sequestro dos bens constitutivos da garantia ou, em se tratando de nota de crédito industrial, à daqueles enumerados no art. 1.563 do Código Civil[1a] (art. 17 deste decreto-lei);

3º) no que não colidirem com este decreto-lei, observar-se-ão, quanto à penhora, as disposições do Capítulo III, Título III, do Livro VIII, do Código de Processo Civil;[2]

4º) feita a penhora, terão os réus, dentro de 48 (quarenta e oito) horas, prazo para impugnar o pedido;

5º) findo o termo referido no item anterior, o juiz, impugnado ou não o pedido, procederá a uma instrução sumária, facultando às partes a produção de provas, decidindo em seguida;

6º) a decisão será proferida dentro de 30 (trinta) dias, a contar da efetivação da penhora;

7º) não terão efeito suspensivo os recursos interpostos das decisões proferidas na ação de cobrança a que se refere este artigo;

8º) o foro competente será o da praça do pagamento da cédula de crédito industrial.

Art. 41: 1. incide a multa de 10% (v. art. 58).

Art. 41: 1a. O art. 1.563 do CC ant. não tem correspondência no atual.

Art. 41: 2. Atualmente, CPC 831 e segs.

Capítulo VII | DISPOSIÇÕES ESPECIAIS

Art. 42. A concessão dos financiamentos previstos neste decreto-lei, bem como a constituição de suas garantias, pelas instituições de crédito, públicas e privadas, independe da exibição de comprovante de cumprimento de obrigações fiscais, da previdência social, ou de declaração de bens e certidão negativa de multas.

Parágrafo único. O ajuizamento da dívida fiscal ou previdenciária impedirá a concessão do financiamento industrial, desde que sua comunicação pela repartição competente às instituições de crédito seja por estas recebida antes da emissão da cédula, exceto se as garantias oferecidas assegurarem a solvabilidade do crédito em litígio e da operação proposta pelo interessado.

Art. 43. Pratica crime de estelionato e fica sujeito às penas do art. 171 do Código Penal aquele que fizer declarações falsas ou inexatas acerca de bens oferecidos em garantia de cédula de crédito industrial, inclusive omitir declaração de já estarem eles sujeitos a outros ônus ou responsabilidade de qualquer espécie, até mesmo de natureza fiscal.

Art. 44. Quando, do penhor cedular fizer parte matéria-prima, o emitente se obriga a manter em estoque, na vigência da cédula, uma quantidade desses mesmos bens ou dos produtos resultantes de sua transformação suficiente para a cobertura do saldo devedor por ela garantido.

Art. 45. A transformação da matéria-prima oferecida em penhor cedular não extingue o vínculo real, que se transfere para os produtos e subprodutos.

Parágrafo único. O penhor dos bens resultantes da transformação industrial poderá ser substituído pelos títulos de crédito representativos da comercialização daqueles produtos, a critério do credor, mediante endosso pleno.

Art. 46. O penhor cedular de máquinas e aparelhos utilizados na indústria tem preferência sobre o penhor legal do locador do imóvel de sua situação.

Parágrafo único. Para a constituição da garantia cedular a que se refere este artigo, dispensa-se o consentimento do locador.

Art. 47. Dentro do prazo estabelecido para utilização do crédito, poderá ser admitida a reutilização pelo devedor, para novas aplicações, das parcelas entregues para amortização do débito.

Art. 48. Quando, do penhor ou da alienação fiduciária, fizerem parte veículos automotores,[1] embarcações ou aeronaves, o gravame será anotado nos assentamentos próprios da repartição competente[2] para expedição de licença ou registro dos veículos.

Art. 48: 1. v. LRP 129-7º.

Art. 48: 2. "Tratando-se de veículos automotores dados em penhor cedular, para a eficácia da garantia em relação a terceiros é necessário o seu registro no Cartório de Registro de Títulos e Documentos ou na repartição competente para expedir licença ou registrá-los" (STJ: Lex-JTA 196/434).

Art. 49. Os bens onerados poderão ser objeto de nova garantia cedular e a simples inscrição da respectiva cédula equivalerá à averbação à margem da anterior, do vínculo constituído em grau subsequente.

Art. 50. Em caso de mais de um financiamento, sendo os mesmos o emitente da cédula, o credor e os bens onerados, poderá estender-se aos financiamentos subsequentes o vínculo originariamente constituído, mediante referência à extensão nas cédulas posteriores, reputando-se uma só garantia com cédulas industriais distintas.

§ 1º A extensão será averbada à margem da inscrição anterior e não impede que sejam vinculados outros bens à garantia.

§ 2º Havendo vinculação de novos bens, além da averbação, estará a cédula sujeita à inscrição no Cartório do Registro de Imóveis.

§ 3º Não será possível a extensão se tiver havido endosso ou se os bens já houverem sido objeto de novo ônus em favor de terceiros.

Art. 51. A venda dos bens vinculados à cédula de crédito industrial depende de prévia anuência do credor, por escrito.

Art. 52. Aplicam-se à cédula de crédito industrial e à nota de crédito industrial, no que forem cabíveis, as normas do direito cambial,[1-2] dispensado, porém, o protesto para garantir direito de regresso contra endossantes e avalistas.

Art. 52: 1. v. tít. LETRA DE CÂMBIO E NOTA PROMISSÓRIA.

Art. 52: 2. "Tratando a espécie de **ação de busca e apreensão** movida pelo proprietário fiduciário contra a devedora fiduciante, com base no contrato de alienação fiduciária em garantia firmado entre as partes e adjeto à cédula de crédito industrial, e não de ação de execução da própria cédula de crédito industrial, **inaplicável a prescrição suscitada** pela devedora. O prazo prescricional trienal seria aplicável apenas à ação de execução da cédula de crédito industrial, no caso de demora atribuível ao exequente, o que não ocorreu na espécie, e não à de busca e apreensão dos bens alienados fiduciariamente em garantia do credor. Quando do ajuizamento da ação de busca e apreensão a cédula de crédito industrial antecipadamente vencida por inadimplemento não estava prescrita, tendo o credor optado pela realização de suas garantias ao invés de executar o débito, estando correto o Tribunal de Justiça ao considerar viável a ação de cumprimento do contrato de financiamento manejada pelo banco credor, com a busca e apreensão dos bens dados em garantia pela devedora" (STJ-4ª T., REsp 805.928, Min. Raul Araújo, j. 17.5.16, DJ 17.6.16).

Capítulo VIII | DISPOSIÇÕES GERAIS

Art. 53. Dentro do prazo da cédula, o credor, se assim o entender, poderá autorizar o emitente a dispor de parte ou de todos os bens da garantia, na forma e condições que convencionarem.

Art. 54. Os bens dados em garantia assegurarão o pagamento do principal, juros, comissões, pena convencional, despesas legais e convencionais, com as preferências estabelecidas na legislação em vigor.

Art. 55. Se baixar no mercado o valor dos bens onerados ou se se verificar qualquer ocorrência que determine sua diminuição ou depreciação, o emitente reforçará a garantia dentro do prazo de quinze dias da notificação que o credor lhe fizer, por carta enviada pelo correio, ou pelo Oficial do Cartório de Títulos e Documentos da Comarca.

Art. 56. Se os bens oferecidos em garantia de cédula de crédito industrial pertencerem a terceiros, estes subscreverão também o título para que se constitua o vínculo.

Art. 57. Os bens vinculados à cédula de crédito industrial não serão penhorados ou sequestrados por outras dívidas do emitente ou do terceiro prestante da garantia real, cumprindo a qualquer deles denunciar a existência da cédula às autoridades incumbidas da diligência, ou a quem a determinou, sob pena de responderem pelos prejuízos resultantes de sua omissão.

Art. 58. Em caso de cobrança em processo contencioso ou não, judicial ou administrativo, o emitente da cédula de crédito industrial responderá ainda pela multa de 10% (dez por cento) sobre o principal e acessórios em débito, devida a partir do primeiro despacho da autoridade competente na petição de cobrança ou de habilitação do crédito.

Art. 59. No caso de execução judicial, os bens adquiridos ou pagos com o crédito concedido pela cédula de crédito industrial responderão primeiramente pela satisfação do título, não podendo ser vinculados ao pagamento de dívidas privilegiadas, enquanto não for liquidada a cédula.

Art. 60. O emitente da cédula manterá em dia o pagamento dos tributos e encargos fiscais, previdenciários e trabalhistas de sua responsabilidade, inclusive a remuneração dos empregados, exibindo ao credor os respectivos comprovantes sempre que lhe forem exigidos.

Art. 61. A cédula de crédito industrial e a nota de crédito industrial poderão ser redescontadas em condições estabelecidas pelo Conselho Monetário Nacional.

Art. 62. Da cédula de crédito industrial poderão constar outras condições da dívida ou obrigações do emitente, desde que não contrariem o disposto neste decreto-lei e a natureza do título.

Parágrafo único. O Conselho Monetário Nacional, observadas as condições do mercado de crédito, poderá fixar prazos de vencimento dos títulos de crédito industrial, bem como determinar a inclusão de denominações que caracterizem a destinação dos bens e as condições da operação.

Art. 63. Os bens apenhados poderão, se convier ao credor, ser entregues à guarda de terceiro fiel depositário, que se sujeitará às obrigações e às responsabilidades legais e cedulares.

§ 1º Os direitos e as obrigações do terceiro fiel depositário, inclusive a imissão, na posse, do imóvel da situação dos bens apenhados, independerão da lavratura de contrato de comodato e de prévio consentimento do locador, perdurando enquanto subsistir a dívida.

§ 2º Todas as despesas de guarda e conservação dos bens confiados ao terceiro fiel depositário correrão, exclusivamente, por conta do devedor.

§ 3º Nenhuma responsabilidade terão credor e terceiro fiel depositário pelos dispêndios que se tornarem precisos ou aconselháveis para a boa conservação do imóvel e dos bens apenhados.

§ 4º O devedor é obrigado a providenciar tudo o que for reclamado pelo credor para a pronta execução dos reparos ou obras de que, porventura, necessitar o imóvel, ou que forem exigidos para a perfeita armazenagem dos bens apenhados.

Art. 64. Serão segurados, até final resgate da cédula, os bens nela descritos e caracterizados, observada a vigente legislação de seguros obrigatórios.

Art. 65. A cédula de crédito industrial e a nota de crédito industrial obedecerão aos modelos anexos, os quais poderão ser padronizados e alterados pelo Conselho Monetário Nacional, observado o disposto no art. 62 deste decreto-lei.

Art. 66. Este decreto-lei entrará em vigor 90 (noventa) dias depois de publicado, revogando-se os Decretos-leis ns. 265, de 28 de fevereiro de 1967, 320, de 29 de março de 1967 e 331, de 21 de setembro de 1967 na parte referente à cédula industrial pignoratícia, 1.271, de 16 de maio de 1939, 1.697, de 23 de outubro de 1939, 2.064, de 7 de março de 1940, 3.169, de 2 de abril de 1941, 4.191, de 18 de março de 1942, 4.312, de 20 de maio de 1942 e Leis ns. 2.931, de 27 de outubro de 1956, e 3.408, de 16 de junho de 1958, e as demais disposições em contrário.[1]

Art. 66: 1. **Dec. lei 1.271, de 16.5.39** — Dispõe sobre o penhor de máquinas e aparelhos utilizados na indústria (RT 120/750, Lex 1939/229, RF 79/193). **Revogado** pelo Dec. lei 413, de 9.1.69.

Dec. lei 1.697, de 23.10.39 — Amplia disposições do Dec. lei 1.271, de 16 de maio de 1939 (RT 123/359, Lex 1939/501, RF 81/283).

Dec. lei 2.064, de 7.3.40 — Amplia disposições do Dec. lei 1.271, de 16 de maio de 1939 (RT 125/762, Lex 1940/145).

Dec. lei 3.169, de 2.4.41 — Dispõe sobre o penhor do sal e de coisas destinadas à exploração de salinas (RT 132/371, Lex 1941/203, RF 86/732).

Dec. lei 4.191, de 18.3.42 — Dispõe sobre o penhor de máquinas e aparelhos utilizados na indústria quando instalados em imóvel alugado a terceiro, e dá outras providências (RT 137/821, Lex 1942/124, RF 90/551).

Dec. lei 4.312, de 20.5.42 — Amplia as disposições do Dec. lei n. 1.271, de 16 de maio de 1939, e dá outras providências (RT 138/831, Lex 1942/276, RF 91/284).

Lei 2.931, de 27.10.56 — Dispõe sobre o penhor industrial de veículos automotores, equipamentos para a execução de terraplenagem e pavimentação, e quaisquer viaturas de tração mecânica usadas nos transportes de passageiros e cargas, e dá outras providências (RT 255/633, Lex 1956/512).

Lei 3.408, de 16.6.58 — Modifica o art. 3º da Lei n. 2.931, de 27 de outubro de 1956 (RT 275/941, Lex 1958/232).

Dec. lei 265, de 28.2.67 — Cria a cédula industrial pignoratícia, altera disposições sobre a duplicata e dá outras providências (RT 379/415, Lex 1967/645, RF 219/451). O Dec. lei 265 teve sua entrada em vigor prorrogada por mais 120 dias, pelo Dec. lei 337, de 19.12.67 (RT 387/372, Lex 1967/2.373, RDA 92/471), e foi revogado pela Lei 5.474, de 18.7.68 (no tít. DUPLICATA), na parte relativa à duplicata, e pelo Dec. lei 413, de 9.1.69, no que se refere à cédula industrial pignoratícia.

Dec. lei 320, de 29.3.67 — Prorroga a vigência do Dec. lei n. 265, de 28 de fevereiro de 1967 (RT 380/451, Lex 1967/1.005, RDA 88/497). Refere-se ao início de vigência do Dec. lei 265.

Dec. lei 331, de 21.9.67 — Prorroga a vigência do Dec. lei n. 265, de 28 de fevereiro de 1967 (Lex 1967/1.831). Refere-se ao início de vigência do Dec. lei 265.

Brasília, 9 de janeiro de 1969; 148º da Independência e 81º da República — A. COSTA E SILVA — **Luis Antonio da Gama e Silva — Antonio Delfim Netto — Edmundo de Macedo Soares.**

Ementário

Títulos de Crédito Rural

— v. tb. tít. CÉDULA HIPOTECÁRIA e CÉDULA DE PRODUTO RURAL.

Lei 4.829, de 5.11.65 — Institucionaliza o créd to rural (Lex 1965/1.576 e 1.758, p. vets., RF 213/513). O **Dec. lei 784, de 25.8.69** (v. abaixo), alterou-lhe os arts. 11-III e 29, revogando, também, o seu art. 14 § ún. Regulamentada pelo **Dec. 58.380, de 10.5.66** (RT 370/351, Lex 1966/727, RF 215/394).

Dec. lei 167, de 14.2.67 — Dispõe sobre títulos de crédito rural e dá outras providências (v. adiante, texto integral). Alterado pelo **Dec. lei 784, de 25.8.69**, e pela **Lei 6.754, de 17.12.79**. O art. 34 § ún. e o art. 36 § 2º do Dec. lei 167 são parcialmente inconstitucionais (STF-RF 253/280), tendo sido suspensa sua execução pela **Res. 8, de 26.4.77, do Senado Federal** (RT 498/426, Lex 1977/278, RF 259/399), posteriormente retificada pela **Res. 66, de 19.9.77** (Lex 1977/708); é inconstitucional, no art. 34 § ún., a expressão "... e 20% ao juiz de direito da comarca, parcela que será recolhida ao Banco do Brasil S.A., e levantada quando das correições a que se refere o art. 40", e, no art. 36 § 2º, a expressão "... e ao juiz de direito da comarca".

Dec. 62.124, de 16.1.68 — Institui novo modelo do Livro 9º, destinado ao registro de cédulas de crédito rural, de que trata o Decreto-lei n. 167, de 14 de fevereiro de 1967 (RF 222/455). As cédulas de crédito rural se registram hoje no Livro n. 3 (v. LRP 178-II).

Dec. 62.141, de 18.1.68 — Dispõe sobre modalidades de garantias instituídas pelo Decreto-lei n. 167, de 14 de fevereiro de 1967; os emolumentos devidos pela inscrição das cédulas de crédito rural e as penalidades a que se sujeitam os oficiais dos cartórios do registro de imóveis pela não observância dos arts. 34 a 40 do mesmo diploma legal, e dá outras providências (RT 388/448, Lex 1968/146, RF 222/455). O Dec. 62.141 foi **revogado** pelo Dec. s/n de 25.4.91.

Dec. lei 784, de 25.8.69 — Dispõe sobre o crédito rural e dá outras providências (Lex 1969/1.197). Alterou os arts. 11-III e 29 da Lei 4.829, revogando, também, o seu art. 14 § ún. Revogou os arts. 16 e 29 do Dec. lei 167, de 14.2.67.

Res. 66, de 19.9.77, do Senado Federal — Retifica, para os fins de direito, a Resolução n. 8, de 26 de abril de 1977 (Lex 1977/708). A retificação é para o efeito de declarar que ficam suspensas, por inconstitucionalidade, expressões constantes do art. 34 e do art. 36 § 2º do Dec. lei federal 167, de 14.2.67, e não do Dec. lei paulista 167, como ficou constando da Res. 8 (v. esta Res. em RT 498/426, Lex 1977/278 e RF 259/399).

Dec. 578, de 24.6.92 — Dá nova regulamentação ao lançamento dos Títulos da Dívida Agrária (DOU 25.6.92).

Lei 8.929, de 22.8.94 — Institui a Cédula de Produto Rural, e dá outras providências (DOU 23.8.94).

Lei 11.076, de 30.12.04 — Dispõe sobre o Certificado de Depósito Agropecuário — CDA, o "Warrant" Agropecuário — WA, o Certificado de Direitos Creditórios do Agronegócio — CDCA, a Letra de Crédito do Agronegócio — LCA e o Certificado de Recebíveis do Agronegócio — CRA, dá nova redação a dispositivos das Leis n. 9.973, de 29 de maio de 2000, que dispõe sobre o sistema de armazenagem dos produtos agropecuários, 8.427, de 27 de maio de 1992, que dispõe sobre a concessão de subvenção econômica nas operações de crédito rural, 8.929, de 22 de agosto de 1994, que institui a Cédula de Produto Rural — CPR, 9.514, de 20 de novembro de 1997, que dispõe sobre o Sistema de Financiamento Imobiliário e institui a alienação fiduciária de coisa imóvel, e altera a Taxa de Fiscalização de que trata a Lei n. 7.940, de 20 de dezembro de 1989, e dá outras providências.

Decreto-lei n. 167, de 14 de fevereiro de 1967

Dispõe sobre títulos de crédito rural e dá outras providências.

O Presidente da República, usando da atribuição que lhe confere o § 2º do art. 9º do Ato Institucional n. 4, de 7 de dezembro de 1966, decreta:

Capítulo I | DO FINANCIAMENTO RURAL

Art. 1º O financiamento rural concedido pelos órgãos integrantes do sistema nacional de crédito rural[1-2] a pessoa física ou jurídica poderá efetuar-se por meio das cédulas de crédito rural previstas neste decreto-lei.[3]

Parágrafo único. Faculta-se a utilização das cédulas para os financiamentos da mesma natureza concedidos pelas cooperativas rurais a seus associados ou às suas filiadas.

Art. 1º: 1. **Lei 4.829, de 5.11.65** (v. ementário):

"Art. 7º Integrarão, basicamente, o sistema nacional de crédito rural:

"I — o Banco Central da República do Brasil, com as funções indicadas no artigo anterior;

"II — o Banco do Brasil S. A., através de suas carteiras especializadas;

"III — o Banco de Crédito da Amazônia S. A. e o Banco do Nordeste do Brasil S. A., através de suas carteiras ou departamentos especializados, e

"IV — o Banco Nacional de Crédito Cooperativo.

"§ 1º Serão vinculados ao sistema:

"I — de conformidade com o disposto na Lei n. 4.504, de 30 de novembro de 1964:

"a) o Instituto Brasileiro de Reforma Agrária — IBRA;

"b) o Instituto Nacional de Desenvolvimento Agrário — INDA;

"c) o Banco Nacional do Desenvolvimento Econômico — BNDE;

"II — como órgãos auxiliares, desde que operem em crédito rural dentro das diretrizes fixadas nesta lei:

"a) Bancos de que os Estados participem com a maioria de ações;

"b) Caixas Econômicas;

"c) Bancos privados;

"d) Sociedades de crédito, financiamento e investimentos;

"e) Cooperativas autorizadas a operar em crédito rural.

"§ 2º Poderão articular-se no sistema, mediante convênios, órgãos oficiais de valorização regional e entidades de prestação de assistência técnica e econômica ao produtor rural, cujos serviços sejam passíveis de utilizar em conjugação com o crédito.

"§ 3º Poderão incorporar-se ao sistema, além das entidades mencionadas neste artigo, outras que o Conselho Monetário Nacional venha a admitir".

O Banco Central da República do Brasil passou a denominar-se Banco Central do Brasil, pelo art. 1º do **Dec. lei 278, de 28.2.67** (*Lex 1967/659*); o Banco de Crédito da Amazônia S. A. é, atualmente, o Banco da Amazônia S. A. (art. 1º da **Lei 5.122, de 28.9.66** — Lex 1966/1.324, RDA 85/462); o Banco Nacional do Desenvolvimento Econômico (BNDE) passou a denominar-se Banco Nacional de Desenvolvimento Econômico e Social (BNDES), cf. art. 5º do **Dec. lei 1.940, de 25.5.82;** o Instituto Brasileiro de Reforma Agrária — IBRA e o Instituto Nacional de Desenvolvimento Agrário — INDA foram extintos, surgindo, em seu lugar, o Instituto Nacional de Colonização e Reforma Agrária (INCRA), de acordo com o art. 2º do **Dec. lei 1.110, de 9.7.70** (Lex 1970/611, RDA 102/512, RF 232/482).

Art. 1º: 2. s/ estímulo à atividade pesqueira, v. **Lei 11.959, de 29.6.09,** especialmente arts. 27 a 30.

Art. 1º: 3. s/ aplicação do CDC a essa operação, v. nota 1 à Lei 8.078 (CDC).

Art. 2º O emitente da cédula fica obrigado a aplicar o financiamento nos fins ajustados, devendo comprovar essa aplicação no prazo e na forma exigidos pela instituição financiadora.

Parágrafo único. Nos casos de pluralidade de emitentes e não constando da cédula qualquer designação em contrário, a utilização do crédito poderá ser feita por qualquer um dos financiados, sob a responsabilidade solidária[1] dos demais.

Art. 2º: 1. v. CC 275 a 285.

Art. 3º A aplicação do financiamento poderá ajustar-se em orçamento assinado pelo financiado e autenticado pelo financiador, dele devendo constar expressamente qualquer alteração que convencionarem.

Parágrafo único. Na hipótese, far-se-á, na cédula, menção do orçamento, que a ela ficará vinculado.

Art. 4º Quando for concedido financiamento para utilização parcelada, o financiador abrirá com o valor do financiamento conta vinculada à operação,[1] que o financiado movimentará por meio de cheques, saques, recibos, ordens, cartas ou quaisquer outros documentos, na forma e tempo previstos na cédula ou no orçamento.

Art. 4º: 1. v. art. 37.

Art. 5º As importâncias fornecidas pelo financiador[1] vencerão juros[2-2a] às taxas que o Conselho Monetário Nacional fixar e serão exigíveis em 30 de junho e 31 de dezembro ou no vencimento das prestações, se assim acordado entre as partes; no vencimento do título e na liquidação, ou por outra forma que vier a ser determinada por aquele Conselho, podendo o financiador, nas datas previstas, capitalizar tais encargos na conta vinculada à operação.

Parágrafo único. Em caso de mora, a taxa de juros constante da cédula será elevável de 1% (um por cento) ao ano.[3]

Art. 5º: 1. Súmula 16 do STJ: "A legislação ordinária sobre crédito rural não veda a incidência da correção monetária".

Art. 5º: 2. Súmula 93 do STJ: "A legislação sobre cédulas de crédito rural, comercial e industrial admite o pacto de **capitalização de juros"** (v. jurisprudência s/ esta Súmula em RSTJ 61/165 a 200).

Cf. CC 591.

Art. 5º: 2a. "As cédulas de crédito rural, comercial e industrial admitem a **capitalização** dos juros em periodicidade **mensal,** quando pactuada" (STJ-4ª T., REsp 684.492-AgRg, Min. Luis Felipe, j. 17.3.11, DJ 23.3.11).

"A legislação sobre cédulas de crédito rural admite o pacto de capitalização de juros em periodicidade inferior à semestral" (STJ-2ª Seção, REsp 1.333.977, Min. Isabel Gallotti, j. 26.2.14, DJ 12.3.14).

V. tb. Lei 6.840, de 3.11.80, art. 1º, nota 3 (no tít. TÍTULOS DE CRÉDITO COMERCIAL), e TCI 5º, nota 2.

Art. 5º: 3. "Cédula de crédito rural. **Incidência de comissão de permanência. Impossibilidade.** Nos casos de cédulas de crédito rural, industrial e comercial, admite-se, após a inadimplência, apenas a elevação dos juros remuneratórios em 1% ao ano, correção monetária e multa contratual" (STJ-3ª T., AI 1.344.627-AgRg, Min. Sidnei Beneti, j. 23.11.10, DJ 7.12.10).

V. tb. Lei 6.840, de 3.11.80, art. 1º, nota 4 (no tít. TÍTULOS DE CRÉDITO COMERCIAL), e TCI 5º, nota 3.

Art. 6º O financiado facultará ao financiador a mais ampla fiscalização da aplicação da quantia financiada, exibindo, inclusive, os elementos que lhe forem exigidos.

Art. 7º O credor poderá, sempre que julgar conveniente e por pessoas de sua indicação, não só percorrer todas e quaisquer dependências dos imóveis referidos no título, como verificar o andamento dos serviços neles existentes.

Art. 8º Para ocorrer às despesas com os serviços de fiscalização, poderá ser ajustada na cédula taxa de comissão e fiscalização, exigível na forma do disposto no art. 5º, a qual será calculada sobre os saldos devedores da conta vinculada à operação, respondendo ainda o financiado pelo pagamento de quaisquer despesas que se verificarem com vistorias frustradas ou que forem efetuadas em consequência de procedimento seu que possa prejudicar as condições legais e cedulares.

Capítulo II[1]

Seção I | DAS CÉDULAS DE CRÉDITO RURAL

CAP. II: 1. Sem epígrafe, no original.

Art. 9º A cédula de crédito rural é promessa de pagamento em dinheiro,[1] sem ou com garantia real[2] cedularmente constituída, sob as seguintes denominações e modalidades:

I — Cédula rural pignoratícia;[3]

II — Cédula rural hipotecária;[4]

III — Cédula rural pignoratícia e hipotecária;[5]

IV — Nota de crédito rural.[6]

Art. 9º: 1. regida pelo direito cambiário (v. art. 60).

Art. 9º: 2. **Lei 4.829, de 5.11.65** (v. ementário): **"Art. 28.** Exceto a hipoteca, as demais garantias reais oferecidas para segurança dos financiamentos rurais valerão entre as partes, independentemente de registro, com todos os direitos e privilégios".

Art. 9º: 3. v. arts. 14 a 19.

Art. 9º: 4. v. arts. 20 a 24. Não confundir a cédula rural hipotecária com a cédula hipotecária comum (v. tít. CÉDULA HIPOTECÁRIA).

Art. 9º: 5. v. arts. 25 a 26.

Art. 9º: 6. v. arts. 27 a 29.

Art. 10 (*redação da Lei 13.986, de 7.4.20*). A cédula de crédito rural é título civil, líquido e certo, transferível e de livre negociação, exigível pelo seu valor ou pelo valor de seu endosso, além dos juros, da comissão de fiscalização, se houver, e das demais despesas feitas pelo credor para a segurança, a regularidade e a realização de seu direito creditório.

§ 1º Se o emitente houver deixado de levantar qualquer parcela do crédito deferido ou tiver feito pagamentos parciais, o credor descontá-los-á da soma declarada na cédula, tornando-se exigível apenas o saldo.

§ 2º Não constando do endosso o valor pelo qual se transfere a cédula, prevalecerá o da soma declarada no título acrescido dos acessórios, na forma deste artigo, deduzido o valor das quitações parciais passadas no próprio título.

Art. 10-A (*redação da Lei 13.986, de 7.4.20*). A cédula de crédito rural poderá ser emitida sob a forma escritural em sistema eletrônico de escrituração.

§ 1º (*redação da Lei 13.986, de 7.4.20*) O sistema eletrônico de escrituração de que trata o *caput* deste artigo será mantido em entidade autorizada pelo Banco Central do Brasil a exercer a atividade de escrituração.

§ 2º (*redação da Lei 13.986, de 7.4.20*) Compete ao Banco Central do Brasil:

I (*redação da Lei 13.986, de 7.4.20*) — estabelecer as condições para o exercício da atividade de escrituração de que trata o § 1º deste artigo; e

II (*redação da Lei 13.986, de 7.4.20*) — autorizar e supervisionar o exercício da atividade prevista no inciso I deste parágrafo.

§ 3º (*redação da Lei 13.986, de 7.4.20*) A autorização de que trata o inciso II do § 2º deste artigo poderá, a critério do Banco Central do Brasil, ser concedida por segmento, por espécie ou por grupos de entidades que atendam a critérios específicos, dispensada a autorização individualizada.

§ 4º (*redação da Lei 13.986, de 7.4.20*) As infrações às normas legais e regulamentares que regem a atividade de escrituração eletrônica sujeitam a entidade responsável pelo sistema eletrônico de escrituração, os seus administradores e os membros de seus órgãos estatutários ou contratuais ao disposto na Lei n. 13.506, de 13 de novembro de 2017.

Art. 10-B (*redação da Lei 13.986, de 7.4.20*). A entidade responsável pelo sistema eletrônico de escrituração de que trata o art. 10-A deste Decreto-Lei expedirá, mediante solicitação, certidão de inteiro teor do título, inclusive para fins de protesto e de execução judicial.

Parágrafo único (*redação da Lei 13.986, de 7.4.20*). A certidão de que trata o *caput* deste artigo poderá ser emitida na forma eletrônica, observados os requisitos de segurança que garantam a autenticidade e a integridade do documento.

Art. 10-C (*redação da Lei 13.986, de 7.4.20*). O Banco Central do Brasil poderá regulamentar aspectos relativos à emissão, à negociação e à liquidação da cédula de crédito rural emitida sob a forma escritural.

Art. 10-D (*redação da Lei 13.986, de 7.4.20*). O sistema eletrônico de escrituração de que trata o *caput* do art. 10-A deste Decreto-Lei fará constar:

I (*redação da Lei 13.986, de 7.4.20*) — os requisitos essenciais do título;

II (*redação da Lei 13.986, de 7.4.20*) — o endosso e a respectiva cadeia de endossos, se houver;

III (*redação da Lei 13.986, de 7.4.20*) — a forma de pagamento ajustada no título;

IV (*redação da Lei 13.986, de 7.4.20*) — os aditamentos, as ratificações e as retificações de que trata o art. 12 deste Decreto-Lei;

V (*redação da Lei 13.986, de 7.4.20*) — a inclusão de notificações, de cláusulas contratuais, de informações ou de outras declarações referentes à cédula de crédito rural; e

VI (*redação da Lei 13.986, de 7.4.20*) — as ocorrências de pagamento, se houver.

Parágrafo único (*redação da Lei 13.986, de 7.4.20*). Na hipótese de serem constituídos garantias e quaisquer outros gravames e ônus, tais ocorrências serão informadas no sistema de que trata o art. 10-A deste Decreto-Lei.

Art. 11. Importa vencimento da cédula de crédito rural, independentemente de aviso ou interpelação judicial ou extrajudicial, a inadimplência de qualquer obrigação convencional ou legal do emitente do título ou, sendo o caso, do terceiro[1] prestante da garantia real.

Parágrafo único. Verificado o inadimplemento, poderá ainda o credor considerar vencidos antecipadamente todos os financiamentos rurais concedidos ao emitente e dos quais seja credor.

Art. 11: 1. O terceiro deve subscrever o título, para que se constitua a garantia (v. art. 63).

Art. 12. A cédula de crédito rural poderá ser aditada, ratificada e retificada por meio de menções adicionais e de aditivos, datados e assinados pelo emitente e pelo credor.

Parágrafo único. Se não bastar o espaço existente, continuar-se-á em folha do mesmo formato, que fará parte integrante do documento cedular.

Art. 13. A cédula de crédito rural admite amortizações periódicas e prorrogações de vencimento,[1] que serão ajustadas mediante a inclusão de cláusula, na forma prevista neste decreto-lei.

Art. 13: 1. v. art. 62.

Seção II | DA CÉDULA RURAL PIGNORATÍCIA

Art. 14. A cédula rural pignoratícia[1] conterá os seguintes requisitos, lançados no contexto:

I — Denominação "Cédula Rural Pignoratícia".

II — Data e condições de pagamento; havendo prestações periódicas ou prorrogações de vencimento, acrescentar: "nos termos da cláusula Forma de Pagamento abaixo" ou "nos termos da cláusula Ajuste de Prorrogação abaixo".

III — Nome do credor e a cláusula à ordem.

IV — Valor do crédito deferido, lançado em algarismos e por extenso, com indicação da finalidade ruralista a que se destina o financiamento concedido e a forma de sua utilização.

V — Descrição dos bens vinculados em penhor, que se indicarão pela espécie, qualidade, quantidade, marca ou período de produção, se for o caso, além do local ou depósito em que os mesmos bens se encontrarem.

VI — Taxa de juros a pagar, e da comissão de fiscalização, se houver, e o tempo de seu pagamento.

VII — Praça do pagamento.

VIII — Data e lugar da emissão.

IX (*redação da Lei 13.986, de 7.4.20*) — assinatura do emitente ou de representante com poderes especiais, admitida a assinatura sob a forma eletrônica, desde que garantida a identificação inequívoca de seu signatário.

§ 1º As cláusulas "Forma de Pagamento" ou "Ajuste de Prorrogação", quando cabíveis, serão incluídas logo após a descrição da garantia, estabelecendo-se, na primeira, os valores e datas das prestações e, na segunda, as prorrogações previstas e as condições a que está sujeita sua efetivação.

§ 2º A descrição dos bens vinculados à garantia poderá ser feita em documento à parte, em duas vias, assinadas pelo emitente e autenticadas pelo credor, fazendo-se, na cédula, menção a essa circunstância, logo após a indicação do grau do penhor e de seu valor global.

§ 3º (*redação da Lei 13.986, de 7.4.20*) Além dos requisitos previstos neste artigo, é vedado ao registrador exigir qualquer outro documento complementar, como avaliação do bem ofertado em garantia, anotação de responsabilidade técnica, reconhecimento de firma ou sinal público.

§ 4º (*redação da Lei 13.986, de 7.4.20*) É inexigível, para o registro de operações financeiras, a apresentação de Certidão Negativa de Débito (CND) para comprovação da quitação de créditos tributários, de contribuições federais e de outras imposições pecuniárias compulsórias.

§ 5º (*redação da Lei 13.986, de 7.4.20*) É vedado negar o registro do título na hipótese em que o valor da garantia seja inferior ao crédito liberado.

§ 6º (*redação da Lei 13.986, de 7.4.20*) As disposições dos §§ 3º, 4º e 5º deste artigo aplicam-se às demais cédulas e instrumentos vinculados a financiamentos rurais.

Art. 14: 1. v. modelo anexo.

Art. 15. Podem ser objeto do penhor cedular, nas condições deste decreto-lei, os bens suscetíveis de penhor rural[1] e de penhor mercantil.[2]

Art. 15: 1. v. CC 1.438 a 1.446.

Art. 15: 2. v. CC 1.447 a 1.450.

Art. 16 (*revogado expressamente pelo Dec. lei 784, de 25.8.69*).

Art. 17. Os bens apenhados continuam na posse imediata do emitente ou do terceiro prestante da garantia real, que responde por sua guarda e conservação como fiel depositário,[1] seja pessoa física ou jurídica. Cuidando-se do penhor constituído por terceiro, o emitente da cédula responderá solidariamente[2] com o empenhador pela guarda e conservação dos bens apenhados.

Art. 17: 1. v. CC 627 a 652.

Art. 17: 2. v. CC 275 a 285.

Art. 18. Antes da liquidação da cédula, não poderão os bens apenhados ser removidos das propriedades nela mencionadas, sob qualquer pretexto e para onde quer que seja, sem prévio consentimento escrito do credor.

Art. 19 (*redação da Lei 13.986, de 7.4.20*). Aplicam-se ao penhor constituído pela cédula rural pignoratícia as disposições das Leis ns. 10.406, de 10 de janeiro de 2002 (Código Civil),[1] 492, de 30 de agosto de 1937,[2] e 2.666, de 6 de dezembro de 1955,[3] bem como os preceitos legais vigentes relativos a penhor rural e mercantil que não colidirem com este Decreto-Lei.

Art. 19: 1. v. CC 1.438 a 1.446.

Art. 19: 2. **Lei 492, de 30.8.37** — Regula o penhor rural e a cédula pignoratícia.

V. Seç. V, nota 1, que antecede o CC 1.438.

Art. 19: 3. **Lei 2.666, de 6.12.55** — Dispõe sobre o penhor dos produtos agrícolas.

Seção III | DA CÉDULA RURAL HIPOTECÁRIA

Art. 20. A cédula rural hipotecária[1] conterá os seguintes requisitos, lançados no contexto:[2]

I — Denominação "Cédula Rural Hipotecária".

II — Data e condições de pagamento; havendo prestações periódicas ou prorrogações de vencimento, acrescentar: "nos termos da cláusula Forma de Pagamento abaixo", ou "nos termos da cláusula Ajuste de Prorrogação abaixo".

III — Nome do credor e a cláusula à ordem.

IV — Valor do crédito deferido, lançado em algarismos e por extenso, com indicação da finalidade ruralista a que se destina o financiamento concedido e a forma de sua utilização.

V — Descrição do imóvel hipotecado com indicação do nome, se houver, dimensões, confrontações, benfeitorias, título e data de aquisição e anotações (número, livro e folha) do registro imobiliário.

VI — Taxa dos juros a pagar e a da comissão de fiscalização, se houver, e tempo de seu pagamento.

VII — Praça do pagamento.

VIII — Data e lugar da emissão.

IX (*redação da Lei 13.986, de 7.4.20*) — assinatura do emitente ou de representante com poderes especiais, admitida a assinatura sob a forma eletrônica, desde que garantida a identificação inequívoca de seu signatário.

§ 1º Aplicam-se a este artigo as disposições dos §§ 1º e 2º do art. 14 deste decreto-lei.

§ 2º Se a descrição do imóvel hipotecado se processar em documento à parte, deverão constar também da cédula todas as indicações mencionadas no item V deste artigo, exceto confrontações e benfeitorias.

§ 3º A especificação dos imóveis hipotecados, pela descrição pormenorizada, poderá ser substituída pela anexação à cédula de seus respectivos títulos de propriedade.[3]

§ 4º Nos casos do parágrafo anterior, deverão constar da cédula, além das indicações referidas no § 2º deste artigo, menção expressa à anexação dos títulos de propriedade e a declaração de que eles farão parte integrante da cédula até sua final liquidação.

Art. 20: 1. Não confundir com a cédula hipotecária comum (v. tít. CÉDULA HIPOTECÁRIA).

Art. 20: 2. v. modelo anexo.

Art. 20: 3. v. art. 32 § 4º.

Art. 21. São abrangidos pela hipoteca constituída as construções, respectivos terrenos, maquinismos, instalações e benfeitorias.

Parágrafo único. Pratica crime de estelionato e fica sujeito às penas do art. 171 do Código Penal[1] aquele que fizer declarações falsas ou inexatas acerca da área dos imóveis hipotecados, de suas características, instalações e acessórios, da pacificidade de sua posse, ou omitir, na cédula, a declaração de já estarem eles sujeitos a outros ônus ou responsabilidade de qualquer espécie, inclusive fiscais.

Art. 21: 1. A pena é de um a cinco anos de reclusão, e multa.

Art. 22. Incorporam-se na hipoteca constituída as máquinas, aparelhos, instalações e construções, adquiridos ou executados com o crédito, assim como quaisquer outras benfeitorias acrescidas aos imóveis na vigência da cédula, as quais, uma vez realizadas, não poderão ser retiradas, alteradas ou destruídas, sem o consentimento do credor, por escrito.

Parágrafo único. Faculta-se ao credor exigir que o emitente faça averbar,[1] à margem da inscrição principal, a constituição do direito real sobre os bens e benfeitorias referidos neste artigo.

Art. 22: 1. v. LRP 246-*caput*.

Art. 23. Podem ser objeto de hipoteca cedular imóveis rurais e urbanos.

Art. 24. Aplicam-se à hipoteca cedular os princípios da legislação ordinária sobre hipoteca,[1] no que não colidirem com o presente decreto-lei.

Art. 24: 1. v. CC 1.473 a 1.505, 1.419 a 1.430.

Seção IV | DA CÉDULA RURAL PIGNORATÍCIA E HIPOTECÁRIA

Art. 25. A cédula rural pignoratícia e hipotecária[1] conterá os seguintes requisitos, lançados no contexto:

I — Denominação "Cédula Rural Pignoratícia e Hipotecária".

II — Data e condições de pagamento; havendo prestações periódicas ou prorrogações de vencimentos, acrescentar: "nos termos da cláusula Forma de Pagamento abaixo" ou "nos termos da cláusula Ajuste de Prorrogação abaixo".

III — Nome do credor e a cláusula à ordem.

IV — Valor do crédito deferido, lançado em algarismos e por extenso, com indicação da finalidade ruralista a que se destina o financiamento concedido e a forma de sua utilização.

V — Descrição dos bens vinculados em penhor, os quais se indicarão pela espécie, qualidade, quantidade, marca ou período de produção, se for o caso, além do local ou depósito dos mesmos bens.

VI — Descrição do imóvel hipotecado com indicação do nome, se houver, dimensões, confrontações, benfeitorias, título e data de aquisição e anotações (número, livro e folha) do registro imobiliário.

VII — Taxa dos juros a pagar e da comissão de fiscalização, se houver, e tempo de seu pagamento.

VIII — Praça do pagamento.

IX — Data e lugar da emissão.

X (*redação da Lei 13.986, de 7.4.20*) — assinatura do emitente ou de representante com poderes especiais, admitida a assinatura sob a forma eletrônica, desde que garantida a identificação inequívoca de seu signatário.

Art. 25: 1. v. modelo anexo.

Art. 26. Aplica-se à hipoteca e ao penhor constituídos pela cédula rural pignoratícia e hipotecária o disposto nas Seções II e III do Capítulo II[1] deste decreto-lei.

Art. 26: 1. v. arts. 14 a 24.

Seção V | DA NOTA DE CRÉDITO RURAL

Art. 27. A nota de crédito rural[1] conterá os seguintes requisitos, lançados no contexto:

I — Denominação "Nota de Crédito Rural".

II — Data e condições de pagamento; havendo prestações periódicas ou prorrogações de vencimento, acrescentar: "nos termos da cláusula Forma de Pagamento abaixo" ou "nos termos da cláusula Ajuste de Prorrogação abaixo".

III — Nome do credor e a cláusula à ordem.

IV — Valor do crédito deferido, lançado em algarismos e por extenso, com indicação da finalidade ruralista a que se destina o financiamento concedido e a forma de sua utilização.

V — Taxa dos juros a pagar e da comissão de fiscalização, se houver, e tempo de seu pagamento.

VI — Praça do pagamento.

VII — Data e lugar da emissão.

VIII (*redação da Lei 13.986, de 7.4.20*) — assinatura do emitente ou de representante com poderes especiais, admitida a assinatura sob a forma eletrônica, desde que garantida a identificação inequívoca de seu signatário.

Art. 27: 1. v. modelo anexo.

Art. 28. O crédito pela nota de crédito rural tem privilégio especial sobre os bens discriminados no art. 1.563 do Código Civil.

Art. 29 (*revogado expressamente pelo Dec. lei 784, de 25.8.69*).

Arts. 30 a 40 (*revogados pela Lei 13.986, de 7.4.20*).

Capítulo IV | DA AÇÃO PARA COBRANÇAS[1] DE CÉDULA DE CRÉDITO RURAL

CAP. IV: 1. *sic.*

Art. 41. Cabe ação executiva[1] para a cobrança da cédula de crédito rural.

§ 1º Penhorados os bens constitutivos da garantia real, assistirá ao credor o direito de promover, a qualquer tempo, contestada ou não a ação, a venda daqueles bens, observado o disposto nos arts. 704 e 705 do Código de Processo Civil,[2] podendo ainda levantar desde logo, mediante caução idônea, o produto líquido da venda, à conta e no limite de seu crédito, prosseguindo-se na ação.

§ 2º Decidida a ação por sentença passada em julgado, o credor restituirá a quantia ou o excesso levantado,[3] conforme seja a ação julgada improcedente total ou parcialmente, sem prejuízo doutras cominações da lei processual.

§ 3º Da caução a que se refere o § 1º dispensam-se as cooperativas rurais e as instituições financeiras públicas (art. 22 da Lei n. 4.595, de 31 de dezembro de 1964),[4] inclusive o Banco do Brasil S. A.

Art. 41: 1. v. CPC 771 e segs.

Art. 41: 2. A referência é ao CPC/39.

Art. 41: 3. v. CPC 904 e segs.

Art. 41: 4. **Lei 4.595, de 31.12.64** — Dispõe sobre a política e as instituições monetárias, bancárias e creditícias, cria o Conselho Monetário Nacional e dá outras providências (RT 353/541, Lex 1964/1.499, RDA 80/467).
As instituições financeiras públicas podem ser federais ou não (art. 24 da Lei 4.595).

Capítulo V | DA NOTA PROMISSÓRIA RURAL

Art. 42. Nas vendas a prazo de bens de natureza agrícola, extrativa ou pastoril, quando efetuadas diretamente por produtores rurais ou por suas cooperativas; nos recebimentos, pelas cooperativas, de produtos da mesma natureza entregues pelos seus cooperados, e nas entregas de bens de produção ou de consumo, feitas pelas cooperativas aos seus associados poderá ser utilizada, como título de crédito, a nota promissória rural,[1-2] nos termos deste decreto-lei.

§ 1º (*redação da Lei 13.986, de 7.4.20*) A nota promissória rural emitida pelas cooperativas de produção agropecuária em favor de seus cooperados, ao receberem produtos entregues por eles, constitui promessa de pagamento representativa de adiantamento por conta do preço dos produtos recebidos para venda.

§ 2º (*redação da Lei 13.986, de 7.4.20*) A nota promissória rural poderá ser emitida sob a forma escritural, mediante lançamento em sistema eletrônico de escrituração, observado, no que couber, o disposto nos arts. 10-A, 10-B, 10-C e 10-D deste Decreto-Lei.

Art. 42: 1. regida pelo direito cambiário (v. art. 60).

Art. 42: 2. O Banco Nacional de Crédito Cooperativo pode aceitar diretamente dos cooperados, para desconto ou outras operações de crédito, notas promissórias rurais representativas do recebimento, pelas cooperativas, da produção rural dos seus associados (**Dec. lei 220, de 28.2.67,** em Lex 1967/481).

Art. 43. A nota promissória rural conterá os seguintes requisitos,[1] lançados no contexto:

I — Denominação "Nota Promissória Rural".

II — Data do pagamento.

III — Nome da pessoa ou entidade que vende ou entrega os bens e à qual deve ser paga, seguido da cláusula à ordem.

IV — Praça do pagamento.

V — Soma a pagar em dinheiro, lançada em algarismos e por extenso, que corresponderá ao preço dos produtos adquiridos ou recebidos ou no[2] adiantamento por conta do preço dos produtos recebidos para venda.

VI — Indicação dos produtos objeto da compra e venda ou da entrega.

VII — Data e lugar da emissão.

VIII (*redação da Lei 13.986, de 7.4.20*) — assinatura do emitente ou de representante com poderes especiais, admitida a assinatura sob a forma eletrônica, desde que garantida a identificação inequívoca do signatário.

Art. 43: 1. v. modelo anexo.

Art. 43: 2. *sic*; deve ser "ao".

Art. 44. Cabe ação executiva[1] para a cobrança da nota promissória rural.

Parágrafo único. Penhorados os bens indicados na nota promissória rural, ou, em sua vez, outros da mesma espécie, qualidade e quantidade pertencentes ao emitente, assistirá ao credor o direito de proceder nos termos do § 1º do art. 41, observado o disposto nos demais parágrafos do mesmo artigo.

Art. 44: 1. v. CPC 771 e segs.

Art. 45. A nota promissória rural goza de privilégio especial sobre os bens enumerados no art. 1.563 do Código Civil.

Capítulo VI | DA DUPLICATA RURAL

Art. 46. Nas vendas a prazo de quaisquer bens de natureza agrícola, extrativa ou pastoril, quando efetuadas diretamente por produtores rurais ou por suas cooperativas, poderá ser utilizada também, como título de crédito, a duplicata rural,[1-2] nos termos deste decreto-lei.

Parágrafo único (*redação da Lei 13.986, de 7.4.20*). A duplicata rural poderá ser emitida sob a forma escritural, mediante lançamento em sistema eletrônico de escrituração, observado, no que couber, o disposto nos arts. 10-A, 10-B, 10-C e 10-D deste Decreto-Lei.

Art. 46: 1. regida pela legislação cambiária (v. art. 60).

Art. 46: 2. v. art. 54.

Art. 47. Emitida a duplicata rural pelo vendedor, este ficará obrigado a entregá-la ou a remetê-la ao comprador, que a devolverá depois de assiná-la.

Art. 48. A duplicata rural conterá os seguintes requisitos,[1] lançados no contexto:

I — Denominação "Duplicata Rural".

II — Data do pagamento, ou a declaração de dar-se a tantos dias da data da apresentação ou de ser à vista.

III — Nome e domicílio do vendedor.

IV — Nome e domicílio do comprador.

V — Soma a pagar em dinheiro, lançada em algarismos e por extenso, que corresponderá ao preço dos produtos adquiridos.

VI — Praça do pagamento.

VII — Indicação dos produtos objeto da compra e venda.

VIII — Data e lugar da emissão.

IX — Cláusula à ordem.

X — Reconhecimento de sua exatidão e a obrigação de pagá-la, para ser firmada do próprio punho do comprador ou de representante com poderes especiais.

XI (*redação da Lei 13.986, de 7.4.20*) — assinatura do emitente ou de representante com poderes especiais, admitida a assinatura sob a forma eletrônica, desde que garantida a identificação inequívoca de seu signatário.

Art. 48: 1. v. modelo anexo.

Art. 49. A perda ou extravio da duplicata rural obriga o vendedor a extrair novo documento que contenha a expressão "segunda via" em linhas paralelas que cruzem o título.

Art. 50. A remessa da duplicata rural poderá ser feita diretamente pelo vendedor ou por seus representantes, por intermédio de instituições financiadoras, procuradores ou correspondentes, que se incumbem de apresentá-la ao comprador, na praça ou no lugar de seu domicílio, podendo os intermediários devolvê-la depois de assinada ou conservá-la em seu poder até o momento do resgate, segundo as instruções de quem lhe cometeu o encargo.

Art. 51 (*redação da Lei 13.986, de 7.4.20*). Na hipótese de a duplicata rural não ser paga à vista, o comprador deverá devolvê-la ao apresentante, no prazo de 10 (dez) dias, contado da data de apresentação, devidamente assinada ou acompanhada de declaração, que conterá as razões da falta de aceite.

Parágrafo único. Na hipótese de não devolução do título dentro do prazo a que se refere este artigo, assiste ao vendedor o direito de protestá-lo por falta de aceite.

Art. 52. Cabe ação executiva[1] para cobrança da duplicata rural.

Art. 52: 1. v. nota 1 ao art. 44.

Art. 53. A duplicata rural goza de privilégio especial sobre os bens enumerados no art. 1.563 do Código Civil.

Art. 54. Incorrerá na pena de reclusão por um a quatro anos, além da multa de 10% (dez por cento) sobre o respectivo montante, o que expedir duplicata rural que não corresponda a uma venda efetiva de quaisquer dos bens a que se refere o art. 46, entregues real ou simbolicamente.

Capítulo VII | DISPOSIÇÕES ESPECIAIS

Seção I | DAS GARANTIAS DA CÉDULA DE CRÉDITO RURAL

Art. 55. Podem ser objeto de penhor cedular os gêneros oriundos da produção agrícola, extrativa ou pastoril, ainda que destinados a beneficiamento ou transformação.

Art. 56. Podem ainda ser objeto de penhor cedular os seguintes bens e respectivos acessórios, quando destinados aos serviços das atividades rurais:

I — caminhões, camionetas de carga, furgões, jipes e quaisquer veículos automotores ou de tração mecânica;

II — carretas, carroças, carros, carroções e quaisquer veículos não automotores;

III — canoas, barcas, balsas e embarcações fluviais, com ou sem motores;

IV — máquinas e utensílios destinados ao preparo de rações ou ao beneficiamento, armazenagem, industrialização, frigorificação, conservação, acondicionamento e transporte de produtos e subprodutos agropecuários ou extrativos, ou utilizados nas atividades rurais, bem como bombas, motores, canos e demais pertences de irrigação;

V — incubadoras, chocadeiras, criadeiras, pinteiros e galinheiros desmontáveis ou móveis, gaiolas, bebedouros, campânulas e quaisquer máquinas e utensílios usados nas explorações avícolas e agropastoris.

Parágrafo único. O penhor será anotado nos assentamentos próprios da repartição competente para expedição de licença dos veículos, quando for o caso.

Art. 57. Os bens apenhados poderão ser objeto de novo penhor cedular e o simples registro da respectiva cédula equivalerá à averbação, na anterior, do penhor constituído em grau subsequente.

Art. 58. Em caso de mais de um financiamento, sendo os mesmos o emitente da cédula, o credor e os bens apenhados, poderá estender-se aos financiamentos subsequentes o penhor originariamente constituído, mediante menção da extensão nas cédulas posteriores, reputando-se um só penhor com cédulas rurais distintas.

§ 1º A extensão será apenas averbada[1] à margem da inscrição[2] anterior e não impede que sejam vinculados outros bens à garantia.

§ 2º Havendo vinculação de novos bens, além da averbação, estará a cédula também sujeita a inscrição[3] no cartório do registro de imóveis.

§ 3º Não será possível a extensão da garantia se tiver havido endosso ou se os bens vinculados já houverem sido objeto de nova gravação para com terceiros.

Art. 58: 1. v. LRP 246-*caput*.

Art. 58: 2. Registro, e não inscrição (LRP 167-I-13 c/c 168).

Art. 58: 3. v. nota 2.

Art. 59. A venda dos bens apenhados ou hipotecados pela cédula de crédito rural depende de prévia anuência do credor, por escrito.

Art. 60. Aplicam-se à cédula de crédito rural, à nota promissória rural e à duplicata rural, no que forem cabíveis, as normas de direito cambial, inclusive quanto a aval, dispensado, porém, o protesto para assegurar o direito de regresso contra endossantes e seus avalistas.[1]

§ 1º (*redação da Lei 6.754, de 17.12.79*) O endossatário ou o portador de nota promissória rural ou duplicata rural não tem direito de regresso contra o primeiro endossante e seus avalistas.

§ 2º (*redação da Lei 6.754, de 17.12.79*) É nulo o aval dado em nota promissória rural ou duplicata rural, salvo quando dado pelas pessoas físicas participantes da empresa emitente ou por outras pessoas jurídicas.

§ 3º (*redação da Lei 6.754, de 17.12.79*) Também são nulas quaisquer outras garantias, reais ou pessoais, salvo quando prestadas pelas pessoas físicas participantes da empresa emitente, por esta ou por outras pessoas jurídicas.[2]

§ 4º (*redação da Lei 6.754, de 17.12.79*) Às transações realizadas entre produtores rurais e entre estes e suas cooperativas não se aplicam as disposições dos parágrafos anteriores.

Art. 60: 1. v. LCU 71, nota 1.

Art. 60: 2. "As mudanças no Decreto-lei 167/67 não tiveram como alvo as cédulas de crédito rural. Por isso elas nem sequer foram mencionadas nas proposições que culminaram com a aprovação da Lei 6.754/79, que alterou o Decreto-lei referido. A interpretação sistemática do art. 60 do Decreto-lei 167/67 permite inferir que o significado da expressão 'também são nulas outras garantias, reais ou pessoais', disposta no seu § 3º, refere-se diretamente ao § 2º, ou seja, não se dirige às cédulas de crédito rural, mas apenas às notas e duplicatas rurais. Vedar a possibilidade de oferecimento de crédito rural direto mediante a constituição de garantia de natureza pessoal (aval) significa obstruir o acesso a ele pelo pequeno produtor ou só o permitir em linhas de crédito menos vantajosas" (STJ-3ª T., REsp 1.483.853, Min. Moura Ribeiro, j. 4.11.14, DJ 18.11.14). No mesmo sentido: STJ-4ª T., REsp 1.562.179-AgRg, Min. Antonio Ferreira, j. 15.3.16, DJ 21.3.16; STJ-2ª T., REsp 1.715.067, Min. Herman Benjamin, j. 3.4.18, DJ 25.5.18.

Contra: "É nulo o aval prestado por terceiro, pessoa física, em cédula de crédito rural emitida também por pessoa física, nos termos do disposto no art. 60, § 3º, do Dec. lei 167/67" (STJ-3ª T., REsp 1.353.244, Min. Sidnei Beneti, j. 28.5.13, RT 936/454). Em sentido semelhante: STJ-4ª T., REsp 1.249.907-AgRg, Min. Luis Felipe, j. 8.5.14, DJ 16.5.14.

Seção II — DOS PRAZOS E PRORROGAÇÕES DA CÉDULA DE CRÉDITO RURAL

Art. 61 (*redação da Lei 12.873, de 24.10.13*). O prazo do penhor rural, agrícola ou pecuário não excederá o prazo da obrigação garantida e, embora vencido o prazo, permanece a garantia, enquanto subsistirem os bens que a constituem.[1]

Parágrafo único (*redação da Lei 12.873, de 24.10.13*). A prorrogação do penhor rural, inclusive decorrente de prorrogação da obrigação garantida prevista no *caput*, ocorre mediante a averbação à margem do registro respectivo, mediante requerimento do credor e do devedor.

Art. 61: 1. v. CC 1.439.

Art. 62. As prorrogações de vencimento de que trata o art. 13 deste decreto-lei serão anotadas na cédula pelo próprio credor, devendo ser averbadas[1] à margem das respectivas inscrições, e seu processamento, quando cumpridas regularmente todas as obrigações, cedulares e legais, far-se-á por simples requerimento do credor ao oficial do registro de imóveis competente.

Parágrafo único. Somente exigirão lavratura de ativo as prorrogações que tiverem de ser concedidas sem o cumprimento das condições a que se subordinarem ou após o término do período estabelecido na cédula.

Art. 62: 1. v. LRP 246-*caput*.

Capítulo VIII | DISPOSIÇÕES GERAIS

Art. 63. Dentro do prazo da cédula, o credor, se assim o entender, poderá autorizar o emitente a dispor de parte ou de todos os bens da garantia, na forma e condições que convencionarem.

Art. 64. Os bens dados em garantia assegurarão o pagamento do principal, juros, comissões, pena convencional, despesas legais e convencionais, com as preferências estabelecidas na legislação em vigor.

Art. 65 (*redação da Lei 13.986, de 7.4.20*). Na hipótese de redução do valor dos bens oferecidos em garantia, o emitente reforçará a garantia por meio de suporte cartular ou escritural, no prazo de 15 (quinze) dias, contado da data de recebimento da notificação por escrito que o credor lhe fizer.

Parágrafo único. Nos casos de substituição de animais por morte ou inutilização, assiste ao credor o direito de exigir que os substitutos sejam da mesma espécie e categoria dos substituídos.

Art. 66. Quando o penhor for constituído por animais, o emitente da cédula fica obrigado a manter todo o rebanho, inclusive os animais adquiridos com o financiamento, se for o caso, protegidos[1] pelas medidas sanitárias e profiláticas recomendadas em cada caso, contra a incidência de zoonoses, moléstias infecciosas ou parasitárias de ocorrência frequente na região.

Art. 66: 1. *sic*; deve ser "protegido".

Art. 67. Nos financiamentos pecuários, poderá ser convencionado que o emitente se obriga a não vender, sem autorização por escrito do credor, durante a vigência do título, crias fêmeas ou vacas aptas à procriação, assistindo ao credor, na hipótese de não observância dessas condições, o direito de dar por vencida a cédula e exigir o total da dívida dela resultante, independentemente de aviso extrajudicial ou interpelação judicial.

Art. 68. Se os bens vinculados em penhor ou em hipoteca à cédula de crédito rural pertencerem a terceiros, estes subscreverão também o título, para que se constitua a garantia.

Art. 69. Os bens objeto de penhor ou de hipoteca constituídos pela cédula de crédito rural não serão penhorados,[1-2] arrestados ou sequestrados por outras dívidas do emitente ou do terceiro empenhador ou hipotecante, cumprindo ao emitente ou ao terceiro empenhador ou hipotecante denunciar a existência da cédula às autoridades incumbidas da diligência ou a quem a determinou, sob pena de responderem pelos prejuízos resultantes de sua omissão.

Art. 69: 1. v. CPC 831 e segs.

Art. 69: 2. "A **impenhorabilidade** conferida pelo art. 69 do Decreto-lei n. 167/67 ao bem dado em garantia na cédula de crédito rural **não é absoluta,** podendo ser relativizada na hipótese em que não houver risco de esvaziamento da garantia, tendo em vista o valor do bem ou a preferência do crédito cedular" (STJ-4ª T., REsp 1.470.352-AgInt, Min. Antonio Ferreira, j. 25.9.18, DJ 1.10.18).

Art. 70. O emitente da cédula de crédito rural, com ou sem garantia real, manterá em dia o pagamento dos tributos e encargos fiscais, previdenciários e trabalhistas de sua responsabilidade, inclusive a remuneração dos trabalhadores rurais, exibindo ao credor os respectivos comprovantes sempre que lhe forem exigidos.

Art. 71 (*redação da Lei 13.986, de 7.4.20*). Em caso de cobrança em processo contencioso ou não, judicial ou administrativo, o emitente da cédula de crédito rural ou da nota promissória rural ou o aceitante da duplicata rural responderá ainda pela multa de até 2% (dois por cento) sobre o principal e acessórios em débito, devida a partir do primeiro despacho da autoridade competente na petição de cobrança ou de habilitação de crédito.

Art. 72. As cédulas de crédito rural, a nota promissória rural e a duplicata rural poderão ser redescontadas[1] no Banco Central da República do Brasil, nas condições estabelecidas pelo Conselho Monetário Nacional.

Art. 72: 1. v. art. 42, nota 2.

Art. 73. É também da competência do Conselho Monetário Nacional a fixação das taxas de desconto da nota promissória rural e da duplicata rural, que poderão ser elevadas de 1% ao ano em caso de mora.

Art. 74. Dentro do prazo da nota promissória rural e da duplicata rural, poderão ser feitos pagamentos parciais.

Parágrafo único. Ocorrida a hipótese, o credor declarará, no verso do título, sobre sua assinatura, a importância recebida e a data do recebimento, tornando-se exigível apenas o saldo.

Art. 75. Na hipótese de nomeação, por qualquer circunstância, de depositário para os bens apenhados, instituído judicial ou convencionalmente, entrará ele também na posse imediata das máquinas e de todas as instalações e pertences acaso necessários à transformação dos referidos bens nos produtos a que se tiver obrigado o emitente na respectiva cédula.

Art. 76. Serão segurados, até final resgate da cédula, os bens nela descritos e caracterizados, observada a vigente legislação de seguros obrigatórios.[1]

Art. 76: 1. v. Dec. 60.459, de 13.3.67 (no tít. SEGUROS, ementário), art. 10.

Art. 77. As cédulas de crédito rural, a nota promissória rural e a duplicata rural obedecerão aos modelos anexos de ns. 1 a 6.

Parágrafo único. Sem caráter de requisito essencial, as cédulas de crédito rural poderão conter disposições que resultem das peculiaridades do financiamento rural.

Art. 78. A exigência constante do art. 22 da Lei n. 4.947, de 6 de abril de 1966,[1] não se aplica às operações de crédito rural proposta[2] por produtores rurais e suas cooperativas, de conformidade com o disposto no art. 37 da Lei n. 4.829, de 5 de novembro de 1965.[3]

Parágrafo único. A comunicação do Instituto Brasileiro de Reforma Agrária, de ajuizamento da cobrança de dívida fiscal ou de multa, impedirá a concessão de crédito rural ao devedor,[4] a partir da data do recebimento da comunicação, pela instituição financiadora, salvo se for depositado em juízo o valor do débito em litígio.

Art. 78: 1. **Lei 4.947, de 6.4.66** — Fixa normas de direito agrário, dispõe sobre o sistema de organização e funcionamento do Instituto Brasileiro de Reforma Agrária, e dá outras providências (RT 369/363, Lex 1966/478, RF 215/388).

Art. 78: 2. *sic*; deve ser "propostas".

Art. 78: 3. **Lei 4.829, de 5.11.65:** v. ementário.

Art. 78: 4. **Dec. lei 1.715, de 22.11.79** — Regula a expedição de certidão de quitação de tributos federais e extingue a declaração de devedor remisso (Lex 1979/909, RF 268/483, Bol. AASP 1.095/2):

"**Art. 4º** É facultado às empresas públicas, sociedades de economia mista e fundações, criadas, instituídas ou mantidas pela União, deixarem de contratar com pessoas que se encontrem em débito com a Fazenda Nacional.

"Parágrafo único. Para os efeitos previstos neste artigo, será divulgada, periodicamente, relação de devedores por créditos tributários devidos à Fazenda Nacional, na forma e condições estabelecidas pelo Ministro da Fazenda.

"**Art. 5º** Fica extinta, para todos os efeitos legais, a declaração de devedor remisso à Fazenda Nacional".

Capítulo IX | DISPOSIÇÕES TRANSITÓRIAS

Art. 79. Este decreto-lei entrará em vigor noventa (90) dias depois de publicado, revogando-se a Lei n. 3.253, de 27 de agosto de 1957,[1] e as disposições em contrário.

Art. 79: 1. **Lei 3.253, de 27.8.57** — Cria cédulas de crédito rural, e dá outras providências (RT 265/897 e 267/843, p. vets., Lex 1957/552 e 642, p. vets.).

Art. 80. As folhas em branco dos livros de registro das "Cédulas de Crédito Rural" sob o império da Lei n. 3.253, de 27 de agosto de 1957, serão inutilizadas, na data da vigência do presente decreto-lei, pelo chefe da repartição arrecadadora federal a que pertencem, e devidamente guardados os livros.

Brasília, 14 de fevereiro de 1967; 146º da Independência e 79º da República — H. CASTELLO BRANCO — **Severo Fagundes Gomes — Octávio Bulhões.**

CÉDULA RURAL PIGNORATÍCIA

N. .... Vencimento em .... de .... de 20 ....

R$ ....

A .... de .... de 20......... pagar .... por esta Cédula Rural Pignoratícia.........................
a .... ou à sua ordem, a quantia de ....
....
em moeda corrente, valor do crédito deferido para financiamento de ....
....
....
....
e que será utilizado do seguinte modo: ....
....
....
....
....
Os juros são devidos à taxa de .... ao ano
....
sendo de .... a comissão de fiscalização ....
....
....
O pagamento será efetuado na praça de ....
Os bens vinculados são os seguintes: ....
....
....

CÉDULA RURAL HIPOTECÁRIA

N. .... Vencimento em .... de . ... de 20 ....

R$ ....

A .... de ....de 20 .... pagar ....por esta Cédula Rural Hipotecária
.... a .... ou à sua ordem, a quantia de
....
em moeda corrente, valor do crédito deferido para financiamento de ....
....
....
e que será utilizado do seguinte modo: ....
....
....
Os juros são devidos à taxa de ....
ao ano ....
....
sendo de .... a comissão de fiscalização ....
....
....
O pagamento será efetuado na praça de ....
....
Os bens vinculados são os seguintes:..
....
....

CÉDULA RURAL PIGNORATÍCIA E HIPOTECÁRIA

N. .... Vencimento em .... de .... de 20 ....

R$ ....

A .... de .... de 20 ...... pagar .... por esta Cédula Rural Pignoratícia Rural[1] e Hipotecária .... a ....

.... ou à sua ordem, a quantia de ....

....

em moeda corrente, valor do crédito deferido para financiamento de ....

....

....

....

e que será utilizado do seguinte modo: ....

....

....

....

Os juros são devidos à taxa de .... ao ano ....

....

....

sendo de .... a comissão de fiscalização ....

....

....

O pagamento será efetuado na praça de ....

....

Os bens vinculados são os seguintes: ....

....

....

1. *sic*; no modelo publicado, está duas vezes a palavra "rural".

NOTA DE CRÉDITO RURAL

N. .... Vencimento em .... de .... de 20 ....

R$ ....

A .... de .... de 20 ...., pagar por esta Nota de Crédito Rural .... a .... ou à sua ordem a quantia de ....

....

em moeda corrente, valor do crédito deferido para financiamento de ....

....

....

....

....

....

....

e que será utilizado do seguinte modo: ....

....

....

Os juros são devidos à taxa de .... ao ano

....

....

sendo de .... a comissão de fiscalização ....
....
O pagamento será efetuado na praça de ....
....
....
Os bens vinculados são os seguintes: ....
....
....
....

NOTA PROMISSÓRIA RURAL

N. .... Vencimento em ...... de .... de 20 ....
R$ ....
A .... de .... de 20 ...., por esta Nota Promissória Rural, pagar ....
a .... ou à sua ordem na praça de ....
a quantia de .... valor da compra que lhe fiz ....
.... entrega que me (nos) foi feita ....
dos seguintes bens de sua propriedade ....
....
....
....
....

DUPLICATA RURAL

Vencimento em ...... de .... de 20 ....
R$ ....
Sr. .... estabelecido em ....
deve a ...., estabelecido em ....
a importância de ....
valor da compra dos seguintes bens: ....
....
....
....
....
....
....

....
(Local e data)

....
(Assinatura do vendedor)

Reconheço(cemos) a exatidão desta duplicata rural, na importância acima, que pagarei(emos) a ....
ou à sua ordem, na praça de ....

....
(Local e data)

....
(Assinatura do comprador)

Ementário
Transporte Ferroviário

— v. CC 730 a 756.

Dec. 2.681, de 7.12.1912 — Regula a responsabilidade civil das estradas de ferro (v. adiante, texto integral).

Decreto n. 2.681, de 7 de dezembro de 1912[1]

Regula a responsabilidade civil das estradas de ferro.

O Presidente da República dos Estados Unidos do Brasil,
Faço saber que o Congresso Nacional decretou e eu sanciono a resolução seguinte:

DEC. 2.681: 1. Geralmente citado como Decreto **legislativo** 2.681.

Art. 1º As estradas de ferro[1] serão responsáveis[2] pela perda total ou parcial,[3] furto ou avaria das mercadorias que receberem para transportar. Será sempre presumida a culpa e contra esta presunção só se admitirá alguma das seguintes provas:

1ª caso fortuito ou força maior;[4]

2ª que a perda ou avaria se deu por vício intrínseco da mercadoria ou causas inerentes à sua natureza;

3ª tratando-se de animais vivos, que a morte ou avaria foi consequência de risco que tal espécie de transporte faz naturalmente correr;

4ª que a perda ou avaria foi devida ao mau acondicionamento da mercadoria ou a ter sido entregue para transportar sem estar encaixotada, enfardada ou protegida por qualquer outra espécie de envoltório;

5ª que foi devido[5] a ter sido transportada em vagões descobertos, em consequência de ajuste ou expressa determinação do regulamento;

6ª que o carregamento e descarregamento foram feitos pelo remetente ou pelo destinatário ou pelos seus agentes e disto proveio a perda ou avaria;

7ª que a mercadoria foi transportada em vagão ou plataforma especialmente fretada pelo remetente, sob a sua custódia e vigilância, e que a perda ou avaria foi consequência do risco que essa vigilância devia remover.

Art. 1º: 1. O Dec. 2.681 aplica-se aos transportes rodoviários e em ônibus, bem como a todas as modalidades de transporte coletivo não disciplinadas por lei especial.

Art. 1º: 2. Dec. 20.922, de 8.1.32 — Dispõe sobre o pagamento de indenizações por perdas ou avarias nas estradas de ferro e nos correios (RT 58/94).

Dec. 51.813, de 8.3.63 — Aprova o Regulamento Geral de Transportes para as estradas de ferro brasileiras (RT 322/587, Lex 1963/167 e 448, ret.). Revogado pelo Dec. 90.959, de 14.2.85 (Lex 1985/137), teve sua vigência restabelecida pelo Dec. 91.317, de 11.6.85 (Lex 1985/534), e assim continua. Os arts. 163 a 172 do Dec. 51.813 dispõem s/ responsabilidade das empresas de estradas de ferro; os arts. 59 a 62 do Dec. 90.959 regulamentam a responsabilidade das administrações ferroviárias.

Art. 1º: 3. Súmula 186 do STF (Tolerância da quebra): "Não infringe a lei a tolerância da quebra de 1% no transporte por estrada de ferro, prevista no regulamento de transportes".

Art. 1º: 4. v. CC 393 § ún.

Art. 1º: 5. *sic.*

Art. 2º Se nos casos dos ns. 2, 3, 4, 5, 6 e 7 do artigo anterior concorrer a culpa da estrada de ferro com a do remetente ou destinatário, será proporcionalmente dividida a responsabilidade.

Art. 3º A responsabilidade começará ao ser recebida a mercadoria na estação pelos empregados da estrada de ferro, antes mesmo do despacho, e terminará ao ser efetivamente entregue ao destinatário.

Art. 4º Será presumida a perda total trinta dias depois de findo o prazo marcado pelos regulamentos para a entrega da mercadoria.

Art. 5º Será obrigatória, por parte do remetente, a declaração da natureza e valor das mercadorias que forem entregues fechadas.

Se a estrada de ferro presumir fraude na declaração, poderá verificar, abrindo o caixão, fardo, ou qualquer invólucro que a contenha. Demonstrada, porém, a verdade da declaração feita pelo remetente, a estrada de ferro, sem demora e a expensas suas, acondicionará a mercadoria novamente tal qual se achava.

Art. 6º A indenização pelas estradas de ferro, nos casos de perda ou furto, será equivalente ao preço corrente da mercadoria no tempo e no lugar em que devia ter sido entregue; no caso de avaria, será proporcional à depreciação por ela sofrida. Deverão ser deduzidas as despesas que deixarem de ser feitas pelo fato da perda da mercadoria. Excetua-se o caso de dolo, em que a estrada responderá por todos os prejuízos que tenham diretamente ocorrido.

Parágrafo único. Se na declaração o remetente diminuir com culpa ou dolo o valor da mercadoria, será o valor declarado a base da indenização.

Art. 7º Nos casos de atraso da entrega das mercadorias, a estrada de ferro perderá, em favor do proprietário da mercadoria, uma parte do preço do transporte, proporcional ao tempo de atraso.

Se pelo particular for provado que a demora causou-lhe um dano maior, por ele responderá a estrada de ferro, até a importância máxima correspondente ao valor da mercadoria.

Serão excetuados os casos de força maior e culpa do remetente ou destinatário. No caso de dolo por parte dos agentes ou empregados da estrada de ferro, esta responderá por todo o prejuízo causado.

Art. 8º O pagamento do preço do transporte feito pelo destinatário, e bem assim o recebimento da mercadoria, sem reserva o[1] protesto, exonerará a estrada de ferro de qualquer responsabilidade. Nos casos de avaria oculta ou perda parcial que só mais tarde possam ser verificadas, deverá a reclamação ser feita perante a estrada de ferro no prazo de 30 dias, incumbindo ao reclamante provar em juízo que a avaria teve lugar antes da entrega.

Art. 8º: 1. *sic;* deve ser "ou".

Art. 9º A liquidação da indenização prescreverá no fim de um ano, a contar da data da entrega, nos casos de avaria, e, nos casos de furto ou perda, a contar do trigésimo dia após aquele em que, de acordo com os regulamentos, devia ter-se efetuado a entrega.

Art. 10. As ações judiciais oriundas do contrato de transporte por estrada de ferro por motivo de perda ou avaria poderão ser intentadas pelos que tiverem recebido a mercadoria ou tenham direito a recebê-la, seus herdeiros ou cessionários. Para a ação ser intentada pelo remetente, seus herdeiros ou cessionários deverão apresentar as duas vias da nota da expedição nos casos em que elas são exigidas ou autorização do destinatário.

Art. 11. A perda ou avaria das bagagens não despachadas que acompanham os passageiros e ficam sob a sua guarda não dará lugar a indenização, salvo se se provar culpa ou dolo por parte dos agentes ou empregados da estrada de ferro.

Art. 12. A cláusula da não garantia das mercadorias, bem como a prévia determinação do máximo de indenização a pagar, nos casos de perda ou avaria, não poderão ser estabelecidas pelas estradas de ferro senão de modo facultativo e correspondendo a uma diminuição de tarifa.[1] Serão nulas quaisquer outras cláusulas diminuindo a responsabilidade das estradas de ferro estabelecida na presente lei.

Art. 12: 1. **Súmula 161 do STF:** "Em contrato de transporte, é inoperante a cláusula de não indenizar".

Art. 13. As estradas de ferro serão obrigadas a aceitar a expedição de mercadorias não só para suas estações como para as de quaisquer linhas a que estejam diretamente ligadas.

Art. 14. Quando mais de uma estrada de ferro tiver concorrido para o transporte de uma mercadoria, a ação de indenização por perda, furto ou avaria terá lugar contra a estrada que aceitou a expedição, ou contra a que entregou a mercadoria avariada, ou contra qualquer das estradas intermediárias em cuja linha se provar que teve lugar a perda, furto ou avaria.

Art. 15. No caso do artigo anterior, o direito reversivo das estradas de ferro, umas em relação às outras, será regulado pelas seguintes disposições:

§ 1º Será responsável da perda, furto ou avaria da mercadoria a estrada em cuja linha se der o fato.

§ 2º Se, porém, provar que foi culpa de outra, esta responderá pelas suas consequências jurídicas.

§ 3º Se concorrer a culpa de mais de uma, a responsabilidade será dividida proporcionalmente ao grau da culpa, atentas as circunstâncias que acompanharem o fato.

§ 4º Se se não puder provar qual a estrada em cuja linha se deu a perda ou avaria, responderão todas, proporcionalmente ao preço do transporte que cada uma percebeu ou teria o direito de perceber, dada a execução regular do contrato.

§ 5º No caso de insolvabilidade de alguma das estradas, o prejuízo que desse fato possa resultar para a que pagou a indenização será repartido por todas as que tiverem cooperado no transporte, guardada a mesma proporção do parágrafo anterior.[1]

Art. 15: 1. cf. CC 284.

Art. 16. São aplicáveis os princípios dos dois anteriores artigos ao caso de atraso na entrega das mercadorias.

Art. 17. As estradas de ferro responderão pelos desastres que nas suas linhas sucederem aos viajantes e de que resulte a morte,[1] ferimento ou lesão corpórea.[2-2a]

A culpa será sempre presumida, só se admitindo em contrário alguma das seguintes provas:

I — caso fortuito ou força maior;[3]

II — culpa do viajante,[4] não concorrendo culpa da estrada.

Art. 17: 1. v. tb. art. 22.

Art. 17: 2. Súmula 314 do STF (Base da indenização): "Na composição do dano por acidente do trabalho, ou de transporte, não é contrário à lei tomar para base da indenização o salário do tempo da perícia ou da sentença".

Art. 17: 2a. "A culpa da prestadora do serviço de transporte ferroviário configura-se no caso de atropelamento de transeunte na via férrea quando existente omissão ou negligência do dever de vedação física das faixas de domínio da ferrovia com muros e cercas bem como da sinalização e da fiscalização dessas medidas garantidoras da segurança na circulação da população. A responsabilidade civil do Estado ou de delegatário de serviço público, no caso de conduta omissiva, só se desenhará quando presentes estiverem os elementos que caracterizam a culpa, a qual se origina, na espécie, do descumprimento do dever legal atribuído ao Poder Público de impedir a consumação do dano. A exemplo de outros diplomas legais anteriores, o Regulamento dos Transportes Ferroviários (Dec. 1.832/96) disciplinou a segurança nos serviços ferroviários (art. 1º, inciso IV), impondo às administrações ferroviárias o cumprimento de medidas de segurança e regularidade do tráfego (art. 4º, I) bem como, nos termos do inciso IV do art. 54, a adoção de 'medidas de natureza técnica, administrativa, de segurança e educativas destinadas a prevenir acidentes'. Outrossim, atribuiu-lhes a função de vigilância, inclusive, quando necessário, em ação harmônica com as autoridades policiais (art. 55). Assim, o descumprimento das medidas de segurança impostas por lei, desde que aferido pelo Juízo de piso, ao qual compete a análise das questões fático-probatórias, caracteriza inequivocamente a culpa da concessionária de transporte ferroviário e o consequente dever de indenizar. A despeito de situações fáticas variadas no tocante ao descumprimento do dever de segurança e vigilância contínua das vias férreas, a responsabilização da concessionária é uma constante, passível de ser elidida tão somente quando cabalmente comprovada a culpa exclusiva da vítima. Para os fins da sistemática prevista no art. 543-C do CPC, citam-se algumas situações: (i) existência de cercas ao longo da via, mas caracterizadas pela sua vulnerabilidade, insuscetíveis de impedir a abertura de passagens clandestinas, ainda quando existente passarela nas imediações do local do sinistro; (ii) a própria inexistência de cercadura ao longo de toda a ferrovia; (iii) a falta de vigilância constante e de manutenção da incolumidade dos muros destinados à vedação do acesso à linha férrea pelos pedestres; (iv) a ausência parcial ou total de sinalização adequada a indicar o perigo representado pelo tráfego das composições. No caso sob exame, a instância ordinária, com ampla cognição fático-probatória, consignou a culpa exclusiva da vítima, a qual encontrava-se deitada nos trilhos do trem, logo após uma curva, momento em que foi avistada pelo maquinista, que, em vão, tentou frear para evitar o sinistro" (STJ-2ª Seção, REsp 1.210.064, Min. Luis Felipe, j. 8.8.12, DJ 31.8.12).

"Ainda que haja omissão por parte da concessionária de serviço de transporte ferroviário no dever de sinalizar, cercar e fiscalizar o acesso à via, sua responsabilidade civil é afastada no caso de culpa exclusiva da vítima. Em hipótese como a presente, em que a instância ordinária concluiu que a vítima estava deitada em cima dos trilhos, logo após uma curva, de madrugada, em atitude imprevisível para o maquinista, 'o agente — aparentemente causador do dano — é mero instrumento para sua ocorrência', configurando-se excludente de responsabilidade da concessionária" (STJ-2ª Seção, ED no REsp 1.461.347, Min. Isabel Gallotti, j. 13.3.19, maioria, DJ 28.5.19).

A ferrovia não responde pelo atropelamento de pedestre que, sem nenhum cuidado, caminhava pela via férrea (JTJ 315/230: AP 389.818-4/6-00). No mesmo sentido: JTJ 322/2.651 (AP 1.102.076-0/4), 328/392 (AP 1.131.428-0/6).

V. CC 734, nota 3.

V. tb. CC 945, notas 2 e 3 (culpa concorrente).

Art. 17: 3. "Conforme se depreende da leitura do art. 17 do Dec. 2.681/1912, a partir do momento em que o usuário adquire um bilhete ferroviário e tem acesso à plataforma da estação, a ferrovia passa a ser responsável por sua incolumidade física até o instante em que o transportado chegue a seu destino, razão pela qual é devida pela transportadora indenização por danos morais e materiais aos familiares da vítima, atingida por uma bala de revólver enquanto aguardava o trem na plataforma de embarque, não havendo falar em caso fortuito ou força maior, de maneira a excluir o nexo de causalidade" (RT 795/228: 1º TASP, EI 945.433-9/01, maioria; ementa da redação).

Art. 17: 4. "Conforme interpretação do art. 17, II, do Dec. 2.681/1912, não há culpa da companhia de transportes ferroviários pela morte de passageiro, se este, na condição de 'surfista', desafiando o perigo, posta-se sobre a composição, onde não há qualquer segurança, assumindo, portanto, os riscos de uma queda normalmente fatal" (RT 758/239: 1º TASP, AP 758.290-5). V. tb. CC 945, notas 2 e 3 (culpa concorrente).

Art. 18. Serão solidários[1] entre si e com as estradas de ferro os agentes por cuja culpa se der o acidente. Em relação a estes, terão as estradas direito reversivo.

Art. 18: 1. v. CC 275 a 285.

Art. 19. Se o desastre acontecer nas linhas de uma estrada de ferro por culpa de outra, haverá em relação a esta direito reversivo por parte da primeira.[1]

Art. 19: 1. **CC 735:** "A responsabilidade contratual do transportador por acidente com o passageiro não é elidida por culpa de terceiro, contra o qual tem ação regressiva".

Art. 20. No caso de ferimento, a indenização será equivalente às despesas do tratamento e aos lucros cessantes durante ele.

Art. 21. No caso de lesão corpórea ou deformidade, à vista da natureza da mesma e de outras circunstâncias, especialmente a invalidade para o trabalho ou profissão habitual, além das despesas com o tratamento e os lucros cessantes, deverá pelo juiz ser arbitrada uma indenização conveniente.

Art. 22. No caso de morte, a estrada de ferro responderá por todas as despesas e indenizará, a arbítrio do juiz, todos aqueles aos quais a morte do viajante privar de alimento, auxílio ou educação.[1]

Art. 22: 1. **Súmula 35 do STF (Companheira):** "Em caso de acidente do trabalho ou de transporte, a concubina tem direito de ser indenizada pela morte do amásio, se entre eles não havia impedimento para o matrimônio".

Súmula 491 do STF (Filho menor): "É indenizável o acidente que cause a morte de filho menor, ainda que não exerça trabalho remunerado".

Súmula 39 do STJ: "Prescreve em vinte anos a ação para haver indenização, por responsabilidade civil, de sociedades de economia mista". Atualmente, dez anos (CC 205).

Art. 23. No caso de desastre, a estrada de ferro também responderá pela perda ou avaria das bagagens que os passageiros levarem consigo, embora não despachadas.

Art. 24. No caso de atraso de trens e excedido o tempo de tolerância que os regulamentos concederem para a execução dos horários não tendo sido o fato determinado por força maior, as estradas responderão pelos prejuízos que daí resultarem ao passageiro. A reclamação deverá ser feita no prazo de um ano.

Art. 25. As estradas também responderão, nos termos do artigo anterior, quando o viajante provar que não pôde realizar a viagem por ter sido suspenso ou interrompido o tráfego ou por ter sido suprimido algum trem estabelecido no horário ou por não ter encontrado lugar nos vagões da classe para a qual tiver comprado passagem.

Art. 26. As estradas de ferro responderão por todos os danos que a exploração das suas linhas causar aos proprietários marginais.

Cessará, porém, a responsabilidade se o fato danoso for consequência direta da infração, por parte do proprietário, de alguma disposição legal ou regulamentar relativa a edificações, plantações, escavações, depósitos de materiais ou guarda de gado à beira das estradas de ferro.

Rio de Janeiro, 7 de dezembro de 1912; 91º da Independência e 24º da República — HERMES R. DA FONSECA — **José Barbosa Gonçalves.**

Ementário

Usucapião Especial

— v. CF 183 e 191; CC 1.238 a 1.244.

Lei 6.969, de 10.12.81 — Dispõe sobre a aquisição, por usucapião especial, de imóveis rurais, altera a redação do § 2º do art. 589 do Código Civil e dá outras providências (v. adiante, texto integral).

Dec. 87.040, de 17.3.82 — Especifica áreas indispensáveis à segurança nacional insuscetíveis de usucapião especial, e dá outras providências (Lex 1982/84, RDA 148/283, RF 277/396). Revogado pelo Dec. 11, de 18.1.91, que por sua vez foi revogado pelo Dec. 761, de 19.2.93, o que, todavia, não importou em restaurar a vigência do Dec. 87.040 (v. LINDB 2º § 3º).

Dec. 87.620, de 21.9.82 — Dispõe sobre o procedimento administrativo para o reconhecimento da aquisição, por usucapião especial, de imóveis rurais compreendidos em terras devolutas (Lex 1982/345, RF 279/429).

Lei 10.257, de 10.7.01 — Regulamenta os arts. 182 e 183 da Constituição Federal, estabelece diretrizes gerais da política urbana e dá outras providências (v. adiante, texto parcial). Os arts. 9º a 14 dispõem sobre usucapião de imóvel urbano (Lex 2001/3.153, RF 356/441, Bol. AASP 2.222/supl., p. 11).

Med. Prov. 2.220, de 4.9.01 — Dispõe sobre a concessão de uso especial de que trata o § 1º do art. 183 da Constituição, cria o Conselho Nacional de Desenvolvimento Urbano — CNDU e dá outras providências (Lex 2001/3.786).

Lei n. 6.969, de 10 de dezembro de 1981

Dispõe sobre a aquisição, por usucapião especial,[1-2] de imóveis rurais,[3] altera a redação do § 2º do art. 589 do Código Civil e dá outras providências.

O Presidente da República,

Faço saber que o Congresso Nacional decreta e eu sanciono a seguinte lei:

✎ **LEI 6.969: 1.** "Usucapião constitucional rural em áreas inferiores ao módulo rural", por João Cesar dos Santos (Ajuris 89/155).

LEI 6.969: 2. CF: "Art. 191. Aquele que, não sendo proprietário de imóvel rural ou urbano, possua como seu, por cinco anos ininterruptos, sem oposição, área de terra, em zona rural, não superior a cinquenta hectares, tornando-a produtiva por seu trabalho ou de sua família, tendo nela sua moradia, adquirir-lhe-á a propriedade.

"Parágrafo único. Os imóveis públicos não serão adquiridos por usucapião".

V. tb. CC 1.239.

LEI 6.969: 3. s/ usucapião especial de imóvel **urbano,** v. adiante, Lei 10.257, de 10.7.01, arts. 9º a 14.

Art. 1º Todo aquele que, não sendo proprietário[1] rural nem urbano, possuir como sua, por 5 (cinco) anos ininterruptos, sem oposição, área rural contínua, não excedente de 25 (vinte e cinco) hectares,[1a] e a houver tornado produtiva com seu trabalho e nela tiver sua morada, adquirir-lhe-á o domínio, independentemente de justo título e boa-fé, podendo requerer ao juiz que assim o declare por sentença, a qual servirá de título para transcrição no registro de imóveis.

Parágrafo único. Prevalecerá a área do módulo rural[2] aplicável à espécie, na forma da legislação específica, se aquele for superior a 25 (vinte e cinco) hectares.

Art. 1º: 1. "Usucapião especial. Área rural. Admissibilidade. Usucapiente que possui cessão de posse de outro imóvel. Certidão que atesta a inexistência de imóveis em seu nome. Hipótese, ademais, que não se confunde com a propriedade do bem, não havendo que se falar em impedimento para pretensão usucapienda. Inteligência do art. 191 da CF/88" (RT 932/962: TJPE, AP 219.052-7; ementa da redação).

Art. 1º: 1a. Aumentado para 50 hectares pela CF 191. V. tb. CC 1.239.

Art. 1º: 2. Definição de módulo: ET 4º-III c/c 5º.

Art. 2º A usucapião especial, a que se refere esta lei, abrange as terras particulares e as terras devolutas, em geral, sem prejuízo de outros direitos conferidos ao posseiro, pelo Estatuto da Terra[1] ou pelas leis que dispõem sobre processo discriminatório de terras devolutas.

Art. 2º: 1. v. ET 97 a 102 (no tít. TERRA).

Art. 3º A usucapião especial não ocorrerá nas áreas indispensáveis à segurança nacional,[1] nas terras habitadas por silvícolas, nem nas áreas de interesse ecológico, consideradas como tais as reservas biológicas ou florestais e os parques nacionais, estaduais ou municipais, assim declarados pelo Poder Executivo, assegurada aos atuais ocupantes a preferência para assentamento em outras regiões, pelo órgão competente.

Parágrafo único. O Poder Executivo, ouvido o Conselho de Segurança Nacional, especificará, mediante decreto,[2] no prazo de 90 (noventa) dias, contados da publicação desta lei, as áreas indispensáveis à segurança nacional, insuscetíveis de usucapião.

Art. 3º: 1. v., no ementário, Dec. 87.040, de 17.3.82.

Art. 3º: 2. v. nota 1.

Art. 4º A ação de usucapião especial será processada e julgada na comarca da situação do imóvel.[1]

§ 1º Observado o disposto no art. 126 da Constituição Federal,[2] no caso de usucapião especial em terras devolutas federais,[3] a ação será promovida na comarca da situação do imóvel, perante a Justiça do Estado, com recurso para o Tribunal Federal de Recursos,[4] cabendo ao Ministério Público local, na primeira instância, a representação judicial da União.

§ 2º No caso de terras devolutas, em geral, a usucapião especial poderá ser reconhecida administrativamente, com a consequente expedição do título definitivo de domínio, para transcrição[5] no registro de imóveis.[6]

§ 3º O Poder Executivo, dentro de 90 (noventa) dias, contados da publicação desta lei, estabelecerá, por decreto, a forma do procedimento administrativo a que se refere o parágrafo anterior.

§ 4º Se, decorridos 90 (noventa) dias do pedido ao órgão administrativo, não houver a expedição do título de domínio, o interessado poderá ingressar com a ação de usucapião especial, na forma prevista nesta lei, vedada a concomitância dos pedidos administrativo e judicial.

Art. 4º: 1. Súmula 11 do STJ (Foro da situação): "A presença da União ou de qualquer de seus entes, na ação de usucapião especial, não afasta a competência do foro da situação do imóvel".

Art. 4º: 2. Corresponde ao art. 109 § 3º da atual CF.

Art. 4º: 3. Súmula 13 do TFR (Competência): "A Justiça Federal é competente para o processo e julgamento da ação de usucapião, desde que o bem usucapiendo confronte com imóvel da União, autarquias ou empresas públicas federais" (v. jurisprudência s/ esta Súmula em RTFR 75/926 a 302).

Art. 4º: 4. O recurso é para o Tribunal Regional Federal "na área de jurisdição do juiz de primeiro grau" (CF 109 § 4º).

Art. 4º: 5. aliás, "para registro" (v. LRP 167-I-28 e 168).

Art. 4º: 6. No mesmo sentido deste § 2º: ET 99.

Art. 5º Adotar-se-á, na ação de usucapião especial, o procedimento sumaríssimo,[1] assegurada a preferência à sua instrução e julgamento.

§ 1º O autor, expondo o fundamento do pedido e individualizando o imóvel, com dispensa da juntada da respectiva planta, poderá requerer, na petição inicial, designação de audiência preliminar, a fim de justificar a posse,[2] e, se comprovada esta, será nela mantido, liminarmente, até a decisão final da causa.

§ 2º O autor requererá também a citação pessoal daquele em cujo nome esteja transcrito o imóvel usucapiendo, bem como dos confinantes e, por edital, dos réus ausentes, incertos e desconhecidos, na forma do art. 232 do Código de Processo Civil, valendo a citação para todos os atos do processo.

§ 3º Serão cientificados por carta, para que manifestem interesse na causa, os representantes da Fazenda Pública da União, dos Estados, do Distrito Federal, dos Territórios e dos Municípios, no prazo de 45 (quarenta e cinco) dias.

§ 4º O prazo para contestar a ação correrá da intimação da decisão que declarar justificada a posse.[3]

§ 5º Intervirá, obrigatoriamente, em todos os atos do processo, o Ministério Público.

Art. 5º: 1. Não há mais procedimento sumaríssimo ou sumário no CPC; agora há um único procedimento para o processo de conhecimento ordinário, qual seja, o **procedimento comum** (v. CPC 318 e segs. e 1.049 § ún.).

Art. 5º: 2. v. nota seguinte.

Art. 5º: 3. "Com a superveniência da Lei n. 8.951, de 14.12.94, não mais se faz necessária a audiência de justificação de posse no usucapião especial" (JTJ 171/221).

Observe-se, porém, que, no caso da ação de usucapião especial, a justificação de posse é optativa: o autor poderá requerê-la para, se procedente, ficar na posse do imóvel usucapiendo até final decisão (art. 5º § 1º, *in fine*).

Art. 6º O autor da ação de usucapião especial terá, se o pedir, o benefício da assistência judiciária gratuita,[1] inclusive para o registro de imóveis.

Parágrafo único. Provado que o autor tinha situação econômica bastante para pagar as custas do processo e os honorários de advogado, sem prejuízo do sustento próprio e da família, o juiz lhe ordenará que pague, com correção monetária, o valor das isenções concedidas, ficando suspensa a transcrição da sentença até o pagamento devido.

Art. 6º: 1. v. Lei 1.060, de 5.2.50, em CPCLPV, tít. ASSISTÊNCIA JUDICIÁRIA.

Art. 7º A usucapião especial poderá ser invocada como matéria de defesa, valendo a sentença que a reconhecer como título para transcrição[1] no registro de imóveis.

Art. 7º: 1. Aliás, "para registro" (v. LRP 167-I-28 e 168).

Art. 8º Observar-se-á, quanto ao imóvel usucapido, a imunidade específica, estabelecida no § 6º do art. 21 da Constituição Federal.[1]

Parágrafo único. Quando prevalecer a área do módulo rural, de acordo com o previsto no parágrafo único do art. 1º desta lei, o imposto territorial rural não incidirá sobre o imóvel usucapido.

Art. 8º: 1. Referia-se ao imposto territorial rural.

Art. 9º O juiz da[1] causa, a requerimento do autor da ação de usucapião especial, determinará que a autoridade policial garanta a permanência no imóvel e a integridade física de seus ocupantes, sempre que necessário.

Art. 9º: 1. Na publicação oficial, está "O juiz de causa", etc.

Art. 10. O § 2º do art. 589 do Código Civil passa a vigorar com a seguinte redação:[1]

"Art. 589..

"§ 2º O imóvel abandonado arrecadar-se-á como bem vago e passará ao domínio do Estado, do Território, ou do Distrito Federal, se se achar nas respectivas circunscrições:

"a) 10 (dez) anos depois, quando se tratar de imóvel localizado em zona urbana;

"b) 3 (três) anos depois, quando se tratar de imóvel localizado em zona rural".

Art. 10: 1. No CC/2002, tais disposições estão em boa parte reproduzidas no art. 1.276.

Art. 11. Esta lei entrará em vigor 45 (quarenta e cinco) dias após sua publicação.

Art. 12. Revogam-se as disposições em contrário.

Brasília, em 10 de dezembro de 1981; 160º da Independência e 93º da República — JOÃO FIGUEIREDO — **Ibrahim Abi-Ackel — Angelo Amaury Stábile — Danilo Venturini.**

Lei n. 10.257, de 10 de julho de 2001[1]

Regulamenta os arts. 182 e 183 da Constituição Federal, estabelece diretrizes gerais da política urbana e dá outras providências.

LEI 10.257: 1. Também conhecida como **Estatuto da Cidade.**

....

Seção V | DA USUCAPIÃO ESPECIAL DE IMÓVEL URBANO[1-2]

SEÇ. V: 1. "Aspectos da usucapião especial urbana na Constituição e no Estatuto da Cidade", por Gilberto Schäfer (Ajuris 89/71); "A função social da cidade e da propriedade privada urbana como propriedade de funções", por Jacques Távora Alfonsin (Ajuris 96/141).

SEÇ. V: 2. CF: "Art. 183. Aquele que possuir como sua área urbana de até duzentos e cinquenta metros quadrados, por cinco anos, ininterruptamente e sem oposição, utilizando-a para sua moradia ou de sua família, adquirir-lhe-á o domínio, desde que não seja proprietário de outro imóvel urbano ou rural.

"§ 1º O título de domínio e a concessão de uso serão conferidos ao homem ou à mulher, ou a ambos, independentemente do estado civil.

"§ 2º Esse direito não será reconhecido ao mesmo possuidor mais de uma vez.

"§ 3º Os imóveis públicos não serão adquiridos por usucapião".

V. tb. CC 1.240.

Art. 9º Aquele que possuir como sua área ou edificação urbana de até duzentos e cinquenta metros quadrados, por cinco anos, ininterruptamente e sem oposição, utilizando-a para sua moradia ou de sua família, adquirir-lhe-á o domínio, desde que não seja proprietário de outro imóvel urbano ou rural.[1]

§ 1º O título de domínio será conferido ao homem ou à mulher, ou a ambos, independentemente do estado civil.

§ 2º O direito de que trata este artigo não será reconhecido ao mesmo possuidor mais de uma vez.

§ 3º Para os efeitos deste artigo, o herdeiro legítimo continua, de pleno direito, a posse de seu antecessor, desde que já resida no imóvel por ocasião da abertura da sucessão.

Art. 9º: 1. v. CC 1.240 e notas.

Art. 10. Os núcleos urbanos informais existentes sem oposição há mais de cinco anos e cuja área total dividida pelo número de possuidores seja inferior a duzentos e cinquenta metros quadrados por possuidor são suscetíveis de serem usucapidos coletivamente, desde que os possuidores não sejam proprietários de outro imóvel urbano ou rural.[1]

§ 1º O possuidor pode, para o fim de contar o prazo exigido por este artigo, acrescentar sua posse à de seu antecessor, contanto que ambas sejam contínuas.

§ 2º A usucapião especial coletiva de imóvel urbano será declarada pelo juiz, mediante sentença, a qual servirá de título para registro no cartório de registro de imóveis.

§ 3º Na sentença, o juiz atribuirá igual fração ideal de terreno a cada possuidor, independentemente da dimensão do terreno que cada um ocupe, salvo hipótese de acordo escrito entre os condôminos, estabelecendo frações ideais diferenciadas.

§ 4º O condomínio especial constituído é indivisível, não sendo passível de extinção, salvo deliberação favorável tomada por, no mínimo, dois terços dos condôminos, no caso de execução de urbanização posterior à constituição do condomínio.

§ 5º As deliberações relativas à administração do condomínio especial serão tomadas por maioria de votos dos condôminos presentes, obrigando também os demais, discordantes ou ausentes.

Art. 10: 1. Redação de acordo com a Lei 13.465, de 11.7.17.

Art. 11. Na pendência da ação de usucapião especial urbana, ficarão sobrestadas quaisquer outras ações, petitórias ou possessórias, que venham a ser propostas relativamente ao imóvel usucapiendo.

Art. 12. São partes legítimas para a propositura da ação de usucapião especial urbana:

I — o possuidor, isoladamente ou em litisconsórcio originário ou superveniente;

II — os possuidores, em estado de composse;

III — como substituto processual, a associação de moradores da comunidade, regularmente constituída, com personalidade jurídica, desde que explicitamente autorizada pelos representados.

§ 1º Na ação de usucapião especial urbana é obrigatória a intervenção do Ministério Público.

§ 2º O autor terá os benefícios da justiça e da assistência judiciária gratuita, inclusive perante o cartório de registro de imóveis.

Art. 13. A usucapião especial de imóvel urbano poderá ser invocada como matéria de defesa, valendo a sentença que a reconhecer como título para registro no cartório de registro de imóveis.

Art. 14. Na ação judicial de usucapião especial de imóvel urbano, o rito processual a ser observado é o sumário.[1]

Art. 14: 1. Não há mais procedimento sumaríssimo ou sumário no CPC; agora há um único procedimento para o processo de conhecimento ordinário, qual seja, o **procedimento comum** (v. CPC 318 e segs. e 1.049 § ún.).

....

Brasília, 10 de julho de 2001; 180º da Independência e 113º da República — FERNANDO HENRIQUE CARDOSO — **Paulo de Tarso Ramos Ribeiro — Geraldo Magela da Cruz Quintão — Pedro Malan — Benjamin Benzaquen Sicsú — Martus Tavares — José Sarney Filho — Alberto Mendes Cardoso.**

Índice Alfabético-Remissivo*

A

* Não havendo outra indicação, a citação do texto de lei se refere ao Código Civil. A ordem numérica dos artigos e alfabética das remissões nem sempre foi atendida neste índice, tendo-se preferido pôr em primeiro lugar os artigos e remissões que tratam mais diretamente do assunto.

Geralmente, os artigos referidos no título já não são mencionados nos subtítulos que o integram. Duas exceções são feitas a esta orientação: a primeira, quando os subtítulos correspondem a subdivisões dos títulos (Posse 1.196 a 1.224: indireta 1.197); a segunda, quando, a nosso critério, abordam aspecto importante.

Os dois-pontos, em seguida ao subtítulo, indicam subdivisão da matéria (Administração dos bens: do curatelado 1.774 c/c 1.753 e 1.754; do tutelado 1.753 e 1.754). O ponto e vírgula, após o subtítulo, indica que a matéria aí contida é semelhante, tendo sido reunida ao subtítulo para maior rapidez e facilidade de consulta (Força maior — na compra e venda 492 § 1º; na gestão de negócios 868; na locação 575).

B

Índice Alfabético-Remissivo

D

G

H

I

M

N

O

S

T

U

W

X

Índice de Leis*

* Contém apenas os textos publicados na íntegra e em vigor. O primeiro número refere-se à página; os demais, à nota em rodapé, quando for o caso.

LEIS COMPLEMENTARES

MEDIDAS PROVISÓRIAS

MOEDAS DO PAÍS 1.177

SALÁRIO MÍNIMO MENSAL — Tabela 1.182

SÚMULAS

TABELAS

Índice de Súmulas*

Súmulas Vinculantes do Supremo Tribunal Federal

Súmulas do Supremo Tribunal Federal

* O primeiro número refere-se à página; os demais, à nota de rodapé, quando for o caso. A referência, no texto, à Súmula, sem outras explicações, significa súmula do STF.

Súmulas do Superior Tribunal de Justiça

Súmulas do Tribunal Federal de Recursos

Súmulas do Tribunal de Justiça do Paraná

Súmulas do Tribunal de Justiça do Rio Grande do Sul

Súmulas do Tribunal de Justiça de Santa Catarina

Súmulas do 1º Tribunal de Alçada Civil de São Paulo

Súmulas do 2º Tribunal de Alçada Civil de São Paulo

Súmula do Tribunal Regional Federal da 1ª Região

Súmula do Tribunal Regional Federal da 4ª Região

Súmula do Tribunal Regional Federal da 5ª Região

Código Civil revogado

(Lei n. 3.071, de 1º de janeiro de 1916)

Índice do Código Civil revogado

(Lei n. 3.071, de 1º de janeiro de 1916)

PARTE GERAL | (arts. 1º a 179)

Livro I | DAS PESSOAS (arts. 2º a 42)

Livro II | DOS BENS (arts. 43 a 73)

Livro III | DOS FATOS JURÍDICOS (arts. 74 a 179)

PARTE ESPECIAL

Livro I | DO DIREITO DE FAMÍLIA (arts. 180 a 484)

Livro II | DO DIREITO DAS COISAS (arts. 485 a 862)

Livro III | DO DIREITO DAS OBRIGAÇÕES (arts. 863 a 1.571)

Livro IV | DO DIREITO DAS SUCESSÕES (arts. 1.572 a 1.805)

Código Civil revogado*

Lei n. 3.071, de 1º de janeiro de 1916

Código Civil dos Estados Unidos do Brasil.

Parte Geral | DISPOSIÇÃO PRELIMINAR

Art. 1º Este Código regula os direitos e obrigações de ordem privada concernentes às pessoas, aos bens e às suas relações.

- *Sem dispositivo correspondente no Código Civil de 2002.*

Livro I | DAS PESSOAS

Título I | DA DIVISÃO DAS PESSOAS

Capítulo I | DAS PESSOAS NATURAIS

Art. 2º Todo homem é capaz de direitos e obrigações na ordem civil.

- *Dispositivo correspondente no Código Civil de 2002: art. 1º.*

Art. 3º A lei não distingue entre nacionais e estrangeiros quanto à aquisição e ao gozo dos direitos civis.

- *Sem dispositivo correspondente no Código Civil de 2002.*

Art. 4º A personalidade civil do homem começa do nascimento com vida; mas a lei põe a salvo desde a concepção os direitos do nascituro.

- *Dispositivo correspondente no Código Civil de 2002: art. 2º.*

Art. 5º São absolutamente incapazes de exercer pessoalmente os atos da vida civil:

- *Dispositivo correspondente no Código Civil de 2002: art. 3º, caput.*

I — os menores de 16 (dezesseis) anos;

- *Dispositivo correspondente no Código Civil de 2002: art. 3º, I.*

II — os loucos de todo o gênero;

- *Dispositivo correspondente no Código Civil de 2002: art. 3º, II.*

III — os surdos-mudos, que não puderem exprimir a sua vontade;

- *Dispositivo correspondente no Código Civil de 2002: art. 3º, III.*

* As notas de correspondência aos artigos do Código Civil de 2002 (Lei 10.406, de 10 de janeiro de 2002) foram elaboradas e gentilmente cedidas pela Editora Saraiva.

IV — os ausentes, declarados tais por ato do juiz.

• *Sem dispositivo correspondente no Código Civil de 2002.*

Art. 6º São incapazes, relativamente a certos atos (art. 147, I), ou à maneira de os exercer:

• *Dispositivo correspondente no Código Civil de 2002: art. 4º,* caput.

I — os maiores de 16 (dezesseis) e os menores de 21 (vinte e um) anos (arts. 154 a 156);

• *Dispositivo correspondente no Código Civil de 2002: art. 4º, I.*

II — os pródigos;

• *Dispositivo correspondente no Código Civil de 2002: art. 4º, IV.*

III — os silvícolas.

• *Sem dispositivo correspondente no Código Civil de 2002.*

Parágrafo único. Os silvícolas ficarão sujeitos ao regime tutelar, estabelecido em leis e regulamentos especiais, o qual cessará à medida que se forem adaptando à civilização do País.

• *Dispositivo correspondente no Código Civil de 2002: art. 4º, parágrafo único.*

Art. 7º Supre-se a incapacidade, absoluta, ou relativa, pelo modo instituído neste Código, Parte Especial.

• *Sem dispositivo correspondente no Código Civil de 2002.*

Art. 8º Na proteção que o Código Civil confere aos incapazes não se compreende o benefício de restituição.

• *Sem dispositivo correspondente no Código Civil de 2002.*

Art. 9º Aos 21 (vinte e um) anos completos acaba a menoridade, ficando habilitado o indivíduo para todos os atos da vida civil.

• *Dispositivo correspondente no Código Civil de 2002: art. 5º,* caput.

§ 1º Cessará, para os menores, a incapacidade:

• *Dispositivo correspondente no Código Civil de 2002: art. 5º, parágrafo único.*

I — por concessão do pai, ou, se for morto, da mãe, e por sentença do juiz, ouvido o tutor, se o menor tiver 18 (dezoito) anos cumpridos;

• *Dispositivo correspondente no Código Civil de 2002: art. 5º, parágrafo único, I.*

II — pelo casamento;

• *Dispositivo correspondente no Código Civil de 2002: art. 5º, parágrafo único, II.*

III — pelo exercício de emprego público efetivo;

• *Dispositivo correspondente no Código Civil de 2002: art. 5º, parágrafo único, III.*

IV — pela colação de grau científico em curso de ensino superior;

• *Dispositivo correspondente no Código Civil de 2002: art. 5º, parágrafo único, IV.*

V — pelo estabelecimento civil ou comercial, com economia própria.

• *Dispositivo correspondente no Código Civil de 2002: art. 5º, parágrafo único, V.*

§ 2º Para efeito do alistamento e do sorteio militar cessará a incapacidade do menor que houver completado 18 (dezoito) anos de idade.

• *Sem dispositivo correspondente no Código Civil de 2002.*

Art. 10. A existência da pessoa natural termina com a morte. Presume-se esta, quanto aos ausentes, nos casos dos arts. 481 e 482.

• *Dispositivo correspondente no Código Civil de 2002: art. 6º.*

Art. 11. Se dois ou mais indivíduos falecerem na mesma ocasião, não se podendo averiguar se algum dos comorientes precedeu aos outros, presumir-se-ão simultaneamente mortos.

• *Dispositivo correspondente no Código Civil de 2002: art. 8º.*

Art. 12. Serão inscritos em registro público:

• *Dispositivo correspondente no Código Civil de 2002: art. 9º,* caput.

I — os nascimentos, casamentos, separações judiciais, divórcios e óbitos;

• *Dispositivo correspondente no Código Civil de 2002: art. 9º, I.*

II — a emancipação por outorga do pai ou mãe, ou por sentença do juiz (art. 9º, parágrafo único, I);

• *Dispositivo correspondente no Código Civil de 2002: art. 9º, II.*

III — a interdição dos loucos, dos surdos-mudos e dos pródigos;

• *Dispositivo correspondente no Código Civil de 2002: art. 9º, III.*

IV — a sentença declaratória da ausência.

• *Dispositivo correspondente no Código Civil de 2002: art. 9º, IV.*

Capítulo II | DAS PESSOAS JURÍDICAS

Seção I | DISPOSIÇÕES GERAIS

Art. 13. As pessoas jurídicas são de direito público interno, ou externo, e de direito privado.

• *Dispositivo correspondente no Código Civil de 2002: art. 40.*

Art. 14. São pessoas jurídicas de direito público interno:

• *Dispositivo correspondente no Código Civil de 2002: art. 41,* caput.

I — a União;

• *Dispositivo correspondente no Código Civil de 2002: art. 41, I.*

II — cada um dos seus Estados e o Distrito Federal;

• *Dispositivo correspondente no Código Civil de 2002: art. 41, II.*

III — cada um dos Municípios legalmente constituídos.

• *Dispositivo correspondente no Código Civil de 2002: art. 41, III.*

Art. 15. As pessoas jurídicas de direito público são civilmente responsáveis por atos dos seus representantes que nessa qualidade causem danos a terceiros, procedendo de modo contrário ao direito ou faltando a dever prescrito por lei, salvo o direito regressivo contra os causadores do dano.

• *Dispositivo correspondente no Código Civil de 2002: art. 43.*

Art. 16. São pessoas jurídicas de direito privado:

• *Dispositivo correspondente no Código Civil de 2002: art. 44,* caput.

I — as sociedades civis, religiosas, pias, morais, científicas ou literárias, as associações de utilidade pública e as fundações;

• *Dispositivo correspondente no Código Civil de 2002: art. 44, I, II e III.*

II — as sociedades mercantis;

• *Dispositivo correspondente no Código Civil de 2002: art. 44, II.*

III — os partidos políticos.

• *Sem dispositivo correspondente no Código Civil de 2002.*

§ 1º As sociedades mencionadas no nº I só se poderão constituir por escrito, lançado no registro geral (art. 20, § 2º), e reger-se-ão pelo disposto a seu respeito neste Código, Parte Especial.

• *Sem dispositivo correspondente no Código Civil de 2002.*

§ 2º As sociedades mercantis continuarão a reger-se pelo estatuído nas leis comerciais.

• *Sem dispositivo correspondente no Código Civil de 2002.*

§ 3º Os partidos políticos reger-se-ão pelo disposto, no que lhes for aplicável, nos arts. 17 a 22 deste Código e em lei específica.

• *Sem dispositivo correspondente no Código Civil de 2002.*

Art. 17. As pessoas jurídicas serão representadas, ativa e passivamente, nos atos judiciais e extrajudiciais, por quem os respectivos estatutos designarem, ou, não o designando, pelos seus diretores.

• *Sem dispositivo correspondente no Código Civil de 2002.*

Seção II | DO REGISTRO CIVIL DAS PESSOAS JURÍDICAS

Art. 18. Começa a existência legal das pessoas jurídicas de direito privado com a inscrição dos seus contratos, atos constitutivos, estatutos ou compromissos no seu registro peculiar, regulado por lei especial, ou com a autorização ou aprovação do Governo, quando precisa.

• *Dispositivo correspondente no Código Civil de 2002: art. 45,* caput.

Parágrafo único. Serão averbadas no registro as alterações que esses atos sofrerem.

• *Dispositivo correspondente no Código Civil de 2002: art. 45,* caput.

Art. 19. O registro declarará:

• *Dispositivo correspondente no Código Civil de 2002: art. 46,* caput.

I — a denominação, os fins e a sede da associação ou fundação;

• *Dispositivo correspondente no Código Civil de 2002: art. 46, I.*

II — o modo por que se administra e representa ativa e passiva, judicial e extrajudicialmente;

• *Dispositivo correspondente no Código Civil de 2002: art. 46, III.*

III — se os estatutos, o contrato ou o compromisso são reformáveis no tocante à administração, e de que modo;

• *Dispositivo correspondente no Código Civil de 2002: art. 46, IV.*

IV — se os membros respondem, ou não, subsidiariamente pelas obrigações sociais;

• *Dispositivo correspondente no Código Civil de 2002: art. 46, V.*

V — as condições de extinção da pessoa jurídica e o destino do seu patrimônio neste caso.

• *Dispositivo correspondente no Código Civil de 2002: art. 46, VI.*

Seção III | DAS SOCIEDADES OU ASSOCIAÇÕES CIVIS

Art. 20. As pessoas jurídicas têm existência distinta da dos seus membros.

• *Sem dispositivo correspondente no Código Civil de 2002.*

§ 1º Não se poderão constituir, sem prévia autorização, as sociedades, as agências ou os estabelecimentos de seguros, montepio e caixas econômicas, salvo as cooperativas e os sindicatos profissionais e agrícolas, legalmente organizados.

Se tiverem de funcionar no Distrito Federal, ou em mais de um Estado, ou em territórios não constituídos em Estados, a autorização será do Governo Federal; se em um só Estado, do governo deste.

• *Sem dispositivo correspondente no Código Civil de 2002.*

§ 2º As sociedades enumeradas no art. 16, que, por falta de autorização ou de registro, se não reputarem pessoas jurídicas, não poderão acionar a seus membros, nem a terceiros; mas estes poderão responsabilizá-las por todos os seus atos.

• *Sem dispositivo correspondente no Código Civil de 2002.*

Art. 21. Termina a existência da pessoa jurídica:

• *Sem dispositivo correspondente no Código Civil de 2002.*

I — pela sua dissolução, deliberada entre os seus membros, salvo o direito da minoria e de terceiros;

• *Sem dispositivo correspondente no Código Civil de 2002.*

II — pela sua dissolução, quando a lei determine;

• *Sem dispositivo correspondente no Código Civil de 2002.*

III — pela sua dissolução em virtude de ato do Governo, que lhe casse a autorização para funcionar, quando a pessoa jurídica incorra em atos opostos aos seus fins ou nocivos ao bem público.

• *Sem dispositivo correspondente no Código Civil de 2002.*

Art. 22. Extinguindo-se uma associação de intuitos não econômicos, cujos estatutos não disponham quanto ao destino ulterior dos seus bens, e não tendo os sócios adotado a tal respeito deliberação eficaz, devolver-se-á o patrimônio social a um estabelecimento municipal, estadual ou federal, de fins idênticos ou semelhantes.

• *Dispositivo correspondente no Código Civil de 2002: art. 61,* caput.

Parágrafo único. Não havendo no Município ou no Estado, no Distrito Federal ou no Território ainda não constituído em Estado, em que a associação teve sua sede, estabelecimento nas condições indicadas, o patrimônio se devolverá à Fazenda do Estado, à do Distrito Federal, ou à da União.

• *Dispositivo correspondente no Código Civil de 2002: art. 61, § 2º.*

Art. 23. Extinguindo-se uma sociedade de fins econômicos, o remanescente do patrimônio social compartir-se-á entre os sócios ou seus herdeiros.

• *Sem dispositivo correspondente no Código Civil de 2002.*

Seção IV | DAS FUNDAÇÕES

Art. 24. Para criar uma fundação, far-lhe-á o seu instituidor, por escritura pública ou testamento, dotação especial de bens livres, especificando o fim a que a destina, e declarando, se quiser, a maneira de administrá-la.

• *Dispositivo correspondente no Código Civil de 2002: art. 62.*

Art. 25. Quando insuficientes para constituir a fundação, os bens doados serão convertidos em títulos da dívida pública, se outra coisa não dispuser o instituidor, até que, aumentados com os rendimentos ou novas dotações, perfaçam capital bastante.

• *Dispositivo correspondente no Código Civil de 2002: art. 63.*

Art. 26. Velará pelas fundações o Ministério Público do Estado, onde situadas.

• *Dispositivo correspondente no Código Civil de 2002: art. 66,* caput.

§ 1º Se estenderem a atividade a mais de um Estado, caberá em cada um deles ao Ministério Público esse encargo.

• *Dispositivo correspondente no Código Civil de 2002: art. 66, § 2º.*

§ 2º Aplica-se ao Distrito Federal e aos Territórios não constituídos em Estados o aqui disposto quanto a estes.

• *Sem dispositivo correspondente no Código Civil de 2002.*

Art. 27. Aqueles a quem o instituidor cometer a aplicação do patrimônio, em tendo ciência do encargo, formularão logo, de acordo com as suas bases (art. 24), os estatutos da fundação projetada, submetendo-os, em seguida, à aprovação da autoridade competente.

• *Dispositivo correspondente no Código Civil de 2002: art. 65,* caput.

Parágrafo único. Se esta lha denegar, supri-la-á o juiz competente no Estado, no Distrito Federal ou nos Territórios, com os recursos da lei.

• *Sem dispositivo correspondente no Código Civil de 2002.*

Art. 28. Para se poderem alterar os estatutos da fundação, é mister:

• *Dispositivo correspondente no Código Civil de 2002: art. 67,* caput.

I — que a reforma seja deliberada pela maioria absoluta dos competentes para gerir e representar a fundação;

• *Dispositivo correspondente no Código Civil de 2002: art. 67, I.*

II — que não contrarie o fim desta;

• *Dispositivo correspondente no Código Civil de 2002: art. 67, II.*

III — que seja aprovada pela autoridade competente.

• *Dispositivo correspondente no Código Civil de 2002: art. 67, III.*

Art. 29. A minoria vencida na modificação dos estatutos poderá, dentro em 1 (um) ano, promover-lhe a nulidade, recorrendo ao juiz competente, salvo o direito de terceiros.

• *Sem dispositivo correspondente no Código Civil de 2002.*

Art. 30. Verificado ser nociva, ou impossível, a mantença de uma fundação, ou vencido o prazo de sua existência, o patrimônio, salvo disposição em contrário no ato constitutivo, ou nos estatutos, será incorporado em outras fundações, que se proponham a fins iguais ou semelhantes.

• *Dispositivo correspondente no Código Civil de 2002: art. 69.*

Parágrafo único. Esta verificação poderá ser promovida judicialmente pela minoria de que trata o art. 29, ou pelo Ministério Público.

• *Dispositivo correspondente no Código Civil de 2002: art. 69.*

Título II | DO DOMICÍLIO CIVIL

Art. 31. O domicílio civil da pessoa natural é o lugar onde ela estabelece a sua residência com ânimo definitivo.

• *Dispositivo correspondente no Código Civil de 2002: art. 70.*

Art. 32. Se, porém, a pessoa natural tiver diversas residências onde alternadamente viva, ou vários centros de ocupações habituais, considerar-se-á domicílio seu qualquer destes ou daquelas.

• *Dispositivo correspondente no Código Civil de 2002: art. 71.*

Art. 33. Ter-se-á por domicílio da pessoa natural, que não tenha residência habitual (art. 32), ou empregue a vida em viagens, sem ponto central de negócios, o lugar onde for encontrada.

• *Dispositivo correspondente no Código Civil de 2002: art. 73.*

Art. 34. Muda-se o domicílio, transferindo a residência, com intenção manifesta de o mudar.

• *Dispositivo correspondente no Código Civil de 2002: art. 74,* caput.

Parágrafo único. A prova da intenção resultara do que declarar a pessoa mudada às municipalidades dos lugares, que deixa, e para onde vai, ou, se tais declarações não fizer, da própria mudança, com as circunstâncias que a acompanharem.

• *Dispositivo correspondente no Código Civil de 2002: art. 74, parágrafo único.*

Art. 35. Quanto às pessoas jurídicas, o domicílio é:

• *Dispositivo correspondente no Código Civil de 2002: art. 75,* caput.

I — da União, o Distrito Federal;

• *Dispositivo correspondente no Código Civil de 2002: art. 75, I.*

II — dos Estados, as respectivas capitais;

• *Dispositivo correspondente no Código Civil de 2002: art. 75, II.*

III — do Município, o lugar onde funcione a administração municipal;

• *Dispositivo correspondente no Código Civil de 2002: art. 75, III.*

IV — das demais pessoas jurídicas, o lugar onde funcionarem as respectivas diretorias e administrações, ou onde elegerem domicílio especial nos seus estatutos ou atos constitutivos.

• *Dispositivo correspondente no Código Civil de 2002: art. 75, IV.*

§ 1º Quando o direito pleiteado se originar de um fato ocorrido, ou de um ato praticado, ou que deva produzir os seus efeitos, fora do Distrito Federal, a União será demandada na seção judicial em que o fato ocorreu, ou onde tiver sua sede a autoridade de quem o ato emanou, ou este tenha de ser executado.

• *Sem dispositivo correspondente no Código Civil de 2002.*

§ 2º Nos Estados, observar-se-á, quanto às causas de natureza local, oriundas de fatos ocorridos, ou atos praticados por suas autoridades, ou dados à execução, fora das capitais, o que dispuser a respectiva legislação.

• *Sem dispositivo correspondente no Código Civil de 2002.*

§ 3º Tendo a pessoa jurídica de direito privado diversos estabelecimentos em lugares diferentes, cada um será considerado domicílio para os atos nele praticados.

• *Dispositivo correspondente no Código Civil de 2002: art. 75, § 1º.*

§ 4º Se a administração, ou diretoria, tiver a sede no estrangeiro, haver-se-á por domicílio da pessoa jurídica, no tocante às obrigações contraídas por cada uma das suas agências, o lugar do estabelecimento, sito no Brasil, a que ela corresponder.

• *Dispositivo correspondente no Código Civil de 2002: art. 75, § 2º.*

Art. 36. Os incapazes têm por domicílio o dos seus representantes.

• *Dispositivo correspondente no Código Civil de 2002: art. 76,* caput *e parágrafo único.*

Parágrafo único. A mulher casada tem por domicílio o do marido, salvo se estiver desquitada (art. 315), ou lhe competir a administração do casal (art. 251).

• *Sem dispositivo correspondente no Código Civil de 2002.*

Art. 37. Os funcionários públicos reputam-se domiciliados onde exercem as suas funções, não sendo temporárias, periódicas, ou de simples comissão, porque, nestes casos, elas não operam mudança no domicílio anterior.

• *Dispositivo correspondente no Código Civil de 2002: art. 76,* caput *e parágrafo único.*

Art. 38. O domicílio do militar em serviço ativo é o lugar onde servir.

• *Dispositivo correspondente no Código Civil de 2002: art. 76,* caput *e parágrafo único.*

Parágrafo único. As pessoas com praça na armada têm o seu domicílio na respectiva estação naval, ou na sede do emprego que estiverem exercendo, em terra.

• *Dispositivo correspondente no Código Civil de 2002: art. 76,* caput *e parágrafo único.*

Art. 39. O domicílio dos oficiais e tripulantes da marinha mercante é o lugar onde estiver matriculado o navio.

• *Dispositivo correspondente no Código Civil de 2002: art. 76,* caput *e parágrafo único.*

Art. 40. O preso, ou o desterrado, tem o domicílio no lugar onde cumpre a sentença, ou desterro (art. 80, § 2º, nº 2, da Constituição Federal).

• *Dispositivo correspondente no Código Civil de 2002: art. 76,* caput *e parágrafo único.*

Art. 41. O ministro ou agente diplomático do Brasil, que, citado no estrangeiro, alegar extraterritorialidade sem designar onde tem, no País, o seu domicílio, poderá ser demandado no Distrito Federal ou no último ponto do território brasileiro onde o teve.

• *Dispositivo correspondente no Código Civil de 2002: art. 77.*

Art. 42. Nos contratos escritos poderão os contraentes especificar domicílio onde se exercitem e cumpram os direitos e obrigações deles resultantes.

• *Dispositivo correspondente no Código Civil de 2002: art. 78.*

Livro II | DOS BENS

Título Único | DAS DIFERENTES CLASSES DE BENS

Capítulo I | DOS BENS CONSIDERADOS EM SI MESMOS

Seção I | DOS BENS IMÓVEIS

Art. 43. São bens imóveis:

• *Dispositivo correspondente no Código Civil de 2002: art. 79.*

I — o solo com a sua superfície, os seus acessórios e adjacências naturais, compreendendo as árvores e frutos pendentes, o espaço aéreo e o subsolo;

• *Dispositivo correspondente no Código Civil de 2002: art. 79.*

II — tudo quanto o homem incorporar permanentemente ao solo, como a semente lançada à terra, os edifícios e construções, de modo que se não possa retirar sem destruição, modificação, fratura, ou dano;

• *Dispositivo correspondente no Código Civil de 2002: art. 79.*

III — tudo quanto no imóvel o proprietário mantiver intencionalmente empregado em sua exploração industrial, aformoseamento ou comodidade.

• *Dispositivo correspondente no Código Civil de 2002: art. 79.*

Art. 44. Consideram-se imóveis para os efeitos legais:

• *Dispositivo correspondente no Código Civil de 2002: art. 80,* caput.

I — os direitos reais sobre imóveis, inclusive o penhor agrícola, e as ações que os asseguram;

• *Dispositivo correspondente no Código Civil de 2002: art. 80, I.*

II — as apólices da dívida pública oneradas com a cláusula de inalienabilidade;

• *Sem dispositivo correspondente no Código Civil de 2002.*

III — o direito à sucessão aberta.

• *Dispositivo correspondente no Código Civil de 2002: art. 80, II.*

Art. 45. Os bens, de que trata o art. 43, III, podem ser, em qualquer tempo, mobilizados.

• *Sem dispositivo correspondente no Código Civil de 2002.*

Art. 46. Não perdem o caráter de imóveis os materiais provisoriamente separados de um prédio, para nele mesmo se reempregarem.

• *Dispositivo correspondente no Código Civil de 2002: art. 81,* caput *e II.*

Seção II | DOS BENS MÓVEIS

Art. 47. São móveis os bens suscetíveis de movimento próprio, ou de remoção por força alheia.

• *Dispositivo correspondente no Código Civil de 2002: art. 82.*

Art. 48. Consideram-se móveis para os efeitos legais:

• *Dispositivo correspondente no Código Civil de 2002: art. 83,* caput.

I — os direitos reais sobre objetos móveis e as ações correspondentes;

• *Dispositivo correspondente no Código Civil de 2002: art. 83, I.*

II — os direitos de obrigação e as ações respectivas;

• *Dispositivo correspondente no Código Civil de 2002: art. 83, III.*

III — os direitos de autor.

• *Sem dispositivo correspondente no Código Civil de 2002.*

Art. 49. Os materiais destinados a alguma construção, enquanto não forem empregados, conservam a sua qualidade de móveis. Readquirem essa qualidade os provenientes da demolição de algum prédio.

• *Dispositivo correspondente no Código Civil de 2002: art. 84.*

Seção III | DAS COISAS FUNGÍVEIS E CONSUMÍVEIS

Art. 50. São fungíveis os móveis que podem, e não fungíveis os que não podem substituir-se por outros da mesma espécie, qualidade e quantidade.

• *Dispositivo correspondente no Código Civil de 2002: art. 85.*

Art. 51. São consumíveis os bens móveis, cujo uso importa destruição imediata da própria substância, sendo também considerados tais os destinados a alienação.

• *Dispositivo correspondente no Código Civil de 2002: art. 86.*

Seção IV | DAS COISAS DIVISÍVEIS E INDIVISÍVEIS

Art. 52. Coisas divisíveis são as que se podem partir em porções reais e distintas, formando cada qual um todo perfeito.

• *Dispositivo correspondente no Código Civil de 2002: art. 87.*

Art. 53. São indivisíveis:

• *Sem dispositivo correspondente no Código Civil de 2002.*

I — os bens que se não podem partir sem alteração na sua substância;

• *Sem dispositivo correspondente no Código Civil de 2002.*

II — os que, embora naturalmente divisíveis, se consideram indivisíveis por lei, ou vontade das partes.

• *Dispositivo correspondente no Código Civil de 2002: art. 88.*

Seção V | DAS COISAS SINGULARES E COLETIVAS

Art. 54. As coisas simples ou compostas, materiais ou imateriais, são singulares ou coletivas:

• *Sem dispositivo correspondente no Código Civil de 2002.*

I — singulares, quando, embora reunidas, se consideram de per si, independentemente das demais;

• *Dispositivo correspondente no Código Civil de 2002: art. 89.*

II — coletivas, ou universais, quando se encaram agregadas em todo.

• *Dispositivo correspondente no Código Civil de 2002: art. 90,* caput.

Art. 55. Nas coisas coletivas, em desaparecendo todos os indivíduos, menos um, se tem por extinta a coletividade.

• *Sem dispositivo correspondente no Código Civil de 2002.*

Art. 56. Na coletividade, fica sub-rogado ao indivíduo o respectivo valor, e vice-versa.

• *Sem dispositivo correspondente no Código Civil de 2002.*

Art. 57. O patrimônio e a herança constituem coisas universais, ou universalidades, e como tais subsistem, embora não constem de objetos materiais.

• *Dispositivo correspondente no Código Civil de 2002: art. 91.*

Capítulo II | DOS BENS RECIPROCAMENTE CONSIDERADOS

Art. 58. Principal é a coisa que existe sobre si, abstrata ou concretamente. Acessória, aquela cuja existência supõe a da principal.

• *Dispositivo correspondente no Código Civil de 2002: art. 92.*

Art. 59. Salvo disposição especial em contrário, a coisa acessória segue a principal.

• *Sem dispositivo correspondente no Código Civil de 2002.*

Art. 60. Entram na classe das coisas acessórias os frutos, produtos e rendimentos.

• *Sem dispositivo correspondente no Código Civil de 2002.*

Art. 61. São acessórios do solo:

• *Sem dispositivo correspondente no Código Civil de 2002.*

I — os produtos orgânicos da superfície;

• *Sem dispositivo correspondente no Código Civil de 2002.*

II — os minerais contidos no subsolo;

• *Sem dispositivo correspondente no Código Civil de 2002.*

III — as obras de aderência permanente, feitas acima ou abaixo da superfície.

• *Sem dispositivo correspondente no Código Civil de 2002.*

Art. 62. Também se consideram acessórias da coisa todas as benfeitorias, qualquer que seja o seu valor, exceto:

• *Sem dispositivo correspondente no Código Civil de 2002.*

I — a pintura em relação à tela;

• *Sem dispositivo correspondente no Código Civil de 2002.*

II — a escultura em relação à matéria-prima;

• *Sem dispositivo correspondente no Código Civil de 2002.*

III — a escritura e outro qualquer trabalho gráfico, em relação à matéria-prima que os recebe (art. 614).

• *Sem dispositivo correspondente no Código Civil de 2002.*

Art. 63. As benfeitorias podem ser voluptuárias, úteis ou necessárias.

• *Dispositivo correspondente no Código Civil de 2002: art. 96,* caput.

§ 1º São voluptuárias as de mero deleite ou recreio, que não aumentam o uso habitual da coisa, ainda que a tornem mais agradável ou sejam de elevado valor.

- *Dispositivo correspondente no Código Civil de 2002: art. 96, § 1º.*

§ 2º São úteis as que aumentam ou facilitam o uso da coisa.

- *Dispositivo correspondente no Código Civil de 2002: art. 96, § 2º.*

§ 3º São necessárias as que têm por fim conservar a coisa ou evitar que se deteriore.

- *Dispositivo correspondente no Código Civil de 2002: art. 96, § 3º.*

Art. 64. Não se consideram benfeitorias os melhoramentos sobrevindos à coisa sem a intervenção do proprietário, possuidor ou detentor.

- *Dispositivo correspondente no Código Civil de 2002: art. 97.*

Capítulo III | DOS BENS PÚBLICOS E PARTICULARES

Art. 65. São públicos os bens do domínio nacional pertencentes à União, aos Estados, ou aos Municípios. Todos os outros são particulares, seja qual for a pessoa a que pertencerem.

- *Dispositivo correspondente no Código Civil de 2002: art. 98.*

Art. 66. Os bens públicos são:

- *Dispositivo correspondente no Código Civil de 2002: art. 99,* caput.

I — de uso comum do povo, tais como os mares, rios, estradas, ruas e praças;

- *Dispositivo correspondente no Código Civil de 2002: art. 99, I.*

II — os de uso especial, tais como os edifícios ou terrenos aplicados a serviço ou estabelecimento federal, estadual ou municipal;

- *Dispositivo correspondente no Código Civil de 2002: art. 99, II.*

III — os dominicais, isto é, os que constituem o patrimônio da União, dos Estados, ou dos Municípios, como objeto de direito pessoal, ou real de cada uma dessas entidades.

- *Dispositivo correspondente no Código Civil de 2002: art. 99, III.*

Art. 67. Os bens de que trata o artigo antecedente só perderão a inalienabilidade, que lhes é peculiar, nos casos e forma que a lei prescrever.

- *Dispositivos correspondentes no Código Civil de 2002: arts. 100 e 101.*

Art. 68. O uso comum dos bens públicos pode ser gratuito, ou retribuído, conforme as leis da União, dos Estados, ou dos Municípios, a cuja administração pertencerem.

- *Dispositivo correspondente no Código Civil de 2002: art. 103.*

Capítulo IV | DAS COISAS QUE ESTÃO FORA DO COMÉRCIO

Art. 69. São coisas fora do comércio as insuscetíveis de apropriação, e as legalmente inalienáveis.

- *Sem dispositivo correspondente no Código Civil de 2002.*

Capítulo V | DO BEM DE FAMÍLIA

Art. 70. É permitido aos chefes de família destinar um prédio para domicílio desta, com a cláusula de ficar isento de execução por dívidas, salvo as que provierem de impostos relativos ao mesmo prédio.

• *Dispositivos correspondentes no Código Civil de 2002: arts. 1.711 e 1.715,* caput.

Parágrafo único. Essa isenção durará enquanto viverem os cônjuges e até que os filhos completem sua maioridade.

• *Dispositivo correspondente no Código Civil de 2002: art. 1.716.*

Art. 71. Para o exercício desse direito é necessário que os instituidores no ato da instituição não tenham dívidas, cujo pagamento possa por ele ser prejudicado.

• *Sem dispositivo correspondente no Código Civil de 2002.*

Parágrafo único. A isenção se refere a dívidas posteriores ao ato, e não às anteriores, se se verificar que a solução destas se tornou inexequível em virtude do ato da instituição.

• *Sem dispositivo correspondente no Código Civil de 2002.*

Art. 72. O prédio, nas condições acima ditas, não poderá ter outro destino, ou ser alienado, sem o consentimento dos interessados e dos seus representantes legais.

• *Dispositivo correspondente no Código Civil de 2002: art. 1.717.*

Art. 73. A instituição deverá constar de escritura pública transcrita no registro de imóveis e publicada na imprensa local e, na falta desta, na da Capital do Estado.

• *Sem dispositivo correspondente no Código Civil de 2002.*

Livro III | DOS FATOS JURÍDICOS

Disposições Preliminares

Art. 74. Na aquisição dos direitos se observarão estas regras:

• *Sem dispositivo correspondente no Código Civil de 2002.*

I — adquirem-se os direitos mediante ato do adquirente ou por intermédio de outrem;

• *Sem dispositivo correspondente no Código Civil de 2002.*

II — pode uma pessoa adquiri-los para si, ou para terceiros;

• *Sem dispositivo correspondente no Código Civil de 2002.*

III — dizem-se atuais os direitos completamente adquiridos, e futuros os cuja aquisição não se acabou de operar.

• *Sem dispositivo correspondente no Código Civil de 2002.*

Parágrafo único. Chama-se deferido o direito futuro, quando sua aquisição pende somente do arbítrio do sujeito; não deferido, quando se subordina a fatos ou condições falíveis.

• *Sem dispositivo correspondente no Código Civil de 2002.*

Art. 75. A todo o direito corresponde uma ação, que o assegura.

• *Sem dispositivo correspondente no Código Civil de 2002.*

Art. 76. Para propor, ou contestar uma ação, é necessário ter legítimo interesse econômico, ou moral.

• *Sem dispositivo correspondente no Código Civil de 2002.*

Parágrafo único. O interesse moral só autoriza a ação quando toque diretamente ao autor, ou à sua família.

• *Sem dispositivo correspondente no Código Civil de 2002.*

Art. 77. Perece o direito, perecendo o seu objeto.

• *Sem dispositivo correspondente no Código Civil de 2002.*

Art. 78. Entende-se que pereceu o objeto do direito:

• *Sem dispositivo correspondente no Código Civil de 2002.*

I — quando perde as qualidades essenciais, ou o valor econômico;

• *Sem dispositivo correspondente no Código Civil de 2002.*

II — quando se confunde com outro, de modo que se não possa distinguir;

• *Sem dispositivo correspondente no Código Civil de 2002.*

III — quando fica em lugar de onde não pode ser retirado.

• *Sem dispositivo correspondente no Código Civil de 2002.*

Art. 79. Se a coisa perecer por fato alheio à vontade do dono, terá este ação, pelos prejuízos contra o culpado.

• *Sem dispositivo correspondente no Código Civil de 2002.*

Art. 80. A mesma ação de perdas e danos terá o dono contra aquele que, incumbido de conservar a coisa, por negligência a deixe perecer; cabendo a este, por sua vez, direito regressivo contra o terceiro culpado.

• *Sem dispositivo correspondente no Código Civil de 2002.*

Título I | DOS ATOS JURÍDICOS

Capítulo I | DISPOSIÇÕES GERAIS

Art. 81. Todo o ato lícito, que tenha por fim imediato adquirir, resguardar, transferir, modificar ou extinguir direitos, se denomina ato jurídico.

• *Sem dispositivo correspondente no Código Civil de 2002.*

Art. 82. A validade do ato jurídico requer agente capaz (art. 145, I), objeto lícito e forma prescrita ou não defesa em lei (arts. 129, 130 e 145).

• *Dispositivo correspondente no Código Civil de 2002: art. 104, I a III.*

Art. 83. A incapacidade de uma das partes não pode ser invocada pela outra em proveito próprio, salvo se for indivisível o objeto do direito ou da obrigação comum.

• *Dispositivo correspondente no Código Civil de 2002: art. 105.*

Art. 84. As pessoas absolutamente incapazes serão representadas pelos pais, tutores, ou curadores em todos os atos jurídicos; as relativamente incapazes, pelas pessoas e nos atos que este Código determina.

• *Sem dispositivo correspondente no Código Civil de 2002.*

Art. 85. Nas declarações de vontade se atenderá mais à sua intenção que ao sentido literal da linguagem.

• *Dispositivo correspondente no Código Civil de 2002: art. 112.*

Capítulo II | DOS DEFEITOS DOS ATOS JURÍDICOS

Seção I | DO ERRO OU IGNORÂNCIA

Art. 86. São anuláveis os atos jurídicos, quando as declarações de vontade emanarem de erro substancial.

• *Dispositivo correspondente no Código Civil de 2002: art. 138.*

Art. 87. Considera-se erro substancial o que interessa à natureza do ato, o objeto principal da declaração, ou alguma das qualidades a ele essenciais.

• *Dispositivo correspondente no Código Civil de 2002: art. 139,* caput *e I.*

Art. 88. Tem-se igualmente por erro substancial o que disser respeito a qualidades essenciais da pessoa, a quem se refira a declaração de vontade.

• *Dispositivo correspondente no Código Civil de 2002: art. 139, II.*

Art. 89. A transmissão errônea da vontade por instrumento, ou por interposta pessoa, pode arguir-se de nulidade nos mesmos casos em que a declaração direta.

• *Dispositivo correspondente no Código Civil de 2002: art. 141.*

Art. 90. Só vicia o ato a falsa causa, quando expressa como razão determinante ou sob forma de condição.

• *Dispositivo correspondente no Código Civil de 2002: art. 140.*

Art. 91. O erro na indicação da pessoa, ou coisa, a que se referir a declaração de vontade, não viciará o ato, quando, por seu contexto e pelas circunstâncias, se puder identificar a coisa ou pessoa cogitada.

• *Dispositivo correspondente no Código Civil de 2002: art. 142.*

Seção II | DO DOLO

Art. 92. Os atos jurídicos são anuláveis por dolo, quando este for a sua causa.

• *Dispositivo correspondente no Código Civil de 2002: art. 145.*

Art. 93. O dolo acidental só obriga à satisfação das perdas e danos. É acidental o dolo, quando a seu despeito o ato se teria praticado, embora por outro modo.

• *Dispositivo correspondente no Código Civil de 2002: art. 146.*

Art. 94. Nos atos bilaterais o silêncio intencional de uma das partes a respeito de fato ou qualidade que a outra parte haja ignorado, constitui omissão dolosa, provando-se que sem ela se não teria celebrado o contrato.

• *Dispositivo correspondente no Código Civil de 2002: art. 147.*

Art. 95. Pode também ser anulado o ato por dolo de terceiro, se uma das partes o soube.

• *Dispositivo correspondente no Código Civil de 2002: art. 148.*

Art. 96. O dolo do representante de uma das partes só obriga o representado a responder civilmente até à importância do proveito que teve.

• *Dispositivo correspondente no Código Civil de 2002: art. 149.*

Art. 97. Se ambas as partes procederam com dolo, nenhuma pode alegá-lo, para anular o ato, ou reclamar indenização.

• *Dispositivo correspondente no Código Civil de 2002: art. 150.*

Seção III | DA COAÇÃO

Art. 98. A coação, para viciar a manifestação da vontade, há de ser tal, que incuta ao paciente fundado temor de dano à sua pessoa, à sua família, ou a seus bens, iminente e igual, pelo menos, ao receável do ato extorquido.

• *Dispositivo correspondente no Código Civil de 2002: art. 151,* caput.

Art. 99. No apreciar a coação, se terá em conta o sexo, a idade, a condição, a saúde, o temperamento do paciente e todas as demais circunstâncias, que lhe possam influir na gravidade.

• *Dispositivo correspondente no Código Civil de 2002: art. 152.*

Art. 100. Não se considera coação a ameaça do exercício normal de um direito, nem o simples temor reverencial.

• *Dispositivo correspondente no Código Civil de 2002: art. 153.*

Art. 101. A coação vicia o ato, ainda quando exercida por terceiro.

• *Dispositivo correspondente no Código Civil de 2002: art. 154.*

§ 1º Se a coação exercida por terceiro for previamente conhecida à parte, a quem aproveite, responderá esta solidariamente com aquele por todas as perdas e danos.

• *Dispositivo correspondente no Código Civil de 2002: art. 154.*

§ 2º Se a parte prejudicada com a anulação do ato não soube da coação exercida por terceiro, só este responderá pelas perdas e danos.

• *Dispositivo correspondente no Código Civil de 2002: art. 155.*

Seção IV | DA SIMULAÇÃO

Art. 102. Haverá simulação nos atos jurídicos em geral:

• *Dispositivo correspondente no Código Civil de 2002: art. 167, § 1º.*

I — quando aparentarem conferir ou transmitir direitos a pessoas diversas das a quem realmente se conferem, ou transmitem;

• *Dispositivo correspondente no Código Civil de 2002: art. 167, § 1º, I.*

II — quando contiverem declaração, confissão, condição, ou cláusula não verdadeira;

• *Dispositivo correspondente no Código Civil de 2002: art. 167, § 1º, II.*

III — quando os instrumentos particulares forem antedatados, ou pós-datados.

• *Dispositivo correspondente no Código Civil de 2002: art. 167, § 1º, III.*

Art. 103. A simulação não se considerará defeito em qualquer dos casos do artigo antecedente, quando não houver intenção de prejudicar a terceiros, ou de violar disposição de lei.

• *Sem dispositivo correspondente no Código Civil de 2002.*

Art. 104. Tendo havido intuito de prejudicar a terceiros ou infringir preceito de lei, nada poderão alegar, ou requerer os contraentes em juízo quanto à simulação do ato, em litígio de um contra o outro, ou contra terceiros.

• *Sem dispositivo correspondente no Código Civil de 2002.*

Art. 105. Poderão demandar a nulidade dos atos simulados os terceiros lesados pela simulação, ou os representantes do poder público, a bem da lei, ou da Fazenda.

• *Sem dispositivo correspondente no Código Civil de 2002.*

Seção V | DA FRAUDE CONTRA CREDORES

Art. 106. Os atos de transmissão gratuita de bens, ou remissão de dívida, quando os pratique o devedor já insolvente, ou por eles reduzido à insolvência, poderão ser anulados pelos credores quirografários como lesivos dos seus direitos (art. 109).

• *Dispositivo correspondente no Código Civil de 2002: art. 158,* caput.

Parágrafo único. Só os credores, que já o eram ao tempo desses atos, podem pleitear-lhes a anulação.

• *Dispositivo correspondente no Código Civil de 2002: art. 158, § 2º.*

Art. 107. Serão igualmente anuláveis os contratos onerosos do devedor insolvente, quando a insolvência for notória ou houver motivo para ser conhecida do outro contraente.

• *Dispositivo correspondente no Código Civil de 2002: art. 159.*

Art. 108. Se o adquirente dos bens do devedor insolvente ainda não tiver pago o preço e este for, aproximadamente, o corrente, desobrigar-se-á depositando-o em juízo, com citação edital de todos os interessados.

• *Dispositivo correspondente no Código Civil de 2002: art. 160,* caput.

Art. 109. A ação, nos casos dos arts. 106 e 107, poderá ser intentada contra o devedor insolvente, a pessoa que com ele celebrou a estipulação considerada fraudulenta, ou terceiros adquirentes que hajam procedido de má-fé.

• *Dispositivo correspondente no Código Civil de 2002: art. 161.*

Art. 110. O credor quirografário, que receber do devedor insolvente o pagamento da dívida ainda não vencida, ficará obrigado a repor, em proveito do acervo sobre que se tenha de efetuar o concurso de credores, aquilo que recebeu.

• *Dispositivo correspondente no Código Civil de 2002: art. 162.*

Art. 111. Presumem-se fraudatórias dos direitos dos outros credores as garantias de dívidas que o devedor insolvente tiver dado a algum credor.

• *Dispositivo correspondente no Código Civil de 2002: art. 163.*

Art. 112. Presumem-se, porém, de boa-fé e valem os negócios ordinários indispensáveis à manutenção de estabelecimento mercantil, agrícola, ou industrial do devedor.

• *Dispositivo correspondente no Código Civil de 2002: art. 164.*

Art. 113. Anulados os atos fraudulentos, a vantagem resultante reverterá em proveito do acervo sobre que se tenha de efetuar o concurso de credores.

• *Dispositivo correspondente no Código Civil de 2002: art. 165,* caput.

Parágrafo único. Se os atos revogados tinham por único objeto atribuir direitos preferenciais, mediante hipoteca, anticrese, ou penhor, sua nulidade importará somente na anulação da preferência ajustada.

• *Dispositivo correspondente no Código Civil de 2002: art. 165, parágrafo único.*

Capítulo III | DAS MODALIDADES DOS ATOS JURÍDICOS

Art. 114. Considera-se condição a cláusula, que subordina o efeito do ato jurídico a evento futuro e incerto.

• *Dispositivo correspondente no Código Civil de 2002: art. 121.*

Art. 115. São lícitas, em geral, todas as condições, que a lei não vedar expressamente. Entre as condições defesas se incluem as que privarem de todo efeito o ato, ou o sujeitarem ao arbítrio de uma das partes.

• *Dispositivo correspondente no Código Civil de 2002: art. 122.*

Art. 116. As condições fisicamente impossíveis, bem como as de não fazer coisa impossível, têm-se por inexistentes. As juridicamente impossíveis invalidam os atos a elas subordinados.

• *Dispositivos correspondentes no Código Civil de 2002: arts. 123,* caput *e I, e 124.*

Art. 117. Não se considera condição a cláusula, que não derive exclusivamente da vontade das partes, mas decorra necessariamente da natureza do direito, a que acede.

• *Sem dispositivo correspondente no Código Civil de 2002.*

Art. 118. Subordinando-se a eficácia do ato à condição suspensiva, enquanto esta se não verificar, não se terá adquirido o direito, a que ele visa.

• *Dispositivo correspondente no Código Civil de 2002: art. 125.*

Art. 119. Se for resolutiva a condição, enquanto esta se não realizar, vigorará o ato jurídico, podendo exercer-se desde o momento deste o direito por ele estabelecido; mas, verificada a condição, para todos os efeitos, se extingue o direito a que ela se opõe.

• *Dispositivos correspondentes no Código Civil de 2002: arts. 127 e 128.*

Parágrafo único. A condição resolutiva da obrigação pode ser expressa, ou tácita; operando, no primeiro caso, de pleno direito, e por interpelação judicial, no segundo.

• *Sem dispositivo correspondente no Código Civil de 2002.*

Art. 120. Reputa-se verificada, quanto aos efeitos jurídicos, a condição, cujo implemento for maliciosamente obstado pela parte, a quem desfavorecer.

Considera-se, ao contrário, não verificada a condição maliciosamente levada a efeito por aquele, a quem aproveita o seu implemento.

• *Dispositivo correspondente no Código Civil de 2002: art. 129.*

Art. 121. Ao titular do direito eventual, no caso de condição suspensiva, é permitido exercer os atos destinados a conservá-lo.

• *Dispositivo correspondente no Código Civil de 2002: art. 130.*

Art. 122. Se alguém dispuser de uma coisa sob condição suspensiva, e, pendente esta, fizer quanto àquela novas disposições, estas não terão valor, realizada a condição, se com ela forem incompatíveis.

• *Dispositivo correspondente no Código Civil de 2002: art. 126.*

Art. 123. O termo inicial suspende o exercício, mas não a aquisição do direito.

• *Dispositivo correspondente no Código Civil de 2002: art. 131.*

Art. 124. Ao termo inicial se aplica o disposto, quanto à condição suspensiva, nos arts. 121 e 122, e ao termo final, o disposto acerca da condição resolutiva no art. 119.

• *Dispositivo correspondente no Código Civil de 2002: art. 135.*

Art. 125. Salvo disposição em contrário, computam-se os prazos, excluindo o dia do começo, e incluindo o do vencimento.

• *Dispositivo correspondente no Código Civil de 2002: art. 132,* caput.

§ 1º Se este cair em dia feriado, considerar-se-á prorrogado o prazo até o seguinte dia útil.

• *Dispositivo correspondente no Código Civil de 2002: art. 132, § 1º.*

§ 2º Meado considera-se, em qualquer mês, o seu décimo quinto dia.

• *Dispositivo correspondente no Código Civil de 2002: art. 132, § 2º.*

§ 3º Considera-se mês o período sucessivo de 30 (trinta) dias completos.

§ 4º Os prazos fixados por hora contar-se-ão de minuto a minuto.

• *Dispositivo correspondente no Código Civil de 2002: art. 132, § 4º.*

Art. 126. Nos testamentos o prazo se presume em favor do herdeiro, e, nos contratos, em proveito do devedor, salvo quanto a esses, se do teor do instrumento, ou das circunstâncias, resultar que se estabeleceu a benefício do credor, ou de ambos os contraentes.

• *Dispositivo correspondente no Código Civil de 2002: art. 133.*

Art. 127. Os atos entre vivos, sem prazo, são exequíveis desde logo, salvo se a execução tiver de ser feita em lugar diverso ou depender de tempo.

• *Dispositivo correspondente no Código Civil de 2002: art. 134.*

Art. 128. O encargo não suspende a aquisição, nem o exercício do direito, salvo quando expressamente imposto no ato, pelo disponente, como condição suspensiva.

• *Dispositivo correspondente no Código Civil de 2002: art. 136.*

Capítulo IV | DA FORMA DOS ATOS JURÍDICOS E DA SUA PROVA

Art. 129. A validade das declarações de vontade não dependerá de forma especial, senão quando a lei expressamente a exigir (art. 82).

• *Dispositivo correspondente no Código Civil de 2002: art. 107.*

Art. 130. Não vale o ato, que deixar de revestir a forma especial, determinada em lei (art. 82), salvo quando esta comine sanção diferente contra a preterição da forma exigida.

• *Sem dispositivo correspondente no Código Civil de 2002.*

Art. 131. As declarações constantes de documentos assinados presumem-se verdadeiras em relação aos signatários.

• *Dispositivo correspondente no Código Civil de 2002: art. 219,* caput.

Parágrafo único. Não tendo relação direta, porém, com as disposições principais, ou com a legitimidade das partes, as declarações enunciativas não eximem os interessados em sua veracidade do ônus de prová-las.

• *Dispositivo correspondente no Código Civil de 2002: art. 219, parágrafo único.*

Art. 132. A anuência, ou a autorização de outrem, necessárias à validade de um ato, provar-se-á do mesmo modo que este, e constará, sempre que ser possa, do próprio instrumento.

• *Dispositivo correspondente no Código Civil de 2002: art. 220.*

Art. 133. No contrato celebrado com a cláusula de não valer sem instrumento público, este é da substância do ato.

• *Dispositivo correspondente no Código Civil de 2002: art. 109.*

Art. 134. É, outrossim, da substância do ato a escritura pública:

• *Dispositivo correspondente no Código Civil de 2002: art. 108.*

I — nos pactos antenupciais e nas adoções;

• *Sem dispositivo correspondente no Código Civil de 2002.*

II — nos contratos constitutivos ou translativos de direitos reais sobre imóveis de valor superior a cinquenta mil cruzeiros, excetuado o penhor agrícola.

• *Dispositivo correspondente no Código Civil de 2002: art. 108.*

§ 1º A escritura pública, lavrada em notas de tabelião, é documento dotado de fé pública, fazendo prova plena, e, além de outros requisitos previstos em lei especial, deve conter:

• *Dispositivo correspondente no Código Civil de 2002: art. 215,* caput *e § 1º.*

a) data e lugar de sua realização;

• *Dispositivo correspondente no Código Civil de 2002: art. 215, § 1º, I.*

b) reconhecimento da identidade e capacidade das partes e de quantos hajam comparecido ao ato;

• *Dispositivo correspondente no Código Civil de 2002: art. 215, § 1º, II.*

c) nome, nacionalidade, estado civil, profissão, domicílio e residência das partes e demais comparecentes, com a indicação, quando necessário, do regime de bens do casamento, nome do cônjuge e filiação;

• *Dispositivo correspondente no Código Civil de 2002: art. 215, § 1º, III.*

d) manifestação da vontade das partes e dos intervenientes;

• *Dispositivo correspondente no Código Civil de 2002: art. 215, § 1º, IV.*

e) declaração de ter sido lida às partes e demais comparecentes, ou de que todos a leram;

• *Dispositivo correspondente no Código Civil de 2002: art. 215, § 1º, VI.*

f) assinatura das partes e dos demais comparecentes, bem como a do tabelião, encerrando o ato.

• *Dispositivo correspondente no Código Civil de 2002: art. 215, § 1º, VII.*

§ 2º Se algum comparecente não puder ou não souber assinar, outra pessoa capaz assinará por ele, a seu rogo.

• *Dispositivo correspondente no Código Civil de 2002: art. 215, § 2º.*

§ 3º A escritura será redigida em língua nacional.

• *Dispositivo correspondente no Código Civil de 2002: art. 215, § 3º.*

§ 4º Se qualquer dos comparecentes não souber a língua nacional e o tabelião não entender o idioma em que se expressa, deverá comparecer tradutor público para servir de intérprete ou, não o havendo na localidade, outra pessoa capaz, que, a juízo do tabelião, tenha idoneidade e conhecimentos bastantes.

• *Dispositivo correspondente no Código Civil de 2002: art. 215, § 4º.*

§ 5º Se algum dos comparecentes não for conhecido do tabelião, nem puder identificar-se por documento, deverão participar do ato pelo menos 2 (duas) testemunhas que o conheçam e atestem sua identidade.

• *Dispositivo correspondente no Código Civil de 2002: art. 215, § 5º.*

§ 6º O valor previsto no inciso II deste artigo será reajustado em janeiro de cada ano, em função da variação nominal das Obrigações do Tesouro Nacional — OTN (Lei nº 6.423, de 17 de junho de 1977).

• *Sem dispositivo correspondente no Código Civil de 2002.*

Art. 135. O instrumento particular, feito e assinado, ou somente assinado por quem esteja na disposição e administração livre de seus bens, sendo subscrito por 2 (duas) testemunhas, prova as obrigações convencionais de qualquer valor. Mas os seus efeitos, bem como os da cessão, não se operam, a respeito de terceiros (art. 1.067), antes de transcrito no Registro Público.

• *Dispositivo correspondente no Código Civil de 2002: art. 221,* caput.

Parágrafo único. A prova do instrumento particular pode suprir-se pelas outras de caráter legal.

• *Dispositivo correspondente no Código Civil de 2002: art. 221, parágrafo único.*

Art. 136. Os atos jurídicos, a que se não impõe forma especial, poderão provar-se mediante:

• *Dispositivo correspondente no Código Civil de 2002: art. 212,* caput.

I — confissão;

• *Dispositivo correspondente no Código Civil de 2002: art. 212, I.*

II — atos processados em juízo;

• *Sem dispositivo correspondente no Código Civil de 2002.*

III — documentos públicos ou particulares;

• *Dispositivo correspondente no Código Civil de 2002: art. 212, II.*

IV — testemunhas;

• *Dispositivo correspondente no Código Civil de 2002: art. 212, III.*

V — presunção;

• *Dispositivo correspondente no Código Civil de 2002: art. 212, IV.*

VI — exames e vistorias;

• *Dispositivo correspondente no Código Civil de 2002: art. 212, V.*

VII — arbitramento.

• *Dispositivo correspondente no Código Civil de 2002: art. 212, V.*

Art. 137. Farão a mesma prova que os originais as certidões textuais de qualquer peça judicial, do protocolo das audiências, ou de outro qualquer livro, a cargo do escrivão, sendo extraídas por ele, ou sob a sua vigilância, e por ele subscritas, assim como os traslados de autos, quando por outro escrivão concertados.

• *Dispositivo correspondente no Código Civil de 2002: art. 216.*

Art. 138. Terão também a mesma força probante os traslados e as certidões extraídas por oficial público, de instrumentos ou documentos lançados em suas notas.

• *Dispositivo correspondente no Código Civil de 2002: art. 217.*

Art. 139. Os traslados, ainda que não concertados, e as certidões considerar-se-ão instrumentos públicos, se os originais se houverem produzido em juízo como prova de algum ato.

• *Dispositivo correspondente no Código Civil de 2002: art. 218.*

Art. 140. Os escritos de obrigação redigidos em língua estrangeira serão, para ter efeitos legais no país, vertidos em português.

• *Dispositivo correspondente no Código Civil de 2002: art. 224.*

Art. 141. Salvo os casos expressos, a prova exclusivamente testemunhal só se admite nos contratos, cujo valor não passe de dez mil cruzeiros.

• *Dispositivo correspondente no Código Civil de 2002: art. 227,* caput.

Parágrafo único. Qualquer que seja o valor do contrato, a prova testemunhal é admissível como subsidiária ou complementar da prova por escrito.

• *Dispositivo correspondente no Código Civil de 2002: art. 227, parágrafo único.*

Art. 142. Não podem ser admitidos como testemunhas:

• *Dispositivo correspondente no Código Civil de 2002: art. 228,* caput.

I — os loucos de todo o gênero;

• *Dispositivo correspondente no Código Civil de 2002: art. 228, II.*

II — os cegos e surdos, quando a ciência do fato, que se quer provar, dependa dos sentidos, que lhes faltam;

• *Dispositivo correspondente no Código Civil de 2002: art. 228, III.*

III — os menores de 16 (dezesseis) anos;

• *Dispositivo correspondente no Código Civil de 2002: art. 228, I.*

IV — o interessado no objeto do litígio, bem como o ascendente e o descendente, ou o colateral, até o terceiro grau, de alguma das partes, por consanguinidade, ou afinidade;

• *Dispositivo correspondente no Código Civil de 2002: art. 228, IV e V.*

V — os cônjuges.

• *Dispositivo correspondente no Código Civil de 2002: art. 228, V.*

Art. 143. Os ascendentes por consanguinidade, ou afinidade, podem ser admitidos como testemunhas, em questões em que se trate de verificar o nascimento, ou o óbito dos filhos.

• *Sem dispositivo correspondente no Código Civil de 2002.*

Art. 144. Ninguém pode ser obrigado a depor de fatos, a cujo respeito, por estado ou profissão, deva guardar segredo.

• *Dispositivo correspondente no Código Civil de 2002: art. 229,* caput *e I.*

Capítulo V | DAS NULIDADES

Art. 145. É nulo o ato jurídico:

• *Dispositivo correspondente no Código Civil de 2002: art. 166,* caput.

I — quando praticado por pessoa absolutamente incapaz (art. 5º);

• *Dispositivo correspondente no Código Civil de 2002: art. 166, I.*

II — quando for ilícito, ou impossível, o seu objeto;

• *Dispositivo correspondente no Código Civil de 2002: art. 166, II.*

III — quando não revestir a forma prescrita em lei (arts. 82 e 130);

• *Dispositivo correspondente no Código Civil de 2002: art. 166, IV.*

IV — quando for preterida alguma solenidade que a lei considere essencial para a sua validade;

• *Dispositivo correspondente no Código Civil de 2002: art. 166, V.*

V — quando a lei taxativamente o declarar nulo ou lhe negar efeito.

• *Dispositivo correspondente no Código Civil de 2002: art. 166, VII.*

Art. 146. As nulidades do artigo antecedente podem ser alegadas por qualquer interessado, ou pelo Ministério Público, quando lhe couber intervir.

• *Dispositivo correspondente no Código Civil de 2002: art. 168,* caput.

Parágrafo único. Devem ser pronunciadas pelo juiz, quando conhecer do ato ou dos seus efeitos e as encontrar provadas, não lhe sendo permitido supri-las ainda a requerimento das partes.

• *Dispositivo correspondente no Código Civil de 2002: art. 168, parágrafo único.*

Art. 147. É anulável o ato jurídico:

• *Dispositivo correspondente no Código Civil de 2002: art. 171,* caput.

I — por incapacidade relativa do agente (art. 6º);

• *Dispositivo correspondente no Código Civil de 2002: art. 171, I.*

II — por vício resultante de erro, dolo, coação, simulação, ou fraude (arts. 86 a 113).

• *Dispositivo correspondente no Código Civil de 2002: art. 171, II.*

Art. 148. O ato anulável pode ser ratificado pelas partes, salvo direito de terceiro.

A ratificação retroage à data do ato.

• *Dispositivo correspondente no Código Civil de 2002: art. 172.*

Art. 149. O ato de ratificação deve conter a substância da obrigação ratificada e a vontade expressa de ratificá-la.

• *Dispositivo correspondente no Código Civil de 2002: art. 173.*

Art. 150. É escusada a ratificação expressa, quando a obrigação já foi cumprida em parte pelo devedor, ciente do vício que a inquinava.

• *Dispositivo correspondente no Código Civil de 2002: art. 174.*

Art. 151. A ratificação expressa, ou a execução voluntária da obrigação anulável, nos termos dos arts. 148 a 150, importa renúncia a todas as ações, ou exceções, de que dispusesse contra o ato o devedor.

• *Dispositivo correspondente no Código Civil de 2002: art. 175.*

Art. 152. As nulidades do art. 147 não têm efeito antes de julgadas por sentença, nem se pronunciam de ofício.

Só os interessados as podem alegar, e aproveitam exclusivamente aos que as alegarem, salvo o caso de solidariedade, ou indivisibilidade.

• *Dispositivo correspondente no Código Civil de 2002: art. 177.*

Parágrafo único. A nulidade do instrumento não induz a do ato, sempre que este puder provar-se por outro meio.

• *Dispositivo correspondente no Código Civil de 2002: art. 183.*

Art. 153. A nulidade parcial de um ato não o prejudicará na parte válida, se esta for separável. A nulidade da obrigação principal implica a das obrigações acessórias, mas a destas não induz a da obrigação principal.

• *Dispositivo correspondente no Código Civil de 2002: art. 184.*

Art. 154. As obrigações contraídas por menores, entre 16 (dezesseis) e 21 (vinte e um) anos, são anuláveis (arts. 6º e 84), quando resultem de atos por eles praticados:

• *Sem dispositivo correspondente no Código Civil de 2002.*

I — sem autorização de seus legítimos representantes (art. 84);

• *Sem dispositivo correspondente no Código Civil de 2002.*

II — sem assistência do curador, que neles houvesse de intervir.

• *Sem dispositivo correspondente no Código Civil de 2002.*

Art. 155. O menor, entre 16 (dezesseis) e 21 (vinte e um) anos, não pode, para se eximir de uma obrigação, invocar a sua idade, se dolosamente a ocultou, inquirido pela outra parte, ou se, no ato de se obrigar, espontaneamente se declarou maior.

• *Dispositivo correspondente no Código Civil de 2002: art. 180.*

Art. 156. O menor, entre 16 (dezesseis) e 21 (vinte e um) anos, equipara-se ao maior quanto às obrigações resultantes de atos ilícitos, em que for culpado.

• *Sem dispositivo correspondente no Código Civil de 2002.*

Art. 157. Ninguém pode reclamar o que, por uma obrigação anulada, pagou a um incapaz, se não provar que reverteu em proveito dele a importância paga.

• *Dispositivo correspondente no Código Civil de 2002: art. 181.*

Art. 158. Anulado o ato, restituir-se-ão as partes ao estado, em que antes dele se achavam, e não sendo possível restituí-las, serão indenizadas com o equivalente.

• *Dispositivo correspondente no Código Civil de 2002: art. 182.*

Título II | DOS ATOS ILÍCITOS

Art. 159. Aquele que, por ação ou omissão voluntária, negligência, ou imprudência, violar direito, ou causar prejuízo a outrem, fica obrigado a reparar o dano.

A verificação da culpa e a avaliação da responsabilidade regulam-se pelo disposto neste Código, arts. 1.518 a 1.532 e 1.537 a 1.553.

• *Dispositivos correspondentes no Código Civil de 2002: arts. 186 e 927,* caput.

Art. 160. Não constituem atos ilícitos:

• *Dispositivo correspondente no Código Civil de 2002: art. 188,* caput.

I — os praticados em legítima defesa ou no exercício regular de um direito reconhecido;

• *Dispositivo correspondente no Código Civil de 2002: art. 188, I.*

II — a deterioração ou destruição da coisa alheia, a fim de remover perigo iminente (arts. 1.519 e 1.520).

• *Dispositivo correspondente no Código Civil de 2002: art. 188, II.*

Parágrafo único. Neste último caso, o ato será legítimo, somente quando as circunstâncias o tornarem absolutamente necessário, não excedendo os limites do indispensável para a remoção do perigo.

• *Dispositivo correspondente no Código Civil de 2002: art. 188, parágrafo único.*

Título III | DA PRESCRIÇÃO

Capítulo I | DISPOSIÇÕES GERAIS

Art. 161. A renúncia da prescrição pode ser expressa, ou tácita, e só valerá, sendo feita, sem prejuízo de terceiro, depois que a prescrição se consumar.

Tácita é a renúncia, quando se presume de fatos do interessado, incompatíveis com a prescrição.

• *Dispositivo correspondente no Código Civil de 2002: art. 191.*

Art. 162. A prescrição pode ser alegada, em qualquer instância, pela parte a quem aproveita.

• *Dispositivo correspondente no Código Civil de 2002: art. 193.*

Art. 163. As pessoas jurídicas estão sujeitas aos efeitos da prescrição e podem invocá-los sempre que lhes aproveitar.

• *Sem dispositivo correspondente no Código Civil de 2002.*

Art. 164. As pessoas que a lei priva de administrar os próprios bens, têm ação regressiva contra os seus representantes legais, quando estes, por dolo, ou negligência, derem causa à prescrição.

• *Dispositivo correspondente no Código Civil de 2002: art. 195.*

Art. 165. A prescrição iniciada contra uma pessoa continua a correr contra o seu herdeiro.

• *Dispositivo correspondente no Código Civil de 2002: art. 196.*

Art. 166. O juiz não pode conhecer da prescrição de direitos patrimoniais, se não foi invocada pelas partes.

• *Dispositivo correspondente no Código Civil de 2002: art. 194.*

Art. 167. Com o principal prescrevem os direitos acessórios.

• *Sem dispositivo correspondente no Código Civil de 2002.*

Capítulo II | DAS CAUSAS QUE IMPEDEM OU SUSPENDEM A PRESCRIÇÃO

Art. 168. Não corre a prescrição:

• *Dispositivo correspondente no Código Civil de 2002: art. 197,* caput.

I — entre cônjuges, na constância do matrimônio;

• *Dispositivo correspondente no Código Civil de 2002: art. 197, I.*

II — entre ascendentes e descendentes, durante o pátrio poder;

• *Dispositivo correspondente no Código Civil de 2002: art. 197, II.*

III — entre tutelados ou curatelados e seus tutores ou curadores, durante a tutela ou curatela;

• *Dispositivo correspondente no Código Civil de 2002: art. 197, III.*

IV — em favor do credor pignoratício, do mandatário, e, em geral, das pessoas que lhes são equiparadas, contra o depositante, o devedor, o mandante e as pessoas representadas, ou seus herdeiros, quanto ao direito e obrigações relativas aos bens confiados à sua guarda.

• *Sem dispositivo correspondente no Código Civil de 2002.*

Art. 169. Também não corre a prescrição:

• *Dispositivo correspondente no Código Civil de 2002: art. 198,* caput.

I — contra os incapazes de que trata o art. 5º;

• *Dispositivo correspondente no Código Civil de 2002: art. 198, I.*

II — contra os ausentes do Brasil em serviço público da União, dos Estados, ou dos Municípios;

• *Dispositivo correspondente no Código Civil de 2002: art. 198, II.*

III — contra os que se acharem servindo na armada e no exército nacionais, em tempo de guerra.

• *Dispositivo correspondente no Código Civil de 2002: art. 198, III.*

Art. 170. Não corre igualmente:

• *Dispositivo correspondente no Código Civil de 2002: art. 199,* caput.

I — pendendo condição suspensiva;

• *Dispositivo correspondente no Código Civil de 2002: art. 199, I.*

II — não estando vencido o prazo;

• *Dispositivo correspondente no Código Civil de 2002: art. 199, II.*

III — pendendo ação de evicção.

• *Dispositivo correspondente no Código Civil de 2002: art. 199, III.*

Art. 171. Suspensa a prescrição em favor de um dos credores solidários, só aproveitam os outros, se o objeto da obrigação for indivisível.

• *Dispositivo correspondente no Código Civil de 2002: art. 201.*

Capítulo III | DAS CAUSAS QUE INTERROMPEM A PRESCRIÇÃO

Art. 172. A prescrição interrompe-se:

• *Dispositivo correspondente no Código Civil de 2002: art. 202,* caput.

I — pela citação pessoal feita ao devedor, ainda que ordenada por juiz incompetente;

• *Dispositivo correspondente no Código Civil de 2002: art. 202, I.*

II — pelo protesto, nas condições do número anterior;

• *Dispositivo correspondente no Código Civil de 2002: art. 202, II.*

III — pela apresentação do título de crédito em juízo de inventário, ou em concurso de credores;

• *Dispositivo correspondente no Código Civil de 2002: art. 202, IV.*

IV — por qualquer ato judicial que constitua em mora o devedor;

• *Dispositivo correspondente no Código Civil de 2002: art. 202, V.*

V — por qualquer ato inequívoco, ainda que extrajudicial, que importe reconhecimento do direito pelo devedor.

• *Dispositivo correspondente no Código Civil de 2002: art. 202, VI.*

Art. 173. A prescrição interrompida recomeça a correr da data do ato que a interrompeu, ou do último do processo para a interromper.

• *Dispositivo correspondente no Código Civil de 2002: art. 202, parágrafo único.*

Art. 174. Em cada um dos casos do art. 172, a interrupção pode ser promovida:

• *Dispositivo correspondente no Código Civil de 2002: art. 203.*

I — pelo próprio titular do direito em via de prescrição;

• *Dispositivo correspondente no Código Civil de 2002: art. 203.*

II — por quem legalmente o represente;

• *Dispositivo correspondente no Código Civil de 2002: art. 203.*

III — por terceiro que tenha legítimo interesse.

• *Dispositivo correspondente no Código Civil de 2002: art. 203.*

Art. 175. A prescrição não se interrompe com a citação nula por vício de forma, por circunducta, ou por se achar perempta a instância, ou a ação.

• *Sem dispositivo correspondente no Código Civil de 2002.*

Art. 176. A interrupção da prescrição por um credor não aproveita aos outros. Semelhantemente, a interrupção operada contra o codevedor, ou seu herdeiro, não prejudica aos demais coobrigados.

• *Dispositivo correspondente no Código Civil de 2002: art. 204,* caput.

§ 1º A interrupção, porém, aberta por um dos credores solidários aproveita aos outros; assim como a interrupção efetuada contra o devedor solidário envolve os demais e seus herdeiros.

• *Dispositivo correspondente no Código Civil de 2002: art. 204, § 1º.*

§ 2º A interrupção operada contra um dos herdeiros do devedor solidário não prejudica aos outros herdeiros ou devedores, senão quando se trate de obrigações e direitos indivisíveis.

• *Dispositivo correspondente no Código Civil de 2002: art. 204, § 2º.*

§ 3º A interrupção produzida contra o principal devedor prejudica o fiador.

• *Dispositivo correspondente no Código Civil de 2002: art. 204, § 3º.*

Capítulo IV | DOS PRAZOS DA PRESCRIÇÃO

Art. 177. As ações pessoais prescrevem, ordinariamente, em 20 (vinte) anos, as reais em 10 (dez), entre presentes, e entre ausentes em 15 (quinze), contados da data em que poderiam ter sido propostas.

• *Dispositivo correspondente no Código Civil de 2002: art. 205.*

Art. 178. Prescreve:

• *Dispositivo correspondente no Código Civil de 2002: art. 206,* caput.

§ 1º Em 10 (dez) dias, contados do casamento, a ação do marido para anular o matrimônio contraído com mulher já deflorada (arts. 218, 219, IV, e 220).

• *Sem dispositivo correspondente no Código Civil de 2002.*

§ 2º Em 15 (quinze) dias, contados da tradição da coisa, a ação para haver abatimento do preço da coisa móvel, recebida com vício redibitório, ou para rescindir o contrato e reaver o preço pago, mais perdas e danos.

• *Dispositivo correspondente no Código Civil de 2002: art. 445,* caput *e § 1º.*

§ 3º Em 2 (dois) meses, contados do nascimento, se era presente o marido, a ação para este contestar a legitimidade do filho de sua mulher (arts. 338 e 344).

• *Sem dispositivo correspondente no Código Civil de 2002.*

§ 4º Em 3 (três) meses:

• *Sem dispositivo correspondente no Código Civil de 2002.*

I — a mesma ação do parágrafo anterior, se o marido se achava ausente, ou lhe ocultaram o nascimento; contado o prazo do dia de sua volta à casa conjugal, no primeiro caso, e da data do conhecimento do fato, no segundo;

• *Sem dispositivo correspondente no Código Civil de 2002.*

II — a ação do pai, tutor, ou curador para anular o casamento do filho, pupilo, ou curatelado, contraído sem o consentimento daqueles, nem o seu suprimento pelo juiz; contado o prazo do dia em que tiverem ciência do casamento (arts. 180, III, 183, XI, 209 e 213).

• *Sem dispositivo correspondente no Código Civil de 2002.*

§ 5º Em 6 (seis) meses:

• *Sem dispositivo correspondente no Código Civil de 2002.*

I — a ação do cônjuge coato para anular o casamento; contado o prazo do dia em que cessou a coação (arts. 183, IX, e 209);

• *Sem dispositivo correspondente no Código Civil de 2002.*

II — a ação para anular o casamento do incapaz de consentir, promovida por este, quando se torne capaz, por seus representantes legais, ou pelos herdeiros; contado o prazo do dia em que cessou a incapacidade, no primeiro caso, do casamento, no segundo, e, no terceiro, da morte do incapaz, quando esta ocorra durante a incapacidade (art. 212);

• *Dispositivo correspondente no Código Civil de 2002: art. 1.560, I.*

III — a ação para anular o casamento da menor de 16 (dezesseis) e do menor de 18 (dezoito) anos; contado o prazo do dia em que o menor perfez essa idade, se a ação for por ele movida, e da data do matrimônio, quando o for por seus representantes legais (arts. 213 e 216) ou pelos parentes designados no art. 190;

• *Dispositivos correspondentes no Código Civil de 2002: arts. 1.555,* caput *e § 1º, e 1.560, § 1º.*

IV — a ação para haver o abatimento do preço da coisa imóvel, recebida com vício redibitório, ou para rescindir o contrato comutativo, e haver o preço pago, mais perdas e danos; contado o prazo da tradição da coisa;

• *Dispositivo correspondente no Código Civil de 2002: art. 445,* caput *e § 1º.*

V — a ação dos hospedeiros, estalajadeiros ou fornecedores de víveres destinados ao consumo no próprio estabelecimento, pelo preço da hospedagem ou dos alimentos fornecidos; contado o prazo do último pagamento.

• *Dispositivo correspondente no Código Civil de 2002: art. 206, § 1º, I.*

§ 6º Em 1 (um) ano:

• *Dispositivo correspondente no Código Civil de 2002: art. 206, § 1º.*

I — a ação do doador para revogar a doação; contado o prazo do dia em que souber do fato, que o autoriza a revogá-la (arts. 1.181 a 1.187);

• *Sem dispositivo correspondente no Código Civil de 2002.*

II — a ação do segurado contra o segurador e vice-versa, se o fato que a autoriza se verificar no país; contado o prazo do dia em que o interessado tiver conhecimento do mesmo fato (art. 178, § 7º, V);

• *Dispositivo correspondente no Código Civil de 2002: art. 206, § 1º, II,* b.

III — a ação do filho, para desobrigar e reivindicar os imóveis de sua propriedade, alienados ou gravados pelo pai fora dos casos expressamente legais; contado o prazo do dia em que chegar à maioridade (arts. 386 e 388, I);

• *Sem dispositivo correspondente no Código Civil de 2002.*

IV — a ação dos herdeiros do filho, no caso do número anterior, contando-se o prazo do dia do falecimento, se o filho morreu menor, e bem assim a de seu representante legal, se o pai decaiu do pátrio poder, correndo o prazo da data em que houver decaído (arts. 386 e 388, II e III);

• *Sem dispositivo correspondente no Código Civil de 2002.*

V — a ação de nulidade da partilha; contado o prazo da data em que a sentença da partilha passou em julgado (art. 1.805);

• *Sem dispositivo correspondente no Código Civil de 2002.*

VI — a ação dos professores, mestres ou repetidores de ciência, literatura, ou arte, pelas lições que derem, pagáveis por períodos não excedentes a 1 (um) mês; contado o prazo do termo de cada período vencido;

• *Dispositivo correspondente no Código Civil de 2002: art. 206, § 5º, II.*

VII — a ação dos donos de casa de pensão, educação, ou ensino, pelas prestações dos seus pensionistas, alunos ou aprendizes; contado o prazo do vencimento de cada uma;

• *Sem dispositivo correspondente no Código Civil de 2002.*

VIII — a ação dos tabeliães e outros oficiais do juízo, porteiros do auditório e escrivães, pelas custas dos atos que praticarem; contado o prazo da data daqueles por que elas se deverem;

• *Dispositivo correspondente no Código Civil de 2002: art. 206, § 1º, III.*

IX — a ação dos médicos, cirurgiões ou farmacêuticos, por suas visitas, operações ou medicamentos; contado o prazo da data do último serviço prestado;

• *Dispositivo correspondente no Código Civil de 2002: art. 206, § 5º, II.*

X — a ação dos advogados, solicitadores, curadores, peritos e procuradores judiciais, para o pagamento de seus honorários; contado o prazo do vencimento do contrato, da decisão final do processo ou da revogação do mandato;

• *Dispositivo correspondente no Código Civil de 2002: art. 206, § 5º, II.*

XI — a ação do proprietário do prédio desfalcado contra o do prédio aumentado pela avulsão, nos termos do art. 541; contado o prazo do dia em que ela ocorreu;

• *Sem dispositivo correspondente no Código Civil de 2002.*

XII — a ação dos herdeiros do filho para prova da legitimidade da filiação; contado o prazo da data do seu falecimento se houver morrido ainda menor ou incapaz;

• *Sem dispositivo correspondente no Código Civil de 2002.*

XIII — a ação do adotado para se desligar da adoção, realizada quando ele era menor ou se achava interdito; contado o prazo do dia em que cessar a menoridade ou a interdição.

• *Sem dispositivo correspondente no Código Civil de 2002.*

§ 7º Em 2 (dois) anos:

• *Sem dispositivo correspondente no Código Civil de 2002.*

I — a ação do cônjuge para anular o casamento nos casos do art. 219, I, II e III; contado o prazo da data da celebração do casamento; e da data da execução deste Código para os casamentos anteriormente celebrados;

• *Dispositivo correspondente no Código Civil de 2002. art. 1.560, III.*

II — a ação dos credores por dívida inferior a cem mil-réis, salvo as contempladas nos ns. VI a VIII do parágrafo anterior; contado o prazo do vencimento respectivo, se estiver prefixado, e, no caso contrário, do dia em que foi contraída;

• *Sem dispositivo correspondente no Código Civil de 2002.*

III — a ação dos professores, mestres e repetidores de ciência, literatura ou arte, cujos honorários sejam estipulados em prestações correspondentes a períodos maiores de 1 (um) mês; contado o prazo do vencimento da última prestação;

• *Sem dispositivo correspondente no Código Civil de 2002.*

IV — a ação dos engenheiros, arquitetos, agrimensores e estereômetras, por seus honorários; contado o prazo do termo dos seus trabalhos;

• *Sem dispositivo correspondente no Código Civil de 2002.*

V — a ação do segurado contra o segurador e, vice-versa, se o fato que a autoriza se verificar fora do Brasil; contado o prazo do dia em que desse fato soube o interessado (art. 178, § 6º, II);

• *Dispositivo correspondente no Código Civil de 2002: art. 206, § 1º, II.*

VI — a ação do cônjuge ou seus herdeiros necessários para anular a doação feita pelo cônjuge adúltero ao seu cúmplice; contado o prazo da dissolução da sociedade conjugal (art. 1.177);

• *Sem dispositivo correspondente no Código Civil de 2002.*

VII — a ação do marido ou dos seus herdeiros, para anular atos da mulher, praticados sem o seu consentimento, ou sem o suprimento do juiz; contado o prazo do dia em que se dissolver a sociedade conjugal (arts. 252 e 315).

• *Sem dispositivo correspondente no Código Civil de 2002.*

§ 8º Em 3 (três) anos:

A ação do vendedor para resgatar o imóvel vendido; contado o prazo da data da escritura, quando se não fixou no contrato prazo menor (art. 1.141).

• *Dispositivo correspondente no Código Civil de 2002: art. 206, § 3º.*

§ 9º Em 4 (quatro) anos:

• *Sem dispositivo correspondente no Código Civil de 2002.*

I — contados da dissolução da sociedade conjugal, a ação da mulher para:

• *Sem dispositivo correspondente no Código Civil de 2002.*

a) desobrigar ou reivindicar os imóveis do casal, quando o marido os gravou, ou alienou sem outorga uxória, ou suprimento dela pelo juiz (arts. 235 e 237);

• *Sem dispositivo correspondente no Código Civil de 2002.*

b) anular as fianças prestadas e as doações feitas pelo marido fora dos casos legais (arts. 235, III e IV, e 236);

• *Sem dispositivo correspondente no Código Civil de 2002.*

c) reaver do marido o dote (art. 300), ou os outros bens seus confiados à administração marital (arts. 233, II, 263, VIII e IX, 269, 289, I, 300 e 311, III);

• *Sem dispositivo correspondente no Código Civil de 2002.*

II — a ação dos herdeiros da mulher, nos casos das letras *a*, *b* e *c* do número anterior, quando ela faleceu, sem propor a que ali se lhe assegura; contado o prazo da data do falecimento (arts. 239, 295, II, 300 e 311, III);

• *Sem dispositivo correspondente no Código Civil de 2002.*

III — a ação da mulher ou seus herdeiros para desobrigar ou reivindicar os bens dotais alienados ou gravados pelo marido; contado o prazo da dissolução da sociedade conjugal (arts. 293 a 296);

• *Sem dispositivo correspondente no Código Civil de 2002.*

IV — a ação do interessado em pleitear a exclusão do herdeiro (arts. 1.595 e 1.596), ou provar a causa da sua deserdação (arts. 1.741 a 1.745), e bem assim a ação do deserdado para a impugnar; contado o prazo da abertura da sucessão;

• *Dispositivo correspondente no Código Civil de 2002: art. 1.815, parágrafo único.*

V — a ação de anular ou rescindir os contratos, para a qual se não tenha estabelecido menor prazo; contado este:

• *Dispositivos correspondentes no Código Civil de 2002: arts. 178, caput, e 1.965, parágrafo único.*

a) no caso de coação, do dia em que ela cessar;

• *Dispositivo correspondente no Código Civil de 2002: art. 178, I.*

b) no de erro, dolo, simulação ou fraude, do dia em que se realizar o ato ou o contrato;

• *Dispositivo correspondente no Código Civil de 2002: art. 178, II.*

c) quanto aos atos dos incapazes, do dia em que cessar a incapacidade;

• *Dispositivo correspondente no Código Civil de 2002: art. 178, III.*

VI — a ação do filho natural para impugnar o reconhecimento; contado o prazo do dia em que atingir a maioridade ou se emancipar.

• *Sem dispositivo correspondente no Código Civil de 2002.*

§ 10 Em 5 (cinco) anos:

• *Dispositivo correspondente no Código Civil de 2002: art. 206, § 5º.*

I — As prestações de pensões alimentícias.

• *Dispositivo correspondente no Código Civil de 2002: art. 206, § 2º.*

II — As prestações de rendas temporárias ou vitalícias.

• *Dispositivo correspondente no Código Civil de 2002: art. 206, § 3º, II.*

III — Os juros, ou quaisquer outras prestações acessórias pagáveis anualmente, ou em períodos mais curtos.

• *Dispositivo correspondente no Código Civil de 2002: art. 206, § 3º, III.*

IV — Os alugueres de prédio rústico ou urbano.

• *Dispositivo correspondente no Código Civil de 2002: art. 206, § 3º, I.*

V — A ação dos serviçais, operários e jornaleiros, pelo pagamento dos seus salários.

• *Sem dispositivo correspondente no Código Civil de 2002.*

VI — As dívidas passivas da União, dos Estados e dos Municípios, e bem assim toda e qualquer ação contra a Fazenda federal, estadual ou municipal; devendo o prazo da prescrição correr da data do ato ou fato do qual se originar a mesma ação.

Os prazos dos números anteriores serão contados do dia em que cada prestação, juro, aluguer ou salário for exigível.

• *Sem dispositivo correspondente no Código Civil de 2002.*

VII — A ação civil por ofensa a direitos de autor; contado o prazo da data da contrafação.

• *Sem dispositivo correspondente no Código Civil de 2002.*

VIII — O direito de propor ação rescisória.

• *Sem dispositivo correspondente no Código Civil de 2002.*

IX — A ação por ofensa ou dano causados ao direito de propriedade; contado o prazo da data em que se deu a mesma ofensa ou dano.

• *Sem dispositivo correspondente no Código Civil de 2002.*

Art. 179. Os casos de prescrição não previstos neste Código serão regulados, quanto ao prazo, pelo art. 177.

• *Dispositivo correspondente no Código Civil de 2002: art. 205.*

Parte Especial

Livro I | DO DIREITO DE FAMÍLIA

Título I | DO CASAMENTO

Capítulo I | DAS FORMALIDADES PRELIMINARES

Art. 180. A habilitação para casamento faz-se perante o oficial do registro civil, apresentando-se os seguintes documentos:

• *Dispositivo correspondente no Código Civil de 2002: art. 1.525,* caput.

I — certidão de idade ou prova equivalente;

• *Dispositivo correspondente no Código Civil de 2002: art. 1.525, I.*

II — declaração do estado, do domicílio e da residência atual dos contraentes e de seus pais, se forem conhecidos;

• *Dispositivo correspondente no Código Civil de 2002: art. 1.525, IV.*

III — autorização das pessoas sob cuja dependência legal estiverem, ou ato judicial que a supra (arts. 183, XI, 188 e 196);

• *Dispositivo correspondente no Código Civil de 2002: art. 1.525, II.*

IV — declaração de duas testemunhas maiores, parentes, ou estranhos, que atestem conhecê-los e afirmem não existir impedimento, que os iniba de casar;

• *Dispositivo correspondente no Código Civil de 2002: art. 1.525, III.*

V — certidão de óbito do cônjuge falecido, da anulação do casamento anterior ou do registro da sentença de divórcio.

• *Dispositivo correspondente no Código Civil de 2002: art. 1.525, V.*

Parágrafo único. Se algum dos contraentes houver residido a maior parte do último ano em outro Estado, apresentará prova de que o deixou sem impedimento para casar, ou de que cessou o existente.

• *Sem dispositivo correspondente no Código Civil de 2002.*

Art. 181. À vista desses documentos apresentados pelos pretendentes, ou seus procuradores, o oficial do registro lavrará os proclamas de casamento, mediante edital, que se afixará durante 15 (quinze) dias, em lugar ostensivo do edifício, onde se celebrarem os casamentos, e se publicará pela imprensa, onde a houver (art. 182, parágrafo único).

• *Dispositivo correspondente no Código Civil de 2002: art. 1.527,* caput.

§ 1º Se, decorrido esse prazo, não aparecer quem oponha impedimento, nem lhe constar algum dos que de ofício lhe cumpre declarar, o oficial do registro certificará aos pretendentes que estão habilitados para casar dentro nos 3 (três) meses imediatos (art. 192).

• *Dispositivos correspondentes no Código Civil de 2002: arts. 1.531 e 1.532.*

§ 2º Se os nubentes residirem em diversas circunscrições do Registro Civil, em uma e em outra se publicarão os editais.

• *Sem dispositivo correspondente no Código Civil de 2002.*

Art. 182. O registro dos editais far-se-á no cartório do oficial, que os houver publicado, dando-se deles certidão a quem pedir.

• *Sem dispositivo correspondente no Código Civil de 2002.*

Parágrafo único. A autoridade competente, havendo urgência, poderá dispensar-lhes a publicação, desde que se lhe apresentem os documentos exigidos no art. 180.

• *Dispositivo correspondente no Código Civil de 2002: art. 1.527, parágrafo único.*

Capítulo II | DOS IMPEDIMENTOS

Art. 183. Não podem casar (arts. 207 e 209):

• *Dispositivo correspondente no Código Civil de 2002: art. 1.521,* caput.

I — os ascendentes com os descendentes, seja o parentesco legítimo ou ilegítimo, natural ou civil;

• *Dispositivo correspondente no Código Civil de 2002: art. 1.521, I.*

II — os afins em linha reta, seja o vínculo legítimo ou ilegítimo;

• *Dispositivo correspondente no Código Civil de 2002: art. 1.521, II.*

III — o adotante com o cônjuge do adotado e o adotado com o cônjuge do adotante (art. 376);

• *Dispositivo correspondente no Código Civil de 2002: art. 1.521, III.*

IV — os irmãos, legítimos ou ilegítimos, germanos ou não, e os colaterais, legítimos ou ilegítimos, até o terceiro grau inclusive;

• *Dispositivo correspondente no Código Civil de 2002: art. 1.521, IV.*

V — o adotado com o filho superveniente ao pai ou à mãe adotiva (art. 376);

• *Dispositivo correspondente no Código Civil de 2002: art. 1.521, V.*

VI — as pessoas casadas (art. 203);

• *Dispositivo correspondente no Código Civil de 2002: art. 1.521, VI.*

VII — o cônjuge adúltero com o seu corréu, por tal condenado;

• *Sem dispositivo correspondente no Código Civil de 2002.*

VIII — o cônjuge sobrevivente com o condenado como delinquente no homicídio, ou tentativa de homicídio, contra o seu consorte;

• *Dispositivo correspondente no Código Civil de 2002: art. 1.521, VII.*

IX — as pessoas por qualquer motivo coactas e as incapazes de consentir, ou manifestar, de modo inequívoco, o consentimento;

• *Sem dispositivo correspondente no Código Civil de 2002.*

X — o raptor com a raptada, enquanto esta não se ache fora do seu poder e em lugar seguro;

• *Sem dispositivo correspondente no Código Civil de 2002.*

XI — os sujeitos ao pátrio poder, tutela, ou curatela, enquanto não obtiverem, ou lhes não for suprido o consentimento do pai, tutor, ou curador (art. 212);

• *Sem dispositivo correspondente no Código Civil de 2002.*

XII — as mulheres menores de 16 (dezesseis) anos e os homens menores de 18 (dezoito);

• *Dispositivo correspondente no Código Civil de 2002: art. 1.517,* caput.

XIII — o viúvo ou a viúva que tiver filho do cônjuge falecido, enquanto não fizer inventário dos bens do casal (art. 225) e der partilha aos herdeiros;

• *Dispositivo correspondente no Código Civil de 2002: art. 1.523, I.*

XIV — a viúva, ou a mulher cujo casamento se desfez por ser nulo ou ter sido anulado, até 10 (dez) meses depois do começo da viuvez, ou da dissolução da sociedade conjugal, salvo se antes de findo esse prazo der à luz algum filho;

• *Dispositivo correspondente no Código Civil de 2002: art. 1.523, II.*

XV — o tutor ou curador e os seus descendentes, ascendentes, irmãos, cunhados ou sobrinhos, com a pessoa tutelada ou curatelada, enquanto não cessar a tutela ou curatela, e não estiverem saldadas as respectivas contas, salvo permissão paterna ou materna manifestada em escrito autêntico ou em testamento;

• *Dispositivo correspondente no Código Civil de 2002: art. 1.523, IV.*

XVI — o juiz, ou escrivão e seus descendentes, ascendentes, irmãos, cunhados ou sobrinhos, com órfão ou viúva, da circunscrição territorial onde um ou outro tiver exercício, salvo licença especial da autoridade judiciária superior.

• *Sem dispositivo correspondente no Código Civil de 2002.*

Art. 184. A afinidade resultante de filiação espúria poderá provar-se por confissão espontânea dos ascendentes da pessoa impedida, os quais, se o quiserem, terão o direito de fazê-la em segredo de justiça.

• *Sem dispositivo correspondente no Código Civil de 2002.*

Parágrafo único. A resultante da filiação natural poderá ser também provada por confissão espontânea dos ascendentes, se da filiação não existir a prova prescrita no art. 357.

• *Sem dispositivo correspondente no Código Civil de 2002.*

Art. 185. Para o casamento dos menores de 21 (vinte e um) anos, sendo filhos legítimos, é mister o consentimento de ambos os pais.

• *Dispositivo correspondente no Código Civil de 2002: art. 1.517,* caput.

Art. 186. Discordando eles entre si, prevalecerá a vontade paterna, ou, sendo o casal separado, divorciado ou tiver sido o seu casamento anulado, a vontade do cônjuge, com quem estiverem os filhos.

• *Dispositivo correspondente no Código Civil de 2002: art. 1.517, parágrafo único.*

Parágrafo único. Sendo, porém, ilegítimos os pais, bastará o consentimento do que houver reconhecido o menor, ou, se este não for reconhecido, o consentimento materno.

• *Sem dispositivo correspondente no Código Civil de 2002.*

Art. 187. Até a celebração do matrimônio podem os pais, tutores e curadores retratar o seu consentimento.

• *Dispositivo correspondente no Código Civil de 2002: art. 1.518.*

Art. 188. A denegação do consentimento, quando injusta, pode ser suprida pelo juiz, com recurso para a instância superior.

• *Dispositivo correspondente no Código Civil de 2002: art. 1.519.*

Capítulo III | DA OPOSIÇÃO DOS IMPEDIMENTOS

Art. 189. Os impedimentos do art. 183, I a XII, podem ser opostos:

• *Sem dispositivo correspondente no Código Civil de 2002.*

I — pelo oficial do registro civil (art. 227, III);

• *Dispositivo correspondente no Código Civil de 2002: art. 1.522, parágrafo único.*

II — por quem presidir à celebração do casamento;

• *Dispositivo correspondente no Código Civil de 2002: art. 1.522, parágrafo único.*

III — por qualquer pessoa maior, que, sob sua assinatura, apresente declaração escrita, instruída com as provas do fato que alegar.

• *Dispositivo correspondente no Código Civil de 2002: art. 1.522,* caput.

Parágrafo único. Se não puder instruir a oposição com as provas, precisará o oponente o lugar, onde existam, ou nomeará, pelo menos, duas testemunhas, residentes no Município, que atestem o impedimento.

• *Sem dispositivo correspondente no Código Civil de 2002.*

Art. 190. Os outros impedimentos só poderão ser opostos:

• *Sem dispositivo correspondente no Código Civil de 2002.*

I — pelos parentes, em linha reta, de um dos nubentes, sejam consanguíneos ou afins;

• *Dispositivo correspondente no Código Civil de 2002: art. 1.524.*

II — pelos colaterais, em segundo grau, sejam consanguíneos ou afins.

• *Dispositivo correspondente no Código Civil de 2002: art. 1.524.*

Art. 191. O oficial do registro civil dará aos nubentes, ou seus representantes, nota do impedimento oposto, indicando os fundamentos, as provas, e, se o impedimento não se opôs *ex officio*, o nome do oponente.

• *Dispositivo correspondente no Código Civil de 2002: art. 1.530,* caput.

Parágrafo único. Fica salvo aos nubentes fazer a prova contrária ao impedimento e promover as ações civis e criminais contra o oponente de má-fé.

• *Dispositivo correspondente no Código Civil de 2002: art. 1.530, parágrafo único.*

Capítulo IV | DA CELEBRAÇÃO DO CASAMENTO

Art. 192. Celebrar-se-á o casamento no dia, hora e lugar previamente designados pela autoridade que houver de presidir ao ato, mediante petição dos contraentes, que se mostrem habilitados com a certidão do art. 181, § 1º.

• *Dispositivo correspondente no Código Civil de 2002: art. 1.533.*

Art. 193. A solenidade celebrar-se-á na casa das audiências, com toda a publicidade, a portas abertas, presentes, pelo menos, duas testemunhas, parentes ou não dos contraentes, ou, em caso de força maior, querendo as partes, e consentindo o juiz, noutro edifício, público ou particular.

• *Dispositivo correspondente no Código Civil de 2002: art. 1.534,* caput.

Parágrafo único. Quando o casamento for em casa particular, ficará esta de portas abertas durante o ato, e, se algum dos contraentes não souber escrever, serão quatro as testemunhas.

• *Dispositivo correspondente no Código Civil de 2002: art. 1.534, §§ 1º e 2º.*

Art. 194. Presentes os contraentes, em pessoa ou por procurador especial, juntamente com as testemunhas e o oficial do registro, o presidente do ato, ouvida aos nubentes a afirmação de que persistem no propósito de casar por livre e espontânea vontade, declarará efetuado o casamento, nestes termos:

"De acordo com a vontade que ambos acabais de afirmar perante mim, de vos receberdes por marido e mulher, eu, em nome da lei, vos declaro casados".

• *Dispositivos correspondentes no Código Civil de 2002: arts. 1.514 e 1.535.*

Art. 195. Do matrimônio, logo depois de celebrado, se lavrará o assento no livro de registro (art. 202).

No assento, assinado pelo presidente do ato, os cônjuges, as testemunhas e o oficial do registro, serão exarados:

• *Dispositivo correspondente no Código Civil de 2002: art. 1.536,* caput.

I — os nomes, prenomes, datas de nascimento, profissão, domicílio e residência atual dos cônjuges;

• *Dispositivo correspondente no Código Civil de 2002: art. 1.536, I.*

II — os nomes, prenomes, datas de nascimento ou de morte, domicílio e residência atual dos pais;

• *Dispositivo correspondente no Código Civil de 2002: art. 1.536, II.*

III — os nomes e prenomes do cônjuge precedente e a data da dissolução do casamento anterior;

• *Dispositivo correspondente no Código Civil de 2002: art. 1.536, III.*

IV — a data da publicação dos proclamas e da celebração do casamento;

• *Dispositivo correspondente no Código Civil de 2002: art. 1.536, IV.*

V — a relação dos documentos apresentados ao oficial do registro (art. 180);

• *Dispositivo correspondente no Código Civil de 2002: art. 1.536, V.*

VI — os nomes, prenomes, profissão, domicílio e residência atual das testemunhas;

• *Dispositivo correspondente no Código Civil de 2002: art. 1.536, VI.*

VII — o regime do casamento, com a declaração da data e do cartório em cujas notas foi passada a escritura antenupcial, quando o regime não for o de comunhão parcial, ou o legal estabelecido no Título III deste Livro, para outros casamentos.

• *Dispositivo correspondente no Código Civil de 2002: art. 1.536, VII.*

Art. 196. O instrumento da autorização para casar transcrever-se-á integralmente na escritura antenupcial.

• *Dispositivo correspondente no Código Civil de 2002: art. 1.537.*

Art. 197. A celebração do casamento será imediatamente suspensa, se algum dos contraentes:

• *Dispositivo correspondente no Código Civil de 2002: art. 1.538,* caput.

I — recusar a solene afirmação da sua vontade;

• *Dispositivo correspondente no Código Civil de 2002: art. 1.538, I.*

II — declarar que esta não é livre e espontânea;

• *Dispositivo correspondente no Código Civil de 2002: art. 1.538, II.*

III — manifestar-se arrependido.

• *Dispositivo correspondente no Código Civil de 2002: art. 1.538, III.*

Parágrafo único. O nubente que, por algum destes fatos, der causa à suspensão do ato, não será admitido a retratar-se no mesmo dia.

• *Dispositivo correspondente no Código Civil de 2002: art. 1.538, parágrafo único.*

Art. 198. No caso de moléstia grave de um dos nubentes, o presidente do ato irá celebrá-lo na casa do impedido e, sendo urgente, ainda à noite, perante quatro testemunhas, que saibam ler e escrever.

• *Dispositivo correspondente no Código Civil de 2002: art. 1.539,* caput.

§ 1º A falta ou impedimento da autoridade competente para presidir ao casamento suprir-se-á por qualquer dos seus substitutos legais, e a do oficial do registro civil por outro *ad hoc*, nomeado pelo presidente do ato.

• *Dispositivo correspondente no Código Civil de 2002: art. 1.539, § 1º.*

§ 2º O termo avulso, que o oficial *ad hoc* lavrar, será levado ao registro no mais breve prazo possível.

• *Dispositivo correspondente no Código Civil de 2002: art. 1.539, § 2º.*

Art. 199. O oficial do registro, mediante despacho da autoridade competente, à vista dos documentos exigidos no art. 180 e independentemente do edital de proclamas (art. 181), dará a certidão ordenada no art. 181, § 1º:

• *Sem dispositivo correspondente no Código Civil de 2002.*

I — quando ocorrer motivo urgente que justifique a imediata celebração do casamento;

• *Sem dispositivo correspondente no Código Civil de 2002.*

II — quando algum dos contraentes estiver em iminente risco de vida.

• *Sem dispositivo correspondente no Código Civil de 2002.*

Parágrafo único. Neste caso, não obtendo os contraentes a presença da autoridade, a quem incumba presidir ao ato, nem a de seu substituto, poderão celebrá-lo em presença de seis testemunhas, que com os nubentes não tenham parentesco em linha reta, ou, na colateral, em segundo grau.

• *Dispositivo correspondente no Código Civil de 2002: art. 1.540.*

Art. 200. Essas testemunhas comparecerão dentro em 5 (cinco) dias ante a autoridade judicial mais próxima, pedindo que se lhes tomem por termo as seguintes declarações:

• *Dispositivo correspondente no Código Civil de 2002: art. 1.541,* caput.

I — que foram convocadas por parte do enfermo;

• *Dispositivo correspondente no Código Civil de 2002: art. 1.541, I.*

I — que este parecia em perigo de vida, mas em seu juízo;

• *Dispositivo correspondente no Código Civil de 2002: art. 1.541, II.*

III — que em sua presença declararam os contraentes livre e espontaneamente receber-se por marido e mulher.

• *Dispositivo correspondente no Código Civil de 2002: art. 1.541, III.*

§ 1º Autuado o pedido e tomadas as declarações, o juiz procederá às diligências necessárias para verificar se os contraentes podiam ter-se habilitado para o casamento, na forma ordinária, ouvidos os interessados, que o requererem, dentro em 15 (quinze) dias.

• *Dispositivo correspondente no Código Civil de 2002. art. 1.541, § 1º.*

§ 2º Verificada a idoneidade dos cônjuges para o casamento, assim o decidirá a autoridade competente, com recurso voluntário às partes.

• *Dispositivo correspondente no Código Civil de 2002: art. 1.541, § 2º.*

§ 3º Se da decisão não se tiver recorrido, ou se ela passar em julgado, apesar dos recursos interpostos, o juiz mandará transcrevê-la no livro do registro dos casamentos

• *Dispositivo correspondente no Código Civil de 2002: art. 1.541, § 3º.*

§ 4º O assento assim lavrado retrotrairá os efeitos do casamento, quanto ao estado dos cônjuges, à data da celebração e, quanto aos filhos comuns, à data do nascimento.

• *Dispositivo correspondente no Código Civil de 2002: art. 1.541, § 4º.*

§ 5º Serão dispensadas as formalidades deste e do artigo anterior, se o enfermo convalescer e puder ratificar o casamento em presença da autoridade competente e do oficial do registro.

• *Dispositivo correspondente no Código Civil de 2002: art. 1.541, § 5º.*

Art. 201. O casamento pode celebrar-se mediante procuração, que outorgue poderes especiais ao mandatário para receber, em nome do outorgante, o outro contraente.

• *Dispositivo correspondente no Código Civil de 2002: art. 1.542,* caput.

Parágrafo único. Pode casar por procuração o preso, ou o condenado, quando lhe não permita comparecer em pessoa a autoridade, sob cuja guarda estiver.

• *Sem dispositivo correspondente no Código Civil de 2002.*

Capítulo V | DAS PROVAS DO CASAMENTO

Art. 202. O casamento celebrado no Brasil prova-se pela certidão do registro, feito ao tempo de sua celebração (art. 195).

• *Dispositivo correspondente no Código Civil de 2002: art. 1.543,* caput.

Parágrafo único. Justificada a falta ou perda do registro civil, é admissível qualquer outra espécie de prova.

• *Dispositivo correspondente no Código Civil de 2002: art. 1.543, parágrafo único.*

Art. 203. O casamento de pessoas que faleceram na posse do estado de casadas não se pode contestar em prejuízo da prole comum, salvo mediante certidão do registro civil, que prove que já era casada alguma delas, quando contraiu o matrimônio impugnado (art. 183, VI).

• *Dispositivo correspondente no Código Civil de 2002: art. 1.545.*

Art. 204. O casamento celebrado fora do Brasil prova-se de acordo com a lei do país, onde se celebrou.

• *Sem dispositivo correspondente no Código Civil de 2002.*

Parágrafo único. Se, porém, se contraiu perante agente consular, provar-se-á por certidão do assento no registro do consulado.

• *Dispositivo correspondente no Código Civil de 2002: art. 1.544.*

Art. 205. Quando a prova da celebração legal do casamento resultar de processo judicial, a inscrição da sentença no livro do registro civil produzirá, assim no que toca aos cônjuges, como no que respeita aos filhos, todos os efeitos civis desde a data do casamento.

• *Dispositivo correspondente no Código Civil de 2002: art. 1.546.*

Art. 206. Na dúvida entre as provas pró e contra, julgar-se-á pelo casamento, se os cônjuges, cujo matrimônio se impugna, viverem ou tiverem vivido na posse do estado de casados.

• *Dispositivo correspondente no Código Civil de 2002: art. 1.547.*

Capítulo VI | DO CASAMENTO NULO E ANULÁVEL

Art. 207. É nulo e de nenhum efeito, quanto aos contraentes e aos filhos, o casamento contraído com infração de qualquer dos ns. I a VIII do art. 183.

• *Dispositivo correspondente no Código Civil de 2002: art. 1.548,* caput *e II.*

Art. 208. É também nulo o casamento contraído perante autoridade incompetente (arts. 192, 194, 195 e 198). Mas esta nulidade se considerará sanada, se não se alegar dentro em 2 (dois) anos da celebração.

• *Dispositivos correspondentes no Código Civil de 2002: arts. 1.550, VI, e 1.560, II.*

Parágrafo único. Antes de vencido esse prazo, a declaração da nulidade poderá ser requerida:

• *Dispositivo correspondente no Código Civil de 2002: art. 1.549.*

I — por qualquer interessado;

• *Dispositivo correspondente no Código Civil de 2002: art. 1.549.*

II — pelo Ministério Público, salvo se já houver falecido algum dos cônjuges.

• *Dispositivo correspondente no Código Civil de 2002: art. 1.549.*

Art. 209. É anulável o casamento contraído com infração de qualquer dos ns. IX a XII do art. 183.

• *Dispositivo correspondente no Código Civil de 2002: art. 1.550,* caput.

Art. 210. A anulação do casamento contraído pelo coacto ou pelo incapaz de consentir, só pode ser promovida:

• *Sem dispositivo correspondente no Código Civil de 2002.*

I — pelo próprio coacto;

• *Dispositivo correspondente no Código Civil de 2002: art. 1.559.*

II — pelo incapaz;

• *Sem dispositivo correspondente no Código Civil de 2002.*

III — por seus representantes legais.

• *Sem dispositivo correspondente no Código Civil de 2002.*

Art. 211. O que contraiu casamento, enquanto incapaz, pode ratificá-lo, quando adquirir a necessária capacidade, e esta ratificação retrotrairá os seus efeitos à data da celebração.

• *Dispositivo correspondente no Código Civil de 2002: art. 1.553.*

Art. 212. A anulação do casamento contraído com infração do nº XI do art. 183 só pode ser requerida pelas pessoas que tinham o direito de consentir e não assistiram ao ato.

• *Sem dispositivo correspondente no Código Civil de 2002.*

Art. 213. A anulação do casamento da menor de 16 (dezesseis) anos ou do menor de 18 (dezoito) será requerida:

• *Dispositivo correspondente no Código Civil de 2002: art. 1.552,* caput.

I — pelo próprio cônjuge menor;

• *Dispositivo correspondente no Código Civil de 2002: art. 1.552, I.*

II — pelos seus representantes legais;

• *Dispositivo correspondente no Código Civil de 2002: art. 1.552, II.*

II — pelas pessoas designadas no art. 190, naquela mesma ordem.

• *Dispositivo correspondente no Código Civil de 2002: art. 1.552, III.*

Art. 214. Podem, entretanto, casar-se os referidos menores para evitar a imposição ou o cumprimento de pena criminal.

• *Dispositivo correspondente no Código Civil de 2002: art. 1.520.*

Parágrafo único. Em tal caso o juiz poderá ordenar a separação de corpos, até que os cônjuges alcancem a idade legal.

• *Sem dispositivo correspondente no Código Civil de 2002.*

Art. 215. Por defeito de idade não se anulará o casamento de que resultou gravidez.

• *Dispositivo correspondente no Código Civil de 2002: art. 1.551.*

Art. 216. Quando requerida por terceiros a anulação do casamento (art. 213, II e III), poderão os cônjuges ratificá-lo, em perfazendo a idade fixada no art. 183, XII, ante o juiz e o oficial do registro civil. A ratificação terá efeito retroativo, subsistindo, entretanto, o regime da separação de bens.

• *Sem dispositivo correspondente no Código Civil de 2002.*

Art. 217. A anulação do casamento não obsta à legitimidade do filho concebido ou havido antes ou na constância dele.

• *Sem dispositivo correspondente no Código Civil de 2002.*

Art. 218. É também anulável o casamento, se houver por parte de um dos nubentes, ao consentir, erro essencial quanto à pessoa do outro.

• *Dispositivo correspondente no Código Civil de 2002: art. 1.556.*

Art. 219. Considera-se erro essencial sobre a pessoa do outro cônjuge:

• *Dispositivo correspondente no Código Civil de 2002: art. 1.557,* caput.

I — o que diz respeito à identidade do outro cônjuge, sua honra e boa fama, sendo esse erro tal, que o seu conhecimento ulterior torne insuportável a vida em comum ao cônjuge enganado;

• *Dispositivo correspondente no Código Civil de 2002: art. 1.557, I.*

II — a ignorância de crime inafiançável, anterior ao casamento e definitivamente julgado por sentença condenatória;

• *Dispositivo correspondente no Código Civil de 2002: art. 1.557, II.*

III — a ignorância, anterior ao casamento, de defeito físico irremediável ou de moléstia grave e transmissível, por contágio ou herança, capaz de pôr em risco a saúde do outro cônjuge ou de sua descendência;

• *Dispositivo correspondente no Código Civil de 2002: art. 1.557, III.*

IV — o defloramento da mulher, ignorado pelo marido.

• *Sem dispositivo correspondente no Código Civil de 2002.*

Art. 220. A anulação do casamento, nos casos do artigo antecedente, só a poderá demandar o cônjuge enganado.

• *Sem dispositivo correspondente no Código Civil de 2002.*

Art. 221. Embora anulável, ou mesmo nulo, se contraído de boa-fé por ambos os cônjuges, o casamento, em relação a estes como aos filhos, produz todos os efeitos civis até o dia da sentença anulatória.

• *Dispositivo correspondente no Código Civil de 2002: art. 1.561,* caput.

Parágrafo único. Se um dos cônjuges estava de boa-fé, ao celebrar o casamento, os seus efeitos civis só a esse e aos filhos aproveitarão.

• *Dispositivo correspondente no Código Civil de 2002: art. 1.561, § 1º.*

Art. 222. A nulidade do casamento processar-se-á por ação ordinária, na qual será nomeado curador que o defenda.

• *Sem dispositivo correspondente no Código Civil de 2002.*

Art. 223. Antes de mover a ação de nulidade do casamento, a de anulação, ou a de desquite, requererá o autor, com documentos que a autorize, a separação de corpos, que será concedida pelo juiz com a possível brevidade.

• *Dispositivo correspondente no Código Civil de 2002: art. 1.562.*

Art. 224. Concedida a separação, a mulher poderá pedir os alimentos provisionais, que lhe serão arbitrados, na forma do art. 400.

• *Sem dispositivo correspondente no Código Civil de 2002.*

Capítulo VII | DISPOSIÇÕES PENAIS

Art. 225. O viúvo, ou a viúva, com filhos do cônjuge falecido, que se casar antes de fazer inventário do casal e dar partilha aos herdeiros, perderá o direito ao usufruto dos bens dos mesmos filhos.

• *Sem dispositivo correspondente no Código Civil de 2002.*

Art. 226. No casamento com infração do art. 183, XI a XVI, é obrigatório o regime da separação de bens, não podendo o cônjuge infrator fazer doações ao outro.

• *Sem dispositivo correspondente no Código Civil de 2002.*

Parágrafo único. Considera-se culpado o tutor que não puder apresentar em seu favor a escusa da cláusula final do art. 183, XV.

• *Sem dispositivo correspondente no Código Civil de 2002.*

Art. 227. Incorre na multa de cem mil-réis a quinhentos mil-réis, além da responsabilidade penal aplicável ao caso, o oficial do registro:

• *Sem dispositivo correspondente no Código Civil de 2002.*

I — que publicar o edital do art. 181, não sendo solicitado por ambos os contraentes;

• *Sem dispositivo correspondente no Código Civil de 2002.*

II — que der a certidão do art. 181, § 1º, antes de apresentados os documentos do art. 180, ou pendente a oposição de algum impedimento;

• *Sem dispositivo correspondente no Código Civil de 2002.*

III — que não declarar os impedimentos, cuja oposição se lhe fizer, ou cuja existência, sendo aplicáveis de ofício, lhe constar com certeza (art. 189, I).

• *Sem dispositivo correspondente no Código Civil de 2002.*

Art. 228. Nas mesmas penas incorrerá o juiz:

• *Sem dispositivo correspondente no Código Civil de 2002.*

I — que celebrar o casamento antes de levantados os impedimentos opostos contra algum dos contraentes;

• *Sem dispositivo correspondente no Código Civil de 2002.*

II — que deixar de recebê-los, quando oportunamente opostos, nos termos dos arts. 189 a 191;

• *Sem dispositivo correspondente no Código Civil de 2002.*

III — que se abstiver de opô-los, quando lhe constarem, e forem dos que se opõem *ex officio* (art. 189, II);

• *Sem dispositivo correspondente no Código Civil de 2002.*

IV — que se recusar a presidir ao casamento, sem justa causa.

• *Sem dispositivo correspondente no Código Civil de 2002.*

Parágrafo único. Cabe aos interessados promover a aplicação das penas cominadas nos arts. 225 e 226. A das deste e do art. 227 será promovida pelo Ministério Público, e poderá sê-lo pelos interessados.

• *Sem dispositivo correspondente no Código Civil de 2002.*

Título II | DOS EFEITOS JURÍDICOS DO CASAMENTO

Capítulo I | DISPOSIÇÕES GERAIS

Art. 229. Criando a família legítima, o casamento legitima os filhos comuns, antes dele nascidos ou concebidos (arts. 352 a 354).

- *Sem dispositivo correspondente no Código Civil de 2002.*

Art. 230. O regime dos bens entre cônjuges começa a vigorar desde a data do casamento, e é irrevogável.

- *Dispositivo correspondente no Código Civil de 2002: art. 1.639, § 1º.*

Art. 231. São deveres de ambos os cônjuges:

- *Dispositivo correspondente no Código Civil de 2002: art. 1.566,* caput.

I — fidelidade recíproca;

- *Dispositivo correspondente no Código Civil de 2002: art. 1.566, I.*

II — vida em comum, no domicílio conjugal (arts. 233, IV, e 234);

- *Dispositivo correspondente no Código Civil de 2002: art. 1.566, II.*

III — mútua assistência;

- *Dispositivo correspondente no Código Civil de 2002: art. 1.566, III.*

IV — sustento, guarda e educação dos filhos.

- *Dispositivo correspondente no Código Civil de 2002: art. 1.566, IV.*

Art. 232. Quando o casamento for anulado por culpa de um dos cônjuges, este incorrerá:

- *Dispositivo correspondente no Código Civil de 2002: art. 1.564,* caput.

I — na perda de todas as vantagens havidas do cônjuge inocente;

- *Dispositivo correspondente no Código Civil de 2002: art. 1.564, I.*

II — na obrigação de cumprir as promessas, que lhe fez, no contrato antenupcial (arts. 256 e 312).

- *Dispositivo correspondente no Código Civil de 2002: art. 1.564, II.*

Capítulo II | DOS DIREITOS E DEVERES DO MARIDO

Art. 233. O marido é o chefe da sociedade conjugal, função que exerce com a colaboração da mulher, no interesse comum do casal e dos filhos (arts. 240, 247 e 251).

Compete-lhe:

- *Dispositivo correspondente no Código Civil de 2002: art. 1.567,* caput.

I — a representação legal da família;

- *Sem dispositivo correspondente no Código Civil de 2002.*

II — a administração dos bens comuns e dos particulares da mulher que ao marido incumbir administrar, em virtude do regime matrimonial adotado, ou de pacto antenupcial (arts. 178, § 9º, I, c, 274, 289, I, e 311);

- *Sem dispositivo correspondente no Código Civil de 2002.*

III — o direito de fixar o domicílio da família, ressalvada a possibilidade de recorrer a mulher ao juiz, no caso de deliberação que a prejudique;

• *Dispositivo correspondente no Código Civil de 2002: art. 1.569.*

IV — prover a manutenção da família, guardadas as disposições dos arts. 275 e 277.

• *Dispositivo correspondente no Código Civil de 2002: art. 1.568.*

Art. 234. A obrigação de sustentar a mulher cessa, para o marido, quando ela abandona sem justo motivo a habitação conjugal, e a esta recusa voltar. Neste caso, o juiz pode, segundo as circunstâncias, ordenar, em proveito do marido e dos filhos, o sequestro temporário de parte dos rendimentos particulares da mulher.

• *Sem dispositivo correspondente no Código Civil de 2002.*

Art. 235. O marido não pode, sem consentimento da mulher, qualquer que seja o regime de bens:

• *Sem dispositivo correspondente no Código Civil de 2002.*

I — alienar, hipotecar ou gravar de ônus real os bens imóveis, ou direitos reais sobre imóveis alheios (arts. 178, § 9º, I, *a*, 237, 276 e 293);

• *Dispositivo correspondente no Código Civil de 2002: art. 1.647, I.*

II — pleitear, como autor ou réu, acerca desses bens e direitos;

• *Dispositivo correspondente no Código Civil de 2002: art. 1.647, II.*

III — prestar fiança (arts. 178, § 9º, I, *b*, e 263, X);

• *Dispositivo correspondente no Código Civil de 2002: art. 1.647, III.*

IV — fazer doação, não sendo remuneratória ou de pequeno valor, com os bens ou rendimentos comuns (art. 178, § 9º, I, *b*).

• *Dispositivo correspondente no Código Civil de 2002: art. 1.647, IV.*

Art. 236. Valerão, porém, os dotes ou doações nupciais feitas às filhas e as doações feitas aos filhos por ocasião de se casarem, ou estabelecerem economia separada (art. 313).

• *Dispositivo correspondente no Código Civil de 2002: art. 1.647, parágrafo único.*

Art. 237. Cabe ao juiz suprir a outorga da mulher, quando esta a denegue sem motivo justo, ou lhe seja impossível dá-la (arts. 235, 238 e 239).

• *Dispositivo correspondente no Código Civil de 2002: art. 1.648.*

Art. 238. O suprimento judicial da outorga autoriza o ato do marido, mas não obriga os bens próprios da mulher (arts. 247, parágrafo único, 269, 274 e 275).

• *Sem dispositivo correspondente no Código Civil de 2002.*

Art. 239. Anulação dos atos do marido praticados sem outorga da mulher, ou sem suprimento do juiz, só poderá ser demandada por ela, ou seus herdeiros (art. 178, § 9º, I, *a*, e II).

• *Dispositivo correspondente no Código Civil de 2002: art. 1.650.*

Capítulo III | DOS DIREITOS E DEVERES DA MULHER

Art. 240. A mulher, com o casamento, assume a condição de companheira, consorte e colaboradora do marido nos encargos de família, cumprindo-lhe velar pela direção material e moral desta.

• *Dispositivo correspondente no Código Civil de 2002: art. 1.565,* caput.

Parágrafo único. A mulher poderá acrescer aos seus os apelidos do marido.

• *Dispositivo correspondente no Código Civil de 2002: art. 1.565, § 1º.*

Art. 241. Se o regime de bens não for o da comunhão universal, o marido recobrará da mulher as despesas, que com a defesa dos bens e direitos particulares desta houver feito.

• *Sem dispositivo correspondente no Código Civil de 2002.*

Art. 242. A mulher não pode, sem autorização do marido (art. 251):

• *Sem dispositivo correspondente no Código Civil de 2002.*

I — praticar os atos que este não poderia sem consentimento da mulher (art. 235);

• *Sem dispositivo correspondente no Código Civil de 2002.*

II — alienar ou gravar de ônus real os imóveis de seu domínio particular, qualquer que seja o regime dos bens (arts. 263, II, III e VIII, 269, 275 e 310);

• *Sem dispositivo correspondente no Código Civil de 2002.*

III — alienar os seus direitos reais sobre imóveis de outrem;

• *Sem dispositivo correspondente no Código Civil de 2002.*

IV — contrair obrigações que possam importar em alheação de bens do casal.

• *Sem dispositivo correspondente no Código Civil de 2002.*

Art. 243. A autorização do marido pode ser geral ou especial, mas deve constar de instrumento público ou particular previamente autenticado.

• *Sem dispositivo correspondente no Código Civil de 2002.*

Art. 244. Esta autorização é revogável a todo o tempo, respeitados os direitos de terceiros e os efeitos necessários dos atos iniciados.

• *Sem dispositivo correspondente no Código Civil de 2002.*

Art. 245. A autorização marital pode suprir-se judicialmente:

• *Sem dispositivo correspondente no Código Civil de 2002.*

I — nos casos do art. 242, I a V;

• *Sem dispositivo correspondente no Código Civil de 2002.*

II — nos casos do art. 242, VII e VIII, se o marido não ministrar os meios de subsistência à mulher e aos filhos.

• *Sem dispositivo correspondente no Código Civil de 2002.*

Parágrafo único. O suprimento judicial da autorização valida os atos da mulher, mas não obriga os bens próprios do marido.

• *Sem dispositivo correspondente no Código Civil de 2002.*

Art. 246. A mulher que exercer profissão lucrativa, distinta da do marido, terá direito de praticar todos os atos inerentes ao seu exercício e à sua defesa. O produto do seu trabalho assim auferido e os bens com ele adquiridos constituem, salvo estipulação diversa em pacto antenupcial, bens reservados, dos quais poderá dispor livremente com observância, porém, do preceituado na parte final do art. 240 e nos ns. II e III do art. 242.

• *Sem dispositivo correspondente no Código Civil de 2002.*

Parágrafo único. Não responde, o produto do trabalho da mulher, nem os bens a que se refere este artigo, pelas dívidas do marido, exceto as contraídas em benefício da família.

• *Sem dispositivo correspondente no Código Civil de 2002.*

Art. 247. Presume-se a mulher autorizada pelo marido:

• *Sem dispositivo correspondente no Código Civil de 2002.*

I — para a compra, ainda a crédito, das coisas necessárias à economia doméstica;

• *Dispositivo correspondente no Código Civil de 2002: art. 1.643, I.*

II — para obter, por empréstimo, as quantias que a aquisição dessas coisas possa exigir;

• *Dispositivo correspondente no Código Civil de 2002: art. 1.643, II.*

III — para contrair as obrigações concernentes à indústria, ou profissão que exercer com autorização do marido, ou suprimento do juiz.

• *Sem dispositivo correspondente no Código Civil de 2002.*

Parágrafo único. Considerar-se-á sempre autorizada pelo marido a mulher que ocupar cargo público, ou, por mais de 6 (seis) meses, se entregar a profissão exercida fora do lar conjugal.

• *Sem dispositivo correspondente no Código Civil de 2002.*

Art. 248. A mulher casada pode livremente:

• *Sem dispositivo correspondente no Código Civil de 2002.*

I — Exercer o direito que lhe competir sobre as pessoas e os bens dos filhos do leito anterior (art. 393).

• *Sem dispositivo correspondente no Código Civil de 2002.*

II — Desobrigar ou reivindicar os imóveis do casal que o marido tenha gravado ou alienado sem sua outorga ou suprimento do juiz (art. 235, I).

• *Dispositivo correspondente no Código Civil de 2002: art. 1.642, III.*

III — Anular as fianças ou doações feitas pelo marido com infração do disposto nos ns. III e IV do art. 235.

• *Dispositivo correspondente no Código Civil de 2002: art. 1.642, IV.*

IV — Reivindicar os bens comuns, móveis ou imóveis, doados ou transferidos pelo marido à concubina (art. 1.177).

• *Dispositivo correspondente no Código Civil de 2002: art. 1.642, V.*

Parágrafo único. Este direito prevalece, esteja ou não a mulher em companhia do marido, e ainda que a doação se dissimule em venda ou outro contrato.

• *Sem dispositivo correspondente no Código Civil de 2002.*

V — Dispor dos bens adquiridos na conformidade do número anterior e de quaisquer outros que possua, livres da administração do marido, não sendo imóveis.

• *Sem dispositivo correspondente no Código Civil de 2002.*

VI — Promover os meios assecuratórios e as ações que, em razão do dote ou de outros bens seus sujeitos à administração do marido, contra este lhe competirem.

• *Sem dispositivo correspondente no Código Civil de 2002.*

VII — Praticar quaisquer outros atos não vedados por lei.

• *Dispositivo correspondente no Código Civil de 2002: art. 1.642, VI.*

VII — Propor a separação judicial e o divórcio.

• *Sem dispositivo correspondente no Código Civil de 2002.*

Art. 249. As ações fundadas nos ns. II, III, IV e VI do artigo antecedente competem à mulher e aos seus herdeiros.

• *Dispositivo correspondente no Código Civil de 2002: art. 1.645.*

Art. 250. Salvo o caso do nº IV do art. 248, fica ao terceiro, prejudicado com a sentença favorável à mulher, o direito regressivo contra o marido ou seus herdeiros.

- *Dispositivo correspondente no Código Civil de 2002: art. 1.646.*

Art. 251. À mulher compete a direção e administração do casal, quando o marido:

- *Dispositivo correspondente no Código Civil de 2002: art. 1.570.*

I — estiver em lugar remoto, ou não sabido;

- *Sem dispositivo correspondente no Código Civil de 2002.*

II — estiver em cárcere por mais de 2 (dois) anos;

- *Sem dispositivo correspondente no Código Civil de 2002.*

III — for judicialmente declarado interdito.

- *Sem dispositivo correspondente no Código Civil de 2002.*

Parágrafo único. Nestes casos, cabe à mulher:

- *Sem dispositivo correspondente no Código Civil de 2002.*

I — administrar os bens comuns;

- *Dispositivos correspondentes no Código Civil de 2002: arts. 1.570 e 1.651, I.*

II — dispor dos particulares e alienar os móveis comuns e os do marido;

- *Dispositivo correspondente no Código Civil de 2002: art. 1.651, II.*

III — administrar os do marido;

- *Dispositivo correspondente no Código Civil de 2002: art. 1.651, I.*

IV — alienar os imóveis comuns e os do marido mediante autorização especial do juiz.

- *Dispositivo correspondente no Código Civil de 2002: art. 1.651, III.*

Art. 252. A falta não suprida pelo juiz, de autorização do marido, quando necessária (art. 242), invalidará o ato da mulher; podendo esta nulidade ser alegada pelo outro cônjuge, até 2 (dois) anos depois de terminada a sociedade conjugal.

- *Sem dispositivo correspondente no Código Civil de 2002.*

Parágrafo único. A ratificação do marido, provada por instrumento público ou particular autenticado, revalida o ato.

- *Sem dispositivo correspondente no Código Civil de 2002.*

Art. 253. Os atos da mulher autorizados pelo marido obrigam todos os bens do casal, se o regime matrimonial for o da comunhão, e somente os particulares dela, se outro for o regime e o marido não assumir conjuntamente a responsabilidade do ato.

- *Sem dispositivo correspondente no Código Civil de 2002.*

Art. 254. Qualquer que seja o regime do casamento, os bens de ambos os cônjuges ficam obrigados igualmente pelos atos que a mulher praticar na conformidade do art. 247.

- *Sem dispositivo correspondente no Código Civil de 2002.*

Art. 255. A anulação dos atos de um cônjuge, por falta da outorga indispensável do outro, importa ficar o primeiro obrigado pela importância da vantagem que do ato anulado lhe haja advindo, a ele, ao consorte ou ao casal.

- *Sem dispositivo correspondente no Código Civil de 2002.*

Parágrafo único. Quando o cônjuge responsável pelo ato anulado não tiver bens particulares, que bastem, o dano aos terceiros de boa-fé se comporá pelos bens comuns, na razão do proveito que lucrar o casal.

- *Sem dispositivo correspondente no Código Civil de 2002.*

Título III | DO REGIME DOS BENS ENTRE OS CÔNJUGES

Capítulo I | DISPOSIÇÕES GERAIS

Art. 256. É lícito aos nubentes, antes de celebrado o casamento, estipular, quanto aos seus bens, o que lhes aprouver (arts. 261, 273, 277, 283, 287 e 312).

• *Dispositivo correspondente no Código Civil de 2002: art. 1.639,* caput.

Parágrafo único. Serão nulas tais convenções:

• *Dispositivo correspondente no Código Civil de 2002: art. 1.653.*

I — não se fazendo por escritura pública;

• *Dispositivo correspondente no Código Civil de 2002: art. 1.653.*

II — não se lhes seguindo o casamento.

• *Dispositivo correspondente no Código Civil de 2002: art. 1.653.*

Art. 257. Ter-se-á por não escrita a convenção, ou a cláusula:

• *Sem dispositivo correspondente no Código Civil de 2002.*

I — que prejudique os direitos conjugais, ou os paternos;

• *Sem dispositivo correspondente no Código Civil de 2002.*

II — que contravenha disposição absoluta da lei.

• *Dispositivo correspondente no Código Civil de 2002: art. 1.655.*

Art. 258. Não havendo convenção, ou sendo nula, vigorará, quanto aos bens entre os cônjuges, o regime de comunhão parcial.

• *Dispositivo correspondente no Código Civil de 2002: art. 1.640,* caput.

Parágrafo único. É, porém, obrigatório o da separação de bens do casamento:

• *Dispositivo correspondente no Código Civil de 2002: art. 1.641,* caput.

I — das pessoas que o celebrarem com infração do estatuído no art. 183, XI a XVI (art. 216);

• *Dispositivo correspondente no Código Civil de 2002: art. 1.641, I.*

II — do maior de 60 (sessenta) e da maior de 50 (cinquenta) anos;

• *Dispositivo correspondente no Código Civil de 2002: art. 1.641, II.*

III — do órfão de pai e mãe, ou do menor, nos termos dos arts. 394 e 395, embora case, nos termos do art. 183, XI, com o consentimento do tutor;

• *Sem dispositivo correspondente no Código Civil de 2002.*

IV — de todos os que dependerem, para casar, de autorização judicial (arts. 183, XI, 384, III, 426, I, e 453).

• *Dispositivo correspondente no Código Civil de 2002: art. 1.641, III.*

Art. 259. Embora o regime não seja o da comunhão de bens, prevalecerão, no silêncio do contrato, os princípios dela, quanto à comunicação dos adquiridos na constância do casamento.

• *Sem dispositivo correspondente no Código Civil de 2002.*

Art. 260. O marido, que estiver na posse de bens particulares da mulher, será para com ela e seus herdeiros responsável:

• *Dispositivo correspondente no Código Civil de 2002: art. 1.652,* caput.

I — como usufrutuário, se o rendimento for comum (arts. 262, 265, 271, V, e 289, II);

• *Dispositivo correspondente no Código Civil de 2002: art. 1.652, I.*

II — como procurador, se tiver mandato, expresso ou tácito, para os administrar (art. 311);

• *Dispositivo correspondente no Código Civil de 2002: art. 1.652, II.*

III — como depositário, se não for usufrutuário, nem administrador (arts. 269, II, 276 e 310).

• *Dispositivo correspondente no Código Civil de 2002: art. 1.652, III.*

Art. 261. As convenções antenupciais não terão efeito para com terceiros senão depois de transcritas, em livro especial, pelo oficial do registro de imóveis do domicílio dos cônjuges (art. 256).

• *Dispositivo correspondente no Código Civil de 2002: art. 1.657.*

Capítulo II | DO REGIME DA COMUNHÃO UNIVERSAL

Art. 262. O regime da comunhão universal importa a comunicação de todos os bens presentes e futuros dos cônjuges e suas dívidas passivas, com as exceções dos artigos seguintes.

• *Dispositivo correspondente no Código Civil de 2002: art. 1.667.*

Art. 263. São excluídos da comunhão:

• *Dispositivo correspondente no Código Civil de 2002: art. 1.668,* caput.

I — as pensões, meios-soldos, montepios, tenças, e outras rendas semelhantes;

• *Sem dispositivo correspondente no Código Civil de 2002.*

II — os bens doados ou legados com a cláusula de incomunicabilidade e os sub-rogados em seu lugar;

• *Dispositivo correspondente no Código Civil de 2002: art. 1.668, I.*

III — os bens gravados de fideicomisso e o direito do herdeiro fideicomissário, antes de realizar a condição suspensiva;

• *Dispositivo correspondente no Código Civil de 2002: art. 1.668, II.*

IV — o dote prometido ou constituído a filhos de outro leito;

• *Sem dispositivo correspondente no Código Civil de 2002.*

V — o dote prometido ou constituído expressamente por um só dos cônjuges a filho comum;

• *Sem dispositivo correspondente no Código Civil de 2002.*

VI — as obrigações provenientes de atos ilícitos (arts. 1.518 e 1.532);

• *Sem dispositivo correspondente no Código Civil de 2002.*

VII — as dívidas anteriores ao casamento, salvo se provierem de despesas com seus aprestos, ou reverterem em proveito comum;

• *Dispositivo correspondente no Código Civil de 2002: art. 1.668, III.*

VIII — as doações antenupciais feitas por um dos cônjuges ao outro com a cláusula de incomunicabilidade (art. 312);

• *Dispositivo correspondente no Código Civil de 2002: art. 1.668, IV.*

IX — as roupas de uso pessoal, as joias esponsalícias dadas antes do casamento pelo esposo, os livros e instrumentos de profissão e os retratos da família;

• *Sem dispositivo correspondente no Código Civil de 2002.*

X — a fiança prestada pelo marido sem outorga da mulher (arts. 178, § 9º, I, *b*, e 235, III);

• *Sem dispositivo correspondente no Código Civil de 2002.*

XI — os bens da herança necessária a que se impuser a cláusula de incomunicabilidade (art. 1.723);

• *Sem dispositivo correspondente no Código Civil de 2002.*

XII — os bens reservados (art. 246, parágrafo único);

• *Sem dispositivo correspondente no Código Civil de 2002.*

XIII — os frutos civis do trabalho ou indústria de cada cônjuge ou de ambos.

• *Sem dispositivo correspondente no Código Civil de 2002.*

Art. 264. As dívidas não compreendidas nas duas exceções do nº VII, do artigo antecedente, só se poderão pagar durante o casamento, pelos bens que o cônjuge devedor trouxer para o casal.

• *Sem dispositivo correspondente no Código Civil de 2002.*

Art. 265. A incomunicabilidade dos bens enumerados no art. 263 não se lhes estende aos frutos, quando se percebam ou vençam durante o casamento.

• *Dispositivo correspondente no Código Civil de 2002: art. 1.669.*

Art. 266. Na constância da sociedade conjugal, a propriedade e posse dos bens é comum.

• *Sem dispositivo correspondente no Código Civil de 2002.*

Parágrafo único. A mulher, porém, só os administrará por autorização do marido, ou nos casos do art. 248, V, e art. 251.

• *Sem dispositivo correspondente no Código Civil de 2002.*

Art. 267. Dissolve-se a comunhão:

• *Sem dispositivo correspondente no Código Civil de 2002.*

I — pela morte de um dos cônjuges (art. 315,);

• *Sem dispositivo correspondente no Código Civil de 2002.*

I — pela sentença que anula o casamento (art. 222);

• *Sem dispositivo correspondente no Código Civil de 2002.*

III — pela separação judicial;

• *Sem dispositivo correspondente no Código Civil de 2002.*

IV — pelo divórcio.

• *Sem dispositivo correspondente no Código Civil de 2002.*

Art. 268. Extinta a comunhão, e efetuada a divisão do ativo e passivo, cessará a responsabilidade de cada um dos cônjuges para com os credores do outro por dívidas que este houver contraído.

• *Dispositivo correspondente no Código Civil de 2002: art. 1.671.*

Capítulo III | DO REGIME DA COMUNHÃO PARCIAL

Art. 269. No regime de comunhão limitada ou parcial, excluem-se da comunhão:

• *Dispositivo correspondente no Código Civil de 2002: art. 1.659,* caput.

I — os bens que cada cônjuge possuir ao casar, e os que lhe sobrevierem, na constância do matrimônio por doação ou por sucessão;

• *Dispositivo correspondente no Código Civil de 2002: art. 1.659, I.*

II — os adquiridos com valores exclusivamente pertencentes a um dos cônjuges, em sub-rogação dos bens particulares;

• *Dispositivo correspondente no Código Civil de 2002: art. 1.659, II.*

III — os rendimentos de bens de filhos anteriores ao matrimônio a que tenha direito qualquer dos cônjuges em consequência do pátrio poder;

• *Sem dispositivo correspondente no Código Civil de 2002.*

IV — os demais bens que se consideram também excluídos da comunhão universal.

• *Sem dispositivo correspondente no Código Civil de 2002.*

Art. 270. Igualmente não se comunicam:

• *Sem dispositivo correspondente no Código Civil de 2002.*

I — as obrigações anteriores ao casamento;

• *Dispositivo correspondente no Código Civil de 2002: art. 1.659, III.*

II — as provenientes de atos ilícitos.

• *Dispositivo correspondente no Código Civil de 2002: art. 1.659, IV.*

Art. 271. Entram na comunhão:

• *Dispositivo correspondente no Código Civil de 2002: art. 1.660,* caput.

I — os bens adquiridos na constância do casamento por título oneroso, ainda que só em nome de um dos cônjuges;

• *Dispositivo correspondente no Código Civil de 2002: art. 1.660, I.*

II — os adquiridos por fato eventual, com ou sem o concurso de trabalho ou despesa anterior;

• *Dispositivo correspondente no Código Civil de 2002: art. 1.660, II.*

III — os adquiridos por doação, herança ou legado, em favor de ambos os cônjuges (art. 269, I);

• *Dispositivo correspondente no Código Civil de 2002: art. 1.660, III.*

IV — as benfeitorias em bens particulares de cada cônjuge;

• *Dispositivo correspondente no Código Civil de 2002: art. 1.660, IV.*

V — os frutos dos bens comuns, ou dos particulares de cada cônjuge, percebidos na constância do casamento, ou pendentes ao tempo de cessar a comunhão dos adquiridos;

• *Dispositivo correspondente no Código Civil de 2002: art. 1.660, V.*

VI — os frutos civis do trabalho, ou indústria de cada cônjuge, ou de ambos.

• *Sem dispositivo correspondente no Código Civil de 2002.*

Art. 272. São incomunicáveis os bens cuja aquisição tiver por título uma causa anterior ao casamento.

• *Dispositivo correspondente no Código Civil de 2002: art. 1.661.*

Art. 273. No regime da comunhão parcial presumem-se adquiridos na constância do casamento os móveis, quando não se provar com documento autêntico que o foram em data anterior.

• *Dispositivo correspondente no Código Civil de 2002: art. 1.662.*

Art. 274. A administração dos bens do casal compete ao marido, e as dívidas por este contraídas obrigam, não só os bens comuns, senão ainda, em falta destes, os particulares de um e outro cônjuge, na razão do proveito que cada qual houver lucrado.

• *Dispositivo correspondente no Código Civil de 2002: art. 1.663,* caput *e § 1º.*

Art. 275. É aplicável a disposição do artigo antecedente às dívidas contraídas pela mulher, nos casos em que os seus atos são autorizados pelo marido, se presumem sê-lo, ou escusam autorização (arts. 242 a 244, 247, 248 e 233, V).

• *Sem dispositivo correspondente no Código Civil de 2002.*

Capítulo IV | DO REGIME DA SEPARAÇÃO

Art. 276. Quando os contraentes casarem, estipulando separação de bens, permanecerão os de cada cônjuge sob a administração exclusiva dele, que os poderá livremente alienar, se forem móveis (arts. 235, I, 242, II, e 310).

• *Dispositivo correspondente no Código Civil de 2002: art. 1.687.*

Art. 277. A mulher é obrigada a contribuir para as despesas do casal com os rendimentos de seus bens, na proporção de seu valor, relativamente ao dos do marido, salvo estipulação em contrário no contrato antenupcial (arts. 256 e 312).

• *Dispositivo correspondente no Código Civil de 2002: art. 1.688.*

Capítulo V | DO REGIME DOTAL

Seção I | DA CONSTITUIÇÃO DO DOTE

Art. 278. É da essência do regime dotal descreverem-se e estimarem-se cada um de per si, na escritura antenupcial (art. 256), os bens, que constituem o dote, com expressa declaração de que a este regime ficam sujeitos.

• *Sem dispositivo correspondente no Código Civil de 2002.*

Art. 279. O dote pode ser constituído pela própria nubente, por qualquer dos seus ascendentes, ou por outrem.

• *Sem dispositivo correspondente no Código Civil de 2002.*

Páragrafo único. Na celebração do contrato intervirão sempre, em pessoa, ou por procurador, todos os interessados.

• *Sem dispositivo correspondente no Código Civil de 2002.*

Art. 280. O dote pode compreender, no todo, ou em parte, os bens presentes e futuros da mulher.

• *Sem dispositivo correspondente no Código Civil de 2002.*

Parágrafo único. Os bens futuros, porém, só se consideram compreendidos no dote, quando, adquiridos por título gratuito, assim for declarado em cláusula expressa do pacto antenupcial.

• *Sem dispositivo correspondente no Código Civil de 2002.*

Art. 281. Não é lícito aos casados aumentar o dote.

• *Sem dispositivo correspondente no Código Civil de 2002.*

Art. 282. O dote constituído por estranhos durante o matrimônio não altera, quanto aos outros bens, o regime preestabelecido.

• *Sem dispositivo correspondente no Código Civil de 2002.*

Art. 283. É lícito estipular na escritura antenupcial a reversão do dote ao dotador, dissolvida a sociedade conjugal.

• *Sem dispositivo correspondente no Código Civil de 2002.*

Art. 284. Se o dote for prometido pelos pais conjuntamente, sem declaração da parte com que um e outro contribuem, entende-se que cada um se obrigou por metade.

• *Sem dispositivo correspondente no Código Civil de 2002.*

Art. 285. Quando o dote for constituído por qualquer outra pessoa, esta só responderá pela evicção se houver procedido de má-fé, ou se a responsabilidade tiver sido estipulada.

• *Sem dispositivo correspondente no Código Civil de 2002.*

Art. 286. Os frutos do dote são devidos desde a celebração do casamento, se não se estipulou prazo.

• *Sem dispositivo correspondente no Código Civil de 2002.*

Art. 287. É permitido estipular no contrato dotal:

• *Sem dispositivo correspondente no Código Civil de 2002.*

I — que a mulher receba, diretamente, para suas despesas particulares, uma determinada parte dos rendimentos dos bens dotais;

• *Sem dispositivo correspondente no Código Civil de 2002.*

II — que, a par dos bens dotais, haja outros, submetidos a regimes diversos.

• *Sem dispositivo correspondente no Código Civil de 2002.*

Art. 288. Aplica-se, no regime dotal, aos adquiridos o disposto neste Título, Capítulo III (arts. 269 a 275).

• *Sem dispositivo correspondente no Código Civil de 2002.*

Seção II — DOS DIREITOS E OBRIGAÇÕES DO MARIDO EM RELAÇÃO AOS BENS DOTAIS

Art. 289. Na vigência da sociedade conjugal, é direito do marido:

• *Sem dispositivo correspondente no Código Civil de 2002.*

I — administrar os bens dotais;

• *Sem dispositivo correspondente no Código Civil de 2002.*

II — perceber os seus frutos;

• *Sem dispositivo correspondente no Código Civil de 2002.*

III — usar das ações judiciais a que derem lugar.

• *Sem dispositivo correspondente no Código Civil de 2002.*

Art. 290. Salvo cláusula expressa em contrário, presumir-se-á transferido ao marido o domínio dos bens, sobre que recair o dote, se forem móveis, e não transferidos, se forem imóveis.

• *Sem dispositivo correspondente no Código Civil de 2002.*

Art. 291. O imóvel adquirido com a importância do dote, quando este consistir em dinheiro, será considerado dotal.

• *Sem dispositivo correspondente no Código Civil de 2002.*

Art. 292. Quando o dote importar alheação, o marido considerar-se-á proprietário, e poderá dispor dos bens dotais, correndo por conta sua os riscos e vantagens que lhes sobrevierem.

• *Sem dispositivo correspondente no Código Civil de 2002.*

Art. 293. Os imóveis dotais não podem, sob pena de nulidade, ser onerados, nem alienados, salvo em hasta pública, e por autorização do juiz competente, nos casos seguintes:

• *Sem dispositivo correspondente no Código Civil de 2002.*

I — se de acordo o marido e a mulher quiserem dotar suas filhas comuns;

• *Sem dispositivo correspondente no Código Civil de 2002.*

II — em caso de extrema necessidade, por faltarem outros recursos para subsistência da família;

• *Sem dispositivo correspondente no Código Civil de 2002.*

III — no caso da primeira parte do § 2º do art. 299;

• *Sem dispositivo correspondente no Código Civil de 2002.*

IV — para reparos indispensáveis à conservação de outro imóvel ou imóveis dotais;

• *Sem dispositivo correspondente no Código Civil de 2002.*

V — quando se acharem indivisos com terceiros, e a divisão for impossível, ou prejudicial;

• *Sem dispositivo correspondente no Código Civil de 2002.*

VI — no caso de desapropriação por utilidade pública;

• *Sem dispositivo correspondente no Código Civil de 2002.*

VII — quando estiverem situados em lugar distante do domicílio conjugal, e por isso for manifesta a conveniência de vendê-los.

• *Sem dispositivo correspondente no Código Civil de 2002.*

Parágrafo único. Nos três últimos casos, o preço será aplicado em outros bens, nos quais ficará sub-rogado.

• *Sem dispositivo correspondente no Código Civil de 2002.*

Art. 294. Ficará subsidiariamente responsável o juiz que conceder a alienação fora dos casos e sem as formalidades do artigo antecedente, ou não providenciar na sub-rogação do preço em conformidade com o parágrafo único do mesmo artigo.

• *Sem dispositivo correspondente no Código Civil de 2002.*

Art. 295. A nulidade da alienação pode ser promovida:

• *Sem dispositivo correspondente no Código Civil de 2002.*

I — pela mulher;

• *Sem dispositivo correspondente no Código Civil de 2002.*

II — pelos seus herdeiros.

• *Sem dispositivo correspondente no Código Civil de 2002.*

Parágrafo único. A reivindicação dos móveis, porém, só será permitida, se o marido não tiver bens com que responda pelo seu valor, ou se a alienação pelo marido e as subsequentes entre terceiros tiverem sido feitas por título gratuito, ou de má-fé.

• *Sem dispositivo correspondente no Código Civil de 2002.*

Art. 296. O marido fica obrigado por perdas e danos aos terceiros prejudicados com a nulidade, se no contrato de alienação (arts. 293 e 294) não se declarar a natureza dotal dos imóveis.

• *Sem dispositivo correspondente no Código Civil de 2002.*

Art. 297. Se o marido não tiver imóveis, que se possam hipotecar em garantia do dote, poder-se-á no contrato antenupcial estipular fiança, ou outra caução.

• *Sem dispositivo correspondente no Código Civil de 2002.*

Art. 298. O direito aos imóveis dotais não prescreve durante o matrimônio. Mas prescreve, sob a responsabilidade do marido, o direito aos móveis dotais.

• *Sem dispositivo correspondente no Código Civil de 2002.*

Art. 299. Quanto às dívidas passivas, observar-se-á o seguinte:

• *Sem dispositivo correspondente no Código Civil de 2002.*

§ 1º As do marido, contraídas antes ou depois do casamento, não serão pagas senão por seus bens particulares.

• *Sem dispositivo correspondente no Código Civil de 2002.*

§ 2º As da mulher, anteriores ao casamento, serão pagas pelos seus bens extradotais, ou, em falta destes, pelos frutos dos bens dotais, pelos móveis dotais e, em último caso, pelos imóveis dotais. As contraídas depois do casamento só poderão ser pagas pelos bens extradotais.

• *Sem dispositivo correspondente no Código Civil de 2002.*

§ 3º As contraídas pelo marido e pela mulher conjuntamente poderão ser pagas, ou pelos bens comuns, ou pelos particulares do marido, ou pelos extradotais.

• *Sem dispositivo correspondente no Código Civil de 2002.*

Seção III | DA RESTITUIÇÃO DO DOTE

Art. 300. O dote deve ser restituído pelo marido à mulher, ou aos seus herdeiros, dentro no mês que se seguir à dissolução da sociedade conjugal, se não o puder ser imediatamente (art. 178, § 9º, I, c, e II).

• *Sem dispositivo correspondente no Código Civil de 2002.*

Art. 301. O preço dos bens fungíveis, ou não fungíveis, quando legalmente alienados, só pode ser pedido 6 (seis) meses depois da dissolução da sociedade conjugal.

• *Sem dispositivo correspondente no Código Civil de 2002.*

Art. 302. Se os móveis dotais se tiverem consumido por uso ordinário, o marido será obrigado a restituir somente os que restarem, e no estado em que se acharem ao tempo da dissolução da sociedade conjugal.

• *Sem dispositivo correspondente no Código Civil de 2002.*

Art. 303. A mulher pode, em todo o caso, reter os objetos de seu uso, em conformidade com a disposição do art. 263, IX, deduzindo-se o seu valor do que o marido houver de restituir.

• *Sem dispositivo correspondente no Código Civil de 2002.*

Art. 304. Se o dote compreender capitais ou rendas, que tenham sofrido diminuição ou depreciação eventual, sem culpa do marido, este desonerar-se-á da obrigação de restituí-los, entregando os respectivos títulos.

• *Sem dispositivo correspondente no Código Civil de 2002.*

Parágrafo único. Quando, porém, constituído em usufruto, o marido ou seus herdeiros serão obrigados somente a restituir o título respectivo e os frutos percebidos após a dissolução da sociedade conjugal.

• *Sem dispositivo correspondente no Código Civil de 2002.*

Art. 305. Presume-se recebido o dote:

• *Sem dispositivo correspondente no Código Civil de 2002.*

I — se o casamento se tiver prolongado por 5 (cinco) anos depois do prazo estabelecido para sua entrega;

• *Sem dispositivo correspondente no Código Civil de 2002.*

I — se o devedor for a mulher.

• *Sem dispositivo correspondente no Código Civil de 2002.*

Parágrafo único. Fica, porém, salvo ao marido o direito de provar que o não recebeu, apesar de o ter exigido.

• *Sem dispositivo correspondente no Código Civil de 2002.*

Art. 306. Dada a dissolução da sociedade conjugal, os frutos dotais, que correspondam ao ano corrente, serão divididos entre os dois cônjuges, ou entre um e os herdeiros do outro, proporcionalmente à duração do casamento, no decurso do mesmo ano.

Os anos do casamento contam-se da data de sua celebração.

• *Sem dispositivo correspondente no Código Civil de 2002.*

Parágrafo único. Tratando-se de colheitas obtidas em períodos superiores, ou inferiores a 1 (um) ano, a divisão se efetuará proporcionalmente ao tempo de duração da sociedade conjugal, dentro no período da colheita.

• *Sem dispositivo correspondente no Código Civil de 2002.*

Art. 307. O marido tem direito à indenização das benfeitorias necessárias e úteis, segundo o seu valor ao tempo da restituição, e responde pelos danos de que tiver culpa.

• *Sem dispositivo correspondente no Código Civil de 2002.*

Parágrafo único. Este direito e esta obrigação transmitem-se aos seus herdeiros.

• *Sem dispositivo correspondente no Código Civil de 2002.*

Seção IV | DA SEPARAÇÃO DO DOTE E SUA ADMINISTRAÇÃO PELA MULHER

Art. 308. A mulher pode requerer judicialmente a separação do dote, quando a desordem nos negócios do marido leve a recear que os bens deste não bastem a assegurar os dela; salvo o direito, que aos credores assiste, de se oporem à separação, quando fraudulenta.

• *Sem dispositivo correspondente no Código Civil de 2002.*

Art. 309. Separado o dote, terá por administradora a mulher, mas continuará inalienável, provendo o juiz, quando conceder a separação, a que sejam convertidos em imóveis os valores entregues pelo marido em reposição dos bens dotais.

• *Sem dispositivo correspondente no Código Civil de 2002.*

Parágrafo único. A sentença da separação será averbada no registro de que trata o art. 261, para produzir efeitos em relação a terceiros.

• *Sem dispositivo correspondente no Código Civil de 2002.*

Seção V | DOS BENS PARAFERNAIS

Art. 310. A mulher conserva a propriedade, a administração, o gozo e a livre disposição dos bens parafernais; não podendo, porém, alienar os imóveis (art. 276).

• *Sem dispositivo correspondente no Código Civil de 2002.*

Art. 311. Se o marido, como procurador constituído para administrar os bens parafernais ou particulares da mulher, for dispensado, por cláusula expressa, de prestar-lhe contas, será somente obrigado a restituir os frutos existentes:

• *Sem dispositivo correspondente no Código Civil de 2002.*

I — quando ela lhe pedir contas;

• *Sem dispositivo correspondente no Código Civil de 2002.*

II — quando ela lhe revogar o mandato;

• *Sem dispositivo correspondente no Código Civil de 2002.*

III — quando dissolvida a sociedade conjugal.

• *Sem dispositivo correspondente no Código Civil de 2002.*

Capítulo VI | DAS DOAÇÕES ANTENUPCIAIS

Art. 312. Salvo o caso de separação obrigatória de bens (art. 258, parágrafo único), é livre aos contraentes estipular, na escritura antenupcial, doações recíprocas, ou de um ao outro, contanto que não excedam à metade dos bens do doador (arts. 263, VIII, e 232, II).

• *Sem dispositivo correspondente no Código Civil de 2002.*

Art. 313. As doações para casamento podem também ser feitas por terceiros, no contrato antenupcial, ou em escritura pública anterior ao casamento.

• *Sem dispositivo correspondente no Código Civil de 2002.*

Art. 314. As doações estipuladas nos contratos antenupciais, para depois da morte do doador, aproveitarão aos filhos do donatário, ainda que este faleça antes daquele.

• *Sem dispositivo correspondente no Código Civil de 2002.*

Parágrafo único. No caso, porém, de sobreviver o doador a todos os filhos do donatário, caducará a doação.

• *Sem dispositivo correspondente no Código Civil de 2002.*

Título IV | DA DISSOLUÇÃO DA SOCIEDADE CONJUGAL E DA PROTEÇÃO DA PESSOA DOS FILHOS

Capítulo I | DA DISSOLUÇÃO DA SOCIEDADE CONJUGAL

Arts. 315 a 324. *(Revogados pela Lei nº 6.515, de 26-12-1977.)*

Capítulo II | DA PROTEÇÃO DA PESSOA DOS FILHOS

Arts. 325 a 328. *(Revogados pela Lei nº 6.515, de 26-12-1977.)*

Art. 329. A mãe, que contrai novas núpcias, não perde o direito a ter consigo os filhos, que só lhe poderão ser retirados, mandando o juiz, provado que ela, ou o padrasto, não os trata convenientemente (arts. 248, I, e 393).

• *Dispositivo correspondente no Código Civil de 2002: art. 1.588.*

Título V | DAS RELAÇÕES DE PARENTESCO

Capítulo I | DISPOSIÇÕES GERAIS

Art. 330. São parentes, em linha reta, as pessoas que estão umas para com as outras na relação de ascendentes e descendentes.

• *Dispositivo correspondente no Código Civil de 2002: art. 1.591.*

Art. 331. São parentes, em linha colateral, ou transversal, até o sexto grau, as pessoas que provêm de um só tronco, sem descenderem uma da outra.

• *Dispositivo correspondente no Código Civil de 2002: art. 1.592.*

Art. 332. *(Revogado pela Lei nº 8.560, de 29-12-1992.)*

Art. 333. Contam-se, na linha reta, os graus de parentesco pelo número de gerações, e, na colateral, também pelo número delas, subindo, porém, de um dos parentes até ao ascendente comum, e descendo, depois, até encontrar o outro parente.

• *Dispositivo correspondente no Código Civil de 2002: art. 1.594.*

Art. 334. Cada cônjuge é aliado aos parentes do outro pelo vínculo da afinidade.

• *Dispositivo correspondente no Código Civil de 2002: art. 1.595,* caput.

Art. 335. A afinidade, na linha reta, não se extingue com a dissolução do casamento, que a originou.

• *Dispositivo correspondente no Código Civil de 2002: art. 1.595, § 2º.*

Art. 336. A adoção estabelece parentesco meramente civil entre o adotante e o adotado (art. 376).

• *Sem dispositivo correspondente no Código Civil de 2002.*

Capítulo II | DA FILIAÇÃO LEGÍTIMA

Art. 337. *(Revogado pela Lei nº 8.560, de 29-12-1992.)*

Art. 338. Presumem-se concebidos na constância do casamento:

• *Dispositivo correspondente no Código Civil de 2002: art. 1.597,* caput.

I — os filhos nascidos 180 (cento e oitenta) dias, pelo menos, depois de estabelecida a convivência conjugal (art. 339);

• *Dispositivo correspondente no Código Civil de 2002: art. 1.597, I.*

II — os nascidos dentro nos 300 (trezentos) dias subsequentes à dissolução da sociedade conjugal por morte, desquite, ou anulação.

• *Dispositivo correspondente no Código Civil de 2002: art. 1.597, II.*

Art. 339. A legitimidade do filho nascido antes de decorridos os 180 (cento e oitenta) dias de que trata o nº I do artigo antecedente não pode, entretanto, ser contestada:

• *Sem dispositivo correspondente no Código Civil de 2002.*

I — se o marido, antes de casar, tinha ciência da gravidez da mulher;

• *Sem dispositivo correspondente no Código Civil de 2002.*

II — se assistiu, pessoalmente, ou por procurador, a lavrar-se o termo de nascimento do filho, sem contestar a paternidade.

• *Sem dispositivo correspondente no Código Civil de 2002.*

Art. 340. A legitimidade do filho concebido na constância do casamento, ou presumido tal (arts. 337 e 338), só se pode contestar provando-se:

• *Dispositivo correspondente no Código Civil de 2002: art. 1.598.*

I — que o marido se achava fisicamente impossibilitado de coabitar com a mulher nos primeiros 121 (cento e vinte e um) dias, ou mais, dos 300 (trezentos) que houverem precedido ao nascimento do filho;

• *Dispositivo correspondente no Código Civil de 2002: art. 1.598.*

II — que a esse tempo estavam os cônjuges legalmente separados.

• *Dispositivo correspondente no Código Civil de 2002: art. 1.598.*

Art. 341. Não valerá o motivo do artigo antecedente, nº II, se os cônjuges houverem convivido algum dia sob o teto conjugal.

• *Sem dispositivo correspondente no Código Civil de 2002.*

Art. 342. Só em sendo absoluta a impotência, vale a sua alegação contra a legitimidade do filho.

• *Dispositivo correspondente no Código Civil de 2002: art. 1.599.*

Art. 343. Não basta o adultério da mulher, com quem o marido vivia sob o mesmo teto, para elidir a presunção legal de legitimidade da prole.

• *Dispositivo correspondente no Código Civil de 2002: art. 1.600.*

Art. 344. Cabe privativamente ao marido o direito de contestar a legitimidade dos filhos nascidos de sua mulher (art. 178, § 3º).

• *Dispositivo correspondente no Código Civil de 2002: art. 1.601,* caput.

Art. 345. A ação de que trata o artigo antecedente, uma vez iniciada, passa aos herdeiros do marido.

• *Dispositivo correspondente no Código Civil de 2002: art. 1.601, parágrafo único.*

Art. 346. Não basta a confissão materna para excluir a paternidade.

• *Dispositivo correspondente no Código Civil de 2002: art. 1.602.*

Art. 347. *(Revogado pela Lei nº 8.560, de 29-12-1992.)*

Art. 348. Ninguém pode vindicar estado contrário ao que resulta do registro de nascimento, salvo provando-se erro ou falsidade do registro.

• *Dispositivo correspondente no Código Civil de 2002: art. 1.604.*

Art. 349. Na falta, ou defeito do termo de nascimento poderá provar-se a filiação legítima, por qualquer modo admissível em direito:

• *Dispositivo correspondente no Código Civil de 2002: art. 1.605,* caput.

I — quando houver começo de prova por escrito, proveniente dos pais, conjunta ou separadamente;

• *Dispositivo correspondente no Código Civil de 2002: art. 1.605, I.*

II — quando existirem veementes presunções resultantes de fatos já certos.

• *Dispositivo correspondente no Código Civil de 2002: art. 1.605, II.*

Art. 350. A ação de prova da filiação legítima compete ao filho, enquanto viver, passando aos herdeiros, se ele morrer menor, ou incapaz.

• *Dispositivo correspondente no Código Civil de 2002: art. 1.606,* caput.

Art. 351. Se a ação tiver sido iniciada pelo filho, poderão continuá-la os herdeiros, salvo se o autor desistiu, ou a instância foi perempta.

• *Dispositivo correspondente no Código Civil de 2002: art. 1.606, parágrafo único.*

Capítulo III | DA LEGITIMAÇÃO

Art. 352. Os filhos legitimados são, em tudo, equiparados aos legítimos.

• *Sem dispositivo correspondente no Código Civil de 2002.*

Art. 353. A legitimação resulta do casamento dos pais, estando concebido, ou depois de havido o filho (art. 229).

• *Sem dispositivo correspondente no Código Civil de 2002.*

Art. 354. A legitimação dos filhos falecidos aproveita aos seus descendentes.

• *Sem dispositivo correspondente no Código Civil de 2002.*

Capítulo IV | DO RECONHECIMENTO DOS FILHOS ILEGÍTIMOS

Art. 355. O filho ilegítimo pode ser reconhecido pelos pais, conjunta ou separadamente.

• *Dispositivo correspondente no Código Civil de 2002: art. 1.607.*

Art. 356. Quando a maternidade constar do termo de nascimento do filho, a mãe só a poderá contestar, provando a falsidade do termo, ou das declarações nele contidas.

• *Dispositivo correspondente no Código Civil de 2002: art. 1.608.*

Art. 357. O reconhecimento voluntário do filho ilegítimo pode fazer-se ou no próprio termo de nascimento, ou mediante escritura pública, ou por testamento (art. 184, parágrafo único).

• *Dispositivo correspondente no Código Civil de 2002: art. 1.609, I a IV.*

Parágrafo único. O reconhecimento pode preceder o nascimento do filho, ou suceder-lhe ao falecimento, se deixar descendentes.

• *Dispositivo correspondente no Código Civil de 2002: art. 1.609, parágrafo único.*

Art. 358. (*Revogado pela Lei nº 7.841, de 17-10-1989.*)

Art. 359. O filho ilegítimo, reconhecido por um dos cônjuges, não poderá residir no lar conjugal sem o consentimento do outro.

• *Dispositivo correspondente no Código Civil de 2002: art. 1.611.*

Art. 360. O filho reconhecido, enquanto menor, ficará sob poder do progenitor, que o reconheceu, e, se ambos o reconheceram, sob o do pai.

• *Dispositivo correspondente no Código Civil de 2002: art. 1.612.*

Art. 361. Não se pode subordinar a condição, ou a termo, o reconhecimento do filho.

• *Dispositivo correspondente no Código Civil de 2002: art. 1.613.*

Art. 362. O filho maior não pode ser reconhecido sem o seu consentimento, e o menor pode impugnar o reconhecimento, dentro nos 4 (quatro) anos que se seguirem à maioridade, ou emancipação.

• *Dispositivo correspondente no Código Civil de 2002: art. 1.614.*

Art. 363. Os filhos ilegítimos de pessoas que não caibam no art. 183, I a VI, têm ação contra os pais, ou seus herdeiros, para demandar o reconhecimento da filiação:

• *Sem dispositivo correspondente no Código Civil de 2002.*

I — se ao tempo da concepção a mãe estava concubinada com o pretendido pai;

• *Sem dispositivo correspondente no Código Civil de 2002.*

II — se a concepção do filho reclamante coincidiu com o rapto da mãe pelo suposto pai, ou suas relações sexuais com ela;

• *Sem dispositivo correspondente no Código Civil de 2002.*

III — se existir escrito daquele a quem se atribui a paternidade, reconhecendo-a expressamente.

• *Sem dispositivo correspondente no Código Civil de 2002.*

Art. 364. A investigação da maternidade só se não permite, quando tenha por fim atribuir prole ilegítima à mulher casada, ou incestuosa à solteira (art. 358).

• *Sem dispositivo correspondente no Código Civil de 2002.*

Art. 365. Qualquer pessoa, que justo interesse tenha, pode contestar a ação de investigação da paternidade, ou maternidade.

• *Dispositivo correspondente no Código Civil de 2002: art. 1.615.*

Art. 366. A sentença, que julgar procedente a ação de investigação, produzirá os mesmos efeitos do reconhecimento; podendo, porém, ordenar que o filho se crie e eduque fora da companhia daquele dos pais, que negou esta qualidade.

• *Dispositivo correspondente no Código Civil de 2002: art. 1.616.*

Art. 367. A filiação paterna e a materna podem resultar de casamento declarado nulo, ainda mesmo sem as condições do putativo.

• *Dispositivo correspondente no Código Civil de 2002: art. 1.617.*

Capítulo V | DA ADOÇÃO

Art. 368. Só os maiores de 30 (trinta) anos podem adotar.

• *Dispositivo correspondente no Código Civil de 2002: art. 1.618,* caput.

Parágrafo único. Ninguém pode adotar, sendo casado, senão decorridos 5 (cinco) anos após o casamento.

• *Dispositivo correspondente no Código Civil de 2002: art. 1.618, parágrafo único.*

Art. 369. O adotante há de ser, pelo menos, 16 (dezesseis) anos mais velho que o adotado.

• *Dispositivo correspondente no Código Civil de 2002: art. 1.619.*

Art. 370. Ninguém pode ser adotado por duas pessoas, salvo se forem marido e mulher.

• *Dispositivo correspondente no Código Civil de 2002: art. 1.622,* caput.

Art. 371. Enquanto não der contas de sua administração, e saldar o seu alcance, não pode o tutor, ou curador, adotar o pupilo, ou o curatelado.

• *Dispositivo correspondente no Código Civil de 2002: art. 1.620.*

Art. 372. Não se pode adotar sem o consentimento do adotado ou de seu representante legal se for incapaz ou nascituro.

• *Dispositivo correspondente no Código Civil de 2002: art. 1.621,* caput.

Art. 373. O adotado, quando menor, ou interdito, poderá desligar-se da adoção no ano imediato ao em que cessar a interdição, ou a menoridade.

• *Sem dispositivo correspondente no Código Civil de 2002.*

Art. 374. Também se dissolve o vínculo da adoção:

• *Sem dispositivo correspondente no Código Civil de 2002.*

I — quando as duas partes convierem;

• *Sem dispositivo correspondente no Código Civil de 2002.*

II — nos casos em que é admitida a deserdação.

• *Sem dispositivo correspondente no Código Civil de 2002.*

Art. 375. A adoção far-se-á por escritura pública, em que se não admite condição, nem termo.

• *Sem dispositivo correspondente no Código Civil de 2002.*

Art. 376. O parentesco resultante da adoção (art. 336) limita-se ao adotante e ao adotado, salvo quanto aos impedimentos matrimoniais, a cujo respeito se observará o disposto no art. 183, III e V.

• *Dispositivo correspondente no Código Civil de 2002: art. 1.626,* caput.

Art. 377. Quando o adotante tiver filhos legítimos, legitimados ou reconhecidos, a relação de adoção não envolve a de sucessão hereditária.

• *Sem dispositivo correspondente no Código Civil de 2002.*

Art. 378. Os direitos e deveres que resultam do parentesco natural não se extinguem pela adoção, exceto o pátrio poder, que será transferido do pai natural para o adotivo.

• *Sem dispositivo correspondente no Código Civil de 2002.*

Capítulo VI | DO PÁTRIO PODER

Seção I | DISPOSIÇÕES GERAIS

Art. 379. Os filhos legítimos, os legitimados, os legalmente reconhecidos e os adotivos estão sujeitos ao pátrio poder, enquanto menores.

• *Dispositivo correspondente no Código Civil de 2002: art. 1.630.*

Art. 380. Durante o casamento compete o pátrio poder aos pais, exercendo-o o marido com a colaboração da mulher. Na falta ou impedimento de um dos progenitores passará o outro a exercê-lo com exclusividade.

• *Dispositivo correspondente no Código Civil de 2002: art. 1.631,* caput.

Parágrafo único. Divergindo os progenitores quanto ao exercício do pátrio poder, prevalecerá a decisão do pai, ressalvado à mãe o direito de recorrer ao juiz para solução da divergência.

• *Dispositivos correspondentes no Código Civil de 2002: arts. 1.631, parágrafo único, e 1.690, parágrafo único.*

Art. 381. O desquite não altera as relações entre pais e filhos senão quanto ao direito, que aos primeiros cabe, de terem em sua companhia os segundos (arts. 326 e 327).

• *Dispositivo correspondente no Código Civil de 2002: art. 1.632.*

Art. 382. Dissolvido o casamento pela morte de um dos cônjuges, o pátrio poder compete ao cônjuge sobrevivente.

• *Sem dispositivo correspondente no Código Civil de 2002.*

Art. 383. O filho ilegítimo não reconhecido pelo pai fica sob o poder materno. Se, porém, a mãe não for conhecida, ou capaz de exercer o pátrio poder, dar-se-á tutor ao menor.

• *Dispositivo correspondente no Código Civil de 2002: art. 1.633.*

Seção II | DO PÁTRIO PODER QUANTO À PESSOA DOS FILHOS

Art. 384. Compete aos pais, quanto à pessoa dos filhos menores:

• *Dispositivo correspondente no Código Civil de 2002: art. 1.634,* caput.

I — dirigir-lhes a criação e educação;

• *Dispositivo correspondente no Código Civil de 2002: art. 1.634, I.*

II — tê-los em sua companhia e guarda;

• *Dispositivo correspondente no Código Civil de 2002: art. 1.634, II.*

III — conceder-lhes, ou negar-lhes consentimento para casarem;

• *Dispositivo correspondente no Código Civil de 2002: art. 1.634, III.*

IV — nomear-lhes tutor, por testamento ou documento autêntico, se o outro dos pais lhe não sobreviver, ou o sobrevivo não puder exercitar o pátrio poder;

• *Dispositivo correspondente no Código Civil de 2002: art. 1.634, IV.*

V — representá-los, até aos 16 (dezesseis) anos, nos atos da vida civil, e assisti-los, após essa idade, nos atos em que forem partes, suprindo-lhes o consentimento;

• *Dispositivos correspondentes no Código Civil de 2002: arts. 1.634, V, e 1.690,* caput.

VI — reclamá-los de quem ilegalmente os detenha;

• *Dispositivo correspondente no Código Civil de 2002: art. 1.634, VI.*

VII — exigir que lhes prestem obediência, respeito e os serviços próprios de sua idade e condição.

• *Dispositivo correspondente no Código Civil de 2002: art. 1.634, VII.*

Seção III | DO PÁTRIO PODER QUANTO AOS BENS DOS FILHOS

Art. 385. O pai e, na sua falta, a mãe são os administradores legais dos bens dos filhos que se achem sob o seu poder, salvo o disposto no art. 225.

• *Dispositivo correspondente no Código Civil de 2002: art. 1.689,* caput *e II.*

Art. 386. Não podem, porém, alienar, hipotecar, ou gravar de ônus reais, os imóveis dos filhos, nem contrair, em nome deles, obrigações que ultrapassem os limites da simples administração, exceto por necessidade, ou evidente utilidade da prole, mediante prévia autorização do juiz (art. 178, § 6º, III).

• *Dispositivo correspondente no Código Civil de 2002: art. 1.691,* caput.

Art. 387. Sempre que no exercício do pátrio poder colidirem os interesses dos pais com os do filho, a requerimento deste ou do Ministério Público, o juiz lhe dará curador especial.

• *Dispositivo correspondente no Código Civil de 2002: art. 1.692.*

Art. 388. Só têm o direito de opor a nulidade aos atos praticados com infração dos artigos antecedentes:

• *Dispositivo correspondente no Código Civil de 2002: art. 1.691, parágrafo único.*

I — o filho (art. 178, § 6º, III);

• *Dispositivo correspondente no Código Civil de 2002: art. 1.691, parágrafo único, I.*

II — os herdeiros (art. 178, § 6º, IV);

• *Dispositivo correspondente no Código Civil de 2002: art. 1.691, parágrafo único, II.*

III — o representante legal do filho, se durante a menoridade cessar o pátrio poder (arts. 178, § 6º, IV, e 392).

• *Dispositivo correspondente no Código Civil de 2002: art. 1.691, parágrafo único, III.*

Art. 389. O usufruto dos bens dos filhos é inerente ao exercício do pátrio poder salvo a disposição do art. 225.

• *Dispositivo correspondente no Código Civil de 2002: art. 1.689, I.*

Art. 390. Excetuam-se:

• *Sem dispositivo correspondente no Código Civil de 2002.*

I — os bens deixados ou doados ao filho com a exclusão do usufruto paterno;

• *Sem dispositivo correspondente no Código Civil de 2002.*

II — os bens deixados ao filho, para fim certo e determinado.

• *Sem dispositivo correspondente no Código Civil de 2002.*

Art. 391. Excluem-se assim do usufruto como da administração dos pais:

• *Dispositivo correspondente no Código Civil de 2002: art. 1.693,* caput.

I — os bens adquiridos pelo filho ilegítimo, antes do reconhecimento;

• *Dispositivo correspondente no Código Civil de 2002: art. 1.693, I.*

II — os adquiridos pelo filho em serviço militar, de magistério, ou em qualquer outra função pública;

• *Dispositivo correspondente no Código Civil de 2002: art. 1.693, II.*

III — os deixados ou doados ao filho, sob a condição de não serem administrados pelos pais;

• *Dispositivo correspondente no Código Civil de 2002: art. 1.693, III.*

IV — os bens que ao filho couberem na herança (art. 1.599), quando os pais forem excluídos da sucessão (art. 1.602).

• *Dispositivo correspondente no Código Civil de 2002: art. 1.693, IV.*

Seção IV | DA SUSPENSÃO E EXTINÇÃO DO PÁTRIO PODER

Art. 392. Extingue-se o pátrio poder:

• *Dispositivo correspondente no Código Civil de 2002: art. 1.635,* caput.

I — pela morte dos pais ou do filho;

• *Dispositivo correspondente no Código Civil de 2002: art. 1.635, I.*

II — pela emancipação, nos termos do parágrafo único do art. 9º, Parte Geral;

• *Dispositivo correspondente no Código Civil de 2002: art. 1.635, II.*

III — pela maioridade;

• *Dispositivo correspondente no Código Civil de 2002: art. 1.635, III.*

IV — pela adoção.

• *Dispositivo correspondente no Código Civil de 2002: art. 1.635, IV.*

Art. 393. A mãe que contrai novas núpcias não perde, quanto aos filhos de leito anterior, os direitos ao pátrio poder, exercendo-os sem qualquer interferência do marido.

• *Dispositivo correspondente no Código Civil de 2002: art. 1.636,* caput.

Art. 394. Se o pai, ou mãe, abusar do seu poder, faltando aos deveres paternos, ou arruinando os bens dos filhos, cabe ao juiz, requerendo algum parente, ou o Ministério Público, adotar a medida, que lhe pareça reclamada pela segurança do menor e seus haveres, suspendendo até, quando convenha, o pátrio poder.

• *Dispositivo correspondente no Código Civil de 2002: art. 1.637,* caput.

Parágrafo único. Suspende-se igualmente o exercício do pátrio poder, ao pai ou mãe condenados por sentença irrecorrível, em crime cuja pena exceda de 2 (dois) anos de prisão.

• *Dispositivo correspondente no Código Civil de 2002: art. 1.637, parágrafo único.*

Art. 395. Perderá por ato judicial o pátrio poder o pai, ou mãe:

• *Dispositivos correspondentes no Código Civil de 2002: arts. 1.635, V, e 1.638,* caput.

I — que castigar imoderadamente o filho;

• *Dispositivo correspondente no Código Civil de 2002: art. 1.638, I.*

II — que o deixar em abandono;

• *Dispositivo correspondente no Código Civil de 2002: art. 1.638, II.*

III — que praticar atos contrários à moral e aos bons costumes.

• *Dispositivo correspondente no Código Civil de 2002: art. 1.638, III.*

Capítulo VII | DOS ALIMENTOS

Art. 396. De acordo com o prescrito neste Capítulo podem os parentes exigir uns dos outros os alimentos de que necessitem para subsistir.

• *Dispositivo correspondente no Código Civil de 2002: art. 1.694,* caput.

Art. 397. O direito à prestação de alimentos é recíproco entre pais e filhos, e extensivo a todos os ascendentes, recaindo a obrigação nos mais próximos em grau, uns em falta de outros.

• *Dispositivo correspondente no Código Civil de 2002: art. 1.696.*

Art. 398. Na falta dos ascendentes cabe a obrigação aos descendentes, guardada a ordem da sucessão e, faltando estes, aos irmãos, assim germanos, como unilaterais.

• *Dispositivo correspondente no Código Civil de 2002: art. 1.697.*

Art. 399. São devidos os alimentos quando o parente, que os pretende, não tem bens, nem pode prover, pelo seu trabalho, à própria mantença, e o de quem se reclamam, pode fornecê-los, sem desfalque do necessário ao seu sustento.

• *Dispositivo correspondente no Código Civil de 2002: art. 1.695.*

Parágrafo único. No caso de pais que, na velhice, carência ou enfermidade, ficaram sem condições de prover o próprio sustento, principalmente quando se despojaram de bens em favor da prole, cabe, sem perda de tempo e até em caráter provisional, aos filhos maiores e capazes, o dever de ajudá-los e ampará-los, com a obrigação irrenunciável de assisti-los e alimentá-los até o final de suas vidas.

• *Sem dispositivo correspondente no Código Civil de 2002.*

Art. 400. Os alimentos devem ser fixados na proporção das necessidades do reclamante e dos recursos da pessoa obrigada.

• *Dispositivo correspondente no Código Civil de 2002: art. 1.694, § 1º.*

Art. 401. Se, fixados os alimentos, sobrevier mudança na fortuna de quem os supre, ou na de quem os recebe, poderá o interessado reclamar do juiz, conforme as circunstâncias, exoneração, redução, ou agravação do encargo.

• *Dispositivo correspondente no Código Civil de 2002: art. 1.699.*

Art. 402. A obrigação de prestar alimentos não se transmite aos herdeiros do devedor.

• *Dispositivo correspondente no Código Civil de 2002: art. 1.700.*

Art. 403. A pessoa obrigada a suprir alimentos poderá pensionar o alimentando, ou dar-lhe em casa hospedagem e sustento.

• *Dispositivo correspondente no Código Civil de 2002: art. 1.701,* caput.

Parágrafo único. Compete, porém, ao juiz, se as circunstâncias exigirem, fixar a maneira da prestação devida.

• *Dispositivo correspondente no Código Civil de 2002: art. 1.701, parágrafo único.*

Art. 404. Pode-se deixar de exercer, mas não se pode renunciar o direito a alimentos.

• *Dispositivo correspondente no Código Civil de 2002: art. 1.707.*

Art. 405. O casamento, embora nulo, e a filiação espúria, provada quer por sentença irrecorrível, não provocada pelo filho, quer por confissão, ou declaração escrita do pai, fazem certa a paternidade, somente para o efeito da prestação de alimentos.

• *Sem dispositivo correspondente no Código Civil de 2002.*

Título VI | DA TUTELA, DA CURATELA E DA AUSÊNCIA

Capítulo I | DA TUTELA

Seção I | DOS TUTORES

Art. 406. Os filhos menores são postos em tutela:

• *Dispositivo correspondente no Código Civil de 2002: art. 1.728,* caput.

I — falecendo os pais, ou sendo julgados ausentes;

• *Dispositivo correspondente no Código Civil de 2002: art. 1.728, I.*

II — decaindo os pais do pátrio poder.

• *Dispositivo correspondente no Código Civil de 2002: art. 1.728, II.*

Art. 407. O direito de nomear tutor compete ao pai, à mãe, ao avô paterno e ao materno. Cada uma destas pessoas o exercerá no caso de falta ou incapacidade das que lhes antecederem na ordem aqui estabelecida.

• *Dispositivo correspondente no Código Civil de 2002: art. 1.729,* caput.

Parágrafo único. A nomeação deve constar de testamento ou de qualquer outro documento autêntico.

• *Dispositivo correspondente no Código Civil de 2002: art. 1.729, parágrafo único.*

Art. 408. Nula é a nomeação de tutor pelo pai, ou pela mãe, que, ao tempo de sua morte, não tenha o pátrio poder.

• *Dispositivo correspondente no Código Civil de 2002: art. 1.730.*

Art. 409. Em falta de tutor nomeado pelos pais, incumbe a tutela aos parentes consanguíneos do menor, por esta ordem:

• *Dispositivo correspondente no Código Civil de 2002: art. 1.731,* caput.

I — ao avô paterno, depois ao materno, e, na falta deste, à avó paterna, ou materna;

• *Dispositivo correspondente no Código Civil de 2002: art. 1.731, I e II.*

II — aos irmãos, preferindo os bilaterais aos unilaterais, o do sexo masculino ao do feminino, o mais velho ao mais moço;

• *Dispositivo correspondente no Código Civil de 2002: art. 1.731, II.*

III — aos tios, sendo preferido o do sexo masculino ao do feminino, o mais velho ao mais moço.

• *Sem dispositivo correspondente no Código Civil de 2002.*

Art. 410. O juiz nomeará tutor idôneo e residente no domicílio do menor:

• *Dispositivo correspondente no Código Civil de 2002: art. 1.732,* caput.

I — na falta de tutor testamentário, ou legítimo;

• *Dispositivo correspondente no Código Civil de 2002: art. 1.732, I.*

II — quando estes forem excluídos ou escusados da tutela;

• *Dispositivo correspondente no Código Civil de 2002: art. 1.732, II.*

III — quando removidos por não idôneos o tutor legítimo e o testamentário.

• *Dispositivo correspondente no Código Civil de 2002: art. 1.732, III.*

Art. 411. Aos irmãos órfãos se dará um só tutor. No caso, porém, de ser nomeado mais de um, por disposição testamentária, entende-se que a tutela foi cometida ao primeiro e que os outros lhe hão de suceder pela ordem da nomeação, dado o caso de morte, incapacidade, escusa ou qualquer outro impedimento legal.

• *Dispositivo correspondente no Código Civil de 2002: art. 1.733,* caput *e § 1º.*

Parágrafo único. Quem institui um menor herdeiro, ou legatário seu, poderá nomear-lhe curador especial para os bens deixados, ainda que o menor se ache sob o pátrio poder, ou sob tutela.

• *Dispositivo correspondente no Código Civil de 2002: art. 1.733, § 2º.*

Art. 412. Os menores abandonados terão tutores nomeados pelo juiz, ou serão recolhidos a estabelecimentos públicos para este fim destinados.

Na falta desses estabelecimentos, ficam sob a tutela das pessoas que, voluntária e gratuitamente, se encarregarem da sua criação.

• *Dispositivo correspondente no Código Civil de 2002: art. 1.734.*

Seção II | DOS INCAPAZES DE EXERCER A TUTELA

Art. 413. Não podem ser tutores e serão exonerados da tutela, caso a exerçam:

• *Dispositivo correspondente no Código Civil de 2002: art. 1.735,* caput.

I — os que não tiverem a livre administração de seus bens;

• *Dispositivo correspondente no Código Civil de 2002: art. 1.735, I.*

II — os que, no momento de lhes ser deferida a tutela, se acharem constituídos em obrigação para com o menor, ou tiverem que fazer valer direitos contra este; e aqueles cujos pais, filhos, ou cônjuges tiverem demanda com o menor;

• *Dispositivo correspondente no Código Civil de 2002: art. 1.735, II.*

III — os inimigos do menor, ou de seus pais, ou que tiverem sido por estes expressamente excluídos da tutela;

• *Dispositivo correspondente no Código Civil de 2002: art. 1.735, III.*

IV — os condenados por crime de furto, roubo, estelionato ou falsidade, tenham ou não cumprido a pena;

• *Dispositivo correspondente no Código Civil de 2002: art. 1.735, IV.*

V — as pessoas de mau procedimento, ou falhas em probidade, e as culpadas de abuso em tutorias anteriores;

• *Dispositivo correspondente no Código Civil de 2002: art. 1.735, V.*

VI — os que exercerem função pública incompatível com a boa administração da tutela.

• *Dispositivo correspondente no Código Civil de 2002: art. 1.735, VI.*

Seção III | DA ESCUSA DOS TUTORES

Art. 414. Podem escusar-se da tutela:

• *Dispositivo correspondente no Código Civil de 2002: art. 1.736,* caput.

I — as mulheres;

• *Dispositivo correspondente no Código Civil de 2002: art. 1.736, I.*

II — os maiores de 60 (sessenta) anos;

• *Dispositivo correspondente no Código Civil de 2002: art. 1.736, II.*

III — os que tiverem em seu poder mais de cinco filhos;

• *Dispositivo correspondente no Código Civil de 2002: art. 1.736, III.*

IV — os impossibilitados por enfermidade;

• *Dispositivo correspondente no Código Civil de 2002: art. 1.736, IV.*

V — os que habitarem longe do lugar onde se haja de exercer a tutela;

• *Dispositivo correspondente no Código Civil de 2002: art. 1.736, V.*

VI — os que já exercerem tutela, ou curatela;

• *Dispositivo correspondente no Código Civil de 2002: art. 1.736, VI.*

VII — os militares, em serviço.

• *Dispositivo correspondente no Código Civil de 2002: art. 1.736, VII.*

Art. 415. Quem não for parente do menor não poderá ser obrigado a aceitar a tutela, se houver no lugar parente idôneo, consanguíneo ou afim, em condições de exercê-la.

• *Dispositivo correspondente no Código Civil de 2002: art. 1.737.*

Art. 416. A escusa apresentar-se-á nos 10 (dez) dias subsequentes à intimação do nomeado, sob pena de entender-se renunciado o direito de alegá-la.

Se o motivo escusatório ocorrer depois de aceita a tutela, os 10 (dez) dias contar-se-ão do em que ele sobrevier.

• *Dispositivo correspondente no Código Civil de 2002: art. 1.738.*

Art. 417. Se o juiz não admitir a escusa, exercerá o nomeado a tutela, enquanto o recurso interposto não tiver provimento, e responderá desde logo pelas perdas e danos que o menor venha a sofrer.

• *Dispositivo correspondente no Código Civil de 2002: art. 1.739.*

Seção IV | DA GARANTIA DA TUTELA

Art. 418. O tutor, antes de assumir a tutela, é obrigado a especializar, em hipoteca legal, que será inscrita, os imóveis necessários, para acautelar, sob a sua administração, os bens do menor.

• *Sem dispositivo correspondente no Código Civil de 2002.*

Art. 419. Se todos os imóveis de sua propriedade não valerem o patrimônio do menor, reforçará o tutor a hipoteca mediante caução real ou fidejussória; salvo se para tal não tiver meios, ou for de reconhecida idoneidade.

• *Sem dispositivo correspondente no Código Civil de 2002.*

Art. 420. O juiz responde subsidiariamente pelos prejuízos, que sofra o menor em razão da insolvência do tutor, de lhe não ter exigido a garantia legal, ou de o não haver removido, tanto que se tornou suspeito.

• *Sem dispositivo correspondente no Código Civil de 2002.*

Art. 421. A responsabilidade será pessoal e direta, quando o juiz não tiver nomeado tutor, ou quando a nomeação não houver sido oportuna.

• *Dispositivo correspondente no Código Civil de 2002: art. 1.744, I.*

Seção V | DO EXERCÍCIO DA TUTELA

Art. 422. Incumbe ao tutor sob a inspeção do juiz reger a pessoa do menor, velar por ele, e administrar-lhe os bens.

• *Dispositivo correspondente no Código Civil de 2002: art. 1.741.*

Art. 423. Os bens do menor serão entregues ao tutor mediante termo especificado dos bens e seus valores, ainda que os pais o tenham dispensado.

• *Dispositivo correspondente no Código Civil de 2002: art. 1.745,* caput.

Art. 424. Cabe ao tutor, quanto à pessoa do menor:

• *Dispositivo correspondente no Código Civil de 2002: art. 1.740,* caput.

I — dirigir-lhe a educação, defendê-lo e prestar-lhe alimentos, conforme os seus haveres e condição;

• *Dispositivo correspondente no Código Civil de 2002: art. 1.740, I.*

II — reclamar do juiz que providencie, como houver por bem, quando o menor haja mister correção.

• *Dispositivo correspondente no Código Civil de 2002: art. 1.740, II.*

Art. 425. Se o menor possuir bens, será sustentado e educado a expensas suas, arbitrando o juiz, para tal fim, as quantias, que lhe pareçam necessárias, atento o rendimento da fortuna do pupilo, quando o pai, ou a mãe, não as houver taxado.

• *Dispositivo correspondente no Código Civil de 2002: art. 1.746.*

Art. 426. Compete mais ao tutor:

• *Dispositivo correspondente no Código Civil de 2002: art. 1.747,* caput.

I — representar o menor, até os 16 (dezesseis) anos, nos atos da vida civil, e assisti-lo, após essa idade, nos atos em que for parte, suprindo-lhe o consentimento;

• *Dispositivo correspondente no Código Civil de 2002: art. 1.747, I.*

II — receber as rendas e pensões do menor;

• *Dispositivo correspondente no Código Civil de 2002: art. 1.747, II.*

III — fazer-lhe as despesas de subsistência e educação, bem como as da administração de seus bens (art. 433, I);

• *Dispositivo correspondente no Código Civil de 2002: art. 1.747, III.*

IV — alienar os bens do menor destinados a venda.

• *Dispositivo correspondente no Código Civil de 2002: art. 1.747, IV.*

Art. 427. Compete-lhe, também, com autorização do juiz:

• *Dispositivo correspondente no Código Civil de 2002: art. 1.748,* caput.

I — fazer as despesas necessárias com a conservação e o melhoramento dos bens;

• *Sem dispositivo correspondente no Código Civil de 2002.*

II — receber as quantias devidas ao órfão, e pagar-lhe as dívidas;

• *Dispositivo correspondente no Código Civil de 2002: art. 1.748, I.*

III — aceitar por ele heranças, legados, ou doações, com ou sem encargos;

• *Dispositivo correspondente no Código Civil de 2002: art. 1.748, II.*

IV — transigir;

• *Dispositivo correspondente no Código Civil de 2002: art. 1.748, III.*

V — promover-lhe, mediante praça pública, o arrendamento dos bens de raiz;

• *Dispositivo correspondente no Código Civil de 2002: art. 1.747, V.*

VI — vender-lhe em praça os móveis, cuja conservação não convier, e os imóveis, nos casos em que for permitido (art. 429);

• *Dispositivo correspondente no Código Civil de 2002: art. 1.748, IV.*

VII — propor em juízo as ações e promover todas as diligências a bem do menor, assim como defendê-lo nos pleitos contra ele movidos, segundo o disposto no art. 84.

• *Dispositivo correspondente no Código Civil de 2002: art. 1.748, V.*

Art. 428. Ainda com autorização judicial não pode o tutor, sob pena de nulidade:

• *Dispositivo correspondente no Código Civil de 2002: art. 1.749,* caput.

I — adquirir por si, ou por interposta pessoa, por contrato particular, ou em hasta pública, bens móveis, ou de raiz pertencentes ao menor;

• *Dispositivo correspondente no Código Civil de 2002: art. 1.749, I.*

II — dispor dos bens do menor a título gratuito;

• *Dispositivo correspondente no Código Civil de 2002: art. 1.749, II.*

III — constituir-se cessionário de crédito, ou direito, contra o menor.

• *Dispositivo correspondente no Código Civil de 2002: art. 1.749, III.*

Art. 429. Os imóveis pertencentes aos menores só podem ser vendidos quando houver manifesta vantagem, e sempre em hasta pública.

• *Dispositivo correspondente no Código Civil de 2002: art. 1.750.*

Art. 430. Antes de assumir a tutela, o tutor declarará tudo o que lhe deva o menor, sob pena de lho não poder cobrar, enquanto exerça a tutoria, salvo provando que não conhecia o débito, quando a assumiu.

• *Dispositivo correspondente no Código Civil de 2002: art. 1.751.*

Art. 431. O tutor responde pelos prejuízos, que, por negligência, culpa, ou dolo, causar ao pupilo; mas tem direito a ser pago do que legalmente despender no exercício da tutela, e, salvo no caso do art. 412, a perceber uma gratificação por seu trabalho.

• *Dispositivo correspondente no Código Civil de 2002: art. 1.752.*

Parágrafo único. Não tendo os pais do menor fixado essa gratificação, arbitrá-la-á o juiz, até 10% (dez por cento), no máximo, da renda líquida anual dos bens, administrados pelo tutor.

• *Sem dispositivo correspondente no Código Civil de 2002.*

Seção VI | DOS BENS DE ÓRFÃOS

Art. 432. Os tutores não podem conservar em seu poder dinheiros de seus tutelados, além do necessário, para as despesas ordinárias com o seu sustento, a sua educação e a administração de seus bens.

• *Dispositivo correspondente no Código Civil de 2002: art. 1.753,* caput.

§ 1º Os objetos de ouro, prata, pedras preciosas e móveis desnecessários, serão vendidos em hasta pública, e seu produto convertido em títulos de responsabilidade da União, ou dos Estados, recolhidos às Caixas Econômicas Federais ou aplicado na aquisição de imóveis, conforme for determinado pelo juiz. O mesmo destino terá o dinheiro proveniente de qualquer outra procedência.

• *Dispositivo correspondente no Código Civil de 2002: art. 1.753, §§ 1º e 2º.*

§ 2º Os tutores respondem pela demora na aplicação dos valores acima ditos, pagando os juros legais desde o dia em que lhes deveriam dar esse destino, o que não os exime da obrigação, que o juiz fará efetiva, da referida aplicação.

• *Dispositivo correspondente no Código Civil de 2002: art. 1.753, § 3º.*

Art. 433. Os valores que existirem nas Caixas Econômicas Federais, na forma do artigo anterior, não se poderão retirar, senão mediante ordem do juiz, e somente:

• *Dispositivo correspondente no Código Civil de 2002: art. 1.754,* caput.

I — para as despesas com o sustento e educação do pupilo, ou a administração de seus bens (art. 427, I);

• *Dispositivo correspondente no Código Civil de 2002: art. 1.754, I.*

II — para se comprarem bens de raiz e títulos da dívida pública da União, ou dos Estados;

• *Dispositivo correspondente no Código Civil de 2002: art. 1.754, II.*

III — para se empregarem em conformidade com o disposto por quem os houver doado, ou deixado;

• *Dispositivo correspondente no Código Civil de 2002: art. 1.754, III.*

IV — para se entregarem aos órfãos, quando emancipados, ou maiores, ou, mortos eles, aos seus herdeiros.

• *Dispositivo correspondente no Código Civil de 2002: art. 1.754, IV.*

Seção VII | DA PRESTAÇÃO DE CONTAS DA TUTELA

Art. 434. Os tutores, embora o contrário dispusessem os pais dos tutelados, são obrigados a prestar contas da sua administração.

• *Dispositivo correspondente no Código Civil de 2002: art. 1.755.*

Art. 435. No fim de cada ano de administração, os tutores submeterão ao juiz o balanço respectivo, que, depois de aprovado, se anexará aos autos do inventário.

• *Dispositivo correspondente no Código Civil de 2002: art. 1.756.*

Art. 436. Os tutores prestarão contas de dois em dois anos, e bem assim quando, por qualquer motivo, deixarem o exercício da tutela, ou toda vez que o juiz o houver por conveniente.

• *Dispositivo correspondente no Código Civil de 2002: art. 1.757,* caput.

Parágrafo único. As contas serão prestadas em juízo, e julgadas depois de audiência dos interessados; recolhendo o tutor imediatamente em Caixas Econômicas os saldos, ou adquirindo bens imóveis, ou títulos da dívida pública.

• *Dispositivo correspondente no Código Civil de 2002: art. 1.757, parágrafo único.*

Art. 437. Finda a tutela pela emancipação, ou maioridade, a quitação do menor não produzirá efeito antes de aprovadas as contas pelo juiz, subsistindo inteira, até então, a responsabilidade do tutor.

• *Dispositivo correspondente no Código Civil de 2002: art. 1.758.*

Art. 438. Nos casos de morte, ausência, ou interdição do tutor, as contas serão prestadas por seus herdeiros, ou representantes.

• *Dispositivo correspondente no Código Civil de 2002: art. 1.759.*

Art. 439. Serão levadas a crédito do tutor todas as despesas justificadas e reconhecidamente proveitosas ao menor.

• *Dispositivo correspondente no Código Civil de 2002: art. 1.760.*

Art. 440. As despesas com a prestação das contas serão pagas pelo tutelado.

• *Dispositivo correspondente no Código Civil de 2002: art. 1.761.*

Art. 441. O alcance do tutor, bem como o saldo contra o tutelado, vencerão juros desde o julgamento definitivo das contas.

• *Dispositivo correspondente no Código Civil de 2002: art. 1.762.*

Seção VIII | DA CESSAÇÃO DA TUTELA

Art. 442. Cessa a condição de pupilo:

• *Dispositivo correspondente no Código Civil de 2002. art. 1.763,* caput.

I — com a maioridade, ou a emancipação do menor;

• *Dispositivo correspondente no Código Civil de 2002: art. 1.763, I.*

II — caindo o menor sob o pátrio poder, no caso de legitimação, reconhecimento, ou adoção.

• *Dispositivo correspondente no Código Civil de 2002: art. 1.763, II.*

Art. 443. Cessam as funções do tutor:

• *Dispositivo correspondente no Código Civil de 2002: art. 1.764,* caput.

I — expirando o termo, em que era obrigado a servir (art. 444);

• *Dispositivo correspondente no Código Civil de 2002: art. 1.764, I.*

II — sobrevindo escusa legítima (arts. 414 a 416);

• *Dispositivo correspondente no Código Civil de 2002: art. 1.764, II.*

III — sendo removido (arts. 413 e 445).

• *Dispositivo correspondente no Código Civil de 2002: art. 1.764, III.*

Art. 444. Os tutores são obrigados a servir por espaço de 2 (dois) anos.

• *Dispositivo correspondente no Código Civil de 2002: art. 1.765,* caput.

Parágrafo único. Podem, porém, continuar além desse prazo, no exercício da tutela, se o quiserem, e o juiz tiver por conveniente ao menor.

• *Dispositivo correspondente no Código Civil de 2002: art. 1.765, parágrafo único.*

Art. 445. Será destituído o tutor, quando negligente, prevaricador ou incurso em incapacidade.

• *Dispositivo correspondente no Código Civil de 2002: art. 1.766.*

Capítulo II | DA CURATELA

Seção I | DISPOSIÇÕES GERAIS

Art. 446. Estão sujeitos à curatela:

• *Dispositivo correspondente no Código Civil de 2002: art. 1.767,* caput.

I — os loucos de todo o gênero (arts. 448, I, 450 e 457);

• *Dispositivo correspondente no Código Civil de 2002: art. 1.767, I.*

II — os surdos-mudos, sem educação que os habilite a enunciar precisamente a sua vontade (arts. 451 e 456);

• *Dispositivo correspondente no Código Civil de 2002: art. 1.767, II.*

III — os pródigos (arts. 459 e 461).

• *Dispositivo correspondente no Código Civil de 2002: art. 1.767, V.*

Art. 447. A interdição deve ser promovida:

• *Dispositivo correspondente no Código Civil de 2002: art. 1.768,* caput.

I — pelo pai, mãe, ou tutor;

• *Dispositivo correspondente no Código Civil de 2002: art. 1.768, I.*

II — pelo cônjuge, ou algum parente próximo;

• *Dispositivo correspondente no Código Civil de 2002: art. 1.768, II.*

III — pelo Ministério Público.

• *Dispositivo correspondente no Código Civil de 2002: art. 1.768, III.*

Art. 448. O Ministério Público só promoverá a interdição:

• *Dispositivo correspondente no Código Civil de 2002: art. 1.769,* caput.

I — no caso de loucura furiosa;

• *Dispositivo correspondente no Código Civil de 2002: art. 1.769, I.*

II — se não existir, ou não promover a interdição alguma das pessoas designadas no artigo antecedente, ns. I e II;

• *Dispositivo correspondente no Código Civil de 2002: art. 1.769, II.*

III — se, existindo, forem menores, ou incapazes.

• *Dispositivo correspondente no Código Civil de 2002: art. 1.769, III.*

Art. 449. Nos casos em que a interdição for promovida pelo Ministério Público, o juiz nomeará defensor ao suposto incapaz. Nos demais casos o Ministério Público será o defensor.

• *Dispositivo correspondente no Código Civil de 2002: art. 1.770.*

Art. 450. Antes de se pronunciar acerca da interdição, examinará pessoalmente o juiz o arguido de incapacidade, ouvindo profissionais.

• *Dispositivo correspondente no Código Civil de 2002: art. 1.771.*

Art. 451. Pronunciada a interdição do surdo-mudo, o juiz assinará, segundo o desenvolvimento mental do interdito, os limites da curatela.

• *Dispositivo correspondente no Código Civil de 2002: art. 1.772.*

Art. 452. A sentença que declara a interdição produz efeitos, desde logo, embora sujeita a recurso.

• *Dispositivo correspondente no Código Civil de 2002: art. 1.773.*

Art. 453. Decretada a interdição, fica o interdito sujeito à curatela, à qual se aplica o disposto no capítulo antecedente, com a restrição do art. 451 e as modificações dos artigos seguintes.

• *Dispositivos correspondentes no Código Civil de 2002: arts. 1.774 e 1.781.*

Art. 454. O cônjuge, não separado judicialmente, é, de direito, curador do outro, quando interdito (art. 455).

• *Dispositivo correspondente no Código Civil de 2002: art. 1.775,* caput.

§ 1º Na falta do cônjuge, é curador legítimo o pai; na falta deste, a mãe; e, na desta, o descendente maior.

• *Dispositivo correspondente no Código Civil de 2002: art. 1.775, § 1º.*

§ 2º Entre os descendentes, os mais próximos precedem aos mais remotos, e, dentre os do mesmo grau, os varões às mulheres.

• *Dispositivo correspondente no Código Civil de 2002: art. 1.775, § 2º.*

§ 3º Na falta das pessoas mencionadas, compete ao juiz a escolha do curador.

• *Dispositivo correspondente no Código Civil de 2002: art. 1.775, § 3º.*

Art. 455. Quando o curador for o cônjuge, não será obrigado a apresentar os balanços anuais, nem a fazer inventário, se o regime do casamento for o da comunhão, ou se os bens do incapaz se acharem descritos em instrumento público, qualquer que seja o regime do casamento.

• *Dispositivo correspondente no Código Civil de 2002: art. 1.783.*

§ 1º Se o curador for o marido, observar-se-á o disposto nos arts. 233 a 239.

• *Sem dispositivo correspondente no Código Civil de 2002.*

§ 2º Se for a mulher a curadora, observar-se-á o disposto no art. 251, parágrafo único.

• *Sem dispositivo correspondente no Código Civil de 2002.*

§ 3º Se for o pai, ou mãe, não terá aplicação o disposto no art. 435.

• *Sem dispositivo correspondente no Código Civil de 2002.*

Art. 456. Havendo meio de educar o surdo-mudo, o curador promover-lhe-á o ingresso em estabelecimento apropriado.

• *Dispositivo correspondente no Código Civil de 2002: art. 1.776.*

Art. 457. Os loucos, sempre que parecer inconveniente conservá-los em casa, ou o exigir o seu tratamento, serão também recolhidos em estabelecimento adequado.

• *Dispositivo correspondente no Código Civil de 2002: art. 1.777.*

Art. 458. A autoridade do curador estende-se à pessoa e bens dos filhos do curatelado, nascidos ou nascituros (art. 462, parágrafo único).

• *Dispositivo correspondente no Código Civil de 2002: art. 1.778.*

Seção II | DOS PRÓDIGOS

Art. 459. A interdição do pródigo só o privará de, sem curador, emprestar, transigir, dar quitação, alienar, hipotecar, demandar ou ser demandado e praticar, em geral, atos que não sejam de mera administração.

• *Dispositivo correspondente no Código Civil de 2002: art. 1.782.*

Art. 460. O pródigo só incorrerá em interdição, havendo cônjuge, ou tendo ascendentes ou descendentes legítimos, que a promovam.

• *Sem dispositivo correspondente no Código Civil de 2002.*

Art. 461. Levantar-se-á a interdição, cessando a incapacidade, que a determinou, ou não existindo mais os parentes designados no artigo anterior.

• *Sem dispositivo correspondente no Código Civil de 2002.*

Parágrafo único. Só o mesmo pródigo e as pessoas designadas no art. 460 poderão arguir a nulidade dos atos do interdito durante a interdição.

• *Sem dispositivo correspondente no Código Civil de 2002.*

Seção III | DA CURATELA DO NASCITURO

Art. 462. Dar-se-á curador ao nascituro, se o pai falecer, estando a mulher grávida, e não tendo o pátrio poder.

• *Dispositivo correspondente no Código Civil de 2002: art. 1.779,* caput.

Parágrafo único. Se a mulher estiver interdita, seu curador será o do nascituro (art. 458).

• *Dispositivo correspondente no Código Civil de 2002: art. 1.779, parágrafo único.*

Capítulo III | DA AUSÊNCIA

Seção I | DA CURADORIA DE AUSENTES

Art. 463. Desaparecendo uma pessoa do seu domicílio, sem que dela haja notícia, se não houver deixado representante, ou procurador, a quem toque administrar-lhe os bens, o juiz, a requerimento de qualquer interessado, ou do Ministério Público, nomear-lhe-á curador.

• *Dispositivo correspondente no Código Civil de 2002: art. 22.*

Art. 464. Também se nomeará curador, quando o ausente deixar mandatário, que não queira, ou não possa exercer ou continuar o mandato.

• *Dispositivo correspondente no Código Civil de 2002: art. 23.*

Art. 465. O juiz, que nomear o curador, fixar-lhe-á os poderes e obrigações, conforme as circunstâncias, observando, no que for aplicável, o disposto a respeito dos tutores e curadores.

• *Dispositivo correspondente no Código Civil de 2002: art. 24.*

Art. 466. O cônjuge do ausente, sempre que não esteja separado judicialmente, será o seu legítimo curador.

- *Dispositivo correspondente no Código Civil de 2002: art. 25,* caput.

Art. 467. Em falta de cônjuge, a curadoria dos bens do ausente incumbe ao pai, à mãe, aos descendentes, nesta ordem, não havendo impedimento que os iniba de exercer o cargo.

- *Dispositivo correspondente no Código Civil de 2002: art. 25, § 1º.*

Parágrafo único. Entre os descendentes, os mais vizinhos precedem aos mais remotos, e, entre os do mesmo grau, os varões preferem às mulheres.

- *Dispositivo correspondente no Código Civil de 2002: art. 25, § 2º.*

Art. 468. Nos casos de arrecadação de herança ou quinhão de herdeiros ausentes, observar-se-á, quanto à nomeação de curador, o disposto neste Código, arts. 1.591 a 1.594.

- *Sem dispositivo correspondente no Código Civil de 2002.*

Seção II | DA SUCESSÃO PROVISÓRIA

Art. 469. Passando-se 2 (dois) anos, sem que se saiba do ausente, se não deixou representante, nem procurador, ou, se os deixou, em passando 4 (quatro) anos, poderão os interessados requerer que se lhes abra provisoriamente a sucessão.

- *Dispositivo correspondente no Código Civil de 2002: art. 26.*

Art. 470. Consideram-se, para este efeito, interessados:

- *Dispositivo correspondente no Código Civil de 2002: art. 27,* caput.

I — o cônjuge não separado judicialmente;

- *Dispositivo correspondente no Código Civil de 2002: art. 27, I.*

II — os herdeiros presumidos legítimos, ou os testamentários;

- *Dispositivo correspondente no Código Civil de 2002: art. 27, II.*

III — os que tiverem sobre os bens do ausente direito subordinado à condição de morte;

- *Dispositivo correspondente no Código Civil de 2002: art. 27, III.*

IV — os credores de obrigações vencidas e não pagas.

- *Dispositivo correspondente no Código Civil de 2002: art. 27, IV.*

Art. 471. A sentença que determinar a abertura da sucessão provisória só produzirá efeito 6 (seis) meses depois de publicada pela imprensa; mas, logo que passe em julgado, se procederá à abertura do testamento, se existir, e ao inventário e partilha dos bens, como se o ausente fosse falecido.

- *Dispositivo correspondente no Código Civil de 2002: art. 28,* caput.

§ 1º Findo o prazo do art. 469, e não havendo absolutamente interessados na sucessão provisória, cumpre ao Ministério Público requerê-la ao juízo competente.

- *Dispositivo correspondente no Código Civil de 2002: art. 28, § 1º.*

§ 2º Não comparecendo herdeiro, ou interessado, tanto que passe em julgado a sentença, que mandar abrir a sucessão provisória, proceder-se-á judicialmente à arrecadação dos bens do ausente pela forma estabelecida nos arts. 1.591 a 1.594.

- *Dispositivo correspondente no Código Civil de 2002: art. 28, § 2º.*

Art. 472. Antes da partilha o juiz ordenará a conversão dos bens móveis, sujeitos a deterioração ou a extravio, em imóveis, ou em títulos da dívida pública da União ou dos Estados (art. 477).

• *Dispositivo correspondente no Código Civil de 2002: art. 29.*

Art. 473. Os herdeiros imitidos na posse dos bens do ausente darão garantias da restituição deles, mediante penhores, ou hipotecas, equivalentes aos quinhões respectivos.

• *Dispositivo correspondente no Código Civil de 2002: art. 30,* caput.

Parágrafo único. O que tiver direito à posse provisória, mas não puder prestar a garantia exigida neste artigo, será excluído, mantendo-se os bens que lhe deviam caber sob a administração do curador, ou de outro herdeiro designado pelo juiz, e que preste a dita garantia (art. 478).

• *Dispositivo correspondente no Código Civil de 2002: art. 30, § 1º.*

Art. 474. Na partilha, os imóveis serão confiados em sua integridade aos sucessores provisórios mais idôneos.

• *Dispositivo correspondente no Código Civil de 2002: art. 30, § 2º.*

Art. 475. Não sendo por desapropriação, os imóveis do ausente só se poderão alienar, quando o ordene o juiz, para lhes evitar a ruína, ou quando convenha convertê-los em títulos da dívida pública.

• *Dispositivo correspondente no Código Civil de 2002: art. 31.*

Art. 476. Empossados nos bens, os sucessores provisórios ficarão representando ativa e passivamente o ausente; de modo que contra eles correrão as ações pendentes e as que de futuro àquele se moverem.

• *Dispositivo correspondente no Código Civil de 2002: art. 32.*

Art. 477. O descendente, ascendente, ou cônjuge que for sucessor provisório do ausente fará seus todos os frutos e rendimentos dos bens que a este couberem. Os outros sucessores, porém, deverão capitalizar metade desses frutos e rendimentos, segundo o disposto no art. 472, de acordo com o representante do Ministério Público, e prestar anualmente contas ao juiz competente.

• *Dispositivo correspondente no Código Civil de 2002: art. 33,* caput.

Art. 478. O excluído, segundo o art. 473, parágrafo único, da posse provisória, poderá, justificando falta de meios, requerer lhe seja entregue metade dos rendimentos do quinhão, que lhe tocaria.

• *Dispositivo correspondente no Código Civil de 2002: art. 34.*

Art. 479. Se durante a posse provisória se provar a época exata do falecimento do ausente, considerar-se-á, nessa data, aberta a sucessão em favor dos herdeiros, que o eram àquele tempo.

• *Dispositivo correspondente no Código Civil de 2002: art. 35.*

Art. 480. Se o ausente aparecer, ou se lhe provar a existência, depois de estabelecida a posse provisória, cessarão para logo as vantagens dos sucessores nela imitidos, ficando, todavia, obrigados a tomar as medidas assecuratórias precisas, até à entrega dos bens a seu dono.

• *Dispositivo correspondente no Código Civil de 2002: art. 36.*

Seção III | DA SUCESSÃO DEFINITIVA

Art. 481. Vinte anos depois de passada em julgado a sentença que concede a abertura da sucessão provisória, poderão os interessados requerer a definitiva e o levantamento das cauções prestadas.

• *Dispositivo correspondente no Código Civil de 2002: art. 37.*

Art. 482. Também se pode requerer a sucessão definitiva, provando-se que o ausente conta 80 (oitenta) anos de nascido, e que de 5 (cinco) datam as últimas notícias suas.

• *Dispositivo correspondente no Código Civil de 2002: art. 38.*

Art. 483. Regressando o ausente nos 10 (dez) anos seguintes à abertura da sucessão definitiva, ou algum de seus descendentes, ou ascendentes, aquele ou estes haverão só os bens existentes no estado em que se acharem, os sub-rogados em seu lugar, ou o preço que os herdeiros e demais interessados houverem recebido pelos alienados depois daquele tempo.

- *Dispositivo correspondente no Código Civil de 2002: art. 39,* caput.

Parágrafo único. Se, nos 10 (dez) anos deste artigo, o ausente não regressar, e nenhum interessado promover a sucessão definitiva, a plena propriedade dos bens arrecadados passará ao Estado, ou ao Distrito Federal, se o ausente era domiciliado nas respectivas circunscrições, ou à União, se o era em território ainda não constituído em Estado.

- *Dispositivo correspondente no Código Civil de 2002: art. 39, parágrafo único.*

Seção IV | DOS EFEITOS DA AUSÊNCIA QUANTO AOS DIREITOS DE FAMÍLIA

Art. 484. Se o ausente deixar filhos menores, e o outro cônjuge houver falecido, ou não tiver direito ao exercício do pátrio poder, proceder-se-á com esses filhos, como se fossem órfãos de pai e mãe.

- *Sem dispositivo correspondente no Código Civil de 2002.*

Livro II | DO DIREITO DAS COISAS

Título I | DA POSSE

Capítulo I | DA POSSE E SUA CLASSIFICAÇÃO

Art. 485. Considera-se possuidor todo aquele que tem de fato o exercício, pleno, ou não, de algum dos poderes inerentes ao domínio, ou propriedade.

• *Dispositivo correspondente no Código Civil de 2002: art. 1.196.*

Art. 486. Quando, por força de obrigação, ou direito, em casos como o do usufrutuário, do credor pignoratício, do locatário, se exerce temporariamente a posse direta, não anula esta às pessoas, de quem eles a houveram, a posse indireta.

• *Dispositivo correspondente no Código Civil de 2002: art. 1.197.*

Art. 487. Não é possuidor aquele que, achando-se em relação de dependência para com outro, conserva a posse em nome deste e em cumprimento de ordens ou instruções suas.

• *Dispositivo correspondente no Código Civil de 2002: art. 1.198,* caput.

Art. 488. Se duas ou mais pessoas possuírem coisa indivisa, ou estiverem no gozo do mesmo direito, poderá cada uma exercer sobre o objeto comum atos possessórios, contanto que não excluam os dos outros compossuidores.

• *Dispositivo correspondente no Código Civil de 2002: art. 1.199.*

Art. 489. É justa a posse que não for violenta, clandestina, ou precária.

• *Dispositivo correspondente no Código Civil de 2002: art. 1.200.*

Art. 490. É de boa-fé a posse, se o possuidor ignora o vício, ou o obstáculo que lhe impede a aquisição da coisa, ou do direito possuído.

• *Dispositivo correspondente no Código Civil de 2002: art. 1.201,* caput.

Parágrafo único. O possuidor com justo título tem por si a presunção de boa-fé, salvo prova em contrário, ou quando a lei expressamente não admite esta presunção.

• *Dispositivo correspondente no Código Civil de 2002: art. 1.201, parágrafo único.*

Art. 491. A posse de boa-fé só perde este caráter no caso e desde o momento em que as circunstâncias façam presumir que o possuidor não ignora que possui indevidamente.

• *Dispositivo correspondente no Código Civil de 2002: art. 1.202.*

Art. 492. Salvo prova em contrário, entende-se manter a posse o mesmo caráter com que foi adquirida.

• *Dispositivo correspondente no Código Civil de 2002: art. 1.203.*

Capítulo II | DA AQUISIÇÃO DA POSSE

Art. 493. Adquire-se a posse:

• *Dispositivo correspondente no Código Civil de 2002: art. 1.204.*

I — pela apreensão da coisa, ou pelo exercício do direito;

• *Sem dispositivo correspondente no Código Civil de 2002.*

II — pelo fato de se dispor da coisa, ou do direito;

• *Sem dispositivo correspondente no Código Civil de 2002.*

III — por qualquer dos modos de aquisição em geral.

• *Sem dispositivo correspondente no Código Civil de 2002.*

Parágrafo único. É aplicável à aquisição da posse o disposto neste Código, arts. 81 a 85.

• *Sem dispositivo correspondente no Código Civil de 2002.*

Art. 494. A posse pode ser adquirida:

• *Dispositivo correspondente no Código Civil de 2002: art. 1.205,* caput.

I — pela própria pessoa que a pretende;

• *Dispositivo correspondente no Código Civil de 2002: art. 1.205, I.*

II — por seu representante, ou procurador;

• *Dispositivo correspondente no Código Civil de 2002: art. 1.205, I.*

III — por terceiro sem mandato, dependendo de ratificação;

• *Dispositivo correspondente no Código Civil de 2002: art. 1.205, II.*

IV — pelo constituto possessório.

• *Sem dispositivo correspondente no Código Civil de 2002.*

Art. 495. A posse transmite-se com os mesmos caracteres aos herdeiros e legatários do possuidor.

• *Dispositivo correspondente no Código Civil de 2002: art. 1.206.*

Art. 496. O sucessor universal continua de direito a posse do seu antecessor; e ao sucessor singular é facultado unir sua posse à do antecessor, para os efeitos legais

• *Dispositivo correspondente no Código Civil de 2002: art. 1.207.*

Art. 497. Não induzem posse os atos de mera permissão ou tolerância, assim como não autorizam a sua aquisição os atos violentos, ou clandestinos, senão depois de cessar a violência, ou a clandestinidade.

• *Dispositivo correspondente no Código Civil de 2002: art. 1.208.*

Art. 498. A posse do imóvel faz presumir, até prova contrária, a dos móveis e objetos que nele estiverem.

• *Dispositivo correspondente no Código Civil de 2002: art. 1.209.*

Capítulo III | DOS EFEITOS DA POSSE

Art. 499. O possuidor tem direito a ser mantido na posse, em caso de turbação, e restituído, no de esbulho.

• *Dispositivo correspondente no Código Civil de 2002: art. 1.210,* caput.

Art. 500. Quando mais de uma pessoa se disser possuidora, manter-se-á provisoriamente a que detiver a coisa, não sendo manifesto que a obteve de alguma das outras por modo vicioso.

• *Dispositivo correspondente no Código Civil de 2002: art. 1.211.*

Art. 501. O possuidor, que tenha justo receio de ser molestado na posse, poderá impetrar ao juiz que o segure da violência iminente, cominando pena a quem lhe transgredir o preceito.

• *Sem dispositivo correspondente no Código Civil de 2002.*

Art. 502. O possuidor turbado, ou esbulhado, poderá manter-se, ou restituir-se por sua própria força, contanto que o faça logo.

• *Dispositivo correspondente no Código Civil de 2002: art. 1.210, § 1º.*

Parágrafo único. Os atos de defesa, ou de desforço, não podem ir além do indispensável à manutenção ou restituição da posse.

• *Dispositivo correspondente no Código Civil de 2002: art. 1.210, § 1º.*

Art. 503. O possuidor manutenido, ou reintegrado, na posse, tem direito à indenização dos prejuízos sofridos, operando-se a reintegração à custa do esbulhador, no mesmo lugar do esbulho.

• *Sem dispositivo correspondente no Código Civil de 2002.*

Art. 504. O possuidor pode intentar a ação de esbulho, ou a de indenização, contra o terceiro, que recebeu a coisa esbulhada, sabendo que o era.

• *Dispositivo correspondente no Código Civil de 2002: art. 1.212.*

Art. 505. Não obsta à manutenção, ou reintegração na posse, a alegação de domínio, ou de outro direito sobre a coisa. Não se deve, entretanto, julgar a posse em favor daquele a quem evidentemente não pertencer o domínio.

• *Dispositivo correspondente no Código Civil de 2002: art. 1.210, § 2º.*

Art. 506. Quando o possuidor tiver sido esbulhado, será reintegrado na posse, desde que o requeira, sem ser ouvido o autor do esbulho antes da reintegração.

• *Sem dispositivo correspondente no Código Civil de 2002.*

Art. 507. Na posse de menos de ano e dia, nenhum possuidor será manutenido, ou reintegrado judicialmente, senão contra os que não tiverem melhor posse.

• *Sem dispositivo correspondente no Código Civil de 2002.*

Parágrafo único. Entende-se melhor a posse que se fundar em justo título; na falta de título, ou sendo os títulos iguais, a mais antiga; se da mesma data, a posse atual. Mas, se todas forem duvidosas, será sequestrada a coisa, enquanto se não apurar a quem toque.

• *Sem dispositivo correspondente no Código Civil de 2002.*

Art. 508. Se a posse for de mais de ano e dia, o possuidor será mantido sumariamente, até ser convencido pelos meios ordinários.

• *Sem dispositivo correspondente no Código Civil de 2002.*

Art. 509. O disposto nos artigos antecedentes não se aplica às servidões contínuas não aparentes, nem às descontínuas, salvo quando os respectivos títulos provierem do possuidor do prédio serviente, ou daqueles de quem este o houve.

• *Dispositivo correspondente no Código Civil de 2002: art. 1.213.*

Art. 510. O possuidor de boa-fé tem direito, enquanto ela durar, aos frutos percebidos.

• *Dispositivo correspondente no Código Civil de 2002: art. 1.214,* caput.

Art. 511. Os frutos pendentes ao tempo em que cessar a boa-fé devem ser restituídos, depois de deduzidas as despesas da produção e custeio. Devem ser também restituídos os frutos colhidos com antecipação.

• *Dispositivo correspondente no Código Civil de 2002: art. 1.214, parágrafo único.*

Art. 512. Os frutos naturais e industriais reputam-se colhidos e percebidos, logo que são separados. Os civis reputam-se percebidos dia por dia.

• *Dispositivo correspondente no Código Civil de 2002: art. 1.215.*

Art. 513. O possuidor de má-fé responde por todos os frutos colhidos e percebidos, bem como pelos que, por culpa sua, deixou de perceber, desde o momento em que se constituiu de má-fé; tem direito, porém, às despesas da produção e custeio.

• *Dispositivo correspondente no Código Civil de 2002: art. 1.216.*

Art. 514. O possuidor de boa-fé não responde pela perda ou deterioração da coisa, a que não der causa.

• *Dispositivo correspondente no Código Civil de 2002: art. 1.217.*

Art. 515. O possuidor de má-fé responde pela perda ou deterioração da coisa, ainda que acidentais, salvo se provar que do mesmo modo se teriam dado, estando ela na posse do reivindicante.

• *Dispositivo correspondente no Código Civil de 2002: art. 1.218.*

Art. 516. O possuidor de boa-fé tem direito à indenização das benfeitorias necessárias e úteis, bem como, quanto às voluptuárias, se lhe não forem pagas, a levantá-las, quando o puder sem detrimento da coisa. Pelo valor das benfeitorias necessárias e úteis, poderá exercer o direito de retenção.

• *Dispositivo correspondente no Código Civil de 2002: art. 1.219.*

Art. 517. Ao possuidor de má-fé serão ressarcidas somente as benfeitorias necessárias; mas não lhe assiste o direito de retenção pela importância destas, nem o de levantar as voluptuárias.

• *Dispositivo correspondente no Código Civil de 2002: art. 1.220.*

Art. 518. As benfeitorias compensam-se com os danos, e só obrigam ao ressarcimento, se ao tempo da evicção ainda existirem.

• *Dispositivo correspondente no Código Civil de 2002: art. 1.221.*

Art. 519. O reivindicante obrigado a indenizar as benfeitorias tem direito de optar entre o seu valor atual e o seu custo.

• *Dispositivo correspondente no Código Civil de 2002: art. 1.222.*

Capítulo IV | DA PERDA DA POSSE

Art. 520. Perde-se a posse das coisas:

• *Dispositivo correspondente no Código Civil de 2002: art. 1.223.*

I — pelo abandono;

• *Sem dispositivo correspondente no Código Civil de 2002.*

II — pela tradição;

• *Sem dispositivo correspondente no Código Civil de 2002.*

III — pela perda, ou destruição delas, ou por serem postas fora do comércio;

• *Sem dispositivo correspondente no Código Civil de 2002.*

IV — pela posse de outrem, ainda contra a vontade do possuidor, se este não foi manutenido, ou reintegrado em tempo competente;

• *Sem dispositivo correspondente no Código Civil de 2002.*

V — pelo constituto possessório.

• *Sem dispositivo correspondente no Código Civil de 2002.*

Parágrafo único. Perde-se a posse dos direitos, em se tornando impossível exercê-los, ou não se exercendo por tempo, que baste para prescreverem.

• *Sem dispositivo correspondente no Código Civil de 2002.*

Art. 521. Aquele que tiver perdido, ou a quem houverem sido furtados, coisa móvel, ou título ao portador, pode reavê-los da pessoa que os detiver, salvo a esta o direito regressivo contra quem lhos transferiu.

• *Sem dispositivo correspondente no Código Civil de 2002.*

Parágrafo único. Sendo o objeto comprado em leilão público, feira ou mercado, o dono, que pretender a restituição, é obrigado a pagar ao possuidor o preço por que o comprou.

• *Sem dispositivo correspondente no Código Civil de 2002.*

Art. 522. Só se considera perdida a posse para o ausente, quando, tendo notícia da ocupação, se abstém de retomar a coisa, ou, tentando recuperá-la, é violentamente repelido.

• *Dispositivo correspondente no Código Civil de 2002: art. 1.224.*

Capítulo V | DA PROTEÇÃO POSSESSÓRIA

Art. 523. As ações de manutenção e as de esbulho serão sumárias, quando intentadas dentro em ano e dia da turbação ou esbulho; e, passado esse prazo, ordinárias, não perdendo, contudo, o caráter possessório.

• *Sem dispositivo correspondente no Código Civil de 2002.*

Parágrafo único. O prazo de ano e dia não corre enquanto o possuidor defende a posse, restabelecendo a situação de fato anterior à turbação, ou ao esbulho.

• *Sem dispositivo correspondente no Código Civil de 2002.*

Título II | DA PROPRIEDADE

Capítulo I | DA PROPRIEDADE EM GERAL

Art. 524. A lei assegura ao proprietário o direito de usar, gozar e dispor de seus bens, e de reavê-los do poder de quem quer que injustamente os possua.

• *Dispositivo correspondente no Código Civil de 2002: art. 1.228,* caput.

Parágrafo único. A propriedade literária, científica e artística será regulada conforme as disposições do Capítulo VI deste Título.

• *Sem dispositivo correspondente no Código Civil de 2002.*

Art. 525. É plena a propriedade, quando todos os seus direitos elementares se acham reunidos no do proprietário; limitada, quando tem ônus real, ou é resolúvel.

• *Sem dispositivo correspondente no Código Civil de 2002.*

Art. 526. A propriedade do solo abrange a do que lhe está superior e inferior em toda a altura e em toda a profundidade, úteis ao seu exercício, não podendo, todavia, o proprietário opor-se a trabalhos que sejam empreendidos a uma altura ou profundidade tais, que não tenha ele interesse algum em impedi-los.

• *Dispositivo correspondente no Código Civil de 2002: art. 1.229.*

Art. 527. O domínio presume-se exclusivo e ilimitado, até prova em contrário.

• *Dispositivo correspondente no Código Civil de 2002: art. 1.231.*

Art. 528. Os frutos e mais produtos da coisa pertencem, ainda quando separados, ao seu proprietário, salvo se, por motivo jurídico, especial, houverem de caber a outrem.

• *Dispositivo correspondente no Código Civil de 2002: art. 1.232.*

Art. 529. O proprietário, ou o inquilino de um prédio, em que alguém tem direito de fazer obras, pode, no caso de dano iminente, exigir do autor delas as precisas seguranças contra o prejuízo eventual.

• *Dispositivo correspondente no Código Civil de 2002: art. 1.281.*

Capítulo II | DA PROPRIEDADE IMÓVEL

Seção I | DA AQUISIÇÃO DA PROPRIEDADE IMÓVEL

Art. 530. Adquire-se a propriedade imóvel:

• *Sem dispositivo correspondente no Código Civil de 2002.*

I — pela transcrição do título de transferência no Registro do Imóvel;

• *Dispositivo correspondente no Código Civil de 2002: art. 1.245,* caput.

II — pela acessão;

• *Sem dispositivo correspondente no Código Civil de 2002.*

III — pelo usucapião;

• *Sem dispositivo correspondente no Código Civil de 2002.*

IV — pelo direito hereditário.

• *Sem dispositivo correspondente no Código Civil de 2002.*

Seção II | DA AQUISIÇÃO PELA TRANSCRIÇÃO DO TÍTULO

Art. 531. Estão sujeitos à transcrição, no respectivo Registro, os títulos translativos da propriedade imóvel, por ato entre vivos.

• *Sem dispositivo correspondente no Código Civil de 2002.*

Art. 532. Serão também transcritos:

• *Sem dispositivo correspondente no Código Civil de 2002.*

I — os julgados, pelos quais, nas ações divisórias, se puser termo à indivisão;

• *Sem dispositivo correspondente no Código Civil de 2002.*

II — as sentenças, que, nos inventários e partilhas, adjudicarem bens de raiz em pagamento das dívidas da herança;

• *Sem dispositivo correspondente no Código Civil de 2002.*

III — a arrematação e as adjudicações em hasta pública.

• *Sem dispositivo correspondente no Código Civil de 2002.*

Art. 533. Os atos sujeitos à transcrição (arts. 531 e 532, II e III) não transferem o domínio, senão da data em que se transcreverem (arts. 856, 860, parágrafo único).

• *Sem dispositivo correspondente no Código Civil de 2002.*

Art. 534. A transcrição datar-se-á do dia em que se apresentar o título ao oficial do registro, e este o prenotar no protocolo.

• *Dispositivo correspondente no Código Civil de 2002: art. 1.246.*

Art. 535. Sobrevindo falência ou insolvência do alienante entre a prenotação do título e a sua transcrição por atraso do oficial, ou dúvida julgada improcedente, far-se-á, não obstante, a transcrição exigida, que retroage, nesse caso, à data da prenotação.

• *Sem dispositivo correspondente no Código Civil de 2002.*

Parágrafo único. Se, porém, ao tempo da transcrição ainda não estiver pago o imóvel, o adquirente, logo que for notificado da falência, ou tenha conhecimento da insolvência do alienante, depositará em juízo o preço.

• *Sem dispositivo correspondente no Código Civil de 2002.*

Seção III | DA AQUISIÇÃO POR ACESSÃO

Art. 536. A acessão pode dar-se:

• *Dispositivo correspondente no Código Civil de 2002: art. 1.248,* caput.

I — pela formação de ilhas;

• *Dispositivo correspondente no Código Civil de 2002: art. 1.248, I.*

II — por aluvião;

• *Dispositivo correspondente no Código Civil de 2002: art. 1.248, II.*

III — por avulsão;

• *Dispositivo correspondente no Código Civil de 2002: art. 1.248, III.*

IV — por abandono de álveo;

• *Dispositivo correspondente no Código Civil de 2002: art. 1.248, IV.*

V — pela construção de obras ou plantações.

• *Dispositivo correspondente no Código Civil de 2002: art. 1.248, V.*

DAS ILHAS

Art. 537. As ilhas situadas nos rios não navegáveis pertencem aos proprietários ribeirinhos fronteiros, observadas as regras seguintes:

• *Dispositivo correspondente no Código Civil de 2002: art. 1.249,* caput.

I — as que se formarem no meio do rio, consideram-se acréscimos sobrevindos aos terrenos ribeirinhos fronteiros de ambas as margens, na proporção de suas testadas, até a linha que dividir o álveo em duas partes iguais;

• *Dispositivo correspondente no Código Civil de 2002: art. 1.249, I.*

II — as que se formarem entre essa linha e uma das margens consideram-se acréscimos aos terrenos ribeirinhos fronteiros desse mesmo lado;

• *Dispositivo correspondente no Código Civil de 2002: art. 1.249, II.*

III — as que se formarem pelo desdobramento de um novo braço do rio continuam a pertencer aos proprietários dos terrenos à custa dos quais se constituíram.

• *Dispositivo correspondente no Código Civil de 2002: art. 1.249, III.*

DA ALUVIÃO

Art. 538. Os acréscimos formados por depósitos e aterros naturais, ou pelo desvio das águas dos rios, ainda que estes sejam navegáveis, pertencem aos donos dos terrenos marginais.

• *Dispositivo correspondente no Código Civil de 2002: art. 1.250,* caput.

Art. 539. Os donos de terrenos que confinem com águas dormentes, como as de lagos e tanques, não adquirem o solo descoberto pela retração delas, nem perdem o que elas invadirem.

• *Sem dispositivo correspondente no Código Civil de 2002.*

Art. 540. Quando o terreno aluvial se formar em frente a prédios de proprietários diferentes, dividir-se-á entre eles, na proporção da testada de cada um sobre a antiga margem; respeitadas as disposições concernentes à navegação.

• *Dispositivo correspondente no Código Civil de 2002: art. 1.250, parágrafo único.*

DA AVULSÃO

Art. 541. Quando, por força natural violenta, uma porção de terra se destacar de um prédio e se juntar a outro, poderá o dono do primeiro reclamá-la do segundo; cabendo a este a opção entre aquiescer a que se remova a parte acrescida, ou indenizar ao reclamante (art. 178, § 6º, XI).

• *Dispositivo correspondente no Código Civil de 2002: art. 1.251,* caput *e parágrafo único.*

Art. 542. Se ninguém reclamar dentro de 1 (um) ano, considerar-se-á definitivamente incorporada essa porção de terra ao prédio, onde se acha, perdendo o antigo dono o direito a reivindicá-la, ou ser indenizado (art. 178, § 6º, XI).

• *Dispositivo correspondente no Código Civil de 2002: art. 1.251,* caput *e parágrafo único.*

Art. 543. Quando a avulsão for de coisa não suscetível de aderência natural, aplicar-se-á o disposto quanto às coisas perdidas.

• *Sem dispositivo correspondente no Código Civil de 2002.*

DO ÁLVEO ABANDONADO

Art. 544. O álveo abandonado do rio público, ou particular, pertence aos proprietários ribeirinhos das duas margens, sem que tenham direito a indenização alguma os donos dos terrenos por onde as águas abrirem novo curso. Entende-se que os prédios marginais se estendem até o meio do álveo.

• *Dispositivo correspondente no Código Civil de 2002: art. 1.252.*

DAS CONSTRUÇÕES E PLANTAÇÕES

Art. 545. Toda construção, ou plantação, existente em um terreno, se presume feita pelo proprietário e à sua custa, até que o contrário se prove.

• *Dispositivo correspondente no Código Civil de 2002: art. 1.253.*

Art. 546. Aquele que semeia, planta ou edifica em terreno próprio, com sementes, plantas ou materiais alheios, adquire a propriedade destes; mas fica obrigado a pagar-lhes o valor, além de responder por perdas e danos, se obrou de má-fé.

• *Dispositivo correspondente no Código Civil de 2002: art. 1.254.*

Art. 547. Aquele que semeia, planta ou edifica em terreno alheio perde, em proveito do proprietário, as sementes, plantas e construções, mas tem direito à indenização. Não o terá, porém, se procedeu de má-fé, caso em que poderá ser constrangido a repor as coisas no estado anterior e a pagar os prejuízos.

• *Dispositivo correspondente no Código Civil de 2002: art. 1.255,* caput.

Art. 548. Se de ambas as partes houve má-fé, adquirirá o proprietário as sementes, plantas e construções, com encargo, porém, de ressarcir o valor das benfeitorias.

• *Dispositivo correspondente no Código Civil de 2002: art. 1.256,* caput.

Parágrafo único. Presume-se má-fé no proprietário, quando o trabalho de construção, ou lavoura se fez em sua presença e sem impugnação sua.

• *Dispositivo correspondente no Código Civil de 2002: art. 1.256, parágrafo único.*

Art. 549. O disposto no artigo antecedente aplica-se também ao caso de não pertencerem as sementes, plantas, ou materiais a quem de boa-fé os empregou em solo alheio.

• *Dispositivo correspondente no Código Civil de 2002: art. 1.257,* caput.

Parágrafo único. O proprietário das sementes, plantas ou materiais poderá cobrar do proprietário do solo a indenização devida, quando não puder havê-la do plantador, ou construtor.

• *Dispositivo correspondente no Código Civil de 2002: art. 1.257, parágrafo único.*

Seção IV | DO USUCAPIÃO

Art. 550. Aquele que, por 20 (vinte) anos, sem interrupção, nem oposição, possuir como seu um imóvel, adquirir-lhe-á o domínio, independentemente de título e boa-fé que, em tal caso, se presume, podendo requerer ao juiz que assim o declare por sentença, a qual lhe servirá de título para transcrição no Registro de Imóveis.

• *Dispositivo correspondente no Código Civil de 2002: art. 1.238,* caput.

Art. 551. Adquire também o domínio do imóvel aquele que, por 10 (dez) anos entre presentes, ou 15 (quinze) entre ausentes, o possuir como seu, contínua e incontestadamente, com justo título e boa-fé.

• *Dispositivo correspondente no Código Civil de 2002: art. 1.242,* caput.

Parágrafo único. Reputam-se presentes os moradores do mesmo município e ausentes os que habitam município diverso.

• *Sem dispositivo correspondente no Código Civil de 2002.*

Art. 552. O possuidor pode, para o fim de contar o tempo exigido pelos artigos antecedentes, acrescentar à sua posse a do seu antecessor (art. 496), contanto que ambas sejam contínuas e pacíficas.

• *Dispositivo correspondente no Código Civil de 2002: art. 1.243.*

Art. 553. As causas que obstam, suspendem, ou interrompem a prescrição, também se aplicam ao usucapião (art. 619, parágrafo único), assim como ao possuidor se estende o disposto quanto ao devedor.

• *Dispositivo correspondente no Código Civil de 2002: art. 1.244.*

Seção V | DOS DIREITOS DE VIZINHANÇA

DO USO NOCIVO DA PROPRIEDADE

Art. 554. O proprietário, ou inquilino de um prédio tem o direito de impedir que o mau uso da propriedade vizinha possa prejudicar a segurança, o sossego e a saúde dos que o habitam.

• *Dispositivo correspondente no Código Civil de 2002: art. 1.277,* caput.

Art. 555. O proprietário tem direito a exigir do dono do prédio vizinho a demolição, ou reparação necessária, quando este ameace ruína, bem como que preste caução pelo dano iminente.

• *Dispositivo correspondente no Código Civil de 2002: art. 1.280.*

DAS ÁRVORES LIMÍTROFES

Art. 556. A árvore, cujo tronco estiver na linha divisória, presume-se pertencer em comum aos donos dos prédios confinantes.

• *Dispositivo correspondente no Código Civil de 2002: art. 1.282.*

Art. 557. Os frutos caídos de árvore do terreno vizinho pertencem ao dono do solo onde caíram, se este for de propriedade particular.

• *Dispositivo correspondente no Código Civil de 2002: art. 1.284.*

Art. 558. As raízes e ramos de árvores, que ultrapassarem a extrema do prédio, poderão ser cortados, até o plano vertical divisório, pelo proprietário do terreno invadido.

• *Dispositivo correspondente no Código Civil de 2002: art. 1.283.*

DA PASSAGEM FORÇADA

Art. 559. O dono do prédio rústico, ou urbano, que se achar encravado em outro, sem saída pela via pública, fonte ou porto, tem direito a reclamar do vizinho que lhe deixe passagem, fixando-se a esta judicialmente o rumo, quando necessário.

• *Dispositivo correspondente no Código Civil de 2002: art. 1.285,* caput.

Art. 560. Os donos dos prédios por onde se estabelece a passagem para o prédio encravado têm direito a indenização cabal.

• *Dispositivo correspondente no Código Civil de 2002: art. 1.285,* caput.

Art. 561. O proprietário que, por culpa sua, perder o direito de trânsito pelos prédios contíguos, poderá exigir nova comunicação com a via pública, pagando o dobro do valor da primeira indenização.

• *Sem dispositivo correspondente no Código Civil de 2002.*

Art. 562. Não constituem servidão as passagens e atravessadoiros particulares, por propriedades também particulares, que se não dirigem a fontes, pontes, ou lugares públicos, privados de outra serventia.

• *Sem dispositivo correspondente no Código Civil de 2002.*

DAS ÁGUAS

Art. 563. O dono do prédio inferior é obrigado a receber as águas que correm naturalmente do superior. Se o dono deste fizer obras de arte, para facilitar o escoamento, procederá de modo que não piore a condição natural e anterior do outro.

• *Dispositivo correspondente no Código Civil de 2002: art. 1.288.*

Art. 564. Quando as águas, artificialmente levadas ao prédio superior, correrem dele para o inferior, poderá o dono deste reclamar que se desviem, ou se lhe indenize o prejuízo que sofrer.

• *Dispositivo correspondente no Código Civil de 2002: art. 1.289,* caput.

Art. 565. O proprietário de fonte não captada, satisfeitas as necessidades de seu consumo, não pode impedir o curso natural das águas pelos prédios inferiores.

• *Dispositivo correspondente no Código Civil de 2002: art. 1.290.*

Art. 566. As águas pluviais que correm por lugares públicos, assim como as dos rios públicos, podem ser utilizadas, por qualquer proprietário dos terrenos por onde passem, observados os regulamentos administrativos.

• *Sem dispositivo correspondente no Código Civil de 2002.*

Art. 567. É permitido a quem quer que seja, mediante prévia indenização aos proprietários prejudicados, canalizar, em proveito agrícola ou industrial, as águas a que tenha direito, através de prédios rústicos alheios, não sendo chácaras ou sítios murados, quintais, pátios, hortas, ou jardins.

• *Dispositivo correspondente no Código Civil de 2002: art. 1.293,* caput.

Parágrafo único. Ao proprietário prejudicado, em tal caso, também assiste o direito de indenização pelos danos, que de futuro lhe advenham com a infiltração ou a irrupção das águas, bem como com a deterioração das obras destinadas a canalizá-las.

• *Dispositivo correspondente no Código Civil de 2002: art. 1.293, § 1º.*

Art. 568. Serão pleiteadas em ação sumária as questões relativas à servidão de águas e às indenizações correspondentes.

• *Sem dispositivo correspondente no Código Civil de 2002.*

DOS LIMITES ENTRE PRÉDIOS

Art. 569. Todo proprietário pode obrigar o seu confinante a proceder com ele à demarcação entre os dois prédios, a aviventar rumos apagados e a renovar marcos destruídos ou arruinados, repartindo-se proporcionalmente entre os interessados as respectivas despesas.

• *Dispositivo correspondente no Código Civil de 2002: art. 1.297,* caput.

Art. 570. No caso de confusão, os limites, em falta de outro meio, se determinarão de conformidade com a posse; e, não se achando ela provada, o terreno contestado se repartirá proporcionalmente entre os prédios, ou não sendo possível a divisão cômoda, se adjudicará a um deles, mediante indenização ao proprietário prejudicado.

• *Dispositivo correspondente no Código Civil de 2002: art. 1.298.*

Art. 571. Do intervalo, muro, vala, cerca ou qualquer outra obra divisória entre dois prédios, têm direito a usar em comum os proprietários confinantes, presumindo-se, até prova em contrário, pertencer a ambos.

• *Dispositivo correspondente no Código Civil de 2002: art. 1.297, § 1º.*

DO DIREITO DE CONSTRUIR

Art. 572. O proprietário pode levantar em seu terreno as construções que lhe aprouver, salvo o direito dos vizinhos e os regulamentos administrativos.

• *Dispositivo correspondente no Código Civil de 2002: art. 1.299.*

Art. 573. O proprietário pode embargar a construção do prédio que invada a área do seu, ou sobre este deite goteiras, bem como a daquele, em que, a menos de metro e meio do seu, se abra janela, ou se faça eirado, terraço, ou varanda.

• *Dispositivo correspondente no Código Civil de 2002: art. 1.301,* caput.

§ 1º A disposição deste artigo não abrange as frestas, seteiras, ou óculos para luz, não maiores de 10 (dez) centímetros de largura sobre 20 (vinte) de comprimento.

• *Dispositivo correspondente no Código Civil de 2002: art. 1.301, § 2º.*

§ 2º Os vãos, ou aberturas para luz não prescrevem contra o vizinho, que, a todo tempo, levantará, querendo, a sua casa, ou contramuro, ainda que lhes vede a claridade.

• *Dispositivo correspondente no Código Civil de 2002: art. 1.302, parágrafo único.*

Art. 574. As disposições do artigo precedente não são aplicáveis a prédios separados por estrada, caminho, rua ou qualquer outra passagem pública.

• *Sem dispositivo correspondente no Código Civil de 2002.*

Art. 575. O proprietário edificará de maneira que o beiral do seu telhado não despeje sobre o prédio vizinho, deixando, entre este e o beiral, quando por outro modo o não possa evitar, um intervalo de 10 (dez) centímetros, pelo menos.

• *Dispositivo correspondente no Código Civil de 2002: art. 1.300.*

Art. 576. O proprietário que anuir em janela, sacada, terraço, ou goteira sobre o seu prédio, só até o lapso de ano e dia após a conclusão da obra poderá exigir que se desfaça.

• *Dispositivo correspondente no Código Civil de 2002: art. 1.302,* caput.

Art. 577. Em prédio rústico, não se poderão sem licença do vizinho, fazer novas construções, ou acréscimos às existentes, a menos de metro e meio do limite comum.

• *Dispositivo correspondente no Código Civil de 2002: art. 1.303.*

Art. 578. As estrebarias, currais, pocilgas, estrumeiras, e, em geral, as construções que incomodam ou prejudicam a vizinhança, guardarão a distância fixada nas posturas municipais e regulamentos de higiene.

• *Sem dispositivo correspondente no Código Civil de 2002.*

Art. 579. Nas cidades, vilas e povoados, cuja edificação estiver adstrita a alinhamento, o dono de um terreno vago pode edificá-lo, madeirando na parede divisória do prédio contíguo, se ela aguentar a nova construção; mas terá de embolsar ao vizinho meio valor da parede e do chão correspondente.

• *Dispositivo correspondente no Código Civil de 2002: art. 1.304.*

Art. 580. O confinante, que primeiro construir, pode assentar a parede divisória até meia espessura no terreno contíguo, sem perder por isso o direito a haver meio valor dela, se o vizinho a travejar (art. 579). Neste caso, o primeiro fixará a largura do alicerce, assim como a profundidade, se o terreno não for de rocha.

• *Dispositivo correspondente no Código Civil de 2002: art. 1.305,* caput.

Parágrafo único. Se a parede divisória pertencer a um dos vizinhos, e não tiver capacidade para ser travejada pelo outro, não poderá este fazer-lhe alicerce ao pé, sem prestar caução àquele, pelo risco a que a insuficiência da nova obra exponha a construção anterior.

• *Dispositivo correspondente no Código Civil de 2002: art. 1.305, parágrafo único.*

Art. 581. O condômino da parede-meia pode utilizá-la até ao meio da espessura, não pondo em risco a segurança ou a separação dos dois prédios, e avisando previamente o outro consorte das obras, que ali tencione fazer. Não pode, porém, sem consentimento do outro, fazer, na parede-meia, armários, ou obras semelhantes, correspondendo a outras, da mesma natureza, já feitas do lado oposto.

• *Dispositivo correspondente no Código Civil de 2002: art. 1.306.*

Art. 582. O dono de um prédio ameaçado pela construção de chaminés, fogões, ou fornos, no contíguo, ainda que a parede seja comum, pode embargar a obra e exigir caução contra os prejuízos possíveis.

• *Sem dispositivo correspondente no Código Civil de 2002.*

Art. 583. Não é lícito encostar à parede-meia, ou à parede do vizinho, sem permissão sua, fornalhas, fornos de forja ou de fundição, aparelhos higiênicos, fossos, cano de esgoto, depósito de sal, ou de quaisquer substâncias corrosivas, ou suscetíveis de produzir infiltrações daninhas.

• *Dispositivo correspondente no Código Civil de 2002: art. 1.308,* caput.

Parágrafo único. Não se incluem na proibição deste e do artigo antecedente as chaminés ordinárias, nem os fornos de cozinha.

• *Dispositivo correspondente no Código Civil de 2002: art. 1.308, parágrafo único.*

Art. 584. São proibidas construções capazes de poluir, ou inutilizar para o uso ordinário, a água de poço ou fonte alheia, a elas preexistente.

• *Dispositivo correspondente no Código Civil de 2002: art. 1.309.*

Art. 585. Não é permitido fazer escavações que tirem ao poço ou à fonte de outrem a água necessária. É, porém, permitido fazê-las, se apenas diminuírem o suprimento do poço ou da fonte do vizinho, e não forem mais profundas que as deste, em relação ao nível do lençol d'água.

• *Dispositivo correspondente no Código Civil de 2002: art. 1.310.*

Art. 586. Todo aquele que violar as disposições dos arts. 580 e segs. é obrigado a demolir as construções feitas, respondendo por perdas e danos.

• *Dispositivo correspondente no Código Civil de 2002: art. 1.312.*

Art. 587. Todo o proprietário é obrigado a consentir que entre no seu prédio, e dele temporariamente use, mediante prévio aviso, o vizinho, quando seja indispensável à reparação ou limpeza, construção e reconstrução de sua casa. Mas, se daí lhe provier dano, terá direito a ser indenizado.

• *Dispositivo correspondente no Código Civil de 2002: art. 1.313,* caput, *I e § 3º.*

Parágrafo único. As mesmas disposições aplicam-se aos casos de limpeza ou reparação dos esgotos, goteiras e aparelhos higiênicos, assim como dos poços e fontes já existentes.

• *Dispositivo correspondente no Código Civil de 2002: art. 1.313, § 1º.*

DO DIREITO DE TAPAGEM

Art. 588. O proprietário tem direito a cercar, murar, valar, ou tapar de qualquer modo o seu prédio, urbano ou rural, conformando-se com estas disposições:

• *Dispositivo correspondente no Código Civil de 2002: art. 1.297,* caput.

§ 1º Os tapumes divisórios entre propriedades presumem-se comuns, sendo obrigados a concorrer, em partes iguais, para as despesas de sua construção e conservação, os proprietários dos imóveis confinantes.

• *Dispositivo correspondente no Código Civil de 2002: art. 1.297, § 1º.*

§ 2º Por "tapumes" entendem-se as sebes vivas, as cercas de arame ou de madeira, as valas ou banquetas, ou quaisquer outros meios de separação dos terrenos, observadas as dimensões estabelecidas em posturas municipais, de acordo com os costumes de cada localidade, contanto que impeçam a passagem de animais de grande porte, como sejam gado vacum, cavalar e muar.

• *Dispositivo correspondente no Código Civil de 2002: art. 1.297, § 1º.*

§ 3º A obrigação de cercar as propriedades para deter nos seus limites aves domésticas e animais, tais como cabritos, porcos e carneiros, que exigem tapumes especiais, cabe exclusivamente aos proprietários e detentores.

• *Dispositivo correspondente no Código Civil de 2002: art. 1.297, § 3º.*

§ 4º Quando for preciso decotar a cerca viva ou reparar o muro divisório, o proprietário terá o direito de entrar no terreno do vizinho, depois de o prevenir. Este direito, porém, não exclui a obrigação de indenizar ao vizinho todo o dano, que a obra lhe ocasione.

• *Sem dispositivo correspondente no Código Civil de 2002.*

§ 5º Serão feitas e conservadas as cercas marginais das vias públicas pela administração, a quem estas incumbirem, ou pelas pessoas, ou empresas, que as explorarem.

• *Sem dispositivo correspondente no Código Civil de 2002.*

Seção VI | DA PERDA DA PROPRIEDADE IMÓVEL

Art. 589. Além das causas de extinção consideradas neste Código, também se perde a propriedade imóvel:

• *Dispositivo correspondente no Código Civil de 2002: art. 1.275,* caput.

I — pela alienação;

• *Dispositivo correspondente no Código Civil de 2002: art. 1.275, I.*

II — pela renúncia;

• *Dispositivo correspondente no Código Civil de 2002: art. 1.275, II.*

III — pelo abandono;

• *Dispositivo correspondente no Código Civil de 2002: art. 1.275, III.*

IV — pelo perecimento do imóvel.

• *Dispositivo correspondente no Código Civil de 2002: art. 1.275, IV.*

§ 1º Nos dois primeiros casos deste artigo, os efeitos da perda do domínio serão subordinados à transcrição do título transmissivo, ou do ato renunciativo, no registro do lugar do imóvel.

• *Dispositivo correspondente no Código Civil de 2002: art. 1.275, parágrafo único.*

§ 2º O imóvel abandonado arrecadar-se-á como bem vago e passará ao domínio do Estado, do Território ou do Distrito Federal se se achar nas respectivas circunscrições:

• *Dispositivo correspondente no Código Civil de 2002: art. 1.276,* caput.

a) 10 (dez) anos depois, quando se tratar de imóvel localizado em zona urbana;

• *Dispositivo correspondente no Código Civil de 2002: art. 1.276,* caput.

b) 3 (três) anos depois, quando se tratar de imóvel localizado em zona rural.

• *Dispositivo correspondente no Código Civil de 2002: art. 1.276, § 1º.*

Art. 590. Também se perde a propriedade imóvel mediante desapropriação por necessidade ou utilidade pública.

• *Sem dispositivo correspondente no Código Civil de 2002.*

§ 1º Consideram-se casos de necessidade pública:

• *Sem dispositivo correspondente no Código Civil de 2002.*

I — a defesa do território nacional;

• *Sem dispositivo correspondente no Código Civil de 2002.*

I — a segurança pública;

• *Sem dispositivo correspondente no Código Civil de 2002.*

III — os socorros públicos, nos casos de calamidade;

• *Sem dispositivo correspondente no Código Civil de 2002.*

IV — a salubridade pública.

• *Sem dispositivo correspondente no Código Civil de 2002.*

§ 2º Consideram-se casos de utilidade pública:

• *Sem dispositivo correspondente no Código Civil de 2002.*

I — a fundação de povoações e de estabelecimentos de assistência, educação ou instrução pública;

• *Sem dispositivo correspondente no Código Civil de 2002.*

II — a abertura, alargamento ou prolongamento de ruas, praças, canais, estradas de ferro e, em geral, de quaiscuer vias públicas;

• *Sem dispositivo correspondente no Código Civil de 2002.*

III — a construção de obras, ou estabelecimentos destinados ao bem geral de uma localidade, sua decoração e higiene;

• *Sem dispositivo correspondente no Código Civil de 2002.*

IV — a exploração de minas.

• *Sem dispositivo correspondente no Código Civil de 2002.*

Art. 591. Em caso de perigo iminente, como guerra ou comoção intestina (Constituição Federal, art. 80), poderão as autoridades competentes usar da propriedade particular até onde o bem público o exija, garantido ao proprietário o direito à indenização posterior.

• *Sem dispositivo correspondente no Código Civil de 2002.*

Parágrafo único. Nos demais casos o proprietário será previamente indenizado, e, se recusar a indenização, consignar-se-lhe-á judicialmente o valor.

• *Sem dispositivo correspondente no Código Civil de 2002.*

Capítulo III | DA AQUISIÇÃO E PERDA DA PROPRIEDADE MÓVEL

Seção I | DA OCUPAÇÃO

Art. 592. Quem se assenhorear de coisa abandonada, ou ainda não apropriada, para logo lhe adquire a propriedade, não sendo essa ocupação defesa por lei.

• *Dispositivo correspondente no Código Civil de 2002: art. 1.263.*

Parágrafo único. Volvem a não ter dono as coisas móveis, quando o seu as abandona, com intenção de renunciá-las.

• *Sem dispositivo correspondente no Código Civil de 2002.*

Art. 593. São coisas sem dono e sujeitas à apropriação:

• *Sem dispositivo correspondente no Código Civil de 2002.*

I — os animais bravios, enquanto entregues à sua natural liberdade;

• *Sem dispositivo correspondente no Código Civil de 2002.*

II — os mansos e domesticados que não forem assinalados, se tiverem perdido o hábito de voltar ao lugar onde costumam recolher-se, salvo a hipótese do art. 596;

• *Sem dispositivo correspondente no Código Civil de 2002.*

III — os enxames de abelhas, anteriormente apropriados, se o dono da colmeia, a que pertenciam, os não reclamar imediatamente;

• *Sem dispositivo correspondente no Código Civil de 2002.*

IV — as pedras, conchas e outras substâncias minerais, vegetais ou animais arrojadas às praias pelo mar, se não apresentarem sinal de domínio anterior.

• *Sem dispositivo correspondente no Código Civil de 2002.*

DA CAÇA

Art. 594. Observados os regulamentos administrativos da caça, poderá ela exercer-se nas terras públicas, ou nas particulares, com licença de seu dono.

• *Sem dispositivo correspondente no Código Civil de 2002.*

Art. 595. Pertence ao caçador o animal por ele apreendido. Se o caçador for no encalço do animal e o tiver ferido, este lhe pertencerá, embora outrem o tenha apreendido.

• *Sem dispositivo correspondente no Código Civil de 2002.*

Art. 596. Não se reputam animais de caça os domesticados que fugirem a seus donos, enquanto estes lhes andarem à procura.

• *Sem dispositivo correspondente no Código Civil de 2002.*

Art. 597. Se a caça ferida se acolher a terreno cercado, murado, valado, ou cultivado, o dono deste, não querendo permitir a entrada do caçador, terá que a entregar, ou expelir.

• *Sem dispositivo correspondente no Código Civil de 2002.*

Art. 598. Aquele que penetrar em terreno alheio, sem licença do dono, para caçar, perderá para este a caça, que apanhe, e responder-lhe-á pelo dano que lhe cause.

• *Sem dispositivo correspondente no Código Civil de 2002.*

DA PESCA

Art. 599. Observados os regulamentos administrativos, lícito é pescar em águas públicas, ou nas particulares, com o consentimento de seu dono.

• *Sem dispositivo correspondente no Código Civil de 2002.*

Art. 600. Pertence ao pescador o peixe, que pescar, e o que arpoado, ou farpado, perseguir, embora outrem o colha.

• *Sem dispositivo correspondente no Código Civil de 2002.*

Art. 601. Aquele que, sem permissão do proprietário, pescar, em águas alheias, perderá para ele o peixe que apanhe, e responder-lhe-á pelo dano, que lhe faça.

• *Sem dispositivo correspondente no Código Civil de 2002.*

Art. 602. Nas águas particulares, que atravessem terrenos de muitos donos, cada um dos ribeirinhos tem direito a pescar de seu lado, até ao meio delas.

• *Sem dispositivo correspondente no Código Civil de 2002.*

DA INVENÇÃO

Art. 603. Quem quer que ache coisa alheia perdida, há de restituí-la ao dono ou legítimo possuidor.

• *Dispositivo correspondente no Código Civil de 2002: art. 1.233,* caput.

Parágrafo único. Não o conhecendo, o inventor fará por descobri-lo, e, quando se lhe não depare, entregará o objeto achado à autoridade competente no lugar.

• *Dispositivo correspondente no Código Civil de 2002: art. 1.233, parágrafo único.*

Art. 604. O que restituir a coisa achada, nos termos do artigo precedente, terá direito a uma recompensa e à indenização pelas despesas que houver feito com a conservação e transporte da coisa, se o dono não preferir abandoná-la.

• *Dispositivo correspondente no Código Civil de 2002: art. 1.234,* caput.

Art. 605. O inventor responde pelos prejuízos causados ao proprietário ou possuidor legítimo, quando tiver procedido com dolo.

• *Dispositivo correspondente no Código Civil de 2002: art. 1.235.*

Art. 606. Decorridos 6 (seis) meses do aviso à autoridade, não se apresentando ninguém que mostre domínio sobre a coisa, será esta vendida em hasta pública, e, deduzidas do preço as despesas, mais a recompensa do inventor (art. 604), pertencerá o remanescente ao Estado, ou ao Distrito Federal, se nas respectivas circunscrições se deparou o objeto perdido, ou à União, se foi achado em território ainda não constituído em Estado.

• *Dispositivo correspondente no Código Civil de 2002: art. 1.237,* caput.

DO TESOIRO

Art. 607. O depósito antigo de moeda ou coisas preciosas, enterrado, ou oculto, de cujo dono não haja memória, se alguém casualmente o achar em prédio alheio, dividir-se-á por igual entre o proprietário deste e o inventor.

• *Dispositivo correspondente no Código Civil de 2002: art. 1.264.*

Art. 608. Se o que achar for o senhor do prédio, algum operário seu, mandado em pesquisa, ou terceiro não autorizado pelo dono do prédio, a este pertencerá por inteiro o tesoiro.

• *Dispositivo correspondente no Código Civil de 2002: art. 1.265.*

Art. 609. Deparando-se em terreno aforado, partir-se-á igualmente entre o inventor e o enfiteuta, ou será deste por inteiro, quando ele mesmo seja o inventor.

• *Dispositivo correspondente no Código Civil de 2002: art. 1.266.*

Art. 610. Deixa de considerar-se tesoiro o depósito achado, se alguém mostrar que lhe pertence.

• *Sem dispositivo correspondente no Código Civil de 2002.*

Seção II | DA ESPECIFICAÇÃO

Art. 611. Aquele que, trabalhando em matéria-prima, obtiver espécie nova, desta será proprietário se a matéria era sua, ainda que só em parte, e não se puder restituir à forma anterior.

• *Dispositivo correspondente no Código Civil de 2002: art. 1.269.*

Art. 612. Se toda a matéria for alheia, e não se puder reduzir à forma precedente, será do especificador de boa-fé a espécie nova.

• *Dispositivo correspondente no Código Civil de 2002: art. 1.270,* caput.

§ 1º Mas, sendo praticável a redução, ou, quando impraticável, se a espécie nova se obteve de má-fé, pertencerá ao dono da matéria-prima.

• *Dispositivo correspondente no Código Civil de 2002: art. 1.270, § 1º.*

§ 2º Em qualquer caso, porém, se o preço da mão de obra exceder consideravelmente o valor da matéria-prima, a espécie nova será do especificador.

• *Dispositivo correspondente no Código Civil de 2002: art. 1.270, § 2º.*

Art. 613. Aos prejudicados nas hipóteses dos dois artigos precedentes, menos a última do art. 612, § 1º, concernente à especificação irredutível obtida em má-fé, se ressarcirá o dano, que sofrerem.

• *Dispositivo correspondente no Código Civil de 2002: art. 1.271.*

Art. 614. A especificação obtida por alguma das maneiras do art. 62 atribui a propriedade ao especificador, mas não o exime à indenização.

• *Sem dispositivo correspondente no Código Civil de 2002.*

Seção III | DA CONFUSÃO, COMISTÃO E ADJUNÇÃO

Art. 615. As coisas pertencentes a diversos donos, confundidas, misturadas, ou ajuntadas, sem o consentimento deles, continuam a pertencer-lhes, sendo possível separá-las sem deterioração.

• *Dispositivo correspondente no Código Civil de 2002: art. 1.272,* caput.

§ 1º Não o sendo, ou exigindo a separação dispêndio excessivo, subsiste indiviso o todo, cabendo a cada um dos donos quinhão proporcional ao valor da coisa, com que entrou para a mistura ou agregado.

• *Dispositivo correspondente no Código Civil de 2002: art. 1.272, § 1º.*

§ 2º Se, porém, uma das coisas puder considerar-se principal, o dono sê-lo-á do todo, indenizando os outros.

• *Dispositivo correspondente no Código Civil de 2002: art. 1.272, § 2º.*

Art. 616. Se a confusão, adjunção, ou mistura se operou de má-fé, à outra parte caberá escolher entre guardar o todo, pagando a porção, que não for sua, ou renunciar a que lhe pertencer, mediante indenização completa.

• *Dispositivo correspondente no Código Civil de 2002: art. 1.273.*

Art. 617. Se da mistura de matérias de natureza diversa se formar nova espécie, a confusão terá a natureza de especificação para o efeito de atribuir o domínio ao respectivo autor.

• *Dispositivo correspondente no Código Civil de 2002: art. 1.274.*

Seção IV | DO USUCAPIÃO

Art. 618. Adquirirá o domínio da coisa móvel o que a possuir como sua, sem interrupção, nem oposição, durante 3 (três) anos.

• *Dispositivo correspondente no Código Civil de 2002: art. 1.260.*

Parágrafo único. Não gera usucapião a posse, que se não firme em justo título, bem como a inquinada, original ou supervenientemente de má-fé.

• *Dispositivo correspondente no Código Civil de 2002: art. 1.260.*

Art. 619. Se a posse da coisa móvel se prolongar por 5 (cinco) anos, produzirá usucapião independentemente de título de boa-fé.

• *Dispositivo correspondente no Código Civil de 2002: art. 1.261.*

Parágrafo único. As disposições dos arts. 552 e 553 são aplicáveis ao usucapião das coisas móveis.

• *Dispositivo correspondente no Código Civil de 2002: art. 1.262.*

Seção V | DA TRADIÇÃO

Art. 620. O domínio das coisas não se transfere pelos contratos antes da tradição. Mas esta se subentende, quando o transmitente continua a possuir pelo constituto possessório (art. 675).

• *Dispositivo correspondente no Código Civil de 2002: art. 1.267,* caput *e parágrafo único.*

Art. 621. Se a coisa alienada estiver na posse de terceiro, obterá o adquirente a posse indireta pela cessão que lhe fizer o alienante de seu direito à restituição da coisa.

• *Dispositivo correspondente no Código Civil de 2002: art. 1.267, parágrafo único.*

Parágrafo único. Nos casos deste artigo e do antecedente, parte final, a aquisição da posse indireta equivale à tradição.

• *Dispositivo correspondente no Código Civil de 2002: art. 1.267, parágrafo único.*

Art. 622. Feita por quem não seja proprietário a tradição não alheia a propriedade. Mas, se o adquirente estiver de boa-fé, e o alienante adquirir depois o domínio, considera-se revalidada a transferência e operado o efeito da tradição, desde o momento do seu ato.

• *Dispositivo correspondente no Código Civil de 2002: art. 1.268,* caput *e § 1º.*

Parágrafo único. Também não transfere o domínio a tradição, quando tiver por título um ato nulo.

• *Dispositivo correspondente no Código Civil de 2002: art. 1.268, § 2º.*

Capítulo IV | DO CONDOMÍNIO

Seção I | DOS DIREITOS E DEVERES DOS CONDÔMINOS

Art. 623. Na propriedade em comum, compropriedade, ou condomínio, cada condômino ou consorte pode:

• *Dispositivo correspondente no Código Civil de 2002: art. 1.314,* caput.

I — usar livremente da coisa conforme seu destino, e sobre ela exercer todos os direitos compatíveis com a indivisão;

• *Dispositivo correspondente no Código Civil de 2002: art. 1.314,* caput.

II — reivindicá-la de terceiro;

• *Dispositivo correspondente no Código Civil de 2002: art. 1.314,* caput.

III — alhear a respectiva parte indivisa, ou gravá-la (art. 1.139).

• *Dispositivo correspondente no Código Civil de 2002: art. 1.314,* caput.

Art. 624. O condômino é obrigado a concorrer, na proporção de sua parte, para as despesas de conservação ou divisão da coisa e suportar na mesma razão os ônus, a que estiver sujeita.

• *Dispositivo correspondente no Código Civil de 2002: art. 1.315,* caput.

Parágrafo único. Se com isso não se conformar algum dos condôminos, será dividida a coisa, respondendo o quinhão de cada um pela sua parte nas despesas da divisão.

• *Sem dispositivo correspondente no Código Civil de 2002.*

Art. 625. As dívidas contraídas por um dos condôminos em proveito da comunhão, e durante ela, obrigam o contraente; mas asseguram-lhe ação regressiva contra os demais.

• *Dispositivo correspondente no Código Civil de 2002: art. 1.318.*

Parágrafo único. Se algum deles não anuir, proceder-se-á conforme o parágrafo único do artigo anterior.

• *Sem dispositivo correspondente no Código Civil de 2002.*

Art. 626. Quando a dívida houver sido contraída por todos os condôminos, sem se discriminar a parte de cada um na obrigação coletiva, nem se estipular solidariedade, entende-se que cada qual se obrigou proporcionalmente ao seu quinhão, ou sorte, na coisa comum.

• *Dispositivo correspondente no Código Civil de 2002: art. 1.317.*

Art. 627. Cada consorte responde aos outros pelos frutos que percebeu da coisa comum, e pelo dano que lhe causou.

• *Dispositivo correspondente no Código Civil de 2002: art. 1.319.*

Art. 628. Nenhum dos comproprietários pode alterar a coisa comum, sem o consenso dos outros.

• *Dispositivo correspondente no Código Civil de 2002: art. 1.314, parágrafo único.*

Art. 629. A todo tempo será lícito ao condômino exigir a divisão da coisa comum.

• *Dispositivo correspondente no Código Civil de 2002: art. 1.320,* caput.

Parágrafo único. Podem, porém, os consortes acordar que fique indivisa por termo não maior de 5 (cinco) anos, suscetível de prorrogação ulterior.

• *Dispositivo correspondente no Código Civil de 2002: art. 1.320, § 1º.*

Art. 630. Se a indivisão for condição estabelecida pelo doador, ou testador, entende-se que o foi somente por 5 (cinco) anos.

• *Dispositivo correspondente no Código Civil de 2002: art. 1.320, § 2º.*

Art. 631. A divisão entre condôminos é simplesmente declaratória e não atributiva da propriedade. Essa poderá, entretanto, ser julgada preliminarmente no mesmo processo.

• *Sem dispositivo correspondente no Código Civil de 2002.*

Art. 632. Quando a coisa for indivisível, ou se tornar, pela divisão, imprópria ao seu destino, e os consortes não quiserem adjudicá-la a um só, indenizando os outros, será vendida e repartido o preço, preferindo-se, na venda, em condições iguais de oferta, o condômino ao estranho, entre os condôminos o que tiver na coisa benfeitorias mais valiosas, e, não as havendo, o de quinhão maior.

• *Dispositivo correspondente no Código Civil de 2002: art. 1.322,* caput.

Art. 633. Nenhum condômino pode, sem prévio consenso dos outros, dar posse, uso, ou gozo da propriedade a estranhos.

• *Dispositivo correspondente no Código Civil de 2002: art. 1.314, parágrafo único.*

Art. 634. O condômino, como qualquer outro possuidor, poderá defender a sua posse contra outrem.

• *Sem dispositivo correspondente no Código Civil de 2002.*

Seção II | DA ADMINISTRAÇÃO DO CONDOMÍNIO

Art. 635. Quando, por circunstância de fato ou por desacordo, não for possível o uso e gozo em comum, resolverão os condôminos se a coisa deve ser administrada, vendida ou alugada.

• *Dispositivo correspondente no Código Civil de 2002: art. 1.323.*

§ 1º Se todos concordarem que se não venda à maioria (art. 637) competirá deliberar sobre a administração ou locação da coisa comum.

• *Dispositivo correspondente no Código Civil de 2002: art. 1.323.*

§ 2º Pronunciando-se a maioria pela administração escolherá também o administrador.

• *Dispositivo correspondente no Código Civil de 2002: art. 1.323.*

Art. 636. Resolvendo-se alugar a coisa comum (art. 637), preferir-se-á, em condições iguais, o condômino ao estranho.

• *Dispositivo correspondente no Código Civil de 2002: art. 1.323.*

Art. 637. A maioria será calculada não pelo número, senão pelo valor dos quinhões.

• *Dispositivo correspondente no Código Civil de 2002: art. 1.325,* caput.

§ 1º As deliberações não obrigarão, não sendo tomadas por maioria absoluta, isto é, por votos que representem mais de meio do valor total.

• *Dispositivo correspondente no Código Civil de 2002: art. 1.325, § 1º.*

§ 2º Havendo empate, decidirá o juiz, a requerimento de qualquer condômino, ouvidos os outros.

• *Dispositivo correspondente no Código Civil de 2002: art. 1.325, § 2º.*

Art. 638. Os frutos da coisa comum, não havendo em contrário estipulação ou disposição de última vontade, serão partilhados na proporção dos quinhões.

• *Dispositivo correspondente no Código Civil de 2002: art. 1.326.*

Art. 639. Nos casos de dúvida, presumem-se iguais os quinhões.

• *Sem dispositivo correspondente no Código Civil de 2002.*

Art. 640. O condômino, que administrar sem oposição dos outros, presume-se mandatário comum.

• *Dispositivo correspondente no Código Civil de 2002: art. 1.324.*

Art. 641. Aplicam-se, nos casos omissos, à divisão do condomínio as regras de partilha da herança (arts. 1.772 e segs.).

• *Sem dispositivo correspondente no Código Civil de 2002.*

Seção III | DO CONDOMÍNIO EM PAREDES, CERCAS, MUROS E VALAS

Art. 642. O condomínio por meação de paredes, cercas, muros e valas regula-se pelo disposto neste Código, arts. 569 a 589 e 623 a 634.

• *Dispositivo correspondente no Código Civil de 2002: art. 1.327.*

Art. 643. O proprietário que tiver direito a estremar um imóvel com paredes, cercas, muros, valas ou valados, tê-lo-á igualmente a adquirir meação na parede, muro, vala, valado, ou cerca do vizinho, embolsando-lhe metade do que atualmente valer a obra e o terreno por ela ocupado (art. 727).

• *Dispositivo correspondente no Código Civil de 2002: art. 1.328.*

Art. 644. Não convindo os dois no preço da obra, será este arbitrado por peritos, a expensas de ambos os confinantes.

• *Dispositivo correspondente no Código Civil de 2002: art. 1.329.*

Art. 645. Qualquer que seja o preço da meação, enquanto o que pretender a divisão não o pagar ou depositar, nenhum uso poderá fazer da parede, muro, vala, cerca, ou qualquer outra obra divisória.

• *Dispositivo correspondente no Código Civil de 2002: art. 1.330.*

Seção IV | DO COMPÁSCUO

Art. 646. Se o compáscuo em prédios particulares for estabelecido por servidão, reger-se-á pelas normas desta. Se não, observar-se-á, no que lhe for aplicável, o disposto neste capítulo, caso outra coisa não estipule o título de onde resulte a comunhão de pastos.

• *Sem dispositivo correspondente no Código Civil de 2002.*

Parágrafo único. O compáscuo em terrenos baldios e públicos regular-se-á pelo disposto na legislação municipal.

• *Sem dispositivo correspondente no Código Civil de 2002.*

Capítulo V | DA PROPRIEDADE RESOLÚVEL

Art. 647. Resolvido o domínio pelo implemento da condição ou pelo advento do termo, entendem-se também resolvidos os direitos reais concedidos na sua pendência, e o proprietário, em cujo favor se opera a resolução, pode reivindicar a coisa do poder de quem a detenha.

• *Dispositivo correspondente no Código Civil de 2002: art. 1.359.*

Art. 648. Se, porém, o domínio se resolver por outra causa superveniente, o possuidor, que o tiver adquirido por título anterior à resolução, será considerado proprietário perfeito, restando à pessoa em cujo benefício houve a resolução ação contra aquele cujo domínio se resolveu para haver a própria coisa, ou seu valor.

• *Dispositivo correspondente no Código Civil de 2002: art. 1.360.*

Capítulo VI | DA PROPRIEDADE LITERÁRIA, CIENTÍFICA E ARTÍSTICA

Arts. 649 a 673. (*Revogados pela Lei nº 9.610, de 19-2-1998.*)

Título III | DOS DIREITOS REAIS SOBRE COISAS ALHEIAS

Capítulo I | DISPOSIÇÕES GERAIS

Art. 674. São direitos reais, além da propriedade:

• *Dispositivo correspondente no Código Civil de 2002: art. 1.225,* caput.

I — a enfiteuse;

• *Sem dispositivo correspondente no Código Civil de 2002.*

II — as servidões;

• *Dispositivo correspondente no Código Civil de 2002: art. 1.225, III.*

III — o usufruto;

• *Dispositivo correspondente no Código Civil de 2002: art. 1.225, IV.*

IV — o uso;

• *Dispositivo correspondente no Código Civil de 2002: art. 1.225, V.*

V — a habitação;

• *Dispositivo correspondente no Código Civil de 2002: art. 1.225, VI.*

VI — as rendas expressamente constituídas sobre imóveis;

• *Sem dispositivo correspondente no Código Civil de 2002.*

VII — o penhor;

• *Dispositivo correspondente no Código Civil de 2002: art. 1.225, VIII.*

VIII — a anticrese;

• *Dispositivo correspondente no Código Civil de 2002: art. 1.225, X.*

IX — a hipoteca.

• *Dispositivo correspondente no Código Civil de 2002: art. 1.225, IX.*

Art. 675. Os direitos reais sobre coisas móveis, quando constituídos, ou transmitidos por atos entre vivos, só se adquirem com a tradição (art. 620).

• *Dispositivo correspondente no Código Civil de 2002: art. 1.226.*

Art. 676. Os direitos reais sobre imóveis constituídos ou transmitidos por atos entre vivos só se adquirem depois da transcrição, ou da inscrição, no Registro de Imóveis, dos referidos títulos (arts. 530, I, e 856), salvo os casos expressos neste Código.

• *Dispositivo correspondente no Código Civil de 2002: art. 1.227.*

Art. 677. Os direitos reais passam com o imóvel para o domínio do adquirente.

• *Sem dispositivo correspondente no Código Civil de 2002.*

Parágrafo único. O ônus dos impostos sobre prédios transmite-se aos adquirentes, salvo constando da escritura as certidões do recebimento, pelo fisco, dos impostos devidos e, em caso de venda em praça, até o equivalente do preço da arrematação.

• *Sem dispositivo correspondente no Código Civil de 2002.*

Capítulo II | DA ENFITEUSE

Art. 678. Dá-se a enfiteuse, aforamento, ou emprazamento, quando por ato entre vivos, ou de última vontade, o proprietário atribui a outrem o domínio útil do imóvel, pagando a pessoa, que o adquire, e assim se constitui enfiteuta, ao senhorio direto uma pensão, ou foro, anual, certo e invariável.

• *Sem dispositivo correspondente no Código Civil de 2002.*

Art. 679. O contrato de enfiteuse é perpétuo. A enfiteuse por tempo limitado considera-se arrendamento, e como tal se rege.

• *Sem dispositivo correspondente no Código Civil de 2002.*

Art. 680. Só podem ser objeto de enfiteuse terras não cultivadas ou terrenos que se destinem a edificação.

• *Sem dispositivo correspondente no Código Civil de 2002.*

Art. 681. Os bens enfitêuticos transmitem-se por herança na mesma ordem estabelecida a respeito dos alodiais neste Código, arts. 1.603 a 1.619; mas, não podem ser divididos em glebas sem consentimento do senhorio.

• *Sem dispositivo correspondente no Código Civil de 2002.*

Art. 682. É obrigado o enfiteuta a satisfazer os impostos e os ônus reais que gravarem o imóvel.

• *Sem dispositivo correspondente no Código Civil de 2002.*

Art. 683. O enfiteuta, ou foreiro, não pode vender nem dar em pagamento o domínio útil, sem prévio aviso ao senhorio direto, para que este exerça o direito de opção; e o senhorio direto tem 30 (trinta) dias para declarar, por escrito, datado e assinado, que quer a preferência na alienação, pelo mesmo preço e nas mesmas condições.

Se, dentro no prazo indicado, não responder ou não oferecer o preço da alienação, poderá o foreiro efetuá-la com quem entender.

• *Sem dispositivo correspondente no Código Civil de 2002.*

Art. 684. Compete igualmente ao foreiro o direito de preferência, no caso de querer o senhorio vender o domínio direto ou dá-lo em pagamento. Para este efeito, ficará o dito senhorio sujeito à mesma obrigação imposta, em semelhantes circunstâncias, ao foreiro.

• *Sem dispositivo correspondente no Código Civil de 2002.*

Art. 685. Se o enfiteuta não cumprir o disposto no art. 683, poderá o senhorio direto usar, não obstante, de seu direito de preferência, havendo do adquirente o prédio pelo preço da aquisição.

• *Sem dispositivo correspondente no Código Civil de 2002.*

Art. 686. Sempre que se realizar a transferência do domínio útil, por venda ou dação em pagamento, o senhorio direto, que não usar da opção, terá direito de receber do alienante o laudêmio, que será de 2,5% (dois e meio por cento) sobre o preço da alienação, se outro não se tiver fixado no título de aforamento.

• *Sem dispositivo correspondente no Código Civil de 2002.*

Art. 687. O foreiro não tem direito à remissão do foro, por esterilidade ou destruição parcial do prédio enfitêutico, nem pela perda total de seus frutos; pode, em tais casos, porém, abandoná-lo ao senhorio direto, e, independentemente do seu consenso, fazer inscrever o ato da renúncia (art. 691).

• *Sem dispositivo correspondente no Código Civil de 2002.*

Art. 688. É lícito ao enfiteuta doar, dar em dote, ou trocar por coisa não fungível o prédio aforado, avisando o senhorio direto, dentro em 60 (sessenta) dias, contados do ato da transmissão, sob pena de continuar responsável pelo pagamento do foro.

• *Sem dispositivo correspondente no Código Civil de 2002.*

Art. 689. Fazendo-se penhora, por dívidas do enfiteuta, sobre o prédio emprazado, será citado o senhorio direto, para assistir à praça, e terá preferência, quer, no caso de arrematação, sobre os demais lançadores, em condições iguais, quer, em falta deles, no caso de adjudicação.

• *Sem dispositivo correspondente no Código Civil de 2002.*

Art. 690. Quando o prédio emprazado vier a pertencer a várias pessoas, estas, dentro em 6 (seis) meses, elegerão um cabecel, sob pena de se devolver ao senhorio o direito de escolha.

• *Sem dispositivo correspondente no Código Civil de 2002.*

§ 1º Feita a escolha, todas as ações do senhorio contra os foreiros serão propostas contra o cabecel, salvo a este o direito regressivo contra os outros pelas respectivas quotas.

• *Sem dispositivo correspondente no Código Civil de 2002.*

§ 2º Se, porém, o senhorio direto convier na divisão do prazo, cada uma das glebas em que for dividido constituirá prazo distinto.

• *Sem dispositivo correspondente no Código Civil de 2002.*

Art. 691. Se o enfiteuta pretender abandonar gratuitamente ao senhorio o prédio aforado, poderão opor-se os credores prejudicados com o abandono, prestando caução pelas pensões futuras, até que sejam pagos de suas dívidas.

• *Sem dispositivo correspondente no Código Civil de 2002.*

Art. 692. A enfiteuse extingue-se:

• *Sem dispositivo correspondente no Código Civil de 2002.*

I — pela natural deterioração do prédio aforado, quando chegue a não valer o capital correspondente ao foro e mais um quinto deste;

• *Sem dispositivo correspondente no Código Civil de 2002.*

II — pelo comisso, deixando o foreiro de pagar as pensões devidas, por 3 (três) anos consecutivos, caso em que o senhorio o indenizará das benfeitorias necessárias;

• *Sem dispositivo correspondente no Código Civil de 2002.*

II — falecendo o enfiteuta, sem herdeiros, salvo o direito dos credores.

• *Sem dispositivo correspondente no Código Civil de 2002.*

Art. 693. Todos os aforamentos, inclusive os constituídos anteriormente a este Código, salvo acordo entre as partes, são resgatáveis 10 (dez) anos depois de constituídos, mediante pagamento de um laudêmio, que será de 2,5% (dois e meio por cento) sobre o valor atual da propriedade plena, e de 10 (dez) pensões anuais pelo foreiro, que não poderá no seu contrato renunciar ao direito de resgate, nem contrariar as disposições imperativas deste Capítulo.

• *Sem dispositivo correspondente no Código Civil de 2002.*

Art. 694. A subenfiteuse está sujeita às mesmas disposições que a enfiteuse. A dos terrenos de marinha e acrescidos será regulada em lei especial.

• *Sem dispositivo correspondente no Código Civil de 2002.*

Capítulo III | DAS SERVIDÕES PREDIAIS

Seção I | DA CONSTITUIÇÃO DAS SERVIDÕES

Art. 695. Impõe-se a servidão predial a um prédio em favor de outro, pertencente a diverso dono. Por ela perde o proprietário do prédio serviente o exercício de alguns de seus direitos dominicais, ou fica obrigado a tolerar que dele se utilize, para certo fim, o dono do prédio dominante.

• *Dispositivo correspondente no Código Civil de 2002: art. 1.378.*

Art. 696. A servidão não se presume.

• *Sem dispositivo correspondente no Código Civil de 2002.*

Art. 697. As servidões não aparentes só podem ser estabelecidas por meio de transcrição no Registro de Imóveis.

• *Dispositivo correspondente no Código Civil de 2002: art. 1.378.*

Art. 698. A posse incontestada e contínua de uma servidão por 10 (dez) ou 15 (quinze) anos, nos termos do art. 551, autoriza o possuidor a transcrevê-la em seu nome no Registro de Imóveis, servindo-lhe de título a sentença que julgar consumado o usucapião.

• *Dispositivo correspondente no Código Civil de 2002: art. 1.379,* caput.

Parágrafo único. Se o possuidor não tiver título, o prazo do usucapião será de 20 (vinte) anos.

• *Dispositivo correspondente no Código Civil de 2002: art. 1.379, parágrafo único.*

Art. 699. O dono de uma servidão tem direito a fazer todas as obras necessárias à sua conservação e uso. Se a servidão pertencer a mais de um prédio, serão as despesas rateadas entre os respectivos donos.

• *Dispositivo correspondente no Código Civil de 2002: art. 1.380.*

Art. 700. As obras a que se refere o artigo antecedente devem ser feitas pelo dono do prédio dominante, se o contrário não dispuser o título expressamente.

• *Dispositivo correspondente no Código Civil de 2002: art. 1.381.*

Art. 701. Quando a obrigação incumbir ao dono do prédio serviente, este poderá exonerar-se, abandonando a propriedade ao dono do dominante.

• *Dispositivo correspondente no Código Civil de 2002: art. 1.382,* caput.

Art. 702. O dono do prédio serviente não poderá embaraçar de modo algum o uso legítimo da servidão.

• *Dispositivo correspondente no Código Civil de 2002: art. 1.383.*

Art. 703. Pode o dono do prédio serviente remover de um local para outro a servidão, contanto que o faça à sua custa, e não diminua em nada as vantagens do prédio dominante.

• *Dispositivo correspondente no Código Civil de 2002: art. 1.384.*

Art. 704. Restringir-se-á o uso da servidão às necessidades do prédio dominante, evitando, quanto possível, agravar o encargo ao prédio serviente.

• *Dispositivo correspondente no Código Civil de 2002: art. 1.385,* caput.

Parágrafo único. Constituída para certo fim, a servidão não se pode ampliar a outro, salvo o disposto no artigo seguinte.

• *Dispositivo correspondente no Código Civil de 2002: art. 1.385, § 1º.*

Art. 705. Nas servidões de trânsito a de maior inclui a de menor ônus, e a menor exclui a mais onerosa.

• *Dispositivo correspondente no Código Civil de 2002: art. 1.385, § 2º.*

Art. 706. Se as necessidades da cultura do prédio dominante impuserem à servidão maior largueza, o dono do serviente é obrigado a sofrê-la; mas tem direito a ser indenizado pelo excesso.

• *Dispositivo correspondente no Código Civil de 2002: art. 1.385, § 3º.*

Parágrafo único. Se, porém, esse acréscimo de encargo for devido a mudança na maneira de exercer a servidão, como no caso de se pretender edificar em terreno até então destinado a cultura, poderá impedi-lo o dono do prédio serviente.

• *Sem dispositivo correspondente no Código Civil de 2002.*

Art. 707. As servidões prediais são indivisíveis. Subsistem, no caso de partilha, em benefício de cada um dos quinhões do prédio dominante, e continuam a gravar cada um dos do prédio serviente, salvo se, por natureza, ou destino, só se aplicarem a certa parte de um, ou de outro.

• *Dispositivo correspondente no Código Civil de 2002: art. 1.386.*

Seção II | DA EXTINÇÃO DAS SERVIDÕES

Art. 708. Salvo nas desapropriações, a servidão, uma vez transcrita, só se extingue, com respeito a terceiros, quando cancelada.

• *Dispositivo correspondente no Código Civil de 2002: art. 1.387,* caput.

Art. 709. O dono do prédio serviente tem direito, pelos meios judiciais, ao cancelamento da transcrição, embora o dono do prédio dominante lho impugne:

• *Dispositivo correspondente no Código Civil de 2002: art. 1.388,* caput.

I — quando o titular houver renunciado a sua servidão;

• *Dispositivo correspondente no Código Civil de 2002: art. 1.388, I.*

II — quando a servidão for de passagem, que tenha cessado pela abertura de estrada pública, acessível ao prédio dominante;

• *Dispositivo correspondente no Código Civil de 2002: art. 1.388, II.*

III — quando o dono do prédio serviente resgatar a servidão.

• *Dispositivo correspondente no Código Civil de 2002: art. 1.388, III.*

Art. 710. As servidões prediais extinguem-se:

• *Dispositivo correspondente no Código Civil de 2002: art. 1.389,* caput.

I — pela reunião dos dois prédios no domínio da mesma pessoa;

• *Dispositivo correspondente no Código Civil de 2002: art. 1.389, I.*

II — pela supressão das respectivas obras por efeito de contrato, ou de outro título expresso;

• *Dispositivo correspondente no Código Civil de 2002: art. 1.389, II.*

III — pelo não uso, durante 10 (dez) anos contínuos.

• *Dispositivo correspondente no Código Civil de 2002: art. 1.389, III.*

Art. 711. Extinta, por alguma das causas do artigo anterior, a servidão predial transcrita, fica ao dono do prédio serviente o direito a fazê-la cancelar, mediante a prova da extinção.

• *Dispositivo correspondente no Código Civil de 2002: art. 1.389,* caput.

Art. 712. Se o prédio dominante estiver hipotecado, e a servidão se mencionar no título hipotecário, será também preciso, para a cancelar, o consentimento do credor

• *Dispositivo correspondente no Código Civil de 2002: art. 1.387, parágrafo único.*

Capítulo IV | DO USUFRUTO

Seção I | DISPOSIÇÕES GERAIS

Art. 713. Constitui usufruto o direito real de fruir as utilidades e frutos de uma coisa, enquanto temporariamente destacado da propriedade.

• *Sem dispositivo correspondente no Código Civil de 2002.*

Art. 714. O usufruto pode recair em um ou mais bens, móveis ou imóveis, em um patrimônio inteiro, ou parte deste, abrangendo-lhe, no todo ou em parte, os frutos e utilidades.

• *Dispositivo correspondente no Código Civil de 2002: art. 1.390.*

Art. 715. O usufruto de imóveis, quando não resulte do direito de família, dependerá de transcrição no respectivo registro.

• *Dispositivo correspondente no Código Civil de 2002: art. 1.391.*

Art. 716. Salvo disposição em contrário, o usufruto estende-se aos acessórios da coisa e seus acrescidos.

• *Dispositivo correspondente no Código Civil de 2002: art. 1.392,* caput.

Art. 717. O usufruto só se pode transferir, por alienação, ao proprietário da coisa; mas o seu exercício pode ceder-se por título gratuito ou oneroso.

• *Dispositivo correspondente no Código Civil de 2002: art. 1.393.*

Seção II | DOS DIREITOS DO USUFRUTUÁRIO

Art. 718. O usufrutuário tem direito à posse, uso, administração e percepção dos frutos.

• *Dispositivo correspondente no Código Civil de 2002: art. 1.394.*

Art. 719. Quando o usufruto recai em títulos de crédito, o usufrutuário tem direito, não só a cobrar as respectivas dívidas, mas ainda a empregar-lhes a importância recebida. Essa aplicação, porém, corre por sua conta e risco; e, cessando o usufruto, o proprietário pode recusar os novos títulos, exigindo em espécie o dinheiro.

• *Dispositivo correspondente no Código Civil de 2002: art. 1.395,* caput.

Art. 720. Quando o usufruto recai sobre apólices da dívida pública ou títulos semelhantes, de cotação variável, a alienação deles só se efetuará mediante prévio acordo entre o usufrutuário e o dono.

• *Sem dispositivo correspondente no Código Civil de 2002.*

Art. 721. Salvo direito adquirido por outrem, o usufrutuário faz seus os frutos naturais, pendentes ao começar o usufruto, sem encargo de pagar as despesas de produção.

• *Dispositivo correspondente no Código Civil de 2002: art. 1.396,* caput.

Parágrafo único. Os frutos naturais, porém, pendentes ao tempo em que cessa o usufruto, pertencem ao dono, também sem compensação das despesas.

• *Dispositivo correspondente no Código Civil de 2002: art. 1.396, parágrafo único.*

Art. 722. As crias dos animais pertencem ao usufrutuário, deduzidas quantas bastem para inteirar as cabeças de gado existentes ao começar o usufruto.

• *Dispositivo correspondente no Código Civil de 2002: art. 1.397.*

Art. 723. Os frutos civis, vencidos na data inicial do usufruto, pertencem ao proprietário, e ao usufrutuário os vencidos na data em que cessa o usufruto.

• *Dispositivo correspondente no Código Civil de 2002: art. 1.398.*

Art. 724. O usufrutuário pode usufruir em pessoa, ou mediante arrendamento, o prédio, mas não mudar-lhe o gênero de cultura, sem licença do proprietário ou autorização expressa no título; salvo se, por algum outro, como os de pai, ou marido, lhe couber tal direito.

• *Sem dispositivo correspondente no Código Civil de 2002.*

Art. 725. Se o usufruto recai em florestas, ou minas, podem o dono e o usufrutuário prefixar-lhe a extensão do gozo e a maneira da exploração.

• *Dispositivo correspondente no Código Civil de 2002: art. 1.392, § 2º.*

Art. 726. As coisas que se consomem pelo uso caem para logo no domínio do usufrutuário, ficando, porém, este obrigado a restituir, findo o usufruto, o equivalente em gênero, qualidade e quantidade, ou, não sendo possível, o seu valor, pelo preço corrente ao tempo da restituição.

• *Dispositivo correspondente no Código Civil de 2002: art. 1.392, § 1º.*

Parágrafo único. Se, porém, as referidas coisas foram avaliadas no título constitutivo do usufruto, salvo cláusula expressa em contrário, o usufrutuário é obrigado a pagá-las pelo preço da avaliação.

• *Sem dispositivo correspondente no Código Civil de 2002.*

Art. 727. O usufrutuário não tem direito à parte do tesouro achado por outrem, nem ao preço pago pelo vizinho do prédio usufruído, para obter meação em parede, cerca, muro, vala ou valado (art. 643).

• *Dispositivo correspondente no Código Civil de 2002: art. 1.392, § 3º.*

Art. 728. Não procede o disposto na segunda parte do artigo anterior, quando o usufruto recair sobre universalidade ou quota-parte de bens.

• *Dispositivo correspondente no Código Civil de 2002: art. 1.392, § 3º.*

Seção III | DAS OBRIGAÇÕES DO USUFRUTUÁRIO

Art. 729. O usufrutuário, antes de assumir o usufruto, inventariará, à sua custa, os bens, que receber, determinando o estado em que se acham, e dará caução, fidejussória ou real, se lha exigir o dono, de velar-lhes pela conservação, e entregá-los findo o usufruto.

• *Dispositivo correspondente no Código Civil de 2002: art. 1.400,* caput.

Art. 730. O usufrutuário, que não quiser ou não puder dar caução suficiente, perderá o direito de administrar o usufruto; e, neste caso, os bens serão administrados pelo proprietário, que ficará obrigado, mediante caução, a entregar ao usufrutuário o rendimento deles, deduzidas as despesas da administração, entre as quais se incluirá a quantia taxada pelo juiz em remuneração do administrador.

• *Dispositivo correspondente no Código Civil de 2002: art. 1.401.*

Art. 731. Não são obrigados à caução:

• *Sem dispositivo correspondente no Código Civil de 2002.*

I — o doador, que se reservar o usufruto da coisa doada;

• *Dispositivo correspondente no Código Civil de 2002: art. 1.400, parágrafo único.*

II — os pais, usufrutuários dos bens dos filhos menores.

• *Sem dispositivo correspondente no Código Civil de 2002.*

Art. 732. O usufrutuário não é obrigado a pagar as deteriorações resultantes do exercício regular do usufruto.

• *Dispositivo correspondente no Código Civil de 2002: art. 1.402.*

Art. 733. Incumbem ao usufrutuário:

• *Dispositivo correspondente no Código Civil de 2002: art. 1.403,* caput.

I — as despesas ordinárias de conservação dos bens no estado em que os recebeu;

• *Dispositivo correspondente no Código Civil de 2002: art. 1.403, I.*

II — os foros, as pensões e os impostos reais devidos pela posse, ou rendimento da coisa usufruída.

• *Dispositivo correspondente no Código Civil de 2002: art. 1.403, II.*

Art. 734. Incumbem ao dono as reparações extraordinárias e as que não forem de custo módico; mas o usufrutuário lhe pagará os juros do capital despendido com as que forem necessárias à conservação, ou aumentarem o rendimento da coisa usufruída.

• *Dispositivo correspondente no Código Civil de 2002: art. 1.404,* caput.

Parágrafo único. Não se consideram módicas as despesas superiores a dois terços do líquido rendimento em 1 (um) ano.

• *Dispositivo correspondente no Código Civil de 2002: art. 1.404, § 1º.*

Art. 735. Se a coisa estiver segura, incumbe ao usufrutuário pagar, durante o usufruto, as contribuições do seguro.

• *Dispositivo correspondente no Código Civil de 2002: art. 1.407,* caput.

§ 1º Se o usufrutuário fizer o seguro, ao proprietário caberá o direito dele resultante contra o segurador.

• *Dispositivo correspondente no Código Civil de 2002: art. 1.407, § 1º.*

§ 2º Em qualquer hipótese, o direito do usufrutuário fica sub-rogado no valor da indenização do seguro.

• *Dispositivo correspondente no Código Civil de 2002: art. 1.407, § 2º.*

Art. 736. Se o usufruto recair em coisa singular, ou parte dela, só responderá o usufrutuário pelo juro da dívida, que ela garantir, quando esse ônus for expresso no título respectivo.

Se recair num patrimônio, ou parte deste, será o usufrutuário obrigado aos juros da dívida que onerar o patrimônio ou a parte dele, sobre que recaia o usufruto.

• *Dispositivo correspondente no Código Civil de 2002: art. 1.405.*

Art. 737. Se um edifício sujeito a usufruto for destruído sem culpa do proprietário, não será este obrigado a reconstruí-lo, nem o usufruto se restabelecerá, se o proprietário reconstruir à sua custa o prédio; mas, se ele estava seguro, a indenização paga fica sujeita ao ônus do usufruto.

Se a indenização do seguro for aplicada à reconstrução do prédio, restabelecer-se-á o usufruto.

• *Dispositivo correspondente no Código Civil de 2002: art. 1.408.*

Art. 738. Também fica sub-rogada no ônus do usufruto, em lugar do prédio, a indenização paga, se ele for desapropriado, ou a importância do dano, ressarcido pelo terceiro responsável, no caso de danificação, ou perda.

• *Dispositivo correspondente no Código Civil de 2002: art. 1.409.*

Seção IV | DA EXTINÇÃO DO USUFRUTO

Art. 739. O usufruto extingue-se:

• *Dispositivo correspondente no Código Civil de 2002: art. 1.410,* caput.

I — pela morte do usufrutuário;

• *Dispositivo correspondente no Código Civil de 2002: art. 1.410, I.*

II — pelo termo de sua duração;

• *Dispositivo correspondente no Código Civil de 2002: art. 1.410, II.*

III — pela cessação da causa de que se origina;

• *Dispositivo correspondente no Código Civil de 2002: art. 1.410, IV.*

IV — pela destruição da coisa, não sendo fungível, guardadas as disposições dos arts. 735, 737, 2ª parte, e 738;

• *Dispositivo correspondente no Código Civil de 2002: art. 1.410, V.*

V — pela consolidação;

• *Dispositivo correspondente no Código Civil de 2002: art. 1.410, VI.*

VI — pela prescrição;

• *Sem dispositivo correspondente no Código Civil de 2002.*

VII — por culpa do usufrutuário, quando aliena, deteriora, ou deixa arruinar os bens, não lhes acudindo com os reparos de conservação.

• *Dispositivo correspondente no Código Civil de 2002: art. 1.410, VII.*

Art. 740. Constituído o usufruto em favor de dois ou mais indivíduos, extinguir-se-á parte a parte, em relação a cada um dos que falecerem, salvo se, por estipulação expressa, o quinhão desses couber aos sobreviventes.

• *Dispositivo correspondente no Código Civil de 2002: art. 1.411.*

Art. 741. O usufruto constituído em favor de pessoa jurídica extingue-se com esta, ou, se ela perdurar, aos 100 (cem) anos da data em que se começou a exercer.

• *Dispositivo correspondente no Código Civil de 2002: art. 1.410, III.*

Capítulo V | DO USO

Art. 742. O usuário fruirá a utilidade da coisa dada em uso, quanto o exigirem as necessidades pessoais suas e de sua família.

• *Dispositivo correspondente no Código Civil de 2002: art. 1.412,* caput.

Art. 743. Avaliar-se-ão as necessidades pessoais do usuário, conforme a sua condição social e o lugar onde viver.

• *Dispositivo correspondente no Código Civil de 2002: art. 1.412, § 1º.*

Art. 744. As necessidades da família do usuário compreendem:

• *Dispositivo correspondente no Código Civil de 2002: art. 1.412, § 2º.*

I — as de seu cônjuge;

• *Dispositivo correspondente no Código Civil de 2002: art. 1.412, § 2º.*

II — as dos filhos solteiros, ainda que ilegítimos;

• *Dispositivo correspondente no Código Civil de 2002: art. 1.412, § 2º.*

III — as das pessoas de seu serviço doméstico.

• *Dispositivo correspondente no Código Civil de 2002: art. 1.412, § 2º.*

Art. 745. São aplicáveis ao uso, no que não for contrário à sua natureza, as disposições relativas ao usufruto.

• *Dispositivo correspondente no Código Civil de 2002: art. 1.413.*

Capítulo VI | DA HABITAÇÃO

Art. 746. Quando o uso consistir no direito de habitar gratuitamente casa alheia, o titular deste direito não a pode alugar, nem emprestar, mas simplesmente ocupá-la com sua família.

• *Dispositivo correspondente no Código Civil de 2002: art. 1.414.*

Art. 747. Se o direito real de habitação for conferido a mais de uma pessoa, qualquer delas, que habite, sozinha, a casa, não terá de pagar aluguer à outra, ou às outras, mas não as pode inibir de exercerem, querendo, o direito, que também lhes compete, de habitá-la.

• *Dispositivo correspondente no Código Civil de 2002: art. 1.415.*

Art. 748. São aplicáveis à habitação, no em que lhe não contrariarem a natureza, as disposições concernentes ao usufruto.

• *Dispositivo correspondente no Código Civil de 2002: art. 1.416.*

Capítulo VII | DAS RENDAS CONSTITUÍDAS SOBRE IMÓVEIS

Art. 749. No caso de desapropriação, por necessidade ou utilidade pública, de prédio sujeito a constituição de renda (arts. 1.424 a 1.431), aplicar-se-á em constituir outra o preço do imóvel obrigado. O mesmo destino terá, em caso análogo, a indenização do seguro.

• *Sem dispositivo correspondente no Código Civil de 2002.*

Art. 750. O pagamento da renda constituída sobre um imóvel incumbe, de pleno direito, ao adquirente do prédio gravado. Esta obrigação estende-se às rendas vencidas antes da alienação, salvo o direito regressivo do adquirente contra o alienante.

• *Sem dispositivo correspondente no Código Civil de 2002.*

Art. 751. O imóvel sujeito a prestações de renda pode ser resgatado, pagando o devedor um capital em espécie, cujo rendimento, calculado pela taxa legal dos juros, assegure ao credor renda equivalente.

• *Sem dispositivo correspondente no Código Civil de 2002.*

Art. 752. No caso de falência, insolvência ou execução do prédio gravado, o credor da renda tem preferência aos outros credores para haver o capital indicado no artigo antecedente.

• *Sem dispositivo correspondente no Código Civil de 2002.*

Art. 753. A renda constituída por disposição de última vontade começa a ter efeito desde a morte do constituinte, mas não valerá contra terceiros adquirentes, enquanto não transcrita no competente registro.

• *Sem dispositivo correspondente no Código Civil de 2002.*

Art. 754. No caso de transmissão do prédio gravado a muitos sucessores, o ônus real da renda continua a gravá-lo em todas as suas partes.

• *Sem dispositivo correspondente no Código Civil de 2002.*

Capítulo VIII | DOS DIREITOS REAIS DE GARANTIA

Art. 755. Nas dívidas garantidas por penhor, anticrese ou hipoteca, a coisa dada em garantia fica sujeita, por vínculo real, ao cumprimento da obrigação.

• *Dispositivo correspondente no Código Civil de 2002: art. 1.419.*

Art. 756. Só aquele que pode alienar poderá hipotecar, dar em anticrese, ou empenhar. Só as coisas que se podem alienar poderão ser dadas em penhor, anticrese, ou hipoteca.

• *Dispositivo correspondente no Código Civil de 2002: art. 1.420,* caput.

Parágrafo único. O domínio superveniente revalida, desde a inscrição, as garantias reais estabelecidas por quem possuía a coisa a título de proprietário.

• *Dispositivo correspondente no Código Civil de 2002: art. 1.420, § 1º.*

Art. 757. A coisa comum a dois ou mais proprietários não pode ser dada em garantia real, na sua totalidade, sem o consentimento de todos; mas cada um pode individualmente dar em garantia real a parte que tiver, se for divisível a coisa, e só a respeito dessa parte vigorará a indivisibilidade da garantia.

• *Dispositivo correspondente no Código Civil de 2002: art. 1.420, § 2º.*

Art. 758. O pagamento de uma ou mais prestações da dívida não importa exoneração correspondente da garantia, ainda que esta compreenda vários bens, salvo disposição expressa no título, ou na quitação.

• *Dispositivo correspondente no Código Civil de 2002: art. 1.421.*

Art. 759. O credor hipotecário e o pignoratício têm o direito de excutir a coisa hipotecada, ou empenhada, e preferir, no pagamento, a outros credores, observada, quanto à hipoteca, a prioridade na inscrição.

• *Dispositivo correspondente no Código Civil de 2002: art. 1.422,* caput.

Parágrafo único. Excetua-se desta regra a dívida proveniente de salários do trabalhador agrícola, que será paga, precipuamente a quaisquer outros créditos, pelo produto da colheita para a qual houver concorrido com o seu trabalho.

• *Dispositivo correspondente no Código Civil de 2002: art. 1.422, parágrafo único.*

Art. 760. O credor anticrético tem direito a reter em seu poder a coisa, enquanto a dívida não for paga. Extingue-se, porém, esse direito, decorridos 15 (quinze) anos do dia da transcrição.

• *Dispositivo correspondente no Código Civil de 2002: art. 1.423.*

Art. 761. Os contratos de penhor, anticrese e hipoteca declararão, sob pena de não valerem contra terceiros:

• *Dispositivo correspondente no Código Civil de 2002: art. 1.424,* caput.

I — o total da dívida, ou sua estimação;

• *Dispositivo correspondente no Código Civil de 2002: art. 1.424, I.*

I — o prazo fixado para pagamento;

• *Dispositivo correspondente no Código Civil de 2002: art. 1.424, II.*

III — a taxa dos juros, se houver;

• *Dispositivo correspondente no Código Civil de 2002: art. 1.424, III.*

IV — a coisa dada em garantia, com as suas especificações.

• *Dispositivo correspondente no Código Civil de 2002: art. 1.424, IV.*

Art. 762. A dívida considera-se vencida:

• *Dispositivo correspondente no Código Civil de 2002: art. 1.425,* caput.

I — Se, deteriorando-se, ou depreciando-se a coisa dada em segurança, desfalcar a garantia, e o devedor, intimado, a não reforçar.

• *Dispositivo correspondente no Código Civil de 2002: art. 1.425, I.*

II — Se o devedor cair em insolvência, ou falir.

• *Dispositivo correspondente no Código Civil de 2002: art. 1.425, II.*

III — Se as prestações não forem pontualmente pagas, toda vez que deste modo se achar estipulado o pagamento.

Neste caso, o recebimento posterior da prestação atrasada importa renúncia do credor ao seu direito de execução imediata.

• *Dispositivo correspondente no Código Civil de 2002: art. 1.425, III.*

IV — Se perecer o objeto dado em garantia.

• *Dispositivo correspondente no Código Civil de 2002: art. 1.425, IV.*

V — Se se desapropriar a coisa dada em garantia, depositando-se a parte do preço, que for necessária para o pagamento integral do credor.

• *Dispositivo correspondente no Código Civil de 2002: art. 1.425, V.*

§ 1º Nos casos de perecimento ou deterioração do objeto dado em garantia, a indenização, estando ele seguro ou havendo alguém responsável pelo dano, se sub-rogará na coisa destruída ou deteriorada, em benefício do credor, a quem assistirá sobre ela preferência até ao seu completo reembolso.

• *Dispositivo correspondente no Código Civil de 2002: art. 1.425, § 1º.*

§ 2º Nos casos dos ns. IV e V, só se vencerá a hipoteca antes do prazo estipulado, se o sinistro, ou a desapropriação recair sobre o objeto dado em garantia, e esta não abranger outros; subsistindo, no caso contrário, a dívida reduzida, com a respectiva garantia sobre os demais bens, não desapropriados, danificados, ou destruídos.

• *Dispositivo correspondente no Código Civil de 2002: art. 1.425, § 2º.*

Art. 763. O antecipado vencimento da dívida nas hipóteses do artigo anterior não importa o dos juros correspondentes ao prazo convencional por decorrer.

• *Dispositivo correspondente no Código Civil de 2002: art. 1.426.*

Art. 764. Salvo cláusula expressa, o terceiro que presta garantia real por dívida alheia não fica obrigado a substituí-la, ou reforçá-la, quando, sem culpa sua, se perca, deteriore, ou desvalie.

• *Dispositivo correspondente no Código Civil de 2002: art. 1.427.*

Art. 765. É nula a cláusula que autoriza o credor pignoratício, anticrético ou hipotecário a ficar com o objeto da garantia, se a dívida não for paga no vencimento.

• *Dispositivo correspondente no Código Civil de 2002: art. 1.428,* caput.

Art. 766. Os sucessores do devedor não podem remir parcialmente o penhor ou a hipoteca na proporção dos seus quinhões; qualquer deles, porém, pode fazê-lo no todo.

• *Dispositivo correspondente no Código Civil de 2002: art. 1.429,* caput.

Parágrafo único. O herdeiro ou sucessor que fizer a remissão fica sub-rogado nos direitos do credor pelas quotas que houver satisfeito.

• *Dispositivo correspondente no Código Civil de 2002: art. 1.429, parágrafo único.*

Art. 767. Quando, excutido o penhor, ou executada a hipoteca, o produto não bastar para pagamento da dívida e despesas judiciais, continuará o devedor obrigado pessoalmente pelo restante.

• *Dispositivo correspondente no Código Civil de 2002: art. 1.430.*

Capítulo IX | DO PENHOR

Seção I | DISPOSIÇÕES GERAIS

Art. 768. Constitui-se o penhor pela tradição efetiva, que, em garantia do débito, ao credor, ou a quem o represente, faz o devedor, ou alguém por ele, de um objeto móvel, suscetível de alienação.

• *Dispositivo correspondente no Código Civil de 2002: art. 1.431,* caput.

Art. 769. Só se pode constituir o penhor com a posse da coisa móvel pelo credor, salvo no caso de penhor agrícola ou pecuário, em que os objetos continuam em poder do devedor, por efeito da cláusula *constituti.*

• *Dispositivo correspondente no Código Civil de 2002: art. 1.431, parágrafo único.*

Art. 770. O instrumento do penhor convencional determinará precisamente o valor do débito e o objeto empenhado, em termos que o discriminem dos seus congêneres.

Quando o objeto do penhor for coisa fungível, bastará declarar-lhe a qualidade e quantidade.

• *Sem dispositivo correspondente no Código Civil de 2002.*

Art. 771. Se o contrato se fizer mediante instrumento particular, será firmado pelas partes, e lavrado em duplicata, ficando um exemplar com cada um dos contraentes, qualquer dos quais pode levá-lo à transcrição.

• *Sem dispositivo correspondente no Código Civil de 2002.*

Art. 772. O credor pignoratício não pode, paga a dívida, recusar a entrega da coisa a quem a empenhou.

Pode retê-la, porém, até que o indenizem das despesas, devidamente justificadas, que tiver feito, não sendo ocasionadas por culpa sua.

• *Dispositivos correspondentes no Código Civil de 2002: arts. 1.433, II, e 1.434.*

Art. 773. Pode igualmente o credor exigir do devedor a satisfação do prejuízo que houver sofrido por vício da coisa empenhada.

• *Dispositivo correspondente no Código Civil de 2002: art. 1.433, III.*

Art. 774. O credor pignoratício é obrigado, como depositário:

• *Dispositivo correspondente no Código Civil de 2002: art. 1.435,* caput *e I.*

I — a empregar na guarda do penhor a diligência exigida pela natureza da coisa;

• *Sem dispositivo correspondente no Código Civil de 2002.*

II — a entregá-lo com os respectivos frutos e acessões, uma vez paga a dívida, observadas as disposições dos artigos antecedentes;

• *Dispositivo correspondente no Código Civil de 2002: art. 1.435, IV.*

III — a entregar o que sobeje do preço, quando a dívida for paga, seja por excussão judicial, ou por venda amigável, se lha permitir expressamente o contrato, ou lha autorizar o devedor mediante procuração especial;

• *Dispositivo correspondente no Código Civil de 2002: art. 1.435, V.*

IV — a ressarcir ao dono a perda ou deterioração, de que for culpado.

• *Dispositivo correspondente no Código Civil de 2002: art. 1.435, I.*

Art. 775. No caso do artigo antecedente, nº IV, pode compensar-se na dívida, até à concorrente quantia, a importância da responsabilidade do credor.

• *Dispositivo correspondente no Código Civil de 2002: art. 1.435, I.*

Seção II | DO PENHOR LEGAL

Art. 776. São credores pignoratícios, independentemente de convenção:

• *Dispositivo correspondente no Código Civil de 2002: art. 1.467,* caput.

I — os hospedeiros, estalajadeiros ou fornecedores de pousada ou alimento, sobre as bagagens, móveis, joias ou dinheiro que os seus consumidores ou fregueses tiverem consigo nas respectivas casas ou estabelecimentos, pelas despesas ou consumo que aí tiverem feito;

• *Dispositivo correspondente no Código Civil de 2002: art. 1.467, I.*

II — o dono do prédio rústico ou urbano, sobre os bens móveis que o rendeiro ou inquilino tiver guarnecendo o mesmo prédio, pelos alugueres ou rendas.

• *Dispositivo correspondente no Código Civil de 2002: art. 1.467, II.*

Art. 777. A conta das dívidas enumeradas no artigo antecedente, nº I, será extraída conforme a tabela impressa, prévia e ostensivamente exposta na casa, dos preços da hospedagem, da pensão ou dos gêneros fornecidos, sob pena de nulidade do penhor.

• *Dispositivo correspondente no Código Civil de 2002: art. 1.468.*

Art. 778. Em cada um dos casos do art. 776, o credor poderá tomar em garantia um ou mais objetos até ao valor da dívida.

• *Dispositivo correspondente no Código Civil de 2002: art. 1.469.*

Art. 779. Os credores compreendidos no referido artigo podem fazer efetivo o penhor, antes de recorrerem à autoridade judiciária, sempre que haja perigo na demora.

• *Dispositivo correspondente no Código Civil de 2002: art. 1.470.*

Art. 780. Tomado o penhor, requererá o credor, ato contínuo, a homologação, apresentando, com a conta por menor das despesas do devedor, a tabela dos preços, junta à relação dos objetos retidos, e pedindo a citação dele para, em 24 (vinte e quatro) horas, pagar, ou alegar defesa.

• *Dispositivo correspondente no Código Civil de 2002: art. 1.471.*

Seção III | DO PENHOR AGRÍCOLA

Art. 781. Podem ser objeto de penhor agrícola:

• *Dispositivo correspondente no Código Civil de 2002: art. 1.442,* caput.

I — máquinas e instrumentos aratórios, ou de locomoção;

• *Dispositivo correspondente no Código Civil de 2002: art. 1.442, I.*

II — colheitas pendentes, ou em via de formação no ano do contrato, quer resultem de prévia cultura, quer de produção espontânea do solo;

• *Dispositivo correspondente no Código Civil de 2002: art. 1.442, II.*

III — frutos armazenados, em ser, ou beneficiados e acondicionados para a venda;

• *Dispositivo correspondente no Código Civil de 2002: art. 1.442, III.*

IV — lenha cortada ou madeira das matas preparada para o corte;

• *Dispositivo correspondente no Código Civil de 2002: art. 1.442, IV.*

V — animais do serviço ordinário de estabelecimento agrícola.

• *Dispositivo correspondente no Código Civil de 2002: art. 1.442, V.*

Art. 782. O penhor agrícola só se pode convencionar pelo prazo de 1 (um) ano, ulteriormente prorrogável por 6 (seis) meses.

• *Dispositivo correspondente no Código Civil de 2002: art. 1.439,* caput.

Art. 783. Se o prédio estiver hipotecado, não se poderá, pena de nulidade, sobre ele constituir penhor agrícola, sem anuência do credor hipotecário, por este dada no próprio instrumento de constituição do penhor.

• *Dispositivo correspondente no Código Civil de 2002: art. 1.440.*

Art. 784. No penhor de animais, sob pena de nulidade, o instrumento designá-los-á com a maior precisão, particularizando o lugar onde se achem, e o destino que tiverem.

• *Sem dispositivo correspondente no Código Civil de 2002.*

Art. 785. O devedor não poderá vender o gado empenhado, sem prévio consentimento escrito do credor.

• *Dispositivo correspondente no Código Civil de 2002: art. 1.445,* caput.

Art. 786. Quando o devedor pretenda vender o gado empenhado, ou, por negligente, ameace prejudicar o credor, poderá este requerer se depositem os animais sob a guarda de terceiros, ou exigir que se lhe pague a dívida *incontinenti*.

• *Dispositivo correspondente no Código Civil de 2002: art. 1.445, parágrafo único.*

Art. 787. Os animais da mesma espécie, comprados para substituir os mortos, ficam sub-rogados no penhor.

• *Dispositivo correspondente no Código Civil de 2002: art. 1.446,* caput.

Parágrafo único. Esta substituição presume-se, mas não valerá contra terceiros, se não constar de menção adicional ao respectivo contrato.

• *Dispositivo correspondente no Código Civil de 2002: art. 1.446, parágrafo único.*

Art. 788. O penhor de animais não admite prazo maior de 2 (dois) anos, mas pode ser prorrogado por igual período, averbando-se a prorrogação no título respectivo.

• *Dispositivo correspondente no Código Civil de 2002: art. 1.439,* caput.

Parágrafo único. Vencida a prorrogação, o penhor será excutido, quando não seja reconstituído.

• *Sem dispositivo correspondente no Código Civil de 2002.*

Seção IV | DA CAUÇÃO DE TÍTULOS DE CRÉDITO

Art. 789. A caução de títulos nominativos de dívida da União, dos Estados ou dos Municípios equipara-se ao penhor e vale contra terceiros, desde que for transcrita, ainda que esses títulos não hajam sido entregues ao credor.

• *Sem dispositivo correspondente no Código Civil de 2002.*

Art. 790. Também se equipara ao penhor, mas com as modificações dos artigos seguintes, a caução de títulos de crédito pessoal.

• *Sem dispositivo correspondente no Código Civil de 2002.*

Art. 791. Esta caução principia a ter efeito com a tradição do título ao credor, e provar-se-á por escrito, nos termos dos arts. 770 e 771.

• *Sem dispositivo correspondente no Código Civil de 2002.*

Art. 792. Ao credor por esta caução compete o direito de:

• *Dispositivo correspondente no Código Civil de 2002: art. 1.459,* caput.

I — conservar e recuperar a posse dos títulos caucionados, por todos os meios cíveis ou criminais, contra qualquer detentor, inclusive o próprio dono;

• *Dispositivo correspondente no Código Civil de 2002: art. 1.459, I.*

II — fazer intimar ao devedor dos títulos caucionados, que não pague ao seu credor, enquanto durar a caução (art. 794);

• *Dispositivo correspondente no Código Civil de 2002: art. 1.459, II.*

III — usar das ações, recursos e exceções convenientes, para assegurar os seus direitos, bem como os do credor caucionante, como se deste fora procurador especial;

• *Dispositivo correspondente no Código Civil de 2002: art. 1.459, III.*

IV — receber a importância dos títulos caucionados, e restituí-los ao devedor, quando este solver a obrigação por eles garantida.

• *Dispositivo correspondente no Código Civil de 2002: art. 1.459, IV.*

Art. 793. No caso do artigo antecedente, nº IV, o credor caucionado ficará, como depositário, responsável ao credor caucionário, pelo que receber além do que este lhe devia.

• *Sem dispositivo correspondente no Código Civil de 2002.*

Art. 794. O devedor do título caucionado, tanto que receba a intimação do art. 792, II, ou se dê por ciente da caução, não poderá receber quitação do seu credor.

• *Dispositivo correspondente no Código Civil de 2002: art. 1.460,* caput.

Art. 795. Aquele que, sendo credor num título de crédito, depois de o ter caucionado, quitar o devedor, ficará, por esse fato, obrigado a saldar imediatamente a dívida, em cuja garantia prestou a caução; e o devedor que, ciente de estar caucionado o seu título de débito, aceitar quitação do credor caucionante, responderá solidariamente, com este, por perdas e danos ao caucionado.

• *Dispositivo correspondente no Código Civil de 2002: art. 1.460, parágrafo único.*

Seção V | DA TRANSCRIÇÃO DO PENHOR

Art. 796. O penhor agrícola será transcrito no Registro de Imóveis.

• *Dispositivo correspondente no Código Civil de 2002: art. 1.438,* caput.

Parágrafo único. Enquanto não cancelada, continua a transcrição a valer contra terceiros.

• *Sem dispositivo correspondente no Código Civil de 2002.*

Art. 797. O penhor de títulos de bolsa averbar-se-á nas repartições competentes, ou na sede da associação emissora.

• *Sem dispositivo correspondente no Código Civil de 2002.*

Art. 798. O credor, que aceitar em caução títulos ainda não integrados, poderá, sobrevindo qualquer das chamadas ulteriores, executar logo o devedor, que não realize a entrada, ou efetuá-la sob protesto.

• *Sem dispositivo correspondente no Código Civil de 2002.*

Art. 799. Se, nos termos do artigo antecedente, se efetuar, sob protesto, entrada, ao débito se adicionará o valor desta, ressalvado ao credor o seu direito de executar *incontinenti* o devedor.

• *Sem dispositivo correspondente no Código Civil de 2002.*

Art. 800. O credor, ou o devedor, um na ausência do outro contraente, pode fazer transcrever o penhor, apresentando o respectivo instrumento na forma do art. 135, se for particular.

• *Sem dispositivo correspondente no Código Civil de 2002.*

Art. 801. Poderá o devedor fazer cancelar a transcrição do instrumento pignoratício, apresentando, com a firma reconhecida, se o documento for particular, a quitação do credor (art. 1.093).

• *Sem dispositivo correspondente no Código Civil de 2002.*

Parágrafo único. O mesmo direito compete ao adquirente do penhor por adjudicação, compra, sucessão ou remissão, exibindo seu título.

• *Sem dispositivo correspondente no Código Civil de 2002.*

Seção VI | DA EXTINÇÃO DO PENHOR

Art. 802. Resolve-se o penhor:

• *Dispositivo correspondente no Código Civil de 2002: art. 1.436,* caput.

I — extinguindo-se a obrigação;

• *Dispositivo correspondente no Código Civil de 2002: art. 1.436, I.*

II — perecendo a coisa;

• *Dispositivo correspondente no Código Civil de 2002: art. 1.436, II.*

III — renunciando o credor;

• *Dispositivo correspondente no Código Civil de 2002: art. 1.436, III.*

IV — dando-se a adjudicação judicial, a remissão, ou a venda amigável do penhor, se a permitir expressamente o contrato, ou for autorizada pelo devedor (art. 774, III), ou pelo credor (art. 785);

• *Sem dispositivo correspondente no Código Civil de 2002.*

V — confundindo-se na mesma pessoa as qualidades de credor e dono da coisa;

• *Dispositivo correspondente no Código Civil de 2002: art. 1.436, IV.*

VI — dando-se a adjudicação judicial, a remissão, ou a venda do penhor, autorizada pelo credor.

• *Dispositivo correspondente no Código Civil de 2002: art. 1.436, V.*

Art. 803. Presume-se a renúncia do credor, quando consentir na venda particular do penhor sem reserva de preço, quando restituir a sua posse ao devedor, ou quando anuir à sua substituição por outra garantia.

• *Dispositivo correspondente no Código Civil de 2002: art. 1.436, § 1º.*

Art. 804. Operando-se a confusão tão somente quanto à parte da dívida pignoratícia, subsistirá inteiro o penhor quanto ao resto.

• *Dispositivo correspondente no Código Civil de 2002: art. 1.436, § 2º.*

Capítulo X | DA ANTICRESE

Art. 805. Pode o devedor, ou outrem por ele, entregando ao credor um imóvel, ceder-lhe o direito de perceber, em compensação da dívida, os frutos e rendimentos.

• *Dispositivo correspondente no Código Civil de 2002: art. 1.506,* caput.

§ 1º É permitido estipular que os frutos e rendimentos do imóvel, na sua totalidade, sejam percebidos pelo credor, somente à conta de juros.

• *Dispositivo correspondente no Código Civil de 2002: art. 1.506, § 1º.*

§ 2º O imóvel hipotecado pode ser dado em anticrese pelo devedor ao credor hipotecário, assim como o imóvel sujeito à anticrese pode ser hipotecado pelo devedor ao credor anticrético.

• *Dispositivo correspondente no Código Civil de 2002: art. 1.506, § 2º.*

Art. 806. O credor anticrético pode fruir diretamente o imóvel ou arrendá-lo a terceiro, salvo pacto em contrário, mantendo, no último caso, até ser pago, o direito de retenção do imóvel.

• *Dispositivo correspondente no Código Civil de 2002: art. 1.507,* caput *e § 2º.*

Art. 807. O credor anticrético responde pelas deteriorações, que, por culpa sua, o imóvel sofrer, e pelos frutos que, por sua negligência, deixar de perceber.

• *Dispositivo correspondente no Código Civil de 2002: art. 1.508.*

Art. 808. O credor anticrético pode vindicar os seus direitos contra o adquirente do imóvel, os credores quirografários e os hipotecários posteriores à transcrição da anticrese.

• *Dispositivo correspondente no Código Civil de 2002: art. 1.509,* caput.

§ 1º Se, porém, executar o imóvel por não pagamento da dívida, ou permitir que outro credor o execute, sem opor o seu direito de retenção ao exequente, não terá preferência sobre o preço.

• *Dispositivo correspondente no Código Civil de 2002: art. 1.509, § 1º.*

§ 2º Também não a terá sobre a indenização de seguro, quando o prédio seja destruído, nem, se for desapropriado, sobre a da desapropriação.

• *Dispositivo correspondente no Código Civil de 2002: art. 1.509, § 2º.*

Capítulo XI | DA HIPOTECA

Seção I | DISPOSIÇÕES GERAIS

Art. 809. A lei da hipoteca é a civil, e civil a sua jurisdição, ainda que a dívida seja comercial, e comerciantes as partes.

• *Sem dispositivo correspondente no Código Civil de 2002.*

Art. 810. Podem ser objeto de hipoteca:

• *Dispositivo correspondente no Código Civil de 2002: art. 1.473,* caput.

I — os imóveis;

• *Dispositivo correspondente no Código Civil de 2002: art. 1.473, I.*

II — os acessórios dos imóveis conjuntamente com eles;

• *Dispositivo correspondente no Código Civil de 2002: art. 1.473, I.*

III — o domínio direto;

• *Dispositivo correspondente no Código Civil de 2002: art. 1.473, II.*

IV — o domínio útil;

• *Dispositivo correspondente no Código Civil de 2002: art. 1.473, III.*

V — as estradas de ferro;

• *Dispositivo correspondente no Código Civil de 2002: art. 1.473, IV.*

VI — as minas e pedreiras, independentemente do solo onde se acham;

• *Dispositivo correspondente no Código Civil de 2002: art. 1.473, V.*

VII — os navios (art. 825).

• *Dispositivo correspondente no Código Civil de 2002: art. 1.473, VI.*

Art. 811. A hipoteca abrange todas as acessões, melhoramentos ou construções do imóvel.
Subsistem os ônus reais constituídos e transcritos, anteriormente à hipoteca, sobre o mesmo imóvel.

• *Dispositivo correspondente no Código Civil de 2002: art. 1.474.*

Art. 812. O dono do imóvel hipotecado pode constituir sobre ele, mediante novo título, outra hipoteca, em favor do mesmo, ou de outro credor.

• *Dispositivo correspondente no Código Civil de 2002: art. 1.476.*

Art. 813. Salvo o caso de insolvência do devedor, o credor da segunda hipoteca, embora vencida, não poderá executar o imóvel antes de vencida a primeira.

• *Dispositivo correspondente no Código Civil de 2002: art. 1.477,* caput.

Parágrafo único. Não se considera insolvente o devedor, por faltar ao pagamento das obrigações garantidas por hipotecas posteriores à primeira.

• *Dispositivo correspondente no Código Civil de 2002: art. 1.477, parágrafo único.*

Art. 814. A hipoteca anterior pode ser remida, em se vencendo, pelo credor da segunda, se o devedor não se oferecer a remi-la.

• *Dispositivo correspondente no Código Civil de 2002: art. 1.478,* caput.

§ 1º Para a remissão, neste caso, consignará o segundo credor a importância do débito e das despesas judiciais, caso se esteja promovendo a execução, intimando o credor anterior para levantá-la e o devedor para remi-la, se quiser.

• *Dispositivo correspondente no Código Civil de 2002: art. 1.478, parágrafo único.*

§ 2º O segundo credor, que remir a hipoteca anterior, ficará *ipso facto* sub-rogado nos direitos desta, sem prejuízo dos que lhe competirem contra o devedor comum.

• *Dispositivo correspondente no Código Civil de 2002: art. 1.478,* caput.

Art. 815. Ao adquirente do imóvel hipotecado cabe igualmente o direito de remi-lo.

• *Dispositivo correspondente no Código Civil de 2002: art. 1.481,* caput.

§ 1º Se o adquirente quiser forrar-se aos efeitos da execução da hipoteca, notificará judicialmente, dentro em 30 (trinta) dias, o seu contrato, aos credores hipotecários, propondo, para a remissão, no mínimo, o preço por que adquiriu o imóvel.
A notificação executar-se-á no domicílio inscrito (art. 846, parágrafo único), ou por editais, se ali não estiver o credor.

• *Dispositivo correspondente no Código Civil de 2002: art. 1.481,* caput.

§ 2º O credor notificado pode, no prazo assinado para a oposição, requerer que o imóvel seja licitado.

• *Dispositivo correspondente no Código Civil de 2002: art. 1.481, § 1º.*

Art. 816. São admitidos a licitar:

• *Sem dispositivo correspondente no Código Civil de 2002.*

I — os credores hipotecários;

• *Sem dispositivo correspondente no Código Civil de 2002.*

II — os fiadores;

• *Sem dispositivo correspondente no Código Civil de 2002.*

III — o mesmo adquirente.

• *Sem dispositivo correspondente no Código Civil de 2002.*

§ 1º Não sendo requerida a licitação, o preço da aquisição ou aquele que o adquirente propuser, haver-se-á por definitivamente fixado para a remissão do imóvel, que, pago ou depositado o dito preço, ficará livre de hipotecas.

• *Sem dispositivo correspondente no Código Civil de 2002.*

§ 2º Não notificando o adquirente, nos 30 (trinta) dias do art. 815, § 1º, aos credores hipotecários, fica obrigado:

• *Sem dispositivo correspondente no Código Civil de 2002.*

I — às perdas e danos para com os credores hipotecários;

• *Sem dispositivo correspondente no Código Civil de 2002.*

I — às custas e despesas judiciais;

• *Sem dispositivo correspondente no Código Civil de 2002.*

III — à diferença entre a avaliação e a adjudicação, caso esta se efetue.

• *Sem dispositivo correspondente no Código Civil de 2002.*

§ 3º O imóvel será penhorado e vendido por conta do adquirente, ainda que ele queira pagar, ou depositar o preço da venda, ou da avaliação, exceto se o credor consentir, se o preço da venda ou da avaliação bastar para a solução da hipoteca, ou se o adquirente a resgatar.

A avaliação não será nunca em preço inferior ao da venda.

• *Sem dispositivo correspondente no Código Civil de 2002.*

§ 4º Disporá de ação regressiva contra o vendedor o adquirente que sofrer expropriação do imóvel mediante licitação, ou penhora, o que pagar a hipoteca, o que por causa da adjudicação, ou licitação, desembolsar com o pagamento da hipoteca importância excedente à da compra e o que suportar custas e despesas judiciais.

• *Dispositivo correspondente no Código Civil de 2002: art. 1.481, § 4º.*

§ 5º A hipoteca legal é remível na forma por que o são as hipotecas especiais, figurando pelas pessoas, a que pertencer, as competentes segundo a legislação em vigor.

• *Sem dispositivo correspondente no Código Civil de 2002.*

Art. 817. Mediante simples averbação requerida por ambas as partes, poderá prorrogar-se a hipoteca, até perfazer 30 (trinta) anos da data do contrato. Desde que perfaça 30 (trinta) anos, só poderá subsistir o contrato de hipoteca, reconstituindo-se por nova inscrição; e, neste caso, lhe será mantida a procedência, que então lhe competir.

• *Dispositivo correspondente no Código Civil de 2002: art. 1.485.*

Art. 818. É lícito aos interessados fazer constar das escrituras o valor entre si ajustado dos imóveis hipotecados, o qual será a base para as arrematações, adjudicações e remissões, dispensada a avaliação.

As remissões não serão permitidas antes de realizada a primeira praça nem depois da assinatura do auto de arrematação.

• *Dispositivo correspondente no Código Civil de 2002: art. 1.484.*

Art. 819. O credor da hipoteca legal, ou quem o represente, poderá, mostrando a insuficiência dos imóveis especializados, exigir que seja reforçada com outros, posteriormente adquiridos pelo responsável.

• *Dispositivo correspondente no Código Civil de 2002: art. 1.490.*

Art. 820. A hipoteca legal pode ser substituída por caução de títulos da dívida pública federal ou estadual, recebidos pelo valor de sua cotação mínima no ano corrente.

• *Sem dispositivo correspondente no Código Civil de 2002.*

Art. 821. No caso de falência do devedor hipotecário, o direito de remissão devolve-se à massa, em prejuízo da qual não poderá o credor impedir o pagamento do preço por que foi avaliado o imóvel. O restante da dívida hipotecária entrará em concurso com as quirografárias.

No caso de insolvência, cabe aquele direito aos credores em concurso.

• *Dispositivo correspondente no Código Civil de 2002: art. 1.483,* caput.

Art. 822. Pode o credor hipotecário, no caso de insolvência ou falência do devedor, para pagamento de sua dívida, requerer a adjudicação do imóvel, avaliado em quantia inferior a esta, desde que dê quitação pela sua totalidade.

• *Dispositivo correspondente no Código Civil de 2002: art. 1.483, parágrafo único.*

Art. 823. São nulas, em benefício da massa, as hipotecas celebradas, em garantia de débitos anteriores, nos 40 (quarenta) dias precedentes à declaração da quebra ou à instauração do concurso de preferência.

• *Sem dispositivo correspondente no Código Civil de 2002.*

Art. 824. Compete ao exequente o direito de prosseguir na execução da sentença contra os adquirentes dos bens do condenado; mas para ser oposto a terceiros, conforme valer, e sem importar preferência, depende de inscrição e especialização.

• *Sem dispositivo correspondente no Código Civil de 2002.*

Art. 825. São suscetíveis do contrato de hipoteca os navios, posto que ainda em construção.

As hipotecas de navios reger-se-ão pelo disposto neste Código e nos regulamentos especiais, que sobre o assunto se expedirem.

• *Sem dispositivo correspondente no Código Civil de 2002.*

Art. 826. A execução do imóvel hipotecado far-se-á por ação executiva. Não será válida a venda judicial de imóveis gravados por hipotecas, devidamente inscritas, sem que tenham sido notificados judicialmente os respectivos credores hipotecários que não forem de qualquer modo partes na execução.

• *Dispositivo correspondente no Código Civil de 2002: art. 1.501.*

Seção II | DA HIPOTECA LEGAL

Art. 827. A lei confere hipoteca:

• *Dispositivo correspondente no Código Civil de 2002: art. 1.489,* caput.

I — à mulher casada, sobre os imóveis do marido, para garantia do dote e dos outros bens particulares dela, sujeitos à administração marital;

• *Sem dispositivo correspondente no Código Civil de 2002.*

II — aos descendentes, sobre os imóveis do ascendente, que lhes administra os bens;

• *Sem dispositivo correspondente no Código Civil de 2002.*

III — aos filhos, sobre os imóveis do pai, ou da mãe, que passar a outras núpcias, antes de fazer o inventário do casal anterior (art. 183, XIII);

• *Dispositivo correspondente no Código Civil de 2002: art. 1.489, II.*

IV — às pessoas que não tenham a administração de seus bens, sobre os imóveis de seus tutores ou curadores;

• *Sem dispositivo correspondente no Código Civil de 2002.*

V — à Fazenda Pública federal, estadual ou municipal, sobre os imóveis dos tesoureiros, coletores, administradores, exatores, prepostos, rendeiros e contratadores de rendas e fiadores;

• *Dispositivo correspondente no Código Civil de 2002: art. 1.489, I.*

VI — ao ofendido, ou aos seus herdeiros, sobre os imóveis do delinquente, para satisfação do dano causado pelo delito e pagamento das custas (art. 842, I);

• *Dispositivo correspondente no Código Civil de 2002: art. 1.489, III.*

VII — à Fazenda Pública federal, estadual ou municipal, sobre os imóveis do delinquente, para o cumprimento das penas pecuniárias e pagamento das custas (art. 842, II);

• *Sem dispositivo correspondente no Código Civil de 2002.*

VIII — ao coerdeiro para garantia do seu quinhão ou torna da partilha, sobre o imóvel adjudicado ao herdeiro reponente.

• *Dispositivo correspondente no Código Civil de 2002: art. 1.489, IV.*

Art. 828. As hipotecas legais, de qualquer natureza, não valerão em caso algum contra terceiros, não estando inscritas e especializadas.

• *Sem dispositivo correspondente no Código Civil de 2002.*

Art. 829. Quando os bens do criminoso não bastarem para a solução integral das obrigações enumeradas no art. 827, VI e VII, a satisfação do ofendido e seus herdeiros preferirá às penas pecuniárias e custas judiciais.

• *Sem dispositivo correspondente no Código Civil de 2002.*

Art. 830. Vale a inscrição da hipoteca, enquanto a obrigação perdurar; mas a especialização, em completando 30 (trinta) anos, deve ser renovada.

• *Dispositivo correspondente no Código Civil de 2002: art. 1.498.*

Seção III | DA INSCRIÇÃO DA HIPOTECA

Art. 831. Todas as hipotecas serão inscritas no registro do lugar do imóvel, ou no de cada um deles, se o título se referir a mais de um.

• *Dispositivo correspondente no Código Civil de 2002: art. 1.492,* caput.

Art. 832. Para a inscrição das hipotecas haverá em cada cartório do Registro de Imóveis os livros necessários.

• *Sem dispositivo correspondente no Código Civil de 2002.*

Art. 833. As inscrições e averbações, nos livros de hipotecas, seguirão a ordem, em que forem requeridas, verificando-se ela pela da sua numeração sucessiva no protocolo.

• *Dispositivo correspondente no Código Civil de 2002: art. 1.493,* caput.

Parágrafo único. O número de ordem determina a prioridade, e esta a preferência entre as hipotecas.

• *Dispositivo correspondente no Código Civil de 2002: art. 1.493, parágrafo único.*

Art. 834. Quando o oficial tiver dúvida sobre a legalidade da inscrição requerida, declará-la-á por escrito ao requerente, depois de mencionar, em forma de prenotação o pedido no respectivo livro.

• *Dispositivo correspondente no Código Civil de 2002: art. 1.496.*

Art. 835. Se a dúvida, dentro em 30 (trinta) dias, for julgada improcedente, a inscrição far-se-á com o mesmo número que teria na data da prenotação. No caso contrário, desprezada esta, receberá a inscrição o número correspondente à data, em que se tornar a requerer.

• *Dispositivo correspondente no Código Civil de 2002: art. 1.496.*

Art. 836. Não se inscreverão no mesmo dia duas hipotecas, ou uma hipoteca e outro direito real, sobre o mesmo imóvel, em favor de pessoas diversas, salvo determinando-se precisamente a hora, em que se lavrou cada uma das escrituras.

• *Dispositivo correspondente no Código Civil de 2002: art. 1.494.*

Art. 837. Quando, antes de inscrita a primeira, se apresentar ao oficial do registro, para inscrever, segunda hipoteca, sobrestará ele na inscrição desta, depois de a prenotar, até 30 (trinta) dias, aguardando que o interessado inscreva primeiro a precedente.

• *Dispositivo correspondente no Código Civil de 2002: art. 1.495.*

Art. 838. Compete aos interessados, exibindo o traslado da escritura, requerer a inscrição da hipoteca; incumbindo especialmente promover a da legal às pessoas determinadas nos artigos seguintes.

• *Dispositivo correspondente no Código Civil de 2002: art. 1.492, parágrafo único.*

Art. 839. Incumbe ao marido, ou ao pai, requerer a inscrição e especialização da hipoteca legal da mulher casada.

• *Sem dispositivo correspondente no Código Civil de 2002.*

§ 1º O oficial público que lavrar a escritura de dote, ou lançar em nota a relação dos bens particulares da mulher, comunicá-lo-á *ex officio* ao oficial do registro de imóveis.

• *Sem dispositivo correspondente no Código Civil de 2002.*

§ 2º Consideram-se interessados em requerer a inscrição desta hipoteca, no caso de não o fazer o marido ou o pai, o dotador, a própria mulher e qualquer dos seus parentes sucessíveis.

• *Sem dispositivo correspondente no Código Civil de 2002.*

Art. 840. Incumbe requerer a inscrição e especialização da hipoteca legal dos incapazes:

• *Sem dispositivo correspondente no Código Civil de 2002.*

I — ao pai, mãe, tutor, ou curador, antes de assumir a administração dos respectivos bens, e, em falta daqueles, ao Ministério Público;

• *Sem dispositivo correspondente no Código Civil de 2002.*

II — ao inventariante, ou ao testamenteiro, antes de entregar o legado, ou a herança.

• *Sem dispositivo correspondente no Código Civil de 2002.*

Art. 841. O escrivão, em se assinando termo de tutela ou de curatela, remeterá, de ofício, e com a possível brevidade, uma cópia dele ao oficial do registro de imóveis.

• *Sem dispositivo correspondente no Código Civil de 2002.*

Parágrafo único. Na inscrição desta hipoteca se considerará interessado qualquer parente sucessível do incapaz.

• *Sem dispositivo correspondente no Código Civil de 2002.*

Art. 842. A inscrição da hipoteca legal do ofendido compete, além deste:

• *Sem dispositivo correspondente no Código Civil de 2002.*

I — se ele for incapaz, ao seu representante legal, para satisfação do estatuído no art. 827, VI;

• *Sem dispositivo correspondente no Código Civil de 2002.*

II — ao Ministério Público, para o disposto no art. 827, VII.

• *Sem dispositivo correspondente no Código Civil de 2002.*

Art. 843. Os interessados na inscrição das referidas hipotecas podem pessoalmente promovê-la, ou solicitar a sua promoção oficial ao Ministério Público.

• *Dispositivo correspondente no Código Civil de 2002: art. 1.497,* caput *e § 1º.*

Art. 844. A inscrição da hipoteca dos bens dos responsáveis para com a Fazenda Pública será requerida por eles mesmos, e, em sua falta, pelos procuradores e representantes fiscais.

• *Sem dispositivo correspondente no Código Civil de 2002.*

Art. 845. As pessoas a quem incumbir a inscrição e a especialização das hipotecas legais ficarão sujeitas a percas e danos pela omissão.

• *Dispositivo correspondente no Código Civil de 2002: art. 1.497, § 2º.*

Art. 846. A inscrição da hipoteca, legal ou convencional, declarará:

• *Sem dispositivo correspondente no Código Civil de 2002.*

I — o nome, o domicílio e a profissão do credor e do devedor;

• *Sem dispositivo correspondente no Código Civil de 2002.*

II — a data, a natureza do título, o valor do crédito e o da coisa ou sua estimação, fixada por acordo entre as partes, o prazo e os juros estipulados;

• *Sem dispositivo correspondente no Código Civil de 2002.*

III — a situação, a denominação e os característicos da coisa hipotecada.

• *Sem dispositivo correspondente no Código Civil de 2002.*

Parágrafo único. O credor, além do seu domicílio real, poderá designar outro, onde possa também ser citado.

• *Sem dispositivo correspondente no Código Civil de 2002.*

Art. 847. Os credores quirografários e os por hipoteca não inscrita em primeiro lugar e sem concorrência, só por via de ação ordinária de nulidade ou rescisão poderão invalidar os efeitos da primeira hipoteca, a que compete a prioridade pelo respectivo registro.

• *Sem dispositivo correspondente no Código Civil de 2002.*

Art. 848. As hipotecas somente valem contra terceiros desde a data da inscrição.

Enquanto não inscritas, as hipotecas só subsistem entre os contraentes.

• *Sem dispositivo correspondente no Código Civil de 2002.*

Seção IV | DA EXTINÇÃO DA HIPOTECA

Art. 849. A hipoteca extingue-se:

• *Dispositivo correspondente no Código Civil de 2002: art. 1.499,* caput.

I — pelo desaparecimento da obrigação principal;

• *Dispositivo correspondente no Código Civil de 2002: art. 1.499, I.*

II — pela destruição da coisa ou resolução do domínio;

• *Dispositivo correspondente no Código Civil de 2002: art. 1.499, II e III.*

III — pela renúncia do credor;

• *Dispositivo correspondente no Código Civil de 2002: art. 1.499, IV.*

IV — pela remissão;

• *Dispositivo correspondente no Código Civil de 2002: art. 1.499, V.*

V — pela sentença passada em julgado;

• *Sem dispositivo correspondente no Código Civil de 2002.*

VI — pela prescrição;

• *Sem dispositivo correspondente no Código Civil de 2002.*

VII — pela arrematação ou adjudicação.

• *Dispositivo correspondente no Código Civil de 2002: art. 1.499, VI.*

Art. 850. A extinção da hipoteca só começa a ter efeito contra terceiros depois de averbada no respectivo Registro.

• *Sem dispositivo correspondente no Código Civil de 2002.*

Art. 851. A inscrição cancelar-se-á, em cada um dos casos de extinção de hipoteca, à vista da respectiva prova ou, independente desta, a requerimento de ambas as partes, se forem capazes, e conhecidas do oficial do registro.

• *Dispositivo correspondente no Código Civil de 2002: art. 1.500.*

Seção V | DA HIPOTECA DE VIAS FÉRREAS

Art. 852. As hipotecas sobre as estradas de ferro serão inscritas no município da estação inicial da respectiva linha.

• *Dispositivo correspondente no Código Civil de 2002: art. 1.502.*

Art. 853. Os credores hipotecários não podem embaraçar a exploração da linha, nem contrariar as modificações, que a administração deliberar, no leito da estrada, em suas dependências, ou no seu material.

• *Dispositivo correspondente no Código Civil de 2002: art. 1.503.*

Art. 854. A hipoteca será circunscrita à linha ou linhas especificadas na escritura e ao respectivo material de exploração, no estado em que ao tempo da execução estiverem. Não obstante, os credores hipotecários poderão opor-se à venda da estrada, à de suas linhas, de seus ramais, ou de parte considerável do material de exploração; bem como à fusão com outra empresa, sempre que a garantia do débito lhes parecer com isso enfraquecida.

• *Dispositivo correspondente no Código Civil de 2002: art. 1.504.*

Art. 855. Nas execuções dessas hipotecas não se passará carta ao maior licitante, nem ao credor adjudicatário, antes de se intimar o representante da Fazenda Nacional, ou do Estado, a que tocar a preferência, para, dentro em 15 (quinze) dias, utilizá-la, se quiser, pagando o preço da arrematação, ou da adjudicação fixada.

• *Dispositivo correspondente no Código Civil de 2002: art. 1.505.*

Seção VI | DO REGISTRO DE IMÓVEIS

Art. 856. O Registro de Imóveis compreende:

• *Sem dispositivo correspondente no Código Civil de 2002.*

I — a transcrição dos títulos de transmissão da propriedade;

• *Sem dispositivo correspondente no Código Civil de 2002.*

II — a transcrição dos títulos enumerados no art. 532;

• *Sem dispositivo correspondente no Código Civil de 2002.*

III — a transcrição dos títulos constitutivos de ônus reais sobre coisas alheias;

• *Sem dispositivo correspondente no Código Civil de 2002.*

IV — a inscrição das hipotecas.

• *Sem dispositivo correspondente no Código Civil de 2002.*

Art. 857. Se o título de transmissão for gratuito, poderá ser promovida a transcrição:

• *Sem dispositivo correspondente no Código Civil de 2002.*

I — pelo próprio adquirente;

• *Sem dispositivo correspondente no Código Civil de 2002.*

II — por quem de direito o represente;

• *Sem dispositivo correspondente no Código Civil de 2002.*

III — pelo próprio transferente com prova da aceitação do beneficiado.

• *Sem dispositivo correspondente no Código Civil de 2002.*

Art. 858. A transcrição do título de transmissão do domínio direto aproveita ao titular do domínio útil, e vice-versa.

• *Sem dispositivo correspondente no Código Civil de 2002.*

Art. 859. Presume-se pertencer o direito real à pessoa, em cujo nome se inscreveu, ou transcreveu.

• *Sem dispositivo correspondente no Código Civil de 2002.*

Art. 860. Se o teor do registro de imóveis não exprimir a verdade, poderá o prejudicado reclamar que se retifique.

• *Dispositivo correspondente no Código Civil de 2002: art. 1.247.*

Parágrafo único. Enquanto se não transcrever o título de transmissão, o alienante continua a ser havido como dono do imóvel, e responde pelos seus encargos.

• *Sem dispositivo correspondente no Código Civil de 2002.*

Art. 861. Serão feitas as inscrições, ou transcrições, no registro correspondente ao lugar, onde estiver o imóvel.

• *Sem dispositivo correspondente no Código Civil de 2002.*

Art. 862. Salvo convenção em contrário, incumbem ao adquirente as despesas da transcrição dos títulos de transmissão da propriedade e ao devedor as da inscrição, ou transcrição dos ônus reais.

• *Sem dispositivo correspondente no Código Civil de 2002.*

Livro III | DO DIREITO DAS OBRIGAÇÕES

Título I | DAS MODALIDADES DAS OBRIGAÇÕES

Capítulo I | DAS OBRIGAÇÕES DE DAR

Seção I | DAS OBRIGAÇÕES DE DAR COISA CERTA

Art. 863. O credor de coisa certa não pode ser obrigado a receber outra, ainda que mais valiosa.

• *Dispositivo correspondente no Código Civil de 2002: art. 313.*

Art. 864. A obrigação de dar coisa certa abrange-lhe os acessórios, posto não mencionados, salvo se o contrário resultar do título, ou das circunstâncias do caso.

• *Dispositivo correspondente no Código Civil de 2002: art. 233.*

Art. 865. Se, no caso do artigo antecedente, a coisa se perder, sem culpa do devedor, antes da tradição, ou pendente a condição suspensiva, fica resolvida a obrigação para ambas as partes.

Se a perda resultar de culpa do devedor, responderá este pelo equivalente, mais as perdas e danos.

• *Dispositivo correspondente no Código Civil de 2002: art. 234.*

Art. 866. Deteriorada a coisa, não sendo o devedor culpado, poderá o credor resolver a obrigação, ou aceitar a coisa, abatido ao seu preço o valor que perdeu.

• *Dispositivo correspondente no Código Civil de 2002: art. 235.*

Art. 867. Sendo culpado o devedor, poderá o credor exigir o equivalente, ou aceitar a coisa no estado em que se acha, com direito a reclamar, em um ou em outro caso, indenização das perdas e danos.

• *Dispositivo correspondente no Código Civil de 2002: art. 236.*

Art. 868. Até à tradição, pertence ao devedor a coisa, com os seus melhoramentos e acrescidos, pelos quais poderá exigir aumento no preço. Se o credor não anuir, poderá o devedor resolver a obrigação.

• *Dispositivo correspondente no Código Civil de 2002: art. 237,* caput.

Parágrafo único. Também os frutos percebidos são do devedor, cabendo ao credor os pendentes.

• *Dispositivo correspondente no Código Civil de 2002: art. 237, parágrafo único.*

Art. 869. Se a obrigação for de restituir coisa certa, e esta, sem culpa do devedor, se perder antes da tradição, sofrerá o credor a perda, e a obrigação se resolverá, salvos, porém, a ele os seus direitos até o dia da perda.

• *Dispositivo correspondente no Código Civil de 2002: art. 238.*

Art. 870. Se a coisa se perder por culpa do devedor, vigorará o disposto no art. 865, 2ª parte.

• *Dispositivo correspondente no Código Civil de 2002: art. 239.*

Art. 871. Se a coisa restituível se deteriorar sem culpa do devedor, recebê-la-á, tal qual se ache, o credor, sem direito a indenização; se por culpa do devedor, observar-se-á o disposto no art. 867.

• *Dispositivo correspondente no Código Civil de 2002: art. 240.*

Art. 872. Se, no caso do art. 869, a coisa tiver melhoramento ou aumento, sem despesa, ou trabalho do devedor, lucrará o credor o melhoramento, ou aumento, sem pagar indenização.

• *Dispositivo correspondente no Código Civil de 2002: art. 241.*

Art. 873. Se para o melhoramento, ou aumento, empregou o devedor trabalho, ou dispêndio, vigorará o estatuído nos arts. 516 a 519.

• *Dispositivo correspondente no Código Civil de 2002: art. 242,* caput.

Parágrafo único. Quanto aos frutos percebidos, observar-se-á o disposto nos arts. 510 a 513.

• *Dispositivo correspondente no Código Civil de 2002: art. 242, parágrafo único.*

Seção II | DAS OBRIGAÇÕES DE DAR COISA INCERTA

Art. 874. A coisa incerta será indicada, ao menos, pelo gênero e quantidade.

• *Dispositivo correspondente no Código Civil de 2002: art. 243.*

Art. 875. Nas coisas determinadas pelo gênero e pela quantidade, a escolha pertence ao devedor, se o contrário não resultar do título da obrigação. Mas não poderá dar a coisa pior, nem será obrigado a prestar a melhor.

• *Dispositivo correspondente no Código Civil de 2002: art. 244.*

Art. 876. Feita a escolha, vigorará o disposto na seção anterior.

• *Dispositivo correspondente no Código Civil de 2002: art. 245.*

Art. 877. Antes da escolha, não poderá o devedor alegar perda ou deterioração da coisa, ainda que por força maior, ou caso fortuito.

• *Dispositivo correspondente no Código Civil de 2002: art. 246.*

Capítulo II | DAS OBRIGAÇÕES DE FAZER

Art. 878. Na obrigação de fazer, o credor não é obrigado a aceitar de terceiro a prestação, quando for convencionado que o devedor a faça pessoalmente.

• *Sem dispositivo correspondente no Código Civil de 2002.*

Art. 879. Se a prestação do fato se impossibilitar sem culpa do devedor, resolver-se-á a obrigação; se por culpa do devedor, responderá este pelas perdas e danos.

• *Dispositivo correspondente no Código Civil de 2002: art. 248.*

Art. 880. Incorre também na obrigação de indenizar perdas e danos o devedor que recusar a prestação a ele só imposta, ou só por ele exequível.

• *Dispositivo correspondente no Código Civil de 2002: art. 247.*

Art. 881. Se o fato puder ser executado por terceiro, será livre ao credor mandá-lo executar à custa do devedor, havendo recusa ou mora deste, ou pedir indenização por perdas e danos.

• *Dispositivo correspondente no Código Civil de 2002: art. 249,* caput.

Capítulo III | DAS OBRIGAÇÕES DE NÃO FAZER

Art. 882. Extingue-se a obrigação de não fazer, desde que, sem culpa do devedor, se lhe torne impossível abster-se do fato, que se obrigou a não praticar.

• *Dispositivo correspondente no Código Civil de 2002: art. 250.*

Art. 883. Praticado pelo devedor o ato, a cuja abstenção se obrigara, o credor pode exigir dele que o desfaça, sob pena de se desfazer à sua custa, ressarcindo o culpado perdas e danos.

• *Dispositivo correspondente no Código Civil de 2002: art. 251,* caput.

Capítulo IV | DAS OBRIGAÇÕES ALTERNATIVAS

Art. 884. Nas obrigações alternativas, a escolha cabe ao devedor, se outra coisa não se estipulou.

• *Dispositivo correspondente no Código Civil de 2002: art. 252,* caput.

§ 1º Não pode, porém, o devedor obrigar o credor a receber parte em uma prestação e parte em outra.

• *Dispositivo correspondente no Código Civil de 2002: art. 252, § 1º.*

§ 2º Quando a obrigação for de prestações anuais, subentender-se-á, para o devedor, o direito de exercer cada ano a opção.

• *Dispositivo correspondente no Código Civil de 2002: art. 252, § 2º.*

Art. 885. Se uma das duas prestações não puder ser objeto de obrigação, ou se tornar inexequível, subsistirá o débito quanto à outra.

• *Dispositivo correspondente no Código Civil de 2002: art. 253.*

Art. 886. Se, por culpa do devedor, não se puder cumprir nenhuma das prestações, não competindo ao credor a escolha, ficará aquele obrigado a pagar o valor da que por último se impossibilitou, mais as perdas e danos que o caso determinar.

• *Dispositivo correspondente no Código Civil de 2002: art. 254.*

Art. 887. Quando a escolha couber ao credor e uma das prestações se tornar impossível por culpa do devedor, o credor terá direito de exigir ou a prestação subsistente ou o valor da outra, com perdas e danos.

Se, por culpa do devedor, ambas se tornarem inexequíveis, poderá o credor reclamar o valor de qualquer das duas, além da indenização pelas perdas e danos.

• *Dispositivo correspondente no Código Civil de 2002: art. 255.*

Art. 888. Se todas as prestações se tornarem impossíveis, sem culpa do devedor, extinguir-se-á a obrigação.

• *Dispositivo correspondente no Código Civil de 2002: art. 256.*

Capítulo V | DAS OBRIGAÇÕES DIVISÍVEIS E INDIVISÍVEIS

Art. 889. Ainda que a obrigação tenha por objeto prestação divisível, não pode o credor ser obrigado a receber, nem o devedor a pagar, por parte, se assim não se ajustou.

• *Dispositivo correspondente no Código Civil de 2002: art. 314.*

Art. 890. Havendo mais de um devedor ou mais de um credor em obrigação divisível, esta presume-se dividida em tantas obrigações, iguais e distintas, quantos os credores, ou devedores.

• *Dispositivo correspondente no Código Civil de 2002: art. 257.*

Art. 891. Se, havendo dois ou mais devedores, a prestação não for divisível, cada um será obrigado pela dívida toda.

• *Dispositivo correspondente no Código Civil de 2002: art. 259,* caput.

Parágrafo único. O devedor, que paga a dívida, sub-roga-se no direito do credor em relação aos outros coobrigados.

• *Dispositivo correspondente no Código Civil de 2002: art. 259, parágrafo único.*

Art. 892. Se a pluralidade for dos credores, poderá cada um destes exigir a dívida inteira. Mas o devedor ou devedores se desobrigarão, pagando:

• *Dispositivo correspondente no Código Civil de 2002: art. 260,* caput.

I — a todos conjuntamente;

• *Dispositivo correspondente no Código Civil de 2002: art. 260, I.*

II — a um, dando este caução de ratificação dos outros credores.

• *Dispositivo correspondente no Código Civil de 2002: art. 260, II.*

Art. 893. Se um só dos credores receber a prestação por inteiro, a cada um dos outros assistirá o direito de exigir dele em dinheiro a parte que lhe caiba no total.

• *Dispositivo correspondente no Código Civil de 2002: art. 261.*

Art. 894. Se um dos credores remitir a dívida, a obrigação não ficará extinta para com os outros; mas estes só a poderão exigir, descontada a quota do credor remitente.

• *Dispositivo correspondente no Código Civil de 2002: art. 262,* caput.

Parágrafo único. O mesmo se observará no caso de transação, novação, compensação ou confusão.

• *Dispositivo correspondente no Código Civil de 2002: art. 262, parágrafo único.*

Art. 895. Perde a qualidade de indivisível a obrigação que se resolver em perdas e danos.

• *Dispositivo correspondente no Código Civil de 2002: art. 263,* caput.

§ 1º Se, para esse efeito, houver culpa de todos os devedores, responderão todos por partes iguais.

• *Dispositivo correspondente no Código Civil de 2002: art. 263, § 1º.*

§ 2º Se for de um só a culpa, ficarão exonerados os outros, respondendo só esse pelas perdas e danos.

• *Dispositivo correspondente no Código Civil de 2002: art. 263, § 2º.*

Capítulo VI | DAS OBRIGAÇÕES SOLIDÁRIAS

Seção I | DISPOSIÇÕES GERAIS

Art. 896. A solidariedade não se presume; resulta da lei ou da vontade das partes.

• *Dispositivo correspondente no Código Civil de 2002: art. 265.*

Parágrafo único. Há solidariedade quando na mesma obrigação concorre mais de um credor, ou mais de um devedor, cada um com direito, ou obrigado à dívida toda.

• *Dispositivo correspondente no Código Civil de 2002: art. 264.*

Art. 897. A obrigação solidária pode ser pura e simples para um dos cocredores ou codevedores, e condicional, ou a prazo, para o outro.

• *Dispositivo correspondente no Código Civil de 2002: art. 266.*

Seção II | DA SOLIDARIEDADE ATIVA

Art. 898. Cada um dos credores solidários tem direito a exigir do devedor o cumprimento da prestação, *por inteiro.*

• *Dispositivo correspondente no Código Civil de 2002: art. 267.*

Art. 899. Enquanto algum dos credores solidários não demandar o devedor comum, a qualquer daqueles poderá este pagar.

• *Dispositivo correspondente no Código Civil de 2002: art. 268.*

Art. 900. O pagamento feito a um dos credores solidários extingue inteiramente a dívida.

• *Dispositivo correspondente no Código Civil de 2002: art. 269.*

Parágrafo único. O mesmo efeito resulta da novação, da compensação e da remissão.

• *Sem dispositivo correspondente no Código Civil de 2002.*

Art. 901. Se falecer um dos credores solidários, deixando herdeiros, cada um destes só terá direito a exigir e receber a quota do crédito que corresponder ao seu quinhão hereditário, salvo se a obrigação for indivisível.

• *Dispositivo correspondente no Código Civil de 2002: art. 270.*

Art. 902. Convertendo-se a prestação em perdas e danos, subsiste a solidariedade, e em proveito de todos os credores correm os juros da mora.

• *Dispositivo correspondente no Código Civil de 2002: art. 271.*

Art. 903. O credor que tiver remitido a dívida ou recebido o pagamento responderá aos outros pela parte que lhes caiba.

• *Dispositivo correspondente no Código Civil de 2002: art. 272.*

Seção III | DA SOLIDARIEDADE PASSIVA

Art. 904. O credor tem direito a exigir e receber de um ou alguns dos devedores, parcial, ou totalmente, a dívida comum.

No primeiro caso, todos os demais devedores continuam obrigados solidariamente pelo resto.

• *Dispositivo correspondente no Código Civil de 2002: art. 275,* caput.

Art. 905. Se morrer um dos devedores solidários, deixando herdeiros, cada um destes não será obrigado a pagar senão a quota que corresponder ao seu quinhão hereditário, salvo se a obrigação for indivisível; mas todos reunidos serão considerados como um devedor solidário em relação aos demais devedores.

• *Dispositivo correspondente no Código Civil de 2002: art. 276.*

Art. 906. O pagamento parcial feito por um dos devedores e a remissão por ele obtida não aproveitam aos outros devedores, senão até à concorrência da quantia paga, ou relevada.

• *Dispositivo correspondente no Código Civil de 2002: art. 277.*

Art. 907. Qualquer cláusula, condição, ou obrigação adicional, estipulada entre um dos devedores solidários e o credor, não poderá agravar a posição dos outros, sem consentimento destes.

• *Dispositivo correspondente no Código Civil de 2002: art. 278.*

Art. 908. Impossibilitando-se a prestação por culpa de um dos devedores solidários, subsiste para todos o encargo de pagar o equivalente; mas pelas perdas e danos só responde o culpado.

• *Dispositivo correspondente no Código Civil de 2002: art. 279.*

Art. 909. Todos os devedores respondem pelos juros da mora, ainda que a ação tenha sido proposta somente contra um; mas o culpado responde aos outros pela obrigação acrescida.

• *Dispositivo correspondente no Código Civil de 2002: art. 280.*

Art. 910. O credor, propondo ação contra um dos devedores solidários, não fica inibido de acionar os outros.

• *Dispositivo correspondente no Código Civil de 2002: art. 275, parágrafo único.*

Art. 911. O devedor demandado pode opor ao credor as exceções que lhe forem pessoais e as comuns a todos; não lhe aproveitando, porém, as pessoais a outro codevedor.

• *Dispositivo correspondente no Código Civil de 2002: art. 281.*

Art. 912. O credor pode renunciar a solidariedade em favor de um, alguns, ou todos os devedores.

• *Dispositivo correspondente no Código Civil de 2002: art. 282,* caput.

Parágrafo único. Se o credor exonerar da solidariedade um ou mais devedores, aos outros só lhe ficará o direito de acionar, abatendo no débito a parte correspondente aos devedores, cuja obrigação remitiu (art. 914).

• *Dispositivo correspondente no Código Civil de 2002: art. 282, parágrafo único.*

Art. 913. O devedor que satisfez a dívida por inteiro tem direito a exigir de cada um dos codevedores a sua quota, dividindo-se igualmente por todos a do insolvente, se o houver. Presumem-se iguais, no débito, as partes de todos os codevedores.

• *Dispositivo correspondente no Código Civil de 2002: art. 283.*

Art. 914. No caso de rateio, entre os codevedores, pela parte que na obrigação incumbia ao insolvente (art. 913), contribuirão também os exonerados da solidariedade pelo credor (art. 912).

• *Dispositivo correspondente no Código Civil de 2002: art. 284.*

Art. 915. Se a dívida solidária interessar exclusivamente a um dos devedores, responderá este por toda ela para com aquele que pagar.

• *Dispositivo correspondente no Código Civil de 2002: art. 285.*

Capítulo VII | DA CLÁUSULA PENAL

Art. 916. A cláusula penal pode ser estipulada conjuntamente com a obrigação ou em ato posterior.

• *Dispositivo correspondente no Código Civil de 2002: art. 409.*

Art. 917. A cláusula penal pode referir-se à inexecução completa da obrigação, à de alguma cláusula especial ou simplesmente à mora.

• *Dispositivo correspondente no Código Civil de 2002: art. 409.*

Art. 918. Quando se estipular a cláusula penal para o caso de total inadimplemento da obrigação, esta converter-se-á em alternativa a benefício do credor.

• *Dispositivo correspondente no Código Civil de 2002: art. 410.*

Art. 919. Quando se estipular a cláusula penal para o caso de mora, ou em segurança especial de outra cláusula determinada, terá o credor o arbítrio de exigir a satisfação da pena cominada, juntamente com o desempenho da obrigação principal.

• *Dispositivo correspondente no Código Civil de 2002: art. 411.*

Art. 920. O valor da cominação imposta na cláusula penal não pode exceder o da obrigação principal.

• *Dispositivo correspondente no Código Civil de 2002: art. 412.*

Art. 921. Incorre de pleno direito o devedor na cláusula penal, desde que se vença o prazo da obrigação, ou, se o não há, desde que se constitua em mora.

• *Dispositivo correspondente no Código Civil de 2002: art. 408.*

Art. 922. A nulidade da obrigação importa a da cláusula penal.

• *Sem dispositivo correspondente no Código Civil de 2002.*

Art. 923. Resolvida a obrigação, não tendo culpa o devedor, resolve-se a cláusula penal.

• *Sem dispositivo correspondente no Código Civil de 2002.*

Art. 924. Quando se cumprir em parte a obrigação, poderá o juiz reduzir proporcionalmente a pena estipulada para o caso de mora, ou de inadimplemento.

• *Dispositivo correspondente no Código Civil de 2002: art. 413.*

Art. 925. Sendo indivisível a obrigação, todos os devedores e seus herdeiros, caindo em falta um deles, incorrerão na pena; mas esta só se poderá demandar integralmente do culpado. Cada um dos outros só responde pela sua quota.

• *Dispositivo correspondente no Código Civil de 2002: art. 414,* caput.

Parágrafo único. Aos não culpados fica reservada a ação regressiva contra o que deu causa à aplicação da pena.

• *Dispositivo correspondente no Código Civil de 2002: art. 414, parágrafo único.*

Art. 926. Quando a obrigação for divisível, só incorre na pena o devedor, ou herdeiro do devedor que a infringir, e proporcionalmente à sua parte na obrigação.

• *Dispositivo correspondente no Código Civil de 2002: art. 415.*

Art. 927. Para exigir a pena convencional, não é necessário que o credor alegue prejuízo.

O devedor não pode eximir-se de cumpri-la, a pretexto de ser excessiva.

• *Dispositivo correspondente no Código Civil de 2002: art. 416,* caput.

Título II | DOS EFEITOS DAS OBRIGAÇÕES

Capítulo I | DISPOSIÇÕES GERAIS

Art. 928. A obrigação, não sendo personalíssima, opera assim entre as partes, como entre seus herdeiros.

• *Sem dispositivo correspondente no Código Civil de 2002.*

Art. 929. Aquele que tiver prometido fato de terceiro responderá por perdas e danos, quando este o não executar.

• *Dispositivo correspondente no Código Civil de 2002: art. 439,* caput.

Capítulo II | DO PAGAMENTO

Seção I | DE QUEM DEVE PAGAR

Art. 930. Qualquer interessado na extinção da dívida pode pagá-la, usando, se o credor se opuser, dos meios conducentes à exoneração do devedor.

• *Dispositivo correspondente no Código Civil de 2002: art. 304,* caput.

Parágrafo único. Igual direito cabe ao terceiro não interessado, se o fizer em nome e por conta do devedor.

• *Dispositivo correspondente no Código Civil de 2002: art. 304, parágrafo único.*

Art. 931. O terceiro não interessado, que paga a dívida em seu próprio nome, tem direito a reembolsar-se do que pagar; mas não se sub-roga nos direitos do credor.

• *Dispositivo correspondente no Código Civil de 2002: art. 305,* caput.

Parágrafo único. Se pagar antes de vencida a dívida, só terá direito ao reembolso no vencimento.

• *Dispositivo correspondente no Código Civil de 2002: art. 305, parágrafo único.*

Art. 932. Opondo-se o devedor, com justo motivo, ao pagamento de sua dívida por outrem, se ele, não obstante, se efetuar, não será o devedor obrigado a reembolsá-lo, senão até à importância em que lhe aproveite.

• *Dispositivo correspondente no Código Civil de 2002: art. 306.*

Art. 933. Só valerá o pagamento, que importar em transmissão da propriedade, quando feito por quem possa alienar o objeto, em que ele consistiu.

• *Dispositivo correspondente no Código Civil de 2002: art. 307,* caput.

Parágrafo único. Se, porém, se der em pagamento coisa fungível, não se poderá mais reclamar do credor, que, de boa-fé, a recebeu, e consumiu, ainda que o solvente não tivesse o direito de alheá-la.

• *Dispositivo correspondente no Código Civil de 2002: art. 307, parágrafo único.*

Seção II | DAQUELES A QUEM SE DEVE PAGAR

Art. 934. O pagamento deve ser feito ao credor ou a quem de direito o represente, sob pena de só valer depois de por ele ratificado, ou tanto quanto reverter em seu proveito.

• *Dispositivo correspondente no Código Civil de 2002: art. 308.*

Art. 935. O pagamento feito de boa-fé ao credor putativo é válido, ainda provando-se depois que não era credor.

• *Dispositivo correspondente no Código Civil de 2002: art. 309.*

Art. 936. Não vale, porém, o pagamento cientemente feito ao credor incapaz de quitar, se o devedor não provar que em benefício dele efetivamente reverteu.

• *Dispositivo correspondente no Código Civil de 2002: art. 310.*

Art. 937. Considera-se autorizado a receber o pagamento o portador da quitação, exceto se as circunstâncias contrariarem a presunção daí resultante.

• *Dispositivo correspondente no Código Civil de 2002: art. 311.*

Art. 938. Se o devedor pagar ao credor, apesar de intimado da penhora feita sobre o crédito, ou da impugnação a ele oposta por terceiro, o pagamento não valerá contra estes, que poderão constranger o devedor a pagar de novo, ficando-lhe, entretanto, salvo o regresso contra o credor.

• *Dispositivo correspondente no Código Civil de 2002: art. 312.*

Seção III | DO OBJETO DO PAGAMENTO E SUA PROVA

Art. 939. O devedor, que paga, tem direito a quitação regular (art. 940), e pode reter o pagamento, enquanto lhe não for dada.

• *Dispositivo correspondente no Código Civil de 2002: art. 319.*

Art. 940. A quitação designará o valor e a espécie da dívida quitada, o nome do devedor, ou quem por este pagou, o tempo e o lugar do pagamento, com assinatura do credor, ou do seu representante.

• *Dispositivo correspondente no Código Civil de 2002: art. 320,* caput.

Art. 941. Recusando o credor a quitação, ou não a dando na devida forma (art. 940), pode o devedor citá-o para esse fim, e ficará quitado pela sentença, que condenar o credor.

• *Sem dispositivo correspondente no Código Civil de 2002.*

Art. 942. Nos débitos, cuja quitação consista na devolução do título, perdido este, poderá o devedor exigir, retendo o pagamento, declaração do credor, que inutilize o título sumido.

• *Dispositivo correspondente no Código Civil de 2002: art. 321.*

Art. 943. Quando o pagamento for em quotas periódicas, a quitação da última estabelece, até prova em contrário, a presunção de estarem solvidas as anteriores.

• *Dispositivo correspondente no Código Civil de 2002: art. 322.*

Art. 944. Sendo a quitação do capital sem reserva dos juros, estes presumem-se pagos.

• *Dispositivo correspondente no Código Civil de 2002: art. 323.*

Art. 945. A entrega do título ao devedor firma a presunção do pagamento.

• *Dispositivo correspondente no Código Civil de 2002: art. 324,* caput.

§ 1º Ficará, porém, sem efeito a quitação assim operada se o credor provar, dentro em 60 (sessenta) dias, o não pagamento.

• *Dispositivo correspondente no Código Civil de 2002: art. 324, parágrafo único.*

§ 2º Não se permite esta prova, quando se der a quitação por escritura pública.

• *Sem dispositivo correspondente no Código Civil de 2002.*

Art. 946. Presumem-se a cargo do devedor as despesas com o pagamento e quitação. Se, porém, o credor mudar de domicílio ou morrer, deixando herdeiros em lugares diferentes, correrá por conta do credor a despesa acrescida.

• *Dispositivo correspondente no Código Civil de 2002: art. 325.*

Art. 947. O pagamento em dinheiro, sem determinação da espécie, far-se-á em moeda corrente no lugar do cumprimento da obrigação.

• *Dispositivo correspondente no Código Civil de 2002: art. 315.*

§ 1º (*Revogado pela Lei nº 10.192, de 14-2-2001.*)

§ 2º (*Revogado pela Lei nº 10.192, de 14-2-2001.*)

§ 3º Quando o devedor incorrer em mora e o ágio tiver variado entre a data do vencimento e a do pagamento, o credor pode optar por um deles, não se havendo estipulado câmbio fixo.

• *Sem dispositivo correspondente no Código Civil de 2002.*

§ 4º Se a cotação variou no mesmo dia, tomar-se-á por base a média do mercado nessa data.

• *Sem dispositivo correspondente no Código Civil de 2002.*

Art. 948. Nas indenizações por fato ilícito prevalecerá o valor mais favorável ao lesado.

• *Sem dispositivo correspondente no Código Civil de 2002.*

Art. 949. Se o pagamento se houver de fazer por medida, ou peso, entender-se-á, no silêncio das partes, que aceitaram os do lugar da execução.

• *Dispositivo correspondente no Código Civil de 2002: art. 326.*

Seção IV | DO LUGAR DO PAGAMENTO

Art. 950. Efetuar-se-á o pagamento no domicílio do devedor, salvo se as partes convencionarem diversamente, ou se o contrário dispuserem as circunstâncias, a natureza da obrigação ou a lei.

• *Dispositivo correspondente no Código Civil de 2002: art. 327,* caput.

Parágrafo único. Designados dois ou mais lugares, cabe ao credor entre eles a escolha.

• *Dispositivo correspondente no Código Civil de 2002: art. 327, parágrafo único.*

Art. 951. Se o pagamento consistir na tradição de um imóvel, ou em prestações relativas a imóvel, far-se-á no lugar onde este se acha.

• *Dispositivo correspondente no Código Civil de 2002: art. 328.*

Seção V | DO TEMPO DO PAGAMENTO

Art. 952. Salvo disposição especial deste Código e não tendo sido ajustada época para o pagamento, o credor pode exigi-lo imediatamente.

• *Dispositivo correspondente no Código Civil de 2002: art. 331.*

Art. 953. As obrigações condicionais cumprem-se na data do implemento da condição, incumbida ao credor a prova de que deste houve ciência o devedor.

• *Dispositivo correspondente no Código Civil de 2002: art. 332.*

Art. 954. Ao credor assistirá o direito de cobrar a dívida antes de vencido o prazo estipulado no contrato ou marcado neste Código:

• *Dispositivo correspondente no Código Civil de 2002: art. 333,* caput.

I — se, executado o devedor, se abrir concurso creditório;

• *Dispositivo correspondente no Código Civil de 2002: art. 333, I.*

II — se os bens, hipotecados, empenhados, ou dados em anticrese, forem penhorados em execução por outro credor;

• *Dispositivo correspondente no Código Civil de 2002: art. 333, II.*

III — se cessarem, ou se tornarem insuficientes as garantias do débito, fidejussórias, ou reais, e o devedor, intimado, se negar a reforçá-las.

• *Dispositivo correspondente no Código Civil de 2002: art. 333, III.*

Parágrafo único. Nos casos deste artigo, se houver, no débito, solidariedade passiva (arts. 904 a 915), não se reputará vencido quanto aos outros devedores solventes.

• *Dispositivo correspondente no Código Civil de 2002: art. 333, parágrafo único.*

Seção VI | DA MORA

Art. 955. Considera-se em mora o devedor que não efetuar o pagamento, e o credor que o não quiser receber no tempo, lugar e forma convencionados (art. 1.058).

• *Dispositivo correspondente no Código Civil de 2002: art. 394.*

Art. 956. Responde o devedor pelos prejuízos a que a sua mora der causa (art. 1.058).

• *Dispositivo correspondente no Código Civil de 2002: art. 395,* caput.

Parágrafo único. Se a prestação, por causa da mora, se tornar inútil ao credor, este poderá enjeitá-la, e exigir a satisfação das perdas e danos.

• *Dispositivo correspondente no Código Civil de 2002: art. 395, parágrafo único.*

Art. 957. O devedor em mora responde pela impossibilidade da prestação, embora essa impossibilidade resulte de caso fortuito, ou força maior, se estes ocorrerem durante o atraso; salvo se provar isenção de culpa, ou que o dano sobreviria, ainda quando a obrigação fosse oportunamente desempenhada (art. 1.058).

• *Dispositivo correspondente no Código Civil de 2002: art. 399.*

Art. 958. A mora do credor subtrai o devedor isento de dolo à responsabilidade pela conservação da coisa, obriga o credor a ressarcir as despesas empregadas em conservá-la, e sujeita-o a recebê-la pela sua mais alta estimação, se o seu valor oscilar entre o tempo do contrato e o do pagamento.

• *Dispositivo correspondente no Código Civil de 2002: art. 400.*

Art. 959. Purga-se a mora:

• *Dispositivo correspondente no Código Civil de 2002: art. 401,* caput.

I — por parte do devedor, oferecendo este a prestação, mais a importância dos prejuízos decorrentes até o dia da oferta;

• *Dispositivo correspondente no Código Civil de 2002: art. 401, I.*

I — por parte do credor, oferecendo-se este a receber o pagamento e sujeitando-se aos efeitos da mora até a mesma data;

• *Dispositivo correspondente no Código Civil de 2002: art. 401, II.*

III — por parte de ambos, renunciando aquele que se julgar por ela prejudicado os direitos que da mesma lhe provierem.

• *Sem dispositivo correspondente no Código Civil de 2002.*

Art. 960. O inadimplemento da obrigação, positiva e líquida, no seu termo constitui de pleno direito em mora o devedor.

Não havendo prazo assinado, começa ela desde a interpelação, notificação, ou protesto.

• *Dispositivo correspondente no Código Civil de 2002: art. 397,* caput *e parágrafo único.*

Art. 961. Nas obrigações negativas, o devedor fica constituído em mora, desde o dia em que executar o ato de que se devia abster.

• *Dispositivo correspondente no Código Civil de 2002: art. 390.*

Art. 962. Nas obrigações provenientes de delito, considera-se o devedor em mora desde que o perpetrou.

• *Dispositivo correspondente no Código Civil de 2002: art. 398.*

Art. 963. Não havendo fato ou omissão imputável ao devedor, não incorre este em mora.

• *Dispositivo correspondente no Código Civil de 2002: art. 396.*

Seção VII | DO PAGAMENTO INDEVIDO

Art. 964. Todo aquele que recebeu o que lhe não era devido fica obrigado a restituir.

A mesma obrigação incumbe ao que recebe dívida condicional antes de cumprida a condição.

• *Dispositivo correspondente no Código Civil de 2002: art. 876.*

Art. 965. Ao que voluntariamente pagou o indevido incumbe a prova de tê-lo feito por erro.

• *Dispositivo correspondente no Código Civil de 2002: art. 877.*

Art. 966. Aos frutos, acessões, benfeitorias e deteriorações sobrevindas à coisa dada em pagamento indevido, aplica-se o disposto nos arts. 510 a 519.

• *Dispositivo correspondente no Código Civil de 2002: art. 878.*

Art. 967. Se, aquele, que indevidamente recebeu um imóvel, o tiver alienado, deve assistir o proprietário na retificação do registro, nos termos do art. 860.

• *Sem dispositivo correspondente no Código Civil de 2002.*

Art. 968. Se, aquele, que indevidamente recebeu um imóvel, o tiver alienado em boa-fé, por título oneroso, responde somente pelo preço recebido; mas, se obrou de má-fé, além do valor do imóvel, responde por perdas e danos.

• *Dispositivo correspondente no Código Civil de 2002: art. 879,* caput.

Parágrafo único. Se o imóvel se alheou por título gratuito, ou se, alheando-se por título oneroso, obrou de má-fé o terceiro adquirente, cabe ao que pagou por erro o direito de reivindicação.

• *Dispositivo correspondente no Código Civil de 2002: art. 879, parágrafo único.*

Art. 969. Fica isento de restituir pagamento indevido aquele que, recebendo-o por conta de dívida verdadeira, inutilizou o título, deixou prescrever a ação ou abriu mão das garantias que asseguravam seu direito; mas o que pagou dispõe de ação regressiva contra o verdadeiro devedor e seu fiador.

• *Dispositivo correspondente no Código Civil de 2002: art. 880.*

Art. 970. Não se pode repetir o que se pagou para solver dívida prescrita, ou cumprir obrigação natural.

• *Dispositivo correspondente no Código Civil de 2002: art. 882.*

Art. 971. Não terá direito à repetição aquele que deu alguma coisa para obter fim ilícito, imoral, ou proibido por lei.

• *Dispositivo correspondente no Código Civil de 2002: art. 883,* caput.

Capítulo III | DO PAGAMENTO POR CONSIGNAÇÃO

Art. 972. Considera-se pagamento, e extingue a obrigação o depósito judicial da coisa devida, nos casos e forma legais.

• *Dispositivo correspondente no Código Civil de 2002: art. 334.*

Art. 973. A consignação tem lugar:

• *Dispositivo correspondente no Código Civil de 2002: art. 335,* caput.

I — se o credor, sem justa causa, recusar receber o pagamento, ou dar quitação na devida forma;

• *Dispositivo correspondente no Código Civil de 2002: art. 335, I.*

II — se o credor não for, nem mandar receber a coisa no lugar, tempo e condições devidas;

• *Dispositivo correspondente no Código Civil de 2002: art. 335, II.*

III — se o credor for desconhecido, estiver declarado ausente, ou residir em lugar incerto, ou de acesso perigoso ou difícil;

• *Dispositivo correspondente no Código Civil de 2002: art. 335, III.*

IV — se ocorrer dúvida sobre quem deva legitimamente receber o objeto do pagamento;

• *Dispositivo correspondente no Código Civil de 2002: art. 335, IV.*

V — se pender litígio sobre o objeto do pagamento;

• *Dispositivo correspondente no Código Civil de 2002: art. 335, V.*

VI — se houver concurso de preferência aberto contra o credor, ou se este for incapaz de receber o pagamento.

• *Dispositivo correspondente no Código Civil de 2002: art. 335, III.*

Art. 974. Para que a consignação tenha força de pagamento, será mister concorram, em relação às pessoas, ao objeto, modo e tempo, todos os requisitos sem os quais não é válido o pagamento.

• *Dispositivo correspondente no Código Civil de 2002: art. 336.*

Art. 975. Nos casos do art. 973, I, II e III, citar-se-á o credor, para vir, ou mandar receber, e no do mesmo artigo, nº IV, para provar o seu direito.

• *Sem dispositivo correspondente no Código Civil de 2002.*

Art. 976. O depósito requerer-se-á no lugar do pagamento, cessando, tanto que se efetue, para o depositante, os juros da dívida e os riscos, salvo se for julgado improcedente.

• *Dispositivo correspondente no Código Civil de 2002: art. 337.*

Art. 977. Enquanto o credor não declarar que aceita o depósito, ou não o impugnar, poderá o devedor requerer o levantamento, pagando as respectivas despesas, e subsistindo a obrigação para todas as consequências de direito.

• *Dispositivo correspondente no Código Civil de 2002: art. 338.*

Art. 978. Julgado procedente o depósito, o devedor já não poderá levantá-lo, embora o credor consinta, senão de acordo com os outros devedores e fiadores.

• *Dispositivo correspondente no Código Civil de 2002: art. 339.*

Art. 979. O credor que, depois de contestar a lide ou aceitar o depósito, aquiescer no levantamento, perderá a preferência e garantia que lhe competiam com respeito à coisa consignada, ficando para logo desobrigados os codevedores e fiadores, que não anuíram.

- *Dispositivo correspondente no Código Civil de 2002: art. 340.*

Art. 980. Se a coisa devida for corpo certo que deva ser entregue no mesmo lugar onde está, poderá o devedor citar o credor para vir ou mandar recebê-la, sob pena de ser depositada.

- *Dispositivo correspondente no Código Civil de 2002: art. 341.*

Art. 981. Se a escolha da coisa indeterminada competir ao credor, será ele citado para este fim, sob cominação de perder o direito e de ser depositada a coisa que o devedor escolher. Feita a escolha pelo devedor, proceder-se-á como no artigo antecedente.

- *Dispositivo correspondente no Código Civil de 2002: art. 342.*

Art. 982. As despesas com o depósito, quando julgado procedente, correrão por conta do credor, e, no caso contrário, por conta do devedor.

- *Dispositivo correspondente no Código Civil de 2002: art. 343.*

Art. 983. O devedor de obrigação litigiosa exonerar-se-á mediante consignação, mas, se pagar a qualquer dos pretendidos credores, tendo conhecimento do litígio, assumirá o risco do pagamento.

- *Dispositivo correspondente no Código Civil de 2002: art. 344.*

Art. 984. Se a dívida se vencer, pendendo litígio entre credores que se pretendam mutuamente excluir, poderá qualquer deles requerer a consignação.

- *Dispositivo correspondente no Código Civil de 2002: art. 345.*

Capítulo IV | DO PAGAMENTO COM SUB-ROGAÇÃO

Art. 985. A sub-rogação opera-se, de pleno direito, em favor:

- *Dispositivo correspondente no Código Civil de 2002: art. 346,* caput.

I — do credor que paga a dívida do devedor comum ao credor, a quem competia direito de preferência;

- *Dispositivo correspondente no Código Civil de 2002: art. 346, I.*

II — do adquirente do imóvel hipotecado, que paga ao credor hipotecário;

- *Dispositivo correspondente no Código Civil de 2002: art. 346, II.*

III — do terceiro interessado, que paga a dívida pela qual era ou podia ser obrigado, no todo ou em parte.

- *Dispositivo correspondente no Código Civil de 2002: art. 346, III.*

Art. 986. A sub-rogação é convencional:

- *Dispositivo correspondente no Código Civil de 2002: art. 347,* caput.

I — quando o credor recebe o pagamento de terceiro e expressamente lhe transfere todos os seus direitos;

- *Dispositivo correspondente no Código Civil de 2002: art. 347, I.*

II — quando terceira pessoa empresta ao devedor a quantia precisa para solver a dívida, sob a condição expressa de ficar o mutuante sub-rogado nos direitos do credor satisfeito.

- *Dispositivo correspondente no Código Civil de 2002: art. 347, II.*

Art. 987. Na hipótese do artigo antecedente, nº I, vigorará o disposto quanto à cessão de créditos (arts. 1.065 a 1.078).

- *Dispositivo correspondente no Código Civil de 2002: art. 348.*

Art. 988. A sub-rogação transfere ao novo credor todos os direitos, ações, privilégios e garantias do primitivo, em relação à dívida, contra o devedor principal e os fiadores.

- *Dispositivo correspondente no Código Civil de 2002: art. 349.*

Art. 989. Na sub-rogação legal o sub-rogado não poderá exercer os direitos e as ações do credor, senão até à soma, que tiver desembolsado para desobrigar o devedor.

- *Dispositivo correspondente no Código Civil de 2002: art. 350.*

Art. 990. O credor originário, só em parte reembolsado, terá preferência ao sub-rogado, na cobrança da dívida restante, se os bens do devedor não chegarem para saldar inteiramente o que a um e outro dever.

- *Dispositivo correspondente no Código Civil de 2002: art. 351.*

Capítulo V | DA IMPUTAÇÃO DO PAGAMENTO

Art. 991. A pessoa obrigada, por dois ou mais débitos da mesma natureza, a um só credor, tem o direito de indicar a qual deles oferece pagamento, se todos forem líquidos e vencidos.

Sem consentimento do credor, não se fará imputação do pagamento na dívida ilíquida, ou não vencida.

- *Dispositivo correspondente no Código Civil de 2002: art. 352.*

Art. 992. Não tendo o devedor declarado em qual das dívidas líquidas e vencidas quer imputar o pagamento, se aceitar a quitação de uma delas, não terá direito a reclamar contra a imputação feita pelo credor, salvo provando haver ele cometido violência, ou dolo.

- *Dispositivo correspondente no Código Civil de 2002: art. 353.*

Art. 993. Havendo capital e juros, o pagamento imputar-se-á primeiro nos juros vencidos, e, depois, no capital, salvo estipulação em contrário, ou se o credor passar a quitação por conta do capital.

- *Dispositivo correspondente no Código Civil de 2002: art. 354.*

Art. 994. Se o devedor não fizer a indicação do art. 991, e a quitação for omissa quanto à imputação, esta se fará nas dívidas líquidas e vencidas em primeiro lugar

Se as dívidas forem todas líquidas e vencidas ao mesmo tempo, a imputação far-se-á na mais onerosa.

- *Dispositivo correspondente no Código Civil de 2002: art. 355.*

Capítulo VI | DA DAÇÃO EM PAGAMENTO

Art. 995. O credor pode consentir em receber coisa que não seja dinheiro, em substituição da prestação que lhe era devida.

- *Dispositivo correspondente no Código Civil de 2002: art. 356.*

Art. 996. Determinado o preço da coisa dada em pagamento, as relações entre as partes regular-se-ão pelas normas do contrato de compra e venda.

- *Dispositivo correspondente no Código Civil de 2002: art. 357.*

Art. 997. Se for título de crédito a coisa dada em pagamento, a transferência importará em cessão.

- *Dispositivo correspondente no Código Civil de 2002: art. 358.*

Art. 998. Se o credor for evicto da coisa recebida em pagamento, restabelecer-se-á a obrigação primitiva, ficando sem efeito a quitação dada.

- *Dispositivo correspondente no Código Civil de 2002: art. 359.*

Capítulo VII | DA NOVAÇÃO

Art. 999. Dá-se a novação:

• *Dispositivo correspondente no Código Civil de 2002: art. 360,* caput.

I — quando o devedor contrai com o credor nova dívida, para extinguir e substituir a anterior;

• *Dispositivo correspondente no Código Civil de 2002: art. 360, I.*

II — quando novo devedor sucede ao antigo, ficando este quite com o credor;

• *Dispositivo correspondente no Código Civil de 2002: art. 360, II.*

III — quando, em virtude de obrigação nova, outro credor é substituído ao antigo, ficando o devedor quite com este.

• *Dispositivo correspondente no Código Civil de 2002: art. 360, III.*

Art. 1.000. Não havendo ânimo de novar, a segunda obrigação confirma simplesmente a primeira.

• *Dispositivo correspondente no Código Civil de 2002: art. 361.*

Art. 1.001. A novação, por substituição do devedor, pode ser efetuada independente de consentimento deste.

• *Dispositivo correspondente no Código Civil de 2002: art. 362.*

Art. 1.002. Se o novo devedor for insolvente, não tem o credor, que o aceitou, ação regressiva contra o primeiro, salvo se este obteve por má-fé a substituição.

• *Dispositivo correspondente no Código Civil de 2002: art. 363.*

Art. 1.003. A novação extingue os acessórios e garantias da dívida, sempre que não houver estipulação em contrário.

• *Dispositivo correspondente no Código Civil de 2002: art. 364.*

Art. 1.004. Não aproveitará, contudo, ao credor ressalvar a hipoteca, anticrese ou penhor, se os bens dados em garantia pertencerem a terceiro, que não foi parte na novação.

• *Dispositivo correspondente no Código Civil de 2002: art. 364.*

Art. 1.005. Operada a novação entre o credor e um dos devedores solidários, somente sobre os bens do que contrair a nova obrigação subsistem as preferências e garantias do crédito novado.

• *Dispositivo correspondente no Código Civil de 2002: art. 365.*

Parágrafo único. Os outros devedores solidários ficam por esse fato exonerados.

• *Dispositivo correspondente no Código Civil de 2002: art. 365.*

Art. 1.006. Importa exoneração do fiador a novação feita sem seu consenso com o devedor principal.

• *Dispositivo correspondente no Código Civil de 2002: art. 366.*

Art. 1.007. Não se podem validar por novação obrigações nulas ou extintas.

• *Dispositivo correspondente no Código Civil de 2002: art. 367.*

Art. 1.008. A obrigação simplesmente anulável pode ser confirmada pela novação.

• *Dispositivo correspondente no Código Civil de 2002: art. 367.*

Capítulo VIII | DA COMPENSAÇÃO

Art. 1.009. Se duas pessoas forem ao mesmo tempo credor e devedor uma da outra, as duas obrigações extinguem-se, até onde se compensarem.

• *Dispositivo correspondente no Código Civil de 2002: art. 368.*

Art. 1.010. A compensação efetua-se entre dívidas líquidas, vencidas e de coisas fungíveis.

• *Dispositivo correspondente no Código Civil de 2002: art. 369.*

Art. 1.011. Embora sejam do mesmo gênero as coisas fungíveis, objeto das duas prestações, não se compensarão, verificando-se que diferem na qualidade, quando especificada no contrato.

• *Dispositivo correspondente no Código Civil de 2002: art. 370.*

Art. 1.012. Não são compensáveis as prestações de coisas incertas, quando a escolha pertence aos dois credores, ou a um deles como devedor de uma das obrigações e credor da outra.

• *Sem dispositivo correspondente no Código Civil de 2002.*

Art. 1.013. O devedor só pode compensar com o credor o que este lhe dever; mas o fiador pode compensar sua dívida com a de seu credor ao afiançado.

• *Dispositivo correspondente no Código Civil de 2002: art. 371.*

Art. 1.014. Os prazos de favor, embora consagrados pelo uso geral, não obstam a compensação.

• *Dispositivo correspondente no Código Civil de 2002: art. 372.*

Art. 1.015. A diferença de causa nas dívidas não impede a compensação, exceto:

• *Dispositivo correspondente no Código Civil de 2002: art. 373,* caput.

I — se uma provier de esbulho, furto ou roubo;

• *Dispositivo correspondente no Código Civil de 2002: art. 373, I.*

II — se uma se originar de comodato, depósito ou alimentos;

• *Dispositivo correspondente no Código Civil de 2002: art. 373, II.*

III — se uma for de coisa não suscetível de penhora.

• *Dispositivo correspondente no Código Civil de 2002: art. 373, III.*

Art. 1.016. Não pode realizar-se a compensação, havendo renúncia prévia de um dos devedores.

• *Sem dispositivo correspondente no Código Civil de 2002.*

Art. 1.017. As dívidas fiscais da União, dos Estados e dos Municípios também não podem ser objeto de compensação, exceto nos casos de encontro entre a administração e o devedor, autorizados nas leis e regulamentos da Fazenda.

• *Dispositivo correspondente no Código Civil de 2002: art. 374.*

Art. 1.018. Não haverá compensação, quando credor e devedor por mútuo acordo a excluírem.

• *Dispositivo correspondente no Código Civil de 2002: art. 375.*

Art. 1.019. Obrigando-se por terceiro uma pessoa, não pode compensar essa dívida com a que o credor dele lhe dever.

• *Dispositivo correspondente no Código Civil de 2002: art. 376.*

Art. 1.020. O devedor solidário só pode compensar com o credor o que este deve ao seu coobrigado, até ao equivalente da parte deste na dívida comum.

• *Sem dispositivo correspondente no Código Civil de 2002.*

Art. 1.021. O devedor que, notificado, nada opõe à cessão, que o credor faz a terceiros, dos seus direitos, não pode opor ao cessionário a compensação, que antes da cessão teria podido opor ao cedente. Se, porém, a cessão lhe não tiver sido notificada, poderá opor ao cessionário compensação do crédito que antes tinha contra o cedente.

• *Dispositivo correspondente no Código Civil de 2002: art. 377.*

Art. 1.022. Quando as duas dívidas não são pagáveis no mesmo lugar, não se podem compensar sem dedução das despesas necessárias à operação.

• *Dispositivo correspondente no Código Civil de 2002: art. 378.*

Art. 1.023. Sendo a mesma pessoa obrigada por várias dívidas compensáveis, serão observadas, no compensá-las, as regras estabelecidas quanto à imputação de pagamento (arts. 991 a 994).

- *Dispositivo correspondente no Código Civil de 2002: art. 379.*

Art. 1.024. Não se admite a compensação em prejuízo de direitos de terceiro. O devedor que se torne credor do seu credor, depois de penhorado o crédito deste, não pode opor ao exequente a compensação, de que contra o próprio credor disporia.

- *Dispositivo correspondente no Código Civil de 2002: art. 380.*

Capítulo IX | DA TRANSAÇÃO

Art. 1.025. É lícito aos interessados prevenirem, ou terminarem o litígio mediante concessões mútuas.

- *Dispositivo correspondente no Código Civil de 2002: art. 840.*

Art. 1.026. Sendo nula qualquer das cláusulas da transação, nula será esta.

- *Dispositivo correspondente no Código Civil de 2002: art. 848,* caput.

Parágrafo único. Quando a transação versar sobre diversos direitos contestados e não prevalecer em relação a um, fica, não obstante, válida relativamente aos outros.

- *Dispositivo correspondente no Código Civil de 2002: art. 848, parágrafo único.*

Art. 1.027. A transação interpreta-se restritivamente. Por ela não se transmitem, apenas se declaram ou reconhecem direitos.

- *Dispositivo correspondente no Código Civil de 2002: art. 843.*

Art. 1.028. Se a transação recair sobre direitos contestados em juízo, far-se-á:

- *Dispositivo correspondente no Código Civil de 2002: art. 842.*

I — por termo nos autos, assinado pelos transigentes e homologado pelo juiz;

- *Dispositivo correspondente no Código Civil de 2002: art. 842.*

II — por escritura pública, nas obrigações em que a lei o exige, ou particular, nas em que ela o admite.

- *Dispositivo correspondente no Código Civil de 2002: art. 842.*

Art. 1.029. Não havendo ainda litígio, a transação realizar-se-á por aquele dos modos indicados no artigo antecedente, nº II, que no caso couber.

- *Sem dispositivo correspondente no Código Civil de 2002.*

Art. 1.030. A transação produz entre as partes o efeito de coisa julgada, e só se rescinde por dolo, violência, ou erro essencial quanto à pessoa ou coisa controversa.

- *Sem dispositivo correspondente no Código Civil de 2002.*

Art. 1.031. A transação não aproveita, nem prejudica senão aos que nela intervieram, ainda que diga respeito a coisa indivisível.

- *Dispositivo correspondente no Código Civil de 2002: art. 844,* caput.

§ 1º Se for concluída entre o credor e o devedor principal, desobrigará o fiador.

- *Dispositivo correspondente no Código Civil de 2002: art. 844, § 1º.*

§ 2º Se entre um dos credores solidários e o devedor, extingue a obrigação deste para com os outros credores.

- *Dispositivo correspondente no Código Civil de 2002: art. 844, § 2º.*

§ 3º Se entre um dos devedores solidários e seu credor, extingue a dívida em relação aos codevedores.

• *Dispositivo correspondente no Código Civil de 2002: art. 844, § 3º.*

Art. 1.032. Dada a evicção da coisa renunciada por um dos transigentes, ou por ele transferida à outra parte, não revive a obrigação extinta pela transação; mas ao evicto cabe o direito de reclamar perdas e danos.

• *Dispositivo correspondente no Código Civil de 2002: art. 845,* caput.

Parágrafo único. Se um dos transigentes adquirir, depois da transação, novo direito sobre a coisa renunciada ou transferida, a transação feita não o inibirá de exercê-lo.

• *Dispositivo correspondente no Código Civil de 2002: art. 845, parágrafo único.*

Art. 1.033. A transação concernente a obrigações resultantes de delito não perime a ação penal da justiça pública.

• *Dispositivo correspondente no Código Civil de 2002: art. 846.*

Art. 1.034. É admissível, na transação, a pena convencional.

• *Dispositivo correspondente no Código Civil de 2002: art. 847.*

Art. 1.035. Só quanto a direitos patrimoniais de caráter privado se permite a transação.

• *Dispositivo correspondente no Código Civil de 2002: art. 841.*

Art. 1.036. É nula a transação a respeito do litígio decidido por sentença passada em julgado, se dela não tinha ciência algum dos transatores, ou quando, por título ulteriormente descoberto, se verificar que nenhum deles tinha direito sobre o objeto da transação.

• *Dispositivo correspondente no Código Civil de 2002: art. 850.*

Capítulo X | DO COMPROMISSO

Arts. 1.037 a 1.048. (*Revogados pela Lei nº 9.307, de 23-9-1996.*)

Capítulo XI | DA CONFUSÃO

Art. 1.049. Extingue-se a obrigação, desde que na mesma pessoa se confundam as qualidades de credor e devedor.

• *Dispositivo correspondente no Código Civil de 2002: art. 381.*

Art. 1.050. A confusão pode verificar-se a respeito de toda a dívida, ou só de parte dela.

• *Dispositivo correspondente no Código Civil de 2002: art. 382.*

Art. 1.051. A confusão operada na pessoa do credor ou devedor solidário só extingue a obrigação até à concorrência da respectiva parte no crédito, ou na dívida, subsistindo quanto ao mais a solidariedade.

• *Dispositivo correspondente no Código Civil de 2002: art. 383.*

Art. 1.052. Cessando a confusão, para logo se restabelece, com todos os seus acessórios, a obrigação anterior.

• *Dispositivo correspondente no Código Civil de 2002: art. 384.*

Capítulo XII | DA REMISSÃO DAS DÍVIDAS

Art. 1.053. A entrega voluntária do título da obrigação, quando por escrito particular, prova a desoneração do devedor e seus coobrigados, se o credor for capaz de alienar, e o devedor, capaz de adquirir.

• *Dispositivo correspondente no Código Civil de 2002: art. 386.*

Art. 1.054. A entrega do objeto empenhado prova a renúncia do credor à garantia real, mas não a extinção da dívida.

• *Dispositivo correspondente no Código Civil de 2002: art. 387.*

Art. 1.055. A remissão concedida a um dos codevedores extingue a dívida na parte a ele correspondente; de modo que, ainda reservando o credor a solidariedade contra os outros, já lhes não pode cobrar o débito sem dedução da parte remitida.

• *Dispositivo correspondente no Código Civil de 2002: art. 388.*

Capítulo XIII | DAS CONSEQUÊNCIAS DA INEXECUÇÃO DAS OBRIGAÇÕES

Art. 1.056. Não cumprindo a obrigação, ou deixando de cumpri-la pelo modo e no tempo devidos, responde o devedor por perdas e danos.

• *Dispositivo correspondente no Código Civil de 2002: art. 389.*

Art. 1.057. Nos contratos unilaterais, responde por simples culpa o contraente, a quem o contrato aproveite, e só por dolo, aquele a quem não favoreça.

Nos contratos bilaterais, responde cada uma das partes por culpa.

• *Dispositivo correspondente no Código Civil de 2002: art. 392.*

Art. 1.058. O devedor não responde pelos prejuízos resultantes de caso fortuito, ou força maior, se expressamente não se houver por eles responsabilizado, exceto nos casos dos arts. 955, 956 e 957.

• *Dispositivo correspondente no Código Civil de 2002: art. 393,* caput.

Parágrafo único. O caso fortuito, ou de força maior, verifica-se no fato necessário, cujos efeitos não era possível evitar, ou impedir.

• *Dispositivo correspondente no Código Civil de 2002: art. 393, parágrafo único.*

Capítulo XIV | DAS PERDAS E DANOS

Art. 1.059. Salvo as exceções previstas neste Código, de modo expresso, as perdas e danos devidos ao credor abrangem, além do que ele efetivamente perdeu, o que razoavelmente deixou de lucrar.

• *Dispositivo correspondente no Código Civil de 2002: art. 402.*

Parágrafo único. O devedor, porém, que não pagou no tempo e forma devidos, só responde pelos lucros, que foram ou podiam ser previstos na data da obrigação.

• *Sem dispositivo correspondente no Código Civil de 2002.*

Art. 1.060. Ainda que a inexecução resulte de dolo do devedor, as perdas e danos só incluem os prejuízos efetivos e os lucros cessantes por efeito dela direto e imediato.

• *Dispositivo correspondente no Código Civil de 2002: art. 403.*

Art. 1.061. As perdas e danos, nas obrigações de pagamento em dinheiro, consistem nos juros da mora e custas, sem prejuízo da pena convencional.

• *Dispositivo correspondente no Código Civil de 2002: art. 404,* caput.

Capítulo XV | DOS JUROS LEGAIS

Art. 1.062. A taxa dos juros moratórios, quando não convencionada (art. 1.262), será de 6% (seis por cento) ao ano.

• *Dispositivo correspondente no Código Civil de 2002: art. 406.*

Art. 1.063. Serão também de 6% (seis por cento) ao ano os juros devidos por força de lei, ou quando as partes os convencionarem sem taxa estipulada.

• *Dispositivo correspondente no Código Civil de 2002: art. 406.*

Art. 1.064. Ainda que se não alegue prejuízo é obrigado o devedor aos juros da mora, que se contarão assim às dívidas em dinheiro, como às prestações de outra natureza, desde que lhes esteja fixado o valor pecuniário por sentença judicial, arbitramento, ou acordo entre as partes.

• *Dispositivo correspondente no Código Civil de 2002: art. 407.*

Título III | DA CESSÃO DE CRÉDITO

Art. 1.065. O credor pode ceder o seu crédito, se a isso não se opuser a natureza da obrigação, a lei, ou a convenção com o devedor.

• *Dispositivo correspondente no Código Civil de 2002: art. 286.*

Art. 1.066. Salvo disposição em contrário, na cessão de um crédito se abrangem todos os seus acessórios.

• *Dispositivo correspondente no Código Civil de 2002: art. 287.*

Art. 1.067. Não vale, em relação a terceiros, a transmissão de um crédito, se se não celebrar mediante instrumento público, ou instrumento particular revestido das solenidades do art. 135 (art. 1.068).

• *Dispositivo correspondente no Código Civil de 2002: art. 288.*

Parágrafo único. O cessionário de crédito hipotecário tem, como o sub-rogado, o direito de fazer inscrever a cessão à margem da inscrição principal.

• *Dispositivo correspondente no Código Civil de 2002: art. 289.*

Art. 1.068. A disposição do artigo antecedente, parte primeira, não se aplica à transferência de créditos, operada por lei ou sentença.

• *Sem dispositivo correspondente no Código Civil de 2002.*

Art. 1.069. A cessão de crédito não vale em relação ao devedor, senão quando a este notificada; mas por notificado se tem o devedor que, em escrito público ou particular, se declarou ciente da cessão feita.

• *Dispositivo correspondente no Código Civil de 2002: art. 290.*

Art. 1.070. Ocorrendo várias cessões do mesmo crédito, prevalece a que se completar com a tradição do título do crédito cedido.

• *Dispositivo correspondente no Código Civil de 2002: art. 291.*

Art. 1.071. Fica desobrigado o devedor que, antes de ter conhecimento da cessão, paga ao credor primitivo, ou que, no caso de mais de uma cessão notificada, paga ao cessionário, que lhe apresenta, com o título da cessão, o da obrigação cedida.

• *Dispositivo correspondente no Código Civil de 2002: art. 292.*

Art. 1.072. O devedor pode opor tanto ao cessionário como ao cedente as exceções que lhe competirem no momento em que tiver conhecimento da cessão; mas, não pode opor ao cessionário de boa-fé a simulação do cedente.

• *Dispositivo correspondente no Código Civil de 2002: art. 294.*

Art. 1.073. Na cessão por título oneroso, o cedente, ainda que se não responsabilize, fica responsável ao cessionário pela existência do crédito ao tempo em que lho cedeu. A mesma responsabilidade lhe cabe nas cessões por título gratuito, se tiver procedido de má-fé.

• *Dispositivo correspondente no Código Civil de 2002: art. 295.*

Art. 1.074. Salvo estipulação em contrário, o cedente não responde pela solvência do devedor.

• *Dispositivo correspondente no Código Civil de 2002: art. 296.*

Art. 1.075. O cedente, responsável ao cessionário pela solvência do devedor, não responde por mais do que daquele recebeu, com os respectivos juros; mas tem de ressarcir-lhe as despesas da cessão e as que o cessionário houver feito com a cobrança.

• *Dispositivo correspondente no Código Civil de 2002: art. 297.*

Art. 1.076. Quando a transferência do crédito se opera por força de lei, o credor originário não responde pela realidade da dívida, nem pela solvência do devedor.

• *Sem dispositivo correspondente no Código Civil de 2002.*

Art. 1.077. O crédito, uma vez penhorado, não pode mais ser transferido pelo credor que tiver conhecimento da penhora; mas o devedor que o pagar, não tendo notificação dela, fica exonerado, subsistindo somente contra o credor os direitos de terceiro.

• *Dispositivo correspondente no Código Civil de 2002: art. 298.*

Art. 1.078. As disposições deste título aplicam-se à cessão de outros direitos para os quais não haja modo especial de transferência.

• *Sem dispositivo correspondente no Código Civil de 2002.*

Título IV | DOS CONTRATOS

Capítulo I | DISPOSIÇÕES GERAIS

Art. 1.079. A manifestação da vontade, nos contratos, pode ser tácita, quando a lei não exigir que seja expressa.

• *Sem dispositivo correspondente no Código Civil de 2002.*

Art. 1.080. A proposta de contrato obriga o proponente, se o contrário não resultar dos termos dela, da natureza do negócio, ou das circunstâncias do caso.

• *Dispositivo correspondente no Código Civil de 2002: art. 427.*

Art. 1.081. Deixa de ser obrigatória a proposta:

• *Dispositivo correspondente no Código Civil de 2002: art. 428,* caput.

I — Se, feita sem prazo a uma pessoa presente, não foi imediatamente aceita.

Considera-se também presente a pessoa que contrata por meio de telefone.

• *Dispositivo correspondente no Código Civil de 2002: art. 428, I.*

II — Se, feita sem prazo a pessoa ausente, tiver decorrido tempo suficiente para chegar a resposta ao conhecimento do proponente.

• *Dispositivo correspondente no Código Civil de 2002: art. 428, II.*

III — Se, feita a pessoa ausente, não tiver sido expedida a resposta dentro no prazo dado.

• *Dispositivo correspondente no Código Civil de 2002: art. 428, III.*

IV — Se, antes dela, ou simultaneamente, chegar ao conhecimento da outra parte a retratação do proponente.

• *Dispositivo correspondente no Código Civil de 2002: art. 428, IV.*

Art. 1.082. Se a aceitação, por circunstância imprevista, chegar tarde ao conhecimento do proponente, este comunicá-la-á imediatamente ao aceitante, sob pena de responder por perdas e danos.

• *Dispositivo correspondente no Código Civil de 2002: art. 430.*

Art. 1.083. A aceitação fora do prazo, com adições, restrições, ou modificações, importará nova proposta.

• *Dispositivo correspondente no Código Civil de 2002: art. 431.*

Art. 1.084. Se o negócio for daqueles, em que se não costuma a aceitação expressa, ou o proponente a tiver dispensado, reputar-se-á concluído o contrato, não chegando a tempo a recusa.

• *Dispositivo correspondente no Código Civil de 2002: art. 432.*

Art. 1.085. Considera-se inexistente a aceitação, se antes dela ou com ela chegar ao proponente a retratação do aceitante.

• *Dispositivo correspondente no Código Civil de 2002: art. 433.*

Art. 1.086. Os contratos por correspondência epistolar, ou telegráfica, tornam-se perfeitos desde que a aceitação é expedida, exceto:

• *Dispositivo correspondente no Código Civil de 2002: art. 434,* caput.

I — no caso do artigo antecedente;

• *Dispositivo correspondente no Código Civil de 2002: art. 434, I.*

II — se o proponente se houver comprometido a esperar resposta;

• *Dispositivo correspondente no Código Civil de 2002: art. 434, II.*

III — se ela não chegar no prazo convencionado.

• *Dispositivo correspondente no Código Civil de 2002: art. 434, III.*

Art. 1.087. Reputar-se-á celebrado o contrato no lugar em que foi proposto.

• *Dispositivo correspondente no Código Civil de 2002: art. 435.*

Art. 1.088. Quando o instrumento público for exigido como prova do contrato, qualquer das partes pode arrepender-se, antes de o assinar, ressarcindo à outra as perdas e danos resultantes do arrependimento, sem prejuízo do estatuído nos arts. 1.095 a 1.097.

• *Sem dispositivo correspondente no Código Civil de 2002.*

Art. 1.089. Não pode ser objeto de contrato a herança de pessoa viva.

• *Dispositivo correspondente no Código Civil de 2002: art. 426.*

Art. 1.090. Os contratos benéficos interpretar-se-ão estritamente.

• *Dispositivo correspondente no Código Civil de 2002: art. 114.*

Art. 1.091. A impossibilidade da prestação não invalida o contrato, sendo relativa, ou cessando antes de realizada a condição.

• *Sem dispositivo correspondente no Código Civil de 2002.*

Capítulo II | DOS CONTRATOS BILATERAIS

Art. 1.092. Nos contratos bilaterais, nenhum dos contraentes, antes de cumprida a sua obrigação, pode exigir o implemento da do outro.

Se, depois de concluído o contrato sobrevier a uma das partes contratantes diminuição em seu patrimônio, capaz de comprometer ou tornar duvidosa a prestação pela qual se obrigou, pode a parte, a quem incumbe fazer prestação em primeiro lugar, recusar-se a esta, até que a outra satisfaça a que lhe compete ou dê garantia bastante de satisfazê-la.

• *Dispositivos correspondentes no Código Civil de 2002: arts. 476 e 477.*

Parágrafo único. A parte lesada pelo inadimplemento pode requerer a rescisão do contrato com perdas e danos.

• *Dispositivo correspondente no Código Civil de 2002: art. 475.*

Art. 1.093. O distrato faz-se pela mesma forma que o contrato. Mas a quitação vale, qualquer que seja a sua forma.

• *Dispositivo correspondente no Código Civil de 2002: art. 472.*

Capítulo III | DAS ARRAS

Art. 1.094. O sinal, ou arras, dado por um dos contraentes firma a presunção de acordo final, e torna obrigatório o contrato.

• *Sem dispositivo correspondente no Código Civil de 2002.*

Art. 1.095. Podem, porém, as partes estipular o direito de se arrepender, não obstante as arras dadas. Em caso tal, se o arrependido for o que as deu, perdê-las-á em proveito do outro; se o que as recebeu, restituí-las-á em dobro.

• *Dispositivo correspondente no Código Civil de 2002: art. 420.*

Art. 1.096. Salvo estipulação em contrário, as arras em dinheiro consideram-se princípio de pagamento. Fora esse caso, devem ser restituídas, quando o contrato for concluído, ou ficar desfeito.

• *Sem dispositivo correspondente no Código Civil de 2002.*

Art. 1.097. Se o que deu arras der causa a se impossibilitar a prestação, ou a se rescindir o contrato, perdê-las-á em benefício do outro.

• *Sem dispositivo correspondente no Código Civil de 2002.*

Capítulo IV | DAS ESTIPULAÇÕES EM FAVOR DE TERCEIRO

Art. 1.098. O que estipula em favor de terceiro pode exigir o cumprimento da obrigação.

• *Dispositivo correspondente no Código Civil de 2002: art. 436,* caput.

Parágrafo único. Ao terceiro, em favor de quem se estipulou a obrigação, também é permitido exigi-la, ficando, todavia, sujeito às condições e normas do contrato, se a ele anuir, e o estipulante o não inovar nos termos do art. 1.100.

• *Dispositivo correspondente no Código Civil de 2002: art. 436, parágrafo único.*

Art. 1.099. Se ao terceiro, em favor de quem se fez o contrato, se deixar o direito de reclamar-lhe a execução, não poderá o estipulante exonerar o devedor.

• *Dispositivo correspondente no Código Civil de 2002: art. 437.*

Art. 1.100. O estipulante pode reservar-se o direito de substituir o terceiro designado no contrato, independentemente da sua anuência e da do outro contraente (art. 1.098, parágrafo único).

• *Dispositivo correspondente no Código Civil de 2002: art. 438,* caput.

Parágrafo único. Tal substituição pode ser feita por ato entre vivos ou por disposição de última vontade.

• *Dispositivo correspondente no Código Civil de 2002: art. 438, parágrafo único.*

Capítulo V | DOS VÍCIOS REDIBITÓRIOS

Art. 1.101. A coisa recebida em virtude de contrato comutativo pode ser enjeitada por vícios ou defeitos ocultos, que a tornem imprópria ao uso a que é destinada ou lhe diminuam o valor.

• *Dispositivo correspondente no Código Civil de 2002: art. 441,* caput.

Parágrafo único. É aplicável a disposição deste artigo às doações gravadas de encargo.

• *Dispositivo correspondente no Código Civil de 2002: art. 441, parágrafo único.*

Art. 1.102. Salvo cláusula expressa no contrato, a ignorância de tais vícios pelo alienante não o exime da responsabilidade (art. 1.103).

• *Sem dispositivo correspondente no Código Civil de 2002.*

Art. 1.103. Se o alienante conhecia o vício, ou o defeito, restituirá o que recebeu com perdas e danos; se o não conhecia, tão somente restituirá o valor recebido, mais as despesas do contrato.

• *Dispositivo correspondente no Código Civil de 2002: art. 443.*

Art. 1.104. A responsabilidade do alienante subsiste ainda que a coisa pereça em poder do alienatário, se perecer por vício oculto, já existente ao tempo da tradição.

• *Dispositivo correspondente no Código Civil de 2002: art. 444.*

Art. 1.105. Em vez de rejeitar a coisa, redibindo o contrato (art. 1.101), pode o adquirente reclamar abatimento no preço (art. 178, § 2º e § 5º, IV).

• *Dispositivo correspondente no Código Civil de 2002: art. 442.*

Art. 1.106. Se a coisa foi vendida em hasta pública, não cabe a ação redibitória, nem a de pedir abatimento no preço.

• *Sem dispositivo correspondente no Código Civil de 2002.*

Capítulo VI | DA EVICÇÃO

Art. 1.107. Nos contratos onerosos, pelos quais se transfere o domínio, posse ou uso, será obrigado o alienante a resguardar o adquirente dos riscos da evicção, toda vez que se não tenha excluído expressamente esta responsabilidade.

• *Dispositivo correspondente no Código Civil de 2002: art. 447.*

Parágrafo único. As partes podem reforçar ou diminuir essa garantia.

• *Dispositivo correspondente no Código Civil de 2002: art. 448.*

Art. 1.108. Não obstante a cláusula que exclui a garantia contra a evicção (art. 1.107), se esta se der, tem direito o evicto a recobrar o preço que pagou pela coisa evicta, se não soube do risco da evicção, ou, dele informado, o não assumiu.

• *Dispositivo correspondente no Código Civil de 2002: art. 449.*

Art. 1.109. Salvo estipulação em contrário, tem direito o evicto, além da restituição integral do preço, ou das quantias, que pagou:

• *Dispositivo correspondente no Código Civil de 2002: art. 450,* caput.

I — à indenização dos frutos que tiver sido obrigado a restituir;

• *Dispositivo correspondente no Código Civil de 2002: art. 450, I.*

II — à das despesas dos contratos e dos prejuízos que diretamente resultarem da evicção;

• *Dispositivo correspondente no Código Civil de 2002: art. 450, II.*

III — às custas judiciais.

• *Dispositivo correspondente no Código Civil de 2002: art. 450, III.*

Art. 1.110. Subsiste para o alienante esta obrigação, ainda que a coisa alienada esteja deteriorada, exceto havendo dolo do adquirente.

• *Dispositivo correspondente no Código Civil de 2002: art. 451.*

Art. 1.111. Se o adquirente tiver auferido vantagens das deteriorações, e não tiver sido condenado a indenizá-las, o valor das vantagens será deduzido da quantia que lhe houver de dar o alienante.

• *Dispositivo correspondente no Código Civil de 2002: art. 452.*

Art. 1.112. As benfeitorias necessárias ou úteis, não abonadas ao que sofreu a evicção, serão pagas pelo alienante.

• *Dispositivo correspondente no Código Civil de 2002: art. 453.*

Art. 1.113. Se as benfeitorias abonadas ao que sofreu a evicção tiverem sido feitas pelo alienante, o valor delas será levado em conta na restituição devida.

• *Dispositivo correspondente no Código Civil de 2002: art. 454.*

Art. 1.114. Se a evicção for parcial, mas considerável, poderá o evicto optar entre a rescisão do contrato e a restituição da parte do preço correspondente ao desfalque sofrido.

• *Dispositivo correspondente no Código Civil de 2002: art. 455.*

Art. 1.115. A importância do desfalque, na hipótese do artigo antecedente, será calculada em proporção do valor da coisa ao tempo em que se evenceu.

• *Dispositivo correspondente no Código Civil de 2002: art. 450, parágrafo único.*

Art. 1.116. Para poder exercitar o direito, que da evicção lhe resulta, o adquirente notificará do litígio o alienante, quando e como lho determinarem as leis do processo.

• *Dispositivo correspondente no Código Civil de 2002: art. 456.*

Art. 1.117. Não pode o adquirente demandar pela evicção:

• *Sem dispositivo correspondente no Código Civil de 2002.*

I — se foi privado da coisa, não pelos meios judiciais, mas por caso fortuito, força maior, roubo ou furto;

• *Sem dispositivo correspondente no Código Civil de 2002.*

II — se sabia que a coisa era alheia, ou litigiosa.

• *Dispositivo correspondente no Código Civil de 2002: art. 457.*

Capítulo VII | DOS CONTRATOS ALEATÓRIOS

Art. 1.118. Se o contrato for aleatório, por dizer respeito a coisas futuras, cujo risco de não virem a existir assuma o adquirente, terá direito o alienante a todo o preço, desde que de sua parte não tenha havido culpa, ainda que delas não venha a existir absolutamente nada.

• *Dispositivo correspondente no Código Civil de 2002: art. 458.*

Art. 1.119. Se for aleatório, por serem objeto dele coisas futuras, tomando o adquirente a si o risco de virem a existir em qualquer quantidade, terá também direito o alienante a todo o preço, desde que de sua parte não tiver concorrido culpa, ainda que a coisa venha a existir em quantidade inferior à esperada.

• *Dispositivo correspondente no Código Civil de 2002: art. 459,* caput.

Parágrafo único. Mas, se da coisa nada vier a existir, alienação não haverá, e o adquirente restituirá o preço recebido.

• *Dispositivo correspondente no Código Civil de 2002: art. 459, parágrafo único.*

Art. 1.120. Se for aleatório, por se referir a coisas existentes, mas expostas a risco, assumido pelo adquirente, terá igualmente direito o alienante a todo o preço, posto que a coisa já não existisse, em parte, ou de todo, no dia do contrato.

• *Dispositivo correspondente no Código Civil de 2002: art. 460.*

Art. 1.121. A alienação aleatória do artigo antecedente poderá ser anulada como dolosa pelo prejudicado, se provar que o outro contraente não ignorava a consumação do risco, a que no contrato se considerava exposta a coisa.

• *Dispositivo correspondente no Código Civil de 2002: art. 461.*

Título V | DAS VÁRIAS ESPÉCIES DE CONTRATOS

Capítulo I | DA COMPRA E VENDA

Seção I | DISPOSIÇÕES GERAIS

Art. 1.122. Pelo contrato de compra e venda, um dos contraentes se obriga a transferir o domínio de certa coisa, e o outro, a pagar-lhe certo preço em dinheiro.

• *Dispositivo correspondente no Código Civil de 2002: art. 481.*

Art. 1.123. A fixação do preço pode ser deixada ao arbítrio de terceiro, que os contratantes logo designarem ou prometerem designar. Se o terceiro não aceitar a incumbência, ficará sem efeito o contrato, salvo quando acordarem os contraentes designar outra pessoa.

• *Dispositivo correspondente no Código Civil de 2002: art. 485.*

Art. 1.124. Também se poderá deixar a fixação do preço à taxa do mercado, ou da bolsa, em certo e determinado dia e lugar.

• *Dispositivo correspondente no Código Civil de 2002: art. 486.*

Art. 1.125. Nulo é o contrato de compra e venda, quando se deixa ao arbítrio exclusivo de uma das partes a taxação do preço.

• *Dispositivo correspondente no Código Civil de 2002: art. 489.*

Art. 1.126. A compra e venda, quando pura, considerar-se-á obrigatória e perfeita, desde que as partes acordarem no objeto e no preço.

• *Dispositivo correspondente no Código Civil de 2002: art. 482.*

Art. 1.127. Até o momento da tradição, os riscos da coisa correm por conta do vendedor, e os do preço por conta do comprador.

• *Dispositivo correspondente no Código Civil de 2002: art. 492,* caput.

§ 1º Todavia, os casos fortuitos, ocorrentes no ato de contar, marcar, ou assinalar coisas, que comumente se recebem, contando, pesando, medindo ou assinalando, e que já tiverem sido postas à disposição do comprador, correrão por conta deste.

• *Dispositivo correspondente no Código Civil de 2002: art. 492, § 1º.*

§ 2º Correrão também por conta do comprador os riscos das referidas coisas, se estiver em mora de as receber, quando postas à sua disposição no tempo, lugar e pelo modo ajustados.

• *Dispositivo correspondente no Código Civil de 2002: art. 492, § 2º.*

Art. 1.128. Se a coisa for expedida para lugar diverso, por ordem do comprador, por sua conta correrão os riscos, uma vez entregue a quem haja de transportá-la, salvo se das instruções dele se afastar o vendedor.

• *Dispositivo correspondente no Código Civil de 2002: art. 494.*

Art. 1.129. Salvo cláusula em contrário, ficarão as despesas da escritura a cargo do comprador, e a cargo do vendedor as da tradição.

• *Dispositivo correspondente no Código Civil de 2002: art. 490.*

Art. 1.130. Não sendo a venda a crédito, o vendedor não é obrigado a entregar a coisa, antes de receber o preço.

• *Dispositivo correspondente no Código Civil de 2002: art. 491.*

Art. 1.131. Não obstante o prazo ajustado para o pagamento, se antes da tradição o comprador cair em insolvência, poderá o vendedor sobrestar na entrega da coisa, até que o comprador lhe dê caução de pagar no tempo ajustado.

• *Dispositivo correspondente no Código Civil de 2002: art. 495.*

Art. 1.132. Os ascendentes não podem vender aos descendentes, sem que os outros descendentes expressamente consintam.

• *Dispositivo correspondente no Código Civil de 2002: art. 496,* caput.

Art. 1.133. Não podem ser comprados, ainda em hasta pública:

• *Dispositivo correspondente no Código Civil de 2002: art. 497,* caput.

I — pelos tutores, curadores, testamenteiros e administradores, os bens confiados à sua guarda ou administração;

• *Dispositivo correspondente no Código Civil de 2002: art. 497, I.*

II — pelos mandatários, os bens, de cuja administração ou alienação estejam encarregados;

• *Dispositivo correspondente no Código Civil de 2002: art. 497, IV.*

III — pelos empregados públicos, os bens da União, dos Estados e dos Municípios, que estiverem sob sua administração, direta ou indireta. A mesma disposição aplica-se aos juízes, arbitradores, ou peritos que, de qualquer modo, possam influir no ato ou no preço da venda;

• *Dispositivo correspondente no Código Civil de 2002: art. 497, II.*

IV — pelos juízes, empregados de fazenda, secretários de tribunais, escrivães e outros oficiais de justiça, os bens ou direitos, sobre que se litigar em tribunal, juízo, ou conselho, no lugar onde esses funcionários servirem, ou a que se estender a sua autoridade.

• *Dispositivo correspondente no Código Civil de 2002: art. 497, III.*

Art. 1.134. Esta proibição compreende a venda ou cessão de crédito, exceto se for ou entre coerdeiros, ou em pagamento de dívida, ou para garantia de bens já pertencentes a pessoas designadas no artigo anterior, nº IV.

• *Dispositivos correspondentes no Código Civil de 2002: arts. 497, parágrafo único, e 498.*

Art. 1.135. Se a venda se realizar à vista de amostras, entender-se-á que o vendedor assegura ter a coisa vendida as qualidades por elas apresentadas.

• *Dispositivo correspondente no Código Civil de 2002: art. 484,* caput.

Art. 1.136. Se, na venda de um imóvel, se estipular o preço por medida de extensão, ou se determinar a respectiva área, e esta não corresponder, em qualquer dos casos, às dimensões dadas, o comprador terá o direito de exigir o complemento da área, e não sendo isso possível, o de reclamar a rescisão do contrato ou abatimento proporcional do preço. Não lhe cabe, porém, esse direito, se o imóvel foi vendido como coisa certa e discriminada, tendo sido apenas enunciativa a referência às suas dimensões.

• *Dispositivo correspondente no Código Civil de 2002: art. 500,* caput *e § 3º.*

Parágrafo único. Presume-se que a referência às dimensões foi simplesmente enunciativa, quando a diferença encontrada não exceder de um vinte avos da extensão total enunciada.

• *Dispositivo correspondente no Código Civil de 2002: art. 500, § 1º.*

Art. 1.137. Em toda escritura de transferência de imóveis, serão transcritas as certidões de se acharem eles quites com a Fazenda Federal, Estadual e Municipal, de quaisquer impostos a que possam estar sujeitos.

• *Sem dispositivo correspondente no Código Civil de 2002.*

Parágrafo único. A certidão negativa exonera o imóvel e isenta o adquirente de toda responsabilidade.

• *Sem dispositivo correspondente no Código Civil de 2002.*

Art. 1.138. Nas coisas vendidas conjuntamente, o defeito oculto de uma não autoriza a rejeição de todas.

• *Dispositivo correspondente no Código Civil de 2002: art. 503.*

Art. 1.139. Não pode um condômino em coisa indivisível vender a sua parte a estranhos, se outro consorte a quiser, tanto por tanto. O condômino, a quem não se der conhecimento da venda, poderá, depositando o preço, haver para si a parte vendida a estranho, se o requerer no prazo de 6 (seis) meses.

• *Dispositivo correspondente no Código Civil de 2002: art. 504,* caput.

Parágrafo único. Sendo muitos os condôminos, preferirá o que tiver benfeitorias de maior valor e, na falta de benfeitorias, o de quinhão maior. Se os quinhões forem iguais haverão a parte vendida os comproprietários, que a quiserem, depositando previamente o preço.

• *Dispositivo correspondente no Código Civil de 2002: art. 504, parágrafo único.*

Seção II | DAS CLÁUSULAS ESPECIAIS À COMPRA E VENDA

DA RETROVENDA

Art. 1.140. O vendedor pode reservar-se o direito de recobrar, em certo prazo, o imóvel, que vendeu, restituindo o preço, mais as despesas feitas pelo comprador.

• *Dispositivo correspondente no Código Civil de 2002: art. 505.*

Parágrafo único. Além destas, reembolsará também, nesse caso, o vendedor ao comprador as empregadas em melhoramentos do imóvel, até ao valor por esses melhoramentos acrescentado à propriedade.

• *Dispositivo correspondente no Código Civil de 2002: art. 505.*

Art. 1.141. O prazo para o resgate, ou retrato, não passará de 3 (três) anos, sob pena de se reputar não escrito; presumindo-se estipulado o máximo do tempo, quando as partes o não determinarem.

• *Dispositivo correspondente no Código Civil de 2002: art. 505.*

Parágrafo único. O prazo do retrato, expresso, ou presumido, prevalece ainda contra o incapaz. Vencido o prazo, extingue-se o direito ao retrato, e torna-se irretratável a venda.

• *Sem dispositivo correspondente no Código Civil de 2002.*

Art. 1.142. Na retrovenda, o vendedor conserva a sua ação contra os terceiros adquirentes da coisa retrovendida, ainda que eles não conhecessem a cláusula de retrato.

• *Dispositivo correspondente no Código Civil de 2002: art. 507.*

Art. 1.143. Se duas ou mais pessoas tiverem direito ao retrato sobre a mesma coisa, e só uma o exercer, poderá o comprador fazer intimar as outras, para nele acordarem.

• *Dispositivo correspondente no Código Civil de 2002: art. 508.*

§ 1º Não havendo acordo entre os interessados, ou não querendo um deles entrar com a importância integral do retrato, caducará o direito de todos.

• *Sem dispositivo correspondente no Código Civil de 2002.*

§ 2º Se os diferentes condôminos do prédio alheado o não retrovenderem conjuntamente e no mesmo ato, poderá cada qual, de per si, exercitar sobre o respectivo quinhão o seu direito de retrato, sem que o comprador possa constranger os demais a resgatá-lo por inteiro.

• *Sem dispositivo correspondente no Código Civil de 2002.*

DA VENDA A CONTENTO

Art. 1.144. A venda a contento reputar-se-á feita sob condição suspensiva, se no contrato não se lhe tiver dado expressamente o caráter de condição resolutiva.

• *Dispositivo correspondente no Código Civil de 2002: art. 509.*

Parágrafo único. Nesta espécie de venda, se classifica a dos gêneros, que se costumam provar, medir, pesar, ou experimentar antes de aceitos.

• *Sem dispositivo correspondente no Código Civil de 2002.*

Art. 1.145. As obrigações do comprador, que recebeu, sob condição suspensiva, a coisa comprada, são as de mero comodatário, enquanto não manifeste aceitá-la.

• *Dispositivo correspondente no Código Civil de 2002: art. 511.*

Art. 1.146. Se o comprador não fizer declaração alguma dentro no prazo, reputar-se-á perfeita a venda, quer seja suspensiva a condição, quer resolutiva; havendo-se, no primeiro caso, o pagamento do preço como expressão de que aceita a coisa vendida.

• *Sem dispositivo correspondente no Código Civil de 2002.*

Art. 1.147. Não havendo prazo estipulado para a declaração do comprador, o vendedor terá direito a intimá-lo judicialmente, para que o faça em prazo improrrogável, sob pena de considerar-se perfeita a venda.

• *Dispositivo correspondente no Código Civil de 2002: art. 512.*

Art. 1.148. O direito resultante da venda a contento é simplesmente pessoal.

• *Sem dispositivo correspondente no Código Civil de 2002.*

DA PREEMPÇÃO OU PREFERÊNCIA

Art. 1.149. A preempção, ou preferência, impõe ao comprador a obrigação de oferecer ao vendedor a coisa que aquele vai vender, ou dar em pagamento, para que este use de seu direito de prelação na compra, tanto por tanto.

• *Dispositivo correspondente no Código Civil de 2002: art. 513.*

Art. 1.150. A União, o Estado, ou o Município, oferecerá ao ex-proprietário o imóvel desapropriado, pelo preço por que o foi, caso não tenha o destino, para que se desapropriou.

• *Dispositivo correspondente no Código Civil de 2002: art. 519.*

Art. 1.151. O vendedor pode também exercer o seu direito de prelação, intimando-o ao comprador, quando lhe constar que este vai vender a coisa.

• *Dispositivo correspondente no Código Civil de 2002: art. 514.*

Art. 1.152. O direito de preempção não se estende senão às situações indicadas nos arts. 1.149 e 1.150, nem a outro direito real que não a propriedade.

• *Sem dispositivo correspondente no Código Civil de 2002.*

Art. 1.153. O direito de preempção caducará, se a coisa for móvel, não se exercendo nos 3 (três) dias, e, se for imóvel, não se exercendo nos 30 (trinta) subsequentes àquele, em que o comprador tiver afrontado o vendedor.

• *Dispositivo correspondente no Código Civil de 2002: art. 516.*

Art. 1.154. Quando o direito de preempção for estipulado a favor de dois ou mais indivíduos em comum, só poderá ser exercido em relação à coisa no seu todo. Se alguma das pessoas, a quem ele toque, perder, ou não exercer o seu direito, poderão as demais utilizá-lo na forma sobredita.

• *Dispositivo correspondente no Código Civil de 2002: art. 517.*

Art. 1.155. Aquele que exerce a preferência está, sob pena de a perder, obrigado a pagar, em condições iguais, o preço encontrado, ou o ajustado.

• *Dispositivo correspondente no Código Civil de 2002: art. 515.*

Art. 1.156. Responderá por perdas e danos o comprador, se ao vendedor não der ciência do preço e das vantagens, que lhe oferecem pela coisa.

• *Dispositivo correspondente no Código Civil de 2002: art. 518.*

Art. 1.157. O direito de preferência não se pode ceder nem passa aos herdeiros.

• *Dispositivo correspondente no Código Civil de 2002: art. 520.*

DO PACTO DE MELHOR COMPRADOR

Art. 1.158. O contrato de compra e venda pode ser feito com a cláusula de se desfazer, se, dentro em certo prazo, aparecer quem ofereça maior vantagem.

• *Sem dispositivo correspondente no Código Civil de 2002.*

Parágrafo único. Não excederá de 1 (um) ano esse prazo, nem essa cláusula vigorará senão entre os contratantes.

• *Sem dispositivo correspondente no Código Civil de 2002.*

Art. 1.159. O pacto de melhor comprador vale por condição resolutiva, salvo convenção em contrário.

• *Sem dispositivo correspondente no Código Civil de 2002.*

Art. 1.160. Esse pacto não pode existir nas vendas de móveis.

• *Sem dispositivo correspondente no Código Civil de 2002.*

Art. 1.161. O comprador prefere a quem oferecer iguais vantagens.

• *Sem dispositivo correspondente no Código Civil de 2002.*

Art. 1.162. Se, dentro no prazo fixado, o vendedor não aceitar proposta de maior vantagem, a venda se reputará definitiva.

• *Sem dispositivo correspondente no Código Civil de 2002.*

DO PACTO COMISSÓRIO

Art. 1.163. Ajustado que se desfaça a venda, não se pagando o preço até certo dia, poderá o vendedor, não pago, desfazer o contrato, ou pedir o preço.

• *Sem dispositivo correspondente no Código Civil de 2002.*

Parágrafo único. Se, em 10 (dez) dias de vencido o prazo, o vendedor, em tal caso, não reclamar o preço, ficará de pleno direito desfeita a venda.

• *Sem dispositivo correspondente no Código Civil de 2002.*

Capítulo II | DA TROCA

Art. 1.164. Aplicam-se à troca as disposições referentes à compra e venda, com as seguintes modificações:

• *Dispositivo correspondente no Código Civil de 2002: art. 533,* caput.

I — salvo disposição em contrário, cada um dos contratantes pagará por metade as despesas com o instrumento da troca;

• *Dispositivo correspondente no Código Civil de 2002: art. 533, I.*

II — é nula a troca de valores desiguais entre ascendentes e descendentes, sem consentimento expresso dos outros descendentes.

• *Dispositivo correspondente no Código Civil de 2002: art. 533, II.*

Capítulo III | DA DOAÇÃO

Seção I | DISPOSIÇÕES GERAIS

Art. 1.165. Considera-se doação o contrato em que uma pessoa, por liberalidade, transfere do seu patrimônio bens ou vantagens para o de outra, que os aceita.

• *Dispositivo correspondente no Código Civil de 2002: art. 538.*

Art. 1.166. O doador pode fixar prazo ao donatário, para declarar se aceita, ou não, a liberalidade. Desde que o donatário, ciente do prazo, não faça dentro nele, a declaração, entender-se-á que aceitou, se a doação não for sujeita a encargo.

• *Dispositivo correspondente no Código Civil de 2002: art. 539.*

Art. 1.167. A doação feita em contemplação do merecimento do donatário não perde o caráter de liberalidade, como o não perde a doação remuneratória, ou a gravada, no excedente ao valor dos serviços remunerados, ou ao encargo imposto.

• *Dispositivo correspondente no Código Civil de 2002: art. 540.*

Art. 1.168. A doação far-se-á por escritura pública, ou instrumento particular (art. 134).

• *Dispositivo correspondente no Código Civil de 2002: art. 541,* caput.

Parágrafo único. A doação verbal será válida, se, versando sobre bens móveis e de pequeno valor, se lhe seguir *incontinenti* a tradição.

• *Dispositivo correspondente no Código Civil de 2002: art. 541, parágrafo único.*

Art. 1.169. A doação feita ao nascituro valerá, sendo aceita pelos pais.

• *Dispositivo correspondente no Código Civil de 2002: art. 542.*

Art. 1.170. Às pessoas que não puderem contratar é facultado, não obstante, aceitar doações puras.

• *Dispositivo correspondente no Código Civil de 2002: art. 543.*

Art. 1.171. A doação dos pais aos filhos importa adiantamento da legítima.

• *Dispositivo correspondente no Código Civil de 2002: art. 544.*

Art. 1.172. A doação em forma de subvenção periódica ao beneficiado extingue-se, morrendo o doador, salvo se este outra coisa dispuser.

• *Dispositivo correspondente no Código Civil de 2002: art. 545.*

Art. 1.173. A doação feita em contemplação de casamento futuro com certa e determinada pessoa, quer pelos nubentes entre si, quer por terceiro a um deles, a ambos, ou aos filhos que, de futuro, houverem um do outro, não pode ser impugnada por falta de aceitação, e só ficará sem efeito se o casamento não se realizar.

• *Dispositivo correspondente no Código Civil de 2002: art. 546.*

Art. 1.174. O doador pode estipular que os bens doados voltem ao seu patrimônio, se sobreviver ao donatário.

• *Dispositivo correspondente no Código Civil de 2002: art. 547,* caput.

Art. 1.175. É nula a doação de todos os bens, sem reserva de parte, ou renda suficiente para a subsistência do doador.

• *Dispositivo correspondente no Código Civil de 2002: art. 548.*

Art. 1.176. Nula é também a doação quanto à parte, que exceder a de que o doador, no momento da liberalidade, poderia dispor em testamento.

• *Dispositivo correspondente no Código Civil de 2002: art. 549.*

Art. 1.177. A doação do cônjuge adúltero ao seu cúmplice pode ser anulada pelo outro cônjuge, ou por seus herdeiros necessários, até 2 (dois) anos depois de dissolvida a sociedade conjugal (arts. 178, § 7º, VI, e 248, IV).

• *Dispositivo correspondente no Código Civil de 2002: art. 550.*

Art. 1.178. Salvo declaração em contrário, a doação em comum a mais de uma pessoa entende-se distribuída entre elas por igual.

• *Dispositivo correspondente no Código Civil de 2002: art. 551,* caput.

Parágrafo único. Se os donatários, em tal caso, forem marido e mulher, subsistirá na totalidade a doação para o cônjuge sobrevivo.

• *Dispositivo correspondente no Código Civil de 2002: art. 551, parágrafo único.*

Art. 1.179. O doador não é obrigado a pagar juros moratórios, nem é sujeito à evicção, exceto no caso do art. 285.

• *Dispositivo correspondente no Código Civil de 2002: art. 552.*

Art. 1.180. O donatário é obrigado a cumprir os encargos da doação, caso forem a benefício do doador, de terceiro, ou do interesse geral.

• *Dispositivo correspondente no Código Civil de 2002: art. 553,* caput.

Parágrafo único. Se desta última espécie for o encargo, o Ministério Público poderá exigir sua execução, depois da morte do doador, se este não o tiver feito.

• *Dispositivo correspondente no Código Civil de 2002: art. 553, parágrafo único.*

Seção II | DA REVOGAÇÃO DA DOAÇÃO

Art. 1.181. Além dos casos comuns a todos os contratos, a doação também se revoga por ingratidão do donatário.

• *Dispositivo correspondente no Código Civil de 2002: art. 555.*

Parágrafo único. A doação onerosa poder-se-á revogar por inexecução do encargo, desde que o donatário incorrer em mora.

• *Dispositivos correspondentes no Código Civil de 2002: arts. 555 e 562.*

Art. 1.182. Não se pode renunciar antecipadamente o direito de revogar a liberalidade por ingratidão do donatário.

• *Dispositivo correspondente no Código Civil de 2002: art. 556.*

Art. 1.183. Só se podem revogar por ingratidão as doações:

• *Dispositivo correspondente no Código Civil de 2002: art. 557,* caput.

I — se o donatário atentou contra a vida do doador;

• *Dispositivo correspondente no Código Civil de 2002: art. 557, I.*

II — se cometeu contra ele ofensa física;

• *Dispositivo correspondente no Código Civil de 2002: art. 557, II.*

III — se o injuriou gravemente, ou o caluniou;

• *Dispositivo correspondente no Código Civil de 2002: art. 557, III.*

IV — se, podendo ministrar-lhos, recusou ao doador os alimentos, de que este necessitava.

• *Dispositivo correspondente no Código Civil de 2002: art. 557, IV.*

Art. 1.184. A revogação por qualquer desses motivos pleitear-se-á dentro em 1 (um) ano, a contar de quando chegue ao conhecimento do doador o fato, que a autorizar (art. 178, § 6º, I).

• *Dispositivo correspondente no Código Civil de 2002: art. 559.*

Art. 1.185. O direito de que trata o artigo precedente não se transmite aos herdeiros do doador, nem prejudica os do donatário. Mas aqueles podem prosseguir na ação iniciada pelo doador, continuando-a contra os herdeiros do donatário, se este falecer depois de contestada a lide.

• *Dispositivo correspondente no Código Civil de 2002: art. 560.*

Art. 1.186. A revogação por ingratidão não prejudica os direitos adquiridos por terceiro, nem obriga o donatário a restituir os frutos, que percebeu antes de contestada a lide; mas sujeita-o a pagar os posteriores, e, quando não possa restituir em espécie as coisas doadas, a indenizá-las pelo meio termo do seu valor.

• *Dispositivo correspondente no Código Civil de 2002: art. 563.*

Art. 1.187. Não se revogam por ingratidão:

• *Dispositivo correspondente no Código Civil de 2002: art. 564,* caput.

I — as doações puramente remuneratórias;

• *Dispositivo correspondente no Código Civil de 2002: art. 564, I.*

II — as oneradas com encargo;

• *Dispositivo correspondente no Código Civil de 2002: art. 564, II.*

III — as que se fizerem em cumprimento de obrigação natural;

• *Dispositivo correspondente no Código Civil de 2002: art. 564, III.*

IV — as feitas para determinado casamento.

• *Dispositivo correspondente no Código Civil de 2002: art. 564, IV.*

Capítulo IV | DA LOCAÇÃO

Seção I | DA LOCAÇÃO DE COISAS

DISPOSIÇÕES GERAIS

Art. 1.188. Na locação de coisas, uma das partes se obriga a ceder à outra, por tempo determinado, ou não, o uso e gozo de coisa não fungível, mediante certa retribuição.

• *Dispositivo correspondente no Código Civil de 2002: art. 565.*

Art. 1.189. O locador é obrigado:

• *Dispositivo correspondente no Código Civil de 2002: art. 566,* caput.

I — a entregar ao locatário a coisa alugada, com suas pertenças, em estado de servir ao uso a que se destina, e a mantê-la nesse estado, pelo tempo do contrato salvo cláusula expressa em contrário;

• *Dispositivo correspondente no Código Civil de 2002: art. 566, I.*

II — a garantir-lhe, durante o tempo do contrato, o uso pacífico da coisa.

• *Dispositivo correspondente no Código Civil de 2002: art. 566, II.*

Art. 1.190. Se, durante a locação, se deteriorar a coisa alugada, sem culpa do locatário, a este caberá pedir redução proporcional do aluguer, ou rescindir o contrato, caso já não sirva a coisa para o fim a que se destinava.

• *Dispositivo correspondente no Código Civil de 2002: art. 567.*

Art. 1.191. O locador resguardará o locatário dos embaraços e turbações de terceiros, que tenham, ou pretendam ter direito sobre a coisa alugada, e responderá pelos seus vícios, ou defeitos, anteriores à locação.

• *Dispositivo correspondente no Código Civil de 2002: art. 568.*

Art. 1.192. O locatário é obrigado:

• *Dispositivo correspondente no Código Civil de 2002: art. 569,* caput.

I — a servir-se da coisa alugada para os usos convencionados, ou presumidos, conforme a natureza dela e as circunstâncias, bem como a tratá-la com o mesmo cuidado como se sua fosse;

• *Dispositivo correspondente no Código Civil de 2002: art. 569, I.*

II — a pagar pontualmente o aluguer nos prazos ajustados, e, em falta de ajuste, segundo o costume do lugar;

• *Dispositivo correspondente no Código Civil de 2002: art. 569, II.*

III — a levar ao conhecimento do locador as turbações de terceiros, que se pretendam fundadas em direito (art. 1.191);

• *Dispositivo correspondente no Código Civil de 2002: art. 569, III.*

IV — a restituir a coisa, finda a locação, no estado em que a recebeu, salvas as deteriorações naturais ao uso regular.

• *Dispositivo correspondente no Código Civil de 2002: art. 569, IV.*

Art. 1.193. Se o locatário empregar a coisa em uso diverso do ajustado, ou do a que se destina, ou se ela se danificar por abuso do locatário, poderá o locador, além de rescindir o contrato, exigir perdas e danos.

• *Dispositivo correspondente no Código Civil de 2002: art. 570.*

Parágrafo único. Havendo prazo estipulado à duração do contrato, antes do vencimento não poderá o locador reaver a coisa alugada, senão ressarcindo ao locatário as perdas e danos resultantes, nem o locatário devolvê-la ao locador, senão pagando o aluguer pelo tempo que faltar.

• *Dispositivo correspondente no Código Civil de 2002: art. 571,* caput.

Art. 1.194. A locação por tempo determinado cessa de pleno direito findo o prazo estipulado, independentemente de notificação, ou aviso.

• *Dispositivo correspondente no Código Civil de 2002: art. 573.*

Art. 1.195. Se, findo o prazo, o locatário continuar na posse da coisa alugada, sem oposição do locador, presumir-se-á prorrogada a locação pelo mesmo aluguer, mas sem prazo determinado.

• *Dispositivo correspondente no Código Civil de 2002: art. 574.*

Art. 1.196. Se, notificado, o locatário não restituir a coisa, pagará, enquanto a tiver em seu poder, o aluguer que o locador arbitrar e responderá pelo dano que ela venha a sofrer, embora proveniente de caso fortuito.

• *Dispositivo correspondente no Código Civil de 2002: art. 575,* caput.

Art. 1.197. Se, durante a locação, for alienada a coisa, não ficará o adquirente obrigado a respeitar o contrato, se nele não for consignada a cláusula da sua vigência no caso de alienação, e constar de registro público.

• *Dispositivo correspondente no Código Civil de 2002: art. 576,* caput.

Parágrafo único. Nas locações de imóveis, não poderá, porém, despedir o locatário, senão observados os prazos do art. 1.209.

• *Dispositivo correspondente no Código Civil de 2002: art. 576, § 2º.*

Art. 1.198. Morrendo o locador, ou o locatário, transfere-se aos seus herdeiros a locação por tempo determinado.

• *Dispositivo correspondente no Código Civil de 2002: art. 577.*

Art. 1.199. Não é lícito ao locatário reter a coisa alugada, exceto no caso de benfeitorias necessárias, ou no de benfeitorias úteis se estas houverem sido feitas com expresso consentimento do locador.

• *Dispositivo correspondente no Código Civil de 2002: art. 578.*

DA LOCAÇÃO DE PRÉDIOS

Art. 1.200. A locação de prédios pode ser estipulada por qualquer prazo.

• *Sem dispositivo correspondente no Código Civil de 2002.*

Art. 1.201. Não havendo estipulação expressa em contrário, o locatário, nas locações a prazo fixo, poderá sublocar o prédio, no todo, ou em parte, antes ou depois de havê-lo recebido, e bem assim emprestá-lo, continuando responsável ao locador pela conservação do imóvel e solução do aluguer.

• *Sem dispositivo correspondente no Código Civil de 2002.*

Parágrafo único. Pode também ceder a locação, consentindo o locador.

• *Sem dispositivo correspondente no Código Civil de 2002.*

Art. 1.202. O sublocatário responde, subsidiariamente, ao senhorio pela importância que dever ao sublocador, quando este for demandado, e ainda pelos alugueres que se vencerem durante a lide.

• *Sem dispositivo correspondente no Código Civil de 2002.*

§ 1º Neste caso, notificada a ação ao sublocatário, se não declarar logo que adiantou alugueres ao sublocador, presumir-se-ão fraudulentos todos os recibos de pagamento adiantados, salvo se constarem de escrito com data autenticada e certa.

• *Sem dispositivo correspondente no Código Civil de 2002.*

§ 2º Salvo o caso deste artigo, nas disposições anteriores, a sublocação não estabelece direitos nem obrigações entre o sublocatário e o senhorio.

• *Sem dispositivo correspondente no Código Civil de 2002.*

Art. 1.203. Rescindida, ou finda, a locação, resolvem-se as sublocações, salvo o direito de indenização que possa competir ao sublocatário contra o sublocador.

• *Sem dispositivo correspondente no Código Civil de 2002.*

Art. 1.204. Durante a locação, o senhorio não pode mudar a forma nem o destino do prédio alugado.

• *Sem dispositivo correspondente no Código Civil de 2002.*

Art. 1.205. Se o prédio necessitar de reparações urgentes, o locatário será obrigado a consenti-las.

• *Sem dispositivo correspondente no Código Civil de 2002.*

§ 1º Se os reparos durarem mais de 15 (quinze) dias, poderá pedir abatimento proporcional no aluguer.

• *Sem dispositivo correspondente no Código Civil de 2002.*

§ 2º Se durarem mais de 1 (um) mês, e tolherem o uso regular do prédio, poderá rescindir o contrato.

• *Sem dispositivo correspondente no Código Civil de 2002.*

Art. 1.206. Incumbirão ao locador, salvo cláusula expressa em contrário, todas as reparações de que o prédio necessitar.

• *Sem dispositivo correspondente no Código Civil de 2002.*

Parágrafo único. O locatário é obrigado a fazer por sua conta no prédio as pequenas reparações de estragos, que não provenham naturalmente do tempo, ou do uso.

• *Sem dispositivo correspondente no Código Civil de 2002.*

Art. 1.207. O locatário tem direito a exigir do senhorio, quando este lhe entrega o prédio, relação escrita do seu estado.

• *Sem dispositivo correspondente no Código Civil de 2002.*

Art. 1.208. Responderá o locatário pelo incêndio do prédio, se não provar caso fortuito ou força maior, vício de construção ou propagação de fogo originado em outro prédio.

• *Sem dispositivo correspondente no Código Civil de 2002.*

Parágrafo único. Se o prédio tiver mais de um inquilino, todos responderão pelo incêndio, inclusive o locador, se nele habitar, cada um em proporção da parte que ocupe, exceto provando-se ter começado o incêndio na utilizada por um só morador, que será então o único responsável.

• *Sem dispositivo correspondente no Código Civil de 2002.*

Art. 1.209. O locatário do prédio, notificado para entregá-lo, por não convir ao locador continuar a locação de tempo indeterminado, tem o prazo de 1 (um) mês, para o desocupar, se for urbano, e, se rústico, o de 6 (seis) meses (art. 1.197, parágrafo único).

• *Sem dispositivo correspondente no Código Civil de 2002.*

DISPOSIÇÃO ESPECIAL AOS PRÉDIOS URBANOS

Art. 1.210. Não havendo estipulação em contrário, o tempo da locação de prédio urbano regular-se-á pelos usos locais.

• *Sem dispositivo correspondente no Código Civil de 2002.*

DISPOSIÇÕES ESPECIAIS AOS PRÉDIOS RÚSTICOS

Art. 1.211. O locatário de prédio rústico utilizá-lo-á no mister a que se destina, de modo que o não danifique, sob pena de rescisão do contrato e satisfação de perdas e danos.

• *Sem dispositivo correspondente no Código Civil de 2002.*

Art. 1.212. A locação de prazo indefinido presume-se contratada pelo tempo indispensável ao locatário para uma colheita.

• *Sem dispositivo correspondente no Código Civil de 2002.*

Art. 1.213. Na locação por tempo indeterminado, não querendo o locatário continuá-la, avisará o senhorio 6 (seis) meses antes de a deixar.

• *Sem dispositivo correspondente no Código Civil de 2002.*

Art. 1.214. Salvo ajuste em contrário, nem a esterilidade, nem o malogro da colheita por caso fortuito, autorizam o locatário a exigir abate no aluguer.

• *Sem dispositivo correspondente no Código Civil de 2002.*

Art. 1.215. O locatário, que sai, franqueará ao que entra o uso das acomodações necessárias a este para começar o trabalho; e, reciprocamente, o locatário, que entra, facilitará ao que sai o uso do que lhe for mister para a colheita, segundo o costume do lugar.

• *Sem dispositivo correspondente no Código Civil de 2002.*

Seção II | DA LOCAÇÃO DE SERVIÇOS

Art. 1.216. Toda a espécie de serviço ou trabalho lícito, material ou imaterial, pode ser contratada mediante retribuição.

• *Dispositivo correspondente no Código Civil de 2002: art. 594.*

Art. 1.217. No contrato de locação de serviços, quando qualquer das partes não souber ler, nem escrever, o instrumento poderá ser escrito e assinado a rogo, subscrevendo-o, neste caso, quatro testemunhas.

• *Dispositivo correspondente no Código Civil de 2002: art. 595.*

Art. 1.218. Não se tendo estipulado, nem chegando a acordo as partes, fixar-se-á por arbitramento a retribuição, segundo o costume do lugar, o tempo de serviço e sua qualidade.

• *Dispositivo correspondente no Código Civil de 2002: art. 596.*

Art. 1.219. A retribuição pagar-se-á depois de prestado o serviço, se, por convenção, ou costume, não houver de ser adiantada, ou paga em prestações.

• *Dispositivo correspondente no Código Civil de 2002: art. 597.*

Art. 1.220. A locação de serviços não se poderá convencionar por mais de 4 (quatro) anos, embora o contrato tenha por causa o pagamento de dívida do locador, ou se destine a execução de certa e determinada obra. Neste caso, decorridos 4 (quatro) anos, dar-se-á por findo o contrato, ainda que não concluída a obra (art. 1.225).

• *Dispositivo correspondente no Código Civil de 2002: art. 598.*

Art. 1.221. Não havendo prazo estipulado, nem se podendo inferir da natureza do contrato, ou do costume do lugar, qualquer das partes, a seu arbítrio, mediante prévio aviso, pode rescindir o contrato.

• *Dispositivo correspondente no Código Civil de 2002: art. 599,* caput.

Parágrafo único. Dar-se-á o aviso:

• *Dispositivo correspondente no Código Civil de 2002: art. 599, parágrafo único.*

I — com antecedência de 8 (oito) dias, se o salário se houver fixado por tempo de 1 (um) mês, ou mais;

• *Dispositivo correspondente no Código Civil de 2002: art. 599, parágrafo único, I.*

II — com antecipação de 4 (quatro) dias, se o salário se tiver ajustado por semana, ou quinzena;

• *Dispositivo correspondente no Código Civil de 2002: art. 599, parágrafo único, II.*

III — de véspera, quando se tenha contratado por menos de 7 (sete) dias.

• *Dispositivo correspondente no Código Civil de 2002: art. 599, parágrafo único, III.*

Art. 1.222. No contrato de locação de serviços agrícolas, não havendo prazo estipulado, presume-se o de 1 (um) ano agrário, que termina com a colheita ou safra da principal cultura pelo locatário explorada.

• *Sem dispositivo correspondente no Código Civil de 2002.*

Art. 1.223. Não se conta no prazo do contrato o tempo em que o locador, por culpa sua, deixou de servir.

• *Dispositivo correspondente no Código Civil de 2002: art. 600.*

Art. 1.224. Não sendo o locador contratado para certo e determinado trabalho, entender-se-á que se obrigou a todo e qualquer serviço compatível com as suas forças e condições.

• *Dispositivo correspondente no Código Civil de 2002: art. 601.*

Art. 1.225. O locador contratado por tempo certo, ou por obra determinada, não se pode ausentar, ou despedir, sem justa causa, antes de preenchido o tempo, ou concluída a obra (art. 1.220).

• *Dispositivo correspondente no Código Civil de 2002: art. 602,* caput.

Parágrafo único. Se se despedir sem justa causa, terá direito à retribuição vencida, mas responderá por perdas e danos.

• *Dispositivo correspondente no Código Civil de 2002: art. 602, parágrafo único.*

Art. 1.226. São justas causas para dar o locador por findo o contrato:

• *Sem dispositivo correspondente no Código Civil de 2002.*

I — ter de exercer funções públicas, ou desempenhar obrigações legais, incompatíveis estas ou aquelas com a continuação do serviço;

• *Sem dispositivo correspondente no Código Civil de 2002.*

II — achar-se inabilitado, por força maior, para cumprir o contrato;

• *Sem dispositivo correspondente no Código Civil de 2002.*

III — exigir dele o locatário serviços superiores às suas forças, defesos por lei, contrários aos bons costumes, ou alheios ao contrato;

• *Sem dispositivo correspondente no Código Civil de 2002.*

IV — tratá-lo o locatário com rigor excessivo, ou não lhe dar a alimentação conveniente;

• *Sem dispositivo correspondente no Código Civil de 2002.*

V — correr perigo manifesto de dano ou mal considerável;

• *Sem dispositivo correspondente no Código Civil de 2002.*

VI — não cumprir o locatário as obrigações do contrato;

• *Sem dispositivo correspondente no Código Civil de 2002.*

VII — ofendê-lo o locatário ou tentar ofendê-lo na honra de pessoa de sua família;

• *Sem dispositivo correspondente no Código Civil de 2002.*

VIII — morrer o locatário.

• *Sem dispositivo correspondente no Código Civil de 2002.*

Art. 1.227. O locador poderá dar por findo o contrato em qualquer dos casos do artigo antecedente, embora o contrário tenha convencionado.

• *Sem dispositivo correspondente no Código Civil de 2002.*

§ 1º Despedindo-se por qualquer dos motivos especificados no artigo antecedente, ns. I, II, V e VIII, terá direito o locador à remuneração vencida, sem responsabilidade alguma para com o locatário.

• *Sem dispositivo correspondente no Código Civil de 2002.*

§ 2º Despedindo-se por algum dos motivos designados nesse artigo, ns. III, IV, VI e VII, ou por falta do locatário no caso do nº V, assistir-lhe-á direito à retribuição vencida e ao mais do artigo subsequente.

• *Sem dispositivo correspondente no Código Civil de 2002.*

Art. 1.228. O locatário que, sem justa causa, despedir o locador, será obrigado a pagar-lhe por inteiro a retribuição vencida, e por metade a que lhe tocaria de então ao termo legal do contrato.

• *Dispositivo correspondente no Código Civil de 2002: art. 603.*

Art. 1.229. São justas causas para dar o locatário por findo o contrato:

• *Sem dispositivo correspondente no Código Civil de 2002.*

I — força maior que o impossibilite de cumprir suas obrigações;

• *Sem dispositivo correspondente no Código Civil de 2002.*

II — ofendê-lo o locador na honra de pessoa da sua família;

• *Sem dispositivo correspondente no Código Civil de 2002.*

III — enfermidade ou qualquer outra causa que torne o locador incapaz dos serviços contratados;

• *Sem dispositivo correspondente no Código Civil de 2002.*

IV — vícios ou mau procedimento do locador;

• *Sem dispositivo correspondente no Código Civil de 2002.*

V — falta do locador à observância do contrato;

• *Sem dispositivo correspondente no Código Civil de 2002.*

VI — imperícia do locador no serviço contratado.

• *Sem dispositivo correspondente no Código Civil de 2002.*

Art. 1.230. Na locação agrícola, o locatário é obrigado a dar ao locador atestado de que o contrato está findo; e, no caso de recusa, o juiz a quem competir, deverá expedi-lo, multando o recusante em cem a duzentos mil-réis, a favor do locador.

Esta mesma obrigação subsiste, se o locatário, sem justa causa, dispensar os serviços do locador, ou se este, por motivo justificado, der por findo o contrato.

Todavia, se, em qualquer destas hipóteses, o locador estiver em débito, esta circunstância constará do atestado, ficando o novo locatário responsável pelo devido pagamento.

• *Dispositivo correspondente no Código Civil de 2002: art. 604.*

Art. 1.231. O locatário poderá despedir o locador por qualquer das causas especificadas no art. 1.229, ainda que o contrário tenha convencionado.

• *Sem dispositivo correspondente no Código Civil de 2002.*

§ 1º Se o locador for despedido por alguma das causas ali particularizadas sob os ns. I, III e V, terá direito à retribuição vencida, sem responsabilidade alguma para com o locatário.

• *Sem dispositivo correspondente no Código Civil de 2002.*

§ 2º Se for despedido por algum dos fundamentos ali admitidos sob os ns. II, IV e VI, terá direito à retribuição vencida, respondendo, porém, por perdas e danos.

• *Sem dispositivo correspondente no Código Civil de 2002.*

Art. 1.232. Nem o locatário, ainda que outra coisa tenha contratado, poderá transferir a outrem o direito aos serviços ajustados, nem o locador, sem aprazimento do locatário, dar substituto, que os preste.

• *Dispositivo correspondente no Código Civil de 2002: art. 605.*

Art. 1.233. O contrato de locação de serviços acaba com a morte do locador.

• *Dispositivo correspondente no Código Civil de 2002: art. 607.*

Art. 1.234. Embora outra coisa haja estipulado, não poderá o locatário cobrar ao locador juros sobre as soldadas, que lhe adiantar, nem, pelo tempo do contrato, sobre dívida alguma, que o locador esteja pagando com serviços.

• *Sem dispositivo correspondente no Código Civil de 2002.*

Art. 1.235. Aquele que aliciar pessoas obrigadas a outrem por locação de serviços agrícolas, haja ou não instrumento deste contrato, pagará em dobro ao locatário prejudicado a importância, que ao locador, pelo ajuste desfeito, houvesse de caber durante 4 (quatro) anos.

• *Dispositivo correspondente no Código Civil de 2002: art. 608.*

Art. 1.236. A alienação do prédio agrícola onde a locação dos serviços se opera, não importa a rescisão do contrato, salvo ao locador opção entre continuá-lo com o adquirente da propriedade, ou com o locatário anterior.

• *Dispositivo correspondente no Código Civil de 2002: art. 609.*

Seção III | DA EMPREITADA

Art. 1.237. O empreiteiro de uma obra pode contribuir para ela ou só com seu trabalho, ou com ele e os materiais.

• *Dispositivo correspondente no Código Civil de 2002: art. 610,* caput.

Art. 1.238. Quando o empreiteiro fornece os materiais, correm por sua conta os riscos até o momento da entrega da obra, a contento de quem a encomendou, se este não estiver em mora de receber. Estando, correrão os riscos por igual contra as duas partes.

• *Dispositivo correspondente no Código Civil de 2002: art. 611.*

Art. 1.239. Se o empreiteiro só forneceu a mão de obra, todos os riscos, em que não tiver culpa, correrão por conta do dono.

• *Dispositivo correspondente no Código Civil de 2002: art. 612.*

Art. 1.240. Sendo a empreitada unicamente de lavor (art. 1.239), se a coisa perecer antes de entregue, sem mora do dono, nem culpa do empreiteiro, este perderá também o salário, a não provar que a perda resultou de defeito dos materiais, e que em tempo reclamara contra a sua quantidade ou qualidade.

• *Dispositivo correspondente no Código Civil de 2002: art. 613.*

Art. 1.241. Se a obra constar de partes distintas, ou for das que se determinam por medida, o empreiteiro terá direito a que também se verifique por medida, ou segundo as partes em que se dividir.

• *Dispositivo correspondente no Código Civil de 2002: art. 614,* caput.

Parágrafo único. Tudo o que se pagou, presume-se verificado.

• *Dispositivo correspondente no Código Civil de 2002: art. 614, § 1º.*

Art. 1.242. Concluída a obra de acordo com o ajuste, ou o costume do lugar, o dono é obrigado a recebê-la. Poderá, porém, enjeitá-la, se o empreiteiro se afastou das instruções recebidas e dos planos dados, ou das regras técnicas em trabalhos de tal natureza.

• *Dispositivo correspondente no Código Civil de 2002: art. 615.*

Art. 1.243. No caso do artigo antecedente, segunda parte, pode o que encomendou a obra, em vez de enjeitá-la, recebê-la com abatimento no preço.

• *Dispositivo correspondente no Código Civil de 2002: art. 616.*

Art. 1.244. O empreiteiro é obrigado a pagar os materiais que recebeu, se por imperícia os inutilizar.

• *Dispositivo correspondente no Código Civil de 2002: art. 617.*

Art. 1.245. Nos contratos de empreitada de edifícios ou outras construções consideráveis, o empreiteiro de materiais e execução responderá, durante 5 (cinco) anos, pela solidez e segurança do trabalho, assim em razão dos materiais, como do solo, exceto, quanto a este, se, não o achando firme, preveniu em tempo o dono da obra.

• *Dispositivo correspondente no Código Civil de 2002: art. 618,* caput.

Art. 1.246. O arquiteto, ou construtor, que, por empreitada, se incumbir de executar uma obra segundo plano aceito por quem a encomenda, não terá direito a exigir acréscimo no preço, ainda que o dos salários, ou o do material, encareça, nem ainda que se altere ou aumente, em relação à planta, a obra ajustada, salvo se se aumentou, ou alterou, por instruções escritas do outro contratante e exibidas pelo empreiteiro.

• *Dispositivo correspondente no Código Civil de 2002: art. 619,* caput.

Art. 1.247. O dono da obra que, fora dos casos estabelecidos nos ns. III, IV e V do art. 1.229, rescindir o contrato, apesar de começada sua execução, indenizará o empreiteiro das despesas e do trabalho feito, assim como dos lucros que este poderia ter, se concluísse a obra.

• *Sem dispositivo correspondente no Código Civil de 2002.*

Capítulo V | DO EMPRÉSTIMO

Seção I | DO COMODATO

Art. 1.248. O comodato é o empréstimo gratuito de coisas não fungíveis. Perfaz-se com a tradição do objeto.

• *Dispositivo correspondente no Código Civil de 2002: art. 579.*

Art. 1.249. Os tutores, curadores, e em geral todos os administradores de bens alheios não poderão dar em comodato, sem autorização especial, os bens confiados à sua guarda.

• *Dispositivo correspondente no Código Civil de 2002: art. 580.*

Art. 1.250. Se o comodato não tiver prazo convencional, presumir-se-lhe-á o necessário para o uso concedido; não podendo o comodante, salvo necessidade imprevista e urgente, reconhecida pelo juiz, suspender o uso e gozo da coisa emprestada, antes de findo o prazo convencional, ou o que se determine pelo uso outorgado.

• *Dispositivo correspondente no Código Civil de 2002: art. 581.*

Art. 1.251. O comodatário é obrigado a conservar, como se sua própria fora, a coisa emprestada, não podendo usá-la senão de acordo com o contrato, ou a natureza dela, sob pena de responder por perdas e danos.

• *Dispositivo correspondente no Código Civil de 2002: art. 582.*

Art. 1.252. O comodatário constituído em mora, além de por ela responder, pagará o aluguer da coisa durante o tempo do atraso em restituí-la.

• *Dispositivo correspondente no Código Civil de 2002: art. 582.*

Art. 1.253. Se, correndo risco o objeto do comodato juntamente com outros do comodatário, antepuser este a salvação dos seus, abandonando o do comodante, responderá pelo dano ocorrido, ainda que se possa atribuir a caso fortuito, ou força maior.

• *Dispositivo correspondente no Código Civil de 2002: art. 583.*

Art. 1.254. O comodatário não poderá jamais recobrar do comodante as despesas feitas com o uso e gozo da coisa emprestada.

• *Dispositivo correspondente no Código Civil de 2002: art. 584.*

Art. 1.255. Se duas ou mais pessoas forem simultaneamente comodatárias de uma coisa, ficarão solidariamente responsáveis para com o comodante.

• *Dispositivo correspondente no Código Civil de 2002: art. 585.*

Seção II | DO MÚTUO

Art. 1.256. O mútuo é o empréstimo de coisas fungíveis. O mutuário é obrigado a restituir ao mutuante o que dele recebeu em coisas do mesmo gênero, qualidade e quantidade.

• *Dispositivo correspondente no Código Civil de 2002: art. 586.*

Art. 1.257. Este empréstimo transfere o domínio da coisa emprestada ao mutuário, por cuja conta correm todos os riscos dela desde a tradição.

• *Dispositivo correspondente no Código Civil de 2002: art. 587.*

Art. 1.258. No mútuo em moedas de ouro e prata pode convencionar-se que o pagamento se efetue nas mesmas espécies e quantidades, qualquer que seja ulteriormente a oscilação dos seus valores.

• *Sem dispositivo correspondente no Código Civil de 2002.*

Art. 1.259. O mútuo feito a pessoa menor, sem prévia autorização daquele sob cuja guarda estiver, não pode ser reavido nem do mutuário, nem de seus fiadores, ou abonadores (art. 1.502).

• *Dispositivo correspondente no Código Civil de 2002: art. 588.*

Art. 1.260. Cessa a disposição do artigo antecedente:

• *Dispositivo correspondente no Código Civil de 2002: art. 589,* caput.

I — se a pessoa de cuja autorização necessitava o mutuário, para contrair o empréstimo, o ratificar posteriormente;

• *Dispositivo correspondente no Código Civil de 2002: art. 589, I.*

II — se o menor, estando ausente essa pessoa se viu obrigado a contrair o empréstimo para os seus alimentos habituais;

• *Dispositivo correspondente no Código Civil de 2002: art. 589, II.*

III — se o menor tiver bens da classe indicada no art. 391, II. Mas, em tal caso, a execução do credor não lhes poderá ultrapassar as forças.

• *Dispositivo correspondente no Código Civil de 2002: art. 589, III.*

Art. 1.261. O mutuante pode exigir garantia da restituição, se antes do vencimento o mutuário sofrer notória mudança na fortuna.

• *Dispositivo correspondente no Código Civil de 2002: art. 590.*

Art. 1.262. É permitido, mas só por cláusula expressa, fixar juros ao empréstimo de dinheiro ou de outras coisas fungíveis.

Esses juros podem fixar-se abaixo ou acima da taxa legal (art. 1.062), com ou sem capitalização.

• *Dispositivo correspondente no Código Civil de 2002: art. 591.*

Art. 1.263. O mutuário, que pagar juros não estipulados, não os poderá reaver, nem imputar no capital.

• *Sem dispositivo correspondente no Código Civil de 2002.*

Art. 1.264. Não se tendo convencionado expressamente, o prazo do mútuo será:

• *Dispositivo correspondente no Código Civil de 2002: art. 592,* caput.

I — até à próxima colheita, se o mútuo for de produtos agrícolas, assim para o consumo, como para a semeadura;

• *Dispositivo correspondente no Código Civil de 2002: art. 592, I.*

II — de 30 (trinta) dias, pelo menos, até prova em contrário, se for de dinheiro;

• *Dispositivo correspondente no Código Civil de 2002: art. 592, II.*

III — do espaço de tempo que declarar o mutuante, se for de qualquer outra coisa fungível.

• *Dispositivo correspondente no Código Civil de 2002: art. 592, III.*

Capítulo VI | DO DEPÓSITO

Seção I | DO DEPÓSITO VOLUNTÁRIO

Art. 1.265. Pelo contrato de depósito recebe o depositário um objeto móvel, para guardar, até que o depositante o reclame.

• *Dispositivo correspondente no Código Civil de 2002: art. 627.*

Parágrafo único. Este contrato é gratuito; mas as partes podem estipular que o depositário seja gratificado.

• *Dispositivo correspondente no Código Civil de 2002: art. 628,* caput.

Art. 1.266. O depositário é obrigado a ter na guarda e conservação da coisa depositada o cuidado e diligência que costuma com o que lhe pertence, bem como a restituí-la, com todos os frutos e acrescidos, quando lho exija o depositante.

• *Dispositivo correspondente no Código Civil de 2002: art. 629.*

Art. 1.267. Se o depósito se entregou fechado, colado, selado, ou lacrado, nesse mesmo estado se manterá; e, se for devassado, incorrerá o depositário na presunção de culpa.

• *Dispositivo correspondente no Código Civil de 2002: art. 630.*

Art. 1.268. Ainda que o contrato fixe prazo à restituição, o depositário entregará o depósito, logo que se lhe exija, salvo se o objeto for judicialmente embargado, se sobre ele pender execução, notificada ao depositário, ou se ele tiver motivo razoável de suspeitar que a coisa foi furtada, ou roubada (art. 1.273).

• *Dispositivo correspondente no Código Civil de 2002: art. 633.*

Art. 1.269. No caso do artigo antecedente, última parte, o depositário, expondo o fundamento da suspeita, requererá que se recolha o objeto ao depósito público.

• *Dispositivo correspondente no Código Civil de 2002: art. 634.*

Art. 1.270. Ao depositário será facultado, outrossim, requerer depósito judicial da coisa, quando, por motivo plausível, a não possa guardar, e o depositante não lha queira receber.

• *Dispositivo correspondente no Código Civil de 2002: art. 635.*

Art. 1.271. O depositário que por força maior houver perdido a coisa depositada e recebido outra em seu lugar é obrigado a entregar a segunda ao depositante, e ceder-lhe as ações que no caso tiver contra o terceiro responsável pela restituição da primeira.

• *Dispositivo correspondente no Código Civil de 2002: art. 636.*

Art. 1.272. O herdeiro do depositário, que de boa-fé vendeu a coisa depositada, é obrigado a assistir o depositante na reivindicação, e a restituir ao comprador o preço recebido.

• *Dispositivo correspondente no Código Civil de 2002: art. 637.*

Art. 1.273. Salvo os casos previstos nos arts. 1.268 e 1.269, não poderá o depositário furtar-se à restituição do depósito, alegando não pertencer a coisa ao depositante, ou opondo compensação, exceto se noutro depósito se fundar (art. 1.287).

• *Dispositivo correspondente no Código Civil de 2002: art. 638.*

Art. 1.274. Sendo dois ou mais os depositantes, e divisível a coisa, a cada um só entregará o depositário a respectiva parte, salvo se houver entre eles solidariedade.

• *Dispositivo correspondente no Código Civil de 2002: art. 639.*

Art. 1.275. Sob pena de responder por perdas e danos, não poderá o depositário, sem licença expressa do depositante, servir-se da coisa depositada.

• *Dispositivo correspondente no Código Civil de 2002: art. 640,* caput.

Art. 1.276. Se o depositário se tornar incapaz, a pessoa, que lhe assumir a administração dos bens, diligenciará imediatamente restituir a coisa depositada, e, não querendo ou não podendo o depositante recebê-la, recolhê-la-á ao depósito público, ou promoverá a nomeação de outro depositário.

• *Dispositivo correspondente no Código Civil de 2002: art. 641.*

Art. 1.277. O depositário não responde pelos casos fortuitos, nem de força maior; mas, para que lhe valha a escusa, terá de prová-los.

• *Dispositivo correspondente no Código Civil de 2002: art. 642.*

Art. 1.278. O depositante é obrigado a pagar ao depositário as despesas feitas com a coisa, e os prejuízos que do depósito provierem.

• *Dispositivo correspondente no Código Civil de 2002: art. 643.*

Art. 1.279. O depositário poderá reter o depósito até que se lhe pague o líquido valor das despesas, ou dos prejuízos, a que se refere o artigo anterior, provando imediatamente esses prejuízos ou essas despesas.

• *Dispositivo correspondente no Código Civil de 2002: art. 644,* caput.

Parágrafo único. Se essas despesas ou prejuízos não forem provados suficientemente, ou forem ilíquidos, o depositário poderá exigir caução idônea do depositante ou, na falta desta, a remoção da coisa para o depósito público, até que se liquidem.

• *Dispositivo correspondente no Código Civil de 2002: art. 644, parágrafo único.*

Art. 1.280. O depósito de coisas fungíveis, em que o depositário se obrigue a restituir objetos do mesmo gênero, qualidade e quantidade, regular-se-á pelo disposto acerca do mútuo (arts. 1.256 a 1.264).

• *Dispositivo correspondente no Código Civil de 2002: art. 645.*

Art. 1.281. O depósito voluntário provar-se-á por escrito.

• *Dispositivo correspondente no Código Civil de 2002: art. 646.*

Seção II | DO DEPÓSITO NECESSÁRIO

Art. 1.282. É depósito necessário:

• *Dispositivo correspondente no Código Civil de 2002: art. 647,* caput.

I — o que se faz em desempenho de obrigação legal (art. 1.283);

• *Dispositivo correspondente no Código Civil de 2002: art. 647, I.*

II — o que se efetua por ocasião de alguma calamidade, como o incêndio, a inundação, o naufrágio, ou o saque.

• *Dispositivo correspondente no Código Civil de 2002: art. 647, II.*

Art. 1.283. O depósito de que se trata no artigo antecedente, nº I, reger-se-á pela disposição da respectiva lei, e, no silêncio, ou deficiência dela, pelas concernentes ao depósito voluntário (arts. 1.265 a 1.281).

• *Dispositivo correspondente no Código Civil de 2002: art. 648,* caput.

Parágrafo único. Essas disposições aplicam-se, outrossim, aos depósitos previstos no art. 1.282, II; podendo estes certificar-se por qualquer meio de prova.

• *Dispositivo correspondente no Código Civil de 2002: art. 648, parágrafo único.*

Art. 1.284. A esses depósitos é equiparado o das bagagens dos viajantes, hóspedes ou fregueses, nas hospedarias, estalagens ou casas de pensão, onde eles estiverem.

• *Dispositivo correspondente no Código Civil de 2002: art. 649,* caput.

Parágrafo único. Os hospedeiros ou estalajadeiros por elas responderão como depositários, bem como pelos furtos e roubos que perpetrarem as pessoas empregadas ou admitidas nas suas casas.

• *Dispositivo correspondente no Código Civil de 2002: art. 649, parágrafo único.*

Art. 1.285. Cessa, nos casos do artigo antecedente, a responsabilidade dos hospedeiros ou estalajadeiros:

• *Dispositivo correspondente no Código Civil de 2002: art. 650.*

I — se provarem que os fatos prejudiciais aos hóspedes, viajantes ou fregueses, não podiam ter sido evitados;

• *Dispositivo correspondente no Código Civil de 2002: art. 650.*

II — se ocorrer força maior, como nas hipóteses de escalada, invasão da casa, roubo a mão armada, ou violências semelhantes.

• *Sem dispositivo correspondente no Código Civil de 2002.*

Art. 1.286. O depósito necessário não se presume gratuito.

Na hipótese do art. 1.284, a remuneração pelo depósito está incluída no preço da hospedagem.

• *Dispositivo correspondente no Código Civil de 2002: art. 651.*

Art. 1.287. Seja voluntário ou necessário o depósito, o depositário, que o não restituir, quando exigido, será compelido a fazê-lo, mediante prisão não excedente a 1 (um) ano, e a ressarcir os prejuízos (art. 1.273).

• *Dispositivo correspondente no Código Civil de 2002: art. 652.*

Capítulo VII | DO MANDATO

Seção I | DISPOSIÇÕES GERAIS

Art. 1.288. Opera-se o mandato, quando alguém recebe de outrem poderes, para, em seu nome, praticar atos, ou administrar interesses.

A procuração é o instrumento do mandato.

• *Dispositivo correspondente no Código Civil de 2002: art. 653.*

Art. 1.289. Todas as pessoas maiores ou emancipadas, no gozo dos direitos civis, são aptas para dar procuração mediante instrumento particular, que valerá desde que tenha a assinatura do outorgante.

• *Dispositivo correspondente no Código Civil de 2002: art. 654,* caput.

§ 1º O instrumento particular deve conter designação do Estado, da cidade ou circunscrição civil em que for passado, a data, o nome do outorgante, a individuação de quem seja o outorgado e bem assim o objetivo da outorga, a natureza, a designação e extensão dos poderes conferidos.

• *Dispositivo correspondente no Código Civil de 2002: art. 654, § 1º.*

§ 2º Para o ato que não exigir instrumento público, o mandato, ainda quando por instrumento público seja outorgado, pode substabelecer-se mediante instrumento particular.

• *Dispositivo correspondente no Código Civil de 2002: art. 655.*

§ 3º O reconhecimento da firma no instrumento particular é condição essencial à sua validade, em relação a terceiros.

• *Sem dispositivo correspondente no Código Civil de 2002.*

Art. 1.290. O mandato pode ser expresso ou tácito, verbal ou escrito.

• *Dispositivo correspondente no Código Civil de 2002: art. 656.*

Parágrafo único. Presume-se gratuito, quando se não estipulou retribuição, exceto se o objeto do mandato for daqueles que o mandatário trata por ofício ou profissão lucrativa.

• *Dispositivo correspondente no Código Civil de 2002: art. 658,* caput.

Art. 1.291. Para os atos que exigem instrumento público ou particular, não se admite mandato verbal.

• *Dispositivo correspondente no Código Civil de 2002: art. 657.*

Art. 1.292. A aceitação do mandato pode ser tácita, e resulta do começo de execução.

• *Dispositivo correspondente no Código Civil de 2002: art. 659.*

Art. 1.293. O mandato presume-se aceito entre ausentes, quando o negócio para que foi dado é da profissão do mandatário, diz respeito à sua qualidade oficial, ou foi oferecido mediante publicidade, e o mandatário não fez constar imediatamente a sua recusa.

• *Sem dispositivo correspondente no Código Civil de 2002.*

Art. 1.294. O mandato pode ser especial a um ou mais negócios determinadamente, ou geral a todos os do mandante.

• *Dispositivo correspondente no Código Civil de 2002: art. 660.*

Art. 1.295. O mandato em termos gerais só confere poderes de administração.

• *Dispositivo correspondente no Código Civil de 2002: art. 661,* caput.

§ 1º Para alienar, hipotecar, transigir, ou praticar outros quaisquer atos, que exorbitem da administração ordinária, depende a procuração de poderes especiais e expressos.

• *Dispositivo correspondente no Código Civil de 2002: art. 661, § 1º.*

§ 2º O poder de transigir (arts. 1.025 a 1.036) não importa o de firmar compromisso (arts. 1.037 a 1.048).

• *Dispositivo correspondente no Código Civil de 2002: art. 661, § 2º.*

Art. 1.296. Pode o mandante ratificar ou impugnar os atos praticados em seu nome sem poderes suficientes.

• *Dispositivo correspondente no Código Civil de 2002: art. 662,* caput.

Parágrafo único. A ratificação há de ser expressa, ou resultar de ato inequívoco, e retroagirá à data do ato.

• *Dispositivo correspondente no Código Civil de 2002: art. 662, parágrafo único.*

Art. 1.297. O mandatário, que exceder os poderes do mandato, ou proceder contra eles, reputar-se-á mero gestor de negócios, enquanto o mandante lhe não ratificar os atos.

• *Dispositivo correspondente no Código Civil de 2002: art. 665.*

Art. 1.298. O maior de 16 (dezesseis) e menor de 21 (vinte e um) anos não emancipado (art. 9º, I), pode ser mandatário, mas o mandante não tem ação contra ele senão de conformidade com as regras gerais, aplicáveis às obrigações contraídas por menores.

• *Dispositivo correspondente no Código Civil de 2002: art. 666.*

Art. 1.299. A mulher casada não pode aceitar mandato sem autorização do marido.

• *Sem dispositivo correspondente no Código Civil de 2002.*

Seção II | DAS OBRIGAÇÕES DO MANDATÁRIO

Art. 1.300. O mandatário é obrigado a aplicar toda a sua diligência habitual na execução do mandato, e a indenizar qualquer prejuízo causado por culpa sua ou daquele a quem substabelecer, sem autorização, poderes que devia exercer pessoalmente.

• *Dispositivo correspondente no Código Civil de 2002: art. 667,* caput.

§ 1º Se, não obstante proibição do mandante, o mandatário se fizer substituir na execução do mandato, responderá ao seu constituinte pelos prejuízos ocorridos sob a gerência do substituto, embora provenientes de caso fortuito, salvo provando que o caso teria sobrevindo, ainda que não tivesse havido substabelecimento.

• *Dispositivo correspondente no Código Civil de 2002: art. 667, § 1º.*

§ 2º Havendo poderes de substabelecer, só serão imputáveis ao mandatário os danos causados pelo substabelecido, se for notoriamente incapaz, ou insolvente.

• *Dispositivo correspondente no Código Civil de 2002: art. 667, § 2º.*

Art. 1.301. O mandatário é obrigado a dar contas de sua gerência ao mandante, transferindo-lhe as vantagens provenientes do mandato, por qualquer título que seja.

• *Dispositivo correspondente no Código Civil de 2002: art. 668.*

Art. 1.302. O mandatário não pode compensar os prejuízos a que deu causa com os proveitos, que, por outro lado, tenha granjeado ao seu constituinte.

• *Dispositivo correspondente no Código Civil de 2002: art. 669.*

Art. 1.303. Pelas somas que devia entregar ao mandante, ou recebeu para despesas, mas empregou em proveito seu, pagará, o mandatário, juros, desde o momento em que abusou.

• *Dispositivo correspondente no Código Civil de 2002: art. 670.*

Art. 1.304. Sendo dois ou mais os mandatários nomeados no mesmo instrumento, entender-se-á que são sucessivos, se não forem expressamente declarados conjuntos, ou solidários, nem especificadamente designados para atos diferentes.

• *Dispositivo correspondente no Código Civil de 2002: art. 672.*

Art. 1.305. O mandatário é obrigado a apresentar o instrumento do mandato às pessoas, com quem tratar em nome do mandante, sob pena de responder a elas por qualquer ato, que lhe exceda os poderes.

• *Sem dispositivo correspondente no Código Civil de 2002.*

Art. 1.306. O terceiro que, depois de conhecer os poderes do mandatário, fizer com ele contrato exorbitante do mandato, não tem ação nem contra o mandatário, salvo se este lhe prometeu ratificação do mandante, ou se responsabilizou pessoalmente pelo contrato, nem contra o mandante, senão quando este houver ratificado o excesso do procurador.

• *Dispositivo correspondente no Código Civil de 2002: art. 673.*

Art. 1.307. Se o mandatário obrar em seu próprio nome, não terá o mandante ação contra os que com ele contrataram, nem estes contra o mandante.

Em tal caso, o mandatário ficará diretamente obrigado, como se seu fora o negócio, para com a pessoa, com quem contratou.

• *Dispositivo correspondente no Código Civil de 2002: art. 663.*

Art. 1.308. Embora ciente da morte, interdição ou mudança de estado do mandante, deve o mandatário concluir o negócio já começado, se houver perigo na demora.

• *Dispositivo correspondente no Código Civil de 2002: art. 674.*

Seção III | DAS OBRIGAÇÕES DO MANDANTE

Art. 1.309. O mandante é obrigado a satisfazer todas as obrigações contraídas pelo mandatário, na conformidade do mandato conferido, e adiantar a importância das despesas necessárias à execução dele, quando o mandatário lho pedir.

• *Dispositivo correspondente no Código Civil de 2002: art. 675.*

Art. 1.310. É obrigado o mandante a pagar ao mandatário a remuneração ajustada e as despesas de execução do mandato, ainda que o negócio não surta o esperado efeito, salvo tendo o mandatário culpa.

• *Dispositivo correspondente no Código Civil de 2002: art. 676.*

Art. 1.311. As somas adiantadas pelo mandatário, para a execução do mandato, vencem juros, desde a data do desembolso.

• *Dispositivo correspondente no Código Civil de 2002: art. 677.*

Art. 1.312. É igualmente obrigado o mandante a ressarcir ao mandatário as perdas que sofrer com a execução do mandato, sempre que não resultem de culpa sua, ou excesso de poderes.

• *Dispositivo correspondente no Código Civil de 2002: art. 678.*

Art. 1.313. Ainda que o mandatário contrarie as instruções do mandante, se não excedeu os limites do mandato, ficará o mandante obrigado para com aqueles, com quem o seu procurador contratou; mas terá contra este ação pelas perdas e danos resultantes da inobservância das instruções.

• *Dispositivo correspondente no Código Civil de 2002: art. 679.*

Art. 1.314. Se o mandato for outorgado por duas ou mais pessoas, e para negócio comum, cada uma ficará solidariamente responsável ao mandatário por todos os compromissos e efeitos do mandato, salvo direito regressivo, pelas quantias que pagar, contra os outros mandantes.

• *Dispositivo correspondente no Código Civil de 2002: art. 680.*

Art. 1.315. O mandatário tem sobre o objeto do mandato direito de retenção, até se reembolsar do que no desempenho do encargo despendeu.

• *Dispositivos correspondentes no Código Civil de 2002: arts. 664 e 681.*

Seção IV | DA EXTINÇÃO DO MANDATO

Art. 1.316. Cessa o mandato:

• *Dispositivo correspondente no Código Civil de 2002: art. 682,* caput.

I — pela revogação, ou pela renúncia;

• *Dispositivo correspondente no Código Civil de 2002: art. 682, I.*

II — pela morte, ou interdição de uma das partes;

• *Dispositivo correspondente no Código Civil de 2002: art. 682, II.*

III — pela mudança de estado, que inabilite o mandante para conferir os poderes, ou o mandatário, para os exercer;

• *Dispositivo correspondente no Código Civil de 2002: art. 682, III.*

IV — pela terminação do prazo, ou pela conclusão do negócio.

• *Dispositivo correspondente no Código Civil de 2002: art. 682, IV.*

Art. 1.317. É irrevogável o mandato:

• *Sem dispositivo correspondente no Código Civil de 2002.*

I — quando se tiver convencionado que o mandante não possa revogá-lo, ou for em causa própria a procuração dada;

• *Sem dispositivo correspondente no Código Civil de 2002.*

II — nos casos, em geral, em que for condição de um contrato bilateral, ou meio de cumprir uma obrigação contratada, como é, nas letras e ordens, o mandato de pagá-las;

• *Sem dispositivo correspondente no Código Civil de 2002.*

III — quando conferido ao sócio, como administrador ou liquidante da sociedade, por disposição do contrato social, salvo se diversamente se dispuser nos estatutos, ou em texto especial de lei.

• *Sem dispositivo correspondente no Código Civil de 2002.*

Art. 1.318. A revogação do mandato, notificada somente ao mandatário, não se pode opor aos terceiros, que, ignorando-a, de boa-fé com ele tratara; mas ficam salvas ao constituinte as ações, que no caso lhe possam caber, contra o procurador.

• *Dispositivo correspondente no Código Civil de 2002: art. 686,* caput.

Art. 1.319. Tanto que for comunicada ao mandatário a nomeação de outro, para o mesmo negócio, considerar-se-á revogado o mandato anterior.

• *Dispositivo correspondente no Código Civil de 2002: art. 687.*

Art. 1.320. A renúncia do mandato será comunicada ao mandante, que, se for prejudicado pela sua inoportunidade, ou pela falta de tempo, a fim de prover à substituição do procurador, será indenizado pelo mandatário, salvo se este provar que não podia continuar no mandato sem prejuízo considerável.

• *Dispositivo correspondente no Código Civil de 2002: art. 688.*

Art. 1.321. São válidos, a respeito dos contraentes de boa-fé, os atos com estes ajustados em nome do mandante pelo mandatário, enquanto este ignorar a morte daquele, ou a extinção, por qualquer outra causa, do mandato (art. 1.316).

• *Dispositivo correspondente no Código Civil de 2002: art. 689.*

Art. 1.322. Se falecer o mandatário, pendente o negócio a ele cometido, os herdeiros, tendo ciência do mandato, avisarão o mandante, e providenciarão a bem dele, como as circunstâncias exigirem.

• *Dispositivo correspondente no Código Civil de 2002: art. 690.*

Art. 1.323. Os herdeiros, no caso do artigo antecedente, devem limitar-se às medidas conservatórias, ou continuar os negócios pendentes, que se não possam demorar sem perigo, regulando-se os seus serviços, dentro desse limite pelas mesmas normas, a que os do mandatário estão sujeitos.

• *Dispositivo correspondente no Código Civil de 2002: art. 691.*

Seção V | DO MANDATO JUDICIAL

Art. 1.324. O mandato judicial pode ser conferido por instrumento público ou particular, devidamente autenticado, a pessoa que possa procurar em juízo.

• *Sem dispositivo correspondente no Código Civil de 2002.*

Art. 1.325. Podem ser procuradores em juízo todos os legalmente habilitados, que não forem:

• *Sem dispositivo correspondente no Código Civil de 2002.*

I — menores de 21 (vinte e um) anos, não emancipados ou não declarados maiores;

• *Sem dispositivo correspondente no Código Civil de 2002.*

II — juízes em exercício;

• *Sem dispositivo correspondente no Código Civil de 2002.*

III — escrivães ou outros funcionários judiciais, correndo o pleito nos juízos onde servirem, e não procurando eles em causa própria;

• *Sem dispositivo correspondente no Código Civil de 2002.*

IV — inibidos por sentença de procurar em juízo, ou de exercer ofício público;

• *Sem dispositivo correspondente no Código Civil de 2002.*

V — ascendentes, descendentes, ou irmãos do juiz da causa;

• *Sem dispositivo correspondente no Código Civil de 2002.*

VI — ascendentes, ou descendentes da parte adversa, exceto em causa própria.

• *Sem dispositivo correspondente no Código Civil de 2002.*

Art. 1.326. A procuração para o foro em geral não confere os poderes para atos, que os exijam especiais.

• *Sem dispositivo correspondente no Código Civil de 2002.*

Art. 1.327. Constituídos, para a mesma causa e pela mesma pessoa, dois ou mais procuradores, consideram-se nomeados para funcionar na falta um do outro, e pela ordem da nomeação, se não forem solidários. Mas a nomeação conjunta pode conter a cláusula de que um nada pratique sem os outros.

• *Sem dispositivo correspondente no Código Civil de 2002.*

Art. 1.328. O substabelecimento, sem reserva de poderes, não sendo notificado ao constituinte, não isenta o procurador de responder pelas obrigações do mandato.

• *Sem dispositivo correspondente no Código Civil de 2002.*

Art. 1.329. Sob pena de responder pelo dano resultante, o advogado, ou procurador, que aceitar a procuratura, não se poderá escusar sem motivo justo e, se o tiver, avisará em tempo o constituinte, a fim de que lhe nomeie sucessor.

• *Sem dispositivo correspondente no Código Civil de 2002.*

Art. 1.330. As obrigações do advogado e do procurador serão determinadas, assim pelos termos da procuração, como, e principalmente pelo contrato, escrito ou verbal, em que se lhes houverem ajustado os serviços.

• *Sem dispositivo correspondente no Código Civil de 2002.*

Capítulo VIII | DA GESTÃO DE NEGÓCIOS

Art. 1.331. Aquele que, sem autorização do interessado, intervém na gestão de negócio alheio, dirigi-lo-á segundo o interesse e a vontade presumível de seu dono, ficando responsável a este e às pessoas com quem tratar.

• *Dispositivo correspondente no Código Civil de 2002: art. 861.*

Art. 1.332. Se a gestão for iniciada contra a vontade manifesta ou presumível do interessado, responderá o gestor até pelos casos fortuitos, não provando que teriam sobrevindo, ainda quando se houvesse abstido.

• *Dispositivo correspondente no Código Civil de 2002: art. 862.*

Art. 1.333. No caso do artigo antecedente, se os prejuízos da gestão excederem o seu proveito, poderá o dono do negócio exigir que o gestor restitua as coisas ao estado anterior, ou o indenize da diferença.

• *Dispositivo correspondente no Código Civil de 2002: art. 863.*

Art. 1.334. Tanto que ser possa, comunicará o gestor ao dono do negócio a gestão, que assumiu, aguardando-lhe a resposta, se da espera não resultar perigo.

• *Dispositivo correspondente no Código Civil de 2002: art. 864.*

Art. 1.335. Enquanto o dono não providenciar, velará o gestor pelo negócio, até o levar a cabo, esperando, se aquele falecer durante a gestão, as instruções dos herdeiros, sem se descuidar, entretanto, das medidas que o caso reclame.

• *Dispositivo correspondente no Código Civil de 2002: art. 865.*

Art. 1.336. O gestor envidará toda a sua diligência habitual na administração do negócio, ressarcindo ao dono todo o prejuízo resultante de qualquer culpa na gestão.

• *Dispositivo correspondente no Código Civil de 2002: art. 866.*

Art. 1.337. Se o gestor se fizer substituir por outrem, responderá pelas faltas do substituto, ainda que seja pessoa idônea, sem prejuízo da ação, que a ele, ou ao dono do negócio, contra ela possa caber.

• *Dispositivo correspondente no Código Civil de 2002: art. 867,* caput.

Parágrafo único. Havendo mais de um gestor, será solidária a sua responsabilidade.

• *Dispositivo correspondente no Código Civil de 2002: art. 867, parágrafo único.*

Art. 1.338. O gestor responde pelo caso fortuito, quando fizer operações arriscadas, ainda que o dono costumasse fazê-las, ou quando preterir interesses deste por amor dos seus.

• *Dispositivo correspondente no Código Civil de 2002: art. 868,* caput.

Parágrafo único. Não obstante, querendo o dono aproveitar-se da gestão, será obrigado a indenizar o gestor das despesas necessárias que tiver feito e dos prejuízos que, por causa da gestão, houver sofrido.

• *Dispositivo correspondente no Código Civil de 2002: art. 868, parágrafo único.*

Art. 1.339. Se o negócio for utilmente administrado, cumprirá o dono as obrigações contraídas em seu nome, reembolsando ao gestor as despesas necessárias ou úteis que houver feito, com os juros legais, desde o desembolso.

• *Dispositivo correspondente no Código Civil de 2002: art. 869,* caput.

§ 1º A utilidade, ou necessidade, da despesa apreciar-se-á, não pelo resultado obtido, mas segundo as circunstâncias da ocasião, em que se fizeram.

• *Dispositivo correspondente no Código Civil de 2002: art. 869, § 1º.*

§ 2º Vigora o disposto neste artigo, ainda quando o gestor, em erro quanto ao dono do negócio, der a outra pessoa as contas da gestão.

• *Dispositivo correspondente no Código Civil de 2002: art. 869, § 2º.*

Art. 1.340. Aplica-se, outrossim, a disposição do artigo antecedente, quando a gestão se proponha acudir a prejuízos iminentes, ou redunde em proveito do dono do negócio, ou da coisa. Mas nunca a indenização ao gestor excederá em importância às vantagens obtidas com a gestão.

• *Dispositivo correspondente no Código Civil de 2002: art. 870.*

Art. 1.341. Quando alguém, na ausência do indivíduo obrigado a alimentos, por ele os prestar a quem se devem, poder-lhes-á reaver do devedor a importância, ainda que este não ratifique o ato.

• *Dispositivo correspondente no Código Civil de 2002: art. 871.*

Art. 1.342. As despesas do enterro, proporcionadas aos usos locais e à condição do falecido, feitas por terceiro, podem ser cobradas da pessoa que teria a obrigação de alimentar a que veio a falecer, ainda mesmo que esta não tenha deixado bens.

• *Dispositivo correspondente no Código Civil de 2002: art. 872,* caput.

Parágrafo único. Cessa o disposto neste artigo e no antecedente, em se provando que o gestor fez essas despesas com o simples intento de bem-fazer.

• *Dispositivo correspondente no Código Civil de 2002: art. 872, parágrafo único.*

Art. 1.343. A ratificação pura e simples do dono do negócio retroage ao dia do começo da gestão, e produz todos os efeitos do mandato.

• *Dispositivo correspondente no Código Civil de 2002: art. 873.*

Art. 1.344. Se o dono do negócio, ou da coisa, desaprovar a gestão, por contrária aos seus interesses, vigorará o disposto nos arts. 1.332 e 1.333, salvo o estatuído no art. 1.340.

• *Dispositivo correspondente no Código Civil de 2002: art. 874.*

Art. 1.345. Se os negócios alheios forem conexos aos do gestor, de tal arte que se não possam gerir separadamente, haver-se-á o gestor por sócio daquele, cujos interesses agenciar de envolta com os seus.

• *Dispositivo correspondente no Código Civil de 2002: art. 875,* caput.

Parágrafo único. Neste caso aquele em cujo benefício interveio o gestor, só é obrigado na razão das vantagens que lograr.

• *Dispositivo correspondente no Código Civil de 2002: art. 875, parágrafo único.*

Capítulo IX | DA EDIÇÃO

Arts. 1.346 a 1.358. (*Revogados pela Lei nº 9.610, de 19-2-1998.*)

Capítulo X | DA REPRESENTAÇÃO DRAMÁTICA

Arts. 1.359 a 1.362. (*Revogados pela Lei nº 9.610, de 19-2-1998.*)

Capítulo XI | DA SOCIEDADE

Seção I | DISPOSIÇÕES GERAIS

Art. 1.363. Celebram contrato de sociedade as pessoas que mutuamente se obrigam a combinar seus esforços ou recursos, para lograr fins comuns.

• *Sem dispositivo correspondente no Código Civil de 2002.*

Art. 1.364. Quando as sociedades civis revestirem as formas estabelecidas nas leis comerciais, entre as quais se inclui a das sociedades anônimas, obedecerão aos respectivos preceitos, no em que não contrariem os deste Código; mas serão inscritas no Registro Civil, e será civil o seu foro.

• *Sem dispositivo correspondente no Código Civil de 2002.*

Art. 1.365. Não revestindo nenhuma das formas do artigo antecedente, a sociedade reger-se-á pelo que neste Capítulo se prescreve.

• *Sem dispositivo correspondente no Código Civil de 2002.*

Art. 1.366. Nas questões entre os sócios, a sociedade só se provará por escrito; mas os estranhos poderão prová-la de qualquer modo.

• *Sem dispositivo correspondente no Código Civil de 2002.*

Art. 1.367. As sociedades são universais, ou particulares.

• *Sem dispositivo correspondente no Código Civil de 2002.*

Art. 1.368. É universal a sociedade, quer abranja todos os bens presentes, ou todos os futuros, quer uns e outros na sua totalidade, quer somente a dos seus frutos e rendimentos.

• *Sem dispositivo correspondente no Código Civil de 2002.*

Art. 1.369. O simples ajuste de sociedade universal, sem outra declaração, entende-se restrito a tudo que de futuro ganhar cada um dos associados.

• *Sem dispositivo correspondente no Código Civil de 2002.*

Art. 1.370. A sociedade particular só compreende os bens ou serviços especialmente declarados no contrato.

• *Sem dispositivo correspondente no Código Civil de 2002.*

Art. 1.371. Também se considera particular a sociedade constituída especialmente para executar em comum certa empresa, explorar certa indústria, ou exercer certa profissão.

• *Sem dispositivo correspondente no Código Civil de 2002.*

Art. 1.372. É nula a cláusula, que atribua todos os lucros a um dos sócios, ou subtraia o quinhão social de algum deles à comparticipação nos prejuízos.

• *Sem dispositivo correspondente no Código Civil de 2002.*

Art. 1.373. Se a sociedade for de todos os bens, o domínio e a posse deles tornar-se-ão comuns independentemente de tradição real, salvo o direito de terceiros.

• *Sem dispositivo correspondente no Código Civil de 2002.*

Art. 1.374. No silêncio do contrato, o prazo da sociedade será indefinido, salvo a cada sócio o direito de retirar-se mediante aviso com 2 (dois) meses de antecedência ao termo do ano social. Se, porém, o objeto da sociedade for negócio ou empresa, que deva durar certo lapso de tempo, enquanto esse negócio, ou essa empresa, não se ultime, terão os sócios de manter a sociedade.

• *Sem dispositivo correspondente no Código Civil de 2002.*

Seção II | DOS DIREITOS E OBRIGAÇÕES RECÍPROCAS DOS SÓCIOS

Art. 1.375. As obrigações dos sócios começam imediatamente com o contrato, se este não fixar outra época, e acabam quando, dissolvida a sociedade, estiverem satisfeitas e extintas as responsabilidades sociais.

• *Sem dispositivo correspondente no Código Civil de 2002.*

Art. 1.376. A entrada imposta a cada sócio pode consistir em bens, no seu uso e gozo, na cessão de direitos, ou, somente na prestação de serviços. No silêncio do contrato, presumir-se-ão iguais entre si as entradas.

• *Sem dispositivo correspondente no Código Civil de 2002.*

Art. 1.377. Se o sócio entrar para a sociedade com objeto determinado, que venha a ser evicto, responderá aos consócios como o vendedor ao comprador.

• *Sem dispositivo correspondente no Código Civil de 2002.*

Art. 1.378. Se a entrada consistir em coisas fungíveis, ficarão, salvo declaração em contrário, pertencendo em comum aos associados.

• *Sem dispositivo correspondente no Código Civil de 2002.*

Art. 1.379. Pertencem ao patrimônio social todos os lucros obtidos pelo sócio, na indústria que se obrigou a exercer em benefício da sociedade.

• *Sem dispositivo correspondente no Código Civil de 2002.*

Art. 1.380. Cada sócio indenizará a sociedade dos prejuízos, que esta sofrer por culpa dele, e não poderá compensá-los com os proveitos, que lhe houver granjeado.

• *Sem dispositivo correspondente no Código Civil de 2002.*

Art. 1.381. Se o contrato não declarar a parte de cada sócio nos lucros e perdas, entender-se-á proporcionada, quanto aos sócios de capital, à soma com que entraram. Em relação aos sócios de indústria, guardar-se-á o disposto no art. 1.409, parágrafo único.

• *Sem dispositivo correspondente no Código Civil de 2002.*

Art. 1.382. O sócio preposto à administração pode exigir da sociedade, além do que por conta dela despender, a importância das obrigações em boa-fé contraídas na gerência dos negócios sociais e o valor dos prejuízos, que lhe ela causar.

• *Sem dispositivo correspondente no Código Civil de 2002.*

Art. 1.383. O sócio investido na administração por texto expresso do contrato pode praticar, independentemente dos outros, todos os atos, que não excederem os limites normais dela, uma vez que proceda sem dolo.

• *Sem dispositivo correspondente no Código Civil de 2002.*

§ 1º Os poderes, que exercer, serão irrevogáveis durante o prazo estabelecido, salvo causa legítima superveniente.

• *Sem dispositivo correspondente no Código Civil de 2002.*

§ 2º Se foram conferidos, porém, depois do contrato, serão revogáveis como os de simples mandato.

• *Sem dispositivo correspondente no Código Civil de 2002.*

§ 3º Também serão revogáveis, em qualquer tempo, os dos diretores ou administradores de sociedades de qualquer espécie, ainda que nomeados nos respectivos contratos, ou estatutos, se não forem sócios.

• *Sem dispositivo correspondente no Código Civil de 2002.*

Art. 1.384. Se a administração se incumbir a dois ou mais sócios, não se lhes discriminando as funções, nem declarando que só funcionarão conjuntamente, cada um de per si poderá praticar todos os atos, que na administração couberem.

• *Sem dispositivo correspondente no Código Civil de 2002.*

Art. 1.385. Estipulando-se que um dos administradores nada possa fazer sem os outros, entende-se, a não haver convenção posterior, obrigatório o concurso de todos, ainda ausentes, ou impossibilitados, na ocasião, de prestá-lo, salvo nos casos urgentes, em que a omissão, ou tardança, das medidas pudesse ocasionar dano irreparável, ou grave.

• *Sem dispositivo correspondente no Código Civil de 2002.*

Art. 1.386. Em falta de estipulações explícitas quanto à gerência social:

• *Sem dispositivo correspondente no Código Civil de 2002.*

I — presume-se que cada sócio tem o direito de administrar, e válido é o que fizer, ainda em relação aos associados que não consentiram, podendo, porém, qualquer destes opor-se, antes de levado o ato a efeito;

• *Sem dispositivo correspondente no Código Civil de 2002.*

II — cada sócio pode servir-se das coisas pertencentes à sociedade, contanto que lhes dê o seu destino, não as utilize contra o interesse social, nem tolha aos outros aproveitá-las nos limites do seu direito;

• *Sem dispositivo correspondente no Código Civil de 2002.*

III — cada sócio pode obrigar os outros a contribuir com ele para as despesas necessárias à conservação dos bens sociais;

• *Sem dispositivo correspondente no Código Civil de 2002.*

V — nenhum sócio, ainda que lhe pareça vantajoso, pode, sem consentimento dos outros, fazer alteração nos imóveis da sociedade.

• *Sem dispositivo correspondente no Código Civil de 2002.*

Art. 1.387. O sócio que não tiver a administração da sociedade não poderá obrigar os bens sociais.

• *Sem dispositivo correspondente no Código Civil de 2002.*

Art. 1.388. Para associar um estranho ao seu quinhão social, não necessita o sócio do concurso dos outros; mas não pode, sem aquiescência deles, associá-lo à sociedade.

• *Sem dispositivo correspondente no Código Civil de 2002.*

Art. 1.389. O sócio que recebeu por inteiro a sua parte em uma dívida ativa da sociedade, será obrigado a conferi-la, se, por insolvência do devedor, a sociedade não puder acabar de cobrá-la.

• *Sem dispositivo correspondente no Código Civil de 2002.*

Art. 1.390. Se as coisas, cujo uso e gozo exclusivamente constituírem a entrada do sócio, não forem fungíveis, consistindo em corpos certos e determinados, o risco, que correrem, será por conta dos respectivos donos.

• *Sem dispositivo correspondente no Código Civil de 2002.*

§ 1º Se, porém, forem fungíveis, ou se, ainda guardadas, se deteriorarem, se forem destinadas a circular no comércio, ou se forem transferidas à sociedade por um valor determinado e constante de inventário ou balanço autênticos, por conta da sociedade correrão os riscos, a que estiverem expostas.

• *Sem dispositivo correspondente no Código Civil de 2002.*

§ 2º Perecendo a coisa de importância determinada nos termos do parágrafo antecedente, última parte, o dono só lhe poderá exigir o valor constante do inventário, ou balanço.

• *Sem dispositivo correspondente no Código Civil de 2002.*

Art. 1.391. Os sócios têm direito à indenização das perdas e danos, que sofrerem em seus bens por motivo dos negócios sociais.

• *Sem dispositivo correspondente no Código Civil de 2002.*

Art. 1.392. Havendo comunicação de lucros ilícitos, cada um dos sócios terá de repor o que recebeu do sócio delinquente, se este for condenado à restituição.

• *Sem dispositivo correspondente no Código Civil de 2002.*

Art. 1.393. O sócio que recebeu de outro lucros ilícitos, conhecendo ou devendo conhecer-lhes a procedência, incorre em cumplicidade, e fica obrigado solidariamente a restituir.

• *Sem dispositivo correspondente no Código Civil de 2002.*

Art. 1.394. Todos os sócios têm direito de votar nas assembleias gerais, onde, salvo estipulação em contrário, sempre se deliberará por maioria de votos.

• *Sem dispositivo correspondente no Código Civil de 2002.*

Seção III | DAS OBRIGAÇÕES DA SOCIEDADE E DOS SÓCIOS PARA COM TERCEIROS

Art. 1.395. São dívidas da sociedade as obrigações contraídas conjuntamente por todos os sócios, ou por algum deles no exercício do mandato social.

• *Sem dispositivo correspondente no Código Civil de 2002.*

Art. 1.396. Se o cabedal social não cobrir as dívidas da sociedade, por elas responderão os associados, na proporção em que houverem de participar nas perdas sociais.

• *Sem dispositivo correspondente no Código Civil de 2002.*

Parágrafo único. Se um dos sócios for insolvente, sua parte na dívida será na mesma razão distribuída entre os outros.

• *Sem dispositivo correspondente no Código Civil de 2002.*

Art. 1.397. Os devedores da sociedade não se desobrigam pagando a um sócio não autorizado para receber.

• *Sem dispositivo correspondente no Código Civil de 2002.*

Art. 1.398. Os sócios não são solidariamente obrigados pelas dívidas sociais, nem os atos de um, não autorizado, obrigam os outros, salvo redundando em proveito da sociedade.

• *Sem dispositivo correspondente no Código Civil de 2002.*

Seção IV | DA DISSOLUÇÃO DA SOCIEDADE

Art. 1.399. Dissolve-se a sociedade:

• *Sem dispositivo correspondente no Código Civil de 2002.*

I — pelo implemento da condição, a que foi subordinada a sua durabilidade, ou pelo vencimento do prazo estabelecido no contrato;

• *Sem dispositivo correspondente no Código Civil de 2002.*

II — pela extinção do capital social, ou seu desfalque em quantidade tamanha que a impossibilite de continuar;

• *Sem dispositivo correspondente no Código Civil de 2002.*

III — pela consecução do fim social, ou pela verificação de sua inexequibilidade;

• *Sem dispositivo correspondente no Código Civil de 2002.*

IV — pela falência, incapacidade, ou morte de um dos sócios;

• *Sem dispositivo correspondente no Código Civil de 2002.*

V — pela renúncia de qualquer deles, se a sociedade for de prazo indeterminado (art. 1.404);

• *Sem dispositivo correspondente no Código Civil de 2002.*

VI — pelo consenso unânime dos associados.

• *Sem dispositivo correspondente no Código Civil de 2002.*

Parágrafo único. Os ns. II, IV e V não se aplicam às sociedades de fins não econômicos.

• *Sem dispositivo correspondente no Código Civil de 2002.*

Art. 1.400. A prorrogação do prazo social só se prova por escrito, nas mesmas condições do contrato que o fixou (arts. 1.364 e 1.366).

• *Sem dispositivo correspondente no Código Civil de 2002.*

Art. 1.401. Se a sociedade se prorrogar depois de vencido o prazo do contrato, entender-se-á que se constituiu de novo; se dentro no prazo, ter-se-á por continuação da anterior.

• *Sem dispositivo correspondente no Código Civil de 2002.*

Art. 1.402. É lícito estipular que, morto um dos sócios, continue a sociedade com os herdeiros, ou só com os associados sobrevivos. Neste segundo caso, o herdeiro do falecido terá direito à partilha do que houver, quando ele faleceu, mas não participará nos lucros e perdas ulteriores, que não forem consequência direta de atos anteriores ao falecimento.

• *Sem dispositivo correspondente no Código Civil de 2002.*

Art. 1.403. Se o contrato estipular que a sociedade continue com o herdeiro do sócio falecido, cumprir-se-á a estipulação, toda vez que se possa; mas, sendo menor o herdeiro, será dissolvido, em relação a ele, o vínculo social, caso o juiz o determine.

• *Sem dispositivo correspondente no Código Civil de 2002.*

Art. 1.404. A renúncia de um dos sócios só dissolve a sociedade (art. 1.399, V), quando feita de boa-fé, em tempo oportuno, e notificada aos sócios 2 (dois) meses antes.

• *Sem dispositivo correspondente no Código Civil de 2002.*

Art. 1.405. A renúncia é de má-fé, quando o sócio renunciante pretende apropriar-se exclusivamente dos benefícios que os sócios tinham em mente colher em comum; e haver-se-á por inoportuna, se as coisas não estiverem no seu estado integral, ou se a sociedade puder ser prejudicada com a dissolução nesse momento.

• *Sem dispositivo correspondente no Código Civil de 2002.*

Art. 1.406. No primeiro caso do artigo antecedente, os demais sócios têm o direito de excluir desde logo o sócio de má-fé, salvas as suas quotas na vantagem esperada. No segundo, a sociedade pode continuar, apesar da oposição do renunciante, até à época do primeiro balanço ordinário, ou até a conclusão do negócio pendente.

• *Sem dispositivo correspondente no Código Civil de 2002.*

Art. 1.407. Subsiste, ainda após a dissolução da sociedade, a responsabilidade social para com terceiros, pelas dívidas que houver contraído.

Não se tendo estipulado a responsabilidade solidária dos sócios para com terceiros, a dívida será distribuída por aqueles, em partes proporcionais às suas entradas.

• *Sem dispositivo correspondente no Código Civil de 2002.*

Art. 1.408. Quando a sociedade tiver duração prefixa, nenhum sócio lhe poderá exigir a dissolução, antes de expirar o prazo social, se não provar algum dos casos do art. 1.399, I a IV.

• *Sem dispositivo correspondente no Código Civil de 2002.*

Art. 1.409. São aplicáveis à partilha entre os sócios as regras da partilha entre herdeiros (arts. 1.772 e segs.).

• *Sem dispositivo correspondente no Código Civil de 2002.*

Parágrafo único. O sócio de indústria, porém, só terá direito a participar nos lucros da sociedade, sem responsabilidade nas suas perdas, salvo se o contrário se estipulou no contrato. Se este não declarar a parte dos lucros, entender-se-á que ela é proporcional à menor das entradas.

• *Sem dispositivo correspondente no Código Civil de 2002.*

Capítulo XII | DA PARCERIA RURAL

Seção I | DA PARCERIA AGRÍCOLA

Art. 1.410. Dá-se a parceria agrícola, quando uma pessoa cede um prédio rústico a outra, para ser por esta cultivado, repartindo-se os frutos entre as duas, na proporção que estipularem.

• *Sem dispositivo correspondente no Código Civil de 2002.*

Art. 1.411. O parceiro incumbido da cultura não responderá pelos encargos do prédio, se os não assumir.

• *Sem dispositivo correspondente no Código Civil de 2002.*

Art. 1.412. Os riscos de caso fortuito, ou força maior, correrão em comum contra o proprietário e o parceiro.

• *Sem dispositivo correspondente no Código Civil de 2002.*

Art. 1.413. A parceria não passa aos herdeiros dos contraentes, exceto se estes deixarem adiantados os trabalhos de cultura, caso em que durará, quanto baste, para se ultimar a colheita.

• *Sem dispositivo correspondente no Código Civil de 2002.*

Art. 1.414. Aplicam-se a este contrato as regras da locação de prédios rústicos, em tudo o que nesta Seção não se achar regulado.

• *Sem dispositivo correspondente no Código Civil de 2002.*

Art. 1.415. A parceria subsiste, quando o prédio se aliena, ficando o adquirente sub-rogado nos direitos e obrigações do alienante.

• *Sem dispositivo correspondente no Código Civil de 2002.*

Seção II | DA PARCERIA PECUÁRIA

Art. 1.416. Dá-se a parceria pecuária, quando se entregam animais a alguém para os pastorear, tratar e criar, mediante uma quota nos lucros produzidos.

• *Sem dispositivo correspondente no Código Civil de 2002.*

Art. 1.417. Constituem objeto de partilha as crias dos animais e os seus produtos, como peles, crinas, lãs e leite.

• *Sem dispositivo correspondente no Código Civil de 2002.*

Art. 1.418. O parceiro proprietário substituirá por outros, no caso de evicção, os animais evictos.

• *Sem dispositivo correspondente no Código Civil de 2002.*

Art. 1.419. Salvo convenção em contrário, o parceiro proprietário sofrerá os prejuízos resultantes do caso fortuito, ou força maior.

• *Sem dispositivo correspondente no Código Civil de 2002.*

Art. 1.420. Ao proprietário caberá o proveito, que se obtenha dos animais mortos, pertencentes ao capital.

- *Sem dispositivo correspondente no Código Civil de 2002.*

Art. 1.421. Salvo cláusula em contrário, nenhum parceiro, sem licença do outro, poderá dispor do gado.

- *Sem dispositivo correspondente no Código Civil de 2002.*

Art. 1.422. As despesas com o tratamento e criação dos animais, não havendo acordo em contrário, correrão por conta do parceiro tratador e criador.

- *Sem dispositivo correspondente no Código Civil de 2002.*

Art. 1.423. Aplicam-se a este contrato as regras do de sociedade, no que não estiver regulado por convenção das partes, e, na falta, pelo disposto nesta Seção.

- *Sem dispositivo correspondente no Código Civil de 2002.*

Capítulo XIII | DA CONSTITUIÇÃO DE RENDA

Art. 1.424. Mediante ato entre vivos, ou de última vontade, e título oneroso, ou gratuito, pode constituir-se, por tempo determinado, em benefício próprio ou alheio, uma renda ou prestação periódica, entregando-se certo capital, em imóveis ou dinheiro, a pessoa que se obrigue a satisfazê-la.

- *Dispositivos correspondentes no Código Civil de 2002: arts. 803 e 804.*

Art. 1.425. É nula a constituição de renda em favor de pessoa já falecida, ou que, dentro nos 30 (trinta) dias seguintes, vier a falecer de moléstia que já sofria, quando foi celebrado o contrato.

- *Dispositivo correspondente no Código Civil de 2002: art. 808.*

Art. 1.426. Os bens dados em compensação da renda caem, desde a tradição, no domínio da pessoa que por aquela se obrigou.

- *Dispositivo correspondente no Código Civil de 2002: art. 809.*

Art. 1.427. Se o rendeiro, ou censuário, deixar de cumprir a obrigação estipulada, poderá o credor da renda acioná-lo, assim para que lhe pague as prestações atrasadas, como para que lhe dê garantias das futuras, sob pena de rescisão do contrato.

- *Dispositivo correspondente no Código Civil de 2002: art. 810.*

Art. 1.428. O credor adquire o direito à renda dia a dia, se a prestação não houver de ser paga adiantada, no começo de cada um dos períodos prefixos.

- *Dispositivo correspondente no Código Civil de 2002: art. 811.*

Art. 1.429. Quando a renda for constituída em benefício de duas ou mais pessoas, sem determinação da parte de cada uma, entende-se que os seus direitos são iguais; e, salvo estipulação diversa, não adquirirão os sobrevivos direito à parte dos que morreram.

- *Dispositivo correspondente no Código Civil de 2002: art. 812.*

Art. 1.430. A renda constituída por título gratuito pode, por ato do instituidor, ficar isenta de todas as execuções pendentes e futuras. Esta isenção existe de pleno direito em favor dos montepios e pensões alimentícias.

- *Dispositivo correspondente no Código Civil de 2002: art. 813,* caput *e parágrafo único.*

Art. 1.431. A renda vinculada a um imóvel constitui direito real, de acordo com o estabelecido nos arts. 749 a 754.

- *Sem dispositivo correspondente no Código Civil de 2002.*

Capítulo XIV | DO CONTRATO DE SEGURO

Seção I | DISPOSIÇÕES GERAIS

Art. 1.432. Considera-se contrato de seguro aquele pelo qual uma das partes se obriga para com a outra, mediante a paga de um prêmio, a indenizá-la do prejuízo resultante de riscos futuros, previstos no contrato.

• *Dispositivo correspondente no Código Civil de 2002: art. 757,* caput.

Art. 1.433. Este contrato não obriga antes de reduzido a escrito, e considera-se perfeito desde que o segurador remete a apólice ao segurado, ou faz nos livros o lançamento usual da operação.

• *Sem dispositivo correspondente no Código Civil de 2002.*

Art. 1.434. A apólice consignará os riscos assumidos, o valor do objeto seguro, o prêmio devido ou pago pelo segurado e quaisquer outras estipulações, que no contrato se firmarem.

• *Sem dispositivo correspondente no Código Civil de 2002.*

Art. 1.435. As diferentes espécies de seguro previstas neste Código serão reguladas pelas cláusulas das respectivas apólices, que não contrariarem disposições legais.

• *Sem dispositivo correspondente no Código Civil de 2002.*

Art. 1.436. Nulo será este contrato, quando o risco, de que se ocupa, se filiar a atos ilícitos do segurado, do beneficiado pelo seguro, ou dos representantes e prepostos, quer de um, quer do outro.

• *Dispositivo correspondente no Código Civil de 2002: art. 762.*

Art. 1.437. Não se pode segurar uma coisa por mais do que valha, nem pelo seu todo mais de uma vez. É, todavia, lícito ao segurado acautelar, mediante novo seguro, o risco de falência ou insolvência do segurador (art. 1.439).

• *Sem dispositivo correspondente no Código Civil de 2002.*

Art. 1.438. Se o valor do seguro exceder ao da coisa, o segurador poderá, ainda depois de entregue a apólice, exigir a sua redução ao valor real, restituindo ao segurado o excesso do prêmio; e, provando que o segurado obrou de má-fé, terá direito a anular o seguro, sem restituição do prêmio, nem prejuízo da ação penal que no caso couber.

• *Sem dispositivo correspondente no Código Civil de 2002.*

Art. 1.439. Salvo o disposto no art. 1.437, o segundo seguro da coisa já segura pelo mesmo risco e no seu valor integral pode ser anulado por qualquer das partes. O segundo segurador que ignorava o primeiro contrato pode, sem restituir o prêmio recebido, recusar o pagamento do objeto seguro, ou recobrar o que por ele pagou, na parte excedente ao seu valor real, ainda que não tenha reclamado contra o contrato antes do sinistro.

• *Sem dispositivo correspondente no Código Civil de 2002.*

Art. 1.440. A vida e as faculdades humanas também se podem estimar como objeto segurável, e segurar, no valor ajustado, contra os riscos possíveis, como o de morte involuntária, inabilitação para trabalhar, ou outros semelhantes.

• *Sem dispositivo correspondente no Código Civil de 2002.*

Parágrafo único. Considera-se morte voluntária a recebida em duelo, bem como o suicídio premeditado por pessoa em seu juízo.

• *Sem dispositivo correspondente no Código Civil de 2002.*

Art. 1.441. No caso de seguro sobre a vida, é livre às partes fixar o valor respectivo e fazer mais de um seguro, no mesmo ou em diversos valores, sem prejuízo dos antecedentes.

• *Dispositivo correspondente no Código Civil de 2002: art. 789.*

Art. 1.442. É também livre às partes fixar entre si a taxa do prêmio. Todavia, o seguro feito em sociedade ou companhia, que tenha tabela de prêmios, se presume de conformidade com ela proposto e aceito.

• *Sem dispositivo correspondente no Código Civil de 2002.*

Art. 1.443. O segurado e o segurador são obrigados a guardar no contrato a mais estrita boa-fé e veracidade, assim a respeito do objeto, como das circunstâncias e declarações a ele concernentes.

• *Dispositivo correspondente no Código Civil de 2002: art. 765.*

Art. 1.444. Se o segurado não fizer declarações verdadeiras e completas, omitindo circunstâncias que possam influir na aceitação da proposta ou na taxa do prêmio, perderá o direito ao valor do seguro, e pagará o prêmio vencido.

• *Dispositivo correspondente no Código Civil de 2002: art. 766,* caput.

Art. 1.445. Quando o segurado contrata o seguro mediante procurador, também este se faz responsável ao segurador pelas inexatidões, ou lacunas, que possam influir no contrato.

• *Sem dispositivo correspondente no Código Civil de 2002.*

Art. 1.446. O segurador, que, ao tempo do contrato, sabe estar passado o risco, de que o segurado se pretende cobrir, e, não obstante, expede a apólice, pagará em dobro o prêmio estipulado.

• *Dispositivo correspondente no Código Civil de 2002: art. 773.*

Art. 1.447. As apólices podem ser nominativas, à ordem ou ao portador. As de seguro sobre a vida não podem ser ao portador.

• *Dispositivo correspondente no Código Civil de 2002: art. 760,* caput *e parágrafo único.*

Parágrafo único. As apólices nominativas mencionarão o nome do segurador, o do segurado e o do seu representante, se o houver, ou o do terceiro, em cujo nome se faz o seguro.

• *Dispositivo correspondente no Código Civil de 2002: art. 760,* caput.

Art. 1.448. A apólice declarará também o começo e o fim dos riscos por ano, mês, dia e hora.

• *Dispositivo correspondente no Código Civil de 2002: art. 760,* caput.

§ 1º Em falta de estipulação precisa, contar-se-á o prazo de conformidade com o art. 125.

• *Sem dispositivo correspondente no Código Civil de 2002.*

§ 2º A respeito de coisas que se destinem a transporte de um para outro ponto, os riscos principiarão a correr, desde que sejam recebidas no primeiro lugar, e terminarão quando entregues ao destinatário, no segundo.

• *Sem dispositivo correspondente no Código Civil de 2002.*

Seção II | DAS OBRIGAÇÕES DO SEGURADO

Art. 1.449. Salvo convenção em contrário, no ato de receber a apólice pagará o segurado o prêmio, que estipulou.

• *Sem dispositivo correspondente no Código Civil de 2002.*

Art. 1.450. O segurado presume-se obrigado a pagar os juros legais do prêmio atrasado, independentemente de interpelação do segurador, se a apólice ou os estatutos não estabelecerem maior taxa.

• *Sem dispositivo correspondente no Código Civil de 2002.*

Art. 1.451. Se o segurado vier a falir, ou for declarado interdito, estando em atraso nos prêmios, ou se atrasar após a interdição, ou a falência, ficará o segurador isento da responsabilidade pelos riscos, se a massa, ou o representante do interdito, não pagar antes do sinistro os prêmios atrasados.

• *Dispositivo correspondente no Código Civil de 2002: art. 763.*

Art. 1.452. O fato de se não ter verificado o risco, em previsão do qual se fez o seguro, não exime o segurado de pagar o prêmio, que se estipulou, observadas as disposições especiais do direito marítimo sobre o estorno.

• *Dispositivo correspondente no Código Civil de 2002: art. 764.*

Art. 1.453. Embora se hajam agravado os riscos, além do que era possível antever no contrato, nem por isso, a não haver nele cláusula expressa, terá direito o segurador a aumento do prêmio.

• *Sem dispositivo correspondente no Código Civil de 2002.*

Art. 1.454. Enquanto vigorar o contrato, o segurado abster-se-á de tudo quanto possa aumentar os riscos, ou seja contrário aos termos do estipulado, sob pena de perder o direito ao seguro.

• *Dispositivo correspondente no Código Civil de 2002: art. 768.*

Art. 1.455. Sob a mesma pena do artigo antecedente, comunicará o segurado ao segurador todo incidente, que de qualquer modo possa agravar o risco.

• *Dispositivo correspondente no Código Civil de 2002: art. 769.*

Art. 1.456. No aplicar a pena do art. 1.454, procederá o juiz com equidade, atentando nas circunstâncias reais, e não em probabilidades infundadas, quanto à agravação dos riscos.

• *Sem dispositivo correspondente no Código Civil de 2002.*

Art. 1.457. Verificado o sinistro, o segurado, logo que o saiba, comunicá-lo-á ao segurador.

• *Dispositivo correspondente no Código Civil de 2002: art. 771,* caput.

Parágrafo único. A omissão injustificada exonera o segurador, se este provar que, oportunamente avisado, lhe teria sido possível evitar, ou atenuar, as consequências do sinistro.

• *Sem dispositivo correspondente no Código Civil de 2002.*

Seção III | DAS OBRIGAÇÕES DO SEGURADOR

Art. 1.458. O segurador é obrigado a pagar em dinheiro o prejuízo resultante do risco assumido e, conforme as circunstâncias, o valor total da coisa segura.

• *Dispositivo correspondente no Código Civil de 2002: art. 776.*

Art. 1.459. Sempre se presumirá não se ter obrigado o segurador a indenizar prejuízos resultantes de vício intrínseco à coisa segura.

• *Dispositivo correspondente no Código Civil de 2002: art. 784,* caput.

Art. 1.460. Quando a apólice limitar ou particularizar os riscos do seguro, não responderá por outros o segurador.

• *Sem dispositivo correspondente no Código Civil de 2002.*

Art. 1.461. Salvo expressa restrição na apólice, o risco do seguro compreenderá todos os prejuízos resultantes ou consequentes, como sejam os estragos ocasionados para evitar o sinistro, minorar o dano, ou salvar a coisa.

• *Dispositivo correspondente no Código Civil de 2002: art. 779.*

Art. 1.462. Quando ao objeto do contrato se der valor determinado, e o seguro se fizer por este valor, ficará o segurador obrigado, no caso de perda total, a pagar pelo valor ajustado a importância da indenização, sem perder por isso o direito, que lhe asseguram os arts. 1.438 e 1.439.

• *Sem dispositivo correspondente no Código Civil de 2002.*

Art. 1.463. O direito à indenização pode ser transmitido a terceiro como acessório da propriedade, ou de direito real sobre a coisa segura.

• *Dispositivo correspondente no Código Civil de 2002: art. 785,* caput.

Parágrafo único. Opera-se essa transmissão de pleno direito quanto à coisa hipotecada, ou penhorada, e, fora desses casos, quando a apólice o não vedar.

• *Sem dispositivo correspondente no Código Civil de 2002.*

Art. 1.464. No caso de sinistro, o segurador pode opor ao sucessor ou representante do segurado todos os meios de defesa, que contra este lhe assistiriam.

• *Dispositivo correspondente no Código Civil de 2002: art. 767.*

Art. 1.465. Se o segurador falir antes de passado o risco, poderá o segurado recusar-lhe o pagamento dos prêmios atrasados, e fazer outro seguro pelo valor integral.

• *Sem dispositivo correspondente no Código Civil de 2002.*

Seção IV | DO SEGURO MÚTUO

Art. 1.466. Pode ajustar-se o seguro, pondo certo número de segurados em comum entre si o prejuízo, que a qualquer deles advenha, do risco por todos corrido.

Em tal caso o conjunto dos segurados constitui a pessoa jurídica, a que pertencem as funções de segurador.

• *Dispositivo correspondente no Código Civil de 2002: art. 801,* caput.

Art. 1.467. Nesta forma de seguro, em lugar do prêmio, os segurados contribuem com as quotas necessárias para ocorrer às despesas da administração e aos prejuízos verificados. Sendo omissos os estatutos, presume-se que a taxa das quotas se determinará segundo as contas do ano.

• *Sem dispositivo correspondente no Código Civil de 2002.*

Art. 1.468. Será permitido também obrigar a prêmios fixos os segurados, ficando, porém, estes adstritos, se a importância daqueles não cobrir a dos riscos verificados, a quotizarem-se pela diferença.

Se, pelo contrário, a soma dos prêmios exceder à dos riscos verificados, poderão os associados repartir entre si o excesso em dividendo, se não preferirem criar um fundo de reserva.

• *Sem dispositivo correspondente no Código Civil de 2002.*

Art. 1.469. As entradas suplementares e os dividendos serão proporcionais às quotas de cada associado.

• *Sem dispositivo correspondente no Código Civil de 2002.*

Art. 1.470. As quotas dos sócios serão fixadas conforme o valor dos respectivos seguros, podendo-se também levar em conta riscos diferentes, e estabelecê-los de duas ou mais categorias.

• *Sem dispositivo correspondente no Código Civil de 2002.*

Seção V | DO SEGURO DE VIDA

Art. 1.471. O seguro de vida tem por objeto garantir, mediante o prêmio anual que se ajustar, o pagamento de certa soma a determinada ou determinadas pessoas, por morte do segurado, podendo estipular-se igualmente o pagamento dessa soma ao próprio segurado, ou terceiro, se aquele sobreviver ao prazo de seu contrato.

• *Sem dispositivo correspondente no Código Civil de 2002.*

Parágrafo único. Quando a liquidação só deva operar-se por morte, o prêmio se pode ajustar por prazo limitado ou por toda a vida do segurado, sendo lícito às partes contratantes, durante a vigência do contrato, substituírem, de comum acordo, um plano por outro, feita a indenização de prêmios que a substituição exigir.

• *Dispositivo correspondente no Código Civil de 2002: art. 796,* caput.

Art. 1.472. Pode uma pessoa fazer o seguro sobre a própria vida, ou sobre a de outrem, justificando, porém, neste último caso, o seu interesse pela preservação daquela que segura, sob pena de não valer o seguro, em se provando ser falso o motivo alegado.

• *Dispositivo correspondente no Código Civil de 2002: art. 790,* caput.

Parágrafo único. Será dispensada a justificação, se o terceiro, cuja vida se quiser segurar, for descendente, ascendente, irmão ou cônjuge do proponente.

• *Dispositivo correspondente no Código Civil de 2002: art. 790, parágrafo único.*

Art. 1.473. Se o seguro não tiver por causa declarada a garantia de alguma obrigação, é lícito ao segurado, em qualquer tempo, substituir o seu beneficiário, e, sendo a apólice emitida à ordem, instituir o beneficiário até por ato de última vontade. Em falta de declaração, neste caso, o seguro será pago aos herdeiros do segurado, sem embargo de quaisquer disposições em contrário dos estatutos da companhia ou associação.

• *Dispositivos correspondentes no Código Civil de 2002: arts. 791,* caput, *e 792,* caput.

Art. 1.474. Não se pode instituir beneficiário pessoa que for legalmente inibida de receber a doação do segurado.

• *Sem dispositivo correspondente no Código Civil de 2002.*

Art. 1.475. A soma estipulada como benefício não está sujeita às obrigações, ou dívidas do segurado.

• *Dispositivo correspondente no Código Civil de 2002: art. 794.*

Art. 1.476. É também lícito fazer o seguro de modo que só tenha direito a ele o segurado, se chegar a certa idade, ou for vivo a certo tempo.

• *Sem dispositivo correspondente no Código Civil de 2002.*

Capítulo XV | DO JOGO E DA APOSTA

Art. 1.477. As dívidas do jogo, ou aposta, não obrigam a pagamento; mas não se pode recobrar a quantia, que voluntariamente se pagou, salvo se foi ganha por dolo, ou se o perdente é menor, ou interdito.

• *Dispositivo correspondente no Código Civil de 2002: art. 814,* caput.

Parágrafo único. Aplica-se esta disposição a qualquer contrato que encubra ou envolva reconhecimento, novação ou fiança de dívidas de jogo; mas a nulidade resultante não pode ser oposta ao terceiro de boa-fé.

• *Dispositivo correspondente no Código Civil de 2002: art. 814, § 1º.*

Art. 1.478. Não se pode exigir reembolso do que se emprestou para jogo, ou aposta, no ato de apostar, ou jogar.

• *Dispositivo correspondente no Código Civil de 2002: art. 815.*

Art. 1.479. São equiparados ao jogo, submetendo-se, como tais, ao disposto nos artigos antecedentes, os contratos sobre títulos de bolsa, mercadorias ou valores, em que se estipule a liquidação exclusivamente pela diferença entre o preço ajustado e a cotação que eles tiverem, no vencimento do ajuste.

• *Dispositivo correspondente no Código Civil de 2002: art. 816.*

Art. 1.480. O sorteio, para dirimir questões, ou dividir coisas comuns, considerar-se-á sistema de partilha, ou processo de transação, conforme o caso.

• *Dispositivo correspondente no Código Civil de 2002: art. 817.*

Capítulo XVI | DA FIANÇA

Seção I | DISPOSIÇÕES GERAIS

Art. 1.481. Dá-se o contrato de fiança, quando uma pessoa se obriga por outra, para com o seu credor, a satisfazer a obrigação, caso o devedor não a cumpra.

• *Dispositivo correspondente no Código Civil de 2002: art. 818.*

Art. 1.482. Se o fiador tiver quem lhe abone a solvência, ao abonador se aplicará o disposto neste Capítulo sobre fiança.

• *Sem dispositivo correspondente no Código Civil de 2002.*

Art. 1.483. A fiança dar-se-á por escrito, e não admite interpretação extensiva.

• *Dispositivo correspondente no Código Civil de 2002: art. 819.*

Art. 1.484. Pode-se estipular a fiança, ainda sem consentimento do devedor.

• *Dispositivo correspondente no Código Civil de 2002: art. 820.*

Art. 1.485. As dívidas futuras podem ser objeto de fiança; mas o fiador, neste caso, não será demandado senão depois que se fizer certa e líquida a obrigação do principal devedor.

• *Dispositivo correspondente no Código Civil de 2002: art. 821.*

Art. 1.486. Não sendo limitada a fiança, compreenderá todos os acessórios da dívida principal, inclusive as despesas judiciais, desde a citação do fiador.

• *Dispositivo correspondente no Código Civil de 2002: art. 822.*

Art. 1.487. A fiança pode ser de valor inferior ao da obrigação principal e contraída em condições menos onerosas.

Quando exceder o valor da dívida, ou for mais onerosa que ela, não valerá senão até ao limite da obrigação afiançada.

• *Dispositivo correspondente no Código Civil de 2002: art. 823.*

Art. 1.488. As obrigações nulas não são suscetíveis de fiança, exceto se a nulidade resultar apenas de incapacidade pessoal do devedor.

• *Dispositivo correspondente no Código Civil de 2002: art. 824,* caput.

Parágrafo único. Esta exceção não abrange o caso do art. 1.259.

• *Dispositivo correspondente no Código Civil de 2002: art. 824, parágrafo único.*

Art. 1.489. Quando alguém houver de dar fiador, o credor não pode ser obrigado a aceitá-lo, se não for pessoa idônea, domiciliada no município, onde tenha de prestar a fiança, e não possua bens suficientes para desempenhar a obrigação.

• *Dispositivo correspondente no Código Civil de 2002: art. 825.*

Art. 1.490. Se o fiador se tornar insolvente, ou incapaz, poderá o credor exigir que seja substituído.

• *Dispositivo correspondente no Código Civil de 2002: art. 826.*

Seção II | DOS EFEITOS DA FIANCA

Art. 1.491. O fiador demandado pelo pagamento da dívida tem direito a exigir, até à contestação da lide, que sejam primeiro excutidos os bens do devedor.

• *Dispositivo correspondente no Código Civil de 2002: art. 827,* caput.

Parágrafo único. O fiador, que alegar o benefício de ordem a que se refere este artigo, deve nomear bens do devedor, sitos no mesmo município, livres e desembargados, quantos bastem para solver o débito (art. 1.504).

• *Dispositivo correspondente no Código Civil de 2002: art. 827, parágrafo único.*

Art. 1.492. Não aproveita este benefício ao fiador:

• *Dispositivo correspondente no Código Civil de 2002: art. 828,* caput.

I — se ele o renunciou expressamente;

• *Dispositivo correspondente no Código Civil de 2002: art. 828, I.*

II — se se obrigou como principal pagador, ou devedor solidário;

• *Dispositivo correspondente no Código Civil de 2002: art. 828, II.*

III — se o devedor for insolvente, ou falido.

• *Dispositivo correspondente no Código Civil de 2002: art. 828, III.*

Art. 1.493. A fiança conjuntamente prestada a um só débito por mais de uma pessoa importa o compromisso de solidariedade entre elas, se declaradamente não se reservaram o benefício de divisão.

• *Dispositivo correspondente no Código Civil de 2002: art. 829,* caput.

Parágrafo único. Estipulado este benefício, cada fiador responde unicamente pela parte que, em proporção, lhe couber no pagamento.

• *Dispositivo correspondente no Código Civil de 2002: art. 829, parágrafo único.*

Art. 1.494. Pode também cada fiador taxar, no contrato, a parte da dívida que toma sob sua responsabilidade, e, neste caso, não será obrigado a mais.

• *Dispositivo correspondente no Código Civil de 2002: art. 830.*

Art. 1.495. O fiador, que pagar integralmente a dívida, fica sub-rogado nos direitos do credor; mas só poderá demandar a cada um dos outros fiadores pela respectiva quota.

• *Dispositivo correspondente no Código Civil de 2002: art. 831,* caput.

Parágrafo único. A parte do fiador insolvente distribuir-se-á pelos outros.

• *Dispositivo correspondente no Código Civil de 2002: art. 831, parágrafo único.*

Art. 1.496. O devedor responde também ao fiador por todas as perdas e danos que este pagar, e pelos que sofrer em razão da fiança.

• *Dispositivo correspondente no Código Civil de 2002: art. 832.*

Art. 1.497. O fiador tem direito aos juros do desembolso pela taxa estipulada na obrigação principal, e, não havendo taxa convencionada, aos juros legais da mora.

• *Dispositivo correspondente no Código Civil de 2002: art. 833.*

Art. 1.498. Quando o credor, sem justa causa, demorar a execução iniciada contra o devedor, poderá o fiador, ou o abonador (art. 1.482), promover-lhe o andamento.

• *Dispositivo correspondente no Código Civil de 2002: art. 834.*

Art. 1.499. O fiador, ainda antes de haver pago, pode exigir que o devedor satisfaça a obrigação, ou o exonere da fiança desde que a dívida se torne exigível, ou tenha decorrido o prazo dentro no qual o devedor se obrigou a desonerá-lo.

• *Sem dispositivo correspondente no Código Civil de 2002.*

Art. 1.500. O fiador poderá exonerar-se da fiança que tiver assinado sem limitação de tempo, sempre que lhe convier, ficando, porém, obrigado por todos os efeitos da fiança, anteriores ao ato amigável, ou à sentença que o exonerar.

• *Dispositivo correspondente no Código Civil de 2002: art. 835.*

Art. 1.501. A obrigação do fiador passa-lhe aos herdeiros; mas a responsabilidade da fiança se limita ao tempo decorrido até à morte do fiador, e não pode ultrapassar as forças da herança.

• *Dispositivo correspondente no Código Civil de 2002: art. 836.*

Seção III | DA EXTINÇÃO DA FIANÇA

Art. 1.502. O fiador pode opor ao credor as exceções que lhe forem pessoais, e as extintivas da obrigação que compitam ao devedor principal, se não provierem simplesmente de incapacidade pessoal, salvo o caso do art. 1.259.

• *Dispositivo correspondente no Código Civil de 2002: art. 837.*

Art. 1.503. O fiador, ainda que solidário com o principal devedor (arts. 1.492 e 1.493), ficará desobrigado:

• *Dispositivo correspondente no Código Civil de 2002: art. 838,* caput.

I — se, sem consentimento seu, o credor conceder moratória ao devedor;

• *Dispositivo correspondente no Código Civil de 2002: art. 838, I.*

II — se, por fato do credor, for impossível a sub-rogação nos seus direitos e preferências;

• *Dispositivo correspondente no Código Civil de 2002: art. 838, II.*

III — se o credor, em pagamento da dívida, aceitar amigavelmente do devedor objeto diverso do que este era obrigado a lhe dar, ainda que depois venha a perdê-lo por evicção.

• *Dispositivo correspondente no Código Civil de 2002: art. 838, III.*

Art. 1.504. Se, feita a nomeação nas condições do art. 1.491, parágrafo único, o devedor, retardando-se a execução, cair em insolvência, ficará exonerado o fiador, provando que os bens por ele indicados eram, ao tempo da penhora, suficientes para a solução da dívida afiançada.

• *Dispositivo correspondente no Código Civil de 2002: art. 839.*

Título VI | DAS OBRIGAÇÕES POR DECLARAÇÃO UNILATERAL DA VONTADE

Capítulo I | DOS TÍTULOS AO PORTADOR

Art. 1.505. O detentor de um título ao portador, quando dele autorizado a dispor, pode reclamar do respectivo subscritor ou emissor a prestação devida. O subscritor, ou emissor, porém, exonera-se, pagando a qualquer detentor, esteja ou não autorizado a dispor do título.

• *Dispositivo correspondente no Código Civil de 2002: art. 905,* caput.

Art. 1.506. A obrigação do emissor subsiste, ainda que o título tenha entrado em circulação contra a sua vontade.

• *Dispositivo correspondente no Código Civil de 2002: art. 905, parágrafo único.*

Art. 1.507. Ao portador de boa-fé, o subscritor, ou o emissor não poderá opor outra defesa, além da que assente em nulidade interna ou externa do título, ou em direito pessoal ao emissor, ou subscritor, contra o portador.

• *Dispositivo correspondente no Código Civil de 2002: art. 906.*

Art. 1.508. O subscritor, ou emissor, não será obrigado a pagar senão à vista do título, salvo se este for declarado nulo.

• *Sem dispositivo correspondente no Código Civil de 2002.*

Art. 1.509. A pessoa, injustamente desapossada de títulos ao portador, só mediante intervenção judicial poderá impedir que ao ilegítimo detentor se pague a importância do capital, ou seu interesse.

• *Dispositivo correspondente no Código Civil de 2002: art. 909,* caput.

Parágrafo único. Se, citado o detentor desses títulos, não forem apresentados em 3 (três) anos dessa data, poderá o juiz declará-los caducos, ordenando ao devedor que lavre outros, em substituição dos reclamados.

• *Sem dispositivo correspondente no Código Civil de 2002.*

Art. 1.510. Se o título, com o nome do credor, trouxer a cláusula de poder ser paga a prestação ao portador, embolsando a este, o devedor exonerar-se-á validamente; mas poderá exigir dele que justifique o seu direito, ou preste caução.

Aquele cujo nome se acha inscrito no título, presume-se dono, e pode reivindicá-lo de quem quer que injustamente o detenha.

• *Sem dispositivo correspondente no Código Civil de 2002.*

Art. 1.511. É nulo o título, em que o signatário, ou emissor, se obrigue, sem autorização de lei federal, a pagar ao portador quantia certa em dinheiro.

• *Dispositivo correspondente no Código Civil de 2002: art. 907.*

Parágrafo único. Esta disposição não se aplica às obrigações emitidas pelos Estados ou pelos Municípios, as quais continuarão a ser regidas por lei especial.

• *Sem dispositivo correspondente no Código Civil de 2002.*

Capítulo II | DA PROMESSA DE RECOMPENSA

Art. 1.512. Aquele que, por anúncios públicos, se comprometer a recompensar, ou gratificar, a quem preencha certa condição, ou desempenhe certo serviço, contrai obrigação de fazer o prometido.

• *Dispositivo correspondente no Código Civil de 2002: art. 854.*

Art. 1.513. Quem quer que, nos termos do artigo antecedente, fizer o dito serviço, ou satisfizer a dita condição, ainda que não pelo interesse da promessa, poderá exigir a recompensa estipulada.

• *Dispositivo correspondente no Código Civil de 2002: art. 855.*

Art. 1.514. Antes de prestado o serviço, ou preenchida a condição, pode o promitente revogar a promessa, contanto que o faça com a mesma publicidade.

Se, porém, houver assinado prazo à execução da tarefa, entender-se-á que renuncia o arbítrio de retirar, durante ele, a oferta.

• *Dispositivo correspondente no Código Civil de 2002: art. 856.*

Art. 1.515. Se o ato contemplado na promessa for praticado por mais de um indivíduo, terá direito à recompensa o que primeiro o executou.

• *Dispositivo correspondente no Código Civil de 2002: art. 857.*

§ 1º Sendo simultânea a execução, a cada um tocará quinhão igual na recompensa.

• *Dispositivo correspondente no Código Civil de 2002: art. 858.*

§ 2º Se essa não for divisível, conferir-se-á por sorteio.

• *Dispositivo correspondente no Código Civil de 2002: art. 858.*

Art. 1.516. Nos concursos que se abrirem com promessa pública de recompensa, é condição essencial, para valerem, a fixação de um prazo, observadas também as disposições dos parágrafos seguintes.

• *Dispositivo correspondente no Código Civil de 2002: art. 859,* caput.

§ 1º A decisão da pessoa nomeada, nos anúncios, como juiz, obriga os interessados.

• *Dispositivo correspondente no Código Civil de 2002: art. 859, § 1º.*

§ 2º Em falta de pessoa designada para julgar o mérito dos trabalhos, que se apresentarem, entender-se-á que o promitente se reservou essa função.

• *Dispositivo correspondente no Código Civil de 2002: art. 859, § 2º.*

§ 3º Se os trabalhos tiverem mérito igual, proceder-se-á de acordo com o artigo antecedente.

• *Dispositivo correspondente no Código Civil de 2002: art. 859, § 3º.*

Art. 1.517. As obras premiadas, nos concursos de que trata o artigo anterior, só ficarão pertencendo ao promitente, se tal cláusula estipular na publicação da promessa.

• *Dispositivo correspondente no Código Civil de 2002: art. 860.*

Título VII | DAS OBRIGAÇÕES POR ATOS ILÍCITOS

Art. 1.518. Os bens do responsável pela ofensa ou violação do direito de outrem ficam sujeitos à reparação do dano causado; e, se tiver mais de um autor a ofensa, todos responderão solidariamente pela reparação.

• *Dispositivo correspondente no Código Civil de 2002: art. 942,* caput.

Parágrafo único. São solidariamente responsáveis com os autores, os cúmplices e as pessoas designadas no art. 1.521.

• *Dispositivo correspondente no Código Civil de 2002: art. 942, parágrafo único.*

Art. 1.519. Se o dono da coisa, no caso do art. 160, II, não for culpado do perigo, assistir-lhe-á direito à indenização do prejuízo, que sofreu.

• *Dispositivo correspondente no Código Civil de 2002: art. 929.*

Art. 1.520. Se o perigo ocorrer por culpa de terceiro, contra este ficará com ação regressiva, no caso do art. 160, II, o autor do dano, para haver a importância, que tiver ressarcido ao dono da coisa.

• *Dispositivo correspondente no Código Civil de 2002: art. 930,* caput.

Parágrafo único. A mesma ação competirá contra aquele em defesa de quem se danificou a coisa (art. 160, I).

• *Dispositivo correspondente no Código Civil de 2002: art. 930, parágrafo único.*

Art. 1.521. São também responsáveis pela reparação civil:

• *Dispositivo correspondente no Código Civil de 2002: art. 932,* caput.

I — os pais, pelos filhos menores que estiverem sob seu poder e em sua companhia;

• *Dispositivo correspondente no Código Civil de 2002: art. 932, I.*

II — o tutor e o curador, pelos pupilos e curatelados, que se acharem nas mesmas condições;

• *Dispositivo correspondente no Código Civil de 2002: art. 932, II.*

III — o patrão, amo ou comitente, por seus empregados, serviçais e prepostos, no exercício do trabalho que lhes competir, ou por ocasião dele (art. 1.522);

• *Dispositivo correspondente no Código Civil de 2002: art. 932, III.*

IV — os donos de hotéis, hospedarias, casas ou estabelecimentos, onde se albergue por dinheiro, mesmo para fins de educação, pelos seus hóspedes, moradores e educandos;

• *Dispositivo correspondente no Código Civil de 2002: art. 932, IV.*

V — os que gratuitamente houverem participado nos produtos do crime, até à concorrente quantia.

• *Dispositivo correspondente no Código Civil de 2002: art. 932, V.*

Art. 1.522. A responsabilidade estabelecida no artigo antecedente, nº III, abrange as pessoas jurídicas, que exercerem exploração industrial.

• *Sem dispositivo correspondente no Código Civil de 2002.*

Art. 1.523. Excetuadas as do art. 1.521, V, só serão responsáveis as pessoas enumeradas nesse e no art. 1.522, provando-se que elas concorreram para o dano por culpa, ou negligência de sua parte.

• *Sem dispositivo correspondente no Código Civil de 2002.*

Art. 1.524. O que ressarcir o dano causado por outrem, se este não for descendente seu, pode reaver, daquele por quem pagou, o que houver pago.

• *Dispositivo correspondente no Código Civil de 2002: art. 934.*

Art. 1.525. A responsabilidade civil é independente da criminal; não se poderá, porém, questionar mais sobre a existência do fato, ou quem seja o seu autor, quando estas questões se acharem decididas no crime.

• *Dispositivo correspondente no Código Civil de 2002: art. 935.*

Art. 1.526. O direito de exigir reparação, e a obrigação de prestá-la transmitem-se com a herança, exceto nos casos que este Código excluir.

• *Dispositivo correspondente no Código Civil de 2002: art. 943.*

Art. 1.527. O dono, ou detentor, do animal ressarcirá o dano por este causado, se não provar:

• *Sem dispositivo correspondente no Código Civil de 2002.*

I — que o guardava e vigiava com cuidado preciso;

• *Sem dispositivo correspondente no Código Civil de 2002.*

II — que o animal foi provocado por outro;

• *Sem dispositivo correspondente no Código Civil de 2002.*

III — que houve imprudência do ofendido;

• *Dispositivo correspondente no Código Civil de 2002: art. 936.*

IV — que o fato resultou de caso fortuito, ou força maior.

• *Dispositivo correspondente no Código Civil de 2002: art. 936.*

Art. 1.528. O dono do edifício ou construção responde pelos danos que resultarem de sua ruína, se esta provier de falta de reparos, cuja necessidade fosse manifesta.

• *Dispositivo correspondente no Código Civil de 2002: art. 937.*

Art. 1.529. Aquele que habitar uma casa, ou parte dela, responde pelo dano proveniente das coisas que dela caírem ou forem lançadas em lugar indevido.

• *Dispositivo correspondente no Código Civil de 2002: art. 938.*

Art. 1.530. O credor que demandar o devedor antes de vencida a dívida, fora dos casos em que a lei o permita, ficará obrigado a esperar o tempo que faltava para o vencimento, a descontar os juros correspondentes, embora estipulados, e a pagar as custas em dobro.

• *Dispositivo correspondente no Código Civil de 2002: art. 939.*

Art. 1.531. Aquele que demandar por dívida já paga, no todo ou em parte, sem ressalvar as quantias recebidas, ou pedir mais do que for devido, ficará obrigado a pagar ao devedor, no primeiro caso, o dobro do que houver cobrado e, no segundo, o equivalente do que dele exigir, salvo se, por lhe estar prescrito o direito, decair da ação.

• *Dispositivo correspondente no Código Civil de 2002: art. 940.*

Art. 1.532. Não se aplicarão as penas dos arts. 1.530 e 1.531, quando o autor desistir da ação antes de contestada a lide.

• *Dispositivo correspondente no Código Civil de 2002: art. 941.*

Título VIII | DA LIQUIDAÇÃO DAS OBRIGAÇÕES

Capítulo I | DISPOSIÇÕES GERAIS

Art. 1.533. Considera-se líquida a obrigação certa, quanto à sua existência, e determinada, quanto ao seu objeto.

• *Sem dispositivo correspondente no Código Civil de 2002.*

Art. 1.534. Se o devedor não puder cumprir a prestação na espécie ajustada, substituir-se-á pelo seu valor, em moeda corrente, no lugar onde se execute a obrigação.

• *Dispositivo correspondente no Código Civil de 2002: art. 947.*

Art. 1.535. À execução judicial das obrigações de fazer, ou não fazer, e, em geral, à indenização de perdas e danos precederá a liquidação do valor respectivo, toda vez que o não fixe a lei, ou a convenção das partes.

• *Sem dispositivo correspondente no Código Civil de 2002.*

Art. 1.536. Para liquidar a importância de uma prestação não cumprida, que tenha valor oficial no lugar da execução, tomar-se-á o meio-termo do preço, ou da taxa, entre a data do vencimento e a do pagamento, adicionando-lhe os juros da mora.

• *Sem dispositivo correspondente no Código Civil de 2002.*

§ 1º Nos demais casos far-se-á a liquidação por arbitramento.

• *Sem dispositivo correspondente no Código Civil de 2002.*

§ 2º Contam-se os juros da mora, nas obrigações ilíquidas, desde a citação inicial.

• *Sem dispositivo correspondente no Código Civil de 2002.*

Capítulo II | DA LIQUIDAÇÃO DAS OBRIGAÇÕES RESULTANTES DE ATOS ILÍCITOS

Art. 1.537. A indenização, no caso de homicídio, consiste:

• *Dispositivo correspondente no Código Civil de 2002: art. 948,* caput.

I — no pagamento das despesas com o tratamento da vítima, seu funeral e o luto da família;

• *Dispositivo correspondente no Código Civil de 2002: art. 948, I.*

II — na prestação de alimentos às pessoas a quem o defunto os devia.

• *Dispositivo correspondente no Código Civil de 2002: art. 948, II.*

Art. 1.538. No caso de ferimento ou outra ofensa à saúde, o ofensor indenizará o ofendido das despesas do tratamento e dos lucros cessantes até o fim da convalescença, além de lhe pagar a importância da multa no grau médio da pena criminal correspondente.

• *Dispositivo correspondente no Código Civil de 2002: art. 949,* caput.

§ 1º Esta soma será duplicada, se do ferimento resultar aleijão ou deformidade.

• *Sem dispositivo correspondente no Código Civil de 2002.*

§ 2º Se o ofendido, aleijado ou deformado, for mulher solteira ou viúva, ainda capaz de casar, a indenização consistirá em dotá-la, segundo as posses do ofensor, as circunstâncias do ofendido e a gravidade do defeito.

• *Sem dispositivo correspondente no Código Civil de 2002.*

Art. 1.539. Se da ofensa resultar defeito pelo qual o ofendido não possa exercer o seu ofício ou profissão, ou se lhe diminua o valor do trabalho, a indenização, além das despesas do tratamento e lucros cessantes até ao fim da convalescença, incluirá uma pensão correspondente à importância do trabalho, para que se inabilitou, ou da depreciação que ele sofreu.

• *Dispositivo correspondente no Código Civil de 2002: art. 950,* caput.

Art. 1.540. As disposições precedentes aplicam-se ainda ao caso em que a morte, ou lesão, resulte de ato considerado crime justificável, se não foi perpetrado pelo ofensor em repulsa de agressão do ofendido.

• *Sem dispositivo correspondente no Código Civil de 2002.*

Art. 1.541. Havendo usurpação ou esbulho do alheio, a indenização consistirá em se restituir a coisa, mais o valor das suas deteriorações, ou, faltando ela, em se embolsar o seu equivalente ao prejudicado (art. 1.543).

• *Dispositivo correspondente no Código Civil de 2002: art. 952,* caput.

Art. 1.542. Se a coisa estiver em poder de terceiro, este será obrigado a entregá-la, correndo a indenização pelos bens do delinquente.

• *Sem dispositivo correspondente no Código Civil de 2002.*

Art. 1.543. Para se restituir o equivalente, quando não exista a própria coisa (art. 1.541), estimar-se-á ela pelo seu preço ordinário e pelo de afeição, contanto que este não se avantaje àquele.

• *Dispositivo correspondente no Código Civil de 2002: art. 952, parágrafo único.*

Art. 1.544. Além dos juros ordinários, contados proporcionalmente ao valor do dano, e desde o tempo do crime, a satisfação compreende os juros compostos.

• *Sem dispositivo correspondente no Código Civil de 2002.*

Art. 1.545. Os médicos, cirurgiões, farmacêuticos, parteiras e dentistas são obrigados a satisfazer o dano, sempre que da imprudência, negligência, ou imperícia, em atos profissionais, resultar morte, inabilitação de servir, ou ferimento.

• *Dispositivo correspondente no Código Civil de 2002: art. 951.*

Art. 1.546. O farmacêutico responde solidariamente pelos erros e enganos do seu preposto.

• *Sem dispositivo correspondente no Código Civil de 2002.*

Art. 1.547. A indenização por injúria ou calúnia consistirá na reparação do dano que delas resulte ao ofendido.

• *Dispositivo correspondente no Código Civil de 2002: art. 953,* caput.

Parágrafo único. Se este não puder provar prejuízo material, pagar-lhe-á o ofensor o dobro da multa no grau máximo da pena criminal respectiva (art. 1.550).

• *Dispositivo correspondente no Código Civil de 2002: art. 953, parágrafo único.*

Art. 1.548. A mulher agravada em sua honra tem direito a exigir do ofensor, se este não puder ou não quiser reparar o mal pelo casamento, um dote correspondente à sua própria condição e estado:

• *Sem dispositivo correspondente no Código Civil de 2002.*

I — se, virgem e menor, for deflorada;

• *Sem dispositivo correspondente no Código Civil de 2002.*

II — se, mulher honesta, for violentada, ou aterrada por ameaças;

• *Sem dispositivo correspondente no Código Civil de 2002.*

III — se for seduzida com promessas de casamento;

• *Sem dispositivo correspondente no Código Civil de 2002.*

IV — se for raptada.

• *Sem dispositivo correspondente no Código Civil de 2002.*

Art. 1.549. Nos demais crimes de violência sexual, ou ultraje ao pudor, arbitrar-se-á judicialmente a indenização.

• *Sem dispositivo correspondente no Código Civil de 2002.*

Art. 1.550. A indenização por ofensa à liberdade pessoal consistirá no pagamento das perdas e danos que sobrevierem ao ofendido, e no de uma soma calculada nos termos do parágrafo único do art. 1.547.

• *Dispositivo correspondente no Código Civil de 2002: art. 954,* caput.

Art. 1.551. Consideram-se ofensivos da liberdade pessoal (art. 1.550):

• *Dispositivo correspondente no Código Civil de 2002: art. 954, parágrafo único.*

I — o cárcere privado;

• *Dispositivo correspondente no Código Civil de 2002: art. 954, parágrafo único, I.*

II — a prisão por queixa ou denúncia falsa e de má-fé;

• *Dispositivo correspondente no Código Civil de 2002: art. 954, parágrafo único, II.*

III — a prisão ilegal (art. 1.552).

• *Dispositivo correspondente no Código Civil de 2002: art. 954, parágrafo único, III.*

Art. 1.552. No caso do artigo antecedente, nº III, só a autoridade, que ordenou a prisão, é obrigada a ressarcir o dano.

• *Sem dispositivo correspondente no Código Civil de 2002.*

Art. 1.553. Nos casos não previstos neste Capítulo, se fixará por arbitramento a indenização.

• *Sem dispositivo correspondente no Código Civil de 2002.*

Título IX | DO CONCURSO DE CREDORES

DAS PREFERÊNCIAS E PRIVILÉGIOS CREDITÓRIOS

Art. 1.554. Procede-se ao concurso de credores, toda vez que as dívidas excedam à importância dos bens do devedor.

• *Dispositivo correspondente no Código Civil de 2002: art. 955.*

Art. 1.555. A discussão entre os credores pode versar, quer sobre a preferência entre eles disputada, quer sobre a nulidade, simulação, fraude, ou falsidade das dívidas e contratos.

• *Dispositivo correspondente no Código Civil de 2002: art. 956.*

Art. 1.556. Não havendo título legal à preferência terão os credores igual direito sobre os bens do devedor comum.

• *Dispositivo correspondente no Código Civil de 2002: art. 957.*

Art. 1.557. Os títulos legais de preferência são os privilégios e os direitos reais.

• *Dispositivo correspondente no Código Civil de 2002: art. 958.*

Art. 1.558. Conservam seus respectivos direitos os credores, hipotecários ou privilegiados:

• *Dispositivo correspondente no Código Civil de 2002: art. 959,* caput.

I — sobre o preço do seguro da coisa gravada como hipoteca ou privilégio, ou sobre a indenização devida havendo responsável pela perda ou danificação da coisa;

• *Dispositivo correspondente no Código Civil de 2002: art. 959, I.*

II — sobre o valor da indenização, se a coisa obrigada a hipoteca ou privilégio for desapropriada, ou submetida a servidão legal.

• *Dispositivo correspondente no Código Civil de 2002: art. 959, II.*

Art. 1.559. Nesses casos, o devedor do preço do seguro, ou da indenização, se exonera pagando sem oposição dos credores hipotecários ou privilegiados.

• *Dispositivo correspondente no Código Civil de 2002: art. 960.*

Art. 1.560. O crédito real prefere ao pessoal de qualquer espécie, salvo a exceção estabelecida no parágrafo único do art. 759; o crédito pessoal privilegiado, ao simples, e o privilégio especial, ao geral.

• *Dispositivo correspondente no Código Civil de 2002: art. 961.*

Art. 1.561. A preferência resultante de hipoteca, penhor e mais direitos reais (art. 674), determinar-se-á de conformidade com o disposto no livro antecedente.

• *Sem dispositivo correspondente no Código Civil de 2002.*

Art. 1.562. Quando concorrerem aos mesmos bens, e por título igual, dois ou mais credores da mesma classe, especialmente privilegiados, haverá entre eles rateio, proporcional ao valor dos respectivos créditos, se o produto não bastar para o pagamento integral de todos.

• *Dispositivo correspondente no Código Civil de 2002: art. 962.*

Art. 1.563. Os privilégios — excetuado o de que trata o parágrafo único do art. 759 — se referem somente:

• *Sem dispositivo correspondente no Código Civil de 2002.*

I — aos bens móveis do devedor, não sujeitos a direito real de outrem;

• *Sem dispositivo correspondente no Código Civil de 2002.*

II — aos imóveis não hipotecados;

• *Sem dispositivo correspondente no Código Civil de 2002.*

III — ao saldo do preço dos bens sujeitos a penhor ou hipoteca, depois de pagos os respectivos credores;

• *Sem dispositivo correspondente no Código Civil de 2002.*

IV — ao valor do seguro e da desapropriação.

• *Sem dispositivo correspondente no Código Civil de 2002.*

Art. 1.564. Do preço do imóvel hipotecado, porém, serão deduzidas as custas judiciais de sua execução, bem como as despesas de conservação com ele feitas por terceiro, mediante consenso do devedor e do credor, depois de constituída a hipoteca.

• *Sem dispositivo correspondente no Código Civil de 2002.*

Art. 1.565. O privilégio especial só compreende os bens sujeitos, por expressa disposição de lei, ao pagamento do crédito, que ele favorece, e o geral, todos os bens não sujeitos a crédito real, nem a privilégio especial.

• *Dispositivo correspondente no Código Civil de 2002: art. 963.*

Art. 1.566. Tem privilégio especial:

• *Dispositivo correspondente no Código Civil de 2002: art. 964,* caput.

I — sobre a coisa arrecadada e liquidada, o credor de custas e despesas judiciais feitas com a arrecadação e liquidação;

• *Dispositivo correspondente no Código Civil de 2002: art. 964, I.*

II — sobre a coisa salvada, o credor por despesas de salvamento;

- *Dispositivo correspondente no Código Civil de 2002: art. 964, II.*

III — sobre a coisa beneficiada, o credor por benfeitorias necessárias ou úteis;

- *Dispositivo correspondente no Código Civil de 2002: art. 964, III.*

IV — sobre os prédios rústicos ou urbanos, fábricas, oficinas, ou quaisquer outras construções, o credor de materiais, dinheiro, ou serviços para a sua edificação, reconstrução, ou melhoramento;

- *Dispositivo correspondente no Código Civil de 2002: art. 964, IV.*

V — sobre os frutos agrícolas, o credor por sementes, instrumentos e serviços à cultura, ou à colheita;

- *Dispositivo correspondente no Código Civil de 2002: art. 964, V.*

VI — sobre as alfaias e utensílios de uso doméstico, nos prédios rústicos ou urbanos, o credor de alugueres, quanto às prestações do ano corrente e do anterior;

- *Dispositivo correspondente no Código Civil de 2002: art. 964, VI.*

VII — sobre os exemplares da obra existente na massa do editor, o autor dela, ou seus legítimos representantes, pelo crédito fundado contra aquele no contrato de edição;

- *Dispositivo correspondente no Código Civil de 2002: art. 964, VII.*

VIII — sobre o produto da colheita, para a qual houver concorrido com o seu trabalho, e precipuamente a quaisquer outros créditos, o trabalhador agrícola, quanto à dívida dos seus salários (art. 759, parágrafo único).

- *Dispositivo correspondente no Código Civil de 2002: art. 964, VIII.*

Art. 1.567. Cessa o privilégio estabelecido no artigo antecedente, nº V, desde que os frutos são reduzidos a outra espécie, ou vendidos depois de recolhidos.

- *Sem dispositivo correspondente no Código Civil de 2002.*

Art. 1.568. Havendo, a um tempo, credores com direito ao privilégio do art. 1.566, III, e ao desse artigo, nº IV, aplicar-se-lhes-á o disposto no art. 1.562.

- *Sem dispositivo correspondente no Código Civil de 2002.*

Art. 1.569. Gozam de privilégio geral, na ordem seguinte, sobre os bens do devedor:

- *Dispositivo correspondente no Código Civil de 2002: art. 965,* caput.

I — o crédito por despesas do seu funeral, feito sem pompa, segundo a condição do finado e o costume do lugar;

- *Dispositivo correspondente no Código Civil de 2002: art. 965, I.*

II — o crédito por custas judiciais, ou por despesas com a arrecadação e liquidação da massa;

- *Dispositivo correspondente no Código Civil de 2002: art. 965, II.*

III — o crédito por despesas com o luto do cônjuge sobrevivo e dos filhos do devedor falecido, se forem moderadas;

- *Dispositivo correspondente no Código Civil de 2002: art. 965, III.*

IV — o crédito por despesas com a doença de que faleceu o devedor, no semestre anterior à sua morte;

- *Dispositivo correspondente no Código Civil de 2002: art. 965, IV.*

V — o crédito pelos gastos necessários à mantença do devedor falecido e sua família, no trimestre anterior ao falecimento;

- *Dispositivo correspondente no Código Civil de 2002: art. 965, V.*

VI — o crédito pelos impostos devidos à Fazenda Pública, no ano corrente e no anterior;

• *Dispositivo correspondente no Código Civil de 2002: art. 965, VI.*

VII — o crédito pelo salário dos criados e mais pessoas de serviço doméstico do devedor, nos seus derradeiros 6 (seis) meses de vida.

• *Dispositivo correspondente no Código Civil de 2002: art. 965, VII.*

Art. 1.570. Na remuneração do art. 1.569, VII, se inclui a dos mestres que, durante o mesmo período, ensinaram aos descendentes menores do devedor.

• *Sem dispositivo correspondente no Código Civil de 2002.*

Art. 1.571. A Fazenda federal prefere à estadual, e esta, à municipal.

• *Sem dispositivo correspondente no Código Civil de 2002.*

Livro IV | DO DIREITO DAS SUCESSÕES

Título I | DA SUCESSÃO EM GERAL

Capítulo I | DISPOSIÇÕES GERAIS

Art. 1.572. Aberta a sucessão, o domínio e a posse da herança transmitem-se, desde logo, aos herdeiros legítimos e testamentários.

• *Dispositivo correspondente no Código Civil de 2002: art. 1.784.*

Art. 1.573. A sucessão dá-se por disposição de última vontade, ou em virtude da lei.

• *Dispositivo correspondente no Código Civil de 2002: art. 1.786.*

Art. 1.574. Morrendo a pessoa sem testamento, transmite-se a herança a seus herdeiros legítimos. Ocorrerá outro tanto quanto aos bens que não forem compreendidos no testamento.

• *Dispositivo correspondente no Código Civil de 2002: art. 1.788.*

Art. 1.575. Também subsiste a sucessão legítima se o testamento caducar, ou for julgado nulo.

• *Dispositivo correspondente no Código Civil de 2002: art. 1.788.*

Art. 1.576. Havendo herdeiros necessários, o testador só poderá dispor da metade da herança.

• *Dispositivo correspondente no Código Civil de 2002: art. 1.789.*

Art. 1.577. A capacidade para suceder é a do tempo da abertura da sucessão, que se regulará conforme a lei então em vigor.

• *Dispositivo correspondente no Código Civil de 2002: art. 1.787.*

Capítulo II | DA TRANSMISSÃO DA HERANÇA

Art. 1.578. A sucessão abre-se no lugar do último domicílio do falecido.

• *Dispositivo correspondente no Código Civil de 2002: art. 1.785.*

Art. 1.579. Ao cônjuge sobrevivente, no casamento celebrado sob o regime da comunhão de bens, cabe continuar até a partilha na posse da herança com o cargo de cabeça de casal.

• *Sem dispositivo correspondente no Código Civil de 2002.*

§ 1º Se porém o cônjuge sobrevivo for a mulher, será mister, para isso, que estivesse vivendo com o marido ao tempo de sua morte, salvo prova de que essa convivência se tornou impossível sem culpa dela.

• *Sem dispositivo correspondente no Código Civil de 2002.*

§ 2º Na falta de cônjuge sobrevivente, a nomeação de inventariante recairá no coerdeiro que se achar na posse corporal e na administração dos bens. Entre coerdeiros a preferência se graduará pela idoneidade.

• *Sem dispositivo correspondente no Código Civil de 2002.*

§ 3º Na falta de cônjuge ou de herdeiro, será inventariante o testamenteiro.

• *Sem dispositivo correspondente no Código Civil de 2002.*

Art. 1.580. Sendo chamadas simultaneamente, a uma herança, duas ou mais pessoas, será indivisível o seu direito, quanto à posse e ao domínio, até se ultimar a partilha.

• *Dispositivo correspondente no Código Civil de 2002: art. 1.791,* caput *e parágrafo único.*

Parágrafo único. Qualquer dos coerdeiros pode reclamar a universalidade da herança ao terceiro, que indevidamente a possua, não podendo este opor-lhe, em exceção, o caráter parcial do seu direito nos bens da sucessão.

• *Sem dispositivo correspondente no Código Civil de 2002.*

Capítulo III | DA ACEITAÇÃO E RENÚNCIA DA HERANÇA

Art. 1.581. A aceitação da herança pode ser expressa ou tácita; a renúncia, porém, deverá constar, expressamente, de escritura pública, ou termo judicial.

• *Dispositivo correspondente no Código Civil de 2002: art. 1.806.*

§ 1º É expressa a aceitação, quando se faz por declaração escrita; tácita, quando resulta de atos compatíveis somente com o caráter de herdeiros.

• *Dispositivo correspondente no Código Civil de 2002: art. 1.805,* caput.

§ 2º Não exprimem aceitação da herança os atos oficiosos, como o funeral do finado, os meramente conservatórios, ou os de administração e guarda interina.

• *Dispositivo correspondente no Código Civil de 2002: art. 1.805, § 1º.*

Art. 1.582. Não importa igualmente aceitação a cessão gratuita, pura e simples, da herança, aos demais coerdeiros.

• *Dispositivo correspondente no Código Civil de 2002: art. 1.805, § 2º.*

Art. 1.583. Não se pode aceitar ou renunciar a herança em parte, sob condição, ou a termo; mas o herdeiro, a quem se testaram legados, pode aceitá-los, renunciando a herança, ou, aceitando-a, repudiá-los.

• *Dispositivo correspondente no Código Civil de 2002: art. 1.808,* caput *e § 1º.*

Art. 1.584. O interessado em que o herdeiro declare se aceita, ou não, a herança, poderá, 20 (vinte) dias depois de aberta a sucessão, requerer ao juiz prazo razoável não maior de 30 (trinta) dias, para, dentro nele, se pronunciar o herdeiro, sob pena de se haver a herança por aceita.

• *Dispositivo correspondente no Código Civil de 2002: art. 1.807.*

Art. 1.585. Falecendo o herdeiro, antes de declarar se aceita a herança, o direito de aceitar passa-lhe aos herdeiros, a menos que se trate de instituição adstrita a uma condição suspensiva, ainda não verificada.

• *Dispositivo correspondente no Código Civil de 2002: art. 1.809.*

Art. 1.586. Quando o herdeiro prejudicar os seus credores, renunciando a herança, poderão eles, com autorização do juiz, aceitá-la em nome do renunciante.

Nesse caso, e depois de pagas as dívidas do renunciante, o remanescente será devolvido aos outros herdeiros.

• *Dispositivo correspondente no Código Civil de 2002: art. 1.813,* caput *e § 2º.*

Art. 1.587. O herdeiro não responde por encargos superiores às forças da herança; incumbe-lhe, porém, a prova do excesso, salvo se existir inventário, que a escuse, demonstrando o valor dos bens herdados.

• *Dispositivo correspondente no Código Civil de 2002: art. 1.792.*

Art. 1.588. Ninguém pode suceder, representando herdeiro renunciante. Se, porém, ele for o único legítimo da sua classe, ou se todos os outros da mesma classe renunciarem a herança, poderão os filhos vir à sucessão, por direito próprio, e por cabeça.

• *Dispositivo correspondente no Código Civil de 2002: art. 1.811.*

Art. 1.589. Na sucessão legítima, a parte do renunciante acresce à dos outros herdeiros da mesma classe, e, sendo ele o único desta, devolve-se aos da subsequente.

• *Dispositivo correspondente no Código Civil de 2002: art. 1.810.*

Art. 1.590. É retratável a renúncia, quando proveniente de violência, erro ou dolo, ouvidos os interessados. A aceitação pode retratar-se, se não resultar prejuízo a credores, sendo lícito a estes, no caso contrário, reclamar a providência referida no art. 1.586.

• *Dispositivo correspondente no Código Civil de 2002: art. 1.812.*

Capítulo IV | DA HERANÇA JACENTE

Art. 1.591. Não havendo testamento, a herança é jacente, e ficará sob a guarda, conservação e administração de um curador:

• *Dispositivo correspondente no Código Civil de 2002: art. 1.819.*

I — se o falecido não deixar cônjuge, nem herdeiros, descendente ou ascendente, nem colateral sucessível, notoriamente conhecido;

• *Dispositivo correspondente no Código Civil de 2002: art. 1.819.*

II — se os herdeiros, descendentes ou ascendentes, renunciarem a herança, e não houver cônjuge, ou colateral sucessível, notoriamente conhecido.

• *Dispositivo correspondente no Código Civil de 2002: art. 1.823.*

Art. 1.592. Havendo testamento, observar-se-á o disposto no artigo antecedente:

• *Sem dispositivo correspondente no Código Civil de 2002.*

I — se o falecido não deixar cônjuge, nem herdeiros descendentes ou ascendentes;

• *Sem dispositivo correspondente no Código Civil de 2002.*

II — se o herdeiro nomeado não existir, ou não aceitar a herança;

• *Sem dispositivo correspondente no Código Civil de 2002.*

III — se, em qualquer dos casos previstos nos dois números antecedentes, não houver colateral sucessível, notoriamente conhecido;

• *Sem dispositivo correspondente no Código Civil de 2002.*

IV — se, verificada alguma das hipóteses dos três números anteriores, não houver testamenteiro nomeado, o nomeado não existir, ou não aceitar a testamentaria.

• *Sem dispositivo correspondente no Código Civil de 2002.*

Art. 1.593. Serão declarados vacantes os bens da herança jacente, se, praticadas todas as diligências legais, não aparecerem herdeiros.

• *Dispositivo correspondente no Código Civil de 2002: art. 1.820.*

Parágrafo único. Esta declaração não se fará senão 1 (um) ano depois de concluído o inventário.

• *Dispositivo correspondente no Código Civil de 2002: art. 1.820.*

Art. 1.594. A declaração da vacância da herança não prejudicará os herdeiros que legalmente se habilitarem; mas, decorridos 5 (cinco) anos da abertura da sucessão, os bens arrecadados passarão ao domínio do Município ou do Distrito Federal, se localizados nas respectivas circunscrições, incorporando-se ao domínio da União, quando situados em território federal.

• *Dispositivo correspondente no Código Civil de 2002: art. 1.822,* caput.

Parágrafo único. Se não forem notoriamente conhecidos, os colaterais ficarão excluídos da sucessão legítima após a declaração de vacância.

• *Dispositivo correspondente no Código Civil de 2002: art. 1.822, parágrafo único.*

Capítulo V | DOS QUE NÃO PODEM SUCEDER

Art. 1.595. São excluídos da sucessão (arts. 1.708, IV, e 1.741 a 1.745) os herdeiros, ou legatários:

• *Dispositivo correspondente no Código Civil de 2002: art. 1.814,* caput.

I — que houverem sido autores ou cúmplices em crime de homicídio voluntário, ou tentativa deste, contra a pessoa de cuja sucessão se tratar;

• *Dispositivo correspondente no Código Civil de 2002: art. 1.814, I.*

II — que a acusaram caluniosamente em juízo, ou incorreram em crime contra a sua honra;

• *Dispositivo correspondente no Código Civil de 2002: art. 1.814, II.*

III — que, por violência ou fraude, a inibiram de livremente dispor dos seus bens em testamento ou codicilo, ou lhe obstaram a execução dos atos de última vontade.

• *Dispositivo correspondente no Código Civil de 2002: art. 1.814, III.*

Art. 1.596. A exclusão do herdeiro, ou legatário, em qualquer desses casos de indignidade, será declarada por sentença, em ação ordinária, movida por quem tenha interesse na sucessão.

• *Dispositivo correspondente no Código Civil de 2002: art. 1.815,* caput.

Art. 1.597. O indivíduo incurso em atos que determinem a exclusão da herança (art. 1.595) a ela será, não obstante, admitido, se a pessoa ofendida, cujo herdeiro ele for, assim o resolveu por ato autêntico, ou testamento.

• *Dispositivo correspondente no Código Civil de 2002: art. 1.818,* caput.

Art. 1.598. O excluído da sucessão é obrigado a restituir os frutos e rendimentos que dos bens da herança houver percebido.

• *Dispositivo correspondente no Código Civil de 2002: art. 1.817, parágrafo único.*

Art. 1.599. São pessoais os efeitos da exclusão. Os descendentes do herdeiro excluído sucedem, como se ele morto fosse (art. 1.602).

• *Dispositivo correspondente no Código Civil de 2002: art. 1.816,* caput.

Art. 1.600. São válidas as alienações de bens hereditários, e os atos de administração legalmente praticados pelo herdeiro excluído, antes da sentença de exclusão; mas aos coerdeiros subsiste, quando prejudicados, o direito a demandar-lhe perdas e danos.

• *Dispositivo correspondente no Código Civil de 2002: art. 1.817,* caput.

Art. 1.601. O herdeiro excluído terá direito a reclamar indenização por quaisquer despesas feitas com a conservação dos bens hereditários, e cobrar os créditos que lhe assistam contra a herança.

• *Sem dispositivo correspondente no Código Civil de 2002.*

Art. 1.602. O excluído da sucessão não terá direito ao usufruto e à administração dos bens, que a seus filhos couberem na herança (art. 1.599), ou à sucessão eventual desses bens.

• *Dispositivo correspondente no Código Civil de 2002: art. 1.816, parágrafo único.*

Título II | DA SUCESSÃO LEGÍTIMA

Capítulo I | DA ORDEM DA VOCAÇÃO HEREDITÁRIA

Art. 1.603. A sucessão legítima defere-se na ordem seguinte:

• *Dispositivo correspondente no Código Civil de 2002: art. 1.829,* caput.

I — aos descendentes;

• *Dispositivo correspondente no Código Civil de 2002: art. 1.829, I.*

II — aos ascendentes;

• *Dispositivo correspondente no Código Civil de 2002: art. 1.829, II.*

III — ao cônjuge sobrevivente;

• *Dispositivo correspondente no Código Civil de 2002: art. 1.829, III.*

IV — aos colaterais;

• *Dispositivo correspondente no Código Civil de 2002: art. 1.829, IV.*

V — aos Municípios, ao Distrito Federal ou à União.

• *Sem dispositivo correspondente no Código Civil de 2002.*

Art. 1.604. Na linha descendente, os filhos sucedem por cabeça, e os outros descendentes, por cabeça ou por estirpe, conforme se achem, ou não, no mesmo grau.

• *Dispositivo correspondente no Código Civil de 2002: art. 1.835.*

Art. 1.605. Para os efeitos da sucessão, aos filhos legítimos se equiparam os legitimados, os naturais reconhecidos e os adotivos.

• *Sem dispositivo correspondente no Código Civil de 2002.*

§ 1º (*Revogado pela Lei nº 6.515, de 26-12-1977.*)

§ 2º Ao filho adotivo, se concorrer com legítimos, supervenientes à adoção (art. 368), tocará somente metade da herança cabível a cada um destes.

• *Sem dispositivo correspondente no Código Civil de 2002.*

Art. 1.606. Não havendo herdeiros da classe dos descendentes, são chamados à sucessão os ascendentes.

• *Dispositivo correspondente no Código Civil de 2002: art. 1.836,* caput.

Art. 1.607. Na classe dos ascendentes, o grau mais próximo exclui o mais remoto, sem distinção de linhas.

• *Dispositivo correspondente no Código Civil de 2002: art. 1.836, § 1º.*

Art. 1.608. Havendo igualdade em grau e diversidade em linha, a herança partir-se-á entre as duas linhas meio pelo meio.

• *Dispositivo correspondente no Código Civil de 2002: art. 1.836, § 2º.*

Art. 1.609. Falecendo sem descendência o filho adotivo, se lhe sobreviverem os pais e o adotante, àqueles tocará por inteiro a herança.

• *Sem dispositivo correspondente no Código Civil de 2002.*

Parágrafo único. Em falta dos pais, embora haja outros ascendentes, devolve-se a herança ao adotante.

• *Sem dispositivo correspondente no Código Civil de 2002.*

Art. 1.610. Quando o descendente ilegítimo tiver direito à sucessão do ascendente, haverá direito o ascendente ilegítimo à sucessão do descendente.

• *Sem dispositivo correspondente no Código Civil de 2002.*

Art. 1.611. À falta de descendentes ou ascendentes será deferida a sucessão ao cônjuge sobrevivente, se, ao tempo da morte do outro, não estava dissolvida a sociedade conjugal.

• *Dispositivo correspondente no Código Civil de 2002: art. 1.838.*

§ 1º O cônjuge viúvo, se o regime de bens do casamento não era o da comunhão universal, terá direito, enquanto durar a viuvez, ao usufruto da quarta parte dos bens do cônjuge falecido, se houver filhos, deste ou do casal, e à metade, se não houver filhos embora sobrevivam ascendentes do *de cujus*.

• *Sem dispositivo correspondente no Código Civil de 2002.*

§ 2º Ao cônjuge sobrevivente, casado sob regime de comunhão universal, enquanto viver e permanecer viúvo, será assegurado, sem prejuízo da participação que lhe caiba na herança, o direito real de habitação relativamente ao imóvel destinado à residência da família, desde que seja o único bem daquela natureza a inventariar.

• *Dispositivo correspondente no Código Civil de 2002: art. 1.831.*

§ 3º Na falta do pai ou da mãe, estende-se o benefício previsto no § 2º ao filho portador de deficiência que o impossibilite para o trabalho.

• *Sem dispositivo correspondente no Código Civil de 2002.*

Art. 1.612. Se não houver cônjuge sobrevivente, ou ele incorrer na incapacidade do art. 1.611, serão chamados a suceder os colaterais até o quarto grau.

• *Dispositivo correspondente no Código Civil de 2002: art. 1.839.*

Art. 1.613. Na classe dos colaterais, os mais próximos excluem os mais remotos, salvo o direito de representação concedido aos filhos de irmãos.

• *Dispositivo correspondente no Código Civil de 2002: art. 1.840.*

Art. 1.614. Concorrendo à herança do falecido irmãos bilaterais com irmãos unilaterais, cada um destes herdará metade do que cada um daqueles herdar.

• *Dispositivo correspondente no Código Civil de 2002: art. 1.841.*

Art. 1.615. Se com tio ou tios concorrerem filhos de irmão unilateral ou bilateral, terão eles, por direito de representação, a parte que caberia ao pai ou à mãe, se vivessem.

• *Sem dispositivo correspondente no Código Civil de 2002.*

Art. 1.616. Não concorrendo à herança irmão germano, herdarão, em partes iguais entre si, os unilaterais.

• *Dispositivo correspondente no Código Civil de 2002: art. 1.842.*

Art. 1.617. Em falta de irmãos, herdarão os filhos destes.

• *Dispositivo correspondente no Código Civil de 2002: art. 1.843,* caput.

§ 1º Se só concorrerem à herança filhos de irmãos falecidos, herdarão por cabeça.

• *Dispositivo correspondente no Código Civil de 2002: art. 1.843, § 1º.*

§ 2º Se concorrerem filhos de irmãos bilaterais, com filhos de irmãos unilaterais, cada um destes herdará a metade do que herdar cada um daqueles.

• *Dispositivo correspondente no Código Civil de 2002: art. 1.843, § 2º.*

§ 3º Se todos forem filhos de irmãos germanos, ou todos de irmãos unilaterais, herdarão todos por igual.

• *Dispositivo correspondente no Código Civil de 2002: art. 1.843, § 3º.*

Art. 1.618. Não há direito de sucessão entre o adotado e os parentes do adotante.

• *Sem dispositivo correspondente no Código Civil de 2002.*

Art. 1.619. Não sobrevivendo cônjuge, nem parente algum sucessível, ou tendo eles renunciado à herança, esta se devolve ao Município ou ao Distrito Federal, se localizada nas respectivas circunscrições, ou à União, quando situada em território federal.

• *Dispositivo correspondente no Código Civil de 2002: art. 1.844.*

Capítulo II | DO DIREITO DE REPRESENTAÇÃO

Art. 1.620. Dá-se o direito de representação, quando a lei chama certos parentes do falecido a suceder em todos os direitos, em que ele sucederia, se vivesse.

• *Dispositivo correspondente no Código Civil de 2002: art. 1.851.*

Art. 1.621. O direito de representação dá-se na linha reta descendente, mas nunca na ascendente.

• *Dispositivo correspondente no Código Civil de 2002: art. 1.852.*

Art. 1.622. Na linha transversal, só se dá o direito de representação em favor dos filhos de irmãos do falecido, quando com irmão deste concorrerem.

• *Dispositivo correspondente no Código Civil de 2002: art. 1.853.*

Art. 1.623. Os representantes só podem herdar, como tais, o que herdaria o representado, se vivesse.

• *Dispositivo correspondente no Código Civil de 2002: art. 1.854.*

Art. 1.624. O quinhão do representado partir-se-á por igual entre os representantes.

• *Dispositivo correspondente no Código Civil de 2002: art. 1.855.*

Art. 1.625. O renunciante à herança de uma pessoa poderá representá-la na sucessão de outra.

• *Dispositivo correspondente no Código Civil de 2002: art. 1.856.*

Título III | DA SUCESSÃO TESTAMENTÁRIA

Capítulo I | DO TESTAMENTO EM GERAL

Art. 1.626. Considera-se testamento o ato revogável pelo qual alguém, de conformidade com a lei, dispõe, no todo ou em parte, do seu patrimônio, para depois da sua morte.

• *Dispositivos correspondentes no Código Civil de 2002: arts. 1.857,* caput, *e 1.858.*

Capítulo II | DA CAPACIDADE PARA FAZER TESTAMENTO

Art. 1.627. São incapazes de testar:

• *Sem dispositivo correspondente no Código Civil de 2002.*

I — os menores de 16 (dezesseis) anos;

• *Sem dispositivo correspondente no Código Civil de 2002.*

II — os loucos de todo o gênero;

• *Sem dispositivo correspondente no Código Civil de 2002.*

III — os que, ao testar, não estejam em seu perfeito juízo;

• *Dispositivo correspondente no Código Civil de 2002: art. 1.860,* caput.

IV — os surdos-mudos, que não puderem manifestar a sua vontade.

• *Sem dispositivo correspondente no Código Civil de 2002.*

Art. 1.628. A incapacidade superveniente não invalida o testamento eficaz, nem o testamento do incapaz se valida com a superveniência da capacidade.

• *Dispositivo correspondente no Código Civil de 2002: art. 1.861.*

Capítulo III | DAS FORMAS ORDINÁRIAS DO TESTAMENTO

Seção I | DISPOSIÇÕES GERAIS

Art. 1.629. Este Código reconhece como testamentos ordinários:

• *Dispositivo correspondente no Código Civil de 2002: art. 1.862,* caput.

I — o público;

• *Dispositivo correspondente no Código Civil de 2002: art. 1.862, I.*

II — o cerrado;

• *Dispositivo correspondente no Código Civil de 2002: art. 1.862, II.*

III — o particular.

• *Dispositivo correspondente no Código Civil de 2002: art. 1.862, III.*

Art. 1.630. É proibido o testamento conjuntivo, seja simultâneo, recíproco ou correspectivo.

• *Dispositivo correspondente no Código Civil de 2002: art. 1.863.*

Art. 1.631. Não se admitem outros testamentos especiais, além dos contemplados neste Código (arts. 1.656 a 1.663).

• *Dispositivo correspondente no Código Civil de 2002: art. 1.887.*

Seção II | DO TESTAMENTO PÚBLICO

Art. 1.632. São requisitos essenciais do testamento público:

• *Dispositivo correspondente no Código Civil de 2002: art. 1.864,* caput.

I — que seja escrito por oficial público em seu livro de notas, de acordo com o ditado ou as declarações do testador, em presença de cinco testemunhas;

• *Dispositivo correspondente no Código Civil de 2002: art. 1.864, I.*

II — que as testemunhas assistam a todo o ato;

• *Sem dispositivo correspondente no Código Civil de 2002.*

III — que, depois de escrito, seja lido pelo oficial, na presença do testador e das testemunhas, ou pelo testador, se o quiser, na presença destas e do oficial;

• *Dispositivo correspondente no Código Civil de 2002: art. 1.864, II.*

IV — que, em seguida à leitura, seja o ato assinado pelo testador, pelas testemunhas e pelo oficial.

• *Dispositivo correspondente no Código Civil de 2002: art. 1.864, III.*

Parágrafo único. As declarações do testador serão feitas na língua nacional.

• *Sem dispositivo correspondente no Código Civil de 2002.*

Art. 1.633. Se o testador não souber, ou não puder assinar, o oficial assim o declarará, assinando, neste caso, pelo testador, e a seu rogo, uma das testemunhas instrumentárias.

• *Dispositivo correspondente no Código Civil de 2002: art. 1.865.*

Art. 1.634. O oficial público, especificando cada uma dessas formalidades, portará por fé, no testamento, haverem sido todas observadas.

• *Sem dispositivo correspondente no Código Civil de 2002.*

Parágrafo único. Se faltar, ou não se mencionar alguma delas, será nulo o testamento, respondendo o oficial público civil e criminalmente.

• *Sem dispositivo correspondente no Código Civil de 2002.*

Art. 1.635. Considera-se habilitado a testar publicamente aquele que puder fazer de viva voz as suas declarações, e verificar, pela sua leitura, haverem sido fielmente exaradas.

• *Sem dispositivo correspondente no Código Civil de 2002.*

Art. 1.636. O indivíduo inteiramente surdo, sabendo ler, lerá o seu testamento, e, se o não souber, designará quem o leia em seu lugar, presentes as testemunhas.

• *Dispositivo correspondente no Código Civil de 2002: art. 1.866.*

Art. 1.637. Ao cego só se permite o testamento público, que lhe será lido, em alta voz, duas vezes, uma pelo oficial, e a outra por uma das testemunhas designada pelo testador; fazendo-se de tudo circunstanciada menção no testamento.

• *Dispositivo correspondente no Código Civil de 2002: art. 1.867.*

Seção III | DO TESTAMENTO CERRADO

Art. 1.638. São requisitos essenciais do testamento cerrado:

• *Dispositivo correspondente no Código Civil de 2002: art. 1.868,* caput.

I — que seja escrito pelo testador, ou por outra pessoa, a seu rogo;

• *Dispositivo correspondente no Código Civil de 2002: art. 1.868,* caput.

II — que seja assinado pelo testador;

• *Dispositivo correspondente no Código Civil de 2002: art. 1.868,* caput.

III — que não sabendo, ou não podendo o testador assinar, seja assinado pela pessoa que lho escreveu;

• *Sem dispositivo correspondente no Código Civil de 2002.*

IV — que o testador o entregue ao oficial em presença, quando menos, de cinco testemunhas;

• *Dispositivo correspondente no Código Civil de 2002: art. 1.868, I.*

V — que o oficial, perante as testemunhas, pergunte ao testador se aquele é o seu testamento, e quer que seja aprovado, quando o testador não se tenha antecipado em declará-lo;

• *Dispositivo correspondente no Código Civil de 2002: art. 1.868, II.*

VI — que para logo, em presença das testemunhas, o oficial exare o auto de aprovação, declarando nele que o testador lhe entregou o testamento e o tinha por seu, bom, firme e valioso;

• *Dispositivo correspondente no Código Civil de 2002: art. 1.868, III.*

VII — que imediatamente depois da sua última palavra comece o instrumento de aprovação;

• *Dispositivo correspondente no Código Civil de 2002: art. 1.869,* caput.

VIII — que, não sendo isto possível, por falta absoluta de espaço na última folha escrita, o oficial ponha nele o seu sinal público e assim o declare no instrumento;

• *Dispositivo correspondente no Código Civil de 2002: art. 1.869, parágrafo único.*

IX — que o instrumento ou auto de aprovação seja lido pelo oficial, assinando ele, as testemunhas e o testador, se souber e puder;

• *Dispositivo correspondente no Código Civil de 2002: art. 1.868, IV.*

X — que, não sabendo, ou não podendo o testador assinar, assine por ele uma das testemunhas, declarando, ao pé da assinatura, que o faz a rogo do testador, por não saber ou não poder assinar;

• *Sem dispositivo correspondente no Código Civil de 2002.*

XI — que o tabelião o cerre e cosa, depois de concluído o instrumento de aprovação.

• *Dispositivo correspondente no Código Civil de 2002: art. 1.869,* caput.

Art. 1.639. Se o oficial tiver escrito o testamento a rogo do testador, podê-lo-á, não obstante, aprovar.

• *Dispositivo correspondente no Código Civil de 2002: art. 1.870.*

Art. 1.640. O testamento pode ser escrito, em língua nacional ou estrangeira, pelo próprio testador, ou por outrem, a seu rogo. A assinatura será sempre do próprio testador, ou de quem lhe escreveu o testamento (art. 1.638, I).

• *Dispositivo correspondente no Código Civil de 2002: art. 1.871.*

Art. 1.641. Não poderá dispor de seus bens em testamento cerrado quem não saiba, ou não possa ler.

• *Dispositivo correspondente no Código Civil de 2002: art. 1.872.*

Art. 1.642. Pode fazer testamento cerrado o surdo-mudo, contanto que o escreva todo, e o assine de sua mão, e que, ao entregá-lo ao oficial público, ante as cinco testemunhas, escreva, na face externa do papel, ou do envoltório, que aquele é o seu testamento, cuja aprovação lhe pede.

• *Dispositivo correspondente no Código Civil de 2002: art. 1.873.*

Art. 1.643. Depois de aprovado e cerrado, será o testamento entregue ao testador, e o oficial lançará, no seu livro, nota do lugar, dia, mês e ano em que o testamento foi aprovado e entregue.

• *Dispositivo correspondente no Código Civil de 2002: art. 1.874.*

Art. 1.644. O testamento será aberto pelo juiz, que o fará registrar e arquivar no cartório a que tocar, ordenando que seja cumprido, se lhe não achar vício externo que o torne suspeito de nulidade, ou falsidade.

• *Dispositivo correspondente no Código Civil de 2002: art. 1.875.*

Seção IV | DO TESTAMENTO PARTICULAR

Art. 1.645. São requisitos essenciais do testamento particular:

• *Dispositivo correspondente no Código Civil de 2002: art. 1.876,* caput.

I — que seja escrito e assinado pelo testador;

• *Dispositivo correspondente no Código Civil de 2002: art. 1.876,* caput.

II — que nele intervenham cinco testemunhas, além do testador;

• *Dispositivo correspondente no Código Civil de 2002: art. 1.876, § 1º.*

III — que seja lido perante as testemunhas, e, depois de lido, por elas assinado.

• *Dispositivo correspondente no Código Civil de 2002: art. 1.876, § 1º.*

Art. 1.646. Morto o testador, publicar-se-á em juízo o testamento, com citação dos herdeiros legítimos.

• *Dispositivo correspondente no Código Civil de 2002: art. 1.877.*

Art. 1.647. Se as testemunhas forem contestes sobre o fato da disposição, ou, ao menos, sobre a sua leitura perante elas, e se reconhecerem as próprias assinaturas, assim como a do testador, será confirmado o testamento.

• *Dispositivo correspondente no Código Civil de 2002: art. 1.878,* caput.

Art. 1.648. Faltando até duas das testemunhas, por morte, ou ausência em lugar não sabido, o testamento pode ser confirmado, se as três restantes forem contestes, nos termos do artigo antecedente.

• *Dispositivo correspondente no Código Civil de 2002: art. 1.878, parágrafo único.*

Art. 1.649. O testamento particular pode ser escrito em língua estrangeira, contanto que as testemunhas a compreendam.

• *Dispositivo correspondente no Código Civil de 2002: art. 1.880.*

Seção V | DAS TESTEMUNHAS TESTAMENTÁRIAS

Art. 1.650. Não podem ser testemunhas em testamentos:

• *Sem dispositivo correspondente no Código Civil de 2002.*

I — os menores de 16 (dezesseis) anos;

• *Sem dispositivo correspondente no Código Civil de 2002.*

II — os loucos de todo o gênero;

• *Sem dispositivo correspondente no Código Civil de 2002.*

III — os surdos-mudos e os cegos;

• *Sem dispositivo correspondente no Código Civil de 2002.*

IV — o herdeiro instituído, seus ascendentes e descendentes, irmãos e cônjuge;

• *Sem dispositivo correspondente no Código Civil de 2002.*

V — os legatários.

• *Sem dispositivo correspondente no Código Civil de 2002.*

Capítulo IV | DOS CODICILOS

Art. 1.651. Toda pessoa capaz de testar poderá, mediante escrito particular seu, datado e assinado, fazer disposições especiais sobre o seu enterro, sobre esmolas de pouca monta a certas e determinadas pessoas, ou, indeterminadamente, aos pobres de certo lugar, assim como legar móveis, roupas ou joias, não mui valiosas, de seu uso pessoal (art. 1.797).

• *Dispositivo correspondente no Código Civil de 2002: art. 1.881.*

Art. 1.652. Esses atos, salvo direito de terceiro, valerão como codicilos, deixe, ou não, testamento o autor.

• *Dispositivo correspondente no Código Civil de 2002: art. 1.882.*

Art. 1.653. Pelo modo estabelecido no art. 1.651, se poderão nomear ou substituir testamenteiros.

• *Dispositivo correspondente no Código Civil de 2002: art. 1.883.*

Art. 1.654. Os atos desta espécie revogam-se por atos iguais, e consideram-se revogados, se, havendo testamento posterior, de qualquer natureza, este os não confirmar, ou modificar.

• *Dispositivo correspondente no Código Civil de 2002: art. 1.884.*

Art. 1.655. Se estiver fechado o codicilo, abrir-se-á do mesmo modo que o testamento cerrado (art. 1.644).

• *Dispositivo correspondente no Código Civil de 2002: art. 1.885.*

Capítulo V | DOS TESTAMENTOS ESPECIAIS

Seção I | DO TESTAMENTO MARÍTIMO

Art. 1.656. O testamento, nos navios nacionais, de guerra, ou mercantes, em viagem de alto-mar, será lavrado pelo comandante, ou pelo escrivão de bordo, que redigirá as declarações do testador, ou as escreverá, por ele ditadas, ante duas testemunhas idôneas, de preferência escolhidas entre os passageiros, e presentes a todo o ato, cujo instrumento assinarão depois do testador.

• *Dispositivo correspondente no Código Civil de 2002: art. 1.888,* caput.

Parágrafo único. Se o testador não puder escrever, assinará por ele uma das testemunhas, declarando que o faz a seu rogo.

• *Sem dispositivo correspondente no Código Civil de 2002.*

Art. 1.657. O testador, querendo, poderá escrever ele mesmo o seu testamento, ou fazê-lo escrever por outrem. No primeiro caso, o próprio testador assinará; no segundo, quem o escreveu, com a declaração de que o subscreve a rogo do testador.

• *Sem dispositivo correspondente no Código Civil de 2002.*

§ 1º O testamento assim feito será pelo testador entregue ao comandante ou escrivão de bordo, perante duas testemunhas, que reconheçam e entendam o testador, declarando este, no mesmo ato, ser seu testamento o escrito apresentado.

• *Dispositivo correspondente no Código Civil de 2002: art. 1.890.*

§ 2º O comandante, ou o escrivão, recebê-lo-á, e, em seguida, abaixo do escrito, certificará todo o ocorrido, datando e assinando com o testador e as testemunhas.

• *Sem dispositivo correspondente no Código Civil de 2002.*

Art. 1.658. O testamento marítimo caducará, se o testador não morrer na viagem, nem nos 3 (três) meses subsequentes ao seu desembarque em terra, onde possa fazer, na forma ordinária, outro testamento.

• *Dispositivo correspondente no Código Civil de 2002: art. 1.891.*

Art. 1.659. Não valerá o testamento marítimo, bem que feito no curso de uma viagem, se, ao tempo em que se fez, o navio estava em porto, onde o testador pudesse desembarcar, e testar na forma ordinária.

• *Dispositivo correspondente no Código Civil de 2002: art. 1.892.*

Seção II | DO TESTAMENTO MILITAR

Art. 1.660. O testamento dos militares e mais pessoas ao serviço do Exército em campanha, dentro ou fora do País, assim como em praça sitiada, ou que esteja de comunicações cortadas, poderá fazer-se, não havendo oficial público, ante duas testemunhas, ou três, se o testador não puder, ou não souber assinar, caso em que assinará por ele a terceira.

• *Dispositivo correspondente no Código Civil de 2002: art. 1.893,* caput.

§ 1º Se o testador pertencer a corpo ou seção de corpo destacado, o testamento será escrito pelo respectivo comandante, ainda que oficial inferior.

- *Dispositivo correspondente no Código Civil de 2002: art. 1.893, § 1º.*

§ 2º Se o testador estiver em tratamento no hospital, o testamento será escrito pelo respectivo oficial de saúde, ou pelo diretor do estabelecimento.

- *Dispositivo correspondente no Código Civil de 2002: art. 1.893, § 2º.*

§ 3º Se o testador for o oficial mais graduado, o testamento será escrito por aquele que o substituir.

- *Dispositivo correspondente no Código Civil de 2002: art. 1.893, § 3º.*

Art. 1.661. Se o testador souber escrever, poderá fazer o testamento de seu punho, contanto que o date e assine por extenso, e o apresente aberto ou cerrado, na presença de duas testemunhas ao auditor, ou ao oficial de patente, que lhe faça as vezes neste mister.

- *Dispositivo correspondente no Código Civil de 2002: art. 1.894,* caput.

Parágrafo único. O auditor, ou oficial, a quem o testamento se apresente, notará, em qualquer parte dele, o lugar, dia, mês e ano, em que lhe for apresentado. Esta nota será assinada por ele e pelas ditas testemunhas.

- *Dispositivo correspondente no Código Civil de 2002: art. 1.894, parágrafo único.*

Art. 1.662. Caduca o testamento militar, desde que, depois dele, o testador esteja 3 (três) meses seguidos em lugar onde possa testar na forma ordinária, salvo se esse testamento apresentar as solenidades prescritas no parágrafo único do artigo antecedente.

- *Dispositivo correspondente no Código Civil de 2002: art. 1.895.*

Art. 1.663. As pessoas designadas no art. 1.660, estando empenhadas em combate, ou feridas, podem testar nuncupativamente, confiando a sua última vontade a duas testemunhas.

- *Dispositivo correspondente no Código Civil de 2002: art. 1.896,* caput.

Parágrafo único. Não terá, porém, efeito esse testamento, se o testador não morrer na guerra, e convalescer do ferimento.

- *Dispositivo correspondente no Código Civil de 2002: art. 1.896, parágrafo único.*

Capítulo VI | DAS DISPOSIÇÕES TESTAMENTÁRIAS EM GERAL

Art. 1.664. A nomeação de herdeiro, ou legatário, pode fazer-se pura e simplesmente, sob condição, para certo fim ou modo, ou por certa causa.

- *Dispositivo correspondente no Código Civil de 2002: art. 1.897.*

Art. 1.665. A designação do tempo em que deva começar ou cessar o direito do herdeiro, salvo nas disposições fideicomissárias, ter-se-á por não escrita.

- *Dispositivo correspondente no Código Civil de 2002: art. 1.898.*

Art. 1.666. Quando a cláusula testamentária for suscetível de interpretações diferentes, prevalecerá a que melhor assegure a observância da vontade do testador.

- *Dispositivo correspondente no Código Civil de 2002: art. 1.899.*

Art. 1.667. É nula a disposição:

- *Dispositivo correspondente no Código Civil de 2002: art. 1.900,* caput.

I — que institua herdeiro, ou legatário, sob a condição captatória de que este disponha, também por testamento, em benefício do testador, ou de terceiro;

- *Dispositivo correspondente no Código Civil de 2002: art. 1.900, I.*

II — que se refira a pessoa incerta, cuja identidade se não possa averiguar;

• *Dispositivo correspondente no Código Civil de 2002: art. 1.900, II.*

III — que favoreça a pessoa incerta, cometendo a determinação de sua identidade a terceiro;

• *Dispositivo correspondente no Código Civil de 2002: art. 1.900, III.*

IV — que deixe a arbítrio do herdeiro, ou de outrem, fixar o valor ao legado.

• *Dispositivo correspondente no Código Civil de 2002: art. 1.900, IV.*

Art. 1.668. Valerá, porém, a disposição:

• *Dispositivo correspondente no Código Civil de 2002: art. 1.901,* caput.

I — em favor de pessoa incerta que deva ser determinada por terceiro, dentre duas ou mais pessoas mencionadas pelo testador, ou pertencentes a uma família, ou a um corpo coletivo, ou a um estabelecimento por ele designado;

• *Dispositivo correspondente no Código Civil de 2002: art. 1.901, I.*

II — em remuneração de serviços prestados ao testador, por ocasião da moléstia de que faleceu, ainda que fique ao arbítrio do herdeiro, ou de outrem, determinar o valor do legado.

• *Dispositivo correspondente no Código Civil de 2002: art. 1.901, II.*

Art. 1.669. A disposição geral em favor dos pobres, dos estabelecimentos particulares de caridade, ou dos de assistência pública, entender-se-á relativa aos pobres do lugar do domicílio do testador ao tempo de sua morte, ou dos estabelecimentos aí sitos, salvo se manifestamente constar que tinha em mente beneficiar os de outra localidade.

• *Dispositivo correspondente no Código Civil de 2002: art. 1.902,* caput.

Parágrafo único. Nestes casos, as instituições particulares preferirão sempre às públicas.

• *Dispositivo correspondente no Código Civil de 2002: art. 1.902, parágrafo único.*

Art. 1.670. O erro na designação da pessoa do herdeiro, do legatário, ou da coisa legada anula a disposição, salvo se, pelo contexto do testamento, por outros documentos, ou por fatos inequívocos, se puder identificar a pessoa ou coisa, a que o testador queria referir-se.

• *Dispositivo correspondente no Código Civil de 2002: art. 1.903.*

Art. 1.671. Se o testamento nomear dois ou mais herdeiros, sem discriminar a parte de cada um, partilhar-se-á por igual, entre todos, a porção disponível do testador.

• *Dispositivo correspondente no Código Civil de 2002: art. 1.904.*

Art. 1.672. Se o testador nomear certos herdeiros individualmente, e outros coletivamente, a herança será dividida em tantas quotas quantos forem os indivíduos e os grupos designados.

• *Dispositivo correspondente no Código Civil de 2002: art. 1.905.*

Art. 1.673. Se forem determinadas as quotas de cada herdeiro, e não absorverem toda a herança, o remanescente pertencerá aos herdeiros legítimos, segundo a ordem da sucessão hereditária.

• *Dispositivo correspondente no Código Civil de 2002: art. 1.906.*

Art. 1.674. Se forem determinados os quinhões de uns e não os de outros herdeiros, quinhoar-se-á, distribuidamente, por igual, a estes últimos o que restar, depois de completas as porções hereditárias dos primeiros.

• *Dispositivo correspondente no Código Civil de 2002: art. 1.907.*

Art. 1.675. Dispondo o testador que não caiba ao herdeiro instituído certo e determinado objeto, dentre os da herança, tocará ele aos herdeiros legítimos.

• *Dispositivo correspondente no Código Civil de 2002: art. 1.908.*

Art. 1.676. A cláusula de inalienabilidade temporária, ou vitalícia, imposta aos bens pelos testadores ou doadores, não poderá, em caso algum, salvo os de expropriação por necessidade ou utilidade pública, e de execução por dívidas provenientes de impostos relativos aos respectivos imóveis, ser invalidada ou dispensada por atos judiciais de qualquer espécie, sob pena de nulidade.

• *Dispositivo correspondente no Código Civil de 2002: art. 1.911,* caput *e parágrafo único.*

Art. 1.677. Quando, nas hipóteses do artigo antecedente, se der alienação de bens clausulados, o produto se converterá em outros bens, que ficarão sub-rogados nas obrigações dos primeiros.

• *Dispositivo correspondente no Código Civil de 2002: art. 1.911, parágrafo único.*

Capítulo VII | DOS LEGADOS

Art. 1.678. É nulo o legado de coisa alheia. Mas, se a coisa legada, não pertencendo ao testador, quando testou, se houver depois tornado sua, por qualquer título, terá efeito a disposição, como se sua fosse a coisa, ao tempo em que ele fez o testamento.

• *Dispositivo correspondente no Código Civil de 2002: art. 1.912.*

Art. 1.679. Se o testador ordenar que o herdeiro, ou legatário, entregue coisa de sua propriedade a outrem, não o cumprindo ele, entender-se-á que renunciou a herança, ou o legado (art. 1.704).

• *Dispositivo correspondente no Código Civil de 2002: art. 1.913.*

Art. 1.680. Se tão somente em parte pertencer ao testador, ou, no caso do artigo antecedente, ao herdeiro, ou ao legatário, a coisa legada, só quanto a essa parte valerá o legado.

• *Dispositivo correspondente no Código Civil de 2002: art. 1.914.*

Art. 1.681. Se o legado for de coisa móvel, que se determine pelo gênero, ou pela espécie, será cumprido, ainda que tal coisa não exista entre os bens deixados pelo testador.

• *Dispositivo correspondente no Código Civil de 2002: art. 1.915.*

Art. 1.682. Se o testador legar coisa sua, singularizando-a, só valerá o legado, se, ao tempo do seu falecimento, ela se achava entre os bens da herança. Se, porém, a coisa legada existir entre os bens do testador, mas em quantidade inferior à do legado, este só valerá quanto à existente.

• *Dispositivo correspondente no Código Civil de 2002: art. 1.916.*

Art. 1.683. O legado de coisa, ou quantidade, que deva tirar-se de certo lugar, só valerá se nele for achada, e até à quantidade, que ali se achar.

• *Dispositivo correspondente no Código Civil de 2002: art. 1.917.*

Art. 1.684. Nulo será o legado consistente em coisa certa, que, na data do testamento, já era do legatário, ou depois lhe foi transferida gratuitamente pelo testador.

• *Sem dispositivo correspondente no Código Civil de 2002.*

Art. 1.685. O legado de crédito, ou de quitação de dívida, valerá tão somente até à importância desta, ou daquele, ao tempo da morte do testador.

• *Dispositivo correspondente no Código Civil de 2002: art. 1.918,* caput.

§ 1º Cumpre-se este legado, entregando o herdeiro ao legatário o título respectivo.

• *Dispositivo correspondente no Código Civil de 2002: art. 1.918, § 1º.*

§ 2º Este legado não compreende as dívidas posteriores à data do testamento.

• *Dispositivo correspondente no Código Civil de 2002: art. 1.918, § 2º.*

Art. 1.686. Não o declarando expressamente o testador, não se reputará compensação da sua dívida o legado que ele faça ao credor.

Subsistirá do mesmo modo integralmente esse legado, se a dívida lhe foi posterior, e o testador a solveu antes de morrer.

• *Dispositivo correspondente no Código Civil de 2002: art. 1.919,* caput *e parágrafo único.*

Art. 1.687. O legado de alimentos abrange o sustento, a cura, o vestuário e a casa, enquanto o legatário viver, além da educação, se ele for menor.

• *Dispositivo correspondente no Código Civil de 2002: art. 1.920.*

Art. 1.688. O legado de usufruto, sem fixação de tempo, entende-se deixado ao legatário por toda a sua vida.

• *Dispositivo correspondente no Código Civil de 2002: art. 1.921.*

Art. 1.689. Se aquele que legar alguma propriedade, lhe ajuntar depois novas aquisições, estas, ainda que contíguas, não se compreendem no imóvel legado, salvo expressa declaração em contrário do testador.

• *Dispositivo correspondente no Código Civil de 2002: art. 1.922,* caput.

Parágrafo único. Não se aplica o disposto neste artigo às benfeitorias necessárias, úteis ou voluptuárias feitas no prédio legado.

• *Dispositivo correspondente no Código Civil de 2002: art. 1.922, parágrafo único.*

Capítulo VIII | DOS EFEITOS DOS LEGADOS E SEU PAGAMENTO

Art. 1.690. O legado puro e simples confere, desde a morte do testador, ao legatário o direito, transmissível aos seus sucessores, de pedir aos herdeiros instituídos a coisa legada.

• *Sem dispositivo correspondente no Código Civil de 2002.*

Parágrafo único. Não pode, porém, o legatário entrar, por autoridade própria, na posse da coisa legada.

• *Dispositivo correspondente no Código Civil de 2002: art. 1.923, § 1º.*

Art. 1.691. O direito de pedir o legado não se exercerá, enquanto se litigue sobre a validade do testamento, e, nos legados condicionais, ou a prazo, enquanto penda a condição, ou o prazo se não vença.

• *Dispositivo correspondente no Código Civil de 2002: art. 1.924.*

Art. 1.692. Desde o dia da morte do testador pertence ao legatário a coisa legada, com os frutos que produzir.

• *Dispositivo correspondente no Código Civil de 2002: art. 1.923,* caput *e § 2º.*

Art. 1.693. O legado em dinheiro só vence juros desde o dia em que se constituir em mora a pessoa obrigada a prestá-lo.

• *Dispositivo correspondente no Código Civil de 2002: art. 1.925.*

Art. 1.694. Se o legado consistir em renda vitalícia, ou pensão periódica, esta, ou aquela, correrá da morte do testador.

• *Dispositivo correspondente no Código Civil de 2002: art. 1.926.*

Art. 1.695. Se o legado for de quantidades certas, em prestações periódicas, datará da morte do testador o primeiro período, e o legatário terá direito a cada prestação, uma vez encetado cada um dos períodos sucessivos, ainda que antes do termo dele venha a falecer.

• *Dispositivo correspondente no Código Civil de 2002: art. 1.927.*

Art. 1.696. Sendo periódicas as prestações, só no termo de cada período se poderão exigir.

• *Dispositivo correspondente no Código Civil de 2002: art. 1.928,* caput.

Parágrafo único. Se, porém, forem deixadas a título de alimentos, pagar-se-ão no começo de cada período, sempre que o contrário não disponha o testador.

• *Dispositivo correspondente no Código Civil de 2002: art. 1.928, parágrafo único.*

Art. 1.697. Se o legado consiste em coisa determinada pelo gênero, ou pela espécie, ao herdeiro tocará escolhê-la, guardando, porém, o meio-termo entre as congêneres da melhor e pior qualidade (art. 1.699).

• *Dispositivo correspondente no Código Civil de 2002: art. 1.929.*

Art. 1.698. A mesma regra observar-se-á, quando a escolha for deixada a arbítrio de terceiro; e, se este a não quiser, ou não puder exercer, ao juiz competirá fazê-la, guardado o disposto no artigo anterior, última parte.

• *Dispositivo correspondente no Código Civil de 2002: art. 1.930.*

Art. 1.699. Se a opção foi deixada ao legatário, este poderá escolher, do gênero, ou espécie, determinado, a melhor coisa, que houver na herança; e, se nesta não existir coisa de tal espécie, dar-lha-á de outra congênere o herdeiro, observada a disposição do art. 1.697, última parte.

• *Dispositivo correspondente no Código Civil de 2002: art. 1.931.*

Art. 1.700. No legado alternativo, presume-se deixada ao herdeiro a opção.

• *Dispositivo correspondente no Código Civil de 2002: art. 1.932.*

Art. 1.701. Se o herdeiro, ou legatário, a quem couber a opção, falecer antes de exercê-la, passará este direito aos seus herdeiros.

• *Dispositivo correspondente no Código Civil de 2002: art. 1.933.*

Parágrafo único. Uma vez feita, porém, a opção é irrevogável.

• *Sem dispositivo correspondente no Código Civil de 2002.*

Art. 1.702. Instituindo o testador mais de um herdeiro, sem designar os que hão de executar os legados, por estes responderão, proporcionalmente ao que herdarem, todos os herdeiros instituídos.

• *Dispositivo correspondente no Código Civil de 2002: art. 1.934, parágrafo único.*

Art. 1.703. Se o testador cometer designadamente a certos herdeiros a execução dos legados, por estes só aqueles responderão.

• *Dispositivo correspondente no Código Civil de 2002: art. 1.934, parágrafo único.*

Art. 1.704. Se algum legado consistir em coisa pertencente a herdeiro ou legatário (art. 1.679), só a ele incumbirá cumpri-lo, com regresso contra os coerdeiros, pela quota de cada um, salvo se o contrário expressamente dispôs o testador.

• *Dispositivo correspondente no Código Civil de 2002: art. 1.935.*

Art. 1.705. As despesas e os riscos da entrega do legado correm por conta do legatário, se não dispuser diversamente o testador.

• *Dispositivo correspondente no Código Civil de 2002: art. 1.936.*

Art. 1.706. A coisa legada entregar-se-á, com seus acessórios, no lugar e estado em que se achava ao falecer o testador, passando ao legatário com todos os encargos que a onerarem.

• *Dispositivo correspondente no Código Civil de 2002: art. 1.937.*

Art. 1.707. Ao legatário, nos legados com encargo, se aplica o disposto no art. 1.180.

• *Dispositivo correspondente no Código Civil de 2002: art. 1.938.*

Capítulo IX | DA CADUCIDADE DOS LEGADOS

Art. 1.708. Caducará o legado:

• *Dispositivo correspondente no Código Civil de 2002: art. 1.939,* caput.

I — se, depois do testamento, o testador modificar a coisa legada, ao ponto de já não ter a forma, nem lhe caber a denominação que tinha;

• *Dispositivo correspondente no Código Civil de 2002: art. 1.939, I.*

II — se o testador alienar, por qualquer título, no todo, ou em parte, a coisa legada. Em tal caso, caducará o legado, até onde ela deixou de pertencer ao testador;

• *Dispositivo correspondente no Código Civil de 2002: art. 1.939, II.*

III — se a coisa perecer, ou for evicta, vivo ou morto o testador, sem culpa do herdeiro;

• *Dispositivo correspondente no Código Civil de 2002: art. 1.939, III.*

IV — se o legatário for excluído da sucessão, nos termos do art. 1.595;

• *Dispositivo correspondente no Código Civil de 2002: art. 1.939, IV.*

V — se o legatário falecer antes do testador.

• *Dispositivo correspondente no Código Civil de 2002: art. 1.939, V.*

Art. 1.709. Se o legado for de duas ou mais coisas alternativamente, e algumas delas perecerem, subsistirá quanto às restantes. Perecendo parte de uma, valerá, quanto ao seu remanescente, o legado.

• *Dispositivo correspondente no Código Civil de 2002: art. 1.940.*

Capítulo X | DO DIREITO DE ACRESCER ENTRE HERDEIROS E LEGATÁRIOS

Art. 1.710. Verifica-se o direito de acrescer entre coerdeiros, quando estes, pela mesma disposição de um testamento, são conjuntamente chamados à herança em quinhões não determinados (art. 1.712).

• *Dispositivo correspondente no Código Civil de 2002: art. 1.941.*

Parágrafo único. Aos colegatários competirá também este direito, quando nomeados conjuntamente a respeito de uma só coisa, determinada e certa, ou quando não se possa dividir o objeto legado, sem risco de se deteriorar.

• *Dispositivo correspondente no Código Civil de 2002: art. 1.942.*

Art. 1.711. Considera-se feita a distribuição das partes, ou quinhões, pelo testador, quando este designa a cada um dos nomeados a sua quota, ou o objeto, que lhe deixa.

• *Sem dispositivo correspondente no Código Civil de 2002.*

Art. 1.712. Se um dos herdeiros nomeados morrer antes do testador, renunciar a herança, ou dela for excluído, e bem assim se a condição, sob a qual foi instituído, não se verificar, acrescerá o seu quinhão, salvo o direito do substituto à parte dos coerdeiros conjuntos (art. 1.710).

• *Dispositivo correspondente no Código Civil de 2002: art. 1.943,* caput.

Art. 1.713. Quando se não efetua o direito de acrescer, nos termos do artigo antecedente, transmite-se aos herdeiros legítimos a quota vaga do nomeado.

• *Dispositivo correspondente no Código Civil de 2002: art. 1.944,* caput.

Art. 1.714. Os coerdeiros, a quem acrescer o quinhão do que deixou de herdar, ficam sujeitos às obrigações e encargos, que o oneravam.

• *Dispositivo correspondente no Código Civil de 2002: art. 1.943, parágrafo único.*

Parágrafo único. Esta disposição aplica-se igualmente ao colegatário, a quem aproveita a caducidade total ou parcial do legado.

• *Sem dispositivo correspondente no Código Civil de 2002.*

Art. 1.715. Não existindo o direito de acrescer entre os colegatários, a quota do que faltar acresce ao herdeiro, ou legatário, incumbido de satisfazer esse legado, ou a todos os herdeiros, em proporção dos seus quinhões, se o legado se deduziu da herança.

• *Dispositivo correspondente no Código Civil de 2002: art. 1.944, parágrafo único.*

Art. 1.716. Legado um só usufruto conjuntamente a duas ou mais pessoas, a parte da que faltar acresce aos colegatários. Se, porém, não houve conjunção entre estes, ou se, apesar de conjuntos, só lhes foi legada certa parte do usufruto, as quotas dos que faltarem consolidar-se-ão na propriedade, à medida que eles forem faltando.

• *Dispositivo correspondente no Código Civil de 2002: art. 1.946,* caput *e parágrafo único.*

Capítulo XI | DA CAPACIDADE PARA ADQUIRIR POR TESTAMENTO

Art. 1.717. Podem adquirir por testamento as pessoas existentes ao tempo da morte do testador, que não forem por este Código declaradas incapazes.

• *Dispositivo correspondente no Código Civil de 2002: art. 1.799,* caput.

Art. 1.718. São absolutamente incapazes de adquirir por testamento os indivíduos não concebidos até à morte do testador, salvo se a disposição deste se referir à prole eventual de pessoas por ele designadas e existentes ao abrir-se a sucessão.

• *Dispositivo correspondente no Código Civil de 2002: art. 1.799, I.*

Art. 1.719. Não podem também ser nomeados herdeiros, nem legatários:

• *Dispositivo correspondente no Código Civil de 2002: art. 1.801,* caput.

I — a pessoa que, a rogo, escreveu o testamento (arts. 1.638, I, 1.656 e 1.657), nem o seu cônjuge, ou os seus ascendentes, descendentes e irmãos;

• *Dispositivo correspondente no Código Civil de 2002: art. 1.801, I.*

II — as testemunhas do testamento;

• *Dispositivo correspondente no Código Civil de 2002: art. 1.801, II.*

III — a concubina do testador casado;

• *Dispositivo correspondente no Código Civil de 2002: art. 1.801, III.*

IV — o oficial público, civil ou militar, nem o comandante, ou escrivão, perante quem se fizer, assim como o que fizer, ou aprovar o testamento.

• *Dispositivo correspondente no Código Civil de 2002: art. 1.801, IV.*

Art. 1.720. São nulas as disposições em favor de incapazes (arts. 1.718 e 1.719), ainda quando simulem a forma de contrato oneroso, ou os beneficiem por interposta pessoa.

Reputam-se pessoas interpostas o pai, a mãe, os descendentes e o cônjuge do incapaz.

• *Dispositivo correspondente no Código Civil de 2002: art. 1.802,* caput *e parágrafo único.*

Capítulo XII | DOS HERDEIROS NECESSÁRIOS

Art. 1.721. O testador que tiver descendente ou ascendente sucessível não poderá dispor de mais da metade de seus bens; a outra pertencerá de pleno direito ao descendente e, em sua falta, ao ascendente, dos quais constitui a legítima, segundo o disposto neste Código (arts. 1.603 a 1.619 e 1.723).

• *Dispositivo correspondente no Código Civil de 2002: art. 1.846.*

Art. 1.722. Calcula-se a metade disponível (art. 1.721) sobre o total dos bens existentes ao falecer o testador, abatidas as dívidas e as despesas do funeral.

• *Dispositivo correspondente no Código Civil de 2002: art. 1.847.*

Parágrafo único. Calculam-se as legítimas sobre a soma que resultar, adicionando-se à metade dos bens que então possuía o testador a importância das doações por ele feitas aos seus descendentes (art. 1.785).

• *Dispositivo correspondente no Código Civil de 2002: art. 1.847.*

Art. 1.723. Não obstante o direito reconhecido aos descendentes e ascendentes no art. 1.721, pode o testador determinar a conversão dos bens da legítima em outras espécies, prescrever-lhes a incomunicabilidade, confiá-los à livre administração da mulher herdeira, e estabelecer-lhes condições de inalienabilidade temporária ou vitalícia. A cláusula de inalienabilidade, entretanto, não obstará à livre disposição dos bens por testamento e, em falta deste, à sua transmissão, desembaraçados de qualquer ônus, aos herdeiros legítimos.

• *Dispositivo correspondente no Código Civil de 2002: art. 1.848,* caput *e § 1º.*

Art. 1.724. O herdeiro necessário, a quem o testador deixar a sua metade disponível, ou algum legado, não perderá o direito à legítima.

• *Dispositivo correspondente no Código Civil de 2002: art. 1.849.*

Art. 1.725. Para excluir da sucessão o cônjuge ou os parentes colaterais, basta que o testador disponha do seu patrimônio, sem os contemplar.

• *Dispositivo correspondente no Código Civil de 2002: art. 1.850.*

Capítulo XIII | DA REDUÇÃO DAS DISPOSIÇÕES TESTAMENTÁRIAS

Art. 1.726. Quando o testador só em parte dispuser da sua metade disponível, entender-se-á que instituiu os herdeiros legítimos no remanescente.

• *Dispositivo correspondente no Código Civil de 2002: art. 1.966.*

Art. 1.727. As disposições, que excederem a metade disponível, reduzir-se-ão aos limites dela, em conformidade com o disposto nos parágrafos seguintes.

• *Dispositivo correspondente no Código Civil de 2002: art. 1.967,* caput.

§ 1º Em se verificando excederem as disposições testamentárias a porção disponível, serão proporcionalmente reduzidas as quotas do herdeiro ou herdeiros instituídos, até onde baste, e, não bastando, também os legados, na proporção do seu valor.

• *Dispositivo correspondente no Código Civil de 2002: art. 1.967, § 1º.*

§ 2º Se o testador, prevenindo o caso, dispuser que se inteirem, de preferência, certos herdeiros e legatários, a redução far-se-á nos outros quinhões ou legados, observando-se, a seu respeito, a ordem estabelecida no parágrafo anterior.

• *Dispositivo correspondente no Código Civil de 2002: art. 1.967, § 2º.*

Art. 1.728. Quando consistir em prédio divisível o legado sujeito à redução, far-se-á esta, dividindo-o proporcionalmente.

• *Dispositivo correspondente no Código Civil de 2002: art. 1.968,* caput.

§ 1º Se não for possível a divisão, e o excesso do legado montar a mais de um quarto do valor do prédio, o legatário deixará inteiro na herança o imóvel legado, ficando com o direito de pedir aos herdeiros o valor que couber na metade disponível. Se o excesso não for de mais de um quarto, aos herdeiros torná-lo-á em dinheiro o legatário, que ficará com o prédio.

• *Dispositivo correspondente no Código Civil de 2002: art. 1.968, § 1º.*

§ 2º Se o legatário for ao mesmo tempo herdeiro necessário, poderá inteirar sua legítima no mesmo imóvel, de preferência aos outros, sempre que ela e a parte subsistente do legado lhe absorverem o valor.

• *Dispositivo correspondente no Código Civil de 2002: art. 1.968, § 2º.*

Capítulo XIV | DAS SUBSTITUIÇÕES

Art. 1.729. O testador pode substituir outra pessoa ao herdeiro, ou legatário, nomeado para o caso de um ou outro não querer ou não poder aceitar a herança, ou o legado. Presume-se que a substituição foi determinada para as duas alternativas, ainda que o testador só a uma se refira.

• *Dispositivo correspondente no Código Civil de 2002: art. 1.947.*

Art. 1.730. Também lhe é lícito substituir muitas pessoas a uma só, ou vice-versa, e ainda substituir com reciprocidade ou sem ela.

• *Dispositivo correspondente no Código Civil de 2002: art. 1.948.*

Art. 1.731. O substituto fica sujeito ao encargo ou condição impostos ao substituído, quando não for diversa a intenção manifestada pelo testador, ou não resultar outra coisa da natureza da condição, ou do encargo.

• *Dispositivo correspondente no Código Civil de 2002: art. 1.949.*

Art. 1.732. Se, entre muitos coerdeiros ou legatários de partes desiguais, for estabelecida substituição recíproca, a proporção dos quinhões, fixada na primeira disposição, entender-se-á mantida na segunda.

Se, porém, com as outras anteriormente nomeadas, for incluída mais alguma pessoa na substituição, o quinhão vago pertencerá em partes iguais aos substitutos.

• *Dispositivo correspondente no Código Civil de 2002: art. 1.950.*

Art. 1.733. Pode também o testador instituir herdeiros ou legatários por meio de fideicomisso, impondo a um deles, o gravado ou fiduciário, a obrigação de, por sua morte, a certo tempo, ou sob certa condição, transmitir ao outro, que se qualifica de fideicomissário, a herança ou o legado.

• *Dispositivo correspondente no Código Civil de 2002: art. 1.951.*

Art. 1.734. O fiduciário tem a propriedade da herança ou legado, mas restrita e resolúvel.

• *Dispositivo correspondente no Código Civil de 2002: art. 1.953,* caput.

Parágrafo único. É obrigado, porém, a proceder ao inventário dos bens gravados, e, se lho exigir o fideicomissário, a prestar caução de restituí-los.

• *Dispositivo correspondente no Código Civil de 2002: art. 1.953, parágrafo único.*

Art. 1.735. O fideicomissário pode renunciar a herança ou legado, e, neste caso, o fideicomisso caduca, ficando os bens propriedade pura do fiduciário, se não houver disposição contrária do testador.

• *Dispositivo correspondente no Código Civil de 2002: art. 1.955.*

Art. 1.736. Se o fideicomissário aceitar a herança ou legado, terá direito à parte que, ao fiduciário, em qualquer tempo acrescer.

• *Dispositivo correspondente no Código Civil de 2002: art. 1.956.*

Art. 1.737. O fideicomissário responde pelos encargos da herança que ainda restarem, quando vier à sucessão.

• *Dispositivo correspondente no Código Civil de 2002: art. 1.957.*

Art. 1.738. Caduca o fideicomisso, se o fideicomissário morrer antes do fiduciário, ou antes de realizar-se a condição resolutória do direito deste último. Neste caso a propriedade consolida-se no fiduciário nos termos do art. 1.735.

• *Dispositivo correspondente no Código Civil de 2002: art. 1.958.*

Art. 1.739. São nulos os fideicomissos além do segundo grau.

• *Dispositivo correspondente no Código Civil de 2002: art. 1.959.*

Art. 1.740. A nulidade da substituição ilegal não prejudica a instituição, que valerá sem o encargo resolutório.

• *Dispositivo correspondente no Código Civil de 2002: art. 1.960.*

Capítulo XV | DA DESERDAÇÃO

Art. 1.741. Os herdeiros necessários podem ser privados de sua legítima, ou deserdados, em todos os casos em que podem ser excluídos da sucessão.

• *Dispositivo correspondente no Código Civil de 2002: art. 1.961.*

Art. 1.742. A deserdação só pode ser ordenada em testamento, com expressa declaração de causa.

• *Dispositivo correspondente no Código Civil de 2002: art. 1.964.*

Art. 1.743. Ao herdeiro instituído, ou àquele a quem aproveite a deserdação, incumbe provar a veracidade da causa alegada pelo testador (art. 1.742).

• *Dispositivo correspondente no Código Civil de 2002: art. 1.965,* caput.

Parágrafo único. Não se provando a causa invocada para a deserdação, é nula a instituição, e nulas as disposições, que prejudiquem a legítima do deserdado.

• *Sem dispositivo correspondente no Código Civil de 2002.*

Art. 1.744. Além das causas mencionadas no art. 1.595, autorizam a deserdação dos descendentes por seus ascendentes:

• *Dispositivo correspondente no Código Civil de 2002: art. 1.962,* caput.

I — ofensas físicas;

• *Dispositivo correspondente no Código Civil de 2002: art. 1.962, I.*

II — injúria grave;

• *Dispositivo correspondente no Código Civil de 2002: art. 1.962, II.*

III — desonestidade da filha que vive na casa paterna;

• *Sem dispositivo correspondente no Código Civil de 2002.*

IV — relações ilícitas com a madrasta, ou o padrasto;

• *Dispositivo correspondente no Código Civil de 2002: art. 1.962, III.*

V — desamparo do ascendente em alienação mental ou grave enfermidade.

• *Dispositivo correspondente no Código Civil de 2002: art. 1.962, IV.*

Art. 1.745. Semelhantemente, além das causas enumeradas no art. 1.595, autorizam a deserdação dos ascendentes pelos descendentes:

• *Dispositivo correspondente no Código Civil de 2002: art. 1.963,* caput.

I — ofensas físicas;

• *Dispositivo correspondente no Código Civil de 2002: art. 1.963, I.*

II — injúria grave;

• *Dispositivo correspondente no Código Civil de 2002: art. 1.963, II.*

III — relações ilícitas com a mulher do filho ou neto, ou com o marido da filha ou neta;

• *Dispositivo correspondente no Código Civil de 2002: art. 1.963, III.*

IV — desamparo do filho ou neto em alienação mental ou grave enfermidade.

• *Dispositivo correspondente no Código Civil de 2002: art. 1.963, IV.*

Capítulo XVI | DA REVOGAÇÃO DOS TESTAMENTOS

Art. 1.746. O testamento pode ser revogado pelo mesmo modo e forma por que pode ser feito.

• *Dispositivo correspondente no Código Civil de 2002: art. 1.969.*

Art. 1.747. A revogação do testamento pode ser total ou parcial.

• *Dispositivo correspondente no Código Civil de 2002: art. 1.970,* caput.

Parágrafo único. Se a revogação for parcial, ou se o testamento posterior não contiver cláusula revogatória expressa, o anterior subsiste em tudo que não for contrário ao posterior.

• *Dispositivo correspondente no Código Civil de 2002: art. 1.970, parágrafo único.*

Art. 1.748. A revogação produzirá seus efeitos, ainda quando o testamento, que a encerra, caduque por exclusão, incapacidade, ou renúncia do herdeiro, nele nomeado; mas não valerá, se o testamento revogatório for anulado por omissão ou infração de solenidades essenciais, ou por vícios intrínsecos.

• *Dispositivo correspondente no Código Civil de 2002: art. 1.971.*

Art. 1.749. O testamento cerrado que o testador abrir ou dilacerar, ou for aberto ou dilacerado com seu consentimento, haver-se-á como revogado.

• *Dispositivo correspondente no Código Civil de 2002: art. 1.972.*

Art. 1.750. Sobrevindo descendente sucessível ao testador, que o não tinha, ou não o conhecia, quando testou, rompe-se o testamento em todas as suas disposições, se esse descendente sobreviver ao testador.

• *Dispositivo correspondente no Código Civil de 2002: art. 1.973.*

Art. 1.751. Rompe-se também o testamento feito na ignorância de existirem outros herdeiros necessários.

• *Dispositivo correspondente no Código Civil de 2002: art. 1.974.*

Art. 1.752. Não se rompe, porém, o testamento, em que o testador dispuser da sua metade, não contemplando os herdeiros necessários, de cuja existência saiba, ou deserdando-os, nessa parte, sem menção de causa legal (arts. 1.741 e 1.742).

• *Dispositivo correspondente no Código Civil de 2002: art. 1.975.*

Capítulo XVII | DO TESTAMENTEIRO

Art. 1.753. O testador pode nomear um ou mais testamenteiros conjuntos ou separados, para lhe darem cumprimento às disposições de última vontade.

• *Dispositivo correspondente no Código Civil de 2002: art. 1.976.*

Art. 1.754. O testador pode também conceder ao testamenteiro a posse e administração da herança, ou de parte dela, não havendo cônjuge ou herdeiros necessários.

• *Dispositivo correspondente no Código Civil de 2002: art. 1.977,* caput.

Parágrafo único. Qualquer herdeiro pode, entretanto, requerer partilha imediata, ou devolução da herança, habilitando o testamenteiro com os meios necessários para o cumprimento dos legados, ou dando caução de prestá-los.

• *Dispositivo correspondente no Código Civil de 2002: art. 1.977, parágrafo único.*

Art. 1.755. Tendo o testamenteiro a posse e administração dos bens, incumbe-lhe requerer inventário e cumprir o testamento.

• *Dispositivo correspondente no Código Civil de 2002: art. 1.978.*

Parágrafo único. Se lhe não competir a posse e a administração, assistir-lhe-á direito a exigir dos herdeiros os meios de cumprir as disposições testamentárias; e, se os legatários o demandarem, poderá nomear à execução os bens da herança.

• *Sem dispositivo correspondente no Código Civil de 2002.*

Art. 1.756. O testamenteiro nomeado, ou qualquer parte interessada, pode requerer, assim como o juiz pode ordenar, de ofício, ao detentor do testamento que o leve a registro.

• *Dispositivo correspondente no Código Civil de 2002: art. 1.979.*

Art. 1.757. O testamenteiro é obrigado a cumprir as disposições testamentárias, no prazo marcado pelo testador, e a dar contas do que recebeu e despendeu, subsistindo sua responsabilidade enquanto durar a execução do testamento.

• *Dispositivo correspondente no Código Civil de 2002: art. 1.980.*

Art. 1.758. Levar-se-ão em conta ao testamenteiro as despesas feitas com o desempenho de seu cargo e a execução do testamento.

• *Sem dispositivo correspondente no Código Civil de 2002.*

Art. 1.759. Sendo glosadas as despesas por ilegais ou por não conformes ao testamento, remover-se-á o testamenteiro, perdendo o prêmio deixado pelo testador (art. 1.766).

• *Sem dispositivo correspondente no Código Civil de 2002.*

Art. 1.760. Compete ao testamenteiro, com ou sem o concurso do inventariante e dos herdeiros instituídos, propugnar a validade do testamento.

• *Dispositivo correspondente no Código Civil de 2002: art. 1.981.*

Art. 1.761. Além das atribuições exaradas nos artigos anteriores, terá o testamenteiro as que lhe conferir o testador, nos limites da lei.

• *Dispositivo correspondente no Código Civil de 2002: art. 1.982.*

Art. 1.762. Não concedendo o testador prazo maior, cumprirá o testamenteiro o testamento e prestará contas no lapso de 1 (um) ano, contado da aceitação da testamentaria.

• *Dispositivo correspondente no Código Civil de 2002: art. 1.983,* caput.

Parágrafo único. Pode esse prazo prorrogar-se, porém, ocorrendo motivo cabal.

• *Dispositivo correspondente no Código Civil de 2002: art. 1.983, parágrafo único.*

Art. 1.763. Na falta de testamenteiro nomeado pelo testador, a execução testamentária compete ao cabeça de casal, e, em falta deste, ao herdeiro nomeado pelo juiz.

• *Dispositivo correspondente no Código Civil de 2002: art. 1.984.*

Art. 1.764. O encargo da testamentaria não se transmite aos herdeiros do testamenteiro, nem é delegável. Mas o testamenteiro pode fazer-se representar em juízo e fora dele, mediante procurador com poderes especiais.

• *Dispositivo correspondente no Código Civil de 2002: art. 1.985.*

Art. 1.765. Havendo simultaneamente mais de um testamenteiro, que tenha aceitado o cargo, poderá cada qual exercê-lo, em falta dos outros. Mas todos ficam solidariamente obrigados a dar conta dos bens, que lhes forem confiados, salvo se cada um tiver, pelo testamento, funções distintas, e a elas se limitar.

• *Dispositivo correspondente no Código Civil de 2002: art. 1.986.*

Art. 1.766. Quando o testamenteiro não for herdeiro, nem legatário, terá direito a um prêmio, que, se o testador o não houver taxado, será de 1% (um por cento) a 5% (cinco por cento), arbitrado pelo juiz, sobre toda a herança líquida, conforme a importância dela, e a maior ou menor dificuldade na execução do testamento (arts. 1.759 e 1.768).

• *Dispositivo correspondente no Código Civil de 2002: art. 1.987,* caput.

Parágrafo único. Este prêmio deduzir-se-á somente da metade disponível, quando houver herdeiro necessário.

• *Dispositivo correspondente no Código Civil de 2002: art. 1.987, parágrafo único.*

Art. 1.767. O testamenteiro que for legatário poderá preferir o prêmio ao legado.

• *Dispositivo correspondente no Código Civil de 2002: art. 1.988.*

Art. 1.768. Reverterá à herança o prêmio, que o testamenteiro perder, por ser removido, ou não ter cumprido o testamento (arts. 1.759 e 1.766).

• *Dispositivo correspondente no Código Civil de 2002: art. 1.989.*

Art. 1.769. Se o testador tiver distribuído toda a herança em legados, o testamenteiro exercerá as funções de cabeça de casal.

• *Dispositivo correspondente no Código Civil de 2002: art. 1.990.*

Título IV | DO INVENTÁRIO E PARTILHA

Capítulo I | DO INVENTÁRIO

Art. 1.770. Proceder-se-á ao inventário e partilha judiciais na forma das leis em vigor no domicílio do falecido, observado o que se dispõe no art. 1.603, começando-se dentro em 1 (um) mês, a contar da abertura da sucessão, e ultimando-se nos 3 (três) meses subsequentes, prazo este que o juiz poderá dilatar, a requerimento do inventariante, por motivo justo.

• *Dispositivo correspondente no Código Civil de 2002: art. 1.796.*

Parágrafo único. Quando se exceder o último prazo deste artigo, e por culpa do inventariante não se achar finda a partilha, poderá o juiz removê-lo, se algum herdeiro o requerer, e, se for testamenteiro, o privará do prêmio, a que tenha direito (art. 1.766).

• *Sem dispositivo correspondente no Código Civil de 2002.*

Art. 1.771. No inventário, serão descritos com individuação e clareza todos os bens da herança, assim como os alheios nela encontrados.

• *Sem dispositivo correspondente no Código Civil de 2002.*

Capítulo II | DA PARTILHA

Art. 1.772. O herdeiro pode requerer a partilha, embora lhe seja defeso pelo testador.

• *Dispositivo correspondente no Código Civil de 2002: art. 2.013.*

§ 1º Podem-na requerer também os cessionários e credores do herdeiro.

• *Sem dispositivo correspondente no Código Civil de 2002.*

§ 2º Não obsta à partilha o estar um ou mais herdeiros na posse de certos bens do espólio, salvo se da morte do proprietário houver decorrido 20 (vinte) anos.

• *Sem dispositivo correspondente no Código Civil de 2002.*

Art. 1.773. Se os herdeiros forem maiores e capazes, poderão fazer partilha amigável, por escritura pública, termo nos autos do inventário, ou escrito particular, homologado pelo juiz.

• *Dispositivo correspondente no Código Civil de 2002: art. 2.015.*

Art. 1.774. Será sempre judicial a partilha, se os herdeiros divergirem, assim como se algum deles for menor, ou incapaz.

• *Dispositivo correspondente no Código Civil de 2002: art. 2.016.*

Art. 1.775. No partilhar os bens, observar-se-á, quanto ao seu valor, natureza e qualidade, a maior igualdade possível.

• *Dispositivo correspondente no Código Civil de 2002: art. 2.017.*

Art. 1.776. É válida a partilha feita pelo pai, por ato entre vivos ou de última vontade, contanto que não prejudique a legítima dos herdeiros necessários.

• *Dispositivo correspondente no Código Civil de 2002: art. 2.018.*

Art. 1.777. O imóvel que não couber no quinhão de um só herdeiro, ou não admitir divisão cômoda, será vendido em hasta pública, dividindo-se-lhe o preço, exceto se um ou mais herdeiros requererem lhes seja adjudicado, repondo aos outros, em dinheiro, o que sobrar.

• *Dispositivo correspondente no Código Civil de 2002: art. 2.019,* caput *e § 1º.*

Art. 1.778. Os herdeiros em posse dos bens da herança, o cabeça de casal e o inventariante são obrigados a trazer ao acervo os frutos que, desde a abertura da sucessão, perceberam; têm direito ao reembolso das despesas necessárias e úteis, que fizeram, e respondem pelo dano, a que, por dolo, ou culpa, deram causa.

• *Dispositivo correspondente no Código Civil de 2002: art. 2.020.*

Art. 1.779. Quando parte da herança consistir em bens remotos do lugar do inventário, litigiosos, ou de liquidação morosa, ou difícil, poderá proceder-se, no prazo legal, à partilha dos outros, reservando-se aqueles para uma ou mais sobrepartilhas, sob a guarda e a administração do mesmo, ou diverso inventariante, a aprazimento da maioria dos herdeiros.

Também ficam sujeitos à sobrepartilha os sonegados e quaisquer outros bens da herança que se descobrirem depois da partilha.

• *Dispositivos correspondentes no Código Civil de 2002: arts. 2.021 e 2.022.*

Capítulo III | DOS SONEGADOS

Art. 1.780. O herdeiro que sonegar bens da herança, não os descrevendo no inventário, quando estejam em seu poder, ou, com ciência sua, no de outrem, ou que os omitir na colação, a que os deva levar, ou o que deixar de restituí-los, perderá o direito, que sobre eles lhe cabia.

• *Dispositivo correspondente no Código Civil de 2002: art. 1.992.*

Art. 1.781. Além da pena cominada no artigo antecedente, se o sonegador for o próprio inventariante, remover-se-á, em se provando a sonegação, ou negando ele a existência dos bens, quando indicados.

• *Dispositivo correspondente no Código Civil de 2002: art. 1.993.*

Art. 1.782. A pena de sonegados só se pode requerer e impor em ação ordinária, movida pelos herdeiros, ou pelos credores da herança.

• *Dispositivo correspondente no Código Civil de 2002: art. 1.994,* caput.

Parágrafo único. A sentença que se proferir na ação de sonegados, movida por qualquer dos herdeiros, ou credores, aproveita aos demais interessados.

• *Dispositivo correspondente no Código Civil de 2002: art. 1.994, parágrafo único.*

Art. 1.783. Se não se restituírem os bens sonegados, por já os não ter o sonegador em seu poder, pagará ele a importância dos valores, que ocultou, mais as perdas e danos.

• *Dispositivo correspondente no Código Civil de 2002: art. 1.995.*

Art. 1.784. Só se pode arguir de sonegação o inventariante depois de encerrada a descrição dos bens, com a declaração, por ele feita, de não existirem outros por inventariar e partir, e o herdeiro, depois de declarar no inventário que os não possui.

• *Dispositivo correspondente no Código Civil de 2002: art. 1.996.*

Capítulo IV | DAS COLAÇÕES

Art. 1.785. A colação tem por fim igualar as legítimas dos herdeiros. Os bens conferidos não aumentam a metade disponível (arts. 1.721 e 1.722).

• *Dispositivos correspondentes no Código Civil de 2002: arts. 2.002, parágrafo único, e 2.003,* caput.

Art. 1.786. Os descendentes, que concorrerem à sucessão do ascendente comum, são obrigados a conferir as doações e os dotes, que dele em vida receberam.

• *Dispositivo correspondente no Código Civil de 2002: art. 2.002,* caput.

Art. 1.787. No caso do artigo antecedente, se ao tempo do falecimento do doador, os donatários já não possuírem os bens doados, trarão à colação o seu valor.

• *Dispositivo correspondente no Código Civil de 2002: art. 2.003,* caput.

Art. 1.788. São dispensados da colação os dotes ou as doações que o doador determinar que saiam de sua metade, contanto que não a excedam, computado o seu valor ao tempo da doação.

• *Dispositivo correspondente no Código Civil de 2002: art. 2.005,* caput.

Art. 1.789. A dispensa de colação pode ser outorgada pelo doador, ou dotador, em testamento, ou no próprio título da liberalidade.

• *Dispositivo correspondente no Código Civil de 2002: art. 2.006.*

Art. 1.790. O que renunciou à herança, ou foi dela excluído, deve, não obstante, conferir as doações recebidas, para o fim de repor a parte inoficiosa.

• *Dispositivo correspondente no Código Civil de 2002: art. 2.008.*

Parágrafo único. Considera-se inoficiosa a parte da doação, ou do dote, que exceder a legítima e mais a metade disponível.

• *Dispositivo correspondente no Código Civil de 2002: art. 2.007,* caput.

Art. 1.791. Quando os netos, representando seus pais, sucederem aos avós, serão obrigados a trazer à colação, ainda que o não hajam herdado, o que os pais teriam de conferir.

• *Dispositivo correspondente no Código Civil de 2002: art. 2.009.*

Art. 1.792. Os bens doados, ou dotados, imóveis, ou móveis, serão conferidos pelo valor certo, ou pela estimação que deles houver sido feita na data da doação.

• *Dispositivo correspondente no Código Civil de 2002: art. 2.004,* caput.

§ 1º Se do ato de doação, ou do dote, não constar valor certo, nem houver estimação feita naquela época, os bens serão conferidos na partilha pelo que então se calcular valessem ao tempo daqueles atos.

• *Dispositivo correspondente no Código Civil de 2002: art. 2.004, § 1º.*

§ 2º Só o valor dos bens doados ou dotados entrará em colação; não assim o das benfeitorias acrescidas, as quais pertencerão ao herdeiro donatário, correndo também por conta deste os danos e perdas, que eles sofrerem.

• *Dispositivo correspondente no Código Civil de 2002: art. 2.004, § 2º.*

Art. 1.793. Não virão também à colação os gastos ordinários do ascendente com o descendente, enquanto menor, na sua educação, estudos, sustento, vestuário, tratamento nas enfermidades, enxoval e despesas de casamento e livramento em processo-crime, de que tenha sido absolvido.

• *Dispositivo correspondente no Código Civil de 2002: art. 2.010.*

Art. 1.794. As doações remuneratórias de serviços feitos ao ascendente também não estão sujeitas à colação.

• *Dispositivo correspondente no Código Civil de 2002: art. 2.011.*

Art. 1.795. Sendo feita a doação por ambos os cônjuges, no inventário de cada um se conferirá por metade.

• *Dispositivo correspondente no Código Civil de 2002: art. 2.012.*

Capítulo V | DO PAGAMENTO DAS DÍVIDAS

Art. 1.796. A herança responde pelo pagamento das dívidas do falecido; mas, feita a partilha, só respondem os herdeiros, cada qual em proporção da parte, que na herança lhes coube.

• *Dispositivo correspondente no Código Civil de 2002: art. 1.997,* caput.

§ 1º Quando, antes da partilha, for requerido no inventário o pagamento de dívidas constantes de documentos, revestidos de formalidades legais, constituindo prova bastante da obrigação, e houver impugnação, que se não funde na alegação de pagamento, acompanhada de prova valiosa, o juiz mandará reservar, em poder do inventariante, bens suficientes para solução do débito, sobre os quais venha a recair oportunamente a execução.

• *Dispositivo correspondente no Código Civil de 2002: art. 1.997, § 1º.*

§ 2º No caso figurado no parágrafo antecedente, o credor será obrigado a iniciar a ação de cobrança dentro no prazo de 30 (trinta) dias, sob pena de se tornar de nenhum efeito a providência indicada.

• *Dispositivo correspondente no Código Civil de 2002: art. 1.997, § 2º.*

Art. 1.797. As despesas funerárias, haja ou não herdeiros legítimos, sairão do monte da herança. Mas as de sufrágios por alma do finado só obrigarão a herança, quando ordenadas em testamento ou codicilo (art. 1.651).

• *Dispositivo correspondente no Código Civil de 2002: art. 1.998.*

Art. 1.798. Sempre que houver ação regressiva de uns contra outros herdeiros, a parte do coerdeiro insolvente dividir-se-á em proporção entre os demais.

• *Dispositivo correspondente no Código Civil de 2002: art. 1.999.*

Art. 1.799. Os legatários e credores da herança podem exigir que do patrimônio do falecido se discrimine o do herdeiro, e, em concurso com os credores deste, ser-lhes-ão preferidos no pagamento.

• *Dispositivo correspondente no Código Civil de 2002: art. 2.000.*

Art. 1.800. Se o herdeiro for devedor ao espólio, sua dívida será partilhada igualmente entre todos, salvo se a maioria consentir que o débito seja imputado inteiramente no quinhão do devedor.

• *Dispositivo correspondente no Código Civil de 2002: art. 2.001.*

Capítulo VI | DA GARANTIA DOS QUINHÕES HEREDITÁRIOS

Art. 1.801. Julgada a partilha, fica o direito de cada um dos herdeiros circunscrito aos bens do seu quinhão.

• *Dispositivo correspondente no Código Civil de 2002: art. 2.023.*

Art. 1.802. Os coerdeiros são reciprocamente obrigados a indenizar-se, no caso de evicção, dos bens aquinhoados.

• *Dispositivo correspondente no Código Civil de 2002: art. 2.024.*

Art. 1.803. Cessa essa obrigação mútua, havendo convenção em contrário, e bem assim dando-se a evicção por culpa do evicto, ou por fato posterior à partilha.

• *Dispositivo correspondente no Código Civil de 2002: art. 2.025.*

Art. 1.804. O evicto será indenizado pelos coerdeiros na proporção de suas quotas hereditárias; mas, se algum deles se achar insolvente, responderão os demais, na mesma proporção, pela parte desse, menos a quota que corresponderia ao indenizado.

• *Dispositivo correspondente no Código Civil de 2002: art. 2.026.*

Capítulo VII | DA NULIDADE DA PARTILHA

Art. 1.805. A partilha, uma vez feita e julgada, só é anulável pelos vícios e defeitos que invalidam, em geral, os atos jurídicos (art. 178, § 6º, V).

• *Dispositivo correspondente no Código Civil de 2002: art. 2.027,* caput.

DISPOSIÇÕES FINAIS

Art. 1.806. O Código Civil entrará em vigor no dia 1º de janeiro de 1917.

• *Dispositivo correspondente no Código Civil de 2002: art. 2.044.*

Art. 1.807. Ficam revogadas as Ordenações, Alvarás, Leis, Decretos, Resoluções, Usos e Costumes concernentes às matérias de direito civil reguladas neste Código.

• *Dispositivo correspondente no Código Civil de 2002: art. 2.045.*

Rio de Janeiro, 1º de janeiro de 1916; 95º da Independência e 28º da República.

WENCESLAU BRAZ P. GOMES

Carlos Maximiliano Pereira dos Santos